Verkehrswertermittlung von Grundstücken

Kleiber – Simon – Weyers

Verkehrswertermittlung
von
Grundstücken

Kommentar und Handbuch zur Ermittlung von
Verkehrs-, Versicherungs- und
Beleihungswerten unter Berücksichtigung
von WertV und BauGB

4., vollständig neu bearbeitete und erweiterte Auflage 2002

Wolfgang Kleiber
Dipl.-Ing.
Ministerialrat
im Bundesministerium
für Verkehr, Bau- und Wohnungswesen
Professor an der Hochschule Anhalt (Hochschule für angewandte Wissenschaften)
Fellow of The Royal Institution of Chartered Surveyors (FRICS)

Jürgen Simon
Dipl.-Ing.
Architekt
Öffentlich bestellter und vereidigter Sachverständiger
für Grundstückswertermittlungen
Professor an der Hochschule Anhalt (Hochschule für angewandte Wissenschaften)

Gustav Weyers
Dipl.-Ing. (FH)
Direktor i. R.
Immobilienbewertung der WestLB
Girozentrale Düsseldorf

Bundesanzeiger
Verlag

Die Deutsche Bibliothek – CIP-Einheitsaufnahme

Verkehrswertermittlung von Grundstücken : Kommentar und Handbuch zur
Ermittlung von Verkehrs-, Versicherungs- und Beleihungswerten unter
Berücksichtigung von WertV und BauGB / Kleiber-Simon-Weyers – 4., vollst. neu
bearb. und erw. Aufl. – Köln : Bundesanzeiger, 2002
ISBN 3-89817-112-4

ISBN 3-89817-112-4
© 2002 Bundesanzeiger Verlagsges.mbH, Köln
Lektorat: Karin Wittkop-Reschke
Herstellung: Günter Fabritius
Satz: b+k Satz- & Druckform-Service GmbH, Krefeld
Druck und buchbinderische Verarbeitung: Bercker, Graphischer Betrieb, Kevelaer
Printed in Germany

Schnellübersicht

„Es gibt keine absoluten Werte, denn es sind nicht die Dinge, die uns ihren Wert auferlegen, sondern der Mensch selbst ist es, der die Werte bestimmt."

Vorwort zur vierten Auflage

Seit seinem erstmaligen Erscheinen im Jahre 1991 ist der Kleiber/Simon/Weyers das führende Handbuch der Verkehrswertermittlung von Grundstücken. Nachdem die dritte Auflage bereits nach etwa eineinhalb Jahren vergriffen war und die Einführung des Euro immer näher rückte, stellte sich für die Autoren erneut die Aufgabe, das Werk der Entwicklung anzupassen. Das vorliegende Werk wurde nicht nur auf „den Euro" umgestellt, sondern auch gleichzeitig auf die neue deutsche Rechtschreibung und vor allem materiell den zahlreichen gesetzgeberischen Entwicklungen (hervorgehoben sei nur die Reform des Mietrechts und der Wohnraumförderung sowie die neuen auf den Euro bezogenen Normalherstellungskosten 2000) angepasst. Die bei Drucklegung in Vorbereitung stehende „Modernisierung des Schuldrechts" musste allerdings unberücksichtigt bleiben.

Die geradezu atemraubende Entwicklung auf dem Immobilienmarkt hat wiederum eine völlige Neubearbeitung erforderlich gemacht. Die Wertermittlungspraxis hat sich dieser Entwicklung gestellt und braucht den internationalen Vergleich nicht zu scheuen. Der Verkehrswert, der in Deutschland mehr als in vergleichbaren Ländern stets als ein Marktwert *(market value)* verstanden wurde, steht im Mittelpunkt des Werks. Seine Ermittlung hat in Deutschland Tradition. Dementsprechend ist die Wertermittlungspraxis hierzulande auch im europäischen Vergleich hoch entwickelt. Defizite sind allenfalls seitens der Berufsstände und hier vor allem im Verbandswesen zu beklagen.

Dessen ungeachtet sind die Anforderungen an den Sachverständigen und an die Qualität seiner Tätigkeit unter der Herrschaft der Rechtsprechung deutscher Gerichte in einem Maße gestiegen, wie sie von den berufsständigen Organisationen in den Mitgliedsländern der Europäischen Gemeinschaft bei weitem nicht gefordert werden. Wenn in Deutschland eine nicht unerhebliche Zunahme an gerichtlichen Auseinandersetzungen über die Ablehnung und Befangenheit von Sachverständigen und vor allem auch über die Anforderungen an deren Gutachten verzeichnet werden muss, so ist dies nicht auf die Qualität der Sachverständigen zurückzuführen, sondern vor allem auf im internationalen Vergleich sehr hohe Anforderungen an die Sachkunde, Integrität und Sorgfaltspflichten des Sachverständigen. *The valuer an endangered species?* Die gestiegenen Anforderungen stehen zumindest in einem auffälligen Missverhältnis zur Vergütung der Sachverständigen.

Der Sachverständige muss sich dem stellen. Die Aufgaben werden immer vielfältiger und der Konkurrenzdruck auch aus der Europäischen Union wächst. Die vierte Auflage hat diese Herausforderung aufgegriffen und vor allem die aktuellen Problemfelder der Verkehrswertermittlung vertieft. Dies sind vor allem das Ertragswertverfahren mit allen seinen Modifikationen und die Berücksichtigung von Anomalien der Bewertungsobjekte. Auch kann festgestellt werden, dass die Normalherstellungskosten 1995 (nunmehr NHK 2000) breiten Eingang in die Wertermittlungspraxis gefunden haben und eine moderne Sachwertermittlung ermöglichen. Von besonderer Bedeutung für die Wertermittlungspraxis sind die vielfältigen Rechte an Grundstücken und deren Einfluss auf die belasteten Grundstücke. Dies gilt für die Ermittlung von Beleihungswerten ebenso wie für die Versicherungswirtschaft.

Vorwort

In der Darstellung und im Aufbau haben die Verfasser an dem bewährten Prinzip festgehalten, komplizierte Sachverhalte möglichst anschaulich darzustellen. Aufbau und Darstellung sollen es dem „Einsteiger", wie auch dem fortgebildeten Leser, ermöglichen, sich schnell in die Materie einzuarbeiten.

In das Kapitel der kreditwirtschaftlichen Immobilienbewertung wurde nicht nur die aktuelle Entwicklung bei der Beleihungswertermittlung, sondern auch die Verankerung des Beleihungswerts in der Solvabilitätsrichtlinie eingearbeitet. Daneben wurden die Anforderungen der Bankenaufsicht an die Eignung der Gutachter für die Wertermittlung nach dem Kreditwirtschaftsgesetz sowie die Schlussfassung des Baseler Ausschusses für die neuen Kreditrisiko-Richtlinien der Bank für den internationalen Zahlungsausgleich (BIZ) bei der Neuauflage berücksichtigt; sie müssen bis zum Jahresende 2003 in nationales Recht umgesetzt werden.

Das vorliegende Werk will für freischaffende Sachverständige ebenso wie für Gutachterausschüsse für Grundstückswerte, für Kreditinstitute, für Wirtschaftsprüfer, für Steuerberater, für die in Versicherungsunternehmen tätigen Sachverständigen, für die Verwaltung und für das Rechtswesen und nicht zuletzt auch für Studierende Ratgeber sein. Es stellt den aktuellen Stand der Wertermittlungslehre und Wertermittlungspraxis in Verbindung mit den Rechtsgrundlagen dar und steht in enger Verzahnung mit
- den geltenden Rechtsgrundlagen, die in der Sammlung amtlicher Vorschriften der Wertermittlung – WertR 96 – zusammengestellt sind (erschienen beim Bundesanzeiger Verlag in der 8. Auflage),
- der Rechtsprechung zur Verkehrswertermittlung, die in der im Luchterhand Verlag erschienenen Entscheidungssammlung zum Grundstücksmarkt und Grundstückswert – EzGuG – zusammengestellt und dort laufend fortgeführt wird, sowie
- der aktuellen Marktentwicklung, die einschließlich der Behandlung aktueller Fragen der Verkehrswertermittlung ebenfalls der im Luchterhand Verlag periodisch erscheinenden Zeitschrift „Grundstücksmarkt und Grundstückswert" – GuG – entnommen werden können.

Dem Leser steht damit ein geschlossenes aktuelles Informationssystem zur Verfügung. Aktuelle Daten, wie Indexreihen und dgl., können dabei unter der Internet-Adresse **http://www.gug-aktuell.de** abgerufen werden. Der vollständige Überblick über die amtlichen Normalherstellungskosten 1995 kann unter **http://www.bmvbw.de** abgerufen werden.

Wolfgang Kleiber, Bonn Bad Godesberg

Jürgen Simon, Hannover

Gustav Weyers, Köln

im Januar 2002

Hinweis:

Soweit Angaben in Deutsche Mark (DM) unvermeidlich waren, ergibt sich aus der Verordnung Nr. 2866/98 des Rates der Europäischen Gemeinschaften vom 31.12.1998 (ABl. L 359) ein Wechselkurs von *1 Euro (€)* = 1,95583 DM.

Inhaltsverzeichnis mit Verfasserangaben

Teil IV: Gutachterausschusswesen und der Verkehrswert; das Recht der Wertermittlung des Baugesetzbuchs – BauGB – (§§ 192 bis 199 BauGB) (W. Kleiber)

Teil V: Verkehrswertermittlung nach den Grundsätzen der Wertermittlungsverordnung – WertV (W. Kleiber)

Erster Teil WertV: Anwendungsbereich, allgemeine Verfahrensgrundsätze und Begriffsbestimmungen

Inhaltsverzeichnis mit Verfasserangaben

Kleiber

Kleiber

Inhaltsverzeichnis mit Verfasserangaben

Inhaltsverzeichnis mit Verfasserangaben

Inhaltsverzeichnis mit Verfasserangaben

Teil VI: Verkehrswertermittlung aus besonderen Anlässen
(W. Kleiber)

Teil IX: Anhang (W.Kleiber)

Inhaltsverzeichnis mit Verfasserangaben

Zitiervorschläge

Kleiber in Kleiber/Simon/Weyers, Verkehrswertermittlung, 4. Aufl. S. 389
Simon, in Kleiber/Simon/Weyers, Verkehrswertermittlung, 4. Aufl. S. 2235
Weyers, in Kleiber/Simon/Weyers, Verkehrswertermittlung, 4. Aufl. S. 2466

Abkürzungsverzeichnis

A	Anfangswert i. S. d. § 154 Abs. 2 BauGB
a. A., A. A.	anderer Ansicht/Anderer Ansicht
a. a. O.	am angegebenen Ort
AB	Ausgleichsbetrag
AbfG	Gesetz über die Vermeidung und Entsorgung von Abfällen (Abfallgesetz)
ABl.	Amtsblatt
AblEG	Amtsblatt der Europäischen Gemeinschaften; vor 1958: Amtsblatt der EGKS
Abs.	Absatz/Absätze
Abschn.	Abschnitt(e)
abw.	abweichend
AcP	Archiv für die civilistische Praxis
AEAO	Anwendungserlass zur Abgabenordnung
AF	Abschreibungsfaktor
a. F.	alte(r) Fassung
AfA	Abschreibung für Abnutzungen
AFB	Allgemeine Bedingungen für die Feuerversicherung
AFG	Arbeitsförderungsgesetz
AfK	Archiv für Kommunalwissenschaft
Ag	Antragsgegner(in)
AG	Amtsgericht
AGB	Allgemeine Geschäftsbedingungen
AGBGB	Bayerisches Ausführungsgesetz zum Bürgerlichen Gesetzbuch
AgrarR	Agrarrecht
AgrarW	Agrarwirtschaft
AH	Abgeordnetenhaus
AHG	Allgemeine Haftpflichtversicherungs-Bedingungen
AIZ	Allgemeine Immobilienzeitung
AJ	The Appraisal Journal
AKG	Allgemeines Kriegsfolgengesetz
AktG	Aktiengesetz
AllMinBl	Allgemeines Ministerialblatt
ALR	Allgemeines Landrecht für die Preußischen Staaten
Alt	Alternative
a. M.	anderer Meinung
AMB	Allgemeine Bedingungen für die Maschinenversicherung
Amtl.	Amtlich(e)
ÄndG	Änderungsgesetz
ÄndVO	Änderungsverordnung
Anh.	Anhang
Anl.	Anlage
Anm.	Anmerkung(en)
AnmV	Anmeldeverordnung
AnwBl	Anwaltsblatt
AO	Abgabenordnung
AöR	Archiv des öffentlichen Rechts
AP	Anlagepraxis (Zeitschrift)

Abkürzungen

Argebau	Arbeitsgemeinschaft der für das Bau-, Wohnungs- und Siedlungswesen zuständigen Minister (Senatoren) der Länder
ArGeVGA	Arbeitsgemeinschaft der Vorsitzenden der Gutachterausschüsse (Nordrhein-Westfalen)
Art.	Artikel
AS	Amtliche (Entscheidungs-) Sammlung des rheinland-pfälzischen und saarländischen OVG
AtG	Atomgesetz
AuA	Arbeit und Arbeitsrecht (Zeitschrift)
Aufl.	Auflage
AusglLeistG	Ausgleichsleistungsgesetz
AVN	Allgemeine Vermessungs-Nachrichten
AVO GBO	Verordnung zur Ausführung der Grundbuchordnung
AWG	Arbeiterwohnungsbaugenossenschaft
Az	Aktenzeichen
BAB	Bundesautobahn
bad.-württ.	baden-württembergisch(e)
BAG	Bundesarbeitsgericht
BAK	Bundesarchitektenkammer
BAKred	Bundesaufsichtsamt für das Kreditwesen
BAM	Bundesanstalt für Materialforschung und -prüfung
BandBDSG	Bundesdatenschutzgesetz
BAnz	Bundesanzeiger
BauGB	Baugesetzbuch
BauNVO	Baunutzungsverordnung
BauR	Baurecht
BauROG	Gesetz zur Änderung des Baugesetzbuchs und zur Neuregelung des Rechts der Raumordnung
BauVorlVO	Bauvorlagenverordnung
BauZVO	Bauplanungs- und Zulassungsverordnung
BAV	Bundesaufsichtsamt für das Versicherungswesen
Bay., bay.	Bayerisch, bayerisch(e, er)
BayBgm	Bayerischer Bürgermeister
BayBO	Bayerische Bauordnung
BayBS	Bereinigte Sammlung der bayerischen Rechtsvorschriften
BayEG	Bayerisches Enteignungsgesetz
BayGO	Bayerische Gemeindeordnung
BayObLG	Bayerisches Oberstes Landesgericht
BayObLGZ	Entscheidungen des Bayerischen Obersten Landesgerichts in Zivilsachen
BayRS	Bayerische Rechtssammlung
BaySVG	Bayerisches Sachverständigengesetz
BayVBl	Bayerisches Verwaltungsblatt
BayVerfGH	Bayerischer Verfassungsgerichtshof
BayVGH	Bayerischer Verwaltungsgerichtshof
BB	Der Betriebs-Berater
BBauBl	Bundesbaublatt
BBauG	Bundesbaugesetz
BBergG	Bundesberggesetz
Bbg, bbg	Brandenburg, brandenburgisch(e)
BBG	Bundesbeamtengesetz
BBodSchG	Bundes-Bodenschutzgesetz

BBodSchV	Bundes-Bodenschutz- und Altlastenverordnung
BBR	Bundesamt für Bauwesen und Raumordnung
BDVI-Forum	Zeitschrift des Bundes der öffentlich-bestellten Vermessungsingenieure
Beigel.	Beigeladene(r)
Beil.	Beilage
Bek.	Bekanntmachung
BelG	Beleihungsgrundsätze der Sparkassen
Bem.	Bemerkung
ber.	berichtigt
BerlKom	Berliner Kommentar zum Baugesetzbuch
Beschl.	Beschluss
BetrKostUV	Betriebskosten-Umlageverordnung
BewG	Bewertungsgesetz
BewG-DDR	Bewertungsgesetz der DDR
BewR Gr	Bewertungsrichtlinien (Grundvermögen)
BFA	Bezirksfachausschuss
BFH	Bundesfinanzhof
BFHE	Entscheidungen des Bundesfinanzhofs
BfLR	Bundesforschungsanstalt für Landeskunde und Raumordnung (nunmehr BBR)
BG	Berufungsgericht
BGB	Bürgerliches Gesetzbuch
BGB RGRK	BGB Kommentar von Reichsgerichtsräten und Bundesrichtern
BGBl.	Bundesgesetzblatt
BGF	Brutto-Grundfläche
BGH	Bundesgerichtshof
BGHZ	Entscheidungen des Bundesgerichtshofs in Zivilsachen (Band, Seite)
BHO	Bundeshaushaltsordnung
BImSchG	Bundes-Immissionsschutzgesetz
BImSchV	Bundes-Immissionsschutzverordnung
BJagdG	Bundesjagdrecht
BlGBW	Blätter für Grundstücks-, Bau- und Wohnungswesen
BMBau	Bundesministerium für Raumordnung, Bauwesen und Städtebau
BMF	Bundesministerium der Finanzen
BMWi	Bundesministerium für Wirtschaft
BMWo	Bundesministerium für den Wohnungsbau
BNatschG	Bundesnaturschutzgesetz
BodSchätzG	Bodenschätzungsgesetz
BR-Drucks.	Drucksache(n) des Bundesrates (Nummer, Jahrgang)
BReg	Bundesregierung
Brem., brem.	Bremen, bremisch
BremLBO	Bremische Landesbauordnung
BRRG	Beamtenrechtsrahmengesetz
BRS	Thiel-Gelzer Baurechtssammlung
BSG	Bundessozialgericht
BSGE	Entscheidungen des Bundessozialgerichts
BSHG	Bundessozialhilfegesetz
BStBl.	Bundessteuerblatt
BT-Ausschuss	Bundestagsausschuss
BT-Drucks.	Drucksache(n) des Deutschen Bundestags
BTE	Bund Technischer Experten

Abkürzungen

Buchst.	Buchstabe(n)
BuG	Bauamt und Gemeindebau
BV	Verordnung über wohnungswirtschaftliche Berechnungen (Zweite Berechnungsverordnung – II BV)
BV	Bayerische Verfassung
BVerfG	Bundesverfassungsgericht
BVerfGE	Entscheidungen des Bundesverfassungsgerichts, Entscheidungssammlung (Band, Seite)
BVerfGG	Bundesverfassungsgerichtsgesetz
BVerwG	Bundesverwaltungsgericht
BVerwGE	Entscheidungen des Bundesverwaltungsgerichts, Entscheidungssammlung (Band, Seite)
BVFG	Gesetz über die Angelegenheiten von Vertriebenen und Flüchtlingen
BVG	Bundesversorgungsgesetz
BVS	Bund der öffentlich bestellten und vereidigten Sachverständigen
BVVG	Bodenverwertungs- und Verwaltungsgesellschaft
BW	Bodenwert
BWGZ	Baden-Württembergische Gemeindezeitung
BWNotZ	Baden-Württembergische Notar-Zeitung
BWVPr	Baden-Württembergische Verwaltungspraxis
bzw.	beziehungsweise
CR	Computer und Recht
D	Dorfgebiet
DAB	Deutsches Architektenblatt
DAR	Deutsches Autorecht
DB	Der Betrieb
dB	Dezibel
DBZ	Deutsche Bauzeitung
DDR	Deutsche Demokratische Republik
ders.	derselbe
DG	Dachgeschoss
dgl.	dergleichen
DGemStZ	Deutsche Gemeindesteuerzeitung
DGQ	Deutsche Gesellschaft für Qualität
DGVM	Deutsche Gesellschaft für Versicherungsmathematik
d. h.	das heißt
DIFU	Deutsches Institut für Urbanistik
DIHT	Deutscher Industrie- und Handelstag
DIHK	Deutsche Industrie- und Handelskammer
DIN	Deutsche Industrie-Norm(en)
DJ	Deutsche Justiz
DJZ	Deutsche Juristen Zeitung
DMBilG	D-Mark-Bilanzgesetz
DNotZ	Deutsche Notar Zeitung
DöD	Der öffentliche Dienst
DOG	Deichordnungsgesetz
DÖV	Die öffentliche Verwaltung
DR	Deutsches Recht
DRiZ	Deutsche Richterzeitung
DRK	Deutsches Rotes Kreuz

DRspr.	Deutsche Rechtsprechung, Entscheidungssammlung und Aufsatzhinweise
DS	Der Sachverständige (Zeitschrift)
DSchG	Denkmalschutzgesetz
DSchPfG	Denkmalschutzpflegegesetz
DSG	Datenschutzgesetz
DST	Deutscher Städtetag
DStR	Deutsches Steuerrecht
DStZ/A	Deutsche Steuerzeitung (Ausgabe A)
DStZ/B	Deutsche Steuerzeitung (Ausgabe B)
DV	Durchführungsverordnung
DVBl.	Deutsches Verwaltungsblatt
DVO	Durchführungsverordnung
DVR	Deutsche Verkehrssteuer-Rundschau
DVW	Deutscher Verein für Vermessungswesen
DWW	Deutsche Wohnungswirtschaft
E	Endwert i. S. d. § 154 Abs. 2 BauGB
EAC	European Accreditation for Certification
EALG	Entschädigungs- und Ausgleichsleistungsgesetz
ebd.	ebenda
ebf	erschließungsbeitragsfrei
ebp	erschließungsbeitragspflichtig
EBS	European Business School
EC	Extended Coverage
ECB	Extended Coverage-Bedingungen
EFG	Entscheidungen der Finanzgerichte
EG	Erdgeschoss
EGAO	Einführungsgesetz zur Abgabenordnung
EGBGB	Einführungsgesetz zum Bürgerlichen Gesetzbuch
Einf.	Einführung
Einl.	Einleitung
EMZ	Ertragsmesszahl
EN	Europäische Norm
Entsch.	Entscheidung
EntschG	Gesetz über die Entschädigung nach dem Gesetz zur Regelung offener Vermögensfragen
EOVGB	Entscheidungssammlung des Oberverwaltungsgerichts Berlin
EPlaR	Entscheidungssammlung zum Planungsrecht; herausgegeben von Bonath
ErbbauVO	Erbbaurechtsverordnung
ErbStG	Erbschaft- und Schenkungsteuergesetz
ErbStR	Erbschaft- und Schenkungsteuer-Richtlinien
ErholNutzG	Erholungsnutzungsgesetz
Erl.	Erlass
ERP	Estimated Realisation Price
ERRP	Estimated Restricted Realisation Price
EStDV	Einkommensteuer Durchführungsverordnung
EStG	Einkommensteuergesetz
EStR	Einkommensteuer-Richtlinien
ET	Energiewirtschaftliche Tagesfragen
EU	Europäische Union
EuGH	Europäischer Gerichtshof

Abkürzungen

EuGRZ	Europäische Grundrechte-Zeitung
EV	Einigungsvertrag
EW	Ertragswert
EWG	Europäische Wirtschaftsgemeinschaft
EWiR	Entscheidungen zum Wirtschaftsrecht
EzGuG	Entscheidungssammlung zum Grundstücksmarkt und Grundstückswert; Luchterhand Verlag
f., ff.	folgende(r), folgende
FamRZ	Zeitschrift für das gesamte Familienrecht
FBU	Feuer-Betriebsunterbrechungsversicherung
FBUB	Feuer-Betriebsunterbrechungsversicherungsbedingungen
FF	Funktionsfläche
FG	Finanzgericht
FGG	Gesetz über die Angelegenheiten der freiwilligen Gerichtsbarkeit
FGO	Finanzgerichtsordnung
FIG	Féderation Internationale des Geomètres
FinBeh	Finanzbehörde
FischG	Landesfischereigesetz
FLK	Freilegungskosten
FlLG	Fluchtliniengesetz
FluglärmSchG	Gesetz zum Schutz gegen Fluglärm
FlurbG	Flurbereinigungsgesetz
FM	Finanzminister
FN	Forstwirtschaftliche Nutzfläche
Fn.	Fußnote
FORSA	Gesellschaft für Sozialforschung und statistische Analysen mbH
FPG	Fischerei-Produktionsgenossenschaft
FR	Finanzrundschau
FRICS	Fellow of the Royal Institution of Chartered Surveyors
FStrG	Bundesfernstraßengesetz
FUR	Familien und Recht
FVG	Finanzverfassungsgesetz
FWW	Freie Wohnungswirtschaft
g	geschlossene Bauweise
G	Gebäudewert
GA	Gutachterausschuss
GABl.	Gemeinsames Amtsblatt
GastG	Gaststättengesetz
GAVO	Gutachterausschussverordnung
GAZ	Gesellschaft für Akkreditierung und Zertifizierung mbH
GBBerG	Grundbuchbereinigungsgesetz
GBl	Gesetzblatt
GBO	Grundbuchordnung
GbR	Gesellschaft bürgerlichen Rechts
GBVorlV	Grundbuchvorrangverordnung
GE	Grundeigentum (Zeitschrift ggf. mit Zusatz Bln – Berlin – oder Hbg – Hamburg –)
GE	Gewerbegebiet
GEG	Gutachter-Erstattungs-Grundsätze
gem.	gemäß
GemMBl	Gemeinsames Ministerialblatt

GemOBG	Gemeindeordnung Baden-Württemberg
GemTg	Gemeindetag (bis März 1978, seither HSGZ)
GesBl.	Gesetzblatt
GewArch	Gewerbearchiv
GewO	Gewerbeordnung
Gewos	Gesellschaft für Wohnungs- und Siedlungswesen e.V., Hamburg
GewStDVO	Gewerbesteuer-Durchführungsverordnung
GewStG	Gewerbesteuergesetz
GewStR	Gewerbesteuer-Richtlinien
GF	Geschossfläche
GFZ	Geschossflächenzahl
GG	Grundgesetz
ggf.	gegebenenfalls
GGV	Gebäudegrundbuchverordnung
GI	Industriegebiet
gif	Gesellschaft für Immobilienwirtschaftliche Forschung
GMBl.	Gemeinsames Ministerialblatt
GmS-OGB	Gemeinsamer Senat der Obersten Gerichtshöfe des Bundes
GND	Gesamtnutzungsdauer
GO	Gemeindeordnung
GONW	Gemeindeordnung Nordrhein-Westfalen
GOP	Gross Operating Profit
GPG	Gärtnerische Produktionsgenossenschaft
GrdstPrVO	Grundstückspreisverordnung
GrdstVG	Gesetz über Maßnahmen zur Verbesserung der Agrarstruktur und zur Sicherung landwirtschaftlicher und forstwirtschaftlicher Betriebe/Grundstücksverkehrsgesetz)
GrEStG	Grunderwerbsteuergesetz
GrStDVO	Grundsteuerdurchführungsverordnung
GrStG	Grundsteuergesetz
Gruchot	Beiträge zur Erläuterung des deutschen Rechts, begründet von Gruchot
GRW	Gemeinschaftsaufgabe Verbesserung der regionalen Wirtschaftsstruktur
GRZ	Grundflächenzahl
GrZS	Großer Zivilsenat
GS	Gesetzessammlung
GuG	Grundstücksmarkt und Grundstückswert
GutachterausschussVO	Gutachterausschussverordnung
GVBl., GVOBl.	Gesetz- und Verordnungsblatt
GVG	Gerichtsverfassungsgesetz
GVO	Grundstücksverkehrsordnung
GVVG	Grundstücksverkehrsverordnung
GWW	Gemeinnütziges Wohnungswesen
ha	Hektar (= 10 000 m²)
HAbfG	Hessisches Abfallgesetz
Hamb., hamb.	Hamburgisch, hamburgisch
HambBO	Hamburger Bauordnung
HBG	Hypothekenbankgesetz
HdB	Handwörterbuch der Betriebswirtschaftslehre
HdwO	Handwerksordnung
Hess., hess.	Hessen, hessisch

Abkürzungen

HessBO	Hessische Bauordnung
HessVGRspr.	Rechtsprechung der Hessischen Verwaltungsgerichte
HFR	Höchstrichterliche Finanzrechtsprechung
HGB	Handelsgesetzbuch
HLBS	Hauptverband der landwirtschaftlichen Buchstellen und Sachverständigen e.V.
HNF	Hauptnutzfläche
HOAI	Honorarordnung für Architekten und Ingenieure
HRR	Höchstrichterliche Rechtsprechung (Entscheidungssammlung, Jahr und Nr.)
Hrsg.	Herausgeber(in)
HSGZ	Hessische Städte- und Gemeindezeitung
HuW	Haus und Wohnung
HWG	Hessisches Wassergesetz
HwO	Handwerksordnung
HypAblVO	Hypothekenablöseverordnung
I	Indexzahl
i	laufende Jahreszahl
IABG	Industrieanlagen-Betriebsgesellschaft
ID	Informationsdienst des Deutschen Volksheimstättenwerks
i. D.	im Durchschnitt
i. d. F.	in der Fassung
i. d. R.	in der Regel
IDW	Institut der Wirtschaftsprüfer
IfS	Institut für Sachverständigenwesen e.V.
IGW	Immissionsgrenzwert
IHK	Industrie- und Handelskammer
IHKG	Gesetz über Industrie- und Handelskammern
IKO	Innere Kolonisation
InvG	Investitionsgesetz
InVorG	Investitionsvorranggesetz
IRB	Immobilien- und Baurecht
i. S.	im Sinne
i.V. m.	in Verbindung mit
IVSC	International Valuation Standards Committee
JA	Juristische Arbeitsblätter
JBl. Saar	Justizblatt des Saarlandes
JMBlNW	Justizministerialblatt für Nordrhein-Westfalen
JöR	Jahrbuch des öffentlichen Rechts der Gegenwart
JR	Juristische Rundschau
JStG	Jahressteuergesetz (97)
Jura	Juristische Ausbildung
JurBüro	Das Juristische Büro
JuS	Juristische Schulung
Justiz	Die Justiz
JW	Juristische Wochenschrift
JZ	Juristenzeitung
JZ-ELS	JZ-Entscheidungen in Leitsätzen
KAG	Kommunalabgabengesetz
KAS	Konrad-Adenauer-Stiftung

KAS	Kommunalabgabensatzung
KBV	Kleinbetrags-Verordnung
KF	Kapitalisierungsfaktor
KG	Kammergericht
KG	Kommanditgesellschaft
KGJ	Jahrbuch für Entscheidungen des Kammergerichts in Sachen der freiwilligen Gerichtsbarkeit (Bd., Abteilung, Seite)
KJ	Kritische Justiz
Kl.	Kläger
KleingG	Kleingartengesetz
Komm.	Kommentar
KostO	Kostenordnung
KP	Kaufpreis
krit.	kritisch
KSt	Körperschaftsteuer
KStG	Körperschaftsteuergesetz
KStR	Körperschaftsteuer-Richtlinien
KStZ	Kommunale Steuer-Zeitschrift
KTS	Konkurs-, Treuhand- und Schiedsgerichtswesen
KV	Kommunalverfassung
KVG	Kommunalvermögensgesetz
KVR	Kommunalverband Ruhrgebiet
KWG	Gesetz über das Kreditwesen (Kreditwesengesetz)
LAGA	Landesarbeitsgemeinschaft Wasser
LandR	Entschädigungsrichtlinien Landwirtschaft
LandwAnpG	Landwirtschaftsanpassungsgesetz
LB	Liegenschaftsbuch
LBG	Landbeschaffungsgesetz
LBO	Landesbauordnung
LF	Landwirtschaftliche Fläche
Lfg.	Lieferung
LFGG	Landesgesetz über die freiwillige Gerichtsbarkeit
lfdm.	laufender Meter
LFU	Landesamt für Umweltschutz
LG	Landgericht
LGebG	Landesgebührengesetz
lit	Buchstabe
LK	Der langfristige Kredit
LKV	Landes- und Kommunalverfassung (Zeitschrift)
LM	Nachschlagewerk des Bundesgerichtshofs in Zivilsachen, hrsg. Lindenmaier, Möhring u. a.
LN	Landwirtschaftliche Nutzfläche
LPachtrNeuOG	Gesetz zur Neuordnung des landwirtschaftlichen Pachtrechts
LPG	Landwirtschaftliche Produktionsgenossenschaft
LS	Leitsatz
LSA	Land Sachsen-Anhalt
lt.	laut
LT-Drucks.	Landtags-Drucksache
LuftVG	Luftverkehrsgesetz
LVerVfH	Landesverwaltungsverfahrensgesetz
LVZ	Landwirtschaftliche Vergleichszahl
LW	Liquidationswert

Abkürzungen

LWw	Landeswassergesetz
LZ	Leipziger Zeitung
MABl./MBl./MinBl.	Ministerialamtsblatt
MBO	Musterbauordnung
MinBl.	Ministerialblatt
MinBlFin	Ministerialamtsblatt des Bundesministeriums der Finanzen
MD	Dorfgebiet
MD	Mitteilungsdienst Verband Sozialer Wettbewerb e.V.
MdF	Ministerium der Finanzen (der DDR)
MDR	Monatsschrift Deutsches Recht
Meck.-Pom.	Mecklenburg-Vorpommern
MfW	Ministerium für Wirtschaft (der DDR)
MGebS	Mustergebührensatzung
MHG	Miethöhengesetz
MHRG	Gesetz zur Regelung der Miethöhe
MI	Mischgebiet
MinBlFin	Ministerialblatt des Bundesministeriums der Finanzen
Mio.	Million
MittBayNot	Mitteilungen des Bayerischen Notarvereins, der Notarkassen und der Landesnotarkammer Bayerns
MittDSt	Mitteilungen des Deutschen Städtetags
MittNWStGB	Mitteilungen des Städte- und Gemeindebunds Nordrhein-Westfalen
MittRhNotK	Mitteilungsblatt der Rheinischen Notarkammer
MK	Kerngebiet
MM	Mietrechtliche Mitteilungen
ModEnG	Modernisierungs- und Energieeinsparungsgesetz
Mrd.	Milliarde
MSV	Ministerium für Stadtentwicklung und Verkehr
MURL	Ministerium für Umwelt, Raumordnung und Landwirtschaft
m. w. H.	mit weiteren Hinweisen
m. w. N.	mit weiteren Nachweisen
MwSt.	Mehrwertsteuer
n	Restnutzungsdauer
Nachr. der nds. Kat.- und VermVw	Nachrichten der Niedersächsischen Kataster- und Vermessungsverwaltung
Nachr. der rh.-pf. Kat.- und VermVw	Nachrichten der rheinland-pfälzischen Kataster- und Vermessungsverwaltung
nds.	niedersächsisch(e)
NatSchG	Naturschutzgesetz
NDSchG	Niedersächsisches Denkmalschutzgesetz
NdsRpfleger	Niedersächsische Rechtspflege
n. F.	neue Fassung
NF	Nutzfläche
NGF	Netto-Grundflächen
NGO	Niedersächsische Gemeindeordnung
NGZ	Neue gastronomische Zeitschrift
NHK	Normalherstellungskosten
NJ	Neue Justiz
NJW	Neue Juristische Wochenschrift
NJW-RR	NJW-Rechtsprechungsreport

NKAG	Niedersächsisches Kommunalabgabengesetz
NMV	Neubaumietenverordnung
NN	Normal Null
NNF	Nebennutzfläche
nordrh.-westf.	nordrhein-westfälisch
NÖV	Nachrichten aus dem öffentlichen Vermessungsdienst Nordrhein-Westfalen
NRW	Nordrhein-Westfalen
Nr., Nrn.	Nummer(n)
NuR	Natur und Recht
NutzEV	Nutzungsentgeltverordnung
NVwZ	Neue Zeitschrift für Verwaltungsrecht
NVwZ-RR	NVwZ-Rechtsprechungsreport
NW	Nordrhein-Westfalen
NWB	Neue Wirtschafts-Briefe
NWBO	Nordrhein-Westfälische Bauordnung
NWGO	Gemeindeordnung Nordrhein-Westfalen
NwIG	Sonderbedingungen für die gleitende Neuwertversicherung
NWVBl.	Nordrhein-Westfälisches Verwaltungsblatt
NZM	Neue Zeitschrift für Miet- und Wohnungsrecht
NZV	Neue Zeitschrift für Verkehrsrecht
o	offene Bauweise
OBG	Ordnungsbehörde
ÖbVI	Öffentlich bestellter Vermessungsingenieur
OFD	Oberfinanzdirektion
öff.	öffentlich
OGG	Ortsgerichtsgesetz
OH	Offene Handelsgesellschaft
OHG	Offene Handelsgesellschaft
OLG	Oberlandesgericht
OLGR	Rechtsprechung des Oberlandesgerichts (mit Zusatz des Gerichts)
OLGZ	Entscheidungssammlung der Oberlandesgerichte in Zivilsachen
OrgVO	Verordnung über die Organisation der technischen Verwaltung
OVG	Oberverwaltungsgericht
OVGE	Entscheidungen des Oberverwaltungsgerichts des Landes Nordrhein-Westfalen
OWiG	Ordnungswidrigkeitengesetz
p	Liegenschaftszinssatz
p. a.	per annum
PAO	Preisanordnung
PartG	Parteiengesetz
PartG	Partnerschaftsgesetz
PGH	Produktionsgenossenschaft des Handwerks
PL	Preisliste
PlanzV	Planzeichenverordnung
PolG	Polizeigesetz
Pos.	Position
pr., Pr.	Preußischer, Preußisches
Prot.	Protokoll

Abkürzungen

PrPVG	Preußisches Polizeiverwaltungsgesetz
PRV	Partnerschaftsregisterverordnung
PrVBl.	Preußisches Verwaltungsblatt
q	Zinsfaktor = 1 + Liegenschaftszinssatz/100
QMS	Qualitäts-Management-System
QSS	Qualitäts-Sicherungs-System
RAO	Reichsabgabenordnung
RBBau	Richtlinien für die Durchführung von Bauaufgaben des Bundes im Zuständigkeitsbereich der Finanzverwaltung
RBewDV	Reichsbewertungs-Durchführungsverordnung
RBewG	Reichsbewertungsgesetz
rd.	rund
RdErl.	Runderlass
RdF	Reichsminister der Finanzen
RdI	Reichsminister des Innern
RdL	Reichsminister der Landwirtschaft
RDM	Ring Deutscher Makler
RdSchr.	Rundschreiben
RDV	Recht der Datenverarbeitung
RE	Reinertrag
RE	Rechtsentscheid
RegE	Regierungsentwurf
REMiet	Rechtsentscheid in Mietsachen
RFH	Reichsfinanzhof
RFHE	Entscheidungen des Reichsfinanzhofs
RG	Reichsgericht
RGBl.	Reichsgesetzblatt
RGRK	Kommentar zum BGB, hrsg. von Reichsgerichtsräten und Bundesrichtern
RGStG	Reichsgrundsteuergesetz
RGZ	Entscheidungen des Reichsgerichts in Zivilsachen (Band und Seite)
RHeimStG	Reichsheimstättengesetz
RhNotZ	Rheinische Notarzeitschrift
Rh.-pf.	Rheinland-pfälzisch
RhPfBO	Rheinland-Pfälzische Bauordnung
RMBl.	Reichsministerialblatt
Rn.	Randnummer
RND	Restnutzungsdauer
RoE	Rohertrag
Rpfleger	Der Deutsche Rechtspfleger
RSG	Reichssiedlungsgesetz
Rspr.	Rechtsprechung
RStBl.	Reichssteuerblatt
RUO	Reichsumlegungsordnung
RVI	Rechtshandbuch Vermögen und Investitionen in der ehemaligen DDR, Losebl.
RVO	Rechtsverordnung
RWP	Rechts- und Wirtschaftspraxis
RzE	Rechtsbeilage zur Elektrizitätswirtschaft
RzF	Rechtsprechung zur Flurbereinigung

S.	Satz, Seite/Sätze, Seiten
saarl., Saarl.	saarländisch, Saarländisch
SaarlBO, SLBO	Saarländische Bauordnung
sächs., Sächs.	sächsisch, Sächsisch
SB	Selbstbedienung
SchlHA	Schleswig-Holsteinischer Anzeiger
SchuldRÄndG	Schuldrechtsänderungsgesetz
SeuffArch	Seufferts Archiv für Entscheidungen der obersten Gerichte in den deutschen Staaten
SGB	Sozialgesetzbuch
SGIN	Sonderbedingungen für die gleitende Neuwertversicherung
SO	Sondergebiet
Sp	Sparkasse
SpG	Sparkassengesetz
SPV	Sonderungsplanverordnung
St	Entscheidungssammlung des Pr. OVG in Steuersachen
StAnz	Staatsanzeiger
StBauFG	Städtebauförderungsgesetz
StEK	Steuer-Erlass-Kartei
StGB	Strafgesetzbuch
StPO	Strafprozessordnung
StRK	Steuer-Rechtsprechungs-Kartei
StTg	Der Städtetag
StuGR	Städte- und Gemeinderat
StuW	Steuer und Wirtschaft
StZB	Steuer- und Zollblatt Berlin
SV	Sachverständige(r)
SVO	(Muster)Sachverständigenordnung des Industrie- und Handelstags
SW	Sachwert
SZVS	Schweizerische Zeitschrift für Volkswirtschaft und Statistik
TA	Technische Anleitung
TEGoVA	The European Group of Valuers of Fixet Assets
TG	Teilnehmergemeinschaft
TGA	Trägergemeinschaft für Akkreditierung GmbH
TGL	Technische Güte- und Lieferbedingungen
TH	Thüringen
THG	Treuhandanstalt
Thür.	Thüringen
TIAVSC	The International Assets Valuation Standards Committee
TLG	Treuhandliegenschaftsgesellschaft
TÜV	Technischer Überwachungsverein
TÜV-CERT	Zertifizierungsgemeinschaft der Technischen Überwachungsvereine
Tz.	Teilziffer
u. a.	unter anderem
u. Ä.	und Ähnliche
UA	Unterausschuss
UBA	Umweltbundesamt
UEC	Union Européenne des Experts Comtable
UG	Untergeschoss

Abkürzungen

UPR	Umwelt- und Planungsrecht
UR	Umbauter Raum
Urt.	Urteil
UStG	Umsatzsteuergesetz
UStR	Umsatzsteuer-Richtlinien
UTR	Jahrbuch des Umwelt- und Technikrechts
u. U.	unter Umständen
UVPG	Gesetz über die Umweltverträglichkeitsprüfung
UW	Unternehmenswert
UWG	Gesetz gegen den unlauteren Wettbewerb
V	Vervielfältiger
VAG	Versicherungsaufsichtsgesetz
VBlBW	Verwaltungsblätter für Baden-Württemberg
VDI	Verein Deutscher Ingenieure
VDM	Verein Deutscher Makler
VE	Verrechnungseinheiten
VEB	Volkseigener Betrieb
VerBAV	Veröffentlichungen des Bundesaufsichtsamt für das Versicherungswesen
VerglO	Vergleichsordnung
VerkMitt	Verkehrsrechtliche Mitteilungen
VermAbgG	Vermögensabgabegesetz
VermG	Gesetz zur Regelung offener Vermögensfragen (Vermögensgesetz)
VermGBln	Berliner Gesetz über das Vermessungswesen
VersR	Versicherungsrecht
VerwArch	Verwaltungsarchiv
VerwBeh	Verwaltungsbehörde
VerwPraxis	Verwaltungspraxis
VerwR	Verwaltungsrundschau
VerwRspr.	Verwaltungs-Rechtsprechung
VG	Verwaltungsgericht
VGB	Allgemeine Bedingungen für die Neuwertversicherung von Wohngebäuden gegen Feuer, Leitungswasser und Sturmschäden
VGH	Verwaltungsgerichtshof
VGH Bad.-Württ.	Verwaltungsgerichtshof Baden-Württemberg
VGHE	Amtliche Sammlung des Bayerischen Verfassungsgerichtshofs, des Bayerischen Verwaltungsgerichtshofs, des Bayerischen DStH und des Bayerischen Kompetenz-Konfliktgerichtshofs
vgl.	vergleiche
v. H.	vom Hundert
VHB	Allgemeine Bedingungen für die Neuwertversicherung des Hausrats
VHW	Volksheimstättenwerk
VIZ	Zeitschrift für Vermögens- und Investitionsrecht
VkBl.	Verkehrsblatt
VLK	Verband der Landwirtschaftskammern
VO	Verordnung
VOBl.	Verordnungsblatt
Vorbem	Vorbemerkung(en)
VP	Verkaufspreis

VP	Versicherungspraxis
VRS	Verkehrsrecht-Sammlung
VRSpr.	Verwaltungsrechtsprechung in Deutschland (Band, Nummer)
VStG	Vermögensteuergesetz
VStR	Vermögensteuer-Richtlinien
v. T.	vom Tausend
VV	Verwaltungsvorschrift
VVG	Versicherungsvertragsgesetz
VW	Verkehrswert, Verwaltungsgerichtsordnung
VwR	Verwaltungsrundschau
VwVfG	Verwaltungsverfahrensgesetz
VwVG	Verwaltungsvollstreckungsgesetz
VwZG	Verwaltungszustellungsgesetz
VZOG	Vermögenszuordnungsgesetz
WA	Allgemeines Wohngebiet
WährG	Währungsgesetz
WaldR	Waldwertermittlungsrichtlinien
WarnR	Warnemeyers Rechtsprechung des Reichsgerichts (Jahr, Seite)
WB	Besonderes Wohngebiet
WE	Wohneinheit
WEG	Wohnungseigentumsgesetz
WertR	Wertermittlungs-Richtlinien
WertV	Wertermittlungsverordnung
WestLB	Westdeutsche Landesbank
WF	Wohnfläche
WFA	Wohnungsbauförderungsanstalt
WGG	Wohnungsgemeinnützigkeitsgesetz
WHG	Wasserhaushaltsgesetz
WiGBl.	Gesetzblatt der Verwaltung des Vereinigten Wirtschaftsgebiets
WiStG	Wirtschaftstrafgesetz
wistra	Wirtschaft. Steuer, Strafrecht
WiVerw	Wirtschaft und Verwaltung
WKSchK	Wohnraumkündigungsschutzgesetz
WM	Wertpapier-Mitteilungen
WoBauErlG	Wohnungsbau-Erleichterungsgesetz
WoBauG	Wohnungsbaugesetz
WoBindG	Wohnungsbindungsgesetz
WP	Wahlperiode
WPO	Wirtschaftsprüferordnung
WR	Reines Wohngebiet
WRP	Wettbewerb in Recht und Praxis
WRV	Weimarer Reichsverfassung
WS	Kleinsiedlungsgebiet
WuM	Wohnungswirtschaft und Mietrecht
WuR	Wirtschaft und Recht
WW	Warmwasser
YP	Years Purchase
Z	Zahl der Vollgeschosse
ZAG	Gesetz betreffend die Zwangsabtretung von Grundeigentum für öffentliche Zwecke

Abkürzungen

ZAP	Zeitschrift für die Anwaltspraxis
z. B.	zum Beispiel
ZBR	Zeitschrift für Beamtenrecht
ZevKR	Zeitschrift für evangelisches Kirchenrecht
ZfB	Zeitschrift für Bergrecht
ZfBR	Zeitschrift für deutsches und internationales Baurecht
ZfhF	Zeitschrift für handelswissenschaftliche Forschung
ZfIR	Zeitschrift für Immobilienrecht
ZfS	Zeitschrift für Schadensrecht
ZfSchR	Zeitschrift für Schadensrecht
ZfU	Zeitschrift für Umwelt
ZfV	Zeitschrift für Vermessungswesen
ZfW	Zeitschrift für Wasserrecht
ZGB	Zivilgesetzbuch
ZH	Zentralheizung
ZierH	Ziergehölzhinweise
Ziff.	Ziffer
ZIP	Zeitschrift für Wirtschaftsrecht
ZKF	Zeitschrift für Kommunalfinanzen
ZLW	Zeitschrift für Luftrecht und Weltraumfragen
ZMR	Zeitschrift für Miet- und Raumrecht
ZöR	Zeitschrift für öffentliches Recht
ZPO	Zivilprozessordnung
ZRP	Zeitschrift für Rechtspolitik
ZSEG	Gesetz über die Entschädigung von Zeugen und Sachverständigen
ZSW	Zeitschrift für Sachverständigenwesen
z. T.	zum Teil
ZUM	Zeitschrift für Urheber- und Medienrecht/ Film und Recht
zutr.	zutreffend
ZVG	Gesetz über die Zwangsversteigerung und Zwangsverwaltung
ZW	Zeitwert
zz., zzt.	zurzeit
ZZP	Zeitschrift für Zivilprozess

▶ *Zu den Abkürzungen des Liegenschaftskatasters vgl. Kleiber/Simon/Weyers, Verkehrswertermittlung von Grundstücken, 3. Aufl. 1997, S. 55.*

Gesetze, Verordnungen, Richtlinien und Normen

Wertermittlungsrecht

Gesetz über die Schätzung des Kulturbodens (**Bodenschätzungsgesetz** – BodSchätzG) vom 16. 10. 1934 (RGBl. 1934, 1050), zuletzt geändert durch Gesetz vom 14. 12. 1976 (BGBl. I 1976, 3341); Begründung: RStBl. 1935, 301.

Fünfte Verordnung zur Durchführung des § 4 Abs. 2 des Bodenschätzungsgesetzes vom 20. 4. 2000 (BGBl. I 2000, 642 = GuG 2000, 232).

Verordnung über die Offenlegung der Ergebnisse der Bodenschätzung (**Bodenschätzungs-OffVO**) vom 31. 1. 1936 (RGBl. 1936, 120), zuletzt geändert durch Gesetz vom 14. 12. 1976 (BGBl. I 1976, 3341).

Durchführungsbestimmungen zum Bodenschätzungsgesetz (BodSchätzDB) vom 12. 2. 1935 (RGBl. 1935, 198).

Verordnung über Grundsätze für die Ermittlung der Verkehrswerte von Grundstücken (**Wertermittlungsverordnung** – WertV) vom 6. 12. 1988 (BGBl. I 1986, 2209), zuletzt geändert durch Art. 3 des Gesetzes vom 18. 8. 1997 (BGBl. I 1997, 2081).

Richtlinien für die Ermittlung der Verkehrswerte von Grundstücken (**Wertermittlungs-Richtlinien** 76/96 – WertR 76/96) i. d. F. vom 11. 6. 1991 (Beil. BAnz Nr. 182 a vom 27. 9. 1991), geändert durch Bek. des BMBau vom 28. 7. 1993 (BAnz Nr. 146 vom 7. 8. 1993 S. 7348 = GuG 1993, 356), Erl. des BMBau vom 2. 8. 1993 (GuG 1993, 356), Bek. des BMBau vom 7. 8. 1993 (ber. BAnz Nr. 169 S. 9890), BMBau, Erl. vom 7. 9. 1994; Erl. des BMBau vom 12. 10. 1993 (RS I 3-630504, BAnz Nr. 199 vom 21. 10. 1993 S. 9630 = GuG 1994, 42), Erl. des BMBau vom 7. 3. 1994 (BAnz Nr. 58 vom 24. 3. 1994 = GuG 1994, 168), RdErl. des BMBau vom 1. 8. 1996 (BAnz Nr. 150 vom 13. 8. 1996 = GuG 1996, 298), Erl. des BMBau vom 1. 8. 1997 zur Einführung der NHK 95 (RS I 3-630504-4) vgl. VV des BMF vom 17. 7. 1998); RdErl. des BMBau vom 2. 9. 1998 (BAnz Nr. 170 vom 11. 9. 1998, ber. BAnz Nr. 179 vom 24. 9. 1998 = GuG 1998, 301 und 352), RdErl. des BMVBW vom 3. 5. 2001 (BAnz Nr. 109 vom16. 6. 2001 S. 11775 = GuG 2001, 240).

Richtlinien für die Ermittlung und Prüfung des Verkehrswerts von Waldflächen und für Nebenentschädigungen (**Waldwertermittlungsrichtlinien** 2000 – WaldR 2000) vom 23. 7. 2000 (BAnz Nr. 168 vom 6. 9. 2000 = GuG 2000, 303).

Richtlinien für die Ermittlung des Verkehrswerts landwirtschaftlicher Grundstücke und Betriebe, anderer Substanzverluste und sonstiger Vermögensnachteile (**Entschädigungs-richtlinien Landwirtschaft** – LandR 78) i. d. F. der Bek. vom 28. 7. 1978 (BAnz Nr. 181 vom 26. 9. 1978), geändert durch Bek. des BMF vom 3. 12. 1980 (BAnz vom 18. 12. 1980), vom 3. 12. 1982 (BAnz vom 11. 12. 1982), vom 10. 12. 1984 (BAnz vom 15. 12. 1984), vom 29. 4. 1986 (BAnz vom 24. 5. 1986), vom 30. 12. 1986 (BAnz vom 8. 1. 1987), vom 22. 2. 1989 (BAnz vom 15. 12. 1989), vom 8. 1. 1991 (BAnz Nr. 17 vom 25. 1. 1991 = GuG 1991, 113), vom 6. 4. 1993 (BAnz Nr. 94 vom 22. 5. 1993), vom 20. 12. 1994 (GuG 1995, 111), vom 9. 3. 1995 (BAnz Nr. 78 vom 25. 4. 1995), vom 4. 2. 1997 (GuG 1997, 183).

Hinweise zur Wertermittlung des Verkehrswerts von Ziergehölzen als Bestandteil von Grundstücken (**Schutz- und Gestaltungsgrün**) – ZierH 2000 – vom 20. 3. 2000 (BAnz Nr. 94 vom 18. 5. 2000 = GuG 2000, 155).

Arbeitsrichtlinie zur vorläufigen Bewertung von Grund und Boden in der DM-Eröff-nungsbilanz (des Ministeriums Wirtschaft der DDR), abgedruckt in Bielenberg/Kleiber/Söfker, Vermögensrecht.

Gesetz über die Preisstatistik vom 9. 8. 1958 (BGBl. III 720-9), zuletzt geändert durch das 3. Statistikbereinigungsgesetz vom 19. 12. 1997 (BGBl. I 1997, 315).

Rechtsgrundlagen

Durchführungs- bzw. Gutachterausschussverordnungen der Länder nach § 199 Abs. 2 BauGB

Baden-Württemberg:

Verordnung über die Gutachterausschüsse, Kaufpreissammlungen und Bodenrichtwerte nach dem Baugesetzbuch – Gutachterausschussverordnung – vom 11. 12. 1989 (GBl. 1989, 541).

Bayern:

Verordnung über die Gutachterausschüsse, die Kaufpreissammlungen und die Bodenrichtwerte nach dem Baugesetzbuch – GutachterausschussV – vom 23. 6. 1992 (GVBl. 1992, 167 = BayRS 2032-10-I).

Berlin:

Verordnung zur Durchführung des Baugesetzbuchs – DVO BauGB – vom 5. 11. 1998 (GVBl. 1998, 331).

Brandenburg:

Verordnung über die Gutachterausschüsse für Grundstückswerte (Gutachterausschussverordnung – GAV) vom 29. 2. 2000 (GVBl. 2000, 61).

Bremen:

Verordnung über die Gutachterausschüsse für Grundstückswerte nach dem Baugesetzbuch vom 4. 9. 1990 (GBl. 1990, 261), zuletzt geändert durch VO vom 17. 8. 1999 (GBl. 1999, 229).

Hamburg:

Verordnung über den Gutachterausschuss für Grundstückswerte vom 20. 2. 1990 (GVOBl. 1990, 37).

Hessen:

Verordnung zur Durchführung des Baugesetzbuchs – DVBauGB – vom 21. 2. 1990 (GVBl. I 1990, 43 = GVBl. II 361-93), zuletzt geändert durch VO vom 17. 12. 1998 (GVBl. 1998, 562).

Mecklenburg-Vorpommern:

Landesverordnung über die Bildung von Gutachterausschüssen für Grundstückswerte – Gutachterausschussverordnung (GutAVO) vom 6. 7. 1992 (GVOBl. 1992, 401 = GS Meckl.-Vorp. Gl. B 213-1-1).

Niedersachsen:

Verordnung zur Durchführung des Baugesetzbuchs und des Maßnahmengesetzes zum Baugesetzbuch – DVBauGB/BauGB-MaßnahmenG – vom 22. 4. 1997 (GVBl. 1997, 112).

Nordrhein-Westfalen:

Verordnung über die Gutachterausschüsse für Grundstückswerte – Gutachterausschussverordnung NW – GAVO NW – vom 7. 3. 1990 (GVB. 1990, 156), zuletzt geändert durch Art. 12d des Gesetzes vom 25. 11. 1997 (GVBl. 1997, 430).

Rheinland-Pfalz:

Landesverordnung über Gutachterausschüsse, Kaufpreissammlungen und Bodenrichtwerte– Gutachterausschussverordnung – vom 15. 5. 1989 (GVBl. 1989, 153), zuletzt geändert durch Zweite VO zur Änderung der GutachterausschussVO vom 19. 1. 1999 (GVBl. 1999, 19).

Saarland:

Verordnung über die Gutachterausschüsse, Kaufpreissammlungen und Bodenrichtwerte nach dem Baugesetzbuch (Gutachterausschussverordnung – GutVO –) vom 21. 8. 1990 (ABl. 1990, 957).

Sachsen:

Verordnung über die Gutachterausschüsse, Kaufpreissammlungen und Bodenrichtwerte nach dem Baugesetzbuch (Gutachterausschussverordnung) vom 27. 8. 1991 (SGV 1991, 324).

Sachsen-Anhalt:

Verordnung über die Gutachterausschüsse für Grundstückswerte (VOGut) vom 14. 6. 1991 (GVBl. LSA 1991, 131), zuletzt geändert durch VO vom 20. 8. 1997 (GVBl. LSA 1997, 756).

Schleswig-Holstein:

Landesverordnung über die Bildung von Gutachterausschüssen und die Ermittlung von Grundstückswerten vom 6. 12. 1989 (GVOBl. 1989, 181 = GS Schl. – H II Gl. Nr. B 213-1-9), zuletzt geändert durch VO vom 5. 7. 2000 (GVOBl. 2000, 547).

Thüringen:

Verordnung über Gutachterausschüsse, Kaufpreissammlungen und Bodenrichtwerte (Gutachterausschussverordnung) vom 5. 8. 1991 (GVBl. 1991, 342), zuletzt geändert durch Art. 3 der VO vom 28. 9. 1995 (GVBl. 1995, 316).

Ländererlasse:

Baden-Württemberg

– Erl. des IM vom 7. 6. 1978 – V 2072.1/101 betr. **Bodenrichtwertermittlung** (GABl. 1968, 490).

– Erl. des IM vom 5.9.1979 betr. **Bodenrichtwertermittlung** (GABl. 1979, 990).

– Erl. des IM vom 12. 11. 1979 – V 2072.1/119 (GABl. 1979, 1241).

– Verwaltungsvorschrift des FM über die Einführung der Richtlinien für die Ermittlung des Verkehrswerts von Grundstücken (**Wertermittlungs-Richtlinien**) vom 22. 4. 1992 – VV 2030-19 (GABl. 1992, 399 = GuG 1993, 42).

– Erl. des FM zur Anerkennung von **Grundstücksgutachten** zertifizierter und anderer Sachverständiger vom 3. 8. 2000 – S 3014/15 – (GuG 2001, 287).

Berlin

– **Ausführungsvorschriften zur Ermittlung der sanierungsbedingten Bodenwerter-höhung** und zur Feststellung von Ausgleichsbeträgen nach §§ 152 bis 155 des Bauge-setzbuchs (AV Ausgleichsbeträge) vom 26. 5. 1994 – BauWohn IV C 33/V A 3 – (ABl. 1994, 1964) und vom 18. 12. 1998 (ABl. 1999, 2).

– Erl. des SenBauWohn- und Verkehr betr. **schriftliche Auskünfte aus der Kaufpreis-sammlung** vom 19. 2. 1999 – V A 3 6569/02/04 (GuG 2001, 175).

– Erl. betr. **Bodenrichtwertindizes für die Grundbesitzbewertung** vom 24. 4. 2001 (ABl. 2001, 1788 = GuG 2001/6).

Brandenburg

– RdErl. über die **rechtlichen, planerischen und finanziellen Aspekte der Konversion militärischer Liegenschaften** Nr. 23/1/1997 vom 20. 5. 1997 (ABl. 1997, 476 = GuG 1998, 235).

Rechtsgrundlagen

- **Verwaltungsvorschrift des IM zur Durchführung des Brandenburgischen Datenschutzgesetzes** (VV zum BbgDSG) vom 17. 12. 1997 (ABl. 1998, 94).

- **Gebührenordnung für die Gutachterausschüsse für Grundstückswerte** und deren Geschäftsstelle (Gutachterausschuss-Gebührenordnung – GAGebO) vom 17. 8. 1999 (GVBl. 1999, 527).

- **Sachverständigenordnung** der bbg Ingenieurkammer für die öffentliche Bestellung und Vereidigung vom 6. 7. 1995 (Amtl. Anz. 2001, 433).

Hessen

- RdErl. des IM vom 11. 12. 1963 betr. **Bodenrichtwertermittlung** (StAnz 1964,6).

- RdErl. des IM vom 24. 12. 1975 (StAnz 1976, 133).

- RdErl. vom 14. 4. 1993 betr. **Leistungen des Gutachterausschusses,** die im Zusammenhang mit Sozialleistungen nötig werden, und Gebührenbefreiung nach dem Sozialgesetzbuch (StAnz 1993, 1482 = GuG 1994, 286).

- Schreiben des MfWVL betr. **Umsatzsteuer** vom 21. 1. 1998 – VIIa 61–61c 08/1539/97 – (unveröffentlicht).

Mecklenburg-Vorpommern

- Landesverordnung über **Verwaltungsgebühren in Angelegenheiten der Wertermittlung** von Grundstücken (WertErmGebVO) vom 22. 6. 1993 (GVOBl. M-V 1993, 669).

- **Verwaltungskostengesetz** des Landes Mecklenburg-Vorpommern (VwKostG M-V) vom 4. 10. 1991 (GVOBl. M-V 1991, 366).

Niedersachsen

- Erl. des FM betr. **gutachterlicher Äußerung** vom 12. 5. 1965 – 26 23 00 (GültL MF 82/87).

- GemRdErl. des IM, FM und SozM betr. **Bodenrichtwertermittlung** vom 7. 9. 1965 (MinBl. 1965, 1038).

- GemRdErl. des IM und SozM betr. **Gebührenfreiheit für Gutachten** nach § 136 BBauG vom 20. 3. 1968 (MinBl. 1968, 313).

- **Allgemeine Dienstanweisung** für die unteren und höheren Vermessungs- und Katasterbehörden (ADAVerm) vom 16. 6. 1974 (NdsMinBl. 1974, 1319).

- RdErl. des IM betr. **Hinweise zur Anwendung der Gebührenordnung** für die Erstattung von Gutachten vom 26. 1. 1976 (NdsMinBl. 1976, 195).

- **EinfErl. zur WertR 76** vom 14. 6. 1976 (NdsMinBl. 1976, 1599).

- GemRdErl. vom 15. 12. 1978 (NdsMinBl. 1979, 18).

- GemRdErl. des IM und SozM betr. **Bodenrichtwertermittlung** vom 1. 8. 1979 (NdsMinBl. 1979, 149).

- RdErl. des ML: **Waldbewertungsrichtlinien** – WBR – (NdsMinBl. 1986, 936).

- Erl. des IM betr. **Gebührenordnung** vom 24. 10. 1986 (unveröffentlicht).

- RdErl. des MS vom 2. 5. 1988 – 301-21013 – (NdsMinBl. 1988, 547 Nr. 228,2,3).

- RdErl. des MS vom 6. 3. 1991 – 301-21013 – GültL 392/19-VV BauGB Nr. 404 (NdsMinBl. 1991, 470).

- RdErl. des IM betr. **Umsatzsteuer** vom 14. 7. 1994 – 67 0511/7 (NdsMinBl. 1994, 1072).

Nordrhein-Westfalen

– **Allgemeine Verwaltungsgebührenordnung** (AVwGebO NW) i. d. F. der Bek. vom 5. 8. 1980 (GVBl. 1980, 924), zuletzt geändert durch VO vom 8. 11. 1994 (GVBl. 1994, 1016).

– RdErl. vom 1. 8. 1963 (MinBl. NW 1963, 1627 = SMBl. NW 2315), aufgehoben mit MinBl. NW 1999, 424.

– RdErl. des FM und MfWöA betr. **Bodenrichtwertermittlung** vom 13. 3. 1964 (MinBl. NW 1964, 558).

– RdErl. des MfL WöA vom 10. 9. 1964 (MinBl. NW 1964, 130).

– RdErl. des IM vom 13. 8. 1974 – ID 2-9213 (unveröffentlicht).

– RdErl. des IM und FM betr. **Bodenrichtwertermittlung** vom 14. 9. 1976 (MinBl. NW 1976, 2109).

– Erl. des FM betr. Steuerliche Behandlung gezahlter **Entschädigungen an die Mitglieder von Umlegungs- und Gutachterausschüssen** vom 5. 8. 1987 – S 2337–25 V B (GuG 1999, 360).

– RdErl. des IM betr. **Bodenrichtwertermittlung** vom 18. 5. 1998 – III C 2 – 9213.

– RdErl. des IM und JM betr. Richtlinien über die Gutachterausschüsse für Grundstückswerte (**Kaufpreissammlung-Richtlinien** KPS-Richtlinien) vom 12. 2. 1999 – III C 2 9210 (MinBl. NW 1999, 424).

Rheinland-Pfalz

– Erl. des MfFuW betr. **Berücksichtigung dinglicher Beschränkungen des Grundeigentums bei der Ermittlung des Grundstückswerts** vom 11. 8. 1970 (S 31o1 A-IV 2).

– Erl. des FM betr. **Unterrichtung der Finanzämter und der Gutachterausschüsse** für Grundstückswerte über die Bauleitplanung und über die Erschließung der Gemeinden vom 2. 11. 1987 –3314 A446 – (MinBl. 1987, 444), verlängert durch VV vom 12. 11. 1997 (MinBl. 1997, 534).

– RdSchr. des MIS vom 16. 5. 1989.

– VV des ISM, FM und IM betr. **Zusammenarbeit zwischen den Geschäftstellen der Gutachterausschüsse, den Finanzämtern und dem Statistischen Landesamt** vom 10. 11. 1995 – 366/648-15/0 – (MinBl. 1995, 535).

– Richtlinien des ISM, FM und MWVLW zur **Bearbeitung von Umlegungen und Grenzregelungen nach dem BauGB (Bodenordnungsrichtlinien-RiBodO)** vom 21. 12. 1994 (MinBl. 1995, 5).

– GemRdSchr. des ISM und FM zur **Zusammenarbeit zwischen den Geschäftsstellen der Gutachterausschüsse, den Finanzämtern und dem Statistischen Landesamt** vom 13. 12. 1999 (MinBl. 1999, 537 = GuG 2001, 95).

Saarland

– Erl. des MF und Bundesangelegenheiten betr. **Behandlung von Landzuteilungen im Umlegungsverfahren** nach dem BauGB vom 17. 4. 2000 – B/5 119/2000-S 4500; GuG 2001, 254.

Sachsen

– **Verwaltungskostengesetz** des Freistaats Sachsen (SächsVwKG) i. d. F. der Bekanntm. vom 24. 9. 1999 (SächsGVBl. 1999, 545).

Rechtsgrundlagen

– Verordnung über die Festsetzung der Verwaltungsgebühren und Auslagen (4. **Sächsisches Kostenverzeichnis** – SächsKVZ) vom 24. 10. 2000 (SächsGVBl. 2000, 549).

– Erl. des StMdI zur **Veräußerung von Grundstücken und grundstücksgleichen Rechten** vom 13. 10. 1992 (SächsABl. 1992, 1573 = GuG 1993, 101).

Sachsen-Anhalt

– **Verwaltungskostengesetz** des Landes Sachsen-Anhalt (VwKostG LSA) vom 27. 6. 1991 (GVBl. LSA 1991, 154), zuletzt geändert Art. 1 des Gesetzes vom 30. 3. 1999 (GVBl. LSA 1999, 120).

– **Bodenrichtwerterlass** vom 22. 1. 1993 – 46-23520 (MinBl. LSA 1993, 500).

– RdErl. des MF betr. Richtlinien für die Ermittlung des Verkehrswerts von Grundstücken **(Wertermittlungs-Richtlinien** 1991) vom 6. 7. 1992 (MinBl. LSA 1992, 1100 = GuG 1993, 42).

– **Gebührentabelle zur GutachterausschussVO** vom 14. 6. 1991 (GVBl. LSA 1994, 222).

– RdErl. des MI: Verwaltungsvorschriften zur Anwendung von automatisierten Verfahren für die Kaufpreissammlung nach § 195 BauGB **(AKS Anwendungserlass)** vom 30. 12. 1993 – 46-23522 (MinBl. LSA 1994, 412).

– **Allgemeine Gebührenordnung** des Landes Sachsen-Anhalt (AllGI LSA) vom 23. 5. 2000 (GVBl. LSA 2000, 266).

– RdErl. des MF vom 29. 3. 1994 (MinBl. LSA 1994, 1298).

– RdErl. des IM zur Vorbereitung von Gutachten **(Gutachten-Erlass)** vom 2. 9. 1994 – 46.2-23 524/2 – (MinBl. LSA 1994, 2528), geändert durch RdErl. des IM vom 20. 11. 1997 (MinBl. LSA 1998, 141), ber. 6. 4. 2001

– RdErl. des IM betr. **Gutachterausschüsse für Grundstückswerte** vom 2. 9. 1994 (MinBl. LSA 1994, 2528).

– RdErl. des IM betr. Verwaltungsvorschriften zur **Anwendung der Allgemeinen Gebührenordnung** durch die Gutachterausschüsse und deren Geschäftsstelle vom 26. 9. 1994 – 46.2-05401/10 – (MinBl. LSA 1994, 2454).

– RdErl. des IM betr. **Veräußerung kommunaler Grundstücke und grundstücksgleicher Rechte** vom 1. 3. 1995 – 33 11-10251 – (MinBl. LSA 1995, 390 = GuG 1997, 112).

– GemRdErl. des IM und MF zur **Umsatzsteuer für Amtshandlungen und Leistungen der Gutachterausschüsse** für Grundstückswerte – 43-05401/10 vom 1. 10. 1997 (MinBl. LSA 1997, 1838).

– RdErl. des MI zur **Änderung von GA-Erlassen** vom 20.11.1997 (MinBl. LSA 1997, 141).

– GemRdErl. des MI und MF zur **Aktualisierung der amtlichen Bodenschätzung und des Liegenschaftskatasters** vom 11. 2. 1998 – 43-23512 45-S 3385-1 – (MinBl. LSA 1998, 478).

– RdErl. des MF zu den **Grundsätzen für die Ermittlung des Verkehrswerts bei der Veräußerung von landeseigenen Grundstücken durch Ausschreibung** vom 8. 2. 2000 – 54.2-27000-438 (MinBl. LSA 2000, 875 = GuG 2001, 96).

Schleswig-Holstein

– RdErl. des IM betr. **Bodenrichtwertermittlung** vom 22. 4. 1975 (ABl. 1975, 601).

Thüringen

– Erl. des IM zur **Zusammenarbeit zwischen den Geschäftstellen der Gutachterausschüsse,** den Finanzämtern und dem Thüringer Landesamt für Statistik vom 19. 3. 1992 – 740-9611.

– Thüringisches Verwaltungskostengesetz (ThürVwKostG) vom 7. 8. 1991 (GVBl. 1991, 321), zuletzt geändert durch Gesetz vom 12. 5. 1999 (GVBl. 1999, 267).

Sachverständigenrecht

Gewerbeordnung (GewO) i. d. F. der Bek. der Neufassung vom 22. 2. 1999 (BGBl. I 1999, 202), zuletzt geändert durch Art. 26 des 4. Euro-Einführungsgesetzes vom 21. 12. 2000 (BGBl. I 2000, 1983).

Gesetz über die Entschädigung von Zeugen und Sachverständigen (ZSEG) i. d. F. der Bek. vom 1. 10. 1969 (BGBl. I 1969, 1756), zuletzt geändert durch Art. 13 des Gesetzes vom 13. 7. 2001 (BGBl. I 2001, 1546).

Bayerisches Gesetz über öffentlich bestellte und vereidigte Sachverständige – BaySachvG) vom 11. 10. 1950 (BayRS 702-1-W), zuletzt geändert durch Art. 5 des Gesetzes vom 24. 5. 1994 (BayGVBl. 1994, 392).

Gesetz über eine Berufsordnung der Wirtschaftsprüfer **(Wirtschaftsprüferordnung –** WiPrO) i. d. F. vom 5. 11. 1975 (BGBl. 1975, 2803), zuletzt geändert durch Art. 3 § 35 des Gesetzes vom 16. 2. 2001 (BGBl. I 2001, 281).

Zivilprozessordnung (ZPO) in der im BGBl. III Gliederungsnummer 310-4 veröffentlichten bereinigten Fassung.

Partnerschaftsgesetz – (PartG) vom 25. 7. 1994 (BGBl. I 1994, 1744), zuletzt geändert durch Art. 1 a des Gesetzes vom 22. 7. 1998 (BGBl. I 1998, 1878).

Partnerschaftsregisterverordnung – PRV – vom 16. 6. 1995 (BGBl. I 1995, 808), zuletzt geändert durch Art. 3 der VO vom 8. 12. 1998 (BGBl. I 1998, 3580).

Gesetz über die Zwangsversteigerung und die Zwangsverwaltung i. d. F. der Bek. vom 20. 5. 1898 (RGBl. 1898, 369, 713), zuletzt geändert durch Gesetz vom 18. 2. 1998 (BGBl. I 1998, 866).

Verordnung über die Honorare für Leistungen der Architekten und der Ingenieure **(Honorarordnung für Architekten und Ingenieure** – HOAI) i. d. F. der Bek. vom 4. 3. 1991 (BGBl. I 1991, 533), zuletzt geändert durch 5. ÄndVO vom 21. 9. 1995 (BGBl. I 1995, 1174; ber. BGBl. I 1996, 51).

Gesetz gegen den unlauteren Wettbewerb (UWG) in der im BGBl. III unter Gliederungsnr. 43-1 veröffentlichten Fassung, zuletzt geändert durch Art. 1 des Gesetzes vom 1. 9. 2000 (BGBl. I 2000, 374).

Gesetz über die förmliche Verpflichtung nichtbeamteter Personen **(Verpflichtungsgesetz)** vom 2. 3. 1974 (BGBl. I 1974, 547 = BGBl. III 453-17).

▶ *Zu den Regelwerken in der ehemaligen DDR vgl. Kleiber/Simon/Weyers, Verkehrswertermittlung von Grundstücken, 3. Aufl. Anh. 15, S. 2257 ff.*

▶ *Zu den Regelwerken über die Zuständigkeiten der Industrie- und Handelskammern der Architekten- und Ingenieurkammern sowie im land- und forstwirtschaftlichen Bereich über die Bestellung von Sachverständigen vgl. Kleiber/Simon, WertV 98, 5. Aufl. 1999 S. 33.*

Rechtsgrundlagen

Steuerliches Bewertungsrecht

Bewertungsgesetz (BewG) i. d. F. der Bek. vom 1. 2. 1991 (BGBl. I 1991, 230), zuletzt geändert durch Art. 20 des Gesetzes vom 13. 9. 2001 (BGBl. I 2001, 2376).

Verordnung zur Durchführung des § 55 Abs. 3 und 4 des Bewertungsgesetzes vom 27. 7. 1967 (BGBl. I 1967, 804, 1184), zuletzt geändert durch Art. 18 des Gesetzes vom 19. 12. 2000 (BGBl. I 2000, 1801).

Bewertungsgesetz (BewG) **der DDR** i. d. F. vom 18. 9. 1970 (Sonderdruck Nr. 674 vom 2. 11. 1970 = BAnz Nr. 117a vom 17. 6. 1995).

Durchführungsverordnung zum Reichsbewertungsgesetz (RBewDV) vom 2. 2. 1935 (RGBl. 1935, 81 = RStBl. 1935, 189), zuletzt geändert durch VO vom 8. 12. 1944 (RGBl. I 1944, 338).

Rechtsverordnungen über die Bewertung bebauter Grundstücke vom 17. 12. 1934 (RMinBl. 1934, 785).

Richtlinien des Ministeriums der Finanzen der DDR zur Vereinfachung des Bewertungsverfahrens und zur Ermittlung des Einheitswerts des Grundvermögens vom 3. 10. 1975 (abgedruckt bei Kleiber/Söfker, Vermögensrecht, Jehle Rehm Losebl.).

Bilanz-Richtlinien-Gesetz (BiRiG) vom 19. 12. 1985 (BGBl. I 1985, 2355).

Gesetz über die Eröffnungsbilanz in Deutscher Mark und die Kapitalneufestsetzung (**D-Mark-Bilanzgesetz** – DMBilG –) i. d. F. der Bek. vom 28. 7. 1994 (BGBl. I 1994, 1842), zuletzt geändert durch Art. 25 des Gesetzes vom 22. 6. 1998 (BGBl. I 1998, 1474).

Arbeitsrichtlinie zur vorläufigen Bewertung von Grund und Boden in der DM-Eröffnungsbilanz (des Ministeriums für Wirtschaft der DDR), abgedruckt bei Kleiber/Söfker, Vermögensrecht, Jehle Rehm Verlag, Losebl.

Ermittlung der Wiederherstellungs-/Wiederbeschaffungskosten zum 1. 7. 1990 für im Beitrittsgebiet gelegene Gebäude und der AfA Bemessungsgrundlage; Sitzung der ESt IV/94 vom 8. bis 10. 6. 1994 (BStBl. I 1994, 599).

Grunderwerbsteuergesetz (GrEStG) i. d. Neufassung vom 26. 2. 1997 (BGBl. I 1979, 418, ber. BGBl. I 1997, 1804), zuletzt geändert durch Art. 15 des Steuerentlastungsgesetzes vom 24. 3. 1999 (BGBl. I 1999, 402).

RdSchr. des BMF betr. Grunderwerbsteuer: **Steuerliche Behandlung von Landzuteilungen im Umlegungsverfahren** nach dem BauGB (§ 1 Abs. 1 Nr. 3 Buchst. b GrEStG) – IV A 4 S 4500-11/91 – vom 11. 7. 1991.

Gleich lautende Erlasse der obersten Finanzbehörden der Länder betr. **Anwendung des § 1 Abs. 2 a GrEStG** vom 13. 6. 1997 (BStBl. I 1997, 632).

Erl. des BMF betr. **Umsatzsteuerrechtlicher Behandlung von Erschließungsmaßnahmen** vom 4. 12. 2000 (BStBl. I 2000, 1581 = GuG 2001, 238).

Gleich lautende Erlasse der obersten Finanzbehörden der Länder betr. Grunderwerbsteuer bei **Treuhandgeschäften, die ein inländisches Grundstück zum Gegenstand haben** vom 25. 5. 1984 (BStBl. I 1984, 378).

Grundsteuergesetz (GrStG) vom 7. 8. 1973 (BGBl. I 1973, 965), zuletzt geändert durch Art. 21 des Gesetzes vom 19. 12. 2000 (BGBl. I 2000, 1803).

Erläuterungen zur Festsetzung und Erhebung der Grundsteuer durch die Gemeinden im Beitrittsgebiet (Infodienst – Kommunal Nr. 16 vom 11. 1. 1991).

Empfehlungen des BMF **zur Erhebung der Grundsteuer** (abgedruckt bei Kleiber/Söfker, Vermögensrecht).

Erbschaft- und Schenkungsteuergesetz i. d. F. der Bek. vom 27. 2. 1997 (BGBl. I 1997, 378), zuletzt geändert durch Art. 19 des Gesetzes vom 19. 12. 2000 (BGBl. I 2000, 1801).

Erbschaftsteuer-Durchführungsverordnung (ErbStDV) vom 9. 8. 1998 (BStBl. I 1998, 1183), zuletzt geändert durch Art. 20 des Gesetzes vom 19. 12. 2000 (BGBl. I 2000, 1802).

Allgemeine Verwaltungsvorschrift zur Anwendung des Erbschaftsteuer- und Schenkungsteuerrechts **(Erbschaftsteuer-Richtlinien – ErbStR)** vom 21. 12. 1998 (BStBl. I Sondernr. 2/1998 vom 30. 12. 1998).

Gleich lautender Erlass der obersten Finanzbehörden der Länder betr. **Ergänzende Hinweise zu den ErbStR** (BStBl. I 1998, 1529).

Richtlinien zur **Bewertung des land- und forstwirtschaftlichen Vermögens** vom 17. 11. 1967 (BStBl. I 1967, 397) und vom 17. 1. 1968 (BStBl. I 1968, 1529).

Erl. betr. der Einheitsbewertung von **Grundbesitz, der unter Denkmalschutz steht,** vom 21. 10. 1985 (BStBl. I 1985, 648).

Gleich lautender Erlass der neuen Bundesländer betr. **Bewertung des Grundvermögens und der Betriebsgrundstücke** i. S. d. § 99 Abs. 1 Nr. 1 BewG sowie Festsetzung des Grundsteuermessbetrags im Beitrittsgebiet vom 20. 11. 1990 (BStBl. I 1990, 827), zuletzt geändert durch Erl. vom 21. 4. 1992 (BStBl. I 1992, 371).

Gleich lautender Erlass der neuen Bundesländer betr. **Bewertung von Kleingärten und Gartenlauben** in Kleingartenanlagen im Beitrittsgebiet vom 1. 12. 1990 (BGBl. I 1990, 833).

Gleich lautender Erlass der neuen Bundesländer betr. die **Ermittlung von Ersatzwirtschaftswerten** und die Festsetzung der Grundsteuermessbeträge für Betriebe der Land- und Forstwirtschaft ab 1. 1. 1991 vom 11. 12. 1990 (BStBl. I 1990, 833), geändert durch Erlass vom 1. 7. 1991 (BStBl. I 1991, 655) und vom 1. 8. 1994 (BStBl. I 1994, 597).

Gleich lautender Erlass der neuen Bundesländer betr. **Bewertung von Einfamilienhäusern** im Beitrittsgebiet vom 6. 1. 1991 (BStBl. I 1991, 968), zuletzt geändert durch Erl. vom 22. 7. 1994 (BStBl. I 1994, 499).

Gleich lautender Erlass der neuen Bundesländer betr. **Abgrenzung des Grundvermögens von den Betriebsvorrichtungen** vom 31. 3. 1992 (BStBl. I 1992, 342).

Gleich lautender Erlass der neuen Bundesländer betr. **Bewertung von Grundstücken mit Bank-, Versicherungs-, Verwaltungs- und Bürogebäuden sowie Hotelgebäuden** im Beitrittsgebiet vom 8. 9. 1992 (BStBl. I 1992, 572).

Gleich lautender Erlass der neuen Bundesländer betr. die **Bewertung von Tankstellengrundstücken** im Beitrittsgebiet ab 1. 1. 1991 vom 9. 11. 1992 (BStBl. I 1992, 712 = GuG 1995, 301).

Gleich lautender Erlass der neuen Bundesländer betr. die **Abgrenzung der wirtschaftlichen Einheit bei Einfamilienhäusern** mit räumlich getrennt liegenden Garagengrundstücken im Beitrittsgebiet vom 23. 11. 1992 (BStBl. I 1992, 724).

Gleich lautender Erlass der neuen Bundesländer betr. die **Bewertung von Garagengrundstücken** im Beitrittsgebiet ab 1. Januar 1991 vom 24. 11. 1992 (BStBl. I 1992, 725).

Gleich lautender Erlass der neuen Bundesländer betr. die **Abgrenzung, Entstehung und Grundstückshauptgruppen der wirtschaftlichen Einheit Wohnungs- und Teileigen-**

tum ab 11. 1991 vom 26. 11. 1992 (BStBl. I 1993, 104), zuletzt geändert durch Erlass vom 25. 7. 1994 (BStBl. I 1994, 502).

Gleich lautender Erlass der neuen Bundesländer betr. **Bewertung von Mietwohngrundstücken** und gemischt genutzten Grundstücken im Beitrittsgebiet ab 1. 1. 1991 vom 19. 1. 1993 (BStBl. I 1993, 173 = GuG 1993, 304).

Gleich lautender Erlass der neuen Bundesländer betr. **Bewertung von Fabrikgrundstücken, Lagerhausgrundstücken, Grundstücken mit Werkstätten** und vergleichbaren Grundstücken im Beitrittsgebiet ab 1. 1. 1991 vom 21. 5. 1993 (BStBl. I 1993, 467 = GuG 1994, 226).

Gleich lautender Erlass der neuen Bundesländer betr. **Bewertung von Warenhausgrundstücken, Einkaufszentren sowie Groß-, SB- und Verbrauchermärkten und Messehallen** im Beitrittsgebiet vom 25. 6. 1993 (BStBl. I 1993, 528 = GuG 1993, 362).

Gleich lautender Erlass der neuen Bundesländer betr. **Abgrenzung des Grundvermögens vom land- und forstwirtschaftlichen Vermögen** im Beitrittsgebiet vom 22. 12. 1993 (BStBl. I 1994, 96).

Gleich lautender Erlass der neuen Bundesländer betr. **Bewertung von übrigen Geschäftsgrundstücken und sonstigen bebauten Grundstücken** im Beitrittsgebiet vom 21. 7. 1994 (BStBl. I 1994, 480).

Gleich lautender Erlass der neuen Bundesländer betr. die **Einheitsbewertung von Grundbesitz, der unter Denkmalschutz** steht vom 22. 12. 1994 (unveröffentlicht).

Gleich lautender Erlass der neuen Bundesländer betr. die **Bewertung von Grundstücken mit aufstehenden Gebäuden, die dem Verfall preisgegeben sind,** im Beitrittsgebiet ab 1. Januar 1991 vom 7. 3. 1995 (BStBl. I 1995, 247 = GuG 1995, 243).

Gleich lautender Erlass der neuen Bundesländer betr. die **Berücksichtigung von Bodenverunreinigungen** bei der Einheitsbewertung des Grundvermögens und der Betriebsgrundstücke (i. S. d. § 99 Abs. 1 Nr. 1 BewG), die wie Grundvermögen zu bewerten sind vom 20. 3. 1995 (unveröffentlicht).

Gleich lautender Erlass der neuen Bundesländer betr. die **Bewertung von Wochenendhäusern** im Beitrittsgebiet vom 14. 12. 1995 (unveröffentlicht).

Gleich lautender Erlass der neuen Bundesländer betr. die **Bewertung besonderer Außenanlagen** (Schwimmbecken im Freien, Tennisplätze) bei Einfamilienhäusern im Beitrittsgebiet vom 19. 6. 1996 (unveröffentlicht).

Gleich lautender Erlass der obersten Finanzbehörden der Länder betr. **Bewertung von unbebauten Grundstücken** nach dem 4. Abschn. des BewG vom 15. 4. 1997 (BStBl. I 1997, 394 = DStR 1997, 740).

Gleich lautender Erlass der obersten Finanzbehörden der Länder betr. **Bewertung des land- und forstwirtschaftlichen Vermögens** nach dem 4. Abschn. des BewG vom 16. 4. 1997 (BStBl. I 1997, 543).

Gleich lautender Erlass der obersten Finanzbehörden der Länder betr. **Bewertung von bebauten Grundstücken im Ertragswertverfahren** (§ 146 BewG) vom 28. 5. 1997 (BStBl. I 1997, 592).

Gleich lautender Erlass der obersten Finanzbehörden der Länder betr. **Abgrenzung des land- und forstwirtschaftlichen Vermögens vom gewerblichen Betriebsvermögen** vom 30. 5. 1997 (BStBl. I 1997, 600).

Gleich lautender Erlass der obersten Finanzbehörden der Länder betr. die **Sonderbewertung nach den §§ 148 bis 150 BewG** vom 17. 6. 1997 (BStBl. I 1997, 643).

Gleich lautender Erlass der obersten Finanzbehörden der Länder betr. **Bewertung des land- und forstwirtschaftlichen Vermögens** nach dem Vierten Abschnitt des BewG (Bedarfsbewertung); Ermittlung eines Anteils am Betriebswert nach § 142 Abs. 1 i.V. m. § 49 BewG im Beitrittsgebiet vom 15. 3. 1999 (BStBl. I 1999, 423 = GuG 1999, 367).

Ländererlasse:

Baden-Württemberg

- Erl. des FM zur **Grunderwerbsteuer in der Umlegung** vom 15. 12. 1992 – S 4500/1 –.

- VV des FM betr. **Grunderwerbsteuer und Erschließungsbeiträge** –S 5621 A 13/83 – vom 4. 9. 1989.

- Erl. Des FM betr. **Behandlung von Landzuteilungen im Umlegungsverfahren nach dem BauGB** (§ 1 Abs. 1 Nr. 3 S. 2 GrEStG) – S 4500/1 – vom 15. 12. 1992 (GuG 1999, 100).

- Erl. des FM betr. Anwendung des § 7 Abs. 2 GrEStG auf den **Erwerb eines in einer sog. Freiwilligen Baulandumlegung** gebildeten Grundstücks – S 4400/5 – vom 30. 9. 1997 (GuG 1998, 299 = NVwZ 1998, 595).

- Schreiben des BMF zur **Neuregelung der Besteuerung privater Grundstücksveräußerungsgeschäfte nach § 23 EStG** (GuG 2001, 97).

- Erl. des FM betr. **Berücksichtigung von Bodenverunreinigungen bei der Einheitsbewertung des Grundvermögens** einschließlich Betriebsgrundstücke – 3 S 3201/1 vom 9. 2. 1998 (GuG 1998, 233).

- Erl. des FM betr. **Bedarfsbewertung von bebauten Grundstücken im Ertragswertverfahren,** Ermittlung der Jahresmiete beim öffentlich geförderten sozialen Wohnungsbau – 3 S 3014/5 –vom 12. 2. 1998 (GuG 1998, 234).

- Erl. des FM betr. Bedarfsbewertung, **Zurückweisung von Sachverständigengutachten** – 3 S 3014/15 –vom 24. 8. 1998 (GuG 1999, 55 = DB 1998, 1840).

- Erl. des FM betr. Bewertung des Grundbesitzes, **Entschädigungsloser Übergang des Gebäudes nach Ablauf des Erbbaurechtsvertrags** –3-S 3014/17 – vom 27. 11. 1998 (GuG 1999, 100).

- Erl. des FM betr. Ermittlung des **Werts von bebauten Grundstücken, die zum Teil nach dem Ertragswertverfahren zu bewerten sind** – 3 S 3014/19 – vom 27. 11. 1998 (GuG 1999, 100).

- Erl. des FM betr. Abgrenzung „Gebäude/Betriebsvorrichtungen" bei **Windkraftanlagen** – 3 S 3190/14- vom 8. 6. 1999 (GuG 1999, 359).

- Erl. des FM zur **Bewertung von Geschäftsgrundstücken nach § 146 BewG,** wenn eine Miete für Parkplätze vereinbart wurde vom 17. 7. 2000 – S 3014/5 – (GuG 2001, 50).

- Erl. des FM betr. die **Behandlung von Landzuteilungen im Umlegungsverfahren** vom 15. 3. 2000 – 3 –S 4500/1 –, NVwZ 2001, 658 = GuG 2001/5.

- Erl. des FM betr. Anerkennung von Grundstückssachverständigen vom 3. 8. 2000 – S. 3014/15 –, GuG 2001 = BB 2000, 2297.

- Erl. des FM betr. **Berücksichtigung von Nießbrauchsrechten** beim Nachweis eines niedrigeren Verkehrswerts vom 20. 12. 2000 – S 3014/19 –, GuG 2001,287 = Bln GE 2001, 917.

Rechtsgrundlagen

– Erl. zur Behandlung von **Landzuteilungen im Umlegungsverfahren** nach dem BauGB (§ 1 Abs. 1 Nr. 3 lit b GrEStG) vom 15. 3. 2000 – 3 S 4500/1 – (GuG 2001, 287).

Bayern

– Erl. des FM betr. Bewertung bebauter Grundstücke, **Berechnung des Mindestwerts bei einer vom Bodenrichtwertgrundstück abweichenden tatsächlichen Bebauung** – 34 S 3014-17/106-53 596 – vom 15. 10. 1997 (GuG 1998, 305 = DStR 1997, 1851).

– Erl. des FM betr. **Verkehrswertnachweis nach Bestandskraft des Feststellungsbescheids** vom 20. 11. 2000 – 34-S 3014-33/4-37 750 (GuG 2001 = DB 2001, 454).

Berlin

– Bekanntm. vom 30. 11. 1999 der Faktoren zur Anpassung des Sachwerts von Grundstücken mit Eigenheimen an die Lage auf dem Grundstücksmarkt (ABl. 1999, 5004)

Hessen

– Erl. des FM betr. **Ermittlung des Bedarfswerts von bebauten Grundstücken im sog. Mischverfahren** – 8 S 3014bA-II B41(K) – vom 19. 1. 1999 (GuG 1999, 306 = DB 1999, 563).

Niedersachsen

– Erl. betr. **Bedarfsbewertung von Ein- und Zweifamilienhäusern-Zuschlag nach § 146 Abs. 5 BewG** – S 31014 b-6-34 2 – vom 3. 8. 1998 (GuG 1999, 100).

– Erl. betr. **Anerkennung von Gutachten der öffentlich bestellten Vermessungsingenieure** im Rahmen der Öffnungsklausel nach § 146 Abs. 7 BewG (Bedarfsbewertung) – S 3014-9-34 2 – vom 25. 5. 1999 (GuG 1999, 359).

– Erl. des FM zur **Grunderwerbsteuer im Umlegungsverfahren** vom 15. 1. 2001 – S 4500-133-341 (Nds. Ministerium für Ernährung, Landwirtschaft und Forsten vom 15. 1. 2001 – 304-05222/2-05).

Nordrhein-Westfalen

– Erl. betr. **Grunderwerbsteuer im Umlegungsverfahren** – S 4500-17 V A 2 – vom 15. 12. 1992 (GuG 1993, 360).

– Erl. betr. **Grunderwerbsteuer vom Umlegungsverfahren** vom 21. 10. 1998 (GuG 1999, 53).

Saarland

Erl. des FM und Bundesangelegenheiten vom 17. 4. 2000 – B/5-119/2000-S 4500 betr. **Behandlung von Landzuteilungen im Umlegungsverfahren nach dem BauGB (§ 1 Abs. 1 Nr. 3 Buchst b GrEStG)**; GuG 2001.

Sachsen-Anhalt

– Erl. des FM betr. **Bewertung von Kleingartenland und von Kleingartenlauben in Kleingartenanlagen** – 45 S 3191 – vom 4. 10. 1991.

– Erl. des FM betr. Bedarfsbewertung – **Entschädigungsloser Übergang des Gebäudes nach Ablauf des Erbbaurechtsvertrags** – 45-S 3014-16 – vom 2. 2. 1999 (GuG 1999, 309 = DB 1999, 827).

– GemRdErl. des FM und MRLU vom 15. 1. 2001 betr. **Grunderwerbsteuer in der Flurbereinigung** (– 41 S 4500 – 6,61. 1.2 – 61106), GuG 2001/6.

Schleswig-Holstein

– Erl. des FM und des Ministeriums für Energie betr. **Bewertung von bebauten Grundstücken im Ertragswertverfahren** (§ 146 BewG); Minderung des Mindestwerts, wenn die tatsächliche Bebauung von der rechtlich zulässigen Bebauung des Bodenrichtwertgrundstücks abweicht –VI 310-S 3014-097 – vom 9. 10. 1998 (GuG 1998, 110 = DStZ 1998, 144).

– Erl. des FM zu Gegenleistung bei Grundstücksenteignungen und Grundstückserwerben zur Vermeidung der Enteignung vom 22. 2. 2001 – VI 316 S 4521-073 (GuG 2001, 288).

Thüringen

– VV des FM betr. Einheitsbewertung von **Grundbesitz, der unter Denkmalschutz** steht – S 3219 aA-3-201.3 – vom 22. 12. 1994.

– VV des FM betr. Bewertung von **Einfamilienhäusern im Sachwertverfahren;** hier: Bewertung besonderer Außenanlagen bei Einfamilienhäusern – S 3219b A-3-201.5 – vom 19. 6. 1996 (GuG 2000, 107).

– VV des FM betr. Bewertung von **Wochenendhäusern** – S 3106b A-2-201.5 – vom 14. 12. 1995.

Erlasse der Oberfinanzdirektionen

– Vfg. der OFD Hamburg betr. **Bewertung von Hafengrundstücken** – S 3014-4/70-St 31 – vom 9. 2. 1971 (abgedruckt in Kleiber/Simon/Weyers, Verkehrswertermittlung von Grundstücken, 3. Aufl. 1997 S. 2168 ff.).

– RdVfg. der OFD Düsseldorf betr. Ermäßigung des **Grundstückswerts wegen ungewöhnlich starker Beeinträchtigung durch Gewerbelärm** – S 3204A-St 212 – vom 1. 12. 1975.

– Vfg. der OFD Freiburg betr. Ermäßigung des **Grundstückswerts wegen ungewöhnlich starker Beeinträchtigung durch Fluglärm** – S 3204 A vom 23. 5. 1986.

– Vfg. der OFD Frankfurt am Main betr. **Bewertung von Zelthallen** – S 3190 A-12-St III 41.

– Erl. der OFD Düsseldorf betr. **Grunderwerbsteuer im Umlegungsverfahren** – 2 St 233 (GuG 1998, 299). – Vfg. der OFD Frankfurt am Main betr. Bewertung des Erbbaurechts (§ 46 RBewDV); hier Begriff, Entstehung und Verfahren im Falle des Erbbaurechts – S 3219 I A-01/97-S 7263 – vom 16. 5. 1997 (GuG 1998, 109).

– Vfg. der OFD Frankfurt am Main betr. **Bewertung von bebauten Grundstücken in Sonderfällen** (§ 147 BewG) – S 3289 d A-1 St III 30- vom 31. 10. 1997 – (GuG 1998, 353).

– Vfg. der OFD Karlsruhe zur **Grunderwerbsteuer bei Folgekostenverträgen** nach dem BauGB vom 18. 4. 2000 –3-S 4521/21 – (GuG 2001, 50).

– Vfg. der OFD Freiburg, Karlsruhe und Stuttgart bei Anwendung des § 7 Abs. 2 GrEStG auf den **Erwerb eines in einer sog. freiwilligen Baulandumlegung gebildeten Grundstücks** vom 13. 5. 1983 – S 4400 –7/79 – und vom 10. 5. 1990 – S 4400 – 7a/79 – (GrESt-Kartei Stand Okt. 1994).

– Vfg. der OFD München betr. **städtebauliche Verträge** vom 10. 3. 2000 – S 2240-6 St 41/42 –.

Kreditwirtschaftliches Bewertungsrecht

Hypothekenbankengesetz i. d. F. der Bek. vom 19. 12. 1990 (BGBl. I 1990, 2898), zuletzt geändert durch Gesetz vom 9. 9. 1998 (BGBl. I 1998, 2674).

Gesetz über Kapitalgesellschaften (KAGG) vom 16. 4. 1957 (BGBl. I 1957, 378) i. d. F. der Bek. vom 14. 1. 1970 (BGBl. I 1970, 127), zuletzt geändert durch Gesetz vom 22. 10. 1997 (BGBl. I 1997, 2572).

Bay. Verordnung über die Beleihungsgrundsätze für Sparkassen vom 1. 12. 1997 (GuG 1998, 111).

Sparkassengesetz für Baden-Württemberg (SpG) i. d. F. vom 12. 12. 1991 (GBl. 1991, 839).

RdErl. des FM von Brandenburg **Beleihungsgrundsätze für die Sparkassen** vom 5. 9. 1991 (ABl. Brandenburg 1991, 409).

Beleihungsgrundsätze für die Sparkassen in Sachsen-Anhalt (GVBl. LSA 1995, 362).

Einheitliche Wertermittlungsanweisung des genossenschaftlichen FinanzVerbundes für das Realkreditgeschäft nach §§ 11, 12 des Hypothekenbankgesetzes (GuG 2001, 93).

Preisangaben- und Preisklauselgesetz (PaPkG) vom 3. 12. 1984 (BGBl. I 1984, 1429), zuletzt geändert durch das Euro-Einführungsgesetz vom 9. 6. 1998 (BGBl. I 1998, 1242).

Bau- und Fachplanungsrecht

Baugesetzbuch (BauGB) i. d. F. der Bek. vom 27. 8. 1997 (BGBl. I 1997, 2141, BGBl. I 1998, 137), zuletzt geändert durch Art. 11 des Gesetzes vom 13. 9. 2001 (BGBl. I 2001, 2376).

Verordnung über die bauliche Nutzung der Grundstücke (**Baunutzungsverordnung** – BauNVO) i. d. F. der Bek. vom 23. 1. 1990 (BGBl. I 1990, 132), zuletzt geändert durch Art. 3 des Investitionserleichterungs- und Wohnungsbaugesetzes vom 22. 4. 1993 (BGBl. I 1993, 466).

Verordnung über die Ausarbeitung der Bauleitpläne und die Darstellung des Planinhalts (**Planzeichenverordnung** PlanzV 90) vom 18. 12. 1990 (BGBl. I 1991, 58).

Raumordnungsgesetz, i. d. F. der Neubekanntmachung vom 6. 5. 1993 (BGBl. I 1993, 630), zuletzt geändert durch Art. 2 des Bau- und Raumordnungsgesetzes vom 18. 8. 1997 (BGBl. I 1997, 2081).

Verordnung zu § 6a Abs. 2 des Raumordnungsgesetzes (**Raumordnungsverordnung** – RoV) vom 13. 12. 1990 (BGBl. I 1990, 2766), zuletzt geändert durch Art. 22a des Gesetzes vom 27. 7. 2001 (BGBl. I 2001, 1950).

Gesetz zum Schutz des Bodens (**Bodenschutzgesetz**) vom 17. 3. 1998 (BGBl. I 1998, 502).

Bundes-Bodenschutz- und Altlastenverordnung vom 12. 7. 1999 (BGBl. I 1999, 1554).

Verordnung über die Eintragung des Bodenschutzlastvermerks vom 18. 3. 1999 (BGBl. I 1999, 487).

Flurbereinigungsgesetz (FlurbG) in unter der Gliederungsnummer FNA 7815-1 veröffentlichten Fassung, zuletzt geändert durch Art. 7 Abs. 38 des Gesetzes vom 19. 6. 2001 (BGBl. I 2001, 1149).

Bundeskleingartengesetz (BKleingG) vom 28. 2. 1983 (BGBl. I 1983, 210), zuletzt geändert durch Art. 14 des Gesetzes vom 13. 9. 2001 (BGBl. I 2001, 2376).

Gesetz über Naturschutz und Landschaftspflege (**Bundesnaturschutzgesetz** – BNatSchG) i. d. F. der Bek. vom 21. 9. 1998 (BGBl. I 1998, 2994), zuletzt geändert durch Art. 11 des Gesetzes vom 27. 7. 2001 (BGBl. 2001, 1950).

Gesetz über die Umweltverträglichkeitsprüfung (UVPG) vom 12. 2. 1990 (BGBl. I 1990, 205), zuletzt geändert durch Art. 1 des Gesetzes vom 27. 7. 2001 (BGBl. I 2001, 1950).

Landbeschaffungsgesetz in der im BGBl. III unter Gliederungsnummer FNA 54-3 veröffentlichten bereinigten Fassung, zuletzt geändert durch Art. 7 Abs. 31 des Gesetzes vom 19. 6. 2001 (BGBl. I 2001, 1149).

Bundes-Immissionsschutzgesetz (BImSchG) i. d. F. der Bek. vom 14. 5. 1990 (BGBl. I 1990, 880), zuletzt geändert durch Art. 2 des Gesetzes vom 27. 7. 2001 (BGBl. I 2001, 1950).

24. Verordnung zur Durchführung des Bundes-Immissionsschutzgesetzes (**Verkehrswege-Schallschutzmaßnahmen VO** – 24 BImSchV) vom 4. 2. 1997 (BGBl. I 1997, 172 ber. BGBl. I 1997, 1259).

Gesetz zur Förderung der Kreislaufwirtschaft und Sicherung umweltverträglicher Beseitigung von Abfällen (**Kreislaufwirtschafts- und Abfallgesetz** – KrW-/AbfG) vom 27. 9. 1994 (BGBl. I 1994, 2705), zuletzt geändert durch Art. 8 des Gesetzes vom 27. 7. 2001 (BGBl. I 2001, 1950).

Umwelthaftungsgesetz (UmweltHG) vom 10. 12. 1990 (BGBl. I 1990, 1990, 2834).

Gesetz zur Ordnung des Wasserhaushalts (**Wasserhaushaltsgesetz** – WHG) i. d. F. der Bek. 12. 11. 1996 (BGBl. I 1996, 1695), zuletzt geändert durch Art. 7 des Gesetzes vom 27. 7. 2001 (BGBl. I 2001, 1950).

Gesetz über die Vermeidung und Entsorgung von Abfällen (**Abfallgesetz** – AbfG) vom 27. 8. 1986 (BGBl. I 1986, 1410, 1501), zuletzt geändert durch Art. 5 des Gesetzes vom 27. 6. 1994 (BGBl. I 1994, 1440).

Bundesberggesetz (BBergG) vom 13. 8. 1980 (BGBl. I 1980, 1310), zuletzt geändert durch Art. 11 a des Gesetzes vom 27. 7. 2001 (BGBl. I 2001, 1950).

Gesetz zur **Vereinheitlichung der Rechtsverhältnisse bei Bodenschätzen** vom 15. 4. 1996 (BGBl. I 1996, 602).

Gesetz zur Erhaltung des Waldes und zur Förderung der Forstwirtschaft (**Bundeswaldgesetz**) vom 2. 5. 1975 (BGBl. I 1975, 1037), geändert durch Art. 2 Abs. 1 des Gesetzes vom 26. 8. 1998 (BGBl. I 1998, 2521).

Bundesjagdgesetz i. d. F. der Bek. vom 26. 9. 1976 (BGBl. I 1976, 2849), zuletzt geändert durch Art. 7 Abs. 39 des Gesetzes vom 19. 6. 2001 (BGBl. I 2001, 1149).

Gesetz über die Anzeige und Beanstandung von Landpachtverträgen (**Landpachtverkehrsgesetz** – LPachtVG) vom 8. 1. 1985 (BGBl. I 1985, 2075), zuletzt geändert durch Art. 7 Abs. 37 des Gesetzes vom 19. 6. 2001 (BGBl. I 2001, 1149).

Bundesfernstraßengesetz (BFStrG) i. d. F. der Bek. vom 19. 4. 1994 (BGBl. I 1994, 854), zuletzt geändert durch Art. 13 des Gesetzes vom 27. 7. 2001 (BGBl. I 2001, 1950).

Gesetz zur Neuordnung des Eisenbahnwesens (**Eisenbahnneuordnungsgesetz** – ENeuOG) vom 27. 12. 1993 (BGBl. I 1993, 2378), zuletzt geändert durch Art. 7 Abs. 42 des Gesetzes vom 19. 6. 2001 (BGBl. I 2001, 1149).

Allgemeines Eisenbahngesetz in der im BGBl. III unter Gliederungsnr. 930-1 veröffentlichten bereinigten Fassung, zuletzt geändert durch Art. 14 des Gesetzes vom 27. 7. 2001 (BGBl. I 2001, 1950).

Telegraphenwegegesetz i. d. F. der Bek. vom 24. 4. 1991 (BGBl. I 1991, 1053), zuletzt geändert durch Art. 8 des Postneuordnungsgesetzes vom 14. 9. 1994 (BGBl. I 1994, 2377).

Luftverkehrsgesetz i. d. F. der Bek. vom 27. 3. 1999 (BGBl. I 1999, 550), zuletzt geändert durch Art. 17 des Gesetzes vom 27. 7. 2001 (BGBl. I 2001, 1950).

Rechtsgrundlagen

Richtlinien

– Richtlinien für din Verkehrslärmschutz an Bundesfernstraßen in der Baulast des Bundes
 – VLärmSchR – vom 2. 6. 1997 (VkBl. 1997, 434).

Wohnungs-, Miet- und Grundstücksrecht

Gesetz zur **Reform des Wohnungsbaurechts** vom 13. 9. 2001 (BGBl. I 2001, 2376).

Gesetz über das Wohnungseigentum und das Dauerwohnrecht (**Wohnungseigentumsgesetz**) in der im BGBl. III unter Gliederungsnr. 403-1 veröffentlichten bereinigten Fassung, zuletzt geändert durch Art. 39 des Gesetzes vom 27. 7. 2001 (BGBl. I 2001, 1887).

Gesetz über die Veräußerung von Teilnutzungsrechten an Wohngebäuden (**Teilzeit-Wohnrechtegesetz – TzWrG**) i. d. F. der Bekanntmachung vom 29.6.2000 (BGBl. I 2000, 957), zuletzt geändert durch Art. 19 des Gesetzes vom 13.7.2001 (BGBl. I 2001, 1547).

Verordnung über das Erbbaurecht (**Erbbaurechtsverordnung** – ErbbauVO) in der im BGBl. III unter der Gliederungsnr. 403-6 veröffentlichten bereinigten Fassung, zuletzt geändert durch Art. 11a Abs. 1 des Euro-Einführungsgesetzes vom 9. 6. 1998 (BGBl. I 1998, 1242).

Gesetz über das Verbot der **Zweckentfremdung von Wohnraum** vom 4. 11. 1971 (BGBl. I 1971, 1745), zuletzt geändert durch Gesetz vom 24. 8. 1993 (BGBl. I 1993, 1525).

Gesetz zur Sicherung der Zweckbindung von Sozialwohnungen (**Wohnungsbindungsgesetz – WoBinG**) i. d. F. der Bek. vom 19. 8. 1984 (BGBl. I 1994, 2166 ber. S. 2319), zuletzt geändert durch Art. 6 des Gesetzes vom 13. 9. 2001 (BGBl. I 2001, 2376).

Verordnung über wohnungswirtschaftliche Berechnungen (**Zweite Berechnungsverordnung** – II. BV) vom 12. 10. 1990 (BGBl. I 1990, 2178), zuletzt geändert durch Art. 8 des Gesetzes vom 13. 9. 2001 (BGBl. I 2001, 2376).

Gesetz zur Regelung der Miethöhe (**Miethöhegesetz** – MHG) vom 18. 12. 1974 (BGBl. I 1974, 3603), zuletzt geändert durch Art. 17 des Gesetzes vom 13. 7. 2001 (BGBl. I 2001, 1547); aufgehoben mit Art. 10 Nr. 1 des Mietrechtsreformgesetzes vom 19. 6. 2001 (BGBl. I 2001, 1149).

Gesetz zur Überleitung preisgebundenen Wohnraums im Beitrittsgebiet an das allgemeine Miethöherecht (**Mietenüberleitungsgesetz**) vom 6. 6. 1995 (BGBl. I 1995, 748).

Erste Verordnung über die Erhöhung der Grundmieten (**Erste Grundmietenverordnung** – 1. GrundMV) vom 17. 6. 1991 (BGBl. I 1991, 1269).

Zweite Verordnung über die Erhöhung der Grundmieten (**Zweite Grundmietenverordnung** – 2. GrundMV) vom 27. 7. 1992 (BGBl. I 1992, 1416).

Verordnung über die Umlage von Betriebskosten auf die Mieter (**Betriebskosten- und Umlageverordnung** – BetrKostUV) vom 17. 6. 1991 (BGBl. I 1991, 1270), zuletzt geändert durch VO vom 27. 7. 1992 (BGBl. I 1992, 1415).

Wirtschaftsstrafgesetz vom 9. 7. 1954 i. d. F. der Bek. vom 3. 6. 1975 (BGBl. I 1975, 1313), zuletzt geändert durch das Vierte Mietrechtsänderungsgesetz vom 21. 7. 1993 (BGBl. I 1993, 1257).

Vermögensrecht

Einigungsvertrag vom 31. 8. 1990 (BGBl. II 1990, 889).

Gesetz zur Regelung offener Vermögensfragen (**Vermögensgesetz** – VermG) i. d. F. der Bek. vom 21. 12. 1998 (BGBl. I 1998, 4026), zuletzt geändert durch Art. 7 Abs. 43 des Gesetzes vom 19. 6. 2001 (BGBl. I 2001, 1149).

Verordnung zum Vermögensgesetz über die Rückgabe von Unternehmen (**Unternehmensrückgabeverordnung** – URüV) vom 13. 7. 1991 (BGBl. I 1991, 1542), zuletzt geändert durch Art. 26 des Gesetzes vom 22. 6. 1998 (BGBl. I 1998, 1424).

Verordnung über die Ablösung früherer Rechte und andere vermögensrechtliche Fragen (**Hypothekenablöseverordnung** – HypAblV) vom 10. 6. 1994 (BGBl. I 1994, 1253), zuletzt geändert durch Art. 3 des Vermögensrechtsbereinigungsgesetzes vom 20. 10. 1998 (BGBl. I 1998, 3180).

Grundstücksverkehrsordnung i. d. F. des Art. 15 des Registerverfahrensbeschleunigungsgesetzes vom 20. 12. 1993 (BGBl. I 1993, 2182), zuletzt geändert durch Art. 3 des Grundstücksrechtsänderungsgesetzes vom 2. 11. 2000 (BGBl. I 2000, 1481).

Gesetz über den Vorrang für Investitionen bei Rückübertragungsansprüchen nach dem Vermögensgesetz (**Investitionsvorranggesetz** – InVorG) i. d. F. der Bek. vom 4. 8. 1997 (BGBl. I 1997, 1996), zuletzt geändert durch Art. 7 Abs. 44 des Gesetzes vom 19. 6. 2001 (BGBl. I 2001, 1149).

Zweites Vermögensrechtsänderungsgesetz (2. VermÄndG) vom 14. 7. 1992 (BGBl. I 1992, 1257), zuletzt geändert durch das Investitionserleichterungs- und Wohnbaulandgesetz vom 22. 4. 1993 (BGBl. I 1993, 466 ber. S. 1811).

Gesetz zur Anpassung vermögensrechtlicher und anderer Vorschriften (**Vermögensrechtsanpassungsgesetz** – VermRAnpG) vom 4. 7. 1995 (BGBl. I 1995, 895).

Gesetz über die Entschädigung nach dem Gesetz zur Regelung offener Vermögensfragen (**Entschädigungsgesetz** – EntschG) i. d. F. des Art. 1 des Entschädigungs- und Ausgleichsleistungsgesetzes vom 27. 9. 1994 (BGBl. I 1994, 2624, ber. BGBl. I 1995, 110), zuletzt geändert mit Art. 2 des Grundstücksrechtsänderungsgesetzes vom 2. 11. 2000 (BGBl. I 2000, 1481).

Mauergrundstücksgesetz vom 15. 7. 1996 (BGBl. I 1996, 980).

Verordnung nach § 6 des Mauergrundstücksgesetzes (**Mauergrundstücksverordnung**-MauerV) vom 2. 8. 2001 (BGBl. 2001, 2128).

Gesetz über staatliche Ausgleichsleistungen für Enteignungen auf besatzungsrechtlicher oder besatzungshoheitlicher Grundlage, die nicht mehr rückgängig gemacht werden können (**Ausgleichsleistungsgesetz** – AusglLeistG) i. d. F. des Art. 2 des Entschädigungs- und Ausgleichsleistungsgesetzes vom 27. 9. 1994 (BGBl. I 1994, 2624, 2628), zuletzt geändert durch Art. 3 § 60 des Gesetzes vom 16. 2. 2001 (BGBl. I 2001, 287).

NS-Verfolgtenentschädigungsgesetz (NS-VEntschG) i. d. F. des Art. 3 des Entschädigungs- und Ausgleichsleistungsgesetzes vom 27. 9. 1994 (BGBl. I 1994, 2624, 2632), zuletzt geändert mit Art. 5 Abs. 5 des Wohnraummodernisierungssicherungsgesetzes vom 17. 7. 1997 (BGBl. I 1997, 1823).

Gesetz zur Behandlung von Schuldbuchforderungen gegen die ehemalige Deutsche Demokratische Republik (**DDR-Schuldbuchbereinigungsgesetz** – SchuldBerG) i. d. F. des Art. 8 des Entschädigungs- und Ausgleichsleistungsgesetzes vom 27. 9. 1994 (BGBl. I 1994, 2624, 2634), zuletzt geändert durch Art. 5 des Wohnraummodernisierungssicherungsgesetzes vom 17. 7. 1997 (BGBl. I 1997, 1823).

Gesetz über eine einmalige Zuwendung an die im Beitrittsgebiet lebenden Vertriebenen (**Vertriebenenzuwendungsgesetz** – VertrZuwG) i. d. F. des Art. 9 des Entschädigungs- und Ausgleichsleistungsgesetzes vom 27. 9. 1994 (BGBl. I 1994, 2624, 2635).

Einführungsgesetz zum Bürgerlichen Gesetzbuch (EGBGB) in der im BGBl. Teil III Gliederungsnr. 400-2 veröffentlichten bereinigten Fassung, zuletzt geändert durch Art. 2 des Gesetzes vom 19. 6. 2001 (BGBl. I 2001, 279).

Rechtsgrundlagen

Grundbuchbereinigungsgesetz (GBBerG) vom 20. 12. 1993 (BGBl. I 1993, 2182), zuletzt geändert durch Art. 6 des Gesetzes vom 13. 7. 2001 (BGBl. I 2001, 1544).

Verordnung über die vorrangige Bearbeitung investiver Grundbuchsachen (**Grundbuchvorrangverordnung** – GBVorV) vom 3. 10. 1994 (BGBl. I 1994, 2796).

Verordnung zur Durchführung der Grundbuchverordnung (**Grundbuchverfügung** GBV) i. d. F. der Bek. vom 24. 1. 1995 (BGBl. I 1995, 114) zuletzt geändert durch VO vom 18. 3. 1999 (BGBl. I 1999, 487).

Verordnung über die Anlegung und Führung von Gebäudegrundbuchbüchern (**Gebäudegrundbuchverfügung** – GGB) i. d. F. des Art. 1 der Verordnung über Gebäudegrundbücher und anderer Fragen des Grundbuchrechts vom 15. 7. 1994 (BGBl. I 1994, 1606).

Gesetz zur Sachenrechtsbereinigung im Beitrittsgebiet (**Sachenrechtsbereinigungsgesetz** – SachenRBerG) i. d. F. des Art. 1 des Sachenrechtsänderungsgesetzes vom 21. 9. 1994 (BGBl. I 1994, 2457), zuletzt geändert durch Art. 21 des Gesetzes vom 13. 7. 2001 (BGBl. I 2001, 1547).

Verordnung zur Durchführung des Grundbuchbereinigungsgesetzes und anderer Vorschriften auf dem Gebiet des Sachenrechts (**Sachenrechts-Durchführungsverordnung** – SachenRDV) vom 20. 12. 1994 (BGBl. I 1994, 3900).

Gesetz zur Anpassung schuldrechtlicher Nutzungsverhältnisse an Grundstücken im Beitrittsgebiet (**Schuldrechtsanpassungsgesetz** – SchuldRAnpG) i. d. F. des Art. 3 § 26 des Schuldrechtsänderungsgesetzes vom 21. 9. 1994 (BGBl. I 1994, 2538), zuletzt geändert durch Art. 38 des Gesetzes vom 27. 7. 2001 (BGBl. I 2001, 1887).

Gesetz über die Sonderung unvermessener und überbauter Grundstücke nach der Karte (**Bodensonderungsgesetz** – BoSoG) i. d. F. des Art. 14 des Registerverfahrensbeschleunigungsgesetzes vom 20. 12. 1993 (BGBl. I 1993, 2182), zuletzt geändert durch Art. 40 des Gesetzes vom 27. 7. 2001 (BGBl. I 2001, 1187).

Gesetz zur Bereinigung der im Beitrittsgebiet zu Erholungszwecken verliehenen Nutzungsrechte (**Erholungsnutzungsrechtsgesetz** – ErholNutzG) i. d. F. des Art. 2 des Schuldrechtsänderungsgesetzes vom 21. 9. 1994 (BGBl. I 1994, 2538, 2548).

Gesetz zur Regelung des Eigentums an von landwirtschaftlichen Produktionsgenossenschaften vorgenommenen Anpflanzungen (**Anpflanzungseigentumsgesetz** – AnpfEigentG) i. d. F. des Art. 3 des Schuldrechtsänderungsgesetzes vom 21. 9. 1994 (BGBl. I 1994, 2538, 2549), zuletzt geändert durch Art. 7 Abs. 28 des Gesetzes vom 19. 6. 2001 (BGBl. I 2001, 1149).

Gesetz zur Regelung der Rechtsverhältnisse an Meliorationsanlagen (**Meliorationsanlagengesetz** – MeAnlG) i. d. F. des Art. 4 des Schuldrechtsänderungsgesetzes vom 21. 9. 1994 (BGBl. I 1994, 2538, 2550), zuletzt geändert durch Gesetz vom 17. 12. 1999 (BGBl. I 1999, 2450).

Verordnung über die grundbuchmäßige Behandlung von Anteilen an ungetrennten Hofräumen (**Hofraumverordnung** – HofV) vom 24. 9. 1993 (BGBl. I 1993, 1658).

Verordnung über die angemessene Gestaltung von Nutzungsentgelten (**Nutzungsentgeltverordnung** – NutzEV) vom 22. 7. 1993 (BGBl. I 1993, 1339), zuletzt geändert durch Art. 15 des Gesetzes vom 13. 7. 2001 (BGBl. I 2001, 1546).

Gesetz über die Feststellung der Zuordnung von ehemals volkseigenem Vermögen (**Vermögenszuordnungsgesetz** – VZOG) i. d. F. der Bek. vom 29. 3. 1994 (BGBl. I 1994, 709), zuletzt geändert durch Art. 7 Abs. 1 des Gesetzes vom 27. 6. 2000 (BGBl. I 2000, 897).

Zuordnungsergänzungsgesetz vom 20. 12. 1993 (BGBl. I 1993, 2232), zuletzt geändert durch Art. 3 des Gesetzes vom 9. 8. 1994 (BGBl. I 1994, 2062).

Gesetz zur Regelung vermögensrechtlicher Angelegenheiten der Wohnungsgenossenschaften im Beitrittsgebiet (**Wohnungsgenossenschafts-Vermögensgesetz** – WoGenVermG) i. d. F. der Bek. vom 26. 6. 1994 (BGBl. I 1994, 1437).

Gesetz über das Vermögen der Gemeinden, Städte und Landkreise (**Kommunalvermögensgesetz** – KVG) vom 6. 7. 1990 (GBl. DDR I 1990, 660), zuletzt geändert durch § 9 Abs. 2 des Vermögenszuordnungsgesetzes vom 22. 3. 1991 (BGBl. I 1991, 784).

Verordnung zur Verlängerung der Frist für die Stellung von Anträgen nach § 1 Abs. 4 sowie § 10 des Vermögenszuordnungsgesetzes (**Antragsfristverordnung** – AnFrV) vom 14. 7. 1994 (BGBl. I 1994, 1265).

Gesetz zur Privatisierung und Reorganisation des volkseigenen Vermögens (**Treuhandgesetz** – THG) vom 17. 6. 1990 (GBl. DDR I 1990, 300).

Verordnung zur Übertragung von liegenschaftsbezogenen Aufgaben und Liegenschaftsgesellschaften der Treuhandanstalt (**Treuhandliegenschaftsübertragungsverordnung** – TreuhLÜV) vom 20. 12. 1994 (BGBl. I 1994, 3908), zuletzt geändert durch Gesetz vom 24. 6. 1996 (BGBl. I 1996, 888).

Gesetz über die Spaltung der von der Treuhandanstalt verwalteten Unternehmen (SpTrUG) vom 5. 4. 1991 (BGBl. I 1991, 854), zuletzt geändert durch Art. 3 des Gesetzes vom 9. 8. 1994 (BGBl. I 1994, 2062).

Landwirtschaftsanpassungsgesetz (LWAnpG) i. d. F. der Bek. vom 3. 7. 1991 (BGBl. I 1991, 1418), zuletzt geändert durch Art. 7 Abs. 45 des Gesetzes vom 19. 6. 2001 (BGBl. I 2001, 1149).

Verordnung über den Erwerb land- und forstwirtschaftlicher Flächen, das Verfahren sowie den Beirat nach dem Ausgleichsleistungsgesetz (**Flächenerwerbsverordnung** – FlErwV –) vom 20. 12. 1995 (BGBl. I 1995, 2072), zuletzt geändert durch Art. 3 § 61 des Gesetzes vom 16. 2. 2001 (BGBl. I 2001, 287).

Bekanntmachung der **Regionalen Wertansätze für Ackerland und Grünland** nach der Flächenerwerbsverordnung vom 22. 9. 2000 (BAnz Nr. 197 a vom 19. 10. 2000).

Gesetz über die Übertragung des Eigentums und die Verpachtung **volkseigener landwirtschaftlich genutzter Grundstücke** an Genossenschaften, Genossenschaftsmitglieder und andere Bürger vom 22. 7. 1990 (GBl. DDR I 1990, 899), zuletzt geändert durch Art. 3 des Gesetzes vom 3. 7. 1991 (BGBl. I 1991, 1410, 1416).

Gesetz über Altschuldenhilfen für Kommunale Wohnungsunternehmen, Wohnungsgenossenschaften und private Vermieter in dem in Artikel 3 des Einigungsvertrages genannten Gebiet – (**Altschuldenhilfe-Gesetz**) vom 23. 6. 1993 (BGBl. I 1993, 986), zuletzt geändert durch Art. 10 des Gesetzes vom 13. 9. 2001 (BGBl. I 2001, 2376).

Gesetz über Parteien und andere politische Vereinigungen (**Parteiengesetz** – DDR-PartG) vom 21. 2. 1990 (GBl. DDR I 1990, 60) i. d. F. vom 22. 7. 1990 (GBl. DDR I 1990, 904).

Verordnung über die Einrichtung und das Verfahren der unabhängigen Kommission zur Überprüfung des Vermögens der Parteien und Massenorganisationen der DDR (**Parteivermögenskommissionsverordnung** – PVKV) vom 14. 6. 1991 (BGBl. I 1991, 1243).

Gesetz über die Aufhebung rechtsstaatswidriger Verwaltungsentscheidungen im Beitrittsgebiet und die daran anknüpfenden Folgeansprüche (**Verwaltungsrechtliches Rehabilitationsgesetz** – VwRehaG) i. d. F. der Bek. vom 1. 7. 1997 (BGBl. I 1997, 1620).

Rechtsgrundlagen

Gesetz über den Ausgleich beruflicher Benachteiligungen für Opfer politischer Verfolgung im Beitrittsgebiet **(Berufliches Rehabilitierungsgesetz** – BerRehaG) i. d. F. der Bek. vom 1. 7. 1997 (BGBl. I 1997, 1625), zuletzt geändert durch Art. 7 des Gesetzes vom 27. 7. 2001 (BGBl. I 2001, 1939).

Gesetz über die Rehabilitierung und Entschädigung von Opfern rechtsstaatswidriger Strafverfolgungsmaßnahmen im Beitrittsgebiet **(Strafrechtliches Rehabilitierungsgesetz** – StrRehaG) i. d. F. der Bek. vom 17. 12. 1999 (BGBl. I 1999, 2664).

Verordnung über die Erfüllung von Entschädigungs- und Ausgleichsleistungsansprüchen durch Begebung und Zuteilung von Schuldverschreibungen des Entschädigungsfonds **(Schuldverschreibungsverordnung** – SchuldV) vom 21. 6. 1995 (BGBl. I 1995, 846), zuletzt geändert durch Art. 7 § 2 des Euro-Einführungsgesetzes vom 9. 6. 1998 (BGBl. I 1998, 1242).

Kirchliches Bewertungsrecht

Richtlinien der Evangelischen Kirche in Deutschland über die Verwaltung des kirchlichen Grundbesitzes i. d. F. vom 11. 10. 1985 (ABl. EKD 1985, 431).

Verwaltungsverordnung der Evangelischen Landeskirche in Baden über die Ermittlung der Verkehrswerte von Erbbaugrundstücken und Festsetzung der Erbbauzinsen vom 2. 2. 1982 (GVBl. der Evangelischen Landeskirche in Baden 1982, 82).

Normen

DIN 276/1993	Kosten im Hochbau.
DIN 277/1950	Ermittlung des umbauten Raumes für ausgeführte Hochbauten.
DIN 277/1987	Grundfläche und Rauminhalt.
DIN 283	März 1951 Wohnungen Begriffe.
EN 45001	Allgemeine Kriterien zum Betreiben von Prüflaboratorien.
EN 45002	Begutachten von Prüflaboratorien.
EN 45003	Allgemeine Kriterien für Stellen, die Prüflaboratorien akkreditieren.
EN 45004	Betrieb von Stellen, die Inspektionen durchführen.
EN 45011	Stellen, die Produkte zertifizieren.
EN 45012	Stellen, die Qualitätsmanagementsysteme zertifizieren.
EN 45013	Allgemeine Kriterien für Stellen, die Personal zertifizieren.
EN 45014	Allgemeine Kriterien für Konformitätserklärungen von Anbietern.
MF-H	Richtlinien zur Berechnung der Mietflächen für Handelsräume der gif (GuG 1998, 157).
MF-B	Richtlinien zur Berechnung der Mietflächen für Büroräume der gif (GuG 1996, 49).

Euro-Wechselkurs

1 Euro = 1,95583 DM (Verordnung (EG) Nr. 2866/98 des Rates vom 31. 12. 1998: ABl. L Nr. 359 vom 31. 12. 1999)

Teil I

Wertermittlungsverordnung
Text

Rechtsgrundlagen

Verordnung über Grundsätze für die Ermittlung der Verkehrswerte von Grundstücken (Wertermittlungsverordnung – WertV)

vom 6. Dezember 1988 (BGBl. I 1988, 2209), zuletzt geändert durch Art. 3 des Bau- und Raumordnungsgesetzes vom 18. 8. 1997 (BGBl. I 1997, 2081)

Inhaltsverzeichnis (nicht Bestandteil der Verordnung)

Erster Teil
Anwendungsbereich, allgemeine Verfahrensgrundsätze und Begriffsbestimmungen

§ 1
Anwendungsbereich

(1) Bei der Ermittlung der Verkehrswerte[1] von Grundstücken und bei der Ableitung der für die Wertermittlung erforderlichen Daten sind die Vorschriften dieser Verordnung anzuwenden.

(2) Absatz 1 ist auf die Wertermittlung von grundstücksgleichen Rechten, Rechten an diesen und Rechten an Grundstücken entsprechend anzuwenden.

§ 2
Gegenstand der Wertermittlung

Gegenstand der Wertermittlung kann das Grundstück oder ein Grundstücksteil einschließlich seiner Bestandteile, wie Gebäude, Außenanlagen und sonstigen Anlagen sowie des Zubehörs sein. Die Wertermittlung kann sich auch auf einzelne der in Satz 1 bezeichneten Gegenstände beziehen.

§ 3
Zustand des Grundstücks und allgemeine Wertverhältnisse

(1) Zur Ermittlung des Verkehrswerts eines Grundstücks sind die allgemeinen Wertverhältnisse auf dem Grundstücksmarkt in dem Zeitpunkt zugrunde zu legen, auf den sich die Wertermittlung bezieht (Wertermittlungsstichtag). Dies gilt auch für den Zustand des Grundstücks, es sei denn, dass aus rechtlichen oder sonstigen Gründen ein anderer Zustand des Grundstücks maßgebend ist.

(2) Der Zustand eines Grundstücks bestimmt sich nach der Gesamtheit der verkehrswertbeeinflussenden rechtlichen Gegebenheiten und tatsächlichen Eigenschaften, der sonstigen Beschaffenheit und der Lage des Grundstücks. Hierzu gehören insbesondere der Entwicklungszustand (§ 4), die Art und das Maß der baulichen Nutzung (§ 5 Abs. 1), die wertbeeinflussenden Rechte und Belastungen (§ 5 Abs. 2), der beitrags- und abgabenrechtliche Zustand (§ 5 Abs. 3), die Wartezeit bis zu einer baulichen oder sonstigen Nutzung (§ 5 Abs. 4), die Beschaffenheit und Eigenschaft des Grundstücks (§ 5 Abs. 5) und die Lagemerkmale (§ 5 Abs. 6).

(3) Die allgemeinen Wertverhältnisse auf dem Grundstücksmarkt bestimmen sich nach der Gesamtheit der am Wertermittlungsstichtag für die Preisbildung von Grundstücken im gewöhnlichen Geschäftsverkehr für Angebot und Nachfrage maßgebenden Umstände, wie die allgemeine Wirtschaftssituation, der Kapitalmarkt und die Entwicklungen am Ort. Dabei bleiben ungewöhnliche oder persönliche Verhältnisse (§ 6) außer Betracht.

§ 4
Zustand und Entwicklung von Grund und Boden

(1) Flächen der Land- und Forstwirtschaft sind entsprechend genutzte oder nutzbare Flächen,

1. von denen anzunehmen ist, dass sie nach ihren Eigenschaften, der sonstigen Beschaffenheit und Lage, nach ihren Verwertungsmöglichkeiten oder den sonstigen Umständen in absehbarer Zeit nur land- oder forstwirtschaftlichen Zwecken dienen werden,

---

[1] **§ 194 BauGB:** „Der Verkehrswert wird durch den Preis bestimmt, der in dem Zeitpunkt, auf den sich die Ermittlung bezieht, im gewöhnlichen Geschäftsverkehr nach den rechtlichen Gegebenheiten und den tatsächlichen Eigenschaften, der sonstigen Beschaffenheit und der Lage des Grundstücks oder des sonstigen Gegenstands der Wertermittlung ohne Rücksicht auf ungewöhnliche oder persönliche Verhältnisse zu erzielen wäre"

2. die sich, insbesondere durch ihre landschaftliche oder verkehrliche Lage, durch ihre Funktion oder durch ihre Nähe zu Siedlungsgebieten geprägt, auch für außerlandwirtschaftliche oder außerforstwirtschaftliche Nutzungen eignen, sofern im gewöhnlichen Geschäftsverkehr eine dahingehende Nachfrage besteht und auf absehbare Zeit keine Entwicklung zu einer Bauerwartung bevorsteht.

(2) Bauerwartungsland sind Flächen, die nach ihrer Eigenschaft, ihrer sonstigen Beschaffenheit und ihrer Lage eine bauliche Nutzung in absehbarer Zeit tatsächlich erwarten lassen. Diese Erwartung kann sich insbesondere auf eine entsprechende Darstellung dieser Flächen im Flächennutzungsplan, auf ein entsprechendes Verhalten der Gemeinde oder auf die allgemeine städtebauliche Entwicklung des Gemeindegebiets gründen.

(3) Rohbauland sind Flächen, die nach den §§ 30, 33 und 34 des Baugesetzbuchs[2] für eine bauliche Nutzung bestimmt sind, deren Erschließung aber noch nicht gesichert ist oder die nach Lage, Form oder Größe für eine bauliche Nutzung unzureichend gestaltet sind.

(4) Baureifes Land sind Flächen, die nach öffentlich-rechtlichen Vorschriften baulich nutzbar sind.

§ 5
Weitere Zustandsmerkmale

(1) Art und Maß der baulichen Nutzung ergeben sich in der Regel aus den für die städtebauliche Zulässigkeit von Vorhaben maßgeblichen §§ 30, 33 und 34 des Baugesetzbuchs[3] unter Berücksichtigung der sonstigen öffentlich-rechtlichen und privatrechtlichen Vorschriften, die Art und Maß der baulichen Nutzung mitbestimmen. Wird vom Maß der zulässigen Nutzung am Wertermittlungsstichtag in der Umgebung regelmäßig nach oben abgewichen oder wird die zulässige Nutzung nicht voll ausgeschöpft, ist die Nutzung maßgebend, die im gewöhnlichen Geschäftsverkehr zugrunde gelegt wird.

(2) Als wertbeeinflussende Rechte und Belastungen kommen solche privatrechtlicher und öffentlich-rechtlicher Art, wie Dienstbarkeiten, Nutzungsrechte, Baulasten und sonstige dingliche Rechte und Lasten, in Betracht.

(3) Für den beitrags- und abgabenrechtlichen Zustand des Grundstücks ist die Pflicht zur Entrichtung von öffentlich-rechtlichen Beiträgen und nichtsteuerlichen Abgaben maßgebend.

(4) Die Wartezeit bis zu einer baulichen oder sonstigen Nutzung eines Grundstücks richtet sich nach der voraussichtlichen Dauer bis zum Eintritt der rechtlichen und tatsächlichen Voraussetzungen, die für die Zulässigkeit der Nutzung erforderlich sind.

(5) Die Beschaffenheit und die tatsächlichen Eigenschaften des Grundstücks werden insbesondere durch die Grundstücksgröße und Grundstücksgestalt, die Bodenbeschaffenheit (z. B. Bodengüte, Eignung als Baugrund, Belastung mit Ablagerungen), die Umwelteinflüsse, die tatsächliche Nutzung und Nutzbarkeit bestimmt. Bei bebauten Grundstücken wird die Beschaffenheit vor allem auch durch den Zustand der baulichen Anlagen hinsichtlich der Gebäudeart, des Baujahrs, der Bauweise und Baugestaltung, der Größe und Ausstattung, des baulichen Zustands und der Erträge bestimmt.

(6) Lagemerkmale von Grundstücken sind insbesondere die Verkehrsanbindung, die Nachbarschaft, die Wohn- und Geschäftslage sowie die Umwelteinflüsse.

§ 6
Ungewöhnliche oder persönliche Verhältnisse

(1) Zur Wertermittlung und zur Ableitung erforderlicher Daten für die Wertermittlung sind Kaufpreise und andere Daten wie Mieten und Bewirtschaftungskosten heranzuziehen, bei denen anzunehmen ist, dass sie nicht durch ungewöhnliche oder persönliche Verhältnisse

beeinflusst worden sind. Die Kaufpreise und die anderen Daten, die durch ungewöhnliche oder persönliche Verhältnisse beeinflusst worden sind, dürfen nur herangezogen werden, wenn deren Auswirkungen auf die Kaufpreise und die anderen Daten sicher erfasst werden können.

(2) Kaufpreise und andere Daten können durch ungewöhnliche oder persönliche Verhältnisse beeinflusst werden, wenn

1. sie erheblich von den Kaufpreisen in vergleichbaren Fällen abweichen,

2. ein außergewöhnliches Interesse des Veräußerers oder des Erwerbers an dem Verkauf oder dem Erwerb des Grundstücks bestanden hat,

3. besondere Bindungen verwandtschaftlicher, wirtschaftlicher oder sonstiger Art zwischen den Vertragsparteien bestanden haben oder

4. Erträge, Bewirtschaftungs- und Herstellungskosten erheblich von denen in vergleichbaren Fällen abweichen.

---

2   § 30 BauGB: „(1) Im Geltungsbereich eines Bebauungsplans, der allein oder gemeinsam mit sonstigen baurechtlichen Vorschriften mindestens Festsetzungen über die Art und das Maß der baulichen Nutzung, die überbaubaren Grundstücksflächen und die örtlichen Verkehrsflächen enthält, ist ein Vorhaben zulässig, wenn es diesen Festsetzungen nicht widerspricht und die Erschließung gesichert ist.
(2) Im Geltungsbereich eines vorhabenbezogenen Bebauungsplans nach § 12 ist ein Vorhaben zulässig, wenn es dem Bebauungsplan nicht widerspricht und die Erschließung gesichert ist.
(3) Im Geltungsbereich eines Bebauungsplans, der die Voraussetzungen des Absatzes 1 nicht erfüllt (einfacher Bebauungsplan), richtet sich die Zulässigkeit von Vorhaben im Übrigen nach § 34 oder § 35.“
§ 33 BauGB: „(1) In Gebieten, für die ein Beschluss über die Aufstellung eines Bebauungsplans gefasst ist, ist ein Vorhaben zulässig, wenn

1. die öffentliche Auslegung (§ 3 Abs. 2 und 3) durchgeführt worden ist, die Träger öffentlicher Belange (§ 4) beteiligt worden sind und erforderlichenfalls eine grenzüberschreitende Beteiligung durchgeführt worden ist (§ 4 a),
2. anzunehmen ist, dass das Vorhaben den künftigen Festsetzungen des Bebauungsplans nicht entgegensteht,
3. der Antragsteller diese Festsetzungen für sich und seine Rechtsnachfolger schriftlich anerkennt und
4. die Erschließung gesichert ist.
(2) Vor Durchführung der öffentlichen Auslegung und Beteiligung der Träger öffentlicher Belange kann ein Vorhaben zugelassen werden, wenn die in Absatz 1 Nr. 2 bis 4 bezeichneten Voraussetzungen erfüllt sind. Den betroffenen Bürgern und berührten Trägern öffentlicher Belange ist vor Erteilung der Genehmigung Gelegenheit zur Stellungnahme innerhalb angemessener Frist zu geben, soweit sie dazu nicht bereits zuvor Gelegenheit hatten.“
§ 34 BauGB: „(1) Innerhalb der im Zusammenhang bebauten Ortsteile ist ein Vorhaben zulässig, wenn es sich nach Art und Maß der baulichen Nutzung, der Bauweise und der Grundstücksfläche, die überbaut werden soll, in die Eigenart der näheren Umgebung einfügt und die Erschließung gesichert ist. Die Anforderungen an gesunde Wohn- und Arbeitsverhältnisse müssen gewahrt bleiben; das Ortsbild darf nicht beeinträchtigt werden.
(2) Entspricht die Eigenart der näheren Umgebung einem der Baugebiete, die in der auf Grund des § 2 Abs. 5 erlassenen Verordnung bezeichnet sind, beurteilt sich die Zulässigkeit des Vorhabens nach seiner Art allein danach, ob es nach der Verordnung in dem Baugebiet allgemein zulässig wäre; auf die nach der Verordnung ausnahmsweise zulässigen Vorhaben ist § 31 Abs. 1, im Übrigen ist § 31 Abs. 2 entsprechend anzuwenden.
(3) (weggefallen)
(4) Die Gemeinde kann durch Satzung

1. die Grenzen für im Zusammenhang bebaute Ortsteile festlegen,
2. bebaute Bereiche im Außenbereich als im Zusammenhang bebaute Ortsteile festlegen, wenn die Flächen im Flächennutzungsplan als Baufläche dargestellt sind,
3. einzelne Außenbereichsgrundstücke in die im Zusammenhang bebauten Ortsteile einbeziehen, wenn die einbezogenen Flächen durch die bauliche Nutzung des angrenzenden Bereichs entsprechend geprägt sind.
Die Satzungen können miteinander verbunden werden. Die Satzungen nach Satz 1 Nr. 2 und 3 müssen mit einer geordneten städtebaulichen Entwicklung vereinbar sein; in ihnen können einzelne Festsetzungen nach § 9 Abs. 1, 2 und 4 getroffen werden. § 9 Abs. 6 ist entsprechend anzuwenden. Auf die Satzung nach Satz 1 Nr. 3 sind ergänzend die §§ 1a und 9 Abs. 1a und 8 entsprechend anzuwenden.
(5) Bei der Aufstellung der Satzungen nach Absatz 4 Satz 1 Nr. 2 und 3 ist das vereinfachte Verfahren nach § 13 Nr. 2 und 3 entsprechend anzuwenden. Die Satzung nach Absatz 4 Satz 1 Nr. 3 bedarf der Genehmigung der höheren Verwaltungsbehörde; § 6 Abs. 2 und 4 ist entsprechend anzuwenden. Dies gilt nicht, soweit die Satzung nach Absatz 4 Satz 1 Nr. 3 aus dem Flächennutzungsplan entwickelt worden ist. Auf die Satzung nach Absatz 4 Satz 1 Nr. 1 bis 3 ist § 10 Abs. 3 entsprechend anzuwenden“
3   Vgl. Fn. 2

(3) Eine Beeinflussung der Kaufpreise und der anderen Daten kann auch vorliegen, wenn diese durch Aufwendungen mitbestimmt worden sind, die aus Anlass des Erwerbs und der Veräußerung entstehen, wenn diese nicht zu den üblicherweise vertraglich vereinbarten Entgelten gehören, namentlich besondere Zahlungsbedingungen sowie die Kosten der bisherigen Vorhaltung, Abstandszahlungen, Ersatzleistungen, Zinsen, Steuern und Gebühren.

§ 7
Ermittlung des Verkehrswerts

(1) Zur Ermittlung des Verkehrswerts sind das Vergleichswertverfahren (§§ 13 und 14), das Ertragswertverfahren (§§ 15 bis 20), das Sachwertverfahren (§§ 21 bis 25) oder mehrere dieser Verfahren heranzuziehen. Der Verkehrswert ist aus dem Ergebnis des herangezogenen Verfahrens unter Berücksichtigung der Lage auf dem Grundstücksmarkt (§ 3 Abs. 3) zu bemessen. Sind mehrere Verfahren herangezogen worden, ist der Verkehrswert aus den Ergebnissen der angewandten Verfahren unter Würdigung ihrer Aussagefähigkeit zu bemessen.

(2) Die Verfahren sind nach der Art des Gegenstands der Wertermittlung (§ 2) unter Berücksichtigung der im gewöhnlichen Geschäftsverkehr bestehenden Gepflogenheiten und den sonstigen Umständen des Einzelfalls zu wählen; die Wahl ist zu begründen.

Zweiter Teil
Ableitung erforderlicher Daten

§ 8
Erforderliche Daten

Die für die Wertermittlung erforderlichen Daten sind aus der Kaufpreissammlung (§ 193 Abs. 3 des Baugesetzbuchs)[4] unter Berücksichtigung der jeweiligen Lage auf dem Grundstücksmarkt abzuleiten. Hierzu gehören insbesondere Indexreihen (§ 9), Umrechnungskoeffizienten (§ 10), Liegenschaftszinssätze (§ 11) und Vergleichsfaktoren für bebaute Grundstücke (§ 12).

§ 9
Indexreihen

(1) Änderungen der allgemeinen Wertverhältnisse auf dem Grundstücksmarkt sollen mit Indexreihen erfasst werden.

(2) Bodenpreisindexreihen bestehen aus Indexzahlen, die sich aus dem durchschnittlichen Verhältnis der Bodenpreise eines Erhebungszeitraums zu den Bodenpreisen eines Basiszeitraums mit der Indexzahl 100 ergeben. Die Bodenpreisindexzahlen können auch auf bestimmte Zeitpunkte des Erhebungs- und Basiszeitraums bezogen werden.

(3) Die Indexzahlen der Bodenpreisindexreihen werden für Grundstücke mit vergleichbaren Lage- und Nutzungsverhältnissen aus den geeigneten und ausgewerteten Kaufpreisen für unbebaute Grundstücke des Erhebungszeitraums abgeleitet. Kaufpreise solcher Grundstücke, die in ihren wertbeeinflussenden Merkmalen voneinander abweichen, sind nach Satz 1 zur Ableitung der Bodenpreisindexzahlen nur geeignet, wenn die Abweichungen

1. in ihren Auswirkungen auf die Preise sich ausgleichen,

2. durch Zu- oder Abschläge oder

3. durch andere geeignete Verfahren berücksichtigt werden können.

Das Ergebnis eines Erhebungszeitraums kann in geeigneten Fällen durch Vergleich mit den Indexreihen anderer Bereiche und vorausgegangener Erhebungszeiträume überprüft werden.

(4) Bei der Ableitung anderer Indexreihen, wie für Preise von Eigentumswohnungen, sind die Absätze 2 und 3 entsprechend anzuwenden.

§ 10
Umrechnungskoeffizienten

(1) Wertunterschiede von Grundstücken, die sich aus Abweichungen bestimmter wertbeeinflussender Merkmale sonst gleichartiger Grundstücke ergeben, insbesondere aus dem unterschiedlichen Maß der baulichen Nutzung, sollen mit Hilfe von Umrechnungskoeffizienten erfasst werden.

(2) Umrechnungskoeffizienten werden auf der Grundlage einer ausreichenden Zahl geeigneter und ausgewerteter Kaufpreise für bestimmte Merkmale der Abweichungen abgeleitet. Kaufpreise von Grundstücken, die in mehreren wertbeeinflussenden Merkmalen voneinander abweichen oder von den allgemeinen Wertverhältnissen auf dem Grundstücksmarkt unterschiedlich beeinflusst worden sind, sind geeignet, wenn diese Einflüsse jeweils durch Zu- oder Abschläge oder durch andere geeignete Verfahren berücksichtigt werden können.

§ 11
Liegenschaftszinssatz

(1) Der Liegenschaftszinssatz ist der Zinssatz, mit dem der Verkehrswert von Liegenschaften im Durchschnitt marktüblich verzinst wird.

(2) Der Liegenschaftszinssatz ist auf der Grundlage geeigneter Kaufpreise und der ihnen entsprechenden Reinerträge für gleichartig bebaute und genutzte Grundstücke unter Berücksichtigung der Restnutzungsdauer der Gebäude nach den Grundsätzen des Ertragswertverfahrens (§§ 15 bis 20) zu ermitteln.

§ 12
Vergleichsfaktoren für bebaute Grundstücke

(1) Zur Ermittlung von Vergleichsfaktoren für bebaute Grundstücke sind die Kaufpreise gleichartiger Grundstücke heranzuziehen. Gleichartige Grundstücke sind solche, die insbesondere nach Lage und Art und Maß der baulichen Nutzung sowie Größe und Alter der baulichen Anlagen vergleichbar sind.

(2) Die Kaufpreise nach Absatz 1 sind auf den nachhaltig erzielbaren jährlichen Ertrag (Ertragsfaktor) oder auf eine sonstige geeignete Bezugseinheit, insbesondere auf eine Raum- oder Flächeneinheit der baulichen Anlage (Gebäudefaktor), zu beziehen.

(3) Soll bei der Ermittlung des Verkehrswerts bebauter Grundstücke nach dem Vergleichswertverfahren der Wert der Gebäude getrennt von dem Bodenwert ermittelt werden, können nach Maßgabe des Absatzes 2 auch die auf das jeweilige Gebäude entfallenden Anteile der Kaufpreise gleichartig bebauter und genutzter Grundstücke auf den nachhaltig erzielbaren jährlichen Ertrag oder auf eine der sonstigen geeigneten Bezugseinheiten bezogen werden.

4　§ 193 Abs. 3 BauGB: „(3) Der Gutachterausschuss führt eine Kaufpreissammlung, wertet sie aus und ermittelt Bodenrichtwerte und sonstige zur Wertermittlung erforderliche Daten"

Dritter Teil
Wertermittlungsverfahren

Erster Abschnitt
Vergleichswertverfahren

§ 13
Ermittlungsgrundlagen

(1) Bei Anwendung des Vergleichswertverfahrens sind Kaufpreise solcher Grundstücke heranzuziehen, die hinsichtlich der ihren Wert beeinflussenden Merkmale (§§ 4 und 5) mit dem zu bewertenden Grundstück hinreichend übereinstimmen (Vergleichsgrundstücke). Finden sich in dem Gebiet, in dem das Grundstück gelegen ist, nicht genügend Kaufpreise, können auch Vergleichsgrundstücke aus vergleichbaren Gebieten herangezogen werden.

(2) Zur Ermittlung des Bodenwerts können neben oder anstelle von Preisen für Vergleichsgrundstücke auch geeignete Bodenrichtwerte[5] herangezogen werden. Bodenrichtwerte sind geeignet, wenn sie entsprechend den örtlichen Verhältnissen unter Berücksichtigung von Lage und Entwicklungszustand gegliedert und nach Art und Maß der baulichen Nutzung, Erschließungszustand und jeweils vorherrschender Grundstücksgestalt hinreichend bestimmt sind.

(3) Bei bebauten Grundstücken können neben oder anstelle von Preisen für Vergleichsgrundstücke insbesondere die nach Maßgabe des § 12 ermittelten Vergleichsfaktoren herangezogen werden. Der Vergleichswert ergibt sich durch Vervielfachung des jährlichen Ertrags oder der sonstigen Bezugseinheit des zu bewertenden Grundstücks mit dem nach § 12 ermittelten Vergleichsfaktor; Zu- oder Abschläge nach § 14 sind dabei zu berücksichtigen. Bei Verwendung von Vergleichsfaktoren, die sich nur auf das Gebäude beziehen (§ 12 Abs. 3), ist der getrennt vom Gebäudewert zu ermittelnde Bodenwert gesondert zu berücksichtigen.

§ 14
Berücksichtigung von Abweichungen

Weichen die wertbeeinflussenden Merkmale der Vergleichsgrundstücke oder der Grundstücke, für die Bodenrichtwerte oder Vergleichsfaktoren bebauter Grundstücke abgeleitet worden sind, vom Zustand des zu bewertenden Grundstücks ab, so ist dies durch Zu- oder Abschläge oder in anderer geeigneter Weise zu berücksichtigen. Dies gilt auch, soweit die den Preisen von Vergleichsgrundstücken und den Bodenrichtwerten zu Grunde liegenden allgemeinen Wertverhältnisse von denjenigen am Wertermittlungsstichtag abweichen. Dabei sollen vorhandene Indexreihen (§ 9) und Umrechnungskoeffizienten (§ 10) herangezogen werden.

Zweiter Abschnitt
Ertragswertverfahren

§ 15
Ermittlungsgrundlagen

(1) Bei Anwendung des Ertragswertverfahrens ist der Wert der baulichen Anlagen, insbesondere der Gebäude, getrennt von dem Bodenwert auf der Grundlage des Ertrags nach den §§ 16 bis 19 zu ermitteln.

(2) Der Bodenwert ist in der Regel im Vergleichswertverfahren (§§ 13 und 14) zu ermitteln.

(3) Bodenwert und Wert der baulichen Anlagen ergeben den Ertragswert des Grundstücks, soweit dieser nicht nach § 20 zu ermitteln ist.

§ 16
Ermittlung des Ertragswerts der baulichen Anlagen

(1) Bei der Ermittlung des Ertragswerts der baulichen Anlagen ist von dem nachhaltig erzielbaren jährlichen Reinertrag des Grundstücks auszugehen. Der Reinertrag ergibt sich aus dem Rohertrag (§ 17) abzüglich der Bewirtschaftungskosten (§ 18).

(2) Der Reinertrag ist um den Betrag zu vermindern, der sich durch angemessene Verzinsung des Bodenwerts ergibt. Der Verzinsung ist in der Regel der für die Kapitalisierung nach Absatz 3 maßgebende Liegenschaftszinssatz (§ 11) zugrunde zu legen. Ist das Grundstück wesentlich größer, als es einer den baulichen Anlagen angemessenen Nutzung entspricht und ist eine zusätzliche Nutzung oder Verwertung einer Teilfläche zulässig und möglich, ist bei der Berechnung des Verzinsungsbetrags der Bodenwert dieser Teilfläche nicht anzusetzen.

(3) Der um den Verzinsungsbetrag des Bodenwerts verminderte Reinertrag ist mit dem sich aus Anlage 1[6] zu dieser Verordnung ergebenden Vervielfältiger zu kapitalisieren. Maßgebend ist derjenige Vervielfältiger, der sich nach dem Liegenschaftszinssatz und der Restnutzungsdauer der baulichen Anlagen ergibt.

(4) Als Restnutzungsdauer ist die Anzahl der Jahre anzusehen, in denen die baulichen Anlagen bei ordnungsgemäßer Unterhaltung und Bewirtschaftung voraussichtlich noch wirtschaftlich genutzt werden können; durchgeführte Instandsetzungen oder Modernisierungen oder unterlassene Instandhaltung oder andere Gegebenheiten können die Restnutzungsdauer verlängern oder verkürzen. Entsprechen die baulichen Anlagen nicht den allgemeinen Anforderungen an gesunde Wohn- und Arbeitsverhältnisse oder an die Sicherheit der auf dem betroffenen Grundstück wohnenden oder arbeitenden Menschen, ist dies bei der Ermittlung der Restnutzungsdauer besonders zu berücksichtigen.

§ 17
Rohertrag

(1) Der Rohertrag umfasst alle bei ordnungsgemäßer Bewirtschaftung und zulässiger Nutzung nachhaltig erzielbaren Einnahmen aus dem Grundstück, insbesondere Mieten und Pachten einschließlich Vergütungen. Umlagen, die zur Deckung von Betriebskosten gezahlt werden, sind nicht zu berücksichtigen.

(2) Werden für die Nutzung von Grundstücken oder Teilen eines Grundstücks keine oder vom Üblichen abweichende Entgelte erzielt, sind die bei einer Vermietung oder Verpachtung nachhaltig erzielbaren Einnahmen zugrunde zu legen.

---

5   **§ 196 BauGB:** „(1) Auf Grund der Kaufpreissammlung sind für jedes Gemeindegebiet durchschnittliche Lagewerte für den Boden unter Berücksichtigung des unterschiedlichen Entwicklungszustands, mindestens jedoch für erschließungsbeitragspflichtiges oder erschließungsbeitragsfreies Bauland, zu ermitteln (Bodenrichtwerte). In bebauten Gebieten sind Bodenrichtwerte mit dem Wert zu ermitteln, der sich ergeben würde, wenn der Boden unbebaut wäre. Die Bodenrichtwerte sind, soweit nichts anderes bestimmt ist, jeweils zum Ende eines jeden Kalenderjahres zu ermitteln. Für Zwecke der steuerlichen Bewertung des Grundbesitzes sind Bodenrichtwerte nach ergänzenden Vorgaben der Finanzverwaltung zum jeweiligen Hauptfeststellungszeitpunkt und zum jeweiligen für die Wertverhältnisse bei der Bedarfsbewertung maßgebenden Zeitpunkt zu ermitteln. Auf Antrag der für den Vollzug dieses Gesetzbuchs zuständigen Behörden sind Bodenrichtwerte für einzelne Gebiete bezogen auf einen abweichenden Zeitpunkt zu ermitteln.
(2) Hat sich in einem Gebiet die Qualität des Bodens durch einen Bebauungsplan oder andere Maßnahmen geändert, sind bei der nächsten Fortschreibung der Bodenrichtwerte auf der Grundlage der geänderten Qualität auch Bodenrichtwerte bezogen auf die Wertverhältnisse zum Zeitpunkt der letzten Hauptfeststellung und der letzten Bedarfsbewertung des Grundbesitzes für steuerliche Zwecke zu ermitteln. Die Ermittlung kann unterbleiben, wenn das zuständige Finanzamt darauf verzichtet.
(3) Die Bodenrichtwerte sind zu veröffentlichen und dem zuständigen Finanzamt mitzuteilen. Jedermann kann von der Geschäftsstelle Auskunft über die Bodenrichtwerte verlangen"

6   Die WertV hat nur eine Anlage.

§ 18
Bewirtschaftungskosten

(1) Bewirtschaftungskosten sind die Abschreibung, die bei gewöhnlicher Bewirtschaftung nachhaltig entstehenden Verwaltungskosten (Absatz 2), Betriebskosten (Absatz 3), Instandhaltungskosten (Absatz 4) und das Mietausfallwagnis (Absatz 5); durch Umlagen gedeckte Betriebskosten bleiben unberücksichtigt. Die Abschreibung ist durch Einrechnung in den Vervielfältiger nach § 16 Abs. 3 berücksichtigt.

(2) Verwaltungskosten sind

1. die Kosten der zur Verwaltung des Grundstücks erforderlichen Arbeitskräfte und Einrichtungen,

2. die Kosten der Aufsicht sowie

3. die Kosten für die gesetzlichen oder freiwilligen Prüfungen des Jahresabschlusses und der Geschäftsführung.

(3) Betriebskosten sind die Kosten, die durch das Eigentum am Grundstück oder durch den bestimmungsgemäßen Gebrauch des Grundstücks sowie seiner baulichen und sonstigen Anlagen laufend entstehen.

(4) Instandhaltungskosten sind Kosten, die infolge Abnutzung, Alterung und Witterung zur Erhaltung des bestimmungsgemäßen Gebrauchs der baulichen Anlagen während ihrer Nutzungsdauer aufgewendet werden müssen.

(5) Mietausfallwagnis ist das Wagnis einer Ertragsminderung (§ 17), die durch uneinbringliche Mietrückstände oder Leerstehen von Raum, der zur Vermietung bestimmt ist, entsteht. Es dient auch zur Deckung der Kosten einer Rechtsverfolgung auf Zahlung, Aufhebung eines Mietverhältnisses oder Räumung.

(6) Die Verwaltungskosten, die Instandhaltungskosten und das Mietausfallwagnis sind nach Erfahrungssätzen anzusetzen, die unter Berücksichtigung der Restnutzungsdauer den Grundsätzen einer ordnungsgemäßen Bewirtschaftung entsprechen. Die Betriebskosten sind unter Berücksichtigung der Grundsätze einer ordnungsgemäßen Bewirtschaftung im üblichen Rahmen nach ihrer tatsächlichen Höhe unter Einbeziehung der vom Eigentümer selbst erbrachten Sach- und Arbeitsleistung zu ermitteln. Soweit sie sich nicht ermitteln lassen, ist von Erfahrungssätzen auszugehen.

§ 19
Berücksichtigung sonstiger wertbeeinflussender Umstände

Sonstige den Verkehrswert beeinflussende Umstände, die bei der Ermittlung nach den §§ 16 bis 18 noch nicht erfasst sind, sind durch Zu- oder Abschläge oder in anderer geeigneter Weise zu berücksichtigen. Insbesondere sind die Nutzung des Grundstücks für Werbezwecke oder wohnungs- und mietrechtliche Bindungen sowie Abweichungen vom normalen baulichen Zustand zu beachten, soweit sie nicht bereits durch den Ansatz des Ertrags oder durch eine entsprechend geänderte Restnutzungsdauer berücksichtigt sind.

§ 20
Ermittlung des Ertragswerts in besonderen Fällen

(1) Verbleibt bei der Minderung des Reinertrags um den Verzinsungsbetrag des Bodenwerts nach § 16 Abs. 2 kein Anteil für die Ermittlung des Ertragswerts der baulichen Anlagen, so ist als Ertragswert des Grundstücks nur der Bodenwert anzusetzen. Der Bodenwert ist in diesem Fall um die gewöhnlichen Kosten zu mindern, insbesondere Abbruchkosten, die aufzuwenden wären, damit das Grundstück vergleichbaren unbebauten Grundstücken entspricht, soweit diese im gewöhnlichen Geschäftsverkehr berücksichtigt werden.

(2) Wenn das Grundstück aus rechtlichen oder sonstigen Gründen alsbald nicht freigelegt und deshalb eine dem Bodenwert angemessene Verzinsung nicht erzielt werden kann, ist dies bei dem nach Absatz 1 Satz 2 verminderten Bodenwert für die Dauer der Nutzungsbeschränkung zusätzlich angemessen zu berücksichtigen. Der so ermittelte Bodenwert zuzüglich des kapitalisierten aus der Nutzung des Grundstücks nachhaltig erzielbaren Reinertrags ergeben den Ertragswert. Der für die Kapitalisierung des nachhaltig erzielbaren Reinertrags maßgebende Vervielfältiger bestimmt sich nach der Dauer der Nutzungsbeschränkung und dem der Grundstücksart entsprechenden Liegenschaftszinssatz.

(3) Stehen dem Abriss der Gebäude längerfristig rechtliche oder andere Gründe entgegen und wird den Gebäuden nach den Verhältnissen des örtlichen Grundstücksmarkts noch ein Wert beigemessen, kann der Ertragswert nach den §§ 15 bis 19 mit einem Bodenwert ermittelt werden, der von dem Wert nach § 15 Abs. 2 abweicht. Bei der Bemessung dieses Bodenwerts ist die eingeschränkte Ertragsfähigkeit des Grundstücks sowohl der Dauer als auch der Höhe nach angemessen zu berücksichtigen.

Dritter Abschnitt
Sachwertverfahren

§ 21
Ermittlungsgrundlagen

(1) Bei Anwendung des Sachwertverfahrens ist der Wert der baulichen Anlagen, wie Gebäude, Außenanlagen und besondere Betriebseinrichtungen, und der Wert der sonstigen Anlagen getrennt vom Bodenwert nach Herstellungswerten zu ermitteln.

(2) Der Bodenwert ist in der Regel im Vergleichswertverfahren (§§ 13 und 14) zu ermitteln.

(3) Der Herstellungswert von Gebäuden ist unter Berücksichtigung ihres Alters (§ 23) und von Baumängeln und Bauschäden (§ 24) sowie sonstiger wertbeeinflussender Umstände (§ 25) nach § 22 zu ermitteln. Für die Ermittlung des Herstellungswerts der besonderen Betriebseinrichtungen gelten die §§ 22 bis 25 entsprechend.

(4) Der Herstellungswert von Außenanlagen und sonstigen Anlagen wird, soweit sie nicht vom Bodenwert miterfasst werden, nach Erfahrungssätzen oder nach den gewöhnlichen Herstellungskosten ermittelt. Die §§ 22 bis 25 finden entsprechende Anwendung.

(5) Bodenwert und Wert der baulichen Anlagen und der sonstigen Anlagen ergeben den Sachwert des Grundstücks.

§ 22
Ermittlung des Herstellungswerts

(1) Zur Ermittlung des Herstellungswerts der Gebäude sind die gewöhnlichen Herstellungskosten je Raum- oder Flächeneinheit (Normalherstellungskosten) mit der Anzahl der entsprechenden Raum-, Flächen- oder sonstigen Bezugseinheiten der Gebäude zu vervielfachen. Einzelne Bauteile, Einrichtungen oder sonstige Vorrichtungen, die insoweit nicht erfasst werden, sind durch Zu- oder Abschläge zu berücksichtigen.

(2) Zu den Normalherstellungskosten gehören auch die üblicherweise entstehenden Baunebenkosten, insbesondere Kosten für Planung, Baudurchführung, behördliche Prüfungen und Genehmigungen sowie für die in unmittelbarem Zusammenhang mit der Herstellung erforderliche Finanzierung.

(3) Die Normalherstellungskosten sind nach Erfahrungssätzen anzusetzen. Sie sind erforderlichenfalls mit Hilfe geeigneter Baupreisindexreihen auf die Preisverhältnisse am Wertermittlungsstichtag umzurechnen.

(4) Ausnahmsweise kann der Herstellungswert der Gebäude ganz oder teilweise nach den gewöhnlichen Herstellungskosten einzelner Bauleistungen (Einzelkosten) ermittelt werden.

(5) Zur Ermittlung des Herstellungswerts der Gebäude kann von den tatsächlich entstandenen Herstellungskosten ausgegangen werden, wenn sie den gewöhnlichen Herstellungskosten entsprechen.

§ 23
Wertminderung wegen Alters

(1) Die Wertminderung wegen Alters bestimmt sich nach dem Verhältnis der Restnutzungsdauer zur Gesamtnutzungsdauer der baulichen Anlagen; sie ist in einem Vomhundertsatz des Herstellungswerts auszudrücken. Bei der Bestimmung der Wertminderung kann je nach Art und Nutzung der baulichen Anlagen von einer gleichmäßigen oder von einer mit zunehmendem Alter sich verändernden Wertminderung ausgegangen werden.

(2) Ist die bei ordnungsgemäßem Gebrauch übliche Gesamtnutzungsdauer der baulichen Anlagen durch Instandsetzungen oder Modernisierungen verlängert worden oder haben unterlassene Instandhaltung oder andere Gegebenheiten zu einer Verkürzung der Restnutzungsdauer geführt, soll der Bestimmung der Wertminderung wegen Alters die geänderte Restnutzungsdauer und die für die baulichen Anlagen übliche Gesamtnutzungsdauer zu Grunde gelegt werden.

§ 24
Wertminderung wegen Baumängeln und Bauschäden

Die Wertminderung wegen Baumängeln und Bauschäden ist nach Erfahrungssätzen oder auf der Grundlage der für ihre Beseitigung am Wertermittlungsstichtag erforderlichen Kosten zu bestimmen, soweit sie nicht nach den §§ 22 und 23 bereits berücksichtigt wurde.

§ 25
Berücksichtigung sonstiger wertbeeinflussender Umstände

Sonstige nach den §§ 22 bis 24 bisher noch nicht erfasste, den Wert beeinflussende Umstände, insbesondere eine wirtschaftliche Überalterung, ein überdurchschnittlicher Erhaltungszustand und ein erhebliches Abweichen der tatsächlichen von der nach § 5 Abs. 1 maßgeblichen Nutzung, sind durch Zu- oder Abschläge oder in anderer geeigneter Weise zu berücksichtigen.

Vierter Teil
Ergänzende Vorschriften

§ 26
Wertermittlung nach § 153 Abs. 1[7], § 169 Abs. 1 Nr. 6[8]
und Abs. 4[9] des Baugesetzbuchs

(1) Zur Wertermittlung nach § 153 Abs. 1 des Baugesetzbuchs sind Vergleichsgrundstücke und Ertragsverhältnisse möglichst aus Gebieten heranzuziehen, die neben den allgemeinen wertbeeinflussenden Umständen (§§ 4 und 5) auch hinsichtlich ihrer städtebaulichen Missstände mit dem förmlich festgelegten Sanierungsgebiet vergleichbar sind, für die jedoch in absehbarer Zeit eine Sanierung nicht erwartet wird. Aus dem förmlich festgelegten Sanierungsgebiet oder aus Gebieten mit Aussicht auf Sanierung dürfen Vergleichsgrundstücke und Ertragsverhältnisse nur herangezogen werden, wenn die entsprechenden Kaufpreise oder Ertragsverhältnisse nicht von sanierungsbedingten Umständen beeinflusst sind oder ihr Einfluss erfasst werden kann.

(2) Absatz 1 ist entsprechend auf städtebauliche Entwicklungsbereiche anzuwenden. In Gebieten, in denen sich kein vom Verkehrswert für Flächen im Sinne von § 4 Abs. 1 Nr. 1

abweichender Verkehrswert gebildet hat, ist der Verkehrswert aus Gebieten maßgebend, die insbesondere hinsichtlich der Siedlungs- und Wirtschaftsstruktur sowie der Landschaft und der Verkehrslage mit dem städtebaulichen Entwicklungsbereich vergleichbar sind, in denen jedoch keine Entwicklungsmaßnahmen vorgesehen sind.

§ 27
Wertermittlung nach § 153 Abs. 4[10] und § 169 Abs. 8[11]
des Baugesetzbuchs

(1) Zur Ermittlung des Verkehrswerts nach § 153 Abs. 4 und § 169 Abs. 8 des Baugesetzbuchs ist der Zustand des Gebiets nach Abschluss der Sanierungs- oder Entwicklungsmaßnahme zu Grunde zu legen.

(2) Soweit die nach § 153 Abs. 4 und § 169 Abs. 8 des Baugesetzbuchs zu berücksichtigende rechtliche und tatsächliche Neuordnung noch nicht abgeschlossen ist, ist die Wartezeit bis zum Abschluss der vorgesehenen Maßnahmen zu berücksichtigen.

§ 28
Wertermittlung für die Bemessung der Ausgleichsbeträge nach § 154 Abs. 1[12] und
§ 166 Abs. 3[13] des Baugesetzbuchs

(1) Für die zur Bemessung der Ausgleichsbeträge nach § 154 Abs. 1 und § 166 Abs. 3 Satz 4 des Baugesetzbuchs zu ermittelnden Anfangs- und Endwerte sind die §§ 26 und 27 entsprechend anzuwenden.

(2) Die nach Absatz 1 maßgebenden Anfangs- und Endwerte des Grundstücks sind auf denselben Zeitpunkt zu ermitteln. In den Fällen des § 162[14] des Baugesetzbuchs ist der Zeitpunkt des In-Kraft-Tretens der Satzung, mit der die Sanierungssatzung aufgehoben wird, in den Fällen des § 169 Abs. 1 Nr. 8[15] in Verbindung mit § 162 des Baugesetzbuchs ist der Zeitpunkt des In-Kraft-Tretens der Satzung, mit der die Entwicklungssatzung aufgehoben wird, und in den Fällen des § 163 Abs. 1 und 2[16] sowie des § 169 Abs. 1 Nr. 8 in Verbindung mit § 163 Abs. 1 und 2[15] des Baugesetzbuchs ist der Zeitpunkt der Abschlusserklärung maßgebend.

(3) Bei der Ermittlung des Anfangs- und Endwerts ist der Wert des Bodens ohne Bebauung durch Vergleich mit dem Wert vergleichbarer unbebauter Grundstücke zu ermitteln. Beeinträchtigungen der zulässigen Nutzbarkeit, die sich aus einer bestehen bleibenden Bebauung auf dem Grundstück ergeben, sind zu berücksichtigen, wenn es bei wirtschaftlicher Betrachtungsweise oder aus sonstigen Gründen geboten erscheint, das Grundstück in der bisherigen Weise zu nutzen.

§ 29
Berücksichtigung sonstiger Vermögensnachteile bei der Wertermittlung

Wird bei einer Enteignung, im Falle von Übernahmeansprüchen oder bei Nutzungsbeschränkungen auf Grund gesetzlicher Vorschriften oder bei freihändigem Erwerb zur Ver-

---

7 **§ 153 Abs. 1 BauGB:** „(1) Sind auf Grund von Maßnahmen, die der Vorbereitung oder Durchführung der Sanierung im förmlich festgelegten Sanierungsgebiet dienen, nach den Vorschriften dieses Gesetzbuchs Ausgleichs- oder Entschädigungsleistungen zu gewähren, werden bei deren Bemessung Werterhöhungen, die lediglich durch die Aussicht auf die Sanierung, durch ihre Vorbereitung oder ihre Durchführung eingetreten sind, nur insoweit berücksichtigt, als der Betroffene diese Werterhöhungen durch eigene Aufwendungen zulässigerweise bewirkt hat. Änderungen in den allgemeinen Wertverhältnissen auf dem Grundstücksmarkt sind zu berücksichtigen"

8 **§ 169 Abs. 1 Nr. 6 BauGB:** „(1) Im städtebaulichen Entwicklungsbereich sind entsprechend anzuwenden 1 ... 6. § 153 Abs. 1 bis 3 (Bemessung von Ausgleichs- und Entschädigungsleistungen; Kaufpreise),"

9 **§ 169 Abs. 4 BauGB:** „(4) Auf land- oder forstwirtschaftlich genutzte Grundstücke ist § 153 Abs. 1 mit der Maßgabe entsprechend anzuwenden, dass in den Gebieten, in denen sich kein von dem innerlandwirtschaftlichen Verkehrswert abweichender Verkehrswert gebildet hat, der Wert maßgebend ist, der in vergleichbaren Fällen im gewöhnlichen Geschäftsverkehr auf dem allgemeinen Grundstücksmarkt dort zu erzielen wäre, wo keine Entwicklungsmaßnahmen vorgesehen sind"

meidung einer Enteignung neben dem Rechtsverlust (§ 95 des Baugesetzbuchs)[17] auch die Höhe der Entschädigung für andere Vermögensnachteile (§ 96 des Baugesetzbuchs)[18] ermittelt, sollen beide voneinander abgegrenzt werden. Vermögensvorteile sind zu berücksichtigen.

Fünfter Teil
Schlussvorschriften

§ 30
In-Kraft-Treten und abgelöste Vorschriften

Diese Verordnung tritt im einzelnen Bundesland zugleich mit dessen nach § 199 Abs. 2 des Baugesetzbuchs erlassener Verordnung, spätestens jedoch am 1. Januar 1990 in Kraft.[19] Gleichzeitig tritt dort jeweils die Verordnung über Grundsätze für die Ermittlung des Verkehrswerts von Grundstücken (Wertermittlungsverordnung – WertV) in der Fassung der Bekanntmachung vom 15. August 1972 (BGBl. I S. 1416) außer Kraft.

Der Bundesrat hat zugestimmt.

---

10   **§ 153 Abs. 4 BauGB:** „(4) Bei der Veräußerung nach den §§ 89 und 159 Abs. 3 ist das Grundstück zu dem Verkehrswert zu veräußern, der sich durch die rechtliche und tatsächliche Neuordnung des förmlich festgelegten Sanierungsgebiets ergibt. § 154 Abs. 5 ist dabei auf den Teil des Kaufpreises entsprechend anzuwenden, der der durch die Sanierung bedingten Werterhöhung des Grundstücks entspricht"

11   **§ 169 Abs. 8 BauGB:** „(8) Zur Finanzierung der Entwicklung ist das Grundstück oder das Recht zu dem Verkehrswert zu veräußern, der sich durch die rechtliche und tatsächliche Neuordnung des städtebaulichen Entwicklungsbereichs ergibt. § 154 Abs. 5 ist auf den Teil des Kaufpreises entsprechend anzuwenden, der der durch die Entwicklung bedingten Werterhöhung des Grundstücks entspricht"

12   **§ 154 Abs. 1 BauGB:** „(1) Der Eigentümer eines im förmlich festgelegten Sanierungsgebiet gelegenen Grundstücks hat zur Finanzierung der Sanierung an die Gemeinde einen Ausgleichsbetrag in Geld zu entrichten, der der durch die Sanierung bedingten Erhöhung des Bodenwerts seines Grundstücks entspricht; Miteigentümer sind im Verhältnis ihrer Anteile an dem gemeinschaftlichen Eigentum heranzuziehen. Werden im förmlich festgelegten Sanierungsgebiet Erschließungsanlagen im Sinne des § 127 Abs. 2 hergestellt, erweitert oder verbessert, sind Vorschriften über die Erhebung von Beiträgen für diese Maßnahmen auf Grundstücke im förmlich festgelegten Sanierungsgebiet nicht anzuwenden. Satz 2 gilt entsprechend für die Anwendung der Vorschrift über die Erhebung von Kostenerstattungsbeträgen im Sinne des § 135 a Abs. 3"

13   **§ 166 Abs. 3 BauGB:** „(3) Die Gemeinde soll die Grundstücke im städtebaulichen Entwicklungsbereich erwerben. Dabei soll sie feststellen, ob und in welcher Rechtsform die bisherigen Eigentümer einen späteren Erwerb von Grundstücken oder Rechten im Rahmen des § 169 Abs. 6 anstreben. Die Gemeinde soll von dem Erwerb eines Grundstücks absehen, wenn
   1. bei einem baulich genutzten Grundstück die Art und das Maß der baulichen Nutzung bei der Durchführung der Entwicklungsmaßnahme nicht geändert werden sollen oder
   2. der Eigentümer eines Grundstücks, dessen Verwendung nach den Zielen und Zwecken der städtebaulichen Entwicklungsmaßnahme bestimmt oder mit ausreichender Sicherheit bestimmbar ist, in der Lage ist, das Grundstück binnen angemessener Frist dementsprechend zu nutzen, und er sich hierzu verpflichtet.
Erwirbt die Gemeinde ein Grundstück nicht, ist der Eigentümer verpflichtet, einen Ausgleichsbetrag an die Gemeinde zu entrichten, der der durch die Entwicklungsmaßnahme bedingten Erhöhung des Bodenwerts seines Grundstücks entspricht"

14   **§ 162 BauGB:** „(1) Die Sanierungssatzung ist aufzuheben, wenn
   1. die Sanierung durchgeführt ist oder
   2. die Sanierung sich als undurchführbar erweist oder
   3. die Sanierungsabsicht aus anderen Gründen aufgegeben wird.
Sind diese Voraussetzungen nur für einen Teil des förmlich festgelegten Sanierungsgebiets gegeben, ist die Satzung für diesen Teil aufzuheben.
(2) Der Beschluss der Gemeinde, durch den die förmliche Festlegung des Sanierungsgebiets ganz oder teilweise aufgehoben wird, ergeht als Satzung. Die Satzung ist ortsüblich bekannt zu machen. Die Gemeinde kann auch ortsüblich bekannt machen, dass eine Satzung zur Aufhebung der förmlichen Festlegung des Sanierungsgebiets beschlossen worden ist; § 10 Abs. 3 Satz 2 bis 5 ist entsprechend anzuwenden. Mit der Bekanntmachung wird die Satzung rechtsverbindlich.
(3) Die Gemeinde ersucht das Grundbuchamt, die Sanierungsvermerke zu löschen"

15   § 169 Abs. 1 Nr. 8 BauGB: „(1) Im städtebaulichen Entwicklungsbereich sind entsprechend anzuwenden
. . .
      8. die §§ 162 bis 164 (Abschluss der Maßnahme),"

16   § 163 Abs. 1 und 2 BauGB: „(1) Die Gemeinde kann die Sanierung für ein Grundstück als abgeschlossen
      erklären, wenn entsprechend den Zielen und Zwecken der Sanierung
      1. das Grundstück bebaut ist oder in sonstiger Weise genutzt wird oder
      2. das Gebäude modernisiert oder instandgesetzt ist.
      Auf Antrag des Eigentümers hat die Gemeinde die Sanierung für das Grundstück als abgeschlossen zu erklären.
      (2) Die Gemeinde kann bereits vor dem in Absatz 1 bezeichneten Zeitpunkt die Durchführung der Sanierung
      für einzelne Grundstücke durch Bescheid an die Eigentümer für abgeschlossen erklären, wenn die den Zielen
      und Zwecken der Sanierung entsprechende Bebauung oder sonstige Nutzung oder die Modernisierung oder
      Instandsetzung auch ohne Gefährdung der Ziele und Zwecke der Sanierung zu einem späteren Zeitpunkt mög-
      lich ist. Ein Rechtsanspruch auf Abgabe der Erklärung besteht in diesem Fall nicht"

17   § 95 BauGB: „(1) Die Entschädigung für den durch Enteignung eintretenden Rechtsverlust bemisst sich nach
      dem Verkehrswert (§ 194) des zu enteignenden Grundstücks oder sonstigen Gegenstands der Enteignung. Maß-
      gebend ist der Verkehrswert in dem Zeitpunkt, in dem die Enteignungsbehörde über den Enteignungsantrag ent-
      scheidet.
      (2) Bei der Festsetzung der Entschädigung bleiben unberücksichtigt
      1. Wertsteigerungen eines Grundstücks, die in der Aussicht auf eine Änderung der zulässigen Nutzung einge-
          treten sind, wenn die Änderung nicht in absehbarer Zeit zu erwarten ist;
      2. Wertänderungen, die infolge der bevorstehenden Enteignung eingetreten sind;
      3. Werterhöhungen, die nach dem Zeitpunkt eingetreten sind, in dem der Eigentümer zur Vermeidung der Ent-
          eignung ein Kauf- oder Tauschangebot des Antragstellers mit angemessenen Bedingungen (§ 87 Abs. 2 Satz 1
          und § 88) hätte annehmen können, es sei denn, dass der Eigentümer Kapital oder Arbeit für sie aufgewendet
          hat;
      4. wertsteigernde Veränderungen, die während einer Veränderungssperre ohne Genehmigung der Baugenehmi-
          gungsbehörde vorgenommen worden sind;
      5. wertsteigernde Veränderungen, die nach Einleitung des Enteignungsverfahrens ohne behördliche Anordnung
          oder Zustimmung der Enteignungsbehörde vorgenommen worden sind;
      6. Vereinbarungen, soweit sie von üblichen Vereinbarungen auffällig abweichen und Tatsachen die Annahme
          rechtfertigen, dass sie getroffen worden sind, um eine höhere Entschädigungsleistung zu erlangen;
      7. Bodenwerte, die nicht zu berücksichtigen wären, wenn der Eigentümer eine Entschädigung in den Fällen der
          §§ 40 bis 42 geltend machen würde.
      (3) Für bauliche Anlagen, deren Abbruch jederzeit auf Grund öffentlich-rechtlicher Vorschriften entschädi-
      gungslos gefordert werden kann, ist eine Entschädigung nur zu gewähren, wenn es aus Gründen der Billigkeit
      geboten ist. Kann der Abbruch entschädigungslos erst nach Ablauf einer Frist gefordert werden, so ist die Ent-
      schädigung nach dem Verhältnis der restlichen zu der gesamten Frist zu bemessen.
      (4) Wird der Wert des Eigentums an dem Grundstück durch Rechte Dritter gemindert, die an dem Grundstück
      aufrechterhalten, an einem anderen Grundstück neu begründet oder gesondert entschädigt werden, so ist dies
      bei der Festsetzung der Entschädigung für den Rechtsverlust zu berücksichtigen"

18   § 96 BauGB: „(1) Wegen anderer durch die Enteignung eintretender Vermögensnachteile ist eine Entschädi-
      gung nur zu gewähren, wenn und soweit diese Vermögensnachteile nicht bei der Bemessung der Entschädigung
      für den Rechtsverlust berücksichtigt sind. Die Entschädigung ist unter gerechter Abwägung der Interessen der
      Allgemeinheit und der Beteiligten festzusetzen, insbesondere für
      1. den vorübergehenden oder dauernden Verlust, den der bisherige Eigentümer in seiner Berufstätigkeit, seiner
          Erwerbstätigkeit oder in Erfüllung der ihm wesensgemäß obliegenden Aufgaben erleidet, jedoch nur bis zu
          dem Betrag des Aufwands, der erforderlich ist, um ein anderes Grundstück in der gleichen Weise wie das zu
          enteignende Grundstück zu nutzen;
      2. die Wertminderung, die durch die Enteignung eines Grundstücksteils oder eines Teils eines räumlich oder
          wirtschaftlich zusammenhängenden Grundbesitzes bei dem anderen Teil oder durch Enteignung des Rechts
          an einem Grundstück bei einem anderen Grundstück entsteht, soweit die Wertminderung nicht schon bei der
          Festsetzung der Entschädigung nach Nummer 1 berücksichtigt ist;
      3. die notwendigen Aufwendungen für einen durch die Enteignung erforderlich werdenden Umzug.
      (2) Im Falle des Absatzes 1 Nr. 2 ist § 95 Nr. 3 anzuwenden"

19   In den jungen Bundesländern sowie im Ostteil Berlins ist die WertV 88 am 3. 10. 1990 in Kraft getreten. Die mit
      dem BauROG vom 18. 8. 1997 (BGBl. I 1997, 2081) geänderte Fassung ist am 1. 1. 1998 in Kraft getreten (vgl.
      Art. 11 Abs. 1 BauROG)

Vervielfältigertabelle

(siehe Seite 88 bis 91)

Anlage zu § 16 Abs. 3 WertV: Vervielfältigertabelle

Rundungsbereinigte Fassung (*vgl. GuG-aktuell 1997, 1*)

$$V = \frac{q^n - 1}{q^n \cdot (q-1)}$$

wobei $q = 1 + \frac{p}{100}$
p = Liegenschaftszinssatz
n = Restnutzungsdauer

Bei einer Rest-nutzungs-dauer von ... Jahren	Bei einem Zinssatz in Höhe von								
	1,0 v. H	1,5 v. H	2,0 v. H	2,5 v. H	3,0 v. H	3,5 v. H	4,0 v. H	4,5 v. H	5,0 v. H
1	0.99	0.99	0.98	0.98	0.97	0.97	0.96	0.96	0.95
2	1.97	1.96	1.94	1.93	1.91	1.90	1.89	1.87	1.86
3	2.94	2.91	2.88	2.86	2.83	2.80	2.78	2.75	2.72
4	3.90	3.85	3.81	3.76	3.72	3.67	3.63	3.59	3.55
5	4.85	4.78	4.71	4.65	4.58	4.52	4.45	4.39	4.33
6	5.80	5.70	5.60	5.51	5.42	5.33	5.24	5.16	5.08
7	6.73	6.60	6.47	6.35	6.23	6.11	6.00	5.89	5.79
8	7.65	7.49	7.33	7.17	7.02	6.87	6.73	6.60	6.46
9	8.57	8.36	8.16	7.97	7.79	7.61	7.44	7.27	7.11
10	9.47	9.22	8.98	8.75	8.53	8.32	8.11	7.91	7.72
11	10.37	10.07	9.79	9.51	9.25	9.00	8.76	8.53	8.31
12	11.26	10.91	10.58	10.26	9.95	9.66	9.39	9.12	8.86
13	12.13	11.73	11.35	10.98	10.63	10.30	9.99	9.68	9.39
14	13.00	12.54	12.11	11.69	11.30	10.92	10.56	10.22	9.90
15	13.87	13.34	12.85	12.38	11.94	11.52	11.12	10.74	10.38
16	14.72	14.13	13.58	13.06	12.56	12.09	11.65	11.23	10.84
17	15.56	14.91	14.29	13.71	13.17	12.65	12.17	11.71	11.27
18	16.40	15.67	14.99	14.35	13.75	13.19	12.66	12.16	11.69
19	17.23	16.43	15.68	14.98	14.32	13.71	13.13	12.59	12.09
20	18.05	17.17	16.35	15.59	14.88	14.21	13.59	13.01	12.46
21	18.86	17.90	17.01	16.18	15.42	14.70	14.03	13.40	12.82
22	19.66	18.62	17.66	16.77	15.94	15.17	14.45	13.78	13.16
23	20.46	19.33	18.29	17.33	16.44	15.62	14.86	14.15	13.49
24	21.24	20.03	18.91	17.88	16.94	16.06	15.25	14.50	13.80
25	22.02	20.72	19.52	18.42	17.41	16.48	15.62	14.83	14.09
26	22.80	21.40	20.12	18.95	17.88	16.89	15.98	15.15	14.38
27	23.56	22.07	20.71	19.46	18.33	17.29	16.33	15.45	14.64
28	24.32	22.73	21.28	19.96	18.76	17.67	16.66	15.74	14.90
29	25.07	23.38	21.84	20.45	19.19	18.04	16.98	16.02	15.14
30	25.81	24.02	22.40	20.93	19.60	18.39	17.29	16.29	15.37
31	26.54	24.65	29.94	21.40	20.00	18.74	17.59	16.54	15.59
32	27.27	25.27	23.47	21.85	20.39	19.07	17.87	16.79	15.80
33	27.99	25.88	23.99	22.29	20.77	19.39	18.15	17.02	16.00
34	28.70	26.48	24.50	22.72	21.13	19.70	18.41	17.25	16.19
35	29.41	27.08	25.00	23.15	21.49	20.00	18.66	17.46	16.37
36	30.11	27.66	25.49	23.56	21.83	20.29	18.91	17.67	16.55
37	30.80	28.24	25.97	23.96	22.17	20.57	19.14	17.86	16.71
38	31.48	28.81	26.44	24.35	22.49	20.84	19.37	18.05	16.87
39	32.16	29.36	26.90	24.73	22.81	21.10	19.58	18.23	17.02
40	32.83	29.92	27.36	25.10	23.11	21.36	19.79	18.40	17.16
41	33.50	30.46	27.80	25.47	23.41	21.60	19.99	18.57	17.29
42	34.16	30.99	28.23	25.82	23.70	21.83	20.19	18.72	17.42
43	34.81	31.52	28.66	26.17	23.98	22.06	20.37	18.87	17.55
44	35.46	32.04	29.08	26.50	24.25	22.28	20.55	19.02	17.66
45	36.09	32.55	29.49	26.83	24.52	22.50	20.72	19.16	17.77
46	36.73	33.06	29.89	27.15	24.78	22.70	20.88	19.29	17.88
47	37.35	33.55	30.29	27.47	25.02	22.90	21.04	19.41	17.98
48	37.97	34.04	30.67	27.77	25.27	23.09	21.20	19.54	18.08
49	38.59	34.52	31.05	28.07	25.50	23.28	21.34	19.65	18.17
50	39.20	35.00	31.42	28.36	25.73	23.46	21.48	19.76	18.26

Anlage zu § 16 Abs. 3 WertV: Vervielfältigertabelle

Rundungsbereinigte Fassung

Bei einer Rest-nutzungs-dauer von ... Jahren	Bei einem Zinssatz in Höhe von									
	5,5 v. H	6,0 v. H	6,5 v. H	7,0 v. H	7,5 v. H	8,0 v. H	8,5 v. H	9,0 v. H	9,5 v. H	10,0 v. H
1	0.95	0.94	0.94	0.93	0.93	0.93	0.92	0.92	0.91	0.91
2	1.85	1.83	1.82	1.81	1.80	1.78	1.77	1.76	1.75	1.74
3	2.70	2.67	2.65	2.62	2.60	2.58	2.55	2.53	2.51	2.49
4	3.51	3.47	3.43	3.39	3.35	3.31	3.28	3.24	3.20	3.17
5	4.27	4.21	4.16	4.10	4.05	3.99	3.94	3.89	3.84	3.79
6	5.00	4.92	4.84	4.77	4.69	4.62	4.55	4.49	4.42	4.36
7	5.68	5.58	5.48	5.39	5.30	5.21	5.12	5.03	4.95	4.87
8	6.33	6.21	6.09	5.97	5.86	5.75	5.64	5.53	5.43	5.33
9	6.95	6.80	6.66	6.52	6.38	6.25	6.12	6.00	5.88	5.76
10	7.54	7.36	7.19	7.02	6.86	6.71	6.56	6.42	6.28	6.14
11	8.09	7.89	7.69	7.50	7.32	7.14	6.97	6.81	6.65	6.50
12	8.62	8.38	8.16	7.94	7.74	7.54	7.34	7.16	6.98	6.81
13	9.12	8.85	8.60	8.36	8.13	7.90	7.69	7.49	7.29	7.10
14	9.59	9.30	9.01	8.75	8.49	8.24	8.01	7.79	7.57	7.37
15	10.04	9.71	9.40	9.11	8.83	8.56	8.30	8.06	7.83	7.61
16	10.46	10.11	9.77	9.45	9.14	8.85	8.58	8.31	8.06	7.82
17	10.86	10.48	10.11	9.76	9.43	9.12	8.83	8.54	8.28	8.02
18	11.25	10.83	10.43	10.06	9.71	9.37	9.06	8.76	8.47	8.20
19	11.61	11.16	10.73	10.34	9.96	9.60	9.27	8.95	8.65	8.36
20	11.95	11.47	11.02	10.59	10.19	9.82	9.46	9.13	8.81	8.51
21	12.28	11.76	11.28	10.84	10.41	10.02	9.64	9.29	8.96	8.65
22	12.58	12.04	11.54	11.06	10.62	10.20	9.81	9.44	9.10	8.77
23	12.88	12.30	11.77	11.27	10.81	10.37	9.96	9.58	9.22	8.88
24	13.15	12.55	11.99	11.47	10.98	10.53	10.10	9.71	9.33	8.98
25	13.41	12.78	12.20	11.65	11.15	10.67	10.23	9.82	9.44	9.08
26	13.66	13.00	12.39	11.83	11.30	10.81	10.35	9.93	9.53	9.16
27	13.90	13.21	12.57	11.99	11.44	10.94	10.46	10.03	9.62	9.24
28	14.12	13.41	12.75	12.14	11.57	11.05	10.57	10.12	9.70	9.31
29	14.33	13.59	12.91	12.28	11.70	11.16	10.66	10.20	9.77	9.37
30	14.53	13.76	13.06	12.41	11.81	11.26	10.75	10.27	9.83	9.43
31	14.72	13.93	13.20	12.53	11.92	11.35	10.83	10.34	9.89	9.48
32	14.90	14.08	13.33	12.65	12.02	11.43	10.90	10.41	9.95	9.53
33	15.08	14.23	13.46	12.75	12.11	11.51	10.97	10.46	10.00	9.57
34	15.24	14.37	13.58	12.85	12.19	11.59	11.03	10.52	10.05	9.61
35	15.39	14.50	13.69	12.95	12.27	11.65	11.09	10.57	10.09	9.64
36	15.54	14.62	13.79	13.04	12.35	11.72	11.14	10.61	10.13	9.68
37	15.67	14.74	13.89	13.12	12.42	11.78	11.19	10.65	10.16	9.71
38	15.80	14.85	13.98	13.19	12.48	11.83	11.23	10.69	10.19	9.73
39	15.93	14.95	14.06	13.26	12.54	11.88	11.28	10.73	10.22	9.76
40	16.05	15.05	14.15	13.33	12.59	11.92	11.31	10.76	10.25	9.78
41	16.16	15.14	14.22	13.39	12.65	11.97	11.35	10.79	10.27	9.80
42	16.26	15.22	14.29	13.45	12.69	12.01	11.38	10.81	10.29	9.82
43	16.36	15.31	14.36	13.51	12.74	12.04	11.41	10.84	10.31	9.83
44	16.46	15.38	14.42	13.56	12.78	12.08	11.44	10.86	10.33	9.85
45	16.55	15.46	14.48	13.61	12.82	12.11	11.47	10.88	10.35	9.86
46	16.63	15.52	14.54	13.65	12.85	12.14	11.49	10.90	10.36	9.88
47	16.71	15.59	14.59	13.69	12.89	12.16	11.51	10.92	10.38	9.89
48	16.79	15.65	14.64	13.73	12.92	12.19	11.53	10.93	10.39	9.90
49	16.86	15.71	14.68	13.77	12.95	12.21	11.55	10.95	10.40	9.91
50	16.93	15.76	14.72	13.80	12.97	12.23	11.57	10.96	10.41	9.91

Anlage zu § 16 Abs. 3 WertV: Vervielfältigertabelle

Rundungsbereinigte Fassung

Bei einer Rest-nutzungs-dauer von ... Jahren	Bei einem Zinssatz in Höhe von								
	1,0 v. H	1,5 v. H	2,0 v. H	2,5 v. H	3,0 v. H	3,5 v. H	4,0 v. H	4,5 v. H	5,0 v. H
51	39.80	35.47	31.79	28.65	25.95	23.63	21.62	19.87	18.34
52	40.39	35.93	32.14	28.92	26.17	23.80	21.75	19.97	18.42
53	40.98	36.38	32.50	29.19	26.37	23.96	21.87	20.07	18.49
54	41.57	36.83	32.84	29.46	26.58	24.11	21.99	20.16	18.57
55	42.15	37.27	33.17	29.71	26.77	24.26	22.11	20.25	18.63
56	42.72	37.71	33.50	29.96	26.97	24.41	22.22	20.33	18.70
57	43.29	38.13	33.83	30.21	27.15	24.55	22.33	20.41	18.76
58	43.85	38.56	34.15	30.45	27.33	24.69	22.43	20.49	18.82
59	44.41	38.97	34.46	30.68	27.51	24.82	22.53	20.57	18.88
60	44.96	39.38	34.76	30.91	27.68	24.94	22.62	20.64	18.93
61	45.50	39.78	35.06	31.13	27.84	25.07	22.71	20.71	18.98
62	46.04	40.18	35.35	31.35	28.00	25.19	22.80	20.77	19.03
63	46.57	40.57	35.64	31.56	28.16	25.30	22.89	20.83	19.08
64	47.10	40.96	35.92	31.76	28.31	25.41	22.97	20.89	19.12
65	47.63	41.34	36.20	31.96	28.45	25.52	23.05	20.95	19.16
66	48.15	41.71	36.47	32.16	28.60	25.62	23.12	21.01	19.20
67	48.66	42.08	36.73	32.35	28.73	25.72	23.19	21.06	19.24
68	49.17	42.44	36.99	32.54	28.87	25.82	23.26	21.11	19.28
69	49.67	42.80	37.25	32.72	29.00	25.91	23.33	21.16	19.31
70	50.17	43.15	37.50	32.90	29.12	26.00	23.39	21.20	19.34
71	50.66	43.50	37.74	33.07	29.25	26.09	23.46	21.25	19.37
72	51.15	43.84	37.98	33.24	29.37	26.17	23.52	21.29	19.40
73	51.63	44.18	38.22	33.40	29.48	26.25	23.57	21.33	19.43
74	52.11	44.51	38.45	33.57	29.59	26.33	23.63	21.37	19.46
75	52.59	44.84	38.68	33.72	29.70	26.41	23.68	21.40	19.48
76	53.06	45.16	38.90	33.88	29.81	26.48	23.73	21.44	19.51
77	53.52	45.48	39.12	34.03	29.91	26.55	23.78	21.47	19.53
78	53.98	45.79	39.33	34.17	30.01	26.62	23.83	21.50	19.56
79	54.44	46.10	39.54	34.31	30.11	26.68	23.87	21.54	19.58
80	54.89	46.41	39.74	34.45	30.20	26.75	23.92	21.57	19.60
81	55.33	46.71	39.95	34.59	30.29	26.81	23.96	21.59	19.62
82	55.78	47.00	40.14	34.72	30.38	26.87	24.00	21.62	19.63
83	56.22	47.29	40.34	34.85	30.47	26.93	24.04	21.65	19.65
84	56.65	47.58	40.53	34.97	30.55	26.98	24.07	21.67	19.67
85	57.08	47.86	40.71	35.10	30.63	27.04	24.11	21.70	19.68
86	57.50	48.14	40.89	35.22	30.71	27.09	24.14	21.72	19.70
87	57.92	48.41	41.07	35.33	30.79	27.14	24.18	21.74	19.71
88	58.34	48.68	41.25	35.45	30.86	27.19	24.21	21.76	19.73
89	58.75	48.95	41.42	35.56	30.93	27.23	24.24	21.78	19.74
90	59.16	49.21	41.59	35.67	31.00	27.28	24.27	21.80	19.75
91	59.57	49.47	41.75	35.77	31.07	27.32	24.30	21.82	19.76
92	59.97	49.72	41.91	35.87	31.14	27.37	24.32	21.83	19.78
93	60.36	49.97	42.07	35.98	31.20	27.41	24.35	21.85	19.79
94	60.75	50.22	42.23	36.07	31.26	27.45	24.37	21.87	19.80
95	61.14	50.46	42.38	36.17	31.32	27.48	24.40	21.88	19.81
96	61.53	50.70	42.53	36.26	31.38	27.52	24.42	21.90	19.82
97	61.91	50.94	42.68	36.35	31.44	27.56	24.44	21.91	19.82
98	62.29	51.17	42.82	36.44	31.49	27.59	24.46	21.92	19.83
99	62.66	51.40	42.96	36.53	31.55	27.62	24.49	21.94	19.84
100	63.03	51.62	43.10	36.61	31.60	27.66	24.50	21.95	19.85

Anlage zu § 16 Abs. 3 WertV: Vervielfältigertabelle

Rundungsbereinigte Fassung

Bei einer Rest-nutzungs-dauer von ... Jahren	Bei einem Zinssatz in Höhe von									
	5,5 v. H	6,0 v. H	6,5 v. H	7,0 v. H	7,5 v. H	8,0 v. H	8,5 v. H	9,0 v. H	9,5 v. H	10,0 v. H
51	17.00	15.81	14.76	13.83	13.00	12.25	11.58	10.97	10.42	9.92
52	17.06	15.86	14.80	13.86	13.02	12.27	11.60	10.99	10.43	9.93
53	17.12	15.91	14.84	13.89	13.04	12.29	11.61	11.00	10.44	9.94
54	17.17	15.95	14.87	13.92	13.06	12.30	11.62	11.01	10.45	9.94
55	17.23	15.99	14.90	13.94	13.08	12.32	11.63	11.01	10.45	9.95
56	17.28	16.03	14.93	13.96	13.10	12.33	11.64	11.02	10.46	9.95
57	17.32	16.07	14.96	13.98	13.12	12.34	11.65	11.03	10.47	9.96
58	17.37	16.10	14.99	14.00	13.13	12.36	11.66	11.04	10.47	9.96
59	17.41	16.13	15.01	14.02	13.15	12.37	11.67	11.04	10.48	9.96
60	17.45	16.16	15.03	14.04	13.16	12.38	11.68	11.05	10.48	9.97
61	17.49	16.19	15.05	14.06	13.17	12.39	11.68	11.05	10.48	9.97
62	17.52	16.22	15.07	14.07	13.18	12.39	11.69	11.06	10.49	9.97
63	17.56	16.24	15.09	14.08	13.19	12.40	11.70	11.06	10.49	9.98
64	17.59	16.27	15.11	14.10	13.20	12.41	11.70	11.07	10.49	9.98
65	17.62	16.29	15.13	14.11	13.21	12.42	11.71	11.07	10.50	9.98
66	17.65	16.31	15.14	14.12	13.22	12.42	11.71	11.07	10.50	9.98
67	17.68	16.33	15.16	14.13	13.23	12.43	11.71	11.08	10.50	9.98
68	17.71	16.35	15.17	14.14	13.24	12.43	11.72	11.08	10.50	9.98
69	17.73	16.37	15.19	14.15	13.24	12.44	11.72	11.08	10.51	9.99
70	17.75	16.38	15.20	14.16	13.25	12.44	11.73	11.08	10.51	9.99
71	17.78	16.40	15.21	14.17	13.25	12.45	11.73	11.09	10.51	9.99
72	17.80	16.42	15.22	14.18	13.26	12.45	11.73	11.09	10.51	9.99
73	17.82	16.43	15.23	14.18	13.27	12.45	11.73	11.09	10.51	9.99
74	17.84	16.44	15.24	14.19	13.27	12.46	11.74	11.09	10.51	9.99
75	17.85	16.46	15.25	14.20	13.27	12.46	11.74	11.09	10.51	9.99
76	17.87	16.47	15.26	14.20	13.28	12.46	11.74	11.10	10.52	9.99
77	17.89	16.48	15.26	14.21	13.28	12.47	11.74	11.10	10.52	9.99
78	17.90	16.49	15.27	14.21	13.29	12.47	11.74	11.10	10.52	9.99
79	17.92	16.50	15.28	14.22	13.29	12.47	11.75	11.10	10.52	9.99
80	17.93	16.51	15.28	14.22	13.29	12.47	11.75	11.10	10.52	10.00
81	17.94	16.52	15.29	14.23	13.30	12.48	11.75	11.10	10.52	10.00
82	17.96	16.53	15.30	14.23	13.30	12.48	11.75	11.10	10.52	10.00
83	17.97	16.53	15.30	14.23	13.30	12.48	11.75	11.10	10.52	10.00
84	17.98	16.54	15.31	14.24	13.30	12.48	11.75	11.10	10.52	10.00
85	17.99	16.55	15.31	14.24	13.30	12.48	11.75	11.10	10.52	10.00
86	18.00	16.56	15.32	14.24	13.31	12.48	11.75	11.10	10.52	10.00
87	18.01	16.56	15.32	14.25	13.31	12.48	11.75	11.10	10.52	10.00
88	18.02	16.57	15.32	14.25	13.31	12.49	11.76	11.11	10.52	10.00
89	18.03	16.57	15.33	14.25	13.31	12.49	11.76	11.11	10.52	10.00
90	18.04	16.58	15.33	14.25	13.31	12.49	11.76	11.11	10.52	10.00
91	18.04	16.58	15.33	14.26	13.31	12.49	11.76	11.11	10.52	10.00
92	18.05	16.59	15.34	14.26	13.32	12.49	11.76	11.11	10.52	10.00
93	18.06	16.59	15.34	14.26	13.32	12.49	11.76	11.11	10.52	10.00
94	18.06	16.60	15.34	14.26	13.32	12.49	11.76	11.11	10.52	10.00
95	18.07	16.60	15.35	14.26	13.32	12.49	11.76	11.11	10.52	10.00
96	18.08	16.60	15.35	14.26	13.32	12.49	11.76	11.11	10.52	10.00
97	18.08	16.61	15.35	14.27	13.32	12.49	11.76	11.11	10.52	10.00
98	18.09	16.61	15.35	14.27	13.32	12.49	11.76	11.11	10.52	10.00
99	18.09	16.61	15.35	14.27	13.32	12.49	11.76	11.11	10.52	10.00
100	18.10	16.62	15.36	14.27	13.32	12.49	11.76	11.11	10.53	10.00

Teil II

Einführung

Einführung

---

1   Wertbegriffe

Wo es um die Ermittlung von Grundstückswerten geht, steht am Anfang die Frage, welcher   **1**
Wert überhaupt ermittelt werden soll. Denn das **„Werten" ist teleologisch und bedarf
eines Wertsystems.** Demzufolge erschließen sich die zahlreichen Wertbegriffe inhaltlich
stets erst vor dem Hindergrund ihrer Genesis und Zielsetzungen[1].

Am Anfang dieses Werks soll deshalb zunächst ein **Überblick über die wichtigsten Wert-**   **2**
begriffe[2] gegeben werden, die heute im Rechts- und Wirtschaftsleben gebräuchlich sind.
Danach ist zu unterscheiden zwischen

a) dem „spitzen" zumeist auf einen aktuellen Wertermittlungsstichtag bezogenen und im
   Baugesetzbuch definierten *Verkehrswert* (= gemeiner Wert = Marktwert); wenn im bürgerlichen Recht (des BGB) vom „Wert" die Rede ist (vgl. §§ 2311 ff. BGB; vgl. Teil VI,
   Rn. 134), geht es im Übrigen auch dort um den „gemeinen Wert" (= Verkehrswert), ggf.
   um den Ertragswert (vgl. § 2312 BGB); das Gleiche dürfte auch für den im BGB
   gebrauchten Begriff des *Marktwerts* gelten (vgl. §§ 385, 453, 764, 1221 und 1235 BGB,
   aber auch § 821 ZPO; vgl. § 194 Rn. 193, 206);

---

1   Heyde, J. E., Wert, eine philosophische Grundlegung, Erfurt 1926; Kraft, V., Die Grundlagen einer wissenschaft-
    lichen Wertlehre, 2. Aufl. Wien 1951; Spiller, K., Der betriebswirtschaftliche Wert und seine Arten in der Bilanz,
    Diss. Hamburg 1962; Ehrenfels, Chr. v., System der Werttheorie, Bd. 1 Leipzig 1897; Reininger, R., Wertphiloso-
    phie und Ethik, 3. Aufl. Wien-Leipzig 1947; Ruf, W., Die Grundlagen eines betriebswirtschaftlichen Wertbegrif-
    fes, Bern 1955; Pausenberger, E., Wert und Bewerten, Betriebswirtschaftliche Studienbücher, Hsg Seischab, H.,
    Stuttgart 1962; Münstermann, Philosophie der Werte 1921; Aristoteles Politica Buch 1 Kap. 9; Pausenberger,
    Wert und Bewertung, Stuttgart 1962; Maar, Staatslexikon 6. Bd. Freiburg, S. 443; Gablers Wirtschaftslexikon,
    Wiesbaden 1979, S. 2160; Niederée, L., Einwendungen gegen den Verkehrswert, ZfR 2000, 1
2   Brückner in AVN 1969, 453; Gerardy u. a. in AVN 1969, 42; Brückner, Grundstücks- und Gebäudewerte in der
    Rechts-, Bau- und Wirtschaftspraxis, 3. Aufl. Berlin 1974; Frisch in AVN 1965, 270 (vgl. Gerardy in AVN 1966,
    109); Görres in MDR 1961, 898; Jansen in Nachr. der nds. Kat. und VermVw 1972, 40; Maury in NJW 1964,
    2048 und NJW 1965, 736; Freuding in AVN 1972, 228, DÖV 1970, 308 und BayVBl. 1982, 108; Vogel in DStZ
    1979, 28; Bendel in AgrarR 1986, 341

b) dem nach den pauschalierenden Methoden des steuerlichen Bewertungsrechts auf einen zurückliegenden Hauptfeststellungszeitpunkt bzw. Bedarfsbewertungszeitpunkt bezogenen und nach den §§ 19 bis 109 a des Bewertungsgesetzes – BewG – mit Rechtskraft „festgestellten" steuerlichen *Einheitswert* bzw. *Grundbesitzwert,* der sich – soweit nichts anderes vorgeschrieben ist – am sog. gemeinen Wert i. S. d. § 9 BewG orientiert;

c) dem sich an den dauerhaften Eigenschaften eines Grundstücks und der nachhaltigen Ertragsfähigkeit orientierenden *Beleihungswert,* der nach der Definition von Bellinger/Kerl auf lange Sicht – was immer das heißen mag – durch den Verkauf realisiert werden kann; der Beleihungswert darf nach § 12 des Hypothekenbankgesetzes – HBG – den dort undefinierten Verkaufswert[3] nicht übersteigen (vgl. hierzu § 194 BauGB Rn. 181 ff.) und

d) dem *„vollen Wert"* des Haushaltsrechts, der mit dem Verkehrswert identisch ist (§ 194 BauGB Rn. 166).

3 In der **Handels- und Steuerbilanz** sind einige weitere spezifische Wertbegriffe bedeutsam, insbesondere

– der *Handelsbilanzwert:* Dies ist der in der Handelsbilanz ausgewiesene Wert eines Wirtschaftsguts, der nach den §§ 252 ff. des Handelsgesetzbuchs – HGB – in Anlehnung an den Steuerbilanzwert ermittelt wird;

– der *Steuerbilanzwert:* Dies ist der in der Steuerbilanz ausgewiesene Wert, der nach den Vorschriften des Bilanzrechts ermittelt wird (Bilanzrichtliniengesetz);

– der *Festwert:* Dies ist der Wert, der in der Handels- und Steuerbilanz für bestimmte Wirtschaftsgüter (Betriebsvorrichtungen) ermittelt wird und für einen längeren Zeitraum unverändert bleibt;

– der *Buchwert:* Dies ist der Wert, mit dem ein Wirtschaftsgut in der Handels- und Steuerbilanz auf der Aktiv- und Passivseite ausgewiesen ist. Obergrenze für den Buchwert sind die Anschaffungs- oder Herstellungskosten; Untergrenze sind bei abnutzbaren Gütern die Anschaffungs- oder Herstellungskosten vermindert um die Abschreibung;

– der *Höchstwert:* Dies ist der in der Handels- und Steuerbilanz für bestimmte Wirtschaftsgüter maximal ansetzbare Wert. Bei nicht abnutzbaren Wirtschaftsgütern sind die ursprünglichen Anschaffungs- oder Herstellungskosten zugleich der Höchstwert (§ 6 Abs. 1 Nr. 2 EStG); bei abnutzbaren Wirtschaftsgütern stellen die Anschaffungs- oder Herstellungskosten vermindert um die Abschreibung den Höchstwert dar (vgl. § 6 Abs. 1 Nr. 1 EStG);

– der *Teilwert:* Dies ist der Betrag, den ein Erwerber eines ganzen Unternehmens im Rahmen des dafür zu zahlenden Gesamtkaufpreises für das einzelne zum Betriebsvermögen gehörende Wirtschaftsgut ansetzen würde (§ 6 Abs. 1 Nr. 1 EStG, § 10 Abs. 2 BewG; vgl. § 193 BauGB Rn. 12, 30); dabei ist davon auszugehen, dass der Erwerber den Betrieb (das Unternehmen) fortführt;

– der *Zwischenwert:* Dies ist der Wert, der in bestimmten Fällen in der Handels- und Steuerbilanz angesetzt werden kann: entsprechend seiner Bezeichnung liegt er zwischen den Anschaffungs- oder Herstellungskosten und dem Teilwert:

– der *Erinnerungswert:* Dies ist (immer) der Wert von 1 DM bzw. 1 € der in der Handels- und Steuerbilanz für ein zwar abgeschriebenes, aber noch zum Betriebsvermögen gehörendes Wirtschaftsgut ausgewiesen ist, und

– der *Wiederbeschaffungs- bzw. Wiederherstellungswert:* Dies ist der Neuwert, der z. B. bei der DM-Bilanzeröffnung in den neuen Bundesländern um den Betrag zu vermindern ist, der die zwischenzeitliche Nutzung des Vermögensguts und ein Zurückbleiben hinter dem technischen Fortschritt berücksichtigt (§ 7 DMBilG); im Ergebnis kommt damit der Zeitwert zum Ansatz.

Zu den **Wertbegriffen der internationalen Rechnungslegung** vgl. Kleiber in GuG 2000, 321 und § 194 BauGB Rn. 206 ff.

Im **Kostenrecht ist der Geschäftswert maßgeblich,** der sich nach dem gemeinen Wert   **4** (Verkehrswert) bemisst. Die Wertbestimmungen der Kostenordnung sind aber gleichwohl nicht geeignet, Anhaltspunkte für die Ermittlung des Verkehrswerts (wahren Werts) zu bieten[4].

Im allgemeinen Sprachgebrauch, aber auch in einer Reihe von gesetzlichen Vorschriften   **5** wird vielfach der **Begriff des Zeitwerts** gebraucht, so z. B. in

– § 7 Abs. 1 Satz 2 sowie § 10 Abs. 1 und 2 DMBilG, nach dem als „Zeitwert" der höhere Verkehrswert angesetzt werden kann (BFH, Urt. vom 27. 3. 2001 – I R 42/99 –, DB 2001, 1229)

– § 12 Abs. 2 Satz 1 und § 48 Abs. 2 Satz 2 SchuldRAnpG[5] und

– auch in der Preisverfügung Nr. 3/82 der DDR, die dem Beschluss des Ministerrates der DDR vom 28. 7. 1977 entspricht[6].

Der **Begriff des Zeitwerts ist wegen seiner materiellen Unschärfe streitbefangen und sollte aufgegeben werden**[7].

Der Begriff **„Zeitwert" fand vor allem in der Versicherungswirtschaft Anwendung** (§ 1 Abs. 1 a VGB i. V. m. § 7 Abs. 3 b VGG), wobei sich sein materieller Gehalt aus den maßgeblichen Versicherungsbestimmungen erschloss[8].

Mit dem nicht näher definierten Begriff des Zeitwerts soll zunächst lediglich verdeutlicht werden, dass der maßgebliche Wert auf den im Einzelfall maßgeblichen Stichtag bezogen sein soll. Dies wiederum kann als Selbstverständlichkeit gelten, da letztlich jeder Wert eine zeitabhängige Größe ist und selbst der Einheitswert und Beleihungswert stichtagsbezogen sind (z. B. Hauptfeststellungszeitpunkt). Sprachlich wird mit dem Begriff des „Werts" dabei nicht ausdrücklich auf den „Verkehrswert" Bezug genommen, so dass materiell jeder Wert in Betracht kommen kann. **Welcher Wert im materiellen Sinne als „Zeitwert" maßgeblich ist, muss aus den jeweiligen Rechtsgrundlagen abgeleitet werden.** Soweit im Rechtsverkehr z. B. in Verträgen auf den „Zeitwert" Bezug genommen wird, muss letztlich aus dem Willen der Vertragsparteien sein Sinngehalt abgeleitet werden. Im Grundstücksverkehr wird der Begriff allerdings häufig eingeschränkt auf den Wertanteil einer baulichen Anlage verwandt. Soll es dabei um den Verkehrswertanteil des Gebäudes gehen, so sind die allgemeinen Grundsätze des § 7 WertV für die Wahl des Wertermittlungsverfahrens maßgebend. Soll es dagegen um den Substanzwert einer baulichen Anlage unabhängig

---

3   Fleischmann/Bellinger/Kerl. Hypothekenbankgesetz, 4. Aufl. 1995, Komm. zu § 12; Pohnert, Kreditwirtschaftliche Wertermittlungen, 5. Aufl. 1996 Neuwied

4   So bereits OLG Kiel, Urt. vom 20. 11. 1931 – 2 U 238/31 –, EzGuG 14.1 b

5   Nach der Begründung zu § 12 Abs. 2 SchuldRAnpG (BT-Drucks. 12/7135, S. 47) wird der Begriff „Zeitwert" als Synonym zum Verkehrswert(-anteil) gebraucht, der aus dem Ertrags- oder Sachwert – je nach Nutzungsart des Gebäudes – nach den Regeln der WertV abzuleiten ist. Die genannten Vorschriften verwenden diesen Begriff i. S. d. „Verkehrswertanteils" baulicher Anlagen (vgl. Zimmermann in RVI, B 412 § 12 Rn. 27 ff., 23 ff.)

6   Nach Abschnitt III b war die Entschädigung im Mietwohngrundstück als „Zeitwert" das Mittel aus Sach- und Ertragswert zu bilden (vgl. BVerwG, Urt. vom 7. 6. 1999 – 8 B 99/99 –, GuG 2000, 58 = EzGuG; BVerwG, Urt. vom 16. 3. 1995 – 7 C 39/93 –, GuG 1995, 264 = EzGuG 10.9; BVerwG, Urt. vom 24. 6. 1993 – 7 C 27/92 –, BVerwGE 94, 16; vgl. BT-Drucks. 12/2480, S. 38)

7   So schon Brückner, Wertermittlung von Grundstücken, 4. Aufl. 1973, S. 295 f., 320; auf die Unbestimmtheit weist auch Köhne hin; Landwirtschaftliche Taxationslehre 3. Aufl. 1999, S. 14 abzulehnend die überholte Auffassung von Ross/Brachmann, nach dem der Zeitwert einseitig der Neubauwert abzüglich Alterswertminderung sei (Ross/Brachmann, Ermittlung des Bauwerts, 24. Aufl. 2. 24)

8   BGH, Urt. vom 6. 6. 1984 – IVa ZR 149/82 –, NJW 1984, 843; BGH, Urt. vom 8. 7. 1992 – IV ZR 229/91 –, NJW-RR 1992, 1376 = MDR 1993, 31; BGH, Urt. vom 16. 3. 1994 – IV ZR 282/92 –, NJW-RR 1994, 986 = VersR 1994, 1103; DMBilG: BFH, Urt. vom 27. 3. 2001 – I R 42/99 –, BFHE

von dem Marktgeschehen gehen, so ist der im Sachwertverfahren zu ermittelnde Ersatzbeschaffungswert ggf. unter Berücksichtigung einer Wertminderung infolge Alters und Baumängel sowie Bauschäden maßgebend.

6 Mit dem wirtschaftstheoretischen Begriff des **Gebrauchswerts** wird der subjektive Nutzen eines Gutes nach seiner objektiven Eignung bezeichnet. Der Gebrauchswert steht komplementär zum objektiven Wert und in keinem quantitativen Zusammenhang zum Tauschwert[9]. Der Begriff „Gebrauchswert" wird auch vielfach als Synonym zum Nutzwert und im Zusammenhang mit dem Modernisierungsbegriff verwendet (vgl. § 7 Abs. 3 Nds DSchG).

▶ *Vgl. hierzu § 18 WertV Rn. 96 und § 16 WertV Rn. 127.*

7 Im steuerlichen Bereich wird dagegen der Begriff **Nutzungswert** i. S. d. gemeinen Werts (Verkehrswert) z. B. im Rahmen der Nutzungswertbesteuerung für eigengenutzte Wohnungen gebraucht[10]; er wird nach fiktiven Einkünften ermittelt (vgl. § 13 Abs. 2 Nr. 2 EStG). Im nichtsteuerlichen Bereich wird der Begriff „Nutzungswert"[11] dagegen vielfach zur Unterscheidung der Werthaltigkeit eines Grundstücks auf Grund der tatsächlich ausgeübten Nutzung von dem höheren sich nach anderen Kriterien bildenden Verkehrswert verwandt[12]; z. B. zur Abgrenzung des landwirtschaftlichen Nutzungswerts vom Verkehrswert.

8 Der Begriff **Verkaufswert** findet sich heute nur noch im Beleihungswesen (§ 12 HBG, vgl. § 194 BauGB Rn. 187 und Teil VII Rn. 193 ff.) und ist dort unscharf definiert. Es handelt sich hierbei um einen überkommenen Begriff, der in der Vergangenheit gleichbedeutend mit den Begriffen „Vergleichswert"[13] i. S. der §§ 13 und 14 WertV sowie „Verkehrswert" i. S. d. § 194 BauGB verwandt wurde. Ein Unterschied zwischen Vergleichs- und Verkehrswert[14], wie er heute in § 7 WertV gemacht wird (praktisch aber kaum gegeben ist), wurde seinerzeit nicht gemacht.

9 Ausgangsgröße für die **Ermittlung des Beleihungswerts** ist der Verkehrswert bzw. der Verkaufswert, jedoch wird dabei zur Absicherung von Unsicherheiten, die in der zukünftigen Grundstückswertentwicklung liegen, das sich für das Objekt ergebende Risiko berücksichtigt. Beleihungswert ist also der Verkehrswert, gemindert – je nach Risikokategorie – um einen angemessenen Risikoabschlag. Hierdurch wird eine Minderung des Kreditrisikos grundpfandrechtlicher Darlehen bewirkt.

▶ *Weitere Ausführungen zur Beleihungswertermittlung vgl. Teil VII sowie § 194 BauGB Rn. 181 ff.*

10 **Grundstückswert im Zwangsversteigerungsverfahren** ist der vom Vollstreckungsgericht festgesetzte und mit Rechtsmitteln anfechtbare Verkehrswert i. S. d. § 194 BauGB (vgl. § 194 BauGB Rn. 176 ff.).

11 **Versicherungswert** ist (bei Neuwertversicherungen) bei Gebäuden der ortsübliche Neubauwert, der sich im Wesentlichen nach dem Sachwert des Gebäudes bemisst, wobei die Ermittlung des Sachwerts im Versicherungswesen von der Sachwertermittlung nach den Grundsätzen der WertV abweicht (vgl. Teil XI der 3. Aufl. zu diesem Werk). Entsprechendes gilt auch für den Ersatzwert, der als der Versicherungswert im Zeitpunkt des Schadens definiert ist (§ 51 Abs. 1 VVG i.V.m. § 52 und den §§ 86, 88, 140, 141 VVG). Im VVG wird darüber hinaus der Begriff des *Handelswerts* gebraucht (vgl. § 140 VVG).

12 Die genannten **Wertbegriffe stehen** allesamt **in** einer mehr oder minder ausgeprägten **Verwandtschaft zueinander**, insbesondere was die Ermittlung der im Mittelpunkt dieses Werks stehende Ermittlung von Verkehrswerten, Beleihungswerten, Versicherungswerten und die Bewertung von Unternehmen anbelangt. Dennoch muss aber sehr sorgfältig zwischen den jeweiligen Wertbegriffen und den jeweils anzuwendenden Wertermittlungsmethoden unterschieden werden.

Kleiber

Der im Steuerrecht maßgebliche in § 9 Abs. 2 des **Bewertungsgesetzes (BewG)** definierte **13** gemeine Wert ist trotz des von der vorstehenden Definition des Verkehrswerts abweichenden Wortlauts materiell mit dem Verkehrswert identisch[15]. Der gemeine Wert wird dort als der Preis definiert, „der im gewöhnlichen Geschäftsverkehr nach der Beschaffenheit des Wirtschaftsgutes bei seiner Veräußerung zu erzielen wäre. Dabei sind alle Umstände, die den Preis beeinflussen, zu berücksichtigen. Ungewöhnliche oder persönliche Verhältnisse sind nicht zu berücksichtigen." Der als „gemeiner Wert" nach den Regeln des Bewertungsgesetzes abgeleitete Einheits- bzw. Grundbesitzwert unterscheidet sich vom aktuell ermittelten Verkehrswert lediglich hinsichtlich des Wertermittlungsstichtags und der zur Anwendung kommenden Wertermittlungsmethodik. Die steuerliche Bewertung ist, da es sich um eine „Massenbewertung" handelt, auf pauschalierende Vereinfachungen gegenüber der „spitzen" Verkehrswertermittlung angelegt. Auf Grund der (notwendigerweise) pauschalierenden Bewertungsmethodik des Steuerrechts müssen die festgestellten Einheitswerte erhebliche Disparitäten zu den (im Städtebaurecht) zumeist zeitnah ermittelten Verkehrswerten aufweisen[16]. Eine Angleichung des Wortlauts der Definition des „gemeinen Werts" (§ 9 BewG) an § 194 BauGB wäre bei alledem zu fordern (vgl. § 194 BauGB Rn. 173).

Die Einheitswerte waren bis zum In-Kraft-Treten des Jahressteuergesetzes 1997 (JStG **14** 1997) Bemessungsgrundlage für alle einheitswertabhängigen Steuern (Grund-, Vermögen-, Erbschaft- und Schenkungsteuer) und wurden in den alten Bundesländern auf den 1. 1. 1964 festgestellt. Sie fanden – außer bei der Grundsteuer – mit einem Zuschlag von 40 % Anwendung, obwohl zwischenzeitlich erhebliche Werterhöhungen zu verzeichnen waren. Mit dem Jahressteuergesetz 1997 wurde für die **Erbschaft- und Schenkungsteuer** eine neue Bemessungsgrundlage geschaffen. Es handelt sich hierbei um die Grundbesitzwerte, die insoweit die bisherigen Einheitswerte ablösen.

Sprachlich wird im Übrigen zwischen der Verkehrswertermittlung und der Feststellung des **15** Einheits- bzw. Grundbesitzwerts (gemeiner Wert) auch dadurch unterschieden, dass man im ersten Fall von der **„Wertermittlung" und** im zweiten Fall von der **„Bewertung"**

9   Opitz, Nutzwertanalyse von Immobilien in GuG 2000, 82
10 BFH, Urt. vom 11. 10. 1977 – VIII R 20/75 –, EzGuG 20.68; BFH, Urt. vom 30. 1. 1974 – IV R 110/73 –, EzGuG 20.56 a; BFH, Urt. vom 30. 1. 1974 – IV R 105/72 –; BFH, Urt. vom 10. 8. 1972 – VIII R 82/71 –, EzGuG 20.53; BFH, Urt. vom 10. 8. 1972 – VIII R 80/69 –, EzGuG 20.52; BFH, Urt. vom 17. 10. 1969 – VI R 17/67 –, EzGuG 20.45; BFH, Urt. vom 20. 10. 1965 – VI 292/64 U –, EzGuG 20.42; BFH, Urt. vom 20. 1. 1978 – III R 120/75 –, EzGuG 14.58 a; BFH, Urt. vom 29. 7. 1960 – III 206/56 U –, EzGuG 14.13; BFH, Urt. vom 11. 8. 1989 – IX R 87/86 –, EzGuG 12.58; BFH, Urt. vom 30. 7. 1991 – IX R 49/90 –, EzGuG 3.99; BFH, Urt. vom 30. 1. 1974 – IV R 105/72 –, EzGuG 3.42 a; BFH, Urt. vom 30. 6. 1966 – VI 292/65 –, EzGuG 19.3
11 Zum „Nutzungswert": OLG Düsseldorf, Urt. vom 24. 2. 1994 – 16 U 135/93 –, EzGuG 20.150 a, Weyers in GuG 1994, 353
12 OLG Köln, Urt. vom 9. 4. 1963 – 9 U 2/63 –, EzGuG 14.15 b; BVerwG, Urt. vom 9. 6. 1959 – 1 C B 27/58 –, EzGuG 17.13; BGH, Urt. vom 22. 11. 1991 – V ZR 160/90 –, EzGuG 3.103
13 Krause, D. H., Die Einschätzung nach dem gemeinen Wert, Verbandsnachrichten der preuß. Katasterkontrolleure 1907, 57, 62; so auch schon Gutachten des Schätzungsausschusses zur Vorbereitung der Einheitsbewertung des Grundvermögens über die Bewertung des Grundvermögens, Hrsg. BMF Bonn 1955, S. 7
14 Kleiber in DLK 1996, 200; Pr OVG, Urt. vom 10.6.1870 – VII C 183/31 –, EzGuG 19.1; Pr OVG, Urt. vom 11. 3. 1897 – VIII a 66 –, EzGuG 19.2 a; Pr OVG, Urt. vom 17. 6. 1918 – VIII C 89/18 –, EzGuG 19.3
15 So auch Rössler/Troll/Langner, Bewertungs- und Vermögensteuergesetz, Komm. 14. Aufl. § 9 BewG Rn. 4 sowie Klein, Erläut. zum BewG in: Das Dt. Bundesrecht 462. Lfg. März 1981; auch der RegE zum BBauG 1960 ging in seiner Begründung von der Begriffsidentität aus – vgl. BT-Drucks. 3/336 zu § 163, S. 107; Begriffsidentität erkannte schließlich auch der BGH, Urt. vom 25. 6. 1964 – III ZR 111/61 –, EzGuG 4.22 sowie BGH, Urt. vom 2. 7. 1968 – V Blw 10/68 –, EzGuG 19, 14; vgl. im Übrigen auch die Rspr. des RG, Urt. vom 19. 11. 1879 (AVN 1920, 327) und vom 11. 10. 1880, EzGuG 19.2 a sowie des PrOVG, Urt. vom 10.6.1910 – VIII C 99/09 –, EzGuG 20. 8. und vom 19. 5. 1914; auch ALR I §§ 83 und 112. Zweifel an der Begriffsidentität erscheinen von daher abwegig
16 Baulandbericht 1986: Schriftenreihe des Bundesministeriums für Raumordnung. Bauwesen und Städtebau 03.100., S. 52, sowie Baulandbericht 1993

spricht. Dem entsprechen auch die Bezeichnungen der entsprechenden Rechtsgrundlagen (*Wertermittlungs*verordnung und *Bewertungs*gesetz). Unter „bewerten" wird dabei nicht das „Wert erfassen", sondern das „Wert geben" mit konstituierender Wirkung verstanden[17].

16   Da Grundstückswerte ihrer Natur nach nicht mathematisch exakt ermittelbar oder bestimmbar sind, muss dem vielfach auch gebrauchten Begriff der **Wertschätzung** bzw. **Schätzung** von Grundstückswerten, unter Einbeziehung von Wahrscheinlichkeitsableitungen und unter Einkalkulierung und Abwägung der Möglichkeiten bis hin zur Berufung auf Erfahrungssätze, eine größere Realitätsnähe als dem Begriff der „Wertermittlung" beigemessen werden. Mit diesem Begriff werden oftmals unerfüllbare Erwartungen geweckt. Im bürgerlichen Recht hat der Begriff der Schätzung wohlbedacht seinen Platz gefunden[18]; Begriffe, wie „Schätzwert" oder „*Schätzungswert*" (§ 1048 Abs. 2; §§ 501 und 2312 Abs. 1 Satz 2 BGB), haben dabei allerdings keine eigentliche materielle Bedeutung, sondern sind von methodischer Natur.

17   Die **Schätzung stellt ihrer Natur eine Art Beweiswürdigung dar,** wobei auch dafür zu fordern ist, dass zuvor der Sachverhalt vollständig aufgeklärt worden ist und die Schätzung in sich schlüssig sein muss[19] (Näheres hierzu bei § 194 BauGB Rn. 120, 129).

2 Allgemeines zum Verkehrswert (Marktwert)

▶ *Ausführlich hierzu vgl. § 194 BauGB.*

18   Von zentraler Bedeutung für das Wirtschafts- und Rechtsleben ist der Verkehrswert des Grundstücks. Vom Verkehrswert des Grundstücks ist i. d. R. auch dann die Rede, wenn im (alltäglichen) Sprachgebrauch vom „Grundstückswert", vom „wahren", „wirklichen" oder vom „inneren" Wert gesprochen wird. **Der Verkehrswert ist materiell mit dem Marktwert identisch** (vgl. Teil V § 194 BauGB Rn. 193, 206 ff.). Der Verkehrswert (Marktwert) wird in § 194 des Baugesetzbuchs – BauGB – wie folgt definiert:

> **§ 194 BauGB Verkehrswert: „Der Verkehrswert wird durch den Preis bestimmt, der in dem Zeitpunkt, auf den sich die Ermittlung bezieht, im gewöhnlichen Geschäftsverkehr nach den rechtlichen Gegebenheiten und tatsächlichen Eigenschaften, der sonstigen Beschaffenheit und der Lage des Grundstücks oder des sonstigen Gegenstands der Wertermittlung ohne Rücksicht auf ungewöhnliche oder persönliche Verhältnisse zu erzielen wäre."**

19   Der um die auf einem Grundstück lastenden **Schulden und Verbindlichkeiten** verminderte Verkehrswert wird in der Immobilienwirtschaft auch als *Net Asset Value* bezeichnet.

20   Begrifflich hat der Verkehrswert seine Wurzeln im **gemeinen Wert.** Dieser stellt die historisch ältere und schon in § 111 des Allgemeinen Preußischen Landrechts gebrauchte Bezeichnung dar, die auch noch heute mit materiell identischem Inhalt in einer Reihe von Vorschriften verwandt wird[20]. Neben dem § 9 Abs. 2 BewG sind hier insbesondere zu nennen

- § 19 KostO[21],
- § 32 ErbbauVO[22],
- § 18 LBG.

21   Der **Verkehrswert** ist **identisch mit dem „vollen Wert"** i. S. d. Bundes- und Landeshaushaltsordnungen sowie der Gemeindeordnungen der Länder. Er ist damit Bemessungsgrundlage für die Überlassung und Nutzung von Vermögensgegenständen der öffentlichen Hand. Solche darf die öffentliche Hand nur unter besonderen Voraussetzungen verbilligt abgeben; die Ausnahmen werden im Haushaltsplan zugelassen[23].

Der **Verkehrswert** (Marktwert) ist auch als „**Wert des Grundstücks" i. S. d. bürger-**   **22**
lichen Rechts anzusehen, z. B. nach § 453 und § 2311 BGB bei Erbauseinandersetzungen,
nach § 2325 BGB bei Pflichtteilsergänzungen oder bei Abwendung der Herausgabe noch
vorhandener Nachlassgegenstände zum Zwecke der Befriedigung eines Nachlassgläubigers durch Zahlung des Werts nach § 1973 Abs. 2 BGB (des Weiteren § 1515 Abs. 1 und 3
BGB, §§ 2049 und 2312 BGB).

Während sich § 194 BauGB darauf beschränkt, den Verkehrswert materiell zu definieren und   **23**
die übrigen Vorschriften des Ersten Teils des Dritten Kapitels des BauGB die Einrichtung der
Gutachterausschüsse für Grundstückswerte regeln, enthält die auf Grund der Ermächtigung
des § 199 Abs. 1 BauGB erlassene **Wertermittlungsverordnung** (WertV) **allgemeine**
Grundsätze für die Ermittlung der Verkehrswerte (Marktwerte) **von Grundstücken.**

Die Definition des Verkehrswerts und seine Ableitung aus dem Geschehen auf dem Grund-   **24**
stücksmarkt setzt grundsätzlich einen **Grundstücksmarkt mit freier Preisbildung** voraus, wobei für die Verkehrswertermittlung allein die Preisbildung im „gewöhnlichen
Geschäftsverkehr" maßgeblich ist. Deshalb ist der Verkehrswert – allerdings irreführend –
auch als der „Preis für jedermann" bezeichnet worden[24].

Elementarer Bestandteil des gewöhnlichen Geschäftsverkehrs ist die Berücksichtigung   **25**
verkehrswertbeeinflussender Umstände, die von der Wirtschafts- und Rechtsordnung
gesetzt sind. In der Verkehrswertdefinition wird daher die **Berücksichtigung der „recht-**
lichen Gegebenheiten" besonders herausgestellt. Bleiben im Einzelfall die rechtlichen
Gegebenheiten bei der Preisbildung unberücksichtigt, so kann dieser Kaufpreis i. d. R.
nicht dem gewöhnlichen Geschäftsverkehr zugerechnet werden.

Der Verkehrswert ist in § 194 BauGB als ein nach den vorgegebenen Normen verobjektivier-   **26**
ter Tauschwert definiert, der unabhängig von der angewandten Wertermittlungsmethodik in
der Synthese aller Wertmomente „im gewöhnlichen Geschäftsverkehr" am wahrscheinlichsten zu erzielen ist[25]. Unter dem **gewöhnlichen Geschäftsverkehr** wird dabei der Handel auf
einem freien Markt verstanden, wobei weder Käufer noch Verkäufer unter Zeitdruck, Zwang
oder Not stehen und allein objektive Maßstäbe preisbestimmend sind[26]. Im Unterschied zur
WertV ist nach der Definition des Verkehrswerts der „gewöhnliche Geschäftsverkehr" von
den „ungewöhnlichen oder persönlichen Verhältnissen" (vgl. § 6 WertV) zu unterscheiden,
die immer dann zu vermuten sind, wenn ein Kaufpreis nicht unter normal üblichen Verhältnissen zustande gekommen ist (vgl. § 194 BauGB Rn. 9; § 6 WertV). Als der im gewöhnlichen Geschäftsverkehr „am wahrscheinlichsten" zu erzielende Kaufpreis (*„most probable*
selling price") kann der Verkehrswert ermittlungstechnisch zugleich als statistischer Durchschnittswert angesehen werden. Hierin unterscheidet sich die deutsche Wertermittlungslehre
von der angelsächsischen Anschauung, wo – vor allem vom *Royal Institution of Chartered*
Surveyors – die Definition des *„market value"* als der „beste Preis" (wenn auch unter
bestimmten Voraussetzungen) weit verbreitet ist (vgl. § 194 BauGB Rn. 108).

17   Ruf 1955
18   Nach § 738 Abs. 2 BGB ist der Wert des Gesellschaftsvermögens „im Wege der Schätzung zu ermitteln". Des
     Weiteren § 287 und § 587 ZPO; im Steuerrecht: § 217 AO
19   Im römischen Recht gilt die Formel: Ex sententia animi tui te aestimare oportere, quid aut credas aut parum pro-
     batum tibi opinaeis
20   § 142 des Bundesbaugesetzes hatte zur Verdeutlichung der materiellen Identität den Begriff des gemeinen Werts
     als Klammerzusatz der Verkehrswertdefinition zugeordnet
21   BayObLG, Beschl. vom 9. 7. 1998 – 3 Z BR 8/98 –, GuG 1999, 119 = EzGuG 19.46; KG, Beschl. vom 26. 3.
     1996 – 1 W 1810/95 –, EzGuG 10.11
22   BGH, Urt. vom 3. 10. 1980 – V ZR 125/79 –, EzGuG 7.778
23   Kleiber in Bielenberg/Koopmann/Krautzberger, Städtebauförderungsrecht Bd II Nr. 15 I
24   BGH, Urt. vom 25. 6. 1964 – III ZR 111/61 –, EzGuG 20.37 = 4.22; BGH, Urt. vom 30.11.1959 – III ZR
     130/59 –, EzGuG 19.5
25   BT-Drucks. 10/6166, S. 123
26   BFH, Urt. vom 23. 2. 1979 – III R 44/74 –, EzGuG 19.35; BFH, Urt. vom 14. 2. 1969 – III R 88/65 –, EzGuG 19.16

27   Normative Vorgaben über den materiellen Gehalt des einer **verobjektivierenden Wertlehre** folgenden Verkehrswerts, auf die sich der Gesetzgeber mit § 194 BauGB beschränken konnte, haben zu einer einseitig ausgerichteten Wertermittlungspraxis geführt. Der Verkehrswert wird im öffentlich-rechtlichen Bereich (z. B. als Bemessungsgrundlage für Enteignungsentschädigungen) aber auch im bürgerlich-rechtlichen Bereich damit stets von entscheidender Bedeutung bleiben, weil – die objektivierende Betrachtungsweise, die seiner Ermittlung zugrunde liegt, Gewähr für den gerechten Ausgleich unterschiedlicher Interessenslagen bietet. Dies darf jedoch nicht den Blick dafür verstellen, dass einer bestimmten zweckorientierten Funktion der Wertermittlung folgend auch ein versubjektivierter Wert seine Bedeutung hat. Hierunter soll ein Wert verstanden werden, der einem Grundstück aus der subjektiven Sicht eines Käufers aber auch Verkäufers unter Berücksichtigung seiner subjektiven Absichten und Möglichkeiten nach ansonsten wiederum objektiven Kriterien beizumessen ist, d. h., es soll dann entscheidend auf die Funktion des Werts als Entscheidungsgrundlage für eine konkrete subjektive Situation ankommen, wobei aber auch hier wirtschaftlich vernünftiges Handeln als Maßstab zu fordern ist (sog. **funktionale Werttheorie**)[27].

28   Neben der objektivistischen Betrachtungsweise, wie sie dem Verkehrswert zugrunde liegt, hat also die **subjektive und auftragsgeberorientierte Wertlehre** nicht nur ihre Berechtigung, sondern stellt dabei einen vernachlässigten Bereich der Wertermittlungspraxis dar. Es kann allerdings nicht nachdrücklich genug gefordert werden, dass Wertermittlungen auf der Grundlage subjektiver Betrachtungsweisen (funktionale Wertlehre) eindeutig und unmissverständlich im Gutachten darzulegen sind, damit keine Verwechslung mit dem Verkehrswert aufkommen kann.

29   Grundstücke stellen Unikate dar. Deshalb ist die Verkehrswertermittlung eines Grundstücks regelmäßig mit der Notwendigkeit verbunden, auch „geringerwertige" Sachverhalte, die nach der Verkehrsanschauung als „wertbar" anzusehen sind, individuell zu erfassen. Dem wird mit dem **„Grundsatz der Einzelbewertung"** Rechnung getragen, d. h., eine **„Massenbewertung"** steht schon begrifflich der Verkehrswertermittlung entgegen. Dennoch lassen sich z. B. im Rahmen städtebaulicher Maßnahmen, bei denen eine flächendeckende Verkehrswertermittlung von Grundstücken eines Veranstaltungsgebiets erforderlich wird, wertermittlungstechnisch „bündeln". Die Notwendigkeit stellt sich noch schärfer im Handelsrecht sowie im Rahmen der steuerlichen Bewertung: So fordert § 252 Abs. 1 Nr. 1 HGB, dass Vermögensgegenstände zum Schluss eines jeden Geschäftsjahres „einzeln" zu bewerten sind (vgl. auch § 246 Abs. 1 HGB). Auch § 6 Abs. 1 EStG geht von der Bewertung der jeweils „einzelnen Wirtschaftsgüter" aus, jedoch hat eine formale Einzelbewertung zurückzutreten, wenn die individuelle Wertermittlung einzelner Bewertungselemente als Teil eines Gesamtbestands unmöglich, schwierig oder unzumutbar erscheint[28].

▶ *Zur Definition des Verkehrswerts im Einzelnen vgl. Dieterich in Ernst/Zinkahn/Bielenberg, BauGB Komm. § 194 sowie hier § 194 BauGB Rn. 1 ff.*

3   Zusammenhänge zwischen Kaufpreisen und Verkehrswert

30   Der unter bestimmten normativen Vorgaben als Preis definierte **Verkehrswert** ist aus den vorstehenden Gründen **nicht mit dem** im Einzelfall auf dem Grundstücksmarkt ausgehandelten **Kaufpreis gleichzusetzen,** denn dieser muss nicht dem Verkehrswert entsprechen (vgl. § 194 BauGB Rn. 14 f. und Teil VII Rn. 156 f.). Der im Einzelfall ausgehandelte Preis ist lediglich ein intersubjektives Maß für den Verkehrswert, wobei sowohl auf der Seite des

Verkäufers als auch des Käufers Zufälligkeiten nie ganz ausgeschlossen werden können. Der BGH[29] hat hierzu treffend ausgeführt:

„Der Preis einer Sache muss nicht ihrem Wert entsprechen. Er richtet sich gerade bei Grundstücken und vor allem, wie hier, bei luxuriösen Villen-Grundstücken nach Angebot und Nachfrage und wird jeweils zwischen Käufer und Verkäufer ausgehandelt. „Marktpreis" und objektiver Verkehrswert spielen keine entscheidende Rolle, vielmehr sind oft spekulative Momente (Kaufkraft, Geldwert usw.) von erheblicher Bedeutung, häufig auch die persönlichen Vorstellungen und Wünsche des Kaufinteressenten. Der Verkäufer versucht den höchstmöglichen Preis zu erzielen, mag dieser auch unvernünftig sein. Der Käufer ist bestrebt, möglichst wenig zu zahlen, mag dabei das Grundstück auch „verschenkt" sein. Wer bei diesem Ringen um den Preis den Gegner in seine Karten blicken lässt, hat bald verspielt"[30].

4 Allgemeines zum Grundstücksmarkt und zur Bodennutzung

4.1 Grundvermögen und Bodennutzung in der Bundesrepublik Deutschland

a) Grundvermögen

Der Grundstücksmarkt und die Preisbildung auf dem Grundstücksmarkt gilt bei alledem als *terra incognita*. Das Gleiche gilt für die **Eigentumsverhältnisse in der Bundesrepublik Deutschland.** Über die Eigentumsverhältnisse in Deutschland liegen zurzeit keine aktuellen Untersuchungen vor[31]. Die Zahl der wirtschaftlichen Einheiten wird auf 28 Mio. geschätzt.   **31**

Das private **Immobilienvermögen in Deutschland**[32] belief sich 1995 auf   **32**

    ≈ 3650 Mrd. € Sachwertkonzept

    ≈ 3090 Mrd. € Ertragswertkonzept

    ≈ 3500 Mrd. € Verkehrswertkonzept

Diese Immobilien waren mit ~ 650 Milliarden € Kreditvolumen belastet.

Die **Haus- und Grundvermögensquoten** betrugen 49 % in Deutschland,   **33**

    in den alten Ländern 52,1 % mit einem durchschnittlichen
    Vermögenswert (Verkehrswert) von   rd. 210.000 €

    in den neuen Ländern 35,5 % mit einem durchschnittlichen
    Vermögenswert von   rd. 100.000 €

Da auch Miteigentum an Immobilien – rd. 2/3 aller Grundeigentümer sind Alleineigentümer – als vermietete Objekte und Grundstücke in die Haus- und Grundvermögensquote eingehen, liegt diese 1995 höher als die zutreffender als Selbstnutzerquote zu bezeichnende Wohneigentumsquote mit ca. 39 % (alte Länder ca. 42 %, neue Länder 29 %).

---

27   In der Unternehmensbewertung wird dieser Methodenstreit (objektive oder subjektive Betrachtungsweise) schon seit langem geführt (vgl. Künnemann, Unternehmensbewertung 1995, S. 30 ff.); für diesen Streit gibt es keinen Anlass, da beide Methoden ihre Berechtigung haben und es nur darum geht, die Fälle voneinander abzugrenzen. Vgl. auch Paul, E., Bewertungsmethoden im Kontext der funktionalen Werttheorie, GuG 1998, 84

28   BFH, Urt. vom 22. 11. 1988 – VIII R 62/85 –, BStBl. II 1989, 359; Benne, Einzelbewertung und Bewertungseinheit, DB 1991, 2601; Christiansen in DStZ 1995, 385; BFH, Urt. vom 1. 4. 1958 – I 60/57 U –, BStBl. III 1958, 291; BFH, Urt. vom 16. 7. 1981 – IV R 89/80 –, BStBl. II 1981, 766; BFH, Urt. vom 30. 6. 1983 – IV R 41/81 –, BStBl. II 1984, 263; vgl. Leopoldsberger in GuG 1996, 89; Vgl. Deutsche Vereinigung für Finanzanalyse und Anlageberatung (DVFA) der Schmalenbach Gesellschaft (SG)

29   BGH, Urt. vom 25. 10. 1967 – VIII ZR 215/66 –, EzGuG 19.11; LG Darmstadt, Beschl. vom 16. 10. 1958 – 5 T 18/58 –, EzGuG 19.4

30   Anders bezüglich Geschäftswert BayObLG, Urt. vom 5. 1. 1995 – 3 Z BR 291/94 –, EzGuG 19.44

31   Die letzte grundlegende Untersuchung geht auf Duwendag zurück (Wem gehört der Boden in der Bundesrepublik Deutschland, Bonn 1974).

32   Zum Immobilienvermögen privater Haushalte liegt eine Untersuchung des Deutschen Instituts für Wirtschaftsforschung (DIW) aus dem Jahre 1998 von Bartholomai vor (Projektbericht des Statistischen Bundesamtes), DIW-Wochenbericht vom 27. 8. 1998, S. 630 ff.

34   Zur **Eigentumsquote** wird immer wieder darauf hingewiesen, dass Deutschland mit der Schweiz das Schlusslicht in Europa bilde und sie hierzulande nur halb so groß wie im vergleichsweisen „armen" Irland ausfalle. Hieraus werden Defizite im Bodenrecht und in der Wohnungspolitik abgeleitet, die sich bei genauerer Betrachtung allerdings relativieren. Zunächst kann generell festgestellt werden, dass die Eigentumsquote um so niedriger ausfällt, je höher der Lebensstandard ist. Darüber hinaus weist Deutschland mit 2,2 Personen pro Haushalt aber auch die kleinsten Haushaltsgrößen[33] auf, so dass schon von daher eine geringe Eigentumsquote zwangsläufig ist. Nimmt man die deutsche Haushaltsgröße zum Maßstab, so unterscheidet sich (West-)Deutschland von Irland nur noch um 13 Prozentpunkte (Abb. 1):

Abb. 1:   Haushaltsgrößenbereinigte Eigentumsquote

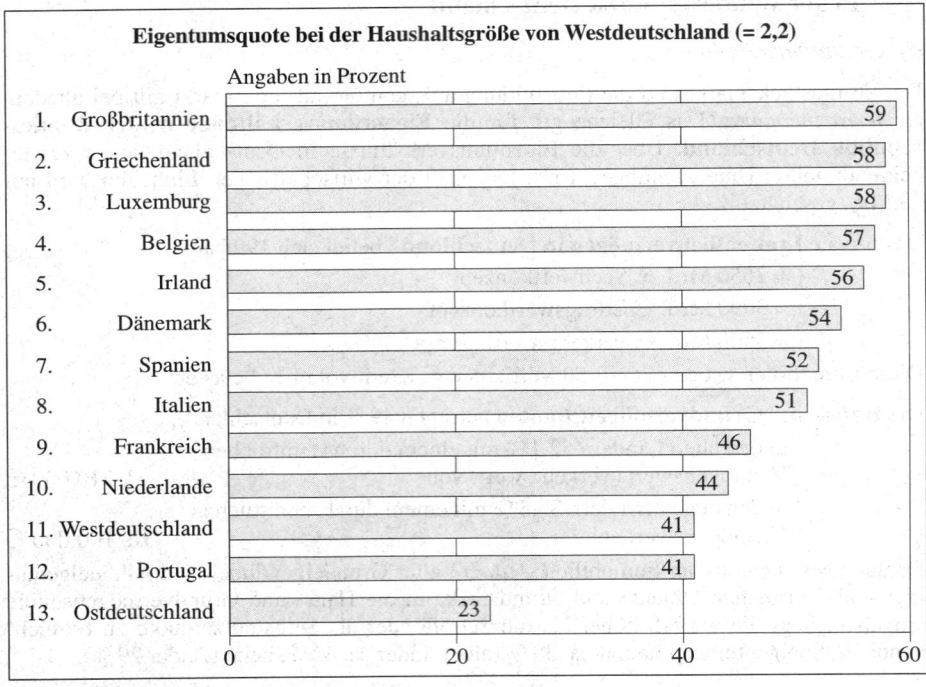

Eigentumsquote bei der Haushaltsgröße von Westdeutschland (= 2,2)

Angaben in Prozent

1.	Großbritannien	59
2.	Griechenland	58
3.	Luxemburg	58
4.	Belgien	57
5.	Irland	56
6.	Dänemark	54
7.	Spanien	52
8.	Italien	51
9.	Frankreich	46
10.	Niederlande	44
11.	Westdeutschland	41
12.	Portugal	41
13.	Ostdeutschland	23

Quelle: Aufina GmbH, Wiesbaden

35   Der **Wunsch nach einem Eigenheim** nimmt bei allen Befragungen stets noch den ersten Rang der Wunschskala ein[34].

36   In den **alten Ländern** verteilten sich die Immobilienvermögen der privaten Haushalte im Jahre 1998 von 3250 Mrd. € gleichmäßiger auf die 7,7 Mio. Grundbesitzerhaushalte als die 245 Mrd. € Immobilienvermögen in den neuen Ländern auf dort 2,4 Mio. Grundbesitzerhaushalte.

37   Die Zahl der **Vermögensmillionäre** – bezogen auf den Haus- und Grundbesitz – belief sich 1995 in Deutschland auf rd. 752.000 Haushalte oder 4,2 % der Grundbesitzer. Diese verfügten über 19 % oder 550 Mrd. € des Immobiliennettovermögens, d. h. unter Abzug der Schulden.

Die **Vermögenskonzentration beim Immobilienvermögen** dürfte im Zeitablauf abge-   **38**
nommen haben, da die Zahl der Haushalte mit Grundvermögen ständig zugenommen hat,
in den alten Ländern

> von 1973 bis 1978 um 1,3 Mio. Haushalte,
>
> von 1978 bis 1988 um 2 Mio. Haushalte,
>
> von 1988 bis 1995 um 3 Mio. Haushalte.

Die Zahl selbstgenutzter Wohnungen hat sich von 1978 bis 1993 um 2,6 Mio. erhöht
(Abb. 2):

Abb. 2: Verkehrswerte[1] des Haus- und Grundbesitzes der privaten Haushalte mit Immobilienvermögen[2]

Ergebnisse der Einkommens- und Verbrauchsstichproben (1000 DM)				
Gegenstand der Nachweisung	1993		1998	
	Früheres Bundesgebiet	Neue Länder u. Ost-Berlin	Früheres Bundesgebiet	Neue Länder u. Ost-Berlin
Durchschnitt je Haushalt	426	211	467	231
darunter				
mit Restschuld	480	281	515	299
ohne Restschuld	365	170	410	163

1 Geschätzte Werte
2 Ohne Haushalte mit einem normalen Haushaltsnettoeinkommen von 35 000 DM und mehr, ohne Personen in
   Anstalten und Gemeinschaftsunterkünften (1993: Angaben zum Stichtag 31. Dezember; 1998: Angaben zum
   Stichtag 1. Januar)
Quelle: Wirtschaft und Statistik 3/99 = GuG 1999, 310

Amtliches Zahlenmaterial zum Bestand und zur Entwicklung des Geldvermögens einer-   **39**
seits und des Immobilien- und Grundvermögens andererseits wird in fünfjährigen Abständen im Rahmen der Einkommens- und Verbrauchsstichprobe (EVS) bei ca. 70 000 Haushalten erhoben und **in der Bundesstatistik veröffentlicht**[35] (Abb. 3 bis 5).

Abb. 3: Die fünf größten privaten Waldbesitzer in Deutschland

Betrieb	Sitz	Waldfläche (Hektar)
Fürst Thurn und Taxis	Regensburg	30 000
Fürst zu Fürstenberg	Donaueschingen	18 000
Hofkammer Hohenzollern	Sigmaringen	14 000
Riedesel Freiherren zu Eisenach	Lauterbach	14 000
Fürst zu Sayn-Wittgenstein Berleburg	Berleburg	13 000

33 Zur Entwicklung vgl. GuG 1998, 363
34 „Was hat man ihm (dem kleinen Mann) nicht alles versprochen: das Land Utopia, den kommunistischen
    Zukunftsstaat, das Neue Jerusalem, selbst ferne Planeten. Er aber wollte nur eines: ein Haus mit Garten"
    (Gilbert Keith Chesterton; 1874–1936)
35 BT-Drucks. 14/2977; vgl. auch Monatsberichte der Deutschen Bundesbank „Zur Entwicklung der privaten Ver-
    mögenssituation seit Beginn der neunziger Jahre", Monatsbericht Januar 1999

Abb. 4: Anteile der Immobilienbesitzer in den jeweiligen sozialen Gruppen (in %)*

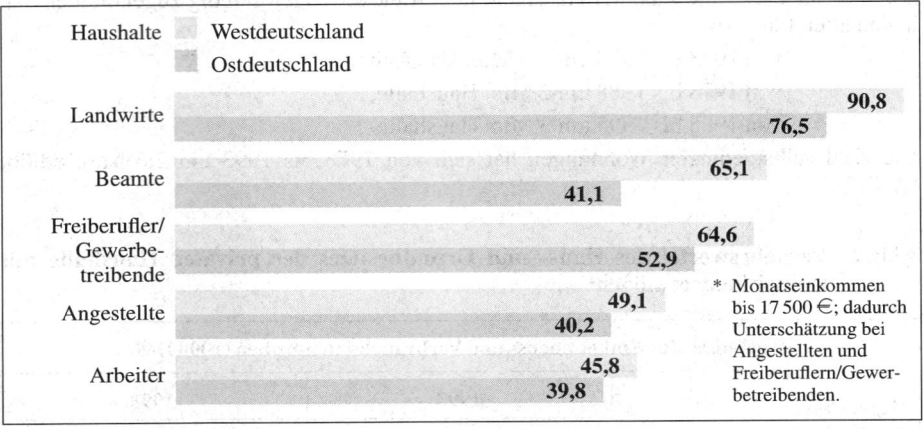

Quelle: Statistisches Bundesamt

Abb. 5: Anteil der privaten Haushalte mit Haus- und Grundbesitz an den Haushalten der jeweiligen Gruppe[1]

Ergebnisse der Einkommens- und Verbrauchsstichproben					
Gegenstand der Nachweisung	**Früheres Bundesgebiet**			**Neue Länder und Berlin-Ost**	
	1988	**1993**	**1998**	**1993**	**1998**
	1 000				
Hochgerechnete Haushalte	24 684	28 928	29 921	6 682	6 783
	%				
Haushalte mit Haus- und Grundbesitz	46,7	50,5	47,8	27,7	33,3
nach ausgewählten Haushaltstypen					
Paare[2] ohne Kind	56,2	59,2	56,7	32,4	37,2
Paare[2] mit 1 Kind[3]	53,9	54,5	48,4	30,7	42,4
Paare[2] mit 2 Kindern[3]	63,1	63,9	63,2	38,9	51,3
Paare[2] mit 3 und mehr Kindern[3]	71,0	66,9	67,5	41,6	52,0
Alleinerziehende[1]	21,2	25,2	21,3	(8,9)	13,7
allein lebende Frau	25,3	30,4	28,5	12,1	11,5
allein lebender Mann	23,1	26,8	27,5	(13,7)	17,9
nach der Haushaltsgröße					
Haushalte mit ... Person(en)					
1	24,6	29,1	28,2	12,5	13,5
2	51,2	56,5	53,4	30,1	33,9
3	59,3	61,9	59,3	32,8	46,0
4	67,3	68,7	67,3	40,3	53,9
5 und mehr	76,4	72,1	72,4	46,1	61,9

nach der sozialen Stellung des/der Haupteinkommensbeziehers/in					
Landwirt/in	92,1	88,0	90,8	(87,7)	(76,5)
Gewerbetreibende(r)/freiberuflich Tätige(r)	73,5	71,2	64,6	53,5	52,9
Beamter/Beamtin	56,8	63,9	65,1	(20,5)	41,1
Angestellte(r)	48,3	51,2	49,1	30,4	40,2
Arbeiter/in	48,5	48,8	45,8	30,3	39,8
Arbeitslose(r)	22,0	28,4	28,2	21,5	24,8
Nichterwerbstätige(r)	40,6	47,1	44,1	23,2	23,4
nach dem Alter des/der Haupteinkommensbeziehers/in					
von ... bis unter ... Jahren					
unter 25	(5,4)	(6,8)	(7,2)	–	(6,1)
25 – 35	28,2	27,3	28,5	21,7	29,3
35 – 45	54,8	55,3	51,2	33,1	41,4
45 – 55	60,2	64,1	60,7	34,9	44,0
55 – 65	57,6	63,3	61,8	34,3	36,6
65 – 70	52,6	57,7	53,9	25,6	28,2
70 und älter	36,3	46,1	43,7	18,9	19,8

1 Ohne Haushalte mit einem monatlichen Haushaltsnettoeinkommen von 17 500 € und mehr (1988: 12 500 € und mehr und ohne Haushalte von Ausländern) und ohne Personen in Anstalten und Gemeinschaftsunterkünften (1988/1933: Angaben zum Stichtag 31. Dezember; 1998: Angaben zum Stichtag 1. Januar)
2 1988: Ehepaare
3 Ledigen Kindern unter 18 Jahren
Quelle: Wirtschaft und Statistik 3/99

b) Bodennutzung

Zur Frage der Bodennutzung kann auf die statischen Erhebungen des Statistischen Bundes-   **40**
amtes zurückgegriffen werden. Sie stellt sich wie aus den Abb. 6 und 7 ersichtlich dar:

Abb. 6: Bevölkerung, Wohnungen und Wohnfläche in ausgewählten Ländern der Europäischen Union

	Bevölkerung[c] (in 1 000 E)		Wohnungsbestand insgesamt (in 1 000 E)		Wohnfläche pro Wohnung[c] (m²)		Wohnfläche pro Person (m²)	
Deutschland	81 661	(1995)	35 954	(1995)	83,6	(1995)	36,8	(1995)
Belgien	10 137	(1995)	3 892	(1994)	87,6[b]	(1991)	33,6[b]	(1994/1995)
Dänemark	5 228	(1995)	2 413	(1994)	106,9[b]	(1994)	49,3[b]	(1994/1995)
Finnland	5 108	(1995)	2 352	(1994)	72,7[b]	(1993)	33,5[b]	(1994/1995)
Frankreich	58 143	(1994)	27 493	(1994)	85,4[b]	(1991)	40,4[b]	(1994/1995)
Irland	3 582	(1995)	1 085	(1994)	73,0	(1991)	22,1	(1994/1995)
Österreich	8 047	(1995)	3 072	(1994)	85,2[b]	(1994)	32,5[b]	(1994/1995)
Schweden	8 827	(1995)	4 044	(1993)	99,0	(ca. 1989)	47,0[d]	(ca. 1989)
Niederlande	15 459	(1995)	6 195	(1994)	–		–	

b) Nutzfläche
c) Statistisches Bundesamt (1997) 37, 87
d) Hedman (1993) 37

**Abb. 7: Bodennutzung in der Bundesrepublik Deutschland 1997
(Siedlungs- und Verkehrsfläche in Deutschland)**

	in km²	in % der Gesamtfläche
Siedlungs- und Verkehrsfläche	4 205,2	11,8
darunter:		
Gebäude- und Freifläche	2 193,7	6,1
Betriebsflächen (ohne Abbauland)	62,0	0,2
Erholungsfläche	237,4	0,7
Verkehrsfläche	1 678,5	4,7
Friedhofsflächen	33,5	0,1
Abbauland	189,4	0,5
Landwirtschaftsfläche	19 313,6	54,1
Waldfläche	10 491,5	29,4
Wasserfläche	794,0	2,2
Flächen anderer Nutzung	709,1	2,0
Gesamtfläche der Bundesrepublik Deutschland	**35 702,8**	**100**

Quelle: Statistisches Bundesamt (1998); Wirtschaft und Statistik 1998, 574

Regionale Gliederung	Siedlungs- und Verkehrsfläche		Veränderung
	1993	1997	
	km²	km²	Prozent
Deutschland[1]	40 305,2	42 051,7	+ 4,3
Baden-Württemberg	4 393,4	4 542,9	+ 3,4
Bayern	6 529,9	6 929,2	+ 6,1
Berlin	604,6	594,4	− 1,7
Brandenburg	2 178,5	2 279,9	+ 4,7
Bremen	216,1	218,0	+ 0,9
Hamburg	421,6	427,3	+ 1,3
Hessen	3 002,2	3 067,9	+ 2,2
Mecklenburg-Vorpommern	1 363,5	1 440,6	+ 5,7
Niedersachsen	5 540,7	5 783,5	+ 4,4
Nordrhein-Westfalen	6 676,8	6 906,9	+ 3,4
Rheinland-Pfalz[2]	2 504,0	2 577,2	+ 2,9
Saarland	486,9	496,1	+ 1,9
Sachsen	1 824,5	1 952,6	+ 7,0
Sachsen-Anhalt	1 636,2	1 770,3	+ 8,2
Schleswig-Holstein	1 651,0	1 699,9	+ 3,0
Thüringen	1 275,6	1 365,1	+ 7,0
Nachrichtlich:			
Früheres Bundesgebiet	31 776,5	33 004,1	+ 3,9
Neue Länder und Berlin-Ost	8 528,8	9 047,6	+ 6,1

1 In einigen Ländern beeinflussen neben tatsächlichen Nutzungsartenänderungen vor allem Umwidmung und Neu-
   zuordnungen der einzelnen Nutzungsarten im Zuge des Aufbaus des automatisierten Liegenschaftskatasters den
   Zeitvergleich zwischen 1997 und 1993.
2 Einschließlich des gemeinschaftlichen deutsch-luxemburgischen Hoheitsgebietes.

Die Angaben zur Flächennutzung basieren auf einer Auswertung der Liegenschaftskataster   **41**
in den Bundesländern. **Grundlage** der Zuordnung der Bodenfläche zu den einzelnen
Nutzungsarten **bildet das Nutzungsartenverzeichnis der Arbeitsgemeinschaft der Vermessungsverwaltungen der Länder** der Bundesrepublik Deutschland.

Unter dem Begriff der **Siedlungs- und Verkehrsfläche** wird die Summe mehrerer aus öko-   **42**
logischer Sicht sehr heterogener Flächennutzungsarten verstanden.

> **Siedlungs- und Verkehrsfläche**
>
> > **Gebäude- und Freifläche:**
> >
> > Flächen mit Gebäuden (Gebäudeflächen) und unbebaute Flächen (Freiflächen), die den Zwecken der Gebäude untergeordnet sind.
>
> plus   **Betriebsfläche:**
>
> > Unbebaute Flächen, die gewerblich, industriell oder für Zwecke der Ver- und Entsorgung genutzt werden.
>
> minus   **Abbauland:**
>
> > Unbebaute Flächen, die vorherrschend durch Abbau der Bodensubstanz genutzt werden.
>
> plus   **Erholungsfläche:**
>
> > Unbebaute Flächen, die dem Sport und der Erholung dienen.
>
> plus   **Verkehrsfläche:**
>
> > Unbebaute Flächen, die dem Straßen-, Schienen- oder Luftverkehr sowie Landflächen, die dem Verkehr auf den Wasserstraßen dienen.
>
> plus   **Friedhof:**
>
> > Unbebaute Flächen, die zur Bestattung dienen oder gedient haben; letztere sofern nicht vom Charakter der Anlage her Grünanlage zutreffender ist.

Die Siedlungs- und Verkehrsfläche kann keineswegs mit der „versiegelten Fläche"   **43**
gleichgesetzt werden, da sie einen nicht quantifizierbaren Anteil von nicht bebauten und
nicht versiegelten Frei- bzw. Grünflächen enthält.

Die Siedlungs- und Verkehrsfläche umfasst die Flächen, auf denen sich das Leben der Men-   **44**
schen überwiegend abspielt. Hier wohnt, arbeitet, erholt und bewegt sich der Mensch
hauptsächlich. Hier ist der Eingriff des Menschen in das ursprüngliche ökologische
Gefüge, in die ursprüngliche Bodennutzung, am stärksten zu spüren. Die negativen Auswirkungen beeinflussen u. a. Boden, Wasserhaushalt, Kleinklima, Flora und Fauna. Hinzu
kommen vielfältige Umweltbelastungen, die von menschlichen Ansiedlungen als Standorte von Emissionsquellen ausgehen.

Der Anteil der Verkehrsfläche an der Siedlungs- und Verkehrsfläche betrug 1997 39,9 %.   **45**
Bundesweit vergleichbare Daten zu **Wohnbauflächen** und **Gewerbebauland** werden vom
Statistischen Bundesamt nur als Summenparameter „Gebäude- und Freifläche" ausgewiesen. Der Anteil der Gebäude- und Freifläche an der Siedlungs- und Verkehrsfläche betrug
1997 52,2 %[36].

Die Bodennutzung ist durch den Gedanken des Freiraumschutzes geprägt (§§ 1 und   **46**
1 a BauGB). Die Bauleitplanung hat vor diesem Hintergrund ihre „Unschuld" verloren und
reagiert nicht auf bloße Preissteigerungen. Wenn in einem so kleinen und dicht besiedelten
Land, wie die Bundesrepublik Deutschland, die Neuausweisung auf Grenzen stößt und
andererseits das Land auch noch zu den wohlhabensten Ländern gerechnet werden muss,

---

36   BT-Drucks. 14/1483

müssen die Immobilienpreise im internationalen Vergleich zwangsläufig hierzulande rekordverdächtig sein. In der Tat ist das deutsche Grundstückswertgefüge zwar nicht das höchste in der Welt[37], es ist jedoch sicherlich im internationalen Vergleich den Hochpreisländern zuzurechnen. Das Bild relativiert sich, wenn man in Rechnung stellt, dass Deutschland in der EU der größte Nettozahler ist und hierzulande auch die höchsten Löhne gezahlt werden, die längsten Urlaubszeiten beansprucht werden, die Sozialleistungen spiegelbildlich zu den Lohnnebenkosten mit am höchsten sind und auch andere Güter (Wasserpreise, Energiekosten usw.) teurer als anderswo sind (Abb. 8)[38]:

Abb. 8: Internationaler Vergleich der Arbeitskosten

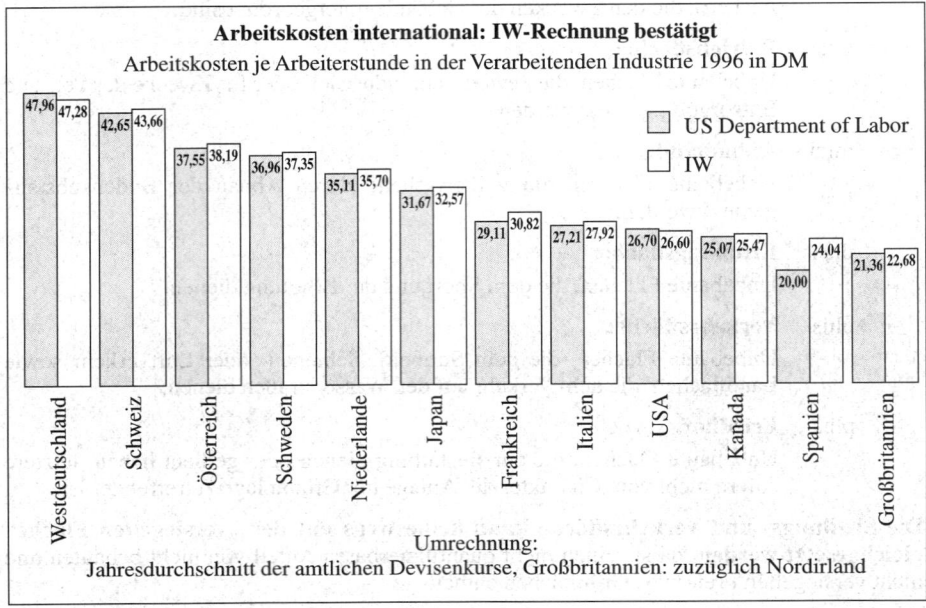

Arbeitskosten international: IW-Rechnung bestätigt

Arbeitskosten je Arbeiterstunde in der Verarbeitenden Industrie 1996 in DM

□ US Department of Labor

□ IW

Umrechnung:
Jahresdurchschnitt der amtlichen Devisenkurse, Großbritannien: zuzüglich Nordirland

Quellen: U.S. Department of Labor, IW Zusammenstellung, Institut der deutschen Wirtschaft Köln

Quelle: o.V.: Arbeitskosten international – Deutschland dreimal vorn, in: iwd, Nr. 35 vom 28. 8. 1997

4.2   Funktionalität des Grundstücksmarktes

4.2.1   Allgemeines

47 Der Grundstücksmarkt stellt im Vergleich zu den Märkten anderer Güter einen besonderen Markt dar. Dies beginnt bei der Individualität jedes einzelnen Grundstücks, der beschränkten Duplizierbarkeit, der Sozialbindung des Grundeigentums und endet bei teilweisen irrationalen Marktkräften und einem häufig intransparenten Marktgeschehen. Dass der „Boden" ein besonderes Gut und als solches der Befugnis des Gesetzgebers unterworfen ist, Inhalt und Schranken des Eigentums zu bestimmen, hat das BVerfG in der viel zitierten Entscheidung vom 12. 1. 1967 – 1 BvR 169/63 – (EzGuG 6.96) mit folgenden Worten umschrieben:

„Die Tatsache, dass der Grund und Boden unvermehrbar und unentbehrlich ist, verbietet es, seine Nutzung dem unübersehbaren Spiel der freien Kräfte und dem Belieben des Einzelnen vollständig zu überlassen; eine gerechte Rechts- und Gesellschaftsordnung zwingt vielmehr dazu, die Interessen der Allgemeinheit beim Boden in weit stärkerem Maße zur Geltung zu bringen, als bei anderen Vermögensgütern. Der Grund und Boden ist weder volkswirtschaftlich noch in seiner sozialen Bedeutung mit anderen Vermögenswerten ohne weiteres gleichzustellen; er kann im Rechtsverkehr nicht wie eine mobile Ware behandelt werden."

Das **Geschehen auf dem Grundstücksmarkt ist in der Anschauung** teilweise **mystisch**   **48**
und mit oftmals emotionalen Vorurteilen überfrachtet. Dies beginnt bei den Bodenpreisen, die mit Blick auf die Ballungszentren als gesellschaftspolitisches Ärgernis betrachtet
werden. Allgemein kann jedenfalls festgestellt werden, dass die Bodenpreise in Deutschland auf eine geringere Akzeptanz stoßen als das Preisgeschehen für andere Güter, bei
denen Deutschland ebenfalls in der Welt „Spitzenreiter" ist, was zumeist klaglos hingenommen wird.

Bei alledem wird die sog. **Bodenfrage in der politischen Auseinandersetzung** auch nicht   **49**
immer mit der gebotenen Schlüssigkeit der Argumentation behandelt. Bei überdurchschnittlich ansteigenden Bodenwerten verfällt man sehr schnell auf das eigentlich unzutreffende Argument, die Funktionsfähigkeit des Bodenmarktes in Abrede zu stellen und
verweist auf den erschwerten Zugang zum Grund und Boden. Zentralfigur dieser Argumentation ist dabei nicht selten das „arme Mütterchen", das sich (möglichst an der Elb-
chaussee – natürlich auf der „nassen Seite" –) kein Einfamilienhäuschen mehr leisten
könne. Umgekehrt spricht man bei fallenden Bodenwerten sehr schnell von einem „krän-
kelnden" oder „schwachen" Bodenmarkt und weist auf die Folgen hin, die sich aus einer
verminderten Beleihungsfähigkeit des Grund und Bodens oder aus der daraus resultierenden Überbelastung einer Immobilie ergeben; angebotserhöhende Subventionen mit preisdämpfender Wirkung werden sogar als „kalte Enteignung" bezeichnet[39]. Was bei dieser
Sachlage als der bodenpolitisch erwünschte „richtige" Bodenwert gelten kann, muss deshalb als das noch ungelöste Problem angesehen werden.

Die Folgewirkungen „hoher" Bodenpreise sind ambivalent. Zum einen führen sie dazu,   **50**
dass denjenigen, die sich den Grunderwerb zum gestiegenen Bodenwert nicht (mehr)
leisten können, der Zugang zum Grund und Boden versperrt wird. Zum anderen entfalten
hohe Bodenwerte, was immer darunter zu verstehen ist, eine tunliche Wirkung in Bezug
auf einen **sparsamen und schonenden Umgang mit ökologisch wertvollen Freiräumen**
sowie eine raumordnerischen Zielen dienende Wirkung[40].

So ergibt sich z. B. aus einer Langzeituntersuchung des Gutachterausschusses für Grund-   **51**
stückswerte in Düren, dass sich die **Grundstücksgröße von Einfamilienhäusern** seit
1945 **kontinuierlich** und nicht unerheblich **verringert hat.** Dies dürfte insbesondere auf
den Anstieg der Bodenwerte zurückzuführen sein (Abb. 9):

Abb. 9: Grundstücksgröße bei Einfamilienhäusern

Baujahr	Fläche
1945	460
1955	450
1965	450
1975	385
1985	320
1995	308

Quelle: Grundstücksmarktbericht des Gutachterausschusses in Düren 1998

---

37   So aber Pfeiffer, U., Ansatzpunkte für eine Optimierung der Flächen- und Gebäudenutzung, LBS Kolloquium
      6. / 7. 4. 1998 Hbg.
38   GuG-aktuell 1998, 18; GuG-aktuell 1999, 3 f.
39   Preissler in DWW 1986, 86
40   Antwort der BReg auf die Große Anfrage der SPD in BT-Drucks. 10/3690, S. 12 (Frage 14)

52 Auch aus dem Bericht des Oberen Gutachterausschusses für den Regierungsbezirk Hanno-
    ver (aus dem Jahre 1995) ergibt sich, dass die **durchschnittlichen Grundstücksgrößen
    im ländlichen Raum mit niedrigen Grundstückspreisen deutlich höher als in den
    Großstädten** mit vergleichsweise hohen Bodenpreisen ausfallen (Abb. 10):

**Abb. 10: Bodenwert in Abhängigkeit von der Grundstücksgröße und vom Wert-
niveau bei erschließungsbeitragspflichtigem baureifen Land des individuellen Wohnungsbaus**

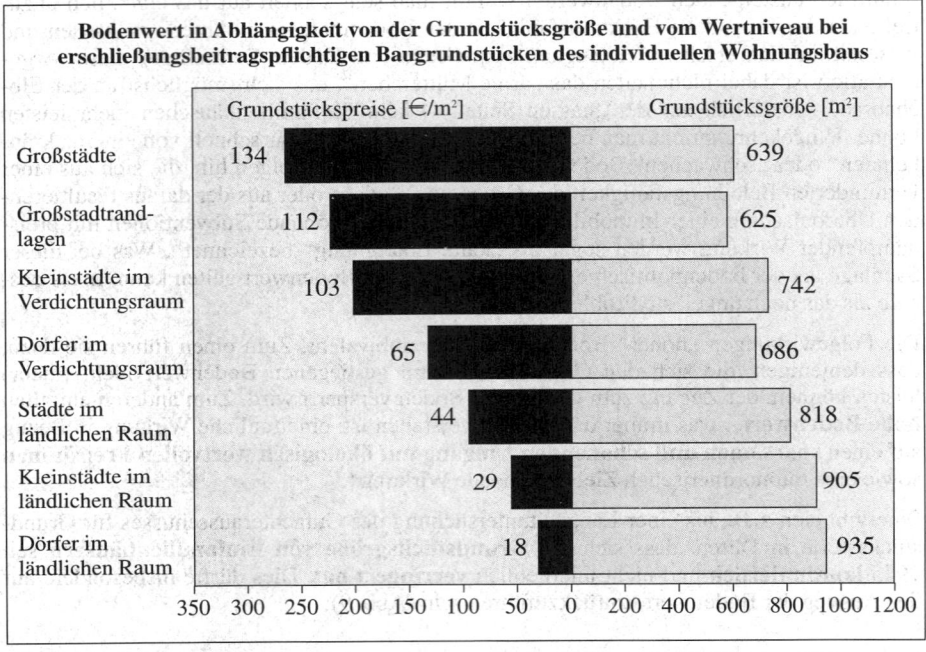

Quelle: Bericht des Oberen Gutachterausschusses für den Bereich des Regierungsbezirks Hannover 1996

53 Des Weiteren steuern die sich auf einem freiem Grundstücksmarkt bildenden Verkehrs-
    werte die Bodenverteilung, soweit das Gemeinwesen in diesen Prozess inbesondere mit
    den Instrumenten der „Bodennutzungsplanung", der direkten oder **indirekten** Förderung
    oder mit privatrechtlichen Steuerungsmechanismen nicht eingreift. Dies ersetzt die **„Platz-
    anweiserfunktion"** des Gemeinwesenes bei staatlich administrierten Preisen (Distribu-
    tionsproblem).

54 Die **Bodenpreisbildung** hat zu allen Zeiten Rätsel aufgegeben[41]. Die Verkehrswertermitt-
    lung ist gleichwohl keine Hexerei, wenn man nicht übertriebene Vorstellungen und über-
    spannte Erwartungen hat.

55 Die **Motive für die Angebots- und Nachfrageseite** sind weitgehend gleichartig, wobei
    vielfach allein aus der persönlichen Situation beider Seiten dieselbe Motive Angebot und
    Nachfrage erzeugen (Abb. 11):

Abb. 11: Funktionsweise des Grundstücksmarktes (Schema)

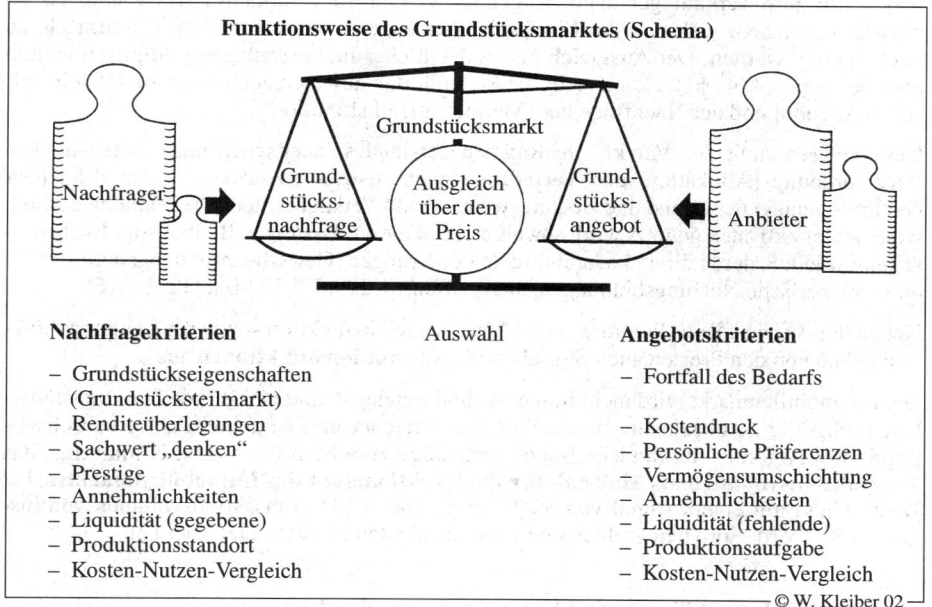

Funktionsweise des Grundstücksmarktes (Schema)

Nachfragekriterien	Auswahl	Angebotskriterien
– Grundstückseigenschaften (Grundstücksteilmarkt)		– Fortfall des Bedarfs
– Renditeüberlegungen		– Kostendruck
– Sachwert „denken"		– Persönliche Präferenzen
– Prestige		– Vermögensumschichtung
– Annehmlichkeiten		– Annehmlichkeiten
– Liquidität (gegebene)		– Liquidität (fehlende)
– Produktionsstandort		– Produktionsaufgabe
– Kosten-Nutzen-Vergleich		– Kosten-Nutzen-Vergleich

© W. Kleiber 02

Boden- und Immobilienwerte werden als Barometer der Wirtschaft angesehen. Sie können immer nur so hoch sein, wie Käufer zu zahlen imstande sind. Insoweit **spiegelt** sich in ihnen **die** (nominelle) **Kaufkraft einschließlich der Finanzierungsfähigkeit** (Zinsniveau) wider, d. h. die Höhe des Bodenwertniveaus wird nicht nur von der Angebotsseite, sondern auch maßgeblich von der finanziellen Stärke der Nachfrager mitbestimmt. **56**

Erfahrungsgemäß geht der wirtschaftlich kalkulierende Grundstückskäufer bei der Bemessung seines Kaufpreises vom Nutzen aus (Reinertrag, Wertzuwachs, steuerliche Entlastung), den er von dem Objekt erwartet. Durch Kapitalisierung des Reinertrags findet auch er im Allgemeinen seine Wertvorstellung. Je größer nun von ihm der Reinertrag veranschlagt wird und je geringer der Zinssatz ist, mit dem er sich zufriedengeben möchte, um so höher ist der Preis, den er dem Verkäufer bieten kann. Nicht jede Wertvorstellung (Kaufpreiserwartung) führt jedoch zu einem entsprechenden Preis (Kaufabschluss) und nicht jeder Preis entspricht dem Wert des Objektes. Der Kaufpreis ist der durch die individuellen Wertvorstellungen sowohl auf seiten des jeweiligen Käufers, aber auch auf seiten des Verkäufers sich ergebende Tauschpreis. Demgegenüber ergibt sich der Verkehrswert aus der allgemeinen Angebots- und Nachfragesituation auf dem Grundstücksmarkt. **Kaufpreis und Verkehrswert sind deshalb nur selten identisch** (vgl. Rn. 30 und § 194 BauGB Rn. 14 f.). **57**

Lässt sich ein ermittelter Verkehrswert trotz geschäftsüblicher Veräußerungsanstrengungen am Markt nicht „realisieren", so kann dies als deutlicher Hinweis auf eine nicht marktgerechte Verkehrswertermittlung oder auf signifikante Änderungen der Marktverhältnisse gegenüber denen zum Zeitpunkt der Wertermittlung verstanden werden. Bei Maklern gilt der Satz, dass jedes Objekt zu verkaufen ist, wenn der Preis stimmt. Umgekehrt kann eine sehr schnelle Veräußerung eines Grunstücks zum ermittelten Verkehrswert auch auf eine sehr „moderate" (fehlerhafte) Verkehrswertermittlung deuten. Es gehört zum Marktgesche- **58**

---

41 Nell-Breuning in „Preisbildung auf dem Baulandmarkt", Wirtschaftsfragen der freien Welt, Frankfurt am Main, o. J., S. 235

hen, dass Grundstücke erst in „zähen" Verhandlungen zwischen Verkäufer und potenziellen Erwerbern zum Verkauf gelangen. Angebote werden vom Verkäufer regelmäßig als zu niedrig angesehen, während die Kaufpreisforderungen von potenziellen Käufern als zu hoch beklagt werden. Der Ausgleich unterschiedlicher Interessenlagen erfolgt schließlich über den Preis (Abb. 11). Damit stellt die Preisbildung zugleich auch einen Ausgleich zwischen Angebot und der Nachfrage her (Marktausgleichsfunktion).

59   Des Weiteren stellt der **Markt**[42] im Rahmen der landesplanerischen und städtebaulichen Rechtsordnung (Allokation) den **Verteilungsmechanismus** (Distribution) dar, d.h., über den Preis gelangt der Grund und Boden – wenn er zum Verkauf ansteht – regelmäßig dorthin, wo er am effektivsten genutzt wird, soweit nicht in diesen Prozess z. B. über sog. **Einheimischenmodelle**[43], durch direkte oder indirekte Förderungen (Gewerbeansiedlungspolitik) oder durch planerische Nutzungsbindungen eingegriffen wird (vgl. § 194 BauGB Rn. 16).

60   Neben der Anreiz-, Koordinations- und Marktausgleichsfunktion sowie der Lenkungsfunktion gehen von den Preisen auch **Signal- und Informationsfunktionen** aus.

61   Dem Immobilienmarkt wird nicht immer wohl durchdacht eine mangelnde Funktionsfähigkeit nachgesagt, wobei man vornehmlich das erreichte und gemeinhin als gesellschaftspolitisches Ärgernis empfundene Bodenwertgefüge zum Maßstab macht. Nimmt man das **Transaktionsvolumen als Maßstab für die Funktionalität des Immobilienmarktes,** hat Deutschland mit einem Anteil von 30 % am gesamten EU-Transaktionsvolumen von insgesamt 850 Mrd. Euro den größten und gleichmäßigsten Marktanteil (Abb. 12):

Abb. 12: EU-Immobilientransaktionsvolumen im Vergleich

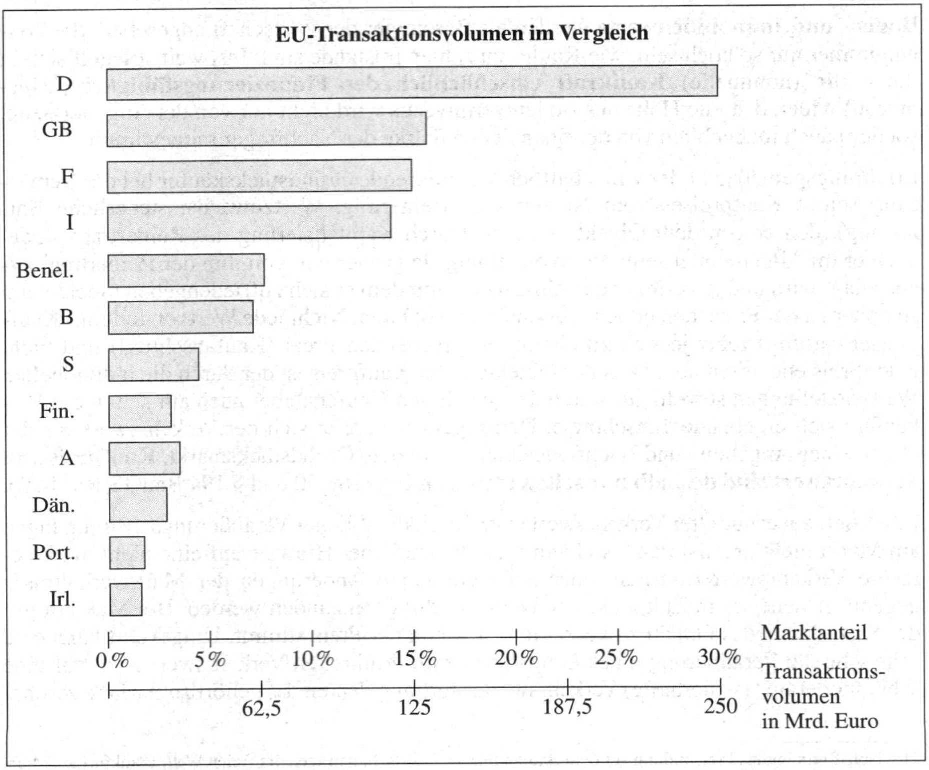

Quelle: Freiherr v. Weichs und Partner

Der **Anteil des Immobiliensektors an der Bruttoinlandsproduktion** wird mit 22,5 Pro- **62**
zent eingeschätzt[44].

International ist die Reputation des deutschen Immobilienmarktes als gut zu bezeich- **63**
nen. Hervorgehoben wird seine Immunität gegenüber sog. *bubbles*, die in den 90er Jahren
die Immobilienmärkte vergleichbarer Industrieländer heimgesucht haben[45].

4.2.2 Bodenwertentwicklung

Die Entwicklung des städtischen Bodenwertgefüges ist eng mit dem **Bevölkerungswachs-** **64**
tum, dem **Haushaltsbildungsverhalten,** der **Mobilität** und war in der Vergangenheit
darüber hinaus mit der Verstädterung verbunden. Mit der Industrialisierung sind in den Ballungszentren gewaltige Bodenpreissteigerungen einhergegangen, die die heutige Preisentwicklung in den Schatten stellt.

Bonczek[46] berichtet hierzu über folgende **Perioden:** **65**

Die städtischen Bodenwerte hatten sich von 1865–1880 im Allgemeinen verdoppelt und
bis 1900 mehr als vervierfacht.

In den Gründerjahren (1871–74) stiegen die Baustellenpreise in der Umgebung Berlins um
das Zehn- bis Fünfzigfache des Ackerwerts, der bis dahin zwischen 300 und 600 Mark je
Morgen[47] betragen hatte und auf 3 000 bis 12 000 M je Morgen stieg (von 0,12 bzw.
0,24 M/m² auf 1,20 bzw. 4,80 M/m²).

Besonders groß waren die Bodenwertsteigerungen um die Jahrhundertwende in den
Geschäftsgebieten der Großstädte, so wurden z. B. in Berlin Unter den Linden = 9 000
M/m², in Hannover in der Großen Parkhofstraße = 2 500 M/m² und in Essen an der Lim-
becker Str. = 1 000 M für den Quadratmeter bezahlt.

Als Mittel für Städte über 100.000 Einwohner kann als Bodenwert in besten Geschäftsvier-
teln 400 bis 500 M/m² angenommen werden.

Für die Zeit von 1950 bis 1967 wurde eine Erhöhung der Baulandpreise in der Bundesrepu- **66**
blik Deutschland um das Acht- bis Zehnfache geschätzt[48]. Die Gewinne der Nachkriegszeit
wurden seinerzeit auf mindestens 50 Mrd. Euro geschätzt. Allein die **Umwidmungsge-**
winne von Ackerland zu Bauland im Zeitraum von 1960 bis 1969 wurden auf 25 Mrd.
Euro geschätzt.

---

42 Zur Funktionsweise auf dem Grundstücksmarkt: Kleiber im BBauBl. 1994, 327, 420
43 Baulandbericht 1986: Bundesministerium für Raumordnung, Bauwesen und Städtebau. Schriftenreihe 03.116.
Bonn 1986, S. 131; ders. : Baulandbericht 1993, Bonn 1993; Glück, Wege zum Bauland, München 1994; Kleiber in Bauen in Städten und Gemeinden. KAS Kommunal-Verlag Düsseldorf 1991; Beck, M., Die Einheimischenmodelle in Bayern, Diss. 1993 Regensburg; BayVGH, Urt. vom 11. 4. 1990 – 1 B 85 A. 14/80 –, EzGuG
12.69 a; BVerwG, Urt. vom 11. 2. 1993 – 4 C 18/91 –, GuG 1993.250 = EzGuG 12.116; OLG Hamm, Urt. vom
11. 1. 1996 – 22 U 67/95 –, BayVBl. 1997, 536; OLG Koblenz, Urt. vom 5. 11. 1997 – 7 U 370/97; EzGuG
12.122; OLG München, Urt. vom 27. 6. 1994 – 30 U 974/93 –, EzGuG 14.122 a; LG Karlsruhe, Urt. vom 13. 2.
1997 – 8 O 516/96 – EzGuG 12.121; VG München, Urt. vom 27. 2. 1996 – M 1 K 95.174 –, BayVBl 1997, 533;
OLG München, Urt. vom 20. 1. 1998 – 25 U 4623/97 –, GuG 1999, 64, 125 = EzGuG 14.131; BayVGH, Urt.
vom 22. 12. 1998 – 1 B 94.3288 –, GuG-aktuell 1999, 46 (LS); LG Traunstein, Urt. vom 29. 10. 1998 – 7 0
3458/98 –, GuG-aktuell 1999, 47 (LS); BGH, Urt. vom 2. 10. 1998 – V ZR 45/98 –, GuG-aktuell 1999, 31 (LS)
44 Das in Immobilien gebundene private Anlagevermögen wird von Ropeter (Investitionsanalyse für Gewerbeimmobilien, Müller-Verlag 1997) unter Berufung auf Bulwien mit 12.500 Mrd. DM, das Transaktionsvolumen mit
294 Mrd. DM beziffert (1994). Im Jahre 1996 soll es sich bereits auf 472 Mrd. DM belaufen haben (GuG 1998,
129)
45 Renaud, B., The 1985 – 94 Global Real Estate Cycle, Weltbank Washington USA; GuG 2000, 227
46 Bonczek, Entwicklungslinien des Eigentums an Grund und Boden, Neue Heimat Nordrhein-Westfalen Düsseldorf, o. D.
47 1 Morgen = 2553 m² (Preußen)
48 Hofmann, in: Bodenordnung (Hrsg. F. Schreiber); Tiemann, Der Städtetag 1970, 562 ff. und 572

67 Im Jahre 1973 wurde von Stemmler[49] die **Entwicklung der Grundstückspreise in Köln**
im Vergleich zur Entwicklung des Einkommens, der Lebenshaltungs- und der Baukosten
dargestellt. Eine Langfassung der Untersuchung ist auch in einem Beitrag zu der Schrift
„100 Jahre stadtkölnisches Vermessungs- und Liegenschaftswesen" anlässlich der Geodätischen Woche zu Köln im Jahre 1975 erschienen (Abb. 13).

**Abb. 13: Entwicklung der Baulandpreise in Köln (Mehrfamilienhausgrundstücke)
im Verhältnis zur Entwicklung des Einkommens, der Lebenshaltungskosten
und der Baupreise**

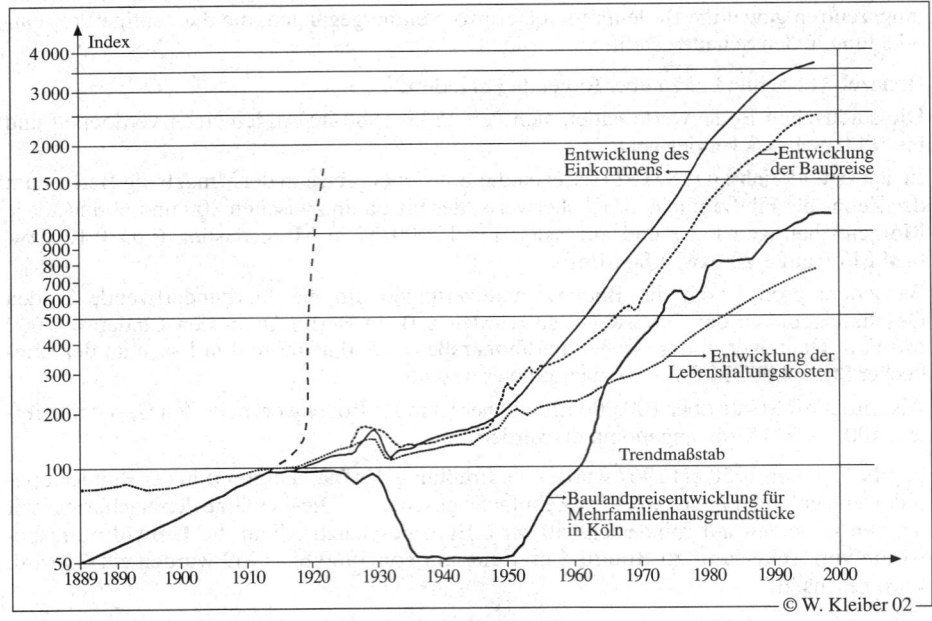

Quelle: Stemmler, Der Städtetag 1973, 127/W. Kleiber GuG 1999, 57

68 Die Untersuchung[50] kam schon seinerzeit zu dem Ergebnis, dass die Baupreise und die Einkommen weitaus stärker als die Baulandpreise angestiegen sind und allein die Lebenshaltungskosten eine moderatere Entwicklung als die Baulandpreise aufweisen. Die Fortschreibung der seinerzeitigen Untersuchung auf der Grundlage der vom Gutachterausschuss für Grundstückswerte für den Bereich Köln abgeleiteten Bodenpreisindexreihen
bestätigt das seinerzeitige Untersuchungsergebnis (Abb. 14).

69 Völlig ungeeignet zur Beschreibung der Wertentwicklung auf dem Grundstücksmarkt ist
die auf der Grundlage des § 2 Nr. 5 und § 7 des Gesetzes über die Preisstatistik vom Statistischen Bundesamt ermittelte und in der Fachserie 17 Reihe 5 veröffentlichte sog. **Kaufwertestatistik.** Erhebungsgegenstand dieser Statistik sind Verkäufe von unbebauten
Grundstücken mit einer Größe von 100 m[2] und mehr und zwar so, wie die Verkaufspreise
anfallen. Das Statistische Bundesamt führt hierzu aus:

„Die ausgewiesenen Durchschnittswerte sind für einen zeitlichen Vergleich nur bedingt verwendbar, weil die statistischen Massen, aus denen sie ermittelt werden, sich jeweils aus anders gearteten Einzelfällen zusammensetzen können. Die Statistik der Kaufwerte für Bauland hat daher mehr den Charakter einer Grundeigentumswechselstatistik,
mit der durchschnittliche Kaufwerte ermittelt werden, als den einer echten Preisstatistik. Aus diesem Grund werden
auch keine prozentualen Veränderungen (Baulandpreisindizes) veröffentlicht."

Abb. 14: Wertzuwachs von Immobilien

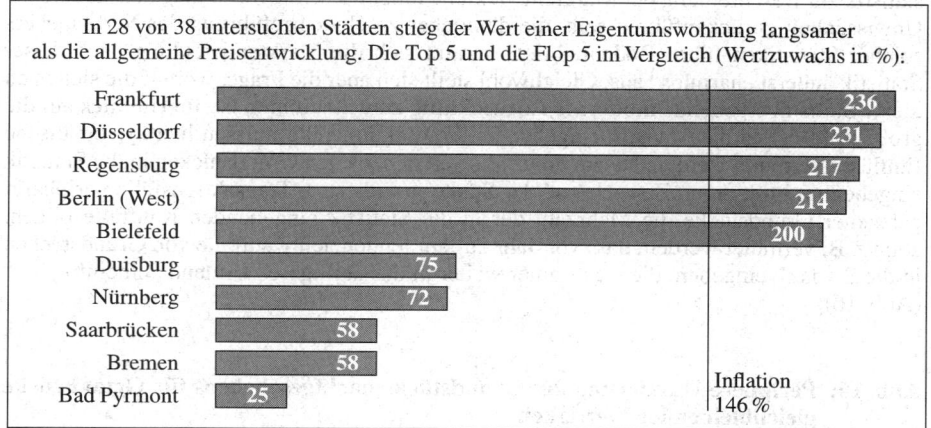

In 28 von 38 untersuchten Städten stieg der Wert einer Eigentumswohnung langsamer als die allgemeine Preisentwicklung. Die Top 5 und die Flop 5 im Vergleich (Wertzuwachs in %):

Quelle: Deutsche Immobilien-Akademie

Nach der Kaufwertestatistik kann zwar ein leicht steigender Trend z. B. der Kaufwerte für baureifes Land festgestellt werden (Abb. 15), jedoch gibt dieser Trend nicht die tatsächliche Wertentwicklung an, da ihr eben **nicht** ein **einheitlicher Warenkorb** zu Grunde liegt. So weist die Statistik z. B. einen abfallenden Trend auf, wenn mit fortschreitender Zeit Grundstücke geringerer Qualität als im Vorjahr gehandelt wurden, auch wenn für Grundstücke gleicher Qualität höhere Kaufpreise vereinbart wurden.

70

Abb. 15: Durchschnittliche Kaufwerte für Bauland im Bundesgebiet (alte Länder)

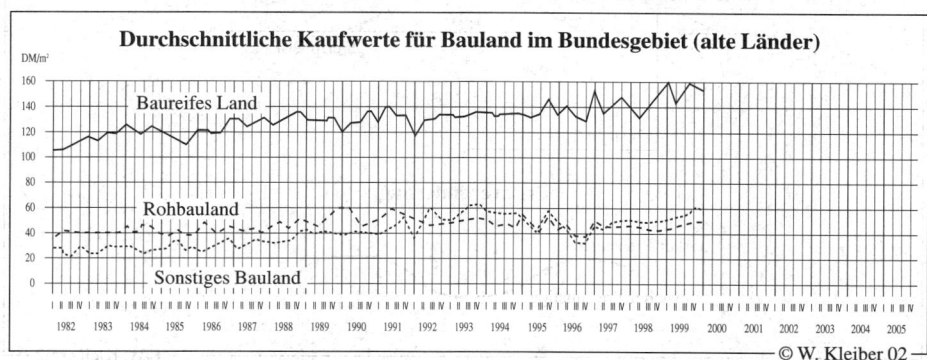

Quelle: Statistisches Bundesamt, Fachserie 17, Reihe 5

---

49   Der Städtetag 1973, 127 ff.
50   Die Untersuchung gründete sich auf folgende Veröffentlichungen
     a)   Vollmar, Der Bodenpreis, ZfV 1953, 162 ff.,
     b)   Vollmar, Bodenwertänderungen nach Baulandumlegungen, ZfV 1953, 394 ff.,
     c)   Tiemann, Die Baulandpreise und ihre Entwicklung, Der Städtetag 1970, 562 ff.,
     d)   Schlegtendahl/Elstner/Tiemann, Zur Entwicklung von Grundstückswerten, Wichmann Verlag Karlsruhe,
     e)   Kartenwerke „Entwicklung der Grundstückspreise" im linksrheinischen Stadtgebiet von Köln (1885, 1900, 1914, 1929, 1936 und 1952 [Anlage zu einem Bericht des Liegenschaftsamtes Köln vom 18. 3. 1950] „Der Preisstand unbebauter Grundstücke im Stadtbezirk Köln im Verhältnis zu 1914 [hier: Baustellen für Miethäuser] 1924 bis 1930"), veröffentlicht von Romunde in „100 Jahre stadtkölnisches Vermessungs- und Liegenschaftswesen" a. a. O., sowie
     f)   Angaben statistischer Ämter

71 Wenn gleichwohl selbst von renommierten Instituten immer wieder auf diese Kaufwertestatistik zur Beschreibung der Marktentwicklung hingewiesen wird, so mag dies auf eigene
Unwissenheit zurückzuführen sein, die dann aber zu einer Irreführung des Verbrauchers
solcher Statistiken führt. Bodenpolitisch nimmt sich die Marktentwicklung nach dieser
Statistik äußerst „harmlos" aus. Gleichwohl stellt sich aber die Frage, worauf die sich nach
dieser Statistik ergebende **moderate Entwicklung** zurückzuführen ist. Im Hinblick auf die
große Zahl der in die Statistik eingehenden Transaktionsfälle müssen hier systematische
Einflüsse vermutet werden. Da nur Kauffälle von unbebauten Grundstücken in die Statistik
eingehen und mit dem „Zuwachsen" der Städte jeweils stets Transaktionsfälle periphärer
gelegener Grundstücke die Mehrzahl der in die Statistik eingehenden Kauffälle bilden,
kann z. B. vermutet werden, dass von Jahr zu Jahr tendenziell Kauffälle von Grundstücken
in die Statistik eingehen, die sich immer weiter in das „billigere" Umland „hineinfressen"
(Abb. 16).

**Abb. 16: Periphere Wanderung des Grundstücksmarktgeschehens für Grundstücke
gleichbleibender Wertigkeit**

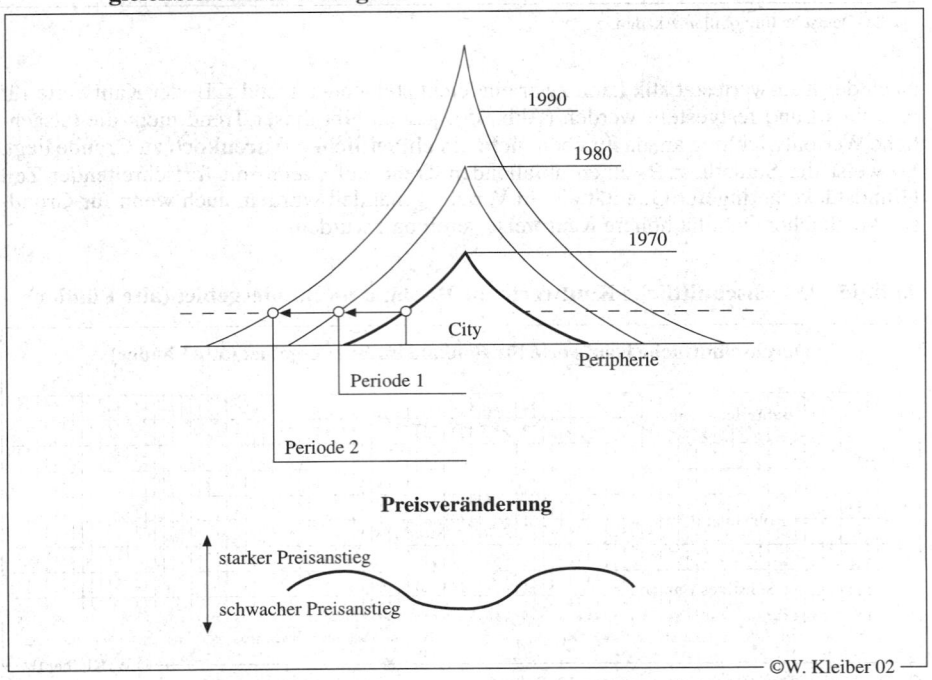

©W. Kleiber 02

72 Die **Funktionalität des (Bau-)Bodenmarktes** lässt sich nicht mit den gesellschaftspolitisch beklagten Preissteigerungsraten auf dem Bodenmarkt beschreiben. Ob der Bodenmarkt „funktioniert", ist ohnehin eine vornehmlich teleologisch zu beantwortende Frage.
Die gern zitierte Formel, ein guter Bodenmarkt müsse gewährleisten, dass Grundstücke zur
rechten Zeit am rechten Ort zu einem angemessenen Preis zur Verfügung gestellt werden,
erweist sich bei näherer Betrachtung als wenig aussagekräftig. Planerisch vernünftiges
Handeln vorausgesetzt, wird man aus städtebaulicher Sicht dem Bodenmarkt eine Funktionsfähigkeit attestieren, der selbsttragend und mit möglichst wenig staatlichen Eingriffen
den Boden in möglichst kurzer Zeit seiner bestimmungsgemäßen Nutzung zuführt. Von

daher ist das Umsatzvolumen ein schon prägnanterer Indikator für die Funktionsfähigkeit des Bodenmarktes, wobei hier weniger das **Umsatzvolumen** in Geldeinheiten oder Zahl der Grundstücke, sondern in Fläche im Vordergrund steht.

Betrachtet man die **Entwicklung des Umsatzes im Vergleich zur Preisentwicklung,** so zeigt sich, dass bei einer stagnierenden und rückläufigen Preisentwicklung auch das Umsatzvolumen zurückgeht, d. h. Bodenpreissteigerungen wirken sich geradezu belebend auf die Umsatztätigkeit aus. So ist das Umsatzvolumen seit 1993 zurückgegangen, d. h. nahezu zeitgleich mit dem Rückgang der Immobilienpreise in den großen Ballungszentren (Abb. 17). Noch drastischer stellte sich diese Entwicklung in den Jahren 1999/2000 dar.   **73**

Abb. 17: Entwicklung des Immobilienumsatzes

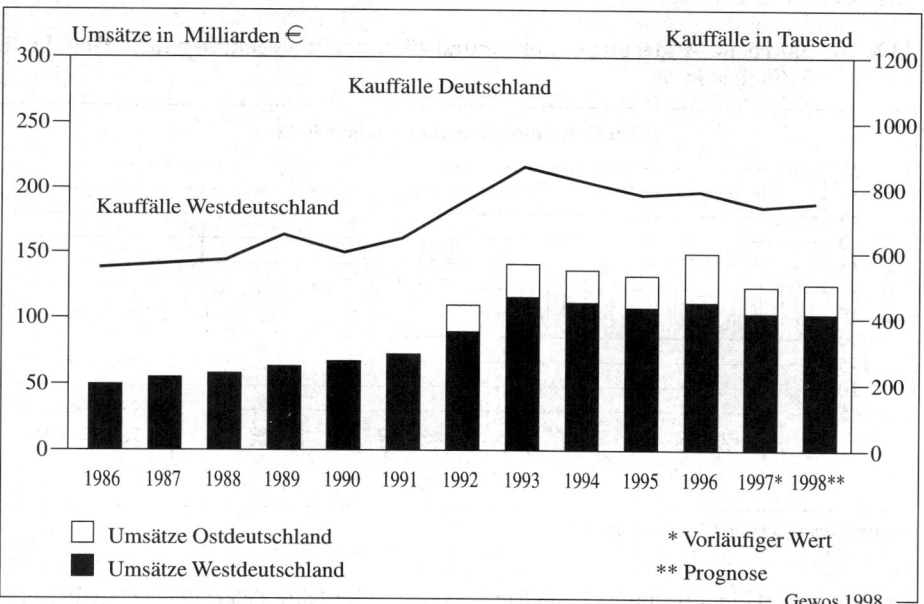

Gewos 1998

4.2.3 Allgemeine Determinanten der Bodenwertentwicklung

a) Rentierlichkeit

Der **Bodenmarkt wird** – gemessen an Bodenwertsteigerungen – im Vergleich zum Kapitalmarkt und anderen Anlagegütern durch eine **geringe Rendite** bestimmt[51]. Dies gilt sowohl für den Markt bebauter als auch unbebauter Grundstücke.   **74**

Wenn zur Beschreibung der Funktionsweise des Bodenmarktes immer wieder in „Schwarzbüchern" auf spektakuläre und **unverdiente** (weil ohne eigene Anstrengung) **Wertsteigerungen** der Grundeigentümer verwiesen wird, so mag dieses Bild vornehmlich den Sonderfall beschreiben, der sich für den Fall einer sich kurzfristig vollziehenden Umwidmung von Ackerland zu Bauland einstellt; das Bild des Schöneberger Millionenbauers wirkt insofern noch heute fort. Ansonsten stellen Immobilien bei gleichbleibender   **75**

---

51 Hoenig bezeichnete die „Inflation der Baulandwerte" als „eine der größten Utopien der Wirtschaftsgeschichte" und sah als Entstehungsgrund dieses „Aberglaubens" die erweckte „Verheißung und Erwartungen, die nach menschlichem Ermessen niemals erfüllbar sind" (Hoenig a. a. O., S. 25).

Qualität langfristig gesehen im Vergleich zu anderen Anlagearten keine lukrative Geldanlage dar, wie sich schon allein an den für die verschiedenen Grundstücksarten abgeleiteten Liegenschaftszinssätzen für bebaute Grundstücke erweist.

76   Auch für unbebaute Grundstücke ist in der allgemeinen Anschauung das Bild vorherrschend, der Grundeigentümer erziele – von land- und forstwirtschaftlichen Nutzungen abgesehen – allein aus dem bloßen „Liegenlassen" seines Bauplatzes durch Nichtstun zwar nicht unmittelbar Gewinne, jedoch erziele er allein auf Grund der jährlichen Bodenwertsteigerungen angesichts einer als „privilegiert" bezeichneten steuerlichen Behandlung des Grundeigentums jederzeit realisierbare **überdurchschnittliche Gewinne.** Perioden überdurchschnittlicher Bodenwertsteigerungen bleiben offensichtlich in den Köpfen und lassen Phasen des Preisrückgangs, die selbst in einem Ballungszentrum wie München auftreten, vergessen (Abb. 18).

Abb. 18: Jährliche Änderungen der Grundstückspreise gegenüber dem Vorjahr in München in %

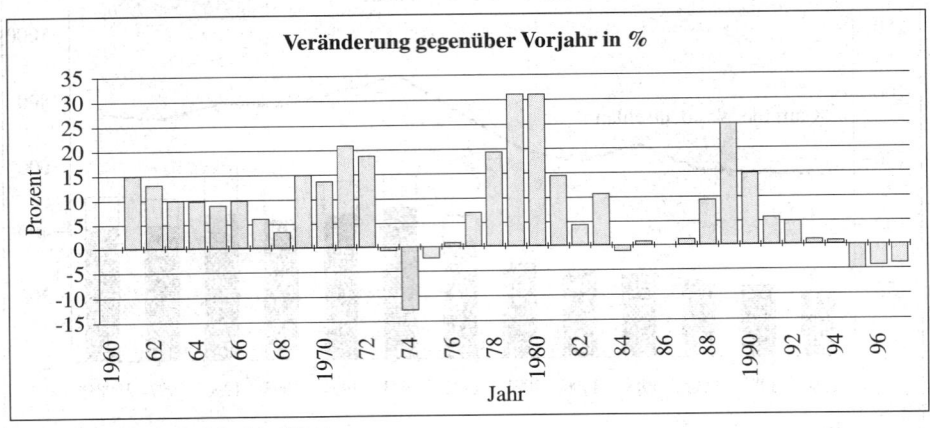

Quelle: Grundstücksmarktbericht München

77   Der Bodenwert eines baureifen Grundstücks, der sich im Jahre 1960 auf 50 €/m² belaufen haben soll, ist ausweislich der Bodenpreisindexreihe des Gutachterausschusses für Grundstückswerte in München in 37 Jahren bis zum Jahr 1997 zwar auf 755 €/m² angestiegen, jedoch stellt dies gerade einmal eine Verzinsung von rd. 7,6 % dar, die sich unter Berücksichtigung der Vorhaltekosten vermindert. In strukturschwächeren Räumen nimmt sich die Bodenwertsteigerung weitaus geringer aus. So ergibt sich für den Kreis Wesel im Zeitraum von 1980 bis 1998 gerade einmal eine Preissteigerung von rd. 3,5 %. Eine **Langzeitbetrachtung** für Köln über den Zeitraum von 1989 bis 1997 ergibt gerade einmal eine Verzinsung von rd. 2,6 % (vgl. Rn. 67).

78   Wesentlicher Grund für die Akzeptanz einer eingeschränkten Rendite ist nach wie vor die **„Flucht in die Sachwerte".** Der Boden ist historisch bedingt in Deutschland ein Sachgut ersten Ranges und dies aus guten Gründen, wie im Übrigen schon (bei Goethe) der kaiserliche Hofnarr (Zweiter Teil Erster Akt) gewusst hat[52].

79   Die **höchste Rentierlichkeit,** aber auch das höchste Investitionsrisiko weisen Immobilien in strukturschwachen Räumen auf. Die Ballungszentren mit ihrem hohen Preisniveau weisen hingegen die geringste Rentierlichkeit auf, verbunden mit einem geringen Investitionsrisiko. Insoweit unterscheidet sich der Immobilienmarkt nicht von anderen Kapitalanlagemöglichkeiten. Dies kommt auch in den von den Gutachterausschüssen für Grundstückswerte abgeleiteten Liegenschaftszinssätzen zum Ausdruck[53].

b) Wohlstandskomponente; Kaufkraft

Wo die Kaufkraft am höchsten ist, stellen sich die höchsten Immobilienpreise ein. Mit **80**
der örtlichen Kaufkraft (pro Quadratmeter Siedlungsfläche) können nach Untersuchungen
des Pestel-Instituts rd. 80 % der regionalen Baulandpreisunterschiede erklärt werden[54].
Auch werden insbesondere für Eigenheime besonders hohe Sparleistungen erbracht. Fast
könnte man sagen, dass hohe Sparleistungen für den Immobilienerwerb vom Grundstücksmarkt „bestraft" werden.

Bei freier Preisbildung stellen die sich auf dem Markt einstellenden Preise „Wettbewerbs- **81**
preise" mit einer **Marktausgleichs- und Lenkungsfunktion** dar[55], wobei sich ihre Höhe
maßgeblich durch den Wohlstand der Nachfrager bestimmt. C. J. Fuchs[56] hat hierzu schon
zu Beginn des vorangegangenen Jahrhunderts lakonisch festgestellt: „Die Bodenpreise stufen sich also nach der Wohlhabenheit der Bewohner ab; ein schon von Paul Voigt für Char-
lottenburg nachgewiesenes Gesetz" und zugleich eine profane Erkenntnis, die engagierten
Bodenreformern auch heute noch im Gedächnis bleiben sollte: sog. Wohlstandskomponente (Abb. 19 und 20).

Abb. 19: **Abhängigkeit der Immobilienpreise von der Kaufkraft**

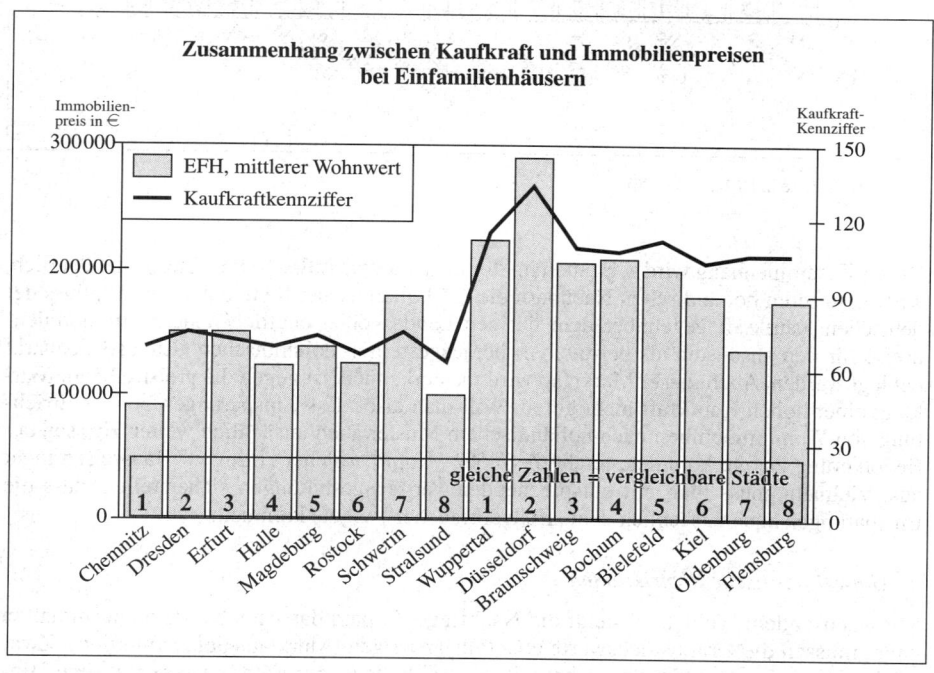

52　„...und kaufen kann ich Äcker, Haus und Vieh/Heut abend wieg' ich mich im Grundbesitz"
53　Kleiber in GuG-aktuell 2000, 17
54　GuG 1997, 302; Pestel Institut für Systemforschung e.V. Hannover, Regionale Baulandpreisdifferenzen in
　　Deutschland, Hannover 2001
55　Gruber/Kleiber 1994, S. 42
56　Fuchs, J., Über städtische Bodenrente und Bodenspekulation in Archiv für Sozialwissenschaft Vol XXII, XXIII,
　　S. 660; Vollmar in ZfV 1953, 192

Abb. 20: Abhängigkeit der Immobilienpreise von der Kaufkraft

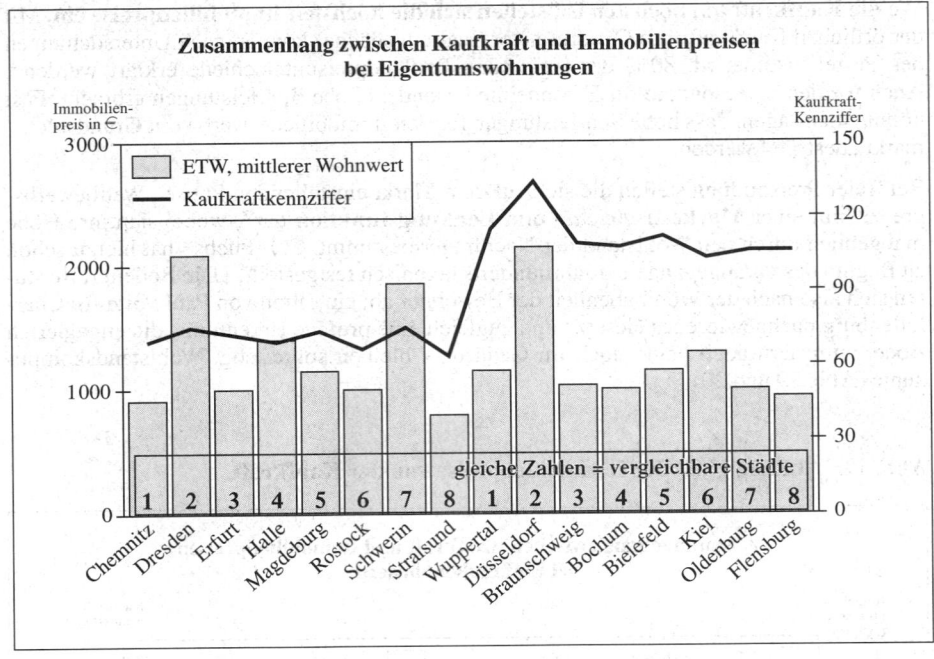

Quelle: H. Bukase in DLK, 1995, 380

82 Dieser Zusammenhang wird z. B. auch im **deutsch-niederländischen Grenzgebiet** deutlich, wo von unseren holländischen Nachbarn die auf holländischer Seite unter dem Einfluss der deutschen Kaufkraft gegenüber dem übrigen Landesgebiet deutlich höheren Immobilienpreise für den ansonsten als beispielhaft herausgestellten holländischen Grundstücksmarkt beklagt werden. Auch dieser Markt, so wird man erkennen, ist gegen die preistreibende Wirkung einer hohen Kaufkraft nicht gefeit. Will man also, dass Einsparungen bei der Errichtung von Wohnimmobilien nach holländischem Muster auch tatsächlich weiten Kreisen der Bevölkerung zugute kommen, reicht die bloße „Kopie" solcher „billigen" Bauweisen nicht aus. Vielmehr muss man mit entsprechenden Vertragsgestaltungen sicherstellen, dass die Einsparungen auch tatsächlich dem „Endverbraucher" zugute kommen.

c) Umweltpolitische Restriktionen

83 Mit wachsendem Wohlstand steigt die Nachfrage. Sobald das Angebot da nicht mithalten kann, müssen die Grundstückswerte ebenfalls ansteigen (Marktausgleichsfunktion). Zwar ist der These von der Unvermehrbarkeit des Baubodens zutreffenderweise mit dem Hinweis auf die Möglichkeiten der Neuausweisung widersprochen worden, jedoch stehen dem heute **umweltpolitische Belange** entgegen. Zwar würde bei Fortsetzung der bislang praktizierten Flächenausweisung (von ca. 120 ha/Tag im Jahre 1997) die Siedlungs- und Verkehrsfläche im anstehenden dezennium gerade einmal um rd. 1 % auf rd. 12,3 % ansteigen[57], jedoch wird von der Umweltseite auch dies nicht hingenommen. So wird im Abschlussbericht der Enquête-Kommission „Schutz des Menschen und der Umwelt" eine Verringerung der jährlichen Umwandlungsrate jungfräulicher Naturflächen in Siedlungs- und Verkehrsflächen bis zum Jahre 2010 auf 10 % der für das Jahr 1993 bis 1995 festgestellten Rate gefordert, d. h. auf rd. 12 ha/Tag[58].

Wenn in der Vergangenheit der **These vom unvermehrbaren Bauland** unter Hinweis auf   **84**
das Umwandlungspotenzial widersprochen wurde, so wird diese These unter dem Druck
ökologisch begründeter Forderungen angesichts der erreichten Siedlungsdichte und des
verfügbaren Bodens tatsächlich Realität.

d) Bodenspekulation

Überdurchschnittliche Preisentwicklungen auf dem Grundstücksmarkt sind vor allem zu   **85**
Beginn des 20. Jahrhunderts der sog. Bodenspekulation angelastet worden. Der Begriff
wird heute vielfach noch als ein **„politischer Kampfbegriff"** gebraucht und ist emotional
überfrachtet.

Als **„Bodenspekulation" im engeren Sinne** kann heute allenfalls ein Verhalten bezeichnet   **86**
werden, bei dem durch illegale Machenschaften besondere Vorteile erlangt werden, so z. B.
wenn überhöhte Kaufpreise im Vertrauen darauf bezahlt werden, dass sich der Bodenwert
durch „Druck" auf den Planungsträger noch weiter erhöht (auch sog. insider-Geschäfte).
Solche Kaufleute sind nicht dem gewöhnlichen Geschäftsverkehr i. S. d. § 194 BauGB
zuzurechnen und müssen bei der Verkehrswertermittlung unbeachtlich bleiben[59].

Im allgemeinen Sprachgebrauch wird der Begriff der „Spekulation" zumeist unbedachter-   **87**
weise auch auf solche Sachverhalte ausgedehnt, die gerade nicht spekulativ, sondern rational gut begründbar sind[60].

Hier soll der **Begriff der Spekulation** im engeren Sinne allein für die Fälle verstanden werden, in denen ein Investor   **88**
mit sehr zweifelhaften und unsicheren Erfolgsaussichten beim Kauf eines Grundstücks Gewinnerwartungen vorwegnimmt und dabei ein hohes Risiko eingeht, dass sich seine im echten Sinne spekulativen Erwartungen zerschlagen
und in diesem Fall sein „Einsatz" durch hohe finanzielle Verluste „bestraft" wird; hieraus zu schließen, dass es auf
dem Grundstücksmarkt keine „Spekulation" gäbe, weil stets „sichere" Gewinnerwartung bestünde, ist eine Verkennung der tatsächlichen Verhältnisse, denn es treten auch dort erhebliche Wertverluste auf (vgl. § 4 WertV Rn. 300). In
der politischen Alltagsdiskussion wird der Begriff aus der Ohnmacht, die wahren Ursachen der Bodenpreissteigerungen zu erkennen, allzu häufig als politischer Kampfbegriff auch dort als preistreibende Ursache für solche Fallgestaltungen verwandt, wo ein besonders wohlinformierter, besonders „einflussreicher" oder versierter Investor eine
bereits bestehende oder als mehr oder minder sicher abzeichnende Preissteigerung – also frei von spekulativen
Erwägungen – auf Grund allgemeiner Wertentwicklungen auch im Rahmen einer geordneten städtebaulichen Entwicklung vorwegnehmen kann (vgl. Abb. 21)[61].

Diese Zusammenhänge wurden bereits 1956 von Sieber gründlich untersucht und dargelegt[62]. Ausgehend von der   **89**
Definition der **„Spekulation" als Kauf und Verkauf von Gütern zum Zweck, aus Preisänderungen, welche für
die Zeit zwischen beiden Transaktionen erwartet werden, in möglichst kurzer Zeit ohne zusätzliche Leistungen einen Gewinn zu erzielen,** hängt der „Erfolg" des Spekulanten immer darauf ab, dass die erwünschte Preisände-
rung (zumeist Preissteigerung) auch tatsächlich eintritt. Dies wiederum ist gerade was die Umwandlung von land-
oder forstwirtschaftlichen Flächen in Bauland anbelangt, letztlich also allein von dem Verhalten der Gemeinde
abhängig, die auf Grund ihrer Planungshoheit eine sehr starke Stellung in diesem Prozess einnimmt. Sofern der
Investor in diesem Prozess in einer nicht zu beanstandenden Weise zur Beschleunigung des Verfahrens beiträgt, kann
ihm dabei eine nützliche Funktion nicht abgesprochen werden. Auf der anderen Seite kann sich aber eine voraus-

---

57 BT-Drucks. 13/10736, S. 181 = GuG-aktuell 1998, 18
58 BT-Drucks. 13/11200, S. 129 = GuG 1998, 355; vgl. BT-Drucks. 13/7400; etwas behutsamer in seiner Forde-
      rung das Umweltministerium in BMU-Pressemitteilung vom 28. 4. 1998 = GuG-aktuell 1998, 17
59 BGH, Urt. vom 8. 2. 1971 – III ZR 200/69 –, EzGuG 6.134; BVerwG, Urt. vom 21. 1. 1967 – 4 C 33/65 –,
      EzGuG 8.20; BGH, Urt. vom 8. 11. 1962 – III ZR 86/61 –, EzGuG 8.5; BVerwG, Urt. vom 9. 6. 1959 – 1 CB
      27/58 –, EzGuG 17.13; RG, Urt. vom 30. 5. 1911 -VII 568/10 –, EzGuG 20.10; RG, Urt. vom 7. 5. 1909 – VII
      358/08 –, PrVBl. 1910, 262 = Recht 1909 Sp. 486
60 Sieber, Bodenpolitik und Bodenrecht, Bern-Stuttgart 1970, S. 83 ff., 105; Haman, Bodenwert und Stadtplanung,
      Stuttgart 1969, S. 23 f.; Gaentzsch, Die Bodenwertabschöpfung nach dem StBauFG, Siegburg 1975, S. 14 ff.;
      Bär, Die Verkehrswertbesteuerung der Liegenschaften als Mittel der Bodenpolitik, Bern/Stuttgart 1970, S. 78 ff.
61 Als „Spekulant" wird mitunter derjenige verstanden, der im Hinblick auf eine unrentierliche Bebauung sein
      Grundstück mit der Absicht unbebaut lässt, an Bodenwertsteigerungen zu partizipieren (*land use dissident*). All-
      gemein verbinden sich mit dem Begriff unklare Vorstellungen, die schon an die Hexenverbrennung des Mittelal-
      ters erinnern
62 Sieber, Bodenpreissteigerung und Wohnungsmarkt, in WuR 1956, 48; Sieber, Die Bodenspekulation und ihre
      Bekämpfungsmöglichkeiten, in WuR 1957, 73; ders. in WuR 1960, 267; Barnikel, in: Die Verwaltung 1971,
      423; Eberstadt in Schmollers Jahrbuch 1905

Abb. 21: Vorweggenommene Werterhöhung durch „spekulativen" Zwischenerwerb

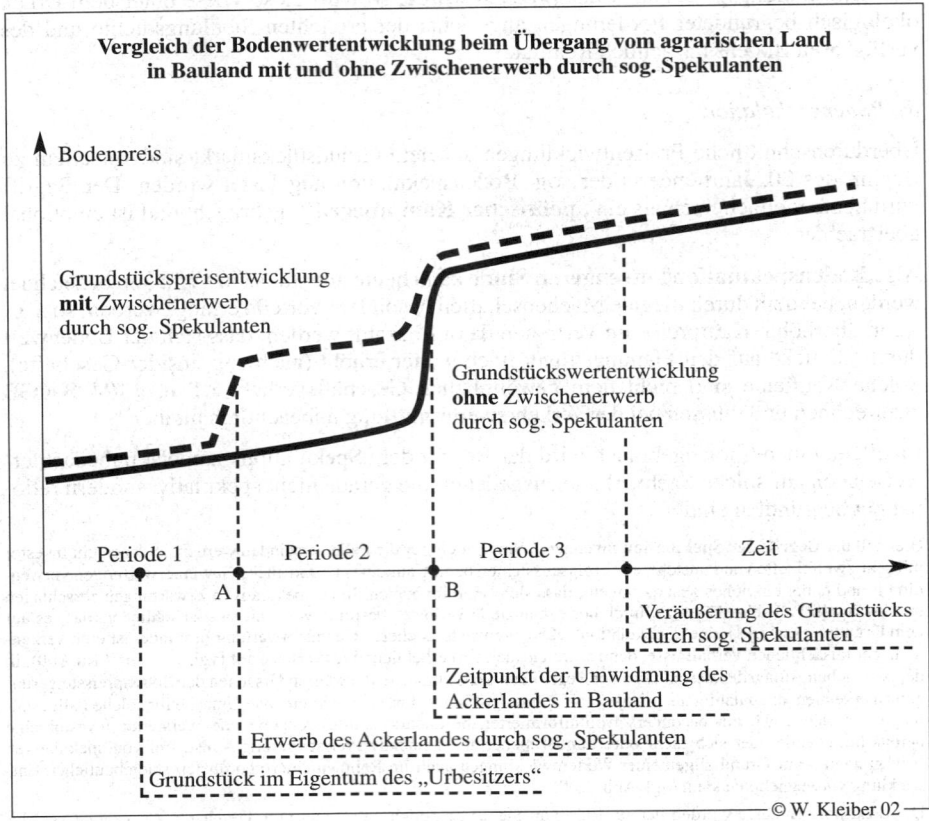

Vergleich der Bodenwertentwicklung beim Übergang vom agrarischen Land in Bauland mit und ohne Zwischenerwerb durch sog. Spekulanten

© W. Kleiber 02

schauende gemeindliche Baulandpolitik darauf ausrichten, zur Finanzierung der Aufschließungsmaßnahmen dadurch an der Bodenpreissteigerung (Arbitrage) zu partizipieren, dass sie selbst die zur Aufschließung anstehenden Grundstücke erwirbt, wie dies auch in den unterschiedlichst ausgestalteten Baulandmodellen praktiziert wird[63]. Im Ergebnis bleibt aber festzustellen, dass

– die auf Gewinnerzielung abzielende sog. spekulative Erwartung selbst bei monopolistischer Marktstellung nicht in der Lage ist, das allgemeine Bodenwertniveau des künftigen Baulands auf Dauer nachhaltig zu beeinflussen, sondern allenfalls Bodenwertsteigerungen vorwegnimmt, die bei einer geordneten städtebaulichen Entwicklung ohnehin eintreten, und

– eine derartige „Spekulation" immer nur soviel Raum hat, wie die Gemeinde selbst nicht die Chancen der Arbitrage nutzt.

90   **In der neueren volkswirtschaftlichen Literatur wird die „Spekulation" heute nicht mehr negativ eingeschätzt;** von Ökonomen wird vielmehr hervorgehoben, dass sie zu einer Verstetigung der Preisentwicklung beitrage[64].

e) Bodenhortung

91   „Wer rd. 60 % Steuern zahlen muss und den Rest nicht inflationssicher anlegen kann, in einer Zeit, in der **ein Quadratmeter Teppichboden oft mehr kostet, als ein nicht mehr produzierbarer Quadratmeter Grund und Boden** an Erlös bringt, der veräußert nicht gerne", wurde in einer erregten Debatte im Deutschen Bundestag im Jahre 1981 ausgeführt[65].

Der daraus folgenden Zurückhaltung des Grund und Bodens will man deshalb schon seit **92** jeher durch eine **höhere Besteuerung unbebauter aber baureifer Grundstücke** begegnen, um so einen Angebots- und Verwertungsdruck zu erzeugen[66].

Die Vorhaltung von Bauland ist mit dem Mythos überdurchschnittlicher Wertsteigerungen **93** verbunden; Grund und Boden hat den Ruf eines **krisensicheren und „billig" zu haltenden Sachguts** erworben. In der Tat hat das seit 1964 erstarrte Grundsteuersystem zu einer kontinuierlichen Absenkung der realen Grundsteuerlast geführt. Der geringen Höhe der Grundsteuer wird angelastet, dass sie der „Spekulation mit unbebauten Grundstücken" Vorschub leiste[67]. Konkret geht es dabei um den Vorwurf der Zurückhaltung unbebauter Grundstücke von ihrer bestimmungsgemäßen Nutzung, sei es durch Bebauung oder Verkauf an Bauwillige (sog. Bodenhortung). Hierauf wird zurückgeführt, dass im Jahre 1998 im gewerblichen Bereich etwa 20 % und im Wohnbereich etwa 13 % des ausgewiesenen Baulands nicht bebaut seien.

Als Ursache der sog. Bodenhortung wird wiederum die „Spekulation" ausgemacht. Von **94** wissenschaftlicher Seite hat man für die **Angebotszurückhaltung der Eigentümer** indessen **vorwiegend persönliche auf die Lebensumstände zurückführbare Gründe feststellen** können:

a) Grundstücke werden im „Familienverband" häufig für eine spätere Bebauung durch die Kinder, zur Finanzierung eines anderweitig geplanten Eigenheims usw. „privat" vorgehalten.

b) Landwirte sind oftmals nur gegen Ersatzland bereit, ohne Grundstücke zu veräußern. Sie scheuen die Aufdeckung stiller Reserven, wenn der Veräußerungsgewinn nicht fristgerecht reinvestiert werden kann[68].

c) Finanzierungsprobleme für eine Bebauung.

d) Unsicherheiten und mangelnde Anstoßeffekte bezüglich der Bebaubarkeit und Bebauung.

Der Baulandbericht des Bundesministeriums für Raumordnung, Bauwesen und Städtebau **95** 1993[69] kommt zu dem zusammenfassenden Ergebnis, dass die **Angebotszurückhaltung auf ein ausgeprägt privatnütziges Verhalten der Eigentümer zurückzuführen ist.** Sie umfasst die Haltung von Grundstücken aus ideellen und emotionalen Gründen (z. B. Bewahrung ererbten Eigentums, Konservierung ökologischer Verhältnisse oder Sicherung der persönlichen Wohnqualität); sie ist vor allem aber aus Erwägungen der Familienvorsorge, d. h. zur Sicherung eigener späterer Bauabsichten oder derjenigen nachkommender Generationen zu erklären. Dies sind die Hauptmotive für bis zu 80 % der Vorhaltungen, während allenfalls bis zu 20 % die Wertanlage das Motiv ist[70].

---

63 Baulandbericht des Bundesministeriums für Raumordnung, Bauwesen und Städtebau 1983; Schriftenreihe 03.100, S. 70 ff.; Glück, Wege zum Bauland, München 1994

64 Samuelson, P., Nordhaus, W., Economics, Mc Graw-Hill

65 MdB Niegel am 1. 10. 1981 (StenProt des Deutschen Bundestages am 1. 10. 1981 (55. Sitzung 9. Wahlperiode S. 3183)

66 MdB Reschke, Deutscher Bundestag am 1. 1. 1981 (a. a. O., S. 3184 ff.); Kleiber in NZM 1999, 777

67 Enquête-Kommission „Schutz des Menschen und der Umwelt" Zif. 4.3.3.3; BT-Drucks. 13/11200 = GuG 1998, 354

68 Bodenvorratspolitik und Baulandbeschaffung, Informationen zur Raumentwicklung der BfLR Heft 10.1983

69 BMBau, Baulandbericht 1993, Bonn 1993, S. 83

70 Keppel, Baulandpotenzial, Baulücken, Diss. Dortmunder Vertrieb für Bau- und Planungsliteratur 1991; Schmidt-Fries, J., Das Wohnbaulandpotenzial innerhalb der Nordstadt von Neuss, Geogr. Dipl-Arbeit Bonn 1991; Heusener, K./Kujath, H., Verfügbarkeit und Möglichkeiten der Mobilisierung von Bauland; Institut für Entwicklungsplanung und Strukturforschung, Universität Hannover 1993

f) Bodensubventionierung

96 Der von politischer Seite regelmäßig beklagte **Anstieg der Bodenwerte** wird zudem in vielfältigster Weise auch noch **direkt oder indirekt subventioniert.** Genannt seien

– die Bereitstellung verbilligten Baulands,

– direkte und indirekte Förderungen (Investitionszuschüsse, zinsverbilligte Darlehen, Aufwendungszuschüsse, Bürgschaften und steuerliche Vorteile)[71] sowie

– die Grundbesitzbesteuerung.

97 Hoenig[72] stellte 1952 in noch heute zutreffender Weise fest, dass die Finanzierung der Bau- und Bodenkosten aus allgemeinen Steuermitteln „einen so breiten Raum" einnimmt, dass mindestens ein sehr **erheblicher Teil der Bodenkosten auf Rechnung der Allgemeinheit ginge**[71]. Die staatliche Förderung des Wohnungsbaus (Mietwohnungs- und Eigenheimbau) durch direkte und indirekte Förderungsmaßnahmen belief sich ausweislich des Berichts der Enquête-Kommission „Schutz des Menschen und der Umwelt" unter Berufung auf die „Expertenkommission Wohnungspolitik" noch 1997 auf ein Finanzvolumen von 15 bis 20 Mrd. Euro, wovon bis zu 20 % der gewährten Förderung durch Wertsteigerungen aufgesogen würden und die Förderung zu etwa 5 % auf den Bodenwert durchschlagen würde[73].

g) Hypothekenzinsen

98 Die mitunter vertretene Auffassung, dass niedrige und sinkende Hypothekenzinsen als kaufkraftstärkendes Moment die Nachfrageseite stärken und zumindest zeitversetzt zu einem Anstieg der Grundstückswerte führen, konnte bislang zumindest nicht mit Allgemeingültigkeit empirisch nachgewiesen werden. Wenn schon rationale Gründe dafür sprechen mögen, so werden solche Momente offensichtlich durch andere Einflussgrößen überlagert. **Zeiten hoher Hypothekenzinsen sind** z. B. **regelmäßig mit inflationären Tendenzen und mit einem verstärkten Drang in Sachwerte verbunden,** die auch zur Inkaufnahme höherer Hypothekenzinsen verleiten (Abb. 22)[74].

Abb. 22: Grundstückswertentwicklung und Hypothekenzins in München

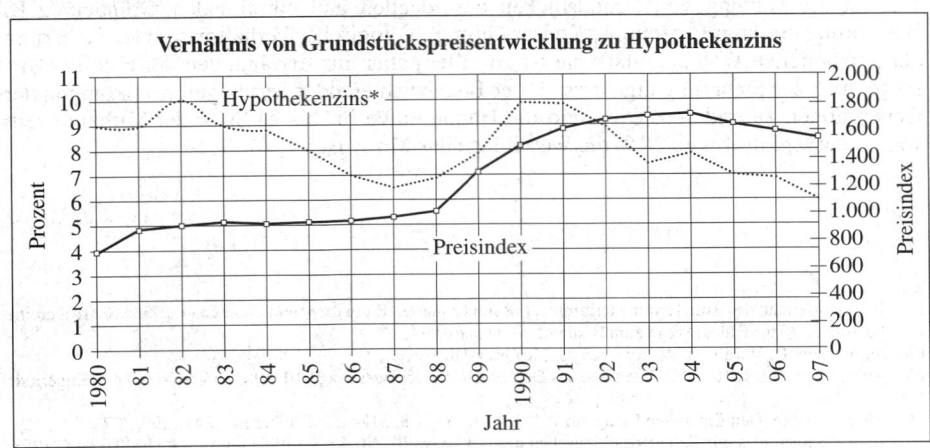

* Quelle: Bay. Landesbank (Effektivzins, 5-jähriger Mittelwert)

▶ *Hierzu auch die Ausführungen bei § 11 WertV Rn. 30 ff.*

5   Vom Preisstopp zum freien Grundstücksmarkt

Die freie Preisbildung auf dem Grundstücksmarkt war in Deutschland über eine lange Periode ausgesetzt. Mit der Verordnung über das Verbot von Preiserhöhungen vom 26. 11. 1936 – PreisstoppVO – (RGBl. I 1936, 955) wurde aus bodenpolitischen Gründen die Preisbildung der Grundstücke dem freien Spiel der Kräfte des Grundstücksmarktes entzogen und einem rigorosen **Preisstopp** unterworfen[75].   **99**

Preisstoppregelungen haben sich **bodenpolitisch** als ein **untaugliches Instrument** erwiesen. Sie können die Lage auf dem Grundstücksmarkt ebensowenig verbessern, wie sich Fieber durch Zerschlagen des Fieberthermometers heilen ließe.   **100**

Dennoch wurden die Preisstoppregelungen nach dem Krieg verhältnismäßig **spät und** erst **schrittweise aufgehoben.** Erst nach einer über 50-jährigen Preisstoppregelung war der Grundstücksmarkt im vereinten Deutschland wieder gänzlich dem freien Spiel der Marktkräfte ausgesetzt.   **101**

a) In den **alten Bundesländern** wurden die Preisvorschriften für den Verkehr mit Grundstücken vom 26. 11. 1936 (RGBl. I 1936, 955) sowie die Preisvorschriften nach den §§ 2 und 3 des Preisgesetzes vom 10. 4. 1948 (WiGBl. 1948, 27) mit Wirkung vom 30. 10. 1960 durch § 185 BBauG 60 und die VO über die Preisüberwachung vom 7. 7. 1942 (RGBl. I 1942, 451) mit § 186 Nr. 65 BBauG 60 aufgehoben[76]. Zuvor wurden   **102**

---

71 Hierzu auch die LBS-Umfrage aus dem Jahre 1999 sowie BT-Drucks. 14/1624; BT-Drucks. 14/1625; BT-Drucks. 14/1626

72 Hoenig, A. (Grundeigentum und Baufreiheit) 1: „Wir wollen nicht verkennen, dass die Bodenrechte unter den gegenwärtigen Verhältnissen ebenso wie die übrigen Mietpreisbestandteile von den staatlichen Subventionen lebt. Sie wird auf Kosten der Steuerzahler künstlich aufrechterhalten, und die Grundeigentümer sind längst Almosenempfänger der Staatskasse geworden."

73 BT-Drucks. 13/7400, S. 51 (auch GuG 1998, 355); entsprechende Hinweise auch bei Biedenkopf/Miegel, Wohnungsbau am Wendepunkt, 1978, S. 98; so auch Hofmann in: Bodenordnung (Hrsg. F. Schreiber), S. 23 und Nell-Breuning, Preisbildung am Baubodenmarkt, S. 237–238 in Wirtschaftsfragen der freien Welt; Möller, Der Boden in der politischen Ökonomie, S. 22

74 Vogel in GuG 1996, 145 mit Erwiderung von Kolb in GuG 1996, 363; Gondring in Gondring/Lammel, Handbuch Immobilienwirtschaft, Wiesbaden 2001, S. 71

75 VO über das Verbot von Preiserhöhungen vom 26. 11. 1936 (RGBl. I 1936.955 = RVI 42 Dok II); Erste AusführungsVO vom 30. 11. 1936 (RGBl. II 1936, 956 = RVI 42 a Dok II); RdErl. Nr. 155/37 vom 6. 10. 1937 betr. Preisbildung und Preisüberwachung des Reichskommissars für Preisbildung; VO über die Preisüberwachung und die Rechtsfolgen von Preisverstößen im Grundstücksverkehr vom. 7. 7. 1942 (RGBl. I 1942, 451 und MittBl. I S. 482 = RVI 43 Dok II, zuletzt i. d. F. vom 28. 11. 1952 (BGBl. I 1952, 792); Erl. vom 24. 2. 1955 betr. Antragsrecht des beurkundenden Notars (MittBl. I, S. 110); Erl. zur Mitwirkung der Notare bei der Preisüberwachung im Grundstücksverkehr vom 8. 7. 1942 (Deutsche Justiz, S. 473): RdErl. Nr. 64/41 vom 10. 6. 1941 (MittBl. I 1941, 350) betr. Preisbildung und Preisüberwachung bei Bauland i. V. m. RdErl. 66/42 vom 1. 7. 1942 (MittBl. I 1942, 438) betr. Festsetzung von Richtpreisen; GemErl. zur Ausführung der VO über die Preisüberwachung und Rechtsfolgen von Preisverstößen im Grundstücksverkehr vom 7. 7. 1942 (RGBl. I 1942, 451) sowie vom 18./27. 10. 1943 (Deutsche Justiz, S. 489 und MittBl. I, S. 689); GemErl. zur Ausführung der VO über die Preisüberwachung vom 7. 7. 1942 und die Rechtsfolgen von Preisverstößen im Grundstücksverkehr vom 8. 7. 1942 (RGBl. I 1942, 451); RdErl. vom 6. 10. 1937 (T.-Nr. IV/5 – 21 – 2575) über Preisbildung und Preisüberwachung (alle abgedruckt bei Legler, Preisbildung und -überwachung für Grundstücke, Mieten und Pachten. VEB Dt. Zentralverlag Dresden 1956) sowie Weil, Th., Grundstücksschätzung, 5. Aufl. Düsseldorf 1958; des Weiteren wurde die Preisüberwachung für land- und forstwirtschaftliche Grundstücke mit der Grundstücksverkehrsbekanntmachung vom 26. 1. 1937 (RGBl. I 1937, 35) und für Grundstücke, die in „Wohnsiedlungsgebieten" nach dem Gesetz über die Aufschließung von Wohnsiedlungsgebieten vom 22. 9. 1933 (RGBl. I 1933, 659) liegen, überwacht (vgl. Kunert in ZfV 1938, 149: Stahlkopf in AVN 1940, 246). Zur praktischen Umsetzung wurden Richtpreise für das städtische Bauland in „Richtpreisplänen" festgesetzt (vgl. RdErl. 64/41 und 66/62 des Reichskommissars für die Preisbildung vom 10. 6. 1941/MittBl. I, S. 350); hierzu Pinkwart in ZfV 1954, 47 ff.); Richtlinien über die Waldbewertung, Erl. vom 17. 1. 1944 (MittBl. II 1944, 12); Erl. vom 4. 6. 1942 (Az. IX – 16 – 2508/42) zur Bewertung bebauter Grundstücke (Sonderausgabe); lesenswert: Potthoff. Schwarzes über schwarze Käufe in NJW 1958, 2044: Ule in VerwArch 1963, 347

76 Bekanntmachung betr. Aufhebung der Preisvorschriften für den Verkehr mit Grundstücken des BMWi vom 5. 9. 1960 (MinBl. des BMWi 1960, 418 = HGBR 1961 – B – 10.2); StenBer. der 270, BT-Sitzung 1. WP S. 13364 C): Gesetzentwurf der FDP über die Beseitigung von Preisbindungen vom 7. 11. 1957 (BT-Drucks. III/13); Brückner, Grundstücks- und Gebäudewerte in der Rechts-, Bau- und Wirtschaftspraxis, 3. Aufl. 1974, S. 33 ff.

– mit Verordnung PR Nr. 75/52 vom 28. 11. 1952 (BGBl. I 1952, 792) die Preise bebauter Grundstücke sowie sog. Trümmergrundstücke und

– mit Verordnung PR Nr. 1/55 vom 17. 4. 1955 (BAnz Nr. 75 vom 20. 4. 1955) die Preise im Rahmen von Zwangsversteigerungsverfahren

freigegeben (vgl. Vorbem. zum BauGB Rn. 5).

103 b) Auf dem Gebiet der **jungen Bundesländer** wurden die Preisvorschriften mit der Verordnung über die Aufhebung bzw. Beibehaltung von Rechtsvorschriften auf dem Gebiet der Preise vom 25. 6. 1990 (GBl. DDR I 1990, 471) mit Wirkung vom 1. 7. 1990 aufgehoben, nachdem bereits im 1. Staatsvertrag vom 18. 5. 1990 (vgl. Anl. 7 der Anl. I § 3 Abs. 2 lit. f. BGBl. II 1990, 518) im Zusammenhang mit der Umstellung der auf Mark der DDR laufenden Verbindlichkeiten und Forderungen auf Deutsche Mark (DM-Eröffnungsbilanz) u. a. vereinbart wurde, dass der Wert von Grund und Boden zum aktuellen Verkehrswert zu ermitteln ist. Auf der Grundlage des vorstehenden Gesetzes sowie des Gesetzes über die Preisbildung und die Preisüberwachung beim Übergang zur sozialen Marktwirtschaft – Preisgesetz – vom 22. 6. 1990 (GBl. DDR I 1990, 471) ist insbesondere die auf den Ministerratsbeschluss der DDR vom 15. 2. 1990 zurückgehende Ergänzung zur Preisverfügung 3/87 – Bewertung von unbebauten und bebauten Grundstücken und Feststellung der Höhe der Entschädigung – vom 30. 4. 1987 einschließlich der Preisverfügung 3/87 selbst und der hierzu erlassenen „Grundsätze" des Amtes für Preise aufgehoben worden. Auch § 6 der Durchführungsverordnung zum Gesetz über den Verkauf volkseigener Gebäude vom 15. 3. 1990 (GBl. DDR I 1990, 158) war damit ab dem 1. 7. 1990 nicht mehr anwendbar. Aufgehoben wurden ferner die Bewertungsrichtlinien vom 20. 6. 1984, die Preisverfügung Nr. 3/82 vom 9. 12. 1982 einschließlich der hierzu ergangenen Hinweise des Amtes für Preise sowie die Richtlinie über die Preisprüfung vom 15. 2. 1979 des Ministeriums der Finanzen der DDR (vgl. Vorbem. zum BauGB Rn. 2, 20).

104 Die wichtigsten **Rechtsgrundlagen und Fachanweisungen für Preisermittlungen** in der ehemaligen DDR sind im Anhang 15 zur 3. Aufl. dieses Werkes chronologisch zusammengestellt.

6   Historischer Rückblick

105 Wertermittlungsgrundsätze und Wertschätzungen finden schon in der Bibel Erwähnung (3. Buch Mose (Leviticus) Kap. 25 Vers 14 ff.; Lukas Kap. 2 Vers 1 bis 7: Jesaja Kap. 5.8). Es dürfte sich hierbei aber nicht um die Ursprünge handeln, denn **Fragen der Bodenschätzung** und der Bodennutzung **gehören zu den ältesten Wissenschaften in allen Kulturen**[77]. Derartige Fragen mussten zwangsläufig mit der Sesshaftigkeit und dem Zusammenrücken der Menschheit an bevorzugten Plätzen, der Distribution und Allokation der Bodennutzung auch bei unterschiedlicher rechtlicher Ausprägung des Bodenbesitzes und Bodeneigentums aufkommen.

106 Die Immobilienschätzung war eine **priesterliche Aufgabe** und so mancher Sachverständige wünscht sich heute deren biblischen Status herbei (Moses Kap. 27 Vers 14):

„Wenn jemand sein Haus als heilige Gabe dem Herrn weihen will, so soll der Priester es abschätzen, je nach dem es gut oder schlecht ist. Wie der Priester es abschätzt, das soll dann Geltung haben."

107 Als Chammu-ragas (1923 bis 1868 vor Chr.) im Lande Sumir und Akkad seinem Volke Wasserkanäle baute, waren nicht alleine die Verbesserung der Lebensverhältnisse, sondern auch die **Wertsteigerung der** davon **begünstigten Flächen** für die Nachwelt erwähnenswert[78], ein erster versteckter Hinweis auf die spätere Diskussion über die „Abschöpfung" von Wertsteigerungen für Infrastrukturverbesserungen. Von der griechischen Stadt Olyth wird z. B. berichtet, dass am Eingang der Häuser die Urkunde der Eigentumsübertragung zusammen mit dem Kaufpreis angegeben war[79]. Bechtel[80] wies darauf hin, dass die Ablösung der bei den Germanen üblichen Gewannerfassung, d. h. die Aufteilung der gesamten Feldflur in größere Schläge (sog. Gewanne) mit einer Bewertung der Lage und Bodengüte einherging. Cicero soll 57 vor Chr. von seinen Feinden für den Verlust von zwei Villen und eines Landhauses auf der Grundlage eines gutachterlich ermittelten Werts entschädigt worden sein. Kaiser Konstantin erhob von den Senatoren nach der Größe ihres Grundbesitzes eine *vollatio glebalis;* die Grundsteuer auf der Grundlage einer Neubewertung, die alle 15 Jahre durchgeführt werden sollte, wurde zur wichtigsten Einnahmequelle[81].

Unter Augustus wurde mit der Abschaffung des Zehnten der Besteuerung des Bodens **108** dessen **Ertragsfähigkeit** nach vorheriger steuerlicher Einschätzung (Zensus) zu Grunde gelegt. Unter Diokletian (284–305) wurde neben der *capitatio,* mit der die menschliche Arbeitskraft besteuert wurde, der Grundbesitz mit der *jugatio* auf der Grundlage einer Flächeneinheit *(jugum)* und ihres Werts besteuert[82].

a) Besteuerung

Nicht nur der Handel und die Beleihung, sondern die Bodennutzung für sich allein wirft die **109** Frage nach dem Bodenwert auf. Im Mittelalter wurde diese Frage damit umgangen, dass **zunächst die Grundstücksgröße Grundlage der Besteuerung** (Hubenzins) war[83]. Erst mit dem aufkommenden Liberalismus hat sich der Boden zu einer Ware mit einem nutzungsbezogenen Bodenzins und erheblichen Wertsteigerungen entwickelt.

Im Herzogtum Nassau wurde auf Grund einer Verordnung des Fürsten Johann Moritz vom **110** 24. 2. 1658 **Schätzungen über Grundstückswerte** vorgenommen und in einem Reallagerbuch niedergelegt. Entsprechendes wird über die Herzogtümer Jülich und Berg (1745), das Herzogtum Kleve (1731), das Kurfürstentum Trier, das Fürstentum Minden (1695) und die Grafschaft Ravensberg (1681) berichtet[84].

Mit der napoleonischen Einverleibung der linksrheinischen preußischen Gebiete wurden **111** dort auch die Grundsätze der französischen Grundsteuerverfassung eingeführt.

Da die einzelnen Gebietsteile Preußens vollständige Freiheit bei der Erhebung und Veranlagung zur Grundsteuer genossen und dies zu unleidlichen Zuständen führte, kündigte **112** König Friedrich Wilhelm II im **Edikt vom 27. 10. 1810**[85] eine Vereinheitlichung des Steuerwesens an. Danach sollten „alle Exemtionen wegfallen, die weder mit der natürlichen Gerechtigkeit noch mit dem Geist der Verwaltung in benachbarten Staaten länger vereinbar sind."

Des Weiteren heißt es im Edikt: **113**

„In Erwägung, dass a) die Zwecke, wozu geistliche Stifter und Klöster errichtet wurden, teils mit den Ansichten und Bedürfnissen der Zeit nicht vereinbar sind, teils auf veränderter Weise besser erreicht werden können; b; c; d), dass Wir dadurch die ohnehin sehr großen Anforderungen an das Privatvermögen Unserer getreuen Untertanen ermäßigen, verordnen Wir wir folgt:

§ 1. Alle Klöster, Dom- und andere Stifter, Balleyen und Commenden, sie mögen zur katholischen oder protestantischen Religion gehören, werden von jetzt an als Staatsgüter betrachtet."

---

77 Engels, W., Betriebswirtschaftliche Bewertungslehre im Lichte der Entscheidungstheorie, Westdeutscher Verlag Köln 1962, a. a. O. 1962
78 Mercke, Co, Die Ingenieurtechnik im Altertum, Hildesheim 1969, S. 63
79 Kolb, F., Die Stadt im Altertum, München 1982, S. 137
80 Wirtschafts- und Sozialgeschichte Deutschlands, München 1967, S. 53 f.
81 Murray, J. F. N., Principles And Practice of Valuation, 3. Aufl. Sydney Commonwealth Institute of Valuers
82 Frank, J., Landaufteilung und Bodenschätzung im Altertum, VR 1954, 309
83 Bonczek, W., Stadt und Boden, Hamburg 1978
84 Kohl, Geschichte des rheinisch-westfälischen Katasters
85 GS 1810, 25; Abgedruckt in Verbandsnachrichten der preuß. Katasterkontrolleure 1907, 75; Schimmelfennig, Die preußischen direkten Steuern

114 Es wurde durch das Edikt über die Finanzen des Staates und das Abgaben-System vom 7. 9. 1811 (GS 1811, 253) dahingehend ergänzt, dass die beabsichtigte Reform „nicht durch gewaltsame Zerrüttung, nicht ohne Entschädigung wegen wohlhergebrachter Rechte, sondern lieber auf einem langsamern, aber sichern Wege" umgesetzt werden solle.

115 Auf Grund der Kriegsereignisse konnten die Reformen zunächst nicht angegangen werden. Mit dem „Gesetz über die Einrichtung des Abgabewesens" vom 30. 5. 1820 (GS 1820, 134) wurden indessen die bestehenden Steuergesetze zunächst sanktioniert. Die **Besteuerung nach dem Ertrag** und somit die Ertragswertermittlung stand dabei im Vordergrund:

116 Das **Zirkularreskript vom 8. 6. 1831** führt über die **Ermittlung des Reinertrags** aus:

„Einer förmlichen Ertragsermittelung wird es zum Zwecke der Besteuerung allein nur in seltenen Fällen bedürfen. Ist behufs der Veräußerung ein Anschlag zur Ermittelung des Kauf- und Nutzungswerts angefertigt, so kann derselbe auch für die Besteuerung benutzt werden, jedoch immer nur in der Art, dass lediglich der Wert oder Ertrag der Wohngebäude und des Grund und Bodens, nicht aber der Wert oder Ertrag der Gerechtigkeiten, Privilegien oder landwirtschaftlichen Gewerbe als steuerbar angenommen wird ..."

117 War kein solcher Anschlag gefertigt, so war der bisherige Pachtertrag, oder der Pacht- oder der Kaufwert von Grundstücken gleicher Güte in der Nachbarschaft zur Feststellung des steuerbaren Reinertrags zu ermitteln.

Über die **Einschätzung der Gebäude** hieß es:

„Alle Wohnhäuser, Gebäude, Gewerksanlagen usw. werden für die Oberfläche des Bodens, welchen sie einnehmen, wie das beste Ackerland abgeschätzt. Unter dem besten Ackerland wird jedesmal die erste Klasse des Gutes, Vorwerks oder Dorfes verstanden, wo sie belegen, und wenn dort kein Ackerland vorhanden sein sollte, jene eines benachbarten Gutes etc.

Außerdem werden die Wohnhäuser noch nach dem Mietwerte, welchen sie wirklich abwerfen, oder im Falle sie nicht vermietet werden, doch gewähren könnten, abgeschätzt. Hierbei wird der mittlere Durchschnitt von 10 Jahren zu Grunde gelegt, und von dem daraus erhaltenen rohen Ertrage ein Viertel oder wenn das Wohngebäude nicht massiv ist, die Hälfte abgezogen, um den Eigentümer für die Anlage und die Kosten der Unterhaltung zu entschädigen."

118 In den *westlichen Provinzen Preußens* begann man nach den „Bemerkungen über die Anwendbarkeit der Pacht- und Kaufpreise des Grundeigentums" in den westlichen Provinzen zur Beurteilung der abgeschätzten Katastralerträge unter den Provinzen, Regierungsbezirken, Verbänden, Gemeinden, einzelnen Besitzungen und Grundstücken von Rolshausen (Münster) vom 23. 8. 1833 **Pacht- und Kaufpreise zu sammeln,** die für fünf Perioden vorliegen (bis 1791; 1791 bis 1800; 1801 bis 1810; 1811 bis 1820; ab 1820).

119 Einen vorläufigen Abschluss fand die Entwicklung mit dem **Grundsteuergesetz** für die westlichen Provinzen vom 21. 1. 1839 (GS 1839, 30 = Schlüter, Handbuch... a. a. O., S. 147)

120 Für die *östlichen Provinzen Preußens* sind mit dem Grundsteuergesetz von 1820 keine wesentlichen Änderungen in der Steuerverfassung einhergegangen.

121 Vor allem für *Ostpreußen* wurden jedoch detaillierte Wertermittlungsregeln erlassen, so z. B. durch Zusatz 29 Abs. 3 des Ostpreußischen Provinzialrechts, durch VO vom 8. 1. 1831 „über die Maßgaben, unter welchen die **Taxationsgrundsätze** der Posenschen Landschaft bei Aufnahme gerichtlicher Taxen der Rittergüter **im Großherzogtume Posen** anzuwenden sind (GS 1831, 1), durch Allerhöchste Kabinettsorder vom 30. 11. 1840" betreffend die Anwendung der Revidierten Taxordnung für die zu dem landschaftlichen Kreditverein im Großherzogtume Posen gehörigen Güter und der dazugehörigen „Revidierten Spezialgrundsätze bei der Aufnahme gerichtlicher Taxen von den Rittergütern im Großherzogtume Posen" (GS 1841, 1), durch Verordnung vom 14. 10. 1844, durch die VO vom 3. 8. 1845 betr. die Abänderung des § 1 der Allerhöchsten Kabinettsorder vom 30. 11. 1840 (GS 1845, 594) sowie durch Allerhöchste Kabinettsorder vom 23. 9. 1847 betr. die „Aufnahme von Taxen derjenigen adligen Güter im Großherzogtume Posen, welche weder zum Verbande der Posenschen noch des Westpreußischen Kreditsystems gehören" (GS 1848, 17; allesamt erst 1918 aufgehoben mit § 19 SchAG).

In die „Generaltaxationsprinzipien" der „Schlesischen Landschaft" ging auch das   **122**
Bewertungsprinzip nach dem Ertragswertverfahren ein. Der Nettoertrag wurde dabei
mit 5 % kapitalisiert. Nach Pfarr[86] waren die Differenzen zwischen Taxwert und Marktpreis
nach den bisher gängigen Verfahren zu groß, so dass Allbrecht Thaur seine „Bodenbonitie-
rungsgrundlagen" vorlegte, auf die dann Theodor Frh. von der Goltz seine „Landwirtschaftliche Taxationslehre" aufbaute, die als das klassische landwirtschaftliche Ertrags-
wertlehrbuch angesehen wurde. Die dort detailliert geregelten Verfahren führten gleichwohl zu vielfältigen Meinungskämpfen, wobei die exakteste Auseinandersetzung von
F. Aereboe erfolgte, der statt vom Ertragswert nunmehr vom Kapitalwert auf den Verkehrswert schließen wollte.

Mit dem „Gesetz betreffend die anderweitige Regelung der Grundsteuer" (**Grundsteuer-**   **123**
gesetz) vom 21. 5. 1861 (GS 1861, 253 Nr. 5379) wurde in Preußen eine einheitliche
Grundlage für ein Grund- und Gebäudesteuerkataster geschaffen, ohne dass die Grundsteuer einer Revision unterzogen wurde.

Zur Ausführung des Grundsteuergesetzes von 1861 wurden eine Reihe von **Ausführungs-**   **124**
anweisungen zur Grundstücksschätzung erlassen:
– Zirkularerlass vom 31. 3. 1862 – IVa 1420,
– Anweisung für das Verfahren bei Ermittelung des Reinertrags der Liegenschaften behufs
  anderweitiger Regelung der Grundsteuer vom 21. 5. 1861[87] (GS 1861, 257),
– Grundsätze bei Abschätzung des Reinertrags vom 21. 5. 1861 (GS 1861, 312),
– Erl. vom 24. 8. 1861 betreffend die Organisation des Vermessungswesens bei Aus-
  führung des Grundsteuergesetzes,
– Anweisung vom 31. 3. 1862 für das Verfahren bei Einschätzung der Liegenschaften in
  den Provinzen Rheinland und Westfalen,
– Anweisung vom 19. 5. 1862 für das formelle Verfahren bei der Einschätzung von Liegenschaften.

Des Weiteren sind in diesem Zusammenhang zu nennen: **125**
– das Gebäudesteuergesetz vom 21. 5. 1861 (GS 1861, 266) und
– das Gesetz betr. die für die Aufhebung der Grundsteuerbefreiungen und Bevorzugungen
  zu gewährende Entschädigung (GS 1861, 327).

Wichtigster **Anknüpfungspunkt für die Besteuerung des Grund und Bodens** war   **126**
naturgemäß schon von alters her **der erzielte bzw. erzielbare Nutzen, d. h. der Ertrag.**
Der Ertrag ist ein wichtiger Parameter für den Wert, wenngleich sich die Werte insbesondere im landwirtschaftlichen Bereich erheblich vom Ertragswert entfernt haben. Die
wissenschaftliche Bewertungslehre setzte deshalb ebenso wie die Normengebung beim
Ertrag (der Bodenrente) an (Ricardo, Smith, Marx).

Damit folgte man der physiokratischen Lehre, d. h. der Lehre vom Reinertrag des Bodens   **127**
(le produit net)[88]. Sie wurde am Beispiel landwirtschaftlicher Grundstücke entwickelt und
verfeinert; dieser Reinertrag wurde von Ricardo als Rente bezeichnet. Die **Theorie der**
Bodenrente war das beherrschende Thema der Nationalökonomen im letzten Drittel des
19. Jahrhunderts. Schon 1821 forderte James Mill, dass der Staat mit vollem Recht nicht

---

86 Pfarr, K., Bauwirtschaft 1995, 569
87 Amtl. Ausgabe Berlin 1861 § 3, S. 9; Schlüter, Handbuch für Kataster- und Vermessungsbeamte und Landmesser in Preußen, Liebenwerda 1908 S. 144, 152, 155, 163 (GS 1861, 257); vgl. Kurandt in ZfV 1966, 1 auch zur
   Ausdehnung dieser Regelungen durch Kgl. VO vom 28. 4., 11. und 22. 5. sowie 24. 6. 1867 sowie Gesetz vom
   11. 2. 1870 (GS 1870, 85) auf die Provinzen Schleswig-Holstein, Hannover, Hersen-Nassau sowie Kreis Mei-
   senheim
88 Dupont de N, Origine d'une science nouvelle: „Das Glück der ganzen Menschheit ist eng mit dem größtmögli-
   chen Reinertrag verbunden"

nur die jetzige Rente, sondern auch zukünftige Steigerungen der Bodenrente zur Deckung öffentlicher Aufgaben in Anspruch nehmen könne[89]. Henry George (1839–1897) beklage in *Progress and Poverty* (Fortschritt und Armut), dass sich Grundbesitzer durch ihr Monopol des Bodenwertzuwachses bemächtigten, der aus dem Bevölkerungswachstum und der Vervollkommung der Produktionsmittel erwachse. Die Besteuerung des Bodenertrags wurde als Schlüsselfrage zur Lösung der sozialen Frage erkannt.

128   In Preußen beschloss das Herrenhaus am 23. 3. 1886 eine Umstellung der Grundsteuer als Staatssteuer und empfahl die Überweisung an die Kreise und Gemeinden. Die Empfehlungen mündeten in der am 1. 4. 1895 in Kraft getretenen **Miquelschen Finanzreform,** bestehend aus

– dem **Kommunalabgabengesetz** vom 14. 7. 1893 (GS 1893, 152),

– dem Ergänzungsteuergesetz (GS 1893, 134) und

– dem Gesetz wegen Aufhebung der direkten Staatssteuern (GS 1893, 119)

129   Mit dem pr. **Kommunalabgabengesetz** vom 14. 7. 1893 wurden die Grundlagen für die Grundsteuer nach dem gemeinen Wert geschaffen (§§ 23 ff.)[90]. Grundlage für die Festsetzung des steuerbaren Vermögens war also der **gemeine Wert.**

130   In der **Technischen Anleitung vom 26. 12. 1893** für die erstmalige Schätzung des Werts der Grundstücke behufs Veranlagung der Ergänzungsteuer (Art. 22.1 der Ergänzungsteueranweisung vom 6. 7. 1900) wurden mit Art. 1 den Katasterämtern die Vorarbeiten für die Schätzung übertragen.

– Der Gemeine Wert für den Haus- und Zinsbesitz (sog. A-Wert) sollte auf der Grundlage von Vergleichspreisen abgeleitet werden, die vom Jahre 1884 gesammelt wurden (Art. 1 der **Verfügung** des Pr. FM vom 1. 12. 1896 (II.12082) **über die Sammlung und Bearbeitung der Kaufpreise von Grundstücken** (Art. 23 der Ergänzungsteueranweisung vom 6. 7. 1900)).

– Für **landwirtschaftliche Grundstücke** trat vom Jahre 1909 der Ertragswert an Stelle des gemeinen Werts. Die Grundstücke wurden in einen

– Hofbesitz (B-Besitz) und

– Landbesitz (C-Besitz)

unterschieden.

Als Ertragswert galt das 25fache des Reinertrags, den ein Grundstück seiner wirtschaftlichen Bestimmung nach bei „gemeinüblicher Bewirtschaftung im Durchschnitt nachhaltig" erbringt. Dieser Reinertrag sollte nach der Vfg. des FM vom 15. 5. 1910 aus Pachtpreisen abgeleitet werden, die im gewöhnlichen Verkehr bezahlt werden und damit auch das normale Wirtschaftsinventar erfassen[91].

131   Mit der technischen Anleitung vom 26. 12. 1893 wurde auch zugleich eine fortlaufende **periodische Sammlung und übersichtliche Zusammenstellung aller Kaufpreise** angeordnet:

132   Schon 1833 waren für die westlichen Provinzen Preußens **Leitlinien für die Sammlung von Pacht- und Kaufpreisen** bei den Katasterbeamten erlassen worden[92]. Auch das Pr. Kommunalabgabengesetz vom 14. 7. 1893 und das Pr. Ergänzungsteuergesetz vom gleichen Tage, die eine Besteuerung nach dem „gemeinen Wert" einführten, bedingten eine Verbesserung der bewertungstechnischen Grundlagen. Zur Schaffung der für die Wertermittlung erforderlichen Vergleichsdaten hatte der Pr. Finanzminister Miquel in der Technischen Anleitung vom 26. 12. 1893 i.V. m. dem RdErl. betr. Sammlung von Grundstückskaufpreisen vom 12. 3. 1897 eine fortlaufende periodische Sammlung und eine übersichtliche Zusammenstellung aller zu dem vorerwähnten Zwecke verwendbaren Kaufpreise angeordnet. Die Fortsetzung dieser Sammlung wurde mit der allgemeinen Verfügung des Finanzministers vom 1. 12. 1896 angeordnet[93].

Nach 1919 wurden die von den Grundbuchämtern mitgeteilten Kaufpreise in **Kaufpreis-**   **133** **listen** gesammelt[94]. Die Verwendung der Kaufpreisnachweise und Grundwertkarten kam vornehmlich bei folgenden Steuerarten in Betracht[95]: Pr. Erbschaftsteuergesetz vom 24. 5. 1891 (§ 14), Reichs-Erbschaftsteuergesetz i. d. F. vom 3. 6. 1906, (§ 16), Besitzsteuergesetz vom 3. 7. 1913 (RGBl. 1913, 524), Pr. Stempelsteuergesetz vom 30. 6. 1909 (§ 6) und Reichsstempelgesetz vom 15. 7. 1909 (§ 67). Im Zuge der Erzbergischen Finanzreform ging die Finanzverwaltung auf das Reich über und die Reichsfinanzverwaltung setzte sowohl die Vermögensteuer wie auch die Werte des Grundvermögens in den Jahren von 1919 bis 1924 selbständig fest. § 155 der Reichsabgabenordnung (RAO) vom 13. 12. 1919 (RGBl. 1919, 1993) schrieb für diese Zwecke vor, überall Verzeichnisse über den Wert der Grundstücke anzulegen. § 157 RAO bestimmte, dass die für die Führung der Verzeichnisse über den Wert der Grundstücke zuständigen Landesbehörden, soweit es sich um die Ermittlung des Steuerwerts handelte, die Befugnisse haben, die den Finanzämtern bei der Ermittlung und Festsetzung der Steuern zustehen. Zugleich wurde die Schaffung eines besonderen Ausschusses zur Festsetzung der Werte und die Leitung dieses Ausschusses gesetzlich begründet[96].

Im Jahre 1929 ging die **Führung der Kaufpreissammlung für Zwecke der steuerlichen**   **134** **Bewertung** auf die Katasterämter über[97]. 1940 wurde schließlich die Führung der Kaufpreissammlung für diese Zwecke den Finanzämtern zugesprochen[98]; die Katasterämter sollten bei der Festsetzung der steuerlichen Richtpreise mitwirken[99].

Diese Sammlungen können als **Vorläufer der heutigen Kaufpreissammlungen der Gut-**   **135** **achterausschüsse für Grundstückswerte** angesehen werden (§ 195 BauGB).

Wie die Steuerbehörden bei der **Ermittlung des gemeinen Werts aus Pachtpreisen** zu   **136** verfahren haben, hat der FM in der an die Königlichen Regierungen erlassenen RdVfg vom 24. 3. 1907 – II 1871 – geregelt. Dort heißt es:

„... Zu diesem Zwecke ist aus den für gleichartigen Grundbesitz ermittelten Pachtpreisen der letzten 10 Jahre der Pachtwert des Grundbesitzes des Steuerpflichtigen zu ermitteln und dieser Pachtwert mit einem den örtlichen Verhältnissen entsprechenden Multiplikator (vergl. Art. 5 Nr. 1 b der techn. Anleitung) zu vervielfältigen. Da nach der Anlage (Nachweisung des gemeinen Werts von Pachtgütern) für den ganzen Staat das Verhältnis der Pachtpreise der letzten 10 Jahre zu den Ergänzungssteuergesetzwerten auf 3,7 Hundertteile ermittelt ist, so wird im Allgemeinen, sofern nicht besondere Verhältnisse etwas anderes bedingen, die Zahl 27 als geeigneter Multiplikator angenommen werden können. Ergibt sich hiernach ein höherer als der aus den durchschnittlichen Kaufpreisen ermittelte Wert des Grundbesitzes, so unterliegt es keinem Bedenken, diesen letzteren Wert auch fernerhin der Veranlagung zu Grunde zu legen. Ist dagegen der durch Kapitalisierung des Pachtwerts gewonnene Grundstückswert niedriger als der nach den Kaufpreisen ermittelte gemeine Wert, so ist auf die Veranlagung nach dem Durchschnitte der beiden Wertzahlen hinzuwirken...“

Weder § 9 des Ergänzungssteuergesetzes, noch § 25 des Kommunalabgabengesetzes vom   **137** 14. 7. 1893 enthielten im Übrigen eine **Definition des gemeinen Werts,** jedoch wurde in der Begründung des Gesetzentwurfs auf die §§ 111 bis 113 ALR verwiesen[100]. Unter Art. 5 der Ausführungsanweisung hieß es:

---

89   James Mill, Elements of Politica Economy, Kap. IV Abt. 5

90   Jahrbuch der Bodenreform 1905, 46 ff.; Schlüter, Handbuch für Kataster- und Vermessungsbeamte, Landmesser etc. in Preußen, Liebenwerda 1908, S. 146

91   Näheres bei Strombeck in NÖV 1974, 208 Krause, O.H. in Verbandsnachrichten der pr. Katasterkontrolleure 1907, 64 ff.

92   Spillecke, in Mitt.Bl. aus dem Verm. Wesen Bln 1979, S. 29

93   Verbandsnachr. der Pr. Katasterkontrolleure 1908, S. 7, 31, 62, 104; Schlüter: Handbuch für Kataster- und Vermessungsbeamte, Landmesser etc. in Preußen, Liebenwerda 1908, S. 266, 1648; AVN 1912, 73 ff., 324 ff. und 553 ff.

94   RdErl. des Pr. FM vom 13. 6. 1919 (Pr. MinBl. Fin. 1919, 252)

95   AVN 1912, 354

96   Hause in ZfV 1920, 741; Blattau in ZfV 1930, 915

97   RdErl. des Pr. FM vom 15. 5. 1929 (Pr. MinBl. Fin. 1929, 82)

98   RdErl. des FM vom 13. 8. 1940

99   RdErl. vom 1. 7. 1942, Pr.MinBl Fin 1942, 191

100   PrOVG, Urt. vom 20. 4. 1896 – VIII a 1/96 –, EzGuG 19.2 b

„Der gemeine Wert ist derjenige, den ein Vermögensgegenstand für jeden Besitzer haben kann. Der Wert von Annehmlichkeiten und Bequemlichkeiten, die einem jeden Besitzer schätzbar sind, wird dem gemeinen Wert beigerechnet. Der durch besondere Umstände bedingte außerordentliche Wert eines Gegenstands oder der Wert der besonderen Vorliebe, wie er aus zufälligen Eigenschaften und Verhältnissen entsteht, die dem Gegenstande in der Meinung oder nach den persönlichen Verhältnissen des jeweiligen Besitzers einen Vorzug vor anderen Gegenständen gleicher Art beilegen, bleiben unberücksichtigt."

138 Die ursprüngliche RegVor zum Ergänzungsgesetz enthielt noch in § 10 eine Bestimmung, nach der Grundstücke zum **Verkaufswert** zu veranschlagen seien. Dies wurde von der beratenden Kommission unter Hinweis auf die ausreichende Aussagekraft des „gemeinen Werts" abgelehnt.

139 Der Berichterstatter der Kommission führte hierzu bei der 2. **Beratung im Abgeordnetenhaus** aus:

„Ertragswert und Verkaufswert sind ... keine Begriffe, die an sich dem gemeinen Wert widersprechen, oder von dem das eine oder andere einen besonderen Anspruch erheben kann, sich mit dem gemeinen Wert zu decken. Es wäre ebenso falsch, wenn man behaupten wolle, der gemeine Wert ist regelmäßig der Verkaufswert, als wenn man sagen wolle, der gemeine Wert ist regelmäßig der Ertragswert. Nach Lage des Falles, nach der Individualität des Gegenstands wird derjenige Wert, der im Verkehre oder Gebrauche als der gemeine Wert erachtet wird, als solcher angenommen werden müssen."

140 Vom Finanzminister v. Miquel wurde der Begriff anlässlich der Beratung im Abgeordnetenhaus dahingehend interpretiert, dass sich der **gemeine Wert** in manchen Fällen, z. B. in der Nähe einer großen Stadt, wo die Grundstücke tatsächlich eine Ware geworden seien, i. d. R. mit dem jederzeit erhältlichen Verkaufspreise decke; dagegen werde in rein ländlichen Verhältnissen, wo Veräußerungen nur in sehr geringem Maße vorkommen, der Ertragswert des betreffenden Grundstücks, kapitalisiert, dem gemeinen Wert entsprechen:

„Ich habe ausdrücklich gesagt, dass in sehr vielen Fällen der Wert des Grundbesitzes unter wesentlicher Zugrundelegung des Ertrags zu berechnen ist, dass aber auch andere Fälle sein können, beispielsweise bei städtischem Grundbesitz oder bei Grundstücken, die in der Nähe einer Stadt liegen, oder in solchen industriellen Gegenden, wo die Bedeutung des Ertrags schon ganz zurücktritt, dass da wesentlich der Verkaufswert zu Grunde gelegt werden müsste."

141 **Art. 5 Nr. 1 der Technischen Anleitung** bestimmte:

„Bei Bemessung des gemeinen Werts der Grundstücke sind zum Anhalt zu nehmen:

a) die im gewöhnlichen Verkehr gezahlten Kaufpreise,

b) wo aber Käufe namentlich von land- und forstwirtschaftlich benutzten Grundstücken nicht in ausreichendem Umfang vorkommen, um einen zutreffenden Maßstab zu gewähren, außerdem die Ertragswerte, d. h. die Kapitalwerte, deren jährliche Zinsen dem bei gemeingewöhnlicher Bewirtschaftung dauernd zu erzielenden durchschnittlichen jährlichen Erträge unter Anwendung desjenigen Zinsfußes gleichkommen, der von dem in gleichartigem Grundbesitze angelegten Kapital in betreffender Provinz usw. erzielt zu werden pflegt."

142 Des Weiteren hieß es in **Art. 4 Abs. 1:**

„Die Erwartung zukünftiger einträglicher Benutzung ist bei der Schätzung des gemeinen Werts des Grundstücks nur insoweit zu berücksichtigen, als sie im Handel und Wandel schon gegenwärtig eine Preissteigerung bewirkt..."

„Beispielsweise kommt bei Grundstücken in der Nähe großer Städte nicht der Wert in Betracht, den sie künftig durch die Bebauung mit Häusern erlangen können, wohl aber der Wert, der gegenwärtig für Grundstücke von gleicher oder ähnlicher Lage und Beschaffenheit im Hinblick auf eine künftige gewinnreichere Benutzung tatsächlich erzielt wird, selbst wenn der gegenwärtige Nutzungsertrag diesem Werte nicht entspricht."

Weiter hieß es in **Art. 4 Abs. 3** der Technischen Anleitung:

„Andrerseits ist beispielsweise der Wert eines zum Betriebe der Land- oder Forstwirtschaft bestimmten Landgutes unter Berücksichtigung seines gegenwärtigen Bestandes und seiner gegenwärtigen Beschaffenheit und Nutzungsweise, nicht aber etwa nach dem Preise zu bemessen, der erzielt werden könnte, wenn das Landgut in einzelne kleine Teile zerlegt, verwertet oder ganz oder teilweise in anderer Weise bewirtschaftet oder genutzt würde."

143 Wertermittlungstechnisch war die Ermittlung des gemeinen Werts bebauter Grundstücke darauf angelegt, den Gesamtwert durch **Kapitalisierung des Nutzungsentgelts** zu ermitteln. Die größeren Stadtverwaltungen haben indessen diesen Grundsatz aufgegeben und sind dazu übergegangen, den Wert des Grund und Bodens und den Wert des darauf befindlichen Gebäudes getrennt zu ermitteln[101].

Die umfassende **Neuregelung der Gemeindebesteuerung** durch Erlass des Kommunal-   **144** abgabengesetzes wurde durch das Kreis- und Kommunalabgabengesetz vom 23. 4. 1906 ergänzt. Es gabe den Gemeinden die Befugnis, vom Grundbesitz und Gewerbebetriebe usw. direkte Steuern zu erheben. Die Besteuerung konnte in einem Vomhundertsatz der vom Staate veranlagten Grund- und Gebäudesteuer oder nach § 25 nach dem Pacht- bzw. Mietwert oder dem gemeinen Wert erhoben werden.

Darüber hinaus konnten nach § 27 für **Liegenschaften, die durch Festsetzungen von**   **145** **Baufluchtlinien in ihrem Werte erhöht worden sind,** nach Maßgabe des dadurch erhöhten Werts auch zu einer höheren Steuer herangezogen werden[102].

b) Versicherungswesen

Neben der Besteuerung von Grundstücken hat auch die **Entwicklung auf dem Gebiet des**   **146** **Versicherungswesens** eine Wertermittlungslehre entstehen lassen. Im *Königreich Preußen* wurde durch ein städtisches Reglement der Feuersocietät von 1719 für die Versicherung und Entschädigung eine einheitliche Wertschätzung durch Bausachverständige vorausgesetzt. Deren Werte waren zugleich Bemessungsgrundlage für Verkaufspreise und Beleihungen durch Hypotheken[103]. Das Allgemeine Preußische Landrecht nahm sich dem mit dem Grundsatz des Bereicherungs- und Doppelversicherungsverbots (§§ 1983 und 2000 ALR) sowie einer **Definition des Versicherungswerts** an: „Niemand darf eine Sache höher versichern lassen, als bis zum gemeinen Wert derselben zur Zeit des geschlossenen Vertrags" (§ 1984 ALR), d. h., der Verkehrswert wurde als Obergrenze des Versicherungswerts konstituiert; vgl. hierzu auch Art. 10 Abs. 2 der Hannoverschen VO vom 24. 1. 1828 betr. „die Beaufsichtigung der Privat-Feuerversicherung-Anstalten" (Hann. GS I Abt. 5.3).

In *Bayern* geht das **Brandversicherungswesen** auf die „Allgemeine Verordnung, die Ver-   **147** einigung der Brandversicherungsgesellschaften zu einer allgemeinen Anstalt für die ganze Monarchie betreffend" vom 23. 1. 1811 zurück, wobei der Gebäudeschaden durch sachständige Schätzung unter Hinzuziehung von zwei unparteiischen und sachverständigen Werkleuten festzustellen war. Mit dem Gesetz vom 28. 5. 1852 wurde hierfür der königlich bayerische Brandversicherungsinspektor ins Leben gerufen. Dieser hatte die durch Sachverständige vorgenommene Schätzung zu überprüfen, da vermutlich die freien „Werkleute" nicht zur vollen Zufriedenheit gearbeitet hatten. Aus dieser Institution sind die „Brandversicherungskammern" durch Gesetz vom 3. 4. 1875 und im Jahre 1919 die Brandversicherungsämter hervorgegangen, die bis zum 30. 6. 1995 Bestand hatten[104].

Aus der Natur der Sache heraus hat die **Anwendung des Sachwertverfahrens** als Grund-   **148** lage der Ermittlung des Versicherungswerts im Versicherungswesen eine starke Wurzel[105].

c) Beleihungswesen

Die Wertermittlungslehre ist zudem eng mit der **Entstehung des Immobilienkredits** ver-   **149** bunden, wobei vor allem die Beleihung der Landwirtschaft eine Vorreiterrolle einnahm (vgl. Teil VIII Rn. 69 ff.). Die brandenburgische Hypotheken- und Konkursordnung von 1722 enthielt bereits detaillierte Taxationsgrundsätze. Die Taxpreise errechneten sich durch Kapitalisierung der Differenz aus Ertrag und der Summe der „notwendigen, nützlichen und der Pracht und Üppigkeit dienenden" Ausgaben.

---

101   AVN 1912, 80
102   Krause, O. H., Die Einschätzung nach dem gemeinen Wert; Verbandsnachrichten der preuß. Katasterkontrolleure 1907, 47 ff.
103   Voigt, A., Die Bodenbesitzverhältnisse, das Bau- und Wohnungswesen in Berlin und seinen Vororten, Schriftenreihe des Vereins zur Sozialpolitik, Leipzig 1901, S. 169, 185 ff.
104   Metzmann/Krikler, Gebäudeschätzung über die Bruttogeschossfläche, Bundesanzeiger Verlag 1996, S. 28
105   Nicht erst seit dem Gesetz über den Versicherungsvertrag (Versicherungsvertragsgesetz) vom 30. 5. 1908 (RGBl. I 1908, 263)

150 Um die Geldnot nach dem Siebenjährigen Krieg zu mindern, kam der Kaufmann D. E. Bühring 1767 auf den Gedanken, eine Generalhypothekenkasse (Generallandschaftskasse) zu gründen. Zur Unterstützung des adligen Grundbesitzes wurde durch **Kabinettsordre Friedrichs des Großen vom 29. 8. 1769** die Einrichtung des „organisierten Bodenkredits" (Schlesische Landschaft) geschaffen[106].

151 Diese Einrichtung geht auf ein Konzept des preußischen Großkanzlers Carmer zurück, unter dessen Vorsitz zunächst (im Juli 1770) die schlesischen Stände beschlossen, alle Eigentümer von Rittergütern mit einem Taxwert von mindestens 10 000 Talern zu einem Kreditverband zusammenzuschließen. Die sog. **„Landschaften"** stellten damit öffentlich-rechtliche Zwangsvereinigungen adliger Großgrundbesitzer mit Genossenschaftscharakter mit dem Ziel dar, für die angeschlossenen Rittergüter durch Emission von „Güterpfand-briefen" (wie sie aber erst später genannt wurden) billigen landwirtschaftlichen Grundkredit zu mobilisieren. Grundpfandrechtlich haftete der Gutsbetrieb zusammen mit der gesetzlichen Solidargarantie der Landschaft.

152 Nach Gründung der Schlesischen Landschaft im Jahre 1770 folgten die Pommersche (1781), die Westpreußische (1787) und 1788 die Ostpreußische Landschaft.

153 Den Landschaften wurde mit der Prozessordnung vom 1. 4. 1780 und der Allgemeinen Gerichtsordnung – AGO – vom 6. 7. 1793 die gerichtliche Taxation aller adligen Güter bei Zwangsversteigerungsverfahren übertragen.

154 Verfahrensmäßig stand im Rahmen der **„Generaltaxationsprinzipien"** für die schlesischen Landschaften vom 9. 7. 1770 das Ertragswertverfahren im Vordergrund. Das Generaltaxationsprinzip wurde jedoch bereits am 20. 2. 1775 durch das „revidierte Detaxationsprinzip" fortgeschrieben[107]. Um „künstliche Machenschaften" zu verhindern, wurde im Übrigen die persönliche Haftung des Schätzers festgeschrieben[108].

155 Mit Einführung der **preußischen Hypothekenordnung** von 1772 wurde die gesetzliche Grundlage für die Mobilisierung von Kapital für die private Bautätigkeit geschaffen. Hegemann sah wie viele Bodenreformer darin die Ursache für eine hohe **Verschuldung des Grund und Bodens** insbesondere für den Bau von Mietskasernen und eine darauf zurückgeführte Verteuerung der Mietwohnungen:

> „Das soziale Elend und der wirtschaftliche Schaden, die Friedrich II damit über das deutsche Volk gebracht hat, sind so groß und unheilbar, dass sie sogar von einigen unbefangenen Vertretern der amtlichen deutschen Wissenschaft bemerkt werden mussten ... Durch die Forschung der Professoren Eberstadt (Berlin) und Weyermann (Bern) wurde als „Sündenfall" des preußisch-deutschen Hypothekenwesens das Gesetz Friedrichs II von 1748 ermittelt, das die bis dahin bestehende absichtliche Zurücksetzung der Bodenkaufpreishypothek gegenüber den Baugläubigern ersetzte durch die noch heute geltende einfache Zeitfolge der Hypotheken. Sie ergab außer schwerster Gefährdung der Baugläubiger auch die frevelhafte Hochtreibung der deutschen Bodenpreise[109].

156 Mit zunehmender Bedeutung der **Beleihung städtischen Grundbesitzes** hat sich die Beleihungspraxis nach dem Vorbild der Preußischen-Zentral-Bodenkreditanstalt im Jahre 1893 von den Grundsteuer-Reinertragstaxen gelöst. Ein wichtiger Schritt wurde mit dem Reichs-Hypothekenbankgesetz vom 13. 7. 1899 (RGBl. I 1899, 375) vollzogen, das den preußischen Hypothekenbanken das Recht gab, eigene genehmigungspflichtige Wertermittlungsanweisungen zu erlassen. Dies führte dazu, dass die **„Ertragstaxe" durch die „Werttaxe" ersetzt** wurde[110]. Im Kern ging es dabei um einen Streit um das Ertrags- und Sachwertverfahren, denn das Ertragswertverfahren erschien durch „Vorgauklung" hoher Erträge manipulierbar. Das sog. „Berliner Verfahren", d. h. der Mittelwert aus Ertrags- und Sachwertverfahren schien die Lösung zu bieten[111]. Die Mittelung von Ertrags- und Sachwert wurde noch bis nach dem Ersten Weltkrieg dem Verkehrswert gleichgesetzt[112].

157 Die mit der Umstellung der Wertermittlungspraxis einhergehende Überbewertung ließ den **Ruf nach amtlichen Taxatoren** und Wertermittlungsregeln laut werden. Wertermittlungsgrundsätze haben sich z. B. städtische Hypothekenämter anknüpfend an das Vergleichs-,

Sach- und Ertragswertverfahren schon früh mit detaillierten Regelungen vorgegeben (so z. B. das städtische Hypothekenamt in Düsseldorf)[113].

Noch 1907 – so berichtet Eberstadt[114] – hieß es „In Berlin ist bei einem Grundstück die Beleihung die Hauptsache; danach wird das Grundstück bewertet"; die **Beleihungsfähigkeit wurde als Triebkraft überdurchschnittlicher Bodenwerterhöhungen ausgemacht.**   **158**

Des Weiteren berichtet Eberstadt: „Die Taxierung bildet die Hauptstütze für die spekulative Preisbildung und den Ausgangspunkt für die Realisierung der Spekulationsgewinne. Dieser Bedeutung der Taxierung steht nun die schlechte Ordnung des Taxwesens gegenüber, wie sie uns im Allgemeinen schon früher bekannt ist ... **Eine Reformierung des Taxwesens ist allseits als notwendig erkannt."**   **159**

d) Gerichtswesen

Zur Schätzung in gerichtlichen Streitfällen regelte das Allgemeine Preußische Landrecht (ALR) von 1794, dass im Streitfall eine Abschätzung i. d. R. durch **„vereidigte" Sachverständige** vorgenommen werden sollte und diese den gemeinen Wert ermitteln.   **160**

Das **Allgemeine Preußische Landrecht (ALR)** sah die Heranziehung von Sachverständigen insbesondere bei Auseinandersetzungen über den Schadensersatz vor, der aus unerlaubten Handlungen zu leisten ist (Erster Teil, Sechster Titel §§ 82 ff.).   **161**

Das ALR unterschied zwischen drei Wertbegriffen: **162**

Gemeiner Werth.

§ 111. Der Nutzen, welchen eine Sache ihrem Besitzer leisten kann, bestimmt den Werth derselben.

§ 112. Der Nutzen, welchen die Sache einem jeden Besitzer gewähren kann, ist ihr gemeiner Werth.

§ 113. Annehmlichkeiten oder Bequemlichkeiten, welche einem jeden Besitzer schätzbar sind, und deswegen gewöhnlich in Anschlag kommen, werden dem gemeinen Werth beygerechnet.

Außerordentlicher Werth.

§ 114. Der außerordentliche Werth einer Sache erwächst aus der Berechnung des Nutzens, welchen dieselbe nur unter gewissen Bestimmungen oder Verhältnissen leisten kann.

Werth der besondern Vorliebe.

§ 115. Der Werth der besondern Vorliebe entsteht aus bloß zufälligen Eigenschaften oder Verhältnissen einer Sache, die derselben in der Meinung ihres Besitzers einen Vorzug vor allen andern Sachen gleicher Art beylegen.

Darüber hinaus war im Allgemeinen Preußischen Landrecht auch anerkannt, dass es „unschätzbare Sachen" gäbe.   **163**

Unschätzbare Sachen.

§ 119. Sachen, deren Werth durch kein Verhältniß mit andern im Verkehr befindlichen Sachen bestimmt werden kann, heißen unschätzbar.

---

106 Henning, Die Verschuldung der Bodeneigentümer in Norddeutschland im ausgehenden 18. Jhdt. bis gegen Ende des 19. Jhdt., S. 282; Coing/Wilhelm, Wissenschaft und Kodifikation des Privatrechts im 19. Jhdt. Bd. 3 Frankfurt am Main 1976
107 Meitzen, A., Der Boden und die landwirtschaftlichen Verhältnisse des Preußischen Staates, Berlin 1871; Plath, N., Die Entstehung der Schlesischen Landschaft – Grundstein für den Pfandbrief, DLK 1994, 611
108 Landzettel, G., Wertermittlung bei der wohnraumbezogenen Grundstücksbeleihung durch Sparkassen, in Recht und Wirklichkeit, Landwegel 1979
109 Hegemann, Das steinerne Berlin, S. 117 ff.
110 Carthaus, V., Zur Geschichte und Theorie der Grundstückskrisen in Deutschen Großstädten, Jena 1917
111 Busch, Co, Die Schule der Baukunst, Bd. 4 Abt. 4 „Die Bauführung", Leipzig 1871, 2. Aufl. 1875, S. 212
112 Jansen, Th., Technische Wirtschaftslehre 1925, S. 201
113 Abgedruckt: im Jahrbuch der Bodenreform 1905, S. 33 bis 46, insbes. S. 37
114 Eberstadt, R., Die Spekulation im neuzeitlichen Städtebau, Berlin 1907, S. 54

164 Die „Schätzung" lag bei „vereydeten Sachverständigen":

Bestimmung des Werths oder Abschätzung.

§ 116. In allen Fällen, wo nicht die Gesetze ein Anderes ausdrücklich vorschreiben, wird der Werth einer Sache bey entstehendem Streit durch die Abschätzung vereydeter Sachverständiger bestimmt.

§ 117. Bey dergleichen Abschätzungen wird in der Regel nur auf dem gemeinen Werth der Sache Rücksicht genommen.

§ 118. Der außerordentliche Werth, so wie der Werth der besondern Vorliebe, werden nur in Fällen, wo es die Gesetze ausdrücklich billigen, in Anschlag gebracht.

165 Der **außerordentliche Wert** war demnach bei der vorsätzlichen oder grob fahrlässigen Sachbeschädigung (Kap. I 6 § 86) und bei der Enteignung maßgebend (Kap. I 11 § 9). Die Enteignungsentschädigung war damit der Deliktentschädigung gleichgesetzt.

166 Die **Allgemeine Gerichtsordnung (AGO) für die preußischen Staaten** von 1793 enthielt im Titel 6 (Teil II) Grundsätze für die „Aufnahme gerichtlicher Taxen". Diese wurden ständig fortgeführt, so z. B. mit dem Gesetz vom 15. 6. 1840 über die Abschätzung von Grundstücken mit geringerem Wert (GS 1840, 131; aufgehoben mit § 19 SchAG), der Verfügung des Pr. Justizministers vom 17. 8. 1841 (Pr. MinBl. Justiz Berlin 1841) und dem Gesetz vom 4. 5. 1857 betr. die Vereinfachung des Taxverfahrens für Grundstücke von geringerem Werte in den Landesteilen (GS 445). In diesem Zusammenhang ist auch auf Art. 110 Abs. 1 Satz 2, Art. 119 Abs. 2 und Art. 127 des Pr. Gesetzes über die freiwillige Gerichtsbarkeit vom 21. 9. 1899 (GS 1899, 249) hinzuweisen, allesamt aufgehoben durch Art. 19 des Pr. SchAG.

167 Weitere Regelungen über Taxatoren enthielt die VO vom 20. 11. 1811 „wegen Ernennung beständiger Taxatoren für die **Herzogentümer Schleswig und Holstein**" (Chronologische Sammlung der Verordnungen und Verfügungen für die Herzogtümer Schleswig und Holstein S. 326; aufgehoben mit § 19 SchAG). Mit § 19 SchAG wurde auch § 86 Teil 2 Titel 7 des ALR und Teil 2 Titel 6 der Allgemeinen Gerichtsordnung – AGO – von 1793 im Jahre 1918 aufgehoben.

168 Der Reichstag des Norddeutschen Bundes hat dann mit der **Gewerbeordnung von 1869** den öffentlich bestellten und vereidigten Sachverständigen ins Leben gerufen; dies war der Vorläufer des geltenden § 36 GewO.

e) Bodenverfassung und Städtebau

169 Mit der Liberalisierung hat sich auch die Sozialbindung des Grund und Bodens, die im Lehensrecht mit der Aufteilung in Ober- und Untereigentum noch stark ausgeprägt war, gelockert. „Eine Baustelle sei da zum Bebauen, wer sie nicht bebaut, verliert jedes Recht auf sie" hieß es noch im Bodenedikt des Großen Kurfürsten von 1667. In diese Zeit fällt auch die **General-Akzise-Ordnung** für sämtliche Städte der Kurmark von 1684.

170 Das **Allgemeine Preußische Landrecht (ALR)** aus dem Jahre 1794 hat der im Bodenedikt des Großen Kurfürsten zum Ausdruck kommenden Sozialpflichtigkeit des Bodens das Prinzip der Baufreiheit entgegengesetzt: „In der Regel ist jeder Eigentümer seinen Grund und Boden mit Gebäude zu besetzen oder seine Gebäude zu verändern wohl befugt" heißt es dort.

171 Die **Stein-Hardenbergschen Reformen** brachten die Aufhebung der Gutsuntertänigkeit, die gemeindliche Selbstverwaltung und die allgemeine Gewerbefreiheit.

172 Mit der **Aufhebung der Leibeigenschaft** entsprechend § 12 des pr. Edikts, „den erleichterten Besitz und den freien Gebrauch des Grundeigentums sowie die persönlichen Verhältnisse der Landbewohner betreffend" vom 9. 10. 1807 (GS 1806, 171), nach dem „mit dem Martinitage 1810 ... alle Gutsuntertänigkeit in unseren fürstlichen Staaten aufhört" und „nach dem Martinitage ... es nur freie Leute, sowie solches auf den Domänen in allen unseren Provinzen der Fall ist," gibt, die letztlich sich unter der französischen Besatzung vollzog, traten zugleich Fragen der Besteuerung des Grund und Bodens in den Vordergrund.

Das pr. **Gesetz über die Enteignung von Grundeigentum** aus dem Jahre 1874 schrieb **173** eine Entschädigung für die Abtretung von Grundeigentum zum „vollen Werte des abzutretenden Grundstücks" vor, wobei im Falle einer Teilenteignung zugleich „ein Mehrwert, welchen der abzutretende Teil durch seinen örtlichen und wirtschaftlichen Zusammenhang mit dem Ganzen hat, sowie ein Minderwert, welcher für den übrigen Grundbesitz durch die Abtretung entsteht", zu berücksichtigen war (§ 8). Zu den kommissarischen Enteignungsverhandlungen waren **Sachverständige** hinzuzuziehen, „die die in den betreffenden Prozessgesetzen vorgeschriebenen Eigenschaften eines völlig glaubwürdigen Zeugen besitzen" (§ 27). Deren Gutachten mussten „mit Gründen unterstützt und beeidet werden" (§ 28)[115].

„Voller Wert" war dabei nicht der „außerordentliche Wert" i. S. d. § 9 I 11 ALR und auch **174** nicht der Affektionswert[116].

Eger[117] definierte den **„vollen Wert"** unter Berufung auf die **RG-Entscheidung vom** **175** **18. 10. 1904** mit folgenden Worten:

„Der volle Wert des abzutretenden Grundstücks ist der reichlich bemessene objektive Wert, welchen das Grundstück für jedermann hat und haben kann, d. h. der volle Kaufwert, nicht der Maximalwert, sondern der innerhalb der natürlichen Wertschwankungen voll und reichlich bemessene (RG, Entscheidung vom 18. 10. 1904). Die für den Zweck der Enteignung zu bewirkende Abschätzung, welche die Aufgabe hat, den objektiven Wert der Sache selbst festzustellen, hat daher in der Regel und zunächst die Ermittlung des Preises zur Grundlage zu nehmen, welchen der Eigentümer nach Ort und Zeit unter günstigen Verhältnissen beim freiwilligen Verkauf des enteigneten Grundstücks zu erlangen imstande ist (RG, Entscheidung vom 27. 1. 1880). Nur der objektive Wert, der allgemeine Verkaufwert, nicht das subjektive Interesse des Exproprivaten dient als Grundlage der Schätzung (RG, Entscheidung vom 4. 6. 1880)."

Zur **Durchführung städtebaulicher Maßnahmen** wurden spezialgesetzliche Regelungen **176** zum Sachverständigenwesen erlassen, die interessanterweise schon im letzten Jahrhundert – ähnlich den für Gutachterausschüsse für Grundstückswerte geltenden heutigen Bestimmungen – am Kollegialprinzip anknüpften. So sah das Enteignungsgesetz für die im Reichsrathe vertretenen Königreiche und Länder zum „Zwecke der Regulierung des Assanirungsrayons der königlichen Hauptstadt Prag" vom 11. 2. 1893 die Zuziehung von gleich drei **Sachverständigen zur Bemessung der Enteignungsentschädigung** vor. Diese Sachverständigen sollten vom Gericht aus einer von dem „k und k Oberlandesgerichte nach Einvernehmen der k. und k. Statthalterei für je drei Jahre aufzustellenden und kundzumachenden Liste der in Enteignungsfällen im Prager Assanirungsrayon zuzuziehenden Sachverständigen" ausgewählt werden, von denen einer als „Obmann zu bestellen" war.

Das Gesetz sah weitergehende Regelungen über die **Tätigkeit der Sachverständigen** vor: **177**
– Die Sachverständigen waren vom Richter aufzufordern, nach der Besichtigung des Gegenstands der Enteignung ihr Gutachten über die zu leistende Entschädigung abzugeben.
– Jeder Sachverständige war verpflichtet, die „tatsächlichen Voraussetzungen, auf denen sein Gutachten beruht, sowie die übrigen Grundlagen seiner Wertermittlung anzugeben."

---

115 Pr. Gesetz über die Enteignung von Grundeigentum vom 11. 6. 1874 (GS 1874, 221); hierzu Meyer/Thiel/ Frohberg, Enteignung von Grundeigentum, Bln. 1959, 5. Aufl.; zur Entstehung der Entschädigungsregelung: Schulthes, Die Höhe der Enteignungsentschädigung, VHW Wissenschaftliche Reihe, Folge 17 Köln 1965
116 Zur Abgrenzung zwischen der subjektiven und objektiven Wertlehre vgl. Rintelen, B./Walther, Privatrechtliche Traktate (16. Jhdt. Quellen zur Geschichte der Rezeption 4, 1937, 39 ff.)
117 Eger, G., Das Gesetz über die Enteignung von Grundeigentum, S. 37

– In den Fällen, in denen nur ein „Theil des Grundbesitzes enteignet wird", hatten die Sachverständigen die „Berechnung des Betrags" anzugeben, „welcher als Ersatz für die Verminderung des Werts des zurückbleibenden Theils des Grundbesitzes zu leisten ist" (sonstige Vermögensnachteile)[118].

178 Mit der stürmischen Entwicklung der Städte zum Ausgang des 19. Jahrhunderts verbunden mit einer als spekulativ beurteilten Entwicklung der Grundstückspreise wurde die sog. Bodenfrage zu einer gesellschaftspolitisch zentralen Frage. 1888 gründete Adolf Damaschke[119] den **Bund für Bodenbesitzreform,** aus dem 1898 der **Bund Deutscher Bodenreformer** mit dem Ziel hervorging, sog. „unverdiente Wertsteigerungen" des Bodens für die Allgemeinheit nutzbar zu machen.

179 Auf die Initiativen des Bundes Deutscher Bodenreformer geht auch die **Wertzuwachssteuer**[120] als Reichssteuer zurück (Wertzuwachssteuergesetz vom 14. 2. 1911; RGBl. 1911, 33). Nach § 22 Abs. 2 der Ausführungsbestimmungen zu diesem Gesetz war der Reichskanzler ermächtigt, ergänzende Grundsätze über die Ermittlung des Werts für einzelne Grundstücksarten aufzustellen. Nach Abs. 3 dieser Bestimmung war dabei die Berücksichtigung bestehender landesrechtlicher Vorschriften vorgesehen[121].

180 Nach § 12 des Wertzuwachssteuergesetzes bestimmte sich die Steuer wiederum nach dem **gemeinen Wert.** § 22 Abs. 1 der Zuwachssteuer-Ausführungsbestimmungen schrieb hierzu vor, dass darunter der Verkaufs- oder Verkehrswert zu verstehen sei und dieser durch den Preis bestimmt werde, „welcher im gewöhnlichen Geschäftsverkehr nach der Beschaffenheit des Gegenstands ohne Rücksicht auf andere ungewöhnliche oder lediglich persönliche Verhältnisse zu erzielen ist." Damit war auch im Hinblick auf die Wertzuwachssteuer der Grundsatz aufgestellt, dass der **gemeine Wert mit dem Verkaufswert identisch** ist[122].

181 Über die **Grundsätze** führen die „Amtlichen Mitteilungen über die Zuwachssteuer" (Heft Nr. 3, S. 148) aus:

„Der **gemeine Wert, also der normale Verkaufswert,** der Preis, der unter gewöhnlichen Verhältnissen bei einem Verkauf zu erzielen wäre oder zu einer bestimmten Zeit zu erzielen gewesen wäre, kann bei Grundstücken vor allem dadurch ermittelt werden, dass man die bei dem Verkauf gleichartiger oder ähnlicher Grundstücke in derselben Gegend erzielten Preise zusammenstellt und diese Grundstücke dann vergleicht mit dem Grundstück, das abzuschätzen ist. Ist der Wert eines Grundstücks für die Gegenwart oder für eine nicht weit zurückliegende Zeit zu ermitteln, so werden keine großen Schwierigkeiten entstehen. Schwieriger wird die Abschätzung des Werts eines Grundstücks für eine entferntere Vergangenheit, insbesondere zunächst des Grundstückswerts am 1. 1. 1885. Hier ist zu ermitteln der Zustand, in dem das Grundstück sich an dem fraglichen Zeitpunkte befand, die Art der Bewirtschaftung, die Ertragfähigkeit der einzelnen Flächen, die Verkehrsverhältnisse, die Absatzmöglichkeiten, die Verwendbarkeit als Bauland, Entfernung von der städtischen Bauzone, bei bebauten städtischen Grundstücken insbesondere, ob das Grundstück damals an einer Wohn- oder Geschäftsstraße lag. Einen Anhalt für die Wertermittlung geben weiter insbesondere die aus dem Grundbuch, Kaufbuch oder sonstigen öffentlichen Büchern ersichtlichen Kaufpreise, die in der fraglichen Zeit für ähnliche Grundstücke gezahlt worden sind, oder die Höhe der Mieten, der gezahlten Pachtpreise, die damalige Rentabilität landwirtschaftlicher Grundstücke, vor allem auch der Stand des Immobilienkredits, die früheren amtlichen Schätzungen bei der hypothekarischen Beleihung, die Taxgrundsätze der Immobilienkreditanstalten, bei Gebäuden die Höhe des Brandkassenwerts, ferner auch die ersten Veranlagungen zur Ergänzungssteuer (Vermögensteuer), die maßgebenden Einschätzungen des Grundsteuerreinertrags und des Gebäudesteuernutzungswerts. Solche Veranlagungen, z. B. zur Ergänzungssteuer, erscheinen namentlich geeignet, einen Anhalt zu bieten für den Wert des Grundstücks zu einem Zeitpunkt, der vor der ersten Veranlagung liegt. Z. B.: Ein Grundstück ist im Jahre 1895 mit 50 000 Mark zur Ergänzungssteuer veranlagt worden. Es ist der Wert am 1. 1. 1885 zu ermitteln. Ergibt eine Vergleichung der Grundstücksverkäufe in der fraglichen Gegend, dass die Preise im Jahre 1883 im Allgemeinen um 20 v. H. geringer waren, so wird hiervon für die Schätzung des maßgebenden Grundstückswerts am 1. 1. 1885 ausgegangen werden können. Reichen die vorhandenen Anhaltspunkte nicht aus, um den Wert des Grundstücks einwandfrei festzustellen, z. B. bei Grundstücken, die wegen ihrer besonderen Eigenheit keinen Marktpreis haben, oder haben in einer verkehrsarmen Gegend keine Grundstückskäufe zur fraglichen Zeit stattgefunden, so gewährt der § 23 der Ausführungsbestimmungen die Möglichkeit, den Wert im Vergleichsweg festzustellen."

182 Das moderne Verständnis von einem sachgerecht ermittelten Ertragswert geht davon aus, möglichst alle wertbeeinflussenden Parameter und hierbei insbesondere auch den Liegenschaftszinssatz in eine Größenordnung in die Ertragswertermittlungsmethodik einzuführen, dass der **Ertragswert** zugleich (im Idealfall) **dem Verkehrswert** entspricht. In ihrem Kern wird das moderne Verständnis von der Anwendung des Ertragswertverfahrens zur Ermittlung des Verkehrswerts davon beherrscht, den Ertragswert auf der Grundlage einer im Vergleich zu alternativen Geldanlagen geringeren Rendite zu ermitteln; die Ertragswertermittlung steht also unter der Maxime, dass der Liegenschaftszinssatz (Rendite) möglichst unmittelbar zum Verkehrswert führen soll.

Nach überkommenem Verständnis hatte sich das Ertragswertverfahren an einer Rendite **183** orientiert, die sich bei einem vorgefundenen üblichen Reinertrag einer Immobilie rein finanzmathematisch ergab. In unzähligen Entscheidungen des pr. Oberverwaltungsgerichts hat sich das Gericht damit auseinandergesetzt, dass der kapitalisierte Reinertrag geringer ausfiel, als der Verkehrswert. Die eigentliche Ursache ist vornehmlich also im **Liegenschaftszinssatz** zu sehen:

Beispiel Mietwohnhaus mit Jahresreinertrag 100 000 Euro und einer Restnutzungsdauer
von 50 Jahren

Jahresreinertrag		100 000 Euro	100 000 Euro
Kapitalisiert über 50 Jahre mit		$\times$	$\times$
– Liegenschaftszinssatz	5 %:	18,26*	
– Bankenüblicher Zins	7 %:		13,80*

                                    = 1,826 Mio. Euro > = 1,380 Mio. Euro

* (vgl. Anl. WertV)   (Verkehrswert)

Aus dem Beispiel wird deutlich, dass sich immer dann, wenn sich der **Grundstücksmarkt** **184** gegenüber alternativen Kapitalanlagen **mit einer niedrigeren Verzinsung zufrieden stellt,** der Verkehrswert über den Ertragswert sachgerecht nur ermittelt werden kann, wenn eben die entsprechend niedrigere Verzinsung eingeführt wird.

Schulthes hat es als Verdienst des Entschädigungsgerichts beim Preußischen Oberver- **185** waltungsgericht[123] erkannt, den „funktionellen Unterschied zwischen Verkehrswert und Ertragswert" herausgestellt zu haben. Dieser Unterschied muss zu Tage treten, wenn der **Ertragswert** auf der Grundlage der sonst üblicherweise erzielbaren Verzinsung ermittelt wird und die Verkehrswerte sich hiervon fortentwickeln. Dieses Problem trat schon damals insbesondere im land- und forstwirtschaftlichen Bereich auf.

Hier ist insbesondere die Entscheidung des **pr. Entschädigungsgerichts vom 3. 8. 1937** **186** (EG/OVG 100, 329) hervorzuheben, in der die grundsätzliche Frage aufgeworfen wurde, unter welchen Umständen die Begrenzung der Entschädigung auf den Ertragswert und damit auf eine Summe, mit der der Betroffene sich ein gleichartiges Grundstück *nicht* wiederbeschaffen könnte, angemessen ist.

---

118   RGBl. für die im Reichsrathe vertretenen Königreiche und Länder 1893, 27
119   Damaschke, Die Bodenreform, Grundsätzliches und Geschichtliches, 1. Aufl. 1902
120   Älteres Schrifttum: Die Bekämpfung der Wertzuwachssteuer, Verbandsnachr. der pr. Katasterkontrolleure 1908, 165; Krause, Einhundert Jahre Steuerpolitik; Verbandsnachr. pr. Katasterkontrolleure 1907, 109; Schmitten in AVN 1912, 553; Neueres Schrifttum hierzu: BMF, Probleme und Lösungsmöglichkeiten einer Bodenwertzuwachsbesteuerung, Schriftenreihe des BMF Heft 22 Bonn 1976; Leisner, Wertzuwachsbesteuerung und Eigentum, Duncker und Humbolt, Bln 1978; Liedschulte/Zink, Die Erfassung von Wertzuwächsen im Rahmen der Einkommens- und Ertragsbesteuerung, Westdeutscher Verlag Opladen 1973; Bodengewinnbesteuerung, Schriftenreihe des Bundesministeriums für Ernährung, Landwirtschaft und Forsten, Heft 306 Münster 1985; Nell-Breuning, O., Wertzuwachssteuer in Handbuch der Finanzwissenschaften 1956, 557
121   AVN 1912, 73; RdI, Erl. vom 3. 12. 1912 – F. M. II 15.236 –, Der Landmesser 1913, 78
122   AVN 1912, 108
123   Schulthes, J., Die Höhe der Enteignungsentschädigung VHW Wissenschaftliche Reihe, Folge 17 Köln 1965 unter Bezugnahme auf die Entschädigungsrechtsprechung zu § 3 LandbeschG

187   Seinerzeit war herrschende Meinung, dass allein der Ertragswert der wirtschaftlich allein sinnvolle Grundstückswert sei[124]. Auch das pr. Entschädigungsgericht ging davon aus, dass darüberliegende Verkehrswerte bei landwirtschaftlichen Grundstücken zu Verschuldungen und bei städtischem Grundbesitz zu überhöhten Mieten führen müsse. „Erreicht der Bodenwert im Marktverkehr eine solche Höhe, dass damit die volksnotwendige Art seiner Nutzung gefährdet wird, so kann dieser Wert vom Standpunkt der Allgemeinheit aus nicht als angemessen anerkannt werden" (Knoll, a. a. O., S. 454). Die Entschädigung zum (höheren) Verkehrswert sollte aber zumindest dann gelten, wo das enteignete Grundstück die Existenzgrundlage des Betroffenen gebildet habe und dieser auf die Wiederbeschaffung eines gleichwertigen Grundstücks angewiesen sei.

188   Schulthes stellt aber auch fest, dass der theoretische Vorrang der Ertragswertentschädigung in der Praxis des Entschädigungsgerichts nicht zum Tragen gekommen sei und der **Verkehrswertentschädigung tatsächlich der Vorrang gegeben worden** sei[125]. Allenfalls bei der Enteignung größerer landwirtschaftlicher Güter von mehr als 100 ha sei der Ertragswert maßgebliche Entschädigungsgrundlage gewesen. Im Übrigen verweist Schulthes darauf, dass das RG in seiner Rechtsprechung selbst unter dem Nationalsozialismus an der Verkehrswertentschädigung festgehalten habe[126].

189   Die seinerzeitige Erkenntnis, dass sich nämlich insbesondere **im landwirtschaftlichen Bereich die Verkehrswerte deutlich von dem Ertragswert abgekoppelt** haben, bestimmt auch noch heute das Geschehen auf dem Grundstücksmarkt. Dem Ertragswertverfahren wird bei alledem allein im Rahmen des Zugewinnausgleichs und der Ermittlung des Pflichtteilsanspruchs aus Gründen der Existenzsicherung unter bestimmten Voraussetzungen Vorrang eingeräumt (vgl. § 4 WertV Rn. 131).

190   Im Bereich der städtebaulichen Wertermittlung wird die **Disparität zwischen Ertrags- und Verkehrswert** mit dem Übergang zum objekt- und marktspezifischen Liegenschaftszinssatz als Grundlage der Ertragswertermittlung weitgehend „überbrückt".

f) Weitere Entwicklung

191   Entscheidende Impulse erhielt das Schätzwesen in Preußen durch die Miquelsche Finanzreform im Jahre 1893, so insbesondere zur Verbesserung der Datengrundlagen für Wertermittlungen (vgl. Rn. 128). Daneben wurde aber auch der Ruf nach einer Verbesserung der Rechtsgrundlagen für Beleihungszwecke und für die Durchführung städtebaulicher Maßnahmen immer lauter und mündete in einem Prüfungsauftrag einer Reichstagskommission[127]. Die Bestrebungen führten schließlich zum **Pr. Schätzungsamtsgesetz – SchAG – vom 8. 6. 1918**[128] sowie den hierzu erlassenen Ausführungsbestimmungen vom 17. 11. 1922. Das Gesetz kann als Vorläufer des Wertermittlungsrechts des BauGB/BBauG angesehen werden; es enthielt

 – ein Antragsrecht auf Gutachtenerstattung für Gerichte, Behörden und für jeden, der ein berechtigtes Interesse an einer Schätzung hatte;

 – Vorschriften zur Einrichtung von Schätzämtern, zu ihren Rechten und über das formelle Verfahren der Gutachtenerstattung.

192   Das Gesetz sollte erst fünf Jahre nach Kriegsende durch königliche Verordnung in Kraft treten; infolge der Nachkriegswirren und der Inflation kam es tatsächlich jedoch nur in einigen Städten zur Anwendung. Nach § 27 des Gesetzes konnten jedoch die Schätzungsämter unter bestimmten Voraussetzungen vor Ablauf der Frist und Erlass einer entsprechenden Verordnung ihre Arbeit aufnehmen. Hiervon hat der Stadtkreis Köln durch VO des Pr. Staatsministeriums vom 30. 3. 1923 Gebrauch gemacht. Diese **Verordnung wurde allerdings bereits 11 Jahre später wieder aufgehoben**[129]. Das Pr. SchAG selbst wurde durch VO vom 21. 6. 1940 wieder aufgehoben.

193   Einen tiefgreifenden Einschnitt erhielt das Schätzwesen im Jahre 1936 mit der **Preisstoppregelung**, die nach dem Zweiten Weltkrieg erst allmählich wieder abgebaut wurde (vgl. oben Rn. 21 ff.).

▸ *Weitere Ausführungen bei § 193 BauGB Rn. 41 ff. sowie oben Rn. 99 ff.*

In den **anderen Ländern** verlief die Entwicklung ähnlich:

Bayern

In Bayern haben sich Bewertungsregeln im Zusammenhang mit Brandstiftungen herausge-   **194**
bildet. Wertmaßstäbe wurden im **Lex Baiuvariorum,** einem bis in das 7. Jahrhundert
zurückreichenden Volksrecht kodifiziert, das auch Eingang in die österreichische Gesetzgebung des 18. Jahrhunderts gefunden hat[130].

Mit § 14 der **Instruktion über den Vollzug des Bayerischen Hypothekengesetzes** vom
13. 3. 1823 nebst Beilage V zur Instruktion (Regierungs- und Intelligenzblatt für das
Königreich Bayern, S. 503 und 802) wurden Wertermittlungsgrundsätze aufgestellt. Des
Weiteren bestand eine „amtliche Feststellung des Werts von Grundstücken" durch von
Amtsgerichten beeidigte Schätzer bereits auf Grund einer Anweisung des Justizministeri-
ums vom 14. 7. 1909 (Bay. MinBl. n. F. I 1909, 374). Diese Einrichtung lebte auch noch
nach dem 2. Weltkrieg fort. Mit der sog. **Schätzeranweisung vom 19. 11. 1949** wurden die
Amtsgerichte vom Bay. Staatsministerium der Justiz, des Innern, für Ernährung, Landwirt-
schaft und Forsten und für Wirtschaft[131] angewiesen, „mit Rücksicht auf die Sicherheit von
Hypotheken, Grundschulden oder Rentenschulden (Art. 87 AGBGB) ... unbescholtene
Männer" als Schätzer zu ernennen und zu beeidigen. Diese nahmen jeweils mit einem zweiten Schätzer „amtliche Wertfeststellungen" vor. Die „Feststellung" erfolgte auf Antrag des
Eigentümers eines Grundstücks. Es wurde der „Verkaufs- oder Verkehrswert" festgestellt;
bei landwirtschaftlichen Grundstücken wurde daneben regelmäßig der Ertragswert festgestellt.

Bremen

In Bremen hat das Schätzwesen seinen Ursprung in einer **Verordnung für Taxatoren**   **195**
aus dem Jahre 1830, einer Obrigkeitlichen Bekanntmachung vom 2. 9. 1850 „Die bei
der Bonitierung des Gebietes zu beachtenden allgemeinen Vorschriften" sowie im Bremi-
schen Schätzungsamtsgesetz vom 13. 3. 1873. Auf dieser Grundlage werden seit dem
1. 7. 1873 auch die Schätzungen der Gebäude für Versicherungszwecke gegen Brandschaden unter der „oberen Leitung" des Katasteramtes durch beamtete Schätzer des
Katasteramtes vorgenommen. Das Gesetz wurde laufend der Entwicklung angepasst
(Gesetz betr. die Schätzung von Grundstücken [Jahrbuch der Bodenreform 1935, 70],
Schätzungsamtsgesetz vom 7. 6. 1923 [GBl. 1923, 343 = Jahrbuch der Bodenreform
1919, 122], geändert durch Gesetz vom 15. 1. 1925 und aufgehoben am 4. 5. 1933 [Jahr-
buch der Bodenreform 1935, 12]; Gesetz betr. die amtliche Schätzung des Kapitalwerts
von Grundstücken und des Versicherungswerts der Gebäude [Schätzungsamtsgesetz]
i. d. F. vom 24. 5. 1938 [GBl. 1938, 92] und i. d. F. vom 18. 5. 1948 [GBl. 1948, 73], geändert durch Gesetz vom 22. 11. 1948 [GBl. 1948, 227]).

---

124   Knoll, E., Die angemessene Entschädigung im Enteignungsrecht DV 1938, 451; Ehrenforth, W., Die Bemessung der Entschädigung bei Enteignung von Grundstücken, JW 1939, 11; Stark, W., Die Feststellung der angemessenen Entschädigung in der Enteignungspraxis, DR 1939, 291; Drucksache Nr. 759 der Deutschen Natio-
nalversammlung, S. 111; Becker, E. Komm. zur RAO 1919, § 138, 4. Aufl. 1925)
125   EG/OVG 103, 271; EG/OVG 101, 263; EG/OVG 100, 329
126   RG in HRR 36 Nr. 275; RG in JW 1937, 3252; RG in JW 1938, 1477; RG in DR 1940, 1847; RG in DR 1940,
2018; RG in DR 1942, 810; RG in DR 1943, 313; RG in JW 1937, 3252 und RG in DR 1938, 1477
127   Strehlow in ZfV 1914, 252, vgl. zum Für und Wider „Staatlicher Taxämter" Kappel in ZfV 1914, 222; Rothkegel in ZfV 1914, 252
128   ABl. 1918, 463 = Pr. GS I 1918, 83 = Jahrbuch der Bodenreform 1919, 47 ff.
129   Romunde W., Die Grundstücksbewertung in Köln, in 100 Jahre stadtkölnisches Vermessungs- und Liegenschaftswesen, Köln 1975, S. 113 f.
130   Beyerle, K., Lex Baiuvarorum 1926; vgl. dort Kap. X 2, XVI 2 und XVII 2; Codex Austriacus (Österreichische Gesetzessammlung des 17./18. Jahrhunderts; dort VI (1777), Güter-Abschätzungs-Norma für das Erzher-
zogthums Oesterreich unter der Enns v. 29. 6. 1765 (S. 720 ff.)
131   BayJMinBl. 1949, 147

196 Daneben wurden durch **Gesetz betr. die amtliche Schätzung des Kapitalwerts von Grundstücken und des Versicherungswerts der Gebäude** vom 19. 6. 1915 (GBl. 1915, 147), geändert durch Gesetz vom 8. 4. 1921 (GBl. 1921, 126), Gesetz vom 15. 12. 1922 (GBl. 1922, 703) und durch Gesetz vom 6. 4. 1924 (GBl. 1924, 181) Vorschriften für die Versicherung von Brandschäden erlassen, wobei beim Bremer Senator für Finanzen ein Beirat als Berufungsinstanz für Einsprüche gegen Schätzungen eingerichtet wurde[132]. Bereits 1846 wurde eine Verordnung betreff der Versicherung gegen Brandschaden erlassen[133]. Seit 1930 ist die Versicherung eines Gebäudes nach dem Gesetz zur Ausführung des § 88 des Reichsgesetzes vom 30. 5. 1908 über den Versicherungsvertrag vom 15. 6. 1930 (GBl. 1930, 121) erst nach vorangegangener Schätzung durch das Schätzungsamt zulässig.

197 **Marksteine der Entwicklung** waren:

2. 8. 1830	„Bekanntmachung in Betreff der Bonitirung der Vorstädte und der Pagenthorner und Utbremer Feldmarken, sowie der Festsetzung der Grundsteuer für dieselben." (Grundsteuertarif und Schätzungsmethoden für die Grundsteuerbewertung).
12. 12. 1846	„Verordnung in Betreff der Versicherung gegen Brandschäden." (Die Verordnung enthält Schätzungsgebot und Schätzungsregeln für die zu versichernden Gebäude).
2. 9. 1850	„Obrigkeitliche Bekanntmachung, die bei der Bonitirung des Gebiets zu beachtenden allgemeinen Vorschriften betreffend." (Schätzungsgesetz für das verbliebene Landgebiet).
26. 2. 1866	„Obrigkeitliche Bekanntmachung, die allgemeinen Vorschriften betreffend, welche im ganzen Stadtgebiete bei der Abschätzung von Gebäuden und Grund und Boden behufs Ermittlung des Grundsteuerwerthes zu beachten sind."
1873/74	Novellierung des Schätzungsrechts von 1866. Damit u. a. Einsetzung von als Staatsbeamte angestellten Generalschätzern, die unter der oberen Leitung des Katasteramts allein die Schätzung der Gebäude für Versicherungszwecke und für die Ermittlung der Grundsteuerwerte durchzuführen hatten (sog. Schätzungsmonopol).
19. 6. 1915	„Gesetz betreffend die amtliche Schätzung des Kapitalwerts von Grundstücken und des Versicherungswerts der Gebäude" (in der Neufassung von 1938 „Schätzungsamtsgesetz" genannt). Einrichtung eines Schätzungsamts, dessen Vorsitzender der Direktor des Katasteramts wird.
15. 12. 1922	Ergänzungsgesetz zum Schätzungsamtsgesetz: Einführung der Gebäudeeinmessungspflicht im Zusammenhang mit der Gebäudeschätzung zur Ermittlung des Versicherungswerts (GBl. 1922, 703).
15. 6. 1930	Gesetz zur Ausführung des § 88 des Reichsgesetzes vom 30. 5. 1908 über den Versicherungsvertrag vom 15. 6. 1930 (GBl. 1930 Nr. 28).
16. 10. 1934	Gesetz über die Schätzung des Kulturbodens (Bodenschutzgesetz).
23. 9. 1936	RdErl des RdI betr. Übernahme der Bodenschätzungsergebnisse in das Liegenschaftskataster. Damit Aufbau eines einheitlichen Liegenschaftskatasters („Reichskataster").
24. 5. 1938	Gesetz betr. die amtliche Schätzung des Kapitalwerts von Grundstücken und des Versicherungswerts der Gebäude (Neufassung des Schätzungsamtsgesetzes GBl. 1938, 92).
18. 5. 1948	Gesetz über die Änderung des Schätzungsamtsgesetzes (GBl. 1948, 732), zuletzt geändert am 22. 11. 1948 (GBl. 1948, 237).
16. 1. 1995	Aufhebung des Schätzungszwangs von Gebäuden für Versicherungszwecke und damit zugleich Ende der Gebäudeeinmessungspflicht.

Hamburg

In Anlehnung an das Pr.SchAG wurde in *Hamburg* das **Gesetz über die Abschätzung von** **198**
Grundstücken vom 24. 3. 1919 (ABl. 1919, 463; GS I 1919, 85) erlassen. Nach diesem
Gesetz wurden über den Wert unbebauter und bebauter Grundstücke unverbindliche Gut-
achten erstattet. Das Gesetz wurde durch Verordnung vom 21. 6. 1940 aufgehoben.

Hessen

In *Hessen* wurden schon vor Aufhebung des Preisstopps von Ortsgerichten Grundstücks- **199**
schätzungen vorgenommen. Rechtsgrundlage war das **Ortsgerichtsgesetz – OGG –** vom
6. 7. 1952 (GVBl. 1952, 124), das eine Entwicklung fortsetzte, die auf Preußische Verordnungen über die Aufnahme von Taxen durch Ortsgerichte verschiedener Oberlandesge-
richtsbezirke zurückgeht (z. B. Verordnung vom 8. 4. 1903 (GS 1903, 119) und die Verordnung vom 10. 7. 1907 (GS 1907, 145). Als weiterer Vorgänger kann § 13 Tit. V der Hanauer
Untergerichtsverordnung vom 2. 1. 1764 angesehen werden.

Die **Hessischen Ortsgerichte** erstatten als Hilfsbehörde der Justiz ihre Gutachten in der **200**
Besetzung mit dem Ortsgerichtsvorsteher als Vorsitzenden, zwei Ortsgerichtsschöffen und
zwei weiteren Hilfsschöffen als Beisitzer, die als Ehrenbeamte auf Widerruf bestellt werden (§ 4 Abs. 2 Hess. OGG). Auf Antrag eines Beteiligten oder auf Ersuchen einer Behörde
schätzt das Obergericht den Wert von Grundstücken, beweglichen Sachen, Grundstücks-
nutzungen, Rechten an Grundstücken sowie von Früchten, die mit dem Boden verbunden
sind (§ 22 OGG).

Württemberg

Im Königreich *Württemberg* wurde eine amtliche Grundstücksschätzung mit dem Ände- **201**
rungsgesetz vom 6. 7. 1849 zur **Württembergischen Gemeindeordnung** eingeführt. Sie
verpflichtete die Vollversammlung des Gemeinderats, im Interesse der „Rechtsfürsorge" in
Grundbuch-, Nachlass- und Teilungssachen sowie auf Antrag Grundstücksschätzungen
vorzunehmen. Diese Schätzung fand ihre Fortsetzung in der sog. *gemeinerätlichen Schät-*
zung (auf Grund des Württembergischen Ausführungsgesetzes zum BGB vom 29. 12.
1931) und wurde erst mit dem Landesgesetz über die Freiwillige Gerichtsbarkeit vom
12. 2. 1975 (GBl. 1975, 116) durch die Gutachterausschüsse für Grundstückswerte
abgelöst.

---

132 Brinkmann in ZfV 1935, 369; Rendigs in VR 1986, 363
133 Rendigs, H., Zwischen Schätzung und Gutachten, in Festschrift 150 Jahre Kataster und Vermessung in Bremen, 1835–1985, Bremen

Teil III

Sachverständigenwesen

> *„Wenn jemand sein Haus als heilige Gabe
> dem Herrn weihen will, so soll der Priester es
> abschätzen, je nach dem es gut oder schlecht ist.
> Wie der Priester es abschätzt, das soll dann
> Geltung haben" (3. Buch Moses, Kap. 27 Vers 14
> nach der Übersetzung von Brund, Gießen 1963).*

Sachverständigenwesen

1 Sachverständiger

1.1 Einführung

Anders als im angelsächsischen Sprachraum[1] gibt es in Deutschland keine allgemein gebräuchliche Berufsbezeichnung für die auf dem Gebiet der Grundstückswertermittlung tätigen Fachleute. Der in der ersten Hälfte dieses Jahrhunderts noch gebräuchliche Begriff des *Taxators* ist auf diesem Gebiet kaum noch anzutreffen. Die auf diesem Gebiet Tätigen bezeichnen sich zumeist allgemein als **Sachverständige** für die Bewertung unbebauter und bebauter Grundstücke, obwohl dieser Begriff eigentlich nur solchen Personen vorbehalten bleiben sollte, die sich als haupt- oder nebenberuflich tätige **Fachleute durch besondere[2] und überdurchschnittliche Fachkenntnisse und Fähigkeiten auszeichnen** und in dieser Eigenschaft für Gerichte, Behörden und Privatpersonen Gutachten zu bestimmten Problemen erstatten oder allgemein Unkundigen eine eigene Urteilsbildung ermöglichen. Auf der

---

1 Im angelsächsischen Sprachraum vorherrschend ist der Begriff des „valuer" oder „appraiser". Zum Sachverständigenwesen in Deutschland: LT-Drucks. Nds. Nr. 13/1569; LT-Drucks. Nordrh.-Westf. 11/8661; LT-Drucks. Bremen 14 (609)

2 Als Sachverständiger sollte nur der „Spezialist" gelten, der auf einem eng definierten Sachgebiet besondere Sachkenntnisse hat (vgl. BVerwG, Urt. vom 11. 12. 1972 – 1 C 5/72 –, EzGuG 11.88 a; vgl. auch § 1 SVO und Ziff. 1.3.2 Satz 2 sowie 1.3.3 der Richtlinien zu § 1 SVO; ferner BGH, Urt. vom 23. 5. 1984 – I ZR 140/82 –, EzGuG 11.142 e –; OLG München, Urt. vom 23. 10. 1975 – 6 o 2824/75 –, EzGuG 11.98 a; VG Sigmaringen, Urt. vom 9. 6. 1980 – 1 K 514/79 – EzGuG 11.119 d

anderen Seite bedarf es auch für Sachverständige eines breiten übergreifenden Grundwissens. Die Spezialisierung darf nicht dazu führen, dass der Sachverständige „immer mehr über immer weniger" weiß[3].

2 „Die immer mehr ans Tageslicht gebrachten Unzuträglichkeiten und oft schweren Geldverluste, die aus unrichtigen Wertschätzungen von Grundstücken hauptsächlich im Hypothekenverkehr und in der Bilanz von Aktiengesellschaften entstehen, erfordern eine beschleunigte Einschränkung bzw. gänzliche Aufhebung des **„wilden" Taxwesens,** das bisher als einträgliches Gewerbe von oft gar nicht dazu geeigneten Persönlichkeiten betrieben wird, denen jedes Verantwortungsgefühl eine unbekannte Gewissensregung ist: „jede Taxe wird nach Wunsch des Auftraggebers ausgeführt, wenn sie nur entsprechend honoriert wird", schrieb der Stadtvermessungsoberinspektor *M. Schnabel* in einer Studie aus dem Jahre 1913[4]. Die Frage nach der schon damals geforderten **Einschränkung des „wilden" Taxwesens** stellt sich heute in verschärftem Maße, denn Kreditgeber, Käufer, Verkäufer, Erbengemeinschaften, schlechthin das gesamte Wirtschafts- und Rechtsleben ist auf verlässliche Wertgutachten für Immobilien angewiesen. Das Deutsche Institut für Wirtschaftsforschung (DIW) schätzte 1996 allein das private Immobilienvermögen zwischen 2000 bis 2600 Mrd. € ein. Doch noch immer gilt das Wort, nach dem „Taxen = Faxen" und „Schätzer = Schwätzer" sind.

3 Anders als für Thermometermacher, Holzspielzeugmacher, Bürsten- und Pinselmacher oder Pferdewirte[5] gibt es bis zum heutigen Tage **für den Sachverständigen kein Berufsgesetz[6].** Wer sich als Sachverständiger betätigen und so nennen will, braucht keine behördliche Zulassung zu besitzen. Er braucht auch nicht seine persönliche Integrität oder sein Fachwissen durch Ablegung einer vorgeschriebenen Prüfung nachzuweisen. Bei alledem ist aber vom **Tatbestand einer Täuschung** (§ 132a Abs. 1 Nr. 3 und Abs. 2 StGB) auszugehen, wenn sich jemand als Sachverständiger bezeichnet, ohne die Voraussetzung zu erfüllen[7]. Auch kann darin eine sittenwidrige Werbung i.S.d. § 1 UWG[8], eine irreführende Werbung i.S.d. § 3 UWG oder sogar eine vorsätzliche irreführende Werbung i.S.d. § 3 UWG oder § 4 UWG liegen[9]. Des Weiteren ist auch anerkannt, dass unter bestimmten Voraussetzungen die Verletzung eines Schutzgesetzes zu erblicken ist, zumindest wenn sich eine Person fälschlicherweise als „bestellter" Sachverständiger ausgibt (§ 823 Abs. 2 BGB). Des Weiteren liegt ein Verstoß gegen § 132a Abs. 2 StGB vor, wenn sich der freie Sachverständige als „öffentlich bestellter Sachverständiger" ausgibt (vgl. Rn. 24).

▶ *Zum Verhältnis „freier" Sachverständiger zum Gutachterausschuss für Grundstückswerte vgl. § 192 BauGB Rn. 7ff.; Vorbem. zum BauGB Rn. 14.*

4 **Eine eindeutige Definition des Begriffs des „Sachverständigen" gibt es nicht.** Der Gesetzgeber, der diesen Begriff verwendet, setzt eine inhaltliche Definition voraus (§§ 36ff. GewO, §§ 402 bis 414 ZPO, §§ 72 bis 93 StPO; § 96 Abs. 2 und § 98 VwGO). Die Bezeichnung „Sachverständiger" ist gesetzlich auch nicht geschützt[10]. Die Bundesregierung und auch der Bund-Länder-Ausschuss „Gewerberecht" haben bislang stets ein **Berufsgesetz für Sachverständige** ebenso wie ein Gesetz zum Schutz der Sachverständigen abgelehnt und im Übrigen auf die Gesetzgebungskompetenz der Bundesländer hingewiesen (vgl. BT-Drucks. 14/3986 und 14/3987).

5 In einem gerichtlichen Verfahren ist der Sachverständige **Gehilfe des Richters.** Das Gericht kann sich seinem Urteil anschließen, aber es auch verwerfen. Das Gericht hat aber die Pflicht zur Aufklärung des Sachverhalts und „Erschöpfung" eines durch Gutachtenerstattung angetretenen Sachverständigenbeweises (vgl. Rn. 295ff. m.w.N.)[11].

6 **Liegt ein Gutachten vor, so darf das Gericht nicht ohne weiteres die Möglichkeit einer sachverständigen Beratung ungenutzt lassen** und muss sich gegebenenfalls ein ihm unklar erscheinendes Gutachten ergänzen und erläutern lassen[12]. Es muss sich auch mit den Grundlagen einer Schätzung auseinandersetzen, wenn sie wesentlich für die Entscheidung sind[13] und seine abweichende Beurteilung begründen (§ 192 BauGB Rn. 297)[14].

Soweit **mehrere sich widersprechende Gutachten** dem Gericht vorliegen, muss der   **7**
Tatrichter auf die Aufklärung von Widersprüchen zwischen den verschiedenen Sachverständigen, wie auch innerhalb eines einzelnen Gutachtens hinwirken[15].

Für steuerrechtliche Streitigkeiten hat der BFH entschieden, dass das **Finanzamt bei strei-**   **8**
tigen Grundstücksbewertungen nicht verpflichtet ist, das Gutachten eines unabhängigen
Sachverständigen einzuholen. Es kann sich auch mit Hilfe hauseigener Bewertungssach-
verständiger sachkundig machen. Deren Gutachten sind im finanzgerichtlichen Prozess als
Privatgutachten zu behandeln[16].

---

3   Nickolas Murray Butler; als „Experten" hat Johannes Mario Simmel solche Leute bezeichnet, die andere daran
    hindern, den gesunden Menschenverstand zu gebrauchen; auch wird darunter (scherzhaft) ein Mensch verstan-
    den, „den man in letzter Minute hinzuzieht, um einen Mitschuldigen zu haben"; Lucian von Samosta (120 bis
    185 n.Chr.) befand es dagegen als „seltsam, dass Männer, die sich für Sachverständige ausgeben, einander
    widersprechen und von einerlei Sache nicht einerlei Begriff haben." G. F. Mc Cleary lässt dagegen einen hohen
    Richter damit zu Wort kommen, dass er falsche Zeugen vor Gericht in drei Klassen einteilt: den Lügner, den
    verdammten Lügner und den Sachverständigen (Mc Cleary, Englische Rechtsprechung, Einführung, Heymanns
    Verlag Köln)
4   M. Schnabel. Das Taxen des Bodenwerts bebauter städtischer Grundstücke, Verlag von Breer und Thiemann,
    Hamm 1913: Die Diskussion um eine Verbesserung und um eine qualifizierte Professionalisierung hat seinerzeit
    in anderen vergleichbaren Ländern zu einer vergleichsweise hoch qualifizierten Ausformung der Disziplin des
    „appraisers" bzw. „valuer" mit hohem Ansehen geführt (vgl. The Appraisal of Real Estate, 9 Aufl. American
    Institute of Real Estate Appraisers, Chicago 1987, S. 59 ff.)
5   Kleiber in GuG 1992, 241; VO vom 8. 9. 1992 (BGBl. I 1992, 1511); BürstPiMstrV vom 27. 7. 1993 (BGBl. I
    1993, 1414); GürtMetMstV vom 9. 9. 1994 (BGBl. I 1994, 2316); Molkereifachmann/Molkereifachfrau vom
    27. 5. 1994 (BGBl. I 1994, 1195); Orthopädiemechaniker- und Bandagistenmeister V – OrthBandMstV – vom
    26. 4. 1994 (BGBl. I 1994, 885). Schon vorbildlich dagegen die VO über die Berufsausbildung zum Kaufmann,
    Kauffrau in der Grundstücks- und Wohnungswirtschaft vom 11. 3. 1996 (BGBl. I 1996, 462) bzw. über die Prü-
    fung zum anerkannten Abschluss „Geprüfte/r Immobilienfachwirt/in" (BGBl. I 1998, 4060 = GuG 1999, 103)
6   Zum Sachverständigenwesen in Deutschland: BT-Drucks. 14/3986; 14/3987; **Baden-Württemberg:** LT-
    Drucks. 11/5775 vom 18. 7. 1995; **Bayern:** LT-Drucks. 13/2636 vom 25. 9. 1995; **Berlin:** Abgeordnetenhaus-
    Drucks. 13/591 und 13/615; **Brandenburg:** LT-Drucks. 2/376 und 2/1104 vom 14. 7. 1995; **Bremen:** Bürger-
    schafts-Drucks. 14/609 vom 11. 3. 1997; **Hamburg:** Bürgerschafts-Drucks. 15/2388 und 15/2642 vom 29. 12.
    1994 und 24. 1. 1995; **Hessen:** LT-Drucks. 14/27 und 14/353 vom 2. 8. 1995; **Mecklenburg-Vorpommern:** LT-
    Drucks. 2/2584 und 2/2688 vom 2. 6. 1997; **Niedersachsen:** LT-Drucks. 13/1569 vom 6. 12. 1995; **Nordrhein-**
    Westfalen: LT-Drucks. 1/8661 und 11/8806 vom 4. 5. 1995; **Rheinland-Pfalz:** LT-Drucks. 12/5997 und
    12/6314 vom 14. 5. 1995; **Saarland:** LT-Drucks. 11/605 vom 31. 12. 1996; **Sachsen:** LT-Drucks. 2/4621 vom
    12. 3. 1997; **Sachsen-Anhalt:** LT-Drucks. 2/2317 und 2/2499 vom 24. 7. 1996; **Schleswig-Holstein:** LT-
    Drucks. 14/98 vom 18. 6. 1996; **Thüringen:** LT-Drucks. 2/1163 und 2/1348 vom 4. 9. 1996
7   BGH, Urt. vom 16. 2. 1989 – I ZR 72/87 –, EzGuG 11.170 a; AG Krefeld, Urt. vom 26. 9. 1960 – 2 c Ds –,
    EzGuG 11.20 d; LG Bonn, Urt. vom 20.1.1978 – 3 0 281/77 –, EzGuG 11.111 e; OLG München, Urt. vom
    23. 10. 1975 – 6 O 2824/75 –, EzGuG 11.98 a
8   LG München, Urt. vom 24. 3. 1983, EzGuG 11.137 b; LG Dortmund, Urt. vom 7. 5. 1980 – 19 O 95/87 –,
    EzGuG 11.119 c
9   Bock in Praxishandbuch Sachverständigenrecht § 6 Rn. 5; OLG Dresden, Beschl. vom 9. 4. 1996 – 12 U
    564/96 –, EzGuG 11.235 b; OLG München, Urt. vom 20. 10. 1994 – 29 U 6380/93 –, EzGuG; LG Duisburg,
    Urt. vom 19. 9. 1986 – 12 O 133/86 –, EzGuG 11.158 b; LG Frankfurt am Main, Urt. vom 22. 7. 1981 – 2/6 O
    277/81 –, EzGuG 11.125 a; VG Stuttgart, Urt. vom 4. 5. 1979 – VRS III 142/78 –, EzGuG 11.115 a; LG Wies-
    baden, Urt. vom 19. 7. 1978 – 12 O 46/78 –, EzGuG 11.112 b; VG Oldenburg, Urt. vom 26. 4. 1978
    – 2 A 26/77 –, EzGuG 11.111 i
10 BVerfG, Beschl. vom 25. 3. 1992 – 1 BvR 288/86 –, EzGuG 11.193
11 BGH, Urt. vom 8. 11. 1955 – I ZR 12/54 –, EzGuG 11.7 a; BGH, Urt. vom 22. 7. 1959 – 4 StR 250/59 –, EzGuG
    11.18 d; BGH, Urt. vom 28. 6. 1961 – V ZR 14/60 –, EzGuG 11.23; BGH, Urt. vom 29. 11. 1995 – VIII ZR
    278/94 –, GuG 1996, 180 = EzGuG 11.225; OLG Hamburg, Urt. vom 21. 12. 1961 – 6 U 172/61 –, EzGuG 11.24;
    BGH, Urt. vom 13. 7. 1962 – IV ZR 53/62 –, EzGuG 11.26; BGH, Urt. vom 2. 11. 1970 – III ZR 129/68 –, EzGuG
    11.74; BGH, Urt. vom 12. 1. 1976 – VIII ZR 273/74 –, EzGuG 11.101 a
12 BGH, Urt. vom 5. 6. 1961 – V ZR 11/80 –, EzGuG 11.124 b
13 BGH, Urt. vom 30. 4. 1952 – III ZR 198/51 –, EzGuG 11.2; BGH, Urt. vom 18. 12. 1958 – 4 StR 399/58 –,
    EzGuG 11.16; BGH, Urt. vom 17. 12. 1964 – III ZR 96/63 –, EzGuG 11.47
14 BGH, Urt. vom 9. 5. 1989 – VI ZR 268/88 –, EzGuG 11.170 k
15 BGH, Urt. vom 10.5.1994 – VI ZR 192/93 –, EzGuG 11.210; BGH, Urt. vom 23. 9. 1989 – VI ZR 261/85 –,
    EzGuG 11.159
16 BFH, Urt. vom 31. 8. 1994 – X R 170/93 –, GuG 1995, 183 = EzGuG 11.215; FG Münster, Urt. vom 12. 8. 1998
    – 8 K 5129/94 GrE –, UVR 1999, 252 = StE 1999, 24

9 Im Jahre 1996 waren in der Bundesrepublik Deutschland **schätzungsweise 40 000 Sachverständige** tätig, von denen etwa 15 000 (= 40 %) öffentlich bestellt und vereidigt waren[17]. Davon wiederum waren 1998 ca. 6 500 Sachverständige von den Industrie- und Handelskammern auf ca. 200 verschiedenen Sachgebieten öffentlich bestellt und vereidigt.

1.2   Typologie der Sachverständigen

1.2.1   Übersicht

10 Die Rechtsordnung der Bundesrepublik Deutschland hat wie schon zuvor das Deutsche Reich keinen einheitlichen Sachverständigentyp entstehen lassen. **Typologisch lassen sich Sachverständige nach dem Umfang ihrer Tätigkeit, ihrer formalen Stellung zum Auftraggeber und ihrer institutionellen Stellung untergliedern:**

11 a) Vom Umfang der Tätigkeit her wird zwischen **haupt- und nebenberuflich tätigen Sachverständigen** unterschieden[18]. Nach § 3 Abs. 3 ZSEG liegt eine *hauptberufliche* Tätigkeit vor, wenn der Sachverständige seine Berufseinkünfte „im Wesentlichen" aus gerichtlicher oder außergerichtlicher Tätigkeit erzielt. Der hauptberufliche Sachverständige ist insbesondere aber durch § 36 GewO n. F. bestätigt worden. Der Sachverständige ist *nebenberuflich* tätig, wenn der Lebensunterhalt regelmäßig aus den Einkünften einer anderen hauptberuflichen Tätigkeit bestritten wird: Die wirtschaftliche Unabhängigkeit gewährleistet in diesem Fall ein Höchstmaß an Unparteilichkeit.

12 b) Im Verhältnis zum Auftraggeber wird des Weiteren zwischen **selbständigen und unselbständigen Sachverständigen** unterschieden. Der *selbständige* Sachverständige ist im eigenen Namen und für eigene Rechnung freiberuflich oder gewerblich (§ 14 GewO) tätig, unabhängig davon, ob diese Tätigkeit haupt- oder nebenberuflich ausgeübt wird. Der *unselbständige* Sachverständige ist dagegen für andere, z. B. für Kreditinstitute, Versicherungsgesellschaften, Sachverständigenbüros, staatliche Einrichtungen oder Gesellschaften als Angestellter[19] oder Beamter tätig.

13 c) **Daneben** lassen sich Sachverständige einteilen in:

– freie oder auch selbst ernannte Sachverständige,

– (amtlich) anerkannte Sachverständige,

– verbandsmäßig anerkannte Sachverständige,

– gerichtlich anerkannte Sachverständige,

– berufene Sachverständige,

– qualifizierte Sachverständige,

– zugelassene Sachverständige,

– ermächtigte Sachverständige,

– verpflichtete Sachverständige,

– Chartered Surveyors,

– öffentlich bestellte Sachverständige sowie

– zertifizierte Sachverständige, wobei zwischen einer Zertifizierung nach EU-Normen und einer anderweitigen, an Vorgaben nicht gebundenen Zertifizierung zu unterscheiden ist.

▶ *Zu den Gutachterausschüssen für Grundstückswerte vgl. Teil IV (BauGB; § 192 BauGB Rn. 9).*

Als **freiberuflich im steuerlichen Sinne** gilt nach § 18 EStG grundsätzlich nur, wer die **14**
Ausbildung an einer Hochschule absolviert hat. Zu den Freiberuflern gehören danach u. a.
Architekten, Vermessungsingenieure, Wirtschaftsprüfer, vereidigte Buchprüfer sowie sol-
che, die in ihrer Tätigkeit den Katalogberufen ähnlich sind[20].

Als ähnlich gilt eine Tätigkeit, die mit dem typischen Bild eines Katalogberufs in allen **15**
ihren Merkmalen gesamtheitlich vergleichbar ist. Darüber hinaus gehört zu der freiberuflichen Tätigkeit auch eine wissenschaftliche, künstlerische, schriftstellerische, unterrich-
tende und erzieherische Tätigkeit. Eine **Sachverständigentätigkeit, die sich vornehmlich
auf praktische Erfahrungen und Marktkenntnisse stützt,** gehört mithin nicht zur freiberuflichen Tätigkeit; sie **ist gewerblicher Natur.**

Die **gewerbliche Sachverständigentätigkeit** ist im Unterschied zur freiberuflichen Tätig- **16**
keit damit verbunden, dass der Sachverständige,
– gemäß § 14 GewO seine gutachterliche Tätigkeit der zuständigen Behörde anzeigen muss,
– gewerbesteuerpflichtig ist und
– Pflichtmitglied der Industrie- und Handelskammer ist.

Haupt- und nebenamtlich tätige Sachverständige unterliegen bei der Erstattung ihrer Gut- **17**
achten denselben Pflichten. Folgende **Besonderheiten** gelten jedoch **für hauptamtlich
tätige Sachverständige:**
– Hauptamtliche Sachverständige und nur diese können nach § 1 Abs. 2 Partnerschaftsgesellschaftsgesetz diese Gesellschaftsform nutzen[21].
– Die Bestellungsbehörde kann nach § 36 Abs. 3 GewO für hauptamtliche Sachverständige in ihren Satzungen besondere Bestimmungen treffen.
– Hauptberufliche Sachverständige i. S. d. § 3 Abs. 3 b ZSEG, die mindestens 70 % ihrer
  Einkünfte aus Sachverständigentätigkeit erzielen, können den normalen Stundensatz um
  bis zu 50 % überschreiten.

1.2.2   Freie (selbst ernannte) Sachverständige

Als freie Sachverständige gelten solche, die zwar über das erforderliche Fachwissen ver- **18**
fügen, jedoch keinen öffentlich-rechtlichen Nachweis (Urkunde) vorweisen können. Die
Mitgliedschaft in einem Berufsverband ist dafür nicht ausschlaggebend. Man spricht in
diesem Zusammenhang auch von selbst ernannten Sachverständigen, obwohl die Selbster-
nennung die Sachverständigeneigenschaft nicht begründen kann, wenn es an der erforderlichen Sachkunde mangelt (vgl. oben Rn. 1).

Zu den Sachverständigen zählen darüber hinaus aber auch diejenigen der selbständig **19**
tätigen Sachverständigen und der bei ihnen angestellten Sachverständigen, die **keine
öffentlich-rechtliche Urkunde über ihre Qualifikation und Eignung** besitzen (z. B.
Angehörige von Berufsverbänden), die angestellten Sachverständigen einer Sachverständigenorganisation, die Mitarbeiter von Universitätsinstituten und behördenangehö-
rige Sachverständige[22].

---

17 Wasilewski u. a., Neue freiberufliche Dienstleistungen; Deutscher Ärzte Verlag Köln 1997. Nach Angaben der
    BReg betrug entsprechend den Schätzungen von Berufsorganisationen und des Instituts freier Berufe die Zahl
    der Sachverständigen im Jahr 2000 rd. 25 000, von denen nur 16 000 öffentlich bestellt und vereidigt sind (BT-
    Drucks. 14/3986).
18 OVG Berlin, Beschl. vom 28. 2. 1969 – 6 B. 62/67 –, EzGuG 11.68a
19 Panse in NJW 1985, 2577
20 BFH, Urt. vom 29. 10. 1987 – IV R 79/84 –, BFH/NV 1988, 492; BFH, Urt. vom 18. 7. 1985 – IV R 59/83 –,
    BFHE 144, 233 = BStBl. II 1985, 655; BFH, Urt. vom 3. 3. 1998 – IV B 18/97 –, EzGuG 11.262 b; zur Frage der
    Umsatzsteuer vgl. Ulrich, J. in DS 2001, 209
21 BFH, Urt. vom 3. 3. 1998 – IV B 18/97 –, EzGuG 11.262 b
22 LT-Drucks. NW 11/8661

20 Freie Sachverständige, die als selbst ernannte Sachverständige keine öffentlich-rechtliche Urkunde über die Qualifikation und Eignung besitzen, dürfen sich nach vorherrschender Auffassung nicht den **Anschein der öffentlichen Bestellung oder amtlicher Anerkennung** geben, was schon bei Verwendung eines Rundstempels der Fall ist[23]. Hierzu gehören vorbehaltlich einer Neuregelung nicht solche Sachverständige, die in der ehemaligen DDR vor dem Wirksamwerden des Beitritts (3. 10. 1990) auf Grund eines Verwaltungsakts der Deutschen Demokratischen Republik ihre Sachverständigeneigenschaft bescheinigt bekommen haben. Diese Entscheidungen galten nach Art. 19 des Einigungsvertrags vorerst fort. Sie können aber aufgehoben werden, wenn die Entscheidungen mit rechtsstaatlichen Grundsätzen oder mit den Regelungen des Einigungsvertrags unvereinbar sind[24].

21 Die **freien Sachverständigen unterliegen bei ihrer gewerbsmäßigen Tätigkeit der GewO.** Die GewO sieht weder eine Wettbewerbsbeschränkung noch eine Residenzpflicht oder eine Altersbegrenzung für die Ausübung ihrer Tätigkeit vor; sie kann allerdings nach § 35 wegen Unzuverlässigkeit des Sachverständigen ausgesprochen werden.

22 Zu den freien Sachverständigen gehören auch die **von nicht staatlichen Vereinigungen (Berufsverbänden) „anerkannten" Sachverständigen.** Der BGH hat solche Sachverständige unter der Voraussetzung zugelassen, dass der Verband über die erforderliche Qualifikation, Unabhängigkeit und Objektivität verfügt. Gleichzeitig muss sicher gestellt sein, dass durch ein geeignetes Prüfverfahren nur besonders sachkundigen Bewerbern die Anerkennung verliehen wird[25].

23 **Freie Sachverständige dürfen nicht das Landessiegel führen**[26].

24 Auch der freie (selbst ernannte) Sachverständige unterliegt den Regelungen des § 3 UWG und des § 132 Abs. 1 Nr. 3 und Abs. 2 StGB. Das **Verbot der irreführenden Werbung** (§ 3 UWG) lässt es nicht zu, sich missbräuchlich als „Sachverständiger" zu bezeichnen, wenn man nicht über die erforderliche Sachkunde verfügt (vgl. Rn. 3). Demzufolge darf sich nur derjenige als Sachverständiger bezeichnen, der über einen das durchschnittliche Können und Wissen auf einem bestimmten Sachgebiet übersteigenden Sachverstand verfügt[27]. Der „Verbraucher" erwartet neben dem vorhandenen Sachverstand einer als „Sachverständiger" auftretenden Person darüber hinaus auch, dass diese Sachkunde nicht in einer nicht überprüfbaren Weise angeeignet wurde; vielmehr – so die Rechtsprechung[28] – gehe der Kunde davon aus, dass die ihm gegenüber als „Sachverständiger" firmierende Person die zur Ausübung dieses Berufs erforderlichen Kenntnisse in einer überprüfbaren Berufsausbildung durchlaufen und ebenso nachprüfbar abgeschlossen habe. Der BGH hat demgegenüber aber nicht ausschließen wollen, dass eine Sachverständigeneigenschaft auch autodidaktisch angeeignet werden kann; die Darlegungs- und Beweislast obliegt dann aber demjenigen, der als „Sachverständiger" firmiert[29]. Der BGH hat damit die von den Instanzgerichten errichtete „Papierform-Hürde" beseitigt und grundsätzlich den freien Bildungsweg akzeptiert.

25 Wie der BGH bereits 1990 entschied, genießt das **Verbot „täuschender Berufsangaben"** – begründet im Verbot irreführender Werbung (§ 3 UWG) – keinen verfassungsrechtlichen Schutz[30].

1.2.3   Amtlich anerkannte Sachverständige

26 Amtlich anerkannte Sachverständige sind solche, die **ihre Sachkunde vor einer staatlichen Stelle nachgewiesen** haben und denen die amtliche Anerkennung zuerkannt wurde. Dieser Typus ist speziell für die technische Überwachung entwickelt worden (§ 24 GewO), wo der amtlich anerkannte Sachverständige als „Beliehener" i. d. R. eine hoheitliche Funktion mit unmittelbarer Wirkung für den Auftraggeber ausübt, beispielsweise die

Kfz-Sachverständigen im Bereich des präventiven Gefahrenschutzes und der Überwachungsorganisationen[31]. Im Bereich des Bauordnungsrechts ist im Zusammenhang mit der Freistellungsregelung für bestimmte Bauvorhaben, insbesondere bezüglich des Nachweises für Standsicherheit sowie des Schall- und Wärmeschutzes auf staatlich anerkannte Sachverständige die Aufgabe übergegangen, die Einhaltung der Normen zu prüfen und zu bescheinigen[32].

Die technische Überwachung, insbesondere **auf den Gebieten der überwachungsbedürftigen Anlagen** nach § 11 Gerätesicherheitsgesetz und des Kraftfahrzeugwesens, wird wegen besonderer Gefahren für Beschäftigte und Dritte von amtlichen oder amtlich für diesen Zweck anerkannten Sachverständigen vorgenommen. Diese Sachverständigen sind in technischen Überwachungsorganisationen zusammengefasst und entsprechen in ihrer Funktion beliehenen Unternehmern (Durchführung staatsentlastender Aufgaben). In einzelnen Bereichen sind diese Sachverständigen eines Unternehmens gleichgestellt, in dem die Prüfungen durch Werksangehörige nach Art der überwachungsbedürftigen Anlagen und der Integration dieser Anlagen in Prozessanlagen angezeigt ist, soweit sie von der zuständigen Behörde für die Prüfung der in diesem Unternehmen betriebenen überwachungsbedürftigen Anlagen anerkannt sind[33]. **27**

Amtlich anerkannte Sachverständige können auch private und gerichtliche Sachverständigentätigkeit ausüben. **28**

Von den *amtlich* anerkannten Sachverständigen zu unterscheiden sind solche **Sachverständige, die von einer nicht offiziell dazu bestimmten Stelle „anerkannt" worden sind.** Wenn dabei die die Anerkennung aussprechende Einrichtung nicht bekannt gegeben wird, so kann hierin eine wettbewerbsrechtliche Irreführung vorliegen[34]. Es kommt entscheidend darauf an, ob die Anerkennungsstelle in fachlicher und organisatorischer Hinsicht den an die Sachkompetenz, die nötige Unabhängigkeit und die erforderliche Objektivität zu stellenden Anforderungen entspricht[35]. **29**

---

23 OLG Dresden, Urt. vom 4. 9. 1996 – 12 U 564/96 –, WRP 1996, 1168; a. A. OLG Stuttgart, Urt. vom 3. 10. 1986 – 2 U 105/86 –, EzGuG 11 159a; OLG Hamm, Urt. vom 11. 3. 1986 – 4 U 100/85 –, EzGuG 11.151b; LG Ulm, Beschl. vom 30. 12. 1993 – 2 Kflt 239/93 –, GuG 1995, 5 = EzGuG 11.208b; LG Heidelberg, Urt. vom 27. 11. 1985 – 0 140/85 KfH II –, EzGuG 11.149d; OLG München, Urt. vom 22. 2. 1983 – 6 W 722/83 –, EzGuG 11.135f; OLG München, Urt. vom 23. 2. 1983 – 20 u 3018/82 –, EzGuG 11.135 f; LG Koblenz, Urt. vom 25. 2.1985, – 4 HO 167/84 –, EzGuG 11.146a, zu alledem Bayerlein u. a. Praxishandbuch Sachverständigenrecht, München 1990, S. 110; Landmann/Rohmer, GewO. 14. Aufl. 1989, § 36 GewO Rn. 8g
24 In Brandenburg haben die auf Grund der „Anordnung Nr. 2 über die Zulassung privater Architekten und Ingenieure" vom 5. 2. 1990 (GBl. DDR I 1990, 115) erteilten Zulassungen ihre Gültigkeit verloren (vgl. BbgIngKamG vom 19. 10. 1993, Bbg. GVBl. 1993, 463, § 29); GuG 1994, 103; zum Rechtsweg vgl. VerfG Brandenburg, Beschl. vom 20. 10. 1994 – VfGBbg 12/94 –, GuG 1997, 124 = EzGuG 11.216a
25 BGH, Urt. vom 23. 5. 1984 – I ZR 140/82 –, EzGuG 11.142p
26 LG Duisburg, Urt. vom 19. 9. 1986 – 12 O 133/86 –, EzGuG 11.158b
27 LG Dortmund, Beschl. vom 27. 5. 1990 und 7. 7. 1992 – 16 O 1/90 –, WRP 1994, 72; LG München, Urt. vom 29. 9. 1995 – 1 HKO 9640/93 –, DAR 1994, 121; OLG München, Urt. vom 20. 10. 1994 – 29 U 6380/93 –, WRP 1995, 57; Revision: BGH, Urt. vom 6. 2. 1997 – III ZR 234/94 –, EzGuG 11.244a
28 OLG Hamm, Urt. vom 13. 5. 1997 – 4 U 259/96 –, EzGuG 11.244b
29 BGH, Urt. vom 6. 2. 1997 – I ZR 234/94 –, EzGuG 11.244a
30 BGH, Urt. vom 25. 1. 1990 – I ZR 182/88 –, NJW-RR 1990, 678
31 §§ 11 ff. Gerätesicherheitsgesetz, §§ 11, 18, §§ 28 f. StVZO; § 80 Abs. 1 BauO Nordrh.-Westf.; Bausachverständigenverordnung – BauSVO – Bad.-Württ. vom 15. 7. 1986 (GBl. 1986, 305); zur Dritthaftungssituation vgl. Werner/Reuber in BauR 1996, 796; BGH, Urt. vom 11. 1. 1973 – III ZR 32/71 –, EzGuG 11.89, offen noch: BGH, Urt. vom 11. 7. 1955 – III ZR 178/54 –, EzGuG 11.7
32 Werner/Reuber in BauR 1996, 796; Schulte in BauR 1998, 249
33 LT-Drucks. NW 11/8661
34 OLG Köln, Urt. vom 18. 9. 1998 – 6 U 25/98 –, GuG 1999, 313 = EzGuG 11.271
35 BGH, Urt. vom 23. 5. 1984 – I ZR 140/82 –, EzGuG 11.142p; OLG Hamm, Urt. vom 17. 7. 1986 – 4 M 231/84 –, EzGuG 11.156b; LG Duisburg, Urt. vom 5. 12. 1996 – 41 O 38/96 –, EzGuG 11.239a

1.2.4 Verbandsmäßig anerkannte Sachverständige

30 Die **Zugehörigkeit eines Sachverständigen zu einer Sachverständigenorganisation** (Verband) ist selbst bei formeller Anerkennung durch die Organisation **bedeutungslos**, wenn damit nicht zugleich der Nachweis der besonderen Qualifikation, die Anerkennung und Einhaltung von Standesregeln bis hin zur Fortbildungspflicht einhergehen. Dies gilt insbesondere für freiberuflich tätige Mitglieder von Sachverständigenverbänden[36]. Die Anerkennung ist im Übrigen nicht unproblematisch[37].

31 Unter eingeschränkten Bedingungen hat der BGH die Anerkennung einer Sachverständigeneigenschaft durch eine nichtstaatliche Vereinigung gelten gelassen, wenn diese Vereinigung über die sachliche Qualifikation, Unabhängigkeit und Objektivität verfügt, die nicht eine **Gefahr der Irreführung des „ratsuchenden Publikums"** entstehen lässt[38]. Zur Frage des Vertrauensschutzes, den eine Anerkennung suggeriert, auch im Hinblick auf die Haftung des anerkannten Sachverständigen gegenüber Dritten vgl. Rn. 224 ff.

32 Die **Verbände erfüllen keinen gesetzlichen Auftrag** und sind zumeist privatrechtlich organisiert, häufig als eingetragener Verein.

1.2.5 Gerichtlich ernannte Sachverständige

33 Gerichtliche Sachverständige sind solche, die im Einzelfall als „Helfer des Richters" zur Entscheidung eines gerichtlichen Verfahrens herangezogen werden. Ihnen gleichgestellt sind die von der Staatsanwaltschaft und in einem Verwaltungsverfahren herangezogenen Sachverständigen[39]. Der **Sachverständige zählt** dann **zu den Beweismitteln des gerichtlichen Verfahrens** (vgl. § 404, § 73 Abs. 2 StPO, § 36 Abs. 1 OWiG, § 96 Abs. 1 Nr. 2 VwGO u. a. sowie Rn. 196, 292 f.). Mit einer Werbung als „gerichtlich zugelassener Sachverständiger" wird gegen wettbewerbsrechtliche Vorschriften verstoßen[40].

34 Die gerichtlich beauftragten Sachverständigen nehmen **keine hoheitlichen Aufgaben** wahr[41].

35 Die ZPO kennt zwar nur Einzelpersonen als Sachverständige. Ein **Gericht ist** aber **nicht gehalten, als Sachverständige nur Einzelpersonen zu beauftragen**[42].

36 Soweit für die zu begutachtende Materie Sachverständige öffentlich bestellt worden sind, sollen vom Gericht andere Personen nur herangezogen werden, wenn besondere Umstände es erfordern. Die **Auswahl der in einem Prozess heranzuziehenden Sachverständigen** und ihre Anzahl erfolgt durch das Prozessgericht.

37 Wird ein Sachverständiger als **sachverständiger Zeuge** vom Gericht geladen, um dort zu vergangenen Tatsachen oder Zuständen auszusagen, die er selbst in privater Eigenschaft auf Grund seiner Sachkunde wahrgenommen hat, finden die **Vorschriften über den Zeugenbeweis** Anwendung.

38 Der **Sachverständigenbeweis** ist neben dem Zeugenbeweis, dem Augenscheinsbeweis, dem Urkundenbeweis und dem Beweis durch Parteivernehmung eines der fünf klassischen Beweismittel nach der Prozessordnung. Für den Zivilprozess ist der Sachverständigenbeweis in den §§ 402 bis 414 ZPO geregelt (vgl. Anh. 1.7).

39 Darüber hinaus ist in den §§ 485 bis 494 a ZPO das **selbständige Beweisverfahren** (anstelle des früheren Beweissicherungsverfahrens) geregelt. Die Vorschriften gelten (mit Ausnahme der Strafverfahren) kraft Verweisung auch vor anderen Gerichtsverfahren.

a) Gerichtlicher Beweisbeschluss

Die **Beweisaufnahme erfolgt vor dem Prozessgericht,** soweit sie nicht einem Mitglied des Prozessgerichts oder einem anderen Gericht übertragen worden ist. An der Beweisaufnahme können die Parteien, die Prozessbevollmächtigten sowie Privatgutachter teilnehmen.   **40**

Beweisaufnahme und die Anordnung eines besonderen Beweisaufnahmeverfahrens erfolgen durch **Beweisbeschluss** des Gerichts. Der Inhalt des Beweisbeschlusses kann in einem besonderen Einweisungstermin mit den Sachverständigen und den Prozessparteien formuliert werden. Das Gericht soll dem Sachverständigen vor Abfassung der Beweisfrage hören, ihn in seine Aufgaben einweisen und ihm auf Verlangen den Antrag erläutern, wenn es erforderlich ist. Der Beweisbeschluss kann im Übrigen auch schon vor der mündlichen Verhandlung erlassen werden.   **41**

Der Beweisbeschluss enthält   **42**

– die Bezeichnung der streitigen Tatsachen, über die Beweis erhoben werden soll,

– die Bezeichnung der Beweismittel unter Benennung der zu vernehmenden Zeugen, Sachverständigen oder der zu vernehmenden Partei und

– die Bezeichnung der Partei, die sich auf Beweismittel berufen hat.

Bei streitigem Sachverhalt bestimmt das Gericht, **welche Tatsachen der Sachverständige seinem Gutachten zu Grunde legen soll.** Den Parteien werden Weisungen an den Sachverständigen mitgeteilt.   **43**

Mit dem gerichtlichen Auftrag entsteht zwischen dem Sachverständigen und dem Gericht **ein öffentlich-rechtliches Rechtsverhältnis,** d. h. Rechte und Pflichten der Vertragsparteien werden nicht vertraglich ausgehandelt.   **44**

b) Pflichten des Gerichts

Das Gericht hat die Tätigkeit des Sachverständigen zu leiten und kann ihm **Weisungen über Art und Umfang seiner Tätigkeit** erteilen, wenn dadurch seine fachliche Unabhängigkeit nicht beeinträchtigt wird. Die §§ 273 ff. ZPO bestimmen hierzu: **45**

§ 273 ZPO[(1)] **[Vorbereitung des Termins]**

(1) [1]Das Gericht hat erforderliche vorbereitende Maßnahmen rechtzeitig zu veranlassen. [2]In jeder Lage des Verfahrens ist darauf hinzuwirken, dass sich die Parteien rechtzeitig und vollständig erklären.

(2) Zur Vorbereitung jedes Termins kann der Vorsitzende oder ein von ihm bestimmtes Mitglied des Prozessgerichts insbesondere

---

36   BVerwG, Urt. vom 20. 9. 1985 – 1 C 22/82 –, EzGuG 11.147c; BVerwG, Urt. vom 29. 9. 1985 – 1 C 18/83 –, EzGuG 11.147b;

37   BGH, Urt. vom 23. 5. 1984 – I ZR 140/82 –, EzGuG 11.142 e; Bleutge in Landmann/Rohmer, Gewerbeordnung § 36 Rn. 8 g; Bock in Praxishandbuch Sachverständigenrecht § 6 Rn. 18, vgl. auch BGH, Urt. vom 23. 5.1984 – I ZR 140/82 –, EzGuG 11.142 e; OLG Hamm, Urt. vom 17. 7. 1986 – 4 U 231/84 –, EzGuG 11.156 a

38   BGH, Urt. vom 23. 5. 1984 – I ZR 140/82 –, EzGuG 11.142 p; BGH, Urt. vom 23. 1. 1978 – I ZR 104/76 –, EzGuG 11.111 e

39   Jessnitzer/Frieling. Der gerichtliche Sachverständige, München, 10. Aufl. 1992 Rn. 723; Praxishandbuch Sachverständigenrecht § 12 Rn. 1 ff.; kritisch Lanz in ZRP 1998, 337; Regelungen über gerichtliche Sachverständige enthielt bereits das k.u.k. Sanierungsgesetz für Prag (RGBl. für die im Reichsrath vertretenen Königreiche und Länder von 1893, 27 ff., 25 ff.)

40   LG Wiesbaden, Urt. vom 19. 7. 1978 – 12 O 46/78 –, EzGuG 11.112 b

41   BGH, Urt. vom 5. 10. 1972 – III ZR 168/70 –, EzGuG 11.86; OLG München, Urt. vom 19. 10. 1973 – 8 U 4203/72 –, EzGuG 11.91 b; OLG Düsseldorf, Urt. vom 6. 8.1986 – 4 A 41/86 –, EzGuG 11.157

42   OLG München, Urt. vom 22. 9. 1967 – 8 U 707/67 –, EzGuG 11.59 b; OLG München, Urt. vom 17. 12. 1973 – 11 W 655/73 –, EzGuG 11.91 c

1. den Parteien die Ergänzung oder Erläuterung ihrer vorbereitenden Schriftsätze sowie die Vorlegung von Urkunden und von anderen zur Niederlegung bei Gericht geeigneten Gegenständen aufgeben, insbesondere eine Frist zur Erklärung über bestimmte klärungsbedürftige Punkte setzen;

2. Behörden oder Träger eines öffentlichen Amtes um Mitteilung von Urkunden oder um Erteilung amtlicher Auskünfte ersuchen;

3. das persönliche Erscheinen der Parteien anordnen;

4. Zeugen, auf die sich eine Partei bezogen hat, und Sachverständige zur mündlichen Verhandlung laden sowie eine Anordnung nach § 378 treffen.

(3) ¹Anordnungen nach Absatz 2 Nr. 4 sollen nur ergehen, wenn der Beklagte dem Klageanspruch bereits widersprochen hat. ²Für sie gilt § 379 entsprechend.

(4) ¹Die Parteien sind von jeder Anordnung zu benachrichtigen. ²Wird das persönliche Erscheinen der Parteien angeordnet, so gelten die Vorschriften des § 141 Abs. 2, 3.

§ 274 ZPO⁽²⁾ [Ladung der Parteien; Einlassungsfrist]

(1) Nach der Bestimmung des Termins zur mündlichen Verhandlung ist die Ladung der Parteien durch die Geschäftsstelle zu veranlassen.

(2) Die Ladung ist dem Beklagten mit der Klageschrift zuzustellen, wenn das Gericht einen frühen ersten Verhandlungstermin bestimmt.

(3) ¹Zwischen der Zustellung der Klageschrift und dem Termin zur mündlichen Verhandlung muss ein Zeitraum von mindestens zwei Wochen liegen (Einlassungsfrist). ²Ist die Zustellung im Ausland vorzunehmen, so hat der Vorsitzende bei der Festsetzung des Termins die Einlassungsfrist zu bestimmen.

§ 275 ZPO⁽¹⁾ [Früher erster Termin zur mündlichen Verhandlung]

(1) ¹Zur Vorbereitung des frühen ersten Termins zur mündlichen Verhandlung kann der Vorsitzende oder ein ihm bestimmtes Mitglied des Prozessgerichts dem Beklagten eine Frist zur schriftlichen Klageerwiderung setzen. ²Andernfalls ist der Beklagte aufzufordern, etwa vorzubringende Verteidigungsmittel unverzüglich durch den zu bestellenden Rechtsanwalt in einem Schriftsatz dem Gericht mitzuteilen; § 277 Abs. 1 Satz 2 gilt entsprechend.

(2) Wird das Verfahren in dem frühen ersten Termin zur mündlichen Verhandlung nicht abgeschlossen, so trifft das Gericht alle Anordnungen, die zur Vorbereitung des Haupttermins noch erforderlich sind.

46   Die **Pflichten des Gerichts** ergeben sich aus § 404 a ZPO. Es sind dies:

a) eine Leitungs- und Weisungspflicht,

b) eine Anhörungs-, Einweisungs- und Erläuterungspflicht,

c) eine Pflicht zur Vorgabe des unstreitigen Sachverhalts sowie

d) eine Pflicht zur Regelung des Parteienverkehrs.

47   **§ 404 a ZPO hat folgende Fassung:**

„§ 404a
Gerichtliche Leitung des Sachverständigen

(1) Das Gericht hat die Tätigkeit des Sachverständigen zu leiten und kann ihm für Art und Umfang seiner Tätigkeit Weisungen erteilen.

(2) Soweit es die Besonderheit des Falles erfordert, soll das Gericht den Sachverständigen vor Abfassung der Beweisfrage hören, ihn in seine Aufgabe einweisen und ihm auf Verlangen den Auftrag erläutern.

(3) Bei streitigem Sachverhalt bestimmt das Gericht, welche Tatsachen der Sachverständige der Begutachtung zu Grunde legen soll.

(4) Soweit es erforderlich ist, bestimmt das Gericht, in welchem Umfang der Sachverständige zur Aufklärung der Beweisfrage befugt ist, inwieweit er mit den Parteien in Verbindung treten darf und wann er ihnen die Teilnahme an seinen Ermittlungen zu gestatten hat.

(5) Weisungen an den Sachverständigen sind den Parteien mitzuteilen. Findet ein besonderer Termin zur Einweisung des Sachverständigen statt, so ist den Parteien die Teilnahme zu gestatten.“

48   Die **Pflichten des gerichtlich beauftragten Sachverständigen** ergeben sich aus § 407a ZPO; es sind dies

a) die Pflicht zur Prüfung der sachlichen Zuständigkeit,

b) die Pflicht zur persönlichen Gutachtenerstattung,

c) die Pflicht zur Mitteilung von Zweifeln und besonders hoher Kosten,

d) die Pflicht zur Herausgabe von Akten,

e) die Pflicht zur Kostentragung bei Nichterscheinen oder Gutachtenverweigerung.

§ 407a ZPO hat folgende Fassung: **49**

„§ 407a
Mitwirkungspflichten

(1) ¹Der Sachverständige hat unverzüglich zu prüfen, ob der Auftrag in sein Fachgebiet fällt und ohne die Hinzuziehung weiterer Sachverständiger erledigt werden kann. ²Ist das nicht der Fall, so hat der Sachverständige das Gericht unverzüglich zu verständigen.

(2) ¹Der Sachverständige ist nicht befugt, den Auftrag auf einen anderen zu übertragen. ²Soweit er sich der Mitarbeit einer anderen Person bedient, hat er diese namhaft zu machen und den Umfang ihrer Tätigkeit anzugeben, falls es sich nicht um Hilfsdienste von untergeordneter Bedeutung handelt.

(3) ¹Hat der Sachverständige Zweifel an Inhalt und Umfang des Auftrages, so hat er unverzüglich eine Klärung durch das Gericht herbeizuführen. ²Erwachsen voraussichtlich Kosten, die erkennbar außer Verhältnis zum Wert des Streitgegenstandes stehen oder einen angeforderten Kostenvorschuss erheblich übersteigen, so hat der Sachverständige rechtzeitig hierauf hinzuweisen."

c) Beeidigung des Sachverständigen

Der Sachverständige wird nach § 410 Abs. 1 Satz 1 ZPO vor oder nach Erstattung des Gutachtens beeidigt. Bei Sachverständigen, die auf dem einschlägigen Sachgebiet bereits beeidigt sind, z. B. öffentlich bestellte und vereidigte Sachverständige, genügt die **Berufung** oder eine entsprechende Erklärung im Gutachten **auf den bereits geleisteten Eid** (§ 410 Abs. 2 ZPO).   **50**

§ 410 ZPO hat folgende Fassung: **51**

§ 410 ZPO (Beeidigung)

„(1) ¹Der Sachverständige wird vor oder nach Erstattung des Gutachtens beeidigt. ²Die Eidesnorm geht dahin, dass der Sachverständige das von ihm erforderte Gutachten unparteiisch und nach bestem Wissen und Gewissen erstatten werde oder erstattet habe.

(2) Ist der Sachverständige für die Erstattung von Gutachten der betreffenden Art im Allgemeinen beeidigt, so genügt die Berufung auf den geleisteten Eid; sie kann auch in einem schriftlichen Gutachten erklärt werden."

Nach § 410 Abs. 1 Satz 2 ZPO wird der Sachverständige also darauf beeidigt, dass er das von ihm geforderte Gutachten **unparteiisch und nach bestem Wissen und Gewissen** erstatten werde oder erstattet hat[43]. Die Beeidigung ist im Hinblick auf zivilrechtliche Haftungsfolgen nach § 823 Abs. 2 BGB (vgl. Rn. 238) von Bedeutung (vgl. Rn. 162 ff., 211 ff.).   **52**

▶ *Zur Haftung von gerichtlichen Sachverständigen vgl. Rn. 237 ff.*

d) Behandlung von Gutachtenaufträgen

Grundsätzlich hat ein zum Sachverständigen Ernannter nach § 407 ZPO (Rn. 43) **dem gerichtlichen Auftrag Folge zu leisten,** wenn   **53**

– er zur Erstattung von Gutachten der erforderlichen Art öffentlich bestellt ist,

– er die Wissenschaft bzw. das Gewerbe, deren Kenntnis zur Erstattung des Gutachtens Voraussetzung ist, öffentlich zum Erwerb ausübt oder zur Ausübung öffentlich bestellt oder ermächtigt ist, oder

– er sich hierzu vor Gericht bereit erklärt hat (vgl. Rn. 33 ff.).

Der **Sachverständige kann sich verweigern**   **54**

– aus Gründen, aus denen ein Zeuge von seinem Zeugnisverweigerungsrecht Gebrauch machen darf, insbesondere bei verwandtschaftlichen Beziehungen zu einer Partei, bei Verlöbnis oder Verheiratung,

---

43   Lanz in ZRP 1998, 337; v. Münch in NJW 1998, 1761

– aus besonderen Gründen, wie Krankheit, Arbeitsüberlastung, Urlaub und mangelnder Sachkunde (vgl. § 10 SVO),

– oder wenn ihm die zur sachgerechten und zuverlässigen Beantwortung der Beweisfrage erforderlichen Kenntnisse und Erfahrungen fehlen.

55 Die Verweigerung bedarf zu ihrer Wirksamkeit der **Entbindung durch das Gericht.** Die Entbindung bedarf eines Antrags, der unverzüglich unter Angabe der Gründe gestellt werden muss. Darüber hinaus muss das Gericht den Sachverständigen entbinden, wenn eine Partei ein Ablehnungsgesuch unter Angabe von Tatsachen gestellt hat, die geeignet sind, aus ihrer Sicht berechtigte Zweifel an der Unparteilichkeit des Sachverständigen aufkommen zu lassen.

▶ *Zur Ablehnung von Sachverständigen vgl. Rn. 179 ff.*

56 Hält der Sachverständige für die Beantwortung der Beweisfragen eine **weitere Aufklärung des Sachverhalts** (z. B. durch gerichtliche Zeugenvernehmung oder Vorlage von Urkunden) für erforderlich, so hat er das Gericht hiervon zu unterrichten. Benötigt der Sachverständige noch Unterlagen, die sich in den Händen einer Partei befinden, so ist der sichere, allerdings auch zeitraubende Weg die Anforderung über das Gericht; dies gilt insbesondere dann, wenn die Partei nicht anwaltlich vertreten ist. In der Regel werden jedoch keine Bedenken bestehen, wenn der Sachverständige die Unterlagen schriftlich unmittelbar über den Prozessvertreter von der Partei erbittet und eine Abschrift seines Schreibens dem Prozessvertreter der anderen Partei und dem Gericht übersendet. Von einem einseitigen mündlichen oder fernmündlichen Kontakt mit nur einer Partei wird vom DIHT (Merkblatt)[44] dringend abgeraten (Ausnahme: Ladung zur Ortsbesichtigung).

Eigene Feststellungen zum Sachverhalt darf der Sachverständige nur treffen, wenn sich die Befugnis hierzu aus dem Beweisbeschluss ergibt oder die ordnungsgemäße Erledigung des Auftrags dies erfordert (z. B. Notwendigkeit einer Objekt- oder Ortsbesichtigung). Bei Zweifeln, ob und wieweit der Sachverständige eigene Feststellungen zum Sachverhalt treffen darf, muss er sich beim Gericht Gewissheit verschaffen.

Auf keinen Fall darf der Sachverständige selbst Zeugen vernehmen, umfangreiche Ermittlungen anstellen oder den Sachverhalt mit nur einer Partei oder nur einem Prozessbevollmächtigten erörtern oder abklären.

▶ *Zu den Besonderheiten der Haftung vgl. Rn. 200 ff. und zur Entschädigung Rn. 260 ff.*

1.2.6   Verpflichtete Sachverständige

57 Als verpflichtete Sachverständige gelten insbesondere **Angestellte von Behörden oder sonstigen Stellen, auf die öffentliche Verwaltungsaufgaben übertragen worden sind, die nach dem Gesetz über die förmliche Verpflichtung nicht beamteter Personen** (Verpflichtungsgesetz) **verpflichtet worden sind.** Eine Verpflichtung nach diesem Gesetz ist nach Ziff. 5.1.2. der SVO auch für den öffentlich bestellten und vereidigten Sachverständigen vorgeschrieben. In Betracht kommt eine Verpflichtung nach § 1 Abs. 1 Nr. 1 oder 3 dieses Gesetzes:

– Wer, ohne Amtsträger zu sein, bei einer Behörde oder einer sonstigen öffentlichen Stelle Aufgaben der öffentlichen Verwaltung wahrnimmt, beschäftigt oder für sie tätig ist, wird nach Nr. 1 förmlich verpflichtet.

– Die von den Industrie- und Handelskammern, den Landwirtschaftskammern, den Handwerkskammern und von Behörden bestellten und vereidigten Sachverständigen werden nach Nr. 3 förmlich verpflichtet.

1.2.7 Öffentlich bestellte und vereidigte Sachverständige

1.2.7.1 Öffentliche Bestellung nach GewO

Um Gerichten, Unternehmen, Behörden und Privatleuten die Suche nach **fachlich beson-** 58
ders qualifizierten Sachverständigen mit besonders hoher Glaubwürdigkeit und
Gewähr für Unparteilichkeit und Zuverlässigkeit zu erleichtern, wurde die Institution
des „öffentlich bestellten und vereidigten Sachverständigen" geschaffen. Sie bietet auf
Grund ihrer Überprüfung dieser Sachverständigen durch staatliche oder halbstaatliche
Stellen die Gewähr der besonderen Sachkunde auf ihrem Fachgebiet[45]. Sie werden deshalb
auch von Gerichten vorzugsweise herangezogen (vgl. § 104 Abs. 2 ZPO, § 73 Abs. 2 StPO,
§ 173 Abs. 1 VwGO).

Die **Tätigkeit eines öffentlich bestellten und vereidigten Sachverständigen ist nicht** 59
auf den Bezirk der Kammer beschränkt, die ihn bestellt hat (§ 2 Abs. 5 SVO). Ob er
seine Tätigkeit haupt- oder nebenberuflich ausübt, liegt in seiner Entscheidung. Er kann
seine Tätigkeit allein oder zusammen mit anderen Sachverständigen ausüben (§ 21 SVO),
wobei es sich nicht um öffentlich bestellte und vereidigte Sachverständige handeln muss.

Es liegt innerhalb der Ausübung sachgerechten Ermessens, wenn eine Industrie- und Han- 60
delskammer im Rahmen des § 36 GewO vom öffentlich bestellten Sachverständigen verlangt, dass er nur eine **berufliche Niederlassung** haben darf, weil nur so eine ständige
Überprüfung des Sachverständigen gewährleistet ist. In entsprechender Anwendung der in
§ 42 Abs. 2 GewO umschriebenen gewerblichen Niederlassung liegt eine berufliche Niederlassung dann vor, wenn dem Sachverständigen ein zum dauernden Gebrauch eingerichteter, ständig oder in regelmäßiger Wiederkehr von ihm benutzter Raum für Arbeiten zur
Verfügung steht, die im Zusammenhang mit seiner Gutachtertätigkeit stehen[46].

Für die öffentliche Bestellung zum Sachverständigen gilt grundsätzlich, dass 61

– die **Person mindestens 30 Jahre alt** ist und

– die öffentliche Bestellung von einigen Kammern befristet, meistens für 3 bis 5 Jahre mit
der Möglichkeit einer erneuten Bestellung ausgesprochen wird.

Zum Mindestalter von Sachverständigen **schreibt § 3 Nr. 2 b SVO vor, dass der Bewer-** 62
ber das 30. Lebensjahr vollendet hat. Davon kann nach der Begründung zu dieser Regelung nicht abgewichen werden. Dies stellt keinen Eingriff in die Freiheit der Berufswahl,
sondern eine Regelung der Berufsausübung dar[47].

Eine Bestellungsbehörde handelt ermessensfehlerhaft, wenn sie bei der Auswahl der für eine 63
Bestellung infrage kommenden Personen grundsätzlich freiberufliche Bewerber solchen vorzieht, die als Angestellte tätig sind. Die Unabhängigkeit eines Sachverständigen lässt sich
nämlich nicht in ein bestimmtes Verhältnis zu der Art seiner Tätigkeit – freiberuflich oder
angestellt – setzen. **So kann ein Angestellter mit festem Gehalt unabhängiger sein als ein**
Selbstständiger, der vielleicht mangels Auslastung seines Gewerbes auf die zusätzliche
Einnahmemöglichkeit durch seine öffentliche Bestellung angewiesen ist. Umgekehrt
mögen für einen gut verdienenden Gewerbetreibenden die Einkünfte aus seiner Gutachtertätigkeit weniger Anreize bieten, als für einen Angestellten mit mittlerem Einkommen. Von
einem abhängig tätigen Bewerber wird man jedoch im Hinblick auf seine Verfügbarkeit fordern können, dass er eine Einverständniserklärung des Arbeitgebers mit einer weisungsfreien
Sachverständigentätigkeit in einem dem Bedürfnis entsprechenden Ausmaß vorlegt[48].

---

44   DIHT-Merkblatt: Der gerichtliche Sachverständige, Köln 1997
45   BVerwG, Urt. vom 11. 12. 1972 – 1 C 5/71 –, EzGuG 1188 a
46   VG Saarlouis, Urt. vom 23. 6. 1980 – 5 K 114/79 –, EzGuG 11.119 a
47   BVerwG, Beschl. vom 30. 12. 1965 – 1 B 37/65 –, EzGuG 11.49 b
48   OVG Koblenz, Urt. vom 11. 9. 1980 – 11 A 12/80 –, EzGuG 11.120 c; a. A. VG Düsseldorf, Urt. vom 13. 2.
     1973 – 3 K 1718/70 –, EzGuG 11.90 a

64 Auch die **Mitgliedschaft im Gutachterausschuss für Grundstückswerte** oder die Zugehörigkeit zum Liegenschaftsamt steht einer öffentlichen Bestellung nicht entgegen[49].

65 Die öffentliche Bestellung und Vereidigung von Sachverständigen für Grundstückswerte wird grundsätzlich als eine **Maßnahme zur Daseinsvorsorge,** aber nicht als Berufszulassung angesehen: hierin unterscheidet sie sich von der öffentlichen Bestellung der Vermessungsingenieure (ÖbVI), wo sie den alleinigen Zugang zum Beruf darstellt und wo deshalb auch nicht der Sachverständigenbegriff, sondern – etwas bescheidener – die Ingenieurbezeichnung Verwendung findet. Dafür werden aber i. d. R. gleich zwei (große) Staatsprüfungen sowie Praxiserfahrung als Zulassungsvoraussetzung gefordert; ein pikanter Widerspruch.

66 Gesetzliche Grundlagen sind insbesondere § 36 GewO und § 91 Abs. 1 Nr. 8 der Handwerksordnung – HwO[50]. Die Zuständigkeit für die öffentliche Bestellung von Sachverständigen ergibt sich dabei i. d. R. aus § 36 GewO. Die öffentliche Bestellung stellt keine Berufszulassung[51] dar und **verleiht** auch **keinerlei hoheitliche Befugnisse;** infolgedessen ist sie auch kein Akt staatlicher Beleihung.

67 Die **Bezeichnung „öffentlich bestellter und vereidigter Sachverständiger" ist gesetzlich geschützt** und nur diesen vorbehalten (§ 3 UWG und § 132 a Abs. 1 Nr. 53 StGB). Des Weiteren dürfen nur diese Sachverständige den von den Kammern ausgehändigten Rundstempel führen (vgl. Rn. 104).

68 Die **öffentliche Bestellung erfolgt** auf der Grundlage gesetzlicher Bestimmungen **durch Verwaltungsakt** der zuständigen öffentlich-rechtlichen Stelle.

Es bestehen drei Zulassungsvoraussetzungen:

– besondere Sachkunde,

– Nachweis der Sachkunde und

– die persönliche Eignung.

69 Die öffentlich bestellten Sachverständigen sollen auf Grund ihrer besonderen Sachkunde Fragen beantworten können, deren selbständige Beurteilung einem Gericht oder einem anderen Auftraggeber wegen fehlender Fachkenntnisse nicht möglich ist. Ihre Gutachten haben einen erheblichen, oft streitentscheidenden Einfluss auf fremde Entscheidungen, die unter Umständen schwerwiegende Folgen für die Betroffenen mit sich bringen. Daher erfordert die öffentliche Bestellung als Sachverständiger eine **uneingeschränkte Zuverlässigkeit und Vertrauenswürdigkeit der Person**[52]. Diese Voraussetzung ist nicht gegeben, wenn Tatsachen vorliegen, die die Annahme rechtfertigen, der Sachverständige werde seinen mit der öffentlichen Bestellung zusammenhängenden öffentlichen Aufgaben nicht immer ordnungsgemäß nachkommen[53]. Wegen der verantwortungsvollen Stellung des Sachverständigen sind an die von ihm zu verlangende Charakterstärke hohe Anforderungen zu stellen. Die gebotene **Unparteilichkeit** muss sich auch in Stil und Sprache widerspiegeln. Auch muss von einem öffentlich bestellten Sachverständigen erwartet werden, dass er nicht erst vor den Schranken der (Straf-)Gesetze Halt macht, sondern bereits unterhalb der Grenze des rechtlich Zulässigen sein Verhalten so einrichtet, dass – gemessen an den Geboten der Fairness, der Korrektheit und der persönlichen Integrität – Zweifel an der Zuverlässigkeit seines Tuns gar nicht erst aufkommen[54], vgl. hierzu die Bestimmungen der Muster-Sachverständigenordnung – SVO – des Industrie- und Handelskammertags sowie die hierzu erlassenen Richtlinien (Anh. 1.1). Des Weiteren ist er zur gewissenhaften Erfüllung seiner Obliegenheiten verpflichtet (§ 1 Abs. 1 Verpflichtungsgesetz).

70 Die „besondere Sachkunde" in § 36 GewO ist ein unbestimmter Rechtsbegriff, der der *uneingeschränkten* gerichtlichen Nachprüfung unterliegt. Der Verwaltungsbehörde steht insoweit kein gerichtsfreier Beurteilungsspielraum zu. Mit dem Grundsatz der Verhältnismäßigkeit ist es nicht vereinbar, den Nachweis der Sachkunde ausschließlich von einem schriftlichen und mündlichen Examen abhängig zu machen; nur wenn andere vom Bewerber vorgelegte Unterlagen nicht ausreichen, den Nachweis der besonderen Sachkunde zu erbringen, kann vom Bewerber eine Prüfung abverlangt werden. Es ist rechtlich nicht zu beanstanden, wenn die Verwaltungsbehörde zur Überprüfung eingereichter Gutachten die Mitglieder des Fachgremiums heranzieht, die zuvor die schriftlichen Prüfungsarbeiten des Bewerbers negativ beurteilt haben[55].

Auf die Beeidigung und öffentliche Bestellung als Sachverständiger gemäß § 36 GewO   **71**
bestand im Übrigen lange Zeit **kein** (sich auf Art. 12 Abs. 1 Satz 1 GG gründender)
Rechtsanspruch[56]. Eine berufliche Betätigung war nämlich auf diesem Gebiet auch ohne Bestellung möglich, denn das Bewerten von Grundstücken ist weder den dafür bestellten Personen vorbehalten noch genehmigungspflichtig[57].

Auf die öffentliche Bestellung besteht nunmehr ein Anspruch, wenn die Bestellungs-   **72**
voraussetzungen vorliegen. § 36 der Gewerbeordnung – GewO – (vgl. auch § 91 Abs. 1
Nr. 8 HwO) hat folgende Fassung:

„§ 36 GewO Öffentliche Bestellung von Sachverständigen

(1) Personen, die als Sachverständige auf den Gebieten der Wirtschaft einschließlich des Bergwesens, der Hochsee- und Küstenfischerei sowie der Land- und Forstwirtschaft einschließlich des Garten- und Weinbaues tätig sind oder tätig werden wollen, sind auf Antrag durch die von den Landesregierungen bestimmten oder nach Landesrecht zuständigen Stellen für bestimmte Sachgebiete öffentlich zu bestellen, sofern für diese Sachgebiete ein Bedarf an Sachverständigenleistungen besteht, sie hierfür besondere Sachkunde nachweisen und keine Bedenken gegen ihre Eignung bestehen. Sie sind darauf zu vereidigen, dass sie ihre Sachverständigenaufgaben unabhängig, weisungsfrei, persönlich, gewissenhaft und unparteiisch erfüllen und ihre Gutachten entsprechend erstatten werden. Die öffentliche Bestellung kann inhaltlich beschränkt, mit einer Befristung erteilt und mit Auflagen verbunden werden.

(2) Absatz 1 gilt entsprechend für die öffentliche Bestellung und Vereidigung von besonders geeigneten Personen, die auf den Gebieten der Wirtschaft

1. bestimmte Tatsachen in Bezug auf Sachen, insbesondere die Beschaffenheit, Menge, Gewicht oder richtige Verpackung von Waren feststellen oder

2. die ordnungsmäßige Vornahme bestimmter Tätigkeiten überprüfen.

---

49   BayVGH, Urt. vom 30. 5. 1973 – 129 VI 71 –, EzGuG 11.90 e
50   BGH, Urt. vom 28. 6. 1984 – I ZR 93/82 –, EzGuG 11.142; VG Leipzig, Urt. vom 15. 8. 2000 – 5 K 429/99 –,
     GuG 2001, 254; VG Ansbach, Urt. vom 30. 3. 2000 – AN 16 K 97.0.2635 –, GuG 2001, 254
51   BVerwG, Urt. vom 3. 2. 1986 – 1 B 4/86 –, EzGuG 11.150; VGH Mannheim, Urt. vom 8. 12. 1987 – 6 S 3097/86 –,
     EzGuG 11.168 a
52   BVerwG, Urt. vom 27. 6. 1974 – 1 C 10/73 –, EzGuG 11.94; OVG Münster, Urt. vom 25. 11. 1986 – 4 A 1673/
     85 –, EzGuG 11.162 a; OVG Münster, Urt. vom 31. 3. 1982 – 4 A 2552/80 –, EzGuG 11.127 b; VG Augsburg,
     Urt. vom 27. 4. 1983 – An 4 K 82 A. 205 –, EzGuG 11.136 g; OVG Münster, Urt. vom 21. 4. 1983 –, EzGuG
     11.137 d; VG Minden, Urt. vom 10. 2. 1982, – 2 K 2259/81 –, EzGuG 11.135 c; VG Karlsruhe, Urt. vom 21. 1.
     1982 – 6 K 325/81 –, EzGuG 11.125 n; VG München, Urt. vom 23. 1. 1996 – M 16 K 95.617 –, EzGuG
     11.227 a; VGH Mannheim, Urt. vom 22. 9. 1976 – 6 608/76 –, EzGuG 11.103 b; Tettinger in GewArch 1984,
     44 und GewArch 1992, 1
53   BVerwG, Urt. vom 27. 6. 1974 – 1 C 10/73 –, EzGuG 11.94; Bleutge in Landmann/Rohmer, GewO § 36
54   OVG Münster, Urt. vom 14. 10. 1985 – 4 A 1494/80 –, EzGuG 11.148; OVG Lüneburg, Urt. vom 15. 6. 1977 –
     7 A 151/75 –, EzGuG 11.110; VG Berlin, Beschl. vom 19. 10. 1979 – 4 A 209/78 –, EzGuG 11.115h; OLG
     Hamm, Beschl. vom 13. 7. 1979 – I W 41/79 –, EzGuG 11.115d; LG Oldenburg, Beschl. vom 6. 5. 1971 – 1 O
     196/69 –, EzGuG 11.77 g; LG Berlin, Beschl. vom 17. 11. 1970 – 53 T 60/70 –, EzGuG 11.74 a
55   VG Regensburg, Urt. vom 25. 3. 1996 – RN 5 K 94.327 –, EzGuG 11.229 a
56   BVerwG, Urt. vom 26. 6. 1990 – 1 C 10/88 –, EzGuG 11.179 mit Anm. von Weidhaas in GewArch 1991, 367;
     BVerwG, Urt. vom 3. 2. 1986 – 1 B 4/86 –, EzGuG 11.150; BVerwG, Urt. vom 24. 4. 1979 – 1 C 31/75 –, EzGuG
     11.114 d; BVerwG, Urt. vom 24. 6. 1975 – 1 C 23/73 –, EzGuG 11.97; BVerwG, Urt. vom 27. 6. 1974 – 1 C 10/73 –,
     EzGuG 11.94; BVerwG, Urt. vom 6. 6. 1963 – 1 B 11/63 –, EzGuG 11.35; OVG Münster, Urt. vom
     31. 3. 1982 – 4 A 2552/80 –, EzGuG 11.127 b, Tettinger Im GewArch 1984, 48 und Gentsch 1992, 1; Müller in
     ZSW 1983, 120; zum Nachweis der besonderen Sachkunde; BVerwG, Urt. vom 11. 12. 1972 – 1 C 5/71 –, EzGuG
     11.88 a; zur Rücknahme und zum Widerruf der öffentlichen Bestellung BVerwG, Urt. vom 6. 11. 1959 – 1 C 295/58
     –, EzGuG 11.20; BVerwG, Urt. vom 29. 5. 1957 – 1 C 212/54 –, EzGuG 11.10; ferner PrOVG, Urt. vom 3. 3. 1937
     in PrOVGE 81.399 = GewArch 25.68
57   BVerfG, Urt. vom 1. 7. 1986 – 1 BvL 26/83 –, EzGuG 11.156; BayVGH, Urt. vom 14. 8. 1986 – 22 B 83 A 835 –,
     EzGuG 11.158; BVerwG, Urt. vom 24. 6. 1975 – 1 C 23/73 –, EzGuG 11.97

(3) Die Landesregierungen können durch Rechtsverordnung die zur Durchführung der Absätze 1 und 2 erforderlichen Vorschriften über die Voraussetzungen für die Bestellung sowie über die Befugnisse und Verpflichtungen der öffentlich bestellten und vereidigten Sachverständigen bei der Ausübung ihrer Tätigkeit erlassen, insbesondere über

1. die persönlichen Voraussetzungen einschließlich altersmäßiger Anforderungen, den Beginn und das Ende der Bestellung,

2. die in Betracht kommenden Sachgebiete einschließlich der Bestellungsvoraussetzungen,

3. den Umfang der Verpflichtungen des Sachverständigen bei der Ausübung seiner Tätigkeit, insbesondere über die Verpflichtungen

   a) zur unabhängigen, weisungsfreien, persönlichen, gewissenhaften und unparteiischen Leistungserbringung,

   b) zum Abschluss einer Berufshaftpflichtversicherung und zum Umfang der Haftung,

   c) zur Fortbildung und zum Erfahrungsaustausch,

   d) zur Einhaltung von Mindestanforderungen bei der Erstellung von Gutachten,

   e) bei der Errichtung von Haupt- und Zweigniederlassungen,

   f) zur Aufzeichnung von Daten über einzelne Geschäftsvorgänge sowie über die Auftraggeber,

und hierbei auch die Stellung des hauptberuflich tätigen Sachverständigen regeln.

(4) Soweit die Landesregierung weder von ihrer Ermächtigung nach Absatz 3 noch nach § 155 Abs. 3 Gebrauch gemacht hat, können Körperschaften des öffentlichen Rechts, die für die öffentliche Bestellung und Vereidigung von Sachverständigen zuständig sind, durch Satzung die in Absatz 3 genannten Vorschriften erlassen.

(5) Die Absätze 1 bis 4 finden keine Anwendung soweit sonstige Vorschriften des Bundes über die öffentliche Bestellung oder Vereidigung von Personen bestehen oder soweit Vorschriften der Länder über die öffentliche Bestellung oder Vereidigung von Personen auf den Gebieten der Hochsee- und Küstenfischerei, der Land- und Forstwirtschaft einschließlich des Garten- und Weinbaues sowie der Landesvermessung bestehen oder erlassen werden."

73 Die nunmehr geltende Fassung des § 36 GewO geht auf eine Entscheidung des BVerfG zur vormals **restriktiv praktizierten Bedürfnisprüfung** zurück. Das BVerfG hatte in seinem Beschl. vom 25. 3. 1992[58] beanstandet, dass die öffentliche Bestellung und Vereidigung von den Industrie- und Handelskammern insofern zu restriktiv gehandhabt wurde, als sie diese Entscheidung zunächst davon abhängig gemacht hatten, ob ein allgemeiner Bedarf dafür besteht, und der Sachverstand einer bestimmten Anzahl öffentlich bestellter Sachverständiger in ihrem Kammerbereich voll ausgelastet ist, für weitere Zulassungen also kein konkretes Bedürfnis besteht.

74 Die **konkrete Bedürfnisprüfung wurde als unvereinbar mit der grundrechtlich gewährleisteten Berufsfreiheit** (Art. 12 Abs. 1 GG) **erkannt.** Wenn der Gesetzgeber – so das Gericht – die staatliche Anerkennung einer beruflichen Qualifikation vorsehe und damit Vorteile im beruflichen Wettbewerb schaffe, so wirke sich die Verweigerung einer solchen Anerkennung als Eingriff in die Berufsfreiheit aus. Beschränkt sei damit zwar nicht die Freiheit der Berufswahl, wohl aber die der Berufsausübung. Die Intensität des Eingriffs wurde zudem als erheblich erkannt. Zudem enthalte § 36 GewO a. F. keine Ermächtigung zu einer konkreten Bedürfnisprüfung, die der Gesetzgeber nach Auffassung des Gerichts auch gar nicht schaffen dürfe, weil eine solche Bedürfnisprüfung bei der Zulassung öffentlich bestellter Sachverständiger unverhältnismäßig stark in die Freiheit der Berufsausübung eingreife.

75 Mit dieser Entscheidung wurde die langjährige Rechtsprechung der Verwaltungsgerichte zu § 36 GewO, die die konkrete Bedürfnisprüfung als zulässig erachtet hatte, korrigiert. Ein Antragsteller hat mithin auch insofern ein **subjektives Recht auf eine fehlerfreie Prüfung seines Antrags:** Rechtswidrige Benachteiligungen müssen bei Nachweis der erforderlichen Qualifikationen vermieden werden. Dabei bleibt es bei dem Erfordernis der besonderen Sachkunde, die einen Sachverständigen aus dem Kreis seiner Kollegen hervorheben muss und die es nachzuweisen gilt[59].

76 Mit der vorstehend abgedruckten Neufassung des § 36 GewO hat der Gesetzgeber den Bedenken des BVerfG zur Bedürfnisprüfung Rechnung tragen[60]. Wie der **Deregulierungsbericht** der BReg[61] und die Begründung zur Änderung des § 36 GewO[62] hervorheben, sollen mit der novellierten Fassung der Vorschrift die „objektiven Zulassungsbeschränkungen bei der öffentlichen Bestellung von Sachverständigen aufgehoben werden." Damit ist die

Rechtsprechung, mit der die Bedürfnisprüfung bestätigt wurde, obsolet geworden (vgl. Rn. 72 ff.)[63].

Obwohl die **Bedürfnisprüfung** „gefallen" ist, wird z. B. für *Nordrhein-Westfalen* einge-   **77** räumt, dass Engpässe auf diesem Felde bestehen. Dies wird in der Antwort auf eine kleine Anfrage auf einen Mangel an qualifizierten Sachverständigen zurückgeführt[64]; dort heißt es:

„Der **Bedarf an sachverständiger Begutachtung** wird sowohl im Bereich der Wirtschaft als auch im Bereich der Gerichte in der Regel durch den Kreis der öffentlich bestellten, der amtlich anerkannten Sachverständigen sowie der sonstigen Sachverständigen gedeckt. Soweit in Einzelfällen Engpässe auftreten, liegt dies vor allem daran, dass es nicht immer möglich ist, für alle (oft sehr spezialisierte) Teilgebiete flächendeckend ausreichend qualifizierte Fachleute zu gewinnen, die den hohen Anforderungen einer Sachverständigentätigkeit gerecht werden."

Kritisch aber muss hierzu angemerkt werden, dass der beklagte **Mangel an qualifizierten**   **78** **Sachverständigen** zu einem nicht unerheblichen Teil auf ein nicht immer durchschaubares Prüfungssystem, eine mitunter hinhaltende Behandlung von Antragstellern und ein unzureichendes Vorbereitungsverfahren zurückführbar ist.

Die Entwicklung auf dem Gebiet des Sachverständigenwesens für Grundstückswerte hat   **79** nicht zuletzt auf Grund der restriktiven Anwendung des § 36 GewO a. F. – zwar ungewollt – zu einer Situation geführt, die von vielen als **Zweiklassengesellschaft** empfunden wird:

Auf der einen Seite steht – wenn man von den Sachverständigen der Handwerkskammern,   **80** der Landwirtschaftskammern und der Architektenkammern einmal absieht – der von der Industrie- und Handelskammer **öffentlich bestellte und vereidigte Sachverständige** (organisiert im gleichnamigen BVS – sowie in 14 Landesverbänden), wobei die Bestellung den Nachweis der Qualifikation in einer schriftlichen und mündlichen Prüfung vor einem Fachgremium voraussetzt.

Auf der anderen Seite stehen die sonstigen **„freien" oder „selbst ernannten" Sachver-**   **81** **ständigen.** Dabei ist trotz der „Inpflichtnahme" und eines „Werbeverbots", die unter anderem den **öffentlich bestellten und vereidigten Sachverständigen** charakterisieren[65], bei ihm eine **privilegierte Stellung**, nicht nur in formaler Hinsicht, zu erkennen; an folgenden Beispielen sei dies erläutert:

58   BVerfG, Beschl. vom 24. 3. 1992 – 1 BvR 298/86 –, GuG 1992, 287 = EzGuG 11.193
59   VG Hannover, Urt. vom 4. 2. 1982 – 5 A 39/79 –, EzGuG 11.125 o; Weidhaas in GewArch 1991, 367
60   BR-Drucks. 365/93; BR-Drucks. 365/93, Beschl. S. 23 f.
61   BT-Drucks. 12/7468 = GuG aktuell 1984, 18; Boden, SBV, Stadtbau-Verlag, Dokumentation Band III, S. 47 f., Deutscher Verband für Wohnungswesen, Städtebau und Raumplanung e.V., Bonn 1968; Aktuelle Beiträge des Presse- und Informationsamtes der BReg Nr. 16/1984 vom 23. 2. 1984, die die „Aufgabenverlagerung auf die wirtschaftliche Selbstverwaltung im Bereich des Sachverständigenwesens ausdrücklich nennt; vgl. auch BT-Drucks. 11/6985, S. 18 ff.; Hoffmann in GewArch 1991, 251; vgl. auch Ossenbühl, F., Die Erfüllung von Verwaltungsaufgaben durch Private, Veröffentlichung der Vereinigung deutscher Staatsrechtslehrer Berlin 1971 Band 29; Forum 1985, 121; Siedentopf, H., Die Übertragung von öffentlichen Dienstleistungen auf öffentlich bestellte und vereidigte Sachverständige, Rechtsgutachten, Speyer 1988; Wanhoff in DOV 1982, 310; Stober, Der öffentlich bestellte Sachverständige zwischen beruflicher Bindung und Deregulierung, Köln 1991
62   BR-Drucks. 365/93 = GuG 1993, 356
63   OVG Lüneburg, Urt. vom 12. 7. 1962 – 3 A 101/61 –, EzGuG 11.25 b; BayVGH, Urt. vom 14. 8. 1986 – 22 B 83 A 835 –, EzGuG 11.158; VGH Mannheim, Urt. vom 11. 8. 1986, – 6 S 958/86 –, EzGuG 11.157 a; BVerwG, Beschl. vom 3. 2. 1986 – 1 B 4/86 –, EzGuG 11.150; VG München, Urt. vom 19.11.1985 – M 5959 XVI/83 –, EzGuG 11.149 b, OVG Koblenz, Urt. vom 26. 3. 1985 – 6 A 101/83 –, EzGuG 11.146 c; VG Hannover, Urt. vom 13. 3. 1985 – 7 A 13/82 –, EzGuG 11.146 b; VG Hannover, Urt. vom 4. 2. 1982 – 5 A 39/79 –, EzGuG 11.125 o; VG Berlin, Urt. vom 28. 10. 1981 – 4 A 209/79 –, EzGuG 11.125 h; VG Schleswig, Urt. vom 4. 8. 1981 – 12 A 216/18 –, EzGuG 11.125 c; VG Schleswig, Urt. vom 3. 4. 1979 – 2 A 1/78 –, EzGuG 11.114 k
64   LT-Drucks. NW 11/8661
65   § 407 Abs. 1 ZPO; 75 Abs. 1 StPO; § 98 VwGO; § 118 SGB; Ausnahmen: § 408 Abs. 1 Satz 2 ZPO, §§ 383 f. ZPO

a) Der öffentlich bestellte und vereidigte Sachverständige für Grundstückswertermittlungen hat einen **erleichterten Zugang zur Kaufpreissammlung** der Gutachterausschüsse für Grundstückswerte. In den entsprechenden landesrechtlichen Regelungen wird ihm nämlich fiktiv unterstellt, dass er ein berechtigtes Interesse als Voraussetzung für Auskünfte aus der Kaufpreissammlung mitbringt[66]. In einigen Bundesländern ist sogar eine Abstufung in der Qualität der Auskunftserteilung zwischen den öffentlich bestellten und vereidigten Sachverständigen sowie den sonstigen antragstellenden Sachverständigen vorgesehen[67]. Dies ist nach Auffassung des Bundesbeauftragten für Datenschutz rechtlich nicht haltbar (vgl. § 195 BauGB Rn. 58 ff.).

b) Die öffentlich bestellten und vereidigten Sachverständigen werden **vorzugsweise** von **Gerichten herangezogen** (§ 404 Abs. 2 ZPO, § 73 Abs. 2 StPO).

c) Nach Nr. 163 und 177 der ErbStR kann regelmäßig durch ein Gutachten des örtlichen Gutachterausschusses für Grundstückswerte oder eines öffentlich bestellten und vereidigten Sachverständigen in den Fällen des § 145 Abs. 3 Satz 3 BewG der Nachweis erbracht werden, dass ein niedrigerer Verkehrswert als der nach Nr. 160 bis 163 ErbStR festgestellte Wert maßgeblich ist.

d) Vorstehendem Grundsatz tragen auch die gemeinsamen Ländererlasse der Finanzverwaltung vom 15. 4. 1997 – S 3014/4 und vom 28. 5. 1997 – S 3014/5 Rechnung[68].

82 Die zumindest wirtschaftlich entscheidende Privilegierung folgt aber schon daraus, dass dem öffentlich bestellten und vereidigten Sachverständigen die Sachkunde und Unparteilichkeit in herausgehobener Weise verbrieft worden ist und er damit gegenüber einem freien Sachverständigen **Wettbewerbsvorteile** hat[69]. Diese Nebenwirkung der öffentlichen Bestellung kann seine wirtschaftlichen Erwerbschancen entscheidend verbessern, zumal seine Stellung unter einem besonderen Schutz steht[70]. Er sucht sich nicht zuletzt deshalb von dem freien Sachverständigen abzugrenzen. Dies geht bis hin zu der Streitfrage, ob ein freier Sachverständiger einen „**Rundstempel**" verwenden darf.

83 Als Beispiel der wirtschaftlichen Privilegierung des öffentlichen bestellten und vereidigten Sachverständigen kann auch auf die Bewertungsrichtlinien der Treuhandanstalt vom 23. 7. 1991 verwiesen werden, in denen die öffentlich bestellten und vereidigten Sachverständigen für bebaute und unbebaute Grundstücke namentlich als berechtigt zur Erstellung eines Verkehrswertgutachtens im Auftrag der Treuhandanstalt durch die TLG hervorgehoben wurden[71].

▶ *Zur Haftung vgl. unten Rn. 200 ff.*

84 Die öffentliche **Bestellung und Vereidigung von Sachverständigen** gemäß § 36 GewO erfolgt nach den Grundsätzen der Sachverständigenordnung – SVO – grundsätzlich **durch die Industrie- und Handelskammer** (vgl. Ziff. 1.1.1 der Richtlinien zur SVO, abgedruckt im Anh. 1.1), die Handwerkskammer, die Landwirtschaftskammer und in einigen Ländern auch durch Architekten- und Ingenieurkammern. 1999 waren insgesamt 82 Industrie- und Handelskammern kraft Landesrecht für die öffentliche Bestellung und Vereidigung von Sachverständigen auf 200 verschiedenen Sachgebieten zuständig.

85 Nach § 36 Abs. 5 GewO findet § **36 Abs. 1 bis 4 GewO** u. a. **keine Anwendung, soweit die Länder Vorschriften über die öffentliche Bestellung und Vereidigung von Sachverständigen auf dem Gebiet Hochsee- und Küstenfischerei, der Land- und Forstwirtschaft einschließlich des Weinbaus und des Garten- und Weinbaus sowie der Landesvermessung erlassen** haben. Dies wird auf dem Gebiet der Landwirtschaft von den Landwirtschaftskammern wahrgenommen.

1.2.7.2   Ergänzende Landesregelungen

Die **öffentliche Bestellung landwirtschaftlicher Sachverständiger** ist in den Bundeslän- **86**
dern unterschiedlich geregelt: zuständig sind[72]:

Baden-Württemberg:	*Regierungspräsidenten (Freiburg, Karlsruhe, Stuttgart, Tübingen)*
Bayern:	*Regierung der Regierungsbezirke (Oberbayern, Nieder-bayern, Oberpfalz, Mittelfranken, Unterfranken, Schwaben)*
Berlin:	*Senator für Wirtschaft (Landesverband Gartenbau und Landwirtschaft)*
Brandenburg:	*Ministerium für Ernährung, Landwirtschaft und Forsten*
Bremen:	*Landwirtschaftskammer*
Hamburg:	*Hauptausschuss für Landwirtschaft und Gartenbau*
Hessen:	*Hessisches Landesamt für Regionalentwicklung und Land-wirtschaft (Kassel) betr. Landwirtschaft und die Regie-rungspräsidenten betr. Forstwirtschaft sowie des Garten-und Weinbaus (VO vom 9. 6. 1996; VV vom 23. 1. 1997)*
Mecklenburg-Vorpommern:	*Landwirtschaftsministerium*
Niedersachsen:	*Landwirtschaftskammer (Hannover, Weser-Ems)*
Nordrhein-Westfalen:	*Landwirtschaftskammer (Rheinland, Westfalen-Lippe)*
Rheinland-Pfalz:	*Landwirtschaftskammer*
Saarland:	*Landwirtschaftskammer*
Sachsen:	*Staatsministerium für Landwirtschaft, Ernährung und Forsten; Regierungspräsidium Chemnitz*
Sachsen-Anhalt:	*Ministerium für Ernährung, Landwirtschaft und Forsten*
Schleswig-Holstein:	*Landwirtschaftskammer*
Thüringen:	*Ministerium für Landwirtschaft und Forsten*

66 § 13 Abs. 1 bad.-württ. GutachterausschussVO; § 10 brandb. GutachterausschussVO; § 12 Abs. 1 brem. Gutach-terausschussVO; § 9 Abs. 2 hess. VO zur Durchführung des BauGB; § 10 Nordrh.-westf. GAVO-NW; § 13 Abs. 1 sächs. GutachterausschussVO; § 10 Abs. 1 sächs.-anh. GutachterausschussVO; allein in § 17 Abs. 3 Nr. 3 der bln. DVO-BauGB werden neben den öffentlich bestellten und vereidigten Sachverständigen auch Sachverstän-dige „mit vergleichbarer Sachkunde" genannt.
67 § 10 Abs. 2 brem. GutachterausschussVO, nach der „fallbezogene schriftliche Auskunft in anonymisierter Form" erteilt bekommen (§ 10 Abs. 3); entsprechend § 10 hamb. GutachterausschussVO; § 15 rh.-pf. Gutachter-ausschussVO, nach der den öffentlich bestellten und vereidigten Sachverständigen Namen und Anschrift des Eigentümers von Vergleichsgrundstücken zwar nicht genannt werden dürfen, jedoch weitergehende Auskünfte anderen Stellen und Personen i. S. d. § 15 Abs. 2 erteilt werden dürfen; § 13 Abs. 1 saarl. GutachterausschussVO, der die Auskunft für den freien Sachverständigen nicht vorsieht: § 13 Abs. 1 Satz 2 i. V. m. Abs. 2 Satz 2 schl.-hol. GutachterausschussVO; Entsprechendes gilt auch nach § 16 der thüring. GutachterausschussVO. Dies alles mag mit datenschutzrechtlichen Argumenten begründet werden, jedoch gelten eine Reihe datenschutzrechtli-cher Regelungen auch für „freie" Sachverständige (vgl. § 27 rh.-pf. Landesdatenschutzgesetz; vgl. auch §§ 210 ff. StGB) und sind zumindest rechtlich gestaltbar
68 Erl. des bad.-württ. FM vom 24. 8. 1998 – 3 S 3014/15 –, DB 1998, 1840 = GuG 1999, 55; Vfg OFD Frankfurt am Main vom 31. 10. 1997 in GuG 1998, 353
69 BVerfG, Beschl. vom 25. 3. 1992 – 1 BvR 298/86 –, EzGuG 11.193; BVerwG, Urt. vom 26. 6. 1990 – 1 C 10/88 –, EzGuG 11.179; BVerwG, Urt. vom 29. 5. 1957 – 1 C 212/54 –, EzGuG 11.10; BVerwG, Urt. vom 24. 6. 1975 – 1 C 23/73 –, EzGuG 11.97; hierzu Weidhaas in GewArch 1991, 367; VG Stuttgart, Urt. vom 15. 3. 1972 – R 74/66 –, EzGuG 11.83 a
70 BVerwG, Urt. vom 27. 6. 1974 – 1 C 10/73 –, EzGuG 11.94; § 823 Abs. 2 BGB; §§ 1 und 4 UWG; §§ 132 a, 263 StGB; LG Wiesbaden, Urt. vom 19. 7. 1978 – 12 O 46/78 –, EzGuG 11.112 a
71 OLG Stuttgart, Urt. vom 3. 10. 1986 – 2 U 105/86 –, EzGuG 11.159 a; OLG Hamm, Urt. vom 11. 3. 1986 – 4 U 100/85 –, EzGuG 11.151 b; umfassend hierzu Landmann/Rohmer, GewO, a. a. O., § 36 Rn. 8 g S. 17
72 Leitfaden zur Anerkennung freiberuflicher landwirtschaftlicher Berater nach dem HLBS-Standard, 2. Aufl. 1993 Siegburg. Zur Berechtigung der Führung der Bezeichnung „Landwirtschaftliche Buchstelle" vgl. GuG 1992, 345 und GuG 1994, 300; zum Stand Vollrath in HLBS-report 1998, 17

87   Zu den **Rechtsgrundlagen** vgl. die Übersicht in der 2. Aufl. dieses Werks.

88   In *Berlin* gilt die Besonderheit, dass **ein Öffentlich bestellter Vermessungsingenieur in dieser Eigenschaft zugleich gutachtlich bei der „Ermittlung von Grundstückswerten" tätig werden darf** (soweit nicht der Gutachterausschuss für Grundstückswerte nach den §§ 192 ff. BauGB zuständig ist), da diese Aufgabe[73] als „Vermessungsaufgabe" definiert ist[74], in dieser Eigenschaft führt er das kleine Landessiegel (§ 12 ÖbVI-BO).

89   Diesbezüglich muss man schon leider von einer gesetzlich „verbrieften" Sachkunde sprechen, die nicht immer der Realität ihrer Berufsausbildung entspricht. **Gutachten öffentlich bestellter Vermessungsingenieure wurden im Rahmen der Bedarfsbewertung** zunächst auch **nicht als Gutachten „öffentlich bestellter und vereidigter Sachverständiger"** von den Finanzbehörden **anerkannt;** die Entscheidung wurde dann aber revidiert[75].

90   In *Bayern* ist die öffentliche Bestellung von Sachverständigen im **Bayerischen Sachverständigengesetz** – BaySVG – geregelt (vgl. auch Durchführungsrichtlinien vom 28. 6. 1966[76]); das Gesetz findet allerdings keine Anwendung, wenn die Bestellung anderweitig geregelt ist, wie z. B. im Falle der öffentlichen Bestellung von Sachverständigen durch die Industrie- und Handelskammer auf Grund von Art. 7 Nr. 1 und 2 des Bayerischen Ausführungsgesetzes zum Gesetz über die Industrie- und Handelskammern.

91   In *Brandenburg* kann die **Brandenburgische Ingenieurkammer** im Rahmen des § 36 GewO **Sachverständige öffentlich bestellen**[77].

92   In *Hamburg:* § 11 Buchst. g des Hamburgischen Architektengesetzes i. d. F. vom 26. 3. 1991 (GVBl. 1981, 85).

93   In *Hessen* können weder die Architektenkammer noch die Ingenieurkammer Sachverständige öffentlich bestellen. Sie haben lediglich Mitwirkungsrechte.

94   In *Niedersachsen* findet § 9 Abs. 1 Nr. 8 des Architektengesetzes vom 23. 2. 1970 (GVBl. 1970, 37), zuletzt geändert durch Gesetz vom 28. 3. 1990 (GVBl. 1990, 127) Anwendung. Danach muss eine Zuständigkeit verneint werden, weil der Wortlaut des § 9 Abs. 1 Nr. 8 nicht auf die öffentliche Bestellung nach § 36 GewO Bezug nimmt, sondern nur von „vorschlagen, prüfen und ernennen" spricht. Daneben gilt § 19 Abs. 1 Nr. 8 des Gesetzes über den Schutz der Berufsbezeichnung „Beratender Ingenieur" und die Errichtung einer Ingenieurkammer vom 28. 3. 1990 (GVBl. 1990, 132).

95   In *Nordrhein-Westfalen* und *Rheinland-Pfalz* gehört es zu den Aufgaben der Architektenkammer, Sachverständige öffentlich zu bestellen und zu vereidigen (soweit die Architektenkammer hierfür zuständig ist) und auf Verlangen von Behörden und Gerichten (sowie Dritter) zu benennen[78].

   Die Architektenkammer NW und die Ingenieurkammer-Bau NW haben von der auf Grund § 9 Abs. 1 Nr. 8 und § 29 Abs. 1 Nr. 8 des Baukammergesetzes vom 15. 12. 1992 (GVBl. – NW 1992, 534) bestehenden Möglichkeit, Sachverständige zu bestellen und zu vereidigen, bislang keinen Gebrauch gemacht[79].

96   In *Rheinland-Pfalz* gelten § 13 Abs. 1 Nr. 9 des Architektengesetzes Rheinland-Pfalz vom 22. 3. 1989 (GVBl. 1989, 71) und § 12 Abs. 2 des Landesgesetzes über die Berufsordnung und die Kammer der Beratenden Ingenieure vom 25. 3. 1991 (GVBl. 1991, 174).

97   In *Sachsen* gehören zu den Aufgaben der **Ingenieurkammern** das Vorschlags- und **Mitwirkungsrecht bei der öffentlichen Bestellung und Vereidigung von Ingenieursachverständigen** (§ 2 Abs. 1 Nr. 6 SächsIngKG)[80].

98   In *Sachsen-Anhalt* gehört es zu den **Aufgaben der Ingenieurkammern, Sachverständige** vorzuschlagen, **zu prüfen, zu ernennen und zu vereidigen.** Die Entschädigung für die

Tätigkeit in den Organen sowie der Sachverständigen wird durch Satzung der Ingenieur-kammer geregelt[81].

In *Schleswig-Holstein* gelten § 1 Nr. 1 der Landesverordnung zur Übertragung der Ermächtigung nach § 36 Abs. 1 und 3 der GewO vom 25. 11. 1987 (GVOBl. 1987, 352) i.V. m. § 1 der Landesverordnung über die Ermächtigung der Architekten- und Ingenieurkammer Schleswig-Holstein zur öffentlichen Bestellung und Vereidigung von Sachverständigen gemäß § 36 Abs. 1 GewO vom 22. 12. 1987 (GVOBl. 1988, 5).

99

1.2.7.3 Sachverständigenordnung (SVO)

Bei der Sachverständigenordnung[82] **– SVO – der Industrie- und Handelskammern handelt es sich** nicht um eine Satzung, sondern **um eine** das Gesetz auslegende und eine einheitliche Ermessensbetätigung sicherstellende **Verwaltungsvorschrift.** Zur Rechtssetzung ist die Kammer nämlich nur befugt, wenn sie durch eine entsprechende landesrechtliche Rechtsverordnung dazu ermächtigt ist[83]. Zum Erlass solcher Verwaltungsvorschriften sind die Industrie- und Handelskammern durch § 36 GewO befugt, wenn und soweit die Landesregierungen von ihrer Ermächtigung keinen Gebrauch gemacht haben, durch Rechtsverordnung die zur Durchführung des § 36 Abs. 1 und 2 GewO erforderlichen Vorschriften über die Voraussetzungen für die Bestellung sowie über die Befugnisse und Verpflichtungen der öffentlich bestellten und vereidigten Sachverständigen bei der Ausübung ihrer Tätigkeit zu erlassen. Demzufolge bleibt es den Kammern vorbehalten, zu regeln,

100

– in welcher Weise ein Bewerber seine besondere Sachkunde (vgl. Rn. 1) nachzuweisen hat,

– ob die Kammer zur Ermittlung der besonderen Qualifikation eines Bewerbers auf Auskünfte und Beratung von Fachleuten zurückgreift und deren Urteil ihrer Entscheidung zu Grunde legt, und

– ob die Bestellung befristet werden kann[84].

---

73 § 24 des Gesetzes über das Vermessungswesen in Berlin – VermGBln vom 8. 4. 1974 (GVBl. 1974, 806), zuletzt geändert durch Art. III des Gesetzes vom 26. 1. 1993 (GVBl. 1993, 40)

74 ÖbVI-Berufsordnung – ÖbVI-BO vom 31. 3. 1987 (GVBl. 1987, 1333); Gesetz über die öffentlich bestellten und beeidigten Sachverständige vom 11. 10. 1950 (BayRS 702-1-W), zuletzt geändert durch § 8 des Gesetzes vom 23. 3. 1989 (GVBl. 1989, 89) und § 2 EWR-Anpassungsgesetz vom 24. 5. 1994 (GVBl. 1994, 392)

75 FM von Nds, Erl. vom 25. 5. 1999 – S 3014-9-34 2 –, GuG 1999, 359 Schreiben der bln Senatsverwaltung für Finanzen vom 25. 1. 2000 (III B 16 S 3014 – 16/98) an den BDVI Landesgruppe Berlin; GuG 2000, 369: Revision durch Schreiben der Senatsverwaltung für Finanzen Berlin vom 7. 7. 2000 (III B 16 S 3014 – 16/98), GuG 2000, 369

76 Landmann/Rohmer, GewO Bd. 2 Nr. 270

77 Satzung der Brandenburgischen Ingenieurkammer vom 22. 3. 1995 (Amtl. Anz. 1995, 448, § 15)

78 § 9 Abs. 1 Nr. 8 Baukammergesetz – BauKaG – Nordrh.-Westf. vom 15. 12. 1992 (GVBl. 1992, 534); Architektengesetz Rh.-Pf. vom 23. 3. 1989 (GVBl. 1989, 71)

79 LT-Drucks. 11/8661

80 Sächsisches Ingenieurkammergesetz – SächsIngKG – vom 19. 10. 1993 (GVBl. 1993, 989)

81 Ingenieurgesetz des Landes Sachsen-Anhalt (IngG-LSA) vom 15. 11. 1991 (GVBl. LSA 1991, 440), § 18 Abs. 1 Nr. 8 und § 20

82 Die Muster-Sachverständigenordnung ist im Anh. 1.1 abgedruckt; vgl. auch § 2 Abs. 1 Nr. 6 des bad.-württ. Gesetzes über die Errichtung einer Ingenieurkammer und über die Berufsordnung der Beratenden Ingenieure (Ingenieurkammergesetz) vom 8. 1. 1990 (GBl. 1990, 16), wonach die Kammern bei der Ernennung von Sachverständigen mitwirken

83 VG Saarlouis, Urt. vom 23. 6. 1980 – 5 K 114/79 –, EzGuG 11.119 f.; VG Karlsruhe, Urt. vom 5. 12. 1980 – 3 K 217/80 –, EzGuG 11.120 m

84 OVG Münster, Urt. vom 21. 1. 1969 – 4 A 1274/67 –, EzGuG 11.66 a; VG Leipzig, Urt. vom 15. 8. 2000 – 5 K 429/99 –, GuG 2001/4

101 Die **Bestimmungen der Sachverständigenverordnung** einer Kammer **sind für die öffentlich bestellten Sachverständigen verbindlich,** wenn er sie ausdrücklich als für sich verbindlich anerkannt und er sich ihnen damit unterworfen hat[85].

1.2.7.4 Sachverständigenpflichten

102 **Der öffentlich bestellte und vereidigte Sachverständige unterliegt Pflichten,** nämlich

a) der Gutachtenerstattungspflicht (§ 75 Abs. 1 StPO; § 407 Abs. 1 ZPO, § 26 VwVfG); ein **Gutachtenverweigerungsrecht** besteht **nur in Ausnahmefällen** (§§ 76 ff. StPO und § 407 ZPO):

> „**§ 407 ZPO [Pflicht zur Erstattung des Gutachtens]**
>
> (1) Der zum Sachverständigen Ernannte hat der Ernennung Folge zu leisten, wenn er zur Erstattung von Gutachten der erforderten Art öffentlich bestellt ist oder wenn er die Wissenschaft, die Kunst oder das Gewerbe, deren Kenntnis Voraussetzung der Begutachtung ist, öffentlich zum Erwerb ausübt oder wenn er zur Ausübung derselben öffentlich bestellt oder ermächtigt ist.
>
> (2) Zur Erstattung des Gutachtens ist auch derjenige verpflichtet, der sich hierzu vor Gericht bereit erklärt hat."

Öffentlich bestellte und vereidigte Sachverständige sind nach § 413 ZPO zur Erstattung von Gutachten für Gerichte nach den Bedingungen des Gesetzes über die Entschädigung von Zeugen und Sachverständigen (ZSEG) verpflichtet. **Im Verweigerungsfall** kann gegen ihn ein **Ordnungsgeld** festgesetzt werden (§ 409 ZPO).

b) der Verpflichtung zur **gewissenhaften Erfüllung seiner Obliegenheiten** (Sorgfaltspflicht nach § 36 Abs. 1 Satz 2 GewO; § 1 Verpflichtungsgesetz);

c) der **„persönlichen und unparteiischen Gutachtenerstattungspflicht"** (§ 23 SVO; Anh. 1.1; vgl. § 407a ZPO, abgedruckt bei Rn. 49);

d) die Pflicht zur **Kundmachung der öffentlichen Bestellung** (§ 12 SVO);

e) die Pflicht, die bei der Ausübung seiner Tätigkeit erlangten **Kenntnisse Dritten nicht unbefugt mitzuteilen** oder zum Schaden anderer oder zu seinem oder zum Nutzen anderer nicht unbefugt zu verwerten (Schweigepflicht nach § 15 SVO);

f) die **Fortbildungspflicht** (§ 16 SVO);

g) die **Haftungspflicht** (§ 14 SVO);

h) die **Aufzeichnungs-, Aufbewahrungs- und Auskunftspflicht** (§§ 13, 19 und 20 SVO).

103 **Der öffentlich bestellte und vereidigte Sachverständige ist demzufolge zur Erstattung von Gutachten verpflichtet.** Er kann die Gutachtenerstattung nur aus „wichtigem Grund" verweigern (vgl. § 10 SVO Anh. 12.1). Die Ablehnung ist nach § 663 BGB dem Auftraggeber unverzüglich anzuzeigen; die Vorschrift hat folgenden Wortlaut:

§ 663 BGB (Anzeigepflicht bei Ablehnung)
[1]Wer zur Besorgung gewisser Geschäfte öffentlich bestellt ist oder sich öffentlich erboten hat, ist, wenn er einen auf solche Geschäfte gerichteten Auftrag nicht annimmt, verpflichtet, die Ablehnung dem Auftraggeber unverzüglich anzuzeigen. [2]Das Gleiche gilt, wenn sich jemand dem Auftraggeber gegenüber zur Besorgung gewisser Geschäfte erboten hat.

1.2.7.5 Rundstempel

104 Die Verwendung von Rundstempeln, wie sie den öffentlich bestellten und vereidigten Sachverständigen durch die SVO vorgeschrieben ist, ist nur diesen vorbehalten[86]. In der Verwendung des Rundstempels durch nicht öffentlich bestellte und vereidigte Sachverständige sahen die Gerichte eine irreführende Werbung (§ 3 UWG), da der Verbraucher Rundstempel aus Notarurkunden und Urteilsabschriften kennt und entsprechende Assoziationen zwangsläufig sind. **Ein nicht öffentlich bestellter und vereidigter Sachverständiger dürfe einen Rundstempel** deshalb **nur verwenden, wenn dieser so augenfällig von dem**

Erscheinungsbild der von den öffentlich bestellten und vereidigten Sachverständigen benutzten Rundstempel abweicht, dass selbst für den flüchtigen Betrachter nicht die Gefahr entsteht, den Stempel des freien Sachverständigen für den eines öffentlich bestellten und vereidigten Sachverständigen zu halten[87]. Diese Gefahr sei besonders dann gegeben, sobald der Stempel die Worte „Sachverständiger für ..." enthält.

Die Sachverständigenverbände verwenden bei alledem in auffälliger Weise **Stempelformen, die dem Rundstempel nahe kommen**[88]. Der BGH hatte schon 1971 hierzu entschieden, dass eine Wettbewerbshandlung nicht schon deshalb unlauter sein kann, weil sie gegen Anordnungen und Richtlinien von Verbänden, Berufsvertretungen, Vereinen und sonstigen Organisationen verstößt[89]. **105**

Im geschäftlichen Verkehr darf im Übrigen mit einer öffentlichen Bestellung und Vereidigung **nur auf dem Sachgebiet geworben werden, auf dem die Bestellung ausgesprochen worden ist**[90]. **106**

1.2.7.6 Erlöschen der öffentlichen Bestellung

Nach § 22 SVO erlischt die öffentliche Bestellung durch **107**

a) *Verzicht* des Sachverständigen, der nach § 22 Nr. 1a SVO einer schriftlichen Erklärung des Sachverständigen gegenüber der Kammer bedarf, dass er nicht mehr als öffentlich bestellter und vereidigter Sachverständiger tätig sein wolle;

b) *Verlegung der beruflichen Hauptniederlassung oder, falls* eine solche nicht besteht, *des Hauptwohnsitzes* aus dem Bezirk der Kammer; in diesem Fall muss der Sachverständige bei der für den neuen Sitz zuständigen Kammer erneut Antrag auf Bestellung stellen. Dabei hat er regelmäßig einen Rechtsanspruch auf Bestellung und nur in ganz besonderen Ausnahmefällen (vgl. Begründung 22.2 zu § 22 Nr. 1b SVO) ist die Kammer daran gehindert[91];

c) *Ablauf der befristeten Bestellung,* die durch Verwaltungsakt gemäß § 2 Nr. 3 SVO zum Zwecke der Überwachung und zum Schutz der Öffentlichkeit zeitlich befristet werden kann und deren Verlängerung der Sachverständige schon vor Ablauf der Befristung beantragen kann;

d) *Erreichung der Altersgrenze,* nämlich die Vollendung des 68. Lebensjahrs nach § 22 Nr. 1d SVO, wobei aus Gründen des Bestandsschutzes und der Verhältnismäßigkeit gegenüber den betroffenen Sachverständigen nach § 22 Nr. 2 SVO die Kammer in begrün-

---

85 OVG Münster, Urt. vom 19. 6. 1963 – 4 A 346/62 –, EzGuG 11.35 a; OVG Münster, Urt. vom 12. 1. 1966 – 4 A 565/65 –, EzGuG 11.50 a
86 OLG München, Urt. vom 26. 3. 1981 – 6 U 4325/80 –, EzGuG 11.123 a; OLG München, Urt. vom 22. 2. 1983 – 6 W 722/83 –, EzGuG 11.35 a; OLG Frankfurt am Main, Urt. vom 16. 8. 1982 – 6 W 112/82 –, EzGuG 11.132 a; OLG Bamberg, Urt. vom 9. 12. 1981 – 3 U 134/81 –, EzGuG 11.125 m; LG Wiesbaden, Beschl. vom 17. 12. 1981 – 5 O 528/81 –, EzGuG 11.125 n; LG Wiesbaden, Beschl. vom 3. 9. 1981 – S O 326/81 –, EzGuG 11.125 e; LG Frankfurt am Main, Urt. vom 22. 7. 1981 – 2/6 O 277/81 –, EzGuG 11.125 b; LG Darmstadt, Urt. vom 17. 12. 1985 – 16 O 579/85 –, EzGuG 11.149 f; LG Heidelberg, Urt. vom 27. 11. 1985 – O 140/85 KfH II –, EzGuG 11.149 e; LG Koblenz, Urt. vom 2. 5. 1985 – 4 HO 167/84 –, EzGuG 11.146 a; OLG Düsseldorf, Urt. vom 19. 2. 1988 – 2 U 76/87 –, EzGuG 11.169 a
87 OLG Hamm, Urt. vom 11. 3. 1986 – 4 U 100/85 –, EzGuG 11.115 b; einschränkend OLG Stuttgart, Urt. vom 3. 10. 1986 – 2 U 105/86 –, EzGuG 11.159 b
88 Das OLG Frankfurt am Main, Urt. vom 12. 2. 1987 – 6 U 7/87 –, NJW-RR 1988, 103 hat einen Rundstempel mit Doppelumrandung zugelassen; OLG Hamm, Urt. vom 9. 3. 1995 – 4 U 121/94 –, WRP 1996, 443 = GewArch 1995, 443
89 BGH, Urt. vom 25. 6. 1971 – I ZR 68/70 –, GRUR 1971, 580 = MDR 1971, 907 = BB 1971, 949
90 BGH, Urt. vom 28. 6. 1984 – I ZR 93/82 –, EzGuG 11.142 t; LG Landshut, Urt. vom 14. 8. 1990 – HK O 766/90 –, WRP 1991, 676
91 Kritik hierzu bei Stober, Der öffentlich bestellte Sachverständige zwischen beruflicher Bindung und Deregulierung; Köln 1991, S. 143; Bleutge in Landmann/Rohmer, Komm. zu § 36 GewO Rn. 124

deten Ausnahmefällen die Möglichkeit hat, eine einmalige befristete Verlängerung der öffentlichen Bestellung zuzulassen; die Höchstaltersgrenze nach § 20 Nr. d SVO – nämlich die Vollendung des 68. Lebensjahrs – ist in der Rechtsprechung bestätigt worden[92].

e) *Rücknahme und Widerruf* der öffentlichen Bestellung durch die Kammer gemäß § 22 Nr. 1 e SVO. **Zwischen Rücknahme und Widerruf ist** dabei **zu unterscheiden:**

   – Eine **Rücknahme** kommt in Betracht, wenn der Kammer die Unrichtigkeit der Angaben und Nachweise, die Grundlage der Bestellung waren, bekannt wird. Hierzu gehören falsche Nachweise über die Vermögensverhältnisse oder durch Dritte angefertigte Gutachten. Dabei ist es unerheblich, ob dem zu Unrecht ernannten Sachverständigen ein Verschulden trifft.

   – Ein **Widerruf** kommt in Betracht, wenn sich nachträglich herausstellt, dass der Sachverständige die erforderliche Eigenschaft nicht oder nicht mehr besitzt. Dabei ist es unerheblich, ob der Sachverständige die Eigenschaften während der öffentlichen Bestellung verloren hat; zum Widerruf können auch bekannt gewordene Tatsachen führen, die schon vorher bestanden haben (z. B. wiederholte Verletzung von Pflichten, der Voraussetzungen für eine unabhängige Tätigkeit oder mangelnde Gewähr für eine unparteiische Ausübung der Sachverständigentätigkeit).

   Die Voraussetzungen liegen z. B. auch vor, wenn sich nachträglich ergibt, dass das Gutachten eines solchen Sachverständigen nach Aufbau, Wortwahl und stilistischer Gestaltung so angefertigt ist, dass es von Personen, die auf dem jeweiligen Fachgebiet keine Fachkenntnisse besitzen, nicht verstanden werden kann[93].

   Einmalige und leichtere Pflichtverletzungen führen i. d. R. zunächst nur zu einer **Abmahnung** oder der **Erteilung von Auflagen** durch die Kammer. Erst bei erfolgloser Abmahnung und wiederholter Pflichtverletzung kann es in diesen Fällen zum Widerruf der Bestellung führen.

108   **Mit dem Widerruf bzw. der Rücknahme verliert der Sachverständige die Eigenschaft als „öffentlich bestellter und vereidigter Sachverständiger".** Stempel und Ausweis sind an die Kammer zurückzugeben.

109   **Rücknahme und Widerruf sind belastende Verwaltungsakte,** gegen die sich der Sachverständige durch Widerspruch und bei erfolglosem Widerspruch durch Klage vor dem Verwaltungsgericht wehren kann.

110   **Ist die öffentliche Bestellung erloschen, darf sich der Sachverständige auch nicht als „Senior-Mitglied" eines Verbandes öffentlich bestellter und vereidigter Sachverständiger nennen,** weil dies den unzutreffenden Eindruck erweckt, er sei noch immer öffentlich bestellt und vereidigt[94].

1.2.8   Zertifizierte Sachverständige

1.2.8.1   Allgemeines

111   **Eine „Zertifizierung" von Sachverständigen ist praktisch von jeder Stelle möglich,** da es sich hierbei nicht um einen geschützten Begriff handelt. Hierfür bestehen weder fachliche noch formelle Voraussetzungen. Diese Zertifizierung ist damit praktisch bedeutungslos und keine Gewähr, dass der „Zertifizierte" die für einen Sachverständigen notwendige Sachkunde aufweist.

112   Von diesem **„wilden Zertifizierungswesen"** zu unterscheiden ist die Zertifizierung durch Stellen, die nach der Europäischen Norm EN 45013 akkreditiert sind. Die „Zertifizierung" durch *nicht akkreditierte* Stellen als vermeintlicher Qualitätssicherungsnachweis ist von daher irreführend gerade im Hinblick auf den Auftraggeber, der darin sein Vertrauen setzt. Hierauf soll nicht näher eingegangen werden.

Da das Akkreditierungs- und Zertifizierungswesen ohne gesetzliche Grundlage eingeführt **113** wurde, konnte es von jedermann unkontrolliert mit unterschiedlichen Qualitätsstandards eingeführt werden. Im Rahmen der DIN 45.013 werden sie **vom sog. Sektorkomitee** und im Rahmen der ISO 9.001 vom Geprüften **selbst vorgegeben.** Es kommt hinzu, dass auch die Bezeichnungen „Akkreditierung" und „Zertifizierung" nicht geschützt sind und von jedermann ohne Einhaltung der Norm verwendet werden können. Infolgedessen muss zwischen zertifizierten Sachverständigen unterschieden werden, die unter Einhaltung der DIN 45.013 und der ISO 9.001 zertifiziert wurden. Ohne Angabe dieser Normen, zu der ein Sachverständiger nicht verpflichtet ist, muss bei dem „Verbraucher" Verwirrung zu besorgen sein. Der Sachverständige braucht noch nicht einmal eine Norm einzuhalten, wenn er von einem Verband lediglich zertifiziert worden ist.

Nachfolgend wird die **Zertifizierung nach EU-Normen** vorgestellt. Eine anderweitige **114** Zertifizierung ist an Vorgaben nicht gebunden und demzufolge bedeutungslos. **Grundlage für die „europäische" Zertifizierung** von Sachverständigen sind folgende Normen:

EN 45 003   Allgemeine Kriterien für Stellen, die Prüflaboratorien akkreditieren,

EN 45 013   Allgemeine Stellen, die Personal zertifizieren.

Von der Zertifizierung nach der DIN-EN 45013 zu unterscheiden ist das **Qualitätssiche-** **115** **rungssystem** nach der Normreihe ISO 9000[95] **(Qualitätsmanagement der Dienstleistung).**

Mit der Zertifizierung von Sachverständigen sollen auf europäischer Ebene vertrauensbil- **116** dende Maßnahmen zur Qualitätssicherung u. a. von Dienstleistungen im Gutachterbereich geschaffen werden. Hierzu wurden Kriterien geschaffen, die von den Stellen beachtet werden müssen, die Personal zertifizieren, wenn sie als kompetent und zuverlässig anerkannt werden sollen. Die Anerkennung erfolgt durch ein **Zertifikat:** Ein Zertifikat ist eine Bescheinigung. Bezogen auf die Sachverständigentätigkeit wird mit der Zertifizierung durch einen unabhängigen Dritten lediglich bescheinigt, dass eine Dienstleistung mit bestimmten technischen Regeln übereinstimmt (Konformität). **Das Zertifikat bescheinigt also die Konformität z. B. einer Dienstleistung mit technischen Regeln.**

Die **Zertifizierung** soll durch **Zertifizierungsstellen auf der Grundlage der Normen EN** **117** **45011, 45012 und 45013** erfolgen (vgl. entsprechende DIN vom Mai 1990 „Allgemeine Kriterien für Stellen, die Prüflaboratorien akkreditieren). Die genannten Normen haben den Status einer deutschen Norm. Diese Normen verlangen u. a.

– die Unparteilichkeit der Zertifizierungsstelle, die durch eine entsprechende Besetzung zu gewährleisten ist, und

– den Zugang zu den Diensten einer Zertifizierungsstelle durch alle Interessenten.

---

92   BVerfG, Beschl. vom 16. 6. 1959 – 1 BvR 71/57 –, EzGuG 11.18 c; BVerfG, Beschl. vom 2. 5. 1961 – 1 BvR 203/53 –, BVerfGE 12,319; BVerfG, Beschl. vom 17. 7. 1961 – 1 BvL 44/55 –, EzGuG 11.23 b; BVerfG, Beschl. vom 19. 12. 1962 – 1 BvR 541/57 –, EzGuG 11.30 a; BVerfG, Beschl. vom 4. 5. 1983 – 1 BvL 46 und 47/80 –, EzGuG 11.137; BVerfG, Beschl. vom 20. 5. 1959 – 1 BvL 1/58 und 7/58 –, EzGuG 11.18 b; BVerfG, Beschl. vom 16. 11. 1990 – 1 BvR 1280/90 –, EzGuG 11.182 b; BayVerfGH, Entsch. vom 17. 5. 1982 – Vf. 2 – VII 80 –, EzGuG 11.130 a; BayVerfGH, Entsch. vom 28. 7. 1983 – Vf. 20 VII 81 –, EzGuG 11.140; BayVerfGH, Entsch. vom 12. 5. 1989 – Vf. 6 VII 87 –, EzGuG 11.170; BVerwG, Beschl. vom 6. 6. 1963 – 1 B 11/63 –, EzGuG 11.35; OVG Münster, Urt. vom 7. 7. 1989 – 4 A 1787/88 –, EzGuG 11.171; OVG Lüneburg, Urt. vom 26. 11. 1975 – 7 A 71/75 –, EzGuG 11.99; OVG Berlin, Beschl. vom 17. 2. 1977 – 1 S 1/77 –, EzGuG 11.106 a; VG Arnsberg, Urt. vom 14. 12. 1978 – 1 K 494/78 –, EzGuG 11.114 d; VG Dessau, Beschl. vom 8. 11. 2000 – 2 B 482/00 –, GuG 2001/4; Bleutge in GewArch 1978, 284; Landmann/Rohmer, GewO § 36 Rn. 73; vgl. BT-Drucks. 14/577; BT-Drucks. 7/551; LT-Drucks. NW vom 10. 9. 1999 LT-Drucks. 14/4237
93   VG Sigmaringen, Urt. vom 9. 6. 1980 – 1 K 514/79 –, EzGuG 11.119 d; OVG Münster, Urt. vom 21. 1. 1969 – 4 A 1274/67 –, EzGuG 11.66 a; OVG Münster, Urt. vom 12. 1. 1966 – 4 A 565/65 –, EzGuG 11.50 a
94   LG Frankfurt am Main, Beschl. vom 11. 6. 1997 – 2 06 O 157/97 –, EzGuG 11.245 a
95   Klocke in GuG 1996, 145

Kleiber

118   Die Zertifizierungsstelle wird auf der Grundlage der EN 45000 akkreditiert. **Akkreditieren bedeutet die formelle Anerkennung der Kompetenz einer autorisierten Zertifizierungsstelle durch einen unabhängigen Dritten:** Maßstäbe für die Beurteilung der Zertifizierungsstellen ergeben sich aus ISO-Richtlinien in den EN-Normen der 45000er Reihe.

119   Welche **Bedeutung die Zertifizierung** erlangen wird und ob sie faktisch in ihrer Bedeutung die „öffentliche Bestellung und Vereidigung" ablösen wird, ist derzeit schwer abschätzbar. Sicher erscheint nur, dass solche Sachverständige, die „europäisch" tätig sein wollen, einer Zertifizierung bedürfen, während „inländisch" tätige Sachverständige vorerst noch nicht darauf angewiesen sein werden.

120   Die durch die EU-Norm vorgegebene privatrechtliche Lösung schließt nicht aus, dass **miteinander konkurrierende Zertifizierungsstellen** eingerichtet werden. Eine solche Konkurrenzsituation wäre grundsätzlich zu begrüßen, wenn dies zu einer Qualitätssteigerung führen würde. Bedenklich wäre sie allerdings immer dann, wenn man sich im Hinblick auf Leistungsanforderungen unterbieten würde. Diese Gefahr kann nicht ausgeschlossen werden und es muss deshalb vornehme Pflicht der Zertifizierungsstellen sein, sich im Interesse des Verbrauchers gemeinsam auf ein hohes Anforderungsniveau zu verständigen, weil sonst die Gefahr bestünde, dass in diesem ungeregelten Bereich auch künftig noch „schwarzen Schafen" das Feld überlassen wird. Eine Zersplitterung der Zuständigkeiten im Sachverständigenwesen gilt es damit auch im Rahmen der EU-Normen vorzubeugen[96].

121   Die **Akkreditierung liegt in der Hand nationaler Akkreditierungsstellen,** wobei das Akkreditierungswesen nicht ausschließlich hoheitliche Aufgabe des Staates ist, sondern pluralistisch organisiert sein kann. Einer öffentlich-rechtlichen Einrichtung wird damit keine Monopolstellung eingeräumt. Damit kann jeder Zertifizierungsstelle werden, wenn er nur in seiner Struktur und in seinem Verfahren den Anforderungen der europäischen Norm entspricht.

122   Das **Akkreditierungswesen** gliedert sich in einen

– „geregelten Bereich" (harmonischer Bereich), wenn der nationale Gesetzgeber gesetzlich die Sachverständigentätigkeit regelt und sich der Staat von der Kompetenz der Prüflaboratorien und Zertifizierungsstellen überzeugt, und

– einen „ungeregelten Bereich" (nicht harmonisierter Bereich), der selbst regulierenden Maßnahmen der Wirtschaft vorbehalten ist.

123   Zum gesetzlich geregelten Bereich gehören durch Bundes- oder Landesgesetze sowie durch EG-Richtlinien bestimmte Prüfungen und Zertifizierungen durch dafür anerkannte Stellen (z. B. auf dem Gebiet des Eich- und Sicherungswesens sowie im Bereich des Umweltschutzes). **Zum gesetzlich ungeregelten Bereich gehört dagegen die Zertifizierung von Sachverständigen.**

124   Für den gesetzlich nicht geregelten Bereich wurden unter dem 1991 vom Bund, der deutschen Wirtschaft und den Ländern gegründeten **Deutschen Akkreditierungs-Rat (DAR)** für die verschiedenen Aufgabengebiete Akkreditierungsstellen gebildet; der DAR ist Mitglied der *European Cooperation for Akkredition* (EA). Im Bereich der Zertifizierung von Sachverständigen liegt die Zuständigkeit bei der **Trägergemeinschaft für Akkreditierung (TGA).** Die TGA akkreditiert die Zertifizierungsstellen, bei denen Sachverständige nach der EN 45013 zertifiziert werden können (Abb. 1).

125   Private Akkreditierer werden unter dem Dach der Trägergemeinschaft für Akkreditierung GmbH (TGA) tätig. Die Bundesregierung teilt über ihre ständige Vertretung in Brüssel der Kommission u. a. mit, welche nationale Stelle bzw. Stellen Zertifizierungsaufgaben im Rahmen einer EU-Richtlinie wahrnehmen. Die formale Registrierung einer Zertifizierungsstelle durch die Kommission der Europäischen Gemeinschaft bezeichnet man als **Notifizierung.**

Abb. 1: Akkreditierung

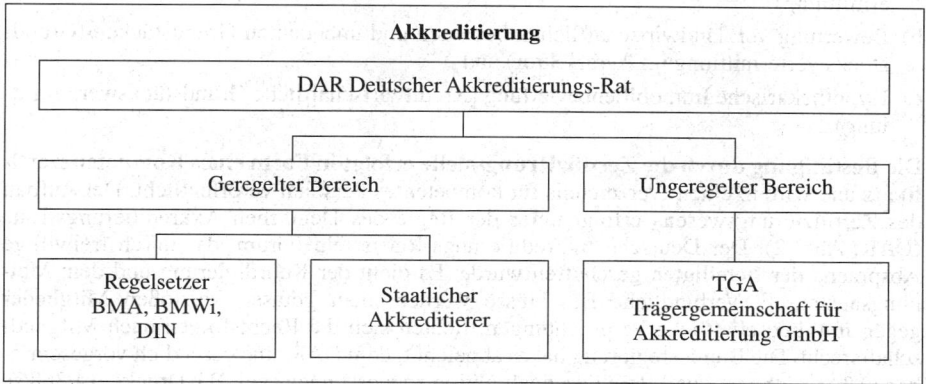

Notifiziert wird nur im harmonisierten geregelten Bereich, der nach dem vorher Gesag-   **126** ten durch Richtlinien der Europäischen Union „geregelt" ist, um so sicherzustellen, dass die von den EU-Staaten notifizierten Stellen qualitativ vergleichbar arbeiten. Da für den Bereich der Grundstückswertermittlung solche Richtlinien bislang nicht bestehen, dürfte diesbezüglich auch eine Notifizierung der Zertifizierungsstellen entfallen.

a) Europäische Norm EN 45013

Die wichtigste Norm der EN 45000er-Reihe für allgemeine Kriterien für Stellen, die Perso-   **127** nal zertifizieren, ist die DIN EN 45013. Die Norm wurde auf privatrechtlicher Grundlage durch eine gemeinsame CEN/CENELEC-Arbeitsgruppe für Zertifizierung ausgearbeitet und kann von jedermann angewendet werden, ohne dass die Anwendung zwingend ist. Die Bundesregierung hat es abgelehnt, die darin enthaltenen Kriterien gesetzlich festzuschrei- ben (vgl. BT-Drucks. 14/3685).

Die Norm enthält allgemeine **Kriterien für die Begutachtung des organisatorischen Aufbaus, der Ausstattung mit Personal und technischen Einrichtungen sowie die Arbeitsweise von Akkreditierungs- und Zertifizierungsstellen.** Die Kriterien „gelten für Zertifizierungsstellen, die Systeme zur Zertifizierung von Personal betreiben und durch Begutachtung und wiederkehrende Überwachung bestätigen, dass das Personal kompetent ist, die angegebenen Dienste zu leisten.

Die EN 45013 enthält keine Kriterien für die fachlichen Anforderungen, die jeweils fach-   **128** gebietsspezifisch erarbeitet werden müssen. Dies geschieht durch sog. **Sektorkomitees** bei der TGA, die sich aus Vertretern der Fachinstitutionen und Vertretern von Verbänden zusammensetzt[97].

Die für das jeweilige Fach- und Zertifizierungsgebiet geltenden Anforderungen werden in   **129** einem **„Normativen Dokument"** zusammengestellt, das Grundlage für die Arbeit der Zer- tifizierungsstellen ist. Im Bereich des **Sektorkomitees „Personalzertifizierung – Grund- stückswertermittlungen"** gliedert sich das Normative Dokument in drei Teilfachgebiete:

---

96   Hansen, W., Zertifizierung und Akkreditierung von Produkten und Leistungen der Wirtschaft, Carl Hanser Ver- lag 1993

97   Bleutge verweist hierauf mit der Bemerkung, dass die Zusammensetzung der die Qualitätsstandards festlegen- den Sektorkomitees dem Zufallsprinzip überlassen wurde (DS 1999/4, S. 16). Dies gilt im Übrigen auch für die personelle Besetzung des Akkreditierungsrats im Bereich der Verkehrswertermittlung von Grundstücken.

a) Bewertung von bebauten und unbebauten Grundstücken (allgemeine Grundstückswertermittlung),

b) Bewertung von landwirtschaftlichen bebauten und unbebauten Grundstücken (Grundstückswertermittlung im Agrarsektor) und

c) Hypothekarische Immobilienbewertung (Kreditwirtschaftliche Grundstückswertermittlung).

130 Die **Bestätigung durch die Zertifizierungsstelle erfolgt in Form eines Kompetenzzertifikats** und wird in einem Verzeichnis für kompetentes Personal veröffentlicht. Der Aufbau des Zertifizierungswesens erfolgt unter der Regie des Deutschen Akkreditierungs-Rats (DAR; Abb. 2). Der Deutsche Akkreditierungs-Rat ist ein Forum, das durch freiwillige Absprache der Beteiligten geschaffen wurde. Es dient der Koordinierung und dem Meinungsaustausch. Verbindliche Beschlüsse werden nicht gefasst. Verstoßen Mitglieder gegen mitgliedschaftliche Verpflichtungen, richten sich die Rechtsfolgen nach Mitgliedschaftsrecht. Die Bundesregierung hat es abgelehnt, dem DAR eine gesetzlich vorgeschriebene Überwachungs- und Regulierungsfunktion zuzuerkennen (vgl. BT-Drucks. 14/3685).

Abb. 2: Deutscher Akkreditierungs-Rat

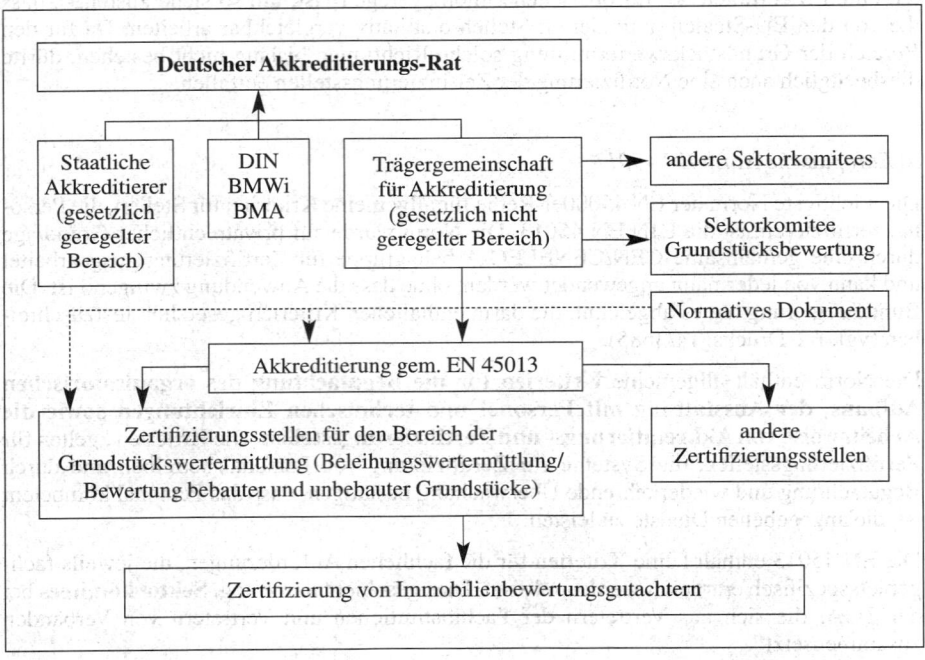

131 **Die Norm enthält** zu dem angegebenen Verfahren **folgende Definitionen:**

a) **Zertifizierungssystem:**
System, das seine eigenen Verfahrens- und Verwaltungsregeln hat, um Zertifizierungen der Konformität durchzuführen.

b) **Zertifizierungsstelle:**
Stelle, die Zertifizierungen der Konformität durchführt. Die Zertifizierungsstelle muss

– über ein Organigramm, eindeutige Dokumentation ihrer Rechtsform, eine Beschreibung ihrer Zertifizierungssysteme sowie über Angaben ihrer Finanzierung verfügen,

- über ein System zur Überwachung der gesamten Dokumentation des Zertifizierungssystems verfügen,
- Aufzeichnungen über ihre Tätigkeit führen,
- das zertifizierte Personal regelmäßig überwachen,
- über qualifiziertes Zertifizierungspersonal und Einrichtungen verfügen,
- über kompetentes Personal verfügen,
- über ein Qualitätssicherungs-Handbuch und dokumentierte Verfahren verfügen, aus denen hervorgeht, auf welche Weise sie die Kriterien erfüllt,
- sicherstellen, dass Vertraulichkeit gewahrt wird,
- ein Verzeichnis der zertifizierten Personen führen,
- über Verfahren zur Behandlung von Beschwerden gegen ihre Entscheidungen verfügen,
- durch interne Audits und wiederkehrende Überprüfung die Erfüllung der Kriterien dieser Norm sicherstellen; ein **Audit** dient dazu, im Rahmen der Zertifizierung von Personal die vorgeschriebene Dokumentation sowie deren Umsetzung vor Ort zu prüfen. Dazu werden kompetente Auditoren benötigt, für deren Qualifikation die Zertifizierungsgesellschaften zuständig sind,
- über dokumentierte Verfahren zum Entzug und zur Annullierung von Kompetenzzertifikaten verfügen.

c) **Auditierung:**

Überprüfungsvorgang der Zertifizierungsstelle.

d) **Überwachungsstelle für Zertifizierung:**

Stelle, die Überwachungsaufgaben im Auftrag einer Zertifizierungsstelle wahrnimmt.

e) **Kompetenzzertifikat:**

Dokument, das gemäß den Regeln eines Zertifizierungssystems ausgestellt wurde und anzeigt, dass angemessenes Vertrauen besteht, dass die genannte Person für bestimmte Aufgaben kompetent ist.

f) **Akkreditierungsstelle**

Stelle, die formal die Kompetenz von Prüf- und Zertifizierungsstellen bestätigt, d. h., sie bestätigt, dass diese Einrichtungen in der Lage sind, bestimmte Aufgaben ordnungsgemäß durchzuführen.

Ansonsten regelt die Norm lediglich die **Struktur der Zertifizierungsstelle und das Verfahren nach folgenden Grundsätzen:**   **132**

a) Alle Personen, die zertifiziert werden wollen, müssen Zugang zu den Diensten der Zertifizierungsstelle haben. Es dürfen keine unangemessenen finanziellen und anderen Bedingungen gestellt werden.

b) Die Zertifizierungsstelle muss unparteiisch sein und über eine Struktur verfügen, die die Auswahl der Mitglieder ihres Lenkungsgremiums aus den am Zertifizierungssystem interessierten Gruppen fordert, ohne dass Einzelinteressen dominieren. Sie muss über angestelltes Personal unter einem dem Lenkungsgremium gegenüber verantwortlichen Leiter verfügen, das die tägliche Arbeit erledigt.

c) Das Lenkungsgremium muss für die Durchführung der Zertifizierung im Sinne dieser Norm verantwortlich sein (Geschäftspolitik; Umsetzung, Aufsicht, Aufgabenübertragung).

Hieraus folgt, dass   **133**

- einerseits alle Personen, die zertifiziert werden wollen, ein **generelles Zugangsrecht** auf die Zertifizierung haben und
- andererseits **keine Verpflichtung zur Zertifizierung** besteht. Die Zertifizierung ist mithin für die Berufsausübung nicht erforderlich, wenngleich sie die Stellung des Sachverständigen auf dem deutschen und internationalen Markt verbessern mag.

134   **Inhaltliche Vorgaben für den Sachverständigen (für Grundstückswerte) werden durch die EN 45013 nicht definiert.** Es handelt sich vielmehr um ein System, mit dem die äußeren Anforderungen an der Überprüfung der Voraussetzungen durch Fachgremien normiert werden, um den Nachweis der besonderen Sachkunde und persönlichen Eignung eines Bewerbers zu erlangen. Ob die damit privatrechtlich organisierten Überwachungsmechanismen strenger als im System der öffentlichen Bestellung nach § 36 GewO wirken werden, wird sich erst noch erweisen müssen[98]. Es wird sich damit zumindest ein weiterer Weg eröffnen, um hier auf der Grundlage europäischer Lösungen eine Zertifizierung zu erlangen, die zunächst nicht die öffentliche Bestellung ersetzt, sondern sich für den Bewerber zusätzlich anbietet. Ein Sachverständiger kann demzufolge zukünftig „öffentlich bestellt und vereidigt" sowie zertifiziert sein. Umgekehrt wird die hoheitliche Anerkennung von Sachverständigen durch die öffentliche Bestellung und Vereidigung von den übrigen EU-Mitgliedstaaten nicht übernommen. Diesbezüglich handelt es sich um eine deutsche Besonderheit[99].

1.2.8.2   Zertifizierung

135   Die **Zertifizierung erfolgt auf Antrag.** Dem Antrag sind i. d. R. beizufügen

– Angaben zur Person, der beruflichen Tätigkeit, ggf. dem Anstellungsverhältnis, zur Schulbildung, Fachausbildung sowie zum beruflichen Werdegang (Nachweis mit Zeugnissen)
– (mindestens fünf anonymisierte) Gutachten.

Im Bereich der landwirtschaftlichen Bewertung zu folgenden Bereichen:

– Verkehrswertermittlung unbebauter landwirtschaftlicher Grundstücke
– Bewertung von Wertbeeinträchtigungen oder Entschädigungen bei bebauten und unbebauten landwirtschaftlichen Grundstücken infolge von Eingriffen Dritter
– Bewertung im Zusammenhang mit Parzellenpacht (örtlicher Pachtpreis, Pachtwert, Anpassung des Pachtpreises u. a.)
– Wertermittlung landwirtschaftlicher Wirtschaftsgebäude (verschiedene Anlässe)
– Wertermittlung landwirtschaftlicher Wohngebäude (verschiedene Anlässe)

136   Die eigentliche **Zertifizierungsprüfung** besteht aus einem schriftlich-theoretischen Teil und einer mündlichen Prüfung entsprechend dem Anforderungsprofil des Prüfstoffverzeichnisses.

137   Bei bestandener Prüfung wird ein **fünf Jahre gültiges Zertifikat** mit einem dieses ausweisenden Stempel vergeben. Die Zertifizierung wird von der Zertifizierungsstelle öffentlich bekannt gemacht. Der Zertifizierte wird mit seinen Angaben in jedermann zugängliche Verzeichnisse aufgenommen. Zur Sicherstellung der fachlichen Qualifikation des „Zertifizierten" muss dieser jährlich eine Fort- und Weiterbildung von mindestens drei Tagen nachweisen und auf Anforderung mindestens drei selbst verfasste Gutachten zur Kontrolle vorlegen (Abb. 3).

1.2.8.3   Hyp Zert

138   Auf dem Gebiet der **hypothekarischen Immobilienbewertung** ist die Hyp Zert GmbH (Holbeinstr. 17, 53175 Bonn) als Zertifizierungsstelle seit dem 7. 10. 1997 nach der EN 45013 akkreditiert. Die Akkreditierung wird auf der Basis von jährlichen Audits durch die TGA überwacht. Darüber hinaus wurde mit dem *Royal Institution of Chartered Surveyors (RICS)* eine Anerkennung des Zertifizierungsverfahrens vereinbart.

Abb. 3: Ablauf des Zertifizierungsverfahrens

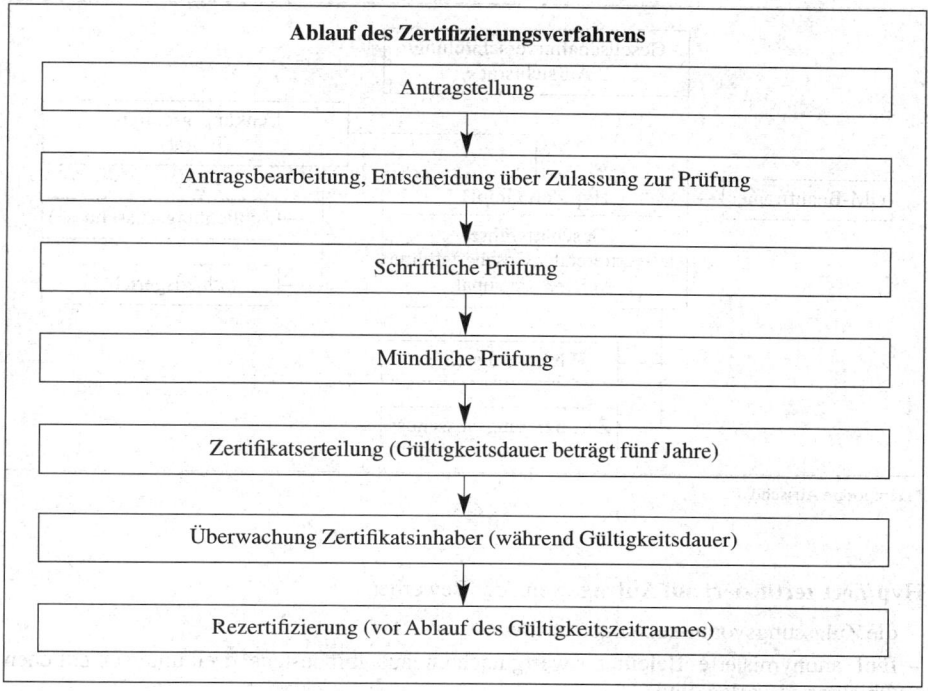

Ablauf des Zertifizierungsverfahrens

Antragstellung

Antragsbearbeitung, Entscheidung über Zulassung zur Prüfung

Schriftliche Prüfung

Mündliche Prüfung

Zertifikatserteilung (Gültigkeitsdauer beträgt fünf Jahre)

Überwachung Zertifikatsinhaber (während Gültigkeitsdauer)

Rezertifizierung (vor Ablauf des Gültigkeitszeitraumes)

Hyp Zert ist eine Gesellschaft mit beschränkter Haftung. Sie wurde 1996 von dem Verband deutscher Hypothekenbanken e.V., Bonn (VDH) gegründet. Seit dem 23. 12. 1997 gehören auch der Deutsche Sparkassen und Giroverband e.V., Bonn (DSGV), der Bundesverband Öffentlicher Banken Deutschlands e.V., Bonn (VÖB), und der Bundesverband deutscher Banken e.V., Köln (BdB) dem Gesellschafterkreis der Hyp Zert an. **139**

Zu den **Gremien der Hyp Zert** gehört die Gesellschafterversammlung, der Aufsichtsrat sowie ein Lenkungsgremium, das sich aus den am Zertifizierungssystem interessierten Gruppen zusammensetzt. Das Lenkungsgremium berät die Geschäftsführung hinsichtlich Fragen zum Zertifizierungsverfahren und besonderer Geschäftsbereiche sowie hinsichtlich der Behandlung von Antragstellern und der Zusammenarbeit mit anderen Stellen. Die Geschäftsführung berichtet dem Lenkungsgremium, wie die Geschäftspolitik durch die Zertifizierungsstelle umgesetzt wird. Die Zusammensetzung des Lenkungsgremiums soll gewährleisten, dass keine Einzelinteressen dominieren. **140**

Die Prüfung der Sachverständigen wird durch den **Prüfungsausschuss** vorgenommen, der mit Experten auf dem Gebiet der Beleihungswertermittlung besetzt sein soll. Die Entscheidung über Erteilung bzw. Entzug des Zertifikats wird vom Zertifizierungsausschuss getroffen (Abb. 4). **141**

98   Kleiber in DS 1996, 21
99   Bleutge in GuG 1997, 72; Wenzl, D./Meinhardt, P., Zertifizierung von Sachverständigen nach EN 45013 auf dem Gebiet der Bewertung unbebauter und bebauter Grundstücke in der Landwirtschaft, HLBS-report 1998, 12

Abb. 4:   Organisationsstruktur der Hyp Zert GmbH

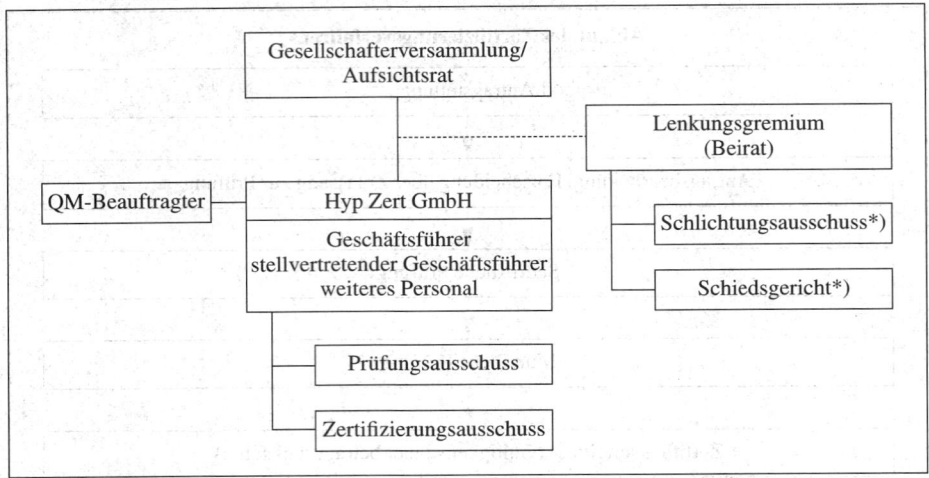

*) temporäre Ausschüsse

142 **Hyp Zert zertifiziert auf Antrag,** wenn der Bewerber

– die Zulassungsvoraussetzungen nachweist,

– fünf anonymisierte Beleihungswertgutachten aus mindestens drei unterschiedlichen Objektarten vorlegt und

– die (mündliche und schriftliche) Zertifizierungsprüfung besteht,

durch Ausstellung eines Zertifikats, das eine Gültigkeit von fünf Jahren hat. Mit dem erfolgreichen Absolvieren des Zertifizierungsverfahrens wird der Titel „Immobiliensachverständiger für Beleihungswertermittlungen, zertifiziert durch Hyp Zert" (CIS hyp zert) verliehen. Eine Rezertifizierung ist vorgesehen.

1.2.9   Chartered Surveyors

143 Chartered Surveyors sind Mitglieder des im Jahre 1868[100] gegründeten **Royal Institution of Chartered Surveyors – RICS –** (London), das 1881 die königliche Charta erhielt. Voraussetzung ist der Abschluss eines Studiums an verschiedenen Universitäten und Technischen Hochschulen (*polytechnics*), die ein Diplom im Bereich der Immobilienwirtschaft (*Estate Management*) verleihen. Derzeit bestehen 33 Studiengänge allein im Bereich der „*General Practice Division*", die als Ersatzabschlüsse („*Fully Exempting Degrees and Diplomas*") vom RICS anerkannt sind[101].

144 Das **Royal Institution of Chartered Surveyors** besteht aus insgesamt 16 Fachrichtungen

1. Antiques & Fine Arts
2. Building Surveying
3. Commercial Property
4. Construction
5. Dispute Resolution
6. Environment
7. Facilities Management
8. Geomatics
9. Management Consultancy
10. Minerals & Waste Management
11. Planning & Development
12. Project Management
13. Residential Property
14. Rural
15. **Valuation**
16. Plant & Machinery

Das Institut hat zur Zeit etwa 70 000 Mitglieder und stellt in Großbritannien aber auch international eine anerkannte Organisation mit der Gewähr für eine große Leistungsbreite und hohe Qualitätsstandards dar.

Die *graduate courses* dauern i. d. R. drei bis vier Jahre. Die **Qualifikation als Chartered**   **145**
Surveyor wird erst nach mindestens zweijährigem Praktikum vergeben. Der „Professional Associate" wird erst nach zehn weiteren Berufsjahren und nicht vor dem 30. Lebensjahr zum **Fellow of the Royal Institution of Chartered Surveyors – FRICS –** ernannt[102].

Insgesamt gibt es **vier unterschiedliche Mitgliedschaften**[103]:   **146**

a) Fellow of the Royal Institution of The Chartered Surveyors (FRICS); Voraussetzung ist die Mitgliedschaft beim RICS und eine mindestens fünfjährige leitende Position in der Immobilienbranche;

b) Professional Member of The Royal Institution Chartered Surveyors (MRICS); Voraussetzung hierfür ist der erfolgreiche Abschluss der Fachqualifikationsprüfung;

c) Associates;

d) Honorary Members of the Royal Institution of Chartered Surveyors (HonMemb RICS).

Die Mitglieder unterliegen einem strengen **Berufsrecht mit Weiterbildungspflicht** (Con-   **147**
tinuing Professional Development). Das *Assessment of Professional Competence* (APC) schließlich beinhaltet neben der unter Supervision ausgeübten Berufspraxis auch eine regelmäßige Teilnahme an Fort- und Weiterbildungsmaßnahmen. Über beide Bereiche ist der RICS gegenüber regelmäßig zu berichten. Oberstes Organ ist der „*General Council"* (Bye-Law 34 section 34). Mitglieder der General Practise Division sind berechtigt, den Titel „Chartered (Valuation) Surveyor" einschließlich des Zusatzes „and *Estate Agent"* zu führen. Mit den „*Rules of Conduct"* (Bye-Law 1973 section VIII) unterliegen die Charte-red Surveyors einem strengen Disziplinarrecht, das als letzte Konsequenz den Ausschluss vorsieht.

Nur Chartered Surveyors dürfen die Berufsbezeichnung ARICS (Professional Asso-   **148**
ciate) **oder FRICS** (Fellow) **verwenden.** Diese Berufsbezeichnung genießt international die höchste Autorität und ist auch in Deutschland angesichts des für die Öffentlichkeit undurchsichtigen Zertifizierungswesens Qualitätssiegel für Professionalität und Integrität. Bezeichnenderweise hat man sich von dieser Seite der gleichzeitigen Zertifizierung ver-schlossen, obwohl die Voraussetzung in qualifizierterer Weise erfüllt wären, als bei manch privatwirtschaftlich organisierter Institution, die hierzulande zertifiziert.

Auf dem Gebiet der Verkehrswertermittlung von Grundstücken hat das RICS vor allem mit   **149**
dem Handbuch „*Statements of Valuation and Appraisal Practice and Guidance Notes"* anerkannte Regeln gesetzt. Dieses „rosa" Buch ist aus dem sog. „*Red Book"* (RICS „*State-ments of Valuation Practise and Guidance Notes")* und dem sog. „*White Book"* (RICS *Manual of Valuation Guidance Notes)* sowie den Empfehlungen des Mallinson Commit-tees *(The Mallinson Report)* hervorgegangen. Es enthält Grundsätze für die Erstattung von Gutachten *(Valuation Certificate; Valuation Report)* für die verschiedensten Auftraggeber und Anlässe, Definitionen und Verhaltensregeln (Eigenverlag The Royal Institution of Chartered Surveyors).

Die **Ausbildung zum Chartered Surveyor wird in Deutschland** von der European Busi-ness School (Oestrich-Winkel/Berlin/München), der FWI in Bochum, der Berufsakademie Sachsen, der FHTW Berlin und der BA und ADI in Stuttgart wahrgenommen[104].

---

100   Gegründet 15. 6. 1868, incorporated by Royal Charter 26. 8. 1881; Gabler/Lammel in Gondring/Lammel, Handbuch Immobilienwirtschaft, Wiesbaden 2001, S. 1182
101   Morgan, J., The Natural History of Professionalisation And its Relevance to Differences in Valuation Methodlogy and Practice in the United Kingdom and Germany, Diss 1998 Reading
102   Christopher in AIZ 1991, 22
103   Bye-Law 1973 s. II
104   Anh. 1.11 sowie GuG 1993, 128

150   Das **RICS Deutschland** (früher: Deutscher Verband Chartered Surveyors e.V. (DVCS)) ist der deutsche Nationalverband der RICS. Er nimmt insbesondere wahr

– das *Assessment of Professional Competence* – APC (Beurteilung der beruflichen Ausbildung) und die Organisation der Abschlussprüfung *(Final Assessments)*,

– die Weiterbildung *(Continuing Professional Development* – CPD)

151   Als europäischer Dachverband der Chartered Surveyors fungiert die 1993 gegründete **European Society of Chartered Surveyors (ESCS)** mit Sitz in Brüssel, die sich seit 2001 **RICS Europe** nennt.

1.2.10   Wirtschafts- und vereidigte Buchprüfer

152   Eine Sonderstellung im Sachverständigenwesen nehmen die Wirtschaftsprüfer und vereidigten Buchprüfer ein. Die Tätigkeit der Wirtschaftsprüfer und der vereidigten Buchprüfer ist im Wesentlichen durch die Aufgabe geprägt, **betriebswirtschaftliche Prüfungen,** insbesondere solche von **Jahresabschlüssen wirtschaftlicher Unternehmen,** durchzuführen und über das Ergebnis der Prüfung zu berichten sowie einen Bestätigungsvermerk zu erteilen oder zu versagen. Wichtige Kontrollfunktionen zugunsten der Öffentlichkeit, der Unternehmen, zugunsten eines Kapitalanlegerschutzes und Gläubigerschutzes erfordern ein hohes Qualitätsniveau des Dienstleistungsprodukts „Abschlussprüfung".

153   Gemäß § 15 Abs. 1 i.V. m. § 131 b Abs. 1 der Wirtschaftsprüferordnung (WPO) werden Wirtschaftsprüfer und vereidigte Buchprüfer durch **Aushändigung einer von der für die Wirtschaft zuständigen obersten Landesbehörde ausgestellten Urkunde als Wirtschaftsprüfer oder als vereidigter Buchprüfer** bestellt. Im Rahmen dieser Bestellung sind

a) Wirtschaftsprüfer u. a. gemäß § 2 Abs. 2 Nr. 1 WPO befugt, unter Berufung auf ihren Berufseid auf den Gebieten der wirtschaftlichen Betriebsführung als Sachverständige aufzutreten,

b) vereidigte Buchprüfer gemäß § 129 Abs. 1 Nr. 1 WPO u. a. befugt, unter Berufung auf ihren Berufseid auf den Gebieten des betrieblichen Rechnungswesens als Sachverständige aufzutreten.

154   Wirtschaftsprüfer sind Adressaten von **strengen Qualitätsmaßstäben in der Wirtschaftsprüferordnung.** Die Pflicht zur Einhaltung dieser Maßstäbe ergibt sich aus den allgemeinen Berufspflichten, nach denen der Wirtschaftsprüfer seinen Beruf unabhängig, gewissenhaft, verschwiegen und eigenverantwortlich auszuüben hat (§ 43 Abs. 1 Satz 1 WPO). Die Berufssatzung der Wirtschaftsprüferkammer als materiell-rechtliche Normierung im Rahmen der freiberuflichen Selbstverwaltung konkretisiert insbesondere den Grundsatz der gewissenhaften Berufsausübung. Sie enthält Vorschriften, die den Wirtschaftsprüfer zur Beachtung fachlicher Regeln, zur Erhaltung seiner fachlichen Kompetenz und zur Gesamtplanung aller Aufträge (§ 4 WPO) sowie zur Aus- und Weiterbildung seiner Mitarbeiter (§ 6 WPO) verpflichten. Der Wirtschaftsprüfer hat die Einhaltung der Berufspflichten regelmäßig zu überprüfen und Mängel abzustellen (§ 7 WPO). Gemäß § 43 Abs. 1 Satz 1 WPO i.V. m. der Berufssatzung obliegen Wirtschaftsprüfern und vereidigten Buchprüfern besondere Berufspflichten zur Sicherung der Qualität, um in der Praxis stets eine hohe Qualität bei der Durchführung von Prüfungsaufträgen zu gewährleisten.

155   Darüber hinaus hat der Berufsstand Empfehlungen zur Qualitätssicherung entwickelt. So wurden von den Vorständen der Wirtschaftsprüferkammer und des Instituts der Wirtschaftsprüfer in Deutschland e.V. gemeinsam mit der Stellungnahme VO 1/95 „Zur Qualitätssicherung in der Wirtschaftsprüferpraxis" in Übereinstimmung mit dem *International Standard on Auditing* ISA 220 *„Quality Control for Audit Work"* Grundsätze zur internen Qualitätssicherung bei der Praxisorganisation und der Abwicklung einzelner Prüfaufträge herausgegeben.

Zwischenzeitlich hat sich international die Erkenntnis durchgesetzt, dass die traditionellen   **156** und bestehenden Qualitätssicherungsmaßnahmen durch eine präventive (externe) Qualitätskontrolle zu ergänzen sind, bei der durch eine außerhalb der Praxis stehende Person überprüft wird, ob die **internen Maßnahmen zur Sicherung der Qualität** umgesetzt werden. So hat die *International Federation of Accountants* (IFAC) im Mai 1999 ein neues *Statement of Policy of Council „Assuring the Quality of Professional Services"* herausgegeben, mit dem sie ihre Mitglieder auf deutscher Seite die Wirtschaftsprüferkammer und das Institut der Wirtschaftsprüfer in Deutschland, verpflichtet, eine obligatorische (externe) Qualitätskontrolle einzuführen.

Innerhalb der EU sind zwischenzeitlich in fast allen Ländern, mit Ausnahme von Öster-   **157** reich und Deutschland, solche Systeme der Qualitätskontrolle eingeführt worden. In Deutschland existiert bisher „extern" nur die Durchsicht der im Bundesanzeiger veröffentlichten **Abschlüsse durch die Wirtschaftsprüferkammer.** Hiermit wird überprüft, ob nach der äußeren Form die gesetzlichen Vorschriften für die Aufstellung und Prüfung dieser Abschlüsse eingehalten worden sind und ob der Inhalt des Bestätigungsvermerks den gesetzlichen Vorschriften entspricht.

Die **Qualität der Prüfungsleistung** ist, mit Ausnahme notwendiger gesetzlicher Vorga-   **158** ben, in erster Linie **Sache des Berufsstands.** Die Einführung eines Systems auf freiwilliger Basis durch den Berufsstand oder Teile hiervon hätte jedoch zum Nachteil, dass die grundsätzliche Verbindlichkeit, die das Berufsrecht bietet, nicht gewährleistet werden kann. Die Einführung einheitlich hoher Qualitätsstandards wäre nicht zwangsläufig, die Entwicklung von Parallelsystemen wäre denkbar. Letzteres könnte wiederum einen Mangel an Transparenz und Akzeptanzprobleme sowohl in der Öffentlichkeit als auch im Berufsstand bewirken. Hinzu kommt, dass ein einheitliches und ein verbindliches System eine Zweiteilung des Berufsstands verhindert. Kleine und mittelständische Einheiten werden mit den gleichen Qualitätsmaßstäben am System teilnehmen können wie die großen Wirtschaftsprüfungsgesellschaften, die bereits über effiziente interne Qualitätskontrollsysteme verfügen.

Die **Einführung eines Pflichtsystems** besitzt für die geprüften Berufsangehörigen eine   **159** berufsregelnde Tendenz als Regelung der Berufsausübung. Ebenfalls haben die Normierungen von Anforderungen für die Berufsangehörigen, die die Prüfungen durchführen, eine grundrechtliche Relevanz. Die Verschwiegenheitsregelungen für die Durchführung der Kontrolle sind, soweit dies erforderlich ist, einzuschränken, wobei die Verschwiegenheit im Gesamtsystem gewährleistet bleiben muss. Die Wirtschaftsprüferkammer muss mit der Organisation des Systems betraut werden, spezielle Organe sind zu schaffen.

Die **Wirtschaftsprüferkammer** hat nach § 57 Abs. 1 WPO als Selbstverwaltungskörper-   **160** schaft des Berufsstands die Aufgabe, die beruflichen Belange ihrer Mitglieder zu wahren und die Erfüllung der beruflichen Pflichten zu überwachen. Daher ist es nur konsequent, sie mit der Organisation und Durchführung des Systems der Qualitätskontrolle zu betrauen. Damit wird die freiberufliche Selbstverwaltung der Wirtschaftsprüfer und vereidigten Buchprüfer gestärkt.

Die **Wirtschaftsprüferkammer führt ein Berufsregister** u. a. für Wirtschaftsprüfer und   **161** vereidigte Buchprüfer gemäß § 37 Abs. 1 i. V. m. § 130 Abs. 1 Satz 1 WPO[105].

---

105   LT-Drucks. Nds. 13/1569; LT-Drucks. 14/98 vom 20. 6. 1996 Schleswig-Holstein

1.3   Organisationsformen der Sachverständigentätigkeit

1.3.1   Allgemeine Grundsätze

1.3.1.1   Grundsatz der Höchstpersönlichkeit

162   Die Erstattung von Gutachten steht unter dem Grundsatz der Höchstpersönlichkeit, nach dem jede gutachterliche Leistung persönlich zu erbringen ist (§ 23 SVO). Dies bedeutet allerdings nicht, dass der Gutachter alles alleine machen muss. **Der Gutachter kann sich unter bestimmten Voraussetzungen Hilfskräften**[106] bedienen (vgl. Rn. 168, 207, 414).

163   Im Unterschied zu dem als Kollegialorgan tätigen Gutachterausschuss für Grundstückswerte nach den §§ 192 ff. BauGB erstattet der von einem Gericht beauftragte sowie der privat beauftragte Sachverständige sein Gutachten persönlich. Der Grundsatz der Höchstpersönlichkeit[107] ist Ausfluss der Sachverständigeneigenschaft, denn ohne diese Höchstpersönlichkeit sind die Anforderungen an Unparteilichkeit, Unabhängigkeit und besondere Sachkunde sinnlos[108]. Zwar ist die Begutachtung durch Sachverständigengruppen und Arbeitsgemeinschaften in der Rechtsprechung[109] anerkannt, stets muss jedoch **aus dem Gutachten ersichtlich** sein, **für welche Teile, Feststellungen und Folgerungen der einzelne Sachverständige verantwortlich zeichnet**[110]. Entsprechendes gilt für die „Sachverständigen-Partnerschaft" in der GmbH, bei der das Innenverhältnis so gestaltet sein muss, dass der einzelne Sachverständige fachlich unabhängig bleibt[111].

164   Der Grundsatz der Höchstpersönlichkeit folgt aus dem Gebot, Gutachten **nach bestem Wissen und Gewissen** zu erstatten (vgl. Rn. 211, 245 ff.) und der „persönlichen Eignung" des Sachverständigen als Gutachter. Bei den öffentlich bestellten und vereidigten Sachverständigen wird deshalb die persönliche Gutachtenerstattung in § 9 SVO expressis verbis vorgeschrieben. Vor diesem Hintergrund verbietet sich auch grundsätzlich die Erstattung massenhafter Gutachten nach überschlägigen Verfahren[112].

165   Der beauftragte Sachverständige darf nach **§ 664 BGB** „im Zweifel" auch nicht einem Dritten übertragen; die Vorschrift lautet:

„§ 664 BGB (Persönliche Verpflichtung; Haftung für Gehilfen)

(1) [1]Der Beauftragte darf im Zweifel die Ausführung des Auftrags nicht einem Dritten übertragen. [2]Ist die Übertragung gestattet, so hat er nur ein ihm bei der Übertragung zur Last fallendes Verschulden zu vertreten. [3]Für das Verschulden eines Gehilfen ist er nach § 278 verantwortlich.

(2) Der Anspruch auf Ausführung des Auftrags ist im Zweifel nicht übertragbar."

166   Mit der Sachverständigeneigenschaft ist es im Übrigen unvereinbar, wenn sich der Gutachter durch seinen Auftraggeber **vertraglich von der persönlichen Gutachtererstattung entbindet**[113].

167   Soweit sich **Gerichte und Staatsanwaltschaften** eines Sachverständigen bedienen (§ 404 ZPO, § 73 Abs. 2 StPO, § 244 Abs. 4 Satz 2 StPO, § 36 Abs. 1 OWiG, § 96 Abs. 1 Nr. 2 VwGO u. a.), ergibt sich der Grundsatz der Höchstpersönlichkeit insbesondere aus den §§ 410 und 407a Abs. 2 ZPO[114].

1.3.1.2   Heranziehung von Hilfskräften

168   Vom Grundsatz der Höchstpersönlichkeit zu unterscheiden ist die nicht zu beanstandende Heranziehung von Hilfskräften durch den Sachverständigen. Dabei muss sichergestellt bleiben, dass die persönliche Verantwortung des Gutachters nicht ausgeschlossen wird[115]. Dies bedeutet, dass der Gutachter die Hilfstätigkeit überwacht, die **Hilfskräfte nach seinen Anleitungen tätig werden** und er selbst nach Abschluss der durch Hilfskräfte ausgeführten vorbereitenden Arbeiten sein Gutachten eigenverantwortlich erstattet. Durch den Einsatz von Hilfskräften darf also der persönliche Charakter des Gutachtens, das der Gutachter z. B. in einer mündlichen Verhandlung persönlich erläutern und vertreten muss, nicht verloren gehen. Der Auftraggeber, aber auch Dritte, die auf das Gutachten vertrauen, müssen sich darauf verlassen können, dass der Sachverständige das von ihm unterschriebene Gutachten in allen wesentlichen Teilen selbst erarbeitet hat.

▶ *Zur Haftung von Gehilfen vgl. Rn. 209 ff.*

1.3.1.3 Schweigepflicht

Der Sachverständige unterliegt gemäß § 203 Abs. 2 Nr. 5 StGB **der Schweigepflicht**[116].　**169**

Dem Amtsträger, der i. S. der Abgabenordnung das **Steuergeheimnis** zu wahren hat, sind　**170**
nach dem Anwendungserlass zur AO Sachverständige nur dann gleichgestellt, wenn sie von einer Behörde oder einem Gericht hinzugezogen werden[117].

1.3.2　Zusammenarbeit von Sachverständigen

1.3.2.1　Sachverständigengruppen und Arbeitsgemeinschaften

Die Erstattung von Gutachten durch Sachverständigengruppen und Arbeitsgemeinschaften　**171**
ist zulässig (Gruppen oder Gemeinschaftsgutachten)[118]. Es wird jedoch wiederum gefordert, dass nach dem Grundsatz der Höchstpersönlichkeit (vgl. Rn. 162, 207) **aus** dem **Gutachten erkennbar** ist, **wer für welche Teile des Gutachtens verantwortlich zeichnet**[119]. Diese Forderung lässt sich allerdings nicht auf die Gutachterausschüsse für Grundstückswerte nach den §§ 192 ff. BauGB übertragen, die als ein Kollegialgremium angelegt sind; deren Gutachten werden von allen beteiligten Gutachtern gezeichnet, ohne dass dabei kenntlich gemacht wird, für welche Teile des Gutachtens das einzelne Mitglied verantwortlich ist.

106　OLG Zweibrücken, Beschl. vom 30. 1. 1886 – 2 WF 179/85 –, EzGuG 11.149 g; OLG Celle, Beschl. vom
　　　28. 3. 1985 – 12 WF 39/85 –, EzGuG 11.146 d; BGH, Urt. vom 28. 6. 1972 – VII ZR 60/71 –, EzGuG 11.84 b
107　BVerwG, Urt. vom 9. 3. 1984 – 8 C 97/83 –, EzGuG 11.142 a; VGH Mannheim, Urt. vom 11. 8. 1986 – 6 S
　　　958/86 –, EzGuG 11.157 a; OLG Celle, Beschl. vom 28. 3. 1985 – 12 WF 39/85 –, EzGuG 11.146 d; BSG, Urt.
　　　vom 28. 3. 1973 – 9 RV 655/72 –, EzGuG 11.90 b; BGH, Urt. vom 28. 6. 1972 – VII ZR 60/71 –, EzGuG
　　　11.84 b; OLG Frankfurt am Main, Beschl. vom 7. 6. 1977 – 2 Ws 16/77 –, EzGuG 11.109 e
108　Bock in Bayerlein u. a. Praxishandbuch Sachverständigenrecht, München 1990, S. 44; Bleutge in NJW 1985.
　　　Rechtshistorisch ist dies zumindest für den gerichtlichen Sachverständigen kein den Entwürfen der ZPO innewohnender Grundsatz, wie das RG unter Hinweis auf die Motive zu den Entwürfen der ZPO aus dem Jahre
　　　1871 und 1872 feststellte (RG, Urt. vom 3. 11. 1882 – II 357/82 –)
109　BGH, Urt. vom 5. 5. 1959 – V Blw 41/58 –, EzGuG 11.18
110　Landmann/Rohmer, GewO 14. Aufl. 1989; § 36 GewO Rn. 34
111　Bleutge in Informationen des Instituts für Sachverständigenwesen OV/87 und IV/88; vgl. Roeßner in Praxishandbuch Sachverständigenrecht, München 1990, S. 204 f.
112　Bock in Bayerlein u. a., Praxishandbuch a. a. O., S. 44
113　Zu alledem Müller in ZSW 1986, 78 unter Hinweis auf OLG Zweibrücken, Urt. vom 30. 1. 1986 – 2 WF
　　　179/83 –, EzGuG 11.149 g
114　Bayerlein u. a. Praxishandbuch a. a. O., S. 17, 212 ff., 246
115　OLG Hamm, Urt. vom 31. 7. 1968 – 15 W 193/68 –, EzGuG 11.65b; BGH, Urt. vom 13. 7. 1972 – II ZR
　　　90/70 –, BGHZ 59, 175 = NJW 1972, 1754 = MDR 1973, 34 = VersR 1972, 929; Bleutge in NJW 1985, 1185
116　OVG Koblenz, Beschl. vom 6. 5. 1976 – 2 B 7/76 –, EzGuG 11.102 a; BVerfG, Beschl. vom 10. 11. 1994 – I
　　　BvB 1398/93 –, EzGuG 11.217 b; OVG Münster, Urt. vom 22. 9. 1965 – 3 A 1360/63 –, EzGuG 11.49
117　Anwendungserlass zur Abgabenordnung 1977 (AEAO) vom 15. 7. 1998 (BStBl. I 1998, 630, Nr. 4 zu § 30),
　　　zuletzt geändert BStBl. I 2000, 190
118　BGH, Urt. vom 5. 5. 1959 – V BLw 41/58 –, EzGuG 11.18; OLG München, Urt. vom 22. 9. 1967 – 8 U 707/67 –,
　　　EzGuG 11.59 b; Bayerlein, Praxishandbuch Sachverständigenrecht § 14 Rn. 27; so schon RG in JW 1882, 175
　　　und RGZ 8, 343
119　Praxishandbuch Sachverständigenrecht § 5 Rn. 15, § 9 Rn. 22 und 27, § 14 Rn. 27 sowie § 31 Rn. 17; Landmann/Rohmer, Gewerbeordnung 14. Aufl. § 36 Rn. 34

1.3.2.2 Sachverständigen-Partnerschaften

172   Unter Sachverständigen-Partnerschaften werden Zusammenschlüsse von Sachverständigen in der Rechtsform einer **Gesellschaft bürgerlichen Rechts (GbR) oder einer GmbH** verstanden. Beide Rechtsformen sind auf Gemeinschaftlichkeit ausgerichtet. Um bei der Erreichung eines (gemeinsamen) Zieles nicht in Kollision mit dem Grundsatz der Höchstpersönlichkeit (vgl. Rn. 162) zu geraten und um sicherzustellen, dass der einzelne Sachverständige unparteiisch und frei von Weisungen seiner Tätigkeit nachgehen kann, sollte im Vertrag dies ausdrücklich vereinbart worden sein.

173   Die **Unabhängigkeit** ist insbesondere **bei einer GmbH**[120] **nicht unproblematisch,** da der Sachverständige hier als

– Geschäftsführer,

– freier Mitarbeiter oder

– als Angestellter

tätig werden kann. Dabei ist – wie ausgeführt – zu fordern, dass die einzelnen Mitglieder, unabhängig von ihrer Funktion, ihre Unabhängigkeit[121] bewahren, auch wenn sie nach Maßgabe des § 37 Abs. 1 und des § 46 Nr. 6 GmbHG Beschränkungen und Anweisungen unterliegen und der geschäftsführungsberechtigte Sozius den Weisungen der Geschäftsführung verpflichtet ist. Geschäftsführer und Gesellschafter einer **Sachverständigen-GmbH** können auch unmittelbar und persönlich in Anspruch genommen werden (DIHT – Kurzgutachten, 2001).

174   Im Einzelnen ist also im **Gesellschaftsvertrag** die Weisungsfreiheit, Unabhängigkeit und Unparteilichkeit zu sichern. Bei einer GbR stehen indessen Geschäftsführung und Vertretung der anderen Sozien jedem Sachverständigen zu, so dass diese Rechtsform kollisionsunanfälliger ist (§§ 705 ff. BGB). In dem Gesellschaftsvertrag verpflichten sich nämlich die Gesellschafter gegenseitig, die Erreichung eines gemeinsamen Zieles in der durch Vertrag bestimmten Weise zu fördern. Deshalb hat die Rechtsform der GbR im Gegensatz zur GmbH keine eigene Rechtspersönlichkeit.

175   **Sozietäten zwischen öffentlich bestellten und nicht öffentlich bestellten Sachverständigen** werden grundsätzlich als zulässig anerkannt, wenn die Ausübung der Tätigkeit in umfassender Weise nach den Maßstäben der öffentlich bestellten und vereidigten Sachverständigen im Sozietätsvertrag vereinbart wird. Der Begriff „Bürogemeinschaft" ist dabei in der Rechtsprechung als irreführend erkannt worden[122].

176   Mit dem **Partnerschaftsgesellschaftsgesetz – PartGG –** i.V. m. der PartnerschaftsregisterVO hat der Gesetzgeber ein zusätzliches Organisationsangebot geschaffen, das neben den bestehenden Organisationsformen steht. Die „Partnerschaft" wird darin als eine Gesellschaft definiert, „in der sich Angehörige freier Berufe zur Ausübung ihrer Berufe zusammenschließen" (§ 1 Abs. 1 Satz 1 PartGG). Den „stillen Partner", dessen Beteiligungsabsicht nur in einer Ertragsbeteiligung (gegen Gewährung finanzieller oder sächlicher Mittel) besteht, sieht das Gesetz hingegen nicht vor und stünde im Gegensatz zur freien Berufsausübung (§ 1 Abs. 2 PartGG)[123].

177   Die **Partnerschaft bildet eine rechtsfähige Gesamthandsgemeinschaft,** ohne eine juristische Person zu sein. Für Verbindlichkeiten haften die Partner als Gesamtschuldner.

178   **Folgende Regelungen**[124] sind besonders **hervorzuheben:**

a) Der Name der Partnerschaft muss mindestens einen Namen der Partner zusammen mit dem Zusatz „Partner" oder „Partnerschaft" enthalten (§ 2 Abs. 1 PartGG); auch der Name eines ausgeschiedenen Partners darf unbefristet geführt werden (§ 24 Abs. 2 HGB).

b) Der Partnerschaftsvertrag muss schriftlich (jedoch nicht notariell) abgeschlossen werden (§ 3 PartGG).

c) Die Partnerschaft entsteht „nach außen" und konstitutiv erst durch Eintragung in ein Partnerschaftsregister (§ 7 Abs. 1 PartGG).

d) Die Partnerschaft kann aber muss nicht die persönliche Haftung der Mitglieder begrenzen. Für eine Haftungsbegrenzung für Schäden aus fehlerhafter Berufsausübung sieht das Gesetz zwei Möglichkeiten vor:

– Die Haftung kann unter Verwendung vorformulierter Vertragsbedingungen auf diejenigen Partner beschränkt werden, die eine Leistung erbringen oder verantwortlich zu leiten und zu überwachen haben (Haftungskonzentration nach § 8 Abs. 2 PartGG).

– Des Weiteren kann durch Gesetz für einzelne Berufe eine summenmäßige Haftungsbegrenzung – entsprechend der Regelung des § 51a BRAO – geschaffen werden (§ 8 Abs. 3 PartGG).

1.4   Ablehnung von Sachverständigen

1.4.1   Allgemeines

Der Sachverständige kann im gerichtlichen Verfahren auf Antrag einer Prozesspartei abgelehnt werden, wenn ein **Grund** vorliegt, **der aus Sicht der ablehnenden Partei bei vernünftiger Betrachtung geeignet ist, Misstrauen gegen die Unparteilichkeit des Sachverständigen zu rechtfertigen.** Das gilt insbesondere   **179**

– bei verwandtschaftlichen, nahen persönlichen oder geschäftlichen Beziehungen zu einer Partei,

– bei Feindschaft oder Konkurrenz zu einer Partei,

– wenn der Sachverständige in derselben Sache schon als Privatgutachter entgeltlich tätig gewesen ist; Entsprechendes gilt auch, wenn der Gutachter wiederholt in anderen Sachen für eine Partei tätig geworden ist[125],

– wenn der Sachverständige einseitig zu nur einer der Parteien Kontakt aufnimmt,

– wenn der Sachverständige nur eine der Parteien an der Ortsbesichtigung teilnehmen lässt und sich dies zum Nachteil einer Partei auswirken kann[126],

– wenn sich der Sachverständige von einer Partei ohne Benachrichtigung der anderen Seite Informationen beschafft[127],

– wenn der Sachverständige bei längerer Fahrtdauer zu einem Ortstermin von einer Partei, z. B. in deren Pkw, mitgenommen wird[128],

– wenn der Sachverständige mit einer Partei in laufender Geschäftsbeziehung steht oder als wirtschaftlicher Konkurrent auftritt,

---

120   Baumbach/Huck, GmbH-Gesetz, Komm. § 36 Rn. 4; Volze, Sachverständigenfragen, 2. Aufl. 1996, S. 60 ff.; Haftung des Sachverständigen in der GmbH, IfS-Informationen 2000/2; Westermann/Mutter in DZWir 1995, 184

121   Praxishandbuch Sachverständigenrecht § 5 Rn. 12

122   LG Düsseldorf, Beschl. vom 17. 8. 1995 – 45 StL 8/95 –, DStR 1996, 847 – GI 1997, 50 = ZAP EN Nr. 935/96

123   Zur Abgrenzung: OVG Lüneburg, Urt. vom 15. 8. 1988 – 8 A 42/87 –, BauR 1989, 495; BFH, Urt. vom 17. 11. 1981 – VIII R 121/80 –, BStBl. II 1982, 492; BFH, Urt. vom 20. 4. 1989 – IV R 299/83 –, NJW 1990, 343

124   Hierzu Ganten in GuG 1995,15 und Selbert, U. in Betrieb und Wirtschaft 1995,100; ders. in DB 1994, 2381; Lenz, T. in MDR 1994, 741; Schmidt, K. in NJW 1995, 1; Bayer/Imberger in Dt. Zeitschrift für Wirtschaftsrecht 1993, 309 und 1995, 177; OLG Karlsruhe, Urt. vom 1. 2. 2001 – 4 U 96/00 –, GuG 2001/6

125   OLG Frankfurt am Main, Urt. vom 25. 7. 1986 – 22 W 20/86 –, EzGuG 11.156 a

126   OLG Düsseldorf, Beschl. vom 29. 5. 1973 – 20 W 13/73 –, EzGuG 11.90 d; OLG Köln, Urt. vom 16. 1. 1974 – 2 U 22/73 –, EzGuG 11.91 f; LG Itzehoe, Beschl. vom 1. 2. 2001 – 6 OH 14/00 –, GuG 2001, 317

127   Thomas/Putzo Anm. 1 b zu § 406 ZPO

128   OLG Frankfurt am Main, Urt. vom 16. 9. 1959 – 2 W 102/59 –, EzGuG 11.19

– wenn der Sachverständige ohne Benachrichtigung der anderen Partei bei einer Partei Bauteile besichtigt hat,

– wenn der Sachverständige bei seinen Ermittlungen nur eine Partei einbezogen hat[129],

– wenn der Sachverständige mit einer Partei ein Telefonat führt, ohne dem Verfahrensgegner den Inhalt desselben mitzuteilen[130].

180 Bleibt eine Partei trotz ordnungsgemäßer Ladung unentschuldigt der **Ortsbesichtigung** fern, so hat sie insoweit keine Ablehnungsgründe (vgl. Rn. 180, 203, 220, 245, 379, 431, § 3 WertV Rn. 10).

181 *Rechtsprechung:*

1. Der Sachverständige ist nicht befangen, wenn er ohne Ladung *beider* Parteien einen Ortstermin durchführt[131] und sich dies nicht zum Nachteil einer Partei auswirken kann (vgl. Rn. 180, 203, 220, 379).

2. Das Ablehnungsgesuch ist begründet, wenn der Sachverständige sich über den Sachverhalt in einem einseitigen Gespräch mit Angestellten nur der einen Partei informiert hat[132].

3. Die Ablehnung eines Sachverständigen wegen Besorgnis der Befangenheit kann nicht damit begründet werden, dass er es, obwohl eine ausdrückliche Anweisung des prozessleitenden Gerichts fehlt, unterlassen habe, die Parteien von einem Besichtigungstermin zu benachrichtigen. Nur aus den Grundsätzen der Waffengleichheit und eines fairen Verfahrens sind die Maßstäbe zu entwickeln, nach denen der Sachverständige gehalten ist, die Anwesenheit der Parteien beim Ortstermin zu gestatten. An den Grundsatz der Parteiöffentlichkeit ist der Sachverständige nicht gebunden[133].

4. Der Sachverständige wird nicht befangen, wenn er gemeinsam mit einer der Parteien zum Ortstermin erscheint und zusammen mit dieser Partei wieder geht[134].

5. Ein Sachverständiger kann von einer Partei mit Erfolg wegen Besorgnis der Befangenheit abgelehnt werden, wenn dieser einen gemeinsam vereinbarten Ortstermin auf Antrag einer Partei verschiebt, dann aber den neuen Termin trotz eines Verlegungsantrags der anderen Partei durchführt, weil er die Anwesenheit dieser Partei nicht für erforderlich hält[135].

6. a) Im selbständigen Beweisverfahren hat jede Partei und jeder Verfahrensbevollmächtigte das uneingeschränkte Recht bei einer Orts- oder Gegenstandsbesichtigung anwesend zu sein. Dies gilt nicht nur für die gerichtlich angeordneten, sondern auch für Termine, die der Sachverständige bei schriftlicher Begutachtung anordnet.

   b) Von daher ist der Sachverständige gehalten, allen Beteiligten Ortstermine rechtzeitig mitzuteilen. Die Herausgabe von Mitteilungen einen bzw. drei Tage vor dem anberaumten Termin ist zu kurzfristig und nicht geeignet, die den Beteiligten eingeräumten Beteiligungsrechte zu wahren.

   Ebenso stellt es einen Pflichtverstoß dar, wenn Terminmitteilungen nur an die Partei(en) nicht aber auch an deren Verfahrensbevollmächtigte erfolgen[136].

7. a) Ein Sachverständiger ist nicht schon deshalb befangen, weil er per Telefax zu einem zwei Tage später stattfindenden dritten Ortstermin einlädt, bei dem die Anwesenheit der Parteien nicht erforderlich ist.

   b) Ein Sachverständiger ist ferner dann nicht befangen, wenn er diesen beabsichtigten dritten Ortstermin lediglich den Parteien unmittelbar bekannt gibt und die zu den vorhergehenden Ortsterminen von ihm noch eingeladenen Prozessbevollmächtigten zu den früheren Ortsterminen nicht erschienen sind[137].

8. Nach einer neuen Grundsatzentscheidung des BVerfG liegt abweichend von einer in der älteren Rechtsprechung und in der älteren Literatur vertretenen Auffassung grobe Fahrlässigkeit vor, wenn ein Ortstermin in Anwesenheit nur einer Partei ohne vorherige Benachrichtigung der anderen Partei durchgeführt wird[138].

9. Ein Sachverständiger, der in einem Erbrechtsstreit den Wert von Grundstücken feststellen soll, kann von beiden Parteien wegen Besorgnis der Befangenheit abgelehnt werden, wenn er es unterlässt, die Parteien von Besichtigungsterminen zu benachrichtigen (KG Berlin, Beschl. vom 29. 4. 1982 – 8 W 1013/82 – EzGuG 11.129).

10. Aus der Nichteinhaltung der Ladungsfrist zum Ortstermin und der vergessenen Ladung der Verfahrensbevollmächtigten ergibt sich noch keine Besorgnis der Befangenheit des Sachverständigen[139].

11. a) Für die Frage, ob ein Sachverständiger, der die Parteien von einem Ortstermin nicht benachrichtigt hat und der deshalb mit Erfolg wegen Befangenheit abgelehnt worden ist, wegen Unverwertbarkeit seines Gutachtens seinen Entschädigungsanspruch dadurch verliert, kommt es darauf an, ob unter Abwägung aller Umstände des Einzelfalles dem Sachverständigen der Vorwurf grober Fahrlässigkeit gemacht werden kann. Ein lediglich formularmäßig ohne besondere Hervorhebung in dem Auftragsschreiben an den Sachverständigen enthaltener Hinweis „Von einem etwaigen Besichtigungstermin ist den Parteien zu Händen ihrer Prozessbevollmächtigten rechtzeitig Nachricht zu geben", reicht für sich allein nicht aus, den Vorwurf einer groben Verletzung der Pflichten des Sachverständigen zu rechtfertigen.

   b) Ein Sachverständiger verliert seinen Entschädigungsanspruch nicht allein wegen einer erfolgreichen Ablehnung, sondern nur dann, wenn er die Ablehnung durch grobes Verschulden verursacht hat (KG, Beschl. vom 17. 11. 1992 – 1 W 5976/92 –, EzGuG 11.198).

Hieraus folgt: **182**

Von etwaigen Orts- oder Objektbesichtigungen hat der Sachverständige die Prozessvertreter und, wenn die Parteien nicht anwaltlich vertreten sind, die Parteien zu verständigen und ihnen Gelegenheit zur Teilnahme zu geben. Das gilt auch für einen Streithelfer (Nebenintervenienten), der einer Partei zu deren Unterstützung im Rechtsstreit beigetreten ist. Bei der Mitteilung des Termins ist auf eine angemessene Frist zu achten, die den Beteiligten eine Teilnahme möglich macht. Grundsätzlich empfiehlt es sich, auch das Gericht von der Orts- oder Objektbesichtigung zu unterrichten. Hält der Sachverständige eine **Teilnahme des Gerichts** für notwendig, soll er hierauf hinweisen. Notwendig ist die Benachrichtigung des Gerichts insbesondere dann, wenn der Sachverständige den Ortstermin aus besonderen Gründen (z. B. bei Messung von Lärmemissionen einer Diskothek oder Baustelle) ausnahmsweise ohne vorherige Ankündigung und Ladung der Parteien durchführen möchte; in diesen Fällen sollte der Sachverständige eine vorherige Abstimmung mit dem Gericht herbeiführen[140].

---

129   OLG Hamburg, Urt. vom 17. 2. 1969 – 6 W 7/69 –, EzGuG, 11.67 b
130   LG Aurich, Urt. vom 30. 8. 1984 – 2 O 790/84 –, EzGuG 11.143
131   LG Konstanz, Beschl. vom 17. 3. 1995 – 3 O 294/91 –, EzGuG 11.222 b; OLG Hamm, Beschl. vom 13. 7. 1979
      – 1 W 41/79 –, EzGuG 11.115 d
132   OLG Hamm, Beschl. vom 19. 5. 1972 – 1 W 12/72 –, EzGuG 11.84 a
133   OLG Dresden, Beschl. vom 25. 11. 1996 – 7 U 1608/95 –, EzGuG 11.238 b
134   OLG Frankfurt am Main, Beschl. vom 2. 3. 1998 – 15 W 8/98 –, EzGuG 11.262 a
135   LG Darmstadt, Urt. vom 14. 4. 1997 – 10 O 309/96 –, EzGuG 11.244 d
136   OLG Frankfurt am Main, Urt. vom 10. 2. 1994 – 24 UH 1/92 –, EzGuG 11.209
137   LG Dortmund, Beschl. vom 3. 5. 1999 – 19 O 155/97 –, EzGuG 11.276
138   BVerfG, Urt. vom 3. 2. 1998 – 1 BvR 909/94 –, GuG 2000, 178 = EzGuG 11.261 b; BGH, Urt. vom 15. 4. 1975
      – X ZR 52/75 –, EzGuG 11.95 c; OLG Hamburg, Urt. vom 4. 2. 1969 – 6 W 123/68 –, EzGuG 11.67 a; Thomas
      Putzo 20. Aufl. Rn. 2; Baumbach/Hartmann 56. Aufl. Rn. 204; Zöller/Greger, 20. Aufl. Rn. 8; Jessnitzer,
      Der gerichtliche Sachverständige 10. Aufl. Rn. 204; Bayerlein, Praxishandbuch Sachverständigenrecht,
      2. Aufl. § 19 Rn. 15; LG Düsseldorf, JurBüro 1980, 111
139   LG Erfurt, Urt. vom 8. 6. 1999 – 2 T 80/99 –, EzGuG 11.279
140   DIHT-Merkblatt, Der gerichtliche Sachverständige, Köln 1997

183 Das **Ablehnungsgesuch kann sich** zulässigerweise **nur gegen die Person des gerichtlich bestellten Sachverständigen richten;** eine Ablehnung von Hilfskräften ist indessen in § 406 ZPO nicht vorgesehen und sonach nicht zulässig[141]. Vor der Entscheidung über ein Ablehnungsgesuch, das sich auf einen Sachverständigen bezieht, hat aber das Gericht zu prüfen, ob eine Entbindung des Sachverständigen gemäß § 406 Abs. 1 Satz 2 ZPO geboten erscheint.

184 Lange Zeit wurde die **Ablehnung eines Sachverständigen im selbständigen Beweisverfahren** als unzulässig angesehen[142], da sonst der Beschleunigungseffekt des Verfahrens damit verloren gehe (vgl. § 492 Abs. 1 ZPO i. V. m. § 406 und § 402 Abs. 2 ZPO). Da bei der Einleitung eines selbständigen Beweiserhebungsverfahrens häufig nicht bekannt ist, ob es überhaupt zu einem Hauptprozess kommt, ist die neuere Rechtsprechung aus Gründen des Rechtsschutzes dazu übergegangen, dass eine Ablehnung des Sachverständigen bereits im selbständigen Beweisverfahren möglich sein muss[143].

185 Die **Ablehnungsgründe sind binnen zwei Wochen** nach Verkündung oder Zustellung des Beschlusses über die Ernennung des Sachverständigen **bekannt zu geben.**

186 Sind dem **Antragsgegner erst zu einem späteren Zeitpunkt** die **Ablehnungsgründe bekannt geworden,** muss er gemäß § 294 ZPO glaubhaft machen, dass er unverschuldet verhindert war, den Ablehnungsgrund zu einem früheren Zeitpunkt geltend zu machen (vgl. § 406 Abs. 3 ZPO), insbesondere wenn die Ablehnungsgründe erst nach Erstellung eines Gutachtens, aber noch vor Beendigung des selbständigen Beweisverfahrens bekannt werden[144].

187 § 406 ZPO [Ablehnungsgründe] (1) [1]Ein Sachverständiger kann aus denselben Gründen, die zur Ablehnung eines Richters berechtigen, abgelehnt werden. [2]Ein Ablehnungsgrund kann jedoch nicht daraus entnommen werden, dass der Sachverständige als Zeuge vernommen worden ist.

(2) [1]Der Ablehnungsantrag ist bei dem Gericht oder Richter, von dem der Sachverständige ernannt ist, vor seiner Vernehmung zu stellen, spätestens jedoch binnen zwei Wochen nach Verkündung oder Zustellung des Beschlusses über die Ernennung. [2]Zu einem späteren Zeitpunkt ist die Ablehnung nur zulässig, wenn der Antragsteller glaubhaft macht, dass er ohne sein Verschulden verhindert war, den Ablehnungsgrund früher geltend zu machen. [3]Der Antrag kann vor der Geschäftsstelle zu Protokoll erklärt werden.

(3) Der Ablehnungsgrund ist glaubhaft zu machen; zur Versicherung an Eides statt darf die Partei nicht zugelassen werden.

(4) Die Entscheidung ergeht von dem im zweiten Absatz bezeichneten Gericht oder Richter; eine mündliche Verhandlung der Beteiligten ist nicht erforderlich.

(5) Gegen den Beschluss, durch den die Ablehnung für begründet erklärt wird, findet kein Rechtsmittel, gegen den Beschluss, durch den sie für unbegründet erklärt wird, findet sofortige Beschwerde statt.

188 *Rechtsprechung:*

1. Wird ein Sachverständiger nach Erstattung des Gutachtens wegen des Inhaltes des Gutachtens abgelehnt, so muss die Ablehnung unverzüglich erfolgen. Eine Überlegungszeit von 2 1/2 Monaten ist in der Regel zu lang[145].

2. Ein Ablehnungsgesuch wegen Besorgnis der Befangenheit gegen einen Sachverständigen ist unverzüglich nach der Erlangung der Kenntnis vom Ablehnungsgrund zu stellen. Ein Ablehnungsgesuch nach 6 Wochen ist auch unter Berücksichtigung einer angemessenen Überlegungszeit verfristet und damit unzulässig[146].

1.4.2   Ablehnung von Behörden

Eine **Ablehnung einer Behörde** wegen Besorgnis der Befangenheit nach § 406 ZPO ist   **189** grundsätzlich nicht zulässig, weil sich Ablehnungsgründe stets nur gegen eine bestimmte natürliche Person richten können. Nicht einmal der Alleinverfasser eines Behördengutachtens ist i. S. d. §§ 402 ff. ZPO als Sachverständiger ablehnbar, weil er für seine Behörde handelt, die nach außen allein die Verantwortung für das Gutachten trägt[147].

▶ *Zur Ablehnung (Befangenheit) von Mitgliedern des Gutachterausschusses für Grund-*   **190** *stückswerte vgl. § 192 BauGB Rn. 46 ff. m. w. N.*

Im **verwaltungsgerichtlichen Verfahren** kann ein Sachverständiger regelmäßig dann   **191** wegen Befangenheit erfolgreich abgelehnt werden, wenn er der Bescheid erteilenden Behörde angehört (Abgrenzung zum Fall des Sachverständigen, der lediglich dem gleichen Rechtsträger wie die Partei angehört; vgl. BVerwG, Beschl. vom 30. 12. 1997 – 11 B 3/97 –)[148].

1.4.3   Rechtsprechungsübersicht

1. Die Ablehnung eines Sachverständigen wegen Besorgnis der Befangenheit findet nach   **192** § 406 i. V. m. § 42 ZPO dann statt, wenn bei verständiger Würdigung der Umstände aus der Sicht einer Partei Zweifel an einer unparteilichen Einstellung des Sachverständigen gerechtfertigt sind. Das ist dann der Fall, wenn der Sachverständige in Gegenwart eines Vertreters der Klägerin und ohne Hinzuziehung des Beklagten Ermittlungen anstellt[149].

2. Der Sachverständige ist befangen, wenn er in derselben Sache bereits schon früher entgeltlich ein Gutachten für eine der Parteien erstattet hat[150].

3. Die Ablehnung eines Sachverständigen wegen Besorgnis der Befangenheit ist begründet, wenn der Sachverständige für die Gegenpartei wiederholt in anderen Fällen als Privatgutachter tätig war und weder Partei noch Sachverständiger dies angezeigt haben[151].

---

141   So OLG Zweibrücken, Beschl. vom 30. 1. 1986 – 2 WF 179/85 –, EzGuG 11.149 h
142   Röthlein, Bausachen, Jehle-Rehm 1991, 1.Aufl. S.43; Wert/Pastor Rn.53 ff.; Kroppen/Heyers/Schmitz Rn.775; OLG München, Urt. vom 7. 7. 1977 – 7 W 1481/77 –, EzGuG 11.110 a; a. A.: Motzke in BauR 1983, 500; Booz in BauR 1989, 38; vgl. auch Ingenstau/Korbion B § 18, 4 Rn. 91 ff.; Hickl, S. 49 ff.; OLG München, Urt. vom 22. 7. 1981 – 25 W 1583/81 –, EzGuG 11.124 b; OLG München, Urt. vom 15. 9. 1983 – 9 W 2055/83 –, EzGuG 11.140 a; OLG München, Urt. vom 18. 3. 1984 – 24 W 77/84 –, EzGuG 11.124 d
143   KG, Beschl. vom 11. 4. 1988 – 24 W 778/88 –, EzGuG 11.170a; Hesse in ZfBR 1983, 247 ff.; Weinkamm in BauR 1984, 29 f.; OLG Düsseldorf, Beschl. vom 29. 12. 1981 – 2 U 156/76 –, EzGuG 11.124 d; OLG München, Urt. vom 18. 3. 1984 – 24 W 77/84 –, EzGuG 12.32
144   Schulz in NJW 1984, 1019; Müller in NJW 1982, 1961
145   OLG Koblenz, Beschl. vom 7. 7. 1976 – 4 W 415/76 –, EzGuG 11.103 a
146   OLG Naumburg, Beschl. vom 29. 6. 1998 – 10 14/98 –, EzGuG 11.268; LG München I, Beschl. vom 17. 7. 1993 – 13 T 12592/98 –, EzGuG 11.270
147   OLG Köln, Beschl. vom 16. 6. 1980 – 7 W 16/80 –, EzGuG 11.119 e; OLG Nürnberg, Beschl. vom 19. 10. 1966 – 3 W 82/66 –, EzGuG 11.54 (Patentanwaltskammer); KG Berlin, Beschl. vom 18. 6. 1971 – W 1182/71 –, EzGuG 11.78 (Gutachterausschuss)
148   BVerwG, Beschl. vom 6. 10. 1998 – 3 B 35/98 –, EzGuG 11.271
149   LG Oldenburg, Beschl. vom 6. 5. 1971 – 1 O 196/69 –, EzGuG 11.77 g
150   BGH, Urt. vom 1. 2. 1972 – VI ZR 134/70 –, EzGuG 11.81 c; OLG Frankfurt am Main, Urt. vom 25. 7. 1986 – 22 W 20/86 –, EzGuG 11.156 c
151   OLG Karlsruhe, Beschl. vom 22. 5. 1986 – 7 W 8/86 –, EzGuG 11.154

4. Die Besorgnis der Befangenheit verlangt einen gegenständlichen vernünftigen Grund, der die Partei von ihrem Standpunkt aus befürchten lassen kann, der Sachverständige werde sein Gutachten nicht unparteiisch erstatten. Es genügt das subjektive Misstrauen einer Partei, sofern Tatsachen vorliegen, die von ihrem Standpunkt aus die Ablehnung gerechtfertigt erscheinen lassen[152].

5. Neben der besonderen Sachkunde ist die uneingeschränkte Vertrauenswürdigkeit die Eigenschaft, die für die Bestellung von Sachverständigen erforderlich ist und bei deren Fehlen die Bestellung zurückgenommen werden kann. Diese uneingeschränkte Vertrauenswürdigkeit wird erschüttert, wenn das Verhalten des Sachverständigen berechtigte Zweifel weckt, ob er stets gewillt und fähig ist, seine Gutachten vom Einfluss eigener, insbesondere wirtschaftlicher Interessen freizuhalten[153].

6. a) Die Ablehnung eines Sachverständigen wegen Besorgnis der Befangenheit ist nicht schon dann gerechtfertigt, wenn dieser Inhaber eines Konkurrenzbetriebs einer Partei ist und mit dieser allgemein im Wettbewerb steht.

   b) Ein Befangenheitsgrund kann in einem solchen Fall allenfalls dann in Betracht kommen, wenn der Betrieb des Sachverständigen gerade bei dem konkreten Auftrag oder sonst bei diesem Auftraggeber als Mitbewerber aufgetreten ist[154].

7. Eine frühere gewerbliche Zusammenarbeit des Sachverständigen mit dem Privatgutachter der Gegenpartei rechtfertigt keine Ablehnung[155].

8. Ein Sachverständiger ist im Rechtsstreit gegen eine Versicherung nicht schon deshalb befangen, weil er in einer Vielzahl von Fällen außergerichtlich als Gutachter für Versicherungsgesellschaften und auch für die beklagte Versicherung tätig war und weiterhin tätig sein wird[156].

9. Ein außergerichtlich für eine Versicherung tätiger Sachverständiger ist nicht befangen, wenn er seine frühere Tätigkeit auch als Tätigkeit für die spätere Prozesspartei verstanden hat[157].

10. Gegen einen öffentlich bestellten und beeidigten Sachverständigen, der vom Gericht mit der Erstellung eines Beweisgutachtens über die ortsübliche Vergleichsmiete beauftragt wurde, und der einfaches Mitglied in einer Interessenvereinigung der Haus- und Grundbesitzer oder Mieter ist, ist die Besorgnis der Befangenheit wegen dessen Mitgliedschaft nicht begründet[158].

11. Ein Sachverständiger muss bereits im selbstständigen Beweisverfahren wegen Besorgnis der Befangenheit abgelehnt werden[159].

12. Die Befangenheit eines Sachverständigen gegenüber einem Streitgenossen ist geeignet auch bei dem anderen Streitgenossen Misstrauen gegen die Unvoreingenommenheit und Unparteilichkeit zu rechtfertigen[160].

13. Bezeichnet ein gerichtlich bestellter Sachverständiger, der ein schriftliches Gutachten vorgelegt hat, ein zum Zwecke der Kritik angekündigtes Privatgutachten unbesehen als Gefälligkeitsgutachten, kann dies die Besorgnis der Befangenheit des Sachverständigen begründen[161].

1.5 Beauftragung von Sachverständigen

193 Die **Erstattung von Gutachten erfolgt** bei einem Privatgutachter **auf der Grundlage eines Werkvertrags**[162] nach den §§ 631 ff. BGB, den dieser mit seinem Auftraggeber schließt. Der Werkvertrag ist formfrei und kann mündlich und schriftlich geschlossen werden. Bei vorformulierten Verträgen ist das AGBGB zu beachten. Der Privatgutachter schuldet mit der Annahme des Auftrags seinem Auftraggeber dann den werkvertraglichen Erfolg.

„§ 631 BGB: (1) Durch den Werkvertrag wird der Unternehmer zur Herstellung des versprochenen Werks, der Besteller zur Entrichtung der vereinbarten Vergütung verpflichtet.

(2) Gegenstand des Werkvertrags kann sowohl die Herstellung oder Veränderung einer Sache als ein anderer durch Arbeit oder Dienstleistung herbeizuführender Erfolg sein."

Die Leistungspflicht setzt sich zusammen aus   **194**
- der Herstellung des Gutachtens,
- der termingerechten Ablieferung des Gutachtens und
- der Mangelfreiheit des Gutachtens.

Im Gegenzug leistet der Auftraggeber die Abnahme des Gutachtens und die Bezahlung. Für eine nicht rechtzeitige Ablieferung des Gutachtens kann der Auftraggeber einen **Verzögerungsschaden** geltend machen oder dem Auftragnehmer gemäß § 636 BGB in Frist setzen. **§ 636 BGB (Verspätete Herstellung):**

„(1) Wird das Werk ganz oder zum Teil nicht rechtzeitig hergestellt, so finden die für die Wandelung geltenden Vorschriften des § 634 Abs. 1 bis 3 *BGB* entsprechende Anwendung; an die Stelle des Anspruchs auf Wandelung tritt das Recht des Bestellers, nach § 327 *BGB* von dem Vertrag zurückzutreten. Die im Falle des Verzugs des Unternehmers dem Besteller zustehenden Rechte bleiben unberührt.

(2) Bestreitet der Unternehmer die Zulässigkeit des erklärten Rücktritts, weil er das Werk rechtzeitig hergestellt habe, so trifft ihn die Beweislast."

Erfolgte die Auftragsvergabe im Wege eines sog. **Fixgeschäftes**, so ist nach § 361 BGB der   **195** Auftraggeber zum Rücktritt berechtigt, wenn das Gutachten nicht zum vereinbarten Termin oder innerhalb einer bestimmten Frist abgeliefert wird.

Der **gerichtliche Sachverständige**, der ohne sein Mitwirken einseitig vom Gericht ernannt   **196** wird, steht dagegen weder zur Justizbehörde noch zu den Prozessparteien in privatrechtlicher Beziehung. Vielmehr wird durch den Ernennungsakt zwischen dem Sachverständigen und dem Staat als Träger der Gerichtsbarkeit ein Rechtsverhältnis begründet (vgl. Rn. 33 ff.). Der Sachverständige ist in diesem Fall Beweismittel.

Der **auf Grund einer gesetzlichen Grundlage** (z. B. § 116 FlurbG) **von einer Behörde**   **197** **herangezogene Sachverständige wird nach Maßgabe der einschlägigen gesetzlichen Vorschriften tätig.**

Grundsätzlich bestimmt der Auftraggeber den Inhalt der vom Gutachter zu erbringenden Leistung. Im gerichtlichen Verfahren ergeben sich die Aufgaben aus dem Beweisbeschluss. Der Auftrag soll klar und eindeutig sein; des Weiteren sind die Tatsachen anzugeben, von denen der Sachverständige auszugehen hat, jedoch soll der Sachverständige auf Vorgaben in seinem Gutachten ausdrücklich hinweisen, die nach seiner Sachkunde geeignet sind, bei einem unbefangenen „Verbraucher" des Gutachtens Fehleinschätzungen hervorzurufen. In Zweifelsfällen soll der Sachverständige auf eine Klarstellung hinwirken, die den Zielsetzungen des Auftraggebers entspricht. Besondere Sachverhalte, die die „Verkehrsfähigkeit" des Gutachtens beeinträchtigen und aus der Natur der Sache sich nicht ergeben, sind im Interesse Dritter offen zu legen.   **198**

Der Sachverständige ist nach den §§ 675 ff. i. V. m. § 663 BGB verpflichtet, dem Auftragge-   **199** ber unverzüglich anzuzeigen, wenn er den Auftrag ablehnt. Der **Auftrag kann aber auch ohne Annahmeerklärung durch konkludentes Handeln zustande kommen,** wenn näm-

152   OLG Karlsruhe, Beschl. vom 5. 4. 1973 – 10 U 180/72 –, EzGuG 11.90 c
153   VGH Mannheim, Urt. vom 22. 9. 1976 – G 608/76 –, EzGuG 11.103 c
154   OLG Düsseldorf, Beschl. vom 4. 9. 1979 – 23 W 36/79 –, EzGuG 11.115 e
155   OLG Frankfurt am Main, Beschl. vom 19. 1. 1981 – 17 W 1/81 –, EzGuG 11.121; a. A. OLG Nürnberg, Beschl. vom 9. 1. 1981 – 8 W 1748/80 –, EzGuG 11.120 q
156   OLG Koblenz, Beschl. vom 10. 1. 1992 – 4 W 2/92 –, EzGuG 11.190 a
157   OLG Düsseldorf, Beschl. vom 31. 1. 1995 – 23 W 3/95 –, EzGuG 11.222 b
158   LG München, Beschl. vom 23. 10. 1981 – 14 S 7217/81 –, EzGuG 11.125 g
159   OLG Düsseldorf, Beschl. vom 31. 1. 1995 – 23 W 3/95 –, EzGuG 11.222 b
160   OLG Frankfurt am Main, Beschl. vom 16. 9. 1980 – 17 W 22/80 –, EzGuG 11.120 d
161   OLG Zweibrücken, Beschl. vom 16. 9. 1997 – 5 WF 115/96 –, EzGuG 11.252
162   BGH Urt. vom 20. 3. 1974 – VII ZR 11/73 –, EzGuG 12.14 a; AG Ettlingen, Urt. vom 21. 6. 1978 – 2 C 618/77 –, EzGuG 11.112 a; BGH, Urt. vom 18. 5. 1978 – VII ZR 158/77 –, EzGuG 11.111 h

lich eine solche Erklärung nach der Verkehrssitte nicht zu erwarten ist oder der Auftraggeber darauf verzichtet hat (§ 151 BGB). Ein Abschlusszwang besteht im Übrigen nicht. Der Sachverständige muss sich verweigern, wenn er sich befangen fühlt. Er muss seinen Auftraggeber auf Umstände hinweisen, die verständliche Zweifel an seiner Unvoreingenommenheit oder Misstrauen gegen seine Unparteiischkeit aufkommen lassen müssen.

▶ *Zum Höchstpersönlichkeitsgebot vgl. Rn. 414.*

1.6   Haftung von Sachverständigen

1.6.1   Allgemeines

200 Erweist sich das Gutachten eines Sachverständigen als objektiv falsch, stellt sich die Frage, unter welchen Voraussetzungen der Sachverständige zum **Schadensersatz** verpflichtet ist. Dabei ist zwischen der Haftung gegenüber

– seinem Auftraggeber,

– Dritten und

– im Falle einer gerichtlichen Beauftragung gegenüber dem Gericht zu unterscheiden.

201 Während die Schuld die Leistungspflicht begründet, besagt die Haftung, dass das Vermögen des Verpflichteten Zugriffsobjekt für den Gläubiger ist[163]. Die **Haftung setzt** wiederum **Verschulden voraus**, worunter Vorsatz und Fahrlässigkeit zu verstehen ist (§ 276 Abs. 1 BGB):

– **Vorsatz** ist die wissentliche und gewollte Verletzung eines Rechtsguts, wie z. B. das Eigentum, ein persönliches Recht und Vermögensansprüche. Ein falsches Gutachten stellt die Verletzung eines Rechtsguts dar, wenn der Sachverständige bewusst ein falsches Gutachten erstattet hat.

– **Fahrlässigkeit** besteht, wenn die im Verkehr erforderliche Sorgfalt[164] außer Acht gelassen wird (§ 276 Abs. 1 Satz 2 BGB). *Grobe* Fahrlässigkeit besteht, wenn die im Verkehr erforderliche Sorgfalt in besonders schwerem Maße verletzt wird[165].

202 Unter **fahrlässigem Handeln** ist auch ein leichter Grad der Fahrlässigkeit zu verstehen.

203 Als **leichtfertiges und sittenwidriges Verhalten** hat es die Rechtsprechung gewertet, wenn der Sachverständige es versäumt hat, das Wertermittlungsobjekt persönlich in Augenschein zu nehmen (**Ortsbesichtigung,** vgl. Rn. 180, 220, 245, 379, 431). Der BGH[166] hat hierzu ausgeführt:

„Das BG hat dahinstehen lassen, ob der Kläger das Gutachten ganz oder teilweise bewusst falsch erstattet hat. Es hat sich aber davon überzeugt, dass er jedenfalls in besonders grober und leichtfertiger Weise gehandelt hat. In Übereinstimmung mit dem (gerichtlichen) Sachverständigen hat es angenommen, bei einem Fachmann habe kein vernünftiger Zweifel darüber aufkommen können, dass ein Neubau der Nachkriegszeit nicht vorlag. Wenn das für den Wert mitentscheidende Alter des Hauses ohne Hinweis nur auf Grund von Angaben des Eigentümers festgestellt werde, so müsse ein solches Vorgehen für einen Fachmann als besonders leichtfertig angesehen werden. Wegen des Widerspruchs zum äußeren Eindruck des Hauses habe er zum mindesten die **Bauakten einsehen** müssen. Gleiches gelte für die – mittelbare – Angabe des Gutachtens, das gesamte Haus sei allgemein und hierbei auch auf Feuchtigkeit sowie **Schwamm** untersucht worden, während nicht nur ein Drittel aller Wohnräume, insbesondere auch eine Erdgeschoss- und eine Dachgeschosswohnung unbesichtigt blieben, die gerade für Feuchtigkeit und Schwamm von besonderer Bedeutung seien ...

Diese tatsächlichen Feststellungen des BG rechtfertigen den Schluss, dass der Beklagte sittenwidrig gehandelt hat. Wie anerkannt ist, kann ein leichtfertiges und auch grob fahrlässiges Verhalten einen Sittenverstoß darstellen. Zutreffend verweist das BG darauf, dass eine solche Beurteilung insbesondere nahe liegt, wenn der Schädiger mit Rücksicht auf sein Ansehen oder seinen Beruf eine Vertrauensstellung einnimmt[167].

204 In einer weiteren Entscheidung[168], die die Gutachtenerstattung über ein Wohnhaus zum Gegenstand hat, bei der der Gutachter das **Haus weder besichtigt** (vgl. Rn. 180, 220) **noch in die Unterlagen Einsicht genommen** hatte, wurde das Verhalten des Gutachters unter

Bezugnahme auf die Rechtsprechung des BGH[169] als grob leichtfertig und als Verstoß gegen die guten Sitten i. S. d. § 826 BGB erkannt. Nach Ansicht des Gerichts war der Gutachter durch die Übernahme des Schätzungsauftrags verpflichtet, sämtliche Unterlagen zu überprüfen und das Objekt persönlich zu besichtigen. Er durfte sich keinesfalls auf die Berechnungen des Vorgutachters verlassen, da es dem Wesen und der Stellung eines vereidigten Sachverständigen entspricht, als Gutachter selbständig und unabhängig tätig zu werden.

Für die Erstellung eines **Mietgutachtens** für in Wohnanlagen gelegene Wohnungen soll es   **205**
nach Auffassung des OLG Oldenburg[170] regelmäßig genügen, wenn ein Sachverständiger i. S. d. § 2 Abs. 2 Satz 2 MHG (§ 558 a Abs. 2 Nr. 3 BGB) eine Wohnung gleichen Typs besichtigt hat und der Sachverständige die Ausstattung der besichtigten Wohnung beschreibt.

Auch bei **Gewerbebauten** hat ein (öffentlich bestellter und vereidigter) Sachverständiger   **206**
im Zuge der Erstattung eines Wertgutachtens eine Innenbesichtigung höchstpersönlich vorzunehmen[171].

Zur Sorgfaltspflicht des Gutachters, deren Missachtung die Frage der Haftung entstehen   **207**
lässt, gehört auch, dass der **Sachverständige nicht ungeprüft die ihm zugänglich gemachten Unterlagen übernimmt,** so dass der Eindruck entsteht, er habe die Unterlagen geprüft oder die Anknüpfungstatsachen selbst festgestellt (vgl. Rn. 171, 369 ff., 377).

Allgemein gilt ein Gutachten noch als richtig, wenn der darin **festgestellte Wert um bis zu**   **208**
+/– 25 v. H. von dem als richtig erkannten Wert abweicht, wobei es letztlich auf die Verhältnisse des Einzelfalls ankommt (vgl. § 194 BauGB Rn. 129 ff.).

Unter besonderen Voraussetzungen haftet der Sachverständige auch ohne Verschulden   **209**
(Gefährdungshaftung):

a) bei Mitwirkung von Hilfskräften (Erfüllungsgehilfen) i. S. d. § 278 BGB (Rn. 168);

b) bei Werkverträgen für den vertraglichen Erfolg (Erfolgshaftung)[172].

Die **maßgeblichen Regelungen des BGB** sind: **210**

§ 249 BGB, Art und Umfang des Schadensersatzes

Wer zum Schadensersatze verpflichtet ist, hat den Zustand herzustellen, der bestehen würde, wenn der zum Ersatze verpflichtende Umstand nicht eingetreten wäre. Ist wegen Verletzung einer Person oder wegen Beschädigung einer Sache Schadensersatz zu leisten, so kann der Gläubiger statt der Herstellung den dazu erforderlichen Geldbetrag verlangen.

§ 252 BGB, Entgangener Gewinn

Der zu ersetzende Schaden umfasst auch den entgangenen Gewinn. Als entgangen gilt der Gewinn, welcher nach dem gewöhnlichen Laufe der Dinge oder nach den besonderen Umständen, insbesondere nach den getroffenen Anstalten und Vorkehrungen, mit Wahrscheinlichkeit erwartet werden konnte.

---

163   Wessel in Praxishandbuch Sachverständigenrecht § 34 Rn. 1
164   OVG Lüneburg, Beschl. vom 19. 8. 1968 – 3 D 9/68 –, EzGuG 11.65 a
165   OLG Frankfurt am Main, Beschl. vom 10. 5. 1977 – 2 Ws 16/77 –, EzGuG 11.109 a
166   BGH, Urt. vom 28. 6. 1966 – VI ZR 287/64 –, EzGuG 11.51
167   BGH, Urt. vom 9. 7. 1953 – IV ZR 242/52 –, EzGuG 11.4 a; BGH, Urt. vom 13.7.1956 – VI ZR 132/55 –, EzGuG 11.8 a; BGH, Urt. vom 11. 10. 1960 – VI ZR 137/59 –, EzGuG 11.21 a
168   LG Braunschweig, Urt. vom 9. 3. 1966 – 2 O 166/65 –, EzGuG 11.50 c; OLG Köln, Urt. vom 5. 2. 1993 – 19 U 104/92 –, EzGuG 11.200
169   BGH, Urt. vom 17. 9. 1954 – V ZR 32/53 –, EzGuG 14,3 a; OLG Köln, Urt. vom 16. 1. 1974 – 2 U 22/73 –, EzGuG 11.91 e; OLG München, Urt. vom 3. 11. 1983 – 24 U 185/83 –, EzGuG 11.140 e; OLG Hamburg, Beschl. vom 17. 2. 1969 – 6 W 7/69 –, EzGuG 11.122; LG Aurich, Beschl. vom 30. 8. 1984 – 2 O 790/84 –, EzGuG 11.43; OLG Hamm, Beschl. vom 13. 7. 1979 – 1 W 41/79 –, EzGuG 11.115 d
170   OLG Oldenburg, Beschl. vom 2. 1. 1981 – 5 UH 4/80 –, EzGuG 11.120
171   LG Potsdam, Urt. vom 4. 11. 1997 – 9 S 59/96 –, EzGuG 11.255 = GuG-aktuell 1997, 38 (LS)
172   Praxishandbuch Sachverständigenrecht § 8 Rn. 10; § 34 Rn. 11 und § 35 Rn. 1 ff.; BGH, Urt. vom 17. 5. 1984 – VII ZR 169/82 –, EzGuG 11.142 b

§ 254 BGB, Mitverschulden

(1) Hat bei der Entstehung des Schadens ein Verschulden des Geschädigten mitgewirkt, so hängt die Verpflichtung zum Ersatz sowie der Umfang des zu leistenden Ersatzes von den Umständen, insbesondere davon ab, inwieweit der Schaden vorwiegend von dem einen oder anderen Teile verursacht worden ist.

(2) Dies gilt auch dann, wenn sich das Verschulden des Beschädigten darauf beschränkt, dass er unterlassen hat, den Schuldner auf die Gefahr eines ungewöhnlich hohen Schadens aufmerksam zu machen, die der Schuldner weder kannte noch kennen musste, oder dass er unterlassen hat, den Schaden abzuwenden oder zu mindern. Die Vorschrift des § 278 findet entsprechende Anwendung

§ 276 BGB, Haftung für eigenes Verschulden

(1) Der Schuldner hat, sofern nicht ein anderes bestimmt ist, Vorsatz und Fahrlässigkeit zu vertreten. Fahrlässig handelt, wer die im Verkehr erforderliche Sorgfalt außer Acht lässt. Die Vorschriften der §§ 827, 828 finden Anwendung.

(2) Die Haftung wegen Vorsatzes kann dem Schuldner nicht im Voraus erlassen werden.

§ 278 BGB, Verschulden des Erfüllungsgehilfen

Der Schuldner hat ein Verschulden seines gesetzlichen Vertreters und der Personen, deren er sich zur Erfüllung seiner Verbindlichkeiten bedient, in gleichem Umfange zu vertreten wie eigenes Verschulden. Die Vorschrift des § 276 Abs. 2 findet keine Anwendung.

211   **Gutachten sind nach bestem Wissen und Gewissen zu erstatten** (vgl. Rn. 164, 245 ff. und § 8 SVO). Verletzt ein Gutachter diese Pflicht in schuldhafter Weise und resultiert hieraus eine fehlerhafte Wertermittlung, so ist dies auch für die Frage der Haftung und Sachverständigenentschädigung von Bedeutung. Bloße Irrtümer des Gutachters bei der Beurteilung der Beweisfrage – sei es bei den Beurteilungsgrundlagen oder sei es bei den Schlussfolgerungen – rechtfertigen allerdings noch nicht die Annahme, dass der Gutachter „nicht nach bestem Wissen und Gewissen vorgegangen sei, auch wenn sein Irrtum auf (einfacher oder grober) Fahrlässigkeit" beruht[173]. In der Rechtsprechung ist die Vermittlung unrichtigen Wissens an ein Gericht als unbefugter Eingriff in einen fremden Rechtskreis bezeichnet worden[174]; jedoch ist ein Gutachten, das im Ergebnis objektiv unrichtig ist, deshalb nicht gleich mit einem **Mangel** behaftet[175].

1.6.2   Haftung gegenüber privaten Auftraggebern

212   Soweit die Übernahme eines Gutachtenauftrags im Wege eines Werkvertrags erfolgte, bestimmt sich die Haftung eines (privat tätigen) Sachverständigen gegenüber privaten Auftraggebern nach den gesetzlichen **Gewährleistungsbestimmungen der §§ 633 ff. BGB**[176]. **§ 633 BGB** bestimmt hierzu:

„(1) Der Unternehmer ist verpflichtet, das Werk so herzustellen, dass es die zugesicherten Eigenschaften hat und nicht mit Fehlern behaftet ist, die den Wert oder die Tauglichkeit zu dem gewöhnlichen oder dem nach dem Vertrage vorausgesehenen Gebrauch aufheben oder mindern.

(2) Ist das Werk nicht von dieser Beschaffenheit, so kann der Besteller die Beseitigung des Mangels verlangen. § 476 a *(BGB)* gilt entsprechend. Der Unternehmer ist berechtigt, die Beseitigung zu verweigern, wenn sie einen unverhältnismäßigen Aufwand erfordert.

(3) Ist der Unternehmer mit der Beseitigung des Mangels in Verzuge, so kann der Besteller den Mangel selbst beseitigen und Ersatz der erforderlichen Aufwendungen verlangen."

213   Ein **Fehler i. S. von § 633 BGB liegt vor, wenn ein Sachmangel gegeben ist,** insbesondere, wenn

– das Gutachten eine objektiv falsche Aussage enthält,

– die Feststellungen und Schlussfolgerungen nicht dem neuesten Stand der Technik und Wissenschaft entsprechen,

– dem Gutachterauftrag nicht entsprochen wurde,

– der Gutachter auf Grund seiner Sachkunde hätte erkennen müssen, dass der Auftrag nicht zu dem gewünschten Erfolg führen kann,

– das Gutachten lückenhaft ist und dem Sachverhalt nicht ausreichend Rechnung trägt,

– ein zwar fehlerfreies Gutachten auf Grund nicht unwesentlicher Mängel in der Darstellung für den „Verbraucher" unnachvollziehbar ist,

- ein zwar richtiges Ergebnis im Wege sachlich unvertretbarer Methoden gewonnen wurde,
- der Sachverständige in nicht nachprüfbarer Weise nur das Ergebnis seiner Untersuchung mitteilt[177].

Zur Frage, wann ein **Gutachten mit einem Fehler behaftet** ist, vgl. im Übrigen die einschlägigen Ausführungen der Muster-Sachverständigenordnung des Industrie- und Handelskammertages i. V. m. den hierzu erlassenen Richtlinien (abgedruckt im Anh. 1.1).   **214**

Verweigert der Auftraggeber auf Grund solcher Mängel die Abnahme des Gutachtens und den Werklohn, indem er den Inhalt des Gutachtens nicht billigt, so liegt die **Beweislast der Mangelfreiheit des Werks beim Sachverständigen.**   **215**

Bei einem fehlerhaften Gutachten stehen dem Auftraggeber die Gewährleistungsansprüche nach den §§ 633 bis 635 BGB zu. Zu unterscheiden ist zwischen den verschuldensunabhängigen und den verschuldensabhängigen Gewährleistungsansprüchen.   **216**

a) Verschuldensunabhängige Gewährleistungsansprüche

§ 476 a BGB, der für das nach § 633 Abs. 2 BGB bestehende Recht auf **Verlangen der Beseitigung eines Mangels** „entsprechend" gilt, hat folgenden Wortlaut: **217**

§ 476 a BGB: „Ist an Stelle des Rechts des Käufers auf Wandelung oder Minderung ein Recht auf Nachbesserung vereinbart, so hat der zur Nachbesserung verpflichtete Verkäufer auch die zum Zwecke der Nachbesserung erforderlichen Aufwendungen, insbesondere Transport-, Wege-, Arbeits- und Materialkosten, zu tragen. Dies gilt nicht, soweit die Aufwendungen sich erhöhen, weil die gekaufte Sache nach der Lieferung an einen anderen Ort als den Wohnsitz oder die gewerbliche Niederlassung des Empfängers verbracht worden ist, es sei denn, das Verbringen entspricht dem bestimmungsgemäßen Gebrauch der Sache."

Kommt der Gutachter bei einem bestehenden Mangel **dem gestellten Verlangen nach Beseitigung des Mangels nicht fristgerecht nach,** so kann der Auftraggeber – vorbehaltlich des § 633 Abs. 3 BGB – nach Maßgabe des § 634 BGB   **218**

- die Rückgängigmachung des Vertrags (**Wandelung**) oder
- die Herabsetzung des Honorars (**Minderung**)

verlangen, ohne dass dabei der Gutachter schuldhaft, d. h. vorsätzlich oder fahrlässig, gehandelt haben muss (verschuldensunabhängige Gewährleistungsansprüche).

§ 634 BGB: „(1) ¹Zur Beseitigung eines Mangels der im § 633 *(BGB)* bezeichneten Art kann der Besteller dem Unternehmer eine angemessene Frist mit der Erklärung bestimmen, dass er die Beseitigung des Mangels nach dem Ablaufe der Frist ablehne². Zeigt sich schon vor der Ablieferung des Werkes ein Mangel, so kann der Besteller die Frist sofort bestimmen; die Frist muss so bemessen werden, dass sie nicht vor der für die Ablieferung bestimmten Frist abläuft. ³Nach dem Ablaufe der Frist kann der Besteller Rückgängigmachung des Vertrags (Wandelung) oder Herabsetzung der Vergütung (Minderung) verlangen, wenn nicht der Mangel rechtzeitig beseitigt worden ist; der Anspruch auf Beseitigung des Mangels ist ausgeschlossen.

(2) Der Bestimmung einer Frist bedarf es nicht, wenn die Beseitigung des Mangels unmöglich ist oder von dem Unternehmer verweigert wird oder wenn die sofortige Geltendmachung des Anspruchs auf Wandlung oder auf Minderung durch ein besonderes Interesse des Bestellers gerechtfertigt wird.

(3) Die Wandelung ist ausgeschlossen, wenn der Mangel den Wert oder die Tauglichkeit des Werkes nur unerheblich mindert.

(4) Auf die Wandelung und die Minderung finden die für den Kauf geltenden Vorschriften der §§ 465 bis 467, 469 bis 475 *(BGB)* entsprechende Anwendung."

---

173   LG Bremen, Beschl. vom 17. 1. 1977 – 3 O 1584/70 –, EzGuG 11.105
174   LG Ansbach, Urt. vom 25. 1. 1956 – 2 S 106/55 –, EzGuG 11.8
175   So aber Hartmann, Komm. zur HOAI, Losebl. Kissingen § 33 Rn. 3
176   BGH, Urt. vom 26. 10. 1978 – VII ZR 249/77 –, EzGuG 11.114 b; BGH, Urt. vom 20. 1. 1972 – VII ZR 148/
      70 –, EzGuG 6.146; BGH, Urt. vom 8. 12. 1966 – VII ZR 114/64 –, EzGuG 11.54; BGH, Urt. vom 29. 11. 1965
      – VII ZR 265/63 –, EzGuG 11.49 a; BGH, Urt. vom 20. 10. 1964 – VI ZR 101/63 –, EzGuG 11.43 c; OLG Düs-
      seldorf, Urt. vom 20. 12. 1973 – 2 U 145/73 –; Döbereiner in BauR 1979, 282; Lüder in FWW 1970, 111; Gla-
      ser in DWW 1985, 168; Hellmer in NJW 1974, 556; Franzki in DRiZ 1976, 100; BB 1966, 1324
177   OLG Düsseldorf, Beschl. vom 21. 8. 1995 – 10 W 66/95 –, EzGuG 11.224

b) Verschuldensabhängige Gewährleistungsansprüche

219 Bei fahrlässig oder vorsätzlich fehlerhaft (d. h. schuldhaft) erstatteten Gutachten kann der Auftraggeber statt der Wandelung oder Minderung nach Maßgabe des § 635 BGB **Schadensersatz wegen Nichterfüllung** verlangen (verschuldensabhängiger Gewährleistungsanspruch).

§ 635 BGB: „Beruht der Mangel des Werkes auf einem Umstande, den der Unternehmer zu vertreten hat, so kann der Besteller statt der Wandelung oder der Minderung Schadensersatz wegen Nichterfüllung verlangen."

220 Ein schuldhaft erstattetes Gutachten liegt z. B. vor, wenn der Sachverständige keine **Ortsbesichtigung** vorgenommen hat (vgl. Rn. 179 ff., 203, 220, 245, 379, 431; § 3 WertV Rn. 10 f.).

221 Der Sachverständige haftet auch für **Mangelfolgeschäden.** Hierunter sind Schäden zu verstehen, die dem mangelhaften Gutachten unmittelbar anhaften oder eng mit diesem verbunden sind (Rn. 224 ff.).

222 Der **Anspruch des Auftraggebers auf Beseitigung eines Mangels sowie die wegen des Mangels dem Auftraggeber zustehenden Ansprüche auf Wandlung, Minderung oder Schadensersatz verjähren,** sofern der Gutachter den Mangel nicht arglistig verschwiegen hat, nach § 638 BGB **in sechs Monaten** (kurze Verjährung; vgl. Rn. 259). Die Verjährung beginnt mit der Abnahme des Gutachtens durch den Auftraggeber (§ 640 BGB). Die Verjährungsfrist kann nach § 638 Abs. 2 BGB allerdings durch Vertrag verlängert werden.

223 **Auf Mangelfolgen,** d. h. auf Folgen, die dem Auftraggeber im Vertrauen auf die Richtigkeit eines tatsächlich mangelhaften Gutachtens entstanden sind, **finden** nach der Rechtsprechung des BGH[178] **die §§ 635 und 638 BGB keine Anwendung.** Insoweit kommt grundsätzlich nur eine Haftung wegen positiver Vertragsverletzung und damit die regelmäßige Verjährungsfrist von dreißig Jahren in Betracht (§ 195 BGB; vgl. Rn. 259). Der BGH hat dies mehrfach mit der Begründung bestätigt, dass Mangelfolgeschäden aus unrichtigen Gutachten „gewöhnlich erst lange nach Ablauf der Sechsmonatsfrist des § 638 Abs. 1 BGB zu entstehen pflegen"[179].

1.6.3 Haftung gegenüber Dritten (Drittwirkung)

224 Eine **Haftung** des Sachverständigen **gegenüber Dritten besteht nach allgemeinen Vertragsgrundsätzen,** wenn dieser in den Schutzbereich des Gutachtervertrags einbezogen worden ist. Voraussetzung ist, dass sich ein Dritter auf ein Gutachten verlassen und durch ein fehlerhaftes Gutachten einen Schaden erlitten hat. Dies kann sich ergeben, wenn Vermögensdispositionen[180] auf der Grundlage des fehlerhaften Gutachtens getroffen worden sind. Im Übrigen kann aber auch ohne Einbeziehung des Dritten in den Schutzbereich des Gutachtervertrags eine Haftung nach den §§ 823 und 826 BGB in Betracht kommen. Dieser Fall ist gerade bei Sachverständigen für Grundstückswerte gegeben, weil im Vertrauen auf deren Gutachten Versicherungen, Kreditinstitute, Bauherrn und andere Investoren geschäftliche Dispositionen treffen. Schon das RG hat deshalb den „Vertrag mit Schutzwirkung zugunsten Dritten" entwickelt[181]. Diese Rechtsfigur ist vom BGH fortentwickelt worden[182], jedoch ausdrücklich auf **Personen beschränkt, die über eine besondere, vom Staat anerkannte Sachkunde verfügen,** wie z. B. öffentlich bestellte und vereidigte Sachverständige, Wirtschaftsprüfer und Steuerberater[183].

225 Es kommt dabei nicht darauf an, dass die Dritten dem Sachverständigen namentlich bekannt sind. Vielmehr **muss er damit rechnen, dass auch Dritte auf die Richtigkeit des Gutachtens vertrauen, obwohl er mit diesen in keinerlei Vertragsbeziehungen steht**[184].

Ob und inwieweit Dritte in den Schutzbereich eines Gutachtervertrags einbezogen werden, hängt zunächst **von dem Parteiwillen ab.** Ergibt sich dies nicht aus dem Gutachtervertrag selbst dadurch, dass z. B. Dritte ausdrücklich aus dem Schutzbereich ausgenommen wurden, so wird man den mutmaßlichen Willen (hypothetischer Parteiwille) des Auftraggebers und den Verwendungszweck des Gutachtens mitheranziehen müssen. Ein für die Beleihung eines Grundstücks in Auftrag gegebenes Gutachten kann z. B. die ihm zugedachte Funktion nur entwickeln, wenn es auch für das beleihende Kreditinstitut Beweiskraft entwickelt[185]. Für eine solche Vertrauensschutzfunktion des Gutachtens ist es nicht erforderlich, dass der Sachverständige die Dritten namentlich kennt[186]; vielmehr reicht es aus, wenn der Sachverständige die Drittwirkung erkennen musste. Gleichwohl wurden in der Rechtsprechung in einer Reihe von Fällen Dritten ein Vertrauensschutz versagt[187]. 　**226**

Entsprechend dem Parteiwillen haftet ein **Schiedsgutachter** nicht für Drittschäden (Rn. 245, 248 ff., 354). 　**227**

In der Rechtsprechung wird neben dem hypothetischen Parteiwillen auch auf die **Stellung des Sachverständigen** und insbesondere darauf abgehoben, was der Sachverständige an Vertrauensschutz suggeriert. Diesbezüglich wird eine staatliche Anerkennung der Sachverständigeneigenschaft oder ein damit vergleichbarer Akt nachgewiesener Sachkunde hervorgehoben, wobei sich dies nicht mehr ausdrücklich auf eine öffentliche Bestellung des Sachverständigen beschränkt[188]. Insoweit gewinnt ein Dritthaftungsausschluss auch für freie Sachverständige an Bedeutung. 　**228**

178　BGH, Urt. vom 10. 6. 1976 – VII ZR 129/74 –, EzGuG 11.103; BGH, Urt. vom 20. 1. 1972 – VII ZR 148/70 –, EzGuG 6.146 –; OLG Frankfurt am Main, Urt. vom 19. 9. 1974 – 6 U 5/74 –, EzGuG 11.94 a; OLG Hamburg, Urt. vom 24. 11. 1967; Dobereiner/Keyserlingk, Sachverständigen-Haftung, Wiesbaden 1979; Jessnitzer. Der gerichtliche Sachverständige, Köln 1980; Klocke. Der Sachverständige und seine Auftraggeber, Wiesbaden 1981; Müller. Der Sachverständige im gerichtlichen Verfahren, 3. Aufl. 1988 Heidelberg; Pieper/Breuning/Stahlmann. Sachverständige im Zivilprozess 1982; Bremer, Der Sachverständige, 2. Aufl. Verlagsgesellschaft Recht und Wirtschaft, Heidelberg 1973; Blomeyer, Zur zivilrechtlichen Haftung der gerichtlichen Sachverständigen, ZRP 1974, 214; Beaumont, Der Sachverständige in der Zwangsversteigerung, DS 1989, 247; Hübner, Die Berufshaftung – ein zumutbares Berufsrisiko –, NJW 1989, 5; Söllner in Münchener Komm. zum BGB 2. Aufl. München § 317 BGB; Kamphausen in DS 1990, 236, Döbereiner in BauR 1982, 11
179　BGH, Urt. vom 20. 10. 1964 – VI ZR 101/63 –, EzGuG 11.43 c; BGH, Urt. vom 20. 1. 1972 – VII ZR 148/70 –, EzGuG 6.146; BGH, Urt. vom 10. 6. 1976 – VII ZR 129/74 –, EzGuG 11.103; BGH, Urt. vom 17. 10. 2000 – X ZR 169/99 –, GuG 2001/3; BGH, Urt. vom 14. 11. 2000 – X ZR 203/98 –, GuG 2001/3 = EzGuG 11.289; vgl. Schubert in JR 1975, 179
180　BGH, Urt. vom 10. 11. 1994 – III ZR 50/94 –, EzGuG 11.218; BGH Urt. vom 28. 4. 1982 – IV a ZR 312/80 –, EzGuG 11.128; BGH, Urt. vom 30. 1. 1968 – IV ZR 153/66 –, EzGuG 11.62 a; BGH, Urt. vom 12. 7. 1966 – IV ZR 1/65 –, EzGuG 11.51a; BGH, Urt.vom 7. 1. 1965 – VII ZR 28/63 –, EzGuG 11.47 a; BGH, Urt. vom 13. 5. 1963 – VII ZR 236/61 –, EzGuG 11.33; BGH, Urt. vom 18. 6. 1962 – VII ZR 237/60 –, EzGuG 11.25; BGH, Urt. vom 13. 12. 1956 – VII ZR 22/56 –, EzGuG 11.9; BGH, Urt. vom 6. 10. 1954 – II ZR 149/53 –, EzGuG 11.6; OLG Düsseldorf, Urt. vom 6. 8. 1986 – 4 U 41/86 –, EzGuG 11.157; OLG Saarbrücken, Urt. vom 13. 7. 1971 – 2 U 127/70 –, EzGuG 11.80; OLG Celle, Urt. vom 3. 3. 1961 – 11 U 230/59 –, EzGuG 11.22; OLG Frankfurt am Main, Urt. vom 19. 9. 1974 – 6 U 5/75 –, EzGuG 11.94 a
181　RGZ 91, 21; RGZ 102, 231; RGZ 127, 218
182　BGH, Urt. vom 22. 1. 1968 – VIII ZR 195/65 –, BGHZ 49, 350; BGH, Urt. vom 15. 5. 1959 – VI ZR 109/58 –, EzGuG 12.2; BGH, Urt. vom 16. 10. 1963 – VIII ZR 28/62 –, WM 1963, 1327 = NJW 1964, 33 = ZMR 1964, 140; BGH, Urt. vom 28. 4. 1982 – IVa ZR 312/80 –, EzGuG 11.128
183　BGH, Urt. vom 10. 11. 1994 – III ZR 50/94 –, GuG 1995, 54 = EzGuG 11.218; BGH, Urt. vom 23. 1. 1985 – IVa ZR 66/83 –, EzGuG 11.144 e; BGH, Urt. vom 26. 11. 1986 – IVa ZR 86/85 –, EzGuG 11.162 b; BGH, Urt. vom 18. 10. 1988 – XI ZR 12/88 –, NJW-RR 1989, 696; OLG Dresden, Urt. vom 29. 5. 1996 – 8 U 531/96 –, GuG 1997, 383 = EzGuG 11.234; OLG Dresden, Urt. vom 19. 11. 1996 – 5 U 157/96 –, EzGuG 11.238 a; AG Dortmund, Urt. vom 28. 6. 1996 – 131 C 15915/95 –, EzGuG 11.234 a
184　BGH, Urt. vom 7. 11. 1960 – VI 11 ZR 148/59 –, EzGuG 6.53
185　BGH, Urt. vom 10. 11. 1994 – III ZR 50/94 –, GuG 1995, 54 = EzGuG 11.218
186　A. A. noch BGH, Urt. vom 2. 11. 1993 – IVa ZR 20/82 –, EzGuG 20.103; BGH Urt. vom 25. 1. 1985 – IVa ZR 66/83 –, NJW-RR 1986, 484
187　BGH, Urt. vom 17. 10. 2000 – X ZR 169/99 –, GuG 2001/3; OLG Stuttgart, Urt. vom 18. 8. 1993 – 9 U 47/83 –, EzGuG 11.206 b; OLG Hamm, Urt. vom 2. 7. 1992 – 22 U 55/91 –, EzGuG 11.194 c; OLG Hamm, Urt. vom 21. 11. 1988 – 22 U 77/78 –, EzGuG 11.170 e
188　LG Bochum, Urt. vom 4. 9. 1991 – 16 S 3/91 –, NJW-RR 1993, 29; OLG München, Beschl. vom 21. 5. 1990 – 31 U 5232/89 –, ZfSchR 1990, 296

229 **Ein Dritthaftungsausschluss ist wirkungslos, wenn es um die gesetzliche Haftung nach den §§ 823 und 826 BGB geht,** d. h. um sittenwidrige und vorsätzliche Schädigung.

§ 823 BGB: (1) Wer vorsätzlich oder fahrlässig das Leben, den Körper, die Gesundheit, die Freiheit, das Eigentum oder ein sonstiges Recht eines anderen widerrechtlich verletzt, ist dem anderen zum Ersatze des daraus entstehenden Schadens verpflichtet.

(2) Die gleiche Verpflichtung trifft denjenigen, welcher gegen ein den Schutz eines anderen bezweckenden Gesetz verstößt. Ist nach dem Inhalte des Gesetzes ein Verstoß gegen dieses auch ohne Verschulden möglich, so trifft die Ersatzpflicht nur im Falle des Verschuldens ein."

§ 826 BGB: „Wer in einer gegen die guten Sitten verstoßenden Weise einem anderen vorsätzlich Schaden zufügt, ist dem anderen zum Ersatze des Schadens verpflichtet".

230 Ein solcher Fall tritt z. B. ein, wenn sich der Gutachter durch **nachlässige Ermittlungen der Wertermittlungsgrundlagen** seiner Sorgfaltspflicht entledigt[189], so z. B. durch unterlassene Ortsbesichtigung.

231 **Gutachten freier Sachverständiger,** die einen besonderen staatlichen Anerkennungsakt nicht für sich in Anspruch nehmen können, entwickeln für Dritte keine damit vergleichbare Schutzfunktion, selbst wenn der Sachverständige durch Verwendung eines Siegels mit Zulassungsnummer (im zu entscheidenden Fall das Siegel des „Hauptverbandes freier Sachverständiger Deutschland-Ost") Sachkunde suggeriert. Die Objektivität und Zuverlässigkeit eines öffentlich bestellten und vereidigten Sachverständigen kann jedoch nach Auffassung des Gerichts der freie Sachverständige nicht für sich in Anspruch nehmen[190].

232 Mit den öffentlich bestellten und vereidigten Sachverständigen gleichgestellt, hat das OLG Dresden im Übrigen die als **„besonders verpflichtete Bausachverständige einer Kreissparkasse"** tätigen Bausachverständigen und führt hierzu aus:

„Der Senat verkennt hierbei nicht, dass der BGH in einer neuen Entscheidung den Anwendungsbereich des Vertrags mit Schutzwirkung zugunsten Dritter bei SV erweitert hat. So hat er entschieden, dass die vorbezeichnete Rspr. auch auf einen SV anwendbar ist, der als besonders verpflichteter Bausachverständiger einer Kreissparkasse tätig ist. Die Grundlage einer solchen Verpflichtung ergebe sich aus den jeweiligen Beleihungsgrundsätzen für die öffentlich-rechtlichen Sparkassen. § 3 dieser Beleihungsgrundsätze bestimme, dass Schätzungen des Beleihungsgegenstands, also auch Grundstücke, u. a. von einem mit den örtlichen Verhältnissen besonders vertrauten, vom Vorstand bestellten und verpflichteten SV vorgenommen werden können. Derartigen Personen werde dann – ebenso wie öffentlich bestellten und vereidigten SV – ein besonderes Vertrauen in deren Sachkunde und Zuverlässigkeit entgegengebracht. Es bestünden demnach keine Bedenken, einen derartigen SV einem öffentlich bestellten und vereidigten SV gleichzustellen."

233 Der Sachverständige kann seine Haftung grundsätzlich auf **grobe Fahrlässigkeit und Vorsatz** beschränken[191] (Rn. 201).

234 Freien Sachverständigen wird in der Rechtsprechung[192] die Möglichkeit eingeräumt, **Dritte aus dem Schutzbereich** eines Gutachtervertrags sowohl im Wege einer Individualvereinbarung, als auch durch Formularklauseln **auszuschließen,** soweit er nicht nach § 826 BGB gesetzlich haftet[193].

235 *Volze*[194] empfiehlt, Gutachten mit folgendem Aufdruck zu versehen:

„Dieses Gutachten wurde ausschließlich zur Verwendung durch den Auftraggeber erstellt. Nur bei gesetzlicher Auskunftpflicht darf dessen Inhalt ohne meine Einwilligung zur Kenntnis gebracht werden".

236 Ergänzend hierzu ist sowohl im Sachverständigenvertrag, als auch im Gutachten die **konkrete Aufgabenstellung** anzugeben. Dies sollte ohnehin stets die Regel sein.

1.6.4 Haftung der vom Gericht bestellten Sachverständigen

237 Bei einem vom Gericht berufenen Sachverständigen kommt eine **Haftung aus zivilrechtlichem Vertrag nicht in Betracht,** weil die Beziehung zwischen den Parteien des Rechtsstreits und dem beauftragten Gerichtssachverständigen öffentlich-rechtlicher Art ist; eine Anwendung des § 328 BGB scheidet auch aus[195].

Es verbleibt bei der **Haftung des Sachverständigen** bei   **238**

a) Erstattung eines vorsätzlich falschen Gutachtens[196],

b) Schäden, die der Sachverständige in sittenwidriger Weise der Prozesspartei oder einem Dritten durch ein fehlerhaftes Gutachten zufügt[197]; Rechtsgrundlage ist **§ 826 BGB,** der folgenden Wortlaut hat:

> „Wer in einer gegen die guten Sitten verstoßenden Weise einem anderen vorsätzlich Schaden zufügt, ist dem anderen zum Ersatz des Schadens verpflichtet."

Der Gutachter haftet nach dieser Vorschrift für leichtfertiges Handeln. Es muss allerdings ein Maß erreicht haben, das schon als Gewissenlosigkeit insoweit zu werten ist, als der Gutachter vorsah, einem Dritten einen Schaden zuzufügen, oder mit dieser Möglichkeit rechnete und dieses Ergebnis in Kauf nahm. Dabei sind Ansehen und Stellung des Gutachters zu berücksichtigen;

c) fahrlässigem Handeln, wenn dadurch ein Schutzgesetz i. S. d. **§ 823 Abs. 2 BGB** verletzt worden ist (vgl. Rn. 229)[198].

> Der Entwurf eines Zweiten Gesetzes zur Änderung schadensersatzrechtlicher Vorschriften (Stand 19. 2. 2001) sieht die Einfügung eines neuen § 839 a in das BGB vor, wonach gerichtliche Sachverständige für die Folgen eines fehlerhaften Gutachtens haften sollen:
>
> „(1) Erstattet ein vom Gericht ernannter Sachverständiger vorsätzlich oder grob fahrlässig ein unrichtiges Gutachten, so ist er zum Ersatz des Schadens verpflichtet, der einem Verfahrensbeteiligten durch eine gerichtliche Entscheidung entsteht, die auf diesem Gutachten beruht.
>
> (2) § 839 Abs. 3 ist entsprechend anzuwenden."

Eine **deliktische Haftung kommt** dagegen **nicht in Betracht,** weil das Vermögen nicht zu **239** den geschützten Rechtsgütern des § 823 Abs. 1 BGB gehört und ein Schaden in aller Regel allein am Vermögen eintritt. Ein deliktischer Schadensanspruch nach § 823 BGB setzt nämlich einen Schaden an einem „absoluten" Rechtsgut, nicht jedoch einen bloßen Vermögensschaden voraus. Demzufolge kommt allenfalls eine deliktische Haftung nach § 823 Abs. 2 BGB i.V. m. einem Schutzgesetz in Betracht, so z. B. bei

– falscher uneidlicher Aussage (§ 153 StGB),

– Meineid (§ 154 StGB),

– fahrlässigem Falscheid (§ 163 StGB) oder

– falscher Versicherung an Eides statt (§ 56 StGB).

---

189 BGH, Urt. vom 24. 5. 1991 – VI ZR 293/90 –, EzGuG 11.187; OLG Köln, Urt. vom 5. 2. 1993 – 19 U 104/92 –, GuG 1995, 125 = EzGuG 11.199 b; BGH, Urt. vom 16. 9. 1966 – VIII ZR 200/64 –, EzGuG 11.516; BGH, Urt. vom 28. 6. 1966 – VI ZR 287/64 –, EzGuG 11.51

190 BGH, Urt. vom 10. 11. 1994 – III ZR 50/94 –, GuG 1995, 54 = EzGuG 11.218

191 OLG Celle, Urt. vom 5. 1. 1995 – 22 U 196/93 –, EzGuG 11.221

192 BGH, Urt. vom 25. 1. 1985 – IVa ZR 66/83 –, NJW-RR 1986, 484

193 Locher, Festschrift für Cramshaar 1997, 393; OLG Dresden, Urt. vom 21. 5. 1996 – 8 U 531/96 –, GuG 1997, 384 = EzGuG 11.234

194 Volze in DS 2000, 30

195 Glaser in JR 1971. 365; zu den Pflichten des Sachverständigen und des Gerichts vgl. § 404 a, § 407a ZPO, D, Anl. 4 zu § 192

196 BGH, Urt. vom 18. 12. 1973 – VI ZR 113/71 –, EzGuG 11.91 b

197 BGH, Urt. vom 30. 1. 1968 – VI ZR 153/66 –, EzGuG 11.62 a; BGH, Urt. vom 14. 7. 1970 – VI ZR 1/69 –, NJW 1970, 1736; BGH, Urt. vom 12. 7. 1966 – VI ZR 1/65 –, EzGuG 11.51a; BGH, Urt. vom 28. 6. 1966 – VI ZR 287/64 –, EzGuG 11.51; LG Braunschweig, Urt. vom 9. 3. 1966 – 2 O 116/65 –, EzGuG 11.50 a; Döbereiner/Keyserlingk, a. a. O., Rn. 175

198 BGH, Urt. vom 18. 12. 1973 – VI ZR 113/71 –, EzGuG 11.91d; BGH, Urt. vom 19. 11. 1964 – VII ZR 8/63 –, EzGuG 11.45; OLG Hamm, Urt. vom 14. 11. 1985 – 17 U 90/85 –, EzGuG 11.149 a; OLG Hamm, Urt. vom 13. 4. 1983 – U 204/82 –, EzGuG 11.137 a, OLG München, Urt. vom 19. 10. 1973 – 8 U 4203/72 –, EzGuG 11.916; LG Stuttgart, Beschl. vom 5. 2. 1954 – 8 OH 3/54 –, EzGuG 11.4 c; Döbereiner in BauR 1979, 282; Pott/Frieling, Vertragsrecht für Architekten und Bauingenieure, 1979, Rn. 685; Bremer in DS 1973, 66

240 Zu den **absoluten Rechtsgütern** zählen insbesondere die Gesundheit, die Freiheit und das Eigentum des Betroffenen. Werden sie verletzt, haftet der Sachverständige gemäß § 823 Abs. 1 BGB uneingeschränkt[199]. Dieser Fall kann bei einem fehlerhaften Gutachten eines Bausachverständigen, weniger dagegen bei einem Sachverständigen für Grundstückswerte auftreten.

241 Da der gerichtlich bestellte Sachverständige gegenüber den Parteien auch keine hoheitliche Gewalt ausübt und somit keine Amtspflichten verletzt werden können, kommt für ihn auch ein **Amtshaftungsanspruch nach § 839 Abs. 1 BGB i. V. m. Art. 34 GG** in Betracht.

242 **Schließlich können auch nicht die Grundsätze eines Vertrags mit Schutzwirkung zugunsten Dritter Anwendung finden.** Der gerichtlich bestellte Sachverständige steht nämlich in einem vertragsähnlichen öffentlich-rechtlichen und nicht in einem privatrechtlichen Schuldverhältnis.

243 Der vom Gericht bestellte Sachverständige haftet nach diesen Vorschriften, wenn einem der Prozessbeteiligten **auf Grund eines fehlerhaften Gutachtens Nachteile entstanden** sind.

244 Der **Sachverständige haftet auf Schadensersatz auch ohne Vereidigung bei grober Fahrlässigkeit,** wenn aus einem grob fahrlässig falschen Gutachten ein verfassungsrechtlich besonders geschütztes Rechtsgut verletzt wird[200]. Hierzu gehört nach der Rechtsprechung das Rechtsgut der persönlichen Freiheit. Bei leichter Fahrlässigkeit haftet der Sachverständige hingegen nicht, wenn er nicht vereidigt worden ist oder auf seinen allgemeinen Sachverständigeneid Bezug nimmt.

245 Hat der **Sachverständige** zudem **vor Gericht geschworen, sein Gutachten unparteiisch und nach bestem Wissen und Gewissen** (vgl. Rn. 164, 211) **erstattet zu haben,** während er tatsächlich auf Grund der Umstände und seiner persönlichen Fähigkeit die Fehlerhaftigkeit hätte erkennen müssen, so macht er sich zudem nach § 163 StGB wegen fahrlässigen Falscheides bzw. fahrlässiger Versicherung an Eides statt strafbar. Für öffentlich bestellte und vereidigte Sachverständige, die bereits bei ihrer Bestellung den beeiden, folgt dies aus § 155 StGB, wenn sie ihr Gutachten unter Bezugnahme auf den bereits geleisteten Eid erstatten[201]. Der von einem **Schiedsgericht** beauftragte Sachverständige haftet im Übrigen nach denselben Grundsätzen wie der von einem Staatsgericht herangezogene Sachverständige, wenn nichts anderes vereinbart worden ist (Rn. 227, 354, 248 ff.).

246 Zur Frage, ob es aus haftungsrechtlichen Gründen ratsam ist, sein **Gutachten mit** der **Versicherung** abzuschließen, er habe **das Gutachten unparteiisch und nach bestem Wissen und Gewissen** (vgl. Rn. 164, 211) **abgegeben,** werden unterschiedliche Auffassungen vertreten. Jessnitzer[202] warnt unter Berufung auf § 410 ZPO (vgl. Rn. 51) vor einer derartigen Versicherung mit der Begründung, dass eine solche Schlussformel als Bezugnahme auf den allgemein geleisteten Eid eines öffentlich bestellten und vereidigten Sachverständigen fehlgedeutet werden könnte und dann das Gutachten als eidliches oder eidesstattliches Gutachten anzusehen sei.

247 Als Folge dieser Auslegung haftet der **gerichtliche Sachverständige** dann nicht nur bei grober, sondern bereits bei **leichter Fahrlässigkeit:** bei Privatsachverständigen bleibt dies indessen folgenlos, weil diese ohnehin für jede fahrlässige Pflichtverletzung haften und im Übrigen nicht beeidet werden. Die Richtigkeit des Gutachtens kann deshalb auch nicht rechtswirksam an Eides statt versichert werden.

1.6.5 Haftung von Schiedsgutachtern

248 Im Unterschied zu der sonstigen privaten Gutachtertätigkeit haftet ein Schiedsgutachter nur dann, wenn ein nicht durch Nachbesserung beseitigter Fehler das **Gutachten offenbar unbillig oder offenbar unrichtig** erscheinen lässt (Rn. 227, 245, 348)[203].

▸ *Zum Begriff der offenbaren Unbilligkeit und Unrichtigkeit vgl. Rn. 327 ff.*

Der Schiedsgutachter haftet damit auch grundsätzlich nicht für **Drittschäden.** Es empfiehlt **249** sich, dies in dem Schiedsgutachten ausdrücklich hervorzuheben.

1.6.6 Haftungsbegrenzung und Haftungsausschluss

Grundsätzlich sind bei einer individuellen Vertragsgestaltung Einschränkungen der Haf- **250** tung und Gewährleistung möglich. Bezüglich eines Haftungsausschlusses sind jedoch dem Grundsatz der Vertragsfreiheit **Grenzen** gesetzt.

Haftungsbegrenzungen und vereinbarte Verjährungsfristen im Sachverständigenver- **251** **trag gelten auch für Ansprüche dritter Personen,** die aus diesem Vertrag eine Schutz-wirkung für sich ableiten[204].

Des Weiteren ist **allgemein unzulässig bzw. unwirksam:** **252**

a) ein Haftungsausschluss wegen Vorsatzes (§ 276 Abs. 2 BGB);

b) ein genereller Haftungsausschluss nach Art: „Für jedwede Mängel aus diesem Gutach-ten wird nicht gehaftet"[205],

c) ein sittenwidriger Haftungsausschluss (§ 138 BGB) sowie ein Verstoß gegen den Grundsatz von Treu und Glauben[206],

d) ein einseitiger Haftungsausschluss ohne Zustimmung des Auftraggebers; dies gilt nach *Jessnitzer/Frieling*[207] für eine dahingehende Erklärung des Gutachters in seinem schrift-lichen Gutachten;

e) ein Haftungsausschluss, der über die gesetzlichen Grenzen hinausgeht, und zwar insbe-sondere die des § 276 Abs. 2 BGB und des § 9 AGBG und – für vorformulierte Ver-träge – die des § 11 Nr. 7 AGBG.

Abb. 5: Haftungsausschluss und Haftungsbegrenzungen im Individualvertrag

	völliger Haftungsausschluss	zeitliche Haftungsbegrenzung	summenmäßige Haftungsbegrenzung
für Vorsatz	§ 276 Abs. 2 BGB: unzulässig	§ 276 Abs. 2 BGB: unzulässig	§ 276 Abs. 2 BGB: unzulässig
für grobe Fahrlässigkeit	§ 138 Abs. 1 BGB: unzulässig wegen des Verstoßes gegen Standesrecht	zulässig für Mangelfolgeschäden	zulässig bei ungewöhnlich hohem Risiko
für leichte Fahrlässigkeit	zulässig	zulässig	zulässig

Quelle: Meyer-Reim BauR 1995, 717

---

199   BVerfG, Urt. vom 11. 10. 1978 –1 BvR 84/74 –, EzGuG 11.114
200   BVerfG., Beschl. vom 11. 10. 1978 – 1 BvR 84/74 –, EzGuG 11.114; in Abänderung der Rspr. Vorinstanz: BGH, Urt. vom 25. 9. 1973 – VI ZR 113/71 –, EzGuG 11.91; OLG Stuttgart, Beschl. vom 19. 1. 1976 – 8 W 455/75 –, EzGuG 11.101 b; OLG Frankfurt am Main, Beschl. vom 10. 5. 1977 – 2 Ws 16/77 –, EzGuG 11.109 a
201   OLG Düsseldorf, Urt. vom 6. 8. 1986 – 4 U 41/86 –, EzGuG 11.157
202   Jessnitzer in DS 1990, 266; a. A. Rudolph in DS 1991, 7; ders. in Bayerlein u. a. Praxishandbuch Sachverstän-digenrecht. München 1990, § 31 Rn. 30
203   BGH, Urt. vom 22. 4. 1965 – VII ZR 15/65 –, EzGuG 11.48; OLG Schleswig, Urt. vom 21. 9. 1988 – 4 U 141/87 –, EzGuG 11.170 b
204   OLG Oldenburg, Urt. vom 9. 9. 1997 – 9 U 36/97 –, EzGuG 12.121 a
205   BVerwG, Urt. vom 6. 7. 1973 – 4 C 22/72 –, EzGuG 12.13
206   Volze in DS 1979, 221: Döbereiner/von Keyserlingk. Sachverständigenhaftung Rn. 202 ff.
207   Jessnitzer/Frieling. Der gerichtliche Sachverständige, 10. Aufl. 1992, Rn. 701, 32

Abb. 6: Haftungsausschluss und Haftungsbegrenzungen nach Allgemeinen Geschäftsbedingungen

	völliger Haftungsausschluss	zeitliche Haftungsbegrenzung	summenmäßige Haftungsbegrenzung
für Vorsatz	§ 276 Abs. 2 BGB: unzulässig	§ 276 Abs. 2 BGB: unzulässig	§ 276 Abs. 2 BGB: unzulässig
für grobe Fahrlässigkeit	§ 11 Nr. 7 AGBG: unzulässig	zulässig für Mangelfolgeschäden, zulässige Frist ungeklärt	§ 11 Nr. 7 AGBG: unzulässig
für leichte Fahrlässigkeit	grundsätzlich zulässig	grundsätzlich zulässig	grundsätzlich zulässig

Quelle: Meyer-Reim BauR 1995, 717

253 Für **leichte Fahrlässigkei**t kann indessen eine Haftung ausgeschlossen werden (vgl. § 11 Nr. 7 AGB-Gesetz; vgl. Rn. 194).

254 Für **öffentlich bestellte und vereidigte Sachverständige** ist die Möglichkeit des Haftungsausschlusses und der Haftungsbeschränkung durch weitergehende standesrechtliche Regeln eingegrenzt worden.

a) Eine Haftung für Vorsatz und grobe Fahrlässigkeit darf nicht ausgeschlossen werden;

b) eine Haftung für einfache Fahrlässigkeit[208] kann im Umkehrschluss im Wege einer Individualvereinbarung ausgeschlossen werden;

c) eine Haftung für grobe Fahrlässigkeit lässt sich im Wege einer Individualvereinbarung „in angemessenem Umfang" ausschließen (vgl. § 14 SVO i. V. m. Ziff. 14.7 der Richtlinien);

d) eine Verkürzung der 30-jährigen Verjährungsfrist (§ 195 BGB) für Mängelfolgeschäden ist selbst beim Vorliegen grober Fahrlässigkeit durch Allgemeine Geschäftsbedingungen, abgesehen von dem Fall des § 11 Nr. 10 f AGBG, möglich;

e) eine Haftung kann der Höhe nach im Wege einer Individualvereinbarung in besonderen Fällen ausnahmsweise beschränkt werden. Dies setzt voraus, dass Haftungsbeschränkung und das besondere Risiko in einem angemessenen Verhältnis stehen.

255 Ein Verstoß gegen die eingrenzenden **standesrechtlichen Regeln** hat nicht automatisch deren Nichtigkeit (§ 134 BGB) zur Folge; im Hinblick auf die besondere Stellung des öffentlich bestellten und vereidigten Sachverständigen kann aber darin ein Verstoß gegen die guten Sitten erblickt werden (§ 138 BGB). Im Übrigen hat ein Verstoß regelmäßig disziplinarische Maßnahmen der bestellenden Kammer zur Folge.

256 Die **Haftung des privat beauftragten Sachverständigen für Schäden auf Grund leichter Fahrlässigkeit kann zeitlich und der Höhe nach begrenzt** sowie insgesamt über die Allgemeinen Geschäftsbedingungen oder jeweils im Vertrag **ausgeschlossen werden**[209]. Der Ausschluss verstößt nicht gegen § 9 Abs. 2 Nr. 2 AGBG. Ein Haftungsausschluss für Schäden aus vorsätzlichem Handeln ist dagegen unzulässig. Für Schäden aus grober Fahrlässigkeit kann die Haftung

– im Individualvertrag bei ungewöhnlich hohem Risiko summenmäßig begrenzt sowie

– bei Mangelschäden auch über die Allgemeinen Geschäftsbedingungen zeitlich begrenzt werden.

Für Werte unter 25 565 € und über 25 564 594 € räumt § 34 Abs. 3 und 4 HOAI **Sonderregelungen** ein (vgl. Anh. 1.3). Des Weiteren wird mit § 34 Abs. 5 und 6 HOAI die Möglichkeit freier Vereinbarungen eingeräumt; soweit es dabei um die Konkretisierung der Schwierigkeiten geht, wird mit Abs. 6 der Vorschrift kein abschließender Katalog vorgegeben.   **257**

Der **Gerichtssachverständige** hat auf Grund seines abschließend geregelten öffentlich-rechtlichen Verhältnisses **keine Möglichkeit, die Haftung auszuschließen oder der Höhe nach zu begrenzen.** Entsprechendes gilt auch für die von einem Schiedsgericht beauftragten Gutachter.   **258**

▷ *Zur Haftung des Gutachterausschusses für Grundstückswerte vgl. § 192 BauGB Rn. 52 ff.*

1.6.7   Verjährung von Gewährleistungsansprüchen

Die **Verjährung von Gewährleistungs- und Schadensersatzansprüchen** ist zusammenfassend wie folgt geregelt: **259**

a) Die **Ansprüche eines privaten Auftraggebers auf Nachbesserung, Wandelung, Minderung und Schadensersatz** (§§ 631, 633 bis 635) verjähren nach § 638 BGB *im Regelfall* in sechs Monaten[210]. Verjährungsbeginn ist der Zeitpunkt der Abnahme des Werks (vgl. Rn. 219 ff.).

b) Die Verjährungsfrist bei **Arbeiten an einem Grundstück** beträgt ein Jahr; bei Arbeiten an einem Bauwerk fünf Jahre. Zu den Arbeiten an einem Bauwerk gehört z. B. das Sanierungsgutachten eines Sachverständigen. Dies entspricht den für Planungsleistungen von Architekten und Ingenieuren geltenden Verjährungsfristen.

c) Bei **arglistigem Verschweigen** verjähren die Ansprüche nach den §§ 195 und 638 BGB in 30 Jahren (vgl. Rn. 223).

   – die dreißigjährige Verjährungsfrist setzt voraus, dass ein Schadensersatz aus positiver Vertragsverletzung geltend gemacht wird, z. B. wenn im Vertrauen auf ein falsches Gutachten ein sog. Mangelfolgeschaden entstanden ist (Gewährung eines überhöhten Kredites)[211],

   – eine fünfjährige Verjährungsfrist besteht nach den §§ 635 und 638 BGB regelmäßig, wenn ein enger Zusammenhang zwischen dem Mangel des Gutachtens und dem Schadensereignis, z. B. einem Bauwerkschaden, vorliegt[212].

d) Schadensersatzansprüche, die sich aus dem Tatbestand der **„unerlaubten Handlung"** [213] stützen, verjähren gegenüber dem privaten Gutachter nach § 852 BGB in drei Jahren.

---

208   Ausführlich Wessel, Praxishandbuch Sachverständigenrecht, München, § 39, S. 538 ff.; BGH, Urt. vom 10. 1. 1974 – VII ZR 28/72 –, EzGuG 12.14

209   OLG Celle, Urt. vom 5. 1. 1995 – 22 U 196/93 –, EzGuG 11.221

210   Palandt/Thomas, Komm. BGB § 638 Rn. 2

211   BGH, Urt. vom 10. 6. 1976 – VII ZR 129/74 –, EzGuG 11.103

212   BGH, Urt. vom 26. 10. 1978 – VII ZR 249/77 –, EzGuG 11.114 a; BGH, Urt. vom 12. 3. 1987 – VII ZR 80/86 –, EzGuG 11.163 a

213   Döbereiner/von Keyserlingk, a. a. O., Rn. 165 f.

1.7   Vergütung von Sachverständigen

1.7.1   Allgemeines

260 Bei einem Privatauftrag im außergerichtlichen Vergleich gilt der **Grundsatz der freien Honorarvereinbarung,** die bei Abschluss des Vertrags zu treffen ist. Die Regelung des § 632 Abs. 2 BGB, nach der im Falle einer unterbliebenen Honorarvereinbarung die „übliche Vergütung" als vereinbart gilt, findet keine Anwendung, da es in diesem Bereich eine staatliche Gebührenordnung (HOAI) gibt.

261 Wird also bei sog. **Honorargutachten** das Honorar bei Auftragserteilung nicht schriftlich vereinbart, so ist das Honorar nach § 6 HOAI zu berechnen. Dabei ist regelmäßig der Mindestsatz maßgebend, wenn nicht Pauschalen oder abweichende Stundensätze vereinbart worden sind[214].

262 Die Vergütung von Sachverständigenleistungen ist im Teil IV der **Honorarordnung für Architekten und Ingenieure – HOAI –** geregelt (abgedruckt im Anh. 1.3)[215]. Die §§ 33 und 34 HOAI finden auf die nach diesen Vorschriften erfassten Leistungen und Gutachten Anwendung, sofern nicht Sonderregelungen maßgeblich sind (vgl. Rn. 257).

263 Generell lassen sich **Gutachten unterscheiden** in

a) sog. *Honorargutachten* nach § 33 HOAI einschließlich entsprechende Schiedsgutachten, deren Honorierung frei vereinbart werden kann, und

b) sog. *Schadensgutachten*, die nicht dem § 33 HOAI unterliegen.

264 Für Wertermittlungen bestimmt § 34 HOAI i.V.m. den Honorartafeln **Mindest- und Höchstsätze,** wobei eine schriftliche Vereinbarung nach § 4 Abs. 4 HOAI für Abweichungen von den Mindestsätzen der Normalstufe Voraussetzung ist; bei abweichenden Vereinbarungen ist ggf. das maßgebliche Honorar nach § 5a HOAI durch lineare Interpolation zu ermitteln. Grundlage für die Bemessung des Honorars ist nach § 34 Abs. 2 HOAI der vom Sachverständigen ermittelte Wert des Grundstücks, Gebäudes, einer anderen baulichen Anlage oder des Rechts an einem Grundstück. Bezüglich des für den **Wert maßgeblichen Zeitpunkts** bestehen im Schrifttum unterschiedliche Auffassungen[216]. In Betracht kommt:

a) der Wertermittlungsstichtag[217] oder

b) der Zeitpunkt der Wertermittlung, d.h. der Erstellung des Gutachtens entsprechend dem Wortlaut der Bestimmung[218].

1.7.2   Entschädigung von gerichtlich bestellten Sachverständigen

265 Die Entschädigung des gerichtlich bestellten Sachverständigen ist geregelt im **Gesetz über die Entschädigung von Zeugen und Sachverständigen – ZSEG –** (abgedruckt im Anh. 1.5). Die dort geregelte Entschädigung liegt teilweise beträchtlich unter der Vergütung nach der HOAI[219]. Die Anwendung dieser Entschädigungsbestimmungen setzt nach § 1 ZSEG den Auftrag eines deutschen Gerichts oder Staatsanwalts voraus.

266 Das ZSEG ist nach § 26 Abs. 3 Satz 2 VwVfG und den entsprechenden Landesregelungen im Verwaltungsverfahren **unter Berücksichtigung ergänzender landesrechtlicher Vorschriften anwendbar.**

In *Bayern* kann die Entschädigung nach § 3 ZSEG durch die am 1.1.1990 in Kraft getretene ÄnderungsVO der Bayer. Staatsregierung vom 28.11.1989 bis zu 100% überschritten werden.

Das ZSEG gilt nach § 1 Abs. 3 nicht für **Angehörige einer Behörde oder sonstigen**   **267**
öffentlichen Stelle, die nicht Ehrenbeamte oder ehrenamtlich tätig sind, wenn sie in Erfüllung ihrer Dienstaufgaben tätig sind. Nur wenn die Sachverständigentätigkeit den dienst-
lichen Aufgabenbereich überschreitet, kann eine Entschädigung begehrt und gewährt werden. Auf Privatgutachten findet das ZSEG keine unmittelbare Anwendung.

Die Entschädigung wird gemäß § 3 Abs. 2 ZSEG nach der **Anzahl des erforderlichen**   **268**
Stundenaufwands und der Höhe des Stundensatzes gewährt. Als erforderliche Zeit gilt
die Vorbereitung einschließlich Untersuchungen, Ortstermine-, Reise- und Wartezeiten,
des Studiums der Akten und der Literatur sowie der Erstattung des Gutachtens selbst[220].
Dabei wird allerdings ein hoher Grad an Fachkenntnissen vorausgesetzt (vgl. Anh. 1.5).

Die **erforderliche Zeit** soll dem nach objektiven Maßstäben üblichen Zeitaufwand ent-   **269**
sprechen, d. h. eine subjektiv langsame Bearbeitung auf Grund einer notwendig werdenden
Einarbeitung muss unberücksichtigt bleiben.

Kriterien des Stundensatzrahmens sind   **270**

– der Grad der erforderlichen Fachkenntnisse,

– die Schwierigkeit der Leistung,

– ein anderweitig nicht abgedeckter Aufwand für eine notwendigerweise in Anspruch zu
 nehmende technische Einrichtung sowie

– besondere Umstände, unter denen die Erarbeitung des Gutachtens erfolgen musste.

Dem gerichtlichen Sachverständigen wird in den engen Grenzen des § 3 Abs. 3 ZSEG ein   **271**
erhöhter Stundensatz zugebilligt wenn:

a) eine eingehende Auseinandersetzung mit der wissenschaftlichen Lehre[221] erforderlich
 wird,

b) ein unzumutbarer Erwerbsverlust auf Grund der Dauer der Häufigkeit der Heranziehung eintritt,

c) der Sachverständige hauptberuflich tätig wird.

In den Fällen b) und c) wird der erhöhte Stundensatz in Einzelfällen nach billigem Ermessen gewährt. Die Voraussetzungen nach a) liegen vor, wenn der Sachverständige zu wissenschaftlichen Meinungen kritisch Stellung nehmen muss, um im konkreten Fall zu einem
sachgerechten Urteil zu kommen.

Nach § 7 ZSEG können sich die Parteien dem Gericht gegenüber mit einer bestimmten   **272**
besonderen Entschädigung für die Leistung einverstanden erklären, **die sich nach der**
Auslegung der bisherigen Fassung dieser Vorschriften auf eine betragsmäßig festge-
legte Gesamtentschädigung beziehen musste. Nach der vorgesehenen Neufassung dieser
Vorschrift soll auch ein Einverständnis über einen bestimmten Stundensatz genügen.

---

214 Kurth in NJW 1990, 2038; AG Bonn, Urt. vom 10. 9. 1980 – 3 C 65/80 –, EzGuG 11.120 c
215 OLG Düsseldorf, Urt. vom 9. 2. 1979 – 22 U 200/78 –, EzGuG 11.114 h
216 Motzke/Wolff, Praxis der HOAI, München 1992, S. 345
217 Hesse/Korbion/Mantscheff/Vygen, HOAI Komm. 3. Aufl. München, § 34 Rn. 11; Hartmann. Die neue
    Honorarordnung für Architekten und Ingenieure (HOAI), Komm. Losebl. Kissingen § 34 Rn. 12
218 Locher/Koeble/Frik, Komm. zur HOAI 6. Aufl. Düsseldorf 1991, § 34 Rn. 3
219 Vygen im Praxishandbuch Sachverständigenrecht, München 1989, § 41 Rn. 10 ff.
220 Ausführlich Jessnitzer/Frieling. Der gerichtliche Sachverständige; 10. Aufl. 1992 Köln, Rn. 778; zur Anfech-
    tung von Entschädigungsfestsetzungen Müller-Brühl in DStZ 1993, 289; OLG Celle, Beschl. vom 10. 5. 1962 –
    3 Ws 214/62 –, EzGuG 11.24 c; OLG Düsseldorf, Beschl. vom 8.9.1994 – 10 W 109/94 –, EzGuG 11.217a;
    OLG Köln, Urt. vom 6. 9. 2000 – 11 U 261/99 –, GuG 2001, 254
221 OLG Celle, Beschl. vom 10. 5. 1962 – 2 Ws 21/62 –, EzGuG 11.24 c

273 Im Übrigen können dem Sachverständigen folgende Kosten ersetzt werden:
- § 3 sog. Leistungsentschädigung,
- § 8 Ersatz von Aufwendungen,
- § 9 Fahrtkosten,
- § 10 Aufwandskosten,
- § 11 Ersatz sonstiger Aufwendungen,
- § 13 Vereinbarung der Entschädigung.

274 Daneben besteht die Möglichkeit, einen Antrag nach § 16 ZSEG zu stellen, um auf der Grundlage einer detaillierten Kostenaufstellung einen **gerichtlichen Beschluss über die zu gewährende Entschädigung** herbeizuführen, wenn sonst keine Kostendeckung gewährleistet ist.

275 Der *gerichtlich zugezogene Sachverständige,* der abgelehnt wird, verliert seinen Entschädigungsanspruch nur dann, wenn er die **Ablehnung grob fahrlässig verursacht hat**[222]. Ist ein Gutachten unbrauchbar, so ist in diesem Sinne ebenfalls ein Entschädigungsanspruch ausgeschlossen, wenn wiederum die Unbrauchbarkeit grob fahrlässig herbeigeführt wurde[223].

276 Die **Entschädigung** wird **auf Antrag** gewährt. In dem Antrag sind die Kosten zu spezifizieren und der Endbetrag anzugeben; eine Entschädigungszuweisung „von Amts wegen" kennt das ZSEG nicht.

277 Die **Verjährungsfrist der Antragstellung** beträgt zwei Jahre. Der Antrag ist i.d.R. in zweifacher Ausfertigung bei dem Gericht einzureichen, das den Gutachter beauftragt hat.

Für die Spezifizierung des Antrags wird von der **Industrie- und Handelskammer** folgende Systematik empfohlen:

A. Zeitaufwand

Aktenstudium	.... Std.				
Einholung von Auskünften u. Ä.	.... Std.				
Ortsbesichtigung	.... Std.				
Wahrnehmung des Gerichtstermins	.... Std.				
Fahrten	.... Std.				
Ausarbeitung und Diktat des Gutachtens	.... Std.				
	.... Std.	à .... €	= .... €		
Erhöhung um 50 % gem. § 3 Abs. 3 ZSEG (falls Voraussetzungen vorliegen)			= .... €		

B. Ersatz von Aufwendungen

Aufwendungen für Hilfskräfte	(........ Std. à ....)	= .... €
Vorbereitende Schreibarbeiten (z. B. Ladung zur Ortsbesichtigung)	(........ Std. à ....)	= .... €
Fahrtkosten (Deutsche Bahn oder eigener Pkw)		= .... €
Abwesenheitsentschädigung, Zehrgeld		= .... €
Übernachtung		= .... €
Fotografien	(........ Stück à ....)	= .... €
Fotokopien	(........ Stück à ....)	= .... €
Schreibgebühren für Reinschrift des Gutachtens Original	(........ Seiten à ....)	= .... €
Durchschriften	(....... Seiten à ....)	= .... €
Porto, Telefon u. Ä.		= .... €
		= .... €

C. Gesamtsumme

A. Zeitaufwand + B. Aufwendungsersatz   = ... €

Mehrwertsteuer (16 %)   = ... €

      = ... €

Erzielt der Sachverständige **70 % seiner Berufseinkünfte aus gerichtlicher oder außergerichtlicher Gutachtertätigkeit,** besitzt er den Status eines Berufssachverständigen. Der Status des Berufssachverständigen berechtigt ihn zu einem Berufssachverständigenzuschlag von bis zu 50 %.   **278**

1.7.3 Vergütung von Schiedsgutachtern

Ein als Schiedsgutachter tätig werdender Sachverständiger kann seine **Vergütung frei vereinbaren.** In Betracht kommt die Vereinbarung   **279**

– eines Pauschalhonorars oder

– eine Vergütung nach Stundensätzen,

wobei es sich empfiehlt, einen Ersatz von Auslagen für Hilfskräfte, Fahrt- und Schreibkosten sowie ggf. Vorauszahlung in die Vereinbarung mit aufzunehmen. Dies gilt auch bezüglich eines Anspruchs auf Zahlung der Mehrwertsteuer.

Ist eine **Vereinbarung über die Vergütung nicht getroffen** worden, hat der Sachverständige nach § 632 Abs. 2 BGB Anspruch auf die übliche Vergütung, d. h. sie bemisst sich dann nach dem Umfang der erbrachten Leistung, dem Schwierigkeitsgrad und den erforderlichen Auslagen. Die Vergütung wird nach Erstattung des Gutachtens und dessen Abnahme fällig. Vorschuss- und Abschlagszahlungen können nur verlangt werden, wenn solche vereinbart worden sind.   **280**

Das Gesetz über die Entschädigung von Zeugen und Sachverständigen – **ZSEG** – findet auf die Vergütung von Schiedsgutachtern keine Anwendung; Anwendung kann indessen die **HOAI** finden.   **281**

Der Vergütungsanspruch verjährt nach § 196 Abs. 1 Nr. 7 BGB nach zwei Jahren. Nach § 201 BGB beginnt die **Verjährungsfrist** am Ende des Jahres, in dem der Anspruch fällig geworden ist. Fällig wird der Anspruch nach § 641 Abs. 1 BGB mit der Abnahme (Übergabe) des Gutachtens.   **282**

Es empfiehlt sich in dem Gutachtervertrag eine Bestimmung aufzunehmen, wer dem Sachverständigen die Vergütung schuldet. Aus der Sicht des Sachverständigen ist eine Vereinbarung sinnvoll, nach der **beide Auftraggeber für seinen Honoraranspruch als Gesamtschuldner haften.** Im Übrigen werden die Kosten des Schiedsgutachters üblicherweise von beiden Parteien je zur Hälfte getragen[224].   **283**

---

222   OLG Koblenz, Beschl. vom 15. 8. 1980 – 14 W 322, 363/80 –, EzGuG 11.120 a; KG Berlin, Urt. vom 3. 10. 1972 – 1 W 1299/72 –, EzGuG 11.85 a; OLG Köln, Urt. vom 1. 5. 1970 – 8 W 25/70 –, EzGuG 11.71 a; BGH, Urt. vom 15. 12. 1975 – X ZR 52/73 –, EzGuG 11.100 a
223   OLG Düsseldorf, Beschl. vom 12. 1. 1995 – 10 W 135/94 –, EzGuG 11.222
224   OLG Düsseldorf, Beschl. vom 20. 3. 1996 – 22 U 151/97 –, OLGR-Düsseldorf 1998, 279; LG Kassel, Beschl. vom 20. 9. 1996 – 10 S 151/96 –, VersR 1997, 1268 = EzGuG 11.235 d

1.8   Vermögensschaden-Haftpflichtversicherung

284   Für den Sachverständigen ist bei alledem eine Vermögensschaden-Haftpflichtversicherung unverzichtbar. Für solche gelten die „Allgemeinen Versicherungsbedingungen zur Haftpflichtversicherung für Vermögensschäden" – AVB –. Diese definieren **Vermögensschäden** als solche **Schäden, die weder Personenschäden (Tötung, Verletzung des Körpers oder Schädigung der Gesundheit von Menschen) noch Sachschäden (Beschädigung, Verderben, Vernichtung oder Abhandenkommen von Sachen) sind.** Darüber hinaus wird Versicherungsschutz nach Maßgabe „Besonderer Bedingungen und Risikobeschreibungen für die Vermögensschaden-Haftpflichtversicherung von Sachverständigen und Gutachtern" gewährt. Sie sehen z. B. den Versicherungsschutz für gutachterliche Feststellungen nach Maßgabe folgender Bestimmung vor: „Versichert ist die freiberufliche Beurteilung bestehender Verhältnisse einschließlich der Tätigkeit als Gerichts- und Schiedsgutachter".

285   Die Versicherer[225] bieten i. d. R. sowohl **Vorwärts- als auch Rückwärtsversicherungen** an:

– Die *Vorwärtsversicherung* umfasst die Folgen aller vom Beginn des Versicherungsschutzes ab bis zum Ablauf des Vertrags vorkommenden Verstöße.

– Die *Rückwärtsversicherung* bietet Deckung gegen in der Vergangenheit vorgekommene Verstöße, welche dem Versicherungsnehmer oder Versicherten, oder seinen Sozien bis zum Abschluss der Rückwärtsversicherung nicht bekannt geworden sind. Bei Antragstellung ist die zu versichernde Zeit nach Anfang- und Endpunkt zu bezeichnen.

Nach § 14 SVO (vgl. Anh. 1.1) soll der Sachverständige eine Haftpflichtversicherung in angemessener Höhe abschließen. Im Hinblick auf den Haftungszeitraum von 30 Jahren muss der Sachverständige darauf achten, dass er einen Versicherungsschutz auch für Schäden erhält, die dem Versicherer später als zwei bzw. fünf Jahre nach Beendigung des Versicherungsvertrags gemeldet werden. Die Deckungssummen für Personen- und Sachschäden liegen derzeit bei 1,5 Mio € bzw. 0,5 Mio €. Vermögensschäden sind in Höhe von 150 000 bis 500 000 € versicherbar.

286   Ansonsten sind bei einer **summenmäßigen Haftungsbegrenzung** der **Grundsatz von Treu und Glauben** sowie die guten Sitten zu beachten. Maßstab dafür ist insbesondere das Sachverständigenhonorar.

---

225   Auch z. B. für landwirtschaftliche Unternehmensberater (vgl. Verlag Pflug und Feder GmbH; Postfach 2047 in 53743 St. Augustin)

2 Gutachten

2.1   Gutachten über Grundstückswerte

2.1.1   Allgemeines

Bei einem **Gutachten** handelt es sich um eine **mit besonderer Sachkunde, Fachwissen**   **287**
und Erfahrung begründete Stellungnahme, die entsprechend dem Auftrag (Antragstellung) sowohl Tatsachenfeststellungen, Erfahrungssätze sowie aus Tatsachenfeststellungen gezogene Schlussfolgerungen einschließlich Werturteile vermitteln soll. Sie muss sich auf Tatsachen und darf sich nicht auf Mutmaßungen stützen (weitere Ausführungen bei § 193 BauGB Rn. 7 ff.)[1].

Ein im gerichtlichen Auftrag erstattetes **Gutachten sollte grundsätzlich keine recht-**   **288**
lichen Ausführungen enthalten oder Sachverhalte rechtlich werten, da dies dem Gericht vorbehalten ist. Bei der Erstattung von Gutachten über Grundstückswerte ist dies allerdings häufig unvermeidbar, z. B. wenn es um die rechtliche Qualifizierung des Entwicklungszustands eines zu wertenden Objekts geht. Hier muss man i. d. R. erwarten können, dass ein Gutachter die geltenden Rechtssätze sachkundig beachten kann. Bei rechtlichen Wertungen, die das Ergebnis eines Gutachtens entscheidend mitbeeinflussen oder gar von einer herrschenden Rechtsauffassung abweichen, sollte der Gutachter jedoch frühzeitig mit dem Gericht in Verbindung treten.

---

1   BGH, Urt. vom 2. 11. 1983 – IV ZR 20/82 –, EzGuG 20.103; der Tübinger Rechtsprofessor Wonhard Möschel hat die Gutachten über den Telekommunikationsmarkt weniger zuversichtlich mit dem Satz kommentiert: „Mit Gutachten ist es wie mit der Liebe: Wenn man dafür bezahlt wird, verändert sich die Sicht."

289   Grundsätzlich kann ein Gutachten schriftlich (in Textform) oder mündlich erstattet werden. Die **schriftliche Gutachtenerstattung ist in der Grundstückswertermittlung die Regel.**

290   **Gutachten sind grundsätzlich unverbindlich.** Dies gilt auch für Gutachten des Gutachterausschusses für Grundstückswerte nach den §§ 192 ff. BauGB. Die Gutachten der Gutachtenausschüsse für Grundstückswerte unterliegen auch nicht einem Anspruch auf Widerruf[2]. Zur Rechtsnatur der Gutachten der Gutachterausschüsse für Grundstückswerte vgl. § 193 BauGB Rn. 67 ff.

291   Eine **Verbindlichkeit** eines Gutachtens kann gegeben sein, **wenn ein Gutachten Gegenstand eines Schiedsgutachtenvertrags ist**[3].

   ▶ *Zum Gutachten bei Mieterhöhungsverlangen vgl. § 17 WertV Rn. 189*

292   **Im gerichtlichen Verfahren werden sachverständige Gutachter als Helfer bzw. Entscheidungsgehilfen des Gerichts** zur Feststellung von unbekannten Erfahrungssätzen, zur Tatsachenbeurteilung oder Tatsachenfeststellung herangezogen (vgl. Rn. 5, 20)[4].

293   **Im gerichtlichen Verfahren sind die Gutachten der Sache nach als Sachverständigenbeweis** i. S. d. §§ 402 ff. ZPO **anerkannt** (§ 73 Abs. 2 StPO, § 36 Abs. 1 OWiG, § 96 Abs. 1 Nr. 2 VwGO[5]; bezüglich der Gutachterausschüsse für Grundstückswerte vgl. Rn. 33, § 192 BauGB Rn. 9, § 193 BauGB Rn. 67; § 198 BauGB Rn. 22).

294   Im **Verwaltungsprozess** ermittelt das Gericht den Sachverhalt von Amts wegen und kann Beweise nach den Umständen des Einzelfalls selbst erheben[6]. Nach den §§ 96 ff. VwGO kann das Tatsachengericht

   – sachverständige Zeugen vernehmen,

   – Sachverständige anhören und

   – sich von Sachverständigen erstattete Gutachten nach § 98 VwGO i. V. m. § 411 Abs. 3 ZPO erläutern lassen.

295   Das Gericht kann sich auch auf gutachtliche Stellungnahmen anderer Behörden stützen, selbst dann, wenn die federführende Behörde die Stellungnahme schon im vorherigen Verwaltungsverfahren eingeholt hat. Nach einem Beschluss des BVerwG gilt dies auch dann, wenn der **Sachverständige als Bediensteter demselben Rechtsträger wie die am Rechtsstreit beteiligte Behörde angehört**[7].

296   Im Verwaltungsrechtsstreit kann ein **Sachverständiger** also nicht schon deshalb nach § 406 Abs. 1 Satz 1 i. V. m. § 42 Abs. 1 ZPO und § 54 Abs. 2 VwGO wegen Befangenheit abgelehnt werden, weil er bereits **im vorausgegangenen Verwaltungsverfahren eine gutachtliche Stellungnahme abgegeben hat.**

297   Nach dem Grundsatz der freien Beweiswürdigung (§ 287 ZPO) **kann sich ein Gericht dem Gutachten ganz oder teilweise anschließen; es kann das Gutachten aber auch gänzlich verwerfen** (vgl. Rn. 6)[8]. Dabei wird jedoch vorausgesetzt, dass das von den Parteien Vorgebrachte gewürdigt und die Ablehnung der Beweise begründet wird, wobei freilich der Tatrichter noch in stärkerem Umfang als nach § 286 ZPO nicht auf jedes einzelne Vorbringen und auf jedes einzelne Beweismaterial einzugehen braucht. Wenn keine Zweifel an der fachlichen Qualifikation des Sachverständigen bestehen, soll nach Auffassung des OLG Düsseldorf von einer zu eingehenden Detailprüfung abgesehen werden[9].

298   Der Tatrichter muss in seiner **Begründung** aber erkennen lassen, dass eine sachentsprechende Beurteilung überhaupt stattgefunden hat und dass nicht wesentliche, die Entscheidung bedingende Momente außer Acht gelassen worden sind[10]. Hinzu kommt, dass auch bei der grundsätzlichen Anwendung des § 287 ZPO der Tatrichter, weil er die die Entscheidung begründenden Tatsachen soweit als möglich festzustellen hat, damit seine Schätzung der Wirklichkeit tunlichst nahe kommt, Tatsachen, die die Grundlage für die Ausübung des ihm eingeräumten Ermessens geben sollen, unter Heranziehung des § 286 ZPO festzustellen und zusammen mit ihrer Auswertung im Urteil darzulegen hat[11]. Will das Gericht also von einem Gutachten abweichen, muss es seine abweichende Überzeugung begründen. Die Begründung muss erkennen lassen, dass die abweichende Beurteilung nicht durch einen Mangel an Sachkunde beeinflusst ist[12].

2.1.2 Geschäftsbedingungen

Die Rechtsbeziehung des Sachverständigen zu seinem Auftraggeber wird häufig in allge-   **299**
meinen Geschäftsbedingungen im Rahmen der Auftragserteilung festgelegt[13]. Mit der Eigenschaft eines Sachverständigen ist es dabei nur vereinbar, dass der Sachverständige den Auftrag persönlich und **unparteiisch nach bestem Wissen und Gewissen** ausführt und den Erfolg nur im Rahmen objektiver und unparteiischer Anwendung seiner Sachkunde gewährleistet.

2   BGH, Urt. vom 18. 10. 1977 – VI ZR 171/76 –, EzGuG 11.111
3   BGH, Urt. vom 2. 12. 1982 – III ZR 85/81 –, EzGuG 11.135; BGH, Urt. vom 23. 11. 1972 – VII ZR 178/71 –, EzGuG 11.86 c; BGH, Urt. vom 27. 1. 1971 – VIII ZR 151/69 –, EzGuG 11.77 b; OLG Zweibrücken, Urt. vom 20. 1. 1971 – 2 U 75/70 –, EzGuG 11.77 a; zur Abgrenzung zum Schiedsgutachtenvertrag vgl. OLG Celle, Urt. vom 6. 1. 1966 – 7 U 89/64 –, EzGuG 11.50; BGH, Urt. vom 14. 2. 1968 – VII ZR 189/65 –, EzGuG 11.63; BGH, Urt. vom 19. 11. 1964 – VII ZR 8/63 –, EzGuG 11.45; vgl. Rauscher, Das Schiedsgutachtenrecht, Diss. 1969
4   BGH, Urt. vom 7. 6. 1956 – 3 StR 136/56 –, EzGuG 11.8 c; BGH, Urt. vom 25. 9. 1973 – VI ZR 113/71 –, EzGuG 11.91; BGH, Urt. vom 21. 2. 1976 – I StR 264/77 –, MDR 1978, 627; BGH, Urt. vom 7. 6. 1977 – VI ZR 77/76 –, EzGuG 11.109 a; BGH, Urt. vom 28. 4. 1977 – VI ZR 183/75 –, EzGuG 11.109; BGH, Urt. vom 19. 11. 1964 – VII ZR 8/63 –, EzGuG 11.45; BGH, Beschl. vom 14. 5. 1975 – 3 StR 113/75 –; BGH, Beschl. vom 15. 12. 1975 –, X ZR 52/73 –, EzGuG 11.100a; BGH, Urt. vom 5. 10. 1972 – III ZR 168/70 –, EzGuG 11.86; OLG Frankfurt am Main, Beschl. vom 18. 10. 1962 – 6 W 425/62 –, EzGuG 11.28; LG Berlin, Beschl. vom 16. 9. 1963 – (18) O. 1861 –, EzGuG 11.37; OLG München, Beschl. vom 30. 12. 1969 – 11 W 1212/69 –, EzGuG 11.70; LG Bremen, Beschl. vom 1. 7. 1977 – 7–3 O 1584/70 –, EzGuG 11.105
5   BGH, Urt. vom 23. 1. 1974 – IV ZR 92/72 –, EzGuG 11.92; BGH, Urt. vom 16. 12. 1974 – III ZR 39/72 –, EzGuG 19.26; BGH, Urt. vom 8. 12. 1975 – III ZR 93/73 –, EzGuG 20.58 (a. A. OLG Düsseldorf, Urt. vom 16. 12. 1968 – 7 U 166/67 –, EzGuG 11.66); LG Köln, Beschl. vom 6. 1. 1984 – 9 T 318/83 –, EzGuG 11.142 a; LG Berlin, Beschl. vom 16. 9. 1963 – (18) O. 18/61 –, EzGuG 11.37
6   BVerwG, Urt. vom 26. 8. 1998 – 11 VR 4/98 –, NVwZ 1999, 535 = UPR 1999, 145 = DVBl. 1999, 898; BVerwG, Beschl. vom 7. 12. 1997 – 7 B 230/97 –, EzGuG 13.136
7   BVerwG, Beschl. vom 30. 12. 1997 – 11 B 3/97 –, GuG 1998, 247 = EzGuG 11.259 a
8   Zur Würdigung von Sachverhalten und Ergebnissen von Sachverständigen BGH, Urt. vom 23. 9. 1986 – VI ZR 261/85 –, EzGuG 11.159; BGH, Urt. vom 13. 7. 1962 – IV ZR 21/62 –, EzGuG 11.26; OLG Hamburg, Urt. vom 21. 12. 1961 – 6 U 172/61 –, EzGuG 11.24; BGH, Urt. vom 28. 6. 1961 – V ZR 14/60 –, EzGuG 11.23; BGH, Urt. vom 18. 12. 1958 – 4 StR 399/58 –, EzGuG 11.16; BVerwG, Urt. vom 25. 1. 1985 – 8 C 110/83 –, EzGuG 11.145; OLG Bamberg, Beschl. vom 29. 1. 1969 – 1 W 3/69 –, EzGuG 11.67; OLG Düsseldorf, Beschl. vom 24. 3. 1954 – 10 W 82/54 –, EzGuG 11.4 d;
9   OLG Düsseldorf, Beschl. vom 17. 2. 1984 – 19 W 1/81 –, EzGuG 20.104 b; Kritisch zur Auswahl von Sachverständigen Sendler in NJW 1986, 2907; Kohnert in NVwZ 1998, 138; „Diejenigen Richter, die in weiser Einsicht in die Grenzen ihrer eigenen Sachkenntnis auf die Expertise der bestellten Gutachter vertrauen, sind gleichwohl nicht völlig von ihnen abhängig. Es mag bequeme Richter geben, die es vorziehen, sich einer vertretbaren Beweisführung eines Gutachters einfach deswegen anzuschließen, weil das einfacher ist, als letztere zu widerlegen. Die meisten Richter danken aber keineswegs zugunsten des Gutachters ab. Sie wissen durch geschickte Auswahl verschiedener Sachverständiger ihre Freiheit der Beweiswürdigung weitgehend zu verteidigen, wie *Sendler* überzeugend an diversen Fällen vom „Sachverständigen vom Dienst" oder vom eitlen „Professoren-Stechen" vor Gericht illustriert. Überspitzt formuliert, kommt er zu dem Ergebnis: „Sage mir, welchen Wissenschaftler du als Sachverständigen heranziehst, und ich sage dir, was herauskommen wird."
10 BGH, Urt. vom 12. 7. 1965 – III ZR 214/64 –, EzGuG 2.8
11 BGH, Beschl. vom 18. 10. 1984 – III ZR 116/83 –, EzGuG 15.34; BGH, Urt. vom 18. 10. 1984 – III ZR 134/83 –, EzGuG 20.108
12 BGH, Urt. vom 27. 5. 1982 – III ZR 201/80 –, EzGuG 11.132; BGH, Urt. vom 16. 1. 2001 – VI ZR 408/99 –, GuG 2001, 189; BGH, Urt. vom 13. 2. 2001 – VI ZR 272/99 –, GuG 2001, 188; BGH Urt. vom 7. 4. 1992 – VI ZR 216/91 –, VersR 1992, 747; BGH, Urt. vom 28. 4. 1998 – VI ZR 403/96 –; BGH, Urt. vom 9. 1. 1996 – VI ZR 72/95 –, EzGuG 11.86; BGH, Urt. vom 15. 6. 1993 – VI ZR 175/92 –; BGH, Urt. vom 10. 12. 1991 – VI ZR 234/90 –, MDR 1992, 407
13 Hierzu Allgemeine Geschäftsbedingungen der Gutachtenerstattung; Empfehlungen des Bundesverbandes öffentlich bestellter und vereidigter Sachverständiger e.V. vom 10. 2. 1981 (BAnz Nr. 36 vom 21. 2. 1981; abgedruckt in der 3. Aufl. dieses Werks, S. 173 ff.)

2.1.3   Schiedsgutachterabrede und Schiedsrichtervereinbarung

2.1.3.1   Allgemeines

300 Gutachten haben grundsätzlich keine bindende Wirkung und auch die Gutachter öffentlich bestellter und vereidigter Sachverständiger oder der Gutachterausschüsse für Grundstückswerte genießen keine gesetzlich verankerte Vermutung ihrer Richtigkeit. Im Streitfalle unterliegen die Gutachten wie alle anderen Beweismittel der **richterlichen Beweiswürdigung** (vgl. Rn. 6, 297 ff.).

301 Im Rahmen der Vertragsfreiheit besteht für (streitende) Parteien die Möglichkeit, dem Gutachten eines Sachverständigen bzw. seinem „Urteil" eine verbindliche Wirkung zukommen zu lassen. Dabei ist zu unterscheiden zwischen

  a) einer **Schiedsgutachterabrede,** die den Sachverständigen zu einem Schiedsgutachter werden lässt, und

  b) einer **Schiedsrichtervereinbarung,** die den Sachverständigen eine Schiedsrichterfunktion im Rahmen eines Schiedsgerichtsverfahrens zukommen lässt.

302 Zwischen dem Schiedsgutachter und dem Schiedsrichter bestehen grundlegende **Unterschiede:**

  a) **Gegenstand einer Schiedsgutachterabrede** ist der Auftrag der Vertrags- bzw. Streitparteien an den sachverständigen Schiedsgutachter, zur Beilegung strittiger Fragen eine für sie materiell-rechtlich verbindliche (wirksame) Entscheidung über einzelne Tatsachen, die Bewertung von Sachen und Leistungen (z. B. eine Verkehrswertermittlung) oder Ursachenzusammenhänge zu treffen. Die Schiedsgutachterabrede ist mithin eine vertragliche Vereinbarung, die ohne Beteiligung des Schiedsgutachters in einem Grundvertrag geschlossen worden ist, um Meinungsverschiedenheiten zwischen den Parteien des Grundvertrags einer verbindlichen Klärung zuzuführen. Der Schiedsgutachter wird durch den Grundvertrag nicht verpflichtet; der Grundvertrag bedarf auch nicht der Form des § 1031 ZPO.

303 Der **Schiedsgutachter hat keine prozessrechtlichen Funktionen** und ist nach allgemeiner Auffassung nicht an die Bestimmungen der ZPO gebunden. Rechtsgrundlage seiner Tätigkeit sind die §§ 317 ff. BGB, in denen er als „Dritter" bezeichnet wird.

304 **Wichtiges Merkmal einer Schiedsgutachterabrede** ist, dass das Schiedsgutachten nur insoweit verbindlich sein soll, wie es nicht bei grober Unrichtigkeit und grober Unbilligkeit angefochten werden kann (vgl. Rn. 327).

305 Man unterscheidet darüber hinaus noch nach **Schiedsgutachten im engeren und weiteren Sinne:**

  – Bei einem Schiedsgutachten im *engeren Sinne* wird der Schiedsgutachter beauftragt, ein zwischen den Parteien bestehendes Vertragsverhältnis nach billigem Ermessen vertragsgestaltend zu ergänzen oder zu ändern.

  – Bei einem Schiedsgutachten im *weiteren Sinne* wird der Schiedsgutachter auch damit beauftragt, eine von den Parteien absichtlich offen gelassene Vertragslücke auszufüllen, worunter z. B. auch eine vertraglich unbestimmte Anpassung eines Mietzinses fällt.

306 b) **Gegenstand eines Schiedsrichterverfahrens** ist die Beauftragung eines privaten Schiedsrichters, der anstelle eines staatlichen Gerichts über Rechtsstreitigkeiten der Parteien außergerichtlich und verbindlich entscheidet. Die Entscheidung erfolgt auf der Grundlage eines materiell-rechtlichen Geschäftsbesorgungsvertrags durch Schiedsspruch. Der Schiedsspruch entfaltet die Wirkung eines gerichtlichen Urteils, aus dem Schiedsspruch kann nach Erklärung der Vollstreckbarkeit die Zwangsvollstreckung betrieben werden.

Kommt es im Verlauf des Schiedsrichterverfahrens zu einer vergleichsweisen Einigung **307**
(**Vergleich**) der Parteien, so erfolgt die Einigung durch den auf Antrag der Parteien vom
Schiedsrichter protokollierten Schiedsspruch (Schiedsvergleich).

Das **Schiedsgerichtsverfahren ist der privaten Gerichtsbarkeit zuzurechnen** und **308**
hat deshalb seine Rechtsgrundlagen in den §§ 1029 ff. ZPO.

Voraussetzung für ein Schiedsgerichtsverfahren ist eine zwischen den Parteien zu **309**
schließende **Schiedsvereinbarung.** Im Unterschied zum Schiedsgutachtervertrag, der
zwar mit dem Ziel einer Einigungsgrundlage zur Beendigung eines Streits abgeschlossen wird, jedoch den Parteien den Weg zum ordentlichen Gericht offen lässt, wird das
Schiedsgerichtsverfahren mit einem Schiedsspruch endgültig abgeschlossen.

Die **Abgrenzung zwischen Schiedsgutachtenabreden und Schiedsgerichtsvereinba-** **310**
rungen ist mitunter problematisch. Wichtigstes Kriterium dafür, ob eine Schiedsgutach-
terabrede oder eine Schiedsgerichtsvereinbarung vorliegt, ist die von den Parteien gewollte
Verbindlichkeit der Entscheidung:
– Soll eine gerichtliche Entscheidung völlig ausgeschlossen werden, so liegt i.d.R. ein
  Schiedsgerichtsvertrag vor.
– Soll eine gerichtliche Entscheidung für den Fall der offenbaren Unbilligkeit und Unrich-
  tigkeit möglich bleiben, so liegt eine Schiedsgutachterabrede vor[14].

Das OLG Celle[15] führt hierzu aus: „Beide Verträge unterscheiden sich dadurch, dass im **311**
ersten Fall das **Schiedsgericht an Stelle des ordentlichen Gerichts** über einen Rechtsstreit zu entscheiden hat, während der Schiedsgutachter lediglich Tatsachen, die für die
Entscheidung eines Rechtsstreits erheblich sind, oder, wie das RG es ausgedrückt hat
(RGZ 96, 60), die Tatbestandselemente eines Anspruchs festzustellen hat, ohne dass er
selbst die abschließende Folgerung zieht, die sich aus der von ihm gegebenen Beantwortung für die endgültige Entscheidung ergibt."

2.1.3.2 Schiedsgutachten

a) Allgemeines

Schiedsgutachterabreden werden aus dem Bestreben streitender Parteien geschlossen, **312**
kostspielige und langwierige prozessuale Auseinandersetzungen über den streitigen
Gegenstand zu vermeiden und sich dem **fachlichen Urteil des Sachverständigen** zu
unterwerfen.

Typischer Anwendungsfall zur Klärung eines streitigen und sachverständig zu beurteilen- **313**
den Sachverhalts ist der **Abschluss von Miet- und Pachtverträgen,** bei denen sich beide
Parteien in einer Schiedsgutachterabrede darauf verständigt haben, dass nach Ablauf einer
bestimmten Zeitspanne ein neuer Miet- und Pachtzins gelten soll. Des Weiteren werden
Schiedsgutachterabreden zur Klärung unterschiedlicher Auffassungen über die Höhe des
Verkehrswerts, über das Vorliegen von Baumängeln sowie generell zur Feststellung von
Tatsachen, soweit sie für deren rechtliche Einordnung notwendig sind, geschlossen. Die
Entscheidung über „bloße" Tatsachen ist dagegen für die Entscheidung durch Schiedsgut-
achten ungeeignet[16].

---

14 BGH, Urt. vom 4. 6. 1981 – III ZR 4/80 –, EzGuG 11.124a; BGH, Urt. vom 13. 12. 1956 – VII ZR 22/56 –,
    EzGuG 11.9; OLG Koblenz, Beschl. vom 27. 4. 1995 – 5 U 1536/94 –, NJW-RR 1996, 970
15 Zur Abgrenzung: OLG Celle, Urt. vom 6. 1. 1966 – 7 U 89/64 –, EzGuG 11.50; BGH, Urt. vom 25. 6. 1952 –
    II ZR 104/51 –, EzGuG 11.3
16 BGH, Urt. vom 18. 2. 1955 – V ZR 110/53 –, EzGuG 6.12; BGH, Urt. vom 20. 3. 1953 – V ZR 5/52 –, EzGuG
    11.4

314   Im Unterschied zum Schiedsrichtervertrag ist die **Schiedsgutachterabrede formfrei.** Sie kann durch schriftlichen Vertrag geschlossen werden oder durch eine gemeinsame bzw. in Übereinstimmung stehende Beauftragung eines Sachverständigen. Die Schiedsgutachterabrede kann auch Gegenstand allgemeiner Geschäftsbedingungen sein, sofern sie nicht gemäß § 9 AGBGB Bestimmungen enthält, die den Vertragspartner entgegen den Geboten nach Treu und Glauben unangemessen benachteiligt. Dies bedeutet insbesondere, dass

– die Unparteilichkeit des Schiedsgutachters gewährt sein muss,

– der Vertragspartner ein Anspruch auf rechtliches Gehör hat,

– der Vertragspartner nicht darin eingeschränkt wird, bei offenbarer Unrichtigkeit des Schiedsgutachtens dieses gemäß § 319 BGB anfechten zu können und

– etwaige aus einem unrichtigen Schiedsgutachten entstehende Nachteile nicht unverhältnismäßig hoch ausfallen.

315   **Rechtsgrundlage für die Vereinbarung eines Schiedsgutachtens sind die §§ 317 bis 319 BGB.** Die Vorschriften haben folgende Fassung:

§ 317 BGB (Bestimmung der Leistung durch einen Dritten)

(1) Ist die Bestimmung der Leistung einem Dritten überlassen, so ist im Zweifel anzunehmen, dass sie nach billigem Ermessen zu treffen ist.

(2) Soll die Bestimmung durch mehrere Dritte erfolgen, so ist im Zweifel Übereinstimmung aller erforderlich; soll eine Summe bestimmt werden, so ist, wenn verschiedene Summen bestimmt werden, im Zweifel die Durchschnittssumme maßgebend.

§ 318 BGB (Anfechtung der Bestimmung)

(1) Die einem Dritten überlassene Bestimmung der Leistung erfolgt durch Erklärung gegenüber einem der Vertragschließenden.

(2) Die Anfechtung der getroffenen Bestimmung wegen Irrtums, Drohung oder arglistiger Täuschung steht nur den Vertragschließenden zu; Anfechtungsgegner ist der andere Teil. Die Anfechtung muss unverzüglich erfolgen, nachdem der Anfechtungsberechtigte von dem Anfechtungsgrunde Kenntnis erlangt hat. Sie ist ausgeschlossen, wenn dreißig Jahre verstrichen sind, nachdem die Bestimmung getroffen worden ist.

§ 319 BGB (Unwirksamkeit der Bestimmung; Ersetzung)

(1) Soll der Dritte die Leistung nach billigem Ermessen bestimmen, so ist die getroffene Bestimmung für die Vertragschließenden nicht verbindlich, wenn sie offenbar unbillig ist. Die Bestimmung erfolgt in diesem Falle durch Urteil; das Gleiche gilt, wenn der Dritte die Bestimmung nicht treffen kann oder will oder wenn er sie verzögert.

(2) Soll der Dritte die Bestimmung nach freiem Belieben treffen, so ist der Vertrag unwirksam, wenn der Dritte die Bestimmung nicht treffen kann oder will oder wenn er sie verzögert.

316   **„Dritter" i. S. der Vorschriften des BGB ist der Schiedsgutachter;** in der Praxis wird demgegenüber der Begriff „Dritter" für eine neutrale Stelle (z. B. Industrie- und Handelskammer, Handwerkskammer usw.) verwandt, die entsprechend der Schiedsgutachterabrede als Schiedsgutachter tätig werden soll[17].

317   Nach § 317 Abs. 2 BGB können auch **mehrere Sachverständige als Schiedsgutachter** beauftragt werden. In diesem Fall müssen sie grundsätzlich gemeinsam und (im Zweifel) einstimmig entscheiden. Diese Regelung ist dispositiv; das Einstimmigkeitsprinzip kann durch das Mehrheitsprinzip ersetzt werden.

318   **Schiedsgutachten** sind gemäß § 317 BGB nach billigem Ermessen und nicht nach freiem Belieben zu erstatten. Sie **müssen objektiv und unparteilich sein.** Schiedsgutachten werden rechtswirksam, wenn sie einer Partei – ggf. in der in der Schiedsgutachterabrede festgelegten Weise – zugegangen sind. Es darf anschließend nur mit Zustimmung beider Parteien abgeändert werden[18]. Die Verbindlichkeit beschränkt sich allerdings auf solche Feststellungen des Schiedsgutachtens, für die eine Verbindlichkeit vereinbart wurde und erstreckt sich nicht auf den übrigen Inhalt.

319   Ein Schiedsgutachten entfaltet für die beteiligten Parteien also eine bindende Wirkung[19]. Die Parteien können sich einvernehmlich aber auf die Unwirksamkeit des Schiedsgutachters verständigen, wenn sie beide damit nicht einverstanden sind. Darüber hinaus können sich die Parteien aber von Beginn an für den Fall, dass eine der Parteien mit dem Gutachten nicht einverstanden ist, auf die **Einholung eines Obergutachtens** verständigen. Ansonsten kann ein Schiedsgutachten nur wegen Gesetzes- und Treuewidrigkeit (§§ 134, 138, 242 BGB), wegen Irrtums, Drohung oder Täuschung (§§ 117 f., 142, 318 Abs. 2 BGB) sowie bei offenbarer Unrichtigkeit und offenbarer Unbilligkeit angreifen[20].

Voraussetzung für die bindende Wirkung des Schiedsgutachtens ist eine **gültige Schieds-** **gutachterabrede** und die vereinbarungsgemäße Nominierung des Schiedsgutachters.   **320**

Des Weiteren gehört zum notwendigen Inhalt einer Schiedsgutachterabrede eine **Regelung**   **321** **zur Auswahl des Schiedsgutachters,** die für den Fall, dass sich die Vertragspartner nicht einigen können, auf eine neutrale Stelle (z. B. die Kammer) übertragen werden kann. Die Benennung ist für die Parteien verbindlich, sofern nicht dessen Befangenheit glaubhaft dargelegt werden kann. Dem Benennungsersuchen soll darüber hinaus die Schiedsgutach-terabrede (Grundvertrag) beigefügt werden. Im Übrigen stehen den Parteien für die Beauf-tragung Gestaltungsmöglichkeiten zu.

Eine **Aufhebung der Schiedsgutachterabrede** kann jederzeit im gegenseitigen Einver-   **322** nehmen vereinbart werden.

b) Ablehnung des Schiedsgutachters

Das BGB enthält keine Regelungen zur Ablehnung des Schiedsgutachters. Dafür können   **323** allgemein folgende **Grundsätze** gelten:

a) Die Ablehnung eines Schiedsgutachters kann der Gegenpartei formlos erklärt werden (§ 318 Abs. 2 BGB). Das BGB enthält auch keinerlei Regelungen über das einzuhaltene Verfahren.

b) Einen inkompetenten oder parteiischen Schiedsgutachter braucht keine Partei zu akzep-tieren, insbesondere bei schwerer Entgleisung.

c) Stets kann ein Schiedsgutachter gemeinsam abgelehnt werden.

d) Wird die Ablehnung des Schiedsgutachters verweigert, so kann die Gegenpartei die Mitwirkung an der Beauftragung eines Ersatzgutachters gerichtlich erzwingen.

e) Die Ablehnung muss in entsprechender Anwendung des § 406 Abs. 2 ZPO rechtzeitig vorgebracht werden. Eine Partei verliert ihr Ablehnungsrecht, wenn die Ablösung des Schiedsgutachters bereits vor Abschluss des Schiedsgutachterverfahrens möglich gewesen wäre[21]. Gründe, die zur Ablehnung des Schiedsgutachters berechtigen, können sich aber insbesondere im Verlauf des Verfahrens insbesondere im Zusammenhang mit der Ortsbesichtigung ergeben.

Im Übrigen ist eine Ablehnung nur zulässig, wenn sich die Parteien in der Schiedsgut-achterabrede ein Ablehnungsrecht vorbehalten haben (BGH, Urt. vom 28. 2. 1972 – II ZR 151/69 –, EzGuG 11.82).

---

17   BGH, Urt. vom 5. 12. 1979 – VIII ZR 155/78 –, EzGuG 11.116 a
18   BGH, Urt. vom 14. 7. 1986 – II ZR 249/85 –, EzGuG 11.156 a
19   OLG Düsseldorf, Urt. vom 16. 12. 1997 – 21 U 24/97 –, GuG 1998, 375 = EzGuG 11.259
20   BGH, Urt. vom 22. 4. 1965 – VII ZR 15/65 –, EzGuG 11.48; BGH, Urt. vom 21. 10. 1964 – VIII ZR 64/63 –, EzGuG 11.44; BGH, Urt. vom 14. 10. 1958 – VIII ZR 118/57 –, EzGuG 11.14; BGH, Urt. vom 19. 2. 1957 – VIII ZR 38/56 –, EzGuG 11.11. Zur Vereinbarung eines Ablehnungsrechts vgl. BGH, Urt. vom 28. 2. 1972 – II ZR 151/69 –, EzGuG 11.82
21   BGH, Urt. vom 1. 4. 1987 – IVa ZR 139/85 –, EzGuG 11.163 c

c) Schiedsgutachtervertrag

324 Ein Sachverständiger ist nicht verpflichtet, als Schiedsgutachter tätig zu werden; lediglich der öffentlich bestellte und vereidigte Sachverständige sollte nicht ohne Grund den Auftrag ablehnen. **Erst mit der Annahme des Auftrags der Vertragspartner des Grundlagenvertrags kommt der Gutachtenvertrag zustande.** Es empfiehlt sich, den Vertrag schriftlich abzuschließen und von beiden Vertragsparteien des Grundlagenvertrags unterschreiben zu lassen. Der schriftliche Vertrag sollte mindestens beinhalten:

— Gegenstand und Zweck des Gutachtens mit einer klar umrissenen Aufgabenstellung,

— Vertragsklauseln, die die Tätigkeit des Sachverständigen als Schiedsgutachter und nicht als Schiedsrichter klarstellen,

— Vertragsklauseln über Ablehnungsgründe und über die Unterstützung seiner Tätigkeit durch die Vertragsparteien, insbesondere über die zur Verfügung zu stellenden Unterlagen und die Mitwirkung der Vertragsparteien,

— Vertragsklauseln über die Verwendung des Schiedsgutachtens (z. B. über die Verwendung des Schiedsgutachtens untereinander),

— Vertragsklauseln über die Vergütung des Schiedsgutachters,

— Vertragsklauseln über die Zeit, in der das Gutachten vorzulegen ist, sowie

— die Unterschriften beider Vertragsparteien und des Schiedsgutachters.

325 Der Schiedsgutachtervertrag kann einen Vertrag „eigener Art", einen Geschäftsbesorgungsvertrag oder insbesondere einen **Werkvertrag** darstellen.

d) Kündigung des Gutachtervertrags

326 Die Parteien können jederzeit auch gegen den Willen des Schiedsgutachters den mit ihm geschlossenen Vertrag kündigen. Die **Kündigung muss von beiden Parteien ausgesprochen werden.** Der Schiedsgutachter hat in diesem Fall Anspruch auf die bis dahin verdiente Vergütung, es sei denn, der Kündigungsgrund wurde von ihm selbst verschuldet. Der **Schiedsgutachter kann umgekehrt den Vertrag kündigen,** wenn

— ihm wichtige Unterlagen oder eine sonst erforderliche Unterstützung versagt wurden,

— er in unzumutbarer Weise tatsächlichen Angriffen oder üblen Beschimpfungen ausgesetzt war oder

— sich nachträglich herausstellt, dass er die notwendige fachliche Kompetenz dafür nicht hat.

Der Schiedsgutachter kann die Parteien nicht durch Zwangsmittel zur Mitarbeit verpflichten. Verweigert sich eine Partei, kann die andere Partei auf Mitwirkung klagen.

e) Offenbare Unrichtigkeit und Unbilligkeit

327 Schiedsgutachten unterliegen nach § 319 BGB der Inhaltskontrolle durch die Gerichte, wenn das Ergebnis die als richtig erkannte Lösung offenkundig verfehlt.

328 Eine **offenbare Unrichtigkeit** liegt vor, wenn sich die **Fehlerhaftigkeit dem sachkundigen und unbefangenen Beobachter aufdrängt**[22]. Sind die einer Verkehrswertschätzung zu Grunde gelegten Wertermittlungsmaßstäbe unrichtig oder wesentliche Wertermittlungsmaßstäbe außer Acht gelassen, dann ist auch eine dadurch hervorgerufene erhebliche Abweichung der Schätzung von der wirklichen Sachlage i. d. R. „offenbar", so dass dieser Mangel für jeden sachkundigen und unbefangenen Beurteiler bei gewissenhafter Prüfung offen zutage tritt[23]. Bezüglich der Konkretisierungspflicht von Vergleichsobjekten in Schiedsgutachten hat der BGH gegenüber der Rechtsprechung des BVerfG einschränkende Anforderungen gestellt.

Eine offenbare Unrichtigkeit liegt auch dann vor, wenn der Sachverständige die ihm gestellte **329** **Aufgabe überschritten** hat, **wesentliche Bewertungsmerkmale in nicht überprüfbarer Weise berücksichtigt** und **unbrauchbare Methoden** zur Anwendung gebracht hat[24].

Schließlich kann eine offenbare Unrichtigkeit auch dann vorliegen, wenn **Ausführungen** **330** **und Begründungen so lückenhaft** sind, dass selbst ein Fachmann oder eine Fachfrau das Ergebnis nicht überprüfen kann[25].

Keine **offenbare Fehlerhaftigkeit** eines Schiedsgutachtens liegt indessen vor, wenn das **331** rechtliche Gehör nur ungenügend gewährt wurde[26]. Eine offenbare Fehlerhaftigkeit liegt jedoch vor, wenn der Sachverständige

– für Vergleichsmieten keine konkreten Vergleichsobjekte benennt[27],

– sein Gutachten bei der Indexierung auf Jahresindexzahlen statt auf Monatswerte „aufbaut"[28],

– die Sanierungsmaßnahmen zur Bemessung eines Wasserschadens kostenmäßig nicht in Ansatz bringt[29].

Bezüglich der Verkehrswertermittlung von Grundstücken bleibt noch darauf hinzuweisen, **332** dass der BGH die Bestandskraft eines Schiedsgutachtens bestätigt hat, bei dem der **Auf-wuchs** des Grundstücks nicht besonders veranschlagt wurde[30].

Die **Parteien können im Schiedsgutachtenvertrag die Anfechtbarkeit des Schiedsgut-** **333** **achtens wegen offenbarer Unbilligkeit oder Unrichtigkeit** (gemeinsam) **ausschließen,** wenn sie sich dem unterwerfen. Dies kann allerdings nicht Gegenstand der allgemeinen Geschäftsbedingungen sein[31]. § 319 Abs. 1 BGB ist nämlich abdingbar. Darüber hinaus

---

22   BGH, Urt. vom 21. 9. 1983 – VIII ZR 233/82 –, EzGuG 11.140c; BGH, Urt. vom 25. 1. 1979 – X ZR 40/77 –, EzGuG 11.114g; BGH, Urt. vom 26. 10. 1972 – VII ZR 44/71 – , EzGuG 11.86a; BGH, Urt. vom 19. 12. 1975 – IV ZR 107/73 –, EzGuG 11.101; BGH, Urt. vom 13. 5. 1974 – VII ZR 38/73 –, EzGuG 11.93 c; BGH, Urt. vom 2. 2. 1977 – VIII ZR 155/75 –, EzGuG 11.106; BGH, Urt. vom 26. 2. 1986 – IVa ZR 138/84 –, EzGuG 11.151 a; BGH, Urt. vom 17. 5. 1991 – V ZR 104/90 –, EzGuG 11.183; BGH, Urt. vom 1. 4. 1987 – IVa ZR 139/85 –, EzGuG 11.163 c; BGH, Urt. vom 21. 6. 1995 – XII ZR 167/94 –, EzGuG 20.157; BGH, Urt. vom 26. 4. 1991 – V ZR 61/90 –, EzGuG 7.114; BGH, Urt. vom 21. 1. 1963 – VII ZR 162/61 –, EzGuG 11.31; BGH, Urt. vom 3. 10. 1957 – II ZR 77/56 –, EzGuG 11.12; BGH, Urt. vom 22. 2. 1974 – V ZR 60/72 –, EzGuG 11.93; BGH, Urt. vom 18. 2. 1955 – V ZR 110/53 –, EzGuG 6.12; BGH, Urt. vom 20. 3. 1953 – V ZR 5/52 –, EzGuG 114; KG, Urt. vom 28. 1. 1985 – 8 U 1420/84 –, EzGuG 11.145a; KG, Urt. vom 26. 5. 1998 – 21 U 9234/97 –, EzGuG 11.267 c; OLG Schleswig, Urt. vom 9. 6. 1999 – 4 CC 103/95 –, EzGuG 11.279 a

23   BGH, Urt. vom 14. 12. 1967 – III ZR 22/66 –, EzGuG 11.61; BGH, Urt. vom 21. 5. 1975 – VIII ZR 161/73–, EzGuG 11.96; BGH, Urt. vom 6. 12. 1974 – V ZR 95/73 –, EzGuG 11.95; BGH, Urt. vom 20. 11. 1975 – III ZR 112/73 –, EzGuG 11.98b; BGH, Urt. vom 30. 3. 1979 – V ZR 150/77–, EzGuG 7.66

24   BGH, Urt. vom 3. 11. 1995 – V ZR 182/94 –, EzGuG 7.125; OLG Düsseldorf, Urt. vom 26. 7. 2000 – 22 U 4/00 –, GuG 2001/4

25   BGH, Urt. vom 24. 9. 1990 – II ZR 191/89 –, NJW-RR 1991, 228; BGH, Urt. vom 16. 11. 1987 – II ZR 111/ 87 –, DB 1988, 752 = ZIP 1988, 162; OLG Koblenz, Urt. vom 20. 9. 1996 – 10 U 96/95 –, VersR 1997, 963

26   BGH, Beschl. vom 21. 6. 1995 – XII ZR 167/94 –, GuG 1996, 113 = EzGuG 20.157 –; BGH, Urt. vom 25. 6. 1952 – II ZR 104/51 –, EzGuG 11.3; BGH, Urt. vom 26. 10. 1972 – VII ZR 44/71 –, EzGuG 11.86 a; BGH, Urt. vom 23. 11. 1972 – VII ZR 178/11 –, EzGuG 11.86 b; BGH, Urt. vom 14. 10. 1958 – III ZR 118/57 –, EzGuG 11.14; BGH, Urt. vom 26. 2. 1982 – Na ZR 138/84 –, EzGuG 11.151 a; BGH, Urt. vom 9. 6. 1983 – IX ZR 41/82 –, EzGuG 11.138 a; BGH, Urt. vom 21. 9. 1983 – VIII ZR 233/82 –, EzGuG 11.140 d; BGH, Urt. vom 20. 10. 1972 – V ZR 137/71 –, EzGuG 7.31

27   BVerfG, Beschl. vom 11. 10. 1994 – 1 BvR 1398/93 –, EzGuG 11.217 b; KG, Urt. vom 28. 1. 1985 – 8 U 1420/84 –, EzGuG 11.148 a; BGH, Urt. vom 21. 9. 1983 – VIII ZR 233/82 –, EzGuG 11.140 d; BGH, Urt. vom 2. 2. 1977 – VIII ZR 155/75 –, EzGuG 11.106 mit Anm. von Köhler in NJW 1979, 1435, Bulla in NJW 1978, 397; Weber in NJW 1977, 251 = ZMR 1977, 234; Marienfeld in ZMR 1978, 291 = AVN 1978, a52

28   BGH, Urt. vom 21. 3. 1983 – III ZR 113/82 –, NJW 1983, 2258

29   BGH, Urt. vom 26. 2. 1986 – IV ZR 138/84 –, EzGuG 11.155 a

30   BGH, Urt. vom 9. 6. 1983 – IX ZR 41/82 –, EzGuG 11.138 a

31   RGZ 150, 9; BGH, Urt. vom 28. 2. 1972 – II ZR 151/69 –, EzGuG 11.82

---

sieht § 319 Abs. 2 BGB ausdrücklich vor, dass die Parteien eine Vereinbarung treffen können, nach der der Schiedsgutachter seine Entscheidung nach freiem Belieben treffen kann, sofern diese nicht gegen ein gesetzliches Verbot (§ 134 BGB) oder gegen die guten Sitten (§ 138 BGB) verstößt. Hierzu gehören „offenbar unbillige" Bestimmungen[32].

▶ *Zur Haftung als Gutachter im Schiedsverfahren und als Schiedsgutachter vgl. Rn. 227, 245 und Wessel in Bayerlein u. a., Praxishandbuch Sachverständigenrecht München 1990, §§ 37f.[33]; vgl. Rn. 124; zur Substantiierungspflicht vgl. § 17 WertV Rn. 204.*

2.1.3.3   Schiedsrichterliches Verfahren

334   Streitende Parteien können sich durch eine Schiedsvereinbarung (Schiedsvertrag) nach den §§ 1029 ff. ZPO darauf einigen, „alle oder einzelne Streitigkeiten, die zwischen ihnen in Bezug auf ein bestimmtes Rechtsverhältnis vertraglicher oder nichtvertraglicher Art entstanden sind oder künftig entstehen, der **Entscheidung durch ein Schiedsgericht** zu unterwerfen".

335   Das schiedsrichterliche Verfahren ist im **10. Buch der ZPO** geregelt. Es gliedert sich in folgende Abschnitte:

10. Buch. Schiedsrichterliches Verhalten §§ 1025–1066

1. Abschnitt.   Allgemeine Vorschriften §§ 1025–1028
2. Abschnitt.   Schiedsvereinbarung §§ 1029–1033
3. Abschnitt.   Bildung des Schiedsgerichts §§ 1034–1039
4. Abschnitt.   Zuständigkeit des Schiedsgerichts §§ 1040, 1041
5. Abschnitt.   Durchführung des schiedsrichterlichen Verfahrens §§ 1042–1050
6. Abschnitt.   Schiedsspruch und Beendigung des Verfahrens §§ 1051–1058
7. Abschnitt.   Rechtsbehelf gegen den Schiedsspruch § 1059
8. Abschnitt.   Voraussetzungen der Anerkennung und Vollstreckung von Schiedssprüchen §§ 1060, 1061
9. Abschnitt.   Gerichtliches Verfahren §§ 1062–1065
10. Abschnitt.   Außervertragliche Schiedsgerichte § 1066

336   Die Schiedsvereinbarung hat die **Qualität eines materiell-rechtlichen Vertrags** über die prozessuale Beziehungen der Parteien; mit ihr derogieren die Parteien die Zuständigkeit der ordentlichen Gerichte zugunsten eines „privaten" Schiedsgerichts.

337   **Rechtsgrundlage ist § 1029 ZPO:**

§ 1029 Begriffsbestimmung.

(1) Schiedsvereinbarung ist eine Vereinbarung der Parteien, alle oder einzelne Streitigkeiten, die zwischen ihnen in Bezug auf ein bestimmtes Rechtsverhältnis vertraglicher oder nichtvertraglicher Art entstanden sind oder künftig entstehen, der Entscheidung durch ein Schiedsgericht zu unterwerfen.

(2) Eine Schiedsvereinbarung kann in Form einer selbständigen Vereinbarung (Schiedsabrede) oder in Form einer Klausel in einem Vertrag (Schiedsklausel) geschlossen werden.

338   **Auf das schiedsrichterliche Verfahren finden die §§ 1025 ff. ZPO Anwendung.**

339   Die **Schiedsrichter** (Schiedsgericht) **entscheiden anstelle des staatlichen Gerichts** über den Rechtsstreit der Parteien endgültig. Im Unterschied hierzu befindet ein Schiedsgutachter (vgl. Rn. 313 ff.) lediglich über Tatsachen und Tatumstände (z. B. über Grundstückswerte), ohne gleichzeitig auch über die materielle Vertragsauslegung zu entscheiden.

Dem Schiedsrichter stehen zur Entscheidungsfindung zwar nicht dieselben Befugnisse wie dem staatlichen Gericht zu, jedoch kann er erforderlichenfalls **im Wege der Rechtshilfe staatliche Gerichte in Anspruch nehmen** (z. B. im Rahmen der Zeugenvernehmung und Zeugenvereidigung).   **340**

Die Schiedsrichter (Schiedsgericht) entscheiden durch **Schiedsspruch** (§§ 1051 ff. ZPO), sofern es nicht im Verlauf des Verfahrens zu einer vergleichsweisen Einigung ("Schiedsvergleich") kommt. Dabei wird es i. d. R. erforderlich, Tatsachen festzustellen und sie unter rechtlichen Gesichtspunkten zu würdigen. Deshalb werden häufig Juristen und nur gelegentlich Sachverständige zu Schiedsrichtern bestellt[34].   **341**

Sofern **Sachverständige als Beweismittel von Schiedsrichtern beigezogen** werden, liegt kein öffentliches Rechtsverhältnis wie bei gerichtlich bestellten Sachverständigen (i. S. d. §§ 402 ff. ZPO) vor. Insoweit besteht für den angesprochenen Sachverständigen auch keine Begutachtungspflicht. Wird der Sachverständige tätig, so liegt dem ein privatrechtlicher Gutachterauftrag zu Grunde und dementsprechend haftet der Gutachter auch nur privatrechtlich, wobei die *Haftung* im Schiedsgerichtsverfahren für leichte Fahrlässigkeit durch stillschweigende Vereinbarung ausgeschlossen ist[35].   **342**

Jeder vermögensrechtliche Anspruch kann nach § 1030 Abs. 1 Satz 1 ZPO **Gegenstand einer Schiedsvereinbarung sein:**   **343**

§ 1030 Schiedsfähigkeit.

(1) ¹Jeder vermögensrechtliche Anspruch kann Gegenstand einer Schiedsvereinbarung sein. ²Eine Schiedsvereinbarung über nichtvermögensrechtliche Ansprüche hat insoweit rechtliche Wirkung, bis die Parteien berechtigt sind, über den Gegenstand des Streites einen Vergleich zu schließen.

(2) ¹Eine Schiedsvereinbarung über Rechtsstreitigkeiten, die den Bestand eines Mietverhältnisses über Wohnraum im Inland betreffen, ist unwirksam. ²Dies gilt nicht, soweit es sich um Wohnraum der in § 556 a, Abs. 8 des Bürgerlichen Gesetzbuchs bestimmten Art handelt.

(3) Gesetzliche Vorschriften außerhalb dieses Buches, nach denen Streitigkeiten einem schiedsrichterlichen Verfahren nicht oder nur unter bestimmten Voraussetzungen unterworfen werden dürfen, bleiben unberührt.

Gegenstand einer Schiedsvereinbarung können insbesondere auch Klagen auf **Feststellung des Bestehens oder Nichtbestehens eines Mietverhältnisses** oder Untermietverhältnisses und Klagen sein, bei denen das Bestehen eines Mietverhältnisses nur inzidenter festgestellt wird, wie Räumungsklage. Gegenstand einer Schiedsvereinbarung können indessen nicht sein Streitigkeiten oder sonstige Ansprüche aus dem Mietverhältnis, die nicht unmittelbar den (Weiter-)Bestand des Rechts zur Nutzung von Räumen betreffen.   **344**

Die **Schiedsvereinbarung wird schriftlich** abgeschlossen; die sog. halbe Schriftform ist ausreichend.   **345**

§ 1031 Form der Schiedsvereinbarung.

(1) Die Schiedsvereinbarung muss entweder in einem von den Parteien unterzeichneten Schriftstück oder in zwischen ihnen gewechselten Schreiben, Fernkopien, Telegrammen oder anderen Formen der Nachrichtenübermittlung, die einen Nachweis der Vereinbarung sicherstellen, enthalten sein.

(2) Die Form des Absatzes 1 gilt auch dann als erfüllt, wenn die Schiedsvereinbarung in einem von der einen Partei der anderen Partei oder von einem Dritten beiden Parteien übermittelten Schriftstück enthalten ist und der Inhalt des Schriftstücks im Fall eines nicht rechtzeitig erfolgten Widerspruchs nach der Verkehrssitte als Vertragsinhalt angesehen wird.

(3) Nimmt ein den Formerfordernissen des Absatzes 1 oder 2 entsprechender Vertrag auf ein Schriftstück Bezug, das eine Schiedsklausel enthält, so begründet dies eine Schiedsvereinbarung, wenn die Bezugnahme dergestalt ist, dass sie diese Klausel zu einem Bestandteil des Vertrages macht.

(4) ...

(5) ...

(6) Der Mangel der Form wird durch die Einlassung auf die schiedsgerichtliche Verhandlung zur Hauptsache geheilt.

---

32 OGHZ 4,45

33 BGH, Urt. vom 18. 6. 1962 – VII ZR 237/60 –, EzGuG 11.25

34 Albers in Baumbach/Lauterbach/Albers/Hartmann, Komm. zur ZPO, 56. Aufl. München 1997

35 BGH, Urt. vom 19. 11. 1964 – VII ZR 8/63 –, EzGuG 11.45

346   Die **Parteien können**

- nach Maßgabe des § 1034 ZPO die Anzahl der Schiedsrichter (im Falle einer fehlenden Vereinbarung sind es drei) und

- nach Maßgabe des § 1035 ZPO das Verfahren zur Bestellung des oder der Schiedsrichter

vereinbaren.

347   Die **Ablehnung eines Schiedsrichters** ist in den §§ 1036 ff. ZPO geregelt.

§ 1036   Ablehnung eines Schiedsrichters.

(1) ¹Eine Person, der ein Schiedsrichteramt angetragen wird, hat alle Umstände offenzulegen, die Zweifel an ihrer Unparteilichkeit oder Unabhängigkeit wecken können. ²Ein Schiedsrichter ist auch nach seiner Bestellung bis zum Ende des schiedsrichterlichen Verfahrens verpflichtet, solche Umstände den Parteien unverzüglich offen zu legen, wenn er sie ihnen nicht schon vorher mitgeteilt hat.

(2) ¹Ein Schiedsrichter kann nur abgelehnt werden, wenn Umstände vorliegen, die berechtigte Zweifel an seiner Unparteilichkeit oder Unabhängigkeit aufkommen lassen, oder wenn er die zwischen den Parteien vereinbarten Voraussetzungen nicht erfüllt. ²Eine Partei kann einen Schiedsrichter, den sie bestellt oder an dessen Bestellung sie mitgewirkt hat, nur aus Gründen ablehnen, die ihr erst nach der Bestellung bekannt geworden sind.

§ 1037   Ablehnungsverfahren.

(1) Die Parteien können vorbehaltlich des Absatzes 3 ein Verfahren für die Ablehnung eines Schiedsrichters vereinbaren.

(2) ¹Fehlt eine solche Vereinbarung, so hat die Partei, die einen Schiedsrichter ablehnen will, innerhalb von zwei Wochen, nachdem ihr die Zusammensetzung des Schiedsgerichts oder ein Umstand im Sinne des § 1036 Abs. 2 bekannt geworden ist, dem Schiedsgericht schriftlich die Ablehnungsgründe darzulegen. ²Tritt der abgelehnte Schiedsrichter von seinem Amt nicht zurück oder stimmt die andere Partei der Ablehnung nicht zu, so entscheidet das Schiedsgericht über die Ablehnung.

(3) ¹Bleibt die Ablehnung nach dem von den Parteien vereinbarten Verfahren oder nach dem in Absatz 2 vorgesehenen Verfahren erfolglos, so kann die ablehnende Partei innerhalb eines Monats, nachdem sie von der Entscheidung, mit der die Ablehnung verweigert wurde, Kenntnis erlangt hat, bei Gericht eine Entscheidung über die Ablehnung beantragen; die Parteien können eine andere Frist vereinbaren. ²Während ein solcher Antrag anhängig ist, kann das Schiedsgericht einschließlich des abgelehnten Schiedsrichters das schiedsrichterliche Verfahren fortsetzen und einen Schiedsspruch erlassen.

§ 1038   Untätigkeit oder Unmöglichkeit der Aufgabenerfüllung.

(1) ¹Ist ein Schiedsrichter rechtlich oder tatsächlich außerstande, seine Aufgaben zu erfüllen, oder kommt er aus anderen Gründen seinen Aufgaben in angemessener Frist nicht nach, so endet sein Amt, wenn er zurücktritt oder wenn die Parteien die Beendigung seines Amtes vereinbaren. ²Tritt der Schiedsrichter von seinem Amt nicht zurück oder können sich die Parteien über dessen Beendigung nicht einigen, kann jede Partei bei Gericht eine Entscheidung über die Beendigung des Amtes beantragen.

(2) Tritt ein Schiedsrichter in den Fällen des Absatzes 1 oder des § 1037 Abs. 2 zurück oder stimmt eine Partei der Beendigung des Schiedsrichteramtes zu, so bedeutet dies nicht die Anerkennung der in Absatz 1 oder § 1036 Abs. 2 genannten Rücktrittsgründe.

§ 1039   Bestellung eines Ersatzschiedsrichters.

(1) ¹Endet das Amt eines Schiedsrichters nach den §§ 1037, 1038 oder wegen seines Rücktritts vom Amt aus einem anderen Grund oder wegen der Aufhebung seines Amtes durch Vereinbarung der Parteien, so ist ein Ersatzschiedsrichter zu bestellen. ²Die Bestellung erfolgt nach den Regeln, die auf die Bestellung des zu ersetzenden Schiedsrichters anzuwenden waren.

(2) Die Parteien können eine abweichende Vereinbarung treffen.

348   Die **Durchführung des schiedsrichterlichen Verfahrens** ist in den §§ 1042 ff. ZPO geregelt:

§ 1042   Allgemeine Verfahrensregeln.

(1) ¹Die Parteien sind gleich zu behandeln. ²Jeder Partei ist rechtliches Gehör zu gewähren.

(2) Rechtsanwälte dürfen als Bevollmächtigte nicht ausgeschlossen werden.

(3) Im Übrigen können die Parteien vorbehaltlich der zwingenden Vorschriften dieses Buches das Verfahren selbst oder durch Bezugnahme auf eine schiedsrichterliche Verfahrensordnung regeln.

(4) ¹Soweit eine Vereinbarung der Parteien nicht vorliegt und dieses Buch keine Regelung enthält, werden die Verfahrensregeln vom Schiedsgericht nach freiem Ermessen bestimmt. ²Das Schiedsgericht ist berechtigt, über die Zulässigkeit einer Beweiserhebung zu entscheiden, diese durchzuführen und das Ergebnis frei zu würdigen.

§ 1043 Ort des schiedsrichterlichen Verfahrens.

(1) [1]Die Parteien können eine Vereinbarung über den Ort des schiedsrichterlichen Verfahrens treffen. [2]Fehlt eine solche Vereinbarung, so wird der Ort des schiedsrichterlichen Verfahrens vom Schiedsgericht bestimmt. [3]Dabei sind die Umstände des Falles einschließlich der Eignung des Ortes für die Parteien zu berücksichtigen.

(2) Haben die Parteien nichts anderes vereinbart, so kann das Schiedsgericht ungeachtet des Absatzes 1 an jedem ihm geeignet erscheinenden Ort zu einer mündlichen Verhandlung, zur Vernehmung von Zeugen, Sachverständigen oder der Parteien, zur Beratung zwischen seinen Mitgliedern, zur Besichtigung von Sachen oder zur Einsichtnahme in Schriftstücke zusammentreten.

§ 1044 Beginn des schiedsrichterlichen Verfahrens.

[1]Haben die Parteien nichts anderes vereinbart, so beginnt das schiedsrichterliche Verfahren über eine bestimmte Streitigkeit mit dem Tag, an dem der Beklagte den Antrag, die Streitigkeit einem Schiedsgericht vorzulegen, empfangen hat. [2]Der Antrag muss die Bezeichnung der Parteien, die Angabe des Streitgegenstandes und einen Hinweis auf die Schiedsvereinbarung enthalten.

§ 1045 Verfahrenssprache.

(1) [1]Die Parteien können die Sprache oder die Sprachen, die im schiedsrichterlichen Verfahren zu verwenden sind, vereinbaren. [2]Fehlt eine solche Vereinbarung, so bestimmt hierüber das Schiedsgericht. [3]Die Vereinbarung der Parteien oder die Bestimmung des Schiedsgerichts ist, sofern darin nichts anderes vorgesehen wird, für schriftliche Erklärungen einer Partei, mündliche Verhandlungen, Schiedssprüche, sonstige Entscheidungen und andere Mitteilungen des Schiedsgerichts maßgebend.

(2) Das Schiedsgericht kann anordnen, dass schriftliche Beweismittel mit einer Übersetzung in die Sprache oder die Sprachen versehen sein müssen, die zwischen den Parteien vereinbart oder vom Schiedsgericht bestimmt worden sind.

§ 1046 Klage und Klagebeantwortung.

(1) [1]Innerhalb der von den Parteien vereinbarten oder vom Schiedsgericht bestimmten Frist hat der Kläger seinen Anspruch und die Tatsachen, auf die sich dieser Anspruch stützt, darzulegen und der Beklagte hierzu Stellung zu nehmen. [2]Die Parteien können dabei alle ihnen erheblich erscheinenden Schriftstücke vorlegen oder andere Beweismittel bezeichnen, derer sie sich bedienen wollen.

(2) Haben die Parteien nichts anderes vereinbart, so kann jede Partei im Laufe des schiedsrichterlichen Verfahrens ihre Klage oder die Angriffs- und Verteidigungsmittel ändern und ergänzen, es sei denn, das Schiedsgericht lässt dies wegen Verspätung, die nicht genügend entschuldigt wird, nicht zu.

(3) Die Absätze 1 und 2 gelten für die Widerklage entsprechend.

§ 1047 Mündliche Verhandlung und schriftliches Verfahren.

(1) [1]Vorbehaltlich einer Vereinbarung der Parteien entscheidet das Schiedsgericht, ob mündlich verhandelt werden soll oder ob das Verfahren auf der Grundlage von Schriftstücken und anderen Unterlagen durchzuführen ist. [2]Haben die Parteien die mündliche Verhandlung nicht ausgeschlossen, hat das Schiedsgericht eine solche Verhandlung in einem geeigneten Abschnitt des Verfahrens durchzuführen, wenn eine Partei es beantragt.

(2) Die Parteien sind von jeder Verhandlung und jedem Zusammentreffen des Schiedsgerichts zu Zwecken der Beweisaufnahme rechtzeitig in Kenntnis zu setzen.

(3) Alle Schriftsätze, Schriftstücke und sonstigen Mitteilungen, die dem Schiedsgericht von einer Partei vorgelegt werden, sind der anderen Partei, Gutachten und andere schriftliche Beweismittel, auf die sich das Schiedsgericht bei seiner Entscheidung stützen kann, sind beiden Parteien zur Kenntnis zu bringen.

§ 1048 Säumnis einer Partei.

(1) Versäumt es der Kläger, seine Klage nach § 1046 Abs. 1 einzureichen, so beendet das Schiedsgericht das Verfahren.

(2) Versäumt es der Beklagte, die Klage nach § 1046 Abs. 1 zu beantworten, so setzt das Schiedsgericht das Verfahren fort, ohne die Säumnis als solche als Zugeständnis der Behauptungen des Klägers zu behandeln.

(3) Versäumt es eine Partei, zu einer mündlichen Verhandlung zu erscheinen oder innerhalb einer festgelegten Frist ein Schriftstück zum Beweis vorzulegen, so kann das Schiedsgericht das Verfahren fortsetzen und den Schiedsspruch nach den vorliegenden Erkenntnissen erlassen.

(4) [1]Wird die Säumnis nach Überzeugung des Schiedsgerichts genügend entschuldigt, bleibt sie außer Betracht. [2]Im Übrigen können die Parteien über die Folgen der Säumnis etwas anderes vereinbaren.

Die **Beweiserhebung durch Sachverständige** ist in § 1049 ZPO geregelt. Die Vorschrift **349** lautet:

§ 1049 Vom Schiedsgericht bestellter Sachverständiger.

(1) [1]Haben die Parteien nichts anderes vereinbart, so kann das Schiedsgericht einen oder mehrere Sachverständige zur Erstattung eines Gutachtens über bestimmte vom Schiedsgericht festzulegende Fragen bestellen. [2]Es kann ferner eine Partei auffordern, dem Sachverständigen jede sachdienliche Auskunft zu erteilen oder alle für das Verfahren erheblichen Schriftstücke oder Sachen zur Besichtigung vorzulegen oder zugänglich zu machen.

(2) ¹Haben die Parteien nichts anderes vereinbart, so hat der Sachverständige, wenn eine Partei dies beantragt oder das Schiedsgericht es für erforderlich hält, nach Erstattung seines schriftlichen oder mündlichen Gutachtens an einer mündlichen Verhandlung teilzunehmen. ²Bei der Verhandlung können die Parteien dem Sachverständigen Fragen stellen und eigene Sachverständige zu den streitigen Fragen aussagen lassen.

(3) Auf den vom Schiedsgericht bestellten Sachverständigen sind die §§ 1036, 1037 Abs. 1 und 2 entsprechend anzuwenden.

350 Die **Parteien können die Bestellung eines Sachverständigen ausschließen** oder auf bestimmte Personen bzw. Personengruppen beschränken. Eine erfolglose Ablehnung kann nach § 1049 ZPO nur im Aufhebungs- oder Vollstreckbarkeitserklärungsverfahren (§§ 1059 ff. ZPO) angefochten werden. Der Schiedsrichter hat im Übrigen seine Aufgabe unter Beachtung des Höchstpersönlichkeitsgrundsatzes wahrzunehmen. Er kann sich dabei Hilfspersonen bedienen.

351 Das **Schiedsgericht entscheidet** nach Maßgabe der von den Parteien als auf den Inhalt des Rechtsstreits anwendbar bezeichneten Rechtsvorschriften mit Mehrheit der Stimmen des Schiedsgerichts **durch Schiedsspruch.** Der Schiedsspruch ist schriftlich zu erlassen und zu begründen, sofern nichts anderes vereinbart worden ist. Der Schiedsspruch hat unter den Parteien die Wirkung eines rechtskräftigen gerichtlichen Urteils (§ 1055 ZPO). Ein Rechtsbehelf gegen den Schiedsspruch ist nach Maßgabe der §§ 1059 ff. ZPO zulässig.

352 **Die Parteien können sich** während des schiedsrichterlichen Verfahrens über die Streitigkeiten auch **vergleichen.** In diesem Fall beendet das Schiedsgericht das Verfahren ohne Schiedsspruch durch Beschluss gemäß § 1056 Abs. 2 Nr. 2 ZPO.

353 Auf Antrag beider Parteien kann das Verfahren aber auch beendet werden durch Erlass eines Schiedsspruchs, dessen Inhalt die Parteien vereinbart haben **(Schiedsspruch mit vereinbartem Wortlaut).** Ein Schiedsspruch mit vereinbartem Wortlaut ist nach Maßgabe des § 1053 Abs. 2 i.V. m. § 1054 ZPO zu erlassen und muss angeben, dass es sich um einen Schiedsspruch handelt. Ein solcher Schiedsspruch hat dieselbe Wirkung wie jeder andere Schiedsspruch zur Sache.

354 Der für ein Schiedsgericht tätige Gutachter wird zwar im Auftrag und mit Vollmacht der Parteien tätig, jedoch gelten auch für ihn die **Haftungsgrundsätze,** die für einen von einem Staatsgericht beauftragten Gutachter gelten. Der BGH leitet dies aus einer entsprechenden stillschweigenden Parteienvereinbarung ab[36].

Der Schiedsrichter haftet bei seiner Spruchtätigkeit nicht für Fahrlässigkeit. Nach der Rechtsprechung des BGH ist die Haftungsbeschränkung des Schiedsrichters nicht aus einer analogen Anwendung des § 839 Abs. 2 BGB, sondern aus der dem Schiedsrichter vertraglich eingeräumten Stellung abzuleiten. Die **Haftungsbeschränkung** gilt auch für die Aufnahme einer verfahrensrechtlich unzulässigen Entscheidung in einen Schiedsspruch (vgl. Rn. 248 ff., 227, 245).

2.2   Allgemeine Grundsätze der Gutachtenerstattung

2.2.1   Inhaltliche Anforderungen

2.2.1.1   Konzentrationsgebot

355 Gutachten werden in aller Regel auf der Grundlage eines Auftrags (vgl. § 2 WertV Rn. 3 ff.; § 7 WertV Rn. 38 ff.) erstattet und sollen sich nach Rudolph[37] hierauf konzentrieren, auch wenn dem Gutachter „andere Aspekte der Sache interessanter und wichtiger erscheinen". Diesem Konzentrationsgebot kann zwar vom Grundsatz her zugestimmt werden. Auf dem Gebiet der Erstattung von Gutachten über Grundstückswerte hat es sich jedoch allzu häufig als gefährlich erwiesen und ein Gutachter sollte sich hier nicht scheuen, **sachdienliche Ergänzungen in sein Gutachten einzubeziehen, wenn eine missbräuchliche Verwendung seines Gutachtens droht:**

Beispiel: **356**

Gutachter Redlich wird von einem Kaufinteressenten beauftragt, den Verkehrswert eines gewerblich genutzten Grundstücks (Kammgarnfabrik) zu ermitteln, das auf Grund einer absehbaren städtebaulichen Neuordnung schon bald einer höherwertigen Nutzung zugeführt werden kann. Der Auftraggeber besteht auf der Ermittlung des Verkehrswerts der Kammgarnfabrik unter „Ausblendung" der sich abzeichnenden höheren Nutzbarkeit *(existing use value).*

Der sich bei strenger „Konzentration" auf den Auftrag ergebende Verkehrswert wird vom Gutachter Redlich „richtig" ermittelt; der „Verkehrswert" entspricht gleichwohl nicht dem tatsächlich erzielbaren „Verkehrswert", wenn im gewöhnlichen Geschäftsverkehr die absehbare höhere Nutzbarkeit üblicherweise zu höheren Abschlüssen führt. Der Auftraggeber bringt das Gutachten in die Kaufpreisverhandlungen mit der Absicht ein, den Verkäufer von der Angemessenheit des niedrigeren „Verkehrswerts" zu überzeugen.

In derartigen Fällen empfiehlt es sich, die ohnehin im Gutachten darzulegende **Auftragserteilung**   **357** bzw. im gerichtlichen Verfahren die zu beantwortende Beweisfrage mit entsprechenden Hinweisen zu versehen, wenn sich der Gutachter fruchtlos um eine sachgerechte Beauftragung bemüht hat. Daneben kann es geboten sein, nach § 665 BGB **von den Weisungen abzuweichen** (vgl. § 2 WertV Rn. 41). Solche Konstellationen sind in der Praxis der Wertermittlung nicht selten. Die Problematik ist darin begründet, dass im Alltagsleben von „Verkehrswerten" in der Erwartung gesprochen wird, dass stets ein bestimmter Verkehrswert ermittelt werden muss, ohne dass daneben – je nach Vergabe – auch fiktive oder modifizierte Verkehrswerte für ein und dasselbe Grundstück ermittelbar sind, insbesondere wenn besondere vom tatsächlichen und rechtlichen Zustand des Grundstücks abweichende Vorgaben dem Gutachter gemacht worden sind. Dies können „Außenstehende" oft nicht erkennen, weil sie eben mit dem Begriff „Verkehrswert" die Vorstellung einer eindeutigen Grundstückszuordnung verbinden.

Weiteres Beispiel: **358**

Gutachter Redlich blickt auf eine 20-jährige Berufspraxis zurück und wurde 1991 beauftragt, den Verkehrswert über ein „Filetgrundstück" in Berlin, Unter den Linden, zu erstellen. Schon seit geraumer Zeit werden hier Büromieten von rd. 40 €/m² Nutzfläche registriert und die Euphorie ist (noch) ungebrochen.

Gutachter Redlichs Wertermittlung für seinen Auftraggeber, der ein Bürogrundstück auf der Grundlage des ermittelten Verkehrswerts erwerben will, soll in „redlicher" Anwendung der Grundsätze der WertV, die „nachhaltige" Rendite des Objekts zu Grunde gelegt werden. Seine Erfahrung und Markteinschätzung sagen ihm, dass die registrierten Mieten zwar das Geschehen auf dem Grundstücksmarkt bislang bestimmt haben, jedoch gleichwohl nicht von Dauer sein werden; er rechnet mit einer Halbierung der Mieten schon in wenigen Jahren.

Ein Sachverständiger steht, wie das Beispiel zeigt, häufig vor der Frage, ob er sich auf die   **359** Ermittlung eines stichtagsbezogenen Verkehrswerts beschränken soll, oder auch seine **weitergehende Markteinschätzung** zum Ausdruck bringt. Nach angelsächsischen Berufsregeln ist dies sogar ausdrücklich geboten, jedoch sollte sich der Sachverständige dabei vor spekulativen Äußerungen hüten und sich nur von objektiven Erkenntnissen unter **Hervorhebung der Wahrscheinlichkeit** leiten lassen (Rn. 374).

2.2.1.2   Objektivitätsgebot

Für die von Sachverständigen erstatteten Gutachten gilt das **Gebot der unparteiischen**   **360** **Aufgabenerfüllung,** unabhängig davon, ob es sich um einen öffentlich bestellten und vereidigten Sachverständigen (§ 8 SVO), einen vom Gericht beauftragten Sachverständigen, einen freien (selbstnannten) Sachverständigen oder einen Schiedsgutachter handelt. Die **Erstattung parteiischer Gutachten ist schlechthin mit einer** (beanspruchten) **Sachverständigeneigenschaft unvereinbar.** Selbst der „Parteisachverständige" darf nicht parteiisch sein.

---

36   BGH, Urt. vom 19. 11. 1964 – VII ZR 8/63 –, EzGuG 11.45; BGH, Urt. vom 6. 10. 1954 – II ZR 149/53 –, EzGuG 11.6
37   Rudolph, Praxishandbuch Sachverständigenrecht 1990, S. 464

361   Die unparteiische Aufgabenerfüllung kann bereits bei der **Präzisierung des Auftrags** beginnen, d. h., der Sachverständige kann hier bereits gefordert sein, auf eine Aufgabenstellung hinzuwirken, die ein parteiisches Gutachten insoweit ausschließt, als einseitige Vorstellungen zur Vorgabe gemacht werden. Für den Sachverständigen ist das nicht immer leicht erkennbar, da er i. d. R. nur mit seinem Auftraggeber verhandelt. **Der Verwertungszweck des Gutachtens sollte deshalb zusammen mit dem Auftraggeber und der präzisen Aufgabenstellung im Gutachten dargelegt** und ggf. mit einem Hinweis versehen werden, wenn mit dem Auftraggeber eine sinnvolle und zweckentsprechende Aufgabenstellung nicht herbeigeführt werden konnte.

362   Im Rahmen der unparteiischen Aufgabenerfüllung sollte der Sachverständige **jedweden Anschein der Voreingenommenheit, irreführende und missverständliche Aussagen, sowie Unvollständigkeiten vermeiden.**

2.2.1.3   Kompetenzeinhaltungsgebot

363   Die fachliche Kompetenz des Sachverständigen bestimmt den Wert des Gutachtens. Der Sachverständige muss deshalb einen **Auftrag ablehnen, soweit seine fachliche Kompetenz dem nicht gewachsen ist,** d. h., ein Gutachter darf seine fachliche Kompetenz nicht überschreiten.

364   Dies kann in der Grundstückswertermittlung zu vielschichtigen Konflikten führen, weil für den Grundstückswert häufig die Klärung einer Vielzahl von **Einzelfragen im rechtlichen, spezialtechnischen bis hin zum toxikologischen Bereich** (Altlasten) ausschlaggebend ist:

– Die *Bebaubarkeit* eines Grundstücks kann äußerst streitbefangen sein.

– Der *Einsatz bodenrechtlicher Instrumente* (Instrumente zur Sicherung der Bauleitplanung, des Besonderen Städtebaurechts des Zweiten Kapitels des BauGB usw.) ist häufig mit Zweifelsfragen verbunden.

– Der Bestand und die rechtliche Bedeutung von *miet- und pachtrechtlichen Bindungen* kann fragwürdig sein.

– Die *Eigentumsverhältnisse* können insbesondere in den neuen Bundesländern umstritten sein (sog. Vermögensrecht).

– *Altlastenverdachtsflächen* bedürfen der Untersuchung, wenn diesem Umstand präzise Rechnung getragen werden soll; selbst bei Vorliegen toxikologischer Untersuchungen entzieht sich die Beurteilung der Vereinbarkeit einer Altlast mit der Nutzbarkeit des Grundstücks schon mangels allgemeingültiger nutzungsabhängiger Schwellenwerte durch den Sachverständigen für Grundstückswerte.

– Unklarheiten, die häufig erst im Wege gerichtlicher Auseinandersetzungen geklärt werden, bestehen häufig bei der Ermittlung von *Entschädigungen* (Fragen der Vorwirkung) und insbesondere auf dem schwierigen Gebiet des Planungsschadensrechts (§§ 39 ff. BauGB); vom Sachverständigen wird häufig erwartet, dass er die Frage in sein Gutachten einbezieht, ob und in welcher Höhe planungsschadensrechtliche Ansprüche an einem Grundstück „hängen".

365   Allgemein muss erwartet werden, dass der **Grundstückssachverständige mit den einschlägigen Rechtsnormen und der Rechtsprechung vertraut** ist, obwohl gerade diese Fragen in der Ausbildung zu kurz kommen. Dies darf aber nicht dazu führen, dass sich der Grundstückssachverständige als „Winkeladvokat" betätigt und leichtfertig rechtliche Wertungen seinem Gutachten zu Grunde legt, die außerhalb seiner Kompetenz stehen.

366   Die Verhaltensregeln und die daraus folgenden Konsequenzen für die Gutachtenerstattung und die Sachverständigentätigkeit sind in der Fachwelt erstaunlicherweise wenig diskutiert worden, obwohl gerade diese Fragen in der jüngeren Vergangenheit immer mehr an Bedeutung gewonnen haben. Vielmehr wurden Sachverständige mit derartigen interdisziplinären Problemstellungen „allein" gelassen und sie haben es oftmals nicht vermocht, die von anderer Seite zu vertretenen Defizite, die einer fundierten Wertermittlung entgegenstehen, deutlich zu machen. Ein hervorstechendes Beispiel ist die Verkehrswertermittlung aufgelassener Militärflächen (sog. **Konversionsflächen**), bei denen einerseits – quasi naturgesetzlich – der Verdacht (aber keinesfalls die Sicherheit) einer flächendeckenden Kontamination hochkommt, und andererseits zu einem Zeitpunkt das **Verkehrswertgutachten in Auftrag gegeben wird, zu dem noch keinerlei Vorstellungen über die künftige Nutzbarkeit der Flächen** bestehen. Erwerbsinteressierte sind hier häufig zunächst nur an einem „billigen" Erwerb des Grundstücks interessiert und stellen die künftige Nutzung in Abhängigkeit von dem Erwerbspreis, dem Ergebnis der Altlastenuntersuchungen und überdies von den insgesamt anfallenden Umnutzungskosten. Bei derartig unklaren Verhältnissen muss die „Leistungsfähigkeit" der Verkehrswertermittlung begrenzt sein. Eine Verkehrswertermittlung mag zwar dann mit entsprechender Unsicherheit möglich sein; ihre (Un-)sinnigkeit haben dann aber die Auftraggeber zu vertreten. Wer bei einer äußerst „nebulösen" Ausgangssituation ein Wertgutachten in Auftrag gibt und andererseits ein fundiertes Ergebnis mit hoher „Treffsicherheit" erwartet, muss dies als einen Akt der Selbsttäuschung begreifen.

Folgende **Verhaltensgrundsätze** kommen in derartigen Fällen in Betracht: **367**

– Der **Sachverständige für Grundstückswerte** darf in rechtlichen Zweifelsfragen **kein Rechtsgutachten** (z. B. über die Bebaubarkeit eines Grundstückes) **erstellen,** er kann allenfalls darlegen, welche Bebaubarkeit auf Grund welcher Grundlagen objektiv erwartet werden kann.

– In **Zweifelsfällen** besteht die Möglichkeit,

  ● sich mit dem Auftraggeber abzusprechen, welche rechtlichen Gesichtspunkte dem Gutachten zu Grunde gelegt werden sollen; ggf. sind sachlich abweichende Vorstellungen darzulegen,

  ● der Hinzuziehung von weiteren Spezialsachverständigen sowie

  ● der Erstellung von Alternativgutachten[38].

Selbst in dem **Erkennen und der Einschätzung von Baumängeln und Bauschäden** ist   **368**
der Grundstückswertermittler oftmals überfordert, zumal für dieses Gebiet eigenständig Sachverständige bestellt und vereidigt werden. Um sich hier vor der Haftung von Fehleinschätzungen zu schützen, werden diesbezügliche Ausführungen in den Verkehrswertgutachten von den Sachverständigen ausdrücklich unter dem Vorbehalt einer Überprüfung von dementsprechend vorgebildeten Sachverständigen gestellt.

2.2.1.4   Sachaufklärungsgebot

Der Sachverständige ist entsprechend § 410 ZPO verpflichtet, sein Gutachten **unparteiisch**   **369**
und **nach bestem Wissen und Gewissen** zu erstellen (§ 410 ZPO vgl. Rn. 51).

Weit verbreitet ist die **Praxis, bei zweifelhaftem Sachverhalt dem Gutachten bestimmte**   **370**
Sachverhalte zu Grunde zu legen. So wird z. B. in Verkehrswertgutachten über altlastenbehaftete und altlastenverdächtige Grundstücke die bekannte Formel vorausgeschickt „Ich gehe bei meiner Wertermittlung von einem nichtkontaminierten Grundstück aus". Andere Sachverständige, die zur Einsicht gekommen sind, dass sie davon eigentlich nicht ausge-

---

38   Kamphausen, BauR 1986, 151 ff.

hen können, formulieren – etwas vorsichtiger; etwa wie folgt: „Ich bewerte das Grundstück frei von Altlasten und sonstigen Bodenverunreinigungen" und weisen darauf hin, dass der ermittelte Verkehrswert in Abhängigkeit von der Verifizierung einer Altlast möglicherweise noch zu korrigieren sei.

371 Diese Praxis droht in Leichtfertigkeit „abzurutschen", denn von einem Sachverständigen muss gefordert werden, dass er in seinem **Gutachten die Tatsachen** zumindest **darstellt, die für ihn „erkennbar" waren**[39], bzw. hätten erkannt werden müssen. Im Rahmen seiner Sorgfaltspflicht hat der Sachverständige nicht nur Verdachtsmomenten nachzugehen und die Ergebnisse offen zu legen. Er steht auch unter der Pflicht der Aufklärung des Sachverhalts, der für die Verkehrswertermittlung von Bedeutung sein kann. Die sich großer Beliebtheit erfreuende Formel „Ich gehe davon aus, ..." wird dagegen allzu oft als Freizeichnungsklausel von der notwendigen Sachverhaltsaufklärung verstanden und ist geeignet, beim „Verbraucher" eines Gutachtens den Eindruck zu erwecken, dass die Verhältnisse tatsächlich so sind, wie sie der Sachverständige im Rahmen seiner Sachverhaltsaufklärungspflicht „ausgehenderweise" unterstellt.

372 Etwas anderes mag gelten, wenn der Gutachter in **Absprache mit dem Auftraggeber** und unter Hervorhebung der Möglichkeit oder sogar Wahrscheinlichkeit anderer Verhältnisse und ihrer Folgen für das Ergebnis der Wertermittlung seine Sachaufklärungspflicht einvernehmlich einschränkt. Dies steht im Übrigen in Wechselwirkung zum vereinbarten Honorar.

373 Im Rahmen seiner Aufklärungspflicht hat der Gutachter alle ihm **zugänglichen Erkenntnisquellen** auszuwerten und zur Entscheidungsfindung heranzuziehen[40]. Als „zugängliche" Erkenntnisquellen gelten solche, die verfügbar und benutzbar sind, ohne dass sie ihm bereits zur Verfügung gestanden haben müssen. Derjenige, der zu Erkenntnisquellen gelangen will, muss also unter Umständen sich den Zugang (wie sich schon begrifflich aus dem Wort „zugänglich" ergibt) verschaffen.

2.2.1.5 Sorgfaltspflicht

a) Allgemeines

374 Aus dem Gutachten soll hervorgehen, mit welcher **Sicherheit und Genauigkeit** die **dem Gutachten zu Grunde gelegten Anknüpfungstatsachen** ermittelt worden sind bzw. ermittelbar sind (vgl. Rn. 207). Für den Fall, dass Anknüpfungstatsachen und Schlussfolgerungen des Gutachters mit Unsicherheiten behaftet bleiben müssen, nennt Rudolph[41] folgende Abstufungen:

– „an Sicherheit grenzende Wahrscheinlichkeit", d.h. in höchstem Maße wahrscheinlich, ohne dass volle Sicherheit besteht,
– äußerst wahrscheinlich (höchstgradige Wahrscheinlichkeit),
– sehr wahrscheinlich (stark überwiegende Wahrscheinlichkeit),
– wahrscheinlich (überwiegende Wahrscheinlichkeit),
– eher wahrscheinlich (leicht überwiegende Wahrscheinlichkeit),
– unwahrscheinlich (überwiegende Unwahrscheinlichkeit),
– sehr unwahrscheinlich (stark überwiegende Unwahrscheinlichkeit),
– äußerst unwahrscheinlich (höchstgradige Unwahrscheinlichkeit).

375 Für Wirtschaftsprüfer hat es das OLG Düsseldorf ausdrücklich als deren Aufgabe herausgestellt, die ihnen vorgelegten **Unterlagen kritisch zu hinterfragen und durch Zusatzfragen prüfungsrelevante Einzelheiten aufzuklären,** die sich aus den Unterlagen nicht oder nicht eindeutig ergeben[42].

Es ist mit dem Vertrauensschutz des Rezipienten eines Gutachtens unvereinbar, wenn man **376** bezüglich der Sorgfaltspflichten individuelle Maßstäbe gelten lässt. Zumindest bei der Gutachtenerstattung durch einen Gutachterausschuss für Grundstückswerte oder einem öffentlich bestellten und vereidigten Sachverständigen sind objektive Maßstäbe anzuhalten, die vom Auftraggeber hier erwartet werden können. Dies ergibt sich aus dem Umstand, dass es zu den Amtspflichten eines jeden Amtsträgers gehört, vor einer hoheitlichen Maßnahme (§ 192 BauGB Rn. 3), die geeignet ist, einen anderen in seinen Rechten zu beeinträchtigen, den **Sachverhalt im Rahmen des Zumutbaren so umfassend zu erforschen, dass die Beurteilungs- und Entscheidungsgrundlage nicht in wesentlichen Punkten zum Nachteil des Betroffenen unvollständig sind**[43] (vgl. Rn. 207).

b) Flächen- und Massenangaben

Immer häufiger wird in Gutachten über Grundstückswerte *ohne* **Überprüfung von** **377** **Flächen- bzw. Massenangaben**[44] des Auftraggebers bzw. überreichter Pläne baulicher Anlagen „ausgegangen". Dies kann vor allem dann beobachtet werden, wenn ein Zweitgutachten unter Verwendung eines vorhandenen Erstgutachtens erstellt wird. Indessen haben die Erfahrungen gelehrt, dass zwei unabhängig voneinander tätige Gutachter zu unterschiedlichen Flächen- und Massenangaben kommen. Falsche Massen- und Flächenangaben sind häufig auch darauf zurückzuführen, dass sich der Gutachter auf übergebene oder ihm sonsthin zugängliche Pläne verlassen hat (vgl. Rn. 207). Falsche Flächen- und Massenermittlungen können aber – wie auch die sog. Schneider-Pleite offen gelegt hat – das Ergebnis erheblich verfälschen und der Sachverständige ist gehalten, die verwertbaren Anknüpfungstatsachen „herauszuarbeiten". Unsicherheitsfaktoren dürfen nicht unterdrückt werden, sondern müssen mit ihren Schwachstellen angesprochen werden. Ansehen und Glaubwürdigkeit des Sachverständigen sind bereits bei kleineren Abweichungen in Mitleidenschaft gezogen, wenn diese im Rahmen der üblichen Sorgfaltspflicht zutage treten müssen, selbst dann, wenn sie sich auf das Ergebnis einer Wertermittlung nur marginal auswirken.

c) Angaben zu den Ertragsverhältnissen

Das besondere Vertrauen, das insbesondere dem Gutachten des öffentlich bestellten und **378** vereidigten Sachverständigen im Geschäftsverkehr beigemessen wird, setzt voraus, dass er das Gutachten nach bestem Wissen und Gewissen erstellt und dafür Dritten gegenüber einsteht. In diesem Rahmen ist der Gutachter für die **gewissenhafte Feststellung von (Befund-)Tatsachen verantwortlich.** Von einem ihm lediglich unter Angabe einer Aufgabenstellung mitgeteilten Mietertrag darf ein Sachverständiger nur dann ohne weiteres ausgehen, wenn er sich davon überzeugt hat, dass die Angaben zutreffen (vgl. Rn. 207). Verwendet er im Gutachten hingegen Tatsachenmaterialien, die er nicht oder nur teilweise selbst ermittelt oder nicht oder nur teilweise überprüft hat, muss er dies mit Angabe der Quellen im Gutachten eindeutig vermerken[45].

---

39 So auch die Rspr. des BVerwG zur Erkennbarkeit abwägungsrechtlicher Belange in der Bauleitplanung: BVerwG, Urt. vom 9. 11. 1979 – 4 N 1/87 – 4 N 2-4/79 –, NJW 1980, 1061 = MDR 1980, 256 = BauR 1980, 36 = DVBl. 1980, 233 = DÖV 1980, 217 = BRS Bd. 35 Nr. 24 = JZ 1980, 85 = BBauBl. 1980, 251 = BayVBl. 1980, 88 = ZfBR 1979, 255; BGH, Urt. vom 27. 9. 1973 – VII ZR 142/72 –, EzGuG 11.91a

40 BGH, Urt. vom 4. 3. 1982 – III ZR 156/80 –, EzGuG 11.127; „Zugänglich" bedeutet „verfügbar", „benutzbar" (Brockhaus Wahrig „Deutsches Wörterbuch in 6 Bänden, 6. Bd), „Zur Verfügung stehend" (Storig „Das große Wörterbuch der deutschen Sprache), „So eingerichtet, dass es benutzt werden kann" Klappenbach/Steinitz (Wörterbuch der deutschen Gegenwartssprache)

41 Rudolph, Praxishandbuch Sachverständigenrecht, S. 462 f.

42 OLG Düsseldorf, Beschl. vom 8. 1. 1986 – 2 W 122/85 –, EzGuG 11.149 g

43 Papier im Münchener Komm. Bd. 5, 3. Aufl. § 839 Nr. 595; a. A. OLG Karlsruhe, Urt. vom 19. 3. 1998 – 12 U 204/97 –, GuG 1998, 380 = EzGuG 11.265

44 OLG Saarbrücken, Urt. vom 13. 7. 1971 – 2 U 127/70–, EzGuG 11.80

45 BGH, Urt. vom 13. 11. 1997 – X ZR 144/94 –, EzGuG 11.256

d) Ortsbesichtigung

379 Die **persönliche Besichtigung** des zu begutachtenden Gegenstands ist für eine sachverständige Gutachtenerstattung **unabdingbar.** Die Unterlassung kann ein leichtfertiges und auch grob fahrlässiges Verhalten darstellen. Der BGH hat da einen Sittenverstoß erkannt (vgl. Rn. 180, 203, 220, 245, 379, 431; § 3 WertV Rn. 10).

e) Lehrmeinungen und Vorgutachten

380 Wissenschaftliche Auseinandersetzungen mit unterschiedlichen Lehrmeinungen sind im Gutachten nur insoweit notwendig, als sie zur Lösung der Beweisfrage beitragen. **Auf abweichende fachliche Auffassungen ist jedoch hinzuweisen,** wenn sie von einigem Gewicht sind. Vertritt der Sachverständige eine Außenseitermeinung, hat er dies kenntlich zu machen.

381 Findet der Sachverständige in den Akten bereits das **Gutachten eines anderen gerichtlichen Sachverständigen oder eines Privatgutachters** vor, so wird von ihm erwartet, dass er sich auch hiermit kritisch auseinandersetzt, es sei denn, das Gericht schließt eine solche Auseinandersetzung mit dem Vorgutachten im Beweisbeschluss ausdrücklich aus[46].

382 **Fazit:** Aus alledem ergibt sich, dass der Gutachter ungenügend abgesicherte Untersuchungsergebnisse und Schlussfolgerungen ausdrücklich hervorheben und Scheingenauigkeiten vermeiden muss. Der **Sachverständige muss sich gegen die vom Auftraggeber vorgegebenen Anknüpfungstatsachen wehren** und diesen unterrichten, wenn er erkennen (muss), dass diese nicht „haltbar" oder irrtümlich vergeben worden sind. Der Gutachter muss eigenverantwortlich alle für den Verkehrswert bedeutsamen Anknüpfungstatsachen erheben bzw. übernommene Anknüpfungstatsachen in gebotenem Maße überprüfen.

2.2.1.6 Klarheitsgebot

383 Der Sachverständige ist einer **klaren und präzisen Sprache** verpflichtet. Dies beginnt bereits beim Aufbau des Gutachtens, der Rationalität der Argumentation und ihrer Schlussfolgerungen sowie der Begründung. Für den „Verbraucher" eines Gutachtens **unverständliche Fachausdrücke sollen** ebenso wie begründungsersetzende Floskeln („abwegig", „offensichtlich", „zweifellos" usw.) **vermieden werden**; sie können die erforderliche Argumentation nicht ersetzen. Es muss auch vermieden werden, den gebotenen klaren Sprachduktus und die ineinander aufbauende logische Abfolge der Tatsachenfeststellung und die daraus zu ziehenden Folgerungen durch überflüssiges „Beiwerk" zu überladen. Es ist einem Gutachten über den Verkehrswert z. B. eines Grundstücks in Weimar abträglich, wenn der „Verbraucher" weitschweifig über die Gründung des Bauhauses und die Stadt der Dichter und Denker belehrt wird.

384 Eine verständliche Sprache ist durch geeignete **Lichtbilder, Karten, Pläne und Skizzen** zu ergänzen:

– Übersichtspläne 1 : 5000 bis 1 : 25.000,

– Flurkartenausschnitte 1 : 500 bis 1 : 2500,

– Grundrisse, Schnitte, Ansichten,

– Fotos mit Eintragung des Standpunktes der Aufnahme in der Karte und Angabe des Aufnahmezeitpunktes,

– Kataster- und Grundbuchauszüge,

– Nachprüfbare Flächen- und Massenberechnungen,

– Ausschnitte der Planungsgrundlagen (z. B. Bebauungsplan).

Die **Lage des Grundstücks** und der baulichen Anlage sowie bestehender Rechte (z. B.   **385**
Wegerechte) müssen aus den beigebrachten Karten und Plänen erkennbar sein.

Die vom Sachverständigen **selbst erhobenen Anknüpfungstatsachen und die übernom-**   **386**
menen bzw. vorgegebenen Anknüpfungstatsachen müssen für den „Verbraucher" als
solche **hervorgehoben werden.**

2.2.1.7   Begründungsgebot

a) Allgemeines

Die Begründung eines Gutachtens ist ein ureigenes Element jeder Gutachtertätigkeit. Es   **387**
kommt nicht allein darauf an, dass ein **Gutachten** im Ergebnis richtig ist, es muss auch
richtig begründet sein **und für** jeden **„Verbraucher" nachvollziehbar und nachprüf-**
bar sein.

Ein Gutachten ist indessen mangelhaft, wenn es in nicht nachvollziehbarer Weise **nur das**   **388**
Ergebnis mitteilt[47].

Ein Gutachter muss insbesondere **Methodik und Anknüpfungstatsachen** offen legen: **389**
a) Es muss in seiner Methodik und rationalen Argumentation begründet sein, d. h., der
    Lösungsweg muss plausibel und nachvollziehbar sein. Mit umstrittenen Lehrmeinun-
    gen hat sich der Sachverständige auseinanderzusetzen, sofern es sich nicht um sog.
    Außenseitermeinungen handelt. Sofern die umstrittenen Lehrmeinungen von dem ein-
    geschlagenen Lösungsweg zwar abweichen, jedoch für das Ergebnis belanglos sind,
    sollte dies im Gutachten dargelegt werden.
b) Die dem Gutachten zu Grunde gelegten Anknüpfungstatsachen müssen begründet sein,
    was in erster Linie auf einen nachprüfbaren Nachweis hinausläuft.

Die Begründung soll also die tragenden Gedanken und Folgerungen des Gutachtens in   **390**
nachvollziehbarer Weise erkennen lassen. Dies gilt auch für die **Wahl des Wertermitt-**
lungsverfahrens (vgl. § 7 WertV Rn. 1 ff.). Zur Frage, ob ein nach einer verfehlten
Rechenmethode oder ein sonsthin „unplausibel" abgeleiteter Wert, der zur Bemessung
einer Ausgleichs- oder Entschädigungsleistung herangezogen wurde, die Rechtswidrigkeit
des festgesetzten Betrags herbeiführt, ist in der Rechtsprechung im Übrigen dahingehend
entschieden worden, dass nur dann Rechtswidrigkeit vorliegt, wenn das Ergebnis falsch
ist[48].

b) Begründung des Lösungswegs

Die Begründung des Lösungswegs ist in der Grundstückswertermittlung in erster Linie   **391**
eine Begründung der **Wahl des oder der herangezogenen Wertermittlungsverfahren.**
Sie wird den Gutachterausschüssen für Grundstückswerte mit § 7 Abs. 2 letzter Halbsatz
WertV expressis verbis vorgeschrieben. Dieses Gebot gilt aber generell für jede Gutachtenerstattung. „**Ein Gutachten, dass dem Gericht nicht ermöglicht, den Gedankengängen**
des Gutachters nachzugehen, sie zu prüfen und sich ihnen anzuschließen oder sie

---

46   IHK-Merkblatt 'Der gerichtliche Gutachterauftrag', Köln 1997
47   OLG Düsseldorf, Beschl. vom 21. 8. 1995 – 10 W 66/95 –, EzGuG 11.224
48   Zum Abgabenrecht allgemein BVerwG, Urt. vom 27. 1. 1982 – 8 C 12/81 –, EzGuG 9.44; BGH, Urt. vom
     19. 1. 1984 – III ZR 185/82 –, EzGuG 17.50; OLG Saarbrücken, Urt. vom 17. 9. 1987 – 4 U 16/85 –, EzGuG
     11.166 (zum Umlegungsmehrwertausgleich); OVG Saarland, Urt. vom 24. 5. 1985 in SKZ 1985, 237; a. A.
     betr. Ausgleichsbetragsbescheide VG Köln, Urt. vom 16. 5. 1986 – 13 K 3039/85 –, EzGuG 15.46; VG Köln,
     Urt. vom 8. 5. 1987 – 13 K 2398/86 –, EzGuG 15.52

abzulehnen, ist für den Rechtsstreit wertlos"[49]. In einer Entscheidung des VG Augsburg[50], wird hervorgehoben, dass auch der Gutachterausschuss für Grundstückswerte sich seiner Begründungspflicht nicht allein unter Berufung auf seine langjährige Erfahrung entziehen kann und neben den Gedankengängen zur Wahl des oder der Wertermittlungsverfahren, die herangezogenen Vergleichspreise, Ertragsverhältnisse und sachwertbezogenen Daten auch „sonstige" für die Wertermittlung maßgeblichen Gesichtspunkte offen legen muss (vgl. § 7 WertV). Solche „sonstigen" Gesichtspunkte sind insbesondere die Gründe, die bei Heranziehung mehrerer Wertermittlungsverfahren für die Ableitung des Verkehrswerts aus den Ergebnissen der herangezogenen Wertermittlungsverfahren ausschlaggebend sind.

392   **Auch die Gutachten der Gutachterausschüsse für Grundstückswerte unterliegen** – wie vorstehend hervorgehoben wurde – der Begründungspflicht. Zwar wird dies mit dem BauGB nicht (mehr) expressis verbis vorgeschrieben, jedoch besteht die Begründungspflicht ohnehin, so dass es dahingehender klarstellender Regelungen nicht bedarf[51].

c) Begründung der Anknüpfungstatsachen

393   Die Begründung der Anknüpfungstatsachen hat in erster Linie den Nachweis der Anknüpfungstatsachen zum Gegenstand. Dies ist noch verhältnismäßig unproblematisch, wenn es um die zu Grunde gelegten **Planungsgrundlagen** und dgl. geht, da ohne weiteres hierzu die notwendigen Angaben gemacht werden können.

394   Problematisch sind vor allem Angaben zu

– **Vergleichspreisen von Grundstücken** sowie

– **Vergleichsmieten**,

deren Eignung regelmäßig nur beurteilt werden kann, wenn die zugehörigen Objekte in identifizierbarer Weise benannt werden. Daraus können sich nicht nur Konflikte mit dem Datenschutz (Geheimhaltungspflicht der Gutachter), sondern auch für die praktische Tätigkeit des Sachverständigen ergeben, denn personenbezogene Daten werden ihm häufig nur zur Verfügung gestellt, wenn deren Geheimhaltung gewährleistet ist.

395   Nicht immer ist es erforderlich, Gutachten **unter Angabe der Kaufpreise und sonstiger personenbezogener Daten** der zur Wertermittlung herangezogenen Vergleichsgrundstücke (Mieten usw.) zu begründen. Die der gesetzgeberischen Entscheidung über ein Einsichtsrecht in die Kaufpreissammlung zu Grunde liegenden Belange des Datenschutzes (vgl. § 195 BauGB Rn. 34 ff.) spricht sogar gegen eine Identifizierung der Vergleichsgrundstücke im Gutachten[52]. Die Weitergabe von Gutachten kann nämlich nicht verhindert werden, so dass die Preisgabe personenbezogener Daten in einem Gutachten im Vergleich zur Preisgabe an einen außerhalb der Gutachterausschüsse stehenden Sachverständigen ein weitaus schwerwiegenderer Eingriff in das informationelle Selbstbestimmungsrecht des Betroffenen wäre.

396   Auf der anderen Seite dienen Gutachten häufig als Grundlage für **Entscheidungen, die in Grundrechte eingreifen**. Dies gilt insbesondere bei der Bemessung von *Enteignungsentschädigungen* und *Ausgleichsbeträgen* sowie bei Gutachten zur Begründung eines *Mieterhöhungsverlangens*. Die Rechtsschutzgarantie des Art. 19 Abs. 4 GG bedingt, dass Eingriffe in das Eigentum nachprüfbar und gerichtliche Entscheidungen nur auf Tatsachen gestützt werden dürfen, zu denen sich die Beteiligten äußern können (§ 108 Abs. 2 VwGO). In derartigen Fällen muss zwischen beiden Rechtsgütern abgewogen werden. In der Rechtsprechung wurde dem Datenschutz zunächst ein hohes Gewicht beigemessen. Der BGH[53] hat hierzu festgestellt, dass für die Verkehrswertermittlung durch Gutachterausschüsse für Grundstückswerte „einzelne Vergleichsobjekte nicht gesondert" aufgeführt werden müssen. Die Auffassung wurde damit begründet, dass einzelne Vergleichsobjekte ohnehin nur einen Ausschnitt dessen bieten, was Gutachter bei der Verkehrswertermittlung an Erfahrung hineinbringen können, wobei ein Großteil der persönlichen Erfahrungen sich nicht belegen ließe.

Vom BGH sind in der Folgezeit aber **höhere Anforderungen an die Substantiierung der**   **397**
herangezogenen Vergleichsdaten gestellt worden, zumindest was die Gutachten von Sachverständigen betrifft.

Symptomatisch ist die Entwicklung der **Rechtsprechung zur Begründung von Miet-**   **398**
erhöhungsverlangen (vgl. § 17 WertV Rn. 202 ff.). Im Rahmen eines Rechtsstreits über ein Mieterhöhungsverlangen nach § 2 MHG (§ 558 a BGB) hatte der BGH zwar zunächst noch entschieden, dass die Anforderungen an die Substantiierungslast des Vermieters „nicht überspannt werden dürfen", soweit Vergleichsobjekte nicht zur Verfügung stehen; ein sachgemäß begründetes Gutachten eines zuverlässigen Sachverständigen könne deshalb zur Begründung eines Gutachtens ausreichen[54].

Im Zusammenhang mit der **Unternehmensbewertung** hat das OLG Düsseldorf verneint,   **399**
dass der Sachverständige sämtliche Tatsachen, auf denen ein Gutachten beruht, durch Vorlage von Einzelerläuterungen und Zahlenwerke, insbesondere der kompletten Buchhaltung und dgl., belegt (Detailprüfung). Sofern das Gericht selbst im Rahmen seiner Sorgfaltspflicht überfordert wäre, die Grundlagen eines Gutachtens selbst zu überprüfen, müsse das Gericht vielmehr die Autorität und die persönliche und fachliche Qualität des Gutachters in seine Betrachtung einbeziehen[55].

d) Offenbarungspflicht

Für bürgerliche Rechtsstreitigkeiten hat das BVerfG[56] jedoch anlässlich eines **Rechts-**   **400**
streits über ein Mieterhöhungsverlangen entschieden, dass eine **Offenlegung der**
„tatsächlichen Umstände" im Gutachten aus rechtsstaatlichen Gründen regelmäßig
geboten ist, damit ein Gutachten verwertet werden kann. Das Gericht hat angeführt:

---

49 So OLG Frankfurt am Main, Urt. vom 18. 10. 1962 – 6 W 425/62 –, EzGuG 11.28; BGH, Urt. vom 30. 5. 1963 – III ZR 230/61 –, EzGuG 8.8; BGH, Urt. vom 17. 12. 1964 – III ZR 93/63 –, EzGuG 11.47; OLG Oldenburg, RE vom 19. 12. 1980 – 5 UH 13/80 –, EzGuG 20.87; LG Bremen, Beschl. vom 17. 1. 1977 – 7 – 3 0 1584/70 –, EzGuG 1.105
50 VG Augsburg, Urt. vom 10. 2. 1982 – 4 K 80 A 914 –, EzGuG 11.126
51 BGH, Urt. vom 30. 4. 1952 – III ZR 198/51 –, EzGuG 11.2; BGH, Urt. vom 17. 12. 1964 – III ZR 96/63 –, EzGuG 11.47; BGH, Urt. vom 4. 2. 1982 – III ZR 156/80 –, EzGuG 11.127; OLG Frankfurt am Main, Urt. vom 18. 10. 1962 – 6 W 425/62 –, EzGuG 11.28; LG Bremen, Beschl. vom 17. 1. 1977 – 3 0 1584/70 –, EzGuG 11.105; VG Augsburg, Urt. vom 10. 2. 1982 – 4 K 80 A 914 –, EzGuG 11.126; VG Ansbach, Beschl. vom 8. 4. 1971 – 9331/37-V/71 –, EzGuG 11.77 f.
52 Nach § 6 Abs. 3 der bad.-württ. GutachterausschussVO hat der Gutachterausschuss für Grundstückswerte auf Verlangen des Antragstellers das Gutachten unter „besonderer Würdigung der Vergleichspreise" auszuarbeiten: ob dabei die Vergleichspreise mit ihrem Personenbezug identifizierbar zu machen sind, lässt die Verordnung allerdings offen
53 BGH, Urt. vom 4. 3. 1952 – III ZR 156/80 –, EzGuG 11.127
54 BGH, Urt. vom 21. 4. 1982 – VIII ARZ 2/82 –, EzGuG 20.97; BGH, Urt. vom 4. 2. 1958 – VIII ZR 13/57–, EzGuG 14.6; so auch noch LG Lüneburg, Urt. vom 23. 3. 1995 – 4 S 314/94 –, GuG 1996, 254 = EzGuG 20.156; OLG Hamburg, Urt. vom 22. 6. 1994 – 4 U 89/93–, GuG 1996, 114 = EzGuG 20.152 a; OLG Karlsruhe, RE vom 25. 7. 1982 – REMiet 2/82 –, EzGuG 20.101; OLG Frankfurt am Main, RE vom 5. 10. 1981 – REMiet 2/81 –, EzGuG 20.91; OLG Frankfurt am Main, Beschl. vom 24. 1. 1989 – 20 W 291/87 –, EzGuG 20.125 a; OLG Oldenburg, RE vom 19. 12. 1980 – 5 UH 13/80 –, EzGuG 20.87; OLG Oldenburg, Urt. vom 30. 3. 1972 – 2 U 54/68 –; LG Hamburg, Urt. vom 30. 4. 1976 – 11 S 26/75 –, EzGuG 20.61; LG Freiburg, Urt. vom 16. 12. 1975 – 9 S 152/75 –, EzGuG 20.59; LG Frankfurt am Main, Urt. vom 16. 6. 1958 – 2/13 0 3/58 –, EzGuG 11.13; LG Bonn, Urt. vom 25. 6. 1992 – 6 S 482/91 –, EzGuG 11.190d; BGH, Urt. vom 30. 6. 1959 – VIII ZR 81/58 –, EzGuG 20.54; BGH, Urt. vom 26. 9. 1958 – VIII ZR 121/57 –, NJW 1958, 1967 = ZMR 1959, 270; BGH, Urt. vom 4. 2. 1958 – VIII ZR 13/57 –, EzGuG 14.5
55 OLG Düsseldorf, Beschl. vom 17. 2. 1984 – 19 W 1/81 –, EzGuG 20.104b
56 BVerfG, Beschl. vom 11. 10. 1994 – 1 BvR 1398/93 –, GuG 1995, 51 = EzGuG 11.217b

„Das Rechtsstaatsprinzip gewährleistet in bürgerlichen Rechtsstreitigkeiten elementare Verfahrensregeln, die für einen fairen Prozess und einen wirkungsvollen Rechtsschutz unerlässlich sind. Dazu gehört, dass das Gericht die Richtigkeit bestrittener Tatsachen nicht ohne hinreichende Prüfung bejaht. Das gilt grundsätzlich auch für konkrete Befundtatsachen, auf deren Feststellung ein Sachverständiger sein Gutachten gestützt hat. Den Parteien muss dabei die Möglichkeit gegeben werden, an dieser Prüfung mitzuwirken. Dazu müssen auch ihnen die konkreten Befundtatsachen, die das Gericht durch Übernahme des Sachverständigengutachtens verwerten will, zugänglich sein ...

Eine dem Rechtsstaatsprinzip genügende Urteilsgrundlage fehlt jedoch, wenn der Richter einem Sachverständigengutachten, dessen Befundtatsachen bestritten sind, ohne nähere Prüfung dieser Tatsachen folgt und sich ohne weiteres darauf verlässt, dass die vom Sachverständigen zu Grunde gelegten und nicht im Einzelnen konkretisierten tatsächlichen Feststellungen richtig sind. Auch den Parteien wird auf diese Weise die Möglichkeit abgeschnitten, an einer Überprüfung mitzuwirken. Es wird ihnen dadurch verwehrt, gegebenenfalls die tatsächlichen Grundlagen und somit die Tauglichkeit des Gutachtens zur Streitentscheidung zu erschüttern. Das führt im Ergebnis dazu, dass nicht der Richter unter Beteiligung der Parteien, sondern der Sachverständige die tatsächlichen Urteilsgrundlagen feststellt.

Zur Nachprüfung eines Sachverständigengutachtens kann die Kenntnis der einzelnen tatsächlichen Umstände, die der Sachverständige selbst erhoben und seinem Gutachten zu Grunde gelegt hat, entbehrlich sein.

In einem solchen Fall ist die Offenlegung dieser Tatsachen aus rechtsstaatlichen Gründen regelmäßig geboten. Ist der Sachverständige dazu nicht bereit, darf sein Gutachten nicht verwertet werden.

Ob und inwieweit das Gericht und die Verfahrensbeteiligten die Kenntnis von Tatsachen, die ein Sachverständiger seinem Gutachten zu Grunde gelegt hat, für eine kritische Würdigung des Gutachtens tatsächlich benötigen, lässt sich nicht generell entscheiden.

Die Frage muss vom Richter unter Berücksichtigung der Umstände des Einzelfalles entschieden werden. Grundsätzlich wird die Forderung nach einer eigenen Überprüfung durch die Beteiligten um so berechtigter sein, je weniger das Gutachten auf dem Erfahrungswissen des Sachverständigen und je mehr es auf einzelnen konkreten Befundtatsachen aufbaut.

Je umfassender und allgemeiner der vom Sachverständigen verwertete Tatsachenstoff ist, desto deutlicher nimmt allerdings der Nutzen der Kenntnis einzelner Umstände für die kritische Auseinandersetzung mit dem Gutachten ab. Unter Umständen kann es dann ausreichen, den Beteiligten die Möglichkeit von Stichproben einzuräumen. Soweit der Sachverständige schließlich sein Gutachten auf statistisch erfasstes oder allgemein zugängliches Tatsachenmaterial aufbaut, werden Einzelheiten für eine kritische Würdigung regelmäßig nicht benötigt. Entsprechend verhält es sich bei Erfahrungswissen und wissenschaftlich begründeten Einsichten.

Das Maß, in dem Tatsachen offen gelegt werden müssen, damit ein Gutachten im Prozess verwertet werden darf, lässt sich ebensowenig generell festlegen, sondern richtet sich nach den Umständen des Einzelfalles. Einerseits ist den Betroffenen grundsätzlich die Möglichkeit zu eröffnen, allen nicht fernliegenden Zweifeln an der Tragfähigkeit der Tatsachengrundlage eines Gutachtens nachzugehen. Doch können, insbesondere auch zur Wahrung der Privatsphäre Dritter, Grenzen gesetzt werden, wenn ein Beteiligter seine Zweifel nicht hinreichend substantiiert oder wenn bei vernünftiger Würdigung der Gesamtumstände nicht zu erwarten ist, dass durch eine Überprüfung das Gutachten in Frage gestellt wird.

Abstriche an dem Offenlegungsanspruch der Parteien können allerdings gerechtfertigt sein, wenn das Schweigen des Sachverständigen auf anerkennenswerten Gründen beruht und die Nichtverwertung eines Gutachtens zum materiellen Rechtsverlust eines Beteiligten führen würde. Das kommt vor allem dann in Betracht, wenn die dem Gutachten zu Grunde liegenden Tatsachen generell geheimhaltungsbedürftig sind und nicht nur der ausgewählte Sachverständige an ihrer Offenbarung gehindert ist."

401   Die für bürgerliche Rechtsstreitigkeiten herausgestellte **Offenbarungspflicht**[57] ist Ausfluss des aus Art. 2 Abs. 1 GG i. V. m. dem Rechtsstaatsprinzip abgeleiteten Anspruchs auf ein rechtsstaatliches Verfahren und muss insoweit auch für öffentlich-rechtliche Rechtsstreitigkeiten gelten. Es kann nämlich gegen Art. 2 Abs. 1 GG i. V. m. dem Rechtsstaatsprinzip verstoßen, wenn ein Gutachten über die ortsübliche Vergleichsmiete zur Grundlage eines Urteils gemacht wird, obwohl weder das Gericht noch die Prozessparteien die Möglichkeit hatten, die vom Sachverständigen zu Grunde gelegten Befundtatsachen zu überprüfen[58].

402   In der vorstehenden Entscheidung des BVerfG sind **Grenzen der Offenbarungspflicht** dort erkannt worden, wo dem Gutachten zu Grunde liegende Tatsachen „generell geheimhaltungsbedürftig" sind. Im Einzelfall muss zwischen den Anforderungen an einem Gutachten als Grundlage für eine in Grundrechte eingreifende Entscheidung und dem Rechtsschutzbedürfnis der von einer Offenlegung ihrer personenbezogenen Daten Betroffenen abgewogen werden, ob und in welchem Umfang der Rechtsschutz der Beteiligten eine Offenlegung von Vergleichsdaten bedingt, d. h., ob und in welchem Umfang das Recht auf informationelle Selbstbestimmung vor den Belangen der Betroffenen zurückstehen muss (Abwägungsprinzip).

Hierzu führt das BVerfG (a. a. O.) **aus:** „Die im rechtsstaatlichen Fairnessgebot verankerte Pflicht des Gerichts, die tatsächlichen Grundlagen eines Gutachtens hinreichend zu überprüfen und daran auch die Parteien mitwirken zu lassen, verträgt Einschränkungen, soweit Rechte anderer beeinträchtigt würden. Das Gericht kann daher im Interesse eines beweisbelasteten Prozessbeteiligten geringere Anforderungen an die Offenlegung durch den Sachverständigen stellen, wenn die von diesem dafür vorgebrachten Gründe hinreichend gewichtig sind. Das ist insbesondere der Fall, wenn es sich um Daten aus der engsten Privat- oder Intimsphäre unbeteiligter Dritter handelt, deren Preisgabe niemandem zuzumuten ist. In derartigen Fällen muss regelmäßig damit gerechnet werden, dass auch ein anderer Sachverständiger nicht in der Lage sein wird, zu der Beweisfrage unter Offenlegung einschlägiger Tatsachen Stellung zu nehmen. Allein der Umstand, dass Dritte eine Bekanntgabe von Tatsachen aus ihrer Privatsphäre nicht wünschen und der Sachverständige sich daran gebunden fühlt, ist freilich kein ausreichender Grund dafür, das Urteil auf ein solches Gutachten zu stützen.

Auf eine Offenlegung von Mietpreis und Adressen der Vergleichswohnungen oder sonstiger Angaben über deren Beschaffenheit kann danach in aller Regel nicht verzichtet werden, soweit deren Kenntnis für eine Überprüfung des Gutachtens praktisch unentbehrlich ist."

Nach dem Grundsatz des rechtlichen Gehörs muss z. B. einem Enteignungsbetroffenen die Möglichkeit gegeben werden, zu allen entscheidungserheblichen Tatsachen Stellung zu nehmen; dies betrifft auch das bei der Ermittlung des Sachverhalts von der Enteignungsbehörde nach § 107 Abs. 1 Satz 4 BauGB einzuholende Gutachten des Gutachterausschusses. Die **Rechtsschutzgarantie des Art. 19 Abs. 4 GG bedingt, dass Eingriffe in das Eigentum nachprüfbar sind** und gerichtliche Entscheidungen nur auf Tatsachen gestützt werden dürfen, zu denen sich die Beteiligten äußern können.   **403**

Der Beschluss des BVerfG (a. a. O.) stellte einen vorläufigen Schlusspunkt unter einer **Rechtsentwicklung** dar, die anfangs geringere Anforderungen an die Offenbarungspflicht gestellt hatte. So hatte der BGH[59] für die gutachterliche Verkehrswertermittlung durch die Gutachterausschüsse für Grundstückswerte noch festgestellt, dass sie die „einzelnen" Vergleichsobjekte nicht gesondert aufzuführen „bräuchten"; das Gericht begründete die Auffassung damit, dass einzelne Vergleichsobjekte immer nur einen Abschnitt dessen bieten, was die Gutachter bei der Verkehrswertermittlung an Erfahrung hineinbringen können, wobei ein Großteil der persönlichen Erfahrung sich nicht im Einzelnen belegen ließe.   **404**

Des Weiteren hat das BVerfG[60] seine eigene Entscheidung vom 11. 10. 1994 dahingehend erläutert, dass sich dieser nicht entnehmen ließe, dass ein Sachverständiger in seinem Mietwert-Gutachten „stets die Vergleichswohnungen offen legen muss, damit sein Gutachten verwertbar ist." Ob und inwieweit im Streitfalle ein Gericht und die Verfahrensbeteiligten die Kenntnis von Tatsachen, die ein Sachverständiger seinem Gutachten zu Grunde gelegt hat, für eine kritische Würdigung des Gutachtens tatsächlich benötigen, ließe sich nicht generell entscheiden und müsse vom Richter unter Berücksichtigung der Umstände des Einzelfalls entschieden werden. Die Grenzen würden nach Auffassung des BVerfG dann gesetzt sein, wenn ein **Beteiligter seine Zweifel an der Überzeugungskraft des Gutachtens nicht hinreichend substantiiert** oder bei vernünftiger Würdigung der Gesamtumstände nicht zu erwarten ist, dass durch eine Überprüfung das Gutachten in Frage gestellt wird[61].   **405**

Das OLG Schleswig hat zur Wirksamkeit eines *Mieterhöhungsverlangens* sogar gefordert, dass der **Name des Wohnungsnutzers** anzugeben ist, wenn bei Angabe der Vergleichswohnung nach Straße, Hausnummer und Etage sich mehrere Wohnungen auf der angegebenen Etage befinden[62].   **406**

---

57   So schon LG Krefeld, Beschl. vom 6. 6. 1978 – 3 T 39/79 –, EzGuG 11.111 i

58   BVerfG, Beschl. vom 16. 7. 1997 – 1 BvR 860/97 –, GuG 1998, 176 = EzGuG 11.247, Ablehnung der Verfassungsbeschwerde; BVerfG, Beschl. vom 11. 10. 1994 – 1 BvR 1388/93 –; Ältere Rspr., OLG Oldenburg, Beschl. vom 22. 12. 1980 – 5 UH 13/80 –, EzGuG 11.120 o; OLG Schleswig, Beschl. vom 1. 6. 1981 – 6 REMiet 1/81 –, EzGuG 20.89 b

59   BGH, Urt. vom 4. 3. 1992 – III ZR 156/80 –, EzGuG 11.127

60   BVerfG, Beschl. vom 16. 10. 1996 – 1 BvR 1544/96 –, GuG 1997, 187 = EzGuG 20, 236

61   LG München II, Beschl. vom 23. 5. 1996 – 12 S 5599/94 –, GuG aktuell 1997, 15 = EzGuG 11.233

62   OLG Schleswig, Beschl. vom 1. 6. 1981 – 6 REMiet 1/81 –, EzGuG 20.89 b

407 An der Rechtsprechung des BVerfG zur **Substantiierungspflicht bei** Mieterhöhungsverlangen ist von Sachverständigen Kritik geübt worden[63]. Dabei blieben die **Schwächen der
Praxis,** die sich zur Begründung der gutachterlich ermittelten ortsüblichen Vergleichsmiete
auf nicht offenbarte Vergleichsmieten stützte, weitgehend unausgesprochen. Man muss
wohl einräumen, dass sich manch ein Gutachter allzu leichtfertig auf vorhandene Vergleichsdaten berief, die er tatsächlich hätte schwerlich vorlegen können, und es mag auch
ein „Stück Bequemlichkeit" gewesen sein, sich dann pauschal auf eine Sachkunde und
Geheimhaltungspflicht „zurückzuziehen"[64]. Auch aus dieser Erfahrung heraus wird die
Rechtsprechung des BVerfG verständlich.

408 Die **von Sachverständigen vorgebrachte Kritik** lässt sich im Kern dahingehend zusammenfassen, dass die vom BVerfG geforderte Offenbarungspflicht einerseits für den Sachverständigen wirtschaftlich „ruinös" sei und andererseits die gesetzlichen Möglichkeiten,
ein Mieterhöhungsverlangen auf ein Sachverständigengutachten zu gründen, nunmehr
„leer" liefen:

a) So wird von Sachverständigen, die sich in ihrem Berufsleben eine Datenbank aufgebaut
haben, befürchtet, dass sie um die „Früchte ihres Lebens" gebracht würden, weil sie
nunmehr nicht nur die im Einzelfall herangezogenen Vergleichswohnungen, sondern
sogar ihre Datenbank zu offenbaren hätten, damit auch die „richtige" Auswahl der Vergleichsgrundstücke überprüft werden könne.

b) Des Weiteren wird befürchtet, dass mit der Rechtsprechung dem Sachverständigen der
„Informationsfluss abgeschnitten" werde, da die Informanten nunmehr die Offenbarung
ihrer Daten befürchten müssten (so z. B. Mieterlisten von Hausverwaltungen; institutionelle Wohnungsvermieter). Der Sachverständige könne sich dann fortan nur noch auf
den Mietspiegel stützen. *Draber* kommt bei dieser Problematik zu der Erkenntnis, dass
der Mietspiegel für den Sachverständigen die wichtigste Erkenntnisquelle sei und von
Sachverständigen kaum ein methodisches Instrument vorgehalten werden könne, das
dem Mietspiegel überlegen ist. Damit offenbare sich nichts anderes als die „Ohnmacht
der Gerichte vor der Unfähigkeit der Sachverständigen"[65].

c) Es wird befürchtet, dass mit der Rechtsprechung eine „Verfälschung" der Sachverständigentätigkeit einhergehe, weil künftig nur noch solche Mieten offenbart werden, die
besonders günstig sind, während „höhere" Mieten verschwiegen würden.

409 Bei allem Verständnis für die aufgekommene Kritik können zumindest die vorgebrachten
„existenzgefährdenden" Befürchtungen nicht überzeugen, denn allein die Offenbarung der
Vergleichsobjekte macht die Tätigkeit des Sachverständigen nicht entbehrlich. Der eigentliche „Wert" der Tätigkeit des Sachverständigen liegt in der sachgerechten Auswahl der
Vergleichsobjekte und in der nachvollziehbaren sachkundigen „Umrechnung" der Vergleichsmieten auf das jeweilige Objekt, für das die ortsübliche Miete ermittelt werden soll.
Zudem hat das BVerfG dem Sachverständigen auch **keine dogmatische Offenbarungspflicht** auferlegt. Zwar hat es sich zu der Kernaussage bekannt, dass „auf eine Offenlegung
von Mietpreis und Adressen der Vergleichswohnungen oder sonstigen Angaben ... *in aller
Regel* nicht verzichtet werden kann", jedoch dies wiederum auf solche Angaben eingeschränkt,

– deren Kenntnis für eine Überprüfung des Gutachtens praktisch unentbehrlich sind, und

– die nicht generelll geheimhaltungsbedürftig sind und den Sachverständigen nicht an
ihrer Offenbarung hindern.

410 Wenn es im Einzelfall dem Sachverständigen aus anerkennenswerten Gründen versagt ist,
die dem Gutachten zu Grunde gelegten Tatsachen zu offenbaren, soll es ausreichen, dass
sich das Gericht zumindest Gewissheit darüber verschaffen kann, **in welcher Weise der
Sachverständige die Daten erhoben hat.** Damit hat das BVerfG einen Weg aufgezeigt,
wie der Sachverständige aus seiner Konfliktsituation zwischen Offenbarungspflicht und
Geheimhaltungspflicht „herauskommen kann".

Geringere Ansprüche an die Substantiierungspflicht eines Sachverständigen stellt dagegen **411** der BGH in seiner Rechtsprechung bei **Schiedsgutachten über Vergleichsmieten**[66]. Danach sind die herangezogenen Vergleichsobjekte hinreichend angegeben, wenn sie nach Anschrift mit der jeweiligen Straßenbezeichnung, individuellen Beschaffenheitsmerkmalen und Mietpreisen ohne weitergehende Individualisierung offen gelegt werden. Die Offenlegung der Angaben über die genaue Lage des Hauses und der Wohnung sowie der Namen und Anschriften der Mieter und Vermieter wird nicht gefordert. Es soll genügen, dass der Gutachter die Vergleichsobjekte so beschreibt, dass die Parteien deren Gewinn beurteilen können. Würde man mehr verlangen, so würde die Erkenntnismöglichkeit des Sachverständigen erheblich eingeschränkt werden und wegen der Gefahr der Verletzung datenschutzrechtlicher Grundsätze (§§ 4 und 28 Abs. 1 BDSchutzG) könnten nur noch Vergleichsobjekte bedenkenfrei berücksichtigt werden, für die die jeweils Betroffenen ihre Zustimmung zur Datenübermittlung erteilt hätten; dies entspräche aber nicht der allgemeinen Lebenserfahrung. Diese Rechtsauffassung trägt dem gegenseitigen Einverständnis der Parteien zur Einigung auf der Grundlage eines Schiedsgutachtens Rechnung und steht damit der Rechtsprechung des BVerfG[67] nicht entgegen.

Ähnliche Probleme stellen sich im **Bereich der steuerlichen Bewertung**, wenn ein **412** Grundbesitzwert (Einheitswert) auf der Grundlage personenbezogener Daten abgeleitet worden ist. Auch hier ist der BFH[68] von dem Grundsatz ausgegangen, dass Sinn und Zweck des Steuergeheimnisses mit dem gesetzlichen Erfordernis der Einheitsbewertung abzuwägen seien. In dem zu entscheidenden Fall hätte es allerdings nach Auffassung des BFH die Offenbarungsbefugnisse überschritten, wenn bei Anwendung des Ertragswertverfahrens auf der Grundlage der üblichen Miete „das Finanzamt" die von ihm ermittelten Mieten, aus denen es die regelmäßig gezahlte Miete ableitet, bei der Bekanntgabe der Vergleichsobjekte jeweils einzeln einem bestimmten Grundstück zuordnen würde, so dass einem Dritten bekannt würde, welche Miete ein bestimmter Grundstückseigentümer im Einzelfall mit seinen Mietern vereinbart hat. In einer weiteren Entscheidung hat der BFH[69] erkannt, dass nach dem jeweiligen Verfahrensstand zu entscheiden ist, ob im Verfahren gegen die Einheitsbewertung eines unbebauten Grundstücks glaubhaft gemacht wird, dass der zum Sachverständigen bestellte Gutachterausschuss für Grundstückswerte die genaue Lagebezeichnung von Vergleichsobjekten verweigern darf. Bei dieser Entscheidung sind insbesondere die Geheimhaltungspflicht des Gutachterausschusses und das Interesse an einer zutreffenden Besteuerung unter Berücksichtigung aller Umstände des Einzelfalls gegeneinander abzuwägen. Des Weiteren kommt das Gericht zu der Auffassung, dass der Grundsatz der Chancen und Waffengleichheit einen Prozess allein nicht rechtfertige, die Kaufpreissammlung bzw. Teile von ihr entgegen der Geheimhaltungspflicht des Gutachterausschusses den Prozessbeteiligten zugänglich zu machen.

Nicht unter die Geheimhaltungspflicht fällt im Übrigen die Angabe solcher **Tatsachen, die ohne weiteres allen lebenserfahrenen Menschen bekannt sind**[70]. Offenkundig ist z. B. eine Angelegenheit, wenn darüber in einer Tageszeitung berichtet worden ist[71]. Das Gleiche gilt für Angelegenheiten, die öffentlich beraten oder sonstwie bekannt gegeben worden sind[72].

---

63 Streich in GuG 1995, 233; Isenmann in DWW 1995, 68; Walterscheidt, B. in WuM 1995, 83; Reinecke in WuM 1993, 101; Sternel in DS 1994, 16; Weichert in WuM 1993, 723
64 Vgl. bereits BT-Drucks. 8/2610, S. 12
65 Draber in WuM 1996, 735
66 BGH, Beschl. vom 10. 3. 1995 – XII ZR 7/94 –; BGH, Urt. vom 21. 6. 1995 – XII ZR 16/94–, GuG 1996, 113 = GuG 20.157
67 BVerfG, Beschl. vom 11. 10. 1994 – 1 BvR 1398/93 –, GuG 1995, 51 = EzGuG 11.267 b
68 BFH, Urt. vom 24. 9. 1976 – III B 12/76 –, EzGuG 11.104; BFH, Urt. vom 21. 5. 1982 – III B 32/81 –, EzGuG 20.99; Vorinstanz: FG Hamburg, Beschl. vom 23. 6. 1981 – III 119/77 –, AVN 1986, 345
69 BFH, Beschl. vom 21. 5. 1982 – III B 32/81 –, EzGuG 20.99
70 RGZ 147, 36; OVG Münster, Urt vom 5. 8. 1960 – 49/59 –, OVGE 15,56
71 OVG Münster, Urt. vom 22. 9. 1965 – 3a 1360/63 –, EzGuG 11.49
72 Knack, VwVfG § 84 Rn. 3.22 ff.

Eine besondere Regelung über die Angabe von Daten aus der Kaufpreissammlung im Gutachten enthält **§ 9 der brandenburgischen GAVOB.** Danach gilt die Kaufpreissammlung auch für die Gutachtenerstattung grundsätzlich als geheimhaltungspflichtig, jedoch dürfen Daten der Kaufpreissammlung in Gutachten angegeben werden, soweit es zu deren Begründung erforderlich ist; dies jedoch in einer auf natürliche Personen beziehbaren Form nur, wenn kein Grund zu der Annahme besteht, dass dadurch schutzwürdige Geheimhaltungsinteressen der Betroffenen beeinträchtigt werden.

413   **Fazit:** Ein Gutachten muss schlüssig sein und in nachvollziehbarer Weise die Gedankengänge und Forderungen des Gutachters erkennen lassen. Was die Angabe personenbezogener Daten zur Begründung eines Gutachters anbelangt, müssen substantielle Angaben dann gefordert werden wenn das Gutachten Grundlage für Eingriffe in die vermögensrechtliche Position des Eigentümers ist und das Rechtsschutzbedürfnis dies erfordert.

2.2.1.8 Höchstpersönlichkeitsgebot

414   Gutachten (auch Schiedsgutachten vgl. OLG Köln, Urt. vom 27. 8. 1999 – 19 U 198/98 –, EzGuG 11.281) sind vom Sachverständigen höchstpersönlich zu erstatten, da er wegen seiner besonderen fachlichen und persönlichen Qualifikation beauftrag wird (BVerwG, Urt. vom 9. 3. 1984 – 8 C 97/83 –, EzGuG 11.241 i). Dies schließt nicht aus, dass er sich Hilfskräften bedient, für die er verantwortlich bleibt.

415   ▶ *Weiteres hierzu bei Rn. 450, 171 ff., 162, 168 ff.*

2.2.2 Aufbau und Gestaltung schriftlicher Gutachten

416   Gutachten über Grundstückswerte werden **regelmäßig schriftlich erstattet**.

417   Gutachten müssen nach Aufbau, Wortwahl und stilistischer Gestaltung durchweg so gestaltet sein, dass sie auch von Personen verstanden werden können, die auf dem jeweiligen Gebiet keine Fachkenntnisse besitzen[73].

418   Der Sachverständige sollte sich dabei einer systematischen und übersichtlichen **Gliederung** bedienen und das Gutachten so gestalten, dass es aus sich selbst heraus verständlich ist. Es soll eine ansprechende Form aufweisen, in der Sprache verständlich und sich vor allem auf sachliche Aussagen unter Vermeidung überflüssigen Beiwerks konzentrieren.

419   Als Kriterium für die **äußerliche Gestaltung eines Gutachtens** hat das OLG Koblenz[74] die vom DIN (Deutsches Institut für Normierung e.V.) für Veröffentlichungen aus Wissenschaft, Technik, Wirtschaft und Verwaltung des Normenausschusses, Bibliotheks- und Dokumentationswesen herausgegebenen Normen herangezogen: Danach sollen auf einer geschriebenen Seite links 4 cm und oben 2 cm frei bleiben. Für den Zeilenabstand werden 60 Anschläge und 30 Zeilen pro Seite empfohlen.

Die Verwendung von **Formularen für Wertgutachten** ist heute allgemein abzulehnen, wenn es um qualifizierte Gutachten geht. Allenfalls bei einfachen Fällen und Massenbewertungen können Formulare hilfreich sein. Zur Anwendung kommt hier in erster Linie das Formular der WertR. Vom Abdruck wurde hier abgesehen. Wertermittlungsformulare können der 3. Aufl. zu diesem Werk entnommen werden:

    a) Gutachtenformular der WertR, abgedruckt in der 3. Aufl. zu diesem Werk auf S. 1760 ff. sowie in Kleiber/Simon, WertV 98, 5. Aufl. Köln 1999, S. 700 sowie Kleiber, WertR 76/96, 7. Aufl., S. 94

    b) Gutachtenformular des TLG Fachbeirats, abgedruckt in der 3. Aufl., S. 1792 ff.

    c) Gutachtenformular der WestLB, abgedruckt in der 3. Aufl., S. 1774 ff.

In einer Grobstruktur wird das sich aus Abb. 7 ergebende **Aufbauschema** empfohlen.   **420**

Abb. 7: Grobgliederung eines Verkehrswertgutachtens

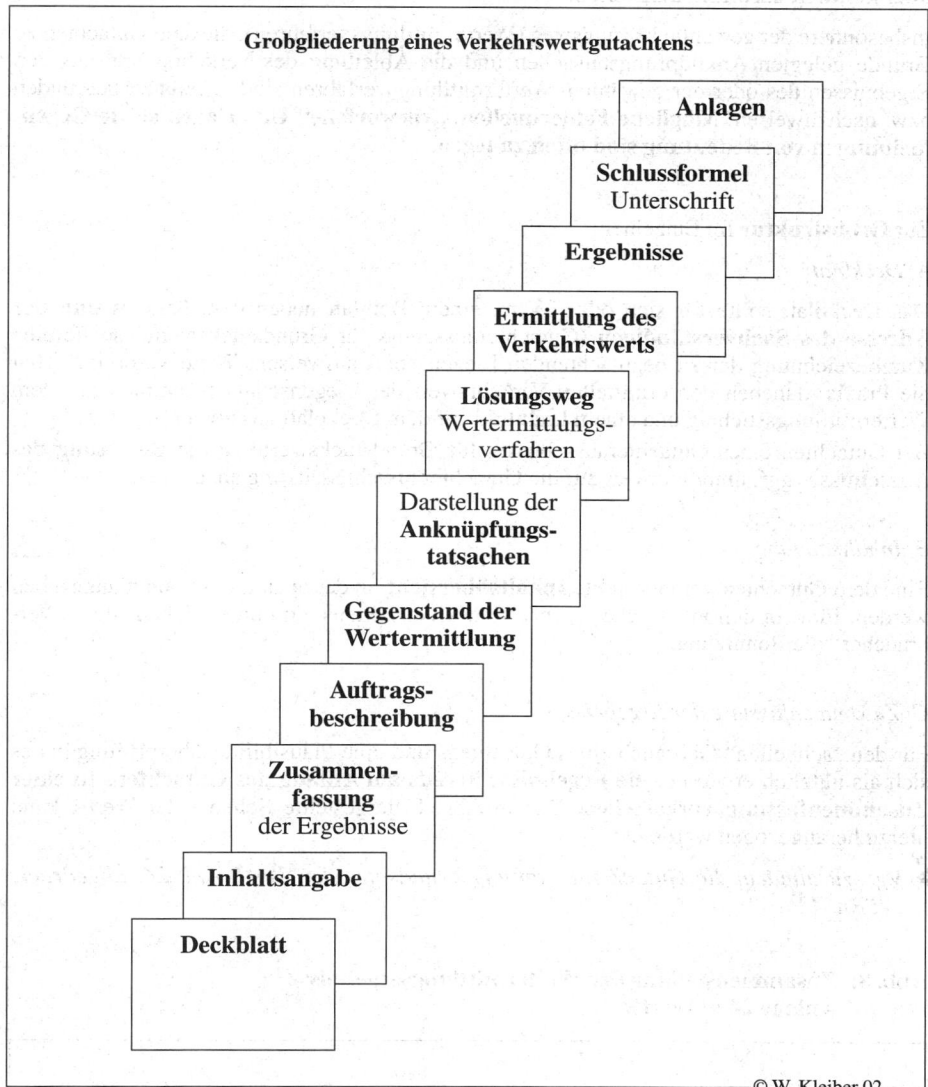

Grobgliederung eines Verkehrswertgutachtens

© W. Kleiber 02

---

73   VG Sigmaringen, Urt. vom 9. 6. 1980 – 1 K 514/79 –, EzGuG 11.119
74   OLG Koblenz, Urt. vom 29. 4. 1996 – 1 Ws 267/96 –, EzGuG 11.231a

421 Um das Gutachten übersichtlich zu gestalten empfiehlt es sich, größere **Zwischenberechnungen,** wie die Berechnung des umbauten Raumes, der Nutz- bzw. Geschossflächen und dgl., Kartenmaterialien, Bilder und Dokumente (Grundbuchauszüge und dgl.) **im Anhang übersichtlich zusammenzustellen.**

422 Insbesondere der gewählte Lösungsweg (Wertermittlungsverfahren), die dem Gutachten zu Grunde gelegten Anknüpfungstatsachen und die Ableitung des Verkehrswerts aus den Ergebnissen des oder der gewählten Wertermittlungsverfahren sind jeweils zu begründen bzw. nachzuweisen. **Mögliche Fehlerquellen, „verworfene" Unterlagen sowie Gegenmeinungen von Bedeutung sind offen zu legen.**

423 Zur **Grobstruktur** im Einzelnen:

A Deckblatt

424 Das Deckblatt sollte für sich oder i.V. m. einem Beiblatt neben dem **Namen und der Adresse des Sachverständigen** (Gutachterausschuss für Grundstückswerte) sowie eine Kurzbezeichnung der zu begutachtenden Liegenschaft aufweisen. Weite Verbreitung hat die Praxis, daneben den ermittelten Verkehrswert der Liegenschaft zusammen mit dem Wertermittlungsstichtag und einem Lichtbild auf dem Deckblatt auszuweisen.

Bei Gutachten eines Gutachterausschusses für Grundstückswerte ist die **Besetzung des Ausschusses** ggf. unter Hinweis auf die Gutachterausschusssitzung anzugeben.

B Inhaltsangabe

425 Eine dem Gutachten vorangestellte **Inhaltsübersicht,** in der auch die **Anlagen** angegeben werden, führt in den inhaltlichen „Ablauf" des Gutachtens ein und erleichtert dem „Verbraucher" die Benutzung.

C Zusammenfassung der Ergebnisse

426 Für den „schnellen" Gebrauch eines Gutachtens und eine Plausibilitätsüberprüfung hat es sich als nützlich erwiesen, **die Ergebnisse bereits am Anfang des Gutachtens in einer Zusammenfassung vorzustellen.** Das in Abb. 8 dargestellte Schema der WertR kann hierzu herangezogen werden.

▶ *Vgl. zu alledem die Gutachtenerstattungsgrundsätze der WertR Anl. 24, abgedruckt bei Rn. 425.*

**Abb. 8: Zusammenstellung der Wertermittlungsergebnisse
        Anlage 24 a WertR**

PLZ .... Ort:....................................		Bemerkung: ....
Straße:		....
Aktenzeichen:		....

Bodenwert (insgesamt) .... € Fläche .... m²

Teilflächen	€/m²	Fläche (m²)	Erschließung*	Zustand**
1..............				
2..............				
3..............				

Bauliche Nutzbarkeit	Planungsgrundlagen	Wertrelevante Nutzung [Anz.]	Erschließungszustand*	Zustand und Entwicklung**
[ ] WS Siedlungsgebiet	[ ] nicht ausgewiesen	[.....] Wohngebäude	[1] beitragsfrei	[A] baureifes Land
[ ] WR reines Wohngebiet	[ ] Denkmalschutz	[.....] EFH/ZFH offene Bebauung	[2] pflichtig	[B] Rohbauland
[ ] WA allgemeines Wohngebiet	[ ] Flächennutzungsplan	[.....] Reihenhaus	[3] abgegolten/histo-	[C] Bauerwartungsland
[ ] WB Wohnbaufläche	[ ] qualifizierter B-Plan	[.....] Mehrfamilienhaus	rische Straße/	[D] begünstigte land-/
[ ] MD Dorfgebiet	[ ] B-Plan Entwurf	[.....] gemischt genutztes Gebäude	ortsüblich erschlossen	forstwirtschaft-
[ ] MI Mischgebiet	[ ] Vorhaben- und Erschlie-	[.....] Dienstleistung	[4] teilweise gezahlt	liche Flächen
[ ] MK Kerngebiet	ßungsplan	[.....] gewerbliche Nutzung	[5] nicht feststellbar	[E] „reine" land-/forst-
				wirtschaftliche
[ ] GE Gewerbegebiet	[ ] Gebiet nach § 33 BauGB	[.....] Garagen		Fläche
[ ] GI Industriegebiet	[ ] Gebiet nach § 34 BauGB	[.....] Produktionsgebäude		
[ ] SO Sondergebiet	[ ] Gebiet nach § 35 BauGB	[.....] sonstige Gebäude		
	[ ] Sanierungsgebiet	[.....]		
	[ ] städtebaulicher Entwicklungsbereich			

Hauptnutzungen	Wohn/Nutz-fläche (m²)	Note	Miete/Pacht (€/m²)		Reparatur-Rückstau	
			nachhaltig erzielbar	tatsäch-liche	(€)	(€/m²)
1	.... (.....)					
2	.... (.....)					
3	.... (.....)					

Baujahr ....   Restnutzungsdauer .... Jahre   Liegenschaftszinssatz ....%   Vervielfältiger ....

Bewirtschaftungskosten
(Verwaltung, Instandhaltung, Mietausfall) .... % der .... €/m² (Nettokaltmiete)

Jahresrohertrag .... €   Rohertragsvervielfältiger ....fache des Rohertrags

Jahresreinertrag .... €   Reinertragsvervielfältiger ....fache des Reinertrags

Ertragswert .... € = ...% vom Sachwert

Sachwert .... € inkl. Bodenwert   übliche Gesamtnutzungsdauer ....

Verkehrswert .... €   **Wertermittlungsstichtag** .... **20** ....

D Auftragsbeschreibung

427   Einen größeren Raum nimmt die Auftragsbeschreibung ein. Der Gutachter sollte hier **alle bedeutsamen Modalitäten** darlegen. Hierzu gehört der Gegenstand des Auftrags, d. h. die Angabe, ob es sich um ein Privat-, Behörden-, Schieds- oder Gerichtsgutachten handelt.

Des Weiteren sind

– der Auftraggeber (ggf. unter Angabe der Vertretungsvollmacht),
– der Zeitpunkt der Auftragserteilung,
– die Auftragsannahme bzw. die Bestätigung des Auftragseingangs,
– die Aktenzeichen, unter denen der Auftrag beim Auftraggeber und Auftragnehmer geführt wird,
– etwaige Zeitvorgaben sowie vor allem
– der Auftragsinhalt

präzise anzugeben.

428   **Gegenstand der Beschreibung des Auftragsinhalts** sind weiterhin

– die genaue Beschreibung der zu begutachtenden Liegenschaft bzw. des Rechts an einer Liegenschaft usw.,
– besondere Maßgaben bezüglich der zu berücksichtigenden rechtlichen Gegebenheiten, der Eigenschaft und Beschaffenheit des zu begutachtenden Objekts,
– die vom Auftraggeber ausdrücklich gewünschte Berücksichtigung bestimmter Anknüpfungstatsachen und sonstige sachlich vertretbaren Anweisungen sowie
– der Wertermittlungsstichtag.

429   Soweit vom Auftraggeber **Vorgaben** gemacht worden sind, **die** zwar **unübliche Besonderheiten aufweisen,** gleichwohl aber nicht zur Ablehnung des Auftrags führen, weil sie zu einem fachlich nicht vertretbaren Gutachten führen würden, sind diese Besonderheiten so deutlich herauszustellen, dass ein verständiger Verbraucher des Gutachtens diese Besonderheiten mit ihren Folgen für das Wertermittlungsergebnis erkennen kann. Gleiches gilt für die vom Auftraggeber vorgegebenen Anknüpfungstatsachen, deren Richtigkeit vom Gutachter selbst nicht überprüft werden soll.

430   Des Weiteren ist in diesem Zusammenhang im Hinblick auf die Tauglichkeit und Erfolgsbezogenheit des Gutachtens i. S. d. § 631 Abs. 2 BGB und des § 633 Abs. 1 BGB (vgl. Rn. 212) der **Verwendungszweck** des Gutachtens darzulegen.

431   Besonders hervorzuheben ist der **Zeitpunkt der Ortsbesichtigung.** Soweit die zum Zeitpunkt der Ortsbesichtigung tatsächlich gegebenen Eigenschaften des Wertermittlungsobjekts von den vom Auftraggeber vorgegebenen Eigenschaften bzw. von den am Wertermittlungsstichtag gegebenen Eigenschaften abweichen, sind solche Befundtatsachen im Einzelnen darzulegen (vgl. Rn. 8, 180, 203, 220, 379; § 3 WertV Rn. 10).

432   Bezüglich der Besichtigung des Wertermittlungsobjekts ist darauf hinzuweisen, dass dies eine Verpflichtung des Gutachters ist und er im Fall der **Unterlassung** Gefahr läuft, sein Gutachten **sittenwidrig, leichtfertig und fahrlässig** erstattet zu haben.

E Gegenstand der Wertermittlung (Beschreibung)

433   Neben der allgemeinen Beschreibung der zu begutachtenden Liegenschaft oder des sonstigen Wertermittlungsobjekts unter Angabe

– der Gemeinde/Kreis/Land,
– der Straße und Hausnummer und
– der Grundstücksart

sind vor allem die genauen **Grundbuch- und Katasterbezeichnungen** anzugeben:
- Grundbuch (Grundbuchband, Grundbuchblatt, Gemarkung),
- Liegenschaftskataster (Flur, Flurstück, Liegenschaftsbuchnummer).

F Darstellung der Anknüpfungstatsachen

Alle für die Erstattung des Gutachtens wesentlichen Anknüpfungstatsachen sind im Gutachten möglichst mit dem Nachweis ihrer Herkunft **(Quellenangaben)** darzulegen[75]. Dies betrifft die Angaben des zu begutachtenden Objekts, der zum Vergleich herangezogenen Vergleichsgrundstücke und anderer Vergleichsdaten (Mieten, Pachten, Herstellungswerte) sowie sonstige Wertermittlungsgrundlagen (Indexreihen, Abschreibungstabellen und dgl.). Dabei sind wiederum, die **von Dritten** (Auftraggeber, Vorgutachter usw.) **übernommenen Anknüpfungstatsachen** sowie die selbsterhobenen Anknüpfungstatsachen zu kennzeichnen.   **434**

Zu den von **Dritten übernommenen Anknüpfungstatsachen** ist zu fordern, dass sie mindestens auf **Plausibilität eigenverantwortlich überprüft** oder mit dem ausdrücklichen Hinweis versehen werden, dass der Auftraggeber die ungeprüfte Übernahme verlangt hat (vgl. Rn. 207).   **435**

Flächen- und Massenberechnungen (Brutto-Rauminhalt/umbauter Raum) sind in einer nachvollziehbaren Form im Gutachten nachzuweisen (Anlage zum Gutachten).   **436**

Im Rahmen der Plausibilitätsüberprüfung von Gutachten hat sich mitunter die **Kontrollfunktion eines ansonsten überflüssigen Wertermittlungsverfahrens** bewährt. Insbesondere bei Gutachten über Grundstücke, deren bauliche Anlagen Baumängel, Bauschäden oder einen Instandshaltungsrückstau aufweisen, kommt es erfahrungsgemäß immer wieder vor, dass der Gutachter im Rahmen des Ertrags- und des Sachwertverfahrens einerseits unterschiedliche Instandsetzungskosten angesetzt hat und andererseits die Ergebnisse dann aber zueinander wieder „stimmig" sind. Dies kann i. d. R. als ein Beleg dafür gewertet werden, dass der Gutachter die „Stimmigkeit" herbeigeführt und unbedachterweise die Schlüssigkeit des Gutachtens aufs Spiel gesetzt hat.   **437**

Mit der **Anwendung eines zusätzlichen** und **für die Verkehrswertermittlung entbehrlichen Verfahrens** kann sich der Gutachter im Übrigen der Gefahr einer Fehlinterpretation seines Gutachtens durch einen „unkundigen" Leser aussetzen; im Streitfall kann dies zu überflüssigen Auseinandersetzungen führen: **438**

Beispiel:

Gutachter Redlich hat den Verkehrswert eines Ertragsobjektes im Wege des Ertragswertverfahrens zutreffenderweise mit 50 Mio. € abgeleitet. In seinem Gutachten hat er zusätzlich den Sachwert mit 100 Mio. € ermittelt und dieses Ergebnis unberücksichtigt gelassen.

Die im Ertrags- und Sachwertverfahren berücksichtigten Zu- und Abschläge weisen erhebliche Unterschiede aus, da eine Reihe wertmindernder und werterhöhender Faktoren im Rahmen des Ertragswertverfahrens bereits mit der angesetzten Nettokaltmiete berücksichtigt werden, während die im Rahmen des Sachwertverfahrens angesetzten Normalherstellungskosten „lage- und objektneutral" sind.

Im Rahmen der gerichtlichen Auseinandersetzung wird dem Gutachter eine in sich widersprüchliche Begründung auf der Grundlage unterschiedlicher Zu- oder Abschläge, die in den unterschiedlichen Methoden begründet sind, vorgeworfen.

Das *Beispiel* zeigt, dass mit der Anwendung eines an sich überflüssigen Wertermittlungsverfahrens ein Einfallstor für Auseinandersetzungen aufgestoßen wird, und es ist dann oft schwer, die **unterschiedliche Höhe der Zu- und Abschläge im Ertrags- und Sachwertverfahren** plausibel auf Angemessenheit zu begründen.   **439**

---

75   BGH, Urt. vom 5. 6. 1981 – V ZR 11/80 –, EzGuG 11.124; BGH, Urt. vom 25. 3. 1993 – VII ZR 290/91 –, EzGuG 11.201 a; BGH, Urt. vom 28. 6. 1972 – VII ZR 60/71 –, EzGuG 11.84 b

440   Zu den **wesentlichen Anknüpfungstatsachen** eines Verkehrswertgutachtens gehören insbesondere

- die Grundstücksgröße (ggf. auch die Größe der bei der Wertermittlung zu unterscheidenden Teilflächen) möglichst auf der Grundlage der Angaben des Liegenschaftskatasters;
- die Eintragungen in Abt. II und III des Grundbuchs;
- die Grundstücksgestalt (Lage, Form z. B. nach Grundstücksbreite, -tiefe und Straßenfront);
- der Entwicklungszustand (gemäß § 4 WertV) unter Angabe der maßgeblichen rechtlichen und tatsächlichen Besonderheiten; soweit Entschädigungs- oder Ausgleichsansprüche bestehen, sind sie anzugeben;
- die Festsetzungen und Darstellungen in der Bauleitplanung (Bebauungsplan und Flächennutzungsplan) sowie in Vorhaben- und Erschließungsplänen;
- Ausweisungen in *informellen* Planungen (Rahmenpläne);
- Inhalte *städtebaulicher Verträge* einschließlich der notwendigen Angaben zu diesen Plänen;
- der Erschließungszustand in tatsächlicher Hinsicht (Anschluss von Versorgungsleitungen: Wasser, Wärme, Energie, Abwasser) unter Einbeziehung der Frage einer ggf. (nur) gegebenen „gesicherten" Erschließung (vgl. § 4 WertV Rn. 182 ff.);
- der abgaben- und beitragsrechtliche Zustand, insbesondere bez. Erschließungsbeiträge, KAG-Beiträge, Kostenerstattungsbeträge, Ausgleichsbeträge, Ausgleichsleistungen in Umlegungsverfahren, Walderhaltungsabgaben und Stellplatzverpflichtungen (vgl. § 14 WertV Rn. 125 ff.);
- die Bodenbeschaffenheit, insbesondere Bodengüte, Oberflächenbeschaffenheit, Eignung als Baugrund, Belastungen mit Ablagerungen – ggf. Alt- oder Neulasten – Grundverhältnisse sowie abbauwürdige Bodenvorkommen (vgl. § 14 WertV Rn. 122);
- die Lage des Grundstücks (Verkehrs-, Wohn- und Geschäftslage) unter Angabe der Nähe zu zentralen Einrichtungen, störenden Betrieben, der Verkehrsverbindungen sowie Umwelteinflüsse und dgl.;
- die sonstige Lage, z. B. als Eckgrundstücke;
- die Himmelsrichtung;
- die Art und das Maß der baulichen Nutzbarkeit (nach Maßgabe des § 5 Abs. 1 WertV), die Bauweise sowie – bei davon abweichender Nutzung – auch die tatsächlich realisierte Nutzung (realisierte GRZ, GFZ (oder BMZ), Zahl der Vollgeschosse, Höhe der baulichen Anlagen;
- die Unterschiede zwischen der am Wertermittlungsstichtag rechtlich zulässigen von der tatsächlich-lageüblichen Nutzung (Unter- oder Übernutzung);
- die Rechte und Belastungen (Wegerechte, Aussichtsrechte usw.) einschließlich Baulasten;
- ein Überbau (falls gegeben);
- die sonstigen rechtlichen Gegebenheiten, wie Veränderungssperren, Anbauverbote, Abbauverbote, Landschaftsschutzgebiet und dgl.;
- die Bebauung (Baujahr und Restnutzungsdauer, Bauart, Zahl der Vollgeschosse, Roh- und Ausbau-Baumängel und Bauschäden, Instandhaltung und Modernisierung, baulicher Zustand, Ausstattung, Grundrissgestaltung, Ertragsverhältnisse bez. nachhaltige Einnahmen und Ausgaben) sowie der Gesamteindruck (vgl. § 5 WertV Rn. 133 f.);
- die Berechnung des umbauten Raumes (bzw. Rauminhalts) sowie Wohn-, Nutz- oder Brutto-Grund- bzw. Geschossfläche), Aufmaß bzw. nach (überprüften) Bauplänen;
- die baulichen und nichtbaulichen Außenanlagen, wie Einfriedungen, Terrassen, Treppen, Pflasterungen sowie ein vorhandener Aufwuchs insbesondere im Hinblick auf seine Funktion und wertrelevanten Annehmlichkeitswerts;
- die wirtschafts- und investitionsfördernden Einflüsse.

Im Rahmen des angewandten **Wertermittlungsverfahrens** sind im Gutachten darzulegen: **441**

– Bei *Anwendung des Vergleichswertverfahrens* unter Heranziehung von Vergleichspreisen (mit Kaufdatum und wertbeeinflussenden Merkmalen) und/oder Bodenrichtwerte unter Berücksichtigung der Bezugspunkte und wertbeeinflussender Merkmale (Bodenrichtwertgrundstücke) sowie

 • Bodenpreisindexreihen,

 • Vergleichsfaktoren für bebaute Grundstücke,

 • Umrechnungskoeffizienten und dgl.

– Bei *Anwendung des Sachwertverfahrens* unter Heranziehung von Normalherstellungskosten oder entsprechender Erfahrungssätze, geeigneter Baupreisindexzahlen, der Restnutzungsdauer und Gesamtnutzungsdauer der baulichen Anlagen und besonderer Betriebseinrichtungen, der Baumängel und Bauschäden (Schadensbeseitigungskosten), Baunebenkosten und sonstigen wertbeeinflussenden Umstände, ist besonders „auszuwerfen"

 • der Bodenwert,

 • der Wert der baulichen Anlagen sowie

 • der Verkehrswertanteil der baulichen Außenanlagen und – vorbehaltlich § 21 Abs. 4 WertV – der sonstigen Anlagen.

– Bei *Anwendung des Ertragswertverfahrens* unter Heranziehung des jährlichen Roh- und Reinertrags (tatsächlich und nachhaltig erzielbare Erträge, wie Miete und Pacht), der Bewirtschaftungskosten (Verwaltungs-, Betriebs- und Instandhaltungskosten, Mietausfallwagnis), des Liegenschaftszinssatzes und Vervielfältigers, der Restnutzungsdauer und sonstiger den Ertragswert bestimmender Angaben, ist besonders „auszuwerfen"

 • der Bodenwert,

 • der Wert der baulichen Anlagen und

 • in Ausnahmefällen der Wert der sonstigen Anlagen, soweit der Verkehrswertanteil nicht bereits im Wert der baulichen Anlagen enthalten ist.

– Die Lage auf dem Grundstücksmarkt, soweit diese nicht bereits mit dem Wertermittlungsverfahren „erfasst" ist; Zu- oder Abschläge sind ggf. zu begründen.

– Bei *Anwendung mehrerer Verfahren*: Berücksichtigung der Ergebnisse der übrigen Verfahren.

Bei alledem soll sich der Gutachter auf **kurze, knappe und präzise Angaben** beschrän   **442**
ken. Es gilt der Satz von Leonardo da Vinci: „Je genauer man beschreibt, um so verwirrter wird der Leser und um so vager wird, was man zu beschreiben trachtet. Man muss daher illustrieren und beschreiben".

2.2.3 Angabe des Bodenwerts eines bebauten Grundstücks im Gutachten

§ 141 Abs. 3 BBauG 76, nach dem in einem Gutachten über ein bebautes Grundstück der **Bodenwert mit dem Wert**   **443**
eines unbebauten Grundstücks anzugeben ist, wurde mit dem BauGB aufgehoben. Bei der Ermittlung des Verkehrswerts bebauter Grundstücke wird zumindest bei Anwendung des Ertrags- oder Sachwertverfahrens nach den Vorschriften der WertV der Bodenwert i. d. R. jedoch auch künftig gesondert „auszuwerfen" sein[76]. Allerdings kann nunmehr nicht mehr ausgeschlossen werden, dass dabei ein „anderer" – in diesem Fall zumeist geminderter Bodenwert[77] herangezogen wird, als sich für das Grundstück in unbebautem Zustand ergeben würde. In diesem Fall müsste allerdings auch bei der Ableitung der übrigen der Wertermittlung zu Grunde gelegten Parameter (z. B. bei der Ableitung des Liegenschaftszinssatzes) von diesen „anderen" Bodenwerten ausgegangen worden sein; es kommt nämlich

---

76   § 15 Abs. 1 i. V. m. Abs 2 sowie § 21 Abs. 1 i. V. m. Abs. 2 WertV
77   Hierzu Dieterich in Ernst/Zinkahn/Bielenberg, Komm. zum BauGB, Rn. 113 ff. zu § 194 BauGB und Kleiber in Ernst/Zinkahn/Bielenberg, Komm. zum BauGB, § 196 BauGB, Rn. 71 ff.

maßgeblich darauf an, dass die Ermittlungsmethodik in sich schlüssig ist. Dass diese Vorgehensweise der Transparenz der Wertermittlung nicht immer förderlich wäre, versteht sich von selbst. Sie muss für den „Verbraucher" eines Gutachtens vor allem dann verwirrend sein, wenn zur Ermittlung des Bodenwerts von Bodenrichtwerten ausgegangen wurde. Diese sind nach § 196 Abs. 1 Satz 2 BauGB in bebauten Gebieten nämlich – wie nach bisherigem Recht (§ 144 Abs. 1 Satz 2 BBauG 76) – mit dem Wert zu ermitteln, der sich ergeben würde, wenn der Boden unbebaut wäre. Wenn demgegenüber ein „anderer" – nach den unterschiedlichsten Bewertungstheorien abgeleiteter „Bodenwert" – in das Wertermittlungsverfahren (gemäß § 15 Abs. 2 WertV bzw. nach § 21 Abs. 2 WertV) einginge, müsste dies bei jedem „Verbraucher" eines Gutachtens auf Unverständnis stoßen und bedürfte einer nachvollziehbaren Begründung (vgl. hierzu Näheres bei § 13 WertV Rn. 83 ff.).

Mit der Aufhebung des § 142 Abs. 3 BBauG wollte sich der Gesetzgeber offensichtlich nicht direkt in den **Meinungsstreit** einschalten, der in Fachkreisen über den Ansatz des Bodenwerts bei bebauten Grundstücken besteht. Es ist umstritten, ob der Bodenrichtwert für bebaute Grundstücke durch einen „Bebauungsabschlag" zu mindern ist oder nicht. Theoretisch gesehen kann ein Abschlag insbesondere bei Altbebauung berechtigt sein, da der Grund und Boden durch die vorhandene Bebauung in seiner Nutzbarkeit festgelegt ist. Er ist gegenüber einem unbebauten Grundstück nicht mehr frei verfügbar. Allerdings liegen über die Höhe der Bodenwertminderung keine gesicherten Erkenntnisse vor. Sie können auch nicht in Erfahrung gebracht werden, da bebaute Grundstücke nur zusammen mit dem aufstehenden Gebäude gehandelt werden. Es kann demnach nicht festgestellt werden, welchen Anteil am Gesamtkaufpreis der Käufer dem Grund und Boden beimisst (vgl. § 13 WertV Rn. 83 ff. sowie § 11 WertV Rn. 90 ff.). Zudem würde die Höhe eines etwaigen „Bebauungsabschlags" immer von der jeweiligen Grundstücksmarktsituation abhängen, insbesondere davon, bis zu welcher am Kaufpreis bemessenen Höhe die Grundstückssach- oder Ertragswerte am Markt realisiert werden (sind z. B. Kaufpreis und Grundstückssachwert identisch, entspricht der Bodenwert des bebauten Grundstücks dem Bodenrichtwert).

444   Die oben genannten Angaben sind grundsätzlich auch für die **zum Vergleich herangezogenen Vergleichsobjekte** zu machen, jedoch reduziert sich der Katalog regelmäßig durch die Auswahl geeigneter Vergleichspreise mit der Folge, dass in erster Linie die vom Wertermittlungsgegenstand abweichenden Zustandsmerkmale zum Zwecke der Berücksichtigung dieser Abweichungen besonders herausgestellt werden.

G Lösungsweg (Wertermittlungsverfahren)

445   Auf der Grundlage einer Analyse der gestellten Wertermittlungsaufgabe, des erforschten Sachverhalts, der zur Verfügung stehenden Daten und der sonstigen Umstände des Einzelfalls muss der Gutachter den von ihm als sachgerecht erkannten Lösungsweg begründen. Dies betrifft in erster Linie die **Wahl des Wertermittlungsverfahrens,** bzw. der von ihm herangezogenen Wertermittlungsverfahren und die Verknüpfung ihrer Ergebnisse (vgl. § 7 WertV Rn. 25 ff.).

446   Mit geradezu ideologischem Anspruch wird von vielen Sachverständigen die Auffassung vertreten, dass bei **bebauten Grundstücken grundsätzlich das Sach-** *und* **das Ertragswertverfahren zur Anwendung kommen** müssen, auch wenn sich der Gutachter a priori für ein bestimmtes Verfahren entschieden hat, aus dem er letztlich den Verkehrswert ableitet (vgl. oben Rn. 438). Zur Begründung wird auf die Möglichkeit zusätzlicher Erkenntnisse und eine Kontrollfunktion verwiesen. Mitunter entsteht sogar der Eindruck, dass Sachwertverfahren wird bei der Verkehrswertermittlung ertragsorientierter Grundstücke geradezu als ein eindrucksvoller Beleg für die Fähigkeiten des Gutachters mitgeschleppt. Andere Gutachter lehnen kategorisch schon aus grundsätzlichen Erwägungen das „Mitschleppen" eines Verfahrens ab, das letztlich für die Anleitung des Verkehrswerts ohne Bedeutung ist (vgl. § 7 WertV Rn. 37).

H Ermittlung des Verkehrswerts

447   Die eigentliche Ermittlung des Verkehrswerts auf der Grundlage einer fundierten Analyse der Wertermittlungsangabe, einer begründeten Darstellung des Lösungswegs (Wertermittlungsverfahren), der Auswahl geeigneter Vergleichsparameter (Vergleichspreise, Vergleichsmieten, Normalherstellungskosten) und sonstiger Parameter (Liegenschaftszinssatz, Indexreihen usw.) stellt i. d. R. den einfachsten Teil eines Gutachtens dar. Für die Güte des Gutachtens ist vielmehr allein die Güte der **Eignung der in die Wertermittlung eingehenden Daten auf der Grundlage einer sachlich fundierten Problemanalyse** und des richtigen Lösungswegs ausschlaggebend, d.h., das Ergebnis einer Wertermittlung kann immer nur so gut sein, wie die eingehenden Daten sind.

Der Gutachter hüte sich bei alledem vor **übertriebener Rechengenauigkeit.** Hier gilt der Satz von Christian Friedrich Gauß: „Der Mangel an mathematischer Bildung gibt sich durch nichts so auffallend zu erkennen, wie durch maßlose Schärfe im Zahlenrechnen."

I Ergebnisse

Mit dem Gutachten soll die gestellte Aufgabenstellung eine präzise Beantwortung erfahren. Am Ende eines Gutachtens über den Verkehrswert von Grundstücken steht deshalb der in € **ausgewiesene Verkehrswert des Grundstücks unter Angabe des Wertermittlungsstichtags.** **448**

J Schlussformel/Unterschrift

Das Gutachten muss von dem beauftragten Sachverständigen **persönlich unterschrieben** (und wenn es sich dabei um einen öffentlich bestellten und vereidigten Sachverständigen handelt, mit dem Rundstempel versehen) werden. **449**

Im Hinblick auf den **Höchstpersönlichkeitsgrundsatz** und die Eigenverantwortung des Gutachters wird folgende Schlussformel empfohlen:

„Das Wertermittlungsobjekt wurde am .... 20...... von mir besichtigt; das Gutachten wurde unter meiner Leitung und Verantwortung erstellt.

(Ort) ...., den .... (Unterschrift)................................ ."

Siegel

K Anlagen

– Lageplan; **450**

– Flurkarte 1 : 500 bis 1 : 2500;

– Übersichtsplan 1 : 5000 bis 1 : 25 000;

– Lichtbilder;

– Grundriss- und Aufrisspläne;

– Baubeschreibung;

– Ermittlung von Nutzflächen, umbauten Raum und dgl.;

– Aufstellung von Mieteinnahmen; Bewirtschaftungskosten und dgl.;

– Ergänzende Zusammenstellungen (ggf. der herangezogenen Vergleichspreise).

Entsprechende **Formulare für Verkehrswertgutachten** enthalten die Wertermittlungs-Richtlinien (WertR) des Bundes in der jeweils geltenden Fassung (vgl. Rn. 419); sie finden breite Anwendung. Die Verwendung von Formularen ist allerdings in erster Linie nur bei einfachen Wertermittlungsfällen unproblematisch; für kompliziertere Sachverhalte enthalten Formulare allein schon für eine angemessene Begründung i.d.R. nicht genügend Raum. Deshalb lässt Nr. 1.2 WertR auch eine andere Systematik der Gutachtenerstellung nach den Grundlagen der Anl. 24 und 24 a der WertR zu (vgl. Rn. 452). **451**

▶ *Zu alledem vgl. die Muster-Sachverständigenordnung – SVO – des Industrie- und Handelstages sowie die hierzu ergangenen Richtlinien; abgedruckt in Anh. 1.1.*

Anlage 1

Gutachtenerstattungsgrundsätze (GEG) der WertR (Anl. 24)

eingeführt durch RdErl. des BMBau vom 1. 8. 1996
(BAnz. Nr. 150 vom 13. 8. 1996, S. 9133 = GuG 1996, 298).

452   Bei der Erstattung von Gutachten über den Verkehrswert von Grundstücken und Rechten
an Grundstücken nach den Bestimmungen der Wertermittlungsverordnung (WertV) und
den Wertermittlungs-Richtlinien sollen folgende Grundsätze beachtet werden.

0 Allgemeines

(1) Die Gutachten sind in folgende Abschnitte zu gliedern:

- Allgemeine Angaben,
- Beschreibung der Lage,
- Darstellung der Nutzungsmerkmale (§§ 3 bis 5 WertV) und des zukünftigen Nutzungs-
konzepts (gegebenenfalls auch Fortführung der gegenwärtigen Nutzung) unter Berück-
sichtigung der rechtlichen und tatsächlichen Realisierbarkeit sowie ihrer Berücksichti-
gung auf dem allgemeinen Grundstücksmarkt,
- Wertermittlung mit abschließendem Verkehrswert und
- Anlagen.

(2) Die Ergebnisse der Wertermittlung sind zusammenfassend auf dem Deckblatt „Zusammenstellung der Wertermittlungsergebnisse" (vgl. Anlage 24 a *abgedruckt bei Rn. 426
Abb. 30*) darzustellen. Für größere Liegenschaften mit unterschiedlichen Entwicklungszu-
ständen und/oder baulichen oder sonstigen Nutzungen können auch mehrere Deckblätter
erstellt werden.

(3) Bei der Erstattung von Gutachten über Waldflächen sind die Bestimmungen der Waldwertermittlungsrichtlinien (WaldR *2000*) und insbesondere die Hinweise der Nummer 4
dieser Richtlinien zu beachten.

1 Allgemeine Angaben

(1) Die allgemeinen Angaben sollen enthalten

- den Auftraggeber,
- den Zweck des Gutachtens (Wiedergabe des Auftrags, gegebenenfalls einschließlich
einer dem Gutachten zu Grunde gelegten Auslegung sowie deren Begründung und sonstige sachdienliche Hinweise),
- die nähere Bezeichnung des Objekts,
- die herangezogenen Unterlagen und Informationen mit Angabe der Ansprechpartner
(einschließlich Telefonnummern),
- den Zeitpunkt der Ortsbesichtigung sowie
- den Wertermittlungsstichtag.

(2) Von einer Wiedergabe allgemeiner Wertermittlungsvorschriften ist Abstand zu nehmen.

2 Beschreibung der Lage

(1) Zur Bezeichnung des Grundstücks ist die Gemeinde, Straße und Hausnummer sowie
die Gemarkung, Flur und Flurstücksnummer anzugeben.

(2) In Kartenausschnitten geeigneter Maßstäbe

a) Übersichtsplan bzw. Stadtkartenausschnitt (1 : 5000 bis 1 : 2500),

b) Ausschnitt Stadt- oder Ortsplan,

c) Lageplan, bemaßte Flächenskizze mit baulichen Anlagen,

d) Flurkarte (1 : 500 bis 1 : 2500),

ist die Lage des Grundstücks zu verdeutlichen. Dabei ist insbesondere auf die vollständige Wiedergabe des Gebäudebestands zu achten, gegebenenfalls sind die vorhandenen Karten entsprechend zu ergänzen.

(3) Die Ergebnisse der Wertermittlung sind ggf. für die jeweiligen Teilbereiche einzutragen (Umrandung der Teilfläche, Angabe des Bodenwerts und Entwicklungszustands, usw.).

(4) Das Gebiet, in dem das Grundstück liegt, ist mit seiner Bebauung (Art und Maß der baulichen Nutzung, Bauweise), seiner Infrastruktur, insbesondere seiner Verkehrserschließung sowie Ver- und Entsorgung und gegebenenfalls seiner Immissionsbelastung zu beschreiben. Dies ist insbesondere dann von Bedeutung, wenn Bauvorhaben nach § 34 BauGB zulässig sind.

3　Zustandsmerkmale

3.1　Rechtliche Gegebenheiten

(1) Als rechtliche Gegebenheiten des Grundstücks sind Rechte und Lasten des privaten und des öffentlichen Rechts vollständig anzugeben.

(2) Privatrechtliche Rechte und Lasten sind insbesondere dinglich gesicherte Nutzungsrechte, Erbbaurechte, Vorkaufsrechte sowie langfristige Miet- und Pachtverträge. Unter anderem ist Einsicht in das Grundbuch, das Liegenschaftskataster sowie das Baulastenverzeichnis zu nehmen.

(3) Rechte und Lasten des öffentlichen Rechts sind unter anderem die nach dem Planungs-, Bauordnungs- und Abgabenrecht sowie die sich aus dem Denkmal-, Landschafts- und Gewässerschutz ergebenden Festsetzungen. Hierzu zählen insbesondere:

- Darstellungen in Flächennutzungsplänen und Festsetzungen in Bebauungsplänen bzw. Vorhaben- und Erschließungsplänen,
- Zulässigkeit von Bauvorhaben nach den §§ 33 bis 35 BauGB,
- Veränderungssperren,
- Lage in Sanierungsgebieten, städtebaulichen Entwicklungsbereichen sowie im Geltungsbereich von Erhaltungssatzungen,
- Baulasten nach der Bauordnung.

Zur Feststellung und Beschreibung sind entsprechende Informationen bei den Planungs-, Bauaufsichts- und sonstigen kommunalen Ämtern einzuholen. Die für die Verkehrswertermittlung maßgeblich planerischen Grundlagen (Regional- und Landesplanung, Flächennutzungsplan, Rahmenplan, Entwicklungsplan, Bebauungsplan und dergleichen) sind unter Angabe ihrer formellen Bezeichnung und des Zeitpunkts ihres In-Kraft-Tretens chronologisch darzustellen. Bei laufenden Planverfahren ist der konkrete Planungsstand sowie der zu erwartende Abschluss des Planverfahrens darzulegen. Vorhandene Planungsunterlagen sind (gegebenenfalls im Entwurf) dem Gutachten in Kopie beizufügen. Der Wertermittlung zu Grunde gelegte mündliche Auskünfte sind hinsichtlich ihrer Verbindlichkeit zu konkretisieren: für Rückfragen sind die jeweiligen Ansprechpartner mit Angabe der Telefonnummern zu vermerken.

Sofern am Wertermittlungsstichtag eine Änderung der derzeitigen Nutzbarkeit in qualifizierbarer Weise absehbar ist, sind diese zusammen mit ihren Realisierungschanchen eingehend darzulegen.

3.2   Tatsächliche Verhältnisse und sonstige Beschaffenheit

(1) Als tatsächliche Verhältnisse und sonstige Beschaffenheit des Grundstücks sind insbesondere zu beschreiben:

- Grundstückszuschnitt, Oberflächengestaltung und Baugrundverhältnisse,
- Erschließung und abgabenrechtliche Verhältnisse (Erschließungsbeiträge, Ausgleichsbeträge, Kostenerstattungsbeträge, Stellplatzabgabe),
- derzeitige Nutzung des Grundstücks,
- Ver- und Entsorgungsanschlüsse,
- vorhandene Bebauung mit Baubeschreibung, Alter, Rest- und Gesamtnutzungsdauer der baulichen Anlagen,
- Bau- und Unterhaltungszustand mit Angabe von Baumängeln und Bauschäden,
- durchgeführte Modernisierungsmaßnahmen.

(2) Bei Ertragsobjekten sind die Wohn- und Nutzflächen durch eigene oder durch Überprüfung vorliegender Berechnungen (mit Quellenangabe) getrennt nach Nutzungsarten zu ermitteln und nachzuweisen. Grundsätzlich sind die tatsächlich erzielten sowie die zulässigerweise nachhaltig erzielbaren Erträge (Nettokaltmiete) und Bewirtschaftungskosten darzulegen. Zu diesem Zweck sind die bestehenden Miet- und Pachtverträge substantiiert darzustellen. Des Weiteren ist die Anzahl der vorhandenen Garagen- und Stellplätze anzugeben.

(3) Bei Sachwertobjekten sind die nach eigenem Aufmaß oder nach eigenverantwortlicher Überprüfung vorhandener Unterlagen ermittelten Massen- und Nutzflächen nachzuweisen. Dabei sind die DIN 277 (1987) bzw. DIN 277 (1950) und DIN 283 (1962) oder § 42 II BV unter Hinweis auf die angewandte Berechnungsgrundlage zu verwenden.

(4) Bei land- oder forstwirtschaftlich genutzten oder nutzbaren Grundstücken ist eine Bodenbeschreibung einschließlich der Bonität (insbesondere Ertragsmesszahl) anzugeben. Auf Besonderheiten oder Nutzungsbeschränkungen ist hinzuweisen.

4   Wertermittlung

4.1 Wahl des Wertermittlungsverfahrens oder der Wertermittlungsverfahren

(1) Bodenwerte sind in der Regel nach dem Vergleichswertverfahren zu ermitteln.

(2) Soweit bei bebauten Grundstücken das Vergleichswertverfahren für den Gesamtwert an nicht vorhandenen Vergleichspreisen scheitert, sind das Ertragswert- und/oder das Sachwertverfahren anzuwenden. Wird der Verkehrswert aus den Ergebnissen beider Verfahren abgeleitet, ist dies besonders zu begründen.

(3) Objekte, die am Markt nach Renditegesichtspunkten gehandelt werden, sind vornehmlich nach dem Ertragswertverfahren zu werten; zur Kontrolle kann auch in geeigneten Fällen das Sachwertverfahren mit herangezogen werden.

(4) Objekte, die am Markt nach Substanzwertgesichtspunkten gehandelt werden (z.B. Ein- und Zweifamilienhausgrundstücke), sind vornehmlich nach dem Sachwertverfahren zu werten. Dabei sind die Auswirkungen einer möglichen Fremdnutzung (Vermietung oder Verpachtung) ggf. über das Ertragswertverfahren zu prüfen.

4.2 Bodenwert

(1) Der Bodenwert ist grundsätzlich nach dem Vergleichswertverfahren zu ermitteln. Dafür sind Vergleichspreise durch Auskünfte aus der Kaufpreissammlung des Gutachterausschusses für Grundstückswerte einzuholen und die Bodenrichtwertkarte heranzuziehen. Vergleichspreise und Bodenrichtwerte sind auf einen mit dem zu wertenden Grundstück vergleichbaren Entwicklungszustand zu beziehen. Eine Ableitung des Bodenwerts von „werdendem Bauland" aus Vergleichspreisen und Bodenrichtwerten eines Entwicklungszustands „höherer" Qualität kann nur in besonderen Ausnahmefällen in Betracht kommen, insbesondere, wenn der dabei zu berücksichtigende Wertunterschied den Ausgangswert überproportional überschreitet.

(2) Stehen derartige Vergleichspreise und Bodenrichtwerte aus dem Gebiet, in dem das zu wertende Grundstück liegt, nicht zur Verfügung, soll hilfsweise auf geeignete Vergleichspreise und Bodenrichtwerte vergleichbarer Gemeinden zurückgegriffen werden. Unterschiede in den wirtschaftlichen, strukturellen und besonderen Verhältnissen sind durch marktkonforme Zu- bzw. Abschläge nach geeigneten Verfahren zu berücksichtigen und nachvollziehbar zu gründen.

(3) Eine Bodenwertermittlung auf der Grundlage kalkulierter Kosten soll nur ergänzend in Betracht und nur insoweit zur Anwendung kommen, als das Ergebnis nicht überproportional vom Ausgangswert abweicht.

4.3 Ertragswertermittlung

(1) Bei der Wertermittlung ist grundsätzlich von den ortsüblich und nachhaltig erzielbaren Erträgen (Nettokaltmiete) und den bei ordnungsgemäßer Bewirtschaftung nachhaltig anfallenden Bewirtschaftungskosten auszugehen; die Erträge sind vollständig unter Berücksichtigung auch von den Erträgen aus Werbeflächen, Stellplätzen, besonderen Nutzungsgebühren und dgl. zu erfassen. Abweichungen der tatsächlich erzielten Erträge und anfallenden Bewirtschaftungskosten sind zusätzlich zu berücksichtigen, wenn ihre Anpassung am Wertermittlungsstichtag nicht möglich ist und die künftig bestehenden Möglichkeiten einer Anpassung die Ertragssituation nachhaltig beeinflussen.

Als nachhaltig erzielbare Erträge (Nettokaltmiete) sind die auf Ortsüblichkeit geprüften Erträge unter Berücksichtigung von Lage, Alter, Größe, Ausstattung und Beschaffenheit anzusetzen. Mietrechtliche und mietpreisliche Bindungen einschließlich der in den neuen Bundesländern noch bestehenden Bindungen sind zu berücksichtigen, soweit sie nicht mit dem angesetzten Liegenschaftszinssatz berücksichtigt werden.

(2) Bewirtschaftungskosten sind entsprechend § 18 WertV möglichst in ihren einzelnen Positionen anzusetzen.

(3) Liegenschaftszinssatz und Restnutzungsdauer sind nach Erfahrungen des regionalen Grundstücksmarktes anzusetzen und zu begründen.

(4) Weist ein Objekt Baumängel oder Bauschäden auf und wird ein Verkehrswert unter Berücksichtigung der Kosten für deren Beseitigung sowie von Modernisierungskosten ermittelt, sind

1. die nachhaltig erzielbaren Erträge (Nettokaltmiete),

2. die nachhaltig anfallenden Bewirtschaftungskosten (insbesondere Höhe der laufenden Instandhaltungskosten),

3. die gegebenenfalls auf der Grundlage mit einer Modernisierung einhergehenden künstlichen Verjüngung sich ergebende Restnutzungsdauer und

4. die aufzuwendenden Kosten getrennt nach Instandsetzungs- und Modernisierungsmaßnahmen

entsprechend des vorhandenen und des geplanten Bauzustands zu ermitteln. Soweit eine Verpflichtung zum Erhalt einer baulichen Anlage nicht besteht, ist bei überdurchschnittlichen Kosten zur Beseitigung der Baumängel oder Bauschäden im Verhältnis zum Gebäudeertragswert des instand gesetzten Gebäudes zu prüfen, ob die Anwendung des Liquidationsverfahrens oder der sofortige Abriss der Gebäude zu sachgerechten Ergebnissen führt und deshalb das jeweilige Verfahren zu Grunde zu legen ist.

4.4 Sachwertermittlung

(1) Die Normalherstellungskosten sind in möglichst aktueller Höhe für unterschiedliche Gebäudearten getrennt anzusetzen (mit Quellenangabe).

(2) Als Baupreisindizes kommen insbesondere die vom Statistischen Bundesamt herausgegebenen Indizes in Betracht; insbesondere in Berlin sind die vom Statistischen Landesamt Berlin herausgegebenen Baupreisindizes zu verwenden. In Übergangsbereichen (z. B. im sogenannten Speckgürtel Berlins) sind, entsprechend der vorhandenen Bebauungsdichte und Infrastruktur, die jeweiligen Landesindizes angemessen zu berücksichtigen.

(3) Die Wertminderung wegen Alters bestimmt sich nach der Restnutzungsdauer und der Gesamtnutzungsdauer der Gebäude. Dabei ist zu beachten, dass nicht der physische Bestand der baulichen Anlagen, sondern deren wirtschaftliche Restnutzungsdauer maßgebend ist. Die Art der Abschreibung ist anzugeben und zu begründen.

(4) Baumängel und Bauschäden sind nach Art und Schadensbeseitigungskosten darzulegen und angemessen zu berücksichtigen.

5 Verkehrswert

Soweit mit dem herangezogenen Kaufpreismaterial die jeweilige Lage auf dem Grundstücksmarkt nicht hinreichend Berücksichtigung finden kann, ist die Angebots- und Nachfragesituation zu ergründen, darzulegen und gegebenenfalls durch entsprechende Zu- oder Abschläge an die ermittelten Sach- bzw. Ertragswerte zu berücksichtigen. Die Mittelbildung des Sach- und Ertragswerts stellt in der Regel keine geeignete Methode zur Ableitung des Verkehrswerts dar.

6 Abschließende Erklärung

Das Gutachten ist abschließend mit folgender Erklärung zu versehen:

„Das Wertermittlungsobjekt wurde am .... 200 ....

von .... besichtigt; das Gutachten wurde unter meiner Leitung und Verantwortung erstellt."

7 Anlagen

Dem Gutachten sind als Anlagen beizufügen:

- Kataster- und Grundbuchauszüge,
- Kartenausschnitte entsprechend Abschnitt 2 Nr. 2,
- Planungsunterlagen entspr. Abschnitt 3.1 Nr. 3 (gegebenenfalls im Entwurf),
- Fotos der baulichen Anlagen (Innen- und Außenfotos) mit Angabe der Gebäudenummern sowie Fotos von unbebauten Grundstücksteilen (mit Standpunktskizze),
- Massen- und Nutzungsflächenberechnungen,
- Grundrisse und Schnitte der vorhandenen Bebauung (falls nicht vorhanden in Skizzenform).

Anlage 2

Muster eines Schiedsgutachtenvertrags[78]

Zwischen der
Schiedspartei 1)
Schiedspartei 2)

Auftraggeber

und dem
Schiedsgutachter

Auftragnehmer

wird folgender Vertrag abgeschlossen:

1. Die unterzeichnenden Auftraggeber beauftragen den Schiedsgutachter über folgende Fragen schiedsgutachterliche Feststellung zu treffen:

   – genaue Beschreibung des Auftragsgegenstandes und der Auftragsgrundlage

2. Die Auftraggeber erkennen die nach billigem Ermessen zutreffenden Feststellungen des Schiedsgutachters als rechtsverbindlich an.

3. Die Auftraggeber sind an den ernannten Schiedsgutachter gebunden.

4. Die Tätigkeit des Schiedsgutachters wird wie folgt abgerechnet:

   4.1 Sachverständiger   € ..../Stunde

   4.2 technischer Mitarbeiter   € ..../Stunde

   4.3 Sekretariatsmitarbeiter   € ..../Stunde

   4.4 Fotokopien   € ..../je Stück

   4.5 Lichtbilder – farbig   € ..../je Stück

   4.6 Fahrtkosten   € ..../je Kilometer

   4.7 allgemeine Verwaltungs-
   und Bürokosten   pauschal (z. B. 3 % der vorgenannten Ziffer 4.–4.3)

   4.8 weitere Nebenkosten gemäß vorgelegten Nachweisen.

5. Auf die vorgenannten Honorar- und Nebenkostensätze wird die jeweils gültige Mehrwertsteuer zusätzlich berechnet.

6. Der Schiedsgutachter kann jederzeit einen angemessenen Kostenvorschuss fordern.

   Als erster Kostenvorschuss wird von den Parteien angefordert

   a) Schiedspartei zu 1)   € ....

   b) Schiedspartei zu 2)   € ....

7. Das Schiedsgutachten wird gegen vorherige Vorauszahlung oder per Nachnahme zugesandt.

8. Die Auftraggeber haften gesamtschuldnerisch für die Gebühren einschließlich Nebenkosten gem. obiger Ziffer 4.

9. Der Schiedsgutachter haftet für grob fahrlässig und fahrlässig verursachte Schäden. Für leichte Fahrlässigkeit wird der Schadensersatzanspruch ausgeschlossen.

   Für den Fall der Haftung wegen grober Fahrlässigkeit und einfacher Fahrlässigkeit wird die Haftung der Höhe nach begrenzt auf:

   Sachschaden   € ....

   Personenschaden   € ....

10. Die Haftung des Schiedsgutachters ist begrenzt auf eine Zeitdauer von drei Jahren ab Zugang des Gutachtens bei den Auftraggebern.

Ort ...., Datum ....

....
(Schiedsgutachter)

....
(Schiedspartei zu 1)

....
(Schiedspartei zu 2)

---

78 Quelle: Volze in DS 1991, 12

3 Grundbuch und Liegenschaftskataster

Gliederungsübersicht   Rn.

3.1 Grundbuch

Für den Grundstücksverkehr ist das **Grundbuch zusammen mit dem Liegenschaftskata-**   **454**
ster die wichtigste **Dokumentation** über Rechte an Grundstücken. Es ist damit für den
Sachverständigen unentbehrlich. Da grundsätzlich alle Grundstücke einem Buchungs-
zwang unterliegen, können dem Grundbuch umfassend die darin eingetragenen Rechtsverhältnisse entnommen werden. In der eindeutigen Beschreibung des Rechtszustands liegt
zugleich die rechtliche Bedeutung des Grundbuchs. Die wirtschaftliche Bedeutung des
Grundbuchs kann in der Sicherung von Grundpfandrechten gesehen werden.

Bezüglich der Rechtsgrundlagen ist zwischen dem **materiellen und formellen Liegen-**   **455**
schaftsrecht zu unterscheiden:

a) Das *materielle* Liegenschaftsrecht ist im Wesentlichen im 3. Buch (Sachenrecht §§ 854
bis 1296 BGB) des Bürgerlichen Gesetzbuchs (BGB) geregelt;

b) das *formelle* Liegenschaftsrecht wird durch die Grundbuchordnung (GBO) ergänzt
durch die Grundbuchverfügung (GBV) geregelt[1].

Das **formelle Grundbuchrecht der GBO** enthält als die drei tragenden Verfahrens-   **456**
grundsätze:

1. Das Antragserfordernis.

2. Den Bewilligungsgrundsatz.

3. Die Notwendigkeit der Voreintragung des Betroffenen.

Wichtige Ausnahmen vom Bewilligungsgrundsatz stellen vor allem das materielle Kon-
sensprinzip des § 20 GBO und der Unrichtigkeitsnachweis nach § 22 GBO dar.

Das **Grundbuch wird,** von wenigen Ausnahmen abgesehen, **bei den Amtsgerichten**   **457**
geführt (Grundbuchämter); vgl. § 1 GBO. Die Grundbücher selbst werden für Grundbuchbezirke eingerichtet. Die Grundstücke werden im Grundbuch nach dem in den Bundesländern eingerichteten Liegenschaftskataster, als das „amtliche Verzeichnis" benannt (§ 2 Abs. 1
und 2 GBO).

Das Grundbuch ist ein öffentliches Buch. Das Grundbuch genießt öffentlichen Glau-   **458**
ben (§ 892 BGB)[2], d. h. jedermann, der ein im Grundbuch eingetragenes Recht durch ein
Rechtsgeschäft erwirbt, kann auf die Richtigkeit des Grundbuchs vertrauen. Voraussetzung
ist der gutgläubige Erwerb, bei dem die Unrichtigkeit des Grundbuchs nicht bekannt ist. Das
RG hat hierzu mit Urt. vom 12. 2. 1910[3] entschieden, dass auch die **Bestandsangaben des**

---

1   Grundbuchordnung (GBO); Grundbuchbereinigungsgesetz (GBBerG); Grundbuchvorrangverordnung (GBVorV);
    Grundbuchverfügung (GBV); Gebäudegrundbuchverfügung

2   RG, Urt. vom 18. 10. 1905 – V 241 –, RGZ 61, 374; RG, Urt. vom 28. 11. 1934 – V 216/34 – RGZ 145, 354;
    Demharter GBO, 22. Aufl. 1997, S. 43

3   RG, Urt. vom 12. 2. 1910 – V 72/09 –, RGZ 73, 125; BGH, Urt. vom 1. 3. 1973 – III ZR 69/70 –, NJW 1973,
    1077; OVG Münster, Urt. vom 12. 2. 1992 – 7 A 1910/89 –, NJW 1993, 217 = NVwZ 1993, 499 (LS) = DÖV
    1992, 928; Bengel/Simmerding, Grundbuch, Grundstück, Grenze, Schweizer Verlag 3. Aufl. 1989, S. 87ff.

Katasters über die Begrenzung des Grundstücks am öffentlichen Glauben teilhaben. Nicht am öffentlichen Glauben partizipieren die in das Grundbuch übernommenen Angaben tatsächlicher Art, wie **Flächengröße**, Lage, Bebauung, Bewirtschaftungsart (Nutzungsart). Im Ergebnis nehmen also nur die Katasterangaben individualisierender Art am öffentlichen Glauben teil, wie Name der Gemarkung, Flurnummer und Flurstücknummer.

459 Neben dem Grundbuch werden gemäß § 24 und § 100 GBV nach landesrechtlichen Geschäftsordnungen sowie nach der Aktenordnung **Grundakten** geführt. Die Grundakten setzen sich aus den Schriften zu dem einzelnen Grundbuchblatt zusammen, d. h., Bestandteile der Grundakten sind alle Schriften, die sich auf das Grundbuchblatt beziehen (Urkunden und Abschriften von solchen, die nach § 10 Abs. 1 GBO vom Grundbuchamt als Eintragungsunterlagen aufbewahrt werden; des Weiteren: Eingänge, Protokolle, Verfügungen, Entwürfe, Kostenrechnungen usw.).

3.1.1   Aufbau

460 Um die Auffindung der Grundstücke im Grundbuch zu erleichtern, sind die **Grundbücher für Grundbuchbezirke angelegt.** Ursprünglich stimmten die Grundbuchbezirke mit den Gemeindegebietsgrenzen überein. Auf Grund kommunaler Neugliederungen bestehen heute in den Gemeinden vielfach jedoch mehrere Grundbuchbezirke.

461 Das **Grundbuch gliedert sich in** (vgl. Abb. 9)

A ein Deckblatt,

B ein Bestandsverzeichnis (Grundstücksmerkmale),

C eine Erste Abteilung (Eigentumsverhältnisse),

D eine Zweite Abteilung (Besitzungen ohne Grundpfandrechte) und

E eine Dritte Abteilung (Grundpfandrechte).

Abb. 9: Aufbau des Grundbuchs

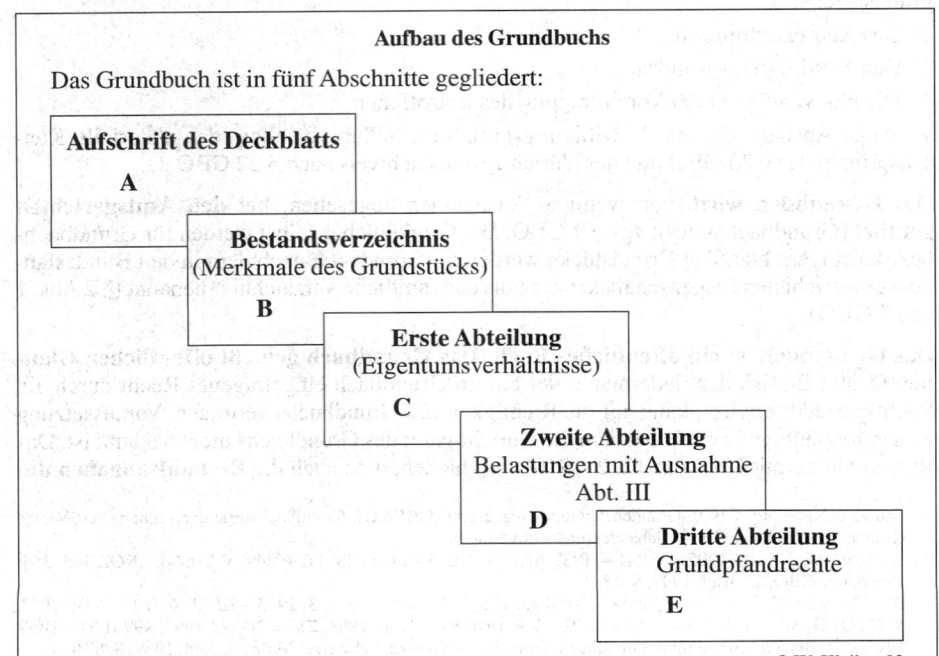

Aufbau des Grundbuchs

Das Grundbuch ist in fünf Abschnitte gegliedert:

Aufschrift des Deckblatts
A

Bestandsverzeichnis
(Merkmale des Grundstücks)
B

Erste Abteilung
(Eigentumsverhältnisse)
C

Zweite Abteilung
Belastungen mit Ausnahme
Abt. III
D

Dritte Abteilung
Grundpfandrechte
E

© W. Kleiber 02

Zum Inhalt im Einzelnen:

Gemarkungen stellen vermessungstechnische Bezirke (§ 6 Abs. 3 GrdbVfg.) dar, die kata-   **463**
stertechnische Ordnungsfunktionen erfüllen und die von den Katasterbehörden festgelegt
werden. Sie umfassen i. d. R. die in einem topografischen Zusammenhang liegenden
Grundstücke. Die Unterbezirke der Gemarkungen werden **Flure** genannt, die ebenfalls
katastertechnische Funktionen für die lagemäßige Ordnung und Nummerierung der Flurstücke erfüllen. Die Flure werden meist in der Weise nummeriert, dass die im Norden und
Nordwesten der Gemarkung liegende Flur die Nr. 1 erhält. Innerhalb der Flur bilden die
Flurstücke die katastermäßigen Flächeneinheiten, d. h. mehrere Flurstücke bilden die Flur.
Das Flurstück ist ein geometrisch eindeutig begrenzter Teil der Erdoberfläche, der im Liegenschaftskataster unter einer besonderen Bezeichnung geführt wird. Flurstücke werden
auf Antrag oder, wenn es für die Führung des Liegenschaftskatasters erforderlich bzw.
zweckmäßig ist, von Amts wegen gebildet. Ein **Grundstück i. S. d. Grundbuchrechts**
kann aus mindestens einem oder mehrere Flurstücken bestehen.

Die für die Bezeichnung der Grundstücke im Grundbuch maßgebliche Vorschrift ist § 2 Abs. 2   **464**
GBO, nach der die Grundstücke „in den Büchern nach einem amtlichen Verzeichnis benannt"
werden, „in dem sie unter Nummern und Buchstaben aufgeführt sind." Das **Liegen-**
schaftskataster dient als amtliches Verzeichnis der Grundstücke i. S. d. Grundbuchord-
nung und ermöglicht das Auffinden (die Identifizierung) der im Grundbuch verzeichneten
Grundstücke in der Örtlichkeit einschließlich den Nachweis der Grundstücksgrenzen.

B   Bestandsverzeichnis

Die **Bezeichnung der Grundstücke erfolgt nach den Angaben des Liegenschaftskata-**   **465**
sters, das das amtliche Verzeichnis der Grundstücke i. S. von § 2 Abs. 2 GBO darstellt. Aus
den Angaben des Liegenschaftskatasters werden die Bezeichnungen der Gemarkung, der
Flur, des Flurstücks, die Nummern des Liegenschaftsbuchs, die Lagebezeichnung und die
Größe übernommen.

Das **Bestandsverzeichnis ist in laufende Nrn. der Grundstücke unterteilt,** wobei die   **466**
laufende Nr. als das Grundstück im Rechtssinne verstanden wird.

a) Spalte 1: Derzeitige laufende Nummer des Grundstücks
                – Jedes Grundstück wird unter einer laufenden Nummer eingetragen.
                – Mehrere Grundstücke desselben Eigentümers werden unter laufenden
                   Nummern geführt.

b) Spalte 2: Bisherige laufende Nummern des Grundstücks

c) Spalte 3: ‚Bezeichnung des Grundstücks und der mit dem Eigentum verbundenen
                Rechte', aufgeteilt in Unterabteilungen:
                a) Gemarkung / Vermessungsbezirk
                b) Katasterlage / Flur- und Flurstücknummer
                c) Liegenschaftsbuch
                d) Liegenschaftsbuch
                e) Wirtschaftsart und Lage

d) Spalte 4: Größe des Grundstücks

e) Spalte 5: Frühere Eintragung des Grundstücks

f) Spalte 6: Bestand und Zuschreibung

g) Spalte 7: Neueintragung des im Bestandsverzeichnis abgeschriebenen Grundstücks

h) Spalte 8: Abschreibung

C Erste Abteilung

467 **Gegenstand der Ersten Abteilung** (Abt. I) sind im Unterschied zum Bestandsverzeichnis, wo die Grundstücksmerkmale dargestellt sind, die **Eigentumsverhältnisse**, nämlich

a) Spalte 1: die laufende Nr. der Eintragung,

b) Spalte 2: der Grundstückseigentümer,

c) Spalte 3: die laufende Nr. der Grundstücke im Bestandsverzeichnis,

d) Spalte 4: die Grundlage der Eintragung, d. h. der Rechtsvorgang des Eigentumserwerbs, die Auflassung; rot unterstrichen der gelöschte bisherige Eigentümer.

Als Eigentümer können auch **mehrere Eigentümer** eingetragen sein, wenn

– Mieteigentum bzw.

– Gesamthandeigentum

besteht.

D Zweite Abteilung

468 **Gegenstand der Zweiten Abteilung** (Abt. II) **sind in sieben Spalten sämtliche Belastungen des Grundstücks („Lasten und Beschränkungen") mit Ausnahme der Grundpfandrechte**,

wie Erbbaurechte,

Grunddienstbarkeiten,

persönlich beschränkte Dienstbarkeiten,

Nießbrauchsrechte,

Öffentliche Lasten (Bodenschutzvermerk, vgl. § 5 WertV Rn. 140),

Reallasten,

Vorkaufsrechte,

Vormerkungen,

Widersprüche und

Verfügungsbeschränkungen

▶ *Zu den Rechten am Grundstück vgl. Teil VII Rn. 1 ff.*

Nicht eingetragen sind i. d. R.[4]

– die öffentlich-rechtlichen Lasten, die Erschließungskosten, KAG-Beiträge, Kostenerstattungsbeträge, Grundsteuern usw.,

– die Baulasten (vgl. Teil VII Rn. 30 f., § 4 WertV Rn. 232),

– die Miet- und Pachtverhältnisse,

– das Baurecht,

– der Denkmalschutz.

E Dritte Abteilung

469 **Gegenstand der Dritten Abteilung** (Abt. III) **sind die sog. Grundpfandrechte** (vgl. § 1 WertV Rn. 37, § 6 WertV); dies sind

– die Hypotheken (§ 1113 BGB),

– die Grundschulden und

– die Rentenschulden (§ 1199 BGB).

3.1.2 Grundbuchprinzipien

Das Grundbuch ist als ein öffentliches Buch nach dem **Grundprinzip des Realfoliums** **470**
aufgebaut, d. h., **jedes Grundstück ist im Grundbuch an besonderer Stelle auf einem
eigenen Grundbuchblatt ausgewiesen:**

> **„§ 3 GBO (Grundbuchblatt; buchungsfreie Grundstücke; Buchung von Miteigentumsanteilen).**
>
> (1) Jedes Grundstück erhält im Grundbuch eine besondere Stelle (Grundbuchblatt). Das Grundbuchblatt ist für das Grundstück als das Grundbuch im Sinne des Bürgerlichen Gesetzbuchs anzusehen.
>
> (2) Die Grundstücke des Bundes, der Länder, der Gemeinden und anderer Kommunalverbände, der Kirchen, Klöster und Schulen, die Wasserläufe, die öffentlichen Wege, sowie die Grundstücke, welche einem dem öffentlichen Verkehr dienenden Bahnunternehmen gewidmet sind, erhalten ein Grundbuchblatt nur auf Antrag des Eigentümers oder eines Berechtigten.
>
> ...
>
> (7) Werden die Miteigentumsanteile an dem dienenden Grundstück neu gebildet, so soll, wenn die Voraussetzungen des Absatzes 4 vorliegen, das Grundbuchamt in der Regel nach den vorstehenden Vorschriften verfahren."

Über mehrere Grundstücke desselben Eigentümers kann ein **gemeinschaftliches** **471**
Grundbuchblatt geführt werden (Zusammenstellung i. S. d. § 4 Abs. 1 GBO).

Für **Wohnungs- und Sondereigentum** (Teil VII Rn. 12) werden eigene Grundbücher **472**
geführt, die mit entsprechenden Aufschriften im Deckblatt versehen sind und bei denen das
Wohnungs- und Sondereigentum in einem selbständigen Bestandsverzeichnis geführt werden. Bei dem im Wohnungseigentumsgesetz (WEG) geregelten Wohnungseigentum steht
jedem Miteigentümer der Wohnungseigentumsanlage ein Bruchteil am Grundstück und an
dem nicht im Sondereigentum stehenden baulichen Anlagen zu. Die Aufteilung erfolgt auf
der Grundlage der Teilungserklärung des Eigentümers gegenüber dem Grundbuchamt bzw.
eines Einräumungsvertrags (vgl. Teil VII Rn. 21), das aus dem bisherigen Bestandsverzeichnis des Grundstücks entsprechend viele Grundbuchblätter mit eigenem Bestandsverzeichnis anlegt. Voraussetzung ist die **Abgeschlossenheitsbescheinigung** der zuständigen
Baubehörde. In der Teilungserklärung werden die rechtlichen Beziehungen zwischen den
Miteigentümern der Wohneigentumsanlage geregelt (vgl. Vorbem zu den §§ 13 f. WertV
Rn. 82 f.; § 7 WertV Rn. 124 ff.).

Erbbaurechte werden grundbuchlich wie Grundstücke in einem besonderen Erbbau- **473**
rechtsgrundbuch geführt, in denen im Bestandsverzeichnis das Erbbaurecht ausgewiesen
wird. Im Bestandsverzeichnis wird des Weiteren insbesondere die Dauer des Erbbaurechts
und der Inhalt des Erbbaurechtsvertrags ausgewiesen.

Der **Inhalt der Teilungserklärung und der Abgeschlossenheitsbescheinigung** sollen bei **474**
alledem **in Gutachten über Wohnungs- und Teileigentum** genau unter Angaben der
Quellen **angegeben** werden.

Für Eintragungen im Grundbuch **gilt das Antragsprinzip.** Eine Eintragung erfolgt dem- **475**
nach nur auf Antrag. **§ 13 GBO** schreibt hierfür vor:

> **„§ 13 GBO (Antragsgrundsatz)**
>
> (1) Eine Eintragung soll, soweit nicht das Gesetz etwas anderes vorschreibt, nur auf Antrag erfolgen. Antragsberechtigt ist jeder, dessen Recht von der Eintragung betroffen wird oder zu dessen Gunsten die Eintragung erfolgen soll.
>
> (2) Der genaue Zeitpunkt, in dem ein Antrag beim Grundbuchamt eingeht, soll auf dem Antrag vermerkt werden. Der Antrag ist beim Grundbuchamt eingegangen, wenn er einer zur Entgegennahme zuständigen Person vorgelegt ist. Wird er zur Niederschrift einer solchen Person gestellt, so ist er mit Abschluss der Niederschrift eingegangen.
>
> (3) Für die Entgegennahme eines auf eine Eintragung gerichteten Antrags oder Ersuchens und die Beurkundung des Zeitpunkts, in welchem der Antrag oder das Ersuchen beim Grundbuchamt eingeht, sind nur für die Führung des Grundbuchs über das betroffene Grundstück zuständige Personen und der von der Leitung des Amtsgerichts für das ganze Grundbuchamt oder einzelne Abteilungen zuständige Beamte (Angestellte) der Geschäftsstelle zuständig. Bezieht sich der Antrag oder das Ersuchen auf mehrere Grundstücke in verschiedenen Geschäftsbereichen desselben Grundbuchamts, so ist jeder zuständig, der nach Satz 1 in Betracht kommt."

---

4 Kutter, U., Grundstückseigentum und öffentliche Lasten – reicht bei dem Erwerb von Grundstücken der Blick in
das Grundbuch? ZMR 1998, 601 ff.

476 Nach § 19 GBO erfolgt eine Eintragung, wenn derjenige sie bewilligt, dessen Recht von ihr betroffen ist. Im Falle der Auflassung eines Grundstücks sowie im Falle der Bestellung, Änderung des Inhalts oder Übertragung eines Erbbaurechts darf die Eintragung nach § 20 GBO (**Einigungsgrundsatz**) nur erfolgen, wenn die erforderliche Einigung des Berechtigten und des anderen Teils erklärt ist.

Abb. 10: Grundbuchprinzipien

Grundbuchprinzipien	
Realfolium Jedes Grundstück erhält eine besondere Stelle (Grundbuchblatt)	**Antragsgrundsatz** Eintragung erfolgt auf Antrag
Typenzwang Eintragungsfähig sind nur gesetzlich zugelassene Grundstücksrechte	**Eintragungsgrundsatz** Erwerb und Verfügung über Grundstücke und Grundstücksrechte bedürfen der Grundbucheintragung
Bestimmtheitsgrundsatz Grundstück, Berechtigter und Inhalt müssen eindeutig festgelegt sein	**Bewilligungsgrundsatz** Einseitige Bewilligung des Betroffenen zur Eintragung ist ausreichend
Legalitätsprinzip Zulässigkeit der Eintragung nach formellem Grundbuchrecht	**Voreintragungsgrundsatz** Derjenige, dessen Recht durch die Eintragung betroffen ist, muss grundsätzlich als Berechtigter im Grundbuch eingetragen sein
Publizitätsgrundsatz Eintragungen im Grundbuch einsehbar	**Vorrangsprinzip** Reihenfolge der Eintragung bestimmt den Rang der Grundstücksrechte

Quelle: Volhard, Beurkundungsrecht

477 Grundsätzlich ist eine mehrfache Belastung sowohl in Abt. II als auch III möglich. Geht eine solche Mehrfachbelastung über den Substanzwert hinaus, ist der Befriedigungsrang der einzelnen dinglichen Belastungen maßgebend, so z. B. in der *Zwangsversteigerung*. Der Befriedigungsrang ergibt sich nach dem **Prioritätsprinzip (Vorrangprinzip)**, nach dem ein früheres Recht vor dem späteren Vorrang hat.

Es kommt damit entscheidend auf den Zeitpunkt der Eintragung an (§§ 17, 45 GBO). Die **478** **Eintragung hat konstitutive Wirkung**, so dass auch einer falschen Eintragung der aus dem Grundbuch ersichtliche Rang zukommt. Grundbuchrechtlich wird dem Prioritätsprinzip innerhalb derselben Abteilung durch das **locus-Prinzip** Rechnung getragen, nach dem das vorausgehende Recht das „bessere" ist. Bei Eintragungen in verschiedenen Abteilungen gilt das **tempus-Prinzip.**

3.1.3 Einsichtsrecht

Für den Grundstückssachverständigen wichtig ist das in § 12 GBO geregelte **Einsichts-** **479** **recht** und das Recht auf (beglaubigte) Abschriften. **§ 12 GBO** lautet:

„**§ 12 (Grundbucheinsicht; Abschriften).**

(1) Die Einsicht des Grundbuchs ist jedem gestattet, der ein berechtigtes Interesse darlegt. Das Gleiche gilt von Urkunden, auf die im Grundbuche zur Ergänzung der Eintragung Bezug genommen ist, sowie von den noch nicht erledigten Eintragungsanträgen.

(2) Soweit die Einsicht des Grundbuchs, der im Absatz 1 bezeichneten Urkunden und der noch nicht erledigten Eintragungsanträge gestattet ist, kann eine Abschrift gefordert werden; die Abschrift ist auf Verlangen zu beglaubigen.

(3) *Der Reichsminister der Justiz* kann jedoch die Einsicht des Grundbuchs und der im Absatz 1 Satz 2 genannten Schriftstücke sowie die Erteilung von Abschriften auch darüber hinaus für zulässig erklären."

Das Recht auf Einsicht in das Grundbuch einschließlich der Grundakten besteht demzu- **480** folge bei berechtigtem Interesse. **Das berechtigte Interesse braucht sich** im Gegensatz zum rechtlichen Interesse **nicht auf ein bereits vorhandenes Recht zu stützen.** Das Einsichtsrecht schließt auch die Einsicht in andere zu den Grundakten genommenen Urkunden ein und zwar zumindest insoweit, wie auf sie bei der Eintragung Bezug genommen wurde. Eingeschlossen sind auch die noch nicht zu den Grundakten genommenen Eintragungsanträge[5].

Ein **berechtigtes Interesse** ist gegeben, wenn der Antragsteller ein verständiges durch die **481** Sachlage gerechtfertigtes Interesse verfolgt[6].

Zum **Nachweis des berechtigten Interesses** kann der Sachverständige eine Vollmacht des **482** Berechtigten (z. B. des Eigentümers) vorlegen, der stets ein berechtigtes Interesse hat[7]. Notare und Anwälte, die im nachgewiesenen Auftrag eines Notars handeln, sowie öffentlich bestellte Vermessungsingenieure (§ 43 GBV) sind von der Darlegung eines berechtigten Interesses befreit.

Viele **Sachverständige** nehmen keine Einsicht in das Grundbuch und die Grunddaten und **483** **vertrauen auf die Angaben ihres Auftraggebers oder den vom Auftraggeber überlassenen Kopien.** Darüber hinaus beschränken sich viele Sachverständige auch auf

---

5   BayObLG, Urt. vom 9. 2. 1992 – 2 Z BR 98/92 –, NJW 1993, 171 = MittBayNot 1993, 161; BayObLG, Urt. vom 14. 3. 1991 – BReg 2 Z 162/90 –, MDR 1991, 1172 = BWNotZ 1991, 144 = RDV 1992, 82; ByObLG, Urt. vom 23. 3. 1983 – BReg 2 Z 12/83 –, EzGuG 11.136; BayObLG, Urt. vom 14. 4. 1983 – 2 Z 26/83 –, BWNotZ 1983, 90 = JurBüro 1983, 1384; OLG Stuttgart, Urt. vom 17. 1. 1983 – 8 W 452/82 –, Justiz 1983, 80 = Rpfleger 1983, 272 = DWW 1985, 62 (LS); OLG Stuttgart, Urt. vom 28. 11. 1969 – 8 W 237/89 –, Justiz 1970, 92 = Rpfleger 1970, 92; OLG Hamm, Beschl. vom 15. 12. 1970 – 15 W 430/70 – NJW 1971, 899 = MDR 1971, 403 = Rpfleger 971, 107 = OLGZ 1971, 232 = EzGuG 11.75; LG Frankfurt am Main, Urt. vom 12. 5. 1978 – 2/9 T 492/78 –, Rpfleger 1978, 316; OLG Hamm, Urt. vom 14. 5. 1988 – 15 W 113/88 –, NJW 1988, 2482; OLG Karlsruhe, Urt. vom 13. 8. 1963 – 3 W 48/65 –, Justiz 1964, 43; LG Heilbronn, Urt. vom 12. 7. 1982 – 1 T 173/82 –, WM 1982, 971 = Rpfleger 1982, 414 = Justiz 1982, 372 = BWNotZ 1982, 150; Melchers in Rpfleger 1993, 309; Böttcher in Meikel, Grundbuchrecht § 12 Rn. 2; Haegele/Schöner/Stöber, Grundbuchrecht, 11. Aufl. Rn. 525; im Übrigen § 195 BauGB Rn. 22 ff.

6   Schreiner in Rpfleger 1980, 51; Frohn in Rechtspfleger-Jahrbuch 1982, 343; Böttcher in Meikel, Grundbuchrecht, 7. Aufl. § 58 Rn. 58; Haegele/Schöner/Stöber, Grundbuchrecht, 11. Aufl. Rn. 524 a; Balser/Rühlicke/Roser, Handbuch des Grundstücksverkehrs, 3. Aufl. Wiesbaden 1989; Lüke in NJW 1983, 1407

7   BayObLG, Beschl. vom 23. 3. 1983 – BReg 2 Z 12/83 –, EzGuG 11.135 h; OLG Hamm, Urt. vom 15. 12. 1970 – 15 W 430/70 – EzGuG 11.75

fernmündliche Auskünfte zum Grundbuch. Im Gutachten verweisen sie – oftmals mit Standardtexten – darauf, dass dies auftragsgemäß geschehe, um Haftungsansprüchen bei einer daraus möglicherweise resultierenden fehlerhaften Gutachtenerstattung zu entgehen. Diese Praxis ist nicht frei von Bedenken, da sie mit der Sorgfaltspflicht nicht im Einklang steht und der Auftraggeber selbst nicht immer erkennen kann, ob und welche Grundbuchangaben für die Wertermittlung von Bedeutung sind und im Übrigen damit eine Einflussnahme auf das Wertermittlungsergebnis einhergehen kann, wenn dadurch bedeutsame Grundbuchangaben „unterschlagen" werden, zumal der „Verbraucher" eines solchen Gutachtens dies nicht erkennen kann und auf die Sorgfaltspflicht des Gutachters vertraut (vgl. Rn. 207, 370).

3.2 Liegenschaftskataster

3.2.1 Aufbau

484 Das Liegenschaftskataster ist das amtliche Verzeichnis der Grundstücke, auf dem das Grundbuch aufbaut. Während das Liegenschaftskataster die Liegenschaften mit ihren tatsächlichen Eigenschaften beschreibt, gibt das Grundbuch in rechtlicher Hinsicht Auskunft über die Eigentumsverhältnisse einschließlich der auf dem Grundstück ruhenden Rechte und Belastungen. Das Liegenschaftskataster besteht aus der **Liegenschaftskarte** einschließlich des ihm zu Grunde liegenden Zahlenwerks **und** dem **Liegenschaftsbuch.** Im Liegenschaftskataster sind alle Liegenschaften (= Flurstücke und Gebäude) darzustellen und zu beschreiben. Ein Grundstück i. S. d. Grundbuchrechts kann aus (mindestens) einem oder mehreren Flurstücken als der kleinsten Buchungseinheit bestehen.

485 Der Nachweis des Liegenschaftskatasters lässt sich in einen *beschreibenden* und einen *darstellenden Teil* untergliedern.

486 Der *beschreibende* Teil, das **Katasterbuchwerk**, enthält im Wesentlichen Flurstücks- und Gebäudeangaben, Eigenschaftsangaben und Eigentümerangaben. Der *darstellende* Teil besteht aus den Flurkarten, den **Schätzungskarten** und dem zu Grunde liegenden Zahlenwerk. In den Schätzungskarten sind allerdings nur die amtlichen Ergebnisse der Bodenschätzung landwirtschaftlich genutzen Bodens als Grundlage der Einheitsbewertung (§ 50 Abs. 1 BewG) zusammengefasst. Sie sind für die Bemessung von Ertragssteuern (§ 13 a Abs. 4 EStG) und Veräußerungsgewinnen (§ 55 EStG) von Bedeutung. Schließlich findet das Ergebnis der Bodenschätzung nach § 28 Abs. 1 FlurbG auch in der Flurbereinigung Anwendung[8]. Neben der genauen Kartierung des Bodens nach seiner Beschaffenheit – ausgedrückt in Klassen (vgl. § 4 WertV Rn. 46 ff.) – wird die Ertragsfähigkeit in Wertzahlen (vgl. § 4 WertV Rn. 56 ff.) nachgewiesen.

487 Die Schätzungskarten gehen auf die sog. **Reichsbodenschätzung** (vgl. § 4 WertV Rn. 46 ff.) von 1934 zurück. Nach § 11 BodSchätzG i. V. m. § 5 Abs. 2 BodSchätzDB waren die rechtskräftig festgestellten Schätzungsergebnisse in das Liegenschaftskataster zu überführen. Zur Sicherung der Gleichmäßigkeit der Bodenschätzung wurden seinerzeit im Reichsgebiet vom damaligen Schätzungsbeirat ausgewählte Bodenflächen als sog. Reichsmusterstücke (seit 1975 „Musterstücke") mit rechtsverbindlicher Kraft geschätzt. Auf Grund von § 4 Abs. 2 der 2. VO zur Durchführung des BodSchätzG vom 22. 3. 1979 (BGBl. I 1979, 408) sind vom jetzigen Bewertungsbeirat die Mustergrundstücke festgesetzt worden. Die Schätzungsergebnisse wurden in

– Schätzungsurkunden dargestellt und

– in Schätzungsbüchern getrennt nach Acker- und Grünland

registriert.

Die meisten Bundesländer haben an der Form des damaligen Reichskatasters in den jeweiligen Kataster- und Vermessungsgesetzen festgehalten (vgl. § 9 Abs. 1 Satz 3 des Vermessungs- und Katastergesetzes – VermKatG – vom 30. 5. 1990 von Nordrhein-Westfalen (GVBl. NW 1990, 360). Darin ist vorgeschrieben, die auf Grund des Bodenschätzungsgesetzes ermittelten Ergebnisse der Bodenschätzung im Liegenschaftskataster zu führen.

488 Der Inhalt des Liegenschaftskatasters wird nach den **Flurstücks- und Gebäudeangaben,** den Eigenschaftsangaben und den Eigentümerangaben unterschieden.

a) *Flurstücks- und Gebäudeangaben* (vgl. oben Rn. 463) *sind*   **489**
 – Flurstücksbezeichnung,
 – Lagebezeichnung,
 – Angaben zur tatsächlichen Nutzung,
 – Angaben zum Flächeninhalt,
 – Angaben zur geometrischen Form und zum räumlichen Bezugssystem,
 – Angaben zur Abmarkung und zu Grenzeinrichtungen,
 – Angaben zu den Gemeinden, Gemeindeverbänden und Regierungsbezirken sowie zu den Ortsbezirken des Liegenschaftskatasters,
 – Grundbuchbezeichnung einschließlich der Nummer des Bestandsverzeichnisses und der Buchungsart sowie das zuständige Grundbuchamt.

Für die Liegenschaften können nachgewiesen werden:
 – Zugehörigkeit zu weiteren Verwaltungsbezirken und regionalen Gliederungen, wie z. B. Finanzamt, Forstamt oder Baublock,
 – für die Planung wichtige topografische Merkmale,
 – weitere Angaben zu den Gebäuden, wie z. B. Baujahr, Nutzung, Geschosszahlen und -flächen, umbauter Raum, Höhe und Dachform.

b) *Eigenschaftsangaben sind:*   **490**
 – **Ergebnisse der amtlichen Bodenschätzung** nach dem Bodenschätzungsgesetz, Klassifizierungen, insbesondere
   • der Flächen des land- und forstwirtschaftlichen Vermögens nach dem Bewertungsgesetz und dem Bodenschätzungsgesetz,
   • der Wasserflächen nach dem Bundeswasserstraßengesetz und dem Landeswassergesetz,
   • der Straßenflächen nach dem Bundesfernstraßengesetz und dem Landesstraßengesetz,
   • der Waldflächen nach dem Landesforstgesetz,
 – Hinweise auf **öffentlich-rechtliche Festsetzungen anderer Stellen,** wie
   • Baulast,
   • Denkmalschutz,
   • Grabungsschutzgebiet,
   • Naturschutzgebiet,
   • Wasserschutzgebiet,
   • Heilquellenschutzgebiet,
   • Weinlage und Weinbausteillage,
   • Bodenordnungsverfahren,
   • Altlast.

Als Eigenschaftsangaben können außerdem Hinweise auf sonstige Feststellungen von öffentlichem Interesse, wie z. B. Fernleitungen, Grunddienstbarkeiten oder Anliegervermerke, nachgewiesen werden.

c) *Eigentümerangaben*   **491**
Angaben zu den Grundstückseigentümern, Erbbauberechtigten und Inhabern sonstiger grundstücksgleicher Rechte sind:
 – Vor-, Familien- und Geburtsnamen, Geburtsdaten,
 – Bezeichnung der juristischen Personen,
 – Firmennamen,
 – Anteilsverhältnisse.

---

8   Oppel in ZfV 1984, 634; Taschenmacher in DStZ 1965, 283 und Kühbach in NÖV 1983, 173

Diese Angaben sind bei im Grundbuch eingetragenen Grundstücken in inhaltlicher Übereinstimmung mit dem Grundbuch zu halten.

492   Als **Eigentümerangaben** können außerdem vermerkt werden:
- die Wohnanschrift der Grundstückseigentümer und Erbbauberechtigten sowie die Namen und Wohnanschriften der zur Vertretung bevollmächtigten Personen,
- Angaben zum Aufteilungsplan und zum Sondereigentum bei Wohnungs- und Teileigentum.

493   **Katasterbehörde** ist das (jeweils örtlich zuständige) **Katasteramt.** Es führt das Liegenschaftskataster. Obere Katasterbehörde – i. d. R. die örtlich zuständige höhere Verwaltungsbehörde – sowie Oberste Katasterbehörde bestimmen sich nach Landesrecht.

494   Das Liegenschaftskataster ist **durch Fortführung stets auf dem neuesten Stand zu halten.** Diese Aufgabe obliegt den Katasterämtern. Die Fortführung oder die Erneuerung des Liegenschaftskatasters ist den Grundstückseigentümern, Erbbauberechtigten und Inhabern sonstiger grundstücksgleicher Rechte mitzuteilen oder durch Offenlegung (auf die Dauer eines Monats nach vorheriger öffentlicher Bekanntmachung) bekannt zu geben.

3.2.2   Einsichtsrecht / Auskünfte aus dem Liegenschaftskataster

495   Daten aus dem Liegenschaftskataster können ggf. unter Erhebung von Gebühren und Kostenerstattung für Auslagen **als Einzelauskunft oder regelmäßig übermittelt** werden an
- Behörden und sonstige öffentliche Stellen, soweit dies zur Erfüllung ihrer Aufgaben erforderlich ist,
- Personen und andere Stellen außerhalb des öffentlichen Bereichs, wenn sie ein berechtigtes Interesse an der Kenntnis der zu übermittelnden Daten glaubhaft machen und überwiegende schutzwürdige Interessen der Betroffenen nicht beeinträchtigt werden.

496   Die **Übermittlung der Daten erfolgt durch Auskünfte und Auszüge;** darüber hinaus **kann Einsicht gewährt werden.** Auszüge können auf Antrag beglaubigt werden. Eine Vervielfältigung durch andere Stellen kann zugelassen werden. Grundstückseigentümer, Erbbauberechtigte und Inhaber sonstiger grundstücksgleicher Rechte können das Liegenschaftskataster einsehen sowie Auskunft und Auszüge über die sie betreffenden Liegenschaften erhalten.

4 Flächen und Volumina baulicher Anlagen

4.1　Flächeneinheiten

4.1.1　Allgemeines

Im Rahmen der Verkehrswertermittlung bebauter Grundstücke im Wege des Sachwertver- **497** fahrens kommt **dem Volumen** bzw. Brutto-Rauminhalt (BRI) **und der Fläche einer baulichen Anlage** eine besondere Bedeutung zu. Im Verhältnis zum Volumen der baulichen Anlage ist die **Fläche zumeist** sogar **die für die Wertbildung wichtigere Größe,** insbesondere, wenn die Geschosse einer baulichen Anlage Überhöhen aufweisen. Denn Erträge werden in erster Linie „in der Fläche" erzielt, während die Überhöhe eines Geschosses, z. B. im Hinblick auf Heizkosten und Unterhaltung, die Ertragsfähigkeit eines Gebäudes beeinträchtigen können.

Während im Rahmen des Sachwertverfahrens mit den Normalherstellungskosten **498** 1995/2000 (NHK 95/2000) der Umbaute Raum durch die Brutto-Grundfläche (BGF) abgelöst worden ist, hat sich für die Anwendung des Ertragswertverfahrens bislang – vom Bereich der öffentlichen Wohnraumförderung abgesehen – **keine einheitliche Berechnungsmethode für die Ermittlung der Wohn- oder Nutzfläche** durchsetzen können. Hier können auch keine Vorgaben gemacht werden, denn es kommt entscheidend auf die Vermietungspraxis an. Der Sachverständige muss hier auf die Vergleichsmieten und die ihnen zu Grunde liegende Berechnungsmethode der Wohn- oder Nutzfläche zurückgreifen, der sich die **Vermietungspraxis** bedient. Dies können insbesondere sein

- die Wohnfläche nach der DIN 283 vom März 1981[1] (vgl. Anl. 4 bei Rn. 591),
- die Wohnfläche nach den §§ 42 bis 44 II BV (vgl. Anl. 5 bei Rn. 592),
- die gewerbliche Fläche nach MF-H bzw. MF-B der gif (vgl. Anl. 7 und 8 bei Rn. 594 ff.).

499   Obwohl sich die Berechnungsverfahren nach der (nicht mehr geltenden) DIN 283 bzw. den §§ 42 bis 44 II BV allein auf die Ermittlung der Wohnfläche (WF) beschränken und die §§ 42 ff. II BV auch nur für den Bereich der öffentlichen Wohnraumförderung bindend sind, haben die Methoden eine darüber hinausgehende Bedeutung erlangen können und finden selbst auf die **Ermittlung von gewerblichen Flächen** (Büroflächen) weitgehend Anwendung. Man spricht dann allerdings von **Nutzflächen (NF).**

500   Für eine fundierte Ermittlung des Verkehrswerts bebauter Grundstücke bedarf es einer **exakten Flächenermittlung** der baulichen Anlage **auf der Grundlage eindeutig definierter und sachgerechter Berechnungsmethoden.** Dabei können im Rahmen des Vergleichs-, Ertrags- und Sachwertverfahrens unterschiedliche Berechnungsmethoden sachlich begründet sein, obwohl grundsätzlich einheitliche Berechnungsweisen schon im Hinblick auf die Vergleichbarkeit der Verfahren anzustreben sind.

501   In jedem Fall gilt der **Grundsatz, dass die Fläche der zu wertenden baulichen Anlage stets nach derselben Berechnungsmethode ermittelt werden muss, die den herangezogenen Vergleichsdaten zu Grunde gelegt worden ist:**
- Werden z. B. im Rahmen des *Ertragswertverfahrens* auf den Quadratmeter Wohnfläche (WF) bezogene Vergleichsmieten herangezogen, so bedarf es zunächst der Klärung, nach welcher Berechnungsmethode die Wohnfläche ermittelt worden ist, um dann die Wohnfläche der zu wertenden baulichen Anlage nach derselben Methode festzustellen.
- Entsprechendes gilt auch im Rahmen des *Vergleichswertverfahrens*, z. B. bei der Ermittlung des Verkehrswerts einer Eigentumswohnung, wenn hierzu auf den Quadratmeter bezogene Vergleichswerte herangezogen werden sollen.
- Werden hingegen im Rahmen des *Sachwertverfahrens* z. B. auf den Quadratmeter Brutto-Grundfläche (BGF) bezogene Normalherstellungskosten herangezogen, so muss der Anwender solcher Daten wiederum die entsprechenden Berechnungsmodalitäten der Ermittlung der Brutto-Grundfläche des zu wertenden Objekts zu Grunde legen.

4.1.2 Geschossfläche

▸ *Hierzu § 5 WertV Rn. 40 ff. und Anl. 6 bei Rn. 593.*

502   Die Geschossfläche (GF) ist eine städtebaurechtlich definierte Flächeneinheit. **§ 20 Abs. 3 BauNVO** definiert die Geschossfläche wie folgt:

„(3) Die Geschossfläche ist nach den Außenmaßen der Gebäude in allen Vollgeschossen zu ermitteln. Im Bebauungsplan kann festgesetzt werden, dass die Flächen von Aufenthaltsräumen in anderen Geschossen einschließlich der zu ihnen gehörenden Treppenräume und einschließlich ihrer Umfassungswände ganz oder teilweise mitzurechnen oder ausnahmsweise nicht mitzurechnen sind".

503   Der in der Praxis benutzte Begriff der Brutto-Geschossfläche, der der BauNVO fremd ist, soll verdeutlichen, dass entsprechend der Definition des § 20 Abs. 3 BauNVO die Außenwände und Konstruktionsflächen mitgerechnet werden. Ansonsten handelt es sich dabei um einen bauplanungsrechtlichen Begriff, aus dem sich die zulässige Nutzung ergibt. **Die für die „Brutto-Geschossfläche" benutzte Abkürzung BGF darf nicht mit derselben zur Abkürzung der Brutto-Grundfläche** (entsprechend der DIN 277) **herangezogenen Abkürzung BGF verwechselt werden.**

504   Als **Vollgeschosse** gelten nach § 18 BauNVO Geschosse, die nach landesrechtlichen Vorschriften Vollgeschosse sind oder auf ihre Zahl angerechnet werden. Die Landesbauordnungen definieren die Vollgeschosse unterschiedlich (vgl. § 5 WertV Rn. 42 ff.). So zählen z. B.

in *Rheinland-Pfalz* als Vollgeschosse die Geschosse, die über der Geländeoberfläche liegen und über 2/3 (bei Geschossen im Dachraum über 3/4) ihrer Grundfläche eine Höhe von 2,30 m haben. Gegenüber einer Außenwand zurückgesetzte oberste Geschosse sind nur Vollgeschosse, wenn sie diese Höhe über zwei Drittel der Grundfläche des darunter liegenden Geschosses aufweisen.

Als **Aufenthaltsräume** gelten Räume, die zum nicht nur vorübergehenden Aufenthalt von Menschen bestimmt oder geeignet sind, und nach Lage, Größe und Beschaffenheit für diesen Zweck benutzt werden können (vgl. § 5 WertV Rn. 46). Zu den Aufenthaltsräumen gehören insbesondere Wohn- und Schlafräume, Büro-, Praxis-, Geschäfts-, Verkaufs- und Arbeitsräume, Gast-, Beherbergungs- und Versammlungsräume sowie Wohnküchen. Nicht zu den Aufenthaltsräumen gehören die üblichen Nebenräume, wie Flure, Gänge, Treppenräume, Küchen, Bäder, Toiletten, Abstell-, Heiz- und Lagerräume sowie Hausarbeits- und Hobbyräume.

505

Die **Geschossfläche** ist **für die Belange der Verkehrswertermittlung nur im eingeschränkten Sinne** geeignet. Dies ist insbesondere darauf zurückzuführen, dass Bauherren bestrebt sind, Dach- und Kellergeschosse nicht zu Vollgeschossen werden zu lassen, um eine möglichst hohe baurechtliche Ausnutzung des Grundstücks zu erreichen. Entsprechend der landesrechtlichen Definition des Vollgeschosses kann z. B. durch Veränderung der Dachneigung, Drempel und Gauben erreicht werden, dass das Dachgeschoss mit der erforderlichen Höhe (z. B. 2,30 m) „kurz" unter der 2/3-Grenze zurückbleibt. Desgleichen kann z. B. ein Kellergeschoss eines Hanggrundstücks so errichtet werden, dass es geringfügig unter der für ein Vollgeschoss erforderlichen Geländehöhe bleibt. Wenn in diesen Fällen darüber hinaus diese Ebenen gleichwohl als „Quasi"-Vollgeschosse ausgebaut sind, gehen sie nicht in die Geschossfläche ein, obwohl sie die entsprechende Rentierlichkeit aufweisen bzw. damit der entsprechende Sachwert verkörpert wird (Abb. 11).

506

Abb. 11: Ausgebaute aber nicht als Vollgeschosse geltende Grundrissebenen

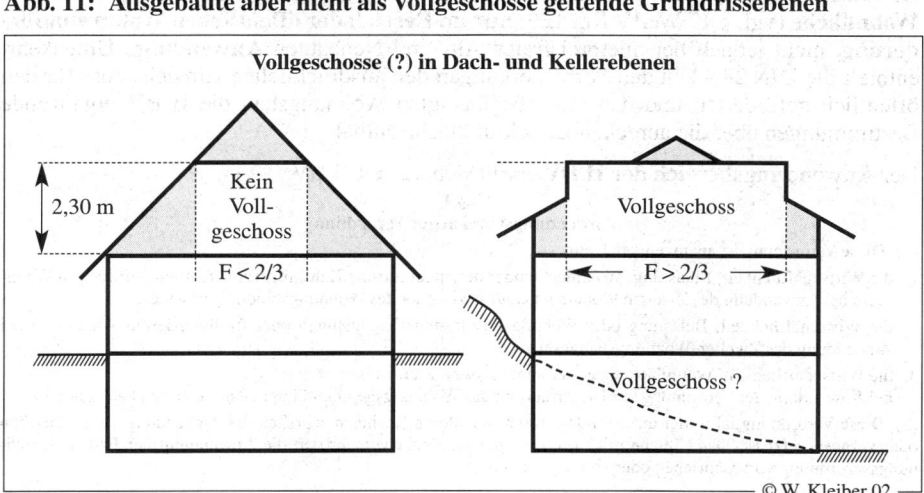

© W. Kleiber 02

---

1   Zu den DIN-Normen allgemein: OLG Hamm, Urt. vom 17. 2. 1998 – 7 U 5/96 –, GuG aktuell 1999, 46 (LS); BGH, Urt. vom 14. 5. 1998 – VII ZR 184/97 –, GuG-aktuell 1999, 31 (LS); BVerfG, Beschl. vom 29. 7. 1998 – 1 BvR 1143/90 –, GuG-aktuell 1999, 38 (LS)

4.1.3   Wohn- und Nutzfläche

4.1.3.1   Allgemeines

▶ *Hierzu Teil V § 17 WertV Rn. 118ff.*

507   Mit dem Begriff der Wohnfläche verbindet sich im allgemeinen Sprachgebrauch keine bestimmte Berechnungsart. Wird dieser Begriff z. B. in Mietverträgen ohne Bezugnahme auf eine bestimmte Berechnungsart verwandt, so ist der Begriff auslegungsfähig[2]. Das BayObL hat eine **Auslegung** dieses Begriffs **nach der Verkehrssitte** zugelassen und dabei auch die Heranziehung der bereits 1983 bzw. 1989 zurückgezogenen DIN 283 zugelassen[3]. Auf eine nicht mit der DIN 283 übereinstimmende Berechnung der Wohnfläche braucht nicht ausdrücklich hingewiesen zu werden[4].

508   Für eine **normgerechte Wohnflächenermittlung** kommen in Betracht

a) die Wohnflächenberechnung nach den §§ 42 bis 44 II BV und

b) die Wohnflächenberechnung nach der DIN 283 „Wohnungen".

509   Die Frage nach der **im Einzelfall maßgeblichen Berechnungsnorm** ist nicht nur in der allgemeinen Vermietungspraxis, sondern auch für die Verkehrswertermittlung von Bedeutung, nämlich

– bei der Ermittlung der Wohnfläche des Wertermittlungsobjekts

– und der Vergleichsobjekte.

510   Von Interesse ist in diesem Zusammenhang auch, welche **Berechnungsnorm den Mietspiegeln** zu Grunde liegt, denn Wohn- bzw. Nutzflächen sind für die Ermittlung der Nettokaltmiete und als Umlagemaßstab von Betriebskosten von wesentlicher Bedeutung.

4.1.3.2   Wohnfläche nach den §§ 42 bis 44 II BV (vgl. Anl. 5)

511   **Grundsätzlich findet die in den §§ 42 bis 44 II BV geregelte Berechnungsweise der Wohnfläche** (vgl. § 17 WertV Rn. 126) **nur im Bereich der öffentlichen Wohnraumförderung,** nicht jedoch bei mietpreisfreien Alt- und Neubauten **Anwendung.** Umgekehrt enthielt die DIN 283-1 in den Vorbemerkungen den ausdrücklichen Hinweis, dass für den öffentlich geförderten und den steuerbegünstigten Wohnungsbau die II BV ergänzende Bestimmungen über die anrechenbare Grundfläche enthält.

512   Der **Anwendungsbereich der II BV** ergibt sich aus § 1 II BV:

„§ 1
Anwendungsbereich der Verordnung

(1) Diese Verordnung ist anzuwenden, wenn

1. die Wirtschaftlichkeit, Belastung, Wohnfläche oder der angemessene Kaufpreis für öffentlich geförderten Wohnraum bei Anwendung des Zweiten Wohnungsbaugesetzes oder des Wohnungsbindungsgesetzes,

2. die Wirtschaftlichkeit, Belastung oder Wohnfläche für steuerbegünstigten oder freifinanzierten Wohnraum bei Anwendung des Zweiten Wohnungsbaugesetzes,

3. die Wirtschaftlichkeit, Wohnfläche oder der angemessene Kaufpreis
bei Anwendung der Verordnung zur Durchführung des Wohnungsgemeinnützigkeitsgesetzes zu berechnen ist.

(2) Diese Verordnung ist ferner anzuwenden, wenn in anderen Rechtsvorschriften die Anwendung vorgeschrieben oder vorausgesetzt ist. Das Gleiche gilt, wenn in anderen Rechtsvorschriften die Anwendung der Ersten Berechnungsverordnung vorgeschrieben oder vorausgesetzt ist."

513   In **§ 42 Abs. 4 II BV** heißt es unter anderem:

„Zur Wohnfläche gehört nicht die Grundfläche von

1. Zubehörräumen; als solche kommen in Betracht: Keller, Waschküchen, Abstellräume außerhalb der Wohnung, Dachböden, Trockenräume, Schuppen /Holziegen), Garagen und ähnliche Räume;

2. Wirtschaftsräumen; als solche kommen in Betracht: Futterküchen, Vorratsräume, Backstuben, Räucherkammern, Ställe, Scheunen, Abstellräume und ähnliche Räume;

3. Räumen, die nach ihrer Nutzung den zu stellenden Anforderungen des Bauordnungsrechtes nicht genügen;

4. Geschäftsräumen."

Wird die Wohnfläche über Fertigmaße ermittelt, so werden die **lichten Maße zwischen** **514**
den Wänden ohne Berücksichtigung der Wandgliederung, Wandbekleidungen,
Scheuerleisten usw. zu Grunde gelegt (§ 43 Abs. 2 II BV). Wird dabei von Rohbaumaßen
ausgegangen, so sind die errechneten Wohnflächen um 3 v. H. zu kürzen (§ 43 Abs. 3
II BV). Schornstein- und Mauervorlagen mit einer geringeren Grundfläche von 0,1 Qua-
dratmeter bleiben unberücksichtigt (§ 43 Abs. 4 Nr. 1 II BV). Die Berücksichtigung von
Fenstern und offenen Wandnischen, Erkern und Wandschränken sowie Raumteilen unter
Treppen bestimmt sich nach § 43 Abs. 5 II BV.

Abb. 12: Zuordnung von Grundflächen und Räumen zu den Nutzungsarten
mit Beispielen

Nr.	Grundflächen und Räume	Beispiele[5]
1	**Wohnen und Aufenthalt**	
1.1	Wohnräume	Wohn- und Schlafräume in Wohnungen, Wohnheimen, Inter-naten, Beherbergungsstätten, Unterkünften, Wohndielen, Wohnküchen, Wohnbalkone, -loggien, -veranden, Terrassen
1.2	Gemeinschaftsräume	Gemeinschaftsräume in Heimen, Kindertagesstätten, Tages-räume, Aufenthaltsräume, Clubräume, Bereitschaftsräume
1.3	Pausenräume	Wandelhallen, Pausenhallen, -zimmer, -flächen in Schulen, Hochschulen, Krankenhäusern, Betrieben, Büros, Ruheräume
1.4	Warteräume	Warteräume in Verkehrsanlagen, Krankenhäusern, Praxen, Verwaltungsgebäuden
1.5	Speiseräume	Gast- und Speiseräume, Kantinen, Cafeterien, Tanzcafés
1.6	Haftträume	Haftzellen
2	**Büroarbeit**	
2.1	Büroräume	Büro-, Diensträume für eine oder mehrere Personen
2.2	Großraumbüros	Flächen für Büroarbeitsplätze einschließlich der im Großraum enthaltenen Flächen für Pausenzonen, Besprechungszonen, Garderoben, Verkehrswege
2.3	Besprechungsräume	Sitzungsräume, Prüfungsräume, Elternsprechzimmer
2.4	Konstruktionsräume	Zeichenräume
2.5	Schalterräume	Kassenräume
2.6	Bedienungsräume	Schalträume und Schaltwarten für betriebstechnische Anlagen oder betriebliche Einbauten, Vorführkabinen; Leitstellen
2.7	Aufsichtsräume	Pförtnerräume, Wachräume, Haftaufsichtsräume
2.8	Bürotechnikräume	Photolabor-Räume, Vervielfältigungsräume, Räume für EDV-Anlagen

---

2 BGH, Urt. vom 30. 11. 1990 – V ZR 91/89 –, EzGuG 12.77; BGH, Urt. vom 11. 7. 1997 – VZR 246/96 –, NJW
   1997, 2874;
3 BayObLG, Urt. vom 7. 3. 1996 – 2 Z BR 136/95 –, GuG 1996, 381
4 OLG Koblenz, Urt. vom 2. 2. 1994 – 7 U 1605/92 –, IBR 1995, 191
5 Die Beispiele zeigen einige typische Nutzungsfälle ohne Anspruch auf Vollzähligkeit

515   Allgemein sind nach den **§§ 42 bis 44 II BV**

a) die Grundflächen von Räumen mit einer Höhe von mindestens 2 m voll anzurechnen,

b) die Grundflächen von Räumen und Raumteilen mit einer lichten Höhe von mindestens 1 m und weniger als 2 m zur Hälfte anzurechnen, dies gilt auch für Wintergärten, Schwimmbäder und Ähnliches;

c) die Grundflächen von Räumen mit einer lichten Höhe von weniger als 1 m nicht anzurechnen und

d) die Grundflächen von Balkonen und Loggien bis zur Hälfte anzurechnen.

4.1.3.3   Wohnfläche nach DIN 283/1951

516   Die DIN 283 (1951, vgl. § 17 WertV und Anl. 4 Rn. 125), die schon 1983 ersatzlos aufgehoben wurde, enthält Methoden zur **Ermittlung der Wohn- und Nutzfläche des freifinanzierten Wohnungsbaus.** Die DIN 283 gliedert sich in

DIN 283 – 1 „Begriffe" (aufgehoben im August 1989) und

DIN 283 – 2 „Berechnung der Wohnflächen und Nutzflächen"
(aufgehoben im August 1983).

517   Bezüglich der **Unterscheidung zwischen Wohn- und Nutzfläche** bestimmt Nr. 1 der DIN 283 – 2 als

– *„Wohnfläche"* die anrechenbare Grundfläche der Räume von Wohnungen, wobei die „Wohnung" selbst durch DIN 283 – 1 Nr. 1 – definiert wird, und

– *„Nutzfläche"* die nutzbare Fläche von Wirtschaftsräumen und gewerblichen Räumen, die wiederum unter Nr. 4 der DIN 283 – 1 definiert sind.

518   Die **„Wohnung"** selbst wird mit Nr. 1 der DIN 283 – 1 in abgeschlossene und nicht abgeschlossene Wohnungen untergliedert. Des Weiteren wird bezüglich des Wohnungsbegriffs zwischen

– den *Räumen* einer Wohnung (DIN 283 – 1 Nr. 2) und

– der *Ausstattung* einer Wohnung (DIN 283 – 1 Nr. 2)

unterschieden. In die Wohnflächenberechnung gehen davon nach DIN 283 – 2 Nr. 1 nur die Grundflächen der Räume von Wohnungen und nicht die Grundflächen ein, die der „Ausstattung der Wohnung" gemäß DIN 283 – 1 Nr. 3 zuzurechnen sind, z. B. Bodenräume, Waschküchen, Kellerräume, Trockenräume, Speicherräume, Garagen usw. Dies entspricht § 42 Abs. 4 II BV, in der die vorgenannten Räume als „Zubehörraum" bezeichnet werden (vgl. § 17 WertV Rn. 124).

519   **Ausgebaute Kellergeschossflächen,** die zum dauernden Aufenthalt von Menschen bauordnungsrechtlich geeignet sind, müssen zumindest im Rahmen der Verkehrswertermittlung der Wohnfläche zugerechnet werden[6].

520   Die DIN 283 – 2 gestattet unter Nr. 2.1.1 die Hinzurechnung von **Nebenräumen**, die nach den sonstigen Grundsätzen der DIN 283 auch im Kellergeschoss liegen können, auch wenn sie nicht zum dauernden Aufenthalt für Menschen bestimmt sind. Die Tatsache, dass Räume im Kellergeschoss liegen, macht sie nämlich nicht zum Kellerraum, wenn man von Lager- und Abstellräumen und dgl. absieht[7].

521   Dieser Auslegung entspricht § 42 Abs. 4 Nr. 3 II BV. Im Umkehrschluss zu dieser Vorschrift sind Räume im **Kellergeschoss** der Wohnfläche zuzurechnen, wenn sie nach ihrer Nutzung den zu stellenden Anforderungen des Bauordnungsrechts genügen. Dabei kommt es nicht darauf an, ob sie von der Baubehörde ausdrücklich dafür als geeignet erklärt worden sind.

522   Zu den *Wohnzwecken dienenden Räumen* i. S. d. Steuerrechts gehört auch ein **Raum mit Schwimmbecken und Sauna**[8].

Die **nach** der **DIN 283** abgeleitete Wohnfläche unterscheidet sich von der Wohnfläche **523**
nach den §§ 42 bis 44 II BV. Die Unterschiede sind allerdings viel geringer, als vielfach
behauptet[9].

Die **Unterschiede beider Berechnungsvorschriften (§§ 42 ff. II BV und DIN 283/1951)** **524**
liegen im Wesentlichen im Ansatz der Balkon- und Terrassenflächen. Nach DIN
283/1951 sind für diese Flächen 1/4 der Grundfläche anzunehmen (bei Terrassen und Freisitzen nur, soweit sie überdeckt sind). Nach § 44 Abs. 2 II BV können diese Flächen entweder überhaupt nicht oder höchstens bis zur Hälfte ihrer Grundfläche angesetzt werden. Das
führt in der Praxis dazu, dass der Bauherr von zum Verkauf bestimmten Eigentums- oder
Mietwohnungsgebäuden den höchsten Flächenansatz wählt und der Bauherr eines eigengenutzten Einfamilienhauses diese Flächen nicht ansetzt. Daneben kann die Wohnfläche bei
einem Einfamilienhaus nach § 44 Abs. 3 II BV noch bis zu 10 v. H. gemindert werden. Im
Ergebnis ist danach die Wohnfläche eines Einfamilienhauses, die nach der DIN 283 berechnet wurde, gegenüber der Berechnung nach der II BV um rd. 10 bis 20 m² größer. Die DIN
283 ist – wie bereits erwähnt – im August 1983 ersatzlos zurückgezogen worden[10]. Eine
Überarbeitung steht noch aus. Es ist beabsichtigt, die DIN-Vorschrift mit den Berechnungsvorschriften der II BV in Einklang zu bringen. Darüber hinaus besteht noch Unklarheit
darüber, ob eine neue DIN 283 auch mit der völlig abweichenden DIN 277 Teil I vergleichbar gemacht werden soll (Abb. 13).

Abb. 13: Gegenüberstellung der II BV und der DIN 283 (1951)

Gegenüberstellung II BV und DIN 283	
II BV	**DIN 283**
Die Wohnfläche einer Wohnung ist die Summe der anrechenbaren Grundfläche der Räume, die ausschließlich zu der Wohnung gehören.	Wohnfläche ist die anrechenbare Grundfläche der Räume von Wohnungen.
Voll berechnet werden die Grundflächen von Räumen und Raumteilen mit einer lichten Höhe von mindestens 2 Metern.	Voll berechnet werden die Grundflächen von Räumen oder Raumteilen mit einer lichten Höhe von mindestens 2 Metern.
Zur Hälfte anrechenbar ist die Grundfläche von Räumen und Raumteilen mit einer lichten Höhe von mindestens 1 Meter und weniger als 2 Metern und von Wintergärten, Schwimmbecken und ähnlichen nach allen Seiten geschlossenen Räumen.	Zur Hälfte anrechenbar ist die Grundfläche von Raumteilen mit einer lichten Höhe von mehr als 1 Meter und weniger als 2 Metern und von nicht ausreichend beheizbaren Wintergärten.
Gehören ausschließlich zu dem Wohnraum Balkone, Loggien, Dachgärten oder gedeckte Freisitze, so können deren Grundflächen zur Ermittlung der Wohnfläche bis zur Hälfte angerechnet werden.	Zu einem Viertel anrechenbar sind Hauslauben (Loggien), Balkone und gedeckte Freisitze.
Nicht zu berechnen sind die Grundflächen von Räumen oder Raumteilen mit einer lichten Höhe von weniger als 1 Meter.	Nicht zu berechnen sind die Grundflächen von Raumteilen mit einer lichten Höhe von weniger als 1 Meter und von nicht gedeckten Terrassen und Freisitzen.
Nicht zur Wohnfläche gehören Zubehörraume wie Keller, Abstellräume, Waschküchen, Dachböden usw. außerhalb der Wohnung.	Nutzflächen von Wirtschaftsräumen und gewerblichen Räumen, die mit einer Wohnung im Zusammenhang stehen, sind nach den Grundsätzen für die Ermittlung von Wohnflächen zu berechnen.

— © W. Kleiber 02 —

6   Otto, F. in AIZ 1984, 37; vgl. auch Dröge, Handbuch der Mitpreisbewertung für Wohn- und Gewerberaum, 2. Aufl., Neuwied 1999, S. 28; zur Wohnfläche im Keller, vgl. BVerwG, Urt. vom 23. 8. 1990 – 8 c 18/89 –, NJW-RR 1991, 396 = BBauBl. 1991, 767 (LS) = HSGZ 1991, 62 = ZMR 1990, 43 = ZAP EN Nr. 156/91
7   OLG Frankfurt am Main, Urt. vom 23. 3. 1983 – 17 U 113/82 –, OLGZ 1984, 366 = MDR 1984, 754 = DWW 1985, 65; vgl. BFH, Urt. vom 27. 1. 1999 – II B 74/98 –, GuG 2000, 184
8   BFH, Urt. vom 9. 9. 1980 – VIII R 5/79 –, EzGuG 3.63 b
9   Englert in DWW 1980, 132
10   WM 1984, 113 sowie ZMR 1986, 114

4.1.3.4   Grundfläche nach DIN 277

a) Allgemeines

525 Die **DIN 277** vom Juni 1987 (vgl. Anl. 2 bei Rn. 589) **unterscheidet zwischen folgenden Flächeneinheiten** (vgl. Abb. 14):

– **Brutto-Grundfläche (BGF);** sie ist die Summe der nutzbaren, zwischen den aufgehenden Bauteilen befindlichen Grundflächen eines Bauwerks. Die BGF berechnet sich also nach den äußeren Maßen des Bauwerks, jedoch ohne nicht nutzbare Dachflächen und konstruktiv bedingte Hohlräume.

– **Netto-Grundfläche (NGF);** sie ist die Summe der nutzbaren Flächen in allen Ebenen, d. h. ohne Konstruktionsflächen. Die NGF gliedert sich in Nutzflächen (NF), Funktionsflächen (FF) und Verkehrsflächen (VF).

– **Konstruktions-Grundfläche (KGF);** ist die Summe der Grundflächen aller aufgehenden Bauteile in allen Ebenen, z. B. Wände, Stützen, Pfeiler, Kamine und Schächte.

526 Mithin gilt:

$$BGF = NGF + KGF$$
$$NGF = NF + FF + VF$$

Abb. 14: Begriffe

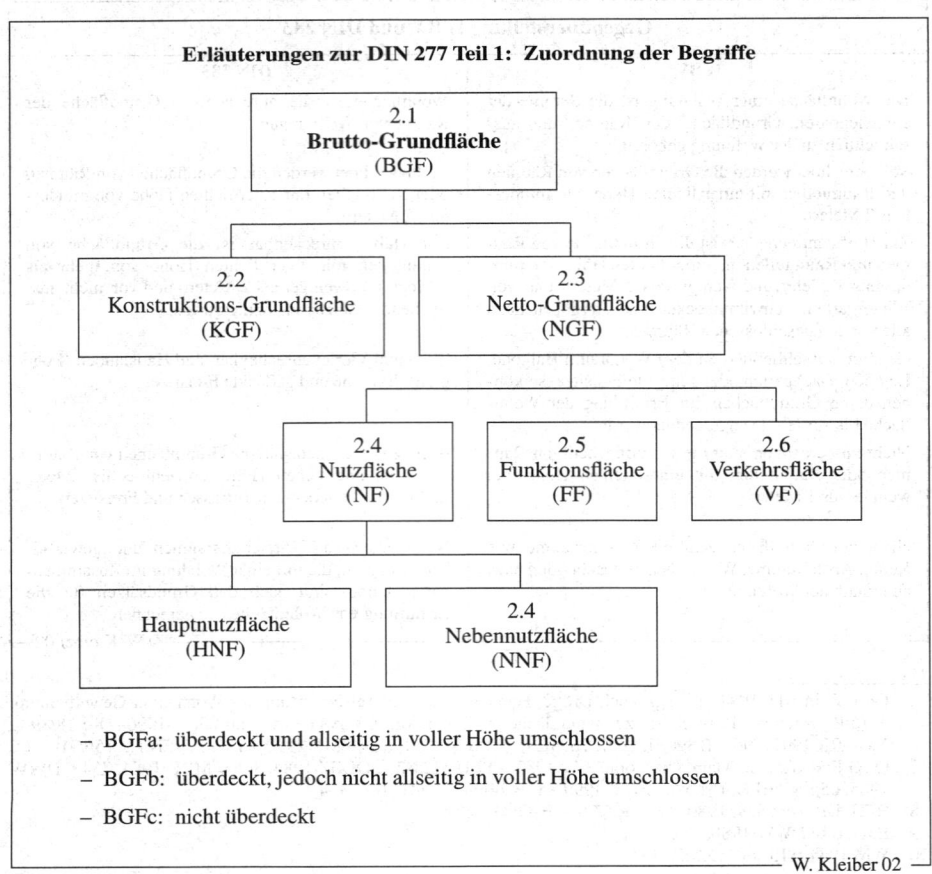

– BGFa: überdeckt und allseitig in voller Höhe umschlossen

– BGFb: überdeckt, jedoch nicht allseitig in voller Höhe umschlossen

– BGFc: nicht überdeckt

— W. Kleiber 02 —

– **Nutzfläche (NF);** sie ist derjenige Teil der Nettogeschossfläche (NGF), der die Nutzung des Bauwerks auf Grund seiner Zweckbestimmung dient.

– **Funktionsflächen (FF);** sie umfassen denjenigen Teil der Nettogeschossfläche (NGF), der der Unterbringung zentraler betriebstechnischer Anlagen im Bauwerk dient, z. B. Heizungs- und Klimaanlagen, Hausanschlussräume, Fernmeldetechnik, Wasserver- und entsorgung usw.

– **Verkehrsflächen (VF);** sie umfassen denjenigen Teil der Nettogeschossfläche (NGF), der dem Zugang zu den Räumen (NF) und dem Verkehr innerhalb des Gebäudes dient, z. B. Treppenhäuser, Fahrstühle, Flure, Eingangshallen, überdachte Garagen usw.

Die **Bewegungsfläche innerhalb von Nutz- oder Funktionsflächen,** z. B. Gänge zwischen Einrichtungsgegenständen, **gehört nicht zur Verkehrsfläche.** Dagegen gehören Treppen und Flure innerhalb von Wohnungen zur Verkehrsfläche und nicht zur Nutzfläche.   **527**

Im Übrigen ist die **aus Rohbaumaßen ermittelte Netto-Grundfläche** – wie bei der Ermittlung der Wohnfläche nach den §§ 42 bis 44 II BV – **um 3 % zu kürzen**[11].   **528**

Abb. 15: Nutzungsarten und Gliederung der Netto-Grundrissfläche

Nr.	Nutzungsart Benennung		Netto-Grundfläche (NGF) Gliederung
1	Wohnen und Aufenthalt		Hauptnutzfläche 1 (HNF 1)
2	Büroarbeit		Hauptnutzfläche 2 (HNF 2)
3	Produktion, Hand- und Maschinenarbeit, Experimente	Nutzfläche NF	Hauptnutzfläche 3 (HNF 3)
4	Lagern, Verteilen und Verkaufen		Hauptnutzfläche 4 (HNF 4)
5	Bildung, Unterricht und Kultur		Hauptnutzfläche 5 (HNF 5)
6	Heizen und Pflegen		Hauptnutzfläche 6 (HNF 6)
7	Sonstige Nutzungen		Nebennutzfläche (NNF)
8	Betriebstechnische Anlagen		Funktionsfläche (FF)
9	Verkehrserschließung und -sicherung		Verkehrfläche (VF)

Die DIN 277 ist Grundlage zur Ermittlung der Kosten für Hochbauten und ist deshalb insbesondere für die Anwendung des Sachwertverfahrens geeignet. Mit der DIN 277 wird keine Wohnfläche definiert. Gegenüber der II BV gehören nach der DIN 277 zur **Nutzfläche** auch solche **Flächen, die außerhalb der Wohnungen gelegen sind,** z. B. Wirtschaftskeller, Waschküchen, Trocken- und Abstellräume.   **529**

---

11   Zu den Unterschieden vgl. Kinzer in DS 1997, 7 ff.

b) Aufgliederung der Brutto-Grundfläche

530   **Die Brutto-Grundfläche gliedert sich in eine Konstruktions-Grundfläche und eine Netto-Grundfläche** (Abb. 16).

– Die **Konstruktions-Grundfläche** ist die Summe der Grundflächen der aufgehenden Bauteile aller Grundrissebenen eines Bauwerks, z. B. von Wänden, Stützen und Pfeilern. Zur Konstruktions-Grundfläche gehören auch die Grundflächen von Schornsteinen, nicht begehbaren Schächten, Türöffnungen, Nischen sowie von Schlitzen (Nr. 2.2 DIN 277/ 1987).

– Die **Netto-Grundfläche** ist die Summe der nutzbaren, zwischen den aufgehenden Bauteilen befindlichen Grundflächen aller Grundrissebenen eines Bauwerks. Zur Netto-Grundfläche gehören auch die Grundflächen von freiliegenden Installationen und von fest eingebauten Gegenständen, z. B. von Öfen, Heizkörpern oder Tischplatten (Nr. 2.3 DIN 277/1987).

Abb. 16: Aufteilung der Brutto-Grundfläche

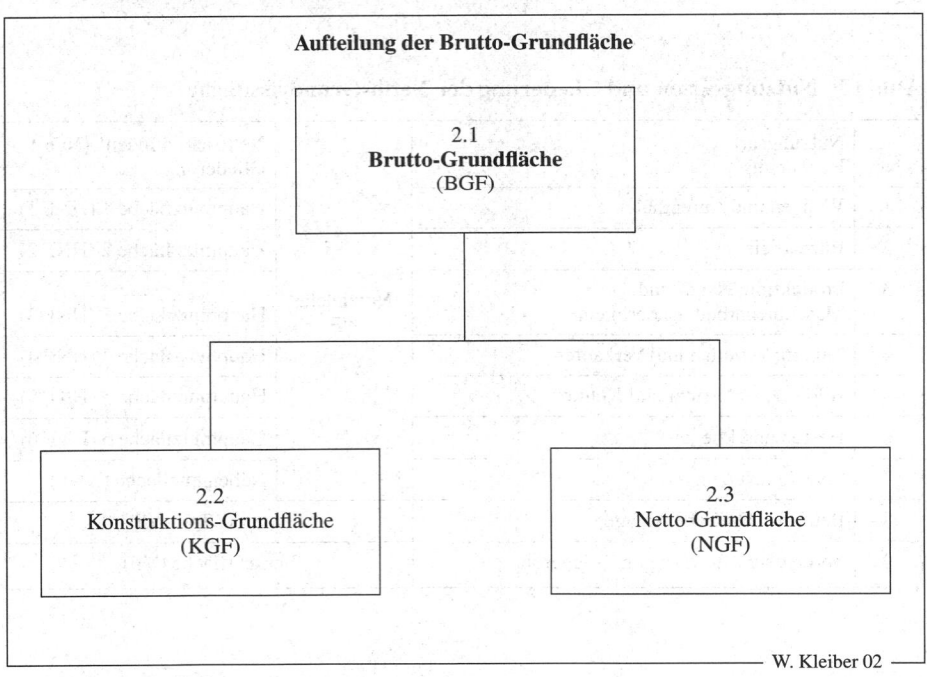

531   Die **Konstruktions-Grundfläche** ist aus den Grundflächen der aufgehenden Bauteile zu berechnen. Dabei sind die Fertigmaße der Bauteile in Fußbodenhöhe einschließlich Putz oder Bekleidung anzusetzen. Konstruktive und gestalterische Vor- und Rücksprünge an den Außenflächen, soweit sie die Netto-Grundfläche nicht beeinflussen, Fuß-, Sockelleisten, Schrammborde sowie vorstehende Teile von Fenster- und Türbekleidungen bleiben unberücksichtigt. Die Konstruktions-Grundfläche darf auch als Differenz aus Brutto- und Netto-Grundfläche ermittelt werden.

532   Die **Netto-Grundfläche gliedert sich in Nutzfläche, Funktionsfläche und Verkehrsfläche** (vgl. Abb. 17).

Abb. 17: Aufteilung der Netto-Grundfläche

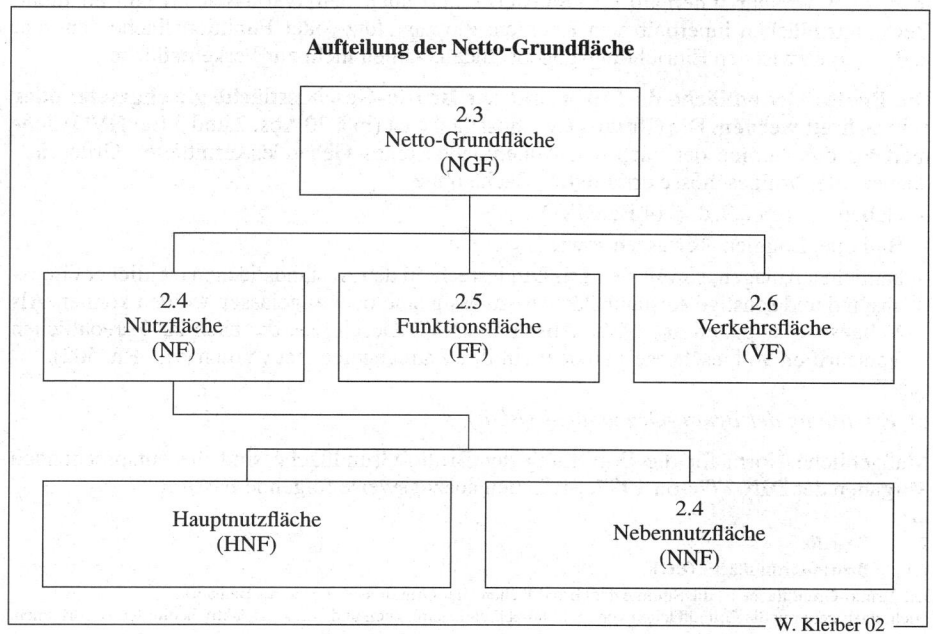

Aufteilung der Netto-Grundfläche

2.3
Netto-Grundfläche
(NGF)

2.4
Nutzfläche
(NF)

2.5
Funktionsfläche
(FF)

2.6
Verkehrsfläche
(VF)

Hauptnutzfläche
(HNF)

2.4
Nebennutzfläche
(NNF)

— W. Kleiber 02 —

Bei der Berechnung der **Netto-Grundfläche** sind die Grundflächen von Räumen oder Raumteilen unter Schrägen mit lichten Raumhöhen   **533**
– von 1,5 m und mehr, sowie
– unter 1,5 m
stets getrennt zu ermitteln.

Für die Ermittlung der Netto-Grundfläche bzw. der Nutz-, Funktions- oder Verkehrsfläche   **534**
im Einzelnen sind die lichten Maße der Räume in Fußbodenhöhe ohne Berücksichtigung von Fuß- und Sockelleisten oder Schrammborden anzusetzen. Für Netto-Grundflächen des Bereichs b (vgl. Rn. 531) gilt Abschnitt 3.2.1 der DIN 277, zweiter Absatz, sinngemäß.
– Die Grundflächen von Treppenräumen und Rampen sind als Projektion auf die darüber liegende Grundrissebene zu berechnen, soweit sie sich nicht mit anderen Grundflächen überschneiden.
– Grundflächen unter der jeweils ersten Treppe oder unter der ersten Rampe werden derjenigen Grundrissebene zugerechnet, auf der die Treppe oder Rampe beginnt. Sie werden ihrer Nutzung entsprechend zugeordnet.
– Die Grundflächen von Aufzugsschächten und von begehbaren Installationsschächten werden in jeder Grundrissebene, durch die sie führen, berechnet.

Die **Nutzfläche** ist derjenige Teil der Netto-Grundfläche, der der Nutzung des Bauwerks   **535**
auf Grund seiner Zweckbestimmung dient. Die Nutzfläche gliedert sich in Hauptnutzfläche (HNF) und Nebennutzfläche (NNF).

Die **Funktionsfläche** ist derjenige Teil der Netto-Grundfläche, der der Unterbringung zen-   **536**
traler betriebstechnischer Anlagen in einem Bauwerk dient. Sofern es die Zweckbestimmung eines Bauwerks ist, eine oder mehrere betriebstechnische Anlagen unterzubringen, die der Ver- und Entsorgung anderer Bauwerke dienen, z. B. bei einem Heizhaus, sind die dafür erforderlichen Grundflächen jedoch Nutzfläche nach Abschnitt 2.4 DIN 277 (1987).

537 Die **Verkehrsfläche** ist derjenige Teil der Netto-Grundfläche, der dem Zugang zu den Räumen, dem Verkehr innerhalb des Bauwerks und auch dem Verlassen im Notfall dient. Bewegungsflächen innerhalb von Räumen, die zur Nutz- oder Funktionsfläche gehören, z. B. Gänge zwischen Einrichtungsgegenständen, zählen nicht zur Verkehrsfläche.

538 Die **Brutto-Grundfläche darf nicht mit der Brutto-Geschossfläche gleichgesetzt oder verwechselt werden.** Die (Brutto-)Geschossfläche ist (in § 20 Abs. 2 und 3 BauNVO) definiert als die Summe der nach den Außenmaßen eines Gebäudes ermittelten Grundrissebenen aller Vollgeschosse ermittelten Fläche ohne

– Nebenanlagen i. S. d. § 14 BauNVO,

– Balkone, Loggien, Terrassen sowie

– baulichen Anlagen, soweit sie nach Landesrecht in den Abstandsflächen (seitlicher Grenzabstand und sonstige Abstandsflächen) zulässig sind oder zugelassen werden können. Als Vollgeschosse gelten nach § 20 Abs. 1 BauNVO Geschosse, die nach landesrechtlichen Vorschriften Vollgeschosse sind oder auf ihre Zahl angerechnet werden (vgl. Rn. 502).

c) Ermittlung der Brutto-Grundfläche (BGF)

539 Maßgebliche Norm für die Ermittlung der Brutto-Grundfläche sind die entsprechenden Vorgaben der **DIN 277 von 1987.** Sie haben auszugsweise folgende Fassung:
„1 . . .

2   Begriffe

2.1   Brutto-Grundfläche (BGF)

Die Brutto-Grundfläche ist die Summe der Grundflächen aller Grundrissebenen eines Bauwerks.
Nicht dazu gehören die Grundflächen von nicht nutzbaren Dachflächen und von konstruktiv bedingten Hohlräumen, z. B.
– in belüfteten Dächern oder
– über abgehängten Decken.
Die Brutto-Grundfläche gliedert sich in Konstruktions-Grundfläche und Netto-Grundfläche.

3   Berechnungsgrundlagen

3.1   Allgemeines

3.1.1 Grundflächen und Rauminhalte sind nach ihrer Zugehörigkeit zu folgenden Bereichen getrennt zu ermitteln:
– **Bereich a:** überdeckt und allseitig in voller Höhe umschlossen;
– **Bereich b:** überdeckt, jedoch nicht allseitig in voller Höhe umschlossen;
– **Bereich c:** nicht überdeckt.
Sie sind ferner getrennt nach Grundrissebenen, z. B. Geschossen, und getrennt nach unterschiedlichen Höhen zu ermitteln.

3.1.2 Waagerechte Flächen sind aus ihren tatsächlichen Maßen, schräg liegende Flächen aus ihrer senkrechten Projektion auf eine waagerechte Ebene zu berechnen.

3.1.3 Grundflächen sind in m², Rauminhalte in m³ anzugeben.

3.2   Berechnung von Grundflächen

3.2.1 Brutto-Grundfläche

Für die Berechnung der Brutto-Grundfläche sind die äußeren Maße der Bauteile einschließlich Bekleidung, z. B. Putz, in Fußbodenhöhe anzusetzen. Konstruktive und gestalterische Vor- und Rücksprünge an den Außenflächen bleiben dabei unberücksichtigt.
Brutto-Grundflächen des Bereichs b sind an den Stellen, an denen sie nicht umschlossen sind, bis zur senkrechten Projektion ihrer Überdeckungen zu rechnen. Brutto-Grundflächen von Bauteilen (Konstruktions-Grundflächen), die zwischen den Bereichen a und b liegen, sind zum Bereich a zu rechnen."

540 Die **Brutto-Grundfläche (BGF)** – Grundlage der vom Bundesministerium für Raumordnung, Bauwesen und Städtebau veröffentlichten Normalherstellungskosten (NHK 2000) – **ist** in der DIN 277 (1987) **definiert als die Summe der Grundflächen aller Grundrissebenen eines Gebäudes, ausgenommen**

– **die Grundflächen von nicht *nutzbaren* Dachflächen und**

– **die Grundflächen von konstruktiv bedingten Hohlräumen,** z. B.

   • in belüfteten Dächern oder

   • über abgehängten Decken.

Die Brutto-Grundfläche gliedert sich in Konstruktions-Grundfläche und Netto-Grund- **541**
fläche. Grundflächen und Rauminhalte sind nach ihrer Zugehörigkeit zu folgenden Bereichen getrennt zu ermitteln:

– **Bereich a:** *Überdeckt und allseitig in voller Höhe umschlossen*

  In der Abb. 18: Kellergeschoss (KG), Erdgeschoss (EG), 1. und 2. Obergeschoss (OG),
  ausgebautes und nicht ausgebautes Dachgeschoss:

– **Bereich b:** *Überdeckt, jedoch nicht allseitig in voller Höhe umschlossen*

  In der Abb. 18: Durchfahrt im Erdgeschoss, überdachter Balkon bzw. Loggia im 1. OG
  sowie überdachter Teil der Terrasse im 2. OG

  Brutto-Grundflächen des Bereichs b sind an den Stellen, an denen sie nicht umschlossen
  sind, bis zur senkrechten Projektion ihrer Überdeckungen zu rechnen.

  Brutto-Grundflächen von Bauteilen (Konstruktions-Grundflächen), die zwischen den
  Bereichen a und b liegen, sind dem Bereich a zuzurechnen.

– **Bereich c:** *Nicht überdeckt*

  In der Abb. 18: nicht überdeckter Balkon im 2. OG (Dachüberstände werden nicht lotrecht projiziert) bzw. nicht überdachte Terrasse im 2. OG

Abb. 18:

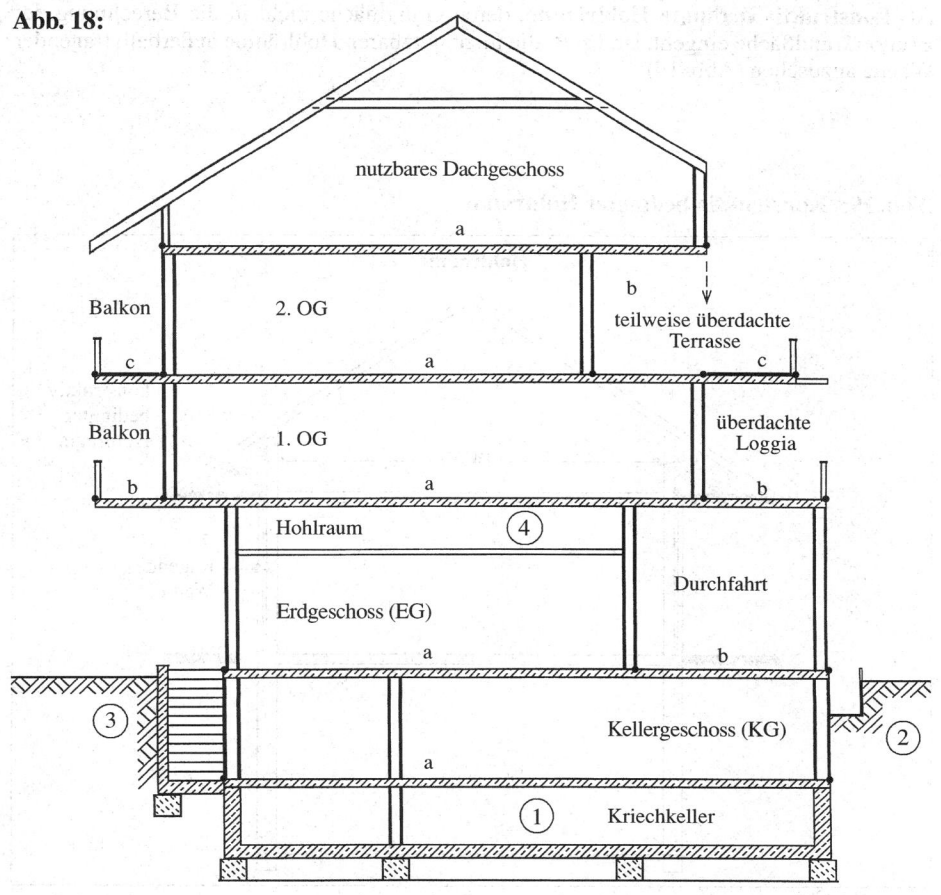

542 Der *Bereich c, d. h., die nicht überdeckte Grundfläche* (wobei Dachüberstände nicht als Überdeckung gelten), geht nach der DIN 277 mithin in die Brutto-Grundfläche ein. Die in der Wertermittlungspraxis gebräuchlichen Tafelwerte des Bundesministeriums für Verkehr, Bau- und Wohnungswesen über die Normalherstellungskosten 2000 (NHK 2000) – Anh. 4.1 – berücksichtigt jedoch nur die Brutto-Grundfläche (BGF) *der Bereiche a und b* aller Grundrissebenen eines Bauwerks. Der *Bereich c* wird mit den Normalherstellungskosten jedoch nicht gesondert erfasst, da der Bereich c i. d. R. kostenanteilsmäßig unbedeutsam ist, weil

– nicht überdachte Grundflächen nur – wenn überhaupt – in wenigen Fällen auftreten (zumeist nur der sich im obersten Geschoss unter dem Dachüberstand befindliche Balkon) und

– der Bereich c i. d. R. kostenanteilsmäßig unbedeutsam ist.

Für die Wertermittlungspraxis folgt hieraus, dass der *Bereich c* **in die Ermittlung der Brutto-Grundfläche nicht einbezogen wird bzw. bei Heranziehung von bereits vorliegenden Brutto-Grundflächenberechnungen herausgerechnet werden muss.** Sofern dieser Bereich von Bedeutung ist (Kostenanteil mehr als 1 %) wird er zusätzlich als ein besonders zu veranschlagendes Bauteil (oder über den Gebäudemix als Nebennutzfläche mit geringen Kosten) berücksichtigt. Insoweit ändert sich bei Heranziehung der NHK 2000 nichts gegenüber der bisherigen Wertermittlungspraxis, in der z. B. Balkone als „besonders zu veranschlagende Bauteile" wertmäßig gesondert zu erfassen waren.

543 Als **konstruktiv bedingte Hohlräume,** deren Grundfläche nicht in die Berechnung der Brutto-Grundfläche eingeht, sind z. B. die nicht nutzbaren Hohlräume außerhalb tragender Wände anzusehen (Abb. 19).

Abb. 19: Konstruktiv bedingter Hohlraum

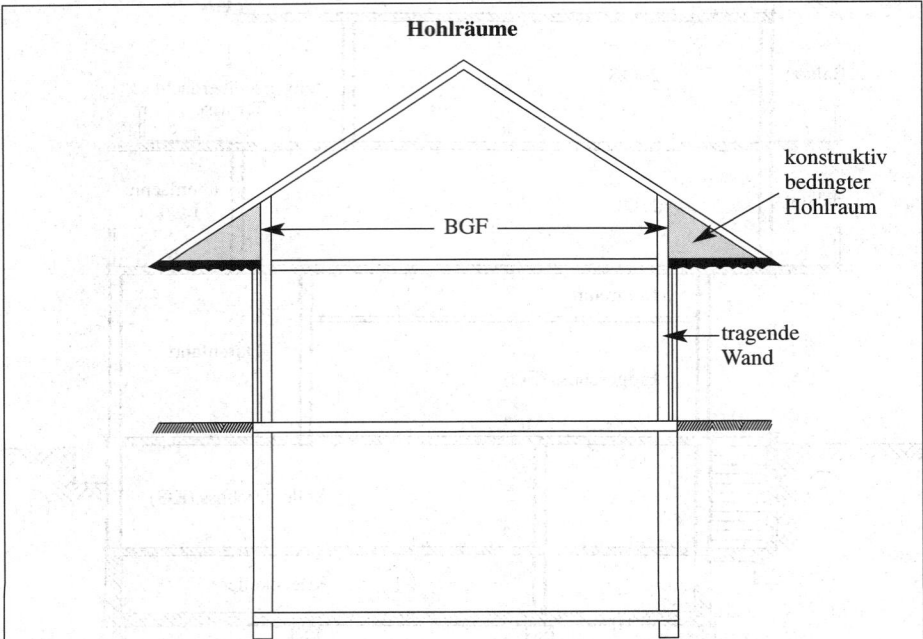

Nicht berücksichtigt bei der Ermittlung der Brutto-Grundfläche (BGF) werden   **544**
- Kriechkeller[12] ①,
- Kellerschächte ②,
- Außentreppe ③,
- nicht nutzbare Dachflächen (auch Zwischendecken) ④.

Abb. 20: Abgehängte Decken und Kriechkeller

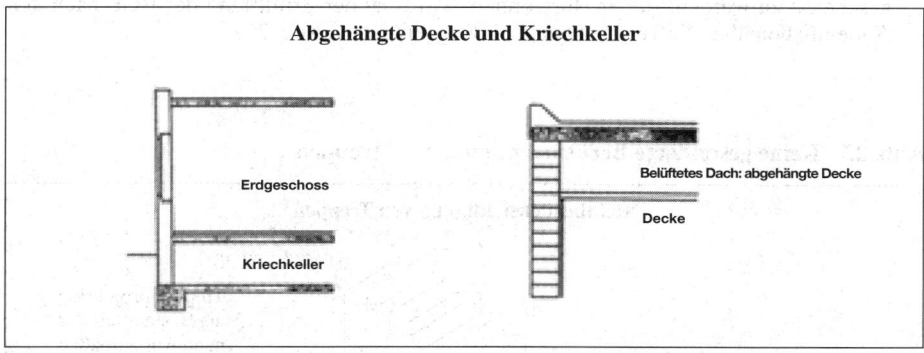

Abgehängte Decke und Kriechkeller

Erdgeschoss

Kriechkeller

Belüftetes Dach: abgehängte Decke

Decke

Bei der **Ermittlung der Brutto-Grundfläche gelten folgende Grundsätze**
1) Grundflächen sind nach ihrer Zugehörigkeit zu den Bereichen a bis c getrennt zu ermit-   **545**
teln. Sie sind ferner getrennt nach Grundrissebenen, z. B. Geschossen, zu ermitteln.

Abb. 21: Unterschiedliche Grundflächen

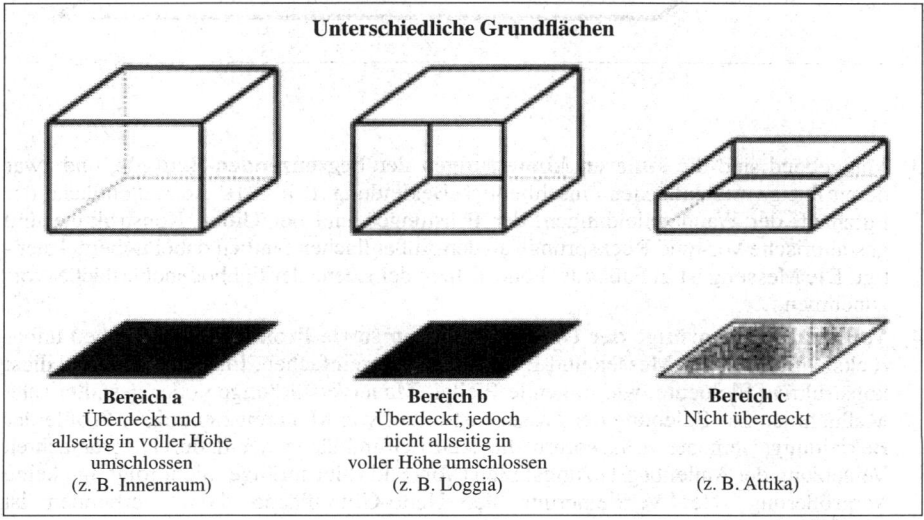

Unterschiedliche Grundflächen

Bereich a
Überdeckt und
allseitig in voller Höhe
umschlossen
(z. B. Innenraum)

Bereich b
Überdeckt, jedoch
nicht allseitig in
voller Höhe umschlossen
(z. B. Loggia)

Bereich c
Nicht überdeckt

(z. B. Attika)

---

12 OVG Saarland, Urt. vom 9. 3. 1988 – 2 R 392/87 –, unveröffentlicht; OLG Düsseldorf, Urt. vom 23. 11. 1993 –
     21 U 78/93 –, NJW-RR 1993, 1240 = BauR 1995, 131; BayOLG, Urt. vom 20. 6. 1984 – BReg 2 Z 59/83 –,
     Rpfleger 1994, 409 = DWW 1984, 242; OLG Hamm, Urt. vom 16. 1. 1974 – 11 U 193/73 –, VersR 1974, 1034

Brutto-Grundflächen des Bereichs 2 sind an den Stellen, an denen sie nicht umschlossen sind, **bis zur senkrechten Projektion ihrer Überdeckungen** zu rechnen.

Brutto-Grundflächen von **Bauteilen** (Konstruktions-Grundflächen), **die zwischen den Bereichen a und b liegen**, sind dem Bereich a zuzurechnen.

2) **Waagerechte Flächen sind aus ihren tatsächlichen Maßen, schräg liegende Flächen aus ihrer senkrechten Projektion auf eine waagerechte Ebene zu berechnen.** Dies betrifft insbesondere **Treppen**, die nach ihrer senkrechten Projektion in die BGF eingehen. Bei der Ermittlung der BGF braucht ihnen mithin keine Beachtung geschenkt zu werden. In der Horizontalen wird bei der Ermittlung der BGF nach den Außenmaßen über die Treppen quasi hinweggemessen (Abb. 22).

Abb. 22: Keine gesonderte Berücksichtigung von Treppen

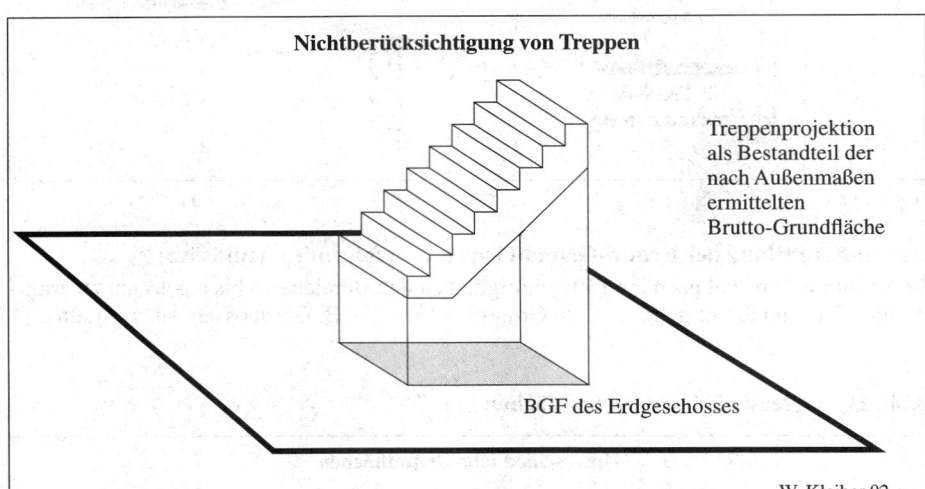

3) Maßgebend sind die **äußeren Abmessungen der begrenzenden Bauteile,** und zwar deren fertige Außenflächen einschließlich Bekleidung, d. h. z. B. die Außenfläche der Putzhaut, der Wandbekleidungen, der Brüstungen und der Gitter. Konstruktive und gestalterische Vor- und Rücksprünge an den Außenflächen bleiben dabei unberücksichtigt. Die Messung ist in Fußbodenhöhe, d. h. in der Ebene der Fußbodenoberfläche, vorzunehmen.

4) **Vor- und Rücksprünge der Grundrissflächen sowie Profilierungen** bleiben unberücksichtigt, um das Messen und Berechnen zu vereinfachen. Im Einzelnen sind dies: konstruktive Elemente, wie tragende Pfeiler, Mauerverstärkungen oder gestalterische Maßnahmen zur Belebung der Fassadenstruktur, wie Mauereinziehungen, Profile der Bekleidungselemente u. ä., sofern die Netto-Grundfläche der dadurch verursachten Versetzung der Außenbegrenzungslinien (Vor- und Rücksprünge) nicht folgt und keine Vergrößerung oder Verkleinerung der Netto-Grundfläche damit verbunden ist (Abb. 23).

5) **Dachüberstände werden im Übrigen nicht lotrecht projiziert.** Der in der Abbildung nicht überdeckte Balkon im 2. OG bzw. die nicht überdachte Terrasse im 2. OG ist dem Bereich c zuzuordnen.

Abb. 23: Profilierungen

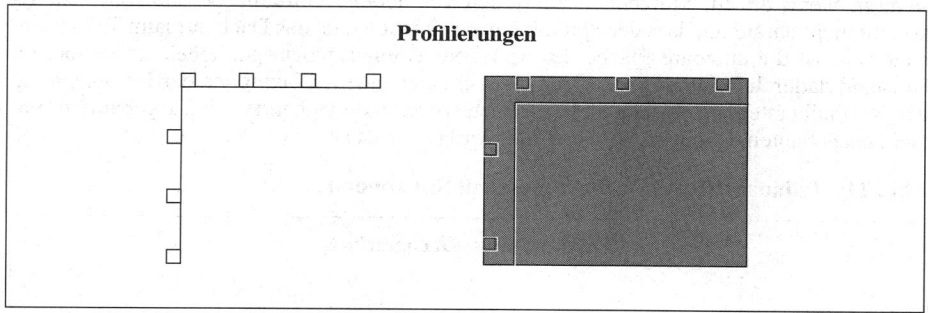

6) Zur Brutto-Grundfläche gehören nicht die **Flächen, die keine _nutzbaren_ Grundriss-ebenen** von Geschossen, Zwischengeschossen, Dachgeschossen oder Dachflächen sind, z. B. Kriechkeller, Zwischenräume bei Kaltdächern, Flächen von Hohlräumen zwischen Gelände und Unterfläche des Bauwerks sowie Flächen nicht begehbarer oder nutzbarer Dachflächen (z.B. Fläche von Flachdächern, die nicht als Dachterrasse genutzt werden, Dachflächen, die nur bei Instandsetzungen bzw. zur Schornsteinreinigung u. ä. betreten werden).

d) Nutzbarer Dachraum/Spitzboden

Auf die BGF anzurechnen sind auch die nicht ausgebauten aber _nutzbaren_ Dach-räume (bis zu den Außenflächen). Im Unterschied zu der Heranziehung der 13er Werte, bei denen die für ausgebaute und nicht ausgebaute Dachgeschosse unterschiedlichen Normalherstellungskosten dadurch berücksichtigt wurden, dass der Umbaute Raum des nicht ausgebauten Dachgeschosses mit nur 1/3 in die Volumenberechnung einging, ist bei der Berechnung der Brutto-Grundfläche des Dachgeschosses nicht mehr nach ausgebautem und nicht ausgebautem Dachgeschoss zu unterscheiden. Vielmehr geht die „nutzbare" Dachgeschossfläche in jedem Fall in die Brutto-Grundfläche ein. Unterschiede in den Normalherstellungskosten werden durch ein nach ausgebautem und nicht ausgebautem Dachgeschoss differenzierendes Tabellenwerk berücksichtigt.   **546**

Der **Begriff der „nutzbaren" Dachfläche darf nicht gleichgesetzt werden mit dem Begriff der „ausgebauten" Dachfläche.** Nutzbar ist eine Dachfläche insbesondere, wenn sie begehbar, über eine „feste" Treppe erreichbar und als solche benutzbar ist. Bezüglich der Höhe der Normalherstellungskosten wird in den Tabellen der NHK zwischen ausgebauten und nicht ausgebauten Dachgeschossen unterschieden, wobei ein nicht ausgebautes Dachgeschoss nutzbar sein kann.   **547**

Die **Einbeziehung der nutzbaren Dachfläche in die Berechnung der Brutto-Grund-fläche ist** auch **unabhängig von der Geschosshöhe.** Auf eine Unterscheidung zwischen Raumhöhen von unter und über 1,5 m, wie bei der Ermittlung des Umbauten Raumes, kommt es also nicht an. Dies ist im Zusammenhang mit der Ermittlung von Normalherstellungskosten auch folgerichtig, denn insoweit unterscheiden sich die Normalherstellungskosten allenfalls marginal.   **548**

Ist – wie in der Abbildung dargestellt – das **Dachgeschoss nur teilweise ausgebaut,** sind Zu- oder Abschläge von den im Tabellenwerk ausgewiesenen Normalherstellungskosten (NHK 2000) erforderlich. Dies gilt entsprechend, wenn sich in einem **Steildach** eine **zusätzliche Ebene** (nutzbar und zugänglich) befindet. **Nicht nutzbare Spitzböden** werden bei der Ermittlung der BGF hingegen nicht berücksichtigt.   **549**

550 Die **Brutto-Grundfläche eines Spitzbodens** wird bei der Flächenermittlung also berücksichtigt, wenn die im Spitzboden zusätzlich vorhandene Grundfläche „nutzbar" ist. Es kommt nicht darauf an, dass der Spitzboden ausgebaut ist. Ist das Dach nur zum Teil ausgebaut bzw. ist die nutzbare Fläche des Spitzbodens unausgebaut geblieben, so ist diesem Umstand dadurch Rechnung zu tragen, dass ein Gebäudemix bezüglich der Heranziehung der Normalherstellungskostentabellen für entsprechende Gebäude mit ausgebautem und nicht ausgebautem Dachgeschoss gebildet wird (Abb. 24).

Abb. 24: Teilausgebautes Dachgeschoss mit Spitzboden

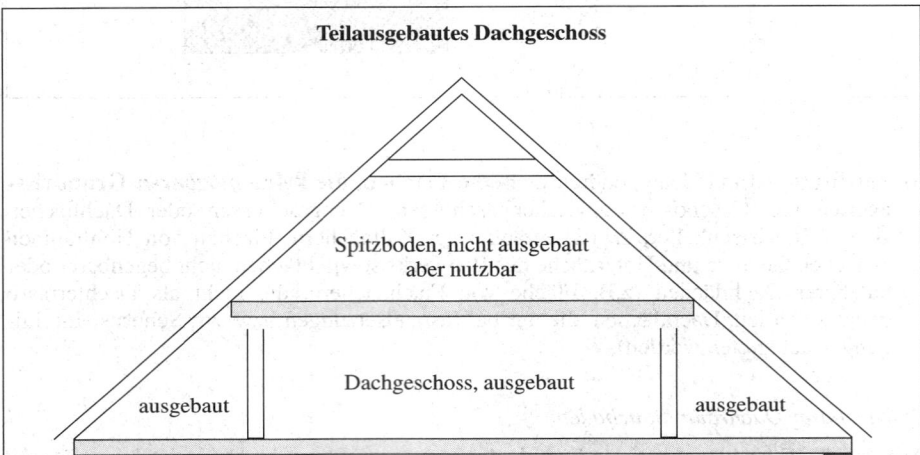

551 Ob ein **Spitzboden** als Aufenthaltsraum genutzt werden darf, richtet sich nach bauordnungsrechtlichen Vorschriften[13].

▶ *Hierzu auch das Berechnungsbeispiel bei § 22 WertV Rn. 108.*

4.1.3.5 Mietflächen für Büro- und Handelsraum (gif)

552 Die Gesellschaft für Immobilienwirtschaftliche Forschung (gif) hat für die Berechnung der Mietfläche von Büro- und Handelsraum Richtlinien für eine eindeutige, einheitliche und reproduzierbare Berechnung der Fläche erarbeitet. Es handelt sich hierbei um die

a) Richtlinie zur Berechnung der **Mietfläche für Büroraum (MF-B)** und

b) Richtlinie zur Berechnung der **Mietfläche für Handelsraum (MF-H).**

▶ *Die Richtlinien sind in Anl. 2 und 3 bei § 17 WertV Rn. 208 f. abgedruckt.*

Die Richtlinien haben in der Vermietungspraxis zunehmend Anerkennung gefunden und sind im Begriff sich durchzusetzen[14].

553 Die Bedeutung dieser Richtlinien liegt vor allem im Rahmen des Ertragswertverfahrens, wenn sie zur Ermittlung der vermieteten Fläche, z.B. des zu wertenden Objekts herangezogen werden soll. Vor Anwendung dieser Richtlinie muss man sich aber Gewissheit verschaffen, dass die im Einzelfall zum Vergleich herangezogenen (auf den Quadratmeter Mietfläche bezogenen) Vergleichserträge ebenfalls auf der Grundlage der nach diesen Richtlinien ermittelten Mietfläche vereinbart worden sind. Es gilt auch hier der **Grundsatz, dass die Mietflächenermittlungsmethode maßgeblich sein muss, die auch bei den zum Vergleich herangezogenen Vergleichsmieten zu Grunde gelegt worden ist.**

4.1.4   Nutzflächenfaktor

Das Verhältnis von Nutzfläche zur Geschossfläche lässt sich als **Nutzflächenfaktor** NFF   **554**
definieren

$$\text{Nutzflächenfaktor NFF} = \frac{\text{Nutzfläche}}{\text{Geschossfläche}}$$

Mit Hilfe des Nutzflächenfaktors lässt sich die Bruttogeschossfläche auf die Nutz-   **555**
bzw. Wohnfläche umrechnen, d. h. um die nicht anrechenbaren Grundflächen (Mauerwerk usw.) reduzieren. Der Nutzflächenfaktor NFF ist insbesondere eine Funktion des
Baujahrs, der Anzahl der Vollgeschosse sowie der Gebäudetiefe.

Bei **Büro- und Verwaltungsgebäuden** beträgt z. B. der durchschnittliche Anteil der Nutz-   **556**
fläche an der Bruttogeschossfläche rd. 80 % (vgl. Abb. 12 auf S. 195 der 3. Aufl.). Die in
den **neuen Bundesländern** bis zur deutschen Einheit errichteten Gebäude weisen i. d. R.
recht ungünstige Nutzflächenfaktoren auf. Entsprechende Funktions- und Nutzungskennzahlen lassen sich auch bezogen auf die *Brutto-Grundfläche* ermitteln:

Abb. 25: Funktions- und Nutzungskennzahlen

Büro- und Nutzungskennzahlen						
Verhältnis	**Büro- und Verwaltungsgebäude**			**Wohn- und Wohnungsgeschäftsgebäude**		
Qualifizierung	**gut**	**mittel**	**schlecht**	**gut**	**mittel**	**schlecht**
Netto-Grundfläche (NFG) Brutto-Grundfläche (BGF)	0,94	0,91	0,88	0,88	0,83	0,78
Verkehrsfläche (VF) Brutto-Grundfläche (BGF)	0,14	0,19	0,27	0,007	0,11	0,15
Nutzfläche (NF) Brutto-Grundfläche (BGF)	0,76	0,65	0,54	0,78	0,70	0,62
Hauptnutzfläche (HNF)* Brutto-Grundfläche (BGF) * Gebäude *ohne* Tiefgarage	0,69	0,55	0,40	0,68	0,57	0,46
Geschosshöhe im Normalgeschoss* Zellenbüro (ohne Unterdecke) * nicht klimatisiert	2,80	2,95	3,10	–	–	–
Geschosshöhe im Normalgeschoss* Zellenbüro * klimatisiert	3,20	3,30	3,40	–	–	–
Brutto-Rauminhalt (BRI)* Brutto-Grundfläche (BGF) * Gebäude ohne Tiefgarage	3,00	3,80	4,60	2,50	2,85	3,20
Brutto-Rauminhalt (BRI)* Hauptnutzfläche (HNF) * Gebäude ohne Tiefgarage	5,40	7,40	9,30	3,80	4,80	5,80
Nebennutzfläche (NNF) m² je Wohneinheit (WE)	–	–	–	12	19	26
Hüllfläche (HF) Brutto-Grundfläche (BGF)	–	–	–	1,0	1,3	2,6
Hüllfläche (HF) Hauptnutzfläche (HNF)	–	–	–	1,5	2,2	2,9

Quelle: Gärtner, S., Beurteilung und Bewertung alternativer Planungsentscheidungen im Immobilienbereich mit
Hilfe eines Kennzahlensystems, 1. Aufl. 1996

---

13   BVerwG, Urt. vom 9. 11. 1990 – 8 C 81/89 –, NJW-RR 1991, 400 (LS) = WuM 1991, 407 = BBauBl. 1991, 767
     (LS) = DÖV 1991, 517
14   Der Normenausschuss Bauwesen (NABau) im Deutschen Institut für Normung e.V. (DIN) vertritt die Auffas-
     sung, dass für gewerblich genutzte Flächen DIN 277-1 und DIN 277-2 anzuwenden ist, die auch für Wohnungen
     anwendbar sein soll, wenn dies vertraglich vereinbart ist und dass die Wohnungsdefinition den jeweiligen
     Landesbauordnungen sowie deren Durchführungsverordnungen zu entnehmen wäre. Die zurückgezogene DIN
     283-1 und DIN 283-2 könne nach Meinung des NABau im DIN auch als Vertragsgrundlage dienen, sofern sie
     beiden Vertragsparteien zugänglich ist (Isermann in NZM 1998, 749).

557   Entsprechende Nutzflächenfaktoren (80 : 20) sind auch im **Einzelhandel** üblich, wo im Hinblick auf eingesparte Lagerhaltungskosten i. d. R. die Verkaufsfläche mit 80 % und die Lagerfläche mit höchstens 20 % üblich ist.

558   Für **Wohngebäude** wurden die aus Abb. 26 ersichtlichen Nutzflächenfaktoren abgeleitet:

Abb. 26: Nutzflächenfaktoren für Wohngebäude

	Nutzflächenfaktoren (NFF)	
Baujahr	nach Udart[15]	nach Vogels[16]
bis 1899	0,72	0,68–0,72
1900–1919	0,72	0,68–0,72
1920–1930		0,72–0,74
1920–1939	0,76	
1930–1950		0,74–0,76
1940–1959	0,76	
ab 1950		0,76–0,78
ab 1960	0,77	

559   Mit Hilfe der Nutzflächenfaktoren NFF ergibt sich die **Nutz- bzw. Wohnfläche WF** durch Umstellung vorstehender Formel nach folgender Beziehung:

Nutz-/Wohnfläche (NF/WF) = Geschossfläche (GF) x NFF

wobei NFF = Nutzflächenfaktor

Beispiel
Wohnhaus aus dem Jahre 1955
Bebaute Fläche (Außenmaße)	:	20 m x 15 m = 300 m²
Anzahl der Vollgeschosse	:	III
Geschossfläche	:	300 m² x 3 = 900 m²
Nutzflächenfaktor	:	0,76

Nutzfläche = 900 x 0,76 = 684 m² (überschlägig)

4.2   Volumina

4.2.1   Allgemeines

560   Im Allgemeinen wird **bei der Ermittlung des Volumens** einer baulichen Anlage lediglich zwischen

– dem *Umbauten Raum* nach der DIN 277 von 1950 und

– dem *Rauminhalt* nach der DIN 277 von 1973/1987

unterschieden. Die städtebaurechtlich bedeutsame Volumenermittlung nach **Baumasse** spielt hingegen im Rahmen der Verkehrswertermittlung eine untergeordnete Bedeutung. Der Vollständigkeit halber soll sie gleichwohl erwähnt werden (Rn. 567 ff.).

Für die **Volumenberechnung im Hochbau** ist die vom Deutschen Institut für Normung **561**
e.V. herausgegebene Vorschrift DIN 277 maßgebend.

**Im Rahmen der Verkehrswertermittlung von Grundstücken muss unbedingt zwi- 562
schen dem Umbauten Raum nach der DIN 277 von 1950 und dem Rauminhalt nach
der DIN 277 von 1973/1987 unterschieden werden.** Diese Unterscheidung spielt insbesondere bei Anwendung des Sachwertverfahrens eine bedeutsame Rolle, weil im Rahmen
der Baugenehmigung das Volumen der baulichen Anlage i. d. R. heute nach der aktuellen
DIN 277 ermittelt wird, während vor allem die sog. 13er Normalherstellungskosten auf der
Grundlage der DIN 277 von 1950 ermittelt worden sind. Im Unterschied zur DIN 277 von
1973/1987 verwendet die DIN 277 von 1950 zur Bezeichnung des Volumens der baulichen
Anlage den Begriff „Umbauter Raum". Wer vom „Umbauten Raum" spricht, unterstellt
damit zugleich die Berechnung des Bauvolumens nach der DIN 277 von 1950.

Die DIN 277 wurde erstmals 1934 zur Schaffung eines einheitlichen Verfahrens zur Ermitt- **563**
lung der Kosten im Hochbau geschaffen. Sie wurde in den Jahren 1936, 1940 und 1950
präzisiert und ergänzt. Dabei wurden insbesondere die **Berechnungen des Dachraums**
und der unteren Gebäudebegrenzungen geändert. Im Mai 1973 wurde sie durch eine neue
Vorschrift ersetzt (DIN 277, 1973), die im Jahr 1987 geringfügig eweitert worden ist
(DIN 277, 1987; vgl. Anl. 3 bei Rn. 590).

In Fachkreisen sind die unterschiedlichen Berechnungsweisen der Ausgaben 1950 und **564**
1973/87 weitgehend bekannt, aber offensichtlich nicht die Konsequenzen, die sich aus der
Anwendung beider Vorschriften bei der Sachwertermittlung ergeben. Die Differenzen sind
zum Teil erheblich und so unterschiedlich, dass eine allgemeine **Umrechnungsformel,
nach der der umbaute Raum** (DIN 277, 1950) **aus dem Brutto-Rauminhalt** (DIN 277,
1973/87) **errechnet wird,** nicht angegeben werden kann. Die DIN 277 (1973/87) ist vorwiegend für genaue Kostenberechnungen entwickelt worden und geht oftmals über die für
eine Verkehrswertermittlung geforderte Genauigkeit hinaus.

Ein formelmäßig erfassbares Verhältnis des Umbauten Raums zum Rauminhalt, das **565**
dem Einzelfall genügt, **kann es nicht geben.** Aus diesem Grunde wird auch vor der Heranziehung von mitunter veröffentlichten Umrechnungsformeln gewarnt, die allenfalls ein
überschlägiges Verhältnis angeben können. Im Einzelfall können die Abweichungen
jedoch erheblich sein.

In der Wertermittlungspraxis sind Normalherstellungskosten bislang weitgehend auf der **566**
Grundlage von Volumeneinheiten herangezogen worden. Dafür kommen insbesondere

a) der **Umbaute Raum** nach der DIN 277 aus dem Jahre 1950 und

b) der **Brutto-Rauminhalt (BRI)** nach der DIN 277 (1987)

in Betracht, wobei vornehmlich die Anwendung der DIN 277 aus dem Jahre 1950 (Umbauter Raum) vielfach noch weiter zur Anwendung kam, obwohl diese DIN schon seit langem
durch die neue DIN 277 1973/1987 abgelöst worden ist und die Immobilienbranche
flächenbezogenen Angaben über Normalherstellungskosten den Vorzug gibt.

Mit der Abkehr von den überholten sog. 13er Werten als Grundlage der Ermittlung der Normalherstellungskosten, die noch auf den Kubikmeter Umbauter Raum nach der DIN 277 von
1950 bezogen waren, ist auch eine Abkehr von dieser schon seit langem nicht mehr gültigen
DIN verbunden. Der **Übergang zur DIN 277 aus dem Jahre 1973/1987 ist gleichzeitig mit
einem Übergang zu einer Flächeneinheit, nämlich zur Brutto-Grundfläche (BGF)** verbunden.

---

15   Udart in VR 1976, 291
16   Vogels, Grundstücks- und Gebäudebewertung marktgerecht, 5. Aufl. 1996, S. 21

4.2.2 Baumasse

▶ *Zur Baumassenzahl (BMZ) vgl. § 5 WertV Rn. 47.*

567 Die Baumasse ist das Volumen einer baulichen Anlage, die im Rahmen der Festsetzung des zulässigen Maßes der baulichen Nutzung für Industriegebiete (GI) i. S. d. § 9 BauNVO von Bedeutung ist. **§ 21 Abs. 2 BauNVO** definiert die Baumasse wie folgt:

„(2) Die Baumasse ist nach den Außenmaßen der Gebäude vom Fußboden des untersten Vollgeschosses bis zur Decke des obersten Vollgeschosses zu ermitteln. Die Baumassen von Aufenthaltsräumen in anderen Geschossen einschließlich der zu ihnen gehörenden Treppenräume und einschließlich ihrer Umfassungswände und Decken sind mitzurechnen. Bei baulichen Anlagen, bei denen eine Berechnung der Baumasse nach Satz 1 nicht möglich ist, ist die tatsächliche Baumasse zu ermitteln."

568 Bei der Ermittlung der Baumasse bleiben **Nebenanlagen** (§ 5 WertV Rn. 39), Balkone, Loggien, Terrassen sowie bauliche Anlagen, die nach Landesrecht im Bauwich oder in den Abstandsflächen zulässig sind oder zugelassen werden können, unberücksichtigt (§ 21 Abs. 3 i.V. m. § 19 Abs. 4 und § 14 BauNVO).

4.2.3 Umbauter Raum nach DIN 277/1950

569 Die **Ermittlung des Umbauten Raums auf der Grundlage der DIN 277** von 1950 ist nach den vorstehenden Ausführungen weitgehend obsolet geworden, weil der Umbaute Raum als Bezugsgrundlage der Normalherstellungskosten in der modernen Wertermittlungslehre aufgegeben worden ist und selbst die Versicherungswirtschaft davon abgeht.

570 Die lange Zeit zur Anwendung gekommenen **Normalherstellungskosten aus dem Jahre 1913** (die tatsächlich sogar auf handschriftliche Aufzeichnungen von Ross aus dem 19. Jahrhundert zurückgehen (!)) waren noch auf den Umbauten Raum bezogen, obwohl

a) die Berechnungsmodalitäten des Umbauten Raums auf Grund permanenter Änderungen der DIN 277 in den Jahren 1934, 1936, 1940 und 1950 geändert wurden,

b) die Regelbauleistungen, die Bauwerkstypen und das Wägungsschema ebenfalls permanent (in den Jahren 1914, 1938, 1950, 1958, 1962, 1970, 1976, 1980, 1985 und 1991) neueren Bauweisen angepasst wurden und

c) die bis auf 1913 zurückgehende Baupreisindexreihe des Statistischen Bundesamtes für eine Umrechnung der 1913er Normalherstellungskosten völlig ungeeignet ist[17].

571 Die **Sachwertermittlung vollzieht sich** heute **auf der Grundlage der auf die Brutto-Grundfläche bezogenen Normalherstellungskosten (NHK 2000).**
Die DIN 277 von 1950 – Umbauter Raum – ist gleichwohl in Anl. 2 unter Rn. 589 abgedruckt.

a) Vereinfachte Ermittlung des umbauten Raums nach mittleren Geschosshöhen (Überschlagsberechnung)

572 Der **Umbaute Raum** lässt sich **ausgehend von der bebauten Fläche des Gebäudes** – ermittelt aus den gemessenen oder aus Bauzeichnungen abgegriffenen **Außenmaßen** – überschlägig ermitteln, wenn man das mittlere Baujahr des Gebäudes kennt; Vogels gibt hierfür folgende Geschosshöhen an (Abb. 27)[18].

Für das ausgebaute sowie für das **nicht ausgebaute Dachgeschoss** müssen in Abhängigkeit von der Dachneigung, der Haustiefe und der Drempelhöhe zusätzlich mittlere Geschosshöhen angesetzt werden.

Abb. 27: Mittlere Geschosshöhe nach Vogels bei Wohngebäuden

Baujahr	Mittlere Geschosshöhe für Wohngebäude	
	Geschosshöhe	
	Kellergeschoss	Wohngeschoss
um 1900	2,80 m	3,50 m
um 1930	2,50 m	3,00 m
um 1950	2,50 m	2,75 m

Beispiel: **573**

Wohnhaus aus dem Jahre 1955 mit Flachdach: unterkellert
Bebaute Fläche (Außenmaße):   20 m x 15 m = 300 m²
Anzahl der Vollgeschosse: III
Umbauter Raum = (300 m² x 3 x 2,75 m) + (300 m² x 2,50)
Umbauter Raum = 3.225 m³ (überschlägig)

b) Vereinfachte Ermittlung des Umbauten Raums im Versicherungswesen

Für die Ermittlung des umbauten Raumes werden von Versicherungsgesellschaften **verein-**   **574**
fachte Berechnungsweisen vorgegeben. Diese Berechnungsmethoden entsprechen den in
der Wertermittlungspraxis angewandten Methoden, als sich die Sachwertermittlung noch
auf die sog. 13er Normalherstellungskosten stützte.

Der **Umbaute Raum** wird **überschlägig nach den Gebäudeabmessungen** ermittelt: **575**

Grundfläche	(m²)	=	Länge × Breite

Höhe   (m)   =   Summe der Höhen der einzelnen Geschosse einschließlich
                                     Dachraum

Länge und Breite   von Außenkante zu Außenkante der Umfassungsmauern

Höhe   von der Oberkante des Kellerfußbodens bis zur Oberkante der Decke
                                 des obersten Vollgeschosses. Sie lässt sich am besten im Treppenhaus
                                 messen.

                                 Ist eine genaue Ermittlung nicht möglich, so können bei Wohngebäu-
                                 den folgende Höhen angenommen werden:

                                 – Kellergeschoss: rd. mit 2,5 m

                                 – Erdgeschoss und Obergeschosse: je rd. mit 3 m

Der **Umbaute Raum** wird errechnet: **576**

$$\text{Länge} \times \text{Breite} \times \text{Höhe} = m^3$$

Wenn das **Dach** im Querschnitt ein Dreieck ist, darf die Höhe für den Dachraum nur zur
Hälfte berücksichtigt werden; d.h., die Dachhöhe kann überschlägig mit der Hälfte der
Gebäudebreite angenommen werden.

Das **Keller-,** das **Erdgeschoss** und die **Obergeschosse** sind mit ihrem vollen Volumen
anzusetzen; ein **Dachgeschoss** nur, wenn es ausgebaut ist. Der nicht ausgebaute Dachraum
wird im Rahmen der Heranziehung von 13er Normalherstellungskosten nur mit einem
Drittel seines Umbauten Raums berücksichtigt.

---

17   Metzmacher/Krikler, Gebäudeschätzung über die Bruttogeschossfläche, Köln 1996, S. 14 f.; FG Düsseldorf,
       Urt. vom 10. 9. 1993 – 14 K 255/88 F –, GuG 1994, 253 = EzGuG 20.148
18   Vogels, Grundstücks- und Gebäudebewertung ... a. a. O., S. 23

577 *Beispiel*

zur Berechnung des Umbauten Raums
2-geschossiges Wohngebäude, unterkellert, mit Satteldach (Abb. 28)

Abb. 28: Wohngebäude

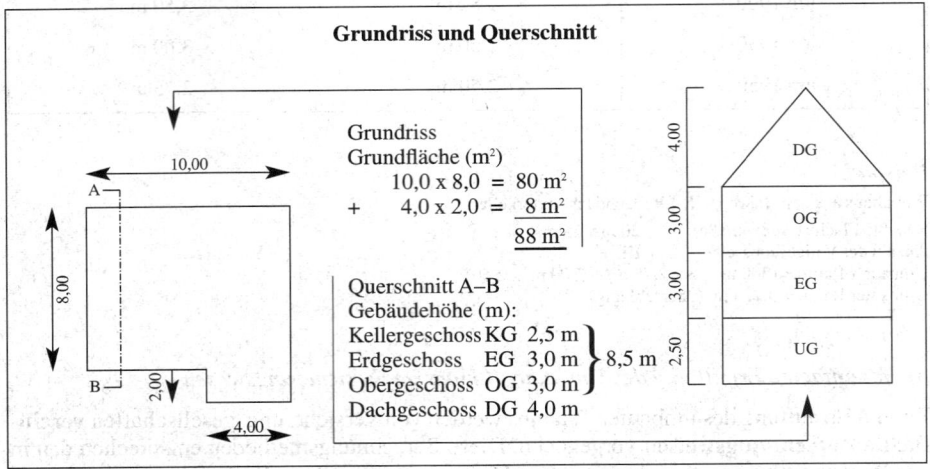

Grundriss und Querschnitt

Grundriss
Grundfläche (m²)
    10,0 x 8,0 = 80 m²
+   4,0 x 2,0 = 8 m²
                88 m²

Querschnitt A–B
Gebäudehöhe (m):
Kellergeschoss KG 2,5 m ⎫
Erdgeschoss   EG 3,0 m ⎬ 8,5 m
Obergeschoss OG 3,0 m ⎭
Dachgeschoss DG 4,0 m

Berechnung des Umbauten Raums

bei ausgebautem Dachgeschoss:

$$88 \times 8,5 = 748 \text{ m}^3$$
$$+ DG\ 88 \times 4/2 = 176 \text{ m}^3$$
$$= 924 \text{ m}^3$$

bei nicht ausgebautem Dachgeschoss:

$$88 \times 8,5 = 748 \text{ m}^3$$
$$+ DG\ 88 \times 4/2 \times \mathbf{\textit{1/3}} = 59 \text{ m}^3$$
$$= 807 \text{ m}^3$$

578 Was die Ermittlung des Herstellungswerts auf der Grundlage der 13er auf den Umbauten Raum bezogenen Normalherstellungskosten anbelangt, sei auf einen besonders ins Gewicht fallenden Unterschied zur Ermittlung des Herstellungswerts auf der Grundlage der NHK 2000 hingewiesen:

Grundsätzlich weist ein ausgebautes und nicht ausgebautes Dachgeschoss das gleiche Raumvolumen auf. Da jedoch der Herstellungswert bei ausgebautem und nicht ausgebautem Dachgeschoss unterschiedlich ist, enthalten die **Tabellenwerke aktueller** (auf 2000 bezogener) **Normalherstellungskosten für Objekte mit ausgebautem und nicht ausgebautem Dachgeschoss jeweils gesonderte Tabellen.** Die auf den Kubikmeter Umbauten Raum bezogenen Tabellenwerke der 13er Normalherstellungskosten enthielten dagegen keine gesonderten Tabellenwerke für ausgebaute und nicht ausgebaute Dachgeschosse. Um den unterschiedlichen Ausbauzustand zu berücksichtigen, bediente man sich eines „Tricks", indem man das Volumen eines nicht ausgebauten Dachgeschosses nur mit einem Drittel zum Ansatz brachte. Im Ergebnis reduzierte man also das Dachvolumen statt die Normalherstellungskosten des nicht ausgebauten Dachgeschosses zu reduzieren.

4.2.4   Brutto-Rauminhalt (BRI) nach DIN 277/1987

579 Die DIN 277 von 1973/87 (vgl. Anl. 3 bei Rn. 590) **unterscheidet zwischen folgenden Volumina:**

– *Brutto-Rauminhalt (BRI)*; er ergibt sich aus der Brutto-Grundfläche (vgl. oben Rn. 539) multipliziert mit der zugehörigen Höhe. Die zugehörige Höhe berechnet sich

- im *untersten Geschoss:* die Länge von der Unterkante (UK) der konstruktiven Bauwerkssohle bis zur Oberkante (OK) des Bodenbelags des darauffolgenden Geschosses,
- in den *mittleren Geschossen:* jeweils zwischen den Oberkanten (OK) des Bodenbelags,
- im obersten Geschoss: von der Oberkante des Bodenbelags bis zur Oberkante des Dachbelags,
- in Flächenbereichen: bis zur Oberkante der umschließenden Bauteile, wie Brüstungen, Attiken und Geländer.

Unberücksichtigt bleiben Fundamente, Kellerlichtschächte, Außentreppen und Außenrampen, Eingangsüberdachungen, Sonnenschutzanlagen, Dachgauben, Lichtkuppeln, Schornsteinköpfe und Dachüberstände.

- *Netto-Rauminhalt (NRI);* er ergibt sich aus der Netto-Grundfläche, multipliziert mit der zugehörigen lichten Raumhöhe.

Zur **Ermittlung des Brutto-Rauminhalts** schreibt die DIN 277 1987 vor: **580**

Der Brutto-Rauminhalt ist der Rauminhalt des Baukörpers, der nach unten von der Unterfläche der konstruktiven Bauwerkssohle und im Übrigen von den äußeren Begrenzungsflächen des Bauwerks umschlossen wird.

Nicht zum Brutto-Rauminhalt gehören die Rauminhalte von
- **Fundamenten;**
- **Bauteilen, soweit sie für den Brutto-Rauminhalt von untergeordneter Bedeutung sind, z.B. Kellerlichtschächte, Außentreppen, Außenrampen, Eingangsüberdachungen und Dachgauben;**
- **untergeordneten Bauteilen, wie z.B. konstruktive und gestalterische Vor- und Rücksprünge an den Außenflächen, auskragende Sonnenschutzanlagen, Lichtkuppeln, Schornsteinköpfe, Dachüberstände, soweit sie nicht Überdeckungen für Bereich b nach Abschnitt 3.1.1 DIN 277 (1987) sind.**

Bei der Berechnung des Brutto-Rauminhalts ergeben sich mindestens drei **getrennte Volumina** (bei Gebäuden mit Satteldächern vier Rauminhalte) von unterschiedlicher Wertigkeit, für die jeweils getrennte Raummeterpreise anzusetzen sind (vgl. Abb. 29).   **581**

Abb. 29: Ermittlung des Brutto-Rauminhalts nach DIN 277 (1973/87)

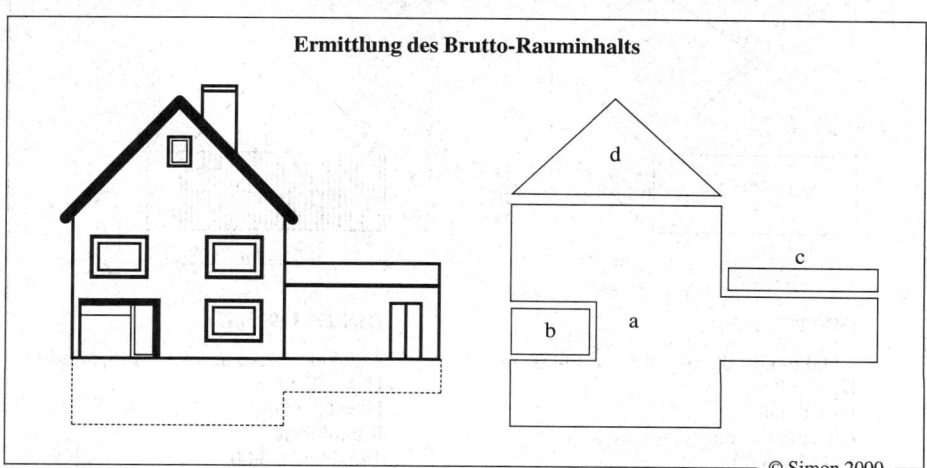

a: Brutto-Rauminhalt von allseitig umschlossenen und überdeckten Bauteilen,
b: Brutto-Rauminhalt von nicht allseitig in voller Höhe umschlossenen, jedoch überdeckten Bauteilen,
c: Brutto-Rauminhalt von Bauwerken / Teilen von Bauwerken, die von Bauwerken umschlossen, jedoch nicht überdeckt sind.

582 Um die **Größenordnung der Differenz zwischen dem Umbauten Raum und dem Brutto-Rauminhalt** überschlägig abschätzen zu können, geben folgende **Richtzahlen** einen Anhalt:

Gebäudeform	Abschlag in v. H. des Brutto-Rauminhalts (DIN 277, 1973)
Gebäude mit Flachdach (Abschlag ist abhängig von der Höhe der Dachaufkantung und der Unterkante der den Fußboden tragenden Konstruktion)	ca. 3 bis 8
Gebäude mit offenem Dachraum	ca. 3 bis 8
Gebäude mit nicht ausgebautem Dachgeschoss (Dachneigung 45°)	bis ca. 50
Gebäude mit ausgebautem Dachgeschoss	ca. 3 bis 8

Für genauere Sachwertermittlungen sind die Richtzahlen jedoch nicht brauchbar.

Um erkennen zu können, nach welcher **DIN-Vorschrift** das Volumen berechnet wurde, ist auf Folgendes zu achten:

– Datum der Berechnung: Volumen für Bauten ab 1974 wurden im Allgemeinen nach DIN 277 (1973) berechnet.

– Die Berechnung des Dachraumes bei Gebäuden mit Satteldächern erfolgt nach DIN 277 (1973/97) mit dem Höhenansatz 1/2, nach DIN 277 (1950) mit (1/3 x 1/2) = 1/6.

– Bei der Berechnung nach DIN 277 (1950) liegen Baurichtmaße zu Grunde.

– Bei Berechnung nach DIN 277 (1973/87) muss die Aufteilung in getrennte Volumina erkennbar sein (vgl. Abb. 30).

583 Die **Berechnung des Volumens nach DIN 277** (1973/87) führt im Regelfall zu einem anderen Ergebnis als die Volumenberechnung nach DIN 277 (1950); vgl. Abb. 30.

Abb. 30: Unterschiede in der Berechnung des Brutto-Rauminhalts (DIN 277, 1973/87) und des Umbauten Raums (DIN 277, 1950)

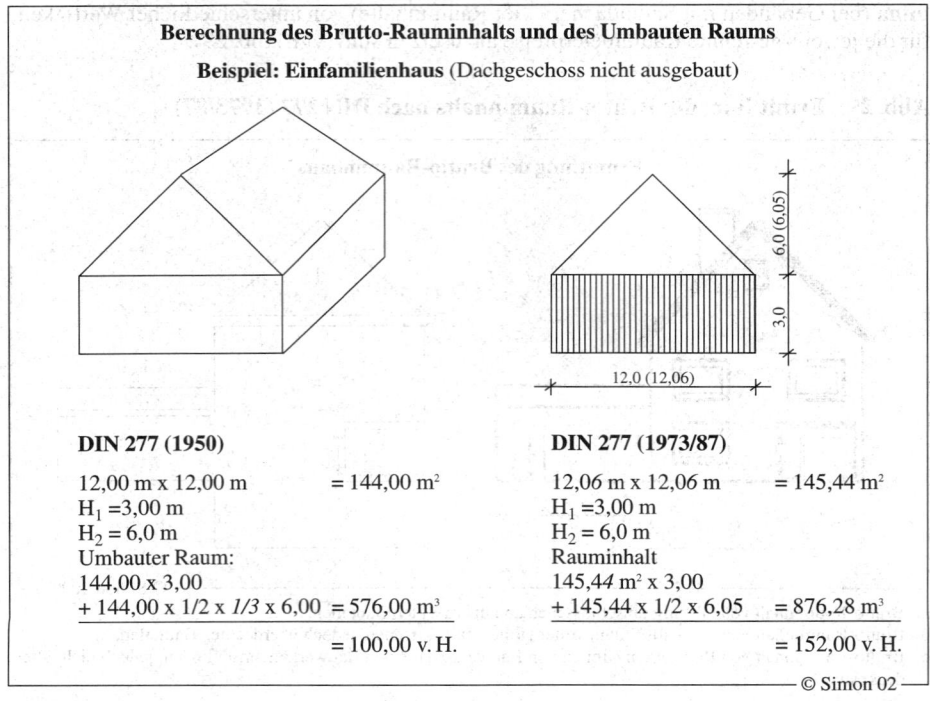

© Simon 02

4.3 Ausbauverhältnis

▸ *Zur Bedeutung vgl. § 7 WertV Rn. 110, Vorbem. zu den §§ 21 ff. WertV Rn. 44 und § 25 WertV Rn. 17 ff.*

Die **Wirtschaftlichkeit eines Gebäudes** ergibt sich aus dem Verhältnis   **584**
– der Brutto-Grundfläche zur Netto-Grundfläche und
– der Hauptnutzfläche zur Nebennutzfläche.

Insbesondere das zuletzt genannte Verhältnis stellt in der Bauwirtschaft die heute maßgebliche Kenngröße dar. In der bisherigen Wertermittlungspraxis wurde diesbezüglich vor allem das sog. Ausbauverhältnis herangezogen.

Als das Ausbauverhältnis bezeichnet man: das Verhältnis zwischen dem Rauminhalt   **585**
(Umbauter Raum) und der Wohn- bzw. Nutzfläche

$$\text{Ausbauverhältnis [m]} = \frac{\text{Rauminhalt (Umbauter Raum) [m}^3]}{\text{Wohn-/Nutzfläche [m}^2]}$$

Das **Ausbauverhältnis** ist insbesondere **vom Baujahr des Gebäudes** abhängig, da im   **586**
Laufe der Zeit immer effizientere Gebäudeaufteilungen erreicht werden konnten (vgl. Abb. 31). Eine hohe Ausbauverhältniszahl zeigt i. d. R. eine wertmindernde Überhöhe der Geschosse an.

Damit kann **unwirtschaftlichen Geschosshöhen** und einem unwirtschaftlich hohem   **587**
Anteil an Funktions- und Verkehrsflächen Rechnung getragen werden. Unwirtschaftliche Geschosshöhen finden bei Anwendung flächenbezogener Normalherstellungskosten ohnehin keinen Eingang in die Gebäudesachwertermittlung. Einem **unwirtschaftlich hohem Anteil an Funktions- und Verkehrsflächen** muss dagegen weiterhin Rechnung getragen werden. Darüber hinaus ist aber noch wertmäßig einem ungünstigen Verhältnis zwischen Haupt- und Nebennutzflächen Rechnung zu tragen. Bei alledem ist solchen wertmindernden Umständen im Rahmen des § 25 WertV (wirtschaftliche Wertminderung) Rechnung zu tragen (§ 25 WertV Rn. 17 ff.).

Abb. 31: Ausbauverhältnis

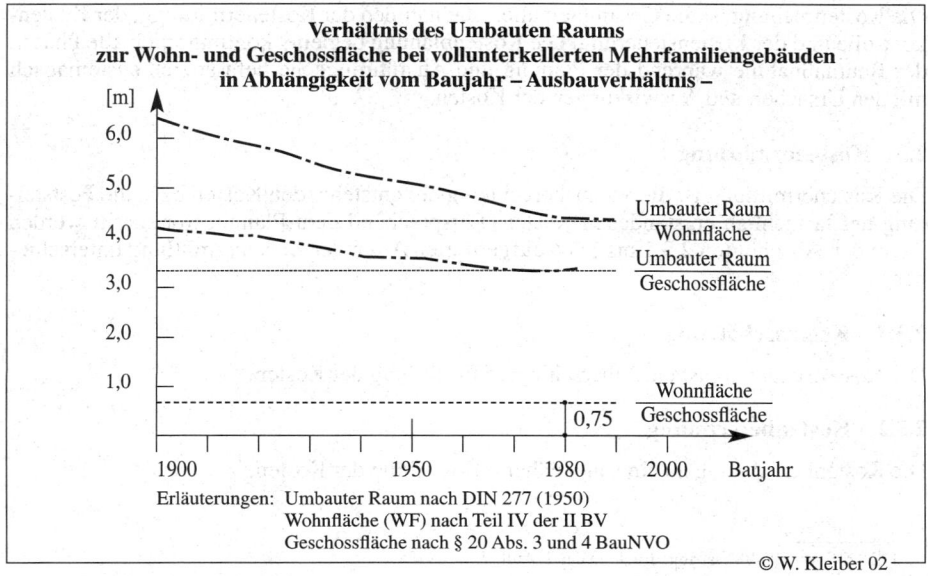

Verhältnis des Umbauten Raums
zur Wohn- und Geschossfläche bei vollunterkellerten Mehrfamiliengebäuden
in Abhängigkeit vom Baujahr – Ausbauverhältnis –

Erläuterungen: Umbauter Raum nach DIN 277 (1950)
Wohnfläche (WF) nach Teil IV der II BV
Geschossfläche nach § 20 Abs. 3 und 4 BauNVO

© W. Kleiber 02

4.4   Anlagen: Normen und Standards

Anlage 1: Kosten von Hochbauten nach DIN 276 (Juni 1993)*

1   Anwendungsbereich

588   Diese Norm gilt für die Ermittlung und die Gliederung von Kosten im Hochbau. Sie erfasst die Kosten für Maßnahmen zur Herstellung, zum Umbau und zur Modernisierung der Bauwerke sowie die damit zusammenhängenden Aufwendungen (Investitionskosten): für Baunutzungskosten gilt DIN 18 960 Teil 1.

Die Norm legt Begriffe und Unterscheidungsmerkmale fest und schafft damit die Voraussetzungen für die Vergleichbarkeit der Ergebnisse von Kostenermittlungen.

Die nach dieser Norm ermittelten Kosten können bei Verwendung für andere Zwecke (z. B. Honorierung von Auftragnehmerleistungen, steuerliche Förderung) den dabei erforderlichen Ermittlungen zu Grunde gelegt werden. Eine Bewertung der Kosten im Sinne der entsprechenden Vorschriften nimmt die Norm jedoch nicht vor.

Die Norm gilt für Kostenermittlungen, die auf der Grundlage von Ergebnissen der Bauplanung durchgeführt werden. Sie gilt nicht für Kostenermittlungen, die vor der Bauplanung lediglich auf der Grundlage von Bedarfsangaben durchgeführt und z. B. als „Kostenrahmen" bezeichnet werden.

2   Begriffe

2.1   Kosten im Hochbau

Kosten im Hochbau sind Aufwendungen für Güter, Leistungen und Abgaben, die für die Planung und Ausführung von Baumaßnahmen erforderlich sind.

Anmerkung: Kosten im Hochbau werden in dieser Norm im Folgenden als Kosten bezeichnet.

2.2   Kostenplanung

Die Kostenplanung ist die Gesamtheit aller Maßnahmen der Kostenermittlung, der Kostenkontrolle und der Kostensteuerung. Die Kostenplanung begleitet kontinuierlich alle Phasen der Baumaßnahme während der Planung und Ausführung. Sie befasst sich systematisch mit den Ursachen und Auswirkungen der Kosten.

2.3   Kostenermittlung

Die Kostenermittlung ist die Vorausberechnung der entstehenden Kosten bzw. die Feststellung der tatsächlich entstandenen Kosten. Entsprechend dem Planungsfortschritt werden die in den Abschnitten 2.3.1 bis 2.3.4 aufgeführten Arten der Kostenermittlung unterschieden.

2.3.1   Kostenschätzung

Die Kostenschätzung ist eine überschlägige Ermittlung der Kosten.

2.3.2   Kostenberechnung

Die Kostenberechnung ist eine angenäherte Ermittlung der Kosten.

---

*   DIN 276 von 1954/81 ist abgedruckt in der 2. Aufl., S. 1269 ff.

2.3.3 Kostenanschlag

Der Kostenanschlag ist eine möglichst genaue Ermittlung der Kosten.

2.3.4 Kostenfeststellung

Die Kostenfeststellung ist die Ermittlung der tatsächlich entstandenen Kosten.

2.4 Kostenkontrolle

Die Kostenkontrolle ist der Vergleich einer aktuellen mit einer früheren Kostenermittlung.

2.5 Kostensteuerung

Die Kostensteuerung ist das gezielte Eingreifen in die Entwicklung der Kosten, insbesondere bei Abweichungen, die durch die Kostenkontrolle festgestellt worden sind.

2.6 Kostenkennwert

Ein Kostenkennwert ist ein Wert, der das Verhältnis von Kosten zu einer Bezugseinheit (z. B. Grundflächen oder Rauminhalte nach DIN 277 Teil 1 und Teil 2) darstellt.

2.7 Kostengliederung

Die Kostengliederung ist die Ordnungsstruktur, nach der die Gesamtkosten einer Baumaßnahme in Kostengruppen unterteilt werden.

2.8 Kostengruppe

Eine Kostengruppe ist die Zusammenfassung einzelner, nach den Kriterien der Planung oder des Projektablaufes zusammengehörender Kosten.

2.9 Gesamtkosten

Die Gesamtkosten sind die Kosten, die sich als Summe aus allen Kostengruppen ergeben.

3 Kostenermittlung

3.1 Grundsätze der Kostenermittlung

3.1.1 Zweck

Kostenermittlungen dienen als Grundlagen für die Kostenkontrolle, für Planungs-, Vergabe- und Ausführungsentscheidungen sowie zum Nachweis der entstandenen Kosten.

3.1.2 Darstellung

Kostenermittlungen sind in der Systematik der Kostengliederung zu ordnen und darzustellen.

3.1.3 Art

Die Art und die Detaillierung der Kostenermittlung sind abhängig vom Stand der Planung und Ausführung und den jeweils verfügbaren Informationen, z. B. in Form von Zeichnungen, Berechnungen und Beschreibungen.

Die Informationen über die Baumaßnahme nehmen entsprechend dem Projektfortschritt zu, so dass auch die Genauigkeit der Kostenermittlungen wächst.

3.1.4   Vollständigkeit

Die Kosten der Baumaßnahme sind in der Kostenermittlung vollständig zu erfassen.

3.1.5   Kostenermittlung bei Bauabschnitten

Besteht eine Baumaßnahme aus mehreren zeitlich oder räumlich getrennten Abschnitten, sollten für jeden Abschnitt getrennte Kostenermittlungen aufgestellt werden.

3.1.6   Kostenstand

Bei Kostenermittlungen ist vom Kostenstand zum Zeitpunkt der Ermittlung auszugehen; dieser Kostenstand ist durch die Angabe des Zeitpunktes zu dokumentieren.

Sofern Kosten auf den Zeitpunkt der Fertigstellung prognostiziert werden, sind sie gesondert auszuweisen.

3.1.7   Grundlagen und Erläuterungen

Die Grundlagen für die Kostenermittlung sind anzugeben. Erläuterungen zur Baumaßnahme sollten in der Systematik der Kostengliederung geordnet werden.

3.1.8   Besondere Kosten

Sofern Kosten durch außergewöhnliche Bedingungen des Standortes (z. B. Gelände, Baugrund, Umgebung), durch besondere Umstände des Projekts oder durch Forderungen außerhalb der Zweckbestimmung des Bauwerks verursacht werden, sollten diese Kosten bei den betreffenden Kostengruppen gesondert ausgewiesen werden.

3.1.9   Wiederverwendete Teile, Eigenleistungen

Der Wert wiederverwendeter Teile sowie der Wert von Eigenleistungen sollen bei den betreffenden Kostengruppen gesondert ausgewiesen werden. Für Eigenleistungen des Bauherrn sind die Kosten einzusetzen, die für entsprechende Auftragnehmerleistungen entstehen würden.

3.1.10   Umsatzsteuer

Die Umsatzsteuer kann entsprechend den jeweiligen Erfordernissen wie folgt berücksichtigt werden:
– In den Kostenangaben ist die Umsatzsteuer enthalten („Brutto-Angabe"),
– in den Kostenangaben ist die Umsatzsteuer nicht enthalten („Netto-Angabe"),
– nur bei einzelnen Kostenangaben (z. B. bei übergeordneten Kostengruppen) ist die Umsatzsteuer ausgewiesen.

In der Kostenermittlung und bei Kostenkennwerten ist immer anzugeben, in welcher Form die Umsatzsteuer berücksichtigt worden ist.

3.2   Arten der Kostenermittlung

In den Abschnitten 3.2.1 bis 3.2.4 werden die Arten der Kostenermittlung nach ihrem Zweck, den erforderlichen Grundlagen und dem Detaillierungsgrad festgelegt.

3.2.1   Kostenschätzung

Die Kostenschätzung dient als eine Grundlage für die Entscheidung über die Vorplanung.

Grundlagen für die Kostenschätzung sind:
– Ergebnisse der Vorplanung, insbesondere Planungsunterlagen, z. B. versuchsweise zeichnerische Darstellungen, Strichskizzen,

– Berechnung der Mengen von Bezugseinheiten der Kostengruppen, z. B. Grundflächen und Rauminhalte nach DIN 277 Teil 1 und Teil 2,
– erläuternde Angaben zu den planerischen Zusammenhängen, Vorgängen und Bedingungen,
– Angaben zum Baugrundstück und zur Erschließung.

In der Kostenschätzung sollen die Gesamtkosten nach Kostengruppen mindestens bis zur 1. Ebene der Kostengliederung ermittelt werden.

3.2.2 Kostenberechnung

Die Kostenberechnung dient als eine Grundlage für die Entscheidung über die Entwurfsplanung.

Grundlagen für die Kostenberechnung sind:
– Planungsunterlagen, z. B. durchgearbeitete, vollständige Vorentwurfs- und/oder Entwurfszeichnungen (Maßstab nach Art und Größe des Bauvorhabens), gegebenenfalls auch Detailpläne mehrfach wiederkehrender Raumgruppen,
– Berechnung der Mengen von Bezugseinheiten der Kostengruppen,
– Erläuterungen, z. B. Beschreibung der Einzelheiten in der Systematik der Kostengliederung, die aus den Zeichnungen und den Berechnungsunterlagen nicht zu ersehen, aber für die Berechnung und die Beurteilung der Kosten von Bedeutung sind.

In der Kostenberechnung sollen die Gesamtkosten nach Kostengruppen mindestens bis zur 2. Ebene der Kostengliederung ermittelt werden.

3.2.3 Kostenanschlag

Der Kostenanschlag dient als eine Grundlage für die Entscheidung über die Ausführungsplanung und die Vorbereitung der Vergabe.

Grundlagen für den Kostenanschlag sind:
– Planungsunterlagen, z. B. endgültige, vollständige Ausführungs-, Detail- und Konstruktionszeichnungen,
– Berechnungen, z. B. für Standsicherheit, Wärmeschutz, technische Anlagen,
– Berechnung der Mengen von Bezugseinheiten der Kostengruppen,
– Erläuterungen zur Bauausführung, z. B. Leistungsbeschreibungen,
– Zusammenstellungen von Angeboten, Aufträgen und bereits entstandenen Kosten.

Im Kostenanschlag sollen die Gesamtkosten nach Kostengruppen mindestens bis zur 3. Ebene der Kostengliederung ermittelt werden.

3.2.4 Kostenfeststellung

Die Kostenfeststellung dient zum Nachweis der entstandenen Kosten sowie gegebenenfalls zu Vergleichen und Dokumentationen.

Grundlagen für die Kostenfeststellung sind:
– geprüfte Abrechnungsbelege, z. B. Schlussrechnungen, Nachweise der Eigenleistungen,
– Planungsunterlagen, z. B. Abrechnungszeichnungen,
– Erläuterungen.

In der Kostenfeststellung sollen die Gesamtkosten nach Kostengruppen bis zur 2. Ebene der Kostengliederung unterteilt werden. Bei Baumaßnahmen, die für Vergleiche und Kostenkennwerte ausgewertet und dokumentiert werden, sollten die Gesamtkosten mindestens bis zur 3. Ebene der Kostengliederung unterteilt werden.

4 Kostengliederung

4.1 Aufbau der Kostengliederung

Die Kostengliederung nach Abschnitt 4.3 sieht drei Ebenen der Kostengliederung vor; diese sind durch dreistellige Ordnungszahlen gekennzeichnet.

In der 1. Ebene der Kostengliederung werden die Gesamtkosten in folgende sieben Kostengruppen gegliedert:

100 Grundstück
200 Herrichten und Erschließen
300 Bauwerk – Baukonstruktion
400 Bauwerk – Technische Anlagen
500 Außenanlagen
600 Ausstattung und Kunstwerke
700 Baunebenkosten.

Bei Bedarf werden diese Kostengruppen entsprechend der Kostengliederung in die Kostengruppen der 2. und 3. Ebene der Kostengliederung unterteilt.

Über die Kostengliederung dieser Norm hinaus können die Kosten entsprechend den technischen Merkmalen oder den herstellungsmäßigen Gesichtspunkten oder nach der Lage im Bauwerk bzw. auf dem Grundstück weiter untergliedert werden.

Darüber hinaus sollten die Kosten in Vergabeeinheiten geordnet werden, damit die projektspezifischen Angebote, Aufträge und Abrechnungen mit den Kostenvorgaben verglichen werden können.

Anmerkung: In Vergabeeinheiten werden Kostengruppen ganz oder in Teilen nach projektspezifischen Bedingungen zusammengefasst.

4.2 Ausführungsorientierte Gliederung der Kosten

Soweit es die Umstände des Einzelfalls zulassen (z. B. im Wohnungsbau) oder erfordern (z. B. bei Modernisierungen), können die Kosten vorrangig ausführungsorientiert gegliedert werden, indem bereits die Kostengruppen der ersten Ebene der Kostengliederung nach herstellungsmäßigen Gesichtspunkten unterteilt werden.

Hierfür kann die Gliederung in Leistungsbereiche entsprechend dem Standardleistungsbuch für das Bauwesen (StLB) – wie in Abschnitt 4.4 wiedergegeben – oder Standardleistungskatalog (StLK) oder eine Gliederung entsprechend anderen ausführungs- bzw. gewerkeorientierten Strukturen (z. B. Verdingungsordnung für Bauleistungen VOB Teil C) verwendet werden. Dies entspricht formal der 2. Ebene der Kostengliederung.

Im Falle einer solchen ausführungsorientierten Gliederung der Kosten ist eine weitere Unterteilung, z. B. in Teilleistungen, erforderlich, damit die Leistungen hinsichtlich Inhalt, Eigenschaften und Menge beschrieben und erfasst werden können. Dies entspricht formal der 3. Ebene der Kostengliederung.

Auch bei einer ausführungsorientierten Gliederung sollten die Kosten in Vergabeeinheiten geordnet werden, damit die projektspezifischen Angebote, Aufträge und Abrechnungen mit den Kostenvorgaben verglichen werden können (siehe Abschnitt 4.1 Anmerkung).

4.3 Darstellung der Kostengliederung

Die in der Spalte „Anmerkungen" aufgeführten Güter, Leistungen oder Abgaben sind Beispiele für die jeweilige Kostengruppe; die Aufzählung ist nicht abschließend.

Tabelle 1

Kostengruppen	Anmerkungen
100 Grundstück	
110 Grundstückswert	
120 Grundstücksnebenkosten	Kosten, die im Zusammenhang mit dem Erwerb eines Grundstücks entstehen
121 Vermessungsgebühren	
122 Gerichtsgebühren	
123 Notariatsgebühren	
124 Maklerprovisionen	
125 Grunderwerbsteuer	
126 Wertermittlungen, Untersuchungen	Wertermittlungen, Untersuchungen zu Altlasten und deren Beseitigung, Baugrunduntersuchungen und Untersuchungen über die Bebaubarkeit, soweit sie zur Beurteilung des Grundstückswerts dienen
127 Genehmigungsgebühren	
128 Bodenordnung, Grenzregulierung	
129 Grundstücksnebenkosten, Sonstiges	
130 Freimachen	Kosten, die aufzuwenden sind, um ein Grundstück von Belastungen freizumachen
131 Abfindungen	Abfindungen und Entschädigungen für bestehende Nutzungsrechte, z. B. Miet- und Pachtverträge
132 Ablösen dinglicher Rechte	Ablösung von Lasten und Beschränkungen, z. B. Wegerechten
139 Freimachen, Sonstiges	
200 Herrichten und Erschließen	Kosten aller vorbereitenden Maßnahmen, um das Grundstück bebauen zu können.
210 Herrichten	Kosten der vorbereitenden Maßnahmen auf dem Baugrundstück
211 Sicherungsmaßnahmen	Schutz von vorhandenen Bauwerken, Bauteilen, Versorgungsleitungen sowie Sichern von Bewuchs und Vegetationsschichten
212 Abbruchmaßnahmen	Abbrechen und Beseitigen von vorhandenen Bauwerken, Ver- und Entsorgungsleitungen sowie Verkehrsanlagen
213 Altlastenbeseitigung	Beseitigen von Kampfmitteln und anderen gefährlichen Stoffen, Sanieren belasteter und kontaminierter Böden
214 Herrichten der Geländeoberfläche	Roden von Bewuchs, Planieren, Bodenbewegungen einschließlich Oberbodensicherung
219 Herrichten, sonstiges	
220 Öffentliche Erschließung	Anteilige Kosten auf Grund gesetzlicher Vorschriften (Erschließungsbeiträge/Anliegerbeiträge) und Kosten auf Grund öffentlich-rechtlicher Verträge für
	– die Beschaffung oder den Erwerb der Erschließungsflächen gegen Entgelt durch den Träger der öffentlichen Erschließung,
	– die Herstellung oder Änderung gemeinschaftlich genutzter technischer Anlagen, z. B. zur Ableitung von Abwasser sowie zur Versorgung mit Wasser, Wärme, Gas, Strom und Telekommunikation,
	– die erstmalige Herstellung oder den Ausbau der öffentlichen Verkehrsflächen, der Grünflächen und sonstiger Freiflächen für öffentliche Nutzung
	Kostenzuschüsse und Anschlusskosten sollen getrennt ausgewiesen werden
221 Abwasserentsorgung	Anschlussbeiträge, Anschlusskosten
222 Wasserversorgung	Kostenzuschüsse, Anschlusskosten
223 Gasversorgung	Kostenzuschüsse, Anschlusskosten

Tabelle 1 (fortgesetzt)

Kostengruppen	Anmerkungen
224 Fernwärmeversorgung	Kostenzuschüsse, Anschlusskosten
225 Stromversorgung	Kostenzuschüsse, Anschlusskosten
226 Telekommunikation	Einmalige Entgelte für die Bereitstellung und Änderung von Netzanschlüssen
227 Verkehrserschließung	Erschließungsbeiträge für die Verkehrs- und Freianlagen einschließlich deren Entwässerung und Beleuchtung
229 Öffentliche Erschließung, Sonstiges	
230 Nicht öffentliche Erschließung	Kosten für Verkehrsflächen und technische Anlagen, die ohne öffentlich-rechtliche Verpflichtung oder Beauftragung mit dem Ziel der späteren Übertragung in den Gebrauch der Allgemeinheit hergestellt und ergänzt werden. Kosten von Anlagen auf dem eigenen Grundstück gehören zu der Kostengruppe 500.
	Soweit erforderlich, kann die Kostengruppe 230 entsprechend der Kostengruppe 220 untergliedert werden.
240 Ausgleichsabgaben	Kosten, die auf Grund landesrechtlicher Bestimmungen oder einer Ortssatzung aus Anlass des geplanten Bauvorhabens einmalig und zusätzlich zu den Erschließungsbeiträgen entstehen. Hierzu gehört insbesondere das Ablösen von Verpflichtungen aus öffentlich-rechtlichen Vorschriften, z. B. für Stellplätze, Baumbestand.
300 Bauwerk – Baukonstruktionen	Kosten von Bauleistungen und Lieferungen zur Herstellung des Bauwerks, jedoch ohne die Technischen Anlagen (Kostengruppe 400). Dazu gehören auch die mit dem Bauwerk fest verbundenen Einbauten, die der besonderen Zweckbestimmung dienen, sowie übergreifende Maßnahmen in Zusammenhang mit den Baukonstruktionen.
	Bei Umbauten und Modernisierungen zählen hierzu auch die Kosten von Teilabbruch-, Sicherungs- und Demontagearbeiten.
310 Baugrube	
311 Baugrubenherstellung	Bodenabtrag, Aushub einschließlich Arbeitsräumen und Böschungen, Lagern, Hinterfüllen, Ab- und Anfuhr
312 Baugrubenumschließung	Verbau, z. B. Schlitz-, Pfahl-, Spund-, Trägerbohl-, Injektions- und Spritzbetonwände einschließlich Verankerung, Absteifung
313 Wasserhaltung	Grund- und Schichtenwasserbeseitigung während der Bauzeit
319 Baugrube, Sonstiges	
320 Gründung	Die Kostengruppen enthalten die zugehörigen Erdarbeiten und Sauberkeitsschichten.
321 Baugrundverbesserung	Bodenaustausch, Verdichtung, Einpressung
322 Flachgründungen*	Einzel-, Streifenfundamente, Fundamentplatten
323 Tiefgründungen*	Pfahlgründung einschließlich Roste, Brunnengründungen; Verankerungen
324 Unterböden und Bodenplatten	Unterböden und Bodenplatten, die nicht der Fundamentierung dienen
325 Bodenbeläge**	Beläge auf Boden- und Fundamentplatten, z. B. Estriche, Dichtungs-, Dämm-, Schutz-, Nutzschichten
326 Bauwerksabdichtungen	Abdichtungen des Bauwerks einschließlich Filter-, Trenn- und Schutzschichten
327 Dränagen	Leitungen, Schächte, Packungen
329 Gründung, Sonstiges	
330 Außenwände	Wände und Stützen, die dem Außenklima ausgesetzt sind bzw. an das Erdreich oder an andere Bauwerke grenzen

   * Gegebenenfalls können die Kostengruppen 322 und 323 zusammengefasst werden; die Zusammenfassung ist kenntlich zu machen

 ** Gegebenenfalls können die Kosten der Bodenbeläge (Kostengruppe KG 325) mit den Kosten der Deckenbeläge (KG 352) in einer Kostengruppe zusammengefasst werden; die Zusammenfassung ist kenntlich zu machen

Tabelle 1 (fortgesetzt)

Kostengruppen	Anmerkungen
331 Tragende Außenwände*	Tragende Außenwände einschließlich horizontaler Abdichtungen
332 Nicht tragende Außenwände	Außenwände, Brüstungen, Ausfachungen, jedoch ohne Bekleidungen
333 Außenstützen	Stützen und Pfeiler mit einem Querschnittsverhältnis ≤ 1 : 5
334 Außentüren und -fenster	Fenster und Schaufenster, Türen und Tore einschließlich Fensterbänken, Umrahmungen, Beschlägen, Antrieben, Lüftungselementen und sonstigen eingebauten Elementen
335 Außenwandbekleidungen außen	Äußere Bekleidungen einschließlich Putz-, Dichtungs-, Dämm-, Schutzschichten an Außenwänden und -stützen
336 Außenwandbekleidungen innen**	Raumseitige Bekleidungen, einschließlich Putz-, Dichtungs-, Dämm-, Schutzschichten an Außenwänden und -stützen
337 Elementierte Außenwände	Elementierte Wände, bestehend aus Außenwand, -fenster, -türen, -bekleidungen
338 Sonnenschutz	Rollläden, Markisen und Jalousien einschließlich Antrieben
339 Außenwände, Sonstiges	Gitter, Geländer, Stoßabweiser und Handläufe
340 Innenwände	Innenwände und Innenstützen
341 Tragende Innenwände	Tragende Innenwände einschließlich horizontaler Abdichtungen
342 Nicht tragende Innenwände	Innenwände, Ausfachungen, jedoch ohne Bekleidungen
343 Innenstützen	Stützen und Pfeiler mit einem Querschnittsverhältnis < 1 : 5
344 Innentüren und -fenster	Türen und Tore, Fenster und Schaufenster einschließlich Umrahmungen, Beschlägen, Antrieben und sonstigen eingebauten Elementen
345 Innenwandbekleidungen***	Bekleidungen einschließlich Putz, Dichtungs-, Dämm-, Schutzschichten an Innenwänden und -stützen
346 Elementierte Innenwände	Elementierte Wände, bestehend aus Innenwänden, -türen, -fenstern, -bekleidungen, z. B. Falt- und Schiebewände, Sanitärtrennwände, Verschläge
349 Innenwände, Sonstiges	Gitter, Geländer, Stoßabweiser, Handläufe, Rollläden einschließlich Antrieben
350 Decken	Decken, Treppen und Rampen oberhalb der Gründung und unterhalb der Dachfläche
351 Deckenkonstruktionen	Konstruktionen von Decken, Treppen, Rampen, Balkonen, Loggien einschließlich Über- und Unterzügen, füllenden Teilen wie Hohlkörpern, Blindböden, Schüttungen, jedoch ohne Beläge und Bekleidungen
352 Deckenbeläge****	Beläge auf Deckenkonstruktionen einschließlich Estrichen, Dichtungs-, Dämm-, Schutz-, Nutzschichten; Schwing- und Installationsdoppelböden
353 Deckenbekleidungen*****	Bekleidungen unter Deckenkonstruktionen einschließlich Putz, Dichtungs-, Dämm-, Schutzschichten; Licht- und Kombinationsdecken
359 Decken, Sonstiges	Abdeckungen, Schachtdeckel, Roste, Geländer, Stoßabweiser, Handläufe, Leitern, Einschubtreppen
360 Dächer	Flache oder geneigte Dächer

 * Gegebenenfalls können die Kostengruppen 331, 332 und 333 bzw. 341, 342 und 343 zusammengefasst werden; die Zusammenfassung ist kenntlich zu machen.
 ** Gegebenenfalls können die Kosten der Außenwandbekleidungen innen (KG 336) mit den Kosten der Innenwandbekleidungen (KG 345) zusammengefasst werden; die Zusammenfassung ist kenntlich zu machen.
 *** Gegebenenfalls können die Kosten der Innenwandbekleidungen (KG 345) mit den Kosten der Außenwandbekleidungen innen (KG 336) zusammengefasst werden; die Zusammenfassung ist kenntlich zu machen.
 **** Gegebenenfalls können die Kosten der Deckenbeläge (KG 352) mit den Kosten der Bodenbeläge (KG 325) zusammengefasst werden; die Zusammenfassung ist kenntlich zu machen.
 ***** Gegebenenfalls können die Kosten der Deckenbekleidungen (KG 353) mit den Kosten der Dachbekleidungen (KG 364) zusammengefasst werden; die Zusammenfassung ist kenntlich zu machen.

Tabelle 1 (fortgesetzt)

Kostengruppen	Anmerkungen
361 Dachkonstruktionen	Konstruktionen von Dächern, Dachstühlen, Raumtragwerken und Kuppeln einschließlich Über- und Unterzügen, füllenden Teilen wie Hohlkörpern, Blindböden, Schüttungen, jedoch ohne Beläge und Bekleidungen
362 Dachfenster, Dachöffnungen	Fenster, Ausstiege einschließlich Umrahmungen, Beschlägen, Antrieben, Lüftungselementen und sonstigen eingebauten Elementen
363 Dachbeläge	Beläge auf Dachkonstruktionen einschließlich Schalungen, Lattungen, Gefälle-, Dichtungs-, Dämm-, Schutz- und Nutzschichten; Entwässerungen der Dachfläche bis zum Anschluss an die Abwasseranlagen
364 Dachbekleidungen	Dachbekleidungen unter Dachkonstruktionen einschließlich Putz, Dichtungs-, Dämm-, Schutzschichten; Licht- und Kombinationsdecken unter Dächern
369 Dächer, Sonstiges	Geländer, Laufbohlen, Schutzgitter, Schneefänge, Dachleitern, Sonnenschutz
370 Baukonstruktive Einbauten	Kosten der mit dem Bauwerk fest verbundenen Einbauten, jedoch ohne die nutzungsspezifischen Anlagen (siehe Kostengruppe 470); für die Abgrenzung gegenüber der Kostengruppe 610 ist maßgebend, dass die Einbauten durch ihre Beschaffenheit und Befestigung technische und bauplanerische Maßnahmen erforderlich machen, z. B. Anfertigen von Werkplänen, statischen und anderen Berechnungen, Anschließen von Installationen
371 Allgemeine Einbauten	Einbauten, die einer allgemeinen Zweckbestimmung dienen, z. B. Einbaumöbel wie Sitz- und Liegemöbel, Gestühl, Podien, Tische, Theken, Schränke, Garderoben, Regale
372 Besondere Einbauten	Einbauten, die einer besonderen Zweckbestimmung dienen, z. B. Werkbänke in Werkhallen, Labortische in Labors, Bühnenvorhänge in Theatern, Altäre in Kirchen, Einbausportgeräte in Sporthallen, Operationstische in Krankenhäusern
379 Baukonstruktive Einbauten, Sonstiges	
390 Sonstige Maßnahmen für Baukonstruktionen	Übergreifende Maßnahmen im Zusammenhang mit den Baukonstruktionen, die nicht einzelnen Kostengruppen der Baukonstruktionen zuzuordnen sind oder nicht in anderen Kostengruppen erfasst werden können
391 Baustelleneinrichtung	Einrichten, Vorhalten, Betreiben, Räumen der übergeordneten Baustelleneinrichtung, z. B. Material- und Geräteschuppen, Lager-, Wasch-, Toiletten- und Aufenthaltsräume, Bauwagen, Misch- und Transportanlagen, Energie- und Bauwasseranschlüsse, Baustraßen, Lager- und Arbeitsplätze, Verkehrssicherungen, Abdeckungen, Bauschilder, Bau- und Schutzzäune, Baubeleuchtung, Schuttbeseitigung
392 Gerüste	Auf-, Um-, Abbauen, Vorhalten von Gerüsten
393 Sicherungsmaßnahmen	Sicherungsmaßnahmen an bestehenden Bauwerken; z. B. Unterfangungen, Abstützungen
394 Abbruchmaßnahmen	Abbruch- und Demontagearbeiten einschließlich Zwischenlagern wiederverwendbarer Teile, Abfuhr des Abbruchmaterials
395 Instandsetzungen	Maßnahmen zur Wiederherstellung des zum bestimmungsgemäßen Gebrauch geeigneten Zustandes
396 Recycling Zwischendeponierung und Entsorgung	Maßnahmen zum Recycling, zur Zwischendeponierung und zur Entsorgung von Materialien, die bei dem Abbruch, bei der Demontage und bei dem Ausbau von Bauteilen oder bei der Erstellung einer Bauleistung anfallen
397 Schlechtwetterbau	Winterbauschutzvorkehrungen wie Notverglasung, Abdeckungen und Umhüllungen, Erwärmung des Bauwerks, Schneeräumung
398 Zusätzliche Maßnahmen	Schutz von Personen, Sachen und Funktionen; Reinigung vor Inbetriebnahme; Maßnahmen auf Grund von Forderungen des Wasser-, Landschafts- und Lärmschutzes während der Bauzeit; Erschütterungsschutz
399 Sonstige Maßnahmen für Baukonstruktionen, Sonstiges	Für Schließanlagen, Schächte, Schornsteine, soweit nicht in anderen Kostengruppen erfasst

Tabelle 1 (fortgesetzt)

Kostengruppen	Anmerkungen
400 Bauwerk – **Technische Anlagen***	Kosten aller im Bauwerk eingebauten, daran angeschlossenen oder damit fest verbundenen technischen Anlagen oder Anlagenteile. Die einzelnen technischen Anlagen enthalten die zugehörigen Gestelle, Befestigungen, Armaturen, Wärme- und Kältedämmung, Schall- und Brandschutzvorkehrungen, Abdeckungen, Verkleidungen, Anstriche, Kennzeichnungen sowie Mess-, Steuer- und Regelanlagen.
410 Abwasser-,Wasser-, Gasanlagen	
411 Abwasseranlagen	Abläufe, Abwasserleitungen, Abwassersammelanlagen, Abwasserbehandlungsanlagen, Hebeanlagen
412 Wasseranlagen	Wassergewinnungs-, Aufbereitungs- und Druckerhöhungsanlagen, Rohrleitungen, dezentrale Wassererwärmer, Sanitärobjekte
413 Gasanlagen	Gasanlagen für Wirtschaftswärme: Gaslagerungs- und Erzeugungsanlagen, Übergabestationen, Druckregelanlagen und Gasleitungen, soweit nicht zu den Kostengruppen 420 oder 470 gehörend
414 Feuerlöschanlagen	Sprinkler-, CO_2-Anlagen, Löschwasserleitungen, Wandhydranten, Feuerlöschgeräte
419 Abwasser-, Wasser-, Gasanlagen, Sonstiges	Installationsblöcke, Sanitärzellen
420 Wärmeversorgungsanlagen	
421 Wärmeerzeugungsanlagen	Brennstoffversorgung, Wärmeübergabestationen, Wärmeerzeugung auf der Grundlage von Brennstoffen oder unerschöpflichen Energiequellen einschließlich Schornsteinanschlüsse, zentrale Wassererwärmungsanlagen
422 Wärmeverteilnetze	Pumpen, Verteiler; Rohrleitungen für Raumheizflächen, umlufttechnische Anlagen und sonstige Wärmeverbraucher
423 Raumheizflächen	Heizkörper, Flächenheizsysteme
429 Wärmeversorgungsanlagen, Sonstiges	Schornsteine, soweit nicht in anderen Kostengruppen erfasst
430 Lufttechnische Anlagen	Anlagen mit und ohne Lüftungsfunktion
431 Lüftungsanlagen	Abluftanlagen, Zuluftanlagen, Zu- und Abluftanlagen ohne oder mit einer thermodynamischen Luftbehandlungsfunktion, mechanische Entrauchungsanlagen
432 Teilklimaanlagen	Anlagen mit zwei oder drei thermodynamischen Luftbehandlungsfunktionen
433 Klimaanlagen	Anlagen mit vier thermodynamischen Luftbehandlungsfunktionen
434 Prozesslufttechnische Anlagen	Farbnebelabscheideanlagen, Prozessfortluftsysteme, Absauganlagen
435 Kälteanlagen	Kälteanlagen für lufttechnische Anlagen: Kälteerzeugungs- und Rückkühlanlagen einschließlich Pumpen, Verteiler und Rohrleitungen
439 Lufttechnische Anlagen, Sonstiges	Lüftungsdecken, Kühldecken, Abluftfenster; Installationsdoppelböden, soweit nicht in anderen Kostengruppen erfasst
440 Starkstromanlagen	
441 Hoch- und Mittelspannungsanlagen	Schaltanlagen, Transformatoren
442 Eigenstromversorgungsanlagen	Stromerzeugungsaggregate einschließlich Kühlung, Abgasanlagen und Brennstoffversorgung, zentrale Batterie- und unterbrechungsfreie Stromversorgungsanlagen, photovoltaische Anlagen
443 Niederspannungsschaltanlagen	Niederspannungshauptverteiler, Blindstromkompensationsanlagen, Maximumüberwachungsanlagen
444 Niederspannungsinstallationsanlagen	Kabel, Leitungen, Unterverteiler, Verlegesysteme, Installationsgeräte

* Bei Bedarf können die Kosten der technischen Anlagen in die Installationen und die zentrale Betriebstechnik aufgeteilt werden.

Tabelle 1 (fortgesetzt)

Kostengruppen	Anmerkungen
445 Beleuchtungsanlagen	Ortsfeste Leuchten einschließlich Leuchtmittel
446 Blitzschutz- und Erdungsanlagen,	Auffangeinrichtungen, Ableitungen, Erdungen
449 Starkstromanlagen, Sonstiges	Frequenzumformer
450 Fernmelde- und Informationstechnische Anlagen	Die einzelnen Anlagen enthalten die zugehörigen Verteiler, Kabel, Leitungen.
451 Telekommunikationsanlagen	
452 Such- und Signalanlagen	Personenrufanlagen, Lichtruf- und Klingelanlagen, Türsprech- und Türöffneranlagen
453 Zeitdienstanlagen	Uhren- und Zeiterfassungsanlagen
454 Elektroakustische Anlagen	Beschallungsanlagen, Konferenz- und Dolmetscheranlagen, Gegen- und Wechselsprechanlagen
455 Fernseh- und Antennenanlagen	Fernsehanlagen, soweit nicht in den Such-, Melde-, Signal- und Gefahrenmeldeanlagen erfasst, einschließlich Sende- und Empfangsantennenanlagen, Umsetzer
456 Gefahrenmelde- und Alarmanlagen	Brand-, Überfall-, Einbruchmeldeanlagen, Wächterkontrollanlagen, Zugangskontroll- und Raumbeobachtungsanlagen
457 Übertragungsnetze	Kabelnetze zur Übertragung von Daten, Sprache, Text und Bild, soweit nicht in anderen Kostengruppen erfasst
459 Fernmelde- und informationstechnische Anlagen, Sonstiges	Verlegesysteme, soweit nicht in Kostengruppe 444 erfasst; Fernwirkanlagen, Parkleitsysteme
460 Förderanlagen	
461 Aufzugsanlagen	Personenaufzüge, Lastenaufzüge
462 Fahrtreppen, Fahrsteige	
463 Befahranlagen	Fassadenaufzüge und andere Befahranlagen
464 Transportanlagen	Automatische Warentransportanlagen, Aktentransportanlagen, Rohrpostanlagen
465 Krananlagen	Einschließlich Hebezeuge
469 Förderanlagen, Sonstiges	Hebebühnen
470 Nutzungsspezifische Anlagen	Kosten der mit dem Bauwerk fest verbundenen Anlagen, die der besonderen Zweckbestimmung dienen, jedoch ohne die baukonstruktiven Einbauten (Kostengruppe 370). Für die Abgrenzung gegenüber der Kostengruppe 610 ist maßgebend, dass die nutzungsspezifischen Anlagen technische und planerische Maßnahmen erforderlich machen, z. B. Anfertigen von Werkplänen, Berechnungen, Anschließen von anderen technischen Anlagen.
471 Küchentechnische Anlagen	Einrichtungen zur Speisen- und Getränkezubereitung, -ausgabe und -lagerung einschließlich zugehöriger Kälteanlagen
472 Wäscherei- und Reinigungsanlagen	Einschließlich zugehöriger Wasseraufbereitung, Desinfektions- und Sterilisationseinrichtungen
473 Medienversorgungsanlagen	Medizinische und technische Gase, Vakuum, Flüssigchemikalien, Lösungsmittel, vollentsalztes Wasser einschließlich Lagerung, Erzeugungsanlagen, Übergabestationen, Druckregelanlagen, Leitungen und Entnahmearmaturen
474 Medizintechnische Anlagen	Ortsfeste medizintechnische Anlagen, soweit nicht in Kostengruppe 610 erfasst
475 Labortechnische Anlagen	Ortsfeste labortechnische Anlagen, soweit nicht in Kostengruppe 610 erfasst
476 Badetechnische Anlagen	Aufbereitungsanlagen für Schwimmbeckenwasser, soweit nicht in Kostengruppe 410 erfasst
477 Kälteanlagen	Kälteversorgungsanlagen, soweit nicht in anderen Kostengruppen erfasst; Eissportflächen
478 Entsorgungsanlagen	Abfall- und Medienentsorgungsanlagen, Staubsauganlagen, soweit nicht in Kostengruppe 610 erfasst

Tabelle 1 (fortgesetzt)

Kostengruppen	Anmerkungen
479 Nutzungsspezifische Anlagen, Sonstiges	Bühnentechnische Anlagen, Tankstellen- und Waschanlagen
480 Gebäudeautomation	Kosten der anlagenübergreifenden Automation einschließlich der zugehörigen Verteiler, Kabel und Leitungen
481 Automationssysteme	Automationsstationen, Bedien- und Beobachtungseinrichtungen, Programmiereinrichtungen, Sensoren und Aktoren, Kommunikationsschnittstellen, Software der Automationsstationen
482 Leitungsteile	Schaltschränke mit Leistungs-, Steuerungs- und Sicherungsbaugruppen
483 Zentrale Einrichtungen	Leitstationen mit Peripherie-Einrichtungen, Einrichtungen für Systemkommunikation zu den Automationsstationen
489 Gebäudeautomation, Sonstiges	
490 Sonstige Maßnahmen für Technische Anlagen	Übergreifende Maßnahmen im Zusammenhang mit den Technischen Anlagen, die nicht einzelnen Kostengruppen der Technischen Anlagen zuzuordnen sind oder nicht in anderen Kostengruppen erfasst werden können
491 Baustelleneinrichtung	Einrichten, Vorhalten, Betreiben, Räumen der übergeordneten Baustelleneinrichtung, z. B. Material- und Geräteschuppen, Lager-, Wasch-, Toiletten- und Aufenthaltsräume, Bauwagen, Misch- und Transportanlagen, Energie- und Bauwasseranschlüsse, Baustraßen, Lager- und Arbeitsplätze, Verkehrssicherungen, Abdeckungen, Bauschilder, Bau- und Schutzzäune, Baubeleuchtung, Schuttbeseitigung
492 Gerüste	Auf-, Um-, Abbauen, Vorhalten von Gerüsten
493 Sicherungsmaßnahmen	Sicherungsmaßnahmen an bestehenden Bauwerken; z. B. Unterfangungen, Abstützungen
494 Abbruchmaßnahmen	Abbruch und Demontagearbeiten einschließlich Zwischenlagern wiederverwendbarer Teile, Abfuhr des Abbruchmaterials
495 Instandsetzungen	Maßnahmen zur Wiederherstellung des zum bestimmungsgemäßen Gebrauch geeigneten Zustandes
496 Recycling, Zwischendeponierung und Entsorgung	Maßnahmen zum Recycling, zur Zwischendeponierung und zur Entsorgung von Materialien, die bei dem Abbruch, bei der Demontage und bei dem Ausbau von Bauteilen oder bei der Erstellung einer Bauleistung anfallen
497 Schlechtwetterbau	Winterbauschutzvorkehrungen wie Notverglasung, Abdeckungen und Umhüllungen, Erwärmung des Bauwerks, Schneeräumung
498 Zusätzliche Maßnahmen	Schutz von Personen, Sachen und Funktionen; Reinigung vor Inbetriebnahme; Maßnahmen auf Grund von Forderungen des Wasser-, Landschafts- und Lärmschutzes während der Bauzeit; Erschütterungsschutz
499 Sonstige Maßnahmen für Technische Anlagen, Sonstiges	
500 Außenanlagen	Kosten der Bauleistungen und Lieferungen für die Herstellung aller Gelände- und Verkehrsflächen, Baukonstruktionen und technischen Anlagen außerhalb des Bauwerks, soweit nicht in Kostengruppe 200 erfasst. In den einzelnen Kostengruppen sind die zugehörigen Leistungen, wie z. B. Erdarbeiten, Unterbau und Gründungen, enthalten.
510 Geländeflächen	
511 Geländebearbeitung	Bodenabtrag und Bodenauftrag; Boden- und Oberbodenarbeiten
512 Vegetationstechnische Bodenbearbeitungsstoffe	Bodenlockerung, Bodenverbesserung, z. B. Düngung, Bodenhilfsstoffe
513 Sicherungsbauweisen	Vegetationsstücke, Geotextilien, Flechtwerk
514 Pflanzen	Einschließlich Fertigstellungspflege
515 Rasen	Einschließlich Fertigstellungspflege; ohne Sportrasenflächen (siehe Kostengruppe 525)
516 Begrünung unterbauter Flächen	Auf Tiefgaragen einschließlich Wurzelschutz- und Fertigstellungspflege
517 Wasserflächen	Naturnahe Wasserflächen

Tabelle 1 (fortgesetzt)

Kostengruppen	Anmerkungen
519 Geländeflächen, sonstiges	Entwicklungspflege
520 Befestigte Flächen	
521 Wege*	Befestigte Fläche für den Fuß- und Radfahrerverkehr
522 Straßen*	Flächen für den Leicht- und Schwerverkehr; Fußgängerzonen mit Anlieferungsverkehr
523 Plätze, Höfe*	Gestaltete Platzflächen, Innenhöfe
524 Stellplätze*	Flächen für den ruhenden Verkehr
525 Sportplatzflächen	Sportrasenflächen, Kunststoffsportflächen
526 Spielplatzflächen	
527 Gleisanlagen	
529 Befestigte Flächen, Sonstiges	
530 Baukonstruktionen in Außenanlagen	
531 Einfriedungen	Zäune, Mauern, Türen, Tore, Schrankenanlagen
532 Schutzkonstruktionen	Lärmschutzwände, Sichtschutzwände, Schutzgitter
533 Mauern, Wände	Stütz-, Schwergewichtsmauern
534 Rampen,Treppen,Tribünen	Kinderwagen- und Behindertenrampen, Block- und Stellstufen, Zuschauertribünen von Sportplätzen
535 Überdachungen	Wetterschutz, Unterstände; Pergolen
536 Brücken, Stege	Holz- und Stahlkonstruktionen
537 Kanal- und Schachtbauanlagen	Bauliche Anlagen für Medien- oder Verkehrserschließung
538 Wasserbauliche Anlagen	Brunnen, Wasserbecken, Bachregulierungen
539 Baukonstruktionen in Außenanlagen, Sonstiges	
540 Technische Anlagen in Außenanlagen	Kosten der Technischen Anlagen auf dem Grundstück einschließlich der Ver- und Entsorgung des Bauwerks
541 Abwasseranlagen	Kläranlagen, Oberflächen- und Bauwerksentwässerungsanlagen, Sammelgruben, Abscheider, Hebeanlagen
542 Wasseranlagen	Wassergewinnungsanlagen, Wasserversorgungsnetze, Hydrantenanlagen, Druckerhöhungs- und Beregnungsanlagen
543 Gasanlagen	Gasversorgungsnetze, Flüssiggasanlagen
544 Wärmeversorgungsanlagen	Wärmeerzeugungsanlagen, Wärmeversorgungsnetze, Freiflächen- und Rampenheizungen
545 Lufttechnische Anlagen	Bauteile von lufttechnischen Anlagen, z. B. Außenluftansaugung, Fortluftausblasung, Kälteversorgung
546 Starkstromanlagen	Stromversorgungsnetze, Freilufttrafostationen, Eigenstromerzeugungsanlagen, Außenbeleuchtungs- und Flutlichtanlagen einschließlich Maste und Befestigung
547 Fernmelde-und informationstechnische Anlagen	Leitungsnetze, Beschallungs-, Zeitdienst- und Verkehrssignalanlagen, elektronische Anzeigetafeln, Objektsicherungsanlagen, Parkleitsysteme
548 Nutzungsspezifische Anlagen	Medienversorgungsanlagen, Tankstellenanlagen, badetechnische Anlagen
549 Technische Anlagen in Außenanlagen, Sonstiges	
550 Einbauten in Außenanlagen	
551 Allgemeine Einbauten	Wirtschaftsgegenstände, z. B. Möbel, Fahrradständer, Schilder, Pflanzbehälter, Abfallbehälter, Fahnenmasten
552 Besondere Einbauten	Einbauten für Sport- und Spielanlagen, Tiergehege

* Gegebenenfalls können die Kostengruppen 521, 522, 523 und 524 zusammengefasst werden; die Zusammenfassung ist kenntlich zu machen

Tabelle 1 (fortgesetzt)

Kostengruppen	Anmerkungen
559 Einbauten in Außenanlagen, Sonstiges	
590 Sonstige Maßnahmen für Außenanlagen	Übergreifende Maßnahmen im Zusammenhang mit den Außenanlagen, die nicht einzelnen Kostengruppen der Außenanlagen zuzuordnen sind
591 Baustelleneinrichtung	Einrichten, Vorhalten, Betreiben, Räumen der übergeordneten Baustelleneinrichtung, z. B. Material- und Geräteschuppen, Lager-, Wasch-, Toiletten- und Aufenthaltsräume, Bauwagen, Misch- und Transportanlagen, Energie- und Bauwasseranschlüsse, Baustraßen, Lager- und Arbeitsplätze, Verkehrssicherungen, Abdeckungen, Bauschilder, Bau- und Schutzzäune, Baubeleuchtung, Schuttbeseitigung
592 Gerüste	Auf-, Um-, Abbauen, Vorhalten von Gerüsten
593 Sicherungsmaßnahmen	Sicherungsmaßnahmen an bestehenden baulichen Anlagen, z. B. Unterfangungen, Abstützungen
594 Abbruchmaßnahmen	Abbruch- und Demontagearbeiten einschließlich Zwischenlagern wiederverwendbarer Teile, Abfuhr des Abbruchmaterials
595 Instandsetzungen	Maßnahmen zur Wiederherstellung des zum bestimmungsgemäßen Gebrauch geeigneten Zustandes
596 Recycling, Zwischendeponierung und Entsorgung	Maßnahmen zum Recycling, zur Zwischendeponierung und zur Entsorgung von Materialien, die bei dem Abbruch, bei der Demontage und bei dem Ausbau von Bauteilen oder bei der Erstellung einer Bauleistung anfallen
597 Schlechtwetterbau	Winterbauschutzvorkehrungen wie Notverglasung, Abdeckungen und Umhüllungen, Erwärmung des Bauwerks, Schneeräumung
598 Zusätzliche Maßnahmen	Schutz von Personen, Sachen und Funktionen; Reinigung vor Inbetriebnahme; Maßnahmen auf Grund von Forderungen des Wasser-, Landschafts- und Lärmschutzes während der Bauzeit; Erschütterungsschutz
599 Sonstige Maßnahmen für Außenanlagen, Sonstiges	
600 Ausstattung und Kunstwerke	Kosten für alle beweglichen oder ohne besondere Maßnahmen zu befestigenden Sachen, die zur Ingebrauchnahme, zur allgemeinen Benutzung oder zur künstlerischen Gestaltung des Bauwerks und der Außenanlagen erforderlich sind. (Siehe Anmerkungen zu den Kostengruppen 370 und 470.)
610 Ausstattung	
611 Allgemeine Ausstattung	Möbel, z. B. Sitz- und Liegemöbel, Schränke, Regale, Tische; Textilien, z. B. Vorhänge, Wandbehänge, lose Teppiche, Wäsche; Haus-, Wirtschafts-, Garten- und Reinigungsgeräte
612 Besondere Ausstattung	Ausstattungsgegenstände, die einer besonderen Zweckbestimmung dienen, wie z. B. wissenschaftliche, medizinische, technische Geräte
619 Ausstattung, Sonstiges	Wegweiser, Orientierungstafeln, Farbleitsysteme, Werbeanlagen
620 Kunstwerke	
621 Kunstobjekte	Kunstwerke zur künstlerischen Ausstattung des Bauwerks und der Außenanlagen einschließlich Tragkonstruktionen, z. B. Skulpturen, Objekte, Gemälde, Möbel, Antiquitäten, Altäre, Taufbecken
622 Künstlerisch gestaltete Bauteile des Bauwerks	Kosten für die künstlerische Gestaltung, z. B. Malereien, Reliefs, Mosaiken, Glas-, Schmiede-, Steinmetzarbeiten
623 Künstlerisch gestaltete Bauteile der Außenanlagen	Kosten für die künstlerische Gestaltung, z. B. Malereien, Reliefs, Mosaiken, Glas-, Schmiede-, Steinmetzarbeiten
629 Kunstwerke, Sonstiges	
700 Baunebenkosten	Kosten, die bei der Planung und Durchführung auf der Grundlage von Honorarordnungen, Gebührenordnungen oder nach weiteren vertraglichen Vereinbarungen entstehen

Tabelle 1 (fortgesetzt)

Kostengruppen	Anmerkungen
710 Bauherrenaufgaben	
711 Projektleitung	Kosten, die der Bauherr zum Zwecke der Überwachung und Vertretung der Bauherreninteressen aufwendet
712 Projektsteuerung	Kosten für Projektsteuerungsleistungen im Sinne der HOAI sowie für andere Leistungen, die sich mit der übergeordneten Steuerung und Kontrolle von Projektorganisation, Terminen, Kosten und Qualitätssicherung befassen
713 Betriebs- und Organisationsberatung	Kosten für Beratung, z. B. zur betieblichen Organisation, zur Arbeitsplatzgestaltung, zur Erstellung von Raum- und Funktionsprogrammen, zur betrieblichen Ablaufplanung und zur Inbetriebnahme
719 Bauherrenaufgaben, Sonstiges	Baubetreuung
720 Vorbereitung der Objektplanung	
721 Untersuchungen	Standortanalysen, Baugrundgutachten, Gutachten für die Verkehrsanbindung, Bestandsanalysen, z. B. Untersuchungen zum Gebäudebestand bei Umbau- und Modernisierungsmaßnahmen, Umweltverträglichkeitsprüfungen
722 Wertermittlungen	Gutachten zur Ermittlung von Gebäudewerten, soweit nicht in Kostengruppe 126 erfasst
723 Städtebauliche Leistungen	Vorbereitende Bebauungsstudien
724 Landschaftsplanerische Leistungen	Vorbereitende Grünplanstudien
725 Wettbewerbe	Kosten für Ideenwettbewerbe und Realisierungswettbewerbe nach den GRW 1977
729 Vorbereitung der Objektplanung, Sonstiges	
730 Architekten- und Ingenieurleistungen	Kosten für die Bearbeitung der in der HOAI beschriebenen Leistungen (Honorare für Grundleistungen und Besondere Leistungen), bzw. nach vertraglicher Vereinbarung
731 Gebäude	
732 Freianlagen	
733 Raumbildende Ausbauten	
734 Ingenieurbauwerke und Verkehrsanlagen	
735 Tragwerksplanung	
736 Technische Ausrüstung	
739 Architekten- und Ingenieurleistungen, Sonstiges	
740 Gutachten und Beratung	Kosten für die Bearbeitung der in der HOAI beschriebenen Leistungen (Honorare für Grundleistungen und Besondere Leistungen), bzw. nach vertraglicher Vereinbarung
741 Thermische Bauphysik	
742 Schallschutz und Raumakustik	
743 Bodenmechanik, Erd- und Grundbau	
744 Vermessung	Vermessungstechnische Leistungen mit Ausnahme von Leistungen, die auf Grund landesrechtlicher Vorschriften für Zwecke der Landvermessung und des Liegenschaftskatasters durchgeführt werden (siehe Kostengruppe 771)
745 Lichttechnik, Tageslichttechnik	
749 Gutachten und Beratung, Sonstiges	

Tabelle 1 (fortgesetzt)

Kostengruppen	Anmerkungen
750 Kunst	
751 Kunstwettbewerbe	Kosten für die Durchführung von Wettbewerben zur Erarbeitung eines Konzepts für Kunstwerke oder künstlerisch gestaltete Bauteile
752 Honorare	Kosten für die geistig-schöpferische Leistung für Kunstwerke oder künstlerisch gestaltete Bauteile, soweit nicht in der Kostengruppe 620 enthalten
759 Kunst, Sonstiges	
760 Finanzierung	
761 Finanzierungskosten	Kosten für die Beschaffung der Dauerfinanzierungsmittel, die Bereitstellung des Fremdkapitals, die Beschaffung der Zwischenkredite und für Teilvalutierungen von Dauerfinanzierungsmitteln
762 Zinsen vor Nutzungsbeginn	Kosten für alle im Zusammenhang mit der Finanzierung des Projektes anfallenden Zinsen bis zum Zeitpunkt des Nutzungsbeginns
769 Finanzierung, Sonstiges	
770 Allgemeine Baunebenkosten	
771 Prüfungen, Genehmigungen, Abnahmen	Kosten im Zusammenhang mit Prüfungen, Genehmigungen und Abnahmen, z. B. Prüfung der Tragwerksplanung, Vermessungsgebühren für das Liegenschaftskataster
772 Bewirtschaftungskosten	Baustellenbewachung, Nutzungsschädigungen während der Bauzeit, Gestellung des Bauleitungsbüros auf der Baustelle sowie dessen Beheizung, Beleuchtung und Reinigung
773 Bemusterungskosten	Modellversuche, Musterstücke, Eignungsversuche, Eignungsmessungen
774 Betriebskosten während der Bauzeit	Kosten für den vorläufigen Betrieb insbesondere der Technischen Anlagen bis zur Inbetriebnahme
779 Allgemeine Baunebenkosten, Sonstiges	Kosten für Vervielfältigung und Dokumentation, Post- und Fernsprechgebühren, Kosten für Baufeiern, z. B. Grundsteinlegung, Richtfest
790 Sonstige Baunebenkosten	

Anlage 2: Umbauter Raum nach DIN 277/1950

▶ *Hierzu vgl. die Erläuterungen bei Rn. 569 ff.*

589   **Der umbaute Raum ist in m³ anzugeben.**

1   **Voll anzurechnen ist der umbaute Raum eines Gebäudes, der umschlossen wird**

1.1   seitlich von den Außenflächen der Umfassungen,

1.2   *unten*

1.2.1 bei unterkellerten Gebäuden von den Oberflächen der untersten Geschossfußböden,

1.2.2 bei nicht unterkellerten Gebäuden von der Oberfläche des Geländes. Liegt der Fußboden des untersten Geschosses tiefer als das Gelände, gilt Abschnitt 1.2.1;

1.3   *oben*

1.3.1 bei nicht ausgebautem Dachgeschoss von den Oberflächen der Fußböden über den
obersten Vollgeschossen,

1.3.2 bei ausgebautem Dachgeschoss, bei Treppenhausköpfen und Fahrstuhlschächten von
den Außenflächen der umschließenden Wände und Decken. (Bei Ausbau mit Leicht-
bauplatten sind die begrenzenden Außenflächen durch die Außen- oder Oberkante
der Teile zu legen, welche diese Platten unmittelbar tragen),

1.3.3 bei Dachdecken, die gleichzeitig die Decke des obersten Vollgeschosses bilden, von
den Oberflächen der Tragdecke oder Balkenlage,

1.3.4 bei Gebäuden oder Bauteilen ohne Geschossboden von den Außenflächen des
Daches, vgl. Abschnitt 3.5.

2   **Mit einem Drittel anzurechnen ist der umbaute Raum des nicht ausgebauten
Dachraumes, der umschlossen wird von den Flächen nach Abschnitt 1.3.1 oder
1.3.2 und den Außenflächen des Daches.**

3   **Bei den Ermittlungen nach den Abschnitten 1 und 2 ist**

3.1   die Gebäudegrundfläche nach den Rohbaumaßen des Erdgeschosses zu berechnen;

3.2   bei wesentlich verschiedenen Geschossgrundflächen der umbaute Raum geschossweise zu berechnen;

3.3   *nicht abzuziehen der umbaute Raum, der gebildet wird von*

3.3.1 äußeren Leibungen von Fenstern und Türen und äußeren Nischen in den Umfassungen,

3.3.2 Hauslauben (Loggien), d. h. an höchstens zwei Seitenflächen offenen, im Übrigen
umbauten Räumen;

3.4   *nicht hinzuzurechnen der umbaute Raum, den folgende Bauteile bilden:*

3.4.1 stehende Dachfenster und Dachaufbauten mit einer vorderen Ansichtsfläche bis zu je
2 m² (Dachaufbauten mit größerer Ansichtsfläche siehe Abschnitt 4.2),

3.4.2 Balkonplatten und Vordächer bis zu 0,5 m Ausladung (weiter ausladende Balkonplatten und Vordächer siehe Abschnitt 4.4),

3.4.3 Dachüberstände, Gesimse, ein bis drei nicht unterkellerte, vorgelagerte Stufen,
Wandpfeiler, Halbsäulen und Pilaster,

3.4.4 Gründungen gewöhnlicher Art, deren Unterfläche bei unterkellerten Bauten nicht tiefer als 0,5 m unter der Oberfläche des Kellergeschossfußbodens, bei nicht unterkellerten Bauten nicht tiefer als 1 m unter der Oberfläche des umgebenden Geländes liegt (Gründungen außergewöhnlicher Art und Tiefe siehe Abschnitt 4.8),

3.4.5 Kellerlichtschächte und Lichtgräben;

3.5 für Teile eines Baues, deren Innenraum ohne Zwischendecke bis zur Dachfläche durchgeht, der umbaute Raum getrennt zu berechnen, vgl. Abschnitt 1.3.4;

3.6 für zusammenhängende Teile eines Baues, die sich nach dem Zweck und deshalb in der Art des Ausbaues wesentlich von den übrigen Teilen unterscheiden, der umbaute Raum getrennt zu berechnen.

4 Von der Berechnung des umbauten Raumes nicht erfasst werden folgende (besonders zu veranschlagende) Bauausführungen und Bauteile:

4.1 geschlossene Anbauten in leichter Bauart und mit geringwertigem Ausbau und offene Anbauten, wie Hallen, Überdachungen (mit oder ohne Stützen) von Lichthöfen, Unterfahrten auf Stützen, Veranden;

4.2 Dachaufbauten mit vorderen Ansichtsflächen von mehr als 2 m² und Dachreiter;

4.3 Brüstungen von Balkonen und begehbaren Dachflächen;

4.4 Balkonplatten und Vordächer mit mehr als 0,5 m Ausladung;

4.5 Freitreppen mit mehr als drei Stufen und Terrassen (und ihre Brüstungen);

4.6 Füchse, Gründungen für Kessel und Maschinen;

4.7 frei stehende Schornsteine und der Teil von Hausschornsteinen, der mehr als 1 m über den Dachfirst hinausragt;

4.8 Gründungen außergewöhnlicher Art, wie Pfahlgründungen, und Gründung außergewöhnlicher Tiefe, deren Unterfläche tiefer liegt als in Abschnitt 3.4.4 angegeben;

4.9 wasserdruckhaltende Dichtungen.

Anlage 3: Grundfläche und Rauminhalt nach DIN 277/1973, 87

▶ *Hierzu vgl. die Erläuterungen Rn. 525 ff.*

– Begriffe, Berechnungsgrundlagen –

590   **1   Anwendungsbereich**

Diese Norm gilt für die Berechnung der Grundflächen und Rauminhalte von Bauwerken oder von Teilen von Bauwerken.

Grundflächen und Rauminhalte sind unter anderem maßgebend für die Ermittlung der Kosten von Hochbauten (Kostengruppen 3.1 bis 3.4 nach DIN 276 Teil 2) und bei dem Vergleich von Bauwerken.

Anmerkung: Eine weiterführende Untergliederung von Grundflächen nach Nutzungsarten ist in DIN 277 Teil 2 festgelegt.

2   Begriffe

2.1   Brutto-Grundfläche (BGF)

Die Brutto-Grundfläche ist die Summe der Grundflächen aller Grundrissebenen eines Bauwerkes.

Nicht dazu gehören die Grundflächen von nicht nutzbaren Dachflächen und von konstruktiv bedingten Hohlräumen, z.B. in belüfteten Dächern oder über abgehängten Decken.

Die Brutto-Grundfläche gliedert sich in Konstruktions-Grundfläche und Netto-Grundfläche.

2.2   Konstruktions-Grundfläche (KGF)

Die Konstruktions-Grundfläche ist die Summe der Grundflächen der aufgehenden Bauteile aller Grundrissebenen eines Bauwerks, z. B. von Wänden, Stützen und Pfeilern. Zur Konstruktions-Grundfläche gehören auch die Grundflächen von Schornsteinen, nicht begehbaren Schächten, Türöffnungen, Nischen sowie von Schlitzen.

2.3   Netto-Grundfläche (NGF)

Die Netto-Grundfläche ist die Summe der nutzbaren, zwischen den aufgehenden Bauteilen befindlichen Grundflächen aller Grundrissebenen eines Bauwerks. Zur Netto-Grundfläche gehören auch die Grundflächen von freiliegenden Installationen und von fest eingebauten Gegenständen, z. B. von Öfen, Heizkörpern oder Tischplatten.

Die Netto-Grundfläche gliedert sich in Nutzfläche, Funktionsfläche und Verkehrsfläche.

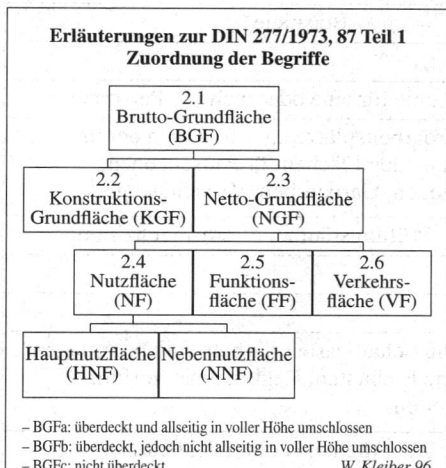

Erläuterungen zur DIN 277/1973, 87 Teil 1
Zuordnung der Begriffe

– BGFa: überdeckt und allseitig in voller Höhe umschlossen
– BGFb: überdeckt, jedoch nicht allseitig in voller Höhe umschlossen
– BGFc: nicht überdeckt   *W. Kleiber 96*

BGF = NGF + KGF
NGF = NF + FF + VF

BGF ....Brutto-Grundfläche
NGF ....Nettogrundfläche
KGF ....Konstruktions-
           grundfläche
NF   ....Nutzfläche
FF   ....Funktionsfläche
VF   ....Verkehrsfläche

Tabelle: Nutzungsarten und Gliederung der Netto-Grundrissfläche

Nr.	Nutzungsart Benennung	Netto-Grundfläche (NGF) Gliederung	
1	Wohnen und Aufenthalt		Hauptnutzfläche 1 (HNF 1)
2	Büroarbeit		Hauptnutzfläche 2 (HNF 2)
3	Produktion, Hand- und Maschinenarbeit, Experimente	Nutzfläche (NF)	Hauptnutzfläche 3 (HNF 3)
4	Lagern, Verteilen und Verkaufen		Hauptnutzfläche 4 (HNF 4)
5	Bildung, Unterricht und Kultur		Hauptnutzfläche 5 (HNF 5)
6	Heilen und Pflegen		Hauptnutzfläche 6 (HNF 6)
7	Sonstige Nutzungen		Nebennutzfläche (NNF)
8	Betriebstechnische Anlagen	Funktionsfläche (FF)	
9	Verkehrserschließung und -sicherung	Verkehrsfläche (VF)	

Zuordnung von Grundflächen und Räumen zu den Nutzungsarten mit Beispielen

Nr.	Grundflächen und Räume	Beispiele
1	**Wohnen und Aufenthalt**	
1.1	Wohnräume	Wohn- und Schlafräume in Wohnungen, Wohnheimen, Internaten, Beherbergungsstätten, Unterkünften; Wohndielen, Wohnküchen, Wohnbalkone, -loggien, -veranden, Terrassen
1.2	Gemeinschaftsräume	Gemeinschaftsräume in Heimen, Kindertagesstätten; Tagesräume, Aufenthaltsräume, Clubräume, Bereitschaftsräume
1.3	Pausenräume	Wandelhallen, Pausenhallen, -zimmer, -flächen in Schulen, Hochschulen, Krankenhäusern, Betrieben, Büros; Ruheräume
1.4	Warteräume	Warteräume in Verkehrsanlagen, Krankenhäusern, Praxen, Verwaltungsgebäuden
1.5	Speiseräume	Gast- und Speiseräume, Kantinen, Cafeterien, Tanzcafés
1.6	Hafträume	Haftzellen

Nr.	Grundflächen und Räume	Beispiele
2	**Büroarbeit**	
2.1	Büroräume	Büro-, Diensträume für eine oder mehrere Personen
2.2	Großraumbüros	Flächen für Büroarbeitsplätze einschließlich der im Großraum enthaltenen Flächen für Pausenzonen, Besprechungszonen, Garderoben, Verkehrswege
2.3	Besprechungsräume	Sitzungsräume, Prüfungsräume, Elternsprechzimmer
2.4	Konstruktionsräume	Zeichenräume
2.5	Schalterräume	Kassenräume
2.6	Bedienungsräume	Schalträume und Schaltwarten für betriebliche Anlagen oder betriebliche Einbauten; Regieräume, Vorführkabinen; Leitstellen
2.7	Aufsichtsräume	Pförtnerräume, Wachräume, Haftaufsichtsräume
2.8	Bürotechnikräume	Photolabor-Räume, Vervielfältigungsräume, Räume für EDV-Anlagen

2.4 Nutzfläche (NF)

Die Nutzfläche ist derjenige Teil der Netto-Grundfläche, der der Nutzung des Bauwerks auf Grund seiner Zweckbestimmung dient.

Die Nutzfläche gliedert sich in Hauptnutzfläche (HNF) und Nebennutzfläche (NNF).

2.5 Funktionsfläche (FF)

Die Funktionsfläche ist derjenige Teil der Netto-Grundfläche, der der Unterbringung zentraler betriebstechnischer Anlagen in einem Bauwerk dient.

Sofern es die Zweckbestimmung eines Bauwerks ist, eine oder mehrere betriebstechnische Anlagen unterzubringen, die der Ver- und Entsorgung anderer Bauwerke dienen, z. B. bei einem Heizhaus, sind die dafür erforderlichen Grundflächen jedoch Nutzfläche nach Abschnitt 2.4.

2.6 Verkehrsfläche (VF)

Die Verkehrsfläche ist derjenige Teil der Netto-Grundfläche, der dem Zugang zu den Räumen, dem Verkehr innerhalb des Bauwerks und auch dem Verlassen im Notfall dient.

Bewegungsflächen innerhalb von Räumen, die zur Nutz- oder Funktionsfläche gehören, z. B. Gänge zwischen Einrichtungsgegenständen, zählen nicht zur Verkehrsfläche.

2.7 Brutto-Rauminhalt (BRI)

Der Brutto-Rauminhalt ist der Rauminhalt des Baukörpers, der nach unten von der Unterfläche der konstruktiven Bauwerkssohle und im Übrigen von den äußeren Begrenzungsflächen des Bauwerks umschlossen wird.

Nicht zum Brutto-Rauminhalt gehören die Rauminhalte von

– Fundamenten;
– Bauteilen, soweit sie für den Brutto-Rauminhalt von untergeordneter Bedeutung sind, z. B. Kellerlichtschächte, Außentreppen, Außenrampen, Eingangsüberdachungen und Dachgauben;

– untergeordneten Bauteilen, wie z. B. konstruktive und gestalterische Vor- und Rück-
sprünge an den Außenflächen, auskragende Sonnenschutzanlagen, Lichtkuppeln,
Schornsteinköpfe, Dachüberstände, soweit sie nicht Überdeckungen für Bereich b nach
Abschnitt 3.1.1 sind.

2.8   Netto-Rauminhalt (NRI)

Der Netto-Rauminhalt ist die Summe der Rauminhalte aller Räume, deren Grundflächen
zur Netto-Grundfläche gehören.

3   Berechnungsgrundlagen

3.1   Allgemeines

**3.1.1   Grundflächen und Rauminhalte sind nach ihrer Zugehörigkeit zu fol-
genden Bereichen getrennt zu ermitteln:**

– **Bereich a:**
  überdeckt und allseitig in voller Höhe umschlossen,

– **Bereich b:**
  überdeckt, jedoch nicht allseitig in voller Höhe umschlossen,

– **Bereich c:**
  nicht überdeckt.

**Sie sind ferner getrennt nach Grundrissebenen, z. B. Geschossen, und getrennt
nach unterschiedlichen Höhen zu ermitteln.**

**3.1.2   Waagerechte Flächen sind aus ihren tatsächlichen Maßen, schräg-
liegende Flächen aus ihrer senkrechten Projektion auf eine waagerechte Ebene
zu berechnen.**

3.1.3   Grundflächen sind in m², Rauminhalte in m³ anzugeben.

3.2   Berechnung von Grundflächen

3.2.1   Brutto-Grundfläche

**Für die Berechnung der Brutto-Grundfläche sind die äußeren Maße der Bau-
teile einschließlich Bekleidung. z. B. Putz, in Fußbodenhöhe anzusetzen. Konstruktive und gestalterische Vor- und Rücksprünge an den Außenflächen bleiben dabei unberücksichtigt.**

**Brutto-Grundflächen des Bereichs b sind an den Stellen, an denen sie nicht
umschlossen sind, bis zur senkrechten Projektion ihrer Überdeckungen zu
rechnen.**

**Brutto-Grundflächen von Bauteilen (Konstruktions-Grundflächen), die zwi-
schen den Bereichen a und b liegen, sind zum Bereich a zu rechnen.**

3.2.2   Konstruktions-Grundfläche

Die Konstruktions-Grundfläche ist aus den Grundflächen der aufgehenden Bauteile zu
berechnen. Dabei sind die Fertigmaße der Bauteile in Fußbodenhöhe einschließlich Putz
oder Bekleidung anzusetzen. Konstruktive und gestalterische Vor- und Rücksprünge an den
Außenflächen, soweit sie die Netto-Grundfläche nicht beeinflussen, Fuß-, Sockelleisten,
Schrammborde sowie vorstehende Teile von Fenster- und Türbekleidungen bleiben
unberücksichtigt.

Die Konstruktions-Grundfläche darf auch als Differenz aus Brutto- und Netto-Grundfläche ermittelt werden.

3.2.3 Netto-Grundfläche, Nutz-, Funktions- und Verkehrsfläche

Bei der Berechnung der Netto-Grundfläche sind die Grundflächen von Räumen oder Raumteilen unter Schrägen mit lichten Raumhöhen

– von 1,5 m und mehr, sowie

– unter 1,5 m

stets getrennt zu ermitteln.

Für die Ermittlung der Netto-Grundfläche bzw. der Nutz-, Funktions- oder Verkehrsfläche im Einzelnen sind die lichten Maße der Räume in Fußbodenhöhe ohne Berücksichtigung von Fuß-, Sockelleisten oder Schrammborden anzusetzen.

Für Netto-Grundflächen des Bereichs b gilt Abschnitt 3.2.1, zweiter Absatz, sinngemäß.

Die Grundflächen von Treppenräumen und Rampen sind als Projektion auf die darüber liegende Grundrissebene zu berechnen, soweit sie sich nicht mit anderen Grundflächen überschneiden.

Grundflächen unter der jeweils ersten Treppe oder unter der ersten Rampe werden derjenigen Grundrissebene zugerechnet, auf der die Treppe oder Rampe beginnt. Sie werden ihrer Nutzung entsprechend zugeordnet.

Die Grundflächen von Aufzugsschächten und von begehbaren Installationsschächten werden in jeder Grundrissebene, durch die sie führen, berechnet.

3.3 Berechnung von Rauminhalten

3.3.1 Brutto-Rauminhalt

Der Brutto-Rauminhalt ist aus den nach Abschnitt 3.2.1 berechneten Brutto-Grundflächen und den dazugehörigen Höhen zu errechnen. Als Höhen für die Ermittlung des Brutto-Rauminhaltes gelten die senkrechten Abstände zwischen den Oberflächen des Bodenbelages der jeweiligen Geschosse bzw. bei Dächern die Oberfläche des Dachbelages.

Bei Luftgeschossen gilt als Höhe der Abstand von der Oberfläche des Bodenbelages bis zur Unterfläche der darüber liegenden Deckenkonstruktion.

Bei untersten Geschossen gilt als Höhe der Abstand von der Unterfläche der konstruktiven Bauwerkssohle bis zur Oberfläche des Bodenbelages des darüber liegenden Geschosses.

Für die Höhen des Bereichs c sind die Oberkanten der diesem Bereich zugeordneten Bauteile, z. B. Brüstungen, Attiken, Geländer, maßgebend.

Bei Bauwerken oder Bauwerksteilen, die von nicht senkrechten und/oder nicht waagerechten Flächen begrenzt werden, ist der Rauminhalt nach entsprechenden Formeln zu berechnen.

3.3.2 Netto-Rauminhalt

Der Netto-Rauminhalt ist aus den Netto-Grundflächen nach Abschnitt 3.2.3 und den lichten Raumhöhen sinngemäß nach Abschnitt 3.3.1 zu berechnen.

Anlage 4: Wohnung und Wohnfläche nach DIN 283/1951[1]

1. Wohnungen   **591**

1   Wohnungen

1.1   Eine Wohnung ist die Summe der Räume, welche die Führung eines Haushalts ermöglichen, darunter stets eine Küche oder ein Raum mit Kochgelegenheit. Zu einer Wohnung gehören außerdem Wasserversorgung, Ausguss und Abort.

Die Eigenschaft als Wohnung geht nicht dadurch verloren, dass einzelne Räume vorübergehend oder dauernd zu beruflichen oder gewerblichen Zwecken benutzt werden.

1.1.1 Abgeschlossene Wohnungen sind solche Wohnungen, die baulich vollkommen von fremden Wohnungen und Räumen abgeschlossen sind, z. B. durch Wände und Decken, die den Anforderungen der Bauaufsichtsbehörden (Baupolizei) an Wohnungstrennwände und Wohnungstrenndecken entsprechen und einen eigenen abschließbaren Zugang unmittelbar vom Freien, von einem Treppenhaus oder einem Vorraum haben. Zu abgeschlossenen Wohnungen können zusätzliche Räume außerhalb des Wohnungsabschlusses gehören. Auch Wasserversorgung, Ausguss und Abort können außerhalb der Wohnung liegen[2].

1.1.2 Nicht abgeschlossene Wohnungen sind solche Wohnungen, die die Bedingungen des Abschnitts 1.1.1 nicht erfüllen.

2   Räume der Wohnung

Unterschieden werden Wohn- und Schlafräume (Abschnitt 2.1), Küchen (Abschnitt 2.2) und Nebenräume (Abschnitt 2.3).

2.1   Als Wohn- und Schlafräume gelten nur solche Räume der Wohnung (auch Wohndielen und ausreichend beheizbare Wintergärten), die den Anforderungen der Bauaufsichtsbehörden (Baupolizei) an Räume zum dauernden Aufenthalt von Menschen entsprechen.

Nach der Größe werden unterschieden:

2.1.1 Wohn- und Schlafzimmer von mindestens 10 m² Wohnfläche (vgl. DIN 283, Blatt 2).

2.1.2 Wohn- und Schlafkammern von mindestens 6 und weniger als 10 m² Wohnfläche, deren kleinste Lichtweite auf wenigstens 2/3 der Grundfläche mindestens 2,1 m ist. (Kleinere Räume vergleiche Abschnitt 2.3.)

2.2   Küchen

2.2.1 Wohnküchen sind Räume von mindestens 12 m² Wohnfläche, die zum Wohnen geeignet, mit Einrichtung zum Kochen für hauswirtschaftliche Zwecke ausgestattet und beheizbar sind. Wohnräume mit Kochnischen werden ebenfalls zu den Wohnküchen gerechnet, wenn sie zusammen mindestens 12 m² Wohnfläche haben.

2.2.2 Kochküchen sind Räume, die mit einer Einrichtung zum Kochen für hauswirtschaftliche Zwecke ausgestattet sind und nicht unter Abschnitt 2.2.1 fallen.

---

1   Der Normungsausschuss des Deutschen Instituts für Normung e.V. hat die DIN 283 **aus** dem Jahre 1951 mit Teil 1 am 8. 3. 1983 und mit Teil 2 am 1. 6. 1989 ersatzlos zurückgezogen (vgl. Kremer in BBauBl. 1990, 367); zu den Unterschieden zur Wohnfläche nach der II BV vgl. III Rn. 523 ff.
2   Einliegerwohnungen können sowohl abgeschlossene als auch nicht abgeschlossene Wohnungen sein

2.3   Nebenräume sind Räume einer Wohnung, die nicht unter Abschnitt 2.1, 2.2, 3.1 oder 4 fallen, z. B. Dielen (Wohndielen vgl. Abschnitt 2.1), Schrankräume, Abstellräume, Windfänge, Vorräume, Flure, Treppen innerhalb einer Wohnung einschließlich Treppenabsätze, Galerien, Aborte, Wasch-, Dusch- und Baderäume, Spülküchen, Speisekammern, Besenkammern und dgl., Veranden, nicht ausreichend beheizbare Wintergärten. Als Nebenräume gelten auch Hauslauben (Loggien) Balkone und gedeckte Freisitze.

3   **Ausstattung der Wohnung**

3.1   Räumliche Ausstattung

3.1.1   ausschließlich zu einer Wohnung gehörende Räume: Bodenräume, Waschküchen, Kellerräume, Trockenräume, Speicherräume, Garagen usw.

3.1.2   zur gemeinsamen Benutzung verfügbare Räume:

Vorplätze, Geschosstreppen und Treppenhäuser, Waschküchen, Trockenräume, Bade- und Brauseräume, Backstuben, Plättstuben, Rollkammern, Fahrrad- und Kinderwagenräume usw.

3.2   Betriebliche Ausstattung

Wasserversorgung, Entwässerung, Elektrizitätsversorgung, Gasversorgung, Öfen, Herde, Fern- und Sammelheizungen, Warmwasserversorgung, Antennen und Rundfunkanlagen, Lasten- und Personenaufzüge, Müllschlucker, Hausfernsprecher usw.

3.3   Sonstige Ausstattung

3.3.1   ausschließlich zu einer Wohnung gehörend:

3.3.1.1   innerhalb der Wohnung:

eingebaute Ausstattungsstücke, wie Wandschränke, Möbel, Garderoben usw.

3.3.1.2   außerhalb der Wohnung:

Garten, Gartenlauben (Terrassen), Kinderspielanlagen usw.

3.3.2   zur gemeinschaftlichen Benutzung:

Kinderspielanlagen, Grünanlagen, Trockenplätze, Teppichklopfstangen, Wäschepfähle, Müllkästen, Dunggruben usw.

3.3.3   Nutzungsrecht in Verbindung mit Wohnung:

landwirtschaftliche oder gewerbliche Nutzung an Grundstücksflächen, Jagd-, Fischerei-, Bootsstegerechte mit zugehörigen Unterhaltspflichten, Wiesen- und Weidennutzungen usw.

4   **Wirtschaftsräume und gewerbliche Räume im Zusammenhang mit einer Wohnung**

Mit einer Wohnung können Räume im Zusammenhang stehen, die keinen Wohnzwecken dienen und sich wegen ihrer Zweckbestimmung baulich wesentlich von den Wohnräumen unterscheiden.

4.1   Wirtschaftsräume:

Arbeitsräume, Vorratsräume, Backstuben. Räucherkammern, Futterkammern, Ställe, Scheunen, Einstellräume für Fahrzeuge und Geräte usw.

4.2   Gewerbliche Räume:

Läden, Gaststättenräume, Werkstätten, Büro- und Lagerräume, Einstellräume für Fahrzeuge und Geräte usw.

5   Kennzeichnung der Wohnungsgröße

Die Größe einer Wohnung wird gekennzeichnet durch die Zahl der Zimmer (Abschnitt 5.1) oder die Zahl der Räume (Abschnitt 5.2). Neben der Zimmer- oder Raumzahl ist auch die gesamte Wohnfläche (vgl. DIN 283, Blatt 2) anzugeben. Zusätzliche Räume außerhalb des Wohnungsabschlusses (Abschnitt 1.1.1) sind gesondert anzugeben.

5.1   Kennzeichnung nach der Zahl der Zimmer:

Als Zimmer zählen voll die Wohn- und Schlafzimmer nach Abschnitt 2.1.1 und halb die Kammern nach Abschnitt 2.1.2; Küchen nach Abschnitt 2.2 sind besonders anzugeben.

Z. B. Wohnung mit 2 1/2 Zimmern und Wohnküche und mit 65 m² Wohnfläche oder Wohnung mit 3 Zimmern, Küche und 1/2 zusätzlichem Zimmer außerhalb der Wohnung (im Dachgeschoss) und mit 75 m² Wohnfläche.

5.2   Kennzeichnung nach der Zahl der Räume:

Als Räume zählen bei der Angabe der Größe der Wohnung nur die Wohn- und Schlafräume nach Abschnitt 2.1 und die Küchen nach Abschnitt 2.2.

Z. B. Wohnung mit 4 Räumen mit 65 m² Wohnfläche oder Wohnung mit 4 Räumen und 1 zusätzlichem Raum außerhalb der Wohnung (im Dachgeschoss) und mit 75 m² Wohnfläche.

6   Angaben über Wirtschaftsräume und gewerbliche Räume

Für Wirtschaftsräume und gewerbliche Räume ist stets nur die gesamte Nutzfläche anzugeben (vgl. DIN 283, Blatt 2).

2.   Berechnung der Wohnflächen und Nutzflächen (März 1951)

1   Begriffsbestimmungen

1.1   Wohnfläche ist die anrechenbare Grundfläche der Räume von Wohnungen.

1.2   Nutzfläche ist die nutzbare Fläche von Wirtschaftsräumen und gewerblichen Räumen.

2   Wohnfläche

Zunächst sind die Grundflächen nach Abschnitt 2.1 und daraus die Wohnflächen nach Abschnitt 2.2 zu ermitteln.

2.1   Ermittlung der Grundflächen:

2.1.1   Die **Grundflächen** von Wohnräumen sind aus den Fertigmaßen (lichte Maße zwischen den Wänden) zu ermitteln, und zwar in der Regel für jeden Raum einzeln, jedoch getrennt für (vgl. Abschnitt 4.1):

Wohn- und Schlafräume	(DIN 283. Bl. 1 – Abschnitt 2.1)
Küchen	(DIN 283. Bl. 1 – Abschnitt 2.2)
Nebenräume	(DIN 283. Bl. 1 – Abschnitt 2.3)

Werden die Maße aus einer Bauzeichnung entnommen, so sind bei verputzten Wänden die aus den Rohbaumaßen errechneten Grundflächen um 3 % zu verkleinern.

2.1.2   In die Ermittlung der **Grundflächen** sind

einzubeziehen die Grundflächen von:

Fenster- und Wandnischen, die bis zum Fußboden herunterreichen und mehr als 13 cm tief sind,

Erkern und Wandschränken, die eine Grundfläche von mindestens 0,5 m² haben,

Raumteilen unter Treppen, soweit die lichte Höhe mindestens 2 m ist,

nicht einzubeziehen die Grundflächen der Türnischen.

2.1.3 Bei der Ermittlung der Grundflächen nach Abschnitt 2.1.1 sind

abzurechnen die Grundflächen von:

Schornstein- und sonstigen Mauervorlagen, frei stehende Pfeiler, Säulen usw. mit mehr als 0,1 m² Grundfläche, die in ganzer Raumhöhe durchgehen, Treppen (Ausgleichsstufen bis zu 3 Steigungen zählen nicht als Treppen),

nicht abzurechnen die Grundflächen von:

Wandgliederungen in Stuck, Gips, Mörtel und dgl., Scheuerleisten, Tür- und Fensterbekleidungen und -umrahmungen, Wandbekleidungen, Öfen, Kaminen, Heizkörpern und Kochherden.

Stützen und Streben, die frei stehen oder vor der Wand vortreten, wenn ihr Querschnitt (einschließlich einer Umkleidung) höchstens 0,1 m² beträgt.

2.2 **Ermittlung der Wohnflächen:**

Von den nach Abschnitt 2.1 berechneten Grundflächen der einzelnen Räume oder Raumteile sind bei Ermittlung der Wohnfläche anzurechnen:

2.2.1 voll:

die Grundflächen von Räumen oder Raumteilen mit einer lichten Höhe von mindestens 2 m,

2.2.2 zur Hälfte:

die Grundflächen von Raumteilen mit einer lichten Höhe von mehr als 1 m und weniger als 2 m und von nicht ausreichend beheizbaren Wintergärten,

2.2.3 zu einem Viertel:

die Grundflächen von Hauslauben (Loggien), Balkonen, gedeckten Freisitzen,

2.2.4 nicht:

die Grundflächen von Raumteilen mit einer lichten Höhe von weniger als 1 m und von nicht gedeckten Terrassen und Freisitzen.

3 **Nutzfläche**

Die Nutzflächen von Wirtschaftsräumen und von gewerblichen Räumen sind ebenfalls nach Abschnitt 2.1 und 2.2 berechnet[1].

4 **Angabe der Wohnflächen und Nutzflächen**

4.1 Die Wohnflächen sind wie folgt anzugeben:

Wohn- und Schlafräume	(DIN 283, Bl. 1, Abschnitt 2.1) . . . m²
Küchen	(DIN 283, Bl. 1, Abschnitt 2.2) . . . m²
Nebenräume	(DIN 283, Bl. 1, Abschnitt 2.3) . . . m²
	Gesamte Wohnfläche . . . m²

4.2 Die Nutzflächen von Wirtschaftsräumen und von gewerblichen Räumen, die mit einer Wohnung in Zusammenhang stehen, sind wie folgt anzugeben:

| Wirtschaftsräume | (DIN 283, Bl. 1. Abschnitt 4.1) . . . m² |
| Gewerbliche Räume | (DIN 283, Bl. 1, Abschnitt 4.2) . . . m² |

Wohnflächen und Nutzflächen sind nicht zusammenzuzählen[2].

Anlage 5: Wohnfläche nach II BV

Berechnung der Wohnfläche nach den
§§ 42 bis 44 der II Berechnungsverordnung[3]
– Auszug –

592

§ 42
Wohnfläche

(1) Die Wohnfläche einer Wohnung ist die Summe der anrechenbaren Grundflächen der Räume, die ausschließlich zu der Wohnung gehören.

(2) [1]Die Wohnfläche eines einzelnen Wohnraumes besteht aus dessen anrechenbarer Grundfläche; hinzuzurechnen ist die anrechenbare Grundfläche der Räume, die ausschließlich zu diesem einzelnen Wohnraum gehören. [2]Die Wohnfläche eines untervermieteten Teils einer Wohnung ist entsprechend zu berechnen.

(3) Die Wohnfläche eines Wohnheimes ist die Summe der anrechenbaren Grundflächen der Räume, die zur alleinigen und gemeinschaftlichen Benutzung durch die Bewohner bestimmt sind.

(4) Zur Wohnfläche gehört nicht die Grundfläche von

1. Zubehörräumen; als solche kommen in Betracht: Keller, Waschküchen, Abstellräume außerhalb der Wohnung, Dachböden, Trockenräume, Schuppen (Holzlegen), Garagen und ähnliche Räume;

2. Wirtschaftsräumen; als solche kommen in Betracht: Futterküchen, Vorratsräume, Backstuben, Räucherkammern, Ställe, Scheunen, Abstellräume und ähnliche Räume;

3. Räumen, die den nach ihrer Nutzung zu stellenden Anforderungen des Bauordnungsrechtes nicht genügen;

4. Geschäftsräumen.

§ 43
Berechnung der Grundfläche

(1) [1]Die Grundfläche eines Raumes ist nach Wahl des Bauherrn aus den Fertigmaßen oder den Rohbaumaßen zu ermitteln.[2] Die Wahl bleibt für alle späteren Berechnungen maßgebend.

(2) Fertigmaße sind die lichten Maße zwischen den Wänden ohne Berücksichtigung von Wandgliederungen, Wandbekleidungen; Scheuerleisten, Öfen, Heizkörpern, Herden und dergleichen.

(3) Werden die Rohbaumaße zu Grunde gelegt, so sind die errechneten Grundflächen um 3 vom Hundert zu kürzen.

(4) Von den errechneten Grundflächen sind abzuziehen die Grundflächen von

1. Schornsteinen und anderen Mauervorlagen, frei stehenden Pfeilern und Säulen, wenn sie in der ganzen Raumhöhe durchgehen und ihre Grundfläche mehr als 0,1 Quadratmeter beträgt,

2. Treppen mit über drei Steigungen und deren Treppenabsätze.

(5) Zu den errechneten Grundflächen sind hinzuzurechnen die Grundflächen von

1. Fenster- und offenen Wandnischen, die bis zum Fußboden herunterreichen und mehr als 0,13 Meter tief sind,

---

1 Für selbständige gewerbliche Räume sind die Nutzflächen gleichfalls nach Abschnitt 2.1 und 2.2 zu berechnen
2 Für selbständige gewerbliche Räume ist stets nur die gesamte Nutzfläche anzugeben
3 Zu den Unterschieden zur Wohnfläche nach der DIN 283 vgl. Teil III Rn. 524 ff.

2. Erkern und Wandschränken, die eine Grundfläche von mindestens 0,5 Quadratmeter haben,

3. Raumteilen unter Treppen, soweit die lichte Höhe mindestens 2 Meter ist.

Nicht hinzuzurechnen sind die Grundflächen der Türnischen.

(6) ¹Wird die Grundfläche auf Grund der Bauzeichnung nach den Rohbaumaßen ermittelt, so bleibt die hiernach berechnete Wohnfläche maßgebend, außer wenn von der Bauzeichnung abweichend gebaut worden ist. ²Ist von der Bauzeichnung abweichend gebaut worden, so ist die Grundfläche auf Grund der berichtigten Bauzeichnung zu ermitteln.

§ 44
Anrechenbare Grundfläche

(1) Zur Ermittlung der Wohnfläche sind anzurechnen

1. voll
   die Grundflächen von Räumen und Raumteilen mit einer lichten Höhe von mindestens 2 Metern;

2. zur Hälfte
   die Grundflächen von Räumen und Raumteilen mit einer lichten Höhe von mindestens 1 Meter und weniger als 2 Metern und von Wintergärten, Schwimmbädern und ähnlichen, nach allen Seiten geschlossenen Räumen;

3. nicht
   die Grundflächen von Räumen oder Raumteilen mit einer lichten Höhe von weniger als 1 Meter.

(2) Gehören ausschließlich zu dem Wohnraum Balkone, Loggien, Dachgärten oder gedeckte Freisitze. so können deren Grundflächen zur Ermittlung der Wohnfläche bis zur Hälfte angerechnet werden.

(3) Zur Ermittlung der Wohnfläche können abgezogen werden

1. bei einem Wohngebäude mit einer Wohnung bis zu 10 vom Hundert der ermittelten Grundfläche der Wohnung,

2. bei einem Wohngebäude mit zwei nicht abgeschlossenen Wohnungen bis zu 10 vom Hundert der ermittelten Grundfläche beider Wohnungen,

3. bei einem Wohngebäude mit einer abgeschlossenen und einer nicht abgeschlossenen Wohnung bis zu 10 vom Hundert der ermittelten Grundfläche der nicht abgeschlossenen Wohnung.

(4) ¹Die Bestimmung über die Anrechnung oder den Abzug nach Absatz 2 oder 3 kann nur für das Gebäude oder die Wirtschaftseinheit einheitlich getroffen werden. ²Die Bestimmung bleibt für alle späteren Berechnungen maßgebend.

Anlage 6: Geschossfläche nach BauNVO

Berechnung der Geschossfläche nach § 20 Abs. 2 bis 4 i. V. m.   **593**
§ 19 Abs. 3 BauNVO
– Auszug –

§ 20 Abs. 2 bis 4 BauNVO:

(2) Die Geschossflächenzahl gibt an, wie viel Quadratmeter Geschossfläche je Quadratmeter Grundstücksfläche im Sinne des § 19 Abs. 3 zulässig sind.

(3) Die Geschossfläche ist nach den Außenmaßen der Gebäude in allen Vollgeschossen zu ermitteln. Im Bebauungsplan kann festgesetzt werden, dass die Flächen von Aufenthaltsräumen in anderen Geschossen einschließlich der zu ihnen gehörenden Treppenräume und einschließlich ihrer Umfassungswände ganz oder teilweise mitzurechnen oder ausnahmsweise nicht mitzurechnen sind.

(4) Bei der Ermittlung der Geschossfläche bleiben Nebenanlagen im Sinne des § 14, Balkone, Loggien, Terrassen sowie bauliche Anlagen, soweit sie nach Landesrecht in den Abstandsflächen (seitlicher Grenzabstand und sonstige Abstandsflächen) zulässig sind oder zugelassen werden können, unberücksichtigt.

§ 19 Abs. 3 und 4 BauNVO

(3) Für die Ermittlung der zulässigen Grundfläche ist die Fläche des Baugrundstücks maßgebend, die im Bauland und hinter der im Bebauungsplan festgesetzten Straßenbegrenzungslinie liegt. Ist eine Straßenbegrenzungslinie nicht festgesetzt, so ist die Fläche des Baugrundstücks maßgebend, die hinter der tatsächlichen Straßengrenze liegt oder die im Bebauungsplan als maßgebend für die Ermittlung der zulässigen Grundfläche festgesetzt ist.

(4) Bei der Ermittlung der Grundfläche sind die Grundflächen von

1. Garagen und Stellplätzen mit ihren Zufahrten,

2. Nebenanlagen im Sinne des § 14,

3. baulichen Anlagen unterhalb der Geländeoberfläche, durch die das Baugrundstück lediglich unterbaut wird,

mitzurechnen. Die zulässige Grundfläche darf durch die Grundflächen der in Satz 1 bezeichneten Anlagen bis zu 50 vom Hundert überschritten werden, höchstens jedoch bis zu einer Grundflächenzahl von 0,8; weitere Überschreitungen in geringfügigem Ausmaß können zugelassen werden. Im Bebauungsplan können von Satz 2 abweichende Bestimmungen getroffen werden. Soweit der Bebauungsplan nichts anderes festsetzt, kann im Einzelfall von der Einhaltung der sich aus Satz 2 ergebenden Grenzen abgesehen werden:

1. bei Überschreitungen mit geringfügigen Auswirkungen auf die natürlichen Funktionen des Bodens oder

2. wenn die Einhaltung der Grenzen zu einer wesentlichen Erschwerung der zweckentsprechenden Grundstücksnutzung führen würde.

Anlage 7: Mietfläche für Büroraum (MF-B)

594 **Richtlinien zur Berechnung der Mietfläche für Büroraum (MF-B)**
der Gesellschaft für Immobilienwirtschaftliche Forschung e.V. (gif)

Kurzfassung (Stand: September 1995)

Präambel

Die Richtlinie zeigt auf, wie die Berechnung der Mietfläche für Büroraum, kurz MF–B, eindeutig, einheitlich und reproduzierbar durchgeführt werden kann. Ziel ist es, über eine transparente Mietflächenberechnung deren Akzeptanz zu sichern und eine Grundlage für vergleichende Analysen zu schaffen.

Es wurde darauf geachtet, dass die einzelnen Festlegungen denen der DIN 277 – Grund-flächen und Rauminhalte von Bauwerken im Hochbau – nicht widersprechen, sondern begrifflich und in den Wesenszügen konform gehen.

Mietfläche (MF–B)

Die vertraglich auszuweisende Mietfläche (MF–B) setzt sich – entsprechend ihrer unter-schiedlichen Art der Nutzung – aus zwei Klassen zusammen:

Mietfläche 1 – Mietfläche mit exklusivem Nutzungsrecht

Sie errechnet sich aus der Hauptnutzfläche, der Nebennutzfläche und der Verkehrsfläche, jeweils aber nur soweit, wie sie dem betreffenden Mietbereich exklusiv zuzuordnen ist.

Anhand getrennter Ermittlung sind folgende Flächenanteile einzeln auszuweisen:

für die Hauptnutzfläche (HNF)	Büroräume, Besprechungsräume, Lager-, Archivräume, etc.
für die Nebennutzfläche (NNF)	Sanitärräume, Putzräume, Garderoben, Teeküchen etc.
für die Verkehrsfläche (VF)	innen liegende Flure/Gänge, Empfangsbereiche, Dielen etc.
für Stellplätze	Tiefgaragenflächen mit Anzahl der Stellplätze, sowie Anzahl der Stellplätze im Außenbereich
im Weiteren	Flächen, die dem Hauptziel des Mieters nicht unmittelbar dienen, wie Loggien, Balkone, Atrien und ähnliche Flächen, Flächen unter Schrägen, deren Raumhöhe mehr als 1,50 m und weniger als 2,50 m beträgt.

Mietfläche 2 – Mietfläche mit gemeinschaftlichem Nutzungsrecht

Sie errechnet sich im Wesentlichen aus der Verkehrsfläche, aber nur insoweit, wie sie von mehreren Mietern gemeinschaftlich genutzt wird.

Anhand getrennter Ermittlung sind folgende Flächenanteile einzeln auszuweisen:

aus der Hauptnutzfläche (HNF) und der Nebennutzfläche (NNF)	Räume, für die eine gemeinschaftliche Nutzung vorgesehen sind, wie Sanitärräume, Personalaufenthaltsräume etc.
aus der Verkehrsfläche (VF)	Eingangshallen, Aufzugsvorräume, Erschließungsflure etc.

Neben der getrennten Flächenausweisung ist der Aufteilungsschlüssel anzugeben, nach dem die anteilige Zurechnung der gemeinschaftlich genutzten Fläche erfolgt. Als Schlüssel können z. B. die Anzahl der Mieteinheiten oder das Verhältnis der exklusiv genutzten „Mietfläche 1" dienen.

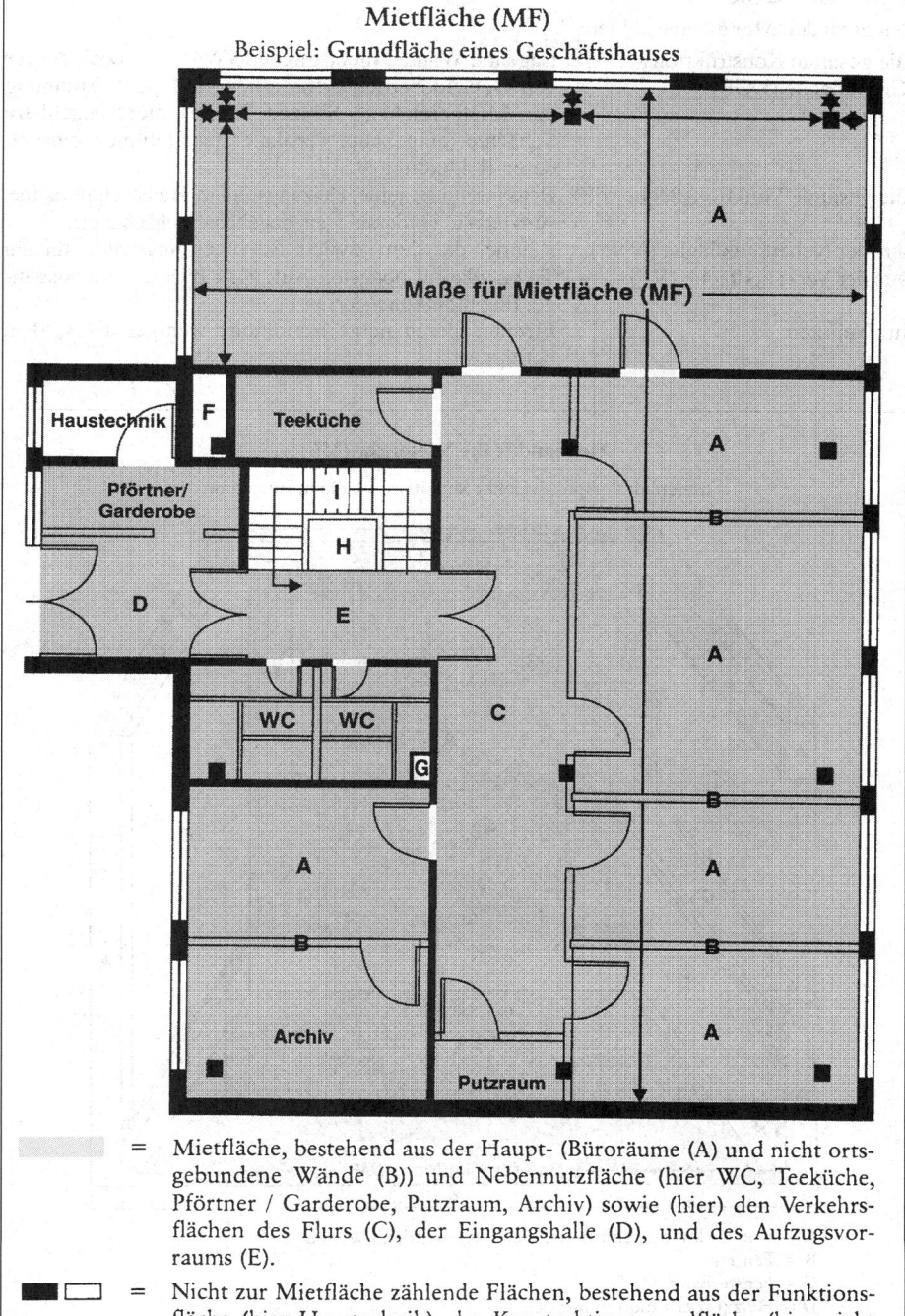

Mietfläche (MF)
Beispiel: Grundfläche eines Geschäftshauses

Maße für Mietfläche (MF)

Haustechnik — F — Teeküche — A

Pförtner/Garderobe

I

H

D — E

WC — WC — C — G

A — B

Archiv

Putzraum

A — B

= Mietfläche, bestehend aus der Haupt- (Büroräume (A) und nicht orts-gebundene Wände (B)) und Nebennutzfläche (hier WC, Teeküche, Pförtner / Garderobe, Putzraum, Archiv) sowie (hier) den Verkehrs-flächen des Flurs (C), der Eingangshalle (D), und des Aufzugsvor-raums (E).

= Nicht zur Mietfläche zählende Flächen, bestehend aus der Funktions-fläche (hier Haustechnik), der Konstruktionsgrundfläche (hier nicht begehbarer Schacht F, Schornstein G und sämtliche ortsgebundenen Wände) sowie (hier) den Verkehrsflächen des Aufzugs (H) und des Treppenlaufs (I).

Keine Mietfläche

Nicht zu den Mietflächen zählen:

die gesamte Konstruktions-Grundfläche (KGF)	tragende Wände, nicht tragende Wände, soweit sie für den Gebäudebetrieb erforderlich sind (z. B. Trennung von Mietbereichen), Stützen, Pfeiler, nicht begehbare Schächte, eingebaute vertikale Installationen einschl. deren Bekleidung etc.
die gesamte Funktionsfläche (FF)	Hausanschlussräume, Heizungsräume, Haustechnikräume, Aufzugs- u. Förderanlagen, begehbare Schächte etc.
aus der Nebennutzfläche (NNF)	Räume, die dem zivilen Bevölkerungsschutz dienen
aus der Verkehrsfläche (VF)	Treppenläufe/-podeste, Aufzugsschächte, Notausgänge, Fluchtbalkone/-terrassen etc.
im Weiteren	Flächen, deren lichte Raumhöhe weniger als 1,50 m beträgt.

Messpunkte für Mietfläche (MF)

Beispiel: Perspektivischer Schnitt durch einen Büroraum

Maß für Mietfläche (MF)

A = Konstruktionsgrundfläche, hier ortsgebundene Wände
B = Fenster
C = Fensterbank
D = Heizkörper / Induktionsgerät
E = Wandaufbau
F = Sockelleiste

Maßgebend für die Mietfläche sind die Innenseiten der ortsgebundenen Wände, gemessen wird in Sockelhöhe.

Messpunkte für Mietfläche (MF)

Beispiel:
Messpunkte bei
verschiedenen Heizkörperinstallationen
(Querschnittdarstellung)

Mietflächendefinition für Büroraum

HNF / NNF	Haupt-/Nebennutzfläche			NF	NGF	BGF	MF
	Bürofläche						
	Archivräume						
	WC-Räume			Nutzfläche	Netto-Grundfläche	Brutto-Grundfläche	Mietfläche
	Putzräume						
	Garderobe						
	Teeküche						
	Terrassen, Balkone						

VF	Verkehrsfläche	volle Mietfläche	anteilige Mietfläche				
	innen liegende Flure / Gänge	o					
	Erschließungsflure		o				
	Eingangshalle		o				
	Empfangsbereich	o					
	Aufzugsvorräume	o					
	Fluchtbalkone / -terrassen						
	Notausgänge						
	Aufzugsschächte						
	Treppenpodeste						
	Treppenläufe						
	Rampen						

FF	Funktionsfläche						
	Hausanschlussräume						
	Heizungsräume						
	sämtliche Haustechnikräume						
	begehbare Versorgungsschächte						
	Aufzugs- und Förderanlage						

KGF	Konstruktionsgrundfläche						
	Konstruktionswände						
	ortsgebundene Wände						
	Stützen, Pfeiler, Säulen						
	Schornsteine						
	nicht begehbare Schächte						

Kleiber   327

Anlage 8: Mietfläche für Handelsraum (MF-H)

595 **Richtlinie zur Berechnung der Mietfläche für Handelsraum (MF-H)**
der Gesellschaft für Immobilienwirtschaftliche Forschung e.V. (gif)

Kurzfassung (Stand Juli 1997)

Inhaltsverzeichnis

Präambel: Die Richtlinie zeigt auf, wie die Berechnung der Mietfläche für Handelsraum, kurz MF-H, eindeutig, einheitlich und reproduzierbar durchgeführt werden kann. Ziel ist es, über eine transparente Mietflächenberechnung deren Akzeptanz zu sichern und eine Grundlage für vergleichende Analysen zu schaffen.

Es wurde darauf geachtet, dass die einzelnen Festlegungen denen der Baunutzungsverordnung, der Landesbauordnungen und der DIN 277 – Grundflächen und Rauminhalte von Bauwerken im Hochbau – nicht widersprechen, sondern begrifflich und in den Wesenszügen konform gehen. Darüber hinausgehende Begriffe sind zum besseren Verständnis anwendungsorientiert erläutert. Die Richtlinie MF-H ist durch ihre Gestaltung zukunftsorientiert und international ausgerichtet. Die Grundlagen zur Ermittlung der Mietfläche berücksichtigen nicht nur die Problematik der Gesamtmietflächenkonstanz, die sich bei der verändernden Anzahl der einzelnen Mieteinheiten in Gewerbeimmobilien im Laufe der Zeit ergibt, sondern auch die unterschiedlichen Interessen der Betroffenen im Bereich der Immobilienwirtschaft. Beim filialisierenden Einzelhandel, bei Kaufhäusern und ebenfalls beim örtlichen Einzelhandel ist die Akzeptanz erkennbar.

B. Richtlinie zur Berechnung der Mietfläche für Handelsraum (MF-H)

1. Mietfläche für Handelsraum (MF-H)

Die vertraglich auszuweisende Mietfläche (MF-H) setzt sich – entsprechend ihrer unterschiedlichen Nutzungsart – aus zwei Mietflächenarten zusammen. Zum einen handelt es sich um Flächen, die ausschließlich vom Mieter, d. h. exklusiv, genutzt werden (Mietfläche MF-H 1) und zum anderen um gemeinschaftlich genutzte Flächen, die von mehreren Mietern genutzt werden können (Mietfläche MF-H 2).

1.1 Mietflächenbegrenzungslinie (ML)

Zur Kennzeichnung der vertraglich auszuweisenden Mietfläche (MF-H) – bestehend aus MF-H 1 und MF-H 2 – wird eine Mietflächenbegrenzungslinie, ML, definiert, welche zeichnerisch, sowohl für die MF-H 1 als auch für die MF-H 2, auszuweisen ist und wie folgt festgelegt wird:

- Die ML an der Ladenfront (Schaufenster) verläuft auf der Außenkante der Haus-/Ladenflucht, im Sinne der entsprechenden BGF. Konstruktive und gestalterische Vor- und Rücksprünge bleiben dabei unberücksichtigt.
- Die ML bei Innenwänden, die die Mietfläche umschließen, verläuft auf der Mittellinie der unbekleideten Wand (Achse).
- Die ML bei Gebäudeaußenwänden, die die Mietfläche umschließen, verläuft auf deren unbekleideter Innenseite.
- Die ML bei Kundenbedienflächen verläuft 1,0 Meter vor deren Vorderkante, soweit nicht andere Kriterien/Verordnungen eine andere Lage festlegen.

1.2 Messregeln

Innerhalb der vertraglich ausgewiesenen Mietfläche MF-H gelten folgende Messregeln:

- Die Messebene befindet sich in Fußbodenhöhe, d. h. die Oberfläche (-kante) des Fertigfußbodens (OKFFB), ohne Berücksichtigung von Sockelleisten, Schrammborden, etc.
- Die Höhe des vermieteten Raumes wird begrenzt durch die Oberfläche (-kante) des Fertigfußbodens (OKFFB) und die Unterfläche (-kante) der abgehängten Fertigdecke (UKAFD) (= lichter Raum). Gemäß den bauordnungsrechtlichen Regeln und DIN-Normen sind die darin geforderten lichten Räume flächenmäßig auf Anforderung getrennt auszuweisen.

2. Mietfläche MF-H 1 – Mietfläche mit exklusivem Nutzungsrecht

Folgende Flächenarten innerhalb der ML sind zu berechnen und auf Anforderung einzeln auszuweisen:

Flächenarten	Beispiele und Erläuterungen
(nach DIN 277) Hauptnutzfläche (HNF)	Verkaufsräume, Ausstellungs-/Präsentationsräume, Büro-/Besprechungsräume, Lager-/Archivräume, Umkleidekabinen, Kühlräume, Teeküchen, Differenzstufen (max. 3 Stufen), Loggien, Balkone, überdachte Gebäudegrundflächen, Kundenbedienflächen, etc.;
Nebennutzfläche (NNF)	Personal-/Sozialräume, Umkleideräume, Sanitärräume, Putzräume, etc.;
Funktionsfläche (FF)	Räume für exklusiv genutzte betriebstechnische Anlagen (Aufzugsmaschinenräume, etc.); Ver- und Entsorgungsflächen, exklusiv genutzte Schachtflächen, gemeinschaftlich genutzte Schachtflächen mit einer Grundfläche von jeweils weniger als 0,25 m², etc.;
Verkehrsfläche (VF)	innen liegende Flure/Gänge, Zugangsflächen, Anlieferflächen, Dielen, Aufzugsschachtflächen, (Roll-)Treppen, Rollsteige, Nischen für Türen, die beim Öffnen nicht in den Fluchtweg ragen dürfen, etc.;
Konstruktions-Grundfläche (KGF)	nicht ortsgebundene Wände, Bauelemente und Bauteile (z. B. Leichtbauwände, versetzbare Trennwände, etc.); ebenso ortsgebundene Wände, Bauelemente und Bauteile (z. B. Brandwände, Stützen, Pfeiler, Schornsteine, Schachtwände) mit einer Grundfläche von jeweils weniger als 0,25 m² oder die der exklusiven Nutzung bzw. Anforderung des Mieters unterliegen, ortsgebundene Wände, die die Mietfläche umschließen – mit Ausnahme der Gebäudeaußenwände – werden der Mietfläche zu 50 % zugerechnet;
Luftgeschossflächen	Deckenöffnungen, Treppenaugen und ähnliche Flächen;

A. Kurzübersicht

Mietfläche für Handelsraum (MF-H)						
HNF / NNF	**Haupt-/ Nebennutzfläche**		NF	NGF	BGF	MF-H
	mit exklusivem Nutzungsrecht, wie z. B.		Nutzfläche	Netto-Grundfläche	Brutto-Grundfläche	Mietfläche
	– Verkaufsräume					
	– Ausstellungs-/Präsentationsräume					
	– Büro-/Besprechungsräume					
	– Lager-/Archivräume					
	– Umkleidekabinen					
	– Kühlräume					
	– Teeküchen					
	– Differenzstufen (max. 3 Stufen)					
	– Loggien, Balkone					
	– überdachte Gebäudegrundflächen					
	– Kundenbedienflächen					
	– Personal-/Sozial-, Umkleideräume					
	– Sanitär-, Putzräume, etc.					
	mit gemeinschaftlichem Nutzungsrecht, wie z. B.:					
	– Räume für Zivilschutz					
	– öffentliche Sanitärräume					
	– Einkaufswagenstationen außerhalb des Gebäudes					
FF	**Funktionsfläche**					
	mit exklusivem Nutzungsrecht, wie z. B.:					
	– betriebstechnisch-genutzte Räume					
	(Lüftungszentralen, Aufzugsmaschinenräume, etc.)					
	– Ver- und Entsorgungsflächen					
	– Schachtflächen					
	– gemeinschaftl. genutzte Schachtflächen					
	– von jeweils < 0,25 m² Grundfläche					
	mit gemeinschaftl. Nutzungsrecht, wie z. B.:					
	– Flächen allg. betriebstechnischer Anlagen					
	(Hausanschlussräume, Heizungsräume, Haustechnikräume, etc.)					
	– Aufzugs- und Förderanlagenmaschinenräume					
	– Ver- und Entsorgungsflächen					
	– Schachtflächen (Aufzugschächte, Abwurfschächte)					
	von jeweils 0,25 m² Grundfläche oder mehr					
VF	**Verkehrsfläche**					
	mit exklusivem Nutzungsrecht, wie z. B.:					
	– innen liegende Flure/Gänge/Dielen					
	– Zugangs-/Anlieferflächen					
	– Anliefer-/Erschließungsflächen					
	– Aufzugsschachtflächen					
	– (Roll-)Treppen, Rollsteige					
	– Türnischen für Türen, die nicht beim Öffnen in den Fluchtweg ragen dürfen					
	mit gemeinschaftlichem Nutzungsrecht, wie z. B.:					
	– Ladenstraßen (Malls), Eingangshallen					
	– Aufzugsvorräume					
	– Anliefer-, Erschließungsflächen					
	– Aufzüge, (Roll-)Treppen, Rollsteige					
	– Flucht- und Rettungswege/-balkone/Notausgänge					
KGF	**Konstruktions-Grundfläche**					
	mit exklusivem Nutzungsrecht, wie z. B.:					
	– nicht ortsgebundene Wände, Bauelemente, Bauteile					
	(Leichtbauwände, versetzbare Trennwände, etc.)					
	– alle ortsgebundenen Wände, Bauelemente, Bauteile					
	(Brandwände, Stützen, Pfeiler, Schornsteine, Schachtwände, etc.) oder die der gemeinschaftl. Nutzung unterliegen (jeweils < 0,25 m² Grundfläche)					
	– Ortsgebundene mietflächenumschließende Wände mit 50 % der Grundfläche, ohne Gebäudeaußenwände					
	mit gemeinschaftlichem Nutzungsrecht, wie z. B.:					
	– ortsgebundene Wände, Bauelemente, Bauteile (Brandwände, Stützen, Pfeiler, Schornsteine, Schachtwände, etc.) mit jeweils 0,25 m² Grundfläche oder mehr					
	Luftgeschossflächen					
	mit exklusivem Nutzungsrecht, wie z. B.:					
	– Deckenöffnungen, Treppenaugen, etc.					

Stand: Juli 1997

3. Mietfläche MF-H 2 – Mietfläche mit gemeinschaftlichem Nutzungsrecht (soweit zutreffend)

Diese Flächen werden von zwei oder mehreren Mietern gemeinschaftlich genutzt. Folgende Flächenarten sind zu berechnen und auf Anforderung einzeln auszuweisen:

Flächenarten	Beispiele und Erläuterungen
(nach DIN 277) Nutzflächen (NF)	Räume, die für eine gemeinschaftliche Nutzung vorgesehen sind, wie z. B. Büroräume, Personal-/Sozialräume, Umkleideräume, Sanitärräume, Putzräume, etc.;
Funktionsfläche (FF)	Räume für gemeinschaftlich genutzte betriebstechnische Anlagen (Aufzugsmaschinenräume, etc.); Ver- und Entsorgungsflächen, gemeinschaftlich genutzte Schachtflächen, gemeinschaftlich genutzte Schachtflächen mit einer Grundfläche von jeweils weniger als 0,25 m², etc.;
Verkehrsfläche (VF)	innen liegende Flure/Gänge, Zugangsflächen, Anlieferflächen, Dielen, Aufzugsschachtflächen, (Roll-)Treppen, Rollsteige, Nischen für Türen, die beim Öffnen nicht in den Fluchtweg ragen dürfen, etc.;
Konstruktions-Grundfläche (KGF)	nicht ortsgebundene Wände, Bauelemente und Bauteile (z. B. Leichtbauwände, versetzbare Trennwände, etc.); ebenso ortsgebundene Wände, Bauelemente und Bauteile (z. B. Brandwände, Stützen, Pfeiler, Schornsteine, Schachtwände) mit einer Grundfläche von jeweils weniger als 0,25 m² oder die der gemeinschaftlichen Nutzung bzw. Anforderung der Mieter unterliegen; ortsgebundene Wände, die die Mietfläche umschließen mit Ausnahme der Gebäudeaußenwände werden der Mietfläche zu 50 % zugerechnet;
Luftgeschossflächen	Deckenöffnungen, Treppenaugen und ähnliche Flächen;

Neben der getrennten Flächenausweisung ist der Aufteilungsschlüssel anzugeben, nach dem die anteilige Zurechnung der gemeinschaftlich genutzten Flächen erfolgen soll. Als Schlüssel können z. B. die Anzahl der Mieteinheiten oder das Verhältnis der einzelnen »Mietflächen MF-H 1« zur gesamten »Mietfläche MF-H 1« des Objektes dienen.

Flächen für Werbegemeinschaften und Center-Management können über den vorgenannten Schlüssel direkt oder über die Nebenkostenabrechnung auf die einzelnen Mieter verteilt bzw. zugerechnet werden.

4. Keine Mietfläche nach MF-H

Nicht zur Mietfläche zählen Flächen, die weder der »Mietfläche MF-H 1« noch der »Mietfläche MF-H 2« zugerechnet werden können oder deren lichte Raumhöhe 1,50 Meter unterschreiten sowie folgende Flächenarten:

Flächenarten	Beispiele und Erläuterungen
(nach DIN 277 Nutzungsfläche (NNF)	Räume, die dem zivilen Bevölkerungsschutz dienen; öffentliche Sanitärräume, Einkaufswagenstationen außerhalb des Gebäudes, etc.;
Funktionsfläche (FF)	gemeinschaftlich genutzte Hausanschlussräume, Heizungsräume, Haustechnikräume, Aufzugs- und Förderanlagenmaschinenräume, Ver- und Entsorgungsflächen, gemeinschaftlich genutzte Schachtflächen mit einer Grundfläche jeweils ≥ 0,25 m², etc.;

Verkehrsfläche (VF)	gemeinschaftlich genutzte Ladenstraßen (Malls), Eingangshallen, Aufzugsvorräume, Erschließungsflure, Anlieferflächen, Aufzüge, Treppenläufe/-podeste, Notausgänge, Fluchtbalkone, etc.;
Konstruktions-Grundfläche (KGF)	ortsgebundene Wände, Bauelemente und Bauteile (z. B.: Brandwände, Stützen, Pfeiler, Schornsteine, Schachtwände) mit einer Grundfläche jeweils $\geq 0{,}25$ m² oder die der exklusiven Nutzung des Mieters nicht unterliegen.

C. Erläuterungen zur Berechnung der Mietfläche für Handelsraum (MF-H)

Vorbemerkungen

Dem deutschen Immobilienmarkt fehlt bisher ein einheitlicher Standard zur Berechnung der Mietfläche. Es existieren die unterschiedlichsten Berechnungsmethoden. Das Fehlen eines einheitlichen Berechnungsstandards erschwert die vergleichende Analyse.

Wem und wozu soll die Richtlinie dienen?

Die Richtlinie formuliert für die Berechnung von Mietflächen für Handelsraum eine Vorgehensweise, die die Interessen von allen Beteiligten des Immobiliengeschäftes in Deutschland (Eigentümer, Vermieter, Investoren, Projektentwickler, Mieter/Nutzer, Architekten/ Ingenieure, Makler, Banken, Sachverständige, Versicherungen, Steuerberater, Anwälte, Verbände, Behörden, Verwaltungen, etc.) zu einem akzeptablen Ausgleich bringt.

Sinn der Richtlinie ist es, durch die Festlegung kurzer und präziser Definitionen die genaue Ermittlung und Beschreibung der Mietfläche für Handelsraum zu ermöglichen.

Die Richtlinie zeigt auf, wie die Berechnung der Mietfläche für Handelsraum, kurz MF-H, eindeutig, einheitlich und reproduzierbar durchgeführt werden kann. Ziel ist es, über eine transparente Mieflächenberechnung deren Akzeptanz zu sichern und eine Grundlage für vergleichende Analysen zu schaffen.

Zusammenhang zwischen der Richtlinie MF-H und DIN 277

Es wurde darauf geachtet, dass die einzelnen Festlegungen denen der DIN 277 – Grundflächen und Rauminhalte von Bauwerken im Hochbau – nicht widersprechen, sondern begrifflich und in den Wesenszügen konform gehen.

Die Richtlinie befasst sich nicht mit dem Rauminhalt von Gebäuden.

Im Unterschied zur DIN 277 soll in dieser Richtlinie eine Bewertung der Mietflächen unter wirtschaftlichen Kriterien erfolgen. Dies erfordert insbesondere für die Funktionsfläche (FF) und die Konstruktions-Grundfläche (KGF) marktgerechte Regelungen. Bei der FF ist nach Flächen zu unterscheiden, die für den allgemeinen Gebäudebetrieb erforderlich sind und solchen, die individuellen Nutzungsanforderungen eines Mieters dienen. Während erstere zur Mietfläche MF-H keinen Beitrag leisten, sind letztere jedoch hinzuzurechnen.

Im Bereich der KGF wird der Terminus »ortsgebundene Wand« eingeführt. Eine ortsgebundene Wand ist aus konstruktiven und technischen Gründen zur Nutzung der Fläche notwendig und wird deshalb nicht in die Mietfläche MF-H mit einbezogen. Die Ausnahme sind ortsgebundene Wände, die die Mietfläche umschließen; diese werden zu 50 % der Mietfläche hinzugerechnet. Die Gebäudeaußenwände – auch die Wände zu einem Nachbargebäude – werden flächenmäßig nicht in die Mietfläche MF-H mit einbezogen.

Hingegen ist eine »nicht ortsgebundene Wand« flexibel veränderbar und konstruktiv nicht notwendig. Wände, die zur Realisierung der individuellen Raumaufteilung des Nutzers und die zur Abgrenzung der Mietfläche gegenüber einer anderen Mieteinheit dienen, werden in die Mietfläche MF-H mit einbezogen.

1. Mietfläche für Handelsraum (MF-H) im Überblick

Die Mietfläche beinhaltet die Hauptnutzfläche (HNF), die Nebennutzfläche (NNF) und Teile der Funktionsfläche (FF), der Verkehrsfläche (VF) und der Konstruktions-Grundfläche (KGF). Ebenfalls sind Luftgeschossflächen auf die Mietfläche anrechenbar. Für die verschiedenen Flächen wird differenziert zwischen voll anrechenbarer (exklusivem Nutzungsrecht) und anteilig anrechenbarer Mietfläche (gemeinschaftlichem Nutzungsrecht). Für die ggf. anteilig in Ansatz zu bringenden Flächen ist anzugeben, nach welchem Schlüssel (Anzahl Mieteinheiten, Flächenrelationen, etc.) die Aufteilung vorgenommen wird.

Für die Ermittlung der Mietfläche sind die Maße zwischen den Achsen der Innenwände, der Innenfläche (-kante) der Gebäudeaußenwände und der Außenkante der Haus-/Ladenflucht im Bereich der Ladenfront (Schaufenster) in Fußbodenhöhe, ohne Berücksichtigung von Sockelleisten, Schrammborden, usw., anzusetzen. Örtliche Einbauten oder Anbauten, wie Heizkörper, Induktionsgeräte, etc., bleiben unberücksichtigt.

Flächen und Höhen, die bauordnungsrechtlichen Einschränkungen und Auflagen bezüglich der genehmigten Nutzungsarten unterliegen, sind gesondert auf Anforderung auszuweisen und darzustellen.

Gemäß den bauordnungsrechtlichen Regeln und DIN-Normen sind die darin geforderten lichten Räume flächenmäßig auf Anforderung getrennt auszuweisen.

Die vertraglich auszuweisende Mietfläche (MF-H) setzt sich aus zwei Mietflächenarten zusammen. Diese werden nachfolgend durch Mietfläche MF-H 1 (vgl. Ziffer 2) und Mietfläche MF-H 2 (vgl. Ziffer 3) beschrieben.

2. Mietfläche MF-H 1 mit exklusivem Nutzungsrecht

Hier handelt es sich um Flächen, die nur von dem Mieter selbst genutzt werden. Die nachfolgende Auflistung von Mietflächen ist unvollständig.

2.1 Hauptnutzfläche (HNF)

Verkaufsflächen, Ausstellungs-/Präsentationsflächen, Musterräume, Büro-/Besprechungsräume, Lager-/Archivräume, Umkleidekabinen, Kühlräume, Teeküchen, Flächen für Pausenzonen, Besprechungszonen, Sitzungsräume, Aufsichtsräume, Differenzstufen (max. 3 Stufen), Loggien, Balkone, etc.

Bei Kundenbedienflächen – wie Bewirtungsflächen in der Ladenstraße oder Abstandsflächen bei Theken- und Tresenverkauf – befindet sich die ML 1,00 Meter vor der Vorderkante der Theke bzw. des Tresens, soweit nicht andere Kriterien/Verordnungen eine andere Lage festlegen. Überdachte Gebäudeaußenflächen, die sich als Verkaufsfläche eignen, aber nicht allseitig umschlossen sind, werden ebenfalls in die Mietfläche MF-H 1 einbezogen.

2.2 Nebennutzfläche (NNF)

Grundflächen für sonstige Nutzungen, wie z. B. Personal-/Sozialräume, Sanitärräume (Toiletten-, Wasch-, Dusch-, Baderäume, Reinigungsschleusen, Schminkräume, jeweils einschließlich Vorräumen) sowie Putzräume, Garderoben, Umkleideräume, Schrankräume, Abstellräume, Vervielfältigungsräume, etc.

2.3 Funktionsfläche (FF)

Räume für individuelle betriebstechnische Anlagen des Nutzers (Raumlufttechnik, Kommunikationstechnik, Aufzugsmaschinenräume, etc.), Ver- und Entsorgungsflächen, exklusiv genutzte Schachtflächen, etc. Sonstige Schachtflächen mit einer Grundfläche von jeweils weniger als $0,25$ m^2 gehören ebenfalls zur Mietfläche MF-H 1.

2.4 Verkehrsfläche (VF)

Verkehrsfläche, soweit sie innerhalb einer Mieteinheit liegt, z. B. Flure, Zwischenflure, Gänge, Zugangsflächen, Dielen, Korridore, Aufzugsschachtflächen, (Roll-)Treppen, Rollsteige, Warteräume, Vorräume, Schleusen, innen liegende Rampen, innen liegende Aufzugsvorräume, usw. Ebenso Nischenflächen für Türen, die beim Öffnen nicht in den Fluchtweg ragen dürfen.

2.5 Konstruktions-Grundfläche (KGF)

Die Grundfläche aller nicht ortsgebundenen Wände, Bauelemente und Bauteile (z. B. Leichtbauwände, versetzbare Trennwände, etc.); ortsgebundene Wände, Bauelemente und Bauteile (z. B.: Brandwände, Stützen, Pfeiler, Schornsteine, Schachtwände) mit einer Grundfläche von jeweils weniger als 0,25 m² oder die der exklusiven Nutzung bzw. Anforderung des Mieters unterliegen; ortsgebundene Wände, die die Mietfläche umschließen – mit Ausnahme der Gebäudeaußenwände – werden der Mietfläche zu 50 % zugerechnet.

2.6 Luftgeschossflächen

Die Grundfläche aller Deckenöffnungen, Treppenaugen und ähnlicher Flächen.

3. Mietfläche MF-H 2 – Mietfläche mit gemeinschaftlichem Nutzungsrecht (soweit zutreffend)

Hier handelt es sich um Flächen, die von zwei oder mehreren Mietern gemeinschaftlich genutzt werden.

Die Flächenarten sind zu berechnen und auf Anforderung einzeln auszuweisen.

Die Ziffern 2.1–2.6 gelten sinngemäß.

Es ist jeweils der Aufteilungsschlüssel anzugeben, nach dem die anteilige Zurechnung der gemeinschaftlich genutzten Fläche erfolgen soll. Als Schlüssel können z. B. die Anzahl der Mieteinheiten oder das Verhältnis der einzelnen »Mietflächen MF-H 1« zur gesamten »Mietfläche MF-H 1« des Objektes dienen.

Flächen für Werbegemeinschaften und Center-Management können über den vorgenannten Schlüssel direkt zugerechnet oder über die Nebenkostenabrechnung auf die einzelnen Mieter verteilt bzw. zugerechnet werden.

4. Keine Mietfläche nach MF-H

Nicht zu der Mietfläche zählen Flächen, die weder der »Mietfläche MF-H 1« noch der »Mietfläche MF-H 2« zugerechnet werden können oder deren lichte Raumhöhe 1,50 m unterschreitet:

4.1 Nebennutzfläche (NNF)

Schutzräume (Räume für den zivilen Bevölkerungsschutz), öffentliche Sanitärräume, Einkaufswagenstationen außerhalb des Gebäudes, etc.

4.2 Funktionsfläche (FF)

Räume der allgemeinen betriebstechnischen Anlagen, wie z. B. Aufzugs- und Förderanlagen, Aufzugsmaschinenräume, gemeinschaftlich genutzte Ver- und Entsorgungsflächen, einschließlich der unmittelbar zu deren Betrieb gehörenden Flächen für Brennstoffe (Tanklager), Löschwasser, Abwasser, zentrale Abfallbeseitigung, Wasserversorgung, Heizung und Brauchwassererwärmung, Gase und Flüssigkeiten, elektrische Stromversorgung, Fernmeldetechnik, raumlufttechnische Anlagen, zentrale Hausanschlussräume, Installationsräume; etc. Ebenso Flächen und Räume, die ausschließlich von externen Behörden und

Ver- und Entsorgungsunternehmen genutzt werden, wie z. B. Zählerräume, Trafoanlagen, technische Übergabestationen, etc.;

Schachtflächen (Aufzugsschächte, Abwurfschächte, etc.), die von der Allgemeinheit genutzt werden und jeweils $\geq 0{,}25$ m² Grundfläche.

4.3 Verkehrsfläche (VF)

Gemeinschaftlich genutzte Ladenstraßen (Malls), Eingangshallen, Aufzugsvorräume, Erschließungsflure, Anlieferflächen, Treppenläufe/-podeste/-häuser, Feuerschleusen, Rampen, Notausgänge, Fluchtbalkone, etc., die sich außerhalb der ML befinden.

4.4 Konstruktions-Grundfläche (KGF)

Die Grundfläche von ortsgebundenen Wänden, Bauelementen und Bauteilen (z.B. Brandwände, Stützen, Pfeiler, Schornsteine, aussteifende Wandvorsprünge, Schachtwände, etc.) mit einer Grundfläche von jeweils $\geq 0{,}25$ m² oder die der exklusiven Nutzung bzw. Anforderung des Mieters nicht unterliegen.

D. Begriffsdefinition zur Mietfläche für Handelsraum (MF-H)

Ortsgebundene Wände

Konstruktive (z. B. Statik) und notwendige (z. B. WC, Gebäudetechnik, Trennung von Mieteinheiten etc.) Wände.

Allgemeine betriebstechnische Anlagen

Anlagen, die dem Betrieb des Gebäudes dienen und keiner individuellen Nutzeranforderung zuzuordnen sind.

Exklusive betriebstechnische Anlagen

Anlagen, die individuellen Nutzeranforderungen zuzuordnen sind und nicht dem allgemeinen Gebäudebetrieb dienen.

Lichtes Rohbaumaß

Der Abstand zwischen Oberfläche (-kante) Rohfußboden bis zur Unterfläche (-kante) Rohdecke.

Lichte Raumhöhe

Oberfläche (-kante) Fertigfußboden bis zur Unterfläche (-kante) Deckenbekleidung oder abgehängte Decke.

Lichte Höhe Installationsraum Boden

Der Abstand zwischen Oberfläche Rohfußboden (Rohdecke) und Unterfläche Doppelboden und/oder Hohlraumboden.

Lichte Höhe Installationsraum Decke

Die Höhe von Oberfläche (-kante) abgehängter Decke bis Unterfläche (-kante) Rohdecke.

Luftgeschossflächen

Öffnungen in Geschossdecken, die bei der BGF-Berechnung nach DIN 277 unberücksichtigt bleiben bzw. abzuziehen sind. Dabei handelt es sich um Öffnungen, die nicht mit projizierten Flächen korrespondieren (vgl. Treppen) und z. B. Blickbeziehungen ermöglichen sollen.

Kundenbedienflächen

Hierbei handelt es sich um Bewirtungsflächen, wie Kundensteh- und -sitzflächen in einer Ladenstraße (Mall) oder Abstandsflächen in Zusammenhang mit Theken- und Tresenverkauf.

E. Graphische Darstellungen zur Berechnung der Mietfläche für Handelsraum (MF-H) Abb. 1–7

Abb. 1:
Die Mietflächen-begrenzungslinie (ML) bei Innenwänden, die die Mietfläche umschließen, verläuft auf der Mittellinie der unbekleideten Wand (Achse)

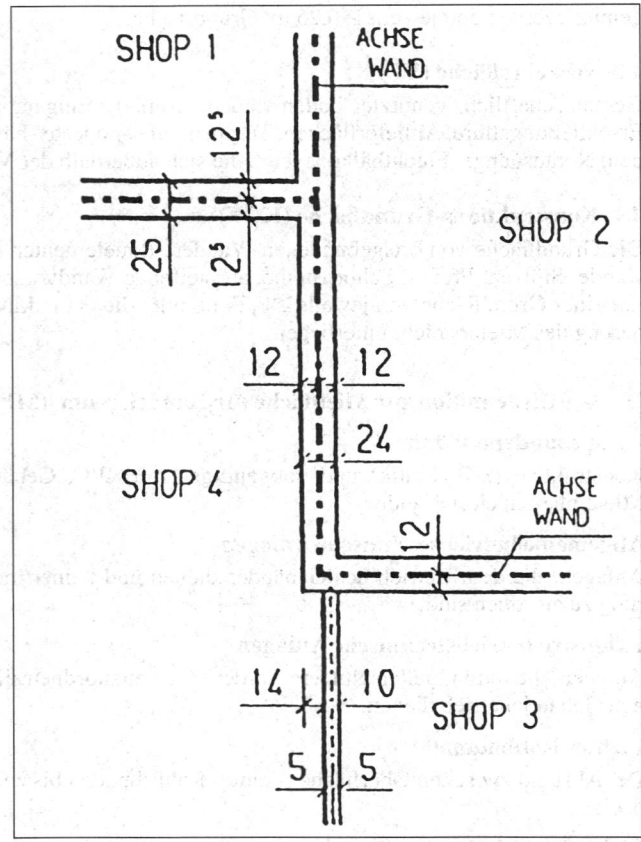

Abb. 2:
Die ML bei Gebäudeaußenwänden, die die Mietfläche umschließen, verläuft auf deren unbekleideter Innenseite

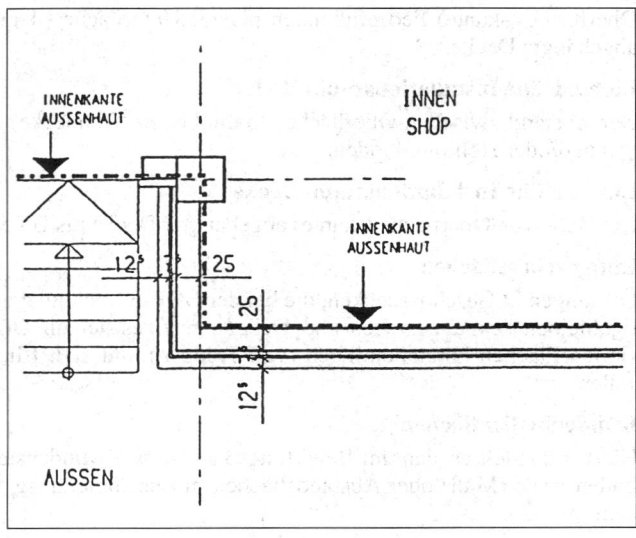

Abb. 3:
Die ML an
der Ladenfront
(Schaufenster) verläuft
auf der Außenkante der
Haus-/Ladenflucht,
im Sinne der ent-
sprechenden BGF.
Konstruktive und
gestalterische Vor- und
Rücksprünge bleiben
dabei unberücksichtigt.

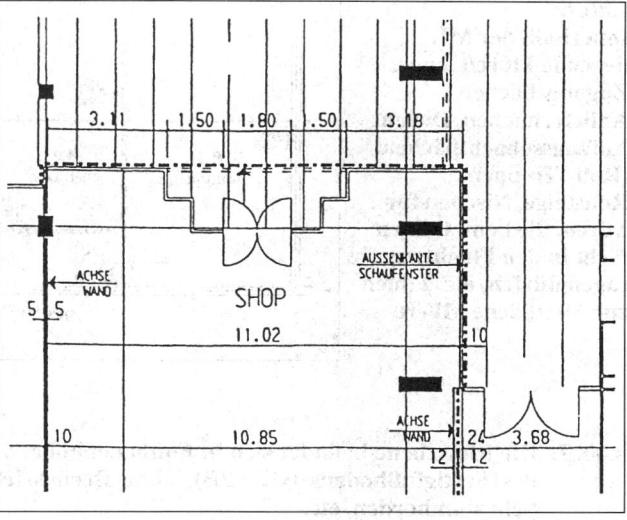

Abb. 4:
Gemeinschaftlich
genutzte Schachtflächen
sowie ortsgebundene
Wände, Bauelemente
und Bauteile (z. B.:
Brandwände, Stützen,
Pfeiler, Schornsteine,
Schachtwände) mit einer
Grundfläche jeweils
≥ 0,25 m² zählen nicht
zur Mietfläche MF-H.

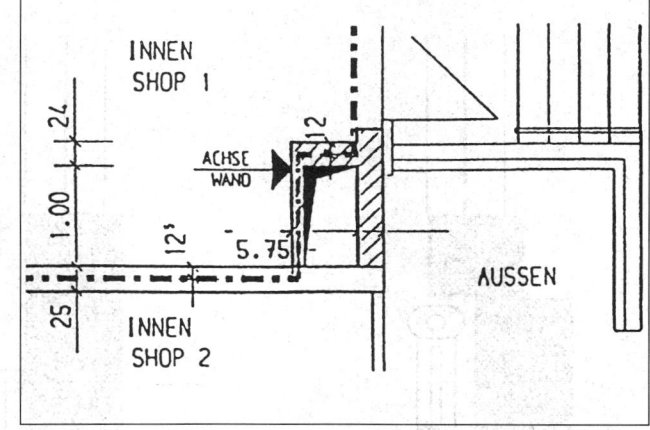

Abb. 5:
Exklusiv genutzte
Schachtflächen und
gemeinschaftlich genutzte
Schachtflächen sowie
ortsgebundene Wände,
Bauelemente und Bau-
teile (z. B. Brandwände,
Stützen, Pfeiler, Schorn-
steine, Schachtwände)
mit einer Grundfläche
von jeweils weniger als
0,25 m² zählen zur
Mietfläche MF-H.

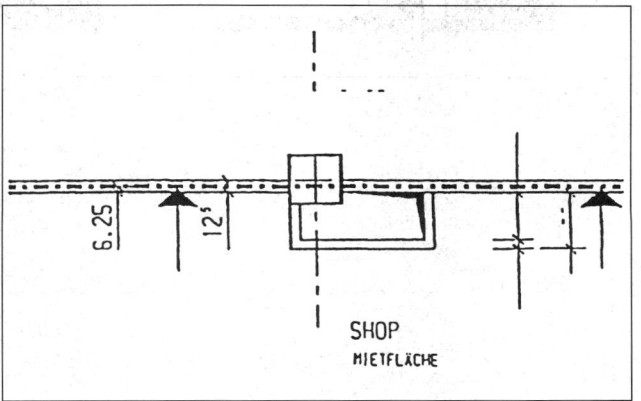

Abb. 6:
Innerhalb der ML liegende Flure/Gänge, Zugangsflächen, Anlieferflächen, Dielen, Aufzugsschachtflächen, (Roll-)Treppen, Rollsteige, Nischen für Türen, die beim Öffnen nicht in den Fluchtweg ragen dürfen, etc. zählen zur Mietfläche MF-H.

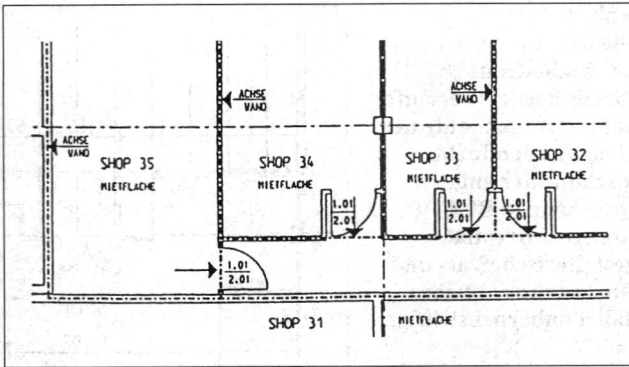

Abb. 7: **Die Messebene befindet sich in Fußbodenhöhe, d. h. die Oberfläche (-kante) des Fertigfußbodens (OKFFB), ohne Berücksichtigung von Sockelleisten, Schrammborden, etc.**
Messpunkte bei verschiedenen Heizkörperinstallationen (Querschnittsdarstellung).

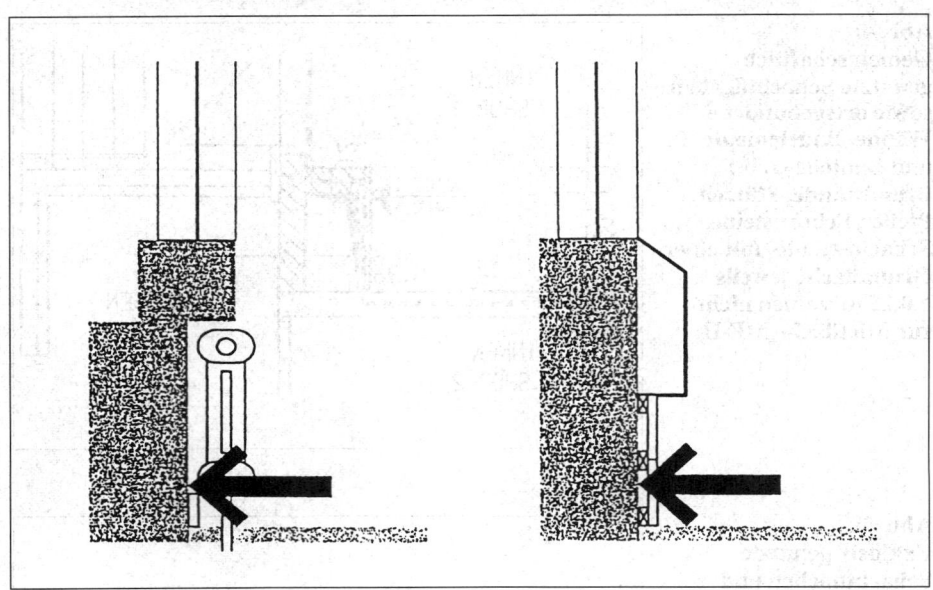

Teil IV

Gutachterausschusswesen
(Baugesetzbuch)

Das Gutachterausschusswesen und der Verkehrswert; das Recht der Wertermittlung des Baugesetzbuchs – BauGB – (§§ 192 bis 199 BauGB)

1 Vorbemerkungen zum Wertermittlungsrecht des BauGB

1.1 Wertermittlungsrecht des Bundes

1.1.1 Allgemeines

Das Recht der Wertermittlung ist im Baugesetzbuch – BauGB – im Ersten Teil des Dritten **1** Kapitels (§§ 192 bis 199 BauGB) geregelt. Die §§ 192 ff. BauGB enthalten im Wesentlichen Regelungen über die **Einrichtung der Gutachterausschüsse für Grundstückswerte und deren Aufgaben, die materielle Definition des** im Städtebaurecht maßgeblichen **Verkehrswerts von Grundstücken sowie** die **Ermächtigungsgrundlagen** zum Erlass von Vorschriften über

a) die Anwendung gleicher Grundsätze bei der Ermittlung der Verkehrswerte (Wertermittlungsverordnung) durch die Bundesregierung und

b) die Bildung und das Tätigwerden von Gutachterausschüssen und Oberen Gutachterausschüssen (Gutachterausschussverordnung) durch die Landesregierungen.

Der im BauGB definierte Verkehrswert (§ 194 BauGB) hat im allgemeinen Wirt- **2** **schafts- und Rechtsleben eine allgemeingültige Bedeutung erlangt.** Der Verkehrswert ist zudem identisch mit dem im Steuerrecht maßgeblichen gemeinen Wert (vgl. Teil II Rn. 18). Die WertV enthält ergänzend hierzu allgemeine Grundsätze für die Ermittlung des Verkehrswerts. Die AusführungsVOen der Länder enthalten dagegen Vorschriften, die die Tätigkeit der Gutachterausschüsse – ergänzend zu den bundesrechtlichen Vorschriften des BauGB – regeln. Darüber hinaus haben Bund und Länder im untergesetzlichen Bereich eine Reihe von Verwaltungsanweisungen erlassen, die auch für die außerhalb der Gutachterausschüsse für Grundstückswerte tätigen Sachverständigen eine nicht unerhebliche Bedeutung erlangen konnten (vgl. Vorbem. zur WertV Rn. 40 ff.)

3   Zur **Einordnung der zum BauGB erlassenen WertV,** der GutachterausschussV sowie der
hierzu erlassenen Richtlinien (Abb. 1).

Abb. 1:   Bundes- und landesrechtliche Regelungen zur Wertermittlung

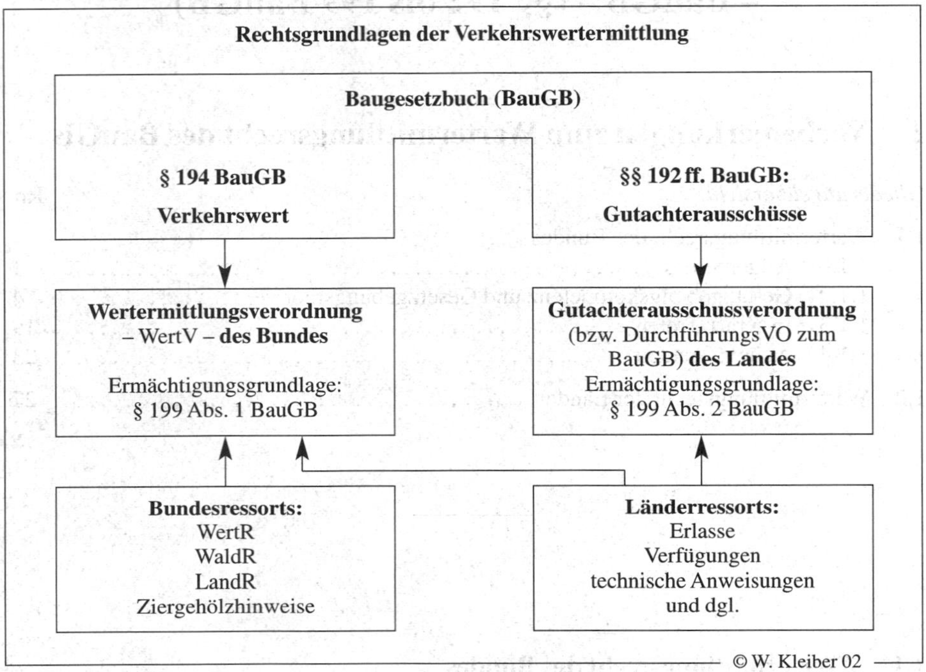

Rechtsgrundlagen der Verkehrswertermittlung

Baugesetzbuch (BauGB)

§ 194 BauGB · Verkehrswert

§§ 192 ff. BauGB: Gutachterausschüsse

Wertermittlungsverordnung – WertV – des Bundes · Ermächtigungsgrundlage: § 199 Abs. 1 BauGB

Gutachterausschussverordnung (bzw. DurchführungsVO zum BauGB) des Landes · Ermächtigungsgrundlage: § 199 Abs. 2 BauGB

Bundesressorts: WertR, WaldR, LandR, Ziergehölzhinweise

Länderressorts: Erlasse, Verfügungen, technische Anweisungen und dgl.

© W. Kleiber 02

1.1.2   Gesetzgebungskompetenz und Gesetzgebungsmotive

4   Die **Gesetzgebungskompetenz des Bundes** zum Erlass von Vorschriften über die Wertermittlung von Grundstücken stützt sich auf Art. 74 Nr. 18 GG. Das Bundesverfassungsgericht – BVerfG – hatte im Jahre 1954 auf Antrag des Bundestags, des Bundesrates und der
Bundesregierung ein Gutachten über die Erfordernisse der Bau- und Bodengesetzgebung
erstattet und führt hierin wie folgt aus: „Bodenbewertung kann nicht Selbstzweck sein. Sie
ist für die verschiedensten Zwecke erforderlich, außer für die in dem Gutachtenantrag
genannten bau- und bodenrechtlichen Vorgänge, z. B. auch für die Vermögensteuer, die
Grundsteuer und die Grunderwerbsteuer. Sie stellt daher kein selbständiges Rechtsgebiet
dar. Darum ist eine Zuständigkeit des Bundes zur Gesetzgebung über die Bodenbewertung
nur soweit zu bejahen, als diese im Zusammenhang steht mit Materien, für die eine Gesetz-
gebungszuständigkeit des Bundes gegeben ist. Soweit in diesem Gutachten die Bundeszu-
gehörigkeit für einzelne Materien bejaht ist, ist daher auch die Zuständigkeit des Bundes
für die Gesetzgebung über Bodenbewertung gegeben; sie kann einheitlich oder für die einzelnen Materien gesondert geregelt werden."[1]

5   Die Einrichtung „Gutachterausschüsse für Grundstückswerte" geht – gestützt auf dieses
Gutachten – in ihrer heutigen Form auf das BBauG vom 23. 6. 1960 (BGBl. I 1960, 341)
zurück. Das BBauG 1960 hat mit Wirkung vom 30. 10. 1960 erstmals nach dem Krieg die
bis dahin geltende, aus dem Jahre 1936 stammende Preisstoppregelung für das Gebiet der

alten Bundesländer (vgl. Teil II Rn. 99 ff.) vollständig aufgehoben (§ 186 Nr. 65 bis 67 BBauG 1960). Mit der **Aufhebung des Preisstopps** war die Notwendigkeit verbunden, die terra incognita des Grundstücksmarktes transparent zu machen und Vorkehrungen zu treffen, um Veräußerer und Erwerber in Unkenntnis der Wertverhältnisse auf dem Grundstücksmarkt vor Übervorteilung zu schützen[2]. Dies war das entscheidende Motiv für die Einrichtung von Gutachterausschüssen für Grundstückswerte mit den ihnen übertragenen Pflichten, eine Kaufpreissammlung zu führen und auf dieser Grundlage Gutachten über Grundstückswerte und jedermann zugängliche Bodenrichtwerte zu ermitteln[3]. Hingegen wurde damit nicht das Ziel verfolgt, mit der Tätigkeit der Gutachterausschüsse Einfluss auf die Preisentwicklung auf dem Grundstücksmarkt auszuüben. Mit der aufklärenden Tätigkeit sollte allenfalls „übermäßigen Pendelausschlägen der Preise nach oben und nach unten im Sinne einer Beruhigung des Marktes" entgegengewirkt werden. In diesem Zusammenhang wurde auch von einem „Schwingungsdämpfer" gesprochen[4].

Historisch gesehen war das Bedürfnis nach mehr **Transparenz des Grundstücksmarktes** **6** bei Erlass des BBauG 1960 besonders ausgeprägt, weil das aus dem Jahre 1936 stammende Verbot von Preiserhöhungen gemäß Preisstopp vom 26. 11. 1936 (RGBl. II 1936, 955)[5] sowie auf Grund der §§ 2 und 3 des Preisgesetzes vom 10. 4. 1948 (WiGBl. 1948, 2) nach § 185 BBauG 1960 erst mit Wirkung vom 30. 10. 1960 aufgehoben wurde, nachdem der Preisstopp nur kurzfristig und vorübergehend auf Grund des sog. Leitsätzegesetzes vom 24. 6. 1948 aufgehoben war. Demzufolge bestand im Jahre 1960 kein eigentlicher dem freien Spiel der Kräfte ausgesetzter Baubodenmarkt. Die völlige Freigabe des Grundstücksmarktes verlangte ausreichende Transparenz, um im Sinne marktwirtschaftlicher Prinzipien funktionsfähig zu werden. Auch wenn nunmehr der Bodenmarkt im Prinzip schon vier Dezennien dem freien Spiel der Kräfte überlassen ist, macht es eine spezifische Eigenart[6] nach wie vor erforderlich, der allgemein stärkeren Position des Verkäufers bei steigenden Bodenpreisen durch größere Transparenz der Grundstücksmarktverhältnisse ausgleichend entgegenzuwirken; Entsprechendes gilt im Übrigen auch bei fallenden Bodenpreisen.

Die Integration des Wertermittlungsrechts in das Städtebaurecht des Bundesbaugesetzes **7** (BBauG) von 1960 war der Schlussstein einer langen im Zusammenhang mit der Aufhebung des Preisstopps geführten politischen Auseinandersetzung[7]. Ursprünglich bestand die Vorstellung, ein eigens über den städtebaulichen Bereich hinausgehendes **Verkehrswertgesetz** zu schaffen (StenProt. der 270. BT-Sitzung, S. 13355 vom 11. 6. 1953). Dagegen sah der Erste Referentenentwurf eines „Baugesetzes für die Bundesrepublik Deutschland" – sog. Dittus-Entwurf – bereits in einem eigenen (Fünften) Teil Vorschriften für die Ermittlung von Grundstückswerten vor (Bonn 1950). Der später von 127 Abgeordneten aller Parteien eingebrachte Initiativentwurf eines BBauG vom 26. 10. 1955 übernahm die-

1 Rechtsgutachten des BVerfG über die Zuständigkeit des Bundes zum Erlass eines Baugesetzes vom 16. 6. 1954 – 1 PBvV 2/52 –, EzGuG 19.3.c
2 3. Buch Mose, Kapitel 25 Vers 14
3 Wissenschaftlicher Beirat für Fragen der Bodenbewertung beim Bundesminister für Wohnungsbau: Vorschläge zur Ordnung des Baulandmarktes, Schriftenreihe des BMWo Bd. 12 S. 3.59; BT-Drucks. III/336, S. 105; Hauptkommission für die Baugesetzgebung beim BMWo: Entwurf eines Baugesetzes, Schriftreihe des BMWo, Bd. 7, S. 133 ff., Bd. 9, S. 69 ff.
4 BT-Drucks. III/336, S. 105 ff.; zu BT-Drucks. III/1794, S. 26 ff.; Bundesminister Lücke sprach anlässlich der 3. Lesung von einer „Überführung des Grundstücksmarktes in die soziale Marktwirtschaft, gleichzeitig Einbau von Bestimmungen, die sicherstellen, dass dem Bodenwucher wirksam entgegengetreten wird..." (116. Sitzung des BT vom 20. 5. 1960; StenProt. S. 6635 C)
5 Stahlkopf in AVN 1940, 246
6 BVerfG, Beschl. vom 12. 1. 1967 – 1 BvR 169/63 –EzGuG 6.96
7 Der Referentenentwurf für ein Reichsstädtebaugesetz von 1931 enthielt keine „Vorbildregelung"; §§ 85 ff. dieses Entwurfs regelten die Wertermittlung in Anlehnung an das Reichsbewertungsgesetz (RArbBl. I 1931, 266), jedoch war für Entschädigungsfestsetzungen im § 69 eine **Schätzbehörde** vorgesehen, deren Festsetzungen **nicht** verbindlich sein sollten

sen Vorschlag (BT-Drucks. II/1813) ebenso wie der Entwurf eines Baugesetzes (Haupt-kommissionsentwurf, Schriftenreihe des BMWo Bd. 7 und 9), der am 2. 3. 1956 von der beim Bundesministerium für Wohnungsbau gebildeten Hauptkommission für die Bauge-setzgebung vorgelegt wurde. Der von der Bundesregierung vorgelegte Referentenentwurf folgte schließlich diesem Beispiel. Er wurde am 26. 7. 1956 vom Bundeskabinett beschlos-sen und dem Bundesrat am 25. 9. 1956 zugeleitet.

Daneben hat es eine Reihe parlamentarischer Initiativen zur Bodenbewertung und über die Einführung einer **Grundrentenabgabe**[8], über die Bemessung von Enteignungsentschädi-gungen[9] sowie zur Beseitigung von Preisbindungen (Preisstopp) gegeben[10].

8   Die **Notwendigkeit einer Verankerung des Wertermittlungsrechts im Bundesbauge-setz** war in der Beratung des RegE von 1956 nicht unumstritten. Während der Finanzaus-schuss eine Streichung der Wertermittlungsvorschriften empfahl, sah der Agrar- und Wirt-schaftsausschuss des Deutschen Bundestags und vor allem der Ausschuss für Wiederauf-bau und Wohnungswesen (Sitzung am 8. 3. 1958, BR-Drucks. 47/1/58) ein dringendes Bedürfnis für diese Vorschriften, um Spekulationsgewinne im Zusammenhang mit der Auf-hebung des Preisstopps zu verhindern (vgl. auch 270. Sitzung der 1. WP des Deutschen Bundestags). In unveränderter Fassung wurde der RegE am 13. 12. 1956 dem Deutschen Bundestag zugeleitet (BT-Drucks. II/3028), der ihn in seiner 183. Sitzung am 11.1.1957 (StenBer S. 10160 B) an die Ausschüsse überwies[11].

9   Nachdem der RegE von 1956 in der 2. Legislaturperiode nicht mehr zur Verabschiedung gelang, legte die BReg anfangs der 3. Legislaturperiode erneut eine überarbeitete Fassung des RegE von 1956 vor[12]. Der überarbeitete Entwurf wurde vom Deutschen Bundestag in seiner 33. Sitzung erneut beraten[13]. Auf Grund der Beratung wurde vom Bundesministe-rium für Wohnungswesen ein **„Wissenschaftlicher Beirat für Fragen der Bodenbewer-tung"** eingesetzt, der die BReg und die gesetzgebenden Körperschaften über weitere Fra-gen des Bodenmarktes beraten sollte. Dieser erstattete am 25. 9. 1958 ein Gutachten über „Vorschläge zur Ordnung des Baulandmarktes"[14].

10   Im Kern ging es bei den weiteren Beratungen weniger um die Fragen der Bodenbewertung im engeren Sinne, als um Fragen der **bodenordnerischen Flankierung der Aufhebung des Preisstopps** insbesondere durch Einführung einer Baulandsteuer[15]. Die Ergebnisse der Beratungen zum RegE von 1958 sind im sog. Hesberg-Bericht des federführenden 24. BT-Ausschusses zusammengefasst[16].

11   Mit der Verabschiedung des BBauG im Jahre 1960 und dem **„Scheitern" der Bauland-steuer** wollte die bodenpolitische Diskussion nicht verstummen. Auf der Grundlage des Beschlusses des Deutschen Bundestags vom 18. 5. 1962 (BT-Drucks. IV/212 Umdruck 103) hat der damalige Wohnungsbauminister Lücke erneut einen Bericht über Maßnahmen zur raumordnerisch wirksamen Förderung einer verstärkten Ausweisung und Erschließung neuen Baulands in Randgebieten der Schwerpunkte des Wohnungsbedarfs vorgelegt (BT-Drucks. IV/707).

12   Mit der **BBauG-Novelle 1976** wurde das gesetzgeberische Motiv von 1960 aufgegriffen und die Institution „Gutachterausschuss" gestärkt. Der Aufgabenkatalog der Gutachteraus-schüsse wurde erweitert (vgl. § 136 BBauG 76): darüber hinaus wurden die Rechtsgrund-lagen mit dem Ziel einer Verbesserung der materiellen Grundlagen der Wertermittlung fort-entwickelt (vgl. § 143 a BBauG 76)[17].

13   Im Verlauf der Vorbereitung des Baugesetzbuchs wurde von Fachleuten aus Ländern und Verbänden übereinstimmend festgestellt, dass sich die seit 1960 bestehende Institution Gut-achterausschuss bewährt habe[18]. Die bei den Gutachterausschüssen eingerichteten und von ihnen ausgewerteten Kaufpreissammlungen sowie die aus ihnen abgeleiteten Bodenricht-werte, die überwiegend jährlich abgeleitet und veröffentlicht werden, die ebenfalls vom Gutachterausschuss abgeleiteten und dem Bürger zugänglichen Bodenpreisindexreihen,

Umrechnungskoeffizienten, Liegenschaftszinssätze usw. tragen wesentlich zur Transparenz auf den örtlichen Bodenmärkten – erklärtes Ziel des BBauG 1960 – bei. Diese Daten geben nämlich einen Einblick in das Geschehen auf dem Grundstücksmarkt, wie er sonst nicht vermittelt werden kann. Deren Veröffentlichungen sichern die **Transparenz des Grundstücksmarktes** und wirken einer „ungesunden Entwicklung" auf diesem Markt entgegen. Vor allem aber ist die Tätigkeit der Gutachterausschüsse – auch im Bewusstsein der Fachleute und Bürger – für Wertermittlungen allgemein und für Wertermittlung z. B. im Rahmen von Maßnahmen der Bauleitplanung, der Bodenordnung und bei der Bemessung der Enteignungsentschädigung unentbehrlich. Gleichzeitig wird hierdurch ein hohes Maß an Chancengleichheit verwirklicht, weil diese Daten jedermann zugänglich sind. Hieraus resultiert eine allgemeine Anerkennung der Gutachterausschüsse und ihrer Tätigkeit nicht nur unter Fachleuten, sondern auch in weiten Kreisen der Bevölkerung. Die Gutachterausschüsse sind deshalb als mittlerweile schon traditionelle Einrichtungen mit gewachsener Verwaltungsstruktur anzusehen, die wegen ihrer Kompetenz allseitig stark frequentiert werden.

Unter Hinweis auf die Regierungserklärung vom 4. 5. 1983, in der der „Verlagerung öffentlicher Dienstleistungen auf freiberuflich Tätige" besondere Bedeutung beigemessen wurde[19], sowie auf eine steuerliche Subventionierung[20] der Tätigkeit der Gutachterausschüsse wurde   **14**

---

8   Gesetzentwurf der Fraktion des GB/BHE vom 27. 2. 1956, BT-Drucks. II/2132

9   Antrag der Abgeordneten Huth, Schneider, Wittenberg und Genossen vom 27. 5. 1953, BT-Drucks. II/1426

10   Antrag der FDP vom 7. 11. 1957, BT-Drucks. III/13

11   Keine zwingende Gründe für die Einrichtung von Gutachterausschüssen konstatierte die CDU (Rheinland – Wirtschaftsausschuss) in ihrer Stellungnahme zum Entw. des BBauG; abgedruckt in Boden, SBV Stadtbau-Verlag Dokumentation Bd. III, S. 47 f. Dt. Verband für Wohnungswesen, Städtebau und Raumplanung e.V., Bonn 1968

12   RegE vom 16. 4 1958 – BT-Drucks. III/336

13   StenProt. der 33. Sitzung, S. 1838 ff.; vgl. Boden – eine Dokumentation Bd. III, S. 15

14   Schriftenreihe des BMVo Bonn 1958, Bd. 12

15   BT-Drucks. III/1794, S. 2436 StenProt. der 114. Sitzung des Deutschen Bundestags, S. 8164

16   BT-Drucks. III/1794, S. 102 ff.; BT-Drucks. III/zu 1794, S. 26; StenProt. der 116. Sitzung des Deutschen Bundestags vom 20. 5. 1960, S. 6635 C; BT-Drucks. III/1861

17   BT-Drucks. 7/4793. S. 51 ff.; BR-Drucks. 190/1/76, S. 433; BT-Sitzung vom 9. 4. 1976. StenProt. S. 145 ff.; BT-Drucks. 7/5059, S. 10; 435. BR-Sitzung vom 4. 6. 1976, S. 229 ff.; 227. BT-Sitzung vom 11. 3. 1976, StenProt, S. 15870, 15845

18   Materialien zum Baugesetzbuch, Schriftenreihe des BMBau, 03.108, Bonn 1984, S. 209 ff.; als Vorläufer kann das Pr. Schätzungsamtsgesetz – SchAG – vom 8. 6. 1918 (ABl. 1918, 463, Pr. GS I 1918. 83 = Jahrbuch der Bodenreform 1919. 47) gelten; vgl. Teil II Rn. 44

19   Aktuelle Beiträge des Presse- und Informationsamtes der BReg Nr. 16/1984 vom 23. 2. 1984; darin wird die „Aufgabenverlagerung auf die wirtschaftliche Selbstverwaltung im Bereich des Sachverständigenwesens" ausdrücklich genannt; vgl. auch Wanhoff, DÖV 1982, 310; BT-Drucks. 11/6985, S. 18 ff.; BT-Drucks. 12/21, S. 42; BT-Drucks. 12/7468 = GuG aktuell 1994, 18; Hoffmann in GewArch 1991, 251; vgl. auch sog. „15 Punkte Programm" des Bundesverbands mittelständige Wirtschaft – BVMW – „Privatisierung und Deregulierung für die Freien Berufe" in GuG-aktuell 1994, 34; Ossenbühl, F., Die Erfüllung von Verwaltungsaufgaben durch „Private"; Veröffentlichung der Vereinigung Deutscher Staatsrechtslehrer Berlin 1971, Bd. 29; Forum 1985, 121; Siedentopf, H., Die Übertragung von öffentlichen Dienstleistungen auf öffentlich bestellte und vereidigte Sachverständige, Rechtsgutachten, Speyer 1988; vgl. auch die Stellungnahme des Bundes der Steuerzahler in AVN 1968, 580

20   Hierzu: Antwort des parl. Staatssekretärs des BMF vom 25. 7. 1987 auf eine entsprechende parlamentarische Anfrage (BT-Drucks. 11/658, S. 4 f.); „Eine besondere Umsatzsteuerbefreiung für die Leistungen der Gutachterausschüsse gibt es weder im Umsatzsteuergesetz noch im Baugesetzbuch. Auf die Gutachterausschüsse als öffentlich-rechtliche Einrichtungen sind die umsatzsteuerlichen Vorschriften anzuwenden, die allgemein für die Umsatzbesteuerung der öffentlichen Hand gelten (vgl. § 2 Abs. 3 UStG). Danach unterliegen die Ausschüsse mit den Leistungen nicht hoheitlicher Natur der Umsatzsteuer, soweit die Voraussetzungen eines Betriebes gewerblicher Art im Sinne des Körperschaftsteuerrechts erfüllt sind. Dazu müssen bei den wirtschaftlichen Tätigkeiten des jeweiligen Ausschusses (z. B. bei Verkehrswertermittlungen zu privaten Zwecken) die in § 4 Körperschaftsteuergesetz und Abschnitt 5 Körperschaftsteuer-Richtlinien bezeichneten Merkmale vorliegen. Insbesondere muss grundsätzlich die Bagatellgrenze von 60 000 DM Jahresumsatz überschritten sein. Ist dies der Fall, so sind die im Rahmen des Betriebs gewerblicher Art ausgeführten Leistungen der Umsatzsteuer zu unterwerfen"

---

im Verlauf des Gesetzgebungsverfahrens zum BauGB eine Einschränkung des Aufgabenbereichs der Gutachterausschüsse gefordert (vgl. § 193 BauGB Rn. 45 ff.). Nach Ansicht der
damaligen Bundesregierung durften jedoch größere Wettbewerbsverzerrungen in diesem
Bereich nicht vorhanden sein; sie stützte sich dabei auf die Beschlussempfehlung und den
Bericht des Bundestagsausschusses für Raumordnung, Bauwesen und Städtebau zu dem von
der Bundesregierung eingebrachten Entwurf eines Gesetzes über das Baugesetzbuch. Der
Ausschuss sah in der **Tätigkeit der Gutachterausschüsse keine ernsthafte Konkurrenz
zu der Tätigkeit der freien Sachverständigen,** weil dazu der Anteil der von den Ausschüs-
sen erstellten Gutachten mit weniger als 10 v. H. der Gesamtzahl von den selbständigen
Sachverständigen erstellten Gutachten zu gering sei (vgl. § 193 BauGB Rn. 48)[21].

15   Bei der Erarbeitung des Baugesetzbuchs bestand nach dem Vorhergesagten keine Veranlassung, die Vorschriften über die „Wertermittlung" nicht in das Gesetzbuch aufzunehmen.
Dies um so weniger, als weder von den Ländern, noch von den kommunalen Spitzenver-
bänden oder den sonstigen Verbänden eine solche Forderung erhoben worden ist. Eine
Abschaffung hätte auf Unverständnis stoßen müssen, weil sie der **Zersplitterung** eines
bisher **einheitlichen Rechts** auf einem wichtigen Gebiet Vorschub leisten würde und ganz
eindeutig der Intention des BBauG 1960 (Schaffung solider Grundlagen einer Verkehrswertermittlung) zuwiderliefe.

16   Insgesamt „leidet" die Verkehrswertermittlung, trotz einer permanenten und mehr dem
modischen Zeitgeist Rechnung tragenden „Deregulierungsdiskussion", nicht an einem
Übermaß staatlicher Vergaben, sondern eher an Versäumnissen des Berufsstands[22].

17   Die Wertermittlungsvorschriften des BauGB zielen auf eine „kompakte" **Gliederung und
Straffung der Regelungen** ab: Vor allem sollen die wesentlichen Institutionen für die
Wertermittlung, deren Organisation und materielle Grundlagen erhalten bleiben. Der
Gesetzgeber hat sich bei der Regelung der Grundstückswertermittlung erklärtermaßen aber
dort zurückgehalten, wo er im Rahmen des Gesetzgebungsverfahrens eine größere Sachkompetenz bei den Ländern erblickte und wo es sich um Selbstverständlichkeiten oder
reine Verwaltungsabläufe handelt. Das gilt insbesondere hinsichtlich der Regelung über
das Tätigwerden der Gutachterausschüsse im Einzelnen und der Organisation der Gutachterausschüsse.

18   Das **BauGB** hält an den Eckpunkten des bisherigen Rechts fest, nach dem

– für die Ermittlung von Grundstückswerten selbständige und unabhängige Gutachterausschüsse gebildet werden (§ 192 Abs. 1 BauGB),

– die Gutachterausschüsse jeweils aus einem Vorsitzenden und ehrenamtlichen weiteren
   Gutachtern bestehen (§ 192 Abs. 2 BauGB),

– der Vorsitzende und die weiteren Gutachter Sachkunde und Erfahrungen haben sollen
   (§ 192 Abs. 3 BauGB),

– dem Gutachterausschuss eine Geschäftsstelle zur Seite gestellt wird (§ 192 Abs. 4
   BauGB) und

– die Gutachterausschüsse insbesondere eine Kaufpreissammlung führen, Bodenrichtwerte und auf Antrag Verkehrswerte von Grundstücken gutachtlich ermitteln sowie sonstige für die Wertermittlung erforderliche Daten ableiten (§ 193 Abs. 3 BauGB).

1.1.3 In-Kraft-Treten

a) Alte Bundesländer

19   Das BauGB ist am *1. Juli* 1987 in Kraft getreten und hat das Bundesbaugesetz – BBauG –,
das Städtebauförderungsgesetz – StBauFG – sowie die Ausgleichsbetragsverordnung (vgl.
§ 1 WertV Rn. 2) abgelöst. Nach dem Überleitungsrecht des § 243 BauGB 87 waren jedoch

zunächst die bisherigen materiellen Bestimmungen des BBauG über die Wertermittlung von Grundstücken (§§ 136 bis 144 BBauG) noch bis zum In-Kraft-Treten der in § 199 BauGB vorgesehenen Verordnungen, nämlich

– der Wertermittlungsverordnung – WertV – des Bundes und

– der Durchführungs- bzw. Gutachterausschussverordnung des Landes

anzuwenden, bis die genannten Verordnungen im jeweiligen Bundesland in Kraft getreten waren. Des Weiteren schrieb § 243 BauGB 87 vor, dass spätestens ab dem *1. Januar* 1990 das Recht der Wertermittlung des BauGB (§§ 192 bis 199 BauGB) die bisherigen Regelungen des BBauG ablöst, auch wenn eine der genannten Verordnungen nicht vorher in Kraft getreten ist. Auch die Wertermittlungsverordnung vom 6. Dezember 1988 – WertV 88 – ist nach der Überleitungsregelung des § 31 WertV im einzelnen Bundesland zugleich mit dessen nach § 199 Abs. 2 BauGB erlassener Durchführungs- bzw. Gutachterausschussverordnung, spätestens jedoch am 1. Januar 1990 in Kraft getreten. **Seit dem 1. Januar 1990 finden mithin die Vorschriften des BauGB und der WertV 88 (nunmehr WertV 98) über die Wertermittlung von Grundstücken in den alten Bundesländern einheitliche Anwendung.**

b) Neue Bundesländer

Mit dem Vertrag zwischen der Bundesrepublik Deutschland und der Deutschen Demokratischen Republik über die Herstellung der Einheit Deutschlands – **Einigungsvertrag – wurde u. a. auch das BauGB mit Wirkung vom 3. Oktober 1990 für das Gebiet der Länder Brandenburg, Mecklenburg-Vorpommern, Sachsen, Sachsen-Anhalt, Thüringen und des östlichen Teils von Berlin übernommen.** Die bis dahin dort geltende Verordnung zur Sicherung einer geordneten städtebaulichen Entwicklung und der Investitionen in den Gemeinden (Bauplanungs- und Zulassungsverordnung – BauZVO) vom 20. Juni 1990 (GBl. DDR I 1990, 739) gilt indessen nicht fort.   **20**

Um den Besonderheiten in dem der Bundesrepublik Deutschland beigetretenen Gebiet Rechnung zu tragen, enthielt die in das BauGB 93 eingefügte **Überleitungsregelung** des § 246 a jedoch eine Reihe von Maßgaben, die in den beigetretenen Gebieten anstelle oder ergänzend zu den Vorschriften des BauGB befristet bis zum 31. Dezember 1997 anzuwenden waren; hierzu gehörten auch Regelungen der BauZVO (vgl. Anl. I. Kapitel XIV Abschnitt II Nr. 1 des Einigungsvertrags vom 31. August 1990, BGBl. II 1990, 885 sowie GuG 1990, 110); sie sind mit dem BauGB 93 zum Teil wieder aufgehoben worden, soweit sie ihre Bedeutung verloren haben.   **21**

Die mit dem BauROG aufgehobenen Überleitungsregelungen des **§ 246 a BauGB 93** sind in der 2. Aufl. auf S. 144 wiedergegeben.   **22**

1.1.4 Annex: Treutax

Anfangs der 70er Jahre wurde vom damaligen Bundesbauministerium die Gründung einer **bundesweit tätigen Bewertungsgesellschaft** unter der Bezeichnung „Treutax" geplant (Grund- und Bauwert, Gesellschaft zur Wertermittlung von Grundstücken und baulichen Anlagen m.b.H., Bonn, Chlodwigplatz 1). Aufgabe dieser Gesellschaft sollte eine Verbesserung der Transparenz des Grundstücksmarktes sein. Zu diesem Zweck sollte die Gesellschaft Informationen über den Grundstücksmarkt sammeln, Fortbildungsveranstaltungen durchführen, Gutachten erstatten und Bewertungsrichtlinien erarbeiten. Man ging seinerzeit davon aus, dass die Gutachterausschüsse für Grundstückswerte dieser Aufgabe schon   **23**

---

21   BT-Drucks. 11/658, S. 5, sowie BT-Drucks. 10/6166, S. 137 f.
22   Kleiber in DS 1996, 21

im Hinblick auf das seinerzeit verabschiedete Städtebauförderungsgesetz nicht gewachsen seien und erwartete einen starken Anstieg der Gutachtertätigkeit auch für Zwecke der Besteuerung und Beleihung von Grundstücken[23].

24   Die Treutax sollte in der **Rechtsform einer gemeinnützigen Gesellschaft als Organ der staatlichen Wohnungspolitik** gegründet werden, der die Deutsche Bau- und Bodenbank AG, die Deutsche Siedlungs- und Landesrentenbank Bonn, der Gesamtverband gemeinnütziger Wohnungsunternehmen e.V. Köln, der Deutsche Sparkassen- und Giroverband Bonn, der Verband freier Wohnungsunternehmen e.V. Hamburg, das Beamtenheimstättenwerk Hameln, der Verband öffentlich- rechtlicher Kreditanstalten e.V. Bonn, der Zentralverband der Deutschen Haus-, Wohnungs- und Grundstückseigentümer, die Deutsche Grundbesitz-Investmentgesellschaft mbH Köln, die Stadtsparkasse Osnabrück, der Verband privater Bausparkassen e.V. Bonn, die Bundesvereinigung Deutscher Heimstätten e.V. Bonn und der Bundesverband privater Wohnungsunternehmen e.V. Bonn angehören sollten. Wertermittlungen sollten durch die Gesellschaft selbst nicht durchgeführt werden, sondern durch öffentlich bestellte und vereidigte Sachverständige.

25   Weiter hieß es in einem Informationsblatt der Gesellschaft zum **Aufgabenbereich:**

„Die Tätigkeit der Gesellschaft wird sich erstrecken auf:

1)   Veranstaltung von Seminaren und Kolloquien;

2)   Regelmäßige Zusammenkünfte der regionalen Verbindungsleute (Beirat der Obleute);

3)   Fachgespräche und Erfahrungsaustausch fachlicher Gruppen (Fachbeiräte);

4)   Austausch von Berichten und Statistiken;

5)   Informationen aller Art, die die Gesellschaft in Form von Mitteilungen, Grundsätzen, Literatur und Hinweisen den Gutachtern liefert.

Die mit der Gesellschaft zusammenarbeitenden Sachverständigen werden Wertermittlungen in ihrer eigenen Verantwortung erstellen. Soweit die Sachverständigen die von der Gesellschaft erarbeiteten Methoden und Grundsätze ihren Gutachten zu Grunde legen, sollen sie darauf hinweisen.

Die Gesellschaft erhält neutrale Ergebnisberichte, die sie nach verschiedenen fachlichen Gesichtspunkten, auch in Hinsicht auf Abweichungen von ihren Unterlagen, auswertet. Die daraus resultierenden Erkenntnisse fließen an die Sachverständigen zurück. Diese Rückkopplung vermittelt nicht nur Erkenntnisse, sondern gibt den Gutachtern auch die Möglichkeit einer laufenden Selbstkontrolle. Die Gesellschaft finanziert sich durch Entgelte für ihre Dienstleistungen.

b) Bei der Gesellschaft ist eine Fachkommission gebildet worden, die sie bei der Aufstellung von Grundsätzen zur Wertermittlung beraten soll. Die Mitglieder sind Sachverständige aus verschiedenen Institutionen und Verbänden, die Wertermittlungen als Entscheidungsunterlagen benötigen, und sie sind Sachverständige, die selbst Wertermittlungen aufstellen. Durch den engen Kontakt mit der Gesellschaft und den Sachverständigen soll sowohl gleichbleibende Qualität als auch Transparenz der Wertermittlungen angestrebt werden. Auf der Ebene der Fachkommission soll der Ausgleich in schwierigen Problemen und grundsätzlichen Fragen zustande kommen; damit sollen die Sachverständigen im Einzelfall notwendige Hilfen für ihre Arbeit erhalten."

26   Die Gesellschaft wurde mit einem Stammkapital von 300.000 DM gegründet, von dem die Deutsche Bau- und Bodenbank 50 % hielt. Die Anlaufzeit der Gesellschaft hatte sich jedoch nach ihrer Gründung verzögert und drohte an ihrer Aufgabe zu scheitern. Der Aufsichtsrat der Gesellschaft hat deshalb der Gesellschafterversammlung die **Liquidation** empfohlen; die Gesellschafterversammlung ist dieser Empfehlung schließlich gefolgt[24].

1.2   Wertermittlungsrecht der Länder

27   Die **auf der Grundlage der Ermächtigungen des BBauG erlassenen Verordnungen der Länder** zur Wertermittlung von Grundstücken blieben von den Überleitungsregelungen des § 243 BauGB 87 und § 31 WertV 88 zunächst unberührt. Dies betrifft die zu den §§ 136 bis 144 BBauG erlassenen **Durchführungs- bzw. Gutachterausschussverordnungen** der Länder. Sie fanden deshalb grundsätzlich auch nach dem 1. Januar 1990 (noch) Anwendung, sofern sie nicht von den auf der Grundlage des § 199 Abs. 2 BauGB erlassenen Nachfolgeregelungen abgelöst wurden (vgl. § 199 BauGB).

Alle Bundesländer haben inzwischen **auf der Grundlage der neuen Ermächtigungs-**   28
norm des § 199 Abs. 2 BauGB neue **Gutachterausschussverordnungen** bzw. Durchführungsverordnungen zum BauGB **erlassen und gleichzeitig die bisherigen Verordnungen aufgehoben.** Die geltenden landesrechtlichen Vorschriften zur Bildung und zum
Tätigwerden von Gutachterausschüssen und Oberen Gutachterausschüssen sind in der
Gesetzesübersicht am Anfang dieses Werks abgedruckt.

---

23   Protokoll der 46. Sitzung des UA „Kommunales Vermessungs- und Liegenschaftswesen" des Deutschen Städte-
     tags vom 4. und 5. 11. 1971 (Umdruck Nr. C 2926)
24   BT-Drucks. 7/1014, S. 33 ff.

2   Die Rechtsgrundlagen des Baugesetzbuchs zur Wertermittlung im Einzelnen

§ 192
Gutachterausschuss

(1) Zur Ermittlung von Grundstückswerten und für sonstige Wertermittlungen werden selbständige, unabhängige Gutachterausschüsse gebildet.

(2) Die Gutachterausschüsse bestehen aus einem Vorsitzenden und ehrenamtlichen weiteren Gutachtern.

(3) ¹Der Vorsitzende und die weiteren Gutachter sollen in der Ermittlung von Grundstückswerten oder sonstigen Wertermittlungen sachkundig und erfahren sein und dürfen nicht hauptamtlich mit der Verwaltung der Grundstücke der Gebietskörperschaft, für deren Bereich der Gutachterausschuss gebildet ist, befasst sein. ²Für die Ermittlung der Bodenrichtwerte ist ein Bediensteter der zuständigen Finanzbehörde mit Erfahrung in der steuerlichen Bewertung von Grundstücken als Gutachter vorzusehen.

(4) Die Gutachterausschüsse bedienen sich einer Geschäftsstelle.

---

1   Gutachterausschüsse für Grundstückswerte

1.1   Allgemeines

Die nach § 192 Abs. 1 BauGB zu bildenden Gutachterausschüsse wurden bereits auf der **Grundlage der entsprechenden Vorschriften des BBauG 60** gebildet (§§ 136 ff. BBauG). Lediglich in den der Bundesrepublik Deutschland beigetretenen Gebieten wurden die Gutachterausschüsse für Grundstückswerte auf der Grundlage des dort am 3. Oktober 1990 in Kraft getretenen BauGB eingerichtet; dort war jedoch schon vorher auf der Grundlage der §§ 50 ff. BauZVO zur Vorbereitung der Bildung von Gutachterausschüssen mit der Einrichtung von Geschäftsstellen begonnen worden. Die Vorschriften sind mit dem BauGB 93 aufgehoben worden.

1

Die Gutachterausschüsse für Grundstückswerte sind als **eine Behörde** einzuordnen. Dies ist darin begründet, dass nach § 1 Abs. 4 VwVfG eine Behörde (i. S. dieses Gesetzes) jede Stelle ist, die Aufgaben der öffentlichen Verwaltung wahrnimmt.

2

– Der BGH[1] hat in seiner Rechtsprechung eine Behörde als ein in den allgemeinen Organismus der Anstalten und Körperschaften des öffentlichen Rechts eingefügtes Organ der Staatsgewalt bezeichnet, das dazu berufen ist, unter öffentlicher Autorität für die Erreichung der Zwecke des Staates unmittelbar oder mittelbar tätig zu sein.

– Ähnlich das BayObLG[2]: „Als eine ‚öffentliche Behörde‘ ist ein in den allgemeinen Organismus der Behörden eingefügtes Organ der Staatsverwaltung anzusehen, das dazu berufen ist, unter öffentlicher Autorität nach eigenem Ermessen für die Herbeiführung der Zwecke des Staates oder doch der nach den Aufgaben des Staates von diesem zu fördernden Zwecke tätig zu sein, gleichviel, ob das Organ unmittelbar vom Staate oder von einer dem Staate untergeordneten Korporation zunächst für deren Angelegenheiten bestellt ist, sofern diese Angelegenheiten grundsätzlich zugleich in den Bereich der staatlichen oder staatlich geförderten Zwecke fallen. Nicht erforderlich für den Begriff der öffentlichen Behörde ist, dass ihre Befugnisse sich als Hoheitsrechte, als obrigkeitliche Gewalt darstellen".

Bei dem Gutachterausschuss handelt es sich dabei grundsätzlich um eine **Landesbehörde** und nicht um eine Kommunalbehörde; dies ist z. B. für die Frage der Haftung von Bedeutung (vgl. Rn. 52 ff.). Lediglich die besondere Stellung der Gutachterausschüsse im Land *Baden-Württemberg* erlaubt es dort, von einer Kommunalbehörde zu sprechen[3]. Seit 2000 sind darüber hinaus auch die Gutachterausschüsse in *Schleswig-Holstein* als den Landesbehörden „nebengeordnete" kommunale Behörden einzustufen (§ 1 Abs. 1 GutachterausschussVO). Die Vorschriften des kommunalen Verfassungsrechts (§§ 45 ff. GO, §§ 40 ff. KrO) finden auf sie keine Anwendung.

3

Als Landesbehörde führen die Gutachterausschüsse auch das **Landessiegel.** Im Land *Sachsen-Anhalt* führt der Gutachterausschuss für Grundstückswerte als Einrichtung des Landes jedoch das Dienstsiegel des Katasteramtes (vgl. § 1 VO Gut LSA)[4].

4

1 BGH, Urt. vom 13. 11. 1963 – V ZR 8/62 –, BGHZ 40, 225 = WM 1964, 65; BGH, Beschl. vom 16. 10. 1963 – IV ZB 171/63 –, EzGuG 11.38 a; BGH, Urt. vom 12. 7. 1951 – IV ZB 5/51 –, BGHZ 3,110 = NJW 1951, 799; BGH, Urt. vom 20. 9. 1957 – V ZB 19/57 –; BGH, Urt. vom 12. 10. 1954 – V ZB 21/53 – WM 1955,185; als „kollegiale" Behörde wird der Gutachterausschuss bezeichnet in BGH, Urt. vom 23. 1. 1974 – IV ZR 92/72 –, EzGuG 11.92; OLG Düsseldorf, Urt. vom 16. 2. 1967 – 7 U 166/67 –, EzGuG 11.56; LG Mainz, Urt. vom 25. 10. 1979, Nachr. der rh.-pf. Kat.- und VermVw. 1983, 102; VG Gelsenkirchen, Urt. vom 21. 6. 1979 – 5 K 2977/78 –, EzGuG 4.57; a. A. VG Düsseldorf, Urt. vom 22. 12. 1960 – 1 K 1991/60 –, DVBl. 1962, 104; VG Leipzig, Beschl. vom 27. 7. 1994 – 4 K 1992/93 –, GuG 1985, 382 – EzGuG 11.214 b
2 BayObLG, Beschl. vom 25. 3. 1969 – BReg 2 Z 96/68 –, BayObLGZ 69, 93; BayObLGZ 1954, 322/325; KG JFG 4, 262/263; JFG, 8, 306/308; 14, 220/221; Keidel FGG 9. Aufl. § 29 Rn. 19
3 Nach § 1 Abs. 1 der bad.-württ. GutachterausschussVO vom 11. 12. 1989 (GBl. 1989, 541) sind die Gutachterausschüsse „bei" den Gemeinden zu bilden; vgl. auch Erl. des bad.-württ. IM vom 7. 6. 1978, GeschZ: V 2072.1/101 (GABl. 1978, 490); Erl. des bad.-württ. IM vom 12. 11. 1979, GeschZ: V 2072.1/119 (GABl. 1979, 1241)
4 Hoheitszeichenverordnung des Landes Mecklenburg-Vorpommern vom 8. 10. 1997 (GVBl. 1997, 536; § 2 Abs. Nr. 8)

**Muster
des kleinen
Landessiegels**

Muster 8	**Muster 9**
Beispiel für Dienstsiegel der Gemeinden, Ämter und Landkreise des Landesteils Mecklenburg, welche kein eigenes Wappen führen	Beispiel für Dienstsiegel der Gemeinden, Ämter und Landkreise des Landesteils Vorpommern, welche kein eigenes Wappen führen

5   **Gutachterausschüsse für Grundstückswerte sind** zugleich „**öffentliche Stellen**" und damit **Normadressat der jeweiligen Datenschutzgesetze der Länder.** Auf Grund ihrer Eigenständigkeit sind sie auch eigenständig verantwortlich für die Einhaltung datenschutzrechtlicher Bestimmungen.

6   Da die Gutachten der Gutachterausschüsse wegen der fehlenden Bindungswirkung keine Verwaltungsakte i. S. d. § 35 VwVfG (Begriff des Verwaltungsaktes) darstellen, kann die **Erstattung des Gutachtens** allerdings **nicht als Verwaltungsverfahren** i. S. d. § 9 VwVfG angesehen werden.

▶ *Zu Fragen der Haftung vgl. Rn. 52 ff. sowie Teil III Rn. 200 ff.*

7   Der **Gutachterausschuss wird** im Rahmen der ihm mit § 193 BauGB zugewiesenen Aufgaben **hoheitlich tätig**[5]. Hoheitliche Aufgaben werden wahrgenommen, wenn es sich um Tätigkeiten handelt (vgl. unten Rn. 92 ff., 54), durch die der Staat oder eine andere öffentlich-rechtliche Körperschaft im Rahmen der gesetzlichen Befugnisse Anordnungen trifft, deren Durchführung erforderlichenfalls erzwungen werden kann[6].

8   **Hoheitliche Tätigkeit** i. S. d. § 4 Abs. 5 KStG ist

– die Führung und Auswertung der Kaufpreissammlung,

– die Ableitung und Veröffentlichung von Bodenrichtwerten,

– die Aufgaben nach § 193 Abs. 1 Nr. 1 und 2 sowie Abs. 2 BauGB,

– die Gutachtertätigkeit nach § 5 Abs. 2 BKleingG, usw.

Im Hinblick auf die umsatzsteuerliche Behandlung stellt die Gutachtenerstattung nach § 193 Abs. 1 Nr. 3 und 4 BauGB eine wirtschaftliche Betätigung i. S. des Abschn. 5 Abs. 2 KStR dar (vgl. unten Rn. 87 ff.).

9   **Gutachterausschüsse für Grundstückswerte sind** nach Auffassung des OLG Düsseldorf **keine Sachverständige i. S. d. §§ 402 ff. ZPO**[7]. Der BGH hat indessen entschieden, dass zumindest deren **Gutachten seiner „Natur nach Sachverständigengutachten"** sind und ein „Gericht ... nicht gegen § 404 ZPO" verstoße, „wenn es auf Antrag einer Partei ... den Gutachterausschuss mit der Erstattung eines Gutachtens beauftragt" (vgl. § 193 BauGB Rn. 54)[8].

1.2 Unabhängigkeit

Seinem Wesen nach handelt es sich bei dem Gutachterausschuss für Grundstückswerte um **10** ein **Kollegialorgan unabhängiger Gutachter.** Nach Abs. 1 ist der Gutachterausschuss und damit auch jedes seiner Mitglieder selbständig und unabhängig. Der Gutachterausschuss steht außerhalb der Hierarchie des Behördenaufbaus und ist nicht Teil der Verwaltung der Städte oder der Kreise, für deren Bereich er gebildet worden ist[9]. Dies soll gewährleisten, dass die Gutachterausschüsse ihrer Tätigkeit unparteiisch und ohne Ansehen der Person aus freier Überzeugung nachkommen können. Sie sind dabei jedoch an die materiellen und formellen Regelungen des BauGB, der WertV und der GutachterausschussVO gebunden (vgl. § 1 WertV Rn. 1); sie sind hingegen nicht an Anweisungen bundes- oder landesministerieller Richtlinien zur Verkehrswertermittlung gebunden (vgl. Vorbem. zur WertV Rn. 40 ff.). Die Tätigkeit des Gutachterausschusses unterliegt gleichwohl der Aufsicht, und zwar insbesondere im Hinblick auf die Eignung der Gutachter und der gewissenhaften Erfüllung der dem Gutachterausschuss obliegenden Aufgaben.

Die mit § 192 Abs. 1 BauGB herausgestellte Unabhängigkeit und Selbstständigkeit gebie- **11** tet eine entsprechende Gewährleistung bei der Berufung der Ausschussmitglieder, ihrer Zusammensetzung bis hin zu deren Abberufung und dgl. Diesbezüglich sind nach § 199 Abs. 2 Nr. 1 bis 3 BauGB die Landesregierung gefordert, Regelungen zu treffen, die sowohl bezüglich der **Mitglieder des Gutachterausschusses wie auch der Einrichtung seiner Geschäftsstelle höchste Gewähr für dessen Unabhängigkeit** und insbesondere der persönlichen Unabhängigkeit jedes einzelnen Mitglieds des Gutachterausschusses **gewährleisten.** Die dafür sensibelsten „Elemente" des Gutachterausschusses sind

a) der Vorsitzende des Gutachterausschusses und sein(e) Stellvertreter sowie

b) die verwaltungsmäßige Verankerung der Geschäftsstelle des Gutachterausschusses im Behördenaufbau.

Zwar nimmt die Geschäftsstelle „nur" Hilfsfunktionen wahr, jedoch bestimmt sie unter der Leitung des Vorsitzenden mit nicht unerheblichen landesrechtlich ausformulierten Leitungskompetenzen die inhaltliche Arbeit des Gutachterausschusses. Vorsitzender und Geschäftsstelle bilden auch die Präsenz des Gutachterausschusses, während die ehrenamtlichen Gutachter fallbezogen hinzugezogen werden und die Gesamttätigkeit des Gutachterausschusses nur in eingeschränktem Maße überblicken können.

Bezüglich des **Vorsitzenden** schließt § 192 Abs. 3 BauGB nicht aus, dass er **Bediensteter** **12** **der Verwaltung** ist, bei der der Gutachterausschuss eingerichtet wurde, jedoch gebietet der Grundsatz der bundesrechtlich zu wahrenden Interessensneutralität gerade diesbezüglich eine Zurückhaltung des Landesgesetzgebers. Dessen ungeachtet haben mit Ausnahme des Landes *Baden-Württemberg* und *Hessen* alle Landesregierungen in den Gutachterausschüssen bestimmt, dass der Vorsitzende Bediensteter bzw. Beamter der Gebietskörperschaft bzw. des Katasteramtes ist, für deren Bereich der Gutachterausschuss gebildet wurde. In *Thüringen* wird nach § 2 Abs. 3 der Gutachterausschuss VO der Leiter des Katasteramtes Vorsitzender des Gutachterausschusses. Kraft seines Amtes wird ihm damit die bundesrechtlich mit § 192 Abs. 3 Satz 1 BauGB geforderte Sachkunde und Erfahrung „in

---

5   BGH, Urt. vom 4. 3. 1982 – III ZR 156/80 –, EzGuG 11.127: so schon KG Berlin, Beschl. vom 18. 6. 1971 – W 1182/71 –, EzGuG 11.78
6   BFH, Urt. vom 22. 8. 1957 – IV 255/56 U –, BFHE 65, 424 = BStBl. III 1957, 395; BFH, Urt. vom 26. 1. 1962 – VI 141/60 S –, BFHE 74, 540 = BStBl. III 1962, 201
7   OLG Düsseldorf, Urt. vom 16. 12. 1968 – 7 U 166/67 –, EzGuG 11.66; LG Berlin, Beschl. vom 16. 9. 1963 – (18) 0.18/61 –, EzGuG 11.37; so noch Baumbach/Lauterbach ZPO § 406 Rn. 1
8   BGH, Urt. vom 23. 1. 1974 – IV ZR 92/72 –, EzGuG 11.92
9   LG Berlin, Beschl. vom 16. 9. 1963 – (18) O. 18/61 –, EzGuG 11.37

der Ermittlung von Grundstückswerten" attestiert. Diese Kompetenz haben die Vorsitzenden aber nicht allein auf Grund ihrer Stellung als Leiter eines Katasteramtes[10].

13   Eine ähnliche Problematik stellt sich bezüglich der Zusammensetzung der Umlegungsausschüsse[11]. **Wo Bedienstete der Verwaltung und dazu noch in leitender Funktion dem Gutachterausschuss angehören, kann die Interessensneutralität beeinträchtigt werden,** auch wenn sie nicht die Stimmenmehrheit haben. Dies gilt insbesondere dann, wenn dem Vorsitzenden zugleich die Geschäftsstelle des Gutachterausschusses untergeordnet ist, die die Arbeitsergebnisse des Gutachterausschusses, z. B. ein Verkehrswertgutachten vorbereitet. Es wäre auch weltfremd zu glauben, dass sich ein sich aufdrängender Verdacht einer Verletzung der Interessensneutralität in den Fällen, in denen es z. B. um ein Verkehrswertgutachten geht, von dem die jeweilige Gebietskörperschaft betroffen ist, dadurch vermeiden ließe, dass der Vorsitzende bei der Besetzung des Gutachterausschusses (im Einzelfall) den Vorsitz möglicherweise auf den stellvertretenden Vorsitzenden abgibt, der möglicherweise sogar noch als Bediensteter der Nachbargemeinde dort Vorsitzender des Gutachterausschusses ist, und umgekehrt.

14   Man kann in diesem Zusammenhang nicht deutlich genug herausstellen, welche Bedeutung Verkehrswertgutachten (des Gutachterausschusses) im Rechtsverkehr einnehmen und dabei insbesondere das Anliegen des Bundesgesetzgebers herausstellen, mit den Gutachterausschüssen eine Stelle einrichten zu wollen, die gerade in kritischen Fällen, z. B. zur Bemessung von Abgaben (Ausgleichsbeträge) und Enteignungsentschädigungen oder bei einfachen Grundstücksveräußerungen, die für das Fiskalvermögen einer Gebietskörperschaft mittelbar oder unmittelbar von Bedeutung sind, höchste Gewähr für Unparteilichkeit bieten[12]. Dies betrifft nicht nur die Gutachtenerstattung, sondern vielfach in noch bedeutsamerer Weise die Führung und Auswertung der Kaufpreissammlung. Der ungehinderte Zugang des Gutachterausschusses (und seiner Geschäftsstelle) zu der von ihm geführten Kaufpreissammlung sowie das Hintergrundwissen bezüglich der von ihm abgeleiteten erforderlichen Daten der Wertermittlung verschaffen ihm im Streitfalle Vorteile, da externe Sachverständige den veröffentlichten „Daten der Wertermittlung" schon auf Grund der häufig unzureichenden Zusatzinformationen über deren Ableitung und der in aller Regel in anonymisierter Weise erteilten Auskünfte über Vergleichspreise nach § 195 Abs. 3 BauGB hier leicht ins Hintertreffen geraten (müssen). Dies beginnt bei einem häufig langwierigen und kostspieligem **Auskunftsverfahren** und einer mitunter wenig „kundenfreundlich" aufbereiteten Auskunft.

15   Nicht untypisch ist der Fall, dass der Gutachterausschuss für Grundstückswerte zwecks gemeindlichen Ankaufs eines Grundstücks ein Gutachten erstattet hat oder einen zu diesem Zwecke beauftragten Sachverständigen mit entsprechenden Vergleichsdaten aus der von ihm geführten Kaufpreissammlung „versorgt" hat und der Gegengutachter nunmehr selbst Auskunft aus der Kaufpreissammlung begehrt. Dieser ist dann im besonderen Maße an solche Vergleichsdaten interessiert, die geeignet sind, das Gutachten des Gutachterausschusses „auszuhebeln". In solchen Fällen wird häufig auch die anonymisierte Auskunftserteilung zu einem weiteren Problem, denn wenn in Angelegenheiten der Gebietskörperschaft, für deren Bereich der Gutachterausschuss eingerichtet und in deren Verwaltungsaufbau seine Geschäftsstelle integriert ist, der Gutachterausschuss und seine Geschäftsstelle den vollständigen Zugriff zur Kaufpreissammlung einschließlich der Angaben hat, die der anderen Seite aus datenschutzrechtlichen Gründen nicht zugänglich sind, so liegt auch hierin eine Benachteiligung dessen, der sich „gegen" ein Gutachten der Behörde „Gutachterausschuss" (vgl. Rn. 2 ff.) wendet, während umgekehrt bei dem Vorsitzenden des Gutachterausschusses und seiner Geschäftsstelle auch nicht die Gefahr einer Pflichtenkollision auszuschließen ist. Diese Konstellationen sind nicht dadurch zu überwinden, dass man dem Gutachterausschuss mit § 192 Abs. 1 BauGB Unabhängigkeit und Selbstständigkeit vorgibt oder auf den Umstand hinweist, dass er eine Landeseinrichtung darstelle. Letztlich lassen sich solche **Interessenskollisionen** nur vermeiden, indem man den Gutachterausschuss und vor allem seine Geschäftsstelle weit aus der Behördenhierarchie auslagert oder ihn generell nicht in Angelegenheiten tätig werden lässt, die mittelbar oder unmittelbar die Interessen der jeweiligen Gebietskörperschaft berühren. Die Ansiedlung der Geschäftsstelle des Gutachterausschusses bei den kommunalen Kataster- und Vermessungsämtern ist bei alledem eine nicht bedenkenfreie Regelung.

1.3 Räumlicher Tätigkeitsbereich

Der **räumliche Tätigkeitsbereich der Gutachterausschüsse wird mit dem Baugesetzbuch bundesrechtlich nicht** mehr **vorgegeben**[13]. **16**

Nach früherem Recht wurden Gutachterausschüsse für den **Bereich einer kreisfreien Stadt oder eines Landkreises** gebildet, wobei die Landesregierungen lediglich im Einzelfall den Gutachterausschuss auch bei kreisangehörigen Gemeinden einrichten konnten (§ 137 Abs. 1 BBauG 76)[14]. Der Fortfall dieser Bestimmungen bedeutet nach der Begründung des Gesetzentwurfs zum BauGB keine inhaltliche Änderung, sondern ist lediglich ein Ausdruck der Zurückhaltung des Bundesgesetzgebers in der Erwartung einer verantwortlichen und sachgerechten Regelung durch die Länder[15]. Der räumliche Zuständigkeitsbereich ist demzufolge den zum BauGB auf der Grundlage der Ermächtigung des § 199 Abs. 2 BauGB erlassenen Rechtsverordnung zu entnehmen (vgl. Vorbem. zum BauGB, Rn. 27). **17**

Die Regelung über den **Zuständigkeitsbereich der Gutachterausschüsse,** für den sie einzurichten sind (Kreisfreie Städte und Landkreise), ist in der Vergangenheit mehrfach geändert worden. **18**

Nach dem **BauGB von 1960** bestand der Grundsatz, dass die Gutachterausschüsse für den Bereich kreisfreier Städte und Landkreise einzurichten sind. Dies ging auf eine Empfehlung des 24. BT-Ausschusses zurück, und wurde damit begründet, dass „die Gutachterausschüsse ... ein erhebliches Erfahrungsmaterial" benötigen, „um zu zuverlässigen Wertermittlungen zu kommen" (BT-Drucks. III/zu 1794, zu § 161a). Eine abweichende Regelung sah der Entwurf zum BauGB in § 164 Abs. 2 (später § 144 Abs. 2 BBauG 60) in der Weise vor, dass die Landesregierungen im Wege der Rechtsverordnung regeln konnten, dass Gutachterausschüsse auch bei kreisangehörigen Gemeinden eingerichtet werden durften. Hiervon hatte insbesondere *Baden-Württemberg* auf Grund der Tradition ortsgerichtlicher Schätzungen Gebrauch gemacht.

Mit dem **BBauG 1976** wurde diese Regelung ersetzt: Nach dem § 137 Abs. 1 BBauG 76 war den Ländern nahe gelegt worden, die Einrichtung von Gutachterausschüssen mit kleinerem Einzugsbereich zu vermeiden und nur noch im Einzelfall ein Verbleib oder die Neueinrichtung von Gutachterausschüssen bei kreisangehörigen Gemeinden zuzulassen, **wenn die Erfüllung der Aufgaben der Gutachterausschüsse dort gewährleistet ist.**

---

10 § 2 Abs. 2 bay GutachterausschussVO; § 8 Abs. 3 bln DVO-BauGB; § 2 Abs. 2 bdb. GAV; § 2 Abs. 1 Satz 3 brem GutachterausschussV; § 3 Abs. 3 hbg GutachterausschussV; § 2 Abs. 3 meck.-vorp. GutAVO; § 11 Abs. 1 Satz 2 nds DVBauGB; § 2 Abs. 2 nordrh.-westf. GAVO NW; § 2 Abs. 3 rh.-pf. GutachterausschussVO; § 4 Abs. 2 saarl. GutVO; § 2 Abs. 2 sächs. GutachterausschussVO; § 2 Abs. 2 VOGut LSA; § 2 Abs. 3 Gutachterausschuss VO SH; § 2 Abs. 3 thür. GutachterausschussVO; Schmidt in GuG 1992, 330
11 Bielenberg stellt bezüglich der Umlegungsausschüsse in VR 1995, 13 fest, dass die Eigenschaft als Bediensteter der Verwaltung mit der Mitgliedschaft im Umlegungsausschuss bundesrechtlich unvereinbar sei.
12 Nicht grundlos schreibt z. B. § 2 Abs. 2 Satz 1 der Umlegungsausschussverordnung des Landes Mecklenburg-Vorpommern vor, dass das Mitglied, das über Sachkunde in der Bewertung von Grundstücken und Gebäuden verfügt, weder der Gemeindevertretung noch der Gemeindeverwaltung angehören darf.
13 Mit der Zurückhaltung des Bundes bezüglich der Regelung des räumlichen Zuständigkeitsbereichs der Gutachterausschüsse hat der Bundesgesetzgeber seine Absicht aufgegeben, die Sachkompetenz des Gutachterausschusses durch Zuordnung eines möglichst großen Zuständigkeitsbereichs zu stärken; eine Lockerung ging auf diesem Gebiet bereits mit der Beschleunigungsnovelle vom 6. 7. 1979 (BGBl. I 1979, 949) zum BBauG 1976 einher; vgl. BT-Drucks. 7/4793, S. 51 f.; BT-Drucks. 8/2451, S. 25; BT-Drucks. 8/2885, S. 44; Gutachten der AdV „Gutachterausschüsse nach dem BBauG und ihre Geschäftsstelle", S. 7; auch LT-Drucks. Bad.-Württ 7/4208.
14 Einer „Atomisierung" des Zuständigkeitsbereichs der Gutachterausschüsse stand ein von der AdV erarbeitetes Gutachten entgegen (vgl. ZfV 1976, 160)
15 BT-Drucks. 10/4630, S, 148

Mit dem **BBauG 1976** wurde der alte Rechtszustand durch Streichung der Worte „im Einzelfall" wieder hergestellt (BT-Drucks. 7/4793, zu § 137). Der genannte Ausschussbericht führt hierzu aus: „Da sich in der Praxis gezeigt hat, dass Gutachterausschüsse, die entsprechend den Vorschriften des § 144 Abs. 2 (BBauG 60) für den Bereich einer oder mehrerer kleiner Gemeinden gebildet sind, in der Regel keine befriedigende Arbeit leisten können, weil ihr Einzugsgebiet zu klein und das Vergleichsmaterial zu gering ist, war ursprünglich vorgeschlagen worden, dass § 144 Abs. 2 (BBauG 60) entfallen solle, dass die Landesregierungen nur noch ein Verbleiben schon bestehender Gutachterausschüsse bei kreisangehörigen Gemeinden verordnen könnten, wenn die Erfüllung der Aufgaben des Gutachterausschusses gewährleistet war. Diese im Hinblick auf die Gebietsreform in verschiedenen Ländern und die durch sie vielfach vorgenommene Einkreisung großer leistungsfähiger Städte gemachte Einschränkung wurde von der Mehrheit des Ausschusses dahin abgemildert, dass die ‚Einrichtung' von Gutachterausschüssen auch dann von der Landesregierung verordnet werden kann, wenn die Erfüllung ihrer Aufgaben gesichert ist".

Das **BauGB 87** beließ es bei den Regelungen des BBauG 76; in der Begründung wird auf die Verantwortung der Länder für eine effiziente Organisationsstruktur hingewiesen (BT-Drucks. 10/4630, II 8 S. 59 sowie zu Nr. 97 zu § 192 S. 149). Ob dies zumindest in *Baden-Württemberg* wahrgenommen wurde, bleibt aber fraglich. In Baden-Württemberg verblieb es mit rd. 1 100 Gutachterausschüssen zumindest zahlenmäßig bei der Einrichtung von mehr Gutachterausschüssen als im gesamten übrigen Bundesgebiet; selbst Kleinstgemeinden (wie Simonswald und Glottertal) haben dort einen Gutachterausschuss. Empirische Untersuchungen lassen begründete Zweifel an der Funktionsfähigkeit solcher Gutachterausschüsse aufkommen (vgl. Schmidt in GuG 1992, 330, GuG 1995, 279 und in GuG 1996, 351). Demgegenüber wurde insbesondere vom bad.-württ. Städte- und Gemeindebund die Funktionsfähigkeit der gemeindeangehörigen Gutachterausschüsse aus vordergründigen Motiven bestätigt (vgl. Gt-info 578/96 des GemTg Bad-Württ. vom 20. 8. 1996).

Im Hinblick auf die zusätzlichen Aufgaben des Gutachterausschusses, die mit der Neufestsetzung steuerlicher Grundbesitzwerte (in Fortsetzung der Einheitsbewertung) hinzugekommen sind, nämlich die Ermittlung von Bodenrichtwerten bezogen auf den 31. 12. 1995 für steuerliche Zwecke, sah der von der BReg vorgelegte **Entwurf eines Jahressteuergesetzes – JStG 97** vor, § 192 Abs. 1 BauGB durch folgende Sätze zu ergänzen: „Die Gutachterausschüsse werden für den Bereich einer kreisfreien Stadt oder eines Landkreises eingerichtet. Die Landesregierungen können durch die auf Grund der Ermächtigung nach § 199 Abs. 2 (BauGB) erlassene Rechtsverordnung bestimmen, dass Gutachterausschüsse im Einzelfall bei kreisangehörigen Gemeinden verbleiben oder eingerichtet werden, wenn die Erfüllung ihrer Aufgaben gewährleistet ist)." (BR-Drucks. 390/96, S. 35).

Die **Begründung** (BR-Drucks. 390/96, S. 89 f.) führt hierzu aus:

„ Durch den neuen Satz 2 soll die Regelung über die Einrichtung der Gutachterausschüsse für Grundstückswerte wieder der Regelung des § 137 Bundesbaugesetz in der Fassung der Bekanntmachung vom 18. 8. 1976 (BGBl. I 1976, 2257) angepasst werden. Bereits nach dieser Vorschrift waren die Gutachterausschüsse grundsätzlich für den Bereich einer kreisfreien Stadt oder eines Landkreises einzurichten, da eine Zersplitterung der Tätigkeit der Gutachterausschüsse auf kleine kreisangehörige Gemeinden schon auf Grund der ihnen nicht ausreichend zur Verfügung stehenden Vergleichsmaterialien einer sachgerechten Erfüllung der Aufgaben abträglich ist (vgl. BT-Drucks. 7/4793). Durch den neuen Satz 3 sollen die Landesregierungen ermächtigt werden, durch die Verordnung nach § 199 Abs. 2 zu bestimmen, dass Gutachterausschüsse im Einzelfall bei kreisangehörigen Gemeinden verbleiben oder eingerichtet werden, wenn die Erfüllung ihrer Aufgaben gewährleistet ist. Mit der vorgesehenen Ergänzung soll zugleich die Stellung der Gutachterausschüsse im Hinblick auf die anstehenden Aufgaben, die sich im Zusammenhang mit der steuerlichen Neubewertung des Grundbesitzes ergeben, gestärkt werden."

19   Die vorgesehene Änderung fand im Deutschen Bundestag vornehmlich auf Betreiben der betroffenen Gutachterausschüsse keine Mehrheit. Damit wurde die Chance vertan, die Gutachterausschüsse in *Baden-Württemberg* zu stärken, denn **mit der Einrichtung der Gutachterausschüsse bei Kleinstgemeinden muss zwangsläufig eine eingeschränkte Leistungsfähigkeit verbunden sein,** u. a. weil dort

- nur wenig Vergleichsmaterial für eine fundierte Verkehrswertermittlung vorliegen kann und

- häufig auch nicht die notwendige Fachkunde zur Verfügung stehen kann (die nach dem Gesetzeswortlaut unabhängigen Gutachterausschüsse setzen dort sich überwiegend aus Gemeinderatsmitgliedern zusammen und stellen davon faktisch Ausschüsse des Gemeindeparlaments dar).

20   Im Übrigen hätte mit einer Konzentration der Gutachterausschüsse bei den kreisfreien Städten und bei den Landkreisen ein Rationalisierungseffekt bei gleichzeitiger Effizienzsteigerung damit einhergehen können.

1.4 Zusammensetzung

Die **Gutachterausschüsse bestehen** nach Abs. 2 **aus**   **21**
– einem Vorsitzenden und
– „ehrenamtlichen weiteren Gutachtern"[16].

Der **Vorsitzende ist Repräsentant des Gutachterausschusses,** dessen Aufgaben nach § 199   **22**
Abs. 2 Nr. 2 BauGB durch Landesrecht geregelt werden (vgl. § 199 BauGB Rn. 31). Anders
als die „ehrenamtlichen weiteren Gutachter" kann der Vorsitzende auch haupt- oder nebenamtlich bestellt werden, wobei er aber in jedem Fall die Voraussetzungen eines Gutachters
erbringen muss, d. h., er muss die erforderliche Sachkunde aufweisen. Die Bestellung von
stellvertretenden Vorsitzenden sieht das Gesetz nicht ausdrücklich vor, schließt es aber auch
nicht aus.

Nach § 16 Satz 1 Nr. 4 der nds DVBauGB werden im verwaltungsrechtlichen Vorverfahren   **23**
in *Niedersachsen* auch **Widersprüche** vom Vorsitzenden erteilt.

In welcher **Besetzung der Gutachterausschuss im Einzelfall** zusammentritt, ist ebenfalls   **24**
Gegenstand landesrechtlicher Bestimmungen (vgl. § 199 BauGB, Rn. 24 ff.):
– Für die *Erstattung von Gutachten* besteht die Regelbesetzung aus einem Vorsitzenden
  und zwei weiteren ehrenamtlichen Gutachtern (tres faciunt collegium)[17].
– Für die *Ermittlung von Bodenrichtwerten* besteht die Regelbesetzung aus einem Vorsitzenden (oder einem Stellvertreter) und mindestens drei bzw. vier weiteren ehrenamtlichen Gutachtern[18].

Bundesrechtlich ist lediglich vorgeschrieben, dass **für die Ermittlung der Bodenricht-**   **25**
werte ein Bediensteter der zuständigen Finanzbehörde mit Erfahrungen in der steu-
erlichen Bewertung als Gutachter vorzusehen ist (vgl. § 192 Abs. 3 Satz 2 BauGB).

Hat dieser Bedienstete an der Bodenrichtwertermittlung nicht mitgewirkt, so sind die
Bodenrichtwerte nicht ordnungsgemäß zustande gekommen[19].

Gegenüber dem bisherigen Recht (§ 139 BBauG 76) ist damit folgende Modifikation eingetreten:
– Dem Gutachterausschuss soll ein Bediensteter der Finanzverwaltung angehören.
  Während es sich nach bisherigem Recht dabei um „Bedienstete der örtlichen Finanzämter" handelte, soll dies nach dem BauGB „ein Bediensteter der *zuständigen Finanz-*
  behörde" sein (§ 192 Abs. 3 Satz 2 BauGB). Diese Regelung geht auf einen Vorschlag
  des Bundesrates zurück, dem sich der federführende BT-Ausschuss[20] angeschlossen hat.
  Der Ausschuss wollte – wie der Bundesrat – auf diese Weise sicherstellen, dass bei einer
  die Zuständigkeit eines Finanzamts übergreifenden zentralen Erfassung der Kaufpreise
  innerhalb der Finanzverwaltung Angehörige der für die zentrale Bearbeitung zuständigen Stelle zur Ermittlung der Bodenrichtwerte herangezogen werden können.

---

16 Nicht zu verwechseln mit der Berufung zum Ehrenbeamten nach den §§ 5 ff. und 177 BBG; vgl. § 3 Abs. 2, § 115 BRRG
17 Die Gutachtenerstattung durch ein Kollegium hatte schon A. Weber (Bodenrechte und Bodenspekulation in der modernen Stadt Leipzig, S. 175) gefordert, da die Wertermittlung „in weitem Umfang lediglich Gefühlssache" sei.
18 § 5 Abs. 2 bad.-württ. GutachterausschussVO; § 6 Abs. 3 bay. GutachterausschussVO; § 6 Abs. 2 bln. DVO-BauGB; § 5 Abs. 1 hamb. GutachterausschussVO; § 7 Abs. 2 hess. DV BauGB; § 16 GAVO NW; § 14 Abs. 1 nds. DVBauGB: mit drei weiteren Gutachtern; § 7 Abs. 2 rh.-pf. GutachterausschussVO; § 5 Abs. 2 saarl. GutVO; § 9 Abs. 1 schl.-hol. GutachterausschussVO; die Möglichkeit einer „erweiterten" Besetzung anzuord-nen sieht § 1 Abs. 2 Satz 4 brem. GutachterausschussVO vor
19 Dieterich in Ernst/Zinkahn/Bielenberg § 192 BauGB Rn. 35.
20 BT-Drucks. 10/6166, S. 162

– Während nach bisherigem Recht der Bedienstete der Finanzverwaltung „insbesondere"
bei den Bodenrichtwertermittlungen mitwirken sollte, ist nach geltendem Recht dieser
Bedienstete (nur) für die Ermittlung der Bodenrichtwerte „vorzusehen" (§ 192 Abs. 3
Satz 2 BauGB).

– Bedienstete der örtlich zuständigen Finanzämter sind nach Maßgabe landesrechtlicher
Vorschriften auch bei anderen Tätigkeiten des Gutachterausschusses hinzuzuziehen, so
z. B. bei der Erstellung von Mietwertübersichten und den Übersichten über Bodenrichtwerte[21].

1.5 Entschädigung von Mitgliedern des Gutachterausschusses

26 Die Entschädigung der Mitglieder des Gutachterausschusses bestimmt sich nach **landesrechtlichen Vorschriften,** zu deren Erlass die Landesregierungen mit § 199 Abs. 2 Nr. 7
ermächtigt worden sind (vgl. § 199 BauGB Rn. 51ff.):

27 Die landesrechtlichen Regelungen knüpfen dabei vielfach an die im **Gesetz über die Entschädigung von Zeugen und Sachverständigen vorgesehenen Mindeststundensätze an**
und sehen unterschiedliche Regelungen für den Vorsitzenden und die weiteren ehrenamtlichen Gutachter vor:

Baden-Württemberg:	§ 14 GutachterausschussVO
Bayern:	§ 7 GutachterausschussV
Berlin:	§ 12 DVO-BauGB
Brandenburg:	§ 19 GAV
Bremen:	§ 7 GutachterausschussVO
Hamburg[22]:	§ 8 GutachterausschussVO
Hessen:	§ 10 DurchführungsVO zum BauGB
Mecklenburg-Vorpommern:	§ 6 GutachterausschussVO
Niedersachsen:	§ 28 DVBauGB
Nordrhein-Westfalen:	§ 19 GAVO NW
Rheinland-Pfalz:	§ 4 GutachterausschussVO
Saarland:	§ 11 GutVO
Sachsen:	§ 14 GutachterausschussVO
Sachsen-Anhalt:	§ 18 VO Gut
Schleswig-Holstein:	§ 6 GutachterausschussVO
Thüringen:	§ 4 GutachterausschussVO

28 **Die den ehrenamtlichen Gutachtern gezahlten Entschädigungen stellen einen Ausla-
genersatz und eine angemessene Entschädigung für Zeitversäumnisse und sonstige
Aufwendungen[23] dar.** Die Entschädigung kann nicht als Einkunft aus selbstständiger
Arbeit angesehen werden, da sie lediglich an einem Gutachten des Gutachterausschusses
mitwirken und die Gutachten nicht in deren Namen erstattet werden. Es kommt hinzu, dass
für die Gutachten eine öffentlich-rechtliche Gebühr erhoben wird.

29 Die Entschädigung wird den **Einkünften aus sonstiger Arbeit** i. S. d. § 18 Abs. 1 Nr. 3
EStG zugerechnet, soweit sie nicht unter die Einkünfte aus freiberuflicher Tätigkeit fällt[24].

30 Die **Entschädigung wird** gemäß § 2 der Verordnung über Mitteilungen an die Finanzbehörden – MV – vom 7. 9. 1993 (BGBl. I 1993, 1554) **den Finanzbehörden gemeldet.**

2 Bestellung von Gutachtern

Das BauGB enthält keine Bestimmung über die **Bestellung von** Gutachtern[25]. Auf Grund der   **31** Ermächtigung des § 199 Abs. 2 BauGB **regeln dies die Landesregierungen durch Rechtsverordnung** (vgl. Vorbem. zum BauGB Rn. 27). Bundesrechtlich schreibt § 192 Abs. 3 Satz 1 BauGB lediglich vor, dass die **Gutachter in der Grundstückswertermittlung und „sonstigen" Wertermittlungen erfahren sein sollen** und nicht hauptamtlich mit der Verwaltung der Grundstücke der Gebietskörperschaft befasst sein dürfen, für deren Bereich der Gutachterausschuss gebildet worden ist. Bezüglich der für die Bestellung von Gutachtern vorgeschriebenen Sachkunde und Erfahrung in der Ermittlung von Grundstückswerten sollten ähnliche Maßstäbe gelten, wie sie von den Industrie- und Handelskammern mit den in der Sachverständigenordnung – SVO – formulierten Grundsätzen über die öffentliche Bestellung und Vereidigung von Sachverständigen vorgegeben sind (vgl. Anh. 1.1). Auf die Bestellung als Gutachter des Gutachterausschusses besteht kein Rechtsanspruch.

Die **Bestellung zum Gutachter des Gutachterausschusses für Grundstückswerte** (nach   **32** den §§ 192 ff. BauGB) ist **landesrechtlich wie folgt** geregelt (Abb. 1):

Abb. 1: Bestellung zum Gutachter des Gutachterausschusses

Land	Bestellungsbehörde	Zeitraum	Rechts- grundlage*
Baden-Württemberg	Gemeinde/Verwaltungs- gemeinschaft	4 Jahre	§ 2
Bayern	Kreisverwaltung	4 Jahre	§ 3
Berlin	Für das Vermessungswesen zuständiges Mitglied des Senats	4 Jahre	§2
Brandenburg	Landesvermessungsamt	5 Jahre	§ 2
Bremen	Senat, bzw. Senator für Bauwesen	4 Jahre	§ 2 Abs. 2 f.
Hamburg	Senat	unbefristet	§ 3 Abs. 1
Hessen	Wiesbaden/Frankfurt/M.; an- sonsten: Regierungspräsident	5 Jahre	§ 4 Abs. 1
Mecklenburg- Vorpommern	Innenminister	4 Jahre	§ 3 Abs. 1
Niedersachsen	Bezirksregierung	5 Jahre	§ 11
Nordrhein-Westfalen	Bezirksregierung	5 Jahre	§ 2 Abs. 1
Rheinland-Pfalz	Bezirksregierung	5 Jahre	§§ 1, 3
Saarland	Landkreise auf Vorschlag nach Maßgabe der GutVO	4 Jahre	§ 6 § 1 Abs. 3
Sachsen	Regierungspräsidium	5 Jahre	§ 2
Sachsen-Anhalt	Bezirksregierung	4 Jahre	§ 2
Schleswig-Holstein	Bürgermeister/Landrat	4 Jahre	§ 3 Abs. 1 u. 2
Thüringen	Landesverwaltungsamt	5 Jahre	§ 3 § 1 Abs. 3

© W. Kleiber 00

* Rechtsgrundlagen vgl. Gesetzeszusammenstellung am Anfang dieses Werks.

21   § 16 Satz 4 GAVO NW; nach § 4 saarl. GutVO sind die Bediensteten des örtlich zuständigen Finanzamts „vor allem" bei der Ermittlung von Bodenrichtwerten heranzuziehen

22   In Hamburg werden die Gutachter nach § 2 Abs. 1 und 4 sowie nach den §§ 3 und 4 des Gesetzes über Entschädigungsleistungen anlässlich ehrenamtlicher Tätigkeit in der Verwaltung vom 1. 7. 1963 (Hamb. GVBl. 163.111), zuletzt geändert am 9. 12. 1976 (Hamb. GVBl. 1976, 237), in der jeweils geltenden Fassung entschädigt (vgl. § 8 Hamb. GutachterausschussVO, a. a. O.).

23   Zu Aufwandsentschädigungen vgl. BFH, Urt. vom 15. 3. 1968 – VI R 288/66 –, EzGuG 11.64

24   So Erl. des nordrh.-westf. FM vom 5. 8. 1987 – S 2337 – 25 V B (VI 921-00/1 – GuG 1999, 360 = EilDStNW Nr. 620/87 vom 5. 11. 1987

25   Mit dem BauGB wurde auch die Bestimmung des § 138 Abs. 2 BBauG 76 über die Bestellung von Gutachtern aufgehoben; nach dieser Vorschrift wurden Gutachter von der höheren Verwaltungsbehörde auf vier Jahre bestellt. Die Nachfolgeregelungen der Landesregierungen sollten sicherstellen, dass die Bestellung von Gutachtern frei von politischen und fachlich vertretbaren Erwägungen erfolgen kann

3 Geheimhaltungspflicht

33 Die Gutachter der Gutachterausschüsse für Grundstückswerte sind zur Geheimhaltung der ihnen bekannt gewordenen personenbezogenen Daten verpflichtet. Anders als noch § 138 Abs. 3 BBauG 76, enthält die Nachfolgeregelung keine dies klarstellende Regelung. Die Begründung zu §192 BauGB verweist lediglich auf entsprechende **Grundsätze in den Verwaltungsverfahrensgesetzen des Bundes und der Länder**[26].

34 Neben den Vorschriften der Verwaltungsverfahrensgesetze sind die Regelungen der Datenschutzgesetze und der GutachterausschussVOen der Länder zu beachten:

a) Von den **Vorschriften des Verwaltungsverfahrensgesetzes** sind vor allem die Vorschriften des § 83 und § 84 VwVfG über die ehrenamtliche Tätigkeit einschlägig. Diese Vorschriften sind nach dem Wortlaut des § 81 VwVfG allerdings nur auf die ehrenamtliche Tätigkeit in einem „Verwaltungsverfahren" anzuwenden, das in § 9 VwVfG als eine „nach außen wirkende Tätigkeit der Behörden" definiert ist, „die auf die Prüfung der Voraussetzungen, die Vorbereitung und den Erlass eines Verwaltungsakts oder auf den Abschluss eines öffentlich-rechtlichen Vertrags gerichtet ist"[27]. Die Gutachten des Gutachterausschusses stellen nach der höchstrichterlichen Rechtsprechung indessen keinen Verwaltungsakt dar; sie können allenfalls der Vorbereitung von Verwaltungsakten dienen (§193 BauGB Rn. 67). Soweit demzufolge noch ein Regelungsbedarf über die Geheimhaltungspflichten der Gutachter besteht, sind die Landesregierungen mit §199 Abs. 2 Nr. 1 BauGB ermächtigt worden, die Bildung und das Tätigwerden der Gutachterausschüsse sowie die Mitwirkung der Gutachter und deren Ausschluss im Einzelfall zu regeln[28]. Auch wenn nach den vorstehenden Ausführungen die §§ 83 f. VwVfG bei strenger Betrachtungsweise nicht auf die Gutachter anzuwenden sind, empfiehlt es sich, in den Landesverordnungen entsprechend der Regelung des § 83 Abs. 2 VwVfG die Gutachter bei Übernahme ihrer Aufgaben zur Verschwiegenheit besonders zu verpflichten, zumal es fraglich sein mag, dass alle Gutachter Amtsträger i. S. d. § 11 Abs. 1 Nr. 2 StGB sind und schon deshalb bei Verletzung von Geheimhaltungspflichten die strafrechtlichen Folgen des § 203 StGB greifen (vgl. § 195 BauGB Rn. 84).

b) Die **Datenschutzgesetze der Länder** verpflichten die Gutachterausschüsse für Grundstückswerte alle technischen und organisatorischen Maßnahme zu treffen, um insbesondere bereits beim Aufbau der Kaufpreissammlung und ihrer Nutzung datenschutzrechtliche Belange sicherzustellen (vgl. z. B. § 10 nordrh.-westf. DSB). Die Dokumentation der organisatorischen Maßnahmen stellt hier bereits ein wesentliches Element dar[29].

35 In diesem Zusammenhang ist auch auf die strafrechtlichen Folgen bei **Verletzung des Datengeheimnisses nach den Bestimmungen der Landesdatenschutzgesetze** hinzuweisen: so bestimmt z. B. § 27 des rh.-pf. Landesdatenschutzgesetzes – LDatG (vgl. auch § 27 saarl. DatG, vgl. auch § 14 nordrh.-westf. DSG):

„(1) Wer unbefugt von diesem Gesetz geschützte personenbezogene Daten, die nicht offenkundig sind,

1. übermittelt, verändert oder sonstwie verwendet oder

2. abruft oder sich sonstwie verschafft oder

3. den Zugriff auf solche Daten gewährt,

wird mit Freiheitsstrafe bis zu einem Jahr oder mit Geldstrafe bestraft.

(2) Handelt der Täter gegen Entgelt oder in der Absicht, sich oder einen anderen zu bereichern oder einen anderen zu schädigen, so ist die Strafe Freiheitsstrafe bis zu zwei Jahren oder Geldstrafe.

(3) Die Bestimmungen der Absätze 1 und 2 gelten nur, soweit die Tat nicht in anderen Vorschriften mit höheren Strafen bedroht ist.

(4) Die Tat wird nur auf Antrag verfolgt. Den Antrag kann auch die Datenschutzkommission stellen"

36 ▶ *Weiteres zum Bundesdatenschutzgesetz § 195 Rn. 80 ff.*

Dementsprechend muss z. B. im Lande *Rheinland-Pfalz* der **auskunftsbegehrende** **37**
Sachverständige schriftlich versichern, dass er

– alle mündlich oder durch Auskunft erhaltenen Angaben streng vertraulich behandelt
  und diese zu keinen anderen als dem zur sachgerechten Aufgabenerfüllung gehörenden Zweck verarbeitet, bekannt gibt oder zugänglich macht,
– in das/die zu erstellende(n) Gutachten nur anonymisierte Daten der Vergleichgrund-
  stücke aufnimmt (z. B. ohne Flurstücks- und Hausnummern),
– die Daten bis zu ihrer Vernichtung so aufbewahrt, dass Unbefugte keine Kenntnis
  davon erhalten,
– die zur Verfügung gestellten Daten nach Auswertung (z. B. in einem Gutachten) zum
  frühestmöglichen Zeitpunkt vernichtet.

Die Vernichtung personenbezogener Daten, die der auskunftsberechtigte Sachverständige erhalten hat, schließt indessen nicht aus, dass er dieses Wissen in seinen Erfahrungsschatz aufnimmt und in seiner weiteren Tätigkeit hierauf aufbaut[30].

c) In Ansehung dieser Rechtslage legen eine Reihe von **GutachterausschussVOen der** **38**
Länder den Gutachtern besondere Geheimhaltungspflichten auf[31].

d) Auch das **Strafgesetzbuch – StGB – enthält Vorschriften über die Geheimhaltung;** **39**
einschlägig sind insbesondere

– § 353 b StGB   über die Verletzung des Dienstgeheimnisses und einer beson-
                              deren Geheimhaltungspflicht;
– § 355 StGB   über die Verletzung des Steuergeheimnisses (im Hinblick auf die
                              Mitwirkung von Bediensteten der Finanzbehörde nach § 192
                              Abs. 3 Satz 2 BauGB und die Übermittlung der Kaufpreissamm-
                              lung an das Finanzamt nach § 195 Abs. 2 Satz 1 BauGB);
– §§ 201 ff. StGB   über die Verletzung des persönlichen Lebens- und Geheimbe-
                              reichs (insbesondere die Vorschriften über die unbefugte Offen-
                              barung geschützter Daten nach § 203 Abs. 2 StGB)[32]; vgl. hierzu
                              § 195 BauGB Rn. 80 ff.

e) Für ehrenamtlich tätige Gutachter ist schließlich auf die **Bestimmungen der Gemein-** **40**
deordnungen – GO – hinzuweisen. So ist z. B. nach § 22 Abs. 1 Satz 1 der GO *Nord-*
rhein-Westfalen derjenige, der zu ehrenamtlicher Tätigkeit oder zu einem Ehrenamt
berufen worden ist, zur Verschwiegenheit über solche Angelegenheiten verpflichtet,
deren Geheimhaltung ihrer Natur nach erforderlich ist[33].

---

26   BT-Drucks. 10/4630, S. 149
27   Ausgenommen ist damit jedwedes Verwaltungshandeln, dem kein Regelungscharakter zukommt (z. B. behörd-
     liche Auskünfte), einschließlich sog. Verwaltungsvorakte (vgl. Achterberg in DÖV 1971, 397 ff.). Nach Wort-
     laut und Entstehungsgeschichte der Vorschrift entspricht dies dem gesetzgeberischen Willen. Der Gesetzgeber
     hat erklärtermaßen rechtsdogmatisch unverfestigte Formen des Verwaltungshandelns nicht einbeziehen wollen.
     Er hat allerdings auch nicht verkannt, dass eine Reihe von Vorschriften des VwVfG über den engeren Anwen-
     dungsbereich dieses Gesetzes hinaus allgemeine Bedeutung für nicht erfasste Verfahrensarten erlangen werden
     (vgl. BR-Drucks 227/73, S. 41 f.). Dies könnte auch für die Gutachterausschüsse gelten. § 9 VwVfG muss ange-
     sichts seines eindeutigen Wortlauts gleichwohl eher restriktiv ausgelegt werden
28   Zur Geheimhaltung bei der steuerlichen Bedienung vgl. BFH, Beschl. vom 21. 5. 1982 – III B 32/81 –, EzGuG
     20.99; Vorinstanz: FG Hamburg, Beschl. vom 23. 6. 1981 – III 199/77 –, AVN 1986, 345; BFH, Urt. vom 24. 9.
     1976 – III B 12/76 –, EzGuG 11.104; § 30 AO sowie § 10 Abs. 1 Satz 2 und die §§ 41 f. BDSG
29   Musterdienstanweisung der AGVGA Nordrh.-Westff.; 11. und 12. Tätigkeitsbericht des nordrh.-westfl. Landes-
     beauftragten für den Datenschutz, Sammelband Datensicherung und Organisationshilfen
30   BayObLG, Beschl. vom 23. 7. 1987 – REMiet 2/87 –, EzGuG 20.121.
31   § 3 Abs. 1 bad.-württ. GutachterausschussVO; § 9 bay. GutachterausschussVO; § 9 bln. DVO-BauGB; § 4
     Abs. 1 brem. GutachterausschussVO; § 3 Abs. 4 hamb. GutachterausschussVO; § 5 Abs. 2 hess. DV BauGB;
     § 12 nds. DVBauGB; § 3 Abs. 3 und § 9 GAVO NW; §§ 7, 16 saarl. GutVO; § 4 schl.-hol. GutachterausschussVO
32   § 5 Abs. 3 hess. DV BauGB
33   OVG Münster, Urt. vom 22. 9. 1965 – III A 1360/63 –, EzGuG 11.49

4 Geschäftsstelle des Gutachterausschusses (Abs. 4)

41 Die Gutachterausschüsse bedienen sich nach Abs. 4 einer Geschäftsstelle. Dies ist die einzige Vorschrift, in der im BauGB von der Geschäftsstelle des Gutachterausschusses die Rede ist. Ansonsten betreffen die Regelungen des BauGB nur den Gutachterausschuss, obwohl die Geschäftsstelle wesentliche Arbeiten des Gutachterausschusses vorbereitet und betreut. **Die Geschäftsstelle ist ein Organ des Gutachterausschusses und nimmt innerhalb der Behörde Gutachterausschuss-Hilfsfunktionen wahr,** die hinsichtlich Inhalt und Umfang in der Verantwortung und der Entscheidung des Gutachterausschusses stehen[34]. Der Gutachterausschuss bestimmt deshalb auch, in welchem Rahmen und in welchem Umfang seine Geschäftsstelle tätig wird. Der Bundesgesetzgeber hat mit dem Baugesetzbuch infolgedessen nicht einzelne Tätigkeiten der Geschäftsstelle durch Bundesgesetz festschreiben wollen, wie es der Deutsche Städtetag vorgeschlagen hatte[35]. Er hat vielmehr die umfassende Verantwortung des Gutachterausschusses auch für diesen Aufgabenbereich dadurch unterstreichen wollen, dass er im Gesetzbuch die Geschäftsstelle des Gutachterausschusses an dieser Stelle nicht mehr – wie noch in § 143 a Abs. 2 BBauG 76 – ausdrücklich anspricht.

42 In *Bayern* obliegt der Geschäftsstelle des Gutachterausschusses nach § 9 Abs. 2 Nr. 3 der GutachterausschussV auch die **Ermittlung von Bodenrichtwerten.** Diese Regelung widerspricht Bundesrecht (§ 193 Abs. 3 BauGB) und stellt eine Tätigkeit dar, die dem sachverständigen Gutachterausschuss vorbehalten bleiben muss.

43 Zu den **Aufgaben der Geschäftsstelle** gehört:
 – die Entgegennahme und Registrierung der Anträge;
 – die Prüfung der Antragsberechtigung und der örtlichen und sachlichen Zuständigkeit;
 – die Sachverhaltsaufklärung einschließlich Beschaffung erforderlicher Unterlagen (Pläne, Lichtbilder, Grundbuchauszüge, Verträge, Mieten usw.);
 – die verwaltungsmäßige Vorbereitung und Abwicklung der Ausschusssitzungen (Entwurf für die Tagesordnung, Einladung der ehrenamtlichen Gutachter, Benachrichtigung der Grundstückseigentümer, Fertigung der Sitzungsniederschriften und dgl.);
 – die Festsetzung der Entschädigungen der ehrenamtlichen Gutachter;
 – die Festsetzung und Veranlagung der Gebühren;
 – die Ausfertigung und Übersendung der Wertgutachten;
 – die Erstattung von Berichten und Zusammenstellungen an die zuständige Aufsichtsbehörde (über erstattete Wertgutachten, Bodenrichtwertauskünfte usw.);
 – die Führung der Verwaltungsgeschäfte für den Gutachterausschuss bzw. den Vorsitzenden;
 – die Vorbereitung und Veröffentlichung von Grundstücksmarktberichten;
 – die Vorbereitung von Wertgutachten, insbesondere durch Aufklärung des Sachverhalts:
   • Klarstellung von Aufgabe und Zweck des Wertgutachtens;
   • Erforschung der im Einzelfalle zu berücksichtigenden Wertermittlungsmerkmale (Aufzählung beispielhaft);
   • Sichtung und Prüfung, ob vorliegende Unterlagen ausreichen; evtl. Beschaffung fehlender Unterlagen;
   • Feststellung von Grundstücksbezeichnung und -größe sowie Erschließungszustand;
   • Ermittlung des Lagewerts für den Grund und Boden sowie der Zu- oder Abschläge wegen spezieller Merkmale des Grundstücks;
   • Ermittlung der Massen der Gebäude und sonstigen baulichen Anlagen;
   • Ermittlung der Wohn-, Geschoss- bzw. Nutzflächen der Gebäude;

- Ableitung der speziellen Normalherstellungswerte, der Abschreibungssätze und sonstigen Wertminderungen;
- Ableitung der speziellen angemessenen Mietwerte;
- Ermittlung der Bewirtschaftungskosten, der angemessenen Verzinsung (Liegenschaftszinssätze), der Restnutzungsdauer, des Vervielfältigers;
- Ableitung evtl. besonderer Minder- oder Mehrwerte (wegen Bauschäden oder Baumängeln, Sondererträgen u. a.);
- Konzipierung eines vollständigen, diskussionsfähigen Entwurfs des gesamten Gutachtens;
- die Führung der Kaufpreissammlung nach Weisung des Gutachterausschusses einschließlich der Prüfung und „Berichtigung" der Kaufpreise im Hinblick auf den gewöhnlichen Geschäftsverkehr sowie auf ungewöhnliche und persönliche Verhältnisse und ggf. Zurückführung der berichtigten Kaufpreise auf Vergleichsgrundstücke mit gebietstypischen Eigenschaften;
- die antragsgemäße Übermittlung der Kaufpreissammlung an das zuständige Finanzamt; die Urkunden- und Aktenvorlage an Gerichte und Staatsanwaltschaften;
- die fachliche Vorbereitung der Bodenrichtwertermittlung einschließlich der Fertigung von Bodenrichtwertkarten, Übersichten usw., Veranlassung der Offenlage, Bodenrichtwertauskünfte;
- die fachliche Vorbereitung und Ableitung „erforderlicher Daten der Wertermittlung" für den Gutachterausschuss;
- die Beschaffung und Erarbeitung allgemeiner Wertermittlungsgrundlagen (z. B. Sammlung von Mieten, Erarbeitung von Mietwerten, Normalherstellungskosten und sonstigen Wertermittlungsdaten, Sammlung und Nachweis der erstatteten Gutachten) und
- der Material- und Erfahrungsaustausch mit anderen Gutacherausschüssen.

Die **Geschäftsstelle** ist nach Maßgabe landesrechtlicher Bestimmungen **bei einer** **44** **Behörde** eingerichtet. Als Organ des Gutachterausschusses nimmt die Geschäftsstelle nicht Aufgaben der Städte und Kreise wahr, für deren Bereich der Gutachterausschuss gebildet wurde.

Dies bedeutet, dass die Bediensteten der Geschäftsstelle – soweit sie im Behördenaufbau **45** anderen Tätigkeiten nachgehen – gleichzeitig Geschäftsstellenaufgaben für den Gutachterausschuss quasi in Doppelfunktion wahrnehmen. Bei der Ausübung ihrer Hilfstätigkeit als **Geschäftsstelle des Gutachterausschusses ist** sie nicht an **Weisungen** ihrer Anstellungsbehörde, sondern **allein** denjenigen **des Gutachterausschusses unterworfen,** sofern das Weisungsrecht nicht auf dem Vorsitzenden des Gutachterausschusses übertragen wurde[36].

---

34 VG Düsseldorf, Urt. vom 3. 7. 1980 – 9 K 182/80 –, EzGuG 11.120
35 BT-Drucks. 10/6166, S. 162
36 Z. B. RdErl. des IM-LSA vom 2. 9. 1994 – 46.2 – 235 24/2 –, MBl LSA 1994, 2528

5   Befangenheit von Gutachtern und deren Ablehnung

▶ *Allgemeines vgl. Teil II Rn. 179 ff.*

46   Aus der Eigenschaft des Gutachterausschusses für Grundstückswerte als Kollegialorgan folgt nicht, dass dieser in seiner Gesamtheit wegen Besorgnis der Befangenheit abgelehnt werden kann[37]. **Wegen Besorgnis der Befangenheit können nur einzelne Mitglieder des Gutachterausschusses abgelehnt werden[38].**

47   Das BauGB enthält keine Vorschriften über die **Befangenheit und** den **Ausschluss von Gutachtern im Einzelfall.** Die **bloße Eigenschaft als Bediensteter der Gebietskörperschaft** kann bei sinngemäßer Auslegung des BauGB nach Auffassung des BGH[39], Urt. vom 2. 11. 1970 kein Ausschließungsgrund sein. In der Begründung zum BauGB wird darauf verwiesen, dass künftig die Grundsätze der Verwaltungsverfahrensgesetze des Bundes und der Länder zur Anwendung kommen sollen und es ihrer „Wiederholung in einem Baugesetzbuch" nicht bedarf[40].

48   Einschlägig sind hier wiederum im Rahmen eines Verwaltungsverfahrens (§ 9 VwVfG) die **Vorschriften der §§ 20 f. VwVfG.** Danach sind insbesondere ausgeschlossen:

– ein Beteiligter,

– ein Angehöriger eines Beteiligten,

– ein Angehöriger eines bevollmächtigten Vertreters,

– ein wirtschaftlich abhängiger Beschäftigter eines Beteiligten sowie

– wer aus seiner amtlichen Eigenschaft in der Angelegenheit ein Gutachten abgegeben oder sonst tätig geworden ist (§ 139 Abs. 4 Satz 3 BBauG 76).

49   Nach § 20 VwVfG steht dem Beteiligten gleich, wer durch die Tätigkeit oder durch die Entscheidung einen *unmittelbaren* Vor- oder Nachteil erlangen kann; damit sind auch die ausgeschlossen, die nach bisherigem Recht an dem Grundstück „wirtschaftlich" interessiert (§ 139 Abs. 4 Satz 1 BBauG 76) oder mit der **Verwaltung des Grundstücks, auf das sich die Wertermittlung bezieht,** befasst sind (§ 139 Abs. 3 Satz 1 Halbsatz 1 BBauG 76). Das bisherige Recht ging freilich weiter, als danach auch die von der Mitwirkung ausgeschlossen sind, die „nur" *mittelbar* Vor- oder Nachteile erlangen können. Im Unterschied zum Wortlaut des bisherigen Rechts gehören auf Grund der Anwendung des VwVfG auch Verlobte zu den Angehörigen (§ 20 Abs. 5 Nr. 1 VwVfG), die jedoch nach der im Schrifttum vertretenen Auffassung[41] auch schon bisher von der Mitwirkung ausgeschlossen waren. Im Übrigen gelten die obigen Ausführungen zu § 9 VwVfG entsprechend (vgl. Rn. 34).

50   Nach § 192 Abs. 3 Satz 2 BauGB dürfen **Gutachter nicht hauptamtlich mit der Verwaltung der Grundstücke der Gebietskörperschaften, für deren Bereich der Gutachterausschuss gebildet ist, befasst sein.** Eine Befassung mit der Verwaltung im Nebenamt oder eine hauptamtliche Verwaltung von Grundstücken in anderen Gebietskörperschaften bewirkt hingegen nicht den Ausschluss. Eine hauptamtliche Verwaltungstätigkeit wird immer bei dem Bürgermeister (Oberbürgermeister) bzw. dem Landrat der Gebietskörperschaft, für deren Bereich der Gutachterausschuss gebildet worden ist, gegeben sein. Sie wird insbesondere auch gegeben sein, wenn der Person als Beigeordneter oder als sonstiger Bediensteter der Gebietskörperschaft, für deren Bereich der Gutachterausschuss gebildet ist, die Verwaltung der der Gebietskörperschaft gehörenden Grundstücke obliegt.

51   Nach dem Ausschussbericht[42] zu § 139 BBauG 76, aus dem § 192 BauGB hervorgegangen ist, wollte der Gesetzgeber die Mitwirkung solcher Personen im Gutachterausschuss nicht zulassen. Ausgehend vom Grundsatz, dass die Unabhängigkeit der Gutachter zu stärken und die Vermeidung des Anscheins einer Interessenkollision zwischen den „örtlich betroffenen Gebietskörperschaften und den Gutachterausschüssen" zu vermeiden sei, dürfen nach dem Wortlaut des Ausschussberichtes „der Vorsitzende und die Gutachter nicht mit der Verwaltung des betroffenen Grundstücks oder sonstiger Gegenstände oder überhaupt hauptamtlich mit der Verwaltung von Grundstücken der Gebietskörperschaften im Zuständigkeitsbereich des Ausschusses befasst sein". Im Unterschied zum gesetzlichen Wortlaut soll hiernach ein Gutachter also schon dann von der Mitwirkung ausgeschlossen sein, wenn er irgendwo im Zuständigkeitsbereich des Ausschusses hauptamtlich mit der Verwaltung von Grundstücken einer zugehörigen Gebietskörperschaft befasst ist.

6 Haftung des Gutachterausschusses

Entsprechend der Einordnung des Gutachterausschusses in den Behördenaufbau haftet für **Amtspflichtverletzungen des Gutachterausschusses** das Land[43]. Dort, wo der Gutachterausschuss eine Behörde des Landkreises oder der Gemeinde ist, haftet die jeweilige Gebietskörperschaft (vgl. Rn. 3). Sofern gesetzlich nichts anderes bestimmt ist, haftet als Dienstherr des Gutachterausschusses derjenige, der dem Amtsträger die Aufgaben, bei denen eine Amtspflichtverletzung vorgenommen wurde, übertragen hat[44]. **52**

▸ *Zur Rechtsnatur des Gutachtens eines Gutachterausschusses vgl. Rn. 2, § 193 BauGB Rn. 67 ff.; zur Haftung des Gutachterausschusses bei fehlerhafter Auskunftserteilung § 195 BauGB Rn. 34; zur Haftung allgemein Teil III Rn. 200 ff.* **53**

Es gehört zu den Amtspflichten eines jeden Amtsträgers, bei hoheitlichen Maßnahmen (vgl. Rn. 7), die geeignet sind, einen Anderen in seinen Rechten zu beeinträchtigen, den **Sachverhalt im Rahmen des Zumutbaren so umfassend zu erforschen, dass die Beurteilungs- und Entscheidungsgrundlage nicht in wesentlichen Punkten zum Nachteil des Betroffenen unvollständig bleibt**[45]. **54**

---

37 BGH, Urt. vom 23. 1. 1974 – IV ZR 92/72 –, EzGuG 11.92, OLG Köln, Beschl. vom 16. 6. 1980 – 7 W 16/80 –, EzGuG 11.119 e; OLG Frankfurt am Main, Urt. vom 18. 5. 1931 – 4 W 65/31 –, JW 1931, 2042; OLG München, Beschl. vom 26. 1. 1959 – 6 W 1733/58 –, EzGuG 11.17; LG Berlin, Beschl. vom 16. 9. 1963 – (18) O.18/61 –, EzGuG 11.37; BGH, Urt. vom 27. 11. 1963 – V ZR 6/62 –, EzGuG 11.39; OLG Hamm, Beschl. vom 28. 4. 1964 – W 1/63 –, EzGuG 11.46; OLG Frankfurt am Main, Beschl. vom 23. 11. 1964 – 1 W 17/64 –, EzGuG 11.46; BFH, Beschl. vom 9. 7. 1981 – IV B 44/80 –, EzGuG 11.125; KG Berlin, Urt. vom 3. 7. 1964 – 9 U 2340/63 –, EzGuG 11.42; anders aber: KG Berlin, Beschl. vom 18. 6. 1971 – W 1182/71 –, EzGuG 11.78; OLG Nürnberg, Beschl. vom 19.10.1966 – 3 W 82/66 –, EzGuG 11.54; BGH, Urt. vom 2. 11. 1970 – III ZR 129/68 –, EzGuG 11.74; LG Osnabrück, Beschl. vom 27. 1. 1999 – U 146 O 17.2 – EzGuG 11.131 e
38 LG Kaiserslautern, Beschl. vom 14. 5. 1986 – 1 T 90/86 –, EzGuG 11.143; OLG Karlsruhe, Beschl. vom 22. 5. 1986 – 7 W 8/86 –, EzGuG 11.154; KG Berlin, Beschl. vom 22. 9. 1987 – 21 W 4289/87 –, EzGuG 11.167; LG Aurich, Beschl. vom 30. 8. 1984 – 2 O 790/84 –, EzGuG 11.143; OLG Frankfurt am Main, Beschl. vom 8. 11. 1982 – 17 W 53/82 –, EzGuG 11.133; KG Berlin, Beschl. vom 29. 4. 1982 – 8 W 1013/82 –, EzGuG 11.129; OLG Düsseldorf, Beschl. vom 29. 9. 1972 – U 2/71 –, EzGuG 11.85; OLG München, Beschl. vom 22. 12. 1970 – 12 W 1645/70 –, EzGuG 11.76; OLG München, Beschl. vom 20. 5. 1963 – 6 W 807/63 –, EzGuG 11.34
39 BGH, Urt. vom 2. 11. 1970 – III ZR 129/68 –, EzGuG 11.74; VGH München, Beschl. vom 1. 8. 2000 – 22 B 96.1682 –, GuG 2001/4
40 § 139 Abs. 4 BBauG 76 enthielt noch entsprechende Bestimmungen: zur Aufhebung dieser Vorschrift BT-Drucks. 10/4630, S. 149
41 Dieterich in Ernst/Zinkahn/Bielenberg BauGB, § 139 BBauG Rn. 17
42 BT-Drucks. 7/4793, S. 52
43 BGH, Urt. vom 1. 2. 2001 – III ZR 193/99 –, GuG 2001/4 = EzGuG 11.295; BGH, Urt. vom 4. 3. 1982 – III ZR 156/80 –, EzGuG 11.127; BGH, Urt. vom 23. 1. 1974 – IV ZR 92/72 –, EzGuG 11.92; OLG Frankfurt am Main, Urt. vom 23. 11. 1964 – 1 W 17/64 –, EzGuG 11.46; OLG Köln, Beschl. vom 16. 6. 1980 – 7 W 16/80 –, EzGuG 11.129 e; OLG Hamm, Urt. vom 29. 11. 2000 – 11 U 68/00 – GuG 2001, 189 = EzGuG 11.290; RdErl. des hess. IM vom 24. 12. 1975, StAnz. 1976, 133 RdErl. des nordrh.-westf. MfL WöA vom 10. 9. 1964, MinBl. 1964, 1366
44 BGH, Urt. vom 15. 1. 1981 – III ZR 18/80 –, EzGuG 11.121; BGH, Urt. vom 26. 4. 1972 – III ZR 100/77 –, EzGuG 11.115; BGH, Urt. vom 12. 2. 1970 – III ZR 231/68 –, MDR 1970, 490; BGH, Urt. vom 30. 11. 1967 – VII ZR 34/65 –, EzGuG 11.60; BGH, Urt. vom 1. 4. 1963 – III ZR 4/62 –, EzGuG 11.32; BGH, Urt. vom 5. 6. 1952 – III ZR 151/51 –, BGHZ 6, 215; BGH, Urt. vom 21. 6. 1951 – III ZR 134/50 –, BGHZ 2, 350; zu Amtspflichtverletzungen des Umlegungsausschusses: BGH, Urt. vom 27. 4. 1981 – III ZR 71/97 –, EzGuG 11.124; zu Amtspflichtverletzungen der Baugenehmigungsbehörden: BGH, Urt. vom 10. 4. 1986 – III ZR 209/84 –, EzGuG 11.152; BGH, Urt. vom 29. 5. 1975 – III ZR 40/73 –, EzGuG 11.98
45 Papier in MünchKomm Bd. 5 3. Aufl. § 839 BGB Rn. 95

55 Auch für den Gutachterausschuss für Grundstückswerte gilt, dass sie

– ihre Gutachten **nach bestem Wissen und Gewissen** abzugeben und zu begründen haben und

– verpflichtet sind, ihnen zugängliche Erkenntnisquellen vollständig und sachgerecht auszuwerten haben[46].

56 Bei Ansprüchen nach § 839 BGB beginnt die **Verjährungsfrist** des § 852 Abs. 1 BGB im Übrigen erst, wenn ein Geschädigter Kenntnis erlangt, dass eine Amtshandlung widerrechtlich und schuldhaft war und deshalb eine zum Schadensersatz verpflichtende Amtspflichtverletzung darstellt[47]. Wer sich auf die Voraussetzung der Verjährung beruft, hat die Beweislast[48].

7 Gebühren des Gutachterausschusses

7.1 Übersicht

57 Für die Gutachten der Gutachterausschüsse für Grundstückswerte nach den §§ 192 ff. BauGB werden **Gebühren nach Landesrecht bzw. nach Kommunalrecht** *(Baden-Württemberg; Schleswig-Holstein* erhoben; § 199 Abs. 2 Nr. 6 BauGB), unabhängig davon, ob der Gutachterausschuss für einen privaten oder öffentlichen Auftraggeber tätig wird.

Die **Gebühren** sind wie folgt geregelt in:

58 *Baden-Württemberg:*

Es gelten die Vorschriften des § 4 der Gemeindeordnung i. d. F. vom 24. 7. 2000 (GBl. 2000, 582, 698) i. V. m. den §§ 8 und 8 a des Kommunalabgabengesetzes i. d. F. vom 28. 5. 1996 (GBl. 1996, 481), des Landesgebührengesetzes, des Landesjustizkostengesetzes und andere kommunalsteuerliche Vorschriften vom 25. 4. 1978 (GBl. 1978, 224), zuletzt geändert durch Gesetz vom 29. 6. 1998 (GBl. 1998, 358). Nach § 8 a KAG können die Gemeinden für die Erstattung von Gutachten durch den Gutachterausschuss auf der Grundlage einer Satzung Verwaltungsgebühren erheben. § 8 Abs. 1, 2, 3 Satz 2 und 4 KAG und §§ 4, 8, 9 Abs. 1, §§ 15 und 16 des Landesgebührengesetzes von Baden-Württemberg gelten entsprechend. Ferner kann in jedem Fall der Ersatz der Auslagen für besondere Sachverständige gesondert verlangt werden (§ 8 a Abs. 2 KAG). Werden besondere Sachverständige bei der Wertermittlung zugezogen (§ 197 BauGB), so sind sie nach den Bestimmungen des Gesetzes über die Entschädigung von Zeugen und Sachverständigen (ZSEG) zu entschädigen (§ 8 a Abs. 3 KAG).

Mit dieser Regelung, die in keinem anderen Bundesland anzutreffen ist, bekräftigt das baden-württembergische Landesrecht den Charakter der dort vielerorts bestehenden Gutachterausschüsse als kommunale Einrichtungen.

Um eine Zersplitterung des Gebührenwesens zu verhindern, haben die kommunalen Landesverbände Baden-Württembergs eine Mustersatzung über die Erhebung von Gebühren für die Erstattung von Gutachten des Gutachterausschusses (MGebS) erarbeitet[49]. Es bleibt abzuwarten, ob dadurch verhindert werden kann, dass sich die Gebührenbestimmungen im Lande auseinanderentwickeln[50].

59 *Bayern:*

Anzuwenden ist das Kostengesetz (KG) vom 20. 2. 1998 (GVBl. 1998, 43), zuletzt geändert durch Gesetz vom 27. 12. 1999 (GVBl. 1999, 554).

§ 19 der Verordnung über die Gutachterausschüsse, die Kaufpreissammlungen und die Bodenrichtwerte nach dem Bundesbaugesetz (GutachterausschussV) vom 23. 6. 1992 (GVBl. 1992, 167).

Berlin: 60
– Gesetze über Gebühren und Beiträge vom 22. 5. 1957 (GVBl. 1957, 516), zuletzt geändert durch Gesetz vom 15. 4. 1996 (GVBl. 1996, 121).
– Verwaltungsgebührenordnung (VGebO) vom 27. 6. 1972 (GVBl. 1972, 1098, 2198) i. d. F. der Bekanntmachung vom 13. 11. 1978 (GVBl. 1978, 2410, zuletzt geändert durch VO vom 11. 9. 1979 (GVBl. 1979, 1718), Tarifstelle 6230 bis 6239 der Anl.

Brandenburg: 61
– Gebührengesetz – GebG – vom 18. 10. 1991 (GVBl. 1991, 452), zuletzt geändert durch Art. 4 des Gesetzes vom 26. 11. 1998 (GVBl. 1998, 218)
– der Allgemeinen Verwaltungsgebührenordnung (§ 20 Abs. 2 der Gutachterausschussverordnung B-GAVOB),
– Gebührenordnung für die Gutachterausschüsse für Grundstückswerte und deren Geschäftsstelle – GAGebO Bbg vom 17. 8. 1999 (GVBl. 1999, 527).

Bremen: 62
– Bremische Verwaltungsgebührenordnung i. d. F. des Gesetzes zur Änderung der Verwaltungsgebührenordnung vom 22. 12. 1978 (Brem. GBl. 1978, 249).

Hessen: 63
– Gebühren nach § 15 der VO zur Durchführung des BauGB vom 21. 2. 1990 (GVBl. 1990, 49), geändert durch VO vom 17. 12. 1998 (GVBl. I 1998, 562).

Hamburg: 64
– Gebührengesetz vom 9. 6. 1968 (GVBl. 1968, 103).
– Gebührenordnung für den Gutachterausschuss für Grundstückswerte in Hamburg und seine Geschäftsstelle vom 1. 12. 1970 (GVBl. 1970, 307).

Mecklenburg-Vorpommern: 65
– Landesverordnung über Verwaltungsgebühren in Angelegenheiten der Wertermittlung von Grundstücken (WertErmGebVO) vom 22. 6. 1993 (GVOBl. M-V 1993, 669).
– Verwaltungskostengesetz des Landes Mecklenburg-Vorpommern (VwKostG M-V) vom 4. 10. 1991 (GVOBl. M-V 1991, 366).

Niedersachsen: 66
– Niedersächsisches Verwaltungskostengesetz (VerwKG) vom 7. 5. 1962 (GVBl. 1972, 43), zuletzt geändert durch Art. 3 des Gesetzes vom 17. 12. 1997 (GVBl. 1997, 539).
– Gebührenordnung für Gutachterausschüsse und deren Geschäftsstellen nach dem Baugesetzbuch (GOGut) vom 22. 4. 1997 (GVBl. 1997, 119).
– Gem. RdErl. des MI und SozM vom 20. 3. 1968 betr. Gebührenfreiheiten für Gutachten nach § 136 BBauG (MinBl. 1968, 313).
– RdErl. d. MI vom 26. 1. 1976 betr. Hinweise zur Anwendung der Gebührenordnung für die Erstattung von Gutachten (MinBl. 1976, 195).
– RdErl. des MI vom 24. 10. 1986 (unveröffentlicht).

---

46 Nicht überzeugend a. A. OLG Karlsruhe, Urt. vom 19. 3. 1998 – 12 U 204/97 –, GuG 1998, 380 (nicht rechtskräftig)
47 BGH, Urt. vom 24. 2. 1994 – III ZR 76/92 –, NJW 1994, 3164
48 Stein in MünchKomm., 3. Aufl. Bd. 3, § 852 Rn. 71
49 Abgedruckt in BWGZ 1979, 748 ff.
50 Vgl. im Übrigen Erl. des IM vom 19. 4. 1979 betr. Förderungsfähigkeit der Gutachten

67 *Nordrhein-Westfalen:*

– Gebührengesetz i. d. F. der Bekanntmachung vom 23. 8. 1999 (GV NW 1999, 524).

– Allgemeine Verwaltungsgebührenordnung (AVwGebO NW) i. d. F. der Bekanntmachung vom 5. 8. 1980 (GVBl. 1980, 924), zuletzt geändert durch VO vom 8. 11. 1994 (GVBl. 1994, 1016).

– RdErl. des IM betr. Gebühren der Gutachterausschüsse bei Maßnahmen nach dem Städtebauförderungsgesetz – unveröffentlicht.

68 *Rheinland-Pfalz:*

– Landesgebührengesetz (LGebG) vom 3. 12. 1974 (GVBl. 1974, 578), zuletzt geändert durch Gesetz vom 12. 10. 1999 (GVBl. 1999, 325).

– Landesverordnung über Gutachterausschüsse, Kaufpreissammlungen und Bodenrichtwerte (Gutachterausschussverordnung) vom 15. 5. 1989 (GVBl. 1989, 153), zuletzt geändert durch Verordnung vom 19. 1. 1999 (GVBl. 1999, 19)[51].

– Landesverordnung über die Gebühren für Amtshandlungen nach dem BauGB (Besonderes Gebührenverzeichnis) vom 17. 4. 1996 (GVBl. 1996, 201), zuletzt geändert durch VO vom 26 5. 1999 (GVBl. 1999, 123) i. V. m. dem Besonderen Gebührenverzeichnis für Amtshandlungen nach dem BauGB (GVBl. 1989, 107; zur Verfassungskonformität vgl. VerfGH Rheinland-Pfalz, Beschl. vom 6. 12. 1997 – VGH B 13/96 –, GuG 1997, 123).

– Landesverordnung über die Gebühren für Amtshandlungen allgemeiner Art (Allgemeines Gebührenverzeichnis) vom 2. 7. 1996 (GVBl. 1996, 259).

– Landesverordnung über die sachliche Gebührenfreiheit vom 24. 6. 1977 (GVBl. 1977, 194).

– Richtlinien zur Ermittlung von Grundstückswerten nach dem Baugesetzbuch vom 1. 6. 1988 – 363/648–15/0–.

– Verwaltungsvorschrift über die Zusammenarbeit zwischen den Geschäftsstellen der Gutachterausschüsse, den Finanzämtern und dem Statistischen Landesamt vom 1. 12. 1981 (MinBl. 1981, 799).

– RdSchr. vom 1. 10. 1996 – 356 4/641 – 08/05.

69 *Saarland:*

– Gesetz über die Erhebung von Verwaltungs- und Benutzungsgebühren im Saarland (SaarlGebG) vom 24. 6. 1964 (ABl. 1964, 629), zuletzt geändert durch Gesetz Nr. 1108 vom 24. 6. 1998 (ABl. 1998, 518).

– Verordnung über die Erhebung von Gebühren durch die Gutachterausschüsse vom 15. 12. 1982 (ABl. 1982, 1005).

70 *Sachsen:*

– Verwaltungskostengesetz des Freistaats Sachsen (SächsVwKG) i. d. F. der Bekanntmachung vom 24. 9. 1999 (SächsGVBl. 1999, 545) i. V. m. dem Vierten Sächsischen Kostenverzeichnis vom 24. 10. 2000 (SächsGVBl. 2000, 549).

– Verordnung über die Festsetzung der Verwaltungsgebühren und Auslagen (2. Sächsisches Kostenverzeichnis – SächsKVZ) vom 4. 3. 1997 (SächsGVBl. 1997).

71 *Sachsen-Anhalt:*

– Allgemeine Gebührenordnung des Landes Sachsen-Anhalt (AllGO LSA) vom 23. 5. 2000 (GVBl. LSA 2000, 266).

– Verwaltungskostengesetz des Landes Sachsen-Anhalt (VwKostG LSA) vom 27. 6. 1991 (GVBl. LSA 1991, 154), zuletzt geändert Art. 1 des Gesetzes vom 30. 3. 1999 (GVBl. LSA 1999, 120).

– Verwaltungsvorschrift zur Anwendung der Allgemeinen Gebührenordnung des Landes Sachsen-Anhalt durch die Gutachterausschüsse für Grundstückswerte und deren Geschäftsstellen (RdErl. des MI vom 26. 9. 1994 – 46.2–05401/10 – (MBl. LSA 1994, 2454).

– Verwaltungsvollstreckungsgesetz des Landes Sachsen-Anhalt vom 18. 12. 1997 (GVBl. LSA 1997, 1073), zuletzt geändert durch Gesetz vom 17. 11. 1998 (GVBl. 1998, 461).

– Gebührentabelle zur GutachterausschussVO vom 14. 6. 1994 (GVBl. LSA 1994, 222).

– Billigkeitsmaßnahmen nach dem VwKostenG, RdErl. des MI vom 6. 3. 1995 – 47-05401 (MBl. LSA 1995, 425).

Schleswig-Holstein: **72**
Eigene Gebührenordnungen der Gemeinden und Kreise.

Thüringen: **73**
– Thüringisches Verwaltungskostengesetz (ThürVwKostG) vom 7. 8. 1991 (GVBl. 1991, 321), zuletzt geändert durch Gesetz vom 12. 5. 1999 (GVBl. 1999, 267).

– Allgemeine Verwaltungskostenverordnung vom 27. 9. 1993 (GVBl. 1993, 619).

7.2 Gebührenbefreiung

Zur Frage, ob die Gutachterausschüsse für Grundstückswerte **Gebührenbefreiung** zu   **74**
gewähren haben, wenn sie **für Sozialämter** tätig sind, wird zunächst festgestellt, dass die Gutachterausschüsse i. S. d. Landesverwaltungsverfahrensgesetze sowie des Amtshilfe- und Gebührenrechts als Behörde anzusehen sind (vgl. Rn. 2 und § 193 BauGB Rn. 67 ff.).

Nach § 64 Abs. 2 SGB X sind Geschäfte und Verhandlungen, die aus Anlass der Beantragung, Erbringung und Erstattung von Sozialleistungen nötig werden, kostenfrei. Einen dahingehenden Antrag kann der Eigentümer nach § 193 Abs. 1 Nr. 3 stellen bzw. muss ihn auf Verlangen des Sozialamtes stellen. Er kann aber auch dem Sozialamt die notwendige Vollmacht erteilen, damit der Gutachterausschuss insoweit für ihn tätig wird. Die Sozialämter sind nach § 193 Abs. 1 Nr. 2 BauGB antragsberechtigt. Soweit die Länder nicht ergänzende Regelungen über die Gebührenfreiheit in derartigen Sozialangelegenheiten haben[52], ist gleichwohl die Frage der Anwendung des § 64 Abs. 2 SGB X strittig.

Für eine Gebührenbefreiung bei der Erstattung eines Wertgutachtens im Zusammenhang   **75**
mit der Heranziehung des Grundvermögens nach § 88 Abs. 2 Nr. 7 BSHG (**„kleines Hausgrundstück"**) spricht zunächst der Wortlaut des § 64 Abs. 1 SGB X, nach dem für das Verfahren bei den „Behörden" nach diesem Gesetzbuch keine Gebühren und Auslagen erhoben werden dürfen[53]. Mit dem Verfahren i. S. dieser Vorschrift ist nicht nur das Verwaltungsverfahren nach § 8 SGB X angesprochen. Vielmehr fallen darunter auch Tätigkeiten der Sozialbehörden im Vorfeld der Beantragung von Sozialleistungen. Insofern sind die „Geschäfte und Verhandlungen", die von der Sozialbehörde aus Anlass der Beantragung einer Sozialleistung mit anderen Behörden erfolgen, bereits von § 8 Abs. 1 SGB X erfasst. Als Verfahren kommt eine Wertermittlung nach § 88 Abs. 2 Nr. 7 BSHG in Betracht, denn dieses Gesetz gilt – sofern nicht abweichende Regelungen gelten – als Verfahren i. S. d. § 64 SGB X (vgl. Art. 2 §1 Nr. 15 SGB I). Die als Spezialregelung in Betracht kommende Vorschrift des § 37 SGB I sieht bezüglich § 64 SGB X keine Ausnahmeregelung vor, so dass das **Verfahren nach § 88 Abs. 2 Nr. 7 BSAG ein Verfahren** i. S. d. § 64 Abs. 1 SGB X bleibt, **das auf die Gutachterausschüsse unmittelbar anzuwenden ist**[54].

---

51   VerfGH Rheinland-Pfalz, Beschl. vom 6. 12. 1996 – VGH B 13/96 –, EzGuG 11.240
52   Z. B. Rheinland-Pfalz: § 8 Abs. 1 Nr. 4 Landesgebührengesetz
53   VGH Mannheim, Urt. vom 16. 7. 1985 – 14 S 227/84 –, BWVPr. 1985, 255
54   Hess. RdErl.; StAnz 1993, 1482 = GuG 1994, 286

76 § 8 Abs. 2 SGB X betrifft andere Behörden. Die auf die alte Regelung des § 118 BSHG zurückgehende Formulierung „Geschäfte und Verhandlungen" lässt schon durch die Verwendung unbestimmter Rechtsbegriffe erkennen, dass insoweit eine einengende Auslegung nicht angezeigt ist. **Unter Geschäfte werden deshalb alle Amtsgeschäfte verstanden, die die mit der Durchführung des SGB befassten Behörden aus Anlass der Beantragung, Erbringung oder Erstattung einer Sozialleistung für notwendig halten.** Die Kostenfreiheit in diesem Zusammenhang bedeutet, dass die anderen Behörden ebenso wie die Sozialbehörden nach Abs. 1 weder Gebühren noch Auslagen verlangen dürfen.

77 Auch zu der insoweit inhaltsgleichen früheren Regelung in **§ 118 Abs. 1 BSHG** bestand die Auffassung, dass diese weitgefasste Vorschrift alle Geschäfte und Verhandlungen einschließen sollte, die mit der Durchführung des Bundessozialhilfegesetzes notwendig wurden. Anhaltspunkte, die für eine andere Auslegung von § 64 Abs. 2 SGB X sprechen würden, sind nicht ersichtlich. Auch der Hinweis von Gottschick/Giese[55] rechtfertigt keine andere Betrachtung. Bei den dort angesprochenen fachärztlichen Tätigkeiten handelt es sich zumeist um Leistungen niedergelassener Ärzte; diese sind mit der Tätigkeit des Gutachterausschusses nicht vergleichbar.

78 Die **Vorschrift des § 64 SGB X** regelt die Kostenfreiheit im gesamten Sozialleistungsbereich und **ist** insoweit **als „lex specialis" anzusehen.** Es ist deshalb rechtlich unerheblich, dass in der Verordnung für die Leistungen der Gutachterausschüsse eine Gebührenbefreiung nicht vorgesehen ist. Darüber hinaus handelt es sich bei dem Sozialgesetzbuch um höherrangiges Recht. Zum Zeitpunkt des Erlasses der genannten Verordnung im Jahre 1972 war das Sozialgesetzbuch im Übrigen noch nicht in Kraft (In-Kraft-Treten am 1. 1. 1981).

79 Der Umstand, dass die Gutachterausschüsse selbständig handeln, steht der Kostenfreiheit im Rahmen des § 64 SGB X nicht im Wege. Das Land oder die Kommunalbehörde sind Kostenträger für diese Einrichtungen; dem Land bzw. der Kommune stehen auch die Gebühren zu, die für die Gutachten gezahlt werden. Die Mitglieder der Gutachterausschüsse erhalten lediglich Sitzungsgelder für ihre Tätigkeit im Ausschuss. Die **Tätigkeit der Gutachterausschüsse muss bei alledem den Geschäften und Verhandlungen i. S. d. § 64 Abs. 2 SGB X zugerechnet werden.**

80 Auf der anderen Seite hat das OVG Rheinland-Pfalz 1985 entschieden, dass es sich bei der Erteilung von Auskünften an Sozialversicherungsträger aus der Fahrzeugkartei nicht um Amtshilfe handle, sondern eine eigene Aufgabe der zuständigen Behörde vorliege. Weiterhin hat der VGH Mannheim in seinem Urt. vom 16. 7. 1985 – 14 S 227/84 – festgestellt: „Für die Erteilung von Auszügen aus dem Liegenschaftskataster durch Vermessungsbehörden auf Antrag anderer Behörden (hier: Einer auf dem Gebiet des Sozialversicherungsrechts tätigen Körperschaft des öffentlichen Rechts) können Verwaltungsgebühren erhoben werden, weil gemäß § 4 Abs. 2 Nr. 2 LVwVfG/§3 Abs. 2 Nr. 2 SGB X (gebührenfreie) Amtshilfe nicht vorliegt." Auch im Bereich der Auskünfte aus dem Melderegister an Sozialversicherungsträger hat der VGH Mannheim mit seinem Urt. vom 31. 7. 1985 entschieden, dass die Gemeinden hierfür Verwaltungsgebühren erheben können. Der VGH hat dabei auch festgestellt, eine Gebührenfreiheit könne nicht aus § 64 SGB X hergeleitet werden.

81 Die Problematik entschärft sich immer dann, wenn der Gutachterausschuss und seine Geschäftsstelle in Sozialhilfefällen durch **einfache Auskünfte** von vorneherein ohne Wertermittlung feststellen kann, dass der Grundstückswert unter den im Einzelfall maßgeblichen Wertgrenzen anzusetzen ist.

82 **Weitere Vorschriften, die** eine **Freiheit von Gebühren, Kosten, Steuern und Abgaben** vorsehen:

§ 67 des Landwirtschaftsanpassungsgesetzes – LwAnpG – sieht für Bodenordnungsverfahren, einschließlich der Regelung von Rechtsverhältnissen zwischen Nutzungsberechtigten (Nutzern) und den Eigentümern von mit Nutzungsrechten belasteten Grundstücken Abgabenfreiheit vor; die Vorschrift lautet:

§ 67 LwAnpG: (1) Die zur Durchführung dieses Gesetzes vorgenommenen Handlungen, einschließlich der Auseinandersetzungen nach § 49, sind frei von Gebühren, Steuern, Kosten und Abgaben.

(2) Die Gebühren-, Kosten-, Steuer- und Abgabenfreiheit ist von der zuständigen Behörde ohne Nachprüfung anzuerkennen, wenn die zuständige Landwirtschaftsbehörde, in Verfahren nach den §§ 54, 56 und 64 die zuständige Flurneuordnungsbehörde bestätigt, dass eine Handlung der Durchführung dieses Gesetzes dient.

Die vom **Bundesministerium für Ernährung, Landwirtschaft und Forsten** veröf- **83** fentlichten Empfehlungen zur Zusammenführung von Boden- und Gebäudeeigentum nach § 64 LwAnpG[56] gehen unter Nr. 6.6.3 davon aus, dass der Gutachterausschuss für Grundstückswerte in den einschlägigen Fällen keine Gebühren erhebt.

Vorstehende Regelung ist § 79 BauGB nachgebildet, der **für** städtebauliche **Umlegungs-** **84** **verfahren** folgende Regelung zur Abgaben- und Auslagenbefreiung enthält:

§ 79 BauGB: (1) Geschäfte und Verhandlungen, die der Durchführung oder Vermeidung der Umlegung dienen, einschließlich die Berichtigung der öffentlichen Bücher, sind frei von Gebühren und ähnlichen nichtsteuerlichen Abgaben sowie von Auslagen; dies gilt nicht für die Kosten eines Rechtsstreits. Unberührt bleiben Regelungen nach landesrechtlichen Vorschriften.

(2) Die Angabenfreiheit ist von der zuständigen Behörde ohne Nachprüfung anzuerkennen, wenn die Umlegungsstelle versichert, dass ein Geschäft oder eine Verhandlung der Durchführung oder Vermeidung der Umlegung dient.

Im Unterschied zu § 67 LwAnpG lässt das BauGB aber ausdrücklich die für die Gebühren- **85** erhebung der Gutachterausschüsse für Grundstückswerte maßgeblichen **landesrechtli-** **chen Regelungen unberührt.** Mit § 67 LwAnpG hat demgegenüber also der Gesetzgeber Gebrauch von einem konkurrierenden Gesetzgebungsrecht machen wollen[57].

Landesrechtliche Gebührenregelungen bleiben auch nach § 151 BauGB unberührt; die **86** Vorschrift regelt die Abgaben- und Auslagenbefreiung für **städtebauliche Sanierungs-** **und Entwicklungsmaßnahmen**[58].

7.3 Umsatzsteuer

Bei der Tätigkeit der Gutachterausschüsse für Grundstückswerte nach § 193 Abs. 1 Nr. 3 **87** und 4 BauGB, d. h. der Wertermittlungstätigkeit **für Privatpersonen,** Behörden und Gerichte, sowie für weitere ihnen mit der GutachterausschussVO übertragene Tätigkeiten **handelt es sich um eine wirtschaftliche Tätigkeit i. S. d. Abschn. 5 Abs. 2 KStR.** Ein Betrieb gewerblicher Art wird mit dieser Tätigkeit der juristischen Person des öffentlichen Rechts (§ 1 Abs. 1 Nr. 6 i. V. m. § 4 Abs. 1 KStG) mindestens dann begründet, wenn bei Vorliegen der übrigen Voraussetzungen des Absch. 5 KStR die Umsatzgrenze nach Abs. 5 in Höhe von 60.000 DM *nachhaltig* überschritten wird. Wird diese Umsatzgrenze nicht erreicht, kann im Einzelfall auf Antrag gleichwohl ein Betrieb gewerblicher Art angenommen werden, wenn hierfür von der juristischen Person des öffentlichen Rechts besondere Gründe vorgetragen werden (vgl. Abschn. 5 Abs. 5 Satz 6 KStR).

Liegt ein Betrieb gewerblicher Art vor, kann – auch wenn zum Beispiel wegen Beachtung **88** des jeweiligen Gebührengesetzes keine Gewinne erzielt werden – nicht generell von der Abgabe einer **Körperschaftsteuer-Erklärung** abgesehen werden.

Nach den vorstehenden Grundsätzen muss auch in allen offenen Fällen verfahren werden. **89** In Einzelfällen kann aus Vertrauensschutzgründen (zum Beispiel wenn bei bisheriger anderer steuerlicher Behandlung durch die Finanzverwaltung eine **rückwirkende Anpassung** **der Gebührenordnungen und -bescheide** nicht möglich ist oder unverhältnismäßig wäre) von einer rückwirkenden Änderung abgesehen werden.

---

55 Gottschick/Giese, Bundessozialhilfegesetz § 118 BSHG Rn. 4
56 GemMinBl. 1992, 1095, Abgedruckt bei Kleiber/Söfker, Vermögensrecht, Eigentum am Grund und Boden, Jehle Rehm Verlag München; vgl. auch GuG 1993, 163 und 229
57 Kostenermächtigungs-Änderungsgesetz vom 23. 6. 1970 (BGBl. I 1970, 805); hierzu BT-Drucks. VI/329. Zu Art. 23; BVerfG, „Kartell"-Beschl. vom 11. 10. 1966 – 2 BvR 477/64 –, BGBl. I 1966, 138 = BVerfGE 20, 257
58 Bielenberg/Koopmann/Krautzberger, Städtebauförderungsrecht, Komm. zu § 151 BauGB

90   Nach § 2 Abs. 3 Satz 1 UStG unterliegen die **Umsätze der Gutachterausschüsse für Grundstückswerte** sowohl bei Verkehrswertermittlungen für private, als auch für öffentliche Auftraggeber grundsätzlich **der Umsatzsteuer,** unabhängig davon, ob die Umsatzgrenze von 60 000 DM im Einzelfall nicht überschritten wird (vgl. Abschn. 5 Abs. 5 Satz 7 KStR 1995, BAnz Nr. 4 a vom 6. 1. 1996)[59].

91   **Wird der Gutachterausschuss für Grundstückswerte in Konkurrenz zu privaten Sachverständigen tätig, liegt also eine umsatzsteuerpflichtige Tätigkeit vor.** Die Tätigkeit für andere juristische Personen des öffentlichen Rechts im Wege der Amtshilfe ist nach Auffassung des Hess. Ministeriums für Wirtschaft, Verkehr und Landesentwicklung dagegen nicht der Umsatzsteuer unterworfen. Diese Auslegung läuft insofern „leer", als der Gutachterausschuss abweichend von § 4 Abs. 1 VwVfG nicht zur Amtshilfe verpflichtet ist (vgl. § 197 BauGB Rn. 28 ff.)[60].

92   Bei den Gutachterausschüssen für Grundstückswerte handelt es sich um **Einrichtungen (des Landes, der Kommune** bzw. Landkreise, vgl. Rn. 3) **mit Behördeneigenschaft.** Als juristische Personen des öffentlichen Rechts sind die Ausschüsse nach § 2 Abs. 3 UStG nur im Rahmen ihrer Betriebe gewerblicher Art unternehmerisch tätig[61]. Nur die in den Betrieben und Tätigkeitsbereichen ausgeführten Umsätze unterliegen der Umsatzbesteuerung (steuerbare Umsätze). Wirtschaftliche Tätigkeiten der Ausschüsse (z. B. Verkehrswertermittlungen zu privaten Zwecken) können steuerbare Umsätze im Rahmen eines Betriebs gewerblicher Art sein. Ob im Einzelfall ein Betrieb gewerblicher Art vorliegt, ist nach den §§ 1 Abs. 1 Nr. 6 und 4 KStG zu beurteilen. **Soweit die Ausschüsse im hoheitlichen Bereich tätig werden, werden keine steuerbaren Umsätze ausgeführt** (vgl. Rn. 7).

93   Auch nach einer Entscheidung der obersten Finanzbehörden des Bundes und der Länder aus dem Jahre 1986 unterliegen die Gutachterausschüsse für Grundstückswerte der Umsatzsteuer, soweit die Voraussetzungen nach Abschn. 5 der Körperschaftsteuerrichtlinien – KStR – für einen Betrieb gewerblicher Art vorliegen[62]. Ob ein Betrieb gewerblicher Art vorliegt, ist nach den Grundsätzen des Umsatzsteuergesetzes – UStG – in Anknüpfung an das Körperschaftsteuergesetz – KStG – zu entscheiden. Da die **Tätigkeit der Gutachterausschüsse als eine wirtschaftliche Tätigkeit anzusehen ist, unterliegen die Gutachterausschüsse mithin der Umsatzbesteuerung.** Auf die Frage einer Wettbewerbssituation im Verhältnis zu den freiberuflich tätigen Sachverständigen kommt es nicht an. Von daher kann dahinstehen, ob Wettbewerbsverzerrungen i. S. der Rechtsprechung des BFH[63] bestehen, auf Grund derer eine unterschiedliche umsatzsteuerliche Behandlung intensive und nachhaltige Auswirkungen in der Branche zur Folge haben, oder eine solche Wettbewerbssituation a priori auszuschließen ist[64]. Auch steht die 6. EG-Richtlinie einer Besteuerung nicht entgegen, weil nur bei einer *nicht*wirtschaftlichen Tätigkeit für eine Umsatzbesteuerung erforderlich ist, dass die Nichtbesteuerung zu größeren Wettbewerbsverzerrungen i. S. d. Art. 4 Abs. 5 (2) der 6. EG-Richtlinie führt und die Tätigkeit nicht im Anh. 6 der 6. EG-Richtlinie aufgeführt ist[65]; zur Frage des Wettbewerbs vgl. Vorbem. zum BauGB Rn. 8 ff.

94   Als eine *nicht*wirtschaftliche Tätigkeit gilt eine Tätigkeit im Rahmen der Ausübung der öffentlichen Gewalt. Der Begriff **„Ausübung öffentlicher Gewalt"** ist gesetzlich nicht definiert, jedoch kann nach der gefestigten Rechtsprechung von einer solchen i. S. d. Steuerrechts ausgegangen werden, wenn die Tätigkeit von einer juristischen Person des öffentlichen Rechts wahrgenommen wird, die dem Träger der öffentlichen Gewalt eigentümlich und vorbehalten ist. Dafür reicht die bloße gesetzliche Zuweisung entsprechend den Regelungen des §§ 192 ff. BauGB einer Tätigkeit als Pflichtaufgabe einer Körperschaft des öffentlichen Rechts nicht aus[66].

95   Für die „Ausübung öffentlicher Gewalt" ist kennzeichnend die Erfüllung öffentlich-rechtlicher Aufgaben, die aus der Staatsgewalt abgeleitet sind und die gesetzlich zugewiesenen

Aufgaben von einem privatrechtlich tätigen Unternehmer nicht erfüllt werden können. Es kommt also entscheidend darauf an, dass die Tätigkeit nicht von einem privaten Unternehmer ausgeführt werden kann[67]. Unerheblich bleibt indessen die Frage, ob eine Tätigkeit, die von einem privaten Unternehmer ausgeführt werden könnte, jedoch ein konkurrierender Privatunternehmer nicht tätig ist[68]. Der **Gutachterausschuss für Grundstückswerte übt demzufolge** zumindest i. S. d. Steuerrechts **keine öffentliche Gewalt aus,** denn die Tätigkeit der Gutachterausschüsse kann – was die Erstattung von Gutachten (nicht dagegen die Ableitung wesentlicher Daten nach § 193 Abs. 3 BauGB i. V. m. den §§ 8 ff. WertV) angeht – auch von privaten Sachverständigen ausgeübt werden; lediglich im Falle der Enteignung muss die Enteignungsbehörde nach § 107 Abs. 1 Satz 3 BauGB bei der Ermittlung des Sachverhalts ein Gutachten des Gutachterausschusses einholen. Demgegenüber hat die Rechtsprechung des BGH die Tätigkeit der Gutachterausschüsse als *hoheitliche* Tätigkeit angesehen[69].

59 Zum Besteuerungsverfahren vgl. Fn. 20 sowie RdErl. des MI LSA vom 1. 10. 1997 (43-05401/10) betr. Umsatzsteuer für Amtshandlungen und Leistungen der Gutachterausschüsse für Grundstückswerte (MBl. LSA 1997, 1838 = GuG 1998, 155); Nds RdErl. des MI vom 14. 7. 1994 – 67 0511/7 (Nds. MinBl. 1994, 1072) Erl. des nordrh.-westf. FM vom 23. 12. 1998 – S 2706-81-V B 4 –, GuG 1999, 306 i.V. m. RdErl. IM vom 23. 12. 1998 – III C 2-9210 – und vom 1. 2. 1999 – III C 2 – 9210

60 Hess. Ministerium für Wirtschaft, Verkehr und Landesentwicklung, Schreiben vom 21. 1. 1998 (VIIa 61–61c 08/15-39/97) an die Geschäftsstellen der Gutachterausschüsse (unveröffentlicht): vgl. auch Merkblatt zur umsatzsteuerlichen Behandlung der Gutachterausschüsse ab dem 1. 1. 1998, GuG 1999, 306

61 BT-Drucks. 11/658 Parl. Anfrage MdB Gattermann

62 FG Baden-Württemberg, Gerichtsbeschl. vom 28. 10. 1997 – 12 K 201/95 –, GuG 1998, 52 = EzGuG 11.237 (nicht rechtskräftig, vgl. Beschl. des FG Baden-Württemberg vom 12. 1. 1998)

63 BFH, Urt. vom 11. 16. 1997 – II B 93/96 –, BFHE 183, 236 = BStBl. II 1997, 527

64 OFD Saarbrücken, Vfg. vom 22. 4. 1986 – S 7106-52 St 241

65 EuGH, Urt. vom 17. 10. 1989 – Rs. 231/87 –, GuG 1994, 112 = EzGuG 11.174 a; EuGH, Urt. vom 15. 5. 1990 – C 4/98 –, DB 1991, 80

66 Birkenfeld, Juristische Personen des öffentlichen Rechts als Unternehmer, Umsatzsteuer-Rundschau 1989, 6; BFH, Urt. vom 22. 9. 1976 – I R 102/74 –, EzGuG 18.71 a; BFH, Urt. vom 18. 8. 1966 – V 21/64 –, BStBl. III 1967, 100

67 BFH, Urt. vom 7. 11. 1991 – IV R 50/90 –, BStBl. II 1993, 380

68 BHF, Urt. vom 30. 6. 1988 – VR 79/84 –, BStBl. II 1988, 910

69 BGH, Urt. vom 4. 3. 1982 – III ZR 156/80 –, EzGuG 11.127; KG, Urt. vom 18. 6. 1971 – W 1182/71 –, EzGuG 11.78; vgl. Rn. 3

96 Anlage 1 zur Muster-Dienstanweisung für Gutachterausschüsse

Der Gutachterausschuss für Grundstückswerte
in der/im ...

Gutachterausschuss für Grundstückswerte · PLZ Ort	*Anschrift der Geschäftsstelle*
	Telefon:
Herrn/Frau	Auskunft erteilt:
....	Durchwahl:
Abt. ...	Zimmer:
im Hause	Aktenzeichen:
	Datum:

Datum und Zeichen Ihres Schreibens

Sehr geehrte(r) Frau/Herr ...,

hiermit beauftrage ich Sie gemäß § 11 des Datenschutzgesetzes NW – DSG NW – (Anlage) mit der Öffnung und Weiterleitung der an den Gutachterausschuss für Grundstückswerte in der/im ... gerichteten Post- und sonstigen Eingänge.

Eingänge sind mit dem Eingangsstempel des Gutachterausschusses zu versehen. Sie sind zu unterteilen in diejenigen, die unmittelbar der Geschäftsstelle zuzuleiten sind, und diejenigen, die zunächst dem Vorsitzenden des Gutachterausschusses vorzulegen und anschließend der Geschäftsstelle zuzuleiten sind. Um welche Art von Eingängen es sich bei dieser Unterteilung handelt, wird Ihnen gesondert mitgeteilt.

Ich weise Sie auf die Geheimhaltungspflicht nach § 9 der Gutachterausschussverordnung NW – GAVO NW – und nach § 6 DSG (Anlage) hin und bitte Sie, den Erhalt und die Kenntnisnahme dieses Schreibens sowie der Anlage auf der beigefügten Zweitausfertigung zu bestätigen und diese zurückzugeben.

Mit freundlichen Grüßen

Vorsitzender

Das vorstehende Schreiben und die
Anlage habe ich erhalten und zur
Kenntnis genommen

............................, den ....

....
Unterschrift

Anlage 2 zur Muster-Dienstanweisung für Gutachterausschüsse   97

Der Gutachterausschuss für Grundstückswerte
in der/im ...

Gutachterausschuss für Grundstückswerte · PLZ Ort   *Anschrift der Geschäftsstelle*
                                                             Telefon:
Herrn/Frau   Auskunft erteilt:
....   Durchwahl:
Abt. ...   Zimmer:
im Hause   Aktenzeichen:
                                                             Datum:

Datum und Zeichen Ihres Schreibens

Aufteilung der Eingänge für den Gutachterausschuss

Folgende an den Gutachterausschuss für Grundstückswerte gerichtete Eingangspost ist direkt der Geschäftsstelle zuzuleiten:

1. Kaufverträge und Zwangsversteigerungsbeschlüsse,

2. Rückmeldungen von Städten bzw. Gemeinden zu Anfragen für Gutachten und Kaufpreissammlung,

3. Rückmeldungen auf Anfragen der Geschäftsstelle an Vertragsparteien zur Ergänzung der Kaufpreissammlung,

4. Anträge auf Bodenrichtwertauskunft.

Sämtliche weiteren Eingänge sind in der Eingangsmappe „Gutachterausschuss" zu sammeln und über den Vorsitzenden an die Geschäftsstelle weiterzuleiten.

Vorsitzender

98   Anlage 3 zur Muster-Dienstanweisung für Gutachterausschüsse

Der Gutachterausschuss für Grundstückswerte
in der/im ...

Gutachterausschuss für Grundstückswerte · PLZ Ort   *Anschrift der Geschäftsstelle*
                                                                        Telefon:
Herrn/Frau   Auskunft erteilt:
....   Durchwahl:
Abt. ...   Zimmer:
im Hause   Aktenzeichen:
                                                                        Datum:

Datum und Zeichen Ihres Schreibens

Sehr geehrte(r) Frau/Herr ...,

hiermit beauftrage ich Sie gemäß § 11 des Datenschutzgesetzes NW – DSG NW – (Anlage) mit der Ausführung von Schreibarbeiten für den Gutachterausschuss.

Schreibarbeiten für den Gutachterausschuss sind nur unter der dafür gesondert eingerichteten Benutzerkennung abzulegen.

Ich weise Sie auf die Geheimhaltungspflicht nach § 9 der Gutachterausschussverordnung NW – GAVO NW – und nach § 6 DSG (Anlage) hin und bitte Sie, den Erhalt und die Kenntnisnahme dieses Schreibens sowie der Anlage auf der beigefügten Zweitausfertigung zu bestätigen und diese zurückzugeben.

Mit freundlichen Grüßen

Vorsitzender

> Das vorstehende Schreiben und die Anlage habe ich erhalten und zur Kenntnis genommen
>
> ...., den ....
>
> ....
> Unterschrift

§ 193
Aufgaben des Gutachterausschusses

(1) ¹Der Gutachterausschuss erstattet Gutachten über den Verkehrswert von bebauten und unbebauten Grundstücken sowie Rechten an Grundstücken, wenn

1. die für den Vollzug dieses Gesetzbuchs zuständigen Behörden bei der Erfüllung der Aufgaben nach diesem Gesetzbuch,

2. die für die Feststellung des Werts eines Grundstücks oder der Entschädigung für ein Grundstück oder ein Recht an einem Grundstück auf Grund anderer gesetzlicher Vorschriften zuständigen Behörden,

3. die Eigentümer, ihnen gleichstehende Berechtigte, Inhaber anderer Rechte am Grundstück und Pflichtteilsberechtigte, für deren Pflichtteil der Wert des Grundstücks von Bedeutung ist, oder

4. Gerichte und Justizbehörden

es beantragen. ²Unberührt bleiben Antragsberechtigungen nach anderen Rechtsvorschriften.

(2) Der Gutachterausschuss kann außer über die Höhe der Entschädigung für den Rechtsverlust auch Gutachten über die Höhe der Entschädigung für andere Vermögensnachteile erstatten.

(3) Der Gutachterausschuss führt eine Kaufpreissammlung, wertet sie aus und ermittelt Bodenrichtwerte und sonstige zur Wertermittlung erforderliche Daten.

(4) Die Gutachten haben keine bindende Wirkung, soweit nichts anderes bestimmt oder vereinbart ist.

(5) Eine Abschrift des Gutachtens ist dem Eigentümer zu übersenden.

Gliederungsübersicht

---

1   Übersicht

1   Nach dem Wortlaut des § 192 Abs. 1 sowie Abs. 3 Satz 1 BauGB werden Gutachteraus-schüsse nicht nur für die Ermittlung von Grundstückswerten, sondern auch für **„sonstige Wertermittlungen"** eingerichtet.

2   Hierunter sind neben der **Ermittlung des Werts von Rechten an Grundstücken sowie von Entschädigungen** in erster Linie zu verstehen:

– mit der Grundstückswertermittlung im Zusammenhang stehende Wertermittlungen, z. B. Mietwerte (vgl. Rn. 30 ff.) usw., und

– die Ableitung „erforderlicher" Daten für die Wertermittlung (Liegenschaftszinssätze, Bewirtschaftungskosten, Bodenpreisindexreihen usw.), wie dies noch in § 143 a Abs. 3 BBauG 76 ausdrücklich geregelt war.

3   Mit der verhältnismäßig weiten Umschreibung des Tätigkeitsfelds der Gutachteraus-schüsse übernimmt die Vorschrift die Regelung des § 136 Abs. 2 BBauG 76, nach der die **Landesregierungen** oder die von ihnen bestimmten Stellen **dem Gutachterausschuss** über die Grundstückswertermittlung hinaus **„weitere Aufgaben"** übertragen konnten: § 199 Abs. 2 Nr. 6 BauGB sieht eine dahingehende Ermächtigung weiterhin vor.

4   Welche Aufgaben dem Gutachterausschuss nach den Bestimmungen des BauGB obliegen, ergibt sich im Einzelnen aus § 193 BauGB. **Nach § 193 Abs. 3 hat der Gutachteraus-schuss** neben der Gutachtenerstattung **noch folgende Aufgaben:**

a) Führung und Auswertung der Kaufpreissammlung (vgl. Rn. 71 ff.),

b) Ermittlung von Bodenrichtwerten (vgl. § 196 BauGB Rn. 1 ff.),

c) Ermittlung sonstiger „erforderlicher Daten der Wertermittlung" (vgl. § 8 WertV Rn. 1 ff.).

5   Es handelt sich auch hierbei um **Pflichtaufgaben des Gutachterausschusses** für Grund-stückswerte. Bei der Erfüllung dieser Aufgaben bedient sich der Gutachterausschuss gemäß § 192 Abs. 4 BauGB seiner Geschäftsstelle.

6   ▶ *Zu den Aufgaben der Geschäftsstelle vgl. § 192 Rn. 41 ff.*

2 Gutachtenerstattung

2.1 Gutachten

2.1.1 Allgemeines

▶ *Zum Grundsätzlichen vgl. Teil III Rn. 287 ff.*

Zu den wesentlichen Aufgaben des Gutachterausschusses gehört die in § 193 Abs. 1 **7**
BauGB geregelte Erstattung von **Gutachten über den Verkehrswert von Grundstücken.**
Als Gutachten sind dabei mit einer besonderen Sachkunde, Fachwissen und Erfahrung
abgegebene und begründete Stellungnahmen zu verstehen, die – je nach Auftragserteilung
– sowohl Tatsachenfeststellungen, Erfahrungssätze und Wertungen vermitteln sowie aus
Tatsachenfeststellungen gezogene Schlussfolgerungen und Wertungen einschließlich Werturteile vermitteln.

Von einem Gutachten zu unterscheiden sind **8**

a) sog. Kurzgutachten,

b) gutachtliche (sachverständige) Äußerungen und

c) Wertauskünfte.

Ein **Kurzgutachten** steht schon rein begrifflich im Widerspruch zu dem Begriff des Gut- **9**
achtens, wenn hierunter ein irgendwie ausgestaltetes Quasi-Gutachten verstanden wird, bei
dem aber auf wesentliche Elemente eines Gutachtens verzichtet werden soll bzw. verzichtet worden ist.

Eine **„gutachtliche Äußerung"** sah die „Allgemeine Dienstanweisung für die unteren und **10**
höheren Vermessungs- und Katasterbehörden (ADAVerm)" für *Niedersachsen* vor[1]. Sie
wurde mit Erl. des nds. Innenministeriums im Jahre 1986 zwar formal wieder abgeschafft[2],
jedoch kann jede behördliche Auskunft nach wie vor inhaltlich in einer gutachtlichen
Äußerung bestehen[3].

Der **Begriff der Wertauskunft** wird im Bereich der nds. Kataster- und Vermessungsver- **11**
waltung i.S. einer „erweiterten Auskunft aus der Kaufpreissammlung" verstanden, die mit
Ziff. 7.2 des nds. Gebührenverzeichnisses der Gebührenordnung für Gutachterausschüsse
und deren Geschäftsstellen nach dem Baugesetzbuch eingeführt wurde. In der Praxis werden dabei neben den Vergleichsdaten auch eine (mathematisch-statistische) Analyse der
Stichprobe ohne jede Wertung mitgeliefert.

Nach § 14 Nr. 2 b der DVBauGB kann der Gutachterausschuss in *Niedersachsen* (auf **12**
Kreisebene) auf Antrag von Behörden zur Erfüllung ihrer Aufgaben auch „Gutachten über
den Bodenwert von Grundstücksgruppen" erstatten **(Gruppengutachten)**[4]. Da sich bei
solchen Gutachten der ermittelte Wert naturgemäß nicht auf ein spezifisches Grundstück

---

1 Allgemeine Dienstanweisung für die unteren und höheren Vermessungs- und Katasterbehörden (ADAVerm) vom
   12. 6. 1974 (Nds. MinBl. 1974, 1319). Als eine „amtliche Arbeit" eines Katasteramtes war die „gutachtliche
   Äußerung" gemäß RdErl. des FM vom 17. 3. 1928 – KV 2.692 – (FinMinBl. 1928, 57) zur Durchführung der
   Bewertung des Grundbesitzes nach Maßgabe des Reichsbewertungsgesetzes vom 10. 8. 1925 (RGBl. I 1925,
   214) im Feststellungs- und Rechtsmittelverfahren zugelassen. Das Gleiche galt für gutachtliche Äußerungen auf
   Antrag von Reichs-, Staats- und Kommunalbehörden für andere als steuerliche Zwecke (RdErl. des FM vom
   22. 2. 1929 – KV 2-530 betr. gutachtliche Äußerungen und Gutachten über Grundstückswerte; FinMinBl. 1928,
   30). Anträgen privater Grundeigentümer war dagegen nur zu entsprechen, wenn sie sich auf den eigenen Grundbesitz des Antragstellers bezogen; ansonsten waren Anträge auf Erstattung gutachtlicher Äußerungen, aber auch
   Gutachten grundsätzlich abzulehnen.
2 Erl. des nds. FM vom 12. 5. 1965 – 26 23 00 – GültL MF 82/97; Erl. des nds. IM vom 24. 10. 1985 (unveröffentlicht); Schönherr in Nachr. der nds. Kat.- und VermVw. 1976, 159
3 BVerwG, Urt. vom 26. 1. 1996 – 8 C 19/84 –, EzGuG 20.160; BVerwG, Urt. vom 31. 7. 1985 – 9 B 71/85 –, NJW
   1986, 3221 = BayVBl. 1986, 478; BGH, Urt. vom 7. 3. 2001 – X ZR 176/99 –, GuG 2001
4 GOGut vom 22. 4. 1997 (Nds. GVBl. 1997, 119)

bezieht, wird es in aller Regel unvermeidlich sein, statt eines Punktwerts eine Wertspanne im Gruppengutachten auszuweisen. Die Ableitung des Verkehrswerts eines konkreten Grundstücks aus einem Gruppengutachten kann dann nach den Regeln erfolgen, die bei Heranziehung von Bodenrichtwerten gängig sind. Bei einem Gruppengutachten wird man dabei stets den Geltungsbereich mit Gebietsabgrenzung angeben müssen.

2.1.2   Gutachten über Grundstückswerte (Abs. 1)

13   Die Erstattung von Gutachten ist dem Gutachterausschuss für Grundstückswerte mit Abs. 1 Satz 1 als eine Pflichtaufgabe aufgegeben, auch wenn der Einleitungssatz die **zwingende Rechtsverpflichtung** weniger deutlich als im bisherigen Recht erkennen lässt[5]. Die Pflicht zur Gutachtenerstattung beschränkt sich allerdings auf die Fälle, in denen nach § 193 BauGB oder anderen Rechtsvorschriften ein Antragsrecht besteht (vgl. § 193 Abs. 1 Satz 2 BauGB).

Umgekehrt hat der Antragsberechtigte in den gesetzlich geregelten Fällen einen Rechtsanspruch auf Gutachtenerstattung, den er im Wege einer Leistungsklage nach der VwVO durchsetzen kann; sie ist an Fristen nicht gebunden.

14   Die Pflicht zur Gutachtenerstattung beschränkt sich nicht auf Gutachten über den „Verkehrswert von bebauten und unbebauten Grundstücken". Nach § 200 BauGB erstreckt sich das **Antragsrecht** auch **auf** die **Begutachtung von Grundstücksteilen und grundstücksgleichen Rechten**[6]. Dies entspricht auch Sinn und Zweck der Vorschrift, denn im Zuge der Vorbereitung und Durchführung städtebaulicher Maßnahmen nach dem BauGB kann z. B.

- die Ermittlung von Bodenwerten (bebauter Grundstücke)[7],
- die Verkehrswertermittlung von Rechten, auch grundstücksgleichen Rechten[8],
- die Ermittlung des Verkehrswertanteils für bauliche Anlagen, Anpflanzungen und sonstige Einrichtungen[9]

erforderlich werden. Dementsprechend stellen § 1 Abs. 2 und § 2 WertV klar, dass die Verordnung auf die Wertermittlung von grundstücksgleichen Rechten, Rechten an diesen und Rechten an Grundstücken entsprechend anzuwenden ist und Gegenstand der Wertermittlung auch ein Grundstücksteil, einschließlich seiner Bestandteile sowie des Zubehörs, sein kann (vgl. § 2 WertV Rn. 35 ff.)[10].

15   Der Gutachterausschuss für Grundstückswerte wird im Rahmen der Erstattung von Gutachten erst auf Antrag tätig **(fakultative Wertermittlung).**

16   **Rang und Autorität der Gutachten der Gutachterausschüsse** sind allgemein anerkannt (vgl. Rn. 47 ff. und Vorbem BauGB Rn. 13)[11]. Gleichwohl kann sich z. B. eine Gemeinde schuldhaft amtswidrig verhalten, wenn sie sich bei ihren Entscheidungen „schematisch auf das von ihr eingeholte Gutachten des Gutachterausschusses stützt" und ihr gleichzeitig ein (gerichtliches) Gutachten eines Sachverständigen vorlag, das zu einem wesentlich abweichenden Wert gelangte[12].

17   Ein **Anspruch auf die Ermittlung bestimmter Wertanteile am Verkehrswert,** d. h. des Werteinflusses, der ursächlich auf bestimmte Einflüsse zurückführbar ist, wurde bislang in der Rechtsprechung nicht bejaht:

a) So ist nach einer Entscheidung des OVG Münster[13] der Gutachterausschuss für Grundstückswerte nicht verpflichtet, zusätzlich zu dem Verkehrswert eines in einem Bergschadensgebiet gelegenen Grundstück ein Gutachten über eine etwaige **Wertminderung auf Grund bergbaulicher Einwirkungen** zu erstatten. In der Angelegenheit sah sich der Gutachterausschuss für Grundstückswerte schon deshalb dazu nicht in der Lage, weil er den bergbaulichen Einfluss bereits durch Heranziehung von Vergleichspreisen aus dem Bergschadensgebiet berücksichtigt hatte.

b) Das BVerG[14] hat des Weiteren einen Anspruch auf **Ermittlung der sanierungsbeding-ten Werterhöhung** abgelehnt, wenn der Käufer ein im Sanierungsgebiet gelegenes Grundstück i.V. m. der Ablösung des Ausgleichsbetrags zum Neuordnungswert erworben hat.

In beiden Fällen ging es um die Ermittlung eines ursächlich auf bestimmte wertbildende Faktoren zurückführbaren Einflusses auf den Verkehrswert. Der Wortlaut des § 193 Abs. 1 BauGB sieht hierfür keinen Wertermittlungsanspruch vor. Gleichwohl ist in beiden Fällen der ablehnenden Haltung des Gutachterausschusses für Grundstückswerte nicht zu folgen; sie mag allenfalls insoweit verständlich sein, als die gebührenrechtlichen Regelungen diese Zusatzleistung nicht abdecken. Bemerkenswert in diesem Zusammenhang ist, dass keines der Gerichte die Gutachtenerstattungspflicht für den Fall verneint haben, dass die Antragsteller ein **Zweitgutachten mit** der **Maßgabe** in Auftrag geben, jeweils den Verkehrswert des Grundstücks ohne Berücksichtigung des bergbaulichen Einflusses bzw. der sanierungsbedingten Werterhöhung zu ermitteln. **18**

Nach § 193 Abs. 5 BauGB ist eine **Abschrift des Gutachtens nur dem Eigentümer** zu **übersenden**[15]. Aufgehoben wurde die noch nach dem BBauG 76 bestehende Übersendungspflicht für ein dem Eigentümer erstattetes Gutachten an **19**

– sonstige Rechtsinhaber sowie an

– Personen, soweit sie ein „berechtigtes Interesse haben", wenn keine berechtigten Interessen anderer beeinträchtigt werden (§ 136 Abs. 5 BBauG 76).

Das bisherige Recht war problematisch, weil im Falle der Bekanntgabe des Gutachtens und eines Widerspruchs durch den Eigentümer die **Möglichkeit des Rechtsschutzes** nur **unzureichend** gewahrt werden konnte[16]. **20**

▶ *Zu den inhaltlichen und sonstigen Anforderungen an ein Gutachten vgl. Teil II Rn. 287 ff.* **21**

---

5 § 136 Abs. 1 BBauG 76 begann wie folgt: „Der Gutachterausschuss *hat* über den Wert ... ein Gutachten zu erstatten, wenn ..."; unklar bleibt allerdings, warum es in § 198 Abs. 2 BauGB im Vergleich zum bisherigen Recht (§ 137 a Abs. 2 BBauG 76) bei der stringenten Formulierung geblieben ist, nach der der Obere Gutachterausschuss auf Antrag eines Gerichts ein Obergutachten zu erstatten „hat".

6 Kleiber in Ernst/Zinkahn/Bielenberg, BauGB, Komm. zu § 2 WertV Rn. 12; klarstellend auch § 19 Abs. 3 der nds. DVBauGB (a. a. O.)

7 §§ 57, 58, § 153 Abs. 5, § 154 BauGB

8 § 59 Abs. 3, 4, § 61 BauGB

9 § 60 BauGB

10 Nicht ausdrücklich angesprochen ist die Verkehrswertermittlung von Miteigentumsanteilen (vgl. § 1 WertV Rn. 18)

11 § 15 brandenb. GutachterausschussVO; § 12 Abs. 1 hamb. GutachterausschussVO; § 3 Abs. 2 Nr. 8 i.V. m. § 14 hess. DV BauGB; § 16 meckl.-vorpom. GutachterausschussVO; § 22 Abs. 5 nds. DVBauGB; § 13 Abs. 1 GAVO NW; § 14 rh.-pf. GutachterausschussVO; § 13 sächs. GutachterausschussVO; § 13 sächs.-anh. Gutachterausschuss-VO; § 15 schl.-hol. GutachterausschussVO; § 14 thür. GutachterausschussVO

12 § 12 Abs.3 bad.-württ. GutachterausschussVO; §§ 15 f. bay. GutachterausschussVO

13 OVG Münster, Urt. vom 23. 1. 1984 – 10 A 2366/97 –, EzGuG 4.95; Vorinstanz: GV Gelsenkirchen, Urt. vom 21. 6. 1978 – 5 K 2977/78 –, EzGuG 4.57

14 BVerwG, Beschl. vom 19. 11. 1997 – 4 B 182/97 –, EzGuG 15.90

15 Frühere Entwürfe sahen sogar vor, das „Schätz*ergebnis"* bei der Schätzstelle zu jedermann Einsicht offen zu legen und darüber hinaus jedem, der ein berechtigtes Interesse darlegt, Einsicht in das Schätzgutachten zu gewähren (BT-Drucks. II/1813 § 183 Abs. 5 BBauG; so auch 1959 Begr. zu § 176); die Voraussetzungen für das Auskunftsverlangen sind der Grundbuchordnung nachgebildet.

16 Welche Konsequenzen ein sog. Verwaltungsakt mit Drittwirkung für das Verwaltungsverfahren und im Rechtsstreit hat, ist umstritten; vgl. Dörffler in NJW 1963, 14 ff., Haueisen in NJW 1964, 2037 ff., Fromm in DVBl. 1966, 241 ff. und Bender in NJW 1966, 1989 ff.

2.1.3   Gutachten über die Entschädigung von Vermögensnachteilen (Abs. 2)

▶ *Zur Bemessung von Vermögensnachteilen vgl. § 29 WertV Rn. 147 ff.*

22   Bei **Enteignungen** ist **nach § 93 BauGB** Entschädigung

– für den durch die Enteignung eintretenden und sich nach dem Verkehrswert zu bemessenden Rechtsverlust und

– für andere durch die Enteignung eintretende Vermögensnachteile

zu gewähren. In der Praxis können schon aus wertermittlungstechnischen Gründen die Entschädigungen für den Rechtsverlust und für andere Vermögensnachteile anteilsmäßig nicht immer voneinander hinreichend abgegrenzt werden. Dies gilt insbesondere bei Anwendung des Differenzwertverfahrens z. B. bei der Entschädigung für abzutretende Vorgartenflächen. Deshalb ist es sachgerecht, derartige Entschädigungsermittlungen in einer Hand durchzuführen, um so Doppelentschädigungen zu vermeiden (vgl. § 29 WertV Rn. 83 ff.). Bundesgesetzlich ist daher dem **Gutachterausschuss** mit der „**Kann-Vorschrift**" des § 192 Abs. 2 BauGB die Möglichkeit eröffnet worden, „außer über die Höhe der Entschädigung für den Rechtsverlust auch **Gutachten über die Höhe der Entschädigung für andere Vermögensnachteile zu erstatten**". § 29 WertV enthält hierzu ergänzende Wertermittlungsgrundsätze. Die als „Kann-Vorschrift" ausgestaltete bundesgesetzliche Regelung kann auf Grund der Ermächtigung des § 199 Abs. 2 Nr. 6 BauGB durch Landesrecht zu einer Pflichtaufgabe ausgestaltet werden, so z. B. *in Nordrhein-Westfalen* (§ 5 Abs. 3 GAVO NW) bei städtebaulichen oder sonstigen Maßnahmen im Zusammenhang mit dem Grunderwerb oder mit Bodenordnungsmaßnahmen sowie der Aufhebung oder Beendigung von Miet- und Pachtverhältnissen.

23   Eine entsprechende Regelung enthält auch § 7 Abs. 1 der schl.-hol. GutachterausschussVO. Wie nach § 193 Abs. 2 BauGB ist diese Regelung als „Kann-Bestimmung" ausgestaltet, wobei im Falle der Gutachtenerstattung **im Zusammenhang mit der Aufhebung oder Beendigung von Miet- oder Pachtverhältnissen** das **Antragsrecht** ausdrücklich auch für die jeweiligen **Mieter oder Pächter** besteht (vgl. § 5 Abs. 6 GAVO NW).

2.2   Antragsberechtigte

2.2.1   Allgemeines

24   **Antragsberechtigt** nach § 193 Abs. 1 **sind insbesondere**

– die für den Vollzug des Baugesetzbuchs (BauGB) zuständigen Behörden, soweit es um die Erfüllung von Aufgaben nach dem BauGB geht,

– die für die Feststellung eines Grundstückswerts oder der Entschädigung auf Grund anderer gesetzlicher Vorschriften (z. B. nach dem Bundesberggesetz oder dem Enteignungsgesetz des Landes) zuständigen Behörden und

– der Eigentümer oder ein ihm gleichstehender Berechtigter oder Inhaber anderer Rechte am Grundstück (vgl. § 1 WertV Rn. 23 ff.), z. B. Mieter oder Pächter[17].

Die bundesrechtliche Antragsberechtigung wird in *Berlin* mit § 7 Satz 2 der bln. DVO-BauGB (a. a. O.) eingeschränkt. Im Unterschied zu § 193 Abs. 1 Nr. 3 BauGB sollen nach dieser Vorschrift die „Inhaber anderer Rechte am Grundstück" nicht berechtigt sein, einen Antrag auf Gutachtenerstattung zu stellen[18].

2.2.2   Antragsberechtigung der das BauGB vollziehenden Behörden (Abs. 1 Satz 1 Nr. 1)

25   Das Antragsrecht der Behörden (zum Begriff vgl. § 192 BauGB Rn. 2) nach Abs. 1 Satz 1 beschränkt sich zunächst allein auf die **das BauGB vollziehenden Behörden**[19]. Antragsberechtigungen (auch von Behörden) nach anderen gesetzlichen Vorschriften bleiben nach Abs. 1 Satz 2 BauGB allerdings unberührt.

Die **Antragsberechtigung von Behörden** wird mit Abs. 1 Satz 1 Nr. 1 BauGB in zwei- **26** facher Hinsicht beschränkt: Zum einen beschränkt sie das Antragsrecht auf die für den Vollzug dieses Gesetzbuchs (BauGB) zuständigen Behörden". Zum anderen wird das Antragsrecht dieser Behörden darüber hinaus auf Wertermittlungen „bei der Erfüllung der Aufgaben nach diesem Gesetzbuch" (BauGB) beschränkt.

Zu den **Antragsberechtigten im Sinne des § 193 Abs. 1 Satz 1** **27** **Nr. 1 BauGB** zählen u. a.

a) die Planungsverbände (§ 205 BauGB),

b) die Sanierungsträger (§ 158 BauGB),

c) die Entwicklungsträger (§ 167 BauGB),

d) die Enteignungsbehörde (§ 104 BauGB),

e) der Umlegungsausschuss (§ 46 Abs. 2 Nr. 1 BauGB),

f) eine geeignete Behörde im Sinne des § 46 Abs. 4 BauGB,

soweit diese Stellen mit der Durchführung einer Maßnahme nach dem BauGB beauftragt sind[20].

Daneben kommen auch noch Wertermittlungen **im Zusammenhang mit** den **entschädi-** **28** **gungsrechtlichen Regelungen** des BauGB in Betracht, u. a.

– Entschädigungen bei länger als vier Jahren dauernden Veränderungssperren nach § 18 BauGB,

– Entschädigung bei Versagung der Baugenehmigung trotz Erteilung einer Bodenver-kehrsgenehmigung nach § 21 BauGB,

– Limitierungen des Vorkaufsrechts nach § 28 BauGB,

– Übernahmeansprüche nach den planungsschadensrechtlichen Regelungen, in Sanie-rungsgebieten, Entwicklungsbereichen, Geltungsbereichen von Erhaltungssatzungen sowie bei Bau- und Rückbaugeboten,

– Ersatzansprüchen bei der Aufhebung von Nutzungsverhältnissen nach § 185 BauGB,

– Verkehrswertermittlung von Flächen, die von der Gemeinde für die Erschließung bereit-gestellt werden (§ 128 BauGB) sowie

– bei der Ermittlung des Sachverhalts nach § 107 Abs. 1 Satz 4 BauGB.

Soweit es entschädigungsrechtlich um die „Feststellung des Werts eines Grundstücks oder der **29** Entschädigung für ein Grundstück oder ein Recht an einem Grundstück auf Grund anderer gesetzlicher Vorschriften" geht, ergibt sich die Antragsberechtigung aus **Abs. 1 Satz 1 Nr. 2.**

Die Antragsberechtigung der „für den Vollzug" des BauGB zuständigen Behörden „bei der **30** Erfüllung von Aufgaben nach dem Gesetzbuch" erstreckt sich auch auf die **Fälle, in denen** **die zuständige Behörde ihren (städtebaurechtlichen) Aufgaben mit Mitteln des Pri-** **vatrechts nachkommt.**

Sanierungs- und Entwicklungsträger nach den §§ 157 ff. BauGB sind selbst nicht **31** antragsberechtigt, da sie mit der Erfüllung gemeindlicher Aufgaben betraut sind. Das Antragsrecht der Gemeinde kann aber auf den Sanierungs- oder Entwicklungsträger über-tragen werden. In diesem Fall empfiehlt sich die Vorlage einer Bescheinigung der Gemeinde, nach der sie in Zweifelsfällen zur Beantragung von Gutachten von der Ge-meinde beauftragt werden können.

---

17 §§ 7, 19 bln. DVO-BauGB; § 3 Abs. 2 Nr. 6 i. V. m. § 8 Abs. 1 hess. DV BauGB

18 Zur Konkurrenz mehrerer Rechtssätze vgl. Wolff/Bachof, Verwaltungsrecht I, 9. Aufl., S. 164; Larenz, Metho-denlehre der Rechtswissenschaft, 4. Aufl. Bln., S. 250 ff.

19 So schon § 171 des Hauptkommissionsentwurfs (Schriftenreihe des BMWo Bd. 7 und 9); RegEntw. BBauG § 161 (BT-Drucks. III/336)

20 RdErl. des MI des Landes Sachsen-Anhalt vom 2. 9. 1994 MinBl. LSA 1994, 2528

32   Im Übrigen sind bezüglich der Beauftragung des Gutachterausschusses für Grundstückswerte beziehungsweise freier Sachverständiger folgende **Landesregelungen** beachtlich:

Mecklenburg-Vorpommern: Städtebauförderungsrichtlinien vom 15. 3. 2000 (Abl. M-V
2000, 709) Nr. 5.4 und 6.2.

33   Die vom Gutachterausschuss für Grundstückswerte im Rahmen der Vorbereitung und
Durchführung von städtebaulichen Sanierungs- und Entwicklungsmaßnahmen erstatteten
Gutachten können auch für steuerliche Zwecke Bedeutung erlangen. Der BFH hat
jedenfalls bestätigt, dass es einem Finanzgericht als Tatsacheninstanz nicht verwehrt sei,
ein solches Gutachten seiner Schätzung zu Grunde zu legen[21].

2.2.3   Antragsberechtigung sonstiger Behörden (Abs. 1 Satz 1 Nr. 2)

34   Nach Abs. 1 Satz 1 Nr. 2 sind neben den das BauGB vollziehenden Behörden (Abs. 1 Satz
1 Nr. 1) auch **andere Behörden** antragsberechtigt, wenn sie für die „Feststellung"

a) des Werts eines Grundstücks oder

b) der Entschädigung für ein Grundstück oder ein Recht an einem Grundstück

auf Grund anderer gesetzlicher Vorschriften zuständig sind.

35   Die Antragsberechtigung nach Abs. 1 Satz 1 Nr. 2 hat erst mit dem BBauG 76 Eingang in
das Städtebaurecht gefunden und wurde in das BauGB überführt. Nach den Gesetzesmate-
rialien sollte mit dieser Vorschrift das Antragsrecht „vor allem... *(auf)* die für die Feststellung von Enteignungsentschädigungen auf Grund anderer gesetzlicher Vorschriften außerhalb des Städtebauförderrechts zuständigen Behörden *(erweitert werden).* Diese Erweiterung des Kreises der Antragsberechtigten kommt den Erfahrungen und Forderungen der
Praxis entgegen und soll vor allem auch dazu beitragen, die **Zersplitterung des Bewer-
tungs- und Wertermittlungswesens** in den verschiedenen Rechtsgebieten allmählich
abzubauen"[22].

36   Der Wortlaut der Vorschrift und ihre Begründung legen es nahe, dass nach Abs. 1 Satz 1
Nr. 2 nur solche **Behörden** antragsberechtigt, **die** tatsächlich auch **mit Rechtswirkung
Grundstückswerte „feststellen" und nicht nur ermitteln,** ohne dass hiervon unmittelbar
Rechtswirkung ausgeht. Dafür spricht der nur an dieser Stelle gebrauchte Begriff der „Fest-
stellung" (vgl. § 19 BewG), während ansonsten das Gesetzbuch stets nur von „Wert-"
Ermittlung spricht.

a) Finanzbehörden

37   Antragsberechtigt sind die *Finanzbehörden,* denen die **Feststellung von Einheits- bzw.
Grundbesitzwerten** nach § 19 BewG (§ 180 Abs. 1 Nr. 1 AO) obliegt, wobei Gegenstand
des Wertermittlungsantrags der Verkehrswert bezogen auf einen vorgegebenen Wertermittlungsstichtag ist; dies kann auch der Hauptfeststellungszeitpunkt bzw. Bedarfsbewertungszeitpunkt sein. Dieser Verkehrswert ist nach seiner materiell-rechtlichen Definition
(§ 194 BauGB) mit dem in § 9 BewG definierten gemeinen Wert identisch. Der gemeine
Wert ist in der steuerlichen Bewertung nach § 9 Abs. 1 BewG der Bewertung zu Grunde zu
legen, soweit nichts anderes vorgeschrieben ist (vgl. Teil II Rn. 13).

38   Nach § 7 der bln. DVO-BauGB (a. a. O.) sind zudem die Finanzgerichte berechtigt, ein
Gutachten über Grundstücksteilwerte zu beantragen. **Grundstücksteilwert** ist der Betrag,
den ein Erwerber eines (ganzen) gewerblichen Betriebs im Rahmen des Gesamtkaufpreises
für das einzelne Wirtschaftsgut ansetzen würde (§ 10 BewG).

b) Enteignungsbehörden

Die Antragsberechtigung der Enteignungsbehörden bei dem Vollzug des Baugesetzbuchs **39** ergibt sich bereits aus Abs. 1 Satz 1 Nr. 2. Mit der Nr. 2 wird demzufolge die Antragsberechtigung auf **Behörden** ausgedehnt, **die Entschädigungen auf Grund anderer Gesetze** (z. B. Fachplanungsgesetze) **durchführen.**

Der Wortlaut der Regelung beschränkt das Antragsrecht nicht auf Enteignungen nach Bun- **40** desgesetzen. Im Hinblick auf die Gesetzgebungskompetenz des Bundes – beschränkt auf das Gebiet des Bodenrechts (Art. 74 Nr. 18 GG) – ist dabei gleichwohl keine einengende Auslegung geboten[23].

Zu den **Antragsberechtigten**[24] **im Sinne des § 193 Abs. 1 Satz 1 Nr. 2 BauGB** zählen **41** auch

a) Die Enteignungsbehörden nach dem Enteignungsgesetz des Landes *Sachsen-Anhalt* vom 13. 4. 1994 (GVBl. LSA 1994, 508),

b) die Finanzämter im Rahmen der Einheitsbewertung,

c) die Landesbehörden nach § 64 Abs. 3 der Landeshaushaltsordnung des *Landes Sachsen-Anhalt* vom 30. 4. 1991 (GVBl. LSA 1991, 35).

c) Sozialämter/Arbeitsämter

Nach § 88 Abs. 2 des Bundessozialhilfegesetzes (BSHG) darf die Sozialhilfe u. a. nicht **42** vom Einsatz oder von der Verwertung eines angemessenen Hausgrundstücks abhängig gemacht werden, das vom Hilfesuchenden oder einer anderen in den §§ 11 und 28 BSHG genannten Personen allein oder zusammen mit Angehörigen ganz oder teilweise bewohnt wird und nach seinem Tod bewohnt werden soll[25]. Die Angemessenheit bestimmt sich nach der Zahl der Bewohner, dem Wohnbedarf (zum Beispiel Behinderter, Blinder oder Pflegebedürftiger), der Grundstücksgröße, der Hausgröße, dem Zuschnitt und der Ausstattung des Wohngebäudes sowie dem Wert des Grundstücks einschließlich des Wohngebäudes. Familienheime und Eigentumswohnungen i. S. d. §§ 7 und 12 des Zweiten Wohnungsbaugesetzes sind i. d. R. nicht unangemessen groß, wenn ihre Wohnfläche die Grenzen des § 39 Abs. 1 Satz 1 Nr. 1 und 3 i. V. m. Abs. 2 des Zweiten Wohnungsbaugesetzes, bei der häuslichen Pflege (§ 69 BSHG) die Grenzen des § 39 Abs. 1 Nr. 1 und 3 i. V. mit § 82 des Zweiten Wohnungsbaugesetzes nicht übersteigt (§§ 88 Abs. 2 Nr. 7 BSHG).

Das Antragsrecht der Sozialämter zielt auf die Feststellung ab, ob es sich bei dem genann- **43** ten Grundbesitz um sog. **kleine Hausgrundstücke** i. S. d. § 88 Abs. 2 Nr. 7 BSHG handelt.

▶ *Zur Frage, ob die Gutachterausschüsse im Wege der Amtshilfe tätig werden vgl. § 192 BauGB Rn. 59 ff.*

d) Sonstige Behörden

Zur Frage der **Antragsberechtigung von Straßenbauämtern,** die nicht entsprechend **44** § 193 Abs. 1 Nr. 1 BauGB im Vollzug des BauGB tätig sind, ist festzustellen, dass bei enger Auslegung des Wortlauts der Vorschrift eine Antragsberechtigung nicht besteht. Diese Behörden sind wiederum bei enger Auslegung der Vorschrift auch nicht für die „Feststel-

---

21   BFH, Urt. vom 29. 8. 1996 – VIII R 15/93 –, BStBl. II 1997, 313
22   BT-Drucks. 7/4793, zu § 136
23   Dieterich in Der Landkreis 1978, 397
24   RdErl. des MI des Landes Sachsen-Anhalt vom 2. 9. 1994 MinBl. LSA 1994, 2528
25   Hierzu Erl. des IM NW vom 29. 9. 1999 – III C 2-9210 – sowie nds. Merkblatt zu den Möglichkeiten einer überschlägigen Wertermittlung durch die Sozialämter auf der Grundlage von Auskünften der Gutachterausschüsse.

lung des Werts eines Grundstücks" zuständig (vgl. § 193 Abs. 1 Nr. 2 BauGB). Jedoch sind auch diese Behörden gehalten, z. B. für Straßenlandabtretungen im Zuge der Verbreiterung einer Straße den betroffenen Eigentümern ein angemessenes Angebot zu unterbreiten, und müssen hierfür die Grundstückswerte (Entschädigung für den Rechtsverlust) „feststellen" bzw. „feststellen" lassen. Bei enger Auslegung kann mithin einem Wertermittlungsantrag von Straßenbaubehörden nicht entsprochen werden.

45 In Zweifelsfällen ist der **Wertermittlungsantrag** nach § 193 Abs. 1 Nr. 3 BauGB **von den betroffenen Eigentümern zu stellen,** wobei die Kosten von der Straßenbaubehörde übernommen werden.

46 Im Übrigen kann den Belangen der Straßenbauämter in recht unkomplizierter Weise schon dadurch entsprochen werden, dass der Gutachterausschuss für Grundstückswerte entsprechende Bodenrichtwerte ableitet. In Ergänzung des § 196 Abs. 1 Satz 5 BauGB wurde z. B. in *Niedersachsen* mit § 14 Nr. 2 a BauGB-MaßnahmenG 97 für „andere Behörden" ein **Antragsrecht für die Ableitung besonderer Bodenrichtwerte** i. S. d. § 196 Abs. 5 BauGB eingeführt (vgl. § 196 BauGB Rn. 33 ff.).

2.2.4 Antragsberechtigung Privater (Abs. 1 Satz 1 Nr. 3)

a) Eigentümer

47 Die **Antragsberechtigung** nach § 193 Abs. 1 Satz 1 Nr. 3 BauGB geht über **Anlässe** hinaus, **die mit der Vorbereitung und Durchführung städtebaulicher Maßnahmen in einem unmittelbaren Zusammenhang stehen.** Danach sind Eigentümer und damit

- private Eigentümer von Grundstücken,
- ihnen gleichstehende Berechtigte[26],
- Inhaber anderer Rechte am Grundstück und
- Pflichtteilsberechtigte, für deren Pflichtteil der Wert des Grundstücks von Bedeutung ist,

ebenfalls antragsberechtigt. Damit erstrecken sich die **Pflichten des Gutachterausschusses** auch auf Wertermittlungen, deren Bedeutung in erster Linie dem **allgemeinen Wirtschafts- und Rechtsleben** zugeordnet werden muss, so z. B. bei Erbauseinandersetzungen, Vermögensauseinandersetzungen und bei Scheidungen usw. Hieran ist im Gesetzgebungsverfahren zum BauGB Kritik geübt worden.

48 Auf die **Antragsberechtigung Privater** konnte der Gesetzgeber nicht verzichten, weil diese dem Gutachterausschuss gegenüber weitgehende Auskunftspflichten (§ 140 BauGB) haben und ihnen deswegen billigerweise auch zuerkannt werden muss, dass der Gutachterausschuss für sie tätig wird, wenn es um die Ermittlung des Werts ihrer Grundstücke geht. Auch der federführende BT-Ausschuss[27] hat sich hierzu ausdrücklich bekannt. Er hat dabei in der Tätigkeit der Gutachterausschüsse keine ernsthafte Konkurrenz zu der Tätigkeit der freien Sachverständigen gesehen, weil der Anteil der von den Gutachterausschüssen erstellten Gutachten mit weniger als 10 v. H. der Gesamtzahl der von den selbständigen Sachverständigen erstellten Gutachten gering sei; nach einer neueren niedersächsischen Untersuchung hat sich seither der Anteil sogar noch vermindert (1996). Gleichwohl hat es der federführende BT-Ausschuss begrüßt, dass der Kreis derjenigen, die ein Gutachten beantragen können, gegenüber dem geltenden Recht auf das Notwendige eingeschränkt wird; der BT-Ausschuss befand sich damit in Übereinstimmung mit dem Wirtschaftsausschuss, der um Prüfung von Vorschlägen gebeten hatte, die auf eine weitere Begrenzung des Kreises der Antragsberechtigten hinauslaufen und insbesondere die Eigentümer von der Antragsberechtigung ausschließen wollten[28]. Diese Vorschläge konnte der federführende BT-Ausschuss aus den dargelegten Gründen nicht billigen. Dabei fiel nach Auffassung des Ausschusses für die Beibehaltung der schon im RegE vorgesehenen Antragsberechtigung ganz entscheidend ins Gewicht, dass der Gutachterausschuss seit seiner Einrichtung im

Jahr 1960 eine unabhängige Behörde ist. Auch aus diesem Grunde müsse der Gutachterausschuss dem Bürger zur Verfügung stehen[29]. In den zur Vorbereitung des Baugesetzbuchs durchgeführten Sachverständigengesprächen wurde die Beibehaltung der Gutachterausschüsse sogar damit begründet, dass „private Sachverständige die Wertermittlung auf dem hohen Qualitätsniveau, wie sie heute von den Gutachterausschüssen überwiegend geleistet werde, nicht leisten können".

Inhaber oder Inhaberinnen eines grundstücksgleichen Rechts sind sowohl für die   **49** Ermittlung des Verkehrswerts des Rechts als auch für die Ermittlung des Verkehrswerts des Grundstücks, an dem das Recht besteht, antragsberechtigt.

Bei **Wohnungs- und Teileigentum** beschränkt sich das Antragsrecht i. d. R. auf das Son-   **50** dereigentum, es sei denn, ein qualifizierter Beschluss der Wohnungseigentümerversammlung nach § 23 WEG gestattet eine Gutachtenerstellung über das Gesamteigentum.

b) Nutzungsberechtigte

Inhaber oder Inhaberinnen von Nutzungsrechten nach dem ZGB der DDR vom   **51** 19. 6. 1975 (GBl. I DDR 1975, 465), zuletzt geändert durch Gesetz vom 22. 7. 1990 (GBl. I DDR 1990, 903), sind für die Ermittlung des Verkehrswerts des Rechts und für die Ermittlung des Verkehrswerts für den Teil des Grundstücks, auf den sich das Nutzungsrecht bezieht, antragsberechtigt[30].

Im Übrigen sehen verschiedene Gesetze und Verordnungen vielfach mehr i. S. einer Klar-   **52** stellung zu § 193 Abs. 1 Nr. 1 und 2 BauGB Antragsberechtigungen vor:

a) Vertragsparteien nach § 5 Abs. 2 BKleingG,

b) Vertragsparteien nach § 7 NutzEV,

c) Notare in einem Vermittlungsverfahren nach Maßgabe des § 97 Abs. 2 SachenRBerG.

▸ *Näheres vgl. Rn. 60 ff.*

c) Kaufbewerber

Das **Recht von Kaufbewerbern und Bewerbern um eine Dienstbarkeit auf Erstattung**   **53** **von Gutachten** nach § 136 Abs. 1 Nr. 5 BBauG 76 ist indessen mit dem BauGB aufgehoben worden. Dieses Antragsrecht war in der Praxis bedeutungslos und bestand ohnehin nur solange, wie der Bewerber mit dem Eigentümer in ernsthaften Verhandlungen stand. Die Voraussetzungen waren zumeist nur in Verbindung mit dem Eigentümer nachweisbar. Da in diesen Fällen auch der Eigentümer einen entsprechenden Antrag stellen und mit dem Bewerber die Übernahme der Kosten vereinbaren kann, wird die Tätigkeit des Gutachterausschusses mit der Aufhebung dieses Antragsrechts praktisch nur unwesentlich eingegrenzt.

---

26 Zum Wertermittlungsanspruch pflichtteilsberechtigter Erben BGH, Urt. vom 9. 11. 1983 – VIa ZR 151/82 –, EzGuG 11.141; BGH, Urt. vom 8. 7. 1985 – II ZR 150/84 –, EzGuG 11.147; BGH, Urt. vom 6. 5. 1982 – IX ZR 36/81 –, EzGuG 11.130.
27 BT-Drucks. 10/6166, S. 137 f.
28 BT-Drucks. 10/6166, S. 123
29 Materialien zum Baugesetzbuch; Schriftenreihe des BMBau a. a. O., S. 215
30 RdErl. des sächs.-anh. MI vom 2. 9. 1994 – 46.2. – 23 524/2 – (MBl. LSA 1994, 2528)

2.2.5 Antragsberechtigung von Gerichten und Justizbehörden (Abs. 1 Satz 1 Nr. 4)

54 Antragsberechtigt sind Gerichte und Justizbehörden, wobei sich deren Antragsberechtigung nicht auf Verkehrswertermittlungen im Vollzug städtebaulicher Sachverhalte nach dem BauGB beschränkt. Demzufolge kommen neben den **ordentlichen Gerichten** und den **Verwaltungsgerichten** auch die **Arbeits-, Sozial- und Finanzgerichte** in Betracht (vgl. Rn. 38, § 192 Rn. 9).

55 **Justizbehörden** sind seit 1976 ebenfalls antragsberechtigt. In Betracht kommen hier
– Staatsanwaltschaften,
– Behörden in Vormundschafts- und Nachlassangelegenheiten,
– Bezirksnotare und
– Bezirksrevisoren.

56 Die Gutachterausschüsse für Grundstückswerte werden hier insbesondere als **Sachverständige in Zwangsangelegenheiten** beauftragt[31].

57 Für die Erstattung von Gutachten in **Verfahren vor den Baulandgerichten** gelten auch die Bestimmungen des Gesetzes über die Entschädigung von Zeugen und Sachverständigen[32]. Der Gutachterausschuss kann als solcher nicht wegen Besorgnis der Befangenheit abgelehnt werden[33], allenfalls einzelne Mitglieder.

58 Das von einem Gericht eingeholte Gutachten eines Gutachterausschusses für Grundstückswerte ist seiner Natur nach ein **Sachverständigengutachten, auf das die Vorschriften der §§ 402 ff. ZPO angepasst angewendet werden können**[34].

59 Im Übrigen können sich die Parteien gegen die gerichtliche Beauftragung des Gutachterausschusses für Grundstückswerte nicht mit der Begründung wehren, dass die Entschädigung damit niedriger ausfällt, wenn das Gericht einen einzelnen Sachverständigen mit der Gutachtenerstattung beauftragt hätte[35].

2.2.6 Unberührte Antragsberechtigungen nach anderen Rechtsvorschriften (Abs. 1 Satz 2)

60 Der Katalog der Antragsberechtigten nach § 193 Abs. 1 BauGB ist nicht abschließend. Nach Satz 2 der Vorschriften bleiben Antragsberechtigungen nach anderen Rechtsvorschriften unberührt. Zudem eröffnet § 199 Abs. 2 Nr. 6 BauGB den **Landesregierungen** die Möglichkeit, dem Gutachterausschuss **durch Rechtsverordnung „weitere Aufgaben"** zu **übertragen.**

Antragsberechtigungen nach anderen Rechtsvorschriften sind:

a) Kleingartengesetz (KleingG)

61 Nach § 5 Abs. 2 des Bundeskleingartengesetzes (BKleingG) hat der Gutachterausschuss auf Antrag einer Vertragspartei eines Kleingartenpachtvertrags „ein **Gutachten über den ortsüblichen Pachtzins im erwerbsmäßigen Obst- und Gemüsebau zu erstatten"**[36]. Den zulässigen Pachtzins eines einzelnen Kleingartens hat der Gutachterausschuss nach dem Wortlaut dieser Vorschrift nicht zu ermitteln.

▶ *Zu den Besonderheiten auch im Hinblick auf die neuen Bundesländer vgl. § 20a BKleingG bei § 4 WertV Rn. 300 ff.*

b) Gesetz über die freiwillige Gerichtsbarkeit

62 Für *Baden-Württemberg* wird mit den §§ 44 f. des **Landesgesetzes über die freiwillige Gerichtsbarkeit**[37] bestimmt:

§ 44: „(1) Die Gutachterausschüsse für Grundstückswerte nach dem Baugesetzbuch sind für die Wertermittlungen von Grundstücken, grundstücksgleichen Rechten und Rechten an Grundstücken sowie von Grundstückszubehör allgemein zuständig. Es kann ein Gutachten über den Verkehrswert oder einen anderen Wert verlangt werden.

(2) Das Gutachten ist auf Antrag von Gerichten oder Behörden zu erstatten oder auf Antrag von Personen, die ein berechtigtes Interesse nachweisen."

§ 45: „Der Gutachterausschuss soll die für die Wertermittlung maßgeblichen Gesichtspunkte schriftlich niederlegen. Im Übrigen finden auf das Verfahren des Gutachterausschusses die Vorschriften entsprechend Anwendung, die für seine Tätigkeit nach dem Baugesetzbuch gelten."

c) Gutachterausschussverordnungen der Länder

Daneben ergeben sich aus den Gutachterausschussverordnungen der Länder (vgl. Vorbem. zum BauGB Rn. 27) weitere Aufgaben des Gutachterausschusses, die den Katalog des § 192 BauGB landesspezifisch ergänzen. Die dort geregelten Aufgaben sind teilweise auf die Antragsberechtigung bestimmter Personen beschränkt: **63**

– **Gutachten über Miet- und Pachtwerte** oder ähnliche Nutzungsentgelte[38];
– Mietwertübersichten[39];
– Zustandsfeststellungen bei vorzeitiger Besitzeinweisung nach § 116 Abs. 5 BauGB[40], insbesondere zum Zwecke der Beweissicherung;
– Zustandsfeststellungen nach dem Landesenteignungsgesetz[41];
– Gutachten über Entschädigung nach dem Landesenteignungsgesetz[42];
– Gutachten über den merkantilen Minderwert von Grundstücken (bei enteignenden Eingriffen)[43];
– Gutachten über Grundstücksteilwerte[44]; Teilwert ist nach § 10 BewG der Betrag, den ein (gedachter) Erwerber eines ganzen Unternehmens im Rahmen des Gesamtkaufpreises für das einzelne Wirtschaftsgut ansetzen würde. Dabei ist davon auszugehen, dass der Erwerber das Unternehmen fortführt (vgl. § 6 Abs. 1 Nr. 1 Satz 3 EStG; Teil II Rn. 3).

---

31 Zeller, ZVG Rn. 10.4
32 KG Berlin, Beschl. vom 22. 1. 1964 – 9 U 1194/62 –, EzGuG 11.40 b; LG Münster, Beschl. vom 11. 10. 1966 – 5 T 229/66 –, EzGuG 11.53; OLG Schleswig, Beschl. vom 8. 7. 1964 – 1 B 64/64 –, EzGuG 11.43; LG Koblenz, Beschl. vom 25. 7. 1966 – 4 T 266/66 –, EzGuG 11.52; OLG Karlsruhe, Beschl. vom 14. 12. 1967 – 9 W 131/67 –, EzGuG 11.62; OLG München, Beschl. vom 13. 4. 1976 – 11 W 888/76 –, EzGuG 11.102
33 OLG Frankfurt am Main, Beschl. vom 23. 11. 1964 – 1 W 17/64 –, EzGuG 11.46; OLG Oldenburg, Urt. vom 9. 12. 1991 – 12 WF 138/91 –, EzGuG 11.189 a; LG Kaiserslautern, Beschl. vom 14. 5. 1986 – 1 T 90/86 –, EzGuG 11.153
34 BGH, Urt. vom 23. 1. 1974 – IV ZR 92/72 –, EzGuG 11.92; Das KG hat in seinem Beschl. vom 18. 6. 1971 – W 1182/71 –, EzGuG 11.78 die Gutachten der Gutachterausschüsse noch als behördliche Auskünfte qualifiziert. Das OLG Düsseldorf hat darüber hinaus den Gutachterausschüssen die Eigenschaft als Sachverständige i. S. d. §§ 402 ff. ZPO abgesprochen (OLG Düsseldorf, Urt. vom 16. 2. 1968 – 7 U 166/67 –, EzGuG 11.63 a); vgl. auch BFH, Urt. vom 9. 7. 1981 – IV B 44/80 –, EzGuG 11.127
35 OLG Celle, Beschl. vom 21. 5. 1968 – 8 W 114/68 –, EzGuG 11.65
36 BR-Drucks. 13/83; BT-Drucks. 9/2232, S. 18 f.; Sitzung des 16. BT-Ausschusses vom 24. 11. 1982 und 1. 12. 1982; Rothe, BKleingG, Komm. Wiesbaden, S. 60 ff.; Otte in Ernst/Zinkahn/Bielenberg, BauGB, Komm. zum BKleingG
37 Landesgesetz über die freiwillige Gerichtsbarkeit (LFGG) vom 12. 2. 1975 C GBl. 1975, 116), zuletzt geändert durch Art. 3 des Gesetzes vom 30. 11. 1987 (GBl. 1987, 534)
38 §§ 7, 19 bln. DVO-BauGB; § 3 Abs. 2 Nr. 6 i.V. m. § 8 Abs. 1 hess. DVBauGB; als „Kann-Bestimmung": § 5 Abs. 5 GAVO NW; § 19 nds. DVBauGB
39 § 7 bln. DVO-BauGB: als „Kann-Bestimmung": § 5 Abs. 5 GAVO NW
40 § 1 Abs. 2 bay. GutachterausschussVO; § 7 bln. DVO-BauGB; § 5 Abs. 4 GAVO NW; als „Kann-Bestimmung": § 19 Abs. 2 nds. DVBauGB
41 § 5 Abs. 4 GAVO NW i.V. m. § 37 Abs. 4 EEG NW vom 20. 6. 1989 (GVBl. 1989, 366); als „Kann-Bestimmung": § 19 Abs. 2 nds. DVBauGB
42 § 5 Abs. 2 GAVO NW i.V. m. § 24 Abs. 1 EEG NW; § 19 nds. DVBauGB
43 Zum Begriff des „merkantilen Minderwerts" vgl. § 194 BauGB Rn. 144 ff.; § 7 bln. DVO-BauGB
44 § 7 bln. DVO-BauGB; hierzu: Schreiben des BMF vom 30. 3. 1990 zur Ermittlung des Teilwerts (GeschZ: IV B 2 – S 2171 – 12/90); Zur Ermittlung: Die vereinfachte Ermittlung der Teilwerte für den Grundbesitz: Schriftenreihe des Gesamtverbandes der Wohnungswirtschaft, Bd. 33 Wissen 1990: Voss in BBauBl. 1990, 326

d) Nutzungsentgeltverordnung

64   Nach § 7 Abs. 1 Satz 1der Nutzungsentgeltverordnung – NutzEV – hat der örtlich zuständige Gutachterausschuss auf Antrag ein **Gutachten über die ortsüblichen Nutzungsentgelte** für die Nutzung von Bodenflächen auf Grund von Verträgen nach § 312 ZGB (DDR) vom 19. 6. 1975 (GBl. I DDR 1975, 465) zu erstatten. Des Weiteren hat er auf Verlangen in anonymisierter Form Auskunft über die in seinem Geschäftsbereich vereinbarten Entgelte zu erteilen (§ 7 Abs. 1 Satz 2 NutzEV). Diese Aufgabe betrifft die nach Maßgabe des § 3 der VO zulässige schrittweise Erhöhung der Entgelte bis zur Höhe der „ortsüblichen Entgelte"; das ortsübliche Entgelt ist in § 3 Abs. 2 als das nach dem 2. 10. 1990 in der Gemeinde oder in vergleichbaren Gemeinden für vergleichbar genutzte Grundstücke vereinbarte Entgelt definiert, wobei für die Vergleichbarkeit die tatsächliche Nutzung unter Berücksichtigung der Art und des Umfangs der Bebauung der Grundstücke maßgebend ist.

e) Sachenrechtsbereinigungsgesetz

65   Nach § 97 Abs. 2 SachenRBerG kann ein mit einem notariellen Vermittlungsverfahren nach diesem Gesetz beauftragter **Notar** auf Antrag eines der Beteiligten nach Erörterung der Angelegenheit ein **schriftliches Gutachten des Gutachterausschusses** einholen und zwar über

– den Verkehrswert des belasteten Grundstücks,

– das in § 36 Abs. 1 und § 63 Abs. 3 SachenRBerG bestimmte Verhältnis des Werts der mit einem Erbbaurecht belasteten oder zu veräußernden Fläche zu dem des Gesamtgrundstücks und

– den Umfang und den Wert baulicher Maßnahmen i. S. d. § 12 SachenRBerG.

66   Das sich aus § 97 Abs. 2 SachenRBerG ergebende **Antragsrecht des beauftragten Notars stellt** für den örtlichen Gutachterausschuss für Grundstückswerte **zugleich eine Gutachtenerstattungspflicht dar.**

2.3 Rechtsnatur der von den Gutachterausschüssen erstatteten Gutachten

▶ *Allgemeines zu Gutachten vgl. Rn. 58, Teil III Rn. 287 ff., 290 ff.*

67   Die **Gutachten der Gutachterausschüsse haben** nach § 193 Abs. 4 BauGB **keine bindende Wirkung,** soweit nichts anderes bestimmt oder vereinbart worden ist. Derartige Bestimmungen enthalten z. B.

– die Förderungsrichtlinien der Länder, insbesondere für Sanierungsmaßnahmen nach den §§ 136 ff. BauGB[45], und

– die Bestimmungen, die eine Veräußerung von Grundstücken der öffentlichen Hand unterhalb des Verkehrswerts insbesondere für deren Bebauung im Bereich der sozialen Wohnraumförderung zulassen[46].

68   Die von den Gutachterausschüssen erstatteten **Gutachten sind keine anfechtbaren Verwaltungsakte**[47]. Dies ergibt sich im Übrigen auch aus § 217 BauGB, denn die Gutachten sind u. a. für Enteignungs- und Umlegungsverfahren von Bedeutung (vgl. §§ 95 Abs. 1 und 57 Satz 3 BauGB), so dass für den Fall der Anfechtbarkeit nur die Zuständigkeit der Baulandgerichte hätte vorgesehen werden können. Die Tatsache, dass der Gesetzgeber davon abgesehen hat (vgl. § 217 Abs. 1 BauGB), lässt den Rückschluss zu, dass der Gesetzgeber eine *unmittelbare gerichtliche* Kontrolle der Gutachten überhaupt nicht begründen wollte[48]. Auch wenn Gutachten nach § 194 Abs. 3 BauGB keine bindende Wirkung haben und keine Verwaltungsakte sind, haben sie oftmals eine „mittelbare" nach außen gerichtete Wirkung; insbesondere wenn sie die Grundlage für in Grundrechte eingreifende Entscheidungen von Gerichten und Behörden bilden, ist eine inzidente Überprüfung eines Gutachtens durch die Gerichte nicht ausgeschlossen, z. B. wenn der Betroffene einen Verwaltungsakt angreift, der auf ein Gutachten aufbaut. Hieraus folgt, dass die Gutachten der Gutachterausschüsse grundsätzlich nicht auf dem Verwaltungsweg angreifbar sind, auch wenn dem Gutachterausschuss gemäß § 1 Abs. 4 VwVfG Behördeneigenschaften zugesprochen werden müssen. Den Betroffenen verbleibt lediglich die Inzidenzprüfung, wenn die Gutachten Grundlage hoheitlichen Handelns geworden sind.

Die Gutachten entfalten z. B. eine Wirkung nach außen, wenn sie im Rahmen der Aus- **69** gleichsbetragserhebung Bestandteil des **Ausgleichsbetragsbescheids** nach § 154 Abs. 4 Satz 1 BauGB sind; insoweit unterliegt das Ergebnis im Streitfall der tatrichterlichen Überprüfung, denn aus dem Rechtschutzgebot des Art. 19 Abs. 4 GG folgt, dass Hoheitsakte in tatsächlicher und rechtlicher Hinsicht vollständig (und damit auch die ihnen zu Grunde liegenden Wertermittlungen) der richterlichen Rechtskontrolle unterliegen[49]. Darüber hinaus kann der Betroffene dem Gutachten durch Vorbringen gutachterlicher Gegenvorstellungen begegnen.

Bei alledem ist es dem Betroffenen unbenommen, ein **Gutachten von Amts wegen oder** **70** **auf Grund von Gegenvorstellungen** zu **überprüfen.**

3 Führung und Auswertung der Kaufpreissammlung

3.1 Übersicht

▶ *Zur Kaufpreissammlung vgl. § 195 BauGB.*

Der Verkehrswert eines Grundstücks, Bodenrichtwerte und die zur Wertermittlung „erfor- **71** derlichen Daten"[50] können nur sachgerecht und entsprechend der Lage auf dem Grundstücksmarkt ermittelt werden, wenn die das Geschehen auf dem Grundstücksmarkt wiedergebenden Vorgänge (Kauf und Tausch von Grundstücken) bekannt sind. **Mit dem BBauG** **1960 wurde deshalb den Gutachterausschüssen die Führung und Auswertung einer** **Kaufpreissammlung aufgegeben.** Es handelt sich hierbei um ein unter besonderen Schutz gestelltes Register, das deshalb nicht mit dem Liegenschaftskataster oder dem Grundbuch vergleichbar ist (vgl. § 195 BauGB).

---

45 Z. B. bad.-württ. Verwaltungsvorschrift Städtebauliche Erneuerung vom 15. 6. 1987 – VwV-StBauF – GABl. BW 1987, 609, Nr. 7.1.2; bay. StBauFR i. d. F. der Bekanntm. des IM vom 29. 11. 1981, Nr. 9.4.1. (MABl. 1981, 763), zuletzt geändert durch Bekanntm. des IM vom 22. 1. 1987 (MABl. 1987, 400); RdErl. des hess. IM vom 22. 1. 1991 – V C 41, 61 a 24–1/91 –, GuG 1991, 166; Nds. VV BauGB, RdErl. vom 2. 5. 1988 – 301–21013 –, GültL 392/17 – Nr. 228.; schl.-hol. StBauFR vom 14. 1. 1982 in der ab 1. 4. 1988 geltenden Fassung – 17 IV 540 – 513.035–18 –, Nr. 5.25

46 Z. B. nordrh.-westf. Haushaltsgesetz vom 14. 12. 1988 (GVBl. 1988, 518); § 6 Abs. 3 Satz 2: vgl. die umfassende Zusammenstellung bei Kleiber in Bielenberg/Koopmann/Krautzberger, Städtebauförderungsrecht, Bd. II Teil I Ziff. 15

47 BVerwG, Urt. vom 21. 8. 1981 – 4 C 16/78 –, EzGuG 15.18; BVerwG, Beschl. vom 29. 11. 1972 – 4 B 102/72 –, EzGuG 11.87; BVerwG, Urt. vom 30. 9. 1960 – 1 B 97/59 –, EzGuG 11.21; OVG Lüneburg, Urt. vom 15. 12. 1977 – A 311/74 –, EzGuG 15.7; OVG Bremen, Urt. vom 15. 5. 1972 – 2 BA 114/72 –, EzGuG 11.84; zu alledem Jessnitzer in BauR 1977, 98; Selige in BIGBW 1970, 166; ders. in BIGBW 1973, 166 und Freuding in BayVBl. 1980, 715

48 Zur Anfechtung von Amtshandlungen, die keine rechtlich verbindlichen Wirkungen haben: BVerwG, Urt. vom 18. 4. 1969 – 7 C 58/67 –, EzGuG 11.69; BVerwG, Urt. vom 20. 7. 1962 – 7 C 57/61 –, EzGuG 11.27; BVerwG, Urt. vom 29. 6. 1954 – 1 C 169/53 –, EzGuG 11.5

49 BVerfG, Beschl. vom 17. 4. 1991 – 1 BvR 23/83 –, NJW 1991, 2005 = DVBl. 1991, 801; vgl. Mampel in DÖV 1992, 562

50 Der im bisherigen Recht enthaltene Begriff der für die Wertermittlung „wesentlichen" Daten (§ 143 a Abs. 3 und § 144 Abs. 1 Nr. 2 BBauG 76) wird durch den Begriff der „erforderlichen" Daten ersetzt (§ 193 Abs. 3 und § 199 Abs. 2 Nr. 4 BauGB, der „nur" von den sonstigen Daten der Wertermittlung spricht)

72 Der RegE[51] zum BBauG 60 enthielt noch keinerlei bundesrechtliche Vorschriften über die Einrichtung und Führung von Kaufpreissammlungen sowie über die Ermittlung von Bodenrichtwerten; entsprechende Regelungen sollten den Ländern vorbehalten bleiben. Erst während der **Beratung dieses Gesetzentwurfs** entschied sich der 24. BT-Ausschuss auf Antrag der CDU/CSU-Fraktion einstimmig auf dahingehende Regelungen, um auf diese Weise der „Übersichtlichkeit des Grundstücksmarktes" zu dienen[52].

73 Das **Institut der Kaufpreissammlung** geht dennoch keineswegs originär auf das BBauG 60 zurück. Der Gesetzgeber hat in der 3. Legislaturperiode vielmehr bewährte Erfahrungen aufgegriffen, die sich **in das 19. Jahrhundert zurückverfolgen** lassen.

▸ *Näheres hierzu vgl. Einf. (Teil II) Rn. 130 ff.*

74 Kaufpreissammlungen enthalten alle dem Gutachterausschuss nach § 195 BauGB zur Kenntnis gelangenden Angaben einschließlich der in die Sammlung übernommenen Auswertungsergebnisse. Sie stellen damit ein **originäres Abbild des Geschehens auf dem Grundstücksmarkt** dar. Im statistischen Sinne bilden sie eine Stichprobe für die Wertvorstellungen im gewöhnlichen wie aber auch im ungewöhnlichen Grundstücksverkehr. Die Kaufpreissammlungen sind unabdingbar, da sich die Tätigkeit des Gutachterausschusses – insbesondere durch die Verkehrswertdefinition des § 194 BauGB vorgegeben – am tatsächlichen Geschehen auf dem Grundstücksmarkt orientieren muss. Der gesammelte Kaufpreis stellt hierbei ein Eingangsdatum dar, in dem Verkäufer und Käufer in ihren Wertvorstellungen übereinstimmen; er ist ein intersubjektives Maß für eine verobjektivierende Wertermittlung. Die Sammlung und Aufbereitung von Kaufverträgen ist deshalb der erste Arbeitsschritt einer Wertermittlung. Erst durch die Kaufpreissammlungen einschließlich der Auswertung von Kaufverträgen werden die Verhältnisse auf dem Grundstücksmarkt durchsichtig und empirisch belegbar. Gutachterausschüsse können daher ihre Aufgaben immer nur so gut bzw. so schlecht erfüllen, wie es um ihre Kaufpreissammlung bestellt ist[53].

75 **Wert und Aussagekraft von Kaufpreissammlungen** werden entscheidend durch die für die Einrichtung und Führung angewandte Methodik bestimmt. Um ihren Zweck erfüllen zu können, müssen Kaufpreissammlungen vor allem systematisch gegliedert sein, gute Zugriffsmöglichkeiten zu den gesammelten Daten haben und eine hohe Aussagefähigkeit besitzen. Sie sollen gewährleisten, dass die für die Erfüllung der Aufgabe der Gutachterausschüsse erforderlichen Daten abrufbereit zur Verfügung stehen[54]. Für Gutachterausschüsse von einer gewissen Größenordnung bietet sich eine automatisierte Datenverarbeitung an[55], mit deren Hilfe sich die Zugriffszeit verringern, die Selektionsfähigkeit verbessern und überdies die Auswertung der Kaufverträge und die Ableitung erforderlicher Daten für die Wertermittlung rationell und gründlich durchführen lässt.

76 Das Gesetz beschränkt sich darauf, nur einen verhältnismäßig groben bundesrechtlichen Rahmen mit allgemein gehaltenen Regelungen vorzugeben. Es enthält nicht einmal eine Definition der Kaufpreissammlung. Auch hat der Bundesgesetzgeber darauf verzichtet, im BauGB Mindestanforderungen an die Auswertung der Kaufpreise vorzugeben, wie dies noch in § 143 a Abs. 2 Satz 3 bis 5 BBauG 76 geregelt war. Bundesrechtlich ist z. B. die Pflicht entfallen, diejenigen **Kaufpreise in der Kaufpreissammlung zu kennzeichnen, von denen anzunehmen ist, dass ungewöhnliche oder persönliche Verhältnisse** i. S. d. § 6 WertV ihre Höhe **beeinflusst haben.** Dies zu regeln, hat der Bundesgesetzgeber mit § 199 Abs. 2 Nr. 4 in die Hände des Landesgesetzgebers gelegt. Hiervon ist nur vereinzelt Gebrauch gemacht worden[56].

77 Das BauGB beschränkt sich auf den Hinweis, dass die Kaufpreissammlung zu „führen" und „auszuwerten" ist. Zwar muss eine ordentliche Führung der Kaufpreissammlung bis zu einem gewissen Grad auch deren Auswertung bedeuten, jedoch soll die ausdrückliche Hervorhebung der Auswertung sicherstellen, dass eine bedarfsgerechte **Auswertung der**

Kaufpreissammlung überall durchgeführt wird. Unter Auswertung ist die Erfassung und Würdigung aller zur sachgerechten Einschätzung der erfassten Vorgänge (insbesondere Kaufverträge) notwendigen Eigenschaften der Grundstücke einschließlich der rechtlichen Gegebenheiten zu verstehen, die zur Interpretation der Kaufpreise erforderlich sind. Angesichts der Bedeutung dieser Auswertung wurde noch anlässlich der Novellierung des BBauG in der 7. Legislaturperiode die Forderung erhoben, die Zuständigkeit des Bundes für den Erlass einer Rechtsverordnung über die Führung und Auswertung der Kaufpreissammlung zu begründen. Hierzu ist es nicht gekommen; statt dessen wurde die Regelungskompetenz in die Hände der Länder gelegt mit der Folge, dass die auf Grund der Ermächtigung des § 199 Abs. 2 Nr. 4 BauGB erlassenen Rechtsverordnungen (vgl. Vorbem. zum BauGB Rn. 27) Führung und Auswertung der Kaufpreissammlung voneinander abweichend regeln. Tendenzen der Vereinheitlichung sind aber erkennbar.

Auswertung ist nicht identisch mit dem in § 3 Abs. 5 BDSG gebrauchten Begriff der „Verarbeitung" (personenbezogener Daten), der das Speichern, Verändern, Übermitteln, Sperren und Löschen personenbezogener Daten umfasst.

Kaufpreissammlungen bestehen nach den Rechtsverordnungen der Länder **aus einem**   **78**
– **kartenmäßigen Nachweis** – der Kaufpreiskarte – **und** einem
– **beschreibenden Nachweis** – der Kaufpreiskartei (bzw. -datei)[57].

Bestandteil der Kaufpreissammlung können auch ergänzende Datensammlungen sein, die   **79** Grundlage für die Wertermittlung im Einzelfall und für die Ableitung erforderlicher Daten sein können[58]. Kaufpreiskarte und Kaufpreiskartei bilden eine funktionale Einheit und sind so zu führen, dass eine Verbindung zwischen beiden gewährleistet ist, z. B. mit Hilfe von Ordnungsmerkmalen. **Ordnungsmerkmale** dienen der eindeutigen Kennzeichnung eines „Falles" in der Kaufpreissammlung. Dies sind insbesondere

– die Angaben des Liegenschaftskatasters,
– die Angaben des Grundbuchs,
– die Bezeichnung der Gemeinde und des Gemeindeteils,
– die Straße und Hausnummer sowie
– die Flurstückskoordinaten.

---

51 BT-Drucks. III/336

52 BT-Drucks. III/zu 1794, S. 27

53 Die Auffassung, Kaufpreissammlungen der Gutachterausschüsse seien als „Taxationsgrundlage" unbrauchbar (vgl. Bewer in AgrarR 1975, 85) kann als überholt gelten. Auch der Auffassung, dass „etwas in der Hälfte aller Landkauffälle die Preise um bis zu 30 %, gelegentlich stärker, verkürzt angegeben werden, mit der Folge, dass sog. ‚Schwarzpreise' in die Kaufpreissammlung Eingang finden" (vgl. Faßbender in AgrarR 1985, 279, der wohl meint, dass „unechte" Preise in die Kaufpreissammlung Eingang fänden, während die „Schwarzpreise" unbekannt bleiben), ist nur der Wert subjektiver Einschätzung beizumessen. Selbst vor Aufhebung des Preisstopps ist der Anteil der sog. „Schwarzmarktpreise" von Sachkennern auf 10 %, höchstens 30 % des Umsatzes bezeichnet worden (vgl. BT-Drucks. III, S. 8197), so dass er heute noch erheblich niedriger sein dürfte.

54 Oelfke in Nachr. der nds. Kat.- und VermVw 1982, 2 ff.

55 Möckel in ZfV 1980, 63; Battelle-Institut, Entwicklung eines EDV-unterstützten Verfahrens zur Bestimmung von Grundstückswerten, Stufe II, Frankfurt am Main 1977

56 § 8 Abs. 4 Satz 3 GAVO NW; § 10 Abs. 5 Satz 2 bay. GutachterausschussVO

57 § 10 bad.-württ. GutachterausschussVO; § 11 Abs. 1 brem. GutachterausschussVO; § 9 hamb. GutachterausschussVO; § 12 hess. DV BauGB; § 8 Abs. 2 GAVO NW; § 12 saarl. GutVO

58 § 16 bln. DVO-BauGB; § 11 Abs. 1 brem. GutachterausschussVO; § 11 bad.-württ. GutachterausschussVO; § 12 Abs. 10 hess. DV BauGB; anders: § 8 Abs. 3 GAVO NW, nach der „neben der Kaufpreissammlung weitere Datensammlungen" über Mieten und Bewirtschaftungskosten geführt werden

3.1.1 Kaufpreiskarte

80   Die **Kaufpreiskarte ist der kartenmäßige Nachweis der Kaufpreissammlung,** der nach Maßgabe landesrechtlicher Vorschriften die Vorgänge i. S. d. § 195 Abs. 1 BauGB mit dem Entgelt und dem Zeitpunkt der Preisbestimmung enthält sowie den Zuschnitt der Grundstücke erkennen lassen „soll"[59]. In *Schleswig-Holstein* kann in Gemeinden unter 1000 Einwohnern mit geringem Grundstücksverkehr auf die Anlegung einer Kaufpreiskarte verzichtet werden. In der Kaufpreiskarte sind die Verkaufsfälle mit dem Zeitpunkt der Bestimmung des Entgelts einzutragen. Die Entgelte sind auf die für die Objektgruppen geeigneten Vergleichsmaßstäbe zu beziehen.

81   Grundlage für die Kaufpreissammlungen sind in erster Linie die dem Gutachterauschuss nach **§ 195 Abs. 1 BauGB mitgeteilten Rechtsvorgänge** (vgl. § 195 BauGB Rn. 1 f.). Darüber hinaus räumt der Gesetzgeber dem Gutachterausschuss in § 197 Abs. 1 BauGB das Recht ein, für die Führung der Kaufpreissammlungen sowie zur Begutachtung von den Eigentümern und sonstigen Inhabern von Rechten an Grundstücken die Vorlage dafür notwendiger Unterlagen zu fordern und die Grundstücke zur Auswertung von Kaufverträgen zu betreten.

82   Die Rechts- und Amtshilfepflicht der Gerichte und Behörden nach § 197 Abs. 2 Satz 1 BauGB gilt im Rahmen der Auswertung von Kaufverträgen grundsätzlich auch für die **Erfassung der wertbeeinflussenden Umstände, die ergänzend zu den Angaben der Kaufverträge sachdienlich und erforderlich sind,** insbesondere bezüglich

– der Bauleitpläne und anderer planerischer Grundlagen, die für den Entwicklungszustand, die Art und das Maß einer baulichen Nutzung und sonsthin für den Grundstückszustand maßgeblich sind,

– Angaben über Erschließungsbeiträge nach dem BauGB und sonstige Beiträge und Abgaben i. S. d. § 127 Abs. 4 BauGB,

– Angaben über Naturschutzabgaben und Kostenerstattungsbeträge nach den §§ 135 a ff. BauGB,

– Angaben über Ausgleichsbeträge nach den §§ 153 f. BauGB und § 25 BodSchG sowie Ausgleichsleistungen nach § 64 BauGB,

– Angaben des Liegenschaftskatasters und des Grundbuchs, des Baulastenverzeichnisses, der Bauakten, Baugrundkarten und dgl.,

– Angaben zur Stellplatzpflicht und ggf. deren Ablösung.

83   **Durch eigene Ermittlungen, ggf. durch örtliche Feststellungen, erfassbar** sind schließlich insbesondere:

– die tatsächliche Nutzung der Grundstücke,

– der Zustand vorhandener baulicher Anlagen (vgl. § 5 WertV Rn. 113), Anpflanzungen und sonstiger Einrichtungen, vor allem aus wirtschaftlicher und technischer Sicht,

– die Lage, der Erschließungszustand sowie sonstige Umstände tatsächlicher Art,

– Umstände, die lediglich preis- und nicht wertbeeinflussender Art sind.

84   Der besondere **Wert der Kaufpreiskarte liegt darin, dass sie die Lage (räumliche Zuordnung) und den Zuschnitt der Grundstücke erkennen lässt.** Es ist zweckmäßig, die räumliche Begrenzung der registrierten Objekte in einfacher Form kartenmäßig zu verdeutlichen. Dass die Kaufpreiskarte einerseits einen räumlichen Überblick über das Preisverhältnis auf dem Grundstücksmarkt ermöglicht, andererseits auch den Grundstückszuschnitt erkennen lassen soll, erfordert einen hinreichend großen Maßstab mit Darstellung der Eigentums- und Nutzungsverhältnisse der Grundstücke sowie der topografischen Gegebenheiten. Besonders geeignet sind Katasterkarten (Flurkarten), amtliche Stadtkarten und – in Gebieten mit geringem Grundstücksverkehr (z. B. in land- oder forstwirtschaftlich genutzten Gebieten) – die Deutsche Grundkarte 1 : 5000 oder eine vergleichbare Karte (vgl. Musterrichtlinien über Kaufpreissammlungen, Bodenrichtwerte und Ableitung wesentlicher Daten für die Wertermittlung der Fachkommission Städtebau der ARGE-BAU). Der Nachweis der eingetragenen Vorgänge auf demselben Kaufpreiskartenblatt soll sich über einen längeren Zeitpunkt erstrecken, um den Benutzern der Kaufpreiskarte (insbesondere Gutachterausschuss, Geschäftsstelle des Gutachterausschusses und Finanzamt) einen räumlichen Überblick über zeitnahe wie auch über zurückliegende Vorgänge zu vermitteln. Als zweckdienlich hat sich erwiesen, wenn in der Kaufpreiskarte die Grenzen der Bau-, Umlegungs-, Sanierungs-, Ersatz- und Ergänzungsgebiete sowie der Entwicklungsbereiche eingetragen werden und dabei auf die für die Wertermittlung bedeutsamen Umstände, die das besondere Gebiet betreffen, hingewiesen wird. Umfang und Form sonstiger in der Kaufpreiskarte darzustellender Daten sind in den verschiedenen Bundesländern in den einschlägigen Erlassen geregelt.

3.1.2 Kaufpreiskartei(-datei)

Die **Kaufpreiskartei ist der beschreibende Nachweis der Kaufpreissammlung,** aus **85** dem sich nach den weitgehend übereinstimmenden Definitionen der Länderverordnungen die Vertragsmerkmale, die wertbeeinflussenden Umstände und die geeigneten Ordnungsmerkmale des übertragenen Eigentums an Grundstücken sowie die jeweiligen Objektgruppen ergeben.

– *Vertragsmerkmale* sind die Vertragsart oder der sonstige Grund des Rechtsübergangs (z. B. Kauf, Tausch, Zwangsversteigerung, Enteignung, Umlegung, Bestellung von Erbbaurechten), die Gruppen der Vertragsparteien (zumeist gegliedert nach Privatpersonen, Wohnungsbaugesellschaften, Stadt/Gemeinde und sonstigen öffentlichen Körperschaften), das Entgelt, die Zahlungsbedingungen sowie Besonderheiten der Preisvereinbarung und ungewöhnliche oder persönliche Verhältnisse;
– *Wertbeeinflussende Umstände* sind insbesondere Entwicklungszustand (Flächen der Land- oder Forstwirtschaft, Bauerwartungsland, Rohbauland und baureifes Land), Lage, Größe, (Art und Maß der) Nutzung, Nutzungsmöglichkeit, gezahlte oder nicht gezahlte Erschließungsbeiträge oder andere Beiträge sowie ferner bei baulichen Anlagen Alter, baulicher Zustand und etwaiger Ertrag;
– *Ordnungsmerkmale* (vgl. Rn. 79);
– *Objektgruppen* sind Gruppen von Grundstücken, für die nach den örtlichen Marktverhältnissen Teilmärkte bestehen.

Der beschreibende Nachweis der Kaufpreissammlung besteht (noch) überwiegend aus **86** Kaufpreiskarteikarten. Für Angaben zu Gebäuden, zum Wohnungseigentum/Teileigentum und zu Erbbaurechten werden in *Niedersachsen* **Folgekarteikarten** angelegt, die dem Aufbau von Gebäudetypensammlungen dienen. Wegen weiterer Einzelheiten zur Anlage von Kaufpreiskarteien wird auf die jeweiligen Landesregelungen verwiesen (vgl. Vorbem. zum BauGB Rn. 27).

---

59 § 11 Abs. 3 bad.-württ. GutachterausschussVO; §12 Abs. 4 hess. DV BauGB; § 12 Abs. 3 rh.-pf. GutachterausschussVO; § 12 Abs. 3 saarl. GutVO; § 12 Abs. 3 schl.-hol. GutachterausschussVO; § 9 Abs. 3 hamb. GutachterausschussVO

3.1.3   Sonstige Bestandteile

87   Neben Kaufpreiskarte und -kartei(-datei) werden vielfach ergänzende **Kaufpreislisten** angelegt[60]. Hierzu gehören auch Listen, in denen die Kaufpreise bestimmter Objektgruppen in einer für die Erfüllung der Aufgaben des Gutachterausschusses zweckmäßigen Weise in Beziehung zu ihren maßgeblichen wertbeeinflussenden Merkmalen registriert werden. Begrifflich stellt dies bereits eine Auswertung i. S. d. Abs. 3 dar; auch **Gebäudetypensammlungen** (vgl. § 5 WertV Rn. 113) fallen hierunter. Ferner werden **Grundwertakten** geführt, in denen alle wertrelevanten Unterlagen gesammelt werden[61].

88   Ob und in welchem Umfang die Kaufpreissammlung neben Kaufpreiskarte und Kaufpreiskartei noch **weitere Bestandteile** enthält, kann selbst innerhalb eines Bundeslandes von Gutachterausschuss zu Gutachterausschuss unterschiedlich sein, wenn landesrechtliche Regelungen eine unterschiedliche Ausgestaltung der Kaufpreissammlungen zulassen[62].

89   Das **Ergebnis der Auswertung von Kaufverträgen** auf der Grundlage dieser Datensammlungen wird in die Kaufpreissammlung übernommen und wird damit deren Bestandteil[63]. Diese Verpflichtung ist im Hinblick auf die Vorschrift des § 195 Abs. 2 BauGB beachtlich, weil mit der Übernahme auch dieser Bestandteil dem Finanzamt zugänglich wird. In Ländern, in denen Kaufpreissammlungen nur „mindestens" aus Kaufpreiskarte und -kartei(-datei) bestehen, können auch die beschriebenen Datensammlungen als solche und nicht nur das Ergebnis ihrer Auswertung Bestandteil der Kaufpreissammlung sein, soweit sie begrifflich nicht unter die besonderen, die Kaufpreissammlungen ergänzende Datensammlungen fallen, deren Führung in verschiedenen Gutachterausschussverordnungen vorgesehen ist.

3.2   Auswertung von Kaufverträgen

90   Während das BBauG 60 lediglich von der Einrichtung und Führung der Kaufpreissammlungen sprach, stellte bereits das BBauG 76 in § 143a Abs. 2 die Auswertung als eine besondere Aufgabe heraus. Hieran hält § 193 Abs. 3 BauGB fest. Gleichwohl bestand diese Pflicht seit jeher; sie ergibt sich seit alters her eigentlich schon aus dem materiellen Gehalt der Verkehrswertdefinition. Um nämlich bei der Ermittlung des Verkehrswerts den jeweils maßgeblichen tatsächlichen Zustandsmerkmalen und rechtlichen Gegebenheiten des zu wertenden Grundstücks so Rechnung zu tragen, wie es der gesetzlichen Normierung des Verkehrswerts entspricht, bedarf es einer gewissenhaften Aufbereitung und Analyse der heranzuziehenden grundstücksbezogenen Angaben der Kaufpreissammlung. Die Notwendigkeit zur Auswertung der Kaufverträge folgt demnach bereits aus § 194 BauGB. Zur **Klarstellung** ist aber in § 193 Abs. 3 BauGB ausdrücklich bestimmt, **dass zur Führung der Kaufpreissammlung auch deren Auswertung gehört.**

91   Die Auswertung von Kaufverträgen war den Gutachterausschüssen schon vor In-Kraft-Treten des BBauG 76 keinesfalls fremd. Im **Ausschussbericht zum BBauG 76**[64] wird darauf hingewiesen, dass „entsprechend den Erfahrungen in der Praxis . . . das Schwergewicht von der bloßen Sammlung weg auf die Auswertung der Kaufpreise verlagert" wurde, „denn nicht die Sammlung gibt wesentliche Erkenntnisse über den Bodenmarkt wieder, sondern die Ergebnisse der Auswertung der Kaufpreise. Diese soll insbesondere Aufschluss geben über den Einfluss der verschiedenen wertbildenden Faktoren auf den Preis der einzelnen Grundstücke".

92   Die zur Wertermittlung erforderlichen Daten i. S. d. Abs. 3, die im Wege einer komplexen Marktanalyse aus einer Mehrzahl vergleichbarer Sachverhalte abgeleitet werden, geben die Lage auf dem Grundstücksmarkt wieder; ihre sachkundige Anwendung bei der Wertermittlung führt zum Verkehrswert. Demgegenüber stehen bei der „Auswertung der Kaufverträge" die Erfassung der auf den jeweiligen Einzelfall bezogenen wertbeeinflussenden

Merkmale und ihre Auswirkungen auf den *Einzelpreis* sowie die Aufbereitung der gesammelten Daten und sonstigen Angaben im Vordergrund. Mit § 143a Abs. 2 Satz 3 BBauG 76 war deshalb vorgeschrieben, dass die „Eigenschaften", die „sonstige Beschaffenheit" und die „Lage" der jeweiligen Grundstücke zu erfassen und in Beziehung zu den gezahlten Kauf*preisen* zu setzen sind. Dass der Gesetzgeber die Erfassung der wertbeeinflussenden Umstände in dieser Deutlichkeit verlangte, mag einerseits darauf zurückzuführen gewesen sein, dass Kaufpreissammlungen mitunter in der Weise geführt wurden, dass die eingegangenen Kaufverträge lediglich „gestapelt" abgelegt wurden, zum anderen darauf, dass sich den eingehenden Kaufverträgen i.d.R. nicht alle preis- bzw. wertbeeinflussenden Umstände unmittelbar entnehmen ließen. Dies macht eine **ergänzende Erfassung der Umstände in einem für die Erfüllung der Aufgaben des Gutachterausschusses gebotenen Umfang** erforderlich. Bewährt hat sich hierbei, die sich aus den Vertragsunterlagen nicht ergebenden Angaben durch persönliches Anschreiben mit beigefügtem Fragebogen von den Grundeigentümern zu erbitten (vgl. Anh. zu § 195 und zu § 197 BauGB). Die Durchsetzung der Auskunftsrechte mit Zwangsmitteln nach § 197 BauGB ist i.d.R. nicht erforderlich.

Auch wenn sich die „Auswertung der Kaufpreissammlungen" und die „Ableitung erforder- **93** licher Daten für die Wertermittlung" nicht in jeder Hinsicht begrifflich eindeutig voneinander abgrenzen lassen, ergibt sich folgende inhaltliche und für den Gesetzgeber hinreichend bestimmte **Abgrenzung:**

Dem **Begriff „Führung und Auswertung der Kaufpreissammlungen"** sind alle aus der **94** Einrichtung und der Führung der Kaufpreissammlung nach Weisung der Gutachterausschüsse ergebenden Tätigkeiten einschließlich der Erfassung der den Zustand des Grundstücks (§§ 4 und 5 WertV) bestimmenden wertbeeinflussenden Umstände zuzuordnen, die nach Weisung der Gutachterausschüsse in Beziehung zum gezahlten Kaufpreis zu setzen sind. Soweit anzunehmen ist, dass ungewöhnliche oder persönliche Verhältnisse die Höhe der vereinbarten Kaufpreise beeinflusst haben, waren nach dem BBauG von 1976 die Kaufpreise noch in den Sammlungen unter Hinweis auf diese Umstände zu kennzeichnen (§ 143a Abs. 2 BBauG 76).

Im Einzelnen gehören **zur Führung und Auswertung der Kaufpreissammlung:** **95**

– Aufbereitung, Zuordnung und Auswahl geeigneter Kaufpreise zu Objektgruppen für Wertermittlungen, zur Ermittlung von Bodenrichtwerten sowie zur Ableitung erforderlicher Daten nach Abs. 3;

– Umrechnung der Kaufpreise entsprechend der Marktgepflogenheiten – auf geeignete Vergleichsmaßstäbe; Kaufpreise unbebauter Grundstücke werden i.d.R. auf einen Quadratmeter Grundstücksfläche bezogen, während für Kaufpreise bebauter Grundstücke als Vergleichsmaßstab (ggf. nach Abzug des Bodenwertanteils) der Quadratmeter Geschossfläche, Wohnfläche, Nutzfläche oder der Kubikmeter umbauten Raumes (Brutto-Rauminhalt), die Normalherstellungskosten, der Roh- oder Reinertrag in Betracht kommen;

– Kennzeichnung der besonderen Art der Übertragung bzw. Begründung von Eigentum entsprechend § 195 Abs. 1 BauGB;

– Aufspaltung von Kaufpreisen bzw. Enteignungsentschädigungen in Wertanteile für das Grundstück und sonstige Vermögensnachteile;

---

60   Oelfke in Nachr. der nds. Kat.- und VermVw. 1972, 2
61   Romunde, Die Grundstücksbewertung in Köln, 100 Jahre stadtkölnisches Vermessungs- und Liegenschaftswesen, Köln 1975, S. 119
62   Brand in NÖV 1976, 90
63   § 16 bln. DVO-BauGB
64   BT-Drucks. 7/4793, S. 53

- Kennzeichnung und ggf. Umrechnung von Kaufpreisen mit Besonderheiten i. S. d. § 6 WertV;

- Erfassung des Zustands des Grundstücks (§§ 4 f. WertV) sowie die Zuordnung der wertbeeinflussenden Umstände zum gezahlten Kaufpreis bzw. Kaufpreisanteil;

- Umrechung des Kaufpreises (bzw. Kaufpreisanteils) auf eine geeignete Bezugsgrundlage (z. B. €/m² Grundstücksfläche; €/m² Wohn- oder Nutzfläche);

- Darstellung der Kauf- und Tauschfälle in der Kaufpreiskarte;

- Auswahl von besonders geeigneten Kauf- und Tauschfällen zum Zwecke der Wertermittlung und der Ableitung erforderlicher Daten für die Wertermittlung;

- Aufbereitung der Kauf- und Tauschfälle (einschließlich der zusätzlich erforderlichen Erfassung wertbeeinflussender Umstände) für die Ermittlung von Bodenrichtwerten (§ 196 BauGB), die Ableitung erforderlicher Daten der Wertermittlung (§ 193 Abs. 3 BauGB) und „sonstiger" Daten der Wertermittlung i. S. d. § 199 Abs. 2 Nr. 4 BauGB;

- Bei Wohnungseigentum/Teileigentum (einschließlich Mieteigentum an gemeinschaftlichen Anlagen) werden Kaufpreise, ggf. nach Abzug der Wertanteile für Garage oder Stellplatz, auf einen Quadratmeter Geschossfläche bzw. auf einen Quadratmeter Wohn- oder Nutzfläche bezogen;

- Bei der Bestellung von Erbbaurechten wird der Erbbauzins auf den Quadratmeter Grundstücksfläche oder auf den Verkehrswert des unbelasteten Grundstücks bezogen. Bei der Übertragung von Erbbaurechten kann der Bodenwertanteil auf den Verkehrswert gleichartiger unbelasteter und unbebauter Grundstücke bezogen werden;

- Die „Bereinigung" von Kaufpreisen um die *Mehrwertsteuer,* die bei der Veräußerung gewerblicher Objekte i. d. R. als „durchlaufender Posten" anfällt. Wird die Mehrwertsteuer im Grundstücksverkehr ersetzt, so kann dies als Erstattung von Grundstückswechselkosten angesehen werden, die sich nicht im Verkehrswert auswirkt.

96 Die Auswertung erfolgt heute in aller Regel mit Hilfe der elektronischen Datenverarbeitung; früher wurden dafür Kaufpreiskarteikarten mit kodierten Lochrändern angelegt, die es dem Benutzer erlaubten, mit Hilfe von Nadeln die Vergleichskauffälle aus der Sammlung auszusortieren, die nach ihren Eigenschaften dem zu wertenden Objekt entsprechen. Als Beispiel sind hierzu die Ansichten solcher **Kaufpreiskarteien** für den Boden- und Gebäudeanteil abgedruckt (Abb. 1 und 2).

97 Der **Begriff „Ableitung erforderlicher Daten für die Wertermittlung"** war mit dem am 1. 1. 1990 außer Kraft getretenen § 143 a Abs. 3 BBauG 76 verhältnismäßig klar umschrieben. Das Gesetz verstand darunter insbesondere die Ableitung von Bodenpreisindexreihen, Umrechnungskoeffizienten, Bewirtschaftungsdaten (Daten über Einnahmen und Ausgaben der Grundstücksbewirtschaftung)[65] und Liegenschaftszinssätze. Nach § 25 der nds. DVBauGB gehören hierzu auch die vom Oberen Gutachterausschuss gesammelten und ausgewerteten Daten von Objekten, die im Gebiet eines Landkreises oder einer kreisfreien Stadt nur vereinzelt vorhanden sind[66].

98 Sowohl die Führung und Auswertung der Kaufpreissammlung als auch die Ableitung erforderlicher Daten der Wertermittlung sind nach § 193 Abs. 3 BauGB eine **Aufgabe des Gutachterausschusses.**

99 Zu den **Verwaltungsvorschriften der Länder** vgl. Übersicht am Anfang dieses Werks.

---

65 § 16 bln. DVO-BauGB; § 11 Abs. 1 Satz 5 brem. GutachterausschussVO
66 § 12 Abs. 10 hess. DV BauGB spricht in Abgrenzung zu den „erforderlichen" Daten sogar von den „bedeutsamen" Daten der Wertermittlung

Abb. 1: Kaufpreiskarteikarte Bodenanteil

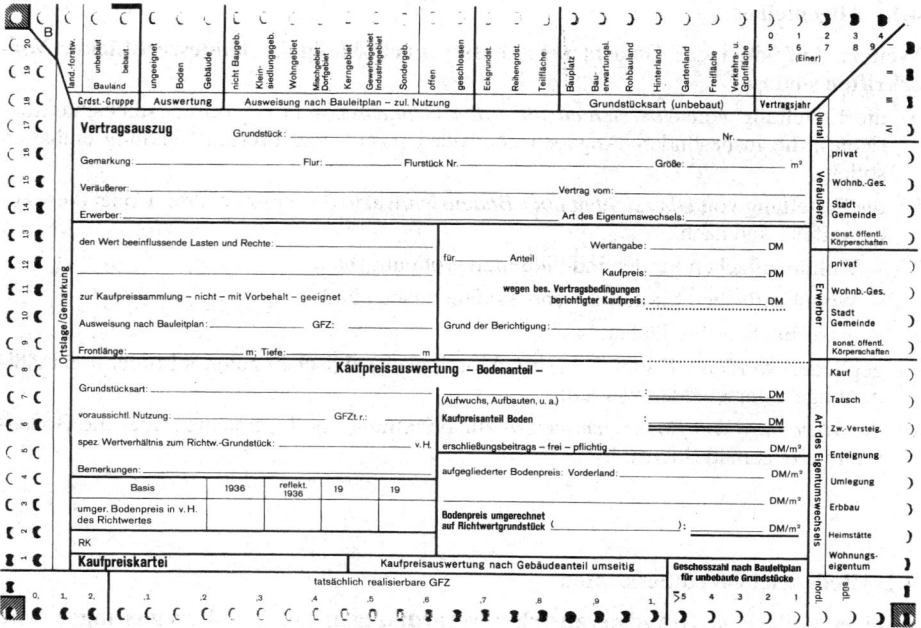

Abb. 2: Kaufpreiskarteikarte Gebäudeanteil

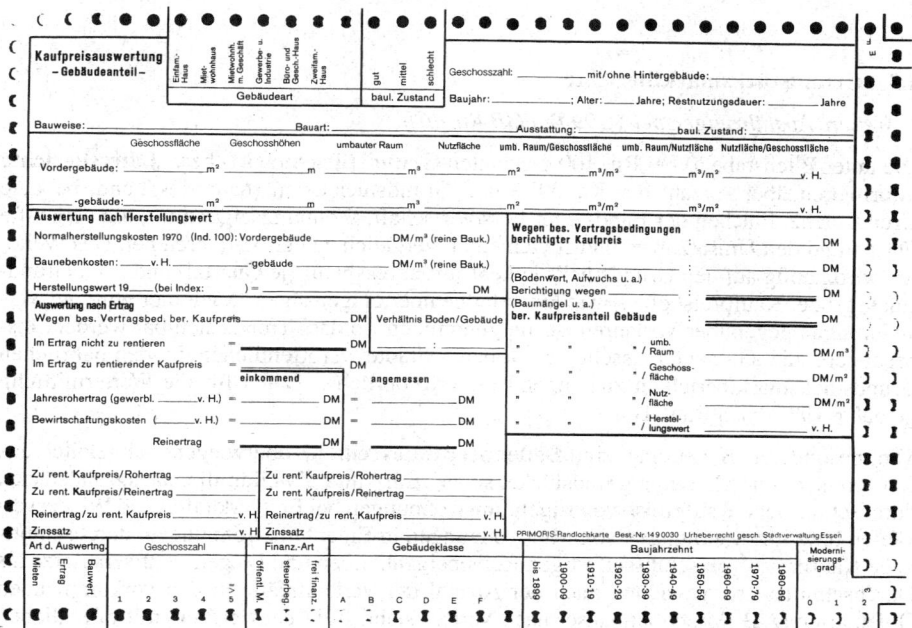

4   Weitere Aufgaben

4.1   Allgemeines

100   **Weitere Aufgaben** des Gutachterausschusses **nach Maßgabe landesrechtlicher Vorschriften** sind:

a) die Erstellung von *Übersichten über den Grundstücksmarkt*[67] (Grundstücksmarktberichte), die insbesondere Angaben über die Umsatz- und Preisentwicklung enthalten sollen;

b) die Erstellung von *Übersichten über Bodenrichtwerte* für typische Orte, wobei diese für baureifes Land nach

— Wohnbauflächen für den individuellen Wohnungsbau,

— Wohnbauflächen für den Geschosswohnungsbau und

— gewerblichen Bauflächen

gegliedert werden[68]. Dabei soll (nach Möglichkeit) zwischen guter, mittlerer und mäßiger Lage unterschieden werden;

c) die *Mitteilung von Bodenrichtwerten* zur Erstellung von Übersichten über die Bodenrichtwerte gemäß Buchst. b)[69].

4.2   Bodenrichtwertübersichten

101   In einer Reihe von **Gutachterausschussverordnungen der Landesregierungen** wird dem Gutachterausschuss für Grundstückswerte bzw. dem Oberen Gutachterausschuss aufgegeben, Bodenrichtwerte i. S. d. § 196 BauGB für die Erstellung von Bodenrichtwertübersichten zusammenzutragen (vgl. zur Ermächtigung § 199 BauGB Rn. 20 ff.).

102   ▶ *Näheres zu den Bodenrichtwertübersichten vgl. § 196 BauGB Rn. 73 ff.*

4.3   Grundstücksmarktberichte

▶ *Weitere Ausführungen bei § 199 BauGB Rn. 46 ff.*

103   Die unter Buchstabe a) bei Rn. 100 genannten **Grundstücksmarkt-** bzw. **Jahresberichte** informieren über Anzahl der Kauffälle und Grundstücksarten (baureifes Land, bebaute Grundstücke, Flächen der Land- oder Forstwirtschaft, Wohnungseigentum), die verkaufte Fläche und den Umsatz in € und stellen einen Vergleich zu den Vorjahren her. Des Weiteren wird häufig auf den Grundstücksverkehr im Jahresablauf (je Quartal) und nach Grundstücksgröße, Kaufpreishöhe sowie Marktteilnehmer eingegangen. Auch hier wird auf Veränderungen gegenüber Vorjahren Bezug genommen, so dass Trends sichtbar werden. Insbesondere die Gutachterausschüsse größerer Städte veröffentlichen in den jährlichen Grundstücksmarktberichten zunehmend die erforderlichen Daten für die Wertermittlung gemäß § 193 Abs. 3 BauGB[70].

104   Von besonderer Bedeutung sind **Bodenpreisindexreihen,** überwiegend abgeleitet aus Kaufpreisen für Mietwohngrundstücke sowie Ein- und Zweifamilienhausgrundstücke, durchschnittliche Kaufpreise von Eigentumswohnungen bei Erstverkäufen und Wiederverkäufen bzw. Umwandlungen von Mietwohnungen in Eigentumswohnungen, durchschnittliche Kaufpreise von schlüsselfertigen Reiheneigenheimen und Liegenschaftszinssätze als Durchschnittswerte gewichtet nach der Anzahl der Verkaufsfälle in den vorkommenden Objektarten (z. B. Mietwohnhäuser nach Verkaufsjahr, frei finanziert und mit öffentlichen

Mitteln gefördert; gemischt genutzte Grundstücke; Geschäftsgrundstücke). Anzutreffen sind auch Mietspiegel (Vergleichsmiettabellen) für nicht öffentlich geförderte Wohnungen, **Mietübersichten** über gewerbliche Räume nach Standort/Lage, Nutzungsart (Büro- und Praxisräume, Ladenlokale, Industrie- und Gewerbehallen), durchschnittliche Nutzfläche und Preisspannen in €/m² Nutzfläche monatlich (ohne Mehrwertsteuer, jedoch meist einschließlich Bewirtschaftungskosten wie Grundsteuer und Prämien für die Sach- und Haftungsversicherung) und nunmehr auch Mietrichtwertkarten für Ladenräume.

---

67 § 20 Abs. 2 bln. DVO-BauGB; § 13 Abs. 2 brem. GutachterausschussVO; § 23 nds. DVBauGB; § 13 Abs. 3 GAVO NW; § 14 Abs. 5 rh.-pf. GutachterausschussVO
68 BVerwG, Urt. vom 27. 2. 1969 – 4 B 248/68 –, EzGuG 11.68; BGH, Urt. vom 2. 11. 1970 – III ZR 129/68 –, EzGuG 11.74; BGH, Urt. vom 23. 1. 1974 – IV ZR 92/72 –, EzGuG 11.92
69 BGH, Urt. vom 28. 9. 1993 – III ZR 91/92 –, GuG 1994, 311 = EzGuG 15.78
70 Jäger, U. Markttransparenz durch Grundstücksmarktberichte, NÖV 1998, 39; Baumann, Grundstücksmarktberichte, Nachr. der Kat.- und VermVW. Rh.-Pf. 1993, 131; Jäger, U., Weiterentwicklung der Markttransparenz auf dem Grundstücksmarkt, NÖV 1998, 44

§ 194
Verkehrswert

Der Verkehrswert wird durch den Preis bestimmt, der in dem Zeitpunkt, auf den sich die Ermittlung bezieht, im gewöhnlichen Geschäftsverkehr nach den rechtlichen Gegebenheiten und tatsächlichen Eigenschaften, der sonstigen Beschaffenheit und der Lage des Grundstücks oder des sonstigen Gegenstands der Wertermittlung ohne Rücksicht auf ungewöhnliche oder persönliche Verhältnisse zu erzielen wäre.

1 Allgemeines

▶ *Allgemeines zum Verkehrswert, sonstigen Wertbegriffen und zum Grundstücksmarkt*
   sowie zur Entwicklung der Wertlehre vgl. Einleitung Teil II.

Die mit § 194 BauGB gegebene materiell-rechtliche **Definition des Verkehrswerts ist von**   **1**
zentraler Bedeutung für das gesamte Wirtschafts- und Rechtsleben. Es handelt sich
hierbei zwar um eine dem Städtebaurecht zugeordnete Definition; sie hat aber eine allgemeine Anerkennung gefunden. Infolgedessen findet auch die WertV, die die Ermittlung des
Verkehrswerts regelt, breite Anerkennung.

Einer materiellen Definition des Verkehrswerts bedarf es in einer Rechts- und Wirtschafts-   **2**
ordnung, weil Grundstücke und auch Rechte an Grundstücken keinen absoluten Wert
haben. **Der Wert** eines Wirtschaftsgutes **ist** nämlich **keine dem Gut innewohnende**
Eigenschaft, die objektiv existiert und die von der bewertenden Person unabhängig ist.
Vielmehr hängt der Wert von einer bestimmten Beziehung zwischen dem Bewertenden und
dem zu bewertenden Gut in einer bestimmten Situation und den in dieser Situation gegebenen Entscheidungsmöglichkeiten ab[1]. Die Dinge haben insoweit nur den Wert, den man
ihnen verleiht[2]. Im allgemeinen Sprachgebrauch wird unter dem „Wert" eines Grundstücks
deshalb das verstanden, was der Mensch ihm i. d. R. monetär nach seiner Anschauung
zuordnet.

Aus den vorstehenden Gründen hat der Gesetzgeber im Zusammenhang mit der Baugesetz-   **3**
gebung auf der Grundlage des Art. 74 Nr. 18 GG (Bodenrecht) durch normative Vorgaben
einen Wert definieren müssen, der im Vollzug hoheitlicher Maßnahmen bodenrechtlicher
Art Grundlage von Ausgleichs- und Entschädigungsleistungen sein soll, so z. B. zur
Bemessung der Entschädigung für hoheitliche Eingriffe in das Grundeigentum oder zum
Ausgleich bei bodenordnerischen Maßnahmen. Art. 14 Abs. 3 GG fordert dabei eine Entschädigung zu einem Wert, der „unter gerechter Abwägung der Interessen der Allgemeinheit und der Beteiligten zu bestimmen" ist. Mit § 194 hat sich der Gesetzgeber für einen
Wert entschieden, der im Falle einer Enteignung den zu entschädigenden Eigentümer
„bildhaft" in die Lage versetzt, sich für die **Entschädigung gleichwertigen Ersatz zu ver-**
schaffen (BGHZ 11, 156; BGHZ 29, 217; BGHZ 26, 237; BGHZ 39, 198; BGHZ 43,
300). Diese Ausgleichsfunktion erfüllt ein **als Marktwert definierter Verkehrswert.** Der
im Städtebaurecht mit § 194 definierte Verkehrswert hat deshalb in der Wirtschafts- und
Rechtsordnung breite Anerkennung gefunden und ist ein **Marktwert.**

In jüngster Zeit sind im politischen Raum Ansätze erkennbar, die im Ergebnis auf einen „anderen Verkehrswert" ausgerichtet sind. Diese Ansätze zielen vordergründig auf die Verfaren der Verkehrswertermittlung. Bauland soll im
Wege der Verkehrswertermittlung billiger und williger werden[3]. Da die Höhe des Verkehrswerts letztlich aber vom
Markt bestimmt wird und die Verkehrswertermittlung dem Verhalten des Grundstücksmarktes folgen muss, müssen
solche Vorschläge auf eine Manipulation des Marktgeschehens über die Verkehrswertermittlung hinauslaufen. Wenn
die Bodenpreise politisch als „zu hoch" erscheinen, so kann dem nur bodenpolitisch aber nicht über die Verkehrswertermittlung entgegengewirkt werden.

Der Verkehrswert i. S. d. § 194 BauGB ist der Wert, an den zahlreiche Rechtsvorschriften   **4**
anknüpfen (so z. B. das Entschädigungsrecht). Auch in der Immobilienwirtschaft ist der
Verkehrswert von zentraler Bedeutung. Die Ermittlung des Verkehrswerts steht deshalb im
Mittelpunkt der Wertermittlungspraxis. Gleichwohl bleibt daran zu erinnern, dass die
Ermittlung auch anderer vom Verkehrswert im strengen Sinne abgewandelter Werte im
Wirtschaftsleben durchaus ihre Berechtigung haben kann (**Verkehrswert – Derivate,** vgl.
Rn. 94). Anders als in der angelsächsischen Wertermittlungslehre haben sich dafür aller-
dings noch keine allgemein anerkannten Begriffe durchsetzen können.

---

1 Wöhe, Einführung in die allgemeine Betriebswirtschaftslehre, München
2 Jean-Baptiste Poquel (Molière)
3 BT-Drucks. 13/6384 sowie BT-Drucks. 13/7589, S. 30 zum Antrag der Fraktion Bündnis 90/Die Grünen; hierzu
   Kleiber in NZM 1999, 133; GuG-aktuell 1996, 1; Möckel in GuG 1996, 274; Kleiber in Ernst/Zinkahn/Bielen-
   berg § 196 BauGB Rn. 14 und 76

2 Normative Vorgaben für die Verkehrswertermittlung (Marktwert)

2.1 Übersicht

5 § 194 definiert den Verkehrswert als einen nach normierten Grundsätzen erzielbaren Preis (pretium). Da es sich bei den (auch im gewöhnlichen Geschäftsverkehr) auf dem Grundstücksmarkt erzielten Entgelten um intersubjektive Preise[4] handelt, sind die kodifizierten Vorgaben einer verobjektivierenden Wertlehre folgend darauf gerichtet, als **Verkehrswert einen frei von subjektiver Betrachtungsweise allein an den objektiven Merkmalen eines Grundstücks orientierten Wert zu ermitteln** (verum rei pretium).

6 Der Verkehrswert bemisst sich dabei nach folgenden **normativen Vorgaben:**

a) Der Verkehrswert bestimmt sich auf der Grundlage aller (tatsächlichen und rechtlichen) *Merkmale* eines Grundstücks, *die für jedermann* (innerhalb eines bestimmten Grundstückteilmarktes) wertbeeinflussend sind[5].

b) Der Verkehrswert bestimmt sich nach den Anschauungen des *„gewöhnlichen Geschäftsverkehrs ... ohne Rücksicht auf ungewöhnliche oder persönliche Verhältnisse"*.

c) Der Verkehrswert bestimmt sich nach den *allgemeinen Wertverhältnissen* (Lage auf dem Grundstücksmarkt; vgl. § 7 Abs. 1 Satz 2 i. V. m. § 3 Abs. 3 WertV), die in dem Zeitpunkt, auf den sich die Verkehrswertermittlung bezieht (= Wertermittlungsstichtag; vgl. § 3 Abs. 1 WertV), auf dem Grundstücks(teil-)markt vorherrschen; es handelt sich somit um einen stichtagsbezogenen Wert (vgl. Rn. 52 ff.).

Der Verkehrswert wird damit materiell unter Verwendung einer Reihe unbestimmter Rechtsbegriffe definiert, die unter Rn. 70 ff. erläutert werden.

7 Der nach vorstehenden Normierungen abgeleitete **Verkehrswert stellt einen verobjektivierten Tauschwert dar,** wie er sich im freien Spiel zwischen Angebot und Nachfrage für jedermann[6] bildet, wobei es hierbei jeweils nur um die Interessenten eines bestimmten Grundstücksteilmarktes geht. Auf die irgendwie definierte „Angemessenheit" dieses Tauschwerts kommt es nicht an. „Ob die Preise dem Gemeinwohl, dem Wohlergehen der Gesamtheit entsprechen oder nicht, darüber zu befinden, ist nicht Sache der Tatsachengerechtigkeit" hat Nell-Breuning schon 1928 festgestellt. Bodenpolitisch kann es auch nicht darauf ankommen, Grund und Boden möglichst zu verbilligen, wie von demselben festgestellt worden ist; es komme vielmehr auf den „richtigen" Bodenwert an[7]. Wenn bei ansteigenden Bodenwerten die Funktionsfähigkeit des Bodenmarktes bemängelt wird, so wird mit dieser Kritik übersehen, dass gerade damit die Funktionsfähigkeit unter Beweis gestellt wird. Denn steigende Preise stellen einen marktkonformen Ausgleich zwischen einem sich verkleinernden Angebot einerseits und einer sich verstärkenden Nachfrage andererseits her[8].

8 Für die Ermittlung des Verkehrswerts eines Grundstücks ist das vorstehende Problem letztlich unbeachtlich. Es kommt hier allein darauf an, den sich nach der vorgefundenen Situation ergebenen Verkehrswert zu ermitteln. In den im gewöhnlichen Geschäftsverkehr sich manifestierenden Preisen für ein Grundstück kommt diese Situation am augenscheinlichsten zum Ausdruck und zwar um so besser, je mehr Vergleichspreise vorliegen. In diesem Sinne ist der **Verkehrswert ermittlungstechnisch auch als ein statistischer Wert zu verstehen,** d. h. als Wert, der sich auf der Grundlage des ausgewogenen Mittels der zum Vergleich herangezogenen Daten ergibt. Im A-Bericht zum BauGB wurde in diesem Zusammenhang darauf hingewiesen, dass der Ausschuss unter dem Verkehrswert begrifflich den Wert versteht, der im allgemeinen Grundstücksverkehr am **wahrscheinlichsten** zu erzielen ist[9].

9 Der **Verkehrswert eines Grundstücks ist eine zeitabhängige Größe,** und zwar in doppelter Hinsicht:

1. Einerseits ist der Zustand eines Grundstücks in seinen Eigenschaften regelmäßig Änderungen ausgesetzt, so z. B. durch bauliche und sonstige Maßnahmen auf dem Grundstück, aber auch durch entsprechende Maßnahmen in der Umgebung des Grundstücks (externe

Effekte), die zu Änderungen der Lagemerkmale des Grundstücks führen. Solche Einflüsse bestehen mehr oder minder ständig und können „über Nacht" oder auch erst allmählich die verkehrswertbeeinflussenden Eigenschaften und Merkmale eines Grundstücks und damit auch seinen Verkehrswert „nach oben oder nach unten" verändern.

2. Andererseits ändert sich der Verkehrswert selbst bei gleich bleibenden Eigenschaften des Grundstücks (Zustand) und seiner Umgebung regelmäßig allein schon auf Grund der durch die allgemeine Wirtschaftslage, der allgemeinen rechtlichen (einschließlich steuerrechtlichen) Rahmenbedingungen, der allgemeinen (auch städtebaulichen) Verhältnisse in der Gemeinde und der sonstigen die allgemeine Lage auf dem Grundstücksmarkt bestimmenden Rahmenbedingungen.

Dementsprechend stellt die **Definition des Verkehrswerts** heraus, dass er sich maßgeblich **10** nach

a) dem Zeitpunkt, auf den sich die Ermittlung bezieht, und

b) den rechtlichen Gegebenheiten und tatsächlichen Eigenschaften, der sonstigen Beschaffenheit und der Lage des Grundstücks bemisst.

Zur richtigen Einschätzung eines Verkehrswerts gehört deshalb begriffsnotwendigerweise **die Angabe des Wertermittlungsstichtags und des maßgeblichen Grundstückszustands** mit seinen wertbeeinflussenden Merkmalen.

2.2 Gewöhnlicher Geschäftsverkehr

2.2.1 Allgemeines

Die Ermittlung des Verkehrswerts auf der Grundlage des gewöhnlichen Geschäftsverkehrs **11** ist das wichtigste Kriterium überhaupt. Es handelt sich hierbei um den **Handel auf einem freien Markt, wobei weder Käufer noch Verkäufer unter Zeitdruck, Zwang oder Not stehen und allein objektive Maßstäbe preisbestimmend sind.** Auf subjektive Verwertungsabsichten und Einschätzungen künftiger Entwicklungen soll es dabei nicht ankommen[10]. Der gewöhnliche Geschäftsverkehr wird u. a. dadurch bestimmt, dass ungewöhnliche oder persönliche Verhältnisse keinen Einfluss auf die Preisgestaltung haben (vgl. Rn. 17 ff.).

Was in der Definition des § 194 BauGB mit dem abstrakten Begriff des „gewöhnlichen Geschäftsverkehrs" umfassend umschrieben ist, entspricht dem *marché normale* der französischen Gesetzgebung und den wortreichen Erläuterungen zum englischen *Open Market Value* des Royal Institution of Chartered Surveyors (vgl. Rn. 103 ff.).

---

4 BGH, Urt. vom 25. 10. 1967 – VIII ZR 215/66 –, EzGuG 19.11; zur geschichtlichen Entwicklung des Verkehrswertbegriffes vgl. § 138 Abs. 1 RAO vom 13. 12. 1919; zuvor RG, Urt. vom 19. 11. 1879 (Gruchot Beitr. Bd. 24, 409) Bonczek, Stadt und Boden, 1978; Freudling in BayVBl. 1982, 108 sowie die Zusammenstellung der reichsgerichtlichen Rechtsprechung, aus der der heutige Definition hervorgegangen ist, in AVN 1920, 326 ff.; die Subjektivität der Werteinschätzung illustriert Antoine de Saint-Exupery in „Das Wunder des heimatlichen Hauses" mit den Worten: „Das Wunder des heimatlichen Hauses besteht nicht darin, dass es uns schützt und wärmt, es besteht auch nicht im Stolz des Besitzes – seinen Wert erhält es dadurch, dass es in langer Zeit einen Vorrat von Beglückung aufspeichert, dass es tief im Herzen die dunkle Masse sammelt, aus der wie Quellen die Träume entspringen!"

5 PrOVG, Urt. vom 18. 1. 1902 in EzGuG 20.6 a; RG, Urt. vom 19. 11. 1879 in EzGuG 19.2

6 BGH, Urt. vom 22. 4. 1982 – III ZR 131/80 –, EzGuG 17.44; BGH, Urt. vom 24. 2. 1977 – III ZR 32/75 –, WM 1977, 676; BGH, Urt. vom 25. 6. 1964 – III ZR 111/61 –, EzGuG 20.37 = 4.22

7 Nell-Breuning: Grundzüge der Börsenmoral, Freiburg 1928

8 Nell-Breuning in BBauBl. 1952, 181; zur Diskussion über den sittlich „gerechten" und wirtschaftlich „richtigen" Grundstückspreis Lütge, „Wohnungswirtschaft", Stuttgart 1949, S. 101, 163 ff. m. w. N.

9 BT-Drucks. 10/6166, S. 137 f.

10 BFH, Urt. vom 23. 2. 1979 – III R 44/74 –, EzGuG 19.35; BFH, Urt. vom 14. 2. 1969 – III 88/65 –, EzGuG 19.16

12 Der „**gewöhnliche Geschäftsverkehr**"[11] ist gleichbedeutend mit den vom BGH oft auch gebrauchten Begriffen des „gesunden"[12] und des „allgemeinen" Geschäftsverkehrs[13].

13 Vom „**wahren**" und „**inneren**" **Wert** spricht der BGH in seiner Rechtsprechung zum Zugewinnausgleich (vgl. Rn. 53 und 57).

14 Die Definition des Verkehrswerts und seine Ableitung aus dem Geschehen auf dem Grundstücksmarkt setzt grundsätzlich einen **Grundstücksmarkt mit freier Preisbildung** voraus, wobei für die Verkehrswertermittlung allein die Preisbildung im „gewöhnlichen Geschäftsverkehr" maßgeblich ist. Der unter bestimmten normativen Vorgaben als Preis definierte **Verkehrswert** ist aus den vorstehenden Gründen **nicht mit dem** im Einzelfall auf dem Grundstücksmarkt **ausgehandelten Kaufpreis gleichzusetzen**, denn dieser muss nicht dem Verkehrswert entsprechen. Der im Einzelfall ausgehandelte Preis ist lediglich ein intersubjektives Maß für den Verkehrswert, wobei sowohl auf der Seite des Verkäufers als auch auf der des Käufers Zufälligkeiten nie ganz ausgeschlossen werden können[14].

15 Erfahrungsgemäß geht der wirtschaftlich kalkulierende Grundstückskäufer bei der Bemessung seines Kaufpreises vom Nutzen aus (Reinertrag, Wertzuwachs, steuerliche Entlastung), den er von dem Objekt erwartet. Durch Kapitalisierung des Reinertrags findet er im Allgemeinen seine Wertvorstellung. Je größer nun von ihm der Reinertrag veranschlagt wird und je geringer der Zinssatz ist, mit dem er sich zufrieden geben möchte, um so höher ist der Preis, den er dem Verkäufer bieten kann. Nicht jede Wertvorstellung (Kaufpreiserwartung) führt jedoch zu einem entsprechenden Preis (Kaufabschluss) und nicht jeder Preis entspricht dem Wert des Objektes. Der Kaufpreis ist der durch die individuellen Wertvorstellungen sowohl auf der Seite des jeweiligen Käufers als auch auf der Seite des Verkäufers sich ergebende Tauschpreis. Demgegenüber ergibt sich der Verkehrswert aus der allgemeinen Angebots- und Nachfragesituation auf dem Grundstücksmarkt. **Kaufpreise und Verkehrswert sind deshalb nur selten identisch** (vgl. Einl. II Rn. 30, 57).

16 Lässt sich ein ermittelter Verkehrswert trotz geschäftsüblicher Veräußerungsanstrengungen am Markt nicht „realisieren", so kann dies als deutlicher Hinweis auf eine nicht marktgerechte Verkehrswertermittlung oder auf signifikante Änderungen der Marktverhältnisse gegenüber den zum Zeitpunkt der Wertermittlung vorherrschenden Marktverhältnissen verstanden werden. Bei Maklern gilt der Satz, dass jedes Objekt zu verkaufen ist, wenn der Preis stimmt. Umgekehrt kann eine sehr schnelle Veräußerung eines Grundstücks zum ermittelten Verkehrswert auch auf eine sehr „moderate" (fehlerhafte) Verkehrswertermittlung deuten. Es gehört zum Marktgeschehen, dass Grundstücke erst in „zähen" Verhandlungen zwischen Verkäufer und potenziellen Erwerbern zum Verkauf gelangen. Angebote werden vom Verkäufer regelmäßig als zu niedrig beurteilt, während die Kaufpreisforderungen von potenziellen Käufern als zu hoch beklagt werden. Der Ausgleich unterschiedlicher Interessenlagen erfolgt schließlich über den Preis. Damit stellt die Preisbildung zugleich auch einen Ausgleich zwischen Angebot und der Nachfrage her (**Marktausgleichsfunktion**). Des Weiteren stellt der **Markt** im Rahmen der landesplanerischen und städtebaulichen Rechtsordnung (Allokation) den **Verteilungsmechanismus** (Distribution) dar, d. h., über den Preis gelangt der Grund und Boden – wenn er zum Verkauf ansteht – regelmäßig dorthin, wo er am effektivsten genutzt wird, soweit nicht in diesen Prozess, z. B. über sog. „**Einheimischenmodelle**"[15], durch direkte oder indirekte Förderungen (Gewerbeansiedlungspolitik) oder durch planerische Nutzungsbindungen eingegriffen wird. Neben der Anreiz-, Koordinations- und Marktausgleichsfunktion gehen von den Preisen auch wichtige Signal- und Informationsfunktionen aus (vgl. Einl. II Rn. 59).

2.2.2 Ungewöhnliche oder persönliche Verhältnisse

▶ *Weitere Ausführungen hierzu bei § 6 WertV.*

17 Neben dem **gewöhnlichen Geschäftsverkehr** fordert die Verkehrswertdefinition, dass bei der Verkehrswertermittlung „ungewöhnliche oder persönliche Verhältnisse" unberücksichtigt bleiben müssen. Hierin wird vielfach eine Tautologie erblickt[16].

Dieser Auffassung scheint auch die geltende WertV zu folgen. **§ 6 der geltenden Fassung der WertV** schreibt **18** lediglich vor, dass zur Wertermittlung und zur Ableitung der erforderlichen Daten Kaufpreise heranzuziehen sind, bei denen anzunehmen ist, dass sie nicht durch „ungewöhnliche oder persönliche Verhältnisse beeinflusst worden sind." Die Vorgängerregelung – § 4 Abs. 3 WertV 72 – hat in Anlehnung an § 194 BauGB darüber hinaus auch noch ausdrücklich die Verwendung von Kaufpreisen ausgeschlossen, die „nicht im gewöhnlichen Geschäftsverkehr" zustande gekommen sind. Der Verordnungsgeber hatte dies seinerzeit damit begründet, dass „beide Voraussetzungen ... vorliegen müssen". Die geltende Fassung der WertV ist diesbezüglich allerdings nicht einheitlich. § 3 Abs. 3 stellt neben dem „gewöhnlichen Geschäftsverkehr" die ungewöhnlichen oder persönlichen Verhältnisse" besonders heraus.

Tatsächlich ist auch **zwischen** dem „gewöhnlichen Geschäftsverkehr" und der Frage **der** **19** **Berücksichtigung ungewöhnlicher oder persönlicher Verhältnisse" zu unterscheiden.** Während die Ermittlung des Verkehrswerts auf der Grundlage des „gewöhnlichen Geschäftsverkehrs" ein geradezu wesensimmanentes Merkmal der Verkehrswertermittlung ist, muss der apodiktische Befehl zur Nichtberücksichtigung „ungewöhnlicher oder persönlicher Verhältnisse" differenziert betrachtet werden[17].

Darüber hinaus bereitet es Schwierigkeiten die **„ungewöhnlichen"** von den **„persön-** **20** **lichen" Verhältnissen** abzugrenzen. In der Rechtsprechung werden deshalb beide Begriffe in aller Regel als **einheitliches Begriffspaar** verwandt. Es ist aber nicht auszuschließen, dass eine Unterscheidung zwischen beiden Begriffen durchaus einmal sinnvoll sein kann.

11   BGH, Urt. vom 1. 3. 1984 – III ZR 197/82 –, EzGuG 6.224; BGH, Urt. vom 20. 3. 1975 – III ZR 153/72 –, EzGuG 18.64; BGH, Urt. vom 29. 1. 1970 – III ZR 30/69 –, EzGuG 18.48; BGH, Urt. vom 25. 6. 1964 – III ZR 111/61 –, EzGuG 4.22; BGH, Urt. vom 8. 6. 1959 – III ZR 66/58 –, EzGuG 6.41

12   BGH, Urt. vom 14. 6. 1984 – III ZR 41/83 –, EzGuG 8.61; BGH, Urt. vom 1. 7. 1982 – III ZR 10/81 –, EzGuG 4.86; BGH, Urt. vom 3. 6. 1982 – III ZR 98/79 –, EzGuG 4.8.; BGH, Urt. vom 13. 7. 1978 – III ZR 166/76 –, EzGuG 18.84; BGH, Urt. vom 22. 6. 1978 – III ZR 92/75 –, EzGuG 17.35; BGH, Urt. vom 10. 1. 1972 – III ZR 61/68 –, EzGuG 16.18; BGH, Urt. vom 8. 5. 1967 – III ZR 148/65 –, EzGuG 14.82; BGH, Urt. vom 20. 12. 1963 – III ZR 60/63 –, EzGuG 14.17; BGH, Urt. vom 8. 11. 1962 – III ZR 86/61 –, EzGuG 8.5

13   BGH, Urt. vom 22. 2. 1971 – III ZR 131/70 –, EzGuG 8.34 a; BGH, Urt. vom 8. 2. 1971 – III ZR 200/69 –, EzGuG 6.134; BGH, Urt. vom 13. 12. 1962 – III ZR 164/61 –, EzGuG 6.67

14   BGH, Urt. vom 13. 3. 1991 – IV ZR 52/90 –, EzGuG 20.143 b; BGH, Urt. vom 25. 3. 1954 – IV ZR 146/53 –, EzGuG 20.17; BGH, Urt. vom 4. 6. 1954 – V ZR 10/54 –, EzGuG 6.7 d; BGH, Urt. vom 30. 9. 1954 – IV ZR 43/54 –, BGHZ 14, 368 = WM 1955, 342 = BB 1954, 1009

15   Baulandbericht 1986: Bundesministerium für Raumordnung, Bauwesen und Städtebau. Schriftenreihe 03.116. Bonn 1986, S. 131; ders.: Baulandbericht 1993, Bonn 1993; Glück, Wege zum Bauland, München 1994; Kleiber in Bauen in Städten und Gemeinden. KAS Kommunal-Verlag in Düsseldorf 1991; Beck, M., Die Einheimischenmodelle in Bayern, Diss. 1993 Regensburg; BayVGH, Urt. vom 11. 4. 1990 – 1 B 85 A. 14/80 –, EzGuG 12.69 a: BVerwG, Urt. vom 11. 2. 1993 – 3 C 18/91 –, GuG 1993, 250 = EzGuG 12.116; OLG Hamm, Urt. vom 11. 1. 1996 – 22 U 67/95 –, BayVBl. 1997, 536; VG München, Urt. vom 27. 2. 1996 – M 1 K 95.175 –, BayVBl. 1997, 533; OLG München, Urt. vom 20. 1. 1998 – 25 U 4623/97 –; LG Karlsruhe, Urt. vom 13. 2. 1997 – 80516/96 –, DNotZ 1998, 483; OLG München, Urt. vom 27. 6. 1994 – 30 U 974/93 –, BayVBl. 1995, 282; OLG Koblenz, Urt. vom 5. 11. 1997 – 7 U 370/97 –, DNot-report 1998, 25; Burgi, M., Die Legitimität von Einheimischenprivilegierungen im globalen Dorf, JZ 1999, 873

16   So ausdrücklich BR-Drucks. 265/72, S. 9 ff.; zur Frage einer Tautologie Dieterich in Ernst/Zinkahn/Bielenberg, BauGB, Komm. zu § 194 Rn. 39; Kleiber in Ernst/Zinkahn/Bielenberg, BauGB, Komm. zu § 6 WertV, Rn. 3 f.; die WertV ist in dieser Frage uneinheitlich; die Definition der allgemeinen Wertverhältnisse auf dem Grundstücksmarkt (§ 3 Abs. 3 WertV) hebt ausdrücklich auf beide Kriterien, nämlich auf den „gewöhnlichen Geschäftsverkehr ... ohne Rücksicht auf ungewöhnliche oder persönliche Verhältnisse" ab; vgl. auch § 20 Abs. 1 Satz 3 nds. DVBauGB

17   Nach § 142 Abs. 1 BBauG 76, aus dem § 194 BauGB hervorgegangen ist, waren bei der Verkehrswertermittlung „besondere Vorschriften über die Berücksichtigung und Nichtberücksichtigung bestimmter Umstände" zu beachten (Reduktionsklausel). Diese seinerzeit mit dem BBauG 76 eingeführte Bestimmung sollte insbesondere den Gutachter an Regelungen i. S. d. §§ 57 f., 93 ff. und der §§ 153 ff. BauGB erinnern. In der Beschlussempfehlung des federführenden BT-Ausschusses wurde hierzu ausgeführt, dass der Hinweis nur deklaratorische Bedeutung habe, denn bei der Wertermittlung seien immer alle wertbeeinflussenden Umstände und damit auch die in § 194 BauGB ausdrücklich angesprochenen „rechtlichen Gegebenheiten" zu berücksichtigen (vgl. BT-Drucks. 7/4793, S. 53). Mit der Aufhebung dieser Bestimmungen gehen deshalb keine materiellen Änderungen einher.

21 Zweckmäßiger erscheint es bei alledem zwischen „ungewöhnlichen oder persönlichen Verhältnissen"

– in den *objektiven Eigenschaften* des Gegenstands der Wertermittlung und
– in der *subjektiven Kaufpreisgestaltung*

zu unterscheiden.

22 Grundsätzlich sind nämlich **ungewöhnliche Eigenschaften eines Grundstücks,** z. B. ein ungewöhnlicher Grundstückszuschnitt, ein besonders problembehafteter Baugrund oder eine besondere rechtliche Belastung eines Grundstücks als tatsächliche Eigenschaft des Grundstücks bei der Verkehrswertermittlung zu berücksichtigen. Nur der ungewöhnliche Geschäftsverkehr würde darüber nämlich hinwegsehen.

23 Nach § 4 Abs. 3 Satz 2 Nr. 6 WertV 72 konnten dagegen ungewöhnliche oder persönliche Verhältnisse vorliegen, wenn **wertbeeinflussende Rechte und Belastungen** bestanden haben. Die Vorschrift war sachlich nicht haltbar und ist mit der geltenden WertV aufgehoben worden. Denn die genannten rechtlichen Gegebenheiten müssen i. d. R. im gewöhnlichen Geschäftsverkehr den Verkehrswert eines Grundstücks beeinflussen. Die Definition des Verkehrswerts (§ 194 BauGB) stellt zu Recht darauf ab, dass sich der Verkehrswert unter Berücksichtigung rechtlicher Gegebenheiten ergibt, so dass schon ein ungewöhnlicher Geschäftsverkehr vorliegen müsste, wenn die genannten rechtlichen Gegebenheiten bei der Kaufpreisbemessung unberücksichtigt blieben. Hierauf kann zurückgeführt werden, dass sich die Rechtsprechung über die Regelung des § 4 Abs. 1 Satz 2 Nr. 6 WertV 72 hinweggesetzt hatte[18]. § 5 Abs. 2 führt die wertbeeinflussenden Rechte und Belastungen deshalb als bei der Verkehrswertermittlung zu berücksichtigende Zustandsmerkmale ausdrücklich auf (vgl. § 5 WertV Rn. 94).

24 Als „*ungewöhnliche* Verhältnisse" könnte aber auch eine **Kaufpreisvereinbarung** verstanden werden, **bei der die Vertragsparteien oder eine der Vertragsparteien unter Zwang, aus Not oder unter besonderer Rücksichtnahme gehandelt haben.** Dieser Fall ist jedoch in zutreffender Weise den „*persönlichen* Verhältnissen" zuzuordnen. Bei der Verkehrswertermittlung sollen derartige Umstände unberücksichtigt bleiben, denn der Verkehrswert ist mit der Maßgabe zu ermitteln, dass die Entscheidung über Kauf und Verkauf freiwillig in Wahrung eigener wirtschaftlicher Interessen getroffen wird[19].

25 Darüber hinaus muss aber auch ernsthaft die Frage gestellt werden, ob nicht auch **persönliche Verhältnisse** den Verkehrswert eines Grundstücks oder Rechte an einem Grundstück beeinflussen können. So ist z. B. eine von der durchschnittlichen Lebenserwartung abweichende Lebenserwartung eines Wohn- oder Nießbrauchsberechtigten durchaus ein Umstand, der im gewöhnlichen Geschäftsverkehr preis- und damit wertbeeinflussend sein kann. Problematischer wird es da schon bei der Verkehrswertermittlung von erbbaurechtsbelasteten Grundstücken. Hier kann beobachtet werden, dass im gewöhnlichen Geschäftsverkehr höhere Preise regelmäßig dann erzielt werden, wenn das erbbaurechtsbelastete Grundstück an den Erbbauberechtigten veräußert wird. Dieser Grundstücksteilmarkt ist sogar dominierend im Grundstücksverkehr mit erbbaurechtsbelasteten Grundstücken. Die **persönlichen Beziehungen** sind in derartigen Fällen damit geradezu **charakteristisch für den gewöhnlichen Geschäftsverkehr.**

26 Ähnlich stellt sich insbesondere die Situation bei der Verkehrswertermittlung von Rechten an Grundstücken, für die oftmals ein besonderer persönlicher Vorteil geradezu charakteristisch ist. Besteht z. B. ein **Vorkaufsrecht** an einem Grundstück, das zusammen mit dem Grundeigentum des Vorkaufsberechtigten dessen Wert erheblich erhöht (Arrondierungsvorteil; Vereinigungsvorteil), so ist es gerade eben diese persönliche Beziehung, die den Wert eines stets zu einer bestimmten Person prägenden Vorkaufsrechts bestimmt[20]. Der Vorkaufsberechtigte mag deshalb sogar einen hohen Preis für die Einräumung dieses Vorkaufsrechts entrichtet haben.

Bei der **Verkehrswertermittlung von Rechten an Grundstücken** und grundstücksglei- **27**
chen Rechten, die ihrer Natur nach darauf angelegt sind, die Beziehung zwischen zwei
Rechtsinhabern zu regeln, ist die Berücksichtigung der hieraus resultierenden persönlichen
Belange rational verständlich und insoweit nicht ungewöhnlich.

Hiervon zu unterscheiden sind solche persönlichen Merkmale, wie sie § 138 BGB als **28**
kennzeichnend für sittenwidrige Rechtsgeschäfte herausstellt, nämlich die **„Ausbeutung
einer Zwangslage, Unerfahrenheit, Mangel an Urteilsvermögen, erhebliche Willensschwäche".**

Bei alledem ist die sich aus § 194 BauGB i.V. m. § 6 WertV ergebende Maßgabe, den Ver- **29**
kehrswert „ohne Rücksicht auf ungewöhnliche oder persönliche Verhältnisse" zu ermitteln,
vornehmlich dahingehend auszulegen, dass grundsätzlich nur **Kaufpreise** heranzuziehen
sind, **die nicht durch besondere Aufwendungen oder Abschläge „mitbestimmt" worden sind,**

– die aus Anlass des Erwerbs aus persönlichen Umständen entstanden sind,
– bzw. nicht zu den sonst üblicherweise vertraglich vereinbarten Entgelten auf dem jeweiligen Grundstücksteilmarkt gehören, oder
– durch Liebhaberei gekennzeichnet sind.

Derartige Umstände müssen also bei der Verkehrswertermittlung unberücksichtigt bleiben. **30**
Allein die **objektiven Eigenschaften des Grundstücks, mögen sie auch als „ungewöhnlich" zu bezeichnen sein, bestimmen den Verkehrswert.**

2.2.3 Gewöhnlicher Geschäftsverkehr für ungewöhnliche oder persönliche Verhältnisse?

Wie vorstehend dargelegt, bestimmt sich der Verkehrswert nach dem Preis, der nach der **31**
Gesamtheit aller Eigenschaften des Grundstücks im „gewöhnlichen" Geschäftsverkehr zu
erzielen wäre. Darüber hinaus bestimmt § 194 BauGB, dass *ungewöhnliche oder persönliche Verhältnisse* unberücksichtigt bleiben müssen. In dieser Maßgabe wurde – wie ausgeführt – im Schrifttum eine Tautologie zum *gewöhnlichen Geschäftsverkehr* erblickt. Dem
kann zunächst gefolgt werden, wenn es um **ungewöhnliche oder persönliche Verhältnisse geht, die den Preis im Einzelfall aus der Person des Käufers bzw. des Verkäufers**
in dem Sinne **beeinflusst haben,** wie dies der Regelung des § 6 WertV zu Grunde liegt.
Ungewöhnliche Verhältnisse in den Eigenschaften des Grundstücks müssen dagegen
berücksichtigt werden, denn es wäre mit dem gewöhnlichen Geschäftsverkehr unvereinbar,
wenn z. B. der ungewöhnliche Umstand, dass ein Grundstück einen besonders *schwierigen
Baugrund* aufweist, unberücksichtigt bliebe. Dies stellt eine Eigenschaft dar, die, wie z. B.
ein Recht an einem Grundstück, zu berücksichtigen ist. Mit der WertV hat der Verordnungsgeber klargestellt, dass *Rechte am Grundstück* zu berücksichtigen sind und nicht als
ungewöhnliche Verhältnisse außer Betracht bleiben. Gleiches muss für sonstige ungewöhnliche Eigenschaften eines Grundstücks gelten.

---

18 OLG Bremen, Urt. vom 11. 1. 1970 – UB 13/68a – EzGuG 18.47; OLG Nürnberg, Urt. vom 24. 9. 1969 – 4 U
    40/69 –, EzGuG 14.38, vgl. auch FWW 1970, 425; anders noch der BFH, Urt. vom 14. 8. 1953 – III 33/53 U –,
    EzGuG 20.16 a, der ein vom Üblichen abweichendes Mietverhältnis als „ungewöhnliche Verhältnisse" im Rah-
    men der Einheitsbewertung ansah.
19 BFH, Urt. vom 23. 2. 1979 – III R 44/74 –, EzGuG 19.35; BFH, Urt. vom 14. 2. 1969 – III 88/65 –, EzGuG
    19.16
20 BGH, Urt. vom 23. 3. 1976 – 5 StR 82/70 –, EzGuG 14.54 a

32   Bezüglich der Berücksichtigung bzw. Nichtberücksichtigung persönlicher Verhältnisse stellt sich die Situation erheblich problematischer dar. Zunächst muss diesbezüglich dem Trugschluss widersprochen werden, dass sich der Verkehrswert als der Preis definiert, der im gewöhnlichen Geschäftsverkehr von jedermann zu erzielen wäre (**sog. Jedermanns-Preis**)[21].

33   Der **Grundstücksmarkt zerfällt** bekanntlich **in eine Vielzahl sektoraler und regionaler Teilmärkte** mit jeweils spezifischen Käuferpotenzialen. Jedermann ist nicht daran interessiert, jedes Grundstück allerorts zu erwerben.

Darüber hinaus ist es auf Grund der Immobilität von Grundstücken durchaus gewöhnlich, dass Eigentümer bestimmter Grundstücke oder bestimmter Rechte an einem Grundstück ein besonderes (gesteigertes) Interesse am Erwerb bestimmter anderer Grundstücke, Grundstücksteile oder Rechte an Grundstücken haben. So werden im **gewöhnlichen Geschäftsverkehr von Erbbauberechtigten** deutlich höhere Kaufpreise entrichtet, wenn das jeweilige mit einem Erbbaurecht belastete Grundstück zum Verkauf gelangt (vgl. Teil VII Rn. 166 f., 137 ff.). Ein ähnliches Phänomen hat sich auch beim Grunderwerb von Grundstücken mit bergfreien Bodenschätzen in den neuen Bundesländern offenbart. Schließlich muss man auch erkennen, dass für sog. „Schikanierzwickel" von den „schikanierten" Grundstückseigentümern in aller Regel deutlich höhere Kaufpreiszugeständnisse gemacht werden.

34   Bei alledem muss man einräumen, dass der **Eigentümer eines „Schikanierzwickels", eines mit einem Erbbaurecht belasteten Grundstücks** oder eines Grundstücks mit bergfreien Bodenschätzen die höheren Preise solange nicht realisieren kann, wie die damit in persönlicher Beziehung stehenden Berechtigten nicht kaufwillig sind, jedoch ist zumindest im Falle des mit einem Erbbaurecht belasteten Grundstücks in aller Regel ein Eigentümer an dem Verkauf zunächst auch gar nicht interessiert. Wer die Bestellung eines Erbbaurechts an seinem Grundstück und dessen Verkauf betrieben hat, will ja sein Eigentum längerfristig gerade nicht aufgeben und stattdessen sich des Erbbauzinses erfreuen. Wenn er also schon mit der Bestellung des Erbbaurechts auf die Realisierung des vollen Verkehrswerts mit der Absicht verzichtet, dass ihm wieder das „Volleigentum" nach Ablauf des Erbbaurechts zufällt, so erscheint es durchaus verständlich, dass er im Falle des Verkaufs des erbbaurechtbelasteten Grundstücks den höheren (i. d. R. nur vom Erbbauberechtigten erzielbaren) Verkaufserlös erwartet. Von daher kann durchaus von einem gewöhnlichen Geschäftsverkehr gesprochen werden, wenn der Verkehrswert aus den ohnehin nur zur Verfügung stehenden deutlich höheren Preisen ermittelt wird, die allein die Erbbauberechtigten (und nicht Dritte) in aller Regel zu zahlen bereit sind. Ungewöhnlich ist in solchen Fällen dagegen der Verkauf des Erbbaurechts an Dritte. Der gewöhnliche Geschäftsverkehr, so er überhaupt bei dieser Konstellation besteht, „schrumpft" in solchen Fällen auf einen bipolaren Teilmarkt zusammen.

35   Im Falle der im Zuge des **Grunderwerbs von Grundstücken mit bergfreien Bodenschätzen** am Markt zu beobachtenden deutlich höheren Preisen, die die Bergwerkseigentümer üblicherweise zahlen, ist in der Rechtsprechung der Theorie von einem spezifischen Teilmarkt (Teilmarkttheorie) mit der Begründung widersprochen worden, dass hier aus ökonomischen Zwängen kein freier Markt entstehe und die überhöhten Preise nur zur Vermeidung zeitaufwendiger Erwerbsverhandlungen hingenommen werden[22]. Das LG Potsdam hat demgegenüber erkannt, dass eine **Verengung des Grundstücksmarktes auf wenige Interessenten durchaus dem gewöhnlichen Geschäftsverkehr zuzurechnen** sei, wenn kein Abschlusszwang bestehe[23]. Es gibt auch nach der Rechtsprechung des BGH keinen Erfahrungssatz des Inhalts, dass selbst die unter dem Druck einer Enteignung ausgehandelten Preise „unangemessen" seien[24]. Dass selbst bei bestehenden Enteignungsmöglichkeiten in der Praxis das Marktgeschehen durch überhöhte Preise gekennzeichnet ist, mag auf ein unzweckmäßig geregeltes Enteignungsverfahren zurückzuführen sein. Gleichwohl kann es in Zeiten steigender Baukosten sinnvoll sein, solche Preise zur Vermeidung von Verzögerungen hinzunehmen[25]. Bei alledem kann in der Praxis zunehmend eine Hinwendung zu der Teilmarkttheorie festgestellt werden, der sich zunehmend auch die Rechtsprechung in Abkehr von der „reinen Lehre" anschließt.

Noch schärfer stellt sich die Frage nach dem Verkehrswert, wenn der **Teilmarkt auf einen**   **36**
einzigen herausgehobenen Interessenten zusammenschrumpft und anders als bei Erbbaurechten und bergfreien Bodenschätzen keinerlei rechtlichen Beziehungen dieses Interessenten zum verkaufswilligen Eigentümer bestehen. So können sich allein aus der Nachbarschaft besondere Beziehungen ergeben (vgl. Beispiel Abb. 1):

Abb. 1: Lageplan

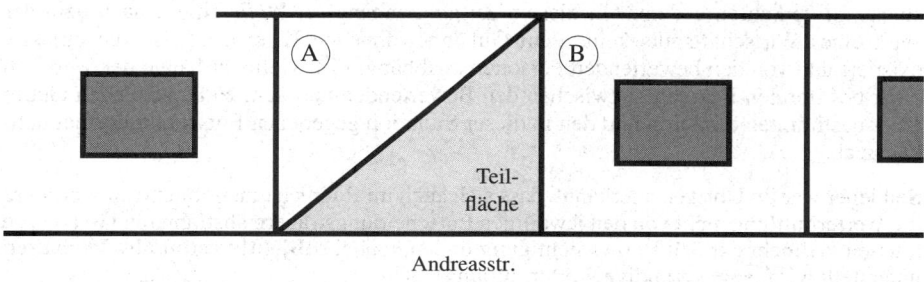

Die in dem Beispiel hervorgehobene Teilfläche des Grundstücks B weist eine besondere   **37**
Lagegunst in Bezug auf den Eigentümer A auf, dessen Grundstück mit dem Erwerb des Grundstücks baureif wird. Der **Vereinigungswert** *(marriage value;* vgl. § 7 WertV Rn. 94 ff.) des Grundstücks würde mit dem Zukauf der Teilfläche erheblich über das ansteigen, was sich auf der Grundlage eines Erwerbspreises der Teilfläche zu dem üblichen Bodenwert für die unbebaubare Teilfläche ergibt. Mit der Vereinigung wird nämlich die Fläche A und B zugleich von einer Rohbaulandqualität in die Qualität des baureifen Landes hineinwachsen. In der Praxis ist es deshalb durchaus üblich, den Wertzuwachs als Verhandlungsbasis für eine Aufteilung des Zugewinns seitens des Verkäufers ins Feld zu führen. Die ansonsten – zumindest baulich – nicht selbständig nutzbare Fläche des Grundstücks B hat insoweit für den Eigentümer des Grundstücks keinen gegenüber seiner Hauptfläche geminderten Wert, sondern sogar einen höheren Wert. Dass für solche Teilflächen üblicherweise auch höhere Preise erzielt werden, zeigt die Praxis. Würde diese Fläche „nur" zu dem Preis an den Eigentümer des Grundstücks A zum Verkauf gelangen, der dem üblichen Preis für unbebaubare Teilflächen entspricht, müsste auch ein erhebliches Abweichen von den üblichen Kaufpreisen i. S. d. § 6 Abs. 2 Nr. 1 WertV konstatiert werden, denn in derartigen Fällen kommt es regelmäßig nur zum Verkauf an die jeweiligen Nachbarn und die sind im Hinblick auf den Wertzuwachs des Gesamtgrundstücks **(marriage value)** regelmäßig zu höheren Preiszugeständnissen bereit. Wenn man in solchen Fällen

21 Pr OVG, Urt. vom 18. 1. 1902, EzGuG 20.6a; BGH, Urt. vom 25. 6. 1964 – III ZR 111/61 –, EzGuG 20.37 = EzGuG 4.22; BGH, Urt. vom 30. 11. 1959 – III ZR 130/59 –, EzGuG 19.5; BGH, Urt. vom 19. 9. 1966 – III ZR 216/63 –, EzGuG 6.92

22 LG Neuruppin, Urt. vom 9. 4. 1997 – 1a O 658/96 –, EzGuG 4.167 (nicht rechtskräftig); hierzu Gutbrod/Töpfer, Praxis des Bergrechts, RWS Köln 1996, S. 51

23 LG Potsdam, Urt. vom 21. 8. 1997 – 7 S 276/96 –, GuG-aktuell 1997, 38 = EzGuG 19.45

24 BGH, Urt. vom 28. 4. 1966 – III ZR 24/65 –, EzGuG 19.9; BGH, Urt. vom 12. 10. 1970 – III ZR 117/67 –, EzGuG 2.10; BGH, Urt. vom 1. 7. 1982 – III ZR 10/81 –, EzGuG 4.86; BGH, Urt. vom 23. 5. 1985 – III ZR 10/84 – EzGuG 6.228; BGH, Urt. vom 20. 4. 1989 – II ZR 237/87 –, EzGuG 18.110 a; anders LG Koblenz, Urt. vom 1. 10. 1979 – 4 O 11/79 –; EzGuG 19.35 b; vgl. auch BR-Drucks. 205/72 zu § 4 Abs. 3 c

25 Salzwedel in Erichsen (Hrsg.), Allgemeines Verwaltungsrecht, 10. Aufl. 1995, § 49 Rn. 31; OLG Frankfurt am Main, Urt. vom 20. 3. 1980 – 1 U 198/77 = EzGuG 19.35 a

den sich auf eine „Zweierbeziehung" verengenden Teilmarkt ohne Anspruch auf eine Generalisierung zum Maßstab der Wertermittlung machen will, so könnte bei alledem zumindest dann von einem *besonderen Wert* im Beziehungsgeflecht beider Nachbarn gesprochen werden, wenn ein „gewöhnlicher Geschäftsverkehr" mit höheren Preiszugeständnissen im Hinblick auf derartige persönliche Verhältnisse festzustellen ist.

38　Man mag sicherlich diesen besonderen Wert nicht ohne Weiteres zugleich als Verkehrswert ansehen, der im Falle einer Enteignung zu entschädigen wäre, jedoch ist eine **Wertermittlungspraxis, die sich stets und ständig (nur) am Verkehrswert orientiert, nicht „dienstleistungsgerecht"**, denn der Eigentümer des Grundstücks B muss schon auch am Vereinigungswert interessiert sein, wenn er die ‚überschießende' Teilfläche seines Grundstücks zu verkaufen gedenkt. In diesem Zusammenhang sei *Wöhe* zitiert, nach dem der Wert eines Wirtschaftsguts keine dem Gut innewohnende Eigenschaft ist, die objektiv existiert und von den bewertenden Personen unabhängig ist; vielmehr hänge der Wert von einer bestimmten Beziehung zwischen den Bewertenden und dem zu bewertenden Gut in einer bestimmten Situation und den in dieser Situation gegebenen Entscheidungsmöglichkeiten ab.

39　Seit jeher war im Übrigen anerkannt, dass sich auch im Rahmen einer objektiven Wertlehre die Wertermittlung nicht von den jeweiligen Entscheidungsträgern abstrahieren lässt. Diese müssen vielmehr explizit Berücksichtigung finden, wobei **subjektiv rationales Verhalten** unterstellt wird (sog. gerundive Wertermittlung)[26].

40　Der Verkehrswertbegriff wird nämlich bei enger Auslegung den vorstehenden Ausführungen zu einer sich bis **auf ein bilaterales Beziehungsgeflecht verengenden Teilmarkttheorie**[27] nicht gerecht (sog. „eingeengter Interessentenkreis"). Auf der anderen Seite sind ähnliche Konstellationen, bei denen der Eigentümer eines Grundstücks oder eines Rechts an einem Grundstück im gewöhnlichen Geschäftsverkehr höhere Preiszugeständnisse von einem einzigen in Betracht kommenden Erwerber erwarten kann, so ungewöhnlich nicht. Aus der Sicht dieses besonderen Interessenten bestehen wiederum sogar gute Gründe für den Erwerb zu einem besonders hohen Preis, wenn der Erwerb ihm einen besonderen Vorteil bietet, d. h. auch aus der Sicht dieses Erwerbers liegen jedenfalls keinesfalls spekulative Gründe für die Preiszugeständnisse vor; für ihn stellen die höheren Preise den gewöhnlichen Geschäftsverkehr dar.

41　Dass sich der gewöhnliche Geschäftsverkehr auf einen kleinen Kreis von Interessenten **(eingeschränkter Interessentenkreis)** verengen kann, war in der Rechtsprechung seit jeher anerkannt (vgl. § 6 WertV Rn. 21 Nr. 10 sowie die Rechtsprechung zum Kostenrecht).

　In dem *Beispiel* der Abb. 2 soll für den Eigentümer des Grundstücks A die Möglichkeit bestehen, sein Grundstück, das mangels Erschließung als Rohbauland einzustufen wäre, durch Zukauf des Flurstücks 14/2 vom Eigentümer B baureif zu machen. Durch den Zukauf erhöhe sich der Verkehrswert seines Grundstücks in den derzeitigen Grenzen (Rohbauland) um 200 €/m², d. h. um 200.000 €. In solchen Fällen müsse man schon vom **ungewöhnlichen Geschäftsverkehr** sprechen, wenn der Eigentümer B beim Verkauf des Flurstücks 14/2 an diesem Wertsprung nicht partizipieren wollte.

42　Gleichermaßen müsste man es auch als ungewöhnlichen Geschäftsverkehr bezeichnen, wenn sich der Eigentümer A diesem Begehren verweigert und auf eine Realisierung des Vereinigungswerts verzichtete. Wenn hier von der Wertermittlungspraxis die „reine Lehre" von einem (falsch verstandenen) „Jedermanns-Prinzip" vertreten werden würde, so wird diese Auffassung durch das tatsächliche Geschehen auf dem Grundstücksmarkt bestraft, d. h. die handelnden Eigentümer wären dann im Vergleich zu den „Fachleuten" die wirtschaftlich vernünftiger Denkenden. Dem kann auch nicht entgegengehalten werden, dass am Wertermittlungsstichtag der Eigentümer des Grundstücks A erklärtermaßen gar nicht zum Kauf bereit wäre und der Eigentümer des Grundstücks B auf das angewiesen wäre,

Abb. 2: Lageplan

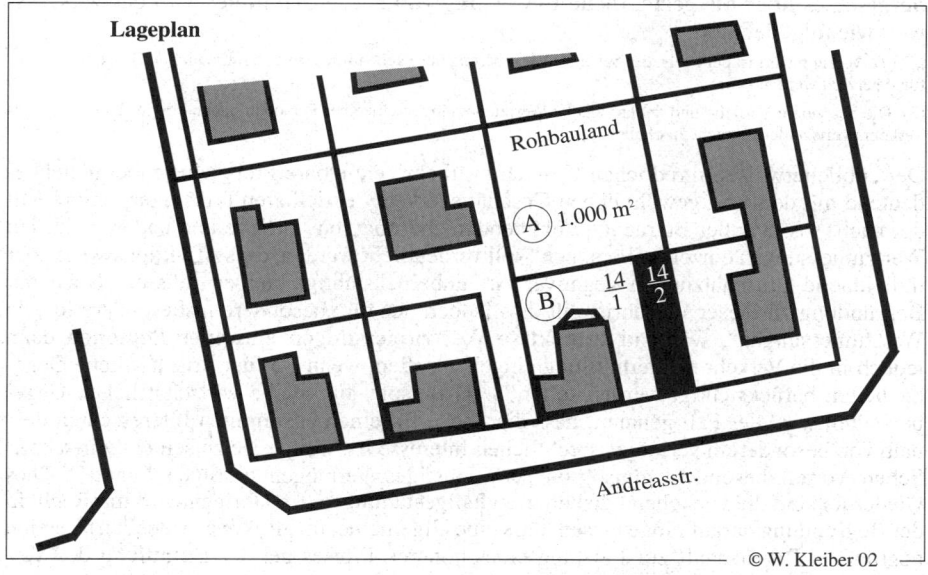

was ein Dritter ohne den besonderen Vorteil für das Grundstück A zu bezahlen bereit wäre. Zum einen ist der **gewöhnliche Geschäftsverkehr** für solche Teilflächen **durch einen langen Atem des Grundstückseigentümers A gekennzeichnet,** denn er wird bereit sein, auf seine Chance zu warten, zumal ein Dritter in einem solchen Fall allenfalls nur einen besonders niedrigen Preis zu zahlen bereit wäre, wenn eine Weiterveräußerung an A gänzlich ausgeschlossen wäre. Zum anderen ist es aber auch nicht ausgeschlossen, dass ein Dritter eine solche Teilfläche ankauft, um dann zu gegebener Zeit einen Teil des Vereinigungswerts gegenüber dem Eigentümer A zu „realisieren".

Wie und nach welchen Grundsätzen der aus dem Vereinigungswert *(marriage value)* resultierende Wertzuwachs in den Teilflächenwert einfließt, ist häufig das Ergebnis des **Verhandlungsgeschicks der Beteiligten** und stellt ein dunkles Kapitel der Wertermittlungslehre dar. In der Vergangenheit sind solche Fälle vornehmlich aber möglicherweise allzu unbedacht a priori als „ungewöhnliche oder persönliche Verhältnisse" abgehandelt worden; ihre Berücksichtigung wurde mit diesem Argument verworfen. Gleichwohl muss man aber in Anbetracht des Geschehens auf dem Grundstücksmarkt hier fragen, ob sich die Verkehrswertlehre für das tatsächliche Geschehen auf dem Grundstücksmarkt nicht als zu starr erwiesen hat. **43**

26 Wöhe, Einführung in die allgemeine Betriebswirtschaftslehre, München; Engels, W., Betriebswirtschaftliche Bewertungslehre im Lichte der Entscheidungstheorie, Beiträge zur betriebswirtschaftlichen Forschung; Hsg. Gutenberg u. a., Köln und Opladen 1962; Spiller, K., Der betriebswirtschaftliche Wert, Diss. Hamburg 1962; Metz, Entscheidungsorientierte Wertermittlung von Grundstücken, Diss., Berlin 1979
27 BGH, Urt. vom 23. 5. 1995 – III ZR 10/84 –, EzGuG 6.228; BGH, Urt. vom 18. 4. 1991 – III ZR 79/90 –, EzGuG 18.114; BFH, Urt. vom 29. 4. 1987 – X R 2/80 –, EzGuG 19.39b; BFH, Urt. vom 23. 2. 1979 – III R 44/77 –, EzGuG 19.35; RFH, Urt. vom 8. 10. 1926 – II A 429/26 – II A 429/26 –, EzGuG 14.1a; PrOVG, Urt. vom 14. 1. 1916 – VII C 291/14 –, PrVBl. 37, 569; vgl. auch Simon/Kleiber, Schätzung und Ermittlung von Grundstückswerten, 6. Aufl., S. 16, 21

44 Hier mag auch ein Blick über die Grenzen weiterführen. In **§ 2 des österreichischen Bundesgesetzes über die gerichtliche Bewertung von Liegenschaften**[28] wird der Verkehrswert wie folgt definiert:

> „...(2) Verkehrswert ist der Preis, der bei einer Veräußerung der Sache üblicherweise im redlichen Geschäftsverkehr für sie erzielt werden kann.
>
> (3) Die besondere Vorliebe und andere ideelle Wertzumessungen einzelner Personen haben bei der Ermittlung des Verkehrswerts außer Betracht zu bleiben."

45 Der „üblicherweise im redlichen Geschäftsverkehr" erzielbare Preis wird dabei gleichbedeutend mit dem im „gewöhnlichen Geschäftsverkehr" erzielbaren Preis interpretiert. Mit der nach Abs. 3 außer Betracht zu bleibenden „besonderen Vorliebe und anderer ideellen Wertzumessungen einzelner Personen" soll verdeutlicht werden, dass Affektionswerte oder individuelle Einschätzungen negativer Art unberücksichtigt bleiben müssen. Nach der Begründung zu dieser Vorschrift gilt dies jedoch nur für „besondere insbesondere ideelle Wertzumessungen", während **subjektive Wertzumessungen einzelner Personen** dann jedoch in die Verkehrswertermittlung eingehen sollen, wenn sie für wirtschaftliche Gegebenheiten berücksichtigt werden sollen[29]. Als Beispiel für solche wirtschaftlichen Gegebenheiten wird der Fall genannt, dass die Sache für einen bestimmten Interessenten deshalb von besonderem vermögensrechtlichen Interesse ist, weil er sie zu seinem wirtschaftlichen Vorteil besonders günstig in sein sonstiges Vermögen einfügen könnte[30]. Dies wiederum sind die vorstehend diskutierten Fallgestaltungen. Im Übrigen wird mit Recht in der Begründung darauf hingewiesen, dass eine allgemeine, im affektiven (ideellen) Bereich begründete Bereitschaft zur Leistung eines höheren Preises bei der Ermittlung des Verkehrswerts „in Anschlag zu bringen" ist.

2.2.4 Gewöhnlicher Geschäftsverkehr bei Massenverkäufen

46 Immobilien werden i. d. R. längerfristig gehalten und gelangen nur „stückweise" auf den Markt. Verkäuferseitig wird häufig eine „hausse" abgewartet, und nur bei einer lang anhaltenden „baisse" schwindet die Hoffnung auf die Rentierlichkeit weiteren Zuwartens. Dies zeigen auch die auf den einzelnen regionalen und sektoralen Teilmärkten zu beobachtenden Umsatzentwicklungen: Sie weisen gegenüber der Immobilienpreisentwicklung deutlich höhere Ausschläge der Umsatzentwicklung, häufig verbunden mit einer Phasenverschiebung, auf: Wertsteigerungen wirken also selten umsatzstimulierend während **Wertrückgänge einen Attentismus zur Folge haben.**

47 Nicht selten können solche „Normalverhältnisse" dadurch „gestört" werden, dass überdurchschnittlich große Grundstücksbestände mehr oder minder schlagartig zum Verkauf gelangen (Massenangebot), die aus der üblichen Umsatzentwicklung singulär herausfallen. Diese **Grundstücksbestände** können **so groß** sein, **dass** im Falle ihrer „stückweisen" Veräußerung der **„Verkäufermarkt" in einen „Käufermarkt" mit drastischem Preisverfall umschlagen würde.** Dabei stellt sich die Frage, ob solche Marktkonstellationen dem gewöhnlichen Geschäftsverkehr entsprechen und wie ihnen bei der Verkehrswertermittlung Rechnung zu tragen ist.

48 Das **Massenangebot von Grundstücken auf einem regional und sektoral begrenzten Markt** würde schnell zu einer Übersättigung dieses Marktes mit einem entsprechenden Preisverfall führen, die sehr schnell zu einer deutlichen Absenkung der allgemeinen Wertverhältnisse auf diesem Grundstücksmarkt (konjunkturbedingter Wertverfall) führen würde. Nicht zuletzt aus diesem Grunde entspricht es dem *gewöhnlichen Geschäftsverkehr*, wenn bei der Veräußerung eines größeren Immobilienbestandes, der aus einer Vielzahl von *Einzelobjekten* oder auch aus wenigen im Verhältnis zur Gemeindegröße bedeutsamen *Großobjekten* bestehen kann, Preise vereinbart werden, die regelmäßig unter der Summe der durch Einzelgutachten ermittelten Verkehrswerte liegen. Die Differenz wird in der

Immobilienbranche auch als **„Paketabschlag"** bezeichnet, der auch mit einem Mengenrabatt verglichen werden könnte. Solche Verhältnisse müssen dem gewöhnlichen Geschäftsverkehr zugerechnet werden[31].

Der **Paketabschlag ist** insbesondere **abhängig von**   **49**
– den *Vermarktungskosten,* die vom Verkäufer auf den Käufer übergehen;
– dem *Vermarktungsrisiko,* das insbesondere von der Anzahl der Objekte, dem Gesamtvolumen, dem „Objektmix" einschließlich des vom Käufer übernommenen Vermarktungsrisikos bei u. U. schwer und nicht verwertbaren Einzelliegenschaften;
– den *Verwertungs- und Verwaltungskosten,* insbesondere hinsichtlich Erschließungsbeiträge, Instandhaltungskosten, Mietausfallwagnis, Bebauungs- und Personalkosten, sowie
– dem *Marktsegment* unter Berücksichtigung der Objektart und der vorhandenen Angebots- und Nachfragesituation.

Während **für den Verkäufer** mit der Hinnahme des „Paketabschlags" **der Vorteil einer**   **50**
beschleunigten Liquidationzufuhr durch sofortige Vergütung des Kaufpreises verbunden
ist, werden für den Käufer mit dem Paketabschlag die Nachteile der Vorhaltung kompensiert, die im Falle einer marktgerechten Verwertung der Liegenschaft damit verbunden
sind.

In der Praxis haben sich bei der Veräußerung größerer Immobilienbestände, wie sie insbe-   **51**
sondere von der Treuhandliegenschaftsgesellschaft getätigt wurden, je nach Größenvolumen und Art des Objekts bzw. deren Verkehrsgängigkeit am Grundstücksmarkt Wertabschläge in einer **Spannenbreite von 15 % bis 35 %** herausgebildet. Sie sind nur bedingt
auf die Veräußerung von *Konversionsflächen* zu übertragen, die größenmäßig in aller Regel
kleiner ausfallen.

2.3 Allgemeine Wertverhältnisse zum Wertermittlungsstichtag

2.3.1 Allgemeines

▶ *Näheres zu den allgemeinen Wertverhältnissen auf dem Grundstücksmarkt vgl. § 3 WertV
Rn. 11 ff.*

Unter dem Einfluss der in § 3 Abs. 3 WertV definierten allgemeinen Wertverhältnisse auf   **52**
dem Grundstücksmarkt sind Grundstückswerte im freien Spiel zwischen Angebot und
Nachfrage i. d. R. auch Werteinflüssen ausgesetzt, die nicht unmittelbar auf die objektiv
vorhandenen Merkmale des Grundstücks zurückführbar sind. Dass der Verkehrswert über
längere Zeit auch bei gleich bleibenden Zustandsmerkmalen konstant bleibt, ist die Ausnahme. In der Rechtsprechung wird in diesem Zusammenhang von „Zeiten schwankender
Preis- und Wertverhältnisse" und auch von „konjunkturellen Weiterentwicklungen"
gesprochen. Infolgedessen ist der **Verkehrswert ein stichtagsbezogener Wert,** wobei der
maßgebliche Zeitpunkt in § 3 Abs. 1 WertV als „Wertermittlungsstichtag" bezeichnet wird.
Auch wenn der **Verkehrswert damit eine Momentaufnahme (Zeitwert)** ist, **wird seine
Höhe maßgeblich von der Zukunftserwartung** der Erwerber **bestimmt.** Dies wird
besonders bei Renditeobjekten deutlich (vgl. Vorbem. zu den §§ 15 ff. WertV Rn. 2 ff.).

---

28 Bundesgesetz über die gerichtliche Bewertung von Liegenschaften (Liegenschaftsbewertungsgesetz – LBG)
    sowie über Änderungen des Außerstreitgesetzes und der Exekutionsordnung (BGBl. für die Republik Österreich
    1992, 745)
29 Beilage zu den StenProt des Nationalrats XVIII GP 333, abgedruckt am 7. 1. 1992, Erläuterungen zu § 2
30 Spielbüchler in Rummel ABGB Rn. 2 ff. zu § 305
31 Gabler, Wirtschaftslexikon, Stichwort „Pakethandel"; BFH, Urt. vom 23. 2. 1979 – III R 44/74 –, EzGuG 19.35;
    Katte, u. a. in GuG 2001, 1

53 Dass sich der Verkehrswert nach dem Wortlaut der Definition des § 194 i. V. m. § 3 Abs. 1 WertV auf die allgemeinen Wertverhältnisse eines bestimmten Wertermittlungsstich*tags* bestimmt, darf nicht dahingehend missverstanden werden, dass es „messerscharf" allein auf die Wertverhältnisse dieses Tages ankommt. Zum einen würde eine solche Betrachtung die Leistungsfähigkeit der Verkehrswertermittlung völlig verkennen, denn eine derartige Ermittlung und „seismologische" Fortschreibung des Verkehrswerts wäre illusorisch und zum anderen mit der Definition des Verkehrswerts unvereinbar. Denn im gewöhnlichen Geschäftsverkehr werden Grundstücke weder bei kurzfristigen Preisausschlägen „nach oben" gekauft, noch bei kurzfristigen Preisausschlägen „nach unten" verkauft (vgl. Rn. 13 ff.). Der BGH hat zu alledem zutreffenderweise in seiner Chruschtschow-Entscheidung[32] erkannt, dass kurzfristige Preissenkungen auf dem Grundstücksmarkt außer Betracht bleiben müssen, wenn der spätere Wegfall der Preissenkung bei vernünftiger wirtschaftlicher Betrachtungsweise für einen durchschnittlich besonnenen, nüchternen Betrachter erkennbar war. Gleiches muss entsprechend für kurzfristige Spitzenausschläge gelten. Soweit die einem „durchschnittlich besonnenen, nüchternen Betrachter" am Wertermittlungsstichtag erkennbare Entwicklung außer Betracht bliebe, müsste von einem **missverstandenen Stichtagsprinzip** gesprochen werden. Der in § 3 Abs. 1 WertV verwandte Begriff des Wertermittlungsstichtags mag hierzu beigetragen haben (vgl. hierzu auch § 7 WertV Rn. 82 ff.; Vorbem. zu §§ 15 ff. WertV Rn. 2).

54 Bei der **retrospektiven Ermittlung von Verkehrswerten**, d. h. bei einer auf einen zurückliegenden Stichtag bezogenen Wertermittlung, müssen andererseits besondere sich in den „jüngeren" Preisvereinbarungen manifestierende Preisentwicklungen, die für einen „durchschnittlich besonnenen, nüchternen Betrachter" am Wertermittlungsstichtag nicht erkennbar waren bzw. sein konnten, ebenfalls außer Betracht bleiben. Der Sachverständige hat sich in solchen Fällen in den Erkenntnisstand zu versetzen, den er am Wertermittlungsstichtag haben konnte, d. h., er darf in solchen Fällen seine Erkenntnisse über die Folgezeit nicht zur Grundlage der Verkehrswertermittlung auf einen zurückliegenden Zeitpunkt machen. Bei der **Verkehrswertermittlung, bezogen auf zurückliegende Zeitpunkte** sind stets die Verhältnisse maßgebend, die zu diesem Zeitpunkt den gewöhnlichen Geschäftsverkehr bestimmt haben (vgl. Rn. 68 f., § 13 WertV Rn. 27 ff.; Vorbem. zu den §§ 13 f. WertV Rn. 40).

2.3.2 Missverstandenes Stichtagsprinzip

55 Nach § 194 BauGB bestimmt sich der Verkehrswert durch einen nach normativen Vorgaben auf einen Zeitpunkt ermittelten Preis. § 3 Abs. 1 Satz 1 WertV präzisiert diesen **Zeitpunkt** als den Wertermittlungsstich*tag*, obwohl kein Sachverständiger angesichts der allgemeinen Schätzungsgenauigkeit in der Lage wäre, einen Verkehrswert – quasi seismographisch – mit der Genauigkeit eines Tages zu ermitteln. Selbst die auf einen bestimmten Wertermittlungsmonat bezogene Verkehrswertermittlung dürfte in aller Regel problematisch sein. **Der als Bezugszeitpunkt der WertV vorgegebene Wertermittlungs*stichtag* täuscht** insoweit **eine nicht vorhandene und auch nicht leistbare Genauigkeit der Verkehrswertermittlung vor.** Die sich hieran anknüpfende Bezeichnung des Verkehrswerts als einen stich*tags*bezogenen Wert hat damit zu einer Reihe von Missverständnissen geführt, die nicht rein rhetorischer Art sind.

56 § 194 BauGB definiert den Verkehrswert als den Preis, der „in dem Zeitpunkt, auf den sich die Ermittlung bezieht, im *gewöhnlichen Geschäftsverkehr*" zu erzielen wäre. Die **Vorschrift stellt zwar auf einen Zeitpunkt ab**, jedoch wird **gleichzeitig eine Verbindung zum „gewöhnlichen Geschäftsverkehr" hergestellt.** Der gewöhnliche Geschäftsverkehr ist wiederum dadurch gekennzeichnet, dass sich Käufer und Verkäufer jeweils Zeit nehmen. So gelangen nach Untersuchungen amerikanischer Makler z. B. Einfamilienhäuser erst nach durchschnittlich drei Monaten zum Verkauf, d. h. das **Geschehen auf dem**

Grundstücksmarkt ist im gewöhnlichen Geschäftsverkehr durch einen relativ langen Verhandlungszeitraum und dem Objekt angemessene Vermarktungsmodalitäten gekennzeichnet. Größere Immobilien gelangen sogar erst nach weitaus längeren Zeiträumen zum Verkauf. Aus Kaufpreis- und Umsatzuntersuchungen der Gutachterausschüsse ist darüber hinaus bekannt, dass in Zeiten der Preisberuhigung und des Preisrückgangs auf dem Grundstücksmarkt (sog. Flaute auf dem Immobilienmarkt) die Umsätze zurückgehen, während sie bei Preissteigerungen wieder anziehen. Auch hieraus folgt, dass seitens der Verkäufer Preiseinbrüche durch Zurückhaltung überbrückt werden. Aus diesem Grunde dürfen kurzfristige und vorübergehende Preiseinbrüche im Hinblick auf das **(missverstandene) Stichtagsprinzip**[33] nicht zur Grundlage der Verkehrswertermittlung gemacht werden. Das Gleiche gilt im Hinblick auf das Käuferverhalten für kurzfristige und vorübergehende Preisausschläge „nach oben". Im Rahmen der Rechtsprechung des BGH zur Ermittlung des Zugewinnausgleichs und von Pflichtteilsansprüchen wird deshalb auf das Verhalten eines „nüchternen Käufers bzw. Verkäufers" abgestellt, der außergewöhnliche allgemeine Wertverhältnisse auf dem Grundstücksmarkt" (z. B. die **Flaute auf dem Grundstücksmarkt**) ausschaltet.

Der BGH spricht in diesem Zusammenhang vom „wahren" und „inneren" Wert[34]. Es handelt sich dabei nach Einschätzung des BGH um eine **„Denkfigur, mit deren Hilfe bei außergewöhnlichen allgemeinen Wertverhältnissen auf dem Grundstücksmarkt"** i. S. d. § 3 Abs. 2 WertV, d. h. **bei „Preisverhältnissen unter Ausnahmebedingungen (Stopppreise; Chruschtschow-Ultimatum und Berliner Grundstückspreise)" unangemessenen Ergebnissen der Verkehrswertermittlung,** z. B. im Interesse der Pflichtteilsberechtigten, **entgegenzuwirken** versucht wird. Im Ergebnis sollen damit Preisausschläge bei der Verkehrswertermittlung „ausgeschaltet" werden, wie sie ein nüchterner Käufer bzw. Verkäufer durch Zuwarten „ausschalten" würde. Grundsätzlich ist ein solches Verhalten auch dem *gewöhnlichen Geschäftsverkehr* immanent.

57

Der BGH[35] hatte schon im Urteil vom 23. 10. 1985 u. a. dargelegt, dass der für die Berechnung des Zugewinns maßgebende wirkliche Wert eines Grundstücks nicht stets mit dem hypothetischen Verkaufswert am Stichtag übereinstimmen muss, sondern dass der wirkliche Wert höher sein kann als der aktuelle Veräußerungswert. Insbesondere ist bei der Wertermittlung ein **vorübergehender Preisrückgang** nicht zu berücksichtigen, wenn er bei nüchterner Beurteilung schon am Stichtag als vorübergehend erkennbar war. Eine strengere Orientierung an dem tatsächlich erzielbaren Verkaufserlös ist nur dann geboten, wenn das Grundstück zur Veräußerung bestimmt ist oder als Folge des Zugewinnausgleichs veräußert werden muss[36]. In einer neueren Entscheidung hat der BGH[37] bekräftigt, dass nur dann, wenn im Rahmen des Zugewinnausgleichs der Ausgleichspflichtige gezwungen ist, Gegenstände seines Endvermögens unwirtschaftlich zu liquidieren, dieser Umstand im Rahmen einer **sachverhaltsspezifischen Wertermittlung** zu berücksichtigen ist; dabei ist vorab zu prüfen, ob eine unwirtschaftliche Liquidierung durch eine Stundung gemäß § 1382 BGB vermieden werden kann.

58

---

32 BGH, Urt. vom 31. 5. 1965 – III ZR 214/63 –, EzGuG 19.8; vgl. auch BGH, Urt. vom 22. 10. 1986 – IVa ZR 143/85 –, EzGuG 20.117a

33 BGH, Urt. vom 31. 5. 1965 – III ZR 214/63 –, EzGuG 19.8; BGH, Urt. vom 1. 4. 1992 – XII ZR 142/91 –, EzGuG 20.139a, hierzu Kleiber in GuG – aktuell 1995, I; 1998/2

34 BGH, Urt. vom 1. 4. 1992 – XII ZR 142/91 –, EzGuG 20.139 a; BGH, Urt. vom 23. 10. 1985 – IVb ZR 62/84 – ; EzGuG 20.110b; BGH, Urt. vom 31. 5. 1965 – III ZR 214/63 –; EzGuG 19.8; BGH, Urt. vom 14. 2. 1975 – IV ZR 28/73 –; BGH, Urt. vom 17. 3. 1982 – IVa ZR 27/81 –, EzGuG 20.94a; BGH, Urt. vom 1. 10. 1992 – IV ZR 211/91 –, EzGuG 20.142; BGH, Urt. vom 13. 3. 1991 – IV ZR 52/90 –, EzGuG 20.134b; BGH, Urt. vom 25. 3. 1954 – IV ZR 146/53 –, EzGuG 20.17; BGH, Urt. vom 4. 6. 1954 – V ZR 10/54 –, EzGuG 6.7d; BGH, Urt. vom 30. 9. 1954 – IV ZR 43/54 –, BGHZ 14, 368 = WM 1955, 342 = BB 1954, 1009; Kleiber in GuG aktuell 1995, 1

35 BGH, Urt. vom 23. 10. 1985 – IVb ZR 62/84 –, EzGuG 20.110 b

36 Schwab, Hdb des ScheidungsR 2. Aufl. Teil VII Rn. 72

37 BGH, Urt. vom 15. 1. 1992 – XII ZR 247/90 –, BGHZ 117, 70 = NJW 1992, 1103 = FamRZ 1992, 411

59   In einer weiteren **Entscheidung des BGH**[38] wird zu alledem ausgeführt:

> „Der Zugewinnausgleich soll beide Ehegatten gleichermaßen an den während der Ehe geschaffenen Werten beteiligen. Würde insbesondere ein Familienheim, bei dem es sich vielfach um das Hauptvermögensstück handelt, nur mit einem Wert angesetzt, der durch eine **vorübergehende ungünstige Marktlage** beeinflusst ist, erlangte der ausgleichsberechtigte Ehegatte keinen angemessenen Anteil an dessen wirklichem, bleibendem Wert, während der andere Ehegatte, der im Besitz des Objekts bleiben will und kann, aus eher zufälligen Umständen Nutzen zöge. Entgegen der Auffassung des BG kommt es deswegen auch nicht darauf an, ob eine ungünstige Marktlage auf örtlich begrenzte Umstände zurückzuführen ist oder auf eine gesamtwirtschaftliche Entwicklung. Entscheidend ist, ob sie aus der Sicht eines nüchternen Betrachters am Bewertungsstichtag als temporär einzuschätzen war und deswegen einen wirtschaftlich Denkenden veranlasst hätte, eine Veräußerung zurückzustellen, soweit nicht besondere Umstände dazu zwängen."

60   Auch bei der Ermittlung des Verkehrswerts sollen **kurzfristige und vorübergehende Preisausschläge auf dem Grundstücksmarkt** unberücksichtigt bleiben, wenn sie für einen durchschnittlich besonnenen und nüchternen Betrachter erkennbar sind. Dies betrifft nicht nur die sog. **Flaute auf dem Immobilienmarkt**, sondern auch **spekulativ überhitzte Ausschläge „nach oben"**. Zwar sind Verkehrswerte bezogen auf die Wertverhältnisse eines bestimmten Wertermittlungsstichtags zu ermitteln, jedoch ist dabei vom „gewöhnlichen Geschäftsverkehr" auszugehen und dieser ist – wie dargelegt – dadurch gekennzeichnet, dass weder Käufer noch Verkäufer unter zeitlichem Druck handeln, d. h. bei vorübergehenden Preisausschlägen wird entweder vom Käufer oder vom Verkäufer zugewartet. Man kann insoweit von einem missverstandenen Stichtagsprinzip sprechen, wenn der Verkehrswert auf der Grundlage der am Wertermittlungsstichtag als vorübergehend erkennbaren besonderen Verhältnissen abgeleitet würde. Verkäufer und Käufer werden nicht zu „jedem Preis" handelseinig (vgl. Teil VI Rn. 130).

61   Dass der gewöhnliche Geschäftsverkehr i. S. d. § 194 BauGB durch einen **objektadäquaten Vermarktungszeitraum** geprägt ist, wird in den außergesetzlichen englischen und französischen Normen wortreich umschrieben. So wird in der Definition des *Open Market Value* des RICS ausdrücklich gefordert, dass *„there had been a reasonable period ... for the proper marketing of the interest, for the agreement of price and terms and for the completion of the sale"*. Die französischen Erläuterungen fordern, *„que le bien ait été proposé à la vente dans les conditions du marché, sans réserves, avec une publicité adéquate."*

62   ▶ *Zur Konsistenz der Verkehrswertermittlung vgl. Rn. 142 ff.*

2.3.3   Verkehrswert als Zukunftserfolgswert

63   Der **Verkehrswert stellt trotz seiner Bezugnahme auf den Zeitpunkt**, auf den sich die Ermittlung bezieht (Wertermittlungsstichtag), gewissermaßen **das Kondensat der Zukunft** dar (Zukunftserfolgswert). Dies wird besonders deutlich bei Anwendung des Ertragswertverfahrens. Der Ertragswert wird dabei letztlich als Barwert aller künftigen Erträge ermittelt. Auch bei Anwendung des Sachwertverfahrens sind die Herstellungskosten der Vergangenheit von untergeordneter Bedeutung. Als nach der Einheit Deutschlands die frühere Stalinallee zum Verkauf gestellt wurde, waren die geringen Löhne der damaligen Bauarbeiter, die zu den Ereignissen von 1953 beigetragen haben, kein Maßstab für die Verkehrswertermittlung.

a) Bei **Anwendung des Vergleichswertverfahrens** wird der Verkehrswert zwar (in Bezug auf den Wertermittlungsstichtag) aus möglichst gegenwartsnah zustande gekommenen Vergleichspreisen abgeleitet. Gleichwohl ist auch dieser Wert ein zukunftsorientierter Wert, denn die Vergleichspreise werden maßgeblich durch die Zukunftserwartungen der Käufer geprägt.

b) Bei **Anwendung des Ertragswertverfahrens** wird allein schon dadurch der Blick in die Zukunft in den Vordergrund gerückt, dass ausdrücklich die „nachhaltigen" Erträge die Grundlage der Wertermittlung sein sollen. Damit sind bei einem bebauten Grundstück die Erträge angesprochen, die über die gesamte Zeitschiene der wirtschaftlichen Nutzbarkeit vor allem des Gebäudes erwartet werden können. Dies kann ein sehr langer, kaum übersehbarer Zeitraum sein, jedoch ist der Anwender damit gehalten, das in die Wertermittlung einzustellen, was er bei wirtschaftlich vernünftiger Betrachtung am Wertermittlungsstichtag hätte erkennen können. Grundsätzlich kann der Sachverständige darauf vertrauen, dass er mit den am Wertermittlungsstichtag ortsüblich erzielbaren Ertragsverhältnissen die nachhaltige Ertragssituation „einfängt", wenn er zur Kapitalisierung dieser Erträge den (dynamischen) Liegenschaftszinssatz heranzieht, der auf dem Grundstücksmarkt im Hinblick auf die nachhaltige Entwicklung ermittelt wurde.

Steht eine Immobilie indessen zur Umnutzung an, so muss der Sachverständige das in einer Immobilie „schlummernde" **Entwicklungspotenzial als Bestandteil der nachhaltigen Ertragsfähigkeit** erkennen. Das Gleiche gilt, wenn die am Wertermittlungsstichtag tatsächlich gegebenen Ertragsverhältnisse auf Grund vertraglicher Bindungen bzw. des geltenden Mietrechts von den nachhaltigen Erträgen über eine zeitliche Bindungsfrist in einem für das Ergebnis der Ertragswertermittlung bedeutsamen Maße abweichen. **64**

Dass insbesondere bei Anwendung des Ertragswertverfahrens die Zukunftserwartungen von maßgeblicher Bedeutung sind, wird auch dadurch deutlich, dass die Wertermittlungsvorschriften gleich mit vier Vorschriften fordern, dass von **nachhaltigen Erträgen bzw. Bewirtschaftungskosten** auszugehen ist (§ 16 Abs. 1, § 17 Abs. 1 und 2 bzw. § 18 Abs. 1 WertV). Zudem ist der zur Ermittlung des Ertragswerts heranzuziehende Liegenschaftszinssatz darauf angelegt, die künftige Entwicklung in die Verkehrswertermittlung einzustellen (vgl. Erläuterungen zu § 11). **65**

Bei Anwendung des Ertragswertverfahrens lässt sich die Erwartung an die Zukunft besonders plausibel in das Verfahren „einbringen", weil das **Verfahren a priori darauf angelegt** ist, **den Verkehrswert aus der künftigen Nutzung (bzw. Nutzungsfähigkeit) abzuleiten.** Entsprechend der Definition des Verkehrswerts ist dabei von nachhaltigen Erträgen auszugehen, wie sie ohne Rücksicht auf ungewöhnliche oder persönliche Verhältnisse nach den rechtlichen und tatsächlichen Gegebenheiten erzielbar sind. **66**

c) Der Sachwert baulicher Anlagen wird zwar i. d. R. mit Hilfe von Normalherstellungskosten der Vergangenheit abgeleitet, die zunächst auf den Wertermittlungsstichtag mit Hilfe von Baupreisindexreihen umgerechnet wurden. Diese Kosten haben im Rahmen der Verkehrswertermittlung nur insoweit Bedeutung, wie sie das abbilden, was **der Grundstückseigentümer heute (am Wertermittlungsstichtag) mit Blick auf die zukünftige Nutzung an eigenen Aufwendungen erspart.** Wer heute in den jungen Bundesländern ein Einfamilienhaus erwirbt, fragt – wie dargelegt – nicht danach, wie der Bauarbeiter in der DDR entlohnt wurde und was die Baustoffe gekostet haben, sondern danach, was ihn heute das Einfamilienhaus kosten würde. Im amerikanischen Schrifttum[39] heißt es dazu: *„Anticipation is the perception that value is created by the expectation of benefits to be derived in the future. In the real estate market, the current value of a property is not based on its historical prices or the costs of its creation; rather, value is based on market participants, perception of the future benefits of acquisition … The value of owner-occupied property is primarily based on the expected future advantages, amenities and pleasures of ownership and occupancy."* Bei alledem geht es nicht um die „historischen Rekonstruktionskosten" nach den Verhältnissen zum Zeitpunkt der Errichtung des Gebäudes, sondern um die **Ersatzbeschaffungskosten** *(replacement costs)* nach den Verhältnissen am Wertermittlungsstichtag. Insoweit ist auch bei Anwendung des Sachwertverfahrens die Vergangenheit nur von begrenzter Bedeutung.

---

38 BGH, Urt. vom 1. 4. 1992 – XII ZR 146/91 –, EzGuG 20.139 a
39 The Appraisal of Real Estate, American Institute of Real Estate Appraisers, 9. Aufl. Chicago 1987, S. 32

67 **Für das Gewesene gibt der Kaufmann nichts!** Im Kern geht es deshalb bei Anwendung des Sach-, Vergleichs- und Ertragswertverfahrens darum, möglichst wertermittlungsstichtagsnahe Erfahrungssätze über die auf dem Grundstücksmarkt vorherrschende Wertschätzung des Objekts (Vergleichspreise), die Herstellungskosten (Normalherstellungskosten) und Erträge unter Berücksichtigung der künftigen Nutzung in das Verfahren einzuführen. Die künftige Verwertbarkeit ist auch Gegenstand der Regelung des § 25 (wirtschaftliche Wertminderung und -erhöhung).

68 Dies betrifft nicht nur die zur Verkehrswertermittlung heranziehbaren Vergleichspreise, sondern auch die **sonstigen Grundlagen der Verkehrswertermittlung,** insbesondere die künftigen Ertragsverhältnisse einschließlich der Erkenntnisse über den Grundstückszustand:

a) Der BFH hat zutreffend festgestellt, dass sich auf den Verkehrswert nur solche Verhältnisse und Gegebenheiten auswirken können, die zum Wertermittlungsstichtag hinreichend konkretisiert sind und zumindest mit ihrer Tatsache gerechnet werden konnte (Wurzeltheorie)[40]. Ein **später aufkommender Altlastenverdacht** kann deshalb auch bei retrospektiver Verkehrswertermittlung selbst dann nicht berücksichtigt werden, wenn er sich später verifiziert hat (vgl. Rn. 54).

   Die vornehmlich **im Rahmen der Unternehmensbewertung entwickelte Wurzeltheorie gilt auch für die Verkehrswertermittlung.** Sie liegt im Wesen des Verkehrswerts, der maßgeblich durch die künftige Nutzbarkeit bestimmt ist (Zukunftserfolgswert)[41]. Auch in der Rechtsprechung des BGH zur Ermittlung des Zugewinnausgleichs findet die Wurzeltheorie deshalb Beachtung.

   Spätere Entwicklungen, deren Wurzeln in der Zeit nach dem Wertermittlungsstichtag liegen, **müssen außer Betracht bleiben**[42].

69 b) Auch **neuere Erkenntnisse über die Lebenserwartung sind bei der retrospektiven Verkehrswertermittlung nicht zu berücksichtigen,** wenn es z. B. um die Verkehrswertermittlung eines Wohnrechts oder eines Nießbrauchs geht. In diesem Fall sind mithin die jeweiligen Sterbetafeln heranzuziehen, die zum Wertermittlungsstichtag dem Sachverständigen zugänglich waren (vgl. Rn. 54; Vorbem. zu den §§ 13 f. WertV Rn. 40 und § 13 WertV Rn. 27 ff.).

2.4 Wertbestimmende Zustandsmerkmale

2.4.1 Allgemeines

70 Der Verkehrswert bestimmt sich auf der Grundlage aller (tatsächlichen und rechtlichen) *Merkmale* eines Grundstücks. Als **wertbestimmende Merkmale eines Grundstücks** führt § 194 BauGB an:

– die rechtlichen Gegebenheiten[43],

– die tatsächlichen Eigenschaften,

– die sonstige Beschaffenheit und

– die Lage des Grundstücks.

71 Aufzählung und Untergliederung der aufgeführten Merkmale sind unsystematisch und gesetzgeberisch nur aus der Rechtstradition der Verkehrswertdefinition erklärbar[44]. Die aufgeführten **Merkmale lassen sich nicht eindeutig voneinander abgrenzen;** sie weisen vielmehr Überschneidungen auf. Auch die Regelungen der WertV knüpfen mit § 3 Abs. 2, § 4 Abs. 1 und 2 sowie § 5 an die durch § 194 BauGB vorgegebene Untergliederung an, ohne damit den Mangel lösen zu können[45]. Dies ist unbedeutend, denn bei der Wertermittlung kommt es allein darauf an, dass alle wertbeeinflussenden Merkmale – allerdings aber auch nicht doppelt – berücksichtigt werden.

Eigenschaft ist jedes einer Kaufsache auf gewisse Dauer anhaftende Merkmal, das für   **72**
deren Wert, ihren vertraglich im Falle des Ankaufs vertraglich vorausgesetzten Gebrauchs
oder aus sonstigen Gründen für den Käufer erheblich ist[46]. Der Begriff der **Eigenschaften**
umfasst im Werkvertrags- und Kaufrecht üblicherweise auch „unkörperliche Werkleistun-
gen", d. h., es sind danach **alle Verhältnisse** zu verstehen, **die nach Art und Dauer** nach
der allgemeinen Verkehrsauffassung **geeignet sind, Einfluss auf die Wertschätzung** und
Brauchbarkeit der Sache **auszuüben,** ohne dass der „bloße Wert" oder der Preis einer
Sache zu den Eigenschaften zu rechnen ist[47]. Nach **der Verkehrswertdefinition** sollen in
Abgrenzung zu den „rechtlichen Gegebenheiten" aber hierunter nur die „tatsächlichen"
Eigenschaften verstanden werden. Gleichwohl weist dieser Begriff Überschneidungen mit
der „sonstigen Beschaffenheit" und „Lage des Grundstücks" auf.

Als **Eigenschaft** kann – wie dargelegt – jedes einem Grundstück auf eine gewisse Dauer   **73**
anhaftende Merkmal gelten, das für dessen Wert, seinen (vertraglich vorausetzenden)
Gebrauch oder aus sonstigen Gründen für den Käufer erheblich ist[48].

Zu den Eigenschaften gehören u. a.   **74**

a) die Nutzbarkeit, insbesondere Bebaubarkeit[49],

b) die Entwicklungspotenziale, soweit sie im gewöhnlichen Geschäftsverkehr zum Wertermittlungsstichtag ihren Niederschlag im Verkehrswert finden,

c) eine öffentliche Förderung[50],

d) steuerliche Abschreibungsmöglichkeiten[51],

e) Rechte an Grundstücken.

---

40   BFH, Urt. vom 1. 4. 1998 – X R 150/95 –, EzGuG 19.45 = GuG 1998, 372; BFH, Urt. vom 27. 2. 1992 – IV R
71/90 –, BFHE 167, 140 = BStBl. II 1992, 554 = BB 1992, 1178

41   Bereits: RG, Urt. vom 3. 4. 1897 – V 341/96 –, Gruchot 41, 1002; BGH, Beschl. vom 8. 5. 1998 – Blw. 18/97 –,
EzGuG 20.163; BGH, Beschl. vom 16. 2. 1973 – II ZR 74/71 –, DB 1973, 565; OLG Düsseldorf, Urt. vom
17. 2. 1984 – 19 W 1/81 –, EzGuG 20.104 b; OLG Düsseldorf, Urt. vom 29. 10. 1976 – 19 W 6/73 –, WM 1977,
797 = DB 1977, 296; OLG Celle, Urt. vom 4. 4. 1979 – 9 Wx 2/77 –, EzGuG 20.80 a; LG Frankfurt am Main,
Urt. vom 8. 12. 1982 – 3/3 AktE 104/79 –, BB 1983, 1244

42   BGH, Urt. vom 17. 1. 1973 – IV ZR 142/70 –, EzGuG 20.53 a

43   Nach § 142 Abs. 1 BBauG 76, aus dem § 194 BauGB hervorgegangen ist, waren bei der Verkehrswertermittlung
„besondere Vorschriften über die Berücksichtigung und Nichtberücksichtigung bestimmter Umstände" zu
beachten (Reduktionsklausel). Diese seinerzeit mit dem BBauG 76 eingeführte Bestimmung sollte insbesondere
den Gutachter an Regelungen i. S. d. §§ 57 f., 93 ff. und der §§ 153 ff. BauGB erinnern. In der Beschlussempfehlung des federführenden BT-Ausschusses wurde hierzu ausgeführt, dass der Hinweis nur deklaratorische
Bedeutung habe, denn bei der Wertermittlung seien immer alle wertbeeinflussenden Umstände und damit auch
die in § 194 BauGB ausdrücklich angesprochenen „rechtlichen Gegebenheiten" zu berücksichtigen (vgl. BT-
Drucks. 7/4793, S. 53). Mit der Aufhebung dieser Bestimmungen gehen deshalb keine materiellen Änderungen
einher.

44   Die Definition wurde erstmals vom RG im Urt. vom 18. 11. 1879 verwandt (Gruchot 24.409 = AVN 1920, 327 [LS]);
später RG, Urt. vom 11. 10. 1880, EzGuG 19.2: RG, Urt. vom 4. 11. 1893, RGZ 32. 298; später BT-Drucks. II/1813,
S. 45, § 184 Abs. 2; BT-Drucks. II/3028, S. 52, § 168 Abs. 2; Drucks. III/336, S. 46, § 163 Abs. 2

45   § 3 Abs. 2, § 4 Abs. 1 und 2, § 5 WertV

46   Palandt/Putzo, BGB, 57. Aufl. § 459 Rn. 20; OLG Frankfurt am Main, Urt. vom 30. 4. 1998 – 15 U 65/97 –,
GuG 1989, 121 = EzGuG 4.171

47   RG, Urt. vom 24. 6. 1927 – VI 135/27 –; Münchener Komm. BGB 2. Aufl. München 1985 § 633 Rn. 26; Ingenstau, H./Korbion, H., Verdingungsordnung für Bauleistungen, 12. Aufl. Düsseldorf 1993 B § 13,1 Rn. 116;
Palandt/Putzo BGB § 459 Rn. 20

48   Palandt/Putzo, BGB 57 Aufl. § 459 Rn. 20

49   OLG Frankfurt am Main, Urt. vom 30. 4. 1998 – 15 U 65/97 –, GuG 1999, 121 = EzGuG 4.171

50   BFH, Urt. vom 18. 12. 1985 – II R 229/83 –, EzGuG 20.111

51   BGH, Urt. vom 6. 12. 1985 – V ZR 2/85 –, EzGuG 12.43 b; BGH, Urt. vom 13. 2. 1981 – V ZR 25/80 –, EzGuG
14.65 a; BGH, Urt. vom 19. 12. 1980 – V ZR 185/79 –, MDR 1981, 659 = BGHZ 79, 183 kritisch: Brych in
ZfBR 1981, 153; Koller in NJW 1981, 1768

2.4.2 Entwicklungspotenzial als Grundstücksmerkmal

75   Aus der Erkenntnis, dass der Verkehrswert als Zukunftserfolgswert verstanden werden muss, folgt, dass bei der Verkehrswertermittlung von **Grundstücken, bei denen mit der tatsächlichen Nutzung ein am Wertermittlungsstichtag vorhandenes Entwicklungspotenzial nicht ausgeschöpft wird**, die (künftige) Nutzung in die Wertermittlung eingehen muss, die sich einem verständigen Eigentümer unter Berücksichtigung der rechtlichen Möglichkeiten und der Präferenzen des Grundstücksmarktes aufdrängt (Grundsatz des *highest and best use*). Die vorhandene Nutzung kann sich dabei als hinderlich erweisen; auch dies muss ggf. berücksichtigt werden. Es handelt sich in solchen Fällen um Immobilien mit Entwicklungspotenzial *(property in transition),* wobei sich vielfach verschiedene Alternativnutzungen anbieten. In solchen Fällen kann regelmäßig die Nutzung der Verkehrswertermittlung zu Grunde gelegt werden, die bei geringstem Risiko die höchste Ertragsfähigkeit verspricht. Der Verkehrswertermittlung muss in solchen Fällen eine Kosten-Nutzen-Analyse vorausgehen (Abb. 3). Bei alledem kann es nicht auf bloße Wunschvorstellungen des Eigentümers ankommen; vielmehr sind die vorhandenen und absehbaren **rechtlichen und wirtschaftlichen Möglichkeiten realitätsbezogen ohne spekulative Momente anzuhalten.**

Abb. 3: Verkehrswert von Immobilien mit Entwicklungspotenzial

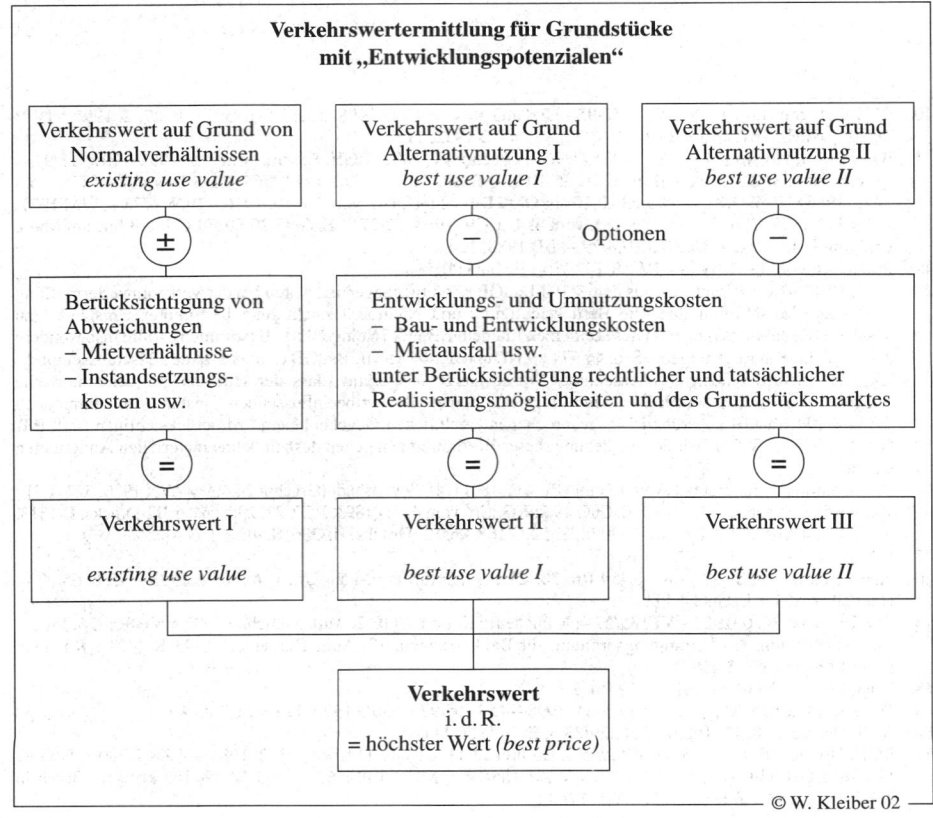

Dass Entwicklungspotenziale bei der Verkehrswertermittlung berücksichtigt werden müssen, folgt aus der Definition des Verkehrswerts als dem im gewöhnlichen Geschäftsverkehr erzielbaren Preis. Im gewöhnlichen Geschäftsverkehr wird nämlich neben der tatsächlichen Nutzung auch die Nutzungsfähigkeit eines Grundstücks berücksichtigt. **Zu den „tatsächlichen Eigenschaften" i. S. d. § 194 BauGB gehört mithin nicht nur das tatsächlich „Vorhandene", sondern auch das bei nüchterner Betrachtung unter Berücksichtigung der rechtlichen und wirtschaftlichen Gegebenheiten „Mögliche",** selbst dann, wenn sich dies noch nicht rechtlich verfestigt hat. Maßgeblich ist dabei die gesunde Verkehrsauffassung. Insoweit besteht auch keine Disparität zur Beleihungswertermittlung, bei der die sog. **Drittverwendungsmöglichkeit** seit jeher Berücksichtigung findet[52]. **76**

Diese Vorgehensweise ist z. B. bei Immobilien angezeigt, die sich in einem (potenziellen) Umbruch befinden **(property in transition).** So wie der Eigentümer in solchen Fällen verschiedene Optionen der Grundstücksnutzung hat und sich aus einem gesunden Interesse an einer Gewinnmaximierung überlegen kann, welche Nutzung zu bevorzugen ist, muss dies auch bei der Wertermittlung berücksichtigt werden. **77**

Dabei müssen aber gewissenhaft einige Regeln beachtet werden, wenn solche Überlegungen zum Verkehrswert führen sollen: **78**

a) Bei der Berücksichtigung zukünftiger Nutzungsmöglichkeiten kann nur das zu Grunde gelegt werden, was nach den **rechtlichen und tatsächlichen Gegebenheiten ohne spekulative Elemente erwartet werden kann,** wobei Erwartungen nicht unumstößlich abgesichert sein müssen.

b) Es dürfen nur solche Nutzungsmöglichkeiten berücksichtigt werden, die im Immobilienverkehr nach den Verwertungsmöglichkeiten des Objektes „gewöhnlich" und damit markt- und wertbestimmend sind; auf **persönliche Nutzungsabsichten eines Erwerbers kommt es also nicht an.**

c) **Alle in die Wertermittlung eingehende Daten müssen,** auch soweit es dabei um eine fiktive Verkehrswertermittlung für den Umnutzungsfall geht, **dem gewöhnlichen Geschäftsverkehr entsprechen** und von ungewöhnlichen oder persönlichen Verhältnissen unbeeinflusst sein.

Die „höchste und beste Nutzung" der Verkehrswertermittlung zu Grunde zu legen, kann also als ein der Verkehrswertdefinition inne wohnender Grundsatz angesehen werden. Dies ist keinesfalls eine der angelsächsischen Bewertungslehre ureigene Auffassung, sondern lag stets auch dem deutschen Verständnis vom Verkehrswert zu Grunde[53]. **79**

Die höchste Nutzung wird nicht ganz befriedigend vom **International Valuation Standards Committee (IVSC)** wie folgt definiert: **80**

„Die wahrscheinlichste Nutzung einer Immobilie, die physisch möglich, angemessen gerechtfertigt, rechtlich zulässig und finanziell durchführbar ist und die der bewerteten Immobilie den höchsten Wert verleiht."

Das Verständnis von einem Verkehrswert, der sich nach dem *„best use"* eines wirtschaftlich vernünftig Handelnden bemisst, hat seit jeher die Wertermittlungspraxis bestimmt[54]. **81**

---

52 So auch ausdrücklich die Interpretation des marché normal in Art. 2 des Règlement no 99–10 du Comité de la réglementation bancaire et financière sur les sociétés de credit foncière (Journal officiel de la République Francaise 1999 vom 27. 7. 1999).

53 So schon bei Kleiber/Simon, WertV 98 5. Aufl., Köln 1999; so aber auch Tegova, Anerkannte Europäische Standards für die Immobilienbewertung, London 1997, S. 20

54 Auch und vor allem in der Unternehmensbewertung: BGH, Urt. vom 30. 3. 1967 – II ZR 141/64 –, NJW 1967 = MDR 1967, 566; OLG Düsseldorf, Beschl. vom 17. 2. 1984 – 19 W 1/81 –, EzGuG 20.104 b

Bestimmte **Spielarten der klassischen Wertermittlungsverfahren** sind gezielt darauf gerichtet, den für eine vorgefundene immobilienwirtschaftliche Situation erzielbaren „best use value" zu ermitteln, so z. B.

– das Liquidationswertverfahren,

– die sog. „Zerlegungs- oder Zerschlagungstaxe" oder

– die Berücksichtigung von „Verschmelzungswertrelationen".

▶ *Hierzu § 7 WertV Rn. 89 ff.*

82 Das Verständnis des Verkehrswerts vom *„best use value"* stellt insoweit überhaupt nichts Neues dar. Wenn dieses Verständnis in der Fachdiskussion unter dem Einfluss von Anglismen in das Bewusstsein von Sachverständigen zurückkehrt, kann dies aber nur begrüßt werden.

83 Das Verständnis des Verkehrswerts vom *„highest and best use value"* darf bei alledem jedoch nicht schematisch überstrapaziert werden. Er muss mit **großer Sensibilität zur Anwendung** kommen (vgl. Rn. 78).

84 Eine Ausnahme ist z. B. in den in § 5 Abs. 1 WertV geregelten Fällen bezüglich des der Verkehrswertermittlung zu Grunde zu legenden Maßes der baulichen Nutzung (GFZ) gegeben. Danach ist die **lagetypische Nutzung** und nicht die höchstzulässige Nutzung der Verkehrswertermittlung zu Grunde zu legen, wenn üblicherweise die lagetypische Nutzung am Wertermittlungsstichtag realisiert wird und für die Preisbildung maßgebend ist.

85 Besonders problematisch ist der Grundsatz der „höchsten und besten Nutzung" bei **Immobilien, die bei gleichem physischen Zustand und gleichen rechtlichen Gegebenheiten allein auf Grund ihrer tatsächlichen Nutzung völlig unterschiedliche Ertragsverhältnisse aufweisen** können (Abb. 4).

Abb. 4: Tatsächliche Nutzung einer Einkaufszeile

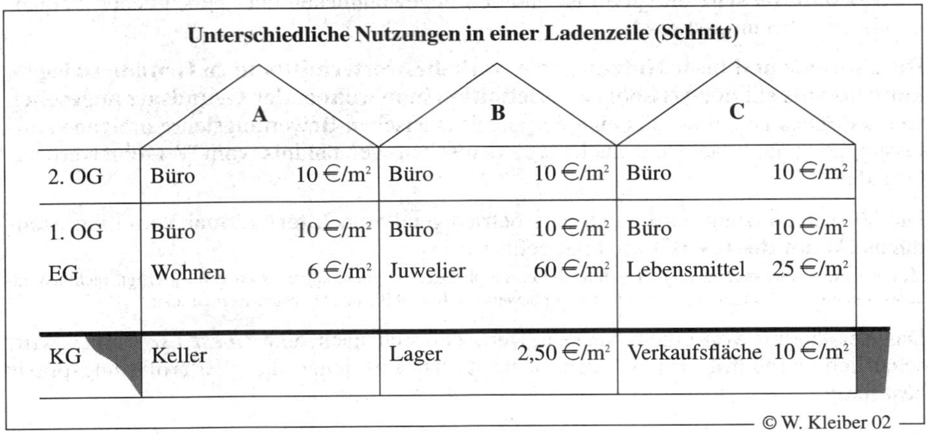

© W. Kleiber 02

86 Grundsätzlich sind der Ertragswertermittlung die **nachhaltige Nutzung** und die nachhaltigen Erträge zu Grunde zu legen. Hieraus folgt zunächst, dass sich der Ertragswert des Grundstücks A (mit der Nutzung Wohnen im Erdgeschoss) nicht auf der Grundlage der tatsächlich ausgeübten, d. h. aus der Wohnnutzung des Erdgeschosses fließenden Erträge ableiten lässt. Die Wohnnutzung stellt hier nämlich eine *atypische Nutzung* dar.

Lösung für die Verkehrswertermittlung des Grundstücks A: **87**

a) Es wird zunächst der Ertragswert auf der Grundlage einer Vermietung des Erdgeschosses als Laden ermittelt.

b) Im zweiten Schritt wird der Kapitalwert der Untervermietung auf der Grundlage der
   – Reinertragsdifferenz zwischen dem Jahresreinertrag aus einer Ladennutzung und dem Jahresreinertrag aus der Wohnnutzung und
   – Dauer der Nutzungsbindung entsprechend der mietvertraglichen Regelung und den mietrechtlichen Bestimmungen
   ermittelt.

c) Darüber hinaus sind die Aufwendungen für eine sofortige Freimachung und Herrichtung für eine Ladennutzung festzustellen (ggf. i.V.m. Abstandszahlungen).

Der Verkehrswert ergibt sich dann nach dem Ertragswert auf der Grundlage der nachhaltigen Nutzung lit a) unter Abzug des geringeren nach lit b) oder c) ergebenden Betrags.

Problematisch bleibt bei alledem die Frage, von welchen nachhaltigen Erträgen im Falle   **88** einer **Umnutzung des Erdgeschosses** von Grundstück A auszugehen ist. Dieselbe Problematik stellt sich aber auch bezüglich der Grundstücke B und C. Die Situation in den Einzelhandelslagen ist nämlich durch einen erheblichen **Branchenmix** gekennzeichnet, wobei die einzelnen Branchen erhebliche Unterschiede in den Ertragsverhältnissen aufweisen. Dies wird deutlich, wenn man die vom Institut für Handelsforschung an der Universität zu Köln abgeleiteten

– Umsatzzahlen je Quadratmeter Verkaufsfläche und

– Umsatzpachten (v.-H.-Sätze)

betrachtet. Je nach tatsächlicher Nutzung können sich die Erträge um ein Vielfaches unterscheiden. Der Ertragswert kann dementsprechend bei gleicher Bausubstanz um ein Vielfaches voneinander abweichen, wenn man nur einmal im vorgestellten Beispiel das Grundstück B betrachtet. Im Erdgeschoss wird eine Miete erzielt, die insgesamt sechs Bürogeschossen entspricht. Hier steht man also an einer äußerst sensiblen „Schraube der Ertragswertermittlung". Verkomplizierend kommt hinzu, dass jede einzelne Ladennutzung von den ertragsschwächeren und ertragsstärkeren Nutzungen der Nachbarschaft lebt, denn erst der Branchenmix verleiht der Einkaufsstraße ihren Wert. Ein Herausdrängen der ertragsschwächeren Nutzungen beeinträchtigt mithin die Nachhaltigkeit ertragsstärkerer Nutzungen (vgl. § 16 WertV Rn. 15 ff.).

Es kommt hinzu, dass sowohl die **Nachhaltigkeit ertragsstarker als auch ertragsschwa-**   **89** **cher Nutzungen „labil" ist,** denn schon morgen kann der Lebensmittelladen durch einen Tabakladen ersetzt werden, sofern dem nicht objektimmanente Gegebenheiten entgegenstehen. Deshalb ist es in solchen Fällen angezeigt, von durchschnittlichen Ertragsverhältnissen auszugehen und eine „Über- oder Untervermietung" als zeitlich begrenzt zu berücksichtigen, wenn es um die Verkehrswertermittlung geht.

2.4.3 Grundstückstransaktionskosten

Grundstückstransaktionskosten sind die im Zusammenhang mit der Veräußerung von   **90** Grundstücken auftretenden Grundstücksnebenkosten.

Die **DIN 276/1993** führt unter Ziff. 4.3 hierzu auf:

– Vermessungsgebühren,

– Gerichtsgebühren,

– Notariatsgebühren,

– Maklerprovision,

– Grunderwerbsteuer,

– Wertermittlungen/Untersuchungen (z. B. bez. Altlasten),

– Genehmigungsgebühren,

– Bodenordnung/Grenzregulierung,

– Sonstige Grundstücksnebenkosten.

Es handelt sich hierbei zumindest in Deutschland um Kosten, die, von den Besonderheiten der Maklerprovision abgesehen, üblicherweise dem Käufer entstehen.

91 Bezüglich der Bedeutung der Grundstückstransaktionskosten muss zwischen der Frage unterschieden werden, *ob* diese Kosten den Verkehrswert beeinflussen *und wie* diese Kosten ggf. bei der Verkehrswertermittlung zu berücksichtigen sind (vgl. Kleiber in GuG 2000, 321 ff.).

a) **Grundsätzlich wird der Verkehrswert durch die üblicherweise anfallenden Grundstückstransaktionskosten beeinflusst.** Angesichts der nicht unerheblichen Höhe der Transaktionskosten muss nämlich davon ausgegangen werden, dass im Rahmen der Preisbildung auf dem Grundstücksmarkt diese Kosten vom Erwerber in seine Gesamtkalkulation eingestellt worden sind. Der im Kaufvertrag schließlich vereinbarte und ausgewiesene Kaufpreis stellt gewissermaßen das Ergebnis dieser Gesamtkalkulation dar. Diese Kaufpreise gehen nun als Vergleichspreise in die Kaufpreissammlung ein und bilden die Grundlage der Verkehrswertermittlung. Damit wird deutlich, dass die Transaktionskosten durchaus den Verkehrswert beeinflussen und zwar in der üblicherweise und objektspezifischen Höhe. Diesen Gedankengängen folgend stellt § 6 Abs. 3 WertV richtigerweise heraus, dass nur die aus Anlass des Erwerbs und der Veräußerung entstehenden **Aufwendungen, die nicht üblicherweise entstehen,** bezüglich ihres Einflusses auf den (Vergleichs- bzw.) Kaufpreis unberücksichtigt bleiben müssen. Um den allgemeinen Einfluss der üblicherweise anfallenden Transaktionskosten auf den Verkehrswert an einem drastischen Beispiel zu verdeutlichen, sei auf den Fall hingewiesen, dass die Grunderwerbsteuer auf 50 v. H. (!) heraufgesetzt würde, was zu deutlich niedrigeren Kaufabschlüssen führen würde.

b) Eine ganz andere Frage ist die, ob und **wie die verkehrswertbeeinflussenden Transaktionskosten bei der Verkehrswertermittlung zu berücksichtigen sind.** Aus den vorherigen Ausführungen ergibt sich, dass die Transaktionskosten i. d. R. nicht mehr berücksichtigt werden dürfen, soweit sie bereits mit den Vergleichspreisen berücksichtigt sind und zwar in marktkonformer Höhe. Eine zusätzliche Berücksichtigung der Grundstücksnebenkosten, die überdies je nach persönlichen Umständen unterschiedlich ausfallen können, ist von daher abzulehnen. Vielmehr sind diese den ungewöhnlichen oder persönlichen Verhältnissen zuzuordnen, wenn sie von den üblichen Kosten abweichen (§ 6 Abs. 3 WertV). Kein Grundstückseigentümer wäre zum Verkauf „unter" Verkehrswert nur deshalb bereit, weil ein bestimmter Erwerber aus seiner persönlichen Situation heraus besonders hohe Nebenkosten hat (Abb. 5 und 6).

92 Wenn mitunter von ausländischen Investoren unbedachterweise der deutsche Verkehrswertbegriff mit dem Hinweis kritisiert wurde, die Grundstückstransaktionskosten müssten entsprechend „internationalen Standards" berücksichtigt werden, so liegt hierin eine Verkennung und vielfach eine unzulässige Gleichstellung mit der Ermittlung von anders zu definierenden Werten (z. B. für Bilanzzwecke; vgl. Rn. 206). Dies zu regeln wäre im Übrigen auch nicht Gegenstand der WertV oder WertR und ließe sich auch kompetenzrechtlich nicht begründen. Wie die deutsche Definition des Verkehrswerts enthält im Übrigen auch die **angelsächsische Definition** des *Open Market Value* **keine Vorgaben zu einer besonderen Berücksichtigung der Transaktionskosten bei der Verkehrswertermittlung.** Immerhin hat sich selbst die Tegova zu der in Deutschland seit jeher herrschenden Auffassung bekannt, dass der „Marktwert ... nicht um die Transaktionskosten" zu berichtigen ist[55].

---

55 Tegova, Anerkannte Europäische Standards für die Immobilienbewertung, 1. Aufl. 1997, S. 100

Abb. 5: Erwerbsnebenkosten in Europa in €

Land	Makler-Provision bei Verkäufen seitens des Käufers		Makler-Provision bei Verkäufen seitens des Verkäufers		Grunderwerb-steuer		Notar-, Grund-buchkosten etc.		Gesamtsummen seitens des Käufers	
	von	bis	von	bis	von	bis	von	bis	von	bis
Belgien	0,00	0,00	1,50	2,50	6,25	6,25	1,50	1,50	7,75	7,75
Dänemark	1,50	1,50	1,50	3,00	0,60	0,60	0,25	0,25	2,35	2,35
Deutschland	1,50	1,50	1,50	3,00	1,75	1,75	0,50	0,75	3,75	4,00
Finnland	0,00	0,00	1,75	2,25	0,80	0,80	0,25	0,50	1,05	1,30
Frankreich	1,50	2,50	1,50	2,50	9,25	9,25	0,75	0,75	11,50	12,50
Griechenl.	1,50	1,50	0,50	1,00	5,50	6,50	0,50	0,50	7,50	8,50
Großbrit.	0,00	0,00	0,50	1,25	0,50	0,50	0,25	0,25	0,75	1,00
Irland	0,75	0,75	1,25	1,25	3,00	3,00	0,50	1,00	4,25	4,75
Italien	1,00	2,00	2,00	3,50	0,50	0,50	1,40	1,40	2,80	3,80
Luxemburg	0,00	0,00	0,00	0,00	3,00	3,00	0,25	0,25	3,25	3,25
Niederlande	0,85	1,20	0,85	1,20	3,00	3,00	0,75	0,75	4,60	4,80
Österreich	1,50	2,50	1,20	1,70	1,75	1,75	0,75	0,75	4,00	5,00
Portugal	1,50	2,00	1,50	2,00	5,00	5,00	0,60	0,60	7,10	7,60
Schweiz	1,00	2,50	1,00	2,50	0,50	2,00	0,50	0,75	2,00	5,25
Schweden	0,00	0,00	2,00	2,50	0,75	1,50	0,25	0,25	1,00	1,75
Spanien	1,50	2,50	0,00	0,00	3,00	3,00	0,50	0,50	5,00	6,00

Anm.: alle (unverbindlichen) Angaben jeweils in Prozent des Verkaufspreises

Quellen: Peemöller, V.H., Euro Handbuch des Steuerberaters, Köln 1998

Abb. 6: Rahmenbedingungen für den Erwerb von Gewerbeimmobilien im Euro-Raum

Land	Grunderwerbsteuer	Maklergebühr	Übliche Mietvertrags-laufzeit in Jahren (Büro)**
Deutschland	3,5 %	3–6 %	5–10
Belgien	12,5 %	3 %	3/6/9
Finnland	4,0 %	2–4 %	3–5
Frankreich	4,8 %	2–5 %	3/6/9
Irland	bis zu 6 %	1–2 %	5–25
Italien	10,0 %	2–3 %	6
Luxemburg	7,0–11,0 %*	3 %	3/6/9
Niederlande	6,0 %	1,25–2 %	5–10
Österreich	3,5 %	3 %	3–5
Portugal	10,0 %	3–5 %	5
Spanien	6,0 %	1–5 %	3–5

* je nach Standort;

** branchenspezifische Abweichungen möglich, Maklergebühr z.T. zahlbar von Verkäufer

Quelle: Maklerangaben; Dresdner Bank Immobiliengruppe RESEARCH 2000

Dementsprechend wird selbst im **Blauen Buch** der Tegova (auf S. 18 der 1. Aufl. London 1997) herausgestellt, dass als Marktwert (und der Verkehrswert ist ein Marktwert sic!) der „geschätzte Wert einer Immobilie *ohne Berücksichtigung der Kosten von Verkauf oder Kauf und ohne Aufrechnung irgendwelcher mit in Zusammenhang stehender* Steuern" zu verstehen sei. Lediglich im Rahmen der Rechnungslegung und Bilanzierung von Unternehmenswerten soll nach Abschn. 7 Art. 49 Abs. 5 der EG-Richtlinie von 1991 (91/64 7/EEC) der Marktwert ... um die tatsächlichen oder geschätzten Verkaufskosten reduziert werden ..., wo der Wert an dem Tag festgesetzt wurde, an dem die Bilanzen aufgestellt werden, an dem Land und Gebäude verkauft wurden oder binnen kurzer Zeit verkauft werden." Von daher ist es unverständlich, wenn die Forderung erhoben wurde, diese selbst im Rahmen der Bilanzierung von Grundstücken nur in besonderen Einzelfällen vorgegebene Berücksichtigung der Transaktionskosten zu einem allgemeinen Grundsatz der Verkehrswertermittlung zu machen und in dem Regelwerk der WertV zu verankern.

93 Wenn im Rahmen des **Residualwertverfahrens** Grunderwerbsnebenkosten berücksichtigt werden (vgl. § 13 WertV Rn. 369, § 15 WertV Rn. 20), so ist dies im eigentlichen Sinne auch nicht in einem von deutschen Verkehrswertbegriff abweichenden Verständnis des Verkehrswerts begründet. Bei Anwendung des Residualwertverfahrens werden die **Grunderwerbskosten als unvermeidliche Entwicklungskosten** im erweiterten Sinne verstanden. Für den Verkäufer muss die Berücksichtigung der Grunderwerbskosten gleichwohl fragwürdig erscheinen, insbesondere soweit sie im persönlichen Bereich des Erwerbers liegen (z. B. Finanzierung). Im Falle des Verkaufs z. B. eines neu errichteten Wohnhauses zum Verkehrswert unter Abzug der Grunderwerbsnebenkosten wäre dies nämlich nicht dem gewöhnlichen Geschäftsverkehr zuzurechnen[56].

2.5   Verkehrswert – Derivate

94 Auf dem Grundstücksmarkt treten zusammenfassend zahlreiche mit der vorstehend erläuterten Konstellation vergleichbare Fallgestaltungen auf:
– **Erwerb eines mit einem Erbbaurecht belasteten Grundstücks durch den Erbbauberechtigten,** der i. d. R. ebenfalls zu höheren Preiszugeständnissen als jeder Dritte bereit ist (vgl. Rn. 34).
– **Erwerb von vermieteten Eigentumswohnungen und Eigenheimen** durch den Mieter. Auch in diesen Fällen wird im Falle eines Erwerbs durch Dritte, sofern es sich nicht um typische Vermietungsobjekte handelt, mit Preisabschlägen zu rechnen sein, wenn es sich um typischerweise eigengenutzte Objekte handelt, weil ein solcher Erwerber nur begrenzte und schwerfällige Möglichkeiten hat, seinen Eigenbedarf durchzusetzen.

95 Der Verkehrswertbegriff hat sich auch für andere Fallgestaltungen als zu eng und unpraktikabel erwiesen, ohne dass das Sachverständigenwesen in einer dienstleistungsorientierten Weise hierauf reagiert hat: Die Immobilienbranche einschließlich der Kreditinstitute ist häufig z. B. auch an dem **Wert einer Immobilie** interessiert, **der** z. B. **im Falle eines Notverkaufs oder in einem bestimmten Zeitrahmen realisierbar ist.** Demgegenüber impliziert der „gewöhnliche Geschäftsverkehr", dass der Verkäufer nicht unter Zwang oder zeitlichem Druck handelt. Wie ausgeführt, nimmt nach Untersuchungen amerikanischer Makler allein schon der Verkauf eines Einfamilienhauses etwa drei Monate in Anspruch. Hochkarätige Immobilien gelangen dagegen im gewöhnlichen Geschäftsverkehr häufig erst in Jahren zum Verkauf. Hieran ist die Verkehrswertermittlung ausgerichtet und der Sachverständige gerät nicht selten unter Druck, wenn sich für eine hochkarätige Immobilie der ermittelte Verkehrswert nicht sofort realisieren lässt.

96 Entsprechend den Bedürfnissen der Immobilienwirtschaft sind für solche Fälle, in denen der Veräußerungswillige an einem schnellen Verkauf interessiert ist, durchaus **modifizierte Wertbegriffe** erwägenswert, wie sie im angelsächsischen Bereich schon seit langem gebräuchlich sind:

In kundenorientierter Weise wird für derartige Konstellationen im *Red Book* des Royal   **97**
Institution of Chartered Surveyors[57] neben dem (strengen) Verkehrswert *(Open Market*
Value – OMV), der wiederum in zwei Alternativen angeboten wird, nämlich

– als *Open Market Value for the Existing Use (OMVEU)* und

– als *Open Market Value for Alternative Use (OMVAU)*,

zusätzlich der

a) **Estimated Realisation Price** (ERP) als der Preis (nicht Wert) angeboten, der von   **98**
einem Käufer ohne besonderes Interesse und besonderen perspektivischen Absichten
sowie ohne besondere Bedingungen üblicherweise in naher Zukunft in einem ausreichenden Vermarktungszeitraum erzielbar ist,

> „An opinion as to the amount of cash consideration before deduction of costs of sale which the Valuer considers,
> on the date of valuation, can reasonably be expected to be obtained on future completion of an unconditional sale
> of the interest in the subject property assuming:
> (a) a willing seller;
> (b) that completion will take place on a future date specified by the Valuer to allow a reasonable period for pro-
> per marketing (having regard to the nature of the property and the state of the market);
> (c) that no account is taken of any additional bid by a prospective purchaser with a special interest; and
> (d) that both parties to the transaction will act knowledgeably, prudently and without compulsion."

b) **Estimated Restricted Realisation Price** (ERRP) als der Verkaufspreis (nicht Wert)   **99**
angeboten, der unter den vorherigen Rahmenbedingungen in kürzester (ggf. vom Verkäufer vorgegebener) Zeit (vor Abzug der Verkaufsnebenkosten) erzielbar ist (geschätzter eingeschränkter Verkaufspreis). Es handelt sich hierbei quasi um den erzielbaren
Preis eines Notverkaufs (*„Forced Sale Value"* oder *„Fire Sale Price"*),

> An opinion as to the amount of cash consideration before deduction of costs of sale which the Valuer considers,
> on the date of valuation, can reasonably be expected to be obtained on future completion of an unconditional sale
> of the interest in the subject property assuming:
> (a) a willing seller;
> (b) that completion will take place on a future date specified by the Client (and recorded in the Valuer's Report)
> which does not allow a reasonable period for proper marketing (having regard to the nature of the property and
> the state of the market);
> (c) that no account is taken of any additional bid by a prospective purchaser with a special interest; and
> (d) that both parties to the transaction will act knowledgeably, prudently and without compulsion.

c) **Depreciated Replacement Costs** (DRC), als der sich an den Kosten orientierende Wert   **100**
angeboten, der insbesondere zur Fortführung einer bestimmten Nutzung vom Verkäufer
gefordert wird und dessen Wert sich auch im Zusammenhang mit der Nutzung eines
ihm zugeordneten Ersatzgrundstücks ergibt (Ersatzbeschaffungswert),

d) **Forced Sale Value** (FSV): Zwangsversteigerungswert

e) **Insurance-Reinstatement Cost Assessment** (IRCA): Versicherungswert

f) **Open Market Rental Value** (Mietwert),   **101**

g) **Estimated Future Rental Value** (künftiger Mietwert).   **102**

Diesbezüglich haben sich im öffentlichen Bereich auch die Haushaltsordnungen, die den
„vollen Wert" (Verkehrswert) fordern, als zu eng erwiesen. Wenn beim Verkauf von Grundstücken durch die öffentliche Hand ein solcher Wert bzw. Preis gefordert wird oder vom
Sachverständigen bei strenger Bindung an das Verkehrswertprinzip nicht „geliefert"
wurde, hat sich in der Vergangenheit häufig eine unberechtigte Kritik auf die Sachverständigen „entladen", ohne dass das Sachverständigenwesen sich hier „entlasten" konnte, weil
man die Problematik noch nicht einmal erkannt hat.

---

56 Hierzu die Glosse in GuG-aktuell 2000, 9
57 Red Book des Royal Institution of Chartered Surveyors, London 1995, VAS 4.6, VAS 4.7, VAS 4.11

2.6 Open Market Value

103 Als einen der wesentlichsten Unterschiede des angelsächsischen Verkehrswerts *(Open Market Value)* zum Verkehrswert i. S. d. § 194 BauGB wird immer wieder herausgestellt, dass sich dieser als der „**beste Preis**" definiere, während sich der Verkehrswert i. S. d. § 194 BauGB – vereinfacht gesagt – als (statistischer) Durchschnittswert ergebe. Die Definition des *Open Market Value (OMV)* scheint dies auf dem ersten Blick zu bestätigen:

„Open market value means the best price at which the sale of an interest in property might reasonably be expected to have been completed unconditionally for each consideration on the date of valuation assuming:

a) a willing seller;

b) that, prior to the date of valuation, there had been a reasonable period (having regard to the nature of the property and the state of the market) for the proper marketing of the interest, for the agreement of price and terms and for the completion of the sale;

c) that the state of the market, level of values and other circumstances were, on any earlier assumed date of exchange of contracts, the same as on the date of valuation; and

d) that no account is taken of any additional bid by a purchaser with a special interest."[58]

104 Eine entsprechende Definition ist vom **Supreme Court of California**[59] gegeben worden

„The highest price estimated in terms of money which the land would bring if exposed for sale in the open market, with reasonable time allowed in which to find a purchaser, buying with knowledge of all of the uses and purposes to which it is adapted and for which it was capable of beeing used."

105 Diese Definition geht sogar noch weiter, als hier vom „höchsten" Preis gesprochen wird und der „beste" Preis nicht zugleich der „höchste" Preis sein muss. International gesehen, findet die Definition des Open Market Value als der *„höchste* Preis" keinesfalls breite Anerkennung. Die von der Tegova vorgelegte Definition des „Marktwerts" orientiert sich vielmehr an der deutschen Definition des Verkehrswerts:

„**Marktwert** ist der geschätzte Betrag, für welchen ein Vermögen am Tag der Bewertung zwischen einem verkaufsbereiten Veräußerer und einem kaufbereiten Abnehmer in einer Transaktion auf rein geschäftlicher Basis nach ordnungsgemäßen Verkaufsverhandlungen, bei welchen jede Partei mit Sachkenntnis, Vorsicht und ohne Zwang gehandelt hat, ausgetauscht werden sollte."

106 **Mit dieser Definition ist der Verkehrswert i. S. d. § 194 BauGB durchaus vereinbar;** mit ihr wird lediglich wortreich das umschrieben, was unter den Begriff des gewöhnlichen Geschäftsverkehrs fällt.

107 Bei genauerer Betrachtung fallen die **Unterschiede des Open Market Value** (als den *best price*) **zum deutschen Verkehrswert** geringer aus, als es auf dem ersten Blick erscheint:

a) Zum Ersten wird der *Open Market Value* auch in der angelsächsischen Wertermittlungslehre nicht als der „best price" definiert, wie er sich unter mehr oder minder spekulativen Erwartungen ergibt. Vielmehr geht es auch hier um den *„best price"* unter gemeingewöhnlichen Verhältnissen.

b) Des Weiteren darf nicht übersehen werden, dass auch der Verkehrswert – zumindest bei Anwendung des Vergleichswertverfahrens – aus den *„best prices"* abgeleitet wird, denn die in die Kaufpreissammlung eingehenden Vergleichspreise stellen i. d. R. solche „Bestpreise" dar. Grundstücke werden nämlich in aller Regel erst nach zähen Verhandlungen an den Höchstbietenden veräußert, so dass insofern auch die Kaufpreissammlung durch Höchstpreise geprägt wird. Wenn dann der Verkehrswert im Wege der Aggregation der zum Vergleich in Betracht kommenden „Höchstpreise" abgeleitet wird, so kann darin ein statistisch abgesichertes Höchstpreisprinzip erblickt werden.

c) Sofern ein Grundstück Entwicklungspotenziale aufweist, folgt – wie dargestellt – auch die deutsche Wertermittlungslehre dem Prinzip des *„highest and best use"* (so z. B. bei Anwendung des Ertragswertverfahrens vgl. Rn. 85 ff.).

108 Die ausdrückliche Hervorhebung des *„best price"* in der angelsächsischen Definition ist bei alledem nicht ungefährlich, da sie dazu verführen muss, aus einer Vielzahl von zum Preisvergleich sich anbietenden Kaufpreise einen **spekulativ überhöhten Kaufpreis** zum Maßstab der Verkehrswertermittlung zu machen.

Während nämlich in der deutschen Praxis der Verkehrswertermittlung dieser als (gewoge- **109**
nes) Mittel aus einer Vielzahl von Vergleichspreisen abgeleitet wird, die ohnehin schon
allesamt regelmäßig als Höchstpreise Eingang in die Kaufpreissammlung gefunden haben,
legt die angelsächsische Definition des *Open Market Value* nahe, diesen allein aus dem
höchsten der in Betracht kommenden Vergleichspreise abzuleiten. Bodenpolitisch
abträglich ist dies mit einem sog. Leitereffekt verbunden und steht dem Gedanken der Ausgleichsfunktion einer sich nach dem Verkehrswert bemessenden Enteignungsentschädigung entgegen (vgl. Rn. 3). Darüber hinaus ist die angelsächsische Definition auch wertermittlungstechnisch bedenklich. Geht man nämlich davon aus, dass sich auch der *Open
Market Value* nicht auf sog. „Ausreißer" stützen soll, die nicht mehr dem gewöhnlichen
Geschäftsverkehr zuzurechnen sind, so spitzt sich die kritische Frage der Ermittlung des
Open Market Value auf die entscheidende Frage zu, wo die Grenze zu ziehen ist, die zum
Ausschluss solcher Ausreißer führt (vgl. § 6 WertV; Abb. 7).

Abb. 7: Ableitung des Verkehrswerts i. S. d. angelsächsischen Verkehrswertdefinition

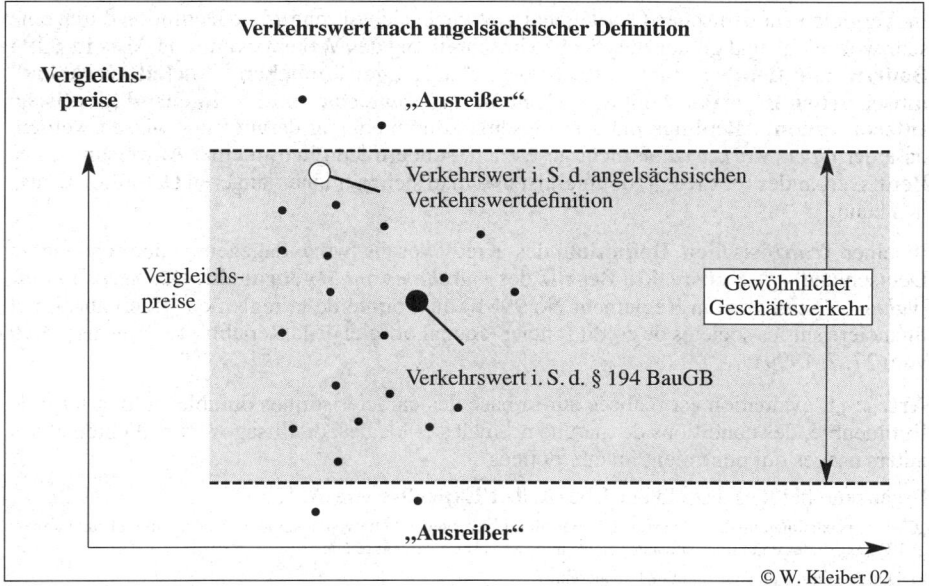

Selbst wenn es nun aber gelingt, die Ausreißer in zutreffender Weise auszugrenzen, so ver- **110**
bleibt es dann bei dem unbefriedigenden Ergebnis, dass sich die **Ermittlung** des *Open
Market Values* dann **auf einen einzigen,** nämlich den verbleibenden ***best price* stützt,**
während sich der deutsche Verkehrswert in einer vertrauenswürdigeren Weise auf das
(gewogene) Mittel der verbleibenden Vergleichspreise stützen kann.

Die im Red Book des Royal Institution of Chartered Surveyors angebotene **Unterschei-** **111**
dung des *Open Market Value* **(Verkehrswert)**

– in einen Verkehrswert auf der Grundlage der bestehenden Nutzung *(Open Market Value
for the Existing Use)* und

– in einen Verkehrswert auf der Grundlage einer alternativen Nutzung *(Open Market Value
for Alternative Use)*

---

58   VAS 4.2 RICS Statement of Valuation; London 1996
59   Sacramento Southern RR Co v. Heilbron 156 Cal. 408, 104 p. 979 (1909); vgl. weiterführend: The Appraisal of
     Real Estate, 9. Aufl. Chicago 1987

muss bei alledem als eine Antinomie zur Definition der angelsächsischen Definition des Verkehrswerts *(Open Market Value)* als *the best price* **angesehen werden.** Denn wenn schon im Verhältnis zur bestehenden Nutzung eine sich aufdrängende höherwertigere Alternativnutzung im gewöhnlichen Geschäftsverkehr die Preisbildung maßgeblich beeinflusst, so kann der *Open Market Value for the Existing Use* gerade nicht als allgemein gültiger Verkehrswert angesehen werden; dieser Wert kann allenfalls als **modifizierter Verkehrswert** angesehen werden, der im Rahmen der Bilanzierung und Rechnungslegung von Unternehmen bedeutsam ist. Im Übrigen ist die Unterscheidung auch der deutschen Wertermittlungspraxis nicht fremd. Auch in Deutschland werden Verkehrswerte nach bestimmten (vom Auftraggeber vorgegebenen) Maßgaben ermittelt. Die WertV ist diesbezüglich sogar praxisnäher und umfassender, als nach § 3 Abs. 1 Satz 2 WertV generell jeder von dem am Wertermittlungsstichtag abweichender Grundstückszustand der Wertermittlung zu Grunde gelegt werden kann, also nicht nur der *existing use,* sondern z. B. auch ein **künftiger Grundstückszustand,** wie es z. B. bei der Verkehrswertermittlung in Umlegungs- und Sanierungsgebieten sowie in Entwicklungsbereichen erforderlich werden kann.

112 Im Vergleich zur deutschen Gesetzgebung zeichnet sich die englische Definition durch eine sehr wortreiche und geradezu lyrische Umschreibung des Verkehrswerts aus. **Was in § 194 BauGB mit dem** abstrakten Rechtsbegriff des **„gewöhnlichen Geschäftsverkehrs" umschrieben ist, erfährt** mit dem *Open Market Value* **eine wohl weitgehend identische Interpretation.** Allerdings muss in diesem Zusammenhang darauf hingewiesen werden, dass der *Open Market Value* nicht gesetzlich, sondern lediglich in einer Anweisung eines Berufsverbandes (des RICS) definiert ist und man sich hier einer längeren Definition bedienen kann.

113 In einer **französischen Definition** des Kreditwesens **wird** dagegen – ähnlich wie in Deutschland – **der abstrakte Begriff** des *marché normale* **gebraucht.** Der Verkehrswert *(valeur vénale)* wird in Règlement No 99–10 du Comité de la règlementation bancaire et financière sur les sociétés de credit foncier (Jounal officiel de la République Francaise 1999 vom 27. 7. 1999):

114 **Art. 2:** „L'évaluation est réalisée sur la base des caractéristiques durables à long term de l'immeuble, des conditions de marché normales et locales, de l'usage actuel du bien et des auters usages qui pourraient lui être donnés"

115 Ergänzend heißt es dazu in der **Charte de l'Expertise** vom 4. 1. 2000:

„C'est le prix auquel un droit de propriété pourrait raisonnablement être vendu sur le marché à l'amiable au moment de l'Expertise, les conditions suivantes étant supposées préalablement réunies:

a) la libre volonté du vendeur et de l'acquéreur,

b) un délai raisonnable par la négociation, compte tenu de la nature du bien et de la situation du marché,

c) que la valeur soit à un niveau sensiblement stable pendant ce délai,

d) que le bien ait été proposé à la vente dans les conditions du marché, sans réserves, avec une publicité adéquate,

e) l'absence de facteurs de convenance personelle."

116 Die **österreichische Gesetzgebung** spricht, ähnlich wie die deutsche Gesetzgebung vom „üblicherweise im *redlichen Grundstücksverkehr* erzielbaren Preis" (vgl. Rn. 44).

117 Enge Verwandtschaft mit dem deutschen Verkehrswert weist auch die **niederländische Verkehrswertdefinition** in Art. 40 b des Enteignungsgesetzes auf (Übersetzung von Schmidt-Eichstaedt):

Artikel 40 b OW Enteignungsgesetz

Der wirkliche Wert der zu enteignenden Sache wird vergütet, nicht der eingebildete Wert, den die Sache aus ausschließlich persönlichen Gründen nur für den Berechtigten hat.

Bei der Festsetzung des wirklichen Werts wird von dem Preis ausgegangen, der bei einem zu unterstellenden Verkauf **im freien Geschäftsverkehr zwischen dem zu Enteignenden als redlich handelndem Verkäufer und dem Enteignungsbegünstigten als redlich handelndem Käufer** zustande gekommen wäre.

In besonderen Fällen wird der wirkliche Wert nach anderen Maßstäben bestimmt.

Artikel 40 a OW

Bei der Festlegung des Entschädigungsbetrags wird von dem Tag ausgegangen, an dem das Enteignungsurteil gemäß Art. 37 Abs. 2 oder Art. 54 t Abs. 2 ausgesprochen worden ist, mit der Maßgabe, dass in den Fällen, in denen das Gericht eine Entscheidung gemäß Art. 54 i Abs. 1 getroffen hat (Ausspruch der Enteignung nach Festsetzung eines unstreitigen Mindestbetrags der Entschädigung) und diese Entscheidung durch Eintragung in die öffentlichen Bücher binnen der in Art. 54 m bezeichneten Frist zur Ausführung gelangt ist, von dem Tag ausgegangen wird, an dem die Eintragung erfolgt ist.

3 Verkehrswertermittlung (Marktwertermittlung)

3.1 Verkehrswertspanne

Auf Grund der Vielzahl unbestimmter Rechtsbegriffe[60], die die Definition des Verkehrswerts kennzeichnen, kann es nicht wundernehmen, dass der **Verkehrswert** trotz der detaillierten Verfahrensvorschriften der WertV **keine mathematisch exakt ermittelbare Größe** (vgl. Vorbem. zur WertV Rn. 16)[61] ist und verschiedene Gutachter selbst bei Anwendung gleicher Grundsätze für ein und dasselbe Wertermittlungsobjekt regelmäßig zu voneinander divergierenden Ergebnissen gelangen[62] (sog. „Unmöglichkeit exakter Wertermittlungen"). Diese Situation kommt auch in nachstehender sicherlich nicht ganz ernst gemeinten Definition des Verkehrswerts zum Ausdruck: „Da es den Wert des Objektes nicht gibt, bedarf es einer ganzen Reihe von Denkmanipulationen, um einen theoretischen Wert zu ermitteln, den wir dann vor Freude, ihn gefunden zu haben, Verkehrswert nennen"[63]: „Wertermittlung eine rechnerische Verschleierung der Unsicherheit" (Engels 1962)? Eine ebenfalls nicht ernst gemeinte Auffassung definiert als Verkehrswert den Preis, den ein hoch interessierter Käufer nach langem Zaudern „mit schmerzverzerrtem Gesicht" noch akzeptiert. **118**

Um subjektive Einschätzungen eines einzelnen Gutachters möglichst auszuschalten, wurden die **Gutachterausschüsse für Grundstückswerte mit** dem BauGB **als Kollegialorgane** ausgestaltet; der **selbstständig tätige Sachverständige ist dagegen** i. d. R. **„Einzelkämpfer".** **119**

Dass die **Ermittlung von Verkehrswerten letztlich stets eine Schätzung**[64] bleibt, hat der Gesetzgeber gesehen und gewissermaßen billigend in Kauf genommen, sei es, dass es um die Ermittlung von Enteignungsentschädigungen oder von Ausgleichsbeträgen oder um die Begutachtung von Grundstücken im privaten Bereich geht[65]. Auch wenn der Verkehrswert **120**

---

60 Erichsen in VerwArch. III 23, S. 337; Vogel in DStZ A 1979, 28
61 BGH, Urt. vom 22. 1. 1959 – III ZR 186/57 –, EzGuG 6.38; BGH, Urt. vom 9. 11. 1959 – III ZR 148/58 –, EzGuG 14.12; BGH, Urt. vom 13. 12. 1962 – III ZR 97/61 –, EzGuG 14.15; BGH, Urt. vom 23. 11. 1962 – V ZR 259/60 –, EzGuG 20.32; BGH, Urt. vom 20. 12. 1963 – III ZR 112/62 –, EzGuG 14.18; BGH, Urt. vom 20. 12. 1963 – III ZR 60/63 –, EzGuG 14.17; BGH, Urt. vom 31. 3. 1977 – III ZR 10/75 –, EzGuG 14.56; BGH, Urt. vom 25. 6. 1964 – III ZR 111/64 –, EzGuG 4.22 = 20.37; BGH, Urt. vom 2. 7. 1968 – V BLw 10/68 –, EzGuG 19.14; BGH, Urt. vom 4. 3. 1982 – III ZR 156/80 –, EzGuG 11.127; BGH, Urt. vom 18. 10. 1984 – III ZR 116/82 –, EzGuG 15.34; BGH, Urt. vom 1. 2. 1982 – III ZR 93/80 –, EzGuG 14.69; BGH, Urt. vom 1. 2. 1982 – III ZR 100/80 –, EzGuG 14.70; BGH, Urt. vom 8. 2. 1965 – III ZR 174/63 –, EzGuG 14.22; BVerwG, Urt. vom 24. 11. 1978 – 4 C 56/78 –, EzGuG 15.9
62 OLG Saarbrücken, Urt. vom 13. 7. 1971 – 2 U 127/70 –, EzGuG 11.80 unter Berufung auf BGH
63 Haas, Rechtsfragen der Bodenwertermittlung und Entschädigung. ISW München. Städtebauliche Beträge 1967, Heft 1, S. 224; zu dieser Problematik auch Schmidt-Eichstaedt. in DÖV 1978, 130: Gaentzsch. Die Bodenwertabschöpfung im StBauFG, Siegburg 1975, S. 152; Engelken. in NJW 1977, 413; Niehans, J., Die Preisbildung bei unsicheren Erwartungen, SZVS 1948, 433; Wittmann, Der Wertbegriff in der Betriebswirtschaftslehre, Köln 1956, S. 84
64 BVerwG, Urt. vom 24. 11. 1978 – 4 C 56/76 –, EzGuG 15.9; vgl. auch zur Kostenermittlung im Erschließungsbeitragsrecht BVerwG, Urt. vom 16. 8. 1985 – 8 C 120-122/83 –, EzGuG 9.59
65 Kleiber in Ernst/Zinkahn/Bielenberg, BauGB, Vorbem. zur WertV, Rn. 22 m. w. N.; Kremers in BIGBW 1969, 129, und Hintzsche in BIGBW 1969, 233

keine mathematisch exakt ermittelbare Größe sein kann, ist es im Wirtschafts- und Rechtsleben unumgänglich, **Entscheidungen auf der Grundlage eines** „spitz" ermittelten **Verkehrswerts** zu treffen. Irgendwie geartete Verkehrswert*spannen* wären für den Grundstücksverkehr gemeinhin völlig unbrauchbar. Auch bei der Bemessung von Enteignungsentschädigungen kann man sich im Übrigen letztlich nur auf einen bestimmten Wert und nicht auf Wertspannen einigen. § 194 BauGB definiert deshalb den Verkehrswert als einen bestimmten Preis und nicht als Preisspanne (vgl. Rn. 140).

121 In jedem Fall muss es bei der **Ermittlung des Verkehrswerts um die Ableitung eines** „spitz" – wenngleich abgerundeten (vgl. Rn. 141 ff.) abgeleiteten Werts („Punktwert") **und nicht etwa um die Ermittlung einer Verkehrswert*spanne* gehen**, die im Übrigen ebenfalls mit Unsicherheiten behaftet wäre. Hieran muss schon aus rechtspolitischen Gründen festgehalten werden, auch wenn mehrere Gutachter bei der Ermittlung des Verkehrswerts für ein und dasselbe Grundstück zu unterschiedlichen Ergebnissen kommen und Abweichungen in der Rechtsprechung in Kauf genommen werden. Im Streitfalle muss nolens volens das als Verkehrswert angesehen werden, was letztinstanzlich Bestand hat und die größte Gewähr für Richtigkeit bietet. Der nach den Grundsätzen der WertV bei angemessener Berücksichtigung aller wertbeeinflussender Umstände „geschätzte" Verkehrswert in der Wirtschaft und im Rechtsleben breite Anerkennung. Er ist insbesondere nach § 95 Abs. 1 BauGB Grundlage für die Bemessung der Enteignungsentschädigung. Wie dort muss sich auch die Ermittlung des Ausgleichsbetrags auf den nach den anerkannten Grundsätzen der WertV ermittelten Verkehrswert stützen.

122 Probleme können bei alledem auftreten, wenn es im Grundstücksverkehr **preisprüfungsrechtliche Vorschriften** wie z. B. § 153 Abs. 2 BauGB zu beachten gilt. Nach dieser Vorschrift ist in Sanierungsgebieten und städtebaulichen Entwicklungsbereichen die Genehmigung der Veräußerung eines Grundstücks nach den §§ 144 f. BauGB zu versagen, wenn der vereinbarte Kaufpreis den sanierungs- bzw. entwicklungsunbeeinflussten Grundstückswert übersteigt. Die Besonderheit, die es bei der Preisprüfung zu berücksichtigen gilt, besteht darin, dass es im Geschäftsverkehr weder dem Erwerber noch dem Veräußerer angesichts der bestehenden Unsicherheiten bei der Verkehrswertermittlung zugemutet werden kann, sich an den „spitz" ermittelten Verkehrswert heranzutasten oder von vornherein **„Sicherheitsabschläge"** in Kauf zu nehmen, damit der Kaufpreis genehmigungsfähig ist.

123 Das BVerwG[64] hat in Bezug auf den **sanierungsunbeeinflussten Grundstückswert** i. S. d. § 153 Abs. 1 BauGB ausgeführt, dass der Wert – mehr oder weniger – ungewiss sei und sich nicht einfach „ausrechnen" oder seiner Höhe nach einer Tabelle entnehmen lasse, sondern aus einem Ermittlungsverfahren hervorgehe, das zumindest praktisch vielfältige Gelegenheit bietet, so oder anders vorzugehen.

124 Im Anschluss an die Rechtsprechung des BVerwG hat das OVG Lüneburg[66] festgestellt, dass es der Gemeinde bei der Ermittlung des Ausgleichsbetrags nicht verwehrt sein könne, „die **mit der Ermittlung des Verkehrswerts notwendig verbundenen Ungewissheiten** durch eine vorsichtige, an die untere Grenze des Vertretbaren heranreichende Veranschlagung aufzufangen". Rechtlich und rechtspolitisch bedenklich wäre aber, wenn hieraus ein Rechtsanspruch des Ausgleichsbetragspflichtigen abgeleitet wird. Im Urt. des VG Münster vom 18. 2. 1988[67] wird unter Bezugnahme auf die o. a. Rechtsprechung des BVerwG ausgeführt: „Die Entscheidung des Gesetzgebers für die sog. ‚Wertlösung' ist angesichts der dargestellten Bewertungsunsicherheiten nur hinnehmbar, wenn die – mathematischen nun einmal nicht ‚auszurechnenden' – Bewertungsgesichtspunkte so angesetzt werden, dass Unsicherheiten nicht zu Lasten des Abgabepflichtigen ausschlagen. Die im vorliegenden Fall nach den vorstehenden Erörterungen sowohl hinsichtlich des Endwerts als auch mit Bezug auf den Anfangswert bestehenden Unsicherheiten bewertet die Kammer in Anwendung der ihr zustehenden Schätzungsbefugnis gemäß § 287 ZPO auf 20 v. H. der sich nach den zonalen Grundwerten ergebenden Differenz. Damit ist den im Einzelnen dargelegten Unsicherheiten der Verkehrswertermittlung in erforderlichem – aber auch ausreichendem – Maße Rechnung getragen."[68]

Dieser Auffassung kann nicht beigetreten werden; auch die Bemessung der Enteignungsentschädigung nach dem Verkehrswert gemäß § 95 Abs. 1 BauGB stellt im gleichartigen Sinne eine Wertlösung dar. Die vorstehenden Überlegungen müssten mit dieser Begründung dazu führen, dass auch bei der Bemessung der Enteignungsentschädigung Bewertungsunsicherheiten nicht zu Lasten des Enteigneten ausschlagen, d. h. bestehende Unsicherheiten müssten bei der Bemessung der Enteignungsentschädigung durch entsprechende Zuschläge berücksichtigt werden. Im Ergebnis würde das zu einer Aufweichung des auf das Verkehrswertprinzip aufbauenden boden-, enteignungs- und ausgleichsrechtlichen Systems des Städtebaurechts führen. Wertermittlungstechnisch wäre die Frage aufgeworfen, welche Unsicherheitsmarge mit welcher statistischer Genauigkeit (Konvergenzintervall) z. B. bei der Enteignungsentschädigung zusätzlich zu berücksichtigen ist. In der höchstrichterlichen Rechtsprechung zur Enteignungsentschädigung ist dies bislang nicht gefordert worden. Als **Verkehrswert ist hier der „volle Wert"**[69] oder der „wahre" bzw. „innere" Wert (vgl. Rspr. des BGH im Zusammenhang mit Auseinandersetzungen zum Zugewinnausgleich) maßgebend; an diesem muss sich auch das „angemessene Angebot" nach § 87 Abs. 2 Satz 1 BauGB orientieren[70].   **125**

Was bei der Enteignung als Bemessungsgrundlage der **Entschädigung für das „Genommene"** verfassungsrechtliche Anerkennung gefunden hat, muss verfassungsrechtlich auch als Bemessungsgrundlage zum Ausgleich für die durch gemeindliche Sanierungsmaßnahmen dem Eigentümer „gegebene" Werterhöhung Bestand haben; für eine unterschiedliche Betrachtungsweise bestehen keine rechtfertigenden Gründe.   **126**

Tatsächlich werden in der vorstehenden Entscheidung des VG Münster (vgl. Rn. 124) zwei klar zu unterscheidende Probleme unzulässigerweise aufeinanderbezogen, nämlich die Ermittlung der sanierungsbedingten Bodenwerterhöhungen einerseits und die vom BVerwG entwickelten Prinzipien zur Preisprüfung nach § 153 Abs. 2 BauGB (= § 15 Abs. 3 Satz 2 StBauFG) andererseits. Die oben genannte Rechtsprechung des BVerwG zur Preisprüfung rechtfertigt nämlich keineswegs vom strikten Verkehrswertprinzip bei der Ausgleichsbetragserhebung abzuweichen: Bei dem zu entscheidenden Fall ging es um die Genehmigung eines Rechtsgeschäfts, wobei der Versagungsgrund (§ 153 Abs. 2 BauGB) nach Auffassung des Gerichts nur scheinbar an die Genehmigungsbehörde adressiert ist, in seinem Kern jedoch ein an den Rechtsverkehr gerichtetes Verbot sei, bei der rechtsgeschäftlichen Veräußerung des Grundstücks mit dem vereinbarten Gegenwert den sanierungsunbeeinflussten Grundstückswert zu überschreiten. Da dieser Verkehrswert im mathematischen Sinne keine exakt errechenbare Größe darstelle, nötige die Versagung der Genehmigung bei unwesentlicher Überschreitung des sanierungsunbeeinflussten Grundstückswerts den Veräußerer in verfassungswidriger Weise, bei der Preisvereinbarung „sicherheitshalber" auch unter dem sanierungsunbeeinflussten Grundstückswert zu bleiben, wenn er der Genehmigung sicher sein wolle. In der „Nötigung" zur Inkaufnahme einer „freiwilligen Vermögenseinbuße" sah das Gericht eine Verletzung des Eigentums nach Art. 14 GG. Anders stellt sich jedoch **die Situation bei Grundstücksverhandlungen zur Vermeidung einer Enteignung, bei Wertermittlungen im Rahmen von Umlegungsverfahren und auch bei der Ausgleichsbetragserhebung** dar. Durch Unsicherheiten bei der Verkehrswertermittlung wird der Betroffene hier nicht zur „Inkaufnahme" einer „freiwilli-   **127**

66   OVG Lüneburg, Urt. vom 30. 10. 1986 – 6 A 32/85 –, EzGuG 15.50
67   VG Münster, Urt. vom 18. 2. 1988 – 3 K 2268/85 –, EzGuG 15.60
68   Kritisch hierzu Mampel in DÖV 1992, 562
69   BGH Urt. vom 9. 11. 1959 – III ZR 149/58 –, EzGuG 14.11
70   BGH Urt. vom 16. 12. 1982 – III ZR 123/81 –, EzGuG 6.128

gen" Vermögenseinbuße genötigt. Der Vollzug der einschlägigen Bestimmungen stellt ihn hier auch nicht vor das Problem, sich an einen mit einer Unsicherheitsmarge behafteten Wert herantasten zu müssen. Sofern der Betroffene in den genannten Verfahren den zu Grunde gelegten Wert nicht akzeptieren will, steht ihm der Rechtsweg offen. Dies gilt auch für die Ausgleichsbetragserhebung, ohne dass damit die freie Verfügbarkeit des Eigentums eingeschränkt wird. Von daher besteht keine Rechtfertigung, das im Städtebaurecht geltende Verkehrswertprinzip für die Ausgleichsbetragserhebung zu modifizieren.

128 Fraglich bleibt, bis zu welcher Grenze eine Überschreitung des sanierungsunbeeinflussten Grundstückswerts als „unwesentlich" bezeichnet werden kann. Das BVerwG (a. a. O.) hat hierzu lediglich ausgeführt, dass der **vereinbarte Gegenwert** i. S. d. § 153 Abs. 2 BauGB solange nicht über dem gemäß § 153 Abs. 1 BauGB ermittelten sanierungsunbeeinflussten Grundstückswert liegt, wie nicht Werte vereinbart wurden, die **in einer für den Rechtsverkehr erkennbaren Weise deutlich das verfehlten, was auch sonst, nämlich im gewöhnlichen Geschäftsverkehr, ohne Rücksicht auf ungewöhnliche oder persönliche Verhältnisse zu erzielen wäre.** Feste Margen können nicht vorgegeben werden, da es wesentlich auf das allgemeine (absolute) Bodenwertniveau sowie auf die Homogenität des örtlichen Grundstücksmarktes ankommt[71]. In der Rechtsprechung sind **Überschreitungen** von 7,6 % als unschädlich erachtet worden[72]; die Grenze wird man eher bei 20 % ziehen müssen.

▶ *Weitere Ausführungen hierzu bei § 26 WertV Rn. 12 ff.*

3.2 Genauigkeit und Leistungsfähigkeit der Verkehrswertermittlung

129 Die Leistungsfähigkeit der Verkehrswertermittlung wird im Hinblick auf Genauigkeitsanforderungen immer wieder in Frage gestellt. Wiederholt wird von fachlich unkundiger Seite auf Beispielfälle verwiesen, in denen **Gutachter für ein und dasselbe Grundstück** auch schon mitunter **zu** um ein Mehrfaches **unterschiedlichen Ergebnissen gelangten.** Solche Fälle mögen in Einzelfällen tatsächlich auch auftreten, wobei dies vielfach nicht in der doch weit entwickelten Wertermittlungslehre, sondern in der unsachgerechten Anwendung der Wertermittlungslehre durch den eingeschalteten Gutachter begründet ist. In solchen Fällen wird auch schon einmal von „Schlechtachtern" gesprochen.

130 Häufiger gibt es aber für deutlich voneinander abweichende Ergebnisse der eingeschalteten Sachverständigen auch andere plausible Gründe, die unberechtigterweise dem Sachverständigenwesen angelastet werden. Dies betrifft insbesondere die Verkehrswertermittlung solcher **Immobilien, die zur Umnutzung anstehen**, wenn letztlich von keiner Seite verlässliche Erkenntnisse darüber vorliegen, welche Nutzung künftig zu erwarten ist (Rn. 63 ff.). Hier liegt es zum einen sogar in der Hand des Auftraggebers, direkt auf das Ergebnis der Verkehrswertermittlung dadurch Einfluss zu nehmen, dass er dem Sachverständigen bestimmte Vorgaben macht, während ein anderer Auftraggeber einem anderen Sachverständigen andere Vorstellungen aufgibt, die der Sachverständige dann zur Grundlage seiner Verkehrswertermittlung macht (**Verkehrswertermittlung nach sog. Maßgaben**). In solchen Fällen müssen die Sachverständigen zu unterschiedlichen Ergebnissen gelangen, was für Außenstehende oftmals unverständlich ist, denn sie verbinden mit dem Begriff des „Verkehrswerts" die Vorstellung, dass es für ein Grundstück nur einen Verkehrswert geben könne. Man muss einräumen, dass Sachverständige häufig selbst zu diesem Missverständnis dadurch beigetragen haben, dass sie das Ergebnis ihrer Verkehrswertermittlung nicht deutlich genug mit dem Hinweis versehen, auf welchen Maßgaben ihre Verkehrswertermittlung beruht.

131 Allzu häufig sehen sich die Auftraggeber aber auch nicht in der Lage, die künftige Nutzung vorzugeben und überlassen dies dem Sachverständigen. Sicherlich kann von einem Sachverständigen grundsätzlich auch erwartet werden, dass er die **künftige Nutzung auf Grund bestehender oder sich mit Sicherheit bzw. zumindest mit hinreichender Wahr-**

scheinlichkeit abzeichnender Nutzungsmöglichkeiten fachkundig einschätzen kann. Immer wieder wird der Sachverständige aber mit der Erstellung von Verkehrswertgutachten bereits zu einem Zeitpunkt „gefordert", wo keinerlei oder allenfalls nur grobe Vorstellungen über die künftige Nutzbarkeit vorliegen und man erwartet vom Grundstückssachverständigen im Kern das, was der Planer, der Investor bzw. die planende Gemeinde selbst noch nicht leisten konnte. Hier soll der Sachverständige in die „Bresche" springen und ist überfordert. Wenn gleichwohl ihm ein Gutachten abverlangt wird, so kann von solchen Gutachten keine „Treffsicherheit" erwartet werden. Schaltet man dann auch noch mehrere Gutachter mit unterschiedlichen Nutzungsvorstellungen ein, so müssen die jeweils für sich schon zwangsläufig unsicheren Gutachten voneinander abweichen.

Im Ergebnis muss in solchen Fällen bedacht werden, dass der **Verkehrswert** als stichtagsbezogener aber dennoch zukunftsorientierter Wert **mit einer um so höheren Sicherheit und Genauigkeit ermittelt werden kann, je konkreter sich die Zukunft abzeichnet und bei der Wertermittlung berücksichtigt werden kann.** In den angesprochenen Fällen empfiehlt es sich daher, die Verkehrswertermittlung nicht allzu früh „in Auftrag" zu geben und dem Gutachter die künftige Nutzung möglichst auf der Grundlage qualifizierter Nutzungsvorstellungen an die Hand zu geben – im Idealfalle wäre dies der rechtsverbindliche Bebauungsplan. **132**

Die Verkehrswertermittlung von Grundstücken, die sich noch im Vorfeld der Konkretisierung ihrer künftigen Nutzbarkeit befinden, kann sich (und muss sich) im Übrigen auf das stützen, was ohne spekulative Erwartungen im gewöhnlichen Geschäftsverkehr unter Berücksichtigung der rechtlichen und tatsächlichen Gegebenheiten (Situationsgebundenheit) erwartet werden kann[73]. Des Weiteren muss dabei der **Zeitraum** berücksichtigt werden, **in dem die Umsetzung einer beabsichtigten Folgenutzung erwartet werden kann.** Zwangsläufig wird die Verkehrswertermittlung um so „schwammiger", je unsicherer die künftige Nutzung ist. Wenn bei alledem in der Praxis sog. Risikoabschläge berücksichtigt werden, so trägt dies dem Wagnis Rechnung, das ein Investor als Erwerber auf sich nimmt; dieses Wagnis kann bereits mit einer entsprechenden Wartezeit i. d. R. berücksichtigt werden[74]. **133**

Sieht man einmal von den vorstehend behandelten Fallgestaltungen ab, so wird **in der Rechtsprechung für die Verkehrswertermittlung von Grundstücken** unter „Normalverhältnissen" und ohne Unsicherheiten bezüglich der Nutzbarkeit **von einem Genauigkeitsgrad von „bis zu ± 20 bis ± 30 %"** ausgegangen: **134**

a) BGH, Urt. vom 30. 5. 1963 – III ZR 230/61–, EzGuG 8.8
„Hier ist die Entschädigungsfestsetzung der Verwaltungsbehörde um etwas über 100 % von dem wirklichen durch das Berufungsgericht festgestellten Wert der Grundstücke abgewichen. Es trifft zwar zu, dass der erkennende Senat die Verschiebung des Berechnungszeitpunkts schon in Fällen für erforderlich gehalten hat, in denen die Differenz zwischen der administrativen Festsetzung und dem objektiv richtigen Wert des Grundstücks **unter 10 %** lag . . . Zu beachten ist hierbei jedoch, dass es auf die Prozentzahl allein nicht entscheidend ankommen kann, sondern dass auch die konkreten Werte, die der Prozentzahl zu Grunde liegen, mit in die Betrachtung hineinzuziehen sind."
Das Gericht ließ in diesem Fall bei einem Grundstückswert von 5 070 DM eine Abweichung von **12 %** gelten.

---

71 Ähnlich stellt sich diese Frage bei Anwendung der sog. Bagatellklausel des § 155 Abs. 3 BauGB: hierzu Kleiber in Ernst/Zinkahn/Bielenberg, BauGB, § 155, Rn. 92 ff.
72 VG Neustadt, Urt. vom 17. 10. 1975 – 8 K 192/74 –; VG Bremen, Urt. vom 27. 10. 1982 – 1 A 503/82 –, EzGuG 15.23; nicht genehmigungsfähig bei Überschreitung von 7 % (absolut: 10.000 DM); BayVGH, Urt. vom 16. 11. 1989 – 2 B 89.1217 –, GuG 1991, 102 = EzGuG 15.65 : 5 %; LG Darmstadt, Urt. vom 28. 4. 1993 – 9 0 17/92 –, GuG 1994, 62 = EzGuG 15.86
73 BGH, Urt. vom 8. 11. 1962 – III ZR 86/81 –, EzGuG 8.5; BGH, Urt. vom 25. 3. 1975 – V ZR 92/74 –; BGH, Urt. vom 28. 10. 1971 – III ZR 84/70 –, EzGuG 8.37; BGH, Urt. vom 20. 12. 1963 – III ZR 60/63 –, EzGuG 14.17; BGH, Urt. vom 30. 9. 1963 – III ZR 59/61 –, EzGuG 8.9; BVerwG, Urt. vom 27. 1. 1967 – 4 C 33/65 –, EzGuG 8.20; BVerwG, Urt. vom 9. 6. 1959 – 1 CB 27/58 –, EzGuG 17.13
74 Haas, Rechtsfragen der Bodenwertermittlung und Entschädigung. ISW München. Städtebauliche Beträge 1967, Heft 1, S. 224; zu dieser Problematik auch Schmidt-Eichstaedt in DÖV 1978, 130; Gaentzsch. Die Bodenwertabschöpfung im StBauFG, Siegburg 1975, S. 152; Engelken in NJW 1977, 413; Niehans, J., Die Preisbildung bei unsicheren Erwartungen, SZVS 1948, 433; Wittmann, Der Wertbegriff in der Betriebswirtschaftslehre, Köln 1956, S. 84

b) BGH, Urt. vom 28. 6. 1966 – IV ZR 287/64 –, EzGuG 11.51:

Eine Abweichung von 78 % ist nach Ansicht des Gerichts „grob falsch". Das Gericht führt aus: „Der Revision kann nicht zugegeben werden, dass sich der Unterschied im Rahmen des Vertretbaren halte. Der Sachverständige hat ausgeführt, bei Schätzungen von Altbau-Grundstücken, deren Gebäude kriegsbeschädigt und wie hier teilweise mit alten Baustoffen wiederhergestellt sind, könne nur ein Genauigkeitsgrad von **± 20 Prozent bis 30 Prozent** erwartet werden. Die Grenze ist weit überschritten."

c) BGH, Urt. vom 1. 4. 1987 – IVa ZR 139/68 –, EzGuG 11.163 c

„Daher ist erst dann von der Unverbindlichkeit einer Sachverständigenfeststellung auszugehen, wenn die Feststellung erheblich außerhalb des an sich üblichen Toleranzbereichs entsprechender Schätzungen liegt. Das wird bei Abweichungen in einer Größenordnung von **unter 15 %** (Berechnungsmethode: geforderter höherer Betrag mit 100 % gleichgesetzt) regelmäßig zu verneinen sein."

d) BGH, Urt. vom 26. 4. 1991 – V ZR 61/90 –, GuG 1992, 165 = EzGuG 7.114

„Zwischen dem vom Schiedsgutachter ermittelten jährlichen Erbbauzins von 12 320 € und der im Berufungsurteil festgestellten Höhe von 10 250 € besteht eine Differenz von 2 070 €, also von 16,79 %. Dazu verweist die Revision auf eine im Schrifttum vertretene Auffassung, wonach Abgleichungen bis zu 25 % im Allgemeinen hinzunehmen seien (so z. B. Laule, DB 1966, 769, 770; von Hoyningen-Huene, Die Billigkeit im Arbeitsrecht 1978, S. 38; Soergel-Wolf, BGB 12. Aufl., § 319 Rn. 8; ähnlich OLG München, Urt. vom 15. 5. 1959 – 8 U 1490/56 –, EzGuG 11.18a; **20–25 %**). Der erkennende Senat hat in dem Urt. vom 26. 4. 1961 – V ZR 183/59 – jedenfalls eine Abweichung von **ca. 18 %** nicht als offenbar unbillig angesehen."

e) LG Berlin, Urt. vom 22. 11. 1955 – 4 O 338/54 –

Nach dieser Entscheidung können die Abweichungen **bis ± 15 %** ausmachen.

f) LG Hamburg, Urt. vom 31. 10. 1960 – 10 O 30/60 –, EzGuG 18.15

„Erfahrene Sachverständige haben dem Gericht immer wieder bestätigt, dass Abweichungen in der Bewertungshöhe **um 10 % nach oben und nach unten** auch bei sorgfältigen Feststellungen und Bemühungen gar nicht zu vermeiden wären. Häufig ist der Ungenauigkeitsbereich noch größer."

g) OLG Frankfurt am Main, Urt. vom 19. 9. 1974 – 6 U 5/75 –, EzGuG 11.94 a

Das Gutachten eines „grob nachlässig handelnden" öffentlich bestellten und vereidigten Sachverständigen hat nach Feststellung des Gerichts zu einer Überbewertung des Verkehrswerts um 200 bis 300 % geführt.

h) OLG Berlin, Urt. vom 17. 10. 1978 – 7 O 131/78 –, EzGuG 11.114 b

„Die Kammer hält danach eine erhebliche Abweichung frühestens dann für gegeben, wenn die Abweichungen auf Grund nachgewiesener offensichtlicher Fehler der Sachverständigen insgesamt – d. h. unter Zusammenrechnung aller Einzelpunkte und Berücksichtigung eventueller Ausgleichspositionen – **mindestens 10 %** der festgestellten Schadenssumme ausmachen."

i) LG Braunschweig, Urt. vom 17. 4. 1975 – 1 U 34/73 –, EzGuG 19.26 a

Im **Versicherungswesen** wird von einer allgemeinen Schätzungsunschärfe von **20 bis 25 %** ausgegangen und erst bei einer größeren Abweichung zwischen Versicherungssumme und Versicherungswert eine Berufung des Versicherers auf Unterversicherung anerkannt (so auch OLG München, Urt. vom 15. 5. 1959 – 8 U 1490/56 –, EzGuG 11.18 a und OLG Schleswig, Urt. vom 26. 10. 1953 – 4 U 82/53 –, VersR 1954, 506 sowie BGH, Urt. vom 1. 4. 1953 – II ZR 88/52 –, BGHZ 9, 195).

j) OLG Nürnberg, Urt. vom 14. 4. 1987

„Bei einer Abweichung der Schätzung um nur **2,4 %** ... liegt sie damit in einem Ungenauigkeitsbereich, der gering und angesichts der Gesamthöhe wirtschaftlich unerheblich ist. Die Abweichung im Gutachten des Beklagten kann unter diesen Umständen nicht als vertragswidrige Schadenszuführung eingestuft werden."

k) VG Münster, Urt. vom 18. 2. 1988 – 3 K 226/85 –, EzGuG 15.60

„Berücksichtigt man ferner, dass die gerichtlichen Sachverständigen mit jeweils vertretbarer Begründung zu abweichenden Ergebnissen gelangt sind und nicht selten die Auffassung der jeweils anderen Sachverständigen als durchaus auch vertretbar gekennzeichnet haben, so hält es die Kammer für geboten, den unter Berücksichtigung der zonalen Grundwerte sich ergebenden Differenzbetrag mit einem allgemeinen Wertabschlag zu berücksichtigen. Die Entscheidung des Gesetzgebers für die sog. „Wertlösung" ist angesichts der dargestellten Bewertungsunsicherheit nur hinnehmbar, wenn die – mathematisch nun einmal nicht „auszurechnenden" – Bewertungsgesichtspunkte so angesetzt werden, dass Unsicherheiten nicht zu Lasten des Abgabepflichtigen ausschlagen. Die im vorliegenden Fall nach den vorstehenden Erörterungen sowohl hinsichtlich des Endwerts als auch mit Bezug auf den Anfangswert bestehenden Unsicherheiten bewertet die Kammer in Anwendung der ihr zustehenden Schätzungsbefugnis gemäß § 287 ZPO auf **20 v. H.** der sich nach den zonalen Grundwerten ergebenden Differenz ..."

l) VGH München, Urt. vom 13. 6. 1990 – M 9 K 89.2465 –, GuG 1992, 29 = EzGuG 11.178

„Schätzgutachten von Grundstücken und Bauten können niemals – etwa rein rechnerisch – den exakten Wert einer Immobilie bestimmen. Wenn der von der Klägerin beauftragte B. also zu anderen Werten gekommen ist als der Gutachterausschuss in dem streitgegenständlichen Gutachten, so besagt dies nichts darüber aus, dass das Gutachten des Gutachterausschusses völlig daneben liegt. Bei Gutachten über den Wert von Immobilien haben die Gerichte nach den allgemein gemachten Erfahrungen von Abweichungen im Bereich **bis zu 20 %** auszugehen. Die von B. beanstandeten Werte in den streitgegenständlichen Gutachten bewegen sich nicht in einem solchen

Bereich, dass die Kammer davon ausgehen könnte, eines der beiden Gutachten sei völlig falsch. Bei zwei verschiedenen Gutachten muss immer gedacht werden, dass das eine Gutachten die Spanne der möglichen Abzeichnungen voll nach oben und das andere voll nach unten in Anspruch nimmt . . ."

m) Auch im **Erschließungsbeitragsrecht** wird den Gemeinden im Übrigen bei der Kostenermittlung eine „Schätzbefugnis" eingeräumt, die ihr einen „gewissen Spielraum" und aus Gründen der Verwaltungspraktikabilität dem Grundsatz der „pfenniggenauen" Kostenermittlung eine Grenze setzt[75].

Die Praxis muss sich hierauf einstellen, ohne dass damit die Definition des Verkehrswerts **135** als ein „spitz" im gewöhnlichen Geschäftsverkehr erzielbarer Preis (Punktwert) in Frage gestellt werden kann. Rechts- und Wirtschaftsleben kommen grundsätzlich nicht an der Notwendigkeit eines Verkehrswerts vorbei, denn eine sich an der Genauigkeit der Verkehrswertermittlung orientierende **Wertermittlungsspanne (Rahmenwert)** kann den zu zahlenden Kaufpreis, auf den sich Käufer und Verkäufer einigen wollen, oder die im Einzelfall am Verkehrswert orientierte Enteignungsentschädigung nicht ersetzen[76]. Es kommt vor allem hinzu, dass es vor allem eine klar definierte **Wertspanne (Rahmenwert)** gar nicht geben kann, denn auch im Falle einer Ermittlung der „Wertspanne" müssen wiederum Unsicherheiten auftreten.

Bei Anwendung statistischer Methoden wäre die Ermittlung einer Wertspanne **(Kon-** **136** **vergenzintervall) eine Funktion der geforderten statistischen Sicherheit,** jedoch sind die statistischen Methoden i. d. R. ohnehin nur bedingt und eher nur i. S. einer Operationalisierung des Verfahrens anwendbar, denn die strengen statistischen Anforderungen an die Normalverteilung des Vergleichsmaterials sind allenfalls in Ausnahmefällen voll erfüllt.

Am letztlich doch **bewährten Verkehrswertprinzip führt** deshalb grundsätzlich **kein** **137** **vernünftiger Weg vorbei.** Die realistische Einschätzung über die Genauigkeit der Verkehrswertermittlung, die in der Rechtsprechung möglicherweise noch nicht einmal voll durchgeschlagen hat – die allgemeine Spanne dürfte sich nämlich eher an der oberen Grenze der genannten Zahlen und zwar nach oben *und* unten (±) bewegen und im Einzelfall auch darüber liegen –, muss aber umso mehr den Sachverständigen zu höchster Sorgfalt und Gewissenhaftigkeit zwingen. Wenn schon die Verkehrswertermittlung in weiten Bereichen auf Schätzelementen beruht und die Erfahrung von ausschlaggebender Bedeutung ist, dann müssen auch alle Werteinflüsse erfasst und in begründeter Weise in die Verkehrswertermittlung eingebracht werden. Als **Verkehrswert ist** dann im Streitfalle **der Wert** anzusetzen, **der die größte Gewähr der Richtigkeit bietet.**

Im Übrigen hat die Rechtsprechung Wege aufgezeigt, wie dem **Problem der Unsicherhei-** **138** **ten bei der Verkehrswertermittlung ohne Aufgabe des Verkehrswertprinzips** im Interesse des Rechtsfriedens und der Praxis **Rechnung getragen werden** kann (vgl. Rn. 122 ff.):

a) Bei der sich am sanierungsunbeeinflussten (Verkehrs-)wert orientierenden Preisprüfung nach § 142 BauGB i. V. m. § 153 Abs. 2 BauGB dürfen unwesentliche Überschreitungen des „spitz" ermittelten Verkehrswerts nicht zur Versagung der sanierungsrechtlichen Grundstücksverkehrsgenehmigung führen[77].

---

75 BVerwG, Urt. vom 16. 8. 1985 – 8 C 120-122/83 –, EzGuG 9.59; weitere Rspr.: BGH, Urt. vom 10. 6. 1976 – VII ZR 129/74 –, EzGuG 11.103; LG Braunschweig, Urt. vom 9. 3. 1966 – 2 O 116/65 –, EzGuG 11.50 a; OLG Düsseldorf, Urt. vom 11. 3. 1988 – 7 U 4/84 –, EzGuG 20.124; LG Arnsberg, Urt. vom 28. 5. 1985 – 5 T 150/85 –, EzGuG 5.19; BGH, Urt. vom 28. 6. 1966 – VI ZR 287/64 –, EzGuG 11.51; BGH, Urt. vom 2. 11. 1983 – IVa ZR 20/82 –, EzGuG 20.103

76 Kleiber in Vorbem. zur WertV in Ernst/Zinkahn/Bielenberg, BauGB Rn. 22 ff.; im Ergebnis so auch Mampel in DÖV 1992, 556; vgl. auch Reisnecker im Kohlhammer Komm., BauGB § 95 Rn. 16; a. G. Gronemeyer in BauR 1979; 112 sowie in NVwZ 1986, 92; Stich im Berl. Kom., BauGB § 194 Rn. 9; Krit. Leisner im AgrarR 1977, 356 und BB 1975, 1

77 BVerwG, Urt. vom 24. 11. 1978 – 4 C 56/76 –, EzGuG 15.9

b) Bei der Ermittlung von Ausgleichsbeträgen in Sanierungsgebieten soll es nach Auffassung des OVG Lüneburg den Gemeinden nicht verwehrt werden, „die mit der Ermittlung des Verkehrswerts notwendig verbundenen Ungewissheiten ... durch eine vorsichtige, an der unteren Grenze des Vertretbaren heranreichende Veranschlagung aufzufangen"[78].

139 Im Bereich **der Einheitsbewertung** ist hervorgehoben worden, dass Unsicherheiten der Schätzung hinzunehmen sind, wenn zuvor der Sachverhalt vollständig aufgeklärt und die Schätzung in sich schlüssig ist (vgl. § 13 WertV Rn. 49). Der BFH[79] hat hierzu ausgeführt:

„Die Schätzung ist ein Verfahren, Besteuerungsgrundlagen mit Hilfe von Wahrscheinlichkeitsüberlegungen zu ermitteln, wenn eine sichere Feststellung trotz des Bemühens um Aufklärung nicht möglich ist. Dabei sind alle Umstände zu berücksichtigen, die für ein solches Verfahren von Bedeutung sein können. Auszugehen ist von dem aufgeklärten Sachverhalt. Es bedarf weiterhin der Feststellung, dass eine weitere Sachaufklärung nicht möglich oder zumutbar ist. Erst in diesem Stadium setzten die Schätzungsüberlegungen ein, die aus dem festgestellten Sachverhalt folgern, dass die Besteuerungsgrundlagen in einer wahrscheinlichen Höhe verwirklicht worden sind (BFH, Urt. vom 2. 2. 1982 – VII R 65/80 –, *EzGuG 20.93 a*)[80].

Die durch Schätzung ermittelte Besteuerungsgrundlage enthält einen **Unsicherheitsbereich**, der vom Wahrscheinlichkeitsgrad der Schätzung abhängig ist. Die Wahrscheinlichkeit, dass eine Schätzung zutreffend ist, wird umso größer sein, je umfangreicher der zu Grunde gelegte gewisse Sachverhalt und je zuverlässiger die angewandte Schätzungsmethode ist. Eine genaue Bestimmung der Besteuerungsgrundlage kann im Schätzwege trotz Bemühens um Zuverlässigkeit allenfalls zufällig erreicht werden.

Diese **Unschärfe, die jeder Schätzung anhaftet**, kann im Allgemeinen vernachlässigt werden. Soweit sie sich zugunsten des Steuerpflichtigen auswirkt, muss er sie hinnehmen, zumal wenn er den Anlass für die Schätzung gegeben hat (BFH, Urt. vom 26. 4. 1983 – VIII R 38/82 –, *EzGuG 11.136 c*).

Welche Schätzungsmethode dem Ziel, die Besteuerungsgrundlagen durch Wahrscheinlichkeitsüberlegungen so zu bestimmen, dass sie der Wirklichkeit möglichst nahe kommen, am besten gerecht wird, ist grundsätzlich eine Frage der Tatsachengerechtigkeit ...

Schätzungen müssen insgesamt in sich schlüssig sein; ihre Ergebnisse müssen darüber hinaus wirtschaftlich vernünftig und möglich sein ..."

140 Eine **Schätzung**[81] erweist sich **erst dann** als **rechtswidrig, wenn sie den durch die Umstände des Falles gezogenen Schätzungsrahmen verlässt** (vgl. Rn. 118 ff.; § 13 WertV Rn. 48 ff.)[82].

3.3 Abrundung

141 Die Forderung nach der Ableitung eines „spitz" ermittelten Verkehrswerts findet ihre Begründung in der Verkehrswertdefinition des § 194 BauGB und bedeutet allerdings nicht, dass **Verkehrswerte mit einer „Pfenniggenauigkeit"** ermittelt werden können. Wie im Grundstücksverkehr sind auch bei der Verkehrswertermittlung die „rechnerischen" Ergebnisse der Wertermittlung entsprechend abzurunden. Folgende **Abrundungen** sind gebräuchlich (Abb.8).

Abb. 8: Abrundung bei der Verkehrswertermittlung

Abrundung bei der Verkehrwertermittlung	
Höhe des Verkehrswerts	Abrundung auf
bis 10 000 €	volle Hunderter
10 000 bis 500 000 €	volle Tausender
500 000 bis 1 000 000 €	volle Zehntausender
über 1 000 000 €	volle Hunderttausender

© W. Kleiber 02

3.4 Konsistenz der Verkehrswertermittlung

Mit dem vorstehend angesprochenen sprachlichen Problem steht auch die Frage nach der **142** zeitlichen Konsistenz einer Verkehrswertermittlung im Zusammenhang. Dies ist z. B. in den Fällen von Bedeutung, in denen sich Kaufverhandlungen auf der Grundlage eines vorher erstellten Verkehrswertgutachtens über eine längere Zeit hinziehen. Nr. 3.1 der TLG-Verkaufsrichtlinie[83] misst **Verkehrswertgutachten als Entscheidungsgrundlage für den Grundstücksverkauf** grundsätzlich **eine sich auf 12 Monate erstreckende Gültigkeit** bei, wobei dieser Zeitraum für *Berlin* allerdings auf sechs Monate beschränkt wird. Der Zeitraum soll sich nach dem Wertermittlungsstichtag und dem Beurkundungstag bemessen und ist durchaus realistisch, wenn man einmal von dem Sonderfall sich kurzfristig und zugleich nachhaltig verändernder allgemeiner Wertverhältnisse auf dem Grundstücksmarkt absieht.

Dass die Verkehrswertermittlung, wie im Übrigen auch andere Wertermittlungen, auf einen **143** bestimmten Wertermittlungsstichtag bezogen werden muss, führt im Übrigen bei Laien immer wieder zu dem Trugschluss, dass damit **Zukunftserwartungen (positiver und negativer Art)** von ihrer Einbeziehung in die Verkehrswertermittlung ausgenommen seien (Missverstandenes Stichtagsprinzip; vgl. Rn. 55 ff.). Der stichtagsbezogene Verkehrswert ist nach seinem materiellen Gehalt eine Größe, in der sich Zukunftserwartungen „kondensieren", wobei hierbei vor allem das sog. Nachhaltigkeitsprinzip zu beachten ist.

4 Merkantiler Minderwert

▸ *Weiteres hierzu bei § 4 WertV Rn. 383 ff., 422 ff.; § 5 WertV Rn. 190, 195; § 13 WertV* **144** *Rn. 213; § 24 WertV Rn. 41 ff.; § 29 WertV Rn. 73, 78.*

Zu den tatsächlichen Eigenschaften und der sonstigen Beschaffenheit gehört ggf. auch ein **merkantiler Minderwert** des Grundstücks. Hierunter wird ein verkehrsmäßiger Minderwert verstanden, der **trotz der Beseitigung eines Mangels** am Objekt haften bleibt (vgl. § 24 WertV Rn. 41 ff.)[84].

Beispiel: **145**

Bei der Ermittlung des Minderwerts eines vom Schwamm befallenen Hauses werden die Kosten der Beseitigung der Grundfeuchtigkeit des Hauses, die die Schwammbildung hervorgerufen hat, in Ansatz gebracht. Eine *Minderung des Verkehrswerts* kann aber bestehen bleiben, auch wenn die wertmindernden Schäden in technisch einwandfreier Weise beseitigt sind. Das gilt es zu berücksichtigen, wenn im gewöhnlichen Geschäftsverkehr befürchtet wird, die Schäden könnten sich doch irgendwie nachteilig auswirken, und deshalb im Grundstücksverkehr Sachen, bei denen solche Schäden aufgetreten waren, wertmäßig niedriger eingeschätzt werden als unbeschädigt gebliebene Sachen. Dies gilt selbst dann, wenn im Einzelfall die Befürchtung eines Folgeschadens unbegründet ist.

---

78 OVG Lüneburg, Urt. vom 30. 10. 1986 – 6 A 32/85 –, EzGuG 15.50; abzulehnen: VG Münster, Urt. vom 18. 2. 1988 – 3 K 2268/85 –, EzGuG 15.60 (hierzu Kleiber in Ernst/Zinkahn/Bielenberg, BauGB, Vorbem. zur WertV Rn. 23)

79 BFH, Urt. vom 18. 12. 1984 – VIII R 195/82 –, EzGuG 20.108 a

80 Tipke, K., Über Schätzung im Verwaltungsverfahren und im Verwaltungsprozess, VerwArch 1969, 136

81 Zur Leistungsfähigkeit der Wertermittlung im Rahmen der Einheitsbewertung hat der BFH (Urt. vom 18. 12. 1984 – VIII R 195/82 –, EzGuG 20.108 a; BFH Urt. vom 2. 2. 1982 – VI 65/80 –, EzGuG 20.93 a; BFH, Urt. vom 26. 4. 1983 – VIII R 38/82 –, EzGuG 11.137 b; vgl. auch BGH, Urt. vom 22. 1. 1959 – III ZR 148/57 –, EzGuG 6.37; BFH

82 BFH, Urt. vom 1. 10. 1992 – IV R 34/90 –

83 TLG-Verkaufsrichtlinie (Stand 10. 2. 1996), abgedruckt bei Bielenberg/Kleiber/Söfker, Vermögensrecht, Jehle Rehm, II 4.2.13

84 Vogel in GuG 1997, 151; Krell/Krell in GuG 1998, 133; Bindhardt in BauR 1982, 442; Kamphausen in DS 1985, 280

146 Unter einem merkantilen Minderwert ist dabei der Betrag zu verstehen, um den ein Grundstück in seinem (Verkehrs-)Wert auf Grund eines aufgetretenen aber inzwischen in technisch einwandfreier Weise vollständig behobenen Mangels (auch z. B. auf Grund eines Bauschadens) **in der allgemein verbliebenen Befürchtung** gemindert ist, **dass sich ein Folgeschaden irgendwie auch künftig auswirken könnte, auch wenn diese Befürchtung tatsächlich unbegründet ist.**

147 Der **merkantile Minderwert definiert sich** damit **nicht als ein „Wert"** an sich, **sondern als eine** in **den Verkehrswert** eingehende, d. h. ihn **mindernde Eigenschaft** der Sache.

148 Nicht jeder in der Vergangenheit aufgetretene und zwischenzeitlich behobene Mangel und Schaden einer Sache führt jedoch zu einem merkantilen Minderwert. Für die Berücksichtigung eines merkantilen Minderwerts ist vielmehr Voraussetzung, dass tatsächlich **im gewöhnlichen Geschäftsverkehr eine den Preis beeinflussende Abneigung** z. B. gegen ein ehemals kontaminiertes aber inzwischen saniertes Grundstück besteht und insoweit bei der Veräußerung Wertabschläge allgemein hingenommen werden müssen. Erfahrungsgemäß treten merkantile Minderwerte deshalb in aller Regel nur bei besonders gravierenden Mängeln auf, die auch nach ihrer Beseitigung der Sache als Makel anhaften oder in der allgemeinen Anschauung weiterhin die Befürchtung eines Folgeschadens aufkommen lassen.

149 Der merkantile Minderwert wird in der Praxis der Verkehrswertermittlung regelmäßig mit einem auf Erfahrungssätze begründeten **Vomhundertsatz des Verkehrswerts** Berücksichtigung, der sich für dasselbe Grundstück unter der Annahme ergibt, dass der Mangel in der Vergangenheit gar nicht erst aufgetreten ist.

150 In den folgenden Bereichen können **merkantile Minderwerte von Bedeutung** sein
a) Hausschwamm[85],
b) Trockenfäule[86],
c) schlechte Baumaterialien[87] und Bauausführung (vgl. § 24 WertV Rn. 41 ff.),
d) Altlasten (vgl. § 5 WertV Rn. 190, 195),
e) Bergschaden (vgl. § 4 Rn. 383, 422 ff.)[88],
f) Untertunnelung[89],
g) Baugrund[90],
h) Begründung[91]
i) Rohbau (BGH, Urt. vom 22. 11. 1991 – V ZR 187/90 –, BGHZ 16, 161).

151 Ob und in welcher Höhe ein merkantiler Minderwert den Verkehrswert des Grundstücks beeinflusst, muss nach der Verkehrsauffassung beurteilt werden. In der Wertermittlungspraxis werden merkantile Minderwerte mit einem Vomhundertsatz des Verkehrswerts der mangelfreien Immobilie in Abzug gebracht. Dabei muss allerdings bedacht werden, dass die **Höhe des Vomhundertsatzes abhängig ist von**
a) der Höhe etwaiger Schadensbeseitigungskosten[92] und
b) der Restnutzungsdauer des Gebäudes, sofern der merkantile Minderwert aus einem Gebäudemangel resultiert.

Entsprechend dem Vorhergesagten, dass merkantile Minderwerte nur bei wesentlichen Mängeln, von denen der Grundstücksmarkt ausgeht, auftreten können, ist ein merkantiler Minderwert dann nicht zu berücksichtigen, wenn die Schadensbeseitigungskosten unter 10 v. H. des mangelfreien Gebäudewerts liegen[93]. Darüber hinaus ist vom Ansatz eines merkantilen Minderwerts abzusehen, wenn sich die Restnutzungsdauer des Gebäudes auf weniger als 20 v. H. der Gesamtnutzungsdauer beläuft[94].

152 Hieraus folgt, dass **zur Ermittlung des merkantilen Minderwerts zunächst die Kosten ermittelt werden müssen,** die im Falle des tatsächlichen Auftretens des Sachschadens zu dessen Beseitigung aufgebracht werden müssten. Diese Beseitigungskosten sind ins Verhältnis zum Gebäudewert zu setzen[95]. Die Höhe des merkantilen Minderwerts lässt sich dann im Wege der Interpolation abschätzen:

Beispiel:

Merkantiler Minderwert bei Schadensbeseitigungskosten in Höhe von 20 v. H. des mängelfreien Gebäudewerts: 2 %

Merkantiler Minderwert bei Schadensbeseitigungskosten in Höhe von 100 v. H. des mängelfreien Gebäudewerts: 10 %

Bei 60 %igen Schadensbeseitigungskosten ergibt sich ein merkantiler Minderwert von 6 %.

Da der merkantile Minderwert mit abnehmender Restnutzungsdauer an Bedeutung verliert, muss der so abgeschätzte **Vomhundertsatz** des merkantilen Minderwerts, soweit es um Gebäude geht, **entsprechende der verbleibenden Restnutzungsdauer** gegen „Null" bei einer Restnutzungsdauer von weniger als 20 v. H. der Gesamtnutzungsdauer vermindert werden. **153**

Ein **merkantiler Minderwert kann sich auch auf die Ertragsverhältnisse**[96]**,** d. h. auf die Vermietung **und die Beleihung**[97] auswirken (vgl. § 4 WertV Rn. 383). Bei Anwendung des Sachwertverfahrens ist dem merkantilen Minderwert insbesondere bei der Berücksichtigung von Baumängeln und Bauschäden nach § 24 WertV Rechnung zu tragen. Eine doppelte Berücksichtigung von Baumängeln oder Bauschäden muss aber vermieden werden[98]. **154**

Im Rahmen der Verkehrswertermittlung im Wege des Sachwertverfahrens muss bei **Bauschäden und Baumängeln** der entsprechend anzubringende Abschlag klar **vom** Abschlag wegen **merkantilen Minderwerts** auf Grund behobener Bauschäden **getrennt werden.** **155**

Die **im Schadensersatzrecht** (vgl. § 29 WertV Rn. 78 ff.) **für den merkantilen Minderwert entwickelten Grundsätze**[99] **gelten im Übrigen auch im Recht der Entschädigung.** Begründet wird dies damit, dass dem Eigentümer einer Sache, die trotz völliger und ordnungsgemäßer Reparatur im Verkehr wegen der Befürchtung von versteckten Mängeln ein geringerer Wert beigemessen wird, ein gegenwärtiger Schaden entsteht, weil er zu einem **156**

---

85 BGH, Urt. vom 20. 6. 1968 – III ZR 32/66 –, EzGuG 19.33; BGH, Urt. vom 10. 7. 1963 – VI ZR 66/62 –, WM 1963, 967 = MDR 1964, 41 = BB 1963, 1354; RGZ 85, 252; BGH, Urt. vom 28. 6. 1961 – V ZR 201/60 –, EzGuG 19.6; BGH, Urt. vom 13. 11. 1970 – V ZR 6/70 –, EzGuG 19.23; BGH, Urt. vom 8. 12. 1977 – VI ZR 60/76 –, EzGuG 19.32 a; Tewis in GuG 2000, 33

86 BGH, Urt. vom 20. 6. 1968 – III ZR 32/66 –, EzGuG 19.13

87 BGH, Urt. vom 25. 2. 1953 – II ZR 172/52 –, EzGuG 20.15, BGH, Urt. vom 8. 12. 1977 – VI ZR 60/76 –, EzGuG 19.33 a; BGH, Urt. vom 24. 2. 1972 – VII ZR 177/70 –, EzGuG 3.38 b; BGH, Urt. vom 14. 1. 1971 – VII ZR 3/69 –, EzGuG 3.34 a;

88 OLG Saarbrücken, Urt. vom 20. 5. 1980 – 3 U 45/95 –, EzGuG 4.14; OVG Münster, Urt. vom 23. 1. 1984 – 10 A 2366/79 –, EzGuG 4.95; OLG Saarbrücken, Urt. vom 16. 5. 1994 – 4 W 174/94 –, GuG 1995, 314 = EzGuG 4.157; OLG Düsseldorf, Urt. vom 4. 2. 2000 – 7 U 67/98 –, GuG 2001, 123

89 BGH, Urt. vom 2. 4. 1981 – III ZR 186/79 –, EzGuG 19.38

90 OVG Lüneburg, Urt. vom 17. 1. 1997 – 1 L 1218/95 –, NdsRpflege 1997, 123 = BRS Bd. 59 Nr. 250

91 OLG München, Urt. vom 28. 4. 1994 – 1 U 6995/93 –, EzGuG 2.58 a

92 BGH, Urt. vom 28. 6. 1961 – V ZR 201/60 –, EzGuG 19.6

93 KG, Urt. vom 13. 1. 1975 – 12 U 2107/74 –, VersR 1975, 664

94 LG Frankfurt am Main, Urt. vom 8. 12. 1982 – 3/3 AktE 104/79 –, DAR 1984, 319 = BB 1983, 1244

95 BGH, Urt. vom 13. 11. 1970 – V ZR 6/70 –, EzGuG 19.6

96 BGH, Urt. vom 14. 1. 1971 – VII ZR 3/69 –, EzGuG 3.34 a; zur Frage **entgangener Gebrauchsvorteile:** BGH, Urt. vom 28. 2. 1980 – VII ZR 183/79 –, EzGuG 11.117; OLG Düsseldorf, Urt. vom 13. 7. 1972 – 5 U 100 – und 199/71 –, EzGuG 6.156 a

97 RG, Urt. vom 24. 3. 1937 – V 271 –, Warn Rspr. 1937 Nr. 99

98 BGH, Urt. vom 25. 2. 1953 – II ZR 172/52 –, EzGuG 20.15; BGH, Urt. vom 5. 10. 1961 – VII ZR 146/60 –, EzGuG 19.6 b; BGH, Urt. vom 26. 10. 1972 – VII ZR 181/71 –, EzGuG 11.86 b; BGH, Urt. vom 14. 1. 1971 – VII ZR 3/69 –, EzGuG 3.34 a; KG Berlin, Urt. vom 17. 11. 1977 – 12 U 1543/77 –, EzGuG 2.17; ferner BGH, Urt. vom 18. 9. 1979 – VI ZR 19/79 –, EzGuG 19.35 a; BGH, Urt. vom 3. 10. 1961 – VI ZR 238/60 –, EzGuG 19.6 a

99 BGH, Beschl. vom 4. 7. 1979 – V BLw 8/79 –, WM 1979, 1243 = NJW 1980, 281; BGH, Urt. vom 3. 10. 1961 – VI ZR 238/60 –, EzGuG 19.6 a; vgl. Staudinger/Medicus § 251 BGB, Rn. 34 ff., 82

weniger wertvollen Vermögen führt. Enteignungsrechtlich gesehen hat ein solcher Eigentümer als Folge eines enteignenden Eingriffs bereits ein gegenwärtiges Sonderopfer erbracht. Der merkantile Minderwert ist damit Ausdruck der erlittenen Substanzeinbuße[100].

157 Die im Schadensersatz- und Enteignungsrecht geltenden Grundsätze zur Berücksichtigung merkantiler Minderwerte sind verkehrswertimmanent, wobei es auf die Verhältnisse auf dem Grundstücksmarkt am Wertermittlungsstichtag ankommt. Bei der **Enteignungsentschädigung** sollte der merkantile Minderwert aus systematischen Gründen deshalb bei der Ermittlung der Entschädigung für den Rechtsverlust und damit bei der Ermittlung des Verkehrswerts berücksichtigt werden. Für die Bemessung des merkantilen Minderwerts ist im Schadensersatzrecht der Zeitpunkt der beendeten Instandsetzung der beschädigten Sache maßgebend[101]. Nach der Rechtsprechung des BGH[102] soll auch im Entschädigungsrecht auf diesen Zeitpunkt abgehoben werden, weil dieser Zeitpunkt dem – sonst ausschlaggebenden – Eingriffszeitpunkt möglichst nahe kommt (vgl. zu alledem § 29 WertV Rn. 61 ff.).

5 Verkehrswerte in anderen Rechtsbereichen

5.1 Entschädigungsrecht

158 ▶ *Weitere Ausführungen bei § 29 WertV.*

159 Der in § 194 BauGB definierte **Verkehrswert ist bei Enteignungen** nach § 95 Abs. 1 Satz 1 BauGB (auch § 10 LBeschG) **Bemessungsgrundlage für die Entschädigung des Rechtsverlusts**[103]. Der Verkehrswert bildet sich daher in Wechselbeziehung zu der Entschädigung, die im Falle einer Enteignung zu gewähren ist. Die Entschädigungsvorschriften sind deshalb bei der Verkehrswertermittlung zu beachten, denn ein vernünftig handelnder Erwerber wird bei der Kaufpreisbemessung das berücksichtigen, was er im Enteignungsfall als Entschädigung beanspruchen kann. Dies gehört zu den nach § 194 BauGB zu berücksichtigenden rechtlichen Gegebenheiten.

160 Auch die sich an die entschädigungsrechtlichen Bestimmungen des BauGB anlehnenden **Enteignungsgesetze der Länder** (vgl. § 29 WertV Rn. 4) knüpfen an den Verkehrswertbegriff des § 194 BauGB an[104].

5.2 Ausübung von Vorkaufsrechten

161 Der Verkehrswert ist nach § 28 Abs. 3 BauGB auch **Bemessungsgrundlage bei Ausübung des preislimitierenden Vorkaufsrechts** nach dem BauGB.

162 Schon bei Ausübung des **allgemeinen Vorkaufsrechts nach § 3 des Maßnahmengesetzes zum Baugesetzbuch** (BauGB-MaßnahmenG 93)[105] war der Verkehrswert Bemessungsgrundlage, wenn der vereinbarte Kaufpreis den Verkehrswert in einer dem Rechtsverkehr erkennbaren Weise deutlich überschritt.

163 Mit **§ 28 Abs. 3 BauGB 98** findet diese Regelung seit dem 1. 1. 1998 generell Anwendung bei Ausübung des Vorkaufsrechts nach dem BauGB.

164 Wann eine „deutliche" Überschreitung des Verkehrswerts vorliegt, soll nach der Begründung zu dieser Vorschrift in Anlehnung an die Rechtsprechung des BVerwG zur sog. Preisprüfung in Sanierungsgebieten beurteilt werden; danach liegt der vereinbarte Kaufpreis so lange nicht über dem Verkehrswert, wie nicht Werte vereinbart oder zu Grunde gelegt werden, die in einer dem Rechtsverkehr erkennbaren Weise deutlich verfehlen, was auch sonst, nämlich im gewöhnlichen Geschäftsverkehr, ohne Rücksicht auf ungewöhnliche oder persönliche Verhältnisse zu erzielen wäre (vgl. Rn. 128, § 26 WertV Rn. 12 ff.)[106].

Die sich nach dem **Verkehrswert** bemessende Entschädigung **ist begrifflich identisch mit**   **165**
dem „wahren" „wirklichen" oder „inneren" Wert eines Grundstücks und auch mit
dem „vollen Gegenwert", der auch Maßstab für ein angemessenes Angebot (vgl. Rn. 13,
53; § 29 WertV Rn. 90f.) ist, das im Vorfeld einer Enteignung nach den §§ 87f. BauGB
unterbreitet werden muss[107].

5.3 Haushaltsrecht

Der Verkehrswert ist auch identisch mit dem „vollen Wert" i. S. d. Bundes- und Landes-   **166**
haushaltsordnungen sowie der Gemeindeordnungen der Länder[108]; er ist damit Bemessungsgrundlage für die Überlassung und Nutzung von Vermögensgegenständen der öffentlichen Hand. Solche darf die öffentliche Hand nur unter besonderen Voraussetzungen verbilligt abgeben[109]; die Ausnahmen werden im Haushaltsplan zugelassen.

100   BGH, Urt. vom 2. 4. 1981 – III ZR 186/79 –, EzGuG 4.75; BGH, Urt. vom 28. 9. 1972 – III ZR 44/70 –,
      EzGuG 14.47; BGH, Urt. vom 20. 12. 1971 – III ZR 79/69 –, EzGuG 13.19
101   BGH, Urt. vom 2. 12. 1966 – VI ZR 72/65 –, NJW 1967, 552 = MDR 1967, 294
102   BGH, Urt. vom 2. 4. 1981 – III ZR 186/79 –, EzGuG 4.75
103   Die gegebene Rechtslage ist verfassungsrechtlich nicht vorgegeben, denn Art. 14 Abs. 3 Satz 3 GG verlangt
      nicht, dass die Entschädigung stets nach dem Marktwert bemessen wird (vgl. BVerfG Urt. vom 18. 12. 1968 –
      1 BvR 638, 673/64 –, EzGuG 6.118; BVerfG Beschl. vom 26. 10. 1977 – 1 BvL 9/72 –, EzGuG 6.194; BGH,
      Urt. vom 18. 10. 1979 – III ZR 68/77 –, EzGuG 6.20 a; BGH, Urt. vom 28. 9. 1972 – III ZR 44/70 –, EzGuG
      14.47; zu den Grenzen des Gesetzgebers auf Grund der besonderen Stellung des Grund und Bodens, Inhalt und
      Schranken des Eigentums zu bestimmen, grundsätzlich BVerfG, Beschl. vom 12. 1. 1967 – 1 BvR 169/63 –,
      EzGuG 6.96 und BGH, Urt. vom 26. 11. 1954 – V ZR 58/53 –, EzGuG 6.11
104   § 7 Abs. 4 des hamb. Enteignungsgesetzes i.d. F. vom 11. 11. 1980 (GVBl. 1980, 305), zuletzt geändert durch
      Gesetz vom 1. 7. 1993 (GVBl. 1993, 149), wonach die Vorschriften über die Gutachterausschüsse und die der
      hierzu ergangenen Rechtsverordnung „sinngemäß" in Enteignungsverfahren anzuwenden sind; Art. 10 Abs. 1
      Satz 2 des bay. Enteignungsgesetzes vom 25. 7. 1978 (GVBl. 1978, 625 = BayRS 2141 – 1-I) enthält eine § 194
      BauGB entsprechende Verkehrwertdefinition, die allerdings nicht die Berücksichtigung der „rechtlichen Gege-
      benheiten" ausdrücklich vorschreibt; Verwendung findet der Verkehrswertbegriff auch im hess. Enteignungs-
      gesetz vom 4. 4. 1973 (GVBl. 1973, 107), im nds. Enteignungsgesetz i.d.F. vom 6. 4. 1981 (GVBl. 1981, 83),
      zuletzt geändert durch Gesetz vom 19. 9. 1989 (GVBl. 1989, 345), im rh.-pf. Landesenteignungsgesetz vom
      22. 4. 1966 (GVBl. 1966, 103), geändert durch Gesetz vom 27. 6. 1974 (GVBl. 1974, 290) und § 9 Abs. I
      Satz 2 des bad.-württ. Landesenteignungsgesetzes vom 6. 4. 1982 (GBl. 1982, 97), geändert durch Gesetz vom
      25. 2. 1992 (GVBl. 1992, 145), und im nordrh.-westf. Landesenteignungs- und -entschädigungsgesetz – EEG
      – vom 20. 6. 1989 (GVBl. 1989, 366, ber. GVBl. 1989, 570)
105   BGBl. I 1993, 622
106   BT-Drucks. 11/5972, S. 13; BGH, Urt. vom 5. 7. 1990 – III ZR 229/89 –, EzGuG 14.94; BVerwG, Urt. vom
      24. 11. 1978 – 4 C 56/76 –, EzGuG 15.9; BVerwG, Urt. vom 21. 8. 1981 – 4 C 16/78 –, EzGuG 15.18; LG Karls-
      ruhe, Urt. vom 24. 6. 1994 – O 12/94 –, GuG 1995, 383 = EzGuG 14.122; ferner BT-Drucks. 11/6636, S. 26 f.
107   BGH, Urt. vom 16. 12. 1982 – III ZR 123/81 –, EzGuG 6.218: BGH, Urt. vom 9. 11. 1959 – III ZR 149/58 –,
      EzGuG 14.11; BGH, Urt. vom 31. 5. 1965 – III ZR 214/63 –, EzGuG 19.8; BGH, Urt. vom 22. 5. 1967 – III ZR
      145/66 –, EzGuG 6.99; BGH, Urt. vom 8. 6. 1959 – III ZR 66/58 –, EzGuG 6.41; OLG Düsseldorf, Urt. vom
      18. 10. 1979 – 18 U 78/79 –, EzGuG 16.23 a
108   Bundeshaushaltsordnung – BHO –, dort § 63 Abs. 3 BHO; vgl. auch § 63 Abs. 3 brem. LHO; BGH, Urt. vom
      30. 1. 1967 – III ZR 35/65 –, EzGuG 1.6; OVG Münster, Urt. vom 5. 8. 1982 – 15 A 1634/81 –, EzGuG 1.21;
      OVG Münster, Urt. vom 17. 7. 1981 – 15 A 2672/78 –; Bekanntm. des bay. Staatsministeriums des Innern vom
      15. 11. 1988 (AllMBl. 1988, 895); Art. 75 der bay. GemO vom 11. 9. 1989 (GVBl. 1989. 585); bad.-württ. VwV
      GemO vom 1. 12. 1985 (GABl. 1985, 1113, zu § 92); § 6 des nordrh.-westf. Haushaltsgesetzes vom 14. 12. 1988
      (GVBl. 1988, 518), auch RdErl. des nordrh.-westf. MSWV vom 16. 3. 1988 – 1 C 1-60.00 – 204/88 –, (MBl.
      1988, 534), Tz. 6.2.18.23
109   Zusammenstellung bei Kleiber in Bielenberg/Koopmann/Krautzberger, Städtebauförderungsrecht, a. a. O., Bd.
      II, Nr. 15; vgl. BT-Drucks. 11/8403, S. 3; Gesetz über die Veräußerung von Grundstücken Berlins (GVBl. Bln
      1992, 304)

167 Der materiellen Definition des Verkehrswerts entspricht der „volle Wert"; dieser Begriff wird im Haushaltsrecht des Bundes, der Länder und der Gemeinden verwandt. Auch der **in den jungen Bundesländern geltende § 49 Kommunalverfassung (KV)**[110] vom 17. 5. 1990 stellt für den Regelfall der Veräußerung von Vermögensgegenständen auf diesen Wert ab (vgl. § 55 Abs. 3, § 56 Abs. 3 der Haushaltsordnung vom 15. 6. 1990, GBl. DDR I 1990 Nr. 33). Der Verkauf öffentlichen Vermögens unter diesem Wert stellt nach der Rechtsprechung des BGH eine teilweise unentgeltliche und verbotene Zuwendung dar, wenn er nicht ausnahmsweise einem legitimen öffentlichen Zweck dient[111].

168 Ein Kaufvertrag, durch welchen **öffentliches Vermögen verschleudert** wird, war nach § 68 Abs. 1 Nr. 1 ZGB im Gebiet der jungen Bundesländer sowie im Ostteil Berlins schon bisher „nichtig, wenn sein Inhalt gegen ein in Rechtsvorschriften enthaltenes Verbot verstößt" (vgl. auch § 134 BGB). Soweit Verträge zwischen dem 19. 3. 1990 (= Datum des In-Kraft-Tretens des Gesetzes über den Verkauf volkseigener Gebäude vom 7. 3. 1990, GBl. DDR I 1990, 157) und dem 30. 6. 1990 abgeschlossen, aber bis zum 30. 6. 1990 noch nicht erfüllt wurden, gelten die Ausführungen unter Rn. 103 des Teils II (Einführung). Nach § 4 Abs. 2 der Verordnung zum Preisgesetz vom 25. 6. 1990 (GBl. DDR I 1990, 172 f.) greift diese nämlich in noch nicht erfüllte Verträge ein. Ist also der Kaufpreis erst nach dem 30. 6. 1990 entrichtet worden oder die Eigentumseintragung im Grundbuch (vgl. § 297 ZGB) nach dem 30. 6. 1990 vorgenommen worden, hätte die Kaufsumme neu ausgehandelt werden müssen.

169 Auch nach der **vor dem 1. 7. 1990 gegebenen Rechtslage waren die DDR-Behörden** im Übrigen zum sparsamen Umgang mit öffentlichen Geldern verpflichtet (vgl. z. B. §§ 1 Abs. 4, 5 Abs. 1 und 2, 8 Abs. 1, 11, 15 Abs. 5, 23 Abs. 1 und 2 Gesetz über die Staatshaushaltsordnung der DDR vom 13. 12. 1968 [GBl. DDR I 1968, 383] und § 3 Anordnung über die Rechtsträgerschaft an volkseigenen Grundstücken vom 7. 7. 1969 [GBl. DDR II 1969, 433]).

170 Der **Verkehrswert** (= voller Wert) **als Bemessungsgrundlage für die Veräußerung von Grundstücken** gemäß § 63 Abs. 3 BHO **gilt** nach § 105 BHO im Übrigen **auch für bundesunmittelbare juristische Personen des öffentlichen Rechts,** jedoch kann der für sie jeweils zuständige Bundesminister im Einvernehmen mit dem Bundesministerium der Finanzen und dem Bundesrechnungshof auch hierfür Ausnahmen zulassen, soweit kein erhebliches finanzielles Interesse des Bundes besteht. Mithin fällt unter diese Regelung auch die Treuhandanstalt, die nach § 2 des Treuhandgesetzes – TG – eine Anstalt des öffentlichen Rechts ist.

5.4 Bergrecht

171 § 194 BauGB definiert den Verkehrswert wortgleich mit **§ 85 Abs. 1 des Bundesberggesetzes – BBergG –,** wo er ebenfalls Bemessungsgrundlage der Entschädigung für den Rechtsverlust ist.

172 ▶ *Nähere Ausführungen zum Abbauland vgl. § 4 WertV Rn. 311 ff.*

5.5 Steuerliches Bewertungsrecht (Gemeiner Wert)

173 Trotz unterschiedlichen Wortlauts ist der Verkehrswert auch materiell identisch mit dem

– in § 9 Abs. 2 BewG bestimmten **gemeinen Wert des Steuerrechts** und

– dem in § 29 Abs. 2 FlurbG bestimmten, sich an § 9 Abs. 2 BewG anlehnenden gemeinen Wert[112].

Bei der Ermittlung des gemeinen Werts nach § 29 Abs. 2 FlurbG bleiben Wertänderungen, die durch die Aussicht auf die Durchführung der Flurbereinigung entstanden sind, unberücksichtigt. Die Nichtberücksichtigung ist damit integraler Bestandteil der Wertermittlung. Im Städtebaurecht wird in Bezug auf den damit vergleichbaren Fall des § 153 Abs. 1 BauGB von

„modifizierten Verkehrswerten" gesprochen, wobei sich die Modifikation aus den einschlägigen Bestimmungen – wie den §§ 57 f., §§ 93 ff. und den §§ 153 f. BauGB ergibt.

Der BFH hat in einer Entscheidung von 1990[113] festgestellt, dass der wahre Wert des Grundvermögens dem Verkehrswert entspricht. Der als „gemeiner Wert" nach den Regeln des Bewertungsgesetzes abgeleitete Einheitswert unterscheidet sich vom aktuell ermittelten Verkehrswert lediglich hinsichtlich des Wertermittlungsstichtags und der Wertermittlungsmethodik[114]. Die steuerliche Bewertung ist, da es sich um eine Massenbewertung handelt, auf pauschalierende Vereinfachungen gegenüber der „spitzen" Verkehrswertermittlung angelegt. Zudem wird sie nach dem Steuerrecht (als Einheits- bzw. Grundbesitzwert) mit Rechtswirksamkeit festgesetzt. Die Einheitswerte – bis zum In-Kraft-Treten des Jahressteuergesetzes Bemessungsgrundlage für alle einheitswertabhängigen Steuern (Grund-, Vermögen-, Erbschaft- und Schenkungsteuer) – wurden auf den 1. 1. 1964 festgestellt und fanden – außer bei der Grundsteuer mit einem Zuschlag von 40 % Anwendung, obwohl zwischenzeitlich erhebliche Werterhöhungen zu verzeichnen waren. Deshalb sowie auf Grund der (notwendigerweise) pauschalierenden Bewertungsmethodik des Steuerrechts müssen die festgestellten Einheitswerte erhebliche Diskrepanzen zu den (im Städtebaurecht) zumeist zeitnah ermittelten Verkehrswerten aufweisen[115]; zur Fortentwicklung vgl. Einf. Teil II Rn. 13. **174**

Gleichwohl besteht **Begriffsidentität** zwischen dem gemeinen Wert und dem Verkehrswert. Die aus vorstehenden Gründen auftretenden Disparitäten lassen sich allerdings nicht dadurch überbrücken, dass in § 194 BauGB (wie noch in § 142 Abs. 1 BBauG 76) der gemeine Wert namentlich hervorgehoben wird. Vielmehr wäre zu fordern, die Begriffsbestimmungen des § 9 BewG dem § 194 BauGB anzupassen. **175**

5.6 Zwangsversteigerungsrecht

In einem **Zwangsversteigerungsverfahren wird** vom Vollstreckungsgericht **als Grundstückswert der Verkehrswert „festgesetzt"**[116]. Rechtsgrundlage ist § 74 a Abs. 5 des Zwangsvollstreckungsgesetzes – ZVG –, der folgende Fassung hat: **176**

„(5) Der Grundstückswert (Verkehrswert) wird vom Vollstreckungsgericht, nötigenfalls nach Anhörung von Sachverständigen, festgesetzt. Der Wert der beweglichen Gegenstände, auf die sich die Versteigerung erstreckt, ist unter Würdigung aller Verhältnisse frei zu schätzen. Der Beschluss über die Festsetzung des Grundstückswerts ist mit der sofortigen Beschwerde anfechtbar; eine weitere Beschwerde findet nicht statt. Der Zuschlag oder die Versagung des Zuschlags können mit der Begründung, dass der Grundstückswert unrichtig festgesetzt sei, nicht angefochten werden."

Maßgeblicher Grundstückswert ist nach dem ergänzenden Zusatz dieser Vorschrift der **Verkehrswert i. S. d. § 194 BauGB**[117], bezogen auf den Zeitpunkt der Versteigerung. Das Gleiche gilt für grundstücksgleiche Rechte, die der Versteigerung unterliegen[118]. Zur **177**

---

110 GBl. DDR I 1990, 255 i. V. m. Anl. II Kap. II Sachgebiet B Abschnitt II des Einigungsvertrages vom 31. 8. 1990 (BGBl. 11 1990, 885); vgl. RdErl. des IM von Sachsen-Anhalt vom 1. 3. 1995 – 33.11 – 10251 – (MBl. LSA 1995, 390 = GuG 1997, 112)

111 BGH, Beschl. vom 28. 9. 1993 – III ZR 91/92 –, EzGuG 15.77; BGH, Urt. vom 30. 1. 1967 – III ZR 35/65 –, EzGuG 1.6; OVG Münster, Urt. vom 5. 8. 1982 – 15 A 1634/81 –, EzGuG 1.21

112 Kleiber in Ernst/Zinkahn/Bielenberg, BauGB, Komm. zur WertV, Vorbem. Rn. 9; BT-Drucks. VI/2204, zu § 57

113 BFH, Urt. vom 2. 2. 1990 – III R 173/86 –, EzGuG 20.131 = GuG 1992, 217

114 So auch Rössler/Troll, Bewertungs- und Vermögensteuergesetz, Komm. 14. Aufl. § 9 BewG Rn. 1 ff., sowie Klein, Erläut. zum BewG in: Das Dt. Bundesrecht 462. Lfg. März 1981: auch der RegE zum BBauG 1960 ging in seiner Begründung von der Begriffsidentität aus – vgl. BT-Drucks. III/336 zu § 163, S. 107: Begriffsidentität erkannte schließlich auch der BGH im Urt. vom 1. 7. 1982 – III ZR 10/81 –, EzGuG 4.86; BGH, Urt. vom 25. 6. 1964 – III ZR 111/61 –, EzGuG 20.37 = 4.22; BGH, Urt. vom 2. 7. 1968 – V Blw 10/68 –, EzGuG 19.14, vgl. BT-Drucks. III/1794: im Übrigen auch die Rspr. des RG, Urt. vom 19. 11. 1879, EzGuG 19.2 und RG, Urt. vom 20. 9. 1880 – Va 390/79 –, (RGZ 3, 230 [241]) sowie des Pr. OVGs, Urt. vom 10. 6. 1910 – VIII C 99/09 –, EzGuG 20.8; und vom 19. 5. 1914 – VIII C 315/10 –, EzGuG 20.9; auch ALR I §§ 83 und 112, Zweifel an der Begriffsidentität erscheinen von daher abwegig

115 Baulandbericht 1986; Schriftenreihe des Bundesministers für Raumordnung, Bauwesen und Städtebau 03.100, S. 52; vgl. GuG 1992, 42

116 Hierzu Ulrich in GuG 1992, 314

117 Hintzen, Immobiliarzwangsvollstreckung, Jehle-Rehm, München 1991, S. 90

118 Zeller/Stöber, Zwangsversteigerungsgesetz 13. Aufl. 1989, § 74 a Rn. 7.7

Ermittlung des Verkehrswerts werden die Vorschriften der WertV herangezogen[119]. Dass im Zwangsversteigerungsverfahren Gebote unterhalb des Verkehrswerts üblich sind, darf nicht dazu führen, die wertbeeinflussenden Umstände dabei anders zu beurteilen als bei der Verkehrswertermittlung schlechthin[120].

178 Der vom Vollstreckungsgericht festgesetzte **Verkehrswert ist in folgenden Fällen von Bedeutung:**

a) für die Errechnung der sog. *⁷/₁₀-Grenze* nach § 74 a Abs. 1 ZVG: Nach dieser Vorschrift kann ein Berechtigter, dessen Anspruch ganz oder teilweise durch das Meistgebot nicht gedeckt ist, aber bei einem Gebot in der genannten Höhe (⁷/₁₀) voraussichtlich gedeckt sein würde, die Versagung des Zuschlags beantragen, wenn das abgegebene Meistgebot einschließlich des Kapitalwerts der nach den Versteigerungsbedingungen bestehen bleibenden Rechte unter sieben Zehntteilen des Grundstückswerts (Verkehrswert) bleibt;

b) für die Errechnung der sog. *⁵/₁₀-Grenze* nach § 85 a Abs. 1 ZVG: Nach dieser Vorschrift ist der Zuschlag von Amts wegen zu versagen, wenn das abgegebene Meistgebot einschließlich des Kapitalwerts der nach den Versteigerungsbedingungen verbleibenden Rechte die Hälfte des Grundstückswerts (Verkehrswert) nicht erreicht;

c) für die Verteilung eines im *geringsten Gebot* stehenden Gesamtrechts (vgl. § 64 ZVG);

d) für die *Verteilung des Erlöses bei Gesamtausgebot* nach § 112 Abs. 2 ZVG: Nach dieser Vorschrift wird bei einer Versteigerung mehrerer Grundstücke der Erlös aus einem Zuschlag (auf Grund eines Gesamtausgebots) um den Betrag gemindert, der zur Deckung der Kosten sowie zur Befriedigung derjenigen bei der Feststellung des geringsten Gebots berücksichtigten und durch Zahlung zu deckenden Rechte erforderlich ist, für welche die Grundstücke ungeteilt haften. Der Überschuss wird sodann auf die einzelnen Grundstücke nach den Verhältnissen des Werts der Grundstücke verteilt;

e) für die Feststellung des Rechts, Antrag auf *Versagung des Zuschlags* nach § 85 Abs. 1 ZVG zu stellen. Nach dieser Vorschrift ist der Zuschlag zu versagen, wenn vor dem Schlusse der Verhandlung ein Beteiligter, dessen Rechte durch Zuschlag beeinträchtigt werden würden und der nicht zu den Berechtigten nach § 74 a Abs. 1 gehört, die Bestimmung eines neuen Versteigerungstermins beantragt hat und dem stattgegeben wurde;

f) für eine *fiktive Befriedigung des Grundpfandrechtsgläubigers* als Ersteher des Grundstücks (§ 114 a ZVG)[121] und

g) für die Stellung eines *Vollstreckungsschutzantrags* des Schuldners nach § 765 a ZVG mit dem Ziel der Zuschlagsversagung bei Verschleuderung des Grundstücks[122].

179 Die Festsetzung des Verkehrswerts erfolgt für und wider allen das Zwangsversteigerungsverfahren betreibenden Gläubiger und steht **regelmäßig für das gesamte Verfahren** fest[123]. Die Ermittlung erfolgt nach § 74 a Abs. 5 ZVG durch das Vollstreckungsgericht und ist nach Auffassung des BGH[124] für das über die Reichweite der Befriedigungswirkung des § 114 a ZVG entscheidende Prozessgericht nicht bindend[125]. Lediglich bei veränderten Verhältnissen und langer Verfahrensdauer (veränderte Baurechtssituation bzw. fünfjährige Verfahrensdauer) erfolgt eine Wertanpassung[126].

180 **Vor Zuschlagserteilung muss die „Festsetzung" des Grundstückswerts rechtskräftig sein;** andererseits muss die Entscheidung über den Zuschlag bis zur Rechtskraft ausgesetzt werden[127]. Im Rahmen der Festsetzung ist allen Verfahrensbeteiligten rechtliches Gehör zu gewähren. Der Beschluss ist allen Beteiligten von Amts wegen zuzustellen (§ 74 a Abs. 5 Satz 3 ZVG). Alle Verfahrensbeteiligten (Gläubiger und Schuldner), nicht aber Mieter und Pächter sind beschwerdeberechtigt[128]. Eine fehlerhafte Festsetzung des Grundstückswerts hat auf die Wirksamkeit des Zuschlagsbeschlusses allerdings keinen Einfluss[129].

5.7   Kreditwirtschaftsrecht (Beleihungswert)

Für die Beleihung von Grundstücken ist zunächst der nach den Richtlinien der Kreditinsti-   **181**
tute ermittelte Beleihungswert maßgebend. Für den Bereich der öffentlich-rechtlichen
Sparkassen sind zur **Ermittlung des Beleihungswerts** von der obersten Aufsichtsbehörde
„Beleihungsgrundsätze" erlassen worden (vgl. Teil VIII nebst Anl.). Sie enthalten eine
Reihe allgemeiner Begriffsbestimmungen und Grundsätze zur Wertermittlung sowie zu
den Beleihungsgrenzen und Beschränkungen. Kennzeichnend für den Beleihungswert ist,
dass es sich hierbei um einen „Dauerwert" handelt, der zur Absicherung der Unsicherheiten, die in der zukünftigen Grundstückswertentwicklung liegen, das für das Objekt bestehende Risiko berücksichtigt. Marktgängigkeit und Dauerhaftigkeit des Wertermittlungsobjekts finden deshalb besondere Beachtung.

Als Ausgangsgröße für die Ermittlung des Beleihungswerts ist der Verkehrswert geeignet,   **182**
denn auch dessen Höhe wird maßgeblich durch diese Faktoren bestimmt. **Zur Ermittlung
des Beleihungswerts sind je nach Risikokategorie geringe oder hohe Sicherheitsabschläge an den Verkehrswert anzubringen.** Beleihungswert ist also der Verkehrswert,
gemindert um einen angemessenen Risikoabschlag. Hierdurch wird eine Minderung des
Kreditrisikos grundpfandrechtlich gesicherter Darlehen bewirkt.

Obwohl von Fachleuten der Verkehrswert entsprechend den klaren Regeln der WertV stets   **183**
als nachhaltiger Zukunftserfolgswert verstanden wurde, hat die Kreditwirtschaft die
**Chance, die der Verkehrswert im wohlverstandenen Sinne als Ausgangswert für die
Beleihungswertermittlung** bietet, mit dem sachlich nicht begründbaren Hinweis lange
Zeit verkannt, der Verkehrswert sei ein Stichtagswert (vgl. Rn. 55 ff.) und daher für Kredit-
institute weitgehend ungeeignet.

Wenn in der Vergangenheit seitens der Kreditwirtschaft die Heranziehung von Verkehrs-   **184**
werten als Ausgangswert für die Ableitung des Beleihungswerts mit dem unzutreffenden
Hinweis abgelehnt wurde, (nur) dieser sei „nachhaltig", während der Verkehrswert stichtagsbezogen sei, so liegt darin eine grundlegende Verkennung des Verkehrswerts. Dabei
wird häufig verschwiegen, dass auch der Beleihungswert auf einen Stichtag bezogen werden muss und die Zukunftserwartungen (vgl. Rn. 63 ff.) von den Kreditinstituten auch nicht
besser abgeschätzt werden können. Der wesentliche Unterschied ist deshalb in seinem
eigentlichen Kern darin begründet, dass die Kreditinstitute die Zukunft eher vorsichtig und
verhalten abschätzen, was im Interesse der Kreditsicherung begründet ist. Von daher ist
nicht die Beleihungswertermittlung, sondern die Verkehrswertermittlung vom Nachhaltigkeitsprinzip geprägt, während für die Beleihungswertermittlung eher das „Vorsichtsprin-
zip" oder allenfalls ein **„gezügeltes Nachhaltigkeitsprinzip"** kennzeichnend ist.

---

119   Schulz im Rpfleger 1987, 441
120   LG Münster, Beschl. vom 23. 4. 1985 – 5 T 359/85 – 8 K 38 + 47/84 II – (unveröffentlicht)
121   BGH, Urt. vom 13. 11. 1986 – IX ZR 26/86 –, WM 1987, 80 = ZIP 1987, 156
122   Für den Verschleuderungsfall gibt es keine „feste" Grenze. Die Umstände des Einzelfalls müssen jeweils
      berücksichtigt werden: LG Krefeld, Urt. vom 27. 1. 1988 – 6 T 346/87 –, Rpfleger 1988, 375; OLG Koblenz,
      Urt. vom 23. 4. 1986 – 4W 286/86 –, JurBüro 1986, 158; OLG Schleswig, Beschl. vom 21. 5. 1975 –
      1 W 53/75 –, Rpfleger 1975, 372
123   Steiner/Storz, Zwangsversteigerungsrecht 9. Aufl. 1984/86, § 74 Rn. 98 f., 77
124   BGH, Urt. vom 13. 11. 1986 – IX ZR 26/86 –, WM 1987, 80
125   BT-Drucks. 8/693, S. 52; WM 1988, 1 ff.
126   OLG Hamm, Beschl. vom 8. 7. 1977 – 15 W 133/77 –, Rpfleger 1977, 452; OLG Koblenz, Urt. vom 13. 5.
      1985 – 4 W 199/84 –, Rpfleger 1985, 410; OLG Köln, Urt. vom 1. 6. 1983 – 2 W 59/83 –, MDR 1983, 851 =
      Rpfleger 1983, 362 = ZIP 1983, 999; Hamelbeck in DWW 1959, 131; Spiels in NJW 1955, 184; OLG Schles-
      wig, Urt. vom 9. 9. 1980 – 1 W 83/80 –, EzGuG 12.28 a; kritisch hierzu WM 1988, 1 ff.
127   OLG Düsseldorf, Urt. vom 13. 10. 1980 – 3 W 208/80 –, EzGuG 12.29 b; OLG München, Beschl. vom 6. 9.
      1968 – 12 W 1328/68 –, EzGuG 19.15; OLG Schleswig, Urt. vom 9. 9. 1980 – 1 W 83/80 –, EzGuG 12.29 a
128   Zeller/Stöber, Zwangsversteigerungsgesetz 13. Aufl. 1989, § 74 a Rn. 9; 2.5; ders. § 114 a Rn. 3.1
129   BGH, Urt. vom 19. 3. 1971 – V ZR 153/68 –, EzGuG 19.24

185 Rechtsgrundlage für die **Ermittlung des Beleihungswerts für die Hypothekenbanken** ist das Hypothekenbankgesetz. Nach § 12 Abs. 2 des Hypothekenbankgesetzes – HBG – kann der nach den Regeln des Städtebaurechts, d. h. nach § 194 BauGB i. V. m. der WertV ermittelte Verkehrswert auch bei der Festlegung des Beleihungswerts berücksichtigt werden; auch nach § 2 Abs. 2 der Beleihungsgrundsätze für Sparkassen (BelG) vom 5. 2. 1970 dient der Verkehrswert neben dem Ertragswert sowie dem Bau- und Bodenwert als Grundlage für die Festsetzung des Beleihungswerts[130].

186 **§ 12 HBG hat folgende Fassung:**

„(1) Der bei der Beleihung angenommene Wert des Grundstückes darf den durch sorgfältige Ermittlung festgestellten Verkaufswert nicht übersteigen. Bei der Feststellung dieses Wertes sind nur die dauernden Eigenschaften des Grundstücks und der Ertrag zu berücksichtigen, welchen das Grundstück bei ordnungsmäßiger Wirtschaft jedem Besitzer nachhaltig gewähren kann.

(2) Liegt eine Ermittlung des Verkehrswertes auf Grund der Vorschriften der §§ 192 bis 199 des Baugesetzbuchs vor, so soll dieser bei der Ermittlung des Beleihungswertes berücksichtigt werden."

187 Die Vorschrift ist sowohl in ihrem Wortlaut, als auch in ihrer Begrifflichkeit unscharf und bedarf dringend einer Eindeutigkeit schaffenden Klarstellung. Fest steht, dass nach dieser Vorschrift zunächst zwischen dem „bei der Beleihung angenommenen Wert", womit der „Beleihungswert" angesprochen ist, und dem **„Verkaufswert"** zu unterscheiden ist. Satz 2 der Vorschrift enthält ansatzweise eine Definition „dieses Wertes" (Verkaufswert). Nach dieser Definition sind

– „nur die dauernden Eigenschaften des Grundstücks", d. h. nicht die sich – soweit absehbar – „verflüchtigenden" Eigenschaften, und

– der Ertrag zu berücksichtigen, „welchen das Grundstück bei ordnungsgemäßer Wirtschaft jedem Besitzer nachhaltig gewähren kann".

188 Die **Definition des Verkaufswerts enthält** – zumindest ihrem Wortlaut nach – damit **weitgehend mit dem Verkehrswert übereinstimmende Merkmale,** denn auch der im Wege des Ertragswertverfahrens abgeleitete Verkehrswert bestimmt sich ausdrücklich nach dem „nachhaltig" erzielbaren jährlichen Reinertrag (§ 16 Abs. 1 WertV), der Restnutzungsdauer bei „ordnungsgemäßer Unterhaltung und Bewirtschaftung" (§ 16 Abs. 4 WertV), den bei „gewöhnlicher" Bewirtschaftung „nachhaltig entstehenden Verwaltungs-, Betriebs- und Instandhaltungskosten sowie dem üblichen Mietausfallwagnis[131]. Insoweit weist die materielle Definition des „Verkaufswerts" keine eindeutig definierten Unterschiede zum Verkehrswert i. S. d. § 194 BauGB auf. In der Rechtsprechung ist der „Verkaufswert" schon immer mit dem „Verkehrswert" gleichgesetzt worden und zwar schon zu einer Zeit, als das auf das Jahr 1899 zurückgehende Hypothekenbankgesetz erlassen wurde[132]. Hieran hat auch die **höchstrichterliche Rechtsprechung** bis heute festgehalten[133]. Der BGH hat im Urt. vom 28. 6. 1966[134] völlig unmissverständlich die **Gleichung Verkaufswert = Verkehrswert** aufgestellt[135].

189 Dessen ungeachtet will das Beleihungswesen unter dem „Verkaufswert" einen Wert verstehen, der unterhalb des Verkehrswerts zu definieren ist, was der § 12 HBG aber nicht „leistet". Dieser **Verkaufswert soll** nach § 12 Abs. 1 Satz 1 HBG **die oberste Grenze des Beleihungswerts bilden.** Nun muss man das legitime Interesse des Beleihungswesens anerkennen, bei der Beleihung mehr oder minder unter dem Verkehrswert i. S. d. § 194 BauGB zu bleiben. Dafür gibt es eine Reihe guter Gründe, die hier nicht erörtert zu werden brauchen. Fraglich bleibt aber, ob es dafür der „Zwischenschaltung" eines Verkaufswerts bedarf oder ob nicht gleich vom Verkehrswert ausgegangen werden kann, an den dann entsprechend höhere Abschläge anzubringen wären. Die derzeitig gültige Fassung des § 12 HBG ist jedenfalls nur für „Insider" verständlich und nur damit zu erklären, dass sich das Kreditwesen einen breiten Ermessensspielraum sichern will, entsprechend der Marktlage und dem mit einer Immobilie verbundenen Risiko bei der Beleihung „unter" dem Verkehrswert zu bleiben. Hielte man dabei an der „Zwischenschaltung" eines „Verkaufswerts" fest, sollte aber zumindest eine klarere gesetzliche Abgrenzung in § 12 HBG zum Verkehrswert gefordert werden[136].

Dieser Kritik folgend hat der Verband der Hypothekenbanken in einem Grundsatzpapier vom 14. 10. 1996[137] festgestellt, dass der **Begriff „Verkaufswert" in § 12 HBG künftig durch den Begriff „Beleihungswert" zu ersetzen** sei!   **190**

Nach der geltenden Fassung des § 12 HBG stellt „der durch sorgfältige Ermittlung" festgestellte Verkaufswert die Obergrenze des Beleihungswerts dar. Der Beleihungswert lässt sich entsprechend dem damit verfolgten Anliegen, nämlich die Ermittlung eines **langfristig schwankungsstabilen Werts** zu ermitteln, der die jeweiligen **Restschuldvaluta sicher deckt,** wie folgt definieren: **191**

„Der Beleihungswert eines Grundstücks ist der Wert, von dem auf Grund der aus dem langfristigen Marktgeschehen abgeleiteten Erkenntnisse zum Wertermittlungsstichtag auf der Grundlage der dauerhaften (nachhaltigen) zukunftssichernden Merkmale mit hoher Sicherheit erwartet werden kann, dass er über einen langen, in die Zukunft gerichteten Zeitraum im gewöhnlichen Geschäftsverkehr realisiert werden kann."

In der **Solvabilitätsrichtlinie** (Stichwort: 50 %-Gewichtung des gewerblichen Realkredits; vgl. Teil VII Rn. 198 ff., 242 ff.) wird der Beleihungswert wie folgt definiert: **192**

„Als Beleihungswert gilt der Wert der Immobilie, der von einem Schätzer ermittelt wird, welcher eine sorgfältige Schätzung der künftigen Marktgängigkeit der Immobilie unter Berücksichtigung ihrer dauerhaften Eigenschaften der normalen und örtlichen Marktbedingungen, ihrer derzeitigen Nutzung sowie angemessener Alternativnutzungen vornimmt. In die Schätzung des Beleihungswerts fließen keine spekulativen Gesichtspunkte ein. Der Beleihungswert ist in transparenter und eindeutiger Weise zu belegen."

In der gleichen Richtlinie wird der **„Marktwert"** (vgl. Teil II Rn. 18 sowie unter Rn. 206 ff.) wie folgt definiert: **193**

„In den ... genannten Fällen gilt als Marktwert der Preis, zu dem die Immobilie im Rahmen eines privaten Vertrags zwischen einem verkaufsbereiten Verkäufer und einem unabhängigen Käufer zum Zeitpunkt der Schätzung verkauft werden könnte, wobei die Annahme zu Grunde gelegt wird, dass die Immobilie öffentlich auf dem Markt angeboten wird, dass die Marktbedingungen eine ordnungsgemäße Veräußerung ermöglichen und dass für die Aushandlung des Verkaufs ein im Hinblick auf die Art der Immobilie normaler Zeitraum zur Verfügung steht."

Verfahrensmäßig bedient sich die Beleihungspraxis verschiedener Methoden, die in Wertermittlungsanweisungen und Beleihungsrichtlinien festgeschrieben worden sind. Traditionell kommt noch immer das sog. **Zwei-Säulen-Prinzip** zur Anwendung, bei dem von getrennt zu ermittelnden Sach- und Ertragswerten ausgegangen wird. In den Grundzügen handelt es sich um die in der WertV geregelten Verfahren, wobei allerdings aus der dargestellten Zielsetzung heraus   **194**

– der Ermittlung des Gebäudesachwerts (Bauwert) ein Sicherheitsabschlag berücksichtigt wird (geminderter Sachwert) und

– bei der Ermittlung des Ertragswerts Mindestansätze für die Bewirtschaftungskosten (z. B. 25 bzw. 30 %) und den (Liegenschafts- bzw.) Kapitalisierungszinssatz herangezogen werden (z. B. für Wohnobjekte 5 % und Gewerbeobjekte 6 %).

Bei dieser Vorgehensweise ergibt sich ein Wert, der dann regelmäßig deutlich hinter dem Verkehrswert zurückbleibt und dem Sicherheitsbedürfnis des Beleihungsinstituts Rechnung trägt.

---

130 Stannigel/Kremer/Weyers, Beleihungsgrundsätze für Sparkassen, a. a. O., S. 50 f. und 1082
131 GuG aktuell 1995, 1; Kleiber in DLK 1996, 200
132 Pr. OVG, Urt. vom 10. 6. 1870 – VII C 183/31 –, EzGuG 19.1; Pr. OVG, Urt. vom 11. 3. 1897 – VIIIa 66 –, EzGuG 19.2 a; Pr. OVG, Urt. vom 17. 6. 1918 – VIII C 89/18 –, EzGuG 19.3
133 LG Darmstadt, Beschl. vom 16. 10. 1958 – 5 T 18/58 –, EzGuG 19.4
134 BGH, Urt. vom 28. 6. 1966 – VI ZR 287/64 –, EzGuG 11.51 so auch BGH, Urt. vom 22. 10. 1986 – IVa ZR 143/85 –, EzGuG 20.117 b; BGH, Urt. vom 22. 10. 1986 – IV a ZR 76/85 –, EzGuG 20.117 a
135 Goldberg/Müller, Versicherungsaufsichtsgesetz Bln. 1980, S. 484
136 GuG-aktuell 1995, 17; Werth in GuG 1998, 257
137 GuG 1997, 239

195   Die **Vorgehensweise der Beleihungsinstitute ist** bei alledem **uneinheitlich** und mitunter auch begrifflich der modernen Wertermittlungslehre nicht angepasst worden.

196   Alternativ zur vorgestellten Vorgehensweise geht die Praxis zur Ermittlung des Beleihungswerts dazu über, direkt vom Verkehrswert auszugehen und je nach **Objekt-Risikokategorien** hieran Sicherheitsabschläge anzubringen (vgl. Teil VII Rn. 12, 154, 311, Abb. 12, 19)[138].

Beispiele:

a) Einfamilienhaus mit geringem Risiko (1)

Bodenwert	T€ 150	(30 %)
Bauwert	+ T€ 350	(70 %)
Sachwert	T€ 500	(100 %)
Verkehrswert = Beleihungswert	**T€ 500**	

Es kann ein Risikoabschlag von bis zu 10 % des Verkehrswerts vorgenommen werden. Der Beleihungswert im Fallbeispiel (gutes Objekt mit geringem Beleihungs- und Verwertungsrisiko) könnte in Höhe des Verkehrswerts (T€ 500) festgesetzt werden.

b) Gemischt genutztes Grundstück mit durchschnittlichem Risiko (2)

Bodenwert	T€ 275	(11 %)
Bauwert	+ T€ 2 225	(89 %)
Sachwert	T€ 2 500	(100 %)
Ertragswert	T€ 2 400	
Verkehrswert	T€ 2 400	
Beleihungswert	**T€ 2 150**	
	(Sicherheitsabschlag = 10,4 %)	

Der Risikoabschlag vom Verkehrswert darf 10 bis 20 % betragen. Bei rd. 10 % Risikoabschlag könnte der Beleihungswert mit 2 150 000 € festgesetzt werden.

197   Eine Besonderheit gegenüber der Verkehrswertermittlung ist bei der Ermittlung des Beleihungswerts bezüglich der **Grundpfandrechte** beachtlich. Im Allgemeinen beeinflussen diese nämlich nicht den Verkehrswert, sondern allenfalls den Preis eines Grundstücks. **Banken und Kreditinstitute „bewerten" jedoch die Grundpfandrechte bei der Ermittlung des Beleihungswerts.** Ausgehend vom Verkehrswert für das vergleichsweise unbelastete Grundstück wird über Risikoabschläge der Beleihungswert ermittelt. Hier ist vor allem die Rangstelle der unterschiedlichen Vorlasten (Eintragungen) im Grundbuch wertbestimmend, da nach § 11 HGB die Beleihung die ersten Dreifünftel des Beleihungswerts (60 %) nicht übersteigen darf.

▸ *Nähere Ausführungen zum Beleihungswert vgl. Teil VII Rn. 160 ff.*

5.8   Flurbereinigungsrecht

198   In der landwirtschaftlichen Flurbereinigung wird im Unterschied zur städtebaulichen Umlegung (§§ 45 ff. BauGB) mit § 27 des Flurbereinigungsgesetzes – FlurbG – vom Verkehrswertprinzip abgewichen, als hier die Bewertung in der Weise zu erfolgen hat, dass der **„Wert" der Grundstücke eines Teilnehmers** am Verfahren **im Verhältnis zu dem „Wert" aller Grundstücke** des Flurbereinigungsgebiets **zu „bestimmen"** ist. Dabei wird also nicht ein strenger Maßstab i. S. d. Verkehrswertdefinition des § 194 BauGB angesetzt; vielmehr geht es um die „Bestimmung" eines relativen, auf die Verhältnisse der Wertigkeiten im jeweiligen Flurbereinigungsgebiet bezogenen Werts (Tauschwerte)[139]. Für landwirtschaftlich genutzte Grundstücke kommt es hier maßgeblich auf den Nutzen an, den die Flächen bei gemeinüblicher ordnungsgemäßer Bewirtschaftung jedem Besitzer ohne Rücksicht auf ihre Entfernung vom Wirtschaftshofe oder von der Ortslage nachhaltig gewähren können (vgl. § 28 FlurbG). Das Wertverhältnis wird durch Wertverhältniszahlen ausgedrückt, die aus dem Nutzungswert (Reinertrag) je Flächeneinheit des Bodens abgeleitet werden.

Für **Bauflächen** und **Bauland** sowie für **bauliche Anlagen** wird dagegen nach § 29 Abs. 1 **199**
FlurbG der Verkehrswert i. S. d. § 194 BauGB abgeleitet; er wird jedoch abweichend hiervon – unter Ausschluss flurbereinigungsbedingter Werterhöhungen – definiert. Die angesprochenen Bestimmungen haben folgenden Wortlaut:

„§ 27 FlurbG

Um die Teilnehmer mit Land von gleichem Wert abfinden zu können, ist der Wert der alten Grundstücke zu ermitteln. Die Wertermittlung hat in der Weise zu erfolgen, dass der Wert der Grundstücke eines Teilnehmers im Verhältnis zu dem Wert aller Grundstücke des Flurbereinigungsgebietes zu bestimmen ist.

§ 28 FlurbG

(1) Für landwirtschaftlich genutzte Grundstücke ist das Wertverhältnis in der Regel nach dem Nutzen zu ermitteln, den sie bei gemeinüblicher ordnungsmäßiger Bewirtschaftung jedem Besitzer ohne Rücksicht auf ihre Entfernung vom Wirtschaftshofe oder von der Ortslage nachhaltig gewähren können. Hierbei sind die Ergebnisse einer Bodenschätzung nach dem Gesetz über die Schätzung des Kulturbodens (Bodenschätzungsgesetz) vom 16. Oktober 1934 (Reichsgesetzbl. I S. 1050), zuletzt geändert durch die Finanzgerichtsordnung vom 6. Oktober 1965 (Bundesgesetzbl. I S. 1477), zu Grunde zu legen; Abweichungen sind zulässig.

(2) Wesentliche Bestandteile eines Grundstücks, die seinen Wert dauernd beeinflussen, sowie Rechte nach § 49 Abs. 3 sind, soweit erforderlich, in ihrem Wert besonders zu ermitteln.

§ 29 FlurbG

(1) Die Wertermittlung für Bauflächen[140] und Bauland sowie für bauliche Anlagen hat auf der Grundlage des Verkehrswertes zu erfolgen.

(2) Der Verkehrswert wird durch den Preis bestimmt, der in dem Zeitpunkt, auf den sich die Ermittlung bezieht, im gewöhnlichen Geschäftsverkehr nach den Eigenschaften, der sonstigen Beschaffenheit und der Lage des Grundstücks ohne Rücksicht auf ungewöhnliche oder persönliche Verhältnisse zu erzielen wäre; Wertänderungen an baulichen Anlagen, die durch die Aussicht auf die Durchführung der Flurbereinigung entstanden sind, bleiben außer Betracht.

(3) Bei bebauten Grundstücken ist der Verkehrswert des Bodenanteils und der Bauteile getrennt zu ermitteln, wenn dies auf Grund von Vergleichspreisen möglich ist; die Verkehrswerte sind gesondert anzugeben.

(4) Die Ermittlung des Verkehrswertes der baulichen Anlagen soll nur dann vorgenommen werden, wenn die baulichen Anlagen einem neuen Eigentümer zugeteilt werden."

Neben dem **Gesetz über die Schätzung des Kulturbodens** (Bodenschätzungsgesetz – **200**
BodSchätzG) sind die Bestimmungen der WertV, WertR, WaldR 2000 und LandR 78 von Bedeutung.

5.9 Landwirtschaftsanpassungsgesetz

Die Grundsätze der WertV finden ggf. unter ergänzender Heranziehung der WertR auch bei **201**
der Ermittlung von **Abfindung in Geld, Abfindung in Land sowie bei der Ersatzlandbereitstellung** nach Maßgabe des LwAnpG Anwendung. Grundsätzlich erfolgt dabei die Wertermittlung für

– Anpflanzungen nach § 63 Abs. 2 LwAnpG i. V. m. § 28 Abs. 2 FlurbG sowie

– Bauflächen, Bauland, bauliche Anlagen sowie für Rechte an Grundstücken nach § 63 Abs 2 LwAnpG i. V. m. § 29 FlurbG.

Eine **Verfahrens**empfehlung enthalten die hierzu vom Bundesministerium für Ernährung, **202**
Landwirtschaft und Forsten veröffentlichten Hinweise[141].

---

138 Weyers in GuG 1990, 74 und GuG 2000, 257
139 BVerwG, Urt. vom 14. 2. 1963 – 1 C 56/61 –, EzGuG 17.24a
140 Hier wohl begrifflich nicht dem Bauland zugerechnet (sic!)
141 Empfehlungen des Bundesministeriums für Ernährung, Landwirtschaft und Forsten, GemMBl. 1992, 1095; abgedruckt bei Kleiber/Söfker, Vermögensrecht, Eigentum an Grund und Boden, Verlag Jehle-Rehm, München; GuG 1993, 163, 229; Thöne in GuG 1993, 279

5.10 Kapitalanlagenrecht (KAAG)

203 Das Liegenschaftsvermögen im offenen Immobilienfonds wird – zumindest wenn es um die jährliche Feststellung des Werts der Gegenstände des Grundvermögens nach § 34 Abs. 2 Satz 3 KAAG geht – von dem **nach § 32 KAAG zu bestellenden Sachverständigenausschuss** mit dem Verkehrswert bewertet. § 34 Satz 2 KAAG spricht in diesem Zusammenhang ausdrücklich vom „Verkehrswert".

204 Der Verkehrswert ist nach § 34 des Gesetzes über die Kapitalanlagegesellschaften (KAAG) für die **jährliche Ermittlung des Werts von Bestandsobjekten offener Immobilienfonds** vorgeschrieben. Die ermittelten Verkehrswerte dienen
– der Ermittlung des Werts von Fondsanteilen und
– der Ermittlung des Ausgabe- und Rücknahmepreises von Anteilsscheinen.

205 Darüber hinaus sind nach § 27 Abs. 3 KAAG und nach § 37 Abs. 1 KAAG vom Sachverständigenausschuss
– vor **Veräußerungen von Bestandsobjekten** und
– vor dem **Erwerb neuer Objekte**
Verkehrswertermittlungen durchzuführen, da der Erwerb nur zum Verkehrswert (oder allenfalls unwesentlich darüber) und der Verkauf ebenfalls nur zum Verkehrswert (oder allenfalls unwesentlich darunter) erfolgen darf.

5.11 Bilanzrecht

206 Die europarechtlichen Grundlagen der **Bewertung von Anlagevermögen bei Jahresabschlüssen und die Bilanzierungsprinzipien der Europäischen Union** gehen auf die Vierte Richtlinie des Rates vom 25. 7. 1978[142] zurück. Es handelt sich hier um bilanzielle Spezialregelungen, die zunächst wenig mit der klassischen Verkehrswertermittlung gemein haben. Nach Art. 35 der Richtlinie sind Gegenstände des Anlagevermögens zu den Anschaffungs- und Herstellungskosten zu bewerten. Des Weiteren sehen die Vorschriften besondere Maßgaben zur Berücksichtigung von Zinsen für Fremdkapital, sofern sie auf den Zeitpunkt der Herstellung entfallen (Art. 35 Abs. 4), und der tatsächlichen oder geschätzten Verkaufskosten vor, wenn am Tag, zu dem die Bilanz aufgestellt wird, Grundstücke oder Gebäude verkauft sind oder binnen kurzem verkauft werden sollen (Art. 49 Abs. 5; vgl. Rn. 91 ff.). Diese nur auf besondere Fallgestaltungen beschränkten Maßgaben sind in der bilanziellen Ausrichtung der Vorschriften begründet und haben bei einer Reihe von in Deutschland tätigen Wirtschaftsprüfern fälschlicherweise die Forderung aufkommen lassen, die allgemein gültige Definition des Verkehrswerts (§ 194 BauGB) bzw. die Wertermittlungsverordnung müsse dem Rechnung tragen. Gleichzeitig wird auch dem **im europäischen Bilanzrecht gebrauchten Begriff des Marktwerts** (mit seinen bilanziellen Besonderheiten) eine Allgemeingültigkeit beigemessen, der ihm nicht zukommen kann. Artikel 49 Abs. 2 der Direktive des Europäischen Rates von 1991 (91/647/EEC) definiert ihn wie folgt (EG-Definition genannt):

„Der Marktwert soll den Preis bezeichnen, zu welchem Grundstücke und Gebäude gemäß privatem Vertrag von einem verkaufsbereiten Veräußerer an einen unabhängigen Käufer am Tag der Bewertung verkauft werden können, wobei die Annahme zu Grunde gelegt wird, dass die Immobilie öffentlich auf dem Markt angeboten wird, dass die Marktbedingungen eine ordnungsgemäße Veräußerung ermöglichen und dass für die Aushandlung des Verkaufs ein im Hinblick auf die Art der Immobilie normaler Zeitraum zur Verfügung steht."[143]

Art. 49 VersBiRiLi definiert den Marktwert wie folgt:

„(2) Unter Marktwert ist der Preis zu verstehen, der zum Zeitpunkt der Bewertung auf Grund eines privatrechtlichen Vertrags über Bauten oder Grundstücke zwischen einem verkaufswilligen Verkäufer und einem ihm nicht durch persönliche Beziehungen verbundenen Käufer unter den Voraussetzungen zu erzielen ist, dass das Grundstück offen am Markt angeboten wurde, dass die Marktverhältnisse einer ordnungsgemäßen Veräußerung nicht im Wege stehen und dass eine der Bedeutung des Objekts angemessene Verhandlungszeit zur Verfügung steht.

(5) Sind zum Zeitpunkt der Bilanzaufstellung Gebäude oder Grundstücke verkauft worden oder sollen sie in der nächsten Zeit verkauft werden, dann ist der nach den Absätzen 2 ... festgesetzte Wert um die angefallenen oder geschätzten Realisationsaufwendungen abzusetzen."

Im Kern knüpfen diese Definitionen zwar an einen materiell weitgehend **mit dem Ver-** **207** **kehrswert identischen Marktwert** an und man mag auch von einem speziellen (bilanziellen) Verkehrswert sprechen, wenn dabei die genannten Besonderheiten zum Tragen kommen. Diese sind aber, wie bereits herausgestellt wurde, in den Besonderheiten der Vermögensbilanz begründet und dürfen nicht zum allgemeinen Maßstab der Verkehrswertermittlung gemacht werden, zumal sie auch in der bilanziellen Bewertung nur unter engen Voraussetzungen zur Anwendung kommen (vgl. Teil VII Rn. 205; Teil II Rn. 18).

Das Gleiche gilt, wenn international tätige Konzerne im Rahmen des Konzernabschlusses **208** von der Möglichkeit des **§ 292 a HGB** Gebrauch machen, im Rahmen der Umstellung der Bilanzierung und Rechnungslegung von Grundstücken einschließlich Gebäuden diese bei langfristiger Kapitalanlage auf der Grundlage des *Fair Value* i. S. d. *International Accounting Standards (IAS)* zu bewerten. Es handelt sich hierbei um einen Sammelbegriff, dessen Präzisierung das *International Accounting Standards Committee (IASC)* den Berufsverbänden überlässt[144].

16 § 7 und 25 § 4 IAS definieren den *Fair Value* wie folgt:

„... the amount for which an asset could be exchanged between a knowledgeable, willing buyer and a knowledgeable willing seller in an arm's length transaction"

16 § 30 IAS definiert den *Fair Value* wie folgt:

„The fair value of land and buildings is usually its Market Value for Existing Use which presupposes continued use of the asset in the same or similar business. This value ist determined by appraisal normally undertaken by professionally qualified valuers."

Als alternativ zulässige Methode *(Allowed Alternative Treatment)* wird damit der **Markt- 209** **wert auf der Grundlage der ausgeübten oder eine ähnliche Nutzung abzüglich der kumulierten planmäßigen Abschreibung** zugelassen (Wahlrecht).

Die **internationalen Rechnungslegungsstandards** des IASC haben eine wenig zufrieden **210** stellende Ergänzung in den Standards der Tegova *(Approval European Valuation Standards – Blue Book)* gefunden. Folgende Definitionen werden dort gegeben:

„*Market Value* shall mean the price at which land and buildings could be sold under private contract between a willing seller and an arm's length buyer on the date of valuation, it beeing assumed that the property is publicly exposed to the market, that the market conditions permit orderly disposal and that a normal period having regard to the nature of the property, is available for the negotiation of the sale."

„*Market Value for the existing use* is the estimated amount for which an asset should exchange on the date of valuation based on continuation of its existing use, but assuming the asset is unoccupied, between a willing buyer and a willing seller in an arm's length transaction after proper marketing wherin the parties had each acted knowledgeably, prudently and without compulsion."

Es handelt sich hierbei letztlich um einen **Verkehrswert nach Maßgabe der bilanziellen Besonderheiten,** der sich nicht in die allgemeine Praxis der Verkehrswertermittlungspraxis übertragen lässt.

---

142 ABl. EG vom 14. 8. 1978 Nr. L 222/11

143 „Market Value shall mean the price at which land and buildings could be sold under private contract between a willing seller and an arm's length buyer on the date of valuation, it beeing assumed that the property is publicly exposed to the market, that the market conditions permit orderly disposal an that a normal period having regard to the nature of the property, is available for the negotiation of the sale."; vgl. auch Rn. 193; vgl. Richtlinie 78/660/EWG Art. 42 a, b, c; Stellungsnahme des EG Wirtschafts- und Sozialausschusses ABl. C 268 vom 19. 9. 2000, S. 1 ff.

144 Kritisch hierzu selbst das englischsprachige Schrifttum, vgl. Crosby, N. in Estates Gazette 2000, 71: *"Something strange is going on in the world of valuation practice statements and guidance notes worldwide"*; Kleiber in GuG 2000, 321; Hök in GuG 2001, 65; Hommel/Berndt in BB 2000, 1184

Fazit: In der EG werden die Begriffe „Marktwert" und „Verkehrswert" synonym gebraucht, denn der Verkehrswert ist in der Tat der im gewöhnlichen Geschäftsverkehr auf dem Grundstücksmarkt erzielbare Preis (vgl. 1999/275/EG, ABl. Nr. L 108 vom 27. 4. 1999, S. 44 ff.; 96/631/EG, ABl. L 283 vom 5. 11. 1996, S. 43 ff.; 96/631/EG, ABL. L 283 vom 5. 11. 1996, S. 43 ff.; 92/465/EWG, ABl. L 295 vom 20. 10. 1987, S. 25 ff.; EG VO Nr. 2909/2000, ABl. L 336 vom 30. 12. 2000, S. 75 ff.). **Marktwert i. S. des EG-Rechts ist mithin kein aliud im Verhältnis zum Verkehrswert.** Dies gilt grundsätzlich auch für die Bilanzierungsbestimmungen, die mit dem *fair value* an den Marktwert (Verkehrswert) anknüpfen und nach der Richtlinie 78/660/EWG (Art. 42 a, b, c bzw. 91/674/EWG Art. 49 Abs. 5) für bestimmte Fallgestaltungen eine Modifikation des Marktwerts (Verkehrswerts) vorgeben (vgl. Rn. 92)

5.12   Weitere Rechtsbereiche:

211   – Der **Verkehrswert** ist auch als **„Wert des Grundstücks" i. S. d. bürgerlichen Rechts** anzusehen, z. B. nach § 453 und § 2311 BGB bei Erbauseinandersetzungen, nach § 2325 BGB bei Pflichtteilsergänzungen[145] oder bei Abwendung der Herausgabe noch vorhandener Nachlassgegenstände zum Zwecke der Befriedigung eines Nachlassgläubigers durch Zahlung des Werts nach § 1973 Abs. 2 BGB (des Weiteren § 1515 Abs. 1 und 3 BGB, §§ 2049 und 2312 BGB).

▸ *Hierzu Teil VI Rn. 112 ff.*

– Auf den **Verkehrswert nach** § 194 BauGB nimmt auch § 6 **der II. Berechnungsverordnung** Bezug; die Vorschrift regelt den Wert des Baugrundstücks bei der Berechnung der Gesamtkosten.

– **Erbbaurecht** (vgl. z. B. § 19 ErbbauVO);

– Ermittlung des **Wirtschaftswerts** und des **Höfewerts** nach der Höfeordnung i. V. m. § 48 BewG.

---

145   BayObLG. Beschl. vom 11. 10. 1924 – Reg Vi 32/24 –, BayObLGZ, Bd. 23 A S. 192

§ 195
Kaufpreissammlung

(1) ¹Zur Führung der Kaufpreissammlung ist jeder Vertrag, durch den sich jemand verpflichtet, Eigentum an einem Grundstück gegen Entgelt, auch im Wege des Tausches, zu übertragen oder ein Erbbaurecht zu begründen, von der beurkundenden Stelle in Abschrift dem Gutachterausschuss zu übersenden. ²Dies gilt auch für das Angebot und die Annahme eines Vertrags, wenn diese getrennt beurkundet werden, sowie entsprechend für die Einigung vor einer Enteignungsbehörde, den Enteignungsbeschluss, den Beschluss über die Vorwegnahme einer Entscheidung im Umlegungsverfahren, den Beschluss über die Aufstellung eines Umlegungsplans, den Grenzregelungsbeschluss und für den Zuschlag in einem Zwangsversteigerungsverfahren.

(2) Die Kaufpreissammlung darf nur dem zuständigen Finanzamt für Zwecke der Besteuerung übermittelt werden. Vorschriften, nach denen Urkunden oder Akten den Gerichten oder Staatsanwaltschaften vorzulegen sind, bleiben unberührt.

(3) Auskünfte aus der Kaufpreissammlung sind bei berechtigtem Interesse nach Maßgabe landesrechtlicher Vorschriften zu erteilen (§ 199 Abs. 2 Nr. 4).

---

1   Übersendungspflichten von Grundstückskauf- und -tauschverträgen (Abs. 1)

1.1   Übersicht

▶ *Zur Kaufpreissammlung vgl. § 193 BauGB Rn. 71 ff.*

1   **Die Kaufpreissammlung,** bestehend aus

– einem kartenmäßigen Nachweis (Kaufpreiskarte) und

– einem beschreibenden Nachweis (Kaufpreiskartei, -datei)

stellt ein originäres Abbild des Geschehens auf dem Grundstücksmarkt dar. Die Kenntnis hierüber ist eine wesentliche Voraussetzung für marktgerechte Wertermittlungen. Deshalb war der Gesetzgeber bestrebt, dass möglichst alle Vorgänge, die für die Aufgabenerfüllung der Gutachterausschüsse nützlich sein können, in die Kaufpreissammlung eingehen.

2   Ergänzend zu der mit § 193 Abs. 3 BauGB dem Gutachterausschuss für Grundstückswerte auferlegten Pflicht zur Führung und Auswertung von Kaufpreissammlungen regelt § 195 Abs. 1 BauGB umfassend die **Übersendungspflichten von Grundstückskauf- und -tauschverträgen** sowie anderen Vorgängen der Übertragung von Eigentum an Grundstücken. Da die in der Kaufpreissammlung gespeicherten Daten eine wesentliche Voraussetzung für marktgerechte Wertermittlungen sind, kommt der Frage des Zugangs zur Kaufpreissammlung eine zentrale Bedeutung zu. Aus diesem Sachzusammenhang heraus regelt § 195 Abs. 2 und 3 BauGB den Zugang zur Kaufpreissammlung.

3   Die Übersendungspflicht richtet sich in erster Linie an die Notare und bricht als lex specialis § 18 der Bundesnotarordnung, der diese zur Verschwiegenheit über die bei ihrer Berufsausübung bekannt gewordenen Angelegenheiten gegenüber jedermann verpflichtet. **Die Übersendungspflicht ist auf keine besonderen Grundstücksarten beschränkt** und betrifft auch Kauffälle für land- oder forstwirtschaftlich genutzte oder nutzbare Grundstücke, die im Übrigen von den Kreisstellen der Landwirtschaftskammern gesammelt werden, soweit eine Genehmigungspflicht nach dem GrdstVG besteht[1]. Die Landesregierungen werden zudem mit § 199 Abs. 2 Nr. 5 BauGB ermächtigt, auch die Übermittlung von Daten der Flurbereinigungsbehörde zur Führung und Auswertung der Kaufpreissammlungen durch Rechtsverordnung zu regeln (vgl. § 199 BauGB Rn. 41 f.).

1.2   Einschränkung der Übersendungspflicht

4   Gegen die Übersendung der vollständigen Kaufverträge an die Gutachterausschüsse sind **datenschutzrechtliche Bedenken** vom Bundesbeauftragten für Datenschutz erhoben worden. Diese können nicht überzeugen, da das informationelle Selbstbestimmungsrecht des Bürgers durch die Übersendung der Kaufverträge an die Gutachterausschüsse kaum berührt wird, zumal die Kaufverträge mit den persönlichen Angaben unmittelbar nach ihrer Auswertung vernichtet werden und ein allgemeines Einsichtsrecht in die Kaufpreissammlung nicht besteht. Der weitergehende Vorschlag, die Übersendung der vollständigen Kaufverträge durch die auszugsweise Übermittlung ausgewählter nicht personenbezogener Daten zu ersetzen, musste abgelehnt werden, weil die Kenntnis der vollständigen Kaufvertragsinhalte einschließlich der Namen der betroffenen Vertragsparteien eine zwingende Voraussetzung für die den Gutachterausschüssen mit § 193 BauGB gesetzlich übertragene Aufgabe der Auswertung der Kaufpreissammlung ist.

5   Dies ist darin begründet, dass

– Name und Anschrift der Vertragsparteien am ehesten darauf hinweisen, ob der Kaufpreis durch **ungewöhnliche oder persönliche Verhältnisse** beeinflusst sein kann und damit von Preisvergleichen auszunehmen ist (z. B. firmeninterner Kauf/Verkauf, Arrondierungszukauf, preisgeförderter Verkauf der öffentlichen Hand, Verwandtschaftskauf, Kauf durch Pächter, Mieter etc.);

– eine preiserhebliche und zutreffende Zuordnung zu Grundstücksarten, Objektgruppen oder Käufergruppen meistens nur über die Namen der Vertragspartner möglich ist. So lässt sich z. B. ein unverhältnismäßig geringer Kaufpreis für ein bebautes Grundstück ohne weiteres als ein noch um die Rückbaukosten zu bereinigender Kaufpreis für ein unbebautes Grundstück qualifizieren, sofern die Erwerberin an Hand ihres Namens als Wohnungsbaugesellschaft identifiziert werden kann. Andererseits lässt sich z. B. ein **unangemessen hoher Kaufpreis** für ein gewerblich nutzbares Grundstück allein am Namen des Erwerbers mit ganz spezieller Branchenkultur und ganz besonderen Standortvorlieben erkennen;

– es bei unbebauten Grundstücken wichtig sein kann, von den Erwerbern Einzelheiten über die beabsichtigte **Art und das Maß der baulichen Nutzung** zu erfahren;

– es ebenfalls der Information über **Name und Adresse der Vertragsparteien** bedarf, um die Erlaubnis zur Ortsbesichtigung beim Kaufobjekt einzuholen, die für eine sachgerechte Auswertung häufig erforderlich ist;

– nach § 197 Abs. 1 Satz 2 BauGB der Gutachterausschuss verlangen kann, dass Eigentümer und sonstige Inhaber von Rechten an einem Grundstück die zur Führung der Kaufpreissammlung und zur Begutachtung notwendigen Unterlagen vorlegen; eine Anonymisierung der Daten über Name und Anschrift der Vertragsparteien vor Übersendung an die Gutachterausschüsse würde dazu führen, dass evtl. notwendig werdende **Auskünfte** bei den Betroffenen nicht eingeholt werden können;

– der vereinbarte Kaufpreis aus dem Kaufvertrag nicht immer ohne weiteres ersichtlich ist; so werden neben einem Barpreisanteil häufig auch **andere Leistungen** vereinbart, z. B. die Übernahme von Grundpfandrechten, eine Anrechnung von Belastungen in Abteilung II des Grundbuchs, Rentenverpflichtung, Sachleistungen oder Restkaufgelder; solche Sondervereinbarungen sind durchweg nur aus den individuellen Gegebenheiten des jeweiligen Einzelfalls heraus auch für die Zwecke des Gutachterausschusses nur von erfahrenem Fachpersonal hinreichend qualifizierbar und quantifizierbar;

– besonders bei Verkäufen durch die Gemeinde die vereinbarten Kaufpreise häufig mit **Auflagen oder Bedingungen** verbunden sind; im gewerblichen Bereich sind z. B. Auflagen zur Schaffung neuer Arbeitsplätze, einen bestimmten Geschäftsbetrieb auf dem Grundstück aufrechtzuerhalten, Nachbesserungs- und Rücktrittsklauseln, Vorkaufs- und Wiederkaufsrechte, Ablösungsbeträge, Altlasten betreffende Regelungen, Konkurrenzschutzklauseln, Miet- oder Pachtrechtsvereinbarungen einschließlich der konkreten Anpassungsmodalitäten üblich. Bei Wohngrundstücken spielen Wohnrechte, Miet- und Mietpreisbindungen, Erbbaurechtsvereinbarungen einschließlich der zugehörigen Abreden über Laufzeiten, Rückvergütungen bei Vertragsablauf oder Heimfall, Erbbauzins und Anpassungsklauseln eine große Rolle. Ob und in welchem Maße die individuelle Vereinbarung des Kaufvertrags wertrelevant ist, lässt sich meist nur von fachkompetenter Stelle und nur bei Kenntnis des vollständigen Vertragsinhalts zuverlässig beantworten;

– auch die **Zahlungsfristen und Übergabezeitpunkte** von Bedeutung sind, damit den Gutachterausschüssen auch Rückkoppelungen möglich sind; so kann nachgeprüft werden, ob der Kaufvertrag auch im Grundbuch vollzogen wurde. Denn die Kaufpreissammlung soll nicht irgendwelche fiktiven Kaufpreise, sondern die tatsächlich gezahlten enthalten. Deshalb ist es auch notwendig zu wissen, ob der Kaufvertrag eine Auflassung enthält;

– die oft schon zum Kaufzeitpunkt vorhandenen **preiserheblichen Verwertungsabsichten** häufig nur aus dem ganzen Vertragskontext zu entnehmen sind.

---

1 Mantau/Lipinsky, Ermittlung von Bodenpreisen, Bonn 1975, S. 28 f., 39

6 Weiterhin stehen gegen die **Verwendung eines Formulars zur Übermittlung einzelner Daten an die Gutachterausschüsse** folgende Gründe:

a) Es ist in Fachkreisen bekannt, dass die Kaufpreise für Grundstücke von einer Vielzahl von Merkmalen beeinflusst werden. Diese Einflussfaktoren entstehen laufend neu, genauso wie sie an Aussagekraft verlieren. Sie unterliegen den Änderungen des Marktverhaltens und entziehen sich daher einer unflexiblen Regelung durch Verwendung eines Formblatts. Wegen der unterschiedlichen Einflussfaktoren müssten auch die Inhalte der Formblätter regional und von Stadt zu Stadt unterschiedlich sein. Eine Vereinheitlichung dieser Merkmale auf bundesweiter Ebene würde die ortsnahe Arbeit der Gutachterausschüsse erschweren.

b) Das Ausfüllen von Formblättern führt zu erheblich größerem Verwaltungsaufwand als das einfache Ablichten der Kaufverträge. Zudem würde das mit einem Formblatt – verbunden mit den Auskunftsrechten nach §197 – einerseits datenschutzrechtlich keine Verbesserung bedeuten, da die Gutachterausschüsse dann die Verträge zur Erledigung ihrer Aufgaben von den Notariaten anfordern müssten, und andererseits den Verwaltungsaufwand sowohl bei den Notariaten als auch bei den Geschäftsstellen der Gutachterausschüsse wesentlich erhöhen. Hinzu kommt das Risiko einer Fehlinterpretation bei der Übertragung der Daten aus den Kaufverträgen in die Formblätter. Den Notariaten fehlt es an ausgebildeten Fachleuten, die eine Übertragung von Kaufvertragsdaten in Formblätter fehlerfrei gewährleisten.

c) Bei den Erschwernissen, die sich durch die Mehrarbeit bei der Übertragung von Daten in die Formblätter ergeben, besteht zudem die Gefahr, dass die beurkundenden Stellen ihrer Übersendungspflicht nicht mehr nachkommen. Bereits heute zeigen Stichproben, dass einige Notare ihren Verpflichtungen nach dem BauGB nicht vollständig nachkommen. Diese Tendenz würde durch die Einführung eines Formblatts noch verschärft.

d) Es besteht bereits heute Einigkeit darüber, dass selbst die Informationen aus den Kaufvertragsabschriften für eine qualifizierte Wertermittlung der Kaufpreise zum Teil nicht ausreichen. In der Vergangenheit wurde dennoch von den Rechten des § 197 Abs. 1 (Auskunfts-, Vorlage- und Betretungsrechte) nur in wenigen Einzelfällen Gebrauch gemacht. Würde man anstelle der Kaufvertragsabschriften künftig nur noch Datenextrakte übermitteln, dann müssten die Möglichkeiten des § 197 Abs. 1 BauGB in weitaus größerem Umfang ausgeschöpft und die Grundstückseigentümer und Besitzer weitaus häufiger zu Auskünften sowie zur Vorlage von Unterlagen aufgefordert werden. Dies ist sicher nicht i. S. einer bürgernahen Verwaltung. Wenn nämlich in Zukunft mangels ausreichender Informationen der Gutachterausschüsse verstärkt von den Möglichkeiten des § 197 Abs. 1 Gebrauch gemacht werden müsste, würde dies mit Sicherheit zu einer entsprechenden negativen Reaktion in der Öffentlichkeit führen. Das Ziel einer leistungsfähigen und transparenten Information über den Grundstücksmarkt würde dadurch außerdem erheblich gefährdet.

e) Die Verwendung eines Formblatts, das die wesentlichen Inhalte des Kaufvertrags beinhaltet, würde weiterhin bedeuten, dass die Auswertung der Kaufverträge de facto auf die Notare bzw. indirekt auch auf die Vertragsparteien übertragen würde. Es ist aber eine unabdingbare Aufgabe der Gutachterausschüsse selbst zu beurteilen, welche Daten für die Beurteilung im Einzelfall ausreichen und ob es erforderlich ist, ggf. weitere Daten heranzuziehen. Insbesondere die Beantwortung der Frage, ob ungewöhnliche oder persönliche Verhältnisse vorliegen, erfordert Sachverstand und Kenntnis auf dem Gebiet der Wertermittlung. Sie lässt sich nicht einfach mit einem Kreuz auf einem Formblatt beantworten. Außerdem kann die Auswirkung der ungewöhnlichen oder persönlichen Verhältnisse oft nur abgeschätzt und berücksichtigt werden, wenn der Vertragsinhalt bekannt ist. Durch die Übertragung der Daten auf ein Formblatt wird die Auswertung des Vertrags eigentlich von einer Stelle ausgeführt, die hierzu erstens nicht

befugt ist und zweitens auch nicht die notwendige Sachkenntnis besitzt. Das aber
gerade wollte der Gesetzgeber nicht, als er mit dem BBauG 60 die Gutachterausschüsse
ins Leben rief.

2   Zugang zu den Daten der Kaufpreissammlung (Abs. 2 und 3)

2.1   Allgemeines

Grundsätzlich ist die **Kaufpreissammlung nur dem Gutachterausschuss** und – sofern   **7**
ein Oberer Gutachterausschuss nach § 198 BauGB gebildet worden ist – dem Oberen Gutachterausschuss **direkt zugänglich**[2]. Hieran ist insbesondere von privat tätigen Sachverständigen, aber auch an anderen Stellen des Bundes und der Länder Kritik geübt worden.
Verkehrswerte können nämlich marktgerecht nur auf der Grundlage von Vergleichsdaten
wie Kaufpreise, Mieten und Pachten, ermittelt werden, so dass der Zugangsberechtigte in
Konkurrenz zu anderen eine bevorzugte Stellung hat; in diesem Zusammenhang wird sogar
von einer Monopolstellung gesprochen. Wesentlicher Grund für den eingeschränkten
Zugang zur Kaufpreissammlung ist die Tatsache, dass hierin auch **personenbezogene
Daten** eingehen. Personenbezogene Daten sind dabei Einzelangaben über persönliche oder
sachliche Verhältnisse einer bestimmten oder bestimmbaren natürlichen Person (vgl. § 3
Abs. 1 des Bundesdatenschutzgesetzes – BDSG –). Die dem Gutachterausschuss nach
§ 195 Abs. 1 BauGB zugehenden Verträge enthalten derartige Angaben. Darüber hinaus
finden weitere personenbezogene Daten über das Auskunftsrecht nach § 197 BauGB Eingang in die Kaufpreissammlung.

Im Gesetzgebungsverfahren hat die Frage der **Öffnung der Kaufpreissammlung durch**   **8**
Übermittlung oder Einsichtgewährung, insbesondere zugunsten der öffentlich bestellten
und vereidigten Sachverständigen, eine bedeutende Rolle gespielt. Dabei wurde das **Urteil
des Bundesverfassungsgerichts** vom 15. 12. 1983 **zum Volkszählungsgesetz 1983**[3] eingehend geprüft. In diesem Urt. hat das Gericht das Recht auf informationelle Selbstbestimmung des Bürgers hervorgehoben. Die Verpflichtung zur Übersendung von Abschriften der
Kaufverträge usw. gemäß § 195 Abs. 1 BauGB stellt für den Betroffenen bereits eine
Beschränkung dieses Rechts dar. Wie das Gericht weiter betont hat, habe das Recht auf
informationelle Selbstbestimmung jedoch gegenüber der Preisgabe personenbezogener
Daten an eine Datensammelstelle – Kaufpreissammlung – zurückzutreten, wenn ein überwiegendes Allgemeininteresse dies unter Beachtung des Grundsatzes der Verhältnismäßigkeit rechtfertige. Das ist beachtlich, da in der vom Gutachterausschuss geführten Kaufpreissammlung nicht nur alle Daten gesammelt werden, die sich aus Kaufverträgen und
sonstigen dem Gutachterausschuss zu übermittelnden Verträgen und Rechtsgeschäften
ergeben, sondern auch personenbezogene Daten, die der Gutachterausschuss auf Grund
seiner Auskunftsbefugnis von den Vertragspartnern und sonstigen auskunftspflichtigen
Personen anfordert.

Die Kaufpreissammlung stellt damit eine **Datensammelstelle** dar, **die** nach den Grundsät-   **9**
zen des BVerfG **unter Beachtung** des **informationellen Selbstbestimmungsrechts** des
Bürgers Dritten nur unter Beachtung des Grundsatzes der Verhältnismäßigkeit, d. h. im
überwiegenden Allgemeininteresse, **zugänglich gemacht werden darf.** Unter Beachtung
dieser Grundsätze kam der federführende BT-Ausschuss[4] zur Auffassung, dass eine über
die im Regierungsentwurf gegenüber dem Finanzamt vorgesehene weitere Öffnung der
Kaufpreissammlung nicht in Betracht komme, „insbesondere nicht für eine Wertermitt-

---

2   Kleiber in Ernst/Zinkahn/Bielenberg, BauGB, Komm. zu § 195 Rn. 53; vgl. § 20 der nds DVBauGB/BauGB/
    MaßnahmenG
3   BVerfG, Urt. vom 15. 12. 1983 – 1 BvR 209/83 –, EzGuG 11.142
4   BT-Drucks. 10/6166, S. 137f.

lung, die ein öffentlich bestellter und vereidigter Sachverständiger im Einzelfall durchzuführen hat. Ein Einsichtsrecht eines öffentlich bestellten vereidigten Sachverständigen
würde in diesem Fall einen unverhältnismäßigen, vom überwiegenden Allgemeininteresse
nicht gerechtfertigten Eingriff in das informationelle Selbstbestimmungsrecht des Bürgers
bedeuten. Hieran ändert auch nicht die Tatsache, dass der öffentlich bestellte vereidigte
Sachverständige besonders auf Verschwiegenheit und Geheimhaltung verpflichtet ist.
Gegenstand des Datenschutzes ist vielmehr die Verwendung personenbezogener Daten
schlechthin." In diesem Sinne hat sich auch der Bundesbeauftragte für den Datenschutz in
zwei dem Ausschuss vorgelegten Schreiben (vom 29. Januar und 22. April 1986) geäußert.
Der Bundesbeauftragte für den Datenschutz weist in diesen Schreiben außerdem darauf
hin, dass aus Gründen des Datenschutzes Auskünfte aus der Kaufpreissammlung stets nur
in anonymisierter Form gegeben werden dürften. Dies würde allerdings bedeuten, dass
neben den die Person direkt bezeichnenden Angaben, wie Name und Anschrift, auch die
genauen Grundstücksbezeichnungen, wie Flurstücke und Grundbuchblatt, Straße und
Hausnummer, nicht weitergegeben werden dürften[5].

10   **Nach dem Baugesetzbuch muss unterschieden werden zwischen**

a) der Einsicht in die Kaufpreissammlung (Rn. 15 ff.),

b) der Übermittlung der Kaufpreissammlung (Rn. 19 ff.),

c) der Vorlage von Urkunden und Akten des Gutachterausschusses (Rn. 22 f.) und

d) Auskünften aus der Kaufpreissammlung (Rn. 30 ff.).

Im Übrigen kommt eine Auskunft nach den Vorschriften der Amtshilfe nicht in Betracht
(Rn. 80 ff.).

11   Mit der in Abs. 2 geregelten Übermittlung der Kaufpreissammlung an das zuständige
Finanzamt sowie der Vorlage von Urkunden und Akten bei Gerichten und Staatsanwaltschaften wird die **Übermittlung im sog. „öffentlichen Bereich"** zusammengefasst, auf
die grundsätzlich die landesrechtlichen Verfahrensvorschriften anzuwenden sind (vgl.
§ 14 nordrh.-westf. DSG). Grundsätzlich gilt auch hierfür das Erforderlichkeitsprinzip,
nach dem sich der Umfang der Übermittlung auf das unabweisbar Notwendige beschränken muss.

12   **Keine Übermittlungspflicht besteht bezüglich der staatlichen Bauverwaltungen,** wie
dies noch vom Bundesrat[6] gefordert wurde. Der Bundesgesetzgeber hätte den Zugang zur
Kaufpreissammlung auch diesbezüglich nur insoweit öffnen können, wie dies im überwiegenden Allgemeininteresse erforderlich ist. Eine unbeschränkte Zugänglichkeit der Kaufpreissammlung für bestimmte Stellen und Personengruppen würde jedoch einen wirksamen Datenschutz unmöglich machen und den Schutz der Daten der datenverwaltenden
Stelle entziehen. Bedenken bestehen diesbezüglich auch bei den Datenschutzbeauftragten[7].
Es verbleibt hier aber das Auskunftsrecht.

13   Neben dem Gutachterausschuss sind zur Unterstützung kommunaler Ämter und Dienststellen **städtische Bewertungsstellen** eingerichtet worden, die bei der Erfüllung ihrer Aufgaben auf die Daten des Gutachterausschusses zurückgreifen. Die für den Bereich des Gutachterausschusses geltenden Geheimhaltungsvorschriften (vgl. z. B. §§ 9 und 10 GAVO
NW) müssen dabei grundsätzlich auch gegenüber der städtischen Bewertungsstelle beachtet werden. Organisatorisch lässt sich dies dadurch sicherstellen, dass Mitarbeiter nicht
gleichzeitig für die städtische Bewertungsstelle und den Gutachterausschuss tätig sind (vgl.
auch Muster-Dienstanweisung der AG Datenschutz der AGVGA-NW).

14   Nach Maßgabe datenschutzrechtlicher Regelungen sind für Kaufpreissammlungen wie für
andere automatisiert geführte Dateien mit personenbezogenen Daten sog. **Datenbeschrei-
bungen** zu führen und dem Landesbeauftragten für den Datenschutz vorzulegen; die
Datenbeschreibung ist fortzuführen.

2.2 Einsicht in die Kaufpreissammlung

Während bei der Erteilung von Auskünften Teile der Kaufpreissammlung zu bestimmten **15**
Fragen bekannt gegeben werden, ermöglicht das Einsichtsrecht naturgemäß die Kenntnisnahme aller in der Kaufpreissammlung enthaltenen Angaben und bedeutet deshalb einen
weitaus stärkeren Eingriff in die informationelle Selbstbestimmung des Bürgers.

Neben der Übersendung der Kaufpreissammlung an die Finanzbehörde, der Vorlage von **16**
Auszügen aus der Kaufpreissammlung bei Gerichten oder Staatsanwaltschaften sowie dem
Auskunftsrecht (nach Maßgabe landesrechtlicher Vorschriften) sieht das BauGB einen
weiteren Zugang zur Kaufpreissammlung – als Ganzes oder in Teilen – durch **allgemeine
Einsichtsgewährung** aus den dargelegten **datenschutzrechtlichen Gründen nicht** vor.

Demgegenüber wurde in einigen Bundesländern nach **überholtem Recht** in der Vergan- **17**
genheit Einsicht in die Kaufpreissammlung gewährt:
– Nach § 7 Abs. 3 Satz 2 der bad.-württ. GutachterausschussVO a. F.[8] konnten öffentlich
  bestellte vereidigte Sachverständige gegen Gebühr Einsicht in die Kaufpreissammlung
  nehmen.
– Nach § 11 a Abs. 1 der bayer. GutachterausschussVO a. F.[9] konnte ebenfalls – soweit „im
  Einzelfall" zu Zwecken der Wertermittlung dies erforderlich war – in die Kaufpreissammlung Einsicht genommen werden, von
  • den Gerichten,
  • den mit der Wertermittlung an bebauten und unbebauten Grundstücken sowie von
    Rechten an Grundstücken befassten Behörden sowie
  • den öffentlich bestellten und vereidigten Sachverständigen für die Bewertung von
    bebauten und unbebauten Grundstücken sowie von Rechten an Grundstücken.

Zum Erlass dieser Vorschriften sind die Länder weder mit dem inzwischen abgelösten **18**
BBauG noch mit dem BauGB ermächtigt worden. Das Gesetzbuch eröffnet den Ländern
zwar nunmehr die Möglichkeit, unter bestimmten Voraussetzungen Auskünfte zu
gewähren, nicht hingegen die Einsicht in die Kaufpreissammlung landesrechtlich zu
regeln. Die Frage eines Einsichtsrechts wurde im Verlauf des Gesetzgebungsverfahrens
mehrfach mit **dem Bundesbeauftragten für den Datenschutz** erörtert. Nach dessen Auffassung besteht kein überwiegendes Allgemeininteresse, das ein solches Einsichtsrecht
begründen könnte (vgl. dessen o. a. Schreiben Rn. 9). Hinzu kommt, dass das Gebot der
Normenklarheit den Bundesgesetzgeber dazu verpflichtet, über die Verwertung von Daten
abschließend zu entscheiden, die auf Grund eines Bundesgesetzes erhoben werden, sei es
durch ausdrückliche gesetzliche Regelung oder durch eine bis ins Einzelne gehende
Ermächtigungsvorschrift zugunsten der Länder. Bei multifunktionaler Verwendung erho-
bener Daten sind dabei entsprechend höhere Anforderungen zu stellen. Wie ausgeführt, sah
sich der Bundesgesetzgeber aber gehindert, die Einsicht in die Kaufpreissammlung zuzulassen. Ein Einsichtsrecht datenschutzrechtlich dadurch zu ermöglichen, dass nur anonymisierte Daten in die Kaufpreissammlung aufgenommen werden, konnte im Übrigen nicht
in Betracht gezogen werden, weil dies den Informationsgehalt der Kaufpreissammlung und
damit deren eigentlichen Wert erheblich beeinträchtigen würde (vgl. Rn. 4 ff.).

---

5 5.Tätigkeitsbericht des Landesbeauftragten für Datenschutz des Landes Schleswig-Holstein: LT-Drucks, 9/1738,
   S. 31 f., auch 5. Tätigkeitsbericht des hamburgischen Datenschutzbeauftragten vom 1. 1. 1987, S. 52; Bericht des
   nds. Datenschutzbeauftragten, LT-Drucks. 9/1300, S. 31; 9. Tätigkeitsbericht des Bundesbeauftragten für Datenschutz, BT-Drucks. 10/6816; BT-Drucks. 13/6392, S. 117
6 BT-Drucks. 10/5027, S.19
7 LT-Drucks. Schl.-H. 9/1738, S. 32 f.
8 Bad.-württ. GutachterausschussVO vom 30. 5. 1978 (GBl. 1978, 314), geändert durch VO vom 20. 4. 1982 (GBl.
   1982, 142) und aufgehoben durch VO vom 11. 12. 1989 (GBl. 1989, 541)
9 Bay. GutachterausschussVO vom 5. 3. 1980 (GVBl. 1980, 153), geändert durch VO vom 15. 6. 1982 (GVBl.
   1982, 335)

19   Mit der Frage eines Einsichtsrechts in die Kaufpreissammlung hat sich im Übrigen der BayVGH in seinem Urt. vom 10. 2. 1986[10] ausführlich befasst. Das Gericht hat diesbezüglich darauf hingewiesen, dass es allein dem Gutachterausschuss obliege, auf der Grundlage der von ihm geführten Kaufpreissammlung den Wert der Grundstücke zu ermitteln (vgl. § 136 Abs. 2 BBauG). Hierfür sind die Kaufverträge nach Weisung der Gutachterausschüsse von ihren Geschäftsstellen auszuwerten. Die **öffentlich bestellten und vereidigten Sachverständigen** für die Bewertung von Grundstücken seien nach Auffassung des Gerichts vom Gesetzgeber nicht dazu berufen, Kaufverträge bzw. Kaufpreissammlungen nach entsprechender Einsichtnahme auszuwerten, auch soweit sie nach der vom Deutschen Industrie- und Handelstag erlassenen Richtlinie zur Sachverständigenverordnung (vgl. Anh. 1.1) eingeschworen und somit zur Verschwiegenheit verpflichtet seien. Im Übrigen hatte das Gericht bei dieser Sach- und Rechtslage ungeprüft gelassen, ob das in § 11a Abs. 1 bayer. GutachterausschussVO a. F. geregelte Einsichtsrecht datenschutzrechtlichen Bedenken standhält.

20   Das **BVerwG**[11] hat die Revision gegen diese Entscheidung zurückgewiesen und festgestellt, dass das BauGB auch für öffentlich bestellte und vereidigte Sachverständige ein allgemeines Einsichtsrecht ausgeschlossen hat. Dies verstößt nicht gegen höherrangiges Recht, insbesondere nicht gegen Art. 12 Abs. 1 oder Art. 3 Abs. 1 GG. Zwar sind die öffentlich bestellten Sachverständigen ebenso wie die Mitglieder des Gutachterausschusses für Grundstückswerte zur Verschwiegenheit verpflichtet; jedoch ist gleichwohl mit dem ausgeschlossenen Anspruch auf Einsicht in die Kaufpreissammlung keine verfassungswidrige Benachteiligung ihrer Berufsausübung verbunden. Dies wird wie folgt begründet: „Die Mitglieder der Gutachterausschüsse werden nach besonderen Qualifikationsmerkmalen ausgewählt (§ 192 Abs. 1 bis 3 BauGB und die Regelungen der Länder gemäß § 199 Abs. 2 Nr. 1 BauGB; früher eingehend: §§ 138, 139 BBauG), die deren Unabhängigkeit und die Einhaltung der Verschwiegenheitspflicht in besonderer Weise gewährleisten sollen. Damit sind sie – anders als die Sachverständigen – einem öffentlichen Dienstverhältnis angenähert – in eine herausgehobene Verantwortlichkeit eingebunden. Von daher erscheint es nicht sachwidrig, die Kenntnis der personenbezogenen Daten in der Kaufpreissammlung auf diesen Personenkreis zu begrenzen. Es kommt hinzu, dass die Verweigerung eines Rechts auf Einsicht in die Kaufpreissammlung nicht geeignet erscheint, die berufliche Tätigkeit der Sachverständigen in beachtlichem Maße zu beeinträchtigen." Ein allgemeiner auf Art. 12 Abs. 1 GG zu stützender Anspruch auf Einsicht in bestimmte bei öffentlichen Behörden oder anderen öffentlichen Stellen geführte Akten, Vorschriften und andere Vorgänge zum Zwecke der Ausübung beruflicher Tätigkeiten besteht nach Auffassung des Gerichts im Übrigen nicht[12].

21   **Fazit:** Ein **Einsichtsrecht in die Kaufpreissammlung haben** bei alledem grundsätzlich **nur die dem Gutachterausschuss für Grundstückswerte angehörenden Gutachter im Vollzug ihrer Obliegenheiten.** Dies ergibt sich aus der ihnen obliegenden Führung und Auswertung der Kaufpreissammlung. § 10 Abs. 1 der hamb. GutachterausschussVO (a. a. O.), der dies ausdrücklich regelt, stellt deshalb nur eine klarstellende Bestimmung dar. Die außerhalb der Gutachterausschüsse tätigen Gutachter haben indessen kein Einsichtsrecht. Lediglich die vom Gericht beauftragten öffentlich bestellten Sachverständigen dürfen in die Kaufpreissammlung Einsicht nehmen[13].

2.3   Übermittlung der Kaufpreissammlung an das zuständige Finanzamt

22   § 195 Abs. 2 Satz 1 ist lex specialis zu § 16 Abs. 1 BDSG. Nach dieser Vorschrift ist eine Datenübermittlung auch an nicht öffentliche Stellen dann zulässig, wenn sie zur Erfüllung der in der Zuständigkeit der übermittelnden Stelle liegenden Aufgaben erforderlich ist und die Voraussetzungen vorliegen, die eine Nutzung zulassen würden, oder der Empfänger ein berechtigtes Interesse an der Kenntnis der zu übermittelnden Daten glaubhaft darlegt und der Betroffene kein schutzwürdiges Interesse an dem Ausschluss der Übermittlung hat. Die darin angelegte Interessenabwägung hat der Gesetzgeber mit Abs. 2 Satz 1 offenbar vorgenommen und **nur eine Übermittlung an das zuständige Finanzamt für Zwecke der Besteuerung** zugelassen. „Übermitteln" bedeutet dabei auch das Bekanntgeben gespeicherter oder durch Datenverarbeitung unmittelbar gewonnener Daten an Dritte in der Weise, dass die Daten durch die speichernde Stelle weitergegeben oder zur Einsichtnahme, insbesondere zum Abruf bereitgehalten werden[14]. Mit der Beschränkung der Zulässigkeit einer Übermittlung der Kaufpreissammlung wird wiederum der Rechtsprechung zum Volkszählungsurteil Rechnung getragen (vgl. auch § 138 Abs. 2 Satz 4 BauGB). Die Übermittlung ist in Verwaltungsvorschriften geregelt[15].

Die **Finanzämter** wiederum sind durch § 22 AO verpflichtet, die ihnen bekannt gewordenen Daten auf Grund des Steuergeheimnisses geheim zu halten, jedoch sind sie nach § 7 Abs. 2 des Preisstatistikgesetzes gegenüber Statistischen Ämtern auskunftspflichtig. **23**

Die Statistik über Kaufwerte für Bauland des **Statistischen Bundesamtes und** der **Statistischen Landesämter** wird insbesondere auf der Grundlage der Auskünfte der Finanzämter geführt, die nach § 7 Abs. 2 des Preisstatistikgesetzes auskunftspflichtig sind; von den Grundstücksverkäufen erhalten die Finanzämter Kenntnis auf Grund von Veräußerungsanzeigen der Gerichte, Behörden und Notare nach § 18 GrEStG. Daneben können auch entsprechende Auskünfte nach § 195 Abs. 3 i. V. mit landesrechtlichen Vorschriften direkt von den Gutachterausschüssen für Grundstückswerte erteilt werden. **24**

Von der Möglichkeit der Zusammenarbeit haben die Länder Niedersachsen, Rheinland-Pfalz, Sachsen-Anhalt und Thüringen Gebrauch gemacht:

Niedersachsen: Verwaltungsvorschrift zum BauGB (VV-BauGB) i. d. F. der 2. Änderung vom 6. 3. 1991 (301-21013-GültL 392/19; Nds. MinBl. 1991, 470).

Rheinland-Pfalz: VV des Min. für Inneres und Sport und des FM zur Zusammenarbeit zwischen den Geschäftsstellen der Gutachterausschüsse, den Finanzämtern und dem Statistischen Landesamt vom 13. 12. 1999 (MinBl. 1999, 537).

Sachsen-Anhalt: Erl. des IM vom 19. 12. 1994 (46-23522) zur Baulandpreisstatistik (unveröffentlicht).

Thüringen: Erl. des thür. IM vom 19. 3. 1992 zur Zusammenarbeit zwischen den Geschäftsstellen der Gutachterausschüsse, den Finanzämtern und dem Thüringer Landesamt für Statistik (740 – 9611).

2.4 Vorlage von Urkunden und Akten des Gutachterausschusses

Nach § 195 Abs. 2 Satz 2 BauGB bleiben Rechtsvorschriften unberührt, nach denen **„Urkunden oder Akten Gerichten oder Staatsanwaltschaften vorzulegen sind".** Es handelt sich hierbei im eigentlichen Sinne nicht um den Fall eines allgemeinen Einsichtsrechts oder gar einer laufenden Übermittlung der Kaufpreissammlung. Vielmehr geht es hier lediglich um das Recht der Gerichte oder der Staatsanwaltschaften auf Hinzuziehung von Urkunden und Akten im Einzelfall. Vom Umfang her ist das Recht auf Vorlage solcher Akten und Urkunden beschränkt, deren Hinzuziehung auf Grund anderer Rechtsvorschriften zulässig ist. **25**

---

10 BayVGH, Urt. vom 10. 2. 1986 – 14 B 84 A, 1629 –, EzGuG 11.151 – nicht rechtskräftig – zuvor schon BayVGH, Beschl. vom 16. 6. 1983 – CE 83 A, 349 –, EzGuG 11.139
11 BVerwG, Urt. vom 6. 10. 1989 – 4 C 11/86 –, GuG 1990, 36 = EzGuG 11.172
12 BVerwG, Urt. vom 16. 9. 1980 – 1 C 52/75 –, BVerwGE 61,15 = NJW 1981, 535; BVerwG, Urt. vom 5. 6. 1984 – 5 C 73/82 –, EzGuG 11.142 i
13 BGH, Urt. vom 27. 9. 1990 – III ZR 97/89 –, GuG 1991, 38 = EzGuG 2.51
14 § 2 Abs. 2 Nr. 2 des Gesetzes zum Schutz vor Missbrauch personenbezogener Daten bei der Datenverarbeitung
15 VV über die Zusammenarbeit in Rh.-Pf. vom 10. 11. 1995 –, MinBl. 1995, 535; Erl. des thür. IM vom 19. 3. 1992 – 740 – 9611–

26   Was im Einzelnen unter den Begriff der **Akten und Urkunden** fällt, ergibt sich aus diesen Begriffen selbst. Akten sind solche Unterlagen, die unmittelbar zur Erfüllung einer öffentlichen Aufgabe geeignet und bestimmt sind. Hierzu zählen nicht Vorentwürfe und Notizen des Bearbeiters. Akten und auch Aktensammlungen sind im Übrigen keine Dateien i. S. d. Bundesdatenschutzes, es sei denn, sie können durch automatisierte Verfahren umgeordnet und ausgewertet werden (vgl. § 3 Abs. 2 und 3 BDSG). Die Vorlagepflicht geht deshalb über die ansonsten bestehende Auskunftspflicht hinaus, da sie auch Akten und Urkunden[16] zum Gegenstand hat, die nicht Bestandteil der Kaufpreissammlung sein müssen[17].

27   Nach § 415 ZPO sind **Urkunden,** die von einer öffentlichen Behörde innerhalb der Grenzen ihrer Amtsbefugnisse in der vorgeschriebenen Form aufgenommen sind (öffentliche Urkunden). Diese für das Gebiet des Zivilprozesses geltende Begriffsbestimmung hat Bedeutung für das gesamte Rechtsgebiet. Auch Urkunden über grundbuchmäßige Erklärungen, die von einer Behörde in ihren eigenen Angelegenheiten ausgestellt werden, sind öffentliche Urkunden. Solche Urkunden begründen vollen Beweis der darin bezeugten Erklärungen der Behörde (§ 418 ZPO) und bedürfen weder der notariellen Beglaubigung, der Unterschrift noch des Nachweises, dass der Unterzeichner der Urkunden eine zur Vertretung der Behörde befugte Person ist[18].

28   In der Verwaltungsvorschrift des Landes *Niedersachsen*[19] heißt es hierzu:

„402.4.1 Gerichte oder Staatsanwaltschaften sind berechtigt, die Vorlage von Urkunden oder Akten zu verlangen, soweit es in dem jeweils anzuwendenden Verfahrensrecht (VwGO, StPO, ZPO) vorgesehen ist und wenn von Amts wegen ermittelt wird. Auf Anordnung eines Gerichts kann der zugezogene Sachverständige die Unterlagen erhalten.

402.4.2 Aus der Kaufpreissammlung werden die Daten eines konkret zu benennenden Objektes oder eine auf das zu begutachtende Objekt bezogene Stichprobe (siehe Nr. 403.1) in dem Umfang abgegeben, der für eine sachgerechte Wertermittlung erforderlich ist. Die Angaben und Daten der Stichprobe müssen nicht anonymisiert werden."

29   § 195 Abs. 2 Satz 2 war im Verlauf des Gesetzgebungsverfahrens nicht unumstritten[20]. Nach Auffassung des Bundesrates sollte die Bestimmung gestrichen werden, da nicht gewährleistet sei, dass die Daten der Kaufpreissammlung vertraulich behandelt werden, denn die im Prozess vorgelegten Akten und Urkunden sind parteiöffentlich zu machen, wobei die Datenschutzgesetze zwar zu beachten, aber nicht vorrangig sind; dies muss vom Gericht im Einzelfall geprüft werden[21]. An der Regelung wurde schließlich festgehalten, weil sie einerseits dem geltenden Recht entspreche und andererseits der Grundsatz des rechtlichen Gehörs eine dahingehende Öffnung der Kaufpreissammlung verlange. Mit dieser nunmehr ausdrücklich im Gesetzbuch enthaltenen Klarstellung soll sichergestellt werden, dass bei gerichtlichen Auseinandersetzungen auch die Urkunden und Akten des Gutachterausschusses zugänglich sind. Die **Unterlagen sind in diesem Zusammenhang auch öffentlich bestellten und vereidigten Sachverständigen zugänglich zu machen,** soweit sie vom Gericht beauftragt wurden[22]. Die Funktionsfähigkeit der Rechtspflege ist nämlich von weit überwiegendem Allgemeininteresse und muss deshalb hinter datenschutzrechtlichen Erwägungen zurücktreten. Ohne diese Regelung würde das BauGB möglicherweise als „lex specialis" den Regelungen des Prozessrechts (Zivilprozessordnung, Strafprozessordnung, Verwaltungsgerichtsordnung usw.) vorgehen und deren Anwendung ausschließen[23].

30   Der **Umfang der Vorlagepflicht** richtet sich nach den einschlägigen Bestimmungen des Prozessrechts.

a) Zivilprozessordnung (ZPO)[24]

31   Die Zivilprozessordnung – ZPO – regelt das Verfahren der ordentlichen Gerichte in bürgerlichen Rechtsstreitigkeiten; sie geht grundsätzlich von dem Beibringungsgrundsatz der für den Streitfall wichtigen Tatsachen aus. Die **Parteien sind** danach **verpflichtet,** die streitige Materie und **Beweismittel in den Prozess einzubringen** (vgl. aber die §§ 142 ff. und 448 ZPO). Im Rahmen der Beweisaufnahme nach den §§ 355 ff. ZPO sind für die Vorlage von Urkunden und Akten § 273 Abs. 2 Nr. 2, § 358 a Nr. 2 ZPO sowie die §§ 432, 616 Abs. 1 und § 915 Abs. 3 ZPO einschlägig. Im Beweisbeschluss (§ 359 ZPO) muss die streitige Tatsache zusammen mit den erforderlichen Beweismitteln enthalten sein, wobei sich das Gericht über die Erheblichkeit des Beweispunktes und über die Beweislast im Klaren sein muss[25].

b) Verwaltungsgerichtsordnung (VwGO)

Das verwaltungsgerichtliche Verfahren wird von der Offizialmaxime beherrscht (§ 86 VwGO). Das Gericht klärt von Amts wegen den Sachverhalt auf. Hierzu gehört auch die Beiziehung aller für die Entscheidung wichtigen Akten und Urkunden einschließlich der der Kaufpreissammlung. Die Beweiserhebung richtet sich im Übrigen – soweit nichts anderes bestimmt ist – nach den Bestimmungen der ZPO. Nach den Bestimmungen der §§ 96 ff. VwGO, insbesondere nach den §§ **99 und 100 VwGO, sind Behörden zur Vorlage von Akten und Urkunden verpflichtet,** soweit dies nicht dem Wohl des Staates schadet oder die Vorgänge auf Grund eines Gesetzes oder ihrem Wesen nach geheim gehalten werden müssen (vgl. auch die §§ 26, 29 und 50 VwGO). Als Behörde ist in diesem Zusammenhang auch der Gutachterausschuss anzusehen (vgl. § 192 BauGB Rn. 2). § 29 VwGO gilt im Übrigen nur für die Akteneinsicht in einem laufenden Verwaltungsverfahren[26] und es kann auch genügen, wenn in der mündlichen Verhandlung der Inhalt der Akten vom Vorsitzenden oder dem Berichterstatter vorgetragen wird (§ 103 Abs. 2 VwGO).

32

c) Strafprozessordnung (StPO)

Auch die Strafprozessordnung[27] – StPO – geht von dem Untersuchungsgrundsatz aus. **Zur Beweiserhebung kann die Staatsanwaltschaft Auskünfte von Behörden oder die Ermittlung von Behörden** verlangen (§ 161 StPO). Dies betrifft auch den Gutachterausschuss, wobei das Auskunftsverlangen an einen bestimmten Zweck, nämlich die Beweiserhebung bei einer Straftat, gebunden sein muss (§ 160 StPO)[28].

33

2.5 Auskünfte aus der Kaufpreissammlung (Abs. 3)

2.5.1 Bundesrechtliche Regelung

2.5.1.1 Allgemeines

Das Gesetzbuch führt mit § 195 Abs. 3 erstmalig bundesrechtlich ein **allgemeines Auskunftsrecht** aus der Kaufpreissammlung ein und zwar **nach Maßgabe landesrechtlicher**

34

---

16 § 299 Abs. 2, §§ 415, 417 f. ZPO, § 96 Abs. 5 und § 96 Abs. 1 VwVO und § 249 StPO; zum Begriff vgl. Thomas/Putzo, ZPO 17. Aufl., Vorb. zu § 415

17 Zur Frage einer amtspflichtwidrigen Verletzung des Steuergeheimnisses bei Übersendung von Akten an die Staatsanwaltschaft BGH, Urt. vom 12. 2. 1981 – III ZR 123/79 –, EzGuG 11.122; ; BVerfG, Beschl. vom 27. 10. 1999 – 1 BvR 385/90 –, NJW 2000, 1175 – NVwZ 2000, 428

18 BayObLG, Beschl. vom 25. 3. 1969 – BReg 2 Z 96/68 –, BayObLGZ 69, 89; BayObLGZ 1954 m, 322; Güthe/Triebel, a. a. O. § 29 Rn. 21 ff., 151 ff.; Horber, a. a. O. § 29 Rn. 7 f.; Stein/Jonas 18. Aufl. § 415 Anm. I, 2

19 VV-BauGB vom 6. 3. 1991, MinBl. 1991, 471

20 BT-Drucks 10/5027, S 20; BT-Drucks. 10/5111, S. 13: hierzu Kleiber in Ernst/Zinkahn/Bielenberg, BauGB § 195 Rn. 65 ff. m. w. N.

21 Baumbach/Lauterbach/Albers/Hartmann, ZPO

22 BT-Drucks. 10/4630, S. 151; vgl. bereits RdErl. des nordrh.-westf. IM vom 13. 8. 1974 – ID 2 – 9213 –, zu Nr. 5 Abs. 1 des RdErl. vom 1. 8. 1963 (MBl, Nordrh.-Westf. S. 1627/SMBl. NW 2315); RdSchr. des rh.-pf. MIS vom 16. 5. 1989, a. a. O., Tz. 2.2. sowie RiWert des rh.-pf. MIS vom 1. 6. 1988, zuletzt geändert durch RdSchr. vom 20. 11. 1996 – 3564/648 – 15/0; BGH, Urt. vom 27. 9. 1990 – III ZR 97/89 –, GuG 1991, 38 = EzGuG 2.51

23 OLG Karlsruhe, RDV 1986, 18

24 Zu den Änderungen Jessnitzer in DS 1991, 8 ff.

25 Zur Einsicht von Akten bei Gericht vgl. im Übrigen OLG Hamm, Beschl. vom 17. 3. 1989 – 14 W 21/89 –, EzGuG 11.170 f.

26 BVerwG, Urt. vom 30. 6. 1983 – 2 C 11/83 –, DÖD 1984, 23 = VR 1984, 70 = ZBR 1984, 42; Parallelverfahren; BVerwG, Urt. vom 30. 6. 1983 – 2 C 76/81 –, DÖD 1984, 23 = VR 1984, 70 = ZBR 1984, 42

27 Strafprozessordnung vom 1. 4. 1987, BGBl. I 1987, 475

28 Vgl. im Übrigen § 94 Abs. 1, § 95 Abs. 1 und § 221 ZPO

Vorschriften. Die Ermächtigung ergibt sich aus § 199 Abs. 2 Nr. 4 BauGB. Das Baugesetz-buch zielt damit erklärtermaßen auf eine Verbesserung der Übersichtlichkeit des Grund-stücksmarktes. Gleichzeitig soll dem Informationsbedürfnis, insbesondere der öffentlich bestellten und vereidigten Sachverständigen, Rechnung getragen werden.

35 Nach § 195 Abs. 3 BauGB sind **Auskünfte aus der Kaufpreissammlung nur bei berech-tigtem Interesse** zu erteilen. Welche Anforderungen dabei zu stellen sind, ist im Gesetz-buch nicht näher umschrieben. Der Ausschussbericht stellt lediglich heraus, dass der Begriff des „berechtigten Interesses" umfassender als der des „rechtlichen Interesses" sei; d. h. im Interesse des Auskunftsbedürfnisses von Sachverständigen soll es ausreichen, dass der Auskunftbegehrende ein verständliches, durch die Sachlage gerechtfertigtes Interesse verfolgt[29].

2.5.1.2   Berechtigtes Interesse

36 Der **Begriff des „berechtigten Interesses"** geht nach der Rechtsprechung zur Einsicht in das Grundbuch nach § 12 Abs. 1 Satz 1 GBO weiter als der des „rechtlichen" Interesses und umfasst auch wirtschaftliche Interessen. Es braucht sich auch nicht auf ein vorhande-nes Recht zu begründen. Dies muss man auch hier gelten lassen, da bei der Verkehrswert-mittlung wirtschaftliche Interessen sogar überwiegend im Vordergrund stehen. Nach der in Schrifttum und Rechtsprechung vertretenen Auffassung genügt es, dass der Antragsteller ein verständliches, durch die Sachlage gerechtfertigtes Interesse verfolgt. Es wird i. d. R. – anders als nach § 34 FGG – eine allgemeine Glaubhaftmachung gefordert werden können. Vielmehr genügt die Darlegung von Tatsachen in der Weise, dass ohne begründete Beden-ken der Gutachterausschuss von der Verfolgung berechtigter Interessen überzeugt sein muss.

37 Rechtsprechung und Schrifttum verlangen das Vorbringen von **Tatsachen, die ein berech-tigtes Interesse begründen,** in solcher Art, dass daraus ein überzeugender Anhalt für die Richtigkeit der Angaben gewonnen werden kann. Danach ist zu prüfen, ob das dargelegte Interesse als berechtigtes Interesse anzuerkennen ist und ob gegen die tatsächlichen An-gaben des Antragstellers derartige Bedenken sprechen, dass sie eines überzeugenden Anhalts für ihre Richtigkeit entbehren. Kann auf Grund erheblicher Bedenken eine hinrei-chende Wahrscheinlichkeit, dass die tatsächlichen Angaben des Antragstellers richtig sind, nicht festgestellt werden, so kann nach herrschender Auffassung die Vorlage weiterer Unterlagen, ggf. auch die Glaubhaftmachung oder der Vollbeweis verlangt werden[30].

38 Vor allem in **Zweifelsfällen** ist zu verlangen demnach, dass das berechtigte Interesse ggf. durch Vortrag von Tatsachen und Gründen dargetan wird, so dass die Richtigkeit nicht angezweifelt werden kann. So steht z. B. einem Makler ein *allgemeines* Recht auf Grund-bucheinsicht zu. In der Rechtsprechung wird aber auch nicht ausgeschlossen, dass auch in diesem Fall *berechtigte* Interessen vorliegen können.

39 Ein berechtigtes Interesse liegt insbesondere vor, wenn es zu den **beruflichen Obliegen-heiten des Anfragenden** gehört, Gutachten über den Verkehrswert von Grundstücken zu erstatten. Andererseits genügt nicht jedes beliebige Interesse und vor allem nicht die Aus-kunft zu unlauteren Zwecken oder aus reiner Neugier. Eine missbräuchliche Auskunftser-teilung muss vermieden werden (vgl. § 193 BauGB Rn. 75).

40 Bei **Behörden**[31] **und sonstigen öffentlichen Stellen** (z. B. Enteignungs-, Straßenbau- und Flurbereinigungsbehörden) ist ein berechtigtes Interesse zu unterstellen, wenn die bean-tragten Daten zur Erfüllung der in der Zuständigkeit des Empfängers liegenden Aufgaben erforderlich sind. Soweit gefordert wird, dass eine sachgerechte Verwendung der Daten gewährleistet ist, kann dies regelmäßig angenommen werden, wenn die Stelle im Rahmen ihrer Aufgabenerfüllung mit der Verwaltung oder Wertermittlung von Liegenschaften befasst ist. Als Behörde gelten auch Gutachterausschüsse (vgl. § 192 BauGB Rn. 2), so dass auch bei benachbarten Gutachterausschüssen ein berechtigtes Interesse auf Auskunftserteilung zu unterstellen ist.

Auch bei **wissenschaftlichen Instituten** ist ein berechtigtes Interesse zu unterstellen, **41** wenn die Auskünfte für Forschungszwecke benötigt werden; ein direkter Personenbezug wird dabei i. d. R. nicht erforderlich sein. Des Weiteren gilt dies für **öffentlich bestellte und vereidigte** oder gerichtlich bestellte Sachverständige sowie für **Grundstückssachverständige** mit vergleichbarer Sachkunde für die Erstattung von Gutachten[32].

Ein berechtigtes Interesse auf Auskünfte aus der Kaufpreissammlung besteht nach § 97 **42** SachenRBerG für Notare, die mit einem **notariellen Vermittlungsverfahren** nach den §§ 87 ff. SachenRBerG beauftragt worden sind und von den Beteiligten ein entsprechender Antrag gestellt wurde (§ 97 Abs. 1 SachenRBerG). Des Weiteren besteht nach **§ 7 NutzEV** ein Auskunftsrecht für die Vertragsparteien zwecks Anpassung der Nutzungsentgelte (Pachtzinsen) für Erholungs- und Freizeitgrundstücke, namentlich für sog. Datschengrundstücke.

Bundesrechtlich besteht bei berechtigtem Interesse (vgl. Rn. 36 ff.) **ein Rechtsan-** **43** **spruch auf Auskunftserteilung,** der ggf. im Wege der Leistungsklage durchsetzbar ist (vgl. § 193 BauGB Rn. 13). Der Landesverordnungsgeber wird mit § 199 Abs. 2 Nr. 4 BauGB nicht ermächtigt, das Auskunftsrecht auf bestimmte natürliche oder juristische Personen einzuschränken. Der Anspruch ist aber sachlich auf solche Auskünfte begrenzt, für die im Einzelfall ein berechtigtes Interesse gegeben ist, d. h. Auskünfte können nur in dem Umfang gegeben werden, für den ein berechtigtes Interesse zu bejahen ist. Dies muss jeweils vom Gutachterausschuss geprüft werden. Soweit eine Auskunftserteilung davon abhängig gemacht wird, dass eine sachgerechte Verwendung der bekannt gegebenen Daten (vgl. Rn. 49)[33] – ggf. sogar durch Abgabe einer schriftlichen Erklärung – gewährleistet ist, steht der Gutachterausschuss selbst mit in Verantwortung. Ein dahingehendes Verlangen setzt nämlich voraus, dass Auskünfte mit allen erforderlichen Begleitinformationen gegeben werden. Im Übrigen ist dies eine Forderung, die bundesrechtlich nicht vorgegeben ist, jedoch fachlich gefordert werden muss. Da das Auskunftsrecht als datenschutzrechtlich zulässiger Ersatz für ein umfassendes Einsichtsrecht angesehen werden kann, muss nach Sinn und Zweck der Regelung nämlich gefordert werden, dass im Rahmen des berechtigten Interesses Auskünfte in umfassender Weise erteilt werden. Hieraus folgt, dass der Gutachterausschuss die ihm nach § 195 BauGB zugehenden Verträge so auswertet, dass sie auch Gegenstand einer umfassenden Auskunftserteilung sein können (vgl. Rn. 49 ff.).

2.5.1.3 Anonymisierte und nicht anonymisierte Auskunftserteilung

Bundesrechtlich wird auch nicht ausdrücklich vorgeschrieben, dass Auskünfte stets **44** **nur in anonymisierter Form gewährt werden dürfen.** Lediglich mit § 7 Abs. 1 Satz 2 NutzEV ist die Anonymisierung ausdrücklich vorgegeben. Der federführende BT-Aus-

---

29   BT-Drucks. 10/6166, S. 163
30   Zur Rechtsprechung auf Einsicht in das Grundbuch vgl. Teil III Rn. 479 ff.; ferner: BayObLG, Beschl. vom 31. 3. 1928 – Reg 35/28 –, BayObLGZ 28 A S. 309; BayObLG, Beschl. vom 28. 5. 1975 – 2 Z 38/75 –, Rpfleger 1975, 361; BayObLG, Urt. vom 23. 3. 1983 – BReg 2 Z 12/83 –EzGuG 11.137a; OLG München in HRR 1937 Nr. 739; OLG Hamm, Urt. vom 18. 12. 1985 – 15 W 417/85 –, BNotZ 1986, 497 = Rpfleger 1986, 128; OLG Düsseldorf, Urt. vom 15. 10. 1986 – 3 Wx 340/86 –, Rpfleger 1987, 199
31   § 13 Abs. 1 Satz 2 bad.-württ. GutachterausschussVO; § 11 Abs. 1 bay. GutachterausschussVO; § 17 bln. DVO-BauGB; § 12 brem. GutachterausschussVO; § 10 hamb. GutachterausschussVO; § 9 Abs. 2 hess. DV BauGB; § 10 GAVO NW; § 13 Abs. 1 saarl. GutVO; § 13 Abs. 1 schl.-hol. GutachterausschussVO
32   § 13 Abs. 1 bad.-württ. GutachterausschussVO; § 17 Abs. 3 bln. DVO BauGB; § 11 bay. GutachterausschussVO; § 12 Abs. 2 brem. GutachterausschussVO; § 9 Abs. 2 hess. DV BauGB; § 10 GAVO NW; § 13 Abs. 1 rh.-pf. GutachterausschussVO; § 11 saarl. GutVO
33   § 13 Abs. 1 Nr. 3 bad-württ. GutachterausschussVO; § 10 GAVO NW; § 15 Abs. 1 Satz 1 rh.-pf. GutachterausschussVO; § 13 Abs. 1 saarl. GutVO; § 13 Abs. 1 Satz I schl.-hol. GutachterausschussVO

schuss ging bei seiner Beratung dieser Vorschrift ebenso wie der Bundesbeauftragte für Datenschutz allerdings davon aus, dass Auskünfte aus der Kaufpreissammlung stets nur unter Wahrung datenschutzrechtlicher Belange, d. h. stets nur in anonymisierter und in einer solchen Form gegeben werden, dass der Eigentümer des betreffenden Grundstücks nicht erkannt werden kann[34].

45   Auskünfte aus der Kaufpreissammlung gelten als **anonymisiert, wenn die personenbezogenen Daten derart verändert worden sind, dass Einzelangaben über persönliche oder sachliche Verhältnisse nicht mehr oder nur mit einem unverhältnismäßig großen Aufwand an Zeit, Kosten oder Arbeitskraft einer bestimmten oder bestimmbaren natürlichen Person zugeordnet werden können** (§ 3 Abs. 7 BDSG). Dies bedeutet insbesondere, dass der Name, die Anschrift des Eigentümers oder sonstiger berechtigter Personen sowie Flurstücknummer, Straße und Hausnummer, Grundbuchblatt/oder Liegenschaftsbuchnummer nicht angegeben werden dürfen. In der Praxis wird es zur Anonymisierung i. d. R. ausreichen, die Daten lagemäßig auf Straßen zu beziehen, wobei bei langen Straßenzügen der Bezug auf Straßenabschnitte zu fordern wäre. Die Möglichkeiten der Anonymisierung sind generell desto geringer, je individueller das Grundstück und je detaillierter die beantragte Auskunft ist.

46   **Auskünfte über Daten, die einen Antragsteller selbst betreffen** (Auskünfte über eigenes Grundstück), sind jedoch nicht zu anonymisieren, denn insoweit sind diese Daten nicht geheimhaltungsfähig. Nach den Datenschutzgesetzen ergibt sich bezüglich der Eigentümer und Erbbauberechtigten sogar eine Auskunftspflicht[35].

47   Die **Erteilung von Auskünften in anonymisierter Form kann die Verwendbarkeit der Daten erheblich beeinträchtigen,** insbesondere, wenn die Begleitinformation es nicht ermöglicht, z. B. bei Anwendung des Vergleichswertverfahrens (§§ 13 f. WertV) die Vergleichbarkeit von Kaufpreisen mit dem zu wertenden Grundstück hinreichend zu beurteilen, um Unterschiede gemäß § 14 WertV sachgemäß berücksichtigen zu können. Dies muss insbesondere dann auf Bedenken stoßen, wenn ein öffentlich bestellter und vereidigter Sachverständiger von einem Gericht mit der Erstattung eines Gutachtens beauftragt worden ist. Wo für Auskunftsberechtigte die Erteilung „grundstücksbezogener" und damit im Ergebnis nicht anonymisierte Auskünfte zugelassen ist, wird eine sachgerechte Verwendung der Auskunft gewährleistet[36]. In anderen Bundesländern muss in derartigen Fällen schon auf Grund des verfassungsrechtlichen Anspruchs auf rechtliches Gehör die Erteilung grundstücksbezogener Auskünfte gefordert werden.

48   Der BGH hat diese Frage bislang unentschieden gelassen; in einer **Entscheidung des BGH**[37] heißt es hierzu wörtlich:

„Die vom Sachverständigen ausgewerteten acht vergleichbaren Verkaufsfälle beruhen auf einer Auskunft des Gutachterausschusses in R. Dabei entsprach es der gesetzlichen Regelung des § 195 Abs. 3 BauGB, dass diese Auskunft nur unter Wahrung datenschutzrechtlicher Belange, d. h. nur in anonymisierter und in einer solchen Form gegeben wurde, die den Eigentümer des betreffenden Grundstücks nicht erkennen ließ (BerlKomm/Stich, § 195 Rn. 6; ferner Battis/Krautzberger/Löhr, BauGB 2. Aufl. 1987, § 195 Rn. 3). Dies könnte allerdings – worauf die Revision zu Recht hinweist – bedeuten, dass die fehlende genauere Kennzeichnung der Vergleichsobjekte es den Prozessparteien insgesamt unmöglich macht, sie auf ihre Vergleichbarkeit nachzuprüfen. Ob dies die Folge haben muss, dass solchermaßen beschränkte Auskünfte aus der Kaufpreissammlung als Beweismittel im Prozess untauglich werden, weil durch die Beschränkung der Anspruch der Parteien auf rechtliches Gehör verletzt wird, braucht im vorliegenden Fall nicht entschieden zu werden.

...

Der Sachverständige hat sich allerdings nicht auf eine anonymisierte Auswertung der Angaben des Gutachterausschusses beschränkt, sondern ist einen wesentlichen Schritt weitergegangen, indem er die topographische Lage der Vergleichsobjekte bezeichnet und von jedem Objekt Lichtbilder gerechtfertigt und zu den Akten gereicht hat. Aus diesen Angaben ergibt sich jedoch, dass zumindest bei einem großen Teil der Vergleichsobjekte die Vergleichbarkeit mit dem Grundstück der Klägerin nicht gewährleistet ist (insbesondere bei den in der Übersichtskarte mit Nr. 1, 3, 4, 5, 8 und 9 bezeichneten Objekten). Denn das Grundstück der Klägerin wurde wesentlich durch seine unmittelbare Nachbarschaft zu dem beplanten Stadtteil E und durch die Anbindung an das angrenzende Wohngebiet geprägt, während die Vergleichsgrundstücke teilweise fernab von jeder zusammenhängenden Bebauung liegen. Daher hätten die individuellen Besonderheiten des Grundstücks der Klägerin stärker als geschehen gewichtet werden müssen, möglicherweise auch unter Heranziehung und Auswertung der Bodenrichtwerte (§ 196 BauGB, §§ 5, 6 WertV 72). Wenn Vergleichspreise überhaupt nicht zu ermitteln sein sollten, ist die Vergleichswertmethode im vorliegenden Fall unanwendbar, und es bedarf zur Wertermittlung einer ins Einzelne gehenden Prüfung der Faktoren, welche die Qualität und den Preis des Entschädigungsobjektes bestimmen, um auf diese Weise den – fiktiven – Preis zu ermitteln, der gezahlt werden würde, wenn für das Objekt ein Markt existierte (Krohn/Löwisch, a. a. O. Rn. 390 m. w. N.).

2.5.2 Landesrechtliche Regelung

2.5.2.1 Allgemeines

Die Länder sind ermächtigt, das „Wie" der Auskunftserteilung zu regeln und dabei **49** auch die Frage einer Anonymisierung der bei der Auskunftserteilung anfallenden personenbezogenen Daten einer Klärung zuzuführen (§ 199 Abs. 2 Nr. 4 BauGB). Als anonymisiert dürfen dabei personenbezogene Daten der Kaufpreissammlung gelten, die Rückschlüsse auf Eigentümer, Erbbauberechtigte oder Inhaber dinglicher Rechte und auf die exakte Lage des Bezugsobjektes nicht oder nur mit einem unverhältnismäßig großen Aufwand an Zeit, Kosten und Arbeitskraft ermöglichen (vgl. Rn. 45, § 3 Abs. 7 BDSG). Grundstücksbezogene Auskünfte, d. h. Auskünfte, die eine eindeutige lagemäßige Zuordnung des Grundstücks erlauben, können danach nicht als anonymisiert gelten. Dies bedeutet insbesondere, dass der Name, die Anschrift des Eigentümers oder sonstiger berechtigter Personen sowie Flurstücknummer, Straße und Hausnummer, Grundbuchblatt/oder Liegenschaftsbuchnummer nicht angegeben werden dürfen.

Bezüglich der Anonymisierung erteilter Auskünfte aus der Kaufpreissammlung wird unter **50** Vermeidung des Begriffes der Anonymisierung von einigen Bundesländern generell zugelassen, **„grundstücksbezogene" Auskünfte** zu erteilen (§ 10 Abs. 2 Satz 3 hbg. GutachterausschussVO; § 15 thür. GutachterausschussVO). Es handelt sich hierbei **im Ergebnis** aber um **eine nichtanonymisierte Auskunftserteilung** auch wenn in den Vorschriften der Länder zusätzlich bestimmt wird, dass Name und Anschrift des Grundstückseigentümers nicht mitgeteilt werden dürfen. Bei grundstücksbezogenen Angaben sind nämlich Name und Anschrift des Grundstückseigentümers ohne größeren Aufwand leicht festzustellen; eingrenzender dagegen § 15 Abs. 2 rh.-pf. GutachterausschussVO, nach dem nur „solche Auskünfte zu erteilen (sind), die Rückschlüsse auf den Eigentümer nicht ermöglichen".

In verschiedenen Ländern wird bei alledem die **Erteilung von grundstücksbezogenen** **51** **Auskünften auf Behörden und öffentlich bestellte und vereidigte Sachverständige beschränkt**[38].

In den GutachterausschussVOen der Länder wird die Erteilung von Auskünften davon **52** abhängig gemacht, dass eine sachgerechte Verwendung der bekannt gegebenen Daten gewährleistet erscheint (vgl. Rn. 44 und 47 ff.). Ob dies gewährleistet ist, hängt auch maßgeblich davon ab, dass Auskünfte umfassend mit allen erforderlichen Begleitinformationen gegeben werden. Dies kann zu Schwierigkeiten führen, wenn zugleich Anonymität der

---

34 BT-Drucks. 10/6166, S. 137 f. und 162 f.; wie der Bundesbeauftragte hatte bereits der schl.-hol. Datenschutzbeauftragte in seinem 5. Tätigkeitsbericht vom 20. 1. 1983 darauf hingewiesen, dass einer Verwendung der Daten aus der Kaufpreissammlung „in anonymisierter Form nichts im Wege" stünde, dies allerdings voraussetze, dass neben den die Person direkt bezeichnenden Angaben, wie Name und Anschrift, auch die genauen Grundstücksbezeichnungen, wie Flurstück oder Grundbuchblattnummer, Straße und Hausnummer, nicht genannt werden dürfen (Schl.-Holst. LT-Drucks. 9/1738, S. 32 f.; BT-Drucks. 10/6816, S. 21 f.
35 § 16 nordrh.-westf. DSG; § 13 nds DSG
36 § 10 Abs. 2 und 3 GutachterausschussVO Hbg; § 11 GutachterausschussVO Meck.-Vorpom.; § 15 Abs. 1 GutachterausschussVO Rh.-Pf.; § 10 GutachterausschussVO Sachsen; § 13 Abs. 2 GutachterausschussVO Schl.-Hol.; § 15 GutachterausschussVO Th.
37 BGH, Urt. vom 27. 9. 1990 – III ZR 97/89 –, GuG 1991, 38 = EzGuG 4.134
38 § 13 Abs. 2 Satz 2 GutachterausschussVO Schl.-Hol.; § 13 Abs. 3 Satz 2 GutachterausschussVO M-V

Daten gewährt werden soll. Es ist nicht auszuschließen, dass sich der Gutachterausschuss Haftungsforderungen aussetzt, wenn auf Grund unvollständiger oder unrichtiger Auskünfte Schadensersatz geltend gemacht wird[39].

53 Des Weiteren kann landesrechtlich geregelt werden, wem die Entscheidung über Auskünfte aus der Kaufpreissammlung obliegt. Auf Grund der Ermächtigung des § 199 Abs. 2 Nr. 2 und 4 sieht z. B. § 7 Nr. 4 die nordrh.-westf. GutachterausschussVO vor, dass der Gutachterausschuss durch Beschluss mit der Mehrheit seiner Mitglieder diese Entscheidung auf den Vorsitzenden übertragen kann. § 11 Nr. 3 der rh.-pf. GutachterausschussV bestimmt dagegen, dass es der Geschäftsstelle des Gutachterausschusses obliegt, Auskünfte aus der Kaufpreissammlung **„nach Weisung des Vorsitzenden"** des Gutachterausschusses zu erteilen.

54 **Auskünfte werden auf Antrag erteilt.** Der Antrag sollte das Objekt, für dessen Wertermittlung Auskunft begehrt wird, benennen.

55 Die Auskünfte dürfen nur für den Zweck verwendet werden, zu dessen Erfüllung sie erteilt wurden. Eine **Weitergabe an Dritte** ist unzulässig.

2.5.2.2 Gebühren

56 Die **Erhebung von Gebühren** für die Auskunftserteilung **ist landesrechtlichen Regelungen vorbehalten** (vgl. § 199 BauGB).

57 ▶ *Zur Verwendung und Geheimhaltung von Auskünften vgl. § 192 BauGB Rn. 33; zu Gebühren und zur Gebührenbefreiung § 192 Rn. 57ff., 74*

2.5.2.3 Privilegierte Auskunftsberechtigung

58 Von besonderer Problematik sind die **GutachterausschussVOen der Länder, die bei der Auskunftserteilung** bezüglich einer Anonymisierung der Daten **„qualitativ" zwischen den Auskunftsbegehrenden unterscheiden**[40]. Dies führt zu einer Benachteiligung derjenigen, die nur anonymisierte Daten erhalten, was sich nicht immer durch Geheimhaltungsgründe rechtfertigen lässt.

59 Datenschutzrechtlich lässt sich z. B. eine **Privilegierung der öffentlich bestellten und vereidigten Sachverständigen** gegenüber anderen Sachverständigen per se nicht begründen. Datenschutzrechtlich relevant ist die konkrete Einzelfallkonstellation und insbesondere die Frage, ob der Sachverständige als „Beliehener" in hoheitlichem Auftrag oder als gewerbetreibender Freiberufler privatwirtschaftlich handelt[41].

60 Wird beispielsweise ein **Sachverständiger mit der Wahrnehmung einer hoheitlichen Aufgabe der öffentlichen Verwaltung beauftragt** (z. B. Erstellung von Gutachten in Enteignungsverfahren, Vermessungsarbeiten für das Liegenschaftskataster oder Abgabe gutachterlicher Stellungnahmen in Gerichtsverfahren), ist er als „Beliehener" öffentliche Stelle i. S. d. § 2 Abs. 4 Satz 2 Bundesdatenschutzgesetz (BDSG). Seine Rechte und Pflichten im Hinblick auf die Erhebung, Speicherung, Veränderung, Nutzung und Übermittlung personenbezogener Daten ergeben sich sodann aus den §§ 13 bis 17 BDSG bzw. den entsprechenden landesrechtlichen Regelungen, die den Umgang mit personenbezogenen Daten eng an die konkrete hoheitliche Aufgabenerfüllung binden und in diesem Rahmen zulassen.

61 Wird ein Sachverständiger andererseits in privatwirtschaftlichem Auftrag tätig (z. B. als **Gutachter für eine Wohnungsbau- oder Sanierungsgesellschaft**), ist er datenschutzrechtlich als nicht-öffentliche Stelle nach § 2 Abs. 4 Satz 1 BDSG anzusehen. Seine Rechte und Pflichten bestimmen sich dann in erster Linie nach § 28 BDSG, der hohe Anforderungen an das schutzwürdige Interesse der Betroffenen stellt, deren personenbezogene Daten zu geschäfts- bzw. gewerbemäßigen Zwecke erhoben, gespeichert oder verarbeitet werden sollen.

Es bestehen folgende landesrechtliche Regelungen:

Baden-Württemberg: Name und Anschrift des Eigentümers oder sonstiger berechtigter **62** Personen dürfen nicht mitgeteilt werden (§ 13 Abs. 1 Satz 3 GutachterausschussVO); die Angabe von Straße, Hausnummer und Flurstücksnummer (grundstücksbezogene Angaben) wird hingegen nicht ausdrücklich ausgeschlossen.

In *Bayern* werden nach § 11 Abs. 2 der GutachterausschussV Auskünfte bei nachgewiese- **63** nem berechtigten Interesse erteilt, wobei hiervon i. d. R. auszugehen ist, wenn die Auskunft von einem öffentlich bestellten und vereidigten Sachverständigen oder einer mit der Wert-ermittlung von Grundstücken befassten Behörde begehrt wird. Die Auskünfte dürfen nach Abs. 3 der Vorschrift nur insoweit erteilt werden, wie sie für die Wertermittlung erforder-lich sind und dürfen auch nur zu diesem Zweck Verwendung finden. Bezüglich der Frage einer Anonymisierung schreibt Abs. 2 Satz 3 vor, dass „Name und die Anschrift des jetzi-gen und der früheren Eigentümer sowie sonstiger berechtigter Personen nicht mitgeteilt" werden dürfen, woraus im Umkehrschluss gefolgert werden kann, dass die einem Kauf-preis zuzuordnenden Lagebezeichnungen eines Grundstücks (Straße und Hausnummer) angegeben werden dürfen. Ein Musterbeispiel für eine Vorschrift, die auf den ersten Blick den Eindruck eines hochangesetzten Datenschutzes erweckt; tatsächlich aber mit der Angabe von Straße und Hausnummer letztlich die Herausgabe personenbezogener Daten erlaubt.

Berlin: Auskünfte aus der Kaufpreissammlung sind nach § 17 Abs. 1 der bln. DVOBauGB **64** nach Maßgabe der Abs. 2 und 3 in Form anonymisierter Daten zu erteilen, wobei die Daten als anonymisiert gelten, wenn sie nicht auf bestimmbare Personen und Grundstücke bezo-gen werden können (vgl. GuG 2001, 175).

Brandenburg: Auskünfte aus der Kaufpreissammlung sind nur zu erteilen, wenn ein **65** berechtigtes Interesse dargelegt worden ist und sichergestellt ist, dass diese keine perso-nenbezogenen Daten enthalten und die sachgerechte Verwendung gewährleistet erscheint (§ 10 GAV). Im Übrigen ist ein berechtigtes Interesse regelmäßig anzunehmen, wenn die Auskunft von Behörden zur Erfüllung ihrer Aufgaben oder von öffentlich bestellten Sach-verständigen für Grundstückswertermittlung zur Begründung ihrer Gutachten beantragt wird[42].

Bremen: Öffentlich bestellten und vereidigten Sachverständigen, die auf Grund eines **66** gerichtlichen Beweisbeschlusses tätig werden, sowie Bediensteten der Katasterbehörden, die Aufgaben nach § 64 Abs. 2 der Landeshaushaltsordnung wahrnehmen, wird nach § 12 Abs. 1 der brem. GutachterausschussVO durch Gewährung *fallbezogener* Einsichtnahme in die Kaufpreissammlung Auskunft erteilt. Darüber hinaus werden schriftliche Auskünfte in anonymisierter Form an denjenigen erteilt, der ein berechtigtes Interesse nachweisen kann.

---

39 Müssig in NJW 1989, 1697; OLG Celle, Urt. vom 3. 3. 1961 – 11 U 230/59 –, EzGuG 11.22 m. w. N.: schon RG in JW 1934, 2398; vgl. § 192 BauGB Rn. 20

40 § 12 brem. GutachterausschussVO; § 10 hamb. GutachterausschussVO; § 15 rh.-pf. GutachterausschussVO; § 13 schl.-hol. GutachterausschussVO

41 So auch der Bundesbeauftragte für Datenschutz im Schreiben vom 13. 11. 1997 – IV 510/10 – an das BMBau (GuG 2000, 105); Bleutge in Landmann/Rohmer, GewO § 36 Rn. 46; a. A. Sieg/Leiferman/Tettinger, GewO, 5. Aufl. 1988 München § 36 Rn. 2

42 Verwaltungsvorschrift des MI zur Durchführung des bbg. Datenschutzgesetzes (VV zum Bbg. DSG) vom 17. 12. 1997 (ABl. 1998, 94)

67 *Hamburg:* Den mit der Durchführung des BauGB befassten Behörden und Gerichten sowie
öffentlich bestellten und vereidigten Sachverständigen, die auf Grund eines gerichtlichen
Beweisbeschlusses tätig werden, wird fallbezogene Auskunft aus der Kaufpreissammlung
erteilt, wenn die sachgerechte Verwendung der Daten gewährleistet erscheint. Die Auskünfte dürfen nur grundstücksbezogen erteilt werden; der Name und die Anschrift des
Eigentümers dürfen nicht mitgeteilt werden. Darüber hinaus werden fallbezogene schriftliche Auskünfte in anonymisierter Form an denjenigen erteilt, der ein berechtigtes Interesse
darlegt (vgl. § 10 Abs. 2 und 3 GutachterausschussVO).

68 *Hessen:* Nach § 9 Abs. 2 Satz 5 hess. DVBauGB dürfen der Name und die Anschrift des
Eigentümers oder sonstiger Personen, die Rechte an Grundstücken haben, aus der Auskunft nicht erkennbar sein. Ansonsten schreibt die Verordnung aber nicht ausdrücklich vor,
dass die Daten zu anonymisieren sind und schließt insbesondere die Erteilung grundstücksbezogener Auskünfte nicht ausdrücklich aus.

69 *Mecklenburg-Vorpommern:* Die Kaufpreissammlung ist mit ihren ergänzenden Datensammlungen grundsätzlich geheim zu halten. Neben den Mitgliedern des Gutachterausschusses und seiner Geschäftsstelle sind Auskünfte bei berechtigtem Interesse so zu erteilen, dass sie nicht auf bestimmte aber bestimmbare Personen und Grundstücke bezogen
werden können, jedoch können Behörden und öffentlich bestellten und vereidigten Sachverständigen grundstücksbezogene Auskünfte erteilt werden, wenn dies zur Erfüllung der
Bewertungsaufgabe erforderlich ist (§ 13 GutAVO).

70 *Niedersachsen:* Mit Ausnahme von Auskünften an Eigentümer und Erbbauberechtigte
(über die zu ihrer Person gespeicherten Daten) sind sonstigen Personen, die ein berechtigtes Interesse im Einzelfall nachweisen, Auskünfte so zu erteilen, dass sie nicht auf
bestimmte oder bestimmbare Personen oder Grundstücke bezogen werden können (§ 26
DVBauGB)[43].

Nach § 20 DV BauGB/BauGB-MaßnahmenG sind die Daten der Kaufpreissammlung
benachbarter Gutachterausschüsse und dem Oberen Gutachterausschuss zur Erfüllung
deren Obliegenheiten auf Anforderung regelmäßig zu übermitteln oder im automatisierten
Abrufverfahren nicht anonymisiert bereitzuhalten.

71 *Nordrhein-Westfalen:* Auskünfte aus der Kaufpreissammlung sind zu erteilen, wenn ein
berechtigtes Interesse in schriftlicher Form dargelegt wird und sichergestellt ist, dass diese
keine Angaben enthalten, die sich auf natürliche Personen beziehen lassen. Die sachgerechte Verwendung der Daten muss gewährleistet erscheinen. Die Angabe grundstücksbezogener Daten ist nach dem Wortlaut des § 10 GAVO NW indessen nicht ausdrücklich ausgeschlossen.

72 *Rheinland-Pfalz:* Auf schriftlich gestellten Antrag dürfen nach § 15 Abs. 1 Satz 2 und 3
GutachterausschussVO Auskünfte „nur grundstücksbezogen erteilt werden. Der Name und
die Anschrift des Eigentümers oder sonstiger berechtigter Personen dürfen nicht mitgeteilt
werden." Anderen Stellen und Personen sind nach Maßgabe dieser Vorschrift nur solche
Auskünfte zu erteilen, die Rückschlüsse auf die Eigentümer nicht ermöglichen.

Die rh.-pf. GutachterausschussVO erlaubt im Umkehrschluss zu § 15 Abs. 2 der VO, dass
öffentlich bestellte und vereidigte Sachverständige grundstücksbezogene Auskünfte aus
der Kaufpreissammlung erhalten, die Rückschlüsse auf den Grundstückseigentümer
ermöglichen. § 15 der rh.-pf. GutachterausschussV unterscheidet zwischen Auskünften

a) an Behörden und sonstige öffentliche Stellen sowie öffentlich bestellten und vereidigten Sachverständigen und

b) anderen Stellen und Personen.

Während im ersten Fall Auskünfte „grundstücksbezogen" (§ 15 Abs. 1 Satz 3) erteilt werden „dürfen", sind im zweiten Fall nur „solche Auskünfte zu erteilen, die Rückschlüsse auf
den Eigentümer nicht ermöglichen (§ 15 Abs. 2). Behörden, sonstige öffentliche Stellen

sowie **öffentlich bestellte und vereidigte Sachverständige sind damit gegenüber anderen Auskunftsberechtigten** dadurch **privilegiert,** dass ihnen im Ergebnis nicht anonymisierte Daten aus der Kaufpreissammlung zugänglich gemacht werden dürfen", denn auf Grund der vom Verordnungsgeber geforderten „grundstücksbezogenen" Auskunftserteilung können die Daten nach dem Vorhergesagten nicht als anonymisiert gelten. Hieran ändert nichts, dass Name und Anschrift des Eigentümers oder sonstiger berechtigter Personen nicht mitgeteilt werden dürfen, denn auf Grund des Grundstücksbezugs sind diese „bestimmbar".

Auf der Grundlage des § 18 der rh.-pf. Gutachterausschuss V hat das rh.-pf. Ministerium **73** des Inneren und für Sport entsprechende **Ausführungsbestimmungen** erlassen[44]. Danach muss sich der öffentlich bestellte Sachverständige unter Hinweis auf die strafrechtlichen Folgen von Zuwiderhandlungen nach § 27 rh.-pf. LDatG verpflichten,

– alle erhaltenen Angaben streng vertraulich zu behandeln und diese zu keinem anderen als dem zur sachgerechten Aufgabenerfüllung gehörenden Zweck zu verarbeiten, bekannt zu geben oder zugänglich zu machen,

– in das zu erstellende Gutachten nur anonymisierte Daten der Vergleichsgrundstücke aufzunehmen (z. B. Vergleichsgrundstück ohne Flurstücks- und Hausnummer),

– die Daten bis zu ihrer Vernichtung so aufzubewahren, dass Unbefugte keine Kenntnis davon erhalten,

– die zur Verfügung gestellten Daten nach Auswertung (z. B. in einem Gutachten) zum frühestmöglichen Zeitpunkt zu vernichten; diese Verpflichtung ist auch dann erfüllt, wenn der Sachverständige in Kenntnis eines bevorstehenden Gerichtsverfahrens die Daten erst nach Rechtskraft des Urteils/Vergleichs vernichtet.

Saarland: Behörden und sonstigen öffentlichen Stellen sowie öffentlich bestellten und ver- **74** eidigten oder gerichtlich bestellten Sachverständigen sind im Einzelfall auf schriftlichen Antrag Auskünfte zu erteilen, wenn ein berechtigtes Interesse nachgewiesen wird und die sachgerechte Verwendung der Daten gewährleistet ist. Die Auskünfte dürfen (nur) grundstücksbezogen erteilt werden; Name und Anschrift des Eigentümers oder sonstiger berechtigter Personen dürfen nicht mitgeteilt werden. Der Empfänger darf die übermittelten Daten nur für den Zweck verwenden, zu dessen Erfüllung sie ihm übermittelt werden (§ 13 saarl. GutVO).

Sachsen: Grundstücksbezogene Auskünfte dürfen ohne Mitteilung des Namens und der **75** Anschrift des Eigentümers oder einer sonstigen berechtigten Person auf Antrag erteilt werden, soweit der Empfänger ein berechtigtes Interesse an der Kenntnis der Daten glaubhaft macht, überwiegende schutzwürdige Interessen des Betroffenen dem nicht entgegenstehen und eine sachgerechte Verwendung der Daten gewährleistet erscheint (§ 10 GutachterausschussVO). Vom Vorliegen eines berechtigten Interesses und der sachgerechten Verwendung der Daten ist dabei regelmäßig auszugehen, wenn die Auskunft von einer mit der Wertermittlung von Grundstücken und grundstücksgleichen Rechten befassten Behörde oder von einem öffentlich bestellten und vereidigten Sachverständigen beantragt wird.

Das Sächsische Staatsministerium des Innern geht im Schreiben 17. 5. 1999 – 51 – 2505, 70/122 – davon aus, dass nach § 10 Abs. 1 Satz 3 der Landesverordnung lediglich die Mitteilung des Namens und der Anschrift des Eigentümers oder sonstiger berechtigter Personen unzulässig sei und damit die **Bekanntgabe der Flurstücksnummer (und der angrenzenden Straßen) bei jeder Auskunft aus der Kaufpreissammlung zulässig** sei und nicht ausgeschlossen ist, dass sich durch die Bekanntgabe grundstücksbezogener Daten, wie Flurstücksnummer oder Grundbuchblatt, ein Personenbezug (z. B. durch Einsicht in das Grundbuch) herstellen lässt[45].

---

43 Hierzu Nr. 401 des nds. RdErl. des MS vom 6. 3. 1991 – 301 – 21013 –, GültL 392/19
44 Erl. des rh.-pf. MIS vom 16. 5. 1989 – 363/648 – 15/0
45 GuG 2000, 105

76 *Sachsen-Anhalt:* Auskünfte dürfen nur in anonymisierter Form erteilt werden, wobei die Daten als anonymisiert gelten, wenn sie Eigentümer, Erbbauberechtigten oder Inhaber anderer dinglicher Rechte am Grundstück nur mit einem verhältnismäßig hohen Aufwand zugeordnet werden können. Die Auskünfte werden auf den mit der Durchführung des BauGB befassten Behörden und Gerichten sowie öffentlich bestellten und vereidigten Sachverständigen, die auf Grund eines gerichtlichen Beweisbeschlusses tätig werden, erteilt, soweit die sachgerechte Verwendung der Daten gewährleistet erscheint. Darüber hinaus werden Auskünfte an diejenigen erteilt, die ein berechtigtes Interesse darlegen. Ein berechtigtes Interesse liegt nach § 10 der VOGut insbesondere vor, wenn es zur beruflichen Obliegenheit des Anfragenden gehört, Gutachten über den Verkehrswert von Grundstücken zu erstatten oder der Anfragende in Bezug auf seinen eigenen Grundbesitz auf die Kenntnis von Vergleichspreisen angewiesen ist.

77 In einem **RdErl.** des Landes (**MBl. LSA 1994, 414**) heißt es:

5.1 Gegenstand der Auskunft nach § 10 VOGut sind Kaufpreise und Daten über wert- und preisbeeinflussende Merkmale solcher Grundstücke, die nach den Angaben des Antragstellers mit dem Objekt, für dessen Wertermittlung Auskunft begehrt wird, vergleichbar sind.

5.2 Umfang und Inhalt der Auskunft müssen so beschaffen sein, dass der Antragsteller mit Hilfe der ihm übermittelten Daten den mit der Auskunft verfolgten Zweck sachgerecht erreichen kann.

5.3 Der Antrag auf Auskunft aus der Kaufpreissammlung muss das Objekt, für dessen Wertermittlung Auskunft begehrt wird, benennen und hinsichtlich der wertrelevanten Daten beschreiben. Mängel in der Beschreibung, die sich auf den Inhalt der Auskunft auswirken, hat der Antragsteller zu vertreten. Es ist sicherzustellen, dass die gegebene Auskunft jederzeit nachvollzogen werden kann.

5.4 Die Auskunft aus der Kaufpreissammlung erstreckt sich auf die in der Kaufpreisdatei gespeicherten Elemente zu den Vertragsmerkmalen und dem Grundstückszustand, soweit nicht § 10 Abs. 3 VOGut dem entgegensteht.

5.5 Der Anspruch auf Auskunft aus der Kaufpreissammlung erstreckt sich nicht auf

a) die Ordnungsmerkmale der Kaufpreisdatei,

b) die Kaufpreiskarte und

c) die ergänzenden weiteren Datensammlungen.

78 *Schleswig-Holstein:* Auskünfte sind so zu erteilen, dass sie sich nicht auf bestimmte oder bestimmbare Personen und Grundstücke beziehen. Grundstücksbezogene Auskünfte können erteilt werden bei

– Behörden zur Erfüllung ihrer Aufgaben oder

– öffentlich bestellten und vereidigten Sachverständigen zur Erstattung von Wertgutachten für die in § 193 Abs. 1 BauGB genannten Personen und Stellen,

wenn dies zur Erfüllung der Bewertungsaufgaben erforderlich ist (§ 13 Abs. 1 und 2 GutachterausschussVO).

79 *Thüringen:* Auskünfte dürfen grundstücksbezogen ohne Name und Anschrift des Eigentümers oder sonstiger berechtigter Personen mitgeteilt werden; der Empfänger darf die übermittelten Daten nur für den Zweck verwenden, zu dessen Erfüllung sie ihm übermittelt wurden (§ 15 GutachterausschussVO). Im Übrigen sind Behörden und sonstigen öffentlichen Stellen sowie öffentlich bestellten und vereidigten Sachverständigen auf Antrag Auskünfte zu erteilen, wenn ein berechtigtes Interesse dargelegt wird und die sachgerechte Verwendung der Daten gewährleistet ist (vgl. Nr. 8 der Anl. 4 zur Richtlinie über Einrichtung und Führung der Kaufpreissammlung; RiWert des IM).

2.6 Amtshilfeverpflichtungen des Gutachterausschusses

80 Nach **§ 1 Abs. 4 des Bundesdatenschutzgesetzes** – BDSG – finden die Vorschriften dieses Gesetzes auf personenbezogene Daten nur soweit Anwendung, wie nicht besondere Rechtsvorschriften des Bundes auf in Dateien gespeicherte personenbezogene Daten anzuwenden sind. Derartige Spezialregelungen enthält § 195 Abs. 2 und 3 BauGB, der den

Zugang zur Kaufpreissammlung regelt. Der sich aus § 1 Abs. 4 BDSG ergebende Vorrang des BauGB gilt auch dann, wenn er Regelungen betrifft, die nicht als Datenschutzregelungen zu verstehen sind und den Datenschutz mindern[46].

Aus vorstehenden Ausführungen folgt, dass der **Gutachterausschuss nicht befugt** ist, **die** **81** **von ihm gespeicherten Daten** innerhalb des öffentlichen Bereichs **im Wege der Amtshilfe an Behörden und sonstige öffentliche Stellen** nach den §§ 15 bis 17 BDSG **zu übermitteln.**

„§ 15 Datenübermittlung an öffentliche Stellen

(1) Die Übermittlung personenbezogener Daten an öffentliche Stellen ist zulässig, wenn

1. sie zur Erfüllung der in der Zuständigkeit der übermittelnden Stelle oder des Dritten, an den die Daten übermittelt werden, liegenden Aufgaben erforderlich ist und

2. die Voraussetzungen vorliegen, die eine Nutzung nach § 14 zulassen würden.

(2) Die Verantwortung für die Zulässigkeit der Übermittlung trägt die übermittelnde Stelle. Erfolgt die Übermittlung auf Ersuchen des Dritten, an den die Daten übermittelt werden, trägt dieser die Verantwortung. In diesem Falle prüft die übermittelnde Stelle nur, ob das Übermittlungsersuchen im Rahmen der Aufgaben des Dritten, an den die Daten übermittelt werden, liegt, es sei denn, dass besonderer Anlass zur Prüfung der Zulässigkeit der Übermittlung besteht, § 10 Abs. 4 bleibt unberührt.

(3) Der Dritte, an den die Daten übermittelt werden, darf die übermittelten Daten für den Zweck verarbeiten oder nutzen, zu dessen Erfüllung sie ihm übermittelt werden. Eine Verarbeitung oder Nutzung für andere Zwecke ist nur unter den Voraussetzungen des § 14 Abs. 2 zulässig.

(4) Für die Übermittlung personenbezogener Daten an Stellen der öffentlich-rechtlichen Religionsgesellschaften gelten die Absätze 1 bis 3 entsprechend, sofern sichergestellt ist, dass bei diesen ausreichende Datenschutzmaßnahmen getroffen werden.

(5) Sind mit personenbezogenen Daten, die nach Absatz 1 übermittelt werden dürfen, weitere personenbezogene Daten des Betroffenen oder eines Dritten so verbunden, dass eine Trennung nicht oder nur mit unvertretbarem Aufwand möglich ist, so ist die Übermittlung auch dieser Daten zulässig, soweit nicht berechtigte Interessen des Betroffenen oder eines Dritten an deren Geheimhaltung offensichtlich überwiegen; eine Nutzung dieser Daten ist unzulässig.

(6) Absatz 5 gilt entsprechend, wenn personenbezogene Daten innerhalb einer öffentlichen Stelle weitergegeben werden.

§ 16 Datenübermittlung an nicht öffentliche Stellen

(1) Die Übermittlung personenbezogener Daten an nicht öffentliche Stellen ist zulässig, wenn

1. sie zur Erfüllung der in der Zuständigkeit der übermittelnden Stelle liegenden Aufgaben erforderlich ist und die Voraussetzungen vorliegen, die eine Nutzung nach § 14 zulassen würden, oder

2. der Dritte, an den die Daten übermittelt werden, ein berechtigtes Interesse an der Kenntnis der zu übermittelnden Daten glaubhaft darlegt und der Betroffene kein schutzwürdiges Interesse an dem Ausschluss der Übermittlung hat. Das Übermitteln von besonderen Arten personenbezogener Daten (§ 3 Abs. 9) ist abweichend von Satz 1 Nr. 2 nur zulässig, wenn die Voraussetzungen vorliegen, die eine Nutzung nach § 14 Abs. 5 und 6 zulassen würden oder soweit dies zur Geltendmachung, Ausübung oder Verteidigung rechtlicher Ansprüche erforderlich ist.

(2) Die Verantwortung für die Zulässigkeit der Übermittlung trägt die übermittelnde Stelle.

(3) In den Fällen der Übermittlung nach Absatz 1 Nr. 2 unterrichtet die übermittelnde Stelle den Betroffenen von der Übermittlung seiner Daten. Dies gilt nicht, wenn damit zu rechnen ist, dass er davon auf andere Weise Kenntnis erlangt oder wenn die Unterrichtung die öffentliche Sicherheit gefährden oder sonst dem Wohle des Bundes oder eines Landes Nachteile bereiten würde.

(4) Der Dritte, an den die Daten übermittelt werden, darf diese nur für den Zweck verarbeiten oder nutzen, zu dessen Erfüllung sie ihm übermittelt werden. Die übermittelnde Stelle hat ihn darauf hinzuweisen. Eine Verarbeitung oder Nutzung für andere Zwecke ist zulässig, wenn eine Übermittlung nach Absatz 1 zulässig wäre und die übermittelnde Stelle zugestimmt hat.“

Darüber hinaus ist der Gutachterausschuss auch nicht befugt, die personenbezogenen **82** Daten nach § 16 BDSG an Stellen außerhalb des öffentlichen Bereichs zu übermitteln. Die einschlägigen Bestimmungen des **§ 195 BauGB i. V. m. der nach § 199 Abs. 2 Nr. 4 BauGB erlassenen Landesverordnung regeln den Zugang zur Kaufpreissammlung abschließend.**

---

46 Lüke in NJW 1983, 1407

83 Wie ausgeführt, ist der Gutachterausschuss also nicht verpflichtet, die gespeicherten Daten anderen Stellen im Wege der **Amtshilfe** zu übermitteln: es ist ihm sogar versagt, soweit sich dies nicht ausdrücklich aus § 195 Abs. 2 und 3 BauGB ergibt (vgl. Rn. 12 ff.). Eine Verletzung der Geheimhaltungspflicht kann Strafverfolgung und Haftungsfragen auslösen. Grundsätzlich gilt dies auch innerhalb des Verwaltungsaufbaus, in dem der Gutachterausschuss und seine Geschäftsstelle eingegliedert sind.

▶ *Zur Amtshilfe vgl. § 197 BauGB Rn. 25 ff.*

3 Verletzung datenschutzrechtlicher Bestimmungen

84 Nach den vorherigen Ausführungen lässt sich feststellen, dass der Gesetzgeber die Kaufpreissammlung aus datenschutzrechtlichen Gründen gegen unberechtigten Zugang absichern wollte und die strafrechtlichen Vorschriften der **§§ 202 a bis 205 StGB** hier von besonderer Bedeutung sind (vgl. § 192 BauGB Rn. 31):

§ 202 a StGB: Ausspähen von Daten

„(1) Wer unbefugt Daten, die nicht für ihn bestimmt und die gegen unberechtigten Zugang besonders gesichert sind, sich oder einem anderen verschafft, wird mit Freiheitsstrafe bis zu drei Jahren oder mit Geldstrafe bestraft.

(2) Daten im Sinne des Absatzes 1 sind nur solche, die elektronisch, magnetisch oder sonst nicht unmittelbar wahrnehmbar gespeichert sind oder übermittelt werden.

§ 203 StGB: Verletzung von Privatgeheimnissen

(1) Wer unbefugt ein fremdes Geheimnis, namentlich ein zum persönlichen Lebensbereich gehörendes Geheimnis oder ein Betriebs- oder Geschäftsgeheimnis, offenbart, das ihm als

1. Arzt, Zahnarzt, Tierarzt, Apotheker oder Angehörigen eines anderen Heilberufs, der für die Berufsausübung oder die Führung der Berufsbezeichnung eine staatlich geregelte Ausbildung erfordert,

2. Berufspsychologen mit staatlich anerkannter wissenschaftlicher Abschlussprüfung,

3. Rechtsanwalt, Patentanwalt, Notar, Verteidiger in einem gesetzlich geordneten Verfahren, Wirtschaftsprüfer, vereidigtem Buchprüfer, Steuerberater, Steuerbevollmächtigten oder Organ oder Mitglied eines Organs einer Rechtsanwalts-, Patentanwalts-, Wirtschaftsprüfungs-, Buchprüfungs- oder Steuerberatungsgesellschaft,

4. Ehe-, Erziehungs- oder Jugendberater sowie Berater für Suchtfragen in einer Beratungsstelle, die von einer Behörde oder Körperschaft, Anstalt oder Stiftung des öffentlichen Rechts anerkannt ist,

4 a. Mitglied oder Beauftragten einer anerkannten Beratungsstelle nach den §§ 3 und 8 des Schwangerschaftskonfliktgesetzes,

5. staatlich anerkanntem Sozialarbeiter oder staatlich anerkanntem Sozialpädagogen oder

6. Angehörigen eines Unternehmens der privaten Kranken-, Unfall- oder Lebensversicherung oder einer privatärztlichen Verrechnungsstelle

anvertraut worden oder sonst bekannt geworden ist, wird mit Freiheitsstrafe bis zu einem Jahr oder mit Geldstrafe bestraft.

(2) ¹Ebenso wird bestraft, wer unbefugt ein fremdes Geheimnis, namentlich ein zum persönlichen Lebensbereich gehörendes Geheimnis oder ein Betriebs- oder Geschäftsgeheimnis, offenbart, das ihm als

1. Amtsträger,

2. für den öffentlichen Dienst besonders Verpflichteten,

3. Person, die Aufgaben oder Befugnisse nach dem Personalvertretungsrecht wahrnimmt,

4. Mitglied eines für ein Gesetzgebungsorgan des Bundes oder eines Landes tätigen Untersuchungsausschusses, sonstigen Ausschusses oder Rates, das nicht selbst Mitglied des Gesetzgebungsorganes ist, oder als Hilfskraft eines solchen Ausschusses oder Rates

5. öffentlich bestellten Sachverständigen, der auf die gewissenhafte Erfüllung seiner Obliegenheiten auf Grund eines Gesetzes förmlich verpflichtet worden ist, oder

6. Person, die auf die gewissenhafte Erfüllung ihrer Geheimhaltungspflicht bei der Durchführung wissenschaftlicher Forschungsvorhaben auf Grund eines Gesetzes förmlich verpflichtet worden ist,

anvertraut worden oder sonst bekannt geworden ist. ¹Einem Geheimnis im Sinne des Satzes 1 stehen Einzelangaben über persönliche oder sachliche Verhältnisse eines anderen gleich, die für Aufgaben der öffentlichen Verwaltung erfasst worden sind; Satz 1 ist jedoch nicht anzuwenden, soweit solche Einzelangaben anderen Behörden oder sonstigen Stellen für Aufgaben der öffentlichen Verwaltung bekannt gegeben werden und das Gesetz dies nicht untersagt.

(3) ¹Den in Absatz 1 Nr. 3 genannten Rechtsanwalt stehen andere Mitglieder einer Rechtsanwaltskammer gleich. Den in Absatz 1 und Satz 2 Genannten stehen ihre berufsmäßig tätigen Gehilfen und die Personen gleich, die bei

ihnen zur Vorbereitung auf den Beruf tätig sind. ²Den in Absatz 1 und den in Satz 1 und 2 Genannten steht nach dem Tod des zur Wahrung des Geheimnisses Verpflichteten ferner gleich, wer das Geheimnis von dem Verstorbenen oder aus dessen Nachlass erlangt hat.

(4) Die Absätze 1 bis 3 sind auch anzuwenden, wenn der Täter das fremde Geheimnis nach dem Tod des Betroffenen unbefugt offenbart.

(5) Handelt der Täter gegen Entgelt oder in der Absicht, sich oder einen anderen zu bereichern oder einen anderen zu schädigen, so ist die Strafe Freiheitsstrafe bis zu zwei Jahren oder Geldstrafe.

§ 204 StGB: Verwertung fremder Geheimnisse

(1) Wer unbefugt ein fremdes Geheimnis, namentlich ein Betriebs- oder Geschäftsgeheimnis, zu dessen Geheimhaltung er nach § 203 verpflichtet ist, verwertet, wird mit Freiheitsstrafe bis zu zwei Jahren oder mit Geldstrafe bestraft.

(2) § 203 Abs. 4 gilt entsprechend.“

85 Anlage 1a zu § 195 BauGB:
Antrag auf Auskunft aus der Kaufpreissammlung

Zutreffendes bitte ankreuzen **X**

| Name |
| Straße |
| Ort |
| Telefon |

| Ihr Zeichen | Ihr Schreiben vom | Unser Zeichen | Durchwahl | Datum |

Auskunft aus der Kaufpreissammlung

Als von der

☐ Industrie- und Handelskammer

☐ Architektenkammer

☐ Kammer der beratenden Ingenieure

☐ Landwirtschaftskammer

öffentlich bestellter und vereidigter Sachverständiger für die Bewertung von Grundstücken beantrage ich zur sachgerechten Bewertung des/der Grundstücke(s)

Gemarkung	Flur	Flurstücke

☐ gemäß dem in Kopie beigefügten Auftrag

☐ gemäß dem vorgelegten Auftrag

Auskunft aus der Kaufpreissammlung gemäß § 15 Abs. 1 Gutachterausschussverordnung.

Ich verpflichte mich

– alle mündlich oder durch Auskunft erhaltenen Angaben streng vertraulich zu behandeln und diese zu keinem anderen als dem zur sachgerechten Aufgabenerfüllung gehörenden Zweck zu verarbeiten, bekannt zu geben oder zugänglich zu machen,

– in das/die zu erstellende(n) Gutachten nur anonymisierte Daten der Vergleichsgrundstücke aufzunehmen (z. B. ohne Flurstücks- und Hausnummer),

– die Daten bis zu ihrer Vernichtung so aufzubewahren, dass Unbefugte keine Kenntnis davon erhalten,

– die zur Verfügung gestellten Daten nach Auswertung (z. B. in einem Gutachten) zum frühestmöglichen Zeitpunkt zu vernichten.

Mir ist bekannt, dass Verstöße gegen die vorgenannten Verpflichtungen als Verletzung des Datengeheimnisses nach § 35 Landesdatenschutzgesetz bestraft werden.

(Siegel)

_____
(Unterschrift)

☐ Der Sachverständigenausweis hat vorgelegen

_____
(Geschäftsstellenleiter)

Quelle: RiWert Rheinland-Pfalz

Anlage 1b zu § 195 BauGB:
Antrag auf Auskunft aus der Kaufpreissammlung

Gutachterausschuss für Grundstückswerte für den Bereich

Antrag auf Auskunft aus der Kaufpreissammlung	Antragsbuch-Nr. AK: /

Antragsteller, Name, Vorname	Telefon	**Beantragt wird die Auskunft über:**
Postleitzahl, Wohnort, Straße		☐ unbebaute Baufläche

Legitimation	Zustimmung des Eigentümers	☐ unbebaute Baufläche Erbbaurechtsfälle

Lage des Auskunftsobjektes: Gemeinde/Stadt Gemarkung Lagebezeichnung	☐ bebautes Grundstück

Beschreibung des Auskunftsobjektes: Objektart (z.B.: Baugrundstück, Einfamilienhaus ...)	☐ bebautes Grundstück Erbbaurechtsfälle

☐ Eigentumswohnung

Die weiteren beschreibenden Merkmale des Objektes und die Vorgaben für den zeit-lichen und räumlichen Umfang der Auskunft sind im Selektionsansatz, der nach An-gaben des Antragstellers erstellt wird, ausgeführt.
Der Antragsteller wird darauf hingewiesen, dass von seinen Angaben die Auskunft gesteuert wird. Seine Angaben müssen sich auf ein reales Objekt beziehen. Nicht erkennbare Mängel in der Beschreibung hat der Antragsteller zu vertreten.

☐ Eigentumswohnung Erbbaurechtsfälle

☐ land- und forst-wirtschaftliche Fläche

☐ Gemeindebedarfsfläche

Verpflichtung
Der Antragsteller verpflichtet sich, die ihm mitgeteilten Daten aus der Kaufpreis-sammlung nur für den angegebenen Zweck zu verwenden. Die Weitergabe der Daten ist nicht zulässig.

☐ sonstige Fläche

Datum	Unterschrift des Antragstellers	Antrag aufgenommen durch

Die Kosten trägt:

Kostenvorschuss	Höhe €	Kostenbuch (Tit.)	veranlasst	eingegangen
nicht erforderlich				

Quelle: Nachr. der nds. Kat.- und VermVw. 1990, 4

Anlage 1c zu § 195 BauGB:
Muster-Dienstanweisung für Gutachterausschüsse

Aktenzeichen: _____

An den

Gutachterausschuss für Grundstückswerte
in der/im

Antragsteller/in: _____

Anschrift: _____

PLZ/Ort: _____

Telefon: _____

Fax: _____

Antrag auf Auskunft aus der Kaufpreissammlung

In der Eigenschaft als

☐ Behörde

☐ Öffentlich bestellter und vereidigter Sachverständiger

☐ Sonstiger* *(schriftliche Darlegung des berechtigten Interesses erforderlich!)

bin ich mit dem/den Grundstück(en) _____
(Lagebezeichnung)

in _____
(Stadtbezirk/Ortsteil)

aus folgenden Gründen befasst: _____

Ich stelle hiermit gemäß § 10 der Verordnung über die Gutachterausschüsse für Grundstückswerte (Gutachterausschuss-verordnung NW – GAVO NW) vom 7. März 1990 (GVBl. S. 156) (vgl. Rückseite) den Antrag auf Auskunft über Vergleichs-werte aus der Kaufpreissammlung.

Die Vergleichsfälle sollen folgende Merkmale aufweisen:

Anzahl

☐ Unbebaute Grundstücke   Nutzungsart: _____ ____

☐ Bebaute Grundstücke   Nutzungsart: _____ ____

☐ Wohnungs- und Teileigentum   ____

Räumliche Lage: _____
(z. B. Stadtbezirk, Ortsteil, Baublock, Straße)

Zeitspanne der Vertragsabschlüsse: von _____ bis _____

Grundstücksgröße: von ca. _____ bis ca. _____ m²

Baujahr oder Baujahrsspanne: von _____ bis _____

Wohn-/Nutzfläche: von ca. _____ bis ca. _____ m²

Weitere Merkmale: _____

Ort, Datum _____   Unterschrift und ggf. Stempel _____

Auszug aus der Verordnung über die Gutachterausschüsse für Grundstückswerte (Gutachterausschussverordnung NW – GAVO NW) vom 7. März 1990 (GVBl. S. 156):

§ 10
Auskünfte aus der Kaufpreissammlung

Auskünfte aus der Kaufpreissammlung sind zu erteilen, wenn ein berechtigtes Interesse in schriftlicher Form dargelegt wird, sichergestellt ist, dass diese keine Angaben enthalten, die sich auf natürliche Personen beziehen lassen, und die sachgerechte Verwendung der Daten gewährleistet erscheint.

Ein berechtigtes Interesse ist regelmäßig anzunehmen, wenn die Auskunft beantragt wird

a) von Behörden zur Erfüllung ihrer Aufgaben,

b) von öffentlich bestellten und vereidigten Sachverständigen für Grundstückswertermittlung zur Begründung ihrer Gutachten.

Auszug aus der Vierzehnten Verordnung zur Änderung der Allgemeinen Verwaltungsgebührenordnung für das Land Nordrhein-Westfalen vom 8. November 1994 (GVBl. Nr. 81 vom 13. Dezember 1994, S. 1016).

Tarifstelle 13.3.1　　　Erteilung von Auskünften je Wertermittlungsfall einschließlich bis fünf mitgeteilter Vergleichswerte

a) über unbebaute Grundstücke . . . . 150 DM

b) über bebaute Grundstücke . . . . 200 DM

jeder weitere mitgeteilte Vergleichswert . . . . 10 DM

Die Antragsvoraussetzungen des § 10 GAVO NW liegen vor.
Dem Antrag ist stattzugeben.

_____
Vorsitzender

_____
Datum

_____
Geschäftsführer

Auskunft erteilt am: _____   _____
Sachbearbeiter

86   Anlage 2 a zu § 195 BauGB:
Antrag auf Auskunft (Auszug) aus der Kaufpreissammlung für Wohn- und
Teileigentum – Auswahlkriterien

Antrag auf Auskunft (Auszug) aus der Kaufpreissammlung
für Wohn- und Teileigentum
Auswahlkriterien

Der Auszug soll nach folgenden Auswahlkriterien durchgeführt werden:

Erhebungszeitraum: von _____ bis _____ und/oder

Anzahl der Vergleichspreise ☐ Wohn- und/oder ☐ Teileigentum: etwa _____

Gemarkung(en):   _____ oder

eingrenzendes Straßenkarree: _____ oder

Bodenrichtwertgebiete: _____

Eine starke Eingrenzung der Auswahl ergibt häufig nur eine kleine Menge von Vergleichspreisen. Es empfiehlt sich daher aus den folgenden Kriterien nur die prägnantesten Merkmale auszuwählen. Mehrere gleichartige Angaben sind möglich:

Gebäudeart: ☐ Mehrfamilienhaus

                         ☐ Wohn- und Geschäftshaus

                         ☐ Geschäftshaus

                         ☐ _____

Bauweise: ☐ offene Bauweise

                         ☐ geschlossene Bauweise

Bauperiode: von _____ bis _____

Anzahl der Vollgeschosse: von _____ bis _____

Wohn-/Nutzfläche: von _____ bis _____

Geschosslage: von _____ bis _____

Erstverkauf/Weiterverkauf: _____

Umwandlung/Neubau: _____

bei Umwandlung saniert/unsaniert: _____

vermietet/unvermietet: _____

eigene Angaben: _____

Im Normalfall werden nur Objekte selektiert, die keine öffentliche Förderung erfuhren, deren Käufer keine ehemaligen Mieter der Wohnung sind und die nicht von gemeinnützigen Unternehmen gehandelt wurden.

☐ zusätzliche Angabe von Teil- bzw. Wohnungseigentum: etwa _____

Sollten sich nach den angegebenen Kriterien wesentlich zu viel oder zu wenig Vergleichspreise ergeben, sollen die Auswahlkriterien wie folgt erweitert oder eingeschränkt werden:

☐ nicht

☐ _____

Zutreffendes bitte ankreuzen ☒

Anlage 2 b zu § 195 BauGB:
Antrag auf Auskunft aus der Kaufpreissammlung für Wohn- und Teileigentum

Antragsteller: Zutreffendes bitte ankreuzen X
[Empfänger der Rechnung]
(Zuname, Vorname, Anschrift)

An die   bei Rücksprachen:
Landeshauptstadt Dresden   Frau/Herr ...
Städtisches Vermessungsamt   Telefon ...
Geschäftsstelle Gutachterausschuss   Telefax ...
PF 120020
01001 Dresden

Antrag auf Auskunft aus der Kaufpreissammlung
für Wohn- und Teileigentum

Als

☐ von der Industrie und Handelskammer _____ öffentlich bestellter und vereidigter
  Sachverständiger für die Bewertung von Grundstücken (Auftragsnachweis erforderlich)

☐ freier Sachverständiger (Auftragsnachweis erforderlich)

☐ Immobilienmakler / Bauträger (Auftragsnachweis erforderlich)

☐ Eigentümer
  (Begründung zum berechtigten Interesse erforderlich, z. B. ernste Veräußerungsabsicht, Erbauseinandersetzung)

☐ Kaufbewerber (Begründung zum berechtigten Interesse erforderlich, z. B. Nachweis der Verkaufsverhandlungen)

☐ _____

beantrage ich zur sachgerechten Bewertung des Grundstücks/des Sondereigentums

Gemarkung: _____ Flurstück: _____

Straße, Nr.: _____

nach dem im beigefügten Blatt angegebenen Auswertungskriterien Auskunft aus der Kaufpreissammlung gemäß § 195
Baugesetzbuch in Verbindung mit § 10 der Verordnung der Sächsischen Staatsregierung über die Gutachterausschüsse,
Kaufpreissammlungen und Bodenrichtwerte nach dem Baugesetzbuch vom 27. August 1991. Der Nachweis des berech-
tigten Interesses für die Auskunft ist zwingend erforderlich.

Die Kopie eines Lageplans liegt bei / nicht bei.

Ich verpflichte mich
– alle durch Auskunft erhaltenen Angaben streng vertraulich zu behandeln und diese nur für den Zweck zu verwenden, zu
  dessen Erfüllung sie erteilt worden sind,
– bei einer Gutachtenerstellung nur anonymisierte Daten der Vergleichsgrundstücke aufzunehmen,
– die zur Verfügung gestellten Daten zum frühestmöglichen Zeitpunkt zu vernichten.

Mit ist bekannt, dass sich die Kosten der Auskunft nach dem 2. Sächsischen Kostenverzeichnis, lfd. Nr. 49.4 vom 4. März
1997, veröffentlicht im Sächsischen Gesetz- und Verordnungsblatt Nr. 8 vom 10. April 1997, richten.

_____   _____
Datum, Unterschrift   Telefon/Telefax

87 **Anlage 3 a zu § 195 BauGB:**
Antrag auf Auskunft (Auszug) aus der Kaufpreissammlung
für bebaute und/oder unbebaute Grundstücke – Auswahlkriterien

Antrag auf Auskunft (Auszug) aus der Kaufpreissammlung
für bebaute und/oder unbebaute Grundstücke
Auswahlkriterien

Der Auszug soll nach folgenden Auswahlkriterien durchgeführt werden:

Erhebungszeitraum: von _____ bis _____   und/oder

Anzahl der Vergleichspreise bebaut und/oder unbebaut: etwa _____

Gemarkung(en):   _____ oder

eingrenzendes Straßenkarree: _____ oder

Bodenrichtwertgebiete: _____ oder

Umgebungskreis/Radius: _____ m

Eine starke Eingrenzung der Auswahl ergibt häufig nur eine kleine Menge von Vergleichspreisen. Es empfiehlt sich daher aus den folgenden Kriterien nur die prägnantesten Merkmale auszuwählen. Mehrere gleichartige Angaben sind möglich:

Gebäudeart: ☐ Einfamilienhäuser   ☐ gemischt genutzte Grundstücke

                        ☐ Zweifamilienhäuser   ☐ Geschäftshäuser

                        ☐ Mehrfamilienhäuser   ☐

                        ☐ Villenartige Gebäude

Bauweise: ☐ Einzelhäuser   ☐ offene Bauweise

                        ☐ Doppelhäuser   ☐ geschlossene Bauweise

                        ☐ Reihenhäuser

Bauperiode: von _____ bis _____

eigene Angaben: _____

                        _____

☐ zusätzliche Angabe von bebauten bzw. unbebauten Vergleichsgrundstücken: etwa _____

Sollten sich nach den angegebenen Kriterien wesentlich zu viel oder zu wenig Vergleichspreise ergeben, sollen die Auswahlkriterien wie folgt erweitert oder eingeschränkt werden:

☐ nicht

☐ _____

Zutreffendes bitte ankreuzen ☒

Anlage 3 b zu § 195 BauGB:
Antrag auf Auskunft aus der Kaufpreissammlung für bebaute und/oder unbebaute Grundstücke

Zutreffendes bitte ankreuzen **X**

Antragsteller:
[Empfänger der Rechnung]
(Zuname, Vorname, Anschrift)

An die
Landeshauptstadt Dresden
Städtisches Vermessungsamt
Geschäftsstelle Gutachterausschuss
PF 120020
01001 Dresden

bei Rücksprachen:
Frau/Herr ...
Telefon ...
Telefax ...

Antrag auf Auskunft aus der Kaufpreissammlung
für bebaute und/oder unbebaute Grundstücke

Als

☐ von der Industrie und Handelskammer _____ öffentlich bestellter und vereidigter
Sachverständiger für die Bewertung von Grundstücken (Auftragsnachweis erforderlich)

☐ freier Sachverständiger (Auftragsnachweis erforderlich)

☐ Immobilienmakler / Bauträger (Auftragsnachweis erforderlich)

☐ Eigentümer
(Begründung zum berechtigten Interesse erforderlich, z. B. ernste Veräußerungsabsicht, Erbauseinandersetzung)

☐ Kaufbewerber (Begründung zum berechtigten Interesse erforderlich, z. B. Nachweis der Verkaufsverhandlungen)

☐ _____

beantrage ich zur sachgerechten Bewertung des/der Grundstücks/Grundstücke

Gemarkung: _____ Flurstück/e: _____ Größe: _____

Straße, Nr.: _____

nach dem im beigefügten Blatt angegebenen Auswertungskriterien Auskunft aus der Kaufpreissammlung gemäß § 195 Baugesetzbuch in Verbindung mit § 10 der Verordnung der Sächsischen Staatsregierung über die Gutachterausschüsse, Kaufpreissammlungen und Bodenrichtwerte nach dem Baugesetzbuch vom 27. August 1991. Der Nachweis des berechtigten Interesses für die Auskunft ist zwingend erforderlich.

Die Kopie eines Lageplans liegt bei / nicht bei.

Ich verpflichte mich

– alle durch Auskunft erhaltenen Angaben streng vertraulich zu behandeln und diese nur für den Zweck zu verwenden, zu dessen Erfüllung sie erteilt worden sind,
– bei einer Gutachtenerstellung nur anonymisierte Daten der Vergleichsgrundstücke aufzunehmen,
– die zur Verfügung gestellten Daten zum frühestmöglichen Zeitpunkt zu vernichten.

Mit ist bekannt, dass sich die Kosten der Auskunft nach dem 2. Sächsischen Kostenverzeichnis, lfd. Nr. 49.4 vom 4. März 1997, veröffentlicht im Sächsischen Gesetz- und Verordnungsblatt Nr. 8 vom 10. April 1997, richten.

_____   _____
Datum, Unterschrift   Telefon/Telefax

Anlage 3 c zu § 195 BauGB:
Antrag auf Angabe von Vergleichspreisen aus der Kaufpreissammlung

Es wird in der Eigenschaft als ☐ öffentl. best. und vereid. Sachverst. ☐ Behörde ☐ Gericht gemäß § 11 Abs. 2 der GutachterausschussV vom 23.6.1992 ein Auszug aus der Kaufpreissammlung (Vergleichspreise) beantragt. Die Berechtigung ist nachzuweisen.	Antragsteller:
Datum:	Unterschrift:

An den
GUTACHTERAUSSCHUSS
für Grundstückswerte im Bereich der Landeshauptstadt München
– Geschäftsstelle –
Implerstr. 9
81371 München

Telefon
(089) 233 – 25085 / 25006 / 24560
Fax
(089) 233 – 24670

Vergleichsobjekt:

Straße:

Flurstück Nr.:   Bewertungsstichtag:

Gemarkung: Anzahl der Vergleiche:

☐ **unbebautes Grundstück**

Bauland für:	Bauerwartungsland:	Sonstiges:
☐ Ein- bis Mehrfamilienhaus	☐ Rohbauland	☐ Landwirtschaft
☐ Geschossbauweise	☐ oberste Stufe	☐ Gartenland
☐ Kerngebiet (MK)	☐ Stufe I	☐ Forstwirtschaft
☐ einf. Gewerbe (GE)	☐ Stufe II	☐ Wochenendgrundstück
☐ höheres Gewerbe (hG)	☐ Stufe III	

GFZ-Bereich ca.:   Grundstücksgröße ca.:   m²

☐ **Wohnungseigentum**

Baujahr: Wohnfläche: m²   Geschoss: Sanierungsjahr: Umwandlungsjahr:

☐ vermietet   ☐ nicht vermietet   ☐ öffentlich gefördert   ☐ Erbbaurecht

---

☐ **Teileigentum**

Baujahr: Nutzfläche: m²   Geschoss: Sanierungsjahr: Umwandlungsjahr:

☐ vermietet   ☐ nicht vermietet   ☐ öffentlich gefördert   ☐ Erbbaurecht

☐ Büro   ☐ Laden   ☐ Speicher   ☐ Gaststätte   ☐ Tiefgaragenstellplatz   ☐ oberird. Stellplatz

☐ Praxis   ☐ Lager   ☐ Keller   ☐ Hobbyraum   ☐ oberird. Einzelgarage   ☐ Duplexplatz

---

☐ **bebautes Grundstück**

Baujahr: Wohnfläche: m²   Grundstücksgröße ca.   m²

☐ Einfamilienhaus   ☐ Doppelhaus   ☐ Reihenhaus

☐ Renditeobjekt   Gewerbeanteil: %   Nettokaltmiete: €/m²   Restnutzungsdauer:

Zusätzliche Angaben:

Die erlangten Daten dürfen nur zu dem Zweck verwendet werden, zu dessen Erfüllung sie erteilt wurden (§ 11 Abs. 3 Gutachterausschuss V).

Eine unbefugte Weitergabe an Dritte ist unzulässig.

Für jeden Vergleichsfall aus der Kaufpreissammlung wird eine Gebühr von 30,00 DM, mindestens jedoch 100,00 DM je Antrag erhoben.

Der Antragsteller verpflichtet sich, die anfallenden Kosten zu übernehmen.

§ 196
Bodenrichtwerte

(1) ¹Auf Grund der Kaufpreissammlung sind für jedes Gemeindegebiet durchschnittliche Lagewerte für den Boden unter Berücksichtigung des unterschiedlichen Entwicklungszustands, mindestens jedoch für erschließungsbeitragspflichtiges oder erschließungsbeitragsfreies Bauland zu ermitteln (Bodenrichtwerte). ²In bebauten Gebieten sind Bodenrichtwerte mit dem Wert zu ermitteln, der sich ergeben würde, wenn der Boden unbebaut wäre. ³Die Bodenrichtwerte sind, soweit nichts anderes bestimmt ist, jeweils zum Ende eines jeden Kalenderjahres zu ermitteln. ⁴Für Zwecke der steuerlichen Bewertung des Grundbesitzes sind Bodenrichtwerte nach ergänzenden Vorgaben der Finanzverwaltung zum jeweiligen Hauptfeststellungszeitpunkt und zum jeweiligen für die Wertverhältnisse bei der Bedarfsbewertung maßgebenden Zeitpunkt zu ermitteln. ⁵Auf Antrag der für den Vollzug dieses Gesetzbuchs zuständigen Behörden sind Bodenrichtwerte für einzelne Gebiete bezogen auf einen abweichenden Zeitpunkt zu ermitteln.

(2) ¹Hat sich in einem Gebiet die Qualität des Bodens durch einen Bebauungsplan oder andere Maßnahmen geändert, sind bei der nächsten Fortschreibung der Bodenrichtwerte auf der Grundlage der geänderten Qualität auch Bodenrichtwerte bezogen auf die Wertverhältnisse zum Zeitpunkt der letzten Hauptfeststellung und der letzten Bedarfsbewertung des Grundbesitzes für steuerliche Zwecke zu ermitteln. ²Die Ermittlung kann unterbleiben, wenn das zuständige Finanzamt darauf verzichtet.

(3) ¹Die Bodenrichtwerte sind zu veröffentlichen und dem zuständigen Finanzamt mitzuteilen. ²Jedermann kann von der Geschäftsstelle Auskunft über die Bodenrichtwerte verlangen.

---

1   Definition und Darstellung von Bodenrichtwerten in Karten

1.1   Übersicht

1   Die i. d. R. jährliche Ermittlung von Bodenrichtwerten ist eine der Pflichtaufgaben der Gutachterausschüsse für Grundstückswerte (vgl. § 193 Abs. 3 BauGB)[1]. Unter Bodenrichtwerten ist der **durchschnittliche Lagewert des Grund und Bodens pro Quadratmeter bebauter oder unbebauter Grundstücksfläche in einem Gebiet mit im Wesentlichen gleichen Lage- und Nutzungsverhältnissen** zu verstehen.

2   **Bodenrichtwerte und ihre Veröffentlichung sind ein Instrument zur Verbesserung der Transparenz des Grundstücksmarktes** und sind zudem eine anerkannte Grundlage der Verkehrswertermittlung auch für steuerliche Zwecke. § 13 Abs. 2 Satz 1 WertV sieht ausdrücklich die Heranziehung „geeigneter Bodenrichtwerte zur Ermittlung von Bodenwerten vor (Bodenrichtwertverfahren vgl. § 13 WertV Rn. 194 sowie hier Rn. 17 ff.). „Geeignete" Bodenrichtwerte sind nach der Vorschrift solche, die entsprechend den örtlichen Verhältnissen unter Berücksichtigung von Lage und Entwicklungszustand gegliedert und nach Art und Maß der baulichen Nutzung, Erschließungszustand und jeweils vorherrschender Grundstücksgestalt hinreichend bestimmt sind. I. d. R. sind diese Voraussetzungen bei sachgerechter Ableitung von Bodenrichtwerten gegeben (vgl. Rn. 16).

3   Die **Veröffentlichung von Bodenrichtwerten** und ihre Mitteilung an das zuständige Finanzamt **ist durch § 196 Abs. 3 ausdrücklich vorgeschrieben.** Des Weiteren bestimmt diese Vorschrift, dass jedermann Auskunft über die Bodenrichtwerte von der Geschäftsstelle des Gutachterausschusses verlangen kann. Mehr i. S. einer Klarstellung bestimmt ergänzend § 97 Abs. 1 Satz 2 Nr. 1 SachenRBerG, dass auch Notare im Zuge eines notariellen Vermittlungsverfahrens Auskünfte über Bodenrichtwerte einholen können.

4   In der Rechtsprechung ist ein **Anspruch auf Ermittlung und Veröffentlichung von Bodenrichtwerten** im Hinblick auf die Möglichkeit des Eigentümers, ein Gutachten über den Verkehrswert seines Grundstücks zu beantragen, bislang verneint worden[2]. Dabei wurde darauf verwiesen, dass Bodenrichtwerte zur Verbesserung der Übersichtlichkeit des Grundstücksmarktes beitragen sollen. Dennoch bleibt zu fragen, ob nicht ein einklagbarer Leistungsanspruch besteht, wenn der Gutachterausschuss gerade dieser gesetzlich verankerten Aufgabe nicht nachgekommen ist.

5   Bodenrichtwerte dienen nicht nur der Transparenz des Grundstücksmarktes, der als eine *terra incognita* bezeichnet wird. Bodenrichtwerte haben sich auch als **Grundlage** der **Verkehrswertermittlung** bewährt (vgl. Vorbem. zu den §§ 13 f. WertV Rn. 46, § 13 WertV Rn. 194 ff.). § 13 Abs. 2 WertV schreibt deshalb klarstellend vor, dass zur Ermittlung von Bodenwerten auch geeignete Bodenrichtwerte herangezogen werden können (Bodenrichtwertverfahren). § 19 Abs. 5 des Sachenrechtsbereinigungsgesetzes (SachenRBerG) geht noch einen Schritt weiter und bestimmt, dass zur Ermittlung des Bodenwerts nach § 19 SachenRBerG zunächst ein vorhandener Bodenrichtwert herangezogen werden „soll", jedoch kann jeder Beteiligte eine „abweichende Bestimmung" (besser: Ermittlung) des Bodenwerts verlangen, wenn

– Anhaltspunkte dafür vorliegen, dass die Bodenrichtwerte nicht den tatsächlichen Marktverhältnissen entsprechen, oder

– auf Grund untypischer Lage und Beschaffenheit des Grundstücks die Bodenrichtwerte als Ermittlungsgrundlage ungeeignet sind.

6   **Bodenrichtwerte sind** wie die Gutachten der Gutachterausschüsse **unverbindlich;** dies gilt grundsätzlich auch für die Finanzverwaltung[3].

7   Das Ergebnis der Bodenrichtwertermittlung muss begründet sein. Eine **formale Begründung sieht das Gesetz allerdings nicht vor.**

Das BauGB schreibt ausdrücklich die Ermittlung von Bodenricht*werten* vor und schließt **8**
damit die **Ableitung von Bodenrichtwertspannen** (z. B. 200 bis 300 €/m²) aus. Vielmehr
ist bei der Ermittlung von Bodenrichtwerten wie bei der Ermittlung von Verkehrswerten in
Anlehnung an die Preisgestaltung des gewöhnlichen Geschäftsverkehrs ein abgerundeter
Wert anzugeben. In der Praxis wird wie folgt abgerundet (Abb. 1):

Abb. 1: Abrundungen von Bodenrichtwerten

Abrundungen von Bodenrichtwerten					
	Bodenrichtwert			Abrundung	
		bis	5 Euro	auf	0,1 Euro
über	5 Euro	bis	20 Euro	auf	0,5 Euro
über	20 Euro	bis	50 Euro	auf	1,0 Euro
über	50 Euro	bis	100 Euro	auf	5,0 Euro
über	100 Euro	bis	1 000 Euro	auf	10,0 Euro
über	1 000 Euro			auf	100,0 Euro

© W. Kleiber 02

1.2 Bodenrichtwertermittlung als Pflichtaufgabe (Abs. 1)

Die Abteilung von Bodenrichtwerten für das gesamte Gemeindegebiet ist nach Abs. 1 **9**
Satz 1 eine **Pflichtaufgabe des Gutachterausschusses für Grundstückswerte.** In wel-
chem Maße und welchem Umfang der Gutachterausschuss für Grundstückswerte dieser
Pflicht nachkommen soll, hat der Gesetzgeber nicht vorgegeben. Lediglich bezüglich des
Baulandes wird mit Abs. 1 Satz 1 vorgegeben, dass Bodenrichtwerte „mindestens für
erschließungsbeitragspflichtiges *oder* erschließungsbeitragsfreies Bauland" (Baureifes
Land) zu ermitteln sind. Da das Gemeindegebiet i. d. R. aber nicht nur aus Bauland besteht,
sind auch für die übrigen Flächen Bodenrichtwerte abzuleiten und zu veröffentlichen.

Einige Verordnungen der Länder sehen darüber hinaus ausdrücklich vor, dass von der Ab- **10**
leitung von Bodenrichtwerten abgesehen werden kann, wenn für die **Ermittlung von
Bodenrichtwerten zu wenige Kaufpreise** vorliegen[4]. Diese Bestimmung muss nach den
Zielen und Zwecken der Regelung des § 196 BauGB auf Bedenken stoßen. Mit der Verpflichtung der Gutachterausschüsse zur periodischen Ableitung von Bodenrichtwerten für
das „Gemeindegebiet" hat der Gesetzgeber eine ausreichende Transparenz des Grund-

---

1 Das Institut der Bodenrichtwerte geht auf eine Initiative der CDU/CSU-Fraktion zum BBauG 1960 zurück (vgl.
    BT-Drucks. III/zu 1794, zu § 162 a BBauG 1960). Auf ihren Antrag wurde der von der Bundesregierung in der
    3. Legislaturperiode eingebrachte RegE eines BBauG (BT-Drucks. III/336) durch Vorschriften über Richtwerte
    ergänzt; hierüber beschloss der seinerzeit federführende 24. BT-Ausschuss einstimmig. Das Institut hat sich
    grundsätzlich bewährt und wurde mit dem BBauG 1976 unter Berücksichtigung der Erfahrungen fortentwickelt;
    auch das BauGB hält an den in 25-jähriger Praxis bewährten Regelungen fest (BT-Drucks. 10/4630, S. 59). Die
    im Rahmen der Vorbereitung des RegE zum BauGB durchgeführten Erörterungen mit Fachleuten aus den Län-
    dern und dem kommunalen Bereich hatten bestätigt, dass die Ermittlung von Bodenrichtwerten, deren Fortschrei-
    bung und Veröffentlichung für die Transparenz des Bodenmarktes und jede künftige Wertermittlungsregelung
    unverzichtbar sei (vgl. Materialien zum BauGB; Schriftenreihe des BMBau 03.108, Bonn 1984, S. 217); dem hat
    sich der federführende (16.) BT-Ausschuss für Raumordnung, Bauwesen und Städtebau angeschlossen (BT-
    Drucks. 10/6166, S. 137 ff.).
2 VG Stuttgart, Urt. vom 4. 11. 1986 – 13 K 241/86–, GuG 1990, 103 = EzGuG 11.160
3 BT-Drucks. 7/4793, zu § 143 b BBauG 76
4 § 12 bad.-württ. GutachterausschussVO; § 12 Abs. 3 bay. GutachterausschussVO; § 13 Abs. 5 hess. DV BauGB

stücksmarktes und damit auch der Wertverhältnisse auf dem Grundstücksmarkt sicherstellen wollen. Aus gleichem Grunde sind die Gutachterausschüsse nach Maßgabe des § 193 BauGB verpflichtet, Gutachten über den Verkehrswert von Grundstücken zu erstatten, wobei diesen Obliegenheiten selbst dann nachgekommen wird, wenn keine Vergleichspreise aus dem Gebiet, in dem das Wertermittlungsobjekt liegt, gegeben sind. Daher sollte in diesen Fällen auch die Bodenrichtwertermittlung leistbar sein[5].

11   **So wie jedes Grundstück einen Verkehrswert hat**[6], **so gibt es auch für jede Bodenrichtwertzone einen Bodenrichtwert,** der nach allgemeinen Wertermittlungsgrundsätzen auch ermittelbar ist. Es hat wohl auch noch keinen Sachverständigen gegeben, der bei entsprechendem Honorar die Erstattung eines Gutachtens über den Verkehrswert eines Grundstücks mit dem Hinweis auf fehlende Vergleichspreise abgelehnt hat. Insoweit kann die Behauptung nicht zutreffen, dass ein Bodenrichtwert ohne Vergleichspreise schlichtweg nicht ermittelbar sei.

12   Die **Ableitung von Bodenrichtwerten für Gebiete ohne Grundstücksverkehr** ist nach denselben Methoden möglich, wie sie auch bei der Verkehrswertermittlung anerkannt sind. Dabei ist zwischen dem Fall zu unterscheiden, dass für eine Bodenrichtwertzone bereits ein Bodenrichtwert vorliegt und es lediglich im Zuge seiner Fortschreibung an aktuellen Vergleichspreisen im vorangegangenen Zeitraum mangelt[7]. Daneben kann sich die Aufgabe der Bodenrichtwertermittlung für eine (künftige) Bodenrichtwertzone stellen, für die bislang noch überhaupt nicht ein Bodenrichtwert ermittelt wurde.

13   Es besteht die Möglichkeit, einen vorhandenen **Bodenrichtwert des Vorjahres mittels** einer für das Gemeindegebiet fundiert abgeleiteten **Bodenpreisindexreihe fortzuschreiben,** wie man es bei der Verkehrswertermittlung praktiziert. Diese Vorgehensweise ist auch angezeigt, wenn gleich über mehrere Jahre keine neuen Verkaufsfälle angefallen sind. Die Grenze des zeitlichen Rückgriffs auf „alte" Bodenrichtwerte und ihrer Indizierung ist dort zu ziehen, wo man sie allgemein bei der Ermittlung von Verkehrswerten mittels Kaufpreisen aus zurückliegender Zeit ziehen würde.

14   Darüber hinaus ist auch ein **Quervergleich mit Bodenpreisen bzw. Bodenrichtwerten aus vergleichbaren Gebieten** unter Berücksichtigung etwaiger Abweichungen möglich. Dies entspricht der Regelung des § 13 Abs. 1 Satz 2 WertV i. V. m. § 14 WertV. Diese Vorgehensweise bietet sich für Bodenrichtwertzonen an, für die bislang ein Bodenrichtwert noch nicht abgeleitet wurde und aktuelle Verkaufsfälle nicht vorliegen. Diese Methode kann zudem unterstützend herangezogen werden, wenn Bodenrichtwerte der Vergangenheit mangels aktueller Verkaufsfälle gleich über mehrere Jahre hinweg hochindiziert werden müssen.

15   Verhängnisvoll und geradezu grob fahrlässig ist die mitunter zu beobachtende Praxis einen **Bodenrichtwert des Vorjahres unverändert in die Bodenrichtwertkarten der nachfolgenden Jahre zu übernehmen,** wenn man sich mangels neuerer Vergleichspreise für die Bodenrichtwertzone nicht im Stande sieht, diesen Bodenrichtwert fortzuschreiben – gleichzeitig aber auf Grund der allgemeinen Entwicklung im Gemeindegebiet hätte erkennen müssen, dass dieser Bodenrichtwert an der allgemeinen Marktentwicklung „teilnimmt".

16   Von besonderer Problematik ist die **Bodenrichtwertermittlung in bebauten Gebieten,** wo ein Grundstücksverkehr mit dem „nackten Grund und Boden" nicht stattfindet. Gleichwohl kann auch für solche Gebiete ein überraschend großer Grundstücksverkehr festgestellt werden, der letztlich auf den Bodenerwerb gerichtet ist. Es vollzieht sich nämlich in solchen Gebieten ein nicht unerheblicher Grundstücksverkehr, der auf den Abriss der vorhandenen Bebauung gerichtet ist. Kaufpreise i. V. m. den Freilegungskosten können hier Hinweise auf den Bodenwert geben.

▶ *Näheres zur Bodenrichtwertermittlung in bebauten Gebieten bei Rn. 22 ff.*

1.3 Bodenrichtwertgrundstück

Der Bodenrichtwert ist als durchschnittlicher Lagewert des Grund und Bodens nicht iden-   **17** tisch mit dem Verkehrswert. In den Bodenrichtwertkarten wird deshalb darauf hingewiesen, dass Unterschiede in den Zustandsmerkmalen gegenüber dem Bodenrichtwert berücksichtigt werden müssen. Dies entspricht den Vorschriften des § 14 WertV. Um angemessene Zu- und Abschläge bei Heranziehung von Bodenrichtwerten zur Ermittlung des Bodenwerts eines bestimmten Grundstücks anbringen zu können, müssen die **Zustandsmerkmale eines dem Bodenrichtwert zuzuordnenden Bodenrichtwertgrundstücks** bekannt sein. In den Bodenrichtwertkarten werden zu diesem Zweck entsprechende Angaben gemacht.

Den Bodenrichtwertausweisungen liegt folgende **Terminologie** zu Grunde: **18**

Bodenrichtwert in €/m² ebf bzw. ebp	Art der baulichen Nutzung; Bauweise
Maß der baulichen Nutzung	Größe des Bodenrichtwertgrundstücks
z. B.: 360,00 ebp	WR-o-(E)
II – 0,7	750 m²

Hierin bedeuten im Einzelnen:

360,00	=	Bodenrichtwert in €/m² Grundstücksfläche erschließungsbeitragspflichtig
WR	=	reines Wohngebiet
o	=	offene Bauweise
(E)	=	Ein- und Zweifamilienhausgrundstück
II	=	Zahl der Vollgeschosse
0,7	=	Geschossflächenzahl (GFZ)
750 m²	=	Grundstücksfläche
ebp	=	erschließungsbeitragspflichtig

Die im Mustererlass der Argebau (vgl. GuG 2001, 44) vorgeschlagene **Legende zur Erläuterung und Darstellung von Bodenrichtwerten** in Bodenrichtwertkarten ist in der Anlage 2 und 3 zu dieser Vorschrift abgedruckt (Rn. 80 f.)

Leider ist die **Art der Bodenrichtwertausweisung bundesrechtlich nicht vorgeschrieben.**   **19** Jeder Gutachterausschuss kann praktisch eine eigene Form der Ausweisung wählen, sofern vom Land keine Vorgaben gegeben werden. Der Sachverständige muss deshalb bei der jeweiligen Geschäftsstelle des Gutachterausschusses nachfragen, welche Terminologie der Bodenrichtwertausweisung zu Grunde liegt, sofern dies nicht in der Legende erläutert wird.

Bodenrichtwerte werden im Allgemeinen entweder **in lagetypischen** (vgl. Abb. 2) **oder**   **20** **in zonalen Bodenrichtwertkarten** (vgl. Abb. 3) ausgewiesen (vgl. § 13 WertV Rn. 201).

Die in Abb. 3 dargestellte Praxis der **Verwendung zonaler Bodenrichtwerte ist nur in**   **21** solchen äußerst **seltenen Ausnahmefällen sachgerecht,** wo ein weitgehend homogenes Bodenwertniveau tatsächlich „scharfe" Grenzen aufweist. Ansonsten muss davon ausgegangen werden, dass hochwertige Bodenrichtwertzonen auf geringerwertige Gebiete „ausstrahlen" und umgekehrt. Deshalb ist der Darstellung von lagetypischen Bodenrichtwerten der Vorzug zu geben. Sie erweckt nicht den Anschein, dass sich die verschiedenen Bodenrichtwertzonen parzellenscharf voneinander abgrenzen lassen und ermöglichen einem verständigen Benutzer aus der Bodenrichtwertkarte zu erkennen, dass die Übergänge fließend

---

5   Kleiber in Ernst/Zinkahn/Bielenberg, BauGB § 196 Rn. 114 ff.
6   RFH, Urt. vom 8. 10. 1926 – II A 429/26 –, EzGuG 14.1 a
7   Dicke, M. in NÖV 1998, 57

Abb. 2: Bodenrichtwertkarte mit lagetypischen Bodenrichtwerten

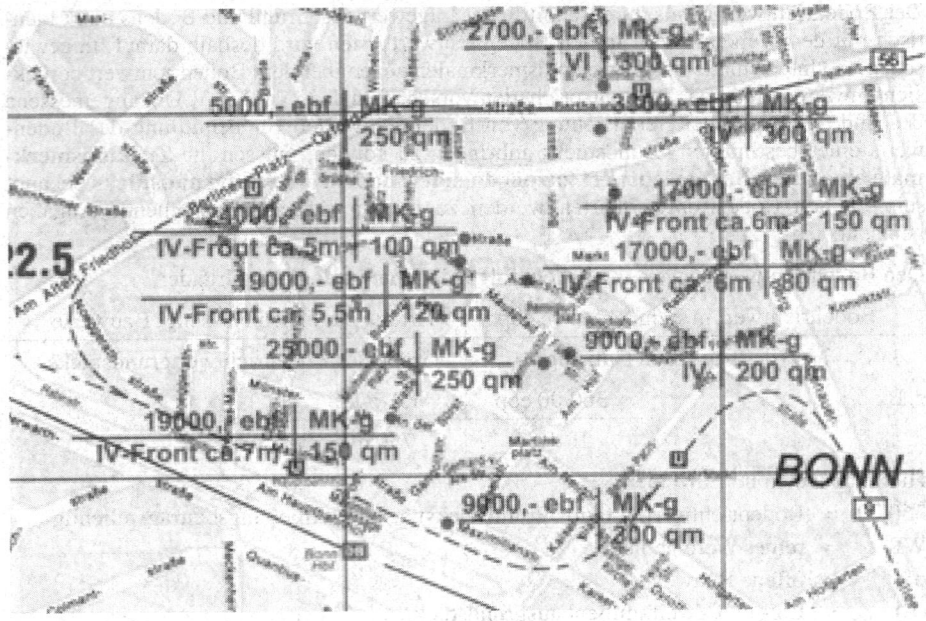

Abb. 3: Bodenrichtwertkarte mit zonalen Bodenrichtwerten

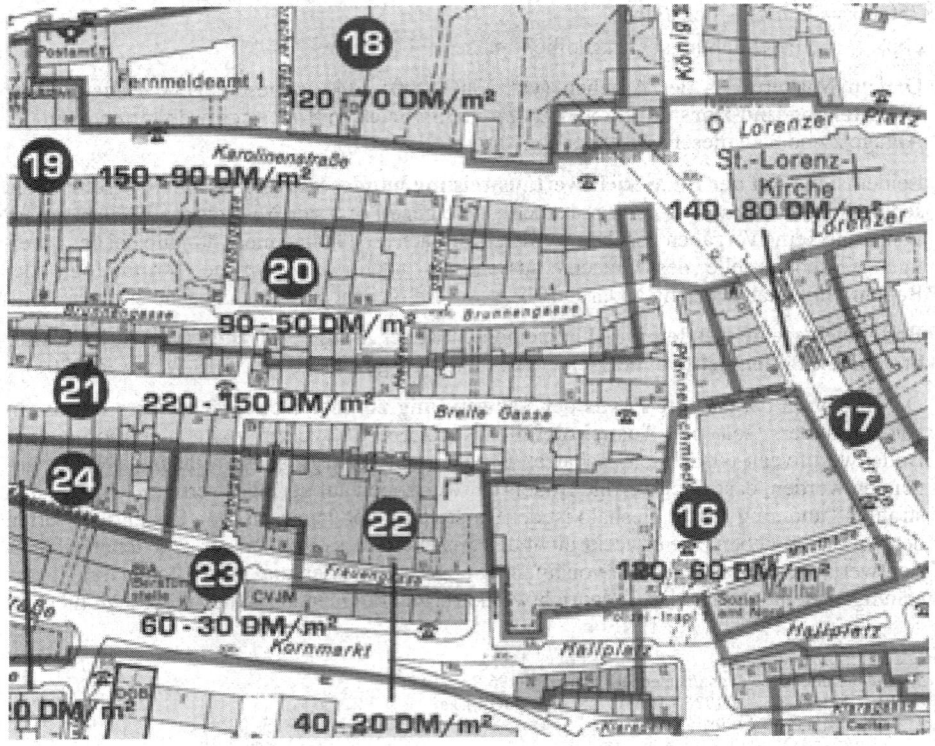

sind, auch wenn mitunter die Bodenwerte innerhalb der Gemeinde durchaus Wertsprünge aufweisen können. Solche Wertsprünge können insbesondere auftreten, wenn die Topographie, z. B. entlang einer die Stadt zerschneidenden Bahntrasse oder einer größeren Ausfallstraße die gewachsene Bebauung auseinanderreißt. Bei Verwendung lagetypischer Bodenrichtwerte vermittelt sich dies aber bereits hinreichend aus der topografischen Darstellung der Bodenrichtwertkarte. Indessen macht das Beispiel der Abb. 3 deutlich, dass die Praxis selbst in zusammenhängenden Stadtstrukturen nicht davor zurückschreckt, die Grenzen der Bodenrichtwertzonen dort zu ziehen, wo die aus der Karte herauslesbaren Wertsprünge eigentlich nicht auftreten können.

1.4 Bodenrichtwerte für bebaute Gebiete

Für bebaute Gebiete sind nach dem BauGB ebenfalls **Bodenrichtwerte** abzuleiten und zwar **mit dem Wert, der sich ergeben würde, wenn der Boden unbebaut wäre.** Ein anderer Bodenwert – z. B. ein gegenüber dem unbebaut gedachten Grundstück „gedämpfter" Bodenwert – bedürfte einer eindeutigen Erläuterung, wenn dieser Bodenrichtwert einem nicht in der Grundstückswertermittlung vorgebildeten Bürger die Transparenz über den Bodenmarkt verschaffen soll, die Sinn und Zweck der Regelung ist. Eine Besonderheit besteht diesbezüglich im Land *Bremen,* wo § 14 der brem. GutachterausschussVO (a. a. O.) zur Ableitung gedämpfter Richtwerte ermächtigt (vgl. § 13 WertV Rn. 83 ff.).   **22**

In bebauten Gebieten, in denen die tatsächlich realisierte Bebauung regelmäßig von der rechtlich zulässigen Bebaubarkeit abweicht und wo die **tatsächliche Bebauung als lagetypische Bebauung** anzusehen ist, müssen die dafür empirisch aus dem Geschehen des Grundstücksmarkts abgeleiteten Bodenrichtwerte ihrer Höhe nach als Bodenwerte angesehen werden, die sich für das tatsächliche lageübliche Maß der dort realisierten baulichen Nutzung ergeben, denn daran orientiert sich die Preisbildung auf diesem Grundstücksteilmarkt. Diesen empirisch ermittelten Bodenrichtwerten kann von daher nicht das höhere zulässige Maß der baulichen Nutzung zugeordnet werden. Wird einer solchen Bodenrichtwertzone ein Bodenrichtwert zugeordnet, der im Wege des Vergleichswertverfahrens aus Kaufpreisen anderer Gebiete erst noch abgeleitet werden muss, so müssen die entsprechenden Kaufpreise der Vergleichsgrundstücke auf das Maß der baulichen Nutzung ggf. mit Hilfe von Umrechnungskoeffizienten so umgerechnet werden, dass sie der lagetypischen und nicht der rechtlich zulässigen Nutzung der Bodenrichtwertzone entsprechen. Dies ergibt sich allein schon aus der Definition des Bodenrichtwerts als dem durchschnittlichen Lagewert, der sich mithin nach der lagetypischen Nutzung bestimmt (vgl. auch § 5 Abs. 1 Satz 2 WertV; dort Rn. 76).   **23**

Die Ermittelbarkeit von Bodenrichtwerten für bebaute Gebiete wirft – wie bereits angesprochen (vgl. Rn. 16) – besondere Probleme auf, wenn es an geeigneten Verkaufsfällen mangelt. Hier sind vor allem die **Innenstadtlagen** zu nennen, für die es häufig keine geeigneten Vergleichsgebiete gibt, auf die sonst zurückgegriffen wird (vgl. § 13 Abs. 1 Satz 2 WertV).   **24**

Zum Einen kann hier auf **Verkaufsfälle** zurückgegriffen werden, **die auf einen Abriss der Bausubstanz gerichtet sind.** Wenn in solchen Fällen die vorhandene Bausubstanz keinen Restwert hat, ergibt sich der Bodenwert (des unbebaut gedachten Grundstücks) aus dem Kaufpreis zuzüglich der vom Erwerber einkalkulierten Freilegungskosten und abzüglich etwaiger Verwertungserlöse. Darüber hinaus können auch deduktive Verfahren zur Anwendung kommen.   **25**

▸ *Näheres hierzu bei § 13 WertV Rn. 204 ff.*   **26**

Eine **Besonderheit** sieht § 14 der brem. GutachterausschussVO für das Land *Bremen* vor. Danach können dort zusätzlich zu den Bodenrichtwerten i. S. d. § 196 BauGB noch „**Sonstige Richtwerte**" abgeleitet und als nachrichtliche Mitteilung in den Bodenrichtwertkarten veröf-   **27** fentlicht werden. Als „Sonstige Richtwerte" sieht die Verordnung solche „für den Grund und Boden von Grundstücken mit älterer Bebauung" vor. Diese aus sich selbst heraus unverständliche Vorschrift soll ersichtlich Rechtsgrundlage für die Ableitung von durchschnittlichen Lagewerten für den Grund und Boden sein, die im Unterschied zu § 196 Abs. 1 Satz 2 BauGB wohl mit einem geringeren Wert angesetzt werden, als es dem Bodenwert eines unbebaut gedachten Grundstücks entsprechen würde. Es geht dabei also um die Ermittlung „gedämpfter" Richtwerte für den Grund und Boden (vgl. § 13 WertV Rn. 83 ff.; Teil II Rn. 443).

28 Höchst problematisch ist dabei allerdings, dass die Vorschrift keine Regelungen enthält, in welcher Weise der „Bodenrichtwert" i. S. d. § 196 Abs. 1 BauGB zu „dämpfen" wäre, damit sich der „Richtwert" i. S. d. § 14 brem. GutachterausschussVO ergibt. Auch enthält die Verordnung keinerlei Hinweise darauf, wie bei Heranziehung solcher „Richtwerte" zur Ermittlung von Verkehrswerten bezüglich anderer Wertermittlungsparameter (z. B. Liegenschaftszinssatz) zu verfahren ist, denn die **Systematik der WertV** geht grundsätzlich davon aus, dass als Bodenwert eines bebauten Grundstücks der Wert anzusetzen wäre, den das Grundstück im unbebauten Zustand hätte (vgl. § 13 WertV Rn. 83 ff.). Bei Heranziehung solcher „Richtwerte" muss also gefordert werden, dass im Gutachten detailliert dargelegt wird, nach welchen Grundsätzen der Bodenwert „gedämpft" wurde. Des Weiteren muss auch dargetan werden, dass dies dem tatsächlichen Geschehen auf dem Grundstücksmarkt entspricht und ob dem auch bei der Ableitung anderer zur Wertermittlung erforderlicher Daten (z. B. bei der Ermittlung des Liegenschaftszinssatzes) in gleicher Weise Rechnung getragen wurde. Andernfalls wäre ein Gutachten nicht hinreichend begründet und würde zudem einer Verfälschung des Ergebnisses Tür und Tor öffnen.

29 Ohne landesrechtliche Grundlage werden bzw. wurden auch vom Gutachterausschuss in *München* und *Stuttgart* Bodenrichtwerte für bebaute Grundstücke mit einem um einen bestimmten Vomhundertsatz gegenüber dem Bodenwert unbebauter Grundstücke verminderten Wert (bis 40 %) in der Bodenrichtwertkarte ausgeworfen. Dies führte in der Praxis zu dem für den Grundstücksmarkt verwirrenden Ergebnis, dass z. B. der Gutachterausschuss in München sich gehalten sah, im Grundstücksmarktbericht ausdrücklich darauf hinzuweisen, dass die Heranziehung dieser Bodenrichtwerte zur Ermittlung des Ertragswerts zwangsläufig die gleichzeitige Heranziehung von gedämpften Liegenschaftszinssätzen mit dem Ergebnis bedingt, dass sich die Bodenrichtwertdämpfung im Gesamtergebnis wieder kompensiert (vgl. § 11 WertV Rn. 90 ff.). Davon ist der Gutachterausschuss in München dankenswerterweise wieder abgegangen. Für Stuttgart wiederum hat der Gutachterausschuss festgestellt, dass die Heranziehung gedämpfter Bodenrichtwerte bei der Verkehrswertermittlung im Wege des Sachwertverfahrens selbst bei Objekten in Millionenhöhe einen kompensatorischen Marktanpassungs*zuschlag* erfordert. Andere Gutachterausschüsse, die diesen unverständlichen Schritt nicht gehen, kennen bei derartigen Objekten dagegen nur Marktanpassungs*abschläge* (vgl. § 13 WertV Rn. 148 ff.; § 25 WertV Rn. 97 ff.).

2 Typologie der Bodenrichtwerte

2.1 Übersicht

30 Bei der Bodenrichtwertermittlung ist es zweckmäßig, zu unterscheiden zwischen der Ermittlung

a) *allgemeiner* **Bodenrichtwerte** i. S. d. § 196 Abs. 1 Satz 1 bis 3 BauGB (vgl. Rn. 32 ff.),

b) *besonderer* **Bodenrichtwerte** i. S. d. § 196 Abs. 1 Satz 5 BauGB (vgl. Rn. 33 ff.) und

c) **für Zwecke der Einheits- bzw. Grundbesitzbewertung** nach § 196 Abs. 1 Satz 4 und Abs. 2 BauGB **erforderlicher Bodenrichtwerte** (vgl. Rn. 40 ff.).

31 Die genannten Bodenrichtwerte unterscheiden sich im Wesentlichen dadurch, dass sie bezogen auf unterschiedliche Wertermittlungsstichtage (§ 3 Abs. 1 Satz 1 WertV) ermittelt werden, so dass sich für ein und dieselbe Bodenrichtwertzone grundsätzlich drei verschiedene auf unterschiedliche Stichtage bezogene Bodenrichtwerte ergeben können.

2.2 Allgemeine Bodenrichtwerte

Die Gutachterausschüsse sind grundsätzlich verpflichtet, alljährlich auf das Ende eines **32** jeden Kalenderjahres (31. Dezember) bezogene *allgemeine* Bodenrichtwerte zu ermitteln und zu veröffentlichen. § 196 Abs. 1 Satz 3 BauGB lässt es aber zu, die **Ermittlung von allgemeinen Bodenrichtwerten** abweichend vom jährlichen Turnus auch im **mehrjährigen Turnus** vorzunehmen. Voraussetzung dafür ist nach dem Wortlaut der Vorschrift eine entsprechende Bestimmung. Dies zu regeln sind die Landesregierungen mit § 199 Abs. 2 Nr. 4 BauGB ermächtigt. Von dieser Ermächtigung haben die Mehrzahl der Länder Gebrauch gemacht (ausgenommen *Sachsen-Anhalt*). Dabei wurde ein (mindestens) zweijähriger Ermittlungsturnus vorgeschrieben, wobei man sich im Interesse der überregionalen Vergleichbarkeit auf das Ende eines jeden „geraden" Jahres geeinigt hat:

Baden-Württemberg: § 12 GutachterausschussVO;

Bayern: § 13 GutachterausschussVO;

Berlin: § 18 Abs. 3 DVO BauGB;

Bremen: § 13 Abs. 3 GutachterausschussVO;

Hamburg: § 11 Abs. 4 GutachterausschussVO;

Mecklenburg-Vorpommern: § 14 Abs. 4 GutachterausschussVO;

Saarland: § 15 Abs. 5 GutVO;

Sachsen: § 11 Abs. 4 GutachterausschussVO;

Schleswig-Holstein: § 14 Abs. 4 GutachterausschussVO;

Thüringen: § 13 GutachterausschussVO.

Nur in *Hessen* sind Bodenrichtwerte mindestens zum Ende jedes ungeraden Jahres zu ermitteln (§ 13 Abs. 4 hess. DV BauGB); die GutachterausschussVO von *Niedersachsen* sieht keine landesspezifischen Regelungen vor. Die GutachterausschussVO von *Schleswig-Holstein,* die einen zweijährigen Turnus der Bodenrichtwertermittlung fordert, lässt sogar einen dreijährigen Turnus zu, wenn für steuerliche Zwecke zum Ende eines ungeraden Jahres (1. Januar eines geraden Jahres) Bodenrichtwerte ermittelt wurden.

2.3 Besondere Bodenrichtwerte

Auf Antrag der für den Vollzug des Baugesetzbuchs zuständigen Behörde sind neben den **33** auf das Ende eines jeden Kalenderjahres bezogenen *allgemeinen* Bodenrichtwerten für das Gemeindegebiet auch besondere **Bodenrichtwerte für einzelne Gebiete bezogen auf einen abweichenden Zeitpunkt** zu ermitteln (§ 196 Abs. 1 Satz 5 BauGB). Mit dieser Vorschrift werden die Regelungen der mit dem BauGB aufgehobenen Ausgleichsbetragsverordnung über Grundwerte nach dem StBauFG ersetzt. Die ohnehin umstrittene Unterscheidung zwischen Grund- und Bodenrichtwerten einerseits sowie zwischen zonalen und lagetypischen Grundwerten (§§ 3 und 4 AusgleichsbetragV) andererseits wird damit aufgegeben[8].

Nach § 14 Nr. 1a der DVBauGB/BauGB-MaßnahmenG ist dem Gutachterausschuss in **34** *Niedersachsen* als eine „weitere Aufgabe" i. S. d. § 199 Abs. 2 Nr. 6 BauGB die Aufgabe übertragen worden, über Anträge „der für den Vollzug" des Baugesetzbuchs hinaus auch auf Anträge anderer Behörden zur Erfüllung deren Aufgaben besondere Bodenrichtwerte i. S. d. § 196 Abs. 1 Satz 5 BauGB zu ermitteln (z. B. Straßenbauämter). Es handelt sich hierbei um eine „Kann-Bestimmung".

---

8 Kleiber in ZfBR 1986, 263, sowie bei Bielenberg/Koopmann/Krautzberger, Städtebauförderungsrecht Bd. 1, § 154 Rn. 58

35 Die Ableitung besonderer Bodenrichtwerte hat allgemein für die Vorbereitung und Durchführung städtebaulicher Maßnahmen, z. B. für Bodenordnungsmaßnahmen (Ermittlung von Einwurfs- und Zuteilungswerten in der Umlegung nach den §§ 57 f. BauGB) Bedeutung. Der eigentliche gesetzgeberische Anlass war aber die **Ermittlung besonderer Bodenrichtwerte als Vorstufe für die Ermittlung von Ausgleichsbeträgen** zur Abschöpfung sanierungsbedingter Bodenwerterhöhungen (vgl. Vorbem. §§ 26 ff. WertV Rn. 1 ff.) nach den §§ 154 f. BauGB. Soll der Ausgleichsbetrag auf der Grundlage von (besonderen) Bodenrichtwerten abgeleitet werden, so sind diese vom Gutachterausschuss entsprechend dem Antrag der für den Vollzug des Gesetzbuchs zuständigen Behörde

– für den Zustand des Grundstücks *ohne* Berücksichtigung von Werterhöhungen des Grundstücks infolge der Aussicht auf die Sanierung, ihre Vorbereitung und Durchführung (durchschnittlicher Lagewert des Grund und Bodens unter Berücksichtigung des Entwicklungszustands, der der Ermittlung des Anfangswerts i. S. d. § 154 Abs. 2 i. V. m. § 28 WertV zu Grunde liegt [**Anfangs-Bodenrichtwert**]) und

– für den Zustand des Grundstücks unter Berücksichtigung der rechtlichen und tatsächlichen Neuordnung des Sanierungsgebiets (durchschnittlicher Lagewert für den Grund und Boden unter Berücksichtigung des Entwicklungszustands, der der Ermittlung des Endwerts i. S. d. § 154 Abs. 2 BauGB i. V. m. § 28 WertV zu Grunde liegt [**End-Bodenrichtwert**])

zu ermitteln. Diese Bodenrichtwerte werden für die Grundstücke desselben Sanierungsgebiets ermittelt, um aus den daraus abgeleiteten Anfangs- und Endwerten die von den Eigentümern zu erhebenden Ausgleichsbeträge abzuleiten (vgl. § 28 WertV Rn. 101 ff.). Dazu müssen Abweichungen der zu wertenden Grundstücke von diesen Bodenrichtwerten nach Maßgabe des § 14 WertV berücksichtigt werden.

36 Bei genauerer Betrachtung ist der **Begriff „Anfangs- und Endwertbodenrichtwert" für die bereits im Verlauf einer Sanierungs- und Entwicklungsmaßnahme ermittelten besonderen Bodenrichtwerte unzutreffend,** weil das Gesetzbuch den Begriff des „Anfangs- und Endwerts" in § 154 Abs. 2 nur für die Bodenwerte verwendet, die der Ermittlung des Ausgleichsbetrags (bezogen auf den Abschluss der Sanierungs- bzw. Entwicklungsmaßnahme) zu Grunde zu legen sind. Tatsächlich handelt es sich im Vorstadium um

– die **sanierungs- bzw. entwicklungsunbeeinflussten Bodenwerte** sowie

– die **Bodenwerte unter Berücksichtigung der tatsächlichen und rechtlichen Neuordnung,**

so dass die Bezeichnung Anfangs- und Endwert-Bodenrichtwerte irreführend ist.

▶ *Zu den grundsätzlichen Unterschieden vgl. § 26 WertV Rn. 4 ff. und § 28 WertV Rn. 54, 101 ff.*

37 Über die Regelungen des § 196 Abs. 1 Satz 5 BauGB hinaus gelten für die **besonderen Bodenrichtwerte** keine weiteren Besonderheiten; sie **sind** demzufolge gemäß § 196 Abs. 3 BauGB **zu veröffentlichen.** Im Zuge des Sanierungsverfahrens ist dies grundsätzlich auch sinnvoll, denn der Grundstücksmarkt benötigt diese Transparenz, da während des Sanierungsverfahrens alle Verkaufsfälle gemäß § 153 Abs. 2 BauGB einer **Preiskontrolle** unterworfen sind und die am Grundstücksmarkt Beteiligten sich über das informieren können, was zulässigerweise als Kaufpreis vereinbart wurde. Bei Grundstückskäufen können die Beteiligten ihr Verhalten entsprechend der Rechtsprechung des BVerwG[9] zur Preisprüfung darauf einstellen, was als Kaufpreis nach § 153 Abs. 2 BBauGB genehmigt werden muss. Im Hinblick auf die Veräußerung gemeindeeigener Grundstücke zum Neuordnungswert nach § 153 Abs.4 BauGB sowie auf die vorzeitige Ablösung des Ausgleichsbetrags nach § 154 Abs. 3 Satz 2 BauGB muss ebenfalls ein Interesse an der notwendigen Transparenz des Grundstücksmarktes im Sanierungsgebiet bestehen. Von daher kommt der Veröffentlichung von Bodenrichtwerten für Sanierungsgebiete sogar eine höhere Bedeutung als für die außerhalb dieser Veranstaltungsgebiete gelegenen Grundstücke zu.

Gegen die **Zugänglichkeit der besonderen Bodenrichtwerte für „jedermann"** 38 gemäß § 196 Abs. 5 BauGB sind Bedenken erhoben worden, soweit sich daraus der vom einzelnen Eigentümer zu entrichtende Ausgleichsbetrag „ablesen" lässt, weil damit die Vermögensverhältnisse des Ausgleichsbetragspflichtigen offenbart werden, aber andererseits personenbezogene Daten verfassungsrechtlich geschützt sind. Diese Bedenken können nur dann durchgreifen, wenn die besonderen Bodenrichtwerte in einer Dichte ermittelt werden, dass es sich dabei bereits um weitgehend individuelle Grundstückswerte handelt; ansonsten besagen die für Sanierungsgebiete ermittelten Bodenrichtwerte nicht mehr als die für andere Teile des Gemeindegebiets veröffentlichten Bodenrichtwerte. Es entspricht zwar dem gesetzgeberischen Anliegen, dass die nach § 195 Abs. 1 Satz 5 BauGB abgeleiteten Bodenrichtwerte ihrem Verwendungszweck entsprechend im Vergleich zu den übrigen Bodenrichtwerten eine höhere Dichte aufweisen, jedoch ist schon begrifflich damit nicht die Ableitung individueller Grundstückswerte eingeschlossen. Bodenrichtwerte sind als *durchschnittliche* und nicht als individuelle Lagewerte des Grund und Bodens definiert. Im Übrigen gäbe die Ermittlung individueller, d. h. grundstücksbezogener Bodenrichtwerte wertermittlungstechnisch keinen Sinn, denn mit demselben Aufwand kann direkt gleich der Verkehrswert des einzelnen Grundstücks ermittelt werden. Es besteht sogar die Gefahr, dass die für die Bemessung des Ausgleichsbetrags maßgebenden Anfangs- und Endwerte ohne weitere Begründung vornehmlich auf derartige Bodenrichtwerte gestützt werden und der Begründungspflicht nicht hinreichend nachgekommen wird.

▶ *Weitere Ausführungen vgl. § 28 WertV Rn. 101 ff.* 39

2.4 Bodenrichtwerte für Zwecke der Einheits- und Grundbesitzbewertung

Das BauGB hat die mit dem BBauG 1976 eingeleitete **Verzahnung der städtebaulichen** 40 **Wertermittlung und der steuerlichen Bewertung fortentwickelt:**

– Nach § 192 Abs. 3 Satz 2 BauGB ist für die Bodenrichtwertermittlung „ein Bediensteter der zuständigen Finanzbehörde mit Erfahrungen in der steuerlichen Bewertung von Grundstücken als Gutachter vorzusehen".

– Die Kaufpreissammlung des Gutachterausschusses darf nach § 195 Abs. 2 Satz 1 BauGB (nur) dem zuständigen Finanzamt für Zwecke der Besteuerung übermittelt werden.

– Für Zwecke der steuerlichen Einheits- und Grundbesitzbewertung sind Bodenrichtwerte nach § 196 Abs. 1 Satz 4 BauGB auch zum jeweiligen Hauptfeststellungszeitpunkt bzw. letzten Zeitpunkt der Bedarfsbewertung zu ermitteln. Diese mit dem BauGB hinzugekommene Pflichtaufgabe des Gutachterausschusses ist vor allem für künftige Hauptfeststellungen von großer Bedeutung.

– Im Falle einer gebietlichen Änderung der Bodenqualität auf Grund eines Bebauungsplans oder anderer Maßnahmen sind die Gutachterausschüsse nach § 195 Abs. 2 BauGB verpflichtet, Bodenrichtwerte zum Zwecke einer Wertfortschreibung auch bezogen auf die Wertverhältnisse zum Zeitpunkt der letzten Hauptfeststellung bzw. Bedarfsbewertung zu ermitteln, wenn das zuständige Finanzamt hierauf nicht verzichtet hat.

– Den Belangen der steuerlichen Bewertung entspricht auch der in § 195 Abs. 1 Satz 2 BauGB normierte Grundsatz, in bebauten Gebieten Bodenrichtwerte mit dem Wert zu ermitteln, der sich ergeben würde, wenn die Grundstücke unbebaut wären.

---

9 BVerwG, Urt. vom 24. 11. 1978 – 4 C 56/76 –, EzGuG 15.9; BVerwG, Urt. vom 21.8.1981 – 4 C 16/78 –, EzGuG 15.18

– Schließlich sind die Bodenrichtwerte dem zuständigen Finanzamt nach § 196 Abs. 3 Satz 1 BauGB mitzuteilen; umgekehrt erteilt das Finanzamt dem Gutachterausschuss nach § 197 Abs. 2 Satz 2 BauGB Auskünfte über Grundstücke, soweit dies zur Ermittlung von Ausgleichsbeträgen und Enteignungsentschädigungen erforderlich ist.

41 Das Gesetz hat damit die Voraussetzungen geschaffen, Bodenrichtwerte im Bereich der steuerlichen Bewertung zu verwenden. Schon der Gesetzgeber des BBauG hat dabei bewusst keine **Verbindlichkeit der Bodenrichtwerte für die Finanzverwaltung** statuieren wollen[10], zumal sich das auch im Wege einer verwaltungsinternen Anweisung regeln ließe. Dies hätte zur Folge, dass das Finanzamt insoweit von einer eigenverantwortlichen Sammlung von Kaufpreisen und Bodenrichtwertermittlung entbunden wäre, wie es die Bodenrichtwerte und Gutachterausschüsse zur Grundlage der steuerlichen Bewertung macht und hieraus Einheits- bzw. Grundbesitzwerte ableitet. Insbesondere im Falle einer neuen Einheitsbewertung hätte dies – konsequent ausgestaltet – eine beachtliche Ersparnis von Doppelarbeiten zur Folge. Ob hierauf in Zukunft gänzlich verzichtet werden kann, dürfte entscheidend davon abhängen, ob die Gutachterausschüsse Bodenrichtwerte flächendeckend und in einer für die steuerlichen Belange hinreichenden „Dichte" ermitteln. Es erscheint nicht ausgeschlossen, dass dies erreicht werden kann[11].

42 Eine weitere Verzahnung ist mit dem Jahressteuergesetz 1997 (BGBl. I 1996, 2049) einhergegangen. Danach sollen die Bodenrichtwerte auch **Grundlage für die Ermittlung von Grundbesitzwerten** sein, soweit sie im Bedarfsfalle für die Erbschaft- und Schenkungsteuer sowie für die Grunderwerbsteuer erforderlich sind. Nach der mit dem Jahressteuergesetz 97 geänderten Fassung des Abs. 2 hat die Finanzverwaltung die Möglichkeit, dem Gutachterausschuss für diese Zwecke ergänzende Vorgaben zu machen. Für die Ermittlung der Grundbesitzwerte sind Bodenrichtwerte bezogen auf die (allgemeinen) Wertverhältnisse zum 1. 1. 1996 maßgebend (vgl. BR-Drucks. 390/96, S. 90). Aus § 145 Abs. 3 Satz 1 und 2 BewG ergibt sich, dass das Finanzamt den vom Gutachterausschuss mitgeteilten Bodenrichtwert (regelmäßig ohne nähere Prüfung hinsichtlich seiner Höhe) anwendet[12].

43 Bis zu der anstehenden Grundsteuerreform ist nunmehr zwischen der weiterhin für die Bemessung der Grundsteuer maßgeblichen Einheitsbewertung und der Bedarfsbewertung zu unterscheiden. Während sich die Einheitswerte weiterhin auf die allgemeinen Wertverhältnisse zum 1. 1. 1964 beziehen, werden die **Grundbesitzwerte der Bedarfsbewertung** nach

– den tatsächlichen Verhältnissen (Zustand, Qualität) zum Besteuerungszeitpunkt und

– den allgemeinen Wertverhältnissen auf dem Grundstücksmarkt zum 1. 1. 1996 (Zeitpunkt der „letzten" Bedarfsbewertung)

ermittelt. Abs. 1 Satz 4 der im Unterschied zu § 3 Abs. 3 WertV nicht von den „allgemeinen Wertverhältnissen auf dem Grundstücksmarkt", sondern nur verkürzt von den „Wertverhältnissen" spricht, gebraucht hier die steuerrechtliche Terminologie, ohne dass zwischen beiden Begriffen materielle Unterschiede bestehen. Mit dieser Ergänzung ist in den meisten Ländern, in denen ein zweijähriger Turnus für die Ermittlung von Bodenrichtwerten zugelassen ist, eine zusätzliche Bodenrichtwertermittlung erforderlich geworden. Die Ermittlung von Bodenrichtwerten wird nämlich in den GutachterausschussVOen der Länder i. d. R. jeweils auf das Ende (31. Dezember) eines geraden Jahres vorgeschrieben, während die zum 1. 1. 1996 erforderlichen steuerlichen Bodenrichtwerte mit den zum 31. Dezember 1995 ermittelten allgemeinen Bodenrichtwerten zusammenfallen.

44 Die Ermittlung von **Bodenrichtwerten zum Zwecke der Einheits- und Grundbesitzbewertung** ist in § 196 Abs. 1 Satz 4 und Abs. 2 BauGB geregelt.

– Nach § 196 Abs. 1 Satz 4 BauGB besteht eine Verpflichtung des Gutachterausschusses, Bodenrichtwerte für Zwecke der Einheits- und Grundbesitzbewertung zum jeweiligen Haupt- bzw. Bedarfsfeststellungszeitpunkt zu ermitteln.

– §196 Abs. 2 BauGB verpflichtet den Gutachterausschuss zur Fortschreibung der auf den Haupt- bzw. Bedarfsfeststellungszeitpunkt bezogenen Bodenrichtwerte, wenn sich in dem Gebiet die Qualität durch den Bebauungsplan oder andere Maßnahmen geändert hat. Die Fortschreibung kann unterbleiben, wenn das zuständige Finanzamt darauf verzichtet (§196 Abs. 2 Satz 2 BauGB).

▶ *Weitere Ausführungen zur Verwendung von Bodenrichtwerten: §13 WertV Rn. 188 ff.*[13]   **45**

Die Vorschriften über die Ableitung von Bodenrichtwerten nach §196 Abs. 1 sollen nach   **46** vorstehenden Ausführungen nicht nur für die Einheitsbewertung des Grundbesitzes, die derzeit noch für die Grundsteuer Bedeutung hat, gelten, sondern darüber hinaus auch für die neuen **Grundbesitzwerte,** die nach dem 4. Abschnitt des 2. Teils des Bewertungsgesetzes, i. d. F. des Jahressteuergesetzes im Bedarfsfall für die Erbschaft- und Schenkungsteuer sowie für die Grunderwerbsteuer zu ermitteln sind. Nach §138 Abs. 1 Satz 2 BewG sind für die neuen Grundbesitzwerte die Wertverhältnisse zum 1. Januar 1996 maßgebend. Zu diesem Stichtag sind nach Abs. 1 Satz 4 auch Bodenrichtwerte zu ermitteln.

Für die Ermittlung der Grundbesitzwerte sind der Ermittlung von Bodenrichtwerten die **(all-**   **47** **gemeinen) Wertverhältnisse zum 1. 1. 1996** maßgebend[14].

Des Weiteren sieht Abs. 1 Satz 4 vor, dass die Finanzverwaltung dem Gutachterausschuss   **48** **„ergänzende Vorgaben" für die Ermittlung (steuerlicher) Bodenrichtwerte** vorgeben kann. Diese Ergänzung betrifft insbesondere die auf den 1. 1. 1996 bezogenen Bodenrichtwerte für die Bedarfsbewertung, die im Hinblick auf ihre Anwendung auf die Erbschaft-, Schenkung- und Grunderwerbsteuer nur im Bedarfsfalle benötigt werden.

Mit dieser Vorschrift wird die Selbständigkeit und Unabhängigkeit des Gutachterausschus-   **49** ses nicht eingeschränkt. Schon aus dem Wort *„ergänzende"* **Vorgaben** ergibt sich eindeutig, dass u. a. §192 Abs. 1 (Selbständigkeit und Unabhängigkeit der Gutachterausschüsse) unberührt bleibt. Mit dieser Vorschrift soll die Tätigkeit der Gutachterausschüsse vielmehr im Interesse der Verwaltungsökonomie auf das unabweisbar Notwendige begrenzt werden, d. h. Bodenrichtwerte sollen nur in dem Umfang und der Dichte ermittelt werden, wie es für steuerliche Zwecke erforderlich ist. Dies konnte bundeseinheitlich vom Gesetzgeber nicht vorgegeben werden. In erster Linie sind hier die nach §192 Abs. 3 Satz 2 vorgesehenen Bediensteten der zuständigen Finanzbehörde aufgerufen, i. S. eines Antragsrechts nach den örtlichen Verhältnissen ergänzende Vorgaben über Umfang und Dichte der für steuerliche Zwecke benötigten Bodenrichtwerte zu machen. Im Vorfeld der Verabschiedung des JStG wurden vom BMF folgende Hinweise gegeben:

a) Bodenrichtwerte sollen flächendeckend für das Bauland im gesamten Gemeindegebiet für bebaute und für unbebaute Grundstücke abgeleitet werden.

b) Gebiete, in denen kein Grundstücksverkehr stattgefunden hat, sollen grundsätzlich von der Ermittlung der Bodenrichtwerte nicht ausgenommen sein (vgl. GuG-aktuell 1995, 41).

c) Die Bodenrichtwertzonen sollen räumlich abgegrenzt und insbesondere hinsichtlich Art und Maß der baulichen Nutzung homogen sein[15].

d) In bebauten Gebieten sollen die Bodenrichtwerte mit dem Wert abgeleitet werden, der sich für unbebaute Grundstücke ergibt.

---

10 BT-Drucks. 7/4793, zu §143b BBauG 1976
11 Bielenberg, Gutachten zum 49. Juristentag 1972 B 112 ff.
12 FG Nürnberg, Urt. vom 27. 1. 2000 – IV 261/99 –, GuG 2000, 252
13 Zur Zusammenarbeit mit den Finanzämtern: Erl. des thür. IM vom 17. und 19. 3. 1992 – 740 – 9611 –, Erl. des rh.-pf. MF und MdIS vom 2. 11. 1987 (MinBl. 1987, 444 – 3314 A – 446 –) sowie VV des rh.-pf. IM und FM vom 10. 11. 1995 (MinBl. 1995, 535)
14 BR-Drucks. 390/96, S. 90
15 GuG-aktuell 1995, 41

50 Mit der „**Umstellung**" der Grundbesitzbewertung vom Sachwertverfahren zum vereinfachten Ertragswertverfahren, bei dem der Bodenwert nur im Falle der Mindestbewertung von Bedeutung ist, hat der unter a) genannte Grundsatz allerdings nicht mehr Priorität, jedoch ergibt sich dies im Übrigen bereits aus § 196 Abs. 1 Satz 1 BauGB.

51 So wie aus dem Antragsrecht nach § 193 Abs. 1 eine Gutachtenerstattungspflicht des Gutachterausschusses folgt, ohne dass jemals deshalb Zweifel an der Unabhängigkeit des Gutachterausschusses aufgekommen sind, wird bei richtiger Auslegung des Begriffs der „ergänzenden Vorgaben" die **Selbständigkeit der Gutachterausschüsse nicht berührt.** Die vom Bundesrat dagegen vorgetragenen verfassungsrechtlichen Bedenken[16], denen sich der Vermittlungsausschuss nicht angeschlossen hat, gehen insoweit an der allein nur zulässigen Auslegung der Vorschrift vorbei. Im Übrigen geht die Vorschrift auf ein Begehren der Gutachterausschüsse für Grundstückswerte selbst zurück, die zur Vermeidung unnötiger Bodenrichtwertermittlungen im Vorfeld des Gesetzgebungsverfahrens eine Konkretisierung ihrer zusätzlichen Aufgaben anregten. Da die zusätzlichen Aufgaben mit dem Anspruch, nur das unabweislich Erforderliche vorzugeben, bundeseinheitlich nicht gesetzlich vorgegeben werden konnten, hat der Gesetzgeber dies auf die örtliche Ebene verlagert und der Finanzverwaltung aufgegeben.

3   Publizität der Bodenrichtwerte (Abs. 3)

3.1   Übersicht

52 Nach Abs. 3 sind die abgeleiteten Bodenrichtwerte

a) zu veröffentlichen und

b) dem zuständigen Finanzamt mitzuteilen.

Darüber hinaus kann nach Satz 2 jedermann von der Geschäftsstelle des Gutachterausschusses **Auskünfte über die Bodenrichtwerte** verlangen.

3.2   Veröffentlichung

Die Veröffentlichung von Bodenrichtwerten erfolgt in der Praxis durch

53 a) **Bodenrichtwertkarten,** in die „jedermann" Einsicht nehmen kann und die i. d. R. auch käuflich erworben werden können. Daneben werden Bodenrichtwertkarten neuerdings auch im Internet angeboten;

b) **Bodenrichtwertlisten.**

▶ *Zu den Besonderheiten der Veröffentlichung von Bodenrichtwerten für Sanierungsgebiete und Entwicklungsbereichen, vgl. Rn. 35 ff., 38; § 28 WertV Rn. 105 f.*

54 Die **Praxis der Veröffentlichung von Bodenrichtwerten** in Karten und Listen **ist** leider **uneinheitlich,** was Umfang, Intensität und Darstellung anbelangt. Die Gutachterausschüsse für Grundstückswerte erklären dies mit wenig Überzeugungskraft mit den örtlichen Verhältnissen, die eine einheitliche Darstellung nicht zuließen. Tatsächlich hat es aber ernsthafte Bemühungen um eine Vereinheitlichung der Darstellung nicht gegeben, so dass es letztlich auf eine mangelnde Bereitschaft zurückgeführt werden muss, dass die Darstellung von Bodenrichtwerten in Karten und Listen nicht aneinander angeglichen wurde. Dies ist gleich aus mehreren Gründen anzustreben.

55 a) Zum einen richtet sich die Veröffentlichung von Bodenrichtwerten an „jedermann" und damit auch an den Laien. Angesichts der Mobilität der Bürger wäre von daher anzustreben, dass die Bodenrichtwerte nach einem einheitlichen oder zumindest allerorts ähnlichem **Schema** in den Karten dargestellt werden.

b) Zum anderen sind die Bodenrichtwerte Bemessungsgrundlage für die Mindestbewertung im Rahmen der Erbschaft- und Schenkungsteuer. Sie stehen darüber hinaus als Bemessungsgrundlage für eine Bodenwertsteuer[17] oder zumindest für eine bodenwertorientierte Grundsteuer (an Stelle der bisherigen Grundsteuer) in Diskussion. Schließlich knüpft auch § 19 SachenRBerG an die Bodenrichtwerte an. Im Hinblick auf die genannten bundesrechtlichen Regelungen wäre eine einheitlichere Darstellung wünschenswert.

Insgesamt ist die **Zersplitterung des Gutachterausschusswesens** durch unterschiedliche Vorgehensweisen auch auf diesem Gebiet dem Gutachterausschusswesen abträglich und es bleibt zu hoffen, dass sie die Chance ergreifen werden, ihr Ansehen durch mehr Gemeinsamkeiten zu verbessern. **56**

Allgemein kann festgestellt werden, dass Bodenrichtwerte (für erschließungsbeitragspflichtige oder -freie Bauflächen) mit den maßgebenden Merkmalen/Eigenschaften (Art der baulichen Nutzung wie WA, WR, MI, MK; offene bzw. geschlossene Bauweise, Zahl der Vollgeschosse, GRZ, GFZ, Bodenbeschaffenheit, Grundstücksgestalt, insbesondere Grundstückstiefe) in Bodenrichtwertkarten nachgewiesen werden. Abweichungen des einzelnen Grundstücks in den wertbestimmenden Eigenschaften bewirken entsprechende **Abweichungen seines Bodenwerts vom Bodenrichtwert.** Soweit Bodenrichtwerte für gewerbliche Bauflächen (GE, GI) in €/m² ermittelt werden, sind diese regelmäßig ohne eventuell erforderliche außergewöhnliche Grundstückskosten zu verstehen. **57**

---

16 BR-Drucks. 390/1/96, S. 124
17 Bizer, K., Joeris, D., in GuG 1998, 132; Dicke, M., Ermittlung von Bodenrichtwerten bei eingeschränkter Verfügbarkeit von Kaufpreisen, NÖV 1998, 57

Abb. 4: Erläuterungen, Hinweise und Zeichenerklärungen zur Bodenrichtwertkarte am Beispiel der Landeshauptstadt Stuttgart

Erläuterung

Die Bodenrichtwerte wurden vom Gutachterausschuss am … zum Stichtag 31.12.20… beschlossen. Sie wurden, soweit vorhanden, aus Kaufpreisen unbebauter Grundstücke und nach der Erfahrung auf dem Grundstücksmarkt als Preise abgeleitet, wie sie ohne Berücksichtigung ungewöhnlicher oder persönlicher Verhältnisse zu erzielen wären. Sie beziehen sich auf unbebaute Grundstücke des vorgegebenen Grundstückstyps und auf die in der Bodenrichtwertkarte beispielhaft dargestellten Lagen oder auf unbebaute Grundstücke mit gebietstypischen Eigenschaften.

Hinweis für die Wertermittlung

Abweichungen des einzelnen Grundstücks in den wertbestimmenden Eigenschaften, wie Lage und Entwicklungszustand, planungsrechtliche und marktübliche Nutzungsmöglichkeit, Erschließungszustand, Neigung, Bodenbeschaffenheit, Grundstücksgröße und -zuschnitt bewirken Abweichungen seines Verkehrswerts vom Bodenrichtwert.

Zur Wertermittlung bebauter Grundstücke sind i. d. R. erhebliche Abschläge vom Bodenrichtwert vorzunehmen.

Zeichenerklärung

Baureifes Land

__880__ 880	880	Bodenrichtwert in €/m² Grundstücksfläche (erschließungsbeitragsfrei)
11 II 0,6 880 +		erschließungsbeitragspflichtiger Bodenrichtwert
	●	beispielhafte Lagekennzeichnung
	11	Nr. des Grundstückstyps
	II	Anzahl der Vollgeschosse
	0,6	realisierbare GFZ (i. S. § 20 BauNVO)

Grundstückstypen

Typ	Fläche m²	Bebauung	Breite/Tiefe	Typ	Fläche m²	Bebauung	Breite/Tiefe m
Ein- bis Dreifamilienhäuser				**Geschossbau (Wohnen)**			
10	über 800	freistehend	gebietstypisch	20	600	gebietstypisch	20 x 30
11	650	freistehend	siehe Skizze	24	über 1000	gebietstypisch	gebietstypisch
12	450	freistehend	siehe Skizze				
13	360	Doppelhaushälfte	siehe Skizze	**Mischungen**			
14	450	Kleinsiedlungshaus	gebietstypisch	– Alte Ortsteile (überwiegend Wohnen)			
15	200	Reihenhaus	siehe Skizze	25	600	gebietstypisch	20 x 30
16	200–300	Bungalow	gebietstypisch	– Nebenzentren und citynahe Bürogebiete			
		Gartenhofhaus		30	500	gebietstypisch	20 x 25

10 800 m²	11 650 m²	12 450 m²	13 360 m²	14 450 m²	15 200 m²	16 200– 300 m²

Innenstadtnutzung			
35	gebietstypisch	gebietstypisch	gebietstypisch

Typ	Fläche m²	Besondere Eignung	Typ	
Gewerbliche Bauflächen			**Bauerwartungsland**	
40	1000	Kleingewerbe, Handwerksbetriebe	60	Wohnen
43	gebietstypisch	Lagerplatz	63	Mischnutzung
45	gebietstypisch	Verarbeitende Industrie, Speditionen, Hafennutzungen	65	Gewerbe
Großflächige Büronutzungen (ohne Citylagen)				
48	>1500	in gemischter gewerblicher Umgebung		**Rohbauland**
50	>2000	in hierfür besonders geeigneter gewerblicher Umgebung	70	Wohnen
			73	Mischnutzung
			75	Gewerbe

Abb. 5: Darstellung von Bodenrichtwerten am Beispiel der Bodenrichtwertkarten in Rheinland-Pfalz

---

Darstellung von Bodenrichtwerten in Bodenrichtwertkarten

Beispiel
(nach den technischen Anweisungen in Rheinland-Pfalz)

a) *Allgemeine Darstellungsform:*

$$\frac{\text{Bodenrichtwert in } \text{€/m}^2}{\text{Wertbeeinflussende Merkmale}}$$

b) *Beispiele:* $\dfrac{5}{E}$ $\dfrac{8}{R-W}$ $\dfrac{22/12 \, *}{B\text{-WA-o-II-}\textcircled{0,7}-\underline{30}}$

c) *Erläuterungen:*

– Der erste Großbuchstabe bezeichnet den **Entwicklungszustand:**
    B = Baureifes Land (§ 4 Abs. 4 WertV)
    R = Rohbauland (§ 4 Abs. 3 WertV)
    E = Bauerwartungsland (§ 4 Abs. 2 WertV)

– Der zweite/dritte Großbuchstabe bezeichnet die **Art der baulichen Nutzung nach** § 1 BauNVO:

W = Wohnbauflächen	WS =	Kleinsiedlungsgebiet
	WR =	Reines Wohngebiet
	WA =	Allgemeines Wohngebiet
	WB =	Besonderes Wohngebiet
G = Gewerbliche Bauflächen	GE =	Gewerbegebiet
	GI =	Industriegebiet
M = Gemischte Bauflächen	MD =	Dorfgebiet
	MI =	Mischgebiet
	MK =	Kerngebiet
S = Sonderbauflächen	SOE =	Erholungsgebiet
	SOS =	Sonstiges Sondergebiet

– Der Kleinbuchstabe bezeichnet die **Bauweise** nach den §§ 22 und 23 BauNVO:
           o = offene Bauweise
           g = geschlossene Bauweise

– Das **Maß der baulichen Nutzun**g nach den §§ 16 ff. BauNVO wird beschrieben durch:

   Geschosszahl .... römische Zahl
                                z. B. II. zweigeschossige Bebauung

   Geschossflächenzahl (GFZ) .... eingekreiste Dezimalzahl
                                z. B. $\textcircled{0,7}$, Geschossfläche = 70 % der Grundstücksfläche

– Die **Grundstücksgestalt des Bodenrichtwertgrundstücks** wird beschrieben durch:

   Grundstückstiefe .... unterstrichene arabische Zahl; z. B. $\underline{30}$ für 30 m Grundstückstiefe
   oder
   Grundstücksfläche .... arabische Zahl; z. B. 600 für 600m² Grundstücksfläche

---

**Abb. 6: Ausschnitt aus der Bodenrichtwertkarte der Landeshauptstadt Düsseldorf
(Stand 31. 12. 2000)**

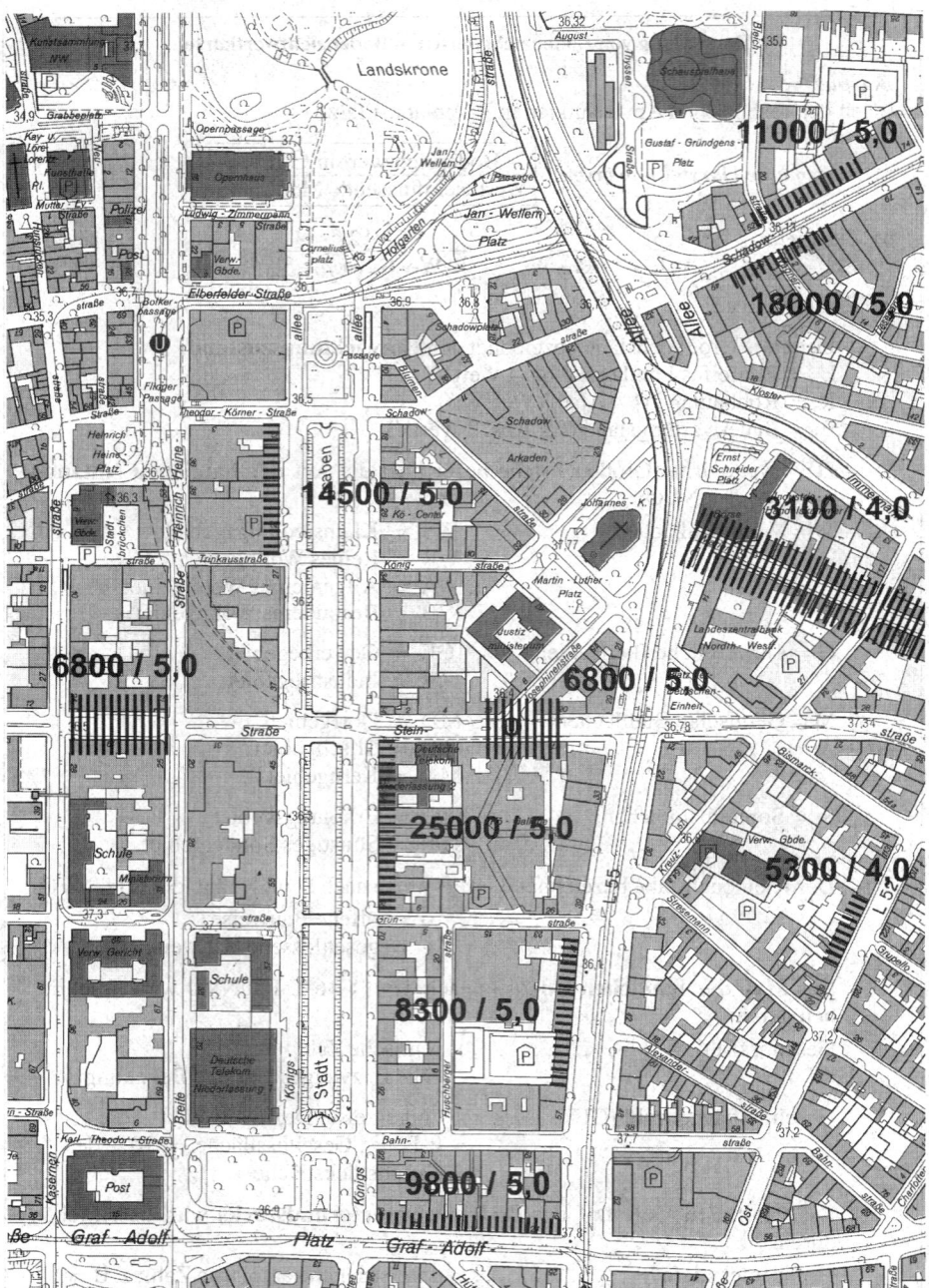

Quelle: Gutachterausschuss für Grundstückswerte für den Bereich der Stadt Düsseldorf. Die Karte ist geschützt. Nachdruck oder sonstige Vervielfältigungen nur mit Genehmigung des Herausgebers (Vgl. zur Bodenwertentwicklung in dem abgebildeten Gebiet die 1. Aufl. WertV 88 [Stand 31. 12. 1987]; 1. Aufl. Recht und Praxis [Stand 31. 12. 1989] 3. und 4. Aufl. WertV [Stand 31.12.1991], 2. Aufl. Verkehrswertermittlung von Grundstücken [Stand: 31. 12. 1992]; 3. Aufl. Verkehrswertermittlung von Grundstücken [Stand 31. 12. 1995]; 5. Aufl. WertV 98 [Stand 31. 12. 1997]

Da unkundige Benutzer einer Bodenrichtwertkarte oftmals außer Acht lassen, dass Abwei- **58**
chungen der einzelnen Grundstücke von den durchschnittlichen Eigenschaften des Bodenrichtwertgrundstücks Wertabweichungen vom Bodenrichtwert bewirken können, sind die
Gutachterausschüsse vielerorts dazu übergegangen, hierauf in der **Legende zur Bodenrichtwertkarte** besonders hinzuweisen. Die Musterrichtlinien ARGEBAU über Bodenrichtwerte empfehlen u. a. folgenden Hinweis:

„(2) Bodenrichtwert ist der durchschnittliche Lagewert des Bodens für eine Mehrheit von Grundstücken eines Gebietes, für die im Wesentlichen gleiche Nutzungs- und Wertverhältnisse vorliegen. Er ist bezogen auf den Quadratmeter
Grundstücksfläche eines Grundstücks mit definiertem Grundstückszustand (Bodenrichtwertgrundstück). Bodenrichtwerte werden für baureifes und bebautes Land, gegebenenfalls auch für Rohbauland und Bauerwartungsland
sowie für landwirtschaftlich genutzte Flächen abgeleitet. Für sonstige Flächen können bei Bedarf weitere Bodenrichtwerte ermittelt werden. Bodenrichtwerte haben keine bindende Wirkung.
Abweichungen des einzelnen Grundstücks von dem Bodenrichtwertgrundstück in den wertbeeinflussenden Merkmalen und Umständen – wie Erschließungszustand, spezielle Lage, Art und Maß der baulichen Nutzung, landwirtschaftlichen Nutzungsart, Bodenbeschaffenheit und Grundstücksgestalt – bewirken in der Regel entsprechende
Abweichungen seines Verkehrswerts von dem Bodenrichtwert."

Des Weiteren wird der Hinweis gegeben, dass **Altlasten** mit dem Bodenrichtwert nicht **59**
berücksichtigt worden sind.

Der Hinweis soll den Erwerber eines Grundstücks vor überhöhten Kaufpreisforderungen
schützen, wenn diese Forderung mit dem Bodenrichtwert der entsprechenden Bodenrichtwertzone begründet wird und das zur Veräußerung anstehende Grundstück in seinen
Zustandsmerkmalen qualitativ gegenüber denen des Bodenrichtwertgrundstücks abfällt
(vgl. Anl. 2 und 3 zu dieser Kommentierung).

Neben Bodenrichtwertkarten sind auch **Bodenrichtwertlisten** zur Veröffentlichung **60**
gebräuchlich.

Beispiel   **61**

Auszug aus der Bodenrichtwertliste des Gutachterausschusses im Kreis Neuss:

Erläuterungen:

Bodenrichtwerte sind aus Kaufpreisen abgeleitete durchschnittliche Bodenwerte für Gebiete mit im Wesentlichen
gleichen Nutzungs- und Wertverhältnissen. Sie werden in € je m² Grundstücksfläche für baureifes Land und ortsübliche Grundstücksgrößen mit rechteckigem Zuschnitt, ca. 400 m² zweigeschossige Bebauung im allgemeinen Wohngebiet angegeben. Die Bodenrichtwerte beziehen sich jeweils auf den 31. Dezember jeden Jahres. Sie enthalten **keine** Erschließungsbeiträge.

Verkehrswerte einzelner Grundstücke ergeben sich aus dem Vergleich mit dem örtlichen Bodenrichtwert unter
Berücksichtigung abweichender wertbestimmender Eigenschaften, wie Art und Maß der baulichen Nutzung,
Bodenbeschaffenheit, Lage und Grundstücksform und Erschließungszustand. Sie können deshalb vom Bodenrichtwert nach oben oder unten abweichen. In der Regel ist zur Feststellung des Verkehrswerts ein Wertgutachten
erforderlich.

Bodenrichtwertübersicht – Kreis Neuss (ohne Stadt Neuss)

	1988	1989	1990	1991	1992	1993	1994
Stadt Meerbusch	(Einwohner rd. 53 000, Fläche rd. 64 km²)						
Büderich	350,–	380,–	380,–	400,–	450,–		
„Meerer Busch"	–	450,–	450,–	450,–	500,–		
Lank-Latum/					320,–		
„Latumer See"	280,–	270,–/330,–	270,–	290,–	390,–		
Osterath	260,–	250,–	250,–	270,–	290,–		
Osterath–/							
Lank – Gewerbe	–	100,–/100,–	80,–	100,–	100,–		
Strümp	270,–	270,–	270,–	290,–	300,–		
Ossum-Bösinghoven	200,–	–	220,–	220,–	250,–		
Nierst	230,–	230,–	230,–	230,–	270,–		
Langst-Kierst/Ilverich	250,–/230,–	250,–/230,–	250,–	250,–	250,–		

	1988	1989	1990	1991	1992	1993	1994
Stadt Kaarst	(Einwohner rd. 41 000, Fläche rd. 37 km²)						
Kaarst	270,–	280,–	290,–	320,–	360,–		
Kaarst – Gewerbe	–	100,–	110,–	130,–	140,–		
Büttgen	250,–	270,–	280,–	290,–	330,–		
Büttgen – Gewerbe	–	–	–	–	–		
Holzbüttgen	240,–	250,–	260,–	260,–	280,–		
Holzbüttgen – Gewerbe	80,–	100,–	110,–	130,–	140,–		
Vorst, Driesch, Linning	230,–	240,–	250,–	260,–	290,–		
Stadt Korschenbroich	(Einwohner rd. 30 000, Fläche rd. 55 km²)						
Korschenbroich	190,–	200,–	210,–	230,–	250,–		
Korschenbroisch – Gew.	40,–	40,–	40,–	50,-	50,–		
Kleinenbroich	180,–	190,–	200,–	220,–	240,–		
Kleinenbroich – Gew.	40,–	40,–	40,–	60,–	60,–		
Glehn/Scherfhausen, Lüttenglehn	180,–/130,–	180,–/–	180,–	200,–	220,–		
Glehn – Gewerbe	50,–	40,–	40,–	40,–	50,–		
Liedberg	160,–	170,–	180,–	200,–	220,–		
Herzbroich, Raderbroich, Neersbroich	170,–	170,–	180,–	200,–	220,–		
Stadt Grevenbroich	(Einwohner rd. 62 000, Fläche rd. 103 km²)						
Grevenbroich	260,–	280,–	280,–	290,–			
Grevenbroich – „Gewerbegebiet Ost"	30,–	30,–	30,–	40,–			
Elsen, Orken, Südstadt	170,–	180,–	180,–	200,–			
Laach	170,–	180,–	170,–	180,–			
Wevelinghoven – Gew.	180,–	180,–/40,–	190,–	200,–/40,–			
Neukirchen	160,–	180,–	180,–	200,–			
Kapellen/Kapellen – Gew.	180,–/–	170,–/–	150,–	200,–			
Hemmerden	170,–	160,–	160,–	190,–			
Gustorf/Gindorf	140,–	140,–	140,–	150,–			
Neuenhausen	160,–	160,–	160,–	180,–			
Frimmersdorf	100,–	100,–	100,–	100,–			
Neurath	100,–	100,–	100,–	100,–			
Allrath	110,–	100,–	100,–	100,–			
Barrenstein	–	–	120,–	120,–			
Langwaden	160,–	–	–	160,–			

62 Ähnlich wie für Bauflächen werden – insbesondere in den land- oder forstwirtschaftlich genutzten Regionen – **für landwirtschaftliche Nutzflächen Bodenrichtwerte** (und Bodenpreisindexreihen) ermittelt und gegebenenfalls in Bodenrichtwertkarten mit Art der Nutzung (A, Gr) und durchschnittlicher Acker- oder Grünlandzahl veröffentlicht.

Bodenrichtwerte für landwirtschaftlich genutzte Flächen
31. 12. 1992

Stadt/Gemeinde	Preis/m²	durchschnittliche Bonität
Dormagen	6,50	A 53
Jüchen	7,50	A 87
Kaarst	10,00	A 69
Korschenbroich	8,00	A 80
Meerbusch	6,50	A 57
Rommerskirchen	7,50	A 80

3.3 Mitteilung an das Finanzamt (Abs. 3 Satz 1)

Neben der Veröffentlichung der Bodenrichtwerte schreibt Abs. 3 Satz 1 auch ihre **Mit-** **63** **teilung an das zuständige Finanzamt** vor. I. d. R. erfolgt die Mitteilung durch Übersendung einer Vervielfältigung der Bodenrichtwertkarte. Die Mitteilung dient der Unterrichtung dieser Stellen über das Geschehene auf dem Grundstücksmarkt.

Die bisher vorgeschriebene **Mitteilung der Bodenrichtwerte an die höhere Verwal-** **64** **tungsbehörde** konnte mit dem BauGB **ersatzlos entfallen,** da das Bundesrecht die höhere Verwaltungsbehörde nicht mehr zur Zusammenstellung von Übersichten über die Bodenrichtwerte verpflichtet.

Die **Mitteilung an das Finanzamt** wurde erstmalig durch das BauG 1976 vorgeschrieben. **65** Schon vorher wurden aber dem Finanzamt Bodenrichtwertkarten zur Verfügung gestellt.

Die GutachterausschussVOen der Länder sehen neben der Mitteilung an das zuständige **66** Finanzamt auch eine Mitteilung an

– den Landkreis *(Baden-Württemberg)* bzw.

– die Regierungspräsidien *(Hessen, Sachsen)* bzw. die Bezirksregierung *(Rheinland-Pfalz)*

vor. Es empfiehlt sich im Übrigen, den mit der städtebaulichen Planung befassten Behörden die Bodenrichtwertkarte zugänglich zu machen.

Die **Mitteilung obliegt grundsätzlich dem Gutachterausschuss;** bei Delegation auf **67** Grund einer Rechtsverordnung nach § 199 Abs. 2 Nr. 2 und 3 dem Vorsitzenden des Gutachterausschusses oder der Geschäftsstelle.

3.4 Auskunft über Bodenrichtwerte (Abs. 3 Satz 2)

Der Zweck der Bodenrichtwerte, den **Grundstücksmarkt transparent** zu halten, lässt **68** sich nur erreichen, wenn die vom Gutachterausschuss ermittelten Bodenrichtwerte allgemein zugänglich sind. Dafür reicht allein die Veröffentlichung der Bodenrichtwerte nicht aus. Entscheidend ist vielmehr, dass jedermann die Möglichkeit hat, sich auch noch nach der Veröffentlichung über die Wertverhältnisse auf dem Grundstücksmarkt zu informieren.

Jedermann kann nach Abs. 3 Satz 2 von der Geschäftsstelle Auskünfte über Boden- **69** **richtwerte verlangen.** Dazu gehören auch Notare, wenn sie z. B. im Zuge eines notariellen Vermittlungsverfahrens nach dem SachenRBerG tätig werden. Insoweit kommt der ergänzenden Regelung des § 97 Abs. 1 Satz 2 Nr. 1 SachenRBerG nur klarstellende Bedeutung bei.

Das **Auskunftsrecht** nach Abs. 3 Satz 2 steht neben der in Satz 1 vorgeschriebenen Veröf- **70** fentlichung; es steht jedermann (auch Ortsfremden) selbst dann noch zu, wenn z. B. die ortsübliche Bekanntmachung der Bodenrichtwerte im Wege einer Auslegung durchgeführt ist. Im Interesse der Markttransparenz sollen die Allgemeinheit wie auch öffentliche Stellen ganzjährig die Möglichkeit haben, sich über die Grundstückswertverhältnisse orientieren zu können.

Zur Erteilung von Auskünften über die Bodenrichtwerte ist nach Abs. 3 Satz 2 **die** **71** **Geschäftsstelle des Gutachterausschusses verpflichtet,** in dessen Zuständigkeitsbereich die Bodenrichtwertermittlung jeweils fällt. Die Auskunft kann durch Gewährung von Einsichtnahme in die Bodenrichtwertkarte sowie durch mündliche, fernmündliche oder schriftliche Einzelauskünfte erteilt werden. Die schriftliche Erteilung von Auskünften über Bodenrichtwerte ist nach landesrechtlichen Vorschriften i. d. R. kostenpflichtig. Soweit Gutachterausschüsse darüber hinaus dazu übergegangen sind, als besondere Leistung eine

Vervielfältigung der Bodenrichtwertkarten (ggf. auf CD-Rom; vgl. Kertscher in Nachr. der nds Kat- und VermVw. 2001, 24) abzugeben, werden auch hierfür Kosten erhoben.

72 Das Auskunftsrecht nach Abs. 3 Satz 2 erstreckt sich auf die **Bodenrichtwerte und ihre sachlichen und zeitlichen Bezüge.** Es findet spätestens dort seine Grenzen, wo die Gutachter verpflichtet sind, persönliche und wirtschaftliche Verhältnisse, die ihnen durch ihre Tätigkeit zur Kenntnis gelangen, geheim zu halten. Dies betrifft Auskünfte über Vergleichspreise, die zum Inhalt der Kaufpreissammlung gehören, insbesondere auch solche, die der Bodenrichtwertermittlung zu Grunde liegen (vgl. die Entschließung des bayer. IM vom 23. 4. 1968 betr. Geheimhaltung der Unterlagen für die Richtwerte). Diese Auffassung findet in den zu § 143 b BBauG 1976 erlassenen Gutachterausschussverordnungen der Länder darin Ausdruck und Bestätigung, dass sie die Ermittlung von Bodenrichtwerten in nicht öffentlicher Beratung vorschreiben.

4 Bodenrichtwertübersicht

73 Die früher im BBauG 76 verankerte Verpflichtung (§ 143 b Abs. 4 Satz 2 und 3 sowie Abs. 5 BBauG 76), **Übersichten über die Bodenrichtwerte, gegliedert nach Orten, typischem Entwicklungszustand und Art der Nutzung der Grundstücke,** zusammenzustellen und zu veröffentlichen, hat das BauGB nicht übernommen. Zur Begründung des bundesrechtlichen „Verzichts" wird darauf verwiesen, dass es den Ländern überlassen bleiben müsse, ob und inwieweit sie solche Übersichten für erforderlich halten[18]. § 199 Abs. 2 Nr. 6 eröffnet den Landesregierungen hierzu die Möglichkeiten, dem Gutachterausschuss die für die Erstellung von überörtlichen Bodenrichtwertübersichten erforderlichen Vorarbeiten zu übertragen. Die Bedeutung dieser Übersichten, insbesondere für die Landesplanung und die Raumordnung, muss aber eher kritisch beurteilt werden.

74 Von dieser Möglichkeit haben eine Reihe von Ländern Gebrauch gemacht und den Gutachterausschüssen für Grundstückswerte aufgegeben, auf der Grundlage der Bodenrichtwerte Übersichten über die Bodenrichtwerte typischer Orte für baureifes Land zumeist der Mittelbehörde (Regierung, Regierungspräsident bzw. Landesvermessungsamt) zwecks Zusammenfassung in Übersichten mitzuteilen (vgl. § 193 BauGB Rn. 101).

▶ *Näheres hierzu bei § 199 BauGB Rn. 20 ff. und § 193 BauGB Rn. 101*

75 Bei der Erstellung von **Bodenrichtwertübersichten** für typische Orte wird i. d. R. unterschieden nach baufreiem Land für
– Wohnbauflächen des individuellen Wohnungsbaus,
– Wohnbauflächen des Geschosswohnungsbaus und
– gewerbliche Bauflächen.

76 Dabei wird zwischen guter, mittlerer und mäßiger **Lage** unterschieden; solche Bodenrichtwertübersichten sind vorgeschrieben in
– *Brandenburg:* § 15 GutachterausschussVO,
– *Hamburg:* § 12 GutachterausschussVO,
– *Hessen:* § 3 Abs. 2 Nr. 8 i.V. m. § 14 hess. DVOBauGB,
– *Mecklenburg-Vorpommern:* § 16 GutachterausschussVO,
– *Niedersachsen:* § 22 Abs. 5 nds. DVBauGB,
– *Nordrhein-Westfalen:* § 13 GAVO NW,
– *Rheinland-Pfalz:* § 14 GutachterausschussVO,
– *Sachsen:* § 13 GutachterausschussVO,
– *Sachsen-Anhalt:* § 13 GutachterausschussVO,
– *Schleswig-Holstein:* § 14 GutachterausschussVO und
– *Thüringen:* § 14 GutachterausschussVO.

Die Bodenrichtwertübersichten sollten nach den Grundgedanken des BBauG einen **77** überörtlichen Überblick über das Bodenwertgefüge vermitteln. In *Niedersachsen* werden Bodenrichtwertübersichtskarten im Maßstab 1 : 200 000 als Sonderausgabe der Gemeindegrenzkarte gleichen Maßstabs geführt. Dieser Maßstab bedingte eine Generalisierung der zur Verfügung stehenden originären Bodenrichtwerte. Hierbei stand die Übersichtlichkeit, Anschaulichkeit und vor allem die Repräsentativität und Bedeutung der Aussage solcher Bodenrichtwertübersichtskarten für die Allgemeinheit im Vordergrund. Der Inhalt solcher Karten beschränkte sich daher auf Grundstücksarten, die für die Allgemeinheit von besonderem Interesse sind. Dargestellt wurden Bodenrichtwerte für Bauland (baureifes Land) der Nutzung reines oder allgemeines Wohngebiet bezogen auf normal geschnittene Grundstücke mittlerer Lage. Je nach der Höhe der Bodenrichtwerte für die einzelnen Ortschaften waren kleinere oder größere gelbe Kreise in die Karte eingezeichnet. Die Karte ist insbesondere für die Raumplanung von erheblicher Bedeutung gewesen: So lässt sie die Auswirkung von Verkehrswegen auf das Bodenwertgefüge deutlich erkennen. Auch strukturschwache Gebiete fielen auf der Karte ins Auge. Landesplanerische Entscheidungen konnten durch die Kartenbenutzung unterstützt werden (Abb. 7).

5   Ländererlasse zur Bodenrichtwertermittlung:

Baden-Württemberg: Erl. des IM vom 7. 6. 1978 (GABl. 1968, 490) und vom 5. 9. 1979 **78** (GABl. 1979, 990),

Berlin: Erl. des SenBauWohn vom 19. 2. 1999 – V A 3 6569/02/04 –, GuG 2001, 175

Hessen: RdErl. des IM vom 11. 12. 1963 (StAnz 1964, 6),

Niedersachsen: GemRdErl. des IM, FM und SozM vom 7. 9. 1965 (MinBl. 1965, 1038); GemRdErl. des IM, FM und SozM vom 1. 8. 1979 (MinBl. 1979, 149),

Nordrhein-Westfalen: RdErl. des FM und MfWöA vom 13. 3. 1964 (MinBl. NW 1964, 558), RdErl. des IM und FM vom 14. 9. 1976 (MinBl. NW 1976, 2109); RdErl. des MI und MJ vom 12. 2. 1999 (Kaufpreissammlung-Richtlinien; MinBl. 1999, 424)

Rheinland-Pfalz: Richtlinien zur Ermittlung von Grundstückswerten nach dem Baugesetzbuch (RiWert) des IM und des Ministeriums für Sport vom 1. 6. 1988, zuletzt geändert durch RdSchr. vom 19. 3. 1998 – 356 4/648–15/0,

Sachsen-Anhalt: Bodenrichtwerterlass vom 22. 1. 1993 – 46 – 23520 (MBl. LSA 1993, 500), zuletzt geändert durch Erl. des MI vom 20. 11. 1997 (MinBl. LSA 1998, 143),

Schleswig-Holstein: RdErl. des IM vom 22. 4. 1975 (ABl. 1975, 601).

Bodenrichtwerte im Internet:

Niedersachsen: http:\\www.gutachterausschuesse-ni.de

Nordrhein-Westfalen: http:\\www.gutachterausschuss.nrw.de

---

18   BT-Drucks. 10/4630, S. 152

Abb. 7: Bodenrichtwertübersicht

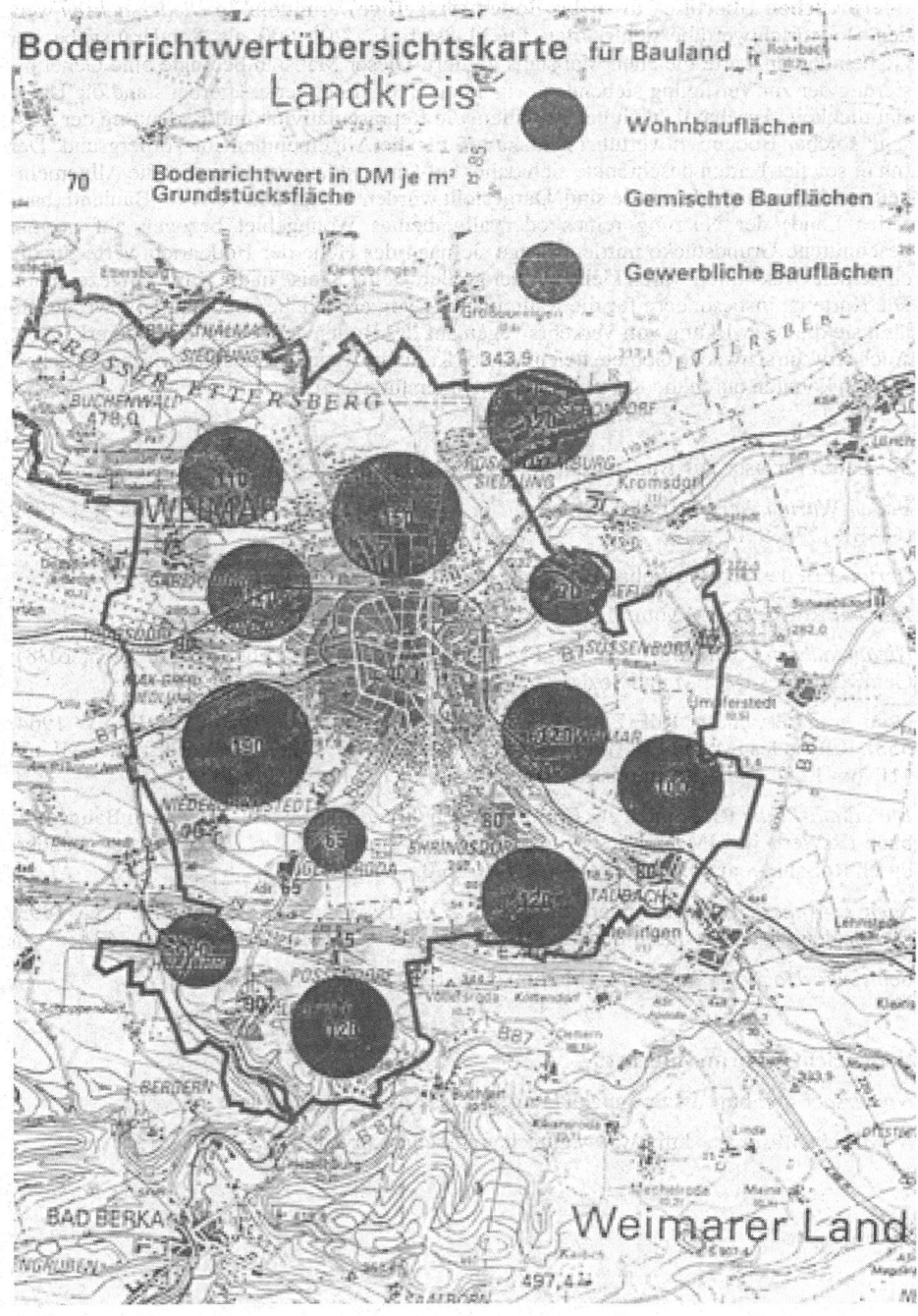

Anlage 1:
Bodenrichtwertauskunft gem. § 196 Baugesetzbuch (BauGB)

Gutachterausschuss   München _____
für Grundstückswerte
im Bereich
der Landeshauptstadt München

– Geschäftsstelle –

<u>Antragsteller:</u>

Name   Vorname

_____   _____

Straße   HsNr.

_____   _____

PLZ   Ort   Tel. Nr. (tagsüber)

_____   _____

Der Bodenrichtwert wird für die nachfolgend genannten Objekte und Stichtage benötigt. Falls das Objekt nicht eindeutig einem Richtwertgebiet bzw. Straßenrichtwert zugeordnet werden kann, soll ein geeigneter Richtwert aus der Umgebung herangezogen werden.

Straße   HsNr.   Stichtag

1. _____   _____   _____

2. _____   _____   _____

3. _____   _____   _____

4. _____   _____   _____

Mir ist bekannt, dass die Gebühr für die Auskunft pro Objekt und Stichtag 50,00 DM beträgt.

_____   _____
      Ort, Datum   Unterschrift

80   **Anlage 2a:**
Musterrichtlinie der Argebau

Erläuterungen der Bodenrichtwerte

Bei der Veröffentlichung der Bodenrichtwerte sollen folgende Erläuterungen aufgenommen werden:

(1)   Gemäß § 193 Abs. 3 des Baugesetzbuchs (BauGB) hat der Gutachterausschuss für Grundstückswerte .... (Bezeichnung des Gutachterausschusses einfügen) die in der Bodenrichtwertkarte / dem Auszug aus der Bodenrichtwertkarte angegebenen Bodenrichtwerte nach den Bestimmungen des Baugesetzbuchs und der .... (Titel der Rechtsverordnung für die Gutachterausschüsse – mit Fundstelle – einfügen) zum Stichtag .... (Stichtag der Bodenrichtwertermittlung einfügen) ermittelt.

(2)   Der Bodenrichtwert ist der durchschnittliche Lagewert des Bodens für eine Mehrheit von Grundstücken, für die im Wesentlichen gleiche Nutzungs- und Wertverhältnisse vorliegen. Er ist bezogen auf den Quadratmeter Grundstücksfläche eines Grundstücks mit definiertem Grundstückszustand (Bodenrichtwertgrundstück). Bodenrichtwerte werden für baureifes und bebautes Land, gegebenenfalls auch für Rohbauland und Bauerwartungsland sowie für landwirtschaftlich genutzte Flächen abgeleitet. Für sonstige Flächen können bei Bedarf weitere Bodenrichtwerte ermittelt werden. Bodenrichtwerte haben keine bindende Wirkung.

(3)   Nach § 196 Abs. 1 BauGB sind Bodenrichtwerte in bebauten Gebieten mit dem Wert zu ermitteln, der sich ergeben würde, wenn die Grundstücke unbebaut wären.

(4)   Abweichungen eines einzelnen Grundstücks von dem Bodenrichtwertgrundstück in den wertbeeinflussenden Merkmalen und Umständen – wie Erschließungszustand, spezielle Lage, Art und Maß der baulichen Nutzung, landwirtschaftliche Nutzungsart, Bodenbeschaffenheit, Grundstücksgestalt – bewirken in der Regel entsprechende Abweichungen seines Verkehrswerts von dem Bodenrichtwert. Bei Bedarf kann nach § 193 BauGB von den Antragsberechtigten ein Gutachten des Gutachterausschusses für Grundstückswerte über den Verkehrswert beantragt werden.

(5)   Die Bodenrichtwerte werden grundsätzlich altlastenfrei ausgewiesen.

(6)   Die Bodenrichtwerte berücksichtigen die flächenhaften Auswirkungen des Denkmalschutzes (z. B. Ensembles in historischen Altstädten), nicht aber das Merkmal Denkmalschutz eines Einzelgrundstücks.

(7)   Ansprüche gegenüber den Trägern der Bauleitplanung, den Baugenehmigungs- oder den Landwirtschaftsbehörden können weder aus den Bodenrichtwerten, den Abgrenzungen der Bodenrichtwertzonen bei zonalen Bodenrichtwerten noch aus den sie beschreibenden Attributen abgeleitet werden.

Anlage 2 b:
Musterrichtlinie der Argebau

Darstellung der Bodenrichtwerte

1   Bodenrichtwerte für Bauland, Rohbauland und Bauerwartungsland

Bodenrichtwerte sind in der Bodenrichtwertkarte wie folgt darzustellen und die Darstellung in der Legende wie folgt zu erläutern:

(1)   Der Entwicklungszustand wird mit folgenden wertbeeinflussenden Merkmalen ausgewiesen.

R = Rohbauland

E = Bauerwartungsland

Bodenrichtwerte ohne Kennzeichnung gelten für baureifes Land.

(2)   Die Art der baulichen Nutzung ist mindestens nach § 1 Abs. 1 Baunutzungsverordnung (BauNVO) zu bezeichnen:

W = Wohnbauflächen	G = Gewerbliche Flächen
M = Gemischte Bauflächen	S = Sonderbauflächen.

Die Gutachterausschüsse sind frei, über die Unterscheidungen nach § 1 Abs. 1 BauNVO hinaus die maßgeblichen Arten der Grundstücksnutzung selbst zu bestimmen (z. B. Ein- und Zweifamilienhäuser/Geschosswohnungsbau, klassisches/höherwertiges Gewerbe), statt die weiteren Differenzierungen nach § 1 Abs. 2 BauNVO zu verwenden. Die gewählten Unterscheidungen sind in der Legende zu erläutern.

(3)   Die Bauweise wird folgendermaßen dargestellt:

o = offene Bauweise

g = geschlossene Bauweise.

(4)   Das Maß der baulichen Nutzung nach der BauNVO wird beschrieben durch:

Geschosszahl	Geschossflächenzahl (GFZ)
(römische Zahl)	(Dezimalzahl)
z. B. II, zweigeschossige	z. B. GFZ 0,7, Geschossfläche
Bebauung	= 70 % der Grundstücksfläche
Grundflächenzahl (GRZ)	Baumassenzahl (BMZ)
(Dezimalzahl)	(Dezimalzahl)
z. B. GRZ 0,4, Grundfläche = 40 %	z. B. BMZ 8,0 = 8 m^3 Baumasse je m^2
der Grundstücksfläche	Baugrundstück

Die Gutachterausschüsse sind in der Berechnung der den Bodenrichtwerten zu Grunde liegenden GFZ nicht an die baurechtlichen Vorschriften gebunden; sie können insbesondere Flächen in anderen als Vollgeschossen mit einbeziehen. Auf die gewählte Berechnungsmethode ist in der Legende hinzuweisen.

(5)   Ausmaß des Bodenrichtwertgrundstücks:

Grundstückstiefe,	Grundstücksfläche,
(arabische Zahl)	(arabische Zahl)
z. B. 30 m oder	z. B. 600 m^2
Grundstückstiefe	Grundstücksfläche.

(6)   Soweit Bodenrichtwertzonen verwendet werden, sind diese zu begrenzen. Die Bodenrichtwerte und ggf. verwendete Bodenrichtwertzonen sind mit innerhalb des Zuständigkeitsbereichs des Gutachterausschusses eindeutigen Ordnungsnummern zu versehen.

(7)   Die Begrenzung förmlich festgelegter Gebiete ist zu kennzeichnen; auf den Verfahrensgrund ist durch folgenden Schriftzusatz hinzuweisen:

>   San   = Sanierungsgebiet
>
>   Entw = Entwicklungsbereich

Der jeweils zu Grunde gelegte Verfahrensstand ist bei den Bodenrichtwertangaben durch die folgenden Buchstabenzusätze gekennzeichnet:

>   A = sanierungs- bzw. entwicklungsunbeeinflusster Zustand (Anfangswert)
>
>   N = Zustand unter Berücksichtigung der rechtlichen und tatsächlichen Neuordnung (Endwert)

(8)   Bodenrichtwerte ohne Kennzeichnung beziehen sich auf ein baureifes Bodenrichtwertgrundstück, für das Erschließungsbeiträge und Abgaben nach dem Kommunalabgabengesetz sowie Kostenerstattungsbeträge für Ausgleichsflächen nach § 135 a BauGB nicht mehr erhoben werden. Bodenrichtwerte mit hochgestelltem Stern(*) bezeichnen Bodenrichtwertgrundstücke, für die Erschließungsbeiträge noch nicht entrichtet sind.

(9)   Die Bodenrichtwerte sind in folgender Form darzustellen:

$$\frac{\text{Bodenrichtwert in €/m}^2}{\text{Wertbeeinflussende Merkmale}}$$

Beispiele:

$$\frac{5\ €}{\text{E}} \quad , \quad \frac{8\ €}{\text{R-W}} \quad , \quad \frac{22\ €}{\text{W-o-II-0,7 GRZ} - 30\ \text{m} -}{600\ \text{m}^2 -} \quad , \quad \frac{12^*}{\text{W-o-II-0,7 GFZ} - 30\ \text{m} -}{600\ \text{m}^2 -}$$

(10)   In den neuen Bundesländern ist – soweit erforderlich – in Gebieten mit niedrigem Bodenwertniveau auch die Qualität der Erschließungsanlagen anzugeben (z. B. ⁺ für sehr gute Erschließungsverhältnisse, ⁻ für schlechte Erschließungsverhältnisse).

2   Bodenrichtwerte für landwirtschaftlich genutzte Flächen

Bodenrichtwerte landwirtschaftlich genutzter Flächen sind in der Bodenrichtwertkarte wie folgt darzustellen und die Darstellung in der Legende wie folgt zu erläutern:

(1)   Als wertbeeinflussende Merkmalen wird die Nutzungsart folgendermaßen ausgewiesen:

>   A   = Ackerland   So = Sonderkulturen
>
>   GR = Grünland   H = Waldflächen
>
>   WG = Weingarten

Die Gutachterausschüsse sind frei, über weitere Arten der Grundstücksnutzung selbst zu bestimmen (z. B. Gartenbau, Obstgarten). Die gewählten Unterscheidungen sind in der Legende zu erläutern.

(2)   Bei den Nutzungsarten Acker- und Grünland wird nach der Angabe der Nutzung die Acker- bzw. Grünlandzahl, die der Mehrzahl der Grundstücke entspricht, ausgewiesen. Im Weiteren wird bei allen Nutzungen die gebietsspezifische Grundstücksgröße (in ha) als Dezimalzahl angegeben.

(3)   Die Bodenrichtwerte sind in folgender Form darzustellen:

$$\frac{\text{Bodenrichtwert in €/m}^2}{\text{Wertbeeinflussende Merkmale/Umstände}}$$

Beispiele:

$$\frac{2{,}50\ €/\text{m}^2,}{\text{A-55-0,5 ha}} \quad , \quad \frac{7{,}50\ €/\text{m}^{2*}}{\text{WG-0,1 ha}}$$

Die Bodenrichtwerte sind grundsätzlich entsprechend dem normalen Kulturzustand und ohne Aufwuchs zu ermitteln. Bei Ausnahmen ist dies durch einen Sternzusatz (*) gekennzeichnet.

§ 197
Befugnisse des Gutachterausschusses

(1) [1]Der Gutachterausschuss kann mündliche oder schriftliche Auskünfte von Sachverständigen und von Personen einholen, die Angaben über das Grundstück und, wenn das zur Ermittlung von Geldleistungen im Umlegungsverfahren, von Ausgleichsbeträgen und von Enteignungsentschädigungen erforderlich ist, über ein Grundstück, das zum Vergleich herangezogen werden soll, machen können. [2]Er kann verlangen, dass Eigentümer und sonstige Inhaber von Rechten an einem Grundstück die zur Führung der Kaufpreissammlung und zur Begutachtung notwendigen Unterlagen vorlegen. [3]Der Eigentümer und der Besitzer des Grundstücks haben zu dulden, dass Grundstücke zur Auswertung von Kaufpreisen und zur Vorbereitung von Gutachten betreten werden. [4]Wohnungen dürfen nur mit Zustimmung der Wohnungsinhaber betreten werden.

(2) [1]Alle Gerichte und Behörden haben dem Gutachterausschuss Rechts- und Amtshilfe zu leisten. [2]Das Finanzamt erteilt dem Gutachterausschuss Auskünfte über Grundstücke, soweit dies zur Ermittlung von Ausgleichsbeträgen und Enteignungsentschädigungen erforderlich ist.

1　Umfang der Befugnisse des Gutachterausschusses (Abs. 1)

1.1　Allgemeines

§ 197 BauGB entspricht dem Regelungsgehalt des § 140 BBauG 76 (Auskunfts- und Vorlagepflicht), wobei lediglich die Überschrift nunmehr „Befugnisse des Gutachterausschusses" lautet. Die Vorschrift, nach der der Gutachterausschuss **mündliche oder schriftliche Auskünfte von Sachverständigen oder Personen** einholen kann, die Angaben über das Grundstück und, wenn das zur Ermittlung von Ausgleichsbeträgen und von Enteignungsentschädigungen erforderlich ist, auch über Vergleichsgrundstücke machen können, ist auf die Ermittlung von Geldleistungen in Umlegungsverfahren erweitert worden.

1

2 Mit der Änderung der Überschrift zu dieser Vorschrift, die ausdrücklich auf eine Aus-
kunfts- und Vorlage*pflicht* hinwies, ist der materielle Inhalt nicht von einer Verpflichtungs-
norm in eine Befugnisnorm abgewandelt worden. Die Begründung geht weiterhin von der
Verpflichtung der auskunftsfähigen Personen aus, indem sie darauf hinweist, dass die
noch in § 140 BBauG 76 ausdrücklich geregelte Auskunftspflicht der Gerichte und Behörden in der Nachfolgevorschrift nur deshalb nicht mehr geregelt sei, weil dies bereits durch
die Verwaltungsverfahrensgesetze der Länder geregelt ist. Art. 35 GG begründet darüber
hinaus eine *Amtshilfeverpflichtung* der Gerichte *gegenüber* dem Gutachterausschuss[1].

3 § 197 stellt im **Verhältnis zu den §§ 208 und 209 BauGB** eine Vorschrift dar, die lediglich
die allgemeinen Regelungen dieser Vorschriften verdrängen (vgl. Rn. 33). Ansonsten finden auch die genannten Vorschriften auf Grund der Behördeneigenschaften des Gutachterausschusses Anwendung[2].

4 **Auskunfts-, Vorlage- und Duldungspflichten nach § 197 Abs. 1 werden durch Verwaltungsakte konkretisiert.** Die Verwaltungsakte können z. B. in *Niedersachsen* auf der
Grundlage des § 70 NVwVerfG durchgesetzt werden (vgl. landesrechtliche Regelungen
zur Zwangsvollstreckung).

5 Während § 197 Abs. 2 BauGB die Rechts- und Amtshilfepflichten der Gerichte und Behörden gegenüber dem Gutachterausschuss regelt, ergeben sich die **Befugnisse des Gutachterausschusses** aus § 197 Abs. 1 BauGB. Dort werden drei Sachverhalte geregelt:

a) Auskunftsrechte des Gutachterausschusses (vgl. Rn. 7),

b) Vorlagepflichten der Betroffenen (vgl. Rn. 14) sowie

c) Duldungspflichten der Betroffenen; Betretungsrechte des Gutachterausschusses (vgl.
Rn. 18).

6 Die Befugnisse nach § 197 stellen eine **Ergänzung der allgemeinen verwaltungsverfah-
rensrechtlichen Regelungen,** nach denen der Gutachterausschuss als hoheitlich tätige
Behörde verpflichtet ist, den Sachverhalt von Amts wegen zu erforschen (§§ 24 bis 26
VwVfG).

1.2   Auskunftsrechte (Abs. 1 Satz 1)

7 Nach der „Kann-Bestimmung" des § 197 Abs. 1 Satz 1 BauGB kann der Gutachterausschuss **mündliche oder schriftliche Auskünfte** über „das Grundstück" einholen, nämlich
zur Ermittlung von Geldleistungen im Umlegungsverfahren, von Ausgleichsbeträgen und
von Enteignungsgrundstücken auch von Vergleichsgrundstücken. Nach § 7 Abs. 2 NutzEV
haben die Gemeinden dem Gutachterausschuss Auskunft über vereinbarte Nutzungsentgelte in anonymisierter Form zu erteilen.

8 Da das **Auskunftsrecht** grundsätzlich **auf Angaben über ein einzelnes Grundstück**
(„das" Grundstück) **beschränkt** ist, soll es sich hierbei ersichtlich um den Fall einer Erstattung eines Verkehrswertgutachtens handeln, wobei das Auskunftsrecht auf Angaben über
das zu wertende Grundstück beschränkt ist. Nur bei der Ermittlung von Geldleistungen im
Umlegungsverfahren (vgl. § 64 BauGB) sowie von Ausgleichsbeträgen und Entschädigungsleistungen erstreckt sich das Auskunftsrecht auch auf Vergleichsgrundstücke. § 197
Abs. 2 Satz 2 BauGB grenzt die Auskunftspflicht des Finanzamts gegenüber dem Gutachterausschuss ein (vgl. Rn. 25).

9 Normativ gründet sich das Auskunftsrecht einerseits aus der Aufgabenzuweisung des
§ 193 Abs. 3 BauGB, nach dem der Gutachterausschuss zur Führung und Auswertung der
Kaufpreissammlung verpflichtet ist, und andererseits aus der Befugnisnorm des § 197
BauGB i. V. m. entsprechenden landesrechtlichen Vorschriften (z. B. § 8 der nordrh.-westf.
GAVO).

Der **Erhebungsumfang ist** im Hinblick auf datenschutzrechtliche Belange **auf den uner-** **10** **lässlichen Datenumfang beschränkt,** der zur sachlichen und zeitgerechten Aufgabener-füllung erforderlich ist (Erforderlichkeitsprinzip des Datenschutzes).

Dem Auskunftsrecht des Gutachterausschusses für Grundstückswerte steht eine **Aus-** **11** **kunftspflicht der Betroffenen** gegenüber, die ggf. mit Zwangsmitteln durchgesetzt wer-den kann (vgl. Rn. 32 ff.): Freiwilligkeit besteht insoweit nicht. Im Übrigen empfiehlt es sich, die datenschutzrechtlichen Aufklärungs- und Hinweispflichten bei der Einholung von Auskünften zu beachten (vgl. § 12 nordrh.-westf. DSG).

Adressaten der Auskunftspflicht sind neben Sachverständigen auch die übrigen natür- **12** lichen aber auch juristischen Personen, wie Mieter, Verwalter, Eigentümer, dinglich Berechtigte, Banken und Behörden (nach Abs. 2). Die Vorschrift geht über die Regelungen des § 208 Satz 1 Nr. 1 BauGB hinaus. Nach dieser Vorschrift ist der Beteiligte nur zum per-sönlichen Erscheinen und nicht zu einer Auskunft verpflichtet.

Nach dem Vorhergesagten kann das **persönliche Erscheinen** angeordnet werden[3]. Der **13** Gutachterausschuss hat indessen nicht das Recht, die Personen zu vernehmen, zu beeidi-gen oder von ihnen eine eidesstattliche Erklärung zu verlangen; dies kann der Gutachter-ausschuss nur im Wege der Rechts- und Amtshilfe durch ein ersuchtes Gericht vornehmen[4]. Bei falscher Auskunft kann sich ein vereidigter Sachverständiger nach § 353 b StGB straf-bar machen. Ansonsten kommt für unrichtige Auskünfte die Verhängung eines Bußgeldes nach § 213 Abs. 1 BauGB nicht in Betracht[5].

1.3 Vorlagepflichten der Betroffenen (Abs. 1 Satz 2)

Nach § 197 Abs. 1 Satz 2 BauGB kann der Gutachterausschuss verlangen, dass Eigentümer **14** und sonstige Inhaber von Rechten an einem Grundstück, die

– zur Führung der Kaufpreissammlung und

– zur Begutachtung (Erstattung von Gutachten)

notwendigen **Unterlagen** vorlegen.

Notwendige Unterlagen können insbesondere sein: **15**

– Angaben über Mieten, Pachten und sonstige Nutzungsentgelte,

– Bewirtschaftungsdaten (§ 18 WertV),

– Angaben über den baulichen Zustand von Gebäuden bis hin zu Kostenbelegen über die Herstellung, Instandhaltung, Modernisierung und Schadensbeseitigungsmaßnahmen,

– Baugenehmigungen.

Auch wenn die Vorschrift im Unterschied zu § 193 Abs. 3 BauGB nur auf Unterlagen zur **16** „Führung" und nicht auch zur **Auswertung der Kaufpreissammlung** abstellt, fallen alle hierzu erforderlichen Unterlagen unter die Vorlagepflicht.

§ 208 Satz 1 Nr. 2 BauGB ergänzt die Regelung durch die **Verpflichtung Dritter, Unter-** **17** **lagen vorzulegen.**

---

1 BR-Drucks. 575/85, S. 152
2 Kalb in Ernst/Zinkahn/Bielenberg, BauGB § 208 Rn. 7
3 Dieterich in Ernst/Zinkahn/Bielenberg, BauGB § 197 Rn. 8; Schrödter, BauGB 6. Aufl. § 197 Rn. 2
4 OLG Düsseldorf, Beschl. vom 8. 1. 1957 – 12 W 24/56 –, NJW 1957, 1036
5 Kalb in Ernst/Zinkahn/Bielenberg, BauGB § 156 BBauG 1956 Rn. 3

18   **1.4   Duldungspflichten der Betroffenen; Betretungsrechte (Abs. 1 Satz 3 und 4)**

Nach § 197 Abs. 1 **Satz 3** BauGB haben Eigentümer, Inhaber vergleichbarer Rechte (§ 200 Abs. 2 BauGB) und Besitzer des Grundstücks zu dulden[6], dass Grundstücke

– zur Auswertung von Kaufpreisen und

– zur Vorbereitung von Gutachten

betreten werden. **Wohnungen dürfen** allerdings **nur mit Zustimmung der Wohnungsinhaber betreten werden.**

19   Im Übrigen findet **§ 209 BauGB Anwendung** (vgl. Rn. 6). Die Vorschrift bestimmt:

> „§ 209
> **Vorarbeiten auf Grundstücken**
>
> (1) Eigentümer und Besitzer haben zu dulden, dass Beauftragte der zuständigen Behörden zur Vorbereitung der von ihnen nach diesem Gesetzbuch zu treffenden Maßnahmen Grundstücke betreten und Vermessungen, Boden- und Grundwasseruntersuchungen oder ähnliche Arbeiten ausführen. Die Absicht, solche Arbeiten auszuführen, ist den Eigentümern oder Besitzern vorher bekannt zu geben. Wohnungen dürfen nur mit Zustimmung der Wohnungsinhaber betreten werden.
>
> (2) Entstehen durch eine nach Absatz 1 zulässige Maßnahme dem Eigentümer oder Besitzer unmittelbare Vermögensnachteile, so ist dafür von der Stelle, die den Auftrag erteilt hat, eine angemessene Entschädigung in Geld zu leisten; kommt eine Einigung über die Geldentschädigung nicht zustande, so entscheidet die höhere Verwaltungsbehörde; vor der Entscheidung sind die Beteiligten zu hören. Hat eine Enteignungsbehörde den Auftrag erteilt, so hat der Antragsteller, in dessen Interesse die Enteignungsbehörde tätig geworden ist, dem Betroffenen die Entschädigung zu leisten; kommt eine Einigung über die Geldentschädigung nicht zustande, so setzt die Enteignungsbehörde die Entschädigung fest; vor der Entscheidung sind die Beteiligten zu hören.“

20   Unter den Voraussetzungen des § 209 Abs. 2 BauGB ist eine **Entschädigung für Vermögensnachteile** infolge der Ausübung von Vorarbeiten auf dem Grundstück zu gewähren.

21   **Vor der Besichtigung ist der Eigentümer und der Besitzer zu benachrichtigen;** die Benachrichtigung kann auch mündlich erfolgen[7].

22   Fraglich bleibt, ob die gesetzliche Duldungspflicht ausreichend ist oder darüber hinaus der Erlass eines Verwaltungsaktes erforderlich ist[8], der die zunächst jedermann treffende Duldungspflicht konkretisiert. Stelkens vertritt hierzu die Auffassung, dass die Behörde in jedem Fall dann einen **Verwaltungsakt zur Konkretisierung der Duldungspflicht erlassen** muss, wenn sie die Duldungspflicht zwangsweise durchsetzen will, wenn es also als Vollstreckungstitel oder auch nur zur Klarstellung der Rechtslage erforderlich wird[9].

23   Im **Zwangsversteigerungsverfahren** kann das Gericht und der Sachverständige den Zutritt nicht erzwingen[10].

24   Mit dem **eingeschränkten Betretungsrecht für Wohnungen** wird dem Grundrecht der Unverletzlichkeit der Wohnung (Art. 13 GG) Rechnung getragen. Im gerichtlichen Verfahren darf das Betreten einer Wohnung durch einen Sachverständigen, der vom Gericht im Rahmen eines schwebenden Zivilprozesses bestellt worden ist, grundsätzlich nur nach vorheriger Anhörung der Wohnungsinhaber angeordnet werden[11].

2   Amtshilfe

2.1   Rechts- und Amtshilfepflichten gegenüber dem Gutachterausschuss (Abs. 2)

25   Nach § 197 Abs. 2 haben alle Gerichte und Behörden dem Gutachterausschuss Rechts- und Amtshilfe zu leisten (vgl. Rn. 2 und Art. 35 GG). Darüber hinaus wird mit § 7 Abs. 2 NutzEV klargestellt, dass diese Amtshilfepflicht auch für Gemeinden zum Zwecke der Ermittlung des ortsüblichen Entgelts nach der **NutzEV** gilt. Daneben sind die für die Anzeige von Landpachtverträgen zuständigen Behörden nach § 5 Abs. 2 Satz 2 **BKleingG** verpflichtet, auf Antrag des Pächters oder Verpächters eines Kleingartens Auskünfte über die ortsüblichen Pachtzinsen im erwerbsmäßigen Obst- und Gemüseanbau zu erteilen.

Vergleichbare **Regelungen enthalten** auch **die §§ 4 bis 8 VwVfG, die §§ 156 ff. GVG und** 26
§ 14 VwVO. Im Hinblick auf diese Regelungen hat der Gesetzgeber § 152 BBauG 76
gestrichen, der allgemein die Rechts- und Amtshilfe bei der Durchführung des Städtebaurechts ausdrücklich regelte. Wegen des spezialrechtlichen Regelungsgehalts des § 197
Abs. 2 BauGB über die dem Gutachterausschuss zu leistende Rechts- und Amtshilfe wurde
diese Vorschrift nicht durch Art. 49 Nr. 4 des Ersten Gesetzes zur Bereinigung des Verwal-
tungsverfahrensrechts vom 18. 2. 1986 (BGBl. I 1986, 265) gestrichen[12]. Gestützt auf § 197
Abs. 2 BauGB können u. a. Auskünfte über Mieten bei einer Wohngeldstelle eingeholt werden[13].

Die **Auskunftspflicht des Finanzamts** ist mit § 197 Abs. 2 Satz 2 BauGB auf Auskünfte 27
über Grundstücke **beschränkt,** soweit dies zur Ermittlung von

– Ausgleichsbeträgen nach den §§ 154 f. BauGB und

– Enteignungsentschädigungen

erforderlich ist. Im Ergebnis bedeutet dies eine Lockerung des Steuergeheimnisses (vgl.
§ 30 AO), die deshalb auf die Fälle beschränkt wurde, wo ein öffentliches Interesse an der
Auskunftspflicht besteht. Die Verwendung dieser Auskünfte muss nach denselben
Grundsätzen der Geheimhaltung erfolgen, wie sie für die Finanzverwaltung gelten. Im
Übrigen kann im Umkehrschluss aus der Vorschrift gefolgert werden, dass ein darüber
hinausgehendes Auskunftsrecht gegenüber dem Finanzamt nicht besteht.

2.2 Amtshilfe durch den Gutachterausschuss

Nach § 4 Abs. 1 VwVfG leistet jede Behörde anderen Behörden Amtshilfe. Da der Gutach- 28
terausschuss für Grundstückswerte als Behörde zu qualifizieren ist (vgl. § 192 BauGB
Rn. 2), wäre von daher eine Amtshilfepflicht des Gutachterausschusses abzuleiten, zumal
er darüber hinaus hoheitlich tätig wird.

Der Gesetzgeber hat jedoch im **Gutachterausschuss für Grundstückswerte** eine 29
Behörde sui generis gesehen, die abweichend von § 4 Abs. 1 VwVfG nicht zur Amtshilfe
und infolgedessen **nicht zur kostenlosen Erstattung von Gutachten gegenüber anderen
Behörden** verpflichtet ist. Dies folgt aus § 193 Abs. 1 Satz 1 Nr. 1, 2 und 4 BauGB, der die
antragsberechtigten Behörden aufzählt und im Umkehrschluss hierzu andere Behörden
vom Antragsrecht ausschließt. Der Gesetzgeber hat damit das allgemeine Recht auf Amtshilfeersuchen durch ein Antragsrecht ersetzt. Die auf Antrag von Behörden erstatteten Gutachten sind damit kostenpflichtig. Dieser Antrag ist nach Auffassung des LG Berlin einem
Amtshilfeersuchen gleichzuachten[14].

6 Zu diesem Begriff § 36 Abs. 2 Nr. 4 VwVerfG sowie § 6 Verwaltungsvollstreckungsgesetz.
7 Fislake im BerlKom § 209 Rn. 10
8 So OVG Saarland, Beschl. vom 23. 12. 1977 – 2 W 129/77 –, EzGuG 11.111a; OVG Berlin, Urt. vom 24. 11.
1987 – 2551/87 – NVwZ 1988, 844; BayVGH, Urt. vom 10. 4. 1986 – 8 B 85 A.630 –, BRS Bd. 46 Nr. 199;
vgl. VG Berlin, Beschl. vom 19. 6. 1984 – 13 A 455/81–, EzGuG 11.142 f.; OVG Münster, Urt. vom 27. 10.
1981 – 11 A 1757/79 –, im Falle einer Betretung durch die Naturschutzbehörde bzw. zum Gebot nach LBauO
9 Forsthoff, Lehrbuch des Verwaltungsrechts, § 15. 3 Stelkens in NuR 1983, 261
10 Steiner/Storz, Zwangsversteigerungsrecht, 9. Aufl. 1984/86, § 74 a Rn. 86; OLG Koblenz, Beschl. vom 5. 12.
1967 – 4 W 476/67–, EzGuG 11.60 a
11 BVerfG, Beschl. vom 5. 5. 1987 – 1 BvR 1113/85 –, EzGuG 11.164; BVerfG, Urt. vom 13. 10. 1971 –
1 BvR 280/66 –, BVerfGE 32,54; BVerfG, Urt. vom 3. 4. 1979 – 1 BvR 994/76 –, BVerfGE 51,97 Redeker in
DVBl. 1981, 83
12 BT-Drucks. 10/1232, S. 84, und BT-Drucks. 10/4630, S. 154; zum Auskunftsrecht in Sanierungsgebieten
vgl. § 138 BauGB
13 Nds. LT-Drucks. 11/740 Nr. 18.3
14 LG Berlin, Beschl. vom 16. 9. 1963 – (18) 0.18/61 –, EzGuG 11.37

30 Aus vorstehenden Gründen ist der **Gutachterausschuss** für Grundstückswerte auch **nicht befugt, im Wege der Amtshilfe personenbezogene Daten anderer Behörden preiszugeben** (vgl. § 195 Rn. 80 ff.).

31 Davon **unberührt ist** die **Verpflichtung** der Behörde „Gutachterausschuss" **zur Erteilung von Auskünften und Akteneinsicht nach § 99 VwGO.**

3   Rechtsmittel

32 Wie vorstehend erläutert wurde, begründet § 197 einerseits eine Auskunfts- und Vorlagepflicht der Betroffenen und andererseits einen Rechtsanspruch des Gutachterausschusses. Das **Auskunftsverlangen des Gutachterausschusses stellt einen Verwaltungsakt dar,** gegen den Rechtsmittel zulässig sind (vgl. § 68 und 41 VwGO, ggf. § 80 Abs. 2 Nr. 4 VwGO).

33 **Für die Durchsetzung dieses Anspruchs findet § 208 BauGB Anwendung** (vgl. Rn. 3). Die Vorschrift hat folgende Fassung:

„§ 208
Anordnungen zur Erforschung des Sachverhalts

Die Behörden können zur Erforschung des Sachverhalts auch anordnen, dass

1. Beteiligte persönlich erscheinen,
2. Urkunden und sonstige Unterlagen vorgelegt werden, auf die sich ein Beteiligter bezogen hat,
3. Hypotheken-, Grundschuld- und Rentenschuldgläubiger die in ihrem Besitz befindlichen Hypotheken-, Grundschuld- und Rentenschuldbriefe vorlegen.

Für den Fall, dass ein Beteiligter der Anordnung nicht nachkommt, kann ein Zwangsgeld bis zu tausend Deutsche Mark angedroht und festgesetzt werden. Ist Beteiligter eine juristische Person oder eine nichtrechtsfähige Personenvereinigung, so ist das Zwangsgeld dem nach Gesetz oder Satzung Vertretungsberechtigten anzudrohen und gegen ihn festzusetzen. Androhung und Festsetzung können wiederholt werden."

34 Der Gutachterausschuss ist eine Behörde (vgl. § 192 BauGB Rn. 2), der entsprechend dieser Vorschrift ein **Zwangsgeld zur Durchsetzung seines Auskunftsrechts** androhen und festsetzen kann.

35 Im Übrigen finden zur Durchsetzung der Befugnisse des Gutachterausschusses die **Verwaltungsvollstreckungsgesetze der Länder** Anwendung (vgl. § 70 Abs. 1 nds. VwVerfG)[15].

36 Der Verwaltungsakt, mit dem der Gutachterausschuss Maßnahmen nach Abs. 1 durchsetzen will, ist nach § 211 BauGB mit einer **Rechtsmittelbelehrung** zu versehen. Widerspruch und Anfechtungsklage haben aufschiebende Wirkung, soweit nicht nach § 80 Abs. 2 Nr. 4 VwGO seine sofortige Vollziehung angeordnet wird. Ob für die Anfechtungsklage die Verwaltungsgerichte oder die Baulandgerichte zuständig sind, ist strittig[16].

---

15 Krautzberger in Baltis/Krautzberger/Löhr, BauGB § 191 Rn. 6; Dieterich in Ernst/Zinkahn/Bielenberg, BauGB, § 197 Rn. 19.
16 Näheres hierzu Schrödter, BauGB § 197 Rn. 7

Anlage 1:
Anlage 8 zur Muster-Dienstanweisung für Gutachterausschüsse

Der Gutachterausschuss für Grundstückswerte
in der/im ...

Gutachterausschuss für Grundstückswerte · *PLZ Ort*

Anschrift der Geschäftsstelle
Telefon:
Auskunft erteilt:
Durchwahl:
Zimmer:
Aktenzeichen:
Datum:

Datum und Zeichen Ihres Schreibens

Kaufvertrag über das Grundstück ...

vom ...   Urkunden-Rolle Nr. ...   Notar ...

Sehr geehrte Damen und Herren,

der Gutachterausschuss für Grundstückswerte in der/im ... hat auf Grund des § 195 Abs. 1 Baugesetzbuch (BauGB) vom 8. Dezember 1986 in der jeweils geltenden Fassung eine Abschrift des o. g. Vertrags erhalten. Der vereinbarte Kaufpreis und andere erforderliche Daten aus dem Vertrag werden in die Kaufpreissammlung aufgenommen, die als Grundlage für Wertermittlungen zu führen ist.

Neben diesen Vertragsdaten ist es erforderlich, die Mieten, die Betriebskosten und soweit bekannt auch weitere wesentliche Daten vom Gebäude zu erfahren.

Der Gutachterausschuss ist auf Grund der §§ 192 ff. BauGB eingerichtet worden.

Diese Vorschriften ermöglichen berechtigten Personen und Institutionen, den Verkehrswert eines Grundstücks durch eine unabhängige, sachkundige und mit den Hilfsmitteln der Kaufpreissammlung versehene öffentliche Stelle ermitteln zu lassen, auf Antrag und gegen Gebühr.

Um also eine aussagefähige Kaufpreissammlung als Arbeitsgrundlage zu erhalten, wäre ich Ihnen dankbar, wenn Sie mir eine Ausfertigung des Fragebogens unter Benutzung des beigefügten Freiumschlages zusenden würden.

Die Berechtigung, Sie um Auskunft zu bitten, findet sich in § 197 Abs. 1 BauGB. Der zugesandte Kaufvertrag und der Fragebogen werden sofort nach der Bearbeitung ersatzlos vernichtet.

Mit freundlichen Grüßen
Im Auftrag

Anlagen:
Fragebogen
Freiumschlag

38 Anlage 2 zu § 197 BauGB:

Geschäftsstelle des Gutachterausschusses
für Grundstückswerte für den Bereich

ERHEBUNGSBOGEN
für Ein- und Zweifamilienhäuser

Kaufvertrag-Nr./Aktenzeichen

| | | | | | / | | | - | | / | |

Wir bitten Sie, Ihre Angaben auf den Zeitpunkt des Erwerbs zu beziehen. Zutreffendes bitte ankreuzen ☒ bzw. ausfüllen └─┘

Gebäudetyp

Gebäudeart:

1 ☐ Kleinsiedlungshaus
2 ☐ Einfamilienhaus
3 ☐ Einfamilienhaus mit Einliegerwohnung
4 ☐ Villa, Landhaus
5 ☐ Zweifamilienhaus
6 ☐ Wochenendhaus

Baujahr: └──┴──┴──┘

Jahr der letzten wesentlichen Veränderung:

Art der baulichen Veränderung:

Stellung des Gebäudes:

☐ Einzelstehend
☐ Doppelhaus
☐ Doppelhaushälfte
☐ Reihenmittelhaus
☐ Reihenendhaus
☐ Anbau
☐ Freistehend (Nebengebäude)

Zahl der Geschosse ohne Keller und Dachgeschoss:
└──┴──┘

Gebäudekonstruktion:

1 ☐ Holzgebäude   4 ☐ Fertighaus in leichter Bauart
2 ☐ Fachwerk-   5 ☐ Fertighaus in gebäude   massiver Bauart
3 ☐ Gebäude in   6 ☐ Mauerwerks- leichter Bauart   bauten

Dachform:

☐ Flachdach   ☐ Pultdach

☐ Satteldach   ☐ Walmdach

☐ Mansardendach   ☐ Zelt-, Kegel-, Kuppeldach

☐ Bogendach   ☐ sonstige Dachkonstruktion

Größe

Umbauter Raum:

☐ nach Bauakte   └──┴──┴──┴──┴──┘ m³
☐ nach eign. Berechnung

Anzahl der Wohnungen im Gebäude: └──┴──┘

Gebäudegrundfläche: └──┴──┴──┘ m²

Wohn- und Nutzfläche:
☐ nach Bauakte
☐ nach eign. Berechnung

Wohnen: └──┴──┴──┘ m²

Gewerblich: └──┴──┴──┘ m²

Keller ☐ vorhanden   ☐ nicht vorhanden
☐ teilweise ca. ──% der Gebäudegrundfläche
☐ teilweise/vollständig zum Wohnen ausgebaut

Dachgeschoss:
☐ ja   ☐ nein
☐ teilweise/vollständig zum Wohnen ausgebaut

Durchschnittliche Raumhöhe
In den Wohngeschossen: └──┴·┴──┴──┘ m
Im Keller: └──┴·┴──┴──┘ m
Im Dachgeschoss: └──┴·┴──┴──┘ m

Anzahl der Garagen
Im Gebäude: └──┴──┘   Als Nebengebäude: └──┴──┘

Anzahl der Einstellplätze (außerhalb des Gebäudes):
└──┴──┘

Ausstattung

Beheizung: ☐ Einzelöfen   ☐ Warmluft
☐ Etagenheizung   ☐ Klimaanlage
☐ Zentralheizung   ☐ Fernheizung

Energieart: ☐ Kohle/Holz   ☐ Elektrisch
☐ Gas   ☐ Sonnenenergie,
☐ Öl   Wärmepumpe

Sanitäre Anlagen

Bad/Dusche: ☐ vorhanden   ☐ nicht vorhanden
☐ zwei od. mehrere
WC: ☐ vorhanden   ☐ nicht vorhanden
☐ zwei od. mehrere   ☐ außerhalb des Hauses

Entsorgung

Abwasser: ☐ zentral   ☐ eigene

Fenster: ☐ Einfachfenster- ☐ Doppelfenster-
rahmen mit   rahmen
Einfachglas
☐ Isolierglas

Fußboden: ☐ Parkett, hoch-   ☐ Kunststoffbelag,
wertiger Teppich,   Steinfußboden,
Fliesen, Marmor   Holzdielen

Decken und ☐ Decken-   ☐ Wandvertäfelung
Wände: vertäfelung
☐ teilweise
☐ vollständig

Weitere Fragen

Haben Sie bestimmte Grundstücksmerkmale bei der Preisfestlegung als besonders wertbeeinflussend eingestuft (z. B. Verkehrslage, Ausnutzbarkeit)?

☐ nein

☐ ja, welche_____

Welche weiteren besonderen Ausstattungsmerkmale weisen Ihr Haus bzw. Ihr Grundstück auf (z. B. erhöhte Wärmedämmung, Sauna, Schwimmbad, offener Kamin, Einbauküche)?

_____

Waren wertmindernde Umstände z. Z. des Kaufes vorhanden (z. B. mangelnde Isolierung, Reparaturen, Bauschäden, Baumängel)?

☐ nein

☐ ja, welche_____

Waren Sie an dem Grundstück besonders interessiert und haben Sie daher einen höheren Kaufpreis als üblich bezahlt (Liebhaberkauf, Zukauf)?

☐ nein _____

☐ ja, warum_____

Wurde von Ihnen ein Preis vereinbart, der unterhalb des üblichen, von sonstigen Personen zu zahlenden Preises liegt (Verwandtschaftskauf, Kauf vom Arbeitgeber)?

☐ nein _____

☐ ja, warum_____

Welche Nebengebäude befinden sich außer der evtl. vorhandenen Garage auf Ihrem Grundstück (bitte Bauweise und ungefähre Größe angeben)?

_____

Bemerkungen

Ich bin damit einverstanden, dass die vorstehenden Daten in der Kaufpreissammlung gespeichert werden.

_____

(Unterschrift)

Quelle: RiWert Rh.-Pf.

39 **Anlage 3** zu § 197 BauGB:

Geschäftsbuch-Nummer	Datum
62 – 54.00 –	

Der Gutachterausschuss
für Grundstückswerte
in der Stadt Bonn
Stadthaus (Etage 7 A)
Berliner Platz 2
53111 Bonn

Hinweis zum Datenschutz:
Die Angaben werden zur rechtmäßigen Aufgabenerfüllung
auf Grund § 195 in Verbindung mit § 197 Baugesetzbuch
in der geltenden Fassung erhoben und gemäß
den Vorschriften des Datenschutzgesetzes
Nordrhein-Westfalen vom 19. 12. 1978 (GV NW S. 640)
verarbeitet.

E R H E B U N G S B O G E N

zur Kaufpreissammlung gemäß § 195 in Verbindung mit § 197 BauGB
– bebaute Grundstücke –

Das Gebäude/Wohnungseigentum (WE)/Teileigentum (TE)

liegt im Ortsteil ....

Straße, Hausnummer ....

– bitte soweit wie möglich ankreuzen bzw. ausfüllen –

Gebäudeangaben (bei WE/TE bezogen auf das Gesamtobjekt)

Denkmalschutz	Bauweise			
☐ ja ☐ nein	☐ Einzelhaus	☐ Doppelhaus	☐ Hausgruppe	☐ geschlossene Bauweise
Immissionseinflüsse	**Wohnlage – wenn Wohnnutzung –** (Erläuterung siehe Ziffer 1 der Anlage)			
☐ nein ☐ ja	☐ einfach	☐ mittel	☐ gut	☐ sehr gut
Gebäudeart	☐ Einfamilien-haus	☐ Zweifamilien-haus	☐ Mehrfamilien-haus	☐ gemischt genutztes Gebäude
	☐ Bürogebäude	☐ Geschäftsgebäude (100 % Gewerbe)		☐ Halle

Anzahl der Geschosse

☐ Zahl der Vollgeschosse einschl. Erdgeschoss	☐ ausgebautes Dachgeschoss vorhanden	☐ Tiefgaragen-geschoss vorhanden	Baujahr	Anzahl der Wohn- und Gewerbeeinheiten

Modernisierung (Erläuterung siehe Ziffer 2 der Anlage)

☐ nicht modernisiert	☐ nur Fassade restauriert	☐ teilweise modernisiert	☐ überwiegend modernisiert	☐ voll modernisiert	Jahr der Vollmodernisierung

Sondereinrichtungen

☐ Schwimmbad	☐ Sauna	☐ Aufzug	☐ Fitnessraum

Bau- und Unterhaltungszustand

☐ sehr gut	☐ gut	☐ normal	☐ schlecht

Gemeinschaftsküche

☐ Waschküche	☐ Trockenraum	☐ Fahrradkeller

Vermietung an gewerblichen Zwischenmieter

☐ nein	☐ gesamtes Gebäude	☐ nur Gewerbeeinheiten	☐ nur Wohneinheiten

Besondere Einkünfte (z. B. Vermietung von Werbeflächen)

☐ nein	☐ ja, folgende	€ Jahr

WOHNUNG(EN)

Feld	Beispiel
Vorderhaus	X
Hinterhaus	
Anbau	
Geschoss (s. Ziff. 3 der Anlage)	I. OG rechts
sonnige Lage	X
Zahl der Räume (s. Ziff. 4 der Anlage)	3
Ausstattungs-klasse (s. Ziff. 5 der Anlage)	2
Balkon, Loggia	X
hochwertige Fußbodenbeläge	X
isolierverglaste Fenster	X
Garage (= 7), Tiefgaragenstellplatz (= 8) oberirdischer Stellplatz (= 9)	8
Kellerraum/Abstell-raum vorhanden	X
öffentlich gefördert	
Gesamt-Wohnfläche (qm)	82
mtl. Kaltmiete ohne Neben-kosten (€) oder (€/qm)	7,50
mtl. Miete für Garage oder Stellplatz (€)	50
Abschluss Mietvertrag (Mon./Jahr)	8.81
letzte Mieterhöhung (Mon./Jahr)	8.84
Verwal-tungs-kosten nicht umlagefähig (€/Jahr)	240
Instand-haltungs-kosten (€/Jahr)	840
Heizungs-kosten (€/Jahr)	1.160
Betriebs-kosten umlagefähig (wie z.B. Wasser, Kanal, Müll, etc.) (€/Jahr)	860
lfd. Nr.	Beispiel

GEWERBLICHE EINHEIT(EN)

Feld	Beispiel
Ladenlokal	
Büro/Praxis	X
Gewerbe-(Indu-strie-)betrieb	
Gaststätte	
Lagerfläche	
Sonstige Nutzung (bitte beschreiben)	
straßenseitig	X
Hintergebäude	
Geschoss (s. Ziff. 3 der Anlage)	II. OG links
ausreichend Kundenparkplätze am/auf Grundstück vorhanden	X
Ausstattungsklasse (s. Ziff. 6 der Anlage)	2
Geschäftslage (s. Ziff. 7 der Anlage)	5
Nutzfläche der Haupträume (qm)	140
Nutzfläche der Nebenräume Lager/Sozialräume (qm)	18
Gesamtmiete (kalt) ohne Nebenkosten, ohne MWSt. (€/Monat)	2.500
Nebenkosten (€/Monat)	520
Anzahl der zur Einheit gehörenden Stellplätze	5
Mietpreis für Stellplätze (€)	200
Mietpreisanpassungs-klausel vorhanden	X
Benutzung von Betriebseinrichtungen im Mietpreis enthalten	
besondere Mietpreis-vereinbarungen (z.B. umsatzabhängige Pacht)	
Auflagen, Beschränkungen	
Abschluss Mietvertrag (Monat/Jahr)	2.79
letzte Mieterhöhung (Monat/Jahr)	3.85
lfd. Nr.	Beispiel

Anlage zum Erhebungsbogen „Bebaute Grundstücke"

Erläuterung einzelner Begriffe

1. Wohnlage

einfach	– ungünstige Infrastruktur, erhebliche Beeinträchtigung durch Immissionen (Lärm, Geruch), schlechtes Wohnumfeld
mittel	– gute Infrastruktur, geringe Immissionen, befriedigendes Wohnumfeld
gut	– gute Infrastruktur, geringe Immissionen, gutes Wohnumfeld, überwiegend aufgelockerte Bebauung, ausreichend Grünflächen, wenig Durchgangsverkehr
sehr gut	– keine Immissionen, sehr gutes Wohnumfeld; Vorteile durch Klima, Freiräume, Aussicht oder besonderen Freizeitwert; aufgelockerte, höchstens zweigeschossige Bebauung; ruhige, verkehrsgünstige Grünlage; kein bzw. geringer Durchgangsverkehr

2. Modernisierung

Ein Altbau wird als „modernisiert" bezeichnet, wenn die Mehrzahl der nachfolgend aufgezählten Merkmale zutreffen:

– abgeschlossene Wohnungen

– (fast) alle Räume von der Diele aus erreichbar

– guter Wohnungsgrundriss, ausreichend Stellfläche für Möbel

– Toilette und Bad/Dusche in der Wohnung

– Zentralheizung (auch Nachtspeicheröfen)

– Warmwasseranschluss (fließendes Warmwasser)

– neuer bzw. aufgearbeiteter Fußboden (-belag)

– zeitgemäße Elektroinstallation

– Bad gefliest, Küche zeitgemäß ausgestattet

– Fenster isolierverglast

– Antennenanschluss, Klingel, automatische Türöffner, Gegensprechanlage

Treffen nur wenige der Merkmale zu, so ist der Altbau als nicht modernisiert anzusehen.

Ist eine Wohnung durch eine (Voll-)Modernisierung einer Neubauwohnung gleichzustellen, d. h. treffen (fast) alle Modernisierungsmerkmale zu, bitte auch das Jahr der (Voll-)Modernisierung angeben.

3. Geschosslage

S	= Souterrain
EG	= Erdgeschoss
1. OG (usw.)	= 1. Obergeschoss, 1. Etage
DG	= Dachgeschoss

4. Zahl der Räume

alle Wohn-, Schlaf-, Kinder- und Arbeitszimmer, ohne Bad, WC, Flure und Dielen

5. Ausstattung Wohnungen

1 – abgeschlossene Komfortwohnung mit Zentral-/Etagenheizung; Bad und 2 WC in der Wohnung; großzügige Aufteilung; höherwertige Materialien wie Marmor, Parkett; exklusive Sanitärausstattung und Dekor-Fliesen

2 – abgeschlossene Wohnung mit Zentral-/Etagenheizung, Bad und WC in der Wohnung

3 – abgeschlossene Wohnung ohne Zentral-/Etagenheizung, Bad und WC in der Wohnung

4 – abgeschlossene Wohnung mit Zentral-/Etagenheizung, WC in der Wohnung, ohne Bad

5 – abgeschlossene Wohnung ohne Zentral-/Etagenheizung, WC in der Wohnung, ohne Bad

6 – abgeschlossene Wohnung mit Zentral-/Etagenheizung, WC im Treppenhaus, ohne Bad

7 – abgeschlossene Wohnung ohne Zentral-/Etagenheizung, WC im Treppenhaus, ohne Bad

8 – nicht abgeschlossene Wohnung mit Zentral-/Etagenheizung

9 – nicht abgeschlossene Wohnung ohne Zentral-/Etagenheizung

6. Ausstattung Gewerbeeinheiten

1 – gute (überdurchschnittliche) moderne Ausstattung je nach Art des Gewerbes

2 – normale (durchschnittliche) Ausstattung je nach Art des Gewerbes

3 – mäßige, nicht zeitgemäße Ausstattung je nach Art des Gewerbes

7. Geschäftslage – Ladenlokale

1 – Fußgängerzone von Bonn und tlw. von Bad Godesberg

2 – Citybereich der einzelnen Stadt- und Ortsteile, Randbereich der Fußgängerzone von Bonn

3 – Geschäftsgrundstücke in Wohn-/Geschäftslagen außerhalb von Citybereichen der Stadt- und Ortsteile

4 – einzeln verstreute Geschäftsgrundstücke außerhalb von Geschäftslagen

40   Anlage 4 zu § 197 BauGB:

Erhebungsbogen zur Ermittlung von Kleingartenpachten

Geschäftsstelle des Gutachterausschusses für Grundstückswerte

Anschrift:

Datum	
Aktenzeichen	
Bearbeiter	
Telefon	

Betr.: Führung der Kaufpreissammlung

Sehr geehrte

der Gutachterausschuss für Grundstückswerte hat nach dem Bundeskleingartengesetz für Kleingartenpachtverträge ein Gutachten über die ortsübliche Pacht im erwerbsmäßigen Obst- und Gemüseanbau zu erstatten. Die ortsübliche Pacht soll zur Festlegung der Kleingartenpacht dienen. Der Gutachterausschuss kann dieser Aufgabe jedoch nur nachkommen, wenn er über realistische, marktübliche Daten verfügt.

Wir bitten daher um Ihr Verständnis, wenn wir uns mit dem beigefügten Fragebogen an Sie wenden (Anlage). Wir wären Ihnen dankbar, wenn Sie uns entsprechende Auskünfte geben könnten.

Sollten Sie keine Pachtverträge abgeschlossen haben, bitten wir ebenfalls um Rückgabe des Fragebogens. Füllen Sie dann bitte nur das Feld II aus. Sollten Sie darüber hinaus Kenntnisse über Pachten im erwerbsmäßigen Obst- und Gemüseanbau haben, dann teilen Sie uns diese bitte im Feld III mit. Wir haben Ihnen einen Freiumschlag beigefügt.

Die Mitwirkung bei dieser Erhebung ist freiwillig. Aus einer Nichtbeantwortung der Fragen entstehen Ihnen keine Nachteile.

Wir versichern Ihnen, dass die von Ihnen erhaltenen Angaben nur zu dem o. g. Zweck verwendet und vertraulich behandelt werden.

Für Ihre Bemühungen bedanken wir uns recht herzlich.

Mit freundlichen Grüßen

Im Auftrag

Geschäftsstelle des
Gutachterausschusses
Katasteramt

Anschrift:

_____, den _____

Str. _____

Tel. _____

Fragebogen über den Pachtzins im erwerbsmäßigen Obst- und Gemüseanbau
(§ 5 BKleingG vom 28. 2. 1983) in der jeweils gültigen Fassung

I. ☐ Von mir wurde der folgende Pachtvertrag abgeschlossen

   a) ☐ mündlicher

       ☐ schriftlicher   Pachtvertrag vom _____

   b) ☐ Dauer des Vertrags

       ☐ bis auf weiteres (Kündigungsfrist: _____)

       ☐ bis _____

   c) (Ver-)Pächter

Name, Anschrift

   d) ge-/verpachtete Flächen:

Gemeinde	Gemarkung	Flur	Flurstück	Fläche	Jahrespacht

   e) Nutzung der Pachtfläche

       ☐ Obstanbau   Kulturart

       ☐ Gemüseanbau   Gemüseart

   f) Die Pachthöhe grenzt an bereits vom Pächter bewirtschaftete Flächen an (Arrondie-rung)

       ☐ ja   ☐ nein   ☐ nicht bekannt

g) Mit der vereinbarten Pacht wird auch verpächtereigenes bauliches Kapital (Wirtschaftsgebäude, Wasserversorgung o. ä.) bzw. Pflanzeninventar (Obstbäume oder andere Dauerkulturen) verzinst.

☐ nein

☐ ja, und zwar

II. ☐ Ein Pachtvertrag für Flächen des erwerbsmäßigen Obst- und Gemüseanbaus wurde von mir nicht abgeschlossen.

III. ☐ Über Pachten im erwerbsmäßigen Obst- und Gemüseanbau kann ich Ihnen folgende Erfahrungswerte mitteilen:

Ich bin damit einverstanden, dass die vorstehenden Angaben zu den in dem Begleitschreiben genannten Zwecken genutzt werden.

_____

(Unterschrift)

§ 198
Oberer Gutachterausschuss

(1) Bei Bedarf können Obere Gutachterausschüsse für den Bereich einer oder mehrerer höherer Verwaltungsbehörden gebildet werden, auf die die Vorschriften über die Gutachterausschüsse entsprechend anzuwenden sind.

(2) Der Obere Gutachterausschuss hat auf Antrag eines Gerichts ein Obergutachten zu erstatten, wenn schon das Gutachten eines Gutachterausschusses vorliegt.

---

1   Einrichtung Oberer Gutachterausschüsse

§ 198 BauGB ermächtigt zusammen mit § 199 Abs. 2 Nr. 1 BauGB die **Landesregierungen Obere Gutachterausschüsse** für den Bereich einer oder mehrerer höherer Verwaltungsbehörden (Regierungspräsident) **einzurichten.** Von dieser Möglichkeit haben nur die Länder Brandenburg, Niedersachsen, Nordrhein-Westfalen und Sachsen-Anhalt Gebrauch gemacht.   **1**

– In *Brandenburg* wird ein Oberer Gutachterausschuss für den Bereich des Landes gebildet (§ 21 Abs. 1 GAV). Die Mitglieder des Oberen Gutachterausschusses werden vom Ministerium des Innern bestellt und sollen Mitglieder eines Gutachterausschusses sein. Als Mitglied des Oberen Gutachterausschusses können auch Bedienstete des Landes bestellt werden. Von der Mitwirkung an einem Obergutachten ist der Vorsitzende jedoch ausgeschlossen, wenn er an dem Gutachten des örtlich zuständigen Gutachterausschusses mitgewirkt hat.   **2**

– In *Nordrhein-Westfalen* wird gemäß § 21 GAVO NW für den Bereich des Landes ein Oberer Gutachterausschuss gebildet. Die Mitglieder des Oberen Gutachterausschusses werden vom Innenminister für die Dauer von fünf Jahren bestellt. Sie sollen Mitglieder eines Gutachterausschusses sein. Von der Mitwirkung an einem Obergutachten sind sie aber ausgeschlossen, wenn sie an dem Gutachten des örtlich zuständigen Gutachterausschusses mitgewirkt haben.   **3**

– In *Niedersachsen* wurde ein Oberer Gutachterausschuss bei der Bezirksregierung Weser Ems in Oldenburg gebildet. Die Mitglieder der Oberen Gutachterausschüsse werden von den Bezirksregierungen für die Dauer von fünf Jahren bestellt. Sie können gleichzeitig einem Gutachterausschuss angehören. Von der Mitwirkung an einem Obergutachten sind sie ausgeschlossen, wenn sie an dem Gutachten des örtlich zuständigen Gutachterausschusses mitgewirkt haben[1].   **4**

---

1   Hierzu RdErl. d. Nds. MS vom 6. 3. 1991 – 301 – 21013 –, GültL 392/19 –, Nds. MBl. 1991, 470 Tz. 404

5   – In *Sachsen-Anhalt* wird für den Bereich des Landes ein Oberer Gutachterausschuss gebildet, dessen Mitglieder vom Ministerium des Innern bestellt werden. Der Vorsitzende soll Bediensteter der obersten oder einer höheren Vermessungs- und Katasterbehörde des Landes sein. Die Amtsperiode des Oberen Gutachterausschusses beträgt vier Jahre. Im Übrigen ist ein Mitglied des Oberen Gutachterausschusses von der Mitwirkung an einem Gutachten ausgeschlossen, wenn er an dem Gutachten des örtlich zuständigen Gutachterausschusses mitgewirkt hat.

6   Nach § 198 Abs. 1 Halbsatz 2 BauGB sind die **Vorschriften des BauGB über die Gutachterausschüsse auch auf die Oberen Gutachterausschüsse anzuwenden.** Die „entsprechende" Anwendung der Vorschriften bedeutet u. a., dass die Vorschriften nur insoweit auf den Oberen Gutachterausschuss anzuwenden sind, wie es dessen Aufgabenbereich entspricht. Im Übrigen enthalten die landesrechtlichen Vorschriften weitere Bestimmungen über das „Tätigwerden" der Oberen Gutachterausschüss[2].

7   Da den Oberen Gutachterausschüssen nicht die Führung und Auswertung einer Kaufpreissammlung, die Ermittlung von Bodenrichtwerten nach § 196 BauGB und die Ableitung erforderlicher Daten der Wertermittlung nach dem Zweiten Teil der WertV obliegt, haben sie grundsätzlich auch keinen Anspruch auf Übersendung der Verträge nach § 195 Abs. 1 BauGB. Indessen haben sie im Rahmen der Erfüllung ihrer Aufgabe die **Befugnisse nach § 197 BauGB.** Die Gutachter der Oberen Gutachterausschüsse unterliegen des Weiteren – wie die der Gutachterausschüsse selbst – der Verpflichtung, ihnen bekannt gewordene (personenbezogene) Daten geheim zu halten. Im Übrigen wirken die Geschäftsstellen des örtlichen Gutachterausschusses nach Weisung des Oberen Gutachterausschusses an dessen Aufgabenerfüllung mit.

8   Eine Besonderheit besteht diesbezüglich im Lande *Niedersachsen*. Nach § 25 der nds. DVBauGB werden dort von dem Oberen Gutachterausschuss Daten von Objekten, die im Gebiet eines Landkreises oder einer kreisfreien Stadt nur vereinzelt vorhanden sind, gesammelt und ausgewertet; diese Daten können als sonstige zur Wertermittlung erforderliche Daten in dem **Grundstücksmarktbericht des Oberen Gutachterausschusses** veröffentlicht werden. Die Auswertungsergebnisse sind allen Gutachterausschüssen im Regierungsbezirk mitzuteilen.

2 Aufgaben des Oberen Gutachterausschusses

9   Der Aufgabenbereich ist bundesrechtlich durch § 195 Abs. 2 BauGB vorgegeben. Der **Gutachterausschuss „hat"** danach **auf Antrag eines Gerichts ein Obergutachten zu erstatten, wenn das Gutachten eines Gutachterausschusses bereits vorliegt.** Antragsberechtigt ist also nur ein Gericht und auch nur dann, wenn ein Gutachten bereits vorliegt. Der Gesetzgeber wollte damit den Gerichten die Möglichkeit eröffnen, ein Gutachten des „Oberen Gutachterausschusses" einzuholen, wenn der örtlich zuständige Gutachterausschuss bereits „verbraucht" ist. Ob dafür eine zwingende Notwendigkeit besteht, muss aber bezweifelt werden. Zum einen kann das Gericht auf freie und auch auf öffentlich bestellte und vereidigte Sachverständige in derartigen Fällen zurückgreifen. Zum anderen kann sich das Gericht im verwaltungsrechtlichen Verfahren ohne Verstoß gegen seine Aufklärungspflicht nach § 86 Abs. 1 VwGO auch auf gutachtliche Stellungnahmen anderer Behörden stützen, wenn die federführende Behörde die Stellungnahme schon im vorherigen Verwaltungsverfahren eingeholt hat[3].

10   Die Landesregierungen sind im Übrigen ermächtigt, dem Oberen Gutachterausschuss weitere Aufgaben zu übertragen.

11   Von der Möglichkeit der **Übertragung weiterer Aufgaben** auf den Oberen Gutachterausschuss haben die Länder, die Obere Gutachterausschüsse eingerichtet haben (Brandenburg, Niedersachsen, Nordrhein-Westfalen und Sachsen-Anhalt), Gebrauch gemacht:

Brandenburg: **12**

Neben der Erstattung eines Obergutachtens auf Antrag eines Gerichts hat der Obere Gutachterausschuss auch auf Antrag einer Behörde in einem gesetzlichen Verfahren ein Obergutachten zu erstatten, wenn das Gutachten eines Gutachterausschusses bereits vorliegt
(§ 23 GAV); des Weiteren erarbeitet er den Grundstücksmarktbericht für das Land Brandenburg.

Niedersachsen: **13**

Nach § 27 Abs. 1 Nr. 2 der nds. DVBauGB hat der Obere Gutachterausschuss (eingerichtet bei der Bezirksregierung Weser-Ems in Oldenburg) ein Gutachten zu erstatten, wenn
eine für die Vorbereitung, Durchführung, Abwicklung oder Förderung städtebaulicher
Sanierungsmaßnahmen zuständige Behörde dies beantragt und ein Gutachten des Gutachterausschusses bereits vorliegt. Unter der zuletzt genannten Voraussetzung ist nach § 27
Abs. 1 Nr. 3 der nds. DVBauGB auf Antrag eines sonst nach § 193 Abs. 1 BauGB Berechtigten ein Gutachten zu erstatten, wenn für das Gutachten des Gutachterausschusses oder
das beantragte Obergutachten eine bindende Wirkung bestimmt oder vereinbart worden
ist[4]. Des Weiteren obliegt dem Oberen Gutachterausschuss die für die Wertermittlung
erforderlichen Daten und Bodenrichtwertübersichten zusammenzufassen und zu veröffentlichen.

Nordrhein-Westfalen: **14**

Nach § 23 der GAVO NW hat der Obere Gutachterausschuss auf Antrag einer Behörde in
einem gesetzlichen Verfahren ein Obergutachten zu erstatten, wenn das Gutachten eines
Gutachterausschusses vorliegt.

Sachsen-Anhalt: **15**

Auch in Sachsen-Anhalt hat der Obere Gutachterausschuss – wie in Brandenburg – neben
der Erstattung von Obergutachten auf Antrag eines Gerichts bzw. auf Antrag einer Behörde
in einem gesetzlichen Verfahren ein Gutachten zu erstatten, wenn das Gutachten eines Gutachterausschusses bereits vorliegt. Daneben veröffentlicht der Obere Gutachterausschuss
für seinen Bereich einen Grundstücksmarktbericht (§ 21 VO Gut).

3 Einholung weiterer Gutachten durch Gerichte

3.1 Allgemeines

Die **gerichtliche Entscheidung** darüber, **ob ein weiteres Gutachten eingeholt werden** **16**
soll, steht im Rahmen der freien Beweiswürdigung (vgl. § 108 Abs. 1 VwGO) **im**
pflichtgemäßen Ermessen des Tatsachengerichts. Dieses Ermessen wird nur dann verfah-
rensfehlerhaft ausgeübt, wenn das Gericht von der Einholung eines weiteren Gutachtens
oder eines Obergutachtens (z. B. nach Maßgabe des § 198 BauGB) absieht, obwohl die Notwendigkeit dieser weiteren Beweiserhebung (vgl. Rn. 9) sich ihm hätte aufdrängen müssen.
Reicht indessen bereits ein eingeholtes Gutachten aus, um das Gericht in die Lage zu versetzen, die entscheidungserheblichen Fragen sachkundig beurteilen zu können, ist die Einholung eines weiteren Gutachtens oder Obergutachtens weder notwendig noch veranlasst[5].

Im Unterschied zu § 193 Abs. 1 Nr. 4 BauGB sind nach § 198 BauGB ausdrücklich nur die **17**
Gerichte und nicht auch die sonstigen Justizbehörden zur Beantragung eines Gutachtens
des Oberen Gutachterausschusses ermächtigt; **ausgeschlossen sind** damit **die Staatsan-**
waltschaften, sofern denen nicht ein Antragsrecht durch Landesrecht eingeräumt wird.

---

2 Nds. DVBauGB (a. a. O.) und GAVO NW (a. a. O.)

3 BVerwG, Beschl. vom 30. 12. 1997 – 11 B 3/97 –, GuG 1998, 247 = EzGuG 11.259 a

4 RdErl. des nds. MS vom 2. 5. 1988 – 301-21013 –, Nds. MBl. 1988, 547 Nr. 228, 2.3; vgl. auch GemRdErl. vom
   15. 12. 1978, Nds. MBl. 1979, 18

5 BVerwG, Urt. vom 6. 2. 1985 – 8 C 15/84 –, EzGuG 11.146

18   Ob ein Gericht unter den Voraussetzungen des § 198 BauGB ein Obergutachten einholt, steht nach dem vorher Gesagten (Rn. 16) im tatrichterlichen Ermessen des Gerichts (§ 412 Abs. 1 ZPO). Vor allem wenn das vorliegende Gutachten keine groben Fehler aufweist, besteht kein Anlass zur Einholung eines Obergutachtens[6]. Die Einschaltung eines Obergutachtens setzt vielmehr voraus, dass ein vorliegendes **Gutachten schwere Mängel aufweist oder** die **Beweisfrage besonders schwierig** ist[7]. Des Weiteren wird dies bejaht bei groben Mängeln der vorhandenen Gutachten und dann, wenn ein neuer Gutachter über überlegene Forschungsmittel verfügt[8]. Vorhandene weitere Aufklärungsmöglichkeiten müssen sogar genutzt werden, wenn sie sich anbieten und Erfolg versprechen[9].

19   Besteht Anlass, ein weiteres Gutachten einzuholen, ist **nicht ausgeschlossen, dass** das **Gericht** nach § 412 Abs. 1 ZPO oder § 83 Abs. 1 StPO **eine neue Begutachtung** durch
– einen privat tätigen Sachverständigen oder
– eine andere Behörde
anordnet[10].

20   Von der Möglichkeit, ein **Gutachten des Oberen Gutachterausschusses** einzuholen, wurde bislang nur **in verhältnismäßig geringem Umfang** Gebrauch gemacht. Die Notwendigkeit der Einrichtung Oberer Gutachterausschüsse muss deshalb auch unter Berücksichtigung der Kosten in Frage gestellt werden. Einer personellen und sächlichen Stärkung der örtlichen Gutachterausschüsse ist von daher der Vorzug zu geben.

3.2   Rechtliche Bedeutung des Gutachtens von Oberen Gutachterausschüssen

21   **Der Obere Gutachterausschuss stellt** in Bezug auf ein vorliegendes Gutachten eines Gutachterausschusses **keine Rechtsmittelinstanz dar,** da nach § 193 Abs. 4 BauGB Gutachten ohnehin unverbindlich und keine anfechtbaren Verwaltungsakte sind (vgl. § 193 BauGB Rn. 67 ff.)[11]. Mit der Einrichtung der Oberen Gutachterausschüsse sollte vielmehr lediglich für die Fälle, in denen der Gutachterausschuss bereits „verbraucht" ist, ein weiteres Kollegialgremium sachkundiger und erfahrener Gutachter geschaffen werden, das angerufen werden kann und dem für seine Gutachtenerstattung die Kaufpreissammlung des Gutachterausschusses zugänglich ist. Deswegen muss vom Oberen Gutachterausschuss gefordert werden, dass er auf der Grundlage größerer Sachkunde und besserer Erkenntnisquellen die Sachkompetenz aufweist, die bestehende Zweifel an einem vorliegenden Gutachten und möglicherweise gegensätzliche Auffassungen mehrerer vorher gehörter Sachverständiger auszuräumen vermag.

22   Hat ein Gericht ein Obergutachten des Oberen Gutachterausschusses eingeholt, so ist es auch hieran nicht gebunden. Der Sache nach handelt es sich auch bei den **Obergutachten um Sachverständigenbeweise** i. S. d. §§ 402 ff. ZPO, denen sich ein Gericht anschließen kann, die aber in freier Beweiswürdigung auch ganz oder in Teilen unberücksichtigt bleiben können (vgl. Teil III Rn. 293 ff.).

---

6   BVerwG, Urt. vom 17. 12. 1959 – 4 C 278/57 –, DVBl. 1960, 287; LG Münster, Urt. vom 7. 8. 1963 – 8 S 153/63 –, EzGuG 11.36
7   BGH, Urt. vom 10. 3. 1977 – III ZR 195/74 –, EzGuG 18.72; BGH, Urt. vom 17. 2. 1970 – III ZR 139/67 –, BGHZ 53, 245 = NJW 1970, 146
8   BGH, Urt. vom 4. 3. 1980 – VI ZR 6/79 –, EzGuG 11.118; BGH, Urt. vom 5. 12. 1961 – VI ZR 261/6O –, EzGuG 11.23d; BGH, Urt. vom 9. 2. 1971 – VI ZR 142/69 –, EzGuG 11.77c; BGH, Urt. vom 18. 3. 1974 – III ZR 48/73 –, VersR 1974, 804 = MDR 1974, 739
9   BGH, Urt. vom 12. 1. 1976 – VIII ZR 273/74 –, EzGuG 11.101 a
10   § 404 Abs. 1 ZPO; § 73 Abs. 1 StPO
11   Zur Frage eines „Instanzenzuges" für die Verkehrswertermittlung der Gutachterausschüsse mit feststellender Wirkung vgl. Bielenberg Empfehlen sich weitere bodenrechtliche Vorschriften im städtebaulichen Bereich, Rechtsgutachten zum 49. Dt. Juristentag Gutachten B 1972, S. B 121; Kleiber in Bielenberg/Koopmann/Krautzberger, Städtebauförderungsrecht Bd. I § 153 BauGB Rn. 114; Ernst/Hoppe, Das öffentliche Bau- und Bodenrecht, Raumplanungsrecht, 2. Aufl., München 1981 Rn. 775; Gewos-Gutachten, Bodenrechtsreform im sozialen Rechtsstaat, Gewos Schriftenreihe Bd. 9 1973, S. 125

§ 199
Ermächtigungen

(1) Die Bundesregierung wird ermächtigt, mit Zustimmung des Bundesrates durch Rechtsverordnung Vorschriften über die Anwendung gleicher Grundsätze bei der Ermittlung der Verkehrswerte und bei der Ableitung der für die Wertermittlung erforderlichen Daten zu erlassen.

(2) Die Landesregierungen werden ermächtigt, durch Rechtsverordnung

1. die Bildung und das Tätigwerden der Gutachterausschüsse und der Oberen Gutachterausschüsse, soweit in diesem Gesetzbuch nicht bereits geschehen, die Mitwirkung der Gutachter und deren Ausschluss im Einzelfall,

2. die Aufgaben des Vorsitzenden,

3. die Einrichtung und die Aufgaben der Geschäftsstelle,

4. die Führung und Auswertung der Kaufpreissammlung, die Ermittlung der Bodenrichtwerte sowie die Veröffentlichung der Bodenrichtwerte und sonstiger Daten der Wertermittlung und die Erteilung von Auskünften aus der Kaufpreissammlung,

5. die Übermittlung von Daten der Flurbereinigungsbehörden zur Führung und Auswertung der Kaufpreissammlung,

6. die Übertragung weiterer Aufgaben auf den Gutachterausschuss und den Oberen Gutachterausschuss und

7. die Entschädigung der Mitglieder des Gutachterausschusses und des Oberen Gutachterausschusses

zu regeln.

---

1   Allgemeines

1   Mit § 199 BauGB wurden die **Ermächtigungen zum Erlass von Rechtsverordnungen** zum Recht der Wertermittlung zusammengefasst.

2   Abs. 1 ermächtigt die Bundesregierung zum Erlass von Vorschriften über die Anwendung gleicher Grundsätze bei der Ermittlung der Verkehrswerte und bei der Ableitung erforderlicher Daten. Abs. 2 ermächtigt die **Landesregierungen zum Erlass von Aus- und Durchführungsverordnungen zum Wertermittlungsrecht** des Bundes.

3   Das BauGB hält mit der Aufspaltung in eine bundesgesetzlich vorgegebene materielle Definition des Verkehrswerts (§ 194 BauGB) und dem Erlass einer **Rechtsverordnung über bundeseinheitliche Verfahrensgrundsätze zur Ermittlung des Verkehrswerts** an der gesetzgeberischen Entscheidung zum BBauG 1960 fest.

4   In den RegEntw zum BBauG waren dagegen noch Bestimmungen über Verfahrensgrundsätze zur Verkehrswertermittlung oder zumindest der Hinweis auf die Anwendung des Vergleichs-, Ertrags- oder Sachwertverfahrens enthalten[1]. Aus Gründen der Vollzugsfähigkeit des Städtebaurechts wurde seinerzeit die Notwendigkeit gesehen, zumindest über Art. 84 Abs. 2 GG allgemeine Vorschriften über die Verkehrswertermittlung zu erlassen[2]. Der seinerzeit federführende 24. BT-Ausschuss hat hieran anknüpfend der Bundesregierung den Erlass einer Rechtsverordnung empfohlen, um die Anwendung gleicher Grundsätze bei der Verkehrswertermittlung sicherzustellen[3]. Dem folgend wurde die Bundesregierung mit **§ 141 Abs. 4 BBauG 60** zum Erlass einer WertV[4] ermächtigt. Die Ermächtigung hatte folgenden Wortlaut: *„Die Bundesregierung wird ermächtigt, mit Zustimmung des Bundesrates durch Rechtsverordnung Vorschriften zu erlassen, um die Anwendung gleicher Grundsätze bei der Ermittlung der Verkehrswerte zu sichern. "*

2   Ermächtigung der Bundesregierung (Abs. 1)

2.1   Entstehungsgeschichte

▸ *Hierzu vgl. Vorbem. zum BauGB Rn. 4 ff.*

5   Auf der Grundlage vorstehender Ermächtigung hat die Bundesregierung die **Wertermittlungsverordnung in ihrer Ursprungsfassung vom 7. 8. 1961** erlassen[5].

Mit In-Kraft-Treten des StBauFG vom 15. 8. 1972 (BGBl. I 1972, 1416) war Anlass für **6**
eine Novellierung der WertV von 1961 gegeben. Der Aufgabenbereich der Gutachterausschüsse wurde mit diesem Gesetz auf die Ermittlung sanierungs- und entwicklungsunbeeinflusster Grundstückswerte i. S. d. § 153 Abs. 1 und § 169 Abs. 4 BauGB (§§ 23 und 57 Abs. 4 StBauFG), Neuordnungswerte i. S. d. § 153 Abs. 4 und § 169 Abs. 8 BauGB (§ 25 Abs. 6 und § 59 Abs. 5 StBauFG), die Ermittlung von Ausgleichsbeträgen i. S. d. §§ 154 f. BauGB (§ 41 Abs. 4 bis 11 StBauFG) sowie auf die für die Überführung von Grundstücken in das Treuhandvermögen eines Sanierungsträgers oder für die Rücküberführung maßgeblichen Werte i. S. d. § 160 Abs. 5 und 7 BauGB (§ 36 Abs. 5, 7 und 8 StBauFG) erweitert. Die Ermächtigungsgrundlage des BBauG 1961 (vgl. Rn. 3) wurde hierfür durch die Ermächtigungen des § 91 Nr. 1 und Nr. 2 StBauFG ergänzt; sie hatten folgenden Wortlaut:

„Die Bundesregierung wird ermächtigt, mit Zustimmung des Bundesrates durch Rechtsverordnung Vorschriften zu erlassen über

1. die Anwendung gleicher Grundsätze bei der Ermittlung der nach § 23 Abs. 1 bis 3 und nach § 57 Abs. 4 maßgeblichen Grundstücks- und Gebäudewerte,

2. die Anwendung gleicher Grundsätze bei der Ermittlung der Verkehrswerte nach § 25 Abs. 6 und § 59 Abs. 5 sowie der Erhöhung der Grundstückswerte nach § 41 Abs. 5".

Die **Begründung zu dieser Vorschrift** vermerkt lediglich, dass die Bundesregierung **7**
zusätzlich ermächtigt werde, „Vorschriften zu erlassen über die Anwendung gleicher Grundsätze bei der Ermittlung der maßgeblichen Grundstückswerte, wenn land- und forstwirtschaftliche Flächen in Anspruch genommen und wenn Grundstücke nach § 25 oder nach § 59 StBauFG veräußert werden"[6].

Die Novellierung wurde zum Anlass genommen, über eine Ergänzung der WertV durch **8**
Vorschriften zur Wertermittlung in förmlich festgelegten Sanierungsgebieten und Entwicklungsbereichen hinaus, „gewisse Klarstellungen und Verbesserungen der bisherigen Vorschriften" vorzunehmen (vgl. Vorbem. zur WertV Rn. 8)[7].

▶ *Zur Bedeutung dieser Ermächtigungsvorschrift vgl. Rn. 18 ff. sowie Teil V Vorbem. zu* **9**
den §§ 26 ff. WertV Rn. 5 ff.

---

1 Initiativentwurf zum BBauG vom 26. 10. 1955, BT-Drucks. II/1813, § 184 und S. 74; Entwurf eines Gesetzes zur Bodenbewertung und über Grundrentenabgabe des GB/BHE, BT-Drucks. II/2132, vgl. auch Hauptkommissionsentwurf vom 2. 3. 1956, § 173, Schriftenreihe des BMWo Bd. 7. Begründung hierzu in Schriftenreihe des BMWo Bd. 9, S. 140

2 Begründung zu § 168 des RegE eines BBauG vom 13. 12. 1956, BT-Drucks. II/3028, S. 136 und RegE eines BBauG von 1958, BT-Drucks. III/336, zu § 163

3 BT-Drucks. III/1794, S. 102 ff. und BT-Drucks. III/zu 1794, zu § 161, S. 26

4 Zur Regelungskompetenz vgl. Rechtsgutachten des BVerfG vom 16. 6. 1954 – 1 PBvV 2/52 – Schriftenreihe des BMWo Bd. 5, Bonn 1954

5 WertV 61; BGBl. I 1961, 1183; die Begründung zur WertV von 1961 ist im BAnz. Nr. 154 vom 12. 8. 1961, S. 3 abgedruckt. Der Bundesrat hatte dem Verordnungsentwurf der Bundesregierung (BT-Drucks. 261/61) ohne Änderungen in seiner 236. Sitzung am 14. 7. 1961 gem. Art. 80 Abs. 2 GG mehrheitlich zugestimmt, nachdem der BR-Ausschuss für Wiederaufbau und Wohnungswesen in seiner 108. Sitzung am 6. 7. 1961 keine Änderungsanträge beschlossen und dem Bundesrat die Zustimmung empfohlen hatte (vgl. auch Sitzung des Unterausschusses vom 28. 6. 1961).

6 BT-Drucks. zu VI/2204, S. 30

7 BR-Drucks. 265/72, S. 3 ff.

2.2   Geltende Ermächtigungsnorm

2.2.1   Allgemeines

10   Mit **§ 199 Abs. 1 BauGB** wird die Bundesregierung ermächtigt, *„mit Zustimmung des Bundesrates durch Rechtsverordnung Vorschriften über die Anwendung gleicher Grundsätze bei der Ermittlung der Verkehrswerte und bei der Ableitung der für die Wertermittlung erforderlichen Daten"* zu erlassen. Der Wortlaut der geltenden Ermächtigungsvorschrift lehnt sich damit an die vorangegangene Regelung an. In der **Begründung⁸ zu dieser Vorschrift** wird hierzu ausgeführt, dass sich die Ermächtigung darauf beschränkt, „im Interesse einer einheitlichen Rechtsanwendung nur Vorschriften über allgemeine Grundsätze der Wertermittlung zu erlassen. Darin sollen die allgemein anerkannten und überall angewandten Regeln und Verfahren für die Wertermittlung und die Ableitung der für die Wertermittlung erforderlichen Daten niedergelegt werden. Die Hinzufügung der „Ableitung der für die Wertermittlung erforderlichen Daten" ist nur aus Gründen der Klarstellung erfolgt. Dass gleiche Grundsätze auch hierfür gelten müssen, wenn die Wertermittlung und ihre Ergebnisse bundesweit im Interesse einheitlicher Lebens- und Wirtschaftsverhältnisse gleichmäßig und vergleichbar sein sollen, ist selbstverständlich."

11   Gleichwohl wurde mit dem BauGB die **Ermächtigungsvorschrift** gegenüber § 144 Abs. 1 BBauG 76 (BGBl. I 1976, 2256) „verschlankt":

§ 144 Abs. 1 BauGB 76	§ 199 BauGB (geltende Fassung)
„(1) Die Bundesregierung wird ermächtigt, mit Zustimmung des Bundesrates durch Rechtsverordnung Vorschriften zu erlassen über	**„(1) Die Bundesregierung wird ermächtigt, mit Zustimmung des Bundesrates durch Rechtsverordnung Vorschriften über die Anwendung gleicher Grundsätze bei der Ermittlung der Verkehrswerte und bei der Ableitung der für die Wertermittlung erforderlichen Daten zu erlassen."**
1. die Anwendung gleicher Grundsätze bei der Ermittlung der Verkehrswerte,	
2. die Ableitung *wesentlicher* Daten für die Wertermittlung *(§ 143 a Abs. 3) sowie deren Fortschreibung und Veröffentlichung,*	
3. *die Zusammenfassung der Übersichten über die Bodenrichtwerte (§ 143 b Abs. 4) sowie deren Veröffentlichung für die Länder und das Bundesgebiet. "*	

2.2.2   Erforderliche Daten der Wertermittlung

12   Die Bundesregierung bleibt wie nach bisherigem Recht weiterhin zur Regelung der Ableitung der „erforderlichen" Daten der Wertermittlung ermächtigt (§ 199 Abs. 1 BauGB; § 144 Abs. 1 Nr. 2 BBauG 76). Im Unterschied zum bisherigen Recht wird der **Begriff** der erforderlichen Daten im BauGB jedoch nicht mehr durch namentliche Hervorhebung dieser Daten verdeutlicht. Das BBauG von 1976 hatte diese Daten noch durch eine beispielhafte Aufzählung in § 143 a Abs. 3 BBauG 76 konkretisiert (vgl. § 193 BauGB Rn. 97).

13   Materiell sind dadurch keine erkennbaren Änderungen eingetreten. **„Erforderliche Daten der Wertermittlung"** wie z. B. Bodenpreisindexreihen, Bewirtschaftungsdaten und Vergleichsfaktoren für bebaute Grundstücke sind für die Wertermittlung von „wesentlicher" Bedeutung. Der Verordnungsgeber hat mit den §§ 9 bis 12 WertV von der Ermächtigung Gebrauch gemacht, die **Ableitung dieser Daten** zu regeln. Die Ableitung **obliegt** nach § 193 Abs. 3 BauGB **den Gutachterausschüssen;** für diese sind die Vorschriften verbindlich.

14   Gegenüber der Ermächtigungsnorm von 1976 wird in der geltenden Ermächtigungsvorschrift nicht mehr ausdrücklich die „Fortschreibung und Veröffentlichung" der abgeleiteten erforderlichen Daten der Wertermittlung genannt. Bezüglich der **Fortschreibung dieser Daten** ist das darin begründet, dass die erforderlichen Daten zeitabhängige Größen sind und die Ableitung begrifflich auch deren Fortschreibung einbeziehen muss. Hierfür bedurfte es demzufolge keiner ausdrücklichen Ermächtigung. Die Fortschreibung der abgeleiteten Daten wird den Gutachterausschüssen für Grundstückswerte mit § 8 WertV bundesrechtlich in der Weise aufgegeben, dass die Daten „unter Berücksichtigung der *jeweiligen* Lage auf dem Grundstücksmarkt" abzuleiten sind, d. h. Änderungen der Lage auf dem Grundstücksmarkt verpflichten die Gutachterausschüsse zur Fortschreibung (§ 8 WertV Rn. 10).

Grundsätzlich kann dies auch für die ausdrücklich nicht mehr hervorgehobene **Veröffent-** **15** **lichung** der erforderlichen Daten der Wertermittlung so gesehen werden, zumal an einheitlichen Grundsätzen der Veröffentlichungspraxis ein Bundesinteresse bestehen muss. Diese Daten sollen nämlich die Praxis der Gutachterausschüsse mit der freier Sachverständiger verzahnen. Die Zurückhaltung des Bundes, Vorschriften über die Veröffentlichung dieser Daten zu erlassen, hat jedoch zu einer für außenstehende Sachverständige uneinheitlichen und schon deshalb mitunter missverständlichen Veröffentlichungspraxis der Gutachterausschüsse geführt. **Die von den Gutachterausschüssen für Grundstückswerte veröffentlichten erforderlichen Daten lassen oftmals nicht hinreichend die Ableitungsgrundlagen und die der Ableitung zu Grunde liegende Wertermittlungsmethodik erkennen.** Dies ist aber unter dem Grundsatz der Modellkonformität (zwischen Ableitung und Anwendung der erforderlichen Daten) eine grundlegende Voraussetzung für eine sachgerechte Anwendung dieser Daten. Es kommt hinzu, dass die von den einzelnen Gutachterausschüssen für Grundstückswerte abgeleiteten „erforderlichen Daten" nur eingeschränkt vergleichbar sind, weil sie für unterschiedliche und nicht mehr unmittelbar vergleichbare Objektgruppen abgeleitet werden. Wenn dies mit dem Hinweis auf regional unterschiedliche Verhältnisse begründet wird, so ist dies nicht gerade überzeugend und eher Ausdruck mangelnder Bereitschaft zur Zusammenarbeit. Die Gutachterausschüsse für Grundstückswerte haben sich bisher leider nicht auf einen einheitlichen Rahmen verständigen können, der es ihnen durchaus auch ermöglichen würde, die abgeleitet erforderlichen Daten entsprechend den örtlichen Besonderheiten zu „verdichten".

Ob bei alldem der Bund ermächtigt ist, die Veröffentlichung der abgeleiteten erforderlichen **16** Daten zu regeln, mag rechtlich problematisch sein, denn § 199 Abs. 2 Nr. 4 BauGB ermächtigt die Landesregierungen zum Erlass von Vorschriften über die Veröffentlichung der Bodenwerte und der *sonstigen* (nicht der „erforderlichen") Daten der Wertermittlung. Diese stellen zumindest nach dem Wortlaut der Ermächtigungsnorm des § 199 BauGB ein aliud gegenüber den erforderlichen Daten der Wertermittlung dar (vgl. Rn. 7, 39 f., § 8 WertV Rn. 5 sowie § 199 BauGB Rn. 95 und § 193 BauGB Rn. 16, 38 ff.).

Im Übrigen bleibt fraglich, ob es einer besonderen **Ermächtigung zum Erlass von Vor-** **17** **schriften über die Ableitung der für die Wertermittlung erforderlichen Daten** überhaupt bedurft hätte, da diese zum Zwecke der Verkehrswertermittlung abgeleitet werden und es insoweit einer besonderen Ermächtigung wohl nicht bedarf. Dass gleiche Grundsätze auch hierfür gelten müssen, wenn Wertermittlungen und ihre Ergebnisse bundesweit im Interesse einheitlicher Lebens- und Wirtschaftsverhältnisse vergleichbar sein sollen, ist selbstverständlich. Die ausdrückliche Erwähnung der „Ableitung erforderlicher Daten" kann deshalb nur als Klarstellung angesehen werden.

2.2.3 Wertermittlungsvorschriften für Sanierungsgebiete und Entwicklungsbereiche

Im Unterschied zu den früheren Ermächtigungsgrundlagen enthält das BauGB **keine aus-** **18** **drückliche Ermächtigung zum Erlass von Vorschriften über Wertermittlungen in förmlich festgelegten Sanierungsgebieten und Entwicklungsbereichen** (bisher: § 91 Nr. 1 und 2 StBauFG; vgl. Rn. 6). Der Gesetzgeber hat eine dahingehende Ermächtigung als überflüssig angesehen, da die Grundsätze der Verkehrswertermittlung auch in diesen

---

8 BT-Drucks. 10/4630, zu § 199

Veranstaltungsgebieten Anwendung finden. Das BauGB verwendet zwar in den §§ 153 ff. verschiedentlich den Begriff „Wert" anstelle des Begriffs „Verkehrswert" (vgl. § 153 Abs. 1 und 5 BauGB), jedoch wird das Verkehrswertprinzip auch in diesem Rechtsbereich nicht aufgeben. Es geht auch in den förmlich festgelegten Sanierungsgebieten und Entwicklungsbereichen um die Ermittlung eines normativ festgelegten Verkehrswerts. Der A-Ber. zum StBauFG spricht im Hinblick auf den Ausschluss von Werterhöhungen auf Grund der Aussicht auf die Sanierung, ihre Vorbereitung und Durchführung von einem „modifizierten Verkehrswert"[9].

Dass eine Wertermittlung nach Maßgabe des § 153 Abs. 1 BauGB als eine modifizierte Verkehrswertermittlung anzusehen ist, wird heute nicht mehr ernsthaft in Frage gestellt. Im Hinblick auf die Erhebung von Ausgleichsbeträgen nach Abschluss des Sanierungsverfahrens müssen nach dieser Vorschrift zwar sanierungsbedingte Werterhöhungen unberücksichtigt bleiben; andererseits entspräche es jedoch nicht dem gewöhnlichen Geschäftsverkehr, wenn beim Erwerb eines ausgleichsbetragspflichtigen Grundstücks in erkennbarer Weise sanierungsbedingte Werterhöhungen in den Kaufpreis eingingen, obwohl der Erwerber insoweit der Ausgleichsbetragspflicht nach den §§ 154 ff. BauGB unterliegt. Im Ergebnis würde nämlich der **Fall eines überhöhten Kaufpreises vorliegen, der nach der Definition des § 194 BauGB nicht für den Verkehrswert repräsentativ sein kann.** Schon bei der Verabschiedung des StBauFG ist deshalb darauf hingewiesen worden, dass es der besonderen Ermächtigung des § 91 Nr. 1 und 2 StBauFG nicht bedurft hätte, um die WertV durch Vorschriften über Wertermittlungen in förmlich festgelegten Sanierungsgebieten und städtebaulichen Entwicklungsbereichen zu ergänzen.

19   Generell kann auch darauf hingewiesen werden, dass die **Preisbildung auf dem Grundstücksmarkt durch eine Vielzahl abgabenrechtlicher Vorschriften gekennzeichnet ist** und die Erhebung von Ausgleichsbeträgen keinesfalls als eine Besonderheit mehr anzusehen ist. Genannt seien hier nur die Erhebung von Erschließungsbeiträgen, KAG-Beiträgen, naturschutzrechtliche Kostenerstattungsbeträge, Stellplatzabgaben, Versiegelungsabgaben und vieles mehr. Für den gewöhnlichen Geschäftsverkehr ist es von daher geradezu „alltäglich", solche Abgaben in die Preisbildung einzubeziehen und kaum ein Sachverständiger spricht in diesem Zusammenhang mehr von einem „modifizierten" Verkehrswert. Der Bundesgesetzgeber, der noch mit dem BBauG von 1976 dies als eine Besonderheit gesehen hatte und die Verkehrswertdefinition (damals § 142 Abs. 1 BBauG 1976) mit einem ergänzenden Absatz versehen hatte, nach dem „insbesondere Vorschriften über die Berücksichtigung und Nichtberücksichtigung bestimmter Umstände" bei der Ermittlung des Verkehrswerts (gemeinen Werts) zu beachten sind (§ 142 Abs. 1 Satz 2 BBauG 76), hatte deshalb diese Regelung mit dem BauGB als eine „unbestrittene Selbstverständlichkeit" entfallen lassen[10].

▶ *Hierzu auch die Erläut. zu den Vorbem. zu den §§ 26 bis 28 WertV Rn. 5 ff.*

2.2.4   Bodenrichtwertübersicht

▶ *Hierzu Allgemeines bei § 196 BauGB Rn. 73 ff. und § 193 BauGB Rn. 101.*

20   Bundesrechtlich enthält das BauGB keine Regelungen zur Zusammenstellung und Veröffentlichung von Übersichten über Bodenrichtwerte (Bodenrichtwertübersichten). Zum einen ist eine noch im BBauG 76 enthaltene ausdrückliche Ermächtigung zum Erlass entsprechender Vorschriften durch die Bundesregierung aufgegeben worden. Zum anderen werden mit § 199 Abs. 2 BauGB aber auch die **Landesregierungen nicht mehr zum Erlass entsprechender Regelungen** ausdrücklich **ermächtigt.** § 199 Abs. 2 Nr. 6 BauGB lässt dies jedoch als eine „weitere Aufgabe" des Gutachterausschusses bzw. des Oberen Gutachterausschusses zu. Dies ist in der Zielsetzung des Bundesgesetzgebers begründet,

das bundesrechtliche Wertermittlungsrecht zu straffen und sich bei Verfahrens- und Orga-
nisationsangelegenheiten zurückzuhalten[11].

In den Bodenrichtwertübersichten, die als   **21**
– Karten oder
– Listen
geführt werden, **werden für typische Orte oder Ortsteile typische Bodenrichtwerte
zusammengestellt**[12].

3   Ermächtigungen der Landesregierungen (Abs. 2)

3.1   Übersicht

Mit § 199 Abs. 2 BauGB werden die Landesregierungen ermächtigt, Regelungen zu tref-   **22**
fen, wie Organisation und Aufgabenbereich der Gutachterausschüsse es gebieten (Gutachterausschussverordnungen). Der Gesetzgeber geht dabei davon aus, dass die Gutachterausschüsse die Regeln eines geordneten Verwaltungshandelns auch dann beachten, wenn ihre
Tätigkeit nicht durch detaillierte bundesgesetzliche Anweisungen bestimmt wird, sondern
durch Verordnung und Richtlinien geordnet wird. Demgemäß überlässt es der Bundesgesetzgeber weitgehend den Ländern, was sie für regelungsbedürftig halten. § 199 Abs. 2
BauGB stellt einen Katalog regelungsbedürftiger Punkte dar, von dem die Nr. 4 besonders
zu erwähnen ist, weil hiermit die wichtigen **Veröffentlichungspflichten des Gutachterausschusses** den Ländern übertragen worden sind.

▸ *Die Fundstellen der Landesverordnungen sind am Anfang dieses Werks in der Gesetzesübersicht abgedruckt:*

Im Einzelnen werden die **Landesregierungen in § 199 Abs. 2 BauGB ermächtigt,** fol-   **23**
gende **Rechtsmaterien durch Rechtsverordnung zu regeln:**
– die Bildung und das Tätigwerden der Gutachterausschüsse und der Oberen Gutachterausschüsse (Nr. 1),
– die Mitwirkung der Gutachter und deren Ausschluss im Einzelfall (Nr. 1),
– die Aufgaben des Vorsitzenden des Gutachterausschusses (Nr. 2),
– die Einrichtung und die Aufgaben der Geschäftsstelle des Gutachterausschusses (Nr. 3),
– die Führung und Auswertung der Kaufpreissammlung (Nr. 4),
– die Ermittlung der Bodenrichtwerte und „sonstiger" Daten der Wertermittlung (Nr. 4),
– die Erteilung von Auskünften aus der Kaufpreissammlung (Nr. 4),
– die Übermittlung von Daten der Flurbereinigungsbehörden zur Führung und Auswertung der Kaufpreissammlung (Nr. 5),
– die Übertragung weiterer Aufgaben auf den Gutachterausschuss und den Oberen Gutachterausschuss (Nr. 6) und
– die Entschädigung der Mitglieder des Gutachterausschusses und des Oberen Gutachterausschusses (Nr. 7).

---

9   BT-Drucks. VI/2204, zu § 57; so auch BVerwG, Urt. vom 24. 11. 1978 – 4 C 56/76 –, EzGuG 15.9
10 BT-Drucks. 10/4630 Nr. 97 zu § 194; abwegig von daher die Kritik von Zimmermann, WertV 88 1. Aufl. Mün-
    chen 1998, S. 445 ff.
11 BR-Drucks. 575/85, S. 153, 59
12 Übersicht über die Bodenrichtwerte für typische Orte und Ortsteile, Bek. des IM von Meck.-Pomm. vom 23. 5.
    2000 – II 730 – (ABl. 2000, 1076).

3.2 Bildung und Tätigwerden des Gutachterausschusses (Nr. 1)

3.2.1 Allgemeines

24 Die Ermächtigung der Nr. 1 betrifft zwei Bereiche,

a) die *Bildung,* d. h. die Einrichtung der Gutachterausschüsse, womit vor allem ihr räumlicher Zuständigkeitsbereich und ihre rechtliche Eingliederung in Land-, Kreis- und Gemeindeebene angesprochen sind, sowie

b) das *Tätigwerden,* d. h. die Organisation des Gutachterausschusses.

Zu beiden Bereichen sehen die Vorschriften der §§ 192 ff. BauGB bereits eine Reihe bundesrechtlicher Mindestanforderungen vor, zu deren Ergänzung die Landesregierungen ermächtigt sind.

3.2.2 Bildung von Gutachterausschüssen

25 Bundesrechtlich wird mit § 192 Abs. 1 BauGB lediglich vorgegeben, dass zur Ermittlung von Grundstückswerten und für sonstige Wertermittlungen **selbstständige und unabhängige Gutachterausschüsse** (flächendeckend) **im gesamten Bundesgebiet** einzurichten sind. Dieser Vorgabe sind die Länder nachgekommen. Man kann davon ausgehen, dass für das gesamte Bundesgebiet Gutachterausschüsse gebildet worden sind und zwar entweder als Landesbehörden oder als kommunale Einrichtungen (*Baden-Württemberg* vgl. Erl. zu § 192 BauGB).

26 Eine Ausnahme besteht allenfalls für **gemeindefreie Bereiche,** in denen das BauGB keine Anwendung findet[13].

27 Zum **räumlichen Tätigkeitsbereich** enthält § 192 Abs. 1 keine Vorgaben mehr (vgl. hierzu § 192 BauGB Rn. 16 ff.).

3.2.3 Tätigwerden von Gutachterausschüssen

28 Die Regelungskompetenz über das Tätigwerden des Gutachterausschusses betrifft in erster Linie

– die Zuständigkeit des Gutachterausschusses,

– die Zusammensetzung des Gutachterausschusses,

– die Bestellung, Mitwirkung und Abberufung von Gutachtern des Gutachterausschusses,

– die Zusammenarbeit des Gutachterausschusses mit seiner Geschäftsstelle,

– die Regelung von Rechten und Pflichten der Mitglieder des Gutachterausschusses,

– die verfahrensrechtliche Ausgestaltigkeit der Aufgabenerfüllung.

29 Nach dem Verfassungsgrundsatz „Bundesrecht vor Landesrecht" findet die **Landeskompetenz dort** ihre **Grenzen, wo bundesrechtliche Vorschriften ihnen Vorgaben** bereits gemacht haben. Dies sind vor allem die Regelungen der §§ 192 ff. BauGB selbst, die zum Tätigwerden des Gutachterausschusses bereits zahlreiche Vorgaben enthalten. Des Weiteren sind die Vorschriften des Strafgesetzbuchs über die Geheimhaltung zu erwähnen.

30 Darüber hinaus steht die Ermächtigung der Länder in **Konkurrenz zu landesrechtlichen Vorschriften,** insbesondere den Verwaltungsverfahrensgesetzen, Datenschutzgesetzen und Gemeindeordnungen der Länder.

3.3 Aufgaben des Vorsitzenden (Nr. 2)

31 Ergänzend zu § 192 Abs. 2 und 3 BauGB werden die Landesregierungen ermächtigt, die Aufgaben des Vorsitzenden zu regeln. Es handelt sich hier um eine **Klarstellung zur Ermächtigung der Nr. 1.**

3.4 Einrichtung und Aufgabe der Geschäftsstelle (Nr. 3)

Nr. 3 ermächtigt ergänzend zu § 192 Abs. 3 und § 196 Abs. 3 BauGB die Landesregierung, **32** die Einrichtung und die Aufgaben der Geschäftsstelle des Gutachterausschusses zu regeln.

3.5 Ergänzende Ermächtigung zur Kaufpreissammlung, zur Ableitung von Bodenrichtwerten sowie zur Veröffentlichung sonstiger Daten (Nr. 4)

3.5.1 Allgemeines

Abs. 2 Nr. 4 ermächtigt die Landesregierung, durch Rechtsverordnung die Führung und **33** Auswertung der Kaufpreissammlung, die Ermittlung der Bodenrichtwerte sowie die Veröffentlichung der Bodenrichtwerte und sonstiger Daten der Wertermittlung und die Erteilung von Auskünften aus der Kaufpreissammlung zu regeln. Davon haben die Länder im Rahmen der von ihnen erlassenen **Gutachterausschussverordnungen** sowie durch **technische Anleitungen** Gebrauch gemacht[14].

Die Ermächtigungsnorm war im Rahmen der Novellierung des materiellen Wertermitt- **34** lungsrechts des BauGB/BBauG nicht unumstritten. Nach den Vorstellungen der Bundesregierung bestand Veranlassung, diese **Materie bundeseinheitlich zu regeln,** um hier eine Einheitlichkeit und nachhaltige Qualitätsverbesserung zu sichern. Auf der Ebene des Referentenentwurfs wurde diese Auffassung von den großen Städten auch unterstützt. Bereits nach den Empfehlungen des beratenden 15. BT-Ausschusses sollten jedoch die Landesregierungen hierfür Verantwortung tragen[15]. Hierbei ist es geblieben.

Eine bundesrechtliche Einheitlichkeit ist z. B. hinsichtlich der Ermittlung und Veröffent- **35** lichung der Bodenrichtwerte darin begründet, dass diese **Grundlage der steuerlichen Bewertung (§ 145 Abs. 3 BewG)** sind. In diesem Rahmen sind erhebliche Defizite sichtbar geworden, die einerseits in einer vielerorts unzureichenden Dichte und andererseits in Mängel der eindeutigen Darstellung („Attributierung" der qualitativen Eigenschaften des Bodenrichtwertgrundstücks) gesehen werden müssen. Die Länder haben sich auch nicht zu einer einheitlichen Darstellungstechnik untereinander und selbst innerhalb eines Landes verständigen können. Bodenrichtwerte werden deshalb von den Gutachterausschüssen in den unterschiedlichsten und für überörtlich tätige Sachverständige oftmals missverständlichen Weisen publiziert[16]. Hierauf kann u. a. die aufgekommene Kritik an den Gutachterausschüssen zurückgeführt werden.

Das Gleiche gilt für die aus der Kaufpreissammlung abgeleiteten erforderlichen Daten der **36** Wertermittlung (§ 8 WertV) und ihre Veröffentlichung. Aus den Veröffentlichungen sind für außenstehende Sachverständige, denen sie zu dienen bestimmt sind, oftmals nicht die **Eigenschaften der Grundstücke, aus denen diese Daten abgeleitet worden sind** und auf die sie sich infolgedessen (nur) beziehen können, nicht erkennbar, um ggf. Unterschiede des im Einzelfall damit zu wertenden Grundstücks in angemessener Weise berücksichtigen zu können. Dabei muss auch die vom Gutachterausschuss angewandte Wertermittlungsmethodik einschließlich der zum Ansatz gekommenen Ausgangsparameter (z. B. Normalherstellungskosten) offen gelegt werden, weil die abgeleiteten erforderlichen Daten nur im Zusammenhang mit der **angewandten Methodik** aussagekräftig sind. Auch

---

13 BVerwG, Urt. vom 21. 8. 1995 – 4 N 1/95 –, BVerwGE 99, 127 = NVwZ 1996, 265 = RdL 1995, 277 = BBauBl. 1995, 888 = UPR 1995, 446 = BauR 1995, 804 = DÖV 1995, 1044 = DVBl. 1996, 47 = BRS Bd. 57 Nr. 115 = DWW 1997, 48

14 Z. B. RiWert Rh.-Pf. und RdErl. des nordrh.-westf. MI und MJ vom 12. 2. 1999 (Kaufpreissammlung-Richtlinien; MinBl. NW 1999, 424 ff.)

15 § 144b BBauG des Referentenentwurfs; AK Gutachterausschüsse der FK Städtebau der Argebau Sitzung am 19. – 21. 9. 1974 in Ludwigshafen; BT-Drucks. 7/4793

16 Kleiber in NZM 1999, 777; Deutscher Landkreistag in GuG 2000, 164

kann festgestellt werden, dass in einer Reihe grundsätzlicher Fragen die Gutachterausschüsse unter Hinweis auf ihre Unabhängigkeit und Weisungsungebundenheit oftmals örtlichen Neigungen folgend methodische Sonderwege beschreiten. Es gibt diesbezüglich in
Deutschland leider kein länderübergreifendes koordinierendes Gremium mit „Leitplanken-
funktion". Die Gutachterausschüsse sind da sich weitgehend selbst überlassen und überörtlich tätige Organisationen, wie z. B. der Ring Deutscher Makler finden in der Öffentlichkeit
größere Aufmerksamkeit, obwohl sie bei weitem nicht über das Kaufpreismaterial verfügen, was den Gutachterausschüssen zugänglich ist und mit öffentlichen Mitteln ausgewertet wird.

37   Die bisherigen Ansätze zu einer sinnvollen Vereinheitlichung und qualitativen Verbesserung der Ableitung und Veröffentlichung von Bodenrichtwerten und sonstigen Daten der
Wertermittlung haben sich bei alledem auch auf Länderebene als unzureichend erwiesen
und bedürfen einer **länderübergreifenden Bereitschaft,** die über Lippenbekenntnisse hinausgehen muss. Auch auf diesem Gebiet mangelt es an einem aufeinander abgestimmtes
Vorgehen der für das Gutachterausschusswesen zuständigen Ministerien der Länder.

3.5.2   Veröffentlichung sonstiger Daten der Wertermittlung

38   Abs. 2 Nr. 4 ermächtigt des Weiteren die Landesregierungen im Wege einer **Rechtsverordnung** die Veröffentlichung von „sonstigen" Daten der Wertermittlung zu regeln, ohne diese
Daten selbst zu definieren.

39   Was als **sonstige Daten** i. S. d. § 199 Abs. 2 Nr. 4 BauGB (vgl. § 193 BauGB Rn. 63; § 8
WertV Rn. 4) in Abgrenzung zu den „erforderlichen Daten" der Wertermittlung i. S. d.
§ 199 Abs. 1 BauGB i. V. m. § 193 Abs. 3 BauGB zu verstehen ist, bedarf der Auslegung,
denn der Gesetzgeber hat die Regelungskompetenz zwischen Bundes- und Landesregierung aufteilen wollen. Fest steht, dass der Begriff der „sonstigen" Daten umfassender als
der Begriff der „erforderlichen" Daten ist. Allein vom Wortlaut her wäre daher der Schluss
zu ziehen, dass der Bundesgesetzgeber die Landesregierungen zum Erlass von Vorschriften
über die Ableitung sonstiger, aber zur Wertermittlung *nicht* erforderlicher Daten ermächtigt
hat (argumentum e contrario).

40   Im Unterschied zur Ermächtigungsgrundlage des § 144 Abs. 1 Nr. 2 i. V. m. § 143 a Abs. 3
BBauG 76 ermächtigt das BauGB die Bundesregierung nicht mehr zum Erlass von Vorschriften über die Fortschreibung und **Veröffentlichung der** mit den „wesentlichen" Daten
der Wertermittlung i. S. d. § 143 a Abs. 3 BBauG 76 materiell identischen **erforderlichen
Daten der Wertermittlung.** Mit § 199 Abs. 2 Nr. 4 BauGB hat der Bundesgesetzgeber
neben der Veröffentlichung von Bodenrichtwerten expressis verbis nur die Veröffentlichung der „sonstigen Daten der Wertermittlung" der Regelung durch die Landesregierung
unterstellt (vgl. hierzu auch die amtliche Begründung zur WertV 88 – Teil A Allgemeines
–, in der auf die Verbindung von § 199 Abs. 2 Nr. 4 BauGB zu § 196 Abs. 3 BauGB – Veröffentlichung von Bodenrichtwerten –, nicht aber zu § 193 Abs. 3 BauGB – Ermittlung
erforderlicher Daten – hingewiesen wird). Bezüglich der Veröffentlichung der Daten der
Wertermittlung schließt die Ermächtigung des § 199 Abs. 2 Nr. 4 **BauGB** dennoch die nach
§ 193 Abs. 3 BauGB abgeleiteten „erforderlichen" Daten ein, denn dies zu regeln hat der
Bundesgesetzgeber ersichtlich den Landesregierungen überlassen (vgl. § 8 WertV Rn. 2)[17].

3.6   Übermittlung von Daten der Flurbereinigungsbehörden (Nr. 5)

41   Nach Abs. 2 Nr. 5 sind die Landesregierungen zum Erlass von Vorschriften über die **Übermittlung von Daten der Flurbereinigungsbehörde** ermächtigt. Die Bestimmung geht auf
einen Vorschlag des Bundesrates zurück, dem sich der federführende BT-Ausschuss[18] im
Hinblick auf die Auswertung des Flurbereinigungsplans „mit seinen Grundstücksübertra-

gungen und Grundstückstauschvorgängen einschließlich der Geldabfindungen und Masselandverkäufen" angeschlossen hat. Vor allem der Grundstücksmarkt im „ländlichen Gebiet
mit den teilweise spärlichen Verkaufsfällen" soll damit besser erfasst werden können. In
diesem Zusammenhang ist auch darauf hinzuweisen, dass **Grundstücksan- und -ver-
käufe im Rahmen von Flurbereinigungsverfahren bereits von der Regelung des § 195
Abs. 1 BauGB miterfasst sind.** Ob und inwieweit die verschiedenen Arten des Lander-
werbs über die Vorschriften der §§ 40, 44, 52, 54 Abs. 2, § 55 Abs. 1, § 88 Nr. 4 und § 89
FlurbG dem Gutachterausschuss mitzuteilen sind, sollen die Landesregierungen unter
Berücksichtigung der landesspezifischen Besonderheiten bei der Durchführung der Verfahren nach dem FlurbG entscheiden.

Hierbei ist **entscheidungserheblich**: 42

– Die §§ 40, 88 Nr. 4 und 89 FlurbG regeln die Geldentschädigungen für Anlagen, die dem öffentlichen Verkehr,
einem anderen öffentlichen Interesse dienen sowie für enteignungsgleiche Eingriffe bei sog. Unternehmensflurbe-
reinigungen nach § 87 FlurbG. Die Übernahme dieser Entschädigung steht den Regelungen des § 195 Abs. 1
BauGB gleich.

– Die Geldabfindung nach § 52 FlurbG bei Aufgabe des Landanspruchs orientiert sich am Verkehrswert oder einem
ihm „nahe kommenden Kapitalbetrag"; von daher bedarf die Heranziehung solcher Abfindungen zur Verkehrswertermittlung einer sorgfältigen Prüfung[19].

– Der Geldausgleich für Mehr- oder Minderzuteilungen nach § 44 Abs. 3 FlurbG sowie Verwertungserlöse aus
Masselandverkäufen nach den §§ 54 f. FlurbG orientieren sich ebenfalls am Verkehrswert, so dass auch derartige
Entgelte als Vergleichspreise geprüft werden müssen.

Im Einzelnen ist **von der Ermächtigung,** Daten der Flurbereinigung dem Gutachteraus- 43
schuss zur Verfügung zu stellen, **wie aus Abb. 1 ersichtlich, Gebrauch gemacht worden.**

Abb. 1: Übermittlung von Daten der Flurbereinigung

| Land | Vorschriften des | | | | | | | Rechts-grund-lagen* |
| | Landw-AnpG § 58 | FlurbG | | | | | | |
		§ 40	§ 52	§ 54	§ 55	§ 88	§ 89	
Baden-Württemberg	–	–	x	–	–	–	x	§ 9
Bayern	–	x	–	x	x	x	x	§ 10 Abs. 10
Berlin	–	–	–	–	–	–	–	–
Brandenburg	–	x	x	x	x	x	x	§ 8 Abs. 3
Bremen	–	–	–	–	–	–	–	–
Hamburg	–	–	–	–	–	–	–	–
Hessen	–	x	–	x	x	x	x	§ 12 Abs. 2
Mecklenburg-Vorpommern	–	–	–	–	–	–	–	–
Niedersachsen	–	x	–	x	x	x	x	§ 18
Nordrhein-Westfalen	–	x	–	x	x	x	x	§ 8 Abs. 5
Rheinland-Pfalz	–	x	–	x	–	x	x	§ 17
Saarland	–	x	–	x	–	x	x	§ 15
Sachsen	x	x	x	x	x	x	x	§ 12
Sachsen-Anhalt	–	–	–	–	–	–	–	–
Schleswig-Holstein	–	–	–	–	–	–	–	–
Thüringen	–	x	–	x	–	x	x	§ 17

* Fundstellen vgl. Zusammenstellung der Gesetze am Anfang dieses Werkes

---

17 Hierzu Vorbem. zur WertV Rn. 15 ff. sowie die Beispiele unter § 11 WertV Rn. 60 ff., 92 ff.; auch amtl. Begründung zu Allgemeines (Teil A) zur WertV 88
18 BT-Drucks. 10/6166, S. 163
19 Erlenbach in ZfV 1985, 557; Weiß in VR 1984, 30

3.7   Übertragung weiterer Aufgaben (Nr. 6)

3.7.1   Allgemeines

44   Die Ermächtigung des Abs. 2 Nr. 6 zur Übertragung weiterer Aufgaben auf den Gutachterausschuss und den Oberen Gutachterausschuss lässt Inhalt, Zweck und Ausmaß allenfalls
aus dem „Sinnzusammenhang der Norm mit anderen Vorschriften" und dem Ziel, das die
gesetzliche Regelung insgesamt verfolgt, herleiten[20]. **Art. 80 Abs. 1 GG** fordert dagegen,
dass Inhalt, Zweck und Ausmaß der erteilten Ermächtigung im Gesetz bestimmt werden
und für eine „weitere" im Gesetz vorgesehene Übertragung der Ermächtigung es einer
Rechtsverordnung bedarf. Bei dieser Sachlage werden in nicht unbegründeter Weise im
Schrifttum Zweifel dargelegt, ob die Ermächtigung einer weiteren Übertragung von Aufgaben einer verfassungsrechtlichen Prüfung standhält[21].

45   **Weitere Aufgaben** sind

a) Grundstücksmarktberichte (§ 193 BauGB Rn. 103),

b) Bodenrichtwertübersichten (§ 196 BauGB Rn. 73 ff.).

3.7.2   Grundstücksmarktbericht

▶ *Weitere Ausführungen bei § 193 BauGB Rn. 103 ff.*

46   Das BauGB spricht expressis verbis lediglich die Veröffentlichung der Bodenrichtwerte
(§ 196 Abs. 3 sowie § 199 Abs. 2 Nr. 4) und „sonstiger Daten der Wertermittlung" (§ 196
Abs. 2 Nr. 4) an und ermächtigt ansonsten die Landesregierungen das **„Tätigwerden der
Gutachterausschüsse"** durch Rechtsverordnung zu regeln.

47   In der Praxis haben sich diesbezüglich Grundstücksmarktberichte bewährt, die von vielen
Gutachterausschüssen aber auch von Oberen Gutachterausschüssen (Brandenburg, Niedersachsen, Nordrhein-Westfalen) erstellt werden. Ein **Rahmenkonzept für den Aufbau von
Grundstücksmarktberichten** hat eine Expertengruppe „Grundstückswertermittlung" im
Arbeitskreis Liegenschaftskataster der Arbeitsgemeinschaft der Vermessungsverwaltungen
der Länder der Bundesrepublik Deutschland (AdV) vorgelegt, das allerdings insbesondere
im Hinblick auf die anzustrebende überregionale Vergleichbarkeit der Grundstücksmarktberichte als überholt gelten muss.

48   In den Gutachterausschussverordnungen der Länder ist die **Erstellung von Grundstücksmarktberichten unterschiedlich geregelt:**

a) Eine Reihe von Verordnungen sprechen die Erstellung von Grundstücksmarktberichten
nicht direkt an, sondern weisen allenfalls auf die „Veröffentlichung der zur Wertermittlung erforderlichen Daten" hin (Bad.-Württ.: § 8 Nr. 1 und 2 GAAVO; Bay.: § 9 Abs. 2
GAAVO; Hamburg: § 2 Abs. 2 Nr. 2 GAAVO; Hessen: § 2 Abs. 2 Nr. 2 GAAVO; Saarland: § 2 Abs. 2 Nr. 1 GutVO; Schl.-H.: § 10 Abs. 3 GAAVO).

b) In anderen Bundesländern wird entweder die Geschäftsstelle des Gutachterausschusses
(ggf. nach Weisung des Vorsitzenden; so § 11 Nr. 7 GAAVO von Rh.-Pf.) bzw. der Gutachterausschuss selbst (so § 13 Abs. 4 VOGut LSA) zur Erstellung und Veröffentlichung von Grundstücksmarktberichten ausdrücklich verpflichtet oder es wird ihm als
„Kann-Bestimmung" anheim gestellt (so § 13 GAAVO von Sachsen).

49   Ausdrückliche **Regelungen, die den Gutachterausschuss bzw. seine Geschäftsstelle zur
Erstellung von Grundstücksmarktberichten verpflichten,** enthalten folgende Gutachterausschussverordnungen:

Berlin: Nach § 14 Abs. 2 Nr. 5 der DVO-BauGB „hat" die Geschäftsstelle des Gutachterausschusses einen Grundstücksmarktbericht zu erstellen und zu veröffentlichen.

Brandenburg: Nach § 13 GAA „soll" der Gutachterausschuss Feststellungen über den Grundstücksmarkt, insbesondere über Umsatz- und Preisentwicklung, in einer Übersicht über den Grundstücksmarkt zusammenfassen und veröffentlichen.

Bremen: Nach § 15 Abs. 2 GAAVO „ist" über den Grundstücksmarkt regelmäßig, mindestens jährlich, durch Veröffentlichungen zu berichten. Dabei sind die Verhältnisse auf den Teilmärkten ... gesondert darzustellen.

Mecklenburg-Vorpommern: Nach § 10 Abs. 3 Nr. 5 GutVO „obliegt" der Geschäftsstelle des Gutachterausschusses die Erstellung und Veröffentlichung des Grundstücksmarktberichtes.

Niedersachsen: Nach § 17 Abs. 2 Nr. 3 DVBauGB ist die Abgabe von Grundstücksmarktberichten Aufgabe der Geschäftsstelle des Gutachterausschusses.

Nordrhein-Westfalen: Nach § 11 Nr. 7 GAVO „soll" der Gutachterausschuss Feststellungen über den Grundstücksmarkt, insbesondere über Umsatz- und Preisentwicklungen, in einer Übersicht über den Grundstücksmarkt zusammenfassen und veröffentlichen.

Rheinland-Pfalz: Nach § 11 Nr. 7 GAAVO „obliegt" der Geschäftsstelle des Gutachterausschusses nach Weisung des Vorsitzenden die Erstellung und Veröffentlichung des Grundstücksmarktberichtes.

Sachsen-Anhalt: Nach § 13 Abs. 4 VOGut „soll" der Gutachterausschuss Feststellungen über den Grundstücksmarkt, insbesondere über Umsatz- und Preisentwicklung, in einer Übersicht über den Grundstücksmarkt zusammenfassen (Grundstücksmarktbericht).

Thüringen: Nach § 11 Nr. 7 GAAVO obliegt der Geschäftsstelle des Gutachterausschusses die Vorbereitung und Veröffentlichung des Grundstücksmarktberichtes.

3.7.3 Bodenrichtwertübersicht

Die Vorschrift sieht **keine ausdrückliche Ermächtigung** zum Erlass von Regelungen über die Zusammenstellung und Veröffentlichung von Bodenrichtwertübersichten vor und steht jedoch umgekehrt dem aber auch nicht entgegen.   **50**

▶ *Nähere Erläuterungen hierzu bereits oben Rn. 20, 45 sowie bei § 196 Rn. 73 ff., § 193 BauGB Rn. 101.*

3.8 Entschädigung der Mitglieder des Gutachterausschusses (Nr. 7)

▶ *Weitere Ausführungen zu den Gebühren der Gutachterausschüsse vgl. § 192 BauGB Rn. 57 ff. und zur Entschädigung der Gutachter vgl. § 192 BauGB, Rn. 26, 57.*

Mit Nr. 7 werden die Landesregierungen ermächtigt, durch Rechtsverordnung die Entschädigung für die Mitglieder des Gutachterausschusses und des Oberen Gutachterausschusses zu regeln, wobei sich die Ermächtigung nicht auf die ehrenamtlichen Mitglieder i. S. d. § 192 Abs. 2 BauGB beschränkt, sondern auch den Vorsitzenden einschließt. Dies kann aus der **Sicht der Rechnungsämter** zumindest in den ohnehin nicht unproblematischen Fällen bedenklich sein, in denen der Vorsitzende der Verwaltung angehört und seinen Aufgaben während der allgemeinen Dienstzeit auch nur teilweise nachkommt.   **51**

---

20 BVerfG, Beschl. vom 12. 11. 1958 – 2 BvL 4, 26, 40/56 –, BVerfGE 8, 274 (307)
21 Dieterich in Ernst/Zinkahn/Bielenberg, BauGB § 199 Rn. 28

52 Nach § 1 Abs. 2 ZSEG kommen die Entschädigungsvorschriften des **Gesetzes über die Entschädigung von Zeugen und Sachverständigen** auch zur Anwendung, wenn Behörden oder sonstige öffentliche Stellen von Gerichten zu Sachverständigenleistungen herangezogen werden[22]. Diese Regelung stellt nach Dieterich[23] eine **Einschränkung der landesrechtlichen Regelungskompetenz** dar (Art. 31 GG), jedoch muss in diesen Fällen unterschieden werden zwischen

– dem Entschädigungsanspruch der Behörde „Gutachterausschuss" nach § 1 Abs. 2 ZSEG einerseits und

– dem Entschädigungsanspruch des Mitglieds der Behörde Gutachterausschuss nach Landesrecht andererseits.

---

22 OLG Stuttgart, Urt. vom 19. 6. 1987 – 1 Ws 195/87 –, MDR 1987, 1051; OLG München, Beschl. vom 13. 4. 1976 – 11 W 888/76 –, EzGuG 11.102; OLG Kiel, Beschl. vom 8. 7. 1964 – 1 B 7b 4/64 –, EzGuG 11.43; OLG Karlsruhe, Beschl. vom 14. 12. 1967 – 9 W 131/67 –, Rpfleger 1968, 234; OLG Saarbrücken KostRspr. § 1 ZuSEG Nr. 10; LG Münster, Beschl. vom 11. 10. 1966 – 5 T 229/66 –, EzGuG 11.53
23 Dieterich in Ernst/Zinkahn/Bielenberg, BauGB § 199 Rn. 39

Teil V

Verkehrswertermittlung nach den Grundsätzen
der Wertermittlungsverordnung

„Something strange is going
on in the world of valuation
practice statements and
guidance notes world wide"

(Neil Crosby, Estates Gazette 2000)

Verkehrswertermittlung nach den Grundsätzen der Wertermittlungsverordnung – WertV –

1   Vorbemerkungen zur WertV

1.1   Rechtsgrundlage

Das BauGB enthält nur die materielle Definition des Verkehrswerts, ohne seine Ermittlung   **1** verfahrensmäßig zu regeln. Das **BauGB ermächtigt** jedoch **mit seinem § 199 Abs. 1** die **Bundesregierung** mit Zustimmung des Bundesrates **durch Rechtsverordnung**

– **die Ermittlung des Verkehrswerts (Marktwert) und**

– **die Ableitung der für die Wertermittlung „erforderlichen" Daten**

zu regeln (Wertermittlungsverordnung). Es bleibt fraglich, ob es einer besonderen Ermächtigung zum Erlass von Vorschriften über die Ableitung der für die Wertermittlung erforderlichen Daten überhaupt bedurft hätte, da diese zum Zwecke der Verkehrswertermittlung abgeleitet werden und insoweit unter die dafür einschlägige Ermächtigung fallen. Dass gleiche Grundsätze auch hierfür gelten müssen, wenn Wertermittlungen und ihre Ergebnisse bundesweit im Interesse einheitlicher Lebens- und Wirtschaftsverhältnisse vergleichbar sein sollen, ist selbstverständlich. Die ausdrückliche Erwähnung der „Ableitung erforderlicher Daten" kann deshalb nur als Klarstellung angesehen werden (Abb 1).

Abb. 1: Rechtsgrundlagen der Verkehrswertermittlung

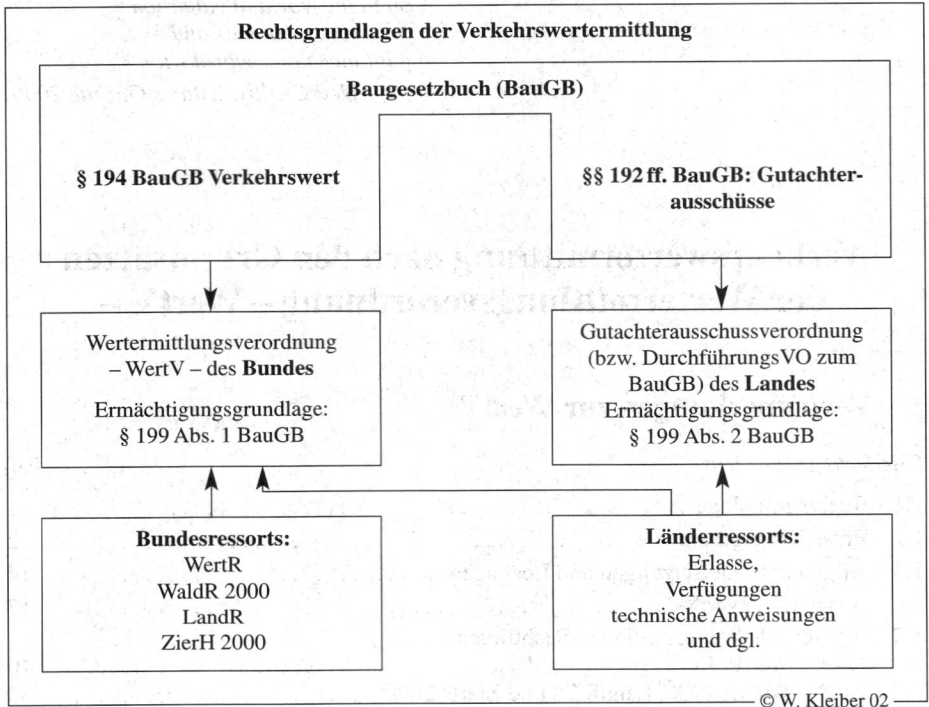

Rechtsgrundlagen der Verkehrswertermittlung

Baugesetzbuch (BauGB)

§ 194 BauGB Verkehrswert   **§§ 192 ff. BauGB: Gutachterausschüsse**

Wertermittlungsverordnung
– WertV – des **Bundes**

Ermächtigungsgrundlage:
§ 199 Abs. 1 BauGB

Gutachterausschussverordnung
(bzw. DurchführungsVO zum
BauGB) des **Landes**
Ermächtigungsgrundlage:
§ 199 Abs. 2 BauGB

Bundesressorts:
WertR
WaldR 2000
LandR
ZierH 2000

Länderressorts:
Erlasse,
Verfügungen
technische Anweisungen
und dgl.

© W. Kleiber 02

▶ *Zur Ermächtigungsgrundlage vgl. § 199 BauGB Rn. 5 ff. sowie Vorbem. zum BauGB
Rn. 1 ff.*

1.2 Entstehungsgeschichte

2   Die geltende WertV ist aus der **WertV vom 7. August 1961** (BGBl. I 1961, 1183) hervorgegangen. Obwohl die WertV sich materiell hieran anschließt, hat der Verordnungsgeber
die WertV im Hinblick auf die neue Ermächtigungsgrundlage des BauGB (vgl. § 199
BauGB Rn. 11) sowie die zahlreichen Änderungen im Jahre 1988 nicht im Wege einer
Änderungsverordnung, sondern im Wege einer Neufassung umfassend „novelliert".

3   Die Ursprungsfassung der WertV 1961 geht darauf zurück, dass bis zu deren Erlass keine
Rechtsvorschriften über die Ermittlung des Verkehrswerts von Grundstücken bestanden[1].
Mit der WertV 1961 sollte der **Unterschiedlichkeit der Ermittlungsmethoden,** die vielfach zu stark voneinander abweichenden Ergebnissen bei der Wertermittlung geführt hat,
entgegengewirkt werden.

4   Diese Zielsetzung ist bereits in dem von der Bundesregierung beschlossenen Entwurf eines Bundesbaugesetzes[2], der
noch keine Ermächtigungsvorschrift enthielt, erkennbar. §168 Abs. 3 des Entwurfs regelt im Einzelnen, auf welchem
Weg die Schätzstelle zu dem Verkehrswert zu gelangen hat. Der Gesetzesentwurf lehnt im Wesentlichen an den von
der Hauptkommission für die Baugesetzgebung beim Bundesminister für Wohnungsbau vorgelegten Entwurf eines
Baugesetzes vom 2. März 1956[3] an. Bereits in der Begründung des Gesetzentwurfs wird festgestellt, dass die allgemeinen Grundsätze des §168 naturgemäß nicht ausreichen, „um zu gewährleisten, dass die Schätzstelle auch tatsächlich nach den gleichen Methoden und nach den gleichen Gesichtspunkten schätzen" und es allgemeiner Verwaltungsvorschriften bedarf, „die sich bis in die technischen Einzelheiten erstrecken müssen". Es war vorgesehen, über
Art. 84 Abs. 2 GG zu gegebener Zeit entsprechende Vorschriften zu erlassen. Anstelle der im RegE vorgeschlagenen
Festlegung der anzuwendenden Ermittlungsmethoden hat der Gesetzgeber die Bundesregierung schließlich ermächtigt, durch Rechtsverordnung mit Zustimmung des Bundesrates Vorschriften zu erlassen, um die Anwendung gleicher
Grundsätze bei der Ermittlung der Verkehrswerte zu sichern.

Eine einheitliche Regelung konnte bis dahin nur durch Verwaltungsvorschriften erreicht **5** werden. Für den Bereich der Bundesvermögens- und Bauverwaltung waren deshalb vom BMF die Richtlinien für die Wertermittlung von Grundstücken vom 16. 4. 1955[4] erlassen worden, aus der die WertV 1961 hervorgegangen ist. Neben **einheitlichen Ermittlungs-methoden** war es auch Ziel der WertV 1961, im Interesse einer gleichmäßigen Handhabung und einer **besseren Vergleichbarkeit der Ergebnisse** die erforderlichen Begriffsbestimmungen zu geben, da gerade die Verwendung gleicher Begriffe, wenn sie verschieden verstanden werden, häufig Ursache von unterschiedlichen Ermittlungsergebnissen ist.

Die Ursprungsfassung der Verordnung von 1961 wurde auf Grund der Ermächtigungen des **6** § 141 Abs. 4 BBauG 60 und § 91 Nr. 1 und 2 StBauFG 71 durch Verordnung vom 10. 8. 1972 (BGBl. I 1972, 1409) novelliert (WertV 72). Anlass hierfür war das im Vorjahr erlassene StBauFG. Deshalb ging es bei dieser Novellierung auch vornehmlich um eine Ergänzung der WertV um Vorschriften, die die **Anwendung gleicher Grundsätze bei der Ermittlung der für städtebauliche Sanierungsgebiete und Entwicklungsbereiche** maßgeblichen Boden- und Grundstückswerte gewährleisten sollten (§§ 21 bis 24 WertV 72 entsprechend §§ 26 bis 28 WertV). Bei dieser Gelegenheit wurden aber auch andere Wertermittlungsvorschriften der Entwicklung auf diesem Gebiet angepasst[5]. Eine weitere Novellierung der WertV wurde nach Verabschiedung der BBauG-Novelle vorbereitet. Auf diese Zeit gehen erste Vorentwürfe zurück, die Novellierung wurde aber lange Zeit zurückgestellt.

Eine durchgreifende Novellierung der WertV wurde nach Verabschiedung der **BBauG-** **7** **Novelle 1976** vorbereitet. Auf diese Zeit gehen auch die ersten Vorentwürfe für eine Neufassung der WertV zurück.

Im Zuge der ersten durchgreifenden Novellierung des Bundesbaugesetzes – BBauG – von 1960 wurden auch die Vorschriften des Siebenten Teils des BBauG (Ermittlung von Grundstückswerten) unter Beibehaltung der bisherigen Definition des Verkehrswerts fortentwickelt (BBauG 1976). Dabei hielt man auch eine alsbaldige Verbesserung der für die Verkehrswertermittlung maßgeblichen materiellen Rechtsgrundlage der WertV für unerlässlich[6]. Die Arbeiten an einer neuen WertV wurden deshalb schon gleich nach Verabschiedung des BBauG 1976 im Bundesministerium für Raumordnung, Bauwesen und Städtebau unter Beteiligung des Deutschen Städtetages[7], der ARGEBAU[8] und der Bundesressorts aufgenommen. Mit Rücksicht auf vordringlichere gesetzliche Maßnahmen sowie auf die Zweckmäßigkeit, Erfahrungen mit der zu regelnden Materie zu sammeln, erschien es jedoch vertretbar, die Einleitung eines Verordnungsgebungsverfahrens zurückzustellen[9].

---

1   Begründung zur WertV 61, BAnz. Nr. 154 vom 12. 8. 1961; auch Prot. der 108. Sitzung des BR-Ausschusses für Wiederaufbau und Wohnungswesen vom 6. 7. 1961 und vom 28. 6. 1961; im Übrigen BR-Drucks. 281/61 und 236. Sitzung des Bundesrates vom 14. 7. 1961, S. 205
2   BR-Drucks. 352/56 vom 28. 9. 1956
3   Schriftenreihe des BMWo Bd. 7 Köln
4   BAnz Nr. 91 vom 12. 5. 1955
5   Begründung BR-Drucks. 265/72
6   U.a. von der Fachkommission „Kommunales Liegenschafts- und Vermessungswesen" des Deutschen Städtetags – z. B. 53. Sitzung am 18. 5. 1975; vgl. auch StenProt. der 33. Sitzung des 15. BT-Ausschusses für Raumordnung, Bauwesen und Städtebau am 12. 11. 1974, S. 33, 57 und 116, sowie dessen 40. Sitzung am 22. 1. 1975, S. 5; eine Verbesserung der Rechtsgrundlagen der WertV wurde im Übrigen unabhängig von der im RegEntw. zum BBauG 1976 vorgesehenen Übertragung eines maßnahmebedingten Wertausgleichs in das allgemeine Städtebaurecht gefordert
7   Sitzungen des Arbeitskreises „Wertermittlung" des Deutschen Städtetags vom 19./20. 4. 1977, 14./15. 6. 1977, 3./4. 8. 1977, 4. 10. 1977, 23. 3. 1982 und 27. 4. 1983
8   Sitzungen des Arbeitskreises „Gutachterausschüsse" der Fachkommission „Städtebau" der ARGEBAU vom 21./22. 3. 1977, 26./27. 4. 1977, 22./23. 6. 1977, 25./26. 8. 1977, 3./4. 11. 1977 und 25./26. 2. 1982
9   Kleiber im BBauBl. 1988, 611

8   Die Novellierung wurde zum Anlass genommen, über eine Ergänzung der WertV durch Vorschriften zur Wertermittlung in förmlich festgelegten Sanierungsgebieten und Entwicklungsbereichen hinaus, „gewisse Klarstellungen und Verbesserungen der bisherigen Vorschriften" vorzunehmen[10]. Den von der Bundesregierung beschlossenen Entwurf einer Verordnung zur Änderung und Ergänzung der Verordnung über die Grundsätze für die Ermittlung des Verkehrswertes von Grundstücken hat der Bundesrat in seiner 383. Sitzung am 17. 7. 1972 mit insgesamt 11 vom federführenden BR-Ausschuss für Städtebau und Wohnungswesen empfohlenen Änderungsvorschlägen zugestimmt[11].

Die Bundesregierung hat die Empfehlungen des Bundesrates aufgegriffen und die ÄnderungsVO unter dem Datum des 10. 8. 1972 erlassen (BGBl. I 1972, 1409). Die novellierte **WertV i. d. F. der Bekanntmachung vom 15. 8. 1972** wurde in BGBl. vom gleichen Tage verkündet (BGBl. I 1972, 1417). Nach Art. 4 der ÄnderungsVO ist sie am Tage nach der Verkündung, also am 16. 8. 1972 in Kraft getreten.

9   Erst **nach Verabschiedung des BauGB** wurden die Arbeiten an der Neufassung der WertV auf der Grundlage der **Ermächtigung des § 199 Abs. 1 BauGB** und der bisherigen Vorentwürfe unter Beteiligung von Experten aus den Bundesländern und den Kommunen wieder aufgenommen[12]. Dem ging eine Entschließung des Deutschen Bundestags voraus. Der Deutsche Bundestag hatte die Bundesregierung anlässlich der dritten Beratung des BauGB in einer Entschließung gefordert, in der **11. Legislaturperiode** das Ausführungsrecht zum BauGB zu novellieren. Dabei sollten erklärtermaßen die Entwicklung der Wertermittlungspraxis berücksichtigt und die Grundlagen der Wertermittlung durch materielle und verfahrenstechnische Vereinfachungen verbessert werden[13].

10   **Anhörungen zum** überarbeiteten **Entwurf und dessen Abstimmung** erfolgten im Bundesministerium für Raumordnung, Bauwesen und Städtebau am 18. 2. 1988 (Berufsverbände), am 23. 2. 1988 (Wirtschaftsverbände), am 26. 2. 1988 (Kommunale Spitzenverbände), am 29. 2. 1988 (Bundesressorts) und am 10. 3. 1988 (Länderressorts).

11   Der Referentenentwurf wurde mit Schreiben vom 30. 6. 1988 dem Bundeskabinett zugeleitet und von der Bundesregierung am 20. 7. 1988 beschlossen. Mit Schreiben vom 20. 7. 1988 an den Präsidenten des Bundesrates wurde die Zustimmung des Bundesrates nach Art. 80 Abs. 2 GG erbeten[14]. Der Bundesrat hat in seiner 593. Sitzung am 14. 10. 1988 der Verordnung mit zwei Änderungen zugestimmt. Zuvor hatte sich am 31. 8. 1988 der UA „Städtebau und Wohnungswesen" des Innenausschusses, am 7. 9. 1988 der Innenausschuss in seiner 587. Sitzung und der Agrarausschuss des Bundesrates in seiner 489. und 491. Sitzung vom 2. und 26. 9. 1988 beraten. **Den vom Bundesrat empfohlenen,** auf einen Antrag des Landes Nordrhein-Westfalen im BR-Ausschuss für Innere Angelegenheiten zurückgehenden **Änderungen ist die Bundesregierung beigetreten**[15]. Es handelt sich hierbei um folgende Änderungen:

a) In § 4 wurde die Überschrift „Entwicklungszustand" durch „Zustand und Entwicklung von Grund und Boden" ersetzt, weil Flächen der Land- und Forstwirtschaft keine Entwicklungszustandsstufen seien und nicht der Eindruck entstehen dürfe, „alles Agrarland befinde sich in einer Vorstufe, nämlich in der Entwicklung zum Bauland".

b) In § 4 Abs. 2 Satz 1 wurde nach dem Wort „Zeit" das Wort „tatsächlich" eingefügt; diese Ergänzung soll das Gewollte klarstellen (vgl. § 4 WertV Rn. 152).

Die Wertermittlungsverordnung vom 6. Dezember 1988 – **WertV 88** – ist im Bundesgesetzblatt – BGBl. – Nr. 56 vom 13. Dezember 1988 auf S. 2209 veröffentlicht worden und ist nach Maßgabe des § 31 WertV 88 in Kraft getreten[16].

12   Die **WertV 88 wurde im Jahre 1997 erneut novelliert.** Ausschlaggebend hierfür war die mit der deutschen Einheit obsolet gewordene Berlin-Klausel (§ 30 WertV 88) und das Investitionserleichterungs- und Wohnbaulandgesetz (zuletzt i. d. F. der Bekanntmachung vom 28. 4. 1993; BGBl. I 1993, 662). Mit diesem Gesetz wurde die bereits mit § 6 und § 7 des Maßnahmengesetzes zum BauGB als Teil des damaligen Investitionserleichterungs- und Wohnbaulandgesetzes vom 17. 5. 1990 (BGBl. I 1990, 926) – zunächst befristet – in fortentwickelter Form wieder eingeführte Entwicklungsmaßnahme in das BauGB dauerhaft eingefügt (§§ 165 ff. BauGB). Danach werden städtebauliche Entwicklungsmaßnahmen nicht mehr im Wege einer Rechtsverordnung, sondern als Satzung festgelegt und aufgehoben. § 28 Abs. 2 WertV 88, der den für die Ermittlung der Anfangs- und Endwerte maßgeblichen Wertermittlungsstichtag bestimmte, knüpfte demgegenüber noch an die Rechtsverordnung an und war damit insoweit obsolet.

Da das Gesetz zur Änderung des Baugesetzbuchs und zur Neuregelung des Rechts der **13** Raumordnung (BauROG) vom 18. 8. 1997 – Bau- und Raumordnungsgesetz 98 (BGBl. I 1997, 2081) – an dieser Rechtsentwicklung festhielt, war Anlass gegeben, die **WertV 88 mit Art. 3 des BauROG der Rechtsentwicklung redaktionell anzupassen.** Darüber hinaus wurde die Überschrift des § 26 WertV 88 der mit dem BauROG 98 geänderten Verweisungskette des § 169 BauGB angepasst[17]. Darüber hinaus war die Berlin-Klausel (§ 30 WertV 88) auf Grund des Sechsten Überleitungsgesetzes vom 25. 9. 1990 (BGBl. I 1990, 2106) gegenstandslos geworden und wurde ersatzlos gestrichen; die bisherige In-Kraft-Tretens-Klausel (§ 31 WertV 88) wurde § 30 WertV. Die geänderte WertV ist am 1. 1. 1998 in Kraft getreten (Art. 11 Abs. 1 BauROG).

▶ *Zum In-Kraft-Treten vgl. die Erläuterungen zu § 30 WertV.*

1.3 Allgemeine Zielsetzungen und Lösungen

Die WertV regelt:

a) Grundsätze für die Ermittlung des – *materiell* – in § 194 BauGB definierten Verkehrs- **14** werts von Grundstücken (auch von Teilen von Grundstücken) sowie von Rechten an Grundstücken – ausdrücklich auch von grundstücksgleichen Rechten und Rechten an diesen (vgl. § 1 Abs. 2 WertV sowie § 200 Abs. 2 BauGB, der allerdings nur die grundstücksgleichen Rechte anspricht) – in *verfahrensrechtlicher* Hinsicht;

b) die nach § 193 Abs. 3 BauGB den Gutachterausschüssen obliegende Ermittlung[18] „sonstiger zur Wertermittlung erforderlicher Daten" (vgl. § 8 WertV Rn. 1 ff.); die Begründung zu § 1 WertV stellt dies als eine Erweiterung des Anwendungsbereichs heraus;

c) Begriffsbestimmungen, die für die vorstehenden Wertermittlungen im Interesse einer einheitlichen Handhabung erforderlich sind, und

d) die Abgrenzung von Entschädigungen für den Rechtsverlust von anderen Vermögensnachteilen i. S. d. § 93 BauGB.

Als **Ziele der Wertermittlungsverordnung** werden in der amtlichen Begründung zur **15** WertV 88 herausgestellt[19]:

a) Durch die Verordnung sollen gleiche Grundlagen und Materialien für die Wertermittlung durch amtliche und private Stellen geschaffen werden. Ziel der Verordnung ist erklärtermaßen eine größere Transparenz des Grundstücksmarktes, die es insbesondere dem einzelnen Bürger ermöglicht, Angebote am Grundstücksmarkt auf ihre Preiswürdigkeit hin zu prüfen oder prüfen zu lassen. In diesem Zusammenhang wird die im

---

10 BR-Drucks. 265/72, S. 3 ff.
11 BR-Drucks. 265/1/72 und 265/2/72
12 Sitzung der Fachkommission „Städtebau" der ARGEBAU vom 22./23. 10.1987 sowie Sitzungen des Arbeitskreises „Wertermittlung" des Unterausschusses „Kommunales Liegenschafts- und Vermessungswesen" des Bauausschusses des Deutschen Städtetags am 16. 2. 1987, 19./20. 10. 1987 sowie 18./19. 4. 1988
13 BT-Drucks. 10/6252; BR-Drucks. 352/88, S. 28
14 BR-Drucks. 352/88; zu BR-Drucks. 352/88
15 BR-Drucks. 352/1/88
16 Die amtliche Begründung zu dieser Verordnung ist abgedruckt bei Kleiber/Simon/Weyers, WertV 98, Bundesanzeiger Verlag Köln, 5. Aufl. 1998.
17 BT-Drucks. 13/6392, S. 28 und hierzu die Begründung auf S. 90
18 Gesetz- und Verordnungsgeber benutzen die Begriffe „Ermittlung" und „Ableitung" der erforderlichen Daten im Übrigen mit identischem Inhalt (vgl. einerseits § 193 Abs. 3 BauGB und andererseits § 199 Abs. 1 BauGB); unterschiedlich auch die WertV (einerseits Vorblatt der amtl. Begründung zur WertV, § 6 Abs. 1 Satz 1, § 8 Abs.1 Satz 1 und § 9 Abs. 4 WertV und andererseits: § 11 Abs. 2 WertV)
19 Kleiber in NVwZ 1989, 33; Kleiber in BBauBl. 1988, 611

Zweiten Teil der WertV geregelte und nach § 193 Abs. 3 BauGB den Gutachterausschüssen obliegende Ableitung der für die Wertermittlung erforderlichen Daten, wie Bodenpreisindexreihen, Umrechnungskoeffizienten, Liegenschaftszinssätze und Vergleichsfaktoren bebauter Grundstücke, genannt. Diese Daten sind nach § 8 WertV abzuleiten und sollen die **Voraussetzungen** schaffen, **dass Verkehrswerte zu den verschiedensten Zwecken auf der Grundlage der von den Gutachterausschüssen ausgewerteten Kaufpreissammlung abgeleitet werden können.** Insbesondere sollen sie auch von den außerhalb der Gutachterausschüsse tätigen Sachverständigen herangezogen werden können. Es wird vom Verordnungsgeber erwartet, dass ihre Gutachten und deren Ergebnisse somit vergleichbar, den davon Betroffenen transparenter und verständlicher sowie unnötige prozessuale Auseinandersetzungen zwischen den Beteiligten vermieden werden. Voraussetzung hierfür ist allerdings deren Veröffentlichung, die vielerorts noch unzureichend erfolgt. Die Länder sind mit § 199 Abs. 2 BauGB ermächtigt, den rechtlichen Rahmen dafür vorzugeben.

b) Damit künftig bei jeder Wertermittlung der jeweilige Entwicklungszustand eines Grundstücks nach gleichen Grundsätzen beurteilt wird, werden mit dem § 4 für die Zwecke der Wertermittlung von Grundstücken **(bundes-)einheitliche Begriffsbestimmungen für die Kategorisierung des Grund und Bodens** unter Berücksichtigung der rechtlichen und tatsächlichen Merkmale vorgegeben (Flächen der Land- oder Forstwirtschaft, Rohbauland, Bauerwartungsland und baureifes Land). Hiermit soll einer immer wieder in Wissenschaft und Praxis erhobenen Forderung Rechnung getragen und eine verfahrenstechnische Vereinfachung herbeigeführt werden. In der Praxis wurden nämlich die nunmehr definierten Qualitätsstufen des Grund und Bodens – die Verordnung spricht vom „Entwicklungszustand" des Bodens – nicht selten mit unterschiedlichem Inhalt gebraucht.

c) Die Anwendung des **Vergleichswertverfahrens** soll entsprechend seiner hervorragenden Bedeutung, insbesondere im Hinblick auf seine Anwendung auf bebaute Grundstücke, **praxisgerechter** als bisher **ausgestaltet** werden.

d) Des Weiteren sollen die im Jahre 1972 in die WertV aufgenommenen **Vorschriften für förmlich festgelegte Sanierungs- und Entwicklungsbereiche** sowie für die dazu gehörigen Ersatz- und Ergänzungsgebiete entsprechend den Erfordernissen der Praxis und dem in das Baugesetzbuch integrierten Sanierungs- und Entwicklungsmaßnahmenrecht **fortentwickelt** werden. Diese Vorschriften (§§ 21 bis 24 WertV 72) hätten sich trotz ihres umfangreichen Textes teilweise als unzulänglich (z. B. § 22 Abs. 5 WertV 72) erwiesen und wurden durch straffere Vorschriften ersetzt.

e) Schließlich war nach über 16-jähriger Geltungsdauer der WertV 72 ganz allgemein Anlass gegeben, die Rechtsgrundlagen der Verkehrswertermittlung entsprechend der **Entwicklung der Wertermittlungspraxis fortzuschreiben.** Dies hat seinen Niederschlag in einer Vielzahl von strukturellen und materiellen Änderungen gefunden. Auch wenn dabei die drei klassischen Wertermittlungsverfahren in ihren Grundzügen erhalten geblieben sind, kann deshalb von einer durchgreifenden Neufassung der Wertermittlungsgrundsätze gesprochen werden. Von daher war es sachgerecht, die Wertermittlungsverordnung 88 im Wege des Erlasses einer Neufassung zu „novellieren".

16   Trotz der angestrebten materiellen und verfahrensrechtlichen Verbesserungen wird man – wie der BGH immer wieder festgestellt hat – an der Auffassung festhalten müssen, dass der **Verkehrswert eines Grundstücks** auch künftig „**keine genau errechenbare Größe"** ist (vgl. § 194 BauGB Rn. 118 ff.) und es sich bei seiner Ermittlung nur um eine bewährte Schätzung handeln kann[20]. Werden dabei alle den Verkehrswert beeinflussenden Faktoren nach den anerkannten Grundsätzen angemessen berücksichtigt, so stellt sich das Ergebnis als *Verkehrswert des Grundstücks* dar. Der so geschätzte Verkehrswert (Marktwert) ist in der Wirtschaft und im Rechtsleben (z. B. als Grundlage für Enteignungsentschädigungen und in der Umlegung) anerkannt (vgl. § 194 BauGB Rn. 125 ff.).

1.4   Aufbau der WertV

Wie schon die WertV von 1961 hält auch die geltende WertV im Kern an der Unterteilung **17**
zwischen Vergleichs-, Ertrags- und Sachwertverfahren fest. Die Verfahren sind in ihren
Grundzügen im **Dritten Teil** geregelt, der als einziger Teil in Abschnitte untergliedert ist.
Ihnen sind im **Ersten Teil** allgemeine Grundsätze (Anwendungsbereich, allgemeine Verfahrensgrundsätze und Begriffsbestimmung) sowie im **Zweiten Teil** die Grundsätze für die
„Ableitung erforderlicher Daten" vorangestellt. Der **Vierte und Fünfte Teil** enthält
„Ergänzende Vorschriften" vornehmlich für Sanierungsgebiete und städtebauliche Ent-
wicklungsbereiche nach dem Zweiten Kapitel des BauGB (bisheriger Teil IV der WertV
72) und „Schlussvorschriften" (Abb. 2):

Der **Erste Teil der WertV** regelt den Anwendungsbereich, allgemeine Verfahrens-   **18**
grundsätze und Begriffsbestimmungen. Dabei wurde der Tatsache Rechnung getragen,
dass bei jeder Verkehrswertermittlung grundsätzlich zwischen dem für

– die Qualifizierung des tatsächlichen und rechtlichen Zustands des zu wertenden Grundstücks maßgeblichen Zeitpunkt und

– dem Zeitpunkt, auf den sich die Wertermittlung beziehen soll (Wertermittlungsstichtag),

unterschieden werden muss (§ 3). Während bei Wertermittlungen zu privaten Zwecken
(z. B. bei Verkaufsabsichten) beide Stichtage i. d. R. zusammenfallen, muss im öffentlich-
rechtlichen Bereich, wie bei Wertermittlungen im Zuge von Umlegungs-, Enteignungs-
und Sanierungsverfahren nach den §§ 45 ff., 93 ff. und 136 ff. BauGB, im Regelfall zwischen beiden Stichtagen unterschieden werden.

Abb. 2: Aufbau der WertV

Aufbau der WertV
ERSTER TEIL Anwendungsbereich, allgemeine Verfahrensgrundsätze und Begriffsbestimmungen (§§ 1 bis 7 WertV) ZWEITER TEIL Ableitung erforderlicher Daten (§§ 8 bis 12 WertV) DRITTER TEIL Wertermittlungsverfahren (§§ 13 bis 25 WertV)

Erster Abschnitt:	Vergleichswertverfahren	(§§ 13, 14 WertV)
Zweiter Abschnitt:	Ertragswertverfahren	(§§ 15 bis 20 WertV)
Dritter Abschnitt:	Sachwertverfahren	(§§ 21 bis 25 WertV)

VIERTER TEIL Ergänzende Vorschriften (§§ 26 bis 29 WertV) FÜNFTER TEIL Schlussvorschriften (§ 30 WertV)

— © W. Kleiber 00 —

---

20 BGH, Urt. vom 22. 1. 1959 – III ZR 186/57 –, EzGuG 6.38; BGH, Urt. vom 23. 11. 1962 – V ZR 259/60 –,
EzGuG 20.32; BGH, Urt. vom 25. 6. 1964 – III ZR 111/64 –, EzGuG 20.37; BGH, Urt. vom 12. 7. 1965 – III ZR
214/64 –, EzGuG 2.8; BGH, Urt. vom 2. 7. 1968 – V Blw 10/68 –, EzGuG 19.14; BGH, Urt. vom 4. 3. 1982 – III
ZR 156/80 –, EzGuG 11.127; BGH, Urt. vom 18. 10. 1984 – III ZR 116/82 –, EzGuG 15.34; auch zur Verkehrswertermittlung von Wertänderungen eines Grundstücks durch Dienstbarkeiten ist dies wiederholt bestätigt worden

19   Da bei allen zur Anwendung kommenden Wertermittlungsverfahren gleichermaßen **von** jeweils **marktorientierten Daten auszugehen** ist, sind mit den §§ 3 bis 5 – quasi vor die Klammer gezogen – die Vorschriften zusammengefasst worden, die die für die Vergleichbarkeit von Grundstücken wesentlichen Zustandsmerkmale tatsächlicher und rechtlicher Art namentlich aufführen.

20   Die bedeutsamste Ergänzung stellt dabei § 4 dar, mit dem unter der Überschrift „Zustand und Entwicklung von Grund und Boden" (Entwicklungszustand) bundeseinheitlich für Zwecke der Verkehrswertermittlung **Begriffsbestimmungen für Flächen der Land- oder Forstwirtschaft, Rohbauland, Bauerwartungsland und für baureifes Land** vorgegeben werden. Hierin aufgegangen sind die bislang für Wertermittlungen in förmlich festgelegten Sanierungsgebieten und Entwicklungsbereichen vorgegebenen Vorschriften über den inner- und außerlandwirtschaftlichen Verkehrswert (§ 22 WertV 72).

21   Die **Wahl der zur Anwendung kommenden Wertermittlungsverfahren** oder eines einzelnen Wertermittlungsverfahrens ist in § 7 geregelt. Sie stellt eine entscheidende Weichenstellung für die Verkehrswertermittlung dar. Die WertV nennt hier das Vergleichs-, Ertrags- und das Sachwertverfahren. Die Verfahren selbst sind im Dritten Teil der WertV geregelt. Nach den in § 7 genannten Grundsätzen bestimmt sich das Wertermittlungsverfahren nach:

     a)   den im gewöhnlichen Geschäftsverkehr bestehenden Gepflogenheiten, d. h. nach den Überlegungen, die im Grundstücksverkehr nach Art des Grundstücks für die Preisbemessung maßgebend sind, sowie

     b)   den sonstigen Umständen des Einzelfalls, worunter in erster Linie die dem Sachverständigen für die Wertermittlung zur Verfügung stehenden Vergleichsdaten zu verstehen sind.

22   Nach der Art des Gegenstands der Wertermittlung kann es beispielsweise angezeigt sein, das Vergleichswertverfahren anzuwenden. Stehen dem Sachverständigen aber keine geeigneten Vergleichspreise in ausreichender Zahl zur Verfügung, so sind dies Umstände, die ein Ausweichen auf weniger geeignete Verfahren rechtfertigen.

     ▶   *Weitere Ausführungen vgl. § 7 WertV Rn. 1 ff.*

23   Die im Dritten Teil geregelten **Wertermittlungsverfahren** (Rn. 25 ff.) **stellen Hilfswege für die Ableitung des** normativ an dem Geschehen auf dem Grundstücksmarkt orientierten **Verkehrswerts dar**[21]. Nach der Terminologie der WertV erhält man als Ergebnis des angewandten Verfahrens den Vergleichs-, Ertrags- und Sachwert. Hierbei handelt es sich grundsätzlich nur um Zwischenwerte[22], die nicht zwangsläufig mit dem Verkehrswert identisch sind. Mit der WertV hat der Verordnungsgeber erklärtermaßen aber die Wertermittlungsverfahren dahingehend fortentwickeln wollen, dass die genannten Zwischenwerte möglichst direkt zum Verkehrswert führen. Dies kann allerdings nur erreicht werden, wenn Vergleichs-, Ertrags- und Sachwert im umfassenden Sinne der Lage auf dem Grundstücksmarkt entsprechen. Im Ergebnis geht die WertV insbesondere in Bezug auf das Ertrags- und Sachwertverfahren von dem Verständnis aus, dass der Grundstücksmarkt vollständig in den Ertrags- und Sachwert eingehen soll; d. h. Ertrags- oder Sachwert soll mithin nicht mehr im engeren Sinne den Wert darstellen, den ein Grundstück

     – allein im Hinblick auf die gegebenen Ertragsverhältnisse oder

     – allein im Hinblick auf die darin verkörperten gewöhnlichen Herstellungskosten unabhängig von dem im gewöhnlichen Geschäftsverkehr erzielbaren Preis hat.

24   Die **Wertermittlungsverfahren** werden im Dritten Teil der WertV lediglich **in ihren Grundzügen ohne Anspruch auf Vollständigkeit** geregelt. Damit ist die Anwendung anderer in der WertV nicht ausdrücklich geregelter Methoden nicht ausgeschlossen. Dies bedeutet aber andererseits auch nicht, dass damit jedes andere Verfahren zur Anwendung kommen kann; vielmehr muss es sich um geeignete Verfahren handeln, die zu einem sachgerechten Ergebnis i. S. der Verkehrswertdefinition führen.

Aufbauend auf den anerkannten Grundsätzen der in der WertV geregelten Wertermittlungs- **25**
verfahren (Vergleichs-, Ertrags- und Sachwertverfahren) haben sich die Wertermittlungsverfahren in der Praxis fortentwickelt. Das BVerwG hat in seinem Beschl. vom 16. 1.
1996[23] hierzu festgestellt, dass zumindest in den Fällen, in denen eine der in der WertV vorgesehenen Methoden nicht angewendet werden kann, **auch andere geeignete Methoden**
zur Anwendung kommen und entwickelt werden können. Auch lassen sich die geregelten
Verfahren modifizieren:

a) In der Wertermittlungspraxis werden bei Anwendung des in den §§ 15 bis 20 WertV
   geregelten Ertragswertverfahrens die Möglichkeiten der Vereinfachungen, die dieses
   Verfahren insbesondere bei Objekten, deren Bebauung eine lange Restnutzungsdauer
   bietet, oftmals nicht erkannt. Hierauf wird in den Vorbem. zu den §§ 15 ff. WertV hingewiesen. Im Hinblick auf die bestehenden Möglichkeiten, bei Anwendung des Ertragswertverfahrens auf die Ermittlung des Bodenwerts zu verzichten, spricht man auch vom
   Vereinfachten Ertragswertverfahren, das in den Vorbem. zu den §§ 15 ff. unter den
   Rn. 150 ff. und bei § 15 WertV unter Rn. 21 behandelt wird.

b) Des Weiteren treten in der Wertermittlungspraxis auch Fälle auf, bei denen es zweckmäßig sein kann, den Verkehrswert eines Objektes auf Grund der Komplexität der zu
   berücksichtigenden wertbeeinflussenden Umstände im Wege der **allgemeinen Bar-**
   wertmethode zu ermitteln. Es handelt sich hierbei gewissermaßen um die „Urform"
   des Ertragswertverfahrens, aus der das in den §§ 15 ff. WertV geregelte Ertragswertverfahren unter Zugrundelegung einiger vereinfachender Annahmen entwickelt worden ist
   (vgl. Vorbem. zu den §§ 15 ff. WertV Rn. 16 ff.); mitunter ist es zweckmäßig, auf diese
   Urform zurückzugreifen. Das allgemeine Barwertverfahren wird auch als „*Discounted-*
   Cashflow-Verfahren" bezeichnet. Es wird in den Vorbem. zu den §§ 15 ff. WertV unter
   den Rn. 227 ff. behandelt. Finanzmathematisch ist aber auch das in der WertV geregelte
   Ertragswertverfahren ein *Discounted-Cashflow*-Verfahren.

c) Schließlich kommt z. B. in der Praxis hilfsweise auch das **Residualwertverfahren** insbesondere dann zur Anwendung, wenn es um die Verkehrswertermittlung umnutzungs-
   befangener Immobilien mit Entwicklungspotenzial geht. Bei Anwendung dieses Verfahrens wird – vereinfacht ausgedrückt – der Verkehrswert eines Grundstücks aus dem
   z. B. im Wege des Vergleichs- oder Ertragswertverfahrens ermittelten Verkehrswert, der
   sich fiktiv nach Durchführung einer beabsichtigten Entwicklung ergibt, unter Berücksichtigung der Entwicklungs- und ggf. Herstellungskosten abgeleitet. Auch der Verkehrswert von warteständigem Bauland wird ähnlich abgeleitet, wenn dafür keine
   geeigneten Vergleichspreise zur Verfügung stehen. Dabei wird vom Verkehrswert für
   baureifes Land ausgegangen, der um die Kosten der Baulandentwicklung vermindert
   wird. Der Differenzbetrag stellt in solchen Fällen das Residuum dar, das dann Grundlage der Wertermittlung sein soll. Das Residualwertverfahren ist allerdings nur dann
   geeignet, wenn die miteinander in Beziehung gesetzten Größen sich selbst am Verkehrswert orientieren (vgl. § 13 WertV Rn. 245 ff.).

Investitionsüberlegungen sind es, die insbesondere bei der **Verkehrswertermittlung von** **26**
Großobjekten auch hierzulande diese Verfahren zur Anwendung kommen lassen. Die
dabei zur Anwendung kommenden Verfahren sind von Renditeüberlegungen geprägt; der
Erwerb eines Objektes, in das investiert werden soll, muss sich „rechnen". Da Vergleichsmöglichkeiten, um zu dem sich „rechnenden" Wert zu kommen, allenfalls nur für das zur

---

21 Begründung zur WertV 61, BAnz. Nr. 154 vom 12. 8. 1961
22 Begründung zur WertV 72, BR-Drucks. 265/72, S. 3
23 BVerwG. Urt. vom 16. 1. 1996 – 4 B 69/95 –, GuG 1996, 111 = EzGuG 15.83

Verfügung stehen, was das „fertige Produkt" anbelangt, geht man z. B. bei Anwendung des Residualwertverfahrens vom Wert des geplanten Vorhabens aus. So verfügen die großen Immobilienfirmen und Bauträger über eigene Kenntnisse und Erfahrungen z. B. über die erzielbaren Preise pro Quadratmeter Nutzfläche für Büros und Eigentumswohnungen. Hieran orientieren sich Investoren bei der Bodenwertermittlung. Dies ist darauf zurückzuführen, dass in den „vollgelaufenen" Städten baureife Grundstücke kaum noch gehandelt werden und die Erschließung neuen Baulands und die damit im Zusammenhang stehende Kaufpreisermittlung nicht selten ein Ergebnis des Aushandelns mit dem Planungsträger ist. Auch von daher und nicht nur im Hinblick auf die internationalen Verflechtungen ist zu erwarten, dass das Residualwertverfahren an Bedeutung gewinnt. Von den Anwendern dieser Methode wird darauf hingewiesen, dass

a) es sich hierbei um eine Vergleichsmethode handele, soweit Ausgangspunkt des Verfahrens die auf dem Grundstücksmarkt erzielbaren Veräußerungspreise sind, und

b) das Ergebnis des Verfahrens der Preis sei, der beim Ankauf des Grundstücks vernünftigerweise nicht überschritten werden darf, wenn mit der Realisierung des Vorhabens keine Verluste einhergehen sollen; ein geringerer Ankaufspreis dagegen den Unternehmergewinn erhöhen würde.

▶ *Zur Leistungsfähigkeit und Genauigkeit der Verkehrswertermittlung vgl. § 194 BauGB Rn. 118ff.; § 13 WertV Rn. 48ff.*

27   Die **Einbeziehung des Geschehens auf dem Grundstücksmarkt** ist allein schon von der Methodik am ehesten bei Anwendung des Vergleichswertverfahrens gewährleistet:

– **bei Anwendung des Ertragswertverfahrens** findet das Geschehen auf dem Grundstücksmarkt vor allem durch Ansatz marktgerechter Ertragsverhältnisse (Nutzungsentgelte und Bewirtschaftungskosten) sowie durch den aus Verkaufspreisen nach Maßgabe des § 11 abgeleiteten Liegenschaftszinssatz Eingang in das Wertermittlungsverfahren. Zudem schreibt § 19 ausdrücklich vor, dass alle sonstigen „den *Verkehrswert beeinflussenden Umstände*, die bei der Ermittlung nach den §§ 16 bis 18 noch nicht erfasst sind", in geeigneter Weise zu berücksichtigen sind, so dass im strengen Sinne der Ertragswert mit dem Verkehrswert identisch sein müsste;

– **bei Anwendung des Sachwertverfahrens** stößt die Einbeziehung des Grundstücksmarktes erfahrungsgemäß auf die größten Schwierigkeiten. Zum einen entsprechen schon per definitionem die nach § 22 anzusetzenden gewöhnlichen Herstellungskosten nicht zwangsläufig dem, was im gewöhnlichen Geschäftsverkehr wertmäßig für das damit hergestellte Werk erzielt werden kann. Die Anpassung an das Marktgeschehen muss deshalb über die Wertminderung wegen Alters, Baumängeln und Bauschäden nach den §§ 23 und 24 geschehen. Vor allem aber eröffnet § 25 dem Gutachter die Möglichkeit, die Lage auf dem Grundstücksmarkt zusammen mit den sonstigen „wertbeeinflussenden" Umständen[24] schon im Sachwertverfahren uno actu zu berücksichtigen, so dass zumindest theoretisch auch hier der Sachwert mit dem Verkehrswert identisch sein kann;

– auch bei **Anwendung des Residualwertverfahrens** kann das ermittelte Residuum im Übrigen keinesfalls „automatisch" dem Verkehrswert gleichgesetzt werden. Auch hier muss ggf. das Ergebnis anderer angewandter Verfahren sowie die Lage auf dem Grundstücksmarkt berücksichtigt werden, um daraus den Verkehrswert abzuleiten.

28   Der Verordnungsgeber hat aber seine Augen nicht davor verschließen können, dass die vorstehende Zielsetzung in der Praxis nicht immer erreichbar sein wird. **§ 7 Abs. 1 Satz 2** enthält diesbezüglich eine **Angstklausel.** Danach soll der Verkehrswert aus dem Ergebnis des herangezogenen Verfahrens unter Berücksichtigung der Lage auf dem Grundstücksmarkt abgeleitet werden (vgl. Abb. 3).

Abb. 3: Ableitung des Verkehrswerts aus dem Vergleichs-, Ertrags- und/oder Sachwertverfahren nach § 7 Abs. 1 WertV

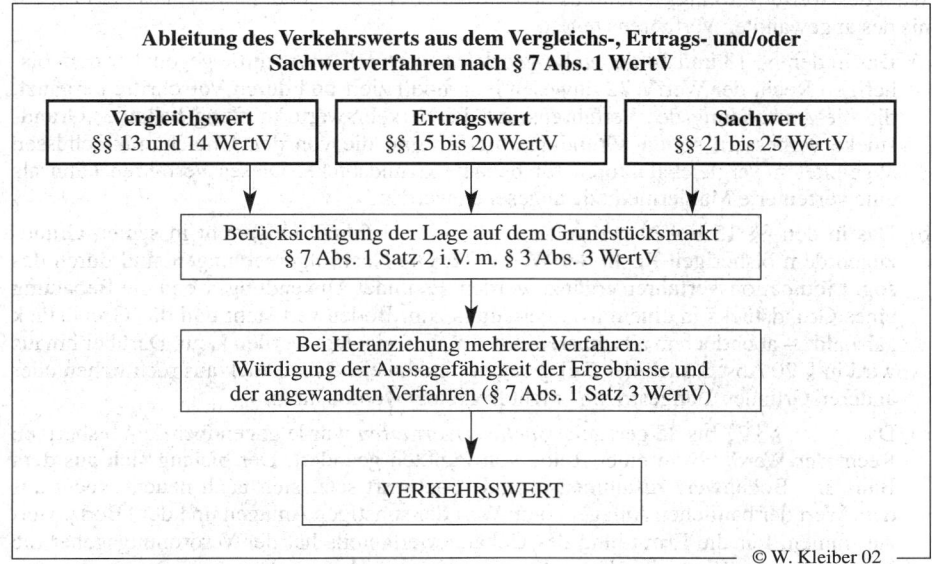

Geht man davon aus, dass die Möglichkeiten der Einbeziehung des Grundstücksmarktes in **29** das Wertermittlungsverfahren selbst weitgehend ausgeschöpft worden sind, kann es sich bei der Anpassung an die **Lage auf dem Grundstücksmarkt** gemäß § 7 Abs. 1 Satz 2 nach den Vorstellungen des Verordnungsgebers nur noch um residuelle Anpassungen handeln, die dann aber auch begründet werden müssen. Die Vorschrift darf nicht dahingehend ausgelegt werden, dass in jedem Fall Zu- oder Abschläge z. B. an den Sachwert anzubringen sind. Die Vorschrift läuft also nach den vorherigen Ausführungen „leer", wenn die Marktlage bereits hinreichend in das Wertermittlungsverfahren Eingang finden konnte (vgl. § 3 WertV Rn. 11).

Fazit: Zusammenfassend ist festzustellen, dass es das vom Verordnungsgeber ausdrücklich **30** verfolgte Ziel ist, die Lage auf dem Grundstücksmarkt auch bei Anwendung des Ertrags- und Sachwertverfahrens innerhalb des Verfahrens selbst zu berücksichtigen, so dass Ertrags- und Sachwert möglichst dem Verkehrswert entsprechen[25]. Die Verfahrensvorschriften sind hierauf angelegt.

Der **Zweite Teil der WertV** regelt zur Verbesserung der Wertermittlungsgrundlagen die **31** Ableitung der „erforderlichen Daten der Wertermittlung". Es handelt sich dabei in erster Linie um (Bodenpreis-)indexreihen, Umrechnungskoeffizienten, Liegenschaftszinssätze und Vergleichsfaktoren für bebaute Grundstücke. Nach § 8 „sind" diese Daten (vom Gutachterausschuss) abzuleiten und sollen vor allem beim Vergleichswertverfahren zur Berücksichtigung von Abweichungen der wertbeeinflussenden Merkmale der Vergleichsgrundstücke von dem zu wertenden Grundstück herangezogen werden (vgl. § 9 Abs. 1, § 10 Abs. 1 und § 14 Satz 3).

---

24 Im Unterschied zu § 19 WertV spricht der Verordnungsgeber in § 25 nur von den „wertbeeinflussenden" und nicht von den „verkehrswertbeeinflussenden" Umständen.

25 BR-Drucks., 352/88, S. 43 f.

32   Der **Dritte Teil der WertV** regelt in drei Abschnitten das Vergleichs-, Ertrags- und Sachwertverfahren; im engen Zusammenhang mit diesem Teil steht § 7 des Ersten Teils, der die
Wahl des Wertermittlungsverfahrens und die Ableitung des Verkehrswerts aus dem Ergebnis des angewandten Verfahrens regelt.

33   a) Das in den §§ 13 und 14 geregelte *Vergleichswertverfahren* wurde gegenüber dem bisherigen Recht der WertV 72 unwesentlich modifiziert und durch Vorschriften ergänzt,
die die Anwendung des Verfahrens auf die Verkehrswertermittlung bebauter Grundstücke verbessern sollen. Grundlage hierfür sind die von den Gutachterausschüssen
abgeleiteten Vergleichsfaktoren für bebaute Grundstücke. Dieses Verfahren kann als
eine verfeinerte Maklermethode angesehen werden.

34   b) Das in den §§ 15 bis 20 geregelte *Ertragswertverfahren* entspricht in seinen Grundzügen dem bisherigen Recht der WertV 72. Die Nachfolgeregelungen sind durch das
sog. Liquidationsverfahren ergänzt worden. Es findet Anwendung, wenn die Bebauung
eines Grundstücks in einem Missverhältnis zum Bodenwert steht und das Grundstück
„alsbald" – aber doch in absehbarer Zeit – nicht freigelegt werden kann. Darüber hinaus
wird in § 20 Abs. 3 auch der Fall geregelt, in dem ein Grundstück aus rechtlichen oder
anderen Gründen „längerfristig" nicht freigelegt werden kann.

35   c) Das in den §§ 21 bis 25 geregelte *Sachwertverfahren* wurde gegenüber dem bisherigen
Recht der WertV 72 in einer Reihe von Punkten geändert. Der bislang sich aus dem
Bau- und Bodenwert zusammensetzende Sachwert setzt sich nach neuem Recht aus
dem Wert der baulichen Anlagen, dem Wert der sonstigen Anlagen und dem Bodenwert
zusammen. Für die Ermittlung des Gebäudewertanteils hat der Verordnungsgeber die
Möglichkeit eröffnet, den Herstellungswert unter Heranziehung von Normalherstellungskosten zu ermitteln, die nicht mehr auf den umbauten Raum nach der DIN 277 von
1950 bezogen sein müssen.

36   Des Weiteren wurden die Regelungen über die **technische und wirtschaftliche Wertminderung** unter Aufgabe dieser Begriffe neu gegliedert und mit den Vorschriften des Ertragswertverfahrens harmonisiert. Da es sowohl bei dem Sachwertverfahren als auch bei dem
Ertragswertverfahren entscheidend darauf ankommt, wie lange ein Gebäude wirtschaftliche Verwendung finden kann, wird der an der technischen Standfestigkeit orientierte
Begriff der „Restlebensdauer" durch die wirtschaftliche „Restnutzungsdauer" ersetzt.
Dabei ist künftig bei Verkürzung der Restnutzungsdauer auf Grund unterlassener Instandhaltung sowie bei Verlängerung der Restnutzungsdauer auf Grund von Instandsetzungen
und Modernisierungen stets die übliche Gesamtnutzungsdauer Grundlage für die Ermittlung der Alterswertminderung.

37   Im **Vierten Teil der WertV** wurden unter der Überschrift „Ergänzende Vorschriften" die
früher im Teil V der WertV 72 enthaltenen **Ergänzenden Vorschriften für Sanierungsgebiete und Entwicklungsbereiche** neu gegliedert und erheblich gestrafft. Von den ergänzenden Vorschriften des Vierten Teils finden die §§ 26 bis 28 nur in den förmlich festgelegten Sanierungsgebieten und städtebaulichen Entwicklungsbereichen (§§ 136 ff. und
§§ 165 ff. BauGB) sowie in den dazu gehörenden Ersatz- und Ergänzungsgebieten (§ 142
Abs. 2 BauGB ggf. i.V. m. § 169 Abs. 1 Nr. 2 BauGB) Anwendung, wenn die besonderen
sanierungsrechtlichen Vorschriften der §§ 153 bis 156 a BauGB in der Sanierungssatzung
nicht ausgeschlossen wurden (§ 142 Abs. 4 BauGB).

38   Die bisher in den §§ 21 bis 23 WertV 72 geregelte *Ermittlung des sanierungs- bzw. entwicklungsunbeeinflussten Grundstückswerts* sowie des *Neuordnungswerts* i. S. d. § 153
Abs. 1 und Abs. 4 BauGB ist materiell unverändert in die §§ 26 und 27 WertV übernommen
worden. Des Weiteren wurden die Vorschriften der §§ 154 f. BauGB über die **Ermittlung
von Ausgleichsbeträgen** durch klarstellende Hinweise zum Wertermittlungsstichtag
ergänzt (vgl. Rn. 13); die Ergänzung entspricht § 2 Abs. 2 und § 10 Abs. 2 der mit In-Kraft-
Treten des Baugesetzbuchs aufgehobenen Ausgleichsbetragsverordnung[26].

Schließlich wurde mit § 29 eine Vorschrift in die Verordnung eingefügt, die dem *Verbot von*   **39**
Doppelentschädigungen Rechnung tragen soll. Nach dieser Vorschrift soll bei der Ermittlung von Entschädigungen nach den entschädigungsrechtlichen Grundsätzen der §§ 93 ff.
BauGB die sich nach dem Verkehrswert des Grundstücks bemessene Entschädigung für
den Rechtsverlust (§ 95 BauGB) von der **Entschädigung für andere Vermögensnach-**
teile (§ 96 BauGB) unter Berücksichtigung von Vermögensvorteilen abgegrenzt werden.
Es handelt sich hierbei um eine Soll-Vorschrift, denn die Abgrenzung der Entschädigungen
für den Rechtsverlust von den anderen Vermögensnachteilen kann im Einzelfall recht
schwierig sein. Es wird zudem nicht immer erforderlich und auch nicht immer eindeutig
möglich sein, die Entschädigungen voneinander in Geldbeträgen abzugrenzen. Vielfach
wird es genügen, bei der Ermittlung der Gesamtentschädigung die Bestandteile nur qualitativ voneinander abzugrenzen. Es kann zudem im Einzelfall zweckmäßig sein, dass mit der
Entschädigung für den Rechtsverlust auch andere Vermögensnachteile abgegolten werden,
ohne dass diese der Höhe nach aus der Entschädigung für den Rechtsverlust ausgegrenzt
werden.

1.5   Ergänzende Wertermittlungs-Richtlinien

1.5.1   WertR 96

Noch vor dem erstmaligen Erlass der WertV im Jahre 1961 hat das Bundesministerium der   **40**
Finanzen (BMF) für den Bereich der Bundesvermögens- und Bauverwaltung bereits im
Jahre 1955 Richtlinien zur Wertermittlung von Grundstücken herausgegeben[27]. Diese
Richtlinien wurden in mehreren Schritten der Rechtsentwicklung und der herrschenden
Wertermittlungslehre angepasst. Die fortgeschriebene Fassung der WertR vom 31. 5. 1976
(WertR 76)[28] wurde vom Bundesministerium für Raumordnung, Bauwesen und Städtebau
im Jahre 1991 erneut überarbeitet und neu bekannt gemacht (**Wertermittlungs-Richt-**
linien vom 11. 6. 1991 – WertR 1991)[29].

Mit der WertR 91 wurde allerdings nur der Erste Teil der WertR 76 novelliert. **Teil II der**   **41**
WertR, der insbesondere Regelungen zur Verkehrswertermittlung von Erbbaurechten enthält, wurde seinerzeit zurückgestellt. Dabei ist wiederholt Kritik an den Regelungen
– zur Ermittlung des Verkehrswerts von Erbbaurechten und mit Erbbaurecht belasteten
  Grundstücken (z. B. zum Wertfaktor),
– zur Ermittlung des Verkehrswerts eines Nießbrauchs oder Wohnrechts (z. B. zum maßgeblichen Zinssatz)
geübt worden, ohne allerdings von der Fachwelt breite Anerkennung findende Änderungs-
vorschläge vorlegen zu können[30]. Der **Arbeitskreis Wertermittlung des Deutschen Städ-**
tetags hatte sich bereits im Vorfeld der Novellierung der WertR 76 auch recht vorsichtig zur
Novellierung des Zweiten Teils der WertR (wie folgt) geäußert: „Im Rahmen der Besonderen Vorschriften *(der WertR)* hatten in der Vergangenheit die Verfahren zur Ermittlung von
Erbbaurechten großen Anklang gefunden. Es ist zu prüfen, ob diese Verfahren – auch auf
Grund der Erkenntnisse der Umfrage des Deutschen Städtetags – noch praxisgerechter
gestaltet werden können"[31].

---

26 Verordnung über die Erhebung von Ausgleichsbeträgen nach den §§ 41 und 42 des Städtebauförderungsgesetzes
    (AusgleichsbetragV) vom 6. 2.1976 (BGBl. I 1976, 273)
27 WertR 55 vom 16. 4. 1955 (BAnz Nr. 91 vom 12. 5. 1955)
28 WertR 76 vom 31. 5. 1976; BAnz Nr. 146 vom 6. 8. 1976 (Beil. 21/76)
29 WertR 91 vom 11. 6. 1991 (BAnz Nr. 182a vom 27. 9. 1991)
30 Schmalgemeier in GuG 1992, 132; Vogels in GuG 1990, 128; Simon in GuG 1992, 68 sowie 1999, 1
31 Vorbericht zur Sitzung des AK Wertermittlung am 23. und 24. 4. 1990

42 Auf nochmalige Anfrage beim Deutschen Städtetag wurde von diesem am 5. 8. 1998 dem Bundesministerium für Raumordnung, Bauwesen und Städtebau (unter dem Aktenzeichen 61.05.70) mitgeteilt, dass **nach überwiegender Auffassung seiner Mitgliedsstädte die Anwendung des Teil II der WertR „der Praxis im Grundsatz keine Probleme" bereite,** wenngleich dieser Teil veraltet erscheine. Der Arbeitskreis „Wertermittlung" des Deutschen Städtetags ist dann in seiner Sitzung am 15. und 16. 3. 1999 in Hamburg zum Ergebnis gekommen, dass eine „Überarbeitung der Aussagen *(der WertR)* zum Erbbaurecht derzeit nicht erforderlich" sei. Ebenso wurde vom Bundesverband der öffentlich bestellten und vereidigten Sachverständigen durch den Fachbereichsleiter Wertermittlung BVS dem Bundesministerium für Raumordnung, Bauwesen und Städtebau (mit Schreiben vom 21. 8. 1998) mitgeteilt, dass „keine Empfehlungen zur WertR gegeben werden sollten".

43 Der **Erste Teil der WertR 91** und ihre Anlagen wurden in der Folgezeit nicht mehr durch Neubekanntmachungen, sondern **durch eine Reihe von Einzelerlassen des Bundesministeriums für Raumordnung, Bauwesen und Städtebau fortgeschrieben**:

– Bekanntmachung des BMBau vom 28. 7. 1993 (BAnz Nr. 146, 7347 = GuG 1993, 356),

– Erlass des BMBau vom 2. 8. 1993 (GuG 1993, 356),

– Bekanntmachung des BMBau vom 7. 8. 1993 (BAnz Nr. 169, 9890),

– Erlass des BMBau vom 12. 10. 1993 (BAnz Nr. 199 vom 21. 10. 1993, 9630 = GuG 1994, 42),

– Erlass des BMBau vom 7. 3. 1994 (BAnz Nr. 58 vom 24. 3. 1994 = GuG 1994, 168),

– Erlass des BMBau vom 1. 8. 1996 (BAnz Nr. 150 vom 13. 8. 1996 = GuG 1996, 289).

– Erlass des BMBau vom 1. 8. 1997 (RS I 3 – 630504-4), zur Einführung der NHK 95 (vgl. VV 5334 des BMF vom 17. 7. 1998),

– Erlass des BMBau vom 2. 9. 1998 (BAnz Nr. 170 vom 11. 9. 1998, ber BAnz Nr. 179 vom 24. 9. 1998 = GuG 1998, 301 und GuG 1998, 352).

– Erlass des BMVBW vom 3. 5. 2001 (BAnz Nr. 109 vom 16. 6. 2001 = GuG 2001, 240).

44 Die wohl weitreichenste (vorläufige) Ergänzung hat die WertR durch den Erlass des BMBau vom 1. 8. 1997 (RS I 3-630504-4) erfahren[32]. Mit diesem Erlass wurden in Ergänzung zu Nr. 3.6.1.1. der WertR 96 **aktualisierte Normalherstellungskosten nach dem Preisstand 1995** – NHK 95 – vorgegeben. Sie sollen die bis dahin verbreiteten Normalherstellungskosten von 1913 ersetzen. Nach erfolgreicher Erprobung sind diese Normalherstellungskosten in die Vorschriftensammlung des BMF zur WertR aufgenommen worden (nunmehr NHK 2000).

45 Bei den WertR handelt sich hierbei um eine bundesministerielle Verwaltungsanweisung, die nur insoweit verbindlich ist, wie ihre Anwendung angeordnet ist. Ihre Anwendung ist nicht auf Bundesbehörden beschränkt; sie wurde auch in den verschiedensten Erlassen der Länder vorgeschrieben[33]. Vor diesem Hintergrund sind die **Richtlinien** zwar für die nach den §§ 192 ff. BauGB (früher §§ 136 ff. BBauG) eingerichteten Gutachterausschüsse für Grundstückswerte **nicht verbindlich, sie sind aber auch hier nicht mehr wegzudenken.** Die Wertermittlungs-Richtlinien können seit ihrem erstmaligen Erscheinen im Jahre 1955 auf eine gewachsene Tradition zurückblicken und haben weite **Verbreitung und Anerkennung** gefunden.

46 **Erlass und Änderungen der Wertermittlungs-Richtlinien bedürfen nicht der Zustimmung des Bundesrates.** Dabei kann dahinstehen, ob es sich bei den Wertermittlungs-Richtlinien um eine allgemeine Verwaltungsvorschrift im Rechtssinne handelt[34]. Als verbindliche Verwaltungsanweisung des Bundes richten sich die Wertermittlungs-Richtlinien nur an den Bereich der Bundesverwaltung. Eine unmittelbare Geltung der Wertermittlungs-Richtlinien für Landesbehörden besteht nur im Rahmen der Erledigung von Bauaufgaben des Bundes im Bereich der Finanzbauverwaltung im Wege der Organleihe. Das Institut der Organleihe ist dadurch gekennzeichnet, dass das Organ eines Rechtsträgers ermächtigt und beauftragt wird, einen Aufgabenbereich eines anderen Rechtsträgers wahrzunehmen. Das entliehene Organ wird als Organ des Entleihers tätig, dessen Weisungen es unterworfen ist und dem die von diesem Organ getroffenen Maßnahmen und Entscheidungen zugerechnet werden[35]. Die im Wege der Organleihe in Anspruch genommenen Landesbehörden handeln in Bezug auf die konkrete Aufgabe nicht als Behörde des Landes, sondern als Bundesbehörde.

Hieraus ergibt sich, dass **für die Wertermittlungs-Richtlinien Art. 86 Satz 1 GG** und   **47** nicht Art. 84 Abs. 2 bzw. Art. 85 Abs. 2 Satz 1 GG **einschlägig** ist. Demzufolge ergeben sich aus der Entscheidung des BVerfG vom 2. 3. 1999 – 2 BvF 1/94 – keine Konsequenzen für die Wertermittlungs-Richtlinien.

Die WertR 91 fand – wie die WertV 88 – grundsätzlich in den alten und den jungen Bun-   **48** desländern Anwendung. Da jedoch der Grundstücksmarkt in den jungen Bundesländern eine Reihe von Besonderheiten aufwies, die insbesondere darin begründet waren, dass sich ein Grundstücksmarkt dort erst noch voll entwickeln musste und die dort im Altbestand zulässigen Mieten für Wohngebäude (noch) nicht den nachhaltigen Ertrag darstellten, weil durch § 11 des Miethöhengesetzes – MHG – vorgegeben war, dass sie erst allmählich durch Mieterhöhungen – abhängig von der Einkommensentwicklung – in das Vergleichs- system überführt werden, hatte das Bundesministerium für Raumordnung, Bauwesen und Städtebau **Ergänzende Hinweise zu den Wertermittlungs-Richtlinien 1991 für das Gebiet der neuen Länder** vom 17. 3. 1992[36] erlassen. Diese Hinweise hatten nur ergän- zenden und vorübergehenden Charakter, soweit die WertR 91 für die besonderen Verhält- nisse auf den Grundstücksmärkten der jungen Länder nicht ausreichten; sie wurden mit BMBau-Erl. vom 1. 8. 1996 wieder aufgehoben[37].

Im Übrigen verbleibt darauf hinzuweisen, dass die WertR in ihrem Aufbau und ihren Aus-   **49** führungen der Systematik des im Anh. 1 der 3. Aufl. zu diesem Werk abgedruckten **Vor- drucks** folgt (vgl. Nr. 1.2 WertR).

---

32 Die aktualisierte Fassung der WertR (WertR 76/96) wurde zusammen mit dem BMBau-Erlass vom 1. 8. 1997 über die aktualisierten Normalherstellungskosten (NHK 95) in der 7. Aufl. der beim Bundesanzeiger Verlag erschienenen Schrift „WertR 76/96" veröffentlicht (BAnz Nr. 150 vom 13. 8. 1996, S. 9133 = GuG 1996, 298).

33 Verwaltungsvorschrift des Bundes VV 0652

34 Hierzu Definition bei Maunz/Dürig-Lerche, GG Art. 84 Rn. 96

35 BVerfG, Urt. vom 12. 1. 1983 – 2 BvL 23/81 –, BVerfGE 63,1

36 Ergänzende Hinweise zu den WertR 91 für das Gebiet der neuen Länder vom 17. 5. 1992 (BAnz. Nr. 86 vom 8. 5. 1992); abgedruckt bei Kleiber, Sammlung amtlicher Texte zur Wertermittlung ... 4. Aufl. 1992; Näheres hierzu Kleiber/Simon/Weyers, WertV 88, 3. Aufl. 1993 Rn. 38 ff.

37 GuG 1996, 298

Abb. 4: Aufbau der WertR

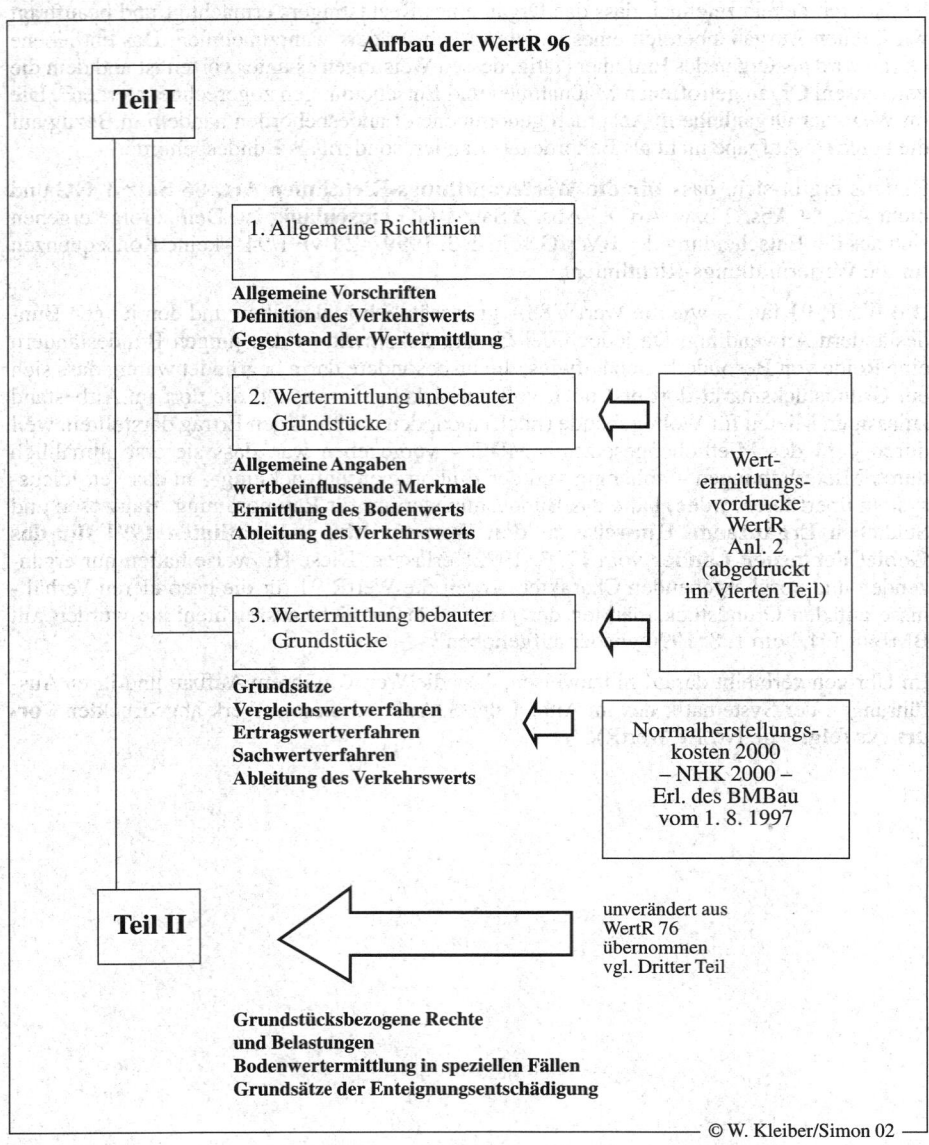

Aufbau der WertR 96

Teil I

1. Allgemeine Richtlinien

Allgemeine Vorschriften
Definition des Verkehrswerts
Gegenstand der Wertermittlung

2. Wertermittlung unbebauter Grundstücke

Allgemeine Angaben
wertbeeinflussende Merkmale
Ermittlung des Bodenwerts
Ableitung des Verkehrswerts

Wert-
ermittlungs-
vordrucke
WertR
Anl. 2
(abgedruckt
im Vierten Teil)

3. Wertermittlung bebauter Grundstücke

Grundsätze
Vergleichswertverfahren
Ertragswertverfahren
Sachwertverfahren
Ableitung des Verkehrswerts

Normalherstellungs-
kosten 2000
– NHK 2000 –
Erl. des BMBau
vom 1. 8. 1997

Teil II

unverändert aus
WertR 76
übernommen
vgl. Dritter Teil

Grundstücksbezogene Rechte
und Belastungen
Bodenwertermittlung in speziellen Fällen
Grundsätze der Enteignungsentschädigung

© W. Kleiber/Simon 02

1.5.2   WaldR 2000, LandR 78 und ZierH 2000

Ergänzend zu den Wertermittlungs-Richtlinien (WertR) wurden vom Bundesministerium **50**
der Finanzen im Einvernehmen mit dem Bundesministerium für Verkehr, Bau- und Wohnungswesen die **Hinweise zur Wertermittlung von Ziergehölzen als Bestandteil von
Grundstücken** (Schutz- und Gestaltungsgrün) vom 20. März 2000 – **Ziergehölzhinweise
2000** erlassen[38].

Darüber hinaus hat das Bundesministerium der Finanzen die **Waldwertermittlungsricht-** **51**
linien i. d. F. vom 12. Juli 2000 (WaldR 2000)[39] sowie – im Einvernehmen mit den
genannten Ressorts, dem Bundesministerium für Ernährung, Landwirtschaft und Forsten
sowie dem Bundesministerium für Raumordnung, Bauwesen und Städtebau – die **Entschä-**
digungsrichtlinien Landwirtschaft vom 28. Juli 1978 (LandR 78)[40] bekanntgegeben.

Für die Praxis sind auch diese Richtlinien von großer Bedeutung, da sie die Grundsätze **52**
über die Ermittlung des Verkehrswerts von Grundstücken, Rechten an Grundstücken sowie
die Ermittlung der Entschädigung für andere Vermögensnachteile für besondere Fälle konkretisieren. Die zuletzt genannten Richtlinien bedürfen noch der Anpassung an die neue
WertV. Auch diese Richtlinien können in den jungen Bundesländern grundsätzlich Anwendung finden.

1.5.3   Bedeutung der ergänzenden Richtlinien

Die bundesministeriellen Richtlinien bilden zusammen **ein Regelwerk, an das die** **53**
Gerichte – wie schon in Bezug auf die Wertermittlungsverordnung – in keiner Weise
gebunden sind, auf die aber in der Rechtsprechung zurückgegriffen wird[41]; ihr Inhalt wird
als geltender „Bewertungsgrundsatz" betrachtet[42]. Wegen ihrer übergreifenden Bedeutung
ist ihre Anwendung nicht auf Bundes- und Landesbehörden beschränkt; auch der frei prak-
tizierende Sachverständige für Grundstückswerte bedient sich ihrer ebenso wie der bereits
erwähnte Gutachterausschuss für Grundstückswerte. Die Voraussetzungen für ihre
Anwendbarkeit in möglichst allen Bereichen wurden dadurch geschaffen, dass die Wertermittlungs-Richtlinien in Zusammenarbeit mit Vertretern der zuständigen Bundes- und Lan-
desressorts, den Vertretern der kommunalen Spitzenverbände sowie der Fachkommission
„Städtebau" in der Arbeitsgemeinschaft der für das Bau-, Wohnungs- und Siedlungswesen
zuständigen Minister der Länder (Argebau) entstanden sind[43]. Schon bald nach ihrem
Erscheinen sind die Richtlinien den Gutachterausschüssen für Grundstückswerte vom
Deutschen Städtetag zur Anwendung empfohlen worden[44].

---

38   BAnz Nr. 94 vom 18. 5. 2000 = GuG 2000, 155; vormals Kleiber, WertR 76/96, 6. Aufl. 1997, Köln, S. 438;
     BAnz Nr. 94 vom 18. 5. 2000 = GuG 2000, 155; Wilbat/Bracke in GuG 2001, 74
39   Waldwertermittlungsrichtlinien 2000 – WaldR 2000 – i. d. F. vom 12. 7. 2000 (BAnz Nr. 168 = GuG 2000, 301),
     Vorgängerin: Waldwertermittlungsrichtlinien i. d. F. vom 25. 2. 1991 (WaldR 91; BAnz. Nr. 100 a vom 5. 6.
     1991)
40   Zur Novellierung Köhne in GuG 1997, 133
41   BGH, Urt. vom 28. 9. 1972 – III ZR 44/70 –, EzGuG 14.47; BGH, Beschl. vom 11. 3. 1993 – III ZR 24/92 –,
     EzGuG 20.144 a; vgl. entspr. Rspr. zur WertV § 1 WertV Rn. 3 m. w. N.
42   OVG Lüneburg, Urt. vom 15. 12. 1977 – 1 A 311/74 –, EzGuG 15.7; Revision: BVerwG, Urt. vom 24. 11. 1978
     – 4 C 56/76 –, EzGuG 15.9
43   Kleiber im BBauBl. 1976, 299
44   MittDST Nr. 564/76; vgl. Richtlinien zur Ermittlung von Grundstückswerten nach dem BauGB; VV des Mini-
     steriums des Innern und für Sport in Rh.-Pf. vom 1. 6. 1988, geändert durch RdSchr. vom 10. 9. 1989 und vom
     10. 4. 1991

2 Die Rechtsgrundlagen der Wertermittlungsverordnung im Einzelnen

Erster Teil WertV:
Anwendungsbereich,
allgemeine Verfahrensgrundsätze und Begriffsbestimmungen

§ 1 WertV,
Anwendungsbereich

(1) Bei der Ermittlung der Verkehrswerte von Grundstücken und bei der Ableitung der für die Wertermittlung erforderlichen Daten sind die Vorschriften dieser Verordnung anzuwenden.

(2) Absatz 1 ist auf die Wertermittlung von grundstücksgleichen Rechten, Rechten an diesen und Rechten an Grundstücken entsprechend anzuwenden.

1 Anwendungsbereich (Abs. 1)

1   Mit § 1 wird die **Anwendung der WertV den** nach den §§ 192 ff. BauGB eingerichteten **Gutachterausschüssen für Grundstückswerte vorgeschrieben**[1]

   – bei der Ermittlung des materiell in § 194 BauGB definierten Verkehrswerts von Grundstücken (auch Teilen von Grundstücken, vgl. § 2 WertV Rn. 6 ff),

   – bei der eigenständigen Ermittlung des Verkehrswerts von Grundstücksbestandteilen und von Zubehör nach § 2 Satz 2 sowie

   – bei der den Gutachterausschüssen nach § 193 Abs. 3 BauGB obliegenden Aleitung erforderlicher Daten der Wertermittlung i. S. d. Zweiten Teils der Verordnung.

   ▶ *Zur weitergehenden Bedeutung der WertV vgl. Rn. 15 sowie Vorbem. Rn. 16 ff.*

2   Kann eine in der WertV vorgesehene Methode nicht angewandt werden, hindert dies nicht, **andere geeignete Methoden** zu entwickeln und anzuwenden. Die WertV ist insoweit nicht abschließend[2].

Darüber hinaus wird die Anwendung der **WertV in** einer Reihe **bundes- und landesrecht-** 3
licher Verwaltungsanweisungen nachgeordneten Dienststellen vorgeschrieben[3].

In der Dienstanweisung der Bundesfinanzverwaltung (VV 0652) heißt es beispielsweise
wie folgt:

„(1) In jedem Falle der Veräußerung eines bundeseigenen Grundstücks ist gemäß § 64 Abs.3 BHO zur Ermittlung
des vollen Wertes (vgl. § 194 WertV Rn. 48, Anm. des Verfassers) eine Wertermittlung aufzustellen.

(2) Dabei sind die

– Verordnung über Grundsätze für die Ermittlung des Verkehrswerts von Grundstücken (Wertermittlungsverordnung
– WertV) in der Fassung vom 15. August 1972 – BGBl. I S. 1416 – (VV 53 20),

– Richtlinien für die Ermittlung des Verkehrswerts von Grundstücken (Wertermittlungs-Richtlinien 1976 – WertR 76
vom 31. Mai 1976 –) – Beilage Nr. 21/76 zum Bundesanzeiger Nr. 146 vom 6. August 1976 – (VV 53 31 Nr. 2)

in den jeweils gültigen Fassungen anzuwenden. Die Dienstanweisung zu VV 53 31 ist zu beachten.

Die Richtlinien finden keine Anwendung bei der Wertbemessung von Betrieben und Betriebsteilen, wenn auf den
Umsatz abzustellen ist.

Bei land- und forstwirtschaftlichen Grundstücken sind ergänzende bzw. abweichende Bestimmungen in den jeweils
geltenden Fassungen im Rahmen ihrer Geltungsbereiche zu beachten (vgl. z. B. LandR 78 vom 28. Juli 1978 – Beilage Nr. 21/78 zum Bundesanzeiger Nr. 181 vom 26. September 1978 – nebst Anlagen 2 und 3 vom 7. Februar 1980 –
Beilage Nr. 14/80 zum Bundesanzeiger Nr. 79 vom 25. April 1980 [VV 53 51 Nr. 2] und WaldR 77 vom 25. März
1977 – Beilage Nr. 14/77 zum Bundesanzeiger Nr. 107 vom 11. Juni 1977 [VV 53 41 Nr. 2]).

Die Angaben in der Wertermittlung müssen so vollständig und begründet sein, dass die Überlegungen aller mit der
Wertermittlung befassten Dienststellen erkennbar sind und eine Überprüfung ohne Rückfragen möglich ist. Dabei ist
ggf. eine Gegenüberstellung der ermittelten Werte zu etwaigen Einzelwertvorstellungen der Gegenseite vorzunehmen, damit deutlich wird, worauf die unterschiedliche Wertvorstellungen beruhen.

(3) Im Anwendungsbereich der WertR 76 bilden der ermittelte Bodenwert gemäß Nr. 1.122 des Wertermittlungsvordrucks für unbebaute Grundstücke und der baufachlich ermittelte Verkehrswert gem. Nr. 1.43 des Wertermittlungsvordrucks für bebaute Grundstücke die Ausgangsgrundlage für die Bemessung des Verkehrswerts (voller Wert) und
des Kaufpreises (Nrn. 2.2 und 2.4 der Wertermittlungsvordrucke), die von den Oberfinanzdirektionen – Bundesver-
mögensabteilung bzw. Bundesvermögensämtern – in eigener Verantwortung vorzunehmen ist.

Entsprechendes gilt für land- und forstwirtschaftliche Grundstücke.

(4) Die Oberfinanzdirektionen bzw. Bundesvermögensämter haben den Verkehrswert (voller Wert) und den Kaufpreis unter Darstellung aller wert- und kaufpreisbildenden Faktoren – auch soweit hierzu bereits gutachtlich in der
Wertermittlung Stellung genommen worden ist – eingehend zu begründen.

(5) Der Kaufpreis muss dem vollen Wert i. S. des § 63 Abs. 3 BHO (siehe Vorl. VV Nr. 2 zu § 63 BHO) entsprechen,
es sei denn, dass die Voraussetzungen für eine Veräußerung unter dem vollen Wert vorliegen (siehe VV 06 50 Abs. 2)."

Die Verordnung findet nach § 85 Abs. 3 **BBergG**[4] bei der Bemessung von Entschädigungen 4
nach diesem Gesetz entsprechende Anwendung.

Des Weiteren ist der Gutachterausschuss für Grundstückswerte nach **§ 7 NutzEV** ver- 5
pflichtet, Gutachten über ortsübliche Nutzungsentgelte zu erstatten (vgl. § 193 BauGB
Rn. 29); darüber hinaus sind Gutachten nach **§ 92 Abs. 2 SachenRBerG** unter Anwendung
der WertV zu erstatten (vgl. § 193 BauGB Rn. 65).

---

1   BGH, Urt. vom 4. 3. 1982 – III ZR 156/80 –, EzGuG 11.127; BGH, Urt. vom 9. 12. 1968 – III ZR 114/66 –,
    EzGuG 4.28; BGH, Urt. vom 24. 1. 1966 – III ZR 15/66 –, EzGuG 6.85; BGH, Urt. vom 15. 10. 1992 – III ZR
    147/91 –, GuG 1993, 178 = EzGuG 14.115; BGH, Beschl. vom 11. 3. 1993 – III ZR 24/92 –, GuG 1994, 116 =
    EzGuG 20.143 a, vgl. RdSchr. des BMWo vom 14. 8. 1961, BBauBl. 1961, 694; a. A. trotz vorstehender höchst-
    richterlicher Rspr. Zimmermann/Heller, Der Verkehrswert von Grundstücken, München 1995, S. 27. In verschie-
    denen Rechtsvorschriften sowie Erlassen ist die WertV ebenso wie im Übrigen die WertR Bundes- und Landes-
    verwaltungen bei der Erfüllung eigener Aufgaben vorgeschrieben worden (vgl. nds. Einf.Erl. zur WertR 76 vom
    14. 9. 1976, nds. MBl. 1976, 1599; RdErl. des MI LSA vom 1. 3. 1995 – 33.11, – 10251 – MBl. LSA 1995, 390 =
    GuG 1997, 112); vgl. auch Rn. 2 ff.; § 194 BauGB Rn. 31 ff.
2   BVerwG, Beschl. vom 16. 1. 1996 – 4 B 96/95–, GuG 1996, 111 = EzGuG 15.83
3   Vgl. Rn. 1; *Baden-Württemberg:* Schreiben des FM vom 22. 4. 1992 (GeschZ VV 2030-19) – abgedruckt in GuG
    1992, 278 sowie GuG 1993, 42 (in der Darstellung etwas unentschlossen); Niedersachsen: RdErl. des nds. MF
    vom 23. 12. 1991 – Gütl. 151/666 – abgedruckt in GuG 1992, 209; *Schleswig-Holstein:* Schreiben des FM vom
    19. 8. 1991 (GeschZ 596-3540), abgedruckt in GuG 1992, 277; *Thüringen:* Schreiben des FM vom 12. 8. 1991
    (GeschZ 42.01), abgedruckt in GuG 1992, 277; *Rheinland-Pfalz:* Schreiben des Ministeriums des Innern und für
    Sport vom 12. 7. 1991 (GeschZ 366/648-15/0), abgedruckt in GuG 1992, 278; *Hessen:* Erl. des IM vom 22. 1.
    1991 (GeschZ 4161a 24-1/91), abgedruckt in GuG 1991, 166; *Sachsen-Anhalt:* Erl. des MF vom 6. 7. 1992 (MBl.
    LSA 1992, 1100 = GuG 1993, 42)
4   Boldt/Weller, BBergG, Berlin – New York, Ergänzungsbd. 1992, § 85 Rn. 1 ff.

6   Schließlich sind die Vorschriften der WertV mittelbar auch in sonstigen Rechtsbereichen zu beachten, wenn der Gutachterausschuss wertermittlerisch tätig wird. So ist der Gutachterausschuss nach § 5 Abs. 2 **KleingG**[5] verpflichtet, Gutachten über den ortsüblichen **Pachtzins** im erwerbsmäßigen Obst- und Gemüsebau zu erstatten (vgl. § 193 BauGB Rn. 61).

7   Zur Ermittlung des Verkehrswerts als **Ausgangsgröße für die Ermittlung des Beleihungswerts** gehen Banken und Sparkassen dazu über, die Anwendung der WertV vorzuschreiben[6].

8   Allgemein kann festgestellt werden, dass die WertV für nahezu alle Bereiche **anerkannte Grundsätze für die Ermittlung des Verkehrswerts** (= voller Wert = Verkaufswert = angemessener Wert = Wert) enthält, gleichgültig von wem oder welcher Stelle der Verkehrswert ermittelt wird; insoweit entfaltet die WertV eine mittelbare Bindungswirkung.

9   Im Mittelpunkt der Regelungen der WertV steht die Ermittlung des Verkehrswerts von Grundstücken, die im Eigentum einer natürlichen oder juristischen Person stehen.

10   Für die **Verkehrswertermittlung von Rechten an Grundstücken** enthält die WertV keine unmittelbar geltenden Vorschriften. Die für Grundstücke geltenden Grundsätze finden vielmehr nur entsprechend Anwendung. Teil II der WertR schließt diese Lücke. Für die Verkehrswertermittlung grundstücksgleicher Rechte (Erbbaurecht) sowie für eine Reihe ausgewählter Rechte an Grundstücken sind dort weiterführende Grundsätze zu finden.

11   Anders als noch mit § 1 WertV 72 wird der Anwendungsbereich der WertV im geltenden Recht nicht mehr damit umschrieben, dass die Verordnung bei **Wertermittlungen nach dem Städtebaurecht** anzuwenden ist. Die Begründung führt hierzu aus, dass die Beibehaltung der bisherigen Formulierung missverständlich wäre, da die Verordnung nicht nur bei Wertermittlungen in Durchführung des Baugesetzbuchs angewendet werden soll, sondern bei allen nach den §§ 192, 193 und 199 BauGB vom Gutachterausschuss vorzunehmenden Wertermittlungen. Hierzu gehören neben Wertermittlungen auf Antrag von Gerichten und Behörden, insbesondere solche nach Maßgabe der §§ 18 und 21 Abs. 2 und 3, § 28 Abs. 3, 4 und 6, §§ 39 und 40 Abs. 3, § 41 Abs. 2, §§ 42 bis 44, § 57 bis 61, §§ 93 bis 103, § 128 Abs. 1, § 145 Abs. 5, §§ 149, 153 bis 155, § 160 Abs. 5 und 7, § 164 Abs. 4 und 5, § 165 Abs. 3 Nr. 3, § 166 Abs. 3 und 4, § 168 Abs. 2, §§ 169 und 173 Abs. 2, § 176 Abs. 4, § 179 Abs. 3 und § 185 Abs. 1 BauGB, u. a. auch Wertermittlungen auf Antrag des Grundstückseigentümers. Denn auch in diesem Fall kann die Gutachtenerstattung als „Wertermittlung nach dem Städtebaurecht" angesehen werden, da sich das Antragsrecht und die Erstattungspflicht aus dem Städtebaurecht ergibt (§ 193 Abs. 1 Nr. 3 BauGB). Das geltende Recht stellt deshalb eine Klarstellung gegenüber § 1 WertV 72 und keine materielle Änderung dar.

12   **Privat tätige Sachverständige** sind, soweit nichts anderes vorgeschrieben ist, zwar nicht formell an die WertV gebunden. In Konkurrenz zu den Gutachten der Gutachterausschüsse müssen jedoch auch sie de facto an der Einhaltung der Vorschriften der WertV interessiert sein, denn diesen kommt im Rechts- und Wirtschaftsleben eine breite Allgemeingültigkeit zu. In einer Reihe von Sachverständigenordnungen werden die Sachverständigen deshalb zur Anwendung der WertV – wie im Übrigen auch zur WertR – verpflichtet[7]. Dies gilt insbesondere auch dann, wenn sich der Sachverständige werkvertraglich zur Anwendung normativ geregelten Rechts der Verkehrswertermittlung verpflichtet hat.

13   Dasselbe verlangen die Bundesbehörden von den öffentlich bestellten und vereidigten Sachverständigen. Die Bedeutung der WertV ist deshalb nicht auf Wertermittlungen nach dem Städtebaurecht beschränkt. Die breite Anerkennung der WertV ist darin begründet, dass deren Verfahrensvorschriften auf jahrzehntelangen Erfahrungen beruhen und sich in der Praxis bewährt haben.

In mehreren Gesetzen und Regelwerken wird die **Anwendung der WertV anderen Stel-** **14**
len und Sachverständigen vorgeschrieben:

1. Die WertV findet nach § 85 Abs. 3 des *Bundesberggesetzes* – BBergG – bei der Bemessung der Entschädigung nach diesem Gesetz Anwendung[8].

2. Die Anwendung der WertV und WertR wird in verschiedenen Erlassen des Bundes und der Länder der *Bundes- und Landesverwaltung* bei der Erfüllung eigener Aufgaben vorgeschrieben, insbesondere in Dienstanweisungen der Bundesfinanzverwaltung (vgl. VV 0652)[9].

3. WertV und WertR werden in einigen Sachverständigenordnungen auch den *Sachverständigen* verbindlich zur Anwendung vorgeschrieben[10].

4. In der *steuerlichen Bewertung* wird der WertV die Bedeutung einer anerkannten Schätzungsmethode beigemessen[11].

5. Zur Ermittlung des Verkehrswerts als Ausgangsgröße für die *Ermittlung des Beleihungswerts* gehen Banken und Sparkassen dazu über, die Anwendung der WertV vorzuschreiben[12].

Auch wenn in der Rechtsprechung betont wurde, dass die **Verordnung „nur für die Gut-** **15**
achterausschüsse" und nicht für Gerichte verbindlich sei[13], so hat die Rechtsprechung die Verfahrensvorschriften der WertV dennoch als im gerichtlichen Verfahren „grundsätzlich verwertbar" bezeichnet und den in der WertV normierten Grundsätzen der Verkehrswertermittlung eine solche Bedeutung beigemessen, dass ihre Anwendbarkeit im Streitfall nicht auf die Gutachterausschüsse beschränkt sei und sich der Richter damit auseinanderzusetzen hätte[14]. Denn sie enthält „allgemein anerkannte Regeln der Wertermittlungslehre"[15]. Der BGH hat deshalb erkannt, dass die WertV allgemein anerkannte Grundsätze der Verkehrswertermittlung enthalte, deren Anwendbarkeit sich nicht auf die Gutachterausschüsse für Grundstückswerte beschränke[16].

▶ *Zur Anwendung der zur WertV erlassenen Richtlinien vgl. Vorbem. zur WertV Rn. 50 ff.* **16**

Die Verordnung enthält Regelungen zur Ermittlung des Verkehrswerts, ohne diesen zu defi- **17**
nieren. Auf eine dahingehende Vorschrift konnte verzichtet werden, da der Verkehrswert materiell bereits durch § 194 BauGB bestimmt ist. Da der im Städtebaurecht definierte Ver-

---

5 BR-Drucks. 616/1/93; BT-Drucks. 12/6154

6 So die Ausführungsbestimmungen des Vorstandes der WestLB zu den Kreditrichtlinien des Verwaltungsrates der Westdeutschen Landesbank Girozentrale – beschlossen am 20. 2. 1990 – abgedruckt bei Weyers in GuG 1990, 77; vgl. Teil VII

7 Hamb. Sachverständigenordnung (Hamb. Amtl. Anz. vom 7. 7. 1989, S. 1345, Nr. 11 j)

8 Boldt/Weller, BBergG, Berlin – New-York, Ergänzungsbd. 1992, § 85 Rn. 1 ff.

9 Baden-Württemberg: Schreiben des FM vom 22. 4. 1992 (GeschZ VV 2030-19) – abgedruckt in GuG 1992, 278 (in der Darstellung etwas unentschlossen); Niedersachsen: RdErl. des nds. MF vom 23. 12. 1991 – Gütl. 151/666 – abgedruckt in GuG 1992, 209; Schleswig-Holstein: Schreiben des FM vom 19. 8. 1991 (GeschZ 596-3540), abgedruckt in GuG 1992, 277; Thüringen: Schreiben des FM vom 12. 8. 1991 (GeschZ 42.01), abgedruckt in GuG 1992, 277; Rheinland-Pfalz: Schreiben des Ministeriums des Innern und für Sport vom 12. 7. 1991 (GeschZ 366/648-15/0), abgedruckt in GuG 1992, 278; Hessen: Erl. des IM vom 22. 1. 1991 (GeschZ 41 61a 24-1/91), abgedruckt in GuG 1991, 166

10 Vgl. hamb. Sachverständigenverordnung (Hamb. Amtl. Anz. vom 7. 7. 1989, S. 1345 Tz. 11 j)

11 BFH, Urt. vom 15. 1. 1985 – IX R 81/83 –, EzGuG 20.109; BFH, Urt. vom 28. 3. 1984 – IV R 324/81 –, EzGuG 20.106; BFH, Urt. vom 17. 8. 1999 = IV B 116/98 –, GuG 2000, 236 = EzGuG; BFH, Urt. vom 22. 4. 1998 – IV B 42/97 –, BFH/NV 1998, 1214; BFH, Urt. vom 28. 3. 1984 – IV R 224/81 –, EzGuG 20.106

12 So die Ausführungsbestimmungen des Vorstandes der WestLB zu den Kreditrichtlinien des Verwaltungsrates der Westdeutschen Landesbank Girozentrale – beschlossen am 20. 2. 1990 – abgedruckt bei Weyers in GuG 1990, 77

13 BGH, Urt. vom 4. 3. 1982 – III ZR 156/80 –, EzGuG 11.127; BGH, Urt. vom 26. 10. 1972 – III ZR 78/71 –, EzGuG 18.57; BGH, Urt. vom 20. 3. 1975 – III ZR 153/72 –, EzGuG 18.64; BGH, Urt. vom 9. 12. 1968 – III ZR 114/66 –, EzGuG 4.28; BGH, Urt. vom 24. 1. 1966 – III ZR 15/66 –, EzGuG 6.85

14 BGH, Urt. vom 27. 4. 1964 – III ZR 136/63 –, EzGuG 6.75

15 BGH, Urt. vom 4. 3. 1982 – III ZR 156/80 –, EzGuG 11.127

16 BGH, Urt. vom 12. 1. 2001 – V ZR 420/99 –, GuG 2001/3

kehrswert identisch mit einer Vielzahl anderer Wertbegriffe ist, kommt der WertV auch von daher eine **breite Allgemeingültigkeit im Rechts- und Wirtschaftsleben** zu (vgl. Aufstellung bei § 194 BauGB Rn. 158 ff.).

18 Zum **Begriff des Grundstücks** vgl. § 2 WertV Rn. 1 ff.

19 Im Rahmen der *steuerlichen Bewertung* (Einheits- und Grundbesitzbewertung) ist Bewertungsobjekt das Grundstück als **wirtschaftliche Einheit** (§ 2 BewG, vgl. § 2 WertV Rn. 7). Was als wirtschaftliche Einheit zu gelten hat, ist dabei **nach den Anschauungen des Verkehrs (Verkehrsauffassung)** zu entscheiden (§ 2 Abs. 1 Satz 3 und 4 BewG). Die örtliche Gewohnheit, die tatsächliche Übung, die Zweckbestimmung und die wirtschaftliche Zusammengehörigkeit der einzelnen Wirtschaftsgüter sind dabei zu berücksichtigen[17]. Bezüglich der Zweckbestimmung kommt es darauf an, dass der subjektive Wille des Eigentümers mit der Anschauung des Verkehrs im Einklang steht[18].

2   Übersicht über Grundstücksrechte

2.1   Allgemeines

20 § 1 Abs. 2 bestimmt i. S. einer Klarstellung, dass die WertV **entsprechend Anwendung** findet auf die Wertermittlung von

– Rechten an Grundstücken,

– grundstücksgleichen Rechten und

– Rechten an grundstücksgleichen Rechten.

Rechte und Belastungen sind, soweit sie nicht Gegenstand einer eigenständigen Wertermittlung sind, als Zustandsmerkmal des davon betroffenen Grundstücks zu berücksichtigen. Dies folgt aus § 3 Abs. 2 i.V. m. § 5 Abs. 2 (vgl. § 5 WertV Rn. 94 ff.; vgl. Teil VII Rn. 1 ff.).

21 Unter **grundstücksgleichen Rechten** sind solche zu verstehen, die

– ihrer Ausgestaltung nach dem Eigentum am Grundstück nahe kommen, also dinglichen Charakter haben,

– eine möglichst unbeschränkte Herrschaftsbefugnis verleihen und

– in das Grundbuch oder ein entsprechendes öffentliches Buch eingetragen werden.

22 Zu den grundstücksgleichen Rechten, die rechtlich wie Grundstücke behandelt werden, zählen das **Erbbaurecht** mit den Unterabteilungen Wohnungs- und Teilerbbaurecht, das **Jagd- und Fischereirecht, das Bergrecht, das Schiffseigentum und eingetragene Luftfahrzeuge** (Flugzeuge);

▶ *Zur Verkehrswertermittlung von Erbbaurechten vgl. Teil VII Rn. 49 ff.*

23 **Baulasten** sind freiwillig übernommene öffentlich-rechtliche Verpflichtungen, die den Grundstückseigentümer zu einem sein Grundstück betreffenes Tun, Dulden oder Überlassen verpflichten.

▶ *Zur Verkehrswertermittlung von Baulasten vgl. Teil VII Rn. 30 ff. und von Wohnungseigentum vgl. Vorbem. zu §§ 13 WertV Rn. 82 ff.*

Für die **Verkehrswertermittlung von Rechten an Grundstücken** enthält die WertV keine   **24**
unmittelbar geltenden Vorschriften; die für Grundstücke geltenden Grundsätze finden vielmehr nur entsprechend Anwendung. Bei der Verkehrswertermittlung von Grundstücken,
die

– mit einem Recht zugunsten eines anderen Grundstücks bzw. zugunsten eines Dritten
  belastet bzw.

– auf Grund eines Rechts an einem anderen Grundstück einen besonderen Vorteil haben,

muss **zwischen dem Vorteil für das herrschende Grundstück und dem Nachteil für
das dienende Grundstück unterschieden werden**[19]. Die Werterhöhung auf Grund eines
Vorteils und die Wertminderung auf Grund einer dienenden Funktion können um ein Vielfaches auseinandergehen (vgl. Teil VII Rn. 4 ff.):

a) Wertminderung eines dienenden Grundstücks:

Die Belastung eines Grundstücks z. B. mit einer Grunddienstbarkeit mindert im Allgemei-   **25**
nen dessen Verkehrswert. Eine Ermäßigung des Grundstückswerts kommt allerdings nur
dann in Betracht, wenn die Belastung des Grundstücks mit der Grunddienstbarkeit seine
Nutzung wesentlich beschränkt. Das Ausmaß der Ermäßigung bestimmt sich nach den
Umständen des Einzelfalls. Es richtet sich danach, welche Bedeutung der Belastung bei
einer Veräußerung des dienenden Grundstücks beigemessen werden würde.

In der **steuerlichen Bewertung**[20] von unbebauten Grundstücken ist die Belastung mit einer   **26**
Grunddienstbarkeit bei der Ermittlung des Bodenwerts zu berücksichtigen (Abschn. 10
Abs. 4 Satz 1 BewG Gr). In den Fällen der Bewertung der bebauten Grundstücke im
Ertragswertverfahren kommt ein Abschlag nach § 82 Abs. 1 BewG nur insoweit in
Betracht, als die Wertminderung infolge der Belastung nicht bereits in der Höhe der Jahres-
rohmiete berücksichtigt ist. Die Ermäßigung des Grundstückswerts unterliegt hier keiner
Begrenzung (§ 82 Abs. 3 BewG). In den Fällen der Bewertung der bebauten Grundstücke
im Sachwertverfahren wirkt sich eine Wertminderung im Allgemeinen im Bodenwert aus
(Abschn. 35 Abs. 2 BewR Gr).

b) Werterhöhung eines herrschenden Grundstücks

Die Belastung eines Grundstücks z. B. mit einer Grunddienstbarkeit führt für das herr-   **27**
schende Grundstück nur dann zu einer Werterhöhung, wenn die Belastung „für die Benutzung des Grundstücks des Berechtigten Vorteil bietet" (§ 1019 BGB), der den Verkehrswert
des herrschenden Grundstücks beeinflusst (vgl. § 9 Abs. 2 BewG). Das Ausmaß der Werterhöhung richtet sich nach den Umständen des Einzelfalles. Im Allgemeinen ist der Wert des
dienenden Grundstücks um den Betrag zu erhöhen, um den der Wert des dienenden Grundstücks gemindert ist (vgl. Abschn. 10 Abs. 4 Satz 3 BewR Gr).

In den Fällen der **steuerlichen Bewertung** von unbebauten Grundstücken wirkt sich eine
Werterhöhung für das herrschende Grundstück im Bodenwert aus. In den Fällen der

---

17   RFH, Urt. vom 22. 11. 1934 – III A 176 und 247/34 – , RStBl. 1935, 109; BFH, Urt. vom 20. 1. 1955 –
     V 120/54 U –, BStBl. III 1955, 93; BFH, Urt. vom 3. 3. 1955 – VZ 119/54 U –, BStBl. III 1955, 179; BFH, Urt.
     vom 3. 2. 1956 – III 206/55 U –, EzGuG 20.18; BFH, Urt. vom 19. 5. 1967 – III 50/61 –, BStBl. III 1967, 510;
     BFH, Urt. vom 13. 6. 1969 – III 17/65 –, BStBl. II 1969, 517; BFH, Urt. vom 13. 6. 1969 – III R 132/67 –,
     BStBl. II 1969, 612; BFH, Urt. vom 7. 12. 1973 – III R 158/72 –, BFHE 111, 264 = BStBl. II 1974, 195; BFH,
     Urt. vom 2. 7. 1976 – III R 54/75 –, BStBl. II 1976, 640 = BFHE 119, 294
18   RFH, Urt. vom 26. 3. 1931 – III A 567/30 –, RStBl. 1931, 802; RFH, Urt. vom 10. 4. 1930 – III A 294/30 –,
     RStBl. 1930, 298; BFH, Urt. vom 15. 10. 1954 – III 148/54 U –, BStBl. III 1955, 2; RFH, Urt. vom 20. 10. 1938
     – III 148/38 –, RStBl. 1938, 1155; BFH, Urt. vom 4. 10. 1974 – III R 127/73 –, BStBl. II 1975, 302; BFH, Urt.
     vom 23. 2. 1979 – III R 73/77 –, EzGuG 19.35
19   KG Berlin, Urt. vom 10. 7. 1967 – U 485/67 –, EzGuG 14.39
20   Erl. des MfFuW des Landes Rheinland-Pfalz vom 11. 8. 1970 (S. 3101 A – IV/2)

Bewertung der bebauten Grundstücke im Ertragswertverfahren wirkt sich eine Werterhöhung bereits in der Höhe der Jahresrohmiete aus. Eine Erhöhung des Grundstückswerts nach § 82 Abs. 2 BewG ist dagegen ausgeschlossen. Bei der Bewertung eines bebauten Grundstücks im Sachwertverfahren wirkt sich eine Werterhöhung im Allgemeinen im Bodenwert aus.

28 ▶ *Zur Verkehrswertermittlung von Rechten vgl. Teil VII*

2.2 Beschränkt dingliche Rechte

29 Bei den beschränkt dinglichen Rechten (Abb. 1) ist zu unterscheiden zwischen

a) Nutzungsrechten (Rn. 30),

b) Sicherungs- und Verwertungsrechten (Rn. 37 ff.) sowie

c) Erwerbsrechten (Rn. 41 ff.)

Abb. 1: Übersicht über die beschränkt dinglichen Rechte

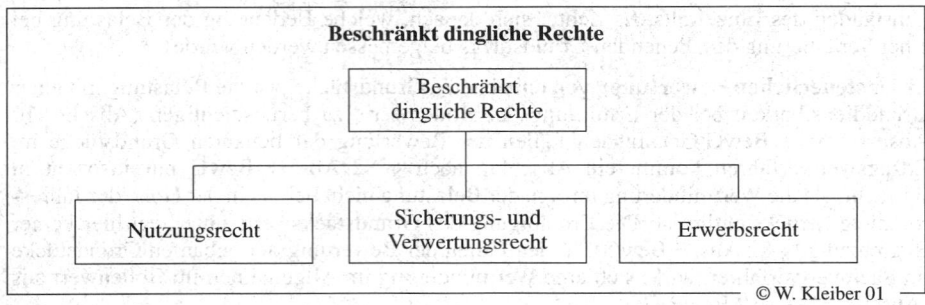

© W. Kleiber 01

2.3 Nutzungsrechte

30 Zu den Nutzungsrechten gehören insbesondere das Altenteil (Auszug, Leibgeding, Leibzucht), das **Dauerwohnrecht** (§§ 31 ff. WEG), das **Wohnungsrecht** (§ 1039 BGB), das **Aussichtsrecht**, das **Leitungsrecht**, der **Nießbrauch** (§§ 1030 ff. BGB).

31 Auf dem Gebiet der **neuen Bundesländer und im Ostteil Berlins gehören** nach Art. 231 § 5 des Einführungsgesetzes zum Bürgerlichen Gesetzbuch – EGBGB – (Anl. I Kapitel III Sachgebiet B Abschnitt II Nr. 1 des Einigungsvertrags vom 31. August 1990, BGBl. I 1990, 885, 941) **nicht zu den Bestandteilen eines Grundstücks Gebäude, Baulichkeiten, Anlagen, Anpflanzungen und Einrichtungen,** die am Tag vor dem Wirksamwerden des Beitritts (2. Oktober 1990) errichtet waren oder danach errichtet oder angebracht werden, soweit dies auf Grund eines vor dem Wirksamwerden des Beitritts begründeten Nutzungsrechts an dem Grundstück oder eines Nutzungsrechts nach §§ 312 bis 315 des Zivilgesetzbuchs der Deutschen Demokratischen Republik zulässig war. Das Nutzungsrecht an dem Grundstück und die erwähnten Anlagen, Anpflanzungen oder Einrichtungen gelten als wesentliche Bestandteile des Gebäudes (Artikel 231 § 5 Abs. 2 EGBGB)[21].

32 **Solche Rechte können dingliche Nutzungsrechte sein** auf der Grundlage

– des Gesetzes über die Verleihung von Nutzungsrechten an volkseigenen Grundstücken vom 14. Dezember 1970 (GBl. I 1970, 372) in der Fassung des Gesetzes über den Verkauf volkseigener Eigenheime, Miteigentumsanteile und Gebäude für Erholungszwecke vom 19. Dezember 1973 (GBl. I 1973, 578);

– des Zivilgesetzbuchs vom 19. Juni 1975 (GBl. I 1975, 465);

– der Verordnung über die Bereitstellung von genossenschaftlich genutzten Bodenflächen für die Einrichtung von Eigenheimen auf dem Lande vom 9. September 1976 (GBl. I 1976, 426, 500).

Rechte der genannten Art wurden insbesondere verliehen für den **Bau von Eigenheimen** **33** **auf volkseigenem Grund und Boden** – in seltenen Fällen auch für andere persönlichen Zwecken dienende Gebäude – sowie für Mietwohngebäude und Nebengebäude (Garagen, Gemeinschaftswaschküchen) der Arbeiterwohnungsbaugenossenschaften (AWG) auf volkseigenem Grund und Boden.

Nutzungsrechte nach dem ZGB wurden auch verliehen, wenn auf Grund eines früheren **34** Erbbaurechts, Erbpachtvertrags oder Pachtvertrags ein Eigenheim auf einem **Grundstück** errichtet wurde, **das später Volkseigentum** wurde. Die landwirtschaftlichen Produktionsgenossenschaften konnten dingliche Nutzungsrechte aus einer genossenschaftlich genutzten Fläche (unabhängig vom Eigentum daran) zur Errichtung von Eigenheimen vergeben.

Obligatorische (schuldrechtliche) Nutzungsrechte wurden bis zum In-Kraft-Treten des **35** Zivilgesetzbuchs (ZGB) am 1. Januar 1976 auf der Grundlage des Bürgerlichen Gesetzbuchs (BGB) begründet. Ab 1. Januar 1976 konnte vertraglich ein obligatorisches Nutzungsverhältnis nach den §§ 312 bis 315 des ZGB für Zwecke der kleingärtnerischen Nutzung, der Erholung und Freizeitgestaltung (Wochenendgrundstück, Bootshäuser, Garagen und dgl.) für Bürger abgeschlossen werden. In den Bereichen der Wirtschaft konnten zwischen den Wirtschaftseinrichtungen, Institutionen, Staatsorganen und Organisationen Nutzungsverträge auf der Grundlage der §§ 71 ff. des Gesetzes über das Vertragssystem in der sozialistischen Wirtschaft – Vertragsgesetz – vom 25. März 1982 (GBl. I 1982, 293) zur Nutzung von Grund und Boden bzw. Gebäuden abgeschlossen werden. Für die Nutzung volkseigener Gebäude und baulicher Anlagen durch Genossenschaften (PGH, LPG, GPG) auf vertraglicher Grundlage galt außerdem die Anordnung für die Übertragung volkseigener unbeweglicher Grundmittel an sozialistische Genossenschaften vom 11. Oktober 1974 (GBl. I 1974, 489, GBl. I 1975, 344).

Zusätzlich zu der im Teil II der WertR behandelten Verkehrswertermittlung von Rechten an **36** Grundstücken enthielten die hierzu erlassenen **Ergänzenden Hinweise für das Gebiet der neuen Länder** Grundsätze für die Ermittlung von Nutzungsrechten und für Grundstücke, die mit einem Nutzungsrecht belastet sind. Es handelte sich hier um eine aus der Rechtsentwicklung der DDR hervorgegangene Besonderheit auf dem Gebiet der ehemaligen DDR (vgl. Vorbem. zur WertV Rn. 48); sie sind mit BMBau-Erl. vom 1. 8. 1996 (GuG 1996, 298) aufgehoben worden.

▶ *Weitere Hinweise hierzu in Kleiber/Simon/Weyers, WertV 88 4. Aufl. Zweiter Teil Rn. 15 ff.; GuG 1992, 256; Empfehlungen des BML (GemMBl. 1992, 1095 = GuG 1993, 163 = Kleiber/Söfker, Vermögensrecht, Eigentum an Grund und Boden II 4.6).*

---

21 Bielenberg/Kleiber/Söfker, Vermögensrecht, Eigentum an Grund und Boden, Jehle/Rehm Verlag 2001

2.4   Sicherungs- und Verwertungsrechte

2.4.1   Übersicht

37   Die unterschiedlichen Sicherungs- und Verwertungsrechte sind aus Abb. 2 ersichtlich (vgl. § 5 WertV Rn. 99 und Teil VII Rn. 532 ff.).

Abb. 2: Sicherungs- und Verwertungsrechte

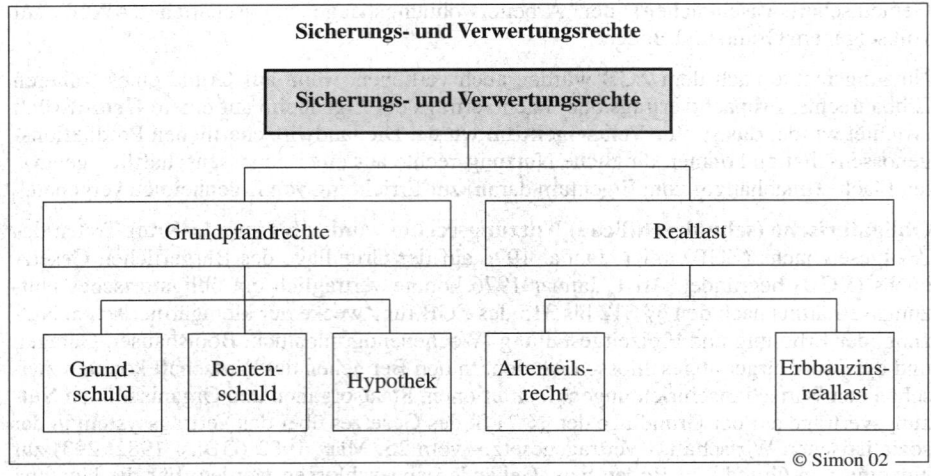

2.4.2   Grundpfandrecht

38   Das BGB kennt den Begriff „Grundpfandrechte" nicht. Er hat sich aber im allgemeinen Sprachgebrauch eingebürgert und bezeichnet zusammenfassend die so genannten **Verwertungsrechte wie Hypotheken** (§§ 1133 – 1190 BGB), **Grundschulden** (§§ 1191 – 1198 BGB) und **Rentenschulden** (§§ 1199 – 1203 BGB). Sie geben dem Berechtigten ein dingliches Verwertungsrecht am belasteten Grundstück und sind zur Sicherung von Krediten in Abteilung III des Grundbuchs eingetragen. Sie beeinflussen im Allgemeinen nur den Barpreis, nicht jedoch den Verkehrswert des Grundstücks (vgl. Teil VII Rn. 538).

39   **Grundpfandrechte dienen der Darlehenssicherung.**

40   Nach § 1113 Abs. 1 BGB kann zu diesem Zweck ein Grundstück in der Weise belastet werden, dass an denjenigen, zu dessen Gunsten die Belastung erfolgt, eine bestimmte Geldsumme zur Befriedigung einer ihm zustehenden Forderung aus dem Grundstück zu zahlen ist. **Im Gegensatz zur Grundschuld ist die Hypothek abhängig von dem tatsächlichen Bestand der Forderung.** Der Zusammenhang von Forderung und Grundschuld wird durch den Sicherungsvertrag (Darlehensvertrag) hergestellt, wobei ein Wechsel der Forderung jedesmal durch Grundbucheintragung hergestellt werden muss.

2.5   Erwerbsrechte

41   Unter die Erwerbsrechte fallen insbesondere die gesetzlich oder vertraglich eingeräumten **Vorkaufsrechte,** die Anwartschaftsrechte (**Wiederkaufsrechte, Ankaufsrechte,** Vorhand), die Vormerkung und die Aneignungsrechte (z. B. **Jagdrechte**).

▶ *Zur Verkehrswertermittlung vgl. Teil VII Rn. 497 ff.*

§ 2 WertV
Gegenstand der Wertermittlung

[1]Gegenstand der Wertermittlung kann das Grundstück oder ein Grundstücksteil einschließlich seiner Bestandteile, wie Gebäude, Außenanlagen und sonstigen Anlagen sowie des Zubehörs, sein. [2]Die Wertermittlung kann sich auch auf einzelne der in Satz 1 bezeichneten Gegenstände beziehen.

1 Grundstück und Grundstücksteil

1.1 Übersicht

Am Anfang einer jeden Wertermittlung muss zunächst festgestellt werden, was „Gegen- **1** stand der Wertermittlung" ist, d. h. der Gutachter muss sich Klarheit über das Wertermittlungsobjekt verschaffen. Dabei geht es in der Praxis nicht nur um die Ermittlung des Verkehrswerts von Grundstücken oder von den bereits mit § 1 angesprochenen grundstücksgleichen Rechten bzw. Rechten an Grundstücken. Häufig geht es auch um die Verkehrswertermittlung von Grundstücksteilen oder um Bestandteile eines Grundstücks. Deshalb wird mit § 2 klargestellt, dass **Gegenstand der Wertermittlung** sein kann:

a) das Grundstück einschließlich seiner Bestandteile sowie des Zubehörs,

b) ein Grundstücksteil einschließlich seiner Bestandteile sowie des Zubehörs,

c) einzelne Bestandteile oder sogar ein einzelnes Zubehör (vgl. Satz 2).

Gegenstand der Wertermittlung kann aber auch eine in der Vorschrift unerwähnt gebliebene **2** **wirtschaftliche Einheit** im steuerlichen Sinne aber auch im allgemein verstandenen Sinne sein (vgl. Rn. 7 ff.).

3 Der Gegenstand der Wertermittlung bestimmt sich maßgeblich nach dem **Wertermittlungsantrag.** Dieser soll

a) das *Wertermittlungsobjekt* eindeutig bezeichnen; dabei ist besonders anzugeben, wenn sich die Wertermittlung auf

– den Grund und Boden eines Grundstücks (ohne bauliche oder sonstige Anlagen),

– Teile des Grundstücks mit oder ohne bauliche und sonstige Anlagen,

– einzelne bauliche oder sonstige Anlagen oder

– auf das Zubehör

beschränken soll;

b) den *Wertermittlungsstichtag* (§ 3 Abs. 1)

enthalten. Erscheint der Wertermittlungsantrag nicht sachgerecht, so sollte sich der Gutachter mit dem Antragsteller ins Benehmen setzen und ihn veranlassen, den Wertermittlungsantrag entsprechend zu ändern[1]. § 665 BGB schreibt für die Beauftragung vor:

„**§ 665 BGB (Abweichung von Weisungen)** [1]Der Beauftragte ist berechtigt, von den Weisungen des Auftraggebers abzuweichen, wenn er den Umständen nach annehmen darf, dass der Auftraggeber bei Kenntnis der Sachlage die Abweichung billigen würde. [2]Der Beauftragte hat vor der Abweichung dem Auftraggeber Anzeige zu machen und dessen Entschließung abzuwarten, wenn nicht mit dem Aufschube Gefahr verbunden ist."

4 **In verbleibenden Zweifelsfällen** wird es unvermeidbar sein, **von plausiblen Annahmen** auszugehen und **im Gutachten zu erläutern,** ob und inwieweit bei der Wertermittlung eines Grundstücks dessen Bestandteile und das Zubehör erfasst worden sind und welcher Wertermittlungsstichtag zu Grunde gelegt wurde.

▶ *Grundsätzliches hierzu in Teil III Rn. 355 ff.*

1.2 Grundstück

5 In den meisten Fällen wird es sich bei dem Wertermittlungsobjekt um ein Grundstück im grundbuchrechtlichen Sinne handeln, das im Gutachten durch

– seine Lagebezeichnung (Ort, Straße, Hausnr.),

– seine Grundbuchbezeichnungen (Grundbuch, Grundbuchblatt, Nr. eines gemeinschaftlichen Grundbuchblatts) und

– seine Katasterbezeichnung (Gemarkung, Flur, Flurstück[e])

bestimmt wird. Die Anwendung der WertV auf die Verkehrswertermittlung von Grundstücken im Rechtssinne zu beschränken, wäre nicht sachgerecht[2]. Der in der WertV verwendete **Grundstücksbegriff ist deshalb untechnisch auszulegen.** Wertermittlungsobjekt kann z. B. im Zuge bodenordnerischer Maßnahmen ein fiktives und einer sachgerechten Auslegung des hier verwandten Grundstücksbegriffs Rechnung tragendes Grundstück sein. Auch bei derartigen Grundstücken ist allerdings eine eindeutige Beschreibung des Grundstücks nach Lage und Größe im Gutachten erforderlich.

1.3 Grundstücksteil

6 Neben den Bestandteilen eines Grundstücks kann ausdrücklich auch ein Grundstücksteil Gegenstand der Wertermittlung sein. Damit sind im Wesentlichen Grundstücksteilflächen angesprochen, die z. B. bei Abtretung von Straßenverbreiterungsflächen zu entschädigen sind. Die **Grundstücksteilfläche muss im Verkehrswertgutachten beschrieben werden,** wobei es sich nicht um eine bereits vermessene Teilfläche handeln muss. Mitunter mag sogar eine Flächenangabe genügen, wenn die genaue Festlegung der Teilflächenbegrenzung für das Ergebnis der Wertermittlung unerheblich ist.

2   Wirtschaftliche Einheit

In der steuerlichen Bewertung ist Gegenstand der Bewertung i. d. R. die wirtschaftliche   **7**
Einheit (vgl. § 1 WertV Rn. 19). **Was als wirtschaftliche Einheit zu gelten hat, ist** nach
§ 2 Abs. 1 Satz 2 BewG **nach den Anschauungen des Verkehrs unter Berücksichtigung
der örtlichen Gewohnheit, der tatsächlichen Übung, der Zweckbestimmung und der
wirtschaftlichen Zusammengehörigkeit der einzelnen Wirtschaftsgüter zu entscheiden.** Zu einer wirtschaftlichen Einheit können jedoch nach § 2 Abs. 2 BewG nur der
Grundbesitz (bzw. die Wirtschaftsgüter) zusammengefasst werden, der demselben
Eigentümer gehört[3].

„(1) Grundbesitz kann nur zu einer **wirtschaftlichen Einheit zusammengefasst** werden, wenn er zu derselben   **8**
Vermögensart (entweder ausschließlich Betriebsgrundstück i. S. d. § 99 Abs. 2 BewG oder ausschließlich Grundvermögen) gehört. Grenzt eine unbebaute Fläche an eine Grundstücksfläche, die zum Beispiel mit einem Einfamilienhaus bebaut ist, können beide Flächen auch bei so genannter offener Bauweise selbstständige wirtschaftliche Einheiten bilden. Wird von einem größeren Grundstück eine Teilfläche verpachtet und errichtet der Pächter auf dieser Fläche ein Gebäude, ist die Teilfläche als besondere wirtschaftliche Einheit zu bewerten.
[1]Der Anteil des Eigentümers an gemeinschaftlichen Hofflächen oder Garagen ist nach § 138 Abs. 3 Satz 2 BewG in
das Grundstück einzubeziehen, wenn der Anteil zusammen mit diesem genutzt wird. [2]Dabei ist es unerheblich, ob
zum Beispiel einzelne Garagen unabhängig von einem Hauptgebäude genutzt werden.

(2) [1]Zur wirtschaftlichen Einheit eines bebauten Grundstücks gehören der Grund und **Boden, die Gebäude, die
Außenanlagen, sonstige wesentliche Bestandteile** und das Zubehör. [2]Nicht einzubeziehen sind Maschinen und
Betriebsvorrichtungen, auch wenn sie wesentliche Bestandteile sind. [3]Verstärkungen von Decken und die nicht ausschließlich zu einer Betriebsanlage gehörenden Stützen und sonstige Bauteile wie Mauervorlagen und Verstrebungen
gehören zum Grundstück (vgl. § 68 Abs. 2 BewG).

(3) [1]Die **wirtschaftliche Einheit des Wohnungs-/Teileigentums** setzt sich aus dem Sondereigentum und dem Miteigentumsanteil an dem gemeinschaftlichen Eigentum zusammen, zu dem es gehört. [2]Sind bei einem Wohnungseigentum mehrere Wohnungen mit nur einem Miteigentumsanteil verbunden, sind sie grundsätzlich zu einer wirtschaftlichen Einheit zusammengefasst. [3]Eine Ausnahme besteht jedoch dann, wenn die tatsächlichen Gegebenheiten
der Verkehrsanschauung entgegenstehen. [4]Liegen die Wohnungen in demselben Haus unmittelbar übereinander oder
nebeneinander und sind sie so miteinander verbunden, dass sie sich als ein Raumkörper darstellen, bilden sie eine
wirtschaftliche Einheit. [5]Besteht keine derartige Verbindung, weil sich die Wohnungen getrennt von anderen im Sondereigentum stehenden Wohnungen im Gebäude befinden, sind nach der Verkehrsanschauung mehrere wirtschaftliche Einheiten anzunehmen.

(4) [1]Handelt es sich dagegen um **mehrere Wohnungen, die jeweils mit einem Miteigentumsanteil am Grundstück verbunden sind** und liegen mithin zivilrechtlich mehrere selbstständige Wohnungseigentumsrechte vor, ist
trotz des tatsächlichen Aneinandergrenzens und der Eintragung auf ein gemeinsames Wohnungsgrundbuchblatt eine
Zusammenfassung zu einer einheitlichen wirtschaftlichen Einheit nicht möglich. [2]Werden mehrere Wohnungen
durch größere bauliche Maßnahmen zu einer einzigen Wohnung umgestaltet und sind sie danach nicht mehr ohne
größere bauliche Veränderungen getrennt veräußerbar, bilden sie nur eine wirtschaftliche Einheit. [3]Dies gilt entsprechend für die bauliche Zusammenfassung von Wohnung und Gewerberaum.

(5) [1]**Zubehörräume,** insbesondere Kellerräume und sonstige Abstellräume, die der Grundstückseigentümer
gemeinsam mit seinem Miteigentumsanteil nutzt, sind ohne Rücksicht auf die zivilrechtliche Gestaltung in die wirtschaftliche Einheit einzubeziehen. [2]Gehören zu der Wohnung auch Garagen, sind sie in die wirtschaftliche Einheit
des Wohnungseigentums einzubeziehen (§ 138 Abs. 3 Satz 2 in Verbindung mit § 70 Abs. 1 und 2 BewG). [3]Hierbei ist
es unerheblich, wie das Eigentum des Wohnungseigentümers an den Garagen gestaltet ist. [4]Es kommt auch nicht darauf an, ob sich die Garagen auf dem Grundstück der Eigentumswohnungsanlage oder auf einem Grundstück in der
näheren Umgebung befinden. [5]Ab Abstellplätzen außerhalb von Sammelgaragen kann kein Sondereigentum begründet werden. [6]Derartige Abstellplätze sind Gemeinschaftseigentum, die jedoch mittels einer Nutzungsvereinbarung
einem bestimmten Wohnungseigentums- oder Teileigentumsrecht zugeordnet werden können[4].

Die **wirtschaftliche Einheit eines Gewerbegrundstücks** oder eines sonstigen Grundstücks umfasst regelmäßig den Grund und Boden, die Gebäude, die Außenanlagen, insbesondere Wege- und Platzbefestigungen sowie Einfriedungen, die sonstigen wesentlichen
Bestandteile und das Zubehör. Der Umstand, dass die Gebäude zu unterschiedlichen
Zwecken genutzt werden, steht der Annahme einer wirtschaftlichen Einheit nicht entgegen.

---

1   BR-Drucks. 352/88, S. 32 f.
2   So auch in der steuerlichen Bewertung (vgl. § 70 BewG; hierzu BewR Gr. vom 19. 9. 1966 [BAnz Nr. 183 Beil. =
    BStBl. I 1966, 890]); ErbStR zu § 145 BewG
3   ErbStR Nr. 152 Abs. 2 und 3, Nr. 164 Abs. 2
4   Nr. 165 Abs. 3 und 4 ErbStR

Nicht in die wirtschaftliche Einheit einzubeziehen sind Maschinen und sonstige Vorrichtungen aller Art, die zu einer Betriebsanlage gehören.

Zum **Grund und Boden** gehören die im räumlichen Zusammenhang stehenden bebauten und unbebauten Flächen. Demnach sind auch die unbebauten Flächen zwischen Fabrikgebäuden sowie Lagerflächen, die innerhalb des Fabrikgeländes liegen, der wirtschaftlichen Einheit des zu bewertenden Grundstücks zuzurechnen.

Die **räumliche Trennung von Flächen** steht der Annahme einer wirtschaftlichen Einheit grundsätzlich entgegen. Grundstücke, die räumlich getrennt liegen, können nicht deshalb zu einer wirtschaftlichen Einheit zusammengefasst werden, weil sie zu demselben Gewerbebetrieb gehören. Sind die Flächen eines Gewerbebetriebs durch eine öffentliche Straße voneinander getrennt, können sie regelmäßig nicht als eine wirtschaftliche Einheit angesehen werden. Hiervon kann jedoch in den Fällen abgewichen werden, in denen nach der Verkehrsauffassung (§ 2 BewG) wegen der örtlichen Gewohnheit und der tatsächlichen Nutzung eine wirtschaftliche Zusammengehörigkeit derart besteht, dass sich die Zusammenfassung zu einer wirtschaftlichen Einheit für einen Außenstehenden aufdrängt (z. B. bei Verbindung von räumlich getrennt liegenden Produktionsstätten durch einen Tunnel oder eine Brücke).

9 Ob mehrere Grundstücke zusammen oder Teile eines Grundstücks jeweils für sich eine wirtschaftliche Einheit bilden, hängt nicht von der tatsächlichen Nutzung ab und damit auch nicht von der sich aus ihr abgeleiteten und deshalb nur **auf dem Willen des Eigentümers beruhenden Zusammengehörigkeit oder Selbstständigkeit.** Dies ist vielmehr ausschließlich nach bauplanungsrechtlichen Gegebenheiten zu beurteilen. Ein ausreichender Grund für die Annahme einer wirtschaftlichen Einheit ist gegeben, wenn wegen verbindlicher planerischer Vorstellungen oder tatsächlicher Geländeverhältnisse ein Teil eines Grundstücks nur selbstständig baulich genutzt werden kann und deshalb sinnvollerweise einen eigenen Anschluss an eine öffentliche Einrichtung zur Wasserversorgung erhalten muss oder wenn mehrere Grundstücke desselben Eigentümers nicht jeweils für sich, sondern nur zusammen baulich genutzt werden können und deshalb nur einen Anschluss benötigen[5].

3   Bestandteile des Grundstücks

3.1   Übersicht

10 Als **Bestandteil** ist allgemein jeder Teil einer einheitlichen oder zusammengesetzten Sache anzusehen. Das Bürgerliche Gesetzbuch unterscheidet in den §§ 93 bis 95 zwischen den wesentlichen und den unwesentlichen Bestandteilen. Die **Bestandteile** eines Grundstücks lassen sich **untergliedern in**

– wesentliche Bestandteile,
– unwesentliche Bestandteile und
– Scheinbestandteile.

11 **Wesentliche Bestandteile** einer Sache sind solche, die voneinander nicht getrennt werden können, ohne dass der eine oder andere Teil zerstört oder in seinem Wesen verändert wird (§ 93 BGB). Zu den wesentlichen Bestandteilen eines Grundstücks gehören die mit dem Grund und Boden fest verbundenen Sachen, insbesondere Gebäude, sowie die Erzeugnisse des Grundstücks, solange sie mit dem Boden zusammenhängen. Samen wird mit dem Aussäen, eine Pflanze wird mit dem Einpflanzen wesentlicher Bestandteil des Grundstücks (§ 94 Abs. 1 BGB). Demzufolge gehören auch Bäume zu den wesentlichen Bestandteilen[6].

Zu den **unwesentlichen Bestandteilen** eines Grundstücks gehören umgekehrt solche, die **12** voneinander getrennt werden können, ohne dass sie das andere Teil zerstören oder sein Wesen verändern.

Zu den wesentlichen Bestandteilen eines Gebäudes gehören nach § 94 Abs. 2 BGB die **13** zur Herstellung des Gebäudes eingefügten Sachen, insbesondere Werkstoffe, aus denen Mauern, Fußböden, Decken, Verputz, Treppen, Fenster, Türen usw. hergestellt sind.

Nach § 96 BGB gelten als Bestandteil des Grundstücks auch **Rechte, die mit dem Eigen-** **14** **tum an einem Grundstück verbunden sind:** z. B. Grunddienstbarkeiten[7], dingliche Vorkaufsrechte, Reallasten, Jagdrechte sowie der in das Grundbuch eingetragene Erbbauzinsanspruch[8].

Nicht zu den Bestandteilen eines Grundstücks gehören nach § 95 BGB **solche Sachen, die** **15** **nur zu einem vorübergehenden Zwecke mit dem Grund und Boden verbunden sind.** Das Gleiche gilt für ein Gebäude oder anderes Werk, das in Ausübung eines Rechts an einem fremden Grundstück von dem Berechtigten mit dem Grundstück verbunden worden ist **(Scheinbestandteile).** Entsprechendes gilt also für Gebäude, die in Ausübung eines Rechts an einem fremden Grundstück (Erbbaurecht[9], Nießbrauch, Dienstbarkeit, Überbaurecht und dgl.) vom Berechtigten mit dem Grund und Boden verbunden worden sind.

Dass ein **Recht an einem Grundstück eigenständiger Gegenstand der Wertermitt-** **16** **lung** sein kann, bedeutet nicht, dass dabei eine vorhandene Beziehung zu einem „dienenden" oder „herrschenden" Grundstück außer Betracht bleibt (vgl. § 1 WertV Rn. 20; § 5 Rn. 94 ff.).

Nach § 5 Art. 231 des Einführungsgesetzes zum BGB gehören in den der **Bundesrepublik** **17** **Deutschland beigetretenen Gebieten** nicht zu den Bestandteilen eines Grundstücks Gebäude, Baulichkeiten, Anlagen, Anpflanzungen oder Einrichtungen, die gemäß dem am Tag vor dem Wirksamwerden des Beitritts (2. 10. 1990) geltenden Recht vom Grundstückseigentum unabhängiges Eigentum sind. Das Gleiche gilt, wenn solche Gegenstände am Tag des Wirksamwerdens des Beitritts (3. 10. 1990) oder danach errichtet oder angebracht werden, soweit dies auf Grund eines vor dem Wirksamwerden des Beitritts begründeten Nutzungsrechts an dem Grundstück oder Nutzungsrecht nach den §§ 312 bis 315 des Zivilgesetzbuchs der DDR zulässig ist. Das Nutzungsrecht an dem Grundstück und die erwähnten Anlagen, Anpflanzungen oder Einrichtungen gelten als wesentliche Bestandteile des Gebäudes[10].

3.2 Bauliche und sonstige Anlagen

Als Bestandteile des Grundstücks hebt § 2 namentlich **18**

– die Gebäude,

– die Außenanlagen *und*

– die *„sonstigen"* Anlagen

---

5 BayVGH, Urt. vom 11. 1. 1985 – 23 B 83 A. 1017 –, EzGuG 9.54

6 BGH, Urt. vom 13. 5. 1975 – VI ZR 85/74 –, EzGuG 2.14; OVG Koblenz, Urt. vom 25. 4. 1963 – 3 C 97/61 –, EzGuG 2.6; LG Tübingen, Urt. vom 14. 2. 1986 – 2 O 1/86 –, EzGuG 2.42

7 KG Berlin, Urt. vom 10. 7. 1967 – U 485/67 Baul. –, EzGuG 14.39; Pr. OVG, Urt. vom 10. 6. 1932 – VII C 183/31 –, EzGuG 14.2

8 §§ 96, 94 BGB, § 9 Abs. 1 Satz 1, Abs. 2 Satz 1 ErbbauVO, § 1105 BGB; vgl. BFH, Beschl. vom 28. 11. 1986 –, II R 32/83 –, EzGuG 7.101

9 BGH, Urt. vom 28. 5. 1971 – V ZR 121/68 –, EzGuG 19.25; BGH, Urt. vom 12. 4. 1961 – VIII ZR 152/60 –, EzGuG 3.16; BGH, Urt. vom 9. 3. 1960 – V ZR 189/58 –, EzGuG 3.14 a; BGH, Urt. vom 27. 5. 1959 – V ZR 173/57 –, NJW 1959, 1487; BGH, Urt. vom 31. 10. 1952 – V ZR 36/51 –, EzGuG 3.2

10 BGBl. II 1990, 942

hervor. Die hier aufgeführten Begriffe bedürfen schon im Hinblick auf die verfahrensrechtlichen Bestimmungen über das Sachwertverfahren einer eindeutigen Abgrenzung (vgl. § 21 Abs. 1). Auch ist durch § 2 die Frage aufgeworfen, was unter den „sonstigen" Anlagen zu verstehen ist. Dies erschließt sich aus § 21 Abs. 1, 4 und 5. Danach ist **bei Anwendung des Sachwertverfahrens zu unterscheiden zwischen**

– dem Wert der *baulichen* Anlagen, wie Gebäude, der baulichen Außenanlagen und der besonderen Betriebseinrichtungen,

– dem Wert der *sonstigen* Anlagen und

– dem Bodenwert.

19 Was unter **baulichen Anlagen** und unter den unter diesen Begriff fallenden „Gebäuden" zu verstehen ist, ergibt sich aus dem Bundesrecht[11] i.V. m. den Bestimmungen der Landesbauordnungen[12]. § 2 Abs. 1 und 2 der nordrh.-westf. Bauordnung vom 31. 7. 1984 bestimmt z. B.:

„(1) Bauliche Anlagen sind mit dem Erdboden verbundene, aus Baustoffen und Bauteilen hergestellte Anlagen. Eine Verbindung mit dem Erdboden besteht auch dann, wenn die Anlage durch eigene Schwere auf dem Erdboden ruht oder auf ortsfesten Bahnen begrenzt beweglich ist oder wenn die Anlage nach ihrem Verwendungszweck dazu bestimmt ist, überwiegend ortsfest benutzt zu werden. Als bauliche Anlagen gelten

1. Aufschüttungen und Abgrabungen,

2. Lager-, Abstell- und Ausstellungsplätze,

3. Camping- und Wochenendplätze,

4. Sport- und Spielplätze,

5. Stellplätze für Kraftfahrzeuge.

(2) Gebäude sind selbstständig benutzbare, überdachte bauliche Anlagen, die von Menschen betreten werden können und geeignet oder bestimmt sind, dem Schutz von Menschen, Tieren oder Sachen zu dienen."

20 Das **Gebäude** ist auch in den Richtlinien zum Bewertungsrecht definiert[13]:

„(1) Nach den in der höchstrichterlichen Rechtsprechung aufgestellten Grundsätzen ist ein Bauwerk als Gebäude anzusehen, wenn es Menschen oder Sachen durch räumliche Umschließung Schutz gegen Witterungseinflüsse gewährt, den Aufenthalt von Menschen gestattet, fest mit dem Grund und Boden verbunden, von einiger Beständigkeit und ausreichend standfest ist[14]. Bestehen Zweifel, ob ein bestimmtes Merkmal des Gebäudebegriffs vorliegt, so ist nach der Verkehrsauffassung zu entscheiden. Zum Begriff der Verkehrsauffassung (vgl. BFH, Urt. vom 3. 2. 1956 – III 206/55 U –, BStBl. III 1956, 78 = StZBl. Bln. 1956, 1093 = EzGuG 20.18).

(2) Der Begriff des Gebäudes setzt nicht voraus, dass das Bauwerk über die Erdoberfläche hinausragt. Auch unter der Erdoberfläche befindliche Bauwerke, z. B. Tiefgaragen, unterirdische Betriebsräume, Lagerkeller, Gärkeller, können Gebäude im Sinne des Bewertungsgesetzes sein. Das Gleiche gilt für Bauwerke, die ganz oder zum Teil in Berghänge eingebaut sind. Ohne Einfluss auf den Gebäudebegriff ist auch, ob das Bauwerk auf eigenem oder fremdem Grund und Boden steht."

21 Die Definition ist im Übrigen auch für das **Einkommensteuer- und Körperschaftsteuerrecht** maßgeblich[15].

3.3 Außenanlagen

22 Wie sich die **Außenanlagen** und die **besonderen Betriebseinrichtungen** zusammensetzen, wird in der Zweiten Berechnungsverordnung (II BV) definiert (vgl. Anl. 1 Nr. 2 und 4 zu § 5 Abs. 5 II BV; dem entspricht Nr. 5 der DIN 276, Teil 2 (April 1981); vgl. Rn. 25). Die dem ebenfalls entsprechende Anl. 2 und § 15 Abs. 3 WertV 72 geht noch auf die DIN 276 i. d. F. vom März 1954 zurück; diese Anl. ist nicht in die geltende WertV übernommen worden. Zur Abgrenzung von Gebäude und besonderen Betriebseinrichtungen in der Wohnungswirtschaft vgl. im Übrigen RdErl. der Länder vom 31. 3. 1967 (BStBl. II 1967, 127).

23 § 21 Abs. 1 führt als *bauliche* Anlage – neben den Gebäuden und den besonderen Betriebseinrichtungen – beispielhaft die Außenanlagen auf. Die genannten Bestimmungen über die Außenanlagen führen neben den baulichen Außenanlagen auch „Gartenanlagen und Pflanzungen" auf. Hieraus folgt, dass **unter den in § 21 Abs. 1 und 4 genannten „Außenanlagen" offensichtlich nur die baulichen Außenanlagen angesprochen sind** und die diesen komplementär gegenüberstehenden nichtbaulichen Außenanlagen in der WertV als „sonstige" Anlagen bezeichnet werden[16]. Dies muss auch für die in § 2 neben den Außenanlagen genannten „sonstigen Anlagen" gelten. Die Begründung zu § 21[17] stellt als „sonstige Anlagen" ausdrücklich „Gartenanlagen, Anpflanzungen und Parks" heraus. Hieran ist Kritik mit der Begründung geübt worden, dass auch im Garten- und Landschaftsbau *„gebaut"* werde[18].

Tatsächlich schließt der Garten- und Landschafts*bau* auch **Pflanzarbeiten** ein; auf der 24 anderen Seite definieren die Landesbauordnungen – wie ausgeführt – als *bauliche* Anlagen[19] lediglich die mit dem Erdboden verbundenen, „aus Baustoffen und Bauteilen hergestellten Anlagen" und der Verordnungsgeber hat ersichtlich hierauf abgestellt: im Umkehrschluss hierzu hat er in naturverbundener Weise den nicht aus Bauteilen und Baustoffen hergestellten Aufwuchs (in der Begründung zu § 21) nicht als *bauliche* Außenanlage herabsetzen wollen. Im Übrigen wäre ein solcher Streit um begriffliche Zuordnungen überflüssig, wo es dem Verordnungsgeber um eine sinnvolle Aufteilung ging.

Die **Außenanlagen waren in der DIN 276/1954/81** (vgl. Anl. 2 zur WertV 72) **wie folgt** 25 **definiert:**

„**2.2** Kosten der Außenanlagen

Das sind die Kosten sämtlicher Bauleistungen, die für die Herstellung der Außenanlagen erforderlich sind, gegliedert nach den Technischen Vorschriften für Bauleistungen (VOB Teil C, neueste Ausgabe):

Hierzu gehören die:

2.2.1 Kosten der Entwässerungs- und Versorgungsanlagen vom Hausanschluss ab bis an das öffentliche Netz oder an nicht öffentliche Anlagen, die Daueranlagen sind, außerdem alle anderen Entwässerungs- und Versorgungsanlagen außerhalb der Gebäude, Kleinkläranlagen, Sammelgruben, Brunnen, Zapfstellen usw.

2.2.2 Kosten für das Anlegen von Höfen, Wegen und Einfriedungen, nichtöffentlichen Spielplätzen usw.

2.2.3 Kosten der Gartenanlagen und Pflanzungen, die nicht zu den besonderen Betriebseinrichtungen gehören (vgl. Abschn. 2.4), der nicht mit einem Gebäude verbundenen Freitreppen, Stützmauern, festeingebauten Flaggenmasten, Teppichklopfstangen, Wäschepfähle usw.

2.2.4 Kosten sonstiger Außenanlagen, z. B. Luftschutzaußenanlagen, Kosten für Teilabbrüche außerhalb der Gebäude, soweit diese nicht in den Abschn. 1.3.2 gehören.

Bei den Kosten der Außenanlagen sind zu berücksichtigen:

– die Kosten aller eingebauten oder mit den Außenanlagen fest verbundenen Sachen (Bestandteile);

– die Kosten aller vom Bauherrn erstmalig zu beschaffenden nicht eingebauten oder nicht fest verbundenen Sachen an und in den Außenanlagen (Zubehör), z. B. Aufsteckschlüssel für äußere Leitungshähne und -ventile, Feuerlöschanlagen (Schläuche, Stand- und Stahlrohre für äußere Feuerlöschanlagen)."

11 BVerwG, Urt. vom 17. 12. 1976 – 4 C 6/75 –, NJW 1977, 2090 = BauR 1977, 109; BVerwG, Urt. vom 31. 8. 1973 – 4 C 33/71 –, BVerwGE 44.59 = BayVBl. 1974, 108 = BauR 1973, 366 = DVBl. 1974, 236 = DÖV 1974, 200; BVerwG, Urt. vom 10. 12. 1971 – 4 C 33-35/69 –, BVerwGE 39,154 = MDR 1972, 444 = BBauBl. 1972, 426 = BauR 1972, 100 = DVBl. 1972, 211 = DÖV 1972, 496

12 GVBl. 1984, 419

13 RdErl. vom 31. 3. 1967 – S 3190-1-V1 – BStBl. II 1967, 127; BFH, Urt. vom 30. 1. 1991 – II R 48/88 –, GuG 1991, 341; vgl. BewR Gr vom 19. 9. 1966 (BAnz Nr. 183 Beil. = BstBl. I 1966, 890)

14 BFH, Urt. vom 24. 5. 1963 – III 140/60 U –, EzGuG 3.34

15 Vgl. im Übrigen zum Begriff: BFH, Beschl. vom 26. 11. 1973 – GrS 5/71 –, EzGuG 20.56

16 Im Gegensatz zu dieser Auslegung nennt Anl. 1 zu § 5 Abs. 5 II BV unter Nr. 2 d) als „sonstige" Anlagen beispielhaft „Luftschutzaußenanlagen" (vgl. auch Anl. 2 zu § 15 Abs. 3 WertV 72; vgl. Rn. 25)

17 BR-Drucks. 352/88

18 DIN 18915   Vegetationstechnik im Landschaftsbau, Bodenarbeiten
   DIN 18916   Vegetationstechnik im Landschaftsbau; Pflanzen und Pflanzarbeiten
   DIN 18917   Vegetationstechnik im Landschaftsbau; Rasen und Saatarbeiten
   DIN 18918   Vegetationstechnik im Landschaftsbau; Ingenieurbiol. Sicherungsbauweisen, Sicherungen durch Aussaaten, Bepflanzungen, Bauweisen mit lebenden und nichtlebenden Stoffen und Bauteilen, kombinierte Bauweisen
   DIN 18919   Vegetationstechnik-Landschaftsbau; Entwicklungs- und Unterhaltungspflege von Grünflächen
   DIN 18920   Vegetationstechnik im Landschaftsbau, Schutz von Bäumen, Pflanzenbeständen und Vegetationsflächen bei Baumaßnahmen
   BMV STLK Standardleistungskatalog für den Straßen- und Brückenbau, (Leistungsbereich 1017, Juni 1986); Leistungsbereich 107, Juni 1986); Musterleistungsverzeichnis Freizeitanlagen – MLV – Ausgabe 1990 der Forschungsgesellschaft Landschaftsentwicklung – Landschaftsbau e.V. Bonn 1990

19 BVerwG, Urt. vom 17. 12. 1976 – 4 C 6/75 –, BauR 1977, 109; BVerwG, Urt. vom 1. 11. 1974 – 4 C 13/73 –, BauR 1975, 108; BVerwG, Urt. 31. 8. 1973 – 4 C 33/71 –, BVerwGE 44, 49; BVerwG, Urt. vom 26. 6. 1970 – 4 C 116/68 –, BRS Bd. 23 Nr. 129

26   Die **DIN 276 i. d. F. von 1993** (Juni) zählt unter Ziff. 4.3 Tabelle 1. Kostengruppe 500 auf:

„Kosten der Bauleistungen und Lieferungen für die Herstellung aller Gelände- und Verkehrsflächen, Baukonstruktionen und technischen Anlagen außerhalb des Bauwerks, soweit nicht in Kostengruppe 200 erfasst. In den einzelnen Kostengruppen sind die zugehörigen Leistungen, wie z. B. Erdarbeiten, Unterbau und Gründungen, enthalten."

27   **Fazit: Unter** dem Begriff „**Außenanlagen**" versteht die WertV nur die baulichen **Außenanlagen. Unter** dem Begriff „**sonstige**" Anlagen versteht die WertV die *nicht-baulichen* **Außenanlagen,** wie Anpflanzungen, Ziergehölze und dgl., wobei der Begriff „nichtbauliche" (Außen-)anlagen vermieden wurde[20].

3.4   Aufwuchs

28   Aufwuchs sind nach der steuerlichen aber auch hier sachgerechten Definition lebende, im Boden verwurzelte Pflanzen, insbesondere das stehende Holz und Dauerkulturen[21].

Mit § 21 Abs. 4 hat der Verordnungsgeber bestimmt, dass eine besondere **Erfassung des Wertanteils von Außenanlagen und sonstigen Anlagen entfällt, soweit dieser bereits mit dem Bodenwert erfasst** wird. Nach der amtlichen Begründung zu dieser Vorschrift betrifft dies insbesondere die „üblichen Zier- und Nutzgärten", die im gewöhnlichen Geschäftsverkehr bereits vom Bodenwert miterfasst werden. Lediglich bei außergewöhnlichen Anlagen und besonders wertvollen Anpflanzungen soll sich – so die Begründung – ihr Herstellungswert nach Erfahrungssätzen oder „*notfalls* aus den gewöhnlichen Herstellungskosten" ergeben[22]. Des Weiteren wird in der Begründung darauf hingewiesen, dass die „sonstigen Anlagen" (Aufwuchs) für das Ertragswertverfahren „in der Regel ... nicht von Bedeutung sind, und gegebenenfalls über § 19 erfasst werden können"[23].

29   Die genannte Vorschrift zielt im Kern darauf ab, eine **doppelte Berücksichtigung des Wertanteils von Außenanlagen und sonstigen Anlagen** bei der Verkehrswertermittlung des Grundstücks zu vermeiden, und zwar in den Fällen, in denen sich der zum Vergleich herangezogene Bodenwert auf ein Grundstück bezieht, das z. B. eine mit dem zu wertenden Grundstück vergleichbare Bepflanzung aufweist. Dies kann insbesondere bei geringfügig und in ortsüblicher Weise bepflanzten Grundstücken sein[24].

30   Fragen der **Wertermittlung von Aufwuchs** und des **Schadenersatzes** für Aufwuchs werden im Schrifttum im Übrigen äußerst kontrovers und nicht immer mit der gebotenen Sachlichkeit und Nüchternheit behandelt[25]. Im Vordergrund steht dabei das von den Anhängern der Methode Koch geradezu mit einem Alleinvertretungsanspruch vertretene spezielle Sachwertverfahren, das im Schrifttum auf Kritik gestoßen ist.

31   Im Zuge der manchmal sogar emotional überladen geführten Diskussion zur Wertermittlung von Aufwuchs blieb manche beachtenswerte – selbst höchstrichterliche – **Rechtsprechung** unbeachtet oder wurde nicht immer hinreichend genau zitiert. Damit sich der Anwender hierüber ein objektives Bild verschaffen kann, soll hierauf nur unter Angabe der Fundstellen verwiesen werden[26].

Zur Verkehrswertermittlung von **Waldgrundstücken** vgl. § 4 WertV Rn. 85 ff.; § 21 WertV Rn. 28 ff.

32   Zu alledem wird im *Palandt*[27] ausgeführt: „Bei der Schadensbemessung folgt die Rechtsprechung z. T. den **Veröffentlichungen von Koch** (zuletzt VersR 1985, 213). Dessen Methode führt aber zu übersetzten Entschädigungsbeträgen, die mit den Mehrpreisen, die bei Grundstücksverkäufen für Baumbestand zusätzlich bezahlt werden, offensichtlich

---

20   Diese Auslegung wird durch die allerdings nicht ganz eindeutige Begründung zur WertV 88 bestätigt. Die Begründung zu § 5 Abs. 5 weist darauf hin, dass zu den Außenanlagen auch Anpflanzungen gehören (vgl. BR-Drucks. 352/88, S. 40); nach der Begründung zu § 21 Abs. 1 stehen die „sonstigen Anlagen", wie „insbesondere Gartenanlagen, Anpflanzungen und Parks", den unter dem Begriff „baulichen Anlagen" aufgeführten Außenanlagen gegenüber (vgl. BR-Drucks. 352/88, S. 61).

21 BFH, Urt. vom 7. 5. 1987 – IV R 150/84 –, BFHE 150, 130 = BStBl. II 1987, 130 = DStR 1987, 656 = HFR 1987, 566

22 BR-Drucks. 352/88, S. 56

23 BR-Drucks. 352/88, S. 61; vom wertmindernden Einfluss spricht Dresen in Nachr. der rh.-pf. Kat.- und VermVw. 1988, 184

24 Kleiber in Ernst/Zinkahn/Bielenberg, BauGB § 21 WertV Rn. 21 ff.

25 Schrifttum: Franzki in DRiZ 1976, 113: Köhne in AgrarR 1978, 127, 244, 272, 274 und AgrarR 1979, 36; Schmid, MDR 1980, 191; Friedrich in VR 1981, 426, 438; Kleiber in Das Gartenamt 1981, 525; Kappus in VersR 1984, 1021; Rauw., in WF 1984, 171 und WF 1985, 77; Palandt, BGB, 49. Aufl. § 249 Anm. 5 b; Staudinger-Medicus, Komm. zum BGB 12. Aufl. § 251 Rn. 78; Dieterich in Ernst/Zinkahn/Bielenberg, Komm. zum BauGB § 194 Rn. 120 ff.; Dieterich in BuG 1971, 21; ders. in „Baulandumlegung" 3. Aufl. München 1996, Rn. 314; Kamphausen in GuG 1993, 31; Buchwald, Wertermittlung von Ziergehölzen, St. Augustin 1987; Schulz-Kleeßen in DS 1989, 15; Büchs, Grunderwerb und Entschädigung beim Straßenbau, 2. Aufl. Rn. 155; Aust/ Jacobs, Die Enteignungsentschädigung, 4. Aufl., S. 221; dagegen Koch, Aktualisierte Gehölzwerttabellen 2. Aufl. 1987 m. w. N.; Fleckenstein in VersR 1987, 236; Wedemeyer in HLBS-report 1998, 15; ders. in 97 Einzelbaumbewertung in Theorie und Praxis, Verlag Pflug und Feder, St. Augustin 1999; Köhne in Landwirtschaftliche Bewertungslehre, Berlin 1978; Amtliche Verlautbarungen zur Ermittlung von Aufwuchswerten: Schreiben des BMBau vom 23. 5. 1980, abgedruckt in ZSW 1981, 25 = BWGZ 1980, 637 = MittDSt vom 10. 7. 1980 Nr. 819/80; Verfügung des BMF vom 12. 12. 1980 – VIB 2 – VV 3610 – 23/80 –; Baumwertrichtlinien des Deutschen Städtetags in MittDSt vom 20. 12. 1983 Nr. 1028/84; MittDSt vom 11. 2. 1987 Nr. 155/87; Bearbeitungshinweise des BMV, BMF und BMVg i. d. F. der Bekanntmachung vom 5. 2. 1985, BAnz. Nr. 41 a vom 28. 2. 1985, abgedruckt bei Kleiber, WertR 76/96, Bundesanzeiger Verlag, 6. Aufl. 1997 – nunmehr ZierH 2000 (vgl. Rn. 32); Berechnungsgrundlagen für die Ermittlung von Schäden an landwirtschaftlichen Kulturen und Grundstücken, Verb. der Landwirtschaftskammern, Bonn 1986; abgedruckt im Anh. 14.1 der 3. Aufl., Aust, Zur Bewertung von Ziergehölzen, GuG 1991, 90

26 BGH, Urt. vom 9. 4. 1956 – III ZR 135/55 –, EzGuG 2.1; BGH, Urt. vom 15. 3. 1962 – III ZR 211/60 –, EzGuG 2.2; BGH, Urt. vom 7. 5. 1962 – III ZR 35/61 –, EzGuG 2.3; OLG Stuttgart, Urt. vom 7. 3. 1962 – 1 U 1/62 –, EzGuG 2.5; OVG Koblenz, Urt. vom 25. 4. 1963 – 3 C 97/61, 46/62 –, EzGuG 2.6; BGH, Urt. vom 19. 3. 1964 – III ZR 141/43 –, EzGuG 2.7; BGH, Urt. vom 12. 7. 1965 – III ZR 214/64 –, EzGuG 2.8; BFH, Urt. vom 15. 10. 1965 – VI 181/65 U –, EzGuG 20.41; BFH, Urt. vom 30. 6. 1966 – VI 292/65 –, EzGuG 2.8 a; OLG Hamburg, Urt. vom 10. 10. 1969 – 1 U 61/68 –, EzGuG 2.9; BGH, Urt. vom 12. 10. 1970 – III ZR 117/67 –, EzGuG 2.10; OLG Köln, Urt. vom 10. 3. 1972 – 4 U 183/71 –, EzGuG 2.11; BGH, Urt. vom 5. 4. 1973 – III ZR 74/72 –, EzGuG 2.12; KG Berlin, Urt. vom 21. 2. 1974 – 12 U 1762/73 –, EzGuG 2.13; BGH, Urt. vom 13. 5. 1975 – VI ZR 85/74 –, EzGuG 2.14; OLG Düsseldorf, Urt. vom 26. 10. 1976 – 4 U 41/76 –, EzGuG 2.15 a; KG Berlin, Urt. vom 21. 6. 1977 – 9 U 253/77 –, EzGuG 2.16; KG Berlin, Urt. vom 17. 11. 1977 – 12 U 1543/77 –, EzGuG 2.17; LG Berlin. Urt. vom 20. 1. 1978 – 2 S 152/77 –, EzGuG 2.18; KG Berlin, Urt. vom 2. 10. 1978 – 22 U 1867/78 –, EzGuG 2.19; KG Berlin, Urt. vom 20. 11. 1968 – 12 U 1974/78 –, EzGuG 2.20; OLG Hamburg, Urt. vom 6. 12. 1978 – 5 U 237/77 –, EzGuG 2.22; LG Heilbronn, Urt. vom 6. 2. 1979 – 4 O 1843/77 –, EzGuG 2.23; LG Hannover, Urt. vom 7. 3. 1979 – 16 S 297/78 –, EzGuG 2.24; OLG Köln, Urt. vom 22. 12. 1980 – 7 U 209/79 –, EzGuG 2.25; LG Detmold, Urt. vom 4. 6. 1981 – 1 O 181/81 –, EzGuG 2.26; LG Kassel, Urt. vom 12. 1. 1982 – 6 O 98/81 –, EzGuG 2.27; OLG Koblenz, Urt. vom 13. 1. 1982 – 1 U 6/80–, EzGuG 2.28; LG Baden-Baden, Urt. vom 22. 1. 1982 – 1 O 257/81 –, EzGuG 2.29; OLG Celle, Urt. vom 9. 12. 1982 – 5 U 69/82 –, EzGuG 2.30; LG Mannheim, Urt. vom 15. 12. 1982 – 4 O 30/82–, VersR 1982, 93; OLG Frankfurt am Main, Urt. vom 3. 3. 1983 – 1 U 6/81 –, EzGuG 2.31; BGH, Urt. vom 9. 6. 1983 – IX ZR 41/82–, EzGuG 11.138 a; AG Wiesbaden, Urt. vom 21. 6. 1983 – 97 C 395/83 –, EzGuG 2.32; LG Itzehoe, Urt. vom 22. 6. 1983 – 2 O 104/81 –, EzGuG 2.33; BGH, Beschl. vom 29. 9. 1983 – III ZR 66/83 –, EzGuG 2.34; OLG Lüneburg, Urt. vom 26. 10. 1983 – 9 U 11/83 –, EzGuG 2.35; OLG Lüneburg, Urt. vom 6. 12. 1983 – 6 O 124/82 –, EzGuG 2.36; OLG Zweibrücken, Urt. vom 14. 12. 1983 – 2 U 77/83 –, EzGuG 2.37; LG Freiburg, Urt. vom 6. 3. 1984 – 10 80/82 –, EzGuG 2.38; LG Osnabrück, Urt. vom 24. 1. 1985 – 9 O 231/83 –, EzGuG 2.39; OLG Celle, Urt. vom 19. 3. 1985 – 16 U 228/84 –, EzGuG 2.40 = GuG 1990, 49; OLG Oldenburg, Urt. vom 7. 6. 1985 – 6 U 246/84 –, EzGuG 2.40 a; OLG Nürnberg, Urt. vom 25. 7. 1985 – 2 U 1585/83 –, EzGuG 2.40 b; OLG Celle, Urt. vom 27. 1. 1986 – 19 U 5/85 –, EzGuG 2.41; LG Tübingen, Urt. vom 14. 2. 1986 – 2 O 1/86 –, EzGuG 2.42; LG Karlsruhe, Urt. vom 13. 2. 1987 – 35/85 –, EzGuG 2.43; OVG Bremen, Beschl. vom 4. 12. 1987 – 1 B 84/87-; OLG Karlsruhe, Urt. vom 20. 4. 1988 – 13 U 61/85 –, EzGuG 2.44; OLG München, Urt. vom 18. 11. 1988 – 21 U 5260/87 –, EzGuG 2.45; BGH, Beschl. vom 7. 3. 1989 – VI ZR 147/88 –, EzGuG 2.46; LG Mainz, Urt. vom 6. 6. 1989 – 2 O 45/89 –, EzGuG 2.47; LG Oldenburg, Urt. vom 24. 7. 1989 – 7 O 1037/79 –, EzGuG 2.48; LG Stuttgart, Urt. vom 20. 11. 1989 – 15 O 188/89 –, EzGuG 2.49; OLG Celle, Urt. vom 17. 7. 1990 – 4 U 27/90 –, GuG 1991, 41 = EzGuG 2.50 – Rev: BGH, Urt. vom 2. 7. 1992 – III ZR 162/90 –, EzGuG 2.54 = GuG 1993, 524; BVerwG, Beschl. vom 3. 9. 1992 – 11 B 2/92 –, EzGuG 2.55; OLG Karlsruhe, Urt. vom 19. 10. 1993 – 17 U 29/91 –, EzGuG 2.56; LG Arnsberg, Urt. vom 12. 11. 1993 – 5 S 96/92 –, EzGuG 2.57; LG Berlin, Urt. vom 11. 1. 1994 – 31 O 266/93 –, EzGuG 2.58; OLG München, Urt. vom 28. 4. 1994 – 1 U 6995/93 –, EzGuG 2.58a; BVerwG, Urt. vom 16. 6. 1994 – 4 C 2/94 –, EzGuG 2.59; OLG Düsseldorf, Urt. vom 12. 12. 1996 – 18 U 1181/95 –, AgrarR 1997, 188; OLG Koblenz, Urt. vom 13. 6. 1997 – 8 U 1009/96 –, EzGuG 2.60

27 BGB, 46. Aufl., § 249 Anm. 5 b

unvereinbar sind." Der Kommentar nimmt Bezug auf entsprechende Ausführungen in *Staud-Medicus*[28]. Dieser führt hierzu aus, dass sich die Methode *Koch* von § 251 Abs. 2 BGB weit entferne und daher bedenklich sei. Wörtlich heißt es u. a. dort: „Denn wenn man zunächst die Kosten einer Teilherstellung zuspricht und dann auch noch die verbleibende Wertminderung nach den Kosten einer (freilich modifizierten) Herstellung berechnet, wird der als Schadensersatz geschuldete Betrag doch *erheblich durch die Kosten der unverhält-nismäßig teuren Herstellung* bestimmt. Zu rechtfertigen wäre, dass allenfalls mit der *ökologischen Bedeutung* von Bäumen ...".

▶ *Weitere Hinweise zur Wertermittlung von Aufwuchs vgl. § 13 WertV Rn. 55, § 21 WerV Rn. 28 ff., 35 und bei Kleingärten vgl. 3. Aufl. zu diesem Werk bei S. 2247 ff., § 15 WertV Rn. 20; § 17 WertV Rn. 46; § 19 WertV Rn. 51*

Für die Verkehrswertermittlung von Ziergehölzen als Bestandteile von Grundstücken (Schutz- und Gestaltungsgrün) sind vom BMF die **Ziergehölzhinweise 2000 – ZierH 2000 –** erlassen worden[29].

3.5 Besondere Betriebseinrichtungen

33   Der **Begriff der besonderen Betriebseinrichtungen** ist der DIN 276 (vom März 1954) entliehen. In Anlehnung hieran rechneten nach **Anl. 2 zur WertV 72** hierzu:

a) bei Wohngebäuden: Personen- und Lastenaufzüge, Müllbeseitigungsanlagen, Hausfernsprecher, Uhrenanlagen, gemeinschaftliche Wasch- und Badeeinrichtungen usw.;

b) bei öffentlichen Bauten, Anstalten und Gebäuden für Sonderzwecke: Anlagen und Einrichtungen, die für die Zweckbestimmung des Gebäudes notwendig sind, z. B. Einrichtungen für Lehr- und Hörsäle, Meldeanlagen, Einrichtungen für Archive und Büchereien, Einrichtungen für Kassen- und Tresoreinrichtungen, Tankanlagen;

c) bei gewerblich genutzten Gebäuden usw.: Anlagen und Einrichtungen, die für die Zweckbestimmung des Gebäudes notwendig sind, z. B. Schankanlagen, Back-, Koch-, Kühlanlagen, Hebevorrichtungen, Gleisanlagen, Förderanlagen.

Die Anl. 2 der WertV 72 ist zwar nicht mehr ausdrücklicher Bestandteil der geltenden WertV. Gleichwohl kann an dieser Definition festgehalten werden. Die Begründung zu § 21 Abs. 1 WertV 88 nennt jedenfalls hierzu korrespondierend Tankanlagen, Aufzüge und Tresoranlagen.

34   Das Festhalten an der Position „besondere Betriebseinrichtungen" in der geltenden WertV kann im Einzelfall zu einer Verkomplizierung führen, weil bei dieser Position **gewisse Überschneidungen mit den Außenanlagen** auftreten können (z. B. Gleisanlagen). Soweit erkennbar, werden die besonderen Betriebseinrichtungen als Kostengruppe nur unter Nr. 4 der Anl. 1 zu II BV genannt. Dort werden als „Kosten der besonderen Betriebseinrichtungen" z. B. die Kosten für „Personen- und Lastenaufzüge, Müllbeseitigungsanlagen, Hausfernsprecher, Uhrenanlagen, gemeinschaftliche Wasch- und Badeeinrichtungen usw." aufgeführt. In der neuen **DIN 276** (vom **Juni 1993**) sind die besonderen Betriebseinrichtungen als Bestandteile der „Kosten des Bauwerks" (Kostengruppe 400 ff.) aufgegangen.

Hinweise zur **technischen Lebensdauer der besonderen Betriebseinrichtungen** enthält Anl. 8 zur WertR 96.

4   Zubehör

35   **Zubehör sind** nach § 97 BGB bewegliche **Sachen, die, ohne Bestandteil der Hauptsache zu sein, dem wirtschaftlichen Zwecke der Hauptsache zu dienen bestimmt sind**

und zu ihr in einem dieser Bestimmung entsprechenden räumlichen Verhältnis stehen. Zubehör sind danach dem Eigentümer gehörende Beleuchtungskörper, Mülltonnen, Treppenläufer und dgl. Eine Sache ist allerdings nicht Zubehör, wenn sie im Verkehr nicht als Zubehör angesehen wird[30]. Ergänzend zu § 97 BGB schreibt **§ 98 BGB** vor:

„Dem wirtschaftlichen Zweck der Hauptsache sind zu dienen bestimmt:

1. bei einem Gebäude, das für einen gewerblichen Betrieb dauernd eingerichtet ist, insbesondere bei einer Mühle, einer Schmiede, einem Brauhaus, einer Fabrik, die zu dem Betriebe bestimmten Maschinen und sonstigen Gerätschaften;

2. bei einem Landgute, das zum Wirtschaftsbetriebe bestimmte Gerät und Vieh, die landwirtschaftlichen Erzeugnisse, soweit sie zur Fortführung der Wirtschaft bis zu der Zeit erforderlich sind, zu welcher gleiche oder ähnliche Erzeugnisse voraussichtlich gewonnen werden, sowie der vorhandene, auf dem Gute gewonnene Dünger."

---

28 Medicus, Komm. zum BGB § 251 Rn. 78
29 Ziergehölzhinweise vom 20. 3. 2000, BAnz Nr. 94 vom 18. 5. 2000; abgedruckt in GuG 2000, 155; hierzu Wilbat/Bracke in GuG 2001, 74
30 BewR Gr vom 19. 9. 1966 zu § 68 BewG, BAnz Nr. 193 Beil. = BStBl. I 1966, 890

§ 3 WertV
Zustand des Grundstücks und allgemeine Wertverhältnisse

(1) ¹Zur Ermittlung des Verkehrswerts eines Grundstücks sind die allgemeinen Wertverhältnisse auf dem Grundstücksmarkt in dem Zeitpunkt zu Grunde zu legen, auf den sich die Wertermittlung bezieht (Wertermittlungsstichtag). ²Dies gilt auch für den Zustand des Grundstücks, es sei denn, dass aus rechtlichen oder sonstigen Gründen ein anderer Zustand des Grundstücks maßgebend ist.

(2) ¹Der Zustand eines Grundstücks bestimmt sich nach der Gesamtheit der verkehrswertbeeinflussenden rechtlichen Gegebenheiten und tatsächlichen Eigenschaften, der sonstigen Beschaffenheit und der Lage des Grundstücks. ²Hierzu gehören insbesondere der Entwicklungszustand (§ 4), die Art und das Maß der baulichen Nutzung (§ 5 Abs. 1), die wertbeeinflussenden Rechte und Belastungen (§ 5 Abs. 2), der beitrags- und abgabenrechtliche Zustand (§ 5 Abs. 3), die Wartezeiten bis zu einer baulichen oder sonstigen Nutzung (§ 5 Abs. 4), die Beschaffenheit und Eigenschaft des Grundstücks (§ 5 Abs. 5) und die Lagemerkmale (§ 5 Abs. 6).

(3) ¹Die allgemeinen Wertverhältnisse auf dem Grundstücksmarkt bestimmen sich nach der Gesamtheit der am Wertermittlungsstichtag für die Preisbildung von Grundstücken im gewöhnlichen Geschäftsverkehr für Angebot und Nachfrage maßgebenden Umstände, wie die allgemeine Wirtschaftssituation, der Kapitalmarkt und die Entwicklungen am Ort. ²Dabei bleiben ungewöhnliche oder persönliche Verhältnisse (§ 6) außer Betracht.

---

1 Zustand und allgemeine Wertverhältnisse

1.1 Übersicht (Abs. 1)

Ausgangspunkt einer jeden Verkehrswertermittlung ist zunächst **die Qualifizierung** **1** **des Zustands des zu wertenden Grundstücks** sowie die Feststellung des Zeitpunkts, auf den sich die Wertermittlung beziehen soll. Dazu muss grundsätzlich zwischen zwei Zeitpunkten unterschieden werden, nämlich

– dem Zeitpunkt, der für die Qualifizierung des Zustands des Grundstücks – sog. *Qualitätsfestschreibungszeitpunkt* – und

– dem Zeitpunkt, der für die der Wertermittlung zu Grunde zu legenden allgemeinen Wertverhältnisse auf dem Grundstücksmarkt *(Wertermittlungsstichtag)*

maßgebend ist[1]. Wie sich der Zustand und die der Wertermittlung zu Grunde zu legenden „allgemeinen Wertverhältnisse auf dem Grundstücksmarkt" bestimmen, ergibt sich nach § 3 Abs. 2 und 3 (vgl. Rn. 6 ff.).

Der **Begriff des Qualitätsfestschreibungszeitpunkts,** an dem Kritik geübt wurde[2], ist in der Entschädigungsrechtsprechung und im Schrifttum entwickelt worden und hat allgemein Anerkennung gefunden. Mit dem Begriff soll in **2** prägnanter Weise der Zeitpunkt fixiert werden, nach dem sich die maßgeblichen und von denen am Wertermittlungsstichtag abweichenden tatsächlich vorhandenen Zustandsmerkmale bestimmen[3].

1.2 Wertermittlungsstichtag

Wertermittlungsstichtag ist nach § 3 Satz 1 **der Zeitpunkt, auf den sich die Wertermitt-** **3** **lung beziehen soll,** d. h., die zu diesem Zeitpunkt auf dem Grundstücksmarkt vorherrschenden allgemeinen Wertverhältnisse sollen maßgebend sein. Dies kann ein gegenwärtiger, aber auch ein zurückliegender Zeitpunkt, jedoch kein in der Zukunft liegender Zeitpunkt sein. Denn der Gutachter kann nicht „vorhersherisch" mit der gebotenen Sicherheit die künftige Entwicklung auf dem Grundstücksmarkt abschätzen. Indessen kann der Wertermittlung aber durchaus ein Zustand des Grundstücks zu Grunde gelegt werden, wie er sich nach konkreten Anhaltspunkten voraussichtlich in der Zukunft darstellt. Dies kann zum Beispiel auf der Grundlage eines zur Realisierung anstehenden Bebauungsplans erfolgen (vgl. Rn. 28 ff.).

▸ *Näheres hierzu bei § 194 BauGB Rn. 52 ff.*

Der **Wertermittlungsstichtag muss von dem Zeitpunkt der Wertermittlung,** d. h. dem **4** Zeitpunkt der An- und Ausfertigung z. B. eines Gutachtens sowie dem Zeitpunkt der Ortsbesichtigung **unterschieden werden.** Die zum Wertermittlungsstichtag vorherrschenden allgemeinen Wertverhältnisse auf dem (örtlichen) Grundstücksmarkt sind der Wertermittlung zu Grunde zu legen.

Der vom Verordnungsgeber eingeführte Begriff des Wertermittlungsstichtags ist irre- **5** führend, wenngleich unvermeidlich. Auf der einen Seite kommt man im allgemeinen Rechtsverkehr und insbesondere auch bei der Durchführung städtebaulicher Maßnahmen nicht umhin, die Verkehrswertermittlung auf einen bestimmten Zeitpunkt zu beziehen (z. B. im Rahmen der Enteignungsentschädigung, der Verkehrswertermittlung in Umlegungs- und Sanierungsgebieten sowie Entwicklungsbereichen). Auf der anderen Seite

---

1 BGH, Urt. vom 22. 4. 1982 – III ZR 131/80 –, EzGuG 17.44; BGH, Urt. vom 13. 7. 1978 – III ZR 112/75 –, EzGuG 6.200 = EzGuG 19.34; BGH, Urt. vom 25. 9. 1958 – III ZR 82/57 –, EzGuG 6.35; BayObLG, Urt. vom 27. 1. 1987 – RReg 1 Z 167/86 –, EzGuG 6.233
2 Zimmermann, WertV 88, München 1988
3 BGH, Urt. vom 19. 6. 1986 – III ZR 22/85 –, EzGuG 6.229; BGH, Urt. vom 24. 3. 1977 – III ZR 32/75 –, EzGuG 6.190; BGH, Urt. vom 29. 11. 1965 – III ZR 34/64 –, EzGuG 6.82; BayObLG, Urt. vom 27. 1. 1987 – RReg 1 Z 167/86 –, EzGuG 6.233; Schmidt-Aßmann in Ernst/Zinkahn/Bielenberg, BauGB Komm § 93 BauGB Rn. 69 ff.

muss man mit Blick auf die Leistungsfähigkeit der Wertermittlung aber auch klar sehen, dass es **in Zeiten sich verändernder allgemeiner Wertverhältnisse auf dem Grundstücksmarkt keinem Sachverständigen gelingen kann, den „Tages-Verkehrswert" zu ermitteln** und vielleicht sogar noch täglich fortzuschreiben. Insoweit gaukelt der Begriff „Wertermittlungs*stichtag*" eine nicht leistbare Genauigkeit vor und selbst die Bezugnahme auf einen Bezugs*monat* wäre ein kaum stets erfüllbares Versprechen.

1.3 Zustand (Abs. 2)

6 Was in der Verkehrswertdefinition des § 194 BauGB mit den sich überschneidenden und nicht sauber voneinander abgrenzbaren Begriffen der „rechtlichen Gegebenheiten", „tatsächlichen Eigenschaften", „sonstige Beschaffenheit" und „Lage" umschrieben ist, wird in der Sprache der WertV mit dem **Sammelbegriff „Zustand"** des Grundstücks zusammengefasst.

7 Als Zustand des Grundstücks bezeichnet § 3 Abs. 2 die **Gesamtheit der den Verkehrswert beeinflussenden rechtlichen Gegebenheiten und tatsächlichen Eigenschaften, der sonstigen Beschaffenheit und der Lage des Grundstücks.** Mit diesem Tripel knüpft die Verordnung ersichtlich an die Definition des Verkehrswerts in §194 BauGB an. Die Zustandsmerkmale werden in den §§ 4 und 5 WertV konkretisiert. Vor allem mit den in § 4 definierten Stufen des Entwicklungszustands werden erstmals bundeseinheitliche Definitionen der Flächen der Land- oder Forstwirtschaft, des Bauerwartungslandes, des Rohbaulandes sowie des baureifen Landes für Zwecke der Wertermittlung vorgegeben (vgl. Vorbem. zur WertV Rn. 15).

8 Der Begriff des Zustands stellt nicht allein auf die äußere Beschaffenheit, d. h. auf physische und körperliche Merkmale (wie Grenzen, natürliche Bebaubarkeit, Alter und Mängel eines Gebäudes) ab, sondern auch auf die **durch die Beschaffenheit und Lage** des Grundstücks **vorgegebene Nutzungsfähigkeit im Rahmen der baurechtlichen Ordnung.** Dementsprechend hat der BGH[4] in seiner Rechtsprechung unter Hinweis auf keine Geringeren als Goethe und Schiller zum Zustandsbegriff ausgeführt: „Die deutsche Sprache lässt unter diesem Begriff eine vollständige, allseitige Betrachtung durchaus zu, fordert sie geradezu, wenn dies im Sinne der Betrachtung liegt; hier mag der Hinweis auf das Goethewort ‚Wie selten ist der Mensch mit dem Zustand zufrieden, in dem er sich befindet', und darauf genügen, dass Friedrich Schiller eine seiner historischen Schriften mit ‚Übersicht des Zustandes von Europa zur Zeit des ersten Kreuzzuges' überschrieben hat".[5]

9 „Zustand" des Grundstücks ist – wie bereits herausgestellt – ein Sammelbegriff, der sich in eine Vielzahl von einzelnen Zustandsmerkmalen aufschlüsseln lässt. Die WertV enthält hierzu eine Reihe von allgemeingültigen Erläuterungen. An erster Stelle ist hier der **Entwicklungszustand** zu nennen. Auch dies ist ein Sammelbegriff für die unterschiedlichsten Entwicklungszustandstufen, der angefangen von den „Flächen der Land- oder Forstwirtschaft" das gesamte Spektrum des werdenden Baulandes bis hin zum „Baureifen Land" umfasst. Für die Belange der Verkehrswertermittlung gibt § 4 für die wichtigsten Entwicklungszustandstufen normierte Inhalte vor. Weitere Zustandsmerkmale werden in § 5 zusammen mit entsprechenden wertermittlungstechnischen Hinweisen erläutert.

10 Zur Erfassung des Zustands ist unbedingt eine **Ortsbesichtigung** erforderlich. Der Gutachter läuft sonst Gefahr, sein Gutachten sittenwidrig, leichtfertig und fahrlässig erstattet zu haben und setzt sich Haftungsansprüchen aus (vgl. Teil III Rn. 8, 180, 203, 220, 379, 431). Des Weiteren müssen alle rechtlichen Qualifikationsmerkmale bei den zuständigen Ämtern eingeholt werden.

1.4 Allgemeine Wertverhältnisse auf dem Grundstücksmarkt (Abs. 3)

Die allgemeinen Wertverhältnisse auf dem Grundstücksmarkt – häufig auch als allgemeine **11** Preis- und Währungsverhältnisse bezeichnet – werden erstmals mit § 3 Abs. 3 als die **Gesamtheit der am Wertermittlungsstichtag für die Preisbildung von Grundstücken im gewöhnlichen Geschäftsverkehr für Angebot und Nachfrage maßgebenden Umstände,** wie die allgemeine Wirtschaftssituation, der Kapitalmarkt sowie die Entwicklungen am Ort definiert[6]. Damit wird ausdrücklich hervorgehoben, dass nur die im „gewöhnlichen Geschäftsverkehr" für Angebot und Nachfrage maßgebenden Umstände berücksichtigungsfähig sind. Dies stellt lediglich eine Klarstellung dar, denn dies ergibt sich bereits aus der Definition des Verkehrswerts (§ 194 BauGB, Rn. 52 ff.). Wie mit § 194 BauGB wird mit § 3 Abs. 3 Satz 2 WertV des weiteren hervorgehoben, dass ungewöhnliche oder persönliche Verhältnisse (§ 6) außer Betracht bleiben sollen. Anders als bei § 6 hat der Verordnungsgeber bezüglich der Begriffe „gewöhnlicher Geschäftsverkehr" einerseits und „ungewöhnliche oder persönliche Verhältnisse" andererseits hier keine Tautologie erblickt (vgl. § 6 WertV Rn. 2).

Mit der in Abs. 3 angesprochenen **Entwicklung am Ort** ist die allgemeine Entwicklung **12** des Ortes angesprochen, die sich durch die Bevölkerungsentwicklung, Wirtschaftskraft und sonstigen Standortbedingungen (Olympiastadt-, Hauptstadt- oder Zentralfunktionen) aber auch eine allgemeine städtebauliche vorteilhafte oder nachteilige Entwicklung, nicht dagegen eine kleinräumige städtebauliche Entwicklung (z. B. in einem Sanierungsgebiet) ergibt.

Die „allgemeinen" Wertverhältnisse auf dem Grundstücksmarkt müssen gerade im Hin- **13** blick auf städtebauliche Veränderungen gegenüber Zustandsänderungen abgegrenzt werden. Die **WertR** enthält hierzu leider keine weiterhelfenden Hinweise.

Einzelne, die allgemeinen Wertverhältnisse auf dem Grundstücksmarkt beeinflus- **14** **sende Umstände,** wie namentlich das Wirtschaftswachstum, die Bevölkerungsentwicklung, Änderungen im (konsumptiven) Verhalten der Marktteilnehmer und der Einkommensverhältnisse, die Entwicklung der Geldzinspolitik und der Kaufkraft, das Aufkommen einer Sachwertpsychose[7] sowie die Entwicklung der allgemeinen städtebaulichen und stadtwirtschaftlichen Verhältnisse, können dagegen i. d. R. für sich allein nicht als repräsentativ für die Entwicklung der allgemeinen Wertverhältnisse auf dem Grundstücksmarkt gelten. Infolge der Komplexität des Geschehens auf dem Bodenmarkt wird dieser vielmehr durch die Gesamtheit der für die Preisbildung maßgeblichen Umstände bestimmt, die mit fortschreitender Zeit bei gleichbleibendem Zustand des Grund und Bodens dessen Wert im gewöhnlichen Geschäftsverkehr mehr oder weniger beeinflussen.

Mit § 7 Abs. 1 Satz 2 wird im Übrigen der Begriff der allgemeinen Wertverhältnisse **15** **auf dem Grundstücksmarkt dem Begriff der „Lage auf dem Grundstücksmarkt"** **gleichgesetzt** (vgl. Vorbem. zur WertV Rn. 29). Bei der Ermittlung von Verkehrswerten geht es insbesondere darum, Abweichungen der aus der Vergangenheit stammenden Vergleichspreise gegenüber den am Wertermittlungsstichtag vorherrschenden allgemeinen Wertverhältnissen zu berücksichtigen. Dafür sollen nach § 8 und § 9 Abs. 1 vom Gutachter-

---

4   BGH, Urt. vom 9. 1. 1969 – III ZR 51/68 –, EzGuG 6.120; BGH, Urt. vom 8. 11. 1962 – III ZR 86/61 –, EzGuG 8.5

5   BGH, Urt. vom 30. 6. 1966 – III ZR 3/64 –, EzGuG 19.10 auch unter Hinweis auf das deutsche Wörterbuch der Gebrüder Grimm Bd. 16 (1954)

6   BGH, Urt. vom 30. 11. 1959 – III ZR 122/59 –, EzGuG 6.45; BGH, Urt. vom 30. 11. 1959 – III ZR 130/59 –, EzGuG 19.5; vom Gesetzgeber wurde der Begriff erstmals in § 23 Abs. 2 Satz 2 StBauFG (= § 153 Abs. 1 Satz 2 BauGB) verwandt (hierzu: BT-Drucks. VI/2204, S. 12)

7   Niehans in SZVS 1966, 195; Sieber, ebenda, S. 1; ders., Bodenpolitik und Bodenrecht, Bern 1970, S. 51 ff., S. 73 ff.

ausschuss für Grundstückswerte entsprechende Indexreihen aus der ausgewerteten Kauf-preissammlung abgeleitet werden. Diese sollen nach § 14 Satz 3 zur Wertermittlung heran-gezogen werden. Damit auch die außerhalb der Gutachterausschüsse stehenden Sachver-ständigen derartige Indexreihen heranziehen können, sollen die abgeleiteten Indexreihen nach Maßgabe landesrechtlicher Vorschriften veröffentlicht werden.

16   **Maßgebend sind dabei grundsätzlich die Verhältnisse am Wertermittlungsstichtag** und nicht zum Zeitpunkt der Wertermittlung.

2   Fallgestaltungen

2.1   Übersicht

17   Im **Normalfall** wird bei der Verkehrswertermittlung der am Wertermittlungsstichtag tatsächlich vorhandene Grundstückszustand einschließlich der zu diesem Zeitpunkt erkennbaren Entwicklungen und Erwartungen (sog. Wurzeltheorie) der Verkehrswert-mittlung zu Grunde gelegt.

18   Bei den verschiedensten Anlässen der Verkehrswertermittlung stellt sich aber die Aufgabe, abweichend von den am Wertermittlungsstichtag **tatsächlich vorhandenen Zustands-merkmalen einen davon abweichenden tatsächlichen und rechtlichen Grundstücks-zustand** der Verkehrswertermittlung zu Grunde zu legen. Es können sich dabei um Zustandsmerkmale der Vergangenheit aber auch der Zukunft handeln.

Im **Überblick** ist zwischen **folgenden Fallgestaltungen** zu unterscheiden:

a) Normalfall, d. h. Identität von Wertermittlungsstichtag und Zeitpunkt der Qualifizie-rung des maßgeblichen Grundstückszustands;

b) Vorverlegung des Zeitpunkts der Zustandsqualifizierung gegenüber dem Wertermitt-lungsstichtag;

c) Berücksichtigung eines künftigen Grundstückszustands gegenüber dem Wertermitt-lungsstichtag.

2.2   Identität von Wertermittlungsstichtag und Zeitpunkt der Qualifizie-rung des maßgeblichen Zustands

19   In der Regel sind nicht nur die am Wertermittlungsstichtag vorherrschenden „allgemeinen Wertverhältnisse auf dem Grundstücksmarkt" (vgl. Rn. 11 f.), sondern auch die zu diesem Zeitpunkt vorhandenen Zustandsmerkmale des Grundstücks (Stichtag der Zustandsermitt-lung) der Verkehrswertermittlung zu Grunde zu legen. Der **Wertermittlungsstichtag ist** in diesem Fall **identisch mit dem Zeitpunkt, der für die Qualifizierung des Grundstücks-zustands maßgeblich ist**.

20   Dies stellt den einfachsten Fall dar, weil der Gutachter „vor Ort" die tatsächlichen Zustandsmerkmale feststellen und sich hierüber einen persönlichen Eindruck verschaffen kann (vgl. Abb. 1).

21   Die Verkehrswertermittlung auf der Grundlage des am Wertermittlungsstichtag vorhande-nen Grundstückszustands darf nicht dahingehend missverstanden werden, dass im Falle von absehbaren Nutzungsänderungen diese grundsätzlich außer Betracht bleiben. Obwohl der Verkehrswert (in § 194 BauGB) als ein stichtagsbezogener Wert definiert ist, müssen grundsätzlich die **in absehbarer Zeit[8] zu erwartenden Änderungen** insoweit berücksich-tigt werden, wie dies dem gewöhnlichen Geschäftsverkehr entspricht. Spekulative Erwar-tungen müssen dagegen außer Betracht bleiben. Die Berücksichtigung von absehbaren

Abb. 1: Identität von Wertermittlungsstichtag und Stichtag der Zustandsfeststellung

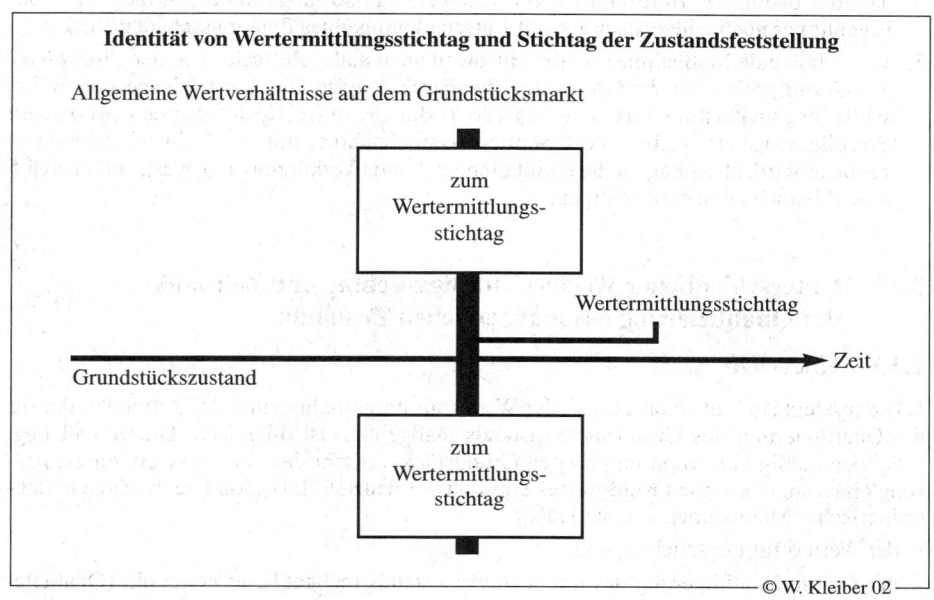

Identität von Wertermittlungsstichtag und Stichtag der Zustandsfeststellung

Allgemeine Wertverhältnisse auf dem Grundstücksmarkt

zum
Wertermittlungs-
stichtag

Wertermittlungsstichttag

Zeit

Grundstückszustand

zum
Wertermittlungs-
stichtag

© W. Kleiber 02

Entwicklungen gilt insbesondere für baurechtlich bedeutsame Nutzungsänderungen. Im Hinblick auf eine Änderung der baulichen Nutzbarkeit ist dies darin begründet, dass das deutsche Städtebaurecht eine allgemeine maßnahmenbedingte „Wertabschöpfung", insbesondere einen Planungswertausgleich, nicht kennt. Deshalb müssen in absehbarer Zeit zu erwartende Nutzungsänderungen grundsätzlich berücksichtigt werden und zwar nach möglichst konkreten Anhaltspunkten, wie z.B. der Entwurf eines Flächennutzungs- oder Bebauungsplans, „qualifizierte" Rahmenpläne, d.h. solche, die von der Gemeinde beschlossen oder zustimmend zur Kenntnis genommen worden sind, oder ein sonstiges konkludentes Handeln der Gemeinde (vgl. Teil IV § 194 BauGB Rn. 75 ff.).

Anstehende **Nutzungsänderungen bleiben** indessen immer insoweit **außer Betracht, wie** **22** **der Gesetzgeber ihre Nichtberücksichtigung vorgeschrieben hat oder hierfür besondere Ausgleichsleistungen zu erbringen sind**:

1. Bei der *Bemessung der Enteignungsentschädigung* bemisst sich die Entschädigung für den Rechtsverlust nach dem Verkehrswert des Grundstücks unter Ausschluss von Wertänderungen infolge der bevorstehenden Enteignung (nach dem Grundsatz der enteignungsrechtlichen Vorwirkung) auf der Grundlage des Zustands, der zu dem Zeitpunkt bestand, als die Enteignung mit Sicherheit und hinreichender Bestimmtheit feststand.

2. In Gebieten, die unter *Anwendung der besonderen sanierungsrechtlichen Vorschriften* der §§ 152 ff. BauGB saniert werden, sowie in Entwicklungsbereichen sind grundsätzlich die Verkehrswerte unter Ausschluss der sanierungs- oder entwicklungsbedingten Werterhöhung maßgebend.

3. In *Umlegungsgebieten* nach den §§ 45 ff. BauGB sind die Einwurfswerte unter Ausschluss der umlegungsbedingten Werterhöhung zu ermitteln.

---

8 Zum Begriff der „absehbaren Zeit" vgl. § 4 Rn. 28 ff., 159 ff.

4. Umgekehrt bleiben im Falle einer *Herabzonung des Grundstücks* (§§ 39 ff. BauGB) die dadurch bedingten Wertminderungen insoweit und so lange außer Betracht, wie der Eigentümer noch einen Anspruch auf Entschädigung eines Planungsschadens hat.

5. Werterhöhende Maßnahmen bleiben insoweit auch außer Betracht, wie der *Eigentümer des Grundstücks dafür beitrags- oder abgabepflichtig ist.* Dies betrifft insbesondere Erschließungsmaßnahmen nach den §§ 126 ff. BauGB in Bezug auf den zu erwartenden Erschließungsbeitrag. Ist eine Erschließungsmaßnahme, mit der Rohbauland baureif gemacht wird, absehbar, ist die damit einhergehende Verkürzung der Wartezeit nach § 5 Abs. 4 jedoch zu berücksichtigen.

2.3   Unterschiedlicher Wertermittlungsstichtag und Zeitpunkt der Qualifizierung des maßgeblichen Zustands

2.3.1   Übersicht

23   Wie dargelegt sind im „Normalfall" der Wertermittlungsstichtag und der Zeitpunkt, der für die Qualifizierung des Grundstückszustands maßgeblich ist, identisch. Dieser Fall liegt z. B. regelmäßig vor, wenn im privaten Grundstücksverkehr der Verkehrswert zur Bemessung eines angemessenen Kaufpreises ermittelt werden soll. Insbesondere im Zuge bodenordnerischer Maßnahmen können jedoch

– der Wertermittlungsstichtag und

– der für die Qualifizierung des Grundstückszustands maßgebliche Zeitpunkt (Qualitätsfestschreibungszeitpunkt)

auseinanderfallen. Deshalb bestimmt § 3 Abs. 1 Satz 2, dass der Wertermittlung **ein vom Wertermittlungsstichtag abweichender Grundstückszustand zu Grunde zu legen ist, wenn dies aus rechtlichen oder sonstigen Gründen geboten** ist. Grundsätzlich kann es sich dabei um jeden fiktiven – vernünftigen Gesichtspunkten Rechnung tragenden – Grundstückszustand handeln, der dann in dem Gutachten hinreichend genau qualifizierend beschrieben werden muss. In den einschlägigen Fällen wird der Gutachter aber schon aus praktischen und rechtlichen Erwägungen danach trachten, den maßgeblichen Grundstückszustand nach den Verhältnissen eines bestimmten in der Vergangenheit oder in der Zukunft liegenden Zeitpunkts zu qualifizieren[9]:

24   *Beispiel:*

Ein Erblasser hinterlässt zwei Erben ein Wohngebäude, in dem einer der Erben wohnt. Im Zuge der Erbauseinandersetzung soll der andere Erbe auf der Grundlage des aktualisierten Wertanteils ausgezahlt werden. Zwischenzeitlich wurden aber von dem im Gebäude wohnenden Erben erhebliche bauliche Änderungen vorgenommen. Die damit bewirkten Wertverbesserungen sollen ihm aber in voller Höhe erhalten bleiben. Zur Ermittlung des Erbanteils ist deshalb der heutige Verkehrswert des Grundstücks nach dessen Zustand zum Zeitpunkt des Erbgangs zu ermitteln.

25   Vor allem **im öffentlich-rechtlichen Bereich fallen** – wie unter Rn. 26 ff. erläutert – **der Wertermittlungsstichtag und der für die Qualifizierung des Grundstückszustands maßgebliche Zeitpunkt auseinander.**

2.3.2   Vorverlegung des Zeitpunkts der Zustandsqualifizierung gegenüber dem Wertermittlungsstichtag

26   Bei der Bemessung von Enteignungsentschädigungen sowie im Zuge städtebaulicher Veranstaltungen, wie

– Sanierungsverfahren unter Anwendung der besonderen sanierungsrechtlichen Vorschriften der §§ 152 ff. BauGB (klassisches bzw. umfassendes Sanierungsverfahren),

– Entwicklungsmaßnahmen nach den §§ 165 ff. BauGB sowie

– Umlegungsverfahren nach den §§ 45 ff. BauGB

stellt sich die Aufgabe, den Verkehrswert des Grundstücks oder den jeweiligen Bodenwert (des bebauten Grundstücks) auf der Grundlage der Zustandsmerkmale des Grundstücks zu einem (gegenüber dem Wertermittlungsstichtag) zurückliegenden Zeitpunkt zu ermitteln. Man spricht in diesem Fall – etwas vereinfacht – vom Verkehrswert des Grundstücks „nach den **Zustandsmerkmalen von gestern und den allgemeinen Wertverhältnissen von heute**". In diesen Fällen müssen die Zustandsmerkmale des Grundstücks zu einem „historischen", d. h. zu einem zurückliegenden Zeitpunkt festgestellt werden. Der Verkehrswert wird dann unter Zugrundelegung dieses Zustands und der aktuellen allgemeinen Wertverhältnisse auf dem Grundstücksmarkt ermittelt (Abb. 2).

Abb. 2: **Verkehrswertermittlung auf der Grundlage eines „historischen" Grundstückszustands**

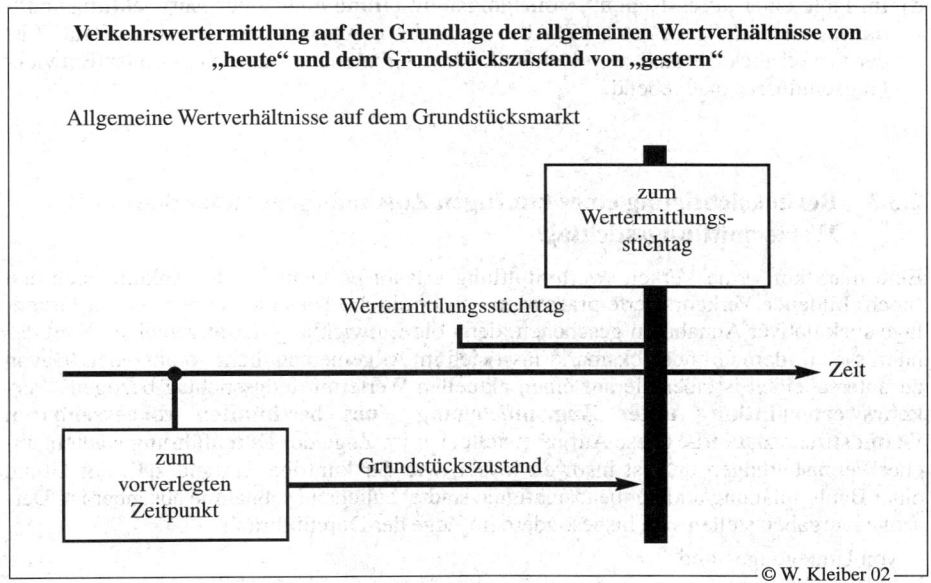

Beispiele:

a) Bei der **Bemessung von Enteignungsentschädigungen** bestimmen sich nach § 93 **27** Abs. 4 und § 95 Abs. 1 BauGB zwar sowohl der maßgebliche Grundstückszustand als auch die der Wertermittlung zu Grunde zu legenden allgemeinen Wertverhältnisse übereinstimmend nach dem Zeitpunkt, in dem die Enteignungsbehörde über den Enteignungsantrag entscheidet[10], jedoch führt insbesondere bei der Enteignung künftiger Gemeinbedarfsflächen das Institut der enteignungsrechtlichen Vorwirkung zu einer Zurückverlegung des Stichtags, nach dem sich der Zustand des zu enteignenden Grund-

---

9 Grundsätzlich muss zur Qualifizierung des maßgeblichen Grundstückszustands nicht unbedingt ein bestimmter Stichtag vorgegeben werden; es reicht aus, die wertbestimmenden Merkmale eines der Wertermittlung zu Grunde zu legenden Grundstückszustands „qualitativ" vorzugeben (vgl. Kleiber in Bielenberg/Koopmann/ Krautzberger, Städtebauförderungsrecht Bd. I § 153 Rn. 25 ff. zur Wertermittlungspraxis in Sanierungsgebieten)

10 Zeitpunkt der letzten Tatsachenverhandlung; vgl. BGH, Urt. vom 29. 4. 1968 – III ZR 177/65 –, EzGuG 16.8; BGH, Urt. vom 27. 6. 1963 – III ZR 165/61 –, EzGuG 6.69; BGH, Urt. vom 27. 6. 1963 – III ZR 166/61 –, EzGuG 6.70; BGH, Urt. vom 28. 6. 1954 – III ZR 49/53 –, BGHZ 14,106 = NJW 1954, 1485 = DÖV 1954, 635 (LS); BGH, Urt. vom 23. 9. 1957 – III ZR 224/56 –, EzGuG 6.23; BGH, Urt. vom 24. 2. 1958 – III ZR 181/56 –, EzGuG 6.29; BGH, Urt. vom 22. 1. 1959 – III ZR 186/57 –, EzGuG 6.38

stücks bestimmt. Danach ist also die Grundstücksqualität (Zustand des Grundstücks) maßgebend, die für das **Grundstück in dem Zeitpunkt** bestand, **in dem eine Enteignung mit Sicherheit und hinreichender Bestimmtheit zu erwarten war** (Zeitpunkt des enteignenden Eingriffs, vgl. § 29 WertV Rn. 116, 125; § 5 WertV Rn. 8 ff.).

b) Auch bei der Bemessung der **Enteignungsentschädigung nach dem Landbeschaffungsgesetz – LBG –** bestimmt sich gemäß § 17 Abs. 3 LBG der Grundstückszustand nach den Verhältnissen zum Zeitpunkt des Enteignungsbeschlusses. Bei vorzeitiger Besitzeinweisung ist gemäß § 39 Abs. 1 Nr. 5 LBG der Zeitpunkt maßgebend, in dem diese wirksam wird.

c) Im Falle einer **Umlegungsmaßnahme** nach den §§ 45 ff. BauGB ist der Grundstückszustand nach Maßgabe des § 57 BauGB zum Zeitpunkt des Umlegungsbeschlusses unter Ausschluss der umlegungsbedingten Werterhöhung (Rohbauland) maßgebend.

d) Im Falle einer **„klassischen" Sanierungsmaßnahme oder** einer **Entwicklungsmaßnahme** nach Maßgabe des § 153 Abs. 1 bzw. § 169 Abs. 1 Nr. 7 oder Abs. 4 BauGB ist der Grundstückszustand zum Zeitpunkt des beginnenden Sanierungs- oder Entwicklungseinflusses maßgebend.

2.3.3 Berücksichtigung eines künftigen Zustands gegenüber dem Wertermittlungsstichtag

28 Eine marktkonforme Verkehrswertermittlung erlaubt es nicht, in der Zukunft sich erst (noch) bildende Verkehrswerte praeskriptiv zu ermitteln. Dies könnte nur auf der Grundlage spekulativer Annahmen geschehen, denn die Entwicklung der allgemeinen Wertverhältnisse auf dem Grundstücksmarkt lässt sich im Allgemeinen nicht voraussehen. Davon zu unterscheiden ist aber die auf einen aktuellen Wertermittlungsstichtag bezogene **Verkehrswertermittlung unter Zugrundelegung eines bestimmten vorhersehbaren Grundstückszustands**. Diese Aufgabe stellt sich im Zuge der Durchführung städtebaulicher Veranstaltungen und ist insoweit lösbar, wie der künftige Zustand z. B. auf Grund einer Bauleitplanung und der beabsichtigten städtebaulichen Maßnahme absehbar ist. Derartige Aufgaben stellen sich insbesondere im Zuge der Durchführung

– von Umlegungen und

– von Sanierungs- und Entwicklungsmaßnahmen.

29 In diesen Fällen müssen die Zustandsmerkmale des Grundstücks auf der Grundlage der anstehenden Maßnahmen und der rechtlichen Neuordnung bezogen auf die aktuellen allgemeinen Wertverhältnisse auf dem Grundstücksmarkt ermittelt werden (Abb. 3).

30 Bei alledem ist es **nicht erforderlich, den Zeitpunkt genau bestimmen zu können, zu dem der nach der Planung und den beabsichtigten Maßnahmen zu Grunde zu legende Zustand tatsächlich verwirklicht worden ist**. Es reicht aus, wenn sich der künftige Zustand insbesondere auf der Grundlage einer Bauleitplanung und den anstehenden Maßnahmen qualifizieren lässt. Im Falle der Durchführung von Sanierungs- und Entwicklungsmaßnahmen ist dies der Verkehrswert unter Berücksichtigung der rechtlichen und tatsächlichen Neuordnung nach Maßgabe der §§ 27 f. Im Falle der Durchführung einer Umlegungsmaßnahme nach den §§ 45 ff. BauGB ist dies der auf den Umlegungsbeschluss bezogene Verkehrswert (Zuteilungswert) unter Berücksichtigung der umlegungsbedingten Werterhöhung. Soll zudem die Wartezeit bis zum Eintritt des zu Grunde gelegten Grundstückszustands berücksichtigt werden, muss allerdings diese vom Gutachter geschätzt werden (vgl. § 5 Abs. 4).

▶ *Weitere Ausführungen hierzu bei den §§ 26 bis 28 WertV (Sanierungs- und Entwicklungsmaßnahmen) sowie im Teil VI Rn. 1 ff. (Umlegung)*

**Abb. 3: Berücksichtigung des künftigen Grundstückszustands
bei der Verkehrswertermittlung**

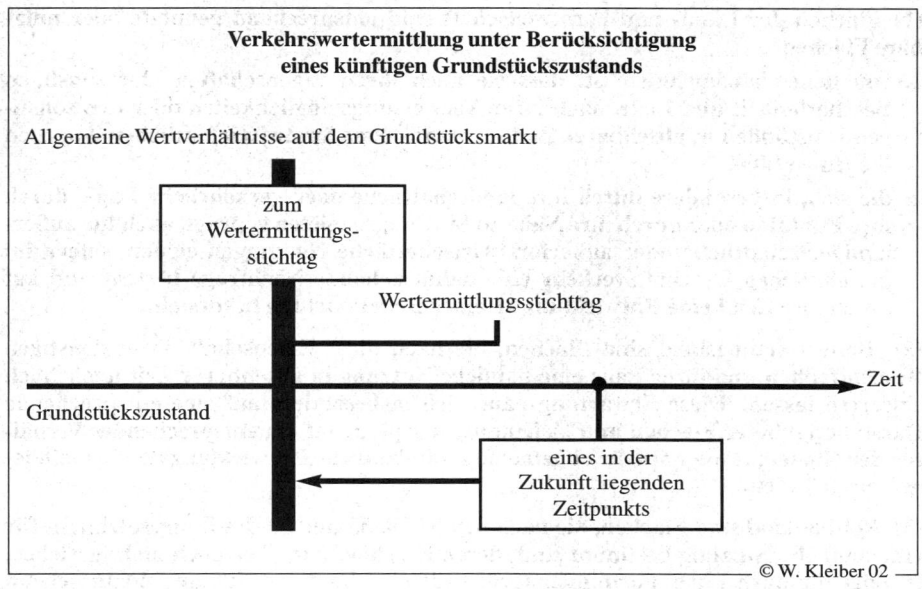

§ 4 WertV
Zustand und Entwicklung von Grund und Boden

(1) Flächen der Land- und Forstwirtschaft sind entsprechend genutzte oder nutzbare Flächen,

1. von denen anzunehmen ist, dass sie nach ihren Eigenschaften, der sonstigen Beschaffenheit und Lage, nach ihren Verwertungsmöglichkeiten oder den sonstigen Umständen in absehbarer Zeit nur land- oder forstwirtschaftlichen Zwecken dienen werden,

2. die sich, insbesondere durch ihre landschaftliche oder verkehrliche Lage, durch ihre Funktion oder durch ihre Nähe zu Siedlungsgebieten geprägt, auch für außerlandwirtschaftliche oder außerforstwirtschaftliche Nutzungen eignen, sofern im gewöhnlichen Geschäftsverkehr eine dahin gehende Nachfrage besteht und auf absehbare Zeit keine Entwicklung zu einer Bauerwartung bevorsteht.

(2) ¹Bauerwartungsland sind Flächen, die nach ihrer Eigenschaft, ihrer sonstigen Beschaffenheit und ihrer Lage eine bauliche Nutzung in absehbarer Zeit tatsächlich erwarten lassen. ²Diese Erwartung kann sich insbesondere auf eine entsprechende Darstellung dieser Flächen im Flächennutzungsplan, auf ein entsprechendes Verhalten der Gemeinde oder auf die allgemeine städtebauliche Entwicklung des Gemeindegebiets gründen.

(3) Rohbauland sind Flächen, die nach den §§ 30, 33 und 34 des Baugesetzbuchs für eine bauliche Nutzung bestimmt sind, deren Erschließung aber noch nicht gesichert ist oder die nach Lage, Form oder Größe für eine bauliche Nutzung unzureichend gestaltet sind.

(4) Baureifes Land sind Flächen, die nach öffentlich-rechtlichen Vorschriften baulich nutzbar sind.

---

1 Allgemeines

Mit § 4 werden erstmals für die Belange der Wertermittlung von Grundstücken bundeseinheitliche Begriffsbestimmungen für die unterschiedlichen Entwicklungszustandsstufen des Grund und Bodens, angefangen von den Flächen der Land- oder Forstwirtschaft über das „werdende Bauland" (Bauerwartungsland und Rohbauland) bis hin zum baureifen Land definiert. Dies dient der **Qualifizierung des Grundstücks, das zur Wertermittlung ansteht, und der Auswahl geeigneter Vergleichsgrundstücke** z. B. bei Anwendung des Vergleichswertverfahrens. **1**

Der Verordnungsgeber will damit „Missverständnissen" und Trugschlüssen in der Rechtsprechung und im Schrifttum entgegenwirken, die sich aus unterschiedlichen Auffassungen zu diesen Begriffen gebildet hätten[1]. Ansonsten sind **mit der Klassifizierung des Entwicklungszustands nach § 4 keine Rechtsfolgen** im Hinblick auf bestehende oder nicht bestehende Baurechte oder Entschädigungsansprüche **verbunden.** **2**

Einheitliche Begriffsbestimmungen für den Entwicklungszustand von Grundstücken dienen insbesondere **3**

- bei der Verkehrswertermittlung der Qualifizierung des Wertermittlungsobjekts und der Auswahl der zum Preisvergleich heranzuziehenden Grundstücke,
- bei der Bodenrichtwertermittlung nach § 196 BauGB der Qualifizierung des Bodenrichtwertgrundstücks (vgl. § 196 BauGB Rn. 5 ff.; § 13 WertV Rn. 149 ff.),
- bei der Ableitung erforderlicher Daten der Wertermittlung nach dem Zweiten Teil der WertV der Auswahl geeigneter (gleichartiger) Grundstücke.

Das Fehlen derartiger Begriffsbestimmungen hat in der Tat in Rechtsprechung und Schrifttum zu Irritationen geführt. Der BGH[2] hat hierzu ausgeführt: „Unjuristische, vom Gesetz nicht umrissene, örtlich vielfach unterschiedlich angewandte Ausdrücke – wie ‚Bauerwartungsland' oder ‚werdendes oder **merkantiles Bauland**' oder ‚Baurohland' (RG, Urt. vom **4**

---

1 BR-Drucks. 352/88, S. 34
2 BGH, Urt. vom 28. 4. 1966 – III ZR 24/65 –, EzGuG 19.9; BGH, Urt. vom 20. 12. 1963 – III ZR 60/63 –, EzGuG 14.17; BGH, Urt. vom 8. 11. 1962 – III ZR 86/61 –, EzGuG 8.5

30. 5. 1911 – VII 568/10 –, Gruchot, Bd. 55, 1176 = *EzGuG 20.10*) –, die lediglich eine höhere Qualifikation als Ackerland besagen wollen, haben für sich keine selbstständige Bedeutung, sie enthalten eine typische Wertung; es fehlt ihnen das für eine Tatsache wesentliche Element der Bestimmtheit." Dem Mangel hatten die Länder für Zwecke der Bodenrichtwertermittlung in ihren auf Grund der Ermächtigung des BBauG 76 erlassenen Gutachterausschussverordnungen abhelfen wollen[3]. Die Verordnungen sind durch die zum BauGB erlassenen Nachfolgeverordnungen abgelöst.

5   Der **Katalog der in § 4 WertV definierten Entwicklungszustandsstufen**[4] **ist unvollständig.** Die Vorschrift beschränkt sich auf Definitionen zu den Flächen der Land- oder Forstwirtschaft sowie zum werdenden Bauland bis hin zum baureifen Land. Andere Flächen werden nicht definiert. Deshalb wäre es verfänglich, wollte man z. B. das **Öd- oder Unland** (vgl. §§ 44 f. BewG), Geringstland oder auch **Wasserflächen** in eine der Definitionen „hineinpressen". Im Einzelfall kann dies Probleme aufwerfen.

a) *Flächen, die einer öffentlichen Nutzung vorbehalten sind* (Gemeinbedarfsflächen)[5], fallen grundsätzlich nicht unter die Definitionen des § 4. Bei erstmaligem Erwerb dieser Flächen durch die öffentliche Hand oder bei der Verkehrswertermittlung der aus der öffentlichen Zweckbindung „entlassenen" Flächen wird aber hilfsweise auf die Definitionen des § 4 zurückgegriffen werden können (vgl. Rn. 475 ff. und § 7 WertV Rn. 131 ff.).

b) Die nach den tatsächlichen Zustandsmerkmalen land- oder forstwirtschaftlich nutzbaren, aber rechtlich einer derartigen Nutzung entzogenen Flächen (z. B. **Biotope**) sind, soweit sie nicht unter die Definitionen der Abs. 2 bis 4 fallen, nicht als „Flächen der Land- oder Forstwirtschaft" einzustufen, denn für diese liegen die mit § 4 Abs. 1 ausdrücklich geforderten Voraussetzungen nicht vor; es kann von diesen Flächen nämlich nicht erwartet werden, dass sie „in absehbarer Zeit nur land- und forstwirtschaftlichen Zwecken dienen werden". Ist also aus ökologischen Gründen ein derartiger „Dienst" i. S. d. Abs. 1 nicht zulässig, kann die betroffene Fläche auch nicht als derartige Fläche eingestuft werden[6].

c) Ob eine *Fläche mit abbauwürdigen Bodenschätzen* (**Abbauland**, vgl. § 43 BewG), für die eine Bauerwartung nicht besteht, als „Fläche der Land- oder Forstwirtschaft" oder als „ausgebeutetes Grundstück" einzustufen ist, beantwortet sich nach der Rechtsprechung des BGH[7] danach, „ob und gegebenenfalls in welchem Umfang der Grundstücksverkehr als den Verkehrswert mindernd berücksichtigt, dass das Grundstück während der Dauer des Kiesabbaues und der Rekultivierung forstwirtschaftlich nicht genutzt werden kann"; eine daraus resultierende Werterhöhung sollte allerdings auch nicht außer Betracht bleiben (vgl. § 5 WertV Rn. 119 ff.).

▶ *Weitere Ausführungen hierzu vgl. Rn. 311 ff.*

d) Sonstige *Sondernutzungen*, wie *Deponien, Müllverbrennungsanlagen, Kernkraftwerke, Anlagen der Ver- und Entsorgung, Golf- und Bolzplätze, Wochenend- und Ferienhausgebiete* sowie *Kleingärten*, werfen besondere Fragen auf.

▶ *Weitere Ausführungen hierzu vgl. Rn. 254 ff.*

6   Neben den „Flächen der Land- oder Forstwirtschaft" werden nur solche Entwicklungszustandsstufen definiert, die ausdrücklich nur auf eine **bauliche Nutzung** ausgerichtet sind. Baurechtlich sind damit nur solche Nutzungen angesprochen, die auf die Errichtung oder Änderung baulicher Anlagen ausgerichtet sind, wobei grundsätzlich nicht allein der bauordnungsrechtliche Begriff maßgebend ist[8]. Vielmehr ist auf die bauliche Nutzbarkeit nach allen öffentlich-rechtlichen Vorschriften zumindest bei der Einstufung des „baureifen Landes" abzustellen.

Nicht zu den land- oder forstwirtschaftlich genutzten oder nutzbaren Flächen gehören sol- **7** che, die eine bauliche Nutzung aufweisen oder erwarten lassen. Dies sind Flächen, auf denen bauliche Anlagen zulässigerweise vorhanden sind oder errichtet werden dürfen bzw. zu erwarten ist, dass eine bauliche Anlage errichtet werden darf. Als bauliche Anlage gelten dabei nicht nur Gebäude, sondern bauliche Anlagen i. S. d. Bauordnungsrechts (vgl. § 2 WertV Rn. 18 ff.). **Flächen für Aufschüttungen und Abgrabungen, Lager-, Abstell- und Ausstellungsplätze, Camping- und Wochenendplätze, Sport- und Spielplätze, Stell-plätze für Kraftfahrzeuge sowie Kleingärten** (vgl. § 9 Abs. 1 Nr. 15 und § 5 Abs. 1 Nr. 5 BauGB) **fallen mithin nicht unter die land- oder forstwirtschaftlich nutzbaren Flächen.**

Zur Bestimmung des maßgeblichen **Entwicklungszustands und Ermittlung des Werts von** **8** **Gemeinbedarfsflächen** – auch soweit sie als Sondergebiet (§ 5 WertV Rn. 30 ff.) festgesetzt sind – wird auf die Ausführungen bei Rn. 187, 195, 475 ff.; § 7 WertV Rn. 131 ff. verwiesen.

Ausgehend von den „Flächen der Land- oder Forstwirtschaft" folgt § 4 in seinem Aufbau **9** der Baulandentwicklung. Nach der **Systematik der Vorschrift** bestimmt sich der Entwick-lungszustand entsprechend den vorliegenden objektiven Zustandsmerkmalen nach der „ranghöchsten" Stufe (vgl. Abb. 1).

Bei der Qualifizierung des Entwicklungszustands eines Grundstücks ist seit jeher der sog. **10** **Verkehrsauffassung** und den sich darauf gründenden Kaufpreisen für ein Grundstück[9] eine maßgebliche Bedeutung beigemessen worden. In unzulässiger Vereinfachung wurde z. B. eine Fläche pauschal als Bauerwartungsland eingestuft, von der man glaubte, dass sie der Grundstücksverkehr unabhängig von den qualitativen Eigenschaften als solche betrachtet habe. Dies hat nicht selten zu Fehleinschätzungen geführt. Spekulativ überhöhte und nicht auf Einzelfälle beschränkte Preise haben dazu verleitet, von einer höherwertigen Grundstücksqualität auszugehen, auch wenn alle sonstigen für einen gesunden Geschäfts-verkehr ausschlaggebenden Anhaltspunkte dagegensprachen.

Die **Qualifizierung einer Fläche** nach Maßgabe des § 4 **soll** deshalb **ausschließlich nach** **11** **objektiven Gegebenheiten erfolgen,** wobei vor allem die „ungesunde" Verkehrsauffas-sung keine Rolle spielen soll, die sich mitunter schon auch einmal über die Grundsätze einer geordneten städtebaulichen Entwicklung hinwegsetzt und ein kollektives – gleich-wohl spekulatives – Meinungsmonopol bilden kann. Lediglich bei der Einordnung einer Fläche als besondere Fläche der Land- und Forstwirtschaft i. S. des Abs. 1 Nr. 2 stellt die Verkehrsauffassung eine dann auch zwingende Voraussetzung dar.

---

3 § 13 Abs. 3 bay. GutachterausschussVO vom 5. 3. 1980 (GVBl. 1980, 153); geändert durch VO vom 15. 6. 1982 (GVBl. 1982, 335); § 13 Abs. 2 bis 4 rh.-pf. GutachterausschussVO vom 5. 6. 1978 (GVBl. 1978, 331); § 12 Abs. 2 saarl. GutachterausschussVO vom 15. 12. 1982 (ABl. 1982, 1002); alle Verordnungen wurden durch die Nachfolgeverordnungen zum BauGB abgelöst

4 Unter den Begriff „Entwicklungszustand" fallen nach Auffassung des Bundesrates nur das Bauerwartungsland, Rohbauland und das baureife Land, während die Flächen der Land- oder Forstwirtschaft keine Entwicklungsstufe bilden. Anders als nach dem RegE zur WertV (BR-Drucks. 352/88, S. 4), nach dem die Überschrift zu § 4 noch „Entwicklungszustand" lautete, wurde dies auf Empfehlung des Bundesrates in „Zustand und Entwicklung des Grund und Bodens" abgeändert, denn es dürfe nicht der Eindruck entstehen, „alles Agrarland" befände sich in einer Vorstufe zum Bauland (vgl. BR-Drucks. 352/1/88, S. 1)

5 Hierunter werden solche verstanden, die der dauerhaften öffentlichen Zweckbindung, insbesondere auf Grund eines Bebauungsplans, unterworfen (vor allem bei Festsetzungen nach § 4 Abs. 2 Nr. 3, § 4a Abs. 2 Nr. 5 und Nr. 8, § 6 Abs. 2 Nr. 5 und § 7 Abs. 2 Nr. 4 BauNVO) und damit jedwedem privaten Gewinnstreben entzogen sind.

6 So auch Zimmermann in WertV 88, S. 83

7 BGH, Urt. vom 14. 12. 1978 – III ZR 6/77 –, EzGuG 4.63

8 Hiervon zu unterscheiden ist der vom Landesrecht unabhängige Begriff der baulichen Anlage in § 29 BauGB (vgl. BVerwG, Urt. vom 31. 8. 1973 – 4 C 33/81 –, BVerwGE 44, 59 = BayVBl. 1974, 108 = BauR 1973, 366 = DVBl. 1974, 236 = DÖV 1974, 200 = BRS Bd. 27 Nr. 122; BVerwG, Urt. vom 1. 11. 1974 – 4 C 13/73 –, BauR 1975, 108 = DVBl. 1975, 497; zu den Unterschieden: Ernst/Zinkahn/Bielenberg, BauGB § 29 Rn. 2 ff.)

9 BVerwG, Urt. vom 6. 12. 1956 – 1 C 75/55 –, EzGuG 8.3; BGH, Urt. vom 28. 10. 1971 – III ZR 84/70 –, EzGuG 8.37; vgl. hierzu die Rechtsprechung in der steuerlichen Bewertung bei § 2 WertV Rn. 12

Abb. 1: Übersicht über die in § 4 WertV definierten Entwicklungszustandsstufen

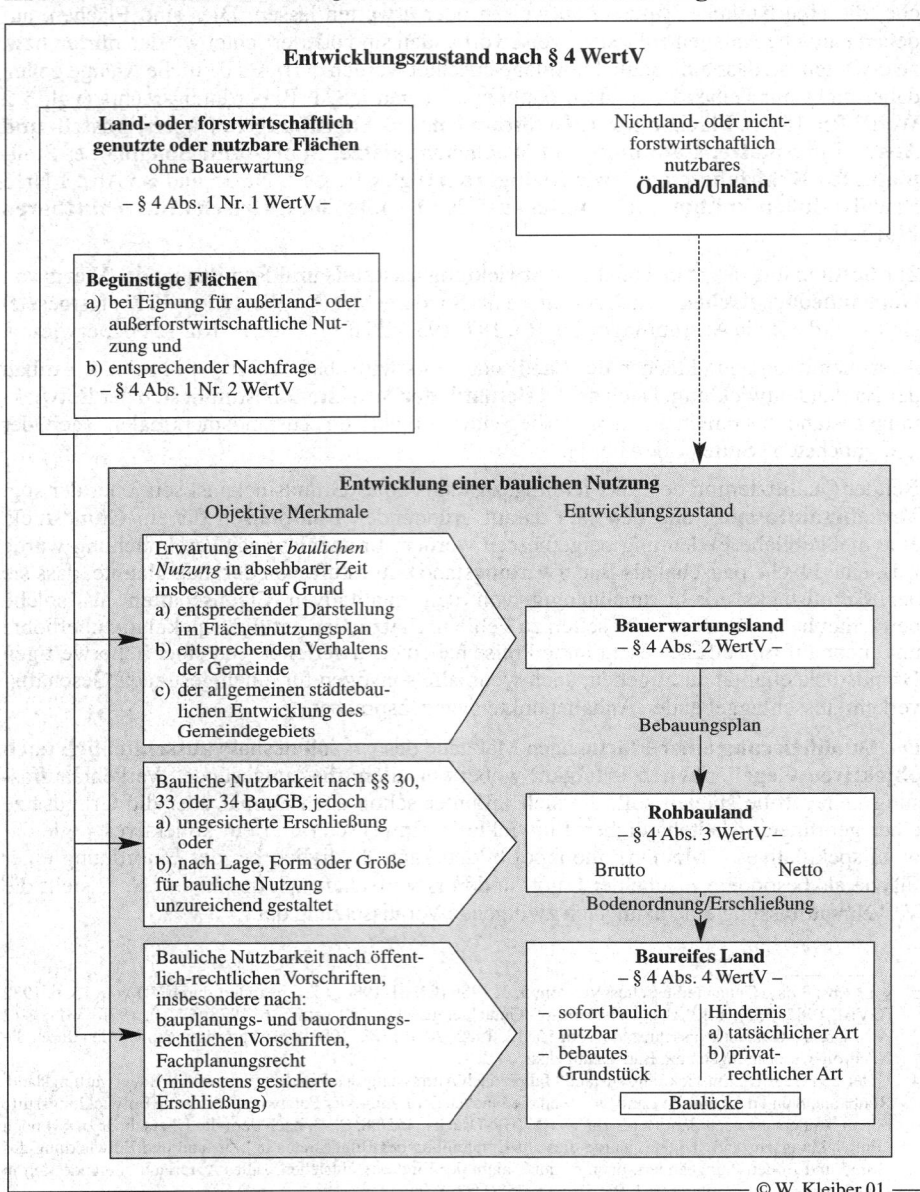

© W. Kleiber 01

12   Rechtspolitisch hat der Verordnungsgeber das Ziel verfolgt, das Verkehrswertprinzip bereits bei der Qualifizierung des **Entwicklungszustands auf seinen von spekulativen Aspekten freien Kern zurückzuführen.** In der Begründung zu § 4 wird deshalb herausgestellt, dass sich der Entwicklungszustand „grundsätzlich nach den rechtlichen Vorgaben" richte[10]. Auf die im Geschäftsverkehr aufgetretenen Preiszugeständnisse[11] auf subjektive Verwertungsabsichten[12] sowie Hoffnungen und Wünsche kann es nicht ankommen[13]. Die

Grenzen zwischen einer als spekulativ angesehenen Verkehrsauffassung und einem gesunden Geschäftsverkehr können im Einzelfall allerdings fließend sein, insbesondere was die Abgrenzung zwischen den Flächen der Land- oder Forstwirtschaft sowie dem Bauerwartungsland betrifft (vgl. im Einzelnen Rn. 15 ff.).

Die **Klassifizierung einer Fläche** nach den Maßstäben des § 4 **begründet im Übrigen keine rechtliche Qualität i. S. einer Aussicht oder gar eines Anspruchs auf Zulassung eines Vorhabens.** Ein Baurecht kann nur aus den einschlägigen baurechtlichen Bestimmungen und nicht aus der Einschätzung des Gutachters hergeleitet werden. Eine fehlerhafte Klassifizierung kann aber die Frage der Haftung aufwerfen, z. B. wenn auf Grund einer grob fehlerhaften Einstufung einer Fläche als baureifes Land ein überhöhter Kaufpreis bezahlt wurde. Umgekehrt hat eine erteilte Baugenehmigung nicht zum Inhalt, einem Grundstück „Baulandqualität" zu- oder abzusprechen[14]. **13**

Schließlich bleibt darauf hinzuweisen, dass die **Klassifizierung eines Grundstücks** nach den Maßstäben des § 4 **keine wertmäßige, sondern lediglich eine qualitative Einordnung des Grundstücks** darstellt. Innerhalb eines Entwicklungszustands weisen die jeweiligen Grundstücke des Gemeindegebiets teilweise sogar erhebliche Wertspannen auf. Folgende Ursachen sind hierfür zu nennen: **14**

a) Neben dem Entwicklungszustand wird der Verkehrswert eines Grundstücks durch seine sonstigen, insbesondere die in § 5 genannten Zustandsmerkmale beeinflusst.

b) Vor allem die Verkehrswerte des „werdenden bzw. warteständigen Baulandes" – Bauerwartungsland und Rohbauland – können im Hinblick auf die sog. Wartezeit der jeweiligen Grundstücke bis zu einer baulichen oder sonstigen Nutzung erheblich voneinander abweichen.

Hieraus folgt, dass die **Verkehrswerte der Grundstücke eines bestimmten Entwicklungszustands in Abhängigkeit von den gegebenen Situationsmerkmalen und den Planungsaussichten eine große Bandbreite aufweisen können.** Es gibt deshalb nicht „den" Wert des Bauerwartungslandes. Der Wert des Bauerwartungslandes wird vielmehr maßgeblich von der konkreten Aussicht bestimmt, dass das Grundstück in das Rohbauland „hineinwächst" oder – umgekehrt – seine Eigenschaft als Bauerwartungsland verliert. In diesem Zusammenhang wird auch von der „Reife" des Grundstücks gesprochen. Um dem Rechnung zu tragen, hat der Verordnungsgeber in § 3 Abs. 2 Satz 2 bestimmt, dass neben dem Entwicklungszustand u. a. „die Wartezeiten bis zu einer baulichen *und sonstigen* Nutzung" als weiteres Zustandsmerkmal zu berücksichtigen sind. Dieses weitere Zustandsmerkmal wird in § 5 Abs. 4 erläutert. **15**

Nach § 5 Abs. 4 bestimmt sich die **Wartezeit bis zu einer baulichen Nutzung** eines Grundstücks nach der voraussichtlichen Dauer bis zum Eintritt der rechtlichen und tatsächlichen Voraussetzungen, die für die Zulässigkeit der baulichen Nutzung erforderlich sind. Im Unterschied zur bisherigen Praxis[15], in der neben der Wartezeit als eine besondere Komponente auch das **für den Vollzug der erforderlichen Maßnahmen bestehende Wagnis** berücksichtigt wurde (Risikoabschläge), wird mit der in § 5 Abs. 4 gegebenen Definition unter der Wartezeit auch das Wagnis subsumiert (vgl. hierzu die näheren Erläuterungen bei § 4 WertV Rn. 144, 159 ff.; § 5 WertV Rn. 108 ff. und § 27 WertV Rn. 26 ff.; § 13 WertV Rn. 289). **16**

10 BR-Drucks. 352/88, S. 34
11 So allerdings noch BVerwG, Urt. vom 21. 6. 1955 – 1 C 173/54 –, EzGuG 17.2
12 BGH, Urt. vom 30. 5. 1963 – III ZR 230/61 –, EzGuG 8.8
13 OLG München, Urt. vom 29. 11. 1979 – U 3/79 –, EzGuG 8.55
14 BVerwG, Beschl. vom 12. 4. 1976 – 4 B 123/75 –, EzGuG 8.48
15 Nds. RdErl. vom 2. 5. 1988 – 301-21013 –, Nds. MBl. 1988, 547, Nr. 228.3.4

17 Die wohl erstmals von Bonczek[16] vorgestellte bildliche Darstellung der Baulandentwicklung – die sog. **Bonczek'sche Treppenkurve** (in der nachfolgenden Abb. 2 mit der durchbrochenen Linie angedeutet) – vermittelt schon nach dem Vorhergesagten ein völlig falsches Bild von der tatsächlichen Bodenwertentwicklung. Obwohl diese „Treppenkurve" schon seinerzeit nur – grob vereinfachend – zur Veranschaulichung des Baulandentwicklungsprozesses und seines Einflusses auf die Bodenwertentwicklung vorgestellt wurde, erfährt sie immer wieder unkritisch im Schrifttum eine persönliche Neuauflage des jeweiligen Verfassers. Tatsächlich verläuft die Wertentwicklung in den meisten Fällen nämlich weitaus kontinuierlicher, wobei bestimmte rechtliche und tatsächliche Maßnahmen durchaus auch schon einmal einen Wertschub bewirken können, der sich zumeist nur in „abgefederter Weise" niederschlägt, denn z. B. ein Bebauungsplan wird nicht „über Nacht" aufgestellt.

18 Entsprechend den vorstehenden Ausführungen wird in der Abb. 2 die Entwicklung eines Grundstücks von der land- oder forstwirtschaftlichen Nutzung bis hin zur Baureife dargestellt:

Abb. 2: Wertentwicklung einer land- oder forstwirtschaftlichen Fläche im Verlauf ihres Überganges zum baureifen Land

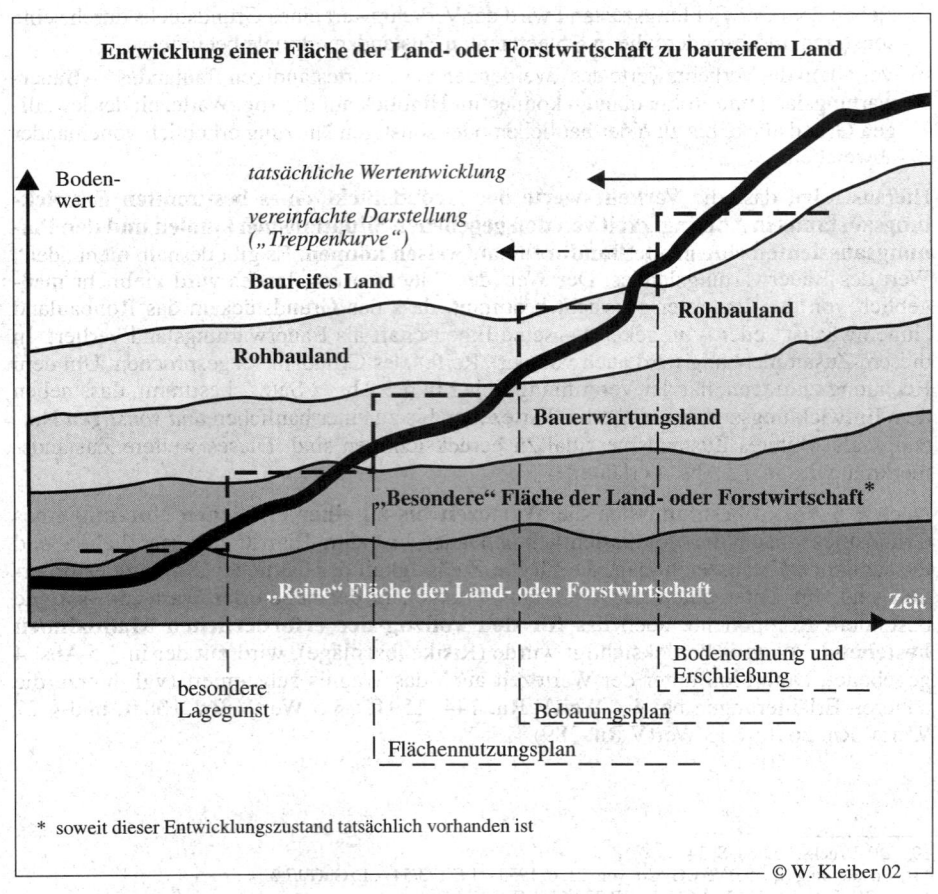

Auf das mit der Bonczekschen Treppenkurve vermittelte unzutreffende Bild der tatsäch- **19**
lichen Bodenwertentwicklung mag auch die bequeme, aber abzulehnende Praxis der Wertermittlung zurückzuführen sein, den Verkehrswert z. B. von Bauerwartungsland mit einem
der Literatur entnommenen **Vomhundertsatz des Bodenwerts für baureifes Land**
schematisch abzuleiten. Dies stellt eine äußerst fragwürdige Methode (vgl. § 13 WertV
Rn. 225 ff.)[17] dar, die oft genug mit dem Scheinargument begründet wird, dass keine Vergleichspreise für Bauerwartungsland vorlägen. Vielfach konnten in derartigen Fällen aber
lediglich Bequemlichkeiten des Sachverständigen ausgemacht werden.

2 Flächen der Land- oder Forstwirtschaft (Abs. 1)

2.1 Vorbemerkungen

§ 4 Abs. 1 definiert die Flächen der Land- oder Forstwirtschaft[18]. Die Vorschrift unterschei- **20**
det zwischen

a) den in Nr. 1 vorgegebenen **reinen Flächen der Land- oder Forstwirtschaft** ohne
   anderweitige Eignungen (sie entsprechen dem sog. innerlandwirtschaftlichen Verkehrswert) und

b) den in Nr. 2 vorgegebenen **besonderen Flächen der Land- oder Forstwirtschaft** (sie
   entsprechen dem außerlandwirtschaftlichen Verkehrswert).

An die materielle Definition der reinen Flächen der Land- oder Forstwirtschaft knüpft auch **21**
§ 26 Abs. 2 WertV an. Die Vorschrift regelt, wie sich in **städtebaulichen Entwicklungsbereichen** nach den §§ 165 ff. BauGB der sog. entwicklungsunbeeinflusste Verkehrswert i. S.
eines Bewertungsprivilegs bemisst, wenn sich dort kein vom Verkehrswert nach
§ 4 Abs. 1 Nr. 1 WertV abweichender Wert gebildet hat[19].

Allgemein gilt, dass es sich sowohl bei den reinen als auch bei den besonderen Flächen der **22**
Land- oder Forstwirtschaft um entsprechend genutzte oder nutzbare Flächen handelt. Mithin kommt es auf eine **tatsächlich ausgeübte land- oder forstwirtschaftliche Nutzung
nicht** an; wohl muss aber eine land- oder forstwirtschaftliche Nutzung zulässig sein, denn
sonst könnte entsprechend dem ausdrücklichen Wortlaut der Nr. 1 nicht erwartet werden,
dass die Flächen „in absehbarer Zeit nur land- oder forstwirtschaftlichen Zwecken dienen
werden". Auf der anderen Seite darf für diese Flächen eine Entwicklung zu einer Bauerwartung nicht bevorstehen. Der nur unter Nr. 2 ausdrücklich gegebene Hinweis muss auch
für die reinen Flächen der Land- oder Forstwirtschaft i. S. d. Nr. 1 gelten (Abb. 3).

Die mit § 4 Abs. 1 vorgegebene Unterscheidung zwischen „reinen" und „besonderen" **23**
Flächen der Land- oder Forstwirtschaft ist auch bei **Wertermittlungen nach dem Flurbe-
reinigungsrecht** geboten[20].

---

16 Erstmalig wohl bei Bonczek, W./Halstenberg, F., Bau-Boden, Hamburg 1963
17 Simon/Kleiber, Schätzung und ... 7. Aufl. 1996, S. 52 und die dortige Kritik
18 Der mit der WertV 88 neu eingeführte Begriff lehnt sich an § 1 Abs. 5 Nr. 8, § 5 Abs. 1 Nr. 9 a, § 9 Abs. 1 Nr. 18 a
    und § 35 Abs. 1 Nr. 1 BauGB sowie an § 69 BewG an; **§ 69 Abs. 1 BewG** lautet:
    „(1) Land- und forstwirtschaftlich genutzte Flächen sind dem Grundvermögen zuzurechnen. Wenn nach ihrer
    Lage, den im Feststellungszeitpunkt bestehenden Verwertungsmöglichkeiten oder den sonstigen Umständen
    anzunehmen ist, dass sie in absehbarer Zeit anderen als land- und forstwirtschaftlichen Zwecken, insbesondere
    als Bauland, Industrieland oder Land für Verkehrszwecke, dienen werden."
19 Wegen dieser besonderen Bedeutung des „innerlandwirtschaftlichen Verkehrswerts" für städtebauliche Ent-
    wicklungsmaßnahmen war dieser Wert in der WertV 72 im Zusammenhang mit diesem besonderen Rechtsbe-
    reich geregelt (§ 22 Abs. 5 und 6 WertV 72); die bisherige sich an § 9 Abs. 1 und 3 GrdstVG orientierende Defi-
    nition, nach der sich der innerlandwirtschaftliche Verkehrswert am gewöhnlichen Geschäftsverkehr zwischen
    Landwirten orientieren sollte, musste aber aufgegeben werden (vgl. Kleiber in Ernst/Zinkahn/Bielenberg,
    BauGB, Komm. zu § 4 WertV Rn. 21 ff. und 30; vgl. auch BR-Drucks. 265/72, S. 30).
20 BVerwG, Urt. vom 22. 2. 1995 – 11 C 20/90 –, GuG 1995, 372 = EzGuG 4.160; BFH, Urt. vom 26. 1. 1973 – III
    R 122/71 –, BStBl. II 1973, 282; BFH, Urt. vom 16. 11. 1978 – IV R 191/74 –, BFHE 126, 220; BFH, Urt. vom
    5. 12. 1980 – II R 56/77 –, BStBl. II 1981, 498; vgl. auch § 1 Abs. 2 GrdstVG

Abb. 3: Fläche der Land- oder Forstwirtschaft

24 **Landwirtschaft** i.S.d. BauGB, das die Ermächtigungsvorschrift zum Erlass der WertV enthält, ist insbesondere der Ackerbau, die Wiesen- und Weidewirtschaft einschließlich Pensionstierhaltung auf überwiegend eigener Futtergrundlage, die gartenbauliche Erzeugung, der Erwerbsobstbau, der Weinbau, die berufsmäßige Imkerei und die berufsmäßige Binnenfischerei (§ 201 BauGB).

25 **Forstwirtschaft** kann allgemein als planmäßige Waldbewirtschaftung durch Anbau, Pflege und Abschlag verstanden werden. In § 22 Abs. 6 Satz 2 WertV 72 war sie als die Erzeugung und Gewinnung von Rohholz definiert. Diese Definition erwies sich als zu eng, denn zunehmend steht bei Wäldern die Erholungs- und Schutzfunktion im Vordergrund. Entsprechend dem Einleitungssatz zu Abs. 1 sind diese Wälder zumindest forstwirtschaftlich nutzbar. Von daher fallen die entsprechenden Flächen unter die Definition des Abs. 1, auch wenn die WertV – anders als das BauGB[21] – den Wald nicht ausdrücklich nennt. In der Begründung zur WertV wird aber ausdrücklich darauf hingewiesen, dass der Wert eines Erholungswalds unter den Wert einer „rein" forstwirtschaftlichen Fläche absinken kann[22].

▶ *Zum „reinen" Agrarland vgl. anschließend Rn. 26 ff.; zu den besonderen land- oder forstwirtschaftlichen Flächen vgl. Rn. 123 ff.; zum Wald Rn. 85 ff.*

Im Übrigen kann allgemein festgestellt werden, dass auch die Preisbildung auf dem landwirtschaftlichen Grundstücksmarkt zwar mit der **Ertragsfähigkeit** korreliert gleichwohl davon abgekoppelt ist (vgl. Rn. 131, § 13 WertV Rn. 65).

2.2 Reine Flächen der Land- und Forstwirtschaft (Abs. 1 Nr. 1)

2.2.1 Allgemeines

26 Abs. 1 Nr. 1 definiert als reine Flächen der Land- und Forstwirtschaft solche entsprechend genutzte oder nutzbaren Flächen, von denen anzunehmen ist, dass sie nach
– ihren Eigenschaften,
– der sonstigen Beschaffenheit und
– ihrer Lage,
– ihren Verwertungsmöglichkeiten oder
– den sonstigen Umständen
in absehbarer Zeit nur land- oder forstwirtschaftlichen Zwecken dienen werden. Der Wert dieser Flächen wird in § 169 Abs. 4 BauGB als *innerlandwirtschaftlicher Verkehrswert* bezeichnet. Der diesem Verkehrswert zu Grunde liegende Grundstücksverkehr ist

auch als der *innerlandwirtschaftliche Grundstücksverkehr* bezeichnet worden. Der BGH hat aber ausdrücklich herausgestellt, dass hierfür zwar der „freie rechtsgeschäftliche Verkehr unter Landwirten" zu verstehen sei, jedoch auch Veräußerungen an Nichtlandwirte zu berücksichtigen sind, sofern die Veräußerung zwecks weiterer landwirtschaftlicher Nutzung des Grundstücks erfolgt und die Genehmigung (nach dem Grundstücksverkehrsgesetz) zu erzielen war[23] (Zum Begriff der Landwirtschaft vgl. oben Rn. 24).

Auch **Flächen, die nur in eingeschränktem Maße einer land- oder forstwirtschaftlichen Nutzung zu dienen bestimmt sind,** fallen unter die Definition des § 4 Abs. 1 Nr. 1. Dies kann sich z. B. aus Düngebeschränkungen in Wasserschutzgebieten oder aus einer eingeschränkten forstwirtschaftlichen Nutzbarkeit z. B. als Schutz- oder Bannwald ergeben. Entsprechendes gilt auch für Brachflächen, die durch Maßnahmen zur Reduzierung der landwirtschaftlichen Überschussproduktion betroffen sind[24]. Etwas anderes muss nach dem Wortlaut des Abs. 1 Nr. 1 allerdings für solche Flächen gelten, die gänzlich land- oder forstwirtschaftlichen Nutzungen entzogen sind. **27**

Was als **absehbare Zeit** nach Abs. 1 und im Übrigen nach den sonstigen Vorschriften des § 4 anzusehen ist, konnte der Verordnungsgeber nicht vorgeben[25]. Es handelt sich hierbei um einen unbestimmten Rechtsbegriff, der nach den Gegebenheiten des Einzelfalls auszulegen ist[26]. In strukturschwachen landwirtschaftlich orientierten Gebieten sind die Zeiträume, in denen eine andere als land- oder forstwirtschaftliche Nutzung erwartet werden könnte, generell langfristiger anzusetzen als in den unter Siedlungsdruck stehenden Räumen. Aus der Situationsgebundenheit dieser Flächen heraus müssen in den strukturschwachen Gebieten schon sehr konkrete Anhaltspunkte für eine anderweitige Nutzung gefordert werden, wenn der Fläche eine Bauerwartung beigemessen werden soll. Der BGH hat nicht ausschließen wollen, dass landwirtschaftlich genutzte Gebiete ihrer Qualität nach in die Zwischenstufe gehören, also im weitesten Sinne als Bauland anzusehen sind, „wenn innerhalb von etwa sechs Jahren eine Bebauung nicht zu erwarten ist."[27] Auf der anderen Seite wurde in der Rechtsprechung[28] eine Nutzungsmöglichkeit, die erst in 30 Jahren realisiert werden soll, nicht als absehbar bezeichnet (vgl. Rn. 150, 159)[29]. **28**

In der **Rechtsprechung der Finanzgerichte** ist die absehbare Zeit ein Zeitraum, für den die Entwicklung mit einiger Wahrscheinlichkeit übersehen werden kann, besonders in der Richtung, dass sich der Übergang von der landwirtschaftlichen zu einer anderen Nutzung vollziehen werde[30]. In § 69 Abs. 1 BewG wird in Übereinstimmung mit dieser Rechtsprechung ein Zeitraum von 6 Jahren als absehbar angesehen. **29**

---

21   § 1 Abs. 5 Satz 3, § 5 Abs. 2 Nr. 9 b, § 9 Abs. 1 Nr. 18b BauGB; vgl. hierzu BVerwG, Beschl. vom 19. 2. 1996 – 4 B 20/96 –, DÖV 1996, 608; OVG Münster, Urt. vom 22. 1. 1988 – 10 A 1299/87 –, EzGuG 8.64; mit der Übernahme des Begriffs „Wald" in das BauGB hat der Gesetzgeber den Begriffsbestimmungen der Waldgesetze des Bundes und der Länder entsprechen wollen und eine klare Flächenzuordnung dort ermöglichen wollen, wo die Erholungs- und Schutzfunktion im Vordergrund steht (BT-Drucks. 10/4630, S. 62 und 68); zum Begriff vgl. landesrechtliche Vorschriften, z. B. § 2 bbg Landeswaldgesetz (GVBl. 1991, 213)

22   BR-Drucks. 352/88, S. 37

23   BGH, Beschl. vom 2. 7. 1968 – V Blw 10/68 –, EzGuG 19.14

24   BR-Drucks. 352/88, S. 35 f.

25   BGH, Urt. vom 8. 11. 1962 – III ZR 86/61 –, EzGuG 8.5

26   Zur „Absehbarkeit" im Erschließungsbeitragsrecht vgl. BVerwG, Urt. vom 22. 2. 1985 – 8 C 114/83 –, EzGuG 9.55

27   BGH, Urt. vom 8. 11. 1962 – III ZR 86/61 –, EzGuG 8.5; wird dort näher ausgeführt

28   BGH, Urt. vom 18. 9. 1986 – III ZR 83/85 –, EzGuG 4.111; BGH, Urt. vom 1. 2. 1982 – III ZR 93/80 –, EzGuG 14.69

29   So aber die Praxis in dem dem Urt. des LG Koblenz vom 6. 3. 1989 – 4 O.18/88 –, EzGuG 8.66 zu Grunde liegenden Fall

30   RFH, Urt. vom 30. 4. 1931 – III A 1283/30 –, EzGuG 4.2 e; RFH, Urt. vom 21. 7. 1932 – III A 679/31 –, EzGuG 4.2 g; RFH, Entsch. vom 27. 7. 1938 – III 322/37 –, EzGuG 8.1c; vgl. BewR Gr vom 19. 9. 1966 (BAnz Nr. 183 Beil. = BStBl. I 1966, 890) zu § 69 BewG, zu Nr. 3 Abs. 7; BFH, Urt. vom 4. 8. 1972 – III R 47/72 –, BStBl. II 1972, 849; schon der Reichskommissar für die Preisbildung verstand darunter eine Frist von 6 Jahren (Erl. Nr. 66/42 vom 1. 6. 1942 (MittBl. I 1942, 466)

Zum Preisniveau und zur Preisentwicklung vgl. Abb. 4 bis 6.

Abb. 4: Durchschnittswerte Äcker, Gärten, Weingärten in Worms

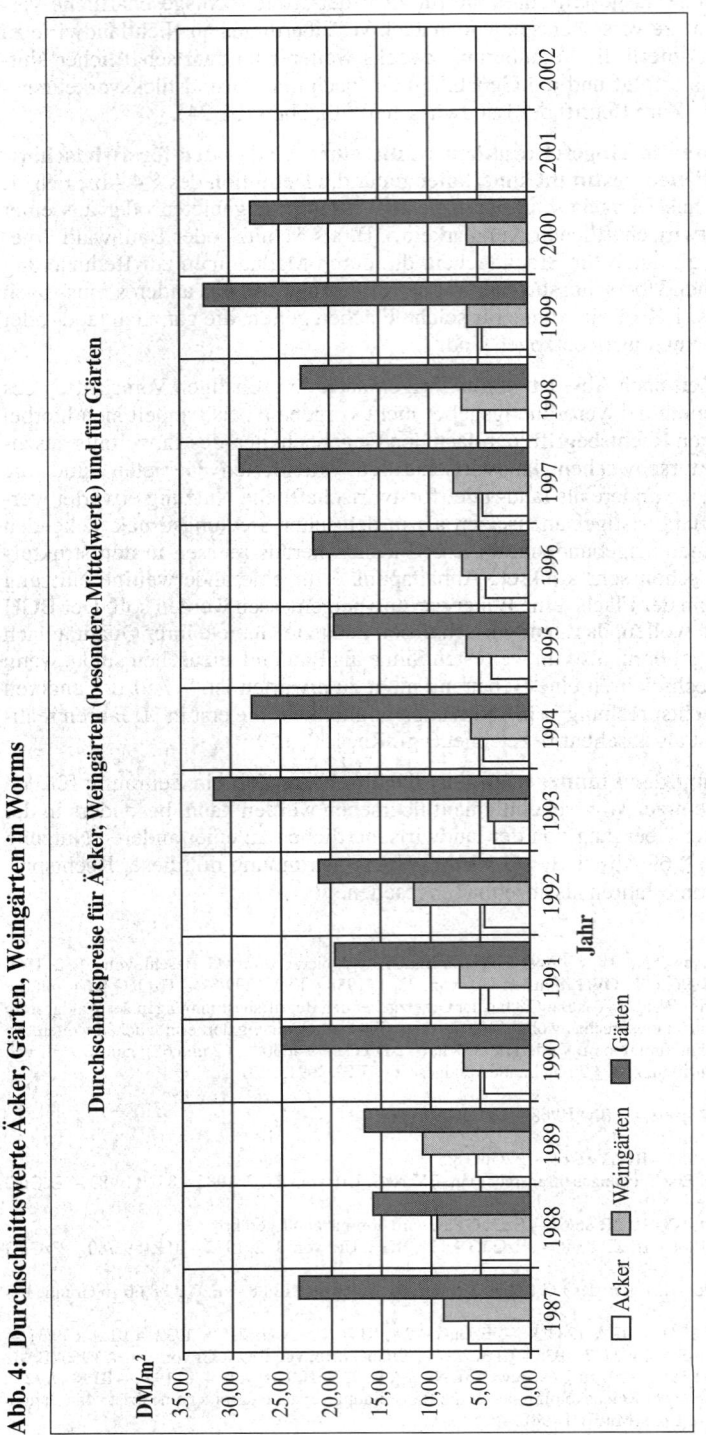

Durchschnittspreise für Äcker, Weingärten (besondere Mittelwerte) und für Gärten

Quelle: Gutachterausschuss in der Stadt Worms

Abb. 5: Kaufwerte in Worms

Jahr	Anzahl	Fläche in Hektar*		Kaufwerte in DM/m²			Besondere Mittelwerte
		insgesamt	pro Kauffall	durchschnittlich (ohne Nullwerte)	minimal	maximal	

ACKERGRUNDSTÜCKE

Jahr	Anzahl	insgesamt	pro Kauffall	durchschnittlich (ohne Nullwerte)	minimal	maximal	(ohne Verträge unter 3,– DM/m² und ohne besonders beeinflusste Kaufpreise)
1987	48	32,5	0,7	6,40	2,0	10,5	6,57
1988	44	26,8	0,6	4,97	2,5	7,5	5,04
1989	50	26,1	0,5	5,11	2,8	8,0	5,44
1990	41	15,6	0,4	4,47	1,6	8,0	4,76
1991	25	12,0	0,48	4,12	1,0	7,0	4,43
1992	24	22,4	0,93	4,46	2,8	8,0	4,56
1993	23	19,6	0,85	2,79	0,5	5,4	4,12
1994	31	22,8	0,73	3,59	0,5	8,0	4,38
1995	32	27,73	0,87	3,08	1,7	5,4	3,65
1996	33	11,94	0,36	3,42	2,0	8,0	3,90
1997	55	28,23	0,51	6,68	1,2	12,8	4,14
1998	40	19,88	0,50	5,45	1,4	14,0	4,04
1999	91	48,58	0,53	7,25	1,86	20,50	4,36
2000	59	75,56	1,28	6,66	2,00	20,50	4,31
2001							
2002							
2003							
2004							

WEINGÄRTEN

Jahr	Anzahl	insgesamt	pro Kauffall	durchschnittlich (ohne Nullwerte)	minimal	maximal	(ohne Verträge unter 4,– DM/m²)
1987	25	5,6	0,23	8,80	3,5	12,0	8,93
1988	16	3,1	0,19	9,76	4,0	15,0	9,76
1989	10	2,6	0,26	10,80	5,0	19,5	10,80
1990	29	10,7	0,37	6,30	3,0	12,0	6,37
1991	19	4,5	0,24	6,80	4,0	10,0	6,80
1992	14	8,9	0,63	11,60	2,5	15,1	11,68
1993	12	2,0	0,16	4,30	2,7	7,6	4,52
1994	22	8,6	0,39	5,54	3,0	7,5	6,00
1995	16	4,69	0,29	4,87	3,0	10,0	6,15
1996	40	9,08	0,23	5,44	2,1	15,0	6,48
1997	21	4,74	0,23	6,83	2,5	20,0	7,46
1998	20	5,33	0,27	6,74	2,9	14,0	6,88
1999	31	9,53	0,31	5,92	1,6	12,0	6,47
2000	36	13,20	0,37	5,46	2,4	28,4	5,72
2001							
2002							
2003							
2004							

GÄRTEN

Jahr	Anzahl	insgesamt	pro Kauffall	durchschnittlich (ohne Nullwerte)	minimal	maximal	
1987	16	0,94	0,06	23,30	9,1	31,0	
1988	24	2,98	0,12	15,40	9,6	44,3	*1 ha =
1989	19	1,81	0,09	16,30	5,0	40,0	10 000 m²
1990	19	1,6	0,08	25,10	10,0	31,8	
1991	22	1,56	0,07	19,60	6,0	66,0	
1992	25	1,56	0,06	21,72	2,3	72,0	
1993	23	1,65	0,07	31,30	2,5	65,0	
1994	24	2,71	0,11	27,98	7,7	86,6	
1995	24	1,67	0,07	19,79	1,3	60,0	
1996	31	1,56	0,05	21,65	2,0	54,4	
1997	32	3,58	0,11	29,28	3,8	100,0	
1998	36	2,69	0,07	23,05	5,0	73,7	
1999	31	1,92	0,06	31,88	6,0	93,2	
2000	32	2,34	0,07	27,54	4,0	82,3	
2001							
2002							
2003							
2004							

Quelle: Gutachterausschuss für Grundstückswerte in der Stadt Worms

Abb. 6: Durchschnittspreise für Ackerflächen in den neuen Bundesländern

	Branden-burg	Mecklen-burg Vorpom-mern	Sachsen	Sachsen-Anhalt	Thüringen	Neue Bundes-länder
Preis in DM/m²	0,45	0,60	0,82	1,10	1,34	0,881
Preis in DM/m²/AZ	0,0147	0,014	0,019	0,020	0,025	0,0167
Größe in ha	32,092	126,96	17,38	33,7	12,1	19,59
Ackerzahl	32	41	53	56	53	53

Quelle: Sczech, Gero: Auswertung der HLBS-Umfrage „Bodenpreise in den neuen Bundesländern"

Zur Wertermittlung können hilfsweise auch die **regionalen Wertansätze** i. S. von § 5 Abs. 1 Satz 2 der **Flächenerwerbsverordnung** (BAnz Nr. 197a vom 19. 10. 2000) heran-gezogen werden (bekannt gemacht im BAnz Nr. 197a vom 19. 10. 2000).

2.2.2 Grundzüge der Verkehrswertermittlung

30 Zur Verkehrswertermittlung landwirtschaftlicher Nutzflächen kann hier nur ein allgemei-ner Überblick gegeben und auf die weiterführende Literatur verwiesen werden[31]. Als amt-liche Hinweise können die **Entschädigungsrichtlinien Landwirtschaft vom 28. 7. 1978** – LandR 78 – herangezogen werden.

31 Generell wird bei der Verkehrswertermittlung land- oder forstwirtschaftlicher Nutzflächen (NF) nach folgenden **Nutzungsarten** unterschieden:
– landwirtschaftliche Nutzflächen (LN oder LF),
– forstwirtschaftliche Nutzflächen (FN),
– bewirtschaftete und nicht bewirtschaftete Gewässerflächen,
– Ödlandflächen,
– Unlandflächen und
– sonstige Flächen, wie Wege, Hofraum, Gebäude, Gräben, Hecken und dgl. einschließ-lich Abbauland.

32 Als **Kulturflächen** bezeichnet man davon diejenigen Flächen, die bewirtschaftet werden (land- oder forstwirtschaftliche Flächen einschließlich bewirtschafteter Gewässer).

Zu den **landwirtschaftlichen Nutzflächen** gehören:
– das Ackerland,
– das Dauergrünland, Hutungen (= Grünlandflächen mit geringer natürlicher Ertragsfähig-keit),
– das Wechselland auf dem ein Wechsel von ackerbaulicher und Grünlandnutzung in einem geringen Wechsel stattfindet,
– das Gartenland (Haus- und Erwerbsgärten),
– die Obstanlagen,
– das Rebland,
– die Hopfengärten,
– die Baumschulen und
– die Korbweidenanlagen.

Die **Verkehrswertermittlung land- oder forstwirtschaftlicher Nutzflächen** muss deut- **33**
lich abgegrenzt werden von der

– steuerlichen Ermittlung des gemeinen Werts (Einheits- bzw. Grundbesitzbewertung)
dieser Grundstücke und

– der Ertragswertermittlung im Rahmen des Erbrechts bzw. für die Ermittlung des Zugewinnausgleichs nach bürgerlichem Recht.

Die **steuerliche Bewertung land- oder forstwirtschaftlicher Betriebe** erfasst gemäß **34**
§ 36 BewG grundsätzlich den Ertragswert. I. d. R. wird der Ertrag durch ein Vergleichswertverfahren ermittelt, das in knappen Grundsätzen in den §§ 38 bis 40 BewG normiert
ist, seine eigentliche Erkenntnisquelle jedoch erst in der allgemeinen Verwaltungsvorschrift über Richtlinien zur Bewertung des land- und forstwirtschaftlichen Vermögens findet[32]. Land- und forstwirtschaftliche Grundstücke werden danach nicht als solche bewertet,
sondern gehen indirekt über die Unternehmensbewertung des land- und forstwirtschaftlichen Vermögens in den insgesamt nach Gesichtspunkten des Ertragswerts ermittelten Einheitswert ein. Die in § 40 Abs. 2 BewG festgelegten Einheitswerte stützen sich auf einen
abgesenkten Reinertrag[33].

Im Rahmen des **Erbrechts und der Bemessung des Zugewinnausgleichs sowie des ehe-** **35**
lichen Güterrechts bemisst sich der Wert eines Landguts nach den §§ 1376 Abs. 4, 2049
Abs. 2 und § 2312 Abs. 1 BGB zum Zwecke des Erhalts landwirtschaftlicher Betriebe
grundsätzlich nach dem im Vergleich zum Verkehrswert niedrigeren Ertragswert (vgl.
hierzu im Einzelnen Teil VI Rn. 132 ff., 157 ff.).

Generell ist aber auch bei der Ermittlung des Verkehrswerts landwirtschaftlicher Betriebe **36**
zu beachten, dass der **Wertanteil des Grund und Bodens** am Verkehrswert des Betriebs
nicht losgelöst vom landwirtschaftlichen Betrieb abgeleitet wird; vielmehr steht auch hier
eine betriebsbezogene Verkehrswertermittlung im Vordergrund.

2.2.3 Lagemerkmale

2.2.3.1 Allgemeines

Die **allgemeinen wertbestimmenden Merkmale** sind **37**

– die allgemeine Lage des Grundstücks, insbesondere auch zum Ort,

– die planerischen Ausweisungen in der Regional- und Landesplanung, der Bauleitplanung
(Flächennutzungs- und Bebauungsplan) und dgl.,

– Nutzungseinschränkungen (Wasserschutz-, Naturschutzgebiete),

– langfristige Pachtverträge,

– Nutzungsart (wobei im Wesentlichen zwischen Acker- und Grünland sowie Sonder-
kulturen unterschieden wird),

– Größe und Form des Grundstücks (Einsetzbarkeit von Maschinen),

– Erschließung des Grundstücks (Zuwege),

– Oberflächengestalt (z. B. Hängigkeit),

– Bodenwert und Bodenqualität (Bonität),

– Bodenverbesserungsmaßnahmen (z. B. Drainage),

– Klima,

– Waldnähe und sonstige Beeinträchtigungen und Hindernisse,

---

31 Köhne, M., Landwirtschaftliche Taxationslehre, 3. Aufl. Hamburg/Berlin 2000 m. w. N.
32 Teil 1 bis 4 und 8, BStBl. I 1967, 397; Teile 5 bis 7 BStBl. I 1968, 223
33 Schriftlicher Bericht des Finanzausschusses des Bundestags, zu BT-Drucks. IV/3508, S. 3 f; Gürsching/Stenger,
    BewG, VermG 9. Aufl. 1992 § 40 Rn. 4 ff.; BVerfG Beschl. vom 22. 6. 1995 – 2 BvL 37/91 –, GuG 1995, 309 =
    EzGuG 1.61

– besondere Nutzungsmöglichkeiten für Intensivkulturen,
– die allgemeine Nachfrage im sog. „innerland- oder forstwirtschaftlichen Grundstücksverkehr" sowie für außerland- oder forstwirtschaftliche Nutzungen (Zahl der Vollerwerbsbetriebe, vergleichbares Pachtpreisniveau),
– Verbund mit Produktionsquoten (z. B. für Milch und Zuckerrüben),
– Aussicht auf eine Flurneuordnung (Flurbereinigungsverfahren),
– Schadstoffbelastungen.

38 Für die unterschiedlichen Betriebstypen, Betriebsgrößen und Betriebsleitungen können regionale **Deckungsbeiträge** aus den Sammlungen aktueller Buchführungsergebnisse entnommen werden[34]. Die sich auf der Grundlage von Deckungsbeiträgen ergebenden wirtschaftlichen Nachteile sind dann mit Ausgleichs- und Entschädigungsleistungen zu verrechnen (vgl. Rn. 220).

39 Als ein wertbeeinflussendes Merkmal mit individueller Ausprägung gilt die **Lage einer landwirtschaftlichen Nutzfläche zur Hofstelle** und auch zur Ortslage. Man unterscheidet hier zwischen
– Hofanschlussflächen,
– hofnahen und
– hoffernen Flächen.

40 **Hofanschlussflächen** sind solche, die einen unmittelbaren Anschluss an die Hofstelle haben und ohne Benutzung öffentlicher Wege über private Wirtschaftswege erreichbar sind. *Beckmann*[35] nennt als Vorteile:
– Maschinenfahrten ohne Umrüstung auf die im Straßenverkehr zulässigen Breiten und Beförderungsarten,
– Lastfuhren ohne die im Straßenverkehr erforderlichen Lastensicherungen,
– keine Rückleuchtenmontagen an Feldmaschinen, die ihrer Bauart und Verwendungsart wegen keine festen Rückleuchten tragen,
– Traktorführen ohne Führerschein,
– keine Reinigung nach Fahrten mit verschmutzten Reifen,
– keine Wartezeiten an Kreuzungen bzw. Abbiegungen,
– in den Mittagspausen und Unterbrechungen verbleiben die Maschinen auf dem Feld,
– die Mitnahme von Abdeckplanen für das erdroschene Erntegut bei unbestimmter Witterung ist nicht erforderlich,
– gute Beobachtungsmöglichkeiten von der Hofstelle, wenn Kornwagen gefüllt und leere Wagen zum Feld gebracht werden müssen,
– Wegstreckenvorteile gegenüber entlegenen Parzellen,
– problemloser Eintrieb von Milchkühen und anderem Vieh,
– kurze Entfernung für die Verlegung von Versorgungsleitungen (Weidenzaunstrom, Tränkwasser, Beregnungswasser).

41 Der **Wegekostenvorteil der Hofanschlussflächen** kann analog zum Wegekostennachteil für hoffernere Flächen ermittelt werden, er kann bis zu 1,50 €/m² betragen und bemisst sich nach Nr. 3.1 ff. LandR 78 nach:
– Wegestrecke,
– der Größe der Fläche, die über diesen Weg zu erreichen ist,
– der Intensität und Art der Bewirtschaftung der Fläche und der sich hieraus ergebenden Arbeitskraft- und Maschinenkosten sowie aus
– evtl. Wartezeiten beim Überqueren und Einbiegen stark befahrener öffentlicher Straßen,
– im Weg vorhandenen Steigungen.

▶ *Näheres zu alledem bei § 29 WertV Rn. 184.*

Der Wegekostenvorteil steigt mit größer werdender Fläche degressiv, weil umgekehrt der **42** Wegekostennachteil für hofferne Flächen mit der Größe dieser Flächen abnimmt. Im Gutachten wird der Wegekostenvorteil gesondert als **Sonderwert für Hofanschlussflächen** ausgewiesen.

2.2.3.2　Grundstücksgröße und Grundstücksgestalt(-zuschnitt)

Bei der **Berücksichtigung von Lagemerkmalen** landwirtschaftlicher Grundstücke gelten **43** folgende **Grundsätze:**

a) *Grundstücksgröße:* Allgemein gilt im landwirtschaftlichen Bereich schon im Hinblick auf die Mechanisierung, dass größere Grundstücke zumeist auch zu höheren Preisen gehandelt werden. Die Untersuchungen von Stock[36] zeigen folgende Abhängigkeit (Abb. 7)[37]:

Abb. 7: Kaufpreise landwirtschaftlicher Flächen nach Grundstücksgrößen

€/m²		bis 1 ha	bis 3 ha	über 3 ha	insgesamt
bis 3,00	Anzahl	4	1	–	5
	%	28,57	11,11	–	18,52
bis 3,50	Anzahl	7	1	–	8
	%	50,00	11,11	–	29,63
bis 4,00	Anzahl	1	3	1	5
	%	7,14	33,33	25,00	18,52
über 4,00	Anzahl	2	4	3	9
	%	14,29	44,44	75,00	33,33
insges.	Anzahl	14	9	4	27
	%	**100,00**	**100,00**	**100,00**	**100,00**

Quelle: Stock in GuG 1993, 87

Der Gutachterausschuss in *Bergisch Gladbach* hat 2000 die aus Abb. 8 ersichtliche Abhän- **44** gigkeit empirisch abgeleitet.

Abb. 8: Abhängigkeit des Quadratmeterwerts landwirtschaftlich genutzter Grundstücke von der Grundstücksgröße

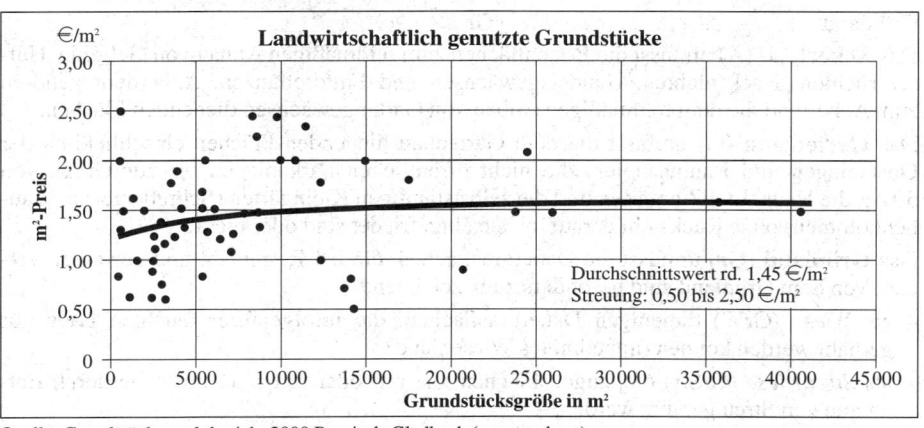

Quelle: Grundstücksmarktbericht 2000 Bergisch-Gladbach (umgerechnet)

34　Z. B. Buchführungsergebnisse des Bay. Staatsministeriums für Ernährung, Landwirtschaft und Forsten; Riemann, A., Rechtliche Grundlagen und Berechnungsmethoden für den Ausgleich von wirtschaftlichen Nachteilen in Wasserschutzgebieten in Nordrhein-Westfalen, WF 1991, 62

35　AgrarR 1979, 73

36　Entsprechende Werte sind veröffentlicht in GuG 1993, 355; Meinhardt in GuG 1993, 329; Kindler in Neue Landwirtschaft 1992, 15; Klare/Koch in DLG Mitteilungen 1993, 44; Weber in AgE 1993/14; Uherek in GuG 1993,277

37　Meinhardt in GuG 1993, 333

45   *b) Grundstücksgestalt (Zuschnitt):* Ein rechteckiges Grundstück mit geraden Grenzverläufen bietet die besten Bewirtschaftungsvoraussetzungen. Nachteile bieten dreieckige Grundstücke und Grenzversprünge (vgl. § 14 WertV Rn. 83 ff.).

Wertminderungen, die sich aus einer **ungünstigen Grundstücksform** ergeben, lassen sich aus den zusätzlichen Bewirtschaftungskosten, z. B.
- Arbeitszeitverluste,
- Maschinenkosten,
- Saatverluste, Düngeverluste und dgl. im Randstreifen,

ermitteln. Die kapitalisierten zusätzlichen Bewirtschaftungskosten können Minderwerte von 0,50 bis 1,50 €/m² ausmachen und bei kleinen Flächen sogar den Restwert übersteigen.

▶ *Zur Arrondierung land- und forstwirtschaftlicher Flächen vgl. § 14 WertV Rn. 114 ff.; zu Leitungsdurchschneidungen Teil VII Rn. 388*

2.2.4   Bonität

2.2.4.1   Allgemeines

46   Für Zwecke der Einheitsbewertung und aus anderen steuerlichen Gründen wurde 1934 die sog. Reichsbodenschätzung eingeleitet, mit der flächendeckend alle Grundstücke nach denselben Vergleichsmaßstäben erfasst werden (vgl. Teil III Rn. 486). Nach der Systematik der Reichsbodenschätzung werden alle Grundstücke ins Verhältnis zu einem **Mustergrundstück** gesetzt. Das Mustergrundstück mit den besten natürlichen Standortbedingungen und Ertragsverhältnissen erhielt dazu die Vergleichszahl 100.[38]

47   Nach § 2 der Durchführungsbestimmungen zum Bodenschätzungsgesetz (BodSchätzDB) ist **zwischen folgenden** landwirtschaftlichen **Kulturarten (Nutzungsarten) zu unterscheiden:**
Ackerland . . . . A
Gartenland . . . . G
Grünland . . . . Gr

48   Das **Ackerland (A)** umfasst die Bodenflächen zum feldmäßigen Anbau von Getreide, Hülsenfrüchten, Hackfrüchten, Handelsgewächsen und Futterpflanzen. Außerdem gehören zum Ackerland die dem feldmäßigen Anbau von Gartengewächsen dienenden Flächen.

49   Das **Gartenland (G)** umfasst die dem Gartenbau dienenden Flächen einschließlich der Obstanlagen und Baumschulen, die nicht öffentlichen Parkanlagen bis zur Größe von 50 Ar, die Haus- und Ziergärten und die selbstständigen Kleingärten (Schrebergärten, Laubenkolonien) ohne Rücksicht darauf, ob sie eingefriedet sind oder nicht.

50   Das **Grünland (Gr)** umfasst die Dauergrasflächen, die i. d. R. gemäht und geweidet werden. Von dem Grünland sind besonders zu bezeichnen:
- als *Wiese* (GrW) diejenigen Dauergrasflächen, die infolge ihrer feuchten Lage nur gemäht werden können (unbedingtes Wiesenland),
- als *Streuwiese* (GrStr) diejenigen Flächen, die nur oder in der Hauptsache durch Entnahme von Streu genutzt werden,
- als *Hutung* (GrHu) diejenigen Flächen geringer Ertragsfähigkeit, die nicht bestellt werden und nur eine gelegentliche Weidenutzung zulassen.

51   Für Acker- und Grünland sind einheitliche **Schätzungsrahmen** aufgestellt worden, die die Fläche nach Klassen einteilen. Jede Klasse enthält
- eine genaue Beschreibung und
- eine genaue Kennzeichnung,

aus denen sich die Zugehörigkeit des Acker- und Grünlands zu den einzelnen Klassen (§ 3 BodSchätzDB) ergibt. Außerdem enthalten die Klassen *Wertzahlen,* mit denen die Ertragsfähigkeit beschrieben wird (§ 4 BodSchätzDB).

Die **Wertzahl** ist in § 4 der BodSchätzDB als Verhältniszahl definiert, die das Verhältnis **52** eines landwirtschaftlichen Betriebs, der lediglich Bodenflächen einer Klasse aufweist, nach seiner landwirtschaftlichen Ertragsfähigkeit zu einem Betrieb mit der ertragsfähigsten Bodenfläche des Bundesgebiets unter bestimmten Voraussetzungen wiedergibt. Die ertragsfähigste Fläche weist die Wertzahl 100 auf:

a) Für das **Ackerland** können dem Liegenschaftskataster zwei Wertzahlen entnommen **53** werden:
   – Die **Bodenzahl** bringt die durch die Verschiedenheit der Bodenbeschaffung im Zusammenhang mit den Grundwasserverhältnissen bedingten Ertragsunterschiede zum Ausdruck.
   – Die **Ackerzahl** berücksichtigt außerdem noch die Ertragsunterschiede, die auf das Klima, die Geländegestaltung und andere natürliche Ertragsbedingungen zurückführbar sind. Boden- und Ackerzahl gelten nicht stets für das gesamte Flurstück, sondern gelten häufig nur jeweils für Teilflächen.

b) Für das **Grünland** können dem Liegenschaftskataster ebenfalls zwei Wertzahlen entnommen werden: **54**
   – Die **Grünlandgrundzahl** bringt die auf Grund der Beurteilung von Boden, Klima und Wasser sich ergebenden Ertragsunterschiede zum Ausdruck.
   – Die **Grünlandzahl** berücksichtigt außerdem die Ertragsunterschiede, die auf Besonderheiten (Geländegestaltung und dgl.) zurückzuführen sind (vgl. Nr. 12 Abs. 2 BodSchätzTechnAnw).

Die **Wertzahlen sind Reinertragszahlen** und setzen eine gemeinübliche und ordnungs- **55** gemäße Bewirtschaftung voraus.

2.2.4.2 Schätzungsrahmen

a) Ackerschätzungsrahmen

Der Ackerschätzungsrahmen, der nach § 3 Abs. 1 Satz 2 BodSchätzDB auch für Garten- **56** land gilt (Abb. 9), untergliedert sich in der Hauptsache nach **Bodenarten,** wobei der bodenartige Gesamtcharakter einschließlich Steingehalt und Grobkörnigkeit ausschlaggebend ist:

S	Sand	
Sl	anlehmiger Sand	
lS	lehmiger Sand	
SL	stark lehmiger Sand	
sL	sandiger Lehm	⎯ mineralische Bodenarten
L	Lehm	
LT	schwerer Lehm	
T	Ton	
Mo	Moor	

---

38 Umfassend Rösch, A./Kurandt, F., Bodenschätzung und Liegenschaftskataster, 3. Aufl. Nachdruck 1968 Carl Heymanns Verlag Berlin 1950

Abb. 9: Ackerschätzungsrahmen[39]

Bodenart	Entstehung	(Boden-)Zustandsstufe						
		1	2	3	4	5	6	7
S	D		41–34	33–27	26–21	20–16	15–12	11– 7
	Al		44–37	36–30	29–24	23–19	18–14	13– 9
	V		41–34	33–27	26–21	20–16	15–12	11– 7
Sl (S/lS)	D		51–43	42–35	34–28	27–22	21–17	16–11
	Al		53–46	45–38	37–31	30–24	23–19	18–13
	V		49–43	42–36	35–29	28–23	22–18	17–12
lS	D	68–60	59–51	50–44	43–37	36–30	29–23	22–16
	Lö	71–63	62–54	53–46	45–39	38–32	31–25	24–18
	Al	71–63	62–54	53–46	45–39	38–32	31–25	24–18
	V	57–51	50–44	43–37	36–30	29–24	23–17	
	Vg		47–41	40–34	33–27	26–20	19–12	
SL (lS/sL)	D	75–68	67–60	59–52	51–45	44–38	37–31	30–23
	Lö	81–73	72–64	63–55	54–47	46–40	39–33	32–25
	Al	80–72	71–63	62–55	54–47	46–40	39–33	32–25
	V	75–68	67–60	59–52	51–44	43–37	36–30	29–22
	Vg		55–48	47–40	39–32	31–24	23–16	
sL	D	84–76	75–68	67–60	59–53	52–46	45–39	38–30
	Lö	92–83	82–74	73–65	64–56	55–48	47–41	40–32
	Al	90–81	80–72	71–64	63–56	55–48	47–41	40–32
	V	85–77	76–68	67–59	58–51	50–44	43–36	35–27
	Vg		64–55	54–45	44–36	35–27	26–18	
L	D	90–82	81–74	73–66	65–58	57–50	49–43	42–34
	Lö	100–92	91–83	82–74	73–65	64–56	55–46	45–36
	Al	100–90	89–80	79–71	70–62	61–54	53–45	44–35
	V	91–83	82–74	73–65	64–56	55–47	46–39	38–30
	Vg		70–61	60–51	50–41	40–30	29–19	
LT	D	87–79	78–70	69–62	61–54	53–46	45–38	37–28
	Al	91–83	82–74	73–65	64–57	56–49	48–40	39–29
	V	87–79	78–70	69–61	60–52	51–43	42–34	33–24
	Vg		67–58	57–48	47–38	37–28	27–17	
T	D		71–64	63–56	55–48	47–40	39–30	29–18
	Al		74–66	65–58	57–50	49–41	40–31	30–18
	V		71–63	62–54	53–45	44–36	35–26	25–14
	Vg		59–51	50–42	41–33	32–24	23–14	
Mo	–		54–46	45–37	36–29	28–22	21–16	15–10

– Ergänzt nach Ziff. 1a BodSchätzAnwEB –

Übergänge und Schichtwechsel zwischen Mineral- und Moorböden werden durch Kombinationen bezeichnet, z. B. SMo, LMo, TMo oder MoS, MoL und MoT.   **57**

Die **Hauptuntergliederung nach Bodenarten** unterscheidet zusätzlich noch nach   **58**

– Entstehungsarten und
– Bodenzustandsstufen.

Entstehungsarten: **59**

Mit der Entstehungsart werden die für die Entstehung des Bodens maßgeblichen Kräfte beschrieben. Es sind dies:

D = Diluvium
Al = Alluvium (Schwemmland)
Lö = Löß (Windboden)
V = Verwitterungsboden

Moorböden nehmen dabei eine Sonderstellung ein; sie zählen nicht zu den mineralischen Bodenarten. Ihre Bonität wird maßgeblich durch den Grad der Zersetzung bestimmt.   **60**

Bodenzustandsstufen:

Mit der Einteilung in Bodenzustandsstufen werden die **Bodeneigenschaften** beschrieben, die durch lang dauernde Einwirkungen von Klima, früherem Pflanzenbestand, Geländegestaltung, Grundwasser, Art der Nutzung und Gestein bedingt sind.   **61**

Es wird zwischen **sieben Zustandsstufen** unterschieden, von denen die Stufe 1 den günstigsten und die Stufe 7 den ungünstigsten Zustand beschreibt.   **62**

Beispiel:

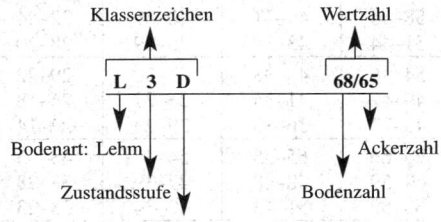

b) Der Grünlandschätzungsrahmen

Der Grünlandschätzungsrahmen (Abb. 10) untergliedert sich in der Hauptsache wiederum nach den Bodenarten, die auch für den Ackerschätzungsrahmen maßgeblich sind; er beschränkt sich allerdings auf nur **fünf Bodenarten:**   **63**

S ....   Sand
lS ....   lehmiger Sand
L ....   Lehm
T ....   Ton
Mo ....   Moor

---

39   Richtlinien zur Bewertung land- und forstwirtschaftlicher Grundstücke (BAnz Nr. 224 vom 30. 11. 1967 BStBl. I 1967, 3973)

Abb. 10: Grünlandschätzungsrahmen[40]

Boden-Art	Stufe	Klima	Wasserverhältnisse 1	2	3	4	5
S	I (45–40)	a	60–51	50–43	42–35	34–28	27–20
		b	52–44	43–36	35–29	28–23	22–16
		c	45–38	37–30	29–24	23–19	18–13
	II (30–25)	a	50–43	42–36	35–29	28–23	22–16
		b	43–37	36–30	29–24	23–19	18–13
		c	37–32	31–26	25–21	20–16	15–10
	III (20–15)	a	41–34	33–28	27–23	22–18	17–12
		b	36–30	29–24	23–19	18–15	14–10
		c	31–26	25–21	20–16	15–12	11– 7
lS	I (60–55)	a	73–64	63–54	53–45	44–37	36–28
		b	65–56	55–47	46–39	38–31	30–23
		c	57–49	48–41	40–34	33–27	26–19
	II (45–40)	a	62–54	53–45	44–37	36–30	29–22
		b	55–47	46–39	38–32	31–26	25–19
		c	48–41	40–34	33–28	27–23	22–16
	III (30–25)	a	52–45	44–37	36–30	29–24	23–17
		b	46–39	38–32	31–26	25–21	20–14
		c	40–34	33–28	27–23	22–18	17–11
L	I (75–70)	a	88–77	76–66	65–55	54–44	43–33
		b	80–70	69–59	58–49	48–40	39–30
		c	70–61	60–52	51–43	42–35	34–26
	II (60–55)	a	75–65	64–55	54–46	45–38	37–28
		b	68–59	58–50	49–41	40–33	32–24
		c	60–52	51–44	43–36	35–29	28–20
	III (45–40)	a	64–55	54–46	45–38	37–30	29–22
		b	58–50	49–42	41–34	33–27	26–18
		c	51–44	43–37	36–30	29–23	22–14
T	I (70–65)	a	88–77	76–66	65–55	54–44	43–33
		b	80–70	69–59	58–48	47–39	38–28
		c	70–61	60–52	51–43	42–34	33–23
	II (55–50)	a	74–64	63–54	53–45	44–36	35–26
		b	66–57	56–48	47–39	38–30	29–21
		c	57–49	48–41	40–33	32–25	24–17
	III (40–35)	a	61–52	51–43	42–35	34–28	27–20
		b	54–46	45–38	37–31	30–24	23–16
		c	46–39	38–32	31–25	24–19	18–12
Mo	I (45–40)	a	60–51	50–42	41–34	33–27	26–19
		b	57–49	48–40	39–32	31–25	24–17
		c	54–46	45–38	37–30	29–23	22–15
	II (30–25)	a	53–45	44–37	36–30	29–23	22–16
		b	50–43	42–35	34–28	27–21	20–14
		c	47–40	39–33	32–26	25–19	18–12
	III (20–15)	a	45–38	37–31	30–25	24–19	18–13
		b	41–35	34–28	27–22	21–16	15–10
		c	37–31	30–25	24–19	18–13	12– 7

Klima: a = 8,0°C Jahreswärme und darüber;
b = 7,9 – 7,0°C Jahreswärme; c = 6,9–5,7°C Jahreswärme

Die **Hauptuntergliederung** nach Bodenarten unterscheidet zusätzlich noch nach **64**
- Bodenzustandsstufen,
- Klimastufen und
- Wasserverhältnissen.

Eine weitere Untergliederung des Grünlandschätzungsrahmens nach **Entstehungsarten** **65**
des Bodens ist für die Bonitierung bedeutungslos; der Grünlandschätzungsrahmen verzichtet deshalb hierauf.

Bodenzustandsstufen

Der Grünlandschätzungsrahmen sieht lediglich **drei Bodenzustandsstufen** vor, wobei gegen- **66**
über dem Ackerschätzungsrahmen mehrere Zustandsstufen zusammengefasst werden konnten:

Zustandsstufe I	=	Zustandsstufe 2 und 3 des Ackerschätzungsrahmens
Zustandsstufe II	=	Zustandsstufe 4 und 5 des Ackerschätzungsrahmens
Zustandsstufe III	=	Zustandsstufe 6 und 7 des Ackerschätzungsrahmens

Lediglich für **Moorböden** besteht Identität der Zustandsstufen; Stufe 1 kann im Übrigen **67**
bei der Einteilung des Grünlandes entfallen.

Wasserverhältnisse

Der **Feuchtigkeitsgrad** des Grünlandes wird im Wesentlichen durch das Grundwasser, den **68**
Niederschlag und die Bodenverhältnisse bestimmt. Der Grünlandschätzungsrahmen sieht
insgesamt fünf Wasserzustandsstufen vor, die wie folgt charakterisiert sind:

Wasserstufe 1: Frische, gesunde Lagen mit gutem Süßgräserbestand (Besonders günstig)

Wasserstufe 2: Zwischenlage

Wasserstufe 3: Feuchte Lagen, aber noch keine stauende Nässe; weniger gute Gräser mit
nur geringem Anteil an Sauergräsern. Trockene Lagen mit noch verhältnismäßig guten, aber harten Gräsern

Wasserstufe 4: Zwischenlage (bei besonders trockenen Lagen ergänzend mit einem
Minuszeichen gekennzeichnet)

Wasserstufe 5: Ausgesprochene nasse bis sumpfige Lagen mit stauender Nässe; schlechte
Gräser mit starkem Hervortreten der Sauergräser. Sehr trockene, dürre
Lagen (häufig scharfe, leicht ausbrennende Südhänge) mit weniger guten
und harten Gräsern (besonders ungünstig). Besonders trockene Lagen
werden wiederum mit einem Minuszeichen gekennzeichnet.

Klimaverhältnisse

Für die Bonitierung sind die Klimaverhältnisse von Bedeutung. Im Vordergrund steht dabei **69**
die **Jahreswärme** und nicht die bereits durch die Unterteilung nach Wasserverhältnissen
berücksichtigten Niederschlagsverhältnisse. Der Grünlandschätzungsrahmen sieht **drei**
Klimastufen vor:

Klimastufe a: Durchschnittliche Jahreswärme $\geq 8\,°C$

Klimastufe b: Durchschnittliche Jahreswärme 7,9° bis 7,0 °C

Klimastufe c: Durchschnittliche Jahreswärme 6,9° bis 5,7 °C

Klimatische Sonderverhältnisse müssen allerdings berücksichtigt werden: **70**

Klimastufe d: Ungünstige Klimaverhältnisse in hohen Gebirgslagen mit einer durchschnittlichen Jahreswärme $\leq 5,6\,°C$.

Gemäß § 11 des Bodenschätzungsgesetzes sind die rechtskräftig festgestellten Schätzungs- **71**
ergebnisse in das Liegenschaftskataster zu übernehmen. Sie wurden in **Schätzungskarten**
übernommen[41].

---

40 Richtlinien zur Bewertung land- und forstwirtschaftlicher Grundstücke (BAnz Nr. 224 vom 30. 11. 1967 BStBl. I
1967, 3973
41 RdErl. des RMI vom 8. 6. 1937 – VI A 5223/6833 –, zuletzt ergänzt durch Erl. vom 28. 3. 1939, RMBl. 1939, 971

Beispiel:

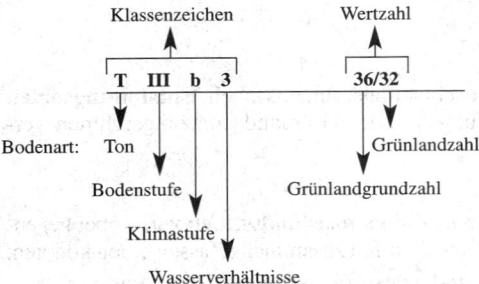

2.2.4.3   Ertragsmesszahl

72   Um die Acker- und Grünlandzahlen für die Wertermittlung verwenden zu können, müssen sie in eine Beziehung zur Grundstücksgröße gesetzt werden. Hierfür wird die sog. **Ertragsmesszahl (EMZ) gebildet aus dem Produkt der Größe der Teilfläche in Ar mit der dazugehörigen Acker- oder Grünlandzahl.**

$$\text{EMZ} \ [\text{m}^2] = \text{Fläche} \ \times \ \frac{\text{Acker- oder Grünlandzahl}}{100} \qquad (1)$$

73   Die EMZ definiert sich damit als die in **Quadratmetern angegebene Größe einer Bodenfläche höchster Ertragsfähigkeit** (mit der Wertzahl 100), die in Bezug auf den Reinertrag der Fläche gleichwertig mit der jeweiligen Fläche ist:

Beispiel:

Größe der Fläche .... 1400 m²

Ackerzahl der Fläche 65

$$\text{EMZ} = 1400 \ \text{m}^2 \times \frac{65}{100} = 910 \ \text{m}^2$$

d. h., die 1400 m² große Bodenfläche mit der Wertzahl 65 entspricht einer 910 m² großen Bodenfläche mit der Wertzahl 100.

74   Die **Ertragsmesszahl (EMZ) kennzeichnet die naturale Ertragsfähigkeit des Bodens** auf Grund der natürlichen Ertragsbedingungen, insbesondere der Bodenbeschaffenheit, der Geländegestaltung und der klimatischen Verhältnisse. Sie wird anhand der Ergebnisse der amtlichen Bodenschätzung berechnet und bildet eine der Grundlagen für die Einheitsbewertung und damit für die Besteuerung des land- und forstwirtschaftlichen Vermögens. In den neuen Bundesländern erfolgt die Einheitsbewertung durch die Finanzverwaltungen auf Grund ungeklärter Eigentumsverhältnisse und aus Vereinfachungsgründen gegenwärtig noch überwiegend anhand gemeindedurchschnittlicher Ertragsmesszahlen.

75   Besteht ein Flurstück bzw. **Grundstück aus mehreren Nutzungsarten** mit verschiedenen Teilen von Klassenflächen, so sind die Flächen und Ertragsmesszahlen (EMZ) der einzelnen Nutzungsarten für jedes Teilstück summarisch auszuweisen[42]. Die Summe aller Ertragsmesszahlen eines Grundstücks dividiert durch seine Fläche in Ar ergibt die **durchschnittliche Ertragsmesszahl,** aus der die Bonität erkennbar wird.

76   Die große Bedeutung, die der Ertragsmesszahl für die Wertfindung beigemessen wird, trifft nach Köhne[43] nur für Standorte mit bindigen Böden und nicht für Standorte mit hoher Viehdichte, leichteren Böden mit Beregnung sowie für Grünland zu.

Für die **Verkehrswertermittlung landwirtschaftlicher Flächen im Wege des Ver-** 77
gleichswertverfahrens bietet es sich an, Vergleichspreise bezogen auf die Ertragsmesszahl zu ermitteln, denn die landwirtschaftlichen Verkehrswerte sind eine Funktion der Ertragsfähigkeit des Bodens. Da die Ertragsmesszahl eines Grundstücks von dessen individueller Flächengröße abhängt, bietet die direkte Bezugnahme der Vergleichspreise auf die Acker- bzw. Grünlandzahl eine größere Operationabilität. Sie stellt gewissermaßen die auf 1 Quadratmeter Grundstücksfläche bezogene Ertragsmesszahl dar:

Aus (1):
$$EMZ = \text{Fläche m}^2 \times \frac{\text{Acker- oder Grünlandzahl}}{100}$$

folgt (2):
$$EMZ_{1m^2} = 1\ m^2 \times \frac{\text{Acker- oder Grünlandzahl}}{100}$$

Beispiel: 78

Grundstücksgröße . . . . 1 m² (fiktiv)
Ackerzahl 65
Ertragsmesszahl (EMZ)$_{1\,m^2}$ $= \frac{65}{100} \times 1\ m^2 = 0{,}65\ m^2$

Ist nun aus Vergleichsuntersuchungen der Durchschnittspreis in €/EMZ oder in €/m² 79
Acker- oder Grünlandzahl bekannt, kann daraus der **Verkehrswert** abgeleitet werden (vgl. Abb. 10):

Beispiel A: 80

EMZ (Ertragsmesszahl) des Grundstücks . . . . 910 m²
Durchschnittspreis je EMZ (von 1 m²) . . . . 0,75 €/m² EMZ
Grundstücksgröße . . . . 1400 m²
Vergleichswert: 910 m² × 0,75 €/m² ≈ 682,50 €
Umgerechnet auf den Quadratmeter Grundstücksfläche:

Vergleichswert: $\frac{682{,}50\ €}{1400\ m^2}$ **= 0,49 €/m² ≈ 0,50 €/m²**

Beispiel B: 81

Ackerzahl (AZ) der Fläche 65
Durchschnittspreis je AZ . . . . 0,0076 €/m²
Grundstücksgröße . . . . 1400 m²
Vergleichswert: 0,0076 €/m² × 65 ≈ **0,50 €/m² AZ**
1400 m² × 0,50 €/m² AZ ≈ **700 €**

Im Beispiel A erhält man direkt den Gesamtwert des Grundstücks; im Beispiel B zunächst den auf den Quadratmeter Grundstücksfläche bezogenen Bodenwert, der zunächst vielleicht anschaulicher ist.

---

42 Nr. 52 f. des Bodenschätzungsübernahmeerlasses – BodSchätzÜbernErl. des Rdl vom 23. 9. 1936, zuletzt ergänzt durch RdErl. vom 22. 2. 1938 – VI a 4074/38-6833
43 Köhne, Landwirtschaftliche Taxationslehre 3. Aufl. 2000, S. 59

Abb. 11: Durchschnittliche Kaufwerte

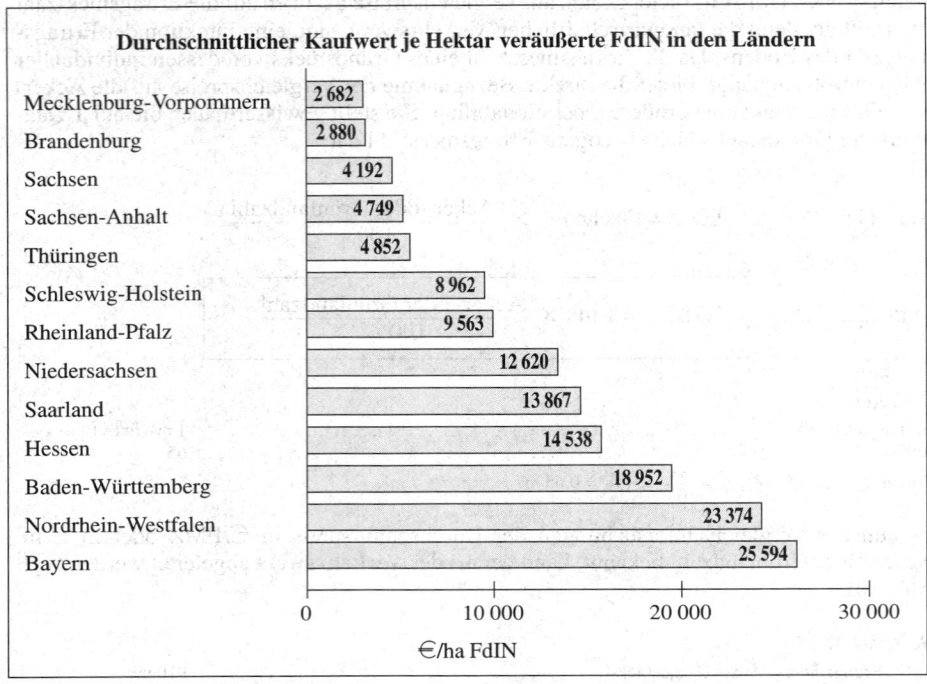

Quelle: Statistisches Bundesamt, Reihe 2.4, Fachserie 3, Kaufwerte für landwirtschaftlichen Besitz.

Der Gutachterausschuss von *Paderborn* hat 1995 folgende **Umrechnungskoeffizienten für Ackerlandwerte** beschlossen, mit denen Wertunterschiede, die dadurch bedingt sind, dass das Bewertungsobjekt vom Vergleichsobjekt bzw. Bodenrichtwertgrundstück hinsichtlich der Ackerzahl oder der Grundstücksgröße abweicht, berücksichtigt werden können (Abb. 12).

Abb. 12: Umrechnungskoeffizienten für Ackerlandwerte

Umrechnungskoeffizienten für Ackerlandwerte (§ 10 WertV)			
Ackerzahl	**Faktor**	**Grundstücksfläche ab ... m²**	**Faktor**
30	0,88	2 500	0,94
35	0,92	5 000	0,97
40	0,96	7 500	0,99
45	1,00	10 000	1,00
50	1,04	15 000	1,02
55	1,08	20 000	1,03
60	1,12	30 000	1,04

Beispiel:

Zu bewertendes Grundstück: 20 000 m² – Ackerzahl 55
Bodenrichtwertgrundstück: 10 000 m² – Ackerzahl 40
Bodenrichtwert: 1,75 €/m²

Wertermittlung
Bodenwert: 1,75 €/m² × 1,03 : 1,00 × 1,08 : 0,96 ≈ 2,03 €/m²

Abb. 13: Punktwolkendiagramm (Bodenpreise, Ackerzahl) mit Schätzgeraden für 1-ha- und 100-ha-Flächen

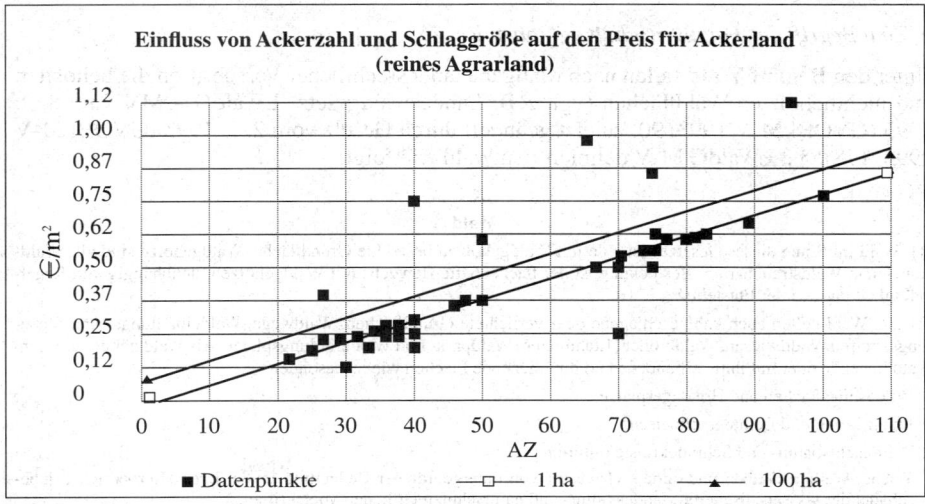

Quelle: Sczech, Gero: Auswertung der HLBS-Umfrage „Bodenpreise in den neuen Bundesländern"

2.2.5 Ertragswertermittlung

Nach allgemeinen Grundsätzen errechnet sich der Ertragswert durch Kapitalisierung der Reinerträge. Diese ergeben sich aus den (Roh-)Erträgen abzüglich des gewöhnlichen Aufwands während eines Wirtschaftsjahres. Bei **betriebswirtschaftlicher Betrachtungsweise** (Unternehmensbewertung) werden Zins- und Pachtaufwendungen berücksichtigt. Des Weiteren wird zur Ermittlung des Reinertrags auch der Lohnansatz für den Betriebsleiter und seine mitarbeitenden nicht entlohnten Betriebsangehörigen in Abzug gebracht. Der sich daraus ergebende Reinertrag wird als Erfolgsanteil des im Betrieb eingesetzten Kapitals einschließlich des Grund und Bodens, der Gebäude, des Viehs, der Vorräte und aller Betriebseinrichtungen (Geräte und Maschinen) angesehen. **82**

Der Reinertrag ist unter Berücksichtigung gesetzlicher Vorgaben zu kapitalisieren; der kapitalisierte Reinertrag ist der Ertragswert. **83**

– Für *Nordrhein-Westfalen* beträgt die Verzinsung 4 %; der **Reziprokwert des Verzinsungssatzes stellt** zugleich **den Kapitalisierungsfaktor dar:**

$$\text{Kapitalisierungsfaktor} = \frac{100}{\text{Verzinsungssatz}}$$

$$\text{Kapitalisierungsfaktor Nordrhein-Westfalen} = \frac{100}{4} = 25$$

– Für *Bayern* beträgt die Verzinsung 5,5 %; hieraus ergibt sich ein Kapitalisierungsfaktor von 18.
Dieser auf die Einheitsbewertung zurückführbare Zinssatz wird dort auf einen stark reduzierten Hektar Reinertragssatz angewandt, so dass sich tatsächlich eine wesentlich niedrigere Verzinsung von etwa 2,75 % ergibt.

Bei **Erbauseinandersetzungen** gehen die Gerichte zur Ermittlung des Ertragswerts in *Bayern* vom 18fachen, in den meisten anderen Bundesländern vom 25fachen Jahresreinertrag aus[44]. **84**

---

44 Sichtermann, Das Grundstücksverkehrsgesetz, 3. Aufl. Stuttgart 1980, S. 19

2.2.6 Waldfläche

2.2.6.1 Allgemeines

85 ▶ *Zum Begriff der Forstwirtschaft vgl. oben Rn. 25*

Unter den **Begriff Wald** fallen nach Maßgabe landesrechtlicher Vorschriften die beholzten und nichtbeholzten Waldflächen (vgl. z. B. Landeswaldgesetz LWaldG – MV vom 8. 2. 1993 (GVOBl M-V 1993, 90, zuletzt geändert durch Gesetz vom 2. 3. 1993 (GVOBl M-V 1993, 178). § 2 LWaldG M-V definiert den Wald wie folgt:

„§ 1
Wald

(1) Wald im Sinne dieses Gesetzes ist jede mit Waldgehölzen bestockte Grundfläche. Waldgehölze sind alle Waldbaum- und Waldstraucharten. Bestockung ist der flächenhafte Bewuchs mit Waldgehölzen, unabhängig von Regelmäßigkeit und Art der Entstehung.

(2) Als Wald gelten auch kahlgeschlagene oder verlichtete Grundflächen, Waldwege, Waldeinteilungs- und Sicherungsstreifen, Waldwiesen, Waldblößen, Lichtungen, Waldpark- und Walderholungsplätze. Als Wald gelten ferner im Wald liegende oder mit ihm verbundene und ihm dienende Flächen wie insbesondere:

– Wildäsungsflächen und Holzlagerplätze,

– Pflanzgärten und Leitungsschneisen,

– Weihnachtsbaum- und Schmuckreisigkulturen,

– Teiche, Weiher, Gräben und andere Gewässer von untergeordneter Bedeutung sowie deren Uferbereiche, unbeschadet der wasser-, fischerei-, landeskultur- und naturschutzrechtlichen Vorschriften,

– Mooere, Heiden und sonstige ungenutzte Ländereien (Ödflächen).

(3) Nicht als Wald gelten:

in der Feldflur oder im bebauten Gebiet gelegene kleinere Flächen, die mit einzelnen Baumgruppen, Baumreihen oder Hecken bestockt sind,

in der Feldflur gelegene Weihnachtsbaum- und Schmuckreisigkulturen, Baumschulen und zum Wohnbereich gehörende Parkanlagen sowie

mit Waldgehölzen bestockte Friedhöfe.

(4) Bestehen im Rahmen der Gesetzesanwendung Zweifel über die Zuordnung einer Grundfläche zu Wald, so ist für die Entscheidung die oberste Forstbehörde zuständig."

Grundsätze und Hinweise für die **Ermittlung des Verkehrswerts von Waldflächen** enthalten die Waldwertermittlungsrichtlinien 2000 – WaldR 2000 – (vgl. Vorbem. zur WertV Rn. 50). Danach setzt sich der Waldwert aus

– dem Wertanteil für den Boden und

– dem Holzbestand

zusammen (vgl. auch Waldbewertungsrichtlinien (WBR) des LM *Niedersachsen* vom 1. 9. 1986 (NdsMinBl. 1986, 936).

86 Von besonderer Bedeutung ist die vorherige Genehmigung der Forstbehörden im Falle einer **Umwandlung des Waldes** (Rodung und Überführung in eine andere Nutzungsart). Soweit nachteilige Wirkungen einer ständigen oder befristeten Umwandlung nicht ausgeglichen werden können, muss bei der Wertermittlung geprüft werden, ob und in welcher Höhe eine **Walderhaltungsabgabe** zu entrichten ist, die neben Ersatzmaßnahmen verlangt werden kann (vgl. § 14 WertV Rn. 163).

87 **Der Waldbodenverkehrswert (Bodenwertanteil) ist grundsätzlich aus Vergleichspreisen von Verkäufen vergleichbarer Waldflächen abzuleiten,** wobei Vergleichbarkeit insbesondere hinsichtlich

– Lage (Nr. 2.3.1 WaldR 2000), insbesondere Nähe zum Ballungsraum, Absatzmarkt und Erholungsraum,

– Funktion,

– Größe,

– Flächengestalt (Arrondierungsgrad),

– Erschließungszustand,

– Bodenbeschaffenheit,

– Ertragsfähigkeit sowie

– Art und Maß der tatsächlichen und rechtlichen Nutzung

gegeben sein soll (Nr. 5.1 WaldR 2000); hilfsweise können landwirtschaftliche Vergleichs-preise herangezogen werden[45].

Zum **Preisniveau und zur Preisentwicklung** vgl. Abb. 14:   **88**

Abb. 14: „Reine" forstwirtschaftliche Flächen in Ennepe-Ruhr-Kreis

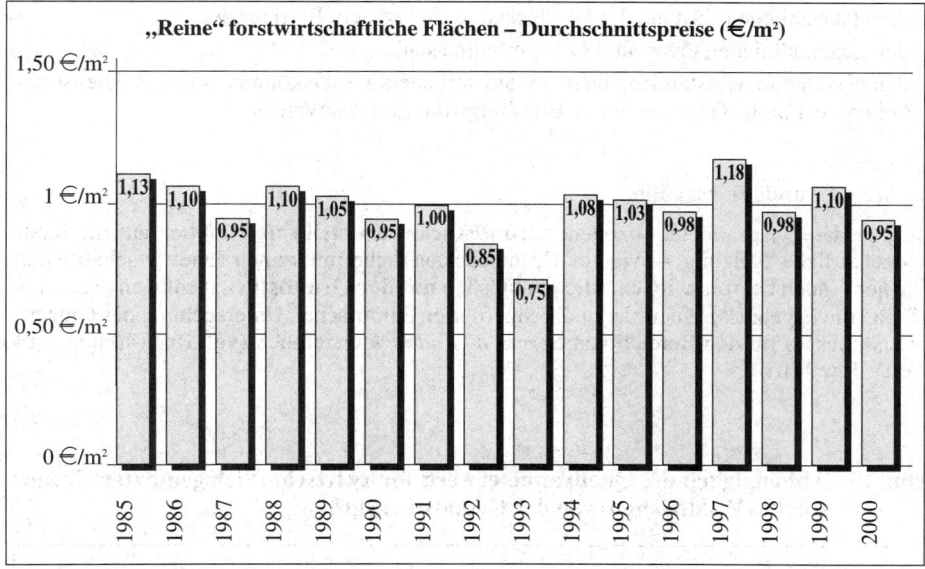

Quelle: Grundstücksmarktbericht Ennepe-Ruhr-Kreis (umgerechnet)

Als vergleichbar können **Vergleichspreise** aus Gebieten herangezogen werden, **die hin-**   **89**
sichtlich

– Gemeindegröße i.V.m. der Bevölkerungsdichte und

– **Ertragsfähigkeit ihrer landwirtschaftlichen Flächen** (gemessen an der Ertragsmess-zahl)

vergleichbar sind.

Beispiel: **90**

– Örtlich maßgebender landwirtschaftlicher Bodenwert: 9.000 €/ha

– Verhältnis der Waldbodenpreise zu den landwirtschaftlichen Bodenpreisen in vergleichbaren Gebieten

$$45 : 100$$

Der **Waldbodenwert** beträgt mithin: $9.000 \text{ €/ha} \times \dfrac{45}{100} = \textbf{4.050 €/ha}$

---

45   OLG Zweibrücken, Urt. vom 14. 12. 1983 – 2 U 77/83 –, EzGuG 2.37; zum Wertverhältnis zwischen land- oder forstwirtschaftlichen Flächen vgl. BGH, Urt. vom 5. 4. 1973 – III ZR 74/72 –, EzGuG 2.12; ferner Leisner in AgrarR 1977, 356

91 Als Vergleichspreise besonders geeignet sind solche, die sich auf Böden mit gleichwertigem Waldbestand beziehen. Dementsprechend definiert Nr. 2.1 WaldR den **Waldwert** als den Wert, der die Wertanteile für den Boden und für den Waldbestand umfasst. Die häufig gewählte Methode, den Waldbodenwert schematisch mit dem Wert des Waldes aufzuaddieren, darf nicht ungeprüft zur Anwendung kommen, weil beide Wertanteile nicht dem Gesamtwert entsprechen müssen. Bevor man zu dieser Methode greift, sollte sie deshalb auf Plausibilität geprüft werden.

92 **Der Waldwert wird insbesondere beeinflusst von**
  – der Lage (Nähe zu Siedlungsgebieten, Ballungsräumen, Erholungszentren usw.),
  – der Erschließung, der Größe und dem Arrondierungsgrad der Waldflächen,
  – dem tatsächlichen Zustand des Waldbestands und seinem Betriebsziel,
  – den gegendüblichen Preis- und Lohnverhältnissen,
  – den besonderen Umständen, die den Waldwert beeinflussen können, wie z. B. Dienstbarkeiten, rechtliche Gegebenheiten, Erholungsfunktion des Waldes.

2.2.6.2 Grundstücksgröße

93 Der auf den Quadratmeter bezogene **Grundstückswert steigt** im Hinblick auf die forstwirtschaftliche Nutzung – wie im Grundstücksverkehr mit reinen landwirtschaftlichen Flächen – auch bei forstwirtschaftlichen Flächen **mit der Grundstücksgröße** an. Aus Abb. 15 sind die Ergebnisse einer hierzu durchgeführten empirischen Untersuchung des Gutachterausschusses für den Bereich von *Bergisch Gladbach* ersichtlich (vgl. Rn. 140 und § 14 WertV Rn. 97 ff.).

Abb. 15: Abhängigkeit des Quadratmeterwerts forstwirtschaftlich genutzter Grundstücke (Waldflächen) von der Grundstücksgröße

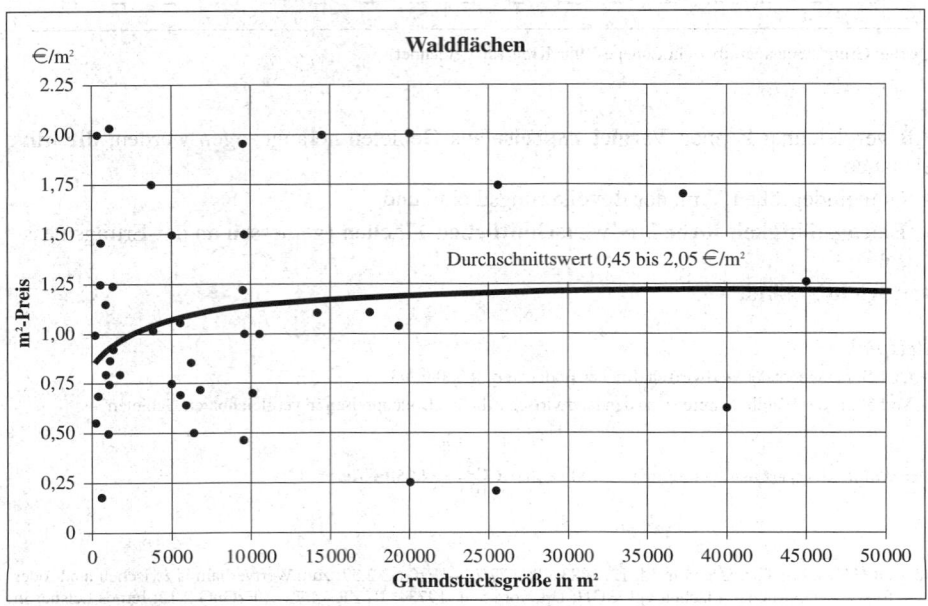

Quelle: Grundstücksmarktbericht 2000 Bergisch-Gladbach (umgerechnet)

2.2.6.3 Besonderheiten für Erholungswälder

Wald kann nach Maßgabe landesrechtlicher Vorschriften auf Antrag oder von Amts wegen **94** zu Erholungswald erklärt werden, wenn es das Wohl der Allgemeinheit erfordert, entsprechende Waldflächen für Zwecke der Erholung zu schützen, zu pflegen oder zu gestalten. Privatwald darf nur dann zu Erholungswald erklärt werden, wenn Staatswald und Körperschaftswald zur Sicherung des Erholungsbedürfnisses nicht ausreichen oder wegen ihrer Lage und Beschaffenheit nicht oder nur geringfügig für die Erholung in Anspruch genommen werden können (vgl. § 22 LWaldG M-V).

Zur Frage der **Berücksichtigung von Naherholungsfunktionen eines Waldgebiets** hat der **BGH** ausgeführt: „Es ist nicht zu beanstanden, dass der Sachverständige die Bedeutung des Waldes als Landreserve, als Naherholungsgebiet und als potenzielles Wassergewinnungsgebiet berücksichtigt hat. Insbesondere durfte er auch für die stadtnäheren Teile der beanspruchten Flächen einen höheren Preis ansetzen als für die dem Siedlungsgebiet ferner liegenden. ... Die Eigenschaft als Naherholungsgebiet durfte deshalb berücksichtigt werden, weil die Schaffung und Erhaltung solcher Gebiete eine wichtige und immer wichtiger werdende kommunale Aufgabe darstellt. Die Aufwendungen, die für den Ersatz oder die Ergänzung von Erholungsgebieten erforderlich sind, die ganz oder teilweise für andere Zwecke freigegeben werden mussten, geben daher für die abgebende Körperschaft einen berechtigten Grund ab, bei freihändigem Verkauf ihre Preisforderung entsprechend zu gestalten."[46]

Bei Heranziehung dieser Entscheidung darf allerdings nicht übersehen werden, dass es bei **95** dem zu entscheidenden Fall um die **Bemessung der Enteignungsentschädigung** ging, die den Enteigneten in den Stand setzen soll, sich für die Entschädigung gleichwertiges Ersatzland zu kaufen. Die für das Gemeinwesen in dieser Entscheidung herausgestellten Eigenschaften sind bei privatwirtschaftlichem Erwerb derartiger Flächen dagegen i. d. R. nicht bzw. nur in dem Maße kaufpreisbeeinflussend, wie sie wirtschaftlich „realisierbar" sind.

Zu der **Naherholungsfunktion des Waldes** gehört auch seine Nutzbarkeit im privaten **96** Bereich. So hat der BGH[47] in einer Entscheidung darauf hingewiesen, dass die Lage eines Waldgrundstücks in der Nähe einer guten Straße, das zum Abstellen von Wohnwagen (an Wochenenden) dient, seinen Wert so erhöhen kann, dass es dem Wert von landwirtschaftlich genutzten Grundstücken selbst dann gleichkommt, wenn es in einem Landschaftsschutzgebiet liegt.

2.2.6.4 Waldbestand

Bezüglich der **Berücksichtigung des Holzbestands** (vgl. unten Rn. 101 ff.) ist der maß- **97** gebliche Entwicklungszustand der Waldfläche von Bedeutung. Grundsätzlich ist der Ertragswert des Aufwuchses im Falle einer Enteignung des Grundstücks nicht gesondert zu entschädigen, wenn das Grundstück z. B. als baureifes Land eingestuft wurde, weil der Verkehrswert derartiger Grundstücke in ausschlaggebender Weise durch die bauliche und nicht durch die forstwirtschaftliche Nutzbarkeit bestimmt wird[48]. Kann jedoch der Bewuchs vor der baulichen Nutzung zusätzlich wirtschaftlich verwertet werden, so schließt dies infolgedessen nicht aus, „dass der Grundeigentümer aus forstlichem Gelände

---

46 BGH, Urt. vom 12. 10. 1970 – III ZR 117/67 –, EzGuG 2.10; vgl. auch BGH, Urt. vom 5. 4. 1973 – III ZR 74/72 –, EzGuG 2.12
47 BGH, Urt. vom 14. 3. 1968 – III ZR 200/65 –, EzGuG 4.27 a
48 OLG Hamburg, Urt. vom 10. 10. 1969 – 1 U 81/68 –, EzGuG 6.186 a unter Bezugnahme auf BGH, Urt. vom 12. 7. 1965 – III ZR 214/64 –, EzGuG 2.8; vgl. auch OLG Stuttgart, Urt. vom 7. 3. 1962 – 1 U 1/62 –, EzGuG 2.5

den Nutzen zieht, auf den es nach seiner bisherigen und gegenwärtigen ... Bewirtschaftungsform angelegt ist. Die Erwartung einer baulichen Nutzung und der Hiebreife können nämlich nebeneinander bestehen"[49]. Die zur Erzielung des Nutzens erforderlichen Aufwendungen müssen dabei allerdings berücksichtigt werden.

98   Bei der **Verkehrswertermittlung der Waldbestände** (Bestandswald) wird zwischen

     – dem Altersklassenwald (Rn. 99 ff.),

     – dem Plenterwald (Rn. 119),

     – dem Mittelwald (Rn. 119) und

     – dem Niederwald (Rn. 120)

unterschieden.

a) Altersklassenwald

99   Für **Waldbestände des Altersklassenwaldes, welche die Umtriebszeit (U) erreicht oder überschritten haben, ist nach den Vorgaben der WaldR als Bestandswert der Abtriebswert zu ermitteln.** Für jüngere Waldbestände des Altersklassenwaldes ist der Bestandswert nach dem Alterswertfaktorverfahren (vgl. Nr. 6.6 WaldR) zu ermitteln. Ist jedoch der Abtriebswert größer als der nach dem Alterswertfaktorverfahren ermittelte Wert, so ist als Bestandswert der Abtriebswert anzusetzen. In den Fällen, in denen das Alterswertfaktorverfahren nicht durchgeführt werden kann, ist der Bestandswert nach einem anderen anerkannten Verfahren zu ermitteln. Dabei ist zu beachten, dass der Bestandswert i. d. R. nicht niedriger liegt als die Kosten, die für die Wiederbegründung eines Bestands gleicher Holzart, Wuchsleistung und Qualität bei ordnungsgemäßer Bewirtschaftung gegendüblich aufgewendet werden würden.

100   Der **Abtriebswert eines Waldbestands** entspricht dem Marktpreis, der beim Verkauf des gefällten und aufgearbeiteten Holzes nach Abzug der Holzerntekosten erzielbar wäre. Bei der Ermittlung des Abtriebswerts ist im Einzelnen wie folgt zu verfahren:

101   Der **Holzvorrat** ist nach Handelsklassen zu sortieren. Weicht die Aushaltungsgrenze von der nach Nr. 4.3 Abs. 3 WaldR 2000 zu Grunde gelegten Grenze ab, ist der Vorrat im Bereich der betroffenen Sortimente entsprechend zu korrigieren.

102   Die **Waldbestände sind** entsprechend ihrem tatsächlichen Zustand **nach der gegendüblichen Sortierung** oder im Anhalt an Sortenertragstafeln **einzuschätzen.** Besondere Gütemerkmale sind zu berücksichtigen.

103   Die **Sortenanteile** sind mit den in der jeweiligen Gegend nachhaltig erzielbaren Bruttoholzpreisen (Nettoholzpreis + Umsatzsteuer) anzusetzen. Der Forstabsatzfondsbeitrag wird nicht abgezogen. Bei der Ermittlung der nachhaltigen Holzpreise ist von den in größeren Forstverwaltungen im Durchschnitt mehrerer, dem Wertermittlungsstichtag vorangegangener Forstwirtschaftsjahre erzielten Holzpreisen auszugehen. Die allgemeine Entwicklungstendenz der Holzpreise und die besonderen, gegendüblichen Verhältnisse sind angemessen zu berücksichtigen.

104   Auf der Grundlage des ermittelten Holzvorrats, seiner Sortierung und der nachhaltigen Holzpreise ist der **Bruttoverkaufserlös des Waldbestands** zu ermitteln.

105   Als Holzerntekosten sind die zum Wertermittlungsstichtag in der jeweiligen Gegend üblichen **Holzerntekosten** anzusetzen. Hierzu gehören **die Kosten des Holzeinschlags** unter Berücksichtigung der besonderen Hiebs- und Arbeitsbedingungen, **der Holzvermessung, der Holzbringung und** die **anteiligen Lohnnebenkosten.** Soweit in der jeweiligen Gegend bei der Holzernte Unternehmereinsatz üblich ist, ist auch die dabei anfallende Umsatzsteuer zu den Holzerntekosten zu rechnen.

Der **Bestandswert nach dem Alterswertfaktorverfahren** ist nach der Formel **106**

$$H_a = [(A_u - c) \times f + c] \times B$$

H_a = Bestandswert für 1 ha im Alter a

A_u = Abtriebswert je ha eines Waldbestandes im Alter der Umtriebszeit U

c = Kulturkosten je ha

f = Alterswertfaktor für das Alter a

B = Bestockungsfaktor (Wertrelation zu einem vollbestockten Bestand) im Alter a (siehe auch Nr 6.6.1 WaldR 2000 = Rn. 109 ff.)

a = Alter a (ggf. wirtschaftliches Alter der Pflanzen)

zu ermitteln.

Abtriebswert im Alter U (A_u) ist die Differenz zwischen dem Bruttoverkaufserlös für das **107** im Alter U gefällte und aufgearbeitete Holz eines Waldbestands (Nr. 6.5.1 WaldR 2000 = Rn. 101 ff.) und den dabei anfallenden Holzerntekosten (Nr. 6.5.2 WaldR 2000 = Rn. 105).

Die **Umtriebszeit U** ist grundsätzlich nach dem Betriebswerk bzw. Betriebsgutachten oder **108** nach der gegendüblichen Umtriebszeit anzusetzen. Soweit für Einzelbestände ein wesentlich abweichendes Endnutzungsalter zu erwarten ist, gilt dieses für diese Bestände als Umtriebsalter.

Der **Bestockungsfaktor** soll im Gegensatz zu dem bei der Waldaufnahme festgestellten **109** Bestockungsgrad in der Formel so angesetzt werden, dass Regenerationsfähigkeit und Lichtungszuwachs sowie eine von der angewendeten Ertragstafel abweichende waldbauliche Zielbestockung des Bestandes angemessen berücksichtigt werden.

Kulturkosten sind die gegendüblichen Kosten der Wiederbegründung eines Waldbestan- **110** des. Dazu sind zu rechnen: die Kosten für Schlagräumung und etwaige Bodenbearbeitung, für Pflanzenbeschaffung und Pflanzung, für etwa erforderlichen Schutz der Kultur (Einzelschutz oder Flächenschutz), zur Abwendung sonstiger Risiken und für Kulturpflege (Freischneiden, chemische Unkrautbekämpfung) bis zur Sicherung der Kultur. Zu den Kulturkosten rechnen auch die anteiligen Lohnnebenkosten und die anteilige Umsatzsteuer. Für Unternehmereinsatz gilt Nr. 6.5.2. WaldR letzter Satz entsprechend (Rn. 105).

Kosten, die erst nach der Sicherung der Kultur auftreten, wie z. B. Pflege, Säuberungs- **111** und Läuterungskosten, rechnen nicht zu den Kulturkosten i. S. der WaldR 2000.

Der **Alterswertfaktor für das Alter a** ist in den Tabellen der Anl. 1 WaldR 2000[50] **112** = Rn. 122 für die betreffende Umtriebszeit zu entnehmen.

Das **Alter a ist das Kulturalter des Bestands.** Ist das Kulturalter eines Bestands nicht zu **113** ermitteln, können vom festgestellten Pflanzenalter zur hilfsweisen Ermittlung des Kulturalters bei den einzelnen Baumartengruppen die nachstehend aufgeführten Jahre vom Pflanzenalter abgesetzt werden:

Eiche   3

Buche   3

Fichte 4

Kiefer 2

Bei deutlich abweichendem Wuchsverlauf ist das wirtschaftliche Alter anzusetzen.

---

49   BGH, Urt. vom 28. 4. 1969 – III ZR 189/66 –, EzGuG 6.121a; BGH, Urt. vom 7. 10. 1976 – III ZR 60/73 –, EzGuG 6.188

50   Kleiber, WertR 76/96, Sammlung amtlicher Vorschriften 8. Aufl. Köln 2001 Bundesanzeiger Verlag; Königs in GuG 1991, 83; Mantel/Weinmann, Waldbewertung, 6. Aufl. München 1982

114   Die **Zuordnung zu den Baumartengruppen** erfolgt im Regelfall wie folgt:
Eiche   alle Eichenarten
Buche   alles Laubholz, außer Eichenarten
Fichte   alle Nadelbaumarten, außer den bei der Baumartengruppe Kiefer aufgeführten
Kiefer   alle Kiefern- und Lärchenarten

115   Folgende **Umtriebszeiten** liegen den Alterswertfaktoren zu Grunde:
Eiche   180 Jahre
Buche   140 Jahre
Fichte   100 Jahre
Kiefer   120 Jahre

116   Bei **Abweichungen** von den vorstehenden Umtriebszeiten (höher und niedriger) ist zunächst ein Korrekturfaktor (k) aus der Umtriebszeit der Standardtabelle (U_S) dividiert durch die wirkliche Umtriebszeit(U_W) zu bilden. Durch Multiplikation des Alters (a) mit k ergibt sich ein verändertes Eingangsalter, mit dem der Alterswertfaktor (f) in der entsprechenden Baumartengruppe abgelesen wird.

117   *Beispiel:*
Für die Berechnung eines Bestandswerts nach dem Alterswertfaktorverfahren bei abweichender Umtriebszeit:
Wertermittlungsgrundlagen:
Esche 1,0 ha, Alter 80 Jahre, Bestockungsfaktor 0,9, Umtriebszeit 120 Jahre.

A_{120} = 11 000,00 €/ha   c = 3 000,00 €/ha

$$K = \frac{U_S}{U_W} = \frac{140}{120} = 1{,}167$$

Alter = 80 Jahre × 1,167 = 93,4 Jahre
Durch Verwendung der Standardtabelle für die Baumartengruppe Buche und Interpolation zwischen f_{93} = 0,746 und f_{94} = 0,754 ergibt sich f = 0,749
Rechengang:
H_{80} = [(11 000 − 3 000) × 0,749 + 3 000] × 0,9
H_{80} = [8 000 × 0,749 + 3 000] × 0,9
H_{80} = [5 992 + 3 000] × 0,9
H_{80} = 8 992 × 0,9
H_{80} = 8 093 €

118   Der nach dem Alterswertfaktorverfahren hergeleitete Bestandswert für eine noch nicht gesicherte Kultur ist um den Teilbetrag der nach Nr. 6.6.2 WaldR (vgl. Rn. 110) zu Grunde gelegten Kulturkosten zu kürzen, der bis zum Wertermittlungsstichtag noch nicht aufgewendet sein kann.

b) Plenterwald und Mittelwald

119   Für Waldbestände des Plenterwaldes und des Mittelwaldes ist zunächst der Abtriebswert (Rn. 100) des haubaren und annähernd haubaren Holzvorrats zu ermitteln. Sodann ist nach dem Alterswertfaktorverfahren (Rn. 106) der Wert des nicht hiebsreifen Unter- und Zwischenstands auf der ihm zuzurechnenden Anteilfläche (ideelle Teilfläche) zu ermitteln. Die **Summe aus dem Abtriebswert und dem Wert des nicht hiebsreifen Unter- und Zwischenstands ergibt den Bestandswert des Plenterwaldes bzw. Mittelwaldes.**

c) Niederwald

120   Für Waldbestände des Niederwaldes ist als **Bestandswert der Abtriebswert** (Rn. 100) zu ermitteln. An Stelle des Abtriebswerts können gegendübliche Erfahrungswerte angesetzt werden.

121   ▶ *Zur Verkehrswertermittlung von Waldgebieten mit Naherholungsfunktion vgl. oben Rn. 94 ff.*

Abb. 15a: Alterswertfaktoren zu den Waldwertermittlungsrichtlinien 2000 (Anl. 1) 122

Alter	Eiche	Buche	Fichte	Kiefer	Alter	Eiche	Buche	Fichte	Kiefer
1	0,005	0,007	0,007	0,007	51	0,299	0,392	0,483	0,429
2	0,011	0,013	0,013	0,014	52	0,306	0,401	0,495	0,439
3	0,016	0,020	0,020	0,020	53	0,313	0,409	0,507	0,449
4	0,021	0,027	0,027	0,027	54	0,320	0,418	0,519	0,459
5	0,027	0,033	0,034	0,034	55	0,326	0,427	0,531	0,469
6	0,032	0,040	0,041	0,041	56	0,333	0,436	0,543	0,478
7	0,037	0,047	0,048	0,048	57	0,340	0,445	0,555	0,488
8	0,043	0,054	0,055	0,055	58	0,347	0,453	0,567	0,498
9	0,048	0,060	0,062	0,062	59	0,353	0,462	0,579	0,508
10	0,053	0,067	0,070	0,069	60	0,360	0,471	0,591	0,518
11	0,059	0,074	0,078	0,076	61	0,367	0,480	0,603	0,528
12	0,064	0,081	0,085	0,084	62	0,374	0,488	0,616	0,538
13	0,070	0,088	0,093	0,091	63	0,381	0,497	0,628	0,548
14	0,075	0,095	0,102	0,099	64	0,387	0,506	0,640	0,558
15	0,080	0,102	0,110	0,106	65	0,394	0,515	0,652	0,568
16	0,086	0,109	0,118	0,114	66	0,401	0,523	0,664	0,578
17	0,091	0,116	0,127	0,122	67	0,408	0,532	0,676	0,588
18	0,097	0,123	0,135	0,129	68	0,415	0,541	0,688	0,598
19	0,103	0,131	0,144	0,137	69	0,422	0,549	0,700	0,608
20	0,108	0,138	0,153	0,145	70	0,429	0,558	0,712	0,617
21	0,114	0,146	0,162	0,153	71	0,436	0,567	0,724	0,627
22	0,120	0,153	0,171	0,162	72	0,442	0,575	0,736	0,637
23	0,125	0,161	0,180	0,170	73	0,449	0,584	0,748	0,647
24	0,131	0,168	0,190	0,178	74	0,456	0,592	0,760	0,656
25	0,137	0,176	0,199	0,187	75	0,463	0,601	0,771	0,666
26	0,143	0,183	0,209	0,195	76	0,470	0,609	0,783	0,676
27	0,148	0,191	0,219	0,204	77	0,477	0,617	0,794	0,685
28	0,154	0,199	0,229	0,212	78	0,484	0,626	0,806	0,695
29	0,160	0,207	0,239	0,221	79	0,491	0,634	0,817	0,704
30	0,166	0,215	0,249	0,230	80	0,497	0,642	0,828	0,714
31	0,172	0,223	0,259	0,239	81	0,504	0,651	0,839	0,723
32	0,178	0,231	0,269	0,248	82	0,511	0,659	0,850	0,733
33	0,184	0,239	0,280	0,257	83	0,518	0,667	0,860	0,742
34	0,190	0,247	0,290	0,266	84	0,525	0,675	0,871	0,751
35	0,197	0,255	0,301	0,275	85	0,531	0,683	0,881	0,761
36	0,203	0,264	0,312	0,284	86	0,538	0,691	0,891	0,770
37	0,209	0,272	0,323	0,294	87	0,545	0,699	0,901	0,779
38	0,215	0,280	0,334	0,303	88	0,552	0,707	0,911	0,788
39	0,222	0,289	0,345	0,312	89	0,558	0,715	0,920	0,797
40	0,228	0,297	0,356	0,322	90	0,565	0,723	0,929	0,805
41	0,234	0,306	0,367	0,331	91	0,572	0,731	0,938	0,814
42	0,241	0,314	0,378	0,341	92	0,578	0,739	0,946	0,823
43	0,247	0,323	0,390	0,351	93	0,585	0,746	0,954	0,831
44	0,254	0,331	0,401	0,360	94	0,592	0,754	0,962	0,840
45	0,260	0,340	0,413	0,370	95	0,598	0,761	0,970	0,848
46	0,267	0,348	0,424	0,380	96	0,605	0,769	0,977	0,856
47	0,273	0,357	0,436	0,389	97	0,612	0,776	0,983	0,865
48	0,280	0,366	0,448	0,399	98	0,618	0,784	0,989	0,873
49	0,286	0,375	0,459	0,409	99	0,625	0,791	0,995	0,880
50	0,293	0,383	0,471	0,419	100	0,631	0,798	1,000	0,888

Alter	Eiche	Buche	Fichte	Kiefer	Alter	Eiche	Buche	Fichte	Kiefer
101	0,638	0,806		0,896	141	0,870			
102	0,644	0,813		0,903	142	0,875			
103	0,650	0,820		0,911	143	0,880			
104	0,657	0,827		0,918	144	0,885			
105	0,663	0,834		0,925	145	0,890			
106	0,670	0,841		0,931	146	0,894			
107	0,676	0,847		0,938	147	0,899			
108	0,682	0,854		0,944	148	0,904			
109	0,688	0,861		0,950	149	0,908			
110	0,695	0,867		0,956	150	0,913			
111	0,701	0,874		0,962	151	0,917			
112	0,707	0,880		0,968	152	0,921			
113	0,713	0,886		0,973	153	0,926			
114	0,719	0,892		0,978	154	0,930			
115	0,725	0,898		0,982	155	0,934			
116	0,731	0,904		0,986	156	0,938			
117	0,737	0,910		0,990	157	0,942			
118	0,743	0,916		0,994	158	0,946			
119	0,749	0,922		0,997	159	0,949			
120	0,755	0,927		1,000	160	0,953			
121	0,761	0,932			161	0,957			
122	0,767	0,938			162	0,960			
123	0,773	0,943			163	0,963			
124	0,779	0,948			164	0,967			
125	0,784	0,952			165	0,970			
126	0,790	0,957			166	0,973			
127	0,796	0,961			167	0,976			
128	0,801	0,966			168	0,979			
129	0,807	0,970			169	0,981			
130	0,812	0,974			170	0,984			
131	0,818	0,977			171	0,986			
132	0,823	0,981			172	0,988			
133	0,829	0,984			173	0,990			
134	0,834	0,987			174	0,992			
135	0,839	0,990			175	0,994			
136	0,845	0,993			176	0,996			
137	0,850	0,995			177	0,997			
138	0,855	0,997			178	0,998			
139	0,860	0,999			179	0,999			
140	0,865	1,000			180	1,000			

2.3 Besondere Flächen der Land- oder Forstwirtschaft (Abs. 1 Nr. 2)

2.3.1 Allgemeines

▶ *Hierzu bereits allgemeine Hinweise bei Rn. 20 ff.*

Abs. 1 Nr. 2 definiert als besondere Flächen der Land- oder Forstwirtschaft entsprechend **123** genutzte oder nutzbare Flächen, die sich auf Grund

a) **besonderer Eigenschaften auch für außerland- und forstwirtschaftliche Nutzungen eignen und**

b) **für** die im gewöhnlichen Geschäftsverkehr **eine** dahingehende **Nachfrage besteht.**

Beide Voraussetzungen müssen kumulativ erfüllt sein (vgl. oben Rn. 20 ff.). **124**

Dass darüber hinaus für diese Flächen **auf absehbare Zeit keine Entwicklung zur** **125**
Bauerwartung bestehen darf, gilt im Übrigen auch für die „reinen" Flächen der Land-
oder Forstwirtschaft i. S. d. Abs. 1 Nr. 1 (vgl. Rn. 28, 158). Die besondere Hervorhebung
dieser Voraussetzung in Nr. 2 dient der klarstellenden Abgrenzung der besonderen
Flächen der Land- oder Forstwirtschaft im Grenzbereich zum Bauerwartungsland. Die
Eignung einer Fläche für außerland- oder forstwirtschaftliche Nutzungen allein reicht
nicht aus, um eine Fläche als „besondere" Fläche der Land- oder Forstwirtschaft i. S. d.
Abs. 1 Nr. 2 einzustufen. Der Wert dieser Flächen wird im Unterschied zum
innerlandwirtschaftlichen Verkehrswert i. S. d. Abs. 1 Nr. 1 auch als außerlandwirtschaftlicher Verkehrswert bezeichnet. Auch wurde in der Vergangenheit vom begünstigten Agrarland gesprochen; dieser von Seele[51] vorgeschlagene unscharfe Begriff hat sich
aber nicht durchsetzen können.

2.3.2 Sanierungsgebiete und Entwicklungsbereiche

Rechtshistorisch ist die **Definition der besonderen Flächen der Land- oder Forstwirt-** **126**
schaft aus dem städtebaulichen Entwicklungsmaßnahmenrecht der §§ 165 ff. BauGB
(vormals §§ 53 ff. StBauFG) **hervorgegangen** (vgl. § 26 WertV Rn. 113 ff.). Nach § 169
Abs. 4 BauGB (vormals § 57 Abs. 4 StBauFG) ist nämlich die entschädigungsrechtliche
Reduktionsklausel des § 153 Abs. 1 BauGB (vormals § 23 StBauFG) in städtebaulichen
Entwicklungsbereichen mit besonderer Maßgabe anzuwenden:

a) Grundsätzlich bemessen sich auch in den städtebaulichen Entwicklungsbereichen die **127**
Ausgleichs- und Entschädigungsleistungen in entsprechender Anwendung des § 153
Abs. 1 BauGB; dies folgt aus § 169 Abs. 1 Nr. 6 BauGB.

§ 153 Abs. 1 BauGB hat folgenden Wortlaut:

„(1) Sind auf Grund von Maßnahmen, die der Vorbereitung oder Durchführung der Sanierung im förmlich festgelegten Sanierungsgebiet dienen, nach den Vorschriften dieses Gesetzbuchs Ausgleichs- und Entschädigungsleistungen zu gewähren, werden bei deren Bemessung Werterhöhungen, die lediglich durch die Aussicht auf die
Sanierung, durch ihre Vorbereitung oder ihre Durchführung eingetreten sind, nur insoweit berücksichtigt, als der
Betroffene diese Werterhöhung durch eigene Aufwendungen zulässigerweise bewirkt hat. Änderungen in den
allgemeinen Wertverhältnissen auf dem Grundstücksmarkt sind zu berücksichtigen."

---

51 BT-Drucks, 7/4739, § 135b, § 143b Abs. 3, S. 46, 53: Seele in VR 1974, 161; allein schon die begriffliche Beschränkung auf Agrarland stellt eine unzutreffende Einengung dar; in der Rechtsprechung ist auch von „höherwertigem
Agrarland", „Bauhoffnungsland", „spekulativem Ackerland" und „stadtnahem Ackerland" gesprochen worden;
vgl. BGH, Urt. vom 28. 1. 1974 – III ZR ll/72 –, EzGuG 8.42; BGH, Urt. vom 12. 6. 1975 – III ZR 25/73 –, EzGuG
4.44; OLG Koblenz, Urt. vom 28. 8. 1985 – 1 U 95/84 –, EzGuG 8.62; BayObLG, Urt. vom 18. 5. 1977 – 2 Z
108/76 –, EzGuG 8.51; OLG Köln, Urt. vom 21. 11. 1972 – 4 U 199/71 –, EzGuG 8.39; auch Gelzer in NJW
Schriftenreihe Heft 2 Rn. 13

128   b) Ergänzend hierzu bestimmt § 169 Abs. 4 BauGB für städtebauliche Entwicklungsbereiche:

> „(4) Auf land- oder forstwirtschaftlich genutzte Grundstücke ist § 153 Abs. 1 mit der Maßgabe entsprechend anzuwenden, dass in den Gebieten, in denen sich kein von dem innerlandwirtschaftlichen Verkehrswert abweichender Verkehrswert gebildet hat, der Wert maßgebend ist, der in vergleichbaren Fällen im gewöhnlichen Geschäftsverkehr auf dem allgemeinen Grundstücksmarkt dort zu erzielen wäre, wo keine Entwicklungsmaßnahmen vorgesehen sind."

Wie dieser Wert nach § 169 Abs. 4 BauGB ermittelt werden soll, will § 26 Abs. 2 WertV regeln.

129   c) Hieraus folgt, dass **§ 169 Abs. 4 BauGB** i.V.m. § 26 Abs. 2 WertV **nur zur Anwendung** kommt, **wenn sich im städtebaulichen Entwicklungsbereich kein vom „innerlandwirtschaftlichen Verkehrswert"** i.S.d. § 4 Abs. 1 Nr. 1 WertV **„abweichender Wert" gebildet hat.** Des Weiteren findet das Bewertungsprivileg nach dem ausdrücklichen Wortlaut des § 169 Abs. 4 BauGB **nur auf land- oder forstwirtschaftlich „genutzte"** Grundstücke Anwendung.

130   Ein derartiger Fall ist allenfalls die **Ausnahme,** weil sich erfahrungsgemäß in den Städten, in denen die Durchführung städtebaulicher Entwicklungsmaßnahmen erforderlich wird, regelmäßig höhere Verkehrswerte gebildet haben, so dass dort bei einer entsprechenden Anwendung des § 153 Abs. 1 BauGB bereits ein Entwicklungszustand i.S.d. Abs. 1 Nr. 2 bzw. sogar ein „höherer" Entwicklungszustand maßgeblich ist.[52]

▶ *Zu alledem vgl. § 26 WertV Rn. 113 ff.*

131   Im Übrigen ist in der Rechtsprechung darauf hingewiesen worden, dass sich selbst die Preise „rein" **landwirtschaftlicher Grundstücke im Ausstrahlungsbereich von Großstädten ohnehin nicht mehr am Ertragswert orientieren** (vgl. Rn. 25 und § 13 WertV Rn. 65)[53].

132   Obwohl bei dieser Sachlage die Regelungen des § 169 Abs. 4 BauGB weitgehend „leer" laufen, ist die Frage kontrovers behandelt worden, welcher Entwicklungszustand in den äußerst seltenen Anwendungsfällen des § 169 Abs. 4 BauGB zu entschädigen ist[54]. Ursächlich dafür ist letztlich die als politischen Kompromiss zu erklärende „unscharfe" gesetzliche Regelung des § 169 Abs. 4 BauGB (vormals § 57 Abs. 4 StBauFG)[55]. Nach dieser Vorschrift wird für die Bemessung der Mindestentschädigung nicht auf den Entwicklungszustand „Bauerwartung" abgehoben. Dies wurde im Verlauf des Gesetzgebungsverfahrens zwar mit Nachdruck gefordert, jedoch hat der Gesetzgeber diesen ansonsten gängigen Begriff vermieden und stattdessen auf den Wert abgehoben, der „auf dem allgemeinen Grundstücksmarkt dort zu erzielen wäre, wo keine Entwicklungsmaßnahme vorgesehen ist." Dementsprechend nimmt auch § 26 Abs. 2 nicht auf den Entwicklungszustand Bauerwartungsland Bezug. **Im Falle der Anwendung des § 169 Abs. 4 BauGB i.V.m. § 26 Abs. 2 WertV ist demzufolge** innerhalb der Hierarchie des § 4 WertV unausgesprochen der in § 4 Abs. 1 Nr. 2 WertV definierte **Entwicklungszustand („Besondere Flächen der Land- oder Forstwirtschaft")** maßgebend. Zur Klarstellung ist aber noch einmal darauf hinzuweisen, dass dieses Bewertungsprivileg nur in den seltenen Fällen „greift", wo sich tatsächlich nur der innerlandwirtschaftliche Verkehrswert i.S.d. Abs. 1 Nr. 1 gebildet hat.

2.3.3   Qualifikationsmerkmale

133   Als besondere Flächen der Land- oder Forstwirtschaft sind zunächst nur solche Flächen einzustufen, die auf Grund objektiver Kriterien besondere Eigenschaften aufweisen. Die Vorschrift nennt

– die landschaftliche oder verkehrliche Lage,

– die Funktion der Flächen und

– ihre Nähe zu Siedlungsgebieten,

die eine **Eignung für außerlandwirtschaftliche oder außerforstwirtschaftliche Nutzungen** begründen. Der Verordnungsgeber hat es nicht vermocht, diese Nutzungen positiv zu definieren. Dies ergibt sich aus der Begründung[56]: In Betracht kommen vor allem Nutzungen für Freizeit- und Erholungszwecke, als Ausflugsziel für Ausflügler[57], die Hobbypferdehaltung insbesondere auf Grund

– der Beschaffenheit des Grundstücks, wie dessen Geländeform und Besonnung,
– der besonderen Anziehungskraft der Umgebung, insbesondere einer landschaftlich schönen Gegend,
– der Erreichbarkeit z. B. durch Erholungssuchende (auch auf Grund der Verkehrsverhältnisse) und der Nähe zu Ballungsgebieten.

Neben den genannten Nutzungen kommt auch die **Eignung für eine zulässige und befristete Nutzung** solcher Flächen **aus bestimmten Anlässen,** wie z. B. als Versammlungsfläche, für Jahrmärkte und Schützenfeste, Dorf- und Bürgerfeste, aber auch als befristete Park- und Abstellplätze in Betracht. Ausgeschlossen bleibt die Eignung der Fläche für eine unzulässige Nutzung. **134**

Liegen diese Voraussetzungen vor, so bildet sich in weiten Bereichen des Ausstrahlungsbereichs großer Ballungszentren für derartige Flächen regelmäßig ein höheres Bodenwertniveau selbst dort, wo eine Bauerwartung nicht besteht[58]. Im Übrigen wird auf **die Ausführungen bei § 26 WertV Rn. 113 ff.** hingewiesen. **135**

Allein die Eignung einer land- oder forstwirtschaftlichen Fläche auch für **außerlandwirtschaftliche oder außerforstwirtschaftliche Nutzungen** führt nicht automatisch zu deren Einstufung als besondere Fläche der Land- oder Forstwirtschaft. Es muss eine dahin gehende **Nachfrage** hinzutreten, **und zwar im gewöhnlichen Geschäftsverkehr.** Einzelne Ankäufe zu diesen Zwecken reichen also nicht aus, wenn ansonsten der Grundstücksverkehr durch „rein" land- oder forstwirtschaftliche Nutzungsabsichten beherrscht wird. Dass der Verordnungsgeber allein bei der Definition der besonderen Flächen der Land- oder Forstwirtschaft neben objektiven Zustandsmerkmalen auch das Geschehen auf dem Grundstücksmarkt hier eingebunden hat, ist darin begründet, dass ansonsten jede landschaftlich schöne und verkehrsgünstig gelegene land- oder forstwirtschaftliche Fläche in diese Qualität einzuordnen wäre, auch wenn diese Vorteile nicht „marktgängig" sind. **136**

---

52 OVG Lüneburg, Urt. vom 15. 12. 1977 – 1 A 311/74 –, EzGuG 15.7
53 BGH, Urt. vom 1. 2. 1982 – III ZR 100/80 –, EzGuG 14.70; BGH, Urt. vom 30. 9. 1976 – III ZR 149/75 –, EzGuG 20.64; BGH, Urt. vom 8. 11. 1962 – III ZR 86/61 –, EzGuG 8.5; BGH, Urt. vom 9. 11. 1959 – III ZR 149/58 –, EzGuG 14.12; BGH, Urt. vom 17. 12. 1964 – III ZR 96/63 –, EzGuG 11.47; BGH, Urt. vom 20. 12. 1963 – III ZR 60/63 –, EzGuG 14.17; BGH, Urt. vom 8. 5. 1967 – III ZR 148/65 –; EzGuG 14.28; BayObLG, Beschl. vom 23. 11. 1967 – X X V 2/66 –, EzGuG 8.23
54 Giehl in BayVBl. 1973, 311; Heinemann in AgrarR 1973, 172; Seele in VR 1974, 161, und VR 1975, 53; Gaentzsch. Die Bodenwertabschöpfung im StBauFG, Siegburg 1975, S. 112; Janning, Bodenwert und Städtebaurecht, Berlin 1976, S. 276; Reisnecker in BayVBl. 1977, 655; Stich in DVBl. 1976, 139; Schlichter in Berliner Komm. zum BauGB, § 169 Rn. 25 ff.
55 Rechtlich geht es dabei um die Frage, ob für eine bestimmte Gruppe von Enteignungsbetroffenen eine höhere Enteignungsentschädigung vorgesehen werden kann als sonsthin gewährt wird (vgl. im Einzelnen Kleiber in Ernst/Zinkahn/Bielenberg, BauGB, Komm. zu § 4 WertV Rn. 21 ff.); vgl. BT-Drucks. VI/510, S. 66, 76; BT-Drucks. VI/2204, S. 23; Prot. der 127. BT-Sitzung am 16. 6. 1971, S. 7328, 7339; BT-Ausschuss für Städtebau und Wohnungswesen, Sitzung am 26. 4. 1970, S. 148, am 23. 4. 1970, S. 106 und 116, am 29. 4. 1971, S. 22; BT-Rechtsausschuss, Sitzung am 29. 4. 1971, S. 104
56 BR-Drucks. 352/88, S. 37
57 BR-Drucks. 352/88, S. 36 f.
58 BGH, Urt. vom 28. 4. 1969 – III ZR 189/66 –, EzGuG 6.121a; vgl. auch 48. Sitzung des BT-Ausschusses für Raumordnung, Bauwesen und Städtebau vom 21. 4. 1975, S. 21 ff.

137 Die für die Qualifizierung einer Fläche als „besondere Fläche der Land- und Forstwirtschaft" geforderte Nachfrage setzt nicht voraus, dass das Grundstück oder die in der Umgebung gelegenen Grundstücke auch tatsächlich Gegenstand des Grundstücksverkehrs waren. Der Entwicklungszustand i. S. d. Abs. 1 Nr. 2 kann auch gegeben sein, wenn die übrigen Voraussetzungen vorliegen und in der weiteren Umgebung vergleichbare Grundstücke entsprechend gehandelt werden. Es genügt also die bloße Nachfrage.

138 Auf der anderen Seite kann aber nicht davon ausgegangen werden, dass sich im **Umland großer Ballungszentren,** in dem für außerland- und außerforstwirtschaftlich gelegene Grundstücke auch eine entsprechende Nachfrage besteht, stets und ausschließlich die Flächen als besondere Flächen der Land- und Forstwirtschaft zu qualifizieren sind. Vielmehr können im Umland der Ballungszentren sowohl reine Flächen der Land- und Forstwirtschaft i. S. d. Abs. 1 Nr. 1 als auch besondere Flächen der Land- und Forstwirtschaft i. S. d. Abs. 1 Nr. 2 gelegen sein. Diesbezüglich können topografische und naturbedingte Hindernisse die Grenze ziehen (z. B. eine Autobahn- und Eisenbahnstraße)[59].

139 Der **Verkehrswert der besonderen land- oder forstwirtschaftlichen Flächen** (Wert des „begünstigten Agrarlands") weist nach den Erfahrungen der Guachterausschüsse etwa den **zwei- bis dreifachen mitunter auch vierfachen Betrag des Werts der reinen land- oder forstwirtschaftlichen Flächen** (innerlandwirtschaftlicher Verkehrswert) **auf.**

140 Im Unterschied zu den reinen land- oder forstwirtschaftlichen Flächen i. S. d. Abs. 1 Nr. 1, deren Quadratmeterwert im Hinblick auf die land- oder forstwirtschaftliche Nutzung mit der Größe des Grundstücks leicht ansteigt, vermindert sich nach empirischen Untersuchungen der **auf den Quadratmeter bezogene Wert der besonderen land- oder forstwirtschaftlichen Flächen,** je größer das Grundstück ist (vgl. § 14 WertV Rn. 97 ff., Abb. 16):

Abb. 16: **Abhängigkeit des Quadratmeterwerts der besonderen Flächen der Land-** **oder Forstwirtschaft von der Grundstücksgröße**

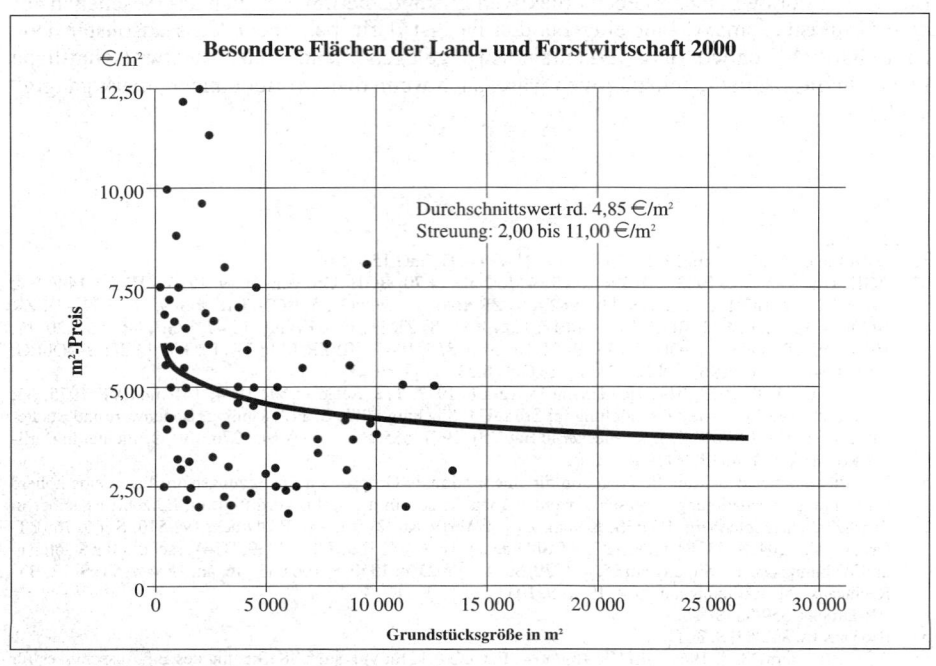

Quelle: Grundstücksmarktbericht Bergisch-Gladbach 2000 (umgerechnet)

3 Bauerwartungsland (Abs. 2)

3.1 Materielle Definition

Bauerwartungsland[60] wird mit Abs. 2 Satz 1 als Fläche definiert, die nach **141**
– ihrer Eigenschaft,
– ihrer sonstigen Beschaffenheit und
– ihrer Lage
eine bauliche Nutzung in absehbarer Zeit erwarten lässt. Satz 2 der Vorschrift enthält hierzu ergänzende Hinweise, worauf sich die Bauerwartung stützen kann. Nach der Vorschrift soll es für die Klassifizierung einer Fläche als Bauerwartungsland auf **objektiv gegebene Kriterien und nicht auf die Verkehrsauffassung** ankommen (vgl. Rn. 10 ff.). Die in Satz 1 genannten Kriterien schließen begrifflich an die der Definition des Verkehrswerts in § 194 BauGB an, die sich allerdings nicht eindeutig voneinander abgrenzen lassen (vgl. § 194 BauGB Rn. 70). Lediglich die dort ebenfalls genannten rechtlichen Gegebenheiten bleiben unerwähnt, denn für die Einordnung einer Fläche als Bauerwartungsland kann, aber muss nicht erforderlich sein, dass die Fläche in einem Flächennutzungsplan als Baufläche oder Baugebiet dargestellt ist (vgl. Satz 2).

Zum **Begriff der „baulichen Nutzung"** und der **„absehbaren Zeit"** vgl. Rn. 28, 125 und **142** 158; § 2 WertV Rn. 18 ff.; § 4 WertV Rn. 28 ff., 179 ff.

Abs. 2 definiert das **Bauerwartungsland als Vorstufe zum Rohbauland**, das gemäß **143** Abs. 2 „nach den §§ 30, 33 und 34 des Baugesetzbuchs für eine bauliche Nutzung" bestimmt ist. Demzufolge handelt es sich um Flächen, die außerhalb
– eines Bebauungsplans nach § 30 BauGB,
– eines im Zusammenhang bebauten Ortsteils nach § 34 BauGB,
– eines Vorhaben- und Erschließungsplans und
– eines Gebiets liegen, für das ein Beschluss über die Aufstellung eines Bebauungsplans gefasst wurde (§ 33 BauGB).

Wie das Rohbauland i. S. d. § 4 Abs. 3 WertV weist auch das **Bauerwartungsland** innerhalb **144** des Gemeindegebiets i. d. R. **kein einheitliches Wertniveau** auf; seine Wertigkeit bestimmt sich vielmehr entsprechend den jeweiligen Gegebenheiten rechtlicher und tatsächlicher Natur nach der zu erwartenden Wartezeit bis zur tatsächlichen baulichen Nutzbarkeit und den damit verbundenen Realisierungsrisiken (Wagnis, vgl. Rn. 16, 150 ff.; § 5 WertV Rn. 108; § 27 WertV Rn. 30; § 13 WertV Rn. 289 ff.).

Von Bauerwartungsland kann nicht stets erst auf Grund einer entsprechenden Darstellung **145** im Flächennutzungsplan gesprochen werden. Vielmehr kommt es entscheidend auch auf die **konkreten Situationsmerkmale** an, die in absehbarer Zeit eine bauliche Nutzung erwarten lassen, und sich infolgedessen im gewöhnlichen Geschäftsverkehr eine dahingehende Verkehrsauffassung gebildet hat.

Bauerwartungsland lässt sich häufig **nicht parzellenscharf gegenüber den Flächen der** **146** **Land- oder Forstwirtschaft abgrenzen.** Es kann deshalb sinnvoll sein, flächenmäßig untergeordnete Teilflächen in die Wertermittlung einzubeziehen, die bei strenger Auslegung des Begriffs der Bauerwartung als Flächen der Land- oder Forstwirtschaft zu quali-

---

59 LG Hannover, Urt. vom 5. 8. 1998 – 43 0 7/97 –, GuG 2000, 379; LG, Hannover, Urt. vom 14. 10. 1998 – 43 0 8-10/97
60 Älteres Schrifttum zum Begriff: Jung in BB 1964, 112; Wilsing in AVN 1964, 131; Krüger in BuG 1971, 19; Hintzsche In NJW 1968, 1269; Burkhard in BGBW 1967, 87; Koenig in AVN 1966, 2 = Staats- und Kommunalverwaltung 1965, 141; Kröner, Die Eigentumsgarantie in der Rechtsprechung des BGH 2. Aufl., Berlin 1969; Jonas, C., Der Ärger mit dem Bauerwartungsland, Der Städtetag 1988, 458, hierzu Hintzsche, M., ebenda

fizieren sind, ohne dass eine genaue Abgrenzung möglich wäre. Entsprechendes soll für die **flächenmäßig untergeordnete Teilfläche** gelten, die möglicherweise bereits dem Übergangsbereich zu einem höheren Entwicklungszustand zugeordnet werden könnten.

147 Eine weitere Besonderheit des Bauerwartungslands besteht darin, dass selbst bei einer sich aus entsprechenden **Darstellungen im Flächennutzungsplan** (§ 5 Abs. 2 Nr. 1 BauGB) ergebenden Bauerwartung **lediglich eine „Chance"** (Rn. 153 ff.) besteht, dass die Fläche in „absehbarer Zeit" tatsächlich einer baulichen Nutzung zugeführt werden kann, und sich die Chance mitunter „über Nacht" zerschlagen kann, ohne dass Entschädigungsanprüche für derartige „Herabzonungen" geltend gemacht werden können. Hierin unterscheidet sich das Bauerwartungsland vom Rohbauland bzw. von baureifem Land.

148 Die **Möglichkeit einer entschädigungslosen Änderung entsprechender Darstellungen in Flächennutzungsplänen wirkt sich im Geschäftsverkehr mit Bauerwartungsland preisdämpfend aus.** Es kommt hinzu, dass bei der Preisbildung für Bauerwartungsland berücksichtigt wird, dass für naturschutzrechtliche Ausgleichsmaßnahmen, Erschließungsmaßnahmen und sonstige Gemeinbedarfszwecke in erheblichem Umfang Flächen bereitgestellt werden müssen. Im Hinblick auf den gewachsenen Gemeinbedarf und – darüber hinaus – auf die naturschutzrechtliche Eingriffsregelung wird dabei die für Erschließungsumlegungen nach den §§ 45 ff. BauGB geltende Flächenbeitragsbegrenzung von 30 % als oft nicht mehr als ausreichend anzusehen sein. Neben der Wartezeit und dem Verwirklichungsrisiko wirkt sich auch dies preisdämpfend auf die Verkehrswertbildung für Bauerwartungsland aus.

149 Umgekehrt kann sich der **Wert des Bauerwartungslands kurzfristig nicht unerheblich erhöhen,** wenn auf Grund unerwarteter Entwicklungen eine langfristig erwartete bauliche Nutzung in greifbare Nähe rückt, z. B. wenn auf Grund der Initiative eines Investors (*„developer"*) in Kooperation mit dem Planungsträger die bauliche Nutzbarkeit herbeigeführt wird. Dies gilt grundsätzlich auch dann, wenn der Investor (bzw. *„developer"*) im Rahmen städtebaulicher Verträge die damit verbundenen Kosten, die sonst der Gemeinde entstehen, in einem angemessenen und durch die Entwicklung bedingten Umfang übernimmt. Es entspricht den Usancen des Grundstücksmarktes, dass in derartig gelagerten Fällen die vom Investor (*„developer"*) initiierte Bodenwertsteigerung insoweit beim Grunderwerb – quasi kompensatorisch – unberücksichtigt bleibt.

150 Allgemein gilt, dass die preisdämpfende Wirkung des Risikos, das mit der Erwartung einer baulichen Nutzung in absehbarer Zeit verbunden ist, i. d. R. mit der Verkürzung der Wartezeit (einschließlich des damit verbundenen Wagnisses) möglicherweise bis auf ein „Restrisiko" schwindet. Die Wartezeit ist damit ein entscheidender Faktor für die Wertigkeit des Bauerwartungslandes, wobei unter „absehbarer Zeit" Zeiträume bis acht Jahre und auch mehr verstanden werden (vgl. Rn. 28, 158 ff.; § 13 WertV Rn. 289 ff.). Das **Bauerwartungsland weist** demzufolge **eine breite Spanne der Wertigkeit auf.**

151 Im Kern kommt eine fundierte Wertermittlung von Bauerwartungsland nicht umhin, **Chancen, Risiken, die voraussichtliche Entwicklungszeit (Wartezeit) und die zu erwartenden Kosten** individuell **abzuschätzen.**

152 Für den Regelfall kann davon ausgegangen werden, dass der Grundstücksverkehr der in absehbarer Zeit erwarteten Einbeziehung einer Fläche in das eigentliche Bauland mit einer entsprechenden Ausweisung schon für die Gegenwart einen steigenden Einfluss auf Preisforderung und Preisbewilligung einräumt[61]. Voraussetzung ist allerdings, dass sie „so sicher unmittelbar" bevorstehen, dass sie sich bereits als wertbildender Faktor auswirken, der allgemeine Grundstücksverkehr ihnen also schon Rechnung trägt."[62] **Auf bloße Hoffnungen und Wünsche soll es für die Einstufung einer Fläche als Bauerwartungsland** schon nach dem Wortlaut der Vorschrift **nicht ankommen.** Auf Empfehlung des Bundesrates ist die Vorschrift deshalb dahingehend gegenüber dem RegE ergänzt worden, dass eine bauliche Nutzung in absehbarer Zeit „tatsächlich nach konkreten Anhaltspunkten zu erwarten ist" (vgl. Vorbem. zur WertV Rn. 11; § 4 WertV Rn. 10 ff.,187).[63]

Demgegenüber war in der Rechtsprechung anerkannt, dass bei der Wertermittlung (noch) **153** landwirtschaftlich genutzter Grundstücke eine Bauerwartung zu berücksichtigen sei, „wenn die Verwirklichung der Bauabsicht in absehbarer Zeit, wenn auch nicht innerhalb eines genauen Zeitraums zu *erhoffen* ist, wobei das Vorwirkungsrisiko in Kauf genommen wird."[64] Zumindest bei der Bemessung einer Enteignungsentschädigung stehen der Berücksichtigung von „Bauhoffnungen" nach Auffassung des OLG München[65] die zwischenzeitlich mit dem BBauG 76 geänderten Entschädigungsvorschriften entgegen. Die Auffassung wird mit dem Hinweis auf **§ 94 Abs. 2 Nr. 1 BBauG** (= BauGB) begründet, der folgenden Wortlaut hat:

„(2) Bei der Festsetzung der Entschädigung bleiben unberücksichtigt

1. Wertsteigerungen eines Grundstücks, die in der Aussicht auf eine Änderung der zulässigen Nutzung eingetreten sind, wenn die Änderung nicht in absehbarer Zeit zu erwarten ist;"

Wenn also durch konkrete Anhaltspunkte begründbare **Bauhoffnungen** (vgl. Fn. 51) schon **154** nicht zu entschädigen sind, müssen sie auch bei der Klassifizierung einer Fläche nach den Maßstäben des § 4 außer Betracht bleiben. Bei alledem gilt es in Abwandlung eines Schillerwortes für jeden Investor hier zu bedenken, nach dem mit des Marktes Mächten nicht immer ein edler Bund zu flechten ist.

Bauerwartungsland i. S. d. § 4 Abs. 2 WertV stellt bei alledem eine **Zwischenstufe zwischen den sog. Flächen der Land- oder Forstwirtschaft** i. S. d. § 4 Abs. 1 **und dem Rohbauland** i. S. d. § 4 Abs. 3 dar. Es handelt sich um einen äußerst **„labilen" und risikobehafteten Übergangsbereich**, im untersten Bereich des „werdenden Baulands". **155**

Wegen der Vielfalt der häufig nicht abschätzbaren Einflüsse und der unterschiedlichsten **156** Situationsverhältnisse kann selbst im Wege einer individuellen Wertermittlung der Verkehrswert von **Bauerwartungsland nicht exakt „berechnet"** werden und die ermittelten Verkehrswerte können sich schon im Hinblick auf die mit der Bauleitplanung und anderen Planungsgrundlagen verbundenen Unsicherheiten bereits nach kurzer Zeit „verflüchtigen" bzw. stark ansteigen. Bauerwartungsland stellt insofern auch einen „flüchtigen" Entwicklungszustand dar. Bei der Verkehrswertermittlung von Bauerwartungsland geht es deshalb in erster Linie darum, eine Vielzahl einzelner „Indizien", die für oder gegen die Erwartung einer baulichen Nutzung sprechen, zu aggregieren, um daraus den **Grad der Bauerwartung** und damit die Wertigkeit des Bauerwartungslands möglichst objektiv abzuleiten.

Zusammenfassend bleibt festzustellen, dass eine **Bauerwartung** gegeben ist, **sobald** **157**

a) eine bauliche Nutzung nach allen Umständen tatsächlicher und rechtlicher Art „greifbar"[66] ist,

b) ohne dass es erforderlich ist, dass sie mit Sicherheit erwartet werden kann.

---

61 RG, Urt. vom 30. 5. 1911 – VII 368/10 –, EzGuG 20.10; BGH, Urt. vom 7. 10. 1976 – III ZR 60/73 –, EzGuG 6.188

62 BGH, Urt. vom 9. 1. 1969 – III ZR 51/68 –, EzGuG 6.120

63 BR-Drucks. 352/1/88, S. 2

64 BGH, Urt. vom 8. 2. 1971 – III ZR 200/69 –, EzGuG 6.130; BGH, Urt. vom 8. 2. 1971 – III ZR 65/70 –, EzGuG 6.133

65 OLG München, Urt. vom 29. 11. 1979 – U 3/79 –, EzGuG 8.55

66 So ausdrücklich die Begründung zu § 4 Abs. 2; BR-Drucks. 352/88, S. 37 in Anlehnung an BGH, Urt. vom 10. 4. 1997 – III ZR 111/96 –, EzGuG 6.284; BGH, Urt. vom 25. 9. 1958 – III ZR 82/57 –, EzGuG 6.35; BGH, Urt. vom 8. 11. 1962 – III ZR 86/61 –, EzGuG 8.5; BayObLG, Urt. vom 27. 11. 1969 – 1a Z 13/68 –, EzGuG 19.20; OLG Hamm, Urt. vom 25. 3. 1971 – 10 U 62/70 –, EzGuG 8.35; OLG Celle; Urt. vom 1. 2. 1963 – 4 U 211/60 –, EzGuG 8.6

158 Nutzungsmöglichkeiten, deren Verwirklichung nicht in „greifbarer" Nähe liegen, beeinflussen nämlich nicht die Höhe des Verkehrswerts[67]. Der BGH hat den **Begriff der „greifbaren Nähe" im gleichen Sinne wie** den vom Verordnungsgeber hier benutzten **Begriff der „absehbaren Zeit"** benutzt (so auch Begründung zu § 4 Abs. 2, a. a. O.), wobei in der Rechtsprechung nicht gefordert wird, dass die bauliche Nutzung „mit Sicherheit" erwartet werden kann. Der BGH[68] hat hierzu ausgeführt: „Es *(das RG im Urt. vom 30. 5. 1911 – VII 568/10 – in Gruchot 55/1176 = EzGuG 20.10),* hat ausdrücklich hervorgehoben, dass die künftige Bebauung innerhalb einer absehbaren Zeit ‚nicht unumstößlich sicher feststehen müsse‘, es genüge vielmehr, dass ‚sie mit mehr oder weniger großer Wahrscheinlichkeit zu erwarten oder (sogar nur) zu erhoffen sei‘. Es hat also die Übernahme eines gewissen Risikos, ob in Zukunft in der Tat eine Bebauung eintreten wird, bei Erwerb solchen Geländes zu höheren als Ackerlandpreisen als einem ‚gesunden Grundstücksverkehr‘ entsprechend angesehen; so bezeichnet es[69] solches werdendes Bauland sogar als ‚Spekulationsland‘, billigt ihm aber trotzdem eine höhere Qualität als reinem Ackerland zu. Auf die Sicherheit der künftigen Bebauung ist demnach nicht abzustellen. Eine Unsicherheit hinsichtlich der künftigen Bebauung braucht der Einbeziehung eines Grundstücks in die hier zur Erörterung stehende qualitätsmäßige Zwischenstufe nicht entgegenzustehen." Was als „absehbare Zeit" zu gelten hat, entzieht sich dabei einer Verallgemeinerung[70].

159 Die **absehbare Zeit** i. S. d. Rechtsprechung entspricht im Regelfall der Wartezeit i. S. d. § 5 Abs. 4, die von wesentlicher Bedeutung für den Wert des Bauerwartungslandes ist (vgl. Rn. 28, 187). Bei der Ermittlung des Verkehrswerts von Bauerwartungsland aus Vergleichspreisen für baureifes Land unter Abzug anfallender Kosten und unter Berücksichtigung der Wartezeit (Investitionsrechnung) wird in der Praxis mitunter noch ein **Wagnisabschlag** (von ca. 10 %) angebracht. Diesbezüglich muss vor einer schematischen Vorgehensweise gewarnt werden (vgl. Rn. 16, 144; § 13 WertV Rn. 289 ff.; § 5 WertV Rn. 108; § 27 WertV Rn. 30): Bauerwartungsland stellt – wie dargelegt – einen äußerst labilen Entwicklungszustand dar und hat sich allzuoft als ein flüchtiger Zustand erwiesen. Über Nacht können sich Entwicklungschancen zerschlagen; die daraus folgende Wertminderung muss der Eigentümer entschädigungslos hinnehmen. Deshalb ist dieser Entwicklungszustand risikobehaftet; ein Risikoabschlag erscheint von daher begründet. Auf der anderen Seite kann sich im Bauerwartungsland auch ein hohes Potenzial an Entwicklungschancen „verbergen", denn ebenso wie sich Entwicklungschancen über Nacht zerschlagen können, kann sich die allgemein erwartete Wartezeit bis zur baulichen Nutzung auch erheblich verkürzen. Kaufwillige Investoren, die eine Investitionsrechnung aufstellen, setzen indessen erfahrungsgemäß stets einseitig nur das Risiko (Wagnis) an. Daneben werden häufig sogar die Kosten eines *„developers"* angesetzt, dessen Aufgabe aber gerade ist, den angestrebten Erfolg herbeizuführen und das Risiko zu minimieren. Hier besteht die Gefahr der Doppelberücksichtigung.

160 Es kommt hinzu, dass die angesetzte **Wartezeit und** ein zusätzlich angesetzter **Risikoabschlag in Wechselbeziehung** zueinander stehen können (vgl. Rn. 16, 159; § 13 WertV Rn. 289 ff.; § 5 WertV Rn. 108; § 27 WertV Rn. 30). Die Wartezeit wird regelmäßig im Wege der Schätzung angesetzt und kann zu recht langen Zeithorizonten von 10 Jahren und sogar mehr führen. Grundsätzlich kann ein verbleibendes Wagnis z. B. derart, dass sich eine erwartete bauliche Nutzung auf Grund unvorhersehbarer Ereignisse verzögert – zumindest vom Ergebnis her –, bereits durch eine entsprechend „großzügig" bemessene Wartezeit berücksichtigt werden. Dies bedeutet, dass in solchen Fällen die Wartezeit umso enger zu bemessen ist, je höher der angesetzte Risikoabschlag eingeführt wird. Verfahrenstechnisch dürfte es jedoch praktikabler sein, mit einer entsprechend großzügig kalkulierten Wartezeit das Risiko uno actu zu subsumieren. Im Rahmen von Investitionsberechnungen wird damit zugleich der Gefahr begegnet, dass sich mit dem Ansatz einer Vielzahl von jeweils für sich kleinen Einzelpositionen diese zusammen zu einem Betrag aufsummieren, der dann zu unrealistischen Ergebnissen führt.

▸ *Zur Verkehrswertermittlung warteständigen Baulandes mit Hilfe deduktiver Verfahren vgl. § 13 WertV Rn. 216 ff.*

Der **Entwicklungszustand Bauerwartungsland stellt für den Eigentümer des Grund-** **161**
stücks keine geschützte Rechtsposition in dem Sinne **dar,** dass für die sich nicht erfüllenden Erwartungen eine Entschädigung beansprucht werden kann. Für wegfallende „Chancen" kann der Eigentümer nämlich nur dann einen Wertausgleich beanspruchen, wenn sein
Grundstück unmittelbar dem enteignenden Zugriff ausgesetzt und damit der privaten Nutzung entzogen wird[71]. Art. 14 GG schützt nur konkrete Rechtspositionen und nicht bereits
„Chancen". Dies gilt selbst in den Fällen, in denen „bloße" Erwartungen auf Grund von
Maßnahmen der hohen Hand wegfallen[72].

3.2 Eine Bauerwartung begründende rechtliche Gegebenheit

§ 4 Abs. 2 Satz 2 enthält Hinweise auf **Gegebenheiten, die eine Bauerwartung begrün-** **162**
den *können*. Die Vorschrift nennt

a) *rechtliche* Gegebenheiten (Darstellung der Fläche im Flächennutzungsplan)[73] und

b) *tatsächliche* Gegebenheiten (entsprechendes Verhalten des Planungsträgers oder die allgemeine städtebauliche Entwicklung des Gemeindegebiets).

Derartige **Gegebenheiten müssen nicht kumulativ vorliegen, um eine Fläche als Bau-** **163**
erwartungsland zu klassifizieren; andererseits ist eine Fläche nicht automatisch als Bauerwartungsland einzuordnen, wenn eine der genannten Gegebenheiten vorliegt. Wie nachstehend erläutert wird, handelt es sich zu Recht um eine Kann-Bestimmung.

Allgemein wird angenommen, dass die **Darstellung einer Baufläche oder eines Bauge-** **164**
biets in einem Flächennutzungsplan nach § 5 BauGB Bauerwartungslandqualität begründet. Tatsächlich kann dies aber keinesfalls als unumstößliche Regel gelten, und zwar
sowohl was den Ausschluss einer Fläche von einer baulichen Nutzung als auch die Darstellung einer Fläche als Baugebiet oder Baufläche im Flächennutzungsplan anbelangt:

a) Eine die Bebauung ausschließende vorläufige oder endgültige Planung steht *nicht unbe-*
dingt einer zu erwartenden Bebauung entgegen, weil Planungen auch geändert werden
können[74].

b) Die Planung ist zwar erforderlich, um „ein gesundes, sicheres, ungestörtes Zusammen-
leben mit Rücksicht auf die Knappheit des Grund und Bodens zu ermöglichen[75], und es
liegt auch in der Natur der Sache, dass „planerische Festsetzungen auf Markt- und

---

67 BGH, Urt. vom 6. 12. 1962 – III ZR 113/61 –, EzGuG 6.65; BGH; Urt. vom 28. 10. 1971 – III ZR 84/70 –,
    EzGuG 8.37
68 BGH, Urt. vom 8. 11. 1962 – III ZR 86/61 –, EzGuG 8.5; BGH, Urt. vom 8. 6. 1959 – III ZR 66/58 –; EzGuG
    6.41; BVerwG, Urt. vom 27. 1. 1967 – 4 C 33/65 –, EzGuG 8.20; BVerwG, Urt. vom 21. 6. 1955 – 1 C 173/54 –,
    EzGuG 17.2; BVerwG, Urt. vom 9. 6. 1959 – 1 CB 27/58 –, EzGuG 17.13; BVerwG, Urt. vom 16. 9. 1975 – 5 C
    32/75 –, EzGuG 17.32 d; vgl. auch RG, Urt. vom 1. 7. 1931 – V 95/31 –, EzGuG 4.2 f
69 z. B. im Urt. vom 7. 5. 1909 – VII 358/08 –, PrVBl. 1910, 262
70 BVerwG, Beschl. vom 23. 7. 1993 – 4 NB 26/93 –, EzGuG 17.76 b; FG München, Urt. vom 20. 11. 2000 – I 3 K
    2630/95 –; 145 Jahre sind absehbar
71 BGH, Urt. vom 7. 1. 1982 – III ZR 114/80 –, EzGuG 6.213a; BGH, Urt. vom 10. 3. 1977 – III ZR 195/74 –,
    EzGuG 18.72; BGH, Urt. vom 29. 3. 1976 – III ZR 98/73 –, EzGuG 8.47; BGH, Urt. vom 12. 6. 1975 – III ZR
    25/73 –, EzGuG 4.44; BGH, Urt. vom 25. 11. 1974 – III ZR 42/73 –, EzGuG 6.174; BGH, Urt. vom 28. 1. 1974
    – III ZR 11/76 –, EzGuG 8.42; BGH, Urt. vom 14. 12. 1970 – III ZR 102/67 –; EzGuG 6.131; BGH, Urt. vom
    4. 5. 1972 – III ZR 111/70 –, WM 1972, 890
72 BGH, Urt. vom 29. 3. 1976 – III ZR 98/73 –, EzGuG 8.47; BGH, Urt. vom 28. 1. 1974 – III ZR 11/76 –, EzGuG
    8.42; BGH, Urt. vom 12. 6. 1975 – III ZR 25/73 –, EzGuG 4.44; BGH, Urt. vom 7. 10. 1976 – III ZR 60/73 –,
    EzGuG 6.188
73 BFH, Urt. vom 27. 1. 1978 – III R 101/75 –, EzGuG 4.54 a
74 BGH, Urt. vom 20. 12. 1963 – III ZR 60/63 –, EzGuG 14.17; OLG Bremen, Urt. vom 5. 4. 1967 – UB (c) 10/65
    –, EzGuG 9.21 a
75 BGH, Urt. vom 28. 4. 1966 – III ZR 24/65 –, EzGuG 19.9; BGH, Urt. vom 25. 6. 1959 – III ZR 220/57 –,
    EzGuG 6.43

Erwerbschancen Einfluss nehmen"[76], jedoch wurde in der Rechtsprechung auch darauf hingewiesen, dass die Ausweisung eines Grundstücks als Bauland allein nicht genüge, um die Eigenschaft als Bauland zu bejahen. Es muss hinzukommen, dass auf Grund der tatsächlichen Entwicklung mit der Bebauung in absehbarer Zeit gerechnet werden kann[77].

c) Auch das Fehlen einer Bebauungsplanung sowie die Lage eines Grundstücks außerhalb eines im Zusammenhang bebauten Ortsteils nach § 34 BauGB schließen nicht aus, dass für ein Grundstück eine bauliche Nutzung in absehbarer Zeit erwartet werden kann[78].

165 Ausschlaggebend sollen demnach die sich aus der **Situationsgebundenheit des Grund-stücks** ergebenden tatsächlichen Eigenschaften sein, die nach der in der Rechtsprechung zum Ausdruck kommenden Auffassung zumindest in Ausnahmefällen einer Planung zuwiderlaufen können. Damit darf aber der kommunalen Bauleitplanung nicht die Steuerungsfunktion abgesprochen werden, die aus guten Gründen auch gegen den „Trend" gerichtet sein kann. Eine geordnete städtebauliche Entwicklung ist nämlich nicht denkbar, wenn mit ihr sich vermeintlich aufdrängende Entwicklungen nicht verhindern ließen. Immerhin ist auch vom Grundsatz anerkannt, dass die Darstellungen in Flächennutzungsplänen unter bestimmten Voraussetzungen zum Ausschluss von der konjunkturellen Weiterentwicklung führen können. Dennoch bleibt aber festzuhalten, dass allein die Darstellung einer baulichen Nutzung im Flächennutzungsplan i. d. R. nicht eine unumstößliche Sicherheit verleiht, dass die bauliche Nutzung auch „tatsächlich" zu erwarten ist[79].

166 Nach Abs. 2 Satz 2 kann sich eine Bauerwartung auf ein der **Flächennutzungsplanung entsprechendes (konkludentes) Handeln** gründen. Diese kann sich in sog. informellen Planungen, z. B. Struktur- und Rahmenpläne, aber auch in einer Investitionsplanung konkretisieren. Schon im Hinblick auf die ausstehende formelle Bauleitplanung, verbunden mit einer Beteiligung der Bürger und Träger öffentlicher Belange nach den §§ 34 und 4 a BauGB, wird sich eine Bauerwartung nicht auf einzelne Planungsvorstellungen gründen können. Zumindest ist zu fordern, dass eine informelle Planung vom Gemeinderat zustimmend zur Kenntnis genommen wurde und auch die tatsächlichen Verhältnisse eine Bauerwartung rechtfertigen.

167 Spätestens mit dem Beschluss der Gemeinde, einen Bebauungsplan aufzustellen, werden Umstände geschaffen, die mit mehr oder minder großer Wahrscheinlichkeit es erwarten oder erhoffen lassen, dass ein Grundstück einer Bebauung zugänglich gemacht wird und es ist von daher gerechtfertigt, von Bauerwartungsland zu sprechen[80].

3.3   Eine Bauerwartung begründende tatsächliche Gegebenheit

168 Bereits aus der materiellen Definition des Bauerwartungslandes in § 4 Abs. 2 Satz 1 folgt, dass es bei der Klassifizierung einer Fläche als Bauerwartungsland maßgeblich auf die tatsächlichen Zustandsmerkmale und nicht entscheidend auf formale Gesichtspunkte (Ortsplanung, Festsetzung von Fluchtlinien) ankommt. Von maßgeblicher Bedeutung sind die aus der Natur der Sache gegebenen Möglichkeiten der Benutzung und der wirtschaftlichen Ausnutzung, wie sie sich aus der örtlichen Lage des Grundstücks bei wirtschaftlicher Betrachtungsweise objektiv anbieten. Nach ständiger Rechtsprechung ist also die sog. **Situationsgebundenheit des Grundstücks** ausschlaggebend[81]. Es handelt sich hierbei um die in Abs. 2 Satz 2 ausdrücklich angesprochene **allgemeine städtebauliche Entwicklung des Gemeindegebiets**.

169 Die Bauerwartung[82] kann sich insbesondere gründen auf den in einer Gemeinde bestehenden **Siedlungsdruck** auf Grund von Wanderungen oder der Zunahme der Bevölkerung oder im gewerblich-industriellen Bereich und den sich daraus ergebenden Baulandbedarf. Hinzu kommt die Nähe der Gemeindebesiedlungsgrenze[83] oder eine **günstige Lage innerhalb des Siedlungsgebiets** z. B. auf Grund vorhandener Infrastruktureinrichtungen einschließlich günstiger Verkehrsverhältnisse durch Straßen-, Eisenbahn-, Omnibus- oder Straßenbahnlinien. Umgekehrt stehen naturbedingte Hindernisse, ein Bevölkerungsrückgang sowie der Abzug von Industrie und Gewerbe einer Bauerwartung entgegen. Ökologische einer Bebauung entgegenstehende Belange haben manche Bauflächenausweisungen in Flächennutzungsplänen obsolet werden lassen. Es verbietet sich bei alledem, allein aus der **Großstadtnähe** „quasi naturgesetzlich" auf eine Bauerwartung zu schließen[84].

4 Rohbauland (Abs. 3)

4.1 Materielle Definition

Abs. 3 definiert das Rohbauland als **Flächen, die nach** den **bauplanungsrechtlichen Bestimmungen** der §§ 30, 33 oder 34 BauGB **für eine bauliche Nutzung bestimmt sind,**   **170**

a) deren Erschließung aber noch nicht gesichert ist *oder*

b) die nach Lage, Form und Größe für eine bauliche Nutzung (noch) unzureichend gestaltet sind.

Im Unterschied zur Definition des „baureifen Landes" (Abs. 4) soll es auf die **(sofortige)** **171** **Zulässigkeit einer baulichen Nutzung** nach sonstigen öffentlich-rechtlichen Vorschriften (vgl. Rn. 188 ff.) nicht ankommen. Auch sind privatrechtliche Hinderungsgründe, wie z. B. eine die Bebauung ausschließende Grunddienstbarkeit, oder tatsächliche Hindernisse außer Betracht zu lassen.

Die angeführten **§§ 30, 33 und 34 BauGB** sind im Teil I unter Fn. 2 abgedruckt.   **172**

Im Außenbereich gelegene Grundstücke stehen nach einer geordneten städtebaulichen **173** Entwicklung gemäß § 35 BauGB grundsätzlich nicht zur Bebauung an[85]. Indessen kann sich die Bebaubarkeit eines im Außenbereich gelegenen Grundstücks unter bestimmten Voraussetzungen aus § 35 Abs. 1 BauGB[86] ergeben, so dass im Einzelfall auch in diesen Fällen eine Fläche als Rohbauland einzustufen wäre, wenn entsprechend der Regelung des Abs. 3 lediglich die „ausreichende" Erschließung nicht gesichert ist. Nach der Rechtsprechung des BGH und des BVerwG gewährt auch § 35 Abs. 2 BauGB trotz seines Wortlauts („können") einen Rechtsanspruch auf Zulassung eines Vorhabens, wenn öffentliche Belange nicht beeinträchtigt werden[87].

76 BVerwG, Beschl. vom 9. 11. 1979 – 4 N 1/78, 4 N 2-4 –, BVerwGE 59,87 = NJW 1980, 1061 = BauR 1980, 36 = DVBl. 1980, 233
77 BGH, Urt. vom 8. 11. 1962 – III ZR 86/81 –, EzGuG 8.5; BGH, Urt. vom 25. 3. 1975 – V ZR 92/74 –; BGH, Urt. vom 28. 10. 1971 – III ZR 84/70 –, EzGuG 8.37; BGH, Urt. vom 20. 12. 1963 – III ZR 60/63 –, EzGuG 14.13; BGH, Urt. vom 30. 9. 1963 – III ZR 59/61 –, EzGuG 8.9; BVerwG, Urt. vom 27. 1. 1967 – 4 C 33/65 –, EzGuG 8.20; OVG Lüneburg, Urt. vom 11. 1. 1962, EzGuG 8.4
78 BVerwG, Urt. vom 9. 6. 1959 – 1 C 27/58 –, EzGuG 17.13; BayObLG, Urt. vom 27. 11. 1969 – Ia Z 13/68 –, EzGuG 19.20; OVG Greifswald, Urt. vom 4. 7. 1996 – 9 K 5/94 –, GuG 1997, 190 = EzGuG 4.166
79 BGH, Urt. vom 25. 11. 1974 – III ZR 42/73 –, EzGuG 6.174
80 OLG Frankfurt am Main, Urt. vom 30. 4. 1998 – 15 U 65/97 –, EzGuG 4.171
81 BGH, Urt. vom 14. 6. 1984 – III ZR 41/83 –, EzGuG 8.61; BGH, Urt. vom 22. 4. 1982 – III ZR 131/80 –, EzGuG 17.44; BGH, Urt. vom 15. 11. 1979 – III ZR 78/78 –, EzGuG 17.36; BGH, Urt. vom 12. 2. 1976 – III ZR 184/73 –, EzGuG 19.28; BGH, Urt. vom 25. 11. 1974 – III ZR 42/73 –, EzGuG 6.174; BGH, Urt. vom 28. 4. 1966 – III ZR 24/65 –, EzGuG 19.9; BGH, Urt. vom 30. 9. 1963 – III ZR 59/61 –, EzGuG 8.9
82 BGH, Urt. vom 14. 6. 1984 – III ZR 41/83 –, EzGuG 8.61; BGH, Urt. vom 25. 3. 1977 – V ZR 92/74 –, EzGuG 4.50; BGH, Urt. vom 22. 2. 1965 – III ZR 126/63 –, EzGuG 8.14; BayObLG, Urt. vom 27. 11. 1969 – 1a Z – 13/68 –, EzGuG 19.20; BGH, Urt. vom 17. 12. 1964 – III ZR 96/63 –, EzGuG 11.47
83 LG Koblenz, Urt. vom 6. 3. 1989 – 4. 0. 18/88 –, EzGuG 8.66
84 OLG Frankfurt am Main, Urt. vom 8. 3. 1976 – 1 U 4/74 –, EzGuG 18.67a
85 BVerwG, Urt. vom 25. 6. 1969 – 4 C 14/68 –, EzGuG 9.7
86 Zum Rechtsanspruch auf Zulassung eines Vorhabens vgl. BGH, Urt. vom 26. 10. 1970 – III ZR 132/67 –, EzGuG 8.32; zur Bebaubarkeit nach § 35 Abs. 2 BauGB; BGH, Urt. vom 1. 12. 1977 – III ZR 130/75 –, EzGuG 18.78
87 BGH, Urt. vom 5. 2. 1981 – III ZR 119/79 –, EzGuG 8.57; BGH, Urt. vom 12. 2. 1976 – III ZR 184/73 –, EzGuG 19.28; BVerwG, Urt. vom 29. 4. 1964 – 1 C 30/62 –, EzGuG 8.11; a. A. Gaentzsch im Berliner Komm. § 42 Rn. 9

174   Abs. 3 lässt die **Zulässigkeit einer baulichen Nutzung nach § 35 BauGB** wohl nur deshalb unerwähnt, weil sonst potenziell der Außenbereich in seiner Gesamtheit als Rohbauland einzuordnen wäre. Dies wäre missverständlich, denn nur für privilegierte Vorhaben ist eine bauliche Einstufung zulässig (vgl. Rn. 177 f.).

175   § 35 BauGB hat folgende Fassung:

„§ 35

Bauen im Außenbereich

(1) Im Außenbereich ist ein Vorhaben nur zulässig, wenn öffentliche Belange nicht entgegenstehen, die ausreichende Erschließung gesichert ist und wenn es

1. einem land- oder forstwirtschaftlichen Betrieb dient und nur einen untergeordneten Teil der Betriebsfläche einnimmt,

2. einem Betrieb der gartenbaulichen Erzeugung dient,

3. der öffentlichen Versorgung mit Elektrizität, Gas, Telekommunikationsdienstleistungen, Wärme und Wasser, der Abwasserwirtschaft oder einem ortsgebundenen gewerblichen Betrieb dient,

4. wegen seiner besonderen Anforderungen an die Umgebung, wegen seiner nachteiligen Wirkung auf die Umgebung oder wegen seiner besonderen Zweckbestimmung nur im Außenbereich ausgeführt werden soll,

5. der Erforschung, Entwicklung oder Nutzung der Kernenergie zu friedlichen Zwecken oder der Entsorgung radioaktiver Abfälle dient oder

6. der Erforschung, Entwicklung oder Nutzung der Wind- oder Wasserenergie dient.

(2) Sonstige Vorhaben können im Einzelfall zugelassen werden, wenn ihre Ausführung oder Benutzung öffentliche Belange nicht beeinträchtigt und die Erschließung gesichert ist.

(3) Eine Beeinträchtigung öffentlicher Belange liegt insbesondere vor, wenn das Vorhaben

1. den Darstellungen des Flächennutzungsplans widerspricht,

2. den Darstellungen eines Landschaftsplans oder sonstigen Plans insbesondere des Wasser-, Abfall- oder Immissionsschutzrechts widerspricht,

3. schädliche Umwelteinwirkungen hervorrufen kann oder ihnen ausgesetzt wird,

4. unwirtschaftliche Aufwendungen für Straßen und andere Verkehrseinrichtungen, für Anlagen der Versorgung oder Entsorgung, für die Sicherheit oder Gesundheit oder für sonstige Aufgaben erfordert,

5. Belange des Naturschutzes und der Landschaftspflege, des Bodenschutzes, des Denkmalschutzes oder die natürliche Eigenart der Landschaft und ihren Erholungswert beeinträchtigt oder das Orts- und Landschaftsbild verunstaltet,

6. Maßnahmen zur Verbesserung der Agrarstruktur beeinträchtigt oder die Wasserwirtschaft gefährdet oder

7. die Entstehung, Verfestigung oder Erweiterung einer Splittersiedlung befürchten lässt.

Raumbedeutsame Vorhaben nach den Absätzen 1 und 2 dürfen den Zielen der Raumordnung nicht widersprechen; öffentliche Belange stehen raumbedeutsamen Vorhaben nach Absatz 1 nicht entgegen, soweit die Belange bei der Darstellung dieser Vorhaben als Ziele der Raumordnung in Plänen im Sinne der §§ 8 oder 9 des Raumordnungsgesetzes abgewogen worden sind. Öffentliche Belange stehen einem Vorhaben nach Absatz 1 Nr. 2 bis 6 in der Regel auch dann entgegen, soweit hierfür durch Darstellungen im Flächennutzungsplan oder als Ziele der Raumordnung und Landesplanung eine Ausweisung an anderer Stelle erfolgt ist.

(4) Den nachfolgend bezeichneten sonstigen Vorhaben im Sinne des Absatzes 2 kann nicht entgegengehalten werden, dass sie Darstellungen des Flächennutzungsplans oder eines Landschaftsplans widersprechen, die natürliche Eigenart der Landschaft beeinträchtigen oder die Entstehung, Verfestigung oder Erweiterung einer Splittersiedlung befürchten lassen, soweit sie im Übrigen außenbereichsverträglich im Sinne des Absatzes 3 sind.

1. die Änderung der bisherigen Nutzung eines Gebäudes im Sinne des Absatzes 1 Nr. 1 unter folgenden Voraussetzungen:

    a) das Vorhaben dient einer zweckmäßigen Verwendung erhaltenswerter Bausubstanz,

    b) die äußere Gestalt des Gebäudes bleibt im Wesentlichen gewahrt,

    c) die Aufgabe der bisherigen Nutzung liegt nicht länger als sieben Jahre zurück,

    d) das Gebäude ist vor dem 27. August 1996 zulässigerweise errichtet worden,

    e) das Gebäude steht im räumlich-funktionalen Zusammenhang mit der Hofstelle des land- oder forstwirtschaftlichen Betriebs und

    f) im Falle der Änderung zu Wohnzwecken entstehen neben den bisher nach Absatz 1 Nr. 1 zulässigen Wohnungen höchstens drei Wohnungen je Hofstelle und

    g) es wird eine Verpflichtung übernommen, keine Neubebauung als Ersatz für die aufgegebene Nutzung vorzunehmen, es sei denn, die Neubebauung wird im Interesse der Entwicklung des Betriebs im Sinne des Absatzes 1 Nr. 1 erforderlich,

2. die Neuerrichtung eines gleichartigen Wohngebäudes an gleicher Stelle unter folgenden Voraussetzungen:
   a) das vorhandene Gebäude ist zulässigerweise errichtet worden,
   b) das vorhandene Gebäude weist Missstände oder Mängel auf,
   c) das vorhandene Gebäude wird seit längerer Zeit vom Eigentümer selbst genutzt und
   d) Tatsachen rechtfertigen die Annahme, dass das neu errichtete Gebäude für den Eigenbedarf des bisherigen Eigentümers oder seiner Familie genutzt wird; hat der Eigentümer das vorhandene Gebäude im Wege der Erbfolge von einem Voreigentümer erworben, der es seit längerer Zeit selbst genutzt hat, reicht es aus, wenn Tatsachen die Annahme rechtfertigen, dass das neu errichtete Gebäude für den Eigenbedarf des Eigentümers oder seiner Familie genutzt wird,

3. die alsbaldige Neuerrichtung eines zulässigerweise errichteten, durch Brand, Naturereignisse oder andere außergewöhnliche Ereignisse zerstörten, gleichartigen Gebäudes an gleicher Stelle,

4. die Änderung oder Nutzungsänderung von erhaltenswerten, das Bild der Kulturlandschaft prägenden Gebäuden, auch wenn sie aufgegeben sind, wenn das Vorhaben einer zweckmäßigen Verwendung der Gebäude und der Erhaltung des Gestaltwerts dient,

5. die Erweiterung eines Wohngebäudes auf bis zu höchstens zwei Wohnungen unter folgenden Voraussetzungen:
   a) das Gebäude ist zulässigerweise errichtet worden,
   b) die Erweiterung ist im Verhältnis zum vorhandenen Gebäude und unter Berücksichtigung der Wohnbedürfnisse angemessen und
   c) bei der Errichtung einer weiteren Wohnung rechtfertigen Tatsachen die Annahme, dass das Gebäude vom bisherigen Eigentümer oder seiner Familie selbst genutzt wird,

6. die bauliche Erweiterung eines zulässigerweise errichteten gewerblichen Betriebs, wenn die Erweiterung im Verhältnis zum vorhandenen Gebäude und Betrieb angemessen ist.

In den Fällen des Satzes 1 Nr. 2 und 3 sind geringfügige Erweiterungen des neuen Gebäudes gegenüber dem beseitigten oder zerstörten Gebäude sowie geringfügige Abweichungen vom bisherigen Standort des Gebäudes zulässig.

(5) Die nach den Absätzen 1 bis 4 zulässigen Vorhaben sind in einer flächensparenden, die Bodenversiegelung auf das notwendige Maß begrenzenden und den Außenbereich schonenden Weise auszuführen. Die Baugenehmigungsbehörde soll durch nach Landesrecht vorgesehene Baulast oder in anderer Weise die Einhaltung der Verpflichtung nach Absatz 4 Satz 1 Buchstabe g sicherstellen. Im Übrigen soll sie in den Fällen des Absatzes 4 Satz 1 sicherstellen, dass die bauliche oder sonstige Anlage nach Durchführung des Vorhabens nur in der vorgesehenen Art genutzt wird.

(6) Die Gemeinde kann für bebaute Bereiche im Außenbereich, die nicht überwiegend landwirtschaftlich geprägt sind und in denen eine Wohnbebauung von einigem Gewicht vorhanden ist, durch Satzung bestimmen, dass Wohnzwecken dienenden Vorhaben im Sinne des Absatzes 2 nicht entgegengehalten werden kann, dass sie einer Darstellung im Flächennutzungsplan über Flächen für die Landwirtschaft oder Wald widersprechen oder die Entstehung oder Verfestigung einer Splittersiedlung befürchten lassen. In der Satzung können nähere Bestimmungen über die Zulässigkeit getroffen werden. Die Satzung muss mit einer geordneten städtebaulichen Entwicklung vereinbar sein. Bei ihrer Aufstellung ist das vereinfachte Verfahren nach § 13 Nr. 2 und 3 entsprechend anzuwenden. Die Satzung bedarf der Genehmigung der höheren Verwaltungsbehörde; § 6 Abs. 2 und 4 und § 10 Abs. 3 sind entsprechend anzuwenden. Von der Satzung bleibt die Anwendung des Absatzes 4 unberührt."

176 Vorstehende die Zulässigkeit von Vorhaben regelnde Bestimmungen sind bei der Qualifizierung des Zustands eines Grundstücks nach Maßgabe des § 4 zu berücksichtigen, auch wenn § 4 Abs. 3 hierauf nicht expressis verbis verweist; dabei ist die **zeitliche Befristung** angemessen zu berücksichtigen.

177 Eine **Bebaubarkeit des Grundstücks nach § 35 BauGB** wird mit Abs. 3 nicht expressis verbis genannt, weil Grundstücke im Außenbereich – wie bereits erwähnt – nach einer geordneten baulichen Entwicklung grundsätzlich nicht zur Bebauung anstehen. Unter den Voraussetzungen des § 35 BauGB kann jedoch für ein entsprechend privilegiertes konkret anstehendes Vorhaben ein Rechtsanspruch auf Zulassung eines Vorhabens bestehen, so dass insoweit „baureifes Land" gegeben ist. Dies kann aber nur unter engen Voraussetzungen im Einzelfall gelten, weil sonst potenziell fast jedes Grundstück im Außenbereich, für das eine ausreichende Erschließung besteht, als baureifes Land einzustufen wäre. Gerade dies hat aber der Verordnungsgeber mit der Nichterwähnung des § 35 BauGB in der Definition des Rohbaulandes (Abs. 3) vermeiden wollen. Entsprechend dem Regelungsgehalt dieser Vorschrift kann auch nach Abs. 4 im Außenbereich nur von baureifem Land gesprochen werden, wenn für ein privilegiertes Vorhaben die Zulassung eines Vorhabens unmittelbar ansteht. Von dahingehenden theoretischen Erwägungen zur Erlangung einer höheren Entschädigung auszugehen, wäre abwegig. Im Übrigen besagt die im Einzelfall gegebene Einstufung einer Außenbereichsfläche als „baureif" für ein privilegiertes Vorhaben noch nichts über die Höhe des Verkehrswerts. Im Hinblick auf die eingeschränkte Nutzbarkeit derartiger Flächen für privilegierte Vorhaben orientiert sich der Wert ohnehin nicht etwa an dem im Innenbereich gelegenen baureifen Land (vgl. Rn. 215, 234; § 5 WertV Rn. 68 ff.).

4.2 Brutto- und Nettorohbauland

178 Rohbauland stellt eine Zwischenstufe vom Bauerwartungsland zum baureifen Land dar. Dementsprechend lässt sich das **Rohbauland begrifflich zwischen dem Brutto- und Nettorohbauland unterscheiden**[88]. Das Bruttorohbauland umfasst (noch) die für öffentliche Zwecke, insbesondere die Erschließung benötigten Flächen des Plangebiets, während sich das Nettorohbauland auf die verbleibenden Baugrundstücke bezieht (Abb. 17):

Abb. 17: Aufteilung des Rohbaulands in Brutto- und Nettorohbauland

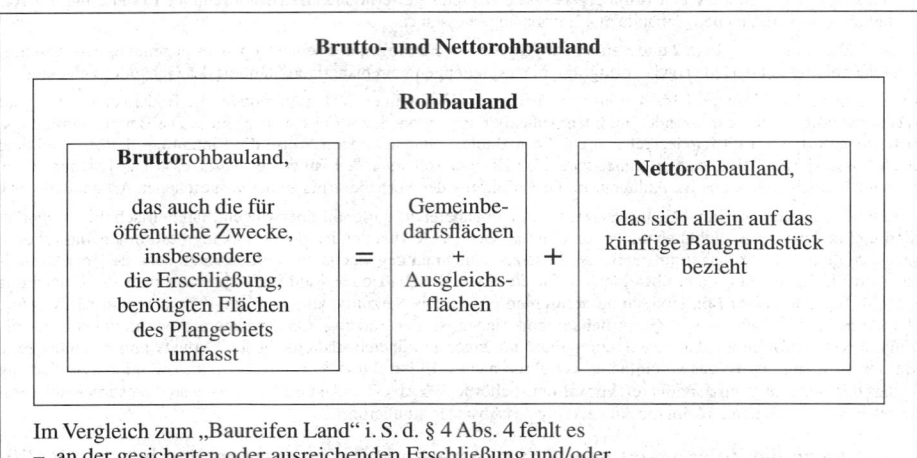

4.3 Bauliche Nutzung

179 Voraussetzung für die Einstufung einer Fläche als Rohbauland ist nach dem vorher Gesagten, dass einerseits eine **bauliche Nutzung der Fläche** nach

– den Festsetzungen eines Bebauungsplans i. S. d. § 30 BauGB oder
– den Festsetzungen eines Vorhaben- und Erschließungsplans i. S. d. § 12 BauGB oder
– ihrer Lage innerhalb eines im Zusammenhang bebauten Ortsteils gemäß § 34 BauGB oder
– ihrer Lage innerhalb eines Gebiets, für das die Aufstellung eines Bebauungsplans beschlossen worden ist, nach Maßgabe des § 33 BauGB

zulässig ist, andererseits **jedoch** die **Erschließung nicht gesichert oder** das **Grundstück nach Lage, Form und Größe** (noch) **unzureichend gestaltet ist.**

Bebauungspläne, die wegen Funktionslosigkeit außer Kraft getreten sind, müssen bei **180**
der Klassifizierung einer Fläche nach § 4 außer Betracht bleiben[89]. Hierzu gehören nicht die
Bebauungspläne, mit denen die Gemeinde das Ziel verfolgt, preisgünstiges Bauland für
Einheimische bereitzustellen und zur Dämpfung der Bodenpreise beizutragen (OVG Lüneburg, Urt. vom 20. 5. 1987 – 1 C 23/86 –, MittDST vom 5. 2. 1988).

Zum **Begriff der baulichen Nutzung** vgl. § 2 WertV Rn. 18 ff.; § 4 WertV Rn. 28, 179. **181**

Eine **gesicherte Erschließung** gehört nach § 30 Abs. 1 letzter Satz, § 33 Abs. 1 Nr. 4 und **182**
§ 34 Abs.1 Satz 1 BauGB zu den bauplanungsrechtlichen Voraussetzungen für die Zulässigkeit einer baulichen Nutzung[90]. Unter der Erschließung ist eine ordnungsgemäß benutzbare verkehrsmäßige Anbindung eines Baugrundstücks durch Straßen, Wege oder Plätze
sowie durch ordnungsgemäß benutzbare Ver- und Entsorgungsleitungen für Elektrizität,
Wasser und Abwasser zu verstehen. „Erschlossen" ist ein Grundstück nach § 131 Abs. 1
BauGB, wenn der Eigentümer die Möglichkeit hat, von einer Erschließungsanlage aus eine
Zufahrt bzw. einen Zugang zu einem Grundstück zu nehmen. Nach den bauordnungsrechtlichen Vorschriften der Länder ist die Erschließung „gesichert" , wenn bis zum Beginn der
Benutzung eines zur Errichtung anstehenden Gebäudes Zufahrtswege, Wasserversorgungs-
und Abwasserbeseitigungsanlagen in dem erforderlichen Umfang benutzbar sind[91].

Liegen diese Voraussetzungen nicht vor, so ist die Fläche insoweit als Rohbauland einzustu- **183**
fen, selbst wenn das Grundstück im Übrigen nach Lage, Form und Größe „zureichend"
gestaltet ist. Von daher kann es **im Einzelfall erforderlich** werden, **ein Grundstück entsprechend seiner nichterschlossenen Teile einerseits und der erschlossenen bzw.
erschließungsmäßig „gesicherten" Teile andererseits** für eine sachgerechte Wertermittlung
aufzuteilen. Zur Trennlinie zwischen den jeweiligen Teilflächen vgl. § 14 WertV Rn. 83 und
§ 7 WertV Rn. 151 ff.

Bei der Wertermittlung von Rohbauland muss grundsätzlich auch der Fall berücksichtigt **184**
werden, dass sich im konkreten Einzelfall die allgemeine Erschließungspflicht der
Gemeinde zu einem **Rechtsanspruch auf Erschließung** verdichtet hat, insbesondere
wenn auf den Erschließungsbeitrag Vorleistungen erhoben worden sind[92].

---

88   Zur Beziehung vgl. Hoenig, Der Städtebau 1920, 177
89   BVerwG, Urt. vom 3. 8. 1990 – 7 C 41 – 43/89 –, GuG 1991,105; BVerwG, Urt. vom 31. 8. 1989 – 4 B 161/88
     –, UPR 1990, 27 = BayVBl. 1990, 90; BVerwG, Urt. vom 21. 11. 1986 – 4 C 22/83 –, BBauBl. 1987, 245 =
     DVBl. 1987, 481; BVerwG, Urt. vom 21. 11. 1986 – 4 C 60/84 –, BayVBl. 1987, 312; BVerwG, Beschl. vom
     12. 8. 1985 – 4 B 115/85 –, AgrarR 1986, 90; BVerwG, Beschl. vom 5. 8. 1983 – 4 C 96/79 –, BVerwGE 67.334
     = NJW 1984, 138 = MDR 1984, 428 = BRS Bd. 40 Nr. 6 = ZfBR 1983, 243 = JuS 1984, 488 = DVBl. 1984,
     143 = DÖV 1984, 295; BVerwG, Urt. vom 29. 4. 1977 – 4 C 39/75 –, BVerwGE 54, 5 = NJW 1977, 2325 =
     MDR 1977, 957 = BauR 1977, 248 = JuS 1978, 207 = BayVBl. 1977, 23 = DVBl. 1977, 768 = DÖV 1978, 142;
     BVerwG, Urt. vom 22. 2. 1974 – 4 C 6/73 –, BRS Bd. 28 Nr. 3 = BauR 1974, 181; BVerwG, Urt. vom 10. 3.
     1967 – 4 C 87/65 –, BVerwGE 26, 282 = MDR 1967, 695; BGH, Urt. vom 28. 6. 1984 – III ZR 35/83 –, BRS
     Bd. 42 Nr. 5; BGH, Urt. vom 25. 11. 1982 – III ZR 55/81 –, BRS Bd. 39 Nr. 168 = BauR 1983, 231 = ZfBR
     1983, 143 = UPR 1983, 195 = DWW 1983, 46; OVG Berlin, Urt. vom 20. 2. 1987 – 2 A 4/83 –, BauR 1987,
     419; BayVGH, Urt. vom 30. 10. 1986 – 2 B 86.011790 –, UPR 1987, 232; OVG Greifswald, Urt. vom 4. 7.
     1996 – 9 K 5/94 –, GuG 1997, 190 = EzGuG 10.12
90   Für privilegierte Vorhaben nach § 35 BauGB ist hingegen eine „ausreichende" Erschließung erforderlich
     (hierzu: OVG Lüneburg, Urt. vom 29. 8. 1989 – I A 5/87 –, BRS Bd. 48 Nr. 79)
91   BVerwG, Urt. vom 17. 6. 1994 – 8 C 24/92 –, EzGuG 9.86a; BVerwG, Urt. vom 4. 6. 1993 – 8 C 33/91 –,
     EzGuG 9.86; BVerwG, Urt. vom 3. 5. 1988 – 4 C 54/85 –, BRS Bd. 48 Nr. 92; BVerwG, Urt. vom 25. 1. 1984 –
     4 B 77/82 –, EzGuG 9.50; BVerwG, Beschl. vom 24. 3. 1982 – 8 B 94/81 –, EzGuG 8.58; BVerwG, Urt. vom 14.
     3. 1975 – 4 C 44/72 –, EzGuG 9.23; BVerwG, Urt. vom 27. 1. 1967 – 4 C 33/65 –, EzGuG 8.68; OVG Münster,
     Urt. vom 31. 1. 1989 – 3 A 922/87 –, EzGuG 8.20; Art. 4 Abs. 1 Nr. 3 BayBauO
92   BVerwG, Urt. vom 28. 10. 1981 – 8 C 4/81 –, EzGuG 9.42; BVerwG, Urt. vom 26. 11. 1976 – 4 C 79/74 –,
     EzGuG 9.30; BVerwG, Urt. vom 2. 2. 1978 – 4 B 122/77 –, EzGuG 9.33; BVerwG, Urt. vom 10. 9. 1976 – 4 C
     5/76 – EzGuG 9.2; BVerwG, Urt. vom 4. 10. 1974 – 4 C 59/72 –, EzGuG 9.23; in der Umlegung nach den
     §§ 45 ff. BauGB: BVerwG, Urt. vom 4. 2. 1981 – 8 C 13/81 –, EzGuG 17.39; OVG Münster, Urt. vom 15. 6.
     1988 – 7 A 675/87 –, BRS Bd. 48 Nr. 93

185 Umgekehrt ist bei einer zumindest gesicherten Erschließung eine nach den §§ 30, 33 oder 34 BauGB für eine bauliche Nutzung bestimmte Fläche als „Rohbauland" einzustufen, wenn sie dafür nach ihrer **Lage, Form und Größe unzureichend gestaltet ist** (vgl. Rn. 192, 203). In diesem Fall bedarf es noch einer Bodenordnung. Die Definition des Rohbaulandes knüpft damit an bauordnungsrechtliche Bestimmungen an, nach denen Gebäude u. a. nur errichtet werden dürfen, wenn das „nach Lage, Form, Größe und Beschaffenheit für die beabsichtigte Bebauung geeignet ist"[93]. Auch diesbezüglich kann es erforderlich werden, die Gesamtfläche eines Grundstücks nach solchen Teilflächen aufzugliedern, die z. B. als baureif i. S. d. Abs. 4 und als Rohbauland einzustufen sind, soweit die Teilfläche noch einer Bodenordnung bedarf.

4.4   Besonderheiten für Umlegungsgebiete

186 Für die in ein Umlegungsverfahren bzw. in ein Grenzregelungsverfahren nach den §§ 45 ff. und den §§ 80 ff. BauGB einbezogenen Grundstücke gelten eine Reihe von **Besonderheiten.** Grundsätzlich ist hier zwischen

– dem Einwurfswert und

– dem Zuteilungswert

zu unterscheiden. Eine weitere Besonderheit besteht für Umlegungsverfahren in förmlich festgelegten Sanierungsgebieten, wo sich Einwurfs- und Zuteilungswerte nach Maßgabe des § 153 Abs. 5 BauGB bemessen.

187 **Gemeinbedarfsflächen,** die im Falle ihres Erwerbs unter Anwendung des Vorwirkungsgrundsatzes (vgl. Rn. 8, 195, 475 ff.; § 7 WertV Rn. 131 ff.; § 28 WertV Rn. 208 ff.) zu erwerben wären, werden im Rahmen von Umlegungsverfahren regelmäßig als Rohbauland qualifiziert.

▸ *Weitere Ausführungen bei Teil VI Rn. 73 ff.; 100 ff.*

5   Baureifes Land (Abs. 4)

5.1   Materielle Definition

5.1.1   Allgemeines

▸ *Zur Verkehrswertermittlung im Einzelnen vgl. § 13 WertV Rn. 50; § 5 WertV Rn. 7 ff.*

188 Als baureifes Land werden mit § 4 Abs. 4 Flächen definiert, für die **nach der Gesamtheit der öffentlich-rechtlichen Vorschriften ein Anspruch auf Zulassung einer baulichen Anlage** besteht (§ 29 BauGB)[94]; auf privatrechtliche oder naturbedingte Hindernisse soll es – anders als in der steuerlichen Bewertung – nicht ankommen.

189 Grundsätzlich wird die Zulässigkeit einer baulichen Anlage in einem **Baugenehmigungsverfahren** geprüft. In diesem Verfahren wird geprüft, ob das Bauvorhaben oder eine planungsrechtlich relevante Nutzungsänderung

– planungsrechtlichen und

– bauordnungsrechtlichen

Vorschriften entspricht. Das Baugenehmigungsverfahren ist antragsgebunden.

190 Zum **Begriff der baulichen Nutzung** vgl. § 2 WertV Rn. 18 ff.; § 4 WertV Rn. 28 ff., 179 ff.; § 5 WertV Rn. 3 ff.

Für Vorhaben, welche die **Errichtung, Änderung oder Nutzungsänderung** baulicher **191** Anlagen zum Inhalt haben, gelten nach § 29 Abs. 1 BauGB die planungsrechtlichen Zulässigkeitsvorschriften der §§ 30 bis 37 BauGB (vgl. Abb. 18)[95]. Auf der Grundlage der mit dem BauROG geänderten Fassung des § 29 Abs. 1 BauGB steht es den Ländern frei, ob und in welchem Umfang sie die genannten Maßnahmen von einem präventiven Zulassungsverfahren abhängig machen. Grundsätzlich ist auch nach den Bauordnungen der Länder die Errichtung, Änderung oder Nutzungsänderung baulicher Anlagen genehmigungsbedürftig, jedoch ist nunmehr für Vorhaben mit nicht wesentlicher städtebaulicher Bedeutung ein Anzeigeverfahren vorgesehen bzw. die Maßnahmen sind gänzlich von der Genehmigung freigestellt (Freistellungsregelung). Soweit weitere Genehmigungen und Zulassungen erforderlich sind, so bestimmt sich das Verhältnis der Baugenehmigung zu diesen fachgesetzlichen Genehmigungen und Zulassungen nach den jeweiligen Gesetzen, wobei die Baugenehmigung von diesen Genehmigungen grundsätzlich abhängig sein soll (Schlusspunkttheorie Abb. 18).

Abb. 18: Genehmigungs-, Zustimmungs- und Anzeigeverfahren

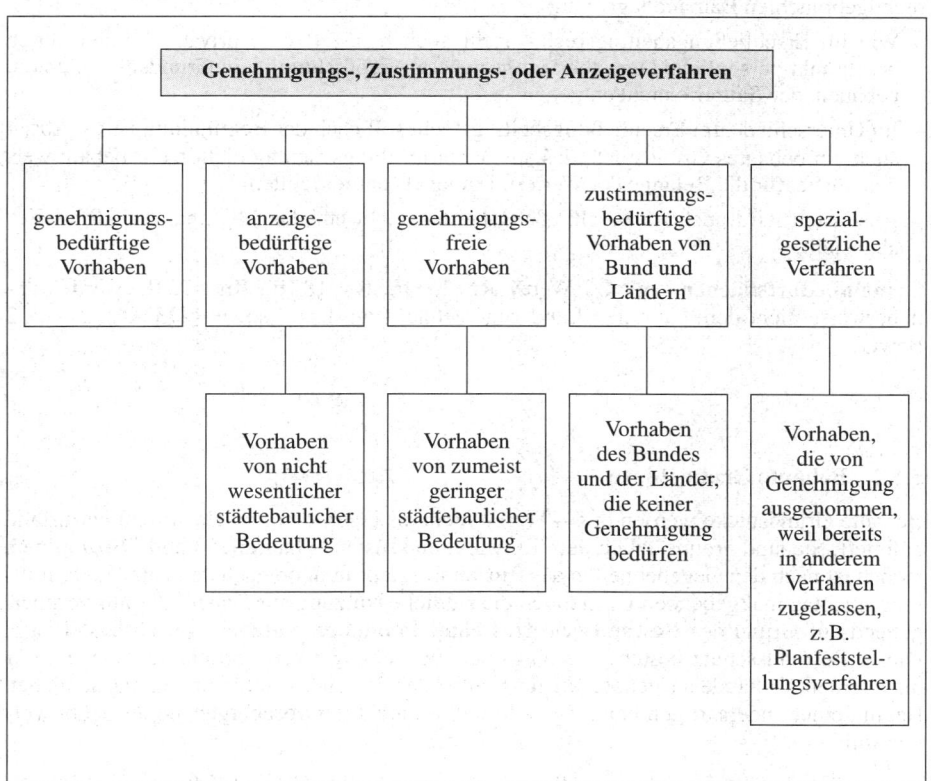

---

93 Art. 4 Abs. 1 BayBauO; zum Begriff vgl. auch § 45 Abs. 1 BauGB
94 BVerwG, Urt. vom 14. 1. 1983 – 8 C 81/81 –, EzGuG 9.48; BVerwG, Urt. vom 27. 1. 1967 – 4 C 33/65 –, EzGuG 8.20; BVerwG, Urt. vom 12. 12. 1957 – 1 C 87/57 –, BVerwGE 6, 56 = DÖV 1958, 398; BVerwG, Urt. vom 27. 6. 1957 – 1 C 3/56 –, EzGuG 16.3; a. A. OLG Köln, Beschl. vom 25. 6. 1964 – 9 W I 1/64 –, EzGuG 8.12; unter Hinweis auf RGZ 128, 18
95 Die Zulässigkeit eines Vorhabens i. S. d. § 29 BauGB ergibt sich nach den im Teil I unter Fn. 2 abgedruckten genannten Vorschriften (Abb. 19 bei Rn. 207)

192   Nach bauordnungsrechtlichen Vorschriften ist Voraussetzung für die Zulassung eines Vorhabens jedoch, dass das **Grundstück „nach Lage, Form, Größe und Beschaffenheit für
die beabsichtigte Bebauung geeignet** ist" (vgl. Rn. 192, 203). Insoweit kann es erforderlich werden, eine übergroße Grundstücksfläche in Teilflächen unterschiedlichen Entwicklungszustands für eine sachgerechte Wertermittlung (gedanklich) aufzuteilen (vgl. § 7
WertV Rn. 149 ff.).

193   Mit der Qualifizierung einer Fläche als „baureifes Land" wird lediglich der Entwicklungszustand bestimmt. Der Zustand muss für die Belange der Wertermittlung konkretisiert werden, insbesondere im Hinblick auf **Art und Maß der baulichen Nutzung** (vgl. hierzu § 5
WertV Rn. 3 ff.).

194   Zwischen „baureifem Land" und dem in § 196 Abs. 1 Satz 1 und 2 BauGB benutzten
Begriff des Baulandes besteht Begriffsidentität. Der dort gebrauchte Begriff des Baulandes bezieht sich – wie hier – sowohl auf baureife Grundstücke als auch auf bebaute Grundstücke[96]. Wenn auch nicht mit gänzlich identischem Inhalt lehnt sich der für die Belange der
Wertermittlung definierte Begriff des „baureifen Landes" an den im Erschließungsbeitragsrecht gebrauchten Baulandbegriff an[97].

–   Wie im Erschließungsbeitragsrecht[98] steht auch hier z.B eine privatrechtliche, durch
    beschränkt persönliche Dienstbarkeit gesicherte Verpflichtung, ein Grundstück nicht zu
    bebauen, der Baureife nicht entgegen[99].

–   Im Unterschied zum Erschließungsbeitragsrecht soll nach der Begründung zu § 4 Abs. 4
    auch ein bebautes Grundstück, das am Wertermittlungsstichtag nicht mehr bebaut wer-
    den dürfte, für die Belange der Wertermittlung als baureif gelten[100].

–   Ansonsten wird auch im Erschließungsbeitragsrecht auf das Merkmal der „Baureife"
    abgestellt.

195   **Gemeinbedarfsflächen** (vgl. § 7 WertV Rn. 131 ff.; Rn. 187 ff., Rn. 475 ff.) werden üblicherweise nicht dem baureifen Land zugerechnet (vgl. Rn. 8 sowie § 73 Abs. 2 Satz 2
BewG).

5.1.2   Bebaute Grundstücke

196   Bebaute Grundstücke werden in § 4 WertV nicht als eigenständiger Entwicklungszustand
definiert. Sie sind grundsätzlich dem Entwicklungszustand „baureifes Land" zuzuordnen,
jedoch ist nach den Gegebenheiten des Einzelfalls zu prüfen, ob nach den zum Wertermittlungsstichtag maßgebenden Umständen die bauliche Nutzung auf Dauer oder nur vorübergehend auf Grund des **Bestandsschutzes einer baulichen Anlage**[101] gewährleistet ist[102].
Dieser Bestandsschutz besteht allerdings nur für zulässigerweise errichtete Anlagen. Für
die in einem Gebäude ausgeübte Nutzung endet der Bestandsschutz mit dem tatsächlichen
Beginn einer andersartigen Nutzung, sofern diese nicht nur vorübergehend ausgeübt werden soll[103].

▶ *Zum Bestandsschutz vgl. unten Rn. 252 ff. und § 13 WertV Rn. 128 ff. sowie § 5 WertV
Rn. 86 ff.; § 19 WertV Rn. 136.*

197   Ist danach die Fortführung der bisherigen baulichen Nutzung „auf Dauer" gewährleistet,
kommt ein Risikoabschlag im Hinblick auf einen unvorhersehbaren Unglücksfall entsprechend den Gepflogenheiten des gewöhnlichen Geschäftsverkehrs in Betracht. Im Übrigen
ist – vom Planungsschadensersatz abgesehen – der **Fortfall von Baurechten** auf Grund
des Bestandsschutzes gänzlich oder teilweise dadurch berücksichtigungsfähig, dass der
Unterschied zwischen dem Bodenwert auf Grund der derzeitigen und der künftigen (d. h.

der sich nach Abgang der baulichen Anlage ergebenden) Nutzbarkeit über die Restnutzungsdauer diskontiert wird (vgl. hierzu die Wertermittlungshinweise bei § 13 WertV
Rn. 122 ff.).

Im Unterschied zur WertV wird in einigen Gutachterausschussverordnungen der Länder **198**
zwischen dem baureifen Land und dem **bebauten Land** unterschieden, wobei dieses
jedoch materiell nicht definiert wird[104]. Eine Definition enthält § 74 BewG, nach der
bebaute Grundstücke solche sind, auf denen sich benutzbare Gebäude befinden, sofern
deren Zweckbestimmung und Wert gegenüber der Zweckbestimmung und dem Wert des
Grund und Bodens nicht von untergeordneter Bedeutung ist (§ 72 Abs. 2 BewG) oder in
dem Gebäude sich auf Grund des Verfalls des Gebäudes keine sich auf Dauer benutzbaren
Räume befinden (§ 72 Abs. 3 BewG).

5.1.3 Baulücke

Baulücken sind ebenfalls dem baureifen Land zuzurechnen. Unter Baulücken im engeren **199**
Sinne werden nämlich „unbebaute Grundstücke" verstanden[105]. Ausschlaggebend ist,
inwieweit die aufeinanderfolgende Bebauung trotz vorhandener Baulücken den **Eindruck
der Geschlossenheit (Zusammengehörigkeit)** vermittelt, wofür letztlich die „Verkehrsauffassung" maßgebend ist[106]. Im Verhältnis zu dem weiträumig unbebauten baureifen
Land weisen Baulücken i. d. R. jedoch eine höhere Wertigkeit auf, wenn durch die Nach-
barschaftsbebauung eine geordnete städtebauliche Einbindung mit allen ihren Lagevorteil-
len einhergegangen ist.

5.1.4 Steuerliche Bewertung

Für den Bereich der *steuerlichen Bewertung* definiert § 73 Abs. 2 BewG als „baureifes **200**
Grundstück" solche unbebauten Grundstücke, die in einem Bebauungsplan als Bauland
festgesetzt sind, deren sofortige Bebauung möglich ist und die Bebauung innerhalb des

96 Kleiber in Ernst/Zinkahn/Bielenberg, BauGB, Komm. zu § 196, Rn. 72 ff.; nicht jedoch zu dem in § 89 Abs. 2
    WoBauG gebrauchten Begriff
97 In der Rspr. ist der Baulandbegriff unterschiedlich zumeist sogar im erweiterten Sinne unter Einbeziehung des
    werdenden Baulandes gebraucht worden; BVerwG, Urt. vom 27. 6. 1957 – 1 C 3/56 –, EzGuG 16.3; BVerwG,
    Urt. vom 27. 1. 1967 – 4 C 33/65 –, EzGuG 8.20; OLG Köln, Beschl. vom 25. 6. 1964 – 9 W I 1/64 –, EzGuG
    8.12; vgl. Burkhardt in BlGBW 1967, 87
98 BVerwG, Urt. vom 27. 1. 1967 – 4 C 33/65 –, EzGuG 8.20; BVerwG, Urt. vom 27. 6. 1957 – 1 C 3/56 –,
    EzGuG 16.3; BVerwG, Urt. vom 12. 12. 1957 – 1 C 87/57 –, BVerwGE 6.56
99 BVerwG, Beschl. vom 24. 3. 1982 – 8 B 94/81 –, EzGuG 8.58; OVG Berlin, Urt. vom 5. 2. 1971 – 2 B 37/69 –,
    EzGuG 8.34
100 BGH, Urt. vom 2. 2. 1978 – III ZR 90/76 –, EzGuG 18.81; BGH, Urt. vom 8. 12.1977 – III ZR 163/75 –,
    EzGuG 18.82; BVerwG, Urt. vom 20. 9. 1974 – 4 C 70/72 –, EzGuG 9.20; abweichend: BVerwG, Urt. vom
    12. 11. 1971 – 4 C 11/70 –, BRS Bd. 37 Nr. 316 = ZMR 1972, 156 = DÖV 1972, 503
101 BVerwG, Urt.vom 24. 5. 1988 – 4 C8 12/88 –, BRS Bd. 48 Nr. 137; BVerwG, Urt. vom 17. 1. 1986 – 4 C 80/82 –,
    EzGuG 3.70; BVerwG, Urt. vom 24. 10. 1980 – 4 C 81/77 –, BRS Bd. 36 Nr. 99 = BauR 1981, 180; BVerwG,
    Urt. vom 23. 1. 1981 – 4 C 83/77 –, BRS Bd. 38 Nr. 89 = BauR 1981, 246; BVerwG, Beschl. vom 20. 3. 1981 –
    4 B 195/80 –, BRS Bd. 38 Nr. 102; BVerwG, Urt. vom 18. 10. 1974 – 4 C 75/71 –, EzGuG 3.49; BVerwG, Urt.
    vom 22. 9. 1967 – 4 C 109/65 –, EzGuG 3.30; BVerwG, Urt. vom 19. 10. 1966 – 4 C 16/66 –, EzGuG 3.29;
    BGH, Urt. vom 28. 6. 1984 – III ZR 68/83 –, BRS Bd. 42 Nr. 5 = BauR 1985, 480
102 BT-Drucks. 352/88, S. 35; vgl. zur Fortentwicklung Sarnighausen in DÖV 1993, 758
103 BVerwG, Urt. vom 25. 3. 1988 – 4 C 21/85 –, EzGuG 3.27
104 § 13 Abs. 1 rh.-pf. GutachterausschussVO; § 14 saarl. GutVO
105 BVerwG, Urt. vom 6. 11. 1968 – 4 C 2/66 –, EzGuG 8.27; BVerwG. Urt. vom 2. 7. 1963 – 1 C 110/62 –, DVBl.
    1964, 184 = BRS Bd. 14, S. 51 = BBauBl. 1963, 605; OVG Lüneburg, Urt. vom 13. 12. 1963 – 1 A 150/62 –,
    DÖV 1964, 392 = BBauBl. 1964, 351; VGH Mannheim, Urt. vom 9. 3. 1950, DÖV 1950, 505
106 BVerwG, Urt. vom 6. 12. 1967 – 4 C 94/66 –, BVerwGE 28, 268 = DVBl. 1968, 521; BVerwG, Beschl. vom
    12. 2. 1968 – 4 B 47/67 –; BVerwG, Urt. vom 14. 4. 1967 – 4 C 134/65 –, BRS Bd. 18, 28; BVerwG, Beschl.
    vom 25. 5. 1967 – 4 B 184/66 –; BVerwG, Urt. vom 10. 5. 1967 – 4 C 32/66

Plangebiets in benachbarten Bereichen begonnen hat oder schon durchgeführt ist. Diese Definition ist aus steuerlichen Gründen zu einengend, da sie auf die „bauliche Akzeptanz" abstellt, die nicht für den maßgeblichen Entwicklungszustand, sondern allenfalls für die Wertigkeit steht.

201 Inhaltlich ist das in Abs. 4 definierte „baureife Land" nicht identisch mit dem im Steuer-recht maßgeblichen Begriff des „baureifen Grundstücks" nach § 73 BewG, weil mit dieser Vorschrift allein die in Bebauungsplänen als Bauland festgesetzten Flächen und nicht auch das in „§-34er-Gebieten" gelegene „baureife Land" erfasst wird.

202 **Das steuerliche Bewertungsrecht unterscheidet in** § 75 BewG nach **folgenden Grund-stücksarten** (vgl. § 5 WertV Rn. 113 ff.):

1. Mietwohngrundstücke,

2. Geschäftsgrundstücke,

3. gemischtgenutzte Grundstücke,

4. Einfamilienhäuser,

5. Zweifamilienhäuser,

6. sonstige bebaute Grundstücke.

Mitwohngrundstücke sind Grundstücke, die zu mehr als achtzig vom Hundert, berechnet nach der Jahresrohmiete (§ 79 BewG), Wohnzwecken dienen mit Ausnahme der Einfamili-enhäuser und Zweifamilienhäuser;

Geschäftsgrundstücke sind Grundstücke, die zu mehr als achtzig vom Hundert, berechnet nach der Jahresrohmiete (§ 79 BewG), eigenen oder fremden gewerblichen oder öffentli-chen Zwecken dienen;

Gemischtgenutzte Grundstücke sind Grundstücke, die teils Wohnzwecken, teils eigenen oder fremden gewerblichen oder öffentlichen Zwecken dienen und nicht Mietwohngrund-stücke, Geschäftsgrundstücke, Einfamilienhäuser oder Zweifamilienhäuser sind;

Einfamilienhäuser sind Wohngrundstücke, die nur eine Wohnung enthalten. Wohnungen des Hauspersonals (Pförtner, Heizer, Gärtner, Kraftwagenführer, Wächter usw.) sind nicht mitzurechnen. Eine zweite Wohnung steht, abgesehen von Satz 2, dem Begriff „Einfami-enhaus" entgegen, auch wenn sie von untergeordneter Bedeutung ist. Ein Grundstück gilt auch dann als Einfamilienhaus, wenn es zu gewerblichen oder öffentlichen Zwecken mit-benutzt wird und dadurch die Eigenart als Einfamilienhaus nicht wesentlich beeinträchtigt wird;

Zweifamilienhäuser sind Wohngrundstücke, die nur zwei Wohnungen enthalten;

Sonstige bebaute Grundstücke sind solche Grundstücke, die nicht unter die vorstehenden Definitionen fallen.

5.2 Baureife begründende rechtliche Gegebenheiten

5.2.1 Bauplanungsrecht

203 Wesentliche **Merkmale der Baureife** auf Grund öffentlich-rechtlicher Vorschriften sind

  a) der **nach den §§ 30, 33, 34 und 35 BauGB bestehende Anspruch auf Genehmigung eines baulichen Vorhabens** (§ 29 BauGB; zu § 35 BauGB vgl. Rn. 234 f.), das die Errichtung, Änderung oder Nutzungsänderung einer baulichen Anlage zum Inhalt hat. Grundsätzlich gehören hierzu auch die nach § 37 BauGB zulässigen baulichen Maßnah-men des Bundes und der Länder sowie solche baulichen Maßnahmen, deren Zulässigkeit nach § 38 BauGB von den §§ 29 ff. BauGB unberührt sind. Die Begründung zu § 4

Abs. 4 weist ausdrücklich darauf hin, dass als baureifes Land auch solche Flächen einzustufen sind, auf denen nur bestimmte Nutzungen, wie Sonderbauflächen (§§ 10 f. BauNVO), zulässig sind[107]. Des Weiteren kann sich zudem der Anspruch auf Genehmigung eines Vorhabens aus einem **Vorhaben- und Erschließungsplan** ergeben.

b) Im Allgemeinen liegt das baureife Land an endgültig oder vorläufig ausgebauten bzw. zum Ausbau vorgesehenen Straßen. Es genügt aber nach den §§ 30, 33, 34 und 35 BauGB, dass die **Erschließung „gesichert" bzw. „ausreichend"** ist (vgl. Rn. 182 ff., 209). Ob ein Erschließungsbeitrag bereits entstanden, durch Bescheid fällig gestellt oder bereits entrichtet wurde, ist für die Einstufung einer Fläche als baureifes Land grundsätzlich unerheblich. Nichtsdestoweniger ist der beitrags- und abgabenrechtliche Zustand des Grundstücks (§ 5 Abs. 3) bei der Verkehrswertermittlung zu berücksichtigen. Dies gilt im Übrigen auch für Umlegungsleistungen nach § 64 BauGB, Ausgleichsbeträge nach den §§ 154 f. BauGB sowie für KAG-Beiträge (vgl. § 14 WertV Rn. 125 ff.).

c) Der Zulassung einer baulichen Nutzung steht entgegen, wenn ein Grundstück oder ein Grundstücksteil nicht nach **Lage, Form, Größe und Beschaffenheit** „zureichend" gestaltet ist (vgl. Rn. 185, 192); diesbezüglich können die Vorschriften der BauO des Landes einer Bebauung entgegenstehen.

204 Bauplanungsrechtlich kommt es für die Einordnung einer Fläche als baureifes Land nicht darauf an, dass die **Fläche zum Zwecke der Bebauung katasteramtlich vermessen und im Grundbuch eingetragen** ist[108].

205 Nach § 29 Abs. 1 BauGB bestimmt sich die **Zulässigkeit von Vorhaben,** welche die Errichtung, Änderung oder Nutzungsänderung zum Inhalt haben, nach den §§ 30 bis 37 BauGB. Das BauGB unterscheidet dabei nach Vorhaben

– im Geltungsbereich eines qualifizierten Bebauungsplans nach § 30 Abs. 1 BauGB,

– im unbeplanten Innenbereich nach § 34 BauGB und

– im Außenbereich nach § 35 BauGB.

206 **Qualifiziert ist ein Bebauungsplan,** der allein oder gemeinsam mit sonstigen baurechtlichen Vorschriften mindestens Festsetzungen über

a) die Art und das Maß der baulichen Nutzung,

b) die überbaubaren Grundstücksflächen und

c) die örtlichen Verkehrsflächen

enthält.

Die Zulässigkeit kann sich nach § 30 Abs. 2 BauGB auch nach einem **vorhabenbezogenen Bebauungsplan** bestimmen, der auf der Grundlage eines Vorhaben- und Erschließungsplans und eines Durchführungsvertrags erlassen wurde.

207 Im **unbeplanten Innenbereich** ist ein Vorhaben nach § 34 Abs. 1 BauGB zulässig, wenn es sich

– nach Art und Maß der baulichen Nutzung,

– der Bauweise und

– der Grundstücksfläche, die überbaut werden soll,

in die Eigenart der näheren Umgebung einfügt und die Erschließung gesichert ist. Für Vorhaben im Geltungsbereich eines einfachen Bebauungsplans ist § 34 BauGB ergänzend heranzuziehen (Abb. 19).

---

107 BR-Drucks. 352/88, S. 38
108 BVerwG, Beschl. vom 28. 9. 1988 – 4 B 175/88 –, EzGuG 8.65; BVerwG, Urt. vom 12. 6. 1970 – 4 C 77/68 –, EzGuG 16.12; BVerwG, Urt. vom 3. 3. 1972 – 4 C 4/69 –, EzGuG 8.38; BVerwG, Urt. vom 22. 2. 1963 – 4 C 249/61 –, EzGuG 8.7; vgl. auch BewR Gr vom 19. 9. 1966 (BAnz Nr. 183 Beil. = BStBl. I 1966, 890, zu § 69 zu Nr. 2)

Abb. 19: Zulässigkeit von Vorhaben

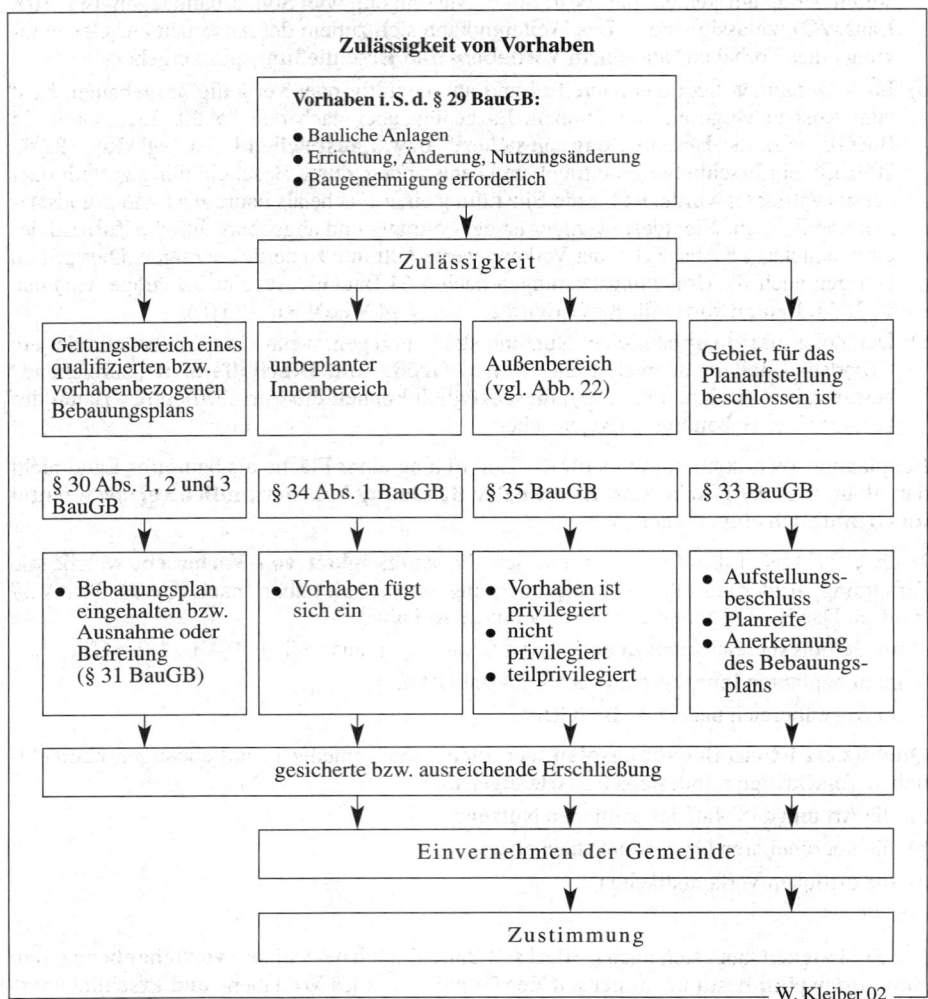

Zulässigkeit von Vorhaben

Vorhaben i. S. d. § 29 BauGB:
- Bauliche Anlagen
- Errichtung, Änderung, Nutzungsänderung
- Baugenehmigung erforderlich

Zulässigkeit

Geltungsbereich eines qualifizierten bzw. vorhabenbezogenen Bebauungsplans	unbeplanter Innenbereich	Außenbereich (vgl. Abb. 22)	Gebiet, für das Planaufstellung beschlossen ist
§ 30 Abs. 1, 2 und 3 BauGB	§ 34 Abs. 1 BauGB	§ 35 BauGB	§ 33 BauGB
• Bebauungsplan eingehalten bzw. Ausnahme oder Befreiung (§ 31 BauGB)	• Vorhaben fügt sich ein	• Vorhaben ist privilegiert • nicht privilegiert • teilprivilegiert	• Aufstellungs-beschluss • Planreife • Anerkennung des Bebauungs-plans

gesicherte bzw. ausreichende Erschließung

Einvernehmen der Gemeinde

Zustimmung

W. Kleiber 02

**5.2.2   Zulässigkeit von Vorhaben im Geltungsbereich eines Bebauungsplans
nach § 30 BauGB**

▶ *Hierzu auch § 5 WertV Rn. 10 ff.*

208   Ein **Vorhaben** ist **nach § 30 Abs. 1 BauGB bauplanungsrechtlich zulässig, wenn es
sämtlichen Festsetzungen eines qualifizierten Bebauungsplans entspricht und die
Erschließung gesichert ist.** Nach § 31 BauGB können Ausnahmen und Befreiungen im
Einvernehmen mit der Gemeinde gewährt werden (§ 36 BauGB).

209   Des Weiteren ist **nach § 30 Abs. 2 BauGB ein Vorhaben** bauplanungsrechtlich **zulässig,
wenn es im Geltungsbereich eines vorhabenbezogenen Bebauungsplans liegt, ihm
nicht widerspricht und die Erschließung gesichert ist.** Weitere Voraussetzung ist

– ein Vorhaben- und Erschließungsplan des Investors,

– ein Durchführungsvertrag zwischen Investor und Gemeinde sowie

– eine Satzung über den vorhabenbezogenen Bebauungsplan (Abb. 20).

Abb. 20: Verfahrensablauf eines Vorhaben- und Erschließungsplans

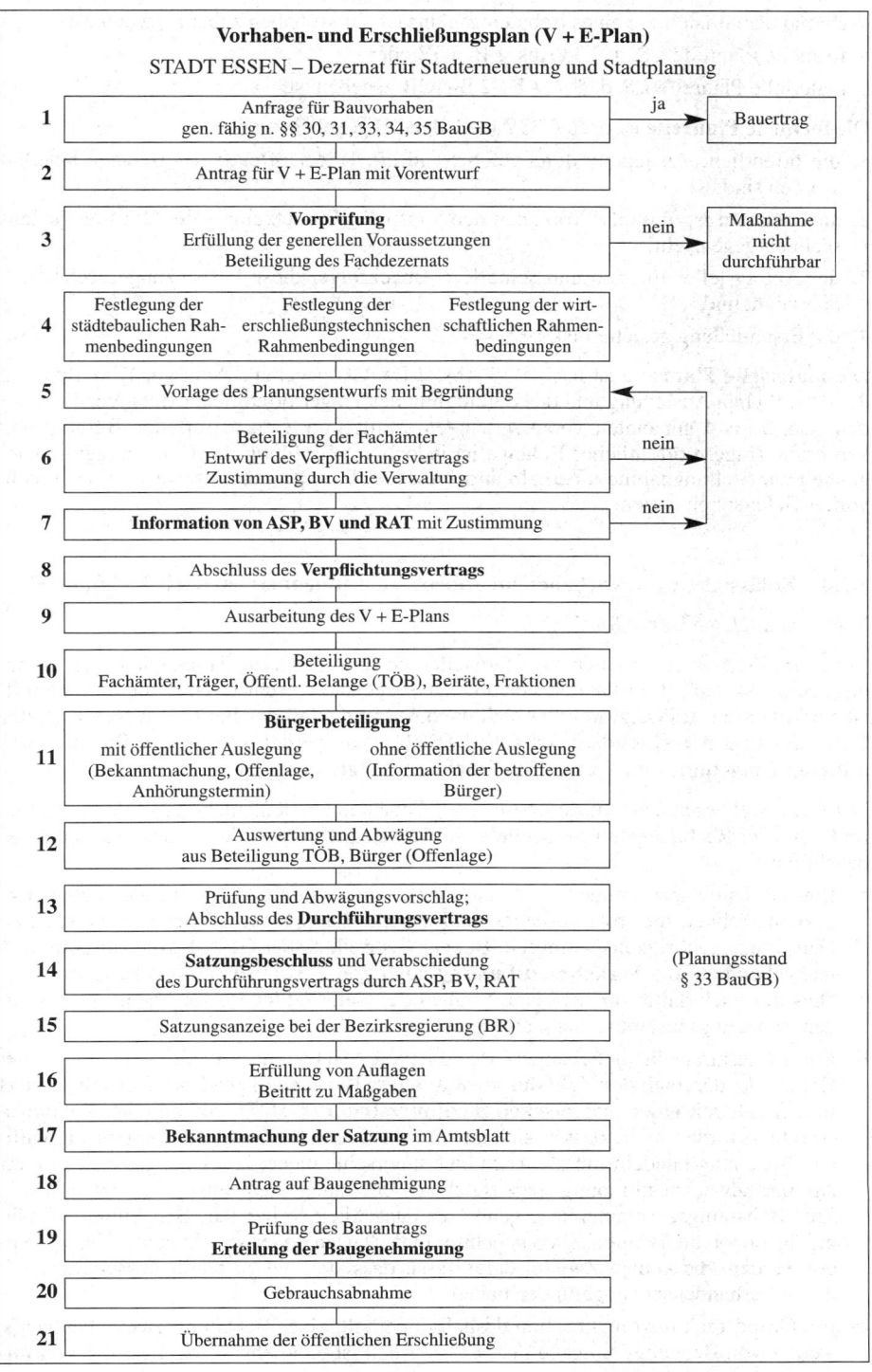

Vorhaben- und Erschließungsplan (V + E-Plan)

STADT ESSEN – Dezernat für Stadterneuerung und Stadtplanung

1   Anfrage für Bauvorhaben
gen. fähig n. §§ 30, 31, 33, 34, 35 BauGB → ja → Bauertrag

2   Antrag für V + E-Plan mit Vorentwurf

3   **Vorprüfung**
Erfüllung der generellen Voraussetzungen
Beteiligung des Fachdezernats → nein → Maßnahme nicht durchführbar

4   Festlegung der städtebaulichen Rahmenbedingungen | Festlegung der erschließungstechnischen Rahmenbedingungen | Festlegung der wirtschaftlichen Rahmenbedingungen

5   Vorlage des Planungsentwurfs mit Begründung

6   Beteiligung der Fachämter
Entwurf des Verpflichtungsvertrags
Zustimmung durch die Verwaltung → nein

7   **Information von ASP, BV und RAT** mit Zustimmung → nein

8   Abschluss des **Verpflichtungsvertrags**

9   Ausarbeitung des V + E-Plans

10   Beteiligung
Fachämter, Träger, Öffentl. Belange (TÖB), Beiräte, Fraktionen

11   **Bürgerbeteiligung**
mit öffentlicher Auslegung (Bekanntmachung, Offenlage, Anhörungstermin) | ohne öffentliche Auslegung (Information der betroffenen Bürger)

12   Auswertung und Abwägung
aus Beteiligung TÖB, Bürger (Offenlage)

13   Prüfung und Abwägungsvorschlag;
Abschluss des **Durchführungsvertrags**

14   **Satzungsbeschluss** und Verabschiedung
des Durchführungsvertrags durch ASP, BV, RAT   (Planungsstand § 33 BauGB)

15   Satzungsanzeige bei der Bezirksregierung (BR)

16   Erfüllung von Auflagen
Beitritt zu Maßgaben

17   **Bekanntmachung der Satzung** im Amtsblatt

18   Antrag auf Baugenehmigung

19   Prüfung des Bauantrags
Erteilung der Baugenehmigung

20   Gebrauchsabnahme

21   Übernahme der öffentlichen Erschließung

5.2.3   Zulässigkeit von Vorhaben bei Planreife nach § 33 BauGB

210 Während der Aufstellung eines Bebauungsplans ist ein Vorhaben zulässig, wenn die
- formelle Planreife i. S. d. § 33 Abs. 1 BauGB oder
- materielle Planreife i. S. d. § 33 Abs. 2 BauGB gegeben ist.

211 Die **formelle Planreife** ist nach § 33 Abs. 1 BauGB gegeben, wenn

1. die öffentliche Auslegung durchgeführt und die Träger öffentlicher Belange beteiligt worden sind,

2. anzunehmen ist, dass das Vorhaben den künftigen Festsetzungen des Bebauungsplans nicht entgegensteht,

3. der Antragsteller für sich und seine Rechtsnachfolger diese Festsetzungen schriftlich anerkennt und

4. die Erschließung gesichert ist.

212 Die **materielle Planreife** ist nach § 33 Abs. 2 BauGB gegeben, wenn vor Durchführung der öffentlichen Auslegung und der Beteiligung der Träger öffentlicher Belange, die unter den Nrn. 2 bis 4 genannten Voraussetzungen erfüllt sind. Den betroffenen Bürgern und berührten Trägern öffentlicher Belange ist jedoch vor Erteilung der Genehmigung Gelegenheit zur Stellungnahme innerhalb angemessener Frist zu geben, soweit sie dazu nicht vorher Gelegenheit hatten.

5.2.4   Zulässigkeit von Vorhaben im unbeplanten Innenbereich nach § 34 BauGB

▸ *Hierzu auch § 5 WertV Rn. 58 ff.*

213 In den im Zusammenhang bebauten Ortsteilen bestimmt sich die Zulässigkeit von Vorhaben nach § 34 BauGB. Es handelt sich um eine Planersatzvorschrift. Nach dieser Vorschrift ist ein **Vorhaben zulässig, wenn es sich nach Art und Maß der baulichen Nutzung, der Bauweise und der Grundstücksfläche,** die überbaut werden soll, **in die Eigenart der näheren Umgebung einfügt und die Erschließung gesichert ist.**

214 Der Gesetzgeber hat den „im Zusammenhang bebauten Ortsteil" nicht näher definiert. Erst im Lichte der Rechtsprechung erschließt sich der Begriff. Folgende Grundsätze sind dabei beachtlich:

a) Ein „Bebauungszusammenhang" ist durch eine „aufeinanderfolgende Bebauung" gekennzeichnet, die trotz vorhandener Baulücken den Eindruck der Geschlossenheit (Zusammengehörigkeit) vermittelt. Bei der Beurteilung der Geschlossenheit kommt es maßgebend auf die **Verkehrsauffassung nach den Verhältnissen des Einzelfalls** an. Dies gilt auch dafür, ob etwa eine Straße oder Geländehindernisse irgendwelcher Art den Bebauungszusammenhang unterbrechen[109].

b) Ein im Zusammenhang bebauter Ortsteil ist jeder Bebauungskomplex im Gebiet einer Gemeinde, der **nach der Zahl der vorhandenen Bauten ein gewisses Gewicht besitzt und Ausdruck einer organischen Siedlungsstruktur** ist. Die organische Siedlungsstruktur erfordert nicht, dass es sich um eine nach Art und Zweckbestimmung einheitliche Bebauung handeln müsse. Auch eine unterschiedliche, ja u.U. sogar eine in ihrer Art und Zweckbestimmung gegensätzliche Bebauung kann einen Ortsteil bilden[110]. Zum Bebauungszusammenhang gehört die tatsächlich vorhandene Bebauung unabhängig davon, ob die Baulichkeiten genehmigt worden sind oder aber in einer Weise geduldet werden, die keinen Zweifel daran lässt, dass sich die zuständigen Behörden mit ihrem Vorhandensein abgefunden haben.

c) Ein Grundstück liegt nicht schon deshalb innerhalb eines Bebauungszusammenhangs, weil es von Bebauung umgeben ist. Erforderlich ist vielmehr weiter, dass das **Grund-**

stück selbst einen Bestandteil des Zusammenhangs bildet. **Eine nach § 34 BauGB bebaubare Baulücke** ist nicht gegeben, wenn die Fläche so groß ist, dass sie in den Möglichkeiten ihrer Bebauung von der bereits vorhandenen Bebauung nicht mehr geprägt wird[111].

d) **Ob eine bauliche Anlage einem im Zusammenhang bebauten Ortsteil zuzurechnen ist, hängt nicht davon ab, ob sie Bestandsschutz** genießt[112].

e) Ob ein Grundstück dem Innen- oder dem Außenbereich zugehört, kann nicht von der Art der auf ihm **beabsichtigten Nutzung** abhängig sein[113].

f) Ob ein Bebauungskomplex nach seinem Gewicht ein Ortskern oder eine (unerwünschte) Splittersiedlung ist, beurteilt sich nach der **Siedlungsstruktur in der jeweiligen Gemeinde.** Für die Beurteilung, ob eine zusammenhängende Bebauung einen Ortsteil i. S. d. § 34 Abs. 1 BauGB ist, ist nur auf die Bebauung im jeweiligen Gemeindegebiet abzustellen. Nur ein Bebauungszusammenhang, der auch Ortsteil ist, vermittelt ein Baurecht nach § 34 BauGB. Bei der Beurteilung der Bebauung kommt es auf die äußerlichen (mit dem Auge) wahrnehmbaren Gegebenheiten der vorhandenen Bebauung und der übrigen Geländeverhältnisse an[114].

g) Die Frage der überwiegenden Prägung durch gewerbliche Nutzungen i. S. d. § 6 Abs. 2 Nr. 8 BauNVO ist nicht stets dann zu verneinen, wenn der prozentuale Anteil der jeweils grundstücksbezogen ermittelten gewerblich genutzten Geschossflächen gegenüber dem Anteil der der Wohnnutzung dienenden Geschossflächen rechnerisch kein Übergewicht hat. Die Beurteilung einer prägenden Wirkung erfordert eine Gesamtbetrachtung und dabei die Einbeziehung auch weiterer – gebietsprägender – Faktoren; dabei kann auch von Bedeutung sein, in welchem Maße die **Erdgeschossebene** gewerblich genutzt ist und inwieweit die gewerbliche Nutzung bis in die Obergeschosse reicht[115].

h) Ein im Zusammenhang bebauter Ortsteil i. S. d. § 34 Abs. 1 BauGB kann sich auch über **Gemeindegrenzen** hinaus erstrecken[116].

i) Ein an einem im Zusammenhang bebauten Ortsteil angrenzendes Grundstück gehört nicht schon deshalb zu diesem Bebauungszusammenhang, weil es mit seiner anderen Seite an eine Gemeindegrenze reicht[117].

j) Bei der Entscheidung, ob i. S. d. § 34 BauGB ein Bebauungszusammenhang gegeben ist, sind unbebaute Grundstücke nicht deshalb wie bebaute zu behandeln, weil ihre **Bebauung beabsichtigt und** auch schon **genehmigt** ist[118].

---

109 BVerwG, Urt. vom 6. 11. 1968 – 4 C 2/66 –, BVerwGE 31, 20; BVerwG, Urt. vom 22. 4. 1966 – 4 C 34/65 –, BBauBl. 1967, 117; BVerwG, Urt. vom 25. 5. 1967 – 4 C 184/66 –, BVerwG, Urt. vom 12. 2. 1967 – 4 C 47/67 –, BVerwG, Urt. vom 10. 3. 1967 – 4 C 32/66 –, Buchholz 406, 11 § 35 BauGB Nr. 38 –, BVerwG, Urt. vom 14. 4. 1967 – 4 C 134/65 –, BRS Bd. 18 Nr. 28 –, BVerwG, Urt. vom 6. 12. 1967 – 4 C 94/66 –, BVerwGE 28, 268

110 BVerwG, Urt. vom 6. 11. 1968 – 4 C 31/66 –, BVerwGE 31, 22 –, BVerwG, Urt. vom 17. 2. 1984 – 4 C 56/79 –, NVwZ 1984, 434

111 BVerwG, Urt. vom 1. 12. 1972 – 4 C 6/71 –, BVerwGE 41, 227 –, BVerwG, Beschl. vom 3. 3. 1972 – 4 C 4/69 –, DVBl. 1972, 684 –, BVerwG, Beschl. vom 8. 11. 1967 – 4 C 19/66 –, BRS Bd. 20 Nr. 67 –, BVerwG, Beschl. vom 16. 2. 1988 – 4 B 19/88 –, BauR 1988, 315 –, BVerwG, Beschl. vom 10. 3. 1994 – 4 B 50/94 –, Buchholz 406, 11 § 34 BauGB Nr. 165 –, BVerwG, Beschl. vom 4. 1. 1995 – 4 B 273/94 –, BRS Bd. 57 Nr. 93 –, BVerwG, Beschl. vom 1. 4. 1997 – 4 B 11/97 –, NVwZ 1997, 899

112 BVerwG, Urt. vom 14. 9. 1992 – 4 C 15/90 –, NVwZ 1993, 985 –, BVerwG, Urt. vom 6. 11. 1968 – 4 C 31/66 –, EzGuG 8.27

113 BVerwG, Urt. vom 12. 12. 1990 – 4 C 40/87 –, EzGuG 13.115

114 BVerwG, Beschl. vom 3. 12. 1998 – 4 C 7/98 –, NVwZ 1999, 527 –, BVerwG, Urt. vom 14. 9. 1992 – 4 C 15/90 –, NVwZ 1993, 985

115 BVerwG, Urt. vom 7. 2. 1994 – 4 B 179/93 –, DVBl. 1994, 711

116 BayVGH, Urt. vom 18. 12. 1997 – 1 B 95.2014 –, DVBl. 1998, 601

117 BVerwG, Beschl. vom 15. 5. 1997 – 4 B 74/97 –, BauR 1997, 805

118 BVerwG, Urt. vom 26. 11. 1976 – 4 C 69/74 –, NJW 1977, 1978 –, BVerwG, Urt. vom 31. 10. 1975 – 4 C 16/73 –, BRS Bd. 29 Nr. 33 –, BVerwG, Urt. vom 29. 11. 1974 – 4 C 10/73 –, BRS Bd. 28 Nr. 28 –, BVerwG, Urt. vom 12. 6. 1970 – 4 C 77/68 –, BVerwGE 35, 256 –,

k) Dem Eindruck eines geschlossenen Bebauungszusammenhangs steht auch nicht entgegen, wenn die **Nutzungen sehr unterschiedlich** sind. Entsprechendes gilt z. B. auch, wenn ein Baukörper zwar als Fremdkörper anzusehen ist, jedoch die übrige Bebauung den im Zusammenhang bebauten Ortsteil prägt.

Ein zum Zwecke der Wiederbebauung eines Innenbereichsgrundstücks beseitigter Altbestand verliert nicht dadurch seine die Innenbereichsqualität des Grundstücks wahrende und die „Eigenart der näheren Umgebung" mitprägende Wirkung, dass über die Art und Weise der Bebauung mit der Gemeinde und der Bauaufsichtsbehörde jahrelang erfolglos verhandelt wurde[119].

l) Bei der Ermittlung der Eigenart der näheren Umgebung i. S. von § 34 Abs. 1 und Abs. 2 BauGB sind **singuläre Anlagen,** die in einem auffälligen Kontrast zu der sie umgebenden im Wesentlichen homogenen Bebauung stehen, regelmäßig **als Fremdkörper unbeachtlich,** soweit sie nicht ausnahmsweise ihre Umgebung beherrschen oder mit ihr eine Einheit bilden (Unbeachtlichkeit singulärer Anlagen)[120].

m) Bei der Beurteilung eines geschlossenen Bebauungszusammenhangs wirkt auch eine bereits abgerissene und den im Zusammenhang bebauten Ortsteil bislang prägende Bebauung fort, wenn **Abriss und Ersatzbau in einem engen zeitlichen Zusammenhang** stehen und nach der Verkehrsauffassung mit einer Wiederbebauung zu rechnen war, d. h., die Prägung durch eine aufgegebene Nutzung ist zu berücksichtigen. Indessen verliert eine tatsächliche und endgültig beendete bauliche Nutzung ihre die übrige Bebauung mitprägende Kraft. Die Beseitigung des letzten zum Bebauungszusammenhang gehörenden Gebäudes zum Zwecke der alsbaldigen Errichtung eines Ersatzbauwerks bewirkt nicht, dass das Grundstück seine Innenbereichsqualität einbüßt und zu einem Außenbereichsgrundstück wird[121].

n) Auch **unbebaute Flächen, die zwischen bebauten Grundstücken liegen,** können am Bebauungszusammenhang teilhaben, sofern durch sie der Eindruck der Zusammengehörigkeit und Geschlossenheit nicht verloren geht[122].

o) Selbst ein nicht als Bahnanlage zu qualifizierender **Schrottplatz auf ehemaligem Bahngelände,** der jahrzehntelang entsprechend einer (sogar) der Rechtslage widersprechenden Praxis sowohl von der Bahn als auch von der zuständigen Bauaufsichtsbehörde als legal angesehen wurde, prägt als vorhandene Bebauung auch nach der Entwidmung die Eigenart der näheren Umgebung i. S. von § 34 BauGB[123].

p) Ein Grundstück wird nur dann zum Bebauungszusammenhang, wenn es selbst einen Bestandteil des Zusammenhangs bildet und am **Eindruck der Geschlossenheit** teilnimmt; andererseits handelt es sich um ein Außenbereichsgrundstück[124].

q) Ob eine Überschreitung des Maßes der in der näheren Umgebung vorhandenen Bebauung den für die Frage des Einfügens (§ 34 Abs. 1 BauGB) erheblichen Rahmen sprengt, kann nicht allgemein an Hand eines **prozentualen Maßstabs** bestimmt werden[125].

r) Die **Ansammlung von nur vier Wohngebäuden** besitzt regelmäßig nicht das für einen im Zusammenhang bebauten Ortsteil i. S. d. § 34 BauGB erforderliche Gewicht[126].

s) Eine Gesamtheit von **Bauten, die kleingärtnerischen Zwecken dienen,** bildet keinen im Zusammenhang bebauten Ortsteil[127].

t) Das **Erfordernis des Einfügens** schließt nicht aus, dass auch etwas verwirklicht werden kann, was in der Umgebung bisher nicht vorhanden ist, d. h. es **zwingt** also **nicht zur Uniformität**[128].

u) Eine Bebauung oder **bauliche Nutzung, die in früherer Zeit zwar genehmigt worden ist,** die in den tatsächlichen Gegebenheiten aber deshalb keinen Niederschlag mehr findet, weil sie später wieder beseitigt oder eingestellt worden ist, hat bei der Qualifizierung der „Eigenart der näheren Umgebung" grundsätzlich außer Betracht zu bleiben[129].

5.2.5 Abgrenzungsfragen

Da die Abgrenzung des Innenbereichs vom Außenbereich in der Praxis zu erheblichen **215** Schwierigkeiten führen kann, hat der Gesetzgeber die Gemeinden mit § 34 Abs. 4 BauGB ermächtigt, verschiedene **Innenbereichssatzungen** zu erlassen. § 34 Abs. 4 unterscheidet zwischen

a) *Klarstellungssatzungen* (Nr. 1), mit denen die Gemeinde – deklaratorisch – die Grenzen für die im Zusammenhang bebauten Ortsteile oder Teile davon festlegen kann;

b) *Entwicklungssatzungen* (Nr. 2), mit denen bebaute Bereiche im Außenbereich festgelegt werden, wenn die Flächen im Flächennutzungsplan als Bauflächen dargestellt sind; mit der Satzung werden diese Flächen konstitutiv zum Innenbereich erklärt;

c) *Ergänzungssatzungen* (Nr. 3), mit denen einzelne Außenbereichsflächen in den im Zusammenhang bebauten Ortsteil einbezogen werden, wobei einzelne Festsetzungen nach § 9 Abs. 1, 2 und 4 BauGB getroffen werden können (Abb. 21).

Abb. 21: Innenbereichssatzungen

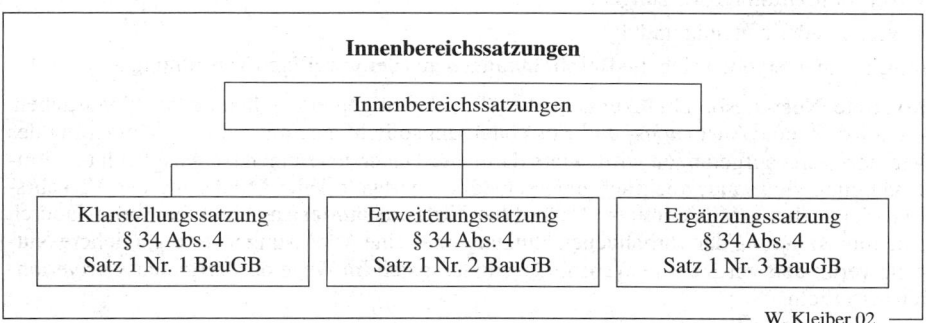

Ansonsten darf bei einer unregelmäßigen Bebauung des Ortsrandes die **Grenze zwischen** **216** **Außen- und Innenbereich** keinesfalls entlang der am weitesten in den Außenbereich hineinragenden Gebäude gezogen werden. Vielmehr ist die Grenze entlang der einzelnen Gebäude gezogen, auch wenn sich dadurch ein unregelmäßiger Grenzverlauf ergibt. Im Übrigen lässt sich die Abgrenzung zwischen Innenbereich (§ 34 BauGB) und Außenbereich (§ 35 BauGB) nicht unter Anwendung geographisch-mathematischer Maßstäbe allgemein bestimmen. Zu einer sachgerechten Entscheidung führt nur eine die gesamten örtlichen Verhältnisse würdigende Betrachtung[130].

119 BVerwG, Urt. vom 19. 9. 1986 – 4 C 15/94 –, BVerwGE 75, 34 = NJW 1987, 1656
120 BVerwG, Urt. vom 15. 2. 1990 – 4 C 23/86 –, BVerwGE 84, 322
121 BVerwG, Urt. vom 12. 9. 1980 – 4 C 75/77 –, BRS Bd. 36 Nr. 55 –, BVerwG, Urt. vom 15. 1. 1982 – 4 C 58/79 –, NVwZ 1982, 312 –, BVerwG, Urt. vom 3. 2. 1984 – 4 C 25/82 –, BVerwGE 68, 360 –, BVerwG, Urt. vom 19. 9. 1986 – 4 C 15/84 –, BVerwGE 75, 34
122 OVG Berlin, Beschl. vom 8. 4. 1994 – 2 S 29/93 –, NuR 1995, 41
123 OVG Münster, Urt. vom 27. 4. 1998 – 7 A 3814/96 –, BRS Bd. 60 Nr. 165
124 BVerwG, Urt. vom 1. 12. 1972 – 4 C 6/71 –, BVerwGE 41, 227 = NJW 1973, 1014
125 BVerwG, Beschl. vom 29. 4. 1997 – 4 B 67/97 –, NVwZ-RR 1998, 94
126 BVerwG, Beschl. vom 19. 4. 1994 – 4 B 77/94 –, BVerwGE 95, 167
127 OVG Greifswald, Urt. vom 16. 12. 1997 – 3 K 17/97 –, LKV 1999, 68
128 BVerwG, Urt. vom 26. 5. 1978 – 4 C 9/77 –, BVerwGE 55, 369
129 BVerwG, Urt. vom 27. 8. 1998 – 4 C 5/98 –, NVwZ 1999, 523 –, BVerwG, Urt. vom 6. 11. 1968 – 4 C 2/66 –, BVerwGE 31, 20 –, BVerwG, Urt. vom 14. 1. 1993 – 4 C 19/90 –, NVwZ 1993, 1184
130 BVerwG, Urt. vom 1. 4. 1997 – 4 B 11/97 –, NVwZ 1997, 899

5.3   Der Baureife entgegenstehende rechtliche Gegebenheiten

5.3.1   Öffentlich-rechtliche Nutzungsbeschränkungen

217 Im land- und forstwirtschaftlichen Bereich sind an öffentlich-rechtlichen Nutzungsbeschränkungen insbesondere zu nennen

a) Festsetzungen von **Wasserschutz- und Überschwemmungsgebieten** nach den §§ 19
und 32 WHG i.V. m. dem Landesrecht,

b) Festsetzungen von **Naturschutzgebieten, Landschaftsschutzgebieten, National-
parks, Naturparks und geschützten Landschaftsbestandteilen** nach den §§ 12 ff.
BNatschG i.V. m. dem Landesrecht.

218 Als Folge dieser Festsetzungen können sich ergeben

– Einschränkungen bezüglich des Pflanzenschutzes,

– Einschränkungen bezüglich Düngung,

– Gebot bestimmter Nutzungen,

– Verbot bestimmter Nutzungen,

– Verbot jeder Nutzung und dgl.

Im Einzelnen ergeben sich die Beschränkungen aus der jeweiligen Verordnung.

219 Konkrete Nutzungsbeschränkungen, die über das allgemein übliche Maß hinausgehen,
lösen i. d. R. eine Ausgleichs- und Entschädigungspflicht aus, mit der eine Minderung des
Verkehrswerts aufgefangen wird, wenn damit auf Dauer zu rechnen ist. Ausgleich und Entschädigung sind landesrechtlich unterschiedlich geregelt. Eine Minderung des Verkehrswerts kann aber bereits durch ein **Verbot der Nutzungsänderung** eintreten, wenn dadurch
eine Intensivierung der vorhandenen Nutzung bzw. eine Anpassung an ertragsreichere Nutzung verhindert wird. Diese Wertminderung lässt sich im Wege des Vergleichswertverfahrens ermitteln.

220 Ansonsten lässt sich die Wertminderung mithilfe des Deckungsbeitrags ermitteln. Der
Deckungsbeitrag (vgl. Rn 38) bestimmt sich aus der Differenz zwischen

– dem Erlös aus den auf der Fläche gewonnenen Erzeugnissen und

– den dafür aufgebrachten Produktionskosten (spezialkostenfreier Rohertrag).

5.3.2   Sonstige rechtliche Gegebenheiten

221 Die **Erteilung einer Teilungsgenehmigung (Wohnsiedlungsgenehmigung)** wirkt nach
Auffassung des BGH nicht „dinglich" i. d. S., dass sie einem Grundstück eine Qualität
geben könnte, die es nicht hatte; die Rechtsprechung verwendet in diesem Zusammenhang
den Begriff einer *„relativen Baulandqualität"* und verweist auf den Rechtsanspruch, dass
die Bebauungsgenehmigung erteilt wird, sofern nicht besondere Gründe entgegenstehen[131].
Andernfalls war in Anwendung des mit dem BauROG aufgehobenen § 21 BauGB eine Entschädigung zu gewähren[132].

222 Zur **Ermittlung des Verkehrswerts eines unbeplanten Grundstücks, für das die
Gemeinde die Haftung für dessen Bebaubarkeit privatrechtlich übernommen hat,**
kann es zweckmäßig sein, von Vergleichspreisen für baureifes Land auszugehen und die
Wartezeit durch Abschläge zu berücksichtigen. Dabei muss allerdings auch berücksichtigt
werden, unter welchen Voraussetzungen die Gemeinde z. B. durch Zeitablauf und durch
Veränderung der Planungskonzeption von der Haftung befreit werden kann. Nach den allgemeinen Auslegungskriterien von Treu und Glauben mit Rücksicht auf die Verkehrssitte
hat der BGH[133] eine zeitlich unbeschränkte Haftung ohne Rücksicht auf die spätere Entwicklung der Marktverhältnisse ausgeschlossen.

Einer Bebauung können **Anbauverbote, Anbaubeschränkungen** sowie **Baubeschrän-** **223**
kungen nach

– Bundesnaturschutzgesetz (§§ 8 a ff. BNatSchG),

– Bundes- und Landesstraßengesetzen,

– Wassergesetzen,

– Landschafts- und Naturschutzgesetzen,

– Luftverkehrs- und Schutzbereichsgesetzen,

– Immissionsschutz- und Gewerberecht,

– Abfallbeseitigungsrecht,

– Zivilschutz- und Atomrecht,

– Denkmalschutzrecht

entgegenstehen.[134]

▸ *Weitere Ausführungen zu Bodenvorkommen (Abbauland) vgl. Rn. 311 ff.* **224**

Als Beispiel sei hier auf das **Anbauverbot**[135] **nach § 9 FStrG** verwiesen. Abs. 1 und 2 der **225**
Vorschrift hat folgenden Wortlaut:

„(1) Längs der Bundesfernstraßen dürfen nicht errichtet werden

1. Hochbauten jeder Art in einer Entfernung bis zu 40 m bei Bundesautobahnen und bis zu 20 m bei Bundesstraßen außerhalb der zur Erschließung der anliegenden Grundstücke bestimmten Teile der Ortsdurchfahrten, jeweils gemessen vom äußeren Rand der befestigten Fahrbahn,

2. bauliche Anlagen, die außerhalb der zur Erschließung der anliegenden Grundstücke bestimmten Teile der Orts-durchfahrten über Zufahrten oder Zugänge an Bundesstraßen unmittelbar oder mittelbar angeschlossen werden sollen.

Satz 1 Nr. 1 gilt entsprechend für Aufschüttungen oder Abgrabungen größeren Umfangs. Weiter gehende bundes-oder landesrechtliche Vorschriften bleiben unberührt.

(2) Im Übrigen bedürfen Baugenehmigungen oder nach anderen Vorschriften notwendige Genehmigungen der Zustimmung der obersten Landesstraßenbaubehörde, wenn

1. bauliche Anlagen längs der Bundesautobahnen in einer Entfernung bis zu 100 m und längs der Bundesstraßen außerhalb der zur Erschließung der anliegenden Grundstücke bestimmten Teile der Ortsdurchfahrten bis zu 40 m, gemessen vom äußeren Rand der befestigten Fahrbahn, errichtet, erheblich geändert oder anders genutzt werden sollen,

2. bauliche Anlagen auf Grundstücken, die außerhalb der zur Erschließung der anliegenden Grundstücke bestimm-ten Teile der Ortsdurchfahrten über Zufahrten oder Zugänge an Bundesstraßen unmittelbar oder mittelbar ange-schlossen sind, erheblich geändert oder anders genutzt werden sollen.

Die Zustimmungsbedürftigkeit nach Satz 1 gilt entsprechend für bauliche Anlagen, die nach Landesrecht anzeige-pflichtig sind. Weiter gehende bundes- oder landesrechtliche Vorschriften bleiben unberührt."

---

131 BGH, Urt. vom 27. 6. 1968 – III ZR 93/65 –, EzGuG 8.7; BVerwG, Urt. vom 12. 8. 1977 – 4 C 48 u. 49/75 –,
     NJW 1978, 340 = BauR 1977, 405; BGH, Urt. vom 20. 12. 1973 – III ZR 85/70 –, NJW 1974, 638 = WM 1974,
     566 = DVBl. 1974, 432; auch: BVerwG, Urt. vom 14. 7. 1972 – 4 C 68/70 –, MDR 1978, 164
132 BGH, Urt. vom 12. 1. 1978 – III ZR 98/76 –, WM 1978, 990 = MDR 1978, 821
133 BGH, Urt. vom 11. 5. 1989 – III ZR 88/87 –, EzGuG 8.67; BGH, Urt. vom 9. 12. 1982 – III ZR 41/81 –, WM
     1983, 622; BGH, Urt. vom 20. 12. 1973 – III ZR 85/70 –, NJW 1974, 638
134 Zur Frage der Vorwirkung und entschädigungsrechtlichen Ansprüchen vgl. u. a.: BVerwG, Urt. vom 27. 6.
     1957 – 1 C 3/56 –, EzGuG 16.3; BVerwG, Beschl. vom 25. 6. 1968 – 4 B 181/67 –, EzGuG 16.9; BGH, Urt.
     vom 29. 4. 1968 – III ZR 177/65 –, EzGuG 16.8; BGH, Urt. vom 25. 1. 1973 – III ZR 113/70 –, EzGuG 4.39;
     BGH, Urt. vom 20. 9. 1971 – III ZR 18/70 –; BGH, Urt. vom 20. 12. 1971 – III ZR 83/69 –, EzGuG 16.17;
     BGH, Urt. vom 29. 4. 1968 – III ZR 141/65 –, EzGuG 16.7; BGH, Urt. vom 10. 1. 1972 – III ZR 61/68 –,
     EzGuG 16.18; BGH, Urt. vom 18. 6. 1973 – III ZR 122/72 –, EzGuG 16.20; BGH, Urt. vom 1. 12. 1977 – III
     ZR 130/75 –, EzGuG 18.78; BGH, Urt. vom 8. 11. 1962 – III ZR 86/61 –, EzGuG 8.5; BGH, Urt. vom 13. 7.
     1978 – III ZR 28/76 –, EzGuG 4.59; BGH, Urt. vom 26.11. 1981 – III ZR 49/80 –, EzGuG 14.16; OLG Köln,
     Urt. vom 21. 11. 1972 – 4 U 199/71 –, EzGuG 8.39; BVerwG, Beschl. vom 14. 11. 1975 – 4 C 2/74 –, EzGuG
     16.21; BVerwG, Urt. vom 24. 2. 1978 – 4 C 12/76 –, EzGuG 16.32; BGH, Urt. vom 2. 2. 1978 – III ZR 15/76 –,
     EzGuG 16.22; BGH, Urt. vom 25. 1. 1973 – III ZR 118/70 –, EzGuG 16.19
135 Zur Frage der Entschädigung bei einem Wiederaufbauverbot BGH, Urt. vom 13. 7. 1967 – III ZR 11/65 –,
     EzGuG 18.39

226 Vorübergehenden und entschädigungslos hinzunehmenden Baubeschränkungen wird man nicht die rechtliche Qualität beimessen können, die Veranlassung geben könnte, eine ansonsten baureife Fläche einem anderen Entwicklungszustand zuzuordnen. Zu erwähnen sind hier

– die Zurückstellung eines Baugesuchs nach § 15 BauGB,

– die Veränderungssperre nach den §§ 16ff., 51 oder 144 BauGB; vgl. auch § 36 a WHG[136] sowie **§ 9 a Abs. 2 FStrG,** der folgende Fassung hat:

> „(2) Dauert die Veränderungssperre länger als vier Jahre, so können die Eigentümer für die dadurch entstandenen Vermögensnachteile vom Träger der Straßenbaulast eine angemessene Entschädigung in Geld verlangen. Sie können ferner die Übernahme der vom Plan betroffenen Flächen verlangen, wenn es ihnen mit Rücksicht auf die Veränderungssperre wirtschaftlich nicht zuzumuten ist, die Grundstücke in der bisherigen oder einer anderen zulässigen Art zu benutzen. Kommt keine Einigung über die Übernahme zustande, so können die Eigentümer die Entziehung des Eigentums an den Flächen verlangen. Im Übrigen gilt § 19 (Enteignung)."

– die Genehmigungspflicht in Erhaltungsgebieten nach § 172 BauGB (vgl. § 172 Abs. 1 Satz 2 BauGB).

227 Durch derartige Bausperren betroffene Flächen sind (zunächst nur vorübergehend) von einer Bebauung ausgeschlossen[137]. Die genannten Bestimmungen stehen nach dem Wortlaut des Abs. 4 zwar einer baulichen Nutzung entgegen, jedoch wird man zumindest solange weiterhin von baureifem Land sprechen können, wie nicht als Vorwirkung der späteren Enteignung ein Entschädigungsanspruch auf der Grundlage des Ausschlusses von der konjunkturellen Weiterentwicklung ausgelöst wird (vgl. § 29 WertV Rn. 125 ff.)[138].

228 Nach § 17 BauGB tritt eine **Veränderungssperre** grundsätzlich nach Ablauf von zwei Jahren außer Kraft. Die Frist kann von der Gemeinde um ein Jahr verlängert werden. Wenn besondere Umstände es erfordern, kann die Gemeinde mit Zustimmung der nach Landesrecht zuständigen Behörde die Frist nochmals bis zu einem weiteren Jahr verlängern. Dauert die Veränderungssperre länger als vier Jahre über den Zeitpunkt ihres Beginns oder der ersten Zurückstellung eines Baugesuchs nach § 15 Abs. 1 BauGB hinaus, ist den Betroffenen nach § 18 BauGB für dadurch entstandene Vermögensnachteile eine angemessene Entschädigung nach Maßgabe der entschädigungsrechtlichen Bestimmungen des BauGB zu gewähren.

229 Dies schließt nicht aus, dass schon vorher von einer **Bausperre** betroffene Flächen im gewöhnlichen Geschäftsverkehr zu entsprechend verminderten Preisen gehandelt werden.

230 Dabei wird u. a. darauf abzuheben sein, welches Gewicht der **gesunde Grundstücksverkehr** im Rahmen einer sinnvollen Nutzung des Grundstücks den bestehenden Planungsvorstellungen der Gemeinde beimisst[139]. Nicht auszuschließen ist im Übrigen auch, dass eine höherwertige Nutzbarkeit erwartet wird, die sich ebenfalls auf die Preisgestaltung auswirken kann.

231 **Fazit: Entschädigungslos hinzunehmende Bausperren**[140] stehen zwar formell einer baulichen Nutzung entgegen; im Rahmen der Wertermittlung wird man davon betroffene Flächen dennoch als „baureifes Land" einstufen und ausgehend von entsprechenden Vergleichspreisen die (vorübergehenden) Einschränkungen wertmindernd im angemessenen Umfang berücksichtigen. Sofern sich in Erwartung einer höherwertigen Nutzbarkeit auch Werterhöhungen ergeben, sind sie mit den vorübergehenden Einschränkungen einer baulichen Nutzbarkeit zu „verrechnen". Erst bei länger als vier Jahre dauernden Veränderungssperren i. S. d. §§ 16 ff. BauGB entsteht ein Entschädigungsanspruch für die dem Betroffenen entstandenen Vermögensnachteile (§ 96 BauGB). Dies setzt voraus, dass materiell dem Betroffenen ein ansonsten jederzeit durchsetzbarer Rechtsanspruch auf Bebauung gegeben war[141]. Im Übrigen bemisst sich die Entschädigung für eine Änderung oder Aufhebung einer zulässigen Nutzung nach den §§ 39 ff. BauGB.

Auch entsprechend ausgestaltete **Baulasten** können öffentlich-rechtliche Baubeschrän- **232**
kungen zum Inhalt haben. Unter Baulasten sind dabei freiwillig übernommene öffentlich-
rechtliche Verpflichtungen zu verstehen, die den Eigentümer gegenüber der Baurechts-
behörde zu einem sein Grundstück betreffendes Tun, Dulden oder Unterlassen anhalten,
das sich nicht schon aus öffentlich-rechtlichen Vorschriften ergibt.

Die **Minderung des Verkehrswerts** auf Grund einer Eintragung einer Baulast[142] lässt sich **233**
auf der Grundlage

– der i. d. R. damit einhergehenden Einschränkungen der Nutzbarkeit nach Art und
  Umfang sowie

– der voraussichtlichen Dauer der Einschränkungen

ermitteln (vgl. Teil VII Rn. 30 ff.).

5.4 Außenbereich

5.4.1 Allgemeines

Als **Außenbereich** definieren sich diejenigen **Gebiete, die weder innerhalb des räum-** **234**
lichen Geltungsbereichs eines Bebauungsplans i. S. d. § 30 Abs. 1 BauGB, **noch inner-**
halb eines im Zusammenhang bebauten Ortsteils i. S. d. § 34 BauGB **gelegen sind**[143]. Problematisch kann die Grenzziehung zwischen Außen- und Innenbereich in den Fällen sein,
in denen es sich um Außenbereichsflächen innerhalb eines unbeplanten Innenbereichs
i. S. d. § 34 BauGB handelt.

▸ *Näheres hierzu bei Rn. 177, 215 ff.; § 5 WertV Rn. 68 ff.*

Die im Außenbereich gelegenen Grundstücke sollen nach dem BauGB **grundsätzlich von** **235**
einer Bebauung freigehalten werden; insofern können dort gelegene Grundstücke nicht
dem baureifen Land zugerechnet werden. § 35 BauGB enthält gleichwohl eine Reihe von
Vorschriften,

– die den Erhalt bestehender Gebäude,

– die Änderung und Nutzungsänderung bestehender Gebäude,

– die Neuerrichtung und Erweiterung bestehender Gebäude und

– die Neuerrichtung bestimmter baulicher Anlagen im Einzelfall zulassen.

---

136 BVerwG, Beschl. vom 28. 3. 1989 – 4 NB 39/88 –, EzGuG 6.244; im immissionsschutzrechtlichen Genehmi-
gungsverfahren VGH Mannheim, Urt. vom 6. 7. 1989 – 10 S 2687/88 –, EzGuG 6.246

137 BVerwG, Urt. vom 12. 12. 1969 – 4 C 100/68 –, NJW 1970, 417 = ZMR 1970, 141 = BauR 1970, 43 = DVBl.
1970, 417 = ID 1970, 109 = DÖV 1970, 425 = Gem Tg 1970, 75

138 BGH, Urt. vom 20. 3. 1975 – III ZR 16/72 –, EzGuG 6.178

139 BGH, Urt. vom 29. 5. 1972 – III ZR 188/70 –, EzGuG 6.152; BGH, Urt. vom 13. 7. 1978 – III ZR 166/76 –,
EzGuG 18.84; BGH, Urt. vom 12. 7. 1973 – III ZR 111/71 –, EzGuG 6.160

140 Zur Entschädigung bei **rechtswidrigen faktischen Bausperren** vgl. BGH, Urt. vom 15. 12. 1988 – III ZR
110/87 –, EzGuG 6.243; BGH, Urt. vom 1. 12. 1983 – III ZR 38/82 –, EzGuG 8.60

141 BGH, Urt. vom 18. 11. 1982 – III ZR 24/82 –, EzGuG 6.217; BGH, Urt. vom 25. 9. 1980 – III ZR 18/79 –,
EzGuG 6.208; BGH, Urt. vom 8. 11. 1979 – III ZR 51/78 –, EzGuG 6.203; BGH, Urt. vom 12. 1. 1978 – III
ZR 77/76 –, EzGuG 6.202; BGH, Urt. vom 12. 2. 1976 – III ZR 184/73 –, EzGuG 19.28; BGH, Urt. vom 10. 7.
1975 – III ZR 161/72 –, EzGuG 6.180; BGH, Urt. vom 3. 7. 1972 – III ZR 134/71 –, EzGuG 6.152; BGH, Urt.
vom 26. 6. 1972 – III ZR 203/68 –, EzGuG 6.155; BGH, Urt. vom 19. 6. 1972 – III ZR 106/70 –, EzGuG 6.154;
BGH, Urt. vom 10. 2. 1972 – III ZR 188/69 –, EzGuG 6.149; BGH, Urt. vom 10. 2. 1972 – III ZR 139/70 –,
EzGuG 6.148; BGH, Urt. vom 20. 9. 1971 – III ZR 18/70 –, EzGuG 16.15; BGH, Urt. vom 4. 6. 1962 – III ZR
163/61 –, EzGuG 6.57; auch BGH, Urt. vom 17. 11. 1988 – III ZR 210/87 –, EzGuG 18.109

142 Meterkamp in Nachr. der nds. Kat.- und VermVw 1986, 36; Bodenstein in Nachr. der nds. Kat.- und VermVw.
1987, 152

143 BVerwG, Urt. vom 1. 12. 1972 – 4 C 6/71 –, BVerwGE 41, 227

236 Für die den **im Außenbereich zulässigerweise errichteten Gebäuden zurechenbaren Umgriffsflächen** kann von daher eine „Quasi-Baulandqualität" (Faktisches Bauland) unterstellt werden. Nach Untersuchungen des Gutachterausschusses von *Bergisch Gladbach* weisen sie ein Wertniveau von rd. 45 % bis 90 % des nächstgelegenen Bodenrichtwerts für baureifes Land (ebp) auf (Marktbericht 2000). Bei entsprechenden Vorhaben im Außenbereich kann den diesbezüglichen Flächen diese Qualität im Hinblick auf den Ausnahmecharakter der Zulässigkeit allerdings nur den Flächen zugeordnet werden, für die mindestens ein Bauvorbescheid vorliegt. Andernfalls wäre der gesamte Außenbereich potenziell Bauland.

237 Die **Einordnung der Fläche als Außenbereichsfläche schließt nicht aus, dass es sich dennoch um warteständiges Bauland handeln kann,** insbesondere, wenn ohne spekulative Motive eine bauliche Nutzung in absehbarer Zeit erwartet werden kann. Dies wäre z.B. durch eine entsprechende Darstellung im Flächennutzungsplan begründet. Daneben können es auch tatsächliche und sonstige Gegebenheiten sein, die eine Bauerwartung begründen. Auch § 4 Abs. 2 fordert dafür nicht zwingend die entsprechende Darstellung in einem Flächennutzungsplan. Hier muss die Rechtsprechung des BGH zur allgemeinen Bauerwartung auf Grund eines Siedlungsdrucks, der Lage des Grundstücks innerhalb des Siedlungsgebiets, die vorhandene Infrastruktur einschließlich günstiger Verkehrsverhältnisse beachtet werden. Danach steht selbst eine die Bebauung (noch) ausschließende Planung einer Bauerwartung nicht entgegen, weil Planungen auch geändert[144] werden können (vgl. Rn. 141 ff.).

238 **Zum Außenbereich gehören auch abgrenzbare Militärflächen innerhalb im Zusammenhang bebauter Ortsteile,** die von ihrer Größenordnung eine zwanglose Fortsetzung der vorhandenen Bebauung nicht aufdrängen[145]. Sie stellen einen „Außenbereich im Innenbereich" dar, wobei solche Militärflächen auch am Ortsrand gelegen sein können. Sie haben grundsätzlich keinen Bestandschutz, jedoch können an den Grenzrändern die vorerwähnten Probleme auftreten.

239 **Im Außenbereich gelegene Militärflächen,** die nicht das gemäß § 34 Abs. 1 BauGB erforderliche Bebauungsgewicht aufweisen (z.B. Flugplätze, Depots, Bunkeranlagen, Kasernenanlagen mit Übungsplätzen), bleiben demzufolge nach Aufgabe der militärischen Nutzung Außenbereich, wenn nicht ein Bebauungsplan mit ziviler Anschlussnutzung aufgestellt werden soll oder bereits ist. Ausnahmen stellen die bereits angesprochenen im Außenbereich gelegenen reinen Wohnanlagen dar, die für zivile Wohnzwecke eine Anschlussnutzung finden.

240 **Im Außenbereich kann eine Bebaubarkeit gegeben sein** für

a) die *privilegierten* Vorhaben nach § 35 Abs. 1 BauGB,

b) die *nichtprivilegierten Vorhaben* nach § 35 Abs. 2 BauGB, die nach § 35 Abs. 3 BauGB regelmäßig unzulässig sind und

c) die *teilprivilegierten* begünstigten Vorhaben nach § 35 Abs. 4 BauGB, bei denen entgegenstehende Belange überwunden werden können[146].

241 Darüber hinaus kann sich die Bebaubarkeit nach § 35 Abs. 6 BauGB aus der **Lage des Grundstücks im Geltungsbereich einer Außenbereichssatzung ergeben** (Abb. 22):

Abb. 22: Außenbereich

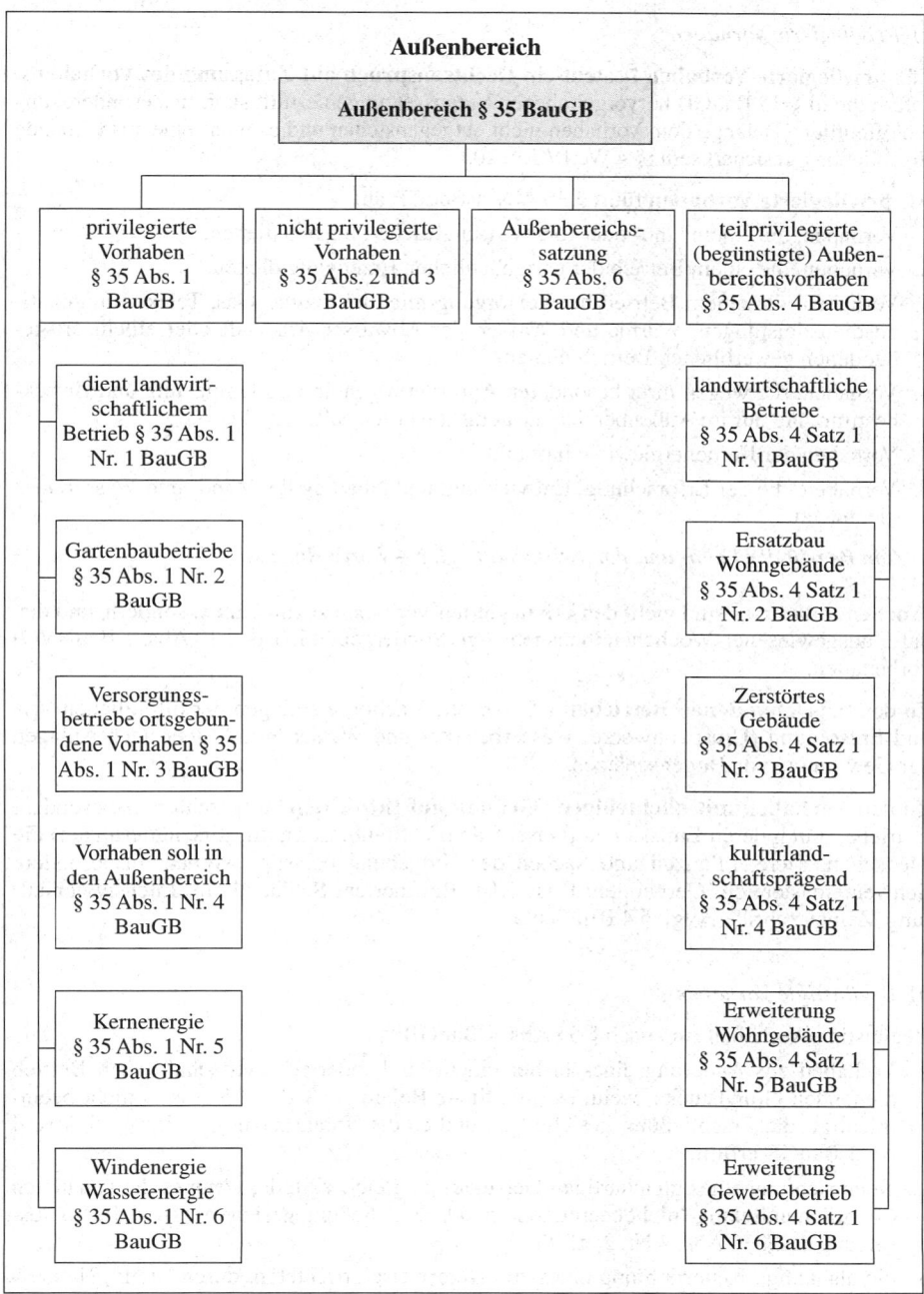

144 BGH, Urt. vom 20. 12. 1963 – III ZR 60/63 –, EzGuG 14.17
145 BVerwG, Urt. vom 6. 11. 1968 – 4 C 2/66 –, EzGuG 8.27
146 Krautzberger in Battis/Krautzberger/Löhr § 35 Rn. 1 ff.; Brügelmann § 35 Rn. 1 ff.; Cholewa/David/
Dyong/von der Heide § 35 Rn. 1 ff.; Dyong in Ernst/Zinkahn/Bielenberg § 35 BauGB Rn. 1 ff.; Gaentzsch § 35
Rn. 1 ff.; Schlichter/Stich BK § 35 Rn. 1 ff.; Schrödter § 35 Rn. 1 ff.; Schütz/Frohberg § 35 Rn. 1 ff.

5.4.2 Zulässige Vorhaben

a) Privilegierte Vorhaben

242 **Für privilegierte Vorhaben besteht ein Rechtsanspruch auf Zulassung des Vorhabens**, sofern die in § 35 BauGB hervorgehobenen Voraussetzungen erfüllt sind. Insbesondere dürfen öffentliche Belange dem Vorhaben nicht entgegenstehen und es muss eine ausreichende Erschließung gesichert sein (§ 4 WertV Rn. 203).

243 Als **privilegierte Vorhaben** führt § 35 Abs. 1 BauGB auf:

1. Vorhaben, die einem land- oder forstwirtschaftlichen Betrieb dienen,

2. Vorhaben, die einem Betrieb der gartenbaulichen Erzeugung dienen,

3. Vorhaben, die einem Betrieb der Versorgung mit Elektrizität, Gas, Telekommunikationsdienstleistungen, Wärme und Wasser, der Abwasserwirtschaft oder einem ortsgebundenen gewerblichen Betrieb dienen,

4. Vorhaben, die wegen ihrer besonderen Anforderungen an ihre Umgebung und Zweckbestimmung nur im Außenbereich ausgeführt werden sollen,

5. Vorhaben der Kernenergiewirtschaft und

6. Vorhaben, die der Erforschung, Entwicklung und Nutzung der Wind- und Wasserenergie dienen.

▶ *Zum Begriff der Land- und Forstwirtschaft vgl. § 4 WertV Rn. 24 f.*

244 **Wochenendhäuser** sind nicht den privilegierten Vorhaben zuzurechnen, sondern sind den dafür ausgewiesenen Wochenendhausgebieten (Sondergebiet i. S. d. § 10 Abs. 1 BauNVO) vorbehalten.

245 Zu den **ortsgebundenen Betrieben** i. S. der Nr. 3 gehören Anlagen der öffentlichen Ver- und Entsorgung (Umspannwerke, Wasserbehälter und Wassertürme), aber auch Anlagen zur Gewinnung von Bodenschätzen.

246 Zu den **Vorhaben mit nachteiliger Wirkung auf ihre Umgebung** zählen insbesondere Betriebe, durch deren Emissionen (Gase, Dämpfe, Staub, Lärm und Erschütterungen) die Menschen, Tiere, Pflanzen und Sachen der Umgebung belästigt werden, insbesondere Schweinemästereien, Gerbereien, Gaswerke, Raffinerien, Schlachthöfe, Intensivviehhaltung, Zementfabriken (vgl. § 4 BImSchG).

b) Begünstigte Vorhaben

247 Begünstigte Vorhaben sind nach § 35 Abs. 4 BauGB:

1. Vorhaben zur Änderung eines bisher einem land- oder forstwirtschaftlichen Betrieb dienenden Grundstücks, wenn es öffentliche Belange i. S. d. § 35 Abs. 3 nicht beeinträchtigt, die Erschließung gesichert ist und es die Voraussetzungen des § 35 Abs. 4 Nr. 1 BauGB erfüllt,

2. Neuerrichtung eines gleichartigen Gebäudes an gleicher Stelle, wenn es die genannten öffentlichen Belange nicht beeinträchtigt, die Erschließung gesichert ist und die Voraussetzung des § 35 Abs. 4 Nr. 2 erfüllt,

3. die alsbaldige Neuerrichtung eines zulässigerweise errichteten, durch Brand, Naturereignisse oder andere außergewöhnliche Ereignisse zerstörten gleichartigen Gebäudes an gleicher Stelle,

4. die Änderung und Nutzungsänderung von erhaltenswerten Gebäuden,

5. die Erweiterung eines Wohngebäudes bis auf höchstens zwei Wohnungen unter den Voraussetzungen des § 35 Abs. 4 Nr. 5 BauGB.

Es handelt sich vornehmlich um Vorhaben, die aus dem **Bestandsschutz der baulichen** **248**
Anlage resultieren. Ihnen kann nicht der Flächennutzungs- oder Landschaftsplan, die
natürliche Eigenart der Landschaft oder die Entstehung einer Splittersiedlung entgegengehalten werden.

c) Sonstige Vorhaben

Nicht nach § 35 Abs. 1 BauGB privilegierte Vorhaben können nach § 35 Abs. 2 BauGB **249**
im Einzelfall zugelassen werden, wenn ihre Ausführung oder Benutzung öffentliche
Belange nicht beeinträchtigt und die Erschließung gesichert ist. Sie sind mithin bereits
unzulässig, wenn sie öffentliche Belange beeinträchtigen, was regelmäßig der Fall ist, insbesondere wenn sie den Darstellungen des Flächennutzungsplans widersprechen (§ 5
WertV Rn. 7ff., 68).

d) Außenbereichssatzung

Die Gemeinde kann nach § 35 Abs. 6 BauGB für bebaute Bereiche im Außenbereich, die **250**
nicht überwiegend landwirtschaftlich geprägt sind und eine Wohnbebauung von einigem
Gewicht aufweisen, durch eine Außenbereichssatzung die Errichtung von **Wohnhäusern,**
kleinen Handwerks- und Gewerbebetrieben ermöglichen.

5.4.3   Im Außenbereich baurechtswidrig errichtete Gebäude

Im Außenbereich baurechtswidrig errichtete Gebäude können grundsätzlich nicht eine **251**
Baulandqualität der betroffenen Fläche begründen. Eine **Abrissanordnung** für ein bau-
rechtswidriges Gebäude wäre selbst dann generell nicht unzulässig, weil das Gebäude
lange Zeit geduldet worden ist oder weil der Eigentümer einen Antrag auf Genehmigung
einer privilegierten Nutzung gestellt hat, über den noch nicht rechtskräftig entschieden
worden ist[147].

Es handelt sich hierbei um Umstände, die im Rahmen der Ermessensausübung der Bauauf- **252**
sichtsbehörde im Einzelfall eine Rolle spielen können. Diesbezüglich verlangt der Gleichheitssatz des Art. 3 Abs. 1 GG eine **willkürfreie Ermessensausübung.** Das BVerwG hat
sich damit mehrfach befasst und folgende Grundsätze zum **Bestandsschutz** aufgestellt:

1. Eine Beseitigungsanordnung verstößt nur dann gegen den Gleichheitsgrundsatz, wenn
   sie angesichts vergleichbarer baurechtswidriger Bauten in dem betreffenden Gebiet
   willkürlich und systemlos ergangen ist. Das ist dann nicht der Fall, wenn die Verwaltungspraxis darin besteht, vor einem bestimmten Zeitpunkt errichtete Bauten zu dulden,
   soweit an ihnen keine Baumaßnahmen vorgenommen werden[148].

2. Gegen den Gleichheitssatz des Art. 3 Abs. 1 GG verstößt eine Beseitigungsanordnung
   nur dann, wenn sie angesichts vergleichbarer baurechtswidriger Bauten in dem betreffenden Gebiet willkürlich und systemlos ergangen ist. Im Hinblick auf die grundsätzliche bauordnungsrechtliche Befugnis der Behörden, gegen ungenehmigte Vorhaben mit
   dem Mittel der Beseitigungsanordnung vorzugehen, besteht ein Verstoß gegen Art. 3
   Abs. 1 GG nur dann, wenn die Behörde – schreitet sie bei einem verbreiteten ordnungswidrigen Zustand nur gegen einen der Störer ein – nicht zu rechtfertigen vermag, weshalb sie gerade gegen diesen eingeschritten ist[149].

---

147 BVerwG, Beschl. vom 15. 5. 1990 – 4 B 77/90 –, unveröffentlicht
148 BVerwG, Beschl. vom 13. 2. 1989 – 4 B 16/89 –, unveröffentlicht
149 BVerwG, Beschl. vom 22. 12. 1989 – 4 B 226/89 –, unveröffentlicht; BVerwG, Beschl. vom 19. 7. 1976 – 4 B
     22/76 –, Buchholz 406.17 Bauordnungsrecht Nr. 5

3. Verlangt die Behörde die Beseitigung eines ungesetzlichen Bauwerks, so liegt es in der Regel nicht im Rahmen der Erforschungspflicht des Gerichts, die Möglichkeiten einer Abänderung des Bauwerks zur Behebung eines etwaigen Übermaßes von Amts wegen zu prüfen. Dem liegt die Erwägung zu Grunde, dass das öffentliche Baurecht rechtswidriges Bauen grundsätzlich missbilligt[150].

4. Ein Bestandsschutz, soweit damit eine eigenständige Anspruchsgrundlage gemeint sein soll, besteht nicht, wenn eine gesetzliche Regelung i. S. des Art. 14 Abs. 1 Satz 2 GG vorhanden ist[151].

5. Dem allgemeinen Willkürverbot lässt sich nicht in konkretisierender Weise entnehmen, in welcher Art und Weise eine Behörde gegen Schwarzbauten vorgehen darf[152].

6. Der Pflicht, die Ermessensausübung bei Erlass einer Beseitigungsanordnung i. S. fehlender Willkür zu rechtfertigen, genügt es, wenn die Behörde im Laufe eines etwaigen Verwaltungsstreitverfahrens darlegt, weshalb sie gerade gegen die Kläger vorgeht[153].

7. Der Gleichheitssatz gebietet nicht, dass von der Bauaufsichtsbehörde mit Beseitigungsverfügungen gegen unterschiedlich gelagerte Fälle in gleicher Weise vorgegangen werden muss, geschweige denn im gleichen Zeitpunkt; geboten ist lediglich ein systemgerechtes Vorgehen. Dieses kann selbst dann bejaht werden, wenn eine Behörde gegen „Schwarzbauten" gleichsam Schritt für Schritt vorgeht[154].

8. Eine Baumaßnahme an einem Wohnhaus im Außenbereich, die mit wesentlichen Änderungen und einer nicht unerheblichen Erweiterung verbunden ist, kann nicht unter dem Gesichtspunkt des Bestandsschutzes genehmigt werden[155].

9. Der Bestandsschutz, den ein ursprünglich in Einklang mit dem materiellen Baurecht errichtetes Gebäude auf Grund des Art. 14 Abs. 1 GG genießt, berechtigt nicht nur dazu, die Anlage in ihrem Bestand zu erhalten und sie wie bisher zu nutzen, sondern auch dazu, die zur Erhaltung und zeitgemäßen Nutzung notwendigen Maßnahmen durchzuführen. Er deckt eine Erweiterung des Bestehenden, wenn hierdurch öffentlich-rechtliche Vorschriften nicht über das hinaus verletzt würden, was die Erhaltung des Bestands und seine weitere Nutzung bereits mit sich bringen (BVerwG, Urt. vom 12. 3. 1998 – 4 C 10/97 –, BVerwGE 106, 228).

5.4.4 Bodenwertermittlung

253 Der **Bodenwert bebauter Außenbereichsgrundstücke** (Hofstelle) ist nach allgemeinen Grundsätzen im Vergleichswertverfahren zu ermitteln, wobei es sich hierbei um einen speziellen Teilmarkt handelt, der nicht mit dem Grundstücksmarkt für bebaute Grundstücke bzw. für baureife Grundstücke im Innenbereich gleichgesetzt werden kann. Es muss deshalb das örtliche Preisgeschehen berücksichtigt werden. Allgemein kann hierzu gesagt werden, dass sich die Bodenwerte für bebaute Außenbereichsgrundstücke, die zunächst auf die bebaute Fläche einschließlich der erforderlichen Umgriffsfläche beschränkt werden muss, nach

– der Lage des Grundstücks zum nächsten Baugebiet,

– der äußeren und inneren Erschließung und

– der Verwendungsfähigkeit des Grundstücks im Rahmen der Zulässigkeitsregelung des § 35 BauGB und der Marktgängigkeit

bestimmt. Im Schrifttum werden Bodenpreise angegeben, die sich zwischen dem 2- (bei hohen Preisen landwirtschaftlicher Grundstücke) bis 3fachen Ackerlandwert und 60 % des Bodenwerts für vergleichbare Grundstücke in Innerortslage liegen, wobei dann schon die Bodenpreise des nächsten Ortsrandes heranzuziehen sind[156].

6 Sondernutzungen

6.1 Öd-, Un- und Geringstland

Der Entwicklungszustand von Ödland, Unland sowie von Geringstland bestimmt sich in Anlehnung an § 4. Sofern eine **bauliche Nutzung nicht in Aussicht steht oder bereits zulässig** ist und sich deshalb ein höherwertiger Entwicklungszustand ergibt, kann das Ödland, Unland bzw. Geringstland allerdings nicht als Fläche der Land- oder Forstwirtschaft eingestuft werden, da z. B. vom Ödland (Unland) ex definitionem nicht angenommen werden kann, dass es nach seinen Eigenschaften, der sonstigen Beschaffenheit und Lage, nach seinen Verwertungsmöglichkeiten oder den sonstigen Umständen in absehbarer Zeit nur land- oder forstwirtschaftlichen Zwecken dienen wird, wie dies § 4 Abs. 1 Nr. 1 fordert. **254**

Als **Unland** werden in § 45 BewG[157] Betriebsflächen definiert, die auch bei geordneter Wirtschaftsweise keinen Ertrag abwerfen können. In der steuerlichen Einheitsbewertung wird es deshalb nicht bewertet (vgl. auch § 1 Abs. 2 Satz 1 FlErwV)[158]. Es unterscheidet sich damit vom sog. **Geringstland,** das in § 44 BewG als Betriebsfläche „geringster Ertragsfähigkeit" definiert ist, für die nach dem Bodenschätzungsgesetz keine Wertzahlen festzustellen sind. Geringstland wird in der steuerlichen Bewertung mit einem Hektarwert von 50 DM bewertet[159]. **255**

In den **Erbschaftsteuer-Richtlinien**[160] (ErbStR) heißt es **zum Geringstland:** **256**

„'Betriebsflächen geringster Ertragsfähigkeit (Geringstland) sind unkultivierte, jedoch kulturfähige Flächen, deren Ertragsfähigkeit so gering ist, dass sie in ihrem derzeitigen Zustand nicht regelmäßig land- und forstwirtschaftlich genutzt werden können; dazu gehören insbesondere unkultivierte Moor- und Heideflächen sowie die ehemals bodengeschätzten Flächen und die ehemaligen Weinbauflächen, deren Nutzungsart sich durch Verlust des Kulturzustands verändert hat. ²Der Verlust des Kulturzustands ist dann als gegeben anzusehen, wenn der kalkulierte Aufwand zur Wiederherstellung des Kulturzustands in einem Missverhältnis zu der Ertragsfähigkeit steht, die nach der Rekultivierung zu erwarten ist. ³Das ist regelmäßig dann der Fall, wenn der Aufwand den einer Neukultivierung übersteigen würde. ⁴Bei bodengeschätzten Flächen kann der nachhaltige Verlust des Kulturzustands insbesondere erst nach folgenden Ereignissen eintreten:

1. Ansiedlung von Gehölzen infolge Nichtnutzung bei Hutungen und Hackrainen,
2. Versteinung und Vernässung infolge Nichtnutzung, z. B. bei Hochalmen,
3. Ansiedlung von Gehölzen und Verschlechterung der Wasserverhältnisse infolge Nichtnutzung, z. B. bei Streuwiesen,
4. nachhaltige Verschlechterung des Pflanzenbestandes und der Wasserverhältnisse infolge zunehmender Überflutungsdauer und steigender Wasserverschmutzung bei Überschwemmungsgrünland oder Staunässe in Bodensenkungsgebieten.
5. Vergiftung und Vernichtung des Pflanzenbestandes infolge schädlicher Industrieemissionen.

⁵Bei Weinbauflächen, insbesondere in Steilhanglagen, kann der Verlust des Kulturzustands durch Ansiedlung von Gehölzen, Bodenabtrag sowie Einsturz von Mauern und Treppen infolge Nichtnutzung eintreten."

Zum **Unland** gehören ertragslose Böschungen, ausgebeutete und **stillgelegte Kiesgruben und dgl. sowie Steinbrüche,** soweit diese nicht kulturfähig sind. **257**

---

150 BVerwG, Urt. vom 8. 2. 1994 – 4 B 21/94 –, BVerwGE 95, 167 –; BVerwG, Beschl. vom 29. 9. 1965 – 4 B 214/65 –, DÖV 1966, 249
151 BVerwGE, Urt. vom 16. 5. 1991 – 4 C 17/90 –, BVerwGE 88, 191
152 BVerwG, Urt. vom 11. 1. 1994 – 4 B 231/93 –, Buchholz 407.4 § 19 FStrG Nr. 6
153 BVerwG, Beschl. vom 18. 12. 1991 – 4 B 208/91 –, unveröffentlicht –; BVerwG, Beschl. vom 19. 7. 1976 – 4 B 22/76 –, Buchholz 406.17 Bauordnungsrecht Nr. 5
154 BVerwG, Beschl. vom 21. 12. 1990 – 4 B 184/90 –, unveröffentlicht
155 OVG Lüneburg, Urt. vom 10. 1. 1986 – 1 A 165/84 –, BRS Bd. 46 Nr. 71 und 150
156 Gütter in HLBS-report 1998, 13
157 § 13 Abs. 2 Ziff. 1 RBewG 1935 sowie § 15 Abs. 2 RBewG
158 RdErl. des nordrh.-westf. IM vom 14. 2. 1979 (SMBl. NW 71342; § 17 BodSchätzÜbernErl).
159 BGBl. I 1994, 1089 = GuG 1994, 171; vgl. Rösch/Kurandt, Bodenschätzung und Liegenschaftskataster, Heymann's Verlag, Köln, Nachdruck 1968; vgl. auch Ergänzende Vorschriften II vom 28. 3. 1939 zum RdErl. des RdI zur Übernahme der Bodenschätzungsergebnisse in das Liegenschaftskataster (BodSchätzÜbernErl; RdErl. des RdI vom 27. 1. 1937 (Ziff. 3 Abschn. D BodSchätzTechnAnw. 11)
160 Erbschaftsteuer-Richtlinien – ErbStR – vom BR-Drucks. 525/98

6.2   Naturschutzrechtliche Ausgleichsflächen

258 Die naturschutzrechtliche Ausgleichsregelung bereitet der Wertermittlungspraxis noch immer große Schwierigkeiten. Generell muss man hierzu feststellen, dass unter der Herrschaft dieser Regelung bereits der **Verkehrswert des werdenden Baulands bis hin zum Bauerwartungsland gegenüber früheren Preisbildungsmechanismen in seiner Wertentwicklung gedämpft wird.** War nämlich früher davon auszugehen, dass i. d. R. bis zu 30 % der Bruttobaulandfläche für örtliche Verkehrs- und Grünflächen aufzubringen war, so muss unter der Herrschaft der naturschutzrechtlichen Ausgleichsregelungen erwartet werden, dass nur eine entsprechend kleinere Nettofläche Baureife erlangt. Dieser Umstand wurde vielfach bei der Ableitung von Bodenrichtwerten ebenso vernachlässigt wie bei der Heranziehung von Vergleichspreisen für Bauerwartungsland, die auf dem Grundstücksmarkt erzielt wurden, als die Ausgleichsregelung (noch) nicht die Preisbildung beeinflussen konnte.

259 **Rechtsgrundlage für naturschutzrechtliche Ausgleichsmaßnahmen** sind u. a. § 1 a BauGB und die §§ 135 a ff. BauGB. Den Gemeinden ist danach vorgegeben, im Rahmen der Abwägung nach § 1 Abs. 6 BauGB im Bauleitplanverfahren dem damit verbundenen **Eingriff in Natur und Landschaft** durch entsprechende Festsetzungen von

– Ausgleichsflächen und

– Ausgleichsmaßnahmen

Rechnung zu tragen. In den Bebauungsplänen kommen folgende **Festsetzungen nach § 9 Abs. 1 BauGB** in Betracht:

– Nr. 15 die öffentlichen und privaten Grünflächen, wie Parkanlagen, Dauerkleingärten, Sport-, Spiel-, Zelt- und Badeplätze, Friedhöfe;

– Nr. 16 die Wasserflächen sowie die Flächen für die Wasserwirtschaft, für Hochwasserschutzanlagen und für die Regelung des Wasserabflusses;

– Nr. 18 a) die Flächen für die Landwirtschaft und

           b) Wald;

– Nr. 20 die Flächen oder Maßnahmen zum Schutz, zur Pflege und zur Entwicklung von Boden, Natur und Landschaft, soweit solche Festsetzungen nicht nach anderen Vorschriften getroffen werden können, sowie die Flächen für Maßnahmen zum Schutz, zur Pflege und zur Entwicklung von Natur und Landschaft;

– Nr. 22 die Flächen für Gemeinschaftsanlagen für bestimmte räumliche Bereiche wie Kinderspielplätze, Freizeiteinrichtungen, Stellplätze und Garagen;

– Nr. 24 die von der Bebauung freizuhaltenden Schutzflächen und ihre Nutzung, die Flächen für besondere Anlagen und Vorkehrungen zum Schutz vor schädlichen Umwelteinwirkungen im Sinne des Bundes-Immissionsschutzgesetzes sowie die zum Schutz vor solchen Einwirkungen oder zur Vermeidung oder Minderung solcher Einwirkungen zu treffenden baulichen und sonstigen technischen Vorkehrungen;

– Nr. 25 für einzelne Flächen oder für ein Bebauungsplangebiet oder Teile davon sowie für Teile baulicher Anlagen mit Ausnahme der für landwirtschaftliche Nutzungen oder Wald festgesetzten Flächen

           a) das Anpflanzen von Bäumen, Sträuchern und sonstigen Bepflanzungen,

           b) Bindungen für Bepflanzungen und für die Erhaltung von Bäumen, Sträuchern und sonstigen Bepflanzungen sowie von Gewässern.

260 Die **Festsetzung von Grünflächen** in einem Bebauungsplan muss ihre – ggf. durch Auslegung zu ermittelnde – Qualifizierung als öffentlich oder privat enthalten. Die Abgrenzung von öffentlichen und privaten Grünflächen erfordert die Verwendung geeigneter Planzeichen[161].

Diese **Festsetzungen können**   **261**

a) auf den Eingriffsgrundstücken selbst oder auf den ihnen zugeordneten Flächen,

b) als *Einzelzuordnung* oder als *Sammelzuordnung*

c) als *private* oder *öffentliche* Fläche den Eingriffsgrundstücken zugeordnet werden.

Die **Durchführung von Ausgleichsmaßnahmen und die Bereitstellung von Ausgleichsflächen obliegt grundsätzlich dem Vorhabenträger** (Eigentümer). Soweit Augleichs-
maßnahmen und -flächen an anderer Stelle den (Eingriffs-)grundstücken nach § 9 Abs. 1a
BauGB zugeordnet sind, soll jedoch die Gemeinde diese an Stelle und auf Kosten der
Eigentümer der Grundstücke, denen die Ausgleichsmaßnahmen und -flächen zugeordnet
sind, durchführen.

Soweit die **Gemeinde an Stelle des Eigentümers bzw. Vorhabenträgers Ausgleichs-**   **262**
flächen bereitstellt bzw. Ausgleichsmaßnahmen nach § 135a Abs. 2 BauGB durch-
führt, sind die Kosten auf die zugeordneten Grundstücke unter Berücksichtigung der überbaubaren Grundstücksfläche, der zulässigen Grundfläche, der zu erwartenden Versiegelung
oder der Schwere der zu erwartenden Beeinträchtigungen nach Maßgabe einer gemeindlichen Satzung zu verteilen. Die Kosten werden mit einem **Kostenerstattungsbetragsbe-
scheid** geltend gemacht. Des Weiteren waren die Länder u. a. ermächtigt zu bestimmen,
dass die Gemeinden bis zum 31. 12. 2000 nicht verpflichtet sind § 1a Abs. 2 Nr. 2 und
Abs. 3 BauGB (naturschutzrechtliche Eingriffsregelung) anzuwenden, soweit den Belangen des Naturschutzes und der Landschaftspflege auf andere Weise Rechnung getragen
werden kann.

Festsetzungen zum Ausgleich für Eingriffe in Natur und Landschaft können nach dem vor-   **263**
her Gesagten zum Inhalt haben, dass der Eigentümer eines Grundstücks (Vorhabenträger
als Verursacher) entweder

a) mit seinem Baugrundstück die festgesetzten **Ausgleichsflächen** aufbringt und sich
   somit im Ergebnis die Grundstücksfläche entsprechend vergrößert oder

b) auf seinem Baugrundstück die festgesetzten **Ausgleichsmaßnahmen** (Bepflanzungen)
   durchführt oder

c) die dem Baugrundstück (ggf. als Sammelzuordnung) zugeordneten *privaten* Ausgleichsflächen aufbringt bzw. für die *öffentlichen* Ausgleichsflächen „über den Kostenerstattungsbetrag" aufkommt oder

d) die dem Baugrundstück zugeordneten privaten Ausgleichsflächen *einschließlich* der
   dafür festgesetzten Ausgleichsmaßnahmen (z. B. Bepflanzungen) aufbringt bzw. für die
   öffentlichen Ausgleichsflächen einschließlich der dafür festgesetzten Ausgleichsmaßnahmen aufkommt.

Daraus folgt, dass zwischen **Ausgleichsflächen und -maßnahmen, die am Eingriffsort**   **264**
(bzw. im Eingriffsbereich) aufzubringen bzw. durchzuführen sind, und solchen Ausgleichsflächen und -maßnahmen zu unterscheiden ist, die auf Grund entsprechender Zuordnungs-
festsetzungen an anderer Stelle durchzuführen sind.

Grundstücksintegrierte Ausgleichsflächen und -maßnahmen (Fall a und b)

In den erstgenannten Fällen **(Fall a und b)** ist die Frage nach dem Verkehrswert noch ver-   **265**
hältnismäßig leicht zu beantworten. Werden zur Wertermittlung Vergleichspreise von
Grundstücken herangezogen, die hinsichtlich der naturschutzrechtlichen Ausgleichs- und
Ersatzregelung „unbelastet" sind, kann davon ausgegangen werden, dass die demgegenüber für das Wertermittlungsobjekt bereitgestellte Ausgleichsfläche zu einer Vergrößerung
der Grundstücksfläche führt. Dies wiederum führt im Ergebnis zu einer entsprechenden

---

161   OVG Münster, Urt. vom 15. 1. 1991 – 11a NE 26/88 –, BRS Bd. 53, Nr. 22

Absenkung des Quadratmeterwerts, denn es entspricht einem alten Erfahrungssatz, dass der Quadratmeterwert eines Grundstücks desto höher ausfällt, je kleiner die Grundstücksfläche ist und umgekehrt (vgl. § 14 WertV Rn. 92 ff.). Ausgleichsmaßnahmen (Bepflanzungen) werden hingegen den Grundstückswert gegenüber kostenerstattungsbetragsfreien Vergleichspreisen nur dann „absenken", wenn sie ungewöhnlich hoch sind und das Maß dessen überschreiten, was der Grundeigentümer auch sonst an Anpflanzungen vornehmen würde. Soweit hier also eine Bodenwertminderung überhaupt erwartet werden kann, wäre sie an den zusätzlichen Kosten zu orientieren.

Zugeordnete Ausgleichsflächen und -maßnahmen (Fall c und d)

266   Problematisch sind die Fälle, in denen die Ausgleichsflächen und -maßnahmen einem Baugrundstück an anderer Stelle zugeordnet sind **(Fall c und d)** und sich nicht im Eigentum dessen befinden, der auf dem Eingriffsgrundstück ausgleichspflichtig wird. Hier stellt sich die Aufgabe, den Verkehrswert eigenständiger Ausgleichsflächen zu ermitteln.

267   Handelt es sich dabei um eine *öffentliche Ausgleichsfläche,* so bemisst sich der **Verkehrswert dieser Ausgleichsfläche** in Anwendung der entschädigungsrechtlichen Grundsätze der §§ 93 ff. BauGB, d. h. **nach dem Vorwirkungsgrundsatz.**

268   Der **Verkehrswert des Eingriffsgrundstücks vermindert** sich in analoger Anwendung der Grundsätze, die in der Wertermittlungspraxis zur Umrechnung erschließungsbetragsfreier in erschließungsbetragspflichtige Grundstücke zur Anwendung kommen, **um den zu erwartenden Kostenerstattungsbetrag**, wenn von Vergleichspreisen für kostenerstattungsbetragsfreie Grundstücke ausgegangen wird. Dies dürfte vorerst dem Regelfall entsprechen. Sobald sich ein Grundstücksmarkt gebildet hat, auf dem auch

    – kostenerstattungsbetragspflichtige Grundstücke bzw.

    – Grundstücke mit entsprechenden Festlegungen über naturschutzrechtliche Ausgleichsflächen und -maßnahmen

gehandelt werden, stehen entsprechende Vergleichspreise zur Verfügung. Bei der Verkehrswertermittlung von Grundstücken, die mit entsprechenden Ausgleichsflächen und -maßnahmen „belastet" sind, kann die **„Belastung"** dann **außer Betracht bleiben, wie Kaufpreise vergleichbarer Grundstücke herangezogen werden, die** – unmittelbar vergleichbar – **gleichermaßen „belastet" sind**. Entsprechendes gilt für die Heranziehung von Bodenrichtwerten. Werden indessen Vergleichspreise oder Bodenrichtwerte „unbelasteter" Grundstücke herangezogen, muss die „Belastung" des zu wertenden Grundstücks in Anlehnung an den monetären Wert dieser „Belastung" zusätzlich berücksichtigt werden.

269   Wird im Bebauungsplan ein Grundstück als **Ausgleichsfläche** festgesetzt, das **zuvor im Bebauungsplan für eine bauliche Nutzung ausgewiesen** war, müssen bei der Verkehrswertermittlung die planungsschadensrechtlichen Regelungen bezüglich fremdnütziger Nutzungen und eines Übernahmeanspruchs beachtet werden (§§ 39 ff. BauGB, insbesondere § 40 BauGB)[162].

270   Die wohl größte Unsicherheit besteht bei der Verkehrswertermittlung von *privaten* **Ausgleichsflächen**, die Eingriffsgrundstücken an anderer Stelle zugeordnet sind, insbesondere für die **im Außenbereich** gelegenen Flächen, wenn sie in einem Gebiet liegen, für das nach allgemeinen Grundsätzen möglicherweise sogar auf Grund ihrer Lage (in der Nähe zum Siedlungsgebiet) eine allgemeine Bauerwartung bestand. Hierbei handelte es sich zwar lediglich um „Chancen", die durch das Planungsschadensrecht nicht geschützt sind. Die Höhe des Verkehrswerts solcher Flächen wird letztlich aber vom Grundstücksmarkt bestimmt, an dem sich die Verkehrswertermittlung orientieren muss. Es besteht jedoch bislang wenig Erfahrung darüber, wie der Grundstücksmarkt diese Flächen wertmäßig behandelt, d. h., es stehen kaum Vergleichspreise dafür zur Verfügung.

Es zeichnet sich aber ab, dass in der heutigen Phase der Unsicherheit das künftige Marktgeschehen nicht unerheblich durch die Wertermittlungspraxis mitbestimmt wird. Eine erste Bilanz lässt erkennen, dass solche Flächen **zumeist mit dem Wert des begünstigten Agrarlands** i. S. d. § 4 Abs. 1 Nr. 2 WertV „eingestuft" werden, zumindest dann, wenn die Flächen nicht zuvor eine allgemeine Bauerwartung aufwiesen. Sofern jedoch eine Bauerwartung bereits vorhanden war, dürfte von den Eigentümern auf Grund eines (wertmäßigen) „Besitzstandsdenkens" eine geringe Verkaufswilligkeit zum Preis des begünstigten Agrarlands erwartet werden können, was zu einer uneinheitlichen Preisgestaltung führen dürfte. Zudem besteht hier eine Konstellation, die kaum noch mit dem Verkehrswertprinzip lösbar ist, denn die Ausgleichsfläche ist im Falle ihrer Zuordnung zu einem bestimmten Baugrundstück dem gewöhnlichen Geschäftsverkehr weitgehend entzogen. Die Zuordnung schafft nämlich eine besondere Beziehung zu einem einzigen am Erwerb der Ausgleichsfläche interessierten oder auch nicht interessierten Erwerber. Einerseits kann also der Eigentümer der Ausgleichsfläche seine besondere Position „ausspielen", andererseits kann der Eigentümer des **Eingriffsgrundstücks** den Eigentümer der Ausgleichsfläche „aushungern" lassen. Hier sind die Gemeinden gefordert, den bodenordnerischen Vollzug herbeizuführen, sofern nicht der Grundstückseigentümer auf Grund fremdnütziger Festsetzungen einen **Übernahmeanspruch** geltend macht (§ 40 Abs. 2 BauGB).

Stich[163] führt hierzu aus:

„Dabei werden die Gemeinden allerdings die Erfahrung machen müssen, dass die Eigentümer von (bisherigem) Acker-, Wiesen- oder Ödland nicht bereit sind, ihre Flächen zu dem Preis abzugeben, den solches Land – solange es vom baulichen Entwicklungsgeschehen unberührt ist – im gewöhnlichen Geschäftsverkehr' (vgl. die Begriffsbestimmung des Verkehrswerts in § 194 BauGB) erbringt. Denn das Acker-, Wiesen- oder Ödland hat unter Umständen bereits durch die Darstellung als Flächen für eingriffsrechtliche Ausgleichs- und Ersatzmaßnahmen im Flächennutzungsplan, auf jeden Fall aber durch die entsprechende Festsetzung in einer rechtsverbindlichen städtebaulichen Planung in der Einschätzung des ,gewöhnlichen Geschäftsverkehrs' eine zusätzliche Eigenschaft, nämlich die von ,Bauvoraussetzungsland'[164] erhalten und ist daher nur noch zu einem höheren Preis als zu dem von ,reinem' Acker-, Wiesen- oder Ödland zu erwerben. Die Sach- und Rechtslage ist mit derjenigen zu vergleichen, die für förmliche städtebauliche Entwicklungsmaßnahmen in § 169 Abs. 4 BauGB geregelt ist und dort dazu führt, dass für bisher land- und forstwirtschaftlich genutzte Grundstücke der Wert von ,begünstigtem Agrarland' zu vergüten ist (vgl. dazu auch § 26 Abs. 2 WertV)[165]. Die Kosten, die die Gemeinde für den Erwerb der Flächen für Ausgleichs- und Ersatzmaßnahmen aufwenden muss, kann sie auf Grund der nach § 8 a Abs. 5 BNatSchG erlassenen Kostenerstattungssatzung in vollem Umfang von den Vorhabenträgern oder Grundstückseigentümern, denen die ,zugeordneten' Ausgleichs- und Ersatzmaßnahmen zugute kommen, ersetzt verlangen[166]."

272

Stich gelangt zu dem Ergebnis, dass auch die Enteignung von Grundflächen, auf denen nach den Festsetzungen eines Bebauungsplans oder nach den Bestimmungen einer Satzung mit Vorhaben- und Erschließungsplan im „sonstigen Geltungsbereich" der Planung Ausgleichsmaßnahmen durchgeführt werden sollen, zulässig sein kann, wenn – im gegebenen Fall – „das **Wohl der Allgemeinheit** .. *es* .. erfordert". Die Bauleitplanung und damit die Schaffung von Bauland für Wohn-, Gewerbe-, Industrie- und sonstige Zwecke gehöre zu den wichtigsten Aufgaben, die die Gemeinden im Interesse der Allgemeinheit zu erfüllen haben. Sie haben die Bauleitpläne und anderen städtebaulichen Planungen nach § 1 Abs. 3 BauGB aufzustellen, zu ändern, zu ergänzen und aufzuheben, sobald und soweit es für die städtebauliche Entwicklung und Ordnung erforderlich ist. Sind rechtsverbindliche städtebauliche Planungen aufgestellt, ist es im Interesse der Allgemeinheit grundsätzlich geboten, dass ihre Festsetzungen und Bestimmungen verwirklicht werden (vgl. auch die städtebaulichen Gebote in den §§ 175 ff. BauGB). Die Enteignungsmöglichkeit sei – nach Stich – dabei zumindest für die Flächen zu bejahen, auf denen Anlagen hergestellt oder Maßnah-

162　BGH, Urt. vom 9. 10. 1997 – III ZR 148/96 –, GuG 1998, 175 = EzGuG 4.170

163　Stich in GuG 1997, 301

164　So schon Stich in: Ber. Komm. zum BauGB, § 8 a BNatSchG, Rn. 67; auch Dieterich, Baulandumlegung, 3. Aufl., München 1996, Rn. 176 a

165　Kleiber, Die Auswirkungen der naturschutzrechtlichen Eingriffs- und Ausgleichsregelung auf die Bodenpreisbildung, in: Kormann (Hrsg.), Naturschutz und Bauleitplanung, UPR-Special Bd. 8, München 1995, S. 97 ff.

166　Porger in UPR-Special Bd. 8, München 1995 S. 81 ff.

men durchgeführt werden sollen, von denen die geordnete städtebauliche Entwicklung im Baugebiet und in der Gemeinde abhängt. Im Ergebnis stellt auch die Ausweisung einer privat nutzbaren Fläche im Bebauungsplan als eine anderen (Eingriffs-)Grundstücken zugeordnete Ausgleichsfläche eine **fremdnützige Festsetzung i. S. d. § 40 Abs. 1 BauGB** dar. Der Verkehrswert von Ausgleichsflächen, für die diese Voraussetzungen vorliegen, bemisst sich dann konsequenterweise wiederum nach den entschädigungsrechtlichen Vorschriften, die auch im Falle eines Übernahmeanspruchs zur Anwendung kommen.

273 Der BGH[167] hat in einer **fremdnützigen Ausweisung einer Fläche** (in einem Bebauungsplan) **als Grünfläche** i. S. einer naturschutzrechtlichen Ausgleichsfläche als eine fühlbare und nicht unerhebliche „mithin bei vernünftiger wirtschaftlicher Betrachtung die enteignungsrechtliche Opferschwelle überschreitende" Festsetzung erblickt, wobei dabei auf die dadurch eintretenden Vermögensnachteile verwiesen wird. Der BGH hat aber auch herausgestellt, dass in dem zu entscheidenden Fall der Verkehrswert der davon betroffenen Fläche, die vorher eine Bauerwartungslandqualität aufwies, durch die „planerische Herabzonung ganz erheblich gesunken" sei; die bisher ausgeübte landwirtschaftliche Nutzung entfalle nämlich mit der Durchführung des Bebauungsplans, dem die Ausgleichsfläche zugeordnet war.

274 Darüber hinaus hat der BGH die **Anrechnung eines Vorteilsausgleichs bejaht, wenn ein funktioneller Zusammenhang zwischen dem Enteignungsunternehmen** (der Bereitstellung einer naturschutzrechtlichen Ausgleichsfläche) **und der Ausweisung der dahinterliegenden Fläche als Bauland zu sehen ist** und zwar zumindest dann, wenn ein überschaubarer Kreis von Eigentümern mit den Planungsvorteilen zugleich Sondervorteile erfährt.

Ausgleichsflächen in Sanierungsgebieten und Entwicklungsbereichen

275 Unproblematisch im Hinblick auf den bodenordnerischen Vollzug und auch auf die Verkehrswertermittlung sind schließlich die Fälle, in denen Ausgleichsflächen in einem städtebaulichen Sanierungsgebiet oder Entwicklungsbereich gelegen sind. Hier bemisst sich der Verkehrswert, unabhängig davon, ob es sich um private oder öffentliche Ausgleichsflächen handelt, nach dem Verkehrswert, der sich in Anwendung des § 153 Abs. 1 BauGB ergibt; das ist der **sanierungs- bzw. entwicklungsunbeeinflusste Grundstückswert.**

▶ *Nähere Ausführungen vgl. § 28 WertV Rn. 84 ff. sowie § 27 WertV Rn. 22*

6.3   Kleingartenland

6.3.1   Allgemeines

276 § 1 des BKleinG definiert als Kleingarten einen **Garten, der dem Nutzer (Kleingärtner) zur nichterwerbsmäßigen gärtnerischen Nutzung,** insbesondere zur Gewinnung von Gartenbauerzeugnissen für den Eigenbedarf und zur Erholung dient sowie in einer Anlage liegt.

277 Ein **weiteres Wesensmerkmal des Kleingartens** ist die Nutzung fremden Landes, d. h. Kleingärten i. S. d. BKleinG können nur Pachtgärten sein. Ein Kleingarten soll 400 m² Grundstücksfläche nicht überschreiten und darf mit einer Laube bis zu 24 m² bebaute Fläche (einschließlich überdachten Freisitz) bebaut werden. Diese Laube darf weder von der Ausstattung noch von der Einrichtung her zum dauernden Wohnen geeignet sein (§ 3 Abs. 2 KleinG).

Bei Kleingärten ist grundsätzlich zwischen **278**

a) Dauerkleingartenland und

b) Kleingartenland

zu unterscheiden. **Dauerkleingärten** sind als Grünflächen im Flächennutzungsplan gemäß § 5 Abs. 2 Nr. 5 BauGB dargestellt bzw. im Bebauungsplan gemäß § 9 Abs. 1 Nr. 15 BauGB festgesetzt. **Kleingärten** sind dagegen in § 1 BKleingG als Gärten definiert, die

– dem Nutzer (Kleingärtner) zur nichterwerbsmäßigen gärtnerischen Nutzung, insbesondere zur Gewinnung von Gartenerzeugnissen für den Eigenbedarf und zur Erholung dienen (kleingärtnerische Nutzung), und

– in einer Anlage liegen, in der mehrere Einzelgärten mit gemeinschaftlichen Einrichtungen, zum Beispiel Wegen, Spielflächen und Vereinshäusern, zusammengefasst sind (Kleingartenanlage).

Vom Dauerkleingarten unterscheidet sich der **Kleingarten** dadurch, dass der Bebauungsplan für die Belegenheitsfläche nicht die Festsetzung „Dauerkleingarten" getroffen hat. **279**

Des Weiteren sind Kleingärten von den sog. **Datschen** zu unterscheiden. Dies sind Nutzungsrechte an Grundstücken und Baulichkeiten für Erholungszwecke nach den §§ 312 bis 315 ZGB (vgl. unten Rn. 300 ff.). **280**

Abgesehen von der einvernehmlichen **Aufhebung des Pachtvertrags** kann ein Kleingartenpachtvertrag nur aus den im BKleingG ausdrücklich genannten Gründen durch die Verpächter gekündigt werden (§§ 8 bis 10 BKleingG). Kleingartenflächen, die nicht als solche in Bebauungsplänen festgesetzt sind, müssen stets dem Außenbereich zugerechnet werden. Sie stellen zumindest kein Baugebiet i. S. des § 1 Abs. 2 BauNVO dar (vgl. Dienstbl. des Senats von Berlin, Teil I – Inneres, Finanzen, Justiz und Wirtschaft, Nr. 7 vom 20. 10. 1995). Dabei ist grundsätzlich vom Bestandsschutz der errichteten Baulichkeiten auszugehen, wobei sich dieser an den Grundsätzen des Außenbereichs und nicht des Innenbereichs orientieren muss. **281**

6.3.2 Pacht

6.3.2.1 Allgemeines

Für die Ermittlung des **Verkehrswerts von Kleingärten sind** die **Pachtbeschränkungen zu beachten,** die mit § 5 BKleingG vorgegeben sind[168]. Die Vorschrift ist nachfolgend abgedruckt: **282**

„**§ 5 BKleingG, Pacht**

(1)¹Als Pacht darf höchstens der vierfache Betrag der ortsüblichen Pacht im erwerbsmäßigen Obst- und Gemüseanbau, bezogen auf die Gesamtfläche der Kleingartenanlage, verlangt werden. Die auf die gemeinschaftlichen Einrichtungen entfallenden Flächen werden bei der Ermittlung der Pacht für den einzelnen Kleingarten anteilig berücksichtigt. Liegen ortsübliche Pachtbeträge im erwerbsmäßigen Obst- und Gemüseanbau nicht vor, so ist die entsprechende Pacht in einer vergleichbaren Gemeinde als Bemessungsgrundlage zu Grunde zu legen. Ortsüblich im erwerbsmäßigen Obst- und Gemüseanbau ist die in der Gemeinde durchschnittlich gezahlte Pacht.

---

167 BGH, Urt. vom 9. 10. 1997 – III ZR 148/96 –, GuG 1998, 175 = EzGuG 4. 170 unter Hinweis auf BGH, Urt. vom 29. 4. 1968 – III ZR 80/67 –, EzGuG 6.114; BGH, Urt. vom 25.11.1974 – III ZR 42/73 –, EzGuG 6.174; BGH, Urt. vom 8. 11. 1990 – III ZR 364/89 –, EzGuG 6.257; BGH, Urt. vom 13. 12. 1984 – III ZR 175/83 –, EzGuG 6.227; BGH, Urt. vom 19.9.1985 – III ZR 162/84 –, BGHZ 97.1; BGH, Urt. vom 13. 12. 1984 – III ZR 175/83 –, EzGuG 6.227

168 Mit dieser am 1. 5. 1994 in Kraft getretenen Neufassung hat der Gesetzgeber auf die Entscheidung des BVerfG vom 23. 9. 1992 (BVerfG, Beschl. vom 23. 9. 1995 – 1 BvL 15/85 –, GuG 1993, 120 = EzGuG 3.109) reagiert, in der die frühere Höchstpachtzinsregelung, nach der der doppelte Betrag des ortsüblichen Pachtpreises im erwerbsmäßigen Obst- und Gemüseanbau verlangt werden durfte, als unvereinbar mit Art. 14 Abs. 1 GG erkannt wurde.

(2) Auf Antrag einer Vertragspartei hat der nach § 192 des Baugesetzbuchs eingerichtete Gutachterausschuss ein Gutachten über die ortsübliche Pacht im erwerbsmäßigen Obst- und Gemüseanbau zu erstatten. Die für die Anzeige von Landpachtverträgen zuständigen Behörden haben auf Verlangen des Gutachterausschusses Auskünfte über die ortsübliche Pacht im erwerbsmäßigen Obst- und Gemüseanbau zu erteilen. Liegen anonymisierbare Daten im Sinne des Bundesdatenschutzgesetzes nicht vor, ist ergänzend die Pacht im erwerbsmäßigen Obst- und Gemüseanbau in einer vergleichbaren Gemeinde als Bemessungsgrundlage heranzuziehen.

(3) Ist die vereinbarte Pacht niedriger oder höher als die sich nach den Absätzen 1 und 2 ergebende Höchstpacht, kann die jeweilige Vertragspartei der anderen Vertragspartei in Textform erklären, dass die Pacht bis zur Höhe der Höchstpacht herauf- oder herabgesetzt wird. Auf Grund der Erklärung ist vom ersten Tage des auf die Erklärung folgenden Zahlungszeitraums an die höhere oder niedrigere Pacht zu zahlen. Die Vertragsparteien können die Anpassung frühestens nach Ablauf von drei Jahren seit Vertragsschluss oder der vorhergehenden Anpassung verlangen. Im Falle einer Erklärung des Verpächters über eine Pachterhöhung ist der Pächter berechtigt, das Pachtverhältnis spätestens am 15. Werktag des Zahlungszeitraums, von dem an die Pacht erhöht werden soll, für den Ablauf des nächsten Kalendermonats zu kündigen. Kündigt der Pächter, so tritt eine Erhöhung der Pacht nicht ein.

(4) Der Verpächter kann für von ihm geleistete Aufwendungen für die Kleingartenanlage, insbesondere für Bodenverbesserungen, Wege, Einfriedungen und Parkplätze, vom Pächter Erstattung verlangen, soweit die Aufwendungen nicht durch Leistungen der Kleingärtner oder ihrer Organisationen oder durch Zuschüsse aus öffentlichen Haushalten gedeckt worden sind und soweit sie im Rahmen der kleingärtnerischen Nutzung üblich sind. Die Erstattungspflicht eines Kleingärtners ist auf den Teil der ersatzfähigen Aufwendungen beschränkt, der dem Flächenverhältnis zwischen seinem Kleingarten und der Kleingartenanlage entspricht; die auf die gemeinschaftlichen Einrichtungen entfallenden Flächen werden der Kleingartenfläche anteilig zugerechnet. Der Pächter ist berechtigt, den Erstattungsbetrag in Teilleistungen in Höhe der Pacht zugleich mit der Pacht zu entrichten.

(5) Der Verpächter kann vom Pächter Erstattung der öffentlich-rechtlichen Lasten verlangen, die auf dem Kleingartengrundstück ruhen. Absatz 4 Satz 2 ist entsprechend anzuwenden. Der Pächter ist berechtigt, den Erstattungsbetrag einer einmalig erhobenen Abgabe in Teilleistungen, höchstens in fünf Jahresleistungen, zu entrichten."

283   Die **Pacht** i. S. d. § 5 Abs. 1 BKleingG **ist das Entgelt für die Überlassung (Bereitstellung) von Grund und Boden zur kleingärtnerischen Nutzung** (§ 546 BGB). Die Pacht umfasst nicht die sog. Nebenleistungen, zu denen der Pächter unter bestimmten Voraussetzungen neben der Pacht verpflichtet sein kann. Hierzu gehören insbesondere die Erstattung von bestimmten Aufwendungen des Verpächters, ferner die Verpflichtung – soweit sie der Pächter übernommen hat – Lasten zu tragen, die auf dem Kleingartengrundstück ruhen, und schließlich die Entrichtung von Beiträgen zur Finanzierung des Verwaltungsaufwands des Zwischenpächters[169].

284   Nach § 5 Abs. 5 BKleingG besteht die Möglichkeit der Überwälzung öffentlich-rechtlicher Lasten, die auf dem Kleingartengrundstück ruhen, vom Verpächter auf den Pächter[170].

285   Der **Pachtpreis** beinhaltet dagegen die Pacht zuzüglich der i. d. R. vernachlässigbaren Objektkosten, zu denen die Grundsteuer, die Umlagen zur Landwirtschaftskammer sowie die Beiträge zu den Berufsgenossenschaften zählen. Die am Markt gezahlten Pachtpreise müssen ggf. daraufhin untersucht werden, welche Positionen vom Pächter bzw. Verpächter getragen werden[171].

286   Als Pacht darf nach § 5 Abs. 1 Satz 1 BKleingG[172] – wie bereits erläutert – höchstens der vierfache Betrag der sog. „**ortsüblichen Pacht** im erwerbsmäßigen Obst- und Gemüseanbau bezogen auf die Gesamtfläche der Kleingartenanlage" verlangt werden. Nach der Vorschrift wird von *einer* ortsüblichen Pacht für die Gemeinde insgesamt ausgegangen; eine Differenzierung der ortsüblichen Pacht innerhalb der Gemeinde nach räumlicher Lage soll nicht in Betracht kommen[173]. Kann *die* ortsübliche Pacht nicht unter Heranziehung von Vergleichspachten, die in der Belegenheitsgemeinde vereinbart worden sind, abgeleitet werden, so ist nach § 5 Abs. 1 Satz 3 BKleingG auf *die* ortsübliche Pacht einer vergleichbaren Gemeinde zurückzugreifen (**Pachtadaptionsregelung**). Nach der Begründung zu dieser Adaptionsregelung kommen Gemeinden gleicher Größenordnung in vergleichbar strukturierter Region unter Berücksichtigung raumordnerischer und landesplanerischer Gesichtspunkte, wie Wirtschaftsleistung, Einkommensverhältnisse, Branchenstruktur und Beschäftigungsverhältnisse in Betracht.

Die **Pachtadaptionsregelung** des § 5 Abs. 1 Satz 3 BKleingG **soll** nach Abs. 2 Satz 3 **auch**   **287**
gelten, wenn aus der Belegenheitsgemeinde z. B. nur ein einziger oder **nur sehr wenige**
(drei) **Vergleichspachten zur Ermittlung** *der* **ortsüblichen Pacht zur Verfügung stehen**
und deshalb zu besorgen ist, dass mit der Ableitung datenschutzrechtliche Belange berührt
sind, weil das Ergebnis der Ableitung *der* ortsüblichen Pacht damit einem oder wenigen
Grundstücken konkret zugeordnet werden könnte. Deswegen bestimmt § 6 Abs. 2 Satz 3
BKleingG, dass auch in solchen Fällen zum Zwecke der Anonymisierung „ergänzend"
Pachten aus vergleichbaren Gemeinden als Bemessungsgrundlage mitheranzuziehen sind.
Dies ist letztlich vor allem auch wertermittlungstechnisch geboten und hätte eigentlich
nicht der Klarstellung bedurft.

Unter der **„ortsüblichen" Pacht** ist   **288**

– ein repräsentativer Querschnitt der Pachtbeträge zu verstehen,

– die in der Gemeinde für Flächen mit vergleichbaren wertbestimmenden Merkmalen

– unter gewöhnlichen Umständen tatsächlich und üblicherweise

gezahlt werden; auf regionale oder bundesdurchschnittliche Pachten kommt es somit nicht
an. Als vergleichbare wertbestimmende Merkmale können folgende Kriterien gelten:
Wege- und Erschließungsbedingungen, Entfernungen zu den Absatzmärkten, werbe- und
verkaufswirksame Lage, Entfernung zum Betrieb, Bewässerungsmöglichkeiten, Einfriedung, Bodenqualität, Klima, Pachtlandbedarf, Möglichkeiten der Unterglaskultur, Entfernung zu Ballungsräumen, Lage, Bodenbeschaffenheit, Größe und Grundstücksgestalt[174].

In einem Gutachten des Gutachterausschusses *Hamburg* wird hierzu zutreffenderweise   **289**
ausgeführt:

„Hierzu ist zu bemerken, dass der Standort und die Bodenqualität die Pacht beeinflussen. Die Pacht in einem Obst-
oder Gemüseanbaugebiet wird sehr wesentlich von dem Angebot und der Nachfrage nach Pachtflächen bestimmt.
Mitentscheidend ist ferner die wirtschaftliche Situation der Betriebe. Darüber hinaus wird die Pacht zu einem
wesentlichen Teil von den erzielbaren Erträgen und den sich daraus ergebenden Familieneinkommen bestimmt. Die
ortsübliche Pacht ist daher auch von den lokal vorherrschenden Merkmalen der Pachtgrundstücke und den landwirtschaftlichen Ertragsbedingungen abhängig. Eine getrennte Ermittlung einer ortsüblichen Pacht im erwerbsmäßigen
Obstanbau und einer ortsüblichen Pacht in erwerbsmäßigen Gemüseanbau und anschließende arithmetische
Mittelung ist nur gerechtfertigt, wenn sich die Verpachtungen für den Obst- und Gemüseanbau die Waage halten.
Überwiegt z. B. – wie in Hamburg – der Obstanbau, so ist dieser auch entsprechend stärker zu berücksichtigen."

Diese **Auslegung des Begriffes Ortsüblichkeit** ermöglicht eine sinnvolle Anwendung   **290**
des BKleingG auch insofern, als dann auch für Gebiete, in denen zwar Kleingärten verpachtet werden, jedoch kein Obst- und Gemüseanbau auf Pachtland betrieben wird, dennoch eine ortsübliche Pacht ermittelt werden kann. Im Übrigen ist der Pachtbegriff i. S. d.
bürgerlichen Rechts zu verstehen, d. h. als Summe der Gegenleistungen, die der Pächter
schuldet, auch wenn darin Nebenleistungen wie Abgaben usw. enthalten sind.

6.3.2.2   Ermittlung der ortsüblichen Pacht

Die ortsübliche Pacht ist nach § 5 Abs. 2 Satz 1 BKleingG **auf Antrag** einer Vertragspar-   **291**
tei **vom Gutachterausschuss für Grundstückswerte gutachterlich zu ermitteln.** Es
handelt sich hierbei um eine Pflichtaufgabe, die den Aufgabenkatalog des § 193 BauGB
ergänzt.

---

169   Maincyk, KleingG. Komm. 7. Aufl., 1997, § 5 Rn. 26 f., 36 ff; ders. GuG 1994, 193
170   § 135 Abs. 4 Satz 3 BauGB; vgl. BR-Drucks. 616/93
171   Faßbender/Hötzel/Lukanow, Landpachtrecht, 2. Aufl. 1993 Aschendorff, S. 32
172   BGH, Urt. vom 12. 11. 1998 – III ZR 87/98 –, GuG-aktuell 1999, 46 (LS)
173   BT-Drucks. 12/6154; BT-Drucks. 12/6782
174   Vgl. Anl. 6.1 zur rh.-pf. RiWert vom 1. 6. 1988, a. a. O.

292   Nach § 5 Abs. 2 Satz 2 BKleingG sind die für die Anzeige von Landpachtverträgen[175] zuständigen Behörden[176] (**Grundstücksverkehrsausschüsse**) im Wege der Amtshilfe **verpflichtet**, auf Verlangen des Gutachterausschusses für Grundstückswerte diesem **Auskünfte über die ortsüblichen Pachten im erwerbsmäßigen Obst- und Gemüseanbau zu erteilen.**

293   Für die Ermittlung der ortsüblichen Pacht kommen als **Datengrundlage** insbesondere in Betracht:

– Angaben der unteren Landwirtschaftsbehörde, denen nach § 2 des Landpachtverkehrsgesetzes i. V. m. dem Landesgesetz über die Anzeigenpflicht der Abschluss von Pachtverträgen anzuzeigen ist,

– Angaben der Bundesvermögens- und Liegenschaftsämter,

– Angaben des Bauernverbandes,

– Angaben freiberuflich tätiger Sachverständiger für Obst- und Gemüseanbau,

– Umfrageergebnisse bei Obst- und Gemüseanbaubetrieben sowie

– Angaben der Kirchen.

294   Es empfiehlt sich, die herangezogenen **Pachtpreise über die Fläche zu mitteln**:

$$\text{Ortsübliche Pacht (OP) pro m}^2 = \frac{\text{Summe der Pachten}}{\text{Summe der Pachtflächen}}$$

295   Sofern eine **Beziehung zwischen üblichen Ackerpreisen und den Pachtverhältnissen im erwerbsmäßigen Obst- und Gemüseanbau** als realistisch angesehen werden kann, soll auch diese Möglichkeit zur Bestimmung des Pachtpreises ausgeschöpft werden.

296   **Pachtbeträge,** bei denen anzunehmen ist, dass sie **nicht im gewöhnlichen Geschäftsverkehr zustande gekommen** oder durch ungewöhnliche oder persönliche Verhältnisse beeinflusst worden sind, dürfen zum Vergleich nur herangezogen werden, wenn diese Besonderheiten in ihrer Auswirkung auf die Pachthöhe erfasst werden können und beim Pachtvergleich unberücksichtigt bleiben.

297   In analoger Anwendung der WertV können **Besonderheiten** insbesondere vorliegen, wenn

– die vereinbarte Pacht erheblich von den Pachtbeträgen vergleichbarer Fälle abweichen,

– ein außergewöhnliches Interesse des Pächters an der Anpachtung des Grundstücks bestand,

– dringende Gründe für einen alsbaldigen Vertragsabschluss vorgelegen haben,

– besondere Bedingungen verwandtschaftlicher, wirtschaftlicher oder sonstiger Art zwischen den Vertragsparteien bestanden haben.

298   Zur Frage der Ermittelbarkeit von Pacht hat der Deutsche Städtetag 1986 umfassend Stellung genommen, die wegen ihrer grundsätzlichen Bedeutung auszugsweise wiedergegeben werden soll[177]. Danach komme als **Bemessungstatbestand für die Pacht nicht der Betrag in Betracht, der für Grundstücke** zu entrichten wäre (Wochenendhausgrundstücke), **die einem mit Kleingärten vergleichbaren Erholungszweck dienen.** Denn Wochenendhausgrundstücke weisen ganz andere Strukturen und Möglichkeiten als Kleingartenflächen auf (vgl. § 10 BauNVO). Grundsätzlich wird eine Bemessung der Pacht anhand von Verkehrswerten für möglich gehalten: „Die **Kaufpreise für die den Kleingärten vergleichbaren ‚Freizeitgärten'** im Sinne des § 1 Abs. 2 Nr. 1 BKleingG variieren in Abhängigkeit von **ihren Standorten** zwischen 6 bis 15 €/m² (Bochum) und ca. 20 bis 40 €/m² (Berlin). Zumeist werden jedoch Preise zwischen 15 und 25 €/m² verlangt. Legt man den Kaufpreis von 15 €/m² zu Grunde, sind für den Erwerb eines Freizeitgartens 4 500 € aufzuwenden; bei 25 €/m² müssten 7 500 € gezahlt werden. Bei einer angemessenen Verzinsung dieses

Grundstückswerts in Höhe von 6% bedeutete dies für einen 300 m² großen Kleingarten eine Jahrespacht von 270 € bzw. 450 € im Jahr. Dagegen hätte der Kleingartenpächter, der die höchste bei unserer Umfrage ermittelte Nettojahrespacht von 0,21 €/m² im Jahr für einen 300 m² großen Kleingarten nur 63 € zu zahlen."

Abb. 23: Typische Pachten für Kleingärten (vgl. GuG 2000, 110)

Stadt	Ortsübliche Pacht in €/m² Jahr
Aachen	0,10 €/m²
Berlin/West	0,35 €/m²
Bremen	0,18 €/m²
Dortmund	0,15 €/m²
Düsseldorf	0,24 €/m²
Duisburg	0,22 €/m²
Dresden	0,16 €/m²
Essen	0,23 €/m²
Frankfurt am Main	0,50 €/m²
Halle	0,07 €/m²
Hamburg	0,10 €/m²
Köln	0,26 €/m²
Leipzig	0,24 €/m²
Mainz	0,03 €/m²
München	0,40 €/m²
Nürnberg	0,36 €/m²
Schwerin	0,06 €/m²

Quelle: auch Pachtzins-Spiegel des Bundesverbandes Deutscher Gartenfreunde e.V.; Der Fachberater 1992, 20 f.

Nach Angaben des Materialienbands zum Agrarbericht 1996 der BReg[178] liegen die Pacht-preise in den alten **Ländern** im Durchschnitt bei 0,0921 DM/m². Neuere Daten vgl. **GuG 2000, 110.**

Zur **steuerlichen Zurechnung von Gartenlauben**[179] hat das FG Münster im rechtskräfti- **299** gen Urt. vom 25. 11. 1982 – III 845/79 EW – entschieden, dass das Gartenhaus mit einem Einheitswert von 2500 DM, das der Kleingärtner auf der ihm vom als gemeinnützig aner-kannten Kleingärtnerverein zugewiesenen Kleingartenparzelle errichtete, dem Grundver-mögen – Gebäude auf fremdem Grund und Boden – zuzuordnen ist. Entgegen der bisheri-gen Zurechnung derartiger Gartenlauben auf den Kleingärtner durch die Finanzämter hat das Finanzgericht jedoch entschieden, dass das wirtschaftliche Eigentum an der Garten-laube auf Grund der in der Gartenordnung des Kleingärtnervereins enthaltenen Beschrän-kungen hinsichtlich der Vornahme von baulichen Veränderungen und des Abrisses der Gar-tenlaube sowie der Beschränkung in den Fällen der Mitgliedschaft nicht dem Kleingärtner zustehe.

---

175 Gesetz über die Anzeige und Beanstandung von Landpachtverträgen (Landpachtverkehrsgesetz – LPachtVG) vom 8. 11. 1985 (BGBl. I 1985, 2075), zuletzt geändert durch Gesetz vom 29. 7. 1994 (BGBl. I 1994, 1890, 1942)

176 Diese ergeben sich aus den landesrechtlichen Durchführungsverordnungen zum Landpachtverkehrsgesetz (vgl. z. B. Nds. GVBl. 1987, 157)

177 Deutscher Städtetag, Stellungnahme vom 24. 9. 1986 – 6/45-01-Z 5299 –: zur Verfassungsmäßigkeit: BVerfG, Beschl. vom 23. 9. 1992 – 1 BvL 15/85 –, GuG 1993, 121 = EzGuG 3.109

178 BT-Drucks. 13/3681, S. 260, 256, 178

179 Erl. des FM von Nordrhein-Westfalen vom 23. 7. 1984 – S 3199 – 1 – V A 4 –

Nach Auffassung der obersten Finanzbehörden des Bundes und der Länder kann dieser Entscheidung nicht zugestimmt werden. Der Bundesfinanzhof[180] hat über die Zurechnung der bebauten Fläche einer Gartenlaube entschieden. Der Bundesfinanzhof hat dabei, obwohl die Zurechnung der Gartenlaube nicht unmittelbar Gegenstand des Verfahrens gewesen ist, unter Nr. 2 der Urteilsgründe zum Ausdruck gebracht, dass der Kleingärtner als wirtschaftlicher Eigentümer der Gartenlaube angesehen werden muss und ihm dieses Gebäude daher zu Recht als selbstständige wirtschaftliche Einheit zugerechnet worden ist. Obwohl das Finanzgericht Münster vom beklagten Finanzamt auf dieses Urt. aufmerksam gemacht worden ist, ist das Finanzamt in seiner Urteilsbegründung auf dieses BFH Urt. nicht eingegangen.

Nach Tipke/Kruse, Tz. 32 zu § 39 AO, ist ein Gebäude auf fremdem Grund und Boden im Regelfall stets dem Erbauer zuzurechnen; auch Rössler/Troll/Langner kommen in den Textziffern 51 bis 55 zu § 70 BewG für die Frage der **Zurechnung eines Gebäudes auf fremdem Grund und Boden** zu dem Ergebnis, dass neben der Verfügungsbefugnis von der wirtschaftlichen Interessenlage der Beteiligten auszugehen ist. Es würde der bewertungs- und vermögensteuerrechtlichen Systematik widersprechen, wenn die Aufwendungen des Kleingärtners für die Errichtung einer Gartenlaube einerseits sein Vermögen schmälern, das mit diesen Aufwendungen geschaffene sogenannte Einheitswert-Vermögen aber einem anderen zugerechnet werden sollte.

Die Entscheidung des Finanzgerichts Münster ist hinsichtlich der Zurechnung als Einzelfallentscheidung zu behandeln und kann deshalb nicht allgemein angewendet werden. Anträge auf Zurechnungsfortschreibung oder Aufhebung der Einheitswerte sind mit rechtsbehelfsmäßigen Bescheiden abzulehnen und gegebenenfalls die Frage der Zurechnung in einem Musterprozess durch den Bundesfinanzhof entscheiden zu lassen.

Sollte es zu Rechtsbehelfsverfahren kommen, sind der Kleingärtnerverein und daneben, soweit ein Dritter Grundstückseigentümer ist, auch dieser zum Verfahren hinzuzuziehen.

Zur Verkehrswertermittlung von Aufwuchs und Baulichkeiten vgl. die Richtlinien des Landesverbandes Rheinland der Kleingärtner e.V. (abgedruckt in der 3. Aufl. dieses Werks S. 2247).

6.3.3 Kleingärten in den neuen Bundesländern

300 In den **neuen Bundesländern sowie im Ostteil Berlins**[181] beantwortet sich die Frage, ob und wie ein Kleingartennutzungsverhältnis Bestand hat, nach dem in das BKleingG eingefügten **§ 20 a BKleingG.** Die Vorschrift hat folgende Fassung:

„§ 20 a BKleingG
Überleitungsregelungen aus Anlass der Herstellung der
Einheit Deutschlands

In dem in Artikel 3 des Einigungsvertrages genannten Gebiet ist dieses Gesetz mit folgenden Maßgaben anzuwenden:

1. Kleingartennutzungsverhältnisse, die vor dem Wirksamwerden des Beitritts begründet worden und nicht beendet sind, richten sich von diesem Zeitpunkt an nach diesem Gesetz.

2. Vor dem Wirksamwerden des Beitritts geschlossene Nutzungsverträge über Kleingärten sind wie Kleingartenpachtverträge über Dauerkleingärten zu behandeln, wenn die Gemeinde bei Wirksamwerden des Beitritts Eigentümerin der Grundstücke ist oder nach diesem Zeitpunkt das Eigentum an diesen Grundstücken erwirbt.

3. Bei Nutzungsverträgen über Kleingärten, die nicht im Eigentum der Gemeinde stehen, verbleibt es bei der vereinbarten Nutzungsdauer. Sind die Kleingärten im Bebauungsplan als Flächen für Dauerkleingärten festgesetzt worden, gilt der Vertrag als auf unbestimmte Zeit verlängert. Hat die Gemeinde vor Ablauf der vereinbarten Nutzungsdauer beschlossen, einen Bebauungsplan aufzustellen mit dem Ziel, die Fläche für Dauerkleingärten festzusetzen, und den Beschluss nach § 2 Abs. 1 Satz 2 des Baugesetzbuchs bekannt gemacht, verlängert sich der Vertrag vom Zeitpunkt der Bekanntmachung an um sechs Jahre. Vom Zeitpunkt der Rechtsverbindlichkeit des Bebauungsplans an sind die Vorschriften über Dauerkleingärten anzuwenden. Unter den in § 8 Abs. 4 Satz 1 des Baugesetzbuchs genannten Voraussetzungen kann ein vorzeitiger Bebauungsplan aufgestellt werden.

4. Die vor dem Wirksamwerden des Beitritts Kleingärtnerorganisationen verliehene Befugnis, Grundstücke zum Zwecke der Vergabe an Kleingärtner anzupachten, kann unter den für die Aberkennung der kleingärtnerischen

Gemeinnützigkeit geltenden Voraussetzungen entzogen werden. Das Verfahren der Anerkennung und des Entzugs der kleingärtnerischen Gemeinnützigkeit regeln die Länder.

5. Anerkennungen der kleingärtnerischen Gemeinnützigkeit, die vor dem Wirksamwerden des Beitritts ausgesprochen worden sind, bleiben unberührt.

6. Die bei In-Kraft-Treten des Gesetzes zur Änderung des Bundeskleingartengesetzes zu leistende Pacht kann bis zur Höhe des nach § 5 Abs. 1 zulässigen Höchstpachtzinses in folgenden Schritten erhöht werden:
    1. ab 1. Mai 1994 auf das Doppelte,
    2. ab 1. Januar 1996 auf das Dreifache,
    3. ab 1. Januar 1998 auf das Vierfache
    der ortsüblichen Pacht im erwerbsmäßigen Obst- und Gemüseanbau. Liegt eine ortsübliche Pacht im erwerbsmäßigen Obst- und Gemüseanbau nicht vor, ist die entsprechende Pacht in einer vergleichbaren Gemeinde als Bemessungsgrundlage zu Grunde zu legen. Bis zum 1. Januar 1998 geltend gemachte Erstattungsbeträge gemäß § 5 Abs. 5 können vom Pächter in Teilleistungen, höchstens in acht Jahresleistungen, entrichtet werden.

7. Vor dem Wirksamwerden des Beitritts rechtmäßig errichtete Gartenlauben, die in § 3 Abs. 2 vorgesehene Größe überschreiten, oder andere der kleingärtnerischen Nutzung dienende bauliche Anlagen können unverändert genutzt werden. Die Kleintierhaltung in Kleingartenanlagen bleibt unberührt, soweit sie die Kleingärtnergemeinschaft nicht wesentlich stört und der kleingärtnerischen Nutzung nicht widerspricht.

8. Eine vor dem Wirksamwerden des Beitritts bestehende Befugnis des Kleingärtners, seine Laube dauernd zu Wohnzwecken zu nutzen, bleibt unberührt, soweit andere Vorschriften der Wohnnutzung nicht entgegenstehen. Für die dauernde Nutzung der Laube kann der Verpächter zusätzlich ein angemessenes Entgelt verlangen."

Zur rechtlichen **Einordnung von Nutzungsverträgen über die Nutzung land- oder forstwirtschaftlich nicht genutzten Bodens zu Erholungszwecken** nach den §§ 312 ff. i. V. m. § 296 ZGB muss zunächst geprüft werden, ob es sich bei den gepachteten Flächen im Einzelfall um einen Kleingarten oder um sog. Erholungsflächen (Freizeitgestaltung) handelt. Zur Beurteilung, ob es sich bei einem Pachtvertrag um einen Kleingartenpachtvertrag (Kleingartennutzungsvertrag) handelt, der durch den Einigungsvertrag als Kleingartenpachtvertrag i. S. d. BKleingG übergeleitet wurde, oder um einen Nutzungsvertrag mit der Zweckbestimmung, die überlassene Fläche z. B. mit einem Wochenend- oder Ferienhaus bebauen zu dürfen, kommt es auf den Wortlaut des Pachtvertrags an. Hat ein Überlassungsvertrag eine Nutzung zum Inhalt, die nach den Vorschriften des BKleingG nicht mehr als kleingärtnerisch bezeichnet werden kann, kommt dieses Gesetz nicht zur Anwendung. Als kleingärtnerische Nutzung gilt nach § 1 Abs. 1 und 2 BKleingG eine nichterwerbsmäßige gärtnerische Nutzung, insbesondere zur Gewinnung von Gartenbauerzeugnissen für den Eigenbedarf und die Erholungsnutzung. **301**

Kleingärtnerisch genutzte Flächen außerhalb einer Kleingartenanlage sind nach dem Gesetz keine Kleingärten. Auf Verträge über die Nutzung solcher Grundstücke finden weiterhin die Vorschriften der §§ 312 bis 315 ZGB der DDR Anwendung (Anlage I, Kap. 3, Sachgebiet B: Bürgerliches Recht, Abschnitt II Nr. 1 des Einigungsvertrags vom 31. 8. 1990 i. V. m. Art. 1 des Gesetzes vom 23. 9. 1990 [BGBl. II 1990, 885, 944]). Das Gleiche gilt auch für die der Erholung dienenden und mit dieser Zweckbestimmung bebaubaren Flächen. **Für Freizeit- und Erholungsgrundstücke regelt die Nutzungsentgeltverordnung (NutzEV) die Höhe des Entgelts.** **302**

Eine Besonderheit besteht für Überlassungsverträge, die eine Nutzung zum Inhalt haben, die nach den Vorschriften des BKleingG nicht mehr als kleingärtnerisch zu bezeichnen ist, d. h. für Nutzungen durch eine nichterwerbsmäßige gärtnerische Nutzung, insbesondere zur Gewinnung von Gartenbauerzeugnissen für den Eigenbedarf und die Erholungsnutzung (**Kleingartenanlagen** i. S. d. § 315 ZGB). Im Kleingarten selbst ist eine Gartenlaube zulässig, die – vorbehaltlich § 20 a Nrn. 7 und 8 BKleingG – grundsätzlich nicht zum dauernden Wohnen geeignet sein darf. Weitere Voraussetzung für die Anwendung des BKleingG ist die Zusammenfassung von Einzelgärten zu einer Kleingartenanlage mit gemeinschaftlichen Einrichtungen. **303**

---

180 BFH, Urt. vom 19. 1. 1979 – III R 42/77 –, BStBl. II 1979, 398
181 Das BKleingG in den neuen Bundesländern, Schriftenreihe Bundesverband Deutscher Gartenfreunde, Heft 71, 1991

304 Soweit **Nutzungsverhältnisse in Kleingartenanlagen** bestehen, gilt nach Art. 232 § 4 Abs. 3 EGBGB künftig das genannte BKleingG (vgl. Art. 8 des Einigungsvertrags vom 31. 8. 1990). Nach § 20a Nr. 1 BKleingG gilt, wie erläutert, der Pachtvertrag (Nutzungsvertrag) fort. Der Vertrag endet mit dem Ablauf der Zeit, für die er eingegangen ist. Nach Maßgabe der Vorschriften der §§ 8ff. BKleingG kann der Pachtvertrag gekündigt werden.

305 § 5 Abs. 1 BKleinG i.V.m. § 20a Nr. 6 bestimmt die daraus abzuleitende **Höchstpacht für Kleingärten,** die den Bestimmungen des BKleingG unterliegen, in folgenden Schritten

– ab 1. Januar 1996 auf das Dreifache,

– ab 1. Januar 1998 auf das Vierfache

der ortsüblichen Pacht im erwerbsmäßigen Obst- und Gemüseanbau.

306 **Ortsübliche Pachten** im erwerbsmäßigen Obst- und Gemüseanbau sind bislang in den neuen Bundesländern nur in geringem Umfang abgeleitet worden, so für *Dresden* mit 0,04 €/m² jährlich (1997). Der Grundstücksmarktbericht von Leipzig (2000) weist einen ortsüblichen Pachtzins von 0,12 €/m² aus, was einem fiktiven Bodenwert von rd. 30 €/m² entspricht.

Aus der zentralen Datensammlung über Pachten im erwerbsmäßigen Obst- und Gemüseanbau wird im Grundstücksmarktbericht des Landes *Brandenburg* gefolgert werden:

– Im Durchschnitt aller Nutzungen liegt die Pacht in einer Wertspanne von 0,0075 bis 0,0250 €/m² und Jahr. Sie liegen im engeren Verflechtungsraum *Brandenburg – Berlin* im oberen Wertbereich von 0,015 – 0,025 €/m² und Jahr und sind jeweils von der Nutzung und Lage in der Höhe beeinflusst. In den ländlichen und kleinstädtischen Bereichen im äußeren Entwicklungsraum sind größtenteils Werte zwischen 0,0075 bis 0,0125 €/m² und Jahr anzutreffen.

– Eine Untersuchung verschiedener Einflussgrößen ergab:

   • Je größer die Fläche, desto geringer die Pacht

   • Je länger die Vertragsdauer, desto höher die Pacht

   • Je später das Vertragsjahr, desto geringer die Pacht

   • Je geringer die Entfernung zur Vermarktung, desto höher die Pacht

(Grundstücksmarktbericht des Landes Brandenburg 1997)

307 Zur **steuerlichen Bewertung** von Kleingartenland und von Kleingartenlauben in Kleingartenanlagen der neuen Bundesländer sind eine Reihe von Verwaltungsvorschriften erlassen worden[182]. Danach sind Kleingärten i. S. d. BKleingG dem land- und forstwirtschaftlichen Vermögen zuzurechnen, wenn sie vorwiegend gärtnerisch genutzt werden. Dem Grundvermögen sind sie jedoch in folgenden Fällen zuzurechnen:

1. Kleingärten sind jedoch dem Grundvermögen zuzurechnen, wenn nach ihrer Lage und den sonstigen Verhältnissen, insbesondere mit Rücksicht auf die bestehenden Verwertungsmöglichkeiten, anzunehmen ist, dass sie in absehbarer Zeit anderen als land- und forstwirtschaftlichen Zwecken dienen werden, z. B. wenn sie hiernach als Bauland, Industrieland oder als Land für Verkehrszwecke anzusehen sind (§ 51 Abs. 2 BewG-DDR).

2. Kleingartenflächen, die mit Gebäuden mit einer bebauten Fläche von mehr als 24 m² (einschl. überdachtem Freisitz) bebaut sind, sind ebenfalls dem Grundvermögen zuzurechnen. Diese Gebäude bilden gem. § 50 Abs. 3 BewG-DDR selbstständige wirtschaftliche Einheiten „Gebäude auf fremdem Grund und Boden" des Grundvermögens und sind der Grundstückshauptgruppe „Sonstige bebaute Grundstücke" zuzuordnen.

   2.1 In Anlehnung an die Richtlinie zur Vereinfachung des Bewertungsverfahrens und zur Ermittlung der Einheitswerte des Grundvermögens vom 3. 10. 1975 – DDR sind in einfachster Bauausführung errichtete Gebäude (Bungalows) in Kleingartenanlagen im Sachwertverfahren mit einem Raummeterpreis von 17,00 DM/m³ umbauten Raum zu bewerten.

2.2 In diesem Fall ist auch der Grund und Boden der gesamten Kleingartenanlage als eine wirtschaftliche Einheit des Eigentümers (ansonsten Zahl der Eigentümer = Zahl der wirtschaftlichen Einheiten) Grund und Boden mit aufstehenden fremden Gebäuden wie ein unbebautes Grundstück zu bewerten. Bei der Ermittlung des Bodenwerts ist von dem Wert auszugehen, der für die Fläche festzustellen gewesen wäre. Von diesem Wert ist unter Berücksichtigung der Beschränkungen, denen das Kleingartenland unterliegt, ein Abschlag in Höhe von 20 v. H. des „Ausgangswerts" vorzunehmen. Diese Regelung wurde vom Reichsfinanzhof[183] gebilligt.

Die **Bewertung dieser Kleingartenlauben, die vor dem 1. 1. 1991 errichtet wurden,** als Grundvermögen unterbleibt regelmäßig, wenn die auf volle Quadratmeter abgerundete bebaute Fläche einschließlich des überdachten Freisitzes nicht mehr als 25 m² beträgt.

Bei Überschreitung dieser Fläche ist nach Tz. III 2.1 des Erlasses zu verfahren. Gehörten zu diesen Kleingärten Nebengebäude oder Bedachungen, so sind die Werte für Garagen, Schuppen und Überdachungen gemäß Tz. 4.2.2.3 der gleichlautenden Erlasse zur Bewertung von Gewerbegrundstücken anzuwenden.

Enthalten in einer Kleingartenanlage belegene Gebäude eine Wohnung (Definition des Wohnungsbegriffs siehe Einfamilienhauserlass) und sind diese während des ganzen Jahres bewohnbar, so sind sie der Grundstückshauptgruppe Einfamilienhaus zuzurechnen und entsprechend zu bewerten. § 42 GrStG ist zu beachten. Der Umstand, dass diese in einem im Bebauungsplan ausgewiesenen Sondergebiet (Wochenendgebiet) liegen und somit baurechtlich nicht ständig bewohnt werden dürfen, steht der Beurteilung als Einfamilienhaus nicht entgegen.

Erwirbt der Eigentümer einer Kleingartenlaube den dazugehörigen Grund und Boden, so ist die gesamte wirtschaftliche Einheit (Grund und Boden und Gebäude) zu dem auf den Erwerb folgenden Feststellungszeitpunkt als wirtschaftliche Einheit des Grundvermögens zu erfassen. Hierbei ist es unbeachtlich, ob die bebaute Fläche des Gebäudes 25 m² übersteigt.

Für **Kleingartenlauben, die nach dem 1. 1. 1991 errichtet wurden,** gilt das BKleingG. **308** Danach wird eine Genehmigung für die Errichtung einer Kleingartenlaube mit einer bebauten Fläche von mehr als 24 m² erteilt.

Zu den **Normalherstellungskosten für Lauben und Wochenendhäusern** in den neuen Bundesländern vgl. 3. Aufl. zu diesem Werk S. 2092; zum Aufwuchs S. 2247ff.

Schrifttumshinweise

Bayern: Richtlinien des Landesverbandes bayerischer Kleingärtner e.V. für die Bewertung von Anpflanzungen und Anlagen nach § 11 Abs. 1 des Bundeskleingartengesetzes, Bewertungsrichtlinien – (1984); (BayMABl. 1985, 53); hierzu Bekanntm. des Staatsministeriums des Innern vom 14. 2. 1985 – II C 4 – 4709.9-3 – (MABl. 1985, 52), vom 28. 11. 1986 (MABl. 1986, 579), vom 28. 1. 1991 (AllMBl. 1991, 105) und vom 8. 6. 1993 (AllMBl. 1993, 780).

Hamburg: Richtlinien für die gutachtliche Schätzung bei Räumung von Kleingärten vom 30. 9. 1983

Hessen: Grundsätze und Richtlinien für die Wertermittlung von Aufwuchs, Baulichkeiten und sonstigen Einrichtungen in Kleingärten (1983) vom 10. 11. 1983 (StAnz 1983, 2318).
Bewertung von Anpflanzungen und Anlagen gemäß § 11 Abs. 1 BKleingG vom 12. 2. 1993 (StAnz 1993, 767).

Mecklenburg-Vorpommern: Bekanntmachung des Landwirtschaftsministeriums über die Genehmigung der Richtlinien des Landesverbands über die Bewertung von Anpflanzungen und Anlagen (Schätzungsrichtlinie) vom 16. 9. 1992 (ABl. 1992, 988).

Saarland: Richtlinie über die Bewertung von Anpflanzungen und Anlagen nach § 11 Abs. 1 des BKleingG vom 1. 1. 1987 (GMBl. 1987, 31).

Sachsen-Anhalt: Erl. des FM vom 4. 10. 1991 – 45 – S 3191 – betr. Bewertung von Kleingartenland und von Kleingartenlauben in Kleingartenanlagen

Schleswig-Holstein: Richtlinie über die Bewertung und Entschädigung von Anpflanzungen und Anlagen nach § 11 Abs. 1 des BKleingG vom 13. 12. 1985 (ABl. 1986, 13) i. d. F. der Bekanntmachung vom 11. 7. 1995 (ABl. 1995, 507).

Thüringen: VV des FM vom 14. 12. 1995 – 14 S 3106b A 2 201.5 betr. Bewertung von Wochenendhäusern.

Bundesverband Deutscher Gartenfreunde e.V., Wertermittlung bei Pächterwechsel, GuG 2001, 42

---

182   OFD Magdeburg, Vfg. vom 4. 7. 1995 – S 3191 – 1 St 336 V –; Vfg. vom 4. 7. 1995 – S 3191 – 1 – St 336 V
183   RFH, Urt. vom 23. 2. 1939 – III 82/38 –, RStBl. 1939, 574

Abb. 24: Durchschnittswerte für Gärtnereiflächen in Kleve

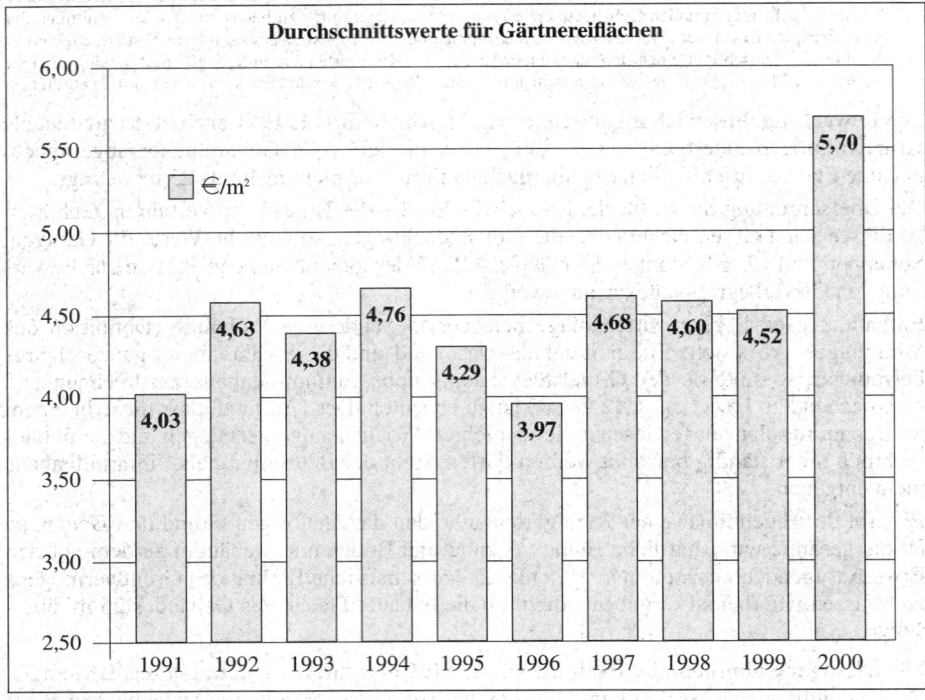

Quelle: Marktbericht des Gutachterausschusses in Kleve

6.3.4 Sonstiges Gartenland

309 Für das sonstige Gartenland werden von den Gutachterausschüssen für Grundstückswerte nur vereinzelt Angaben gemacht. Allgemein ist festzustellen, dass das **Gartenland in den innerstädtischen Bereichen** deutlich höher als im städtischen Weichbild gehandelt wird. Für *Dresden* wird (bezogen auf den 1. 1. 2000) beispielsweise ein Preisniveau von 17,50 bis 22,50 €/m² für das Stadtgebiet und für das Umland von 2,50 bis 12,50 €/m² je nach Lage angegeben. Für *Bremen* wurden 11,00 bis 13,50 €/m² in der Bodenrichtwertkarte 2000 angegeben. Im Grundstücksmarktbericht 2000 von Leipzig wird ein Preisniveau von 7,50 bis 15,00 €/m² angegeben (vgl. auch Übersicht bei Rn. 29 Abb. 5; vgl. auch Grundstücksmarktbericht *Potsdam* Mittelmark).

310 Andere Gutachterausschüsse haben ein Preisniveau von Gartenland in Höhe von **25 % des nächstgelegenen Rohbaulands** angegeben.

Eine besondere Kategorie bildet das **Gartenbauland bzw. Gärtnereiflächen**. Verschiedene Gutachterausschüsse veröffentlichen für diese Kategorie Durchschnittswerte (Abb. 24).

6.4 Abbauland

6.4.1 Allgemeines

311 Als Abbauland werden in § 43 BewG Betriebsflächen definiert, die **durch Abbau von Bodensubstanz überwiegend für den Betrieb nutzbar gemacht** werden; das Gesetz nennt Sand-, Kies-, Lehmgruben, Steinbrüche, Torfstiche und dgl.; z. B. Grauwacke, Bims, Basalt und Ton (vgl. Rn. 7). In der steuerlichen Bewertung wird das Abbauland gesondert mit dem Einzelertragswert bewertet. Das Abbauland ist grundsätzlich den Flächen der Land- oder Forstwirtschaft zuzurechnen, soweit es land- oder forstwirtschaftlich nutzbar ist. Größere Betriebe werden allerdings in der steuerlichen Bewertung i. d. R. nicht dem land- oder forstwirtschaftlichen Vermögen zugerechnet (Def. 17 des BodSchätzÜbernErl)[184].

Bei Abgrabungsgrundstücken handelt es sich regelmäßig um (ehemals) landwirtschaftliche **312** Nutzflächen, die **in regionalen Raumordnungsplänen als „Vorrangfläche für die Rohstoffgewinnung"** bzw. in Flächennutzungsplänen der Gemeinden als Fläche für Abgrabungen oder für die Gewinnung von Bodenschätzen, z. B. Kiesabbau, **dargestellt sind.**

Bei **Abgrabungsgrundstücken** handelt es sich häufig um 100 000 bis 300 000 m² große **313** Grundstücke, die an der **Oberfläche im Tagebauverfahren** (Trockenabbau, Abbau unter der Wasseroberfläche) abgegraben oder ausgebeutet werden. Allgemein hat sich hierfür der Begriff „Abgrabungsgrundstücke" durchgesetzt. Gemeint ist nicht die Gewinnung von Bodenschätzen in größerer Tiefe (z. B. Kohle, Braunkohle im großflächigen Tagebau, Erze, Mineralien, Salze, Öl, Erdgas), insbesondere also nicht die förderbaren Vorkommen, die dem Bergrecht oder der Bergaufsicht durch das Bergamt unterliegen. Vorwiegend kommen für die Gewinnung im Tagebau folgende Bodensubstanzen/-schätze (Grundstoffe) in Betracht:
– Lehm, Ton, Sand[185], Quarzsand, Kies, Torf,
– Bims, Kalk, Gesteine, die in Brüchen abgebaut werden, Braunkohle.

Normalerweise erfolgt im Tagebau eine **Abgrabung bis zu einer Tiefe von 20 bis 40 m.** **314** Es werden hauptsächlich Schaufelbagger, Schwimmbagger, Kräne, Brech- und Bohrmaschinen eingesetzt; hinzu kommt meist ein umfangreicher Fuhrpark, insbesondere von Schwer-Lkw und Spezialfahrzeugen. Bei großen Abbautiefen (möglich sind Tiefen bis zu 200 m, beispielsweise bei Quarzsandgruben) unterliegen diese Förderstätten der Aufsicht des zuständigen Bergamts. Hierfür ist eine Zulassung (Genehmigung) dieser Stelle u. a. für die Ausführung von Rahmenbetriebsplan (langfristige Abbauplanung) und Hauptbetriebsplan (mittelfristige Abbauplanung für 5 Jahre) erforderlich.

Die *oberirdische* **Gewinnung von Bodenschätzen** (Abgrabung) ist in den Abgrabungsge- **315** setzen der Länder geregelt (z. B. Gesetz zur Ordnung von Abgrabungen – Abgrabungsgesetz – in Nordrhein-Westfalen), soweit sie in der Verfügungsgewalt des Grundeigentümers steht. Bodenschätze i. d. S. sind insbesondere Kies, Sand, Ton, Lehm, Dolomit, sonstige Gesteine, Moorschlamm und Torf. Davon zu unterscheiden sind die zumeist *unterirdischen* Abgrabungen, die der Aufsicht der Bergbehörde unterliegen.

Die **oberirdische Abgrabung bedarf** (ebenfalls) **der Genehmigung,** die zu erteilen ist, wenn **316**
– ein vollständiger Abgrabungsplan vorliegt,
– die Ziele der Raumordnung und Landesplanung sowie die Belange der Bauleitplanung, des Naturhaushalts, der Landschaft und der Erholung beachtet sind und
– andere öffentliche Belange im Einzelfall nicht entgegenstehen.

In einigen Ländern gelten für die Genehmigung spezielle Gesetze, so z. B. in **317**

– Rheinland-Pfalz: Landesgesetz über den Abbau und die Verwertung von Bimsvorkommen (Bimsgesetz) vom 20. 11. 1969 (GVBl. 1969, 179), zuletzt geändert durch Gesetz vom 7. 2. 1983 (GVBl. 1983, 17).

– Niedersachsen: Nds Naturschutzgesetz vom 11. 4. 1994 (GVBl. 1994, 155), zuletzt geändert durch Gesetz vom 11. 2. 1998 (GVBl. 1998, 86)

– Nordrhein-Westfalen: Gesetz zur Ordnung von Abgrabungen (Abgrabungsgesetz – AbgrG) i. d. F. der Bekanntmachung vom 23. 11. 1979 (GVBl. 1979, 922), zuletzt geändert durch Gesetz vom 9. 5. 2000 (GVBl. 2000, 439).

---

184 RFH, Urt. vom 12. 1. 1939 – III 157/38 –, RStBl. 1939, 605; RFH, Urt. vom 20. 3. 1931 – III A 386 –, RStBl. 1932, 106; vgl. Erl. FM NW vom 6. 1. 1971 – S 3124 – 3 – VC 1
185 BGH, Urt. vom 25. 11. 1975 – III ZR 92/73–, EzGuG 4.45

318 Die Gesetze stellen an die Betreiber von Abbauunternehmen **Rekultivierungsanforde-rungen.** Es wird auf die **Beseitigung der infolge der Abgrabungen verursachten Land-schaftsschäden** durch eine sinnvolle Herrichtung des ausgebeuteten Geländes auf Kosten des Abbauunternehmens besonderer Wert gelegt. Hierzu werden Sicherheitsleistungen (Bargeld oder selbstschuldnerische unbefristete Bankbürgschaften) verlangt (vgl. hierzu z. B. § 10 AbgG NW).

319 In den anderen Bundesländern finden sich zumeist in der **Bauordnung** besondere Vorschrif-ten, die wie § 1 und § 2 AbgrG NW den Unternehmer und subsidiär den Eigentümer zur Her-richtung des Geländes während und nach Abschluss der Abgrabungen verpflichten. In *Baden-Württemberg* war zusätzlich in der NaturschutzVO (nunmehr Naturschutzgesetz vom 29. 3. 1995) vom 6. 6. 1963[186] und in einem Erl. des Kulturministeriums über die Mitwirkung der staatlichen Forstämter bei Maßnahmen des Naturschutzes und der Landschaftspflege[187] die **Rekultivierung von ausgebeuteten Kies- und Sandgruben** besonders geregelt.

320 Zuständig für die Genehmigung der Abgrabung sind die in den Vorschriften für die einzel-nen Bundesländer genannten Behörden, in *Nordrhein-Westfalen* ist dies der Regierungs-präsident. Mit einer **Genehmigung von Abgrabung und Herrichtung (Rekultivierung)** kann im Allgemeinen gerechnet werden, wenn die unter Rn. 316 aufgeführten Unterlagen vorliegen.

321 Belange des Naturhaushalts und der Landschaft sind i. d. R. beachtet, wenn durch die Nut-zung und Herrichtung des Abbau- und Betriebsgeländes

a) der Naturhaushalt durch Eingriffe in die Tier- und Pflanzenwelt, die Grundwasserver-hältnisse, das Klima und den Boden nicht nachhaltig geschädigt wird,

b) eine Verunstaltung des Landschaftsbildes auf Dauer vermieden wird,

c) Landschaftsteile von besonderem Wert nicht zerstört werden und

d) den Entwicklungszielen und besonderen Festsetzungen eines auf Grund des Land-schaftsgesetzes erlassenen rechtsverbindlichen Landschaftsplanes nicht nachhaltig und erheblich zuwidergehandelt wird.

6.4.2 Grundeigene und bergfreie Bodenschätze

6.4.2.1 Allgemeines

322 Bei der **Verkehrswertermittlung von Grundstücken mit Bodenschätzen** ist entspre-chend dem BBergG zwischen

– bergfreien Bodenschätzen (§ 3 Abs. 3 BBergG) und

– grundeigenen Bodenschätzen (§ 3 Abs. 4 BBergG)

zu unterscheiden.

323 **Grundeigene Bodenschätze stehen** nach § 3 Abs. 2 Satz 1 BBerG im **Eigentum des Grundeigentümers.** Nach Satz 2 dieser Vorschrift erstreckt sich das Grundeigentum nicht auf die bergfreien Bodenschätze. Welche bergfreien Bodenschätze hierunter fallen, ergibt sich abschließend aus § 3 Abs. 3 BBergG. Die Aufsuchung von bergfreien Bodenschätzen setzt nach den §§ 3 ff. BBergG eine Erlaubnis voraus. Die Förderung bedarf zudem der Bewilligung oder des Bergwerkeigentums (Bergrecht). Es verleiht dem Bergbauberechtig-ten nicht das Eigentum am Grundstück, sondern ein eigentumsähnliches Aneignungsrecht im Umfang der Bewilligung und Verleihung unter Ausschluss des Grundeigentümers. Das Bergrecht geht also von dem Grundsatz aus, dass sich das Grundeigentum nicht auf die bergfreien Bodenschätze erstreckt und jeder, der solche Bergschätze aufsuchen will, einer Erlaubnis bedarf[188]. Bergrechtliche Duldungspflichten des Eigentümers können enteignen-den Charakter haben[189].

Die **Zuordnung von grundeigenen und bergfreien Bodenschätzen** ergibt sich aus §§ 3   **324**
Abs. 3 und 4 BBergG, der folgenden Fassung hat:

„§ 3 BBergG Bergfreie und grundeigene Bodenschätze

(1) Bodenschätze sind mit Ausnahme von Wasser alle mineralischen Rohstoffe in festem oder flüssigem Zustand und Gase, die in natürlichen Ablagerungen oder Ansammlungen (Lagerstätten) in oder auf der Erde, auf dem Meeresgrund, im Meeresuntergrund oder im Meerwasser vorkommen.

(2) **Grundeigene Bodenschätze** stehen im Eigentum des Grundeigentümers. Auf bergfreie Bodenschätze erstreckt sich das Eigentum an einem Grundstück nicht.

(3) **Bergfreie Bodenschätze** sind, soweit sich aus aufrechterhaltenen alten Rechten (§§ 149 bis 159) oder aus Absatz 4 nichts anderes ergibt:

Actinium und die Actiniden, Aluminium, Antimon, Arsen, Beryllium, Blei, Bor, Caesium, Chrom, Eisen, Francium, Gallium, Germanium, Gold, Hafnium, Indium, Iridium, Kadmium, Kobalt, Kupfer, Lanthan und die Lanthaniden, Lithium, Mangan, Molybdän, Nickel, Niob, Osmium, Palladium, Phosphor, Platin, Polonium, Quecksilber, Radium, Rhenium, Rhodium. Rubidium, Ruthenium, Scandium, Schwefel, Selen, Silber, Strontium, Tantal, Tellur, Thallium, Titan, Vanadium, Wismut, Wolfram, Yttrium, Zink, Zinn, Zirkonium – gediegen und als Erze außer in Raseneisen, Alaun und Vitriolerzen –;

Kohlenwasserstoffe nebst den bei ihrer Gewinnung anfallenden Gasen;

Stein- und Braunkohle nebst den im Zusammenhang mit ihrer Gewinnung auftretenden Gasen; Graphit;

Stein-, Kali-, Magnesia- und Borsalze nebst den mit diesen Salzen in der gleichen Lagerstätte auftretenden Salzen; Sole;

Flußspat und Schwerspat.

Als **bergfreie Bodenschätze** gelten:

1. alle Bodenschätze im Bereich des Festlandsockels und,

2. soweit sich aus aufrechterhaltenen alten Rechten (§§ 149 bis 159) nichts anderes ergibt,

    a) alle Bodenschätze im Bereich der Küstengewässer sowie

    b) Erdwärme und die im Zusammenhang mit ihrer Gewinnung auftretenden anderen Energien (Erdwärme).

(4) **Grundeigene Bodenschätze** im Sinne dieses Gesetzes sind nur, soweit sich aus aufrechterhaltenen alten Rechten (§§ 149 bis 159) nichts anderes ergibt:

1. Basaltlava mit Ausnahme des Säulenbasaltes; Bauxit; Bentonit und andere montmorillonitreiche Tone; Dachschiefer; Feldspat; Kaolin; Pegmatitsand; Glimmer; Kieselgur; Quarz und Quarzit, soweit sie sich zur Herstellung von feuerfesten Erzeugnissen oder Ferrosilizium eignen; Speckstein; Talkum; Ton, soweit er sich zur Herstellung von feuerfesten. säurefesten oder nicht als Ziegeleierzeugnisse anzusehenden keramischen Erzeugnissen oder zur Herstellung von Aluminium eignet; Trass;

2. alle anderen nicht unter Absatz 3 oder Nummer 1 fallenden Bodenschätze; soweit sie untertägig aufgesucht oder gewonnen werden.“

Während die grundeigenen Bodenschätze im Eigentum des Grundeigentümers stehen[190],   **325**
sind die bergfreien Bodenschätze nicht Bestandteil des Eigentums. **Der Abbau grundeigener Bodenschätze bedarf der Genehmigung** (Erlaubnis, Bewilligung) nach verschiedenen bundes- und landesrechtlichen Vorschriften. Sie kann versagt werden, wenn dem das Wohl der Allgemeinheit entgegensteht.

Steuerrechtlich stellen Bodenschätze solange ein vom Grund und Boden getrenntes Wirtschaftsgut nicht dar, wie

a) eine zum Abbau erforderliche behördliche Genehmigung nicht erteilt wird oder

b) die Ausweisungen im Flächennutzungs- bzw. Bebauungsplan einen Abbau nicht möglich machen (BFH, Urt. vom 29. 10. 1993 – III R 36/93 –, EzGuG 4.154 b).

---

186 Naturschutzgesetz vom 29. 3. 1995 (GBl. 1995, 386), zuletzt geändert durch Gesetz vom 17. 6. 1997 (GBl. 1997, 278)

187 Erlass vom 15. 1. 1969

188 § 97 EGBGB

189 BVerfG, Beschl. vom 20. 10. 1987 – 1 BvR 1048/87 –, NJW 1988, 1076; Hoppe-Beckmann in DÖV 1988, 893; Leisner in DVBl. 1988, 555; Lange in DÖV 1988, 805

190 In den Ländergesetzen (vgl. das nordrh.-westf. Abgrabungsgesetz vom 21. 11. 1972) ist die Gewinnung der Bodenschätze, die Oberflächengestaltung und die Rekultivierung der Grundstücke geregelt; daneben sind das Wasserrecht, das Naturschutz- und Landschaftsschutzpflegegesetz sowie das Raumordnungs- und Landesplanungsrecht zu nennen (vgl. Dingethal/Jürging/Kaule/Weinzierl, Kiesgrube und Landschaft, 2. Aufl. Hamburg, Berlin 1985; zur ertragsteuerlichen Behandlung vgl. Schreiben des BMF vom 9. 8. 1993 – IV B 2 S 2134 – 208/93)

6.4.2.2 Besonderheiten in den neuen Bundesländern

a) Rechtsentwicklung

326 In den Ländern *Brandenburg, Sachsen, Sachsen-Anhalt, Thüringen* sowie im *Ostteil Berlins* gilt mit bestimmten Maßgaben[191] das Berggesetz der DDR vom 12. 5. 1969 (GBl. DDR 1969, 29) fort. Das Bundesberggesetz[192] ist dort gleichzeitig mit Maßgaben in Kraft getreten. Dieses bestimmt zur **Einordnung von Bodenschätzen in bergfreie und grundeigene Bodenschätze** Folgendes:

> „Mineralische Rohstoffe im Sinne des § 3 des Berggesetzes der Deutschen Demokratischen Republik vom 12. Mai 1969 (GBl. I Nr. 5 S. 29) und der zu dessen Durchführung erlassenen Vorschriften sind bergfreie Bodenschätze im Sinne des § 3 Abs. 3. Geologische Formationen und Gesteine der Erdkruste, die sich zur unterirdischen behälterlosen Speicherung eignen, gelten als bergfreie Bodenschätze im Sinne des § 3 Abs. 3. Die anderen mineralischen Rohstoffe im Sinne des § 2 des Berggesetzes der Deutschen Demokratischen Republik sind grundeigene Bodenschätze im Sinne des § 3 Abs. 4."

327 Die genannten **Vorschriften des Berggesetzes der DDR** haben folgende Fassung:

> **„§ 2 BergG der DDR**
>
> (1) Mineralische Rohstoffe im Sinne dieses Gesetzes sind die festen, flüssigen und gasförmigen natürlichen Bestandteile der Erdkruste sowie die Bestandteile von Halden und Rückständen der Aufbereitung, soweit die Bestandteile gegenwärtig oder in Zukunft volkswirtschaftlich genutzt werden können. Ausgenommen ist der Boden als die belebte Verwitterungsrinde der Erdkruste.
>
> (2) Lagerstätten sind räumlich begrenzte Abschnitte der Erdkruste, in denen natürliche Konzentrationen von mineralischen Rohstoffen (Lagerstättenvorräte) enthalten sind. Halden und Rückstände der Aufbereitung, die mineralische Rohstoffe enthalten, sind wie Lagerstätten zu behandeln.
>
> **§ 3 BergG der DDR**
>
> Mineralische Rohstoffe, deren Nutzung von volkswirtschaftlicher Bedeutung ist, sind Bodenschätze und – unabhängig vom Grundeigentum – Volkseigentum."

328 Das Gesetz gibt **keine klare Aufteilung der Bodenschätze** in

– „volkseigene" bergfreie mineralische Rohstoffe und

– „sonstige" (grundeigene) mineralische Rohstoffe;

es fehlt eine eindeutige enumerative Aufzählung[193].

329 Erst mit der Anl. zur Verordnung über die Verleihung von Bergwerkseigentum vom 15. 8. 1990 (GBl. DDR I 1990, 1071) ist eine eindeutige **Bestimmung der bergfreien Bodenschätze** für die jungen Bundesländer vorgenommen worden, die weit über das hinausgeht, was als bergfreie Bodenschätze nach dem BBergG gilt. Danach gelten u. a. Minerale und Gesteine, aus denen chemische Erzeugnisse oder ihre Verbindungen gewonnen werden können (Erze, Salze, Spate), als bergfrei[194].

330 Nach den genannten Vorschriften des Einigungsvertrages galten in den neuen Bundesländern sowie im Ostteil Berlins die in § 2 Abs. 1 des BergG der DDR definierten mineralischen Rohstoffe, die nach § 3 dieses Gesetzes im Volkseigentum standen, als bergfreie Bodenschätze i. S. d. § 3 Abs. 3 BBergG. Das Gleiche galt für geologische Formationen und Gesteine der Erdkruste, die sich zur unterirdischen behälterlosen Speicherung eignen[195]. Die anderen mineralischen Rohstoffe i. S. d. § 2 des BergG der DDR sind dagegen grundeigene Bodenschätze i. S. d. § 3 Abs. 4 BBergG und standen im Eigentum des Grundeigentümers.

331 Des Weiteren blieben nach dem Einigungsvertrag **Untersuchungs-, Gewinnungs- und Speicherrechte des Staates** i. S. d. § 5 Abs. 2 bis 4 des BergG der DDR, die Dritten zur Ausübung übertragen worden sind (sog. alte Rechte), bestehen. Dagegen erlosch das Untersuchungs-, Gewinnungs- und Speicherrecht des Staates i. S. d. § 5 des BergG der DDR, soweit sich daraus nichts anderes ergibt.

332 Die genannte Bestimmung hat folgende Fassung:

> **„§ 5 BergG der DDR**
>
> (1) Das Recht zu Untersuchungsarbeiten (Untersuchungsrecht), zu Gewinnungsarbeiten (Gewinnungsrecht) und zur unterirdischen Speicherung (Speicherrecht) steht dem Staat zu.

(2) Das Untersuchungs-, Gewinnungs- und Speicherrecht wird grundsätzlich durch staatliche Organe oder volkseigene Betriebe ausgeübt. Untersuchungs- und Gewinnungsarbeiten sowie die unterirdische Speicherung dürfen nur im Rahmen der betrieblichen Pläne auf der Grundlage der staatlichen Plankennziffern durchgeführt werden. Vor Aufnahme der Untersuchungsarbeiten hat das staatliche Organ oder der ausübende volkseigene Betrieb die Abstimmung mit dem Rat des Bezirkes herbeizuführen.

(3) Die staatlichen Organe können das Gewinnungsrecht genossenschaftlichen oder anderen sozialistischen Einrichtungen übertragen.

(4) Das Gewinnungsrecht an mineralischen Rohstoffen, die nicht unter § 3 fallen, kann durch die staatlichen Organe auch an Betriebe mit staatlicher Beteiligung sowie an private Industrie- und Handwerksbetriebe übertragen werden."

Des Weiteren sieht der Einigungsvertrag für die neuen Bundesländer sowie den Ostteil **333** Berlins folgende **Sonderregelungen über die Untersuchungs-, Gewinnungs- und Speicherrechte** vor:

„c) **Untersuchungsrechte** erlöschen zwölf Monate nach dem Tage des Wirksamwerdens des Beitritts. § 14 Abs. 1 ist für die Erteilung einer Erlaubnis und insoweit mit der Maßgabe entsprechend anzuwenden, dass an die Stelle des Inhabers einer Erlaubnis der durch ein Lagerstätteninteressengebiet Begünstigte tritt, das auf der Grundlage der Lagerstättenwirtschaftsanordnung vom 15. März 1971 (GBl. II Nr. 34 S. 279) festgelegt worden ist.

d) (1) **Gewinnungsrechte** an mineralischen Rohstoffen im Sinne des § 3 des Berggesetzes der Deutschen Demokratischen Republik kann der zur Ausübung Berechtigte innerhalb einer Frist von sechs Monaten nach dem Tage des Wirksamwerdens des Beitritts bei der für die Zulassung von Betriebsplänen zuständigen Behörde zur Bestätigung anmelden.

(2) Die **Bestätigung** ist zu erteilen, wenn

1. das Gewinnungsrecht

    1.1. dem Antragsteller am 31. Dezember 1989 zur Ausübung nach § 5 des Berggesetzes der Deutschen Demokratischen Republik wirksam übertragen war oder

    1.2. dem Antragsteller nach dem 31. Dezember 1989

        – auf Grund der Vierten Durchführungsbestimmung zur Verordnung über die Gründung und Tätigkeit von Unternehmen mit ausländischer Beteiligung in der Deutschen Demokratischen Republik – Berechtigung zur Gewinnung mineralischer Rohstoffe – vom 14. März 1990 (GBl. I Nr. 21 S. 189),

        – auf Grund der Verordnung über die Verleihung von Bergwerkseigentum vom 15. August 1990 (GBl. I Nr. 53 S. 1071) als Bergwerkseigentum oder

        – sonst von der zuständigen Behörde übertragen wurde und

    1.3. bis zum Tage des Wirksamwerdens des Beitritts nicht aufgehoben worden ist und

2. der Antragsteller das Vorliegen der Voraussetzungen nach Nummer 1, sowie den Umfang der auf Grund der Vorratsklassifikationsanordnung vom 28. August 1979 (Sonderdruck Nr. 1019 des Gesetzblattes), bei radioaktiven Bodenschätzen auf Grund einer entsprechenden methodischen Festlegung, bestätigten und prognostizierten Vorräte sowie

    2.1. in den Fällen der Nummer 1.2. erster und dritter Anstrich das Vorliegen einer Bescheinigung der Staatlichen Vorratskommission über die ordnungsgemäße Übertragung des Gewinnungsrechts,

    2.2. in den Fällen der Nummer 1.2. zweiter Anstrich die Eintragung des Bergwerkseigentums in das Bergwerksregister

mit den für die Bestätigung erforderlichen Unterlagen nachweist.

(3) Das **Gewinnungsrecht** ist im beantragten Umfang, höchstens im Umfang der bestätigten und prognostizierten Vorräte sowie

1. in den Fällen des Absatzes 2 Nr. 1.1. und 1.2. erster und dritter Anstrich für eine zur Durchführung der Gewinnung der Vorräte angemessene Frist, die 30 Jahre nicht überschreiten darf,

2. in den Fällen des Absatzes Nr. 1.2. zweiter Anstrich unbefristet

in einer Form zu bestätigen, die den sich aus § 8 oder § 151 in Verbindung mit § 4 Abs. 7 ergebenden Anforderungen entspricht.

---

191   Anl. II Kap. V Sachgeb. D Abschn. III Nr. 1b) des Einigungsvertrages (BGBl. II 1990, 1202); vgl. Boldt/Weller, BBergG, de Gruyter, Berlin 1992, S. 209 ff.

192   BBergG vom 23. 8.1980 (BGBl. 1980, 1310), zuletzt geändert durch Gesetz vom 12. 2. 1990 (BGBl. I 1990, 215); vgl. Anl. I Kap. V Sachgeb. D Abschn. III Nr. I des Einigungsvertrages (BGBl. II 1990, 1003 ff.)

193   Auch in der hierzu erlassenen Dritten DVO zum BergG vom 12. 8. 1976 (GBl. DDR I 1976, 403) findet die Frage keine eindeutige Beantwortung. So wird dort im § 1 bei Mineralien und Gesteinen zwischen „hochwertigen" und sonstigen unterschieden, wobei „Hochwertigkeit" zugleich „Volkseigentum" bedeutete

194   Boldt/Weller a. a. O., S. 214 ff.; die gegen die Regelung des Einigungsvertrages eingebrachte Klage wurde vom BVerfG mit dem Beschl. vom 24. 6. 1992 – 1 BvR 1028/91 –, EzGuG 14.114, abgewiesen; es wurde auf den Instanzenweg verwiesen; des Weiteren BGH; Urt. vom 17. 5. 2001 – III ZR 249/00 –, GuG 2001 – aktuell 2001/6

195   BezG Schwerin, Urt. vom 24. 4. 1991 – S 10/91 –, EzGuG 4.142

(4) Ein **bestätigtes Gewinnungsrecht** gilt für die Bodenschätze, die Zeit und den Bereich, für die es bestätigt wird,

1. in den Fällen des Absatzes 2 Nr. 1.1. und 1.2. erster und dritter Anstrich als Bewilligung im Sinne des § 8,

2. im Falle des Absatzes 2 Nr. 1.2. zweiter Anstrich als Bergwerkseigentum im Sinne des § 151.

(5) Die §§ 75 und 76 gelten für bestätigte alte Rechte sinngemäß.

(6) Nicht oder nicht fristgemäß angemeldete Rechte erlöschen mit Fristablauf, Rechte, denen die Bestätigung versagt wird, erlöschen mit dem Eintritt der Unanfechtbarkeit der Versagung.

(7) **Bergrechtliche Pflichten** aus einem bis zum Tage des Wirksamwerdens des Beitritts ausgeübten Gewinnungsrecht bleiben von einer das bisherige Gewinnungsrecht nicht voll umfassenden Bestätigung unberührt. Ist die Rechtsnachfolge in bergrechtlichen Pflichten strittig, stellt die für die Bestätigung zuständige Behörde die Verantwortung fest. Die Rechtsnachfolger sind verpflichtet, die dazu erforderlichen Auskünfte zu erteilen.

e) Für **Gewinnungsrechte** an anderen mineralischen Rohstoffen gilt Buchstabe d) entsprechend mit folgenden Maßgaben:

aa) Der Antragsteller muss zusätzlich nachweisen, dass er sich mit dem Grundeigentümer über eine angemessene Entschädigung für die Gewinnung der Bodenschätze ab dem Tage des Wirksamwerdens des Beitritts geeinigt hat. Ist eine Einigung trotz ernsthafter Bemühungen nicht zustande gekommen, kann der Antragsteller bei der für die Bestätigung zuständigen Behörde eine Entscheidung über die Entschädigung beantragen. Die Behörde entscheidet nach Anhörung des Grundeigentümers in entsprechender Anwendung der §§ 84 bis 90.

bb) Die Bestätigung setzt die Einigung oder die Unanfechtbarkeit der Entscheidung über die Entschädigung voraus.

cc) Die Übertragung der Bewilligung (§ 22) bedarf der Zustimmung des Grundeigentümers. Eine Verleihung von Bergwerkseigentum ist ausgeschlossen. § 31 findet keine Anwendung.

f) Für **Speicherrechte** gilt Buchstabe d) entsprechend mit der Maßgabe, dass an die Stelle der Gewinnung das Errichten und Betreiben eines Untertagespeichers und an die Stelle der bestätigten und prognostizierten Vorräte die vom Antragsteller nachzuweisende voraussichtlich größte Ausdehnung der in Anspruch genommenen geologischen Speicherformation oder des Kavernenfeldes treten. Auf Untersuchungen des Untergrundes und auf Untergrundspeicher findet § 126 mit der Maßgabe Anwendung, dass auch die Vorschriften der §§ 107 bis 125 entsprechende Anwendung finden."

334   **Festgesetzte Bergbauschutzgebiete** i. S. d. § 11 BergG der DDR, bei denen nach Feststellung der für die Zulassung von Betriebsplänen zuständigen Behörde innerhalb der nächsten 15 Jahre eine bergbauliche Inanspruchnahme von Grundstücken zu erwarten ist, gelten nach dem Einigungsvertrag für den Bereich des Feldes, für das das Gewinnungsrecht bestätigt worden ist, als Baubeschränkungsgebiete nach §§ 107 bis 109 mit der Maßgabe, dass § 107 Abs. 4 unabhängig von den Voraussetzungen für die Festsetzung der Bergbauschutzgebiete gilt, aber erstmalig ab 1. Januar 1995 anzuwenden ist, es sei denn, dass der durch die Baubeschränkung begünstigte Unternehmer eine frühere Aufhebung beantragt. Im Übrigen gelten Bergbauschutzgebiete mit dem Tage des Wirksamwerdens des Beitritts als aufgehoben. Das Register der nach Satz 1 als Baubeschränkungsgebiete geltenden Bergbauschutzgebiete gilt als archivmäßige Sicherung nach § 107 Abs. 2 BergG.

335   Der genannte **§11 des BergG der DDR** hat folgende Fassung:

„§ 11 BergG der DDR

(1) Zur Einordnung des Abbaus von mineralischen Rohstoffen in die gesellschaftliche und volkswirtschaftliche Entwicklung des Territoriums, zur langfristigen Koordinierung des Abbaus von mineralischen Rohstoffen in den betreffenden Bereichen sowie zur Abwendung gesellschaftlicher Nachteile, die sich durch gegenwärtige oder künftige bergbauliche Einwirkungen ergeben können, sind Bergbauschutzgebiete festzusetzen.

(2) Ein Bergbauschutzgebiet ist auch dann festzusetzen, wenn durch die unterirdische Speicherung keine Einwirkungen auf die Tagesoberfläche zu erwarten sind, jedoch der Schutz der speicherfähigen Gesteine vor Beeinträchtigung notwendig ist.

(3) Zur Abstimmung der für den Abbau von mineralischen Rohstoffen erforderlichen Maßnahmen mit den volkswirtschaftlichen und territorialen Erfordernissen in den Bereichen sind die Betriebe oder die ihnen übergeordneten wirtschaftsleitenden Organe verpflichtet, Bergbauschutzgebiete bei den Räten der Bezirke zu beantragen.

(4) Die Bezirkstage entscheiden über den Antrag und setzen die Bergbauschutzgebiete fest. Bergbauschutzgebiete von überbezirklicher Bedeutung werden durch den Ministerrat festgesetzt.

(5) Die Absätze 1 bis 4 gelten nicht für Lagerstätten medizinisch nutzbarer mineralischer Rohstoffe. Für diese Lagerstätten gelten die hierfür erlassenen Bestimmungen."

Die genannten **Sonderregelungen stehen unter** dem **Vorbehalt** der Ermächtigung des **336**
Bundesministers für Wirtschaft, durch Rechtsverordnung mit Zustimmung des Bundesrates Vorschriften zu erlassen über

a) eine andere Zuordnung der in Buchstabe a) erfassten mineralischen Rohstoffe, soweit
   dies die im Verhältnis zu § 3 Abs. 3 und 4 geltenden anderen oder unbestimmten Kriterien erfordern,

b) eine Verlängerung der in diesem Gesetz geforderten Fristen um höchstens sechs
   Monate, soweit das mit Rücksicht auf die erforderliche Anpassung geboten ist,

c) nähere Einzelheiten zur Aufrechterhaltung und Bestätigung alter Rechte im Sinne des
   Buchstaben b) sowie für die nach Buchstabe b) als Baubeschränkungsgebiete geltenden Bergbauschutzgebiete und zu deren Aufhebung.

Bezüglich der Verfassungsmäßigkeit der Zuordnung von Bodenvorkommen in den neuen **337**
Bundesländern stand lange Zeit eine grundsätzliche Klärung noch aus. Das **BVerfG hat in**
seinem **Beschl. vom 24. 6. 1992** eine Klage gegen die Bestimmungen des Einigungsvertrags hinsichtlich der Abgrabung von Bodenvorkommen mit Hinweis auf den Instanzenweg abgewiesen[196]. Mit Besch. vom 24. 9. 1997 hat das BVerfG die Regelung des Einigungsvertrags, nach der Kiese und Kiessande im Beitrittsgebiet vom Grundeigentum abge-
spaltene bergfreie Bodenschätze sind, als verfassungskonform erkannt[197].

b) Bergrechtsvereinheitlichung

Mit dem Gesetz zur Vereinheitlichung der Rechtsverhältnisse bei Bodenschätzen, das am **338**
23. 4. 1996 in Kraft getreten ist, wurde die **Fortgeltung des Berggesetzes der DDR nach**
den im Einigungsvertrag vorgegebenen Maßgaben aufgehoben, jedoch bleiben bestehende Bergbauberechtigungen (Erlaubnis, Bewilligung, Bergwerkseigentum) auf Bodenschätze, die nicht in § 3 Abs. 3 BBergG (vgl. Rn. 324) aufgeführt sind, unberührt; Entsprechendes gilt für fristgemäß zur Bestätigung angemeldete Gewinnungs- und Speicherrechte,
über deren Bestätigung noch nicht unanfechtbar entschieden worden ist.

Mit Verkündung des Gesetzes finden die Bestimmungen des § 3 BBergG über die Zuord- **339**
nung von bergfreien und grundeigenen Bodenschätzen im gesamten Bundesgebiet Anwendung. Die in den neuen Bundesländern mit dem Einigungsvertrag zunächst als bergfreie
Bodenschätze übergeleiteten „Steine-Erden-Rohstoffe" wurden damit dem Eigentum am
Grund und Boden zugeordnet. Davon ausgenommen ist jedoch das **Eigentum an minera-**
lischen Rohstoffen, an denen zum Zeitpunkt des In-Kraft-Tretens des Gesetzes Berg-
bauberechtigungen bestanden (Bestandsschutz). Weiterhin bergfrei bleiben nach § 2
Gesetzes vom 15. 4. 1996 Bodenschätze, auf die sich eine Bergbauberechtigung oder ein
Gewinnungsrecht bezieht, für die Geltungsdauer einer bereits bestehenden Bergbauberechtigung. Der Eigentümer des Grund und Bodens hat insoweit weiterhin keine Rechte an diesen Bodenschätzen.

Der **Bestandsschutz** bezieht sich des Weiteren nach § 2 des Gesetzes vom 15. 4. 1996 auf **340**

a) das von der DDR der Treuhandanstalt verliehene Bergwerkseigentum, wenn es im Rahmen der Privatisierung auf Dritte übertragen wurde, sowie

b) auf neu nach dem 3. 10. 1990 verliehenes Bergwerkseigentum.

---

196 BVerfG mit dem Beschl. vom 24. 6. 1992 – 1 BvR 1028/91 –, EzGuG 14.114
197 BVerfG, Beschl. vom 24. 9. 1997 – 1 BvR 647/91 –, GuG 1998, 184

c) Folgerungen für bergfreie Bodenschätze

341 Für die neuen Bundesländer folgt aus den vorstehenden Überleitungsregelungen die Erhebung einer **Feldes- und Förderabgabe** i. S. d. §§ 30 bis 33 BBergG, weil z. B. Kiesvorkommen in der ehemaligen DDR auch nach dem Beitritt weiterhin wie Volkseigentum zu behandeln sind[198]. Nach § 31 Abs. 2 BBergG beträgt die Förderabgabe 10 v. H. des Marktwerts der Bodenschätze.

342 Der Umstand, dass in den neuen Bundesländern (zunächst) fast alle nutzbaren Bodenschätze bergfrei waren, hat nach Beobachtungen des Bodenmarktes nicht dazu geführt, dass die Flächen im Grundstücksverkehr wertmäßig wie Flächen ohne Bergschätze gehandelt werden; d. h., die **Existenz von Bodenschätzen wirkt sich nicht wertneutral aus.** Es handelt sich hier um einen besonderen Teilmarkt, der dem gewöhnlichen Geschäftsverkehr zuzurechnen ist (§ 194 BauGB Rn. 40 ff.).

343 **Uherek/Hennig/Kölbel**[199] haben verwertbare Kaufpreise von landwirtschaftlichen Nutzflächen über Kiesen und Kiessanden in den Ländern *Sachsen, Sachsen-Anhalt* und *Thüringen* im Zeitraum 2. Hj. 1990 bis 2. Hj. 1992 untersucht. Die Kauffläche hat 697,2 ha betragen; etwa 53 % dieser Fläche wurde zu Preisen von 2,00 bis 2,50 €/m² gehandelt, das Vielfache der mittleren Preise für landwirtschaftliche Nutzflächen bewegte sich im Wesentlichen zwischen dem 2- und 6fachen.

344 In einer Untersuchung[200] über Kies- und Kiessandvorkommen, bei der insgesamt 255 Kauffälle in 48 Gemarkungen mit einer Flächengröße von rd. 7 Mio Quadratmetern untersucht wurden, ergaben sich Kaufpreise in einer Spanne von 0,50 bis 7,50 €/m². Der mittlere Kaufpreis betrug 2,30 €/m² bei einer Standardabweichung von 0,91 €/m². Mit zunehmender Größe der Fläche sinkt dabei der Kaufpreis, wobei Käufe von Flächen über 20 ha ein deutliches Absinken erkennen ließen (Abb. 25 und 26).

▶ *Zum Grundsätzlichen der Verkehrswertermittlung vgl. § 194 BauGB Rn. 35 ff. (Teilmarkttheorie)*

Abb. 25: Auszug aus einer Kaufpreisuntersuchung über Abbauland mit Tonvorkommen in Thüringen (bergfreier Bodenschatz)

Kreis	Größe in m²	Bonität AZ/GZ	Kaufdatum	Kaufpreis €/m²	Boden-schatz
Mühlhausen	12 622	37	1. 2. 1992	2,50	Ton
Mühlhausen	9 930	37	1. 2. 1992	2,50	Ton
Mühlhausen	10 088	57	1. 2. 1992	2,50	Ton
Mühlhausen	5 023	37	1. 2. 1992	2,50	Ton
Mühlhausen	5 165	36	1. 2. 1992	2,50	Ton
Eisenberg	38 864	0	1. 11. 1990	10,00	Ton
Eisenberg	128 868	0	1. 11. 1990	10,00	Ton
Eisenberg	38 843	0	1. 11. 1990	10,00	Ton
Eisenberg	20 860	0	1. 11. 1990	10,00	Ton
Eisenberg	13 100	45	1. 12. 1991	1,25	Ton
Eisenberg	56 143	45	1. 12. 1991	1,25	Ton
Eisenberg	31 830	45	1. 12. 1991	0,40	Ton
Eisenberg	88 417	45	1. 12. 1991	0,29	Ton
Eisenberg	13 170	45	1. 12. 1991	1,25	Ton
Eisenberg	55 579	45	1. 12. 1991	1,25	Ton
Eisenberg	46 400	45	1. 12. 1991	1,25	Ton
Eisenberg	49 800	0	1. 12. 1991	1,00	Ton
Eisenberg	5 286	0	1. 12. 1991	1,00	Ton
Eisenberg	6 360	0	1. 12. 1991	1,00	Ton
Eisenberg	4 893	0	1. 12. 1991	1,00	Ton
Eisenberg	2 893	0	1. 12. 1991	1,00	Ton
Eisenberg	5 431	0	1. 12. 1991	1,00	Ton

Quelle: Uherek; AZ = Ackerzahl; GZ = Grünlandzahl

Abb. 26: Auszug aus einer Kaufpreisuntersuchung von Abbauland mit Tonvorkommen im Raum Dresden (bergfreier Bodenschatz)

Kategorie	Kreis	Datum	Fläche m²	€/m²
Abbauland über bergfreiem Bodenschatz	Meißen	1993	9 810	2,50
Abbauland über bergfreiem Bodenschatz	Meißen	1993	2 343	2,15
Abbauland über bergfreiem Bodenschatz	Meißen	1993	13 690	2,28
Abbauland über bergfreiem Bodenschatz	Meißen	1993	4 798	2,22
Abbauland über bergfreiem Bodenschatz	Meißen	1993	780	5,88
Abbauland über bergfreiem Bodenschatz	Meißen	1994	6 402	2,50
Abbauland über bergfreiem Bodenschatz	Werdau	1994	21 000	3,24
Abbauland über bergfreiem Bodenschatz	Grumbach	1995	20 000	3,50

Quelle: Uherek

6.4.3 Verkehrswertermittlung

6.4.3.1 Allgemeines

Der Wert eines Abgrabungsgrundstücks richtet sich in erster Linie nach **Art, Qualität und Volumen des Abbaustoffs.** Hiervon ausgehend sollten sowohl der Ertrags- als auch der Sach- und Verkehrswert ermittelt werden. Bei noch „unverritzten" Grundstücken ist der Verkehrswert aus Kaufpreisen geeigneter Vergleichsgrundstücke abzuleiten, wobei auf Kaufpreise von landwirtschaftlichen Nutzflächen zurückgegriffen wird. **345**

Bei der Wertermittlung müssen die **Abgrabungsgenehmigung** und die in diesem Zusammenhang gemachten **Auflagen** (vgl. Rn. 317 ff.) ebenso beachtet werden wie auch Fragen der Verkehrsanbindung der Abgrabungsstätte, Absatzlage, Abgrabungs- und Rekultivierungskosten sowie die Preisentwicklung des Abbaustoffes. **346**

Maßgeblich für die Wertermittlung ist der **Abgrabungsplan,** aus dem Art und Umfang der abzubauenden Bodenschätze sowie die zeitliche Durchführung hervorgeht. Die Rechte aus einer genehmigten Abgrabung erlöschen, wenn nicht innerhalb von zumeist drei Jahren nach Erteilung der Genehmigung begonnen wurde. **347**

Abbauwürdige Bodenvorkommen gehören zur Beschaffenheit von Grundstücken; sie erhöhen den Verkehrswert des Grundstücks i. d. R. um den kapitalisierten Reinertrag. Dieser werterhöhende Faktor kann sich auch dann bilden, wenn die **Ausbeutung** zum Wertermittlungsstichtag zwar noch nicht begonnen, dies aber **in absehbarer Zeit geschehen kann**[201]. Bodenvorkommen können den Verkehrswert allerdings nur erhöhen, soweit der Abbau nach den örtlichen Verhältnissen wirtschaftlich rentabel ist, der Abbau zur geschützten Rechtsposition des Eigentümers gehört und die wasserrechtliche Genehmigung nicht versagt werden kann (vgl. Rn. 322 ff.). **348**

Nach der Grundsatzentscheidung des BVerfG[202] steht es nämlich mit dem Grundgesetz im Einklang, das unterirdische Wasser zur Sicherung einer funktionsfähigen Wasserwirtschaft mit dem Wasserhaushaltsgesetz – WHG – einer vom Grundstückseigentum getrennten öffentlich-rechtlichen Benutzungsordnung zu unterstellen. Die **Versagung der wasserrechtlichen Genehmigung** zur Vermeidung schädlicherAuswirkungen auf das Grundwas- **349**

---

198 BezG Schwerin, Urt. vom 24. 4. 1991 – S.10/91 –; EzGuG 4.143
199 Uherek/Hennig/Kölbel: Bewertung von Grundstücken mit Kies und Kiessanden in den neuen Bundesländern, GuG 1993, 274 ff.; GuG 1995, 257 und GuG 1997, 214; hierzu LG Neuruppin, Urt. vom 9. 4. 1997 – 1a O 658/96 –, GuG 1997, 253; LG Neuruppin, Urt. vom 12. 3. 1997 – 1a O 658/96 –, EzGuG 4.166 a = EzGuG 19.44 b; LG Potsdam, Urt. vom 21. 8. 1997 – 7 S 276/96 –, EzGuG 19.45; Schrödter in GuG 1997, 20 ff., 258 ff., GuG 1998, 266 ff.; Linke in GuG 1999, 226; Wienzek in GuG 1999, 76
200 Diplomarbeit an der Universität Leipzig, Agrarwissenschaftliche Fakultät
201 BGH, Urt. vom 18. 9. 1986 – III ZR 83/85 –, EzGuG 4.111
202 BVerfG, Beschl. vom 15. 7. 1981 – 1 BvL 77/78 –, EzGuG 4.78

ser stellt deshalb keinen zu entschädigenden Eingriff dar, auch wenn sich infolgedessen der Verkehrswert des Grundstücks mindert (vgl. Rn. 395). Nur wenn dem Vorhaben wasserwirtschaftliche Gründe i. S. d. § 6 WHG nicht entgegenstehen, fällt die Versagung einer wasserrechtlichen Genehmigung unter den Schutz des Art. 14 GG[203].

350 Nach Köhne[204] ist danach zu unterscheiden, ob mit dem **Abbau begonnen werden kann oder ob der Abbau bereits im Gange** ist.

– Im ersten Fall muss geprüft werden, ob eine entsprechende Genehmigung bereits erteilt worden ist bzw. auf Grund eines Rechtsanspruchs erteilt werden müsste. Liegt dies nicht vor, so hat die Behörde die Beweislast, dass die Genehmigung zu versagen (gewesen) wäre, wenn die Bodenschätze nicht entschädigt werden sollen[205]. Im Falle eines Entzugs solcher Flächen sind ggf. nur solche Bodenschätze zu entschädigen, denen der Rechtsverkehr am Wertermittlungsstichtag Rechnung getragen hätte; bloße Zukunftschancen ohne eine entsprechende Rechtsposition begründen hingegen keine Entschädigungspflicht.

– Im zweiten Fall muss zunächst geprüft werden, auf welche Teile des zu entziehenden Grundstücks sich eine erteilte Abbaugenehmigung bezieht. Für die nicht betroffenen Teile gelten die vorherigen Ausführungen. Für die betroffenen Teile sind der Verlust der Rechtsposition mit der Verkehrswertentschädigung sowie etwaige Folgeschäden zu entschädigen[206].

351 **Fazit:** Für die Verkehrswertermittlung von Abbauland kommen grundsätzlich das **Vergleichs- und das Ertragswertverfahren** in Betracht. Eine Berücksichtigung der Bodenschätze bei der Verkehrswertermittlung setzt – wie dargelegt – in jedem Falle voraus, dass mit der Abbaugenehmigung gerechnet werden kann und dies wirtschaftlich sinnvoll ist. Das setzt eine entsprechende rechtliche und physische Vorklärung über Umfang und Qualität der Bodenschätze voraus. Des Weiteren ist zu klären, ob und in welchem Umfang die in Betracht kommenden Vergleichspreise sich auf Grundstücke beziehen, die gleichermaßen zulässigerweise abbaubare Bodenschätze aufweisen. In diesem Fall kann direkt von diesen Vergleichspreisen ausgegangen werden, wobei allenfalls noch Unterschiede hinsichtlich Umfang und Qualität der Bodenschätze zu berücksichtigen sind (vgl. Rn. 364).

6.4.3.2 Vergleichswertverfahren

352 Bei Anwendung des Vergleichswertverfahrens werden der Einfluss vorhandener Mineralien und der Zustandsmerkmale der Oberfläche auf den Wert des Grundstücks in einem Zuge gemeinsam erfasst. Bei Grundstücksflächen, die eine über die für die wirtschaftliche Nutzung der Bodenschätze hinausgehende Flächengröße aufweisen, nimmt dabei erfahrungsgemäß der **Quadratmeterwert mit der Größe des Grundstücks** ab (vgl. oben Rn. 344, 355).

353 Bei **Heranziehung von Vergleichspreisen** land- oder forstwirtschaftlicher Flächen werden im Schrifttum für Sand- und Kiesgruben folgende Preisrelationen genannt (Abb. 27).

**Abb. 27: Preisrelation land- oder forstwirtschaftlicher Flächen
zu Sand- und Kiesgruben**

Region	land- oder forstwirtschaftliche Flächen	Sand- und Kiesgruben
Nordrhein-Westfalen	100 %	300 % [a)]
Raum Hannover	100 %	200–300 % [b)]
Raum Hannover	100 %	150–500 % [c)]

Quellen: a) Vogels, a. a. O., S. 65
          b) Gerardy, a. a. O., III F 3
          c) Kummer, Nachr. der nds. Kat.- und VermVw 1989, 90

Im Allgemeinen gilt, dass landwirtschaftliche Nutzflächen (LN), für die eine Abgrabungs- **354** erlaubnis zu erwarten ist, zu einem **Vielfachen des Ackerlandpreises** gehandelt werden. In der Literatur wird hierfür der zwei- bis sechsfache Ackerlandpreis genannt, wobei gebietstypische Abbauverhältnisse wie Abbaubedingungen (trocken, nass), Abbaumenge, Materialqualität, Absatzwege und Konjunkturlage den Ausschlag geben.

Nach einer vom Oberen Gutachterausschuss für den **Regierungsbezirk Hannover** veröf- **355** fentlichten Untersuchung sind auf der Grundlage von Kaufpreisen – bezogen auf den Jahresbeginn 1996 – die sich aus Abb. 28 ergebenden Faktoren für das Verhältnis

$$\frac{\text{Kaufpreis pro Quadratmeter}}{\text{Bodenrichtwert für landwirtschaftliche Flächen}}$$

abgeleitet worden.

Abb. 28: Faktoren für das Verhältnis Kaufpreis/Bodenrichtwert landwirtschaftlicher Flächen im Reg.-Bezirk Hannover (Jahresbeginn 1996) bei Abbauflächen

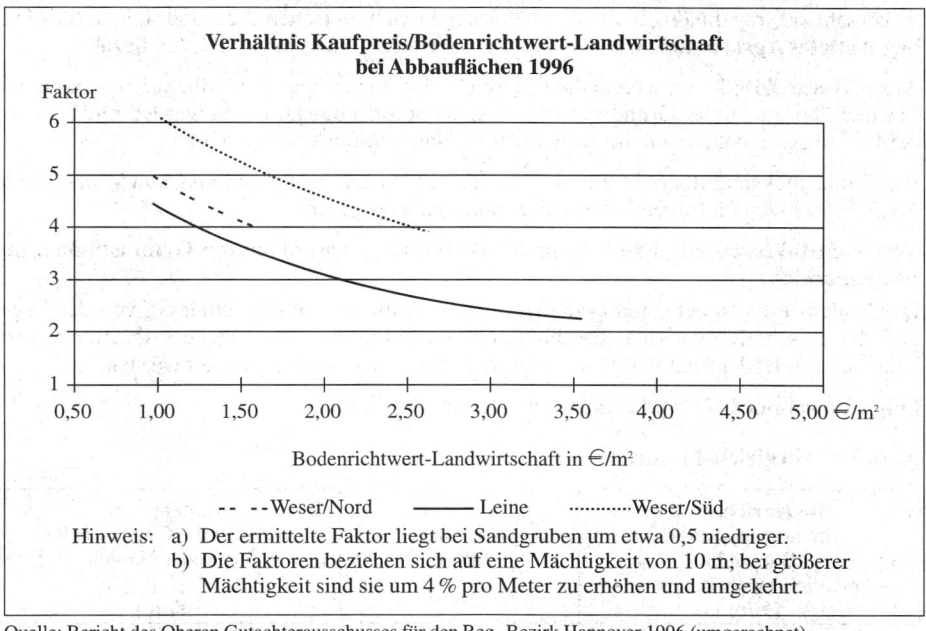

Hinweis: a) Der ermittelte Faktor liegt bei Sandgruben um etwa 0,5 niedriger.
b) Die Faktoren beziehen sich auf eine Mächtigkeit von 10 m; bei größerer Mächtigkeit sind sie um 4 % pro Meter zu erhöhen und umgekehrt.

Quelle: Bericht des Oberen Gutachterausschusses für den Reg.-Bezirk Hannover 1996 (umgerechnet)

---

203 Der „Differenzmethode" wird in der Rspr. gegenüber der „Proportionalmethode" (vgl. Köhne, Landwirtschaftliche Taxationslehre, 2. Aufl., S. 339) der Vorzug gegeben; vgl. BGH, Beschl. vom 27. 9. 1990 – III ZR 57/89 –, GuG 1991, 31 = EzGuG 4.134; a.A. BFH, Urt. vom 16. 12. 1981–, I R 131/78 –, EzGuG 4.80 m. w.N.; BGH, Urt. vom 2. 2. 1984 – III ZR 170/82 –, EzGuG 4.98; BGH. Urt. vom 26. 1. 1984 – III ZR 179/82 –, EzGuG 4.97; BGH, Urt. vom 26. 1. 1984 – III ZR 178/82 –, EzGuG 16.23 a; BGH, Urt. vom 14. 7. 1983 – III ZR 215/82 –, EzGuG 4.92; BGH, Urt. vom 29. 9. 1983 – III ZR 170/82 –, EzGuG 18.94; B VerwG, Urt. vom 13. 4. 1983 – 4 C 21/79 –, EzGuG 4.91; B VerwG, Urt. vom 13. 4. 1983 – 4 C 76/80 –, EzGuG 8.59; BGH, Urt. vom 3. 3. 1983 – III ZR 93/81 –, EzGuG 4.89; BGH, Urt. vom 3. 3. 1983 – III ZR 94/81 –, EzGuG 4.90; BGH, Urt. vom 1. 7. 1982 – III ZR 10/81 –, EzGuG 4.86; BGH, Urt. vom 3. 6. 1982 – III ZR 28/76 –, EzGuG 4.82; BGH, Urt. vom 3. 6. 1982 – III ZR 98/79 –, EzGuG 4.83; BGH, Urt. vom 3. 6. 1982 – III ZR 197/78 –, EzGuG 4.85; BGH, Urt. vom 3. 6. 1982 – III ZR 170/77 –, EzGuG 4.84
204 Köhne, Landwirtschaftliche Taxationslehre, Hamburg/Berlin 1986, S. 144
205 Krohn/Löwisch, Eigentumsgarantie, Enteignung, Entschädigung, 3. Aufl. Köln 1984, Rn. 270
206 Aust/Jacobs, Die Enteignungsentschädigung, 4. Aufl. Berlin 1996, S. 185 ff.; Büchs, Grunderwerb und Entschädigung beim Straßenbau, 2. Aufl. Stuttgart 1980, Rn. 14.174 ff. Zur Berücksichtigung bei Erbauseinandersetzungen vgl. Köhne, a. a. O., S. 145

356 *Beispiel:*

Gegeben ist der Bodenrichtwert für eine landwirtschaftliche Fläche im Bereich Weser/Süd von 2,00 €/m². **Gesucht** ist der Verkehrswert pro Quadratmeter für eine Kiesgrube und eine Sandgrube.

Aus der Tabelle: Faktor für Kiesgrube: = 4,5
                        Faktor für Sandgrube: 4,5–0,5 = 4,0

Verkehrswert für Kiesgrube: 4,5 x 2,00 €/m² = 9,00 €/m²
Verkehrswert für Sandgrube: 4,0 x 2,00 €/m² = 8,00 €/m²

357 *Pohnert*[207] hat 1992 im **Raum Augsburg** bei der Fläche von 230.992 m² einen Marktpreis von 9,50 €/m² ermittelt. 1996 bewegten sie sich in diesem Raum zwischen 6,00 bis 7,00 €/t.

358 Im RegBez Hannover wurden im Jahre 2000 für Kies Preise in Höhe von durchschnittlich 9 €/m² (LK Hildesheim), 3,50 bis 20,00 €/m² (LK Holzminden) und 5,00 bis 8,00 €/m² (LK Nienburg) bezahlt; für Sande 2,80 bis 4,20 €/m² (LK Nienburg), für Ton 2,40 bis 3,40 €/m² und für Torf 1,00 bis 2,00 €/m². An der **Rheinschiene** werden für Abbauland 5,00 bis 12,00 €/m² bezahlt (2000); so z. B. Goch/Weeze rd. 7,50 €/m²; Wachtendonk rd. 12,0 €/m². Die Preise für „reines" **Ackerland** (Eigenschaften: Größe ein Hektar, Ackerzahl 60, regelmäßiger Zuschnitt) bewegen sich zwischen 3,25 und 4,50 €/m². Für **begünstigtes Agrarland** i. S. d. § 4 Abs. 1 Nr. 2 werden 7,50 bis 10,00 €/m² bezahlt.

359 **Ausgekieste Areale** im stadtnahen Bereich mit meist unterschiedlichen Anteilen an Flächen über und unter Grundwasserspiegel sowie Böschungsflächen werden mit 1,50 bis 2,50 €/m² gehandelt, wenn die Folgenutzung Naherholungszwecken dient.

360 Im Grundstücksmarktbericht für den *Landkreis Aurich und Wittmund sowie der Stadt Emden* 1999 werden folgende Vergleichsfaktoren angegeben:

Vergleichsfaktoren zur Ermittlung des Bodenwerts von bebauten Grundstücken im Außenbereich

Der Bodenwert von bebauten Grundstücken im Außenbereich ist abhängig von der Lage und der Beschaffenheit (u.a. Erschließungszustand/Größe) der Flächen. Ihr Bodenwert kann aus den Bodenrichtwerten der angrenzenden Baugebiete abgeleitet werden.

Folgende Vergleichsfaktoren sind marktgerecht (Abb. 29):

Abb. 29: Vergleichsfaktoren

Bodenrichtwert im angrenzenden Baugebiet – erschließungsbeitragsfrei – [€/m²]	Vergleichs- faktor	Bodenwert für bebaute Grundstücke im Außenbereich [€/m²]
65,00	0,3	20,00
50,00	0,35	17,50
40,00	0,4	15,00
25,00	0,5	12,50
17,50	0,6	10,00

(ohne Berücksichtigung der Kanalbaubeiträge)

Vergleichsfaktoren zur Ermittlung des Bodenwerts von landwirtschaftlichen Einzel- höfen (Hofstellen)

Der Bodenwert von landwirtschaftlichen Hofstellen (i. d. R. > 3.000 m²) im Außenbereich ist abhängig von der Lage und der Beschaffenheit (u. a. Erschließungszustand/Größe) der Flächen. Ihr Bodenwert kann aus den Bodenrichtwerten der angrenzenden Baugebiete abgeleitet werden.

Folgende Vergleichsfaktoren sind marktgerecht (Abb. 30):

Abb. 30: Vergleichsfaktoren

Bodenrichtwert im angrenzenden Baugebiet – erschließungsbeitragsfrei – [€/m²]	Vergleichs- faktor	Bodenwert Hofstellen im Außenbereich [€/m²]
50,00	0,18	9,00
40,00	0,2	7,50
17,50	0,3	5,00

(ohne Berücksichtigung der Kanalbaubeiträge)

Ist der Kies- und Sandgrubenbetreiber nicht auch Grundstückseigentümer, so erhält der Verpächter eine **Pacht,** die sich i. d. R. an der Entnahme orientiert. **361**

Beispielhaft werden die **Pachtpreise von Gruben an Erft- und Rheinscholle** genannt. Die Preise verstehen sich ohne MwSt. und beziehen sich auf einen m³ Kies bzw. Sand in fester Masse **362**

(Volumen):
- Erftscholle: 1,00 bis 1,50 €/m³
- Rheinscholle: 2,00 bis 3,00 €/m³

Bezogen auf **Gewicht in t** (bei einem spezifischen Gewicht von 1,8) sind dies:
- Erftscholle: 0,55 bis 0,85 €/t (gerundet)
- Rheinscholle: 1,10 bis 1,65 €/t (gerundet)

Die **Preise** für Kies bzw. Sand **je m³ bzw. je t ab Grube/Kieswerk** orientieren sich an Korngröße und Materialbeschaffenheit (ungewaschen/gewaschen). **363**

6.4.3.3 Ertragswertverfahren

Neben dem Vergleichswertverfahren kommt für die Ermittlung des Verkehrswerts von Abbauland das Ertragswertverfahren[208] zur Anwendung (vgl. Rn. 351). Das **Verfahren ist sehr fehleranfällig,** da bereits geringfügige Differenzen in den Ansätzen zu recht erheblichen Unterschieden im Ertragswert führen; von daher ist der Anwendung des Vergleichswertverfahrens der Vorzug zu geben. **364**

Das **Ertragswertverfahren** vollzieht sich wie folgt: **365**

a) Es ist zunächst die **Abbaumenge** (förderbares Volumen) unter Berücksichtigung ihrer Schichtung, Bedeckung und Abbaubarkeit in technischer und zeitlicher Hinsicht festzustellen; insbesondere
  - die Zulässigkeit des Abbaus,
  - der Zeitpunkt des Beginns eines Abbaus,
  - die Kosten des Abbaus,
  - die Einnahmen aus dem Abbau.

---

207   Pohnert: Kreditwirtschaftliche Wertermittlungen, 5. erweiterte und aktualisierte Aufl. 1996, S. 303 f.
208   KG, Urt. vom 21. 12. 1965 – 6 U 1901/61–, EzGuG 4.26 a

Die sich daraus ergebenden Reinerträge können kontinuierlich in gleichbleibender Höhe oder in verschiedenen Perioden in unterschiedlicher Höhe „fließen". Dementsprechend ist bei der Ermittlung des kapitalisierten Reinertrags aus dem Abbaugut danach zu unterscheiden, ob

– er sich durch „einfache" Kapitalisierung über die Gesamtdauer des Abbaus, oder

– jeweils durch Kapitalisierung des Reinertrags der zu unterscheidenden Perioden i ergibt, wobei dann der jeweilige kapitalisierte Reinertrag vom Beginn der Periode i auf den Wertermittlungsstichtag zu diskontieren ist und die diskontierten Reinerträge aufzusummieren sind (allgemeine Barwertmethode).

Das Wertermittlungsverfahren vereinfacht sich, wenn auf Grund der Gegebenheiten eine **gleichbleibende jährliche Fördermenge** zu erwarten ist; ansonsten finden also verfahrensmäßig die Grundsätze der allgemeinen Barwertmethode *(Discounted-Cash-flow*-Verfahren) Anwendung. Hilfsweise sind hierzu

– die Fördermengen von Vergleichsbetrieben bzw.

– die Fördermenge desselben Betriebs heranzuziehen, der andernorts vergleichbar tätig ist.

b) Die **Reinerträge** lassen sich über Pachtgebühren (vgl. Rn. 361 ff.) oder aus der Bilanz ermitteln, wobei dann aber der Unternehmergewinn in Abzug zu bringen wäre. I. d. R. wird der sog. Grubenzins auf den Kubikmeter des geförderten Minerals bezogen. Soweit der bekannte Grubenzins auf eine Gewichtseinheit (z. B. t) bezogen wird, muss das Gewicht z. B. des auszubeutenden Minerals mit Hilfe seines *spezifischen Gewichts* auf den Kubikmeter umgerechnet werden:

$$\text{Spezifisches Gewicht} = \frac{\text{Gewicht}}{\text{Volumen}} \quad \left[\frac{t}{m^3}\right]$$

$$\boxed{\text{Volumen} = \frac{\text{Gewicht}}{\text{Spezifisches Gewicht}}}$$

$$1\,t = 1000\,kg$$

c) Der **wirtschaftliche absetzbare Jahresbedarf im Liefergebiet** ist für die Marktgängigkeit des Abbaugutes nach Angebot und Verbrauch entscheidend. Bei Sanden und Kiesen ist wegen der hohen Transportkosten von einem Liefergebiet im Radius von ca. 20 km auszugehen. Bei einem Jahresbedarf von ca. 8 t pro Einwohner (Bayern) für Sande und Kiese sowie einer bekannten Einwohnerzahl pro km² bemisst sich der **Jahresbedarf im Liefergebiet** nach:

$$\boxed{\text{Jahresbedarf im Liefergebiet [to]} = r^2 \times \pi \times E \times 8 \, \frac{t}{\text{Jahr}}}$$

wobei   r   =   Radius des Liefergebiets in km
         E   =   Einwohner pro km²
         t   =   Tonne

Bei bedarfsgerechter Förderung ergibt dies zugleich den **wirtschaftlichen Grenzwert des Jahresförderungsvolumens.** Ob dieses nach den vorhandenen Möglichkeiten des Grundstücks erreicht werden kann, bedarf weiterer Untersuchungen.

d) Zur Ermittlung des **abbaufähigen Förderungsvolumens** (insgesamt) sind Gutachten von Sonderfachleuten (Bohrunternehmen) erforderlich, die auf Grund von Bohrungen und Bodenuntersuchungen klären, in welcher Tiefe, in welcher Mächtigkeit und in welcher Qualität (Körnung) abbauwürdiges Material ansteht. Regelmäßig sind dem Sachverständigengutachten folgende Unterlagen beigefügt:

– Betriebsbeschreibung des Abbaubetriebs;

– Messtischblatt im Maßstab 1 : 25.000;

- Kataster-Flurkarte, Auszug aus dem Liegenschaftsbuch;
- Bohrprofile, Schichtverzeichnisse, Schnitte;
- Massenberechnung;
- Abgrabungsplan (z. B. gem. § 4 Abs. 2 AbgG NW) und Rekultivierungsplan im Maßstab 1 : 500.

Diese Unterlagen müssen dem Antrag auf Abbaugenehmigung, beispielsweise für Kies und Sand, beigefügt werden.

Bei der **Berechnung des Förderungsvolumens (Abbaumasse)** sind die Abstandsflächen zu den unbebauten Nachbargrundstücken und das notwendige Neigungsverhältnis der Böschungen zu berücksichtigen. Das Ergebnis in m³ fester Masse wird durch Anwendung des Auflockerungsfaktors in lose Abbaumasse umgerechnet (bei Kies z. B. Faktor 1,2) und sodann das Gewicht in Tonnen (t) durch Multiplizierung mit dem spezifischen Gewicht des Abbaumaterials (bei trockenem Kies 1,6 und bei nassem Kies 2,0) ermittelt. Bei der Umrechnung von fester Masse m³ in t ist das spezifische Gewicht mit 1,8 anzusetzen (Abb. 31):

366

$$Y_{\text{(lose Masse)}} = V_{\text{(feste Masse)}} \times \text{Auflockerungsfaktor} \times \text{spezifisches Gewicht (g)}$$

Abb. 31: Spezifische Gewichte

	Spezifisches Gewicht (Wichte) $\left[\dfrac{1\,g}{cm^3} = \dfrac{1\,t}{m^3}\right]$					
Alaun	1,7			**M**agnesia	3,2	
Anthrazit	1,6	±	0,1	Magneteisenstein	5,0	
				Manganerz	3,8	± 0,3
Basalt	3,0	±	0,2	Marmor	2,7	± 0,1
Bergkristall (rein)	2,6			Mauerwerk		
Bimstein	0,6	±	0,2	– Bruchstein	2,4	
Braunkohle	1,4	±	0,1	– Sandstein	2,1	
Braunstein	4,2	±	0,4	– Ziegeln	1,5	
				Mergel	2,4	± 0,1
Calciumkarbit	2,3			Meteorstein	3,6	
Chilisapeter	2,3					
				Pech	1,1	
Dolomit	2,9			Porphyr	2,8	± 0,1
				Pottasche	2,3	
Erde	1,7	±	0,3			
				Quarz	2,6	± 0,1
Feldspat	2,6					
Feldsteine	2,5	±	0,3	**S**alpeter	2,1	± 0,1
Feuerstein	2,7	±	0,1	Sand	1,7	± 0,3
				Sandstein	2,4	± 0,1
Gips (ungebrannt)	2,2			Schamottestein	2,0	
(gebrannt)	1,8			Schiefer	2,7	
Glaubersalz	1,4			Schlacke (Hochofen)	2,8	
Glimmer	2,9	±	0,3	Schwefelkies	5,0	
Gneis	2,6	±	0,1	Serpentin	2,6	± 0,1
Graphit	2,1	±	0,2	Siedlungsabfall	1,2	
Kalk (ungebrannt)	2,6	±	0,1	**T**öpferton	2,0	
(gebrannt)	1,4	±	0,1	Torf (trocken)	0,6	± 0,3
Kalksandstein	1,9			Trass (gemahlen)	0,9	
Kaolin	2,2			Tuffstein	1,3	
Kies	1,9	±	0,1			
Kreide	2,2	±	0,4	**Z**ement	1,4	± 0,5
				Ziegel (gewöhnlich)	1,5	± 0,1
Lava (basaltisch)	2,9	±	0,1	(Klinker)	1,8	± 0,1
(trachytisch)	2,4	±	0,3	Zinkblende	4,0	
Lehm	1,6			Zinnstein	6,7	± 0,3

e) Das Jahresfördervolumen ergibt multipliziert mit dem Grubenzins den **Jahreswert** z. B. **eines zur Ausbeutung anstehenden Minerals:**

$$\text{Jahreswert} = \text{Grubenzins} \times \text{Jahresfördervolumen}$$

Die Kapitalisierung des Jahreswerts hat zur Folge, dass der Wertzuwachs des abbaubaren Bodenvorkommens mit zunehmender Größe des Grundstücks abnimmt (gegen Null tendiert), wenn sich damit auch die Förderzeit entsprechend verlängert. Dies ist finanzmathematisch darin begründet, dass sich der Barwert der Jahreseinnahmen mit zunehmender zeitlicher Ferne dieser Einnahmen vermindert.

f) Für die Kapitalisierung haben sich **Zinssätze von mindestens 10 %** und mehr als marktgängig erwiesen (vgl. Rn. 368)[209].

g) Neben den Einnahmen aus dem Abbaugut sind auch **Einnahmen aus Kippgebühren** für die Verfüllung zu berücksichtigen; sie fallen regelmäßig zu einem späteren Zeitpunkt an, wenn nämlich mit der Verfüllung[210] begonnen werden kann. Je nachdem, ob diese Einnahmen kontinuierlich in gleicher Höhe oder in unterschiedlichen Perioden in unterschiedlicher Höhe zu „fließen" beginnen, sind die Einnahmen auf den Wertermittlungsstichtag wiederum zu diskontieren.

h) Schließlich ist der sich nach der Ausbeutung und Verfüllung ergebende **Restwert unter Berücksichtigung der Folgenutzung** zu ermitteln. Dieser Restwert ist wiederum von dem Zeitpunkt, zu dem das Grundstück wieder disponibel ist, auf den Wertermittlungsstichtag zu diskontieren. Entsprechendes gilt auch für die dann anfallenden Rekultivierungskosten.

i) Die **Dauer der Abgrabung** (Restnutzungsdauer) ergibt sich aus der insgesamt vorhandenen Abbaumenge und der beabsichtigten Jahresentnahme, die sich i. d. R. am Jahresbedarf orientiert. Bei der Bestimmung der **Restnutzungsdauer** ist der nachhaltig erzielbare Marktanteil zu berücksichtigen; die jährlich erzielbaren Möglichkeiten der Ausbeute sind nicht allein entscheidend. Demzufolge kann die wirtschaftliche Restnutzungsdauer wie folgt ermittelt werden:

$$\text{Restnutzungsdauer} = \frac{V \times g}{A}$$

wobei g = Spezifisches Gewicht des Rohstoffs in $\frac{\text{to}}{\text{m}^3}$
V = Abbaubares Nettovolumen in m^3
A = Nachhaltiger Marktanteil unter gewöhnlichen Verhältnissen in to/Jahr.

367 Die **vereinfachte Ermittlung des Bodenwerts von Abbauland** (€/m²) stellt sich damit in Formeln wie folgt dar:

$$BW = \frac{t \times P}{a} \times V_1 + \frac{t \times KG}{b} \times V_2 \times q^{-a} - R \times q^{-(a+b)} + BW' \times q^{-(a+b)}$$

---

209   Simon/Kleiber: Schätzung und Ermittlung von Grundstückswerten, Neuwied, 7. Aufl. 1996, S. 128 ff.; Vogels: Grundstücks- und Gebäudebewertung marktgerecht, 5. Aufl. 1996, S. 68 ff.; Stannigel/Kremer/Weyers halten bei der Beleihung von speziellen Produktionsstätten 7,5 bis 9,0 % für angebracht; Köhne hält aus der Sicht der verpachtenden Landwirte eher einen Zinssatz für geboten, der langfristigen Finanzanlagen entspricht, beispielsweise 6 bis 8 % (GuG 1993, 268)
210   KG, Urt. vom 21. 12. 1965 – 6 U 1901/61 –, EzGuG 4.26 a

Abb. 32: Schema für die Anwendung des Ertragswertverfahrens auf Abbauland

Ertragswert von Abbauland

Barwert der Reinerträge

a) bei gleichbleibenden jährlichen Reinerträgen
   Barwert = RE x V

b) bei zeitlich unterschiedlichen Reinerträgen:

$$\text{Barwert} = RE_1 \times \frac{V_1}{q^{d1}} + RE_2 \times \frac{V_2}{q^{d2}} + ... RE_n \times \frac{V_n}{q^{dn}}$$

wobei

$RE_{1,2\,...}$	=	Barwert nachhaltig, bzw. in Periode i
$V_{1,2\,...}$	=	Vervielfältiger nachhaltig, bzw. in Periode i
q	=	Zinsfaktor = 1 + p
p	=	Kapitalisierungszinssatz/100 = q – 1
$d_{1,2\,...}$	=	Zeitspanne zwischen Wertermittlungsstichtag und Beginn des „Ertragsflusses" der Periode i

Barwert der Kippgebühren (Verfüllung)

a) bei gleichbleibenden jährlichen Reinerträgen

$$\text{Barwert} = \frac{1}{q^m} \text{ Kippgebühren} \cdot V$$

wobei

V	=	Vervielfältiger für Anzahl der Jahre der Verfüllung
m	=	Zeitspanne zwischen Wertermittlungsstichtag und Beginn der Verfüllung

b) bei zeitlich unterschiedlichen Kippgebühren (KG_i)

$$\text{Barwert} = KG_1 \times \frac{V_1}{q^{m1}} + KG_2 \times \frac{V_2}{q^{m2}} + ... KG_n \times \frac{V_n}{q^{m2}}$$

Barwert des Restwerts

Barwert = Restwert/q^n

Restwert = Verkehrswert nach Ausbeutung unter Berücksichtigung der Folgenutzung
n = Dauer des Abbaus und der Verfüllung (= a + b)

Barwert der Rekultivierungskosten

Barwert = Rekultivierungskosten/q^n
n = Dauer des Abbaus und der Verfüllung

bei zeitlich unterschiedlichem Anfall: Summe aller diskontierten Kosten

Ertragswert

wobei

t	mittlere Abbautiefe unter Berücksichtigung der Böschungen in [m]
P	nachhaltig erzielbare Pacht in € pro m³
a	Dauer des Abbaues in Jahren
b	Dauer der Verfüllung in Jahren
V_1	Vervielfältiger für den Zeitraum des Abbaues a
V_2	Vervielfältiger für den Zeitraum der Verfüllung b
a + b	Zeitraum des Abbaues und der Verfüllung in Jahren (= n)
q	Zinsfaktor = 1 + p/100
p	Zinssatz
KG	nachhaltig erzielbare Kippgebühren in € pro m³
R	Rekultivierungskosten in €/m²
BW'	Bodenwert der rekultivierten Fläche in €/m²

Ein **Schema des Verfahrens** ist in Abb. 32 dargestellt.

368 Die Ermittlung des Ertragswerts nach vorgestelltem Schema ist durch eine Reihe von Unwägbarkeiten bezüglich der anzusetzenden Größen bestimmt. Die Erfahrungen haben aber gezeigt, dass zur **Kapitalisierung** der Liegenschaftszinssatz hier ungeeignet ist, da es hier um eine vornehmlich ertragswirtschaftliche Nutzung geht und daher die **banküblichen Kapitalmarktzinsen** für die Investition ausschlaggebend sind (vgl. Rn. 366). Bezüglich der Kostenseite ist das vorgestellte Schema auch nicht vollständig, da z. B. Sicherungsmaßnahmen und dgl. ertragsmindernd in die Betrachtung einbezogen werden müssen.

6.4.3.4 Beleihungsbeschränkung für Sparkassen

369 In früheren Beleihungsgrundsätzen für Sparkassen (i. d. F. von 1957 und früher) bestand bezüglich der Abgrabungsgrundstücke wegen der Gefahr der Wertminderung und der Ertragslosigkeit ein striktes Beleihungsverbot. Insoweit bedeutet die seit 1970 geltende Musterfassung des § 17 BelG, die für fast alle Länder gültig ist, eine vorsichtige aber vertretbare Erweiterung der Beleihungsmöglichkeiten. Hierbei findet die Tatsache Berücksichtigung, dass sogenannte Ausbeutegrundstücke durch die Abgrabung nicht in jedem Fall wertlos werden, sondern meistens nur in ihrer Nutzungsart einer zeitweisen – allerdings längeren – Veränderung unterliegen. Eine Beleihung wird daher für zulässig gehalten, wenn die durch **erlaubte Abgrabung** zu erwartende Wertminderung in der Höhe des Beleihungswerts und der Festlegung der Tilgungsdauer ausreichend berücksichtigt wird. Das soll durch **Wertabschläge nach § 18 Abs. 1 BelG,** durch die **Begrenzung der Darlehenshöhe nach § 19 BelG,** die **abnutzungs-**(abbau-)**konforme Tilgung** des Darlehens und durch Kreditkontrollen gewährleistet werden. Es handelt sich in solchen Fällen regelmäßig um Personalkredite.

370 Für Geschäftsbanken, **Hypothekenbanken und Versicherungen** gelten grundsätzlich ähnliche Regelungen, doch dürfen Hypotheken an Ausbeutegrundstücken nicht zur Deckung herangezogen werden[211].

371 Im Hinblick auf § 18 Abs. 1a BelG, der auf die Bestimmungen in den §§ 2 bis 4 BelG Bezug nimmt, dürfen **bei der Ertragswertermittlung als Erlöse nur auf Dauer erzielbare durchschnittliche Produktpreise angesetzt** werden bzw. bei Verpachtung die vertraglich ausbedungenen (nachhaltig erzielbaren) Pachteinnahmen. Auch aus der Aufschüttung (Verfüllung) der Fördergrube nach Ausbeute können sich in Stadtnähe bei Freigabe des Geländes z. B. als Mülldeponie oder zur Nutzung als Freizeitgelände u. U. nicht unwesentliche Erträge ergeben, die, wenn sie längerfristig (zumindest für die Dauer der Beleihung) mit Sicherheit anfallen, in die Ertragsüberlegungen einbezogen werden können.

Die Kosten für Abgrabung, notwendige **Sicherungsmaßnahmen** wie Abstützungen, **372** Umzäunungen und dergleichen, ferner für Rekultivierungsmaßnahmen sind – wie schon erwähnt wurde – bei der Wertermittlung zu berücksichtigen. Wenn mit der Rekultivierung noch nicht begonnen wurde, müssen zeit- oder wertanteilig ermittelte Beträge einer entsprechenden Rücklage oder Rückstellung zugeführt werden.

Der **Ertragswert** des als abbaufähig ermittelten losen Materialvorkommens ergibt sich aus **373** folgenden Daten (Stand 1984; alte Bundesländer):

Grundlagen (Wertverhältnis 1984)		Beispieldaten
– abbaufähige Grundstücksfläche		140 000 m²
– Abbauvorkommen (z. B. Feinkies, Abgrabungstiefe etwa 20 m) 5 000 000 t (feste Masse 2 600 000 m³ × 1,2 × 1,6)		
– Jahres-Abbauleistung (voraussichtlich)		500 000 t
– Dauer des Abbaues (restlich)		10 Jahre
– Betriebsgebäude: kleine massive Fuhrwerks-Waage mit Abfertigungsbüro, überdachter, betonierter Stellplatz für Kfz und Geräte		
– Lkw- und Abbaugeräte-Park		
– Ergebnisse der letzten drei Jahre		
– durchschnittlich erzielter Kies-Verkaufspreis o. MwSt. 3,25–3,75 €/t	= i. M.	3,50 €/t (100 %)
– durchschnittliche Förderkosten einschließlich Rücklage für die Rekultivierung o. MwSt. 2,60–2,80 €/t	= i. M.	2,70 €/t (77 %)
– Durchschnittsgewinn der letzten 3 Jahre (lt. Buchführung und Kostenstellenrechnung nur für diese Kiesgrube und vor Steuern)		0,80 €/t (23 %)
– Kapitalisierungszinssatz		8 v. H.
– Vervielfältiger (Vervielfältigertabelle zur WertV)		6,71
– **Ertragswert** somit = 2 684 000 € (500 000 t × **0,80 €/t*** = 400 000 € × 6,71)		
Verkehrswert (gerundet)		**2 650 000**
= je m² Grundstücksfläche		18,93 €

* Damit das Wertermittlungsergebnis nicht den Firmenwert der Kiesbaggerei verkörpert, ist zunächst ein Vergleich mit **gezahlten Pachtpreisen (Auskiesungszins)** der Region vorzunehmen. Diese bewegten sich 1984 zwischen 0,70 bis 0,80 €/t. Mitte der 90er Jahre lagen die Auskiesungszinsen zwischen 1,25 bis 1,40 €/m².

Anmerkung: Eine Abzinsung des Reinertrags ist erforderlich, weil die Nettoerlöse sukzessive im Verlaufe der nächsten zehn Jahre anfallen. Als Kapitalisierungszinssatz für diese spezielle gewerbliche Nutzung wurden 8 v. H. angenommen.

Nach § 18 Abs. 1a BelG ist das **Risiko der gewerblichen Beleihung durch einen ange-** **374** **messenen Abschlag** zu berücksichtigen. Auf der Grundlage der Buchführungsergebnisse des Unternehmens in den letzten Jahren werden im Hinblick auf die in den Jahren 1981 bis 1983 schwache Baukonjunktur mit 0,27 €/t ein Drittel aus dem Gewinn von 0,80 €/t als risikobedingte Minderung angenommen. Die verbleibenden 0,54 €/t multipliziert mit 500 000 t Jahresförderung und Ertragsfaktor 6,71 (vgl. oben) ergeben einen **Ertragswert** **nach BelG von rd. 1 795 000 €.** Das entspricht einem m²-Preis für die abbaufähige Grundstücksfläche von **12,82 €.**

Für **Kiesböden** ähnlicher Qualität und vergleichbarer Verkehrsanbindung wurden 1982 in **375** dieser Gegend 15 bis 17 €/m² gezahlt. Bei Zugrundelegung eines mittleren Preises von 16 €/m² (Sachwert) ergibt die Berechnung – nach Durchführung des Gewerbeabschlags gemäß § 18 Abs. 1 b BelG um ein Drittel – einen m²-Satz von rund **10,50 €.** Da dieser Betrag niedriger ist als der aus der Ertragswertermittlung, erscheint es im Hinblick auf die gegenwärtige Konjunkturlage (1984) ratsam, den **Beleihungswert** am niedrigeren **Sach-** **wert** zu orientieren, wie die folgende Berechnung zeigt:

211 § 12 Abs. 3 Satz 2 HBG; § 54 Abs. 2 VAG

376   **Fortführung des Beispiels**

– 140 000 m² Boden mit Feinkiesvorkommen

Marktpreis im Durchschnitt 16 €/m² =	2 240 000 €
– Zeitwert der Waagenstation und des Stellplatzes	+ 35 000 €
	2 275 000 €
./. Gewerbeabschlag von einem Drittel rd.	775 000 €
Sachwert nach BelG (vor Beginn der Auskiesung)	1 500 000 €

(= 10,72 €/m²)

Beleihungswertvorschlag: **1 500 000 €**

377   Für **massive Lastwagen- und Gerätehallen sowie Bürogebäude mit Wiegevorrichtungen** kann der Zeitwert angesetzt werden, wenn die Gebäude baurechtlich genehmigt sind und eine weitere Nutzung nach Beendigung der Abgrabung möglich ist. Das regelmäßig wertmäßig nicht unbedeutende **Zubehör** des Abgrabungsbetriebs (z. B. Kies-Förderungs- und Aufbereitungsanlagen, Fuhrwerkswaage usw.) ist nicht in die Sachwertermittlung einzubeziehen. Vor einer gesonderten Sicherungsübereignung ist zu prüfen, ob noch Eigentumsvorbehalte bestehen oder die Gegenstände geleast sind.

378   Wenn der **Kreditnehmer Eigentümer des Abgrabungsgrundstücks** ist und es zur Ausbeute an ein bonitätsmäßig einwandfreies Unternehmen verpachtet hat, lässt sich der **Ertragswert aus der Jahrespacht** abzüglich der vom Eigentümer zu tragenden Bewirtschaftungskosten und Abgaben ermitteln. Die Höhe der Pachtzahlung (Förderzins) richtet sich i. d. R. nach der tatsächlichen Förderleistung. Für die Ausbeutung von Kiesgruben werden derzeit (1982/83) 0,50 € bis 0,70 € je t, bei Quarzsandgruben 0,45 € bis 0,60 €/t und bei Steinbrüchen 0,55 DM bis 0,65 €/t als Förderzins gezahlt. Häufig ist eine Mindestpacht vereinbart. Mitunter sehen Pachtverträge auch eine feste Jahrespacht vor. Teilweise sind in diesen Fällen bei langfristigen Vereinbarungen auch Wertsicherungsklauseln anzutreffen. Anhand eines Pachtvertrags mit einem Steinbruchbetrieb für Straßenbaustoffe soll dies illustriert werden.

379   Der **Pachtvertrag** weise in dem Beispielfall die folgenden Kriterien auf:

– Pachtdauer restlich 15 Jahre

– Förderzins 0,60 € je t tatsächlicher Ausbeute (Preisbasis 1983)

– Mindestpacht = 150 000 € (das entspricht 250 000 t)

– Tatsächliche Ausbeute 1981: 310 000 t, daher erhaltene Jahrespacht 1981 186 000 €

– Wertsicherungsklausel: Veränderung des Förderzinses und der Mindestpachtsumme um 10 v. H., wenn Baukostenindex für Tiefbauarbeiten lt. Statistischem Bundesamt um 10 v. H. steigt oder fällt.

380   Bei Zugrundelegung nur der **Mindestpacht**, einer auf Grund von Garantien sicher zu erwartenden zehnprozentigen Anhebung nach fünf und zehn Jahren (Durchschnitt 165 000 €) sowie unter Berücksichtigung der ermittelten durchschnittlichen Ausgaben des Grundstückseigentümers pro Jahr von 22 % verbleibt ein

jährlicher Reinertrag (165 T€ abzüglich 22 %) von:		128 700 €
Nach Abzug eines Risikoabschlags für die gewerbliche Nutzung (§ 18 Abs. 1a BelG) in Höhe von 20 % rd.		25 700 €
ergibt sich ein Betrag von:		103 000 €

Unter Zugrundelegung eines Zinssatzes von 7,5 % und einer Restnutzungsdauer von 15 Jahren (Faktor 8,83) beläuft sich der

Ertragswert nach BelG (103 000 € × 8,83) auf rd.		910 000 €
Beleihungswertvorschlag:		**900 000 €**

Auch in diesem Falle sollten der Sachwert und/oder der Verkehrswert vor Festsetzung des Beleihungswerts als Vergleichswerte herangezogen und entsprechend berücksichtigt werden.

381   Die **nicht ausbeutbaren Teile eines Abgrabungsgrundstücks** sollten im Allgemeinen nicht in die Wertermittlung einbezogen werden, sofern sie im Wesentlichen aus Böschungen, Abstandsflächen und schon ausgebeutetem Grund und Boden bestehen. Denn ausgebeutete und wieder verfüllte Abgrabungsgrundstücke dürften – soweit Baurecht besteht – im Allgemeinen nicht vor Ablauf von 20 Jahren bebaut werden können. Hier gilt als Richtschnur für die Bebauung nach Abgrabung: 1 m Füllhöhe entspricht ein Jahr Wartezeit. Bei einer Auskiesung bis 20 m Tiefe besteht also eine Bebauungsmöglichkeit erst in 20 Jahren nach Abschluss der Verfüllung. Eine ausgebeutete Abgrabungsstätte hat daher zwar einen (ungewissen) Wert, aber wegen geringer Verkaufsmöglichkeiten und der unüberschaubaren Zeit bis zur neuen Verwendbarkeit zunächst selten einen Preis. Zu bedenken ist auch der Mehraufwand bei der Gründung für Gebäude gegenüber solcher auf gewachsenem Grund. Durch Altlasten (Ablagerungen) können Verfüllungsgrundstücke jedoch wertlos werden, wenn die Sanierungskosten den realen Grundstückswert übersteigen. Bei mit Hausmüll verfüllten Abgrabungsgrundstücken muss zudem mit Methanausbrüchen (ca. 30 Jahre) gerechnet werden. Je nach Menge können diese abgefackelt oder wirtschaftlich genutzt werden.

Beispiel: **382**

Im folgenden *Beispiel* aus 1992 werden die Förderkosten einer Kiesbaggerei bei einer Jahresleistung (Verkauf) von 250 000 t und einem durchschnittlich erzielten Kiesverkaufspreis ohne MwSt. von 7,50 €/t ab Grube analysiert. Der Anteil der Korngrößen 2 bis 32 mm beträgt in diesem Fall rd. 45 %.

Kostenstelle	Anteile in v. H. amVerkaufspreis je t	Anteil €/t
– Personalkosten, Beiträge Berufsgenossenschaft	30	2,25
– Reparaturen, lfd. Unterhaltung, Energiekosten	6	0,45
– Zinsen Fremdkapital, Kosten Geldverkehr	5	0,37
– Versicherungsprämien, Rechtsberatung, Verwaltungskosten etc.	9	0,67
– Allgemeine Geschäftskosten, Rücklage Rekultivierung	30	2,25
– Abschreibung (bleibt unberücksichtigt, da im Vervielfältiger enthalten)	....	....
Betriebskosten insgesamt (Förderkosten):	80	6,00
Reinerlös (vor Steuern)	**20**	**1,50***
	100	7,50

* Für die Ermittlung des Ertragswerts der Immobilie können jedoch nur die üblichen Pachtpreise der Region herangezogen werden.

Nach der **Musterfassung der Beleihungsgrundsätze** muss die **durch die Ausnutzung zu** **383** **erwartende Wertminderung des Grundstücks** ausreichend berücksichtigt werden. Demzufolge ist die Tilgung so festzulegen, dass sie dem voraussichtlichen Aus- oder Abnutzungsgrad des Beleihungsgegenstandes entspricht. Die Verminderung des Kredits muss also (wertmäßig gesehen) mit der Abtragung der Bodenvorkommen in Einklang stehen. Wird mehr abgegraben als nach dem der Beleihung zu Grunde gelegten Plan, so muss die Tilgung entsprechend erhöht werden.

Zur **Kontrolle der Kreditsicherheit** ist die Kenntnis des Abbaustandes und der aktuelle **384** Einblick in die wirtschaftlichen Verhältnisse des Kreditnehmers analog § 18 KWG erforderlich. Unerlässlich ist auch die Kontrolle über Bildung der notwendigen Rücklagen und Rückstellungen für die Rekultivierungsverpflichtungen im Verlaufe der Abbauzeit und die Beachtung der Auflagen der Genehmigungsbehörden. Grobe Verstöße können zur Einstellung der Abgrabung und erhebliche Haftungsansprüche zur Folge haben (Beispiele: vorzeitige oder unsachgemäße Ablagerung von Hausmüll, Deponierung von gefährlichem Industriemüll etc.). Eine Kopie der Genehmigung von Abgrabung und Herrichtung (Rekultivierung) gehört auf jeden Fall in die Kreditakte.

Eine sichere Aussage zum Abgrabungsstand und zur Beachtung der Auflagen ermöglicht **385** die **jährliche Inspektion der Abbaustätte** durch einen öffentlich bestellten Vermessungsingenieur. Hat ein Kreditnehmer beispielsweise das Abgrabungsgrundstück an einen Dritten verpachtet, so erhält er i. d. R. monatliche Abschlagszahlungen auf den vereinbarten Förderzins. Das Entnahmeergebnis des Vermessungsingenieurs ist dann die Grundlage für die Berechnung des Jahresförderzinses. Erfolgt der Vertrieb ausschließlich über eine Fuhrwerkswaage, so kann dieses Ergebnis für die Einschätzung der jährlichen Wertminderung mit herangezogen werden. Zur Berücksichtigung der Rekultivierungsverpflichtungen im Jahresabschluss des Abbauunternehmens kann sich der mit der Prüfung beauftragte Wirtschaftsprüfer äußern[212].

6.4.3.5   Beispiel: Wertermittlung einer Kiesgrube im Stadtgebiet von Köln

386   **a) Sand- und Kiesgrube**

191.746 m² Abgrabungsfläche (Ausweisung im Flächennutzungsplan der Stadt Köln ist erfolgt); es ist noch mit einer Abbauzeit von 15 Jahren zu rechnen.

– Wertermittlungsstichtag 15. 9. 1981

– gewerblich genutztes Grundstück.

b) Grundstücksbeschreibung/-bezeichnung

– Katasterbezeichnung:
Gemarkung Köln, Flur 96

Flurstück 1204/224	=	58 774 m²
226	=	102 203 m²
249	=	30 769 m²
insgesamt	=	191 746 m²

– Grundbuchbezeichnung: Grundbuch von Longerich, Blatt 1819

– Eigentümer: Firma Wilhelm Metzler KG, Köln

Örtliche und geologische Lage:

Das Grundstück liegt im nördlichen Stadtgebiet in einem Bereich, in dem schon mehrere z. T. ausgebeutete Baggerseen vorhanden sind. Dieses Gebiet beabsichtigt die Stadt Köln für die Zukunft in das ausgedehnte Naherholungsgebiet mit Freibad im Baggersee (Stockheimer Hof) einzubeziehen. Wegen der angespannten finanziellen Lage der Stadt ist jedoch in absehbarer Zeit mit der Verwirklichung dieses Vorhabens nicht zu rechnen. Lediglich die Planungsarbeiten sind abgeschlossen und Kiesaufbereitungsanlagen sowie die Gebäulichkeiten eines ehemaligen Betonfertigteilebetriebs in der Nachbarschaft der zu bewertenden Abgrabungsstätte wurden bereits abgebrochen. Die Gewässer der bereits stillgelegten Kiesbaggereibetriebe sind an Angelsportvereine verpachtet. Das Areal liegt in der Wasserschutzzone zum Trinkwasserwerk Weiler. Eine Autobahnauffahrt der BAB „Kölner Westring" befindet sich in geringer Entfernung (etwa 3 km). Die Ortsdurchfahrten sind für die schweren Kiesfahrzeuge nur zu bestimmten Zeiten tagsüber erlaubt.

c) Wertermittlungsmerkmale

Grundlagen:

– Katasterunterlagen;

– Grundbuchauszug;

– Lagepläne;

– Erläuterungsbericht;

– Abgrabungsgenehmigung;

– 4 Bohrungen/Schichtenverzeichnisse;

– Gutachten eines geologischen Sachverständigen (Auszug);

– Aufmessungen und Berechnungen eines öffentlich bestellten Vermessungsingenieurs;

– Beleihungsgrundsätze;

– Ortsbesichtigung.

Ausnutzbarkeit: Es handelt sich um eine Kies- und Sandgrube, die bereits seit Jahren betrieben wird und deren Sohle z. Z. bei etwa 12 m Tiefe liegt. Durch ein geologisches Bohrgutachten wurde festgestellt, dass unter der jetzigen Sohle noch abbauwürdige Kiesvorkommen lagern. Ein auf dem Nachbargrundstück vorhandener Baggersee greift zu einem Teil auf das Wertermittlungsgrundstück über. Da die Stadt Köln ihr Vorhaben vorläufig nicht realisieren kann, hat der Regierungspräsident Köln am 25. 8. 1981 die weitere Abgrabung der aufgeführten Grundstücke gemäß den §§ 3, 7 und 8 AbgrG NW genehmigt. Die Auskiesung behindert das städtische Fernziel nicht; ja sie ist sogar auf Dauer gesehen von Nutzen für die Stadt. Die Genehmigung erstreckt sich ausschließlich auf die Gewinnung von Sand und Kies im Trocken- und Nassabbau. Die Abgrabungstiefe ist auf + 35 m über NN begrenzt. Befristet ist die Genehmigung bis zum 31. 12. 1995. Die für die Auskiesung erforderlichen Betriebsanlagen werden auf hierfür reservierten Freiflächen aufgestellt. Die Herrichtung (die unter Bezugnahme auf die Folgenutzung als Naherholungsgebiet notwendige Rekultivierung) muss bis zum 31. 12. 1996 abgeschlossen sein.

Behördliche Auflagen: Die Erlaubnis zur Abgrabung (sie ist bei Verstößen widerruflich) hat die Stadt Köln (als untere Wasserbehörde) mit folgenden Auflagen verbunden:
– die Auskiesung ist so zu betreiben, dass eine Verunreinigung des Grundwassers ausgeschlossen wird (es dürfen keine Schleppkähne mit Verbrennungsmotor eingesetzt werden; die Förderung muss ausschließlich über Transportbänder erfolgen), es ist also auch Nassauskiesung erlaubt;
– Einfriedigung des Geländes 2 m hoch und verschließbares Tor;
– Verfüllung der Grube ist ausgeschlossen;
– einzuhaltende Sicherheitsabstände (Schutzstreifen):
  a) 20 m von der Straße Baggerfeld,
  b) 15 m mindestens von Gebäuden,
  c) 10 m von sonstigen Wegen,
  d) 5 m von unbebauten Nachbargrundstücken;
– die vorhandenen Böschungsneigungen sind beizubehalten;
– neue Böschungsneigungen 1 : 1,5, unter Grundwasserspiegel 1 : 3.

d) Ermittlung der Kiesmassen

Mächtigkeit: Nach den Bodenuntersuchungen des Geologen ergeben sich unter Berücksichtigung des Abraumes (Mutterboden, Lehm etc.) und der bisherigen Förderung noch folgende Kies- und Sand-Mächtigkeiten, die im Wesentlichen hier wiedergegeben werden:

Bohrung 1:	17,80 m	
	– 2,20 m	Sandanlagen
	15,60 m	reine Kieslagen (Grundwasserspiegel bei 3,40 m)
Bohrung 2:	16,60 m	
	– 1,30 m	Sandlagen
	15,30 m	reine Kieslagen (Grundwasserspiegel bei 3,30 m)
Bohrung 3:	20,30 m	
	– 6,50 m	Sandlagen
	13,80 m	reine Kieslagen (Grundwasserspiegel bei 3,40 m)
Bohrung 4:	16,50 m	
	– 6,70 m	Sandlagen
	9,80 m	reine Kieslagen (Grundwasserspiegel bei 3,30 m)
	Ø 13,60 m	reine Kieslagen
	Ø 17,80 m	Kies mit Sandlagen
im Mittel	= 15,70 m	(Grundwasserspiegel bei Ø 3,35)

---

212 Adler/Düring/Schmaltz, Rechnungslegung und Prüfung der Aktiengesellschaft, 4. Aufl. Stuttgart 1968, § 152 AktG, Tz. 151

Als **mittlere Mächtigkeit** für die weitere Abgrabung werden 15,70 m angehalten, wobei die weniger ertragreichen Sandlagen mit der halben Mächtigkeit berücksichtigt werden. Die Qualität des Kieses wurde durch Siebanalyse festgestellt; es überwiegt mittlere Körnung.

– Das Ergebnis der Aufmessungen und Berechnungen des öffentl. best. Vermessungsingenieurs wird im Wesentlichen wie folgt hier wiedergegeben:

katastermäßige Fläche	=	191 746 m²
./. Abstandsflächen und nicht abbaubare Teilflächen	ca.	11 246 m² (rd. 6 %)
Grubenfläche	ca.	180 500 m²
./. vorhandene Böschungen (bis 12 m Tiefe)	ca	29 000 m² (rd. 16 %)
obere Fläche (augenblickliche Sohle)	ca.	151 500 m²
./. neue Böschungen (im Bereich von 15,7 m) (Böschungsneigung 1:3, da fast ausschließlich Unterwasserabbau durch Schwimmbagger)	ca.	48 000 m² (rd. 32 %)
untere Fläche an der neuen Sohle in insgesamt 27,70 m Tiefe (ab Geländeoberkante)	ca.	103 500 m²
mittlere Fläche mithin (obere und untere: 2) (151 500 m² + 103 500 m²) : 2	ca.	127 500 m²

e) Massenberechnung

127 500 m² x 15,70 m (weitere Abgrabung) = 2 001 750 m³

feste (gewachsene) Kiesmasse mithin rd. 2 000 000 m³

Bei einem Auflockerungszuschlag von 20 % beträgt der Umrechnungsfaktor von fester Masse : loser Masse = 1 : 1,2.

Spezifisches Gewicht der losen Masse bei trockenem Kies = 1,6 t pro m³, bei nassem Kies = 2,0 t pro m³ im Durchschnitt.

Da die Grundwassergrenze bei durchschnittlich 3,35 m unter der jetzigen Sohle liegt und die Sandschichten hauptsächlich in den ersten Metern bis knapp über der Wassergrenze liegen, handelt es sich hier fast ausschließlich um eine **Unterwasserförderung.** Das Gewicht wird deshalb mit 1,9 t pro m³ geförderten Kies angehalten. Die mögliche Kiesförderung ergibt sich wie folgt:

2 000 000 m³ x 1,2 = **2 400 000 m³ lose Masse**

2 400 000 m³ x 1,9 = **4 560 000 t**

Abbauzeit und Beleihungszeitraum: Gemäß Abbauplan ist eine Förderung von durchschnittlich **ca. 300 000 t jährlich** vorgesehen. Das bedeutet, dass das Kiesvorkommen in 15,2 Jahren abgebaut ist. Entsprechend kontinuierlich muss der Kreditrahmen gekürzt werden.

Der Beleihungszeitraum sollte daher maximal 15 Jahre betragen. Bei höheren Entnahmen als 300 000 t p. a. ist die Beleihungsdauer entsprechend zu kürzen. **Regelmäßige Überprüfungen** – meist jährlich – **sind daher unentbehrlich.**

f) Wertermittlung

Verkaufspreis und Ertrag: Als Verkaufspreis ab Grube für gewaschenes Material, mittlere Korngruppe, frei Lkw verladen, können z. Z. Ø 3 € pro t (ohne MwSt.) angehalten werden. Der mögliche jährliche Umsatz wird mithin auf **900 000 €** (300 000 t x 3 €) taxiert.

Der **Reinerlös** (vor Steuern) nach Abzug sämtlicher Förderkosten wurde mit **0,66 €/t** ermittelt (ca. 22 % von 3 €/t). Für eine vergleichbare verpachtete Förderstelle beträgt die **Pacht 0,70 € je entnommener Tonne.**

Der jährliche **Reinertrag** für das zu wertende Abgrabungsgrundstück kann daher mit **198 000 €** (300 000 t x 0,66 €/t) angehalten werden.

Wertermittlung: Die Nettoerlöse fallen sukzessive im Verlaufe der nächsten 15 Jahre an. Eine Abzinsung des Reinertrags ist daher erforderlich. Als Kapitalisierungszinssatz werden für diese spezielle gewerbliche Nutzung 7,5 % angenommen. Zudem ist ein Risikoabschlag nach § 18 Abs.1a BelG zu berücksichtigen.

Bei rd. 15 Jahren Abbauzeit und einem Kapitalisierungszins von 7,5 % beträgt der Vervielfältiger = 8,83 (Vervielfältigertabelle zur WertV).

Ertragswert = Jahresreinertrag x Vervielfältiger = 198 000 € × 8,83 = 1 748 340 €.

Der **Verkehrswert** beträgt mithin rd. **1 750 000 €**. Abzüglich eines gewerblichen Risikoabschlags (§ 18 Abs. 1a BelG) von 30 % des Reinertrags (0,66 €/t) gehen in die Berechnung des Beleihungswerts nur noch 0,46 €/t (70 %) ein. Das Ergebnis:

300 000 t × 0,46 €/t = 138 000 € × 8,83 = 1 218 540 €.

Der **Beleihungswert** kann mit rd. **1 220 000 €** zur Festsetzung vorgeschlagen werden.

Anmerkung: Aus dem Verkehrswert dieses z. T. bereits abgebauten Kiesvorkommens ergibt sich ein durchschnittlicher Quadratmeterpreis von 9,13 € (1 750 000 € : 191 746 m²); dies sind 6,36 € (1 225 000 € : 191 746 m²) beim Beleihungswert.

Für in der Anfangsmächtigkeit vergleichbare (unverritzte) Böden, für die eine Auskiesungserlaubnis zu erwarten ist, liegen die Kaufpreise bei 15,00 € bis 17,50 € je Quadratmeter Grundstück.

g) Besondere Hinweise zur Beleihung

Zu bedenken sind die Einschränkungen (Umwege), die sich für die schweren Kiesfahrzeuge aus der Verkehrsanbindung (Ortsdurchfahrten) ergeben. Verkehrsgünstiger gelegene Kiesbaggereien/-werke werden unter Umständen bevorzugt angefahren. **Der Beleihungsauslauf sollte daher möglichst 60 % des Beleihungswerts nicht überschreiten.** Eine Beleihung sollte auch nur vorgenommen werden, wenn ein weiterer Abbau des Kiesvorkommens erfolgt und ein Ertrag erwirtschaftet wird. Abnahme- bzw. Lieferungsverträge können dabei von Bedeutung sein.

Der Kreditnehmer ist zu verpflichten, regelmäßig die Jahreszahlen (Verkaufsmenge, Preise, Erlöse usw.) bekannt zu geben und eine Gewässerschaden-Haftpflichtversicherung abzuschließen.

Von Bedeutung ist auch die Haftung des Kiesgrubenbetreibers für Altlasten und Neulasten nach den Normen des Abfall-, Wasser- und des allgemeinen Polizei- und Ordnungsrechts von Bedeutung. Zu bedenken ist ferner, dass **Haftpflichtversicherungen meist ein Jahr nach Beendigung der Abgrabungen erlöschen.**

Um einen aussagekräftigen Nachweis der Entnahmemenge zu ermöglichen, sollte der Verkauf ausschließlich über die Fuhrwerkswaage erfolgen.

Die Zubehörhaftung für Förderbänder, Aufbereitungs- und Mischanlage, Schwimmbagger, Silos, Fuhrwerkswaage entfällt, da sämtliche Einrichtungen geleast sind.

Die Wertermittlung muss jährlich nach Eingang des Zahlenmaterials überprüft und fortgeschrieben werden. **Bei dem mit 300 000 t p. a. geplanten Abbau beträgt die Betriebsdauer noch etwa 15 Jahre.**

6.4.4 Bergschaden

6.4.4.1 Allgemeines

▶ *Zum Beleihungswert vgl. VIII Rn. 376 ff.*

Ein **Bergschaden** liegt nach § 144 Abs. 1 BBergG u. a. vor, wenn infolge der Ausübung einer bergbaulichen Tätigkeit eine Sache beschädigt wird. Voraussetzung ist ein adäquater Ursachenzusammenhang[213]. Ein Bergschaden wirkt sich sowohl auf den Verkehrswert als auch i. d. R. auf den Einheitswert[214] des Grundstücks aus.

387

---

213 Boldt/Weller, BBergG. 1. Aufl. 1984, Rn. 10 ff. zu § 114 BBergG
214 OFD Düsseldorf, Erl. vom 25. 6. 1968 – S 3204/3210 A-St 211; OFD Münster, Erl. vom 9. 7. 1968 – S 3204-19-St 21 –; OFD Köln, Erl. vom 9. 7. 1968 – S 3204-2 St 211 –, alle abgedruckt StEK BewG 1965 § 82 Nr. 15

388 Zur Auslegung des Begriffs „Bergschaden" sind die **allgemeinen im Schadensersatzrecht geltenden Grundsätze der §§ 249 ff. BGB** anzuwenden[215]. Der schädigende Bergbaubetrieb schuldet demzufolge nach § 249 Satz 1 BGB grundsätzlich die „Wiederherstellung in Natur" bzw. nach § 249 Satz 2 BGB den zur Herstellung erforderlichen Geldbetrag. Dieser Geldbetrag bzw. der Zahlungsanspruch des Geschädigten stellte dabei lediglich eine besondere Form des Herstellungsanspruchs dar[216].

389 „**§ 114 BBergG Bergschaden**

(1) Wird infolge der Ausübung einer der in § 2 Abs. 1 Nr. 1 und 2 bezeichneten Tätigkeiten oder durch eine der in § 2 Abs. 1 Nr. 3 bezeichneten Einrichtungen (Bergbaubetrieb) ein Mensch getötet oder der Körper oder die Gesundheit eines Menschen verletzt oder eine Sache beschädigt (Bergschaden), so ist für den daraus entstehenden Schaden nach den §§ 115 bis 120 Ersatz zu leisten.

(2) Bergschaden im Sinne des Absatzes 1 ist nicht

1. ein Schaden, der an im Bergbaubetrieb beschäftigten Personen oder an im Bergbaubetrieb verwendeten Sachen entsteht,

2. ein Schaden, der an einem anderen Bergbaubetrieb oder an den dem Aufsuchungs- oder Gewinnungsrecht eines anderen unterliegenden Bodenschätzen entsteht,

3. ein Schaden, der durch Einwirkungen entsteht, die nach § 906 des Bürgerlichen Gesetzbuchs nicht verboten werden können,

4. ein Nachteil, der durch Planungsentscheidungen entsteht, die mit Rücksicht auf die Lagerstätte oder den Bergbaubetrieb getroffen werden und

5. ein unerheblicher Nachteil oder eine unerhebliche Aufwendung im Zusammenhang mit Maßnahmen der Anpassung nach § 110.

390 **Für Bergschäden haftet das bergbauberechtigte Unternehmen,** wobei das BBergG zur Vermeidung von Bergschäden z. B. Bauherrn zu vorbeugenden Maßnahmen verpflichtet, für deren Kosten der bergbauberechtigte Unternehmer aufkommt (§§ 110 ff. BBergG)[217]. Dabei ist die Duldungspflicht des Grundeigentümers „nur dann als sachgerecht und im Lichte des Art. 14 GG erträglich" erachtet worden, wenn die tiefgreifende Belastung des Grundeigentums zugunsten des – privaten und mit Gewinnstreben betriebenen – Bergbaus durch eine umfassende Entschädigung des Grundeigentümers ausgeglichen wird[218].

391 **§ 115 BBergG Ersatzpflicht des Unternehmers**

(1) Zum Ersatz eines Bergschadens ist der Unternehmer verpflichtet, der den Bergbaubetrieb zur Zeit der Verursachung des Bergschadens betrieben hat oder für eigene Rechnung hat betreiben lassen.

(2) Ist ein Bergschaden durch zwei oder mehrere Bergbaubetriebe verursacht, so haften die Unternehmer der beteiligten Bergbaubetriebe als Gesamtschuldner. Im Verhältnis der Gesamtschuldner zueinander hängt, soweit nichts anderes vereinbart ist, die Verpflichtung zum Ersatz sowie der Umfang des zu leistenden Ersatzes von den Umständen, insbesondere davon ab, inwieweit der Bergschaden vorwiegend von dem einen oder anderen Bergbaubetrieb verursacht worden ist; im Zweifel entfallen auf die beteiligten Bergbaubetriebe gleiche Anteile.

(3) Soweit in den Fällen des Absatzes 2 die Haftung des Unternehmers eines beteiligten Bergbaubetriebes gegenüber dem Geschädigten durch Rechtsgeschäft ausgeschlossen ist, sind bis zur Höhe des auf diesen Bergbaubetrieb nach Absatz 2 Satz 2 entfallenden Anteils die Unternehmer der anderen Bergbaubetriebe von der Haftung befreit.

(4) Wird ein Bergschaden durch ein und denselben Bergbaubetrieb innerhalb eines Zeitraums verursacht, in dem der Bergbaubetrieb durch zwei oder mehrere Unternehmer betrieben wurde, so gelten die Absätze 2 und 3 entsprechend.

§ 116 BBergG Ersatzpflicht des Bergbauberechtigten

(1) Neben dem nach § 115 Abs. 1 ersatzpflichtigen Unternehmer ist auch der Inhaber der dem Bergbaubetrieb zu Grunde liegenden Berechtigung zur Aufsuchung oder Gewinnung (Bergbauberechtigung) zum Ersatz des Bergschadens verpflichtet; dies gilt bei betriebsplanmäßig zugelassenem Bergbaubetrieb auch, wenn die Bergbauberechtigung bei Verursachung des Bergschadens bereits erloschen war oder wenn sie mit Rückwirkung aufgehoben worden ist. Der Unternehmer und der Inhaber der Bergbauberechtigung haften als Gesamtschuldner. Soweit die Haftung eines Gesamtschuldners gegenüber dem Geschädigten durch Rechtsgeschäft ausgeschlossen ist, ist auch der andere Gesamtschuldner von der Haftung befreit."

392 Eine **Bergschadensgefahr** liegt vor, wenn der Bergschaden zwar noch nicht eingetreten ist, jedoch auf Grund der Art und Weise des umgegangenen Bergbaus, der durchgeführten *Sicherungsmaßnahmen*, der Abbauteufe (Tiefe) und dem Zeitpunkt die Gefahr eines Bergschadens besteht. Auch eine Bergschadensgefahr kann zu einer Wertminderung führen.

Andere öffentliche Belange stehen einer Abgrabung insbesondere entgegen, wenn **393**
a) das Ortsbild auf Dauer verunstaltet und
b) der Nachweis ausreichender Ab- und Zufahrtswege nicht erbracht wird.
Gegenstand der Genehmigung sind die Abgrabung und die Herrichtung (Rekultivierung) auf den konkret mit Gemarkung, Flurstück- bzw. Parzellennummer zu bezeichnenden Grundstücken.

Im städtischen Nahbereich werden Genehmigungen zur **Abgrabung von Grundstoffvor-** **394**
kommen inzwischen nur noch sehr zögernd erteilt. **Abbaugrundstoffe** in **Stadtnähe** verfügen jedoch über günstigere Absatzchancen, weil die Entfernung der Förderstätten von den Verwertungsstellen (Baustellen) kostenmäßig eine große Rolle spielt. Andererseits erweisen sich die in Stadtnähe notwendigen Umweltschutzerfordernisse kostenaufwendiger als in ländlichen Gebieten. Abgrabungsflächen in Stadtnähe werden nach Beendigung der Förderung häufig von Zweckverbänden zur Anlage von Erholungszentren übernommen.

Ob die Abgrabung außerdem gemäß § 7 WHG der **wasserrechtlichen Erlaubnis** der **395**
zuständigen Unteren Wasserbehörde bedarf, ist mit dieser abzustimmen. In dieser Erlaubnis können zusätzliche Bedingungen und Auflagen festgesetzt werden. So kann beispielsweise das Ausbaggern eines Grundstücks bis in den Grundwasserbereich untersagt werden (vgl. unten Rn. 349)

Die Behörden genehmigen die Abgrabung und die Rekultivierung im Allgemeinen für **396**
einen **Zeitraum von 10 bis 15 Jahren,** wobei für die Herrichtung meist ein Jahr angesetzt wird. I. d. R. geschieht dies unter Bedingungen (z. B. Sicherstellung der Rekultivierungsverpflichtung durch Bankbürgschaft; Absteckung und Markierung der Abgrabungsgrenzen durch einen öffentlich bestellten Vermessungsingenieur) und Auflagen (z. B. Schutzstreifen, Neigungsverhältnis der Böschungen, Vermeidung von unzumutbaren Lärmeinwirkungen durch die Wasch-, Sieb- und Silo-Anlagen, Schutz des Abgrabungsgrundstücks gegen das Einbringen von Industriemüll und grundwassergefährdenden Stoffen). Mit der Abgrabung darf vor Erfüllung der Bedingungen nicht begonnen werden. Die Bauerlaubnis für Gebäude, beispielsweise Büro-, Sozial-, Werkstatt-, Wiege- und Trafogebäude sowie Aufbereitungsanlagen auf dem Abgrabungsgrundstück, muss gesondert eingeholt werden.

Die **Rechte aus der Abgrabungsgenehmigung erlöschen** schließlich, **wenn nicht inner-** **397**
halb einer bestimmten Frist (in Nordrhein-Westfalen z. B. drei Jahre) **mit der Abgrabung begonnen wird.** Die Frist kann auf Antrag des Unternehmers verlängert werden.

Die Betreiber von Kiesgruben sind häufig nicht auch Grundstückseigentümer. Die notwen- **398**
digen **Grundstücke** sind in solchen Fällen (meist langfristig) von Gemeinden und Privatpersonen (Landwirten) **gepachtet.** Notwendige Kiesförder- und Aufbereitungsanlagen sowie Fuhrwerks-, Waagen- und Wiegehäuser sind im Eigentum der Abbauunternehmer

---

215 Boldt/Weller, § 114 BBergG Rn. 11; Finke in ZfB 1992, 170
216 Piens/Schulte/Vilzhum, § 117 BBergG Rn. 6
217 OLG Hamm, Urt. vom 14. 7. 1986 – 13 U 283/85 –; OVG Münster, Urt. vom 29. 3. 1984 – 12 A 2194/82 –, EzGuG 4.100; OVG Münster, Urt. vom 23. 1. 1984 – 10 A 23 66/79 –, EzGuG 4.95; BGH, Urt. vom 1. 6. 1978 – III ZR 158/75 –, EzGuG 20.75; BGH, Urt. vom 22. 2. 1973 – III ZR 28/71 –, EzGuG 20.54; BGH, Urt. vom 16. 10. 1972 – III ZR 176/70 –, EzGuG 4.37; BGH, Urt. vom 3. 7. 1972 – III ZR 192/70 –, EzGuG 4.36; BGH, Urt. vom 26. 6. 1972 – III ZR 114/70 –, EzGuG 4.35; VG Gelsenkirchen, Urt. vom 21. 6. 1978 – 5 K 29 77/78 –, EzGuG 4.57 – Vorinstanz zu OVG Münster, Urt. vom 23. 1. 1984, a. a. O.; BGH, Urt. vom 15. 6. 1965 – V ZR 24/63 –, EzGuG 20.39; BGH, Urt. vom 18. 3. 1964 – V ZR 20/62 –; OLG Saarbrücken, Urt. vom 20. 5. 1960 – 3 U 45/95 –, EzGuG 4.14; OLG Hamm, Urt. vom 2. 2. 1960 – 7 U 244/58 –, EzGuG 4.12; weiterführendes Schrifttum: Finkel in DWW 1978; 332; Lindner in DWW 1987, 310; Schürken in DWW 1987, 324, ders. in GuG 1997, 129 und GuG 1994, 324; MittDST 1985, 1185; Balloff, H./Wiesner, Th., in GuG 1999, 44; Dittrich/Böhlitz-Ehrenberg in GuG 1995, 257 und GuG 1997, 214; Finke in GuG 1999, 266
218 BGH, Urt. vom 16. 2. 1970 – III ZR 136/68 –, EzGuG 4.30; BGH, Urt. vom 16. 2. 1970 – III ZR 169/68 –, ZfB 1970, 446

oder geleast. Zu würdigen sind demnach Wertermittlungsansätze sowohl aus Sicht der verpachtenden Grundstückseigentümer als auch der Abbauunternehmen[219]. In diesem Zusammenhang sind noch die land- und forstwirtschaftlichen Nebenbetriebe i. S. d. § 42 BewG
hervorzuheben, die dem land- und forstwirtschaftlichen Hauptbetrieb zu dienen bestimmt
sind und nicht einen selbstständigen Gewerbebetrieb darstellen. Bei solchen Betrieben
handelt es sich aber meist um Gewerbebetriebe. Steuerlich wird im Wesentlichen zwischen
zwei Arten von Nebenbetrieben unterschieden:

– den Be- oder Verarbeitungsbetrieben (z. B. Brennereien, Keltereien, Sägewerke) und

– den Substanzbetrieben (z. B. Sandgruben, Kiesgruben, Torfstiche u. ä.).

399   Da **Mineralienvorkommen im steuerlichen Sinne** nicht zum Grundstück gehören (§ 68
Abs. 2 BewG), muss hier eine Abgrenzung vorgenommen, d. h. es muss ein gesonderter
Wert festgestellt werden (Wert des Mineraliengewinnungsrechts i. S. v. § 100 BewG). Die-
ses Recht unterliegt der Gewerbesteuer und nicht der Grundsteuer[220].

6.4.4.2   Bergschaden an Gebäuden und Außenanlagen

400   **Bergschäden an Gebäuden und Außenanlagen sind Bauschäden.** Es muss unterschieden werden zwischen nicht behebbaren und behebbaren Bauschäden sowie dem merkantilen Minderwert. Bergschäden sind nicht behebbar, wenn sie durch Ausbesserung auf Dauer
nicht beseitigt werden können. Den nicht behebbaren Bergschäden gleichgestellt sind
Bergschäden, die nur mit unverhältnismäßig hohen Kosten beseitigt werden können.

401   I. d. R. lassen sich die Bergschäden nicht vollständig beheben, so dass **nicht behebbare
und behebbare Bergschäden an einem Grundstück nebeneinander** vorliegen können.

402   Zur Vermeidung bzw. Verringerung künftiger Bergschäden können nach den §§ 110 ff.
BBergG unter bestimmten Voraussetzungen vom Bauherrn **Anpassungs- und Sicherungsmaßnahmen** verlangt werden. Der Bergschadensersatzanspruch kann sich in diesen Fällen
vermindern bzw. sogar entfallen, wenn der Bauherr dem nicht nachkommt. Ansonsten hat
die Bergwerkgesellschaft grundsätzlich die Kosten von Bergschadensvormaßnahmen zu
tragen, so dass derartige zu erwartende Kosten nicht zu einer Wertminderung führen[221].

403   Ein **Bergschaden** liegt **nach § 114 BBergG** vor, wenn eine Sache oder eine Person durch
eine bergbauliche Betriebstätigkeit beschädigt wird. Nicht zum Bergschaden gehören nach
§ 114 Abs. 2 BBergG

– Nachteile als Folge von Planungsentscheidungen, die mit Rücksicht auf Lagerstätten
  und den Bergbaubetrieb getroffen werden, und

– unerhebliche Nachteile bzw. Aufwendungen im Zusammenhang mit Anpassungsmaßnahmen i. S. d. § 110 BBergG,

– ferner Vermögensschäden.

Diesbezüglich bemisst sich der Schadensersatzanspruch nach den §§ 849 ff. BGB i.V. m.
§ 117 Abs. 1 Satz 1 BBergG.

404   Rechtsgrundlage für Bergschadensersatzansprüche ist § 114 BBergG. In der Regulierungspraxis wird unterschieden zwischen

a)   behebbaren Schäden, wie Setzungsrisse einschließlich Folgeschäden, und

b)   nicht behebbaren Dauerschäden, wie Schiefstellungen von Gebäuden, die zu Minder-
     werten führen.

Darüber hinaus besteht ein Anspruch der vom Bergbau betroffenen Grundeigentümer
gegenüber dem Bergbauunternehmer, die **Kosten für Anpassungs- und Sicherungsmaßnahmen** zu übernehmen, ausgenommen sind lediglich unerhebliche Nachteile und Aufwendungen. Aufwendungen und Nachteile sind unerheblich, wenn sie 1,5 % der Gesamt-

herstellungskosten einer baulichen Anlage nicht überschreiten. Hat der Grundstückseigentümer die geforderten Maßnahmen unterlassen, verwirkt er seinen Schadenersatzanspruch (§ 112 BBergG).

Ein Bergschadensersatzanspruch steht grundsätzlich nur denjenigen zu, der zum   **405**
Zeitpunkt des Eintritts eines Bergschadens Eigentümer war. Ein Bergschaden, dem noch ein entsprechender Schadensersatzanspruch gegenübersteht, verliert insoweit seine Wertneutralität für Dritte. Ein Erwerber kann nur bei neuen Schäden Ersatzansprüche gegenüber dem Bergbauunternehmer geltend machen.

Nach der Rechtsprechung des BGH[222] kann ein Schadensersatzanspruch im Verkaufsfalle   **406**
nicht mehr auf den Käufer übertragen werden, so dass ein bereits entstandener Wiederherstellungsanspruch mit dem Verkauf des Grundstücks untergeht. Für den Sachverständigen kann sich hieraus die Aufgabe ergeben, **alte und neue Schäden voneinander abzugrenzen** (vgl. Rn. 562; § 5 WertV Rn. 299, § 7 WertV Rn. 137, § 14 WertV Rn. 38 ff).

In der **Gesamtschau** sind bei der Verkehrswertermittlung bergschadensbehafteter und   **407**
bergschadensgefährdeter Grundstücke neben den Bergschäden an baulichen Anlagen Bodenwertminderungen, Bergschadensgefahren und Bergschadensverzichte zu berücksichtigen (Abb. 33):

Abb. 32: Übersicht

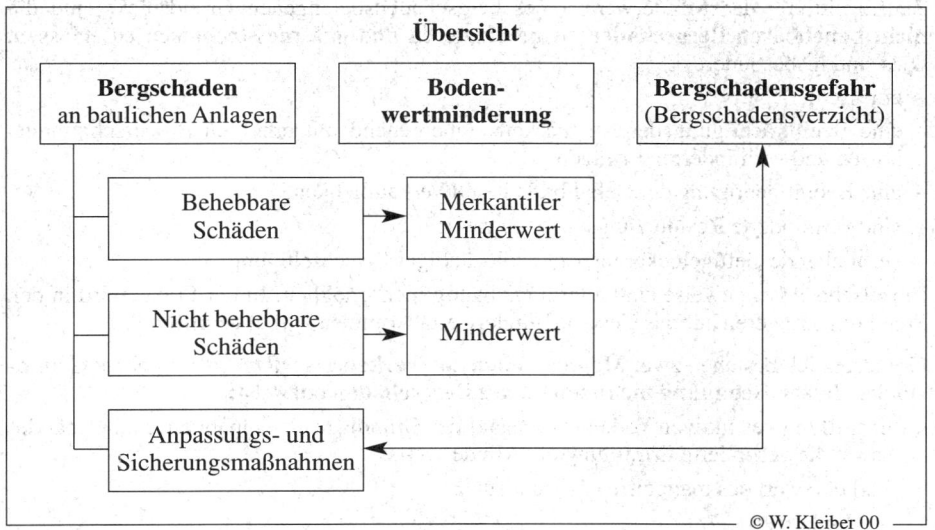

© W. Kleiber 00

Der Bergschadensersatzanspruch verjährt im Übrigen nach § 117 Abs. 2 BBergG **nach**   **408**
drei Jahren, gerechnet zum Zeitpunkt, zu dem der Ersatzberechtigte vom Schaden und der Person des Ersatzpflichtigen Kenntnis erlangt hat. Der Schadensersatzanspruch verjährt dagegen kenntnisunabhängig in dreißig Jahren nach Schadensentstehung[223].

---

219   Köhne in GuG 1993, 268 ff.
220   Simon/Cors/Troll: Handbuch der Grundstückswertermittlung, München, 3. Aufl. 1993, S. 715 ff.
221   Schürken in GuG 1994, 324 ff.; Schürken in GuG 1997, 129 ff.; Baloff/Wiesner in GuG 1999, 2 ff.; Finke in
      GuG 1999, 266 ff.; Finke in ZfB Bd. 133, 1992, S. 170 ff. = DWW 1992, 259
222   BGH, Urt. vom 2. 10. 1981 – V ZR 147/80 –, EzGuG 12.31 a; BGH, Urt. vom 5. 3. 1993 – V ZR 87/91 –,
      EzGuG 12.115 a
223   Finke, Die Verjährung von Bergschadensansprüchen, ZfB Bd. 137/1966, S. 197 ff.

6.4.4.3 Nicht behebbare Bergschäden (Minderwert)

409 Ist die Behebung eines Bergschadens nicht oder nur zu einem Teil möglich (vgl. § 251 BGB) kann zur wertmäßigen Erfassung des Bergschadens nicht auf die Schadensbeseitigungskosten zurückgegriffen werden. In diesem Fall muss der **Minderwert** direkt ermittelt werden.

410 Nicht **behebbare oder nur mit unverhältnismäßig hohen Kosten zu beseitigende Bergschäden**[224] sind insbesondere:

Schieflage	=	eine durch ungleichmäßige Absenkung hervorgerufene Veränderung der Normallage eines Grundstücks, wobei aufstehende Gebäude diese Bewegung mitmachen;
Gefügelockerung	=	eine auch nach Ausführung von Reparaturarbeiten verbleibende Lockerung des Mauerwerkverbands;
Deformierung	=	Veränderung der ursprünglichen und baugerechten Lage von Bauwerkteilen (Verdrehung, Verdrillung, z.B. hervorgerufen durch unterschiedliche Absenkungen aus verschiedenen Richtungen und zu verschiedenen Zeiten);
Versumpfung	=	stauende Nässe, die die Nutzung des Grundstücks oder der Gebäude wertmindernd beeinträchtigt.

411 Zur Ermittlung des Minderwerts eines bergschadensbefangenen Grundstücks sind die **nicht behebbaren Bergschäden zu qualifizieren und ggf. messtechnisch zu erfassen.** Dies sind insbesondere

– eine Schieflage,

– eine Beeinträchtigung der Nutzbarkeit einhergehend mit erhöhten Bewirtschaftungskosten und verminderten Erträgen,

– eine Beeinträchtigung der Beleihbarkeit und Verkäuflichkeit,

– eine verminderte Restnutzungsdauer sowie

– verbleibende Gefügelockerung trotz vollständiger Rissbeseitigung.

Einzelschadensnachweise sind allerdings häufig nicht möglich. In der Praxis wird in den Steinkohlenrevieren auf das Gesamt-Minderwertabkommen zurückgegriffen[225].

412 Grundsätzlich bestehen zwei **Möglichkeiten zur Verkehrswertermittlung eines Grundstücks, dessen Bebauung nicht behebbare Bergschäden aufweist:**

a) Ermittlung des fiktiven Verkehrswerts auf der Grundlage eines mangelfreien Gebäudes sowie die gesonderte Ermittlung des Minderwerts:

Verkehrswert des mangelfreien Grundstücks

– Minderwert

= Verkehrswert des mangelbehafteten Grundstücks

b) Direkte Ermittlung des mangelbehafteten Grundstücks. Der Minderwert ergibt sich dann aus dem Unterschied zwischen dem Verkehrswert des (fiktiv) mangelfreien sowie des mangelbehafteten Grundstücks.

a) Ermittlung des Minderwerts (Minderwertregulierung)

413 In der Regulierungspraxis der großen Bergsenkungsgebiete ist nach dem Minderungsabkommen die **isolierte Ermittlung des Minderwerts vorherrschend.** Der Verkehrswert des mangelbehafteten Grundstücks ergibt sich dann durch Abzug des Minderwerts von dem Verkehrswert, der für das fiktiv mangelfreie Grundstück ermittelt worden ist. Die Verkehrswertermittlung vollzieht sich demzufolge in drei Schritten (ohne Bodenwert):

- Ermittlung des Gebäudesachwerts eines (fiktiv) mangelfreien Gebäudes,
- Ermittlung des Bergschadens, z. B. einer Schieflage,
- Ermittlung des Minderwerts als Vomhundertsatz des Gebäudesachwerts entsprechend dem Schadensgrad.

Beispiel: **414**

a) Ermittlung der Schieflage

Das zu wertende Gebäude weise eine Schieflage auf. Die Schieflage wird nach dem sog. „**Drei-Strahl-Verfahren**"[226] ermittelt.

Zur Ermittlung der Schieflage wird ausgehend von dem Höchstpunkt

- die Entfernung zu den übrigen drei Ecken in [m] und
- die Höhendifferenz der drei angemessenen Punkte in [mm] gegenüber dem Höchstpunkt gemessen (Abb. 34):

Abb. 34: Drei-Strahl-Verfahren

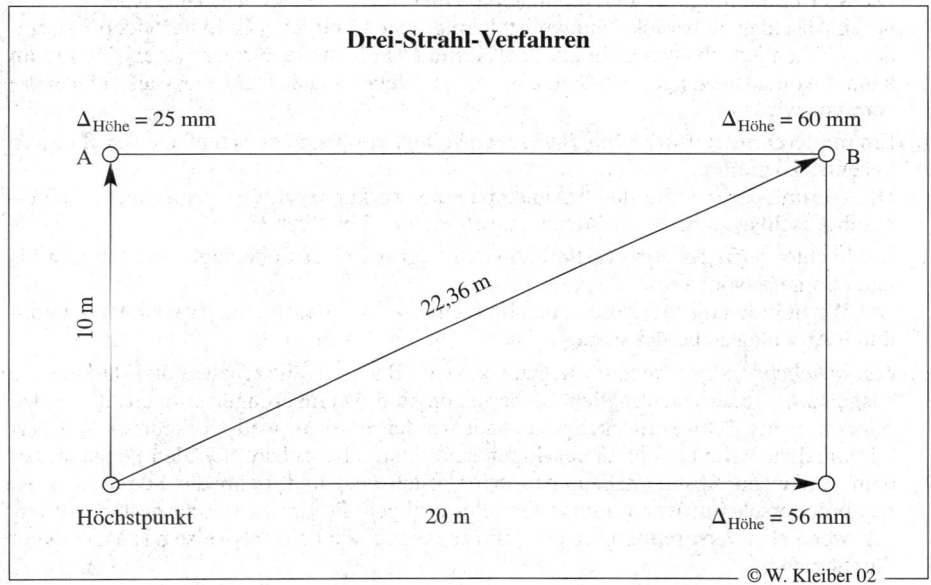

Drei-Strahl-Verfahren

$\Delta_{Höhe} = 25$ mm $\Delta_{Höhe} = 60$ mm

A   B

10 m

22,36 m

Höchstpunkt   20 m $\Delta_{Höhe} = 56$ mm

© W. Kleiber 02

Die mittlere Schieflage ergibt sich dann aus dem arithmetischen Mittel der Quotienten aus der Höhendifferenz aller   **415**
Strahlen zu ihrer jeweiligen Entfernung zum Höchstpunkt:

```
25 mm  :  10,00 m  =  2,50 m/mm
60 mm  :  22,36 m  =  2,68 m/mm
56 mm  :  20,00 m  =  2,80 m/mm
Summe            =  7,98 m/mm  :  3  =  2,66 mm/m
```

Die Schieflage wird in mm/m gemessen, d. h. in Promille angegeben. Will man zusätzlich noch eine etwaige Krümmung erfassen, muss mindestens ein vierter Punkt angemessen werden.

---

224   RdVfg der OFD Düsseldorf vom 25. 6. 1968 (S 3204/3210 A St. 211)
225   Gesamt-Minderwertabkommen zwischen dem Verband bergbaugeschädigter Bau- und Grundeigentümer e.V. (VBHG) und der Ruhrkohle AG (RAG) vom 15./29. 6. 1987 i. d. F. vom 2. 12. 1984, ZfB 1995, 154; hierzu Finke in ZfB 1995, 154
226   Eine einheitliche Vorgehensweise ist anzustreben. Das OLG Saarbrücken hat im Urt. vom 20. 5. 1960 – 3 U 45/95 –, EzGuG 4.14. beklagt, dass Sachverständige bei unterschiedlicher Vorgehensweise zu unterschiedlichen Schieflagewerten kommen.

b) Ermittlung des Gebäudesachwerts (mangelfrei)
Der mangelfreie Gebäudesachwert sei mit 1 Mio. € ermittelt.

c) Ermittlung des Minderwerts
Der Minderwert wird mithilfe eines Vomhundertsatzes des Gebäudesachwerts ermittelt. Üblich ist

Mittlere Schieflage	Minderwertausgleich
bis 2 mm/m	Kein Minderwertausgleich
ab 2 m/mm bis 15 mm/m	Je 2 mm/m 1 % des Sachwerts
ab 15 m/mm bis 25 mm/m	Je 1 mm/m 1,75 % des Sachwerts
über 25 mm/m	Statt Minderung: Hebung

416 *b) Steuerliche Bewertungspraxis*

In der **steuerlichen Bewertungspraxis** (vgl. a. a. O.) sind folgende Abschläge üblich:

a) Ein starker *nicht behebbarer Bergschaden* liegt vor bei einer Schieflage von 20 mm/m und mehr, bei starker Gefügelockerung, bei Deformierung von Bauwerkteilen sowie bei Versumpfung.
Die Wertminderung, die durch Annahme einer verkürzten Lebensdauer oder – und – durch Abschlag zu berücksichtigen ist, beträgt hier 15 bis 25 v. H. in besonders begründeten Fällen jedoch auch mehr als 25 v. H. Bei einer Schieflage von mehr als 440 mm/m kann davon ausgegangen werden, dass die Restlebensdauer nicht mehr als zehn Jahre betragen wird.

b) Ein mittlerer *nicht behebbarer Bergschaden* liegt vor bei einer Schieflage von 8 mm/m bis unter 20 mm/m.
Die Wertminderung, die durch Annahme einer verkürzten Lebensdauer oder – und – durch Abschlag zu berücksichtigen ist, beträgt hier 5 bis 15 v. H.

c) Ein leichter *nicht behebbarer Bergschaden* liegt bei einer Schieflage von 2 mm/m bis unter 8 mm/m vor.
Die Wertminderung, die durch Annahme einer verkürzten Lebensdauer oder – und – durch Abschlag zu berücksichtigen ist, beträgt hier bis zu 5 v. H.

a) *Starke behebbare Bergschäden* liegen vor, wenn Bauwerkteile erneuert und starke Risse ausgemauert oder nachträglich Sicherungen und Verankerungen eingebaut werden müssen, wenn Schwebedecken eingebaut werden müssen, weil Deckenrisse mit herkömmlichen Mitteln nicht zu beseitigen sind. Starke behebbare Schäden liegen außerdem vor, wenn Abstützmaßnahmen erforderlich sind und wenn die Standsicherheit gefährdet erscheint; wenn infolge Gefällestörungen die Entwässerung gestört ist; ferner, wenn sich Versumpfungserscheinungen zeigen, die beispielsweise das Mauerwerk durchfeuchten.
Der Abschlag kann 15 v. H. und mehr betragen.

b) *Mittlere behebbare Bergschäden* liegen vor, wenn Risse in Decken, Innen- und Außenwänden auftreten, die durch Ausfüllen mit Mörtel oder mit anderem Material abgedichtet werden müssen, aber noch nicht unter a) fallen.
Der Abschlag kann 5 bis 15 v. H. betragen.

c) Von *leichten behebbaren Bergschäden* kann gesprochen werden, wenn Risse lediglich in Innenräumen auftreten.
Der Abschlag darf höchstens 5 v. H. betragen.

6.4.4.4   Anpassungs- und Bergschadenssicherungsmaßnahmen

417 **Maßnahmen zur Bergschadenssicherung** sind bei Anwendung des Ertrags- und Sachwertverfahrens unterschiedlich zu berücksichtigen:

– Bei Anwendung des Ertragswertverfahrens können Maßnahmen zur Bergschadenssicherung außer Betracht bleiben, da für den Gebäudeertragswert allein die künftige Rendite unabhängig von den aufgebrachten Kosten ist. Allenfalls bei Maßnahmen, die auf Dauer die Bebaubarkeit des Grundstücks sichern und dem Grund und Boden zuzurechnen sind, können solche Maßnahmen eine sonst dafür anzusetzende Bodenwertminderung ausgleichen. In diesem Fall kann von dem Bodenwert eines unbelasteten Grundstücks ausgegangen werden.

– Bei Anwendung des Sachwertverfahrens sind außergewöhnliche Gründungen durch besonderen Zuschlag zu erfassen. Deshalb ist im Einzelfall zu prüfen, ob vorhandene Bergschadenssicherungen als außergewöhnliche Gründungen anzusehen sind (vgl. auch Abschn. 39 Abs. 1 BewRGr.). Der Zuschlag für außergewöhnliche Gründungen (Bergschadenssicherungen) darf den Abschlag vom Bodenwert wegen Bergschäden und Bergschadensgefahren nicht übersteigen. Oftmals werden sich die Bergschäden und Bergschadensgefahren schon im durchschnittlichen Bodenwert (Bodenrichtwert) mindernd ausgewirkt haben. Dann kommt bei der Verkehrswertermittlung des Einzelgrundstücks ein besonderer Abschlag vom Bodenwert wegen des Bergschadens und der Bergschadensgefahr nicht in Betracht. In solchen Fällen ist der Zuschlag für außergewöhnliche Gründungen (Bergschadenssicherungen) auf den Betrag zu begrenzen, um den der Bodenwert des Einzelgrundstücks höher liegen würde, wenn Bergschäden und Bergschadensgefahren bei der Ermittlung durchschnittlicher Bodenwerte (Bodenrichtwerte) unberücksichtigt geblieben wären.

6.4.4.5 Behebbare Bergschäden

Behebbare Bergschäden werden zweckmäßigerweise durch einen entsprechenden **418**
Abschlag vom Ertrags- oder Sachwert berücksichtigt (vgl. § 82 Abs. 3 und § 87 BewG).
Dies gilt bei Anwendung des Ertragswertverfahrens insbesondere dann, wenn der Bergschaden keinen Einfluss auf die Ertragsverhältnisse hat. Wertneutralität ist gegeben, wenn ein Anspruch auf Schadensbeseitigung gegenüber dem Bergwerksunternehmer besteht. Da dieser Anspruch dem Eigentümer ad personam zusteht, muss dies allerdings bei der Verkehrswertermittlung in aller Regel unbeachtlich bleiben.

6.4.4.6 Bodenwertermittlung in Bergschadensgebieten

Ein Bergschaden findet bei der Bodenwertermittlung nur dann eine besondere Berücksichtigung, wenn von **Vergleichspreisen bzw. Bodenrichtwerten ausgegangen** wurde, **die** **419**
nicht durch Bergschäden beeinflusst sind. Dies ist insbesondere bei Anwendung des Sachwertverfahrens von Bedeutung, weil bei Anwendung des Ertragswertverfahrens, wenn von der Anwendung dieses Verfahrens auf Grundstücke abgesehen wird, deren Bebauung nur noch eine kurze Restnutzungsdauer aufweisen, ohnehin die Bodenwertermittlung für das Gesamtergebnis von eher untergeordneter Bedeutung ist.

In der **steuerlichen Bewertung** werden Abschläge bis zu 10 v. H. an den Bodenwert eines **420**
unbelasteten Grundstücks angebracht.

Insbesondere im Hinblick darauf, dass in Gebieten, die allgemein bergbaulichen Einflüssen **421**
unterworfen sind, die herangezogenen Vergleichspreise etwaige Bodenwertminderungen bereits im allgemeinen Sinne „innehaben", hat die Rechtsprechung einen Anspruch gegenüber dem Gutachterausschuss für Grundstückswerte abgelehnt, die **Wertminderung in einem Gutachten gesondert „auszuwerfen"** oder darüber ein eigenständiges Gutachten zu erstatten[227].

---

227 OVG Münster, Urt. vom 23. 1. 1984 – 10 a 23 66/79 –, EzGuG 4.95; Vorinstanz: VG Gelsenkirchen, Urt. vom 21. 6. 1978 – 5 K 29 77/78 –, EzGuG 4.57

6.4.4.7   Merkantiler Minderwert

▶ *Allgemeines zum merkantilen Minderwert vgl. § 194 BauGB Rn. 144 ff.*

422 Nach den §§ 249 und 251 BGB ist ein merkantiler Minderwert ersatzfähig. Ein merkantiler Minderwert ist die **Minderung des Verkehrswerts,** die im Grundstücksverkehr trotz ordnungsgemäßer Instandsetzung eines behebbaren Bergschadens schon im Hinblick auf den Verdacht verborgen gebliebener Schäden eintritt.

423 Ein ersatzfähiger merkantiler Minderwert liegt also vor, wenn der Grundstücksverkehr ein Bauwerk im Hinblick auf die Einwirkungen des Bergbaus und seiner Folgen wertmäßig geringer einschätzt, als vor dem Eingriff. Gemäß den §§ 114 und 117 BBergG ist deshalb neben dem Wiederherstellungsaufwand für die Beseitigung bergbaubedingter Substanzschäden an dem betroffenen Gebäude der **Minderwert** zu ersetzen, **der trotz ordnungsgemäßer Beseitigung der Schäden verbleibt**[228].

424 Ein merkantiler Minderwert setzt dabei allerdings nach Schadensart und Schadensumfang ein **schädigendes Ereignis von Gewicht** voraus, z. B. Eingriffe in die Tragwerkskonstruktion oder eine durch Unterfangen eines Gebäudes bzw. Hebung ausgeglichene Schieflage.

425 **Bei Bergschäden wird der merkantile Minderwert i. d. R. in einem Vomhundertsatz des Gebäudesachwerts ermittelt.** Diese Praxis ist insbesondere bei Gebäuden, die in besonders hochwertiger Lage errichtet worden sind, nicht unproblematisch, da Gebäude und Boden in einer Schicksalsgemeinschaft stehen. In solchen Fällen ist deshalb die besondere Lagewertigkeit des Grund und Bodens zusätzlich zu berücksichtigen.

426 Das zwischen dem Verband bergbaugeschädigter Haus- und Grundeigentümer e.V. (VBHG) und der Ruhrkohle AG (RAG) ausgehandelte Gesamtwertminderungsabkommen[229] sieht zur Ermittlung des merkantilen Minderwerts von Bergschäden folgendes Verfahren vor (Abb. 35):

Abb. 35: Ermittlung des merkantilen Minderwerts bei Bergschäden

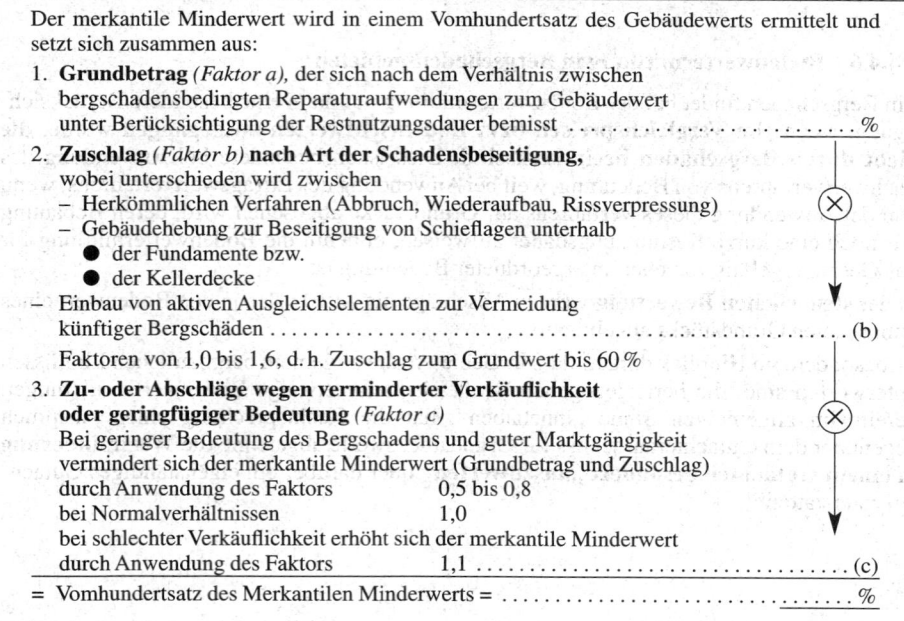

Der merkantile Minderwert wird in einem Vomhundertsatz des Gebäudewerts ermittelt und setzt sich zusammen aus:

1. **Grundbetrag** *(Faktor a),* der sich nach dem Verhältnis zwischen bergschadensbedingten Reparaturaufwendungen zum Gebäudewert unter Berücksichtigung der Restnutzungsdauer bemisst . . . . %

2. **Zuschlag** *(Faktor b)* **nach Art der Schadensbeseitigung,**
   wobei unterschieden wird zwischen
   – Herkömmlichen Verfahren (Abbruch, Wiederaufbau, Rissverpressung)
   – Gebäudehebung zur Beseitigung von Schieflagen unterhalb
     ● der Fundamente bzw.
     ● der Kellerdecke
   – Einbau von aktiven Ausgleichselementen zur Vermeidung
     künftiger Bergschäden . . . . (b)
   Faktoren von 1,0 bis 1,6, d. h. Zuschlag zum Grundwert bis 60 %

3. **Zu- oder Abschläge wegen verminderter Verkäuflichkeit oder geringfügiger Bedeutung** *(Faktor c)*
   Bei geringer Bedeutung des Bergschadens und guter Marktgängigkeit vermindert sich der merkantile Minderwert (Grundbetrag und Zuschlag)
   durch Anwendung des Faktors   0,5 bis 0,8
   bei Normalverhältnissen   1,0
   bei schlechter Verkäuflichkeit erhöht sich der merkantile Minderwert
   durch Anwendung des Faktors   1,1 . . . . (c)

= Vomhundertsatz des Merkantilen Minderwerts = ... %

Beispiel: Gebäudewert   = 800 000 €
             Merkantiler Minderwert   = 8,5 % = **68 000 €**

Nach dem Gesamtwertminderungsabkommen ist der Grundbetrag (Faktor a) von dem Ver-   **427**
hältnis bergbaubedingter Reparaturaufwendungen zum Gebäudewert und der Restnutzungsdauer des Gebäudes abhängig. Dafür sind die **Reparaturaufwendungen** der
– letzten drei Jahre bzw.
– letzten 12 Monate zu Grunde zu legen. Des Weiteren ergibt sich der Vomhundertsatz erst
  ab einem bestimmten Mindestbetrag von Reparaturen (Abb. 36 und 37).

**Abb. 36: Faktor a zur Berechnung des merkantilen Minderwerts gem. Anlage des
Gesamtminderwertabkommens VBHG/RAG**

(fiktives) Baujahr	Verhältnis bergbaubedingter Reparatur-Aufwand am Gebäude/Gebäudewert Faktor a		
	innerhalb der letzten		
	12 Monate 10–30 %	3 Jahre 30–60 %	3 Jahre > 60 %
	jedoch mindestens [in €]		
	15 000,00	25 000,00	35 000,00
1950–59	2	2–2,5	3
1960–69	2–2,5	3–3,5	4
1970–79	3	4	5
1980–	4	5	6

**Abb. 37: Faktoren b und c zur Berechnung des merkantilen Minderwerts
gem. Anlage des Gesamtminderwertabkommens VBHG/RAG**

Art der Schadensbeseitigung Faktor b				Verkäuflichkeit des Gebäudes Faktor c		
herkömmliches Verfahren	Hebung unter		Einbau von Ausgleichselementen	gut	normal	schlecht
	Decke	Fundament				
1,0	1,2	1,0	1,3–1,5	0,5–0,8	1,0	1,1
1,0	1,2	1,0	1,3–1,5	0,5–0,8	1,0	1,1
1,0	1,2	1,0	1,3–1,6	0,5–0,8	1,0	1,1
1,0	1,2	1,0	1,3–1,6	0,5–0,8	1,0	1,1

228   Boldt/Weller, § 144 BBergG Rn. 48; Piens/Schulte/Bilzhum, § 117 BBergG Rn. 8; Schürken in DWW 1987,
      134 ff., OLG Saarbrücken, Beschl. vom 16. 5. 1994 – 4 W 174/94 –, GuG 1995, 314 = EzGuG 4.157; BGH,
      Urt. vom 2. 4. 1981 – III ZR 186/79 –, EzGuG 4.75; BGH, Urt. vom 19. 9. 1985 – VII ZR 158/84 –,
      BB 1986, 764
229   Abkommen vom 15. / 29. 6. 1987, ZfB 1995, 154

6.4.4.8 Bergschadensgefahr und Bergschadensverzicht

428 Außer der Wertermäßigung wegen Bergschäden kann auch eine Wertermäßigung wegen **Bergschadensgefahr** (auch wegen der als Folge bereits eingetretener Bergschäden mit Sicherheit noch zu erwartenden weiteren Schäden) für Grundstücke in Gebieten in Betracht kommen, in denen Bergbau umgegangen war.

Bei der **Verkehrswertermittlung** unbebauter Grundstücke kommt eine Ermäßigung wegen Bergschadensgefahr nur dann in Betracht, wenn sich die Schadensgefahr nicht schon in den durchschnittlichen Bodenwerten (Bodenrichtwerte) mindernd ausgewirkt hat.

429 Für die **Bemessung der Ermäßigung** sind bedeutsam:
a) Art des Abbaus,
b) Ausmaß der Bergschadenssicherungen,
c) Bergschadensverzicht.

430 **Beim oberflächennahen Abbau** (bei einer Teufe bis ca. 100 m) **ist die Gefahr einer Schädigung zeitmäßig nicht zu begrenzen.** Die durch Bergbau geschaffenen Hohlräume brechen infolge des geringen Gebirgsdrucks häufig erst nach Jahrzehnten zusammen. In Einzelfällen sind Hohlräume selbst nach mehr als hundert Jahren festgestellt worden. Beim Abbau in mittlerer Teufe (von ca. 100 m bis ca. 400 m) oder in größerer Teufe (mehr als 400 m) wird wegen des zunehmenden Gebirgsdrucks der Zeitfaktor der Einwirkungen verkürzt.

431 Bei den **Bergschadenssicherungen** ist zu unterscheiden zwischen Vollsicherung und Teilsicherung. Vollsicherungen sind Maßnahmen, die grundsätzlich Schäden bergbaulicher Art verhindern sollen (Dreipunktlagerung). In Ausnahmefällen werden jedoch trotz Vollsicherung Schäden entstehen können (z. B. Versumpfung, Tagesbrüche). Bei Teilsicherungen wird die schädliche Einwirkung des Bergbaus gemindert, jedoch nicht verhindert. Teilsicherungen sind beispielsweise eine Betonplatte, Fundamentverstärkungen, Betonwannen, Ringverankerungen, Trennfugen.

432 Verschiedentlich verzichtet ein Grundstückseigentümer gegenüber dem Bergbau vertraglich auf Ersatz von Bergschaden (**Bergschadensverzicht**). Zu unterscheiden ist zwischen Vollverzicht und Teilverzicht sowie zwischen dinglich gesicherten und schuldrechtlich vereinbartem Verzicht. Die dingliche Sicherung erfolgt durch Begründung einer Grunddienstbarkeit am Grundstück zugunsten des Bergwerkseigentümers, die im Grundbuch eingetragen wird. Bei schuldrechtlich vereinbartem Verzicht gilt der Verzicht lediglich zwischen den Vertragsparteien.

433 Im Falle des dinglich gesicherten **Vollverzichts** besteht keinerlei Anspruch auf Bergschadensersatz. Im Falle des schuldrechtlich vereinbarten Vollverzichts kann ein Einzelrechtsnachfolger des Verzichtenden u. U. vom Eigentumserwerb an neue Schadensersatzansprüche geltend machen. Das gilt aber nur dann, wenn der Einzelrechtsnachfolger nicht an die schuldrechtliche Vereinbarung gebunden ist.

434 Der Teilverzicht ist i. d. R. beschränkt auf Ersatz in Höhe des infolge bergbaulicher Einwirkungen geminderten Verkehrswerts des Grundstücks (Teilverzicht i. d. R. bis 10 v. H.). Ein dinglich gesicherter Bergschadensverzicht beeinträchtigt den Wert eines Grundstücks. Das gilt auch für den schuldrechtlich vereinbarten Bergschadensverzicht mit Bindungswirkung für den Einzelrechtsnachfolger. Deshalb ist in den Fällen, in denen ein Abschlag wegen Bergschadensgefahr zu gewähren ist, dieser entsprechend höher.

435 **Maßstab für den Bergsschadensverzicht** sind i. d. R. die Kosten der Bergschadenssicherungsmaßnahmen:
– Bei *Wohngebäuden* ist eine Beschränkung des Nichtersatzes von Bergschadenssicherungsmaßnahmen auf 3 % der Herstellungskosten üblich.
– Bei empfindlich auf Bodenbewegungen reagierenden *Gewerbe- und Industriegebäuden* ist ein Nichtersatz bis zu einer Höhe von 7,5 % der Herstellungskosten üblich[230].

In der **steuerlichen Bewertungspraxis**[231] werden folgende Abschläge angesetzt (Abb. 38;   **436**
a. a. O.):

Abb. 38: Abschläge wegen Bergschadensgefahr

	bei oberflächen-nahem Abbau v.H.	bei Abbau in mittlerer Teufe v.H. *)	bei Abbau in größerer Teufe v.H. **)
bei bebauten Grundstücken			
bei Vollsicherung	i. d. R. 0	i. d. R. 0	i. d. R. 0
bei Teilsicherung	bis höchstens 7	bis höchstens 5	bis höchstens 3
ohne Bergschadenssicherung	bis höchstens 10	bis höchstens 7	bis höchstens 5
bei unbebauten Grundstücken	bis höchstens 10	bis höchstens 7	bis höchstens 5

  *) Wenn 10 Jahre lang nach Beendigung des Abbaus keine Bergschäden eingetreten sind, kommen im Allgemeinen Abschläge wegen Bergschadensgefahr nicht in Betracht.

**) Wenn 5 Jahre lang nach Beendigung des Abbaus keine Bergschäden eingetreten sind, kommen im Allgemeinen Abschläge wegen Bergschadensgefahr nicht in Betracht.

Beim Vorliegen eines **Teilverzichts** kann der Abschlag bis auf 10 v. H. erhöht werden (in   **437**
Ausnahmefällen auch bei Vollsicherung). Beim Vorliegen eines **Vollverzichts** beträgt der
Abschlag i. d. R. 10 v. H. (in Ausnahmefällen auch bei Vollsicherung). In besonders begrün-
deten Einzelfällen kann der Abschlag jedoch noch höher bemessen werden.

Bei unbebauten Grundstücken können in besonders begründeten Einzelfällen **die   438
Abschläge höher als 10, 7 oder 5 v. H. sein,** wenn nachgewiesen wird, dass bei einer
Bebauung Sicherungsmaßnahmen erforderlich sein werden, deren Kosten die vorbezeich-
neten Abschläge bei weitem übersteigen werden.

Der Abschlag wegen Bergschadensgefahr ist auch dann zu gewähren, wenn eine Werter-   **439**
mäßigung wegen Bergschäden in Betracht kommt.

6.5   Deponie

6.5.1   Allgemeines

Deponien lassen sich als **Abfallentsorgungsanlagen** definieren, in denen Abfälle zeitlich   **440**
begrenzt oder unbegrenzt abgelagert werden; i. d. R. wird man bei zeitlich begrenzter Ablagerung (Zwischenlager) schon von einer geraumen Lagerzeit ausgehen, um von einer
Deponie zu sprechen.

Abfall ist in § 1 des Bundesabfallgesetz – AbfG – wie folgt definiert:

„(1) Abfälle im Sinne dieses Gesetzes sind alle beweglichen Sachen, die unter die in Anhang I aufgeführten Gruppen
fallen und deren sich ihr Besitzer entledigt, entledigen will oder entledigen muss. Abfälle zur Verwertung sind
Abfälle, die verwertet werden; Abfälle, die nicht verwertet werden, sind Abfälle zur Beseitigung."

---

230   Weiterführend Schürken in GuG 1997, 129; Mühlenbeck, Bewertung von Bergschadensverzichten, Das Mark-
     scheidenwesen, Verlag Glückauf Essen 1997, 2; Drisch/Schürken, Bewertung von Bergschäden und Setzungs-
     schäden an Gebäuden, Hannover 1988
231   Zur Verkehrswertermittlung und Einheitsbewertung vgl. Spraje in DWW 1992, 281

441 Für die Verkehrswertermittlung zukünftiger Deponien empfiehlt es sich zwischen Deponien zu unterscheiden, die auf **Gemeinbedarfsflächen oder** auf **privatwirtschaftlich nutzbaren Flächen** betrieben werden. Dies ist maßgeblich von der Abfallart abhängig:

a) *Bodendeponien:* Das sind Deponien, auf denen „reine" Bodenablagerungen und bei älteren Bodendeponien auch noch im geringen Umfang Bauschuttablagerungen vorgenommen werden. Sie werden überwiegend von Baufirmen auf privatwirtschaftlicher Basis – häufig auf Pachtflächen – betrieben. Eine Beeinträchtigung des Grundwassers soll dabei nicht befürchtet werden. Ein Kontakt zum Grundwasser ist deshalb zulässig.

b) *Mineralstoffdeponien:* Das sind Deponien, auf denen im großen Umfang neben Bodenablagerungen vor allem Bauschutt gelagert wird. Gefordert wird ein Mindestabstand von 1 m zum höchsten Grundwasserstand. Es handelt sich dabei faktisch um Gemeinbedarfsflächen, auch wenn solche Deponien im Auftrag der Städte und Gemeinden bzw. der Bezirksregierungen von privaten Unternehmen auf der Grundlage eines Planfeststellungsverfahrens eingerichtet werden.

c) *Siedlungsabfalldeponien:* Das sind Deponien, auf denen Hausmüll, Bauschutt, hausmüllähnlicher Gewerbeabfall, Schlämme, Schlacken usw. gelagert werden. Sie werden nach der TA Siedlungsabfall eingerichtet und müssen eine geologische Barriere mit hohem Schadstoffrückhaltepotenzial aufweisen; im Übrigen gelten die vorstehenden Ausführungen sinngemäß.

d) *Sonderabfalldeponien:* Das sind Deponien, auf denen schadstoffbelastete Reststoffe gelagert werden. Sie werden nach der TA Abfall eingerichtet.

442 **Deponien**[232] **werden** im Hinblick auf ihre öffentliche Daseinsfunktion i. d. R. **als Gemeindebedarfsflächen** angesehen. Sie werden i. d. R. im Außenbereich eingerichtet und können als solche im Bebauungsplan nach § 9 Abs. 1 Nr. 14 BauGB festgesetzt werden. Im Flächennutzungsplan werden sie nach § 5 Abs. 1 Nr. 4 BauGB dargestellt. Grundsätzlich könnte es von daher sachgerecht erscheinen, künftige Deponieflächen nach den Grundsätzen der enteignungsrechtlichen Vorwirkung zu qualifizieren, jedoch muss in der Praxis immer wieder festgestellt werden, dass höhere Preise für künftige Deponieflächen vereinbart werden und die vereinbarten Kaufpreise im Durchschnitt jeweils um 3 % per annum gestiegen sind. Dies findet seine Erklärung darin, dass Deponien faktisch zwar als Gemeinbedarfsflächen qualifizierbar sind, jedoch Deponien privatwirtschaftlich mit Gewinn betrieben werden[233]. Deshalb erscheint es durchaus sachgerecht, künftige Deponieflächen nicht auf der Grundlage der enteignungsrechtlichen Vorwirkung, sondern auf der Grundlage der vom BGH entwickelten Teilmarkttheorie (vgl. § 194 BauGB Rn. 40) zu werten.

Grundsätzlich kommen für die Verkehrswertermittlung von Deponien alle „klassischen" Verkehrswertermittlungsverfahren in Betracht (Vergleichs-, Ertrags- und Sachwertverfahren), jedoch versagt das Vergleichswertverfahren häufig bereits mangels geeigneter Vergleichspreise.

6.5.2 Vergleichswertverfahren

443 Für die Wertermittlung künftiger zumeist im Außenbereich einzurichtender Deponieflächen im Wege des Vergleichswertverfahrens wird i. d. R. von Kaufpreisen land- oder forstwirtschaftlicher Flächen auszugehen sein. Die darüber hinausgehende **Wertigkeit ist eine Funktion** der

– *Untergrundbeschaffenheit,* wobei die Wertzuschläge um so höher ausfallen, je geringer der technische Aufwand zur Herrichtung der Deponie ist und umgekehrt;

– *ablagerungsfähigen Gesamtmenge* (Schutthöhe und Flächengröße), wobei die Wertzuschläge wiederum um so höher ausfallen, je größer das Gesamtvolumen ist und umgekehrt;

Abb. 39: Preisentwicklung für Deponieflächen:

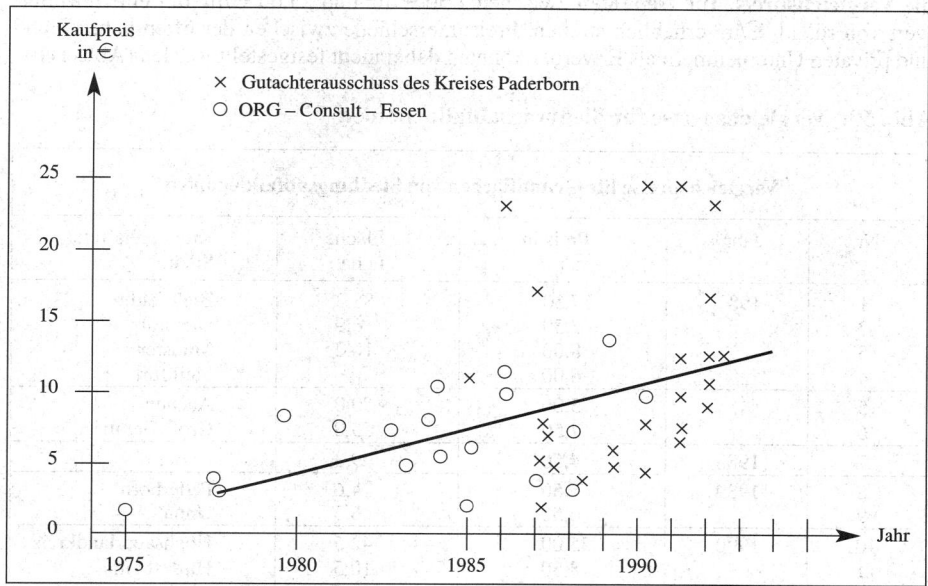

– *Verkehrsanbindung,* wobei die Wertzuschläge um so höher ausfallen, je verkehrsgünstiger die Fläche gelegen ist und umgekehrt.

Die **Qualitätsmerkmale** wurden von Niebuhr wie folgt zusammengestellt (Abb. 40):

Abb. 40: Vergleichsmerkmale für Deponieflächen

Zustands- und Vergleichsmerkmale von Grundflächen für Siedlungsabfalldeponien

(1) Planungsstadium der Deponie
   – Abschluss von Voruntersuchungen   – Beginn der Erschließung
   – genehmigte Planfeststellung   – Beginn des Betriebs

(2) Ausgangsqualität der Deponiefläche
   – landwirtschaftliche Nutzfläche/forstwirtschaftliche Nutzfläche
   – ehemaliges Abbauland
   – Altdeponieflächen und Grundstücke mit Altlasten

(3) Technische Deponiedaten
   – Deponievolumen   – durchschnittliche Schütthöhe
   – Laufzeit

(4) Untergrundbeschaffenheit
   – Geologie   – Hydrologie

(5) Verkehrsanbindung und Umweltverträglichkeit
   – Lage zu Ballungszentren   – Anschluss an öffentliches Verkehrsnetz

Quelle: Niebuhr, Bewertung von Grundflächen für zukünftige Abfalldeponien, HLBS Report 1994, 11

---

232 Korff/Steiner-Nattermann/Müller-Velten, in Müll und Abfall 1993/8
233 ORG CONSULT, Methoden zur Ermittlung von Vergleichspachten und Vergleichskaufpreisen für Deponieflächen, Essen 1992; Korff/Steiner-Nattermann/Müller-Velten, Methoden zur Ermittlung von Vergleichspreisen für Deponieflächen, in „Müll und Abfall" 1993, 585

Aus Marktuntersuchungen des Gutachterausschusses des Kreises *Paderborn* ist bekannt, dass die **Vergleichspreise für Deponien** zwischen 2,50 €/m² und 25,00 €/m² mit einem Mittelwert von rd. 11 €/m² erheblich streuen. Preisunterschiede zwischen der öffentlichen Hand und privaten Unternehmern als Erwerber konnten dabei nicht festgestellt werden (Abb. 41):

Abb. 59: Vergleichspreise für Siedlungsabfalldeponien

Vergleichspreise für Grundflächen von Siedlungsabfalldeponien				
Nr.	Jahr	Preis in €/m²	Fläche in ha	Kreis/kreisfreie Stadt
1	1987	17,50	88,3	Bielefeld
2		2,50	6,9	Diepholz
3		8,00	10,2	Münster
4		6,00		Steinfurt
5		5,00	50,0	Aachen
6		7,50	55,0	Groß-Gerau
7	1988	4,50	9,3	Borken
8	1989	5,50	4,6	Paderborn
9		6,50	6,3	Unna
10	1990	25,00	42,5	Hochsauerlandkreis
11		8,50	10,5	Hildesheim
12		4,50	41,5	Marburg
13	1991	10,50	30,6	Borken
14		12,00	12,2	Paderborn
15		6,50	35,1	Gütersloh
16		24,00	25,7	Düsseldorf
17		7,50	1,5	Heinsberg
18	1992	23,50	22,0	Hagen
19		12,50	6,6	Soest
20		10,00	ca. 1 00,0	Dortmund
21		12,50		Bochum
22		11,00		Groß-Gerau
23		17,50	9,0	Mayen-Koblenz

Westfalen und angrenzendes Niedersachsen
(16 Kauffälle): $\bar{x}_{16} = 10,72$ $s_{\bar{x}} = \pm 6,46$

insgesamt:
(23 Kauffälle): $\bar{x}_{23} = 10,80$ $s_{\bar{x}} = \pm 6,53$

Quelle: Niebuhr a. a. O.

444 Wird eine Deponiefläche auf Flächen höheren Entwicklungszustands (z. B. Rohbauland oder baureifes Land) eingerichtet, so wäre es verfehlt, entsprechende Zuschläge anzubringen, da **mit der Einrichtung einer Deponie vielmehr Wertminderungen** verbunden sind. Eine vormals baureife Fläche oder eine auf absehbare Zeit zur Bebauung anstehende Fläche wird durch die minderwertigere Deponienutzung im Wert „gekappt", zumal auch nach Verfüllung die Fläche i. d. R. für geraume Zeit von einer baulichen Nutzung ausgeschlossen bleibt. Dies ist im Einzelfall zu prüfen, um ggf. den Wertunterschied zwischen der Nutzung des Grundstücks als Bauland nach Ablauf der Bodensetzung und dem Wert der Deponiefläche über die Wartezeit abzuzinsen. Der abgezinste Betrag ist dann dem Wert der Deponiefläche, wie er sich allein im Hinblick auf die Nutzung der Fläche als Deponie bilden würde, hinzuzuschlagen.

6.5.3 Ertragswertverfahren

a) Ermittlung des tragbaren Bodenwerts einer Deponiefläche

Der Bodenwert lässt sich in sehr einfacher Weise aus dem zu erwartenden Ertrag ableiten. **445**
Das Verfahren vollzieht sich nach den **Grundsätzen des vereinfachten Ertragswertverfahrens,** wobei der Gewinn aus der Bodennutzung (Deponie) „fließt" und sich als Verkehrswert der Bodenwert ergibt (vgl. Vorbem. zu den §§ 15 ff. WertV Rn. 28 ff.):

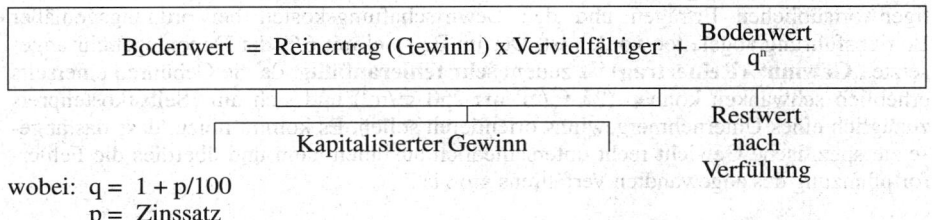

wobei: q = 1 + p/100
        p = Zinssatz
        n = Verfüllungszeitraum

Der **Restwert kann häufig vernachlässigt werden,** da der Grund und Boden für eine **446**
gewisse Zeit auch nach der Verfüllung nicht genutzt werden kann. Der Verfüllungszeitraum
sowie die anschließende „Liegezeit" ergibt zusammen zumeist eine so lange Zeitspanne,
dass der diskontierte Bodenwert gegen Null tendiert.

Bevor auf die Fehleranfälligkeit des Verfahrens eingegangen wird, soll das Verfahren an **447**
einem Beispiel erläutert werden:

Beispiel:

a) Wertermittlungsobiekt:

Deponiefläche	1 000 000 m²
Verfüllungsmenge	200 000 m³ per annum
Füllhöhe	10 m
daraus folgt:	
Deponievolumen	10 000 000 m³ (=1 000 000 m² x 10 m)
Verfüllungsdauer	50 Jahre (= 10 000 000 m³ : 200 000 m³
	per annum)

b) Kalkulatorischer Gewinn

Deponiegebühr	50 €/to
Spezifisches Gewicht	1,2 to/m³ für Siedlungsabfall
daraus folgt:	
Deponiegebühr	60 €/m³ (= 50 €/to x 1,2 to/m³)

Der angenommene kalkulatorische Gewinn betrage 6 % der Deponiegebühr
daraus folgt:

– Gewinn pro m³ Füllmenge:
   Wie bei dem Ertragswertverfahren nach der WertV wird hier von nachschüssigen Gewinnen ausgegangen (vgl.
   § 16 WertV Rn. 51). Der jährlich angenommene kalkulatorische Gewinn von 6 % muss deshalb jeweils um ein Jahr
   diskontiert werden:

   $60 \text{ €/m}^3 \text{ x } \frac{6}{100} = 3,60 \text{ €/m}^3 \text{ x } 1/1,06 = 3,39 \text{ €/m}^3$

   Im Falle der rechnerisch einfacheren Berechnungsweise:

   $60 \text{ €/m}^3 \text{ x } \frac{6}{106} = 3,39 \text{ €/m}^3$

– Gewinn für jährliche Verfüllungsmenge des Gesamtgrundstücks:
   3,39 €/m³ x 200 000 m³ = 678 000 €

– Gewinn pro Quadratmeter Grundstücksfläche:
   678 000 € : 1 000 000 m² = 0,68 €/m²

c) Kalkulatorische Bodenwertermittlung:

Bodenwert = Reinertrag (Gewinn) x Vervielfältiger

– Die Verfüllungsdauer wurde mit 50 Jahren ermittelt

– Als Zinssatz sei der Liegenschaftszinssatz für gewerbliche Nutzung mit 6,5 % herangezogen

– Vervielfältiger = 14,72 (vgl. Anl. zur WertV)
   Bodenwert = 0,68 €/m² x 14,72 x **10,00 €/m²**

448   Bei dem im *Beispiel* ausgeworfenen „Reinertrag" handelt es sich im eigentlichen Sinne nicht um den Reinertrag i. S. d. WertV, da er nicht aus der Differenz zwischen den nachhaltigen ortsüblichen Erträgen und den Bewirtschaftungskosten bei ordnungsgemäßer Betriebsführung abgeleitet worden ist. Der im Beispiel mit 6 % der Deponiegebühr angesetzte **„Gewinn" (Reinertrag) ist** zudem **sehr fehleranfällig,** da die Gebühren einerseits erheblich schwanken können (25 €/m³ bis 250 €/m³) und sich am Selbstkostenpreis zuzüglich eines Unternehmergewinns orientieren sollen. Es kommt hinzu, dass das angesetzte spezifische Gewicht recht unterschiedlich ausfallen kann und überdies die Fehlerfortpflanzung des angewandten Verfahrens groß ist.

6.5.4   Allgemeine Barwertmethode *(Discounted Cashflow)*

449   Eine Alternative zu dem vorgestellten Verfahren bietet die allgemeine Barwertmethode, bei der der Bodenwert aus einer **vollständigen Ertrags- und Aufwandsanalyse** ermittelt wird. Diese Methode kann zu einer Investorenmethode unter Einbeziehung der Kapitalkosten und eines Unternehmergewinns erweitert werden.

450   Diese Vorgehensweise, die im Schrifttum **fälschlicherweise als Sachwertverfahren** bezeichnet wurde[234], hat den Vorteil, dass sämtliche Kosten in die Analyse einbezogen werden können, wie z. B.

– Grunderwerbskosten,

– Umweltverträglichkeitsprüfung,

– technische Vorkehrungen,

– Gutachtenkosten,

– Anlaufkosten,

– Rekultivierungskosten,

– Genehmigungsverfahrenskosten,

– sonstige Vorlaufs- und Betreiberkosten.

6.5.5   Pachtwertmethode

451   Bei Anwendung der Pachtwertmethode ergibt sich der **Bodenwert aus der kapitalisierten Nettopacht zuzüglich des** nach Abschluss der Verfüllung verbleibenden **Restwerts,** der der kapitalisierten Nettopacht in diskontierter Höhe zuzuschlagen ist.

452   *Niebuhr* (a. a. O.) schlägt hierzu folgende **Vorgehensweise** vor:

Bodenwert =   Bodenwert vor Verfüllung (Landwirtschaftliche Fläche)

         + Barwert des Verfüllzinses

         – Barwert der entgangenen Gewinne aus landwirtschaftlicher Nutzung

         – Diskontierte Differenz der Bodenwerte vor und nach der Verfüllung

und gibt hierfür das folgende Beispiel:

Beispiel:

Kalkulation für eine Siedlungsabfalldeponie
Kalkulationsdaten:

Deponiefläche	:	200 000 m²
Verfüllmenge	:	100 000 m³/Jahr
Deponievolumen	:	4 000 000 m³
Laufzeit	:	40 Jahre
Ø Schütthöhe	:	20 m
Verfüllzins/m³	:	1,25 €/m³
Kalkulationszinssatz	:	4 % p. a.

jährliche Verfüllmenge
je m² Grundfläche: $\dfrac{100\,000\ m^3}{200\,000\ m^2}$ ≙   0,50 m³

Bodenwert vor Deponierung	3,00 €/m²
+ Barwert des Verfüllzinses bei einer Deponielaufzeit von 40 Jahren 0,50 m³ x 1,25 €/m³ x 17,159 :	10,72 €/m²
– Barwert der entgangenen Grundrente aus landwirtschaftlicher Nutzung 0,03 €/m² x 17,159 :	– 0,51 €/m²
– diskontierte Differenz der Bodenwerte vor und nach Verfüllung (3,00 €/m² – 0 €/m²) x 0,14205 :	– 0,43 €/m²
	12,78 €/m²
	oder rd. 13,00 €/m²

Die vorgegebene Berechnungsweise und das Beispiel gehen von der Annahme aus, dass **453**
das **Grundstück nach der Verfüllung** wertlos sei. Das kann häufig, wird aber nicht immer
den Realitäten gerecht, insbesondere wenn bei einer entsprechenden Abdeckung – zumindest zu einem späteren Zeitpunkt eine Nachnutzung möglich ist. Zweifelhaft ist aber vor
allem, ob der „Bodenwert vor Verfüllung" überhaupt angesetzt werden darf, denn dieser
ergibt sich im Hinblick auf eine landwirtschaftliche Nutzung, die sich auf der Fläche
gerade nicht vollziehen kann und durch die Nutzung als Deponiefläche ersetzt wird. Wertmäßig kumulieren hier nicht zwei Nutzungen (Landwirtschaft und Deponie); vielmehr
wird die landwirtschaftliche Nutzung durch die Deponie ersetzt.

Bezüglich des **Kalkulationszinssatzes zur Bemessung des Verfüllzinses** liegt es nahe, **454**
sich am Liegenschaftszinssatz für gewerbliche Objekte zu orientieren, insbesondere bei
einer langen und schon deshalb risikobehafteten Laufzeit (z. B. 7 %).

6.6   Wasserfläche

6.6.1   Allgemeines

▶ *Zur Verkehrswertermittlung von Ufergrundstücken vgl. § 14 WertV Rn. 197, § 19 WertV*
Rn. 173

Wasserflächen werden unter Nr. 6.6.1 WertR als **von oberirdischen Gewässern ständig** **455**
bedeckte Flächen definiert. Hierzu gehören insbesondere Kanäle, Häfen, Meeresteile,
Seen, Teiche und stauregelte Flüsse. Die Abgrenzung der Wasserfläche gegenüber ihrem
Ufer richtet sich nach den wasserrechtlichen Vorschriften. Der Verkehrswertermittlung ist
i. d. R. die zuletzt ermittelte Uferlinie und bei stauregelten Flüssen und Kanälen die Wasserlinie bei Normalstau zu Grunde zu legen.

234   Westhoff in GuG 1994, 12

456   In den **WertR 96** (Abb. 125) wird im Hinblick auf die Preisbildung für **Wasserflächen unterschieden zwischen** Wasserflächen,

– die mit der angrenzenden Landfläche in einem wirtschaftlichen Zusammenhang stehen und

– solchen, die keinen wirtschaftlichen Zusammenhang mit der angrenzenden Landfläche aufweisen (Wirtschaftlich selbständige Wasserfläche).

Abb. 42: Wertermittlungstechnische Einteilung von Wasserflächen

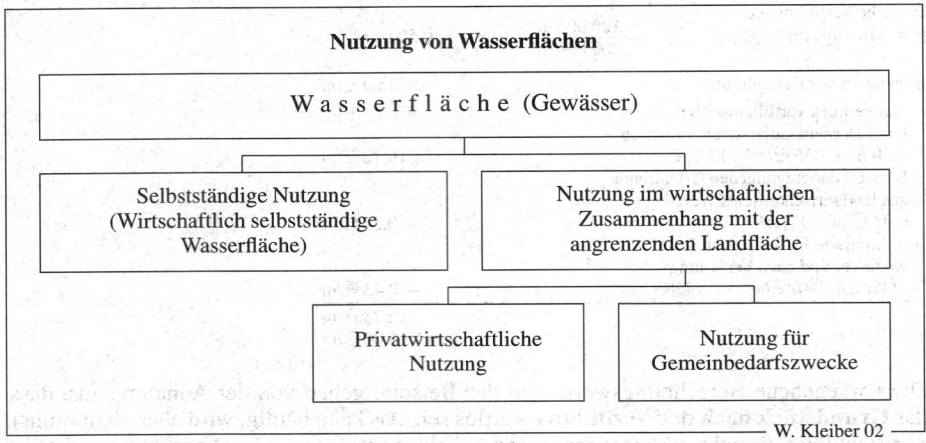

457   Des Weiteren führen die WertR – hierzu aus:

6.6.3 und 4   *Der Verkehrswert von Wasserflächen hängt vor allem ab von der rechtlich zulässigen Nutzungsmöglichkeit; ggf. ist der Herrichtungsaufwand zu berücksichtigen. Die Nutzungsmöglichkeit wird insbesondere bestimmt durch Gemeingebrauch sowie öffentlich-rechtliche Erlaubnisse, Bewilligungen und Genehmigungen.*

Vielfach besteht eine Abhängigkeit zwischen dem Verkehrswert einer Wasserfläche und dem Verkehrswert einer mit dieser Wasserfläche in unmittelbarem wirtschaftlichen Zusammenhang stehenden Landfläche. Diese liegt in aller Regel in dem der Wasserfläche benachbarten Uferbereich. Unmittelbare Nachbarschaft braucht nicht zu bestehen.

Im Normalfall wird der Verkehrswert der Wasserfläche niedriger sein als der Verkehrswert der Bezugsfläche an Land, weil die Nutzung der Wasserfläche durch die Natur der Gewässer eingeschränkt oder erschwert ist. Der Verkehrswert der Wasserfläche ist ein mit sachverständigem Ermessen ermittelter Vomhundertsatz des Verkehrswerts der Bezugsfläche an Land. Die Höhe dieses Vomhundertsatzes bestimmt sich insbesondere nach dem Grad des wirtschaftlichen Zusammenhangs der Wasserfläche mit der Bezugsfläche. In der Regel liegt der Verkehrswert der Wasserfläche bei 50 v. H. des Verkehrswerts der Bezugsfläche.

a) Wasserflächen im Zusammenhang mit der Uferfläche

458   Bei der Verkehrswertermittlung von **Wasserflächen, die in einem wirtschaftlichen Zusammenhang mit der angrenzenden Landfläche stehen,** ohne unmittelbar daran angrenzen zu müssen, wird zusätzlich unterschieden zwischen

– einer privatwirtschaftlichen Nutzungsmöglichkeit und

– einer Nutzung für Gemeinbedarfszwecke.

459   Dabei stehen insbesondere folgende **Nutzungen** im Vordergrund:

– Umschlag, Industrie (z. B. Werften), Lagerei, Restaurants,

– Liegeplätze und Landeanlagen für Personenschifffahrt, Bootsverleih, Bootshäuser, Camping (privat) und dgl.,

– Gewinnung von Bodenschätzen, Bodenentnahmen, Bodenablagerungsflächen,

– Fischerei, Schilf-, Weidenanpflanzungen,

– Sonstige private Nutzungen (z. B. Triebkraft, Wasserentnahme, Gartenanlagen),
– Sport und Erholung (nicht gewerblich),
– Kreuzungen, wie Ein- und Durchleitungen (z. B. Ein- oder Auslassbauwerke) u. ä.,
– Anlagen des öffentlichen Verkehrs sowie Hochwasserschutzanlagen.

Solche über den Gemeingebrauch hinausgehenden Nutzungsmöglichkeiten entstehen **460**
i. d. R. erst durch Erteilung einer **wasser- bzw. baurechtlichen Genehmigung**.

Der unter Nr. 6.6.5 WertR 96 für die Wasserfläche als Regelwert (noch) angegebene Verkehrswert von „etwa 25 v. H. des Werts der Landfläche (ebp)" ist in der Praxis der Wasser-
und Schifffahrtsämter schon seit langem überholt und ist heute mit 50 v. H. anzusetzen. Der
BMV hatte schon gemäß RdErl. vom 4. 6. 1991 zur VV-WSV 26 08 – Nutzungsentgelte –
den Wertansatz auf „bis zu 50 v. H." erhöht. Zuvor hatte bereits der BMF mit Schreiben
vom 22. 2. 1988 (VI C 1 P 3000-1/88) an die Oberfinanzdirektionen diesen Satz in den Fällen anzuhalten, in denen eine funktionelle Verknüpfung von Land- und Wasserflächen
(z. B. bei Werftanlagen, gewerblich genutzten Yachtflächen) gegeben ist, wobei der Grad
der funktionellen Verknüpfung als Anhaltspunkt „der Feineinordnung" dienen soll. Den
seither auf dieser Grundlage allgemein vereinbarten Nutzungsentgelten entspricht seither
ein Wasserflächenwert in Höhe des hälftigen Bodenwerts der zugeordneten Landfläche.

b) Wirtschaftlich selbständige Wasserflächen

Wirtschaftlich selbständige Wasserflächen sind insbesondere Fischgewässer sowie **461**
Flächen des Wassersports und des Badebetriebs. Ihr **Wert bestimmt sich** vornehmlich
nach der erzielbaren Pacht, die regional stark streuen kann und bei etwa einem Drittel
des Jahresrohertrags liegt (vgl. oben Rn. 75)[235].

Wirtschaftlich selbständige, jedoch wirtschaftlich **nicht nutzbare Wasserflächen wer-**
den im Allgemeinen mit mindestens 10 % und höchstens dem hälftigen Bodenwert
der angrenzenden Landfläche bewertet.

Vergleichspreise für Wasserflächen treten sehr selten auf und streuen zumeist nicht uner- **462**
heblich:

– Der Grundstücksmarktbericht 2000 des Gutachterausschusses in *Bergisch-Gladbach* verzeichnet als Mittelwert aus 7 Kaufpreisen für Wasserflächen im Stadtgebiet 4,40 €/m²
  (Streubreite 2,85 bis 10,50 €/m².
– Für Einzelparzellen mit Erholungsfunktion und der Möglichkeit einer **Wassersportnut-**
  zung werden als Anhalt für Berlin (1999) im Bodenrichtwertatlas 150,00 bis 250,00
  €/m² genannt.
– Für im Außenbereich gelegene Wasserflächen, deren Dauerhaftigkeit sicher ist, zahlen
  eingetragene Angelsportvereine 0,75 bis 1,50 €/m² (1996).
– Im Kreis *Kleve:* 0,15 bis 0,65 €/m² für Wasserflächen ohne Freizeitwert (2000)

Die Vergleichspreise sind insbesondere von **463**
– der Lage,
– der Erschließung der Wasserfläche,
– dem Wasserzufluss und
– dem Verhältnis der Wasserfläche zur Umgebung
abhängig.

---

235 Jens, Die Bewertung der Fischgewässer, Verlag Paul Parey, Hamburg/Berlin 1969; Upmeyer, Der Wert einer
     Flutrinne, GuG 2001, 33; Ertragsverhältnisse von Yachthäfen in GuG 2001, 52

464 **Die WertR 2001** führen zu alledem aus:

6.6.5 Ermittlung des Verkehrswerts aus Vergleichspreisen: Wenn kein wirtschaftlicher Zusammenhang zwischen den Wasser- und Landflächen besteht, bilden Vergleichspreise die Grundlage für die Ermittlung des Verkehrswerts der Wasserfläche.

6.6.6 Ermittlung des Verkehrswerts aus dem Ertrag: Bei renditeorientierten Nutzungen wie z. B. Häfen und Fischteichen kann der Verkehrswert der Wasserfläche aus dem daraus erzielten Ertrag ermittelt werden.

6.6.7 Wert vorhandener Anlagen: Die Wertermittlung für Anlagen wie z. B. Uferbefestigungen und Dalben erfolgt nach dem Sachwertverfahren. Aufwendungen des Gewässereigentümers für Ausbau und Unterhaltung bleiben im Regelfall außer Betracht.

6.8.8 Zu- und Abschläge: Zu- und Abschläge vorzunehmen, wenn z. B. rechtliche Belastungen oder sächliche Nutzungserschwernisse einen wesentlichen Einfluss auf die rechtlich zulässige Nutzungsmöglichkeit haben.

6.6.9 Bewertung von Rechten und Belastungen: Selbständige Fischereirechte , Berechtigungen zur Gewinnung von Bodenschätzen u. ä. sind gesondert zu bewerten, wenn sie mit dem Verkehrswert der Wasserfläche nicht abgegolten sind.

465 Soweit Vergleichspreise nicht zur Verfügung stehen, lässt sich der Verkehrswert selbständig nutzbarer Wasserflächen auch im Wege der **Kapitalisierung nachhaltiger Pachteinnahmen und Nutzungsentgelte** ermitteln. Hilfsweise kann auch die Kapitalisierung der für Agrarland durchschnittlicher Beschaffenheit erzielbaren Pacht in Betracht kommen.

Zur Bemessung der Nutzungsentgelte vgl. die Verwaltungsvorschrift der Wasser- und Schifffahrtsverwaltung des Bundes (VV-WSV 26 08 vom 16. 1. 1987; hsg vom Bundesministerium für Verkehr).

466 **Wasserflächen, die keinen nachhaltigen Ertrag erwirtschaften können,** werden im Wege des Preisvergleichs mit landwirtschaftlich unrentablem Agrarland (auch Öd- und Unland) bewertet.

467 Die **Aufhebung der unmittelbaren Nachbarschaft eines Wasserlaufs** führt zwar zu einem Verlust des durch den Wasserlauf bedingten wirtschaftlichen Reizes und mag im Einzelfall auch die tatsächlichen Möglichkeiten des Grundstücksgebrauchs mindern, jedoch führt sie i. d. R. nicht zu Entschädigungsansprüchen soweit – anders als bei einer Zufahrtsverschlechterung – die Benutzbarkeit des Grundstücks nicht beeinträchtigt wird. Insoweit ist der daraus resultierende Mehrwert nicht Bestandteil des Grundstücks, der zu entschädigen ist[236].

6.6.2 Hafen

468 Als **Nutzungsentgelt für Hafenflächen** sehen die Verwaltungsvorschriften des Bundes[237] 7 % des halben Bodenwerts des angrenzenden Ufergrundstücks vor.

Beispiel:

Das an eine Hafenfläche angrenzende Ufergrundstück wird als Gewerbe- und Industriefläche mit einem Verkehrswert von 15 €/m² genutzt.

Bei 7 % des hälftigen Werts als dem gedanklichen Wert der Wasserfläche ergibt sich ein jährliches Nutzungsentgelt von:

$$\frac{15\ \text{€/m}^2}{2} \times \frac{7}{100} = 0{,}52\ \text{€/m}^2\ \text{p. a.}$$

469 Soweit diese Grundsätze allgemein zur Anwendung kommen und das Geschehen auf dem „Grundstücksmarkt für Wasserflächen in Häfen" bestimmen, lässt sich umgekehrt bei bekannten Nutzungsentgelten der **Wert der Wasserfläche**[238] wie folgt bestimmen:

$$\text{Wert der Wasserfläche}_{\text{Hafen}} = \frac{\text{Jahresnutzungsentgelt} \times 100}{7}$$

Hinweise zur Ermittlung des Verkehrswerts von unbebauten See-Hafengrundstücken kön- **470**
nen den steuerlichen **Richtlinien** der OFD Hamburg **für die Bewertung der Hafengrund-**
stücke in Seehäfen (BewRSh) vom 9. 2. 1971 (S 3014 – 4/70 – St 31; abgedruckt auf
S. 2168 der 3. Aufl. dieses Werks) entnommen werden. Nach diesen Richtlinien gelten als
Hafengrundstück nur Grundstücke, die dem Betrieb, der Erhaltung und der Verwaltung
eines Hafens dienen und in räumlichem Zusammenhang mit den Hafenanlagen stehen;
dient ein Grundstück auch anderen Zwecken und ist dieser Teil nicht räumlich abgrenzbar,
so soll es auf die überwiegende Nutzung ankommen. Nach den Richtlinien ist der Bodenwert wiederum aus Bodenwerten benachbarter Industriegrundstücke abzuleiten und erst
wenn geeignete Vergleichsflächen nicht zur Verfügung stehen, kann vom Verkehrswert
baureifer Grundstücke anderer Nutzung ausgegangen werden, der dann durch Abschläge
auf den Verkehrswert von Industrieland umzurechnen ist. Weitere Maßgaben dieser Richtlinien sind:

(a) Der Wert „der mit Wasser bedeckten Fläche des Hafens" erhöht sich in Abhängigkeit
von der Ausbaggerung nach diesen Richtlinien durch folgende auf den Quadratmeter bezogene Zuschläge (Abb. 43):

Abb. 43: Zuschläge

Tiefe des Hafenbeckens bis	Zuschlag €/m² Stand 1971	Zuschlag €/m² Stand 1995
3,00 m	1,25	3,75
4,00 m	1,50	4,50
5,00 m	1,75	5,00
6,00 m	2,00	6,00
8,00 m	3,00	9,00
10,00 m	4,00	12,00
12,50 m	5,00	15,00
15,00 m	6,00	17,50
17,50 m	6,75	20,00
20,00 m und mehr	7,50	22,50

(b) Die **Zweckgebundenheit der mit Wasser bedeckten Fläche** des Hafens ist durch **471**
einen Abschlag von 40 v. H. von dem sich nach vorstehender Textziffer ergebenden Wert zu
berücksichtigen. Bei öffentlichen Häfen erhöht sich der Abschlag auf 80 v. H. Der
Abschlag ist auch auf den Wert der Grundflächen der Kaimauern sowie den Wert der
Böschungen und der anderen Ufereinfassungen zu erstrecken.

Beispiel: **472**
Für die Berechnung des Quadratmeterpreises der mit Wasser bedeckten Fläche eines öffentlichen Hafens:
Durchschnittlicher Wert für benachbartes Industrieland 5,00 € pro m², Tiefe des Hafenbeckens 4 m.

Durchschnittlicher Wert für Industrieland pro m²	15,00 €	(1995)
Abschlag wegen Größe, Zuschnitt, Gestaltung angenommen 30 v. H.	– 4,50 €	
	10,50 €	
Zuschlag wegen Tiefe des Hafenbeckens	+ 4,50 €	
	15,00 €	
Abschlag wegen Zweckgebundenheit: 80 v. H.	12,00 €	
Wert pro m² der mit Wasser bedeckten Fläche	**3,00 €**	1995

236   BGH, Urt. vom 20. 10. 1967 – V ZR 78/65 –, EzGuG 4.27
237   BMV: VV Nutzungsentgelte VV-WSV 2608 (1987)
238   Klocke in GuG 1994, 222

473 Das Verfahren versagt, wenn ein ortsübliches Nutzungsentgelt nicht ermittelt werden kann, wie z. B. an den Bundeswasserstraßen, wo die Wasser- und Schifffahrtsverwaltung einziger Anbieter ist. In der Praxis wird hier von dem nächsten **Bodenrichtwert** für ein Grundstück vergleichbarer Nutzung ausgegangen.

474 In der **steuerlichen Bewertung** werden **Boots- und Yachthäfen** sowie Häfen der See- und Binnenschifffahrt mit

– 60 % des Werts der Ufergrundstücke bzw.

– 25 % des Werts des angrenzenden Baulands

bewertet (vgl. GuG 2001, 52).

6.7   Gemeinbedarfsfläche (Straßenland)

6.7.1   Allgemeines

▶ *Zur Verfahrenswahl vgl. § 7 Rn.131 ff.; zum Ertragswertverfahren § 17 WertV Rn. 168 ff.*

475 Unter Gemeinbedarfsflächen werden **Grundstücke** verstanden, **die durch eine dauerhafte Zweckbindung**, insbesondere durch Festsetzungen i. S. d. § 4 Abs. 2 Nr. 3, § 4a Abs. 2 Nr. 5, § 5 Abs. 2 Nr. 7, § 6 Abs. 2 Nr. 5 und § 7 Abs. 2 Nr. 4 BauNVO, **privatwirtschaftlichem Gewinnstreben entzogen sind**, ohne jedoch i. S. eines Gemeingebrauchs jedermann ohne weiteres zugänglich sein zu müssen[239]. Auch kommt es nicht darauf an, dass der Gemeinbedarfszweck durch einen öffentlichen Träger wahrgenommen wird.

476 Festsetzungen, die den vorstehend beschriebenen Gemeinbedarfszweck sichern, sind insbesondere solche über Anlagen für kirchliche, kulturelle, soziale, gesundheitliche und sportliche Zwecke, Anlagen für (öffentliche) Verwaltungen und **Verkehrsflächen** (§ 5 Abs. 2 Nr. 3 und § 9 Abs. 1 Nr. 11 BauGB). Hierzu gehören auch **Sondergebiete**, für die eine Zweckbestimmung festgesetzt wurde, die eine privatwirtschaftliche Nutzung ausschließt.

477 Da **Gemeinbedarfsflächen** – extra commercium – regelmäßig dem gewöhnlichen Geschäftsverkehr entzogen sind, kann für diese Flächen **begrifflich** auch **kein Verkehrswert** ermittelt werden.

478 **Öffentlichen Zwecken gewidmete Grundstücke sind also regelmäßig nicht im gewöhnlichen Geschäftsverkehr veräußerlich und haben deshalb im Regelfall keinen Verkehrswert**[240]. Dennoch sind diese Flächen i. d. R. nicht ohne Wert. Der Wert bestimmt sich allerdings nicht nach einem sich im gewöhnlichen Geschäftsverkehr auf Grund eines bestimmten Angebots i. V. m. einer bestimmten Nachfrage ergebenden Tauschwert. Es handelt sich vielmehr hier um einen **Teilmarkt, auf dem** entsprechend der Zweckbestimmung des Grundstücks i. d. R. **nur ein bestimmter Erwerber als Käufer auftritt**. Der Wert dieser Flächen kann deshalb nur unter Berücksichtigung aller Umstände i. S. d. § 287 ZPO auf der Grundlage von „Hilfskonstruktionen" bestimmt werden, die den berechtigten Interessen aufseiten des Verkäufers und des Käufers in ausgewogener Weise Rechnung tragen.

479 Vor diesem Hintergrund ist **bei der Bewertung von Gemeinbedarfsflächen**[241] **grundsätzlich zu unterscheiden zwischen**:

a) *künftigem Gemeinbedarf:* Gemeinbedarfsflächen, die sich in dieser Eigenschaft (noch) nicht im Eigentum der öffentlichen Hand befinden und ggf. im Wege einer Enteignung erworben werden können (vgl. Rn. 537 ff.);

b) *bleibendem Gemeinbedarf:* Gemeinbedarfsflächen im Eigentum der öffentlichen Hand, die auf absehbare Zeit einer öffentlichen Zweckbindung vorbehalten bleiben (vgl. Rn. 525 ff.);

c) *abgehendem Gemeinbedarf:* Gemeinbedarfsflächen im Eigentum der öffentlichen Hand, deren öffentliche Zweckbindung aufgegeben wird (vgl. Rn. 486 ff.).

▶ *Zu Sonderbauflächen als Gemeinbedarfsflächen vgl. § 5 WertV Rn. 30 f.; § 29 WertV Rn. 136 ff.*

6.7.2 Abgehender Gemeinbedarf

6.7.2.1 Allgemeines

▶ *Hierzu auch § 7 WertV Rn. 133*

Gemeinbedarfsflächen, die am Wertermittlungsstichtag formell noch einer öffentlichen Zweckbindung – z. B. auf Grund entsprechender Festsetzungen im Bebauungsplan – unterliegen, von denen aber **auf absehbare Zeit erwartet wird, dass sie wieder einer privatwirtschaftlichen Nutzung (durch Umplanungen) zugeführt werden** sollen, befinden sich in einer Übergangsphase. In dieser Zeit öffnen sich die Flächen wieder dem gewöhnlichen Geschäftsverkehr.

480

Nr. 6.3.4. WertR führt hierzu aus:

„Verlieren öffentliche Verkehrs- und Grünflächen diese Eigenschaft, z. B. durch Einbeziehung einer Verkehrsfläche nach Straßenrecht, so geht die Funktion als öffentliche Verkehrs- und Grünfläche unter. Werden diese Flächen umgezont, z. B. als Bauland ausgewiesen, so ist für den Verkehrswert derartiger Flächen die ausgewiesene bzw. die zu erwartende Qualität maßgebend. Dabei kann der Verkehrswert der umliegenden Grundstücke herangezogen werden. Soweit Umstände vorhanden sind, die sich wertmindernd gegenüber den angrenzenden Grundstücken auswirken, sind sie angemessen zu berücksichtigen, z. B. Aufwendungen infolge Abbruchs des Straßenkörpers, Rekultivierung."

481

Vorstehende für Verkehrs- und Grünflächen angesprochene Grundsätze können grundsätzlich für alle Gemeinbedarfsflächen Anwendung finden, die ihre öffentliche Zweckbindung verlieren. Als Fallbeispiel kann der **Rückbau einer Straße** gelten. Sobald die betroffene Fläche planungsrechtlich wieder privatwirtschaftlich nutzbar ist, bemisst sich der Verkehrswert nach allgemeinen Grundsätzen, auch wenn die öffentliche Hand noch Eigentümerin wäre. Die evtl. noch aufzubringenden **Kosten des Rückbaus** müssten ggf. wertmindernd berücksichtigt werden, wenn bei der Verkehrswertermittlung von Vergleichspreisen unbebauter Grundstücke ausgegangen wird.

482

Noch vor der Umzonung stellt sich i. d. R. ein sich am künftigen Verkehrswert orientierender Wert für die Flächen ein, sobald ohne spekulative Momente die **Rückführung dieser Fläche in eine privatwirtschaftliche Nutzung** in absehbarer Zeit erkennbar wird; wäre dies in „absehbarer Zeit" nicht zu erwarten, müssten in Anwendung des § 95 Abs. 2 Nr. 1 BauGB Erwartungsmomente unberücksichtigt bleiben.

483

Die dabei anzubringenden **Abschläge** bemessen sich nach
– den ggf. anfallenden Freilegungskosten,
– der voraussichtlichen Dauer für den Vollzug der erforderlichen rechtlichen und tatsächlichen Maßnahmen (§ 5 Abs. 4) sowie
– dem dafür bestehenden Wagnis, soweit dieses nicht mit der Wartezeit berücksichtigt wird.

Wertermittlungsmethodisch kann dabei in Anlehnung an das in § 20 geregelte Liquidationswertverfahren verfahren werden, wobei es hierbei allerdings i. d. R. nur um den Bodenwert geht, d. h. der künftige Bodenwert eines privatwirtschaftlich nutzbaren Grundstücks wird über die Wartezeit abgezinst. Soweit die künftigen planungsrechtlichen Fest-

484

---

239 Zum Begriff: BVerwG, Beschl. vom 18. 5. 1994 – 4 NB 15/94 –, DVBl. 1994, 1139 = GuG 1995, 53
240 VG Berlin, Urt. vom 25. 10. 1994 –, W 5012/94 –, EzGuG 18.116a; BayObLG, Urt. vom 23. 9. 1985 – BReg 3 Z 36/84 –, EzGuG 18.99 a
241 Weiteres Schrifttum: Dresen in Nachr. der rh.-pf. Kat.- und VermVw. 1988, 180; Kuscha in Nachr. der nds. Kat.- und VermVw, 1974, 124 ff. und 133; Uebelhoer in Nachr. der nds. Kat.- und VermVw. 1974, 131

setzungen (über Art und Maß der baulichen Nutzung) nicht absehbar sind, kann dabei von der Umgebungsbebauung des Grundstücks ausgegangen werden. Ein Wertanteil für eine bisherige – öffentlichen Zwecken dienende – Bebauung des Grundstücks ergibt sich nur dann, wenn diese zumindest vorübergehend auch privatwirtschaftlich nutzbar ist (z. B. ein bisher als Kaserne genutztes Gebäude). Soweit diese Bebauung künftig sogar auf Dauer privatwirtschaftlichen Zwecken dienen kann, ist an Stelle von Freilegungskosten ein ggf. erforderlicher Umbau zu berücksichtigen. Ansonsten ergibt sich der Wertanteil der baulichen Anlage am Verkehrswert nach den üblichen Grundsätzen des Ertrags- oder Sachwertverfahrens (zur Verfahrenswahl bei bebauten Grundstücken vgl. § 7 Rn. 82 ff.).

485   Der **Entwicklungszustand von Flächen im Eigentum der öffentlichen Hand, die** in der Vergangenheit einer öffentlichen Zweckverbindung vorbehalten waren und zwischenzeitlich **bereits umgewidmet sind**, bestimmt sich – wie von anderen einer privatwirtschaftlichen Nutzung vorbehaltene Flächen – nach den Vorschriften des § 4.

Im Zuge des **Rückbaus von Straßen** werden vielfach Gemeinbedarfsflächen an die Eigentümer der anliegenden Grundstücke wieder (zurück-)veräußert. Erfahrungsgemäß kommt es dabei zu Preisvereinbarungen über den **Rückkauf,** die nur einen Bruchteil des jeweiligen Verkehrswerts des baureifen Landes ausmachen.

Der Bruchteil beträgt

a) bei kleineren unmaßgeblichen Teilflächen etwa 10 bis 20 % und

b) bei größeren Teilflächen als Vorgartenland oder Stellplätze 35 bis 45 %

des angrenzenden Baulands (Abb. 44):

Abb. 44: Bruchteilssätze bei Straßenrückveräußerung an Anlieger

Empirisch abgeleitete Bruchteilssätze des Gutachterausschusses von								
	Bergisch Gladbach		Oberbergischer Kreis		Rheinisch-Bergischer Kreis		Leipzig	
Art der unselbständigen Teilfläche	Anzahl	Durch-schnitt Preis-spanne	Anzahl	Durch-schnitt Preis-spanne	Anzahl	Durch-schnitt Preis-spanne	Anzahl	Durch-Schnitt Preis-spanne
Rückkauf: a) Unmaßgebliche Teilflächen bei bereits ausreichenden Vorgärten Straße	69	**24 %** 9–32 %	9	**20 %** 5–40 %	14	**10 %** 5–10 %	10	**13 %** 5–34 %
b) Große Teilflächen als Vorgartenland oder Stellfläche Straße	14	**37 %** 30–50 %	4	**35 %** 25–40 %	7	**45 %** 35–60 %		**35 %** 25–50 %

Für private Erschließungsflächen werden erfahrungsgemäß Preise bis zu 50 % des angrenzenden Baulandes bezahlt. Von den Gutachterausschüssen in *Bergisch Gladbach* und im Rheinisch-Bergischen Kreis liegen folgende Erfahrungswerte vor (Abb. 45):

Abb. 45: Bruchteilssätze für private Erschließungsflächen

Empirisch abgeleitete Bruchteilssätze des Gutachterausschusses in						
	Bergisch Gladbach		Rheinisch-Bergischer Kreis		Leipzig	
Art der unselbständigen Teilfläche	Anzahl	Durch-schnitt Preisspanne	Anzahl	Durch-schnitt Preisspanne	Anzahl	Durch-schnitt-Preisspanne
Straße	21	**42 %** 30–70 %	6	**50 %** 40–65 %	10	**60%** 32–82%

Für unbebaute Garagen- und Vorplatzflächen im Siedlungsbereich wird nach Untersuchungen des Gutachterausschusses des *Rheinisch-Bergischen Kreises* i. d. R. der volle Baulandwert bezahlt.

6.7.2.2 Abgehende Konversionsfläche

a) Allgemeines

Die Verkehrswertermittlung aufgelassener **Militärflächen** (Konversionsflächen) bereitet der Praxis in erster Linie große Schwierigkeiten bezüglich **486**

– der Bodenwertermittlung und
– der Gebäudewertermittlung[242].

Der **Verkehrswert** (= voller Wert i. S. d. Haushaltsrechts), um den es bei der Veräußerung ehemaliger Militärflächen geht, **ist in § 194 BauGB als ein stichtagsbezogener aber dennoch zukunftsorientierter Wert definiert.** Er wird maßgeblich durch die künftige Nutzung (eskomptierte Nutzung) bestimmt, es sei denn, die künftige Nutzung wird als „rechtliche" Gegebenheit ganz oder teilweise „abgeschnitten", so z. B. im Falle **487**

– der Lage des Grundstücks in einem Sanierungsgebiet oder städtebaulichen Entwicklungsbereich (§ 153 Abs. 1 ggf. i.V. m. § 169 Abs. 4 Nr. 6 BauGB),
– der Lage des Grundstücks in einem Umlegungsgebiet (§§ 57, 58, 64 BauGB) oder
– einer künftigen Nutzung der Fläche für den Gemeinbedarf (§ 96 BauGB).

Ansonsten wird der Verkehrswert von Grundstücken unter der Herrschaft des Städtebaurechts, das keinen allgemeinen maßnahmenbedingten Wertausgleich und mithin auch keinen Planungswertausgleich kennt, von der künftigen Nutzung bestimmt und zwar umso stärker, je konkreter sich die Nutzung abzeichnet. Von den vorstehenden Sonderfällen **488**

---

242 Kleiber in ZfBR 1993, 275; RdErl. des bbg Ministeriums für Stadtentwicklung, Wohnen und Verkehr über die rechtlichen, planerischen und finanziellen Aspekte der Konversion militärischer Liegenschaften vom 20. 5. 1997 (ABl. 1997, 476 = GuG 1998, 234); v. Feldmann in LKV 1997, 151

abgesehen kommt es dabei nicht zwingend darauf an, dass die künftige Nutzung formalrechtlich feststeht, z. B. in Form eines Bebauungsplans. In der Entschädigungsrechtsprechung ist immer wieder auf die **Situationsgebundenheit** (vgl. Rn. 165 ff., 168) hingewiesen worden, die auch ohne formalrechtliche Planungsgrundlagen zur Einstufung einer Fläche in eine höhere Entwicklungszustandsstufe i. S. d. § 4 führen kann, wenn sich die „von der Natur der Sache" gegebenen Möglichkeiten der Nutzung und der wirtschaftlichen Ausnutzung, wie sie sich aus der örtlichen Lage des Grundstücks bei wirtschaftlicher Betrachtungsweise objektiv anbietet[243] (z. B. Bauerwartungsland), ohne spekulative Momente aufdrängen. Dabei ist zudem noch zwischen der formalrechtlichen Einstufung einer Fläche und deren Wertigkeit zu unterscheiden. Allein die Einstufung einer Fläche als **Bauerwartungsland** sagt noch wenig über ihren Wert aus. Kann z. B. mit einer an Sicherheit grenzenden Wahrscheinlichkeit die Aufstellung eines Bebauungsplans mit einer Festsetzung der Nutzung für privatwirtschaftliche Zwecke erwartet werden, so kann dies zu einer Einstufung der Fläche als Bauerwartungsland führen, das sich wertmäßig vom Verkehrswert für (erschließungsbeitragspflichtiges) baureifes Land lediglich durch die jeweils zu berücksichtigende **Wartezeit** i. S. d. § 5 Abs. 4 WertV bis zur Herbeiführung der Baureife unterscheidet – und die kann auch sehr kurz sein (vgl. § 4 WertV Rn. 16, 144, 159 ff.; § 5 WertV Rn. 108 ff.; § 13 WertV Rn. 289).

489 Die möglicherweise zum Wertermittlungsstichtag noch tatsächlich gegebene Nutzung einer Fläche und ihre Bebauung für militärische Zwecke kann bei alledem allerdings auch nicht gänzlich außer Betracht bleiben:

– Die **militärische Bebauung eines Grundstücks** hat für den zukunftsorientierten Verkehrswert eine um so größere Bedeutung, je leichter sie sich in die vorgesehene Nachfolgenutzung überführen lässt. Das Spektrum reicht hier von einem „vollen" Wertanteil, wenn eine bauliche Anlage ohne bauliche Änderungen sofort in die Nachfolgenutzung überführt werden kann, bis zu einer deutlichen Wertminderung, wenn die bauliche Anlage abgerissen werden muss und die Freilegungskosten etwaige Verwertungserlöse überschreiten. Bei alledem kommt es auch hier entscheidend auf die künftige Nutzung der Flächen an.

– Die **bisherigen rechtlichen Festsetzungen** für eine Militärfläche (Sondergebiet) sind im Falle der Aufgabe der militärischen Nutzung, wenn man von einer Nachfolgenutzung für öffentliche Zwecke absieht, nicht das entscheidende Kriterium für den künftigen der Verkehrswertermittlung zu Grunde zu legenden Entwicklungszustand, auch wenn die Überführung der militärischen Nutzung in eine zivile Nutzung als eine Änderung der Zweckbestimmung zu werten ist. Die Rechtsgrundlagen für die bisherige militärische Nutzung können jedoch den „Umwidmungsprozess" vor allem in zeitlicher Hinsicht beeinflussen, insbesondere wenn ein Bebauungsplan aufzustellen ist und zuvor möglicherweise noch die fachplanungsrechtliche Widmung nach § 1 Abs. 3 LBG aufzuheben ist, d. h. die Militärfläche für die Bauleitplanung erst wieder „freigegeben" werden muss[244]. Die Wartezeit ist wiederum der entscheidende Parameter!

490 Der **Verkehrswert** als stichtagsbezogener aber dennoch zukunftsorientierter Wert **kann mit einer umso höheren Sicherheit und Genauigkeit ermittelt werden, je konkreter sich die Zukunft abzeichnet und bei der Wertermittlung berücksichtigt werden kann.** Es empfiehlt sich daher, die Verkehrswertermittlung nicht allzu früh „in Auftrag" zu geben und dem Gutachter die künftige Nutzung möglichst auf der Grundlage qualifizierter Nutzungsvorstellungen an die Hand zu geben – im Idealfalle wäre dies der rechtsverbindliche Bebauungsplan.

491 Im Vorfeld kann sich (und muss sich) der Gutachter auf das stützen, was ohne spekulative Erwartungen im gewöhnlichen Geschäftsverkehr unter Berücksichtigung der rechtlichen und tatsächlichen Gegebenheiten (Situationsgebundenheit) erwartet werden kann[245]; des Weiteren muss er dabei den **Zeitraum** berücksichtigen, **in dem die Umsetzung einer beabsichtigten Folgenutzung erwartet werden** kann. Zwangsläufig wird die Verkehrswertermittlung umso „schwammiger", je unsicherer die künftige Nutzung ist. Wenn bei alledem in der Praxis sog. Risikoabschläge berücksichtigt werden, so trägt dies dem Wagnis Rechnung, das ein Investor als Erwerber auf sich nimmt; dieses Wagnis kann bereits mit einer entsprechenden Wartezeit berücksichtigt werden (vgl. § 4 WertV Rn. 16, 144, 159; § 13 WertV Rn. 289; § 5 WertV Rn. 108). Bei alledem empfiehlt sich auch von daher schon frühzeitig die Vorbereitungen für die Anschlussnutzung voranzutreiben. Idealtypisches Ziel ist, dass „der Bagger in dem Moment zum Zwecke der Realisierung der Anschlussnutzung in das Kasernengelände einfährt, in dem der letzte Panzer ausfährt".

Der **Bund steht** als Verkäufer der Flächen **unter der Verpflichtung, Vermögensgegen-   492
stände grundsätzlich zum „vollen Wert" (= Verkehrswert) zu veräußern.** Soweit Verbilligungen gewährt werden, ist dies keine Frage der Verkehrswertermittlung, sondern allenfalls im Anschluss an die Verkehrswertermittlung durch entsprechende Abschläge zu berücksichtigen. Da nun, wie eingangs erläutert, ein allgemeiner maßnahmebedingter Wertausgleich und somit auch ein Planungswertausgleich dem deutschen Städtebaurecht fremd ist, müssen – von den besonderen Verhältnissen in Sanierungsgebieten und Entwicklungsbereichen (auch in Umlegungsgebieten bezüglich umlegungsbedingter Werterhöhungen) abgesehen – die sich abzeichnenden künftigen Nutzungen bei der Verkehrswertermittlung (soweit sie nicht auf spekulativen Erwartungen beruhen) grundsätzlich berücksichtigt werden. Dies ist grundsätzlich von der Person des Veräußerers unabhängig. Um dennoch hier im Interesse einer erwünschten Folgenutzung den Erwerber finanziell zu entlasten, hat der Bund zahlreiche **Verbilligungstatbestände** geschaffen[246] bis hin zur Abgabe der Grundstücke zum entwicklungsunbeeinflussten Grundstückswert i. S. d. § 153 Abs. 1 ggf i. V. m. § 169 Abs. 4 Nr. 6 BauGB in Gebieten, in denen die Voraussetzungen für eine städtebauliche Entwicklungsmaßnahme vorliegen, ohne dass eine solche formalrechtlich eingeleitet wurde.

Die Verbilligungstatbestände tragen auch dem Umstand Rechnung, **dass die Bauland-   493
erschließung auf ehemaligen Militärflächen** – entgegen euphorischen Vorstellungen der Anfangsphase – die wohl **teuerste „Baulandgewinnung"** überhaupt sein dürfte – gleichwohl in aller Regel städtebaulich geboten und von daher gerechtfertigt ist.

Nur mit ganzheitlichen Konzepten kann man diese Aufgabe lösen. Man denke nur daran,   494
dass **Versorgungsleitungen** die Militärflächen „kunterbunt" kreuzen und die Überführung dieser Flächen in eine Zivilnutzung, insbesondere wenn eine Parzellierung erforderlich wird, den *„developer"* vor allem unter Einbeziehung bodenordnerischer Belange fordern; denn es muss darum gehen, vernünftige Anschlussnutzung unter weitgehender Verwendung bestehender Anlagen und unter Berücksichtigung einer tragfähigen Grundstücksstruktur zu schaffen. Auch diesbezüglich ist ein enges Zusammengehen der Verkehrswertermittlung mit dem *„developer"* und dem Planungsträger idealtypisch.

Die Überplanung einer militärischen Anlage, Maßnahmen zur Sicherung der Bauleit-   495
planung sowie sonstige städtebauliche Veranstaltungen zur Realisierung der Planung können nämlich bereits vor Aufhebung der militärischen Zweckbestimmung eingeleitet werden. Hier liegen im Übrigen **Möglichkeiten für die Beschleunigung der Revitalisierung** solcher Flächen:

---

243   BGH, Urt. vom 14. 6. 1984 – III ZR 41/83 –, EzGuG 8.61; BGH, Urt. vom 22. 4. 1982 – III ZR 131/80 –, EzGuG 17.44; BGH, Urt. vom 15. 11. 1979 – III ZR 78/78 –, EzGuG 17.36; BGH, Urt. vom 12. 2. 1976 – III ZR 184/73 –, EzGuG 19.28; BGH, Urt. vom 25. 11. 1974 – III ZR 42/73 –, EzGuG 6.174; BGH, Urt. vom 28. 4. 1966 – III ZR 24/65 –, EzGuG 19.9; BGH, Urt. vom 30. 9. 1963 – III ZR 59/61 –, EzGuG 8.9

244   Die Freigabeerklärung ist in geeigneter Weise bekannt zu machen (vgl. BVerwG, Urt. vom 16. 12. 1988 – 4 C 48/86 –, BVerwGE 81, 111 = NVwZ 1989, 655). Erschwerend kommt hinzu, dass Militärflächen im Flächennutzungsplan i. d. R. als „Sondergebiet" dargestellt sind

245   BGH, Urt. vom 8. 11. 1962 – III ZR 86/81 –, EzGuG 8.5; BGH, Urt. vom 25. 3. 1975 – V ZR 92/74 –; BGH, Urt. vom 28. 10. 1971 – III ZR 84/70 –, EzGuG 8.37; BGH, Urt. vom 20. 12. 1963 – III ZR 60/63 –, EzGuG 14.17; BGH, Urt. vom 30. 9. 1963 – III ZR 59/61 –, EzGuG 8.9; BVerwG, Urt. vom 27. 1. 1967 – 4 C 33/65 –, EzGuG 8.20; BVerwG, Urt. vom 9. 6. 1959 – 1 CB 27/58 –, EzGuG 17.13

246   Kleiber in Bielenberg/Koopmann/Krautzberger, Städtebauförderungsrecht Bd. II, I 15

– Frühzeitige Ankündigung der Freigabe;

– frühzeitige Prüfung des Anschlussbedarfs des Bundes, der Länder und Gemeinden;

– frühzeitige Einleitung der Überplanung, Altlastenuntersuchung, Erarbeitung von Nutzungskonzepten, Prüfung der Einleitung von Sanierungs- und Entwicklungsmaßnahmen.

Dies alles sind auch für die Verkehrswertermittlung die wesentlichsten Anhaltspunkte. Die künftige Nutzung und Verwertbarkeit muss sich – frei von spekulativen Erwartungen – konkretisiert haben, um fundierte Wertermittlungen vornehmen zu können.

496   **Es muss vermieden werden, dass die** im Frühstadium **mit der Verkehrswertermittlung verbundenen Schwierigkeiten**, in dem sich die Anschlussnutzung noch nicht hinreichend konkretisiert hat, nicht **zu einer Unterbrechung des Grundstücksverkehrs führen.** Unsicherheiten bei der Verkehrswertermittlung, die allein als Folge noch nicht vom Planungsträger hinreichend konkretisierter Planungsvorstellungen zwangsläufig sind und nicht in der Verkehrswertlehre begründet sind, können dadurch überwunden werden, dass **Nachzahlungsklauseln**[247] vereinbart werden. Die Verwaltungsvorschriften des Bundes halten hierfür solche Nachzahlungsklauseln bereit; sie sind nicht beliebt – weil konfliktträchtig – werden aber praktiziert. Hier tut sich nämlich insofern eine weitere Problematik auf, weil der Investor Sicherheit über den Grundstückspreis begehrt; umgekehrt hat er bei dieser Vorgehensweise aber auch die Sicherheit, dass nur das in den Preis eingehen kann, was auf Grund einer qualifizierten Planung „gesichert" ist.

497   Politisch tritt daneben im Falle des Erwerbs der Flächen durch die Gemeinde die Auffassung zutage, dass die Gemeinde auf Grund ihrer Planungshoheit insbesondere die **planungsbedingten Wertsteigerungen** als selbst herbeigeführte Werterhöhung betrachtet und ausgeschlossen sehen möchte. Es ist offensichtlich – wie die Behandlung des Themas in der Tagespresse zeigt – schwer verständlich zu machen, dass der Bund als Veräußerer unter der Herrschaft des Haushaltsrechts sich so behandelt sehen will, wie die Gemeinde andere private Veräußerer behandeln müsste. Im gewöhnlichen Geschäftsverkehr nimmt nun einmal jedermann für sich in Anspruch, an künftigen Wertsteigerungen zu partizipieren – dies ist, vereinfacht gesagt, das bekannte Problem des Schöneberger Millionenbauers, der lediglich das damalige Städtebaurecht für sich in Anspruch nahm und die Bodenreformer auf den Plan rief.

498   Im Falle der Aufgabe einer militärischen Nutzung kann sich die **Aufgabe** stellen, den Verkehrswert einer solchen Fläche zu ermitteln, die

a) einer anderen Gemeinbedarfsnutzung zugeführt werden soll (Bleibender Gemeinbedarf) oder

b) künftig einer privatwirtschaftlichen Nutzung zugeführt werden soll (Abgehender Gemeinbedarf).

499   Wird die **bisher militärisch genutzte Fläche ohne Unterbrechung einem anderen Gemeinbedarfszweck zugeführt** (Fall a), so kann in diesem Fall – schon begrifflich – ein Verkehrswert nicht ermittelt werden, denn es besteht kein gewöhnlicher Geschäftsverkehr im Handel mit Gemeinbedarfsflächen. Dies bedeutet nicht, dass Gemeinbedarfsflächen in diesen Fällen ohne Wert sind, auch wenn eine Reihe gesetzlicher Vorschriften eine unentgeltliche Übertragung vorsehen. Im Einzelfall ist hier ein „Wert" zwischen den jweiligen Bedarfsträgern „auszuhandeln", wobei dies unter Berücksichtigung eines angemessenen Interessenausgleichs und nach Grundsätzen der Billigkeit geschehen sollte.

500   Die Aufgabe, Verkehrswerte für aufgelassene Militärflächen in solchen Fällen zu ermitteln, die in eine privatwirtschaftliche Nutzung überführt werden sollen (Fall b) erfolgt nach den unter Nr. 6.3.4 WertR (vgl. Rn. 481) vorgegebenen Grundsätzen[248]. Die Anwendung dieser Grundsätze gestaltet sich aber bei der Verkehrswertermittlung aufgelassener Militärflächen äußerst schwierig, da diese Flächen häufig in Gebieten gelegen sind, die eine bauplanungsrechtlich komplizierte Situation aufweisen.

Wird eine militärische Nutzung, z. B. für ein dicht mit Kasernengebäuden (Wohnen und **501** Verwaltung) bebautes Gebiet aufgegeben, so folgt hieraus quasi nicht automatisch, dass an seine Stelle ein „im Zusammenhang bebauter Ortsteil" mit Anspruch auf eine zivile Nachfolgenutzung entsteht. Die bisherige **militärische Anlage** kann zwar auf Grund ihres Quartiercharakters einen im Zusammenhang bebauten Ortsteil bilden, jedoch ist dieser dann regelmäßig durch die militärische Nutzung „geprägt", insbesondere wenn die Fläche aus Werkstätten, Sportplätzen und dergleichen besteht. Ein ziviler Nutzungsanspruch kann allerdings dann bestehen, wenn die baulichen Anlagen der militärischen Nutzung ein Gebiet überwiegend in einer Weise geprägt haben, die zugleich auch einer zivilen Nutzung entspricht, z. B.

– eine **reine Wohnanlage außerhalb eines eigentlichen Kasernengeländes,** die bislang von Soldaten genutzt wurde und allgemeinen Wohnzwecken zugeführt wird; in diesem Fall wird die Nutzung „Wohnen" nicht geändert. I. d. R. bedarf es dann noch nicht einmal einer Baugenehmigung, da die Nutzung nicht geändert wird;

– eine außerhalb eines eigentlichen Kasernengeländes gelegene Anlage der **militärischen Verwaltung,** die künftig ohne Baugenehmigung zivilen Verwaltungszwecken dienen kann. Es handelt sich auch hier um die Aufnahme einer gleichartigen Nutzung[249]. Selbst wenn dabei allein wegen der Aufgabe der militärischen Nutzung eine Baugenehmigungspflicht besteht, steht dies dem nicht entgegen, wenn hierauf ein Anspruch besteht.

– Problematisch sind die in aller Regel auftretenden Fälle der „militärischen Mischnutzung" (Kasernenhof, Sportflächen, Werkstätten einerseits und Verwaltungs- und Wohngebäude andererseits). Strittig ist hier insbesondere die Frage einer **Anwendung des Mosaikprinzips,** da die Fläche ursprünglich einer einheitlichen militärischen Zweckbestimmung vorbehalten war. Es sind aber auch hier Fälle denkbar, wo die baulichen Anlagen der bisherigen militärischen Nutzung einen angrenzenden im Zusammenhang bebauten Ortsteil mitgeprägt haben, z. B. ein in der Innenstadt gelegenes Kasernengelände, das dominierende Verwaltungsgebäude an einer öffentlichen Straße aufweist, die der Bebauung auf der gegenüberliegenden Straßenseite entsprechen und das Gebiet prägen. Wenn zudem der Erhalt dieser Gebäude den städtebaulichen Vorstellungen der Gemeinde entspricht, diese möglicherweise zudem noch unter Denkmalschutz stehen und sich ohne bauliche Veränderungen eine zivile Anschlussnutzung geradezu aufdrängt (Bürogebäude), stehen für die Belange der Verkehrswertermittlung einer Qualifizierung dieser Flächen als privatwirtschaftlich nutzbares Bauland keine gewichtigen Gründe entgegen[250]. Das BVerwG hat im Urteil vom 21. 11. 2000 – 4 B 36/00 (GuG 2001/4) nur für den Fall einen Bestandsschutz für bauliche Anlagen verneint, in deren diese ausschließlich für öffentliche Zwecke errichtet wurden und bezüglich einer Beseitigungsanordnung auf den Verhältnismäßigkeitsgrundsatz verwiesen. Bei dem hierzu geführten Streit, in dem auf die Notwendigkeit eines Bebauungsplans bzw. einer Baugenehmigung verwiesen wird, wird häufig übersehen, dass diese Problematik für die Verkehrswertermittlung **eher nur von theoretischer Bedeutung ist,** denn, soweit für die Nutzungsänderung ein Bebauungsplan tatsächlich zu fordern wäre, käme nach dem beschriebenen Sachverhalt auch nur eine solche Festsetzung in Betracht, die für die bestehenden baulichen Anlagen eine entsprechende zivile Nachfolgenutzung erlaubt. Diese wiederum wäre dann bei der Ermittlung des Verkehrswerts zu berücksichtigen, wobei lediglich der Faktor „Zeit" (und ggf. „Kosten") mitberücksichtigt werden muss. Für die Ermittlung des Verkehrswerts ist es von daher vom Grundsatz her nicht entscheidend, ob in solchen Fällen die Notwendigkeit besteht, einen Bebauungsplan aufzustellen und eine Baugenehmigung einzuholen. Die Wertermittlung kann hier die juristische Streitfrage über-

---

247 Näheres hierzu in Bielenberg/Koopmann/Krautzberger, Städtebauförderungsrecht Bd. II, I 15 Rn. 13 ff. BMF – VSV – VV 0652

248 GuG 1994, 168

249 BVerwG, Urt. vom 3. 2. 1984 – 4 C 25/82 –, BVerwGE 68.360 = NJW 1984, 1771

250 VG Regensburg, Beschl. vom 17. 6. 1996 – RN 6 S 96.1090 –, GuG 1997, 126

brücken, indem sie die mit Sicherheit zu erwartende höherwertige Nutzung **unter Berücksichtigung der Wartezeit und der Kosten** bis zur Realisierung dieser Nutzung zu Grunde legt. Generell kann sogar gesagt werden, dass es für die Verkehrswertermittlung von Militärflächen, die einer zivilen Nutzung zugeführt werden sollen, weniger auf den derzeitigen rechtlichen Entwicklungszustand, sondern entscheidend auf die Wartezeit bis zu ihrer künftigen Baureife ankommt und der Gutachter gut daran tut, sich hier in maßgeblicher Weise zu orientieren. Die **Wartezeit einschließlich eines Wagnisses kann nach dem unter § 13 WertV Rn. 284 ff. beschriebenen Verfahren berücksichtigt werden.**

– Bestimmt sich der Entwicklungszustand einer im Innenbereich gelegenen **Militärfläche von** so **geringer Größe,** dass die dort vorhandene Umgebungsbebauung den im Zusammenhang bebauten Ortsteil prägt, so bleibt eine militärische Nutzung, die der den Innenbereich prägenden Bebauung widerspricht, unerheblich. Maßgebend für die Verkehrswertermittlung sind Art und Maß der den **Innenbereich** prägenden Bebauung in der Umgebung dieser Militärfläche.

b) Qualifizierung des maßgeblichen Entwicklungszustands i. S. d. § 4

502 Nach den vorstehenden Ausführungen bemisst sich der **Verkehrswert** aufgelassener bzw. aufzulassender Konversionsflächen, die einer privatwirtschaftlichen Nutzung zugeführt werden sollen, **nach den rechtlichen *und* tatsächlichen Merkmalen (Situationsgebundenheit,** vgl. Rn. 165, 168, 488)**, die sich nach Fortfall der öffentlichen Zweckbindung** ergeben, wobei die Wartezeit und Umnutzungskosten berücksichtigt werden müssen. Vereinfacht gesagt muss die bisherige Zweckbindung weggedacht und die sich in der gleichen Sekunde einstellenden rechtlichen *und* tatsächlichen Zustandsmerkmale der Qualifizierung des Entwicklungszustands zu Grunde gelegt werden. Dafür sind die bauplanungs- und städtebaurechtliche Situation des Grundstücks, aber auch seine tatsächlichen Situationsmerkmale nach Aufgabe der militärischen Nutzung maßgebend, insbesondere die Lage eines Grundstücks

– in einem Gebiet nach § 34 BauGB,

– im unbeplanten Außenbereich (§ 35 BauGB),

– in einem Bebauungsplangebiet nach § 30 BauGB, der Festsetzungen über die zivile Anschlussnutzung enthält, einschließlich der Voraussetzungen nach § 33 BauGB für die Zulässigkeit einer baulichen Nutzung sowie

– in einem Sanierungsgebiet oder städtebaulichen Entwicklungsbereich nach den §§ 136 und 165 BauGB.

503 Ist für die Fläche bereits ein **Bebauungsplan** mit einer privatwirtschaftlichen Anschlussnutzung aufgestellt, kommt es des Weiteren für die Qualifizierung des Entwicklungszustands auf die Bodenordnung und -erschließung an, d. h., die Fläche kann Rohbauland oder bereits baureif sein. Die Qualifizierung des Entwicklungszustands wird bei alledem eine gesamtgebietliche Betrachtungsweise nicht immer erlauben. Vielmehr wird es entgegen anderer Auffassungen mitunter auch zweckmäßig sein können, die bisherige Militärfläche mosaikartig aufzuteilen. Im Einzelfall kann es sich zumindest bezüglich Teilflächen dabei um baureifes Land handeln, wenn die Erschließung gesichert ist. Sind die Grundstücke nach Lage, Form und Größe unzureichend gestaltet oder ist die Erschließung (noch) nicht gesichert, sind die Flächen als **Rohbauland** einzustufen. Des Weiteren ist wiederum die Wartezeit nach § 5 Abs. 4 bis zu ihrer Baureife zu berücksichtigen. Wertermittlungstechnisch vollzieht sich dies durch Abzinsung des „ausstehenden" Bodenwertzuwachses über die geschätzte Wartezeit (Bodenwertdifferenz $\times$ $1/q^n$). **Die unter § 13 WertV Rn. 238 ff. dargelegten Berechnungsweisen sind hier wiederum anwendbar.**

Ist ein Bebauungsplan nicht aufgestellt worden und dessen Aufstellung auch nicht beab-   **504**
sichtigt, so kann **nach Aufhebung der militärischen Zweckbindung** gleichwohl als maßgeblicher Entwicklungszustand **„baureifes Land"** in Betracht kommen, nämlich

a) wenn die Fläche innerhalb eines im Zusammenhang bebauten Ortsteils liegt und auf
   Grund ihrer geringen Größe Bestandteil desselben wird oder

b) wenn die Fläche – wie bereits dargestellt – auf Grund ihres Quartiercharakters und
   Eigengewichts einen im Zusammenhang bebauten Ortsteil bildet.

▸ *Zur Einordnung einer Fläche in einen im Zusammenhang bebauten Ortsteil vgl. § 5*
WertV Rn. 68 ff. und § 4 WertV Rn. 177, 203, 234, 215

Im Außenbereich gelegene Militärflächen, die nicht das gemäß § 34 Abs. 1 BauGB erfor-   **505**
derliche Bebauungsgewicht aufweisen (z.B. Flugplätze, Depots, Bunkeranlagen, Kasernenanlagen mit Übungsplätzen), **bleiben nach Aufgabe der militärischen Nutzung**
Außenbereich, wenn nicht ein Bebauungsplan mit ziviler Anschlussnutzung aufgestellt
werden soll oder bereits aufgestellt worden ist[251]. Ausnahmen stellen z. B. die bereits angesprochenen im Außenbereich gelegenen reinen Wohnanlagen dar, die für zivile Wohnzwecke eine Anschlussnutzung finden.

Zum Außenbereich gehören auch abgrenzbare Militärflächen innerhalb im Zusam-   **506**
menhang bebauter Ortsteile, die nach ihrer Größenordnung eine zwanglose Fortsetzung
der vorhandenen Bebauung nicht aufdrängen[252]. Sie stellen einen „Außenbereich im Innenbereich" dar, wobei solche Militärflächen auch am Ortsrand gelegen sein können. Sie
haben grundsätzlich keinen Bestandschutz, jedoch können an den Grenzrändern die vorerwähnten Probleme auftreten.

Die Einordnung der Fläche als Außenbereichsfläche schließt nicht aus, dass es sich   **507**
dennoch um warteständiges Bauland handeln kann, insbesondere, wenn ohne spekulative Motive eine „bauliche Nutzung" in absehbarer Zeit erwartet werden kann. Dies wäre
z.B. durch eine entsprechende Darstellung im Flächennutzungsplan begründet. Daneben
können es auch tatsächliche und sonstige Gegebenheiten sein, die eine Bauerwartung
begründen. Auch § 4 Abs. 2 fordert dafür nicht zwingend die entsprechende Darstellung in
einem Flächennutzungsplan. Hier muss die Rechtsprechung des BGH zur allgemeinen
Bauerwartung auf Grund eines Siedlungsdrucks, der Lage des Grundstücks innerhalb des
Siedlungsgebiets, die vorhandene Infrastruktur einschließlich günstiger Verkehrsverhältnisse beachtet werden; danach steht selbst eine die Bebauung (noch) ausschließende Planung einer Bauerwartung nicht entgegen, weil Planungen auch geändert[253] werden können.

Auch hier ist die **Wartezeit** der entscheidende Wertermittlungsparameter.   **508**

In **Sanierungsgebieten und städtebaulichen Entwicklungsbereichen** wird auch für aufge-   **509**
lassene Militärflächen als Verkehrswert der dort maßgebliche sanierungs- oder entwicklungsunbeeinflusste Grundstückswert ermittelt; d. h. der Entwicklungszustand bestimmt sich
grundsätzlich nach dem **Zustand, den das Grundstück bei Aufgabe der militärischen**
Nutzung, jedoch unter Ausschluss von Werterhöhungen auf Grund der Aussicht auf die
Maßnahmen sowie der Vorbereitung und Durchführung der anstehenden Maßnahmen
hätte. Dabei können die vorstehenden Grundsätze zur Anwendung kommen, jedoch darf
dabei allerdings insbesondere nicht die Werterhöhung auf Grund eines Sanierungs- oder Entwicklungsmaßnahmebebauungsplans in die Verkehrswertermittlung eingehen. Maßgebend
ist also allein die rechtliche Qualität und der tatsächliche Zustand des Grundstücks nach Auf-

---

251 OVG Lüneburg, Urt. vom 21. 1. 2000 – 1 L 4202/99 –, BauR 2000, 1030; Gleicher Auffassung Tiemann in
     BBauBl. 1992, 819
252 BVerwG, Urt. vom 6. 11. 1968 – 4 C 2/66 –, EzGuG 8.27
253 Vgl. Fn. 4 sowie BGH, Urt. vom 20. 12. 1963 – III ZR 60/63 –, EzGuG 14.17

gabe der militärischen Nutzung zu dem Zeitpunkt, als eine Aussicht auf Vorbereitung und Durchführung der genannten städtebaulichen Veranstaltungen nicht bestehen konnte. Allgemeine Erwartungen und die allgemeinen Situationsverhältnisse, die auch ohne eine Sanierungs- bzw. Entwicklungsmaßnahme bestehen würden, sind hingegen zu berücksichtigen.

510   Im **Ergebnis** bedeutet dies, dass eine Fläche entweder

– im Innenbereich als baureifes Land (Art und Maß der baulichen Nutzung nach der Umgebung),

– als „reine" Außenbereichsfläche (ohne Entwicklungschancen) oder

– als Außenbereichsfläche mit mehr oder minder großer Bauerwartung

einzustufen ist. In Gebieten, wo die rechtlichen Voraussetzungen für die Durchführung einer Entwicklungsmaßnahme vorliegen, d. h. das Wohl der Allgemeinheit die Durchführung der Maßnahme unter Anwendung des besonderen Bodenrechts erfordert, kann es sich bei alledem zwar um eine **Bauerwartung, jedoch i. d. R. nicht um eine „hochkarätige" Bauerwartung** handeln, denn erst die Entwicklungsmaßnahme – verbunden mit dem intensiven Einsatz der Verwaltungskapazität der Gemeinde oder eines Trägers (Organisationsrecht), dem i. d. R. hohen finanziellen Einsatz (Förderung) und den dabei zur Anwendung kommenden bodenrechtlichen Instrumenten – rückt die städtebauliche Entwicklung in eine greifbare Nähe.

c) Bauliche Anlagen und sonstige Einrichtungen

511   Der **Wert(anteil) baulicher Anlagen** und sonstiger Einrichtungen wird ebenso wie der Entwicklungszustand entscheidend **durch die künftige Nutzung** (Nutzbarkeit) **bestimmt.** Sie bestimmt, welche Gebäude, sonstige bauliche Anlagen und Einrichtungen sich in die künftige Nutzung integrieren lassen.

Der **Wert der Gebäude** bemisst sich nach dem, was bei wirtschaftlich vernünftigem Verhalten weiter Verwendung finden kann, und zwar unter Berücksichtigung von

– Anpassungs- und Umgestaltungsmaßnahmen,

– Freilegungskosten,

– Sicherungsmaßnahmen,

– Verwertungserlösen für nicht weiterverwendbare Bauteile sowie

– Zeitverlusten für Umgestaltungsmaßnahmen.

512   Entsprechendes gilt für die **sonstigen Einrichtungen.** Es bedarf hier ebenfalls einer genauen Bestandsaufnahme und Prüfung, in welchem Umfang die Anlagen Weiterverwendung finden können, wobei Kosteneinsparungen, aber auch Zusatzkosten auftreten können. Z. B. kann die Weiterverwendung einer „gut zementierten" Panzerstraße erforderlich machen, dass zusätzlich ein Grünstreifen für Gemeinbedarfszwecke festgesetzt werden muss, um die notwendigen Versorgungsleitungen verlegen zu können.

513   Der **Anwendung des Ertragswertverfahrens** ist bei der Ermittlung des Gebäudewertanteils grundsätzlich der Vorzug zu geben[254]. Das Verfahren wird i. d. R. für die künftig zivilen Zwecken dienenden Anlagen zu marktorientierten Ergebnissen führen. Nur in Ausnahmefällen wird sich die **Anwendung des Sachwertverfahrens** empfehlen; die Anwendung des Vergleichswertverfahrens dürfte für bebaute Militärflächen dagegen in aller Regel schon mangels Vergleichspreisen ausscheiden.

514   Die Anwendung des Ertragswertverfahrens gewährleistet, dass die **künftige wirtschaftliche Nutzbarkeit baulicher Anlagen** maßgeblich die Wertfindung bestimmt, während die Anwendung des Sachwertverfahrens regelmäßig zu Ergebnissen führen muss, die bei eingeschränkter wirtschaftlicher Verwertbarkeit den „Wert" widerspiegeln, den die Sache gerade nicht wert ist. Vielen Sachverständigen ist es bis heute nicht geläufig, dass bereits im Rahmen der Sachwertermittlung eine eingeschränkte wirtschaftliche Verwendbarkeit berücksichtigt werden muss (§ 25). Wer dies „vergisst" und über den Sachwert nach § 7 Abs. 1 Satz 2 zum Verkehrswert gelangen will, muss Marktanpassungsabschläge anbringen, die allein schon auf Grund ihrer Größenordnung das Versagen des Sachwertverfahrens eindrucksvoll markieren.

Nicht untypisch für die Anwendung des Ertragswertverfahrens ist der Fall, dass eine **515** ertragsbringende Weiternutzung verwendungsfähiger baulicher Anlagen einen sehr hohen **Instandsetzungs- bzw. Umnutzungsbedarf** bedingt. Wertermittlungstechnisch wird in solchen Fällen zunächst der fiktive Ertragswert auf der Grundlage eines instand gesetzten bzw. umgenutzten Gebäudes ermittelt. Dieser (fiktive) Ertragswert wird dann um die Instandsetzungs- bzw. Umnutzungskosten vermindert. Es handelt sich hierbei um eine Kombination aus Ertragswert- und Sachwertverfahren, denn die „gegengerechneten" Instandsetzungs- bzw. Umnutzungskosten sind ihrer Natur nach dem Sachwertverfahren zuzurechnen. Soweit das Sachwertverfahren in solchen Fällen abgelehnt wird, weil es zu überhöhten Werten führe, müssen solche Bedenken auch gegen diese Methode bestehen, zumal diese Methode im Zuge von Verkaufsverhandlungen käuferseitig dazu „verführt", mit preisdämpfender Wirkung überhöhte Instandsetzungs- und Umnutzungsansprüche zu stellen[255]. Diese Methode kann im Übrigen auch als Residualwertverfahren angesehen werden, die ohnehin kritisch beurteilt werden muss (vgl. Rn. 519 f.).

d) Komplexe Wertermittlungsansätze (Residualwertverfahren)

Die Probleme der Verkehrswertermittlung aufgelassener Konversionsflächen konzentrier- **516** ten sich derzeit noch sehr stark auf die Frage der Bodenwertermittlung und der ihr zu Grunde zu legenden Qualifizierung des Entwicklungszustands. Dies muss für sich konfliktträchtig bleiben, selbst wenn der maßgebliche Entwicklungszustand einwandfrei ermittelt worden ist. Der **Erwerb** einer **solchen Fläche ist** nämlich für jeden Investor auch darüber hinaus **sehr risikobehaftet:**

– Zum einen geht er ein erhebliches Risiko ein, wenn und soweit er mit dem Verkehrswert die künftige Nutzung vorwegnimmt, auch wenn dabei die Wartezeit möglichst einschließlich der Realisierungschancen berücksichtigt wird.

– Zum anderen ist die Aufgabe, eine bislang militärische in eine zivile Nutzung zu überführen – vergleichbar mit der Umnutzung aufgelassener Industriekomplexe derartig komplex, dass sie nur von einem erfahrenen Träger möglichst in einem einheitlichen Verfahren bewältigt werden kann. Dabei treten auf Grund der notwendig werdenden Bodenordnungs-, Erschließungs-, Abriss-, Freilegungs- und Umbaumaßnahmen Kosten in einer Größenordnung auf, die vielfach und vielleicht sogar in den meisten Fällen noch nicht einmal durch die maßnahmenbedingte Werterhöhung ausgeglichen werden. Darin ist das Bestreben begründet, diese Grundstücke möglichst „billig" zu erwerben. Ohne eine konkretisierende Planungsvorstellung der Gemeinde wird ein Investor diese Kosten auch kaum quantifizieren können. Auf der anderen Seite muss die Planung auch so flexibel ausgestaltet sein, dass kostengünstige und zugleich bedarfsgerechte Lösungen unter Berücksichtigung des Bestands gefunden werden können. Soweit zur Bewältigung dieser Aufgabe nicht eine städtebauliche Entwicklungsmaßnahme eingeleitet wird, bietet sich hier vor allem ein **städtebaulicher Vertrag** an, wobei die Grunderwerbskosten – losgelöst von den klassischen Wertermittlungsverfahren – im Wege des Residualverfahrens (vgl. § 13 WertV Rn. 315 ff.) ermittelt werden könnten. Bei Anwendung dieses Verfahrens erübrigt sich die streitbefangene Ermittlung des maßgeblichen Entwicklungszu-

---

254 RdErl. des BMBau vom 12. 10. 1993, BAnz Nr. 199, S. 9630 = GuG 1994, 42
255 Auch BGH, Urt. vom 24. 1. 1963 – III ZR 149/61 –, EzGuG 20.34

stands. Der für den Erwerb der Fläche tragbare Grundstückspreis ergibt sich vielmehr dann aus dem Verkehrswert der Flächen nach Abschluss der rechtlichen und tatsächlichen Neuordnung der Grundstücke unter Abzug der dafür aufzubringenden Kosten einschließlich eines Unternehmergewinns. Bei dieser Vorgehensweise tragen planungsbedingte Wertsteigerungen zur Finanzierung der Maßnahme bei, wie dies im Übrigen auch im Falle der Durchführung einer städtebaulichen Entwicklungsmaßnahme der Fall ist.

517   Die **Anwendung des Residualwertverfahrens** ist allerdings in höchstem Maße risikobehaftet und fehleranfällig. In der Anl. 24 der WertR (abgedruckt in Teil III Rn. 452) wird hierzu unter Nr. 4.2 Abs. (1) festgestellt, dass eine Ableitung des Bodenwerts aus Vergleichspreisen oder Bodenrichtwerten eines Entwicklungszustands „höherer" Qualität nur in besonderen Ausnahmefällen in Betracht kommt und insbesondere dann auf Bedenken stößt, wenn der dabei zu berücksichtigende Wertunterschied den Ausgangswert überproportional übersteigt (vgl. § 13 WertV Rn. 245 ff.).

518   Zu der vorstehenden Verfahrensweise ist zunächst darauf hinzuweisen, dass im Falle von sehr hohen Instandsetzungs- bzw. Umnutzungskosten, die den fiktiven Gebäudeertragswert mit der Folge überschreiten, dass im Ergebnis der „reine" Bodenwert „an- bzw. sogar aufgefressen" wird, der **Liquidationswert als Mindestwert** für die Verkehrswertermittlung maßgeblich sein muss. In solchen Fällen bemisst sich der Verkehrswert nach Maßgabe des § 20 Abs. 1. Hierbei handelt es sich aber wie zu betonen ist – zunächst nur um einen Mindestwert. Darüber hinaus muss nämlich noch geprüft werden, ob die im Erl. des BMBau vom 12. 10. 1993[256] geregelte Vorgehensweise sachgerecht ist (vgl. Rn. 533).

519   Die Anwendung der in diesem Erlass dargelegten Grundsätze ist generell geboten, unabhängig davon, dass Instandsetzungs- bzw. Umnutzungskosten in einem Umfang anfallen, dass damit der **Bodenwert „an- oder aufgefressen"** wird. Dies wird nachstehend an einem der Praxis entnommenen Beispiel erläutert:

Beispiel:

Grund und Boden:

Grundstücksteilfläche:	=	4363 m²
Bodenwert	=	200 €/m²
Bodenwert insgesamt	=	872 600 €

Instandsetzungs- und umstrukturierungsbedürftiges Gebäude:

Instandsetzungs- und Umstrukturierungsbedarf 5,5 Mio. €	=	1104,50 €/m²
Gesamte Nutzfläche	=	4980 m²
Durchschnittliche Nettokaltmiete/Grundmiete	=	9,30 €/m²/Monat
		(nach Modernisierung)
Bewirtschaftungskosten rd. 15 %	=	1,40 €/m² NF

Jährlicher Reinertrag		
4980 m² × 9,30 €/m² × 12 × 0,85	=	rd. 472 403 €
Liegenschaftsverzinsung	=	6,5 %

Die Anwendung des Ertragswertverfahrens führt in einem solchen Fall zu folgendem Ergebnis:

RE (9,30–1,40) × 4980 m² × 12	=		472 104 €
abzüglich Bodenwertverzinsungsbetrag (= 4 363 m² × 200 €/m² × 0,065)	=	–	56 719 €
Reinertrag der baulichen Anlage	=		415 385 €
× Vervielfältiger = 15,03 bei 60 Jahren und 6,5 %			
= Gebäudeertragswert	=		6,243 Mio. €
+ Bodenwert	=	+	0,873 Mio. €
– Modernisierungskosten	=	–	5,500 Mio. €
= Ertragswert	=		**1,616 Mio. €**

In dem Beispiel wird der Ertragswert durch die hohen „Instandsetzungs- und Umstrukturierungskosten" erschlagen, wobei man sich dabei eigentlich darüber im Klaren sein sollte, dass das Ertragswertverfahren in solchen Fällen weitgehend zum Sachwertverfahren „mutiert", denn die Instandsetzungs- und Umstrukturierungskosten „fressen" den Gebäudeertragswert nahezu auf. Der Ansatz der „vollen" Umstrukturierungskosten wird damit begründet, dass sie von „jedem" Erwerber aufzubringen seien und deshalb auch in voller Höhe berücksichtigt werden müssten. Bei dieser Sichtweise kann umgekehrt ins Feld geführt werden, dass für jeden Erwerber die Bausubstanz einen **Restwert** aufweist, **der sich aus dem Unterschied gegenüber den Neubaukosten pro m² Nutzfläche ergibt,** d. h. die brachliegende Bausubstanz zu **Ersparnissen bei der Umstrukturierung** im Vergleich zur Neubebauung führt; für diese müssen ebenfalls die „vollen" Herstellungskosten aufgebracht werden.

Diese **Betrachtungsweise** führt **überschlägig** zu folgendem Ergebnis:

Sachwertverfahren (vereinfacht)

Nutzfläche	=	4980 m²
Herstellungskosten (Neubau)	=	1500 €/m²
Sachwert: 4980 m² × 1500 €/m²	=	7,47 Mio. € (Neubau)
ersparte Herstellungskosten:		
1500 €/m² – 1104,50 €/m²	=	395,50 €/m²
4980 m² × 395,50 €/m²	=	1,870 Mio. €
+ Bodenwert	=	+ 0,873 Mio. €
= Sachwert		**2,843 Mio. €** = 38 v. H.
Ertragswert (nachrichtlich)		1,616 Mio. €

Die **Wahl zwischen beiden Verfahren** ist in solchen Fällen oft schwierig. Allgemein kann gelten, dass die vorgestellte Sachwertermittlung zumindest in solchen Fällen in Betracht gezogen werden muss, in denen nach den Situationsmerkmalen im gewöhnlichen Geschäftsverkehr für jeden Erwerber *keine Alternative zur Errichtung eines Neubaus besteht, d. h. auch ersatzweise eine Anmietung nicht in Betracht kommt und die Umstrukturierung des vorhandenen Gehäudes im Vergleich zum Neubau wirtschaftliche Vorteile bietet.* Ein Sachverständiger muss dies gewissenhaft prüfen, zumal er hier oftmals in Interessenskonflikte gerät: Ein Investor bzw. ein potenzieller Erwerber wird dies im Rahmen von Verkaufsverhandlungen stets in Abrede stellen, weil er natürlich am Erwerb eines Grundstücks zum Bodenwert unter Berücksichtigung der Freilegungskosten interessiert ist und erst im Anschluss daran gewinnbringende Überlegungen anstellt, inwieweit er die vorhandene Restbausubstanz verwertet. Allgemein kann hier die Behauptung gewagt werden, dass Sachverständige sich häufig allzu schnell einer „Abbruchmentalität" beugen und nicht realitätsbezogen bedenken, ob nicht eine **Restbausubstanz auch für eine Neubebauung Weiterverwendung finden kann.** Indessen gebietet es die unparteiische Stellung des Sachverständigen, auch die Momente zu bedenken, die seitens des (verkaufsbereiten) Eigentümers – alternativ zum Verkauf – bestehen müssen und auf eine möglichst werterhaltende Verwertung gerichtet ist. Der Eigentümer wird sich im gewöhnlichen Geschäftsverkehr nur der Verkehrswertermittlung auf der Grundlage einer Verwertungskonzeption beugen, die wirtschaftlich optimiert ist. Andernfalls würde er seine Immobilie anderen Erwerbswilligen anbieten oder selbst die wirtschaftlich optimale Verwertungskonzeption betreiben. Aus der Beobachtung, dass Sachverständige in vielen solcher Fälle – manchmal vorschnell – den Liquidationwert ermittelt haben und anschließend beobachtet werden konnte, dass der Investor die Altsubstanz weiterverwendet hat, kann allgemein die Schlussfolgerung gezogen werden, dass Grundstückswertermittler in solchen Fällen allzu leichtfertig mitunter den Liquidationswert ermittelt haben. In diesem Zusammenhang muss eingeräumt werden, dass möglicherweise der Wortlaut des § 20 Abs. 1 hierzu verleitet hat.

520

521

522

---

256 BAnz Nr. 199; 1993, 9630 = GuG 1994, 42, abgedruckt bei § 7 WertV Rn. 140 lit d) und e) und Vorbem. zu den §§ 15 ff. Rn. 83 ff. und Vorbem. zu den §§ 21 ff. WertV Rn. 35 ff.

e) Altlasten

Bei der Veräußerung von altlastenverdächtigen und altlastenbehafteten Grundstücken praktiziert der Bund die unter § 5 WertV Rn. 119 ff. beschriebene Verfahrensweise.

523 Im Übrigen werden bundeseigene Grundstücke verbilligt abgegeben (vgl. Rn. 492); der
sich **unter Anwendung der Verbilligungsregeln erzielte Preis ist** damit **nicht zugleich
dem Verkehrswert gleichzusetzen.**

524 Bei Einbeziehung einer Konversionsfläche in eine städtebauliche Sanierungsmaßnahme
muss der Bund den Erwerb des Grundstücks unter Anwendung des **§ 153 Abs. 1 ggf.
i. V. m. § 169 Abs. 4 Nr. 6 BauGB** gegen sich gelten lassen. Das Grundstück kann ggf. im
Wege der Enteignung erworben werden, wobei sich die Entschädigung wiederum nach den
genannten Vorschriften bemisst.

6.7.3 Bleibender Gemeinbedarf

▶ *Zu Gemeinbedarfsflächen und zur Verfahrenswahl vgl. § 7 WertV Rn. 131 ff.*

525 **Gemeinbedarfsflächen, die** sich bereits im **Eigentum der öffentlichen Hand** befinden
und **auf absehbare Zeit einer öffentlichen Zweckbindung vorbehalten bleiben, haben
keinen Verkehrswert,** da sie dem gewöhnlichen Geschäftsverkehr entzogen sind. Die
Ansicht, derartige Flächen (z. B. dem öffentlichen Verkehr dienende Straßen) hätten keinen
oder nur einen symbolischen Vermögenswert, wird vom BGH als mit Art. 14 GG unvereinbar abgelehnt. Dass für derartige Grundstücke ein freier Markt fehle, rechtfertige nicht die
Schlussfolgerung, ihnen sei ein realer wirtschaftlicher Wert nicht beizumessen[257].

526 Die Aufgabe, den Wert solcher Flächen zu ermitteln, stellt sich insbesondere, wenn der
Bedarfsträger wechselt, weil die Fläche einer anderen öffentlichen Nutzung zugeführt
werden soll. Der hierzu gegebene Hinweis, für „spezielle", nicht marktgängige Objekte als
Verkehrswert den Preis anzusetzen, der gezahlt werden würde, wenn ein gewöhnlicher
Grundstücksverkehr bestünde, hilft hier nicht weiter. Da für derartige Objekte gerade kein
entsprechender Grundstücksmarkt besteht, müsste ein anderer Teilmarkt unterstellt werden, der aber für derartige Objekte nicht einschlägig wäre.

527 **Grundsätzlich ist** bei alledem **zu unterscheiden zwischen**

a) Gemeinbedarfsflächen, die auch nach dem Eigentumswechsel *derselben öffentlichen
Nutzung* vorbehalten bleiben und somit lediglich der Träger der Nutzung wechselt und

b) Gemeinbedarfsflächen, die nach dem Eigentumswechsel einer *anderen als der bisherigen öffentlichen Nutzung* zugeführt werden (Wechsel der öffentlichen Nutzung).

Vor allem im ersten Fall (Wechsel des Bedarfsträgers) entfällt eine Bewertung, wenn auf
Grund gesetzlicher Regelungen eine unentgeltliche Übertragung vorgesehen ist.

528 Die Bestimmung des Werts einer solchen Fläche **stellt keine Aufgabe der Verkehrswertermittlung dar.** Es geht hier vielmehr um die Ermittlung eines „gerechten" Preises, der
den unterschiedlichen Interessenlagen des Käufers und des Veräußerers Rechnung trägt.
Dies kann von Fall zu Fall unterschiedlich beurteilt werden:

529 Geht mit der Veräußerung des Grundstücks allein die Trägerschaft auf den Erwerber über,
ohne dass die öffentliche Zweckbindung geändert wird, kann eine **unentgeltliche Übertragung** in Betracht kommen, denn Gemeinbedarfsflächen werfen i. d. R. keinen Ertrag ab,
sondern verursachen bei dem Träger eher nur Kosten. Dies betrifft insbesondere die im
Gemeingebrauch befindlichen Verkehrs- und Grünflächen, für deren Übertragung die
gesetzlichen Regelungen deshalb regelmäßig keine Entschädigung vorsehen (vgl. § 6 Abs. 1 b
FStrG)[258]. Dies stützt sich auf die ständige Rechtsprechung des BVerfG[259], nach der Art. 14
GG als Grundrecht nicht das Privateigentum, sondern das Eigentum Privater schützt. Dem-

zufolge „greift" ein Grundrechtsschutz z. B. nicht, soweit gemeindliches Eigentum der Erfüllung öffentlicher Aufgaben dient. Infolgedessen gibt es für solche Flächen weder eine Bestands- noch eine Wertgarantie.

Das **Fernstraßengesetz** sieht deshalb wie die Straßengesetze der Länder beim Wechsel der **530** Straßenbaulast einen entschädigungslosen Eigentumsübergang an Straßenbaugrundstücken vor. Grundsätzlich ist es auf Grund der vorstehend erläuterten Rechtslage bei alledem unerheblich, ob das **Straßengrundstück** Straße bleibt oder ob es für andere öffentliche Aufgaben Verwendung finden soll, jedoch wird man den entschädigungslosen Übergang auf solche Gemeinbedarfsflächen beschränken müssen, die für den bisherigen Träger entbehrlich geworden sind, weil sonst die Erfüllung seiner öffentlichen Aufgaben gefährdet wäre. Ist er auf Grund seines Verfassungsauftrags gehalten, Ersatz zu beschaffen, oder wird seine Vermögenslage im Hinblick auf seine sonstigen Aufgaben beeinträchtigt, muss man ihm einen lastenausgleichsähnlichen Anspruch auf Kostenausgleich für die Ersatzbeschaffungsmaßnahmen unter Anwendung der anerkannten Grundsätze, wie Vorteilsausgleich und einem Abzug hinsichtlich „Neu für Alt" einräumen[260].

Für den „Empfänger" unentgeltlich abgetretener Gemeinbedarfsflächen kann im Übrigen **531** sogar der **Fall eines Unwerts** auftreten, wenn z. B.

– Entschädigungsansprüche auf den Erwerber übergehen oder
– unterlassene Instandsetzungen an baulichen Anlagen übernommen werden.

Dies kann entsprechend den Gegebenheiten des Einzelfalls durch Einrechnung solcher Kosten in den Preis berücksichtigt werden.

Eine unentgeltliche Übertragung wird bei **Fortführung der abstrakt gleichen Gemeinbe-** **532** **darfsnutzung** durch den Erwerber i. d. R. jedoch abzulehnen sein, **wenn sich der Nutzerkreis ändert.** Wird z. B. eine von Militärangehörigen genutzte Schule infolge eines Truppenabzugs zum Zwecke der „Nachnutzung durch andere Schüler" veräußert, so kann es billig sein, den Erwerbspreis nach den ersparten Kosten zu bemessen, die für die Errichtung der Schule für einen „anderen" Nutzerkreis aufzubringen wären; in diesen Fällen ist dem nachstehend vorgestellten „Beschaffungswertprinzip" der Vorzug zu geben.

– In der Praxis wird häufig die Auffassung vertreten, dass sich beim Übergang einer Gemeinbedarfsfläche auf einen anderen Träger der **Preis** des Grundstücks **nach** dessen **Zustand** bemisst, **der beim erstmaligen Erwerb dieser Fläche ggf. unter Anwendung des Vorwirkungsgrundsatzes maßgebend war,** wobei zwischenzeitliche Änderungen der allgemeinen Wertverhältnisse berücksichtigt werden **(historisches Beschaffungswertprinzip).** Wurde z. B. die Fläche erstmalig (vor langer Zeit) im Außenbereich zum Preis für landwirtschaftliche Flächen erworben, so würde sich der Preis für den nachfolgenden Gemeinbedarfsträger wiederum nach den heutigen landwirtschaftlichen Verkehrswerten bemessen, auch wenn zwischenzeitlich auf Grund der allgemeinen städtebaulichen Entwicklung die Bebauung an die Flächen herangerückt ist oder sie sogar bereits umschlossen hat.

Eine sinnvolle Modifikation dieses Beschaffungswertprinzips besteht darin, dass auch die bis zum Wertermittlungsstichtag eingetretene allgemeine städtebauliche Entwicklung berücksichtigt wird. Der Preis bemisst sich dann nach dem Wert des Grundstücks, der sich nach Fortfall des bisherigen Gemeinbedarfszwecks, jedoch unter Anwendung des Vorwirkungsgrundsatzes für den künftigen Gemeinbedarfszweck nach den Verhältnissen

257 BGH, Urt. vom 20. 4. 1989 – III ZR 237/87 –, BRS Bd. 53 Nr. 129
258 VG Freiburg, Urt. vom 1. 10. 1969 – VS I 186/68 –, EzGuG 18.45
259 B VerfG, Beschl. vom 8. 7. 1982 – 2 BvR 118/80 –, EzGuG 6.216a; BGH, Urt. vom 31. 11. 1974 – III ZR 45/72 –, EzGuG 18.67
260 BGH, Urt. vom 24. 3. 1959 – VI ZR 90/58 –, EzGuG 6.39; OLG Celle, Urt. vom 30. 7. 1959 – 7 U 23/58 –, EzGuG 6.44; BGH, Urt. vom 11. 7. 1963 – III ZR 133/62 –, EzGuG 6.71a

am Wertermittlungsstichtag ergeben würde (**aktualisiertes Beschaffungswertprinzip**). Für eine ursprünglich zu landwirtschaftlichen Preisen erworbene Fläche kann sich danach ein Bauerwartungslandpreis ergeben, wenn zwischenzeitlich eine dahingehende städtebauliche Entwicklung in der Umgebung eingetreten ist. Soweit es sich dabei um eine kleinere und nunmehr in einem im Zusammenhang bebauten Ortsteil gelegene Fläche handelt, kann sich sogar die Qualität baureifes Land ergeben. Der Erwerber wird bei Anwendung dieses Prinzips so gestellt, wie er am Wertermittlungsstichtag bei erstmaligem Erwerb auch sonst stehen würde. Der Veräußerer partizipiert demgegenüber an der allgemeinen städtebaulichen Entwicklung, ohne dass er planungsbedingte Werterhöhungen in Anspruch nimmt.

533   **Nr. 6.3.5.2 der WertR**[261] führt hierzu aus:

„a) Der Wert einer Gemeinbedarfsfläche (einschließlich sog. Konversionsflächen), die unter Änderung der öffentlichen Zweckbindung einem anderen Gemeinbedarf zugeführt werden soll (sog. bleibende Gemeinbedarfsflächen), bemisst sich vorbehaltlich des unter b) geregelten Falles nach dem Entwicklungsstand, der sich im Falle des ersatzlosen Wegfalls der bisherigen öffentlichen Zweckbindung (z. B. militärische Nutzung) auf Grund der allgemeinen Situationsgebundenheit (Umgebungssituation einschließlich deren Planungsrechte, Lage, Erschließungszustand, verkehrliche Anbindung, wirtschaftlich und städtebaulich sich aufdrängende Nutzbarkeit baulicher Anlagen) für das Grundstück ergibt. Für die Wertermittlung maßgeblich sind die Verhältnisse unmittelbar vor dem Zeitpunkt, zu dem das Grundstück infolge der künftigen öffentlichen Zweckbestimmung von der konjunkturellen Weiterentwicklung ausgeschlossen worden ist. Wertänderungen, insbesondere Wertverbesserungen auf Grund von Erschließungsmaßnahmen, die der ‚weichende' Eigentümer durchgeführt oder durch entsprechende Beiträge entgolten hat, sind zu berücksichtigen, soweit sie im Rahmen einer geordneten städtebaulichen Entwicklung unter wirtschaftlichen Gesichtspunkten der künftigen Gemeinbedarfsnutzung dienlich sein können.

b) In den übrigen Fällen, in denen eine Ersatzbeschaffung im Einzelfall nachweislich geboten und notwendig ist, bemisst sich der Wert der abzugebenden Fläche in sinngemäßer Anwendung der Nummer 6.3.3.3 nach dem Verkehrswert der ersatzweise zu beschaffenden Fläche (Ersatzbeschaffungsprinzip), wobei Vor- und Nachteile auszugleichen sind."

– Die mancherorts bestehende Gepflogenheit, den **Wert einer Gemeinbedarfsfläche nach einem bestimmten Prozentsatz des angrenzenden privatwirtschaftlich nutzbaren baureifen Landes** zu bemessen, wird dagegen grundsätzlich abgelehnt, weil dies ein letztlich willkürlicher und nicht begründbarer Ansatz wäre. Allenfalls bei der Wertermittlung von Vorgartenflächen kann diese Vorgehensweise („pauschalierte *Bruchteilsbewertung*") unter bestimmten Voraussetzungen zur Anwendung kommen (vgl. Rn. 562 ff., § 7 Rn. 170 ff.).

– Abzulehnen ist des Weiteren die Praxis, den **Wert einer Gemeinbedarfsfläche nach dem Verkehrswert zu bemessen, der sich fiktiv im Falle einer Aufhebung der öffentlichen Zweckbindung für das Grundstück nach „fingierter" Maßgabe des § 34 BauGB und der sog. Umgebungsbebauung ergeben würde.** Da bei einem auf Dauer der öffentlichen Zweckbindung vorbehaltenen Grundstück gerade nicht mit der Aufhebung der öffentlichen Nutzung zu rechnen ist, muss diese Vorgehensweise zu sachlich nicht vertretbaren (i. d. R. „übersetzten") Ergebnissen führen.

– Schließlich ist auch die Praxis abzulehnen, als Wert der Gemeinbedarfsfläche einen **Anerkennungsbetrag**[262] festzusetzen, da auch diese Methode letztlich willkürlich wäre (so aber Nr. 6.3.3.1 WertR). Der BGH[263] hat in seiner Rechtsprechung vom 11. 6. 1970 bei der Ermittlung der Entschädigung als Anhaltspunkt den Betrag gewählt, den der Grundeigentümer als Notwegerente erhalten könnte. Dabei ging es aber speziell um ein Grundstück, das seit mehreren Jahren für eine neue Siedlung als Verbindungsweg zum allgemeinen Wegenetz hergerichtet und verwendet worden ist, bei dem aber die förmliche Widmung zur öffentlichen Straße und die vorgesehene Übereignung an die Gemeinde unterblieben waren.

534   Soweit mit der Aufgabe der bisherigen Gemeinbedarfsnutzung **Ersatzbeschaffung geboten** ist (Verlagerungsfall), entspricht es nach der hier vertretenen Auffassung i. d. R. allgemeinen Grundsätzen der Billigkeit wenn als Preis der zu übertragenden Gemeinbedarfsfläche die **Kosten** angesetzt werden, **die der Verkäufer unter vernünftiger Mitwirkung aufbringen müsste, um die bisher ausgeübte Nutzung an anderer Stelle fortzusetzen.** Vor- und Nachteile sind dabei in entsprechender Anwendung des § 5 LBG auszugleichen. Bei der Ermittlung des Verkehrswerts des Ersatzgrundstücks können die allgemeinen Grundsätze der Verkehrswertermittlung Anwendung finden[264]. Soweit dabei vormals privatwirtschaftlich nutzbare Grundstücke einer öffentlichen Zweckbindung unterworfen werden, sind die Ausführungen unter Rn. 537ff. zu beachten. Im Ergebnis hält sich bei dieser Betrachtungsweise der abgebende Gemeinbedarfsträger schadlos, während der künftige Gemeinbedarfsträger als Preis die Kosten zu entrichten hat, die durch die Übernahme der Gemeinbedarfsflächen verursacht werden.

Ist eine Ersatzlandbeschaffung nicht erforderlich, wird mitunter gleichwohl von fiktiven Maßnahmen ausgegangen **(fiktives Ersatzbeschaffungsprinzip).** Dies kann allerdings für den Erwerber unbillig sein, wenn nämlich auf Grund der örtlichen Verhältnisse die Ersatzlandbeschaffung im Vergleich zu dem in der abzugebenden Gemeinbedarfsfläche investierten Kapital unverhältnismäßig hohe Kosten verursachen würde. Zur Vermeidung einer unbilligen Bereicherung des Veräußerers kann die Grenze bei dem Verkehrswert gezogen werden, den der veräußernde Gemeinbedarfsträger beim erstmaligen Erwerb dieser Fläche unter Berücksichtigung zwischenzeitlicher Änderungen in den allgemeinen Wertverhältnissen hätte aufbringen müssen (vgl. Rn. 532). **535**

In den bisherigen Ausführungen ist davon ausgegangen worden, dass eine Gemeinbedarfsfläche *ausschließlich* einer Nutzung für öffentliche Zwecke vorbehalten ist. In einer Reihe von Fällen ist aber nicht auszuschließen, dass die **vorgegebene Nutzung auch von einem privaten Bedarfsträger mit eingeschränkter Rendite ausgeübt wird.** In diesen Fällen lässt sich der Wert dieser Flächen auf der Grundlage der eingeschränkten Rendite ermitteln, wobei die sich für einen privaten Bedarfsträger ergebenden Vor- und Nachteile angemessen berücksichtigt werden müssen. Öffentliche Gebühren sind dabei nicht als Erträge berücksichtigungsfähig[265]. **536**

▶ *Zur Verfahrenswahl bei bebauten Grundstücken vgl. § 7 Rn. 86*

6.7.4 Künftiger Gemeinbedarf

6.7.4.1 Allgemeines

▶ *Zur Verfahrenswahl vgl. § 7 WertV Rn. 142 ff.; zur Bewertung von Gemeinbedarfsflächen in Umlegungsgebieten vgl. Teil VI Rn. 100 ff.; zur Erhebung von Ausgleichsbeträgen für Gemeinbedarfsflächen vgl. § 28 WertV Rn. 208 ff.*

Flächen, die auf Grund von rechtsverbindlichen Festsetzungen z. B. in einem Bebauungsplan aber auch in Fachplanungen (erstmalig) einer öffentlichen Zweckbindung unterworfen worden sind, können zugunsten des Bedarfsträgers im Wege der Enteignung erworben werden (vgl. § 29 WertV Rn. 5 ff.). Die **für die Bemessung der Enteignungsentschädigung maßgeblichen Grundsätze** (vgl. § 29 WertV Rn. 71 ff.) **müssen** deshalb grundsätzlich **bei der Bewertung dieser Flächen Beachtung finden.** Dies gilt für den Fall des Erwerbs solcher Flächen durch den Bedarfsträger gleichermaßen wie für den Fall des Erwerbs durch einen Dritten. Auch das angemessene Angebot zur Vermeidung einer Enteignung muss sich **537**

261 BAnz Nr. 58 vom 24. 3. 1994 = GuG 1994, 168
262 OLG Hamm, Urt. vom 3. 12. 1954 – 9 U 222/52 –, EzGuG 18.2; OLG Hamm, Urt. vom 27. 6. 1965 – 16 U 1/64 –, EzGuG 18.27; 1/10 des Baulandwerts; von einem symbolischen Wert spricht das OLG Bremen, Urt. vom 11. 1. 1970 – UB 13/68 a –, EzGuG 18.47
263 BGH, Urt. vom 11. 6. 1970 – III ZR 7/69 –, EzGuG 18.51
264 BGH, Urt. vom 12.10. 1970 – III ZR 117/67 –, EzGuG 2.10
265 Nr. 6.3.3.2. WertR (a. a. O.)

an der zu gewährenden Entschädigung ausrichten. Dabei ist Gegenstand der Enteignungsentschädigung nicht nur die Entschädigung für den Rechtsverlust des Grundstücks (Verkehrswert), sondern auch die Entschädigung für sonstige Vermögensnachteile (Folgeschäden), die mit dem Substanzverlust verbunden sind (§ 29 WertV Rn. 90 ff.).

Die Bewertung künftiger Gemeinbedarfsflächen nach den jeweils maßgeblichen Entschädigungsbestimmungen stellt bei alldem die **fundierteste Bewertungsmethodik** dar, die in
der Praxis allerdings zunehmend durch pauschalierende Methoden und vor allem durch die
Praxis des freihändigen Grunderwerbs zur Vermeidung von Enteignungen ausgehöhlt wird
(vgl. Rn. 543 ff.).

6.7.4.2 Bewertung nach dem Vorwirkungsgrundsatz

▸ *Allgemeines zum Vorwirkungsgrundsatz vgl. § 29 WertV Rn. 116 ff.*

538 Nach der gefestigten Rechtsprechung zum Grundsatz des **Ausschlusses von der konjunkturellen Weiterentwicklung** (Institut der Vorwirkung) bemisst sich der Wert von Flächen,
die auf Grund rechtsverbindlicher Festsetzungen einer öffentlichen Zweckbindung unterworfen worden sind (Gemeinbedarfsflächen), grundsätzlich nach dem **Entwicklungszustand der Fläche,** die **in dem Zeitpunkt** bestand, **zu dem eine Enteignung mit Sicherheit
und hinreichender Bestimmtheit zu erwarten war** (Zeitpunkt des Eingriffs)[266]. Bei einem
sich länger hinziehenden Enteignungsvorgang ist der enteignende Eingriff mit Sicherheit zu
erwarten, wenn ein ursächlicher Zusammenhang zwischen vorbereitenden Maßnahmen, wie
vorbereitenden Planungen, Veränderungssperren, Zurückstellung von Baugesuchen und dgl.,
und dem späteren Eigentumsentzug auf der Grundlage rechtsverbindlicher Festsetzungen für
öffentliche Zwecke (Bebauungsplan) besteht. In den vorbereitenden Maßnahmen und der späteren Enteignung muss dabei ein einheitlicher Vorgang bestehen.

Mit dem Institut der Vorwirkung wird aber nur die Qualität der Fläche – der Entwicklungszustand – festgeschrieben. Ausgehend von diesem Entwicklungszustand sind der Bewertung die allgemeinen Wertverhältnisse auf dem Grundstücksmarkt zum Wertermittlungsstichtag zu Grunde zu legen, d. h., es wird der Wert nach dem Entwicklungszustand „von
damals" und nach den allgemeinen Wertverhältnissen „von heute" ermittelt:

539 Bei **freiwilliger Besitzüberlassung** ist auf den vertraglich vereinbarten Übergabetag abzustellen[267].

Grundsätzlich ist **zwischen zwei Fällen zu unterscheiden:**

a) Die Festsetzung, auf Grund derer die Enteignung für den Gemeinbedarf mit Sicherheit
und hinreichender Bestimmtheit erwartet werden konnte, „schneidet" die Entwicklung,
z. B. einer land- oder forstwirtschaftlich genutzten Fläche zum höherwertigeren Bauland ab. In diesem Fall ist der Bewertung die zu diesem Zeitpunkt gegebene Qualität,
z. B. Bauerwartungsland zu Grunde zu legen.

540 Wird im Verlauf eines **sich länger hinziehenden Enteignungsvorgangs** noch vor dem
erstmaligen Erwerb der Fläche durch die öffentliche Hand eine bestimmte öffentliche
Zweckbindung in eine andere Gemeinbedarfsnutzung abgeändert, so könnte in Betracht
gezogen werden, der Bewertung weiterhin den Grundstückszustand zu Grunde zu legen,
den die Fläche vor dem ersten Zeitpunkt des Eingriffs hatte, wenn zwischenzeitlich eine
Aufhebung der öffentlichen Zweckbindung nicht erwartet werden konnte *(Verkettung
der Vorwirkung)*. In diesen Fällen wäre also auf den erstmaligen Ausschluss von der qualitativen Weiterentwicklung des Grundstücks abzustellen, weil es auf eine bestimmte
öffentliche Zweckbestimmung nicht ankomme[268]. Dies kann jedoch bei sog. „bleibenden
Gemeinbedarfsflächen" für den „abgebenden Gemeinschaftsbedarfsträger" zu einem
unbilligen Ergebnis führen. Die Praxis bedient sich deshalb in derartigen Fällen des sog.
aktualisierten Beschaffungswertprinzips (vgl. Rn. 532 ff. und § 29 WertV Rn. 131, 138).

b) Mit der Festsetzung, auf Grund derer die Enteignung für den Gemeinbedarf mit Sicherheit und hinreichender Bestimmtheit erwartet werden konnte, wird eine privatwirtschaftlich als baureifes Land i. S. d. § 4 Abs. 4 nutzbare Fläche herabgezont (**Herabzonung**). In diesen Fällen bemisst sich der Wert dieser Flächen nach der in Anwendung des Planungsschadensrechts (§§ 39 ff. BauGB) zu gewährenden Entschädigung. Soweit nur Teilflächen betroffen sind, kann der Eigentümer in besonders gravierenden Fällen ein Übernahmeverlangen bezüglich der betroffenen Gesamtfläche des Grundstücks stellen. Die Entschädigung bemisst sich dabei nach der bisher zulässigen Nutzung, ggf. nach Maßgabe der Reduktionsklausel des § 43 Abs. 4, des § 95 Abs. 2 i. V. m. den §§ 40 bis 42 und des § 153 Abs. 1 BauGB (vgl. § 26 und § 29 WertV). **541**

Zur **Vorwirkung nach vorkonstitutionellem** Recht sind von der Rechtsprechung folgende Grundsätze entwickelt worden: **542**

Ist die Teilfläche eines Grundstücks nach den Vorschriften des Pr. Fluchtliniengesetzes vom 2. 7. 1875 (GS 1875, 651) – in dem zu entscheidenden Fall im Jahr 1930 – zu Straßenland herabgestuft worden, so ist, auch wenn die Teilfläche erst unter der Herrschaft des Grundgesetzes (hier: 1970) zur Verbreiterung einer Straße herangezogen wird, bei der Ermittlung der Entschädigung die Qualitätsstufe zu Grunde zu legen, die das Grundstück vor der endgültigen Festsetzung der Fluchtlinie besessen hatte[269].

Wird durch die Festsetzung von Baulinien nach Münchner Baurecht[270] die Teilfläche eines unbebauten Grundstücks von Bauland zu Straßenland herabgestuft, so liegt darin eine Teilenteignung. War diese Teilenteignung nach dem damals geltenden Recht[271] entschädigungslos zulässig (sog. altrechtliche Verkehrsfläche), so ist für die Ermittlung einer Entschädigung für die unter der Herrschaft des Grundgesetzes vorgenommene Vollenteignung (Entziehung des Grundeigentums) von der Grundstücksqualität Straßenland auszugehen[272].

Nach Art. 13 Abs. 2 des BayStWG ist in *Bayern* die Wertermittlung unter Anwendung des Vorwirkungsgrundsatzes nur innerhalb einer 30jährigen Verfährungsfrist (§ 195 BGB), in der zugleich ein Übernahmeanspruch besteht, zulässig[273].

Ist in dem zum früheren Land Württemberg-Hohenzollern gehörenden Landesteil von *Baden-Württemberg* nach In-Kraft-Treten der Verfassung vom 18. 5. 1947 (RegBl. 1947, 1) eine enteignende Maßnahme auf Grund des (Reichs-)Naturschutzgesetzes getroffen worden, so ist eine angemessene Entschädigung nach Art. 153 Abs. 2 Satz 2 WRV zu leisten[274].

---

266 Kleiber in Ernst/Zinkahn/Bielenberg, BauGB, Komm. zu § 4 WertV, Rn. 92 ff.; weiteres Schrifttum: Dresen in Nachr. der rh.-pf. Kat.- und VermVw 1988, 180; Kuscha in Nachr. der nds. Kat.- und VermVw, 1974, 124 ff. und 133; Uebelhoer in Nachr. der nds. Kat.- und VermVw 1974, 131

267 BGH, Urt. vom 6. 4. 1995 – III ZR 27/94 –, GuG 1995, 310 = EzGuG 18.117; BGH, Urt. vom 23. 11. 1972 – III ZR 77/70 –, EzGuG 4.38; BGH, Urt. vom 8. 11. 1990 – III ZR 364/89 –, GuG 1991, 99 = EzGuG 6.257

268 BGH, Urt. vom 13. 12. 1962 – III ZR 164/61 –, EzGuG 6.67

269 BGH, Urt. vom 26. 4. 1990 – III ZR 194/88 –, BRS Bd. 53 Nr. 128; BGH, Urt. vom 17. 11. 1988 – III ZR 210/87 –, EzGuG 18.109; BGH, Urt. vom 14. 1. 1982 – III ZR 134/80 –, EzGuG 6.214; BGH, Urt. vom 2. 2. 1978 – III ZR 90/76 –, EzGuG 18.81; ferner BGH, Urt. vom 24. 10. 1955 – III ZR 121/54 –, EzGuG 6.16; BGH, Urt. vom 9. 5. 1960 – III ZR 79/59 –, EzGuG 6.50; BGH, Urt. vom 27. 9. 1962 – III ZR 40/61 –, EzGuG 6.62; BayObLG, Urt. vom 29. 4. 1974 – 2 Z 152/72 –, EzGuG 6.167; zu AGBGB Bay. Art. 125 a. F. hierzu auch BGH, Urt. vom 10. 7. 1975 – III ZR 161/72 –, EzGuG 6.180

270 Gesetz vom 17. 11. 1837 betr. die Zwangsabtretung von Grundeigentum für öffentliche Zwecke – ZAG – (GBl. 1837, 109) i. d. F. des Gesetzes vom 19. 5. 1918 (GVBl. 1918, 289)

271 2. Verordnung zur Sicherung von Wirtschaft und Finanzen vom 5. 6. 1931 – Zweite NotVO – (RGBl. I 1931, 278), unbefristet verlängert durch Gesetz vom 31. 5. 1939 (RGBl. I 1939, 649)

272 BGH, Urt. vom 8. 12. 1977 – III ZR 163/75 –, EzGuG 18.82; BGH, Urt. vom 3. 3. 1988 – III ZR 162/85 –, EzGuG 6.241.

273 Siedler/Zeidler, Bay. Straßen- und Wegegesetz, Art. 13 Rn. 22.

274 BGH, Urt. vom 20. 9. 1984 – III ZR 198/82 –, EzGuG 6.226; BGH, Urt. vom 26. 1. 1984 – III ZR 179/82 –, EzGuG 4.97

6.7.4.3   Freihändiger Ankauf

543   Wie bereits unter Rn. 537ff. dargelegt, bemisst sich der Verkehrswert künftiger Gemeinbedarfsflächen auch bei freihändigem Ankauf nach dem Wert, der unter Berücksichtigung des **Instituts der Vorwirkung** zu entschädigen wäre (Entschädigungswert).

544   Die für die Bemessung der Enteignungsentschädigung maßgeblichen Grundsätze müssen aus grundsätzlichen Erwägungen auch bei der Verkehrswertermittlung bei freihändigem Erwerb gelten[275]. Dies folgt auch aus allgemeinen Haushaltsgrundsätzen, die zur sparsamen und wirtschaftlichen Verwendung von Haushaltsmitteln anhalten.

Dem trägt die Praxis allerdings oftmals dann nicht Rechnung, wenn die Vorwirkung auf den land- oder forstwirtschaftlichen Entwicklungszustand hinausläuft. So muss festgestellt werden, dass öffentliche Bauträger für künftige Gemeinbedarfsflächen im Außenbereich **Kaufpreise** zahlen, **die deutlich über den Kaufpreisen benachbarter der Land- oder Forstwirtschaft weiterhin vorbehaltener Flächen** i. S. d. § 4 Abs. 1 Nr. 1 **liegen.** Dies ist darauf zurückzuführen, dass einerseits die Eigentümer danach trachten, an der Umwidmung zu partizipieren, und andererseits die Bedarfsträger zur Vermeidung einer Enteignung Preiszugeständnisse machen[276]. Die tatsächlich vereinbarten (überhöhten) Kaufpreise sind vornehmlich mit

– dem erschließungsbeitragspflichtigen (ebp) Bodenrichtwert des nächstgelegenen Wohnbaulandes und

– der Entfernung zum Rand der zugehörigen Bodenrichtwertzone korreliert (vgl. Rn. 550 ff.).

545   Dass in der Praxis das **Marktgeschehen durch überhöhte Preise gekennzeichnet** ist, kann auf ein unzweckmäßig geregeltes Enteignungsverfahren zurückgeführt werden. In Zeiten steigender Baukosten ist es mitunter wirtschaftlicher, überhöhte Preise zu zahlen, als durch Verzögerungen eine Verkürzung des Bauvorhabens hinzunehmen[277].

546   In der Praxis werden deshalb zur **Vermeidung einer Enteignung** vielfach Preise bezahlt, die deutlich über dem liegen, was nach dem Vorwirkungsgrundsatz zu gewähren wäre. Die Praxis ist von einer allgemeinen Unsicherheit geprägt, die sich darin manifestiert, dass die Wertermittlung z. B. dadurch manipuliert wird, dass ein vorhandener Aufwuchs (quasi zum Ausgleich) überbewertet wird oder man sich auf das allgemeine Marktgeschehen beruft. Dies spiegelt sich auch in der Rechtsprechung wider. Während nach Auffassung des OLG Köln[278] **überhöhte Preiszugeständnisse zum Zwecke eines zügigen Erwerbs** und zur Vermeidung einer Enteignung nicht dem gewöhnlichen Geschäftsverkehr zuzurechnen sind, lassen andere Gerichte den Willen der Vertragsparteien gelten[279]. Das OLG Frankfurt am Main hat hieraus sogar den Schluss gezogen, dass die Beteiligung der öffentlichen Hand keine Gewähr dafür biete, dass der Verkehrswert objektiv ermittelt werde[280].

547   Man kommt bei alledem nicht umhin festzustellen, dass die *Großzügigkeit der Praxis,* beim freihändigen Erwerb von Flächen, die zu einem (geringeren) Entschädigungswert enteignet werden könnten, im Ergebnis zu einem selbstgeschaffenen **Teilmarkt** führen kann[281]. Von der allgemeinen Übung beim Erwerb von Gemeinbedarfsflächen kann unter Beachtung des Gleichheitsgrundsatzes dann nur schwer abgewichen werden[282].

548   Diese **Praxis findet** (leider) **große Verbreitung:**

a) Straßenbau

549   Bei der Bemessung des Ankaufspreises für Ortsumgehungsstraßen im Außenbereich gehen z. B. die Straßenbauämter im Rhein-Main-Gebiet zwar (je nach Situation) vom inner- bzw. außerlandwirtschaftlichen Verkehrswert i. S. d. § 4 Abs. 1 WertV aus, lassen jedoch in Abhängigkeit zur Ortsnähe folgende **Ortsrandentfernungszuschläge**[283] zu:

Wiesbaden-Erbenheim

0– 50 m	+	100 %	100 %
50–100 m	+	70 %	50 %
100–150 m	+	60 %	40 %
150–200 m	+	50 %	30 %
200–300 m	+	40 %	10–20 %
300–400 m	+	30 %	5 %
400–500 m	+	20 %	
500–600 m	+	10 %	
600–700 m	+	5 %	
über 700 m	+	0 %	

b) Öffentliche Grünflächen/Sportplätze

Eine Umfrage von *Füllekrug* hat z. B. ergeben, dass 1994 von den örtlichen Gutachteraus- **550** schüssen für Grundstückswerte für den Erwerb von Flächen, die erstmals einer Nutzung als **öffentliche Grünfläche** bzw. als **öffentliche Sportfläche** zugeführt werden sollten, als Ankaufspreis vielfach das 1,5 bis 5,0fache (sic) des Werts des (begünstigten) Agrarlandes empfohlen wurde (Abb. 46):

Abb. 46: Agrarlandpreise/Preise für Sportplatzflächen[284]

	Vergleichsstadt	Bodenpreise für Agrarland	vom Gutachterausschuss vorgeschlagene Bodenpreise für Sportplatzflächen, öffentliche Grünflächen	Faktor Sportplatzflächen/ Agrarland
1	Bad Harzburg	1,75–2,25 €	max. 5,00 €	ca. 2,5fach
2	Hannover	max. 3,25 €	12,50–17,50 €	ca. 5,0fach
3	Baden Baden	5,00–7,50 €	max. 5,00 €	ca. 1,5fach
4	Iffezheim (Baden B.)	7,50-10,25 €	7,50–10,00 €	ca. 1,5fach
5	Braunschweig	max. 3,25 €	6,50– 9,00 €	ca. 2,5fach
6	Hamburg	1,35–3,00 €	7,50–10,00 €	ca. 3,5fach
7	Mainz	5,00–7,50 €	max. 25,00 €	ca. 4,0fach
			im Mittel	3,0fach

275 BGH, Urt. vom 20. 11. 1967 – III ZR 161/65 –, EzGuG 6.110; BGH, Urt. vom 17. 10. 1974 – III ZR 53/72 –, EzGuG 6.171; BGH, Urt. vom 27. 6. 1966 – III ZR 202/65 –, EzGuG 6.89; Ernst Zinkahn/Bielenberg, BauGB § 87 Rn. 82; § 194 Rn. 148; Büchs, Grunderwerb und Entschädigung beim Straßenbau, 2. Aufl. 1980, S. 84 f.
276 Es ist eine Prüfung angezeigt, ob solche Vergleichspreise dem gewöhnlichen Geschäftsverkehr zurechenbar sind: OLG Köln, Urt. vom 16. 8. 1973 – 7 U 18/73 –, EzGuG 19.25 a
277 Salzwedel, in Erichsen (Hrsg.), Allgemeines Verwaltungsrecht, 10. Aufl. 1995, § 49 Rn. 31; BGH, Urt. vom 21. 10. 1966 – III ZR 210/87 –, EzGuG 18.109; OLG Frankfurt am Main, Urt. vom 20. 3. 1980 – 1 U 198/77 –, EzGuG 19.35c
278 OLG Köln, Urt. vom 16. 8. 1973 – 7 U 18/73 –, EzGuG 19.25 a
279 BGH, Urt. vom 21. 10. 1966 – III ZR 210/87 –, EzGuG 18.109
280 OLG Frankfurt am Main, Urt. vom 20. 3. 1980 – 1 U 198/77 –, EzGuG 19.35 c
281 BGH, Urt. vom 1. 3. 1987 – III ZR 197/82 –, BRS Bd. 45 Nr. 106; BGH, Urt. vom 1. 7. 1982 – III ZR 10/81 –, EzGuG 4.86; OLG Nürnberg, Urt. vom 11. 10. 1989 – 4 U 1748/89 –, GuG 1990, 46 = EzGuG 18.111; BGH, Urt. vom 23. 5. 1985 – III ZR 10/84 –, EzGuG 6.228
282 Dieterich in Ernst/Zinkahn/Bielenberg, § 194 BauGB Rn. 151
283 Köhne, Landwirtschaftliche Bewertungslehre, Hbg. 1978, S. 37
284 Füllekrug in GuG 1994, 85; vgl. auch Borchert, GuG 1994, 337; GuG 1995, 71, 153

551 Weitere (allerdings ältere) Untersuchungen über das **Kaufpreisverhalten beim Ankauf von Flächen, die** auf Grund bauleitplanerischer Ausweisung künftig **als öffentliche Grünfläche** genutzt werden sollen, liegen aus *Niedersachsen* vor.

552 Für **Außenbereichsgebiete in der Nachbarschaft von Wohnbauland** mit einem ebp Bodenrichtwert bis zu 75 €/m² sind von *Ziegenbein*[285] für Entfernungsbereiche

a)   bis   200 m

b) 200 m bis   600 m

c) 600 m bis 1300 m

folgende Abhängigkeiten der gezahlten Kaufpreise von den Bodenrichtwerten für das benachbarte ebp Wohnbauland ermittelt worden (Abb. 47):

Abb. 47: Verhältnis tatsächlich gezahlter Kaufpreise für Flächen, die als öffentliche Grünflächen ausgewiesen sind, zum Bodenrichtwert

Entfernungs-bereiche (m)	Bodenrichtwerte für erschließungsbeitragspflichtiges (ebp) Wohnbauland												
	15	20	25	30	35	40	45	50	55	60	65	70	75 (€/m²)
bis 200 m	0,25	0,21	0,18	0,16	0,15	0,14	0,13	0,12	0,11	0,11	0,11	0,10	0,10
200– 600 m	0,21	0,17	0,15	0,13	0,12	0,11	0,11	0,10	0,10	0,09	0,09	0,09	0,08
600–1300 m	0,17	0,14	0,12	0,11	0,10	0,10	0,09	0,08	0,08	0,08	0,07	0,07	0,07

Beispiel:

– Die als öffentliche Grünfläche ausgewiesene künftige Gemeinbedarfsfläche befindet sich in einer Entfernung von 500 m vom nächstgelegenen Wohnbauland mit einem erschließungsbeitragspflichtigen Bodenrichtwert von 60 €/m²

– (Empirischer) Kaufpreis = 0,09 × 60 €/m² = 5,40 €/m²

553 Zu diesen Untersuchungsergebnissen bleibt anzumerken, dass sie sich nicht auf Kauffälle von Verkehrsflächen bezieht und die Untersuchung des Weiteren gezeigt hat, dass die tatsächlich vereinbarten Kaufpreise nicht mit dem Bodenrichtwert benachbarter Flächen der Land- oder Forstwirtschaft korreliert sind.

Ähnliche Untersuchungen wurden von *Lichtner*[286] im Jahre 1974 für **Friedhofserweiterungs- und Sportplatzflächen** vorgenommen. In Abhängigkeit zum Bodenrichtwert des nächstgelegenen Wohnbaulands ergibt sich der Bodenwert nach folgender Beziehung:

Bodenwert = 0,36 × Bodenrichtwert – 5,46 × Entfernung

wobei:

Bodenrichtwert in €/m²

Entfernung in km zum Rand der Bodenrichtwertzone

Für den Großraum **Hannover** in den Jahren 1982 bis 1984 hat die Überprüfung[287] auf der Grundlage von 90 Kaufpreisen zu folgender Funktion geführt:

$$BW = 0,3 \sqrt{1,502 - 0,6567 \times F^{0,2} + 0,5727 \times BRW^{0,3} - 0,9454 \times E^{0,1}}$$

wobei:

BW   =   Bodenwert = Schätzwert für die Grünfläche in €/m²

F   =   Fläche des Wertermittlungsobjekts in ha (0,03 ≥ F ≥ 9,0)

BRW =   Bodenrichtwert (erschließungsbeitragspflichtig) der nächstgelegenen Bodenrichtwertzone für Wohnbauland in €/m² (15 €/m² ≥ BRW ≥ 100 €/m²)

E   =   Entfernung zum Rand der nächstgelegenen Bodenrichtwertzone für Wohnbauland in km (0,001 km ≥ E ≥ 1,0 km)

6.8   Teilfläche (Vorgarten)

6.8.1   Allgemeines

▶ *Hierzu bereits der Überblick zur Verfahrenswahl bei § 7 Rn. 149 ff.*

Bei der Abtretung von **Teilflächen** – z. B. für die Anlage öffentlicher Verkehrswege (**Vor-** **554** **gärten**) – bemisst sich deren Verkehrswert ebenfalls nach dem Entwicklungszustand, den die Teilfläche ggf. nach Maßgabe der enteignungsrechtlichen Vorwirkung hatte. Für die in bereits bebauten Gebieten für **Straßenlandverbreiterungen** in Anspruch genommenen Vorgärtenflächen ergäbe sich danach ein Entwicklungszustand baureifes Land. Wächst jedoch mit der Abtretung einer Vorgartenfläche gleichzeitig ein im Hinterland gelegener „minderwertiger" Grundstücksteil mit dem Heranrücken der Verkehrswege in eine höhere Qualität hinein, so wird dem Grundstück mit der Abtretung lediglich eine Teilfläche genommen, die wertmäßig dem „minderwertigen" hinteren Grundstücksteil entspricht. Dies ist auch ein Ergebnis des Vorteilsausgleichs. Der schon klassische Fall ist die damit angesprochene **Abtretung von Vorgartenflächen zur Straßenverbreiterung**. Bei über-großen Grundstücken wird dabei – wenn der Vorwirkungsgedanke nicht zum Tragen kommt – zwar eine Fläche mit dem Entwicklungszustand „baureifes Land" abgetreten, auf der anderen Seite wächst das bisher baulich nicht nutzbare Hinterland anteilig in das bau-reife Land hinein. In diesem Zusammenhang wird auch vom „vorgeschobenen Hinterland" gesprochen (Vorderlandabtretung als „vorgeschobenes Hinterland"; vgl. Abb 48).

Abb. 48: Vorderlandabtretung als vorgeschobenes Hinterland

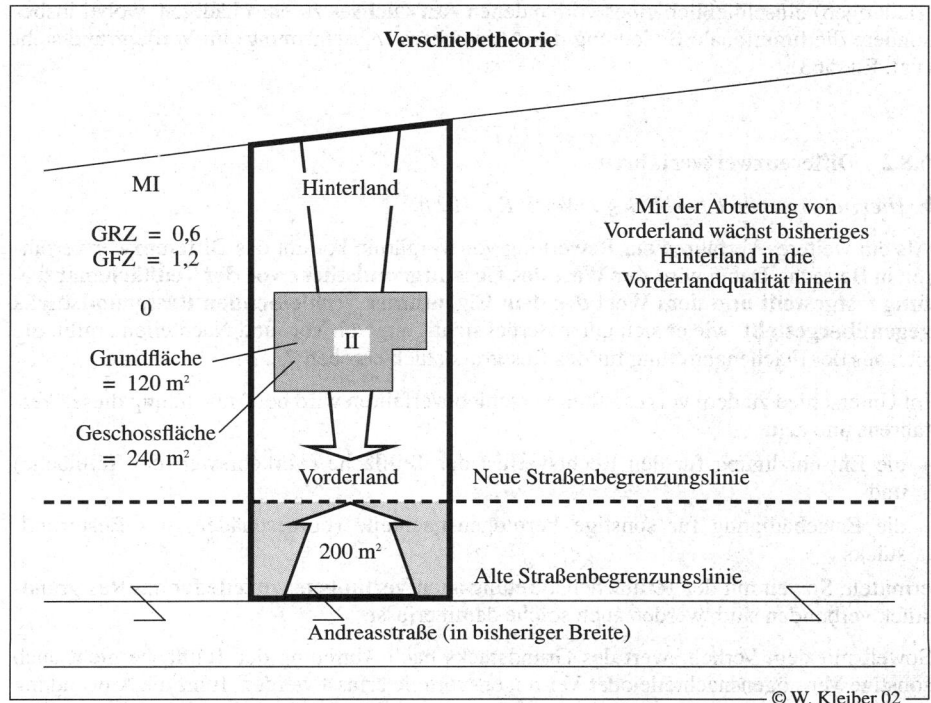

285   Ziegenbein in Nachr. der nds. Kat.- und VermVw 1989, 96; vgl. auch Lichtner in Nachr. der nds. Kat.- und VermVw 1974, 212
286   Lichtner in Nachr. der nds. Kat.- und VermVw 1974, 212
287   Scharnhorst in WF 1989, 114

555 Die **Trennlinie zwischen dem vorderen Bauland und dem Hinterland** ist nach der Rechtsprechung am Ende der Fläche zu ziehen, die bebaut werden darf, zuzüglich der Freifläche, die für die Bebauung erforderlich ist[288].

▶ *Zur Bodenwertermittlung in Abhängigkeit von der Grundstückstiefe vgl. § 14 WertV Rn. 83, 100 ff.*

Die Bewertung der Vorderlandfläche von übertiefen Grundstücken nach dem Wert des Hinterlandes, das mit der Abtretung der Vorderlandfläche in die Vorderlandqualität „hineinwächst", entspricht der sog. Verschiebetheorie. Die Anwendung der **Verschiebetheorie findet** insoweit ihre **Grenzen,** als infolge der Abtretung des Vorderlands ein kleineres Grundstück entsteht, als für die Realisierung der „vor" der Vorderlandabtretung zulässigen Nutzung erforderlich ist. Dabei kann auch der Fall auftreten, dass nur ein Teil der abzutretenden Vorderlandfläche nach den Grundsätzen der „Verschiebetheorie" bewertet wird (zur Abgrenzung zwischen Vorder- und Hinterland vgl. auch § 14 WertV Rn. 85 f.).

Bei Anwendung der Verschiebetheorie (vorgeschobenes Hinterland) wird die Entschädigung für **sonstige Vermögensnachteile des** verbleibenden **Restgrundstücks** nicht erfasst. Diese können sich z. B. aus dem Verlust der sog. Pufferzone zwischen der Bebauung und der näher gerückten Straße ergeben. Hieraus können sich aber auch Wertvorteile für das Restgrundstück etwa durch das Heranrücken der Passantenströme in einer Einkaufsstraße ergeben. Vermögensvor- und -nachteile sind insbesondere bei der Ermittlung von Enteignungsentschädigungen zusätzlich zu ermitteln (vgl. § 5 WertV Rn. 289 ff.).

Des Weiteren ist der Verlust der auf der Vorgartenfläche vorhandenen Einrichtungen (Einfriedungen) einschließlich eines vorhandenen **Aufwuchses** zu entschädigen, wobei insbesondere die funktionale Bedeutung des Aufwuchses (Abschirmung) im Vordergrund steht (vgl. Rn. 563).

6.8.2 Differenzwertverfahren

▶ *Hierzu bereits im Überblick § 7 WertV Rn. 152 ff.*

556 Als ein weiteres Verfahren zur Bewertung von Vorgärten kommt das Differenzwertverfahren in Betracht. Dabei wird **der Wert des Gesamtgrundstücks vor der Teilflächenabtretung festgestellt und dem Wert des dem Eigentümer verbleibenden Restgrundstücks gegenübergestellt,** wie er sich unter Berücksichtigung von Vor- und Nachteilen ergibt, die sich aus der Flächenabtretung für das Restgrundstück ergeben[289].

Im Unterschied zu dem vorgestellten Verschiebeverfahren wird bei Anwendung dieses Verfahrens uno actu

– die Entschädigung für den Rechtsverlust der Teilfläche (Verkehrswert der Teilfläche) und

– die Entschädigung für sonstige Vermögensnachteile (Folgeschäden) des Restgrundstücks

ermittelt. Soweit mit der Teilflächenabtretung auch **Vermögensvorteile** für das Restgrundstück verbunden sind, werden auch solche damit erfasst.

Soweit mit dem Verkehrswert des Grundstücks nach Abtretung der Teilfläche nicht auch sonstige Vermögensnachteile oder Vermögensvorteile erfasst werden, führt die Anwendung des Verfahrens zu dem Ergebnis des vorstehend beschriebenen **Verschiebeverfahrens**. Vermögensvorteile können sich z. B. ergeben, wenn auf Grund der Flächenabtretung zum Vorteil eines gewerblich genutzten (Rest-)Grundstücks der Passantenstrom an die Bebauung herangeführt wird. Vermögensnachteile können sich einstellen, wenn das Heranrücken der Straße die gewerbliche oder sonstige Nutzung des Grundstücks zusätzlich beeinträchtigt.

Aus vorstehenden Gründen hat der BGH im Zusammenhang mit der Teilflächenenteignung **557**
(Vorgarten) für ein mit einem Mehrfamilienhaus bzw. einem Geschäftshaus bebautes
Grundstück erkannt, dass die Teilfläche nicht für sich allein bewertet werden darf. Sowohl
eine getrennte Bewertung der einzelnen Teile, als auch der Ansatz eines „gleichmäßigen
Durchschnittswerts" könne zu Ungerechtigkeiten führen. Als Entschädigung ist vielmehr
der Betrag angemessen, um den sich der frühere Gesamtwert durch die Wegnahme eines
Grundstücksteils vermindert (Differenzwertverfahren)[290].

In aller Regel lässt sich die angemessene Entschädigung für ein abzutretendes Teilgrundstück in der Weise ermitteln, dass der **Wert des Gesamtgrundstücks vor der Enteignung
dem Wert des dem Eigentümer verbleibenden Restgrundstücks gegenübergestellt
wird,** womit gleichzeitig Vor- und Nachteile, die aus der Enteignung für das Restgrundstück folgen, gleich miterfasst werden.

Die damit geforderte Anwendung des Differenzwertverfahrens muss sich allerdings auf die **558**
Anwendung

– des Vergleichswertverfahrens und

– des Sachwertverfahrens

als Grundlage des Differenzwertverfahrens beschränken, da die **Anwendung des Differenzwertverfahrens i. V. m. dem Ertragswertverfahren,** wie noch nachgewiesen wird, **in
aller Regel zu unsachlichen Ergebnissen führt.**

▶ *Zum Vergleichswertverfahren vgl. Rn. 151 ff.*

Beispiel:

Von dem in der nachfolgenden Abb. 49 dargestellten Villengrundstück soll eine Teilfläche **559**
zur Straßenverbreiterung und zum Ausbau des Kreuzungsbereichs abgetreten werden. Auf
Grund der Topographie wird vor der Villa die Errichtung einer Stützmauer erforderlich und
die Zuwegung muss neu geschaffen werden. Auf Grund des Heranrückens der viel befahrenen Straße wird der Verkehrswert des Restgrundstücks erheblich gemindert.

Mit der Entschädigung für die abzutretende Teilfläche einschließlich des sich darauf befin-
denden Bewuchses wird die Wertminderung des Restgrundstücks nicht ausgeglichen.

Im Falle einer Enteignung setzt sich die Entschädigung zusammen aus:

a) der Entschädigung für den Rechtsverlust an der abzutretenden Teilfläche, die sich
gemäß § 95 BauGB nach dem Wert dieser Teilfläche bemisst, und

b) der Entschädigung für die Vermögensnachteile nach § 96 BauGB, die das Restgrundstück hinnehmen muss.

Um die Problematik der Ermittlung der Vermögensnachteile „zu umgehen" bietet es sich
an, die Entschädigung für den Rechtsverlust an der Teilfläche zusammen mit der Entschädigung für die Vermögensnachteile des Restgrundstücks uno actu zu ermitteln, indem der
Verkehrswert des Gesamtgrundstücks (vor der Teilflächenabtretung) dem Verkehrswert des
Restgrundstücks (nach der Teilflächenabtretung) gegenüber gestellt wird (Differenzwertverfahren).

---

288 BGH, Urt. vom 30. 5. 1983 – III ZR 22/82 –, EzGuG 18.93; BGH, Urt. vom 14. 1. 1982 – III ZR 134/80 –,
EzGuG 6.214; BGH, Urt. vom 26. 5. 1977 – III ZR 149/74 –, EzGuG 18.75; BGH, Urt. vom 29. 1. 1970 – III
ZR 30/69 –, EzGuG 18.48; BGH, Urt. vom 10. 10. 1956 – V ZR 35/55 –, EzGuG 6.19; BVerwG, Urt. vom
17. 7. 1958 – 1 C 209/57 –, EzGuG 4.10
289 BGH, Urt. vom 19. 12. 1963 – III ZR 162/63 –, EzGuG 20.35; BGH, Urt. vom 16. 3. 1964 – III ZR 11/63 –,
EzGuG 18.24; BGH, Urt. vom 29. 1. 1970 – III ZR 30/69 –, EzGuG 18.48; BGH, Urt. vom 10. 3. 1977 – III ZR
195/74 –, EzGuG 18.72
290 BGH, Urt. vom 25. 2. 1960 – III ZR 17/59 –, BGHZ 32, 97; BGH, Urt. vom 23. 9. 1957 – III ZR 171/56 –,
EzGuG 18.8

Abb. 49: Abzutretende Teilfläche

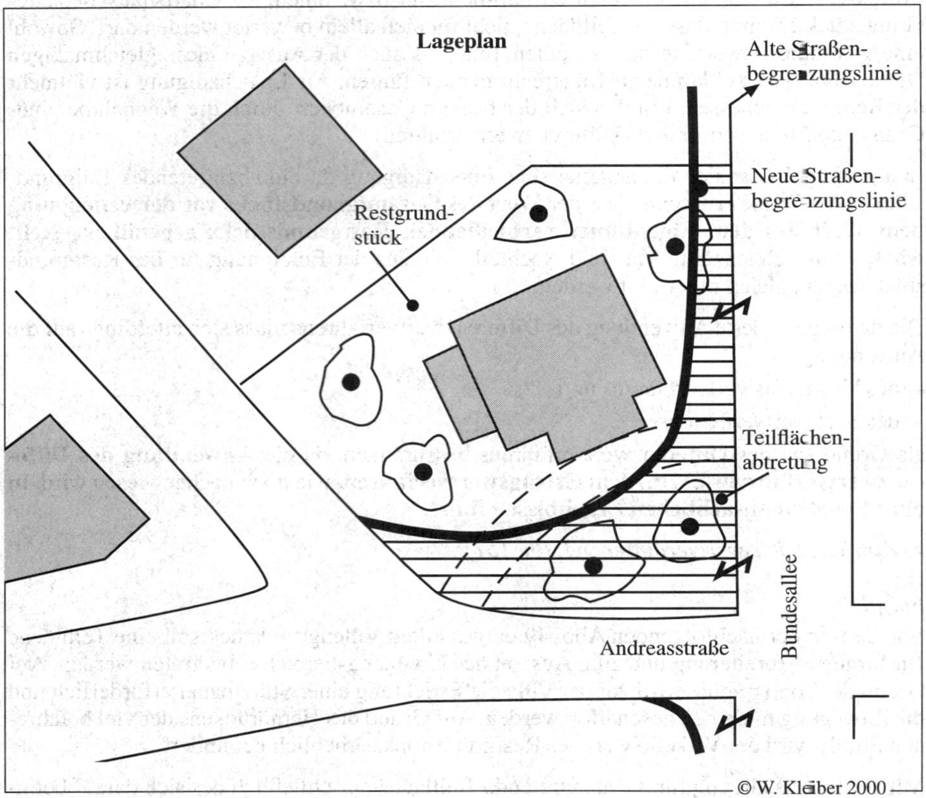

Lageplan

Alte Straßen-
begrenzungslinie

Neue Straßen-
begrenzungslinie

Restgrund-
stück

Teilflächen-
abtretung

Bundesallee

Andreasstraße

© W. Kleiber 2000

560   *a) Differenzwertverfahren auf der Grundlage des Vergleichswertverfahrens*

Wie unter Rn. 555 ausgeführt wurde, muss bei der Abtretung von Vorgartenflächen bebauter
und bebaubarer Grundstücke (baureifes Land) von dem „vollen" Baulandwert ausgegangen
werden, der der abzutretenden Grundstücksfläche entspricht, um das vorhandene Baurecht
auch „voll" auszunutzen. Mit der Abtretung solcher Teilflächen tritt zugleich eine Wertminderung des Restgrundstücks ein, das künftig nur noch in einem geringeren Umfang bebau-

Abb. 50: Lageplan

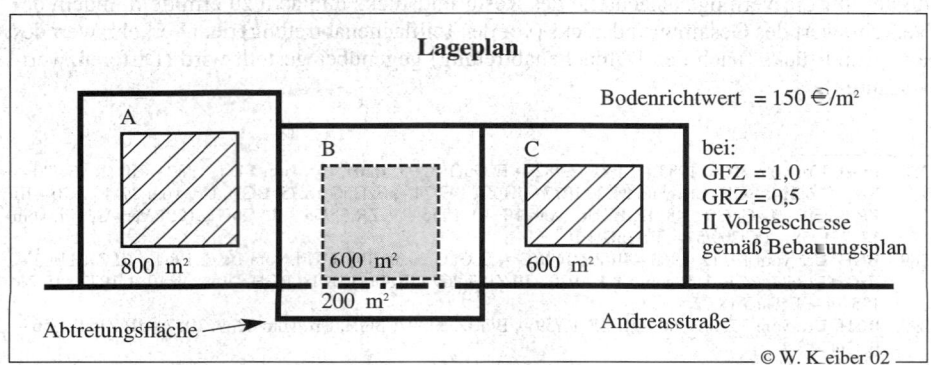

Lageplan

Bodenrichtwert = 150 €/m²

A

B

C

800 m²

600 m²

600 m²

200 m²

bei:
GFZ = 1,0
GRZ = 0,5
II Vollgeschosse
gemäß Bebauungsplan

Abtretungsfläche

Andreasstraße

© W. Kleiber 02

bar ist. Die Entschädigung lässt sich hier in einem Zuge unter Anwendung des **Differenzwertverfahrens** ermitteln. Die Anwendung des Differenzwertverfahrens auf der Grundlage zweier Vergleichswerte ist im Gegensatz zur Anwendung des Differenzwertverfahrens auf der Grundlage zweier Ertragswerte durchaus sachgerecht (Abb. 50, vgl. Rn. 167).

Grundstück A:

Das Grundstück ist „voll" bebaut
Bodenwert BW: 800 m² × 300 €/m² (Bodenrichtwert) = 240 000 €
Geschossfläche: bei GRZ = 0,5 und II Vollgeschossen: 800 m²
Geschossflächenwert: 1 m² = 240 000 €/800 m² = 300 €/m²

Grundstück C:

Geschossfläche bei GRZ = 0,5 und II Vollgeschossen: 600 m²
Bodenwert bei 300 €/m² GF: 600 m² × 300 €/m² = 180 000 €

= Differenz = 60 000 €

entspricht dem vollen Bodenwert der abzutretenden
Teilfläche von 200 m² des Grundstücks B:
BW: 200 m² × 300 €/m² (Bodenrichtwert) = **60 000 €**

Ist nun aber das Grundstück B entsprechend der bisherigen Nutzbarkeit bebaut und kann die Bebauung erhalten bleiben, so wird die Wertminderung mit der **Abtretung der Teilfläche nicht sofort „spürbar"**, d. h. die Wertminderung tritt in „vollem" Umfang erst nach Abgang der baulichen Anlage ein. Als Wertvorteil für das Restgrundstück ergibt sich eine über die bauplanungsrechtliche Nutzbarkeit hinausgehende tatsächliche „Übernutzung" ein. Diesem Vermögensvorteil kann dadurch Rechnung getragen werden, dass der Entschädigungsbetrag für die abzutretende Teilfläche über die Restnutzungsdauer der baulichen Anlage abgezinst wird. Diesem Vermögensvorteil steht darüber hinaus ein Vermögensnachteil gegenüber, der sich aus dem Näherrücken der Straße, d. h. aus dem Verlust der „Pufferzone" zwischen Gebäude und Straßenbegrenzungslinie ergibt. Auch dieser Vermögensnachteil ist ggf. auf den Zeitraum begrenzt, über den die bauliche Anlage voraussichtlich erhalten bleibt.

Beispiel:

b) Differenzwertverfahren auf der Grundlage des Ertragswertverfahrens

Die **Anwendung des Differenzwertverfahrens** ist, wie bereits hervorgehoben, i. d. R. **nur auf der Grundlage des Vergleichs- und Sachwertverfahrens zuverlässig.** Die Anwendung des Differenzwertverfahrens auf der Grundlage der nach dem Ertragswertverfahren ermittelten Verkehrswerte für das Gesamt- und Restgrundstück muss dagegen in aller Regel versagen, wenn die abgetretene Fläche des Grundstücks schon von der Methode des Ertragswertverfahrens her die Ertragsfähigkeit und den Verkehrswert des Restgrundstücks nur sehr gering oder überhaupt nicht beeinflussen kann, so dass das Ergebnis nicht sachgerecht wäre[291].

561

Die **wesentlichen Gründe** werden in der Entscheidung des BGH vom 26. 10. 1972[292] zusammengefasst; in der Entscheidung heißt es:

„Der Gesichtspunkt, dass der Wertvergleich nach Ertragswerten nicht zu sachgerechten Ergebnissen führen kann, wenn es um die Entschädigung für die Abtrennung von kleinen Grundstücksteilen geht, die zum Ertragswert des Grundstücks so gut wie nichts beitragen, gilt schlechthin für die Verwendung der Ertragswertmethode ... Wie die Revision zutreffend bemerkt, ergibt sich in jedem Fall ein bestimmtes Verhältnis zwischen der jeweiligen Nutzungs-

---

291 BGH, Urt. vom 26. 10. 1972 – III ZR 78/71 –, EzGuG 18.57; BGH, Urt. vom 20. 3. 1975 – III ZR 153/72 –, EzGuG 18.64; BGH, Urt. vom 18. 10. 1979 – III ZR 177/77 –, EzGuG 13.52; BGH, Urt. vom 3. 12. 1981 – III ZR 53/80 –, EzGuG 20.93; OLG Hamburg, Urt. vom 13. 4. 1973 – 1 U 13/71 –, EzGuG 4.40; LG Hamburg, Urt. vom 31. 10. 1960 – 10 0 30/60 –, EzGuG 18.15; OLG Hamburg, Urt. vom 30. 4. 1959 – 1 U 218/58 –, EzGuG 18.9
292 BGH, Urt. vom 26. 10. 1972 – III ZR 78/71 –, EzGuG 15.57

dauer des Bauwerks auf dem Stammgrundstück und dem Wert des abgetrennten Teilstücks. Die – durch Zahlung der Entschädigung auszugleichende – Entwertung dieser Teilfläche ist um so größer, je geringer die Restnutzungsdauer des auf dem Stammgrundstück errichteten Bauwerks ist; sie verringert sich in dem Maße, in dem die Restnutzungsdauer ansteigt. Dieses Ergebnis beruht darauf, dass bei Anwendung der … WertV der Gebäudeertragswert ein um dem kapitalistischen Verzinsungsbetrag des Bodenwerts verminderter Ertragswert ist, der sich durch jede Verminderung der Gesamtgrundfläche rechnerisch zwangsläufig erhöhen muss, was den eingetretenen Bodenwertverlust mehr oder minder aufzehrt. Da bei gleichbleibendem Sollzinssatz des Bodenwerts (§ 8 Abs. 2 WertV 61 = § 15 Abs. 2 WertV) der für die Errechnung des Gebäudeertragswerts zu verwendende Vervielfältiger (§ 8 Abs. 3 a. a. O. und Anl. 1 WertV 61 = § 16 Abs. 3 WertV und Anlage) mit der Restnutzungsdauer des Gebäudes ansteigt und dieser Vervielfältiger nach § 7 Abs. 4 WertV 61 (= § 18 Abs. 1 Satz 2 WertV) auch die Höhe des abzusetzenden kapitalisierten Bodenwertzinses bestimmt, muss bei einem nach Maßgabe dieser Ertragswertberechnung vorgenommenen Wertvergleich der Wert der enteigneten Teilfläche gleich Null sein, wenn sich Vervielfältiger und Zinssatz gegenseitig aufheben. In diesem Fall halten sich dann Bodenwertabgang und Gebäudeertragswertzuwachs rechnerisch die Waage.[293]"

Beispiel:

a) Sachverhalt (vgl. Abb. 48 bei Rn. 555)

– Grundstücksgröße	1 200	m²
– Abzutretende Vorderlandfläche	200	m²
– Wert der Vorderlandfläche	800	€/m²
– Wert der Hinterlandfläche	300	€/m²
– Reinertrag per annum	120 000	€
– Restnutzungsdauer	60	Jahre
– Liegenschaftszinssatz	5	%
– Vervielfältiger	18,93	

b) Bodenwert vor und nach Vorderlandabtretung

Gesamtgrundstück *vor* Vorderlandabtretung:

1 000 m² × 800 €/m²	= 800 000 €
200 m² × 300 €/m²	= 60 000 €
1 200 m³	= 860 000 €

Gesamtgrundstück *nach* Vorderlandabtretung:

1 000 m² × 800 €/m²	**= 800 000 €**

c) Ertragswert vor und nach Vorderlandabtretung:

Gesamtgrundstück *vor* Vorderlandabtretung:

RE	= 120 000 €
Bodenwertverzinsungsbetrag:	
860 000 × 0,05	– 43 000 €
= RE – BW × p	= 77 000 €
× V (= 18,93)	= 1 457 610 €
+ BW	= 860 000 €
= Ertragswert (EW)	**= 2 317 610 €**

Gesamtgrundstück *nach* Vorderlandabtretung:

RE	= 120 000 €
Bodenwertverzinsungsbetrag:	
800 000 × 0,05	– 40 000 €
= RE – BW × p	= 80 000 €
× V (= 18,93)	= 1 514 400 €
+ BW	= *800 000 €*
= Ertragswert (EW)	**= 2 314 400 €**

d) Differenz:

EW *vor* Vorderlandabtretung	2 317 610 €
– EW *nach* Vorderlandabtretung	2 314 400 €
= Differenz insgesamt	= 3 210 € : 200 m²
= Differenz pro m²	= **16,05 €/m²** (falsch)

Die **Anwendung des Differenzwertverfahrens auf der Grundlage** von Verkehrswerten, die im Wege **des Ertragswertverfahrens** ermittelt werden, **versagt also, wenn die abgetretene Fläche den Ertragswert des Restgrundstücks nicht in dem Maße beeinflusst, wie dies dem Verkehrswert der abgetretenen Fläche entspricht.** Der im Beispiel um 60 000 € verminderte Bodenwert wird zum erheblichen Teil durch den höheren Gebäudewertanteil kompensiert.

Die Ertragswertmethode muss deshalb in den Fällen ausscheiden, in denen sich die Teilfläche nicht werterhöhend auf den vom Hauptgrundstück abgeworfenen Ertrag auswirken kann und infolgedessen mit der Abtretung der Teilfläche auch keine Ertragsminderung bei dem Haupt- oder Restgrundstück eintreten kann[294]. Es kommt hinzu, dass sich bei Anwendung des Ertragswertverfahrens zwar der **Bodenwert durch die abgetretene Fläche vermindert, gleichzeitig aber auch der vom Reinertrag abzuziehende Bodenwertverzinsungsbetrag** (vgl. § 16 Abs. 2 Satz 1), so dass sich der Gebäudeertragswert (Wert der baulichen Anlage) entsprechend

erhöht. Infolgedessen kann die Anwendung des Ertragswertverfahrens i.V.m. dem Differenzwertverfahren nicht zu einer sachgerechten Ermittlung des Verkehrswerts für abgetretene
Teilflächen führen[295].

6.8.3 Pauschalierte Bruchteilsmethode

▶ *Allgemeines zur Verfahrenswahl vgl. § 7 WertV Rn. 156 ff.*

In der Praxis wird einem Hinweis des BGH[296] folgend der **Wert von Vorgartenland** auch **562**
mit einem bestimmten Prozentsatz des für das übrige Grundstück maßgeblichen Durchschnittswerts pro Quadratmeter ermittelt (pauschalierte Bruchteilsbewertung).

So wird z. B. in *Schleswig-Holstein* als Bruchteilswert 5/10 bis 6/10 des vollen Bauland-
wertes der angrenzenden Bauflächen angesetzt (vgl. auch Nr. 6.4.2 WertR), *Hamburg*
50 % und *Hannover* 30 %. In *München* wird dagegen ein **(absolutes)** Wertniveau von
12,50 €/m² zu Grunde gelegt.

Der BGH[297] hat in seiner Rechtsprechung betont, dass bei der Bruchteilsbewertung eine
„irrtümliche Betrachtungsweise" nicht auszuschließen ist, obwohl der „erkennende Senat
in seinem Urt. vom 25. 2. 1960 – III ZR 17/59 – (BGHZ 32, 97) für Vorgartengelände die
Bewertung mit einem solchen Bruchteilsatz gebilligt hat, wenn diese Bewertung auf dem
Grundstücksmarkt allgemein üblich ist, sich gewissermaßen als allgemeiner Ortsgebrauch
darstellt und nicht besondere werterhöhende oder wertmindernde Umstände ersichtlich
sind".

Das KG Berlin[298] ging in einer früheren Entscheidung bei der Verkehrswertermittlung von
Straßenlandabtretungen von einem Viertel des Durchschnittswerts der angrenzenden
Grundstücksfläche aus. In seiner früheren Rechtsprechung[299] hat das Gericht aber schon
darauf hingewiesen, dass die „allgemeine Bewertung von Vorgartenland mit 1/4 des für das
Grundstück ermittelten Verkehrswerts ... zwar der Übung der Berliner Enteignungsbehörden" entspräche, diese Praxis aber, soweit ersichtlich, „von den Gerichten in dieser allgemeinen Fassung bisher einheitlich noch nicht anerkannt und übernommen worden" sei.

Diese Vorgehensweise wird insbesondere bei der Abtretung von Flächen praktiziert, die im
Zuge einer Fahrbahnverbreiterung für einen Straßenzug benötigt werden. Als Voraussetzung ist mindestens zu fordern, dass sich hier ein **begrenzter Teilmarkt** gebildet hat, der
dem gewöhnlichen Geschäftsverkehr zuzurechnen ist. Ein solcher Teilmarkt kann sich mit
der Zeit herausbilden, wenn im allgemeinden Grundstücksverkehr diese Praxis auf allgemeine Akzeptanz stößt, wobei das Vorliegen gleicher Preise allein nicht zu der Annahme
zwingt, dass sich ein solcher Teilmarkt gebildet hat. Gegen diese Praxis sind im Übrigen
Bedenken geltend gemacht worden. Dass auf diesem Teilmarkt allein die öffentliche Hand
als Erwerber auftritt, steht hingegen der Annahme eines gewöhnlichen Geschäftsverkehrs
nicht entgegen (§ 6 WertV Rn. 21 ff.).

---

293 Eine ausführliche Sachdarstellung hierzu enthält die Entscheidung des OLG Hamburg, Urt. vom 24. 4. 1970 –
     1 U 17/69 –, EzGuG 18.50
294 BGH, Urt. vom 19. 12. 1963 – III ZR 162/63 –, EzGuG 20.35; BGH, Urt. vom 23. 9. 1957 – III ZR 171/56 –,
     EzGuG 18.8.
295 BGH, Urt. vom 26. 10. 1972 – III ZR 78/71 –, EzGuG 18.57; OLG Hamburg, Urt. vom 24. 4. 1970 – 1 U 17/69 –,
     EzGuG 18.50
296 BGH, Urt. vom 2. 2. 1978 – III ZR 90/76 –, EzGuG 18.81; BGH, Urt. vom 16. 3. 1964 – III ZR 11/63 –,
     EzGuG 18.24; ablehnend: Maunz/Herzog/Düring, GG Komm. Art. 14 Rn. 119
297 BGH, Urt. vom 19. 12. 1963 – III ZR 162/63 –, EzGuG 20.35
298 KG Berlin, Urt. vom 22. 3. 1983 – U 3418/82 –, Rpfleger 1983, 507 = JurBüro 1984, 587; vgl. auch LG Ham-
     burg, Urt. vom 8. 2. 1965 – 10 O 24/62 –, EzGuG 18.27
299 KG Berlin, Urt. vom 22. 12. 1959, EzGuG 18.12; vgl. auch OLG Hamm, Urt. vom 27. 6. 1965 – 16 U 1/64 –,
     EzGuG 18.29; OLG Hamm, Urt. vom 3. 12. 1954 – 9 U 222/52 –, EzGuG 18.2

Tatsächlich kann dieses Verfahren auch allenfalls zur Anwendung kommen, wenn das **Gesamtgrundstück nach Nutzbarkeit und Lagevorteilen einheitlich genutzt** wird und dem Vorgarten nicht andererseits eine besondere Funktion, wie z. B. die Abschirmung des Grundstücks gegen Lärm, Abgase und dgl., zukommt[300].

Eine maßgebliche Bedeutung im Falle einer vorkonstitutionellen Inanspruchnahme des Baulands (vgl. Rn 542) misst bei alledem die Rechtsprechung der Frage bei, ob der am Wertermittlungsstichtag eingetragene Eigentümer nachweisen kann, dass der dem einem früheren Eigentümer mit der Herabzonung seines Grundstücks zu Straßenland entstandene Entschädigungsanspruch auf ihn übergegangen ist. Der BGH[301] hat hierzu festgestellt, dass der Eigentümer die Entschädigung für eine höhere Qualität des Grundstücks als die von Straßenland nur geltend machen kann, wenn die aufgezeigte **Rechtsposition von dem Eigentümer im Zeitpunkt der Herabzonung auf den jetzigen Eigentümer übergegangen** ist. In dem zu entscheidenen Fall ging es um die Herabzonung eines Grundstückteils durch Festsetzung einer Fluchtlinie (vom 5. 12. 1989). In der Berliner Praxis wird in diesen Fällen eine Entschädigung von 5 €/m² gewährt. Auch dieser Verfahrensweise begegnen Bedenken. Zum einen wird ein „starrer" Wertansatz der zwischenzeitlich ausgeübten Nutzung nicht gerecht[302], zum anderen ist zu fragen, warum die Beweislast umgedreht ist und der Eigentümer den Nachweis zu erbringen habe, dass der Entschädigungsanspruch auf ihn übergegangen sei. Etwas anderes gilt nur, wenn der Entschädigungsanspruch erloschen oder verjährt ist (vgl. Rn. 405, auch § 5 WertV Rn. 299, § 7 WertV Rn. 137 und § 14 WertV Rn. 38 ff.).

6.8.4   Berücksichtigung von Vermögensvor- und -nachteilen

6.8.4.1   Allgemeines

▶ *Hierzu auch die allgemeinen Ausführungen bei § 29 WertV Rn. 147 ff.*

563 Bei der Abtretung von Teilflächen müssen in entsprechender Anwendung des § 93 Abs. 1 BauGB auch die eintretenden Vermögensvor-[303] und -nachteile berücksichtigt werden, die für den Restbesitz entstehen. Bei Anwendung des *Differenzwertverfahrens* können diese durch den Wertvergleich des Grundstücks vor und nach der Abtretung zusammen mit der Entschädigung des Rechtsverlusts an der abgetretenen Teilfläche ganz oder teilweise berücksichtigt werden. Geht es dagegen um die Ermittlung der Enteignungsentschädigung, muss allerdings die **Wertminderung** unberücksichtigt bleiben, die sich für das Grundstück ohnehin auch dann ergeben hätte, wenn eine Teilfläche zum Ausbau einer Straße nicht abgetreten worden wäre, und **die der Eigentümer entschädigungslos hätte hinnehmen müssen**[304].

In besonders gravierenden Fällen einer Teilflächenabtretung kann der Eigentümer ein **Übernahmeverlangen** für die betroffene Gesamtfläche stellen (vgl. § 29 WertV Rn. 24, 32, 57, 124). Dies kann bereits in den Festsetzungen des Bebauungsplans begründet sein; Rechtsgrundlage ist in diesem Fall **§ 40 Abs. 2 BauGB,** der folgende Fassung hat:

„(2) Der Eigentümer kann die Übernahme der Flächen verlangen,

1. wenn und soweit es ihm mit Rücksicht auf die Festsetzung oder Durchführung des Bebauungsplans wirtschaftlich nicht mehr zuzumuten ist, das Grundstück zu behalten oder es in der bisherigen oder einer anderen zulässigen Art zu nutzen, oder

2. wenn Vorhaben nach § 32 nicht ausgeführt werden dürfen und dadurch die bisherige Nutzung einer baulichen Anlage aufgehoben oder wesentlich herabgesetzt wird.

Der Eigentümer kann an Stelle der Übernahme die Begründung von Miteigentum oder eines geeigneten Rechts verlangen, wenn die Verwirklichung des Bebauungsplans nicht die Entziehung des Eigentums erfordert."

Ein Übernahmeanspruch nach Maßgabe dieser Vorschrift besteht auch im Falle einer **Aufhebung der zulässigen Nutzung eines Grundstücks** (§ 42 Abs. 9 BauGB).

Im Falle einer Teilenteignung kann der Eigentümer nach § 92 Abs. 3 BauGB die **Ausdehnung der Enteignung** auf das Restgrundstück oder den Restbesitz insoweit verlangen, als das Restgrundstück oder der Restbesitz nicht mehr in angemessenem Umfang baulich oder wirtschaftlich genutzt werden kann[305].

6.8.4.2 Pufferzone

Nach einem Grundsatzurteil des BGH[306] sind bei der Bemessung der Entschädigung für die Enteignung eines Vorgartenteils die von einer außerhalb des (ungeteilten) Grundstücks verlaufenden Hochstraße ausgehenden Beeinträchtigungen baulicher und verkehrsmäßiger Art insoweit zu berücksichtigen, als der abgetrennte Vorgartenteil dem Eigentümer die tatsächliche Möglichkeit geboten hätte, das Grundstück gegen diese Beeinträchtigung anzuschirmen. In dem zu entscheidenden Fall (Bremer Hochstraße) hatte sich ein unmittelbar vor dem betroffenen Grundstück gelegenes Brückenbauwerk nicht nur als störender Blickfang, sondern auch als Immissionsquelle erwiesen. Des Weiteren führte ein Näherrücken von Kraftfahrzeug- und Fußgängerverkehr sowohl in optischer, als auch akustischer Hinsicht zu einer Wertminderung. Soweit diese Einwirkungen über das Maß hinausgehen, was die Eigentümerin nachbarrechtlich nach § 906 BGB hinnehmen muss, kommt eine **Entschädigung wegen hoheitlichen Eingriffs in das Grundeigentum** in Betracht. **564**

Die Frage des entschädigungsrechtlichen Anspruchs muss aber auch hier wieder von der Frage einer **Wertminderung** unterschieden werden, die **unabhängig von dem Entschädigungsanspruch** eingetreten sein kann[307].

Im Hinblick auf Entschädigungsansprüche muss bei alledem geprüft werden, ob und inwieweit ein (nachbarrechtlicher) Ausgleichs- und Entschädigungsanspruch besteht. **Abwehrrechte** können sich diesbezüglich **aus § 906 Abs. 2 BGB** ergeben (vgl. § 5 WertV Rn. 214). Mit der Entschädigung für den Substanzverlust an einer Vorgartenfläche, bemes- **565**

---

300 BGH, Urt. vom 16. 3. 1972 – III ZR 26/71 –, EzGuG 6.150; BayVGH, Urt. vom 19. 12. 1964 – 6 B 82 A. 411 –, EzGuG 18.95

301 BGH, Urt. vom 17. 11. 1988 – III ZR 210/87 –, EzGuG 18.109; BGH, Urt. vom 2. 2. 1978 – III ZR 90/76 –, EzGuG 18.81; BGH, Urt. vom 14. 1. 1982 – III RZ 134/80 –, EzGuG 6.214

302 OLG Nürnberg, Urt. vom 11. 10. 1989 – 4 U 1748/89 –, GuG 1990, 48 = EzGuG 18.111; Vorinstanz: LG Nürnberg-Fürth, Urt. vom 18. 4. 1989 – 4 O 6698/87 –, GuG 1990, 47 = EzGuG 18.110

303 BGH, Urt. vom 27. 1. 1977 – III ZR 153/74 –, EzGuG 6.189

304 BGH, Urt. vom 19. 5. 1988 – III ZR 224/86 –, WM 1988, 1651 = RdL 1988, 294 = NVwZ-RR 1989, 170 = BayVBl. 1988, 634; BGH, Urt. vom 17. 4. 1986 – III ZR 202/84 –, EzGuG 13.87; BGH, Urt. vom 6. 3. 1986 – III ZR 146/84 –, EzGuG 13.86; BGH, Urt. vom 7. 5. 1981 – III ZR 67/80 –, EzGuG 18.91; BGH, Urt. vom 8. 11. 1979 – III ZR 87/78 –, EzGuG 18.89; BGH, Urt. vom 8. 2. 1979 – III ZR 86/77 –, EzGuG 4.66; BGH, Urt. vom 1. 12. 1977 – III ZR 130/75 –, EzGuG 18.78; BGH, Urt. vom 14. 7. 1977 – III ZR 41/75 –, EzGuG 18.77; BGH, Urt. vom 12. 2. 1976 – III ZR 184/73 –, EzGuG 19.28; BGH, Urt. vom 20. 3. 1975 – III ZR 153/72 –, EzGuG 18.64; BGH, Urt. vom 4. 10. 1973 – III ZR 138/71 –, EuGuG 18.59; BGH, Urt. vom 31. 1. 1972 – III ZR 133/69 –, EzGuG 18.57; BGH, Urt. vom 29. 3. 1971 – III ZR 108/67 –, EzGuG 18.55; BGH, Urt. vom 10. 10. 1969 – V ZR 155/60 –, EzGuG 18.46; BGH, Urt. vom 5. 2. 1968 – III ZR 217/65 –, EzGuG 18.41; ferner: OLG Hamburg, Urt. vom 6. 10. 1965 – 1 U 197/64 –, EzGuG 18.31; OLG Hamburg, Urt. vom 18. 4. 1966 – 10 O 1/65 –, EzGuG 18.33; OLG Hamburg, Urt. vom 12. 5. 1964 – 1 U 53/62 –, EzGuG 4.21; OLG Frankfurt am Main, Urt. vom 17. 1. 1957 – 2 U 97/55 –, EzGuG 18.5; OLG Hamburg, Urt. vom 13. 4. 1973 – 1 U l3/71 –, EzGuG 4.40, OLG Hamburg, Urt. vom 11. 3. 1966 – 1 U 44/65 –, Hbg. GE 1966, 252

305 BGH, Nichtannahmebeschl. vom 27. 9. 1990 – III ZR 322/89 –, GuG 1991, 30 = EzGuG 4.134; BGH, Urt. vom 13. 12. 1984 – III ZR 175/73 –, EzGuG 6.227; BGH, Urt. vom 25. 11. 1974 – III ZR 142/73 –, EzGuG 6.174

306 BGH, Urt. vom 16. 3. 1972 – III ZR 26/71 –, EzGuG 6.150; OLG Bremen, Urt. vom 9. 8. 1972 – U (B) 7/72 –, EzGuG 18.56; OLG Celle, Urt. vom 13. 9. 1996 – 4 U 27/90 –, GuG-aktuell 2000, 31

307 Kamphausen in GuG 1993, 31 und BauR 1992, 723

sen nach dem Verkehrswert des abgetretenen Grund und Bodens, der sich darauf befindlichen Einfriedung sowie des Aufwuchses, werden nämlich nicht immer die zusätzlichen optischen, akustischen und gesundheitlichen Nachteile ausgeglichen, die sich aus dem **Verlust einer Pufferzone** mit ihrer Abschirmfunktion gegen Verkehrslärm, Abgase und Erschütterungen ergeben können. Werden also mit der für den Substanzverlust gewährten Entschädigung sowie einem Kostenersatz für etwaige Schutzeinrichtungen (vgl. § 5 WertV Rn. 257 ff.) die für das Restgrundstück verbleibenden Nachteile nicht ausgeglichen, weil mit dem Verlust der Abschirmfunktion einer Teilfläche Beeinträchtigungen für das Restgrundstück „nachbleiben", die im gewöhnlichen Geschäftsverkehr zu höheren Wertabschlägen führen, so sind diese neben der Entschädigung für den Substanzverlust zusätzlich zu entschädigen[308].

Eine **spürbare Beeinträchtigung besteht, wenn die Immissionsschutzgrenzwerte** (IGW vgl. § 5 WertV Rn. 260) **überschritten werden** und mit dem Wegfall der Schutzzone die Lärmbelastung um mindestens 3dB (A) zunimmt, denn erst eine dermaßen große Lärmzunahme wird vom menschlichen Ohr wahrgenommen. Im Einzelfall ist deshalb zu prüfen, ob eine zusätzliche Entschädigung unter Anwendung des § 42 BlmschG (vgl. § 5 WertV Rn. 249 ff.) zu gewähren ist (vgl. § 74 Abs. 2 VwVfG oder § 96 Abs. 1 Nr. 2 BauGB). Eine Doppelentschädigung ist dabei unzulässig.

Im Verhältnis zwischen dem **fachplanungsrechtlichen Ausgleichsanspruch** nach § 74 Abs. 2 VwVfG oder dem nach § 96 Abs. 1 Nr. 2 BauGB (vgl. § 5 WertV Rn. 249) ist der **weitergehende Anspruch** maßgebend:

Beispiel:

a) Wohnhaus in einem allgemeinen Wohngebiet	= 59 dB (A)
– Berechneter Mittelungspegel ($L_{m.T}$) *vor*	
Abtretung einer Vorgartenfläche	= 62 dB (A)
– Berechneter Mittelungspegel ($L_{m.T}$) *nach*	
Abtretung einer Vorgartenfläche	= 68 dB (A)
= Schutzwirkung	= 6 dB (A)
b) Wohnhaus in einem allgemeinen Wohngebiet: IGW	= 59 dB (A)
– Berechneter Mittelungspegel ($L_{m.T}$) *vor*	
Abtretung einer Vorgartenfläche	= 56 dB (A)
– Berechneter Mittelungspegel ($L_{m.T}$) *nach*	
Abtretung einer Vorgartenfläche	= 62 dB (A)
= Schutzwirkung	= 6 dB (A)

Im Fall a) geht der fachplanungsrechtliche Ausgleichsanspruch nach § 74 Abs. 2 VwVfG weiter als der entschädigungsrechtliche Anspruch; im Fall b) geht der entschädigungsrechtliche Anspruch weiter.

Die **Ermittlung des Ausgleichsanspruchs** kann in beiden Fällen nach dem unter § 5 WertV Rn. 291 vorgestellten Berechnungsbeispiel erfolgen.

6.9 Bahnfläche

6.9.1 Allgemeine Grundsätze

566   a) **Bahnflächen stellen Gemeinbedarfs- bzw. Verkehrsflächen** dar, die der öffentlichen Zweckbestimmung vorbehalten sind und erst mit ihrer Entwidmung dem allgemeinen Geschäftsverkehr wieder zugänglich und erst damit „verkehrswertfähig" werden.

b) **Bahnflächen**[309] **sind grundsätzlich der gemeindlichen Planungshoheit entzogen;** planerischen Aussagen der Gemeinden sind sie nur insoweit zugängig, als diese der besonderen Zweckbestimmung der Anlage, dem Betrieb der Bahn zu dienen, nicht widersprechen.

c) **Die Bestimmung des Zwecks einer Anlage, dem Betrieb der Bahn zu dienen, erfolgt durch Widmung,** die nicht an eine besondere Form gebunden ist und auch im schlüssigen Handeln der öffentlichen Verwaltung begründet sein kann. Die Widmung kann durch Rechtsatz (z. B. Gesetz, Rechtsverordnung oder Satzung), durch Verwaltungsakt oder durch andere verwaltungsinterne, aber nach außen erkennbare und amtlich nachweisbare Vorgänge erfolgen. Planfestgestellte Anlagen sind nachrichtlich in Bebauungspläne zu übernehmen (§ 9 Abs. 6 BauGB).

d) **Bahnflächen sind erst nach ihrer förmlichen Entwidmung durch das Eisenbahn-Bundesamt (EBA) der Planungshoheit zugänglich.** Stichtag ist der bestandskräftig gewordene Entwidmungsbescheid; auf den Zeitpunkt der Bekanntmachung der Entwidmung kommt es nicht an. Die rechtliche „Planungssperre" gilt nur bis zum abschließenden Beschluss über einen Bebauungsplan und insbesondere auch nicht für die Durchführung informeller Planungen. Im Flächennutzungsplan sind von der Planfeststellung abweichende Darstellungen zulässig und können verfahrensmäßig abgeschlossen werden, wenn die Beendigung der Rechtswirkung des Planfeststellungsbeschlusses in Aussicht steht[310].

Nach Durchführung der Entbehrlichkeitsprüfung wird der Entwicklungsantrag von der DBImm für die DB AG gestellt, die allein antragsbefugt ist. Die Entwidmung erfolgt regelmäßig nach einem vorgeschalteten Planaufhebungs- bzw. Planänderungsverfahren. Das Verfahren kann mit einer Planaufstellung für die Verlagerung von Bahnanlagen verbunden werden. Das Eisenbahnbundesamt beansprucht bei alledem einen eigenen Beurteilungsspielraum für die Frage der weiteren Bahnnotwendigkeit von Liegenschaften, wobei die städtebauliche Gesamtsituation berücksichtigt wird. Infolgedessen soll aus der Sicht der Bahn ein Entwidmungsantrag erst dann gestellt werden können, wenn sich die gemeindliche Planung hinreichend verdichtet hat. Dies ist

– bei Bauleitverfahren der Beginn der Beteiligung der Träger öffentlicher Belange bzw.

– in Verfahren nach § 34 BauGB der Zeitpunkt des Einreichens eines abgestimmten Baugesuchs/Bauvoranfrage

e) Allein **durch die Aufnahme einer nichtwidmungsfähigen Nutzung tritt eine Entwidmung nicht ein,** damit auch grundsätzlich kein Bestandsschutz der widmungsfremden Nutzung. Darüber hinaus ist auch eine nur vorübergehende Überlassung von Bahnflächen an Dritte grundsätzlich nicht geeignet, den Rechtscharakter der Fläche als Bahnfläche aufzuheben[311].

f) **In Sonderfällen kann die Planungshoheit auch ohne formelle Entwidmung auf die Gemeinde zurückgefallen sein, wenn nämlich eine bestehende Fachplanung funktionslos, d. h. rechtlich obsolet geworden ist.** Eine Funktionslosigkeit kann sich ergeben, wenn die Verhältnisse auf Grund tatsächlicher Entwicklungen einen Zustand erreicht haben, der die Verwirklichung der Planung auf unabsehbare Zeit ausschließt und die Wiederaufnahme einer bahnbetriebsbezogenen Nutzung – auch äußerlich

---

308 Gelzer/Busse, a. a. O.; LG Koblenz, Urt. vom 16. 5. 1988 – 4 O 7/86 –, EzGuG 18.107; BGH, Urt. vom 27. 9. 1990 – III ZR 97/89 –, EzGuG 2.51 = GuG 1991, 38; OLG Celle, Urt. vom 17. 7. 1990 – 4 U 27/90 –, GuG 1991, 41 = EzGuG 2.50; BayVGH, Urt. vom 19. 12. 1984 – 6 B 82 A. 411 –, EzGuG 18.95; BGH, Urt. vom 16. 3. 1972 – III ZR 26/71 –, EzGuG 6.150

309 Zur Definition von Bahnanlagen vgl. BVerwG, Urt. vom 27. 11. 1996 – 11 A 2/96 –, BVerwGE 102, 269 und § 4 Abs. 1 EBO.

310 BVerwG, Urt. vom 16. 12. 1988 – 4 C 48/86 –, BVerwGE 81,111

311 BVerwG, Beschl. vom 5. 2. 1990 – 1 B 1/90 –, NVwZ 1990, 462

erkennbar – auf unabsehbare Zeit ausgeschlossen werden muss[312]. Bei stillgelegten Bahnflächen ist dies näher zu untersuchen. Ist dies zu bejahen, ist bei der Verkehrswertermittlung von entwidmeten Flächen auszugehen. Zuvor ist das mit der DB AG und dem EBA zu klären.

g) Die **vorhandene Bebauung von Bahnflächen entfaltet nach ihrer Entwidmung keinen Bestandschutz in dem Sinne,** dass diesen Flächen ein Baurecht beizumessen ist. Eine in jedem Fall zu prüfende Ausnahme hiervon bildet eine Bebauung, die nach Art und Größenordnung unter Berücksichtigung des prägenden Gewichts der angrenzenden Bebauung sich hierin einfügt.

h) Auch wenn Bahnflächen erst nach ihrer förmlichen Entwidmung einer privatwirtschaftlichen Nutzung zugänglich und damit „verkehrswertfähig" werden, kann **bereits in Erwartung dieser Entwidmung ein Verkehrswert ermittelt werden.** Ausgangspunkt und zugleich wohl auch die schwierigste Frage der Verkehrswertermittlung ist die Feststellung des maßgeblichen Entwicklungszustands. Sie erfordert eine gewissenhafte Analyse der bodenrechtlichen Rahmenbedingungen. Der Sachverständige muss deshalb zunächst die rechtlichen und tatsächlichen Grundstücksverhältnisse aufbereiten.

i) **Planfeststellungsbedürftig und planfeststellungsfähig sind nur Bahnanlagen** i. S. von § 18 Abs. 1 Satz 1 AEG (Schienenwege und betriebsnotwendige Anlagen). Nicht zu den Bahnanlagen zählen z. B. Spielhallen, Boutiquen, Fachmärkte und Einrichtungen, die nicht für den Reisebedarf gedacht sind. Gebäude, die zwar auf dem Bahngelände liegen, aber nicht vollständig Betriebsanlagen sind, unterliegen nicht der Planfeststellung (BVerwG, Urt. vom 16. 12. 1988, a. a. O.: Hotels, Multiplexkinos, nicht reisebezogener Einzelhandel; hierzu Leistungskennziffern in GuG 2001, 176). Diesen Flächen ist insoweit ein „Baurecht" beizumessen. Die Verkehrswertermittlung erfolgt nach allgemeinen Grundsätzen[313]. Bahnverträgliche Anlagen und Nutzungen, die zwar im Sachzusammenhang mit dem Bahnbetrieb stehen, jedoch keine dienende Funktion i. S. d. Planfeststellung erfüllen, beurteilen sich nach den §§ 30 Abs. 2, 34 und 35 BauGB. Dementsprechend bemisst sich ihr Verkehrswert nach allgemeinen Grundsätzen.

6.9.2   Entwicklungszustand und Zulässigkeit von Vorhaben

6.9.2.1   Allgemeines

567   Der für die Verkehrswertermittlung entwidmeter bzw. zur Entwidmung anstehender Bahnflächen maßgebliche **Entwicklungszustand bestimmt sich nach der künftigen Nutzbarkeit der Flächen nach Wegfall der öffentlichen Zweckbestimmung,** insbesondere bezüglich Art und Maß der baulichen aber auch der sonstigen Nutzung (z. B. als Ausgleichsflächen). Im Rahmen der Verkehrswertermittlung müssen Art und Maß der baulichen und sonstigen Nutzung unter Angabe der Rechtsgrundlagen in einer nachweisbaren Form festgestellt werden. Dies sind die maßgeblichen Ausgangsdaten.

568   Die besondere Problematik besteht nun i. d. R. darin, dass die **bauplanungsrechtlichen Grundlagen** zumeist noch keine Konkretisierung erfahren haben und sich der Sachverständige an dem orientieren muss, was sich ohne spekulative Erwartungen und im Einklang mit einer geordneten städtebaulichen Entwicklung abzeichnet.

569   Planungsrechtlich sind dabei folgende **Fallgestaltungen** denkbar:

a) Die entwidmete **Bahnfläche ist dem Außenbereich nach § 35 BauGB zuzurechnen,** wobei die Fläche unter den Voraussetzungen des § 4 Abs. 2 die Qualität von Bauerwartungsland aufweisen kann. Innerhalb des Stadtgeflügels kann bei entsprechend großen Flächen in diesem Sinne auch ein „Außenbereich im Innenbereich" vorliegen.

b) Die Flächen können **Bestandteil eines im Zusammenhang bebauten Ortsteils nach § 34 BauGB** sein und insoweit bereits den Entwicklungszustand Rohbauland oder bau-

reifes Land i. S. d. § 4 Abs. 3 oder 4 aufweisen. Im Hinblick auf die zumeist an Bahn-
strängen gelegenen Flächen wird dieser Fall zwar sehr selten sein, kann jedoch auch
nicht ausgeschlossen werden.

c) Sind die Flächen bereits Gegenstand der Bauleitplanung (Flächennutzungs- und Bebauungsplanung) oder stehen die Flächen in Erwartung einer Bauleitplanung – ggf. in Verbindung mit einer informellen Planung – kann sich eine Bauerwartungsland- oder Rohbaulandqualität ergeben. Auf den Sonderfall der Einbeziehung dieser Fläche in eine
Sanierungs- und Entwicklungsmaßnahme soll hier nicht näher eingegangen werden.

Weitgehend unproblematisch ist die Verkehrswertermittlung entwidmeter **Bahnflächen im**   **570**
Außenbereich, für die eine bauliche Nutzung nach Aufgabe der öffentlichen Nutzung
nicht in Betracht kommt. Die Flächen können dann einem Entwicklungszustand i. S. d.
§ 4 Abs. 1 zugerechnet werden, sofern dem nicht die vorhandenen baulichen und sonstigen
Anlagen entgegenstehen. Im Einzelfall wird das Erfordernis einer Freilegung sowie
Abbruchkosten unter Berücksichtigung von Verwertungserlösen wertmindernd zu berücksichtigen sein, wobei durchaus auch Unwerte vorliegen können (Beseitigung von Boden-
versiegelungen, Altlasten und dgl.).

6.9.2.2 Erwartung einer baulichen und sonstigen Nutzung

a) Allgemeines

Bei der Verkehrswertermittlung von entwidmeten oder zur Entwidmung anstehenden   **571**
Bahnflächen, für die künftig eine bauliche Nutzung erwartet werden kann, muss der Sachverständige über die sich nach vorstehenden Grundsätzen ergebende **Qualität** hinaus zu
folgenden Feststellungen kommen:

– Art und Maß der künftigen baulichen Nutzung,

– Art und Umfang einer sonstigen privatwirtschaftlichen Nutzung,

– die voraussichtliche Dauer des Umstrukturierungsprozesses (sog. Wartezeit) sowie

– Art und Umfang der Kosten im Hinblick auf die notwendig werdende Umstrukturierung
  der aufgelassenen Bahnflächen.

Soweit eine **Gemeinbedarfsnutzung für die entwidmeten Bahnflächen** vorgesehen ist,   **572**
ohne dass eine privatwirtschaftliche Nutzung zwischenzeitlich in Aussicht stand, bestimmt
sich der Wert nach den für sog. „bleibende Gemeinbedarfsflächen" entwickelten Grundsätzen (Ziff. 6.3.5.2 WertR; vgl. Rn. 525).

b) Künftige Nutzbarkeit

Eine entwidmete oder zur Entwidmung anstehende Bahnfläche kann bereits auch ohne pla-   **573**
nerische Maßnahme der Gemeinde nach § 5 Abs. 2 dem Bauerwartungsland zuzurechnen
sein, wenn die Fläche nach ihrer Eigenschaft, ihrer sonstigen Beschaffenheit oder ihrer
Lage eine bauliche Nutzung in absehbarer Zeit tatsächlich erwarten lässt. Hier ist u. a. die
städtebauliche Umgebungs- und Gesamtsituation, die Nähe des Siedlungsgebiets sowie die
Angebots- und Nachfragesituation zu berücksichtigen. Indiz hierfür ist das **Preisgefüge**
vergleichbarer Flächen.

Eine entsprechende **Darstellung des Flächennutzungsplans** ist nach § 4 Abs. 2 Satz 2   **574**
nicht erforderlich; die Bauerwartung kann sich auch auf die städtebauliche Gesamtsituation oder auf ein entsprechendes Verhalten der Gemeinde gründen.

---

312 B VerwG, Urt. vom 31. 8. 1995 – 7 A 19/94 –, B VerwGE 99, 106; B VerwG, Urt. vom 29. 4. 1977 – 4 C 39/75 –,
     B VerwGE 54, 5; B VerwG, Urt. vom 3. 8. 1990 – 7 C 41/89 –, GuG 1991, 105; OVG Münster, Urt. vom 25. 4.
     1997 – 7 a D 127/94 – und OVG Münster, Urt. vom 23. 5. 1997 – 7 A 5844/95 –
313 A. A. BayVGH, Urt. vom 20. 10. 1998 – 20 A 98, 40022 –, GuG 1999, 65

575   Der Sachverständige muss sich um folgende **Unterlagen** bemühen:

Informelle Planungen: Bahnflächen können bereits vor ihrer Entwidmung Gegenstand informeller Planungen sein (Rahmenplanung, Entwicklungsplanung). Die informelle Planung ist hinsichtlich der Planungsabsichten der Gemeinde zu analysieren. Es kann sich um bloße „Schubladenpläne" oder um von der Gemeinde zustimmend zur Kenntnis genommene Planungen handeln.

Flächennutzungsplan: Grundsätzlich können Bahnzwecken gewidmete Flächen im Flächennutzungsplan nicht für andere Zwecke dargestellt werden, jedoch können im Einvernehmen mit dem betroffenen Planungsträger Änderungen im Flächennutzungsplan auch ohne Entwidmung vorgenommen werden.

Bebauungsplanung: Bereits vor der förmlichen Entwicklung einer Bahnfläche kann das Aufstellungs- und Änderungsverfahren bis zur abschließenden Beschlussfassung vorbereitet werden. Eine abschließende Beschlussfassung ist jedoch erst nach förmlicher Entwidmung der entsprechenden Bahnfläche durch das Eisenbahn-Bundesamt (EBA) möglich. Stichtag ist der bestandskräftig gewordene Entwidmungsbescheid. Soweit für den Sachverständigen Unklarheit über die Entwidmung einer Bahnfläche besteht und der Sachverständige für die Gemeinde tätig ist, kann der **gemeindliche Auskunftsanspruch** bedeutsam sein. Die Gemeinde hat nämlich auf Grund ihrer Planungshoheit nach Art. 28 GG grundsätzlich einen Anspruch darauf, dass der Träger der Bahnplanung sich eindeutig darüber äußert, ob eine Bahnfläche auf absehbare Zeit weiterhin für Zwecke des Bahnbetriebs benötigt wird. Der Anspruch kann ggf. vor den Verwaltungsgerichten durchgesetzt werden. Unter bestimmten Voraussetzungen kann sogar ein Anspruch auf Entwidmung gegenüber dem Eisenbahn-Bundesamt (EBA) bestehen, insbesondere bei Abgabe einer bedingten Freigabeerklärung durch die DB AG bzw. der Verwaltung der Fläche durch das Bundeseisenbahnvermögen (BEV).

6.9.3   Verkehrswertermittlung

6.9.3.1 Abgehende Bahnfläche

576   Grundsätzlich kann nach Feststellung der künftigen Art der baulichen Nutzung und des künftigen Maßes der baulichen Nutzung der Verkehrswert **im Wege des Preisvergleichs oder auf der Grundlage deduktiver Verfahren** (Residualwertverfahren) abgeleitet werden.

577   Die Verkehrswertermittlung im Wege des **Vergleichswertverfahrens** stößt auf die bekannten Probleme, da es sich bei den künftig baulich nutzbaren aufgelassenen Bahnflächen in den behandelten Fällen zumeist um Bauerwartungsland bzw. Rohbauland handelt, für die Vergleichspreise zumeist nicht zur Verfügung stehen.

578   Die Verkehrsministerkonferenz hat am 3. und 4. April in Potsdam folgenden Beschluss hierzu gefasst:

„Nach Auffassung der Verkehrsministerkonferenz sind die vom jeweiligen **Gutachterausschuss** bzw. in der **Bodenrichtwertkarte** festgelegten Preise als Verkaufsgrundlagen heranzuziehen, um langwierige Preisverhandlungen zu vermeiden. Dabei sind Kosten für die Altlastensanierung und die Sanierung der zu übernehmenden Ver- und Entsorgungsleistungen ggf. in Abschlag zu bringen."

579   Ob und inwieweit einem derartigen Beschluss Folge geleistet wird, dürfte entscheidend von der Qualität des Gutachterausschusses abhängig sein.

580   Sowohl bei dem Vergleichswertverfahren als auch bei Anwendung deduktiver Verfahren kommt dem Erfordernis einer Freimachung der Grundstücke eine besondere Bedeutung zu, insbesondere hinsichtlich der zu beseitigenden Betriebseinrichtungen und Altlasten. Dabei wird grundsätzlich ein öffentlich-rechtlicher **Folgebeseitigungsanspruch für den Fall**

bejaht, dass Bahnanlagen nach Entwidmung liegen gelassen werden und diese entweder weitere Planungen behindern oder von diesen Gefahren für die öffentliche Sicherheit ausgehen.

Bezüglich der **Altlasten** führt die Bahn in Zusammenarbeit mit der DB Immobilien GmbH **581** (DB Imm) Untersuchungen und ggf. zusätzliche Beprobungen der Altlastenverdachtsflächen durch und führt bei polizeirechtlicher Gefährdung entsprechende Sicherungs- und Sanierungsmaßnahmen zur Gefahrenabwehr aus. Im Falle des Verkaufs übernimmt die DB AG die Bodensanierung im Hinblick auf die geplante zukünftige Nutzung und nimmt vor dem Verkauf noch entsprechende Preissicherungen vor.

Neben der Altlastenbeseitigung können vor allem die **Kosten von erforderlichen Infra-** **582** **strukturmaßnahmen** für die Verkehrswertermittlung von Bedeutung sein. Grundsätzlich beteiligt sich die Bahn auch an der Erstellung der verkehrlichen, technischen, ökologischen und sozialen Infrastruktur. Als Voraussetzung wird dafür allerdings genannt (Rippel, Institut für Städtebau Bln. am 4.11.1998):
– Die geforderten Leistungen müssen in einem kausalen Zusammenhang mit der Entwicklung stehen,
– die Leistungen müssen angemessen sein und
– die Kostenbeteiligung müssen sich aus der Entwicklung heraus finanzieren.
Die Voraussetzungen entsprechen den für städtebauliche Verträge geltenden Grundsätzen. Wertermittlungstechnisch können die Grundsätze des deduktiven Verfahrens der Bodenwertermittlung zur Anwendung kommen.

6.9.3.2 Bahnfremde Nutzungen

Auf einem Bahngelände können sich sog. bahnfremde Nutzungen befinden, d. h. Anlagen **583** und Nutzungen, die keine Betriebsanlagen sind. **Bahnfremde Nutzungen unterliegen formell und materiell dem allgemeinen Baurecht und sind genehmigungspflichtig:**
– Bahnfremde Vorhaben, die mit der Zweckbestimmung des Geländes im Einklang stehen, sind grundsätzlich bahnverträglich und genehmigungsfähig (vgl. Rn. 566). Ihre Zulässigkeit richtet sich nach den §§ 34 oder 35 BauGB bzw. nach ergänzenden Planfestsetzungen im Bebauungsplan oder nach § 30 Abs. 2 BauGB.
– Bahnfremde Vorhaben, die mit der Zweckbestimmung des Geländes nicht im Einklang stehen, sind nach § 38 BauGB unzulässig (BVerwG, Urt. vom 16. 12. 1988 a. a. O.).

Für die Verkehrswertermittlung bedeutet dies, dass **bahnfremde Vorhaben, die mit der** **584** **Zweckbestimmung des Geländes nicht im Einklang stehen und nach § 38 BauGB unzulässig** sind, bei der Verkehrswertermittlung außer Betracht bleiben müssen (z. B. Nutzungsänderung einer ehemaligen Bahnhofshalle für Nichtbahnzwecke).

Bahnfremde Vorhaben, die jedoch mit der Zweckbestimmung im Einklang stehen und **585** genehmigungsfähig sind, haben einen Verkehrswert, der sich nach **allgemeinen Grundsätzen der Verkehrswertermittlung** bestimmt. So ist auch ein auf (gewidmetem) Bahngelände angesiedelter, als wirtschaftlich eigenständiges Unternehmen betriebener Schrottplatz auch dann nicht eine Bahnanlage, wenn der Schrottplatzbetreiber nach dem mit der Bahn abgeschlossenen Mietvertrag verpflichtet ist, Transportmittel der Bahn zu nutzen[314].

Bei bahnfremden Nutzungen ist die **Bahnverträglichkeit** zu prüfen. Die Prüfung erfolgt **586** durch das EBA. Wird die Bahnverträglichkeit bejaht, ist das Vorhaben genehmigungsfähig; wird die Bahnverträglichkeit verneint, ist für die Zulässigkeit grundsätzlich eine Entwid-

---

314 OVG Münster, Urt. vom 27. 4. 1998 – 7 A 3818/96 –, BRS Bd. 60 Nr. 165 = BauR 1999, 383 = UPR 1999, 159

mung notwendig. Lediglich bei zeitlich begrenzten Zwischennutzungen ist eine Entwidmung nicht notwendig.

Bei genehmigungsfähigen bahnverträglichen Nutzungen kann auch eine Genehmigung nach § 33 BauGB in Betracht kommen.

Bezüglich der Genehmigungsfähigkeit nach den §§ 34 und 35 BauGB sind die bereits unter Rn. 213 ff., 234 ff. erläuterten Grundsätze zu beachten (vgl. auch § 5 WertV Rn. 58 ff.).

587 **Bei gemischt genutzten Anlagen, kann entsprechend dem vorliegenden Sachverhalt zum Zwecke der Verkehrswertermittlung eine (gedachte) Aufteilung des Objektes in Betracht kommen, nämlich in**

– einen Teilbereich, der Bahnzwecken dient und entsprechend als Gemeinbedarfseinrichtung zu behandeln und dementsprechend als privatwirtschaftliche Fläche zu werten ist, und

– einen Teilbereich, der einer baurechtlichen Genehmigung bedarf.

Bei dieser Konstellation muss im Rahmen einer Verkehrswertermittlung aber geprüft werden, ob die privatwirtschaftliche Teilnutzung zeitlich befristet ist. Dieser Fall kann gegeben sein, wenn die Bahnnutzung aufgegeben wird und infolgedessen die privatwirtschaftliche Nutzung obsolet wird.

6.9.3.3 Künftige Bahnfläche

588 Die für den Erwerb künftiger Gemeinbedarfsflächen geltenden Wertermittlungsgrundsätze finden Anwendung, wenn neue Schienenwege gebaut werden. Der Bau neuer Schienenwege erfolgt auf der Grundlage eines Planfeststellungsverfahrens nach § 18 Abs. 1 AEG. Die für den Betrieb der Eisenbahn notwendigen Flächen (Eisenbahnbetriebsanlagen) können auf der Grundlage des festgestellten und genehmigten Plans nach § 22 AEG enteignet werden. Die Enteignung vollzieht sich gem. § 22 Abs. 4 AEG nach Maßgabe landesrechlicher Enteignungsgesetze, die hinsichtlich ihrer entschädigungsrechtlichen Vorschriften den §§ 93 ff. BauGB nachgebildet sind. Insoweit kommen – unabhängig von der Frage, ob und inwieweit es sich bei der Deutschen Bahn AG um ein privates Unternehmen handelt – die allgemeinen Verkehrswertermittlungsgrundsätze zur Anwendung, die auch sonst dem Erwerb künftiger Gemeinbedarfsflächen zu Grunde zu legen wären, d.h. der **Wert des Grundstücks bemisst sich nach dem Zustand,** der vorhanden war, als mit einer Enteignung gerechnet werden musste. Dabei kommt es nicht darauf an, dass das Planfeststellungsverfahren bereits durchgeführt worden ist; vielmehr genügt, dass mit dem Planfeststellungsverfahren zu rechnen ist. Bei alledem ist auch in diesem Fall davon auszugehen, dass zunächst ein freihändiger Erwerb des Grundstücks anzustreben ist, wobei sich im Rahmen des freihändigen Grunderwerbs der Wert nach den Entschädigungsgrundsätzen bemisst.

589 Im Zuge der ICE-Neubaustrecke Köln – Rhein/Main wurde der **Grunderwerb auf der Grundlage** der von verschiedenen Gutachterausschüssen für Grundstückswerte (Landkreis Limburg-Weilbruck und Stadt Limburg) bereitgestellten Vergleichspreisen getätigt, die sich am Verkehrswert der besonderen Flächen der Land- und Forstwirtschaft i.S.d. § 4 Abs. 1 Nr. 2 orientierten, wobei es sich um Vergleichsgrundstücke handelte, die nicht von der Eisenbahnneubaustrecke betroffen waren. Gegenüber dem Verkehrswert für reine Flächen der Land- und Forstwirtschaft (innerlandwirtschaftlicher Verkehrswert i.S.d. § 4 Abs. 1 Nr. 1) ergaben sich hier **Multiplikationsfaktoren von 3,5 zum Verkehrswert i.S.d. § 4 Abs. 1 Nr. 2** (Abb. 51 und 52; vgl. Rn. 453)[315].

---

315 Dieterich, Gutachten über den Grundstückserwerb für die ICE-Strecke Köln-Rhein/Main, Dortmund 1996

Abb. 51: Im Landkreis Limburg-Weilburg ermittelte Preise

Gemarkung	Nr. des Gutachtens	Preis in €/m²
Elz	95/1994	3,85
Elz	96/1994	3,32
Elz	97/1994	3,85
Elz	98/1994	3,85
ELZ	99/1994	3,85
Elz	4/1995	4,20
Niederbrechen	84/1994	4,20
Niederbrechen	85/1994	4,20
Oberbrechen	86/1994	4,37
Werschau	87/1994	1,75
Werschau	88/1994	4,37
Werschau	89/1994	3,15
Werschau	90/1994	3,50
Werschau	91/1994	4,20
Werschau	92/1994	4,37
Werschau	93/1994	4,37
Werschau	94/1994	3,85
Dauborn	61/1994	4,37
Dauborn	63/1994	4,37
Niederselters	62/1994	1,40
Dauborn	75/1994	4,02
Oberselters	76/1994	4,37
Oberselters	77/1994	4,37
Erbach	78/1994	2,80
Erbach	79/1994	4,02
Camberg	80/1994	4,55
Camberg	81/1994	4,37
Würges	82/1994	3,50

(Preise entlang der Neubaustrecke von Elz bis Würges)

Abb. 52: In der Stadt Limburg ermittelte Preise

Gemarkung	Nr. des Gutachtens	Preis in €/m²
Staffel	2/95	4,05
Staffel	3/95	4,50
Dietkirchen	5/95	4,50
Lindenholzhausen	6/95	4,80
Lindenholzhausen	7/95	4,50
Lindenholzhausen	8/95	4,80
Lindenholzhausen	9/95	4,65
Eschhofen	10/95	4,80
Eschhofen	11/95	4,35

(Preise entlang der Neubaustrecke von Staffel bis Eschhofen)

Lediglich der Gutachterausschuss für Grundstückswerte des Rheingau-Taunus-Kreises fiel **590** bei der Bemessung des Werts künftiger Eisenbahnflächen auf den **Wert des reinen Agrarlandes** i. S. d. § 4 Abs. 1 Nr. 1 zurück.

6.10   Flugplatz

6.10.1   Allgemeines

▶ *Zur Wertminderung infolge Fluglärms vgl. § 5 WertV Rn. 294 ff.*

591 Das **Luftverkehrsgesetz – LuftVG –** unterscheidet bei Flughäfen zwischen:
- Flughäfen,   – Landeplätze und
- Segelfluggelände.

592 Des Weiteren werden Flugplätze untergliedert nach:
- internationalen Flugplätzen und nationalen Flugplätzen,

wobei letztere noch untergliedert werden nach:
- Regionalflugplätze,   – Verkehrslandeplatz,
- Segelflugplätze,   – Sonderflughafen.
- Sonderlandeplatz,

Flughäfen lassen sich ferner nach ihrer **Ausrichtung für den Passagier- und Luftfracht-
betrieb** unterscheiden.

593 Bei Wertermittlungen im Zusammenhang mit Flughäfen ist zunächst danach zu **unterscheiden,** ob die Wertermittlung

a) künftige Flughafenflächen (neue Flughäfen bzw. Flughafenerweiterung),

b) bestehende Flughäfen oder

c) künftig fortfallende bzw. zur Umnutzung anstehende Flughäfen

zum Gegenstand hat. Auf die dem entsprechenden Erläuterungen zur Verkehrswertermittlung von Gemeinbedarfsflächen bei den Rn. 475 ff. wird verwiesen.

6.10.2   Künftige Flughafenfläche

594 Rechtsgrundlage für den Bau neuer Flughäfen ist das Luftverkehrsgesetz (LuftVG). Der
Bau neuer Flughäfen und die Erweiterung bestehender Flughäfen ist i. d. R. mit dem
Erwerb großer Flächen verbunden. Für den Erwerb dieser Flächen ist nach § 28 Abs. 1
LuftVG die Enteignung auf der Grundlage des nach den §§ 8 bis 10 LuftVG festgestellten
Plans zulässig. Für die Enteignung gelten nach § 28 Abs. 2 und 3 die jeweiligen Enteig-
nungsgesetze der Länder. Im Hinblick auf den Gemeinbedarfszweck sehen die Enteig-
nungsgesetze eine **Entschädigung für die zu erwerbenden Grundstücke** vor, **die sich
nach dem Verkehrswert der Grundstücke unter Ausschluss von der konjunkturellen
Weiterentwicklung** (Vorwirkung; vgl. Erl. zu § 29) **von dem Zeitpunkt ab bemessen, zu
dem mit Sicherheit und hinreichender Bestimmtheit eine Enteignung erwartet werden konnte.** Wie bei anderen Gemeinbedarfsflächen kann der Ausschluss bereits auf
Grund von vorbereitenden Planungen und Maßnahmen eintreten, die in einem ursächlichen
Zusammenhang mit der späteren Entziehung des Eigentums stehen, wenn die genannten
Voraussetzungen gegeben sind, d. h., sie müssen eine hinreichende Bestimmtheit haben
und die spätere Enteignung sicher erwarten lassen.

595 Bei der Planung neuer und der Erweiterung bestehender Flughäfen kommen dafür sogar entsprechende **politische Beschlüsse** in Betracht, **wenn sie sich verfestigt haben und die künftigen Grenzen erkennen lassen.** Darüber hinaus sind insbesondere Landes- und Regional-
planungen hervorzuheben. Die im Falle einer Enteignung nach diesen Grundsätzen zu
gewährende Entschädigung ist im gewöhnlichen Geschäftsverkehr die maßgebliche Orientierungsgröße, denn ein vernünftig handelnder Käufer, der selbst nicht das Vorhaben realisieren
will, würde kaum zu darüber hinaus gehenden Preiszugeständnissen bereit sein, da er mit
einer Enteignung zum Entschädigungswert rechnen muss. Der Verkehrswertermittlung ist
damit auch im Hinblick auf ein angemessenes Angebot im freihändigen Erwerb grundsätzlich der Entschädigungswert zu Grunde zu legen (vgl. Rn. 543 ff. und 589).

Zum Schutz der Allgemeinheit vor Gefahren werden nach dem Gesetz gegen Fluglärm **596** (Fluglärmgesetz) für Flugplätze **Lärmschutzbereiche** festgesetzt und zwar zwei Schutzzonen (oberhalb und unterhalb 75 dB(A); vgl. § 5 WertV Rn. 294).

Rechtsfolge der Festlegung von Lärmschutzbereichen ist, dass in ihnen grundsätzlich keine schutzbedürftigen Einrichtungen errichtet werden dürfen. Zusätzlich dürfen in **Schutzzone** 1 keine Wohnungen gebaut werden. Dies gilt nicht, wenn bereits eine Baugenehmigung erteilt worden ist oder die Errichtung von Wohnungen nach der Rechtslage vor Festlegung des Lärmschutzbereichs zulässig war (§ 5 Fluglärmgesetz). An zulässigen Bauten sind Schallschutzmaßnahmen vorzunehmen. Für Bauverbote wird eine Entschädigung gewährt, für Schallschutzmaßnahmen eine Erstattung der Aufwendungen (§§ 8 und 9 Fluglärmgesetz). Zahlungspflichtiger ist gemäß § 12 Fluglärmgesetz der Flugplatzhalter.

Nach § 16 Fluglärmgesetz bleiben Vorschriften, die weitergehende Planungsmaßnahmen zulassen, unberührt. Solche Vorschriften befinden sich etwa im Recht der Raumordnung. So bestimmt § 2 Abs. 2 Nr. 8 Satz 8 ROG, dass der Schutz der Allgemeinheit vor Lärm sicherzustellen ist. Dieser **Grundsatz der Raumordnung** ist im jeweiligen Raumordnungsplan zu konkretisieren. I. d. R. geschieht dies durch die Festlegung von Zielen der Raumordnung, die gemäß § 4 ROG von öffentlichen Stellen und bestimmten Personen des Privatrechts zu beachten sind. Auf Grund der Festlegungen im Raumordnungsplan kann die Raumordnungsbehörde Bauleitplanungen der Gemeinden untersagen.

Anlage und Betrieb eines Flugplatzes bedürfen der Genehmigung. Nach § 8 Abs. 5 LuftVG **597** ist für die zivile Nutzung eines aus der militärischen Trägerschaft entlassenen ehemaligen Militärflugplatzes eine **Änderungsgenehmigung nach § 6 Abs. 4 Satz 2 LuftVG** durch die zuständige Zivilluftfahrtsbehörde erforderlich.

Bei der Genehmigung eines Flughafens ist nach § 12 LuftVG für den Ausbau ein Plan fest- **598** zulegen; aus dem Plan soll ersichtlich sein:

– die **Start- und Landebahnen** einschließlich der sie umgebenden Schutzstreifen (Start- und Landeflächen),
– die **Sicherheitsflächen,** die an den Enden der Start- und Landeflächen nicht länger als je 1000 Meter und seitlich der Start- und Landeflächen bis zum Beginn der Anflugsektoren je 350 Meter breit sein sollen,
– der **Flughafenbezugspunkt,** der in der Mitte des Systems der Start- und Landeflächen liegen soll,
– die **Startbahnbezugspunkte,** die je in der Mitte der Start- und Landeflächen liegen sollen,
– die **Anflugsektoren,** die sich beiderseits der Außenkanten der Sicherheitsflächen an deren Enden mit einem Öffnungswinkel von je 15 Grad anschließen; sie enden bei Hauptstart- und Hauptlandeflächen in einer Entfernung von 15 km, bei Nebenstart- und Nebenlandeflächen in einer Entfernung von 8,5 km vom Startbahnbezugspunkt.

Abb. 53: Mittlere Ankaufspreise deutscher Flughäfen in €/m² (1999)

alle Preise			
2,69	Hannover	15,00	München
4,00	Paderborn	27,50	Stuttgart
4,95	Bremen	10,85	Mittelwert
6,32	Erfurt	3,25	30 %
9,00	Mönchengladbach	7,60	Min. 30 %
13,25	Leipzig	14,12	Max. 30 %
15,00	Dortmund		

Quelle: Dieterich 1999; vgl. GuG 2000,309

6.10.3 Bleibende Flughafenfläche

599 Die **Verkehrswertermittlung eines in Nutzung stehenden Flughafens** (insbesondere eines internationalen Verkehrsflughafens) ist im Grunde nicht möglich, da Flughäfen am Grundstücksmarkt nicht zum Kauf angeboten werden[316]. Es fehlt das Merkmal der freien Disponierbarkeit der Anlage auf dem Markt. Wertaussagen über laufende Flughafenbetriebe gleichen daher im Kern einer Unternehmensbewertung, die nur von Branchenkennern und nicht vom Grundstückssachverständigen geleistet werden kann. Zur Wertermittlung sollten die für den Betrieb der Flughäfen wichtigsten Auszüge der maßgeblichen Genehmigungen herangezogen werden.

600 Die ertragswirtschaftliche Analyse eines Flughafens, so sie überhaupt möglich ist, führt vielfach zu der Erkenntnis, dass ein Flughafen aus sich selbst heraus nicht immer rentierlich ist. Gleichwohl ist der Flughafen deshalb nicht ohne Wert. **Sein Wert erschließt sich vielfach aus seiner Bedeutung für die Region.** Dies machen insbesondere indirekte und direkte Förderungen deutlich.

601 Wird der **Wert eines unrentierlichen Flugplatzes** durch seine Bedeutung für die Region bestimmt, lässt er sich mit den herkömmlichen Verfahren der Wertermittlung größenmäßig kaum erfassen. Im Einzelnen kann der Flughafen die Attraktivität einer Region erhöhen und insbesondere auch zu erhöhten Steuereinnahmen führen, Arbeitsplätze sichern und vor allem die wirtschaftliche Attraktivität einer Region stärken. Oftmals müssen Landeplätze daher mithilfe der Wirtschaftsförderung finanziert werden, wenn der Flugbetrieb keine Rendite erbringt; die Förderung kann im Einzelfall sogar höher ausfallen als der Verkehrswert des Flughafens. Der Verkehrswert bemisst sich in derartigen Fällen nach seiner wirtschaftlichen Bedeutung für die Region.

602 Für den Verkehrswert sind folgende **Kriterien** von Bedeutung:
– Verkehrsaufkommen (Personen- und Frachtaufkommen),
– Kapazität und Auslastung,
– Umfang der Betriebserlaubnis (Tag- und Nachtflug),
– Attraktivität (Standort allgemeines Einzugsgebiet),
– Lage zum nächsten Flugplatz,
– wirtschaftliche Struktur der Region,
– Zustand der Flugeinrichtungen (Einhaltung der Sicherheitsbestimmungen, Belastbarkeit, Tragfähigkeit),
– Siedlungsdruck/Nachfrage,
– gewerbliche Mitbenutzung (Flugschulen) sonstige Gewerbegebiete und
– Verkehrliche Anbindung (Infrastruktur).

603 Der Wert eines Flughafens kann hilfsweise (i. S. eines Mindestwerts) unter der **Annahme** ermittelt werden, dass der **Flughafenbetrieb entwidmet oder aufgegeben** wird. Alsdann ist zu überlegen, welche potenziellen Nutzungsmöglichkeiten den Flächen und den aufstehenden Gebäuden beigemessen werden können (Abb. 56). Der gleiche Grundsatz gilt in den Fällen, in denen der Flughafenbetrieb schon aufgegeben wurde (stillliegender Flughafen) oder in denen er sich bereits in Liquidation befindet. Dabei spielt keine Rolle, ob es sich um einen (ehemals) militärisch oder zivil genutzten Flughafen handelt[317].

604 Allgemein gilt also der Grundsatz, dass über bestehenbleibende Flugplätze ein **Mindestwert in Höhe des Verkehrswerts** anzusetzen ist, **der im Falle der Aufgabe der Nutzung (Entwidmung) nach der im Übrigen vorhandenen Situation angemessen wäre.**

---

316 BVerwG, Urt. vom 29. 1. 1991 – 4 C 51/89 –, GuG 1991, 273 = EzGuG 13, 127; FG Brandenburg, Urt. vom 13. 12. 2000 – 2 K 2501/98 –, GuG 2001, 308 (nicht rechtskräftig); zur Gebührenstruktur von Flughäfen GuG 1993, 23; GuG 2000, 230
317 Simon in GuG 1996, 226; Kleiber in GuG 1996, 296

Abb. 54: Fluggastzahlen aller deutschen Airports

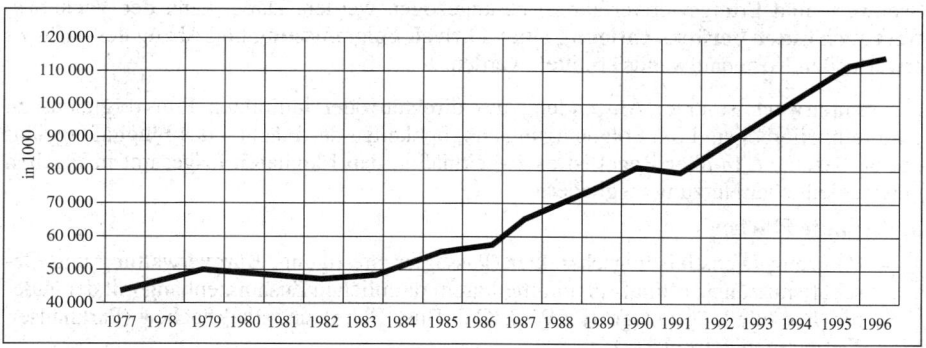

Abb. 55: Passagierzahlen nach Flughäfen*

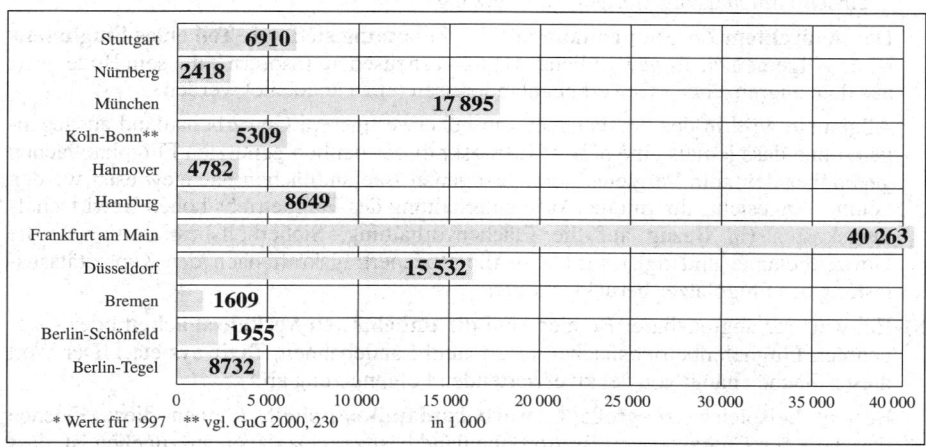

* Werte für 1997   ** vgl. GuG 2000, 230   in 1 000

Abb. 56: Grundsätze der Wertermittlung von Flughäfen

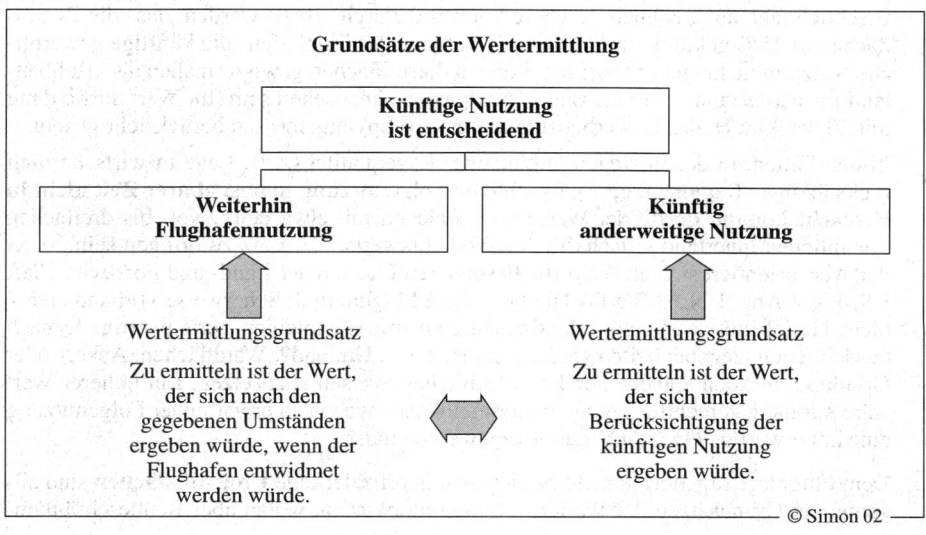

© Simon 02

605   Für die Wertermittlung können grundsätzlich alle Wertermittlungsverfahren (Vergleichs-, Sachwert- und Ertragswertverfahren) herangezogen werden. Dabei kann der **Verkehrswert** auch **unter Berücksichtigung einer fiktiven Folgenutzung** und Abzug des dafür zu erwartenden Kostenaufwands ermittelt werden.

606   Der **Bodenwert** ist unter Anwendung des direkten oder indirekten Preisvergleichs zu ermitteln. Hierbei sind die Folgenutzungsmöglichkeiten der Flächen des Flughafengeländes zu beachten. In aller Regel ist es zweckmäßig, den Flughafen insgesamt in Flächen unterschiedlicher Nutzung zu gliedern:

607   a) **Bebaute Flächen**

– Flugzeug-Dienstleistungscharakter (Passagierabfertigung, Büroverwaltung und Geschäftsnutzung); oftmals in unmittelbarem räumlichen Zusammenhang mit der äußeren Erschließungsanlage (PKW, LKW, Bus, Bahn) und Parkflächen (Parkhäuser, Tiefgaragen, Parkplätze).

– Überwiegend gewerblicher Nutzungscharakter (Werkstätten, Lager und sonstiges einschließlich dazugehöriger Büronutzung).

Der **in direktem Zusammenhang mit der Bebauung stehende Teil eines Flughafens** ist im Allgemeinen als gewerbliches Bauland anzusehen. Insofern kann sein Bodenwert aus dem angrenzenden Gewerbebaulandpreisen (ebf.) abgeleitet werden.

Allgemein wird in der Praxis dabei von höherwertigerem Gewerbebauland ausgegangen, ohne dass jemals eine höhere Ertragskraft der baulich genutzten Flugplatzflächen gegenüber den zum Vergleich herangezogenen Baulandflächen nachgewiesen werden konnte. Angesichts der mit der Aufrechterhaltung des Flugbetriebs hohen Bewirtschaftungskosten (in Bezug auf die Flächenvorhaltung, Sicherheitsbestimmungen, die Umweltbelange und dgl.) wird man die Bodenertragskraft nach der Kapazitätsauslastung des Flugplatzes berücksichtigen.

608   b) Ein weiterer abgrenzbarer Bereich sind die **unbebauten Verkehrsflächen** oder sogenannten Flughafenbetriebsflächen (Start- und Landebahnen, Taxiways etc.). Der Wert dieser Flächen hängt von der zu erwartenden Folgenutzung ab.

Besteht beispielsweise große **Gewerbebaulandknappheit,** können diese Flächen durchaus den Charakter von Bruttorohbauland besitzen. Da davon auszugehen ist, dass die Flächen zumindest teilerschlossen sind, wären – ausgehend vom Gewerbebaulandpreis (ebf) – ein Anteil Erschließungskosten sowie die Kosten der „inneren Erschließung" abzurechnen. Letztere können dadurch erfasst werden, dass die Bruttofläche um 25 % gekürzt wird[318]. Ist nach Aufgabe des Flughafens die künftige gewerbliche Nutzung nicht sicher absehbar, können diese Flächen gewissermaßen als „Rohbauland im Wartestand" oder als Bauerwartungsland anzusehen sein. Ihr Wert dürfte dann mit 20 bis 30 v. H. des Gewerbebaulandpreises (ebp) angemessen berücksichtigt sein.

In den Fällen, in denen wegen ungünstiger Lagequalität (z. B. Lage in wirtschaftlich rückständigen Regionen) eine **gewerbliche Folgenutzung in absehbarer Zeit nicht in Betracht** kommt, dürfte der Wert dieser Flächen mit etwa dem zwei- bis dreifachen ortsüblichen innerlandwirtschaftlichen Verkehrswerts in Ansatz zu bringen sein., d. h., der Wert orientiert sich am Wert der besonderen Flächen der Land- und Forstwirtschaft i. S. d. § 4 Abs. 1 Nr. 2 WertV. Die bei einem Flughafen üblicherweise vorhandenen – nicht betriebsnotwendigen – Randzonen sind im Allgemeinen geringwertig. Je nach tatsächlichen Gegebenheiten sind sie zumeist als „Umland", Waldflächen, Acker- oder Grünland, mit den entsprechenden ortsüblichen Preisen anzusetzen. Ein höherer Wert wäre nur dann gerechtfertigt, wenn diesen Flächen wegen zu erwartender Folgenutzung eine höherwertige Qualität beigemessen werden muss.

609   c) Dem Flugplatz zugehörige nicht betriebsmäßig erforderliche **Umgriffsflächen** sind allgemeinen Grundsätzen der Wertermittlung unterworfen, wobei aber Baubeschränkun-

gen zu berücksichtigen sind. Nach dem Luftverkehrsgesetz des Bundes bedarf beispielsweise jede **Errichtung von Bauwerken im Umkreis von 1,5 km Halbmesser
um den Flughafenbezugspunkt** der Zustimmung der Luftfahrtbehörde. Eine Zustimmung ist unter anderem ferner erforderlich bei Bauwerken in einer Höhe von mehr als
25 m, wenn sie außerhalb der Anflugsektoren, aber im Umkreis von 4 km Halbmesser
um den Flughafenbezugspunkt geplant sind, und mit einer Höhe von mehr als 15 m,
wenn es sich um einen Flughafen der Klasse A bis D handelt. Der Zustimmungsbereich
erweitert sich bis zu 15 km Halbmesser um den Startbahnbezugspunkt bei Bauvorhaben
innerhalb der Anflugsektoren. Die Luftfahrtbehörde kann ihre Zustimmung von Auflagen abhängig machen, die der Baugenehmigung hinzugefügt werden.

Bei der Bodenwertermittlung ist also einerseits auf eine **plausible und nachvollziehbare**   **610**
Flächenabgrenzung besonderer Wert zu legen und anderseits ist der Wahrscheinlichkeitsgrad der potenziellen Nutzung mit Sorgfalt nachprüfbar abzuleiten (vgl. Abb. 57).

Abb. 57: Flächenaufteilung

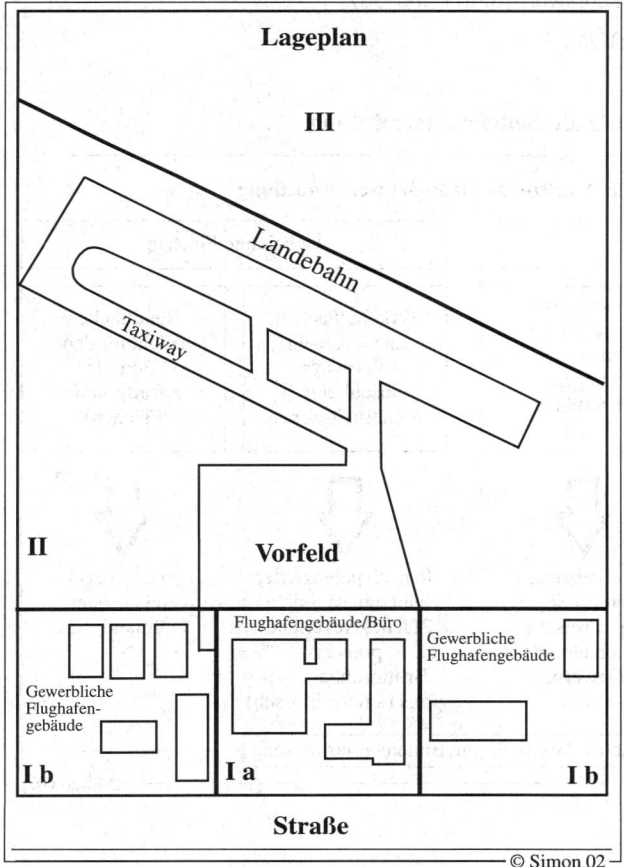

Erläuterung:	
I a	Fläche für höherwertiges Gewerbe
I b	Fläche für produzierendes Gewerbe
II	ggf. Bau-erwartungsland
III	ggf. Acker-oder Grünland

---

318 Dieses Verfahren ist marktkonform, da in vergleichbaren Fällen die erforderlichen Erschließungsflächen
(20–25 %) oftmals kostenlos der Gemeinde abgetreten werden, die dann auf ihre Kosten die (öffentliche)
Erschließung erstellt.

611 In einer älteren **aus dem Jahre 1976 stammenden Untersuchung** der nds. Kataster- und Vermessungsverwaltung wurde hierzu lediglich festgestellt, dass für den Grund und Boden stets ein Mehrfaches der jeweiligen „reinen" land- oder forstwirtschaftlichen Flächen (innerlandwirtschaftlicher Verkehrswert i. S. d. § 4 Abs. 1 Nr. 1) vereinbart wurde und lediglich in wenigen Einzelfällen der innerlandwirtschaftliche Verkehrswert die Grundlage der Preisvereinbarung bildete. I. d. R wurde das Zwei- bis Fünffache des innerlandwirtschaflichen Verkehrswerts, in besonderen Fällen bis zum Sechsfachen des innerlandwirtschaftlichen Verkehrswerts bezahlt.

612 Bei der **Gebäudewertermittlung** von Gebäuden auf Flughafengelände ergeben sich im Vergleich zu anderen Hochbauwertermittlungen keine besonderen Abweichungen. Allerdings ist auf folgende Problematik hinzuweisen:

Die alleinige Anwendung des Sachwertverfahrens führt zu Substanzwerten, die üblicherweise bei einer Folgenutzung zu einem unrealistisch hohen Ausgangswert führen und damit das Problem der Marktanpassung verschärfen. Sinnvoller ist es, die Gebäudewerte primär aus dem Ertragswertverfahren abzuleiten, da eine derartige Wertermittlung unter Berücksichtigung der Folgenutzung von vornherein zu einem marktkonformen Ausgangswert für die Ableitung des Verkehrswerts führt (Abb. 58).

▸ *Zum Fluglärm vgl. § 5 WertV Rn. 294.*

Abb. 58: Mögliche Ansätze für die Bodenwertermittlung

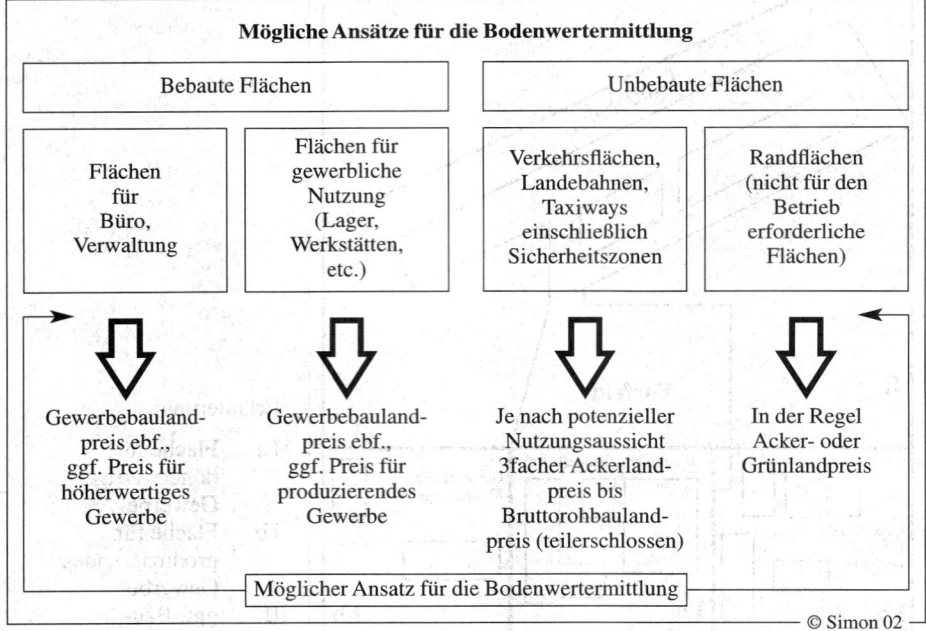

6.11   Kirchliche und kirchlichen Zwecken dienende Fläche

Kirchliche und kirchlichen Zwecken dienende Flächen werden gemeinhin Gemeinbedarfs-   **613**
flächen gleichgesetzt, weil sie – wie Gemeinbedarfsflächen – einem **privatwirtschaftli-**
chem Gewinnstreben entzogen und quasi unveräußerlich sind.

§ 9 BauGB kennt keine besondere Festsetzung für „Kirchenflächen", jedoch sind nach § 1   **614**
Abs. 5 Satz 2 Nr. 6 BauGB bei der Aufstellung der Bauleitpläne insbesondere die „von den
Kirchen und Religionsgemeinschaften des öffentlichen Rechts festgestellten Erfordernisse
für Gottesdienst und Seelsorge" zu berücksichtigen[319]. Das Recht der autonomen Bedarfs-
feststellung bedeutet für die abwägende Gemeinde eine verbindliche Vorgabe. Hat die Kir-
chengemeinde eine entsprechende ausdrückliche Feststellung getroffen[320], so muss die
Gemeinde im Rahmen ihrer Abwägung entscheiden, wo diesen Erfordernissen im Plangebiet Rechnung getragen werden kann.

Anlagen für kirchliche Zwecke sind zulässig im   **615**
– Allgemeinen Wohngebiet (§ 4 Abs. 2 Nr. 3 BauNVO),
– Besonderen Wohngebiet (§ 4a Abs. 2 Nr. 5 BauNVO),
– Dorfgebiet (§ 5 Abs. 2 Nr. 7 BauNVO),
– Mischgebiet (§ 6 Abs. 2 Nr. 5 BauNVO) und
– Kerngebiet (§ 7 Abs. 2 Nr. 4 BauNVO);
sie sind ausnahmsweise zulässig im
– Reinen Wohngebiet (§ 3 Abs. 2 Nr. 2 BauNVO),
– Gewerbegebiet (§ 8 Abs. 3 Nr. 2 BauNVO) und Industriegebiet (§ 9 Abs. 3 Nr. 2
  BauNVO).

Kirchen[321] und Religionsgemeinschaften des öffentlichen Rechts sind solche, denen nach
Art. 104 GG i.V.m Art. 137 WRV als Körperschaften des öffentlichen Rechts dieses Recht
auf Grund eines Landesgesetzes oder auf Grund eines solchen Gesetzes das Recht verliehen worden ist[322]. Nicht zu diesen Religionsgemeinschaften zählen organisierte Weltan-
schauungsgemeinschaften in Form privater Vereine.

Anlagen und Einrichtungen, die kirchlichen Zwecken dienen, können eine **vielfältige Aus-**   **616**
prägung haben[323]:
– Kirchengebäude,
– Kapellen,
– Gemeindesäle,
– Klöster mit den dazugehörigen Einrichtungen,
– Friedhöfe, aber auch
– Wohnhäuser (Mutterhäuser) zur Unterbringung des kirchlich beschäftigten Personals,
– das Pfarrhaus

---

319   Zur Ermittlung des Maßes der baulichen Nutzung vgl. OVG Münster, Urt. vom 25. 5. 1992 – 2 A 1546/90 –,
      KStZ 1992, 196 NWVbl. 1992, 442 = ZKF 1992, 256 = KirchE 30, 238 = Gemeindehaushalt 1992, 442
320   OVG Bremen, Urt. vom 10. 3. 1981 – 1 T 8/80 –, BRS Bd. 38, 94 = ZfBR 1981, 194; Kirchen in der Umlegung:
      Dieterich Baulandumlegung, 3. Aufl. Rn. 112
321   Maunz in Maunz/Dürig, GG Art. 140 Rn. 25 ff.; Obermayer, Bonner Komm. zum GG, Art. 140 Rn. 45 ff.;
      BVerwG, Urt. vom 15. 11. 1990 – 7 C 9/89 –, BVerwGE 87, 115
322   Grauvogel im Kohlhammer-Komm., § 1 BauGB Rn. 3 VIf; Battis/Krautzberger/Löhr § 1 BauGB Rn. 74 ff.
323   Zu den Normalherstellungskosten von Kirchengebäuden vgl. Lohrmann, G., Bewertung von Kirchengebäuden
      und ihren Einrichtungen, Hess. Brandversicherungsanstalt 1989

sowie karikative Einrichtungen, wie

– Kindergärten,
– konfessionelle Beratungs- und Betreuungsstellen,
– Altersheime,
– Tagesstätten und
– Schulen,

soweit sie nicht unter Anlagen für soziale Zwecke fallen[324].

617 Soweit die Nutzung nicht von vornherein die Gewinnerzielung ausschließt, wird man die Flächen nicht den privatem Gewinnstreben entzogenen Gemeinbedarfsflächen gleichstellen können. Selbst wenn für ein **dem Wohnen dienendes Pfarrhaus** keine Mietentgelte entrichtet werden, wird man dies zumindest dann nicht bejahen können, wenn dies als geldwertgleicher Vorteil für den Pfarrer im Rahmen seiner Entlohnung anzusehen ist[325].

618 Die Grenze zwischen den Flächen, die durch ihre Widmung zur res sacra einer wirtschaftlichen Betrachtungsweise entzogen sind und solchen, die zumindest teilweise einer wirtschaftlichen Betrachtungsweise zugänglich sind, muss nach den konkreten Umständen des Einzelfalls beurteilt werden und ist eng zu ziehen. Jedenfalls hat das BVerwG allein die **Tatsache, dass Kirchengebäude** (einer christlichen Konfession) mitunter **gegen Entrichtung eines Geldbetrags einer anderen christlichen Konfession zur Verfügung gestellt werden,** als **unbedeutsam** angesehen, da damit das Kirchengebäude nicht „entweiht" wird[326]. In dieser Entscheidung wurde zugleich festgestellt, dass es mit dem Wesen einer sakralen Sache (res sacrae) unvereinbar wäre, sie als potenzielle Einnahmequelle zu betrachten und mithin das Ertragswertverfahren zur Ermittlung des Verkehrswerts von Kirchen ungeeignet ist.

619 In der Praxis der Enteignungsentschädigung für Kirchen stand deshalb bislang das **Sachwertverfahren im Vordergrund** (Rheinbraun), wobei insbesondere ältere künstlerisch und geschichtlich bedeutsame Kirchengebäude besondere Probleme aufwerfen. Die Ermittlung des Sachwerts dieser Kirchen muss zu außerordentlich hohen Sachwerten führen, wenn ihr der historische Zustand zu Grunde gelegt wird (konservativer Kirchenbau). In der Praxis wird deshalb im Sinne einer Ersatzmaßnahme der Sachwertermittlung ein zeitgemäße Ansprüche erfüllender und heutigen Bauweisen und Bautechniken Rechnung tragender Neubau zu Grunde gelegt, der ansonsten aber dem „abgehenden" Erscheinungsbild möglichst weitgehend entspricht. Diese Praxis mag bedenklich stimmen, weil damit letztlich kein gleichwertiger Ersatz für das Genommene gewährt wird, wenn auf dieser Basis eine Kirche entschädigt wird; die Praxis kann aber wertbildend sein, wenn sie im gewöhnlichen Geschäftsverkehr dieses äußerst kleinen Teilmarkts vorherrschend ist.

---

324 Fickert/Fieseler, BauNVO Komm., Vorbem. §§ 2 bis 9, 12 bis 15 BauNVO Rn. 13 S. 250
325 Zur kostenrechtlichen Wertermittlung von Kirchen: BayObLG, Urt. vom 23. 9. 1985 – BReg 3 Z 36/84 –, EzGuG 18.99b; VG Berlin, Urt. vom 25. 10. 1995 – 1 W 5012/12/94 –, EzGuG 18.116 a
326 BVerwG, Urt. vom 30. 6. 1965 – 5 C 151/63 –, EzGuG 20.40

Anlage

Hinweise zur Qualifizierung des Entwicklungszustands von Grundstücken für **620**
Zwecke der TLG

Hinweise zur Bodenwertentwicklung vom 19. 4. 1994 vom THA-Fachbeirat Bewertung
Liegenschaften auf Anregung und unter Mitwirkung des Sächsischen Staatsministeriums
für Wirtschaft und Arbeit und des Sächsischen Städte- und Gemeindetages (GuG 1994,
290)

1. Grundsätze

Bei der Ermittlung des Verkehrswerts von Grundstücken spielt deren Entwicklungszustand
und -richtung eine entscheidende Rolle. Dieser wird in erster Linie beeinflusst durch den
Stand der gemeindlichen Planung; werterhöhend können sich bereits entsprechende konkrete Vorüberlegungen der Gemeinde auswirken. So werden Grundstücke, von denen zu
erwarten ist, dass sie in absehbarer Zeit einer baulichen Nutzung zugeführt werden, nach
Maßgabe des § 4 Wertermittlungsverordnung (WertV) untergliedert in

– Bauerwartungsland (§ 4 Abs. 2 WertV) und
– Rohbauland (§ 4 Abs. 3 WertV).

Der Verkehrswert der so unterteilten Grundstücke hängt davon ab, wie lange es voraus-
sichtlich dauert, für ein einzelnes Grundstück eine Baugenehmigung zu erhalten. Bloße
Nutzungsüberlegungen ohne konkrete Beschlüsse der Gemeindevertretung führen in der
Regel nicht zu Werterhöhungen. Von Einfluss ist weiter:

– ob bereits Planungen begonnen wurden, im Rechtsverfahren sind oder bereits vorliegen
   (Flächennutzungsplan, Bebauungsplan);
– die tatsächliche und rechtliche Beschaffenheit des Grundstücks;
– der Bearbeitungsstand bei der Beantragung öffentlicher Mittel für die Baulanderschließung
   (z. B. GA, GVFG), soweit eine Förderung notwendig und möglich erscheint.

Dabei sind die Städte und Gemeinden für die Ermittlung des Verkehrswerts an die WertV
gebunden.

Bei der Ermittlung des Verkehrswerts ist ferner zu berücksichtigen, ob bereits die Genehmigungsbehörden, die umliegenden Gebietskörperschaften und sonstige zu beteiligende
Gremien in die Planung einbezogen sind. Dies wirkt sich wertsteigernd oder wertmindernd
aus.

Aus dem bisher Gesagten ergibt sich: Planungsüberlegungen und Planungsschritte beeinflussen den Bodenwert; das gilt ggf. auch in der Phase der Grundstücksverhandlungen.
Darüber müssen sich Käufer und Verkäufer stets bewusst sein.

2. Planungsrechtliche Faktoren

Die rechtliche Einordnung eines einzelnen Grundstücks als

– Fläche der Land- oder Forstwirtschaft (reines und besonderes Agrarland i. S. d. § 4
   Abs. 1 WertV),
– Bauerwartungsland,
– Rohbauland und
– baureifes Land

wird durch folgende Kriterien bestimmt:

– Darstellung in der Regional- und Landesplanung (Landesentwicklungsplan);
– Ausweisung in Generalbebauungsplänen, Leitplanungen und Ortsgestaltungskonzepten,
   die Darstellungen ähnlich wie Flächennutzungspläne enthalten (DDR-Planungen),

soweit die Gemeinde ihre Fortgeltung durch genehmigungspflichtigen Beschluss nicht ausgeschlossen hat;

– Ausweisungen in Plänen sowie Regelungen i. S. d. § 9 BauGB, die als einfache oder qualifizierte Bebauungspläne in Zukunft gelten sollen, wenn hierzu ein bestätigender Beschluss der Gemeinde ergangen ist, eine Genehmigung der Gemeinde jedoch noch nicht vorliegt;

– informelle Planungen (Gebietsentwicklungspläne, Rahmenpläne und dergleichen), soweit sie von den Planungsträgern genehmigt oder zumindest zustimmend zur Kenntnis genommen worden sind (qualifizierte informelle Planungen) einschließlich mit der Gemeinde abgestimmter Nutzungskonzepte;

– Verkehrswegeplanungen und sonstige Fachplanungen;

– Darstellung in Flächennutzungsplänen;

– Festsetzungen in Bebauungsplänen bzw. Vorhaben- und Erschließungsplänen;

– privilegierte Nutzung i. S. d. § 35 BauGB;

– städtebauliche Verträge i. S. d. § 11 BauGB bzw. Erschließungsverträge i. S. d. § 124 BauGB;

– Lage eines Grundstücks in einem im Zusammenhang bebauten Ortsteil nach § 34 BauGB;

– natur- und landschaftsschutzrechtliche Bestimmungen;

– Bestimmungen des Straßenrechts, des Gewässerschutzes und des Denkmalschutzes;

– immissionsschutzrechtliche Regelungen;

– technische Infrastrukturplanungen (Ver- und Entsorgungsanlagen);

– Bodenordnung (amtliche und freiwillige Umlegungen, Grenzregelungsverfahren, Zwischenerwerbsmodelle, Einschaltung von Trägern und dergleichen).

3. Tatsächliche Verhältnisse und Gegebenheiten (Situationsmerkmale)

– Allgemeine städtebauliche Situation und Entwicklung,

– Siedlungsdruck,

– Bevölkerungsentwicklung (Wanderung, Zu- und Abnahme der Bevölkerung),

– allgemeines Angebot an Flächen vergleichbaren Entwicklungszustandes in und außerhalb der Gemeinde,

– Verkehrsverhältnisse (Straßenanbindung, ÖPNV usw.),

– vorhandene und kurzfristige realisierte Infrastruktur, (z. B. Einzelhandel, Dienstleistungen, Freizeit- und Bildungsangebot),

– ökologische Situation,

– Stand der Erschließung (Straße, Kanal, Wasser etc.),

– Lage, Form und Größe der Grundstücke,

– Baugrundverhältnisse einschließlich Altlasten.

4. Finanzielle Rahmenbedingungen

Soweit die Erschließung neuen Baulandes und die Umnutzung vorhandenen Baulandes den überdurchschnittlichen Einsatz finanzieller Mittel erfordert, sind auch die finanziellen Rahmenbedingungen zu prüfen, insbesondere bezüglich

– Förderung der Maßnahme durch öffentliche Mittel einschließlich Sonderprogrammen,

– der Investitionsplanung des Bundes, des Landes und der Gemeinden,

– der Bereitstellung von Mitteln der Europäischen Gemeinschaft,

– Finanzierbarkeit der Maßnahme auch unter Inanspruchnahme des Investors (Erschließungsvertrag, Städtebaulicher Vertrag mit Übernahme von Kosten durch den Investor).

5. Einholung qualifizierter Beurteilungsgrundlagen

Insbesondere für die Abschätzung der rechtlichen Voraussetzungen für die künftige Nutzung sind qualifizierte Auskünfte der Planungsträger und der wichtigsten Träger öffentlicher Belange (vgl. § 4 BauGB) einzuholen, vor allem Auskünfte der

– Planungs-, Bauaufsichts- und sonstigen Ämter einschließlich der Versorgungsunternehmen. Eingeholte Auskünfte sind im Hinblick auf ihre Verbindlichkeit kritisch zu würdigen.

– Beim Erwerb von Grundstücken speziell von der THA/TLG/BVVG sind insbesondere auch die Ergebnisse der Steuerungsgruppen, Ämterkonferenzen, Sofortgruppen und dergleichen bei der Wertbestimmung zu berücksichtigen.

Welche Auskünfte im Einzelfall erforderlich sind, sollte im Vorfeld des Vertragsschlusses gemeinsam geklärt werden.

§ 5 WertV
Weitere Zustandsmerkmale

(1) [1]Art und Maß der baulichen Nutzung ergeben sich in der Regel aus den für die städtebauliche Zulässigkeit von Vorhaben maßgeblichen §§ 30, 33 und 34 des Baugesetzbuchs unter Berücksichtigung der sonstigen öffentlich-rechtlichen und privatrechtlichen Vorschriften, die Art und Maß der baulichen Nutzung mitbestimmen. [2]Wird vom Maß der zulässigen Nutzung am Wertermittlungsstichtag in der Umgebung regelmäßig nach oben abgewichen oder wird die zulässige Nutzung nicht voll ausgeschöpft, ist die Nutzung maßgebend, die im gewöhnlichen Geschäftsverkehr zu Grunde gelegt wird.

(2) Als wertbeeinflussende Rechte und Belastungen kommen solche privatrechtlicher und öffentlich-rechtlicher Art, wie Dienstbarkeiten, Nutzungsrechte, Baulasten und sonstige dingliche Rechte und Lasten, in Betracht.

(3) Für den beitrags- und abgabenrechtlichen Zustand des Grundstücks ist die Pflicht zur Entrichtung von öffentlich-rechtlichen Beiträgen und nichtsteuerlichen Abgaben maßgebend.

(4) Die Wartezeit bis zu einer baulichen oder sonstigen Nutzung eines Grundstücks richtet sich nach der voraussichtlichen Dauer bis zum Eintritt der rechtlichen und tatsächlichen Voraussetzungen, die für die Zulässigkeit der Nutzung erforderlich sind.

(5) [1]Die Beschaffenheit und die tatsächlichen Eigenschaften des Grundstücks werden insbesondere durch die Grundstücksgröße und Grundstücksgestalt, die Bodenbeschaffenheit (z. B. Bodengüte, Eignung als Baugrund, Belastung mit Ablagerungen), die Umwelteinflüsse, die tatsächliche Nutzung und Nutzbarkeit bestimmt. [2]Bei bebauten Grundstücken wird die Beschaffenheit vor allem auch durch den Zustand der baulichen Anlagen hinsichtlich der Gebäudeart, des Baujahrs, der Bauweise und Baugestaltung, der Größe und Ausstattung, des baulichen Zustands und der Erträge bestimmt.

(6) Lagemerkmale von Grundstücken sind insbesondere die Verkehrsanbindung, die Nachbarschaft, die Wohn- und Geschäftslage sowie die Umwelteinflüsse.

---

1 Allgemeines

1 § 5 enthält zusammen mit § 4 ergänzende Bestimmungen zu dem mit § 3 Abs. 2 vorgegebenen Katalog von Zustandsmerkmalen. Seinem Regelungsgehalt nach handelt es sich um
**Handlungsanweisungen (Abs. 1), Begriffsbestimmungen (Abs. 3 und 4) sowie um
bloße Hinweise mit Richtliniencharakter (Abs. 2, 5 und 6).** Im Einzelnen geht es um
Regelungen

– zur Art und zu dem Maß der baulichen Nutzung (Abs. 1, Rn. 3 ff.);
– zu den wertbeeinflussenden Rechten und Belastungen (Abs. 2; vgl. § 1 WertV Rn. 10, 20;
 § 2 WertV Rn. 16; Rn. 94 ff.);
– zu den beitrags- und abgabenrechtlichen Verhältnissen, vor allem im Hinblick auf Pflichten zur Entrichtung von Erschließungsbeiträgen (§§ 127 ff. BauGB), Ausgleichsleistungen in der Umlegung (§ 64 BauGB), Ausgleichsbeträgen (§§ 154 f. BauGB sowie § 25
 BodSchG), Kostenerstattungsbeträgen und KAG-Beiträgen (Abs. 3, Rn. 100 ff.);
– zur Wartezeit bis zur baulichen Nutzung (Abs. 5, Rn. 108 ff.);
– zur Beschaffenheit und zu den tatsächlichen Eigenschaften des Grundstücks, wobei
 namentlich auch die Belastung mit Ablagerungen und die Umwelteinflüsse hervorgehoben werden (Abs. 5; vgl. auch Abs. 6, Rn. 113 ff.) sowie
– zur Lage des Grundstücks (Abs. 6, Rn. 203 ff.).

2 Mit der Hervorhebung dieser Zustandsmerkmale enthält die Vorschrift **keine abschließende Aufzählung.** Dies macht schon die Überschrift des § 5 deutlich, in der von „weiteren" und nicht von „sonstigen" Zustandsmerkmalen gesprochen wird. Auch waren die in
dieser Vorschrift hervorgehobenen Zustandsmerkmale schon bisher bei der Wertermittlung
zu berücksichtigen. Mit der namentlichen Hervorhebung hat der Verordnungsgeber praxisrelevante Hinweise geben wollen.

2 Art und Maß der baulichen Nutzung (Abs. 1)

2.1 Allgemeines (Abs. 1 Satz 1)

3 Nach der Grundsatzregel des Abs. 1 Satz 1 bestimmen sich **Art und Maß der baulichen
Nutzung i. d. R. nach den für die städtebauliche Zulässigkeit von Vorhaben maßgeb-
lichen §§ 30, 33 und 34 BauGB** (abgedruckt als Fn. 2 zum Verordnungstext) unter
Berücksichtigung

a) der sonstigen öffentlich-rechtlichen und
b) der privatrechtlichen Vorschriften,
die Art und Maß der baulichen Nutzung mitbestimmen.

4 Damit stellt die Verordnung deutlich heraus, dass i. d. R. die **baurechtlichen Vorgaben für
sich allein nicht maßgebend** sind. In der Praxis wird vielfach nicht hinreichend beachtet,
dass auch die sonstigen öffentlich-rechtlichen Vorschriften, wie z. B. die des Denkmalschutzes, und auch privatrechtlichen Vorschriften, wie z. B. eine eingeschränkte Nutzbarkeit infolge eines Wege- oder Aussichtsrechts, aber auch ein Bestandsschutz beachtlich
sind. Sie können für die Verkehrswertermittlung die Zugrundelegung

– einer höheren Art bzw. eines höheren Maßes der baulichen Nutzung oder
– einer minderen Art bzw. eines minderen Maßes der baulichen Nutzung erforderlich
 machen, als sich allein nach baurechtlichen Vorschriften ergibt. Besteht die Abweichung nur vorübergehend, z. B. im Hinblick auf den Bestandsschutz der baulichen
 Anlage, so kann der Wertunterschied gegenüber der (zum Zeitpunkt der Wertermittlung) dauerhaften Art oder dem Maß der baulichen Nutzung auf Grund des Baurechts
 durch Abzinsung des Wertunterschieds berücksichtigt werden.

Der BGH hat in seiner Rechtsprechung mit Recht wiederholt darauf hingewiesen, dass sich **5** der **Verkehrswert maßgeblich nach der Nutzungsfähigkeit des Grund und Bodens bemisst**[1]. Der Verordnungsgeber hat deshalb mit Abs. 1 die Grundsätze zur Berücksichtigung von Art und Maß der baulichen Nutzung bei der Verkehrswertermittlung an den Anfang dieser Vorschrift gestellt.

Art und Maß der baulichen Nutzung bestimmen sich anknüpfend an die bauplanungsrecht- **6** lichen Vorschriften des BauGB i.V. m. den Vorschriften der **Baunutzungsverordnung –** BauNVO.

▸ *Zur Berücksichtigung von Art und Maß der baulichen Nutzung bei Anwendung des Vergleichswertverfahrens vgl. § 14 WertV Rn. 46 ff.*

2.2 Rechtliche Gegebenheiten

2.2.1 Übersicht

Der der Verkehrswertermittlung zu Grunde zu legende Entwicklungszustand bestimmt sich **7** in Anwendung des § 194 BauGB nach den rechtlichen *und* tatsächlichen Merkmalen (Situationsgebundenheit) des zu wertenden Grundstücks. Bauplanungsrechtlich ist dabei nach der Lage eines Grundstücks zu unterscheiden, nämlich

– in einem **Bebauungsplangebiet nach § 30 BauGB**, das Festsetzungen über die Nutzbarkeit des Grundstücks enthält, einschließlich der Voraussetzungen nach § 33 BauGB für die Zulässigkeit einer baulichen Nutzung (vgl. Rn. 10 ff. und § 4 WertV Rn. 208 ff.),
– in einem **„im Zusammenhang bebauten"** Ortsteil nach § 34 BauGB (vgl. Rn. 58 ff. und § 4 WertV Rn. 213 ff.),
– im unbeplanten **Außenbereich** nach § 35 BauGB (vgl. Rn. 68 ff. sowie § 4 WertV Rn. 215 ff. und 234),
– in einem **Sanierungsgebiet oder städtebaulichen Entwicklungsbereich** nach den §§ 136 und 165 BauGB (vgl. §§ 26 ff. WertV).

Bei **Flächen**, die von dem Bedarfsträger auch **im Wege der Enteignung erworben werden** **8** **können**, ist nach der gefestigten höchstrichterlichen Rechtsprechung zum Ausschluss von der konjunkturellen (besser: qualitativen) Weiterentwicklung (Vorwirkung) der Entwicklungszustand nach den rechtlichen Gegebenheiten zu ermitteln, wie sie rückblickend vorlagen, als mit hinreichender Sicherheit und Bestimmtheit erwartet werden konnte, dass die Flächen ggf. im Wege der Enteignung erworben werden können (vgl. § 3 Rn. 17 ff., § 4 WertV Rn. 537 ff.; § 29 Rn. 125 ff.). Daneben gilt es für sog. **städtebauliche Veranstaltungsgebiete, insbesondere für Umlegungsgebiete** nach den §§ 45 ff. BauGB, eine Reihe von Besonderheiten zu beachten, auf die hier nicht näher eingegangen werden kann.

Als **Flächen, die nach dem BauGB enteignet werden können**, führt § 85 Abs. 1 BauGB **9** auf:

„(1) Nach diesem Gesetzbuch kann nur enteignet werden, um

1. entsprechend den Festsetzungen des Bebauungsplans ein Grundstück zu nutzen oder eine solche Nutzung vorzubereiten,
2. unbebaute oder geringfügig bebaute Grundstücke, die nicht im Bereich eines Bebauungsplans, aber innerhalb im Zusammenhang bebauter Ortsteile liegen, insbesondere zur Schließung von Baulücken, entsprechend den baurechtlichen Vorschriften zu nutzen oder einer baulichen Nutzung zuzuführen,
3. Grundstücke für die Entschädigung in Land zu beschaffen,
4. durch Enteignung entzogene Rechte durch neue Rechte zu ersetzen,
5. Grundstücke einer baulichen Nutzung zuzuführen, wenn ein Eigentümer die Verpflichtung nach § 176 Abs. 1 oder 2 nicht erfüllt, oder
6. im Geltungsbereich einer Erhaltungssatzung eine bauliche Anlage aus den in § 172 Abs. 3 bis 5 bezeichneten Gründen zu erhalten."

---

1 BGH, Urt. vom 6. 12. 1962 – III ZR 113/61 –, EzGuG 6.65; LG Bremen, Urt. vom 5. 11. 1954 – 1 O 749/54 (B) –, EzGuG 6.10.; BGH, Urt. vom 17. 12. 1964 – III ZR 96/63 –, EzGuG 11.47; BGH, Urt. vom 8. 11. 1962 – III ZR 86/61 –, EzGuG 8.5

2.2.2   Bebauungsplangebiete

2.2.2.1   Allgemeines

▶ *Hierzu auch § 4 WertV Rn. 208 ff. und § 14 WertV Rn. 47 ff.*

10 Der Verkehrswertermittlung ist grundsätzlich die in einem Bebauungsplan festgesetzte und zu erwartende Nutzung zu Grunde zu legen. Es kann sich dabei um baureifes Land handeln, wenn die Erschließung gesichert ist und die Grundstücke nach Lage, Form und Größe bauordnungsrechtlich ausreichend zugeschnitten sind. Sind die Grundstücke nach Lage, Form und Größe jedoch unzureichend gestaltet oder ist die Erschließung (noch) nicht gesichert, sind die Flächen nach § 4 Abs. 3 als **Rohbauland** einzustufen. Dabei ist die Wartezeit nach § 5 Abs. 4 bis zu ihrer Baureife zu berücksichtigen.

11 Nach § 30 BauGB wird zwischen vorhabenbezogenen, qualifizierten und einfachen Bebauungsplänen unterschieden (Abb. 1).

Ein **Bebauungsplan ist qualifiziert,** wenn er mindestens Festsetzungen trifft über

– die Art der baulichen Nutzung *(Wohngebiet, Mischgebiet, Gewerbegebiet),*

– das Maß der baulichen Nutzung *(Zahl der zulässigen Vollgeschosse, Gebäudehöhe, Grund- und Geschossflächenzahl),*

– die überbaubaren Grundstücksflächen *(Baugrenzen* und *Baulinien),*

– die örtlichen Verkehrsflächen (öffentliche Straßen).

Fehlen eine oder mehrere dieser Festsetzungen, handelt es sich nicht um einen qualifizierten, sondern um einen **einfachen Bebauungsplan** (§ 30 Abs. 2 BauGB).

Abb. 1: Übersicht über Bebauungspläne

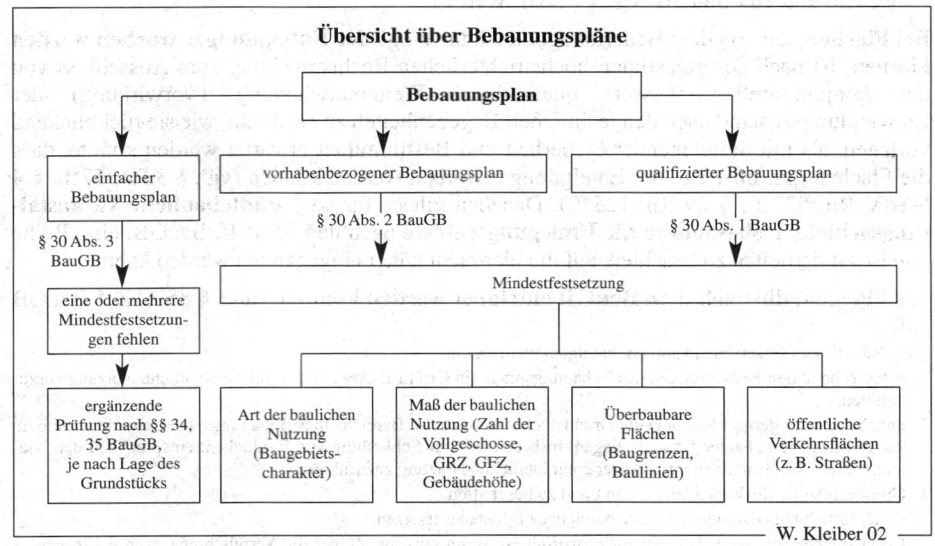

Abb. 2: Muster eines Bebauungsplans

Auszug

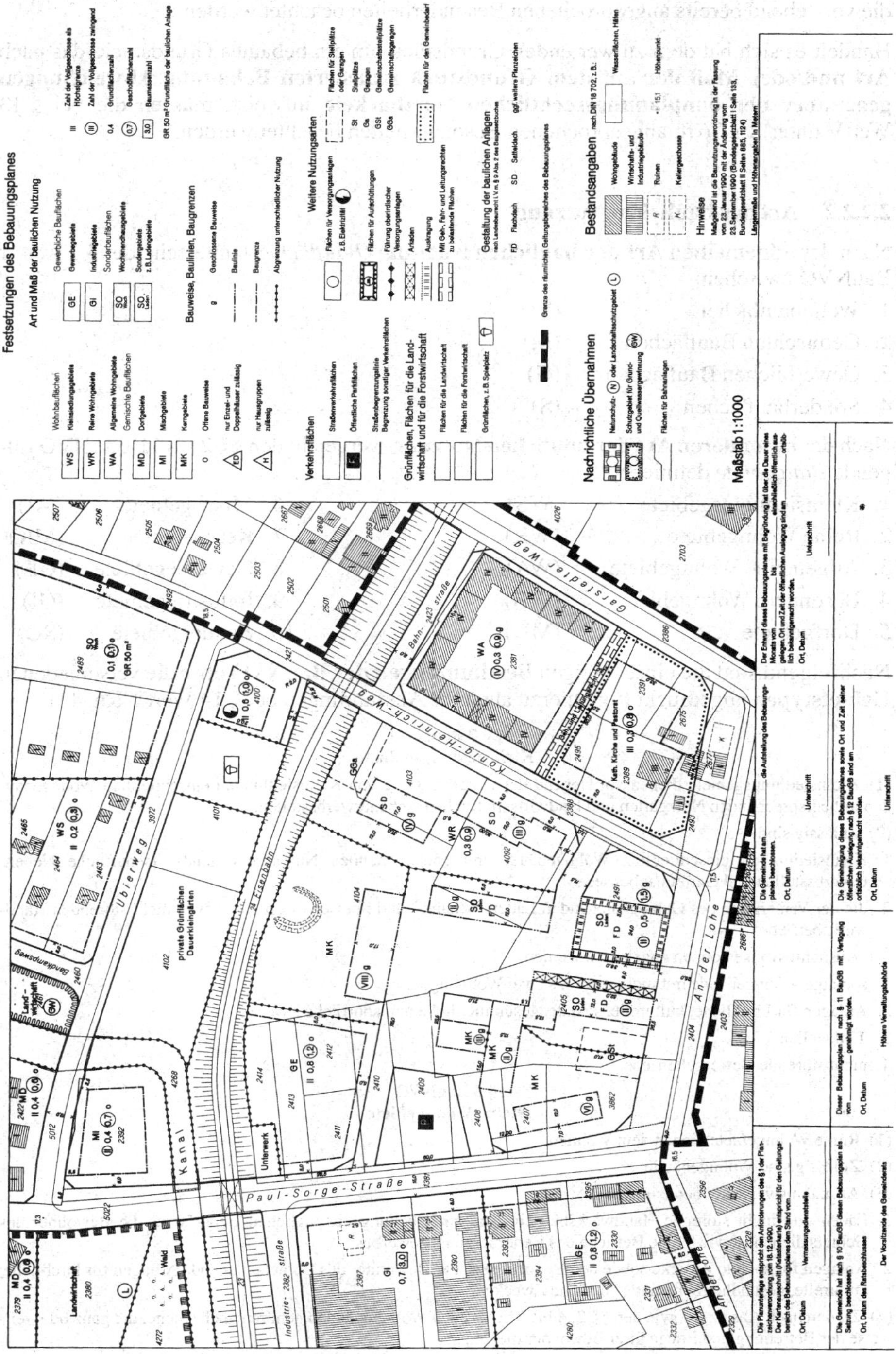

12 Aus dem Bebauungsplan ergeben sich **Art und Maß der baulichen Nutzung** sowie die einer öffentlichen Zweckbindung unterworfenen Flächen, die ggf. im Wege der Enteignung erworben werden können. Zur Qualifizierung der zuletzt genannten Grundstücke müssen die vorstehend bereits angesprochenen Besonderheiten beachtet werden.

13 Handelt es sich bei dem zu wertenden Grundstück um ein bebautes Grundstück, das nach **Art und/oder Maß der auf dem Grundstück realisierten Bebauung Abweichungen gegenüber der bauplanungsrechtlichen Nutzbarkeit** aufweist, müssen die bei § 13 WertV unter Rn. 76 ff. angesprochenen Besonderheiten beachtet werden.

2.2.2.2 Art der baulichen Nutzung

14 Nach der **allgemeinen Art der baulichen Nutzung** *(Bauflächen)* unterscheidet § 1 Abs. 1 BauNVO zwischen:

1. Wohnbauflächen   (W)
2. Gemischten Bauflächen   (M)
3. Gewerblichen Bauflächen (G)
4. Sonderbauflächen   (S)

15 Nach der **besonderen Art der baulichen Nutzung** werden in den §§ 2 bis 11 BauNVO folgende *Baugebiete* definiert:

1. Kleinsiedlungsgebiete	(WS)		6. Mischgebiete	(MI)
2. Reine Wohngebiete	(WR)		7. Kerngebiete	(MK)
3. Allgemeine Wohngebiete	(WA)		8. Gewerbegebiete	(GE)
4. Besondere Wohngebiete	(WB)		9. Industriegebiete	(GI)
5. Dorfgebiete	(MD)		10. Sondergebiete	(SO)

16 Nachfolgend sind die einschlägigen **Bestimmungen der BauNVO** über die verschiedenen **Gebietstypen** abgedruckt (vgl. hierzu auch die Ausführungen bei § 14 WertV Rn. 43):

„§ 2 BauNVO
Kleinsiedlungsgebiete

(1) Kleinsiedlungsgebiete dienen vorwiegend der Unterbringung von Kleinsiedlungen einschließlich Wohngebäuden mit entsprechenden Nutzgärten und landwirtschaftlichen Nebenerwerbsstellen.

(2) Zulässig sind

1. Kleinsiedlungen einschließlich Wohngebäude mit entsprechenden Nutzgärten, landwirtschaftliche Nebenerwerbsstellen und Gartenbaubetriebe,
2. die der Versorgung des Gebiets dienenden Läden, Schank- und Speisewirtschaften sowie nicht störenden Handwerksbetriebe.

(3) Ausnahmsweise können zugelassen werden

1. sonstige Wohngebäude mit nicht mehr als zwei Wohnungen,
2. Anlagen für kirchliche, kulturelle, soziale, gesundheitliche und sportliche Zwecke,
3. Tankstellen,
4. nicht störende Gewerbebetriebe.

§ 3 BauNVO
Reine Wohngebiete

(1) Reine Wohngebiete dienen dem Wohnen.

(2) Zulässig sind Wohngebäude.

(3) Ausnahmsweise können zugelassen werden

1. Läden und nicht störende Handwerksbetriebe, die zur Deckung des täglichen Bedarfs für die Bewohner des Gebiets dienen, sowie kleine Betriebe des Beherbergungsgewerbes,
2. Anlagen für soziale Zwecke sowie den Bedürfnissen der Bewohner des Gebiets dienende Anlagen für kirchliche, kulturelle, gesundheitliche und sportliche Zwecke.

(4) Zu den nach Absatz 2 sowie den §§ 2, 4 bis 7 zulässigen Wohngebäuden gehören auch solche, die ganz oder teilweise der Betreuung und Pflege ihrer Bewohner dienen.

§ 4 BauNVO
Allgemeine Wohngebiete

(1) Allgemeine Wohngebiete dienen vorwiegend dem Wohnen.

(2) Zulässig sind

1. Wohngebäude,

2. die der Versorgung des Gebiets dienenden Läden, Schank- und Speisewirtschaften sowie nicht störenden Handwerksbetriebe,

3. Anlagen für kirchliche, kulturelle, soziale, gesundheitliche und sportliche Zwecke.

(3) Ausnahmsweise können zugelassen werden

1. Betriebe des Beherbergungsgewerbes,

2. sonstige nicht störende Gewerbebetriebe,

3. Anlagen für Verwaltungen,

4. Gartenbaubetriebe,

5. Tankstellen.

§ 4a BauNVO
Gebiete zur Erhaltung und Entwicklung der Wohnnutzung (besondere Wohngebiete)

(1) Besondere Wohngebiete sind überwiegend bebaute Gebiete, die auf Grund ausgeübter Wohnnutzung und vorhandener sonstiger in Absatz 2 genannter Anlagen eine besondere Eigenart aufweisen und in denen unter Berücksichtigung dieser Eigenart die Wohnnutzung erhalten und fortentwickelt werden soll. Besondere Wohngebiete dienen vorwiegend dem Wohnen; sie dienen auch der Unterbringung von Gewerbebetrieben und sonstigen Anlagen im Sinne der Absätze 2 und 3, soweit diese Betriebe und Anlagen nach der besonderen Eigenart des Gebiets mit der Wohnnutzung vereinbar sind.

(2) Zulässig sind

1. Wohngebäude,

2. Läden, Betriebe des Beherbergungsgewerbes, Schank- und Speisewirtschaften,

3. sonstige Gewerbebetriebe,

4. Geschäfts- und Bürogebäude,

5. Anlagen für kirchliche, kulturelle, soziale, gesundheitliche und sportliche Zwecke.

(3) Ausnahmsweise können zugelassen werden

1. Anlagen für zentrale Einrichtungen der Verwaltung,

2. Vergnügungsstätten, soweit sie nicht wegen ihrer Zweckbestimmung oder ihres Umfangs nur in Kerngebieten allgemein zulässig sind,

3. Tankstellen.

(4) Für besondere Wohngebiete oder Teile solcher Gebiete kann, wenn besondere städtebauliche Gründe dies rechtfertigen (§ 9 Abs. 3 des Baugesetzbuchs), festgesetzt werden, dass

1. oberhalb eines im Bebauungsplan bestimmten Geschosses nur Wohnungen zulässig sind oder

2. in Gebäuden ein im Bebauungsplan bestimmter Anteil der zulässigen Geschossfläche oder eine bestimmte Größe der Geschossfläche für Wohnungen zu verwenden ist.

§ 5 BauNVO
Dorfgebiete

(1) Dorfgebiete dienen der Unterbringung der Wirtschaftsstellen land- und forstwirtschaftlicher Betriebe, dem Wohnen und der Unterbringung von nicht wesentlich störenden Gewerbebetrieben sowie der Versorgung der Bewohner des Gebiets dienenden Handwerksbetrieben. Auf die Belange der land- und forstwirtschaftlichen Betriebe einschließlich ihrer Entwicklungsmöglichkeiten ist vorrangig Rücksicht zu nehmen.

(2) Zulässig sind

1. Wirtschaftsstellen land- und forstwirtschaftlicher Betriebe und die dazugehörigen Wohnungen und Wohngebäude,

2. Kleinsiedlungen einschließlich Wohngebäuden mit entsprechenden Nutzgärten und landwirtschaftliche Nebenerwerbsstellen,

3. sonstige Wohngebäude,

4. Betriebe zur Be- und Verarbeitung und Sammlung land- und forstwirtschaftlicher Erzeugnisse,

5. Einzelhandelsbetriebe, Schank- und Speisewirtschaften sowie Betriebe des Beherbergungsgewerbes,

6. sonstige Gewerbebetriebe,

7. Anlagen für örtliche Verwaltungen sowie für kirchliche, kulturelle, soziale, gesundheitliche und sportliche Zwecke,

8. Gartenbaubetriebe,

9. Tankstellen.

(3) Ausnahmsweise können Vergnügungsstätten im Sinne des § 4a Abs. 3 Nr. 2 zugelassen werden.

§ 6 BauNVO
Mischgebiete

(1) Mischgebiete dienen dem Wohnen und der Unterbringung von Gewerbebetrieben, die das Wohnen nicht wesentlich stören.

(2) Zulässig sind

1. Wohngebäude,
2. Geschäfts- und Bürogebäude,
3. Einzelhandelsbetriebe, Schank- und Speisewirtschaften sowie Betriebe des Beherbergungsgewerbes,
4. sonstige Gewerbebetriebe,
5. Anlagen für Verwaltungen sowie für kirchliche, kulturelle, soziale, gesundheitliche und sportliche Zwecke,
6. Gartenbaubetriebe,
7. Tankstellen,
8. Vergnügungsstätten im Sinne des § 4a Abs. 3 Nr. 2 in den Teilen des Gebiets, die überwiegend durch gewerbliche Nutzungen geprägt sind.

(3) Ausnahmsweise können Vergnügungsstätten im Sinne des § 4a Abs. 3 Nr. 2 außerhalb der in Absatz 2 Nr. 8 bezeichneten Teile des Gebiets zugelassen werden.

§ 7 BauNVO
Kerngebiete

(1) Kerngebiete dienen vorwiegend der Unterbringung von Handelsbetrieben sowie der zentralen Einrichtungen der Wirtschaft, der Verwaltung und der Kultur.

(2) Zulässig sind

1. Geschäfts-, Büro- und Verwaltungsgebäude,
2. Einzelhandelsbetriebe, Schank- und Speisewirtschaften, Betriebe des Beherbergungsgewerbes und Vergnügungsstätten,
3. sonstige nicht wesentlich störende Gewerbebetriebe,
4. Anlagen für kirchliche, kulturelle, soziale, gesundheitliche und sportliche Zwecke,
5. Tankstellen im Zusammenhang mit Parkhäusern und Großgaragen,
6. Wohnungen für Aufsichts- und Bereitschaftspersonen sowie für Betriebsinhaber und Betriebsleiter,
7. sonstige Wohnungen nach Maßgabe von Festsetzungen des Bebauungsplans.

(3) Ausnahmsweise können zugelassen werden

1. Tankstellen, die nicht unter Absatz 2 Nr. 5 fallen,
2. Wohnungen, die nicht unter Absatz 2 Nr. 6 und 7 fallen.

(4) Für Teile eines Kerngebiets kann, wenn besondere städtebauliche Gründe dies rechtfertigen (§ 9 Abs. 3 des Baugesetzbuchs), festgesetzt werden, dass

1. oberhalb eines im Bebauungsplan bestimmten Geschosses nur Wohnungen zulässig sind oder
2. in Gebäuden ein im Bebauungsplan bestimmter Anteil der zulässigen Geschossfläche oder eine bestimmte Größe der Geschossfläche für Wohnungen zu verwenden ist.

Dies gilt auch, wenn durch solche Festsetzungen dieser Teil des Kerngebiets nicht vorwiegend der Unterbringung von Handelsbetrieben sowie der zentralen Einrichtungen der Wirtschaft, der Verwaltung und der Kultur dient.

17 Bei der **bauplanungsrechtlichen Qualifizierung von Gewerbeflächen** gehört zu den wichtigsten Unterscheidungsmerkmalen die **Unterscheidung zwischen**

a) **Gewerbegebieten** i. S. d. § 8 BauNVO (GE) und

b) **Industriegebieten** i. S. d. § 9 BauNVO (GI),

die teilweise sich überschneidende Nutzungsmöglichkeiten aufweisen.

18 Die planungsrechtliche **Ausweisung von Gewerbe- und Industrieflächen** nach den Grundsätzen der BauNVO lässt **aus wirtschaftlicher Sicht recht unterschiedliche Nutzungen** zu. Dies reicht oftmals vom Schrottplatz bis zu einer hochwertigen Büronutzung (Abb. 3).

Abb. 3: Gewerbliche und industrielle Nutzung GE/GI nach BauNVO

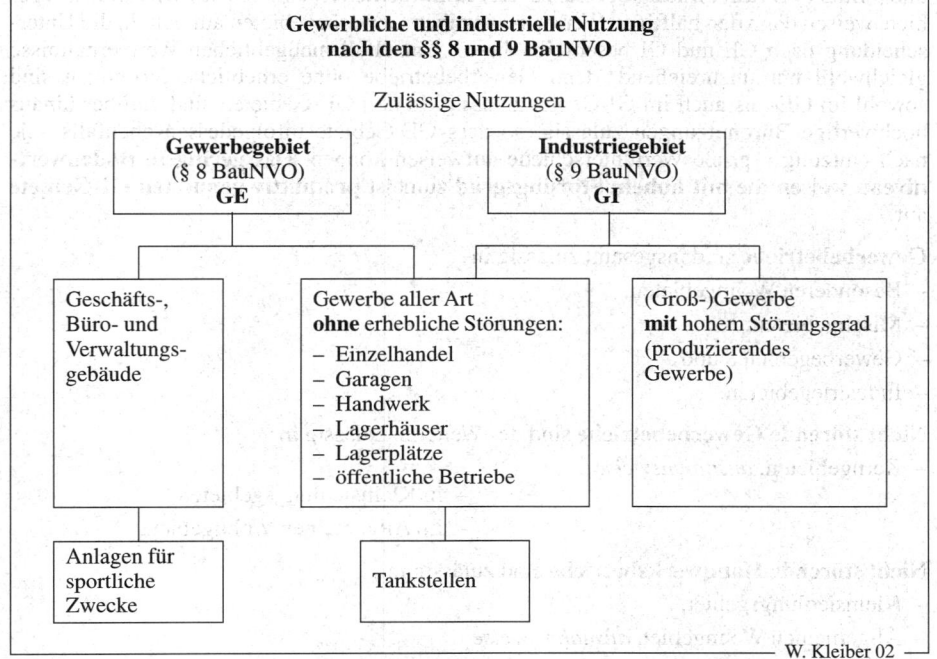

Gewerbliche und industrielle Nutzung
nach den §§ 8 und 9 BauNVO

Zulässige Nutzungen

Gewerbegebiet
(§ 8 BauNVO)
GE

Industriegebiet
(§ 9 BauNVO)
GI

Geschäfts-,
Büro- und
Verwaltungs-
gebäude

Gewerbe aller Art
ohne erhebliche Störungen:
– Einzelhandel
– Garagen
– Handwerk
– Lagerhäuser
– Lagerplätze
– öffentliche Betriebe

(Groß-)Gewerbe
mit hohem Störungsgrad
(produzierendes
Gewerbe)

Anlagen für
sportliche
Zwecke

Tankstellen

W. Kleiber 02

§ 8 BauNVO
Gewerbegebiete

19

(1) Gewerbegebiete dienen vorwiegend der Unterbringung von nicht erheblich belästigenden Gewerbebetrieben.

(2) Zulässig sind

1. Gewerbebetriebe aller Art, Lagerhäuser, Lagerplätze und öffentliche Betriebe,

2. Geschäfts-, Büro- und Verwaltungsgebäude,

3. Tankstellen,

4. Anlagen für sportliche Zwecke.

(3) Ausnahmsweise können zugelassen werden

1. Wohnungen für Aufsichts- und Bereitschaftspersonen sowie für Betriebsinhaber und Betriebsleiter, die dem Gewerbebetrieb zugeordnet und ihm gegenüber in Grundfläche und Baumasse untergeordnet sind,

2. Anlagen für kirchliche, kulturelle, soziale, gesundheitliche und sportliche Zwecke,

3. Vergnügungsstätten.

§ 9 BauNVO
Industriegebiete

20

(1) Industriegebiete dienen ausschließlich der Unterbringung von Gewerbebetrieben, und zwar vorwiegend solcher Betriebe, die in anderen Baugebieten unzulässig sind.

(2) Zulässig sind

1. Gewerbebetriebe aller Art, Lagerhäuser, Lagerplätze und öffentliche Betriebe,

2. Tankstellen.

(3) Ausnahmsweise können zugelassen werden

1. Wohnungen für Aufsichts- und Bereitschaftspersonen sowie für Betriebsinhaber und Betriebsleiter, die dem Gewerbebetrieb zugeordnet und ihm gegenüber in Grundfläche und Baumasse untergeordnet sind,

2. Anlagen für kirchliche, kulturelle, soziale, gesundheitliche und sportliche Zwecke.

21 Die bauplanungsrechtliche **Unterscheidung zwischen GE- und GI-Gebieten** i. S. d. §§ 8 und 9 BauNVO **führt häufig bereits zu Wertunterschieden von 100 %,** d. h., Industriegebiete weisen dann den hälftigen Wert von sonstigen Gewerbegebieten auf. Allein die Unterscheidung nach GE und GI beschreibt die im Einzelfall maßgeblichen Wertverhältnisse gleichwohl nur unzureichend, denn Gewerbebetriebe ohne erhebliche Störungen sind sowohl im GE- als auch im GI-Gebiet zulässig. In den GE-Gebieten sind darüber hinaus hochwertige Büronutzungen zulässig, so dass GE-Gebiete infolgedessen ebenfalls – je nach Nutzung – große Wertunterschiede aufweisen können. Das **geringste Bodenwertniveau weisen die mit hohem Störungsgrad** zumeist **produktiv genutzten GI-Gebiete** auf.

22 **Gewerbebetriebe** sind insgesamt zulässig in

– Besonderen Wohngebieten,

– Mischgebieten,

– Gewerbegebieten und

– Industriegebieten.

23 **Nicht störende Gewerbebetriebe** sind des Weiteren zulässig in

– Kerngebieten, *ausnahmsweise*

                            – in Kleinsiedlungsgebieten,

                            – im Allgemeinen Wohngebiet.

24 **Nicht störende Handwerksbetriebe** sind zulässig im

– Kleinsiedlungsgebiet,

– Allgemeinen Wohngebiet, *ausnahmsweise*

                            – im Reinen Wohngebiet.

25 **Geschäfts-, Büro- und Verwaltungsgebäude** sind zulässig in

– Besonderen Wohngebieten,

– Mischgebieten,

– Kerngebieten und

– Gewerbegebieten.

26 **Tankstellen**[2] (vgl. § 17 WertV Rn. 164) sind zulässig in

– Gewerbegebieten,

– Industriegebieten,

– Dorfgebieten, *ausnahmsweise*

                            – in Kleinsiedlungsgebieten,

                            – im Allgemeinen Wohngebiet,

                            – im Besonderen Wohngebiet,

                            – im Kerngebiet, ansonsten im Zusammenhang mit Parkhäusern und Garagen.

27 Unter die in GE-Gebieten zulässigen „Gewerbebetriebe aller Art" fallen im Übrigen auch **Einzelhandelsbetriebe.** Dagegen sind großflächige Einzelhandelsbetriebe mit mehr als 1500 m[2] Geschossfläche in einem GI-Gebiet unzulässig[3].

28 Bei Heranziehung von Bodenrichtwerten und von Vergleichspreisen müssen Unterschiede in der gewerblichen Nutzung berücksichtigt werden, weil die **Wertunterschiede zwischen den genannten Lagen recht hoch** ausfallen können. Entsprechend den jeweiligen Nutzungsanteilen sind die Abweichungen im Wege der Interpolation berücksichtigungsfähig.

In der Verkehrswertermittlung werden **Gewerbeflächen** unter Berücksichtigung der Situationsgebundenheit, der allgemeinen Verkehrsauffassung und der lagetypischen Nutzung **wie folgt unterschieden**: **29**

– *„klassische" Gewerbeflächen* für das produzierende Gewerbe, Großhandel, Lagerplätze, Speditionen, die zumeist ebenerdig bebaut sind und größere Freiflächen aufweisen (Büroflächenanteil i.d.R. < 30 %); die Verkehrswerte weisen in diesen Gebieten zumeist eine geringe „Empfindlichkeit" gegenüber einem unterschiedlichen Maß der baulichen Nutzbarkeit von i.d.R. (GFZ) 0,4 bis 1,0 auf;

– *„verdichtetes klassisches Gewerbe"*, in zumeist mehrgeschossig bebauten älteren und nicht selten mit „Wohnen" durchmischten Baugebieten;

– *„Büro- und Geschäftslage"* mit i.d.R. mehrgeschossiger Bebaubarkeit (typische GFZ von 2,0); die Verkehrswerte weisen in diesen Gebieten häufig eine lineare Empfindlichkeit gegenüber der Brutto-Geschossfläche (BGF) auf (vgl. § 17 WertV Rn. 145 ff.);

– *„Shopping-Centers"* in zumeist peripher gelegener Lage, zumeist autogerecht mit einem breiten Parkangebot und mit sehr geringer baulicher Ausnutzung (GFZ 0,2 bis 0,6) ausgelegt, insbesondere für Gartencenter, Autohändler und den sog. (Fast-)„Food-Bereich";

– *„Läden"*, wobei zwischen „klassischen" Zentrumslagen und Einkaufszentren unterschieden wird (vgl. § 17 WertV Rn. 153 ff.).

▸ *Zur Qualifizierung von gewerblich industriellen Flächen vgl. § 14 WertV Rn. 198 ff; § 17 WertV Rn. 141 ff.*

Flächen, die in der Bauleitplanung als **Sonderbaufläche oder Sondergebiet** ausgewiesen **30** sind, können entsprechend der Konkretisierung ihrer Nutzung erhebliche Wertunterschiede aufweisen. Dies ist darin begründet, dass das Spektrum der unter den Begriff des Sondergebiets fallenden Nutzungen durch die §§ 10 und 11 BauNVO sehr breit angelegt ist, angefangen bei den der Erholung dienenden Sondergebieten des § 10 BauNVO (Wochenendhausgebiete, Ferienhausgebiete und Campingplatzgebiete) über Fremdenverkehrsgebiete bis hin zu hochwertigen Ladengebieten und Einkaufszentren (sonstige Sondergebiete). Bei der **Qualifizierung von Sonderbauflächen**, sei es im Rahmen der Auswahl von Vergleichspreisen oder sei es bei der Qualifizierung des zu wertenden Grundstücks, muss zunächst unbedingt beachtet werden, dass es sich bei den Sondergebieten um privatwirtschaftlich nutzbare Flächen oder auf Grund eines entsprechenden Zusatzes um Gemeinbedarfsflächen handeln kann, die jedwedem privaten Gewinnstreben entzogen sind, ohne dass es dabei erforderlich ist, dass das SO-Gebiet einer „öffentlichen" Zweckbindung etwa i.S.d. § 37 Abs. 1 BauGB dient.

§ 10 BauNVO
Sondergebiete, die der Erholung dienen **31**

(1) Als Sondergebiete, die der Erholung dienen, kommen insbesondere in Betracht

Wochenendhausgebiete,

Ferienhausgebiete,

Campingplatzgebiete.

(2) Für Sondergebiete, die der Erholung dienen, sind die Zweckbestimmung und die Art der Nutzung darzustellen und festzusetzen. Im Bebauungsplan kann festgesetzt werden, dass bestimmte, der Eigenart des Gebiets entsprechende Anlagen und Einrichtungen zur Versorgung des Gebiets und für sportliche Zwecke allgemein zulässig sind oder ausnahmsweise zugelassen werden können.

---

2   GuG 1995, 301 = Vermögensrecht (a. a. O.), II 7.3.11
3   BVerwG, Urt. vom 3. 2. 1984 – 4 C 54/80 –, BVerwGE 68.343 = NJW 1984, 1768 = BauR 1984, 380 = DVBl. 1984, 62 = ZfBR 1984, 135 = UPR 1984, 225 = DÖV 1984, 849 = BRS Bd. 42 Nr. 50 = BayVBl. 1984, 726

(3) In Wochenendhausgebieten sind Wochenendhäuser als Einzelhäuser zulässig. Im Bebauungsplan kann festgesetzt werden, dass Wochenendhäuser nur als Hausgruppen zulässig sind oder ausnahmsweise als Hausgruppen zugelassen werden können. Die zulässige Grundfläche der Wochenendhäuser ist im Bebauungsplan, begrenzt nach der besonderen Eigenart des Gebiets, unter Berücksichtigung der landschaftlichen Gegebenheiten festzusetzen.

(4) In Ferienhausgebieten sind Ferienhäuser zulässig, die auf Grund ihrer Lage, Größe, Ausstattung, Erschließung und Versorgung für den Erholungsaufenthalt geeignet und dazu bestimmt sind, überwiegend und auf Dauer einem wechselnden Personenkreis zur Erholung zu dienen. Im Bebauungsplan kann die Grundfläche der Ferienhäuser, begrenzt nach der besonderen Eigenart des Gebiets, unter Berücksichtigung der landschaftlichen Gegebenheiten festgesetzt werden.

(5) In Campingplatzgebieten sind Campingplätze und Zeltplätze zulässig.

§ 11 BauNVO
Sonstige Sondergebiete

32

(1) Als sonstige Sondergebiete sind solche Gebiete darzustellen und festzusetzen, die sich von den Baugebieten nach den §§ 2 bis 10 wesentlich unterscheiden.

(2) Für sonstige Sondergebiete sind die Zweckbestimmung und die Art der Nutzung darzustellen und festzusetzen. Als sonstige Sondergebiete kommen insbesondere in Betracht

Gebiete für den Fremdenverkehr, wie Kurgebiete und Gebiete für die Fremdenbeherbergung, Ladengebiete,

Gebiete für Einkaufszentren und großflächige Handelsbetriebe,

Gebiete für Messen, Ausstellungen und Kongresse,

Hochschulgebiete,

Klinikgebiete,

Hafengebiete,

Gebiete für Anlagen, die der Erforschung, Entwicklung oder Nutzung erneuerbarer Energien, wie Wind- und Sonnenenergie, dienen.

(3) 1. Einkaufszentren,

2. großflächige Einzelhandelsbetriebe, die sich nach Art, Lage oder Umfang auf die Verwirklichung der Ziele der Raumordnung und Landesplanung oder auf die städtebauliche Entwicklung und Ordnung nicht nur unwesentlich auswirken können,

3. sonstige großflächige Handelsbetriebe, die im Hinblick auf den Verkauf an letzte Verbraucher und auf die Auswirkungen den in Nummer 2 bezeichneten Einzelhandelsbetrieben vergleichbar sind,

sind außer in Kerngebieten nur in für sie festgesetzten Sondergebieten zulässig. Auswirkungen im Sinne des Satzes 1 Nr. 2 und 3 sind insbesondere schädliche Umwelteinwirkungen im Sinne des § 3 des Bundes-Immissionsschutzgesetzes sowie Auswirkungen auf die infrastrukturelle Ausstattung, auf den Verkehr, auf die Versorgung der Bevölkerung im Einzugsbereich der in Satz 1 bezeichneten Betriebe, auf die Entwicklung zentraler Versorgungsbereiche in der Gemeinde oder in anderen Gemeinden, auf das Orts- und Landschaftsbild und auf den Naturhaushalt. Auswirkungen im Sinne des Satzes 2 sind bei Betrieben nach Satz 1 Nr. 2 und 3 in der Regel anzunehmen, wenn die Geschossfläche 1 200 m² überschreitet. Die Regel des Satzes 3 gilt nicht, wenn Anhaltspunkte dafür bestehen, dass Auswirkungen bereits bei weniger als 1 200 m² Geschossfläche vorliegen oder bei mehr als 1 200 m² Geschossfläche nicht vorliegen; dabei sind in Bezug auf die in Satz 2 bezeichneten Auswirkungen insbesondere die Gliederung und Größe der Gemeinde und ihrer Ortsteile, die Sicherung der verbrauchernahen Versorgung der Bevölkerung und das Warenangebot des Betriebs zu berücksichtigen."

33 Die Frage, ob **ein Sondergebiet als Gemeinbedarfsfläche** einzustufen ist, beantwortet sich in erster Linie nach den Festsetzungen des Bebauungsplans. § 11 BauNVO stellt hierfür lediglich die Rahmenvorschrift dar und ermächtigt den Planungsträger, „die Zweckbindung und die Art der Nutzung" darzustellen und festzusetzen (vgl. § 10 Abs. 2 Satz 1 BauNVO, der insoweit wörtlich mit § 11 Abs. 2 Satz 1 BauNVO übereinstimmt). Auf dieser Grundlage kann die Festsetzung mit der gleichzeitigen Festsetzung von Flächen für den Gemeinbedarf verbunden werden[4]. Im Falle einer Festsetzung des Sondergebiets für Gemeinbedarfszwecke (z. B. **Kaserne**) sind die unter § 4 WertV Rn. 486 ff. dargelegten Bewertungsgrundsätze maßgebend. Auf die tatsächliche Nutzung kommt es in diesem Fall nur noch in Bezug auf den Bestandsschutz und etwaige Planungsschadensansprüche an (vgl. § 4 WertV Rn. 486 ff.).

34 ▸ *Zur Qualifizierung der Art der baulichen Nutzung bei der Wertermittlung nach Maßgabe des § 5 Abs. 1 vgl. Rn. 75 ff.*

2.2.2.3 Maß der baulichen Nutzung

Wird im Flächennutzungsplan das allgemeine Maß der baulichen Nutzung dargestellt, 35
genügt nach § 16 Abs. 1 BauNVO die Angabe
– der Geschossflächenzahl (Rn. 40),
– der Baumassenzahl (Rn. 47) oder
– der Höhe der baulichen Anlagen (Rn. 50).

Im Bebauungsplan kann das Maß der baulichen Nutzung bestimmt werden durch 36
Festsetzung der

a) **Grundflächenzahl (GRZ)** *oder* der **Größe der Grundflächen der baulichen Anlagen** 37
(GR); sie gibt an, wie viel Quadratmeter „Grundfläche" der baulichen Anlagen je Quadratmeter „Grundstücksfläche" zulässig sind. § 19 BauNVO definiert sie wie folgt:

„§ 19 BauNVO
Grundflächenzahl, zulässige Grundfläche

(1) Die Grundflächenzahl gibt an, wie viel Quadratmeter Grundfläche je Quadratmeter Grundstücksfläche im Sinne des Absatzes 3 zulässig sind.

(2) Zulässige Grundfläche ist der nach Absatz 1 errechnete Anteil des Baugrundstücks, der von baulichen Anlagen überdeckt werden darf.

(3) Für die Ermittlung der zulässigen Grundfläche ist die Fläche des Baugrundstücks maßgebend, die im Bauland und hinter der im Bebauungsplan festgesetzten Straßenbegrenzungslinie liegt. Ist eine Straßenbegrenzungslinie nicht festgesetzt, so ist die Fläche des Baugrundstücks maßgebend, die hinter der tatsächlichen Straßengrenze liegt oder die im Bebauungsplan als maßgebend für die Ermittlung der zulässigen Grundfläche festgesetzt ist.

(4) Bei der Ermittlung der Grundfläche sind die Grundflächen von

1. Garagen und Stellplätzen mit ihren Zufahrten,

2. Nebenanlagen im Sinne des § 14,

3. baulichen Anlagen unterhalb der Geländeoberfläche, durch die das Baugrundstück lediglich unterbaut wird,

mitzurechnen. Die zulässige Grundfläche darf durch die Grundflächen der in Satz 1 bezeichneten Anlagen bis zu 50 vom Hundert überschritten werden, höchstens jedoch bis zu einer Grundflächenzahl von 0,8; weitere Überschreitungen in geringfügigem Ausmaß können zugelassen werden. Im Bebauungsplan können von Satz 2 abweichende Bestimmungen getroffen werden. Soweit der Bebauungsplan nichts anderes festsetzt, kann im Einzelfall von der Einhaltung der sich aus Satz 2 ergebenden Grenzen abgesehen werden

1. bei Überschreitungen mit geringfügigen Auswirkungen auf die natürlichen Funktionen des Bodens oder

2. wenn die Einhaltung der Grenzen zu einer wesentlichen Erschwerung der zweckentsprechenden Grundstücksnutzung führen würde."

Die GRZ ist für die **Preisbildung von Grundstücken in den Innenstädten** von viel- 38
fach unterschätzter Bedeutung. Die hohen Mieterträge, die ebenerdig in einer Einzelhandelslage erzielt werden, machen nämlich ein Vielfaches von dem aus, was im Verhältnis zur GFZ in den oberen Stockwerken erzielbar ist.

Nebenanlagen i. S. d. § 14 BauNVO sind hierbei: 39

„§ 14 BauNVO
Nebenanlagen

(1) Außer den in den §§ 2 bis 13 genannten Anlagen sind auch untergeordnete Nebenanlagen und Einrichtungen zulässig, die dem Nutzungszweck der in dem Baugebiet gelegenen Grundstücke oder des Baugebiets selbst dienen und die seiner Eigenart nicht widersprechen. Soweit nicht bereits in den Baugebieten nach dieser Verordnung Einrichtungen und Anlagen für die Tierhaltung zulässig sind, gehören zu den untergeordneten Nebenanlagen und Einrichtungen im Sinne des Satzes 1 auch solche für die Kleintierhaltung. Im Bebauungsplan kann die Zulässigkeit der Nebenanlagen und Einrichtungen eingeschränkt oder ausgeschlossen werden.

(2) Die der Versorgung der Baugebiete mit Elektrizität, Gas, Wärme und Wasser sowie zur Ableitung von Abwasser dienenden Nebenanlagen können in den Baugebieten als Ausnahme zugelassen werden, auch soweit für sie im Bebauungsplan keine besonderen Flächen festgesetzt sind. Dies gilt auch für fernmeldetechnische Nebenanlagen sowie für Anlagen für erneuerbare Energien, soweit nicht Absatz 1 Satz 1 Anwendung findet."

---

4 Zur erforderlichen Bestimmtheit vgl. Fickert/Fieseler, BauNVO 6. Aufl. Köln § 11 Rn. 8.

40 b) **Geschossflächenzahl** (GFZ) *oder* der **Größe der Geschossflächen** (GF) der baulichen Anlagen; sie gibt an, wie viel Quadratmeter Geschossfläche je Quadratmeter „Grundstücksfläche" zulässig sind (vgl. Teil III Rn. 502 ff.). Verallgemeinert handelt es sich hierbei um die Summe der Flächen in allen Vollgeschossen eines Gebäudes. Eine GFZ von 2,0 besagt also, dass auf der betreffenden Grundstücksfläche – verteilt auf alle Vollgeschosse – doppelt soviel Fläche realisiert werden darf, wie das gesamte Baugrundstück groß ist (**§ 20 Abs. 2 bis 4 BauNVO; Abb. 4**).

Abb. 4: Berechnungsbeispiel für die Grundflächenzahl (GRZ) und die Geschossflächenzahl (GFZ)

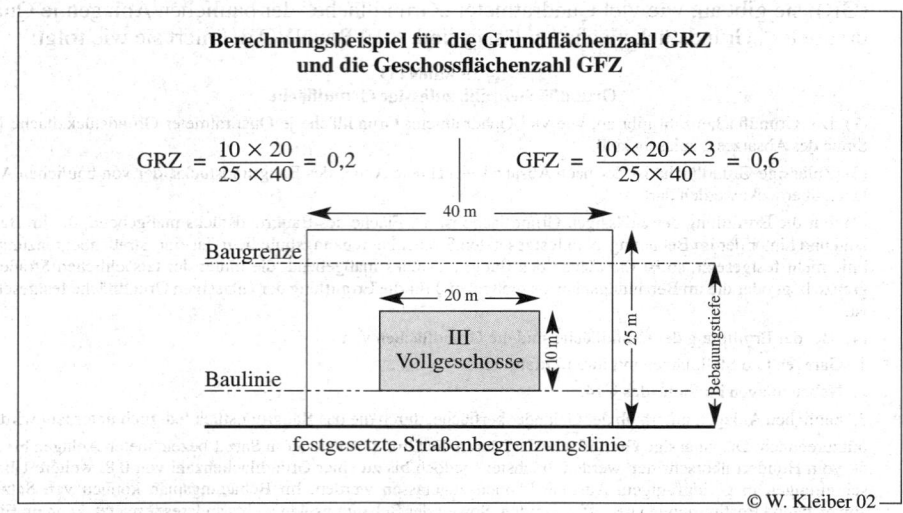

Berechnungsbeispiel für die Grundflächenzahl GRZ und die Geschossflächenzahl GFZ

$$GRZ = \frac{10 \times 20}{25 \times 40} = 0,2 \qquad GFZ = \frac{10 \times 20 \times 3}{25 \times 40} = 0,6$$

40 m

Baugrenze

20 m

III Vollgeschosse

10 m

25 m

Bebauungstiefe

Baulinie

festgesetzte Straßenbegrenzungslinie

© W. Kleiber 02

41 Geschossflächenzahl (GFZ) und Geschossfläche (GF) werden in **§ 20 Abs. 2 bis 4 BauNVO** wie folgt definiert:

„(2) Die Geschossflächenzahl gibt an, wie viel Quadratmeter Geschossfläche je Quadratmeter Grundstücksfläche im Sinne des § 19 Abs. 3 zulässig sind.

(3) Die Geschossfläche ist nach den Außenmaßen der Gebäude in allen Vollgeschossen zu ermitteln. Im Bebauungsplan kann festgesetzt werden, dass die Flächen von Aufenthaltsräumen in anderen Geschossen einschließlich der zu ihnen gehörenden Treppenräume und einschließlich ihrer Umfassungswände ganz oder teilweise mitzurechnen oder ausnahmsweise nicht mitzurechnen sind.

(4) Bei der Ermittlung der Geschossfläche bleiben Nebenanlagen im Sinne des § 14, Balkone, Loggien, Terrassen sowie bauliche Anlagen, soweit sie nach Landesrecht in den Abstandsflächen (seitlicher Grenzabstand und sonstige Abstandsflächen) zulässig sind oder zugelassen werden können, unberücksichtigt."

42 Als **Vollgeschosse** definiert § 20 Abs. 1 BauNVO 90 Geschosse, die nach landesrechtlichen Vorschriften Vollgeschosse sind oder auf ihre Zahl angerechnet werden. Die **geltende BauNVO definiert damit die Geschossflächenzahl (GFZ) anders als noch die BauNVO i. d. F. der Bek. vom 15. 9. 1977** (BGBl. I 1977, 1763), geändert durch VO vom 19. 12. 1986 (BGBl. I 1986, 2665). Danach definierte sich die Geschossfläche nach den Außenmaßen der Gebäude in allen Vollgeschossen *zuzüglich der Aufenthaltsräume in anderen Geschossen einschließlich der zu ihnen gehörenden Treppenräume* und einschließlich ihrer Umfassungswände.

43 Der **Unterschied beider Berechnungsverfahren** wird in der folgenden Abb. 5 erläutert:

Abb. 5: Unterschiedliche Geschossflächenzahlen (GFZ) nach BauNVO 90 und BauNVO 77/86

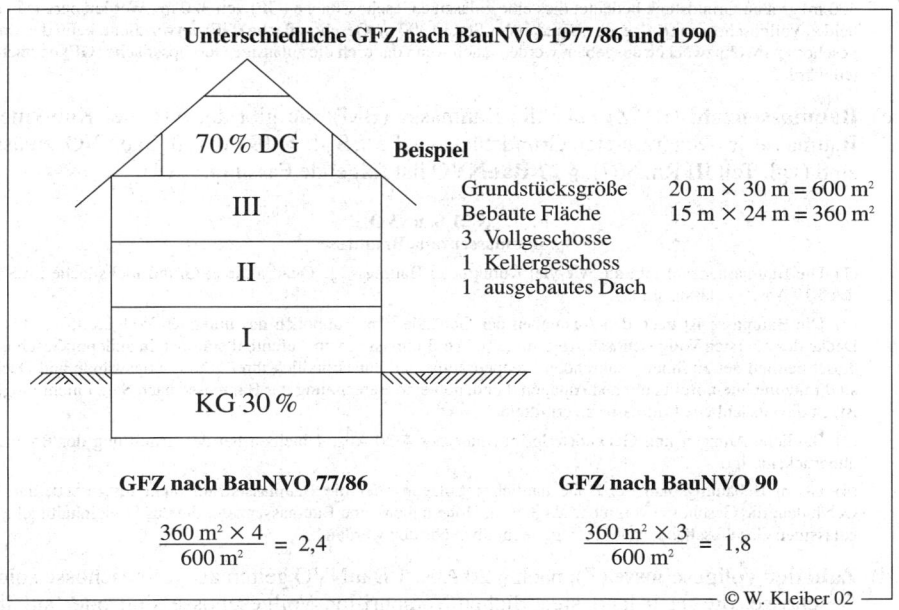

Unterschiedliche GFZ nach BauNVO 1977/86 und 1990

70 % DG

Beispiel

Grundstücksgröße	20 m × 30 m = 600 m²
Bebaute Fläche	15 m × 24 m = 360 m²
3 Vollgeschosse	
1 Kellergeschoss	
1 ausgebautes Dach	

III

II

I

KG 30 %

GFZ nach BauNVO 77/86

$$\frac{360 \text{ m}^2 \times 4}{600 \text{ m}^2} = 2,4$$

GFZ nach BauNVO 90

$$\frac{360 \text{ m}^2 \times 3}{600 \text{ m}^2} = 1,8$$

© W. Kleiber 02

44 Für **vorhandene Geschosse, insbesondere wenn sie ausgebaute Dachräume** aufweisen, ergibt sich nach der BauNVO 90 eine rechnerisch geringere Geschossflächenzahl gegenüber einer nach der BauNVO 77/86 berechneten Geschossflächenzahl. Umgekehrt ergibt sich bei identischer Geschossflächenzahl nach der BauNVO eine höhere bauliche Ausnutzbarkeit, da das Kellergeschoss und der Dachraum nicht in die Berechnung eingehen. Die höhere Ausnutzbarkeit ist aber bei der Verkehrswertermittlung zu berücksichtigen. Dies ist insbesondere dann von Bedeutung, wenn zur Umrechnung von Vergleichspreisen Umrechnungskoeffizienten herangezogen werden, die auf der Grundlage der Definition der BauNVO 1977/86 abgeleitet wurden.

45 Bei **Verwendung von Umrechnungskoeffizienten GFZ : GFZ** (vgl. § 14 WertV Rn. 46 ff.), **die noch auf der Grundlage der BauNVO 77/86 abgeleitet wurden,** kann diesem Umstand dadurch Rechnung getragen werden, dass die GFZ, die sich für einen im Zusammenhang bebauten Ortsteil oder aus einem unter der Herrschaft der BauNVO 90 aufgestellten Bebauungsplan ergibt, nach den Berechnungsregeln der BauNVO 77/86 ermittelt wird.

46 **Aufenthaltsräume** in anderen als den sog. Vollgeschossen (**Dachgeschosse**) werden nach § 20 Abs. 3 BauNVO 90 – wie erläutert – auf die zulässige Geschossfläche nicht angerechnet (vgl. Teil III Rn. 505). Wenn aber bei der Anwendung dieser Vorschrift städtebaulich nachteilige Auswirkungen, etwa wegen Überlastung von Infrastruktureinrichtungen, zu erwarten sind, hat die Gemeinde die Möglichkeit, die Anrechnung von Aufenthaltsräumen in Dach- und Untergeschossen durch Festsetzung im Bebauungsplan im erforderlichen Umfang vorzusehen.

Auch für bereits bestehende Bebauungsplangebiete ist den Genehmigungsbehörden die Möglichkeit gegeben, diese neue Vergünstigung anwenden zu können.

47   *Beispiel:*

Der Bebauungsplan setzt in zweigeschossiger Bauweise eine Geschossflächenzahl (GFZ) von 0,8 fest; auf einem 400 m² großen Grundstück bedeutet dies eine zulässige Geschossfläche (GF) von 320 m². Werden bereits in den beiden Vollgeschossen (Erdgeschoss und erster Stock) 300 m² Geschossfläche (GF) verwirklicht, kann das Dachgeschoss zu Wohnzwecken ausgebaut werden, auch wenn dadurch die zulässige Geschossfläche (GF) überschritten würde.

c) **Baumassenzahl** (BMZ) *oder* die **Baumasse** (BM): sie gibt an, wie viel Kubikmeter Baumasse je Quadratmeter Grundstücksfläche i. S. d. § 19 Abs. 3 BauNVO zulässig sind (vgl. Teil III Rn. 567). **§ 21 BauNVO** hat folgende Fassung:

> „§ 21 BauNVO
> **Baumassenzahl, Baumasse**
>
> (1) Die Baumassenzahl gibt an, wie viel Kubikmeter Baumasse je Quadratmeter Grundstücksfläche im Sinne des § 19 Abs. 3 zulässig sind.
>
> (2) Die Baumasse ist nach den Ausmaßen der Gebäude vom Fußboden des untersten Vollgeschosses bis zur Decke des obersten Vollgeschosses zu ermitteln. Die Baumassen von Aufenthaltsräumen in anderen Geschossen einschließlich der zu ihnen gehörenden Treppenräume und einschließlich ihrer Umfassungswände und Decken sind mitzurechnen. Bei baulichen Anlagen, bei denen eine Berechnung der Baumasse nach Satz 1 nicht möglich ist, ist die tatsächliche Baumasse zu ermitteln.
>
> (3) Bauliche Anlagen und Gebäudeteile im Sinne des § 20 Abs. 4 bleiben bei der Ermittlung der Baumasse unberücksichtigt.
>
> (4) Ist im Bebauungsplan die Höhe baulicher Anlagen oder die Baumassenzahl nicht festgesetzt, darf bei Gebäuden, die Geschosse von mehr als 3,50 m Höhe haben, eine Baumassenzahl, die das Dreieinhalbfache der zulässigen Geschossflächenzahl beträgt, nicht überschritten werden.“

48   d) **Zahl der Vollgeschosse** (Z); nach § 20 Abs. 1 BauNVO gelten als Vollgeschosse solche Geschosse, die nach landesrechtlichen Vorschriften Vollgeschosse sind oder auf ihre Zahl angerechnet werden. Als Vollgeschosse gelten z. B. nach Art. 2 Abs. 4 der BayL-BauO Geschosse, die vollständig über der natürlichen oder festgelegten Geländeoberfläche liegen und über mindestens zwei Drittel ihrer Grundfläche eine Höhe von mindestens 2,3 m haben; als Vollgeschosse gelten im Übrigen auch Kellergeschosse, deren Deckenunterkante im Mittel mindestens 1,2 m höher liegt als die natürliche oder festgelegte Geländeoberfläche.

49   Die **Zahl der Vollgeschosse kann** nach § 16 Abs. 4 Satz 2 BauNVO auch als **zwingend festgesetzt werden.**

50   e) **Höhe der baulichen Anlagen,** wobei nach § 18 Abs. 1 BauNVO die erforderlichen Bezugspunkte zu bestimmen sind. Die Höhe der baulichen Anlage kann nach § 16 Abs. 4 Satz 2 BauNVO auch als zwingendes Maß festgesetzt werden.

51   Bei **Festsetzungen des Maßes der baulichen Nutzung im Bebauungsplan** ist gemäß § 16 Abs. 3 BauNVO festzusetzen:

1. stets die Grundflächenzahl oder die Größe der Grundflächen der baulichen Anlagen,
2. die Zahl der Vollgeschosse oder die Höhe baulicher Anlagen, wenn ohne ihre Festsetzung öffentliche Belange, insbesondere das Orts- und Landschaftsbild beeinträchtigt werden können.

52   **Für die Bestimmung des Maßes der baulichen Nutzung gelten** nach § 17 BauNVO die in Abb. 6 aufgeführten **Obergrenzen.** Die Obergrenzen sind auch einzuhalten, wenn eine Geschossflächenzahl oder eine Baumassenzahl nicht dargestellt oder festgesetzt wird.

53   Die in Abb. 6 aufgeführten **Obergrenzen** können nach § 17 Abs. 2 BauNVO **überschritten** werden, wenn

1. besondere städtebauliche Gründe dies erfordern,
2. die Überschreitungen durch Umstände ausgeglichen sind oder durch Maßnahmen ausgeglichen werden, durch die sichergestellt ist, dass die allgemeinen Anforderungen an

Abb. 6: Obergrenzen für die Bestimmung des Maßes der baulichen Nutzung

Art der baulichen Nutzung			Maß der baulichen Nutzung		
			Obergrenzen		
Bauflächen	**Baugebiete**	**Charakteristik**	GRZ*	GFZ*	BMZ*
Wohnbau-flächen **W**	Kleinsied-lungs-gebiete WS	vorwiegend Kleinsiedlungen landw. Nebenerwerbsstellen und Gartenbaubetriebe	0,2	0,4	–
	Reine Wohnge-biete WR	Wohngebäude ausnahmsweise: u. a. Läden, nicht störende Betriebe	0,4	1,2	–
	Allgemeine Wohnge-biete WA	vorwiegend Wohngebäude: Läden, nicht störende Handwerksbetriebe	0,4	1,2	–
	Besondere Wohnge-biete WB	vorwiegend zum Wohnen: auch mit Wohnnutzung vereinbare Gewerbebetriebe	0,6	1,6	–
Gemischte Bauflächen **M**	Dorfgebiete MD	Wirtschaftsstellen der Land- und Forstwirtschaft, nicht störende Betriebe, Wohnen	0,6	1,2	–
	Mischge-biete MI	Wohnen und gewerbliche Betriebe, die das Wohnen nicht wesentlich stören	0,6	1,2	–
	Kerngebiete MK	vorwiegend Handelsbetriebe, zentrale Einrichtungen der Wirtschaft, der Verwaltung	1,0	3,0	–
Gewerb-liche Bauflächen **G**	Gewerbe-gebiete GE	vorwiegend nicht erheblich belästigende Gewerbebetriebe	0,8	2,4	10,0
	Industrie-gebiete GI	ausschließlich Gewerbebetriebe: vorwiegend solche, die in anderen Baugebieten unzulässig sind	0,8	2,4	10,0
Sonder-bau-flächen **S**	Sonder-gebiete SO	insbesondere – Wochenendhausgebiete	0,2	0,2	
		– Ferienhausgebiete	0,4	1,2	–
		– Campingplatzgebiete	Camping- und Zeltplätze		
	Sonstige Sonder-gebiete	insbesondere Kurgebiete, Ladenge-biete, Gebiete für Einkaufszentren und großflächige Handelsbetriebe, Gebiete für Messen, Ausstellungen und Kongresse, Hochschulgebiete, Klinikgebiete, Hafengebiete	0,8	2,4	10,0

© W. Kleiber 02

* Erläuterung: GRZ = Grundflächenzahl; GFZ = Geschossflächenzahl; BMZ = Baumassenzahl

gesunde Wohn- und Arbeitsverhältnisse nicht beeinträchtigt, nachteilige Auswirkungen auf die Umwelt vermieden, die Bedürfnisse des Verkehrs befriedigt werden, und

3. sonstige öffentliche Belange nicht entgegenstehen.

Dies gilt nicht für Wochenendhausgebiete und Ferienhausgebiete.

54   In **Gebieten, die am 1. August 1962 überwiegend bebaut waren,** können die in Abb. 6 aufgeführten Obergrenzen nach Maßgabe des § 17 Abs. 3 BauNVO überschritten werden, wenn städtebauliche Gründe dies erfordern und sonstige öffentliche Belange nicht entgegenstehen. Nach § 26a BauNVO richtet sich die Regelung für die Überschreitung von Obergrenzen im Bestand in den der Bundesrepublik Deutschland beigetretenen Gebieten nach den am 1. Juli 1990 bestehenden Verhältnissen.

55   Die Stellung der Baukörper auf dem Grundstück wird durch **Festsetzungen über die sog. Bauweise und die überbaubare Grundstücksfläche** nach Maßgabe der §§ 22 und 23 BauNVO vorgeschrieben. Die genannten Vorschriften haben folgenden Inhalt:

„**§ 22 BauNVO**
Bauweise

(1) Im Bebauungsplan kann die Bauweise als offene oder geschlossene Bauweise festgesetzt werden.

(2) In der **offenen Bauweise** werden die Gebäude mit seitlichem Grenzabstand als Einzelhäuser, Doppelhäuser oder Hausgruppen errichtet. Die Länge der in Satz 1 bezeichneten Hausformen darf höchstens 50 m betragen. Im Bebauungsplan können Flächen festgesetzt werden, auf denen nur Einzelhäuser, nur Doppelhäuser, nur Hausgruppen oder nur zwei dieser Hausformen zulässig sind.

(3) In der **geschlossenen Bauweise** werden die Gebäude ohne seitlichen Grenzabstand errichtet, es sei denn, dass die vorhandene Bebauung eine Abweichung erfordert.

(4) Im Bebauungsplan kann eine von Absatz 1 **abweichende Bauweise** festgesetzt werden. Dabei kann auch festgesetzt werden, inwieweit an die vorderen, rückwärtigen und seitlichen Grundstücksgrenzen herangebaut werden darf oder muss.

§ 23 BauNVO
Überbaubare Grundstücksfläche

56   (1) Die **überbaubaren Grundstücksflächen** können durch die Festsetzung von Baulinien, Baugrenzen oder Bebauungstiefen bestimmt werden. § 16 Abs. 5 ist entsprechend anzuwenden.

(2) Ist eine **Baulinie** festgesetzt, so muss auf dieser Linie gebaut werden. Ein Vor- oder Zurücktreten von Gebäudeteilen in geringfügigem Ausmaß kann zugelassen werden. Im Bebauungsplan können weitere nach Art und Umfang bestimmte Ausnahmen vorgesehen werden.

(3) Ist eine **Baugrenze** festgesetzt, so dürfen Gebäude und Gebäudeteile diese nicht überschreiten. Ein Vortreten von Gebäudeteilen in geringfügigem Ausmaß kann zugelassen werden. Absatz 2 Satz 3 gilt entsprechend.

(4) Ist eine **Bebauungstiefe** festgesetzt, so gilt Absatz 3 entsprechend. Die Bebauungstiefe ist von der tatsächlichen Straßengrenze ab zu ermitteln, sofern im Bebauungsplan nichts anderes festgesetzt ist.

(5) Wenn im Bebauungsplan nichts anderes festgesetzt ist, können auf den nicht überbaubaren Grundstücksflächen **Nebenanlagen** im Sinne des § 14 zugelassen werden. Das Gleiche gilt für bauliche Anlagen, soweit sie nach Landesrecht in den Abstandsflächen zulässig sind oder zugelassen werden können."

57   **Art und Maß der baulichen Nutzung ergeben sich aus dem Bebauungsplan bzw.** Vorhaben- und Erschließungsplan. In den im Zusammenhang bebauten Ortsteilen bestimmt sich Art und Maß der baulichen Nutzung **nach § 34 BauGB.**

2.2.3   Im Zusammenhang bebaute Ortsteile nach § 34 BauGB

▶ *Hierzu auch § 4 WertV Rn. 213 ff.; § 14 WertV Rn. 47 ff.*

58   In den **unbeplanten Innenbereichen** bestimmt sich die Nutzbarkeit eines Grundstücks (nach Art und Maß der baulichen Nutzung) nach **§ 34 BauGB.** Abs. 1 dieser Vorschrift lautet:

„(1) Innerhalb der im Zusammenhang bebauten Ortsteile ist ein Vorhaben zulässig, wenn es sich nach Art und Maß der baulichen Nutzung, der Bauweise und der Grundstücksfläche, die überbaut werden soll, in die Eigenart der näheren Umgebung einfügt und die Erschließung gesichert ist. Die Anforderungen an gesunde Wohn- und Arbeitsverhältnisse müssen gewahrt bleiben; das Ortsbild darf nicht beeinträchtigt werden."

Die Vorschrift stellt gewissermaßen einen Planersatz dar.

Ein „im Zusammenhang bebauter Ortsteil" i. S. d. § 34 Abs. 1 BauGB (Innenbereich) ist **59**
nach der Rechtsprechung des BVerwG jeder **Bebauungskomplex** im Gebiet einer
Gemeinde, **der nach der Zahl der vorhandenen Bauten ein gewisses Gewicht besitzt
und Ausdruck einer organischen Siedlungsstruktur ist**. Als Bebauungszusammenhang
ist eine aufeinander folgende Bebauung anzusehen, die trotz vorhandener Baulücken den
Eindruck der Geschlossenheit vermittelt[5].

Maßgeblich für Art und Maß der baulichen Nutzung ist nach Maßgabe des § 34 BauGB **60**
die **Umgebungsbebauung.** Folgendes Schema kann allerdings nur bedingt zur Ermittlung
herangezogen werden (Abb. 7)[6].

Abb. 7: Umgebungsanalyse zur Ermittlung des Einfügens nach § 34 Abs. 1 BauGB

Bauvorhaben:

Umgebungsbebauung/ Gebäude	Nutzungsart	Zahl der Voll- geschosse	absolute Grund- fläche	GRZ	absolute Geschoss- fläche	GFZ	Gebäudehöhe		Extrem- werte
							Traufhöhe	Firsthöhe	
Rahmen		von____	von____	von___	von____	von___	von____	von____	✕
		bis _____	bis _____	bis ___	bis ___	bis ___	bis ___	bis ___	
Vorhaben									
Überschreitung									

Anmerkungen:

1. Erster Schritt der Prüfung des Einfügens eines Vorhabens ist die Festlegung des Umgebungsbereiches. Hier dürfen nicht nur Gebäude auf den angrenzenden Grundstücken einbezogen werden.
2. Extremwerte sind nicht repräsentativ und deshalb zu eliminieren.
3. Andere Beurteilungskriterien wie die Bauweise oder eine städtebaulich relevante Gliederung des Baukörpers sind bei der Gesamtwertung zu berücksichtigen.
4. Bei den in den Rahmen einzustellenden Gebäuden kommt es nicht darauf an, ob diese zulässigerweise errichtet wurden; ihre subjektive Prägung ist davon unabhängig. Andererseits dürfen genehmigte, aber noch nicht errichtete Gebäude nicht in den Rahmen eingestellt werden, da von ihnen noch keine Prägung ausgeht.

Die **vorhandene Bebauung** ersetzt zusammen mit den „Regeln" des § 34 BauGB die Fest- **61**
setzungen eines Bebauungsplans über Art und Maß der baulichen Nutzung.

Für den Fall der **Aufgabe einer militärischen Nutzung** folgt hieraus nicht „automatisch", **62**
dass an ihre Stelle ein „im Zusammenhang bebauter Ortsteil" mit Anspruch auf eine zivile
Nachfolgenutzung entsteht. Die bisherige militärische Anlage kann zwar auf Grund ihres
Quartiercharakters einen im Zusammenhang bebauten Ortsteil bilden, jedoch ist dieser
dann regelmäßig durch die militärische Nutzung „geprägt", wenn die Fläche aus Werkstätten, Sportplätzen und dergleichen besteht (vgl. § 4 WertV Rn. 502 ff.).

---

5 BVerwG, Urt. vom 6. 11. 1968 – 4 C 2/66 –, EzGuG 8.27; BVerwG, Urt. vom 19. 9. 1986 – 4 C 15/84 –, BVerwGE 75, 34 = NJW 1987, 1656
6 Hammer, Bauordnung im Bild, Weka Verlag

63 Ein **ziviler Nutzungsanspruch** kann allerdings dann bestehen, wenn die baulichen Anlagen der militärischen Nutzung ein Gebiet überwiegend in einer Weise geprägt haben, die zugleich auch einer zivilen Nutzung entspricht, z. B.

– eine **reine Wohnanlage außerhalb eines eigentlichen Kasernengeländes**, die bislang von Soldaten genutzt wurde und allgemeinen Wohnzwecken zugeführt wird. In diesem Fall wird die Nutzung „Wohnen" nicht geändert; i. d. R. bedarf es dann noch nicht einmal einer Baugenehmigung, da die Nutzung nicht geändert wird;

– eine außerhalb eines eigentlichen Kasernengeländes gelegene Anlage der **militärischen Verwaltung**, die künftig ohne Baugenehmigung zivilen Verwaltungszwecken dienen kann. Es handelt sich auch hier um die Aufnahme einer „gleichartigen" Nutzung[7]. Selbst wenn dabei allein wegen der Aufgabe der militärischen Nutzung eine Baugenehmigungspflicht besteht, steht dies dem nicht entgegen, wenn hierauf ein Anspruch besteht.

64 Das **Erfordernis des Einfügens** schließt nicht aus, dass auch etwas verwirklicht werden kann, was in der Umgebung bisher nicht vorhanden ist, d. h. es zwingt also nicht zur Uniformität[8]. Aus dem Gebot der Rücksichtnahme folgt ferner, dass nicht nur die nähere Umgebung, sondern auch das Umfeld beachtet werden muss.

65 Die **Art der Nutzung** bestimmt sich in Anlehnung an die im Ersten Abschnitt der BauNVO geregelten Nutzungsarten, d. h. zur Typisierung können grundsätzlich die Nutzungsarten der BauNVO herangezogen werden[9].

66 Bezüglich des **Maßes der baulichen Nutzung** kann ebenfalls auf die Begriffskategorien der BauNVO zurückgegriffen werden (§ 16 BauNVO), jedoch kommt es bei Anwendung des § 34 Abs. 1 BauGB auf die Grundstücksgrenzen und die Grundstücksgröße nicht an[10]. Maßstab, der zwangsläufig grob und ungenau sein muss, ist das tatsächlich Vorhandene[11].

67 Hieraus folgt, dass vorrangig die absoluten Größen von Grundfläche, Geschosszahl und Höhe baulicher Anlagen sowie bei offener Bauweise zusätzlich auch ihr Verhältnis zur umgebenden Freifläche zu Grunde zu legen sind; Grundflächen- und Geschossflächenzahl müssen dagegen zurücktreten[12].

2.2.4 Außenbereich nach § 35 BauGB

68 Für den Außenbereich hat der Gesetzgeber eine generelle gesetzliche enumerative und abschließend geregelte Zulässigkeitsvorschrift mit § 35 BauGB vorgegeben. Sie ist darauf ausgerichtet, den Außenbereich grundsätzlich von einer Bebauung freizuhalten. § 35 BauGB sieht **drei Kategorien von Vorhaben mit unterschiedlichen Zulässigkeitsvoraussetzungen** vor:

a) privilegierte Vorhaben nach § 35 Abs. 1 BauGB

b) begünstigte Vorhaben nach § 35 Abs. 4 BauGB und

c) sonstige Vorhaben nach § 35 Abs. 2 BauGB.

69 ▶ *Weiteres zum Außenbereich vgl. § 4 WertV Rn. 234 ff., 215 ff.*

2.2.5 Sanierungsgebiete und städtebauliche Entwicklungsbereiche

70 In Sanierungsgebieten und städtebaulichen Entwicklungsbereichen wird als Verkehrswert der dort maßgebliche sanierungs- oder entwicklungsunbeeinflusste Grundstückswert ermittelt; d. h. der Entwicklungszustand bestimmt sich grundsätzlich nach dem **Zustand, den das Grundstück** (auch bei Aufgabe der militärischen Nutzung) **unter Ausschluss von Werterhöhungen auf Grund der Aussicht auf die Maßnahmen sowie der Vorbereitung und Durchführung der anstehenden Maßnahmen hätte**. Dabei können die vorstehenden

Grundsätze zur Anwendung kommen, jedoch darf dabei allerdings insbesondere nicht die Werterhöhung auf Grund eines Sanierungs- oder Entwicklungsmaßnahmebebauungsplans in die Verkehrswertermittlung eingehen. Maßgebend ist also allein die rechtliche Qualität und der tatsächliche Zustand des Grundstücks (ggf. nach Aufgabe der militärischen Nutzung) zu dem Zeitpunkt, als eine Aussicht auf Vorbereitung und Durchführung der genannten städtebaulichen Veranstaltungen nicht bestehen konnte. Allgemeine Erwartungen und die allgemeinen Situationsverhältnisse, die auch ohne eine Sanierungs- bzw. Entwicklungsmaßnahme bestehen würden, sind hingegen zu berücksichtigen.

▶ *Näheres vgl. die Erläuterungen zu den §§ 26 ff. WertV.*

2.2.6 Sonstige öffentlich-rechtliche und privatrechtliche Vorschriften

Art und Maß der baulichen Nutzung bestimmen sich nicht nur nach den vorgestellten bauplanungsrechtlichen Vorschriften[13]. Abs. 1 hebt ausdrücklich auch die *sonstigen öffentlich-rechtlichen Vorschriften* und darüber hinaus auch privatrechtliche Vorschriften ausdrücklich hervor. **71**

Dies können z. B. sein **72**

– die Regelungen des **Denkmalschutzes,** die einem Rückbau der baulichen Anlage entgegenstehen, unabhängig davon, ob mit dem vorhandenen Gebäude das bauplanungsrechtlich zulässige Maß der baulichen Nutzung unter- oder überschritten wird (vgl. § 19 WertV Rn. 133 ff.),

– Regelungen über **Abstandsflächen** an Verkehrsstrassen sowie über Schutzzonen,

– **Zweckentfremdungsverbote** und vieles mehr.

Aus dem *privatrechtlichen Bereich* sind insbesondere hervorzuheben: **73**

– bestehende Mietverhältnisse,

– Grunddienstbarkeiten, wie z. B. ein die Bebauung eines Grundstücks verhinderndes Aussichtsrecht, Leitungsrecht, Wegerecht und vieles mehr.

Weicht die tatsächliche Bebauung von der bauplanungsrechtlichen Nutzbarkeit bzw. nach Maßgabe des Abs. 1 Satz 2 von der lagetypischen Nutzung ab und kann sie auf Grund solcher Rechtsverhältnisse ihr nicht angepasst werden, so kann die bauplanungsrechtlich zulässige bzw. lagetypische Nutzung nicht Grundlage der Bodenwertermittlung sein. Der **Bodenwert** ist in diesen Fällen vielmehr **auf der Grundlage der realisierten Nutzung** nach Maßgabe der Ausführungen unter § 13 Rn. 122 ff. abzuleiten. **74**

---

7 BVerwG, Urt. vom 3. 2. 1984 – 4 C 25/82 –, BVerwGE 68.360 = NJW 1984, 1771
8 BVerwG, Urt. vom 25. 5. 1978 – 4 C 9/77 –, BVerwGE 55, 369 = DVBl. 1978, 370 = BayVBl. 1979, 152 = BauR 1978, 278 = ZfBR 1978, 31 = BRS Bd. 33 Nr. 37
9 BVerwG, Urt. vom 3. 2. 1984 – 4 C 25/82 –, BVerwGE 68/360 = BRS Bd. 42 Nr. 52 = BauR 1984, 373 = NVwZ 1984, 582 = DVBl. 1984, 634 = ZfBR 1984, 139; BVerwG, Urt. vom 19. 9. 1986 – 4 C 15/84 –, BVerwGE 75, 34 = DÖV 1987, 298 = BauR 1987, 44 = BRS Bd. 46 Nr. 62 = ZfBR 1987, 44 = DVBl. 1987, 478; BVerwG, Urt. vom 3. 4. 1987 – 4 C 41/84 –, BauR 1987, 538 = ZfBR 1987, 260 = NVwZ 1987, 884 = DÖV 1988, 353 = DVBl. 1987, 903; BVerwG, Urt. vom 15. 12. 1994 – 4 C 13/93 –, ZfBR 1995, 100
10 BVerwG, Urt. vom 12. 6. 1970 – 4 C 77/68 –, BVerwGE 35, 256 = BRS Bd. 23 Nr. 44 = DÖV 1970, 748; BVerwG, Beschl. vom 21. 11. 1980 – 4 B 142/80 –, BRS Bd. 36 Nr. 65 = BauR 1981, 170; BVerwG, Beschl. vom 28. 9. 1988 – 4 B 175/88 –, NVwZ 1989, 35 = BauR 1989, 60 = RdL 1989, 64 = UPR 1989, 78 = ZfBR 1989, 39 = DÖV 1990, 36 = NuR 1990, 403
11 BVerwG, Urt. vom 23. 3. 1994 – 4 C 18/92 –, ZfBR 1994, 190
12 BVerwG, Urt. vom 23. 2. 1994 – 4 C 18/92 –, a. a. O.
13 Zur Berücksichtigung obsoleter Bebauungspläne vgl. § 4 WertV Rn. 180

2.3   Tatsächliche Gegebenheiten

2.3.1   Übersicht

75 Abweichend von den maßgeblichen **bauplanungsrechtlichen Grundlagen für Art und Maß der baulichen Nutzung,** kann es geboten sein, die besonderen Verhältnisse des Einzelfalls zu berücksichtigen. Dies ist insbesondere dann angezeigt, wenn

– die bauplanungsrechtliche Nutzbarkeit vom Geschehen auf dem Grundstücksmarkt gar nicht „angenommen" wird, oder

– die tatsächliche Nutzung von der bauplanungsrechtlichen Nutzbarkeit abweicht und z. B. unter Bestandsschutz fällt.

2.3.2   Lagetypische Nutzung (Abs. 1 Satz 2)

76 Nach der Systematik des § 5 Abs. 1 muss bei der Bestimmung des Maßes der baulichen Nutzung folgende **Unterscheidung** getroffen werden:

a) nach dem **rechtlich höchstzulässigen Maß der baulichen Nutzung**, wobei sich dieses nach den §§ 30, 33 und 34 BauGB i. V. m. den genannten Vorschriften der BauNVO sowie den

– sonstigen öffentlich-rechtlichen und

– privatrechtlichen

Bestimmungen ergibt, soweit sie das Maß der baulichen Nutzung „mitbestimmen" (vgl. § 5 Abs. 1 Satz 1 Rn. 4; § 14 WertV Rn. 49 ff.);

b) nach dem **lageüblichen Maß der baulichen Nutzung**, wie es sich nach den Gepflogenheiten des gewöhnlichen Geschäftsverkehrs ergibt:

– für das Wertermittlungsobjekt am *Wertermittlungsstichtag* und

– für die Grundstücke, deren Kaufpreise zur Wertermittlung herangezogen werden, zum *Zeitpunkt des Vertragsabschlusses*.

Der Begriff der „lageüblichen" Nutzung kann dabei missverständlich sein, wenn die in der Umgebung des betreffenden Grundstücks tatsächlich realisierte Nutzung von der abweicht, die üblicherweise (im Neubaufalle) am Wertermittlungsstichtag oder in Bezug auf die Kaufpreise vergleichbarer Grundstücke zum Zeitpunkt des Erwerbs verwirklicht werden würde.

77 *Beispiel:*

In einem reinen Wohngebiet ist die nach dem Bebauungsplan zulässige Nutzung einer GFZ von 0,8 regelmäßig unterschritten worden, weil es den Erwerbern stets nur um die Errichtung von Einfamilienhäusern auf großen Grundstücken mit einem hohen Freiflächenanteil ging. Auf Grund veränderter Marktverhältnisse werden die verbliebenen Baulücken nur noch zum Zwecke der Errichtung von kleineren Mehrfamilienhäusern mit Eigentumswohnungen erworben, wobei das zulässige Maß der baulichen Nutzung „voll" ausgeschöpft wird. Diese Erwerbsfälle sind mit höheren Preiszugeständnissen verbunden und haben also „Schule gemacht", so dass das Marktgeschehen nicht mehr von der das Gebiet prägenden Einfamilienhausbebauung, sondern nur noch durch Erwerbsvorgänge zum Zwecke der Realisierung der höchstzulässigen Nutzung beherrscht wird.

78 **Maßgeblich ist in diesem Fall die am Wertermittlungsstichtag das Marktgeschehen bestimmende höherwertige Nutzung** und nicht die Nutzung, die auf Grund des zwischenzeitlich überholten Marktgeschehens in der Vergangenheit für das Gebiet noch lagebestimmend ist. Dies bedeutet für das vorstehende Beispiel, dass für die Bestimmung des nach § 5 Abs. 1 maßgeblichen Maßes der baulichen Nutzung die tatsächlich (noch) lagebestimmende Nutzung als Einfamilienhausgebiet mit einem entsprechend geringeren Maß der baulichen Nutzung überholt ist. Insoweit kann auch der Hinweis in § 5 Abs. 1 Satz 2 auf die in „der Umgebung regelmäßig" verwirklichte Nutzung missverständlich sein. Es kommt entscheidend auf die Verhältnisse am Wertermittlungsstichtag an, auf den die Vorschrift ausdrücklich abhebt.

Im Übrigen müssen diese Hinweise auch bei der **Ableitung von Bodenrichtwerten** in der-   **79**
artigen Gebieten beachtet werden. Den aus Kaufpreisen abgeleiteten Bodenrichtwerten ist
bei ihrer Darstellung in Bodenrichtwertkarten das jeweils lagetypische Maß der baulichen
Nutzung zuzuordnen; die Zuordnung der bauplanungsrechtlichen Nutzung wäre missverständlich.

Die Berücksichtigung einer **Überschreitung des „höchstzulässigen" Maßes der baulichen**   **80**
Nutzung – wenn sie tatsächlich in einem Gebiet „regelmäßig" gegeben sein soll – ist im Übrigen nur bei der Qualifizierung der zur Wertermittlung herangezogenen Kaufpreise frei von
Bedenken und zwar auch nur dann, wenn der Erwerber ohne spekulative Erwartungen damit
rechnen konnte. Bei dem zu wertenden Grundstück darf ein höheres als das nach öffentlich-
rechtlichen Vorschriften zulässige Maß der baulichen Nutzung regelmäßig nur dann zu
Grunde gelegt werden, wenn mit hinreichender Bestimmtheit damit auch gerechnet werden
kann. Auf Einzelfälle beschränkte Ausnahmen kann sich nämlich ein gewöhnlicher Geschäftsverkehr ohne konkrete Anhaltspunkte für eine abermalige Befreiung nicht gründen[14].

Im Übrigen bleibt darauf hinzuweisen, dass die **Regelungen des § 5 Abs. 1** entsprechend   **81**
ihrer Stellung im allgemeinen Teil der WertV nicht nur für die Verkehrswertermittlung,
sondern auch für die **Ableitung der Umrechnungskoeffizienten** nach § 10 gelten müssen.
Erst damit ist gewährleistet, dass das nach Maßgabe des § 5 Abs. 1 für das zu wertende
Grundstück sowie für die zum Preisvergleich herangezogenen Grundstücke festgestellte
Maß der baulichen Nutzung mittels Umrechnungskoeffizienten aufeinander umgerechnet
werden können. Auch diesbezüglich gilt, dass innerhalb des Systems der WertV die maßgeblichen Grundsätze einheitlich und in sich schlüssig zur Anwendung kommen müssen.

▸ *Zu Art und Maß der baulichen Nutzung eines bebauten Grundstücks bei Abwei-*
chungen der „realisierten" Nutzung von der zulässigen/lagetypischen Nutzung vgl.
§ 13 WertV Rn. 122 ff.; § 14 WertV Rn. 43 ff.

Die in der Umgebung des Grundstücks regelmäßig **realisierte „lageübliche" Nutzung**   **82**
kann dabei **nur solange** einen Anhalt bieten, **wie nicht zwischenzeitliche Änderungen** im
Marktverhalten eingetreten sind.

Die **Vorrangigkeit des das Marktverhalten bestimmenden Maßes der baulichen Nut-**   **83**
zung hat ihre Begründung darin, dass für den Kaufpreis einerseits und den Verkehrswert
andererseits regelmäßig die Eigenschaften des Grundstücks maßgebend sind, die der Markt
„annimmt". Abweichungen zwischen den planerischen Vorstellungen, die für das im
Bebauungsplan festgesetzte Maß der baulichen Nutzung ausschlaggebend waren, und dem,
was der Markt annimmt, sind keinesfalls Ausnahmefälle. Vor allem in Ein- und Zweifamilienhausgebieten ist dieser Fall nicht selten gegeben, weil es den Eigentümern dort nicht
um die ertragreichste Nutzung, sondern um die Annehmlichkeit des ungestörten Wohnens
in begrünter Umgebung geht[15].

Die Regelung des § 5 Abs. 2 Satz 2 betrifft nicht nur die Fälle, in denen die zulässige Nut-   **84**
zung „nicht voll ausgeschöpft" wird. Auch wenn **regelmäßig „nach oben" abgewichen**
wurde, d. h. ein über das höchstzulässige Maß der baulichen Nutzung hinausgehendes
Bebauungsmaß realisiert wurde, soll dieses für die Wertermittlung maßgeblich sein. Die
mit der Vorschrift geforderten Voraussetzungen dürften allerdings nur in Einzelfällen gegeben sein, denn der in der Rechtsnorm unterstellte Fall würde nämlich bedeuten, dass regelmäßig entsprechende Befreiungen erteilt worden sein müssen. Nach § 31 Abs. 2 BauGB ist
dies indessen nur im Einzelfall zulässig (vgl. § 17 Abs. 5 BauNVO), so dass für ein „regel-
mäßiges" Abweichen eine Änderung des Bebauungsplans erforderlich wird.

---

14   BGH, Urt. vom 10. 3. 1977 – III ZR 195/74 –, EzGuG 18.72
15   § 5 Abs. 2 Satz 2 WertV stellt insofern keine Ausnahmeregelung dar (so aber BR-Drucks. 352/88, S. 39)

85 **Fazit:** Grundsätzlich ist bei der Wertermittlung von Grundstücken von dem nach öffentlich-rechtlichen sowie privatrechtlichen Vorschriften höchstzulässigen Maß der baulichen
Nutzung auszugehen. Wird hiervon im gewöhnlichen Geschäftsverkehr regelmäßig abgewichen, so ist das Maß der baulichen Nutzung der Wertermittlung zu Grunde zu legen, das
den gewöhnlichen Geschäftsverkehr maßgeblich bestimmt, und zwar bei

– dem zu wertenden Grundstück am Wertermittlungsstichtag,

– den zum Preisvergleich herangezogenen Grundstücken zum Zeitpunkt des Erwerbs dieser Grundstücke (vgl. § 14 WertV Rn. 30 f.).

▸ *Weitere Ausführungen zum Maß der baulichen Nutzung: § 14 Rn. 43 ff.*

2.3.3 Bestandsschutz

▸ *Näheres hierzu bei § 4 WertV Rn. 196, 252 ff.; § 13 WertV Rn. 128; Teil VIII Rn. 305*

86 Im Falle einer Abweichung der tatsächlichen Nutzung von der bauplanungsrechtlichen
Nutzbarkeit ist es regelmäßig geboten, den Bestandsschutz bei der Verkehrswertermittlung
zu berücksichtigen.

2.4 Flächen, auf denen nach den Festsetzungen des Bebauungsplans nur bestimmte Wohngebäude errichtet werden dürfen

87 Die Regelungen des **§ 9 BauGB** über die Möglichkeiten der Festsetzungen in den Bebauungsplänen sehen u. a. in **Abs. 1 Nr. 7 und 8** vor, dass im Bebauungsplan festgesetzt werden können:

„... 7. die Flächen, auf denen ganz oder teilweise nur Wohngebäude, die mit Mitteln des sozialen Wohnungsbaus
(soziale Wohnraumförderung) gefördert werden können, errichtet werden dürfen;

8. einzelne Flächen, auf denen ganz oder teilweise nur Wohngebäude errichtet werden dürfen, die für Personengruppen mit besonderem Wohnbedarf bestimmt sind; ..."

a) Soziale Wohnraumförderung (Sozialer Wohnungsbau):

▸ *Hierzu Allgemeines § 19 WertV Rn. 23 ff.; § 27 WertV Rn. 62 ff.; § 28 WertV Rn. 214 ff.*

88 Die Vorschrift des § 9 Abs. 1 Nr. 7 BauGB stellt im Kern eine Vorschrift dar, die **lediglich
Einschränkungen bezüglich Größe der Wohnungen, Grundrissgestaltung und Ausstattung** der Gebäude vorgibt, ohne dass damit ein Anspruch auf Gewährung öffentlicher
Mittel oder eine Verpflichtung zur Inanspruchnahme solcher Mittel damit verbunden ist
(vgl. §§ 2, 7, 9 bis 17, 39 bis 41 II WoBauG). Aus der Festsetzung folgt indessen weder die
Pflicht für den Eigentümer oder Bauherrn, solche Mittel in Anspruch zu nehmen, noch
begründet sie den Anspruch auf Bereitstellung von Wohnungsbauförderungsmitteln[16]. Dies
alles verbleibt in der Entscheidung des Bauherrn sowie der fördernden Stelle. Im Ergebnis
wird mit dieser Festsetzung zunächst lediglich die bauliche Gestaltungsfreiheit eingeschränkt, die im Hinblick auf die künftigen Bewohner des Gebiets nicht nur baulich das
„Milieu" des Gebiets mitbestimmt.

89 Werden solche Mittel in Anspruch genommen, so ist damit keineswegs eine für den Bodenwert bedeutsame Ertragseinbuße verbunden, denn der damit einhergehenden Mietpreisbegrenzung stehen in aller Regel **Zinsvorteile aus verbilligten Darlehen** gegenüber, die für
den Eigentümer letztlich Erträge darstellen. Sind die Darlehensvorteile größer als die
Nachteile aus der Mietpreisbegrenzung, so könnte daraus gefolgert werden, dass dies dann
auch auf die Bodenpreisbildung „durchschlägt". Eine von vergleichbaren Gebieten (ohne
Festsetzung nach § 9 Abs. 1 Nr. 7 BauGB) abweichende Bodenpreisbildung konnte bislang

allerdings nicht nachgewiesen werden. Zwar ist der in der **Rechtsprechung zur KostO** herausgestellten Feststellung zuzustimmen, dass eine **Festsetzung für den sozialen Wohnungsbau** (soziale Wohnraumförderung) **zu einem „eingeschränkten Interessentenkreis" führt,** jedoch folgt hieraus auch nicht zwangsläufig, dass dies zu Wertminderungen oder aber Werterhöhungen führt. Es ist ein „anderer" Teilmarkt[17].

Jedes Grundstück ist entsprechend seiner Qualität einem besonderen **Teilmarkt** mit einem **90** grundstücksspezifischen Käuferkreis zurechenbar. Es kommt bei alledem letztlich auf die mit der Festsetzung nach § 9 Abs. 1 Nr. 7 BauGB einhergehende Ertragsfähigkeit (insgesamt) an, um aus dieser Festsetzung eine wertmindernde oder werterhöhende Wirkung ableiten zu können (vgl. § 27 WertV Rn. 62).

b) Personengruppen mit besonderem Wohnbedarf

§ 9 Abs. 1 Nr. 8 BauGB zielt – vergleichbar mit der Nr. 7 – auf eine bestimmte bauliche **91** Gestaltung der in dem Gebiet zu errichtenden Gebäude ab:

– Geschossigkeit,

– Wohnungsgröße,

– Raumaufteilung,

– Außenanlagen,

– artspezifische Zugänglichkeit usw. **(Personenbezogene Flächen)**

Es geht dabei i. d. R. um einen atypischen Wohnbedarf einer objektivierbaren bestimmten Personengruppe, z. B. nach Geschlecht, Alter, Einkommen sowie sozialen und soziologischen Gesichtspunkten (Behinderte, Studenten, Großfamilien)[18]. Ob sich aus einer Festsetzung nach § 9 Abs. 1 Nr. 8 BauGB ein gegenüber vergleichbaren Gebieten (ohne eine solche Festsetzung) geminderter oder erhöhter Wert ergibt, hängt von der Konkretisierung der Festsetzung und deren Auswirkungen auf die Ertragsfähigkeit ab. Erfahrungswerte liegen hierzu nicht vor (vgl. § 27 WertV Rn. 62).

Im Unterschied zu der Festsetzung i. S. d. § 9 Abs. 1 Nr. 7 BauGB für den sozialen Woh- **92** nungsbau (soziale Wohnraumförderung) muss sich die **Festsetzung i. S. d. Nr. 8 für Personengruppen mit besonderem Wohnbedarf** zur Vermeidung von Ghettobildungen auf einzelne Flächen beschränken. Dies entspricht dem Planungsgrundsatz des § 1 Abs. 5 Nr. 2 BauGB, nach dem einseitige Bevölkerungsstrukturen vermieden werden müssen. Personengruppen i. S. d. Vorschrift sind insbesondere alte Menschen, Behinderte, Gastarbeiter, Studenten und Sanierungsverdrängte. Die Personengruppe muss in der Festsetzung genau bezeichnet werden.

Die Festsetzung i. S. d. § 9 Abs. 1 Nr. 8 BauGB kann durch **Festlegung eines bestimmten** **93** **Prozentsatzes des in Betracht kommenden Personenkreises** erfolgen, der im Rahmen der Baugenehmigung durch Auflagen oder aber durch Baulasten bzw. im Wege der Begründung von Dienstbarkeiten zur Durchsetzung gelangt.

---

16 BVerwG, Beschl. vom 17. 12. 1992 – 4 N 2/91 –, GuG 1993, 184

17 LG München I, Beschl. vom 28. 1. 1999 – 13 T 10870/98 –, EzGuG 14.132

18 BVerwG, Beschl. vom 17. 12. 1992 – 4 N 2/91 –, ZfBR 1993, 138; BVerwG, Urt. vom 11. 2. 1993 – 4 C 18/91 –, ZfBR 1993, 299

3   Wertbeeinflussende Rechte und Belastungen (Abs. 2)

3.1   Allgemeines

▶ *Hierzu die Ausführungen im Teil VII sowie § 1 WertV Rn. 37.*

94 Die mit Abs. 2 gegebenen Hinweise sind klarstellender Natur. Danach sind **„wertbeein-flussende" Rechte und Belastungen** Zustandsmerkmale, die **bei der Verkehrswert-ermittlung grundsätzlich zu berücksichtigen** sind. Dieser ausdrückliche, aus sich selbst bereits hinreichend ergebende Hinweis ist eigentlich nur insoweit von Bedeutung, als nach bisherigem Recht (§ 4 Abs. 3 Nr. 6 WertV 72) wertbeeinflussende Rechte und Belastungen den ungewöhnlichen oder persönlichen Verhältnissen, die bei der Wertermitt-lung „auszuklammern" sind, zugeordnet waren (vgl. § 194 BauGB Rn. 23).

95 Abs. 2 spricht im Zusammenhang mit der Verkehrswertermittlung nur die „wertbeeinflus-senden" Rechte[19] und Belastungen an, denn solche, die den Verkehrswert nicht beeinflus-sen, können unbeachtlich bleiben. Der Verordnungsgeber hat es sich hier sehr leicht gemacht, denn diese Einschränkung gilt regelmäßig für die übrigen Grundstücksmerkmale gleichermaßen. Doch welche Rechte und Belastungen sind „wertbeeinflussend"?

96 **Wie wertbeeinflussende Rechte und Belastungen berücksichtigt werden,** wird in der WertV an verschiedenen Stellen geregelt:

– Nach § 4 Abs. 4 sind bei der Klassifizierung des „baureifen Landes" nur die öffentlich-rechtlichen Vorschriften und nicht auch solche privatrechtlicher Art zu berücksichtigen. Diese Maßgabe ist aber nur für die Qualifizierung des Entwicklungszustands zu beach-ten und bedeutet nicht, dass privatrechtliche Rechte und Belastungen bei der Verkehrs-wertermittlung unberücksichtigt bleiben.

– Bei Anwendung des *Vergleichswertverfahrens* müssen nach § 14 auch Abweichungen des Wertermittlungsobjekts von den Vergleichsgrundstücken (auch vom Bodenricht-wertgrundstück) hinsichtlich wertbeeinflussender Rechte und Belastungen berücksich-tigt werden.

– Bei Anwendung des *Ertragswertverfahrens* werden wertbeeinflussende Rechte und Belastungen, soweit sie nicht bereits nach den §§ 16 bis 18 erfasst wurden, nach § 19 berücksichtigt; die Vorschrift nennt in diesem Zusammenhang wohnungs- und miet-rechtliche Bindungen.

– Bei Anwendung des *Sachwertverfahrens* werden wertbeeinflussende Rechte und Be-lastungen, soweit sie nicht bereits nach den §§ 22 bis 24 erfasst wurden, nach § 25 berücksichtigt.

97 Abs. 2[20] stellt weiterhin klar, dass es sich bei den wertbeeinflussenden Rechten und Belastungen um solche

– privatrechtlicher und

– öffentlich-rechtlicher Art

handeln kann. Die Vorschrift nennt beispielhaft **Dienstbarkeiten, Nutzungsrechte, Bau-lasten und sonstige dingliche Rechte und Belastungen.** Es handelt sich dabei um keinen abschließenden Katalog. Die genannten Rechte und Belastungen sind bei § 1 WertV Rn. 10, 20 und Teil VII Rn. 30 ff. (Baulasten) erläutert.

98 Rechte und Belastungen können nach § 1 Abs. 2 eigenständiger Gegenstand einer Wert-ermittlung sein (vgl. § 1 WertV Rn. 23); daneben sind sie als Zustandsmerkmal (§ 3 Abs. 2) des davon betroffenen Grundstücks bzw. der davon betroffenen Grundstücke zu berück-sichtigen. Dies betrifft in erster Linie Grunddienstbarkeiten, die dem jeweiligen Eigen-tümer eines *Grundstücks* das Recht zur Benutzung eines anderen Grundstücks gewähren (§§ 1018 bis 1029 BGB). Dabei **muss zwischen dem aus der Grunddienstbarkeit resul-tierenden Vorteil für das herrschende Grundstück und dem Nachteil für das dienende**

Grundstück unterschieden werden. Vor- und Nachteile können erfahrungsgemäß um ein Vielfaches auseinandergehen[21]. Zur Verkehrswertermittlung im Einzelnen vgl. die Erläuterungen bei § 1 WertV Rn. 20; § 2 WertV Rn. 16 und Teil VII Rn. 1 ff.

3.2 Pfandrechte

Dass die **in Abteilung III eingetragenen Pfandrechte** nicht „wertbeeinflussend" sind, 99 dürfte für den Regelfall gelten. Allerdings entstehen hier mitunter Definitionsprobleme, wenn nämlich an einem Grundstück Pfandrechte „hängen", die langfristig wirksam von jedem Erwerber des Grundstücks zu übernehmen sind und ihn besonders günstig oder ungünstig stellen. Sie stellen dann Gegebenheiten i. S. d. Verkehrswertdefinition des § 194 BauGB dar, die im gewöhnlichen Geschäftsverkehr auch berücksichtigt werden; umgekehrt müssten schon ungewöhnliche Verhältnisse unterstellt werden, wenn z. B. beim Erwerb eines Grundstücks langfristig wirksame Pfandrechte mit überhöhtem Zins übernommen werden müssten und der Erwerber dies nicht wertmindernd berücksichtigen würde[22].

▶ *Hierzu auch § 1 WertV Rn. 38 ff.*

4 Beitrags- und abgabenrechtlicher Zustand (Abs. 3)

▶ *Zur Berücksichtigung von Abgaben und Beiträgen vgl. § 14 WertV Rn. 125 ff.*

Für die Höhe des Verkehrswerts kommt es nicht allein auf die tatsächlichen Zustandsmerk- 100 male des Grundstücks an. Daneben muss nach Abs. 3 stets geprüft werden, ob und vor allem von wem grundstücksbezogene **öffentlich-rechtliche Beiträge und sonstige nicht-steuerliche Abgaben noch zu entrichten** sind.

Beiträge sind nichtsteuerliche Abgaben, die durch den Aufwandersatz für bestimmte Leis- 101 tungen und die Vorteilsverschaffung für bestimmte Personen gekennzeichnet sind. Da unter *Abgaben* umfassend Steuern (§ 3 AO), Beiträge und Kosten als Oberbegriff für Gebühren und Auslagen verstanden werden, betrifft die Einbeziehung der „nichtsteuer-lichen" Abgaben die genannten Gebühren und Auslagen. **Gebühren** sind nach § 3 Abs. 1 des Verwaltungskostengesetzes (VwKostG) des Bundes gesetzliche oder auf Grund eines Gesetzes festgelegte Entgelte für die Inanspruchnahme oder Leistung der öffentlichen Verwaltung; damit unterscheiden sie sich von den Steuern, die nicht im Zusammenhang mit einer konkreten Gegenleistung stehen[23]. **Auslagen** sind Aufwendungen, die eine Behörde im Interesse einer kostenpflichtigen Amtshandlung als Zahlung an Dritte zu leisten hat[24], wobei zur Vermeidung gesonderter Berechnungen der Auslagen die Kosten der Auslagen in die Gebühr einbezogen werden können.

---

19 Im Unterschied zu § 4 Abs. 3 WertV 72 stellen wertbeeinflussende Rechte und Belastungen nicht mehr unge-wöhnliche Verhältnisse dar; sie werden in § 5 Abs. 2 WertV ausdrücklich als ein Zustandsmerkmal hervorgeho-ben, das bei der Verkehrswertermittlung zu berücksichtigen ist (namentlich Dienstbarkeiten, Nutzungsrechte, Baulasten und sonstige dingliche Rechte und Lasten).

20 BT-Drucks. 7/4793, S. 28

21 BGH, Beschl. vom 30. 1. 1957 – V ZR 263/56 –, EzGuG 14.5; KG Berlin, Urt. vom 10. 7. 1967 – 4 U 486/67 –, EzGuG 14.39

22 BGH, Urt. vom 2. 4. 1954 – V ZR 135/52 –, EzGuG 19.3 b; BGH, Beschl. vom 13. 6. 1958 – V ZR 268/56 –, EzGuG 14.8; OLG Köln, Beschl. vom 18. 10. 1958 – 9 W 20/58 –, EzGuG 20.23; OLG Köln, Urt. vom 16. 9. 1960 – 4 U 152/59 –, EzGuG 20.27; OLG München, Beschl. vom 18. 1. 1981 – 5 W 2607/80 –; EzGuG 13.35 c; LG Köln, Beschl. vom 21. 7. 1976 – 70 O 40/76 –, EzGuG 19.30; RFH, Urt. vom 8. 10. 1926 – II A 429/26 –, EzGuG 14.1 a; BFH, Urt. vom 14. 8. 1953 – III 33/53 U –, EzGuG 20.16 a; a. A. LG Köln, Beschl. vom 21. 7. 1976 – 70 0 40/76 –, EzGuG 19.30

23 BVerfG, Beschl. vom 11. 10. 1966 – 2 BvR 179, 476, 477/64 –, BVerfGE 20, 257 = BGBl. I 1966, 138

24 § 10 VwKostG, §§ 136 ff., KostO, §§ 91 ff. GKG

---

102 Insbesondere folgende **nichtsteuerliche Abgaben** können für die Verkehrswertermittlung von Belang sein:

- Erschließungsbeiträge nach den §§ 123 ff. BauGB,

- Umlegungsausgleichsleistungen nach § 64 BauGB,

- Ausgleichsbeträge nach den §§ 154 f. BauGB sowie § 24 Bundes-Bodenschutzgesetz,

- Abgaben nach den Kommunalabgabengesetzen (KAG) der Länder,

- Ablösebeiträge für Stellplatzverpflichtungen,

- Naturschutzrechtliche Ausgleichsabgaben (Kostenerstattungsbetrag nach § 135 a BauGB),

- Versiegelungsabgaben,

- Ablösungsbeträge nach Baumschutzsatzungen,

- Beiträge auf Grund von Satzungen der Wasser- und Bodenverbände.

103 Unter die Regelung des Abs. 3 fallen indessen nicht die üblicherweise **beim Erwerb eines Grundstücks anfallenden Gebühren** (für Teilungsgenehmigungen, Grundbucheintragungen) sowie Notariats- und Vermessungskosten. Bei Anwendung des Vergleichswertverfahrens gehen derartige Gebühren und Kosten bereits in die Vergleichspreise ein; soweit es sich um besondere aus Anlass des Erwerbs oder der Veräußerung entstandene Entgelte handelt, die von den üblicherweise vertraglich vereinbarten Entgelten abweichen, gilt dieser Umstand nach § 6 Abs. 3 als „ungewöhnliche oder persönliche Verhältnisse", die nach Abs. 1 dieser Vorschrift unberücksichtigt bleiben müssen (vgl. § 194 BauGB Rn. 90).

104 Ist von einem Gemeinwesen eine besondere grundstücksbezogene Leistung, z. B. die Erschließung eines Grundstücks i. S. d. §§ 123 ff. BauGB oder die Sanierung eines Gebiets nach Maßgabe des besonderen Sanierungsrechts der §§ 136 bis 156 BauGB erbracht worden, so weist das Grundstück nach seinen tatsächlichen Zustandsmerkmalen eine entsprechend höherwertige Qualität auf. Ausgehend von dem sich danach ergebenden Wert lässt sich der **Verkehrswert** grundsätzlich durch Abzug des vom Eigentümer oder **im Falle der Veräußerung des Grundstücks vom Erwerber (noch) aufzubringenden Beitrags** ermitteln. Jeder vernünftige Erwerber muss nämlich bei der Kaufpreisbemessung den Betrag in Rechnung stellen, den er als künftiger Eigentümer (noch) zu entrichten hat, es sei denn, dies wird vom Veräußerer vertraglich übernommen oder die Beitragspflicht verbleibt nach den gesetzlichen Bestimmungen bei dem bisherigen Eigentümer.

105 Erst wenn der Beitragspflichtige nach Maßgabe der einschlägigen Bestimmungen feststeht, ist eine neue Situation gegeben:

a) Unproblematisch sind die Fälle, in denen der Beitragspflichtige einen fällig gestellten **Beitrag entrichtet** hat. In diesen Fällen kann von einem beitrags- und abgabenrechtlich freien Grundstückszustand ausgegangen werden (z. B. erschließungsbeitrags- bzw. ausgleichsbetragsfreien Zustand). Wertermittlungstechnisch kann also direkt von Vergleichsgrundstücken ausgegangen werden, die in ihren tatsächlichen Zustandsmerkmalen dem Wertermittlungsobjekt entsprechen und die selbst auch nicht beitragspflichtig sind.

b) Problematisch sind indessen die Fälle, in denen der Beitragspflichtige feststeht, dieser aber den **Beitrag noch zu entrichten** hat, sei es, dass der Beitrag noch nicht fällig gestellt wurde, oder sei es, dass er in Zahlungsverzug steht. Hier sind folgende Überlegungen anzustellen:

   - Befindet sich das Grundstück, für das der Beitrag noch zu entrichten ist, in der Hand des Eigentümers, so verkörpert sich für ihn in dem Grundstück ein entsprechend abgesenkter Wert. Dies muss insbesondere auch für Beleihungsinstitute gelten, denn ein noch nicht entrichteter Beitrag kann insoweit vermögensmäßig nicht dem Grundstückswert zugerechnet werden.

– Der Erwerber eines Grundstücks erwirbt indessen ein beitragsfreies Grundstück, wenn die Beitragspflicht den früheren Eigentümer trifft. Der Käufer übernimmt allerdings ein Risiko, wenn der Beitrag als öffentliche Last auf dem Grundstück ruht. Die Gemeinde kann z. B., wenn der Erschließungsbeitragspflichtige seiner Beitragspflicht möglicherweise nicht nachkommt, gegen den neuen Eigentümer zur Sicherung des Anspruchs einen entsprechenden Duldungs- oder Haftungsbescheid erlassen.[25]

Damit ist die Frage aufgeworfen, ob in den Fällen, in denen der Beitragspflichtige nach Maßgabe der einschlägigen Rechtsgrundlage feststeht, als *Verkehrswert* des Grundstücks der des beitragsfreien oder der des beitragspflichtigen Grundstücks zu ermitteln ist. Zur Beantwortung dieser Frage wird in Erinnerung gerufen, dass der Verkehrswert als der Wert definiert ist, den die **Sache für jedermann und nicht nur für eine bestimmte Person** hat (vgl. § 194 BauGB Rn. 31 f.). Deshalb ist grundsätzlich als Verkehrswert der entsprechend höhere Wert zu ermitteln, wobei sich lediglich für das Grundstück in der Hand des beitragspflichtigen Eigentümers ein niedrigerer Wert (Preis) ergibt. **106**

Wie sich diese Betrachtungsweise im Einzelnen bei den unterschiedlichen Beitragsarten auf die Verkehrswertermittlung auswirkt, wird in § 14 WertV Rn. 125 ff. erläutert. **107**

5 Wartezeit (Abs. 4)

▶ *Hierzu allgemeine Ausführungen bei § 4 WertV Rn. 15 ff., 144; § 13 WertV Rn. 131, 229 ff., 289 ff.; § 14 WertV Rn. 35 ff.; § 27 WertV Rn. 30 ff.*

Unter § 4 Rn. 16 wurde darauf hingewiesen, dass vor allem bei der Klassifizierung des werdenden Baulands neben dem Entwicklungszustand eines Grundstücks die Wartezeit bis zu einer baulichen Nutzung mitberücksichtigt werden muss. Nach dem Wortlaut des § 5 Abs. 4 betrifft die Regelung entgegen der des § 3 Abs. 2 nur die Wartezeit bis zu einer *baulichen* und nicht auch die bis zu einer *sonstigen* Nutzung (zu den Begriffen vgl. § 2 WertV Rn. 18; § 4 WertV Rn. 5). Es gibt indessen keine erkennbaren Gründe, die Vorschrift auch hierauf anzuwenden, wenn die Erwartung einer sonstigen Nutzung den Verkehrswert beeinflusst. **108**

Die **Abschätzung der Wartezeit** erfordert vom Sachverständigen viel Einfühlungsvermögen in den „Baulandproduktionsprozess" und eingehende Kenntnisse der bodenrechtlichen Zusammenhänge, wobei er sich vor allem frei von spekulativen Erwägungen machen muss. So sich das alltägliche Morgengebet eines schwäbischen Landwirts („Lieber Gott, schenk uns Regen und einen reichen Planungssegen", die sog. vierte Fruchtfolge) erfüllt, ist der „Baulandproduktionsprozess" von den ersten Überlegungen, eine „grüne Wiese" für eine bauliche oder sonstige Nutzung aufzubereiten, bis hin zum Verkauf des fertigen Bauplatzes i. d. R. gleichwohl langwierig und scheitert auch schon einmal. In den Abb. 8 und 9 werden nachfolgend zur Veranschauung des „Baulandproduktionsprozesses" Untersuchungsergebnisse vorgestellt. **109**

---

25 BVerwG, Urt. vom 20. 9. 1974 – 4 C 32/72 –, EzGuG 9.19

Abb. 8: Verfahrensdauer bei der Aufstellung von Bebauungsplänen

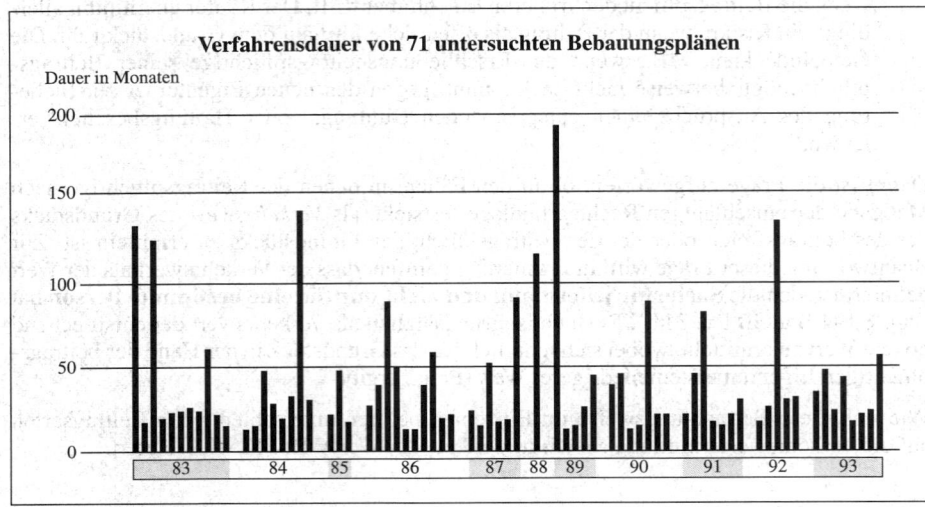

Quelle: LBS Baulandausweisung zwischen Trägheit und Übereifer Hannover 1993

Abb. 9: Planungszeiten in Abhängigkeit von Konflikten

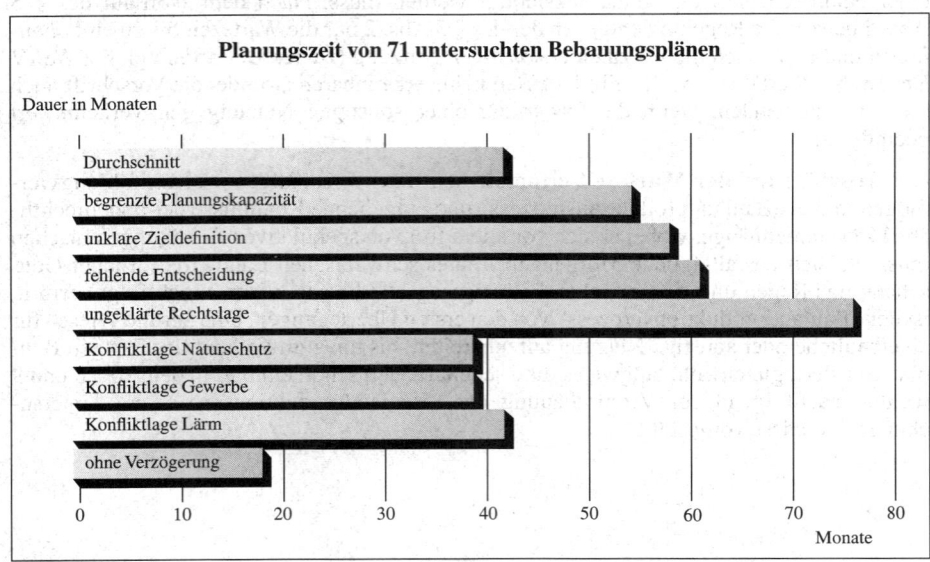

Die Berücksichtigung der Wartezeit kann wertermittlungstechnisch auf der Grundlage der **110**
Rechenregeln der Zinseszinsrechnung erfolgen; danach lässt sich der Barwert eines
Kapitals, das bei einem gegebenen Zinssatz erst nach n Jahren zufließt, nach folgender Formel berechnen:

$$K_o = \frac{1}{q^n} \times K_n \quad \text{wobei} \quad q = 1 + \frac{p}{100} \quad \text{ist.}$$

K_o . . . Anfangskapital
K_n . . . Endkapital
n . . . Laufzeit = Anzahl der Jahre
p . . . Zinssatz.

Der Diskontierungsfaktor $1/q^n$ ist mit Tischrechnern leicht zu ermitteln und kann auch einschlägigen Tabellenwerken entnommen werden (vgl. Anh. 5.2).

Beispiel: **111**
Ein Grundstück wird unter Berücksichtigung seiner zu erwartenden Wertverbesserung nach den konjunkturellen Verhältnissen am Wertermittlungsstichtag zu einem Preis von 500 000 € verkauft, unter Berücksichtigung einer Wartezeit von 2 Jahren ergibt sich bei einer 6%igen Verzinsung

$$K_o = \frac{1}{(1 + 6/100)^2} \times 500\,000 = \mathbf{445\,000\ €}$$

▶ *Zur Berücksichtigung der Wartezeit bei der Verkehrswertermittlung von warteständigem* **112**
Bauland vgl. § 4 WertV Rn. 16, 144, 159; § 13 WertV Rn. 289; § 27 WertV Rn. 30.

6   Beschaffenheit und tatsächliche Eigenschaften (Abs. 5)

6.1   Allgemeines

Die Beschaffenheit und die tatsächlichen Eigenschaften eines Grundstücks lassen sich **113**
nach solchen untergliedern, die
– einerseits den Grund und Boden und
– andererseits die baulichen und sonstigen Anlagen, insbesondere ein vorhandenes
Gebäude betreffen.

6.2   Beschaffenheit der baulichen Anlage

Abs. 5 enthält in erster Linie Hinweise zur Berücksichtigung der tatsächlichen Eigenschaf- **114**
ten des Grund und Bodens (Satz 1); die Bebauung eines Grundstücks wird mit Satz 2 angesprochen. Bezüglich der Arten und Merkmale baulicher Anlagen kann auf die **Untergliederungen** zurückgegriffen werden, wie sie sich in der Praxis der Gutachterausschüsse, aber auch der **Finanzverwaltungen** bei der Einheitsbewertung herausgebildet haben; aus den nachfolgenden Abb. 10 f. ergeben sich alle wesentlichen Merkmale (vgl. § 4 WertV Rn. 202).

Abb. 10: Merkmale für die Beurteilung der baulichen Ausstattung bei Gebäuden

Merkmale für die Beurteilung der baulichen Ausstattung bei Gebäuden

Bau- und Gebäudeteil	Einfache Ausstattung	Mittlere Ausstattung	Gute Ausstattung	Sehr gute Ausstattung	Aufwendige Ausstattung
1	2	3	4	5	6
1. Fassadenausführung	Schwemmsteine, Plattenwände, Hintermauersteine oder Kalksandsteine gefugt; einfacher glatter Putz, Holzfachwerk mit einfacher Ausfachung.	Einfacher Putz mit Fenster- und Türeinfassung; gefugte Vormauersteine, Holzfachwerk mit Klinkerausfachung.	Edelputz mit Fenster- und Türeinfassungen in Kunststein; Sockel mit Klinkerverblendung oder Waschputz. Holzfachwerk aus Lärche oder Eiche mit Klinkerausfachung.	Edelputz mit Fenster- und Türeinfassungen aus Naturstein; Keramikplatten; Kunststeinverkleidung; Glasverkleidung; Klinkerfassade aus holländischen oder bunten Klinkern.	Natursteinfassade; Spaltklinker oder Mosaik; Kupfer, Eloxal oder ähnl.
2. Dachausführung	Flaches Pappdach; einfaches Ziegeldach (Giebel- oder Pultdach); Asbestzementeindeckung.	Kleines Walmdach; Giebeldach mit größeren Dachausbauten; leichtes Massivflachdach mit Pappeindeckung.	Größeres Walmdach mit Dachausbauten; Oberlichte besonderer Ausführung; schweres Massivflachdach mit Pappeindeckung.	Sattel- oder Walmdach mit besonderen Ausbauten; Schieferdachdeckung, Dächer mit bes. Wärmeisolierung.	Flachdach mit Kupfer- oder Bleideckung und mit Wärmeisolierung.
3. Deckenbehandlung	Einfacher Deckenputz; unverputzte Holzfaserplatten oder ähnliche Platten.	Decken, gerieben und gefilzt.	Deckenputz teilweise mit Stuck; schalldämmende Platten.	Bessere Stuckdecken; Deckenvertäfelung in 1 oder 2 Räumen; Decken mit indirekter Beleuchtung.	Beste Stuckarbeiten; Vertäfelungen in mehreren Räumen.
4. Wandbehandlung	Kalk- oder Leimfarbenanstriche.	Ölfarbenanstriche; einfache Tapeten; Steinemaille; Wandplatten in geringem Ausmaß	Gute Tapeten; Wandplatten aus Naturstein in geringem Ausmaß; Keramikplatten in reicherem Ausmaß; Holzvertäfelung in einfachen Ausführungen.	Abwaschbare Tapeten; Vertäfelungen und Heizkörperverkleidungen aus Edelhölzern oder Rohrbespannungen, Stoffbespannungen; Natursteinplatten in größerem Ausmaß.	Beste Tapeten (Seidentapeten, Ledertapeten); Vertäfelungen u. Heizkörperverkleidungen aus ausländischen Edelhölzern (Mahagoni und ähnl.); Wandbemalungen.

5. Fußböden	Dielen, Steinholz-, Asphalt-, Spachtel- oder ähnliche Böden	Linoleum und PVC-Böden einfacher Art und Ausführung; Kleinparkett in einem Raum; Buchenparkett.	Linoleum besserer Qualität; teilweise Natursteinplatten; beste PVC-Böden; Kleinparkett I. Wahl in mehr. Räumen; Bespannungen (Bouclé, Haargarn und ähnl.)	Parkett in guter Ausführung, versiegelt; Veloursbespannungen in mehreren Räumen.	Parkett aus besten Hölzern, versiegelt; beste Bespannungen (Nylon, Perlon); Naturstein in mehreren Räumen.
6. Treppen	Einfache Treppen, Betontreppe mit PVC-Belag einfacher Art, einfache Geländer.	Massivtreppen mit Kunststeinbelag, Linoleumbelag oder mit gutem PVC-Belag; einfache Geländer.	Massivtreppen mit Plattenbelag aus Qualitätskunststein oder aus Naturstein einfacher Qualität; bessere Geländer.	Massivtreppen mit Natursteinauflage und besserem Geländer (z. B. schmiedeeisernes oder geschnitztes Geländer).	Marmortreppen und wertvolle Treppen mit künstlerisch gestaltetem Geländer.
7. Fenster	Einfache Fenster aus Holz oder Stahl mit einfacher Verglasung und einfachen Beschlägen, Fensterbänke aus Asbestzement, Holz od. Beton.	Einfache Fenster aus Holz oder Stahl mit besseren Beschlägen; Rollläden oder Fensterläden; einfache Fensterbänke (Holz od. Kunststein).	Doppelfenster mit einfacher Verglasung und einfachen Beschlägen; Blumenfenster mit besserer Verglasung; Fensterbänke aus Kunststein bzw. Klinker oder einfachem Naturstein; Rollläden.	Verbundfenster mit Spiegelglas, Isolierglas; besondere Beschläge; Schiebefenster und dgl.; Blumenfenster mit Bleiverglasung; Fensterbänke aus deutschem Marmor bzw. ähnlichem Naturstein; Rollläden bzw. Markisen.	Besonders große teure Fenster mit bester Verglasung; versenkbare Fenster; eingebaute Markisen und dgl.; beste Blumenfenster mit Marmorfensterbänken oder ähnliche Fenster.
8. Türen	Einfache glatte Türen oder Füllungstüren mit einfachen Beschlägen.	Bessere glatte Türen oder Füllungstüren mit besseren Beschlägen.	Türen mit Glasfüllungen und guten Beschlägen; Schleiflacktüren; Türen mit Edelholz in geringem Ausmaß; Eingangstüren Eiche oder ähnl.	Türen aus Edelhölzern; Schleiflacktüren mit besten Beschlägen und Ornamentglas, Schiebetüren; Doppeltüren; Metalleingangstüren.	Edelholztüren; Türen in künstlerischer Form; Metalleingangstür in Bronze oder ähnl. Ausführung.
9. Elektroinstallation	Einfache Ausstattung, wenige Brennstellen, einfache Beleuchtungskörper.	Mehrere Brennstellen und Steckdosen; mittlere Beleuchtungskörper.	Mehrere Brennstellen, Lichtbänder und dgl.; gute Beleuchtungskörper.	Indirekte Beleuchtungskörper, Wandbeleuchtung und gute Beleuchtungskörper.	Aufwendige Ausstattung, beste Beleuchtungskörper.

Merkmale für die Beurteilung der baulichen Ausstattung bei Gebäuden

Bau- und Gebäudeteil	Einfache Ausstattung	Mittlere Ausstattung	Gute Ausstattung	Sehr gute Ausstattung	Aufwendige Ausstattung
1	2	3	4	5	6
10. Sanitäre Installation	Einfache und wenige sanitäre Einrichtungsgegenstände in Wasch- und Toilettenräumen.	Sanitäre Einrichtungsgegenstände in einfacher Ausführung, aber größerer Anzahl.	Wie vor, jedoch in besserer Ausführung und außer in Toiletten und Waschräumen auch in anderen Räumen.	Beste Ausführung in Waschräumen, Bädern und Toiletten; in anderen Räumen größere Objekte.	Besonders reiche Ausstattung in bester Qualität.
11. Boden- und Wandfliesen	Geringfügig (Wand nur teilw.); Boden- und Wandplatten in einfacher Ausführung (Keramikplatten II.–III. Wahl).	Keramische Boden- und Wandplatten I.–II. Wahl in einigen Räumen.	Keramische Boden- und Wandplatten I. Wahl in mehreren Räumen; teilweise Naturstein-Bodenplatten.	In mehreren Räumen Mosaikbodenfliesen; Majolikawandplatten; inländische Natursteinplatten.	In mehreren Räumen japanisches Mosaik oder ausländische Natursteine (z. B. Marmor).
12. Heizung	Öfen.	Warmluftheizung.	Warmwasserheizung mit festen Brennstoffen und einfacher Regelung.	Warmwasserheizung mit flüssigen Brennstoffen oder Gas bzw. Fernheizung; Thermostatregelung.	Klimaanlage.
13. Anteil der besonderen Räume (z. B. Empfangsräume, Direktionsräume, Sitzungszimmer, Gesellschaftszimmer u. ähnl.)	Keine.	Geringe Anzahl.	Mehrere kleine Räume.	Kleine und größere Räume in größerer Anzahl.	Anzahl.

Abb. 11: Gebäudearten
nach den rh.-pf. Richtlinien zur Ermittlung von Grundstückswerten vom 1. 6. 1988 geändert durch RdSchr. vom 20. 11. 1996 –356 4/648 – 15/0 – (RiWert)

			Gebäudearten
1	**Wohngebäude** *(gewerblicher Anteil 20 %)*	1	Kleinwohnhaus, Kleinsiedlungshaus
		2	Einfamilienhaus (normale Größe)
		3	größeres Einfamilienhaus
		4	Villa, Landhaus
		5	Zweifamilienhaus
		6	Mehrfamilienhaus
		7	Wochenendhaus
		8	Bauernhaus
2	**Geschäfts- u. Verwaltungs-gebäude**	1	Geschäftshaus
		2	Wohn- und Geschäftshaus
		3	Kaufhaus, Warenhaus
		4	Büro- und Verwaltungsgebäude ohne Läden
		5	Büro- und Verwaltungsgebäude mit Läden
3	**Lagergebäude**	1	Warenlagerhaus (auch Kühlhaus, Trockenhaus, Silo)
		2	Gerätehaus
4	**Produktionsgebäude** *(Wohnanteil 20 %)*	1	Werkstatt
		2	Fabrikgebäude
		3	landwirtschaftliches Betriebsgebäude
		4	andere Produktionsgebäude (auch Geflügelfarm, Mast-anstalt, Gewächshaus)
5	**Andere Gebäude**	1	Versammlungsgebäude (Theater, Sporthalle, Ausstellungshalle, Hallenbad, Schule, Kindergarten, Kirche)
		2	Hotel, Gaststätte, Fremdenheim
		3	Erholungs-, Ferienheim
		4	Anstaltsgebäude (Krankenhaus, Heilanstalt, Alten-, Schwestern-, Schülerwohnheim)
		5	Tankstelle, Kioske
		6	Gebäude der Verkehrseinrichtungen (z. B. Bahnhofsgebäude, Flughalle, Hafengebäude)
		7	Einzelgarage
		8	Sammelgarage, Parkhaus
6	**Andere bauliche Anlagen**	1	Brücken, Straßen, Schienen
		2	Ent- und Versorgungseinrichtungen (auch Transformatorenhäuser)
		3	Anlagen auf öffentlichen Spielplätzen

vgl. § 4 WertV Rn. 202

Auch wenn die wesentlichen rechtlichen Gegebenheiten bereits durch die Bestimmungen **115** der Abs. 1 bis 3 erfasst sind, schließt der Regelungsgehalt des Abs. 5 auch **rechtliche Gege-benheiten** ein. Zur Beschaffenheit des Grundstücks soll nämlich neben der Nutzung des Grundstücks auch seine Nutzbarkeit gehören, die weitgehend bereits durch Art und Maß der baulichen Nutzungen nach Abs. 1 bestimmt wird (vgl. Rn. 7; § 14 WertV Rn. 43 ff.).

▶ *Zur Berücksichtigung der Beschaffenheit und tatsächlichen Eigenschaften (Realfaktoren)* **116** *vgl. § 14 WertV Rn.30 ff.*

6.3   Bodenbeschaffenheit

117   Zur Beschaffenheit von Grundstücken gehören neben vielem mehr der Baugrund und **abbauwürdige Bodenvorkommen**; sie können den Verkehrswert des Grundstücks erhöhen.

118   ▸ *Vgl. die Ausführungen bei § 4 WertV Rn. 311ff., § 14 WertV Rn. 122.*

6.4   Altlasten

6.4.1   Allgemeines

119   Die landläufig vertretene These von der Unzerstörbarkeit des Grund und Bodens ist falsch. Der Boden ist vielmehr ein ökologisch höchst anfälliges Gut, in dem sich Schadstoffeintragungen im Vergleich zu Luft und Wasser stärker ansammeln, da sich Schadstoffe hier weniger verteilen können. Bei einer beträchtlichen Belastung des Grund und Bodens spricht man von Altlasten. **§ 2 Abs. 3 BBodSchG definiert Altlasten wie folgt:**

„(3) Schädliche Bodenveränderungen im Sinne dieses Gesetzes sind Beeinträchtigungen der Bodenfunktionen, die geeignet sind, Gefahren, erhebliche Nachteile oder erhebliche Belästigungen für den Einzelnen oder die Allgemeinheit herbeizuführen."

„(5) Altlasten im Sinne dieses Gesetzes sind

1. stillgelegte Abfallentsorgungsanlagen sowie sonstige Grundstücke, auf denen Abfälle behandelt, gelagert oder abgelagert worden sind (Altablagerungen), und

2. Grundstücke stillgelegter Anlagen und sonstige Grundstücke, auf denen mit umweltgefährdenden Stoffen umgegangen worden ist, ausgenommen Anlagen, deren Stilllegung einer Genehmigung nach dem Atomgesetz bedarf,

durch die schädliche Bodenveränderungen oder sonstige Gefahren für den Einzelnen oder die Allgemeinheit hervorgerufen werden."

120   Altlasten führen schon auf Grund der Haftung des jeweiligen Eigentümers als Zustandsstörer zu einer Wertminderung des Grund und Bodens gegenüber vergleichbaren unbelasteten Flächen, insbesondere, wenn die Kontaminierung erheblich ist[26]. In der Vergangenheit ist diesem Umstand allerdings nicht immer in angemessener Weise Rechnung getragen worden, weil selbst die öffentliche Hand beim Erwerb von kontaminierten Flächen nicht selten Preise bezahlt hat, die erheblich über dem Verkehrswert lagen[27]. Zurückzuführen ist dies auf die schwierigen rechtlichen und wertermittlungstechnischen Fragen und auf das Bestreben, zeitraubenden Verhandlungen aus dem Wege zu gehen. Nur so kann auch erklärt werden, dass nach den **Bewertungsvorgaben des Grundstücksfonds Ruhr** die Belastung eines kontaminierten Grundstücks wertmäßig nur mit „mindestens" den hälftigen Kosten der Aufbereitung, Sanierung und Baureifmachung der Gelände zu berücksichtigen ist.

121   Zur **Bewertung heißt es** dort[28]:

„Die Grundlage für die Bewertung eines Grundstücks ist zunächst die rechtlich mögliche Nutzung auf Grund der bauplanungsrechtlichen Situation. Bei großflächigen Brachen ist diese regelmäßig nach §§ 34 oder 35 Baugesetzbuch definiert, da Bebauungspläne für die Brachflächen meistens nicht bestehen. Auf Grund der so gegebenen baurechtlichen Situation wird zunächst ein ‚Bruttowert' auf der Grundlage von Richtwertkarten und Befragungen der Gutachterausschüsse ermittelt. Diesem Bruttowert werden die Kosten für Aufbereitung, Sanierung und Baureifmachung der Gelände gegenübergestellt. Diese Kosten werden mindestens in Höhe von 50 % vom Bruttowert abgezogen. Für sonstige wertmindernde Faktoren wie z. B. mangelnde Erschließung, Grün- und Abstandsflächen, freizuhaltende Leitungstrassen usw. werden weitere Abschläge vorgenommen. So ermittelt sich der ‚Nettowert' als Maßstab für den vertretbaren Kaufpreis.

Auch die Bewertung von Gebäuden und Anlagen kann nicht nach den allgemein üblichen Normen vorgenommen werden. Es ist davon auszugehen, dass ein Gebäude, dessen ursprüngliche spezifische Funktion aufgegeben wurde, entweder keinen oder nur einen erheblich vom technischen Bauwert abweichenden Wert besitzt. Eine Bewertung erfolgt deswegen nur dann, wenn Gebäude und Anlagen

– auf Grund ihrer Bauweise und Ausstattung ohne wesentliche Investitionen für eine andere Nutzung geeignet sind,

– entsprechend den Planungsabsichten der Städte und Gemeinden weiterhin voll oder teilweise genutzt werden sollen oder

– wenn eine Nutzungsmöglichkeit durch vorhandene langfristige Mietverträge bestätigt ist.

Liegt eine dieser oder liegen mehrere Voraussetzungen vor, werden bei der Wertermittlung folgende wirtschaftliche Faktoren als Abschläge berücksichtigt:

– Investitionsaufwand zur Herrichtung für eine andere Nutzung,
– Ertragswertminderung durch geringere Einnahmen auf Grund anderer Nutzungen oder
– Abschlag für Verwertungsrisiken infolge ungünstiger konjunktureller Rahmenbedingungen.“

Der Vorgehensweise kann nur im Grundsatz zugestimmt werden, denn der danach vorgesehene **hälftige Ansatz der Wiederinwertsetzungskosten hat mit einer Verkehrswertermittlung wenig zu tun,** denn ein vernünftiger Käufer (homo oeconomicus) wird die von ihm aufzubringenden Kosten in voller Höhe in seine Kalkulation einbringen.

Auch **Neulasten** sind bei der Verkehrswertermittlung zu berücksichtigen. Es handelt sich dabei um die *nach* In-Kraft-Treten des AbfG (1. 6. 1972) abgelagerten Abfälle; sie stehen unter den Regelungen des LAbfG, soweit es sich um Abfälle i. S. dieses Rechts handelt[29]. **122**

6.4.2 Belastete Flächen in der Bauleitplanung

In der Bauleitplanung sind nach dem Abwägungsgebot des § 1 Abs. 6 BauGB **Verunreinigungen des Grund und Bodens noch unterhalb der polizeirechtlichen Gefahrenschwelle beachtlich:** **123**

– Eine dem Wohle der Allgemeinheit entsprechende sozialgerechte Bodennutzung,
– die Sicherung einer menschenwürdigen Umwelt,
– der Schutz der natürlichen Lebensgrundlagen,
– die allgemeinen Anforderungen an gesunde Wohn- und Arbeitsverhältnisse und die Sicherheit der Wohn- und Arbeitsbevölkerung,
– die Belange des Umweltschutzes, des Naturschutzes und der Landschaftspflege, insbesondere des Naturhaushalts, des Wassers, der Luft und des Bodens sowie des Klimas (§ 1 Abs. 5 Satz 1 und 2 Nr. 1 und 7 BauGB)

fordern, dass die Bauleitplanung die Bevölkerung vor unzumutbaren Nachteilen und Belästigungen auch noch unterhalb der polizeirechtlichen Gefahrenschwelle für öffentliche Sicherheit oder Ordnung schützt. Hieran muss sich die Abwägung orientieren.

Ein Verstoß gegen das Abwägungsgebot kann zur **Nichtigkeit eines Bebauungsplans** führen, wenn nämlich die Gefahr für Gesundheit und Sicherheit mehr als nur geringfügig ist und zum Zeitpunkt der Beschlussfassung die Möglichkeit einer Beeinträchtigung auf Grund von Verunreinigungen für die Gemeinde erkennbar war. Bekanntlich sind es aber gerade die Festsetzungen eines Bebauungsplans, die für die Höhe des Verkehrswerts eines Grundstücks von ausschlaggebender Bedeutung sind. Am Bauplanungsrecht lässt sich deshalb besonders eindrucksvoll nachweisen, dass auch Verunreinigungen des Grund und Bodens unterhalb der polizeirechtlichen Gefahrenschwelle von erheblicher Bedeutung für die Höhe des Verkehrswerts sein können[30]. **124**

a) Kennzeichnungspflicht

Nach § 5 Abs. 3 Nr. 3 und § 9 Abs. 5 Nr. 3 BauGB sind **Flächen, deren Böden „erheblich mit umweltgefährdenden Stoffen belastet sind“, im Flächennutzungs- und Bebauungsplan zu kennzeichnen,** wobei sich diese Pflicht bei Flächennutzungsplänen auf die für eine bauliche Nutzung vorgesehenen Flächen beschränkt. **125**

---

26 Kleiber in ZfBR 1988, 168; ders. in WiVerw 1990, 198
27 Dieterich/Schlag in AVN 1985, 402
28 MSWV, Rechenschaftsbericht zum Grundstücksfonds Ruhr vom 31. 12. 1988, S. 19 f.
29 Schink in DVBl. 1986, 181; Kothe in ZRP 1987, 399
30 Zur polizeilichen Anordnung zum Austausch kontaminierten Bodens: VGH Mannheim, Beschl. vom 14. 12. 1989 – I S 2719/89 –, EzGuG 4.129

126 Die vorstehende Kennzeichnungspflicht besteht allerdings nur für die unter der Herrschaft des BauGB aufgestellten Bauleitpläne, d. h. für die nach dem 1. 7. 1987 aufgestellten Bauleitpläne sowie für die nach Maßgabe des Gesetzbuchs geänderten Teile dieser Bauleitpläne. Überdies besteht die Kennzeichnungspflicht nur für Flächen, die (mit an Sicherheit grenzender Wahrscheinlichkeit) auch tatsächlich in „erheblichem Maße" mit umweltgefährdenden Stoffen belastet sind. Für bloße Verdachtsflächen werden die Gemeinden umgekehrt durch die genannten Vorschriften noch nicht einmal zu entsprechenden Nachforschungen verpflichtet[31], jedoch **müssen sie im Rahmen des Abwägungsgebots dem Verdacht einer Bodenbelastung nachgehen, wenn und soweit eine Beeinträchtigung der geplanten Nutzung zu erwarten ist.** Aus alledem folgt, dass für eine Fläche, die nicht im Bauleitplan gekennzeichnet ist, keine absolute Gewähr besteht, dass sie frei von erheblichen Belastungen mit umweltgefährdenden Stoffen ist.

127 Ist eine Fläche im Flächennutzungsplan nach Maßgabe des § 5 Abs. 3 Nr. 3 oder des § 9 Abs. 5 Nr. 3 BauGB im Bebauungsplan gekennzeichnet, so kann i. d. R. hieraus geschlossen werden, dass eine erkannte Belastung des Grund und Bodens zwar „erheblich", aber grundsätzlich mit der im Bauleitplan ausgewiesenen Nutzung vereinbar ist. Denn die **Kennzeichnungspflicht lässt das Abwägungsgebot nach § 1 Abs. 6 BauGB unberührt.** In die Abwägung sind nämlich alle Belange einzubringen, die nach Lage der Dinge in die Abwägung eingestellt werden müssen[32]. Das sind alle Belange, für die bei der Entscheidung über den Plan mit hinreichender Wahrscheinlichkeit absehbar ist, dass die schutzwürdigen Interessen bestimmter Personen von dem Plan in mehr als geringfügiger Weise betroffen werden[33]. Denn grundsätzlich darf die Planung nicht Gefahrentatbestände i. S. d. allgemeinen Polizeirechts schaffen und muss die **Bevölkerung** in den einzelnen Gebieten auch unterhalb dieser Schwelle **vor unzumutbaren Nachteilen und Belästigungen schützen[34].** Danach sind im Hinblick auf die in § 1 Abs. 5 BauGB genannten Belange auch Gefahrentatbestände unterhalb der polizeirechtlichen Gefahrenschwelle in die Abwägung einzubeziehen. Neben der Gefahrenabwehr ist es präventiv Aufgabe der Bauleitplanung, Gefahren vorzubeugen **(Gefahrenvorbeugung)**, die Umwelt lebenswert zu gestalten und darüber hinaus vorhandene und zu erwartende Konflikte auszuräumen, zu vermeiden oder zumindest auf ein vertretbares Maß zu minimieren.

128 Liegen hinreichend **Anhaltspunkte für eine abwägungsrelevante Verunreinigung des Grund und Bodens** vor **(Verdachtsflächen),** so muss die Gemeinde aus der Verpflichtung, das gesamte in die Abwägung einzubeziehende Material zu beschaffen, auf eigene Kosten die erforderlichen Ermittlungen über mögliche Verunreinigungen anstellen. Dies kann zu einer Verpflichtung der Gemeinde führen, ein Sachverständigengutachten einzuholen, wenn ohne eine sachverständige Stellungnahme keine hinreichende Grundlage für eine vom Rat zu treffende Entscheidung gegeben ist[35].

129 Nach dem Beschluss des BVerwG[36] umfasst die **Nachforschungspflicht** im Rahmen der Abwägung allerdings nicht das, „was die planende Stelle nicht sieht und was sie nach den gegebenen Umständen auch nicht zu sehen braucht".

130 Aus alledem folgt, dass die Festsetzungen eines Bebauungsplans auf Grund der Planungsgrundsätze und des Abwägungsgebots mit erkannten und im Bauleitplan gekennzeichneten Verunreinigungen des Grund und Bodens grundsätzlich vereinbar sein müssen. Darüber hinaus muss im Falle einer Kennzeichnung einer „erheblich mit umweltgefährdenden Stoffen belasteten Fläche" diesen Verunreinigungen im Rahmen der zulässigen Nutzung Rechnung getragen werden (können), insbesondere im Rahmen des Baugenehmigungsverfahrens[37]. Die **Kennzeichnung im Bauleitplan** darf deshalb keineswegs dazu verleiten, bei der Verkehrswertermittlung von einem nichtbebauungsplanmäßig nutzbaren Grundstück auszugehen. Anzumerken ist hier, dass das BauGB einerseits nicht die Möglichkeit eröffnet, die Sanierung einer Fläche festzuschreiben und andererseits – zumindest nicht expressis verbis – auch nicht die Zulässigkeit einer festgesetzten Nutzung in Abhängigkeit von einer Bodensanierung zu stellen.

b) Schadensersatz bei Abwägungsmängeln in der Bebauungsplanung

Nach der Grundsatzentscheidung des BGH[38] haben die **Amtsträger der Gemeinde die**   **131**
Pflicht, bei der Aufstellung von Bebauungsplänen Gesundheitsgefährdungen zu ver-
hindern, die den zukünftigen Bewohnern des Plangebiets aus dessen Bodenbeschaffenheit
drohen. Den davon betroffenen Bewohnern wurde ein geldwerter Vermögensausgleich für
Nachteile zugesprochen, die ihnen durch die Bebauung entstanden sind. Die **Amtspflicht**
besteht auch gegenüber demjenigen als „Dritten", der ein nach der planerischen Aus-
weisung ein dem Wohnen dienendes Grundstück für ein noch zu errichtendes Wohn-
haus erwirbt. Die Haftung wegen einer Verletzung dieser Amtspflicht umfasst auch Vermögensschäden, die die Erwerber dadurch erleiden, dass sie im Vertrauen auf eine ordnungsgemäße Planung Wohnungen errichten oder kaufen, die nicht bewohnbar sind.

Schon in der Vorinstanz ist erkannt worden, dass ein Verstoß gegen das Abwägungsgebot   **132**
(§ 1 Abs. 6 BauGB) zur **Nichtigkeit des Bebauungsplans** führen kann, wenn nämlich die
Gefahr für die Gesundheit und Sicherheit mehr als nur geringfügig ist und zum Zeitpunkt
der Beschlussfassung die Möglichkeit einer Beeinträchtigung auf Grund von Verunrei-
gungen des Grund und Bodens für die Gemeinde erkennbar war[39]. Wird dennoch eine
rechtswidrige Baugenehmigung erteilt, so wird darin eine schuldhafte Amtspflichtverletzung i. S. d. § 839 BGB i. V. m. Art. 34 GG gesehen[40]. Dies kann zu Schadensersatzansprüchen aus Amtshaftung (Bebauungsplan) und z. B. aus § 39 OBG Nordrh.-Westf. (Erteilung der Baugenehmigung), insbesondere für die im Vertrauen auf die Baugenehmigung
getätigten Investitionen, führen[41].

Voraussetzung ist ein schuldhaftes Handeln des Amtswalters, wobei die Rechtsprechung   **133**
hohe Anforderungen an die Sorgfaltspflicht auf die Entscheidungen der Vergangenheit projiziert hat. Der **Schadensersatz** ergibt sich ggf. nach den §§ 249 ff. BGB. Aufstellung und
Vollzug eines unwirksamen Bebauungsplans stellen zudem einen rechtswidrigen Eingriff
dar, der einen Entschädigungsanspruch nach den für den enteignungspflichtigen Eingriff
entwickelten Grundsätzen auslösen kann[42].

---

31 RdErl. Min. f. SWV-Nordrh.-Westf. vom 6. 7. 1987, MinBl. 1987, 1276
32 BVerwG, Urt. vom 10. 12. 1969 – 4 C 105/65 –, DVBl. 1970, 414 = BVerwGE 34, 301 = MDR 1970, 702 =
    BayVBl. 1970, 180 = BauR 1970, 31 = BRS Bd. 22 Nr. 4 = DÖV 1970, 277
33 BVerwG. Beschl. vom 9. 11. 1979 – 4 N 1/87, 4 N 2-4/79 –, BVerwGE 59, 87 = NJW 1980, 1061 = BauR 1980,
    36 = MDR 1980, 256 = DVBl. 1980, 233 = DÖV 1980, 217 = BRS Bd. 35 Nr. 24 = JZ 1980, 95 = BBauBl. 1980,
    251 = BayVBl. 1980, 88 = ZfBR 1979, 255
34 LG Bielefeld, Urt. vom 17. 9. 1985 – 4 O 114/85 –, EzGuG 4.104 nicht rechtskräftig –
35 OVG Lüneburg, Urt. vom 30. 4. 1986 – 1 C 4/86 –, BRS Bd. 46 Nr. 26 = BauR 1987, 176; OVG Lüneburg, Urt.
    vom 26. 2. 1981 – 4 C 4/80 –, BRS Bd. 38 Nr. 38 = BauR 1981, 454; zu den Untersuchungskosten bei **Verun-**
    reinigungen des Grundwassers: VGH Mannheim, Urt. vom 8. 9. 1989 – 5 S 3099/88 –, EzGuG 4.127.
36 BVerwG. Beschl. vom 9. 11. 1979 – 4 N 1/78, 4 N 2-4/79 –, Zif Fn. 23
37 Altlasten im Städtebau, Kohlhammer-Verlag, Köln 1989, S. 2 ff.
38 BGH, Urt. vom 26. 1. 1989 – III ZR 194/87 –, EzGuG 4.124; BGH, Urt. vom 6. 7. 1989 – III ZR 251/87 –,
    EzGuG 4.125; BGH, Urt. vom 21. 12. 1989 – III ZR 49/88 –, EzGuG 4.132; BGH; Urt. vom 21. 12. 1989 – III
    ZR 118/88 –, EzGuG 4.133; VGH Mannheim, Urt. vom 7. 5. 1999 – 3 S 1265/98 –
39 LG Bielefeld, Urt. vom 17. 9. 1985 – 4 O 114/85 –, EzGuG 4.104; LG Bielefeld, Urt. vom 28. 4. 1987 –
    4 O 652/85 –; LG Bielefeld, Urt. vom 4. 8. 1987 – 4 O 178/87 –; LG Dortmund, Urt. vom 19. 12. 1986 –
    2 O 199/86 –; EzGuG 4.113; LG Dortmund, Urt. vom 19. 12. 1986 – 2 O 217/86 –; LG Dortmund, Urt. vom
    19. 12. 1986 – 2 O 450/85 –, EzGuG 4.114
40 OLG Hamm, Urt. vom 10. 4. 1986 – II ZR 209/84 –, EzGuG 11.152; OLG Hamm, Urt. vom 26. 6. 1987 –
    11 U 346/85 –, EzGuG 4.116
41 OLG Hamm, Urt. vom 26. 6. 1987 – 11 U 346/85 –, EzGuG 4.116; einschränkend zur Frage der drittschützen-
    den Wirkung noch OLG Oldenburg, Urt. vom 30. 10. 1987 – 6 U 18/87 – EzGuG 4.117; LG Osnabrück, Urt.
    vom 27. 10. 1986 – 10 O 229/86 –; jedoch BGH, Urt. vom 6. 7. 1989 – III ZR 251/87 –, EzGuG 4.125
42 BGH, Urt. vom 28. 6. 1984 – III ZR 68/83 –, BRS Bd. 42 Nr. 5 = BauR 1985, 480

134 Ersatz ist insbesondere zu gewähren für

– die im Vertrauen auf die planungsrechtlich zulässige Nutzung getätigten Aufwendungen (z. B. Kaufpreis und die Investitionen zur Vorbereitung einer Nutzung des Grundstücks, Errichtung eines nicht oder nur eingeschränkt nutzbaren Gebäudes);

– eine ursächlich auf die Bodenverunreinigung zurückzuführende Wertminderung des Grundstücks, wenn das Eigentum am Grundstück nicht aufgegeben wird; bei Aufgabe des Grundstücks der Verkehrswertanteil, der sich für ein im Vertrauen auf die zulässige Nutzbarkeit errichtetes Gebäude ergeben würde, wenn das Grundstück nicht verunreinigt wäre;

– Nutzungseinschränkungen (Mietausfälle) sowie Ausgleichsmaßnahmen;

– sonstige Folgekosten (entspr. § 95 BauGB).

6.4.3 Verkehrswertermittlung

135 Bei der Ermittlung des Verkehrswerts kontaminierter Flächen gilt es zunächst sich zu vergegenwärtigen, dass sich der **Verkehrswert**

– **einerseits nach den rechtlichen Gegebenheiten und**

– **andererseits nach den tatsächlichen Eigenschaften**

des **Grundstücks bemisst** (§ 194 BauGB). Zu den tatsächlichen Eigenschaften des Grundstücks gehört auch die Beschaffenheit des Grund und Bodens und mithin auch ggf. dessen Verunreinigung. § 5 Abs. 5 stellt dies klar.

136 Der **Feststellung der rechtlichen Gegebenheiten** kommt bei der Ermittlung des Verkehrswerts kontaminierter Flächen insoweit eine maßgebliche Bedeutung zu, als sich danach die Frage beantwortet, wer für die Sanierung einer kontaminierten Fläche aufzukommen hat. Trifft die Sanierungslast nicht den Eigentümer des Grundstücks, sondern einen Dritten, z. B. die öffentliche Hand, so ergibt sich für das Grundstück eine Wertminderung gegenüber einem unbelasteten Grundstück nur insoweit, wie der Eigentümer bis zum Abschluss der Sanierungsmaßnahmen eine entschädigungslos hinzunehmende Nutzungseinschränkung zu tragen hat. Deshalb muss zuallererst geprüft werden, von wem die Kosten einer Sanierung der kontaminierten Fläche getragen werden müssen. Es kommt also entscheidend darauf an, ob die Sanierungskosten vom

– gegenwärtigen die Sachherrschaft über das Grundstück ausübenden Eigentümer (vgl. Rn. 165) oder

– einem Erwerber oder

– einem Dritten, insbesondere dem Verursacher (vgl. Rn. 166), dem Voreigentümer oder nach dem Gemeinlastprinzip von der Allgemeinheit,

aufzubringen sind. Dabei müssen vertragliche Vereinbarungen beachtet werden, die z. B. beim Erwerb solcher Flächen im Hinblick auf die „Wiederinwertsetzung" getroffen wurden.

Sind nach alledem die Sanierungskosten vom Eigentümer oder dem Erwerber des Grundstücks nicht zu tragen, so werden **Wertminderungen** des Grundstücks auf Grund von Verunreinigungen weitgehend **durch die von einem (dritten) Sanierungspflichtigen zu tragenden Kosten aufgefangen;** eine Wertminderung kann sich in diesem Fall allerdings noch insoweit ergeben, wie das Grundstück vorübergehend einer Nutzung entzogen ist und dafür kein Entschädigungsanspruch besteht.

137 In den unterschiedlichen **Kostenanlastungsprinzipien** liegt also das eigentliche, oft schwer durchschaubare Problem bei der Verkehrswertermittlung kontaminierter Flächen. Von besonderer Bedeutung sind hier bei Gefahr für die öffentliche Sicherheit und Ordnung das Polizeirecht, das das Verhältnis zwischen Ordnungsbehörde und dem Herangezogenen regelt[43], sowie das Zivilrecht, das vor allem bei zwischenzeitlichen Grundstücksübertragungen in Bezug auf Gewährleistungsansprüche, ihre Verjährung, Haftungsausschlüsse schlechthin für vertragliche Ansprüche bedeutsam ist.

Die **Feststellung des Sanierungspflichtigen** wirft eine Reihe komplizierter juristischer   **138**
Fragen auf, die von dem Sachverständigen für Grundstückswertermittlungen i. d. R. nicht
geklärt werden können. Sofern ihm die Frage des Sanierungspflichtigen nicht vorgegeben
wird, sollte in Abstimmung mit dem Auftraggeber

– von bestimmten vorgegebenen Annahmen oder
– den Feststellungen eines hinzuzuziehenden Gutachters ausgegangen werden. Im Gutachten ist dies deutlich zu machen.

▶ *Allgemeines zur Frage des Sanierungspflichtigen vgl. Rn. 165 ff.*   **139**

Das zum 1. 3. 1999 in Kraft getretene BBodSchG regelt die Problematik der Finanzierung   **140**
der **Sanierung bei nicht mehr greifbaren Verursachern.** Das Gesetz enthält in seinem
§ 25 Abs. 1 eine Regelung über den Wertausgleich beim Einsatz öffentlicher Mittel.
Danach hat der zu Maßnahmen i. S. d. § 4 BBodSchG verpflichtete Eigentümer im Falle der
durch den Einsatz öffentlicher Mittel bedingten Verkehrswerterhöhung seines Grundstücks
einen Wertausgleich an den öffentlichen Kostenträger zu leisten, wenn er die Kosten der
Maßnahmen, in erster Linie Sanierungskosten, nicht oder nicht vollständig getragen hat.
Der Ausgleichsbetrag ruht als öffentliche Last auf dem Grundstück (vgl. § 25 Abs. 6
BBodSchG i. V. m. der Verordnung über die Eintragung des Bodenschutzlastvermerks,
BGBl. I 1999, 497).

▶ *Näheres Rn. 162 ff. und § 14 WertV Rn. 158 ff.; Roller in GuG 2001, 162 und GuG 2000, 336*

Ergibt sich aus den rechtlichen Gegebenheiten, dass die **Sanierungslast für die kontami-**   **141**
nierte Fläche den Eigentümer des Grundstücks trifft, so bemisst sich der Verkehrswert
unter Berücksichtigung der Ablagerungen. Dies wirft schwierige wertermittlungstechnische Fragen auf. Die Schwierigkeit bestehen insbesondere darin, dass kaum jemals Vergleichspreise für gleichartig kontaminierte Flächen zur Verfügung stehen. Vergleichspreise
liegen dagegen schon eher für vergleichbare nichtkontaminierte Flächen vor. Deshalb wird
in der Praxis regelmäßig vom Verkehrswert eines nicht kontaminiert gedachten Grundstücks ausgegangen, der sich mit den Erfahrungen der gängigen Wertermittlungspraxis
ermitteln lässt. Für den Regelfall, dass kein Grundstücksmarkt und somit keine Vergleichspreise für ein kontaminiertes Grundstück vorliegen und diesem Mangel auch nicht mit der
Fiktion eines gewöhnlichen Geschäftsverkehrs für solche Grundstücke abgeholfen werden
kann, wird bei dieser Konstellation von dem Modell ausgegangen, dass sich der Verkehrswert eines Grundstücks im kontaminierten und nichtkontaminierten Zustand grundsätzlich
um die Kosten unterscheidet, die für die Beseitigung der Kontamination üblicherweise aufzubringen wären. Im Prinzip wird von diesem Modell in der Wertermittlungspraxis auch
bei der Umrechnung des Verkehrswerts eines erschließungsbeitragspflichtigen und -freien
Grundstücks ausgegangen (vgl. Abb. 12).

▶ *Zur Ermittlung der Kosten der Erfassung, Gefährdungsabschätzung, Sanierungsmaß-*   **142**
  nahmen und Überwachung vgl. Rn. 162 ff.; zum merkantilen Minderwert, vgl. Rn. 195,
  190; § 194 BauGB Rn. 144 ff.

Die Ermittlung des Verkehrswerts einer kontaminierten Fläche steht mitunter im Zusam-   **143**
menhang mit einer Änderung der rechtlichen Festsetzungen. Beispielsweise soll eine bisher gewerblich oder industriell genutzte Fläche künftig als höherwertiges Wohnbauland
genutzt werden. In diesem Fall muss geprüft werden, ob bei der Ermittlung des fiktiven
Bodenwerts des Grundstücks im dekontaminierten Zustand auch die **Werterhöhung auf**
Grund einer Planungsänderung oder der Aussicht auf die Planungsänderung zu berücksichtigen ist.

---

43   BGH, Urt. vom 11. 6. 1981 – III ZR 39/80 –, EzGuG 4.76

Abb. 12: Bodenwert eines kontaminierten Grundstücks

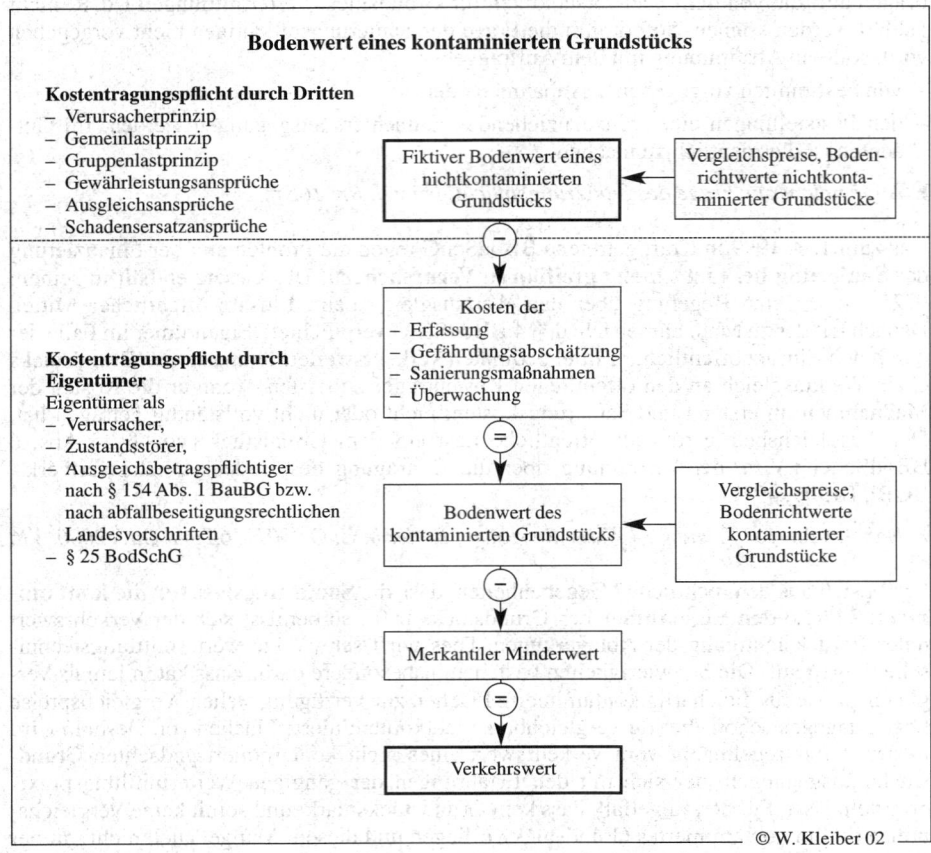

Bodenwert eines kontaminierten Grundstücks

Kostentragungspflicht durch Dritten
– Verursacherprinzip
– Gemeinlastprinzip
– Gruppenlastprinzip
– Gewährleistungsansprüche
– Ausgleichsansprüche
– Schadensersatzansprüche

Fiktiver Bodenwert eines nichtkontaminierten Grundstücks ← Vergleichspreise, Bodenrichtwerte nichtkontaminierter Grundstücke

(–)

Kosten der
– Erfassung
– Gefährdungsabschätzung
– Sanierungsmaßnahmen
– Überwachung

Kostentragungspflicht durch Eigentümer
Eigentümer als
– Verursacher,
– Zustandsstörer,
– Ausgleichsbetragspflichtiger nach § 154 Abs. 1 BauBG bzw. nach abfallbeseitigungsrechtlichen Landesvorschriften
– § 25 BodSchG

(=)

Bodenwert des kontaminierten Grundstücks ← Vergleichspreise, Bodenrichtwerte kontaminierter Grundstücke

(–)

Merkantiler Minderwert

(=)

Verkehrswert

© W. Kleiber 02

144   Angesichts der erfahrungsgemäß hohen Sanierungskosten muss das beschriebene Verfahren dazu führen, dass der Verkehrswert des Grundstücks selbst bei hohen Ausgangswerten häufig auf einen Anerkennungsbetrag „zusammenschrumpft". Dies selbst dann, wenn nach der Sanierung des Grundstücks auf Grund einer Neuplanung eine höherwertige Nutzung zulässig wird. Tatsächlich ist auch bereits manch kontaminiertes Grundstück (unter Übernahme aller Haftungen) „verschenkt" worden; auch ist in einem Zwangsversteigerungsverfahren auf Grund der Bodenverunreinigungen der Verkehrswert für ein Erbbaurecht schon einmal mit „Null" angesetzt worden[44]. Selbst dann, wenn ein entsprechender Handlungsbedarf noch nicht festgestellt worden ist, kann eine Altlastenverdachtsfläche bereits dermaßen stigmatisiert sein, dass sie praktisch nicht mehr gegen Entgelt veräußerbar ist (res extra commercium). Darüber hinaus stellt sich bei entsprechend hohem Handlungsbedarf die Frage, ob hier ein **Fall** gegeben ist, **der** zu **negativen Bodenwerten (Unwerten)** führt. Wird deshalb das Eigentum zivilrechtlich durch Verzichterklärung gegenüber dem Grundbuchamt aufgegeben (§ 959 BGB), kann sich die Ordnungsbehörde nach § 18 Abs. 3 OBG Nordrh.-Westf. an den bisherigen Eigentümer halten, für den das Eigentum am Grundstück zu einer finanziellen Last wird. Von daher ist es durchaus nicht abwegig, von einem negativen Grundstückswert zu sprechen.

Es kommt allerdings hinzu, dass im Rahmen des BBodSchG die **Zustandsverantwortung** **145**
des Eigentümers hinsichtlich des Ausmaßes dessen, was ihm zur Gefahrenabwehr aber-
langt werden kann, **begrenzt ist.** Der Verkehrswert des Grundstücks nach Durchführung der
Sanierung kann nach der Rechtsprechung des BVerfG[45] Anhaltspunkt für die dem Eigentümer zumutbaren Belastungen sein. Das BVerfG hat folgende Grundsätze aufgestellt:

a) Eine die Grenzen überschreitende Belastung kann insbesondere dann unzumutbar sein,
   wenn die vom Grundstück ausgehende Gefahr aus Naturereignissen, aus der Allgemeinheit zuzurechnenden Ursachen oder von nicht nutzungsberechtigten Dritten
   herrührt.

b) Die Belastung des Zustandsverantwortlichen mit Sanierungskosten bis zur Höhe des
   Verkehrswerts kann in den Fällen unzumutbar sein, in denen das sanierte Grundstück
   den wesentlichen Teil des Vermögens bildet und Grundlage der privaten Lebensführung
   des Pflichtigen und seiner Familie bildet.

c) Eine den Verkehrswert des sanierten Grundstücks übersteigende Kostenbelastung kann
   zumutbar sein, wenn der Eigentümer das Risiko bewusst in Kauf genommen hat oder
   die Augen in fahrlässigerweise vor Risikoumständen verschlossen hat.

d) Ist eine Kostenbelastung über den Verkehrswert des sanierten Grundstücks hinaus
   zumutbar, kann sie nicht auf die gesamte Leistungsfähigkeit des Eigentümers bezogen
   werden.

Sofern mit dem Erwerb des Grundstücks auch eine Pflicht zur Sanierung der Flächen auf **146**
den Erwerber übergeht und die Kosten der Sanierung mit dem Verkehrswert des sanierten
Grundstücks nicht gedeckt werden können, wird im gewöhnlichen Geschäftsverkehr die
Bereitschaft zum Erwerb des kontaminierten Grundstücks nur gegeben sein, wenn der zur
Sanierung verpflichtete bisherige Eigentümer bei der Veräußerung des Grundstücks den
Differenzbetrag an den Erwerber entrichtet. Denn mit dem Eigentumsübergang würden auf
den Erwerber lediglich finanzielle Verpflichtungen und keine Vermögensvorteile übergehen. Wirtschaftlich gesehen zeigt auch dies, dass in der Tat dann der Fall eines negativen
Bodenwerts gegeben ist, wenn **mit dem Eigentum am Grundstück finanzielle Verpflich-**
tungen verbunden sind, denen auf Dauer keine gleichwertigen Vermögensvorteile
gegenüberstehen; auch von daher wurden kontaminierte Grundstücke tatsächlich schon
zum „Nullwert" mit der Forderung nach Übernahme aller Haftungen angeboten. Dass bei
derartigen Konstellationen der Wert einer Immobilie in einen Unwert umschlagen kann, ist
im Übrigen auch aus anderen Bereichen bekannt. Dies kann sich z. B. auch für Eigentumswohnungen in stark heruntergekommenen Großwohnanlagen mit extremen Leerständen
ergeben, wenn der Eigentümer auf Grund des Gemeinschaftsverhältnisses außerordentlich
hohen Belastungen ausgesetzt ist, denen keine angemessenen Einnahmen gegenüberstehen. In einer täglich Schlagzeilen ausgesetzten Großsiedlung sind deshalb auch schon
Erwerber gesucht worden, denen eine Eigentumswohnung „geschenkt" werden sollte.

Sofern **Planungsgewinne** den Kosten der Dekontaminierung „gegengerechnet" werden **147**
können, muss zusätzlich geklärt werden, ob dieser Wertzuwachs dem Eigentümer kompen-
sationslos zufällt oder von demjenigen beansprucht werden kann, der die Kosten der
Dekontamination trägt. Angesichts der regelmäßig hohen Sanierungskosten ist eine
Abschöpfung des planungsbedingten Mehrwerts bei Sanierungsmaßnahmen durch die
öffentliche Hand von besonderer Bedeutung.

Die **Inanspruchnahme planungsbedingter und sonstiger Mehrwerte zur Finanzie-** **148**
rung der Sanierungskosten kann häufig nicht verhindern, dass die Sanierungskosten den
künftigen Bodenwert auch unter Berücksichtigung einer künftigen höherwertigen Nutzung überschreiten. Verbleibt jedoch auch nach Abzug der Sanierungskosten ein Wert, so

---

44 AG Hannover, Beschl. vom 21. 3. 1986 – 731 K 114/85
45 BVerfG, Urt. vom 16. 2. 2000 – 1 BvR 242, 315/99 –, GuG 2000, 311 = EzGuG 4.177

ist wiederum zu prüfen, ob und in welchem Maße dieser Wert noch für die vorübergehende Nutzungsbeschränkung bis zum Zeitpunkt der wieder herbeigeführten Nutzbarkeit des Grundstücks zu vermindern ist. Auszuschließen wäre dies, wenn hierfür eine Entschädigung durch Dritte gewährt wird oder aber dem Eigentümer ein angemessenes Entgelt für die kontaminierende Nutzung des Grundstücks zufließt (z. B. Pachtzins eines entsprechenden Gewerbebetriebs). Bei entschädigungslos hinzunehmenden vorübergehenden Nutzungseinschränkungen lässt sich der Bodenwert durch Abzinsung des Unterschiedsbetrags zwischen dem Bodenwert im kontaminierten und dekontaminierten Zustand über die Dauer der Nutzungsbeschränkung (Abzinsungsfaktor $1/q^n$, tabelliert im Anh. 5.2) ermitteln.

149 Wertermittlungstechnisch wird man entsprechend verfahren können, wenn die Untersuchungs-, Sicherungs- und Sanierungskosten vom Eigentümer selbst zu tragen sind, die in diesem Fall zusätzlich zu berücksichtigen sind. Zur Anwendung können die in § 20 Abs. 1 normierten Grundsätze kommen; es handelt sich hierbei um das **Liquidationswertverfahren.**

150 Der Grund und Boden eines Grundstücks steht mit seinen Aufbauten bekanntlich in einer Schicksalsgemeinschaft. Soweit durch Bodenverunreinigungen die Nutzbarkeit eines Grundstücks beeinträchtigt ist, gilt dies i. d. R. auch für **vorhandene Aufbauten.** Entsprechend reduziert sich der Verkehrswertanteil eines vorhandenen Gebäudes. Selbst der Verkehrswertanteil eines Neubaus kann sich im Falle seiner Unbewohnbarkeit und Unbenutzbarkeit zu Null reduzieren und sogar zu einer zusätzlichen Wertminderung führen, wenn für die Dekontaminierung des Grundstücks ein Gebäudeabtrag erforderlich wird und die Verwertung der Aufbauten (z. B. Schrottwert von Stahl- und Eisenkonstruktionen) nicht die Freilegungskosten auffängt. Umgekehrt führt die Dekontaminierung eines bebauten Grundstücks zu entsprechenden Gebäudewerterhöhungen, wenn damit das Gebäude wieder nutzbar wird; der Gebäudewert wird in diesem Fall „reaktiviert". Möglicherweise werden die Sanierungskosten erst damit wieder „aufgefangen".

151 In Anbetracht der dargestellten Problematik bei der Verkehrswertermittlung kontaminierter Grundstücke haben sich in der Praxis **drei unterschiedliche Verfahren** entwickelt:

a) Verkehrswertermittlung unter „Ausklammerung" einer vermuteten oder auch verifizierten Altlast mit Verweis auf eine vertragliche Regelung im Falle der Veräußerung des Grundstücks bzw. mit dem Hinweis auf die Notwendigkeit eines Sondergutachtens.

b) Berücksichtigung der Wertminderung infolge von Altlasten bemessen nach Sanierungskosten und

c) Berücksichtigung der Wertminderung infolge von Altlasten durch pauschale Wertabschläge.

6.4.4 Verifizierung von Ablagerungen

152 Ablagerungen gehören nach § 5 Abs. 5 zu den Eigenschaften und zur sonstigen Beschaffenheit eines Grundstücks und müssen bei der Ermittlung des Verkehrswerts grundsätzlich berücksichtigt werden. Ein Gutachten ist fehlerhaft, wenn diese nicht berücksichtigt werden. Der Gutachter ist deshalb gut beraten, wenn er diesbezüglich seinen Sorgfaltspflichten besonders gewissenhaft nachkommt. Nach der Rechtsprechung müssen dabei auch der Sachverstand anderer Stellen und selbst populärwissenschaftliche Veröffentlichungen beachtet werden. Insbesondere bei vorsätzlichem und (grob) fahrlässigem Handeln ist damit die **Haftung des Gutachters für Nachteile** angesprochen, **die auf Grund eines fehlerhaften Gutachtens entstehen.** Hieraus folgt, dass der Gutachter alle Erkenntnisquellen über etwaige Verunreinigungen nutzen und Verdachtsmomenten nachgehen muss. Es empfiehlt sich, nach den Umständen des Einzelfalls im Gutachten deutlich zu machen,

– ob etwaige Altablagerungen außer Betracht gelassen wurden,

– ob diesbezüglich Feststellungen vorgenommen wurden,

– ob ein Verdacht besteht und wie dem nachgegangen wurde,

– auf Grund welcher Anhaltspunkte ggf. von welchen Verunreinigungen bei der Verkehrswertermittlung ausgegangen wurde.

Bei bestimmten ehemaligen Nutzungen ist einem Grundstück der Altlastenverdacht gewissermaßen auf die „Stirn geschrieben". Dies sind: Gaswerke, Kokereien, Steinkohlenbergbau, NE-Metallerzbergbau, Eisen- und Stahlherstellung, Mineralölerzeugung und -lagerung, NE-Metallumschmelzwerke, Metallgießereien, Oberflächenveredelung/Härtung von Metallen, Batterien- und Akkumulatorenherstellung, Herstellung von anorganischen Grundstoffen, Chemikalien, Farben, Lacken, Kunststoffe, Pharmazeutika, Handelsdünger, Schädlingsbekämpfungsmittel, Munition, Explosivstoffe, Glas, Papier, Textilien, Schrottplätze, Bahnbetriebswerke, Flugplätze, Chemische Reinigungen, Betriebskläranlagen sowie Verarbeitungsstätten von Holz, Gummi und Leder[46].

Der **Sachverständige für Grundstückswerte ist von seiner Ausbildung her** i. d. R. **über-**   **153**
fordert,

– die Ablagerungen im Grund und Boden (Altlasten/Neulasten) sowie

– das Gefährdungspotenzial vorhandener Ablagerungen nach Art und räumlicher Verteilung

selbst festzustellen. Zwar sind mancherlei Verunreinigungen des Grund und Bodens selbst für den Laien schon an der Beschaffenheit der Oberfläche erkennbar, jedoch verbergen sich Verunreinigungen vielfach unter der Oberfläche; es sind unsichtbare (Alt-)Lasten. Selbst wenn der Sachverständige für Grundstückswerte das Vorhandensein verunreinigender Ablagerungen erkannt hat, reicht dies für eine sachgerechte Berücksichtigung bei der Verkehrswertermittlung nicht aus, denn ihm fehlt i. d. R. die Vorbildung für eine sachgerechte Einschätzung des davon ausgehenden Gefährdungspotenzials.

Fazit: Der Sachverständige für Grundstückswerte wird bei der Ermittlung des Verkehrs-   **154**
werts verunreinigter Flächen sein Gutachten auf „Hilfsquellen" stützen müssen, die er selbst kaum nachzuprüfen vermag, oder er wird einen weiteren Sachverständigen (Toxikologen) hinzuziehen müssen. In jedem Fall ist dies im Gutachten darzulegen und sollte mit dem Auftraggeber abgeklärt sein.

Zur **Feststellung über das Vorhandensein von Verunreinigungen** durch einen Sachver-   **155**
ständigen für Grundstücke ist von folgenden **allgemeinen Erkenntnisquellen** auszugehen:

a) Nach den Erfahrungen der Praxis kann i. d. R. schon allein aus der *bisherigen Nutzung* auf Verunreinigungen geschlossen werden; zu nennen sind hier Mülldeponien, Gaswerke, Tankstellen, Kokereien, Zechengelände, Teerverarbeitungsbetriebe (vgl. Rn. 152)[47]. Um nach dem vorher Gesagten Verunreinigungen des Grund und Bodens bei der Verkehrswertermittlung angemessen berücksichtigen zu können, müssen diese nach Art und Umfang verifiziert werden. Dies ist Voraussetzung, um einerseits die davon ausgehende Gefährdung und andererseits den Handlungsbedarf abschätzen zu können.

b) Erkenntnisquellen sind im Veräußerungsfall die *Angaben des Verkäufers*. Dieser muss seine Kenntnisse über Verunreinigungen des Grund und Bodens einem Erwerbswilligen offenbaren (§§ 459 ff. BGB), wenn er nicht Gefahr laufen will, sich eines Betrugs nach § 263 StGB strafbar zu machen.

---

46   Vgl. hierzu den RdErl. des nordrh.-westf. MSV in MinBl. NW 1992, 876, abgedruckt in der 2. Aufl. S. 1389
47   Altlasten im Städtebau, a. a. O., S. 16; Roller in GuG 2001, 240; Grunewald in GuG 1997, 291; Großmann/Grunewald/Weyers in GuG 1996, 154; Grunewald/Duken in GuG 1995, 224

c) Zunehmend von Bedeutung sind die kommunalen *Altlastenkataster.* Auch bei Heranziehung solcher Erkenntnisquellen muss beachtet werden, was nach Art und Ausmaß des Gefährdungspotenzials Gegenstand dieser Kataster ist, d. h., Verunreinigungen unterhalb einer bestimmten dem Kataster zu Grunde liegenden Gefahrenschwelle können demzufolge diesem Kataster nicht entnommen werden.

d) Weitere Erkenntnisquellen sind insbesondere

  – Hinweise aus Bevölkerung und Verwaltung,
  – Luftbilder,
  – Akten und Aufzeichnungen,
  – Sicherungsergebnisse.

e) Für *Hamburg* besteht die Besonderheit, dass der Senat nach § 81 Abs. 8 HBauO durch Rechtsverordnung Gebiete festlegen kann, in denen nach bisher vorliegenden Erkenntnissen mit Bodenverunreinigungen zu rechnen ist, die – wiederum „nur" polizeirechtlich – eine Gefahr für die öffentliche Sicherheit und Ordnung darstellen können.

156 Zur **Abschätzung des Gefährdungspotenzials (toxikologische Bewertung)** sollte sich, wie bereits erläutert, der Sachverständige für Grundstückswerte möglichst auf die Sachkunde der Spezialdisziplinen stützen. Entscheidende Bedeutung für die Beurteilung des Gefährdungspotenzials haben dabei die sog. Gefährdungspfade, d. h. die Kausalkette, auf denen Schadstoffe den menschlichen Organismus erreichen. Daneben sind aber auch Gefährdungen der Flora und Fauna und sonstiger Sachen hervorzuheben, wobei diesbezüglich noch differenziert werden kann. Gefährdungspfade sind das Grundwasser, das Oberflächenwasser, der Boden, die Luft (Bodengase) und der direkte Kontakt. Für eine Gefährdungsabschätzung bedarf es letztlich der (politischen) Vorgabe, welches Gut bis zu welchem Maße als schutzwürdig definiert wird; die Naturwissenschaften können hier nur Hilfestellungen geben. Dies alles ist damit also nicht nur eine naturwissenschaftlich unzureichend aufgearbeitete Materie, sondern eine letztlich auch politisch zu entscheidende Frage. Aus ihr ergibt sich der Handlungsbedarf und somit der Kostenbetrag der „Wiederinwertsetzung".

157 Die toxikologische Bewertung des Gefährdungspotenzials bereitet nach dem vorher Gesagten heute noch erhebliche Schwierigkeiten. Deshalb ist auch die Minderung des Verkehrswerts eines unbelasteten Grundstücks in Abhängigkeit von der toxikologischen Belastung kaum in den Griff zu bekommen. Auch deshalb kommt man nicht umhin, die Wertminderung auf Grund der Belastungen des Grund und Bodens nach den Kosten der Untersuchung, Sicherung und Sanierung der belasteten Fläche (Wiederinwertsetzungskosten) zu bemessen. Bei Anwendung des vorgestellten Modells (vgl. Rn. 141 f.) verlagert sich also das Problem der Verkehrswertermittlung kontaminierter Flächen in die Ermittlung der **Kosten der Wiederinwertsetzung,** denn mit der Sanierung des Grundstücks wird dessen Minderwert (Mangelschaden) beseitigt. Sie **setzen sich zusammen aus den Kosten** der

  – Maßnahmen zur Verhütung und Beseitigung von Beeinträchtigungen durch die Verunreinigungen bis hin zur Wiedereingliederung der betroffenen Flächen in Natur und Landschaft oder eine städtebauliche Nutzung,

  – Maßnahmen zur Untersuchung von Art, Umfang und Ausmaß der Verunreinigungen, insbesondere den Kosten der Entnahme und Untersuchung von Luft-, Wasser- und Bodenproben einschließlich der Errichtung und des Betriebs von Kontrollstellen,

  – erforderlichen Sicherungsmaßnahmen und

  – der Überwachung.

158 Die **Wiederinwertsetzungskosten** sind angesichts der unterschiedlichsten Arten und des unterschiedlichsten Maßes von Verunreinigungen sowie der sich noch in der Entwicklung befindlichen unterschiedlichen Sanierungstechniken schwer abschätzbar, jedoch liegen hierfür zunehmend **Erfahrungswerte** vor.

Auf der Grundlage von Kostenangaben verschiedener Quellen hat der Sachverständigenrat   **159**
„Altlasten" die Größenordnung des Kostenrahmens (niedrigste und höchste Kosten)
zusammengestellt (vgl. **Kostentabelle** in der 3. Aufl. zu diesem Werk S. 2137); die Tabelle
gibt allerdings nur allgemeine Hinweise, weil die Größenordnungen außerordentlich
schwanken. Im Einzelfall können zur Abschätzung der Sanierungskosten fallspezifisch
Kostenvoranschläge eingeholt werden[48].

Wie bereits erläutert, sind neben den Sanierungskosten auch die **Untersuchungskosten** zu   **160**
berücksichtigen; die Untersuchungen müssen auf Verdichtung oder Ausräumung eines
bestehenden Verdachts der Bodenbelastungen ausgerichtet sein, wobei sie sich üblicherweise an der zu erwartenden Art der Belastungen orientieren müssen.

Es wird davon ausgegangen, dass die Behörde im Verdachtsfalle zunächst selbst festzustel-   **161**
len hat, ob überhaupt eine zu beseitigende Störung vorliegt; die Kosten sind i. d. R. von der
Behörde zu tragen[49]. Etwas anderes kann nach Bauordnungsrecht gelten, wenn der Eigentümer z. B. eine Baugenehmigung begehrt. Die Untersuchung dem Eigentümer anzuordnen,
wäre auch im Hinblick auf Gefahren für die öffentliche Sicherheit und Ordnung ordnungs-
rechtlich nicht gedeckt[50]. Steht dies fest oder besteht zumindest ein objektiv begründeter
Verdacht, so kann allerdings der verantwortliche Eigentümer – als Bestandteil umfassender
Maßnahmen zur Gefahrenabwehr – verpflichtet werden, Untersuchungen über
– die Bestimmung des Gefahrenherds und
– die Sicherungs- und Sanierungsmaßnahmen
anzustellen[51], auch dies sind deshalb wertmindernde rechtliche Gegebenheiten.

Rechtsgrundlage ist das Bundes-Bodenschutzgesetz i. V. m. der **Bundes-Bodenschutz-**   **162**
und Altlastenverordnung (BBodSchV, vgl. Rn. 140 und § 14 WertV Rn. 158). Die Verordnung regelt
– die Anforderungen an die Untersuchung und Bewertung von Verdachtsflächen und altlastenverdächtigen Flächen (§§ 3 f.);
– die Anforderungen an die Sanierung von schädlichen Bodenveränderungen und Altlasten (§ 5),
– Maßnahmen für die Gefahrenabwehr von schädlichen Bodenveränderungen auf Grund
  von Bodenerosion durch Wasser (§ 8) und
– Maßnahmen gegen das Entstehen schädlicher Bodenveränderungen (§§ 9 ff.).

Des Weiteren enthält die Verordnung im Anhang **Regelungen**   **163**
– über die Anforderungen an die Probeentnahme, Analytik und Qualitätssicherung bei der
  Untersuchung,
– über Maßnahme-, Prüf- und Vorsorgewerte,
– über Anforderungen an Sanierungsuntersuchungen und den Sanierungsplan sowie
– über Anforderungen an die Untersuchung und Bewertung von Flächen, bei denen der
  Verdacht einer schädlichen Bodenveränderung auf Grund von Bodenerosion durch
  Wasser vorliegt.

---

48 Wegweiser für Altlasten- und Bodensanierung, Bundesumweltamt, Berlin 1988, mit Informationen (Adressen
    über Planer, Firmen und Gutachter)
49 OVG Saarland, Beschl. vom 21. 9. 1983 – 2 W 1635/83 –, EzGuG 4.94; wonach aber der Ordnungspflichtige in
    Anspruch genommen werden kann. Bei sofortigen Abwehrmaßnahmen können die Aufwendungen nach dem
    Polizeirecht einiger Länder dem Verursacher aufgetragen werden (vgl. § 8 PolG Bad.-Württ.; § 9 Bay. PAG;
    § 6 PVG Rh.-Pf.)
50 § 14 Ordnungsbehördengesetz – OBG – Nordrh.-Westf.
51 VGH Mannheim, Urt. vom 13. 2. 1985 – 5 S 1380/83 –, EzGuG 4.103; OVG Hamburg, Beschl. vom 20. 6. 1986
    – Bs II 22/86 –; OVG, Münster, Beschl. vom 10. 1. 1985 – 4 B 1434/85 –, EzGuG 4.102; OVG Münster, Beschl.
    vom 10. 1. 1985 – 4 B 1390/84 -; OVG Münster, Beschl. vom 27. 9. 1985 – 4 B 1621/85 –; vgl. auch im Hinblick
    auf eine bauordnungsrechtliche Baugenehmigung z. B. § 63 Abs. 3 Satz 1 BauO Nordrh.-Westf.

Zu den **Kosten der Altlastensanierung** vgl. Kleiber/Simon/Weyers, Verkehrswertermittlung 3. Aufl. 1998, S. 2137 ff.

6.4.5 Sanierungsmaßnahmen

164 **Als Sanierungsmaßnahmen kommen in Betracht**
- der Bodenaustausch (Auskofferung), oft bis zu mehreren Metern,
- die Abkapselung (Abdeckung), d. h. die Versiegelung von oben und seitlich einschließlich einer auf Jahrzehnte angelegten Kontrolle auf Austritt von schädlichen Stoffen und Gasen,
- die Sanierung „vor Ort" durch „Bodenwäsche", d. h. durch chemische, physikalische, biologische, mechanische oder thermische Reinigung,
- besondere Gründungen,
- Dränagen,
- Gasringleitungen.

6.4.6 Sanierungslast

165 Nach dem vorher Gesagten gehören Verunreinigungen des Grund und Bodens zu den tatsächlichen Eigenschaften eines Grundstücks, die entsprechend Art und Ausmaß der Verunreinigung grundsätzlich bei der Verkehrswertermittlung zu berücksichtigen sind, soweit nicht die öffentliche Hand (nach dem Gemeinlastprinzip) oder ein Dritter (z. B. als Verursacher) für die Kosten der Wiederinwertsetzung aufkommt. Selbst wenn der **Eigentümer** die Verunreinigungen nicht verursacht hat, konnte er schon vor Erlass des BBodSchG nach dem Ordnungsrecht **als Zustandsstörer** bei Gefahr für die öffentliche Sicherheit und Ordnung herangezogen werden[52]. Nach § 18 Abs. 1 und 2 Satz 1 OBG Nordrh.-Westf. sind ordnungsrechtliche Maßnahmen deshalb gegen den Eigentümer zu richten. Darüber hinaus kann die Ordnungsbehörde ihre Maßnahmen auch gegen den „Inhaber[53] der tatsächlichen Gewalt" richten. Gerechtfertigt wird dies aus der Verfügungsgewalt des Eigentümers über den „Herd" der Gefahrenquelle, z. B. durch Vermietung zum Zwecke gefährlicher Ablagerungen[54]. Gerechtfertigt ist dies vor allem auch dann, wenn der Eigentümer wirtschaftlich den Nutzen aus der Überlassung des Eigentums an den Betreiber, z. B. in Form eines Pachtzinses, gezogen hat (vgl. § 10 Abs. 2 AbfG). In diesem Fall können die Grundsätze des unter Rn. 141 vorgestellten Modells zur Anwendung kommen, d. h. die vom Eigentümer zu tragenden Untersuchungs-, Sicherungs- und Sanierungskosten sind wertmindernd auf den fiktiven Bodenwert eines nichtkontaminiert gedachten Grundstücks anzurechnen.

166 Anders stellt sich die Situation allerdings dar, wenn
- ein Anspruch gegenüber dem **Verhaltensstörer** nach § 683 BGB (Geschäftsführung ohne Auftrag) besteht und noch nicht verjährt ist[55];
- schwer nachweisbare Gewährleistungsansprüche nach § 477 Abs. 1 BGB innerhalb eines Jahres geltend gemacht werden können, die allerdings schon im Hinblick auf die kurze Verjährungsfrist des § 477 BGB regelmäßig verjährt sind, oder Ansprüche eines Erwerbers aus positiver Vertragsverletzung bestehen[56],
- Haftungsausschlüsse im Grundstückskaufvertrag vereinbart wurden und wirksam werden[57].

167 Bezüglich der Sanierungspflicht wird im Umweltschutzrecht zwar grundsätzlich von der zentralen Maxime des **Verursacherprinzips** ausgegangen[58]. Danach hat derjenige als „Handlungsstörer" (vgl. § 17 OBG Nordrh.-Westf.) für die Kosten der Gefahrenbeseitigung aufzukommen, der die Umweltgefahr „gesetzt" hat[59]. Als Handlungsstörer steht er in Verantwortung. In Betracht kommen hierbei z. B.

- der Abfallproduzent oder dessen Rechtsnachfolger, soweit er unmittelbar konkret zur Gefahr für die öffentliche Sicherheit und Ordnung beigetragen hat und allein schon die Herstellung eine über das Normalmaß hinausgehende Gefahrentendenz aufweist,
- der Abfallanlieferer,
- vor allem aber der Inhaber sowie ehemalige Inhaber oder dessen Rechtsnachfolger einer kontaminierenden Anlage, der für den ordnungsgemäßen Betrieb und die Sicherung der Anlage verantwortlich ist oder war[60], auch wenn ihm gewerbepolizeilich die störende Handlung explizit oder konkludent genehmigt worden ist[61],
- bei Abfallbeseitigungsanlagen, die zum Zeitpunkt des In-Kraft-Tretens des Abfallbeseitigungsgesetzes (AbfG) in Betrieb waren, der Deponiebetreiber (§ 10 Abs. 2 AbfG); bei Anlagen, die zum Zeitpunkt des In-Kraft-Tretens des Gesetzes (11. Juni 1972) bereits stillgelegt waren, kann der frühere Deponiebetreiber allerdings nur nach Maßgabe des Polizeirechts herangezogen werden, d. h. wenn Gefahren für die öffentliche Sicherheit oder Ordnung bestehen (vgl. z. B. § 14 OBG Nordrh.-Westf.). Nach der Neufassung des AbfG vom 27. 8. 1986 kann die zuständige Behörde aus Gründen des Wohles der Allgemeinheit die Überwachung auch auf stillgelegte Abfallentsorgungsanlagen und auf Grundstücke erstrecken, auf denen vor dem 11. Juni 1972 Abfälle angefallen, behandelt, gelagert oder abgelagert worden sind. Das Abfallgesetz ist jedoch nur auf den bundesrechtlich normierten Abfallbegriff i. S. d. § 1 Abs. 1 AbfG anzuwenden und nicht auf sonstige Altablagerungen und Altstandorte.
- Für ehemalige Zechengelände, Produktionsstätten von Kokereien, Teerverarbeitungsbetriebe sind dagegen § 53 Abs. 1 Satz 1 und § 55 Abs. 2 Satz 1 Nr. 1, 2 und 6, § 69 Abs. 1 und 2 BBergG einschlägig.
- Des Weiteren sind die §§ 3 und 5 Abs. 1 Nr. 3 BImSchG zu nennen.
- Soweit ein durch Ablagerungen oder sonstige Stoffe verunreinigter Grund und Boden eine Gefahr für Gewässer darstellt, finden die Vorschriften des Gesetzes zur Ordnung des Wasserhaushaltes (WHG) sowohl auf Verdachtsflächen als auch auf festgestellte Verunreinigungen Anwendung[62]. Vor In-Kraft-Treten des WHG (1. 3. 1980) erfolgte Ablagerungen fallen allerdings nicht hierunter[63].

---

52 A.A. Bauer in JZ 1964, 354, VGH Mannheim, Urt. vom 15. 12. 1987 – 10 S 240/86 –, DÖV 1988, 609; vgl. Schmidt in BB 1991, 1273
53 Bay. VGH, Beschl. vom 13. 5. 1986 – 20 CS 86.00338 –, EzGuG 4.109; hierzu Rank, BayVBl. 1988, 390, einschränkend; VGH Mannheim, Urt. vom 11. 10. 1985 – 5 S 1738/85 –, EzGuG 4.105
54 Vgl. jedoch BGH, Urt. vom 18. 9. 1986 – III ZR 227/84 –, EzGuG 4.112 unter Hinweis, auf die in dem zu entscheidenden Fall nach § 22 Abs. 2 WHG maßgebende kurze Verjährungsfrist des § 55 BGB; hierzu Diederichsen in BB 1988, 917
55 Zu dieser Problematik Reuter in BB 1988, 497.
56 BGH, Urt. vom 14. 10. 1966 – V ZR 188/63 –, WM 1966, 1183 = NJW 1967, 32; BGH, Urt. vom 5. 4. 1979 – VII ZR 308/77 –, EzGuG 12.24; BGH, Urt. vom 4. 5. 1964 – III ZR 159/63 –, EzGuG 12.8 a
57 Deutscher Städtetag Reihe E Heft 19 Altlasten im Grundstücksverkehr
58 Der Veräußerer eines Grundstücks ist Verursacher der Verunreinigung („Verhaltensstörer"), so VGH Kassel, Beschl. vom 20. 3. 1986 – 7 TH 455/86 –, EzGuG 4.107 a
59 Koch, Bodensanierung nach dem Verursacherprinzip, Heidelberg 1985; Kloepfer, NuR 1987, 7
60 BVerwG, Beschl. vom 14. 4. 1986 – 7 B 18/86 –, EzGuG 4.108
61 VGH, Kassel, Beschl. vom 5. 10. 1989 – 3 TH 1174/89 – EzGuG 4.128; OVG Münster, Beschl. vom 29. 3. 1984 – 12 A 2194.82 –, EzGuG 4.100; OVG Münster, Beschl. vom 10. 1. 1985 – 4 B 1390/85 –, NVwZ 1985, 355 = UPR 1985, 250 = JuS 1986, 359 = DST 1985, 601; a. A. Papier in DVBl. 1985, 873; ders. in NVwZ 1986, 256. Folgte man dessen nicht abwegiger These, so kann diesem Verursacher die Verantwortung und damit die Kostentragung nicht zugeordnet werden; a. A. Kloepfer in NuR 1987, 13; Schink in DVBl. 1986, 167
62 Schink in DVBl. 1986, 161
63 Näheres Scheier in ZfU 1984, 333; Reuter in BB 1988, 497; OVG Münster, Urt. vom 29. 3. 1984 – 12 A 2194/82 –, EzGuG 4.100

168   Sieht man von den in den verschiedenen Rechtsmaterien aufgesplitterten spezialgesetz-
lichen Regelungen ab, so ist das **Verursacherprinzip** aber **nur in wenigen Einzelfällen in
der Praxis durchsetzbar.** Vielfach ist der Verursacher überhaupt nicht bekannt oder nicht
mehr „greifbar"; z. B. wenn er sich durch Aufgabe des Eigentums, z. B. durch Konkurs oder
Firmenumgründung, seiner Verpflichtung entzieht. Das OVG München[64] hat die Rechtsnachfolge allerdings auch im Falle einer gesellschaftsrechtlichen Umwandlung bejaht.
Auch ist die Heranziehung des Handlungsstörers nicht unumstritten, wenn

–   sein Handeln genehmigt worden ist[65] oder

–   der Grundeigentümer eine bestehende Verunreinigung beim Grundstückserwerb weder
    kannte noch kennen musste.

169   Darüber hinaus besteht die Ansicht, dass allein schon ein **jahrzehntelanges Dulden** eines
ordnungswidrigen Zustands eine schutzwürdige Position entstehen lassen kann.

170   Unter den gesetzlichen Voraussetzungen der §§ 136 ff. BauGB können Verunreinigungen
des Grund und Bodens – eingebunden in ein städtebauliches Konzept – auch im Rahmen
von **städtebaulichen Sanierungsmaßnahmen** unter Einsatz öffentlicher Förderungsmittel behoben werden[66]. Die Maßnahmen sind als Ordnungsmaßnahmen einzuordnen[67].
Nach dem dabei zur Anwendung kommenden Subsidiaritätsprinzip werden Förderungsmittel aber nur eingesetzt, soweit der Eigentümer, der Verursacher oder ein Dritter nicht
herangezogen werden kann; im Übrigen folgt das Förderungsrecht dabei grundsätzlich
dem Entschädigungsrecht. Eine Privatisierung der durch Einsatz öffentlicher Mittel durchgeführten Dekontaminierung des Grund und Bodens und der dadurch bewirkten Werterhöhung kann dadurch vermieden werden, dass die Dekontaminierung im Rahmen einer
Sanierungsmaßnahme unter Anwendung der besonderen sanierungsrechtlichen Vorschriften der §§ 152 bis 156 BauGB durchgeführt wird und die Werterhöhungen durch Erhebung
von Ausgleichsbeträgen nach den §§ 154 f. BauGB „abgeschöpft" werden. Das Sanierungsrecht eröffnet hier den Gemeinden die Chance, in Anwendung des Gemeinlast-
prinzips Verunreinigungen des Grund und Bodens zu beseitigen und durch Erhebung von
Ausgleichsbeträgen nach den §§ 154 f. BauGB die Eigentümer zumindest teilweise an den
„Wiederinwertsetzungskosten" des Grund und Bodens zu beteiligen.

171   Entsprechendes gilt z. B. auch für **vor In-Kraft-Treten der abfallgesetzlichen Regelungen stillgelegten Abfallentsorgungsanlagen,** wenn nach dem Abfallgesetz der betroffene
Grundstückseigentümer zum Wertausgleich für die durch Sanierungsmaßnahmen bewirkten Werterhöhungen des Grundstücks verpflichtet ist[68].

172   **In förmlich festgelegten Sanierungsgebieten und Entwicklungsbereichen finden nach
§ 25 Abs. 1 Satz 4 BBodSchG die Regelungen über einen Wertausgleich nach diesem
Gesetz keine Anwendung.** Der bodenschutzrechtliche Ausgleichsbetrag wird durch den
sanierungsrechtlichen Ausgleichsbetrag ersetzt.

173   **Kann neben dem Eigentümer als Zustandsstörer ein Verhaltensstörer oder der
„Inhaber der tatsächlichen Gewalt" herangezogen werden, so steht es im pflichtgemäßen Ermessen der zuständigen Behörde, zwischen beiden zu wählen oder sie
nebeneinander heranzuziehen,** um die Wiederinwertsetzungskosten anteilsmäßig geltend zu machen[69]. In diesem Fall kann der Gutachter bei der Verkehrswertermittlung nur
nach Vorgabe oder nach vorgegebenen Voraussetzungen vorgehen.

174   Für die **Wahl des „Adressaten" der Gefahrenabwehrmaßnahmen** sind maßgeblich

–   die sachliche und persönliche Nähe zum Gefahrenherd,

–   die Verantwortungs- und Verhaltensbeziehung zur Gefahrenquelle[70],

–   die finanzielle Leistungsfähigkeit des Störers,

–   die gerechte Lastenverteilung,

–   das Übermaßverbot,

– der Gleichbehandlungsgrundsatz und
– die wirksame und schnelle Abhilfe.

In der Rechtslehre herrscht diesbezüglich noch Unsicherheit[71], für den Fall einer **gemeinsa-** **175**
men Heranziehung von Zustands- und Verhaltensstörer als Gesamtschuldner wird
unter Hinweis auf das Urt. des BGH vom 18. 9. 1986[72] die Anwendung des § 426 BGB als
aussichtslos angesehen, da der zivilrechtliche Ausgleichsgedanke im Polizeirecht keinen
Niederschlag gefunden habe; nach diesem Urteil kann der Erwerber vom Veräußerer Ersatz
der von ihm verauslagten Sanierungskosten verlangen[73].

Soweit sich ein Grundstückseigentümer als Zustandsstörer einer Sanierungspflicht nicht **176**
entziehen kann, verbleibt zu prüfen, inwieweit ein interner Ausgleich zwischen Zustands-
und Handlungsstörer z. B. nach zivilrechtlichen Vorschriften (§ 426 BGB; vgl. oben)
durchsetzbar ist **(Rückgriff)**. Des Weiteren sind als Beispiel
– unverjährte Gewährleistungsansprüche wegen Sachmängeln[74],
– die deliktische Haftung[75],
– Ansprüche aus Schadensersatz gemäß § 22 Abs. 1 und 2 WHG[76],
– Bereicherungsansprüche
zu nennen. Wegen dieser i. d. R. unklaren Rechtsverhältnisse und bestehender Unklarheiten
über das „Vorhandensein" wird bei der Grundstücksveräußerung dazu übergegangen,
Gewährleistungspflichten vertraglich auszuschließen. Auch werden im Hinblick auf verbleibende Risiken entsprechende Wertabschläge im Geschäftsverkehr angebracht. Dies gilt
insbesondere bei der Beleihung des Grundstücks (Sicherheitsabschläge; vgl. Teil VIII
Rn. 377 f.).

---

64 BVerwG, Urt. vom 2. 12. 1977 – 4 C 75/75 –, EzGuG 13.46; dagegen OVG Münster, Beschl. vom 29. 3. 1984 –
    12 A 2194/82 –, EzGuG 4.100; OVG Münster, Beschl. vom 10. 1. 1985 – 4 B 1434/84 –, EzGuG 4.102
65 BVerwG, Urt. vom 10. 2. 1978 – 4 C 71/75 –, EzGuG 4.55
66 § 136 Abs. 4 Nr. 3 BauGB; BT-Drucks. 10/2039, S. 12
67 § 147 Abs. 1 BauGB; BT-Drucks. 10/4630, zu § 144
68 Z. B. § 15 Abs. 2 AbfG Nordrh.-Westf.; § 13 Abs. 4 brem. Ausführungsgesetz zum AbfallbeseitigungsG; in
    Anlehnung an diese Regelung und unter Erweiterung auf alle altlastenverdächtigen Flächen sieht § 21 der Kabi-
    nettsvorlage des hess. Umweltministers zur (5.)Änderung des AbfG die Erhebung eines sich nach der Verkehrs-
    werterhöhung bemessenden Ausgleichsbetrags vor
69 BGH, Urt. vom 11. 6. 1981 – III ZR 39/80 –, EzGuG 4.76; BGH, Urt. vom 18. 9. 1986 – III ZR 227/84 –,
    EzGuG 4.112; des Weiteren OVG Saarland, Beschl. vom 21. 9. 1983 – 2 W 1635/83 –, EzGuG 4.94; den
    Eigentümer „bevorzugend": BayVGH, Beschl. vom 13. 5. 1986 – 20 CS 86.00338 –, EzGuG 4.109; OVG Lüne-
    burg, Beschl. vom 27. 1. 1986 – 3 B 163/85 –, EzGuG 6.288 c; dagegen OVG Münster, Beschl. vom 10. 1. 1985
    – 4 B 1390/85 –, EzGuG 4.102; VGH Kassel, Beschl. vom 5. 10. 1989 – 3 TH 1774/89 –, EzGuG 4.128; OVG
    Hamburg, Urt. vom 19. 12. 1989 – Bf. Vl 48/86 –, EzGuG 4.130
70 BGH, Urt. vom 15. 12. 1954 – II ZR 277/53 –, EzGuG 3.4; OVG Saarland, Beschl. vom 21. 9. 1983 – 2 W
    1635/83 –, EzGuG 4.94
71 Koch, Bodensanierung nach dem Verursacherprinzip, Heidelberg 1985; Papier in NVwZ 1986, 256; Drews/
    Wacke/Vogel/Martens 1986, § 313; Brandt/Lange 1987, S. 14; Stampe in DVBl. 1988, 606
72 BGH, Urt. vom 18. 9. 1986 – III ZR 227/84 –, EzGuG 4.112
73 Reuter in BB 1988, 497; Rank in BayVBl. 1988, 390
74 Auch BGB, Münchener Kommentar, Mertens 2. Aufl. 1986, § 1986, § 823 Rn. 78, nach der Rechtsprechung des
    BGH geht mit dem Verkauf eines mängelbehafteten Grundstücks keine Eigentumsverletzung einher (vgl. BGH,
    Urt. vom 18. 9. 1986 – III ZR 227/84 –, EzGuG 4.112, so dass Ansprüche aus § 1004 BGB bzw. auch aus § 823
    BGB ausscheiden dürften; zur Haftung bei rechtswidriger und schuldhafter Handlung vgl. Diederichs, in BB
    1973, 485; BB 1986, 1723 und BB 1988, 917; Merkisch in BB 1990, 223; vgl. die gesetzliche Gewährleistungs-
    pflicht von nur einem Jahr nach § 477 Abs. 1 BGB
75 Sofern die tatbestandsmäßigen Voraussetzungen überhaupt vorliegen (§ 823 Abs. 1 BGB); vgl. Schmidt-Jortzig
    in DÖV 1991, 753
76 Zur Verjährung: § 852 BGB

6.4.7   Berücksichtigung von Altlasten bei Grundstücksveräußerungen des Bundes

177 Die **Erfassung, Bewertung und Sanierung von Altlasten ist nach der verfassungsrecht-lichen Kompetenzverteilung des Grundgesetzes** (Art. 30, 83 GG Kriegsfolgelasten sowie AKG) **grundsätzlich Sache der Länder**[77]. Eine generelle Dekontaminierung altlasten-behafteter Böden auf ehemaligen militärischen Liegenschaften durch den Bund kommt des-halb nicht in Betracht, zumal sie seine Finanzkraft übersteigen würde. Gemäß Art. 120 GG trägt die Bundesrepublik Deutschland Aufwendungen für **Kriegsfolgelasten** nur nach nähe-rer Bestimmung von Bundesgesetzen. Ein entsprechendes Gesetz zur Kostentragung für Rüstungsaltlasten besteht nicht. Insbesondere wurde ein vom Bundesrat beim Deutschen Bundestag eingebrachter Entwurf eines allgemeinen Gesetzes über die Finanzierung von Maßnahmen zur Sanierung von Rüstungsaltlasten vom Bundestag nicht als Gesetz verab-schiedet[78]. Das Allgemeine Kriegsfolgengesetz[79] handelt von Ansprüchen gegen das ehema-lige Deutsche Reich, erfasst aber nicht Schäden aus Rüstungsaltlasten. Nach ständiger Pra-xis trägt die Bundesrepublik nur die Kosten für die Beseitigung von Kampfmitteln auf bun-deseigenen Grundstücken (Haftung als Zustandsstörer) und, soweit es sich um andere Grundstücke handelt, nur die Kosten für die Beseitigung ehemals reichseigener Kampfmit-tel (Haftung des Rechtsnachfolgers des Handlungsstörers). Im vorliegenden Fall handelt es sich vorwiegend um Chemikalien zur Herstellung von Kampfmitteln durch private Rüstungsfirmen, die noch nicht in den Besitz des Reiches übergegangen waren und die zudem auch nicht auf Grundstücken der Bundesrepublik Deutschland lagern.

178 Der **Bund führt auf bundeseigenen Liegenschaften Altlastensanierungen dann durch,** wenn er zur Beseitigung **akuter Gefahrenstellen** auf Grund bestehender Rechtsvorschrif-ten, wie z. B.

- der Abfallgesetze,
- des Wasserhaushaltsgesetzes oder
- des allgemeinen Polizei- und Ordnungsrechtes,

öffentlich-rechtlich verpflichtet ist.

179 Auch **Gefahrenerforschungsmaßnahmen** führt der Bund auf seine Kosten durch, wenn er für bereits **erkannte oder dem Anschein nach angenommene Gefahren polizeirecht-lich verantwortlich ist** und weitere Untersuchungen erforderlich sind, um die richtigen Maßnahmen anzuordnen oder treffen zu können.

180 **Außerhalb öffentlich-rechtlicher Verpflichtungen** des Bundes werden Altlastenunter-suchungen und -sanierungen in **begründeten Einzelfällen** zur Herstellung der Verwertbar-keit von Liegenschaften bzw. aus besonderen liegenschaftsspezifischen Interessenlagen vorgenommen, wenn dies wirtschaftlich geboten und vertretbar ist.

181 Bei **Grundstücksveräußerungen** werden **Kontaminationen geringerer Art und Schwe-re** zugunsten des Erwerbers bereits im Rahmen der **Verkehrswertermittlung** angemessen berücksichtigt.

182 Bei **stärkeren Verunreinigungen** oder erheblicher Unsicherheit hierüber wird ggf.

- im **Kaufvertrag eine Beteiligung des Bundes an den Kosten einer Sanierung bis max. zur Höhe des gezahlten Kaufpreises,**
- bei einer **Eigenbeteiligung des Käufers in Höhe von 10 % an den Sanierungskosten**

für den Fall vereinbart, dass das Kaufgrundstück **binnen 3 Jahren seit Kaufvertragsab-schluss** für den vertraglich vorausgesetzten Gebrauch hergerichtet oder eine nachträglich festgestellte polizeirechtlich relevante Gefahr beseitigt werden muss.

▶ *Zur Gestaltung von **Grundstückskaufverträgen bei Altlasten** vgl. Leinemann in GuG 1991, 61, Schlemminger in BB 1991, 1433 sowie Leinemann, Altlasten im Grundstücks-verkehr (Deutscher Städtetag Reihe DST-Beiträge E-19, 2. Aufl. Köln 1990), Reuter in BB 1989, 497.*

6.4.8 Beispiel

1. Sachverhalt

Am Rand einer (heutigen) Großstadt (125 000 Einwohner) im Bergischen Land siedelte   **183** sich 1890 auf einer Fläche von 7 925 m² ein Metallverarbeitungsbetrieb in landschaftlich schöner Lage an (Abb. 13):

In der bis 1960 gewachsenen Gebäudesubstanz befinden sich die Bereiche Gießerei, Schleiferei, Härterei und Galvanik. Aus den Bauakten ergibt sich, dass das Unternehmen zu Beginn der 20er Jahre eine eigene Gaserzeugung betrieben hat. Dieser kurzfristige Eigenbetrieb wurde nach Anschluss der Fabrik an die öffentliche Versorgung eingestellt.

Abb. 13: Lageplan

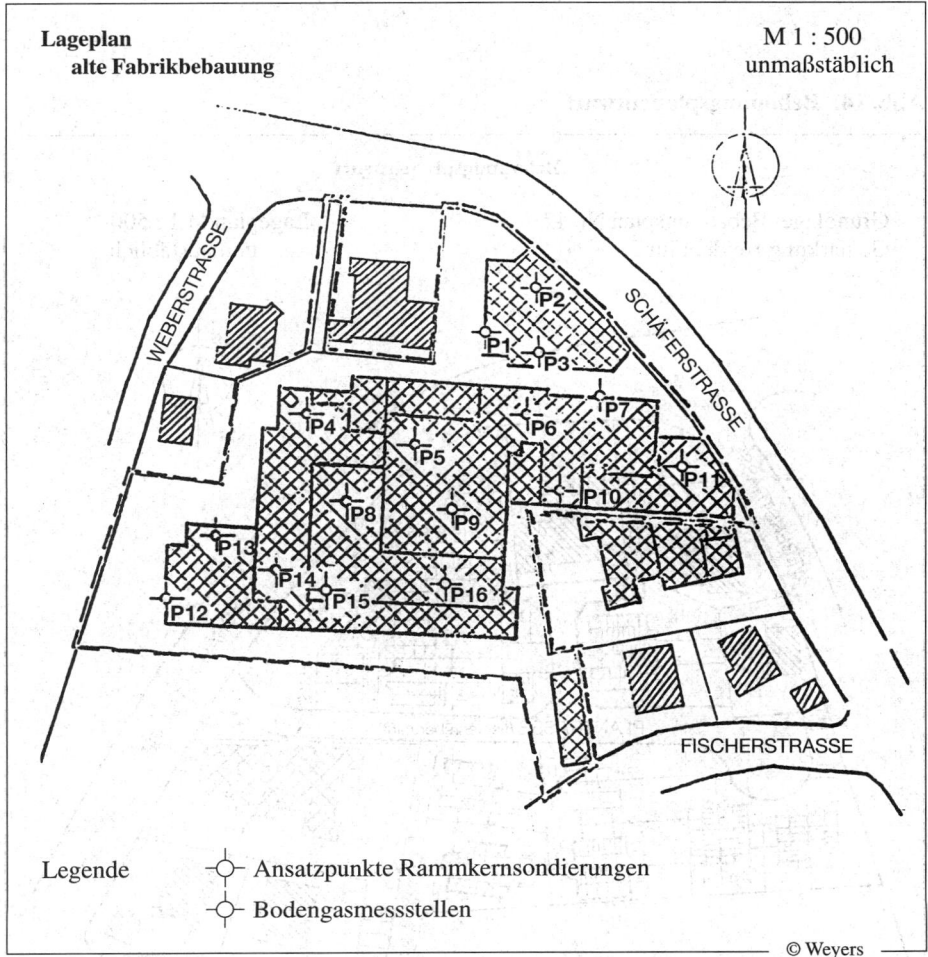

77   BayVGH, Urt. vom 26. 4. 1995 – M 7 K 94.1795 –, GuG 1995, 381 = EzGuG 4.161, BayVGH, Urt. vom 14. 5.
     1997 – 4 B 95.2874 –, GuG 1998, 126 = EzGuG 4.169
78   BT-Drucks. 12/3257
79   Allgemeines Kriegsfolgengesetz vom 5. 11. 1957 (BGBl. I 1957, 1747) mit weiteren Änderungen

Auch besaß der Betrieb eine eigene Transformatorenstation. Im Laufe der Zeit wurde der Gewerbebetrieb von einer Wohnbebauung umgeben, die wegen der intensiven gewerblichen Nutzung am Ort zum Teil von geringerer Qualität war.

Der Betrieb ging Mitte der 70er Jahre in Konkurs, und der Rat der Stadt beschließt die Aufstellung eines Bebauungsplans mit folgenden Fortsetzungen (Abb. 14):

– allgemeines Wohngebiet (WA) mit einer zweigeschossigen Bebauung entlang der Schäferstraße und

– reines Wohngebiet (WR) mit ebenso zweigeschossiger Bebauung auf dem hinteren Grundstücksteil.

Im Übersichtsplan „**Altablagerungen und Altstandorte**" (Stand: März 1988) sind insgesamt 134 Verdachtsflächen eingetragen; für das Plangebiet gibt es keinen konkreten Hinweis.

Abb. 14: Bebauungsplanentwurf

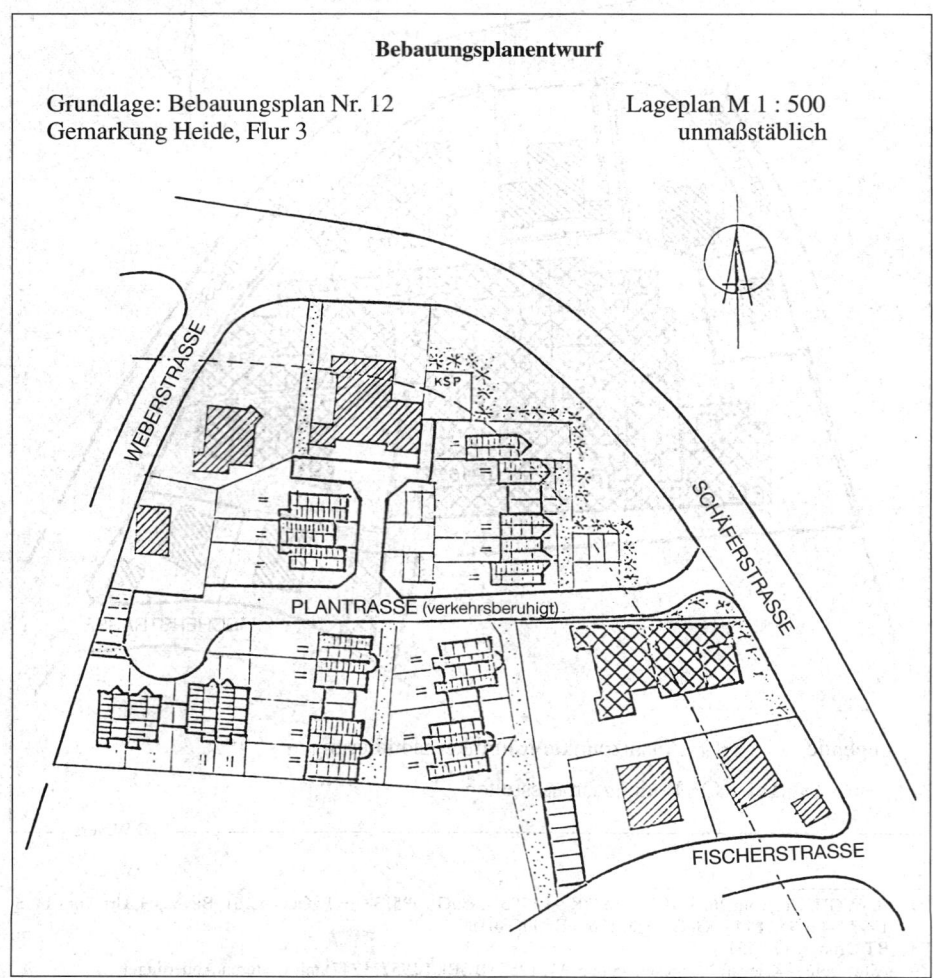

2. Untersuchungsergebnisse und Sanierungsmaßnahmen

Der Rat von Sachverständigen für Umweltfragen hat den Begriff **Altlastensanierung** 1989   **184**
in Anlehnung an § 28 LAbfGNW wie folgt definiert:

„Altlastensanierung ist die Durchführung von Maßnahmen, durch die sichergestellt wird,
dass von der Altlast nach der Sanierung keine Gefahren für Leben und Gesundheit der
Menschen sowie keine Gefährdung für die belebte und unbelebte Umwelt im Zusammenhang mit der vorhandenen und geplanten Nutzung ausgehen."

Auf Grund der Erkenntnisse aus der Nutzungsgeschichte wurde ein Untersuchungspro-   **185**
gramm mit den Schwerpunkten Bodenluftanalytik und Bodenanalytik aufgestellt. Hierbei
sollten die Bodenluftuntersuchungen u. a. ein Bild über mögliche Kontaminationen durch
Entfettungsmittel und die hier anzutreffenden leicht flüchtigen Chlorkohlenwasserstoffe
bringen. Untersucht wurden die Bodenluft auf Sauerstoff (O_2), Stickstoff (N_2), Methan
(CH_4), Kohlendioxyd (CO_2) und Schwefelwasserstoff (H_2S) sowie die Summe CKW
(chlorierte Kohlenwasserstoffe) und die Summe BTX (Benzol, Toluol und Xylol). Aus den
Bodenproben analysiert wurden Schwermetalle (Pb, Cd, Cr, Ni, Cn, Zn, Hg, As), Nitrit
(NO_2), Ammonium (NH_4), Gesamtcyanid (CN) und im Hinblick auf die mögliche Verunreinigung durch Transformatoröle polycyclische chlorierte Biphenyle (PCB).

Die Ergebnisse der Untersuchungen haben gezeigt, dass lediglich in wenigen Bereichen   **186**
der Bohr-/Messpunkte Kontaminationen unter dem Gebäudeboden im Fundamentbereich
vorliegen. Im Einzelnen und verkürzt ergibt sich folgendes Bild:

– großflächige Belastungen mit Arsen im südlicheren Teil (P 8, 9, 15, 16) und im Bereich
  von P 7;
– großflächige Belastungen mit Nickel in der nördlichen Mitte (P 4, 5, 8 und 9) sowie im
  Bereich von P 14;
– kleinflächige Belastungen mit Kupfer, Blei und Zink vor allem in den Bereichen P 12
  und 13;
– isolierte Belastungen mit verschiedenen anderen Parametern in der Mitte, im Osten und
  Südwesten der Fläche.

Der Gutachter fasst die **Gefährdungsabschätzung** wie folgt zusammen: **187**

Gegen eine Folgenutzung der Fabrikfläche für eine Wohnbebauung bestehen keine Bedenken, sofern folgende Maßnahmen durchgeführt werden:

– Bestimmte Bereiche des Gebäudes (Traforaum) müssen während des Abbruchs auf
  PCBs untersucht und ggf. auf einer zugelassenen Deponie entsorgt werden.
– Der Boden in den Bereichen P 5, 6, 7, 12 und 13 ist aufzunehmen und auf einer zugelas-
  senen Deponie zu entsorgen. Bei den Arbeiten zur Wiedernutzbarmachung ist in den
  Bereichen um P 3 und 8 zu beurteilen, ob auch hier Material entsorgt werden sollte.
– Nach Abtrag der Gebäude und Bereinigung im Umfeld von P 5, 6, 7, 12 und 13 empfiehlt
  sich eine Begehung der Fläche gemeinsam mit den zuständigen Behörden und dem Gut-
  achter. Gegebenenfalls können dabei Proben für eine Nachuntersuchung festgelegt werden.
– Die freigelegten Flächen sollten im Hinblick auf die Folgenutzung mit inertem Boden
  abgedeckt werden. Diese Maßnahme ist aus bautechnischen Gründen (freiliegender
  Fels) vermutlich für große Bereiche des Grundstücks erforderlich.

Durch diese Maßnahmen wird sichergestellt, dass eine spätere Gefährdung möglicher
Bewohner mit hoher Wahrscheinlichkeit ausgeschlossen werden kann.

3. Abbruch der alten Fabrikgebäude

Eine erste Abbruchgenehmigung wird im Oktober 1979 noch ohne mögliche Altlasten   **188**
berücksichtigende Bedingungen und Auflagen erteilt. Anders war dies im Februar 1988.

Da nicht innerhalb eines Jahres mit den Abbrucharbeiten begonnen worden war, musste erneut ein Abbruchantrag gestellt werden. Gemäß Abbruchgenehmigung (Bauschein i. S. von § 70 BauO NW '84) ist nunmehr die Beseitigung von Bauschutt und Altlasten in Abstimmung mit dem Amt für Umwelt und Grünflächen vorzunehmen.

Der Abbruch der Gebäudesubstanz (insgesamt 32 855 m³) kann zum Festpreis von 115 000 € vergeben werden. Altmaterialien darf der Abbruchunternehmer verwerten. Insbesondere aus Schrotterlösen mit 90–100 €/t lassen sich die Abbruchkosten mindern.

4. Wertermittlung bei weiterhin gewerblicher Nutzung des Grundstücks (1988)

189 Die Anforderung an Altlastensanierungen bei gewerblich nutzbaren Grundstücken sind i. d. R. geringer. So wird zum Beispiel das Eindringen von möglicherweise belastetem Niederschlagswasser ins Grundwasser durch Versiegelung der Grundstücksfläche (Bebauung und befestigte Hoffläche) vermieden. Die Kosten für Bohrarbeiten/Gutachten, Sonderfachleute/Behörden und Entsorgung sind in solchen Fällen im Allgemeinen geringer gegenüber einer Folgenutzung durch Wohnbebauung.

Nach den Bodenrichtwerten des Gutachterausschusses liegt der Bodenwert bezogen auf den 31. 12. 1988 für vergleichbare GE-Grundstücke bei 40 €/m² erschließungsbeitragsfrei (ebf).

7925 m² GE-Fläche × 40 €/m² (ebf)		317 000 €
Grundstücksnebenkosten/Rundung (2,5 %)		8 000 €
Wert des Grundstücks:		325 000 €
abzüglich Freilegungs- und Sanierungskosten (incl. MwSt) – Geländeaufbereitungskosten –		
– Bohrarbeiten und geologisches Gutachten	19 425 €	
– sonstige Honorare[80] und Behördengebühren	8 075 €	
– Abbruch zum Festpreis	115 000 €	
– Entsorgung auf Sondermülldeponie		– 175 000 €[81]
(Verladungs-, Transportkosten und Deponiegebühren)	32 500 €	
Wert des kontamierten Grundstücks:		**150 000 €**[82]
(nach Freilegung und Sanierung)		

190 Anzumerken ist, dass sanierte Grundstücke kaum zum „Wert im unbelasteten Zustand" veräußert werden können. In der Regel werden sie mit einem – auf der Lebenserfahrung beruhenden – Abschlag (**merkantiler Minderwert,** vgl. § 194 BauGB Rn. 144 ff.) geringer bewertet. Beobachtet werden Abschläge zwischen 10 und 30 % des Werts des Grundstücks im unbelasteten Zustand.

191 *Nachrichtlich:* Das Grundstück wurde im Juni 1978 (Verkäufer war der Konkursverwalter) für 188 500 € (= 23,78 €/m²) von einer Immobiliengesellschaft erworben.

5. Wertermittlung bei einer höherwertigen Nutzung des Grundstücks

192 Die Teilflächen wurden mit dem Planimeter graphisch ermittelt. Grundlage hierzu bildete der Bebauungsplanentwurf im Maßstab 1 : 500. Im Einzelnen ergaben sich folgende Flächen:

3 220 m²	WR zwischen Planstraße und Südgrenze
615 m²	WR östlich von Haus Weberstraße
1 365 m²	WA nördlich Planstraße und westlich Schäferstraße
45 m²	WA als Arrondierung zu Schäferstraße
1 105 m²	Anbaubeschränkungszone Schäferstraße als Gemeinschaftsfläche
1 465 m²	Fläche Planstraße
110 m²	Fläche Gehweg zwischen Schäferstraße und Weberstraße
7 925 m²	Fläche des Fabrikgrundstücks

		in v. H.
Es entfallen auf:		
* baureifes Land	5 245 m²	66,2
* Fläche Anbaubeschränkungs- zone als Bauland von geringerer Qualität	1 105 m²	13,9
* Erschließungsfläche	1 575 m²	19,9
	7 925 m²	**100,0**

6. Ermittlung der Bodenwerte

a) *Wert der erschlossenen unbelasteten Baugrundstücke:*

Grundlage sind die Bodenrichtwerte des Gutachterausschusses für Grundstückswerte zum Stand 31. 12. 1988. **193**

3 835 m²	WR-Gebiet × 115,– €/m² ebf (Baugrundstücke)	=	441 025 €
1 365 m²	WA-Gebiet × 105,– €/m² ebf (Baugrundstücke)	=	143 325 €
1 105 m²	WA-Gebiet × 70,– €/m² ebf (Gemeinschaftsfläche)	=	77 350 €
45 m²	Arrondierungsfläche × 90,– €/m² ebf	=	4 050 €
6 350 m²	Zwischensumme (Nettobauland)		
1 575 m²	Erschließungsfläche × 4 €/m² (Gemeindeanteil = 10 %) Gemeindeanteil (10 %)		6 300 €
7 925 m²	Rohbauland/Zwischensumme		672 050 €
	Grundstücksnebenkosten/Rundung (4,2 %)		27 950 €
	Wert des erschlossenen Grundstücks in „unbelastetem Zustand" (= rd. 110,– €/m² ebf Nettobauland i. D.)		**700 000 €**

b) *Wert der Baugrundstücke vor Freilegung, Sanierung und Erschließung (1989):*

Zu berücksichtigen sind hierbei Mehrausgaben für weitergehende Untersuchungen, Honorare, Gebühren, Deponiekosten und Bodenauftrag wegen der anschließenden Wohnbaunutzung. **194**

Bodenwert (ebf) wie vor		700 000 €
abzüglich:		
* Freilegungs- und Sanierungskosten (1988/89):	30 700 €[83]	
– Bohrarbeiten und geologisches Gutachten zusätzliche Maßnahmen	12 800 €[83]	
Sonstige Honorare und Gebühren		
– Abbruchkosten 32 855 m³ × 3,50 €: (bis zu 0,50 m unter Geländeoberkante)	115 000 €	
– Entsorgung auf Sondermülldeponie (Verladungs-, Transportkosten und Deponiegebühren) Bodenauftrag	56 500 €	
Zwischensumme:	215 000 €[84]	
* Erschließungskosten: 6 350 m² Nettobauland × 33,– €/m² (in Anlehnung an das Ausschreibungsergebnis ohne Hausanschlusskosten) = 34,70 €/m² Rohbauland vor	210 000 €	– 425 000 €
Freilegung und Erschließung:		**275 000 €**

---

80 Z. B. Eluatuntersuchungen 800 €/Probe zuzüglich Probe-Entnahmekosten, Sonderfachleute: Bauingenieure, Chemiker, Geologen 72,50 €/h incl. Nebenkosten. Die Preise verstehen sich zuzüglich gesetzlicher MwSt.

81 = rd. 22 €/m². Nach Tiedemann, Thyssen Stahl AG, Oberhausen, sind für die Geländeaufbereitung ehemals industriell genutzter Grundstücke (Bergbau, Schwerindustrie) auch 90 bis 100 €/m² Grundstücksfläche möglich. Fast unlösbare Wertermittlungsprobleme werfen i. d. R. große Flächen auf, für die noch keine planerischen Zielvorstellungen existieren

82 = rd. 19 €/m² ebf

83 15,75 €/m² Nettobauland

84 33,86 €/m² Nettobauland oder 27,13 €/m² Grundstücksfläche

Nachrichtlich: Im März 1991 wird das Grundstück an eine andere zum Konzern gehörende Gesellschaft verkauft. Im Ergebnis beträgt der Veräußerungserlös (440 000 €) rd. 91 v. H. des Werts der Baugrundstücke nach Freilegung und Sanierung sowie vor Erschließung.

Anschließend werden **15 Einzelgrundstücke** zum Preis von 650 000 € (= rd. 102,50 €/m² ebf) an einen Bauträger verkauft. Der Veräußerer trägt alle für die erstmalige vollständige Erschließung nach BauGB und KAG (auf Grund des derzeitigen Planungsstandes) entstehenden Erschließungskosten und Anliegerbeiträge, mit Ausnahme der Hausanschlusskosten. Der durchschnittliche Baustellenwert beträgt rund 42 500 €.

7. Grundstückskaufvertrag und Zustandsmerkmale

195 Die durch Vornutzung und Sanierung zu begründende Wertminderung des Bodens **(merkantiler Minderwert)** stellt sich im Beispielsfall (rein rechnerisch; landschaftlich schöne Lage) auf 7,50 €/m² ebf Nettobauland (= rd. 7 % 110 €/m² ebf). Bezüglich der Sachmängel ist im notariellen Kaufvertrag u. a. Folgendes vereinbart:

– Der Veräußerer haftet nicht für sichtbare oder unsichtbare Sachmängel.
  Dem Käufer ist bekannt, dass der Grundbesitz fast vollständig mit alten Industriegebäuden bebaut war, in denen jahrzehntelang u. a. eine Gießerei, Härterei und Galvanik betrieben wurden, wodurch eine Verunreinigung des Erdreiches eingetreten ist. Der Verkäufer hat zusammen mit dem Abbruch der aufstehenden Industriegebäude die Beseitigung der Altlasten unter Zuziehung und Kontrolle eines Fachinstituts für Bodenschutz und des Amtes für Umwelt und Grünflächen der Stadt veranlasst. Nach dem Schlussprotokoll des Fachinstituts vom 22. 8. 1990 und dem Schreiben der Stadt vom 4. 12. 1990, welche in Ablichtung als Anlage und Bestandteil zu dieser Urkunde genommen werden, bestehen lediglich geringfügige Restkontaminationen im Bereich zukünftiger Erschließungsflächen, die somit ausweislich des B-Planes einer Wohnnutzung des Grundbesitzes nicht entgegenstehen.

– Sollten trotz der durchgeführten Sanierungsmaßnahmen weitere Kontaminationen festgestellt werden, so gehen diese ausschließlich zu Lasten des Käufers; Ersatzansprüche und Ansprüche auf Wandlung und Minderung gegen den Verkäufer sind ausgeschlossen.

– Der Verkäufer wird das auf dem Grundbesitz derzeit noch lagernde kontaminierte restliche Erdmaterial auf seine Kosten bis zum 31. 5. 1991 abtransportieren lassen. Die Übererdung (Auffüllung mit Mutterboden bis zu einem Meter) der bekannten Teilflächen ist Sache des Erwerbers.

8. Vermarktung von Einfamilien-Reihenhäusern und Doppelhaushälften

196 Unter Berücksichtigung von Herstellungskosten (Grundstücks- und Gebäudekosten), Wagnis und Gewinn kalkuliert der Bauträger mit einem Veräußerungserlös – nach vollendeter Bebauung der Grundstücke – in Höhe von 3 850 000 €. Für die einzelnen Objekte (z. T. als Wohnungseigentum) ergibt sich so eine Preisspanne von 150 000 € bis 157 500 € im Durchschnitt, bei Wohnflächen von 93 bzw. 95 m² und 123 bzw. 125 m² (Abb. 15).

197 Gegenüberstellung der Flächen laut Kataster (3/1993) mit dem Ergebnis der graphischen Ermittlung anlässlich der 1. Wertermittlung (2/1988): Abb. 16.

198 Die Anteile baureifes Land, Fläche Anbaubeschränkungszone und Erschließungsfläche verändern sich demnach, wie in Abb. 17 zusammengestellt.

199 Vom Abbruch der alten Fabrikgebäude (1988) an bis zur Vollendung der Bebauung (1995) sind sieben Jahre vergangen.

Abb. 15: Abdruck der Flurkarte, M 1 : 1 000 (Stand: März 1993)

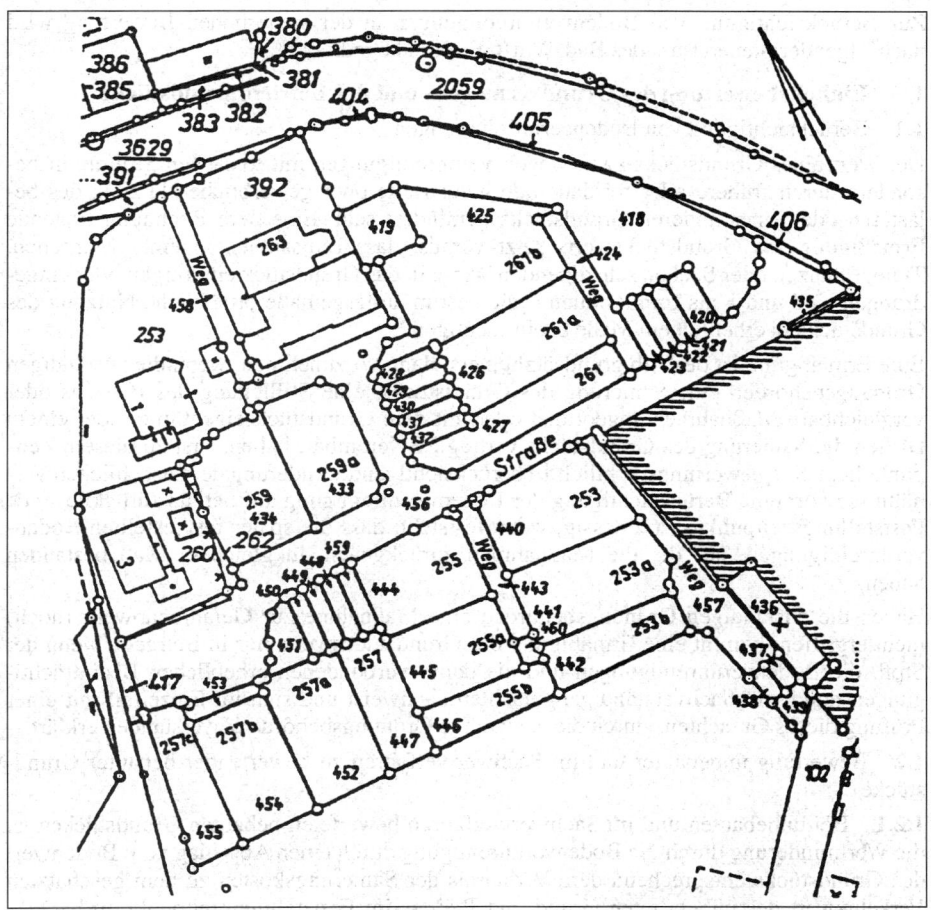

Abb. 16: Flächen und Nutzungsarten

Nutzungsart	Kataster-fläche (m²)	Fläche graph. ermittelt (m²)	Abweichung i.v.H.
Planstraße/Wohnwege	2 005	1 575	+ 27,3
Anbaubeschränkungszone/Kinderspielplatz	995	1 105	– 10,0
Planstraße/südlich und östl. Haus Weberstr. 3	3 433	3 880	– 11,5
Planstraße/nördlich und westl. Schäferstr.	1 405	1 365	+ 2,9
Planungsfläche insgesamt:	**7 838**	**7 925**	**– 1,1**

Abb. 17: Zusammenstellung

Nutzungsart	m²	i. v. H.	i. v. H.
Bauland	4 838	61.7	(66,2)
Anbaubeschränkungszone/Spielplatz	995	12,7	(13,9)
Erschließungsfläche	2 005	25,6*	(19,9)
Planungsfläche insgesamt:	**7 338**	**100,0**	**(100,0)**

* ohne Wohnwege = 19,0 %: ( ) Klammerwerte graphisch ermittelt 2/1988

6.4.9   Altlasten im Bewertungsrecht[85]

200   Zur Berücksichtigung von Bodenverunreinigungen in der steuerlichen Bewertung wird nachfolgender Steuererlass des Bad-Württ. FinMin abgedruckt[86].

1   Einheitsbewertung des Grundvermögens und der Betriebsgrundstücke

1.1   Berücksichtigung von Bodenverunreinigungen

201   Der Wert eines Grundstücks kann wegen Verunreinigungen mit toxischen Stoffen, insbesondere durch frühere oder fortdauernde industrielle oder gewerbliche Nutzung des belasteten oder eines anderen Grundstücks gemindert sein. Eine dem Rechnung tragende Ermäßigung des Grundstückswerts setzt voraus, dass Emissionen in einer Menschen, Tiere, Pflanzen oder Sachen schädigenden Weise in das Grundstück eindringen oder eingedrungen sind und – als Immissionen – die bestimmungsgemäße ortsübliche Nutzung des Grundstücks in erheblichem Maße beeinträchtigen[87].

Eine Ermäßigung ist deshalb grundsätzlich erst dann vorzunehmen, wenn die zuständigen Ordnungsbehörden eine Sanierung des Grundstücks, eine Stilllegung des Betriebs oder vergleichbare Maßnahmen angeordnet oder mit dem Grundstückseigentümer oder einem Dritten die Sanierung des Grundstücks vertraglich vereinbart haben. Erst zu diesem Zeitpunkt liegt eine bewertungsrechtlich zu berücksichtigende Änderung der tatsächlichen Verhältnisse vor; eine Berücksichtigung der Bodenverunreinigung auf bereits zurückliegende Feststellungszeitpunkte ist zulässig, wenn feststeht, dass die später festgestellten Bodenverunreinigungen, auf die die Maßnahmen zurückgehen, in gleichem Maß bestanden haben.

Haben die zuständigen Ordnungsbehörden eine Maßnahme zur Gefahrenabwehr (noch) nicht ergriffen, kommt eine Ermäßigung des Grundstückswerts nur in Betracht, wenn der Stpfl. die Bodenverunreinigungen und die damit verbundenen erheblichen Beeinträchtigungen durch ein Sachverständigengutachten nachweist und sich im Einzelfall mit einer Prüfung dieses Gutachtens durch die zuständige Ordnungsbehörde einverstanden erklärt.

1.2   Bewertung unbebauter und im Sachwertverfahren zu bewertender bebauter Grundstücke

1.2.1   Bei unbebauten und im Sachwertverfahren bewerteten bebauten Grundstücken ist die Wertminderung durch die Bodenverunreinigung durch einen Abschlag vom Bodenwert des Grundstücks entsprechend dem Verhältnis der Sanierungskosten zu dem geschätzten Verkehrswert des unbelasteten Grund und Bodens im Feststellungszeitpunkt zu berücksichtigen. Dies gilt unabhängig davon, ob der gesamte Grund und Boden oder nur eine Teilfläche verunreinigt ist.

Beispiel 1:

Grundstücksgröße 1 000 m², davon 600 m² verunreinigt

Sanierungskosten   165 000 €
Bodenwert 1. 1. 1964 (unbelasteter Zustand)   60 000 €
Geschätzter Bodenwert (unbelasteter Zustand) im Feststellungszeitpunkt   300 000 €

Abschlag vom Bodenwert =

$$\frac{\text{Sanierungskosten} \times 100}{\text{Geschätzter Bodenwert (unbelasteter Zustand) im Feststellungszeitpunkt}} = \frac{165\,000 \times 100}{300\,000} = 55 \text{ v. H.}$$

Der Bodenwert 1. 1. 1964 des teilverunreinigten Grundstücks beträgt somit 45 v. H. von 60 000 € = 27 000 €, dementsprechend beträgt der Bodenpreis 27 € je m².

1.2.2   Entsprechen die Sanierungskosten dem Wert des unbelasteten Grund und Bodens im Feststellungszeitpunkt oder liegen sie höher als dieser Wert, so ist der Bodenwert 1. 1. 1964 des belasteten Grund und Bodens mit null € anzusetzen.

1.2.3   Wird durch eine Bodenverunreinigung auch die Nutzung aufstehender Gebäude und/oder von Außenanlagen in erheblichem Maße beeinträchtigt, so kann im Einzelfall auch eine Ermäßigung gem. § 88 BewG des Gebäudesachwerts und des Werts der Außenanlagen in Betracht kommen.

1.2.4 Nach durchgeführter Sanierung kommt ein Abschlag für einen evtl. verbleibenden Minderwert des Grundstücks nur in Betracht, wenn das Grundstück nicht dieselbe Nutzungs- und Bebauungsqualität wiedererlangt hat. Ergeben sich nach der Sanierung z.B. teurere Gründungsvoraussetzungen, so kann der Bodenwert im Einzelfall mit einem geringeren Wert anzusetzen sein.

1.3 Bewertung im Ertragswertverfahren zu bewertender Grundstücke

Bei im Ertragswertverfahren bewerteten Grundstücken gilt in den Fällen, in denen sich eine Bodenverunreinigung nicht auf die Jahresrohmiete ausgewirkt hat, Abschn. 1.2 sinngemäß, soweit sich aus den nachfolgenden Ausführungen keine Besonderheiten ergeben.

Hierbei ist der Bodenwertanteil um einen Abschlag entsprechend dem Verhältnis der Sanierungskosten zu dem geschätzten Verkehrswert des unbelasteten Grund und Bodens im Feststellungszeitpunkt zu mindern.

Da der Abschlag vom Bodenwertanteil verfahrensmäßig nur durch eine Ermäßigung des gesamten Grundstückswerts berücksichtigt werden kann, ist der vom Bodenwertanteil vorzunehmende Abschlag wie folgt in eine Ermäßigung des gesamten Grundstückswerts umzurechnen.

$$= \frac{\text{Abschlag vom Bodenwertanteil in v. H.} \times \text{Multiplikator für Bodenwertanteil}}{\text{Vervielfältiger}}$$

Bruchteilige Abschlagsbeträge sind zugunsten des Steuerpflichtigen nach der Umrechnung des Abschlags vom Bodenwertanteil in die Ermäßigung des Grundstückswerts zu runden. Die Ermäßigung des Grundstückswerts wegen Bodenverunreinigungen unterliegt nicht der Begrenzung des § 82 Abs. 3 BewG.

Beispiel 2:

Geschäftsgrundstück, Neubau (1930) in Massivbauweise mit Mauerwerk aus Ziegelsteinen, Gemeindegrößenklasse über 50 000 bis 100 000 Einwohner, Jahresrohmiete = 10 000 €, Vervielfältiger = 8, Multiplikator für Bodenwertanteil = 2,86, Wertminderung des Grund und Bodens = 55 v. H. (berechnet wie in Beispiel 1):

Ermäßigung des Grundstückswerts

$$= \frac{\text{Abschlag vom Bodenwertanteil in v. H.} \times \text{Multiplikator für Bodenwertanteil}}{\text{Vervielfältiger}}$$

$$= \frac{55 \times 2,86}{8} = 19,6625 \text{ v. H, gerundet } 20 \text{ v. H.}$$

1.4 Mindestwert

Ist bei der Bewertung bebauter Grundstücke ein Abschlag wegen Bodenverunreinigungen vom Wert das Grund und Bodens vorzunehmen, muss die Ermäßigung auch bei der Mindestbewertung (§ 77 BewG) und bei der Ermittlung des Zuschlags wegen übergroßer nichtbebauter Fläche im Ertragswertverfahren (§ 82 Abs. 2 Nr. 1 BewG) beachtet werden.

1.5 Nachweis

Der Nachweis der Höhe der Sanierungskosten obliegt dem Steuerpflichtigen.

---

85 Zum Erlassentwurf der Bundesfinanzverwaltung vgl. die 2. Aufl. dieses Werks S. 420 sowie Stöckel in DStZ 1991, 109
86 Erl des FM Bad.-Württ. vom 9. 2. 1998 – 3 S 3201(1) –, GuG 1998, 233
87 BFH, Urt. vom 12. 12. 1990 – II R 97/87 –, GuG 1991, 212

2   Verfahrensfragen

2.1 Die Bewertungsstelle des Lage-FA und die Veranlagungsstelle des Betriebs-/Wohnsitz-FA haben sich wegen der Höhe der Sanierungskosten sowie der Schätzung der Verkehrswerte des sanierten Grundstücks und des zu sanierenden Grundstücks, jeweils nach den Wertverhältnissen am Bewertungsstichtag, in Verbindung zu setzen.

2.2 Hat der Stpfl. oder ein Dritter gegen die Sanierungsanordnung Widerspruch eingelegt, so ist die Feststellung des Einheitswerts des Grundstücks gem. § 165 AOK vorläufig durchzuführen.

202 **Berücksichtigung von Bodenverunreinigungen bei der Einheitsbewertung des Grundbesitzes und des Betriebsvermögens sowie der Vermögensteuer[88].**

Da sich die Regelung zur Berücksichtigung von Bodenverunreinigungen im Ertragsteuerrecht weiter verzögert, ist hinsichtlich der Frage, in welcher Höhe Bodenverunreinigungen bei der Einheitsbewertung des Grundbesitzes und des Betriebsvermögens sowie bei der Vermögensteuer berücksichtigt werden können, vorläufig wie folgt zu verfahren:

2   Ermittlung des Gesamtvermögens

2.1 Bei der Ermittlung des der Vermögensteuer unterliegenden Gesamtvermögens kann der Sanierungsverpflichtete nach Ergehen einer ordnungsbehördlichen Sanierungsanordnung oder nach der mit der Ordnungsbehörde getroffenen Vereinbarung der Durchführung der Sanierungsmaßnahmen nach den Preisverhältnissen am Bewertungsstichtag eine Schuld in Höhe der noch ausstehenden tatsächlichen oder voraussichtlichen Sanierungskosten abziehen.

2.2 Trifft eine Sanierungsverpflichtung den Eigentümer des Grundstücks, ist die Schuld bei der Ermittlung des Gesamtvermögens nur insoweit abzugsfähig, als die Kosten der Sanierung nicht zugleich zu einer Wertsteigerung des zu sanierenden Grundstücks führen. Bei der Berechnung der Wertsteigerung des Grundstücks durch die Sanierung sind die Ausführungen in Nr. 1.2.4 entsprechend anzuwenden.

Beispiel 3:

Noch ausstehende Sanierungsaufwendungen nach den Verhältnissen am Bewertungsstichtag		100 000 €
Abzüglich geschätzte Wertsteigerung des Grundstücks durch die Sanierung: geschätzter Verkehrswert des sanierten Grundstücks	90 000 €	
./. geschätzter Verkehrswert des zu sanierenden Grundstücks am		
Bewertungsstichtag	– 10 000 € ⟶	– 80 000 €
Abzugsfähige Schuld		20 000 €

2.3 Sanierungsaufwendungen sind nur dann abzuzinsen, wenn sie nicht innerhalb von 4 Jahren nach dem Bewertungsstichtag geleistet werden. Bei der Abzinsung ist aus Vereinfachungsgründen davon auszugehen, dass die in den einzelnen Jahren geleisteten Aufwendungen zu Beginn des jeweiligen Jahres fällig werden.

2.4 Ist statt des Eigentümers ein Dritter zur Sanierung verpflichtet oder ist dem Eigentümer des Grundstücks für die Sanierung ein Zuschuss zugesagt worden, so ist beim Grundstückseigentümer bei der Ermittlung des der Vermögensteuer unterliegenden Gesamtvermögens nach den Preisverhältnissen am Bewertungsstichtag ein Anspruch in Höhe der noch ausstehenden tatsächlichen oder voraussichtlichen Sanierungskosten bzw. des noch ausstehenden Zuschusses anzusetzen.

3   Einheitsbewertung des Betriebsvermögens

Bei bilanzierenden Steuerpflichtigen sind ab 1. Januar 1993 die auf der Passivseite der Steuerbilanz als Rückstellung ausgewiesenen Kosten für die Beseitigung von Bodenverunreinigungen vom Rohbetriebsvermögen abzuziehen.

Für nichtbilanzierende Gewerbetreibende und Freiberufler gelten für die Berücksichtigung einer Sanierungsverpflichtung bei der Einheitsbewertung des Betriebsvermögens die Grundsätze zu Tz. 2 entsprechend.

4   Verfahrensfragen

4.1   Die Bewertungsstelle des Lagefinanzamts und die Veranlagungstelle des Betriebs-/ Wohnsitzfinanzamts haben sich wegen der Höhe der Sanierungskosten sowie der Schätzung der Verkehrswerte des sanierten Grundstücks und des zu sanierenden Grundstücks, jeweils nach den Wertverhältnissen am Bewertungsstichtag, in Verbindung zu setzen.

Betriebsvermögen bzw. die Festsetzung der Vermögensteuer sind gemäß § 165 AO vorläufig durchzuführen.

7   Lage (Abs. 6)

7.1   Allgemeines

▸ *Hierzu auch § 14 WertV Rn. 171 ff.*

Die Lage ist in der Verkehrswertermittlung der umfassendste und vielleicht aber auch der schillernste Begriff. Gemeinhin wird hierzu die Auffassung vertreten, dass die Lage der eigentliche verkehrswertdominante Faktor ist. Dies kommt auch in der immer wieder angeführten lapidaren Feststellung zum Ausdruck, nach der der Verkehrswert lediglich durch drei Größen bestimmt werde: der Lage, der Lage und wiederum der Lage.   **203**

Eine **Vielzahl von Lagemerkmalen wird bei der Verkehrswertermittlung aber bereits dadurch berücksichtigt, dass man bei der Auswahl von Vergleichspreisen, Ertragsverhältnissen und Normalherstellungskosten** (nach Maßgabe der § 4 und § 5 Abs. 1 bis 4 sowie der §§ 15 und 21 ff.) mit dem zu wertenden Objekt lagemäßig vergleichbare Ausgangsparameter heranzieht, so dass es nur noch lagemäßige „Restunterschiede" zu berücksichtigen gilt. Dennoch kann der Beachtung der Lage nicht genug Aufmerksamkeit geschenkt werden.   **204**

Die individuellen Lagemerkmale eines Grundstücks werden weitgehend bereits nach den Abs. 1 bis 5 erfasst. Der Regelungsgehalt ergänzt diese Vorschriften durch Hinweise zur **Lagebeziehung eines Grundstücks zu seiner Umgebung.** Ausdrücklich genannt werden   **205**

– die Verkehrslage,

– die Nachbarschaft,

– die Wohn- und Geschäftslage sowie

– die Umwelteinflüsse.

Es handelt sich hierbei nicht um einen abschließenden Katalog.

Zur Qualifizierung der wesentlichen **Lagemerkmale des Wertermittlungsobjektes und** der **Vergleichsgrundstücke** empfiehlt es sich, auf die wesentlichen, möglichst „messbaren" preisbestimmenden Eigenschaften der jeweiligen Grundstücksart abzustellen, um die Unterschiede angemessen berücksichtigen zu können. Im Einzelnen können dies sein: **206**

a) Unterschiedliche *Wohnlagen,* wobei neben der Verkehrsanbindung und den Umwelteinflüssen vor allem die ein ruhiges und angenehmes Wohnen bestimmenden Faktoren (Nähe zu Freizeiteinrichtungen; Begrünung usw.) von Bedeutung sind.

---

88   VV des FM von Bad.-Württ. vom 5. 4. 1995 – S 3204 A 11/87 –; aufgehoben mit Erl. des FM Bad.-Württ. vom 9. 2. 1998 – 3 S 3201(1) –, GuG 1998, 233

b) Unterschiedliche *Geschäftslagen,* die sich in unterschiedlichen Ertragsverhältnissen ausdrücken können (Passantenfrequenz[89], „Passantenqualität").

c) Unterschiedliche *Verkehrslagen,* z. B. auf Grund unterschiedlicher Entfernungen zum Zentrum oder auf Grund der Verkehrsanbindung durch Straßen und öffentliche Nahverkehrsmittel.

d) Unterschiedliche *Immissionslagen,* z. B. bezüglich Schadstoffen, Lärm, Geruch und Erschütterungen.

▸ *Weitere Hinweise zu den Lagefaktoren vgl. § 14 WertV Rn. 171ff.*

7.2 Lagetypen

207   Bezüglich der Lage eines Grundstücks wird nach einer Vielzahl von Lagetypen ohne standardisierte Begriffe unterschieden. Allgemein kann zwischen der so genannten **Makro- und Mikrolage** unterschieden werden (vgl. § 14 WertV Rn. 171ff.).

Ohne Anspruch auf Vollständigkeit werden nachfolgend eine Reihe häufig verwandter Lagetypen aufgeführt:

– Wohn-, Gewerbe- und Geschäftslage,

– Verkehrslage,

– Emissionslage,

– Nachbarschaftslage,

– Süd-, West-, Nord- und Ostlage,

– Hanglage,

– Sonnenlage,

– Passantenlage.

7.3 Beeinträchtigungen der Lageverhältnisse

7.3.1 Allgemeines

208   **Beeinträchtigungen der Lageverhältnisse**, von wem sie auch ausgehen mögen, **mindern grundsätzlich den Verkehrswert eines Grundstücks.** Bei der Verkehrswertermittlung sind die Beeinträchtigungen in dem Maße zu berücksichtigen, wie dies im gewöhnlichen Geschäftsverkehr, d. h. im freien Spiel zwischen Angebot und Nachfrage, entspricht.

209   Eine weitere in diesem Zusammenhang auftretende Frage ist, ob und in welchem Umfang eine von dritter Seite bewirkte Beeinträchtigung der Lageverhältnisse zu Entschädigungsansprüchen führt[90]. Generell lässt sich hierzu feststellen, dass Entschädigungsansprüche in der Rechtsprechung bejaht werden, wenn einerseits bestehende Lageverhältnisse zur eigentumsrechtlich gesicherten Rechtsposition des Eigentümers eines Grundstücks gehören und diese andererseits in einem die Zumutbarkeitsschwelle überschreitenden Maße beeinträchtigt werden. In diesem Fall empfiehlt es sich, bei der Verkehrswertermittlung **neben dem geminderten Verkehrswert** auch auf ggf. **bestehende Entschädigungsansprüche** hinzuweisen. Dies gilt insbesondere dann, wenn im Falle der Veräußerung des Grundstücks der Entschädigungsanspruch auf den Erwerber übergeht. Denn es muss dem gewöhnlichen Geschäftsverkehr zugerechnet werden, dass ein derartiger Entschädigungsanspruch bei der Bemessung angemessen berücksichtigt wird.

210   Nachstehend wird deshalb auf die von der Rechtsprechung entwickelten **Grundsätze zur Entschädigung für Eingriffe in die Rechtsposition des Eigentümers** eingegangen:

7.3.2 Baumaßnahmen und Baulärm

Die Beeinträchtigungen eines Grundstücks durch die auf einem Nachbargrundstück stattfin- **211** denden Baumaßnahmen sind i. d. R. nur vorübergehend und können deshalb den Verkehrs- wert eines Grundstücks kaum nachhaltig mindern. Besonders betroffen sind diesbezüglich allerdings gewerblich genutzte Grundstücke, insbesondere wenn es sich um längerfristig hinzunehmende Baumaßnahmen handelt. Baumaßnahmen können die Zugänglichkeit des Grundstücks beeinträchtigen und es erheblichem Baulärm, Staub und Erschütterungen aus- setzen. Entsprechend der jeweiligen Branche kann damit ein gewerblich genutztes Grund- stück vorübergehend, aber im Einzelfall auch auf Dauer in seiner Nutzbarkeit beeinträchtigt werden. Wird dabei die **Zumutbarkeitsgrenze** überschritten, kann der Ausgleichsanspruch geltend gemacht werden. Im Streitfalle ist es Aufgabe des Tatrichters, die Zumutbarkeits- grenze unter Abwägung aller Umstände des Einzelfalls sowie unter Einbeziehung von Bil- ligkeitsgesichtspunkten zu bestimmen[91]. Dabei ist es die Lage des Grundstücks, die die Grenze des entschädigungslos Zumutbaren mitbestimmt[92].

▶ *Zum Lärm vgl. Rn. 219 ff.*

Bei vorübergehender Beeinträchtigung der gewerblichen Nutzung kann unmittelbar der **212** Ertragsverlust zur Bemessung des Ausgleichsanspruchs herangezogen werden[93]. Einem im großstädtischen Kerngebiet gelegenen Gewerbebetrieb (Hotel) hat der BGH einen mehrjährigen Ertragsverlust auch im Hinblick auf seine Lage nicht zumuten wollen[94]. Die **Opfergrenze** liegt dabei nicht erst dort, wo die Existenz des Betriebs gefährdet ist; viel- mehr ist darauf abzustellen, ob die Folgen des Eingriffs für den Anlieger nach Dauer, Inten- sität und Auswirkung so erheblich sind, dass eine entschädigungslose Hinnahme nicht mehr zumutbar ist und der Betrieb durch die Baumaßnahme „fühlbar" so beeinträchtigt ist, dass das **Eigentumsrecht in seinem Wesensgehalt angetastet** wird[95].

Zur Beurteilung der Beeinträchtigung eines Gewerbebetriebs ist **von** den erlittenen **213** **Gewinneinbußen auszugehen,** wobei zu berücksichtigen ist, dass „der Gewerbeanlieger einige Zeit Bauarbeiten und damit verbundene Umsatz-/Gewinnrückgänge hinzunehmen hat, ohne eine Entschädigung verlangen zu können; denn ein gesunder Betrieb muss solche Behinderungen vorher einkalkulieren"[96]. Des Weiteren bleibt grundsätzlich zu beachten, dass im Falle einer Entschädigung nur dasjenige entschädigt wird, was im Augenblick des Zugriffs vorhanden ist und genommen wird. Deshalb ist bei der Bemessung der Entschädi- gung immer nur der Substanzwert im Augenblick der Entziehung maßgebend. Die **hypo- thetische Weiterentwicklung darf** dagegen **nicht berücksichtigt werden.** Hierin unter- scheidet sich die Enteignungsentschädigung vom Schadensersatz[97].

---

89 GuG 1995, 361; GuG 2001, 40
90 Zum Verhältnis des sog. bürgerlich-rechtlichen Aufopferungsanspruchs (nachbarrechtlichen Ausgleichsan- spruchs) zum öffentlich-rechtlichen Entschädigungsanspruch BGH, Urt. vom 15. 6. 1967 – III ZR 23/65 –, EzGuG 13.14; zum Ausgleichsanspruch bei mehreren Immittenten BGH, Urt. vom 13. 2. 1976 – V ZR 55/ 74 –, EzGuG 13.26
91 BGH, Urt. vom 31. 5. 1974 – V ZR 114/72 –, EzGuG 13.22; BGH, Urt. vom 22. 11. 1967 – V ZR 11/67 –, BGHZ 49, 148
92 BGH, Urt. vom 26. 9. 1975 – V ZR 204/73 –; zur Ortsüblichkeit BGH, Urt. vom 30. 5. 1962 – V ZR 121/60 –, EzGuG 13.3; VGH Mannheim, Urt. vom 7. 6. 1989 – 5 S 3040/87 –, EzGuG 13.106 a; OLG Düsseldorf, Urt. vom 24. 2. 1994 – 18 U 135/93 –, EzGuG 13.129
93 BGH, Urt. vom 8. 6. 1988 – VZR 45/87 –, EzGuG 13.36; BGH, Urt. vom 31. 5. 1974 – V ZR 114/72 –, EzGuG 13.22
94 BGH, Urt. vom 3. 3. 1977 – III ZR 181/74 –, EzGuG 13.107
95 BGH, Urt. vom 11. 3. 1976 – III ZR 154/73 –, EzGuG 13.28; BGH, Urt. vom 30. 4. 1964 – III ZR 125/63 –, EzGuG 13.6; zur Frage der Ortsüblichkeit von **Baulärm;** BGH, Urt. vom 30.5.1962 – V ZR 121/60 – EzGuG 13.3; BGH, Urt. vom 18.6.1970 – III ZR 15/67 –, EzGuG 6.128; BGH, Urt. vom 28. 4. 1967 – V ZR 216/64 –, EzGuG 13.11
96 BGH, Urt. vom 7. 1980 – III ZR 32/79 –, EzGuG 13.54; BGH, Urt. vom 20. 12. 1971 – III ZR 79/69 –, EzGuG 13.19; BGH, Urt. vom 30. 4. 1964 – III ZR 125/63 –, EzGuG 13.6
97 Zur Enteignungsentschädigung bei **Großbaustellen** BGH, Urt. vom 10. 11. 1977 – III ZR 157/75 –, EzGuG 13.44; bei **Untertunnelung** BGH, Urt. vom 28. 10. 1982 – III ZR 71/81 –, EzGuG 13.85: BGH, Urt. vom 5. 7. 1965 – III ZR 173/64 –, EzGuG 13.7

7.3.3 Standfestigkeit

214   Wird die Nutzbarkeit eines Grundstücks durch Vertiefungen auf dem Nachbargrundstück
beeinträchtigt, so führt dies i. d. R. zu einer Minderung des Verkehrswerts. Die Maßnahmen
können insbesondere dann einen **entschädigungspflichtigen Eingriff** darstellen, wenn
dadurch die Standfestigkeit baulicher Anlagen beeinträchtigt wird (nachbarrechtlicher
Ausgleichsanspruch nach § 906 BGB). Sie können auch einen entschädigungspflichtigen
Eingriff darstellen, wenn beim Bau einer Erschließungsanlage das Straßengelände in der
Weise vertieft wird, dass auf einem benachbarten Hausgrundstück eine senkrecht abfal-
lende ungesicherte Böschung entsteht und der Boden die erforderliche Stütze verliert[98].
Auch die Beeinträchtigung der Standfestigkeit eines Hauses infolge der von einer
gemeindlichen Kanalisationsanlage ausgehenden Dränagewirkung, verbunden mit der
Austrocknung des Grundstücks, kann als unmittelbar enteignender Eingriff angesehen
werden[99].

7.3.4 Zugänglichkeit des Grundstücks

215   Zum Eigentum von Grundstücken an öffentlichen Straßen gehört die **Verbindung mit der
Straße** und damit die **Benutzbarkeit des Grundstücks** derart, dass der Eigentümer über
die Grenzen seines Grundstücks auf die vorbeiführende Straße gelangen kann. Wird ein
Zugang durch Straßenbaumaßnahmen und damit die bisherige Benutzbarkeit des Grundstücks verändert und infolgedessen sein Verkehrswert nicht unerheblich gemindert, kann
darin ein entschädigungspflichtiger Eingriff liegen[100]. Voraussetzung ist, dass als Folge der
Veränderung die Verbindung zur öffentlichen Straße bei wirtschaftlicher Betrachtung so
beeinträchtigt wird, dass bereits eine Wertminderung des Grundstücks und damit ein Substanzverlust des Grundstücks selbst eingetreten ist[101]. Ein entschädigungspflichtiger enteignender Eingriff in ein Anliegergrundstück liegt auch vor, wenn dessen Zugänglichkeit
(Zufahrt im weiteren Sinne) durch verkehrsregelnde Maßnahmen für dauernd wesentlich
beeinträchtigt (erheblich erschwert) wird[102].

216   Ein Entschädigungsanspruch ist auch gegeben, wenn durch **Höherlegung einer Straße** die
Zufahrt oder der Zugang von und zu einem anliegenden Grundstück wesentlich erschwert
wird. Entscheidend für die Erheblichkeit des Eingriffs ist wiederum, dass die Benutzbarkeit des Grundstücks wesentlich beeinträchtigt und der Vermögenswert infolgedessen
gemindert ist[103]. Die Entschädigung bemisst sich regelmäßig nach dem Aufwand, der erforderlich ist, um eine der bisherigen entsprechende Benutzbarkeit des Grundstücks wieder-
herzustellen[104]. Allein eine Minderung des Verkehrswerts dadurch, dass infolge der Höherlegung einer Straße verstärkt in ein Grundstück eingesehen werden kann und es optisch
einen ungünstigeren Eindruck als vor Durchführung der Maßnahme erweckt, begründet für
sich allein noch keine Enteignungsentschädigung[105].

▸ *Vgl. zu alledem § 8 a FStrG.*

7.3.5 Verkehrslage

217   **Entschädigungsansprüche** können sich **für Betriebe** im Zusammenhang mit der Entschädigung **für eine die Opfergrenze überschreitende Beeinträchtigung durch Baumaßnahmen ergeben**[106]. Wird die Verkehrsführung einer Straße im zeitlichen Anschluss
an Baumaßnahmen zum Nachteil des Anliegers geändert, so wirkt sich dies auf den Entschädigungsanspruch des Betriebs bereits von dem Zeitpunkt an aus, in dem die neue Verkehrsführung auf Grund der unanfechtbaren Planaufstellung eingetreten wäre[107].

218   Für das **Fortbestehen von Vorteilen, die sich aus einer bestimmten Verkehrslage ergeben,** besteht grundsätzlich keine eigentumsrechtlich gesicherte Rechtsposition[108]. Eine

Ausnahme besteht nur, wenn Licht, Luft und Wasser abgeschnitten werden. Auch in Bezug auf *landwirtschaftliche Betriebe* hat der BGH entschieden, dass eine durch einen öffentlichen Weg vermittelte günstige Verbindung zwischen zwei zu demselben landwirtschaftlichen Betrieb gehörenden Grundstücken nicht dem Eigentum an diesem Betrieb zugerechnet werden kann und ein Anspruch auf Erhalt dieses Vorteils nicht besteht[109].

7.3.6 Verkehrslärm (Straßen und Schienen)

7.3.6.1 Allgemeines

Einwirkungen von Lärm auf ein Grundstück, häufig mit Rauch, Staub und Erschütterungen verbunden, wirken sich mehr oder mindernd auch auf den Verkehrswert des Grundstücks aus. Dies ist nicht nur eine Frage des **Ausmaßes solcher Immissionen,** sondern vielfach **auch eine Frage der** Lage und der Nutzung unter Berücksichtigung dessen, **was nach Lage und Nutzung ortsüblich ist.** Für eine Tankstelle an einer viel befahrenen Bundesstraße ist ein hoher Geräuschpegel ortsüblich und liegt geradezu in der Natur der Sache. **219**

Die TA Lärm bezeichnet Lärm als **störenden Schall.** Er wird in Dezibel (dB) mit der Frequenzkurve A nach DIN 45 633 gemessen. Da das menschliche Ohr ein Geräusch ungefähr doppelt so laut empfindet, wenn sich die Schallstärke verzehnfacht, hat man den Schallpegel als das logarithmische Maß der Schallstärke definiert. Bei empfundener Verdoppelung der Lautstärke erhöht sich demnach der Schallpegel um 10 dB (A). **220**

Als Schall gelten Schwingungen, die sich von einer Quelle wellenförmig ausbreiten; folgende **Definitionen** sind dabei gebräuchlich: **221**

– *Schallemission* ist die **Schallabstrahlung** einer oder mehrerer Schallquellen.

– *Schallimmission* ist die **Schalleinwirkung** auf einen Punkt oder ein Gebiet („Immissionsort").

---

98 BGH, Urt. vom 7. 2. 1980 – III ZR 153/78 –, EzGuG 4.71; BGH, Urt. vom 26. 10. 1978 – III ZR 26/77 –, EzGuG 4.62

99 BGH, Urt. vom 10. 11. 1977 – III ZR 121/75 –, EzGuG 4.54 in Ergänzung zu BGH, Urt. vom 20. 12. 1971– III ZR 110/69 –, EzGuG 3.37a weitere Rechtsprechung; BGH, Urt. vom 19. 1. 1979 – V ZR 105/76 –, EzGuG 7.64; BGH, Urt. vom 21. 2. 1980 – III ZR 185/78 –, EzGuG 4.72; BGH, Urt. vom 18. 12. 1987 – V ZR 223/85 –, EzGuG 4.119; zu eindringenden **Baumwurzeln**; BGH, Urt. vom 2. 12. 1988 – V ZR 26/88 –, EzGuG 4.123; BGH, Urt. vom 8. 3. 1990 – III ZR 141/88 –, NJW 1990, 3194 = MDR 1991; 228; BGH, Urt. vom 21. 10. 1994 – V ZR 12/94 –, AgrarR 1995, 341; BGH, Urt. vom 12. 7. 1996 – V ZR 280/94 –, BauR 1996, 877

100 Vgl. § 8 a FStrG

101 BGH, Urt. vom 11. 1. 1979 – III ZR 120/77 –, EzGuG 18.85

102 BayObLG, Urt vom 21. 10. 1974 – 2 Z 180/73 –, EzGuG 18.61

103 BGH, Urt vom 2. 7. 1959 – III ZR 76/58 –, EzGuG 18.10; BGH, Urt. vom 2. 7. 1959 – III ZR 81/58 –, EzGuG 18.11

104 BGH, Urt vom 31. 1. 1963 – III ZR 88/62 –, EzGuG 18.19; BGH, Urt. vom 31. 1. 1963 – III ZR 94/62 –, EzGuG 18.20; LG Oldenburg Urt. vom 18. 10. 1955 – 1 O 311/54 –, EzGuG 18.4; OLG Hamburg; Urt. vom 26. 1. 1965 – 1 U 91/63 –, EzGuG 18.26; OLG Nürnberg, Urt. vom 14. 6. 1967 – 4 U 34/67 –, EzGuG 18.37; LG Frankfurt am Main, Urt. vom 10. 7. 1969 – 2/4 O 147/68 –, EzGuG 18.44; BGH, Urt. vom 11. 6. 1970 – III ZR – 74/67 –, EzGuG 18.52

105 BGH, Urt. vom 11. 10. 1973 – III ZR 159/71 –, EzGuG 18.60

106 BGH, Urt. vom 11. 3. 1976 – III ZR 154/73 –, EzGuG 13.28; BGH, Urt. vom 30. 4. 1964 – III ZR 125/63 –, EzGuG 13.6

107 BGH, Urt vom 28. 10. 1982 – III ZR 71/81 –, EzGuG 13.58; BGH, Urt. vom 7. 7. 1980 – III ZR 32/79 –, EzGuG 13.54; BGH, Urt. vom 11. 3. 1976 – III ZR 154/73 –, EzGuG 13.28; BGH, Urt. vom 20. 12. 1971 – III ZR 79/69 –, EzGuG 13.19

108 BGH, Urt. vom 23. 5. 1985 – III ZR 39/84 –, EzGuG 18.98; BGH, Urt. vom 29. 5. 1967 – III ZR 143/66 –, EzGuG 18.36; OLG Nürnberg, Urt. vom 28. 6. 1967 – 4 U 34/67 –, EzGuG 18.38; LG Frankfurt am Main, Urt. vom 28. 10. 1965 – 2/4 O 93/65 –, EzGuG 18.32; LG Dortmund, Urt. vom 27. 2. 1964 – 2 S 274/63 –, EzGuG 3.36; BGH, Urt. vom 15. 3. 1962 – III ZR 211/60 –, EzGuG 2.3; BGH, Urt. vom 4. 2. 1957 – III ZR 181/55 –, EzGuG 18.6; BGH, Urt. vom 22. 12. 1952 – III ZR 139/50 –, EzGuG 18.1

109 BGH, Urt. vom 13. 5. 1975 – III ZR 152/72 –, EzGuG 4.43

– Der *Schallleistungspegel* L_w kennzeichnet die Stärke der **Schallemission.** Es ist das logarithmische Maß für die abgestrahlte Schallleistung. Die A-Bewertung in dB(A) berücksichtigt die Frequenzempfindlichkeit des menschlichen Gehörs (vgl. DIN 45 633, Teil 1).

222 Bei der Feststellung der Belastung durch Verkehrsgeräusche wird i. d. R. von **Beurteilungspegeln** ausgegangen. Dieser ergibt sich aus dem Mittelpegel, an dem für besondere, i. d. R. durch Messung nicht erfassbare Geräuschsituationen entsprechende Zu- oder Abschläge anzubringen sind (vgl. DIN 45 641).

223 Der Beurteilungspegel ist gemäß § 3 der 16. BImSchV i.V. m. Abschnitt 4,0 der **Richtlinien für den Lärmschutz an Straßen (RLS – 90)** zu berechnen[110]; das Berechnungsverfahren ist in der Anlage 1 zu § 3 der 16. BImSchV vorgegeben.

224 Als **Bewertungszeiträume** werden verwendet für den Tag 6 bis 22 Uhr (Tagwerte), für die Nacht 22 bis 6 Uhr (Nachtwerte).

– Die Schallemission von Flächenschallquellen (z. B. Industriegebiete) wird durch *flächenbezogene Schallleistungspegel* (L_w) in dB(A)/m² gekennzeichnet.

– Der *Mittelungspegel* (früher: äquivalenter Dauerschallpegel) L_m kennzeichnet die Stärke der Schalleinwirkung (Immission). Er wird ermittelt durch die Schallemission einer Schallquelle abzüglich der ausbreitungsbedingten Pegelminderung ΔL zum Immissionsort ($L_m = L_w - \Delta L$); der Mittelungspegel dient der Beurteilung der Zumutbarkeit des Schallpegels.

225 Der **Grenzpegel,** von dem ab das menschliche Ohr überhaupt erst von Geräuschen bewusst Notiz nimmt, liegt bei etwa 50 dB(A).

Die ausbreitungsbedingte *Schallpegelminderung* ΔL setzt sich zusammen aus

– der Differenz zwischen dem Schallleistungspegel und den Mittelungspegel im Abstand s von der Schallquelle bei ungehinderter Schallausbreitung unter Berücksichtigung der Luft- und Bodenabsorption (ΔL_s),

– der Pegelminderung durch Schallhindernisse (ΔL_z) und

– der Pegelminderung durch schallimmissionsmindernde Bepflanzung (ΔL_G).

226 a) **Immissionsrichtwerte nach TA Lärm und VDI**

Für die Beurteilung von Lärmimmissionen können vor allem die in der **16. BImSchV** vom 12. 6. 1990 (BGBl. I 1990, 1036, zuletzt geändert durch Gesetz vom 25. 9. 1990 (BGBl. I 1990, 2106) angegebenen Immissionsgrenzwerte herangezogen werden (vgl. Rn. 260). Bis zum Erlass dieser Verordnung waren vor allem die Immissionsrichtwerte der TA Lärm sowie der VDI 2058 und 2719 von Bedeutung. Diese Richtwerte sind nachstehend abgedruckt:

227 **Immissionsrichtwerte nach TA Lärm**

Technische Anleitung zum Schutz gegen Lärm – TA Lärm vom 16. 7. 1968 – Beil. zum BAnz. Nr. 137 vom 26. 7. 1968)

(...)

2.32 Immissionsrichtwerte

2.321

Die Immissionsrichtwerte werden festgesetzt für

a) Gebiete, in denen nur gewerbliche oder industrielle Anlagen und Wohnungen für Inhaber und Leiter der Betriebe sowie für Aufsichts- und Bereitschaftspersonen untergebracht sind, auf	70 dB(A)
b) Gebiete, in denen vorwiegend gewerbliche Anlagen untergebracht sind, auf	tags 65 dB(A)
	nachts 50 dB(A)
c) Gebiete mit gewerblichen Anlagen und Wohnungen, in denen weder vorwiegend gewerbliche Anlagen noch vorwiegend Wohnungen untergebracht sind, auf	tags 60 dB(A)
	nachts 45 dB(A)
d) Gebiete, in denen vorwiegend Wohnungen untergebracht sind, auf	tags 55 dB(A)
	nachts 40 dB(A)
e) Gebiete, in denen ausschließlich Wohnungen untergebracht sind, auf	tags 50 dB(A)
	nachts 35 dB(A)

f) Kurgebiete, Krankenhäuser und Pflegeanstalten auf .... tags 45 dB(A)
   .... nachts 35 dB(A)
g) Wohnungen, die mit der Anlage baulich verbunden sind, auf .... tags 40 dB(A)
   .... nachts 30 dB(A)

Die Nachtzeit beträgt acht Stunden; sie beginnt um 22 Uhr und endet um 6 Uhr.
(...)
(...)

b) Immissionsrichtwerte nach VDI 2058 (VDI 2058, Blatt 1, Stand: Juni 1973) **228**

Beurteilung von Arbeitslärm in der Nachbarschaft

2.323 Die Immissionsrichtwerte sind für den gesamten Einwirkungsbereich des von der Anlage ausgehenden Geräusches maßgebend (...).

3.3.1 Immissionsrichtwerte „Außen"

a) Für Einwirkungsorte[111], in deren Umgebung nur gewerbliche Anlagen und ggf. ausnahmsweise Wohnungen für Inhaber und Leiter der Betriebe sowie für Aufsichts- und Bereitschaftspersonen untergebracht sind (vgl. Industriegebiete § 9 BauNVO)[112] .... 70 dB(A)

b) für Einwirkungsorte, in deren Umgebung vorwiegend gewerbliche Anlagen untergebracht sind (vgl. Gewerbegebiete § 8 BauNVO) .... tags 65 dB(A)
   .... nachts 50 dB(A)

c) für Einwirkungsorte, in deren Umgebung weder vorwiegend gewerbliche Anlagen noch vorwiegend Wohnungen untergebracht sind (vgl. Kerngebiete § 7 BauNVO, Mischgebiete § 6 BauNVO, Dorfgebiete § 5 BauNVO) .... tags 60 dB(A)
   .... nachts 45 dB(A)

d) für Einwirkungsorte, in deren Umgebung vorwiegend Wohnungen untergebracht sind (vgl. allgemeine Wohngebiete § 4 BauNVO, Kleinsiedlungsgebiete § 2 BauNVO)[113] ... tags 55 dB(A)
   .... nachts 40 dB(A)

e) für Einwirkungsorte, in deren Umgebung ausschließlich Wohnungen untergebracht sind (vgl. reines Wohngebiet § 3 BauNVO) .... tags 50 dB(A)
   .... nachts 35 dB(A)

f) für Kurgebiete, Krankenhäuser, Pflegeanstalten, soweit sie als solche durch Orts- oder Straßenbeschilderung ausgewiesen sind .... tags 45 dB(A)
   .... nachts 35 dB(A)

c) Anhaltswerte für Innengeräuschpegel nach VDI 2719 (VDI 2719, Stand: Oktober 1973) ... **229**

Schalldämmung von Fenstern

(...)

Tafel 5: Anhaltswerte für Innengeräuschpegel
(gilt nur für von außen in Aufenthaltsräume eindringenden Schall)

1	Schlafräume nachts	
1.1	in reinen und allgemeinen Wohngebieten, Krankenhaus- und Kurgebieten	25 bis 30 dB(A)
1.2	in allen übrigen Gebieten	30 bis 35 dB(A)
2	Wohnräume tagsüber	
2.1	in reinen und allgemeinen Wohngebieten, Krankenhaus- und Kurgebieten	30 bis 35 dB(A)
2.2	in allen übrigen Gebieten	35 bis 40 dB(A)

---

110 BVerwG, Beschl. vom 6. 2. 1992 – 4 B 147/91 –, Buchholz 406.25 zu § 43 BImSchG Nr. 1

111 Während die baurechtliche Zulässigkeit baulicher und sonstiger Anlagen allein von der städtebaulichen Vereinbarkeit mit der Eigenart des umgebenden Baugebietes bestimmt wird, richtet sich die Beurteilung eines Anlagengeräusches hinsichtlich der von ihm ausgehenden Gefahren, wesentlichen Nachteile oder wesentlichen Beeinträchtigungen nach dem Einwirkungsort, der auch in einem anderen Baugebiet als die Geräuschquelle liegen kann. Die Beurteilung des einwirkenden Anlagengeräusches muss sich im konkreten Fall in erster Linie daran orientieren, wie am Einwirkungsort gewohnt wird und in überschaubarer Zeit gewohnt werden wird. Die für diese Beurteilung maßgebliche bauliche Nutzung wird aber nicht allein durch die Summe der Baukörper erfasst, sondern auch durch alles mitbestimmt, was für ihren Charakter und ihre Funktion objektiv von Bedeutung ist, etwa die Lage zu größeren Verkehrsträgern (vgl. BVerwG, Urt. vom 23. 4. 1969 – 4 C 15/68 –, BRS Bd. 22 Nr. 37)

112 In Klammern sind jeweils die Gebiete der BauNVO – BGBl. I 1968, 1237/44 – angegeben, die in der Regel den Kennzeichnungen unter a) bis f) entsprechen. Eine schematische Gleichsetzung ist jedoch nicht möglich, da die Kennzeichnung unter a) bis f) ausschließlich nach dem Gesichtspunkt der Schutzbedürftigkeit gegen Lärmeinwirkungen vorgenommen ist, die Gebietseinteilung in der BauNVO aber auch anderen planerischen Erfordernissen Rechnung trägt (vgl. MBl. NW, 1968, 1557/8 – Einführungserlass zur TA-Lärm –)

113 Hierbei ist von der lautesten Nachtstunde zwischen 22 und 6 Uhr auszugehen; sie ist weitgehend von den örtlichen Gegebenheiten abhängig. Da in der lautesten Nachtstunde erfahrungsgemäß der Mittelungspegel um etwa 5 dB(A) unter dem am Tag herrschenden Wert liegt, sind die Anforderungen (Schallschutzklassen) für die Raumarten 1 und 2 gleich.

3 Kommunikations- und Arbeitsräume, tagsüber	
3.1 Unterrichtsräume, ruhebedürftige Einzelbüros, wissenschaftliche Arbeitsräume,	
Bibliotheken, Konferenz- und Vortragsräume, Arztpraxen, Operationsräume, Kirchen, Aulen	30 bis 40 dB(A)
3.2 Büros für mehrere Personen	35 bis 45 dB(A)
3.3 Großraumbüros, Gaststätten, Schalterräume, Läden	40 bis 50 dB(A)

230 Diese Richtwerte haben ihre Bedeutung auf Grund der in den BImSchV vorgegebenen Immissionsgrenzwerte verloren; auf diese Grenzwerte wird im Folgenden noch einzugehen sein.

7.3.6.2 Verkehrswertermittlung

231 Verkehrsimmissionen, insbesondere Lärm, Abgase und Erschütterungen, wirken sich i. d. R. wertmindernd auf den Verkehrswert eines Grundstücks aus. Eine besondere Berücksichtigung bei der Verkehrswertermittlung wird allerdings erst immer dann in Betracht kommen, wenn diese Immissionen eine ungewöhnlich starke Beeinträchtigung darstellen, von der Bevölkerung nicht als „üblich" empfunden und hingenommen werden und vor allem die bestimmungsgemäße ortsübliche Nutzung des Grundstücks beeinträchtigen. Hierfür ist die **Situationsgebundenheit und die Ortsüblichkeit entscheidend:** So wird z. B. eine Wohnlage in sehr viel stärkerem Maße durch Verkehrsimmissionen beeinträchtigt als ein Gewerbegebiet; des Weiteren wird man in Großstädten Verkehrsimmissionen eher hinnehmen und als gegendüblich ansehen als in kleineren Gemeinden.

232 Dementsprechend hat der BFH die Einwirkung des Straßenverkehrslärms auf ein in einer Großstadt gelegenes Wohngrundstück, die sich innerhalb der üblichen Schwankungsbreite des Straßenverkehrslärms in Großstädten bewegt, nicht als eine „ungewöhnlich starke" Lärmimmission (i. S. d. § 82 Abs. 1 Satz 2 Nr. 1 BewG) angesehen[114]. Erst wenn die Bewohner gezwungen sind, z. B. bei einem Wohngrundstück ihre **Lebensgewohnheiten** bezüglich der Nutzung des Grundstücks in einer Weise einzuschränken, die bei einer **üblichen Benutzung** des Grundstücks in seiner konkreten Beschaffenheit **nicht mehr hingenommen würde,** liegt bewertungsrechtlich eine ungewöhnlich „erhebliche" Beeinträchtigung vor[115].

233 Als ein Königsweg zur Berücksichtigung von Lärmimmissionen bei der Verkehrswertermittlung gilt, wie bezüglich anderer wertbeeinflussender Umstände auch hier, möglichst **Vergleichspreise von Grundstücken** heranzuziehen, **die eine vergleichbare Lärmbelastung aufweisen.** Die Aufgabe, den Einfluss von Lärmimmissionen auf den Verkehrswert besonders zu erfassen, stellt sich erst,

1. wenn Vergleichspreise von Grundstücken herangezogen werden, die hinsichtlich der Lärmimmissionen im Verhältnis zum Wertermittlungsobjekt unterschiedlich sind, sowie
2. im Entschädigungsfall, wenn z. B. ein Grundstück auf Grund einer neuen Verkehrsführung einer zusätzlichen Lärmbelastung ausgesetzt wird.

Nur im zweiten Fall ist es auch für die Verkehrswertermittlung – genauer gesagt für die Ermittlung der Verkehrswertminderung – zwingend erforderlich, sich ein objektives Bild über Art und Ausmaß der Lärmbelastung zu machen und sie anhand objektiver Kriterien zu werten.

234 Ein Abschlag wegen ungewöhnlich starker Verkehrslärmbeeinträchtigung scheidet bei Anwendung des Vergleichs- oder des Ertragswertverfahrens von vornherein aus, wenn der **wertmindernde Umstand bereits mit den herangezogenen Vergleichspreisen oder dem angesetzten Reinertrag berücksichtigt** wurde; bei Anwendung des Sachwertverfahrens finden Verkehrslärmbeeinträchtigungen dagegen keinen unmittelbaren Eingang in das Wertermittlungsverfahren und müssen besonders berücksichtigt werden. Ansonsten richtet sich die Höhe eines verkehrslärmbedingten Abschlags vom Grundstückswert nach der spezifischen Nutzungsart des betroffenen Grundstücks sowie nach Intensität und Dauer der ungewöhnlich starken Beeinträchtigung, wobei in jedem Fall die Umstände des Einzelfalls berücksichtigt werden müssen.

▶ *Zum Baulärm vgl. Rn. 211.*

7.3.6.3   Wertminderung

Zur **bodenwertmindernden Wirkung von Straßenverkehrsgeräuschen** liegen bislang   **235**
nur wenige und zugleich auch widersprüchliche Untersuchungen vor[116]. Grundsätzlich
kann aber davon ausgegangen werden, dass die bodenwertmindernde Wirkung von Geräuschimmissionen nicht nur von der Lautstärke, sondern – wie ausgeführt – auch von der
Art des Gebiets und seiner Vorbelastung abhängt, d. h., die Beeinträchtigungen sind bei reinen Wohngebieten (WR) größer als in allgemeinen Wohngebieten (WA), Mischgebieten
(MI) oder gar in Gewerbe- und Industriegebieten (GE, GI). Da eine Verzehnfachung des
objektiv messbaren Schallpegels als doppelt so laut wahrgenommen wird, muss des Weiteren davon ausgegangen werden, dass die Abhängigkeit des Bodenwerts von Änderungen
des Schallpegels einer Exponentialfunktion folgt. Der Schallpegel ist als das logarithmische Maß der Schallstärke definiert. Deshalb liegt eine Verdoppelung der Schallstärke vor,
wenn sich der Schallpegel um 10 Dezibel (dB) mit der Frequenzkurve A nach DIN 45 633
erhöht. Es kann schließlich erwartet werden, dass mit Hilfe einer dem Rechnung tragenden
Regressionsanalyse auf der Grundlage ortsspezifischer Daten empirisch gesicherte
Umrechnungskoeffizienten für die Abhängigkeit des Bodenwerts von Änderungen des
Schallpegels gewonnen werden können.

Aus der **Literatur** sind **folgende Angaben** bekannt: **236**

a)   Für **Einfamilienhäuser** ergibt sich nach *Borjans* eine mittlere Wertminderung von
0,5 % des Bodenwerts bei Zunahme des Schallpegels um 1 dB(A)[117].

b)   Für **reine Wohngebiete** (WR) ergibt sich nach *Scholland* im Bereich eines Schallpegels
von 40 bis 60 dB(A) eine mittlere Wertminderung von 1,7 % des Bodenwerts bei
Zunahme des Schallpegels um 1 dB(A); in allgemeinen Wohngebieten (WA) ist die
Wertminderung etwa halb so groß. Entsprechend der funktionalen Abhängigkeit ist die
prozentuale Bodenwertminderung im unteren Bereich kleiner als im oberen Bereich
(vgl. Abb. 18).

Abb. 18:   **Umrechnungskoeffizienten für die prozentuale Bodenwertminderung
durch Geräuschemissionen in Wohngebieten für einem Schallpegel von
40 dB(A) bis 60 dB(A) pro △1 dB (A) nach Scholland**

Baugebietsart	Verdichtungsgrad		
	hochverdichtet	verdichtet	dünn besiedelt
WR	1,3	3,5	3,3
WA/WS	0,6	1,5	1,4

Quelle: Scholland in AVN 1988, 397

---

114   BFH, Urt. vom 23. 9. 1977 – III R 42/75 –, EzGuG 13.42
115   BFH, Urt. vom 12. 12. 1990 – II R 97/87 –, EzGuG 4.136
116   Struck in AVN 1973, 104; Lichtner in AVN 1975, 127; ders. in dng 1975,39; Glathe in AVN 1974, 376; Krumb-
       holz in Nachr. der nds. Kat. und VermVw. 1989, 164; Bähr in GuG 1992, 9; Ollefs in GuG 1992, 9
117   Borjans, Immobilienpreise als Indikatoren der Umweltbelastung durch den städtischen Kraftverkehr, Institut
       für Verkehrswissenschaft an der Universität Köln, Buchreihe Nr.44, Düsseldorf 1983, der Untersuchung liegen
       Kölner Verhältnisse zu Grunde

237 *Beispiel:*

– Das Wertermittlungsobjekt liegt in einem verdichteten reinen Wohngebiet und weist einen Schallpegel von 58 dB (A) auf.

– Der Kaufpreis eines Vergleichsobjektes, das ebenfalls in einem reinen Wohngebiet gelegen ist und einen Schallpegel von 50 dB (A) aufweist, beträgt 400 €/m²

Umrechnung des Vergleichspreises:

– Schallpegel des Wertermittlungsobjekts	:	58 dB (A)
./. Schallpegel des Vergleichsobjekts	:	50 dB (A)
= Unterschiedlicher Schallpegel	:	8 dB (A)
– Prozentuale Wertminderung pro 1 dB (A) (lt. Tabelle)	:	3,5 v. H.
– Prozentuale Wertminderung insgesamt 8 db (A) × 3,5	:	28,0 v. H.
– Bodenwertminderung in € bei 400 €/m²	:	112 €/m² (= 400 × 28/100)
– Umgerechneter Vergleichspreis 400 €/m² – 112 €/m²	:	**288 €/m²**

Anzumerken bleibt, dass die angegebene Tabelle stark vereinfachte Untersuchungsergebnisse wiedergibt und im Bereich eines Schallpegels von 50 dB (A) bis 60 dB (A) die zuverlässigsten Ergebnisse liefert; bei Schallpegeln über 60 dB (A) nehmen die Wertminderungen zu.

238 c) Eine weitere Untersuchung für **Wohngebiete** (ausgestattet mit Sammelheizung, Bad und Dusche) kommt zum Ergebnis, dass ein hoher Schallpegel an „stark frequentierten" Durchgangsstraßen zu Mietminderungen und damit zu einer Verkehrswertminderung führt, und zwar nur bis zu einem Straßenbegrenzungsabstand von 50 m; *Stege*[118] gibt dafür folgende Beziehung an:

$$RoE_{Minderung} = 0,13 \left(1 - \frac{E}{50}\right) \times RoE$$

wobei RoE = Rohertrag

E = Abstand der Gebäudevorderwand zur Straßengrenze in Metern (m)

239 *Beispiel:*

Wohnfläche 177 m², Nettokaltmiete 4,50 €/m², E = 7 m, Grundstücksgröße 968 m²,

Liegenschaftszins 3,5 %

Jahresrohertrag 4,50 × 177 × 12	=	9 558 €
Rohertragsminderung $0,13 \left(1 - \frac{7}{50}\right) \times 9\,558$	=	**1 069 €**

Die Bodenwertminderung ergibt sich dann unter Anwendung der unter § 28 WertV bei Rn. 111 ff. vorgestellten Differenzialformel des Ertragswertverfahrens:

$$\Delta\,\text{Bodenwert} = \frac{\Delta\,\text{Jahresreinertrag}_{Boden}}{\text{Liegenschaftszinssatz}} \times 100$$

$$\Delta\,\text{Bodenwert} = \frac{1\,069\,€}{3,5} \times 100 = 30\,543\,€$$

Bodenwertminderung pro Quadratmeter Grundstücksfläche:

$$\Delta\,\text{Bodenwert} = 30\,543\,€ : 968\,m² = 31,55\,€/m²$$

Kritisch anzumerken bleibt hier, dass die Höhe des Schallpegels nur über das **Kriterium stark frequentierte Durchgangsstraße** eingeht, was allerdings der Realität der Wertermittlungspraxis durchaus entspricht, denn erfahrungsgemäß werden Geräuschbelastungen durch eine Vielzahl anderer wertbeeinflussender Umstände überlagert; ihr Werteinfluss „verwischt" sich erfahrungsgemäß selbst in guten Wohnlagen.

240 d) Im Rahmen der **Einheitsbewertung** von Grundstücken besteht die Regel, dass der Abschlag auf Grund von Verkehrslärm nicht über 5 v. H. den Grundstückswerts hinausgeht[119]. Der BFH hat für Beeinträchtigungen auf Grund von Verkehrslärm *in der für Großstädte typischen Schwankungsbreite* im Übrigen jedoch keine Grundlage für eine Herabsetzung des Einheitswerts gesehen[120].

Die **Beeinträchtigung durch Verkehrslärm** lässt sich auch **mit Hilfe von sog. Lästig-** **241** **keitsfaktoren** ermitteln, d. h. durch die Differenz der Lästigkeitsfaktoren, bezogen auf die Verkehrsimmission und den Immissionsgrenzwert (IGW, vgl. Rn. 260 ff.). Grundlage hierfür sind folgende in Abb. 19 dargestellte Lästigkeitsfaktoren in Abhängigkeit vom Mittelungspegel der Verkehrsimmission:

Abb. 19: Tabelle der Lästigkeitsfaktoren

Beurteilungspegel $L_{r,T}$ [dB (A)]	Lästigkeits-faktoren LSF	Beurteilungspegel $L_{r,T}$ [dB (A)]	Lästigkeits-faktoren LSF
10 20 30 40 50	Bis 50 dB (A) wird kein Lästigkeitsfaktor berücksichtigt, da bei einem Beurteilungspegel von 50 dB (A) im Freien bei mittlerer Sprechweise noch eine ausreichende Sprachverständlichkeit bei mehr als 1 m Abstand erreicht wird. (Vgl. Interdisziplinärer Arbeitskreis für Lärmwirkungsfragen beim Umweltbundesamt in Zeitschrift für Lärmbekämpfung 1985, 95 ff.)		
50	32,0	66	97,0
51	34,3	67	104,0
52	36,8	68	111,4
53	39,4	69	119,4
54	42,2	70	128,0
55	45,3	71	137,2
56	48,5	72	147,0
57	52,0	73	157,6
58	55,7	74	168,9
59	59,7	75	181,0
60	64,0	76	194,0
61	68,6	77	207,9
62	73,5	78	222,9
63	78,8	79	238,9
64	84,4	80	256,0
65	90,5		

Formel für den Lästigkeitsfaktor LSF des Beurteilungspegels $L_{r,T}$

$$LSF = 2^{\,0,1\,\cdot\,L_{r,T}}$$

Formel für den Lästigkeitsfaktor LSF des anzuwendenden Immissionsgrenzwerts IGW

$$LSF = 2^{\,0,1\,\cdot\,IGW}$$

Quelle: VLärmSchR 97, VkBl. 1997, 434

---

118 Stege, J., Vortragsmanuskript zum Einfluss von Lärmimmissionen auf den Verkehrswert von Grundstücken vom 7.–9. 11. 1990, Institut für Städtebau Berlin
119 BFH, Urt. vom 18. 12. 1991 – II R 6/89 –, GuG 1991, 212 = EzGuG 18.115
120 BFH, Urt. vom 23. 9. 1977 – III R 42/75 –, EzGuG 13.42 (vgl. auch § 82e EStDVO zur steuerlichen Behandlung von Lärmschutzeinrichtungen)

242 Der Beurteilungspegel der Verkehrsimmission kann durch Lärmmessung vor Ort festgestellt werden. Für Belange der Wertermittlung reicht es i. d. R. jedoch aus, den Beurteilungspegel zu berechnen. Das Berechnungsverfahren ist in der 16. DurchführungsVO zum BImschG (vgl. Rn. 260) dargestellt. Sie enthält **Berechnungsverfahren für den Beurteilungspegel**[121] sowohl für Straßenverkehrslärm als auch für Schienenverkehrslärm; dabei ist jeweils zu unterscheiden nach

– Beurteilungspegel am Tag (6.00–22.00 Uhr) und

– Beurteilungspegel bei Nacht (22.00–6.00 Uhr).

243 Der **maßgebende Immissionsort** ist bei

– Balkonen und Loggien deren Außenfassade (Brüstung) in Höhe der Geschossdecke der betroffenen Wohnung,

– Terrassen und unbebauten Außenwohnbereichen jeweils deren Mittelpunkt in 2 m Höhe.

Zum **Außenwohnbereich** zählen

– baulich mit dem Wohngebäude verbundene Anlagen, wie z. B. Balkone, Loggien, Terrassen, sog. bebauter Außenwohnbereich,

– sonstige zum Wohnen im Freien geeignete und bestimmte Flächen des Grundstücks, sog. unbebauter Außenbereich. Hierzu zählen z. B. auch Gartenlauben, Grillplätze.

Ob **Flächen** tatsächlich **zum „Wohnen im Freien"** geeignet und bestimmt sind, ist jeweils im Einzelfall festzustellen. Nach der Rechtsprechung des BVerwG[122] sind Freiflächen gegenüber Verkehrslärm nicht allein deswegen schutzbedürftig, weil die gebietsspezifischen IGW überschritten sind. Vielmehr müssen sie darüber hinaus zum Wohnen im Freien geeignet und bestimmt sein.

Ein **Außenwohnbereich** liegt insbesondere nicht vor bei

– Vorgärten, die nicht dem regelmäßigen Aufenthalt dienen,

– Flächen, die nicht zum „Wohnen im Freien" benutzt werden dürfen,

– Balkonen, die nicht dem regelmäßigen Aufenthalt dienen.

Beim Außenwohnbereich ist nur auf den IGW am Tage abzustellen.

7.3.6.4 Lärmvorsorge

244 Die Lärmvorsorge ist geregelt im **Bundes-Immissionsschutzgesetz** (BImSchG), in der Verkehrslärmschutzverordnung (16. BImSchV) und in der Verkehrswege-Schallschutzmaßnahmenverordnung (24. BImSchV):

– § 41 ff. BImSchG verpflichten den Träger der Straßenbaulast – unbeschadet des Gebots nach § 50 BImSchG – beim Bau oder der wesentlichen Änderung von Straßen den notwendigen Lärmschutz sicherzustellen.

– Die 16. BImSchV setzt die Immissionsgrenzwerte fest, nennt die Voraussetzungen der wesentlichen Änderung i. S. des § 41 BImSchG und regelt das Verfahren für die Berechnung des Beurteilungspegels.

– Die 24. BImSchV regelt Art und Umfang der notwendigen Schallschutzmaßnahmen für schutzbedürftige Räume in baulichen Anlagen.

– Aus § 42 Abs. 2 Satz 2 BImSchG i. V. m. § 74 Abs. 2 VwVfG (L) können sich weitergehende Entschädigungsansprüche lärmbetroffener Eigentümer ergeben.

– Richtlinien für den Verkehrslärmschutz an Bundesfernstraßen in der Baulast des Bundes vom 2. 7. 1997 – StB 16/14.80.13-65/11 Vy 97 (VkBl. 1997, 434).

Verkehrslärm soll bereits bei der **Planung von Verkehrswegen** vermieden werden. An erster Stelle ist hier das Trennungsgebot des § 50 BImSchG zu nennen[123]. Daneben steht die Verpflichtung, die Beeinträchtigung durch Verkehrslärm durch   **245**

a) aktiven Schallschutz, d. h. Vorkehrungen an der Verkehrsanlage, und

b) passiven Schallschutz, d. h. durch Maßnahmen am Objekt (z. B. Schallschutzfenster, lärmdämmende Fassaden)

zu mindern. Aktiver Schallschutz kann z. B. durch Lärmschutzwälle geleistet werden. Die **Kosten** betrugen im Jahre 1995 etwa 25 €/m³ **Lärmschutzwall.**

Beim Neubau und bei baulichen Änderungen von Verkehrswegen (Straßen [§ 17 Abs. 1 FStrG], Bundeswasserstraßen [§ 14 Abs. 1 WaStrG], Straßenbahnen [§ 28 PBefG] und Schienenwegen [§ 18 Abs. 1 AEG]) sind im Rahmen der **Abwägung** Lärmemissionen als „erheblicher Belang" zu berücksichtigen. Dies gilt auch für Lärmbelästigungen, die keinen Ausgleichsanspruch auslösen, weil sie noch zumutbar sind[124].   **246**

Dabei ist zu prüfen, ob und inwieweit ein **Ausgleichsanspruch**   **247**

– nach den planfeststellungsrechtlichen Schutzauflagevorschriften des § 74 Abs. 2 Satz 2 des Landesverwaltungsverfahrensgesetzes (bisher: § 17 Abs. 4 FStrG a.F.) für durch Plan festzustellende Straßen und

– nach § 42 BImschG für sonstige öffentliche Straßen

in Betracht kommt[125].

Nach den **planfeststellungsrechtlichen Schutzauflagevorschriften** haben nämlich die von der Planfeststellung Betroffenen einen Anspruch auf solche Maßnahmen, die geeignet sind, nachteilige Auswirkungen auf die Anliegergrundstücke zu vermeiden, soweit die Zumutbarkeitsschwelle überschritten wird[126].   **248**

Die entsprechende Bestimmung des **§ 74 Abs. 2 VwVfG** des Bundes lautet: **249**

„(2) Im Planfeststellungsbeschluss entscheidet die Planfeststellungsbehörde über die Einwendungen, über die bei der Erörterung vor der Anhörungsbehörde keine Einigung erzielt worden ist. Sie hat dem Träger des Vorhabens Vorkehrungen oder die Errichtung und Unterhaltung von Anlagen aufzuerlegen, die zum Wohl der Allgemeinheit oder zur Vermeidung nachteiliger Wirkungen auf Rechte anderer erforderlich sind. Sind solche Vorkehrungen oder Anlagen untunlich oder mit dem Vorhaben unvereinbar, so hat der Betroffene Anspruch auf angemessene Entschädigung in Geld."

Die entsprechende **Bestimmung des Landesverwaltungsverfahrensgesetzes** ersetzt die bisher geltende Schutzauflagevorschrift des § 17 Abs. 4 FStrG a. F.[127] Im Einführungserlass des Bundesministeriums für Verkehr vom 27. 8. 1990 heißt es hierzu: **250**

„Als Auflagenvorschrift ist § 17 Abs. 4 FStrG (a. F.) entfallen; Rechtsgrundlage für die Anordnung von Schutzauflagen ist nunmehr § 74 Abs. 2 Satz 2 der Verwaltungsverfahrensgesetze der Länder. Die genannten Vorschriften unterscheiden sich dadurch, dass § 17 Abs. 4 FStrG a. F. für die Anordnung von Auflagen auf „erhebliche Nachteile oder erhebliche Belästigungen" abstellte, während § 74 Abs. 2 der Verwaltungsverfahrensgesetze Auflagen verlangt „zur Vermeidung nachteiliger Wirkungen auf Rechte". Mit der Anwendbarkeit dieser Vorschrift sind im Bereich der Bundesfernstraßenplanung entstandene Zweifel ausgeräumt, ob die Anordnung von Schutzauflagen bei Beeinträchtigung von Rechtspositionen vorgeschrieben ist oder ob erhebliche Nachteile für wirtschaftliche Interessen ausreichen. Anlass zu diesen Zweifeln hatte die Rechtsprechung des Bundesverwaltungsgerichts zu § 17 Abs. 4 FStrG a. F. gegeben (vgl. BVerwG, Urt. vom 18. 12. 1987 – 4 C 49/83 –, EzGuG 18.106 – Verschlechterung einer öffentlichen Wegeverbindung für einen landwirtschaftlichen Betrieb). Nach § 74 Abs. 2 Satz 2 der Verwaltungsverfahrensgesetze müssen Rechte nachteilig betroffen sein."

---

121   Darstellung auch im Simon/Kleiber, a. a. O., S. 502 ff.

122   BVerwG, Urt. vom 11. 11. 1988 – 4 C 11/87 –, NVwZ 1989, 255

123   Sommer, Die höchstrichterliche Rechtsprechung zur Bedeutung des Verkehrslärmschutzes für die Bauleitplanung und die Zulässigkeit von Bauvorhaben, ZfBR 1990, 54

124   BVerwG, Urt. vom 7. 9. 1979 – 4 C 7/77 –, BVerwGE 59,87; BVerwG, Urt. vom 22. 3. 1985 – 4 C 63/80 –, EzGuG 13.72; Korbmacher in DÖV 1982, 517

125   BVerwG, Urt. vom 18. 12. 1987 – 4 C 49/83 –, EzGuG 18.106, BVerwG, Urt. vom 22. 5. 1987 – 4 C 17-19/84 –, EzGuG 13.96, BayVGH, Urt. vom 3. 10. 1989 – 8 B 86.3162 u. a. –, UPR 1990, 123 = BayVBl. 1990, 148 = NVwZ 1990, 378

126   BVerwG, Urt. vom 11. 11. 1988 – 4 C 11/87 –, EzGuG 13.111

127   BT-Drucks. 11/4310, S. 94

251 **Rechtsgrundlage ist § 19 a FStrG,** der folgende Fassung hat:

„**§ 19 a FStrG**
Entschädigungsverfahren

Soweit der Träger der Straßenbaulast nach §§ 8 a, 9 oder auf Grund eines Planfeststellungsbeschlusses (§ 17 Abs. 1) oder einer Plangenehmigung (§ 17 Abs. 1a) verpflichtet ist, eine Entschädigung in Geld zu leisten, und über die Höhe der Entschädigung keine Einigung zwischen dem Betroffenen und dem Träger der Straßenbaulast zustande kommt, entscheidet auf Antrag eines der Beteiligten die nach Landesrecht zuständige Behörde; für das Verfahren und den Rechtsweg gelten die Enteignungsgesetze der Länder entsprechend."

252 § 19 a FStrG schließt für die Festsetzung einer Entschädigung bei erheblichen mittelbaren Beeinträchtigungen eine Lücke. Da die Verwaltungsverfahrensgesetze der Länder für das Planfeststellungsverfahren keine Regelung über die Festsetzung einer Entschädigung der Höhe nach enthalten, musste die Lücke im Fachgesetz geschlossen werden. Miteinbezogen wurden zugleich die Entschädigungsansprüche nach § 8 a Abs. 4 und 7 und § 9 Abs. 9 FStrG, da auch hier ein Verfahren für die Entschädigungsfestsetzung fehlte. Insbesondere für die Planfeststellung bedeutet die Neuregelung, dass die Planfeststellungsbehörde über eine Entschädigung in Geld dem Grunde nach zu entscheiden hat, während die **Höhe der Entschädigung erst dann in einem besonderen Verfahren festzusetzen ist, wenn der Betroffene und der Träger der Straßenbaulast keine Einigung erreichen.**

253 Die Regelung entspricht § 42 Abs. 3 BImSchG. Mit ihr wird gerade für Entschädigungen wegen Beeinträchtigungen durch Straßenverkehrslärm eine **einheitliche Zuständigkeitsregelung und Rechtswegzuweisung** bei Streitigkeiten über die Erstattung der Aufwendungen an einer baulichen Anlage (§ 42 Abs. 2 Satz 1 BImSchG) und über eine Entschädigung für den Außenwohnbereich als weitergehenden Anspruch i. S. von § 42 Abs. 2 Satz 2 BImSchG geschaffen. Dies dient der Verfahrenskonzentration. Die neue Regelung erleichtert es den Betroffenen, ihren Anspruch als einheitlichen geltend machen zu können und zwar auch dann, wenn es sich um keine Enteignungsentschädigung handelt. Soweit nach Enteignungsgesetzen der Länder die Kammern (Senate) für Baulandsachen für die gerichtliche Nachprüfung von Entschädigungsfestsetzungen zuständig sind, kann ihnen auf Grund § 232 BauGB auch die Entscheidung über Entschädigungsansprüche übertragen werden, die nicht auf einer Enteignung beruhen[128].

254 Bei dem **Bau oder der wesentlichen Änderung öffentlicher Straßen sowie von Eisenbahnen und Straßenbahnen** ist nach § 41 BImschG sicherzustellen, dass durch diese keine schädlichen Umwelteinwirkungen durch Verkehrsgeräusche hervorgerufen werden können, die nach dem Stand der Technik vermeidbar sind. Diese rechtliche Verpflichtung gilt nach dem vorher Gesagten allerdings nicht, soweit die Kosten der Schutzmaßnahme außer Verhältnis zu dem angestrebten Schutzzweck stehen würden. Eine Änderung einer Straße oder eines Schienenweges der Eisenbahnen und Straßenbahnen ist nach § 1 Abs. 2 der 16. BImSchV „wesentlich", wenn

1. eine Straße um einen oder mehrere durchgehende Fahrstreifen für den Kraftfahrzeugverkehr oder ein Schienenweg um ein oder mehrere durchgehende Gleise baulich erweitert wird oder

2. durch einen erheblichen baulichen Eingriff der Beurteilungspegel des von dem zu ändernden Verkehrsweg ausgehenden Verkehrslärms

   – um mindestens 3 Dezibel (A) oder
   – auf mindestens 70 Dezibel (A) am Tage oder
   – mindestens 60 Dezibel (A) in der Nacht

erhöht wird.

Eine Änderung ist auch wesentlich, wenn der Beurteilungspegel des von dem zu ändernden Verkehrsweg ausgehenden Verkehrslärms von mindestens

– 70 Dezibel (A) am Tage oder
– 60 Dezibel (A) in der Nacht

durch einen erheblichen baulichen Eingriff erhöht wird, wobei dies nicht in Gewerbegebieten gilt.

255 Bei derartigen umfänglichen Baumaßnahmen bzw. bei so starken Belastungen durch Verkehrslärm ist es nach dem Willen des Verordnungsgebers gerechtfertigt, im Zusammenhang mit einem baulichen Eingriff Lärmschutz nach gleichen Kriterien wie beim Neubau zu treffen. **Keine wesentlichen Änderungen sind** nach alledem **Erhaltungs- und Unterhaltungsmaßnahmen sowie kleinere Baumaßnahmen.** Dazu gehört z. B. an Straßen das Versetzen von Bordsteinen, das Anlegen einer Verkehrsinsel und das Anbringen von verkehrsregelnden Einrichtungen, sowie an Schienenwegen das Versetzen von Signalanlagen, Auswechseln von Schwellen und der Einbau von Weichen.

Werden in den genannten Fällen die in der Rechtsverordnung festgelegten Immissionsgrenzwerte – IGW – überschritten, so ist dem **Eigentümer in Anwendung des § 42 BImSchG eine Entschädigung zu gewähren.** § 42 BImSchG hat folgende Fassung: **256**

„§ 42 Entschädigung für Schallschutzmaßnahmen"

(1) ¹Werden im Fall des § 41 die in der Rechtsverordnung nach § 43 Abs. 1 Satz 1 Nr. 1 festgelegten Immissionsgrenzwerte überschritten, hat der Eigentümer einer betroffenen baulichen Anlage gegen den Träger der Baulast einen Anspruch auf angemessene Entschädigung in Geld, es sei denn, dass die Beeinträchtigung wegen der besonderen Benutzung der Anlage zumutbar ist. ²Dies gilt auch bei baulichen Anlagen, die bei Auslegung der Pläne im Planfeststellungsverfahren oder bei Auslegung des Entwurfs der Bauleitpläne mit ausgewiesener Wegeplanung bauaufsichtlich genehmigt waren.

(2) Die Entschädigung ist zu leisten für Schallschutzmaßnahmen an den baulichen Anlagen in Höhe der erbrachten notwendigen Aufwendungen, soweit sich diese im Rahmen der Rechtsverordnung nach § 43 Abs. 1 Satz 1 Nr. 3 halten. Vorschriften, die weitergehende Entschädigungen gewähren, bleiben unberührt.

(3) Kommt zwischen dem Träger der Baulast und dem Betroffenen keine Einigung über die Entschädigung zustande, setzt die nach Landesrecht zuständige Behörde auf Antrag eines der Beteiligten die Entschädigung durch schriftlichen Bescheid fest. Im Übrigen gelten für das Verfahren die Enteignungsgesetze der Länder entsprechend."

In Anwendung des § 42 BImSchG bemisst sich der **Geldausgleich nach den Kosten der Schallschutzmaßnahmen** (vgl. 24. BImSchV) und erst nach dem Minderwert des Grundstücks, wenn Schallschutzeinrichtungen **257**

– keine wirksame Abhilfe versprechen oder

– unverhältnismäßige Aufwendungen erfordern.

Zwar gewährt § 42 Abs. 2 Satz 1 BImSchG seinem Wortlaut nach keinen Anspruch auf Entschädigung für verbleibende Beeinträchtigungen der sog. Außenwohnbereiche (vgl. Rn. 252), jedoch sind zur Vermeidung unterschiedlicher Entschädigungsgrundsätze die planfeststellungsrechtlichen Schutzauflagevorschriften entsprechend anzuwenden.

Es bestanden lange Zeit keine normativ festgesetzten Immissionsgrenzwerte – IGW –, bei deren Überschreitung eine „schwere und unerträgliche Betroffenheit" i. S. einer enteignungsrechtlichen Zumutbarkeitsschwelle anzusetzen wäre[129]. Das BVerwG[130] hat solche normativen Festlegungen gefordert und betont, dass, solange derartige Bestimmungen fehlen, „die nach § 41 BImSchG zu beachtende Grenze des Zumutbaren von den Behörden und den Gerichten stets anhand einer umfassenden Würdigung aller Umstände des Einzelfalles ... zu bestimmen" sei. **258**

Auch in der Rechtsprechung des BGH[131] ist darauf hingewiesen worden, dass die Zumutbarkeitsschwelle innerhalb eines Spektrums von Möglichkeiten unter Würdigung des Einzelfalls nach der jeweiligen Gebietsart unterschiedlich festzusetzen sei. So muss im Außen- **259**

---

128 BT-Drucks. 10/4630 sowie BT-Drucks. 11/4310, S. 100 ff.

129 Zur einheitlichen Handhabung hat der BMV aber „Richtlinien für den Verkehrslärmschutz an Bundesstraßen in der Baulast des Bundes" erlassen (Richtl. vom 2. 6. 1997, VkBl. 1997, 434; vgl. auch BT-Drucks. 8/3730; es handelt sich hierbei um nicht bindende Orientierungshilfen; vgl. BGH, Urt. vom 23. 10. 1986 – III ZR 112/85 –, EzGuG 13.91; BGH, Urt. vom 29. 6. 1966 – V ZR 91/66 –, EzGuG 13.10

130 BVerwG, Urt. vom 22. 5. 1987 – 4 C 33-35/83 –, EzGuG 13.97; BVerwG, Urt. vom 22. 5. 1987 – 4 C 17 – 19/84 –, EzGuG 13.96; weiterhin: Richtlinien für den Verkehrslärmschutz an Straßen des BMV – RLS-90 –, Ausg. 1990 sowie Richtlinie zur Berechnung der Schallimmissionen von Schienenwegen – Schall 03 –, Ausg. 1990

131 BGH, Urt. vom 30. 10. 1970 – V ZR 150/67 –, EzGuG 13.17; BGH, Urt. vom 17. 4. 1986 – III ZR 202/84 –, EzGuG 13.87; BGH, Urt. vom 13. 1. 1977 – III ZR 6/75 –, EzGuG 13.33

bereich dem Gebietscharakter entsprechend Straßenlärm in stärkerem Maße entschädigungslos hingenommen werden als in einem Wohngebiet. Des Weiteren ist nach der Rechtsprechung nicht allein an die Gebietsfestsetzung anzuknüpfen, sondern auch eine (nicht schwere und unerträgliche) **Geräuschvorbelastung** bzw. das Fehlen einer bereits gegebenen Lärmvorbelastung[132] zu berücksichtigen. Bei alledem beantwortet sich die Frage nach der Zumutbarkeit nach den Verhältnissen zu dem Zeitpunkt, zu dem das Grundstück von dem enteignenden oder sonst belastenden Eingriff betroffen wurde.

260 Die 16. DurchführungsVO zum BImSchG (VerkehrslärmschutzV, a. a. O.) sieht nunmehr zum Schutz der Nachbarschaft vor schädlichen Umwelteinwirkungen durch Verkehrsgeräusche beim Bau oder bei wesentlichen Änderungen öffentlicher Straßen in **§ 2 Abs. 1** in Abb. 20 zusammengestellte **Immissionsgrenzwerte – IGW –** vor.

Abb. 20: Tabelle der Immissionsgrenzwerte (IGW) für Verkehrslärm

Immissionsgrenzwerte (IGW) für Verkehrslärm	
Tag (6.00–22.00 Uhr)	*Nacht (22.00–6.00 Uhr)*
1. an Krankenhäusern, Schulen, Kurheimen und Altenheimen	
57 Dezibel (A)	47 Dezibel (A)
2. in reinen und allgemeinen Wohngebieten und Kleinsiedlungsgebieten	
59 Dezibel (A)	49 Dezibel (A)
3. in Kerngebieten, Dorfgebieten und Mischgebieten	
64 Dezibel (A)	54 Dezibel (A)
4. in Gewerbegebieten und Industriegebieten	
69 Dezibel (A)	59 Dezibel (A)

© W. Kleiber 02

261 Bei den IGW, die zum Schutz der Nachbarschaft in § 2 der 16. BImSchV festgelegt sind, handelt es sich um **Grenzwerte und nicht um Orientierungswerte;** werden sie überschritten, sind Schutzmaßnahmen zu treffen. Bei der Bestimmung des Umfangs des Lärmschutzes müssen die Grenzwerte nicht voll ausgeschöpft, d. h. sie können nach Abwägung im Einzelfall unterschritten werden, wenn dies mit vertretbarem Aufwand, z. B. durch Verwendung von Überschussmaterial, erreicht werden kann.

Grundsätzlich sind der Tagwert und der Nachtwert einzuhalten. Jeweils nach der besonderen Nutzung der betroffenen Anlage oder des betroffenen Gebietes nur am Tag oder nur in der Nacht ist bei der Entscheidung über Lärmschutz der IGW für diesen Zeitraum heranzuziehen (§ 2 Abs. 3 der 16. BImSchV); nur auf den Tagwert kommt es an bei Gebäuden oder Anlagen, die bestimmungsgemäß ausschließlich am Tag genutzt werden; z. B. Kindergärten, Schulen oder Bürogebäude.

262 Die Gebietskategorien sind der BauNVO entnommen. Gebiete und Anlagen sowie Flächen, Gebiete und Anlagen, für die keine Festsetzungen vorgesehen sind, sollen entsprechend der Rechtsprechung des BVerwG[133] nach ihrer **Schutzbedürftigkeit** beurteilt werden. Dies sind insbesondere Krankenhäuser, Schulen, Kur- und Altenheime sowie Gebiete, die vorwiegend dem Wohnen dienen. Nicht in gleicher Weise schutzbedürftig sind dagegen Gebiete, in denen schon nach ihrer Zweckbestimmung i. d. R. eine deutlich merkbare Geräuschvorbelastung vorhanden ist. Dabei werden wiederum Kerngebiete, Dorfgebiete und Mischgebiete, in denen auch die Wohnnutzung eine nicht nur untergeordnete Rolle spielt, gegenüber Gewerbe- und Industriegebieten, in denen Wohnnutzung eine Ausnahme bildet, besser geschützt.

§ 2 Abs. 2 Satz 1 der VerkehrslärmschutzV weist darauf hin, dass sich die Art der Anlagen **263** und Gebiete aus den Festsetzungen in den Bebauungsplänen ergibt. Satz 2 bestimmt, dass die Schutzbedürftigkeit sonstiger Anlagen und Gebiete aus einem Vergleich mit den in Abs. 1 aufgezählten Anlagen und Gebieten zu ermitteln ist; entsprechend der ermittelten Schutzbedürftigkeit sind jeweils die in Abs. 1 festgelegten **Immissionsgrenzwerte** (vgl. Abb. 20) einzuhalten.

Danach sind der **3. Schutzkategorie** (Kern-, Dorf- und Mischgebiet) zuzuordnen: **264**
- Wochenendhausgebiete (§ 10 BauNVO)[134],
- Ferienhausgebiete (§ 10 BauNVO),
- Dauer- und Reisecampingplatzgebiete (§ 10 BauNVO)[135]
- Kleingartengebiete i. S. des Kleingartenrechts (§ 1 Abs. 1 BKleingG, § 9 Abs. 1 Nr. 15 BauGB)[136]. Diese Gebietskategorie ist auch maßgebend, wenn bauliche Anlagen zulässigerweise nach § 20 a BKleingG dauernd zu Wohnzwecken genutzt werden.

Der **4. Schutzkategorie** (Gewerbegebiet) sind zuzuordnen:
- Ladengebiete (§ 11 Abs. 2 BauNVO),
- Einkaufszentren,
- im Einzelfall schutzbedürftige Nutzungen in einem Industriegebiet (z. B. Wohnhaus mit Bestandsschutz).

Für **bauliche Anlagen im Außenbereich,** der grundsätzlich nicht für eine Bebauung **265** bestimmt ist, gilt die besondere Regelung, dass solche nach Nr. 1, 3 und 4 der in Abb. 20 aufgestellten Tabelle entsprechend der Schutzbedürftigkeit zu beurteilen sind; im Übrigen entspricht dies der Rechtsprechung, die den Außenbereich in Bezug auf den Lärmschutz geringer einstuft als Wohngebiete, da gerade der Außenbereich dazu bestimmt ist, emissionsintensive Anlagen aufzunehmen.

Eine weitere Unterscheidung der in § 2 Abs. 1 der 16. BImSchV genannten Schutzkategorien nach **individuell gegebener Lärm-Vorbelastung** ist grundsätzlich nicht zulässig, **266** jedoch ist § 42 Abs. 1 S. 1 2. HS BImSchG zu beachten.

Die angegebenen Immissionsschutzgrenzwerte (IGW) sind jeweils für **Tag und Nacht** **267** unterschiedlich angesetzt. **Der Unterschied beträgt jeweils 10 dB(A).** I. d. R. ist für den Lärmschutz der Nachtwert maßgebend, weil nachts die Lärmempfindlichkeit höher ist. Bei einem Bürogebäude, das in der Nacht leer steht, kann der Nachtwert dagegen keine Rolle spielen.

Erst wenn Maßnahmen zur Milderung schädlicher Auswirkungen mit dem Vorhaben **268** unvereinbar sind oder ihre Kosten außer Verhältnis zum angestrebten Schutzzweck stehen, ist ein angemessener Ausgleich in Geld zu entrichten (§ 74 Abs. 2 Satz 3 VwVfG). Dieser

---

132 BVerwG, Urt. vom 14. 12. 1979 – 4 C 10/77 –, EzGuG 13.53; BVerwG, Urt. vom 7. 7. 1978 – 4 C 79/76 –, EzGuG 13.51; BVerwG, Urt. vom 11. 2. 1977 – 4 C 9/75 –, EzGuG 13.34; BVerwG, Urt. vom 22. 3. 1985 – 4 C 63/80 –, EzGuG 13.72; BVerwG, Urt. vom 22. 5. 1987 – 4 C 33-35/83 –, EzGuG 13.97; OVG Lüneburg, Urt. vom 6. 5. 1986 – 6 C 15/83 – u. a., DÖV 1987, 1121; OVG Berlin, Beschl. vom 18. 4. 1986 – 2 S 41/86 –, EzGuG 13.88; BayVGH, Urt. vom 6. 5. 1986 – 8 A 85 T.43 –, EzGuG 13.86; OVG Hamburg, Beschl. vom 2. 2. 1987 – Bs. II 38/86 –, EzGuG 13.94; OVG Saarland, Urt. vom 5. 12. 1980 –, 2 R 15/79 –, EzGuG 3.56; OVG Lüneburg, Urt. vom 25. 1. 1983 – 5 A 23/82 –, EzGuG 13.62; VGH Mannheim, Urt. vom 19. 1. 1983 – 5 S 641/82 –, EzGuG 13.60.
133 BVerwG, Urt. vom 21. 5. 1976 – 4 C 8O/74 –, EzGuG l3.30; BVerwG, Urt. vom 22. 5. 1987 – 4 C 33-35/83 –, EzGuG 13.97
134 VGH Kassel, Urt. vom 8. 6. 1993 – 2 A 198/89 –, UPR 1994, 160 – bestätigt durch BVerwG, Beschl. vom 20. 10. 1993 – 4 B 170/93 –, UPR 1994, 72 = DÖV 1994, 344
135 OVG Lüneburg, Urt. vom 15. 4. 1993 – 7 K 3383/92 –, NdsMBl. 1994, 115 = VkBl. 1996, 543
136 BVerwG, Beschl. vom 17. 3. 1992 – 4 B 230/91 –, EzGuG 13.124

Ausgleich erstreckt sich auch auf unzumutbare Beeinträchtigungen der für das Wohnen im Freien geeigneten und bestimmten Flächen (sog. Außenwohnbereiche)[137].

269   Der **Ausgleich bemisst sich** in erster Linie **nach den Schallschutzaufwendungen** auf dem betroffenen Grundstück (passiver Schallschutz)[138]; daneben sind unter bestimmten Voraussetzungen auch die Wertminderungen des Grundstücks zu entschädigen. Im Extremfall besteht ein Übernahmeanspruch[139].

270   Rechtsgrundlage für die Entschädigung im Rahmen von Planfeststellungsverfahren ist § 74 Abs. 2 Satz 3 VwVfG. Danach besteht ein Entschädigungsanspruch, wenn dem Betroffenen ein unzumutbarer und nicht mit verhältnismäßigen Mitteln behebbarer Nachteil verbleibt. **Gegenstand der Entschädigung ist** neben den passiven Schallschutzmaßnahmen **auch die verursachte Verkehrswertminderung oberhalb der Zumutbarkeitsgrenze**[140]. Die Zumutbarkeitsgrenze ist entsprechend der 16. BImSchVO zu bestimmen.

271   Neben dem Fernstraßengesetz des Bundes und den Straßengesetzen der Länder können die planerischen Grundlagen für Straßen in einem Bebauungsplan festgesetzt werden (§ 17 Abs. 3 Satz 1 FStrG). Werden die **immissionsschutzrechtlichen Belange im Rahmen der Abwägung** ungenügend berücksichtigt, ist dieser nichtig[141].

272   Lassen sich im Rahmen der Bebauungsplanung Lärmbeeinträchtigungen nicht vermeiden, steht dem Eigentümer auch hier ein **Entschädigungsanspruch** zu, der allerdings dann sich nicht auf § 74 Abs. 2 Satz 3 VwVfG gründen lässt. Der Anspruch leitet sich aus dem allgemeinen Rechtsgrundsatz her, der das Nachbarschaftsverhältnis zwischen störender und gestörter Nutzung im Falle unangemessenen hohen Aufwands für Maßnahmen der Vermeidung oder Minderung von Immissionen auf ein zumutbares Maß beherrscht. Diesem öffentlich-rechtlich in § 74 Abs. 2 VwVfG und § 41 Abs. 2 BImSchG festgeschriebenen Grundsatz entspricht § 906 Abs. 2 Satz 2 BGB:

273   **§ 906 BGB** lautet:

„(1) Der Eigentümer eines Grundstücks kann die Zuführung von Gasen, Dämpfen, Gerüchen, Rauch, Ruß, Wärme, Geräusch, Erschütterungen und ähnliche von einem anderen Grundstück ausstehende Einwirkungen insoweit nicht verbieten, als die Einwirkung die Benutzung seines Grundstücks nicht oder nur unwesentlich beeinträchtigt.

(2) Das Gleiche gilt insoweit, als eine wesentliche Beeinträchtigung durch eine ortsübliche Benutzung des anderen Grundstücks herbeigeführt wird und nicht durch Maßnahmen verhindert werden kann, die Benutzern dieser Art wirtschaftlich zumutbar sind. Hat der Eigentümer hiernach eine Einwirkung zu dulden, so kann er von dem Benutzer des anderen Grundstücks einen angemessenen Ausgleich in Geld verlangen, wenn die Einwirkung eine ortsübliche Benutzung seines Grundstücks oder dessen Ertrag über das zumutbare Maß hinaus beeinträchtigt.

(3) Die Zuführung durch eine besondere Leitung ist unzulässig."

274   Nach der Rechtsprechung besteht ein **Entschädigungsanspruch, wenn sich für eine vorgegebene Grundstückssituation eine nachhaltige Veränderung ergibt,** die z. B. eine Wohnlage „schwer und unerträglich" beeinträchtigt[142].

275   Im Unterschied zur BGH-Rechtsprechung hat das BVerwG den Entschädigungsanspruch nicht auf die Verkehrswertminderung erstreckt, die sich durch **passiven Schallschutz** nicht auf ein zumutbares Maß reduzieren lässt.

7.3.6.5   Entschädigung

a) Entschädigung bei Neubau und Änderung von Verkehrswegen
   wegen verbleibender Beeinträchtigungen

276   Verbleibende Beeinträchtigungen sind Lärmeinwirkungen auf das Wohngebäude und das zuzurechnende Grundstück, für die bauliche Schutzmaßnahmen an der Straße oder an der baulichen Anlage keine oder keine ausreichende Abhilfe bringen.

Rechtsgrundlagen für Entschädigungen wegen verbleibender Beeinträchtigungen sind

– beim Neubau und bei der wesentlichen Änderung von Straßen (Lärmvorsorge) der Ausgleichsanspruch nach § 74 Abs. 2 Satz 3 VwVfG(L) i.V. m. § 42 Abs. 2 BImSchG,
– bei gleichzeitiger Inanspruchnahme von Teilflächen für den Straßenbau zusätzlich § 19 FStrG i.V. m. den Bestimmungen der Enteignungsgesetze der Länder über die Entschädigung der Wertminderung des Restgrundstücks (vgl. § 96 Abs. 1 Nr. 2 BauGB),
– bei bestehenden Straßen die Grundsätze der Aufopferung, soweit die Einwirkungen schwer und unerträglich, d.h. von enteignender Wirkung sind. In diesen Fällen ist die Entschädigung nach den Umständen des Einzelfalles zu ermitteln, wobei die nachfolgenden Grundsätze entsprechend angewendet werden können.

Die VLärmSchR 97 geben für die **Bemessung der Entschädigung** folgende Grundsätze **277** vor:

(1) Bei der Ermittlung der Entschädigung ist vom Wohngrundstück auszugehen; dieses besteht aus dem Wohngebäude und der diesem zuzurechnenden Grundstücksfläche.

(2) Der Gesamtwert eines Wohngrundstücks setzt sich aus verschiedenen Teilwerten zusammen, insbesondere aus den Werten für Wohngebäude, Garage, Gebäudegrundflächen, Außenwohnbereich (z. B. Balkon, Terrasse, Wohngarten), Zufahrt, Vor- und Nutzgarten.

(3) Eine entschädigungspflichtige Beeinträchtigung des Wohngrundstücks liegt nur vor, wenn schädigende Einwirkungen auf die zum Wohnen bestimmten und geeigneten Teile des Wohngrundstückes verbleiben. Keine auszugleichenden Beeinträchtigungen von baulichen Anlagen liegen vor, wenn diese den Anforderungen der 24. BImSchV genügen. Kann ein Fenster wegen Lärmbeeinträchtigungen nur vorübergehend geöffnet werden, ist dies zumutbar und stellt keinen ausgleichspflichtigen Minderwert dar.

(4) Eine verbleibende Beeinträchtigung des Wohngrundstücks durch Lärm ist grundsätzlich durch eine Geldentschädigung auszugleichen, die sich aus der Summe der Wertminderungen der zum Wohnen geeigneten und bestimmten Teilwerte zusammensetzt. Das Ergebnis ist einer Gesamtbetrachtung zu unterziehen, um die besondere Funktion der betroffenen Teilwerte für das Wohngrundstück zu berücksichtigen und gegebenenfalls durch Zu- oder Abschläge anzupassen. Soweit ausnahmsweise Schutzmaßnahmen für den Außenwohnbereich auf dem Wohngrundstück mit vertretbarem Aufwand möglich sind, ist dieser zu erstatten. Dabei ist zu prüfen, ob diese Einrichtungen nicht auch den Innenwohnbereich schützen und deshalb sonst erforderliche Schutzeinrichtungen am Wohngebäude ganz oder teilweise entbehrlich werden.

Als **Flächengröße für die Ermittlung der Entschädigung** ist grundsätzlich auszugehen

– bei Balkonen, Loggien sowie Terrassen, die baulich mit dem Wohnhaus verbunden sind, von der halben Fläche (vgl. § 44 Abs. 2 II BV).

---

137 B VerwG, Urt. vom 16. 9. 1993 – 4 C 9/91 –, EzGuG 13.127; B VerwG, Urt. vom 21. 5. 1976 – 4 C 80/74 –, EzGuG 13.30
138 Boujong, Entschädigung für Verkehrslärmimmissionen, UPR 1987, 206
139 B VerwG, Urt. vom 26. 8. 1993 – 4 C 24/91 –, B VerwGE 94, 100; B VerwG, Urt. vom 5. 12. 1986 – 4 C 13/85 –, EzGuG 13.93
140 B VerwG, Urt. vom 16. 9. 1993 – 4 C 9/91 –, EzGuG 13.127
141 B VerwG, Urt. vom 9. 2. 1989 – 4 NB 1/89 –, NVwZ 1989, 653 = NJW 1990, 531 (LS) = DVBl. 1989, 660.
142 BGH, Urt. vom 17. 4. 1986 – III ZR 202/84 –, EzGuG 13.87; BGH, Urt. vom 6. 2. 1986 – III ZR 96/84 –, EzGuG 18.100; BGH, Urt. vom 10. 11. 1977 – III ZR 166/75 –, EzGuG 13.43; BGH, Urt. vom 22. 12. 1967 – V ZR –, EzGuG 13.15; BGH, Urt. vom 30. 10. 1970 – V ZR 150/67 –, EzGuG 13.17; BGH, Urt. vom 20. 3. 1975 – III ZR 215/71 –, EzGuG 13.25

278   Die **Voraussetzungen der wesentlichen Änderung** sind in § 1 Abs. 2 der 16. BImSchV abschließend aufgeführt:

– die bauliche Erweiterung einer Straße um einen oder mehrere durchgehende Fahrstreifen für den Kraftfahrzeugverkehr (§ 1 Abs. 2 S. 1 Nr. 1 der 16. BImSchV). Diese bauliche Erweiterung muss zwischen zwei Verknüpfungen erfolgen; eine Steigerung des Verkehrslärms ist hingegen nicht erforderlich. Keine durchgehenden Fahrstreifen sind ineinander übergehende Ein- und Ausfädelungsstreifen;

– ein erheblicher baulicher Eingriff, wenn durch ihn der bisher vorhandene Beurteilungspegel (vgl. 10.6) am jeweiligen Immissionsort (vgl. Nr. 10.7)

     • um mindestens 3 dB (A) erhöht wird (§ 1 Abs. 2 S. 1 Nr. 2 Alternative 1 der 16. BImSchV);

     • auf mindestens 70 dB (A)/tags oder mindestens 60 dB (A)/nachts erhöht wird (§ 1 Abs. 2 S. 1 Nr. 2 Alternative 2 der 16. BImSchV);

     • von mindestens 70 dB (A)/tags oder mindestens 60 dB (A)/nachts weiter erhöht wird – dies gilt nicht für Gewerbegebiete – (§ 1 Abs. 2 S. 2 der 16. BImSchV).

279   Kennzeichnend für einen „**erheblichen baulichen Eingriff**" sind solche Maßnahmen, die in die bauliche Substanz und in die Funktion der Straße als Verkehrsweg eingreifen. Der Eingriff muss auf eine Steigerung der verkehrlichen Leistungsfähigkeit der Straße abzielen (BVerwG, Urt. vom 9. 2. 1995 – 4 C 26/93 –). Eine Einbeziehung von Maßnahmen, die nicht rein baulicher Art sind, die die Substanz der Straße als solche und die vorhandene Verkehrsfunktion unberührt lassen oder der Erhaltung (Unterhaltung, Instandsetzung, Erneuerung) dienen, ist durch § 43 Abs. 1 Satz 1 i.V. m. § 41 BImSchG nicht gedeckt.

Beispiele für erhebliche bauliche Eingriffe:

– Bau von Anschlussstellen,

– Bau von Ein- und Ausfädelungsstreifen sowie von Abbiegestreifen,

– Bau von Zusatzfahrstreifen oder Mehrzweckfahrstreifen,

– Bau von Standstreifen,

– Bau von Radwegen,

– Bau von Fahrstreifen für zusätzliche Fahrbeziehungen im Bereich planfreier Knotenpunkte,

– deutliche Fahrbahnverlegung durch bauliche Maßnahmen,

– deutliche Veränderung der Höhenlage einer Straße (z. B. kreuzungsfreier Umbau).

Beispiele für nicht erhebliche bauliche Eingriffe:

– Bau von Lichtsignalanlagen, Schilderbrücken, Verkehrsbeeinflussungsanlagen etc.,

– Ummarkierungen (z. B. zur Schaffung zusätzlicher Fahrstreifen),

– Grunderneuerung sowie Erneuerung der Fahrbahnoberfläche im Straßenquerschnitt,

– Bau von Verkehrsinseln,

– Bau von Haltebuchten,

– Bau von Lärmschutzwänden und -wällen,

– beim unbebauten Außenwohnbereich von der örtlich vorhandenen Fläche; ist eine konkrete Abgrenzung nicht möglich, von einer gegendüblichen Fläche.

280   Wegen der **jahreszeitlich eingeschränkten Nutzung** und einer noch verbleibenden Nutzungsmöglichkeit des Außenwohnbereiches ist zur Ermittlung der Entschädigung grundsätzlich die Hälfte des auf den Außenwohnbereich entfallenden Mietanteils bzw. des Verkehrswerts des Außenwohnbereichs anzusetzen.

Zur **Ermittlung der Beeinträchtigung des Außenwohnbereichs** sind in der Tabelle **281** (Anlage VLärmSchR 97) den jeweiligen Beurteilungspegeln am Tage ($L_{r,T}$) Lästigkeitsfaktoren zugeordnet. Diese sind keine Entschädigungsprozentsätze. Die Differenz zwischen den Lästigkeitsfaktoren des Beurteilungspegels und denen des IGW stellt die Bemessungsgröße der Entschädigung dar, den so genannten Entschädigungsprozentsatz. Lästigkeitsfaktoren für Beurteilungspegel unterhalb des jeweiligen IGW sind nur bei Teilinanspruchnahme zu berücksichtigen.

Beispiel 1:

Beurteilungspegel ($L_{r,T}$)	65 dB (A) Lästigkeitsfaktor	90,5
IGW	59 dB (A) Lästigkeitsfaktor	59,7
Differenz		30,8
Entschädigungsprozentsatz		30,8 %

Die Differenz zwischen den Lästigkeitsfaktoren des Beurteilungspegels und denen des IGW führt bei hohen Beurteilungspegeln zu Zahlen über 100. Diese bleiben unberücksichtigt; der Entschädigungsprozentsatz übersteigt 100 nicht.

Beispiel 2:

Beurteilungspegel ($L_{r,T}$)	78 dB (A) Lästigkeitsfaktor	222,9
IGW	59 dB (A) Lästigkeitsfaktor	59,7
Differenz		163,2
Entschädigungsprozentsatz		100,0 %

Die Entschädigung für **ungeschützte Balkone, Loggien und Terrassen** wird nach dem **282** auf diese Grundstücksteile entfallenden Mietanteil (ohne Nebenkosten) ermittelt. Bewohnt der Eigentümer das Wohnhaus selbst, sind Vergleichsmieten (Mietspiegel) heranzuziehen und auszuwerten. Bei vermieteten Häusern und Wohnungen lässt sich der Mietanteil über die tatsächlich gezahlte Miete berechnen. Diese ist mit (nur) 50 % in die Ermittlung einzubeziehen und zu kapitalisieren. Der Vervielfältiger (Barwertfaktor) ergibt sich aus der jeweiligen Restnutzungsdauer des Hauses und dem Zinssatz für den Mietwert des Hauses. Der Zinssatz beträgt bei eigengenutzten Wohngebäuden 4 %, bei vermieteten 5 %, vgl. Nr. 3.5.5 WertR. Der auf diese Weise errechnete Betrag ist jedoch noch nicht die Entschädigung für die Beeinträchtigung, sondern ein Zwischenwert. Die Multiplikation mit dem Entschädigungsprozentsatz (Differenz der Lästigkeitsfaktoren aus IGW und $L_{r,T}$) ergibt die Höhe der Entschädigung. Restnutzungsdauer (§ 16 WertV) sowie der Vervielfältiger ergeben sich aus der Verordnung über die Grundsätze für die Ermittlung der Verkehrswerte von Grundstücken (WertV).

Abb. 21: Beeinträchtigung eines bebauten Außenwohnbereichs

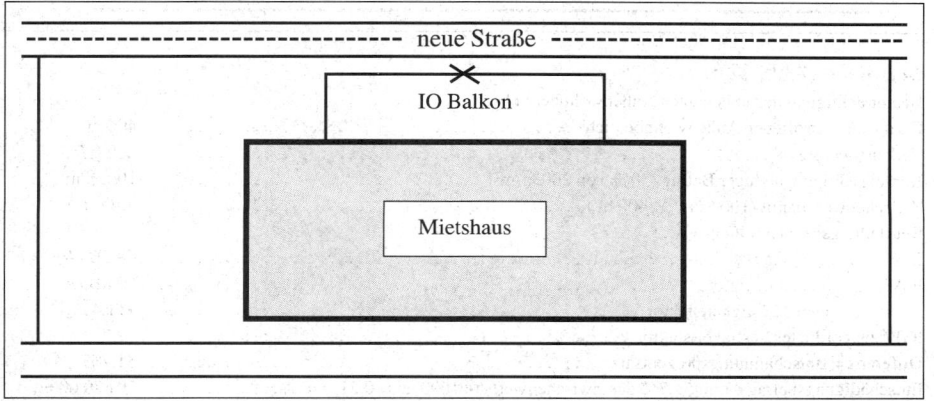

Beispiel 3 (Abb. 21):

Die neue Straße verläuft hinter einem Mietshaus an der Grundstücksgrenze entlang. Das Grundstück liegt im allgemeinen Wohngebiet. An der Hausseite zur neuen Straße hat jede Wohnung einen 10 m² großen Balkon.

Beeinträchtigung eines Balkons
anrechenbare Fläche des betroffenen Balkons
(10 m² : 2), vgl. Nr. 51.3 . . . . 5 m²
Wohnfläche . . . . 100 m²
Monatsmiete/kalt nach Mietvertrag . . . . 880 €
Mietpreis je m² (880 € : 100 m²) . . . . 8,80 €/m²
Berücksichtigungsfähiger Betrag (50 % v. 8,80 €/m²), vgl. Nr. 51.4 . . . . 4,40 €/m²
Jahresbetrag damit (4,40 €/m² × 5 m² × 12) . . . . 264 €
Der Vervielfältiger beträgt bei einer Verzinsung in Höhe von 5 % (5 % da Vermietung)
und Restnutzungsdauer (hier 70 Jahre) 19,342677
Zwischenwert damit (264 € × 19,342677) . . . . 5 106,47 €
Beurteilungspegel am IO . . . . 68 dB (A)
IGW . . . . 59 dB (A)
$L_{r,T}$ zugeordneter Lästigkeitsfaktor 111,4
IGW zugeordneter Lästigkeitsfaktor 59,7
Differenz = Entschädigungsprozentsatz . . . . 51,7 %
Entschädigungsbetrag damit 51,7 % des Zwischenwerts
(5106,47 € × 0,517) = ... 2 640,04 €

283   Maßgebend für den **Wert des unbebauten Außenwohnbereichs** ist der Bodenwert. Er wird in der Regel durch Preisvergleich ermittelt.

284   **Abb. 22: Beeinträchtigung eines unbebauten Außenwohnbereichs**

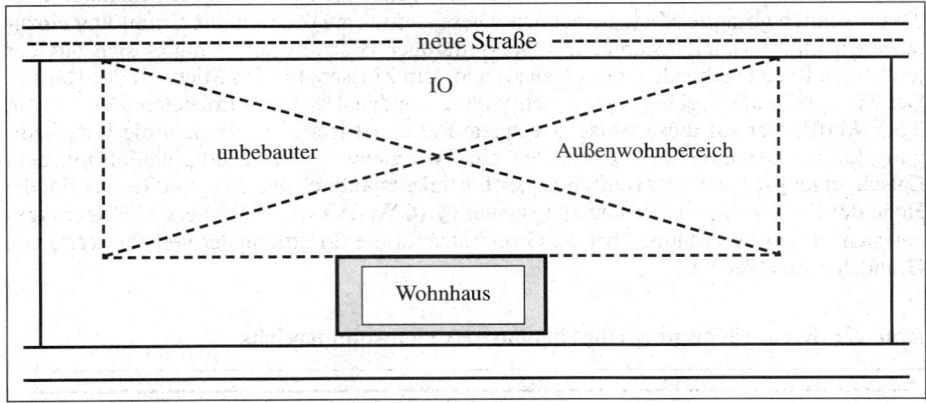

Beispiel 4 (Abb. 22):
Beeinträchtigung des unbebauten Außenwohnbereichs
Fläche des betroffenen Außenwohnbereichs . . . . 400 m²
Verkehrswert je m² . . . . 200 €/m²
Berücksichtigungsfähiger Betrag (50 % von 200 €/m²) . . . . 100 €/m²
Zwischenwert damit (100 €/m² × 400 m²) . . . . 40 000 €
Beurteilungspegel am IO
$L_{r,T}$ . . . . 68 dB (A)
IGW . . . . 59 dB (A)
$L_{r,T}$ zugeordneter Lästigkeitsfaktor 111,4
IGW zugeordneter Lästigkeitsfaktor 59,7
Differenz = Entschädigungsprozentsatz . . . . 51,7 %
Entschädigungsbetrag damit 51,7 % des Zwischenwerts (40 000 € × 0,517) = ... 20 680,00 €

Abb. 23: Zusammentreffen einer Beeinträchtigung des bebauten   **285**
und des unbebauten Außenwohnbereichs

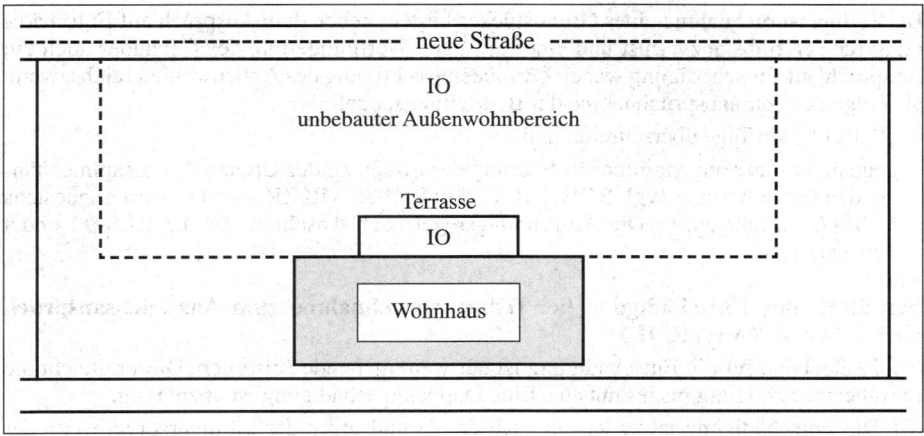

Beispiel 5 (Abb. 23):

(1) Beeinträchtigung des bebauten Außenwohnbereichs

anrechenbare Fläche der betroffenen Terrasse (26 m² : 2)	13 m²
Wohnfläche	175 m²
Monatsmiete/kalt nach Vergleichsmiete	9,14 €/m²
(Eigennutzung)	
Berücksichtigungsfähiger Betrag (50 % von 9,14 €/m²)	4,57 €/m²
Jahresbetrag damit (4,57 €/m² × 13 m² × 12)	712,92 €
Der Vervielfältiger beträgt bei einer Verzinsung in Höhe von 4 %	
(4 % da Eigennutzung) und Restnutzungsdauer (hier 70 Jahre)	23,394515
Zwischenwert damit (712,92 € × 23,394515)	16.678,42
Beurteilungspegel am IO Terrasse	67 dB (A)
IGW	64 dB (A)
$L_{r,T}$ zugeordneter Lästigkeitsfaktor	104,0
IGW zugeordneter Lästigkeitsfaktor	**84,4**
Differenz = Entschädigungsprozentsatz	19,6 %
Entschädigungsbetrag damit 19,6 % des Zwischenwerts (16 678,42 € × 0,196) =	3 268,97 €

(2) Beeinträchtigung des unbebauten Außenwohnbereichs

Fläche des betroffenen Außenwohnbereichs (ohne Terrasse 26 m²)	374 m²
Verkehrswert je m²	200 €/m²
Berücksichtigungsfähiger Betrag (50 % von 200 €/m²)	100 €/m²
Zwischenwert damit (100 €/m² × 374 m²)	37 400 €
Beurteilungspegel am IO unbebauter Außenwohnbereich	
$L_{r,T}$	68 dB (A)
IGW	64 dB (A)
$L_{r,T}$ zugeordneter Lästigkeitsfaktor	111,4
IGW zugeordneter Lästigkeitsfaktor	**84,4**
Differenz = Entschädigungsprozentsatz	27,0 %
Entschädigungsbetrag damit 27 % des Zwischenwerts (37.400 € × 0,27) =	10 098 €

(3) Gesamtentschädigung

Terrasse	3 268,97 €
unbebauter Außenwohnbereich	**10 098,00 €**
Entschädigungsbetrag insgesamt:	13 366,97 €

286   **Teilinanspruchnahme**

Entschädigung wegen Lärmbeeinträchtigung

Bei Teilinanspruchnahme eines Grundstückes besteht neben dem Anspruch auf Entschädigung für den Substanzverlust und einer etwaigen Wertminderung des Gebäudes auch ein Anspruch auf Entschädigung wegen Lärmbeeinträchtigung des Außenwohnbereichs, wenn als Folge der Teilinanspruchnahme der Beurteilungspegel

– 50 dB (A) am Tage überschreitet und

– gegenüber einer angenommenen Führung der Straße an der Grenze des zusammenhängenden Grundbesitzes (vgl. BGH, Urt. vom 6. 8. 1986 – III ZR 146/84 –) um mindestens 3 dB (A) erhöht wird. (Die Aufrundungsregel nach Abschnitt 4.0 der RLS-90 findet Anwendung).

287   **Verhältnis der Entschädigung bei Teilinanspruchnahme zum Ausgleichsanspruch nach § 74 Abs. 2 VwVfG (L)**

(1) Maßgebend für die Entschädigung ist der weitergehende Anspruch. Dieser gleicht die Lärmbeeinträchtigung insgesamt aus. Eine Doppelentschädigung ist unzulässig.

(2) Die Entschädigung ist zu leisten nach den Grundsätzen der Lärmvorsorge, wenn der Beurteilungspegel nach Abzug der Schutzwirkung der abzugebenden Teilfläche den anzuwendenden IGW überschreitet (Beispiel 6).

Beispiel 6:
IGW . . . . 59 dB (A)
Beurteilungspegel ($L_{r,T1}$) . . . . 66 dB (A)
entfallende Schutzwirkung . . . . 3 dB (A)
Lärmbelastung ohne Teilabtretung ($L_{r,T2}$) . . . . 63 dB (A)
Entschädigt wird die Differenz 66 dB (A) – 59 dB (A).

Die Entschädigung ist zu leisten nach den Grundsätzen der Enteignungsentschädigung, wenn der Beurteilungspegel nach Abzug der Schutzwirkung der abzugebenden Teilfläche den anzuwendenden IGW nicht überschreitet.

Beispiel 7:
IGW . . . . 59 dB (A)
Beurteilungspegel ($L_{r,T1}$) . . . . 66 dB (A)
entfallende Schutzwirkung . . . . 10 dB (A)
Lärmbelastung ohne Teilabtretung ($L_{r,T2}$) . . . . 56 dB (A)
Entschädigt wird die Differenz 66 dB (A) – 56 dB (A).

(3) Überschreitet der Beurteilungspegel den anzuwendenden IGW nicht, ist die durch den Wegfall der Schutzwirkung der abzugebenden Teilfläche höhere Lärmbeeinträchtigung bei der Festsetzung der Enteignungsentschädigung zu berücksichtigen (Beispiel 8).

Beispiel 8:
IGW . . . . 59 dB (A)
Beurteilungspegel ($L_{r,T1}$) . . . . 58 dB (A)
entfallende Schutzwirkung . . . . 4 dB (A)
Lärmbelastung ohne Teilabtretung ($L_{r,T2}$) . . . . 54 dB (A)

Entschädigt wird die Differenz 58 dB (A) – 54 dB (A).

Beispiele für die Berechnung der Entschädigung 288

Abb. 24: Beeinträchtigung eines bebauten und eines unbebauten Außenwohnbereichs bei gleichzeitiger Teilinanspruchnahme

Ein Teil des hinter einem Haus befindlichen Gartens wird für den Straßenbau in Anspruch genommen.

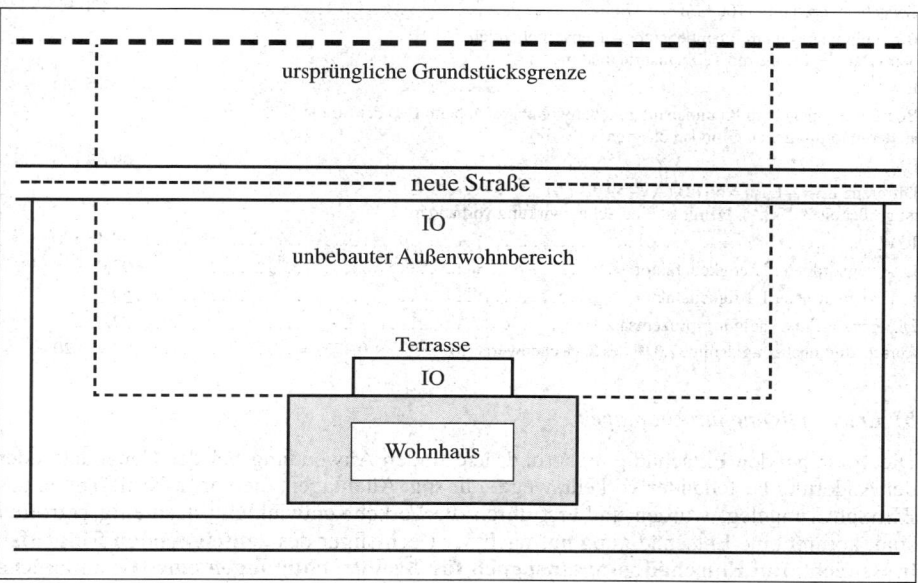

Beispiel 9 (Abb. 24):

Beeinträchtigung der Terrasse

anrechenbare Fläche der betroffenen Terrasse

(26 m² : 2), vgl. Nr. 51.3 .... 13 m²

Wohnfläche .... 175 m²

Vergleichsmiete .... 1 600 €

Mietpreis je m² (1 600 € : 175 m²) .... 9,14 €/m²

Berücksichtigungsfähiger Betrag (50 % von 9,14 €/m²) .... 4,57 €/m²

Jahresbetrag damit (4,57 €/m² × 13 m² × 12) .... 712,92 €

Der Vervielfältiger beträgt bei einer Verzinsung in Höhe von 4 %

(4 % da Eigennutzung) und Restnutzungsdauer (hier 70 Jahre) 23,394515

Zwischenwert damit (712,92 € × 23,394515) .... 16 678,42 €

Beurteilungspegel am IO Terrasse beim Bau der Straße mit Teilinanspruchnahme

$L_{r,T1} =$ .... 65 dB (A)

Beurteilungspegel am IO Terrasse beim Bau der Straße
an der ursprünglichen Grundstücksgrenze (fiktiv)

$L_{r,T2} =$ .... 58 dB (A)

Differenz $L_{r,T1} - L_{r,T2}$ = 65 dB (A) – 58 dB (A)

ist größer als 3 dB (A). Damit ist eine Schutzwirkung vorhanden.

IGW: .... 59 dB (A)

$L_{r,T1}$ zugeordneter Lästigkeitsfaktor 90,5

$L_{r,T2}$ zugeordneter Lästigkeitsfaktor 55,7

Differenz = Entschädigungsprozentsatz .... 34,8 %

Entschädigungsbetrag damit 34,8 % des Zwischenwerts (16 678,42 € × 0,348) = ... 5 804,09 €

Beispiel 10:

Beeinträchtigung des unbebauten Außenwohnbereichs

Fläche des betroffenen Außenwohnbereichs

(ohne Terrasse 26 m²) . . . . 374 m²

Verkehrswert je m² . . . . 200 €

Berücksichtigungsfähiger Betrag (50 % von 200 €/m²) . . . . 100 €/m²

Zwischenwert damit (100 €/m² × 374 m²) . . . . 37 400 €

Beurteilungspegel am IO unbebauter Außenwohnbereich
beim Bau der Straße mit Teilinanspruchnahme

$L_{r,T1}$ . . . . 66 dB (A)

Beurteilungspegel am IO unbebauter Außenwohnbereich beim Bau der Straße
an der ursprünglichen Grundstücksgrenze (fiktiv)

$L_{r,T2}$ . . . . 59 dB (A)

Differenz $L_{r,T1} - L_{r,T2}$ = 66 dB (A) – 59 dB (A)
ist größer als 3 dB (A). Damit ist eine Schutzwirkung vorhanden.

IGW . . . . 59 dB (A)

$L_{r,T1}$ zugeordneter Lästigkeitsfaktor 97,0

$L_{r,T2}$ zugeordneter Lästigkeitsfaktor . . . . <u>59,7</u>

Differenz = Entschädigungsprozentsatz . . . . 37,3 %

Entschädigungsbetrag damit 37,3 % des Zwischenwerts (37 400 € × 0,373) = ... 13 950,20 €

b) Entschädigung für Altanlagen

289 Die vorstehenden Entschädigungsgrundsätze finden Anwendung bei der Neuanlage oder der Änderung bestehender Verkehrswege. Für sog. Altanlagen, die vor In-Kraft-Treten des BImSchG angelegt wurden und erst durch die Verkehrsentwicklung nachteilig betroffen sind, kommt eine Entschädigung nur nach der Rechtsfigur des **„enteignenden Eingriffs"** in Betracht. Ein **Entschädigungsanspruch für Beeinträchtigungen eines Grundstücks durch Verkehrslärm** besteht nur, wenn

– die Zufügung der Emissionen nachbarrechtlich nicht untersagt werden kann;

– sie sich als ein unmittelbarer Eingriff in das nachbarliche Eigentum darstellt und

– die Grenze dessen überschritten wird, was der Nachbar nach § 906 BGB entschädigungslos hinnehmen muss[143].

290 Von einem unerträglichen Eigentumseingriff wird man dabei dann ausgehen können, wenn die **einfachrechtliche Zumutbarkeitsschwelle des Immissionsschutzrechtes überschritten** wird. Bei einem geräuschvorbelasteten Grundstück wird man aus Art. 14 GG Ausgleichsansprüche auch nur insoweit geltend machen können, als erst durch das Hinzutreten von Verkehrsbelastungen die Zumutbarkeitsschwelle überschritten wird. Ist das Grundstück zuvor erworben worden, so stellt der BGH für die Frage der Entschädigung und ihrer Höhe allein auf die seit dem Erwerb das Grundstücks eingetretenen Verhältnisse und den darauf beruhenden Wertminderungen ab, weil die zuvor bereits eingetretenen Wertminderungen im gewöhnlichen Geschäftsverkehr schon beim Erwerb des Grundstücks wertmindernd berücksichtigt wurden[144]. Demzufolge geht auch ein dem Voreigentümer entstandener Entschädigungsanspruch nicht ohne weiteres auf den Erwerber über.

---

143 BGH, Urt. vom 10. 11. 1987 – III ZR 204/86 –, EzGuG 13.89a; OVG Bremen, Urt. vom 19. 1. 1993 – 1 BA 11/92 –, NVwZ – RR 1993, 468 = UPR 1993, 358 (LS) = DÖV 1993, 833 (LS) = ZUR 1993, 183 (LS)

144 BGH, Urt. vom 17. 4. 1986 – III ZR 202/84 –, EzGuG 13.87

Beispiel: **291**

Abb. 25: Ermittlung des Entschädigungsbetrags

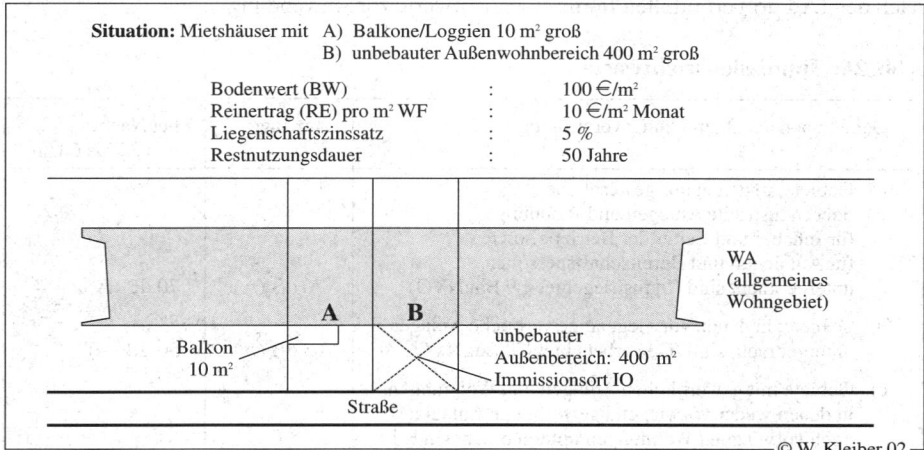

Situation: Mietshäuser mit A) Balkone/Loggien 10 m² groß
                                B) unbebauter Außenwohnbereich 400 m² groß

Bodenwert (BW)	:	100 €/m²
Reinertrag (RE) pro m² WF	:	10 €/m² Monat
Liegenschaftszinssatz	:	5 %
Restnutzungsdauer	:	50 Jahre

WA (allgemeines Wohngebiet)

Balkon 10 m²   A B   unbebauter Außenbereich: 400 m²
                              Immissionsort IO

Straße

© W. Kleiber 02

Immissionsgrenzwert (IGW)	59 dB (A) (vgl. Rn. 260)
(für den Außenwohnbereich ist der IGW am Tage maßgebend)	
Berechneter Mittelungspegel am Immissionsort IO	$(L_{m,T})$
für Wohnhaus A (Immissionsort: Geschossdecke):	65 dB (A)
für Wohnhaus B (Immissionsort: Mittelpunkt der	
genutzten Fläche in 2 m Höhe):	75 dB (A)

Ermittlung der Entschädigung:
– Zum Ausgleich der Beeinträchtigungen des Wohnhauses werden die Aufwendungen für Lärmschutz an der baulichen Anlage nach Maßgabe der VLärmSchR erstattet.
– Die Entschädigung (Ausgleich) für verbleibende Beeinträchtigungen des Außenbereichs erfolgt auf der Grundlage des hälftigen über die Restnutzungsdauer kapitalisierten Reinertrags (auf Grund der witterungsbedingten halbjährlichen Nutzung des Außenbereichs) bzw. des hälftigen Bodenwerts.

a) Ausgleich für Außenbereich (Balkon) des Wohnhauses A:

Reinertrag (RE) pro m² Wohnfläche	:	120 €/m²
ergibt für 10 m² großen Balkon	:	1 200 €
davon berücksichtigungsfähig 50 v. H.	:	600 €
× Vervielfältiger 18.26 (p = 5 %; n = 50 Jahre)	:	**10 956 €**
Lästigkeitsfaktor bei $L_{m,T}$ = 65 dB (A) : 90,5 (lt. Tab., Rn. 241)		
– Lästigkeitsfaktor bei $L_{m,T}$ = 59 dB (A) : 59,4 (lt. Tab., Rn. 241)		

= Differenz = Entschädigungssatz: 31,1 %

Entschädigungsbetrag 31,1 % des Zwischenwerts (10 956 €) = 3 170,96
                   31,1/100 × 10 956 = **3 170 €**

b) Ausgleich für unbebauten Außenbereich des Wohnhauses B:

Bodenwert (BW) des unbebauten Außenbereichs	:	100 €/m²
ergibt für 400 m² großen Außenwohnbereich	:	40 000 €
davon berücksichtigungsfähig 50 v. H.	:	**20 000 €**
Lästigkeitsfaktor bei $L_{m,T}$ = 75 dB (A)	:	181,0 (lt. Tab., Rn. 241)
– Lästigkeitsfaktor bei $L_{m,T}$ = 59 dB (A)	:	– 59,4 (lt. Tab., Rn. 241)

= Differenz:	121,6 %
Entschädigungssatz:	100 %

Hinweis: Bei hohen Mittelungspegeln ergeben sich Differenzen von über 100; in diesen Fällen ist der Entschädigungssatz auf 100 v. H. begrenzt; stets gilt also: Entschädigungssatz = 100 %, wenn Differenz > 100

Entschädigungsbetrag 100 % des Zwischenwerts (20 000 €): 100/100 × 20 000 = **20 000 €**

Zur Ermittlung von Ausgleichs- und Entschädigungslasten bei zusätzlichen **Lärmbeein-**   **292**
trächtigungen infolge von Teilflächen (Vorgärten) vgl. § 4 WertV Rn. 564.

7.3.7   Gewerbelärm

293 In der **steuerlichen Bewertung** kommen für den Feststellungszeitpunkt ab 1. 1. 1974 die nach der TA Lärm ermittelten Immissionsrichtwerte zur Anwendung[145]:

Abb. 26: Immissionsrichtwerte

Gebiet nach der Baunutzungsverordnung	am Tage	bei Nacht von 22 bis 6 Uhr
a) Gebiete, in denen nur gewerbliche oder industrielle Anlagen und Wohnung für Inhaber und Leiter der Betriebe sowie für Aufsichts- und Bereitschaftspersonen untergebracht sind (Industriegebiet § 9 BauNVO)	70 dB (A)	70 dB (A)
b) Gebiete, in denen vorwiegend gewerbliche Anlagen untergebracht sind (Gewerbegebiet § 8 BauNVO)	65 dB (A)	50 dB (A)
c) Gebiete mit gewerblichen Anlagen und Wohnungen, in denen weder vorwiegend gewerbliche Anlagen noch vorwiegend Wohnungen untergebracht sind (Kerngebiet, Mischgebiet, Dorfgebiet § 7, § 6, § 5)	60 dB (A)	45 dB (A)
d) Gebiete, in denen vorwiegend Wohnungen untergebracht sind (Allgemeines Wohngebiet, Kleinsiedlungsgebiet § 2, § 4 BauNVO)	55 dB (A)	40 dB (A)
e) Gebiete, in denen ausschließlich Wohnungen untergebracht sind (Reines Wohngebiet § 3 BauNVO)	50 dB (A)	35 dB (A)
f) Kurgebiete, Krankenhäuser und Pflegeanstalten (Kurgebiet, Klinikgebiet § 11 BauNVO)	45 dB (A)	35 dB (A)[146]

7.3.8   Fluglärm

294 Nach § 1 des Gesetzes zum Schutz gegen Fluglärm (FluglärmG) werden zum Schutz der Allgemeinheit vor Gefahren, erheblichen Nachteilen und erheblichen Belästigungen durch Fluglärm für Verkehrsflughäfen, die dem Fluglinienverkehr angeschlossen sind, und für militärische Flugplätze, die dem Betrieb von Flugzeugen mit Strahltriebwerken zu dienen bestimmt sind, Lärmschutzbereiche festgesetzt. **Der Lärmschutz umfasst das Gebiet außerhalb des Flugplatzgeländes, in dem der durch Fluglärm hervorgerufene äquivalente Dauerschallpegel 67 dB (A) übersteigt.** Nach dem Maße der Lärmbelästigung wird der Lärmschutzbereich in zwei Schutzzonen gegliedert. Die Lärmschutzzone 1 umfasst das Gebiet, in dem der äquivalente Dauerschallpegel 75 dB (A) übersteigt, die Schutzzone 2 das Gebiet, in dem der äquivalente Dauerschallpegel zwar 67 dB (A) übersteigt, aber nicht mehr als 75 dB (A) beträgt (§ 2 FluglärmG). Gemäß § 4 FluglärmG wird der jeweilige Lärmschutzbereich vom Bundesumweltministerium, bei Verkehrsflughäfen im Einvernehmen mit dem Bundesministerium für Verkehr, Bau- und Wohnungswesen, bei militärischen Flugplätzen im Einvernehmen mit dem Bundesministerium der Verteidigung durch Rechtsverordnung mit Zustimmung des Bundesrates festgesetzt.

295 **Die genannten Dauerschallpegel** (67 bzw. 75 dB [A]) **stellen damit das Ausmaß an Einwirkungen dar, was der Eigentümer im Rahmen der Inhaltsbestimmung des Eigentums entschädigungslos hinzunehmen hat.** Der äquivalente Dauerschallpegel wird nach der Anl. zu § 3 FluglärmG ermittelt. § 9 FluglärmG sieht darüber hinaus für die in der Schutzzone 1 gelegenen Grundstücke (als Ausgleichsmaßnahme) eine Erstattung von Aufwendungen für bauliche Schallschutzmaßnahmen vor.

Der von einem Militär- oder Zivilflughafen ausgehende **Fluglärm** kann entsprechend   **296**
– seiner Intensität und Häufigkeit,
– der Nutzung der davon betroffenen Grundstücke und ihrer Vorbelastung sowie
– der Schutzwürdigkeit und Schutzbedürftigkeit
zu einer mehr oder minder großen Verkehrswertminderung führen[147].

Voraussetzung für eine Entschädigung ist, dass   **297**

a) die zugelassene Nutzung des lärmemittierenden Grundstücks die vorgegebene Grundstückssituation nachhaltig verändert und dadurch das benachbarte Wohneigentum **schwer und unerträglich** trifft[148],

b) das Grundstück auf Grund seiner Lage und der damit verbundenen **Vorbelastung** zur Wohnbebauung geeignet war,

c) mit der Lärmbelästigung die **Zumutbarkeitsschwelle** überschritten wird[149].

Eine **Entschädigung für einen Minderwert** des Grundstücks kommt **erst** in Betracht,   **298**
wenn Schutzeinrichtungen keine wirksame Abhilfe versprechen oder unverhältnismäßige Aufwendungen erfordern[150].

Erfolgte der den Entschädigungsanspruch auslösende **Eingriff** auf ein unbebautes Grund-   **299**
stück **noch vor dem Erwerb des Grundstücks,** und macht der neue Eigentümer (nach
dem **Grundstückswechsel**), in dessen Person der Eingriff spürbar wird, den Entschädigungsanspruch geltend, muss er dartun, dass die vom Voreigentümer erlangte Rechtsposition auf ihn übergegangen ist (vgl. § 4 WertV Rn. 405, 562; § 7 WertV Rn. 137 und § 14
WertV Rn. 38 ff.). Ein solcher Rechtsübergang kann stillschweigend erfolgen und kann
angenommen werden, wenn etwa der Kaufpreis dem (um den Wert des Entschädigungsanspruchs erhöhten) Wert des Grundstücks zur Zeit des enteignenden Eingriffs entspricht[151].

Bei der **Bestimmung der Zumutbarkeitsschwelle** ist zu berücksichtigen, dass Fluglärm   **300**
im Unterschied zum Straßenverkehrslärm durch kurzzeitige, verhältnismäßig hohe Schalldrücke sowie bestimmte Frequenzzusammensetzungen gekennzeichnet ist. Hieraus folgt,
dass ein dem äquivalenten Dauerschallpegel entsprechender Zahlenwert nicht ohne weite-

---

145 RdVfg der OFD Düsseldorf vom 1. 12. 1975 – S 3204 A – St 212 – i. V. m. Abschn. 1.7. des GemRdErl. des
Ministeriums für Gesundheit und Soziales NW – III B 2 – 88502 – (III – 4/75), des Ministeriums für Wirtschaft, Mittelstand und Verkehr NW – III/A 3 – 46 – 12 –, und des Innenministeriums NW – V A 4 – 270.312
vom 3. 2. 1975 (MBl. NW 1975, 234)

146 BGH, Beschl. vom 25. 11. 1993 – III ZR 2/93 –, EzGuG 13.130; **Sägewerk:** BGH, Urt. vom 14. 3. 1969 – V
ZR 145/65 –, MDR 1969, 648

147 BGH, Urt. vom 25. 3. 1993 – III ZR 60/91 –, EzGuG 16.35; BGH, Urt. vom 16. 3. 1995 – III ZR 166/93 –,
NJW 1995, 1823 = OVG Hamburg, Beschl. vom 2. 11. 1998 – Bf III 43/96 –, NVwZ-RR 1999, 700; OVG
Hamburg, Urt. vom 13. 12. 1994 – Bs III 376/93 –, DVBl. 1995, 1026 (LS) = HbgJVBl. 1995, 77; BVerwG,
Urt. vom 7. 7. 1978 – 4 C 79/76 u. a. –, EzGuG 13.51, im Anschluss an BVerwG, Urt. vom 21. 5. 1976 – 4 C
80/74 –, EzGuG 13.30; vgl. auch BVerwG, Urt. vom 5. 12. 1986 – 4 C 13/85 –, EzGuG 13.93; ferner: OLG
Düsseldorf, Urt. vom 14. 10. 1974 – 9 U 47/74 –, KdL 1975, 168 = ZLW 1975, 148; OLG Düsseldorf, Urt. vom
8. 5. 1967 – 18 U 268/66 –, EzGuG 13.12; OLG Köln, Urt. vom 14. 11. 1994 – 2 U 76/93 –, EzGuG 13.133

148 BGH, Urt. vom 25. 11. 1991 – III ZR 7/91 –, EzGuG 13.120 b; BGH, Urt. vom 10. 12. 1987 – III ZR 204/86 –,
EzGuG 13.91

149 BGH, Urt. vom 16. 3. 1995 – III ZR 166/93 –, EzGuG 13.134; BGH, Urt. vom 15. 6. 1977 – V ZR 44/74 –,
EzGuG 13.40

150 BGH, Beschl. vom 30. 1. 1986 – III ZR 34/85 –, EzGuG 13.84; BGH, Urt. vom 25. 11. 1991 – III ZR 7/91 –,
EzGuG 13.120 b; BGH, Urt. vom 18. 10. 1979 – III ZR 177/77 –, EzGuG 13.52; BGH, Urt. vom 13. 1. 1977 –
III ZR 6/75 –, EzGuG 13.33; BGH, Urt. vom 20. 3. 1975 – III ZR 215/71 –, EzGuG 13.25

151 BGH, Urt. vom 16. 3. 1995 – III ZR 166/93 –, EzGuG 13.134; BGH, Urt. vom 13. 7. 1984 – III ZR 166/76 –,
EzGuG 18.84; BGH, Urt. vom 2. 2. 1978 – III ZR 90/76 –, EzGuG 18.81; BGH, Urt. vom 13. 12. 1984 – III ZR
175/83 –, EzGuG 6.227; BGH, Urt. vom 6. 2. 1986 – III ZR 96/84 –, EzGuG 18.100; BGH, Urt. vom 17. 4.
1986 – III ZR 202/84 –, EzGuG 13.77

res als Grenze für die Zumutbarkeit gelten kann[152]. Für die Beurteilung der zivilrechtlichen Ansprüche des Eigentümers nach den §§ 906 und 1004 BGB[153] sind deshalb die in § 2 FluglärmschutzG zur Abgrenzung der Schutzzonen im Lärmschutzbereich des Flughafens festgelegten äquivalenten Dauerschallpegel weder als Grenz- noch als Richtwerte geeignet. Vielmehr muss der Spitzenpegel stärker berücksichtigt werden[154].

301 Folgende **Grundsätze** hat das BVerwG[155] herausgestellt:
– Die Anwohner eines internationalen Großflughafens haben keinen Anspruch auf Festlegung eines absoluten Nachtflugverbots.
– Die Planfeststellungsbehörde kann unter Berücksichtigung der Umstände des Einzelfalls die Zumutbarkeitsgrenze in § 9 Abs. 2 LuftVG im Wege des Ausschlusses höherer fluglärmbedingter Schallpegel als 55 dB (A) im Rauminnern bei geschlossenen Fenstern rechtsfehlerfrei festlegen.
– Der in der Rechtsprechung gebilligte Dauerschallpegel (Außenpegel) zur Bestimmung der äußerstenfalls zumutbaren Geräuscheinwirkung durch Straßenverkehr lässt Rückschlüsse auf die Festlegung der Zumutbarkeitsgrenze für Fluglärm nicht zu.
– Die lärmbedingte Verkehrswertminderung ist nicht identisch mit der Höhe der Entschädigung; sie ist allenfalls ein Indiz.
– Ein Entschädigungsanspruch wegen unzumutbarer Lärmeinwirkung auf den Außenbereich ist nicht von vornherein ausgeschlossen, wenn die Lärmbelastung des Innenwohnbereichs durch Schallschutzmaßnahmen auf ein zumutbares Maß gesenkt worden ist.
– Die Frage der Schutzwürdigkeit kann für den Innen- und Außenwohnbereich nicht einheitlich beantwortet werden; vielmehr ist eine Gesamtbetrachtung anzustellen.

302 Im Übrigen bleibt darauf hinzuweisen, dass die **Festlegung eines Bauschutzbereichs** i. S. d. Luftverkehrsgesetzes das Grundstück i. d. R. **von der konjunkturellen Weiterentwicklung** (Vorwirkung, vgl. § 29 WertV Rn. 125 ff.) **ausschließt** und dies ggf. bei der Bemessung der Entschädigung zu berücksichtigen ist[156]. Weitere Rechtsprechung vgl. Fn. 157.

303 **In der steuerlichen Bewertung sind folgende Abschläge üblich** (vgl. RdVfg der OFD Freiburg vom 23. 5. 1986 – S 3204 A; Abb. 27):

Abb. 27: Abschläge nach § 82 Abs. 1 Nr. 1 BewG vom Grundstückswert in der Einheitsbewertung

Art des Flugbetriebs	Lärmschutzzonen nach FluglG u. a.	§ 82 BewG	Höhe des Abschlags
kleiner Verkehrs-, Sport- oder Militärflugplatz		(–)	
großer Verkehrs- oder Militärflughafen ohne An- und Abflug von Düsenflugzeugen	Schutzzone I[a)]	(+)	max. 5%
	Schutzzone II[b)]	(+)	max. 3%
großer Verkehrs- oder Militärflughafen mit An- und Abflug von Düsenflugzeugen	Schutzzone I	(+)	max. 10%
	Schutzzone II	(+)	max. 5%
	Schutzzone „C"[c)]	grds.[d)] (–)	
Tief(st)fluggebiete	75–150 Meter Flughöhe	(+)	ca. 5%
	150–400 Meter Flughöhe	(–)	

a) In der Schutzzone 1 dürfen grundsätzlich keine Wohnungen errichtet werden (§ 5 FluglärmG).

b) In der Schutzzone 2 nur, wenn sie über Schallschutzvorrichtungen verfügen (§ 6 FluglärmG). Schutzzone 1 und 2 sind Zonen mit extremer Fluglärmbelästigung (BFH, Urt vom 4. 8. 1983 – III R 79, 141/81 a –). Ansprüche auf Ersatz der Kosten der Schallschutzmaßnahmen gewährt § 9 FluglärmG für in Schutzzone 1 gelegene Grundstücke. Der Höhe nach ist der Betrag der Aufwendungserstattung auf 100,– DM je Quadratmeter Wohnfläche begrenzt. Darüber hinaus muss sich die Art der Schutzvorrichtungen an die gem. § 7 FluglärmG für verbindlich zu erklärenden Anforderungen halten. Die Grundstückseigentümer in der Schutzzone 2 haben dagegen keinen Anspruch aus § 9 FluglärmG.

Als weitere Anspruchsgrundlage für die Kostenerstattung kommt im Einzelfall § 906 Abs. 2 S. 2 BGB (vgl. BGH, Urt. vom 26. 11. 1980 – V ZR 126/78 –, EzGuG 13.55; BGH, Urt. vom 15. 6. 1977 – V ZR 44/74 –, EzGuG 13.40) oder das Institut des enteignenden Eingriffs (vgl. BGH, Urt. vom 30. 1. 1986 – III ZR 34/85 –, EzGuG 13.84) in Betracht (vgl. Lorenz in DB 1973 Beil. 6).

c) In der sog. Lärmschutzzone C beträgt der äquivalente Dauerschallpegel zwischen 62 dB(A) und 67 dB(A).

d) BFH, Urt. vom 4. 8. 1983 – III R 79, 141/81 –, EzGuG 13.63 a; BFH, Urt. vom 12. 12. 1990 – II R 97/87 –, EzGuG 4.136; BFH, Urt. vom 21. 1. 1992 – VIII R 51/88 –, BFHE 168, 500 = BStBl. II 1993, 3 = DB 1992, 2327 = HFR 1993, 57 = BB 1992, 2067 = WiR 1993 B 15; BFH, Urt. vom 7. 7. 1993 – II R 69/90 –, EzGuG 13.128

Quelle: Günther/Günther in KStZ 1993, 81; vgl. Schlepp in DStZ 1993, 759 und Lück in DStZ 1994, 209

---

152 BGH, Urt. vom 15. 6. 1977 – V ZR 44/74 –, EzGuG 13.40
153 Zur Anwendung BGH, Urt. vom 10. 11. 1972 – V ZR 54/71 –, EzGuG 13.20; BGH, Urt. vom 10. 6. 1977 – V ZR 242/75 –, EzGuG 13.39
154 BT-Drucks. 8/2254, Nr. 5.3; BGH, Urt. vom 26. 11. 1980 – V ZR 126/78 –, EzGuG 13.55; BGH, Urt. vom 16. 3. 1985 – III ZR 166/93 –, EzGuG 13.132; OLG Köln, Urt. vom 14. 11. 1994 – 2 U 76/93 –, EzGuG 13.131
155 BVerwG, Urt. vom 29. 1. 1991 – 4 C 51/89 –, EzGuG 13.117
156 BGH, Urt. vom 29. 4. 1968 – III ZR 141/65 –, EzGuG 16.7; BGH, Urt. vom 29. 4. 1968 – III ZR 177/65 –, EzGuG 16.8
157 **Rechtsprechungsübersicht zum Fluglärm:** BGH, Urt. vom 20. 3. 1975 – III ZR 215/71 –, BGHZ 64, 220 = NJW 1975, 1406 = MDR 1975, 826 = ZMR 1977, 77 = BBauBl. 1975, 420 = JZ 1975, 488 = BB 1975, 488 = BRS Bd. 34 Nr. 165 = EzGuG 13.25; BGH, Urt. vom 10. 11. 1977 – III ZR 166/75 –, MDR 1978, 296 = DVBl. 1978, 110 = DÖV 1978, 213 = DB 1978, 488 = ZMR 1978, 488 = BauR 1978, 391 = BRS Bd. 34 Nr. 164 = ZMR 1979, 200 = DVBl. 1979, 314 = ZMR 1980, 137 = BRS Bd. 34 Nr. 52; BGH, Urt. vom 18. 10. 1979 – III ZR 177/77 –, WM 1980, 680 = MDR 1980, 655 = HdL 58, 157; BGH, Urt. vom 30. 1. 1986 – III ZR 34/85 –, NJW-RR 1986, 1141 = NVwZ 1986, 961 = NJW 1986, 2423 = DWW 1986, 174 = BRS Bd. 53 Nr. 108 = VersR 1987, 379 = EzGuG 13.74; BGH, Urt. vom 30. 1. 1987 – III ZR 34/85 –, ZfSch 1987, 165; BGH, Urt. vom 25. 11. 1991 – III ZR 7/91 –, NVwZ 1992, 404 = VersR 1992, 322 = BRS Bd. 53 Nr. 155 EzGuG 13.120 b; BGH, Urt. vom 27. 5. 1993 – III ZR 59/92 –, BGHZ 12, 363 = NJW 1993, 2173 = MDR 1993, 737 = WiR 1993, 337 = UPR 1993, 343 = ZfBR 1993, 253 = NJ 1993, 431 = VersR 1993, 1012 = NZV 1993, 430 = RdL 1995, 37 = ZfSch 1993, 366; BGH, Urt. vom 25. 3. 1993 – III ZR 60/91 –, BGHZ 122, 76 = WM 1993, 1481 = NJW 1993, 1700 = MDR 1993, 1185 = NVwZ 1993, 811 = WiR 1993, 270 = GE 1993, 583 = UPR 1993, 297 = DVBl. 1993, 1089 = RdL 1995, 45 = HdL 58, 187 = NJ 1993, 431 = EzGuG 16.35; BGH, Urt. vom 27. 5. 1993 – III ZR 59/92 –, BGHZ 12, 363 = NJW 1993, 2173 = MDR 1993, 737 = WiR 1993, 337 = UPR 1993, 343 = ZfBR 1993, 253 = NJ 1993, 431 = VersR 1993, 1012 = NZV 1993, 430 = RdL 1995, 37 = ZfSch 1993, 366; BGH, Urt. vom 16. 3. 1995 – III ZR 166/93 –, BGHZ 129, 124 = WM 1995, 1037 = NJW 1995, 1823 = NVwZ 1995, 928 = MDR 1995, 477 = RdL 1995, 129 = ZfBR 1995, 207 = UPR 1995, 260 = DVBl. 1995, 739 = BBauBl. 1995, 639 = DÖV 1995, 733 = BauR 1995, 532 = AgrarR 1995, 342 = VersR 1996, 105 = JR 1996, 327 = HdL 58, 190 = IBR 1996, 163 = ZUR 1996, 46 und 155 = ZAP EN Nr. 359/95 EzGuG 13.134; BGH, Urt. vom 29. 10. 1998 – III ZR 137/98 –, NJW-RR 1999, 362; OLG Bamberg, Urt. vom 11. / 12. 5. 1982 – 3 U 11/82 –, ZLW 1984, 81; KG Berlin, Urt. vom 22. 12. 1967 – 6 U 761/67 –; OLG Celle, Urt. vom 9. 4. 1992 – 5 U 200/90 –, VersR 1992, 1480 = NdsRpfleger 1992, 176; OLG Hamm, Urt. vom 31. 5. 1983 – 9 U 294/82 –, AgrarR 1984, 137; OLG Koblenz, Urt. vom 6. 5. 1998 – 1 U 1568/93 –, OLGR Koblenz 1998, 297; BVerwG, Urt. vom 5. 3. 1979 –, 11 A 25/95 –, BVerwGE 104, 123 = NVwZ 1998, 513 = UPR 1997, 295 = DVBl. 1997, 831 = NuR 1997, 435 = ZUR 1997, 328; BVerwG, Urt. vom 25. 6. 1982 – 8 C 15/80 –, NJW 1983, 640 = MDR 1983, 80 = DVBl. 1982, 902 = ZMR 1983, 268 = VR 1983, 297 = ZMR 1983, 373 = DST 1983, 440; BVerwG, Urt. vom 29. 1. 1991 – 4 C 51/89 –, BVerwGE 87, 332 = NVwZ-RR 1991, 601 = NVwZ 1992, 166 = DVBl. 1991, 1143 = BayVBl. 1991, 666 = ZLW 1991, 429 = DVBl. 1991, 885 = MDR 1991, 909 = DÖV 1991, 853 = NZV 1992, 45 = NuR 1992, 299 = DST 1991, 567 = EzGuG 13.117; BVerwG, Urt. vom 10. 10. 1998 – 11 A 1/97 –, BVerwGE 107, 313 = NVwZ 1999, 644 = DVBl. 1999, 854 = UPR 1999, 266 = NuR 2000, 31 = ZUR 1999, 173; BVerwG, Urt. vom 29. 12. 1998 – 11 B 21/98 –, NVwZ-RR 1999, 365 = UPR 1999, 226; BayVGH, Urt. vom 27. 7. 1989 – 20 B 81 D.I –, DVBl. 1990, 115 = BayVBl. 1990, 82 = UPR 1990, 39 = NuR 1991, 22; BayVGH, Urt. vom 5. 5. 1996 – 20 B 92.1055 –, NVwZ-RR 1997, 159 = DVBl. 1996, 930 (LS) = VGHE BY 49, 77 = DÖV 1996, 1010 (LS) = ZUE 1997, 275; BayVGH, Urt. vom 4. 1. 1997 – 20 A 92.40134 –, BayVBl. 1998, 756 = ZLW 1999, 536 = UPR 1998, 160; OVG Hamburg, Urt. vom 13. 12. 1994 – Bs III 376/93 –, DVBl. 1995, 1026 (LS) = HmbJVBl. 1995, 77; BFH, Urt. vom 12. 12. 1990 – II R 97/87 –, BFHE 163, 229 = BStBl. II 1991, 196 = BB 1991, 405 = DB 1991, 684 = DWW 1991, 86 = HFR 1991, 324 = DStR 1991, 414 = EzGuG 4.136; BFH, Urt. vom 21. 1. 1992 – VIII R 51/88 –, BFHE 168, 500 = BStBl. II 1993, 3 = DB 1992, 2327 = HFR 1993, 57 = BB 1992, 2067 = WiR 1993 B 15.

7.3.9 Spiel- und Sportlärm

304 Nach gegenwärtiger Rechtslage unterfallen nahezu alle Sportanlagen als nicht genehmigungsbedürftige Anlagen der Vorschrift des **§ 22 Bundes-Immissionsschutzgesetz** (BImSchG).

305 **Als Sportanlagen gelten** dabei ortsfeste Einrichtungen i. S. d. § 3 Abs. 5 Nr. 1 BImSchG, die der Sportausübung dienen[158]. Diese sind dort wie folgt definiert:

„(5) Anlagen im Sinne dieses Gesetzes sind

1. Betriebsstätten und sonstige ortsfeste Einrichtungen,

2. Maschinen, Geräte und sonstige ortsveränderliche technische Einrichtungen sowie Fahrzeuge, soweit sie nicht der Vorschrift des § 38 unterliegen, und

3. Grundstücke, auf denen Stoffe gelagert oder abgelagert oder Arbeiten durchgeführt werden, die Emissionen verursachen können, ausgenommen öffentliche Verkehrswege."

306 Zur Sportanlage zählen auch **Einrichtungen, die mit der Sportanlage in einem engen räumlichen und betrieblichen Zusammenhang stehen.** Zur Nutzungsdauer der Sportanlagen gehören nach § 1 Abs. 3 der 18. BImSchV auch die Zeiten des An- und Abfahrverkehrs sowie des Zu- und Abgangs.

307 Sportanlagen sind so zu errichten und zu betreiben, dass die Immissionsrichtwerte des § 2 Abs. 2 der 18. BImSchV nicht überschritten werden (Abb. 28):

Abb. 28: Tabelle der Immissionsgrenzwerte (IGW) für Sportanlagen

Immissionsrichtwerte (Sportanlagen) – IRW –		
	Tag	**Nacht**
	außerhalb der *innerhalb der* Ruhezeiten Ruhezeiten	

	außerhalb der Ruhezeiten	innerhalb der Ruhezeiten	Nacht
1. in Gewerbegebieten	65 dB (A)	60 dB (A)	50 dB (A)
2. in Kerngebieten, Dorfgebieten und Mischgebieten	60 dB (A)	55 dB (A)	45 dB (A)
3. in allgemeinen Wohngebieten und Kleinsiedlungsgebieten	55 dB (A)	50 dB (A)	40 dB (A)
4. in reinen Wohngebieten	50 dB (A)	45 dB (A)	35 dB (A)
5. in Kurgebieten, für Krankenhäuser und Pflegeanstalten	45 dB (A)	45 dB (A)	35 dB (A)

308 Die **18. BImSchV** schreibt des Weiteren in § 2 vor:

„(3) Werden bei Geräuschübertragung innerhalb von Gebäuden in Aufenthaltsräumen von Wohnungen, die baulich, aber nicht betrieblich mit der Sportanlage verbunden sind, von der Sportanlage verursachte Geräuschimmissionen von mehr als 35 dB(A) tags oder 25 dB(A) nachts festgestellt, hat der Betreiber der Sportanlage Maßnahmen zu treffen, welche die Einhaltung der genannten Immissionsrichtwerte sicherstellen; dies gilt unabhängig von der Lage der Wohnung in einem der in Absatz 2 *(vgl. vorstehende Tabelle)* genannten Gebiete.

(4) Einzelne kurzzeitige Geräuschspitzen sollen die Immissionsrichtwerte nach Absatz 2 tags um nicht mehr als 30 dB(A) sowie nachts um nicht mehr als 20 dB(A) überschreiten; ferner sollen einzelne kurzzeitige Geräuschspitzen die Immissionsrichtwerte nach Absatz 3 um nicht mehr als 10 dB(A) überschreiten.

(5) Die Immissionsrichtwerte beziehen sich auf folgende Zeiten:

1. tags	an Werktagen	6.00 bis 22.00 Uhr,
	an Sonn- und Feiertagen	7.00 bis 22.00 Uhr,
2. nachts	an Werktagen	0.00 bis 6.00 Uhr
	und	22.00 bis 24.00 Uhr,
	an Sonn- und Feiertagen	0.00 bis 7.00 Uhr
	und	22.00 bis 24.00 Uhr,

3. Ruhezeit   an Werktagen   6.00 bis 8.00 Uhr

           und   20.00 bis 22.00 Uhr,

           an Sonn- und Feiertagen   7.00 bis 9.00 Uhr,

                                         13.00 bis 15.00 Uhr

           und   20.00 bis 22.00 Uhr.

Die Ruhezeit von 13.00 bis 15.00 Uhr an Sonn- und Feiertagen ist nur zu berücksichtigen, wenn die Nutzungsdauer der Sportanlage oder der Sportanlagen an Sonn- und Feiertagen in der Zeit von 9.00 bis 20.00 Uhr 4 Stunden oder mehr beträgt.

(6) Die Art der in Absatz 2 bezeichneten Gebiete *(vgl. vorstehende Tabelle)* und Anlagen ergibt sich aus den Festsetzungen in den Bebauungsplänen. Sonstige in Bebauungsplänen festgesetzte Flächen für Gebiete und Anlagen sowie Gebiete und Anlagen, für die keine Festsetzungen bestehen, sind nach Absatz 2 entsprechend der Schutzbedürftigkeit zu beurteilen. Weicht die tatsächliche bauliche Nutzung im Einwirkungsbereich der Anlage erheblich von der im Bebauungsplan festgesetzten baulichen Nutzung ab, ist von der tatsächlichen baulichen Nutzung unter Berücksichtigung der vorgesehenen baulichen Entwicklung des Gebietes auszugehen.

(7) Die von der Sportanlage oder den Sportanlagen verursachten Geräuschimmissionen sind nach dem Anhang zu dieser Verordnung *(hier nicht abgedruckt)* zu ermitteln und zu beurteilen.“

Zur Erfüllung der Pflicht eines Betreibers einer Sportanlage diese so zu errichten und zu **309** betreiben, dass die in der vorstehenden Tabelle (Abb. 28) genannten Immissionsrichtwerte unter **Einrechnung der Geräuschimmissionen anderer Sportanlagen** nicht überschritten werden, hat der Betreiber nach § 3 der 18. BImSchV insbesondere

„1. an Lautsprecheranlagen und ähnlichen Einrichtungen technische Maßnahmen, wie dezentrale Aufstellung von Lautsprechern und Einbau von Schallpegelbegrenzern, zu treffen,

2. technische und bauliche Schallschutzmaßnahmen, wie die Verwendung lärmgeminderter oder lärmmindernder Ballfangzäune, Bodenbeläge, Schallschutzwände und -wälle, zu treffen,

3. Vorkehrungen zu treffen, dass Zuschauer keine übermäßig lärmerzeugenden Instrumente wie pyrotechnische Gegenstände oder druckgasbetriebene Lärmfanfaren verwenden, und

4. An- und Abfahrtswege und Parkplätze durch Maßnahmen betrieblicher und organisatorischer Art so zu gestalten, dass schädliche Umwelteinwirkungen durch Geräusche auf ein Mindestmaß beschränkt werden.“

Weiterhin gelten nach § 5 der 18. BImSchV im Einzelfall **folgende Nebenbestimmungen: 310**

„(1) Die zuständige Behörde soll von Nebenbestimmungen zu erforderlichen Zulassungsentscheidungen und Anordnungen zur Durchführung dieser Verordnung absehen, wenn die von der Sportanlage ausgehenden Geräusche durch ständig vorherrschende Fremdgeräusche nach Nummer 1.4 des Anhangs überlagert werden.

(2) Die zuständige Behörde kann zur Erfüllung der Pflichten nach § 2 Abs. 1 außer der Festsetzung von Nebenbestimmungen zu erforderlichen Zulassungsentscheidungen oder der Anordnung von Maßnahmen nach § 3 für Sportanlagen Betriebszeiten (ausgenommen für Freibäder von 7.00 Uhr bis 22.00 Uhr) festsetzen; hierbei sind der Schutz der Nachbarschaft und der Allgemeinheit sowie die Gewährleistung einer sinnvollen Sportausübung auf der Anlage gegeneinander abzuwägen.

(3) Die zuständige Behörde soll von einer Festsetzung von Betriebszeiten absehen, soweit der Betrieb einer Sportanlage dem Schulsport oder der Durchführung von Sportstudiengängen an Hochschulen dient. Dient die Anlage auch der allgemeinen Sportausübung, sind bei der Ermittlung der Geräuschimmissionen die dem Schulsport oder der Durchführung von Sportstudiengängen an Hochschulen zuzurechnenden Teilzeiten nach Nummer 1.3.2.3 des Anhangs außer Betracht zu lassen; die Beurteilungszeit wird um die dem Schulsport oder der Durchführung von Sportstudiengängen an Hochschulen tatsächlich zuzurechnenden Teilzeiten verringert. Die Sätze 1 und 2 gelten entsprechend für Sportanlagen, die der Sportausbildung im Rahmen der Landesverteidigung dienen.

(4) Bei Sportanlagen, die vor In-Kraft-Treten dieser Verordnung baurechtlich genehmigt oder – soweit eine Baugenehmigung nicht erforderlich war – errichtet waren, soll die zuständige Behörde von einer Festsetzung von Betriebszeiten absehen, wenn die Immissionsrichtwerte an den in § 2 Abs. 2 genannten Immissionsorten jeweils um weniger als 5 dB(A) überschritten werden; dies gilt nicht an den in § 2 Abs. 2 Nr. 5 genannten Immissionsorten.

(5) Die zuständige Behörde soll von einer Festsetzung von Betriebszeiten absehen, wenn infolge des Betriebs einer oder mehrerer Sportanlagen bei seltenen Ereignissen nach Nummer 1.5 des Anhangs Überschreitungen der Immissionsrichtwerte nach § 2 Abs. 2

---

158   Sportanlagenschutzverordnung – 18. BImSchV vom 18. 7. 1991 (BGBl. I 1991, 1588, 1790); vgl. BR-Drucks. 17/91; BR-Unterausschuss Umwelt Sitzungsprot. vom 26. 2. 1991; zur rechtlichen Bedeutung vgl. BVerwG, Urt. vom 12. 8. 1999 – 4 CN 4/98 –, GuG-aktuell 2000, 6 (LS); BVerwG, Beschl. vom 8. 11. 1994 – 7 B 73/94 –, EzGuG 13.132; **Tennisplatz:** OLG Zweibrücken, Urt. vom 4. 2. 1992 – 8 U 103/91 –, EzGuG 13.121; OVG Lüneburg, Beschl. vom 19. 1. 1988 – 1 B 74/87 –, EzGuG 13.92; LG Siegen, Urt. vom 7. 11. 1986 – 2 O 216/85 –, EzGuG 13.82; BVerwG, Beschl. vom 7. 8. 1991 – 7 B 48/91 –, EzGuG 13.120; BVerwG, Urt. vom 19. 1. 1989 – 7 C 77/87 –, EzGuG 13.104; OVG Berlin, Beschl. vom 16. 9. 1988 – 2 S 56/87 –, EzGuG 13.99

1. die Geräuschimmissionen außerhalb von Gebäuden die Immissionsrichtwerte nach § 2 Abs. 2 um nicht mehr als 10 dB(A), keinesfalls aber die folgenden Höchstwerte überschreiten:

tags außerhalb der Ruhezeiten	70 dB(A),
tags innerhalb der Ruhezeiten	65 dB(A),
nachts	55 dB(A),

und

2. einzelne kurzzeitige Geräuschspitzen die nach Nummer 1 für seltene Ereignisse geltenden Immissionsrichtwerte tags um nicht mehr als 20 dB(A) und nachts um nicht mehr als 10 dB(A) überschreiten.

(6) In dem in Artikel 3 des Einigungsvertrages genannten Gebiet soll die zuständige Behörde für die Durchführung angeordneter Maßnahmen nach § 3 Nr. 1 und 2 eine Frist setzen, die bis zu zehn Jahre betragen kann.

(7) Im übrigen Geltungsbereich dieser Verordnung soll die zuständige Behörde bei Sportanlagen, die vor In-Kraft-Treten der Verordnung baurechtlich genehmigt oder – soweit eine Baugenehmigung nicht erforderlich war – errichtet waren, für die Durchführung angeordneter Maßnahmen nach § 3 Nr. 1 und 2 eine angemessene Frist gewähren."

311   Die Beurteilung der **Erheblichkeit von Belästigungen** der Nachbarschaft durch Geräusche (§ 3 Abs. 2 BImSchG) ist weitgehend eine Frage **tatrichterlicher Bewertung:**

    – Nach Auffassung des BVerwG führt die Anwendung der TA-Lärm bei Sportgeräuschen zu keiner zutreffenden Beurteilung des Einzelfalls. Diese Aussage gilt auch für die VDI-Richtlinie 2058.

    – Das BVerwG hat auch die von der Sport- und Umweltministerkonferenz gebilligten LAI-Hinweise i. d. F. vom 8. 5. 1987 aus Rechtsgründen nicht berücksichtigt; es misst ihnen keine normative, für das Gericht verbindliche Wirkung bei, sondern bewertet sie lediglich als Tatsachen.

312   Das BVerwG hat mit seinem Beschl. vom 8. 11. 1994[159] die bislang offene Frage, ob mit der 18. BImSchV (Sportanlagenverordnung) absolute Obergrenzen gesetzt werden oder die Verordnung Freiräume für eine richterliche Bewertung im Einzelfall ließe, dahin gehend entschieden, dass im Interesse der Rechtssicherheit und Vorhersehbarkeit des Ausgangs gerichtlicher Verfahren nunmehr **normativ festgesetzte absolute Grenzen** bestehen. Die bisherige Rechtsprechung[160], die mangels gesetzlich bestimmter Mess- und Berechnungsverfahren für Lärmwerte zur Beurteilung der Erheblichkeit des von Sportanlagen ausgehenden Lärms auf die gesamten Umstände des Einzelfalls mit der Möglichkeit der Einbeziehung nichtnormativer Hinweise[161] abstellt, ist damit insoweit überholt.

313   Ein **von Sportplätzen ausgehender** und mit dem Schutz der Wohnbevölkerung konfligierender **Lärm**[162] kann den Verkehrswert eines Grundstücks mindern. Dies gilt insbesondere für Wohngebiete und unabhängig davon, ob der Nachbar einen Abwehranspruch gegen den Betreiber hat[163].

314   Die für den Abwehranspruch entscheidende Frage der Überschreitung der **Zumutbarkeitsgrenze** von Geräuschen beurteilt sich im öffentlich-rechtlichen Nachbarstreit nach den Maßstäben des § 3 Abs. 1 und des § 22 Abs. 1 BImSchG[164]. § 22 Abs. 1 Nr. 2 BImSchG fordert hierbei, dass nach dem Stand der Technik unvermeidbare schädliche Umwelteinwirkungen auf ein unter dem Gesichtspunkt des nachbarlichen Interessenausgleichs zumutbares Mindestmaß beschränkt werden. Beschränkungen, die der Minderung (nur) erheblicher Belästigungen dienen, dürfen nicht unverhältnismäßig sein.

315   Das BVerwG hat in dem unter Fn. 158 zitierten Urteil vom 19. 1. 1989 ausdrücklich darauf hingewiesen, dass die Erheblichkeitsschwelle i. S. v. § 22 Abs. 1 BImSchG möglicherweise höher liegt, wenn Wohn- und Sportnutzung etwa gleichzeitig entstehen oder wenn gar ein **Wohngebiet an eine bereits bestehende Sportanlage heranrückt.** Dabei ist „die Lästigkeit von Geräuschen um so eher auf der Grundlage eines Mittelungspegels zu bewerten, je gleichmäßiger und gleichförmiger sie sind. Soweit aus dem allgemeinen Grundgeräusch herausragende Einzelgeräusche nivelliert werden, liege dies „in der Natur der Mitteilungsmethode" und sei „bis zu einem gewissen Grade unbedenklich."

316   Als Zeiten besonderer **Ruhebedürfnisse außerhalb der Nachtzeit** (von 22.00 bis 6.00 Uhr) werden im Übrigen die Sonntage und die gesetzlichen Feiertage sowie die Werktage nach 19.00 Uhr angesehen, wobei unter Bezug auf die §§ 2 und 3 der 8. BImSchV für eine Gleichstellung des Samstagnachmittags „kein rechtlicher Grund" gesehen wird.

7.3.10   Manöver- und Schießlärm

Zur **Entschädigungspflicht für Manöverlärm** stellt der BGH maßgeblich auf das ab, was   **317** über die ortsüblichen Einwirkungen hinaus zu einer schweren und unerträglichen Beeinträchtigung führt, wobei im Unterschied zu den Beeinträchtigungen eines Grundstücks auf Grund von Verkehrsgeräuschen hierbei jedoch i. d. R. keine dauernde Lärmbelästigung gegeben ist[165].

Bezüglich des in der Nähe von Truppenübungsplätzen auftretenden Manöver- und Schieß-   **318** lärms kann – je nach Entfernung – mit **Wertabschlägen bis zu 10 v. H. des Grundstücks- werts** gerechnet werden. Entschädigungsansprüche bestehen jedoch nur insoweit, wie das Grundstück nicht vorbelastet ist. Der Eigentümer eines durch Schießlärm von einem Truppenübungsplatz vorbelasteten, aber zumindest für eine vorübergehende Wohnnutzung noch geeigneten und für diesen Zweck mit einem Landhaus bebauten Grundstücks braucht es jedoch nicht entschädigungslos hinzunehmen, dass die Lärmeinwirkung auf Grund von Änderungen des Truppenübungsplatzes oder einer Intensivierung des Übungsbetriebs auch eine vorübergehende Wohnnutzung ausschließt[166].

7.3.11   Geruchsimmission

Auch für Geruchsbelästigungen gilt, dass sie je nach Häufigkeit, Intensität und der Nut-   **319** zung der davon betroffenen Grundstücke zu Wertminderungen führen. Nach § 906 Abs. 1 BGB müssen Geruchsimmissionen insoweit entschädigungslos hingenommen werden, als sie die Benutzung des Grundstücks nicht oder nur unwesentlich beeinträchtigen und nicht

---

159   BVerwG, Beschl. vom 8. 11. 1994 – 7 B 73/94 –, EzGuG 13.130; OVG Münster, Urt. vom 28. 5. 1993 – 21 A 1532/9O –, NVwZ 1994, 1018 = NWVBl. 1994, 18

160   BVerwG, Urt. vom 19. 1. 1989 – 7 C 77/87 –, EzGuG 13.104; BVerwG, Urt. vom 24. 4. 1991 – 7 C 12/90 –, GuG 1991, 284 = EzGuG 13.128

161   LAI-Hinweise „Hinweise zur Beurteilung der durch Freizeitanlagen verursachten Geräusche" (NVwZ 1988, 135); Entwurf einer VDI-Richtlinie 3724; „Hinweise zur Beurteilung der durch Freizeitanlagen verursachten Geräusche" des nds. Umweltministeriums vom 14. 11. 1988 (Nds. MBl. 1989, 23)

162   Zur Beurteilung der VDI-Richtlinie 3724 VGH Mannheim, Urt. vom 27. 4. 1990 – 8 S 1820/89 –, EzGuG 13.123

163   BVerwG, Beschl. vom 8. 11. 1994 – 7 B 73/94 –, EzGuG 13.130; OLG Köln, Urt. vom 11. 5. 1988 – 13 U 246/87 –, EzGuG 13.106; OVG Lüneburg, Beschl. vom 19. 1. 1988 – 1 B 74/87 –, EzGuG 13.102; VG Berlin, Beschl. vom 25. 8. 1987 – 13 A 157,87 –, EzGuG 13.99; BayVGH, Urt. vom 16. 2. 1987 – 14 B 85 A, 3090 –, EzGuG 13.95; LG Siegen, Urt. vom 7. 11. 1986 – 2 O 216/85 –, EzGuG 13.92

164   BVerwG, Urt. vom 19. 1. 1989 – 7 C 77/87 –, EzGuG 13.114 mit Anm. von Battis in Jahrbuch des Umwelt- und Technikrechts UTR Rd. 12/1990; BVerwG, Beschl. vom 30. 1. 1990 – 7 B 162/89 –, EzGuG 13.121; **Grill- platz:** BGH, Urt. vom 5.2.1993 – V ZR 62/91 –, EzGuG 13.124, **Volksfest:** BGH, Urt. vom 23. 3. 1990 – V ZR 58/59 –, EzGuG 13.122; BVerwG, Urt. vom 29. 4. 1988 – 7 C 33/87 –, EzGuG 13.104; BVerwG, Urt. vom 22. 3. 1985 – 4 C 63/80 –, EzGuG 13.72; BVerwG, Urt. vom 21. 6. 1974 – 4 C 14/74 –, EzGuG 13.23; **Imbiss- stube:** BVerwG, Urt. vom 4. 10. 1988 – 1 C 72/86 –, EzGuG 13.100; **Tierlärm:** OLG Düsseldorf, Urt. vom 25. 5. 1966 – 9 U 206/64 – EzGuG 13.9; OLG Düsseldorf, Beschl. vom 11. 4. 1983 – 5 Ss 105/83 –, EzGuG 13.63; **Kirchturmuhr:** BVerwG, Urt. vom 30. 4. 1992 – 7 C 25/91 –, BVerwGE 90, 193 = NJW 1992, 2779 = DVBl. 1992, 1234; **Tankstelle:** BVerwG, Urt. vom 24. 9. 1992 – 7 C 6/92 –, NJW 1993, 342 = DVBl. 1993, 159; Getränkemarkt: BVerwG, Beschl. vom 20. 1. 1989 – 4 B 116/88 –, EzGuG 13.115; **Feuerwehrsirene:** BVerwG, Urt. vom 29. 4. 1988 – 7 C 33/87 –, EzGuG 13.104; **Froschlärm:** BGH, Urt. vom 5. 2. 1993 – V ZR 92/91 –, NJW 1993, 1656; BGH, Urt. vom 20. 11. 1992 – V ZR 82/91 –, BGHZ 120, 239 = VPR 1993, 97; **Biergarten:** OVG Lüneburg, Beschl. vom 7. 11. 1996 – 1 M 5501/96 –, UPR 1997, 157; **Bolzplatz:** VGH Kas- sel, Beschl. vom 24. 11. 1988 – 6 TG 4463/88 –, EzGuG 13.102; BayVGH, Urt. vom 16. 2. 1987 – 14 B 85 A 3090 = EzGuG 13.85; **Zeltplatz:** BGH, Urt. vom 5. 2. 1993 – V ZR 62/91 –, EzGuG 13.126

165   BGH, Urt. vom 24. 11. 1977 – III ZR 153/75 –, EzGuG 13.45; zu Kettenfahrzeugen: BVerwG, Urt. vom 11. 11. 1988 – 4 C 11/87 –, EzGuG 13.101; Schießlärm: BVerwG, Beschl. vom 6. 8. 1982 – 7 B 67/82 –, EzGuG 13.57a; Zur Erstattungsfähigkeit von Belegungsschäden durch sowjetische Streitkräfte BGH, Urt. vom 8. 12. 1994 – III ZR 105/93 –, AgrarR 1995, 338

166   BVerwG, Urt. vom 23. 5. 1991 – 7 C 19/90 –, EzGuG 13.118 a; OVG Lüneburg, Urt. vom 9. 12. 1983 – 7 A 13/82 –, EzGuG 13.65 a

ortsüblich sind[167]. Bei Überschreitung der Zumutbarkeitsgrenze ist sowohl bei vorübergehenden als auch bei dauernden Nutzungsbeeinträchtigungen Entschädigung nach den für
enteignende Eingriffe entwickelten Grundsätzen zu gewähren[168]; dies gilt insbesondere für
geruchsempfindliche Wohngebiete. Umgekehrt kann sich auch der Erlass eines Bebauungsplans, der eine immissionsempfindliche Wohnbebauung vorsieht, auf einen außerhalb
des Plangebiets gelegenen, geruchsintensiven landwirtschaftlichen Betrieb enteignungs-
gleich auswirken, wenn der Betrieb schwer und unerträglich betroffen wird, weil nunmehr
zu seiner Erhaltung notwendige Modernisierungsmaßnahmen unterbleiben müssen[169].

- Wegen der Beeinträchtigungen, die von einer benachbarten Kläranlage an mehr als 50 % der Tage ausgehen, hat
  das OLG Celle[170] als Entschädigung für den dadurch geminderten Verkehrswert 30 % des Verkehrswerts für die
  Wohnfläche und 10 % für die zur Obstlagerung dienende Betriebsfläche anerkannt.
- Geruchsimmissionen eines Schweinemastbetriebs sind in Dorfgebieten dagegen in beschränktem Ausmaß als
  üblich und unvermeidbar entschädigungslos hinzunehmen[171].

320   Den in technischen Regelwerken vorgegebenen Richtwerten kommt zur **Beurteilung der
Zumutbarkeit** nur die Bedeutung eines groben Anhalts zu[172]; dies gilt gleichermaßen auch
für die Technische Anleitung zur Reinhaltung der Luft (TA-Luft).

7.3.12   Staubimmission

321   Ein Grundstück, das auf Grund seiner Nachbarschaftslage z.B. zu einem staubemittieren-
den Gewerbebetrieb Staubeinwirkungen ausgesetzt ist, wird entsprechend dem Umfang,
der Dauer und der Beschaffenheit des Staubs zu einem geminderten Wert gehandelt.

322   Zur Frage eines Ausgleichs- und Entschädigungsanspruchs gegenüber dem Emittenten
kommt es zunächst wiederum auf die **Ortsüblichkeit** und der Art des Gebiets an, in dem
das Grundstück liegt. Zu den Voraussetzungen eines nachbarrechtlichen Ausgleichsanspruchs i.S.d. § 906 Abs. 2 Satz 2 BGB hat der BGH mehrfach Stellung genommen; hierauf wird verwiesen[173].

323   **Maßstab** für die Beurteilung der Beeinträchtigung **ist die TA-Luft[174].**

7.3.13   Elektrosmog

324   Bislang ist **wissenschaftlich ungeklärt geblieben, ob von elektrischen und magneti-
schen Feldern im Bereich von Hochspannungsleitungen und Trafostationen gesundheitliche Auswirkungen ausgehen.** Nach vorliegenden epidemiologischen Untersuchungen können allerdings im Einzelfall Feldstärken auftreten, die Herzschrittmacher stören.
Allgemein wird gleichwohl empfohlen, im Rahmen der Abwägung bei der Planaufstellung
präventiv eine Wohnbebauung sowie Kinderspielplätze nicht unmittelbar unter Hochspannungsleitungen zu planen.

325   Eine **verbindliche normative Regelung zum Schutz vor elektromagnetischen Feldern
gibt es nicht.** Zur Konkretisierung der auf unterschiedliche Gesetze verteilten Regelungen
des Schutzes vor nichtionisierender Strahlung (z.B. BImSchG, Eisenbahngesetz, Fernmel-
degesetz) erarbeitet der BMU den Entwurf einer Verordnung zum Schutz der Bevölkerung
vor elektromagnetischer Strahlung auf der Grundlage der §§ 7 Abs. 1 und 23 Abs. 1 BIm-
SchG. Mit dieser Verordnung sollen Immissionsgrenzwerte für hoch- und niederfrequente
elektromagnetische Felder festgelegt werden, die insbesondere von Mobilfunksendeanla-
gen, Hochspannungs- und Bahnstromleitungen ausgehen. Die Grenzwerte dieser Verordnung werden sich an den Empfehlungen der Internationalen Strahlenschutzvereinigung
(IRPA) und der Deutschen Strahlenschutzkommission (SSK) ausrichten[175].

326   Bis zum In-Kraft-Treten dieser Verordnung empfiehlt es sich, an die **Empfehlungen der
SSK „Elektrische und magnetische Felder im Alltag"** vom 18./19. 4. 1991 zu halten.
Dies entspricht auch der Anregung des Bundesamtes für Strahlenschutz.

Diese Grenzwerte sind niedriger als die der DIN VDE 8048 Teil 4, Okt. 1989. Der Bay.VGH[176] hat in einer Entscheidung zu den 110 kV-Bahnstromleitungen auf diese Empfehlungen der Deutschen Strahlenschutzkommission zurückgegriffen.

Es besteht ein internationaler Konsens, dass bei den **IRPA-Grenzwerten zum Schutz der** **327** **Bevölkerung** – elektrische Feldstärke 5 kV/m und magnetische Flussdichte 100 μT – Gesundheitsbeeinträchtigungen nicht zu besorgen sind.

Dennoch empfiehlt es sich bei Neuplanungen, die Immissionen durch elektromagnetische **328** Felder, denen die Bevölkerung ausgesetzt ist, grundsätzlich möglichst gering zu halten und auch die **IRPA-Grenzwerte nicht voll auszuschöpfen,** da wegen fehlender Kenntnisse die Möglichkeit nachteiliger Folgen für die Gesundheit auch unterhalb dieser international anerkannten Grenzwerte nicht ausgeschlossen werden kann (Belästigung besonders empfindlicher Personen durch das elektromagnetische Feld und indirekte Feldwirkungen, kein sicherer Schutz der Implantatsträger, keine Berücksichtigung möglicher krebserzeugender, krebsfördernder bzw. synergistischer Wirkungen).

Zum Schutz von Implantatträgern vor Energiefeldern sollte im **Aufenthaltsbereich das** **329** **elektromagnetische Feld 2,5 kV/m und die magnetische Flussdichte 10 μT nicht überschreiten.** Um den Ergebnissen der derzeit kontrovers diskutierten epidemiologischen Studien zum Krebsrisiko Rechnung zu tragen, wären zur Minimierung der Exposition Werte von nicht mehr als 0,5 kV/m und einigen μT anzustreben.

Für bestimmte Anlagen bestehen folgende **Grenzwerte:** **330**

a) *Hochfrequenzsender:*
Grenzwerte der DIN/VDE Normenentwurf 0848 Teil 2 (Stand 10/1991)[177]

b) *Hochspannungsleitungen:*
– Grenzwerte der DIN/VDE 0848 Teil 4 (Stand 10/1989) für Hochspannungsleitungen bis zu 400 KV;

---

167 BGH, Urt. vom 19. 2. 1976 – III ZR 13/74 –, EzGuG 13.27; Schrifttum: Gablenz in GuG 1997, 149
168 BGH, Urt. vom 29. 3. 1984 – III ZR 11/83 –, EzGuG 13.78; BGH, Urt. vom 29. 10. 1954 – V ZR 53/53 –, EzGuG 13.1; BGH, Urt. vom 16. 12. 1963 – III ZR 158/62 –, EzGuG 13.5; BGH, Urt. vom 20. 1. 1966 – III ZR 109/64 –, EzGuG 13.8
169 BGH, Urt. vom 28. 6. 1984 – III ZR 35/83 –, EzGuG 13.80; BVerwG, Urt. vom 1. 11. 1974 – 4 C 38/71 –, EzGuG 8.44; Zur Entschädigungspflicht bei polizeibehördlicher Untersagung BGH, Urt. vom 20. 1. 1966 – III ZR 109/64 –, EzGuG 1.8; BVerwG, Urt. vom 25. 2. 1977 – 4 C 22/75 –, EzGuG 13.35; BVerwG, Urt. vom 30. 9. 1983 – 4 C 74/79 –, EzGuG 13.64; BVerwG, Urt. vom 17. 2. 1984 – 7 C 8/82 –, EzGuG 13.66
170 OLG Celle, Urt. vom 8. 4. 1987 – 4 U 98/85 –, EzGuG 13.88
171 BayVGH, Urt. vom 14. 9. 1977 – 11 XV 73 –, EzGuG 13.41; VG Hannover, Urt. vom 4. 10. 1976 – 4 A 4/76 –, EzGuG 13.31; BVerwG, Beschl. vom 10. 5. 1990 – 7 B 57/90 –, EzGuG 13.114; OLG Oldenburg, Urt. vom 20. 11. 1975 – 1 U 165/74 –, RdL 1976, 66 = AgrarR 1976, 75; einen Abschlag von 30% hat der BFH im Urt. vom 30. 1. 1974 – IV R 105/72 –, EzGuG 3.42a anerkannt
172 BVerwG, Beschl. vom 27.1.1994 – 4 B 16/94 –, NVwZ – RR 1995, 6 zur Rinderhaltung; BVerwG, Beschl. vom 15.2.1988 – 7 B 219/87 –, DVBl. 1988, 539
173 BGH, Urt. vom 1. 3. 1974 – V ZR 82/72 –, EzGuG 13.21; BGH, Urt. vom 15. 6. 1967 – III ZR 23/65 –, EzGuG 13.14; BGH, Urt. vom 15. 1. 1971 – V ZR 110/68 –, EzGuG 13.18
174 BGH, Urt. vom 16. 12. 1977 – V ZR 91/75 –, EzGuG 13.47; BVerwG, Urt. vom 17. 2. 1978 – 1 C 102/76 –, EzGuG 13.48
175 BR-Drucks. 12/4453; Parl. Anfrage vom 3. 3. 1993; vgl. Gesetz über die elektromagnetische Verträglichkeit von Geräten (EMVG) i. d. F. der Bekanntmachung vom 30. 8. 1995 (BGBl. I 1995, 1118); vgl. auch Verordnung über elektromagnetische Felder – 26. BImSchV – vom 16. 12. 1996 (BGBl. I 1996, 1966); zuletzt geändert durch Art. 1 Nr. 13 des Gesetzes vom 9. 10. 1996 (BGBl. I 1996, 1498); BT-Drucks. 14/5848; BVerfG, Urt. vom 17. 2. 1996 – 1 BvR 1658/96 –, NJW 1997, 2509 = UPR 1997, 186;
176 VGH München, Urt. vom 27. 1. 1993 – 20 A 92 40093 –, NVwZ 1993, 1121; Eisenschmidt in WuR 1997, 21; VGH Mannheim, Urt. vom 14. 5. 1996 – 105 1/96 –, GuG-aktuell 1997, 22 = NJW 1997, 676 (LS) VGH Kassel, Urt. vom 22. 3. 1993 – 2 A 3300/89 –, NVwZ 1993, 291; VGH München, Urt. vom 27. 1. 1993 – 20 A 92 40093 –, NVwZ 1993, 1121; VGH Mannheim, Urt. vom 14. 5. 1996 – 10 S 1/96 –, NVwZ 1997, 90 = DÖV 1996, 1005
177 BMFT, Vfg. 95/1992 (ABl. des BMFT Nr. 12 vom 1. 7. 1992, S. 275); ABl. – Vfg. 95/1992

– Grenzwerte der IRPA nach Empfehlung der Strahlenschutzkommission „Elektrische und magnetische Felder im Alltag", verabschiedet in der 103. Sitzung am 18./19. 4. 1991.

331 Die empfohlenen **Grenzwerte** sind nachfolgend abgedruckt (Abb. 29):

Abb. 29: Grenzwerte

Nationale und internationale Grenzwerte für 0 Hz bis 30 kHz				
Land	Frequenz f (Hz)	Expositionsgrenzwerte V/m	A/m	mT	Bemerkungen
IRPA (199/Ø) Beruflich Beschäftigte	50–60	10 000	400	0,5	Arbeitszeit
Bevölkerung	50–60	5 000	80	0,1	bis 24 Stunden pro Tag

Nationale und internationale Grenzwerte für die Hochfrequenz				
Land	Frequenz f (MHz)	Expositionsgrenzwerte V/m	A/m	W/m²	Bemerkungen
International IRPA/INIRC 1988	0,1–1	614	1,6/f	–	Dauerexposition während der Arbeitszeit
	1–10	614/f	1,6/f	–	
	10–400	61	0,16	1	
Beruflich Beschäftigte	400–2 000	$3f^{1/2}$	$0,008f^{1/2}$	f/40	
	2 000–300 000	137	0,36	50	
Bevölkerung	0,1–1	87	$0,23/f^{1/2}$	–	Dauerexposition
	1–10	$87/f^{1/2}$	$0,23/f^{1/2}$	–	
	10–400	27,5	0,073	2	
	400–2 000	$1,375/f^{1/2}$	$0,004f^{1/2}$	f/200	
	2 000–300 000	61	0,16	10	

Zur Umrechnung häufig verwendeter Größen sind folgende Angaben oft hilfreich:

1 T (Tesla) = 10 000 G (Gauss);
1 G = 100 µT
1 T$\triangle$ 0,796 = 10^6 A/m; 1 A/m $\triangle$ 1,27 µT
1 mW/cm² = 10 W/m²
1 mW/cm² = 0 dBm
1 µV/m = 0 dBµV/m
1 W/m² = 19,42 V/m = 0,052 A/m
(unter Fernfeldbedingungen)

Größenordnungen:
Frequenz:
1 kHz = 10^3 Hz
1 MHz = 10^3 kHz = 10^6 Hz
1 GHz = 10^3 MHz = 10^6 kHz = 10^9 Hz
elektrisches Feld:
1 kV/m = 10^3 V/m
magnetisches Feld:
1 nT = 10^{-3} µT = 10^{-6} mT = 10^{-3} T
1 µT = 10^{-3} mT = 10^{-6} T
1 mT = 10^{-3} T

332 Ertragsminderung infolge tatsächlichen bzw. vermuteten Elektrosmogs gegenüber „unbelasteten" Grundstücken kann wertmäßig durch **Kapitalisierung des Minderertrags** berücksichtigt werden. Dies ist insbesondere dann in Betracht zu ziehen, wenn die Schwellenwerte der 26. BImSchV überschritten werden, jedoch ist die Kapitalisierung auf den Zeitraum zu beschränken, der durch eine Änderung der emittierenden Anlage vorgegeben ist; darüber hinaus kann i. S. eines **merkantilen Minderwerts** ein weiterer Abschlag in Betracht kommen, wenn nach allgemeinem Marktverhalten mit einem Minderertrag auch weiterhin gerechnet werden muss.

§ 6 WertV
Ungewöhnliche oder persönliche Verhältnisse

(1) ¹Zur Wertermittlung und zur Ableitung erforderlicher Daten für die Wertermittlung sind Kaufpreise und andere Daten wie Mieten und Bewirtschaftungskosten heranzuziehen, bei denen anzunehmen ist, dass sie nicht durch ungewöhnliche oder persönliche Verhältnisse beeinflusst worden sind. ²Die Kaufpreise und die anderen Daten, die durch ungewöhnliche oder persönliche Verhältnisse beeinflusst worden sind, dürfen nur herangezogen werden, wenn deren Auswirkungen auf die Kaufpreise und die anderen Daten sicher erfasst werden können.

(2) Kaufpreise und andere Daten können durch ungewöhnliche oder persönliche Verhältnisse beeinflusst werden, wenn

1. sie erheblich von den Kaufpreisen in vergleichbaren Fällen abweichen,

2. ein außergewöhnliches Interesse des Veräußerers oder des Erwerbers an dem Verkauf oder dem Erwerb des Grundstücks bestanden hat,

3. besondere Bindungen verwandtschaftlicher, wirtschaftlicher oder sonstiger Art zwischen den Vertragsparteien bestanden haben oder

4. Erträge, Bewirtschaftungs- und Herstellungskosten erheblich von denen in vergleichbaren Fällen abweichen.

(3) Eine Beeinflussung der Kaufpreise und der anderen Daten kann auch vorliegen, wenn diese durch Aufwendungen mitbestimmt worden sind, die aus Anlass des Erwerbs und der Veräußerung entstehen, wenn diese nicht zu den üblicherweise vertraglich vereinbarten Entgelten gehören, namentlich besondere Zahlungsbedingungen sowie die Kosten der bisherigen Vorhaltung, Abstandszahlungen, Ersatzleistungen, Zinsen, Steuern und Gebühren.

Gliederungsübersicht   Rn.

1   Allgemeine Grundsätze (Abs. 1)

1 Die Verwendung von Daten, die durch ungewöhnliche oder persönliche Verhältnisse beeinflusst worden sind, führt zu einer Verfälschung des Ergebnisses einer Wertermittlung. Deshalb muss jeder Sachverständige darauf bedacht sein, nur solche Daten in die Wertermittlung eingehen zu lassen, die der Höhe nach nicht durch Besonderheiten beeinflusst worden
sind, die nicht repräsentativ für den gewöhnlichen Geschäftsverkehr i. S. d. § 194 BauGB
sind. **Bevor die zur Wertermittlung zur Verfügung stehenden Daten Verwendung finden, ist daher eine sorgfältige Prüfung dieser Daten angezeigt.** Dies gilt grundsätzlich
und generell für alle in Betracht kommenden Daten, insbesondere

– bei *Anwendung des Vergleichswertverfahrens* für die Vergleichspreise,

– bei *Anwendung des Ertragswertverfahrens* für die anzusetzenden Mieten, Pachten und
   sonstige Nutzungsentgelte ebenso wie für die anzusetzenden Bewirtschaftungskosten
   (§ 18 WertV)[1],

– bei *Anwendung des Sachwertverfahrens* für die anzusetzenden gewöhnlichen Herstellungskosten (einschließlich der tatsächlichen Herstellungskosten nach § 22 Abs.5), der
   Kosten zur Berücksichtigung von Wertminderungen wegen Baumängeln und Bauschäden nach § 24 usw.[2]

▶ *Zur Berücksichtigung bzw. Nichtberücksichtigung „ungewöhnlicher oder persönlicher
   Verhältnisse" vgl. § 194 BauGB Rn. 31 ff.*

2 **§ 194 BauGB unterscheidet zwischen dem Kriterium der „ungewöhnlichen oder persönlichen Verhältnisse"** einerseits **und dem des „gewöhnlichen Geschäftsverkehrs"**
andererseits (ebenso § 3 Abs. 3 WertV).

3 Im bisherigen Recht der WertV 72 ist das Nebeneinander beider Kriterien, nämlich das des „gewöhnlichen
Geschäftsverkehrs" „ohne Rücksicht auf ungewöhnliche oder persönliche Verhältnisse" damit „verwischt" worden,
dass zusammenfassend von **„Besonderheiten"** gesprochen wurde. Diesen in der Praxis auch gängigen Begriff hat
die geltende WertV nicht übernommen; im Weiteren soll der Begriff hier aber Verwendung finden.

4 **Grundsätzlich dürfen also keine Kaufpreise** und auch nicht andere Daten zur Wertermittlung **herangezogen werden, die durch ungewöhnliche oder persönliche Verhältnisse beeinflusst sind.** Dies gilt nicht nur für die Ermittlung des Verkehrswerts. Auch zur
Ableitung von

– Bodenrichtwerten nach § 196 BauGB und

– erforderlichen Daten nach dem Zweiten Teil der WertV

sind nur solche Daten heranzuziehen, die dem gewöhnlichen Geschäftsverkehr entsprechen. Die Heranziehung von Kaufpreisen oder anderen Daten, die durch ungewöhnliche
oder persönliche Verhältnisse beeinflusst sind, würde sonst das Ergebnis verfälschen.

5 § 6 regelt umfassend die **Identifizierung und Behandlung von Daten, die durch ungewöhnliche oder persönliche Verhältnisse beeinflusst sind.** Der Vorschrift kommt nach
dem vorher Gesagten innerhalb der WertV eine Schlüsselrolle zu. Bevor der Sachverständige in die Ermittlung des Verkehrswerts direkt einsteigt, muss er nach Maßgabe dieser
Vorschrift sorgfältig prüfen, welche der ihm zur Verfügung stehenden Daten überhaupt verwendungsfähig sind. Dies kann sich sogar auf die Wahl des Wertermittlungsverfahrens auswirken, nämlich dann, wenn er feststellen muss, dass für ein bestimmtes Verfahren keine
Daten zur Verfügung stehen, deren Heranziehung den Anforderungen des § 6 genügen
kann.

6 **Für die Behandlung von Daten,** insbesondere Vergleichspreisen, **die durch Besonderheiten beeinflusst sein können,** gelten nach § 6 **folgende Grundregeln:**

a) Zur Wertermittlung (im allgemein verstandenen Sinne) dürfen grundsätzlich nur Daten herangezogen werden, von denen anzunehmen ist, dass sie nicht durch Besonderheiten beeinflusst worden sind (§ 6 Abs. 1 Satz 1).

b) Ausnahmsweise dürfen durch Besonderheiten beeinflusste Daten zur Wertermittlung herangezogen werden, nämlich dann, wenn die Auswirkungen der Besonderheiten auf die Höhe des Datums „sicher erfasst werden können" (vgl. § 6 Abs. 1 Satz 2).

Allgemein ist davon auszugehen, dass Kaufpreise – unbeeinflusst von ungewöhnlichen oder persönlichen Verhältnissen – im **gewöhnlichen Geschäftsverkehr** zustande gekommen sind, **wenn keine konkreten Anhaltspunkte oder Verdachtsmomente für das Vorliegen von Besonderheiten gegeben sind.** „Für das Obwalten gemeingewöhnlicher Verhältnisse" spricht allein schon die Vermutung[3]. **7**

Hieraus folgt als **erste Hauptfrage, wann** der Sachverständige i. S. d. § 6 Abs. 1 Satz 1 „annehmen" kann, dass **ein Kaufpreis oder ein anderes Datum nicht durch ungewöhnliche oder persönliche Verhältnisse (Besonderheiten) beeinflusst wurde.** **8**

Konkrete Anhaltspunkte dafür, dass die Höhe eines in Betracht kommenden Vergleichspreises durch ungewöhnliche oder persönliche Verhältnisse beeinflusst sein könnte, können sich aus der Kaufpreissammlung des Gutachterausschusses ergeben. **In den Kaufpreissammlungen der Gutachterausschüsse** waren nämlich nach § 143a Abs. 2 BBauG 76 die **Kaufpreise zu bezeichnen, von denen anzunehmen ist, dass ungewöhnliche oder persönliche Verhältnisse ihre Höhe beeinflusst haben.** Dabei waren auch entsprechende Hinweise auf die Verdachtsmomente zu registrieren. Ob und in welcher Höhe ungewöhnliche oder persönliche Verhältnisse einen zum Preisvergleich geeignet erscheinenden Kaufpreis beeinflusst haben, geht nämlich aus den (nach § 195 Abs. 1 BauGB) dem Gutachterausschuss zu übersendenden Kaufverträgen vielfach nicht hervor; die Vertragsparteien sind auch nicht immer bereit, entsprechende Angaben zu machen. **9**

Die **zweite Hauptfrage, wann Kaufpreise oder andere Daten durch ungewöhnliche oder persönliche Verhältnisse (Besonderheiten) beeinflusst sein *können*,** beantwortet sich aus § 6 Abs. 2. **10**

Grundsätzlich können auch Kaufpreise und andere Daten, von denen anzunehmen ist, dass sie durch ungewöhnliche oder persönliche Verhältnisse beeinflusst worden sind, zum Preisvergleich herangezogen werden. Nach § 6 Abs. 1 Satz 2 ist hierfür Voraussetzung, dass die „Besonderheiten" in ihrer Auswirkung auf den Preis „sicher" erfasst und berücksichtigt werden können. In der Praxis ist die „sichere" Erfassung der Auswirkung nur selten möglich. Wohl auch deshalb dürfen nach der Rechtsprechung des BGH[4] Kaufpreise, die durch ungewöhnliche oder persönliche Verhältnisse „wesentlich" bestimmt sind, nicht zum Preisvergleich herangezogen werden, d.h. sie sind auszuscheiden, denn es komme auf den Wert für „jedermann" an. In den Ausnahmefällen, in denen eine „sichere" Erfassung der Auswirkungen möglich ist, bestehen keine durchgreifenden Bedenken, diese Kaufpreise heranzuziehen[5]. **11**

---

1 § 16 WertV spricht deshalb vom „nachhaltig erzielbaren jährlichen Reinertrag, der Restnutzungsdauer bei „ordnungsgemäßer Unterhaltung"; § 17 WertV spricht zudem von den bei „ordnungsgemäßer Bewirtschaftung" und nachhaltig erzielbaren Einnahmen, die zu Grunde zu legen sind, wenn „keine" oder vom Üblichen abweichende Entgelte" erzielt werden; § 18 WertV definiert als Bewirtschaftungskosten die „bei gewöhnlicher Bewirtschaftung nachhaltig entstehenden" Betriebskosten, Instandhaltungskosten und das Mietausfallwagnis

2 § 22 WertV lässt nur den Ansatz „gewöhnlicher" Herstellungskosten gelten, zu denen nur die „üblicherweise entstehenden Baunebenkosten" gehören

3 Pr. OVG, Urt. vom 22. 3. 1904 – II 561 –, EzGuG 20.7; vgl. auch Pr. OVG, Urt. vom 21. 9. 1899 – IX 24/88 –, EzGuG 20.6

4 BGH, Urt. vom 22. 4. 1982 – III ZR 131/80 –, EzGuG 17.44

5 BR-Drucks. 265/72, S. 9; Danielsen/Rogge in AVN 1922, 188; vgl. auch Vfg. des Pr. FM vom 13. 6. 1919 (PrFMBl. 1919, 252)

2 Identifizierung ungewöhnlicher oder persönlicher Verhältnisse (Abs. 2)

2.1 Allgemeines

12 Abs. 2 ist eine missverständlich formulierte „Kann-Bestimmung", die eine Reihe von **Indizien für das Vorliegen von ungewöhnlichen oder persönlichen Verhältnissen** aufführt. Rechtssystematisch muss zwischen den Indizien nach Nr. 1 und 4 einerseits und denen nach Nr. 2 und 3 andererseits unterschieden werden:

– Die Nrn. 1 und 4 stellen als Indiz eine „**erhebliche**" Abweichung z. B. eines Kaufpreises von den Kaufpreisen in vergleichbaren Fällen heraus, ohne dass ansonsten eine Ursache für das Vorliegen ungewöhnlicher oder persönlicher Verhältnisse bekannt sein muss.

– Die Nrn. 2 und 3 führen beispielhaft eine Reihe von **Indizien für das Vorliegen ungewöhnlicher und persönlicher Verhältnisse auf.** Es handelt sich vornehmlich um Fälle, in denen auf Grund von besonderen Konstellationen zwischen den Vertragsparteien eine Beeinflussung des Kaufpreises möglich oder sogar wahrscheinlich erscheint, keinesfalls jedoch zwangsläufig die Folge sein muss.

13 Nach dem Einleitungssatz „kann" bei beiden Fallgestaltungen eine Beeinflussung des Kaufpreises oder anderer Daten vorliegen. Dies kann zu Missverständnissen führen, denn wenn die in den Nrn. 2 und 3 beschriebenen Konstellationen zwischen den Vertragsparteien bestanden haben, muss dies nicht zwangsläufig auch zu einer Kaufpreisbeeinflussung geführt haben.

14 Selbst wenn z. B. ein Grundstück aus einer Konkursmasse, im Rahmen einer Erbauseinandersetzung oder in einem Zwangsversteigerungsverfahren erworben wurde oder dringende Gründe für einen alsbaldigen Vertragsabschluss vorgelegen haben, muss dies nämlich nicht zwangsläufig zu einem Kaufpreis führen, der von den im gewöhnlichen Geschäftsverkehr erzielbaren Preisen abweicht. So ist z. B. beim **Verkauf zwischen Verwandten** keinesfalls zwangsläufig, dass der Kaufpreis niedriger oder höher ausfällt als im gewöhnlichen Geschäftsverkehr; vielleicht wird sogar gerade zwischen Verwandten der Kaufpreis besonders sorgfältig und marktgerecht ausgehandelt.

15 Im Ergebnis führen die **in Nr. 2 und 3 genannten Indizien** nicht automatisch zu einem Ausscheiden solcher Kaufpreise oder anderer Daten. Sie **begründen** aber einen **konkreten Verdacht**, dass die Kaufpreise oder andere Daten durch ungewöhnliche oder persönliche Verhältnisse beeinflusst worden sind. Diesem Verdacht muss nachgegangen werden, denn für das „Obwalten gemeingewöhnlicher Verhältnisse" spricht in diesen Fällen nicht mehr die Vermutung. In derartigen Fällen ist eher eine Kaufpreisbeeinflussung zu vermuten. Eine dahingehende Prüfung erfolgt nach den unter Nr. 1 und 4 genannten Kriterien.

16 Das **letztlich entscheidende Kriterium für das tatsächliche Vorliegen einer Beeinflussung des Kaufpreises** oder anderer Daten besteht also darin, dass Kaufpreise oder andere Daten, wie z. B. Erträge, Bewirtschaftungs- und Herstellungskosten, „erheblich" von denen in vergleichbaren Fällen abweichen. Ist dies der Fall, so muss das Vorliegen einer Preisbeeinflussung unterstellt werden, auch wenn nach dem Einleitungssatz des § 6 Abs. 2 selbst für diesen Fall eine Beeinflussung (nur) vorliegen „kann".

2.2 Ausschluss „erheblich" abweichender Kaufpreise (Abs. 2 Nr. 1 und 4)

17 Abs. 2 Nr. 1 und 4 stellen als Indiz eine „erhebliche" Abweichung z. B. eines Kaufpreises von den Kaufpreisen in vergleichbaren Fällen heraus, ohne dass ansonsten eine Ursache für das Vorliegen ungewöhnlicher oder persönlicher Verhältnisse bekannt ist. Die Regelung entspricht dem aus der Statistik bekannten „Ausreißerprinzip", dem zumeist im Wege des

„cut off"-Verfahrens Rechnung getragen wird, d. h. **beim Preisvergleich bleiben die sog. Ausreißer** als Vergleichspreise **unberücksichtigt.** Zur Lösung dieses sog. Ausreißerproblems bieten sich vor allem statistische Ausschlussverfahren an, wie sie im Schrifttum ausführlich beschrieben sind[6].

Im gewöhnlichen Geschäftsverkehr streuen die für ein und dasselbe Grundstück ausgehandelten Preise regelmäßig innerhalb einer bestimmten Bandbreite. Erst wenn die Besonderheiten „erheblich" zu einer vom Üblichen abweichenden Preisvereinbarung geführt haben, wird man von einem ungewöhnlichen Geschäftsverkehr sprechen können, der also durch ungewöhnliche oder persönliche Verhältnisse mitbestimmt wird. Nach § 6 Abs. 2 Nr. 1 und 4 sind deshalb nur „erhebliche" Abweichungen eines Kaufpreises oder anderer Daten von denen vergleichbarer Fälle Beleg für das Vorliegen von Besonderheiten. **„Erheblich" ist ein unbestimmter Rechtsbegriff,** der nach den Gegebenheiten des Einzelfalls auszulegen ist. In Gebieten mit homogenen Wertverhältnissen, in denen für Käufer und Verkäufer überschaubare Verhältnisse bestehen, ist die Bandbreite der dem gewöhnlichen Geschäftsverkehr zurechenbaren Kaufpreise enger zu ziehen als in Gebieten mit unübersichtlichen Marktverhältnissen, sei es, dass die Unübersichtlichkeit auf fehlende Vergleichsfälle oder auf die Unterschiedlichkeit der gehandelten Objekte zurückzuführen ist.   18

Wann eine Abweichung „erheblich" i. S. d. § 6 Abs. 2 Nr. 1 und 4 ist, beurteilt sich vor allem aus der Anzahl und der Streuung der zur Verfügung stehenden „vergleichbaren Fälle". In der Rechtsprechung werden Abweichungen von Kaufpreisen von 10 % und mehr als üblich angesehen[7]. Des Weiteren ist in der Rechtsprechung auch anerkannt, bei der Würdigung von Grundstücksverkäufen sowohl den niedrigsten als auch den höchsten Kaufpreis außer Acht zu lassen, „da Erlöse aus Grundstücksverkäufen, deren Höhe durch besondere Umstände nach oben oder unten beeinflusst werden, außer Betracht bleiben müssen"[8]. Bezüglich Mietzinsen sind Abweichungen von 25 % als unzulässige Überschreitung bezeichnet worden[9].   19

In der Praxis hat es zur Lösung dieses sog. „Ausreißerprinzips" Bemühungen gegeben, auf der Grundlage von Kaufpreisanalysen zu Erfahrungswerten zu kommen, mit denen die von ungewöhnlichen oder persönlichen Verhältnissen beeinflussten Kaufpreise identifiziert werden können. Genannt werden **Abweichungen bis zu ± 15 % von Kaufpreisen „völlig gleichartiger Objekte",** ohne dass ungewöhnliche oder persönliche Verhältnisse vorgelegen haben. Derartigen Werten kann nur die **Bedeutung einer „Faustformel"** beigemessen werden, da es auf feste Prozentzahlen allein nicht ankommen kann, sondern die Homogenität bzw. Heterogenität des Grundstücksmarktes sowie das tatsächliche Marktgeschehen nicht außer Betracht gelassen werden darf. Daher ist dem statistischen Ausschlussverfahren auf der Grundlage statistischer Vertrauensgrenzen der Vorzug zu geben. Hierzu wird auf die Standardabweichung des sich aus den zur Verfügung stehenden Daten ergebenden Mittels zurückgegriffen. In dieser Standardabweichung kommen die jeweils vorherrschenden Marktverhältnisse (Überschaubarkeit usw.) zum Ausdruck, so dass mit diesem Verfahren den Verhältnissen des Einzelfalls Rechnung getragen werden kann. Das Verfahren wird in den Vorbem. zum Vergleichswertverfahren unter Rn. 55, 78 ff. erläutert.   20

▶ *Zum Verfahren vgl. das Beispiel in den Vorbem. zu den §§ 13 f. WertV unter Rn. 70 ff.*

---

6 Gerardy, Praxis der Grundstücksbewertung, 2. Aufl. 1975, S. 159 ff.
7 BGH, Urt. vom 30. 5. 1963 – III ZR 230/61 –, EzGuG 8.8; von „maßlos übersetzten" Preisen spricht der BGH in seinem Urt. vom 28. 5. 1976 – V ZR 170/74 –, EzGuG 19.26; ferner LG Hamburg, Urt. vom 31. 10. 1960 – 10 O 30/60 –, EzGuG 18.15
8 BGH, Beschl. vom 2. 7. 1968 – V BLw 10/68 –, EzGuG 19.14, vgl. auch BVerwG, Urt. vom 9. 6. 1959 – 1 C 27/58 –, EzGuG 17.13; LG Koblenz, Urt. vom 20. 2. 1978 – 4 O 49/77 –, EzGuG 20.72, BGH, Urt. vom 28. 5. 1976 – V ZR 170/74 –, EzGuG 19.29
9 LG Mannheim, Urt. vom 5. 9. 1975 – 4 S 85/75 –, EzGuG 3.56a; von einem auffälligen Missverhältnis bei Überschreitung von 50 % spricht das LG Darmstadt, Urt. vom 14. 1. 1972 – 2 KLS 2/71 –, EzGuG 3.38 a

3   Rechtsprechungsübersicht

21 **In der Rechtsprechung wurden** zur Frage des Vorliegens ungewöhnlicher oder persönlicher Verhältnisse **folgende Grundsätze** entwickelt:

1) Es gibt keinen Erfahrungssatz des Inhalts, dass die **unter dem Druck einer Enteignung ausgehandelten** Preise unangemessen sind[10].

2) **Überhöhte Angebote zum Zwecke des zügigen Erwerbs** und zur Vermeidung einer Enteignung stellen keine echten Vergleichspreise im freien Grundstücksverkehr dar[11].

3) Im Rahmen des Vergleichswertverfahrens können grundsätzlich auch **Preise** berücksichtigt werden, **die von der öffentlichen Hand bezahlt worden sind**[12]; a. A. zuvor die unteren Gerichte. So hat das OLG Frankfurt am Main noch 1980 entschieden, dass die Beteiligung der öffentlichen Hand an den zum Vergleich herangezogenen Grundstücksveräußerungsverträgen weder aus haushaltsrechtlichen noch aus sonstigen Gründen die Gewähr dafür biete, dass der Verkehrswert objektiv ermittelt und den Verträgen zu Grunde gelegt worden sei[13].

4) **Vorzugspreise**, die eine Gemeinde Erwerbern vergleichbarer Grundstücke **aus ansiedlungspolitischen Gründen** einräumt, sind nur zu berücksichtigen, wenn die Gemeinde dadurch nachhaltig über eine längere Zeit und mit etwa gleichbleibenden Beträgen in das Marktgeschehen eingreift[14]; in einer anderen Entscheidung heißt es dagegen apodiktisch, dass **massive Verkäufe von gemeindeeigenen Bauplätzen zum Selbstkostenpreis** bei der Wertermittlung voll zu berücksichtigen seien[15]. Eine Berücksichtigung von Kaufpreisen verbilligt auf den Markt „geworfener" Grundstücke ist im Hinblick auf die Verkehrswertdefinition nur dann zulässig, wenn diese vom Umfang her das Marktgeschehen dämpfend beeinflussen konnten.

5) Persönliche Verhältnisse liegen vor bei Kaufpreisen, die ein und derselbe Käufer für **Grundstücke** im freien Verkehr gezahlt hat, **von deren Ankauf andere Bewerber** aus tatsächlichen Gründen **ausgeschlossen waren**[16].

6) Ungewöhnliche Verhältnisse liegen vor, wenn die öffentliche Hand im Interesse der **Realisierung einer leistungsfähigen Infrastrukturmaßnahme** ein Grundstück unter Wert veräußert[17].

7) Schon wegen der **Beteiligung der öffentlichen Hand an Grundstücksverkäufen** bestehen Bedenken, ob die ausgewiesenen Preise das Ergebnis eines freien Grundstücksmarktes sind. Grundstücksveräußerungen dieser Art richten sich nicht immer nach dem Gesetz von Angebot und Nachfrage, sondern nach den jeweils zu erfüllenden öffentlichen Aufgaben und dem Verständnis des Partners für diese Aufgabe[18].

8) Es ist nicht zu beanstanden, wenn **Vergleichspreise** mit der Begründung unberücksichtigt bleiben, dass **in nahezu sämtlichen Fällen die Stadt als Käufer** aufgetreten und ein anderer Erwerber nicht in Betracht gekommen sei[19].

9) Bei der Ermittlung von Preisen, die beim Verkauf vergleichbarer Grundstücke erzielt worden sind, dürfen nicht ausschließlich Grundstücke herangezogen werden, die der **Enteignungsbegünstigte zur Durchführung eines größeren Bauvorhabens** gekauft hat, weil insofern eine Monopolstellung des Enteignungsbegünstigten besteht[20].

10) Ungewöhnliche Verhältnisse liegen nicht vor, wenn sowohl auf Verkäuferseite als auch auf Käuferseite ein **kleiner Kreis von Interessenten** (eingeschränkter Interessentenkreis) in Betracht kommt und damit nicht für jedermann überschaubare Verhältnisse gegeben sind (vgl. § 194 Rn. 37 ff.)[21].

11) Ungewöhnliche Verhältnisse liegen vor, wenn **auf politische Ereignisse zurückzuführende vorübergehende Preisveränderungen** eingetreten sind und die Auswirkungen der die Preise beeinflussenden Umstände bei nüchterner Beurteilung der Lage auf dem Grundstücksmarkt bereits im maßgeblichen Zeitpunkt als nur vorübergehend erkennbar waren[22].

12) Der Verkehrswert kann nicht aus (zeitnahen) **Verkaufsfällen für Teilflächen** abgeleitet werden, weil es sich insoweit nicht um einen Verkauf im gewöhnlichen Geschäftsverkehr handelt, denn bei der Veräußerung von Grundstücksteilflächen kommt nur ein eng begrenzter Personenkreis als Vertragspartner in Betracht[23].

13) Bei gelegentlichen **Verkäufen** unbebauter Teilflächen **zwischen Nachbarn** liegen „bereits im Kern" ungewöhnliche Verhältnisse vor, die beim Vergleich unberücksichtigt bleiben müssen[24].

14) Der bei einer **öffentlichen Versteigerung** erzielte Preis hat nach Auffassung des Pr. OVG die Vermutung für sich, dass er den gemeinen Wert (Verkehrswert) des Grundstücks darstellt[25]; anders dagegen das LG Koblenz, nach dem erfahrungsgemäß bei einer Versteigerung ungewöhnliche Wertkriterien eine Rolle spielen, die keine Schlüsse auf den Verkehrswert zulassen[26].

15) Ungewöhnliche Verhältnisse liegen vor, wenn ein Grundstück in einem **Zwangsversteigerungsverfahren** erworben wird[27].

16) Ungewöhnliche Verhältnisse liegen bei einem Erwerb des Grundstücks in einem **Konkursverfahren** (Insolvenz) vor[28].

17) „Ohne Rechtsirrtum hat das OLG bei der Würdigung der Grundstückskäufe sowohl den **niedrigsten** wie auch den **höchsten Kaufpreis** außer Acht gelassen, da Erlöse aus Grundstücksverkäufen, deren Höhe durch besondere Umstände nach oben oder unten beeinflusst wurde, außer Betracht bleiben müssen"[29].

---

10 BGH, Urt. vom 28. 4. 1966 – III ZR 24/65 –, EzGuG 19.9; BGH, Urt. vom 12. 10. 1970 – III ZR 117/67 –, EzGuG 2.10; BGH, Urt. vom 1. 7. 1982 – III ZR 10/81 –, EzGuG 4.86; vgl. zu alledem auch BR-Drucks. 265/72, zu § 4 Abs. 3 c

11 LG Koblenz, Urt. vom 5. 11. 1979 – 4 O 11/79 –, EzGuG 19.35 b

12 BGH, Urt. vom 1. 7. 1982 – III ZR 10/81 –, EzGuG 4.86; a. A. OLG Frankfurt am Main, Urt. vom 20. 3. 1980 – 1 U 198/77 –, EzGuG 19.35 a; vgl. Frohberger, Nachr. der rh.-pf. Kat.- und VermVw. 1983, 96 ff. und 118 ff.

13 OLG Frankfurt am Main, Urt. vom 20. 3. 1980 – 1 U 198/77 –, EzGuG 19.35 a; differenziert: OLG München, Urt. vom 26. 6. 1969 – U 1/66 –, EzGuG 19.18.

14 BFH, Urt. vom 8. 9. 1994 – IV R 16/94 –, GuG 1995, 313 = EzGuG 19.43; BGH, Urt. vom 24. 3. 1977 – III ZR 32/75 –, EzGuG 6.190

15 OVG Münster, Urt. vom 26. 3. 1981 – 2 A 196/81 3 K –, EzGuG 19.37; zur Rolle der öffentlichen Hand am Bodenmarkt vgl. Schäfer/Roth/Stirnemann, Nationales Forschungsprogramm der Schweiz „Boden", Liebefeld-Bern 1990

16 KG Berlin, Urt. vom 3. 4. 1956 – 9 U 2425/55 –, EzGuG 20.19

17 BGH, Urt. vom 5. 4. 1973 – III ZR 74/72 –, EzGuG 2.12

18 OLG Frankfurt am Main, Urt. vom 20. 3. 1980 – 1 U 198/77 –, EzGuG 19.35 c

19 BGH, Urt. vom 22. 4. 1982 – III ZR 131/80 –, EzGuG 17.44

20 KG Berlin, Urt. vom 3. 4. 1956 – 9 U 2425/55 –, EzGuG 20.19

21 BFH, Urt. vom 23. 2. 1979 – III R 44/77 –, EzGuG 19.35; RFH, Urt. vom 13. 9. 1929 – I Ab 734 –, StuW 1930, 134

22 BGH, Urt. vom 31. 5. 1965 – III ZR 214/63 –, EzGuG 19.8; vgl. auch OLG Köln, Beschl. vom 3. 5. 1962 – 4 W 7/62 –, EzGuG 20.30; BGH, Urt. vom 1. 4. 1992 – XII ZR 142/91 –, EzGuG 20.139a; BGH, Urt. vom 23. 10. 1985 – IV b ZR 62/84 –, EzGuG 20.110b; BFH, Urt. vom 6. 5. 1977 – III R 17/75 –, EzGuG 19.32; BGH, Urt. vom 14. 2. 1975 – IV ZR 28/73 –, NJW 1975, 1123 = MDR 1975, 562

23 BFH, Urt. vom 26. 9. 1980 – III ZR 21/78 –, EzGuG 20.86 –; OLG Hamburg, Urt. vom 6. 10. 1965 – 1 U 197/64 –, EzGuG 18.31; OLG Hamburg, Urt. vom 24. 4. 1970 – 1 U 17/69 –, EzGuG 18.50

24 BGH, Urt. vom 26. 10. 1972 – III ZR 78/71 –, EzGuG 18.57

25 Pr. OVG, Urt. vom 28. 1. 1887, EzGuG 20.1; PrOVG, Urt. vom 8. 12. 1899 – II 1479 –, PrVerwBl. 21, 599; PrOVG, Urt. vom 12. 10. 1900 – II 1334 –, PrVerwBl. 22, 265

26 LG Koblenz, Urt. vom 1. 10. 1979 – 4 O 11/79 –, EzGuG 19.35 b

27 BGH, Urt. vom 19. 3. 1971 – V ZR 153/68 –, EzGuG 19.24; LG Koblenz, Urt. vom 1. 10. 1979 – 4 O 11/79 –, EzGuG 19.35 b –; hierzu Kleiber in Ernst/Zinkahn/Bielenberg, BauGB, Komm. zu § 195 Rn. 22 ff.; auch Wieting in Nachr. der nds. Kat.- und VermVw 1987, 195; RFH, Urt. vom 10. 4. 1930 – III A 567/30 –, RStBl. 1930, 298; RFH, Urt. vom 27. 7. 1938 – III 322/37 –, EzGuG 8.1c; BVerfG, Beschl. vom 7. 12. 1977 – 1 BvR 734/77 –, EzGuG 19.33

28 RFH, Urt. vom 17. 4. 1928 – II A 96 –, StuW 1928, 639; BayObLG, Beschl. vom 8. 4. 1998 – 3 Z BR 324/97 –, EzGuG 19.45 a

29 BGH, Urt. vom 2. 7. 1968 – V BLw 10/68 –, EzGuG 19.14; BGH, Urt. vom 13. 7. 1978 – III ZR 112/75 –, EzGuG 19.34

18) **Schwarzmarktpreise** selbst in erheblichem Umfang gelten als durch ungewöhnliche Verhältnisse beeinflusst[30].

19) **Reine Spekulationskäufe,** „Liebhabereien" und Affektionsinteressen sind bei der Ermittlung von Verkehrswerten nicht berücksichtigungswürdig[31].

20) **Erhöhte Grundstückspreise,** die ein Apotheker gezahlt hatte, **um den Zuzug eines Konkurrenten zu verhindern** oder die von einem Industriebetrieb zur besseren Sicherung seines Wassergewinnungsrechts aufgewendet worden waren, dürfen nicht ohne weiteres als Vergleichspreise herangezogen werden[32].

21) Ungewöhnliche Verhältnisse liegen vor, wenn ein „Wassergewinnungsunternehmen" zur Vermeidung von Vorgängen, die der Wassergewinnung abträglich sein können, oder zur **Ausschaltung von Entschädigungsrisiken** überhöhte Kaufpreise entrichtet hat[33].

22) Die Bezahlung des vollen **Kaufpreises als Barzahlung** in Zeiten der Geldknappheit kann für die Ermittlung des Verkehrswerts nicht „entscheidend" sein[34].

23) **Besondere Zahlungsbedingungen** sind nicht zwangsläufig als ungewöhnliche Verhältnisse anzusehen; sie müssen bei dem Preisvergleich aber entsprechend berücksichtigt werden, z. B. durch Kapitalisierung von Ratenzahlungen[35]. Eine Kaufpreisbeeinflussung kann allerdings dann vorliegen, wenn die Zahlungsbedingungen von den üblicherweise vertraglich vereinbarten Entgelten abweichen (vgl. § 6 Abs. 3 WertV).

24) Ein **unter dem Zwang besonderer Umstände geschlossener langfristiger Miet- und Pachtvertrag** über ein unbebautes als Bauland bewertetes Grundstück ist bei der Ermittlung des gemeinen Werts zu berücksichtigen, wenn seine Auswirkungen der Verwertung des Grundstücks als Baugelände hinderlich sind und dessen Veräußerungswert beeinträchtigen. Es handelt sich insoweit nicht um außergewöhnliche oder persönliche Verhältnisse im Sinne des § 10 Abs. 2 letzter Satz BewG[36].

25) Der BFH hält an der Auffassung des RFH im Urt. vom 25. 5. 1938 – III – 9/38 – fest, dass die **Verfügungsbeschränkungen des Heimstätters,** insbesondere seine preisliche Bindung bei Ausübung des Wiederkaufsrechts durch den Ausgeber der Heimstätte nach § 15 Abs. 1 RHeimstG, bei der Einheitsbewertung der Heimstätte als ungewöhnliche oder persönliche Verhältnisse i. S. d. § 10 Abs. 2 Satz 3 BewG nicht zu berücksichtigen sind[37].

26) Unter **gesetzeswidriger Umgehung von Preisvorschriften** zustande gekommene Kaufpreise sind nicht dem gewöhnlichen Geschäftsverkehr zurechenbar[38].

22   Weitere Grundsätze zur Berücksichtigung ungewöhnlicher oder persönlicher Verhältnisse sind in der **Rechtsprechung zur Kostenordnung** entwickelt worden, die allerdings nicht ohne weiteres auf die Verkehrswertermittlung übertragbar sind[39].

4 Berücksichtigung ungewöhnlicher Aufwendungen bei der Bemessung von Kaufpreisen (Abs. 3)

23   Der Verordnungsgeber stellt mit Abs. 3 fest, dass eine Beeinflussung des Kaufpreises oder anderer Daten vorliegen kann, wenn die Kaufpreise anlässlich des Grundstückserwerbs durch „Aufwendungen mitbestimmt worden sind, und ... wenn diese nicht zu den üblicherweise vertraglich vereinbarten Entgelten gehören". Dieser Feststellung wird man auch nicht widersprechen können, soweit es sich um Aufwendungen handelt, die üblicherweise zu den vertraglich vereinbarten Entgelten zu rechnen sind. Die Beeinflussung des Kaufpreises kann in beiden Fällen per se eigentlich nicht zur Feststellung führen, dass hier nicht ein gewöhnlicher Geschäftsverkehr vorliegt, denn grundsätzlich müssen alle besonderen Umstände des Grundstücks sowie Zahlungsbedingungen bei der Preisbildung berücksich-

tigt werden. Eine **Beeinflussung des Kaufpreises auf Grund besonderer Zahlungsbedingungen** (vgl. Rn. 21 Ziff. 23) ist deshalb grundsätzlich dem gewöhnlichen Geschäftsverkehr
zuzurechnen[40]. Dies gilt insbesondere für den Fall der Verrentung eines Kaufpreises (Rn.
28 ff.). Als Vergleichspreis kann in derartigen Fällen allerdings i. d. R. nur der Kapitalwert
der Rente herangezogen werden[41]. Erst wenn sich zeigt, dass der Kapitalwert von Vergleichspreisen i. S. d. § 6 Abs. 2 Nr. 1 „erheblich" abweicht, müssen „ungewöhnliche oder
persönliche Verhältnisse" unterstellt werden, die i. d. R. nach Abs. 1 Satz 2 dazu führen, dass
dieser Vergleichspreis nicht zur Wertermittlung herangezogen werden kann.

Neben den **besonderen Zahlungsbedingungen** nennt Abs. 3   **24**
– die Kosten der bisherigen Vorhaltung (des Grundstücks),
– Abstandszahlungen,
– Ersatzleistungen,
– Zinsen,
– Steuern und Gebühren.

Die Begründung[42] dieser Vorschrift nennt darüber hinaus
– den Kapitaldienst für Fremdmittel und
– den entgangenen Gewinn für investierte Eigenmittel.

Insbesondere die **Vorhaltekosten** (Kapitaldienst, ggf. auch ein entgangener Gewinn)   **25**
beeinflussen im gewöhnlichen Geschäftsverkehr i. d. R. nicht die Höhe des Kaufpreises.
Gelingt es im Einzelfall z. B. dem Verkäufer, diese Kosten zusätzlich auf den Erwerber zu
überwälzen, so führt dies im Ergebnis dazu, dass dieser Kaufpreis von denen vergleichbarer Fälle abweicht. Der Kaufpreis wäre ggf. nach Maßgabe der Abs. 1 und 2 zu behandeln;
der Regelung des Abs. 3 kommt insofern allenfalls klarstellende Bedeutung zu.

Fazit: Die in Abs. 3 genannten Fälle der Beeinflussung des Kaufpreises stellen nur dann   **26**
„ungewöhnliche oder persönliche Verhältnisse" dar, wenn sie in einer nicht dem gewöhnlichen Geschäftsverkehr entsprechenden Höhe den Kaufpreis beeinflussen, d. h. die Kaufpreisbeeinflussung nicht marktorientiert ist. Als Vergleichspreise können die Kaufpreise
nur herangezogen werden, wenn die Besonderheiten der Höhe nach berücksichtigt werden
können. Diesbezüglich gelten die Ausführungen unter Rn. 6, 12 entsprechend.

▸ *Zur Berücksichtigung außergewöhnlicher Sicherungs- und Verwertungsrechte vgl. § 1*   **27**
WertV Rn. 29 ff. und Teil VII Rn. 532 ff.

---

30 BFH, Urt. vom 3. 4. 1964 – III 293/61 –, EzGuG 19.7 a
31 BGH, Urt. vom 1. 7. 1982 – III ZR 10/81 –, EzGuG 4.86; BGH, Urt. vom 8. 11. 1962 – III ZR 86/61 –, EzGuG
    8.5; BVerwG, Urt. vom 9. 6. 1959 – 1 CB 27/58 –, EzGuG 17.13; BFH, Urt. vom 14. 12. 1976 – VIII R 99/72 –,
    EzGuG 19.31; BGH, Urt. vom 28. 5. 1976 – V ZR 170/74 –, EzGuG 19.29
32 BGH, Urt. vom 12. 5. 1975 – III ZR 187/72 –, EzGuG 19.27
33 OLG Köln, Urt. vom 16. 8. 1973 – 7 U 18/73 –, EzGuG 119.25 a
34 RFH, Urt. vom 30. 6. 1932 – III A 173/32 –, StuW 1932 Teil II Nr. 939 mit Anm. von Seweloh in StuW 1932 Teil
    I S. 1250; RFH, Urt. vom 24. 9. 1930
35 Dieterich in Ernst/Zinkahn/Bielenberg, BauGB § 194 Rn. 43; a. A. Gelzer/Busse, Der Umfang der Enteignungs-
    entschädigung, München 1980, 2. Aufl. Rn. 98
36 BFH, Urt. vom 14. 8. 1953 – III 33/53 U –, EzGuG 20.16 a
37 BFH, Urt. vom 28. 10. 1955 – III 92 und 106/55 S –, EzGuG 14.4
38 BFH, Urt. vom 3. 4. 1964 – III 293/61 –, EzGuG 19.7 a
39 BayObLG, Beschl. vom 9. 7. 1998 – 3 Z BR 8/98 –, GuG 1999, 119 = EzGuG 19.46 zu Verfügungsbeschränkungen
40 BFH, Urt. vom 29. 10. 1970 – IV R 141/67 –, EzGuG 19.22; BFH, Urt. vom 20. 11. 1969 – IV R 22/68 –,
    EzGuG 19.19
41 Zur Ermittlung vgl. Heubeck in DNotZ 1978, 643; vgl. auch BFH, Urt. vom 29. 10. 1970 – IV R 141/67 –,
    EzGuG 19.22; BFH, Urt. vom 24. 4. 1970 – III R 54/67 –, EzGuG 19.21; BFH, Urt. vom 20. 11. 1969 – IV R
    22/68 –, EzGuG 19.19; BFH, Urt. vom 2. 12. 1971 – III R 14/66 –, BStBl. II 1970, 368; BFH, Urt. vom 3. 10.
    1969 – III R 90/66 –, EzGuG 19.18a; BFH, Urt. vom 29. 3. 1962 – VI 105/61 U –, EzGuG 14.14a; RFH, Urt.
    vom 8.10. 1936 – III A 131/36 –, RStBl. 1936, 1126; BGH, Urt. vom 12. 1. 1968 – V ZR 187/64 –, EzGuG
    19.12; BGH, Urt. vom 19. 6. 1962 – VI ZR 100/61 –, EzGuG 19.7; BGH, Urt. vom 1. 6. 1990 – V ZR 84/89 –,
    EzGuG 19.40
42 BR-Drucks. 352/88, S. 43

5 Verrentung von Kaufpreisen; Leib- und Zeitrente

5.1 Allgemeines

28 Im Falle einer **Verrentung des Kaufpreises ist zu unterscheiden zwischen Zeitrenten und Leibrenten**:

– Bei einer nicht personengebundenen *Zeitrente* endet die Zahlung der Rente zu einem vertraglich genau festgelegten Zeitpunkt; dies gilt auch dann, wenn die berechtigte Person innerhalb des Zeitraums stirbt; rentenberechtigt ist ggf. der Erbe oder mehrere Erben (terminierte Laufzeit).

– Bei einer personengebundenen *Leibrente* endet die Zahlungsverpflichtung durch den Tod des oder der Berechtigten; über den Zeitpunkt lassen sich auf der Grundlage von Sterbetafeln nur Vermutungen anstellen, wobei Frauen i. d. R. eine höhere Lebenserwartung als Männer haben.

29 Leibrenten dürfen dabei nicht als Zeitrenten verstanden werden, bei denen die mittlere **Lebenserwartung** des Berechtigten zu Grunde zu legen ist. Vielmehr muss für jedes einzelne der künftigen Jahre, in denen die Leibrente anfällt, die Wahrscheinlichkeit berücksichtigt werden, mit der der Leibrentenberechtigte noch leben wird.

30 Bleiben solche Renten während der gesamten Laufzeit unverändert, spricht man von einer „konstanten Rentenhöhe"; häufig sind die Renten allerdings durch Wertsicherungsklauseln dynamisiert, wobei man zwischen genehmigungsfähigen, -pflichtigen und -freien Wertsicherungsklauseln unterscheidet[43].

5.2 Zeitrente

31 Zeitrenten lassen sich nach unterschiedlichen **Zahlungsmodalitäten** unterscheiden (Abb. 1).

32 Bei der Rentenzahlung ist nach der **Zahlungsweise** zu unterscheiden, d.h. nach

1) Zahlungs*intervallen* (monatlich, viertel- und halbjährlich, jährlich);

2) Zahlungs*zeitpunkt* (innerhalb des Zahlungsintervalls), wobei wiederum zu unterscheiden ist zwischen der

– *vorschüssigen* (pränumerando), am Anfang eines Zahlungsintervalls, und der

– *nachschüssigen* (postnumerando), am Ende eines Zahlungsintervalls

fälligen Zahlungspflicht.

33 Die **monatlich vorschüssige Zahlungsweise ist vorherrschend**; hierauf bauen die meisten Tabellenwerke auf.

34 **Ermittlung des Endwerts von Zeitrenten**

a) nachschüssig

A zahlt am Ende eines jeden Jahres 10 Jahre lang 2 000 €, die mit 5 % verzinst werden, auf ein Konto. Wie hoch ist der gesparte Betrag?

n = 10
i = 5
r = 2 000

$$K_0 = r \ \frac{q^n - 1}{q - 1}$$

$$= 2\,000 \ \frac{1{,}05^{10} - 1}{0{,}05} = 25\,156\ €$$

Abb. 1: Unterschiedliche Zahlungsmodalitäten bei Zeitrenten

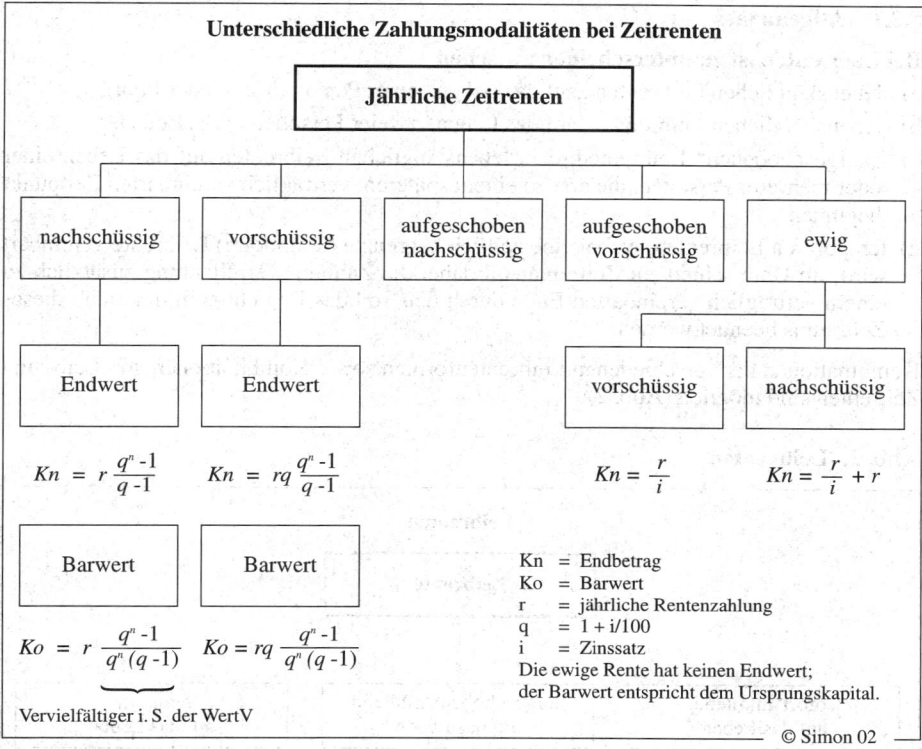

b) **vorschüssig**

Aufgabe wie vor, jedoch wird der Betrag von 2 000 € am Anfang jeden Jahres eingezahlt.

$$K_0 = rq \frac{q^n - 1}{q - 1}$$

$$= 2\,000 \times 1{,}05 \, \frac{1{,}05^{10} - 1}{0{,}05} = 26\,414 \, \text{€}$$

Ermittlung des Barwerts von Zeitrenten   **35**

a) **nachschüssig**

Wie hoch ist der Barwert einer nachschüssigen Rente von r = 2 000 €, die 5 Jahre lang gezahlt werden soll bei einem Zinssatz von 5 % ?

$$K_0 = r \frac{q^n - 1}{q^n (q - 1)}$$

$$= 2\,000 \, \frac{1{,}05^5 - 1}{1{,}05^5 \times 0{,}05} = 8\,660 \, \text{€}$$

b) **vorschüssig**

Aufgabe wie vor, jedoch vorschüssige Einzahlung

$$K_0 = rq \frac{q^n - 1}{q - 1}$$

$$= 2\,000 \times 1{,}05 \, \frac{1{,}05^5 - 1}{1{,}05^5 \times 0{,}05} = 9\,093 \, \text{€}$$

---

43   Schneider/Schlund/Haas, Kapitalisierungs- und Verrentungstabellen, 2. Aufl., S. 45

5.3   Leibrente

5.3.1   Allgemeines

36   **Bei Leibrenten ist zu unterscheiden zwischen**

a) lebenslänglichen Leibrenten „auf das Leben" einer Person (Mann oder Frau),

b) lebenslänglichen Leibrenten „auf das Leben" zweier Personen (z. B. Ehepaar),

c) „aufgeschobenen" Leibrenten, d. h. lebenslänglichen Leibrenten auf das Leben einer oder mehrerer Personen, die erst zu einem späteren, vertraglich vereinbarten Zeitpunkt beginnen,

d) temporären Leibrenten, wobei eine zeitlich begrenzte (temporäre) Leibrente vereinbart wird; im Unterschied zur Zeitrente soll dabei die Zahlungsverpflichtung zusätzlich zu einem vertraglich vereinbarten Ende durch den Tod des Berechtigten innerhalb dieses Zeitraums beendet werden.

Kombinationen der verschiedenen Leibrentenformen sowie Kombinationen von Leib- und Zeitrenten sind möglich (Abb. 2):

Abb. 2: Leibrenten

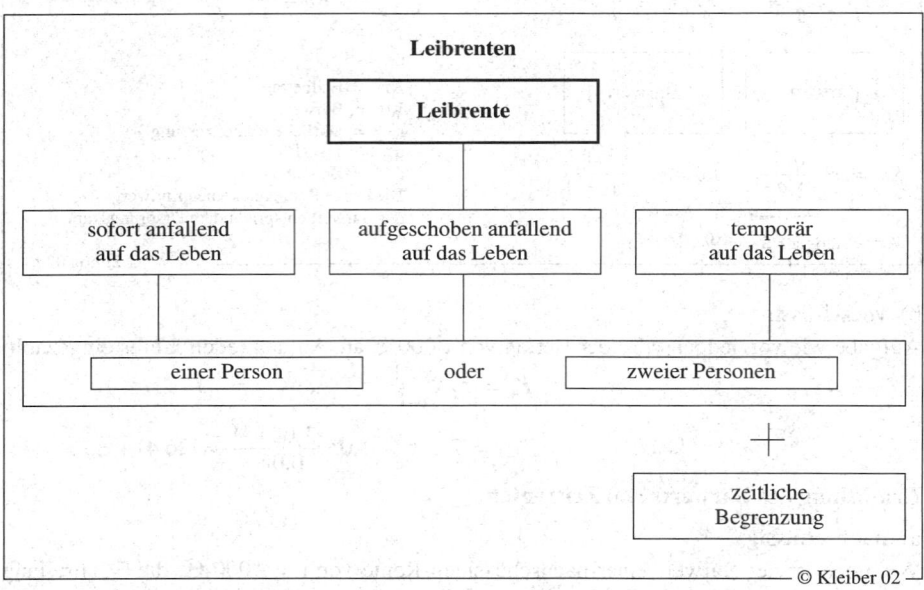

© Kleiber 02

37   Der **Barwert einer aufgeschobenen Leibrente** berechnet sich nach der Differenz

einer sofort beginnenden lebenslänglichen Leibrente

– einer temporären Zeitrente

= Barwert einer aufgeschobenen Leibrente

Falsch ist dagegen die Berrechnung des Barwerts einer aufgeschobenen Leibrente als Differenzbetrag einer sofort beginnenden lebenslänglichen Leibrente und dem Barwert einer Zeitrente für die Anschubzeit oder auf der Grundlage einer sofort beginnenden lebenslänglichen Leibrente unter Zugrundelegung eines fiktiven um die Anschubzeit erhöhten Alters. In beiden Fällen würde nämlich die Vorsterblichkeit in der Anschubzeit vernachlässigt werden.

Bezieht sich die Leibrente auf zwei unabhängige Personen, z. B. Geschwister, so spricht **38** man von **„unabhängigen Leibrenten"**. Der Barwert ermittelt sich in diesen Fällen als Summe der Barwerte der Leibrenten für die einzelnen Personen. Sind die Leibrenten auf das Leben mehrerer Personen sowohl in ihrer Höhe als auch in der Laufzeit verbunden, spricht man von „verbundenen Leibrenten" (Verbindungsrente), wobei zu unterscheiden ist nach

a) Leibrente auf das kürzere Leben (Leibrente bis zum Tode des Zuerstversterbenden) und

b) Leibrente auf das längere Leben (Leibrente bis zum Tode des Zuletztversterbenden).

5.3.2 Berechnung des Barwerts

Um den Barwert einer Leibrente zu ermitteln, ist es nach dem vorher Gesagten nicht zuläs- **39** sig, die durchschnittliche Lebenserwartung (nach den Angaben der Sterbetafel) in eine Zeitrentenformel einzusetzen. Vielmehr muss zunächst die Höhe der Jahresrente mit der Wahrscheinlichkeit multipliziert werden, die aus der Sicht des Berechtigten im Jahr des Rentenbeginns bezüglich des Erlebensfalls besteht. Das Produkt aus Jahresrentenbetrag und Erlebenswahrscheinlichkeit ist auf den Zeitpunkt des Rentenbeginns zu diskontieren; rechentechnisch erfolgt dies unter Anwendung der sog. **Abfindungsfaktoren** (vgl. Anh. 3.7).

Die vorstehend erläuterte Vorgehensweise ist darin begründet, dass einerseits innerhalb der **40** durchschnittlichen Lebenserwartung eine **mit zunehmendem Alter anwachsende Sterbewahrscheinlichkeit** besteht und andererseits über die durchschnittliche Lebenswahrscheinlichkeit noch eine nicht unbeträchtliche **Erlebenswahrscheinlichkeit** gegeben ist. Mit den Abfindungsfaktoren werden Sterbe- und Erlebenswahrscheinlichkeit mitberücksichtigt. Insoweit ist die Ermittlung des Barwerts von Leibrenten auf der Grundlage der Sterbetafel mithilfe der durchschnittlichen Lebenswerwartung nicht sachgerecht.

Der **Barwert einer lebenslänglichen Leibrente** berechnet sich als Produkt aus der Jahres- **41** rente und dem sog. Abfindungsfaktor $^{(m)}\ddot{a}$, d. h. nach der Formel:

$$
\begin{aligned}
B &= R \times {}^{(m)}\ddot{a}_x && \text{für Männer} \\
B &= R \times {}^{(m)}\ddot{a}_y && \text{für Frauen} \\
B &= R \times {}^{(m)}\ddot{a}_{xy} && \text{für „verbundene" Leben} \\
& && \text{bis zum Tode des Zuerstversterbenden}
\end{aligned}
$$

wobei:

R	= Jahresbetrag der Rente (bei Wohnrechten: Jahresmietertrag)
m	= Anzahl der Zahlungen/Jahr, d. h. bei monatlicher Zahlung = 12
$^{(m)}\ddot{a}_x$	= Abfindungsfaktor für Männer; vorschüssig
$^{(m)}\ddot{a}_y$	= Abfindungsfaktor für Frauen; vorschüssig
$^{(m)}\ddot{a}_{xy}$	= Abfindungsfaktor für „verbundene" Leben
y	= Alter der Frau
x	= Alter des Mannes

Bei nachschüssiger Zahlweise werden die Abfindungsfaktoren mit $^{(m)}a_x$, $^{(m)}a_y$ bzw. $^{(m)}a_{xy}$ bezeichnet.

Die **Abfindungsfaktoren** sind einschlägigen Tabellenwerken zu entnehmen[44], die insbe- **42** sondere Tabellen für Abfindungsfaktoren für eine monatlich-vorschüssige Zahlungsweise enthalten, in die mit dem Jahresbetrag der Rente eingegangen wird, insbesondere

– Abfindungsfaktoren für *lebenslängliche* Zahlungen

$^{(12)}\ddot{a}_x$	für Männer
$^{(12)}\ddot{a}_y$	für Frauen
$^{(12)}\ddot{a}_{xy}$	für verbundene Leben

---

44 Schneider/Schlund/Haas, Kapitalisierungs- und Verrentungstabellen, 2. Aufl., S. 45

– Abfindungsfaktoren für *temporäre* Leibrenten:

$^{(12)}\ddot{a}_{\overline{x:n}}$ für Männer

$^{(12)}\ddot{a}_{\overline{y:n}}$ für Frauen

wobei n = zeitliche Begrenzung in Jahren

43   ▶ *Vgl. hierzu Anh. 3.7.1 (Abfindungsfaktoren für Zeitrenten) und Anh. 3.7.2 (Abfindungsfaktoren für lebenslängliche Renten)*

44   **Für die Altersbestimmung ist das versicherungsmathematische Alter maßgebend.** Zur Ermittlung des versicherungsmathematischen Alters wird das auf den Berechnungsstichtag (Wertermittlungsstichtag) bis auf den Tag berechnete Lebensalter auf ganze Jahre auf- oder abgerundet, d. h. ein Lebensalter von x und weniger als sechs Monaten wird auf x Jahre abgerundet und ein Lebensalter von x und mehr als sechs Monaten auf x + 1 aufgerundet. Bei einem Lebensalter von x und sechs Monaten kann der Barwert als Mittelwert einer Berechnung von x sowie von x + 1 Jahren ermittelt werden.

45   Bei der Berechnung des **Barwerts verbundener Leibrenten** sind zwei Besonderheiten zu beachten:

a) Der Abfindungsfaktor $^{(m)}\ddot{a}_{xy}$ ist vom Altersunterschied z. B. des Ehepaares abhängig; insoweit muss auf die einschlägigen Tabellenwerke zurückgegriffen werden.

b) Der Altersunterschied ist dadurch zu ermitteln, dass zunächst beide Alter (genau) bezogen auf den Wertermittlungsstichtag zu ermitteln sind und anschließend die Differenz gebildet wird.

c) Es müssen besondere Bestimmungen beachtet werden, wenn beim Tode des einen Berechtigten die Höhe der Rente nur zum Teil auf den anderen Berechtigten übergeht. Dazu werden die Faktoren F eingeführt, die jeweils den prozentualen Übergang der Leibrentenhöhe kennzeichnen. Bei vollem Übergang ist F = 1, bei 50 %igem Übergang ist F = 0,5 usw.:

F_x = Übergangsfaktor an den Mann

F_y = Übergangsfaktor an die Frau

46   Der **Barwert für eine verbundene Leibrente** (monatlich und vorschüssig) berechnet sich dann nach folgender Formel

$$B = R \left(F_x \times {}^{(m)}\ddot{a}_x + F_y \times {}^{(m)}\ddot{a}_y - F_{xy} \times {}^{(m)}\ddot{a}_{xy} \right)$$
$$\text{wobei } F_{xy} = (F_x + F_y) - 1$$

Geht die Leibrente beim Tode eines Berechtigten jeweils voll auf den Überlebenden über ist

$$F_{xy} = 1 + 1 - 1 = 1$$

47   Hieraus folgt als Barwert (bis zum Tod des Zuletztversterbenden)

$$B = R \left({}^{(m)}\ddot{a}_x + {}^{(m)}\ddot{a}_y - {}^{(m)}\ddot{a}_{xy} \right)$$

48   *Beispiel:*

Jahresbetrag der Leibrente	= 10 000 € (monatlich; vorschüssig)
Alter des Mannes	= 50 Jahre
Alter der Frau	= 75 Jahre
Altersunterschied	= 25 Jahre

$$B = 10\,000\,(13{,}101 + 14{,}474 - 7{,}126)$$
$$B = 10\,000 \times 20{,}449 = 204\,490\,€$$

49   Auch **Wohn- und Nießbrauchrechte** sind im Übrigen nach den Methoden der Leibrentenberechnung und nicht nach Zeitrenten zu ermitteln.

5.3.3 Berechnung der Jahresrente

Die Jahresrente ermittelt sich durch Umstellung der vorstehenden Formel für die Verrentung von Kapitalbeträgen: **50**

$$\text{Jahresrente} = \frac{\text{Barwert}}{\text{Abfindungsfaktor}}$$

Beispiel A: **51**

Barwert einer lebenslangen Rente

Eine 40-jährige Frau verkauft ihr Grundstück für eine lebenslänglich zu Beginn eines jeden Monats (d. h. vorschüssig) zu zahlende Rente in Höhe von 500 €, d. h. Jahresbetrag der Rente = 6 000 € (= 12 × 500 €).

Bei einem Zinssatz von 5,5 % ergibt sich aus der Tabelle der Allgemeinen Sterbetafel 1986/88 für Frauen ein versicherungsmathematischer Abfindungsfaktor von $^{(12)}\ddot{a}_{y\,=\,40} = 16{,}016$ (vgl. Anh. 3.7.2).

Barwert = 6 000 € × 16,016 = **96 096 €.**

Hinweise:

1. Maßgeblich ist das sog. *versicherungsmathematische* Alter, worunter man das auf ganze Jahre auf- oder abgerundete Lebensalter versteht (vgl. Rn. 44): Ist im vorstehenden Beispiel die Frau zum Berechnungsstichtag 31. 12. 1994 gerade einmal 39 Jahre und 7 Monate alt (Geburtstag 31. 5. 1955) wird auf 40 Jahre aufgerundet.

2. In der Praxis wird der Barwert vielfach auch ermittelt, indem der Sterbetafel zunächst die durchschnittliche Lebenserwartung des Rentenberechtigten entnommen wird:
   Lebenserwartung nach Sterbetafel 1986/88: 40,11 Jahre
   Hieran anschließend wird der Barwert einer Zeitrente über die Dauer der Lebenserwartung ermittelt:
   Bei einem Abfindungsfaktor von $^{(12)}\ddot{a}_{n\,=\,40} = 16{,}520$ (Anh. 3.7.1)
   ergäbe sich ein Barwert von
   Barwert = 6 000 € × 16,520 = **99 120 €**
   Vor der Anwendung dieser insbesondere bei Schadensersatzansprüchen praktizierten Methode wird gewarnt; Entsprechendes gilt für die Verkehrswertermittlung von Wohnungs- und Nießbrauchsrechten.

Beispiel B: **52**

Barwert einer Zeitrente (temporäre Leibrente)

An den Verkäufer eines Grundstücks (Alter und Geschlecht sind ohne Bedeutung) wird für einen Zeitraum von 20 Jahren eine monatlich im voraus (vorschüssig) zu zahlende Rente von 500 € gezahlt; im Todesfalle geht die Rente auf die Erben über.

Jahresbetrag der Rente: 500 € × 12 = 6 000 €
                         n = 20 Jahre

Bei einem Zinssatz von 5,5 % ergibt sich aus der Tabelle ein Abfindungsfaktor
von $^{(12)}\ddot{a}_{n\,=\,20} = 12{,}303$ (vgl. Anh. 3.7).
Barwert = 6 000 € × 12,303 = **73 818 €**

Beispiel C: **53**

Jahres- bzw. Monatsrente bei Grundstücksverkauf auf Leibrentenbasis

Ein 40-jähriger Mann will ein Grundstück im Werte von 400 000 € auf Leibrentenbasis verkaufen. Gesucht ist die lebenslängliche vorschüssig zahlbare Monatsrente bei einem Zinssatz von 5,5 %.

Abfindungsfaktor $^{(12)}\ddot{a}_{x\,=\,40} = 15{,}057$ (vgl. Anh. 3.7.2)
Jahresrente = 400 000 € : 15,057 = 26 566 €
Monatsrente = 26 566 € : 12 = **2 214 €**

5.4 Zinssatz

Für die Kapitalisierung von Leibrenten wird üblicherweise ein Zinssatz von 5,5 %   **54**
(monatlich vorschüssig) **angesetzt.** Dieser Zinssatz ist allerdings nur deshalb praxisüblich, weil die entsprechenden Tabellen der Finanzverwaltung hierauf aufbauen. Tatsächlich kommt es aber maßgeblich auf den Zinssatz an, den die Vertragsparteien ausgehandelt haben. Dabei ist vor allem zu beachten, ob eine Wertsicherungsklausel vereinbart worden ist, die i. d. R. zu einem effektiv höheren Zinssatz führt.

§ 7 WertV
Ermittlung des Verkehrswerts

(1) [1]Zur Ermittlung des Verkehrswerts sind das Vergleichswertverfahren (§§ 13 und 14), das Ertragswertverfahren (§§ 15 bis 20), das Sachwertverfahren (§§ 21 bis 25) oder mehrere dieser Verfahren heranzuziehen. [2]Der Verkehrswert ist aus dem Ergebnis des herangezogenen Verfahrens unter Berücksichtigung der Lage auf dem Grundstücksmarkt (§ 3 Abs. 3) zu bemessen. [3]Sind mehrere Verfahren herangezogen worden, ist der Verkehrswert aus den Ergebnissen der angewandten Verfahren unter Würdigung ihrer Aussagefähigkeit zu bemessen.

(2) Die Verfahren sind nach der Art des Gegenstands der Wertermittlung (§ 2) unter Berücksichtigung der im gewöhnlichen Geschäftsverkehr bestehenden Gepflogenheiten und den sonstigen Umständen des Einzelfalls zu wählen; die Wahl ist zu begründen.

---

1 Übersicht

1.1 Verfahren zur Verkehrswertermittlung

In der Praxis der Wertermittlung von Grundstücken haben sich eine fast unüberschaubare **1** Zahl von Wertermittlungsverfahren herausgebildet, die allesamt letztlich auf die klassischen Grundverfahren zurückgehen. Als **klassische Wertermittlungsverfahren** gelten

a) das Vergleichswertverfahren *(comparison method)*,

b) das Ertragswertverfahren *(income approach)* und

c) das Sachwertverfahren *(cost approach)*.

Die genannten Verfahren bilden weltweit den Grundstock der Verkehrswertermittlung mit allerdings unterschiedlichem Gewicht und unterschiedlicher Tradition. Im Kern können alle diese Verfahren als Vergleichswertverfahren angesehen werden. Während nämlich bei Anwendung des Vergleichswertverfahrens die Verkehrswertermittlung im Wege des direkten Preisvergleichs gesucht wird, sind das Ertrags- und Sachwertverfahren darauf ausgerichtet, deduktiv über den Vergleich der Ertragsverhältnisse bzw. der Herstellungskosten zum Verkehrswert zu gelangen.

Die über die genannten Verfahren hinaus **in der Praxis der Wertermittlung entwickelten** **2** **sonstigen Verfahren stellen letztlich nur Derivate der klassischen Wertermittlungsverfahren** dar. Sie haben sich aus den verschiedensten Gründen aus den klassischen Wertermittlungsverfahren herausgebildet, insbesondere im Hinblick auf

a) die mit der Wertermittlung verfolgte Zielsetzung z. B. im Steuer-, Beleihungs-, Rechnungs- und Bilanz- oder Versicherungswesen,

b) besondere Problemstellungen, wie die Bemessung von Enteignungsentschädigungen, die Verkehrswertermittlung von Teilflächen und die Verkehrswertermittlung im Zusammenhang mit der Durchführung städtebaulicher Maßnahmen,

c) die im Einzelfall geforderte Genauigkeit oder

d) geeignete Rechentechniken.

Dabei werden die klassischen Verfahren in vielfältiger Weise modifiziert und auch kombiniert.

3 Der Regelungsgehalt des § 7 beschränkt sich auf die bewährten „Klassiker" der Wertermittlungslehre. Die Vorschrift regelt hierzu in nicht systematischer Abfolge drei miteinander im Zusammenhang stehende Komplexe, die den Verfahrensregelungen des Dritten Teils über die Verkehrswertermittlung vorangestellt sind:

a) Nach Abs. 1 Satz 1 stehen zur Ermittlung des Verkehrswerts die **drei klassischen Wertermittlungsverfahren**, nämlich das Vergleichs-, Ertrags- und das Sachwertverfahren, zur Verfügung. Es handelt sich dabei nicht um eine abschließende Aufzählung (vgl. § 1 WertV Rn. 2; Vorbem. WertV Rn. 31 ff.).

b) Abs. 2 enthält Grundsätze für die **Wahl des oder der zur Anwendung kommenden Wertermittlungsverfahren** und verpflichtet zur Begründung der Verfahrenswahl.

c) Abs. 1 Satz 2 und 3 enthält ergänzende Hinweise zur **Ableitung des Verkehrswerts aus dem** oder den Ergebnissen des **angewandten Wertermittlungsverfahrens** (Vergleichs-, Ertrags- oder Sachwert).

4 Mit der Beschränkung auf die Regelung der drei sog. klassischen Wertermittlungsverfahren ist die **Anwendung anderer sachgerechter Verfahren nicht ausgeschlossen**, denn die WertV regelt die Verkehrswertermittlung ohnehin nur in ihren Grundzügen. Andere in Betracht zu ziehende Verfahren sind ohnehin Derivate der genannten Verfahren, die auch als deduktive Methoden bezeichnet werden, so z. B. die Zielbaummethode, das Residualwertverfahren, die umfassende Barwertmethode, die als „Urform" des Ertragswertverfahrens angesehen werden kann, und viele mehr. Andere zur Verkehrswertermittlung herangezogene Methoden müssen aber geeignet sein und dürfen nicht das Wertbild verzerren.

5 Das BVerwG hat mit seiner Entscheidung vom 16. 1. 1996 den **klassischen Verfahren eine Priorität** eingeräumt, indem es den Grundsatz aufgestellt hat, dass auf andere geeignete Methoden erst ausgewichen werden kann, wenn eine in der WertV vorgesehene Methode nicht angewandt werden kann. Die WertV sei insoweit nicht abschließend[1].

6 Zur Kontrolle können auch **überschlägige Berechnungen** auf der Grundlage von Herstellungskosten, Feuerversicherungswerten, Beleihungswerten und „Maklerformeln" oder differenziertere **Vergleichs-, Sachwert- oder Ertragswertermittlungen** vorgenommen werden. Sie alle können zum Verkehrswert führen. Die Überschlagsrechnungen (Faustformeln) haben den Vorteil, dass bei sachkundiger Anwendung mit ihrer Hilfe die Größenordnung des Verkehrswerts schnell abgeschätzt werden kann. Sie haben jedoch den Nachteil, dass die Wertermittlungsgrundlagen (Preis- oder Zinssätze) nicht nachprüfbar sind. Damit genügen sie nicht den Anforderungen, die die Rechtsprechung an Gutachten stellt[2].

7 Die **Wertermittlungsverfahren stellen Hilfswege für die Ableitung** des sich am Geschehen auf dem Grundstücksmarkt orientierenden **Verkehrswerts** dar (§ 194 BauGB). In der Begründung zur WertV 61 war dies besonders für das Ertrags- und Sachwertverfahren herausgestellt. Dort hieß es, dass diese Verfahren „immer nur ein Hilfsmittel zur Bestimmung des Verkehrswerts" darstellen[3]. Dies gilt grundsätzlich für alle zur Ermittlung des Verkehrswerts herangezogene Verfahren und damit auch für solche, die in der WertV nicht geregelt sind.

Zur Verkehrswertermittlung können entgegen einer weit verbreiteten Auffassung (vgl. **8** Rn. 99) Elemente des Vergleichs-, Ertrags- und Sachwertverfahrens miteinander kombiniert werden (**Kombinationswertverfahren**). Dies ist bei Anwendung des Ertrags- und Sachwertverfahrens in der WertV ausdrücklich geregelt, denn bei Anwendung dieser Verfahren ist nach § 15 Abs. 2 und § 21 Abs. 2 i. d. R. der nach dem Vergleichswertverfahren abgeleitete Bodenwert einzuführen.

Als weitere Beispiele für die Kombination von Elementen verschiedener Wertermittlungs- **9** verfahren können insbesondere die sog. deduktiven Verfahren gelten, namentlich

– das **Residualwertverfahren,**
– die sog. **kalkulatorische Bodenwertermittlung** über die Ertragsfähigkeit des Grund und Bodens.

Wie noch näher ausgeführt wird (vgl. Rn. 99 ff.) muss allerdings gefordert werden, dass die zu kombinierenden Elemente verschiedener Wertermittlungsverfahren aufeinander „abgestimmt" sind und die Kombination nicht zu einer „Verzerrung des Wertbilds" führt.

Schließlich haben sich in der Wertermittlungspraxis für besonders gelagerte Wertermitt- **10** lungsaufgaben noch näher darzulegende Wertermittlungsverfahren entwickelt, für die die Praxis eigene Begriffe geprägt hat:

a) Im Rahmen der Verkehrswertermittlung von Teilflächen, die aus einem Stammgrundstück herausgetrennt werden, sind hier namentlich zu nennen:

   – das **Differenzwertverfahren,** bei dessen Anwendung der Teilflächenwert aus dem Unterschied des Verkehrswerts eines Stammgrundstücks zum Restgrundstück ermittelt wird; ggf. unter Einbeziehung der Entschädigung für weitere Vermögensnachteile, die das Restgrundstück durch die Abtretung erfährt (vgl. Rn. 158);

   – die **pauschale Bruchteilsbewertung** (vgl. Rn. 170).

b) Bei der Bewertung sog. „Bleibender Gemeinbedarfsflächen", die mangels Verkehrswertfähigkeit begrifflich keinen Verkehrswert haben können (Rn. 138), bedient man sich gewisser Kunstgriffe, um zu einem Wert (nicht Verkehrswert) zu kommen, der letztlich nur zu einem gerechten Interessensausgleich führt. Als Kunstgriff bedient man sich hier gewisser Denkmodelle, insbesondere

   – des **aktualisierten Beschaffungswertprinzips** (vgl. § 4 WertV Rn. 532),
   – des **Ersatzbeschaffungsprinzips** (vgl. § 4 WertV Rn. 535).

Vor besonderen Herausforderungen steht der Sachverständige in diesem Zusammenhang in **11** den Fällen, in denen es um die Verkehrswertermittlung von

– umnutzungsträchtigen Immobilien mit Entwicklungspotenzialen und
– größeren aus einer Vielzahl von Grundstücken bestehenden Immobilien (**wirtschaftliche Einheit**), z. B. eines gewerblichen oder land- oder forstwirtschaftlichen Betriebs,

geht. Hier stellt sich die grundsätzliche Frage, ob der Verkehrswert auf der Grundlage der ausgeübten Nutzung (ggf. des Gesamtbetriebs) oder auf der Grundlage einer sinnvollen Verwertung der Immobilie durch Umstrukturierungs- oder Modernisierungsmaßnahmen oder ggf. durch Zerschlagung (Zerlegung) des Betriebs ermittelt wird.

Bei einer sich aus einer Vielzahl von Einzelgrundstücken zusammensetzenden Immobilie **12** (wie z. B. einem landwirtschaftlichen Betrieb) ist zunächst grundsätzlich festzustellen, dass der Gesamt(verkehrs-)wert nicht zwangsläufig der Summe der Verkehrswerte aller eigenständig nutzbaren Einzelflächen entspricht, wie sie sich mosaikartig bilden ließen.

---

1 BVerwG, Urt. vom 16. 1. 1998 – 4 B 69/95 –, GuG 1996, 111 = EzGuG 15.83
2 BGH, Urt. vom 17. 12. 1964 – III ZR 96/63 –, EzGuG 11.47; BGH, Urt. vom 2. 2. 1977 – VII ZR 155/75 –, EzGuG 11.106.
3 BAnz Nr. 154 vom 12. 8. 1961

Dies wäre eher sogar der Ausnahmefall. Generell kann sogar gesagt werden, dass die Summe der Verkehrswerte aller Mosaikflächen höher oder niedriger ist, als der Verkehrswert des Gesamtgrundstücks. Die Ermittlung des Verkehrswerts des Gesamtgrundstücks im Wege des sog. **Mosaikverfahrens,** bei dem die Verkehrswerte der entsprechenden Teilflächen gesondert ermittelt und aufsummiert werden, ist daher nicht unproblematisch. Die Zusammenfassung verschiedener Einzelgrundstücke kann zu einer Erhöhung des Gesamtwerts führen **(Verschmelzungswert/***marriage value)*, wenn sich damit die Nutzungsmöglichkeiten (Ertragsfähigkeit) der Immobilie verbessern. Umgekehrt kann gerade im Zuge der wirtschaftlichen Umstrukturierung eine „Zerschlagung" (Zerlegung) einer solchen Immobilie in selbständig verwertbare Einzelgrundstücke dazu führen, dass die Summe der Verkehrswerte dieser Einzelgrundstücke zu einem höheren Gesamtwert führt, als sich als Verkehrswert des Gesamtgrundstücks ergibt. Der dafür geprägte Begriff der Zerschlagungstaxe kommt letztlich dem Liquidationswert gleich. Während man bei der Unternehmenbewertung diesbezüglich auch vom **Liquidationswert** als dem Mindestwert des Unternehmens spricht, ist im land- und forstwirtschaftlichen Bereich der Begriff der **Zerschlagungstaxe** gängig. Unter den genannten Voraussetzungen ist die Verkehrswertermittlung verfahrensmäßig nicht auf der Grundlage der ausgeübten Nutzung vorzunehmen, sondern unter Anwendung des Liquidationswertverfahrens bzw. auf der Grundlage der Zerschlagungstaxe, denn die Fortsetzung einer unwirtschaftlichen Nutzung wäre begrifflich nicht mit der Verkehrswertdefinition vereinbar.

13 Entsprechendes gilt auch für bebaute (Einzel-)grundstücke, die gegenüber der ausgeübten Nutzung ein **Entwicklungspotenzial** aufweisen, das eine ertragreichere Nutzung erwarten lässt. Dieses Entwicklungspotenzial kann durch eine durchgreifende Modernisierung, durch eine Umstrukturierung oder (bei Objekten mit Instandhaltungsrückstau) durch eine durchgreifende Instandhaltung aktivierbar sein. Welche der Alternativen hier als Sinnvollste gelten kann, ist im Einzelfall oftmals nur feststellbar, indem die jeweiligen Verkehrswerte auf der Grundlage der verschiedenen Alternativen mit dem jeweils dann sachgerechten Wertermittlungsverfahren ermittelt und miteinander verglichen werden. Als Verkehrswert und als das im Einzelfall angemessene Wertermittlungsverfahren kann in aller Regel das Ergebnis gelten, das zum höchsten Wert führt *(highest and best value)*.

1.2 Verfahren zur Preisermittlung für Investitionsentscheidungen

14 In enger Anlehnung an die vorgestellten Verfahren zur Ermittlung des Verkehrswerts von Grundstücken haben sich auch eine Vielzahl von Verfahren entwickelt, die auf die Vorbereitung von Investitionsentscheidungen ausgerichtet sind. Sie unterscheiden sich von den Verfahren zur Verkehrswertermittlung im Wesentlichen darin, dass bei Anwendung dieser Verfahren von einzelfallspezifischen (projektbezogenen) Wertermittlungsparametern auch unter **Einbeziehung besonderer individueller Kosten (z. B. Finanzierungs-, Grundstückstransaktions- und Verwertungskosten)** ausgegangen wird. Dabei wird häufig einseitig auf die Belange eines Investors abgestellt (einschließlich seines Investitionsrisikos). Dementsprechend sind diese Verfahren im Vergleich zu den klassischen Wertermittlungsverfahren i. d. R. auch komplizierter ausgestaltet. Zu erwähnen sind in diesem Zusammenhang die Kapitalwertmethode, aber auch das auf die Belange des Investors ausgerichtete Residualwertverfahren.

15 Insbesondere zur **Vorbereitung von Investitionsentscheidungen** sowie bei den bereits angesprochenen Immobilien mit Entwicklungspotenzialen, die einer anderen, insbesondere höherwertigen Nutzung zugeführt werden sollen (Umnutzungsfall), lässt sich deren Verkehrswert nicht immer mit den herkömmlichen Verfahren ermitteln und es wird zunehmend (hilfsweise) auf das **Residualwertverfahren** zurückgegriffen. Bei Anwendung dieses Verfahrens wird – vereinfacht ausgedrückt – der Verkehrswert des Grundstücks aus dem z. B. im Wege des Vergleichs- oder Ertragswertverfahrens ermittelten Verkehrswert,

Abb. 1: Übersicht über die Wertermittlungsverfahren

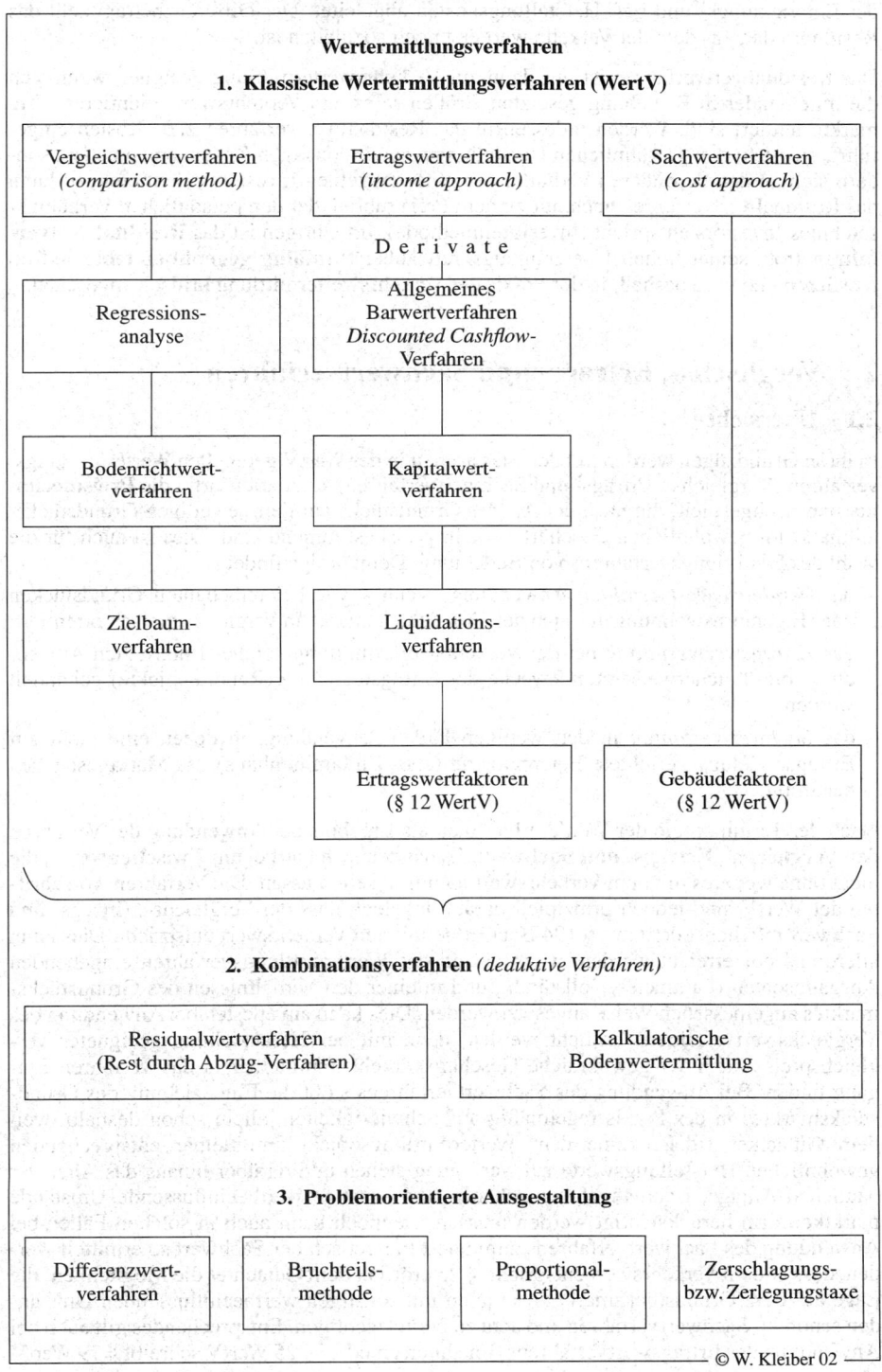

© W. Kleiber 02

der sich fiktiv nach Durchführung einer beabsichtigten Entwicklung ergibt, unter Abzug der Entwicklungs- und ggf. Herstellungskosten abgeleitet. Der Differenzbetrag stellt das Residuum dar, aus dem der Verkehrswert erst noch abzuleiten ist.

16 Das Residualwertverfahren ist nur dann zur Verkehrswertermittlung geeignet, wenn sich die miteinander in Beziehung gesetzten Größen selbst am Verkehrswert orientieren, d. h. marktorientiert sind. Werden indessen in das Residualwertverfahren z. B. Kosten eingeführt, die nicht den gewöhnlichen Herstellungs- sowie sonstigen Kosten entsprechen, sondern sich an den besonderen Verhältnissen eines einzelnen Investors orientieren, so kann das Residualwertverfahren auch nur zu dem Preis führen, der den persönlichen Verhältnissen eines Investors entspricht (Investorenmethode). Im Übrigen ist das **Residualwertverfahren** trotz seiner hohen Überzeugungskraft äußerst **anfällig gegenüber fehlerhaften Ansätzen** und wird deshalb in der Praxis der Verkehrswertermittlung kritisch angesehen.

2   Vergleichs-, Ertrags- und Sachwertverfahren

2.1   Übersicht

17 In ihren Grundzügen werden mit den klassischen in der WertV geregelten Wertermittlungsverfahren (Vergleichs-, Ertrags- und Sachwertverfahren) simulationsartig die **Preismechanismen** nachgespielt, die nach der Art des Grundstücks auf dem jeweiligen Grundstücksteilmarkt im gewöhnlichen Geschäftsverkehr preisbestimmend sind. Dies ist auch für die Wahl des Ermittlungsverfahrens von Bedeutung. Demzufolge findet

– das *Vergleichswertverfahren* Anwendung, wenn – wie bei unbebauten Grundstücken oder Eigentumswohnungen – sich der Grundstücksmarkt an Vergleichspreisen orientiert;

– das *Ertragswertverfahren* bei der Verkehrswertermittlung solcher Immobilien Anwendung, die üblicherweise zum Zwecke der Ertragserzielung (Renditeobjekte) gehandelt werden;

– das *Sachwertverfahren* in den wenigen Fällen Anwendung, in denen eine nicht auf Ertragserzielung gerichtete Eigennutzung (z. B. Einfamilienhaus) das Marktgeschehen bestimmt.

18 Nach der Terminologie der WertV erhält man als Ergebnis der Anwendung der Verfahren den **Vergleichs-, Ertrags- und Sachwert.** Es handelt sich hierbei um **Zwischenwerte,** die nicht ohne weiteres mit dem Verkehrswert identisch sein müssen. Die Verfahrensvorschriften der WertV sind jedoch prinzipiell darauf angelegt, dass der Vergleichs-, Ertrags- und Sachwert möglichst dem mit § 194 BauGB definierten Verkehrswert entspricht. Dies kann allerdings nur erreicht werden, wenn alle in das Wertermittlungsverfahren eingehenden Ausgangsdaten (Parameter) vollständig und in einer den Verhältnissen des Grundstücksmarktes angemessenen Weise angesetzt werden. Dies kann am ehesten bei Anwendung des Vergleichswertverfahrens erreicht werden, denn mit der Heranziehung geeigneter Vergleichspreise kann der gewöhnliche Geschäftsverkehr unmittelbar in das Verfahren Eingang finden. Bei Anwendung des Sachwertverfahrens stößt die Einbeziehung des Grundstücksmarktes in der Praxis regelmäßig auf Schwierigkeiten, allein schon deshalb, weil dem Gutachter i. d. R. keine dem Wertermittlungsobjekt unmittelbar entsprechenden gewöhnlichen Herstellungswerte zur Verfügung stehen und darüber hinaus das Alter der baulichen Anlage, Baumängel, Bauschäden und sonstige wertbeeinflussende Umstände marktkonform berücksichtigt werden müssen. Dennoch kann auch in solchen Fällen bei Anwendung des Sachwertverfahrens zumindest theoretisch der Sachwert so ermittelt werden, dass er dem Verkehrswert entspricht. § 25 eröffnet dem Gutachter die Möglichkeit, die Lage auf dem Grundstücksmarkt zusammen mit sonstigen wertbeeinflussenden Umständen schon im Sachwertverfahren uno actu zu berücksichtigen. Entsprechendes gilt auch bei Anwendung des Ertragswertverfahrens. Im Unterschied zu § 25 WertV schreibt § 19 WertV sogar ausdrücklich vor, alle sonstigen „den Verkehrswert beeinflussenden Umstände", die nach den §§ 16 bis 18 noch nicht erfasst sind, nach dieser Vorschrift zu berücksichtigen, so dass der Ertragswert eigentlich auch gleichzeitig der Verkehrswert sein müsste.

Aus praktischen Erwägungen hält die WertV daran fest, dass das Ergebnis der Anwendung **19** des Vergleichs-, Ertrags- und Sachwertverfahrens (Vergleichs-, Ertrags- und Sachwert) der **Lage auf dem Grundstücksmarkt** anzupassen ist, soweit dies nicht bereits bei der Ermittlung des Vergleichs-, Ertrags- und Sachwerts geschehen ist. § 7 Abs. 1 Satz 2 und 3 WertV hat diese Vorschriften im Allgemeinen Teil der WertV zusammengefasst. Es kann sich nach dieser Vorschrift allerdings nur um residuelle Marktanpassungen handeln, denn grundsätzlich soll die Lage auf dem Grundstücksmarkt bereits bei der Ermittlung des Vergleichs-, Ertrags- und Sachwerts angemessen berücksichtigt werden (Abs. 1 Satz 2).

Der **Begriff des Sachwerts wird** insbesondere **im Vermögensrecht** trotz direkter oder **20** indirekter Bezugnahme auf die Vorschriften der WertV (so z. B. in den amtlichen Begründungen) **häufig falsch gebraucht** und zwar i. S. eines bloßen Herstellungswerts ohne Berücksichtigung der Lage auf dem Grundstücksmarkt; die vollständige Berücksichtigung der Lage auf dem Grundstücksmarkt bei Anwendung des Sachwertverfahrens führt aber bereits zu einer Identität von Sach- und Verkehrswert (vgl. Vorbem. zur WertV Rn. 27 ff.). Da praktisch dies zumeist nicht gelingt, wird die Lage auf dem Grundstücksmarkt bei Anwendung des Sachwertverfahrens zumeist durch Zu- oder Abschläge nach § 7 WertV in einem zusätzlichen Schritt gesondert berücksichtigt, soweit dies nicht z. B. bereits nach Maßgabe des § 25 WertV geschehen ist. Hier ist der Sachverständige zu besonderer Vorsicht aufgerufen.

Jedes der klassischen Wertermittlungsverfahren muss darauf gerichtet sein, zu dem Wert zu **21** gelangen, den der Grundstücksmarkt der Immobilie mit Blick in die Zukunft beimisst. Der Rückgriff in die Vergangenheit, z. B. auf der Grundlage von in der Vergangenheit erzielten Vergleichspreisen, in der Vergangenheit aufgebrachten Herstellungskosten oder auf die in der Vergangenheit für vergleichbare Objekte erzielten Erträge, muss bei sachverständiger Anwendung der Verfahren stets daraufhin überprüft werden, ob und inwieweit er sich auf die Verhältnisse am Wertermittlungsstichtag mit dem in diesem Zeitpunkt in die Zukunft gerichteten Blick übertragen lässt. Um diesbezüglich „Übertragungsfehler" gering zu halten, muss deshalb der Anwender der Verfahren bestrebt sein, möglichst **wertermittlungsstichtagsnahe Vergleichspreise, Erfahrungssätze über (Normal-) Herstellungskosten oder vergleichbare Erträge** heranzuziehen, um sie dann mit Blick auf die Zukunft möglicherweise noch „nachzukorrigieren". Dies gilt grundsätzlich für alle der genannten Verfahren, auch wenn dies in Bezug auf die Praxis des Sachwertverfahrens unter Heranziehung von 13er-Werten mitunter übersehen wurde. Der Rückgriff auf Vergleichsdaten der Vergangenheit, seien es Vergleichspreise, vergleichbare Herstellungskosten oder vergleichbare Einnahmen, ist also darauf gerichtet verlässliche Grundlagen zu erlangen, die sich auf die Zukunft übertragen lassen.

Wenn also ein wesentlicher **Unterschied des Ertragswertverfahrens zum Sachwertverfahren** darin gesehen wird, dass nur bei diesem Verfahren die Zukunft Berücksichtigung **22** findet, während sich der Sachwert aus den in der Vergangenheit aufgebrachten Herstellungskosten ableite und auf den Wertermittlungsstichtag projiziert werde, so ist dies nur bedingt richtig. Bei einer genaueren Analyse erweisen sich solche Überlegungen als irreführend (Abb. 2).

a) Der Sachwert baulicher Anlagen wird zwar mit Hilfe von Normalherstellungskosten der Vergangenheit abgeleitet und viele Gutachter scheuen sich auch nicht, dabei bis auf das Jahr 1913 zurückzugehen, jedoch können diese Kosten im Rahmen der Verkehrswertermittlung **nur insoweit Bedeutung** haben, wie sie das abbilden, **was der Grundstückseigentümer heute (am Wertermittlungsstichtag) mit Blick auf die zukünftige Nutzung an eigenen Aufwendungen erspart** (vgl. § 194 BauGB Rn. 66).

Abb. 2: Unterschiedliche Ansätze der Wertermittlungsverfahren

Unterschiedliche Ansätze der Wertermittlungsverfahren

Vergangenheit   *Zukunft*

Vergleichswertverfahren   Vergleichspreise
(möglichst gegenwartsnah)

Ertragswertverfahren   Ver-
                                gleichbare
                                Ertragsverhältnisse   Absehbare
                                (möglichst gegen-   Ertragsentwicklung
                                wartsnah)   gemäß
                                                           – Mietrecht
                                                           – Mietvertrag

Sachwertverfahren   Ver-
                                gleichbare
                                Herstellungskosten
                                (möglichst gegen-
                                wartsnah)

                                                           Zeitachse

Wertermittlungsstichtag

© W. Kleiber 02

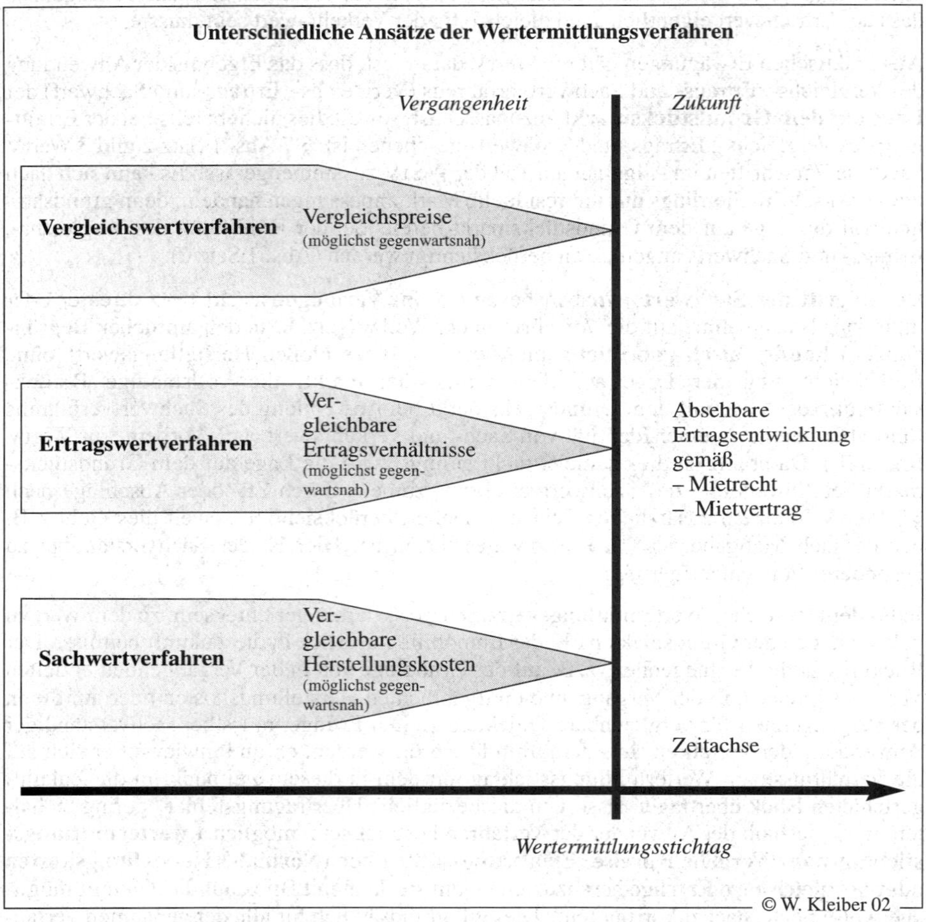

23   Bei alledem geht es nicht um die „historischen Rekonstruktionskosten" nach den Verhältnissen zum Zeitpunkt der Errichtung des Gebäudes, sondern um die „Ersatzbeschaffungskosten" *(replacement costs)* nach den neuzeitlichen Verhältnissen des Wertermittlungsstichtags. Insoweit ist auch bei Anwendung des Sachwertverfahrens die Vergangenheit nur von begrenzter Bedeutung (vgl. Vorbem. zu den §§ 21 ff. WertV Rn. 1).

b) Auch der **Vergleichswert** wird zwar aus **möglichst gegenwartsnah** (in Bezug auf den Wertermittlungsstichtag) **zustande gekommenen Vergleichspreisen** abgeleitet; gleichwohl ist auch dieser Wert ein zukunftsorientierter Wert, denn die Vergleichspreise werden maßgeblich durch die Zukunftserwartungen der Käufer geprägt.

c) Bei Anwendung des **Ertragswertverfahrens** wird allein schon dadurch der Blick in die Zukunft in den Vordergrund gerückt, dass ausdrücklich die „nachhaltigen" Erträge die Grundlage der Wertermittlung sein sollen. Damit sind bei einem bebauten Grundstück die Erträge angesprochen, die über die gesamte Zeitschiene der wirtschaftlichen Nutzbarkeit vor alledem des Gebäudes erwartet werden können. Dies kann ein sehr langer, kaum übersehbarer Zeitraum sein, jedoch ist der Anwender damit gehalten, das in die Wertermittlung einzustellen, was er bei wirtschaftlich vernünftiger Betrachtung am Wertermittlungsstichtag hätte erkennen können. Grundsätzlich kann der Sachverständige darauf vertrauen, dass er mit den am Wertermittlungsstichtag ortsüblich erzielbaren Erträgen die nachhaltige Ertragssituation „einfängt", wenn er zur Kapitalisierung dieser Erträge den Liegenschaftszinssatz heranzieht, der auf dem Grundstücksmarkt im Hinblick auf die nachhaltige Entwicklung ermittelt wurde (vgl. § 11 WertV Rn. 44 ff.). Dies ist aber dann nicht der Fall, wenn eine Immobilie zur Umnutzung ansteht, die der Sachverständige erkennen muss, denn das **in einer Immobilie schlummernde Entwicklungspotenzial** ist Bestandteil der nachhaltigen Ertragsfähigkeit. Das Gleiche gilt, wenn die am Wertermittlungsstichtag **tatsächlich gegebenen Ertragsverhältnisse** auf Grund vertraglicher Bindungen bzw. des geltenden Mietrechts von den nachhaltigen Erträgen **der Höhe nach und über eine zeitliche Bindungsfrist in einem Maße abweichen, dass sie sich nachhaltig auswirken** und für das Ergebnis der Ertragswertermittlung bedeutsam sind (vgl. Vorbem. zu den §§ 15 ff. WertV Rn. 265 ff.).

Alle Verfahren müssen so zur Anwendung kommen, dass sie am Ende zum Verkehrswert **24** führen, zumindest, wenn die mit § 7 Abs. 2 vorgeschriebene Berücksichtigung der Lage auf dem Grundstücksmarkt nicht vernachlässigt wurde. Von daher trifft die im Rahmen der Beratungen zur steuerlichen Neubewertung aufgekommene Erwartung nicht zu, nach der der Ertragswert zu „niedrigeren" Verkehrswerten als der Sachwert führe. Richtig ist vielmehr, dass **das Verfahren sachgerecht ist, das den Mechanismen der Preisbildung (Gepflogenheiten des Geschäftsverkehrs) entspricht** und schon deshalb geeignet ist, direkt zum Verkehrswert zu führen. Das Ertragswertverfahren kann im Verhältnis zum Sachwertverfahren in aller Regel die höhere Zuverlässigkeit und Überzeugungskraft für sich in Anspruch nehmen; darüber hinaus ist es am ehesten geeignet, zu zueinander „stimmigen" Werten zu kommen. Indessen ist die Anwendung von Verfahren, die zunächst zu Ergebnissen führen, aus denen der Verkehrswert erst über **Zu- oder Abschläge in einer zum Ergebnis erheblichen Größenordnung** abgeleitet werden muss, schon fast nur noch als Nachweis ihrer Ungeeignetheit zu werten. Dies kann allenfalls nur mitgetragen werden, wenn tatsächlich keine geeigneteren Verfahren zur Verfügung stehen.

2.2   Verfahrenswahl

2.2.1   Allgemeines

▸ *Allgemeines bereits im Teil III Rn. 445 ff.*

Die **Wahl der zur Anwendung kommenden Wertermittlungsverfahren** oder eines ein- **25** zelnen Wertermittlungsverfahrens stellt eine entscheidende Weichenstellung für die Verkehrswertermittlung dar. Nach den in § 7 Abs. 2 genannten Grundsätzen bestimmt sich das Wertermittlungsverfahren nach:

a) den *im gewöhnlichen Geschäftsverkehr bestehenden Gepflogenheiten*, d. h. nach den Überlegungen, die im Grundstücksverkehr nach Art des Grundstücks für die Preisbemessung maßgebend sind, sowie

b) *den sonstigen Umständen des Einzelfalls*, worunter in erster Linie die dem Sachverständigen für die Wertermittlung zur Verfügung stehenden Vergleichsdaten zu verstehen sind (Abb. 3).

Abb. 3: Wahl des Wertermittlungsverfahrens

Wahl des Wertermittlungsverfahrens

nach

der Art des Gegenstands der Wertermittlung
(Wertermittlungsobjekt)

unter Berücksichtigung

der im gewöhnlichen Geschäftsverkehr
bestehenden Gepflogenheiten

+

der sonstigen Umstände des Einzelfalls

© W. Kleiber 02

26 Nach der Art des Gegenstands der Wertermittlung kann es beispielsweise angezeigt sein, das Vergleichswertverfahren anzuwenden. Stehen dem Sachverständigen aber **keine geeigneten Vergleichspreise** in ausreichender Zahl zur Verfügung, so sind dies Umstände, die ein Ausweichen auf weniger geeignete Verfahren rechtfertigen.

27 Generell führt die Berücksichtigung der bestehenden **Gepflogenheiten des Geschäftsverkehrs** zu den sich aus Abb. 4 ergebenden Wertermittlungsverfahren:

Abb. 4: Wahl des Wertermittlungsverfahrens

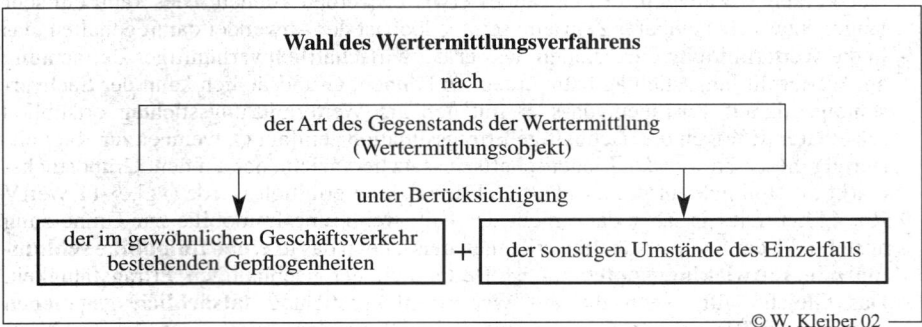

Wahl des Wertermittlungsverfahrens

Unbebaute Grundstücke

Bodenwert(-anteil)
bebauter Grundstücke

**Vergleichs-
wertverfahren**

(§§ 13, 14 WertV)
(§ 15 Abs. 2 WertV)
(§ 21 Abs. 2 WertV)

→ **Vergleichswert**

Bebaute Grundstücke

Eigentumswohnungen

Preisbemessung nach Ertrags-
fähigkeit des Grundstücks
– Mietwohnhäuser
– gewerblich/industriell genutzte
  Grundstücke
– gemischt genutzte Grundstücke
– Garagengrundstücke
– Hotels

**Ertrags-
wertverfahren**

(§§ 15–20 WertV)

→ **Ertragswert**

Preisbemessung nach verkörperten
Sachwerten insbesondere bei
Eigennutzung von
– Ein- und Zweifamilienhäusern

Sachwertverfahren

(§§ 21–25 WertV)

→ **Sachwert**

© W. Kleiber 02

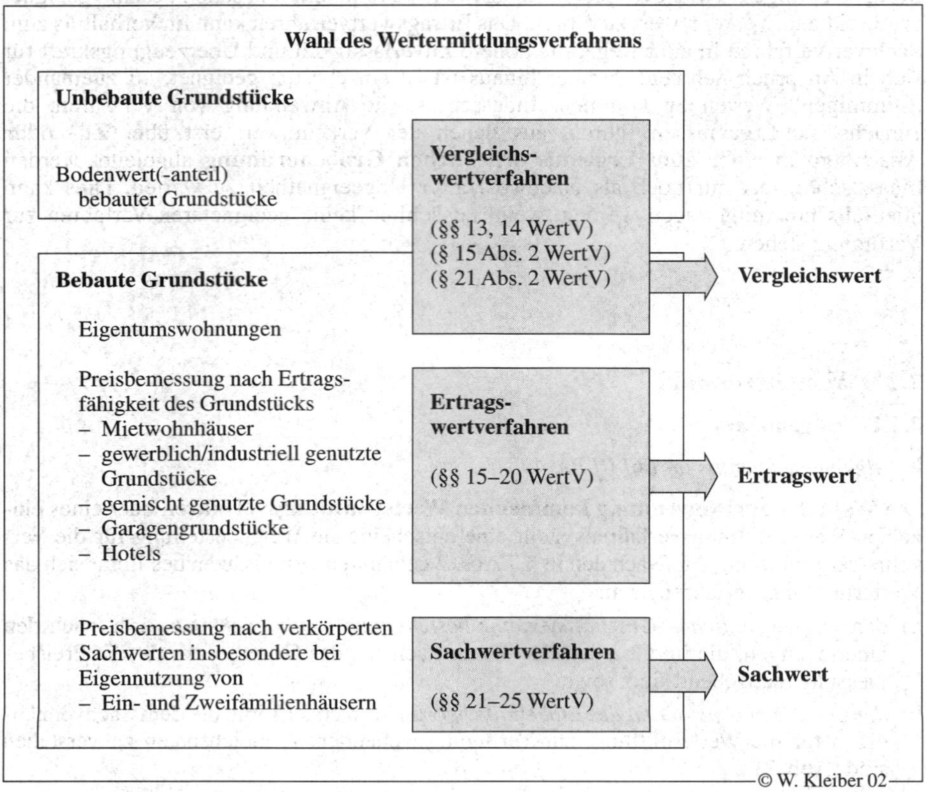

In Abs. 1 Satz 1 werden die drei klassischen Verfahren zur Wertermittlung von Grund- **28**
stücken „angeboten" (Vergleichs-, Ertrags- und Sachwertverfahren). Damit wird dem
Umstand Rechnung getragen, dass es nicht möglich ist, für die Verkehrswertermittlung
aller Grundstücksarten ein einheitliches Verfahren anzuwenden, denn die charakteristischen Merkmale, die den Wert eines Grundstücks bestimmen, sind bei den einzelnen
Grundstücksarten verschieden[4].

Die drei **Wertermittlungsverfahren sind grundsätzlich gleichrangig**[5]. Das jeweils anzu- **29**
wendende Verfahren ist gemäß Abs. 2 nach Lage des Einzelfalls unter Berücksichtigung
der im gewöhnlichen Geschäftsverkehr bestehenden Gepflogenheiten und den sonstigen
Umständen des Einzelfalls auszuwählen. Dieser Grundsatz ist entsprechend auf andere in
der WertV nicht geregelten Verfahren ebenfalls anzuwenden[6].

Der Grundstückssachverständige ist grundsätzlich frei in der Wahl seines Schätzverfah- **30**
rens[7]. Die Auswahl des Verfahrens liegt in seinem sachverständigen Ermessen. **Bei der
Wahl des Wertermittlungsverfahrens muss sich der Gutachter aber der allgemeinen
anerkannten Regeln der Wertermittlungslehre bedienen** und zu diesem Zweck alle ihm
zugänglichen Erkenntnisquellen vollständig und sachgerecht auswerten und in nachvollziehbarer Weise dartun. Solche anerkannten Schätzpraktiken sind in den Regelwerken
WertV und auch WertR veröffentlicht und in der BGH-Rechtsprechung anerkannt[8].

Welches Wertermittlungsverfahren dem Ziel der Verkehrswertermittlung möglichst wirk- **31**
lichkeitsnah und am besten gerecht wird, ist dabei eine Frage der Tatsachenfeststellung.
Diese Feststellungen dürfen nicht einem Rechtsirrtum oder einem Verfahrensmangel beruhen. Den materiellen Rechtsfehlern stehen dabei Verstöße gegen die angewandte Schätzmethode, gegen Denkgesetze, allgemeine Denkgesetze und anerkannte Schätzungs-
grundsätze gleich[9].

Im gerichtlichen Verfahren ist auch der Tatrichter bei der Auswahl der Wertermittlungsme- **32**
thoden frei, jedoch muss die gewählte Wertermittlungsmethode geeignet sein, mit ihrer
Hilfe den „vollen Gegenwert" für den dem Eigentümer genommenen Gegenstand zu erfas-
sen. Eine Wertermittlungsmethode, die das Wertbild verzerrt, hat daher auszuscheiden[10].
Nach der Rechtsprechung des BGH ist die Wahl des Wertermittlungsverfahrens in erster
Linie **eine Rechtsfrage**[11].

Es können auch mehrere der genannten Verfahren herangezogen werden, wobei der Ver- **33**
kehrswert dann unter Würdigung ihrer Aussagefähigkeit zu bemessen ist. Theoretisch muss
jedes auf die Verkehrswertermittlung ausgerichtete Verfahren bei sachgerechter Anwendung zum Verkehrswert führen, jedoch ist je nach Einzelfall in aller Regel ein bestimmtes
Verfahren unter Berücksichtigung der zur Verfügung stehenden Wertermittlungsgrundlagen besonders geeignet und deshalb von besonderem Gewicht. Abs. 2 schreibt deshalb
vor, dass die Verfahren nach der Art des Gegenstands der Wertermittlung unter Berücksich-

---

4 BVerfG, Beschl. vom 7. 5. 1968 – 1 BvR 420/54 –, EzGuG 20.43
5 BGH, Urt. vom 15. 6. 1965 – V ZR 24/63 –, EzGuG 20.39; BFH, Urt. vom 2. 2. 1960 – III R 173/36 –, EzGuG
   20.131; BGH, Urt vom 13. 7. 1970 – VII ZR 189/68 –, EzGuG 20.49
6 BVerwG, Beschl. vom 16. 1. 1996 – 4 B 69/95 –, GuG 1996, 111 = EzGuG 15.83
7 Die Gutachterausschüsse haben sich bei städtebaulichen Wertermittlungen an die Vorschriften der WertV zu
   halten. Die Finanzbauverwaltungen sind angewiesen, nach den Regeln der WertV zu arbeiten.
8 BGH, Urt. vom 27. 4. 1964 – III ZR 136/63 –, EzGuG 6.75
9 BFH, Beschl. vom 4. 7. 1990 – GrS 2–3 – BFHE 161, 290 = BStBl. II 1990, 817; BFH, Urt. vom 18. 12. 1984
   – VIII R 195/82 –, EzGuG 20.108 a; BFH, Urt. vom 10. 10. 1986 – VI R 12/83 –, BFH/NV 1987, 698; BFH, Urt.
   vom 24. 11. 1988 – IV R 150/86 –, BFH/NV 1989, 416
10 BGH, Urt. vom 29. 5. 1967 – III ZR 126/66 –, EzGuG 18.35; BGH, Urt. vom 2. 12. 1971 – III ZR 165/69 –,
   EzGuG 20.51; BGH, Urt. vom 26. 10. 1972 – III ZR 78/71 –, EzGuG 18.57; BGH, Urt. vom 20. 3. 1975 – III ZR
   153/72 –, EzGuG 18.64; BGH, Urt. vom 14. 12. 1978 – III ZR 6/77 –, EzGuG 4.63; BGH, Urt. vom 23. 6.
   1983 – III ZR 39/62 –, EzGuG 20.102; vgl. auch Maunz/Dürig/Herzog/Scholz, GG, Art. 14, S. 66
11 BGH, Urt. vom 2. 12. 1971 – III ZR 165/69 –, EzGuG 20.51; BGH, Urt. vom 26. 10. 1972 – III ZR 78/71 –,
   EzGuG 18.57

tigung der im gewöhnlichen Geschäftsverkehr bestehenden Gepflogenheiten und den sonstigen Umständen des Einzelfalls zu wählen (nicht auszuwählen) sind. **Sind mehrere Verfahren herangezogen worden, so sind die jeweiligen Ergebnisse entsprechend ihres Gewichtes und ihrer Aussagekraft zu würdigen und angemessen zu berücksichtigen.** Dies kann auch dazu führen, dass ein ergänzend zum ermittelten Ertragswert abgeleiteter Sachwert in „angemessener" Weise überhaupt nicht berücksichtigt wird, nämlich immer dann, wenn er aus Vorsicht allein zur Kontrolle zusätzlich ermittelt wurde.

34 Bei der **Verkehrswertermittlung eines in Teilen unterschiedlich genutzten Grundstücks** kann es geboten sein, den Verkehrswertanteil der verschieden genutzten Grundstücksteilflächen nach unterschiedlichen Wertermittlungsverfahren zu ermitteln (Mosaikmethode). Dabei muss gefordert werden, dass dies den Gepflogenheiten des gewöhnlichen Geschäftsverkehrs entspricht (vgl. Rn. 92)[12].

35 Die **Wahl des** geeigneten **Wertermittlungsverfahrens ist** in jedem Fall **zu begründen.**[13] Hat der Sachverständige einen Verkehrswert zu ermitteln, muss er also zunächst prüfen, welches Wertermittlungsverfahren anzuwenden ist. Das Verfahren ist unter Berücksichtigung der im gewöhnlichen Geschäftsverkehr bestehenden Gepflogenheiten und der sonstigen Umstände des Einzelfalls auszuwählen. Die angewandten Verfahren müssen in sich „schlüssig" sein[14].

36 ▶ *Zur Begründung des gewählten Wertermittlungsverfahrens vgl. Teil III Rn. 391 f.*

37 **Grundsätzlich kann die Wertermittlung auch auf ein einziges Verfahren gestützt werden.** Dies ist insbesondere dann sachgerecht, wenn nach der Art des Objektes auch nur dieses Verfahren angezeigt ist. Die zusätzliche Anwendung weiterer Verfahren kann zur Absicherung nützlich sein, aber auch zu überflüssigen Auseinandersetzungen führen. Eine letztlich nur nachrichtlich mitgeschleppte Sachwertermittlung hat häufig schon dazu geführt, dass ein Sachverständiger im Streitfall an hierbei begangenen Fehlern „demontiert" wurde, obwohl seine Ertragswertermittlung, auf die es entscheidend ankam, durchaus sachgerecht war (vgl. Teil III Rn. 446). Von daher muss sich der Sachverständige fragen, ob eine zur (persönlichen) Absicherung durchgeführte Sachwertermittlung auch Bestandteil des Gutachtens sein muss.

38 Auch wenn es im Einzelfall angezeigt ist, die Wertermittlung auf ein einziges Verfahren zu stützen, kann es erforderlich werden, dieses mit unterschiedlichen „Variationen" anzuwenden. Dies ist z. B. bei Immobilien angezeigt, die ein Entwicklungspotenzial aufweisen und sich in einem (potenziellen) Umbruch befinden *(property in transition)*. So wie der Eigentümer in solchen Fällen verschiedene Optionen der Grundstücksnutzung hat und sich aus einem gesunden Interesse an einer Gewinnmaximierung überlegen kann, welche Nutzung zu bevorzugen ist, muss dies bei der Wertermittlung berücksichtigt werden.

39 Dabei müssen aber gewissenhaft einige Regeln beachtet werden, wenn solche Überlegungen zum Verkehrswert führen sollen:

a) Bei der Berücksichtigung zukünftiger Nutzungsmöglichkeiten kann nur das zu Grunde gelegt werden, was nach den **rechtlichen und tatsächlichen Gegebenheiten ohne spekulative Elemente erwartet werden** kann, wobei Erwartungen nicht unumstößlich abgesichert sein müssen.

b) Es dürfen nur solche Nutzungsmöglichkeiten berücksichtigt werden, die im Immobilienverkehr nach den Verwertungsmöglichkeiten des Objektes „gewöhnlich" und damit markt- und wertbestimmend sind; auf **persönliche Nutzungsabsichten eines Erwerbers** kommt es also nicht an.

c) Alle **in die Wertermittlung eingehende Daten müssen**, auch soweit es dabei um fiktive Verkehrswertermittlungen für den Umnutzungsfall geht, **dem gewöhnlichen Geschäftsverkehr entsprechen** und von ungewöhnlichen oder persönlichen Verhältnissen unbeeinflusst sein.

Als ein typischer Anwendungsfall kann z. B. ein heruntergekommenes Miet- bzw. **40**
Geschäftshaus gelten, bei dem sich für jeden Eigentümer die Frage stellt, ob das Objekt
instandsetzungs- und modernisierungsfähig ist oder ein Abriss vorzuziehen ist **(Modernisieren oder Abreißen?).** In solchen Fällen kann es angezeigt sein, gleich mehrere (fiktive)
Ertragswerte auf der Grundlage verschiedener rechtlich zulässiger und tatsächlich realisierbarer Nutzungskonzepte und den jeweils dafür aufzubringenden Entwicklungskosten
neben dem Liquidationswert (§ 20 WertV) zu ermitteln, um sich aus einer sorgfältigen
Analyse der Ergebnisse für das letztlich tragende Verfahren entscheiden zu können (vgl.
Abb. 5). Dies stellt den Sachverständigen häufig vor schwierige Probleme, da hier – sowohl
was die künftigen Nutzungskonzepte als auch die zu deren Umsetzung erforderlichen
Kosten anbelangt – besonders besonnen und mit viel Realitätssinn vorgegangen werden
muss. Die Anwendung des Ertragswertverfahrens schlägt dabei häufig in eine äußerst fehleranfällige Residualwertmethode um (zu dieser Problematik bei Gewerbe-Immobilien
vgl. unten Rn. 110 ff.).

Abb. 5: Verkehrswert von Immobilien mit Entwicklungspotenzial

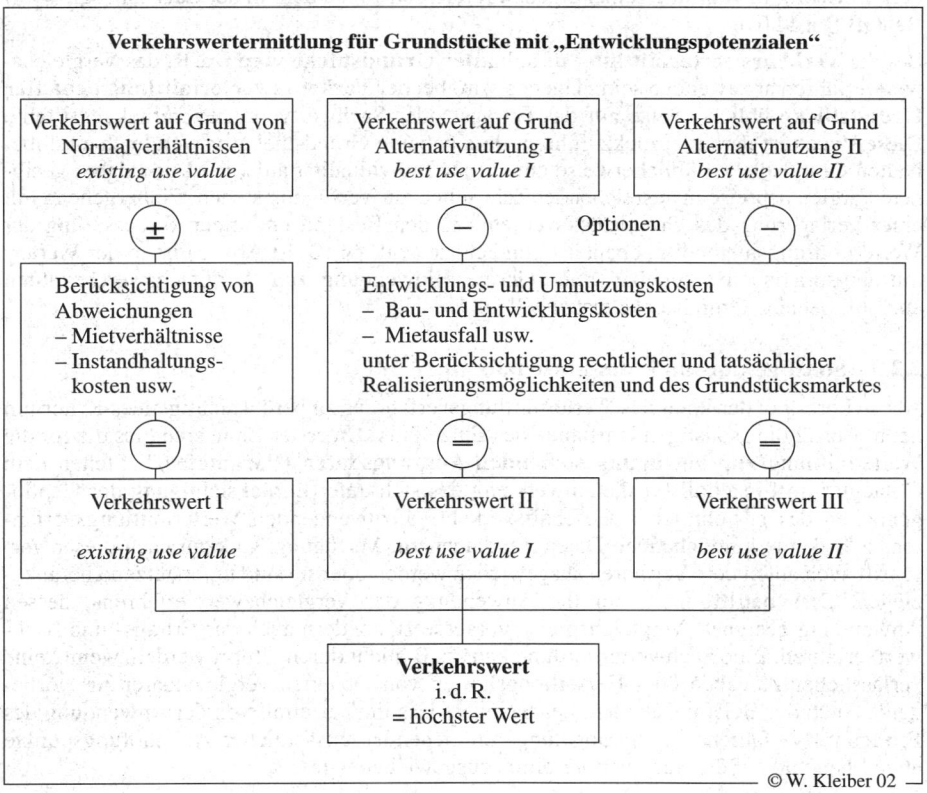

12   KG Berlin, Urt. vom 31. 3. 1970 – U 2199/68 –, EzGuG 20.47
13   VG Augsburg, Urt. vom 10. 2. 1982 – 4 K 80 A 914 –, EzGuG 11.126
14   BFH, Urt. vom 18. 12. 1984 – VIII R 195/82 –, EzGuG 20.108 a

2.2.2 Gepflogenheiten des gewöhnlichen Geschäftsverkehrs

41 Mit der vorgeschriebenen Berücksichtigung der im gewöhnlichen Geschäftsverkehr bestehenden Gepflogenheiten schreibt die Verordnung vor, dass bei der Wahl des Wertermittlungsverfahrens **die Maßstäbe** zur Anwendung kommen sollen, **die der gewöhnliche Geschäftsverkehr anzuwenden pflegt**[15]. Wie ausgeführt ist dieses Kriterium gegenüber den weiterhin zu berücksichtigenden „sonstigen Umständen des Einzelfalls" i. d. R. vorrangig. Grundlage für die Verfahrenswahl ist nach den Gepflogenheiten des gewöhnlichen Geschäftsverkehrs die objektive Nutzbarkeit des Grundstücks; auf subjektive Nutzungsabsichten kann es nicht ankommen. Unter den Gepflogenheiten des gewöhnlichen Geschäftsverkehrs sind Vorgänge eines freien Marktes – auch eines Teilmarktes – zu verstehen, bei denen von einer Mehrzahl von Anbietern handelsfähige Grundstücke zum Verkauf gestellt werden, für die eine Mehrzahl von Nachfragern als Kaufinteressenten vorhanden sind.

42 Nach der Rechtsprechung des BFH[16] ist unter dem **gewöhnlichen Geschäftsverkehr** der Handel zu verstehen, der sich nach marktwirtschaftlichen Grundsätzen von Angebot und Nachfrage vollzieht und bei dem jeder Vertragspartner ohne Zwang und nicht aus Not, sondern freiwillig in Wahrung seiner eigenen Interessen zu handeln in der Lage ist (vgl. § 194 BauGB Rn. 11 ff.).

43 Bei der **Verkehrswertermittlung unbebauter Grundstücke** wird i. d. R. das Vergleichswertverfahren anzuwenden sein; dagegen wird bei der **Verkehrswertermittlung bebauter Grundstücke** üblicherweise auf das Ertrags- oder Sachwertverfahren zurückgegriffen[17]. Diese Praxis ist darauf zurückzuführen, dass bebaute Grundstücke im Vergleich zu unbebauten Grundstücken üblicherweise eine große Individualität aufweisen und daher geeignete Vergleichspreise in ausreichender Zahl selten zur Verfügung stehen. Einhergehend mit einer Verlagerung des Grundstücksverkehrs in den Bestand und einer Verbesserung der Wertermittlungsmethodik bebauter Grundstücke (vgl. §§ 12, 13 Abs. 3) ist in der Wertmittlungspraxis unverkennbar eine stärkere Hinwendung zum Vergleichswertverfahren auch für bebaute Grundstücke festzustellen.

2.2.3 Sonstige Umstände des Einzelfalls

44 Als weiteres bei der Wahl des Wertermittlungsverfahrens zu berücksichtigendes Kriterium nennt Abs. 2 die „sonstigen Umstände des Einzelfalls". In erster Linie sind dies die für die Wertermittlung **zur Verfügung stehenden Ausgangsdaten (Parameter)**[18]. Stehen dem Gutachter im Einzelfall für die Anwendung des sich unter Berücksichtigung der Gepflogenheiten des gewöhnlichen Geschäftsverkehrs anzuwendenden Wertermittlungsverfahrens z. B. keine hinreichenden Datengrundlagen zur Verfügung, so kann nach dieser Vorschrift auch auf andere Verfahren ausgewichen werden oder sie sind unterstützend heranzuziehen. Dies betrifft nicht nur die Anwendung des Vergleichswertverfahrens, dessen Anwendung geeignete Vergleichspreise voraussetzt, sondern auch das Ertrags- und Sachwertverfahren. Eine Sachwertermittlung kann z. B. nicht durchgeführt werden, wenn keine verlässlichen Angaben über Herstellungskosten von Objekten vergleichbarer Art vorliegen[19]. Auch der BGH hat es nicht beanstandet, dass im Einzelfall von der Anwendung des Ertragswertverfahrens in Ermangelung hinreichender tatsächlicher Anknüpfungspunkte abgesehen und auf das Sachwertverfahren ausgewichen wurde[20].

2.3 Vergleichswertverfahren

2.3.1 Allgemeines

45 Das Vergleichswertverfahren *(comparsion method)* basiert auf der Überlegung, den **Verkehrswert eines Wertermittlungsobjekts aus der Mittelung von zeitnahen Kaufpreisen vergleichbarer Grundstücke** festzustellen. Das Verfahren führt im Allgemeinen direkt zum Verkehrswert und ist deshalb den klassischen Wertermittlungsverfahren überlegen, bei denen die ermittelten Ausgangswerte (Grundstückssachwert, Grundstücksertragswert) noch durch schwer nachweisbare Marktanpassungszu- oder -abschläge zu korrigieren sind. Dieser Vorgang entfällt i. d. R. beim Vergleichswertverfahren, da sich die jeweilige Marktsituation bereits in den Kaufpreisen der Vergleichsobjekte widerspiegelt (vgl. Nr. 1.5.5.2 WertR).

Die Wertermittlung anhand von Vergleichspreisen ist eine seit jeher **anerkannte Schätzmethode**[21]. **46**

Obwohl die Verordnung das Vergleichswertverfahren gleichrangig mit den übrigen Wertermittlungsverfahren aufführt, wird dem Verfahren bei Vorhandensein geeigneter Vergleichspreise besondere Überzeugungskraft beigemessen, denn Vergleichspreise für im Wesentlichen gleichartige Grundstücke bieten den sichersten Anhalt für die Verkehrswertermittlung[22]. Auch der BGH hat das Vergleichswertverfahren als die **im Regelfall einfachste und,** wenn genügend Vergleichspreise festzustellen sind, **auch als die zuverlässigste Methode** bezeichnet, während die anderen Methoden vor allem beim Fehlen geeigneter Vergleichspreise, damit insbesondere bei bebauten Grundstücken in Betracht kommen, da bei diesen nach der Natur der Sache Vergleichsobjekte weniger leicht zu finden sind als bei unbebauten Grundstücken[23]. Für das BVerwG sind Kaufpreise für gleichartige Grundstücke der „wichtigste Anhaltspunkt" für den Verkehrswert eines Grundstücks[24]. **In der steuerlichen Bewertung wird dem Vergleichswertverfahren Vorrang vor allen anderen Ermittlungsverfahren eingeräumt**[25]. **47**

In der **Begründung zur WertV 72** wird in Bezug auf die Verkehrswertermittlung bebauter **48** Grundstücke einschränkend ausgeführt: „In der Regel bietet das Vergleichswertverfahren keine ausreichenden Möglichkeiten zur Ermittlung des Verkehrswertes *bebauter* Grundstücke. Wenn diesem Verfahren ein **absoluter Vorrang** *auch* für die Wertermittlung solcher Grundstücke eingeräumt wird, kann daher ein falscher Eindruck entstehen. Durch die Änderung wird deshalb den verschiedenen Ermittlungsverfahren über den Vergleichswert, den Ertragswert oder den Sachwert gleicher Rang eingeräumt. Je nach den Verhältnissen des Einzelfalles soll das geeignetste Verfahren ausgewählt und das Ergebnis – soweit erforderlich – durch ergänzende Anwendung der andern Verfahren kontrolliert und verbessert werden. Bei den einzelnen Verfahrensarten wird daher jeweils als letzter Schritt die Heranziehung der übrigen Verfahren und die Würdigung der verschiedenen Ergebnisse auf Grund sorgfältiger Marktbeobachtung vorgesehen. Lediglich für die Ermittlung des Bodenwerts, bei der andere Verfahren in aller Regel keine brauchbaren Ergebnisse erbringen können, muss der Vorrang des Vergleichswertverfahrens bestehen bleiben."[26]

---

15 OLG Köln, Urt. vom 28. 8. 1962 – 9 U 28/58 –, EzGuG 20.31; vgl. auch Begründung zur WertV 61 im BAnz Nr. 145 vom 12. 8. 1961 sowie zur WertV 72; BR-Drucks. 265/72, S. 7; Pagendarm, WM 1958, 1350

16 BFH, Urt. vom 23. 2. 1979 – III R 44/74 –, EzGuG 19.35, auch BFH, Urt. vom 14. 2. 1969 – III 88/65 –, EzGuG 19.16

17 LG Arnsberg, Beschl. vom 28. 5. 1985 – 5 T 180/85 –, EzGuG 5.19

18 BFH, Urt. vom 17. 8. 1999 – IV B 116/98 –, GuG 2000, 236 = EzGuG 20.173

19 BR-Drucks. 352/88, S. 52

20 BGH, Urt. vom 15. 6. 1965 – V ZR 24/63 –, EzGuG 20.39

21 BGH, Urt. vom 18. 9. 1986 – III ZR 83/85 –, EzGuG 4.111; BGH, Urt. vom 6. 11. 1958 – III ZR 147/57 –, EzGuG 11.15; BGH, Urt. vom 8. 6. 1959 – III ZR 66/58 –, EzGuG 6.41; BGH, Urt. vom 19. 6. 1958 – III ZR 32/57 –, EzGuG 20.21

22 schon Pr. OVG, Urt. vom 10. 6. 1910 – VIII C 99/09 –, EzGuG 20.8

23 BGH, Urt. vom 12. 7. 1971 – III ZR 197/68 –, EzGuG 20.51

24 BVerwG, Urt. vom 13. 11. 1964 – 7 C 20/64 –, EzGuG 20.38; so schon Pr. OVG, Urt. vom 18. 1. 1902, EzGuG 20.6 a

25 BFH, Urt. vom 26. 9. 1980 – III R 21/78 –, EzGuG 20.86; BFH, Beschl. vom 21. 5. 1982 – III B 32/81 –, EzGuG 20.99; BFH, Urt. vom 29. 4 1987 – X R 2/80 –, BFHE 150, 453 = EzGuG 19.39 b

26 BR-Drucks. 265/72, S. 8 f.

49 An anderer Stelle heißt es dagegen: „Wie bereits im allgemeinen Teil dargelegt ist, soll den Gutachtern bei der Auswahl der Verfahren die für die bestmögliche Erfüllung ihrer Aufgabe erforderliche Freiheit eingeräumt werden. Wenn ausreichende Vergleichsfälle zur Verfügung stehen, können sie den **Verkehrswert allein auf Grund von Vergleichspreisen** ermitteln. Sie können aber, wenn das Ergebnis nicht hinreichend gesichert erscheint, unterstützend auch den Ertragswert oder den Sachwert heranziehen. In solchen Fällen müssen die Werte kritisch gewürdigt werden, d. h. es darf nicht schematisch (etwa durch Mittelung oder Drittelung der zusammengefassten Ergebnisse) ein Mittelwert errechnet werden, sondern es ist nach der Lage auf dem örtlichen Grundstücksmarkt festzustellen, welcher Verkehrswert zutreffend ist"[27]. Soweit danach ausreichend Vergleichspreise zur Verfügung stehen, konnte nach dem Willen des damaligen Verordnungsgebers dem Vergleichswertverfahren Priorität eingeräumt werden.

2.3.2 Anwendungsbereich

50 Das Vergleichswertverfahren kann grundsätzlich sowohl bei der Verkehrswertermittlung bebauter als auch unbebauter Grundstücke zur Anwendung kommen. Die **Verkehrswertermittlung bebauter Grundstücke im Wege des Vergleichswertverfahrens** ist im Hinblick auf die große Marktnähe dieses Verfahrens vielfach jedoch eine Wunschvorstellung, die zumeist an der hinreichenden Vergleichbarkeit der zur Verfügung stehenden Kaufpreise bzw. der Grundstücke scheitert, auf die sie sich beziehen. In der Praxis steht hier deshalb die Anwendung des Ertrags- und Sachwertverfahrens im Vordergrund.

51 Für die **Anwendung des Vergleichswertverfahrens auf bebaute Grundstücke** muss nämlich ebenfalls eine ausreichende Anzahl von Kaufpreisen vergleichbarer Objekte vorliegen und die Grundstücke sollten mit dem Wertermittlungsobjekt möglichst direkt vergleichbar sein. Zudem müssen die Verkäufe zeitnah zum Wertermittlungsstichtag angefallen sein. Durch diese Vorgaben wird die Zahl der in Frage kommenden Vergleichsgrundstücke zwangsläufig stark reduziert, so dass das Verfahren allenfalls bei marktgängigen Immobilien wie **Eigentumswohnungen** oder **Einfamilienhausgrundstücken** angewendet werden kann.

52 Die freien Sachverständigen waren bislang wegen Datenmangels nur in Ausnahmefällen in der Lage, Verkehrswerte bebauter Grundstücke im Vergleichswertverfahren zu ermitteln. Werden die im Zweiten Teil der WertV genannten Vergleichsfaktoren für bebaute Grundstücke von den Gutachterausschüssen abgeleitet und veröffentlicht, wird sich das Anwendungsspektrum des Vergleichswertverfahrens deutlich erhöhen. So werden auch die freien Sachverständigen Wertermittlungen über **Ertrags- oder Gebäudefaktoren** (vgl. § 12 Abs. 2) durchführen können. Eine sichere Wertbeurteilung wird jedoch dadurch erschwert, dass den Sachverständigen zwar die Vergleichsfaktoren mitgeteilt werden, nicht aber die Grundstücke, aus denen sie abgeleitet werden.

2.3.3 Bodenwertermittlung

53 Nach den §§ 13 und 14 ist der Bodenwert i. d. R. durch Preisvergleich[28] zu ermitteln. Dazu bieten sich zwei Verfahren an:
- der **unmittelbare Preisvergleich** mit Kaufpreisen von Vergleichsgrundstücken und
- der **mittelbare Preisvergleich** mit geeigneten Bodenrichtwerten.

54 Das **Vergleichswertverfahren** ist nach dem Vorhergesagten **das Regelverfahren für die Ermittlung des Bodenwerts** (vgl. § 15 Abs. 2, § 21 Abs. 2). Dies gilt gleichermaßen für die Bodenwertermittlung unbebauter als auch bebauter Grundstücke (§ 13 Abs. 2; § 15 Abs. 2 und § 21 Abs. 2). Dazu können nach § 13 Abs. 2 Kaufpreise von **Vergleichsgrundstücken oder geeignete Bodenrichtwerte** herangezogen werden.

2.3.3.1 Unmittelbarer und mittelbarer Preisvergleich

Beim *unmittelbaren* Preisvergleich ist der Bodenwert aus Preisen vergleichbarer Grundstücke abzuleiten. Der unmittelbare Preisvergleich ohne zusätzlich erforderlicher Berücksichtigung von Besonderheiten ist eine theoretische Wunschvorstellung des Sachverständigen, denn in der Praxis stehen ihm kaum jemals genügend Vergleichspreise zur Verfügung, die unmittelbar herangezogen werden können (omne simile claudicat)[29]. Um zu einer sicheren Aussage zu kommen, bedarf es darüber hinaus einer genügenden Anzahl von Kaufpreisen unmittelbar vergleichbarer Grundstücke. Die Preise, die von ungewöhnlichen oder persönlichen Verhältnissen beeinflusst worden sind (vgl. § 6), dürfen nur dann mit einbezogen werden, wenn deren Auswirkungen auf diese sicher erfasst werden können. **55**

Der *mittelbare* **Preisvergleich** erfolgt auf der Grundlage von Bodenrichtwertkarten, die jeweils nach ein oder zwei Jahren von den Gutachterausschüssen aktualisiert werden. **56**

▶ *Weitere Ausführungen hierzu Vorbem. zu den §§ 13 f. WertV Rn. 11 ff. und 124 ff.*

2.3.3.2 Bodenrichtwertverfahren

Nach § 13 Abs. 2 WertV können zur Ermittlung des Bodenwerts neben oder an Stelle von Preisen für Vergleichsgrundstücke auch **geeignete Bodenrichtwerte** i. S. d. § 196 BauGB herangezogen werden. Die Heranziehung von Bodenrichtwerten wird auch als mittelbarer Preisvergleich genannt. **57**

▶ *Weitere Ausführungen hierzu bei § 13 WertV Nr. 194 ff.*

Steht im Einzelfall kein Bodenrichtwert zur Verfügung und können auch keine Kaufpreise von Vergleichsgrundstücken herangezogen werden, muss auf andere, weniger gesicherte Verfahren zurückgegriffen werden. Das bekannteste Verfahren ist die **Bodenwertermittlung aus dem zu erwartenden Ertrag (vgl. § 13 WertV Rn. 322 ff.)**[30]. Das Verfahren eignet sich bei der Bodenwertermittlung von ertragsorientierten Geschäftsgrundstücken. Es setzt voraus, dass der künftige Grundstücksrohertrag, die Bewirtschaftungskosten und die Gebäudeherstellungskosten unschwer ermittelt werden können. Das Verfahren ist deshalb sehr unsicher, gleichwohl hält es der BGH für zulässig[31]. **58**

Daneben werden in der Literatur für verschiedene spezielle Fälle Ermittlungsverfahren angeboten, deren Qualität schwer nachprüfbar ist (z. B. Bodenwertermittlung über die zu erwartende **Erdgeschossrohmiete**, vgl. § 13 WertV Rn. 194 ff.)[32]. **59**

2.3.3.3 Zielbaumverfahren

▶ *Näheres hierzu bei § 13 WertV Rn. 401 ff.* **60**

Das Zielbaumverfahren ist seiner Natur nach ein Vergleichswertverfahren, wobei Vergleichspreise aus benachbarten Gemeinden oder sogar aus „vergleichbaren" Gemeinden anderer Bundesländer herangezogen werden. Der überregionale Preisvergleich macht dabei die Berücksichtigung struktureller Lageunterschiede mit Zu- und Abschlägen in einer Größenordnung erforderlich, die sonsthin mit einer fundierten Verkehrswertermittlung als unvereinbar angesehen werden. Bei Anwendung des Zielbaumverfahrens ist man **61**

---

27 BR-Drucks. 265/72, S. 12
28 BGH, Urt. vom 23. 6. 1983 – III ZR 39/82 –, EzGuG 20.102; BFH, Urt. vom 26. 9. 1980 – III R 21/79 –, EzGuG 20.86
29 Hierzu kritisch Kleiber in Ernst/Zinkahn/Bielenberg, BauGB § 7 WertV Rn. 19
30 Simon/Kleiber, Schätzung und Ermittlung von Grundstückswerten, 7.Aufl. Luchterhand Verlag Neuwied 1996, S. 103 ff.
31 BGH, Urt. vom 10. 2. 1958 – III ZR 168/56 –, EzGuG 4.8
32 Paul in VR 1983, 141; Simon/Kleiber, Schätzung und Ermittlung, a. a. O., 7. Aufl., S. 102; hier § 13 WertV Rn. 124

deshalb bestrebt, die Ermittlung der **Zu- und Abschläge methodisch zu operationalisieren, was** erfahrungsgemäß in der Praxis zu unbefriedigenden Ergebnissen führt, wenn allzu große Unterschiede überbrückt werden sollen[33].

2.4 Ertragswertverfahren

2.4.1 Allgemeines

62   Das Ertragswertverfahren *(income approach)* eignet sich für die Verkehrswertermittlung von Grundstücken, die üblicherweise dem Nutzer zur Ertragserzielung dienen[34]. Dem Käufer eines derartigen Objekts kommt es in erster Linie darauf an, welche **Verzinsung** ihm das **investierte Kapital** einbringt. Der Sachwert wird bei Rentenobjekten erst in zweiter Linie interessieren, etwa wegen der Qualität der verwendeten Baustoffe und der daraus abzuleitenden Dauer der Erträge[35]. Auch die allgemeine Barwertmethode *(Discounted Cash Flow)* ist ihrer Natur nach ein Ertragswertverfahren.

2.4.2 Anwendungsbereich

63   Vornehmlich auf den Ertragswert abzustellen ist sinnvoll und damit sachgerecht, wenn das zu wertende Grundstück dazu bestimmt ist, nachhaltig Erträge zu erzielen, wie z. B. bei **Mietwohnhäusern, Geschäfts- und Gewerbegrundstücken.** Dem Käufer eines derartigen Grundstücks kommt es nämlich in erster Linie darauf an, welche Verzinsung ihm das investierte Kapital in Gestalt der durch die Vermietung oder Verpachtung erzielten Erträge einbringt[36].

64   In der **Rechtsprechung des BGH**[37] ist dem Ertragswertverfahren eine maßgebliche Aussagekraft für die Ermittlung des Verkehrswerts beigemessen worden. Mehrfach hat das Gericht entschieden, dass für die Bemessung des Verkehrswerts eines bebauten Grundstücks i. d. R. und im Wesentlichen dessen Ertragsfähigkeit maßgebend ist.

65   Nach der **Rechtsprechung** kann das Ertragswertverfahren für folgende Grundstücke als sachgerechte Methode zur Ermittlung des Verkehrswerts angesehen werden:

- – Mietwohngrundstücke[38],
- – Hotelgrundstücke[39],
- – Gewerblich genutzte Grundstücke[40],
- – Geschäftsgrundstücke[40],
- – Gemisch-genutzte Grundstücke,
- – Fabrikgrundstücke[41],
- – Kirchengebäude[42] und
- – Garagengrundstücke.

66   **Des Weiteren** sind dem Ertragswertverfahren heute folgende Grundstücksarten zuzurechnen:

- – Büro- und Verwaltungsgebäude,
- – Schulen[43],
- – Krankenhäuser,
- – Lichtspielhäuser,
- – Schlachthäuser[44],
- – Mühlengrundstücke,
- – Werkstätten und
- – Lagerhausgrundstücke[45],
- – Eigentumswohnungen[46] (vorbehaltlich der Anwendung des Vergleichswertverfahrens)[47]

Das Ertragswertverfahren wird heute auch bei Grundstücken angewandt, die in der Praxis bisher „traditionell" als Sachwertobjekte galten (vgl. § 15 WertV). Es stellte sich heraus, dass die **Ertragswerte oft einen besseren Anhaltspunkt für die Beurteilung des Ver-**

kehrswerts bieten als die entsprechenden Sachwerte. In diesen Fällen hat sich die Wertermittlungspraxis an die sich im Laufe der Zeit ändernden Marktgepflogenheiten angepasst. Beispielsweise wird ein Lagerhausgrundstück heute als reines Renditeobjekt angesehen. Einen Käufer interessiert vorrangig, welche Miete er nachhaltig erzielen kann. Für ihn ist der Kaufpreis an dem gegenwärtigen Wert der künftigen Erträge zu messen, die sich aus dem Grundstück ergeben werden.

Bei Anwendung des Ertragswertverfahrens zur Ermittlung des Verkehrswerts von Grund- **67** stücken z. B. von Miethäusern sind **Bepflanzungen** i. d. R. nicht zusätzlich zu werten, da sie zur Ausstattung des Grundstücks gehören, die sich im Mietertrag auswirken kann, jedoch i. d. R. nicht noch außerdem zu einer Erhöhung des nach dem Ertragswertverfahren berechneten Gesamtpreises führen.

Nr. 1.5.5.3 der WertR stellt heraus, dass das Ertragswertverfahren bei sachgerechter **68** Anwendung der grundstücksbezogenen Daten ein vergleichendes Verfahren ist. Dementsprechend würde eine Marktanpassung des Grundstücksertragswerts überflüssig werden, da mit marktkonformen Ansätzen insbesondere der Mieten und des Liegenschaftszinssatzes der Grundstücksertragswert weitgehend dem Verkehrswert entsprechen müsste.

2.4.3 Pachtwertverfahren

Das Pachtwertverfahren ist dem **Ertragswertverfahren** zuzurechnen. Bei Anwendung **69** dieses Verfahrens wird der Reinertrag aus der ortsüblichen Pacht ggf. unter Heranziehung von Umsatzkennziffern oder der tatsächlichen Umsätze abgeleitet.

▸ *Näheres hierzu bei § 4 WertV Rn. 451 sowie in den Vorbem. zu den §§ 15 bis 20 WertV Rn. 167 ff., 409 ff. sowie bei § 17 WertV Rn. 164 ff.*

33 Kritisch hierzu Simon/Kleiber, Schätzung und Ermittlung ... a. a. O., 7. Aufl., S. 94 f.
34 BGH, Urt vom 13. 7. 1970 – VII ZR 189/68 –, EzGuG 20.49; BGH, Urt. vom 16. 6. 1977 – VII ZR 2/76 –, EzGuG 20.67a; BFH, Urt. vom 2. 2. 1990 – III R 173/86 –, EzGuG 20.131
35 So bereits Smith, A., Der Wohlstand der Nationen 1789/1993 u.a. Nationalökonomen; vgl. auch Ricardo, D., Über die Grundsätze der politischen Ökonomie und der Besteuerung 1821/1994, S. 170 ff.
36 OLG Hamburg, Urt. vom 24. 4. 1970 – I U 17/68 –, EzGuG 18.50; BGH, Urt. vom 27. 4. 1964 – III ZR 16 3/63 –, EzGuG 6.75; BGH, Urt. vom 13. 7. 1970 – VII ZR 189/68 –, EzGuG 20.49; BGH, Urt. vom 16. 6. 1977 – VII ZR 2/76 –, EzGuG 20.67 a
37 BGH, Urt. vom 13. 5. 1955 – V ZR 36/54 –, EzGuG 3.5; BGH, Urt. vom 24. 10. 1955 – III ZR 121/54 –, EzGuG 6.16; BGH, Urt. vom 28. 1. 1957 – III ZR 141/55 –, BGHZ 23, 157; BGH, Urt. vom 18. 9. 1961 – VII ZR 118/60 –, EzGuG 3.17; BGH, Urt. vom 14. 11. 1962 – V ZR 183/60 –, EzGuG 3.21; BGH, Urt. vom 27. 4. 1964 – III ZR 136/63 –, EzGuG 6.75; OLG Köln, Urt. vom 2. 3. 1962 – 9 U 33/61 –, EzGuG 20.59
38 BR-Drucks. 352/88, S. 56; BGH, Beschl. vom 18. 10. 1984 – III ZR 134/83 –, EzGuG 20.108; BFH, Urt. vom 17. 8. 1999 – IV B 116/98 –, GuG 2000 = EzGuG 20.173; FG Rh.-Pf., Beschl. vom 4. 8. 1981 – 2 K 207/80 –, EzGuG 20.90; OLG Köln, Urt. vom 28. 8. 1962 – 9 U 28/58 –, EzGuG 20.31; BGH, Urt. vom 13. 7. 1970 – III ZR 189/69 –, EzGuG 20.49; LG Arnsberg, Beschl. vom 28. 5. 1985 – 5 T 120/85 –, EzGuG 5.19; BayObLG, Urt. vom 8. 3. 1979 – 3 Z 109/76 –, EzGuG 20.80; OLG Düsseldorf, Urt. vom 11. 3. 1988 – 7 U 4/86 –, EzGuG 20.124; OLG Koblenz, Urt. vom 13. 1. 1982 – 1 U 6/80 –, EzGuG 2.28
39 BGH, Beschl. vom 11. 3. 1993 – III ZR 24/92 –, EzGuG 20.144 b; BGH, Beschl. vom 18. 10. 1984 – III ZR 134/83 –, EzGuG 20.108; LG Kempen, Urt. vom 28. 4. 1998 – 4 T 2605/97 –, EzGuG 20.162 b
40 BGH, Urt. vom 15. 10. 1992 – III ZR 147/91 –, GuG 1993, 178 = EzGuG 14.115; BFH, Urt. vom 2. 2. 1990 – III R 173/86 –, EzGuG 20.131
41 Simon/Cors/Troll, a. a. O., Rn. 11; Simon/Kleiber, Schätzung und Ermittlung... a. a. O., 7. Aufl., S. 32 ff.
42 BVerwG, Urt. vom 30. 6. 1965 – 5 C 151/63 –, EzGuG 20.40; ; für Angelegenheiten der KostO: BayObLG, Urt. vom 23. 9. 1985 – BReg 3 Z 36/84 –, EzGuG 18.99b; VG Berlin, Urt. vom 25. 10. 1995 – 1 W 5012/12/94 –, EzGuG 18.116 a
43 Erl. des BMBau vom 12. 10. 1993 BAnz Nr. 199 S. 9360
44 BGH, Urt. vom 6. 12. 1965 – III ZR 172/64 –, EzGuG 6.83
45 BGH, Urt. vom 16. 6. 1977 – VII ZR 2/76 –, EzGuG 20.67 a
46 Simon/Cors/Troll, a. a. O., Rn. 37; BGH, Urt. vom 27. 4. 1964 – III ZR 136/63 –, EzGuG 6.75; BayObLG, Urt. vom 8. 3. 1979 – 3 Z 109/76 –, EzGuG 20.80; LG Kempten, Urt. vom 28. 4. 1998 – 4 T 2605/97 –, Rpfleger 1998, 359 = KTS 1999, 84 = EzGuG 20.162 b
47 BFH, Urt. vom 24. 2. 1999 – IV B 73/89 –, GuG 2000, 186 = EzGuG 20.170; LG Göttingen, Urt. vom 8. 9. 1998 – 10 T 43/98 –, EzGuG 20.165 (im Zwangsversteigerungsverfahren)

2.5   Sachwertverfahren

2.5.1   Allgemeines

70 Bei Anwendung des Sachwertverfahrens *(cost approach)* wird der Verkehrswert auf der Grundlage der gewöhnlichen Herstellungskosten aller auf dem Grundstück vorhandenen Anlagen unter Berücksichtigung ihrer wirtschaftlichen Restnutzungsdauer, Baumängel und Bauschäden, der sonstigen wertbeeinflussenden Umstände und dem Bodenwert ermittelt. Da die bloßen **Kosten einer Sache nicht mit ihrem Wert identisch** sind und vielfach sogar nicht unerheblich davon abweichen, führt der „bloße" Sachwert insbesondere bei Renditeobjekten zu einem Wert, den die Sache gerade nicht wert ist. Dies lässt sich nur vermeiden, wenn in marktorientierter Weise wirtschaftliche Gesichtspunkte in das Sachwertverfahren integriert werden. Ansonsten muss der Sachwert mit teilweise erheblichen Marktanpassungszu- oder -abschlägen an den Verkehrswert herangeführt werden.

2.5.2   Anwendungsbereich

71 Das Sachwertverfahren eignet sich für die Verkehrswertermittlung von **Grundstücken**, die vornehmlich nach der Art ihrer Bebauung **nicht auf eine möglichst hohe Rendite im Verhältnis zu den aufgewandten Kosten ausgelegt sind.** Hier sind in erster Linie **Eigenheime** (Ein- und Zweifamilienhäuser) zu nennen, die üblicherweise zum Zwecke der Eigennutzung gebaut und gekauft werden.

72 **Einfamilienhäuser** werden i. d. R. nämlich nicht vermietet, sondern von dem Hauseigentümer ganz oder zum überwiegenden Teil bewohnt. Für diesen steht die Annehmlichkeit im Vordergrund ungestört nach seinem Geschmack und ohne Rücksicht auf andere Hausbewohner allein im Haus wohnen zu können. Hierfür ist er bereit, Mittel aufzuwenden, die gemessen an dem im Falle einer Vermietung des Einfamilienhauses erzielbaren Nutzungsentgelt, eine deutlich **geringere Verzinsung des eingesetzten Kapitals** „erarbeiten" **als z. B. ein weniger aufwendig bebautes Mietwohngrundstück.**

73 **Der Eigentümer eines Ein- bzw. Zweifamilienhausgrundstücks rechnet nicht mit einer hohen Verzinsung des beim Kauf des Objekts investierten Kapitals, denn er betrachtet das Grundstück nicht als zinsabwerfende Kapitalanlage.** Hier stehen vielmehr persönliche Momente im Vordergrund. Er betrachtet es als ein Heim, das ihm die Annehmlichkeiten des Alleinwohnens verschafft. Ertragsgedanken sind deshalb beim Kauf von Einfamilienhausgrundstücken weitgehend ausgeschaltet. Diese immaterielle Wertschätzung hat Antoine Saint-Exupery in „Das Wunder des heimatlichen Hauses" mit folgenden Worten trefflich illustriert: „Das Wunder des heimatlichen Hauses besteht nicht darin, dass es uns schützt und wärmt, es besteht auch nicht im Stolz des Besitzers – seinen Wert erhält es dadurch, dass es in langer Zeit einen Vorrat von Beglückung aufspeichert, dass es tief im Herzen die dunkle Masse sammelt, aus der wie Quellen die Träume entspringen".

74 Die Anwendung des Sachwertverfahrens auf Einfamilienhäuser lässt sich auch damit begründen, dass ein Erwerber vor der Wahl steht, **selber zu bauen oder zu kaufen.** Ein Erwerber „schielt" also auf die Herstellungskosten und wägt diese mit dem Kaufpreis für ein „fertiges Objekt" ab, wobei als weitere Momente die Sicherheit vor Unannehmlichkeiten, unerwartete Preissteigerungen und Kostenpositionen, unterschiedliche steuerliche Rahmenbedingungen sowie der Kauf des „fertigen" und sichtbaren Produktes an Stelle der Bauzeichnung hinzukommen.

75 In der **Rechtsprechung** ist die Verkehrswertermittlung von Ein- und Zweifamilienhäusern im Wege des Sachwertverfahrens anerkannt worden[48], insbesondere bei aufwendig gebauten Villen[49]. Dagegen ist es in der Rechtsprechung nicht beanstandet worden, dass ein nicht nur eigengenutztes, sondern zum Teil auch vermietetes Einfamilienhaus nach dem Ertragswertverfahren bewertet wird (vgl. Rn. 71).

Der BGH hat es auch als sachgerecht angesehen, wenn bei einem Einfamilienhaus oder **76**
einem **für den eigenen Betrieb des Eigentümers bestimmtes Geschäftshaus** „allein"
vom Sachwert ausgegangen wird[50]. In dieser apodiktischen Form ist diese Rechtsprechung
korrigiert worden[51].

Bei einem Grundstück, dessen Verkehrswert nach seiner Nutzungsart üblicherweise nach **77**
dem Sachwertverfahren ermittelt wird, muss das Ertragswertverfahren Anwendung finden,
wenn es **trotz verhältnismäßig geringwertiger Aufbauten erhebliche Nutzungserträge**
abwirft[52].

Grundsätzlich können auch **Ein- und Zweifamilienhäuser im Wege des Ertragswert-** **78**
verfahrens gewertet werden, wenn dafür marktorientierte Liegenschaftszinssätze zur
Verfügung stehen. Da diese Objekte in der Praxis der Verkehrswertermittlung nahezu ausschließlich im Wege des Sachwertverfahrens gewertet werden, wurden Liegenschaftszinssätze bislang aber eher nur in Ausnahmefällen für Ein- und Zweifamilienhäuser abgeleitet.
Entsprechend den vorherigen Ausführungen haben sich dabei für Einfamilienhäuser Liegenschaftszinssätze von 1,5 bis 3,0 % ergeben, die sich, was das gesamte Spektrum der
Einfamilienhäuser anbelangt, aber nicht verallgemeinern lassen. Ein solides und kostensparend errichtetes **Reihenhaus** wirft eine höhere Verzinsung ab als eine aufwendig
gebaute **Villa**, die möglicherweise sogar eine negative Verzinsung haben kann, wenn z. B.
die (nicht umlegbaren) Bewirtschaftungskosten den Mieterlös nicht zu decken vermögen[53].

Dass der Erwerber eines Ein- und Zweifamilienhauses, um seine persönlichen Bedürfnisse **79**
nach angenehmen Wohnen zu erfüllen, auf eine sonst übliche Verzinsung seines Kapitals
verzichtet, schließt nicht aus, dass auch er „rechnet". Zwar nimmt sich die ersparte Miete in
einem selbstbewohnten Einfamilienhaus gegenüber einer sonst möglichen Verzinsung seines Kapitals gering aus, jedoch spielen auch weitere Beweggründe eine Rolle: Dies sind
die **Erwartung einer Wertsteigerung, das Motiv einer krisensicheren Sachanlage**,
finanzielle Förderungen und steuerliche Anreize einschließlich der sog. Konsumgutlösung.
Eine direkte und indirekte Förderung müsste bei Anwendung des Ertragswertverfahrens im
Übrigen mit dem Liegenschaftszinssatz berücksichtigt werden, soweit sie objekttypisch ist.

Daneben kann der Wert von Einfamilienhäusern auch im Vergleichswertverfahren ermittelt **80**
werden. Das setzt allerdings voraus, dass auf eine **ausreichende Anzahl von Vergleichs-**
grundstücken zurückgegriffen werden kann. Das Ertragswertverfahren ist in diesem
Zusammenhang nur zur Feststellung der Renditefähigkeit von Bedeutung, also im Wesentlichen für Beleihungszwecke.

Die Auffassung des OVG Magdeburg[54], nach der das Sachwertverfahren herangezogen **81**
werden kann, wenn ein **nachhaltiger Ertrag, insbesondere mit Rücksicht auf die Bau-**
substanz, nicht mehr erzielt werden kann, ist trügerisch. I. d. R. ist unter den genannten
Voraussetzungen die Bausubstanz wirtschaftlich verbraucht, so dass dementsprechend
auch bei Anwendung des Sachwertverfahrens infolge der Alterswertminderung auf Grund
der verminderten Restnutzungsdauer der Sachwert allenfalls auf den Restwert zusammenschmilzt.

---

48   OLG Köln, Urt. vom 28. 8. 1962 – 9 U 28/58 –, EzGuG 20.31; OLG Koblenz, Urt. vom 17. 9. 1980 – 1 U
     1092/79 –, EzGuG 20.85; BFH, Urt. vom 27. 4. 1978 – III R 6/77 –, EzGuG 20.73 a; BFH, Urt. vom 31. 7. 1981
     – III R 123/79 –; FG Rheinland-Pfalz, Urt. vom 26. 1. 1999 – 2 K 2975/98 –, EzGuG 20.168; OLG Celle, Urt.
     vom 13. 9. 1996 – 4 U 27/90 –, OLGR-Celle 1997, 38
49   OLG Köln, Urt. vom 16. 9. 1960 – 4 U 152/59 –, EzGuG 20.27; BGH, Urt. vom 13. 7. 1970 – VII ZR 189/68 –,
     EzGuG 20.49; auch BFH, Urt. vom 12. 2. 1986 – II R 192/78 –, EzGuG 20.115; vgl. auch RFH, Urt. vom
     28. 8. 1930 – III a 137/30 – und RFH, Urt. vom 18. 1. 1929 – I A b 883/28 –, AVN 1931, 219
50   BGH, Urt. vom 10. 3. 1956 – IV ZR 99/55 –, EzGuG 20.18 a
51   BGH, Urt. vom 13. 7. 1970 – VII ZR 189/68 –, EzGuG 20.49
52   BGH, Urt. vom 19. 12. 1963 – III ZR 162/63 –, EzGuG 20.35
53   BGH, Urt. vom 16. 6. 1977 – VII ZR 2/76 –, EzGuG 20.67 a
54   OVG Magdeburg, Urt. vom 20. 1. 1999 – A 2 130/97 –, GuG-aktuell 1999, 46 (LS) = EzGuG 20.167

2.5.3 Missverstandenes Eigennutzprinzip

82 Die traditionelle aber heute weitgehend aufzugebende Auffassung, den Verkehrswert gewerblicher und öffentlicher Grundstücke im Wege des Sachwertverfahrens zu ermitteln, wurde u. a. damit begründet, dass es sich dabei zumeist um **eigengenutzte Grundstücke** handele und diese, wie Ein- und Zweifamilienhäuser, quasi naturgesetzlich im Sachwert- verfahren zu werten seien. Das Eigennutzprinzip war unter der Herrschaft der Stopp-Preis- regelung vorgegeben und wirkt bis zum heutigen Tag fort (vgl. § 194 Rn. 53)[55].

83 Das **Kriterium der Eigennutzung** kann für sich allein nicht entscheidend für die Wahl des Sachwertverfahrens sein, da auch typische Renditeobjekte eigengenutzt werden. Es muss vor allem hinzukommen, dass es dem typischen Nutzer eines im Sachwertverfahren zu wertenden Objekts nach der Lebenserfahrung nicht entscheidend auf die Rendite, sondern vornehmlich auf den „Besitz" mit möglicherweise nicht in Mark und Pfennig zu bemesse- nen Annehmlichkeiten ankommt. Im Vordergrund der Kaufüberlegungen eines solchen Erwerbers stehen dabei die **Kosten, die** von ihm oder **aus gleichen Überlegungen vom Voreigentümer dafür aufgebracht wurden** oder aufgebracht werden müssten.

84 Das Kriterium der „Eigennutzung" ist in der Vergangenheit missverstanden und infolge- dessen überstrapaziert worden **(missverstandenes Eigennutzprinzip)**. Es ist ein verhäng- nisvoller und lebensfremder Irrtum, wenn man einem „eigennützigen" Erwerber a priori vernünftiges wirtschaftliches Handeln absprechen wollte und es empfiehlt sich, hier deut- lich zwischen Objekten zu unterscheiden, die

a) sich ein Erwerber insoweit etwas kosten lässt, als er auf eine sonst übliche Verzinsung seiner Investition verzichtet (wie bei dem erwähnten Einfamilienhaus) oder

b) bei denen der Erwerber ein Objekt zum Zwecke der Gewinnerzielung z. B. unterneh- merisch als Gewerbeobjekt „eigengenutzt" unterhält.

85 Bei **Gewerbegrundstücken** steht ein potenzieller Erwerber vor der Entscheidung, das gewünschte Objekt selbst zu errichten oder anzumieten. Von daher kann es sich empfehlen, sowohl das **Sach- als auch das Ertragswertverfahren** anzuwenden und die Ergebnisse kritisch miteinander zu vergleichen. Übersteigt z. B. im Falle einer neu errichteten Gewerbe-Immobilie der Sachwert den Ertragswert, stellt sich die Frage, warum das Objekt überhaupt errichtet wurde, wenn sich das investierte Kapital nicht angemessen verzinst. Daraus können wiederum Rückschlüsse auf die ertragswirtschaftliche Nutzung des Objekts gezogen werden, die dann offensichtlich dem nicht entspricht, was in den Vorstel- lungen des Investors lag. Ursache für die Disparität kann in solchen Fällen eine Fehlent- scheidung des Investors oder eine ungenügende Ausschöpfung der Ertragsfähigkeit des Grundstücks durch den Nutzer sein, die dann möglicherweise im Ertragswertverfahren zu korrigieren ist. Bei älteren Gebäuden ist die Disparität vielfach darauf zurückzuführen, dass sich der in der Vergangenheit errichtete „Sachwert" auf Grund wirtschaftlicher und allgemeiner Umstrukturierungen nicht mehr angemessen „verzinst".

▶ *Näheres bei Rn. 110 ff.*

86 Was für (eigengenutzte) gewerbliche Grundstücke gilt, muss in gleicher Weise auch für **öffentlich genutzte Grundstücke** gelten. Auch hier stellt sich die Frage, warum die öffentliche Hand ein Gebäude mit hohen Herstellungskosten errichten sollte, wenn sie ent- sprechende Objekte anmieten könnte und der sich auf der Grundlage der ortsüblichen und nachhaltigen Miete ergebende Ertragswert niedriger ausfällt als der Sachwert, in dem sich die Herstellungskosten widerspiegeln. Diese Erfahrung konnte auch bei der Veräußerung von Bundesliegenschaften gemacht werden, die im Zuge der Konversion für andere öffent- liche Nutzungen veräußert wurden und seitens der Erwerber darauf verwiesen wurde, dass der Sachwert keine geeignete Grundlage darstellen könne, wenn vergleichbare Objekte zu einem Mietpreis angemietet werden könnten, die über die Restnutzungsdauer kapitalisiert zu niedrigeren Ertragswerten führen (vgl. § 4 WertV Rn. 535).

Im **Erl. des BMBau vom 12. 10.** 1992[56] wurde die Praxis, Grundstücke, deren **Bebauung** 87
einer öffentlichen Zweckbindung unterworfen bleiben, im Sachwertverfahren zu werten,
deshalb mit folgenden Ausführungen korrigiert:

„c) Auch bei Grundstücken, die schon bislang im Gemeingebrauch standen und in anderer Trägerschaft auch künftig
(anderen) öffentlichen Zwecken vorbehalten bleiben sollen, ist die Anwendung des Ertragswertverfahrens dann
geeignet, wenn der Erwerber bei wirtschaftlicher Betrachtungsweise so zu stellen ist, wie er bei alternativer
Anmietung entsprechender baulicher Anlagen gestellt wäre. Dabei ist von der Ertragssituation vergleichbarer
baulicher Anlagen auszugehen, z. B.

– für Verwaltungsgebäude: Erträge einer Büronutzung vergleichbarer Qualität;

– für Kinderheime, Kindergärten, Freizeitzentren, Kindererholungsheime: vergleichbare privatwirtschaftliche
Einrichtungen;

– für Schulen: Erträge aus vergleichbaren oder anderen dafür in Betracht kommenden gewerblich genutzten
Objekten.

d) Steht danach die Anwendung des Ertragswertverfahrens im Vordergrund, kann es gleichwohl geboten sein, das
Sachwertverfahren unterstützend heranzuziehen. Dabei muss, insbesondere eine eingeschränkte wirtschaftliche
Nutzbarkeit der baulichen Anlage z. B. durch eine wirtschaftliche Überalterung nach § 25 WertV (Nr. 3.6.5.1
WertR) berücksichtigt werden; dies gilt insbesondere bei der Umnutzung ehemaliger Gemeinbedarfsanlagen,
z. B. bei militärisch genutzten baulichen Anlagen für privatwirtschaftliche Zwecke (z. B. Wohnen, Gewerbe,
Industrie).

Das Ergebnis der Sachwertermittlung (Sachwert) ist um so kritischer zu würdigen, je größer die beim Übergang
vom Sachwert zum Verkehrswert (vgl. Nr. 3.7 WertR 96) anzubringenden Marktabschläge ausfallen. Hohe Marktanpassungsabschläge sprechen gegen die Eignung des angewandten Verfahrens.

e) Die Anwendung das Sachwertverfahrens kann dagegen im Vordergrund stehen, wenn und soweit es zu einem Wert
führt, der als ein Äquivalent für die von einem Erwerber aufzubringenden Baukosten zur Verwirklichung der zivilen Anschlussnutzung angesehen werden kann und sich der gewöhnliche Geschäftsverkehr daran orientiert. Diese
Voraussetzungen liegen insbesondere vor, wenn sich dem Erwerber auf absehbare Zeit keine Möglichkeit bietet,
entsprechende privatwirtschaftlich nutzbare bauliche Anlagen anzumieten und als Vorteil der Übernahme solcher
Baulichkeiten die Ersparnisse eigener Aufwendungen gelten müssen.

Gegenstand der Ermittlung des Gebäudewertanteils können dabei ggf. nur die Bauteile unter Berücksichtigung
von Wertminderungen wegen Alters, Baumängeln und Bauschäden sowie sonstige wertbeeinflussende Umstände
im Sinne des § 25 WertV (u. a. wirtschaftliche Wertminderung) sein, die im Rahmen der Anschlussnutzung Weiterverwendung finden können.

Werden bei der Überführung bislang militärisch genutzter baulicher Anlagen in eine zivile Anschlussnutzung
Freilegungs-, Teilabbruch- und Sicherungsmaßnahmen erforderlich, sind diese bei Anwendung des Verfahrens
ebenso wie Verwertungserlöse für abgängige Bauteile zu berücksichtigen."

▶ *Zur Bodenwertermittlung vgl. Rn. 131; zum Ansatz „gespaltener Bodenwerte" bei An-* 88
wendung des Ertragswertverfahrens vgl. Vorbem. zu den §§ 15 bis 20 WertV Rn. 77 ff.

2.6   Liquidationswertverfahren

2.6.1   Allgemeines

▶ *Näheres hierzu die Erläuterung zu § 20*

Das Liquidationswertverfahren wird in der WertV als ein Unterfall des Ertragswertverfah- 89
rens im Zweiten Abschnitt des Dritten Teils behandelt (§ 20), obwohl es eigentlich ein
Verfahren sui generis darstellt. Die Verkehrswertermittlung geht bei Anwendung dieses
Verfahrens von der **Aufgabe der bisherigen Nutzung (Liquidation)** aus, **um über eine
Optimierung der verbleibenden Verwertungserlöse ggf. unter Zerlegung der Immobilie** in einzelne Teile **zum Verkehrswert zu gelangen.** In diesem Zusammenhang spricht
man auch von der **Zerschlagungs- bzw. Zerlegungstaxe!**

---

55   Richtlinien für die Bewertung von bebauten Grundstücken vom 6. 4. 1942 – IX – 16 – 2508/42 – LitB.
56   BAnz vom 21. 10. 1993 Nr. 199 S. 9630 = GuG 1994, 42

90 Breite Anwendung findet das Verfahren deshalb auch insbesondere bei der **Unternehmensbewertung,** wenn wegen Unwirtschaftlichkeit eine Betriebsaufgabe angezeigt ist. So ist z. B. bei der Ermittlung der **Aufgabewerte nach § 16 Abs. 3 Satz 4 EStG** die Zerlegungstaxe vorgegeben, bei der dann – wie bereits dargelegt – die einzelnen Wirtschaftsgüter bzw. marktgängigen Einheiten (Grund und Boden zuzüglich Gebäude) jeweils zu ihren Verkehrswerten ermittelt und ggf. Vermarktungskosten gegengerechnet werden.

91 ▶ *Zur besonderen Bedeutung der Zerlegungstaxe im land- und forstwirtschaftlichen Bereich vgl. Rn. 92 ff. und § 29 WertV Rn. 162 ff.*

2.6.2 Zerschlagungs- bzw. Zerlegungstaxe sowie Vereinigungswert

92 Der bei der Verkehrswertermittlung gebräuchliche Grundstücksbegriff muss weder mit dem Grundstücksbegriff des bürgerlichen Rechts, noch mit dem steuerlichen Grundstücksbegriff (§ 70 Abs. 1 BewG) identisch sein. **Im Bereich der Verkehrswertermittlung wird** demgegenüber **der Grundstücksbegriff untechnisch** im allgemeinen Sinne **verwandt.** Das Grundstück, über das ein Sachverständiger entsprechend den Vorgaben seines Auftraggebers ein Gutachten erstattet, kann mithin aus einer Vielzahl von Grundstücken im Sinne des bürgerlichen Rechts aber auch aus Grundstücksteilen bestehen (vgl. § 2 WertV Rn. 1 ff.). Insbesondere im Bereich der Verkehrswertermittlung gewerblicher oder landwirtschaftlicher Betriebe kann sich die Verkehrswertermittlung auf eine Vielzahl auch unterschiedlich genutzter Flächen beziehen. Diese Flächen können (müssen aber nicht) eine wirtschaftliche Einheit i. S. d. Steuerrechts bilden (vgl. § 2 WertV Rn. 7).

93 Vorbehaltlich bestimmter Vorgaben, die dem Sachverständigen mit der Erteilung des Auftrags aufgegeben werden, ist bei der **Verkehrswertermittlung von Immobilien, die sich aus mehreren Grundstücken bzw. Flurstücken zusammensetzen** von folgenden Grundsätzen auszugehen:

a) Es sind solche Einheiten zu bilden, die eine möglichst vorteilhafte Verwertung des Grundstücksbestands gewährleisten *(best use value)*. Dieser Grundsatz gilt im Übrigen auch für die Unternehmensbewertung[57], soweit nicht vom *existing use value* auszugehen ist.

b) Soweit es sich im Einzelfall aber als vorteilhafter erweist, einzelne selbstständig nutzbare Grundstücke bzw. im Rahmen einer Unternehmensbewertung einzelne in sich geschlossene Betriebsteile – getrennt voneinander zu verwerten, sind die jeweiligen Verkehrswerte getrennt voneinander zu ermitteln. Im Rahmen der Unternehmensbewertung muss dabei wieder gewährleistet sein, dass das Unternehmen im Ganzen in seinem wirtschaftlichen Bestand nicht beeinträchtigt wird.

94 *Beispiel:*

Abb. 6: Verkehrswertermittlung auf der Grundlage der Zerlegung

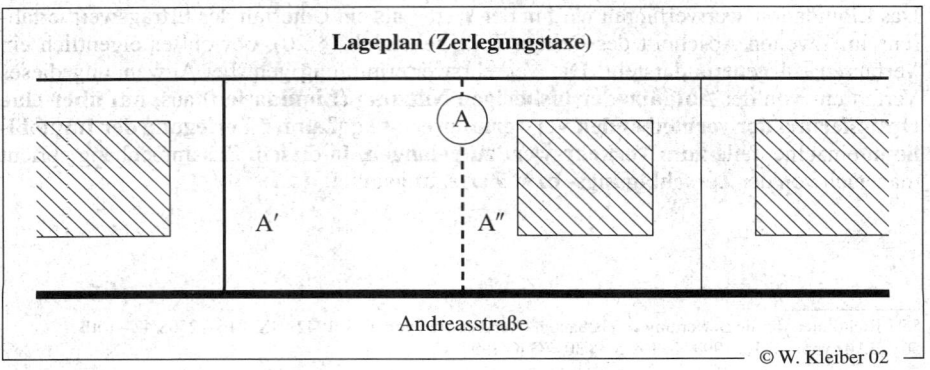

© W. Kleiber 02

In dem Beispiel wird man den Verkehrswert des Grundstücks A in der Weise ermitteln, dass **95** man die Gesamtfläche in die Teilflächen A' und A" aufteilt und den Verkehrswertanteil der Teilfläche A' wie ein selbstständiges Grundstück ermittelt. Die Berücksichtigung der Übergröße des Grundstücks A z. B. unter Heranziehung von Umrechnungskoeffizienten, die zu einer Verminderung des Bodenwerts auf Grund einer Übergröße führen würde, wäre falsch. Der Eigentümer kann nämlich die wirtschaftlich vernünftigste Verwertung des Grundstücks im Wege einer **gesonderten Veräußerung der Teilflächen** A' und A" erzielen *(best use value).*

Umgekehrt kann es geboten sein, mehrere (benachbarte) Grundstücke eines Eigentümers **96** **zu einem Wertermittlungsgrundstück zusammenzufassen,** wenn dies zu einem höheren Verkehrswert führt, als sich als Summe aus den Verkehrswerten der Einzelgrundstücke ergibt. Man spricht hier von einem **Vereinigungs- bzw. Verschmelzungswert** *(marriage value* § 194 BauGB Rn. 37). So kann z. B. die Vereinigung eines „gefangenen" Grundstücks ohne Zugang zu einer öffentlichen Straße mit einem anderen die Zugänglichkeit herbeiführenden Grundstück den Verkehrswert gegenüber der Summe aus den jeweiligen Verkehrswerten der unvereinigten Grundstücke deutlich erhöhen. Der Verkehrswert z. B. eines gewerblichen Grundstücks kann sich ebenfalls durch den Zuerwerb von Flächen erhöhen, wenn sich damit z. B. Funktionsabläufe rationalisieren lassen und die Produktivität gesteigert werden kann.

Gewerbliche und landwirtschaftliche Betriebe können aber auch eine Grundstücksstruktur **97** aufweisen, die in ihrer Zusammensetzung aus mehreren Grundstücken einen niedrigeren Verkehrswert aufweisen, als im Falle einer **Zerlegung des Gesamtgrundstücks in Einzelgrundstücke** verbunden mit der Aufteilung in einzelne in sich geschlossene Betriebsteile oder sogar deren Auflösung.

Der Gutachter ist gut beraten, auf solche Fallgestaltungen hinzuweisen, selbst wenn ihm **98** vom **Auftraggeber Vorgaben gemacht werden,** die nicht zum *best use value* führen.

2.7 Kombinationsverfahren

2.7.1 Allgemeines

Die WertV, die ohnehin nur in Anspruch nimmt, die Wertermittlung in ihren Grundzügen **99** zu regeln, ist offen für die Anwendung explizit nicht geregelter Verfahren, wie z. B. mathematisch statistischer Regressionsanalysen oder der sog. Zielbaummethode. Sie lässt auch die **Kombination verschiedener Methoden** zu, soweit dies sinnvoll ist. Die Verordnung schließt dies nicht aus. Im Schrifttum wurde allerdings wiederholt unter Berufung und Verkennung der Rechtsprechung des BGH die Kombination von verschiedenen Wertermittlungsverfahren für unzulässig befunden. Allzu unbedacht wird hierbei immer wieder das zumeist in den wesentlichen Aussagen unvollständig abgedruckte „Biebergassenurteil" des BGH zitiert[58], das diese verallgemeinerte Auslegung nicht zulässt. In dem zu entscheidenden Fall wurde der anhand von Vergleichspreisen abgeleitete Bodenwert eines bebauten Grundstücks mit dem Ertragswert des Grundstücks kombiniert, wobei dieser nach einer von den Grundsätzen der WertV völlig abweichenden gesamtheitlichen Methode für den Grund und Boden sowie das Gebäude ermittelt wurde.

---

57 OLG Düsseldorf, Beschl. vom 17. 2. 1984 – 19 W 1/81 –, EzGuG 20.104 b; BGH, Urt. vom 30. 3. 1967 – II ZR 141/64 –, DB 1967, 854
58 BGH, Beschl. vom 11. 3. 1993 – III ZR 24/92 –, EzGuG 20.144 b; BGH, Urt. vom 19. 6. 1958 – III ZR 39/57 –, EzGuG 20.22; auch OLG Hamburg, Urt. vom 10. 10. 1969 – 1 U 61/68 –, EzGuG 6.126; BGH, Urt. vom 24. 1. 1963 – III ZR 149/61 –, EzGuG 20.34; Pohnert, a. a. O., 5. Aufl., S. 113

100   Wörtlich heißt es in der Entscheidung:

„Es kann somit keine Rede davon sein, dass der Sachverständige seiner im ersten Gutachten allein auf der *Ertrags-wertberechnung* aufbauenden Wertermittlung des *gesamten* Hausgrundstücks einen bestimmten Bodenpreis „zu Grunde gelegt" habe, der deshalb für die Wertermittlung auf Grund der Vergleichspreise für das Trümmergrundstück „berichtigt" werden könnte. Vielmehr ist der Sachverständige in seinem ersten Gutachten bei der Wertermittlung für das gesamte Hausgrundstück allein von dem „Ertrag der nachhaltig erzielbaren Mieten" ausgegangen. Entscheidend ist vor allem, dass der Sachverständige in seinem Nachtragsgutachten vom 18. April 1955 für die *getrennte* Wertbe-rechnung des Hausgrundstücks von einer *anderen* für das Trümmergrundstück angewandten Berechnungsmethode (auf der Grundlage von Vergleichspreisen usw.) ausgegangen ist. Hiernach hat das Berufungsgericht in rechtlich zu beanstandender Weise bei seiner Wertermittlung *zwei in ihren Grundlagen verschiedene Berechnungsmethoden* nebeneinander gebraucht, indem es Elemente der Wertberechnung auf Grund von Vergleichspreisen usw. zur „Berichtigung" des auf der Grundlage der Ertragswertberechnung ermittelten Wertes des gesamten Hausgrundstücks herangezogen und zu einer Entscheidung zu Grunde gelegt hat."

101   Bei dieser Sachlage ist der Entscheidung zuzustimmen, dass im Falle nicht aufeinander abgestimmter Berechnungsmethoden einzelne Elemente nicht ungeprüft hätten miteinan-der „verquickt" werden dürfen. Anders sind aber die Fälle zu beurteilen, bei denen die in einem aufeinander abgestimmten System nach unterschiedlichen Wertermittlungsmetho-den ermittelten Anteile sich gegeneinander ergänzen können. Soweit es – wie in der vorste-henden Entscheidung – um die Ausgrenzung des Bodenwertanteils geht, sind bei Anwen-dung der Grundsätze der WertV die Voraussetzungen dafür gegeben, wenn der Boden-wertanteil in allen Verfahren nach denselben Grundsätzen ermittelt wird. **Es kommt** also **entscheidend darauf an, dass bei einer „Verquickung" von Elementen verschiedener Wertermittlungsverfahren diese aufeinander abgestimmt sind.** So kann es durchaus sachgerecht sein, die Verkehrswertermittlung nach dem Sachwertverfahren durch einen nach Ertragswertgrundsätzen ermittelten Wertanteil für eine Reklamefläche zu kombinie-ren. Im Ergebnis ist für die Zulässigkeit einer Kombination verschiedener Wertermittlungs-methoden allein entscheidend, dass die Verfahren rechtsfehlerfrei verquickt werden kön-nen. In diesem Sinne hat der BGH die Kombination von Verfahren nicht grundsätzlich, sondern nur in den Fällen abgelehnt, wo dies nicht rechtsfehlerfrei geschieht und das „Wertbild verzerrt" wird[59].

2.7.2   Residualwertverfahren

▶ *Nähere Ausführungen vgl. § 13 WertV Rn. 245 ff.*

102   Insbesondere zur **Vorbereitung von Investitionsentscheidungen** sowie bei den bereits angesprochenen Immobilien, die einer anderen, insbesondere höherwertigen Nutzung zugeführt werden sollen (Umnutzungsfall), lässt sich deren Verkehrswert nicht immer mit den herkömmlichen Verfahren ermitteln und es wird zunehmend (hilfsweise) auf das **Residualwertverfahren** zurückgegriffen. Bei Anwendung dieses Verfahrens wird – ver-einfacht ausgedrückt – der Verkehrswert des Grundstücks aus dem z. B. im Wege des Ver-gleichs- oder Ertragswertverfahrens ermittelten Verkehrswert, der sich fiktiv nach Durch-führung einer beabsichtigten Entwicklung ergibt, unter Abzug der Entwicklungs- und ggf. Herstellungskosten abgeleitet. Der Differenzbetrag stellt das Residuum dar.

103   Das Residualwertverfahren stellt in seinen Grundzügen ein kombiniertes Verfahren dar. Es werden dabei Elemente des Vergleichs- oder Ertragswertverfahrens, mit dem zunächst das fertige Produkt wertmäßig erfasst wird, mit künftigen Herstellungs- bzw. Entwicklungs-kosten (differenzmäßig) kombiniert. Das Residuum ergibt sich daraus als die Größe, die im Hinblick auf die zu Grunde gelegte Verwertungskonzeption und die dafür erforderlichen Aufwendungen als wirtschaftlich sinnvoller Erwerbspreis verbleibt. Das Residualwertver-fahren ist von diesem Ansatz her nicht darauf angelegt, zu einem bestimmten Residuum zu kommen, denn **unterschiedliche Verwertungskonzeptionen mit unterschiedlichen Gestehungskosten müssen zu unterschiedlichen Residuen führen.**

Als eine äußerst **problembehaftete Wertermittlungsmethode** ist das Residualwertver- **104**
fahren allenfalls nur unter engen Voraussetzungen für die Verkehrswertermittlung geeignet:

a) Der *gewöhnliche Geschäftsverkehr* ist u. a. dadurch gekennzeichnet, dass weder Käufer
noch Verkäufer unter Druck handeln, wobei die Käufer gegenüber dem Verkäufer miteinander in Konkurrenz stehen. I. d. R. werden Immobilien letztlich an den Meistbietenden verkauft. Dies ist geradezu charakteristisch für den gewöhnlichen Geschäftsverkehr
und muss bei Anwendung des Residualwertverfahrens beachtet werden, wenn das Verfahren zu einem sich am gewöhnlichen Geschäftsverkehr orientierenden Verkehrswert
führen soll (§ 194 BauGB).

Treten auf einem Grundstücksmarkt mehrere in Konkurrenz zueinander stehende **105**
Anbieter auf, so kommt bei dieser Sachlage regelmäßig derjenige Anbieter „zum
Zuge", der i. S. einer Kosten-Nutzen-Analyse die effizienteste Nutzungskonzeption verfolgt und damit auch das höchste Residuum anzubieten vermag. Als Verfahren zur
Ermittlung des Verkehrswerts wird das **Residualwertverfahren** dann **problematisch,
wenn diese Konkurrenzsituation nicht gegeben** ist oder dadurch „ausgeschaltet"
wird, dass eine bestimmte und dann möglicherweise **wirtschaftlich einengende Nutzungskonzeption** vorgegeben wird. In diesem Fall kann durch entsprechende Vorgaben
jedes Ergebnis „vorprogrammiert" werden.

b) Das Residualwertverfahren ist darüber hinaus nur dann zur Verkehrswertermittlung **106**
geeignet, wenn sich die miteinander in Beziehung gesetzten Größen selbst am Verkehrswert orientieren, d. h. marktorientiert sind. Werden indessen in das Residualwertverfahren z. B. Kosten eingeführt, die nicht den gewöhnlichen Herstellungs- sowie
sonstigen Kosten entsprechen, sondern sich an den besonderen Verhältnissen eines einzelnen Investors orientieren, so kann das Residualwertverfahren auch nur zu dem Preis
führen, der den persönlichen Verhältnissen eines Investors entspricht (Investorenmethode).

Im Übrigen ist das **Residualwertverfahren** trotz seiner hohen Überzeugungskraft äußerst **107**
anfällig gegenüber fehlerhaften Ansätzen und wird deshalb in der Praxis der Verkehrswertermittlung nach vorherrschender Auffassung kritisch angesehen[60].

2.8 Monte-Carlo-Verfahren

Eine gewisse Aufmerksamkeit in der Sachverständigenpraxis hat das erstmals 1987[61] publi- **108**
zierte Monte-Carlo-Verfahren gefunden. Das Verfahren – wohl mehr dem Bereich der
curiosity driven research entsprungen – kann allenfalls **nur bedingt der anerkannten
Wertermittlungslehre zugerechnet** werden. Es kann schon eher als eine „hilflose
Methode" bezeichnet werden, um bei unklaren und unübersichtlichen Verhältnissen zu
einer Aussage über künftige – in der Regel vertraglich „offene" – Entscheidungen, insbesondere im Zusammenhang mit Mietverhältnissen zu gelangen. Es wurde z. B. in den Fällen zur Anwendung gebracht, in denen mietvertraglich Optionen vereinbart wurden, die
sich je nach Gebrauch unterschiedlich auf den Ertragswert auswirken.

---

59 BGH, Urt. vom 20. 3. 1975 – III ZR 153/72 –, EzGuG 18.64; BGH, Urt. vom 23. 6 .1983 – III ZR 39/82 –,
EzGuG 20.102; BGH, Urt. vom 26. 10. 1972 – III ZR 78/71 –, EzGuG 18.57; BGH, Urt. vom 29. 5. 1967 – III
ZR 126/66 –, EzGuG 18.35; BGH, Urt. vom 2. 12. 1971 – III ZR 165/69 –, EzGuG 20.51; BGH, Urt. vom
17. 12. 1978 – III ZR 6/77 –, EzGuG 4.63; vgl. auch Maunz/Dürig/Herzog/Scholz, GG Art. 14 S. 66

60 Pohnert, Kreditwirtschaftliche Wertermittlung, 5. Aufl., S. 113; Zimmermann, WertV 88, München 1998,
S. 204; Kleiber in GuG 1996, 16; Möckel in GuG 1996, 274; Sotelo in GuG 1995, 91; Reck in GuG 1925, 234;
Simon in GuG 1995, 229; Vogel in GuG 1994, 347

61 Evans, Das Monte-Carlo-Verfahren bei der Bewertung von Entwicklungspotenzialen, GuG 1994, 94; zurecht
kritisch Zimmermann, WertV 88 München 1998, S. 207; Mollart, G., Monte Carlo Simulation using Lotus 1-2-
3; Journal of Valuation 1987, 419 ff.; Werner-Erenfeucht in GuG 1994, 257

109   Unter dem Begriff Monte-Carlo-Verfahren verbirgt sich nichts anderes als die Anwendung eines elektronischen Zufallsgenerators i.V.m. statistischen Gesetzen über Zufallsereignisse, um so zu einer vermeindlich statistisch abgesicherten Entscheidung über die letztlich „offene" Frage zu gelangen, wie sich die Vertragsparteien zu dem jeweiligen Zeitpunkt (z. B. in fünf oder zehn Jahren) nach den dann obwaltenden Verhältnissen entscheiden werden. Wenngleich von dem Verfahren auf den „Verbraucher" des Gutachtens eine **scheinwissenschaftliche Wirkung** ausgeht, so muss man in solchen Fällen einer auf Erfahrung und Sachkunde beruhenden Abschätzung der künftigen Verhältnisse durch den Sachverständigen den Vorzug geben, als sie einem „Zufallsgenerator" zu überlassen. Die Methode stellt von daher mehr eine in den Bereich der Kuriositäten einzuordnende Randerscheinung der Wertermittlungslehre dar.

3   Problemfälle bei der Wahl des Wertermittlungsverfahrens

3.1 Gewerbe- und Industriegrundstücke

▸ *Hierzu auch § 21 WertV Rn. 2 ff.*

110   Welches Wertermittlungsverfahren vorrangig anzuwenden ist, soll nach den Gegebenheiten des Grundstücksmarktes entschieden werden[62]. Es ist demnach maßgebend, wie der Verkehrswert im allgemeinen Geschäftsverkehr ermittelt wird. Das hängt überwiegend von der **Nutzungsart des Wertermittlungsobjekts** ab.

111   Das **Vergleichswertverfahren** kann bei der Wertermittlung von Gewerbe- und Industriegrundstücken selten angewendet werden. Bebauung, betriebliche Gestaltung und Ausstattung eventuell vorhandener Vergleichsgrundstücke unterscheiden sich so stark voneinander, dass sie nicht durch Korrekturfaktoren ausgeglichen werden können[62].

112   In den meisten Fällen wenden Grundstückssachverständige bei Gewerbeobjekten und insbesondere bei Fabrikgrundstücken traditionell das **Sachwertverfahren** an, obwohl bei vielen Nutzungsarten zwischen Grundstückssachwert und Kaufpreis keine Relation erkennbar ist, wenn man davon absieht, dass die Kaufpreise bei Geschäftsgrundstücken meistens über ihren Sachwerten und bei Industrieobjekten unter ihren Sachwerten liegen. Der Kaufpreis orientiert sich nur noch in wenigen Fällen am Substanzwert oder gar an den Kosten, die der Veräußerer im Laufe der Zeit in sein Grundstück investiert hat.

113   Die Anwendung des Sachwertverfahrens auf die Verkehrswertermittlung von Industrie- und Gewerbegrundstücken ist allenfalls zu rechtfertigen, wenn marktgerechte **Ertragsverhältnisse über das zu wertende Objekt nicht bekannt sind.** Dies ist nicht selten der Fall, weil die tatsächlichen Ertragsverhältnisse solcher Objekte – wenn sie überhaupt offenbart werden – häufig schon auf Grund der Unternehmensstruktur und aus steuerlichen Gründen vom Gutachter nicht überblickt werden können. Gleichwohl ist die Anwendung des Sachwertverfahrens für Grundstücke mit Industrie- oder Gewerbegebäuden aus grundsätzlichen Erwägungen nicht frei von Bedenken[63], denn gerade bei Grundstücken, die nur durch einen unternehmerisch tätigen Eigentümer nutzbar sind, muss der auf diesem Grundstück erzielbare Ertrag im gewöhnlichen Geschäftsverkehr von großer Bedeutung, wenn nicht gar dominant sein. Deshalb muss dem Ertragswertverfahren der Vorzug gegeben werden. Denn der Ertragswert wird maßgeblich von den nachhaltig erzielbaren Reinerträgen bestimmt, während bei Anwendung des Sachwertverfahrens der Herstellungswert von Industrie oder Gewerbegebäuden, die wirtschaftlich nur noch eingeschränkt verwertbar sind, das Wertbild verzerrt.

114   In den meisten anderen Fällen wird der Wert durch die **zukünftigen nachhaltigen Nutzungsmöglichkeiten** und von der Möglichkeit bestimmt, eine gute Verzinsung des investierten Kapitals zu erreichen. Damit wird die Wertermittlung auf der Grundlage des

Sachwertverfahrens zumindest fragwürdig. Am Markt wird die Berechnung jedenfalls nicht nachvollzogen. Dieser Umstand ist bei der Wahl des Wertermittlungsverfahrens zu berücksichtigen.

Bei der Wertermittlung von Gewerbeobjekten ist deshalb vorab zu klären, ob der Verkehrs- **115** wert unter Berücksichtigung der **Fortführung des Unternehmens** ermittelt werden soll, oder ob der Verkehrswert losgelöst von der bestehenden Nutzung hinsichtlich der generellen Nutzbarkeit unter Einbeziehung des Planungsrechts *(best use value)* ermittelt werden soll.

Bei der **Wertermittlung von Unternehmen** stehen primär folgende Fragestellungen im **116** Vordergrund:

Nachhaltige Ertragskraft,

Bonität des Unternehmens und

Unternehmenszweck und Zukunftsaussichten.

Bei der Verkehrswertermittlung der zu einem Unternehmen gehörenden Liegenschaften ist **117** deshalb zu unterscheiden zwischen

Unternehmensbewertung, wenn Grundstücke zur Fortführung des Unternehmens in der gegebenen Zielsetzung genutzt werden sollen.

Verkehrswertermittlung, wenn Grundstücke und vorhandene bauliche Anlagen hinsichtlich ihrer generellen Nutzbarkeit unter Einbeziehung des Planungsrechts künftig verwertet werden sollen.

Beide Vorgaben führen im Allgemeinen zu unterschiedlichen Wertansätzen und Wert- **118** ermittlungsergebnissen. Ein Grundstückssachverständiger muss deshalb vor Erstellung des Gutachtens klar Stellung dazu beziehen, unter welcher Prämisse er den Wert ermittelt.

Der Verkehrswert nach § 194 BauGB wird entscheidend von der künftigen Nutzung der **119** Immobilie geprägt. Deshalb müssen die Planungsabsichten des Auftraggebers (Investors) sowie die planungsrechtlichen Rahmenbedingungen vor der Wertermittlung bekannt sein. Ist die **künftige Nutzung des Unternehmens** innerhalb des planungsrechtlich zulässigen Rahmens **auf nur eine Branche begrenzt** und ist zudem der Wert der Liegenschaft unter Berücksichtigung der Betriebsfortführung zu ermitteln, kommen nur wenige potenzielle Erwerber in Betracht. Es handelt sich bei einer derartigen Wertermittlung im Kern um eine Unternehmensbewertung und nicht um eine Verkehrswertermittlung (vgl. Rn. 37).

Der **Verkehrswert** eines Grundstücks, welches in ein Unternehmen eingebunden ist, **wird** **120** **üblicherweise bei freier Disponierbarkeit des Objekts am Grundstücksmarkt ermit-** **telt.** Dabei wird in der Praxis zunächst als üblicher Kaufpreis der nach der angel- sächsischen Wertermittlungsauffassung *best use value* (vgl. Rn. 37 sowie § 194 BauGB Rn. 75 ff.) ermittelt, also ein Wert, der sich nach ertragswirtschaftlichen Grundsätzen rechne- risch bei optimaler Nutzung des Objekts ergeben würde. Freilegungs- und Umnutzungs- kosten werden dabei ebenso berücksichtigt wie der Erhalt einer nicht optimalen Nutzung, wenn es am Wertermittlungsstichtag wirtschaftlich geboten erscheint, diese Nutzung fort- zusetzen. Damit ergibt sich – unabhängig vom wirtschaftlichen Schicksal des Unterneh- mens – im Liquidationsfall ein realisierbarer Veräußerungspreis. Beim Verkauf des Unter- nehmens unter Vorgabe der Unternehmensfortführung der bestehenden (zumeist minder- wertigen) Nutzung ergibt sich ein entsprechend abgesenkter Wert *(existing use value)*. Es ist leicht erkennbar, dass beide Wertermittlungsergebnisse z. T. erheblich voneinander abweichen können.

---

62 Streich: Wertermittlung von Gewerbe- und Industriegrundstücken, RDM Informationsdienst für Sachverstän- dige 1985, 11
63 BGH, Urt. vom 13. 5. 1955 – V ZR 36/54 –, EzGuG 3.5; sowie BGH, Urt. vom 19.12 1963 – III ZR 162/63 –, EzGuG 20.35; OLG Karlsruhe, Urt. vom 13. 6. 1958 – 7 U 1/58 –, EzGuG 20.20

121   Liegt eine rechtlich gesicherte Einschränkung (z. B. Erhaltung von Arbeitsplätzen) der ansonsten möglichen höherwertigen Nutzung vor, sinkt die Verkäuflichkeit der Immobilie. Soll der **Wert unter Berücksichtigung der Unternehmensfortführung** ermittelt werden, liegt keine Verkehrswertermittlung nach § 194 BauGB vor, da es hier an einer freien Verwertbarkeit des Grundstücks am Markt fehlt (z. B. überaltertes Fabrikgrundstück, dessen Betrieb weitergeführt werden soll). In diesem Fall muss die Wertermittlung von einem branchenkundigen Sachverständigen nach den Grundsätzen der Unternehmensbewertung erfolgen (Abb. 7):

Abb. 7: Verkehrswert und Unternehmenswert

Verkehrswert und Unternehmenswert	
Ertragswertverfahren nach WertV	Unternehmensbewertung
Wert wird bei freier Disponierbarkeit des Objekts am Grundstücksmarkt von der Verzinsung des investierten Kapitals bestimmt	Wert wird bei Fortführung der bestehenden Nutzung von den voraussichtlichen Gewinnen bestimmt.
Kapitalisierung des Grundstücksreinertrags unter Berücksichtigung des Liegenschaftszinssatzes und der voraussichtlichen Restnutzungsdauer des Objekts (Zeitrentenvervielfältiger)	Kapitalisierung der Einnahmenüberschüsse unter Berücksichtigung des aktuellen Kapitalmarktzinssatzes zuzüglich eines Risikozuschlags (Kapitalisierungsfaktor für 100 Jahre Laufzeit)
Normiertes Verfahren nach den §§ 15 bis 19 WertV	Keine Normung des Verfahrens

122   Gerade bei der **Wertermittlung von Industrieobjekten** sind vor Anwendung eines Wertermittlungsverfahrens eine Reihe von Vorüberlegungen anzustellen, von deren Ergebnis letztlich die richtige Wahl des Verfahrens abhängt.

123   Bei den meisten Gewerbeobjekten und einem Großteil der **Industriegrundstücke** wird der **Ertragswert heute eine geeignete Grundlage für die Verkehrswertermittlung** bieten. Dies zeigt sich insbesondere in den jungen Bundesländern, wo die auf der Grundlage des Sachwertverfahrens ermittelten Verkehrswerte oft völlig am Marktgeschehen vorbeigehen. Diese Erkenntnis steht nicht im Einklang mit der zum Teil durch Änderung der wirtschaftlichen Verhältnisse überalterten BGH-Rechtsprechung über Anwendung der verschiedenen Wertermittlungsverfahren bei unterschiedlichen Nutzungsarten[64].

3.2 Eigentumswohnung

▶ *Näheres hierzu bei Vorbem. zu §§ 13 f. WertV Rn. 117 ff. sowie Teil VII Rn. 12 ff.*

124   Eigentumswohnungen gelten als langfristige zweckgebundene Kapitalanlage. Sie werden gleichermaßen entweder zur **Eigennutzung oder** zur **Vermietung** erworben. Dabei sind in beiden Fällen wegen des zu erwartenden hohen Wiederverkaufswerts Objekte in guter Lage mit guter Sozialstruktur besonders gefragt.

Die **Wertermittlung von Eigentumswohnungen kann grundsätzlich nach dem Ver-** **125**
gleichs-, Sach- oder Ertragswertverfahren erfolgen. Allerdings sind einige Besonderheiten zu beachten:

– Im Allgemeinen wird nicht das gesamte Grundstück, sondern nur eine Eigentumswohn-
einheit zu werten sein. Das kann bei der **Anwendung des Sachwertverfahrens** zu Problemen führen. Im Sachwertverfahren wird zunächst der Grundstückssachwert (Bodenwert, Wert der baulichen Anlagen, insbesondere der Gebäude und der Wert der sonstigen
Anlagen) des Gesamtobjekts ermittelt und der Wert des Wohnungseigentums anhand des
Miteigentumsanteils als Bruchteil des Grundstückssachwerts errechnet. Diese Ermittlung ist im Prinzip fehlerfrei, wenn die Miteigentumsanteile nach Quadratmeter Wohnfläche am Gesamtflächenanteil aufgeteilt worden sind. Bei Objekten mit Mischnutzung
(z. B. Läden im Erdgeschoss und Wohnungen in den Obergeschossen) richten sich die
Kaufpreise für Gewerbeflächen im Allgemeinen nicht nach den Flächengrößen des
jeweiligen Teileigentums, sondern nach der Ertragserwartung. Das bedeutet, dass ein
ertragsträchtiger Laden im Erdgeschoss einen höheren Verkehrswert besitzt, als er sich
unter Zugrundelegung der flächenmäßigen Miteigentumsanteile ergeben würde. Insofern könnte das Sachwertverfahren bei der Aufteilung des Gesamtwerts nach Miteigentumsanteilen zu falschen Werten führen. Zudem besteht das Problem der Anpassung des
Sachwerts an die Marktlage.

– Das **Ertragswertverfahren** wird sowohl bei neuen wie auch bei älteren Eigentumswohnungen herangezogen, die in Bauart und Ausstattung mit Mietwohnungen vergleichbar
sind. Erfahrungsgemäß reichen bei älteren Objekten die Instandhaltungsrücklagen für die
notwendigen Unterhaltungsarbeiten oft nicht aus. Der Sachverständige sollte deshalb
immer die Jahresabrechnungen der letzten Jahre und den Wirtschaftsplan des laufenden
Jahres beim Verwalter einsehen. Dadurch kann er den Instandhaltungsaufwand im Verhältnis zum (fiktiven) Mietertrag feststellen und kann somit Überbewertungen vermeiden;
die Liegenschaftszinssätze für Eigentumswohnungen sind mit etwa 3,5 % anzusetzen.

– **In den häufigsten Fällen wird der Verkehrswert vom Wohnungseigentum im Ver-**
gleichswertverfahren ermittelt. Hierfür sprechen zwei gewichtige Gründe:

 a) Der Teilmarkt orientiert sich nahezu ausschließlich an Quadratmeterpreisen (€/m²
 Wohnfläche).

 b) Es liegt im Allgemeinen eine ausreichende Anzahl von Vergleichskaufpreisen vor, da
 der Teilmarkt nach wie vor rege ist.

Das Sachwertverfahren hat in der Rechtsprechung Anerkennung bei der Ermittlung des **126**
Verkehrswerts von Eigentumswohnungen bezüglich des Gebäudewertanteils ein-
schließlich des Sondereigentums an der Wohnung gefunden, wobei der anteilige Herstellungswert des Gesamtgebäudes einschließlich Außenanlagen entsprechend der Beteili-
gungsquote des Wohnungseigentümers am Miteigentum als Ausgangswert dient, sofern
diesbezüglich nichts Abweichendes vereinbart wurde[65].

Bei der Wertermittlung im Vergleichswertverfahren kann die **mathematische Statistik** **127**
sinnvoll eingesetzt werden. Durchschnittskaufpreise lassen sich im Wege der Regressionsanalyse einfach und schnell ermitteln. Der unbestreitbare Vorteil des Vergleichswertverfahrens liegt darin, dass keine Marktanpassungsab- oder -zuschläge ermittelt werden müssen,
da das Marktgeschehen sich bereits in den Kaufpreisen der Vergleichsgrundstücke aus-
drückt.

---

64 BGH, Urt. vom 13. 7. 1970 – VII ZR 189/68 –, EzGuG 20.49; BGH, Urt. vom 16. 6. 1977 – VII ZR 2/76 –,
    EzGuG 20.67 a
65 BFH, Urt. vom 15. 1. 1985 – IX R 81/83 –, EzGuG 20.109; zur Frage des Bodenwertanteils BGH, Urt. vom
    18.6. 1976 – V ZR 156/75 –, NJW 1976, 1976; BFH, Urt. vom 24. 2. 1999 – IV B 73/98 –, GuG 2000, 186 =
    EzGuG 20.170; LG Göttingen, Urt. vom 8. 9. 1998 – 10 T 43/89 – , EzGuG 20.165

128 **Eigentumswohnungen gehören** i. d. R. **zu den Immobilien, die zum Zwecke der Eigennutzung erworben werden**. Gleichwohl lässt sich der Markt für Eigentumswohnungen aufgliedern in solche,

a) die üblicherweise „bezugsfrei" gehandelt werden und somit dem Erwerber sofort zum Zwecke der Eigennutzung zur Verfügung stehen, und solchen,

b) die vermietet sind und im vermieteten Zustand veräußert werden.

129 Diese **Spaltung des Marktes**[66] ist häufig eine Folge der persönlichen Lebensumstände der Eigentümer und den Eigentumswohnungen nicht per se anzusehen. Es gibt aber auch andererseits Wohnanlagen, die gewissermaßen als Ertragsobjekte – früher im Bauherrenmodell – zum Zwecke der Vermietung durch Kapitalanleger errichtet worden sind. Solche Eigentumswohnungen finden sich vor allem in preisgünstig errichteten Großwohnanlagen, wo der Eigentümer als Vermieter lediglich in Konkurrenz zu anderen Mietwohnungen steht und selbst nicht gehobene Wohnansprüche zu verwirklichen trachtet.

130 Je höherwertiger eine Eigentumswohnung nach Lage und Ausstattung beschaffen ist, desto größer ist die Disparität zwischen dem Weg der „bezugsfreien" Eigentumswohnung im Verhältnis zu den aus der Vermietung dieser Wohnung erzielbaren Erträgen und ihrer Kapitalisierung. Für den Erwerber einer solchen Eigentumswohnung, der sie für eigene Wohnzwecke erwerben will, kommt es – wie im Übrigen auch auf den Teilmarkt für Ein- und Zweifamilienhäuser – hierauf primär auch gar nicht an; er ist allein am „schönen" Wohnen in den „eigenen vier Wänden" interessiert. **Vermietete Eigentumswohnungen haben deshalb wie vermietete Ein- und Zweifamilienhäuser nur noch einen eingeschränkten Markt.** Da der Kauf einer solchen Wohnung nicht „die Miete bricht" und Eigenbedarf nur unter engen Voraussetzungen zumeist auch nur in einem langwierigen Verfahren „durchsetzbar" ist, müssen für solche Objekte erfahrungsgemäß *Preisabschläge bis zu 30 %* hingenommen werden, wenn die Wohnung keine Aussicht hat, auf absehbare Zeit frei zu werden (In Trier bis 10 % nach Angabe des Gutachterausschusses). Derartige rechtliche und wirtschaftliche Gegebenheiten sind im Rahmen der Verkehrswertermittlung zu berücksichtigen und nicht als Abweichung des Kaufpreises (im Einzelfall) gegenüber dem Verkehrswert anzusehen, d. h. die Eigenschaft der Eigentumswohnung „vermietet" ist verkehrswertrelevant und muss deshalb im Rahmen der Verkehrswertermittlung bereits berücksichtigt werden. Etwas anderes kann gelten, wenn z. B. auf Grund eines Mietvertrags oder anderer Besonderheiten davon auszugehen ist, dass die Eigentumswohnung nur noch vorübergehend vermietet ist. Zusammenfassend ist also festzustellen, dass vermietete Eigentumswohnungen, Ein- und Zweifamilienhäuser auf Grund ihrer eingeschränkten Verwendungsfähigkeit einem Grundstücksmarkt unterworfen sind, der durch deutliche Wertabschläge gegenüber „bezugsfreien" Objekten gekennzeichnet ist.

3.3   Gemeinbedarfsfläche

3.3.1   Allgemeines

▶ *Näheres hierzu auch bei § 4 WertV Rn. 187, 195 und 475 ff. sowie § 29 WertV Rn. 125 ff.; Vorbem. zu den §§ 15 ff. WertV Rn. 12, § 17 WertV Rn. 168 ff.; § 21 WertV Rn. 2 ff.*

131 Gemeinbedarfsflächen sind Flächen, die einer privatwirtschaftlichen Nutzung und privatwirtschaftlichem Gewinnstreben entzogen und einer öffentlichen Nutzung vorbehalten sind (vgl. zur Definition § 7 WertV Rn. 475 ff.) bzw. einer öffentlichen Nutzung zugeführt werden sollen. Die am Wertermittlungsstichtag tatsächlich ausgeübte Nutzung kann sich dabei von der rechtlichen Zweckbindung unterscheiden. Beispielsweise kann eine privatwirtschaftlich (z. B. landwirtschaftlich) genutzte Fläche in einem Bebauungsplan als öffentliches Straßenland festgesetzt sein oder ein noch im Bebauungsplan als Straßenland festgesetzte und so auch genutzte Fläche steht zur Umnutzung (Rückbau) an. Solche

Umnutzungsprozesse sind häufig auch Anlass einer Verkehrswertermittlung. Deshalb ist bei der Verkehrswertermittlung grundsätzlich **zwischen drei Fallgestaltungen zu unterscheiden,** nämlich zwischen sog.

– abgehender Gemeinbedarfsflächen,

– bleibenden Gemeinbedarfsflächen und

– künftigen Gemeinbedarfsflächen.

Dieser Unterscheidung kommt auch für die Wahl des sachgerechten Wertermittlungsverfahrens eine entscheidende Bedeutung zu.

Zur **Ermittlung des Bodenwerts von Gemeinbedarfsflächen** wird auf die Ausführungen **132** bei § 4 WertV Rn. 475 ff. und § 29 WertV Rn. 125 ff. verwiesen. Da Gemeinbedarfsflächen extra commercium stehen, handelt es sich bei den dort beschriebenen Verfahren um besondere Verfahren, denen eine gedankliche Hilfskonstruktion zu Grunde liegt. Soweit es um einen aufstehenden Gebäudewertanteil bzw. um bebaute Gemeinbedarfsflächen geht, sind die nachfolgenden Grundsätze mit heranzuziehen.

3.3.2 Abgehender Gemeinbedarf

▸ *Zur Wertermittlung vgl. § 4 WertV Rn. 480*

Der **Verkehrswert bebauter Grundstücke, die dem Gemeinbedarf vorbehalten waren** **133** **und einer privatwirtschaftlichen Nutzung zugeführt werden (sollen),** sowie der Wert sog. „bleibender" (bebauter) Gemeinbedarfsflächen wird in der Praxis häufig „naturgesetzlich" im Wege des Sachwertverfahrens ermittelt. Zur Begründung wird auf die zumeist besondere dem Gemeinbedarfszweck entsprechende Bebauung verwiesen, obwohl dies allenfalls bei „reinrassigen" Zweckbauten in Betracht gezogen werden könnte.

Wird die öffentliche Zweckbindung solcher Grundstücke aufgegeben, d.h. soll das **134** Grundstück einer privatwirtschaftlichen Nutzung zugeführt werden, kann solchen Überlegungen schon vom Ansatz her nicht zugestimmt werden. Für die Höhe des Verkehrswerts kommt es dann allein auf die künftige Verwendungsfähigkeit an. Für die Wahl des Wertermittlungsverfahrens müssen auch hier die Gepflogenheiten ausschlaggebend sein, die der Grundstücksmarkt „vorexerziert". Dies kann im Ergebnis dazu führen, dass für eine baulich möglicherweise sogar neuwertige Anlage, die aber nur für den ursprünglichen Gemeinbedarfszweck sinnvoll nutzbar war, schlagartig die wirtschaftliche Restnutzungsdauer gegen Null geht. Bei Anwendung des Sachwertverfahrens gilt Entsprechendes für die wirtschaftliche Wertminderung nach § 19 WertV. Die neuwertige Bebauung kann – unabhängig vom angewandten Wertermittlungsverfahren – sogar zu einer Belastung des Grundstücks mit der Folge werden, dass letztlich als Verkehrswert nur der Bodenwert abzüglich der Freilegungskosten verbleibt (§ 20 Abs. 1). Übersteigen die Abbruchkosten darüber hinaus auch noch den Bodenwert, könnte im gewöhnlichen Geschäftsverkehr allerdings kaum damit gerechnet werden, dass der Eigentümer bei gleichzeitiger Übernahme des überschießenden Betrags verkaufswillig ist. Insoweit können **Unwerte** ausgeschlossen werden. Etwas anderes kann gelten, wenn auf Dauer keine Aussicht auf eine höherwertigere Nutzung besteht und z.B. Sicherungsmaßnahmen für das Objekt zu einer „Dauerbelastung" werden.

Bei der Wertermittlung ist der zum Wertermittlungsstichtag zu erwartende künftige Ent- **135** wicklungszustand nach Maßgabe des Abs. 4 unter Berücksichtigung der **voraussichtlichen Dauer für den Vollzug der erforderlichen Maßnahmen** einschließlich des für den Vollzug dieser Maßnahmen bestehenden Wagnisses nach den üblichen Gegebenheiten und

---

66   § 14 WertV; GuG 1995, 283

den besonderen Verhältnissen des Grundstücks und seiner Umgebung zu berücksichtigen; soweit im Hinblick auf die künftige Nutzung Aufwendungen entstehen (z. B. Abbruchkosten), müssen sie aber wertmindernd berücksichtigt werden (vgl. zu alledem Nr. 6.3.4 WertR).

136 Tatsächlich kann dieses Verfahren allenfalls zur Anwendung kommen, wenn das **Gesamtgrundstück einheitlich genutzt wird** und dem Vorgarten nicht eine besondere Funktion, wie z. B. die Abschirmung des Grundstücks gegen Lärm, Abgase und dgl., zukommt (vgl. § 5 WertV Rn. 235 ff.; § 7 WertV Rn. 155 ff. und § 29 Rn. 155, 170)[67].

137 Eine maßgebliche Bedeutung misst bei alledem die Rechtsprechung der **Frage** bei, **ob der am Wertermittlungsstichtag im Grundbuch eingetragene Eigentümer nachweisen kann, dass der einem früheren Eigentümer mit der Herabzonung seines Grundstücks zu Straßenland entstandene Entschädigungsanspruch auf ihn übergegangen ist.** Der BGH[68] hat hierzu festgestellt, dass der Eigentümer die Entschädigung für eine höhere Qualität des Grundstücks als die von Straßenland nur geltend machen kann, wenn die aufgezeigte Rechtsposition von dem Eigentümer im Zeitpunkt der Herabzonung auf den jetzigen Eigentümer übergegangen ist. In dem zu entscheidenden Fall ging es um die Herabzonung eines Grundstücksteils durch Festsetzung einer Fluchtlinie (vom 5. 12. 1899). In der Berliner Praxis wird in diesen Fällen eine fragwürdige Entschädigung von 5 €/m² gewährt. Auch dieser Verfahrensweise begegnen Bedenken. Zum einen wird ein „starrer" Wertansatz der zwischenzeitlich ausgeübten Nutzung nicht gerecht[69], zum anderen ist zu fragen, warum die Beweislast umgedreht ist und der Eigentümer den Nachweis zu erbringen habe, dass der Entschädigungsanspruch auf ihn übergegangen sei. Etwas anderes gilt nur, wenn der Entschädigungsanspruch erloschen oder verjährt ist (vgl. § 4 WertV Rn. 405, 562, § 5 WertV Rn. 299, § 14 WertV Rn 38 ff.).

3.3.3 Bleibender Gemeinbedarf

▶ *Zur Ermittlung des Bodenwerts bleibender Gemeinbedarfsfläche vgl. § 4 WertV Rn. 525 ff.*

138 Bereits **im Eigentum der öffentlichen Hand stehende Gemeinbedarfsflächen, für die keine Umwidmungschancen** bestehen, sind dem gewöhnlichen Geschäftsverkehr i. S. d. § 194 BauGB entzogen. Die Flächen mögen in dieser Eigenschaft nicht ohne Wert sein, jedoch sind sie mangels eines gewöhnlichen Geschäftsverkehrs im Grundsatz einer Verkehrswertermittlung entzogen; ihre Einordnung in den Katalog des § 4 ist aus der Natur der Sache nicht möglich.

139 Das Sachwertverfahren steht bei vielen Sachverständigen auch dann noch im Vordergrund, wenn für ein bebautes Gemeinbedarfsgrundstück die **öffentliche Zweckbindung in der bestehenden oder einer abgewandelten Form erhalten bleiben soll.** Das Sachwertverfahren kann in solchen Fällen sachgerecht sein. In vielen Fällen muss man aber bei dieser Fallkonstellation dem Ertragswertverfahren Vorrang einräumen, insbesondere wenn – wie die Praxis zeigt – der Sachwert weitaus höher als der Ertragswert ausfällt. In solchen Fällen gilt es zu bedenken, dass sich der Ertragswert als Barwert der künftigen Erträge definiert und die Erträge in der Höhe in die Wertermittlung eingehen, die der nachhaltigen Vermietbarkeit bei ordnungsgemäßer Bewirtschaftung entspricht. Wenn nun der erwerbswillige Gemeinbedarfsträger vor die Wahl gestellt ist, ein Objekt anzumieten oder auf der Grundlage des Sachwerts zu kaufen, würde er – vernünftiges wirtschaftliches Handeln vorausgesetzt – sich zur Anmietung entschließen. Dieses Kriterium muss deshalb für die Wahl des Wertermittlungsverfahrens in solchen Fällen ausschlaggebend sein. Etwas anderes mag gelten, wenn eine Anmietung nicht in Betracht kommt und der erwerbswillige *Gemeinbedarfsträger* zur Errichtung einer öffentlichen Zwecken dienenden Anlage „gezwungen" ist[70]. In diesem Fall können ihm bei der Bemessung eines „gerechten Kaufpreises" Ersparnisse eigener Herstellungskosten entgegengehalten werden, soweit die bauliche Anlage ganz oder teilweise und ggf. unter Berücksichtigung von Umnutzungskosten Verwendung finden kann.

Vorstehende Grundüberlegungen liegen auch den **Ergänzenden Auslegungshinweisen** des Bundesministeriums für Raumordnung, Bauwesen und Städtebau vom 12. 10. 1993 zur WertR zu Grunde. **140**

▶ *Vgl. hierzu die Ausführungen in den Vorbem. zu §§ 15 ff. WertV Rn. 83 f. und Vorbem. zu den § 21 ff. WertV Rn. 35 ff. sowie § 4 WertV Rn. 518*

Soweit eine **Gemeinbedarfsfläche ausnahmsweise einen nicht unwesentlichen nachhaltigen Ertrag abwirft,** muss dies bei der Bewertung berücksichtigt werden; dieser Fall ist in erster Linie gegeben, wenn die Gemeinbedarfsfläche auf einen privaten Bedarfsträger (Schule, Krankenhaus und dgl.) übergeht und dieser Vorteil aus der Nutzung ziehen kann. Im Hinblick auf den Gemeinbedarfszweck ist dabei regelmäßig nur eine eingeschränkte Rendite erzielbar, wobei nach der gegebenen Rechtskonstruktion Vor- und Nachteile berücksichtigt werden müssen. Öffentliche Gebühren sind dabei nicht als Erträge zu berücksichtigen (vgl. WertR Nr. 6.3.3.2). Die gegenüber einem vergleichbaren unbeschränkt nutzbaren Grundstück eingeschränkte Rendite lässt sich bei der Bewertung des Grundstücks im Verhältnis zu dem Verkehrswert eines ansonsten vergleichbaren uneingeschränkt nutzbaren Grundstück anteilig berücksichtigen. **141**

3.3.4 Künftiger Gemeinbedarf

▶ *Zur Wertermittlung vgl. § 4 WertV Rn. 537 ff.*

Bei der Ermittlung des Bodenwerts von Gemeinbedarfsflächen, die sich (noch) nicht im Eigentum der öffentlichen Hand befinden und im Wege einer Enteignung erworben werden können, ist nach entschädigungsrechtlichen Grundsätzen grundsätzlich der **Entwicklungszustand des Grundstücks** maßgebend, **der für das Grundstück in dem Zeitpunkt bestand, zu dem eine Enteignung mit Sicherheit und hinreichender Bestimmtheit zu erwarten war** (Zeitpunkt des Eingriffs), d. h. Gemeinbedarfsflächen werden im Falle ihres erstmaligen Erwerbs durch die öffentliche Hand qualitäts- und wertmäßig über das Institut der enteignungsrechtlichen Vorwirkung eingestuft. **142**

Wird mit einem Bebauungsplan baureifes Land i. S. d. § 4 Abs. 4 in eine Gemeinbedarfsfläche umgewidmet (Herabzonungsfall), ist entschädigungsrechtlich solange von diesem Entwicklungszustand auszugehen, wie der Planungsschaden nach den §§ 39 ff. BauGB (noch) nicht entschädigt wurde. Bei dem sog. werdenden Bauland lässt sich die entschädigungsrechtliche Qualität (= Entwicklungszustand) nach Maßgabe der in der **Rechtsprechung zur enteignungsrechtlichen Vorwirkung** entwickelten Grundsätze und den Gegebenheiten des Einzelfalls ebenfalls nach dem Katalog des § 4 bestimmen. Dieser Entwicklungszustand muss im Übrigen grundsätzlich auch bei freihändigem Erwerb Grundlage der Preisbemessung sein. **143**

Bei einem sich **über einen längeren Zeitraum hinziehenden Enteignungsvorgang** ist ein enteignender Eingriff i. d. R. mit Sicherheit zu erwarten, wenn für das Grundstück in einem Bebauungsplan eine Gemeinbedarfsnutzung festgesetzt wird und ein ursächlicher **144**

---

67 BGH, Urt. vom 16. 3. 1972 – III ZR 26/71 –, EzGuG 6.150; BayVGH, Urt. vom 19. 12. 1964 – 6 B 82 A. 411 –, EzGuG 18.95
68 BGH, Urt. vom 17. 11. 1988 – III ZR 210/87 –, EzGuG 18.109; BGH, Urt. vom 2. 2. 1978 – III ZR 90/76 –, EzGuG 18.81; BGH, Urt. vom 14. 1. 1982 – III ZR 134/80 –, EzGuG 6.214
69 OLG Nürnberg, Urt. vom 11. 10. 1989 – 4 U 1748/89 –, GuG 1990, 48 = EzGuG 18.111; Vorinstanz: LG Nürnberg-Fürth, Urt. vom 18. 4. 1989 – 4 O 6698/87 –, GuG 1990, 47 = EzGuG 18.110
70 BGH, Urt. vom 12. 10. 1970 – III ZR 117/67 –, EzGuG 2.10

Zusammenhang mit dem Eigentumsentzug besteht. Entsprechendes gilt für übergeleitete städtebauliche Pläne, wenn durch sie ein dauerndes Bauverbot ausgesprochen wurde, z. B. Straßenfestsetzung durch Straßenbegrenzungslinien und Planfeststellungsbeschlüsse (z. B. §§ 17 f., § 19 Abs. 2 FStrG).

145 **Vorbereitende Maßnahmen,** insbesondere eine vorzeitige Besitzeinweisung (§ 93 Abs. 4 BauGB), eine Veränderungssperre (§ 14 BauGB), eine Zurückstellungsverfügung nach § 15 BauGB, vorbereitende Planungen sowie eine tatsächliche und rechtmäßige Inanspruchnahme zu Gemeinbedarfszwecken haben nur dann eine Vorverlegung des der Bemessung der Entschädigung zu Grunde zu legenden Entwicklungszustands zur Folge, wenn ein ursächlicher Zusammenhang zwischen der vorwirkenden Maßnahme und der späteren Enteignung und darin ein einheitlicher Enteignungsvorgang gesehen werden kann (vgl. zu alledem WertR Nr. 6.3.2).

146 Im Falle einer **Änderung des Gemeinbedarfszwecks noch vor erstmaliger Übertragung des Eigentums auf eine öffentliche Hand** (Enteignungsverfahren, die sich über einen längeren Zeitraum hinziehen), ist die Änderung des Gemeinbedarfszwecks in Bezug auf die Vorwirkung nur dann unschädlich, wenn vor der Änderung im gewöhnlichen Geschäftsverkehr eine Aufhebung der öffentlichen Zweckbindung zu keiner Zeit erwartet werden konnte.

147 Die der Wertermittlung zu Grunde zu legenden **allgemeinen Wertverhältnisse auf dem Grundstücksmarkt** bestimmen sich im Übrigen grundsätzlich nach den Verhältnissen zum Wertermittlungsstichtag (§ 3 Abs. 1 WertV); bei Enteignungen ist der Zustand der Entscheidung der Enteignungsbehörden über den Enteignungsantrag maßgebend (§ 95 Abs. 1 Satz 2 BauGB).

148 Soweit ein **bebautes Grundstück** einer öffentlichen Nutzung zugeführt werden soll und ggf. im Wege der Enteignung erworben werden kann, bemisst sich die Entschädigung nach dem Verkehrswert auf der Grundlage der bisherigen baulichen Nutzung. Demzufolge finden für die Wahl des Wertermittlungsverfahrens die allgemeinen Grundsätze Anwendung, die sonsthin im privatwirtschaftlichen Bereich maßgebend sind.

▶ *Zur Verkehrswertermittlung von für Gemeinbedarfszwecke (z. B. Straßenland) in Anspruch genommenen Vorgartenflächen vgl. Rn. 151 ff.*

3.4   Teilfläche (Vorgarten)

3.4.1   Allgemeines

▶ *Zum Mosaikverfahren vgl. § 14 WertV Rn. 83 ff.*

149 Zur Ermittlung des Verkehrswerts von Grundstücksteilflächen bedient man sich grundsätzlich der bereits vorgestellten Wertermittlungsverfahren. Da es sich hierbei häufig um nicht vermarktungsfähige Grundstücksflächen handelt, die allenfalls einen **eingeschränkten Käuferkreis** haben (extra commercium), stellt sich hier die Frage, ob für solche Flächen überhaupt ein gewöhnlicher Geschäftsverkehr besteht bzw. was als gewöhnlicher Geschäftsverkehr dafür (ersatzweise) gelten kann.

150 Die Praxis ist hier unterschiedliche Wege gegangen. Insbesondere im Zuge von **Straßenverbreiterungsmaßnahmen** ist vielerorts ein besonderer Grundstücksmarkt dadurch entstanden, dass z. B. für Vorgartengelände stets und ständig ein bestimmter Vomhundertsatz des jeweiligen Baugrundstücks das Marktgeschehen bestimmt. Diese Praxis läuft im Ergebnis auf die Anwendung des Vergleichswertverfahrens hinaus.

Darüber hinaus ist insbesondere
– das Differenzwertverfahren und
– die Proportionalmethode
hervorzuheben.

▶ *Zur Ermittlung des Entschädigungswerts von Teilflächen vgl. § 4 WertV Rn. 555 ff.; im*   **151**
Übrigen § 5 WertV Rn. 289 ff.

3.4.2 Differenzwertverfahren

Bei Anwendung des Differenzwertverfahrens bemisst sich der Verkehrswert einer Teil-   **152**
fläche nach der **Differenz** des
– Verkehrswerts **vor** der Teilflächenabtretung **und** dem
– Verkehrswert **nach der Teilflächenabtretung.**

Das Differenzwertverfahren kommt insbesondere bei der Verkehrswertermittlung von **Vor-**   **153**
gartenflächen zur Anwendung, die im Zuge von Straßenverbreiterungsmaßnahmen abgetreten werden. Der Vorteil des Verfahrens besteht insbesondere darin, dass mit dem Wertunterschied zugleich Vermögensvor- und -nachteile des Restgrundstücks berücksichtigt werden.

Die Anwendung des Differenzwertverfahrens auf **bebaute Grundstücke** ist i. d. R. nur auf   **154**
der Grundlage der Differenz von Verkehrswerten möglich, die im Wege des Vergleichs-
oder Sachwertverfahrens ermittelt wurden. Das Differenzwertverfahren auf der Grundlage
zweier Ertragswerte ist dagegen ungeeignet zur Ermittlung des Werts von Teilflächen.

Das Differenzwertverfahren ist im Übrigen auch ein anerkanntes Verfahren zur Ermittlung   **155**
der Entschädigungen für **Durchschneidungsschäden.**

▶ *Nähere Ausführungen bei § 4 Rn. 556 sowie bei § 29 WertV*

3.4.3 Pauschalierte Bruchteilsbewertung

Zur Ermittlung des Werts von Vorgartenflächen, die z. B. zum Zwecke einer **Straßenver-**   **156**
breiterung in Anspruch genommen werden sollen, bedient sich die Praxis der Bewertung
nach einem Vomhundertsatz des Verkehrswerts der davon betroffenen Baulandflächen.

Diese Praxis ist nicht unproblematisch, da sie den besonderen Verhältnissen des Einzelfalls   **157**
oftmals unzureichend Rechnung trägt. Ihre Anwendung setzt daher voraus, dass eine **hin-**
reichende Anzahl von Vergleichsfällen vorliegt, die mit dem jeweiligen Bewertungsfall
auch tatsächlich vergleichbar sind.

▶ *Nähere Ausführungen bei § 4 Rn. 562 ff.*   **158**

3.4.4 Proportionalverfahren

Unter dem Proportionalverfahren im weitesten Sinne versteht man die **Wertermittlung**   **159**
eines Grundstücksteils (z. B. bei Teilabtretungen), eines Rechts an einem Grundstück,
einer Wertminderung eines Grundstücks und dgl. **auf der Grundlage eines (proportiona-**
len) Verhältnisses dieses „Teils" zum Gesamtwert. Dieses Verfahren ist nur in sehr seltenen Fällen geeignet und zwar nur dann, wenn tatsächlich ein proportionales Wertverhältnis
besteht[71].

---

71 Zur Methode: BGH, Nichtannahmebeschl. vom 27. 9. 1990 – III ZR 57/89 –, EzGuG 4.134; OLG Hamm, Urt.
    vom 12. 7. 1963 – 9 U 138/57 –, EzGuG 14.15 c

160 Die Proportionalmethode findet im Übrigen auch Anwendung, wenn der **Abbau von Bodenschätzen durch einen Verkehrsweg abgeblockt** wird.

3.5 Warteständiges Bauland

161 Der Verkehrswert warteständigen Baulands, worunter sowohl das sog. werdende Bauland (Bauerwartungsland und Rohbauland) als auch brachgefallenes baureifes Land verstanden wird, das ggf. einer rechtlichen und tatsächlichen Neuordnung bedarf (z.B. Gewerbebrache), wird **grundsätzlich** mithilfe des **Vergleichswertverfahrens** ermittelt (vgl. Anl. 24 WertR Nr. 4.2).

162 In der Praxis stehen dafür jedoch häufig keine geeigneten oder eine ungenügende Anzahl geeigneter Vergleichspreise zur Verfügung. Hilfsweise weicht die Praxis in solchen Fällen auf

a) die sog. Zielbaummethode bzw.

b) das deduktive Verfahren (Residualwertverfahren)

aus.

163 ▸ *Zur Verkehrswertermittlung vgl. § 13 WertV Rn. 245 ff.*

4 Verkehrswertableitung aus den Ergebnissen der Wertermittlungsverfahren (Abs. 1 Satz 2)

4.1 Allgemeines zur Marktanpassung

164 § 7 Abs. 1 Satz 2 schreibt vor, dass der Verkehrswert aus dem Ergebnis des herangezogenen Wertermittlungsverfahrens unter Berücksichtigung der Lage auf dem Grundstücksmarkt zu bemessen ist. Dieser Vorgang wird im Allgemeinen mit **Anpassung des Ausgangswerts an die Marktlage oder als Marktanpassung** bezeichnet.

165 Vor allem Marktveränderungen, die (noch) nicht Eingang in die zur Wertermittlung herangezogenen Ausgangsdaten (Parameter) oder in die nach dem Zweiten Teil abgeleiteten und zur Anwendung kommenden erforderlichen Daten der Wertermittlung" gefunden haben, können eine Anpassung an die Lage auf dem Grundstücksmarkt erforderlich machen. Die Anpassung stellt sich damit als eine **Residualgröße** dar, **mit der die nicht im Wertermittlungsverfahren hinreichend erfasste Marktlage nachträglich berücksichtigt wird.**

166 Häufig zu beobachten aber gleichwohl unzureichend ist es, wenn ein Gutachten zwar eine ausführliche Sachverhaltsdarstellung und Wertberechnung enthält, am Schluss aber nur mit einem lapidaren Satz die für den Verkehrswert ausschlaggebende **Marktanpassung** erwähnt wird (z.B.: „Nach sachverständigem Ermessen schätze ich den Marktanpassungsabschlag auf 15 v.H." oder „nach meinen Erfahrungen muss der Sachwert um 20 v.H. wegen Marktanpassung gekürzt werden" oder gar „ich bin seit über 25 Jahren Gutachter und mache wegen des Markts einen zehnprozentigen Abschlag"). In der Mehrzahl der Verkehrswertgutachten wird auf eine Marktanpassung überhaupt nicht eingegangen und der Ausgangswert (Grundstückssach- bzw. -ertragswert) ohne nähere Prüfung mit dem Verkehrswert gleichgesetzt.

167 Es ist zwar möglich, dass bei Anwendung insbesondere des Vergleichswert- oder Ertragswertverfahrens die Marktlage bereits hinreichend berücksichtigt wurde (z.B. durch marktkonforme Parameter wie Vergleichskaufpreise oder Liegenschaftszinssätze), so dass für **eine weitere Anpassung** der Ausgangswerte nach § 7 **kein Raum bleibt.** Dieser zumindest beim Sachwertverfahren selten auftretende Fall bedarf **einer Begründung.** Der Sachverständige muss sich vergegenwärtigen, dass Sachwert- und Ertragswertermittlungen überwiegend Rechenverfahren zur Ermittlung von Ausgangswerten sind. Der Verkehrswert wird aber durch den Grundstücksmarkt bestimmt, d. h. danach, wieviel Geld Kaufwillige üblicherweise für das jeweilige Objekt bezahlen würden oder anders ausgedrückt, wieviel Geld ihnen das Objekt „wert" ist. Das kann unter Umständen erheblich von dem weitgehend rechnerisch ermittelten Sach- oder Ertragswert des Grundstücks abweichen (Beispiel: Ein sehr gut ausgestattetes Einfamilienhausgrundstück wird fast immer unter seinem Substanzwert gehandelt). Der Sachverständige hat sich in jedem Fall ausführlich mit der jeweiligen Marktsituation auseinanderzusetzen und daraus Schlüsse für die Höhe der Anpassungszu- oder -abschläge zu ziehen. Diesen Vorgang im Gutachten plausibel und nachprüfbar darzustellen, ist der Schwerpunkt jeder Grundstückswertermittlung.

Die Anpassung des ermittelten Ausgangswerts (Grundstückssach- oder Grundstücksertragswert) an die Marktlage ist das zentrale Problem der klassischen Wertermittlungsverfahren, denn die hier anzuwendenden Marktanpassungszu- oder -abschläge können Dritten gegenüber nur schwer transparent gemacht werden. Im Verfahrensgang bis einschließlich der Ermittlung des Ausgangswerts (Grundstückssach- bzw. -ertragswert) sind die Ermittlungen im Wesentlichen Rechenverfahren. Die Wertansätze sind überprüfbar. Bei der Angleichung an den Verkehrswert wird der objektive Bereich der Berechnung durch eine Schätzung korrigiert. Hier müssen Grundstücksmarktbewegungen ausgewertet und in Marktanpassungszu- oder -abschläge umgewandelt werden. Die Höhe der Ab- oder Zuschläge ist von der örtlichen **Angebots- und Nachfragesituation** abhängig. Darüber besitzt jeder Grundstückssachverständige Erfahrungen. Das Problem besteht für ihn darin, diese Markterfahrungen einem Dritten gegenüber plausibel und nachprüfbar darzustellen. **168**

Ein weiteres Problem bei der Anpassung an die Marktlage ergibt sich daraus, dass der Sachverständige die **Geschehnisse am Grundstücksmarkt nur nachvollziehen,** d. h. die Marktbewegungen erst mit einer Verzögerung von mehreren Monaten als solche erkennen und entsprechend berücksichtigen kann. Die **wechselnden Situationen am Grundstücksmarkt** können stark vereinfacht wie folgt beschrieben werden: Ausgehend von einem regen Markt entfernen sich die Kaufpreisvorstellungen der Käufer und Verkäufer voneinander bis zu einem Punkt, an dem die Grundstücksverkäufe merklich stagnieren. Erfahrungsgemäß korrigiert der Verkäufer seine Preisvorstellung dann nicht nach unten, sondern wartet ab, bis seine Preisvorstellung durch Zeitablauf (Inflation) oder durch wirtschaftliche Umstände (Zinspolitik) mit der des Käufers wieder übereinstimmt. Die Folge ist wieder ein Ansteigen der Verkäufe. Obwohl dieses Marktmodell bei der Beurteilung des am Markt erzielbaren Kaufpreises hilfreich ist, bleibt bei der Kaufpreisbildung immer noch ein nicht ausschließbarer Rest an subjektiven Einflüssen, der vom Sachverständigen nicht erfasst werden kann. Die Verkehrswertermittlung ist eben eine Schätzung und in ihrem Wesen einer exakten Begründung nicht zugänglich (vgl. § 194 BauGB Rn. 125 ff.; Vorbem. zur WertV Rn. 16). **169**

Neben der Nachkalkulation kann insbesondere das Auswerten des Immobilienteils der regionalen Tageszeitungen wertvolle Hilfestellung bieten. Die **Preisspiegel des RDM** geben ebenfalls durchschnittliche Kaufpreisspannen an. Sie können aber lediglich Markttrends aufzeigen. Für die Ableitung des individuellen Verkehrswerts sind diese Angaben zu grob. **170**

Fazit: Eine marktgerechte Anpassung des Grundstückssachwerts an den Verkehrswert ist nur über Auswertung der Grundstücksmarktbewegung möglich. Hierzu bieten sich an: **171**

– Nachkalkulation eigener Gutachten zur Ermittlung einer Wertzahl,

– Erstellen einer Kaufpreissammlung zu Vergleichszwecken,

– Auswerten des Immobilienteils der regionalen Tageszeitungen zu Vergleichszwecken,

– Auswerten der Marktberichte der Gutachterausschüsse,

– Lesen und Auswerten von Fachveröffentlichungen und

– Kontaktgespräche mit am Grundstücksmarkt beteiligten Personen (Sachverständige, Makler, Bankfachleute, Architekten, Bauunternehmer usw.).

Eine Anpassung des Grundstücksertragswerts an den Verkehrswert kann ggf. durch markt-konformen Miet- und Liegenschaftszinsansatz entfallen.

4.2   Marktanpassung

4.2.1   Vergleichswertverfahren

172 Das Vergleichswertverfahren ist eine auf statistischen Berechnungen beruhende Wert-ermittlung. Ausgangspunkt sind dabei im gewöhnlichen Geschäftsverkehr frei ausgehan-delte Kaufpreise untereinander vergleichbarer Grundstücke. Der Vorteil dieses Verfahrens gegenüber dem Sachwert- oder Ertragswertverfahren besteht darin, dass es im **Allgemei-nen direkt zum Verkehrswert** führt.

173 Bei Anwendung des **Vergleichswertverfahrens** findet die jeweilige Marktsituation bereits mit den auf den Wertermittlungsstichtag „umgerechneten" Kaufpreisen der Vergleichs-grundstücke Eingang in die Verkehrswertermittlung. Allerdings muss hierbei gewährleistet sein, dass die Markt- und Wertverhältnisse, unter denen die Vergleichskaufpreise zustande gekommen sind, noch mit den **am Wertermittlungsstichtag herrschenden allgemeinen Wertverhältnissen** auf dem Grundstücksmarkt übereinstimmen. Andernfalls muss auch beim Vergleichswertverfahren eine Marktanpassung vorgenommen werden.

174 Auch die von den Gutachterausschüssen nach § 8 unter anderem mitzuteilenden **Vergleichs-faktoren für bebaute Grundstücke** werden vermutlich nicht zu einer wesentlichen Ver-besserung der Anwendung des Verfahrens führen. Sie können – ähnlich wie die „Maklerver-vielfältiger" – lediglich als **grobe Überschlagsfaktoren** dienen, weil dem Anwender nicht die Grundstücke bekannt sind, aus denen die Faktoren abgeleitet worden sind.

175 Folgendes **Beispiel** soll dies verdeutlichen:

Beispiel:

Tabelle der Durchschnittspreise für Wohngrundstücke in €/m² Wohnfläche im Landkreis G.

	1996	1997
Ein- und Zweifamilienhäuser		
Baujahr vor 1948	1 070	1 170
1949–1970	1 770	1 750
nach 1971	1 930	3 590
Reihenhäuser/Doppelhaushälften		
Baujahr vor 1948	1 010	2 260
1949–1970	1 680	2 560
nach 1971	1 820	2 210
Mehrfamilienhäuser	820	740
Wohnungseigentum		
bis 3 Jahre alt	2 640	2 820
älter als 3 Jahre	1 580	1 570

Einfamilienhausgrundstück, Baujahr des Gebäudes 1973, Wohnfläche 122 m², Wertermittlungsstichtag 1. 12. 1996, Faktor laut Tabelle: 1 930

Vergleichswert: 1 930 (€) × 122 (m²) = 235 460 €?

Wertermittlungsstichtag 1.12.1997, Faktor laut Tabelle: 3 590

Vergleichswert: 3 590 (€) × 122 (m²) = 437 980 €?

Die von den Gutachterausschüssen mitgeteilten grundstücksbezogenen Gebäudefaktoren (in €/m² Wohnfläche) betragen nach der o. a. Tabelle für Ein- und Zweifamilienhäuser (Baujahr 1973) im Jahr 1996 1930 €/m² WF und im Jahr 1997 3 590 €/m² WF. Eine Verdoppelung der Wertsteigerung im Zeitraum von einem Jahr ist jedoch nicht realistisch. Vermutlich fielen im Jahr 1996 überwiegend Kaufpreise von durchschnittlich ausgestatteten Ein- und Zweifamilienhausgrundstücken und im Jahr 1997 Kaufpreise von sehr gut ausgestatteten Objekten an. Das Beispiel zeigt, dass die Anwendung der Faktoren ohne Kenntnis der Bezugsgrundlagen fragwürdig ist.

Fazit: Die **Anpassung an die Marktlage kann beim Vergleichswertverfahren i. d. R. entfallen,** sofern Kaufpreise geeigneter Vergleichsgrundstücke vorliegen. Steht das entsprechende Datenmaterial nicht zur Verfügung, ist das Vergleichswertverfahren höchstens zur Stützung des nach einem anderen Verfahren ermittelten Werts heranzuziehen. **176**

4.2.2 Ertragswertverfahren

Bei Anwendung des **Ertragswertverfahrens** können zur Anpassung des abgeleiteten Ertragswerts an den Verkehrswert Zu- oder Abschläge erforderlich werden, insbesondere, wenn im gewöhnlichen Geschäftsverkehr wegen zu **knappem Angebots bzw. einer überstarken Nachfrage** Preise gezahlt werden, die dem nachhaltigen Ertrag nicht entsprechen und dennoch hiervon ausgegangen wurde. Eine Marktanpassung kann darüber hinaus auch geboten sein, wenn bei der Preisbemessung für ein Ertragswertobjekt auch sachwertbezogene Überlegungen einbezogen werden müssen. Dies ist insbesondere bei einem im Vergleich zum Gebäudeertragswert besonders hohem Sachwert des Gebäudes der Fall, da dann nicht auszuschließen ist, dass im gewöhnlichen Geschäftsverkehr dies werterhöhend zu berücksichtigen ist (vgl. Vorbem. zu den §§ 15 ff. WertV Rn. 142). **177**

Bei der **Marktanpassung im Ertragswertverfahren** besteht gegenüber dem Sachwertverfahren ein zu beachtender Unterschied. Bei der Berechnung des Grundstücksertragswerts fließen eine Reihe von Marktkomponenten (Marktmiete, Liegenschaftszinssatz) ein. Das hat zur Folge, dass die Marktanpassungszu- oder -abschläge im Allgemeinen geringer sein werden als beim Sachwertverfahren oder auch ganz wegfallen können, bei dem Abweichungen zwischen Sachwert und Verkehrswert i. d. R. wegen der einseitigen Ausrichtung auf den Wert der Grundstückssubstanz besonders groß sind. Allerdings hat *Vogels*[72] festgestellt, dass auch bei Ansatz der von den Gutachterausschüssen ermittelten **marktkonformen Liegenschaftszinssätze** die Grundstücksertragswerte im Mittel bis 20 v. H. von den Kaufpreisen abweichen. Die Zinssätze sind eben auch nur statistische Durchschnittswerte. Allerdings kann dies durch differenzierten Ansatz des Liegenschaftszinssatzes weitgehend vermieden werden. Andernfalls muss individuellen Gegebenheiten, wie z. B. bei einem im Verhältnis zum Gebäudeertragswert besonders hohen Sachwert des Gebäudes[73] und zwischenzeitlichen Marktveränderungen durch Zu- oder Abschläge, Rechnung getragen werden. **178**

Interessant ist, dass die nach den verschiedenen Verfahren ermittelten Ausgangswerte je nach Art der Grundstücksnutzung tendenziell über oder unter dem Verkehrswert liegen. Das hängt allerdings sehr von der jeweiligen **Grundstücksmarktsituation** ab. **179**

4.2.3 Sachwertverfahren

▶ *Näheres bei § 25 WertV Rn. 48 ff.*

Bei Anwendung des **Sachwertverfahrens** treten in der Praxis die höchsten Marktanpassungsabschläge aber auch -zuschläge auf. Dies ist in der Struktur des Verfahrens begründet, das auf die Ermittlung der Ersatzbeschaffungskosten ausgerichtet ist. Nach der WertV sol- **180**

---

72 Vogels, a. a. O., S. 171
73 OLG Frankfurt a. M., Beschl. vom 4. 3. 1960 – 6 W 52/60 –, EzGuG 20.25

len auch beim Sachwertverfahren ertragswirtschaftliche Überlegungen ebenso wie die Einschätzung des Grundstücksmarktes bereits in das Verfahren selbst einbezogen werden. Insbesondere die Vorschrift des § 25 bietet hier dem Gutachter hinreichende Möglichkeiten, **wirtschaftliche Überlegungen sowie die Lage auf dem Grundstücksmarkt angemessen in das Sachwertverfahren einzubringen**, so dass auch mit dem Sachwert dem Verhältnis zwischen Angebot und Nachfrage und der danach sich ergebenden Preisbemessung für Grundstücke dieser Art Rechnung getragen werden kann[74]. Dies gelingt jedoch nicht immer.

181 So können z. B. bei der Verkehrswertermittlung **aufwendig gebauter Einfamilienhäuser (Villen)** im weiteren Umkreis der Stadtzentren, bei deren Verkauf die im Gebäude und den Außenanlagen verkörperten Herstellungskosten regelmäßig nicht realisiert werden können, die erforderlichen Marktabschläge bereits nach § 25 berücksichtigt werden. Umgekehrt kann auch der Umstand, dass ein Sachwertobjekt eine gute verkehrswerterhöhende Rendite abwirft, nach § 25 berücksichtigt werden, sofern dies bereits nicht nach Satz 3 geschieht.

182 Erfahrungsgemäß werden **Grundstücke mit bestehenden Gebäuden unter ihren Sachwerten gehandelt**. Darüber hinaus ist die Tendenz erkennbar, dass die Differenz zwischen Grundstückssachwerten und Kaufpreisen bei älteren Objekten ansteigt.

183 Allgemein und insbesondere für **Ein- und Zweifamilienhäuser,** auf die sich die Bedeutung des Sachwertverfahrens im Wesentlichen beschränkt, gilt, dass der Sachwert

– einerseits um so mehr hinter den Verkehrswert zurückfällt, je aufwendiger das Objekt bebaut ist und

– andererseits wiederum um so mehr hinter den Verkehrswert zurückfällt, je größer das Missverhältnis zwischen der baulichen Qualität und der Lage ist; bei hochwertigen Ein- und Zweifamilienhäusern in schlechter einschließlich einer ungünstigen Entfernungslage öffnet sich die Schere zwischen Sach- und Verkehrswert.

Demgegenüber liegt bei besonders **kleinen Objekten** der Verkehrswert häufig über dem Sachwert.

184 **Marktanpassungszu- oder -abschläge müssen** auch und gerade bei Anwendung des Sachwertverfahrens **begründet werden.** Sie können beim Sachwertverfahren gut nachvollziehbar durch das Verhältnis der Grundstückssachwerte zu ihren jeweiligen Kaufpreisen für mit dem Wertermittlungsobjekt vergleichbaren Objekten begründet und ausgedrückt werden. Diese Marktfaktoren sind auf den Grundstückssachwert als Bezugsbasis anzuwenden. Die Korrektur nach § 7 Abs. 2 setzt aber voraus, dass die Grundstückssachwerte nach einem einheitlichen Verfahren ermittelt werden, bei dem möglichst keine grundstücksbezogenen individuellen Marktkomponenten einfließen. Werden individuelle Marktkomponenten bereits bei der Ermittlung des Grundstückssachwerts berücksichtigt, fehlt für den Abschlag nach § 7 Abs. 2 die Bezugsgrundlage in Gestalt des Grundstückssachwerts ohne individuelle Marktkorrektur. Der Grundstückssachwert würde bereits individuelle Marktkorrekturen in nicht genau bekannter Höhe aufweisen, um die die Marktkorrektur nach § 7 Abs. 2 zu kürzen wäre.

185 **Das bedeutet jedoch nicht, dass beim Sachwertverfahren grundsätzlich keine Marktkomponenten** einfließen. Beispielsweise ist der jeweils angesetzte Brutto-Grundflächen- bzw. Raummeterpreis bei der Ermittlung des Herstellungswerts bereit vom jeweiligen Teilmarkt beeinflusst. Das ist aber eine allgemeine Marktkomponente, die wesentlich von der Wirtschaftskraft der Region abhängig ist und auch bei der Ermittlung des Marktfaktors „Grundstückssachwert/Kaufpreis" einfließt.

186 Die in der Praxis abgeleiteten **Quotienten aus dem Wertverhältnis** von

$$\frac{\text{Kaufpreis (Verkehrswert)}}{\text{Sachwert}}$$

sind mitunter noch auf der Grundlage von Sachwerten abgeleitet worden, die unter Heranziehung der sogenannten 13er Werte ermittelt wurden. Insoweit sind sie nur bedingt geeignet, um mit ihnen die auf der Grundlage der Normalherstellungskosten 2000 – NHK 2000 – abgeleiteten Sachwerte an die Lage auf dem Grundstücksmarkt anzupassen.

▶ *Weitere Ausführungen in den Vorbem. zu den §§ 21 ff. WertV Rn. 52 ff. sowie bei* **187**
§ 25 WertV Rn. 48 ff.

4.3 Verkehrswertableitung bei Heranziehung mehrerer Verfahren (Abs. 1 Satz 3)

4.3.1 Allgemeines

Bei Anwendung mehrerer Verfahren sind mehr oder minder unterschiedliche Ergebnisse **188**
unvermeidbar[75]. Daher ist es seit jeher Praxis, die nach den verschiedenen Wertermittlungsmethoden gewonnenen Ergebnisse miteinander zu vergleichen und daraus Anhaltspunkte für die endgültige Abschätzung der Grundstückswerte zu gewinnen[76]. Es kommt hinzu, dass zumindest bei einzelnen Grundstücksarten weder der Ertrags- noch der Sachwert als allein entscheidender Ausgangswert für den Verkehrswert angesehen werden kann[77]. Der Hinzuziehung von Ergebnissen anderer Wertermittlungsverfahren kommt daher auch eine **Kontroll- sowie Ergänzungsfunktion** und in Ergänzung zu Satz 2 auch eine **Unterstützungsfunktion zur Marktanpassung** zu.

Ergibt sich im konkreten Einzelfall, dass ein zu wertendes **Objekt** seiner Natur nach **zum** **189**
Teil als Sachwertobjekt und zum anderen Teil als Ertragswertobjekt anzusehen ist, können Sach- und Ertragswerte entsprechend ihrer Gewichte oder auch in Addition eines angemessenen Vomhundertsatzes aggregiert werden, z. B. v. H. des Ertragswerts zuzüglich 30 v. H. des Sachwerts[78].

4.3.2 Mittelwertmethode (Berliner Verfahren)

In der Vergangenheit war die sog. Berliner Methode verbreitet. Nach dieser Methode wird **190**
der Verkehrswert des Grundstücks aus dem **arithmetischen Mittel aus Ertrags- und** **Sachwert** ermittelt. Das Verfahren fand in der Rechtsprechung zunächst Anerkennung[79].

Die **Mittelwertmethode** hat ihre Herkunft vor allem **in der Unternehmensbewertung**[80], **191**
wo einerseits der längerfristige Substanzwert und andererseits konjunkturell schwankende Ertragsverhältnisse mit möglicherweise unsicheren Auswirkungen auf den Ertragswert

---

74 OLG Koblenz, Urt. vom 17. 9. 1980 – 1 U 1092/79 –, EzGuG 20.85, Revision: BGH, Urt. vom 4. 3. 1982 – III ZR 156/80 –, EzGuG 11.127; OLG Frankfurt am Main, Beschl. vom 4. 3. 1960 – 6 W 52/60 –, EzGuG 20.25; OLG Hamburg, Urt. vom 24. 4. 1970 – 1 U 17/69 –, EzGuG 18.50
75 BVerwG, Urt. vom 17. 7. 1958 – 1 C 209/57 –, EzGuG 4.10
76 RG in Das Recht 1916, 515 und Pr. VBl. Bd. 29 S. 71
77 BVerfG, Beschl. vom 16. 10. 1984 – 1 BvL 17/80 –, EzGuG 20.107 b
78 BGH, Beschl. vom 11. 3. 1993 – III ZR 24/93 –, EzGuG 20.144 b
79 BGH, Urt. vom 10. 7. 1953 – V ZR 22/52 –, EzGuG 20.16; BGH, Urt. vom 13. 5. 1955 – V ZR 36/54 –, EzGuG 3.5; BGH, Urt. vom 18. 9. 1961 – VII ZR 118/60 –, EzGuG 3.17; BGH, Urt. vom 19. 9. 1962 – V ZR 138/61 –, EzGuG 3.19; BGH, Urt. vom 23. 11. 1962 – V ZR 148/60 –, EzGuG 20.32; OLG Köln, Beschl. vom 18. 10. 1958 – 9 W 20/58 –, EzGuG 20.23; OLG Köln, Urt. vom 16. 9. 1960 – 4 U 152/59 –, EzGuG 20.27; BFH, Urt. vom 28. 3. 1984 – IV R 224/81 –, EzGuG 20.106; ablehnend jedoch bereits Pr. OVG, Urt. vom 10. 6. 1920 – VII C 183/31 – EzGuG 19.1; PrOVG Urt. vom 11. 3. 1897 – VIII a 66 –, EzGuG 19.2 c; OLG Düsseldorf, Urt. vom 11. 3. 1988 – 7 U 4/86 –, EzGuG 20.12
80 BGH, Urt. vom 30. 9. 1981 – IVa ZR 127/80 –, EzGuG 20.90 a; BGH, Urt. vom 17. 1. 1973 – IV ZR 142/70 –, EzGuG 20.53 a

zum Ausgleich gebracht werden sollen. Auch ist **bei neu errichteten Gewerbeobjekten davon auszugehen, dass der mit der Errichtung verkörperte Substanzwert bei sorgfältiger unternehmerischer Entscheidung im Einklang mit den künftigen Erträgen und damit also mit dem Ertragswert steht.** In der Verkehrswertermittlung wird, wie im Übrigen aber auch bei der Unternehmensbewertung der Mittelwert spätestens seit dem letzten Weltkrieg abgelehnt.

192 Die **Mittelwertmethode** ist i. d. R. auch sachlich nicht begründbar und mit Abs. 1 Satz 3 unvereinbar, denn nach dieser Vorschrift soll es auf die Aussagefähigkeit der verschiedenen Ergebnisse ankommen[81]. Dass das Ertrags- und Sachwertverfahren gleichrangige Wertermittlungsmethoden sind, bedeutet nicht, dass auch die Ergebnisse aus dem Ertrags- und Sachwertverfahren für die Verkehrswertermittlung eines einzelnen Objektes gleichgewichtig sind, um daraus das Mittel bilden zu können. Angesichts der Verschiedenartigkeit der Grundstücke wäre dies die Ausnahme, sodass **nur in dem** seltenen **Ausnahmefall, in dem** die Ergebnisse aus dem **Ertrags- und Sachwertverfahren** nach ihrer Aussagefähigkeit für die Verkehrswertermittlung **gleichrangig** sind, die Mittelwertmethode Anwendung finden kann. Dies hat seinen Niederschlag in der Rechtsprechung des BGH gefunden. Der BGH hat im Hinblick auf die zumeist einem bestimmten Wertermittlungsverfahren vorbehaltene Nutzung einer Immobilie ausgeführt: „In solchen Fällen lässt sich der Verkehrswert nur entweder nach dem Ertragswert oder nach dem Sachwert bestimmen, zumindest muss eine der Größen den Vorrang haben, während die anderen nur zur Wertkorrektur in beschränktem Rahmen herangezogen werden dürfen"[82].

193 Wenn das BVerwG in einer Entscheidung zum **Vermögensrecht**[83] und in diesem Zusammenhang zur Frage der Überschuldung eines Grundstücks die Mittelwertmethode hat gelten lassen, so lag hier ein Sonderfall vor, weil das Gericht in diesem Fall die in der DDR maßgeblichen Bewertungsrichtlinien vom 4. 5. 1960[84] weiterhin zur Anwendung kommen lassen wollte. Diese Richtlinien sind nicht auf die Ermittlung von Verkehrswerten i. S. d. § 194 BauGB ausgelegt.

194 Bei alledem ist nur bei besonderen Fallgestaltungen, wie z. B. bei **Schadensersatzermittlungen wegen Baukostenüberschreitung,** vom Mittelwert auszugehen[85].

81 BR-Drucks. 265/72, S. 13
82 BGH, Beschl. vom 11. 3. 1993 – III ZR 24/92 –, EzGuG 20.144 a = GuG 1994, 116; BGH, Urt. vom 13. 7. 1970 – VII ZR 189/68 –, EzGuG 20.49; BFH, Urt. vom 28. 3. 1984 – IV R 224/81 –, EzGuG 20,106; OLG Stuttgart, Urt. vom 18. 1. 1967 – 13/6 U 194/63 –, EzGuG 8.19; OLG Düsseldorf, Urt. vom 14. 7. 1988 – 6(9) UF 151/86 –, EzGuG 20.125
83 BVerwG, Urt. vom 16. 3. 1995 – 7 C 39/93 –, GuG 1995, 246 = EzGuG 10.9; BVerwG, Urt. vom 7. 6. 1999 – 8 B 99/99 –, GuG 2000, 58 = EzGuG
84 GuG 1996, 228
85 OLG Hamm, Urt. vom 22. 4. 1993 – 21 U 39/92 –, EzGuG 20.114

Zweiter Teil WertV:
Ableitung erforderlicher Daten

§8 WertV
Erforderliche Daten

[1]Die für die Wertermittlung erforderlichen Daten sind aus der Kaufpreissammlung (§ 193 Abs. 3 des Baugesetzbuchs) unter Berücksichtigung der jeweiligen Lage auf dem Grundstücksmarkt abzuleiten. [2]Hierzu gehören insbesondere Indexreihen (§ 9), Umrechnungskoeffizienten (§ 10), Liegenschaftszinssätze (§ 11) und Vergleichsfaktoren für bebaute Grundstücke (§ 12).

---

1 Ableitungspflicht der Gutachterausschüsse

Die Ableitung der „erforderlichen Daten der Wertermittlung", wie Bodenpreisin- **1** dexreihen, Liegenschaftszinssätze, Umrechnungskoeffizienten, Marktanpassungsfaktoren und Vergleichsfaktoren für bebaute Grundstücke, **ist** nach dem Wortlaut des § 8 Abs. 1 Satz 1 **eine Pflichtaufgabe**[1] **der Gutachterausschüsse**, für die die WertV verbindlich ist (vgl. § 1 WertV Rn. 1). Die Verpflichtung zur Ableitung dieser Daten steht im Einklang mit der Verpflichtung, diese Daten auch zur Wertermittlung heranzuziehen. Die WertV enthält hierzu ein aufeinander abgestimmtes System, das die Ableitung und den Gebrauch dieser Daten befiehlt:

– Nach § 9 Abs. 1 „sollen" Änderungen der allgemeinen Wertverhältnisse auf dem Grundstücksmarkt mit Indexreihen erfasst werden.

– Nach § 10 Abs. 1 „sollen" Wertunterschiede von Grundstücken, die sich aus Abweichungen bestimmter wertbeeinflussender Umstände ergeben, erfasst werden.

– § 14 Satz 3 schreibt vor, dass zur Berücksichtigung von Abweichungen des Wertermittlungsobjekts von den Vergleichsgrundstücken vorhandene Indexreihen (§ 9) und Umrechnungskoeffizienten (§ 10) herangezogen werden „sollen".

– Nach § 16 Abs. 2 Satz 2 ist der nach § 11 abgeleitete Liegenschaftszinssatz bei Anwendung des Ertragswertverfahrens maßgebend.

Lediglich die in § 12 geregelte **Ableitung von Vergleichsfaktoren bebauter Grund-** **2** **stücke** ist dem Gutachter **mit der „Kann-Bestimmung"** des § 13 Abs. 3 Satz 1 zur Anwendung **anheimgestellt**.

---

[1] Es handelt sich bei § 8 Abs. 1 Satz 1 WertV auch nicht um eine Soll-Vorschrift

3   Jedermann, der den Verkehrswert nach den Grundsätzen der WertV ermitteln will, ist von daher auf die vom Gutachterausschuss abgeleiteten erforderlichen Daten der Wertermittlung angewiesen. Lediglich bei der Ermittlung des Verkehrswerts bebauter Grundstücke ist dem Gutachterausschuss freigestellt, die nach § 12 abgeleiteten Vergleichsfaktoren bebauter Grundstücke heranzuziehen. § 13 Abs. 3 Satz 1 ist nämlich – wie bereits angesprochen – eine „Kann-Bestimmung". Deshalb fällt allein die Ableitung der **Vergleichsfaktoren für bebaute Grundstücke** nicht unter die Pflichtaufgaben des § 193 Abs. 3 BauGB i.V.m. § 8. Da die Ableitung dieser Daten nicht Selbstzweck ist, findet die Verpflichtung begriffsnotwendigerweise mindestens dort ihre Grenzen, wo die Daten nicht „erforderlich" sind. Darüber hinaus kann sich die Verpflichtung nicht auf die Ableitung von Daten erstrecken, die z. B. mit den zur Verfügung stehenden „geeigneten" und „ausgewerteten" Kaufpreisen nicht ableitbar sind.

4   Als **erforderliche Daten der Wertermittlung** nennt § 8:
   – Indexreihen (§ 9),
   – Umrechnungskoeffizienten (§ 10),
   – Liegenschaftszinssätze (§ 11),
   – Vergleichsfaktoren für bebaute Grundstücke (§ 12).

Es handelt sich hierbei nicht um eine abschließende Aufzählung. § 143a Abs. 3 BBauG 76 hat in diesem Zusammenhang auch noch die Bewirtschaftungsdaten benannt; hierzu gehören insbesondere die Mietübersichten. Bezüglich der Anwendung des Sachwertverfahrens nennt die Begründung zur WertV 88 zudem Baupreisindizes[2].

5   Von den erforderlichen Daten der Wertermittlung i. S. d. § 193 Abs.3 i.V. m. § 199 Abs. 1 BauGB zu unterscheiden sind die **sonstigen Daten der Wertermittlung** i. S. d. § 199 Abs. 2 Nr. 4 BauGB (vgl. § 193 BauGB Rn. 95 ff.; § 199 BauGB Rn. 16, 38 ff.). Bundesrechtlich sind die Gutachterausschüsse nicht verpflichtet, die „sonstigen" Daten der Wertermittlung zu ermitteln. Das BauGB hat die Regelungskompetenz diesbezüglich in die Hände der Landesregierungen gelegt. Problematisch bleibt aber die Grenzziehung zwischen den unter die bundesrechtliche Regelungskompetenz fallenden „erforderlichen" Daten und den „sonstigen" Daten.

Als ein Beispiel für weitere in der Verordnung nicht ausdrücklich genannte „erforderliche" Daten kann die **Ableitung von Mietwerten** stehen. So wurde vom Gutachterausschuss in Bonn die in Abb. 1 abgedruckte Mietwertübersicht auf der Grundlage der ausgewerteten Kaufpreissammlung erarbeitet.

6   Der Gutachterausschuss für Grundstückswerte in der **Bundesstadt Bonn** hat durch Auskunftsersuchen i. S. d. § 197 BauGB 7650 für diese Auswertung verwertbare Mieten (Nettokaltmieten aus bestehenden Verträgen) aus den drei Jahren 1996–1999 erhalten. Die Auswertung dieser Mieten führt zu folgender Mietwertübersicht (Abb. 1).

7   Die Übersicht erfasst den Hauptbereich des Marktes; höhere und niedrigere Mieten sind auch festzustellen. Es handelt sich um **Nettokaltmieten je m² Wohnfläche.** Die umlagefähigen Nebenkosten entsprechend § 27 II BV sind hierin nicht enthalten. Bei vollmodernisierten Altbauten (z. B. mit zusätzlicher Isolierverglasung, Wärmedämmung) wurde das Jahr der Vollmodernisierung zu Grunde gelegt.

▸ *Weiteres zu Mietwertermittlungen bei § 17 WertV Rn. 20 ff.*

8   Die den Gutachterausschüssen nach § 193 Abs. 3 BauGB i.V. m. § 8 WertV obliegende Ableitung geht auf § 143 a Abs. 3 BBauG 76 zurück[3]. Nach dieser Vorschrift waren nach Weisung der Gutachterausschüsse für die Wertermittlung wesentliche (= erforderliche) Daten abzuleiten, wobei der Wortlaut auch die Auslegung zuließ, dass die Ableitung grundsätzlich im Ermessen des Gutachterausschusses steht und die Vorschrift nur die

Abb. 1: Beispiel für die Ableitung von Mietwerten für nicht öffentlich geförderte Wohnungen in Bonn (31. 12. 1999)

	A	B	C	D	E	F	G
	\multicolumn{7}{Mietwerte für nicht öffentlich geförderte Wohnungen}						
Baujahr	1900	1955	1900	1955	1968	1980	1992
WF	Ohne Heizung oder ohne Bad/Dusche		Mit Heizung und mit Bad/Dusche				
einfache Wohnlage DM/m²							
25 m²	9,80–13,80	9,40–13,30	11,80–16,60	11,10–15,70	11,90–16,80	12,50–17,60	12,90–18,30
40 m²	8,90–12,60	8,70–12,30	11,00–15,50	10,30–14,60	11,20–15,80	11,80–16,60	12,30–17,30
60 m²	8,00–11,30	8,00–11,20	10,00–14,10	9,80–13,80	10,50–14,80	11,10–15,60	11,60–16,30
90 m²	6,80– 9,70	7,20–10,10	8,80–12,40	8,90–12,60	9,70–13,60	10,50–14,70	10,90–15,30
120 m²	6,10– 8,60	6,50– 9,10	8,10–11,40	8,20–11,60	8,90–12,60	9,80–13,70	10,10–14,30
mittlere Wohnlage							
25 m²	10,30–14,50	9,90–13,90	12,40–17,50	11,60–16,30	12,40–17,60	13,00–18,40	13,50–19,00
40 m²	9,40–13,30	9,10–12,80	11,60–16,30	10,90–15,30	11,70–16,50	12,30–17,30	12,80–17,90
60 m²	8,40–12,00	8,40–11,80	10,50–14,90	10,20–14,30	11,00–15,40	11,60–16,20	12,10–17,00
90 m²	7,30–10,30	7,60–10,70	9,30–13,10	9,40–13,20	10,20–14,30	10,80–15,20	11,30–15,90
120 m²	6,60– 9,30	6,90– 9,70	8,60–12,10	8,60–12,20	9,40–13,30	10,10–14,20	10,60–14,90
gute Wohnlage							
25 m²	10,80–15,30	10,30–14,50	12,90–18,30	12,00–17,00	12,90–18,20	13,40–18,90	13,90–19,70
40 m²	10,00–14,10	9,50–13,40	12,10–17,00	11,30–15,90	12,10–17,10	12,80–17,90	13,20–18,60
60 m²	9,00–12,70	8,80–12,40	11,10–15,60	10,50–14,90	11,40–16,00	12,00–16,90	12,60–17,60
90 m²	7,80–11,00	8,00–11,20	9,90–13,80	9,70–13,80	10,50–15,00	11,30–15,90	11,70–16,50
120 m²	7,00– 9,90	7,20–10,30	9,00–12,80	9,00–12,80	9,80–13,90	10,50–14,80	11,00–15,60
sehr gute Wohnlage							
25 m²	11,30–15,90	10,70–15,00	13,50–19,00	12,40–17,60	13,30–18,80	13,90–19,60	14,50–20,30
40 m²	10,40–14,70	9,90–14,00	12,60–17,70	11,70–16,50	12,60–17,70	13,20–18,60	13,70–19,20
60 m²	9,40–13,30	9,10–12,90	11,60–16,30	11,00–15,50	11,80–16,70	12,40–17,60	13,00–18,20
90 m²	8,20–11,50	8,30–11,70	10,30–14,50	10,20–14,30	11,00–15,50	11,60–16,40	12,20–17,20
120 m²	7,40–10,40	7,60–10,70	9,50–13,40	9,40–13,30	10,20–14,50	10,90–15,40	11,50–16,10

Quelle: Gutachterausschuss für Grundstückswerte in der Stadt Bonn, 2001

---

2 BR-Drucks. 352/88, S. 46
3 Die Ableitung sog. erforderlicher Daten der Wertermittlung, die erstmals mit dem BBauG 76 expressis verbis angesprochen wurde, stellt keineswegs einen erst durch das BBauG 1976 eingeführten Bereich der Wertermittlung dar. Marktanalysen begannen auch nicht erst im letzten Jahrzehnt. Man war auch schon früher bestrebt, die Abhängigkeit der Grundstückswerte von qualitativen Zustandsmerkmalen der Grundstücke und konjunkturellen Einflüssen zu operationalisieren, um auf rationale Weise Wertermittlungen empirisch zu begründen. Von nur historischer Bedeutung sind in diesem Zusammenhang u. a. die Veröffentlichung von Schnabel, Das Taxen des Bodenwertes bebauter städtischer Grundstücke, Hamm 1913; vgl. Strinz in ZfV 1905, 201, 225 ff.; Möring in AVN 1898, 233 ff.; Groeger in ZfV 1921, 165 ff.; Buhr in AVN 1930, 151 ff.; Sarnetzky in AVN 1931, 753; Kirchesch in ZfV 1941, 330 ff.; Pinkwart in ZfV 1954, 44 ff.; Grabe in ZfV 1970, 305

Geschäftsstelle zur Ableitung dieser Daten verpflichtet, wenn der Gutachteraus-schuss eine dahin gehende Weisung erteilt hat⁴. Während sich die Verpflichtung der *Geschäftsstelle* zur Ableitung nunmehr aus § 192 Abs. 4 BauGB ergibt, „sind" nach § 8 Abs. 1 Satz 1 diese Daten vom *Gutachterausschuss* und seiner Geschäftsstelle abzuleiten⁵.

9 **Kritik an der Leistungsfähigkeit der Gutachterausschüsse für Grundstückswerte** dieser Aufgabenzuweisung nachzukommen, äußert *Petersen*⁶, nach dem mehr als die Hälfte der Gutachterausschüsse dieser Aufgabe nicht nachkommen können.

2   Allgemeine Grundsätze der Ableitung und Fortschreibung

10 Nach § 8 Satz 1 sind die erforderlichen Daten der Wertermittlung „unter Berücksichtigung der *jeweiligen* **Lage auf dem Grundstücksmarkt**" abzuleiten. Aus diesem Hinweis folgt, dass

a) die Daten marktkonform abzuleiten sind und

b) bei Änderung der Marktlage fortzuschreiben sind.

11 Eine **marktkonforme Ableitung** ist dadurch gewährleistet, dass die Daten auf der Grund-lage der ausgewerteten Kaufpreissammlung abgeleitet werden. Diesbezüglich ist der Rege-lungsgehalt der §§ 9 bis 12 uneinheitlich. Lediglich § 10 Abs. 2 Satz 2 schreibt für die Ableitung von Umrechnungskoeffizienten ausdrücklich vor, dass sie auf der Grundlage „einer ausreichenden Zahl geeigneter und ausgewerteter Kaufpreise" abzuleiten sind⁷. Für die Ableitung von Indexreihen fordert § 9 Abs. 3 Satz 2 lediglich „geeignete und ausgewer-tete Kaufpreise", während § 11 Abs. 2 nur noch „geeignete Kaufpreise" fordert. § 12 Abs. 1 schreibt für die Ableitung der Vergleichsfaktoren bebauter Grundstücke schließlich die Heranziehung von Kaufpreisen „gleichartiger Grundstücke" vor. Trotz dieser vom Ver-ordnungsgeber vorgegebenen Abstufung wird hier daran festgehalten, dass in jedem Falle eine ausreichende Zahl ausgewerteter und geeigneter Kaufpreise zur Ableitung erforderli-cher Daten heranzuziehen sind.

12 Die sich aus § 8 Satz 1 ergebende Verpflichtung zur **Fortschreibung der abgeleiteten Daten** bedeutet nicht, dass die Daten in bestimmten Zeitabständen stets neu abzuleiten sind. Eine periodische Überprüfung ist gleichwohl angezeigt, wobei eine Fortführung dann erforderlich wird, wenn sich Anhaltspunkte ergeben, dass sich die Lage auf dem Grund-stücksmarkt geändert hat. Lediglich die Indexreihen sollten alljährlich ergänzt werden, selbst dann, wenn sich der Index nicht weiterentwickelt hat.

3   Veröffentlichung

13 Der mit der WertV vorgegebenen Verpflichtung zur Heranziehung der vom Gutachteraus-schuss für Grundstückswerte abgeleiteten erforderlichen Daten kann von den außerhalb der Gutachterausschüsse stehenden Sachverständigen nur nachgekommen werden, wenn der Gutachterausschuss die abgeleiteten Daten auch veröffentlicht. An die Veröffentli-chung sind hohe Ansprüche zu stellen, denn sie soll es den außerhalb der Gutachteraus-schüsse tätigen Sachverständigen ermöglichen, damit sachgerecht umzugehen. Dies bedeutet, dass zu den Daten alle Angaben gemacht werden, die dies ermöglichen. Es sind insbesondere Angaben über die Art der Grundstücke erforderlich, für die die Daten abge-leitet wurden, und die Methodik ihrer Ableitung. Dabei sollte die **Veröffentlichung den Geltungsbereich, den zeitlichen Bezug und sonstige für die Aussagefähigkeit dieser**

Daten wesentlichen Bezüge enthalten und, sofern es geboten erscheint, mit Hilfe geeigneter Karten erläutern. Ebenso wie bei der Veröffentlichung der Bodenrichtwerte wäre der Gutachterausschuss jedoch überfordert, wenn er sämtliche und jedem Einzelfall genügende Bezüge der erforderlichen Daten der Wertermittlung offen zu legen hätte.

In diesem Sinne ist die Veröffentlichung von **Liegenschaftszinssätzen** und **Marktanpassungsfaktoren** mit der genauen Angabe zu versehen, auf welche Objekte (einschließlich deren Restnutzungsdauer und Lage) sie sich beziehen; des Weiteren ist im Hinblick auf ihre modellkonforme Anwendung die **Methodik ihrer Ableitung** offen zu legen. 14

---

4 D. h., der Gutachterausschuss konnte nach § 143a Abs. 3 BBauG 76 angeben, in welchem Umfang die für die Wertermittlung wesentlichen Daten für seinen Bereich abgeleitet werden (vgl. Dieterich in VR 1976, 346 ff. [347]; 192. Sitzung des BR-Ausschusses für Städtebau und Wohnungswesen vom 26. 3. 1976). Der Gutachterausschuss wird seiner Geschäftsstelle allerdings nur die Ableitung der Daten auftragen, die er für erforderlich hält. Der Umfang des Notwendigen ist von Gutachterausschuss zu Gutachterausschuss verschieden. So werden in ländlichen Bereichen mit homogenen Grundstücksverhältnissen nicht alle in Betracht kommenden Daten benötigt; z. B. kann ein aus Bodenrichtwerten abgeleiteter Bodenpreisindex mitunter genügen. Anders ist es i. d. R. in den Ballungsräumen. Wegen des Gebots, Gutachten über marktkonforme Verkehrswerte zu erstatten und zu begründen, besteht dort oftmals eine sachliche Verpflichtung des Gutachterausschusses, entsprechende Weisungen zu erteilen, wenn er seine Wertermittlung auf empirisch belegbare Daten gründen und rechtsstaatlichen Anforderungen bei der Wertermittlung im städtebaulichen Bereich genügen will. In dem Maße, in dem die einschlägigen ausgewerteten Kaufpreise sachgerecht in die Wertermittlung Eingang finden, verbessern sich die bewertungstechnischen Grundlagen.

5 BR-Drucks. 352/88, S. 29 und 45

6 Petersen, Marktorientierte Immobilienbewertung, 5. Aufl., S. 51

7 Im Unterschied zu den geänderten Vorschriften über das Vergleichswertverfahren ist hier ausdrücklich die Heranziehung einer ausreichenden Zahl geeigneter Kaufpreise gefordert; ansonsten hat der Verordnungsgeber gerade diese Begriffe aufgeben wollen (vgl. § 10 WertV Rn. 4)

§ 9 WertV
Indexreihen

(1) Änderungen der allgemeinen Wertverhältnisse auf dem Grundstücksmarkt sollen mit Indexreihen erfasst werden.

(2) [1]Bodenpreisindexreihen bestehen aus Indexzahlen, die sich aus dem durchschnittlichen Verhältnis der Bodenpreise eines Erhebungszeitraums zu den Bodenpreisen eines Basiszeitraums mit der Indexzahl 100 ergeben. [2]Die Bodenpreisindexzahlen können auch auf bestimmte Zeitpunkte des Erhebungs- und Basiszeitraums bezogen werden.

(3) [1]Die Indexzahlen der Bodenpreisindexreihen werden für Grundstücke mit vergleichbaren Lage- und Nutzungverhältnissen aus den geeigneten und ausgewerteten Kaufpreisen für unbebaute Grundstücke des Erhebungszeitraums abgeleitet. [2]Kaufpreise solcher Grundstücke, die in ihren wertbeeinflussenden Merkmalen voneinander abweichen, sind nach Satz 1 zur Ableitung der Bodenpreisindexzahlen nur geeignet, wenn die Abweichungen

1. in ihren Auswirkungen auf die Preise sich ausgleichen,

2. durch Zu- oder Abschläge oder

3. durch andere geeignete Verfahren berücksichtigt werden können.

[3]Das Ergebnis eines Erhebungszeitraums kann in geeigneten Fällen durch Vergleich mit den Indexreihen anderer Bereiche und vorausgegangener Erhebungszeiträume überprüft werden.

(4) Bei der Ableitung anderer Indexreihen, wie für Preise von Eigentumswohnungen, sind die Absätze 2 und 3 entsprechend anzuwenden.

---

1   Allgemeines (Abs. 1)

1 § 9 regelt die Ermittlung von **Indexreihen, mit denen Änderungen der allgemeinen Wertverhältnisse und dem Grundstücksmarkt erfasst werden** können (§ 9 Abs. 1). Die Vorschrift betrifft – entsprechend ihrer Überschrift – damit nicht nur Bodenpreisindexreihen, sondern auch Indexreihen für häufig wiederkehrende Wertermittlungsobjekte (§ 9

Abs. 1 und 4). Die Ableitung von Bodenpreisindexreihen stellt jedoch den häufigsten Anwendungsfall dar und wird daher in den Abs. 2 und 3 der Vorschrift detailliert geregelt. Nach dem Gesetzesbefehl des § 14 Satz 3 sollen die Indexreihen zur Berücksichtigung von Abweichungen in den allgemeinen Wertverhältnissen herangezogen werden (vgl. § 8 WertV Rn. 1).

Die **allgemeinen Wertverhältnisse auf dem örtlichen Bodenmarkt** bestimmen sich nach   **2**
der Gesamtheit der für die Preisbildung des Grund und Bodens im gewöhnlichen Geschäftsverkehr für Angebot und Nachfrage maßgebenden Umstände, wie die allgemeine Wirtschaftssituation, der Kapitalmarkt und die Entwicklungen am Ort (§ 3 Abs. 3). Hieran anknüpfende Bodenpreisindexreihen geben (wie viele andere Indizes) nicht reale Wertänderungen wieder, sondern berücksichtigen auch inflations- und deflationsbedingte Wertänderungen.

Einzelne, die allgemeinen Wertverhältnisse auf dem Bodenmarkt beeinflussende   **3**
Umstände, wie namentlich das Wirtschaftswachstum, die Bevölkerungsentwicklung, Änderungen im (konsumptiven) Verhalten der Marktteilnehmer und der Einkommensverhältnisse, die Entwicklung der Geldzinspolitik und der Kaufkraft, das Aufkommen und Abklingen einer Sachwertpsychose[1] sowie die Entwicklung der allgemeinen städtebaulichen und stadtwirtschaftlichen Verhältnisse, können dagegen i. d. R. für sich allein nicht als repräsentativ für die Entwicklung der allgemeinen Wertverhältnisse auf dem Bodenmarkt gelten. Infolge der Komplexität des Geschehens auf dem Bodenmarkt wird dieser vielmehr durch die Gesamtheit der für die Preisbildung maßgeblichen Umstände bestimmt, die mit fortschreitender Zeit bei gleichbleibendem Zustand des Grund und Bodens dessen Wert im gewöhnlichen Geschäftsverkehr mehr oder weniger beeinflussen.

Bodenpreisindexreihen werden in Zeiten schwankender Wertverhältnisse auf dem Boden-   **4**
markt für den **intertemporalen Preisvergleich** benötigt, insbesondere um Vergleichspreise auf die zum Wertermittlungsstichtag (§ 3 Abs. 1 Satz 1) vorherrschenden allgemeinen Wertverhältnisse auf den Grundstücksmarkt umzurechnen.

2   Bodenpreisindexreihe (Abs. 2 und 3)

2.1   Definition (Abs. 2)

Mit § 9 Abs. 2 Satz 1 werden Bodenpreisindexreihen als **Reihen von Bodenpreisindex-**   **5**
zahlen definiert, die sich jeweils aus dem durchschnittlichen Verhältnis der Bodenpreise eines Erhebungszeitraums zu den Bodenpreisen eines Basiszeitraums ergeben. Nach § 9 Abs. 2 Satz 2 können hierbei auch bestimmte Zeitpunkte des Erhebungs- und Basiszeitraums zu Grunde gelegt werden. Dem Basiszeitraum (Basiszeitpunkt) ist dabei zweckmäßigerweise die Indexzahl 100 zuzuordnen: mithin lassen sich Bodenpreisindexzahlen jahrgangsweise wie folgt ableiten:

$$\text{Bodenpreisindexzahl des Jahres i} = \frac{BW_i}{BW_o} \times 100$$

wobei
BW_i = durchschnittlicher Bodenpreis/m² im Jahre i
BW_o = durchschnittlicher Bodenpreis/m² im Basisjahr.

Aus Bodenpreisindexzahlen zusammengesetzte Bodenpreisindexreihen geben so die **Ent-**   **6**
wicklung der allgemeinen Wertverhältnisse in Prozentzahlen wieder.

---

1   Niehans, SZVS 1966, 195 sowie hierzu Sieber, ebenda S. 1; Sieber, Bodenpolitik und Bodenrecht, Bern 1970, S. 51 ff., 73 ff.

2.2   Ableitung (Abs. 3)

7   Bodenpreisindexreihen sollen die **Wertentwicklung auf dem Bodenmarkt** beschreiben, die allein auf allgemeine konjunkturelle Änderungen zurückgeht. Qualitative Änderungen der Grundstücke insbesondere im Hinblick auf ihre Nutzbarkeit oder ihre Lage müssen dabei unberücksichtigt bleiben.

8   Damit die miteinander ins Verhältnis gesetzten durchschnittlichen Bodenwerte allein die Änderungen der allgemeinen Wertverhältnisse auf dem Grundstücksmarkt und nicht qualitative Wertunterschiede der zur Ableitung der Bodenwertindexzahlen herangezogenen Grundstücke wiedergeben, ist es erforderlich, dass die Grundstücke einen **einheitlichen Warenkorb** abbilden. Dies bedeutet, dass qualitative Unterschiede der Grundstücke in ihrer Auswirkung auf die zugehörigen Kaufpreise zunächst eliminiert werden müssen. Abs. 3 enthält hierfür ergänzende Bestimmungen.

9   Bodenpreisindexzahlen werden nach den vorstehenden Ausführungen ermittelt, indem zunächst für die in die jeweils in Beziehung zu setzenden Zeiträume (Zeitpunkte) die **durchschnittlichen Bodenwerte aus geeigneten Kaufpreisen der jeweiligen Indexzone** ermittelt werden und diese zueinander ins Verhältnis zu den entsprechenden Bodenwerten anderer Erhebungszeiträume (Zeitpunkte) gesetzt werden. Als geeignete und – wie Abs. 3 Satz 1 ausdrücklich hervorhebt – „ausgewertete Kaufpreise" sind solche anzusehen, die einen gleichbleibenden „Warenkorb" gewährleisten. Abs. 3 Satz 3 enthält hierfür Maßgaben.

10   Für die Bildung von Bodenpreisindexreihen nach § 9 Abs. 3 ist Voraussetzung, dass die Grundstücke, deren Kaufpreise herangezogen werden, **vergleichbare Lage- und Nutzungsverhältnisse** aufweisen. Die Lage- und Nutzungsverhältnisse sind i. d. R. allenfalls in kleineren Gemeinden über das gesamte Gemeindegebiet vergleichbar. In großen Städten weisen sie dagegen regelmäßig Unterschiede auf, die bei der Ableitung von Bodenpreisindexreihen in geeigneter Weise zu berücksichtigen sind. So ist z. B. regelmäßig eine unterschiedliche Bodenwertentwicklung für Wohngebiete, die vornehmlich für Ein- und Zweifamilienhäuser und in Randlage der Städte gelegen sind, sowie für Grundstücke des Mietwohnungsbaues festzustellen. Für die Bildung von Bodenpreisindexreihen dürfen darüber hinaus nur **geeignete und ausgewertete Kaufpreise unbebauter Grundstücke** herangezogen werden. Anders als § 10 Abs. 2 Satz 1 wird für die Ableitung von Bodenpreisindexreihen allerdings nicht ausdrücklich bestimmt, dass eine „ausreichende Zahl" geeigneter Kaufpreise zur Ableitung herangezogen werden müssen. Dennoch wird man dies auch hier fordern müssen[2].

11   Änderungen der Bodenwerte, die ursächlich auf Änderungen in der Qualität (dem Zustand) des Grund und Bodens zurückzuführen sind, insbesondere Änderungen des Entwicklungszustands (§ 4), können definitionsgemäß nicht den Änderungen der allgemeinen Wertverhältnisse auf dem Grundstücksmarkt zugerechnet werden und müssen bei der Ableitung von Bodenpreisindexreihen unberücksichtigt bleiben. Soweit die Grundstücke, deren Kaufpreis zur Ableitung von Bodenpreisindexreihen herangezogen werden sollen, in ihren wertbeeinflussenden Merkmalen voneinander abweichen, sind solche **vergleichsstörenden Momente bei der Zusammensetzung des Datenmaterials** sowie durch dessen Bearbeitung zu eliminieren. Nur so ist gewährleistet, dass Bodenpreisindexreihen aus vergleichbaren und für die Lage auf dem Bodenmarkt repräsentativen Kauffällen abgeleitet werden. § 9 Abs. 3 Satz 2 schreibt deshalb für diese Fälle vor, dass Kaufpreise zur Ableitung von Bodenpreisindexreihen nur „geeignet" i. S. dieser Vorschrift sind, wenn die Abweichungen

1. in ihren Auswirkungen auf die Preise sich ausgleichen oder
2. durch Zu- oder Abschläge oder
3. durch andere geeignete Verfahren

berücksichtigt werden können.

Die **1. Alternative** spricht das sog. Gesetz der großen Zahl an, nach dem sich Abweichungen der Zustandsmerkmale bei stochastischer Verteilung durch Aggregation der Kaufpreise – z. B. bei der Mittelwertbildung – wertmäßig ausgleichen, wenn nur eine hinreichende Anzahl von Kaufpreisen herangezogen worden ist. Andernfalls sind nach der **2. Alternative** Abweichungen der wertbeeinflussenden Zustandsmerkmale durch Zu- oder Abschläge oder aber durch „andere geeignete Verfahren" – z. B. mathematische Methoden – zu berücksichtigen (**3. Alternative**). **12**

Dies voraussetzend, ergibt sich eine Bodenpreisindexreihe nach folgendem **Beispiel:** **13**

Beispiel A: (Ableitung)

Als durchschnittliche Bodenwerte $\overline{BW}_i$ für baureifes Land (Ein- und Zweifamilienhausgrundstücke) in den Ortsteilen A- und Bdorf wurden ermittelt:

Jahr	$\overline{BW}_i$	Bodenpreisindexzahl I_j	
i	€/m²	bei 1995 = 100	
1995	300	**100,0 (Basis)**	
1996	305	101,7	
1997	305	101,7	$I_j \dfrac{BW_i}{BW_o} \times 100$
1998	310	103,3	
1999	320	106,7	
2000	340	113,3	
2001			
2002			

Die um 100 verminderte Bodenpreisindexzahl I gibt die Prozentzahl an, um die sich der durchschnittliche Bodenwert BW_1 des Erhebungszeitraums i gegenüber dem durchschnittlichen Bodenwert BW 1995 des Basiszeitraums verändert hat:

Beispiel: Der durchschnittliche Bodenwert im Jahr 2000 ist gegenüber dem durchschnittlichen Bodenwert im Basiszeitraum 1995 um 13,3 v. H. angestiegen.

Beispiel B: (Anwendung)

Aus dem Jahr 1997 liegt ein Vergleichspreis in Höhe von 420 €/m² vor. Wertermittlungsstichtag sei 2000. Ausgehend von der nach vorangegangenem Beispiel abgeleiteten Bodenpreisindexreihe ergibt sich folgender Vergleichspreis:

$$BW_{2000} = BW_{1997} \times \frac{I_{2000}}{I_{1997}} = 420 \ €/m^2 \times \frac{113,3}{101,7} = \text{rd. } 468 \ €/m^2$$

Vielfach ist es üblich, das Ergebnis eines Erhebungszeitraums zu berichtigen, wenn dies auf Grund der **unterstützend herangezogenen Werte anderer Bereiche und vorausgegangener Erhebungszeiträume** geboten erscheint. Dabei kann, sofern eine Sonderentwicklung auszuschließen ist, eine Glättung in Betracht kommen. Dem trägt § 9 Abs. 3 Satz 3 Rechnung. Das Verfahren ist allerdings mit Vorsicht anzuwenden, denn es gilt, die Entwicklung der allgemeinen Wertverhältnisse zeitgemäß zu erfassen. Kaufpreise der Vergangenheit sind nur bedingt für aktuelle Verhältnisse aussagekräftig. **14**

In kleineren Gemeinden, in denen die Lage- und Nutzungsverhältnisse weitgehend übereinstimmen und zudem oftmals so geringfügigen zeitlichen Veränderungen unterliegen, dass sie vernachlässigt werden können, lässt sich die **Ableitung der Bodenpreisindexreihen mit der Ermittlung von Bodenrichtwerten verbinden.** Dies gilt vor allem dann, wenn bei der Ermittlung der Bodenrichtwerte wie auch bei der Ermittlung der Bodenpreisindexzahlen die jeweiligen wertbeeinflussenden Umstände in gleicher Weise zu berücksichtigen sind. **15**

---

2 Zur Abgrenzung von Indexbereichen sowie Näheres zur Ableitung von Indexreihen bei Kleiber in Ernst/ Zinkahn/Bielenberg, BauGB, Komm. zu § 9 WertV Rn. 8 ff.; weiterführendes Schrifttum: Vieli, Ein Regressionsindex der Bodenpreisveränderungen, Diss. Zürich 1967; Guth in Kyklos 1962, 279; Streich in VR 1981, 381; Bauer in VR 1982, 145; Bunjes in Nachr. der nds. Kat.- und VermVw 1982, 318; Freise in VR 1981, 373; Kertscher/Volle in Nachr. der nds. Kat.- und VermVw 1982, 136; Wirtz in VR 1976, 264; Krumbholz in Nachr. der nds. Kat.- und VermVw 1986, 388; Boldt in Nachr. der nds. Kat.- und VermVw 1986, 219

2.3 Basiszeitraum und Basiszeitpunkt

16 Der **Wahl des Basiszeitraums (Basiszeitpunkts)** kommt bei der Bildung von Bodenpreis-indexreihen „auf fester Basis" für das Aussehen der wiedergegebenen Entwicklung der Bodenwertverhältnisse eine besondere Bedeutung zu. Weist nämlich der Basiszeitraum ein extrem niedriges Bodenwertniveau auf, so wird die Steigerung in der Folgezeit übertrieben wiedergegeben. Umgekehrt führt ein außergewöhnlich überhöhtes Bodenwertniveau im Basiszeitraum in der Folgezeit zu einer verhältnismäßig moderat erscheinenden Steige-rung. Meist empfiehlt sich daher, als Basiszeitraum ein „Normaljahr" zu wählen, das inner-halb eines mehrjährigen Zeitraumes stabiler Bodenwertverhältnisse liegt.

17 Wird jeweils der Bezug auf ein **gleich bleibendes Basisjahr** hergestellt, so spricht man hierbei von Indexreihen „auf *fester* Basis". Die Bildung von Bodenpreisindexreihen „auf *gleitender* Basis" derart, dass der durchschnittliche Bodenpreis eines Erhebungszeitraums jeweils ins Verhältnis zu dem des vorangegangenen gesetzt wird, ist im Bereich der Werter-mittlung von Grundstücken i. d. R. ungeeignet, weil es hier häufig darum geht, den Einfluss der allgemeinen Wertverhältnisse auf dem Bodenmarkt über mehrere Jahre hinweg zu berücksichtigen.

$$\text{Bodenpreisindexzahl des Jahres}_i = \frac{BW_{i-1} + 2BW_i + BW_{i+1}}{4} \times \frac{100}{BW_o}$$

BW_i = durchschnittlicher Bodenpreis/m² im Jahre i
BW_o = durchschnittlicher Bodenpreis/m² im Basisjahr

2.4 Bodenpreisindexableitung aus Bodenrichtwerten

18 In geeigneten Fällen können bei der **Ermittlung der Bodenpreisindexreihen** die Boden-preisindexzahlen **aus den vom Gutachterausschuss ermittelten Bodenrichtwerten** abgeleitet werden. Bodenrichtwerte sind insbesondere dann geeignet, wenn bei ihrer Ermittlung die wertbeeinflussenden Umstände berücksichtigt worden sind, die für die Ermittlung der Bodenpreisindexzahlen maßgeblich sind. Dieses Verfahren kommt insbe-sondere für kleinere Gemeinden in Betracht. Dort stimmen die Lage- und Nutzungsverhält-nisse oftmals weitgehend überein; zudem unterliegen sie oftmals so geringfügigen zeitli-chen Veränderungen, dass sie vernachlässigbar sind. Die Ermittlung von Bodenpreisin-dexreihen und Bodenrichtwerten lässt sich in derartigen geeigneten Fällen selbst dann verbinden, wenn sich die Lage- und Nutzungsverhältnisse zeitlich verändert haben. In die-sen Fällen sind die Abweichungen bei der Heranziehung der Bodenrichtwerte in einer geeigneten Weise zu berücksichtigen.

2.5 Indexzonen (Räumliche und sachliche Teilmärkte)

19 **Bodenpreisindexreihen werden für räumlich zu definierende Indexzonen und be-stimmte Grundstückskategorien** i. S. d. § 4 (Teilmärkte) **abgeleitet**, d. h. für

– Flächen der Land- oder Forstwirtschaft,   – Rohbauland und

– Bauerwartungsland,   – baureifes Land.

20 Darüber hinaus sind weitere Differenzierungen in dem Maße sachgerecht, wie sich die ein-zelnen Grundstücksteilmärkte unterschiedlich entwickeln. Insbesondere **baureifes Land wird wie folgt unterschieden:**

– Ein- und Zweifamilienhausgrundstücke,   – Gewerbeflächen (GE) und

– Mehrfamilien- und Mischbaugrundstücke,   – Industrieflächen (GI).

Bei der **Ableitung von Bodenpreisindexreihen für werdendes Bauland**, insbesondere   **21**
für Bauerwartungsland, besteht ein besonderes Problem dann, wenn die von Jahr zu Jahr
anfallenden Kaufpreise sich auf Grundstücke mit unterschiedlicher Aufschließungsdauer
(Wartezeit) beziehen. Dies sind vergleichsstörende Momente, die sich kaum eliminieren
lassen. Die daraus abgeleiteten Bodenpreisindexreihen sind ggf. von konjunkturellen und
im begrenzten Maße auch von qualitativen Wertänderungen bestimmt. Durch Herausnahme von Kaufpreisen für Grundstücke mit extrem kurzer oder langer Wartezeit lassen
sich solche Verquickungen auf ein hinnehmbares Maß begrenzen, zumal Grundstücke mit
einer Aufschließungsdauer von über fünf Jahren zunehmend weniger gehandelt werden.

Die **Bodenwertentwicklung von baureifem Land, Rohbauland sowie Bauerwartungsland**   **22**
ist erfahrungsgemäß nicht identisch, wie nachstehende Aufzeichnungen belegen (Abb. 1):

Abb. 1: Bodenpreisentwicklung im Land Brandenburg

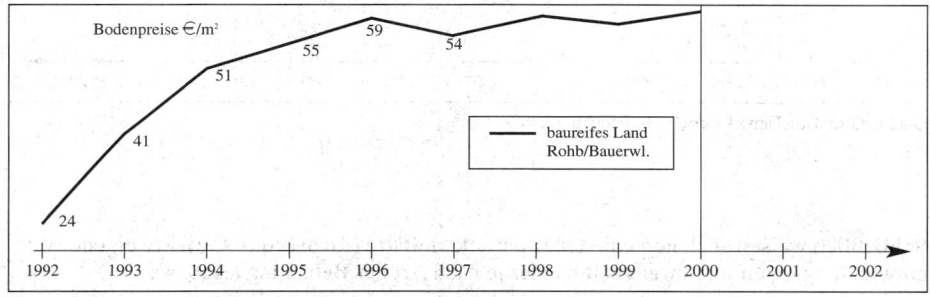

Quelle: Grundstücksmarktbericht Brandenburg 2000

Zwar können die **Märkte** als **korreliert** gelten, jedoch unterliegen sie unterschiedlichen   **23**
Konjunktureinflüssen und unterschiedlichen Rahmenbedingungen (Abb. 2):

Abb. 2: Bodenpreisindexreihen für die Bundesstadt Bonn am Rhein (1990 = 100)

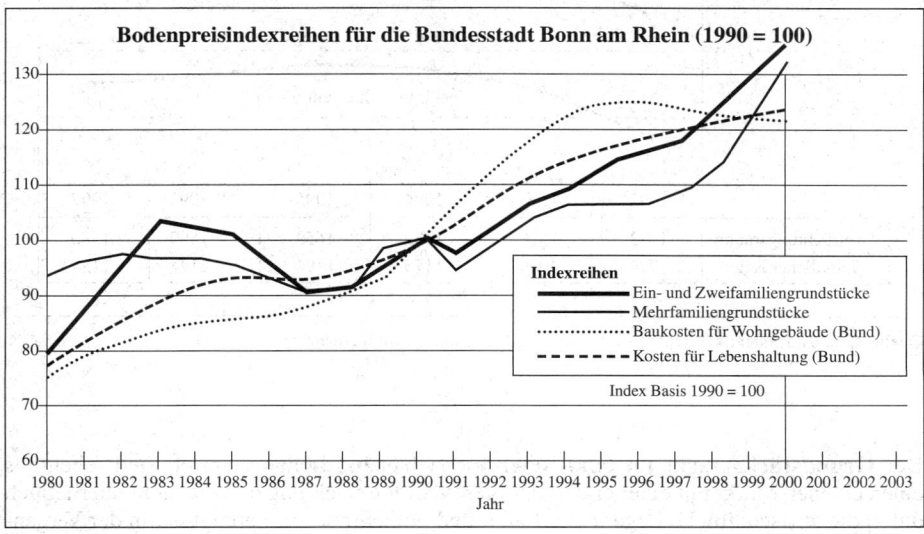

Quelle: Gutachterausschuss für Grundstückswerte

24　Das Gleiche gilt in besonderer Weise für den **Gewerbebaulandmarkt** und seine Entwicklung. Dieser Markt ist zudem sehr häufig durch direkte und indirekte Subventionen gekennzeichnet. Mitunter wird diesem Markt auch die Eigenschaft eines „echten" Marktes abgesprochen (Abb. 3):

Abb. 3: Bodenpreisentwicklung auf dem Gewerbebaulandmarkt

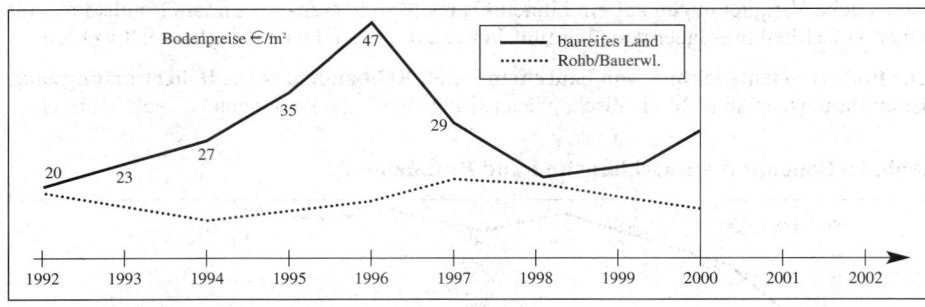

Quelle: Grundstücksmarktbericht Brandenburg 2000

25　Schließlich weisen auch noch die **Grundstücksmärkte für bebaute Objekte** eigene Wertentwicklungen auf und zwar auch wieder je nach Art der Bebauung (Abb. 4):

Abb. 4: Kaufpreisentwicklung für freistehende Ein- und Zweifamilienhäuser im RegBez Hannover

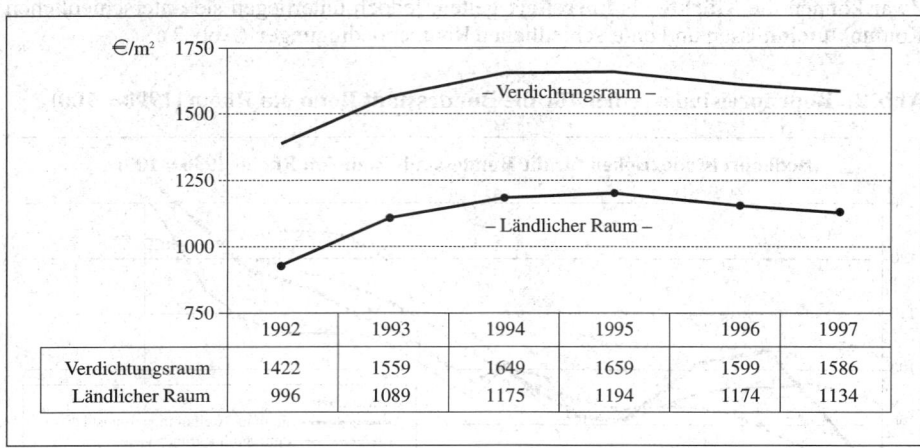

	1992	1993	1994	1995	1996	1997
Verdichtungsraum	1422	1559	1649	1659	1599	1586
Ländlicher Raum	996	1089	1175	1194	1174	1134

Quelle: Grundstücksmarktbericht 1997 für den RegBez Hannover (umgerechnet)

26　Der **Grundstücksmarkt im land- oder forstwirtschaftlichen Bereich** stellt ebenfalls einen eigenen Markt mit einer eigenständigen Marktentwicklung dar, die nicht unerheblich durch die wirtschaftliche Lage in der Land- und Forstwirtschaft geprägt ist. In der Vergangenheit war dieser Markt durch einen deutlichen Preisverfall gekennzeichnet (Abb. 5):

Abb. 5: Bodenpreisentwicklung für Ackerland in Niedersachsen

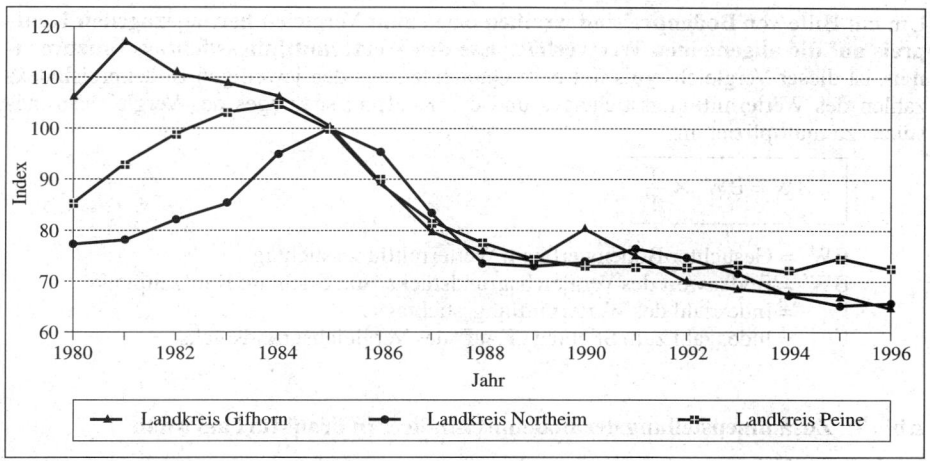

Quelle: Grundstücksmarktbericht für den RegBez

Abb. 6: Bodenpreisindexreihen für Ackerland in Düren

Ackerzahl	bis 70		71 bis 85		86 bis 100	
Jahr	Index	DM/m²	Index	DM/m²	Index	DM/m²
1972	80,0	2,8	80,0	2,8	80,0	2,8
1973	82,9	2,9	82,9	2,9	82,9	2,9
1974	85,7	3,0	85,7	3,0	85,7	3,0
1975	91,4	3,2	91,4	3,2	91,4	3,2
1976	100,0	3,5	100,0	3,5	100,0	3,5
1977	122,9	4,3	122,9	4,3	122,9	4,3
1978	157,1	5,5	157,1	5,5	157,1	5,5
1979	200,0	7,0	200,0	7,0	228,6	8,0
1980	228,6	8,0	248,6	8,7	268,6	9,4
1981	251,4	8,8	277,1	9,7	294,3	10,3
1982	260,0	9,1	291,4	10,2	300,0	10,5
1983	234,3	8,2	271,4	9,5	277,1	9,7
1984	214,3	7,5	237,1	8,3	251,4	8,8
1985	208,6	7,3	231,4	8,1	248,6	8,7
1986	177,1	6,2	200,0	7,0	228,6	8,0
1987	142,9	5,0	142,9	5,0	174,3	6,1
1988	148,6	5,2	154,3	5,4	165,7	5,8
1989	148,6	5,2	171,4	6,0	171,4	6,0
1990	171,4	6,0	202,9	7,4	202,9	7,4
1991	151,4	5,3	191,9	7,0	191,9	7,0
1992	151,4	5,3	191,9	7,0	191,9	7,0
1993	148,6	5,2	180,9	6,6	180,9	6,6
1994	148,6	5,2	180,9	6,6	180,9	6,6
1995	148,6	5,2	180,9	6,6	180,9	6,6
1996	148,6	5,2	180,9	6,6	180,9	6,6
1997	148,6	5,2	180,9	6,6	180,9	6,6
1998	162	5,7	197,2	7,2	197,2	7,2
1999						
2000						
2001						
2002						
2003						
2004						

Quelle: Gutachterausschuss für Grundstückswerte in der Stadt Düren, Marktbericht 1998

2.6   Anwendung

27   Um mit Hilfe von **Bodenpreisindexreihen** einen **zum Vergleich herangezogenen Kauf-preis auf die allgemeinen Wertverhältnisse des Wertermittlungsstichtags umzurech-nen,** ist dieser Vergleichspreis mit dem Quotienten aus den jeweiligen Bodenpreisindex-zahlen des Wertermittlungsstichtages und des Kaufpreisstichtages des Vergleichsgrund-stücks zu multiplizieren:

$$BW = BW' \times \frac{I}{I'}$$

BW = Gesuchter Bodenwert zum Wertermittlungsstichtag
BW' = Bodenwert des Vergleichsgrundstücks zum Stichtag; Kaufzeitpunkt
I   = Indexzahl des Wertermittlungsstichtags
I'   = Indexzahl zum Stichtag „Kauf" des Vergleichsgrundstücks

Abb. 7: Zusammenstellung der Bodenpreisindices in Frankfurt am Main

Jahr	Wohnen Sachwert-markt	Gewerbe	Büro-City Spitzenlage	Büro mittlere u. ein-fache Lage	Handel in Wohn- und Mischgebieten
1964	**100**	**100**	**100**	**100**	**100**
1966	126	82	91	239	*113*
1968	157	130	91	191	126
1970	166	168	182	237	139
1972	*202*	*197*	*273*	*261*	*173*
1974	238	226	364	285	206
1976	260	250	237	249	157
1978	295	246	350	280	157
1980	379	279	282	257	254
1982	433	300	409	335	324
1984	467	341	427	382	373
1986	552	363	427	407	392
1988	659	415	855	619	482
1990	920	477	2153	692	723
1992	1067	497	2678	889	1128
1994	1245	583	2419	948	1098
1996	1193	620	2029	970	1035
1997	–	–	–	–	–
1998	1189	722	1711	908	1060
1999	–	–	–	–	–
2000	1175	752	1883	923	947
2001					
2002					
2003					

Quelle: Gutachterausschuss für den Bereich Frankfurt am Main

Beispiel:

Es ist der Bodenwert für ein in der Frankfurter City gelegenes Bürogrundstück in Spitzenlage gesucht. **28**

Wertermittlungsstichtag	Juni 1996
Bodenwert des Vergleichsgrundstücks	20 000 €/m²
Verkaufsdatum des Vergleichsgrundstücks	Juni 1994
Indexzahl des Wertermittlungsstichtags	2029
des Verkaufsdatums (Vergleichsgrundstück)	2419

$$\text{Gesuchter Bodenwert:} \quad BW = 20\,000\ \text{€/m}^2 \times \frac{2029}{2419}$$

$$BW = \mathbf{16\,775\ \text{€/m}^2}$$

In der Praxis kann vielfach eine Interpolation bei der Heranziehung von Bodenpreisindexzahlen geboten sein, z.B. wenn **Wertermittlungsstichtag bzw. Verkaufsdatum des herangezogenen Vergleichsgrundstücks zeitlich am Jahresende** gelegen sind.

3 Ableitung anderer Indexreihen (Abs. 4)

Die Grundsätze der Absätze 2 und 3 sind nach Abs. 4 auch auf die Ableitung anderer **29** Indexreihen entsprechend anzuwenden. Die Vorschrift hebt dabei besonders **Indexreihen für die Preise von Eigentumswohnungen** hervor. Dabei muss insbesondere nach

– Erst- und Wiederverkäufen,   – Lagen und

– Baujahrsgruppen,   – Wohnungsgröße

unterschieden werden. Als „andere" Indexreihen kommen des Weiteren örtliche Baupreisindices, Mietpreisindices, Pachtpreisindices usw. in Betracht.

Die Preisentwicklung auf dem Grundstücksmarkt für **Eigentumswohnungen** weist eben- **30** falls eine eigenständige Entwicklung auf, wobei zudem noch zwischen den Marktsegmenten „Neuerstelltes Wohneigentum" und „In Wohnungseigentum umgewandelte Mietobjekte" und dann jeweils noch nach Erst- und Weiterverkauf unterschieden wird (Abb. 8):

Abb. 8: Wertentwicklung von Eigentumswohnungen in Stuttgart

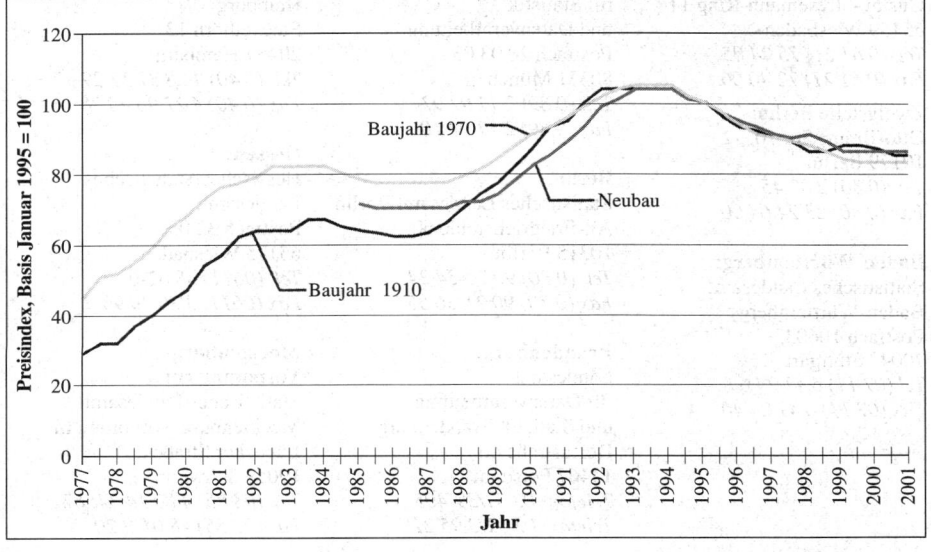

4 Kaufwertestatistiken

31 Ungeeignet für die Belange der Wertermittlung sind i. d. R. die **von den Statistischen Landesämtern bzw. vom Statistischen Bundesamt veröffentlichten durchschnittlichen Kaufpreise der verschiedenen Baulandkategorien** (Fachserie M „Preise, Löhne, Wirtschaftsrechnungen, Reihe 5 II, Baulandpreise" des Statistischen Bundesamtes Wiesbaden) und die daraus errechneten Kaufwerte. Diese Kauffälle, die nach dem Gesetz über die Preisstatistik von den Finanzämtern dem zuständigen Statistischen Landesamt mitgeteilt werden, stellen lediglich Durchschnittswerte dar, die sich in jedem Erhebungszeitraum aus anders gearteten Einzelfällen ergeben, d. h., der diesen Durchschnittswerten zu Grunde liegende **„Warenkorb" ist inkonstant.** Die Eigenschaften der gehandelten Grundstücke sind insbesondere im Hinblick auf deren Lage, Art und Maß der tatsächlichen und zulässigen Nutzung sowie der Beschaffenheit von den Zufälligkeiten des Marktes im jeweiligen Erhebungszeitraum abhängig. Eine Bereinigung der Kaufpreise, wie sie von den Gutachterausschüssen im Rahmen ihrer Auswertung vorgenommen wird, erfolgt bei den übermittelnden Finanzämtern nicht und kann von den Statistischen Ämtern auch nicht vorgenommen werden. In den Veröffentlichungen des Statistischen Bundesamtes wird deshalb ausdrücklich darauf hingewiesen, dass die Statistik mehr den Charakter einer Grundeigentumswechselstatistik als den einer echten Preisstatistik habe; prozentuale Kaufpreisveränderungen werden aus gleichem Grund gar nicht erst veröffentlicht.

32 Dies schließt die **Anwendung dieser Indexreihen** unter bestimmten Voraussetzungen nicht aus (vgl. § 14 WertV Rn. 274)[3].

▶ *Vgl. Tabellarischer Teil im Anh. 3.1 und 3.2*

33 Werden ausnahmsweise Indexreihen des Statistischen Amtes herangezogen (vgl. § 14 WertV Rn. 274), so ist denen der Statistischen Landesämter der Vorzug zu geben. Nachstehend sind deshalb die **Anschriften des Statistischen Bundesamtes und der Statistischen Landesämter** abgedruckt:

Statistisches Bundesamt:
Postfach 5528
Gustav-Stresemann-Ring 11
65189 Wiesbaden
Tel. (0 61 21) 75 24 05
Fax (0 61 21) 72 40 00

Zweigstelle Berlin:
Otto-Braun-Str. 70, 72
10179 Berlin
Tel. (0 30) 2 32 45
Fax (0 30) 23 24 64 00

Baden-Württemberg:
Statistisches Landesamt
Baden-Württemberg
Postfach 106033
70049 Stuttgart
Tel (07 11) 6 41 24 64
Fax (07 11) 6 41 24 40

Bayern:
Bayerisches Landesamt
für Statistik
und Datenverarbeitung
Postfach 20 03 03
80331 München
Tel. (0 89) 2 11 92 97
Fax (0 89) 2 11 94 10

Berlin:
Statistisches Landesamt Berlin
Alt-Friedrichsfelde 60
10315 Berlin
Tel. (0 30) 90 21-34 34
Fax (0 30) 90 21-36 55

Brandenburg:
Landesamt
für Datenverarbeitung
und Statistik Brandenburg
Dortustraße 46
14467 Potsdam
Telefon: 03 31/39-405
Telefax: 03 31/3 95 21

Hamburg:
Statistisches Landesamt
Hamburg
Steckelhörn 12
20457 Hamburg
Tel. (0 40) 4 28 31 17 29
Fax (0 40) 4 27 96 45 88

Hessen:
Hessisches Statistisches
Landesamt:
Postfach 32 05
65175 Wiesbaden
Tel. (0611) 38 02-0
Fax (0611) 3 80 29 90

Mecklenburg-Vorpommern:
Statistisches Landesamt
Mecklenburg-Vorpommern
Lübecker Straße 287
19059 Schwerin
Tel. (03 85) 4 80 14 34; 67
Fax (03 85) 48 01-2 20

Niedersachsen:
Niedersächsisches
Landesamt für Statistik
Geibelstraße 61 – 65
30173 Hannover
Tel. (05 11) 98 98-210
Fax (05 11) 9 89 82 10; 400

Nordrhein-Westfalen:
Landesamt
für Datenverarbeitung
und Statistik
Postfach 10 11 05
40002 Düsseldorf
Tel. (02 11) 94 49 25 21
Fax (02 11) 44 20 06

Rheinland-Pfalz:
Statistisches Landesamt
Rheinland-Pfalz
Mainzer Str. 14-16
56130 Bad Ems
Tel. (0 26 03) 7 10
Fax (0 26 03) 7 13 15

Saarland:
Statistisches Landesamt
Saarland
Postfach 10 30 44
66030 Saarbrücken
Tel. (06 81) 5 01 59 27
Fax (06 81) 5 01 59 21

Sachsen:
Statistisches Landesamt
des Freistaates Sachsen
Macherstraße 31
01917 Kamenz
Tel. (0 35 78) 33 19 10
Fax (0 35 78) 33 19 99

Sachsen-Anhalt:
Statistisches Landesamt
Sachsen-Anhalt
Merseburger Straße 2
06112 Halle/Saale
Tel. (03 45) 23 18-0
Fax (03 45) 2 31 89 01

Schleswig-Holstein:
Statistisches Landesamt
Schleswig-Holstein
Fröbelstraße 15–17
24113 Kiel
Tel. (04 31) 68 95-0
Fax (04 31) 6 89 54 98

Thüringen:
Thüringer Landesamt
für Statistik
Leipziger Straße 71
99085 Erfurt
Tel. (03 61) 3 78 46 42; 699
Fax (03 61) 6 65 66 99

---

3   BGH, Urt. vom 23. 6. 1983 – III ZR 39/82 –, EzGuG 20.102; hierzu Kleiber in Ernst/Zinkahn/Bielenberg, BauGB, Komm. zu § 9 WertV Rn. 5

§ 10 WertV
Umrechnungskoeffizienten

(1) Wertunterschiede von Grundstücken, die sich aus Abweichungen bestimmter wertbeeinflussender Merkmale sonst gleichartiger Grundstücke ergeben, insbesondere aus dem unterschiedlichen Maß der baulichen Nutzung, sollen mit Hilfe von Umrechnungskoeffizienten erfasst werden.

(2) ¹Umrechnungskoeffizienten werden auf der Grundlage einer ausreichenden Zahl geeigneter und ausgewerteter Kaufpreise für bestimmte Merkmale der Abweichungen abgeleitet. ²Kaufpreise von Grundstücken, die in mehreren wertbeeinflussenden Merkmalen voneinander abweichen oder von den allgemeinen Wertverhältnissen auf dem Grundstücksmarkt unterschiedlich beeinflusst worden sind, sind geeignet, wenn diese Einflüsse jeweils durch Zu- oder Abschläge oder durch andere geeignete Verfahren berücksichtigt werden können.

---

1   Ableitung von Umrechnungskoeffizienten

1   § 10 enthält im Unterschied zu § 11 keine Definition des Umrechnungskoeffizienten. Abs. 1 beschreibt lediglich, welchen Zwecken Umrechnungskoeffizienten dienen. Danach stellen **Umrechnungskoeffizienten** Faktoren dar, mit denen **Wertunterschiede gleichartiger Grundstücke erfasst werden, die in ihrem Zustand hinsichtlich eines bestimmten Zustandsmerkmals voneinander abweichen.** Sie **sollen** nach § 14 Satz 3 **zum interqualitativen Preisvergleich herangezogen werden**, so z.B., um Vergleichspreise von Grundstücken mit bestimmten Zustandsmerkmalen der Höhe nach auf solche zurückzuführen, die mit dem Zustandsmerkmal des zu wertenden Grundstücks übereinstimmen. In diesem Sinne dienen sie bei Anwendung des Vergleichswertverfahrens der Berücksichtigung von Abweichungen nach § 14.

Die Ableitung von Umrechnungskoeffizienten ist nach § 8 eine **Pflichtaufgabe des Gutachterausschusses für Grundstückswerte.** Die Ableitung von Umrechnungskoeffizienten beschränkt sich – soweit nicht auf andere Quellen zurückgegriffen wird – zumeist darauf, **Umrechnungskoeffizienten**

a) **zur Abhängigkeit des Bodenwerts**

   – vom Maß der baulichen Nutzung (vgl. § 14 WertV Rn. 46 ff.),

   – von der Grundstückstiefe (vgl. § 14 WertV Rn. 67, 100 ff.),

   – von der Grundstücksgröße (vgl. § 14 WertV Rn. 89 ff.),

   – vom Jahres(roh)ertrag (ggf. von der Erdgeschossmiete (§ 13 Rn. 394 ff.),

b) **zur Abhängigkeit des Quadratmeterwerts von Wohneigentum**

   – von der Wohnfläche (Vorbem. zu den §§ 13 f. WertV Rn. 104),

   – von der Ausstattung (Vorbem. zu den §§ 13 f. WertV Rn. 108),

   – vom Alter (Vorbem. zu den §§ 13 f. WertV Rn. 102 f.),

c) **zur Abhängigkeit der Mieten**
- von der Wohnungsgröße (§ 17 WertV Rn. 133),
- von der Ladengröße und -tiefe (§ 17 WertV Rn. 160)

abzuleiten (vgl. Rn. 8).

Neben der oftmals unzureichenden Personalausstattung der Gutachterausschüsse ist dies darin begründet, dass
- als „erforderliche" Umrechnungskoeffizienten nur solche abzuleiten sind, für die im Hinblick auf die anfallenden Aufgaben auch tatsächlich ein Bedarf besteht und
- eine Reihe von wertbeeinflussenden Zustandsmerkmalen, wie z. B. Lagefaktoren, rechnerisch nur schwerlich „in den Griff zu bekommen" sind, weil ihre qualitative Einordnung besonders anfällig für das subjektive Empfinden eines Gutachters ist und deshalb Erfahrung und Sachkunde gefordert sind.

Insbesondere in kleineren Städten und auf dem Land ist die Ableitung von Umrechnungskoeffizienten für solche wertbeeinflussenden Merkmale oftmals schon aus Gründen der unzureichenden personellen und sachlichen Ausstattung nicht möglich. Ersatzweise greift man auf die Veröffentlichungen benachbarter Gutachterausschüsse oder auf das Schrifttum zurück. Dabei ist allerdings zu fordern, dass zumindest vorher Plausibilitätskontrollen durchgeführt werden.

Nach § 14 Satz 3 „sollen" Umrechnungskoeffizienten zur Verkehrswertermittlung herangezogen werden. Dieser Verpflichtung kann allerdings nur insoweit nachgekommen werden, wie marktorientierte Umrechnungskoeffizienten abgeleitet wurden und zur Verfügung stehen. Entsprechende Anwendung sollen Umrechnungskoeffizienten darüber hinaus auch bei der Ermittlung von Bodenrichtwerten (§ 196 BauGB) und der Ableitung sonstiger erforderlicher Daten der Wertermittlung finden. Dies ergibt sich analog zu § 14 Satz 3 aus der Sollvorschrift des § 10 Abs. 1. **2**

Angewandt werden Umrechnungskoeffizienten vor allem bei Anwendung des Vergleichswertverfahrens, um Bodenpreise bzw. Bodenwerte von Vergleichsgrundstücken, die sich im **Maß der baulichen Nutzung (GFZ)** von dem des zu wertenden Grundstücks unterscheiden, auf dieses umzurechnen (vgl. Anl. 23 zu den WertR). § 10 Abs. 1 hebt diesen Anwendungsfall besonders hervor. Daneben werden in der Praxis Umrechnungskoeffizienten insbesondere ermittelt, um den Einfluss der Art der baulichen Nutzung und die Grundstücksgröße und -tiefe bei der Verkehrswertermittlung zu berücksichtigen[1]. **3**

§ 10 enthält keine Regelungen, nach welchen Verfahren Umrechnungskoeffizienten ermittelt werden. Abs. 2 der Vorschrift gibt lediglich den Hinweis, dass Umrechnungskoeffizienten auf der Grundlage **4**
- einer „ausreichenden Zahl" sowie
- „geeigneter und ausgewerteter"

Kaufpreise **für bestimmte Merkmale der Abweichungen** abgeleitet werden. Nach der in § 10 Abs. 1 vorgegebenen Zweckbestimmung der Umrechnungskoeffizienten lassen sie sich jedoch als Verhältniszahlen definieren, die sich aus dem Wertverhältnis gleichartiger Grundstücke ergeben, deren Zustand nur hinsichtlich eines wertbeeinflussenden Merkmals voneinander abweicht. Sofern sich die Abweichungen unterschiedlich ausprägen, d. h. ver-

---

1 Zum Einfluss der **Bauart:** Frenkler in Nachr. der nds. Kat.- und VermVw 1966, Heft 2; vgl. auch Kellermann in ZfV 1962, 343; zum Einfluss der **Grundstücksgröße:** Scharnhorst in Nachr. der nds. Kat.- und VermVw 1985, 273; zum Einfluß der **GFZ:** Böser/Schwanniger in AVN 1984, 412; Freise in VR 1976, 402; Hellemann/Hesse in AVN 1977, 165; Tiemann in VR 1976, 355; Udart in VR 1976, 291; Möckel in AVN 1977, 165; Biester in VR 1978, 124; Bauer in VR 1978, 138; Rüffel in Nachr. der rh.-pf. Kat.- und VermVw 1980, 26; Neisecke in AVN 1980, 468; Böser/Brill in AVN 1981, 349; Streich in VR 1981, 381; zur **GFZ** Jäger in GuG 1995, 348; Junge in GuG 1996, 27; Debus in GuG 2000, 279

schiedene Ausmaße annehmen können, wie z. B. das Maß der baulichen Nutzung in Gestalt der Geschossflächenzahl (GFZ), ergeben sich Umrechnungskoeffizienten jeweils in Zuordnung zu einem bestimmten Maß des wertbeeinflussenden Merkmals. § 10 Abs. 2 Satz 1, der die Ableitung von Umrechnungskoeffizienten für bestimmte „Merkmale" der Abweichungen vorschreibt, ist damit auf bestimmte Maße eines Zustandsmerkmals, wie z. B. auf das Maß der baulichen Nutzung, anzuwenden.

5   Als Voraussetzung für die Ableitung von Umrechnungskoeffizienten muss nach dem vorher Gesagten eine **ausreichende Zahl geeigneter und ausgewerteter Kaufpreise** vorliegen (§ 10 Abs. 2 Satz 1). Geeignet sind Kaufpreise, die die Lage auf dem Grundstücksmarkt in Bezug auf das jeweilige Zustandsmerkmal möglichst zutreffend repräsentieren. Weichen die Grundstücke, auf die sich die zur Ableitung herangezogenen Kaufpreise beziehen, nur hinsichtlich des wertbeeinflussenden Merkmals ab, der Gegenstand der Ableitung ist, und lassen sich in Zuordnung zu bestimmten Maßen der Abweichung, wie z. B. für bestimmte Geschossflächenzahlen, jeweils eine hinreichende Anzahl geeigneter Kaufpreise zu repräsentativen Durchschnittswerten zusammenfassen, so können Umrechnungskoeffizienten besonders einfach aus den Wertverhältnissen der verschiedenen „Grundstücksklassen" abgeleitet werden. Unterscheiden sich jedoch die Grundstücke, auf die sich die herangezogenen Kaufpreise beziehen, hinsichtlich mehrerer wertbeeinflussender Merkmale, so müssen die jeweiligen Einflüsse wie bei der Ableitung von Bodenpreisindexreihen berücksichtigt werden. Dies kann nach § 10 Abs. 2 Satz 2 durch angemessene Zu- oder Abschläge, aber auch durch Anwendung „anderer geeigneter" Verfahren, namentlich mathematisch-statistischer Methoden geschehen.

6   **Umrechnungskoeffizienten** können sich im Laufe der Zeit unter dem Einfluss sich wandelnder Marktverhältnisse (z. B. Verknappung von Grundstücken in Ein- bzw. Zweifamilienhausgebieten) einschließlich sich wandelnder Präferenzen der Beteiligten am Grundstücksmarkt (z. B. verstärkte Nachfrage nach Zweifamilienhausgrundstücken) ändern; sie **stellen** mithin **zeitabhängige Größen** dar. Bei der Ableitung von Umrechnungskoeffizienten ist dies ebenso wie bei ihrer Anwendung zu berücksichtigen.

2   Hinweise auf Beispiele

7   **Anl. 23** zu Nr. 6.1.4 **der WertR** enthält **Umrechnungskoeffizienten für das Wertverhältnis von gleichartigen Grundstücken bei unterschiedlicher baulicher Nutzung (GFZ : GFZ):**

Abb. 1: Umrechnungskoeffizienten GFZ : GFZ der WertR

Umrechnungskoeffizienten GFZ : GFZ nach WertR für das Verhältnis von gleichartigen Grundstücken bei unterschiedlich baulicher Nutzung (GFZ : GFZ)					
GFZ	Umrechnungskoeffizient	GFZ	Umrechnungskoeffizient	GFZ	Umrechnungskoeffizient
0,4	0,66	1,1	1,05	1,8	1,36
0,5	0,72	1,2	1,10	1,9	1,41
0,6	0,78	1,3	1,14	2,0	1,45
0,7	0,84	1,4	1,19	2,1	1,49
0,8	0,90	1,5	1,24	2,2	1,53
0,9	0,95	1,6	1,28	2,3	1,57
1,0	**1,00**	1,7	1,32	2,4	1,61

**Hinweis: Die angegebenen Umrechnungskoeffizienten beziehen sich auf erschließungs-
beitragsfreie (ebf) Grundstücke und sind aus Vergleichspreisen für Wohnbauland
abgeleitet worden.**

Zwischenwerte lassen sich durch Interpolieren berechnen.

*Ist der Bodenwert eines Grundstücks mit höherer GFZ als 2,4 zu ermitteln, so ist zu beach-
ten, dass der Wert im Verhältnis zur Nutzung in der Regel wesentlich unter der proportiona-
len Steigerung liegt.*

*Auf Grund örtlicher Verhältnisse können generell oder für einzelne Arten der zulässigen
baulichen Nutzbarkeit oder für bestimmte Bereiche der Geschossflächenzahlen abweichende Wertverhältnisse zutreffend sein.*

Beispiel:

*Vergleichspreis von 200 €/m² bei zulässiger Geschossflächenzahl (GFZ) 0,8 ist vorhanden.
Gesucht wird der Wert für ein gleichartiges Grundstück mit zulässiger GFZ 1,2.*

Umrechnungskoeffizient für GFZ 1,2 = 1,10

Umrechnungskoeffizient für GFZ 0,8 = 0,9

$$200 \ \text{€/m}^2 \times \frac{1,10}{0,9} = \textbf{\textit{rd. 244 €/m}}^2$$

Die **Umrechnungskoeffizienten der WertR können nur als Anhalt dienen,** wenn auf   **8**
Umrechnungskoeffizienten, die entsprechend den örtlichen Verhältnissen vom örtlichen
Gutachterausschuss für Grundstückswerte ermittelt worden sind, nicht zurückgegriffen
werden kann und auch aus vergleichbaren Gebieten keine marktorientierten Umrechnungskoeffizienten vorliegen.

▷ *Näheres zu Umrechnungskoeffizienten für das Verhältnis GFZ : GFZ bei § 14 WertV Rn. 25 ff.*

Weitere Beispiele:

**Abb. 2: Umrechnungskoeffizienten zur Abhängigkeit des Verkehrswerts freistehen-
der Ein- und Zweifamilienhäuser von der Wohnfläche in Wolfenbüttel (1995)**

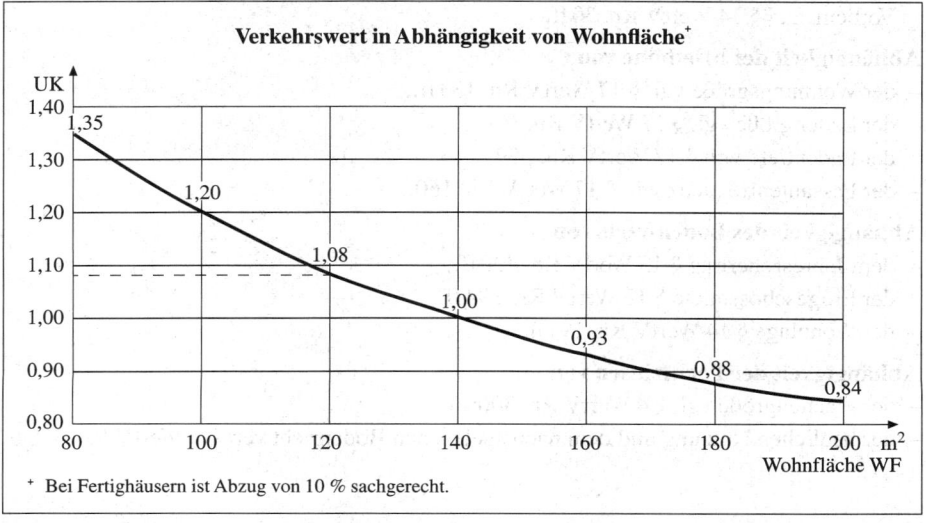

+ Bei Fertighäusern ist Abzug von 10 % sachgerecht.

Quelle: Gutachterausschuss für Grundstückswerte für den Bereich des Landkreises Wolfenbüttel, Grundstücks-
       marktbericht

9 **Weitere Beispiele zur Ableitung von Umrechnungskoeffizienten** werden im Sachzusammenhang behandelt. Zu den nachfolgenden verkehrswertbeeinflussenden Merkmalen
wurden von den verschiedensten Gutachterausschüssen Umrechnungskoeffizienten ermittelt.

Abhängigkeit des Verkehrswerts von

- der Ecklage bei Reihenhausgrundstücken vgl. § 14 WertV Rn. 265 ff.;
- der Lage auf dem Grundstücksmarkt (Marktanpassungszu- und -abschläge) bei Anwendung
  - des Vergleichswertverfahrens vgl. § 7 WertV Rn. 188;
  - des Ertragswertverfahrens vgl. § 7 WertV Rn. 193;
  - des Sachwertverfahrens vgl. § 7 WertV Rn. 196; § 25 WertV Rn. 48 ff.;
- den Lageverhältnissen vgl. § 14 WertV Rn. 188 ff.;
- der Grundstücksgröße vgl. § 14 WertV Rn. 96 ff.;
- der Grundstücksbreite und -tiefe vgl. § 14 WertV Rn. 111;
- der Frontbreite von Läden vgl. § 14 WertV Rn. 118;
- der Grundstückstiefe vgl. § 14 WertV Rn. 103 ff.;
- dem Maß der baulichen Nutzung (GFZ) vgl. § 14 WertV Rn. 52 ff.; § 10 WertV Rn. 6;
- der Bauweise vgl. § 14 WertV Rn. 66;
- den Verkehrsemissionen vgl. § 5 WertV Rn. 236 ff.;
- dem Wohnungsalter bei Eigentumswohnungen Vorbem. zu §§ 13 f. WertV Rn. 102;
- der Wohnfläche bei Eigentumswohnungen Vorbem. zu §§ 13 f. WertV Rn. 104;
- der Ausstattung bei Eigentumswohnungen vgl. Vorbem. zu §§ 13 f. WertV Rn. 108 ff.;
  § 14 WertV Rn. 30;
- der Geschosszahl bei Eigentumswohnungen vgl. Vorbem. zu §§ 13 f. WertV Rn. 106 f.;
- der Wohnlage bebauter Einfamilienhausgrundstücke bezogen auf den Bodenwertanteil
  vgl. Vorbem. zu §§ 13 f. WertV Rn. 107;
- der Wohnlage bezogen auf den Gesamtwert vgl. Vorbem. zu §§ 13 f. WertV Rn.107 f.;
  § 13 WertV Rn. 192;
- der Grundstücksfläche, Lage, Ausstattung und Wohnfläche bei Doppelhaushälften:
  Vorbem. zu §§ 14 WertV Rn. 30 ff.

Abhängigkeit der Miethöhe von

- der Wohnungsgröße vgl. § 17 WertV Rn. 133 ff.;
- der Ladengröße vgl. § 17 WertV Rn. 159;
- der Ladentiefe vgl. § 17 WertV Rn. 159;
- der Passantenfrequenz vgl. § 17 WertV Rn. 160.

Abhängigkeit des Bodenwerts von

- dem Jahresrohertrag § 13 WertV Rn. 400 ff.;
- der Erdgeschossmiete § 13 WertV Rn. 394 ff.;
- der Wohnlage § 14 WertV Rn. 191 ff.

Abhängigkeit der Pachtzinsen von

- der Flächengröße vgl. § 4 WertV Rn. 306;
- der baulichen Nutzung und dem nächstgelegenen Bodenrichtwert § 4 WertV Rn. 355 ff.

§ 11 WertV
Liegenschaftszinssatz

(1) Der Liegenschaftszinssatz ist der Zinssatz, mit dem der Verkehrswert von Liegenschaften im Durchschnitt marktüblich verzinst wird.

(2) Der Liegenschaftszinssatz ist auf der Grundlage geeigneter Kaufpreise und der ihnen entsprechenden Reinerträge für gleichartig bebaute und genutzte Grundstücke unter Berücksichtigung der Restnutzungsdauer der Gebäude nach den Grundsätzen des Ertragswertverfahrens (§§ 15 bis 20) zu ermitteln.

---

1   Allgemeines

Der Liegenschaftszinssatz ist von zentraler Bedeutung für die Verkehrswertermittlung bei Anwendung des Ertragswertverfahrens nach den §§ 15 ff. Bei Anwendung dieses Verfahrens bestimmt sich der Ertragswert als der auf den Wertermittlungsstichtag bezogene Barwert aller nachhaltigen Reinerträge. Dieser Barwert wird wiederum durch Kapitalisierung des nachhaltigen Jahresreinertrags über die Restnutzungsdauer ermittelt. Dazu wird der in der Anlage zur WertV tabellierte **Vervielfältiger V** (Barwertfaktor) herangezogen, **der von der Restnutzungsdauer n und dem Liegenschaftszinssatz p abhängig** ist.

$$V = f\,(p, n)$$

Der Liegenschaftszinssatz wird mit Abs. 1 definiert als der Zinssatz, mit dem der **Verkehrswert von Liegenschaften im Durchschnitt** marktüblich **verzinst wird.** Wie noch im Einzelnen ausgeführt, wird mit einem sachgerecht ermittelten und zur Anwendung kommenden Liegenschaftszinssatz die vom Grundstücksmarkt zu erwartende **Entwicklung der Immobilie in ihren allgemeinen Ertrags- und Wertverhältnissen** nach objektiver (und nicht nach subjektiver) Einschätzung bei der Verkehrswertermittlung berücksichtigt. Das Ertragswertverfahren nach den §§ 15 ff. WertV ist von daher eine **dynamische Wertermittlungsmethode** *(Growth implicit method).*

1

2   Gleichzeitig kommt dem Liegenschaftszinssatz die **Funktion**

– eines *Marktanpassungsfaktors* im Rahmen der Ertragswertermittlung und

– eines *Korrekturfaktors* hinsichtlich etwaiger Mängel des der Ertragswertermittlung zu Grunde liegenden Ertragswertermittlungsmodells und seiner Generalisierung

zu. Darüber hinaus ist der Liegenschaftszinssatz eine wichtige die **Rentierlichkeit einer Immobilieninvestition** beschreibende Maßzahl.

3   § 11 Abs. 1 definiert den **Liegenschaftszinssatz** – wie vorstehend bereits angesprochen – als den **„Zinssatz, mit dem der Verkehrswert von Liegenschaften im Durchschnitt marktüblich verzinst wird".** Mit dieser schlichten Definition wird der Liegenschaftszinssatz gleichwohl eindeutig als der **Zinssatz** definiert, **mit dem sich das im Verkehrswert gebundene Kapital verzinst, wobei** – anders als bei Geldanlagen – sich **die Verzinsung** nicht nach einem vereinbarten Zinssatz, sondern **nach der aus der Liegenschaft marktüblicherweise erzielbaren Rendite** im Verhältnis zu dem Verkehrswert der Liegenschaft bemisst. Dafür bedarf es eingehender Untersuchungen über die Erträge von Liegenschaften, um zu solchen Liegenschaft*zinssätzen* zu kommen.

4   Als **Maßzahl der Rentierlichkeit von Immobilieninvestitionsentscheidungen** ist der Liegenschaftszinssatz allerdings nicht unmittelbar aussagekräftig. Dies ist darauf zurückzuführen, dass der Liegenschaftszinssatz zwar – wie noch näher ausgeführt wird – auf der Grundlage eines Reinertrags abgeleitet wird. Tatsächlich jedoch wird im praktischen Vollzug ein „Reinertrag" der Liegenschaftszinssatzableitung zu Grunde gelegt, der auch die Erneuerungsrücklage (Abschreibung) umfasst und der Begriff des „Reinertrags" insoweit trügerisch ist.

5   ▶ *Näheres hierzu bei § 18 WertV Rn. 39 ff.*

6   Im Übrigen sei vorab auf die wichtige Erkenntnis hingewiesen, dass eine **Verminderung des Liegenschaftszinssatzes zu einer Erhöhung des Ertragswerts führt und umgekehrt.** Dies lässt sich am Beispiel eines Wertpapiers erläutern, das einen bestimmten Renditebetrag abwirft und ansonsten Kursschwankungen unterworfen ist. Je höher der Kurswert des Wertpapiers ist, desto kleiner ist die in Prozentpunkten sich ergebende Rendite (vgl. Vorbem. zu den §§ 15 ff. WertV Rn. 147).

Beispiel:

a) **Wertermittlungsobjekt**
   – Jahresreinertrag RE   =   50 000 €
   – Bodenwert BW   = 200 000 €
   – Restnutzungsdauer RND =   75 Jahre

b) **Ermittlung des Ertragswerts** $EW = (RE - p \times BW) \times V + BW$

bei Liegenschaftszinssatz **p = 3,5 %**			bei Liegenschaftszinssatz **p = 4,0 %**		
RE	=	50 000 €	RE	=	50 000 €
./. p × BW	=	7 000 €	./. p × BW	=	8 000 €
= Gebäudeanteil	=	43 000 €	= Gebäudeanteil	=	42 000 €
× V (= **26,41**)	=	1 135 630 €	× V (= **23,68**)	=	994 560 €
+ BW	=	200 000 €	+ BW	=	200 000 €
= **Ertragswert**	=	**1 335 630 €**	= **Ertragswert**	=	**1 194 560 €**

                ↑———————— Δ = 141 070 € ————————↑
                             ≙ **rd. 10 %**

c) **Ermittlung des Ertragswerts** EW bei Restnutzungsdauer RND von 100 Jahren

Ertragswert	=	1 389 380 €	Ertragswert	=	1 229 000 €

                ↑———————— Δ = 160 380 € ————————↑
                             ≙ **rd. 11, 5 %**

Das vorstehende Beispiel zeigt, dass **Unterschiede im Liegenschaftszinssatz in Höhe der** **7**
Tafelgenauigkeit der Vervielfältigertabelle (von 0,5 %) **bei sehr langer Restnutzungs-**
dauer den Ertragswert um rd. 10 % verfälschen können!

Die Höhe des Ertragswerts ist als Barwert aller künftigen nachhaltigen Erträge **insbeson-** **8**
dere bei langer Restnutzungsdauer in extrem sensibler Weise **von der Höhe des Liegen-**
schaftszinssatzes abhängig.

Im Rahmen der Verkehrswertermittlung ist eine **Genauigkeit** des zum Ansatz gelangenden **9**
Liegenschaftszinssatzes **von einem halben Prozentpunkt** anzustreben. Dies ist darin
begründet, dass ein halber Prozentpunkt zu Abweichungen von 10 % im Ergebnis der
Ertragswertermittlung führt.

2 Anwendungsbereich

Wie vorstehend dargelegt, finden Liegenschaftszinssätze bei der **Verkehrswertermittlung** **10**
bebauter Grundstücke im Wege des Ertragswertverfahrens Anwendung. In der Praxis
werden Liegenschaftszinssätze auch nur für bebaute Grundstücke abgeleitet und dürfen im
strengen Sinne auch nur auf die Ertragswertermittlung solcher Grundstücke zur Anwendung kommen.

Nach dem Wortlaut des Abs. 1 ist der **Begriff des Liegenschaftszinssatzes aber nicht auf** **11**
bebaute Grundstücke beschränkt. Tatsächlich ist der Begriff allerdings (zumindest bislang) einseitig mit der Ableitung von Liegenschaftszinssätzen für bebaute Grundstücke
belegt. Dies ist in erster Linie darauf zurückzuführen, dass der Liegenschaftszinssatz im
Rahmen der Ableitung des Ertragswerts (für bebaute Grundstücke) erforderlich wird. Zum
anderen ist die Ableitung von Liegenschaftszinssätzen für bebaute Grundstücke noch verhältnismäßig einfach, weil der Liegenschaftszinssatz mit der hier fließenden Rendite
(Reinertrag) „markiert" wird. Demgegenüber lässt sich die Rendite z. B. für eine ungenutzte Bauerwartungslandfläche, die ja auch eine Liegenschaft ist, nicht – zumindest nicht
unmittelbar – „ablesen".

Da für **unbebaute Grundstücke** bislang keine Liegenschaftszinssätze abgeleitet wurden, **12**
hat dies zu der eigentlich abzulehnenden Praxis geführt, die für bebaute Grundstücke abgeleiteten Liegenschaftszinssätze über ihre eigentliche Bedeutung hinaus weitgehend universell z. B. auch als allgemeinen Diskontierungszinssatz heranzuziehen. Dies mag im
Rahmen des Liquidationswertverfahrens als eine besondere Ausprägung des Ertragswertverfahrens mit einem einheitlichen Zinssatz für die Ermittlung des Bodenwertverzinsungsbetrags und die Kapitalisierung des Gebäudereinertrags (§ 16 Abs. 2 Satz 2 WertV) noch
angehen. Bei sonstigen Anwendungsfällen muss indessen wohl überlegt sein, ob überhaupt
der Liegenschaftszinssatz geeignet ist. Grundsätzlich darf nämlich ein **für bestimmte**
Grundstücksarten abgeleiteter Liegenschaftszinssatz auch **nur in systemimmanenter**
Weise für solche Liegenschaften und in der Weise zur Anwendung kommen, wie dies
seiner Ableitung zu Grunde lag (Grundsatz der modellkonformitären Anwendung,
Rn. 90 f.).

▶ *Zu diesen Fragen vgl. § 13 Rn. 294 ff.*

In der Praxis findet der Liegenschaftszinssatz, wenn man von dem mit dem Residualwert- **13**
verfahren eng verwandten Investitionsrechnungen, der Unternehmensbewertung oder der
Beleihungswertermittlung absieht, schon mangels eines empirisch abgeleiteten und zur
Verfügung stehenden Diskontierungszinssatzes auch bei der Ableitung warteständigen
Baulands aus Vergleichspreisen für baureifes Land breite Anwendung. Soweit die mit Hilfe

von Liegenschaftszinssätzen abgeleiteten **Verkehrswerte für warteständiges Bauland** üblicherweise auch zu entsprechenden Kaufabschlüssen führen, können die Liegenschaftszinssätze auch als marktorientierte Diskontierungszinssätze gelten. Sie entsprechen dann insoweit – ob richtig oder falsch – den Preismechanismen des gewöhnlichen Geschäftsverkehrs.

14 Diese Praxis lässt sich auch durchaus mit einer Reihe von **Verwandtschaften** begründen, die **zwischen dem Liegenschafts- und Diskontierungszinssatz** bestehen:

a) Der klassische Liegenschaftszinssatz i. S. d. § 11 ist ein Mischzinssatz der sich sowohl auf die Kapitalisierung der Bebauung als auch auf die Verzinsung des reinen Bodenwerts bezieht (Bodenwertverzinsungsbetrag vgl. § 16 WertV).

b) Wie bei Investitionen in bebaute Grundstücke, bei denen der Grundstücksmarkt erwiesenermaßen nicht von einer bankenüblichen Verzinsung des investierten Kapitals ausgeht, ist auch bei Investitionen in warteständiges Bauland keineswegs zwangsläufig davon auszugehen, dass eine bankenübliche Verzinsung des investierten Kapitals erwartet wird. In beiden Fällen handelt es sich vielmehr um eine langfristig angelegte Investition, bei der der Investor einerseits mit der Investition in ein Sachgut auch eine geringere Verzinsung in Kauf nimmt und andererseits – komplementär zum Kapitaleinsatz – lang- und auch mittelfristig mit einer Wertentwickung rechnet, die gegebenenfalls um die Inflation zu bereinigen ist. Etwas anderes mag bei hoch spekulativen Baulandentwicklungen gelten, bei denen ein Investor auf sich allein gestellt ist und nicht mit der Unterstützung der öffentlichen Hand rechnen kann.

c) Erwartungen hinsichtlich der künftigen Wertentwicklungen beschränken sich bei alldem nicht auf die Wartezeit des warteständigen Baulands, sondern können bereits auch die Wertentwicklung der sich anschließenden Baulandqualität mit einschließen.

d) Neben den erwarteten **Mietwertsteigerungen und Wertzuwächsen** der Immobilien wird der Liegenschaftszinssatz auch von den steuerlichen und sonstigen immobilienbezogenen Vorteilen „mitbestimmt"; auch solche steuerliche Förderungen tragen dazu bei, dass Liegenschaftszinssätze gegenüber bankenüblichen Zinssätzen niedriger ausfallen (Abschreibungsmodelle). Das Gleiche muss grundsätzlich gelten, wenn von bankenüblichen Zinsen ausgegangen wird, wobei neben **indirekten Subventionen** auch entsprechende objektspezifische **direkte Subventionen,** mit denen die Gemeinde oder ein Investor bei der Entwicklung neuer Baugebiete rechnen kann, einbezogen werden müssen (Urban, GRW-, KfW- Mittel und vieles mehr).

15 Der „bloße" **Rückgriff auf aktuelle bankenübliche Zinsen** ohne Berücksichtigung der sonstigen Parameter **würde** mit der Änderung des bankenüblichen Zinses **zu erheblichen „Preissprüngen"** bei der Wertermittlung **führen,** die sich nicht in der tatsächlichen Wertentwicklung auf dem Grundstücksmarkt widerspiegeln. Ein Vergleich der Wert- und Hypothekenzinsen über längere Zeiträume macht deutlich, dass sich z. B. Bauerwartungslandpreise in den 90er Jahren bei 9,7 % Hypothekenzinsen nicht einschneidend vermindert haben (vgl. Abb. 7 bei Rn. 32 f.).

16 Bei alledem ist festzustellen, dass der bloße **Rückgriff auf bankenübliche Zinssätze,** um den Wert warteständigen Baulands aus dem Verkehrswert für baureifes Land abzuleiten, von dem Geschehen auf dem Grundstücksmarkt widerlegt wird. Auf der Grundlage von Marktbeobachtungen kann nämlich festgestellt werden, dass z. B. die Wertentwicklung von Bauerwartungsland verhältnismäßig stetig auch in den Phasen verlaufen ist, in denen die bankenüblichen Zinsen erhebliche Sprünge verzeichnen mussten (Abb. 10 bei Rn. 47).

17 Der Liegenschaftszinssatz findet in der Verkehrswertermittlung auch bei der Kapitalisierung bzw. Diskontierung von Erträgen Anwendung, die sich am Ertragswert und an der Ertragswerterhöhung orientieren, nicht dagegen bei der Kapitalisierung von Leibrenten (üblicherweise 5,5 % monatlich vorschüssig), bei **reinertragsorientierten Nießbrauch-rechten und rohertragsorientierten Wohnrechten,** wo sich der Zins (üblicherweise jähr-lich nachschüssig) für

– den Berechtigten am Leibrentenzins (vgl. § 6 WertV Rn. 36 ff.) und
– den Belasteten am Liegenschaftszinssatz stärker orientiert[1].

Darüber hinaus kann der **Liegenschaftszinssatz** auch **als ein Korrekturfaktor für** ver-bleibende, auf dem jeweiligen Grundstücksmarkt die Preisbildung beeinflussende, jedoch **nicht explizit erfasste bzw. erfassbare Werteinflüsse angesehen werden.**   **18**

3   Allgemeines zum maßgeblichen Liegenschaftszinssatz

Die Höhe des Liegenschaftszinssatzes ist zunächst **von der Grundstücksart** (Wohn-,   **19** Gewerbeimmobilie usw.), den sich mit der Zeit wandelnden immobilienwirtschaftlichen Rahmenbedingungen, aber auch von der Lage und Beschaffenheit der Liegenschaft **abhängig.** Von daher gibt es keinen für eine bestimmte Grundstücksart „festen" Liegen-schaftszinssatz. Es handelt sich somit um eine „dynamische", sich mit der Zeit – wenn auch erfahrungsgemäß „undramatisch" – ändernde Größe.

Eine sehr anschauliche **Übersicht** über das typische **nach Objektarten** gegliederte Lie-   **20** genschaftszinssatzgefüge bietet die Abb. 1 der mittleren Liegenschaftszinssätze im *Kreis Gütersloh.*

Abb. 1: Mittlere Liegenschaftszinssätze im Kreis Gütersloh (1997)

	0%	0,5%	1%	1,5%	2%	2,5%	3%	3,5%	4%	4,5%	5%	5,5%	6%	6,5%	7%	7,5%	8%
Wohnen			Villa, großes EFH														
				Freist. EFH													
					große DHH,RH												
						kleines Reihenhaus											
						Eigentumswohnung											
						EFH mit ELW, 2-FH											
							Drei- bis Mehrfamilienhaus										
Gemischt									Wohnen + Gewerbe < 50%								
										Wohnen + Gewerbe > 50%							
Gewerbe												Reine Geschäftsobjekte					
													Gewerbe- und Industrieobjekte				

Die Einordnung innerhalb der Bandbreiten ist unter Berücksichtigung der nachfolgenden Anmerkungen (Zu- oder Abschläge) vorzu-nehmen.

Quelle: Kaup in GuG 1997, 303

---

[1] Peterson in RDM Info 1993/2

21   Die Höhe des Liegenschaftszinssatzes konnte im Hinblick auf die Notwendigkeit der Marktkonformität des zum Ansatz kommenden Liegenschaftszinssatzes weder im BauGB noch in einer WertV festgelegt werden. Die Erfahrungen haben jedoch gezeigt, dass Liegenschaftszinssätze auf Grund freier Schätzungen immer wieder zu Fehlern bei der Ermittlung des Verkehrswerts nach dem Ertragswertverfahren geführt haben. Auch die **in der WertR angegebenen Liegenschaftszinssätze können deshalb nur als Anhalt dienen,** wenn keine marktorientierten Liegenschaftszinssätze festgestellt worden sind. Hilfsweise werden unter **Nr. 3.5.5 der WertR** *als Anhalt* folgende Liegenschaftszinssätze angegeben (Abb. 2):

Abb. 2: Tabelle der Regelliegenschaftszinssätze nach Nr. 3.5.5 sowie Anl. 4 der WertR

Tabelle der Regelliegenschaftszinssätze nach Nr. 3.5.5 sowie Anl. 4 WertR	
Objekt	
Mietwohngrundstücke	5,0 v. H.
Gemischt genutzte Grundstücke	
a) mit weniger als 50 v. H. gewerblichem Mietanteil	5,5 v. H.
b) mit mehr als 50 v. H. gewerblichem Mietanteil	6,0 v. H.
Geschäftsgrundstücke (WertR)	6,5 v. H. – 8,0 v. H.

© W. Kleiber 02

22   Die **nachfolgenden Liegenschaftszinssätze werden empfohlen** (Abb. 3):

Abb. 3: Vorschlag für anzuwendende Liegenschaftszinssätze

Grundstücksart	Liegenschaftszinssatz	
Vorschlag für anzuwendende Liegenschaftszinssätze		
	in ländlichen Gemeinden	in den übrigen Gemeinden
Wohngrundstücke		
Einfamilienhausgrundstücke	2,5 bis 3,5 %	2,0 bis 3,0 %
Zweifamilienhausgrundstücke	3,5 bis 4,0 %	3,5 %
Mietwohngrundstücke	4,5 bis 6,0 %	4,0 bis 5,0 %
Eigentumswohnungen		3,5 %
Gemischt-genutzte Grundstücke		
Gemischt-genutzte Grundstücke mit einem gewerblichen Anteil der Jahresnettokaltmiete bis zu 50 %	5,0 %	4,5 %
Gemischt-genutzte Grundstücke mit einem gewerblichen Anteil der Jahresnettokaltmiete über 50 %	5,5 %	5,0 %

Vorschlag für anzuwendende Liegenschaftszinssätze		
Grundstücksart	Liegenschaftszinssatz	
	in ländlichen Gemeinden	in den übrigen Gemeinden
Gewerbliche Grundstücke		
Büro- und Geschäftshäuser		6,0 bis 7,0 %
Selbstbedienungs- und Fachmärkte, Verbrauchermärkte, Einkaufszentren		6,5 bis 7,5 %
Warenhäuser		6,5 bis 7,5 %
Hotels und Gaststätten		6,5 bis 7,5 %
Tennishallen und Freizeiteinrichtungen		6,0 bis 8,5 %
Sozialimmobilien (z. B. Kliniken und Altenpflegeheime)		6,0 bis 8,5 %
Parkhäuser, Sammelgaragen, Tankstellen		6,0 bis 8,5 %
Lagerhallen (Speditionsbetriebe)		6,0 bis 8,0 %
Fabrikationshallen		6,5 bis 8,0 %
Fabriken und ähnliche speziellere Produktionsstätten		7,5 bis 9,0 %

© W. Kleiber 02

Vorrang vor derartigen Literaturempfehlungen **haben grundsätzlich die vom örtlichen Gutachterausschuss für Grundstückswerte** nach § 8 i.V. m. § 11 WertV **abgeleiteten Liegenschaftszinssätze** (Abb. 4). Sie können den jeweiligen Grundstücksmarktberichten oder sonstigen Bekanntmachungen entnommen werden. Sie sind jedoch entsprechend den Verhältnissen des Einzelfalls zu modifizieren (vgl. Rn. 25 ff.).   **23**

Liegen für **gemischt genutzte Grundstücke** keine empirisch vom Gutachterausschuss für Grundstückswerte abgeleiteten Liegenschaftszinssätze vor, so kann für derartige Objekte ein Liegenschaftszinssatz im Wege der Interpolation aus den Liegenschaftszinssätzen für Mietwohngrundstücke und gewerblichen Grundstücken nach Maßgabe des Verhältnisses der jeweiligen Anteile an der Jahresnettokaltmiete abgeleitet werden.   **24**

Wird auf empirisch abgeleitete Liegenschaftszinssätze zurückgegriffen, sind die Besonderheiten des Wertermittlungsobjektes zu berücksichtigen. Dabei können folgende **Grundsätze** Anwendung finden: **25**

– Der Liegenschaftszinssatz ist um 0,5 bis 1,0 Prozentpunkte zu vermindern, wenn die **Lage des Objektes besonders gut** ist und seine Nutzung ein besonders geringes wirtschaftliches Risiko aufweist; umgekehrt ist der Liegenschaftszinssatz um 0,5 bis 1,0 Prozentpunkte zu erhöhen, wenn das Objekt in besonders schlechter Lage gelegen ist und ein erhöhtes wirtschaftliches Risiko aufweist.

– **Ländliche Belegenheitsgebiete** weisen gegenüber Städten und Ballungszentren höhere Liegenschaftszinssätze auf.

– Der Liegenschaftszinssatz wächst mit zunehmender Restnutzungsdauer des Wertermittlungsobjekts.

Kaup (GuG 1997, 303) hat die nachfolgend abgedruckten Zu- und Abschläge von den ermittelten Liegenschaftszinssätzen angegeben (Abb. 5).   **26**

Abb. 4: Zusammenstellung von Liegenschaftszinssätzen in ausgewählten Städten (2000) und in der WertR

Stadt/Kreis	Ein-/Zweifamilienhäuser	Dreifamilienhäuser	Eigentumswohnung RND >60 Jahre	Eigentumswohnung Umgewandelt	Kleine Einheit	Mehrfam. bis 1949	Mehrfam. 1950 bis 1974	Mehrfam. 1975 bis heute	Öffentlich gefördert	Appartements frei	Appartements mit Nutzungsbeschränkung (Studenten)	Gemischt Wohnanteil >50%	Gemischt Wohnanteil <50%	Geschäft City-Lage	Geschäft Nicht-City-Lage	Rein gewerblich/industrielle Grundstücke	Fabriken
WertR 96	–	–	–	–	–	–	5,0	–	–	–	–	5,5	6,0	6,5	6,5	–	–
Aurich	2,5-4,5	–	4,0	–	–	–	4,5-5,5	–	–	–	–	–	–	–	–	–	–
Bergisch-Gladbach	3,5	4,5	4,0	–	–	–	5,5	–	–	–	–	5,75-6,00	–	–	6,5	6,50-7,00	–
Berlin	Hierzu siehe GuG 2000, 221 sowie Rn. 96																
Bonn	3,0-3,75	–	3,75-4,5	–	–	4,5	5,25	–	–	–	–	5,5	5,75	6,0	–	–	–
Braunschweig	–	–	–	–	–	4,3	5,4	–	–	–	–	–	–	–	–	6,8	–
Brandenburg: Oberhavel	2,0-3,5	–	–	–	–	–	3,5-5,0	–	–	–	–	3,5-5,0	5,0-7,0	6,0-8,0	–	–	–
Oder-Spree	2,2-4,6	–	–	–	–	–	–	–	–	–	–	–	–	–	–	–	–
Frankfurt/Oder	3,5	–	–	–	–	–	4,5	–	–	–	–	5,5	5,5	6,0	6,75	6,75	–
LK Celle	–	–	–	–	–	–	5,5	–	–	–	–	6,0	–	–	–	–	–
LK Cloppenburg	–	–	–	–	–	–	5,0-5,5	–	–	–	–	5,5-6,5	–	–	–	–	–
Darmstadt	–	–	–	–	–	4,0 (vor 1925) 3,75 (nach 1925)	–	–	–	–	–	6,0	5,5	–	7,75	–	–
LK Delmenhorst	–	–	–	–	–	–	4,5-6,5	–	–	–	–	6,0	5,5	–	–	–	–
Dortmund	–	–	–	–	4,9	–	–	–	5,0	–	–	–	–	–	–	–	–
Dresden	2,5-3,5	–	2,0-4,0	–	–	–	3,0-4,5	–	–	–	–	4,0-5,5	4,0-5,5	5,0-6,5	5,0-6,5	6,0-7,5	–
Düren	2,2-5,4	3,0-3,5	2,7-5,1	–	–	–	3,9-6,5	–	–	–	–	5,4-6,3	–	–	–	–	–
Düsseldorf	3,0*	–	4,0	4,0	–	5,0	–	5,0	6,0	–	–	5,0-6,0	–	4,5-6,0	–	6,0-7,5	–
Emden	2,5-4,5	–	–	–	–	–	4,5-5,5	–	–	–	–	–	–	–	–	–	–
LK Emsland	–	–	–	–	–	–	3,0-5,5 (zentral 6,0-6,5)	–	–	–	–	–	–	7,0-7,5	5,0-5,5	–	–
LK Ennepe-Ruhr	1,5-3,75	1,25-4,0	2,25-4,0	–	4,2-5,0	3,7-5,5	4,25-5,5	–	–	4,2-5,0	–	4,25-5,5	6,5-8,0	–	5,0-7,5	6,00-8,50	–
Essen	–	3,0-4,0	–	–	–	4,0-5,0	5,0-6,0	5,5-6,5	–	–	–	5,5-6,5	–	5,0-6,0	5,0-7,5	–	–
Frankfurt/Main	3,5	–	2,2-7,5	–	–	–	4,4-6,0	–	–	–	–	3,4-6,9	–	2,4-7,4	–	–	–
LK Gifhorn	1,0-2,5	–	–	–	–	–	4,3-5,0	–	–	–	–	–	–	–	–	–	–
LK Gütersloh	2,5-4,0	2,5-4,0	3,0-4,5	–	4,2-5,0	–	3,5-6,0	–	–	–	–	4,5-6,0	5,0-6,5	5,5-7,5	5,5-7,5	6,0-8,5	–
Hannover	–	–	4,7	–	–	–	5,3	–	–	–	–	–	–	–	–	–	–
LK Harburg	–	4,25	3,5	–	–	–	5,0	–	–	–	–	6,0	–	6,0	–	–	–
Herten	3,0-3,5	–	–	–	–	–	5,0	–	–	–	–	6,0	–	–	6,75	–	–
LK Hildesheim	–	–	–	–	–	–	5,2	–	–	–	–	–	–	–	–	–	–
Iserlohn	3,0-3,5	–	3,5	3,5	–	–	4,0-5,0	–	–	–	–	6,0	–	–	–	–	–
Kaiserslautern	3,0-3,5	3,5-4,0	–	–	–	–	4,5-5,0	–	–	–	–	5,5-6,0	–	–	–	6,0-8,5	–

Stadt/Kreis	Ein-/Zwei-familienhäuser	Drei-familien-häuser	Eigentumswohnung RND > 60 Jahre	Eigentumswohnung Umgewandelt	Eigentumswohnung Kleine Einheit	Mehrfamilienhäuser Gewerbeanteil < 20 % — Baujahrsgruppe bis 1949	1950 bis 1974	1975 bis heute	Öffentlich gefördert	Appartements frei	Appartements mit Nutzungsbeschränkung (Studenten)	Gemischt-genutzte Grundstücke Wohnanteil > 50 %	< 50 %	Geschäfts- und Bürogebäude City-Lage	Nicht-City-Lage	Rein gewerblich/industrielle Grundstücke	Fabriken
Karlsruhe	2,5-3,0	–	3,0	–	–	–	–	–	–	–	–	4,0-5,5	5,00	5,5-6,5	–	6,0	–
Kleve	3,0-3,25	–	3,75-4,25	–	4,25	–	4,75	–	–	–	–	5,25	5,00	6,00-6,50	–	–	–
Koblenz	3,5	3,75	–	–	–	–	4,75-5,75	–	–	–	–	5,5	6,0	6,25-7,50	6,25	–	–
Köln	–	3,50	–	–	4,25	–	4,75	–	–	–	–	5,25	5,75	6,0	6,0	7,0	–
Konstanz	2,5	–	3,0-4,5	–	–	–	3,75	–	–	–	–	3,0-5,0	–	–	–	6,0	–
Landshut	2,6	–	2,77 (vermietet)	–	–	–	–	–	–	–	–	3,6	4,3	–	5,4	6,0	–
Leipzig	2,0-3,5	3,0-4,5	2,0-4,0	–	5,0-5,5	4,0-4,5	4,5-5,0	5,0-5,5	–	–	–	4,5-6,5	–	3,4-6,7	–	6,0-7,5	6,0-7,5
LK Leer	3,5-4,0	–	–	–	–	–	5,5	–	–	–	–	–	–	–	–	–	–
RegBez Lüneburg	3,5	–	4,5	–	–	3,9	5,3	–	–	–	–	–	–	–	6,0	–	–
Mainz	3,5	–	3,0-3,3	–	2,8	–	4,0-5,0	–	–	5,4	2,8	–	–	6,0	–	6,0	–
München	3,1-3,3	–	3,1	–	–	–	3,3-5,5	–	–	–	–	3,9-5,7	3,5-5,5	–	4,3-6,1	–	–
Münster	–	–	–	–	–	–	2,8-5,5	–	–	–	–	–	–	–	–	–	–
LK Nienburg	–	–	3,4-4,5	–	–	–	–	–	–	–	–	6,5	–	5,5	–	6,5-8,5	–
Norden	4,0-4,25	–	–	–	7,0	–	4,5-5,5	–	–	–	–	–	–	6,0-7,0	–	6,5-7,0	–
Offenbach	–	–	–	–	–	3,9	–	4,8	–	–	–	5,4	–	–	–	–	–
Oldenburg	–	–	–	–	–	4,5-6,5	4,8	–	–	–	–	6,1	–	–	–	–	–
Osnabrück	–	–	–	–	–	–	4,8	–	–	–	–	5,9	–	–	–	–	–
Paderborn	3,25-4,0	–	3,6-4,4	–	–	–	4,2	–	–	–	–	5,6	–	6,7	–	–	–
Rheine	2,3-3,5	2,2-4,0	2,3-4,1	–	–	–	3,0-5,2	–	–	–	–	3,4-5,8	–	4,8-7,8	4,4-7,1	–	–
LK Rhein-Sieg	3,5	–	4,25	–	–	–	4,5-5,5	–	–	–	–	–	–	–	6,0	6,0	–
Salzgitter	3,25	–	–	–	–	–	5,75	–	–	–	–	7,25	–	–	–	–	–
Schwerin	2,9-4,9	–	3,1-4,6	–	–	–	2,9-4,3	–	–	–	–	3,6-6,6	–	–	–	–	–
Siegen	2,0-3,5	3,0-4,0	2,0-4,0	–	–	–	4,0-5,0	–	–	–	–	4,5-6,5	–	5,5-6,5	–	3,3-5,9	–
LK Soltau-Falling.	–	–	–	–	–	–	4,5	–	–	–	–	–	–	–	–	–	–
Stuttgart	–	2,5-3,0	–	–	3,0	3,5-4,5	4,0-4,5	–	–	–	–	5,0-5,5	4,0-5,0	5,0-6,0	5,0-6,8	6,0-7,0	–
Trier	–	3,25-3,50	3,3	–	–	4,25	5,0	–	–	–	–	5,0	5,5	6,0	6,0	7,0	–
LK Vechta	–	–	–	–	–	–	5,0-5,5	–	–	–	–	5,5-6,5	–	–	–	–	–
Wilhelmshaven	4,0-4,25	–	–	–	–	–	4,7-5,2	–	–	–	–	–	–	–	–	–	–
Wittmund	2,0-3,5	–	4,0-4,25	–	–	–	4,5-5,5	–	–	–	–	–	–	–	–	–	–
LK Wolfenbüttel	–	–	2,0-3,5	–	–	–	3,5-4,0	–	–	–	–	4,0-5,0	–	5,0-7,0	–	5,0-7,0	–
Wuppertal	1,9-4,2	–	1,8-4,4	–	–	4,3-6,3	–	–	–	–	–	–	–	–	6,3-7,9	–	–

Quelle: Marktberichte der jeweiligen Gutachterausschüsse für Grundstückswerte

Abb. 5: Zu- und Abschläge

Zu- oder Abschläge bei der Festsetzung des Liegenschaftszinssatzes	
Wohnnutzung (Häuser und Eigentumswohnungen):	
niedriger Liegenschaftszins (LZ) wenn:	höherer Liegenschaftszins (LZ) wenn:
– Haus/GS sehr groß	– langfristiger Mietvertrag besteht
– Haus sehr individuell	– das Haus kurze RND (?)
– Haus sehr aufwendig ausgestattet	– Modernisierungsbedarf besteht
– Haus lange RND (?)	– die Wohnlage eher mäßig ist
– Eigennutzung steht eindeutig im Vordergrund	– die Kapital-Anlage eindeutig im Vordergrund steht
– je weniger Wohneinheiten im Haus	– je mehr Wohneinheiten im Haus
Gewerbe-, Industrie- und Mischnutzung:	
niedriger Liegenschaftszins (LZ) wenn:	höherer Liegenschaftszins (LZ) wenn:
– je größer der Anteil der Wohnnutzung	– je kleiner der Anteil der Wohnnutzung
– je wahrscheinlicher eine Eigennutzung ist	– je wahrscheinlicher die Kapitalanlage ist
– je neuer die Baulichkeiten sind (lange Restnutzungsdauer)	– je älter die Baulichkeiten sind (kurze Restnutzungsdauer)
– je funktionaler die Baulichkeiten sind	– je individueller die Baulichkeiten sind
– je kleiner die Immobilie ist	– je größer die Immobilie ist

27 Allgemein können für eine Verminderung bzw. Erhöhung der im Regelfall als durchschnittliche Liegenschaftermittelten Liegenschaftszinssätze folgende **Regeln** zur Anwendung kommen:

Zuschlag zum Liegenschaftszinssatz + 0,5 % bis 1,0 %	Abschlag vom Liegenschaftszinssatz – 0,5 % bis –1,0 %
gute bis sehr gute Lage	schlechte bis sehr schlechte Lage
geringes bis besonders geringes wirtschaftliches Risiko des Objekts	erhöhtes bis besonders hohes wirtschaftliches Risiko des Objekts
Orts- bis Zentrumsnähe	Randlage bis Umlandlage
Bei gemischt genutzten Immobilien:	
hoher bis sehr hoher gewerblicher Anteil	geringer bis sehr geringer gewerblicher Anteil
– je besser die Drittverwendungsfähigkeit	– je geringer die Drittverwendungsfähigkeit

28 **Ländliche Belegenheitsgemeinden** weisen i. d. R. einen höheren Liegenschaftszinssatz als Städte und Ballungszentren auf.

Aufwendig errichtete Immobilien weisen dagegen geringere Liegenschaftszinssätze als modernisierungsbedürftige Gebäude auf.

29 Die empirisch aus der Kaufpreissammlung abgeleiteten Liegenschaftszinssätze können aus dem Verständnis ihrer Ableitung nur zur Verkehrswertermittlung im Wege des Ertragswertverfahrens für solche Grundstücke und Marktverhältnisse herangezogen werden, die ihrer Ableitung zu Grunde lagen. Verfahrensmäßig muss **zwischen Ableitung und Anwendung Identität bestehen** (Grundsatz der Modellkonformität; Rn. 12). Ein auf der Grundlage *gedämpfter Bodenwerte* abgeleiteter Liegenschaftszinssatz zwingt mithin zu einer Ertragswertermittlung, die ihrerseits auch mit gedämpften Bodenwerten „arbeitet" (Modellkonformität der Anwendung); hierzu Rn. 90 ff. und § 13 WertV Rn. 135 ff.

4 Liegenschafts- und Kapitalmarktzinssatz

Bei der Ermittlung des Ertragswerts als Barwert aller nachhaltig anfallenden Erträge **30** kommt dem dabei zum Ansatz kommenden Zins – wie bereits erläutert wurde – eine maßgebliche Bedeutung zu. Investoren greifen hier häufig auf den bankenüblichen Zinssatz für langfristige Kapitalanlagen zurück, die sich aber gerade nicht auf Immobilien übertragen lassen. Der Verordnungsgeber hat aus diesem Grunde mit dem (mit § 11 eingeführten) Begriff des Liegenschaftszinssatzes verdeutlichen wollen, dass **für Liegenschaften ein besonderer, vom Kapitalmarkt regelmäßig abweichender Zinssatz maßgebend** ist (vgl. Teil II Rn. 98 ff.; § 13 WertV Rn. 299).

Liegenschaften werfen im Verhältnis zu anderen Kapitalanlagen in aller Regel eine **31** **weitaus geringere Verzinsung ab.** Weil der Grund und Boden (Sachwert) gegenüber Geldvermögen als wertbeständiger angesehen wird, begnügen sich Immobilieneigentümer im Allgemeinen mit einer geringeren Verzinsung. **Liegenschaftszinssätze unterliegen** auch weitaus **geringeren Schwankungen als die Zinssätze auf dem deutschen Kapitalmarkt,** die von vielen inneren und äußeren Einflüssen (z. B. Inflationsrate, Konjunkturlage, Dollarkurs, den Herausforderungen der wirtschaftlichen Vereinigung Deutschlands und seit 1993 EU-Binnenmarkt) abhängig sind.

Gleichwohl bestehen **Abhängigkeiten zwischen dem Liegenschaftszins- und Kapitalmarktzinssatz.** Der Liegenschaftszinssatz lässt sich auch als immobilienspezifischer Kapitalmarktzinssatz erklären, der ausgehend vom Kapitalmarktzinssatz die immobilienspezifischen Besonderheiten, wie das mit der Immobilie verbundene Risiko, die zu erwartende Geldentwertung, aber auch die zu erwartende Entwicklung der Mieteinnahmen und der Immobilie in sich integriert. Dies wird aus dem Kalkulationsschema für den Liegenschaftszinssatz deutlich:

Abb. 6: Kalkulationsschema für den Liegenschaftszinssatz

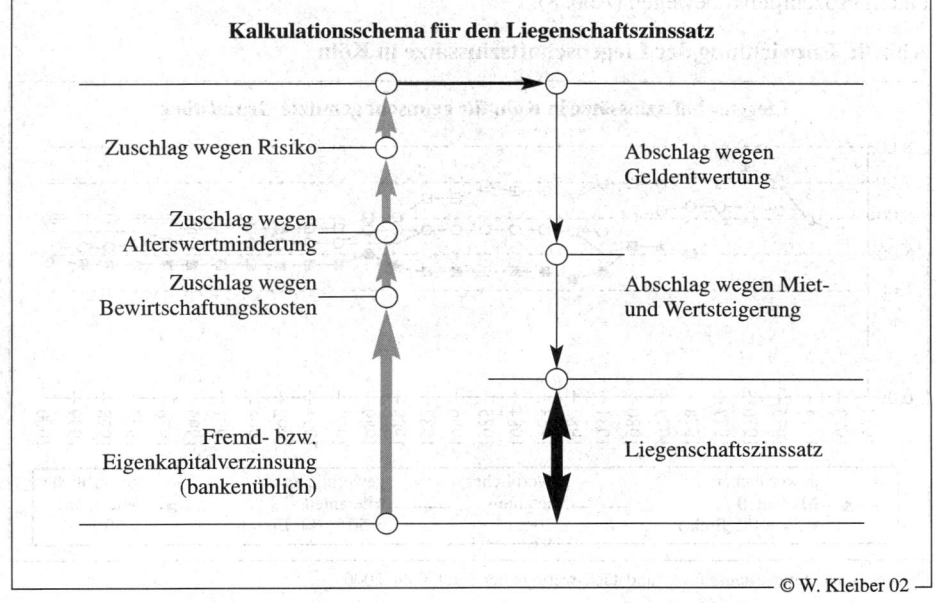

32   Die **Zinsentwicklung bei Hypothekarkrediten auf Wohngrundstücke** (durchschnittlicher Effektivzins in v. H. per annum) vollzieht sich im Vergleich zur Entwicklung des Liegenschaftszinssatzes geradezu turbulent, wie eine Untersuchung des Gutachterausschusses
für Grundstückswerte in *Düsseldorf* erwiesen hat (Abb. 7, vgl. § 13 Rn. 301 f.):

Abb. 7: Vergleich der Hypothekarkreditzinsen und Liegenschaftszinssätze

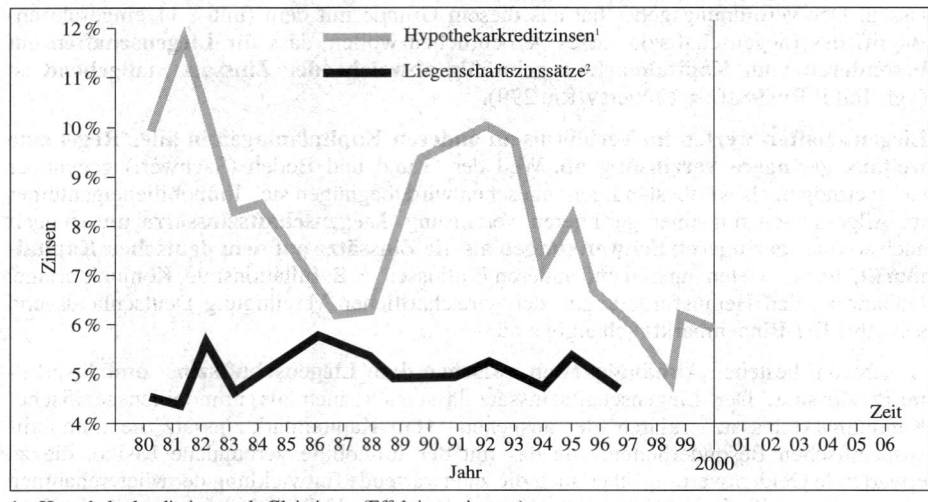

1   Hypothekarkreditzinsen, als Gleitzinsen (Effektivverzinsung)
    Quelle: Deutsche Bundesbank
2   Liegenschaftszinssätze, als durchschnittlicher Zinssatz abgeleitet aus Verkäufen von Mietwohnhäusern und
    gemischt genutzten Gebäuden.

33   Die **Liegenschaftszinssätze weisen dagegen im Verhältnis zu Kapitalmarktzinsen eine
geringe zeitliche Schwankungsbreite auf.** Längerfristig angelegte Untersuchungen
haben ergeben, dass sich Liegenschaftszinssätze gerade einmal in einem Korridor von
einem Prozentpunkt bewegen (Abb. 8).

Abb. 8: Entwicklung der Liegenschaftszinssätze in Köln

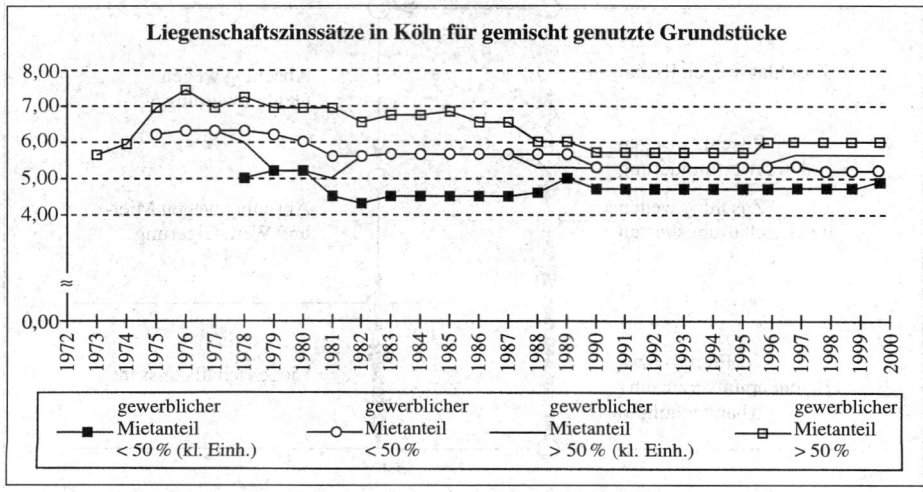

Quelle: Gutachterausschuss für Grundstückswerte in der Stadt Köln, 2000

Der Liegenschaftszinssatz lässt sich damit als ein die **Dynamik der grundstücksbezoge-** **34**
nen Entwicklung integrierender Kapitalisierungszinssatz definieren. Über die **Zusam-**
menhänge zwischen der Entwicklung der Hypotheken- und Liegenschaftszinssätze
liegen keine alle Fragen beantwortenden Untersuchungen vor. Ein Vergleich der Kurven-
verläufe deutet darauf hin, dass sich im Bereich der Wendepunkte des Hypothekarzinses
der Liegenschaftszinssatz tendenziell gegenläufig entwickelt; bei tendenziell steigenden
Hypothekenzinsen steigen zeitversetzt mit einem *time lag* von zwei bis drei Jahren die
Immobilienpreise während der Liegenschaftszinssatz sinkt[2].

Bezüglich der **Zusammenhänge zwischen Liegenschaftszinssätzen und Hypotheken-** **35**
zinssätzen kann aber auch umgekehrt davon ausgegangen werden, dass steigende Hypothekenzinssätze die Kaufkraft schwächen und sich tendenziell preisdämpfend auswirken.
Andererseits sind steigende Hypothekenzinssätze i. d. R. mit inflationären Entwicklungen
verbunden, die üblicherweise den „Drang in Sachwerte" mit einer verstärkten Nachfrage
zur Folge haben. Im Ergebnis kann sich die Nachfrage damit kompensieren, d. h. steigende
bzw. fallende Hypothekenzinssätze neutralisieren sich in ihrer Auswirkung auf den Liegenschaftszinssatz. Dies mag auch die unterschiedlichen Auffassungen zu der Frage der Auswirkungen von Veränderungen des Hypothekenzinssatzes auf den Liegenschaftszinssatz
erklären.

▶ *Zu den Zusammenhängen vgl. Einleitung Teil II Rn. 98ff. und § 13 WertV Rn. 299ff.* **36**

Für eine marktkonforme Verkehrswertermittlung auf der Grundlage des Ertragswertverfah- **37**
rens ist die Frage einer etwaigen **Korrelation von Liegenschaftszinssatz- und Hypothe-**
kenzinssatzentwicklung von nachrangiger Bedeutung. Entscheidend ist zunächst, dass
sich der Verkehrswert nicht im Wege eines sich am Hypothekenzinssatz allein orientierenden bankenüblichen Zinssatz ermitteln lässt, weil sich Liegenschaften nicht wie andere
Kapitalanlagen verzinsen.

Gleichwohl werden vor allem im Rahmen von Investitionsberechnungen Ertragswerter- **38**
mittlungen unter dem Begriff der sog. **Discounted-Cashflow-Methode auf der Grund-**
lage von bankenüblichen Finanzierungszinssätzen praktiziert. Gleichzeitig werden bei
derartigen Betrachtungen die erwartete Mietentwicklung, die erwartete Wertentwicklung
und vieles mehr auf der Grundlage apokrypher Annahmen in die Ertragswertermittlung
eingestellt. Dadurch kompensiert sich tendenziell der im Vergleich zum Liegenschaftszinssatz hohe Finanzierungszinssatz.

Diese Vorgehensweise ist nicht frei von **Bedenken:** **39**

a) Zunächst aber ist festzustellen, dass es sich bei diesem Verfahren um nichts anderes
handelt, als um ein allgemeines Barwertverfahren und insofern auch das in den §§ 15 ff.
WertV geregelte Verfahren den Begriff *'Discounted Cashflow'* für sich in Anspruch
nehmen kann.

b) Die wohl schwerwiegendsten Bedenken müssen bei der vorgestellten Vorgehensweise **40**
den letztlich nur im Schätzwege unterstellten **Entwicklungen der Ertragsverhältnisse**
und der Wertentwicklung begegnen. Angesichts der i. d. R. langen Restnutzungsdauer
lässt sich nun einmal nicht abschätzen, wie sich diese Entwicklung über Jahrzehnte,
über die kapitalisiert wird, tatsächlich vollziehen wird. Bedenkt man, dass die Finanzierungszinssätze in kurzen Zeitabständen erheblich schwanken können, führt diese
Methode dazu, dass die „Zufälligkeit" des am Wertermittlungsstichtags anfallenden
Finanzierungszinssatzes mit einer nicht absehbaren Entwicklung der Miet- und Preisverhältnisse kombiniert wird.

▶ *Näheres hierzu vgl. Vorbem. zu den §§ 15ff. WertV Rn. 16ff.* **41**

---

2 Zur Frage der Zusammenhänge vgl. Vogel in GuG 1996, 145 mit krit. Anmerkungen von Kolb in GuG 1996, 363

42 **Zwischenfazit:** Die Ertragswertermittlung auf der Grundlage marktkonformer Liegen-schaftszinssätze hat sich bewährt. Die alternativ in Betracht kommende Methode, als **Ertragswert** den Barwert **auf der Grundlage einer** vom Sachverständigen letztlich immer subjektiv unterstellten **Ertrags- und Wertentwicklung** ggf. **unter Heranziehung eines** (ggf. sogar nach dynamisierten) **bankenüblichen Zinssatzes** zu ermitteln, ist dage-gen als Verkehrswertermittlungsmethode äußerst fehleranfällig, wenn man allein schon die erhebliche Schwankungsbreite der bankenüblichen Zinsen betrachtet (Abb. 7). Kein Gut-achter ist in der Lage, die Ertrags- und Wertentwicklung sowie die Entwicklung der ban-kenüblichen Zinsen über die lange Restnutzungsdauer einer baulichen Anlage abschätzen zu können. Dies liefe auf eine willkürliche „Kaffeesatzlesung" hinaus. In der Investitions-rechnung hat dagegen das allgemeine Barwertverfahren *(Discounted Cash Flow)* seinen Platz.

43 **Mit dem** nach Maßgabe des § 11 ermittelten **Liegenschaftszinssatz wird die Dynamik einer Immobilie hinsichtlich der Entwicklung der Ertragsverhältnisse, der Wertent-wicklung, aber auch sonstiger wertbeeinflussender Entwicklungen aufgefangen** und zwar nicht nach der subjektiven Einschätzung des Sachverständigen, sondern nach der objektiven Betrachtung des Grundstücksmarktes. Dies gewährleistet zugleich, dass der mithilfe des Liegenschaftszinssatzes ermittelte Ertragswert dem Verkehrswert gleich-kommt. Dabei mag es dahinstehen, ob der Grundstücksmarkt die Zukunft „richtig" oder „falsch" eingeschätzt hat: Im Rahmen der Verkehrswertermittlung muss es gleichwohl auf die allgemeine Verkehrsauffassung ankommen.

44 Mit „aus dem Markt" empirisch abgeleiteten Liegenschaftszinssätzen werden auch **Zu-kunftserwartungen des Marktes einschließlich inflationärer Entwicklungen**[3] einge-fangen", denn mit den in die Ableitung eingehenden Kaufpreisen gehen zugleich die Ein-schätzungen des Marktes bezüglich der erwarteten Wert- und Ertragsentwicklung – seien sie realer und inflationärer Art – steuerliche Rahmenbedingungen, die erwartete Entwick-lung der Bewirtschaftungskosten, Subventionen und dgl. ein. Insoweit weist deshalb das in der WertV geregelte Ertragswertverfahren keine Mängel auf:

45 Wie vorstehend erläutert wurde, bestimmt sich die Höhe des Liegenschaftszinssatzes maß-geblich nach dem Verhältnis des Reinertrags zum Kaufpreis einer Immobilie:

$$p = \frac{RE \times 100}{KP}$$

46 Reinertrag und Kaufpreis werden dabei in der Höhe in die Ableitung eingeführt, wie sie sich am Bezugsstichtag auf dem Markt darstellen. Bei der Kaufpreisbemessung geht der Markt von einer Dynamik der Entwicklung der Immobilienpreise, der Nutzungsentgelte, der Bewirtschaftungskosten und sonstiger immobilienwirtschaftlicher Rahmenbedingun-gen aus. Die Erwartung einer Änderung der Nutzungsentgelte und z. B. steuerlicher Vor-und Nachteile bestimmen also die Höhe des Kaufpreises. **Insoweit berücksichtigt der Liegenschaftszinssatz bereits die üblicherweise erwarteten Entwicklungen der Ertrags- und Wertverhältnisse sowie der üblichen steuerlichen Rahmenbedingungen,** und zwar nach der verobjektivierten Anschauung des Grundstücksmarktes und nicht nach der subjektiven Einschätzung des Gutachters (vgl. Abb. 9). Insofern verbietet es sich, bei Heranziehung von solchen Liegenschaftszinssätzen allgemein erwartete Ertragsentwick-lungen zusätzlich einzubringen. Etwas anderes gilt, wenn im Einzelfall ein sog. *overrented* oder *underrented* Objekt zu werten ist (vgl. Vorbem. zu §§ 15 ff. WertV Rn. 265 ff.).

47 ▶ *Zur Berücksichtigung inflationärer Entwicklungen vgl. auch die Vorbem. zu den §§ 15 ff. WertV.*

---

3 Lüftl, Ertragswert von Liegenschaften, Österreichische Immobilien-Zeitung 1975, 359

Abb. 9: Aussagekraft des Liegenschaftszinssatzes

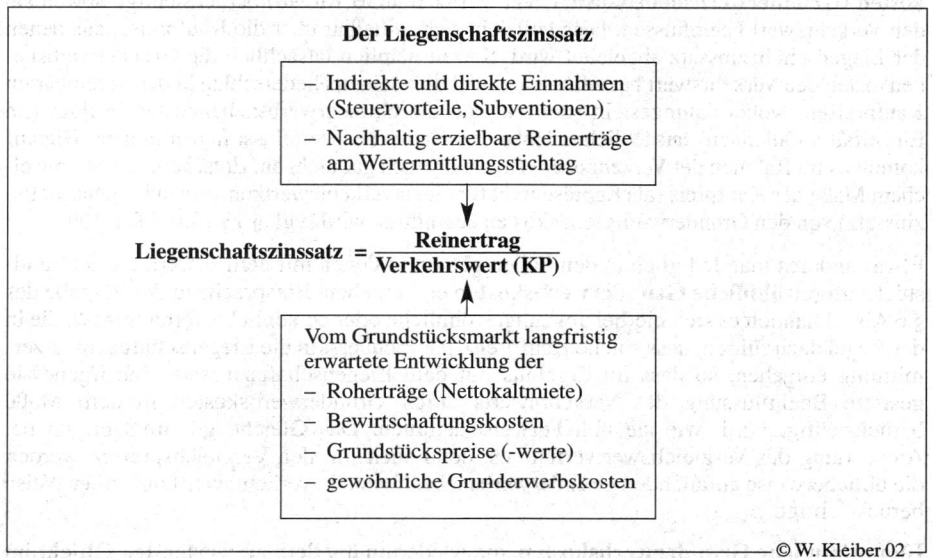

Der Liegenschaftszinssatz

- Indirekte und direkte Einnahmen
  (Steuervorteile, Subventionen)
- Nachhaltig erzielbare Reinerträge
  am Wertermittlungsstichtag

$$\text{Liegenschaftszinssatz} = \frac{\text{Reinertrag}}{\text{Verkehrswert (KP)}}$$

Vom Grundstücksmarkt langfristig
erwartete Entwicklung der
- Roherträge (Nettokaltmiete)
- Bewirtschaftungskosten
- Grundstückspreise (-werte)
- gewöhnliche Grunderwerbskosten

© W. Kleiber 02

Abb. 10: Liegenschaftszinssatz- und Kaufpreisentwicklung

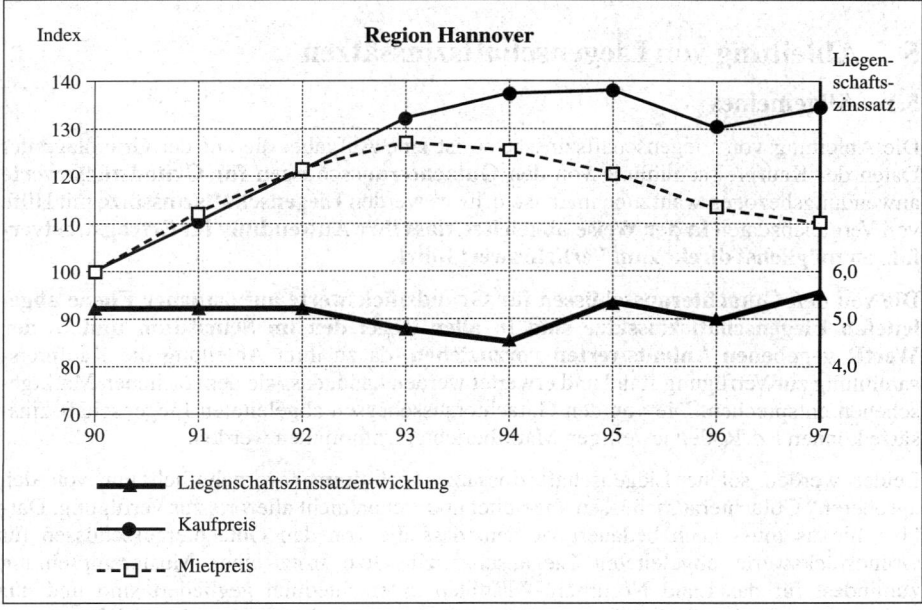

Index   **Region Hannover**

Liegen-
schafts-
zinssatz

Liegenschaftszinssatzentwicklung
Kaufpreis
Mietpreis

Quelle: Immobilienjahrbuch 1998 Bd. 3 der Südprojekt, München
        Grundstücksmarktbericht 1997 für den RegBez. Hannover

48 Mit dem Liegenschaftszinssatz werden auch die gewöhnlichen **Grundstückstransaktionskosten (Grunderwerbsnebenkosten;** vgl. § 194 BauGB Rn. 90) berücksichtigt, soweit sie
den Verkehrswert beeinflussen. Dies vollzieht sich mittelbar über die Kaufpreise, aus denen
der Liegenschaftszinssatz abgeleitet wird. Soweit nämlich tatsächlich die Grunderwerbsnebenkosten den Verkehrswert beeinflussen, findet dies seinen Niederschlag in den vereinbarten
Kaufpreisen, wobei dahingestellt sein mag, ob die Grunderwerbsnebenkosten in ihrer (im
Einzelfall anfallenden) tatsächlichen Höhe den Kaufpreis beeinflusst haben mögen. Hierauf
kommt es im Rahmen der Verkehrswertermittlung auch gar nicht an. Entscheidend ist, in welchem Maße der Kaufpreis (als Repräsentant für einen verkehrswertkonformen Liegenschaftszinssatz) von den Grunderwerbsnebenkosten beeinflusst wird (vgl. § 13 WertV Rn. 369).

49 Etwas anderes mag lediglich in den Fällen gelten, in denen mit dem Erwerb eines Grundstücks **ungewöhnliche Grunderwerbskosten** einhergehen. Entsprechend der Vorgabe des
§ 6 Abs. 3 handelt es sich hierbei um „ungewöhnliche oder persönliche Verhältnisse", die in
der Regel dazu führen, dass solche Kaufpreise gar nicht erst in die Liegenschaftszinssatzermittlung eingehen, so dass im Ergebnis mit dem Liegenschaftszinssatz eine irgendwie
geartete Beeinflussung des Verkehrswerts durch Grunderwerbskosten in dem Maße
berücksichtigt wird, wie sie üblicherweise anfallen. Das Gleiche gilt im Übrigen bei
Anwendung des Vergleichswertverfahrens, denn auch mit den Vergleichspreisen werden
die üblicherweise anfallenden Grunderwerbsnebenkosten in verkehrswertkonformer Weise
berücksichtigt.

50 **Ungewöhnliche Grunderwerbskosten,** die wiederum **bei dem zu wertenden Objekt** im
Einzelfall gegeben sein mögen, können im gleichen Sinne allenfalls zu einem vom Verkehrswert abweichenden Kaufpreis führen (so im Übrigen auch die Anl. 1 zur WertR)[4].

5 Ableitung von Liegenschaftszinssätzen

5.1 Allgemeines

51 Die Ableitung von Liegenschaftszinssätzen ist eine Aufgabe, die auf der Grundlage der
Daten der Kaufpreissammlung von den **Gutachterausschüssen für Grundstückswerte**
anwendungsbezogen wahrzunehmen ist, d. h., es werden **Liegenschaftszinssätze** mit Hilfe
von Vergleichsdaten **in der Weise abgeleitet, dass ihre Anwendung im Ertragswertverfahren möglichst direkt zum Verkehrswert führt.**

52 **Die von den Gutachterausschüssen für Grundstückswerte auf örtlicher Ebene abgeleiteten Liegenschaftszinssätze sind in aller Regel den im Schrifttum und in der
WertR gegebenen Anhaltswerten vorzuziehen,** da zu ihrer Ableitung die Kaufpreissammlung zur Verfügung stand und erwartet werden kann, dass sie dem örtlichen Marktgeschehen entsprechen. Die von den Gutachterausschüssen abgeleiteten Liegenschaftszinssätze können i. d. R. den jeweiligen Marktberichten entnommen werden.

53 Leider werden solche Liegenschaftszinssätze noch immer vornehmlich nur von den
„größeren" Gutachterausschüssen abgeleitet und stehen nicht allerorts zur Verfügung. Darüber hinaus muss auch bedauert werden, dass die von den Gutachterausschüssen für
Grundstückswerte abgeleiteten Liegenschaftszinssätze trotz einer Musterempfehlung
zumindest für das Land Nordrhein-Westfalen unterschiedlich gegliedert sind und nur
bedingt miteinander verglichen werden können. Es kommt hinzu, dass die **Ableitungsme-
thodik** vielfach **nicht hinreichend offen gelegt** wird.

Zieht man die von den Gutachterausschüssen für Grundstückswerte abgeleiteten Liegen- **54** schaftszinssätze heran, sind Abweichungen davon nicht nur zulässig, sondern in aller Regel sogar geboten. Es handelt sich nämlich um **durchschnittliche Liegenschaftszinssätze, die für durchschnittliche Eigenschaften der Grundstücke** der jeweils definierten Grundstücksart **abgeleitet wurden,** ohne dass nach der örtlichen Lage im Einzugsbereich des Gutachterausschusses oder nach der Restnutzungsdauer der baulichen Anlage unterschieden wird.

In der Abb. 4 sind Liegenschaftszinssätze einer Reihe ausgewählter Großstädte abgedruckt. **55** Sie sind aus den unter Rn. 19 ff. genannten Gründen nicht unmittelbar vergleichbar. Es kommt hinzu, dass in Ausnahmefällen die Liegenschaftszinssätze auf der Grundlage **gedämpfter Bodenwerte** ermittelt wurden (vgl. § 13 WertV Rn. 86 ff.) und nur systemkonform unter Ansatz gedämpfter Bodenwerte in die Ertragswertermittlung eingeführt werden dürfen (vgl. Rn. 90, § 13 Rn. 137 ff.).

Die **Gutachterausschüsse für Grundstückswerte haben sich bislang nicht auf einen** **56** **einheitlichen Rahmen für die Ableitung von Liegenschaftszinssätzen einigen können.** Dies mag zwar teilweise auf örtliche Besonderheiten zurückzuführen sein, dennoch erscheint eine stärkere Angleichung nicht nur möglich, sondern auch im Hinblick auf Transparenz und Vergleichbarkeit geboten. Von daher ist zu begrüßen, dass von der Arbeitsgemeinschaft der Vorsitzenden der Gutachterausschüsse für Grundstückswerte in Nordrhein-Westfalen ein einheitlicher Rahmen empfohlen wird. Im Abschlussbericht des Arbeitskreises „Erforderliche Daten" der Arbeitsgemeinschaft wird folgendes Schema vorgegeben (Abb. 11).

Abb. 11: Tabelle der Liegenschaftszinssätze (Muster)

Lfd. Nr.	Gebäudeart	Baujahrsgruppe bzw. Lage		
		bis 1949	1950–1974	1975 bis heute mit mod. Wärmedämmung
1	Wohnungseigentum			
2	1- und 2-Familien-Häuser			
3	Dreifamilienhäuser			
4	Mehrfamilienhäuser			
5	Gemischt genutzte Häuser (bis 80 %)			
		mäßige Lage	gute Lage	sehr gute Lage
6	Geschäfts- und Bürogebäude			
7	Reine Gewerbegebäude			

Hinweis: I. d. R. sind Objekte mit sehr geringem gewerblichen Anteil (< 20 % gewerbliche Miete) unter der Rubrik Mehrfamilienhäuser einzuordnen. Alle geschätzten Zahlen sind in Klammern zu setzen. Der Liegenschaftszinssatz sollte im Rahmen der Genauigkeit auf + / – 1/4 % angegeben werden. Spannweiten sind nicht sachgerecht.

---

4   Zu alledem die Glosse in GuG-aktuell 2000, 9; Kleiber in GuG 2000/6

57   Die vorstehende Tabelle sollte durch folgende **Angaben und statistische Kenngrößen** ergänzt werden:

– Mittelwerte der Liegenschaftszinssätze für die jeweilige Gebäudeart,

– Mittelwert der Baujahre,

– Mittelwert der gewerblichen Mietertragsanteile,

– Mittelwert der Anzahl der Wohneinheiten bei Mehrfamilienhäusern,

– Mittelwert der Restnutzungsdauer,

– Min.-/Max.-Werte für Liegenschaftszinssatz, Restnutzungsdauer,

– Mittlerer Fehler des arithmetischen Mittels des Liegenschaftszinssatzes,

– Korrelationskoeffizient u. a. wesentliche Kenngrößen bei der Anwendung von einfachen oder multiplen Regressionsanalysen.

58   Zur Ableitung des Liegenschaftszinssatzes schreibt § 11 Abs. 2 vor, dass er auf der Grundlage

– geeigneter Kaufpreise und

– ihnen entsprechender Reinerträge

für gleichartig bebaute und genutzte Grundstücke unter Berücksichtigung der Restnutzungsdauer der Gebäude „nach den Grundsätzen des Ertragswertverfahrens" zu ermitteln ist. Diese sibyllinische Vorgabe ist dahin gehend auszulegen, dass er – ausgehend von dem Rechengang, der dem Ertragswertverfahren zu Grunde liegt – durch **Umkehrung dieses Ertragswertverfahrens** abgeleitet wird, d. h., die für den Ertragswert maßgebliche Formel muss nach dem Liegenschaftszinssatz (p) aufgelöst werden.

59   Der **Ertragswert bestimmt sich** gemäß den §§ 15 ff. WertV **nach folgender Formel**:

$$EW = (RE - BW \times \frac{p}{100}) \times V + BW = RE \times V + \frac{BW}{q^n}$$

wobei: EW . . . . Ertragswert
RE . . . . . . Jährlicher Reinertrag (§ 16)
BW . . . . . . Bodenwert

$$V \ \ldots \ldots \ldots \quad \text{Vervielfältiger} = \frac{q^n - 1}{q^n \times (q-1)} = \frac{EW - \frac{BW}{q^n}}{RE}$$

q . . . . Zinsfaktor = $1 + p$
p . . . . Liegenschaftszinssatz/100 = $q - 1$
n . . . . Restnutzungsdauer (§ 16 Abs. 4)

60   Für die Auswahl der **geeigneten Kaufpreise,** die zur Ableitung von Liegenschaftszinssätzen herangezogen werden, können folgende Grundsätze gelten:

– Die Kaufpreise müssen einer Gruppe „gleichartig bebauter und genutzter" Grundstücke, für die der Liegenschaftszinssatz ermittelt werden soll, zuzuordnen sein.

– Die Kaufpreise und die Ertragsverhältnisse dürfen nicht durch ungewöhnliche oder persönliche Verhältnisse beeinflusst sein.

– Es muss sich um aktuelle und auf einen gemeinsamen Stichtag bezogene Kaufpreise handeln, da – wie ausgeführt – der Liegenschaftszinssatz eine zeitabhängige Größe ist.

– Neben dem Kaufpreis müssen die Grundstücke, die Reinerträge und die Restnutzungsdauer des Gebäudes bekannt sein, sofern es sich nicht um Objekte handelt, für die sich der Liegenschaftszinssatz allein aus Kaufpreis und Jahresreinertrag bestimmt.

– Die Grundstücke, deren Kaufpreise herangezogen werden, müssen eine nutzungstypische Grundstücksgröße aufweisen, insbesondere darf nicht der in § 16 Abs. 2 Satz 3 geregelte Fall vorliegen. Andernfalls würde ein auf Grund der Grundstücksgröße besonders niedriger oder hoher Bodenwert das Ergebnis der Ableitung verfälschen.

– Die Grundstücke müssen nicht nur gleichartig bebaut, sondern auch gleichartig genutzt werden, wobei es sich jeweils um eine objekttypische Bebauung und Nutzung handeln muss. Auszuschließen sind damit Fälle, in denen die Nutzung von der objekttypischen Bebauung abweicht, weil eine atypische Nutzung sich regelmäßig auf die Ertragssituation auswirkt und damit das Ergebnis verfälschen würde.

Für die Ableitung des Liegenschaftszinssatzes sind im Übrigen nur **Kaufpreise repara** **61** **turstaufreier Grundstücke** geeignet. Rein rechnerisch wäre es zwar möglich, die vorstehende Formel für den Fall, dass Kaufpreise reparaturstaubehafteter Gebäude vorliegen, um einen Abzugsbetrag für den Reparaturstau zu ergänzen (so der Vorschlag von *Petersen*[5]), jedoch wird man mit dieser Vorgehensweise nicht der Preisbildung auf dem Grundstücksmarkt gerecht, die die nominelle Höhe eines Reparaturstaus nicht immer in voller Höhe berücksichtigt (vgl. Vorbem. zu den §§ 15 ff. WertV Rn. 265 ff., 329; § 19 WertV Rn. 46 ff. und § 24 WertV Rn. 10 ff.). Kosten sind nämlich, wie der BGH zu Recht festgestellt hat, nicht mit dem Wert(-anteil) gleichzusetzen. Aus diesem Grund wird vor dieser Vorgehensweise gewarnt. Vielmehr sollte der Liegenschaftszinssatz aus Kaufpreisen reparaturstaufreier Grundstücke abgeleitet werden und ein im Einzelfall zu berücksichtigender Reparaturstau gesondert berücksichtigt werden.

Der Liegenschaftszinssatz, der sowohl in den Vervielfältiger als auch in den Bodenwert **62** verzinsungsbetrag bzw. in den diskontierten Bodenwert eingeht, **wird u. a. durch die** **jeweilige Restnutzungsdauer** der baulichen Anlage **beeinflusst.** Abs. 2 stellt dies zur Verdeutlichung heraus. Die Abhängigkeit des Liegenschaftszinssatzes von der Restnutzungsdauer ist umso größer, je kürzer die Restnutzungsdauer wird.

Eine Besonderheit des Ertragswertverfahrens besteht umgekehrt darin, dass der **Boden** **63** **wert bei langer Restnutzungsdauer der baulichen Anlage eine vernachlässigbare** **Größe** ist und nur der Bodenwert einer selbstständig nutzbaren Teilfläche voll in den Ertragswert eingeht; hieraus ergeben sich Vereinfachungen bei der Ableitung des Liegenschaftszinssatzes.

Dies ist darauf zurückzuführen, dass der **Bodenwert in den Ertragswert nur in einer** **64** **über die Restnutzungsdauer des Gebäudes diskontierten Größenordnung eingeht** und deshalb nur bei kurzer Restnutzungsdauer (RND ≤ 50 Jahre) beachtlich ist. In dem in Abb. 18 bei den Vorbem. zu den §§ 15 ff. WertV Rn. 155 dargestellten Beispiel beginnt der Bodenwertanteil am Ertragswert erst etwa ab einer Abnahme der Restnutzungsdauer von 50 Jahren einen beachtenswerten Anteil am Ertragswert zu gewinnen.

5.2 Finanzmathematische Grundlagen

Liegenschaftszinssätze werden empirisch aus den Kaufpreisen bebauter Grund **65** **stücke** abgeleitet, um mit ihrer Hilfe den Ertragswert eines Grundstücks **so zu ermitteln,** dass der **Ertragswert möglichst auch zugleich dem Verkehrswert entspricht.** Neben der Restnutzungsdauer[6] der baulichen Anlage bestimmt der Liegenschaftszinssatz die Höhe des Vervielfältigers V, mit dem sich der Barwert der Reinerträge ermitteln lässt. Des Weiteren wird bei Anwendung des Ertragswertverfahrens der Liegenschaftszinssatz zur Berechnung des Bodenwertverzinsungsbetrags benötigt:

---

5 Petersen, Marktorientierte Immobilienbewertung, 4. Aufl. S. 24 ff.
6 Boser/Brill in AVN 1981, 349

$$EW = (RE - BW \times \frac{p}{100}) \times V + BW$$

$$\underbrace{\phantom{(RE - BW \times \frac{p}{100})}}_{\text{Bodenwertverzinsungsbetrag}} \qquad \text{Vervielfältiger} = f(p, n)$$

wobei: EW .... Ertragswert
      RE .... Reinertrag
      BW .... Bodenwert
      p .... Liegenschaftszinssatz
      n .... Restnutzungsdauer
      V .... Vervielfältiger, abhängig von n und p

66 Entsprechendes gilt für die Ableitung des Ertragswerts nach folgender – mit der vorstehend aufgeführten **mathematisch identischen – Formel:**

$$EW = \underbrace{RE \times V}_{\text{Kapitalisierter Reinertrag}} + \underbrace{\frac{BW}{q^n}}_{\text{Diskontierter Bodenwert}} \qquad \text{wobei } q = (1 + \frac{p}{100})$$

Der Liegenschaftszinssatz findet hier auch für die Ermittlung des diskontierten Bodenwerts (zweites Glied der Formel) Anwendung.

5.3 Ableitung bei langer Restnutzungsdauer

67 Aus den vorstehenden Ausführungen ergibt sich, dass sich der Liegenschaftszinssatz für *Objekte mit langer Restnutzungsdauer* (RND > 50 Jahre) der darauf befindlichen Gebäude aus dem **Quotienten aus Reinertrag und Ertragswert** ergibt. Aus dieser Beziehung lässt sich der Liegenschaftszinssatz marktkonform ableiten, indem nun der jeweilige Reinertrag einer hinreichenden Anzahl von bebauten Grundstücken durch die dafür zur Verfügung stehenden „geeigneten" Kaufpreise (an Stelle der jeweiligen Ertragswerte) dividiert wird und die Einzelergebnisse z. B. durch Mittelbildung ausgeglichen werden.

68 Der **Ertragswert kann bei längerer Restnutzungsdauer (RND) nach dem vereinfachten Ertragswertverfahren** ermittelt werden:

$$EW = RE \times V$$

EW = Ertragswert
RE = Reinertrag
V = Vervielfältiger (vgl. Anl. zur WertV oder empirisch abgeleitet)

Hieraus definiert sich der **Vervielfältiger für ein Gebäude mit langer Restnutzungsdauer** als Quotient aus Ertragswert zum Reinertrag.

$$V = \frac{EW}{RE}$$

Der **reziproke Quotient stellt** zugleich **den Liegenschaftszinssatz (Näherungsformel)**   69
dar:

$$p = \frac{RE}{EW} = \frac{1}{V}$$

Die empirische Ableitung von Liegenschaftszinssätzen stellt sich in diesem Fall sehr ein-   70
fach dar. Es brauchen dann nämlich für bestimmte Grundstücksarten, von denen eine hinreichende Anzahl von Kaufpreisen vorliegen, die nicht durch ungewöhnliche oder persönliche Verhältnisse beeinflusst sind, nur noch die jeweils ebenfalls **durch ungewöhnliche
oder persönliche Verhältnisse unbeeinflussten Reinerträge** ermittelt zu werden. Diese
Kaufpreise sind dann in die vorstehende Formel an Stelle des Ertragswerts EW einzuführen. Das gewogene Mittel der sich im Einzelfall jeweils ergebenden Liegenschaftszinssätze ergibt dann die durchschnittliche Verzinsung solcher Liegenschaften.

$$\text{Liegenschaftszinssatz } p = \frac{\sum \frac{RE_i}{KP_i}}{n} \qquad \text{bei RND} \geq 50 \text{ Jahre}$$

wobei RE = Reinertrag
      KP = Kaufpreis
     RND = Restnutzungsdauer
       n = Anzahl der Fälle i

Die Ableitung erfolgt dabei jeweils für „gleichartig bebaute und genutzte Grund-   71
stücke“.

Der **so abgeleitete Vervielfältiger ist identisch mit den nach § 12 abgeleiteten Ertrags-**   72
faktoren (vgl. § 12 WertV Rn. 8 ff.); die Ableitung steht somit im Einklang mit den
Grundsätzen der WertV.

Beispiel: 73

Vorstehende Erläuterungen sollen an einem Zahlenbeispiel eines Einzelfalls verdeutlicht werden:
Reinertrag RE betrage   =   50 000 € p. a.
Kaufpreis KP betrage   = 1 000 000 €

$$p_i = \frac{50\,000 \times 100}{1\,000\,000} = 5\,\%$$

Aus diesem Beispiel wird deutlich, dass der **Reinertrag** gewissermaßen **die als €-Betrag
ausgeworfene Verzinsung des mit dem Kaufpreis in eine Immobilie investierten Kapitals** ist.

Der **Liegenschaftszinssatz** kann im Übrigen auch **aus Roherträgen (Jahresnettokalt-**   74
miete) abgeleitet werden, und zwar nach folgender Beziehung:

$$p = (1 - BewK_\%) \frac{RoE}{KP}$$

wobei $BewK_\%$ = übliche (nicht umgelegte) Bewirtschaftungskosten
                in v. H.

       RoE   = Rohertrag (Jahresnettokaltmiete)

75 *Beispiel:*

Rohertrag RoE betrage =   62 500 € (= Jahresnettokaltmiete) p. a.
Kaufpreis KP betrage   = 1 000 000 €
BewK$_\%$ betragen   =   20 %

$$p_i = (1 - \frac{20}{100}) \, \frac{62\,500}{1\,000\,000} = 5\,\%$$

nachrichtlich: RE = RoE – BewK
RE = 62 500 – 20/100 × 62 500
RE = 50 000 €

76 Auch in der Begründung zur WertV 88 wird darauf hingewiesen, dass vorstehende Vorgehensweise allerdings nur für Gebäude mit langer Restnutzungsdauer (RND) gilt[7]. Die
Begründung lässt offen, was als **lange Restnutzungsdauer** gilt. Aus der Ausgangsformel
für den Liegenschaftszinssatz folgt, dass dies abhängig ist von der absoluten Höhe des Liegenschaftszinssatzes. Strebt man eine Genauigkeit des Liegenschaftszinssatzes von 0,5 Prozentpunkten an, so ist die Anwendung der Näherungsformel unbedenklich bei

einem Liegenschafts- zinssatz (p) von	einer Restnutzungs- dauer (RND) von >:
3 %	65 Jahre
4 %	55 Jahre
5 %	49 Jahre
6 %	45 Jahre
7 %	40 Jahre
8 %	36 Jahre

77 Auf der anderen Seite muss beachtet werden, dass der Liegenschaftszinssatz p umso
genauer ermittelt werden muss, je länger die Restnutzungsdauer RND ist, denn **Fehler in
der Liegenschaftszinssatzermittlung schlagen umso stärker auf den Vervielfältiger
und** damit auf **den Ertragswert durch, je länger die Restnutzungsdauer RND ist.** Dies
wird durch nachstehenden Auszug aus der Vervielfältigertabelle verdeutlicht (Abb. 12).

Abb. 12: Auszug aus der Vervielfältigertabelle

Rest- nutzungs- dauer RND (Jahre)	Vervielfältiger bei einem Liegenschaftszinssatz p von (v. H.)				
	3,0	3,5	4,0	4,5	5,0
1	0,97	0,97	0,96	0,96	0,95
25	17,41	16,48 ↔ 15,62		14,83	14,09
50	25,73	23,46	21,48	19,76	18,26
75	29,70	26,41	23,68	21,40	19,49
100	31,60	27,66 ↔ 24,51		21,95	19,85

© W. Kleiber 02

78 **Bei sehr kurzer Restnutzungsdauer RND ist der Vervielfältiger V verhältnismäßig
unempfindlich gegenüber der Höhe des Liegenschaftszinssatzes.** Mit zunehmender
Restnutzungdauer nimmt die Empfindlichkeit zu. Unterscheiden sich die Vervielfältiger
bei einer Restnutzungsdauer RND von 25 Jahren in Abhängigkeit von einem Liegenschaftszinssatz von 3,5 % bzw. 4,0 % noch um 0,86, so beträgt der Unterschied bei einer
Restnutzungsdauer von RND = 100 Jahren bereits 3,15 (vgl. auch Rn. 89).

Wie vorstehend erläutert wurde, schlagen bei langer Restnutzungsdauer RND **geringe** **79** **Unterschiede in der Höhe des Liegenschaftszinssatzes p erheblich** auf die Höhe des Vervielfältigers V und damit **auf den Ertragswert EW durch**:

Beispiel: **80**

a) **Wertermittlungsobjekt**
- Jahresreinertrag RE = 50 000 €
- Bodenwert BW = 200 000 €
- Restnutzungsdauer RND = 75 Jahre

b) **Ermittlung des Ertragswerts** EW = (RE – p × BW) × V + BW bei Restnutzungsdauer RND von 75 Jahren

bei Liegenschaftszinssatz **p = 3,5 %**		bei Liegenschaftszinssatz **p = 4,0 %**	
RE =	50 000 €	RE =	50 000 €
./. p × BW =	7 000 €	./. p × BW =	8 000 €
= Gebäudeanteil =	43 000 €	= Gebäudeanteil =	42 000 €
× V (= **26,41**) =	1 135 630 €	× V (= **23,68**) =	994 560 €
+ BW =	200 000 €	+ BW =	200 000 €
= Ertragswert =	**1 335 630 €**	= Ertragswert =	**1 194 560 €**

$$\Delta = 141\,070\,€$$
$$\hat{=} \text{ rd. } 10\,\%$$

c) **Ermittlung des Ertragswerts** EW bei Restnutzungsdauer RND von 100 Jahren

Ertragswert =	1 389 380 €	Ertragswert =	1 229 000 €

$$\Delta = 160\,386\,€$$
$$\hat{=} \text{ rd. } 11,5\,\%$$

Das Beispiel zeigt, dass **Unterschiede im Liegenschaftszinssatz in Höhe der Tafelgenauigkeit der Vervielfältigertabelle** (von 0,5 %) **bei sehr langer Restnutzungsdauer den Ertragswert um 10 % verfälschen können!**

Der für Gebäude mit entsprechend „langer" Restnutzungsdauer auf der Grundlage der **81** **Näherungsformel** abgeleitete Liegenschaftszinssatz darf im strengen Sinne auch nur zur Verkehrswertermittlung von Gebäuden mit entsprechend „langer" Restnutzungsdauer zur Anwendung kommen. Andererseits entstünde ein Systembruch, denn die Höhe des Liegenschaftszinssatzes ist von der Restnutzungsdauer abhängig. Der Verordnungsgeber hat deshalb mit § 11 Abs. 2 ausdrücklich die Berücksichtigung der Restnutzungsdauer vorgeschrieben.

5.4 Ableitung bei kurzer Restnutzungsdauer

Die vorgestellte vereinfachte Vorgehensweise zur empirischen Ableitung von Liegen- **82** schaftszinssätzen kann bei genauerer Betrachtung nur für Objekte mit langer Restnutzungsdauer der aufstehenden Gebäude Gültigkeit beanspruchen (RND > 50 Jahre). Zur Ableitung von Liegenschaftszinssätzen für Objekte mit kurzer Restnutzungsdauer ist es erforderlich, die **vollständige Formel des Liegenschaftszinssatzes** heranzuziehen. Sie hat folgende Form[8]:

---

7 BR-Drucks. 352/88, S. 51

8 Rendig in VR 1978, 254; Möckel in VR 1975, 129; Möckel in VR 1976, 91; Rehwald/Gaebel in Nachr. der nds. Kat.– und VermVw 1985, 287; aus dem englischsprachigen Schrifttum vgl. Wincott, Terminal Capitalisation Rates and Reasonabliness in The Appraisal Journal 1991, 253; Sommer/Kröll in GuG 1995, 290

$$p = \frac{RE \times 100}{KP} - \frac{100\,(q-1)}{q^n - 1} \times \frac{KP - BW}{KP}$$

↓	↓	↓
Näherungswert	Korrekturfaktor (tabelliert)	Gebäudewertanteil

Minderung

wobei

p = Liegenschaftszinssatz/100 = q – 1
q = Zinsfaktor = 1 + p
n = Restnutzungsdauer des Gebäudes
RE = Jährlicher Reinertrag des Grundstücks
KP = Kaufpreis (Ertragswert)
BW = Bodenwert

83 Die Besonderheit dieser Formel besteht darin, dass sich der Liegenschaftszinssatz gegenüber seiner Ableitung nach der vereinfachten Vorgehensweise für Objekte mit einer langen Restnutzungsdauer der aufstehenden Gebäude um einen iterativ zu ermittelnden Minderungsbetrag reduziert. **Die Reduktion kann je nach Restnutzungsdauer der aufstehenden Gebäude erheblich sein.** Ob dies bei den von den Gutachterausschüssen für Grundstückswerte abgeleiteten Liegenschaftszinssätzen tatsächlich berücksichtigt wird, kann in den meisten Fällen den Veröffentlichungen nicht entnommen werden. Hier müssen Defizite konstatiert werden, die schon erheblich ins Gewicht fallen können, wenn man sich die Sensibilität der Abhängigkeit der Ertragswertermittlung von dem „richtigen" Liegenschaftszinssatz vergegenwärtigt.

84 Für Grundstücke mit Gebäuden, die eine *kurze Restnutzungsdauer* (RND < 50 Jahre) aufweisen, gestaltet sich die empirische Liegenschaftszinsermittlung somit weitaus komplizierter. Die vorstehend abgeleitete Formel für die Ermittlung des Liegenschaftszinssatzes für Objekte mit langer Restnutzungsdauer des aufstehenden Gebäudes stellt hier lediglich einen **Näherungswert** dar, an den eine Minderung anzubringen ist. Dieser Minderungsbetrag ergibt sich durch Umkehrung des dem Ertragswertverfahren zu Grunde liegenden Rechenganges. In Abb. 13 ist die sich daraus ergebende Ausgangsformel für eine „spitze" Ermittlung des Liegenschaftszinssatzes dargestellt.

85 Zum **Minderungsbetrag** wird auf Folgendes hingewiesen:

– Mit *längerer* Restnutzungsdauer und höherem Liegenschaftszinssatz verringert sich die an dem Näherungswert anzubringende Minderung, so dass sie bei entsprechend hoher Restnutzungsdauer und hohem Liegenschaftszinssatz bedeutungslos wird und vernachlässigt werden kann.

– Bei *kurzer* Restnutzungsdauer muss hingegen, wie erwähnt, der Näherungswert gemindert werden: die amtliche Begründung zu § 11 spricht von der Einführung eines „Korrekturfaktors". Nach dem in Abb. 13 beschriebenen Verfahren ergibt sich die anzubringende Minderung aus dem Produkt des Gebäudewertanteils mit dem in Abb. 14 tabellierten Korrekturfaktor, der auch als reziproker Rentenfaktor bezeichnet werden kann.

86 Auf Grund der hier nicht näher zu erläuternden mathematischen Zusammenhänge ist die Minderung mit abnehmender Restnutzungsdauer im Wege der Iteration zu ermitteln. Das in Abb. 13 dargestellte Beispiel zeigt, dass sich der für ein Gebäude mit 30 Jahren Restnutzungsdauer näherungsweise mit 6 % berechnete Liegenschaftszinssatz bereits um nahezu 1 % vermindert! Berechnet man den Ertragswert auf der Grundlage der Ausgangsdaten des Beispiels (Abb. 13) und dem näherungsweise mit 6 % (falsch) ermittelten Liegenschaftszinssatz, so ergibt sich aus

Abb. 13: Ableitung des Liegenschaftszinssatzes (Beispiel)

**Ableitung des Liegenschaftszinssatzes
bei kurzer Restnutzungsdauer (RND < 50 Jahre)**

1. **Ausgangsformel** (wobei Kaufpreis = Ertragswert):

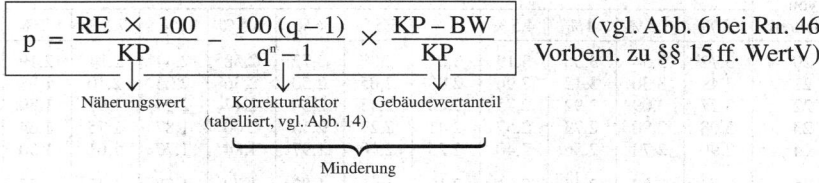

$$p = \frac{RE \times 100}{KP} - \underbrace{\frac{100\,(q-1)}{q^n - 1}}_{\substack{\text{Korrekturfaktor} \\ \text{(tabelliert, vgl. Abb. 14)}}} \times \underbrace{\frac{KP - BW}{KP}}_{\text{Gebäudewertanteil}}$$

(vgl. Abb. 6 bei Rn. 46
Vorbem. zu §§ 15 ff. WertV)

Näherungswert — Minderung

wobei

p = Liegenschaftszinssatz/100 = q − 1
q = Zinsfaktor = 1 + p
n = Restnutzungsdauer des Gebäudes
RE = Jährlicher Reinertrag des Grundstücks
KP = Kaufpreis (Ertragswert)
BW = Bodenwert

2. **Beispiel:**

a) **Ausgangsdaten:**

Restnutzungsdauer des Gebäudes	30 Jahre
Jährlicher Reinertrag des Grundstücks	30 000 €
Kaufpreis des bebauten Grundstücks	500 000 €
Gebäudewertanteil	300 000 €
Bodenwertanteil	200 000 €

b) **Ermittlung des Näherungswerts:**

$$p_{approx} = \frac{30\,000 \times 100}{500\,000} = 6 \text{ v. H.}$$

c) **Ermittlung des Liegenschaftszinssatzes:**

1. Iteration
Korrekturfaktor (reziproker Rentenfaktor) bei Restnutzungsdauer
n = 30 Jahren und p = 6 %:

$$\text{Korrekturfaktor} = \frac{100\,(q-1)}{q^n - 1} = 1{,}26 \qquad \text{(aus Tabelle, vgl. Abb. 14)}$$

$$p = 6 - 1{,}26 \times \frac{500\,000 - 200\,000}{500\,000} = 5{,}24 \text{ v. H.}$$

(Minderung = 0,76 v. H.)

2. Iteration
Korrekturfaktor bei Restnutzungsdauer
n = 30 Jahre und p = 5,24 %:
Korrekturfaktor = 1,46   (aus Tabelle, vgl. Abb. 14)

$$p_{exakt} = 6 - 1{,}46 \times \frac{500\,000 - 200\,000}{500\,000} = \mathbf{5{,}1 \text{ v. H.}} \text{ (Minderung = 0,9 v. H.)}$$

© W. Kleiber 02

Abb. 14: Tabelle des Korrekturfaktors für die Ableitung des Liegenschaftszinssatzes

Tabelle des Korrekturfaktors für die Ableitung des Liegenschaftszinssatzes

Reziproker Rentenfaktor bei einem Näherungszinssatz in Höhe von $\dfrac{100\,(q-1)}{q^n-1}$

Bei einer Restnutzungsdauer von ...Jahren	3 %	3,5 %	4 %	4,5 %	5 %	5,5 %	6 %	6,5 %	7 %	7,5 %	8 %	8,5 %
20	3,72	3,54	3,36	3,19	3,02	2,87	2,72	2,58	2,44	2,31	2,19	2,07
21	3,49	3,30	3,12	2,96	2,80	2,65	2,50	2,36	2,23	2,10	1,98	1,87
22	3,27	3,09	2,92	2,75	2,60	2,45	2,30	2,17	2,04	1,92	1,80	1,69
23	3,08	2,90	2,73	2,57	2,41	2,27	2,13	2,00	1,87	1,75	1,64	1,54
24	2,90	2,73	2,56	2,40	2,25	2,10	1,97	1,84	1,72	1,61	1,50	1,40
25	2,74	2,57	2,40	2,24	2,10	1,95	1,82	1,70	1,58	1,47	1,37	1,27
26	2,59	2,42	2,26	2,10	1,96	1,82	1,69	1,57	1,46	1,35	1,25	1,16
27	2,46	2,29	2,12	1,97	1,83	1,70	1,57	1,45	1,34	1,24	1,14	1,06
28	2,33	2,16	2,00	1,85	1,71	1,58	1,46	1,35	1,24	1,14	1,05	0,96
29	2,21	2,04	1,89	1,74	1,60	1,48	1,36	1,25	1,14	1,05	0,96	0,88
30	2,10	1,94	1,78	1,64	1,51	1,38	1,26	1,16	1,06	0,97	0,88	0,81
31	2,00	1,84	1,69	1,54	1,41	1,29	1,18	1,08	0,98	0,89	0,81	0,74
32	1,90	1,74	1,59	1,46	1,33	1,21	1,10	1,00	0,91	0,82	0,75	0,67
33	1,82	1,66	1,51	1,37	1,25	1,13	1,03	0,93	0,84	0,76	0,69	0,62
34	1,73	1,58	1,43	1,30	1,18	1,06	0,96	0,87	0,78	0,70	0,63	0,57
35	1,65	1,50	1,36	1,23	1,11	1,00	0,90	0,81	0,72	0,65	0,58	0,52
36	1,58	1,43	1,29	1,16	1,04	0,94	0,84	0,75	0,67	0,60	0,53	0,48
37	1,51	1,36	1,22	1,10	0,98	0,88	0,79	0,70	0,62	0,55	0,49	0,44
38	1,45	1,30	1,16	1,04	0,93	0,83	0,74	0,65	0,58	0,51	0,45	0,40
39	1,38	1,24	1,11	0,99	0,88	0,78	0,69	0,61	0,54	0,48	0,42	0,37
40	1,33	1,18	1,05	0,93	0,83	0,73	0,65	0,57	0,50	0,44	0,39	0,34
41	1,27	1,13	1,00	0,89	0,78	0,69	0,61	0,53	0,47	0,41	0,36	0,31
42	1,22	1,08	0,95	0,84	0,74	0,65	0,57	0,50	0,43	0,38	0,33	0,29
43	1,17	1,03	0,91	0,80	0,70	0,61	0,53	0,46	0,40	0,35	0,30	0,26
44	1,12	0,99	0,87	0,76	0,66	0,58	0,50	0,43	0,38	0,32	0,28	0,24
45	1,08	0,95	0,83	0,72	0,63	0,54	0,47	0,41	0,35	0,30	0,26	0,22
46	1,04	0,91	0,79	0,68	0,59	0,51	0,44	0,38	0,33	0,28		
47	1,00	0,87	0,75	0,65	0,56	0,48	0,41	0,36	0,30	0,26		
48	0,96	0,83	0,72	0,62	0,53	0,46	0,39	0,33	0,28			
49	0,92	0,80	0,69	0,59	0,50	0,43	0,37	0,31	0,26			
50	0,89	0,76	0,66	0,56	0,48	0,41	0,34	0,29	0,25			
51	0,85	0,73	0,63	0,53	0,45	0,38	0,32	0,27				
52	0,82	0,70	0,60	0,51	0,43	0,36	0,30	0,26				
53	0,79	0,67	0,57	0,48	0,41	0,34	0,29					
54	0,76	0,65	0,55	0,46	0,39	0,32	0,27					
55	0,73	0,62	0,52	0,44	0,37	0,31	0,25					
56	0,71	0,60	0,50	0,42	0,35	0,29						
57	0,68	0,57	0,48	0,40	0,33	0,27						
58	0,66	0,55	0,46	0,38	0,31	0,26						
59	0,64	0,53	0,44	0,36	0,30	0,24						
60	0,61	0,51	0,42	0,35	0,28	0,23						
61	0,59	0,49	0,40	0,33	0,27							
62	0,57	0,47	0,39	0,31	0,26							
63	0,55	0,45	0,37	0,30	0,25							
64	0,53	0,44	0,35	0,29	0,24							
65	0,51	0,42	0,34	0,27	0,22							
70	0,43	0,35	0,27	0,22	0,17							
75	0,37	0,29	0,22	0,17	0,13							
80	0,31	0,24	0,18	0,14	0,10							
85	0,26	0,20	0,15	0,11	0,08							

— W. Kleiber 02 —

$$EW = (RE - p \times BW) \times V + BW$$

(vgl. Vorbem. zu den §§ 15 bis 20 WertV Rn. 46 ff.)

ein Ertragswert von

$$EW = \left(30\,000 - \frac{6 \times 200\,000}{100}\right) \times 13{,}76 + 200\,000$$

$$EW = 447\,680\ \text{€}\ \text{an Stelle von } 500\,000\ \text{€}$$

Unterbleibt also die Minderung, so verfälscht sich das Ergebnis um über 10 % des Verkehrswerts.

Die dargelegten Zusammenhänge sind darin begründet, dass der **Vervielfältiger** und damit **87**
der Ertragswert bei Objekten mit kurzer Restnutzungsdauer zunächst stark ansteigt und
**erst bei längerer Restnutzungsdauer gegenüber Änderungen der Restnutzungsdauer
RND unempfindlich** wird (vgl. Abb. 15):

**Abb. 15: Abhängigkeit des Vervielfältigers von der Restnutzungsdauer und dem
Liegenschaftszinssatz**

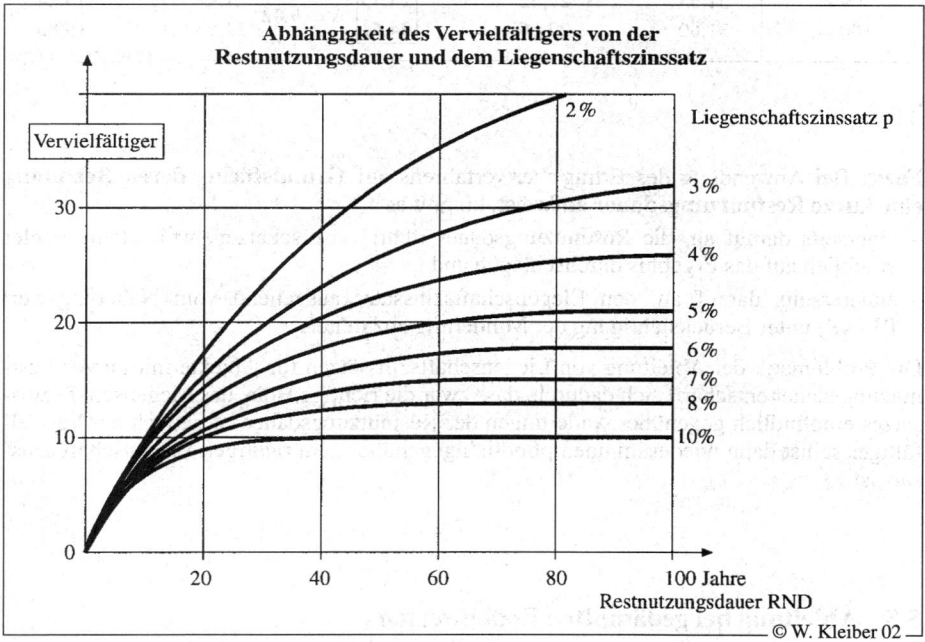

Die Abbildung zeigt, dass der Vervielfältiger V und damit der **Ertragswert mit abneh-** **88**
mendem Liegenschaftszinssatz p anwächst. Zum Verständnis dieses Zusammenhangs
sei darauf hingewiesen, dass bei gleich bleibendem Reinertrag die Verzinsung einer Liegenschaft desto geringer ist, je größer der Verkehrswert eines Grundstücks und damit das in
ihn investierte Kapital ist.

Die Abbildung zeigt auch, dass der Vervielfältiger und damit auch der **Ertragswert im** **89**
**Bereich einer kurzen Restnutzungsdauer bei gleich bleibendem Liegenschaftszinssatz
stark ansteigt** und Fehler bei der „richtigen" Abschätzung der Restnutzungdauer erheblich
zu Buche schlagen; dies zeigt sich auch, wenn man die Tafeldifferenzen der Vervielfältigertabelle vergleicht (Abb. 16).

Abb. 16: Auszug aus der Vervielfältigertabelle

Rest-nutzungs-dauer RND (Jahre)	Vervielfältiger bei einem Liegenschaftszinssatz p von (v. H.)				
	3,0	3,5	4,0	4,5	5,0
1	0,97	0,97	**0,96** $\Delta = 0{,}93$	0,96	0,95
2	1,91	1,90	**1,89**	1,87	1,86
3	2,83	2,80	2,78	2,75	2,72
4	3,72	3,67	3,63	3,59	3,55
5	4,58	4,52	4,45	4,39	4,33
.	.		.		.
96	31,38	27,52	24,42	21,90	19,82
97	31,44	27,56	24,44	21,91	19,82
98	31,49	27,59	24,46	21,93	19,83
99	31,55	27,62	**24,49** $\Delta = 0{,}02$	21,94	19,84
100	31,60	27,66	**24,51**	21,95	19,85

© W. Kleiber 02

Fazit: Bei Anwendung des Ertragswertverfahrens auf **Grundstücke, deren Bebauung eine kurze Restnutzungsdauer aufweist**, kommt es

– einerseits darauf an, die Restnutzungsdauer richtig abzuschätzen, weil kleine Fehler erheblich auf das Ergebnis durchschlagen und

– andererseits darauf an, den Liegenschaftszinssatz (ausgehend vom Näherungswert RE/KP) unter Berücksichtigung der Minderung abzuleiten.

Die Problematik der Ableitung von Liegenschaftszinssätzen für Objekte mit kurzer Restnutzungsdauer entschärft sich dadurch, dass zwar die richtige Höhe des Liegenschaftszinssatzes empfindlich gegenüber Änderungen der Restnutzungsdauer ist, jedoch der Vervielfältiger selbst dann wiederum unempfindlich gegenüber dem richtigen Liegenschaftszinssatz ist.

5.5   Ableitung bei gedämpften Bodenwerten

▶ *Allgemeines zu gedämpften Bodenwerten vgl. § 13 WertV Rn. 86 ff.*

90   Auf einen weiteren vernachlässigten Aspekt der Liegenschaftszinssatzableitung soll in Bezug auf jene Gutachterausschüsse für Grundstückswerte hingewiesen werden, die in ihrer Praxis mit sog. gedämpften Bodenwerten arbeiten. Wenn bei einer solchen Praxis das Ertragswertverfahren auf der Grundlage gedämpfter Bodenwerte zur Anwendung kommt, muss unter dem **Grundsatz der Modellkonformität** auch bei der Ableitung von Liegenschaftszinssätzen von gedämpften Bodenwerten ausgegangen werden; andererseits würde hier ein systemwidriger Modellbruch vorliegen. Die Ableitung von Liegenschaftszinssätzen für Immobilien mit kurzer Restnutzungsdauer auf der Grundlage gedämpfter Bodenwerte führt zu einem niedrigeren Liegenschaftszinssatz als bei Ableitung auf der Grundlage ungedämpfter Bodenwerte.

Beispiel: **91**

Kaufpreis KP für das bebaute Grundstück	500 000 €
Bodenwert BW (ungedämpft) für das unbebaute Grundstück	200 000 €
Bodenwert BW gedämpft	100 000 €
Reinertrag RE per annum	30 000 €
Restnutzungsdauer	30 Jahre

Die Ableitung des Liegenschaftszinssatzes für dieses Objekt führt nach der vorgestellten Formel auf der Grundlage
– des ungedämpften Bodenwerts zu   p = 5,13 %
– des gedämpften Bodenwerts zu   p = 4,75 %

Die **Praxis der Bodenwertdämpfung führt zu gedämpften Liegenschaftszinssätzen**. **92**
Für das Ergebnis der Ertragswertermittlung ist die vorgenommene Bodenwertdämpfung belanglos, wenn man im System bleibt. Der Ertragswert auf der Grundlage der unterschiedlich angesetzten Bodenwerte, dem jeweils zuzuordnenden Liegenschaftszinssatz und dem sich dafür ergebenden Vervielfältiger muss in beiden Fällen identisch sein (vgl. § 13 WertV Rn. 140).

Ertragswert EW:

$$EW = (RE - p \times BW) \times V + BW$$

bei

$BW_{ungedämpft}$	= 200 000 €	$BW_{gedämpft}$	= 100 000 €
p_1	= 5,13 v. H.	p_2	= 4,75 v. H.
V_1	= 15,14725	V_2	= 15,82042
	EW ≈ 500 000 €	↔	**EW ≈ 500 000 €**

Ein **unzulässiger Systembruch** wäre es dagegen, **wenn man den Liegenschaftszinssatz** **93**
auf der Grundlage ungedämpfter Bodenwerte ableiten und ansonsten **im Rahmen des Ertragswertverfahrens gedämpfte Bodenwerte fordern** würde. Ebenso unzulässig ist es auch, den Liegenschaftszinssatz auf der Grundlage gedämpfter Bodenwerte abzuleiten und dann ungedämpfte Bodenwerte in das Ertragswertverfahren einzuführen.

Im Falle einer Dämpfung der Bodenwerte ist es daher unverzichtbar, dies bei der Ableitung **94**
der Liegenschaftszinssätze unberücksichtigt zu lassen und bei der Veröffentlichung eindeutig darauf hinzuweisen. **Des Weiteren müsste dann** auch **offen gelegt werden,** *wie* **die Bodenwertdämpfung vorgenommen wurde**, damit die Anwender dieser Liegenschaftszinssätze im Rahmen des Ertragswertverfahrens den Bodenwert nach demselben Maßstab „dämpfen", wie dies bei der Ableitung des Liegenschaftszinssatzes vorgenommen wurde. Beide Methoden führen dann zu ein und demselben Ergebnis. Die Dämpfung stellt damit letztlich einen zusätzlichen aber für das Ergebnis belanglosen Rechenschritt dar.

In jedem Fall muss die **Modellkonformität bei der Ableitung und Anwendung des Lie-** **95**
genschaftszinssatzes gewahrt werden. Im Übrigen ist aber bislang auch von den wenigen Gutachterausschüssen für Grundstückswerte, die sich der Bodenwertdämpfung verschrieben haben, bislang wohl noch nie eindeutig bei der Veröffentlichung ihrer empirisch abgeleiteten Liegenschaftszinssätze darauf hingewiesen worden, dass es sich um gedämpfte Liegenschaftszinssätze handelt. Dies legt den Verdacht eines systematischen Modellbruchs bei Anwendung des Ertragswertverfahrens nahe.

Anlage 1

96 Liegenschaftszinssätze für Grundstücke mit Mietwohn- und Geschäftshäusern in Berlin

(Bek. des SenBauWohnV vom 22. 11. 1996 ABl. 1996, 4098)

Anhand der von der Geschäftsstelle des Gutachterausschusses für Grundstückswerte in Berlin geführten Kaufpreissammlung sind aus dem Kaufpreismaterial der Jahre 1993 bis 1995, bei dem anhand der Eigentümerangaben die Ertragssituation bekannt war, mithilfe mathematisch statistischer Analysen gemäß § 11 WertV die nachstehenden durchschnittlichen Liegenschaftszinssätze für Grundstücke mit Mietwohn- und Geschäftshäusern mit einem gewerblichen Mietanteil bis 70 % nach den Grundsätzen des Ertragswertverfahrens ermittelt worden.

Die Bodenwerte der verwendeten Kauffälle wurden in der Untersuchung auf den jeweiligen Kaufzeitpunkt unter Berücksichtigung der tatsächlichen Geschossflächenzahl (GFZ) mithilfe der von der Geschäftsstelle des Gutachterausschusses ermittelten GFZ-Umrechnungskoeffizienten (ABl. vom 10. 2. 1995) umgerechnet (vgl. § 14 WertV Rn. 57).

Der Ableitung der Reinerträge aus den Jahresroherträgen (brutto) liegen folgende jährliche Ansätze von Bewirtschaftungskosten (§ 18 WertV) zu Grunde:

• **Betriebskosten** nach Angaben der Eigentümer (Ausnahme: Angegebene Betriebskosten außerhalb des 70-%-Erwartungsbereichs (vgl. Tabellen) wurden durch Mittelwerte ersetzt)

• **Verwaltungskosten** nach Angaben der Eigentümer (Ausnahme: Angegebene Verwaltungskosten außerhalb des 70-%-Erwartungsbereichs (vgl. Tabellen) wurden durch Mittelwerte ersetzt)

• **Mietausfallwagnis** 2 % der jährlichen Brutto-Kaltmiete für Wohnnutzung und 4 % der jährlichen Brutto-Kaltmiete für gewerbliche und sonstige Nutzung

• **Instandhaltungskosten** gemäß der (nachstehenden) Aufstellung (vgl. Anl. 1 § 18 WertV Rn. 123)

Dem Kaufpreismaterial wurde bei der Analyse eine jeweilige Restnutzungsdauer entsprechend nachfolgender Tabelle zu Grunde gelegt:

Bau-alter	Restnutzungsdauer bei Zustandsnote			Ausstattung und Zu- und Abschläge
	1 gut	**2** normal	**3** schlecht	
0	100	100	–	**Neubauten**
10	90	90	–	*Normalausstattung:*
20	80	80	–	ZH, Bäder, Warmwasser,
30	70	70	60	Personenaufzug
40	60	60	50	
50	50	50	40	**Zwischenkriegsbauten**
60	45	40	35	*Normalausstattung:*
70	40	35	30	OH, IT, Bäder
75	40	35	30	*Zuschlag 5 Jahre:* ZH

Bau-alter	Restnutzungsdauer bei Zustandsnote			Ausstattung und Zu- und Abschläge
	1 gut	2 normal	3 schlecht	
80	35	30	25	
85	35	30	25	**Altbauten**
90	30	25	20	*Normalausstattung:*
95	30	25	20	OH, IT, ggf. tlw. PT
100	25	20	15	*Zuschlag 5 Jahre:*
105	25	20	15	ZH oder Bäder
110	25	20	15	*Zuschlag 10 Jahre:*
115	25	20	15	ZH und Bäder
120	20	15	10	*Abschlag 5 Jahre:* nur PT
125	20	15	10	
130	20	15	10	*ZH: Zentralheizung*
135	–	15	10	*OH: Ofenheizung*
140	–	–	10	*IT: Innentoilette*
145	–	–	10	*PT: Podesttoilette*
150	–	–	10	

Die durchschnittlichen Analysen ergaben, dass für die Ermittlung der Liegenschaftszins-sätze eine Unterteilung der Bezirke in vier Bezirksgruppen erforderlich war, um unter-schiedliche Zinsniveaus zu berücksichtigen. Es wurden folgende Gruppen gebildet (Für die Bezirke Marzahn und Hellersdorf ist mangels geeigneter Kauffälle keine Aussage mög-lich.):

Bezirksgruppe	
1	Tiergarten, Kreuzberg, Wedding, Spandau, Neukölln, Reinickendorf
2	Charlottenburg, Schöneberg, Steglitz, Wilmersdorf, Zehlendorf, Tempelhof
3	Mitte, Prenzlauer Berg, Friedrichshain, Treptow, Lichtenberg, Hohenschönhausen
4	Köpenick, Weißensee, Pankow

Erstmalig werden neben den Liegenschaftszinssätzen auch

- die mittleren Werte (Mediane) derjenigen Daten, die bei der Berechnung der Liegen-schaftszinssätze aus dem Kaufpreismaterial eingeflossen sind und
- die 70-%-Erwartungsbereiche für die Einzelwerte (d. h. 70 % aller verwendeten Daten lagen in diesem Bereich)

veröffentlicht.

Die Angabe dieser Datenbereiche soll allein dem Sachverständigen ermöglichen, bei Wert-ermittlungen, in denen Einzelansätze außerhalb des hier verwendeten Datenmaterials lie-gen, Risiken bei der Verwendung der Liegenschaftszinssätze einzuschätzen. Die Daten sind **nicht** dazu geeignet, als ortsübliche Durchschnittswerte verwendet zu werden.

Der aus einer Stichprobe errechnete Mittelwert ist ein Schätzwert für den wahren Wert. Daher ist zusätzlich in der Tabelle für die Liegenschaftszinssätze als Genauigkeitsmaß der Bereich angegeben, der bei einer statistischen Sicherheit von 95 % den wahren Wert enthält (Konfidenzbereich).

Baujahre bis 1918 (Altbauten)

Daten:	Wohnungs-mieten[1]	Gewerbe-mieten[1]	Durchschnitts-mieten (je Objekt)[1]	Betriebs-kosten[2]	Verwaltungs-kosten[3]
Bezirksgruppe 1	6,96 5,31–9,78	15,23 6,78–22,35	7,55 5,66–10,88	1,65 1,30–2,07	6,50 4,80–6,50
Bezirksgruppe 2	7,50 5,80–10,21	17,07 8,72–28,67	8,12 6,38–12,05	1,73 1,38–2,19	5,80 4,50–7,30
Bezirksgruppen 1/2-modernisiert	8,60 7,02–11,97	18,13 7,93–24,64	8,79 7,61–12,83	2,01 1,71–2,52	5,50 3,50–7,50
Bezirksgruppe 3	5,77 5,09–6,40	11,25 6,78–19,00	6,17 5,33–7,43	1,64 1,26–1,94	6,20 5,00–8,50
Bezirksgruppe 4	5,77 5,01–6,31	16,38 5,95–23,20	6,14 5,11–8,00	1,54 1,18–1,86	6,50 4,90–9,30

1 in DM/m² – **brutto** monatlich
2 in DM/m² – monatlich
3 jährlich in % der Jahresrohmiete

Liegenschaftszinssätze

Rein-ertragsan-teil (in %)	15	20	25	30	35	40	45	50	55	60	65	70
Bezirks-gruppe 1[1]	1,3 1,0–1,7	1,6 1,3–1,9	1,9 1,7–2,2	2,2 2,0–2,4	2,5 2,3–2,7	2,8 2,7–2,9	3,1 3,0–3,2	3,4 3,3–3,5	3,7 3,5–3,8	4,0 3,8–4,1	4,2 4,0–4,4	4,5 4,3–4,8
Bezirks-gruppe 2	–	0,9 0,5–1,4	1,3 0,9–1,6	1,6 1,3–1,9	1,9 1,7–2,2	2,3 2,1–2,5	2,6 2,4–2,8	2,9 2,8–3,1	3,3 3,1–3,5	3,6 3,4–3,8	3,9 3,7–4,2	4,3 3,9–4,6
Bezirks-gruppe 3	1,3 1,0–1,6	1,7 1,4–1,9	2,1 1,9–2,3	2,5 2,3–2,7	2,9 2,8–3,0	3,3 3,2–3,4	3,7 3,6–3,9	4,1 4,0–4,3	4,5 4,3–4,8	5,0 4,7–5,2	5,4 5,0–5,7	–
Bezirks-gruppe 4	0,3 0,4–0,9	0,7 0,2–1,2	1,2 0,8–1,6	1,7 1,3–2,0	2,1 1,9–2,4	2,6 2,3–2,9	3,1 2,8–3,4	3,6 3,2–4,0	4,0 3,6–4,5	4,5 3,9–5,1	5,0 4,3–5,7	–

1 einschließlich modernisierter Altbauten

Baujahre 1919 bis 1948 (Zwischenkriegsbauten)

Daten:	Wohnungs-mieten[1]	Gewerbe-mieten[1]	Durchschnitts-mieten (je Objekt)[1]	Betriebs-kosten[2]	Verwaltungs-kosten[3]
Bezirksgruppen 1 und 2	7,61 6,28–10,00	20,35 9,84–102,68	8,07 7,20–10,34	2,11 1,47–2,53	6,50 5,80–9,50
Bezirksgruppen 3 und 4	6,34 5,29–7,18	8,00 –[4]	6,48 5,39–7,61	1,63 –[4]	6,00 –[4]

1 in DM/m² – **brutto** monatlich
2 in DM/m² – monatlich
3 jährlich in % der Jahresrohmiete
4 zu geringe Fallzahlen

Liegenschaftszinssätze

Rein-ertragsanteil (in %)	15	20	25	30	35	40	45	50	55	60	65	70
Bezirks-gruppen 1 und 2	–	–	–	**2,3** 1,5–3,0	**2,5** 1,9–3,1	**2,7** 2,2–3,2	**2,9** 2,6–3,2	**3,1** 2,8–3,4	**3,3** 3,0–3,7	**3,5** 3,1–4,0	**3,7** 3,1–4,3	–
Bezirks-gruppen 3 und 4	**1,3** 0,8–2,3	**1,5** 1,0–2,4	**1,8** 1,3–2,5	**2,1** 1,6–2,7	**2,4** 2,0–2,9	**2,8** 2,3–3,3	**3,2** 2,6–3,9	**3,7** 2,8–4,9	**4,3** 3,0–6,1	**4,9** 3,1–7,8	–	–

Baujahre nach 1948 (Neubauten)

Nur für Bezirksgruppen 1 und 2 –
(für Bezirksgruppen 3 und 4 lag kein ausreichendes Datenmaterial vor!)

Daten:	Wohnungs-mieten[1]	Gewerbe-mieten[1]	Durchschnitts-mieten (je Objekt)[1]	Betriebs-kosten[2]	Verwaltungs-kosten[3]
Ohne Förderung	**15,53** 8,89–24,79	**30,16** 16,16–54,93	**17,83** 10,13–25,78	**3,07** 1,76–4,00	**4,80** 2,70–5,60
Sozialer Wohnungsbau bis 1968	**7,94** 6,53–9,98	**32,47** –[4]	**8,19** 6,63–10,20	**2,21** 1,80–2,68	**6,60** 4,20–8,60
Sozialer Wohnungsbau bis 1968, öffentliche Mittel abgelöst	**8,23** 6,47–11,64	–[4]	**8,23** 6,47–12,00	**2,10** –[4]	**7,50** –[4]

1 in DM/m² – **brutto** monatlich
2 in DM/m² – monatlich
3 jährlich in % der Jahresrohmiete
4 zu geringe Fallzahlen

Liegenschaftszinssätze

Rein-ertragsanteil (in %)	25	30	35	40	45	50	55	60	65	70	75	80
Ohne Förderung	**1,9** 1,2–1,7	**2,1** 1,4–2,8	**2,3** 1,6–3,0	**2,5** 1,8–3,1	**2,7** 2,1–3,2	**2,9** 2,4–3,4	**3,1** 2,7–3,5	**3,4** 3,0–3,7	**3,7** 3,4–4,0	**4,1** 3,8–4,3	**4,5** 4,1–4,8	**5,0** 4,5–5,5
Sozialer Wohnungsbau bis 1968	**1,2** 0,9–1,6	**1,6** 1,3–2,0	**2,0** 1,7–2,3	**2,4** 2,2–2,6	**2,7** 2,5–3,0	**3,1** 2,9–3,4	**3,5** 3,1–3,9	**3,9** 3,4–4,4	**4,2** 3,6–4,9	**4,6** 3,9–5,4	–	–
Sozialer Wohnungsbau bis 1968, öffentliche Mittel abgelöst	–	–	**2,1** 1,8–2,4	**2,6** 2,3–2,8	**3,1** 2,8–3,4	**3,6** 3,2–4,0	**4,1** 3,5–4,8	–	–	–	–	–

§ 12 WertV
Vergleichsfaktoren für bebaute Grundstücke

(1) [1]**Zur Ermittlung von Vergleichsfaktoren für bebaute Grundstücke sind die Kaufpreise gleichartiger Grundstücke heranzuziehen. Gleichartige Grundstücke sind solche, die insbesondere nach Lage und Art und Maß der baulichen Nutzung sowie Größe und Alter der baulichen Anlagen vergleichbar sind.**

(2) Die Kaufpreise nach Absatz 1 sind auf den nachhaltig erzielbaren jährlichen Ertrag (Ertragsfaktor) oder auf eine sonstige geeignete Bezugseinheit, insbesondere auf eine Raum- oder Flächeneinheit der baulichen Anlage (Gebäudefaktor), zu beziehen.

(3) Soll bei der Ermittlung des Verkehrswerts bebauter Grundstücke nach dem Vergleichswertverfahren der Wert der Gebäude getrennt von dem Bodenwert ermittelt werden, können nach Maßgabe des Absatzes 2 auch die auf das jeweilige Gebäude entfallenden Anteile der Kaufpreise gleichartig bebauter und genutzter Grundstücke auf den nachhaltig erzielbaren jährlichen Ertrag oder auf eine der sonstigen geeigneten Bezugseinheiten bezogen werden.

---

1 Allgemeines

1   Von zunehmender Bedeutung für die Praxis der Wertermittlung sind die in § 12 geregelten Vergleichsfaktoren für bebaute Grundstücke. Wie sich schon aus ihrer Bezeichnung ergibt, handelt es sich hierbei um Faktoren, mit denen sich der **Verkehrswert bebauter Grundstücke im Wege des Preisvergleichs ableiten** lässt. Nach § 13 Abs. 3 Satz 1 „können" diese Faktoren neben oder an Stelle von Vergleichspreisen für bebaute Grundstücke zur Anwendung kommen.

2   Vergleichsfaktoren für bebaute Grundstücke lassen sich als **Multiplikatoren** (Vervielfältiger) definieren, deren Anwendung auf bestimmte wertrelevante Ausgangsdaten des Wertermittlungsobjektes – wie dessen jährlicher Ertrag oder Geschossfläche – den Grundstückswert ergeben.

3   Nach § 12 Abs. 2 ist bei der **Ableitung von Vergleichsfaktoren für bebaute Grundstücke zu unterscheiden zwischen Ertrags- und Gebäudefaktoren:**

– *Ertragsfaktoren* werden ermittelt, indem die Kaufpreise auf den nachhaltig erzielbaren jährlichen Ertrag bezogen werden, wobei die Vorschrift sowohl die jährlichen Reinerträge als auch die jährlichen Roherträge als Bezugsgrundlage zulässt.

– *Gebäudefaktoren* werden ermittelt, indem die Kaufpreise auf eine „sonstige geeignete Bezugsgrundlage", insbesondere auf eine Raum- oder Flächeneinheit der baulichen Anlage, bezogen werden[1].

---

1   Weiterführendes Schrifttum; Udart in VR 1976, 291; Schindler/Engelbert, Mathematische Statistik bei der Ermittlung von Grundstückswerten, Hannover, S. 101ff.; Meissner in AVN 1968, 29; Bister in VR 1978, 124; Rüffel in Nachr. der rh.-pf. Kat.- und VermVw 1980, 26; Westhoff in NÖV 1988, 153

Abb. 1: Übersicht über die Vergleichsfaktoren bebauter Grundstücke

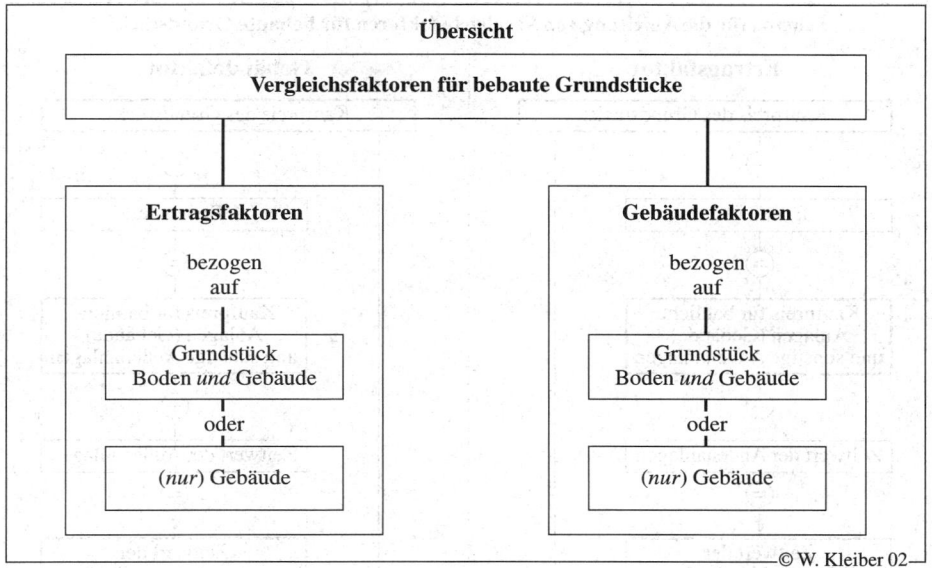

© W. Kleiber 02

Während der **Ertragsfaktor** vor allem dann in Betracht kommt, wenn für die Wertbeurteilung des Grundstücks üblicherweise der nachhaltig erzielbare Ertrag im Vordergrund steht, kommt der Gebäudefaktor vor allem dann in Betracht, wenn für die Wertermittlung des Grundstücks der in der baulichen Anlage verkörperte Sachwert von maßgebender Bedeutung ist (vgl. § 7 WertV Rn. 70). **4**

Ertrags- bzw. Gebäudefaktor werden nach § 12 ermittelt, indem Kaufpreise auf den nachhaltig erzielbaren jährlichen Ertrag (Ertragsfaktor) oder auf eine sonstige geeignete Bezugseinheit, insbesondere auf eine Raum- oder Flächeneinheit der baulichen Anlage (Gebäudefaktor), bezogen werden (vgl. Abb. 2, innere Stränge). Dabei sollen die Vergleichsfaktoren aus **Kaufpreisen differenziert nach Lage, Art und Maß der baulichen Nutzung, Größe der Grundstücke und Restnutzungsdauer der baulichen Anlagen** abgeleitet werden. Ist ein Grundstück wesentlich größer, als es einer der baulichen Anlage angemessenen Nutzung entspricht, und ist eine zusätzliche Nutzung oder Verwertung einer Teilfläche zulässig und möglich, ist der auf die Teilfläche entfallende Kaufpreisanteil bei der Ableitung der Vergleichsfaktoren für bebaute Grundstücke entsprechend der Regelung des § 16 Abs. 2 Satz 3 nicht zu berücksichtigen. **5**

Die **Vergleichsfaktoren für bebaute Grundstücke** können nach § 12 Abs. 3 im Übrigen (allein) **bezogen auf das Gebäude** ermittelt werden. Die Ableitung dieser Faktoren vollzieht sich wie vorstehend, wobei allerdings vom Kaufpreis zunächst der Bodenwert des Grundstücks und der Wert der Außenanlagen abgezogen werden müssen (vgl. Abb. 2, äußere Stränge). Das Verfahren kommt vor allem dann in Betracht, wenn für die entsprechende Gruppe „gleichartiger Grundstücke" **6**

– unterschiedliche Bodenwerte oder

– unterschiedliche Grundstücksgrößen

üblich sind und bei der Verkehrswertermittlung unter Heranziehung von Vergleichsfaktoren diesbezüglich Abweichungen berücksichtigt werden müssen.

Abb. 2: Ableitung von Vergleichsfaktoren für bebaute Grundstücke

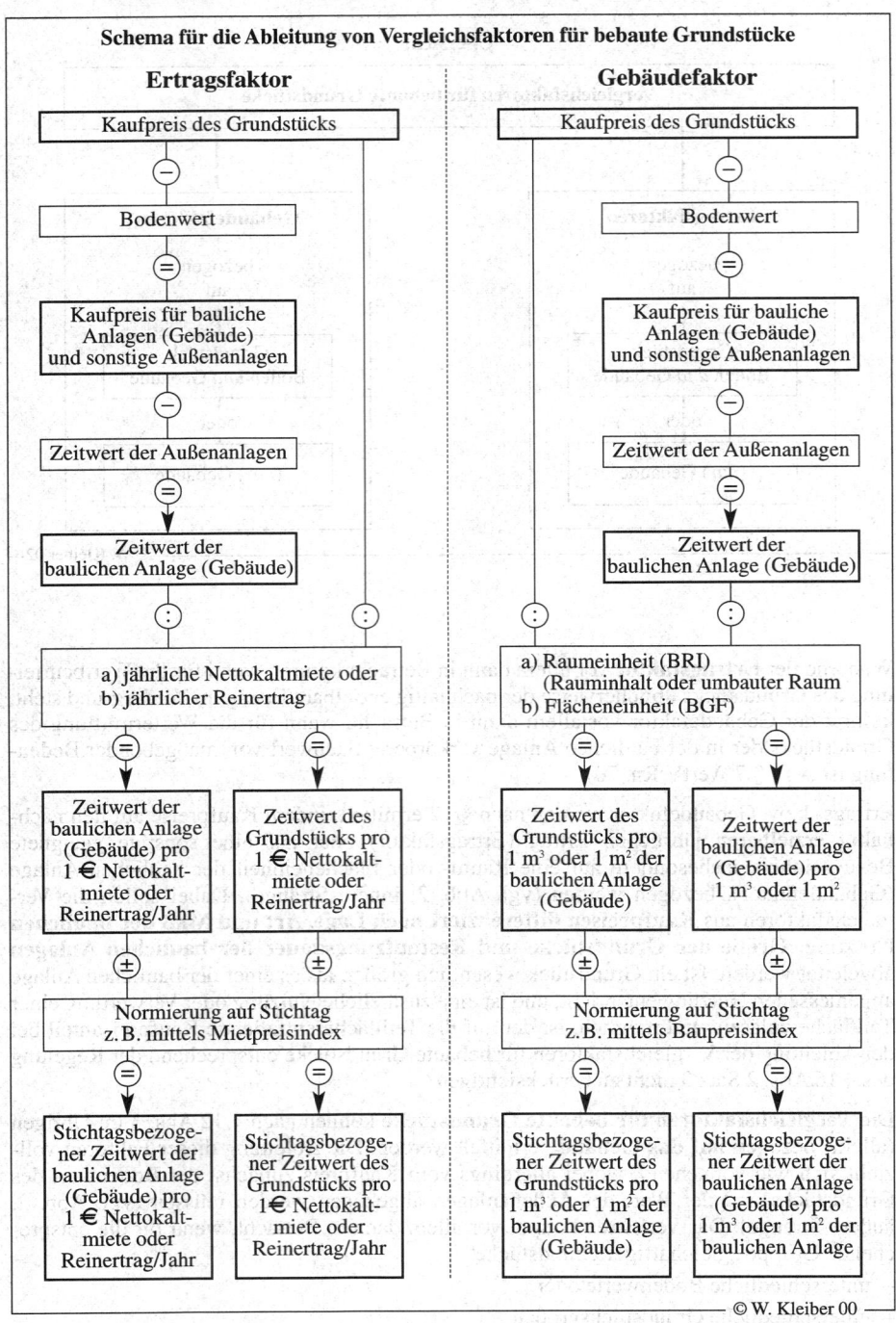

Schema für die Ableitung von Vergleichsfaktoren für bebaute Grundstücke

© W. Kleiber 00

§ 12 regelt nur die Ableitung und nicht die Anwendung von **Vergleichsfaktoren für** 7
bebaute Grundstücke. Nach Abs. 1 dieser Vorschrift sind sie jeweils **aus Kaufpreisen**
gleichartiger Grundstücke abzuleiten, d. h. aus Kaufpreisen von Grundstücken, die insbesondere nach Lage, Art und Maß der baulichen Nutzung, Größe und Alter der baulichen
Anlagen vergleichbar sind. Spiegelbildlich hierzu können die abgeleiteten Vergleichsfaktoren zur Verkehrswertermittlung nach Maßgabe des § 13 Abs. 3 nur herangezogen werden,
wenn das zu wertende Grundstück ebenfalls mit den Grundstücken vergleichbar ist, aus
denen Vergleichsfaktoren abgeleitet wurden (vgl. Rn. 5).

2 Ertragsfaktor

Der Ertragsfaktor wird mit Abs. 2 als **Quotient aus Kaufpreisen von Grundstücken und** 8
den diesen jeweils zuzuordnenden Jahresrein- oder -roherträgen definiert. Für die Ableitung der Ertragsfaktoren schreibt Abs. 1 vor, dass sie jeweils aus Kaufpreisen „gleichartiger"
Grundstücke zu ermitteln sind, d. h. aus Kaufpreisen von Grundstücken, die insbesondere
nach Lage, Art und Maß der baulichen Nutzung, Größe und Alter der baulichen Anlagen vergleichbar sind. Spiegelbildlich hierzu können die abgeleiteten Vergleichsfaktoren zur Verkehrswertermittlung nach Maßgabe des § 13 Abs. 3 nur herangezogen werden, wenn das zu
wertende Grundstück ebenfalls mit den Grundstücken vergleichbar ist, aus denen Ertragsfaktoren abgeleitet wurden. Das ausgewogene Mittel aus einer ausreichenden Zahl n nach
vorstehenden Grundsätzen ermittelter Einzelergebnisse ergibt dann den Ertragsfaktor:

$$\text{Ertragsfaktor}_i = \frac{\text{Kaufpreis}_i}{\text{Jahresrein- oder -rohertrag}_i}$$

$$\text{Ertragsfaktor} = \frac{\sum \text{Ertragsfaktor}_i}{n}$$

wobei n = Anzahl der Einzelergebnisse

Abb. 3: Ertragsfaktoren für Mehrfamilien und gemischt genutzte Grundstücke in
Abhängigkeit von der Monatsmiete in Offenbach a. M.

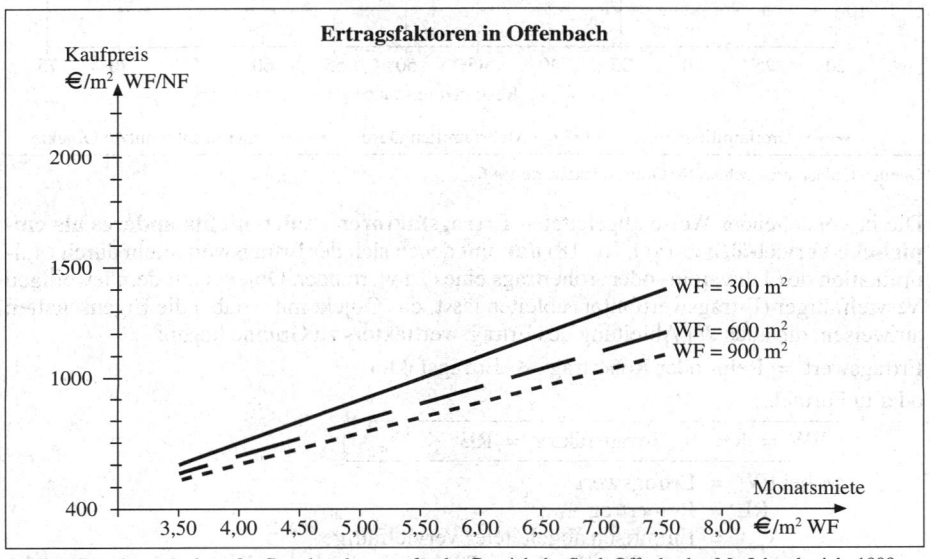

Quelle: Gutachterausschuss für Grundstückswerte für den Bereich der Stadt Offenbach a.M., Jahresbericht 1999

Sollen **Ertragsfaktoren** gemäß Abs. 3 (allein) **bezogen auf den Gebäudewertanteil** ermittelt werden, muss in der vorstehenden Formel an Stelle des Kaufpreises der auf das Gebäude entfallende Kaufpreisanteil eingeführt werden, indem der Kaufpreis um den gesondert zu ermittelnden Bodenwert vermindert wird (KP_i–BW_i).

10 Des Weiteren wird unterschieden zwischen
– Rohertragsfaktoren und
– Reinertragsfaktoren.

11 **Rohertragsfaktoren** gewinnt man, indem die **Kaufpreise jeweils ins Verhältnis zu den Roherträgen** (Jahresnettokaltmiete) gesetzt werden, während zur Ermittlung von **Reinertragsfaktoren** zunächst die jeweiligen Reinerträge (durch Abzug der nicht umgelegten Bewirtschaftungskosten von der Jahresnettokaltmiete nach den §§ 16 bis 18) ermittelt und wiederum ins Verhältnis zu den Kaufpreisen gesetzt werden. Auf diese Weise lässt sich die Genauigkeit der Verkehrswertermittlung unter Anwendung solcher Ertragsfaktoren regelmäßig steigern, denn vergleichsstörende Momente werden damit „ausgeschaltet".

Abb. 4: Rohertragsfaktoren in Abhängigkeit von der wirtschaftlichen Restnutzungsdauer in Trier

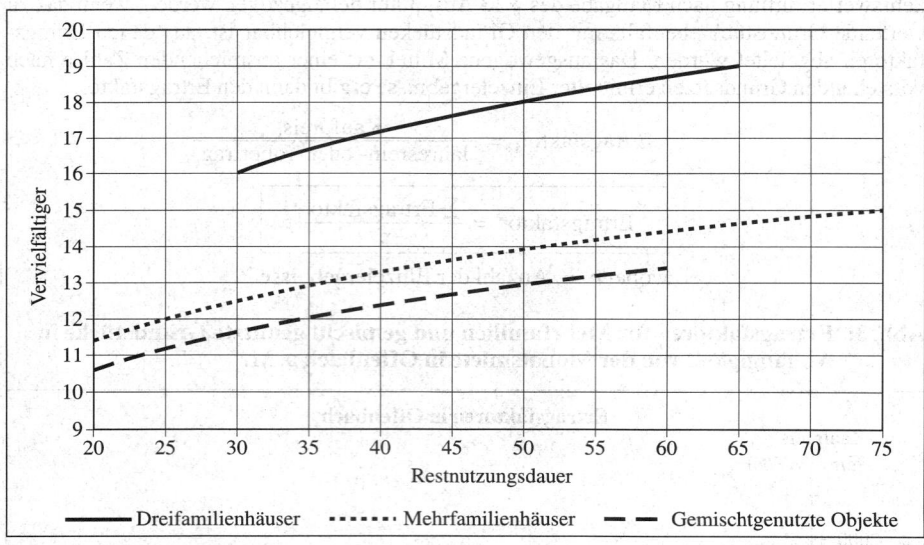

Quelle: Gutachterausschuss für Grundstückswerte 1996

12 Die in vorstehender Weise abgeleiteten **Ertragsfaktoren stellen nichts anderes als empirische Vervielfältiger** (vgl. Rn. 18) **dar,** mit denen sich der Ertragswert allein durch Multiplikation des Jahresrein- oder -rohertrags eines zu wertenden Objekts mit dem jeweiligen Vervielfältiger (Ertragswertfaktor) ableiten lässt; das Objekt muss dabei die Eigenschaften aufweisen, die auch der Ableitung des Ertragswertfaktors zu Grunde liegen:

Ertragswert = Rein- oder Rohertrag × Ertragsfaktor

oder in Formeln:

$$EW = RE \times \text{Ertragsfaktor} = RE \times V_{emp}$$

wobei EW = Ertragswert
    RE = Reinertrag
    V_{emp} = Empirisch abgeleiteter Vervielfältiger
        (vgl. § 11 WertV Rn. 72), der zugleich dem Ertragsfaktor entspricht.

Abb. 5: Kaufpreisvervielfältiger 2000
(Nettokaufpreis + Erwerbskosten/Jahresnettomiete; vgl. § 15 WertV Rn. 16)

Standortkategorie — Spaltengruppen: *Großstädte/Investmentzentren* (Berlin, Frankfurt, Hamburg, Köln, Stuttgart); *Größere Städte im Westen* (Freiburg, Karlsruhe, Ludwigshafen, Lübeck, Mannheim, Wiesbaden); *Größere Städte im Osten* (Chemnitz, Dresden, Erfurt, Leipzig, Potsdam, Rostock); *Mittelstädte* (Bad Homburg, Darmstadt, Friedrichshafen, Heidelberg, Konstanz).

Lage	Objektart	Berlin	Frankfurt	Hamburg	Köln	Stuttgart	Freiburg	Karlsruhe	Ludwigshafen	Lübeck	Mannheim	Wiesbaden	Chemnitz	Dresden	Erfurt	Leipzig	Potsdam	Rostock	Bad Homburg	Darmstadt	Friedrichshafen	Heidelberg	Konstanz
1a	Büro-/Geschäftshaus	21,0	18,0	20,0	18,0	21,0	18,0	18,0	13,0	14,0	16,5	16,0	12,5	16,5	14,5	14,0	18,0	13,5	16,0	18,0	17,5	18,0	18,0
1b	Büro-/Geschäftshaus	18,5	16,0	16,5	15,0	17,5	17,0	15,5	12,0	13,5	15,0	14,5	10,5	14,5	12,5	12,5	15,0	12,5	14,5	15,0	15,0	16,0	16,5
2er	Büro-/Geschäftshaus	14,0	14,0	14,0	13,0	16,5	16,0	13,5	11,0	13,0	13,5	13,0	10,0	13,5	11,5	11,5	13,0	11,0	13,5	13,0	13,5	16,0	14,0
	Wohn-/Geschäftshaus	12,0	14,0	15,0	14,0	16,5	16,0	14,0	11,5	13,5	14,0	14,0	10,0	12,5	11,5	12,0	13,5	11,0	13,5	14,0	15,0	16,0	15,0
Stadtteil	Büro-/Geschäftshaus	12,0	13,0	14,0	12,5	14,0	14,0	13,0	11,0	12,0	13,0	12,0	10,0	12,0	11,5	10,5	12,0	11,0	12,0	13,0	12,0	14,0	13,0
	Wohn-/Geschäftshaus	12,0	13,0	15,5	13,0	14,0	15,0	13,5	12,0	12,5	13,5	13,0	10,0	11,5	11,5	12,5	12,5	11,0	12,0	14,0	14,0	15,0	14,0
	Nahversorgungszentrum	11,5	11,5	12,0	11,0	12,0	12,0	12,0	11,0	12,0	12,5	12,0	11,5	11,0	11,5	11,0	11,5	11,0	12,0	11,0	11,5	12,0	11,5
	SB-/Fachmarkt	11,5	11,5	12,0	11,0	11,5	11,5	11,5	10,0	11,0	11,5	11,0	11,5	12,0	11,0	11,0	11,0	11,0	11,0	11,0	10,5	11,5	11,0
Peripherie (Stadtrand/ grüne Wiese/ Vororte)	Bürohaus	11,0	12,0	13,0	11,0	13,0	12,0	12,0	11,0	11,0	12,0	11,0	9,5	10,0	11,0	10,0	10,5	10,0	11,5	11,0	11,5	12,5	11,0
	Wohn-/Geschäftshaus	11,0	12,5	13,0	12,0	12,5	13,0	12,5	11,5	11,5	12,5	12,0	9,0	9,5	10,0	10,0	11,5		11,5	12,0	11,0	12,5	12,0
	Büro- und Gewerbe	11,0	11,0	11,0	10,5	11,5	11,0	11,0	10,0	10,0	11,0	10,0	8,0	10,0	10,0	9,0	10,5	9,0	10,0	10,0	10,0	11,5	10,5
	Gewerbe/ Industrie/Hallen	9,0	10,0	10,0	9,5	10,5	10,0	9,5	9,0	9,0	9,5	9,0	8,0	10,0	9,0	8,0	9,5	8,5	9,0	9,0	9,5	10,0	9,0
	SB-/Fachmarkt	11,0	11,0	11,0	10,0	11,0	11,0	10,5	11,0	11,0	10,5	10,0	11,0	10,0	10,0	10,0	10,0	10,0	10,0	10,0	10,0	10,5	10,0

Quelle: DB Immobilien, Stand: 2. Quartal 2001

13 Vom Gutachterausschuss in der Landeshauptstadt *München* wurden die in Abb. 6 dargestellten Ertragsfaktoren ermittelt.

Abb. 6: Ertragsfaktoren in der Landeshauptstadt München

Art		Vielfaches des Jahresrohertrages (2000)	
		Mittelwert**	Standardabweichung
	alle	19	15–23
Wohnhäuser –	mit Denkmalschutz	21	18–24
Gewerbeanteil 0 bis 10 %	ohne Denkmalschutz	18	15–21
	alle	17	14–20
Wohnhäuser –	mit Denkmalschutz	18	15–21
Gewerbeanteil 10 bis 60 %	ohne Denkmalschutz	17	14–20
	alle	17	14–20
Büro- und Geschäftshäuser*	mit Denkmalschutz	18	16–21
	ohne Denkmalschutz	16	13–19

* ohne Ia-Geschäftslagen
** arithmetischer Mittelwert

14 Die **Unterschiedlichkeit der Verkehrswerte** ist weitaus größer, als es in den Mietenmultiplikatoren zum Ausdruck kommt, denn auch die Jahresmiete ist i. d. R. dort größer, wo die Multiplikatoren überdurchschnittlich hoch sind.

15 Das **Prinzip der Ermittlung von Ertragsfaktoren** nach den Grundsätzen des § 12 ergibt sich aus Abb. 2 (Rn. 5 ff.). Ergänzend wird darauf hingewiesen, dass es die Vorschrift offen lässt, ob der Ertragsfaktor aus dem Reinertrag (§ 16 Abs. 1 Satz 2) oder dem Rohertrag (§ 17) abgeleitet wird. Darüber kann je nach Zweckmäßigkeit vom Gutachterausschuss befunden werden. Grundsätzlich kann dabei zur Vereinfachung vom Rohertrag (Nettokaltmiete) ausgegangen werden, wenn die jeweilige Objektgruppe keine wesentlichen Unterschiede in den Bewirtschaftungskosten aufweist. In jedem Fall muss es sich dabei aber um nachhaltige Erträge handeln.

16 Die als Ertragsfaktoren in der WertV bezeichneten Multiplikatoren stellen **empirisch abgeleitete Vervielfältiger** dar, wie sie im angelsächsischen Raum an Stelle der in der Anlage zur WertV aufgeführten finanzmathematischen Vervielfältiger breite Anwendung finden (vgl. Rn. 12). In der angelsächsischen Wertermittlungspraxis wird der aus dem Verhältnis von Kaufpreisen zu den jeweiligen Erträgen des Objekts abgeleitete Vervielfältiger bildhaft als *„Years' Purchase"* – abgekürzt Y. P. – bezeichnet. Es wird also vom „Jährlichen Verkaufspreis" gesprochen; der im Einzelfall zur Anwendung kommende Y. P. gibt die Zahl der Jahre an, über die der aufsummierte Reinertrag den Ertragswert ergibt.

17 Bei gebührender Beachtung der theoretischen Zusammenhänge können derart empirisch abgeleitete Vervielfältiger zu **zuverlässigen Ergebnissen nur** führen, **wenn bei ihrer Ableitung auch die jeweilige Restnutzungsdauer berücksichtigt wird,** für die diese Multiplikatoren Geltung haben sollen. Ein Blick in die Vervielfältigertabelle der WertV macht deutlich, dass dies umso mehr zu beachten ist, je kürzer die Restnutzungsdauer ist (vgl. § 11 WertV Rn. 82 f.). Deshalb wird bei der Ableitung von derartigen Multiplikatoren vielfach zwischen „alten" und „neuen" Objekten unterschieden. Eine derart grobe Unterscheidung reicht für die Ermittlung von Verkehrswerten allerdings nicht aus. Verfeinernd schreibt § 12 Abs. 1 diesbezüglich die **Berücksichtigung des „Alters der baulichen Anlage"** vor, wobei es eigentlich im Hinblick auf unterlassene Instandhaltungen oder durchgeführte Modernisierungen um die Restnutzungsdauer gehen muss.

Die Ertragsfaktoren ($\triangleq$ empirische Vervielfältiger) sind in vereinfachter Form schon seit **18**
jeher, insbesondere von Maklern überschlägig ermittelt worden. Der Ring Deutscher Makler (RDM) und andere Institute veröffentlichen solche Faktoren laufend unter der Bezeichnung **Mietenmultiplikatoren.** Es muss aber beachtet werden, dass es sich hierbei um stark vereinfachte Ableitungen handelt. Für eine fundierte Wertermittlung ist es jedoch erforderlich, Ertragsfaktoren gegliedert nach

– bestimmten (klar definierten) Objektgruppen und diese wiederum jeweils gegliedert nach
– Gruppen etwa gleicher Restnutzungsdauer

abzuleiten.

Die Ertragsfaktoren sind nämlich – wie Liegenschaftszinssätze bzw. finanzmathematische Vervielfältiger (vgl. Anl. zur WertV) – **von der Restnutzungsdauer der Gebäude** **19**
abhängig, insbesondere wenn diese eine kürzere Restnutzungsdauer als 50 Jahre aufweisen. Die Veröffentlichungen des RDM unterscheiden jedoch allenfalls zwischen „alten" und „neuen" Objekten. Bei kurzer Restnutzungsdauer, also bei alten Gebäuden, muss indessen äußerst „feinmaschig" untergliedert werden.

Allein die Angabe solcher Mietenmultiplikatoren, z. B. von 12,0 bezogen auf den Jahres- **20**
reinertrag eines „neueren" Mietwohnhauses, reicht für eine fundierte Wertermittlung nicht aus. Dies kann allenfalls einer groben **Kontrolle der Ertragswertermittlung** dienen:

Beispiel: **21**

Der Jahresreinertrag eines „neueren" Mietwohnobjekts betrug 50 000 €. Bei einem Ertragswertfaktor von 12,0 ergibt sich zur Kontrolle als Grundstückswert:

$$\text{Kontrollwert: } 12{,}0 \ \times \ 50\,000 \ = \ 600\,000 \ \text{€}$$

d. h. die Summe der Jahresmieten von 12 Jahren „decken" den Kaufpreis.

Damit solche „Multiplikatoren" auch zur Verkehrswertermittlung herangezogen werden **22**
können, müssen sie allerdings in weitaus differenzierterer Weise, vor allem unter **Berücksichtigung der Restnutzungsdauer** und der Objektarten abgeleitet werden. Die Gutachterausschüsse sind deshalb verstärkt dazu übergegangen, solche Faktoren abzuleiten (vgl. Abb. 7).

Der Gutachterausschuss für Grundstückswerte in der *Bundesstadt Bonn* hat z. B. aus dem **23**
Verhältnis vom Kaufpreis zum Rohertrag, ermittelt aus Nettokaltmieten, Ertragsfaktoren abgeleitet, wobei sich entsprechend der Abhängigkeit dieser Faktoren von der Restnutzungsdauer unterschiedliche Faktoren ergeben. Die Berücksichtigung der Restnutzungsdauer ist bei Objekten mit einer kurzen Restnutzungsdauer (RND < 50 Jahren) eine wesentliche Voraussetzung für eine sachgerechte Verkehrswertermittlung nach diesem Verfahren (vgl. § 11 WertV Rn. 82 ff.); dieser Vorgehensweise ist der Vorzug zu geben (Abb. 7).

Der nach vorstehenden Grundsätzen empirisch abgeleitete Vervielfältiger unterscheidet **24**
sich aber noch in einer weiteren Beziehung zu dem finanzmathematisch abgeleiteten Vervielfältiger gemäß Anl. zur WertV. Das in den §§ 15 bis 20 geregelte Ertragswertverfahren geht nämlich von einem getrennt zu ermittelnden Bodenwert und Gebäudeertragswert (Ertragswert der baulichen Anlagen) aus, wobei im Hinblick auf die Wertbeständigkeit des Grund und Bodens der Reinertrag des Grundstücks um den Verzinsungsbetrag des Bodenwerts vermindert wird (§ 16 Abs. 2 Satz 1). Wird der Ertragsfaktor, wie in der **angelsächsischen Wertermittlungspraxis,** ohne Unterscheidung zwischen Boden- und Gebäudewert bezogen auf das Gesamtobjekt ermittelt (vgl. Abb. 2 bei Rn. 6, innere Stränge), so ergeben sich auch materielle Unterschiede zwischen den Vervielfältigern.

25 Auf einen weiteren Zusammenhang zwischen den – empirisch – für das Gesamtobjekt (einschließlich Grund und Boden) abgeleiteten Ertragsfaktoren (Multiplikatoren/Vervielfältiger) und dem Liegenschaftszinssatz soll hier hingewiesen werden. Bei Ableitung des Liegenschaftszinssatzes nach den Grundsätzen der WertV muss bei systemkonformer Anwendung der WertV der Wertbeständigkeit des Grund und Bodens Rechnung getragen werden. Dies erfolgt nach den unter § 11 Rn. 51 ff. beschriebenen Verfahren. Werden Ertragsfaktoren, differenziert nach verschiedenen Objektgruppen und für bestimmte Altersklassen, ohne Abspaltung des Bodenwerts nach Maßgabe des § 12 Abs. 3 ermittelt, so ergibt der **reziproke Ertragswertfaktor empirisch abgeleitete Liegenschaftszinssätze** für die jeweiligen (Gesamt-)objekte:

26 *Beispiel:*
– Der Ertragsfaktor (Multiplikator/Vervielfältiger) betrug im vorstehenden Beispiel (Rn. 21) 12
– Liegenschaftszinssatz $= \dfrac{100}{12} = 8\,\%$

27 Hinweis: Der so ermittelte Liegenschaftszinssatz darf nicht dem bei systemkonformer Ableitung nach Abb. 14 bei § 11 WertV Rn. 51 ff. abgeleiteten Liegenschaftszinssatz gleichgesetzt werden. Nur bei einer sehr langen Restnutzungsdauer (von n > etwa 50 Jahre) besteht Identität.

Abb. 7: Durchschnittliche Ertragsfaktoren für die Bundesstadt Bonn am Rhein

Ertragsfaktoren für die Bundesstadt Bonn																
Objekt/Jahr	1989	1990	1991	1992	1993	1994	1995	1996	1997	1998	1999	2000	2001	2002	2003	2004
Ein- und Zweifamilienhausgrundstücke																
a) freistehende Einfamilienhäuser												26				
b) Einfamilienreihenhäuser und Doppelhaushälften	24	24	25	22	22	22	22	22	22	22	23	23				
c) Zweifamilienhäuser												21				
Eigentumswohnungen																
vermietet d) zwischen 10 und 35 Jahre alt	–	19	18	18	17	17	18	18	18	18	18	18				
vermietet e) **jünger** als 10 Jahre											20	23	23			
Mietwohngrundstücke																
f) Altbauten mit einer Restnutzungsdauer RND von 30–45 Jahren	–	14	17	17	15	16	16	16	15	16	16	16				
g) Gebäude mit einer Restnutzungsdauer RND von über 45 Jahren	16	16	16	15	14	15	16	16	15	16	16	15				
Gemischt genutzte Grundstücke																
h) geschäftlich und gewerblich genutzte Grundstücke mit überwiegendem Wohnanteil	14	14	14	14	14	15	15	15	15	15	14	14				
i) geschäftlich und gewerblich genutzte Grundstücke mit geringem Wohnanteil	14	14	13	14	14	15	14	14	15	15	14	15				
j) geschäftlich und gewerblich genutzte Grundstücke in bevorzugten Lagen (Citylagen)	14	15	16	16	16	15	16	16	15	15	14	15				

Quelle: Gutachterausschuss für Grundstückswerte in der Stadt Bonn

3 Gebäudefaktor

Gebäudefaktoren werden mit Abs. 2 als **Quotient aus Kaufpreisen von Grundstücken und dem Rauminhalt bzw. der Wohn- und Nutzfläche des darauf befindlichen Gebäudes** (bauliche Anlage) **definiert.** Für die Ableitung der Gebäudefaktoren schreibt Abs. 1 – wie für Ertragsfaktoren – vor, dass diese aus Kaufpreisen „gleichartiger" Grundstücke zu ermitteln sind (vgl. Rn. 4; § 11 WertV Rn. 60). Das ausgewogene Mittel aus einer ausreichenden Zahl n nach vorstehenden Grundsätzen ermittelter Einzelergebnisse ergibt dann den Gebäudefaktor: **28**

$$\text{Gebäudefaktor}_i = \frac{\text{Kaufpreis}_i}{\text{Rauminhalt}_i \text{ oder Wohn- bzw. Nutzfläche}_i}$$

$$\text{Gebäudefaktor} = \frac{\Sigma \text{ Gebäudefaktor}_i}{n}$$

wobei n = Anzahl der Einzelergebnisse

Die in die Ermittlung eingehenden Kaufpreise müssen wiederum vorher bezüglich vergleichsstörender Momente bereinigt und insbesondere auf einen gemeinsamen Stichtag bezogen werden.

Beispiel: **29**

Für ein Einfamilienhaus mit einer Restnutzungsdauer von 40 Jahren wurde im gewöhnlichen Geschäftsverkehr ein Veräußerungspreis von 350 000 € erzielt: die Wohnfläche WF des Einfamilienhauses betrage 140 m². Gebäudefaktor$_i$ = 350 000 € : 140 m² = 2 500 €/m² WF

Gebäudefaktoren stellen demzufolge nichts anderes als **stichtagsbezogene, alterswertgeminderte und verkehrswertorientierte Normalherstellungskosten** für bestimmte **30** Gebäudearten mit einer bestimmten Restnutzungsdauer dar, wobei diese sogar den Bodenwertanteil mitumfassen, sofern sie nicht allein aus dem Gebäudewertanteil abgeleitet worden sind (vgl. Rn. 6). Es handelt sich hierbei allerdings nicht um Normalherstellungskosten i. S. gewöhnlicher Herstellungskosten, sondern um solche, die im Veräußerungsfall erzielbar sind, d. h. Marktanpassungsab- bzw. -zuschläge werden damit bereits berücksichtigt.

Sollen **Gebäudefaktoren** gemäß Abs. 3 wiederum allein **bezogen auf den Gebäude- 31 wertanteil** abgeleitet werden, so müssen an Stelle des Kaufpreises (KP$_i$) wiederum die um den gesondert zu ermittelnden Bodenwert (BW$_i$) verminderten Kaufpreise in die vorstehende Formel eingeführt werden (KP$_i$ – BW$_i$).

Hauptanwendungsfall für die Ableitung von Gebäudefaktoren sind die von den Gut- **32** achterausschüssen für Grundstückswerte abgeleiteten **durchschnittlichen Quadratmeterpreise für Eigentumswohnungen,** wobei in erster Linie bei deren Ableitung nach

– Erst- und Wiederverkäufen,

– der Wohnungsgröße,

– Baujahrgruppen,

– Ausstattung,

– Lage

unterschieden wird (vgl. Vorbem. zu den §§ 13 f. WertV Rn. 87).

Für die Ableitung von Gebäudefaktoren lässt die Verordnung jede geeignete Bezugs- 33 einheit zu. Dies kann u. a. sein:

a) die Brutto-Grundfläche nach der DIN 277/1987,

b) der Rauminhalt nach der DIN 277/1987,

c) der umbaute Raum nach der DIN 277 vom November 1950,

d) die Wohnfläche nach den §§ 42 bis 44 der II BV,

e) die Wohnfläche nach der DIN 283,

f) die Geschossfläche nach § 20 Abs. 3 BauNVO.

34   Bei **Anwendung der Gebäudefaktoren** nach Maßgabe des § 13 Abs. 3 **muss dieselbe Bezugsgröße gewählt werden, die der Ableitung der Gebäudefaktoren zu Grunde gelegt worden ist.** Deshalb muss bei der Veröffentlichung von Gebäudefaktoren angegeben werden, auf welche Bezugseinheiten sie sich beziehen. Andererseits wäre eine sachgerechte Anwendung dieser Faktoren nicht möglich.

35   Um zu fundierten Gebäudefaktoren zu kommen, ist es erforderlich, durchschnittliche Gebäudefaktoren aus einer ausreichenden Zahl geeigneter und ausgewerteter Kaufpreise gleichartig bebauter und genutzter Grundstücke abzuleiten. Entsprechend der Vorgabe des § 12 Abs. 1 müssen dafür Gruppen gleichartig bebauter und genutzter Grundstücke gebildet werden, die insbesondere nach

– der Lage des Grundstücks,

– Art und Maß der baulichen Nutzung und

– dem Alter der baulichen Anlagen

vergleichbar sind. Entgegen dem Wortlaut der Vorschrift kommt es dabei allerdings nicht auf das Alter, sondern auf die Restnutzungsdauer der baulichen Anlage an. Um zuverlässig einen Verkehrswert mit Hilfe von Gebäudefaktoren ermitteln zu können, ist es erforderlich, bei deren Ableitung das Kaufpreismaterial auch nach Objekten unterschiedlicher Restnutzungsdauer zu untergliedern. Der Gebäudefaktor stellt nämlich einen auf Boden und Gebäude bezogenen Multiplikator dar, mit dem gleichzeitig auch die **Wertminderung wegen Alters** erfasst wird, so dass sich (theoretisch) Unterschiede in der Restnutzungsdauer von nur einem Jahr bereits auf den Gebäudefaktor auswirken. Dies gilt auch, wenn nach Maßgabe des § 12 Abs. 3 Gebäudefaktoren allein für den Gebäudewertanteil abgeleitet werden.

36   Gebäudefaktoren können zuverlässig nur aus Kaufpreisen von Grundstücken ermittelt werden, deren Grund und Boden bezüglich der Grundstücksfläche und des Bodenwerts (€/m²) gebäudetypisch ist; andernfalls ist nach Maßgabe des § 12 Abs. 3 zu verfahren. Darüber hinaus müssen bei der Ableitung von Gebäudefaktoren vergleichsstörende Momente eliminiert werden. Schließlich müssen die in die Ableitung eingehenden Kaufpreise auf einen gemeinsamen Stichtag bezogen sein, denn Gebäudefaktoren sind wie Ertragsfaktoren – zeitabhängige Größen. Bei ihrer Veröffentlichung ist deshalb der Bezugsstichtag mit anzugeben. Dies ist der gemeinsame Zeitpunkt, auf den sich die Kaufpreise beziehen.

37   Die **Ableitung von Gebäudefaktoren ist wie die Ableitung von Ertragsfaktoren keine Pflichtaufgabe der Gutachterausschüsse für Grundstückswerte.** Zwar schreibt § 193 Abs. 3 BauGB i.V.m. § 8 WertV die Ableitung der erforderlichen Daten vor. Im Unterschied zu den Indexreihen, Umrechnungskoeffizienten und dem Liegenschaftszinssatz stellt § 13 Abs. 3 die Anwendung der Vergleichsfaktoren bebauter Grundstücke in das Ermessen des Gutachters. Soll von diesen Faktoren kein Gebrauch gemacht werden, so besteht auch keine Notwendigkeit ihrer Ableitung. Werden Vergleichsfaktoren bebauter Grundstücke dennoch abgeleitet, so kann sich der Gutachterausschuss für Grundstückswerte damit begnügen, die Gebäudefaktoren, wie im Übrigen auch die Ertragsfaktoren allein zur Überprüfung der Verkehrswertermittlung nach einem oder mehreren der im Dritten Teil der WertV geregelten Verfahren heranzuziehen. Wie viele Kaufpreise zur Ableitung der Vergleichsfaktoren bebauter Grundstücke und in welchem Maße das Kaufpreismaterial nach Objekten unterschiedlicher Restnutzungsdauer untergliedert wird, ist deshalb eine Frage des Anspruchs, der an die Vergleichsfaktoren gestellt wird. Dies steht, wie ausgeführt, im Ermessen des Gutachterausschusses. In jedem Fall muss dies bei der Veröffentlichung abgeleiteter Vergleichsfaktoren dargelegt werden, damit die Faktoren von den außerhalb der Gutachterausschüsse stehenden Sachverständigen sachgerecht zur Anwendung kommen können. Auch über die Wahl der geeigneten **Bezugseinheit für die Ableitung der Gebäudefaktoren** befindet der Gutachterausschuss eigenverantwortlich; sie hängt u. a. von der Auswertung der Kaufpreissammlung ab.

Im Übrigen können auch zu den Vergleichsfaktoren bebauter Grundstücke Umrechnungskoeffizienten ermittelt werden, mit denen ihre Abhängigkeit von bestimmten wertbeeinflussenden Umständen erfasst wird (vgl. Rn. 10 und GuG 1997, 183).

4 Beispiele

Beispiel 1 zur Auswertung von Kaufpreisen bebauter Grundstücke   38

Am Beispiel des Gutachterausschusses für Grundstücke in der Stadt *Wuppertal* (entnommen der Bodenmarktanalyse 2000) wird die **Auswertung der Kaufpreise für bebaute Grundstücke** (Mietwohnhäuser, Ein- und Zweifamilienhäuser, Einfamilienreihenhäuser, Doppelhaushälfte) seit 1993 aufgezeigt (siehe hierzu Abb. 8 ff.). Anzumerken ist, dass die Preisangaben bei Mietwohnhäusern den Wert für das Grundstück und die Außenanlagen beinhalten und bei Ein- und Zweifamilienhäusern bzw. Einfamilienreihenhäusern die Außenanlagen, nicht jedoch den Bodenwert erfassen. Es handelt sich hierbei zunächst um Stichproben von ausgewählten Fällen. Zur Auswertung des gesamten Kaufpreismaterials fehlen auch in Wuppertal derzeit noch die personellen und technischen Voraussetzungen.

▷ *Tabellen von Normalherstellungskosten für Gebäude unterschiedlicher Nutzungsarten befinden sich im Anh. 4 dieses Werks.*

Abb. 8: Vergleichsfaktoren für bebaute Grundstücke (Gebäudefaktoren) Mehrfamilienwohnhäuser

Baujahr	Ausstattung der Wohnungen	1997		1998		1999		2000		2001	
		DM/m²	n	DM/m²	n	DM/m²	n	DM/m²	n	€/m²	n
bis 1948	ohne Heizung, mit oder ohne Bad/WC oder mit Heizung, ohne Bad	900,–	8	1 000,–	10	1 050,–	12	900,–	4	–	–
	mit Heizung, Bad/WC	1 400,–	19	1 500,–	19	1 400,–	21	1 500,–	14	–	
1949–1970	ohne Heizung, Bad/WC oder mit Heizung, ohne Bad/WC	1 000,–	4	1 100,–	4	1 100,–	3	1 000,–	3	–	–
	mit Heizung, Bad/WC	1 500,–	13	1 550,–	16	1 750,–	17	1 500,–	23	–	–
1971–1980	mit Heizung, Bad/WC	–	–	1 700,–	1	–	–	1 550,–	1	–	–
1981–1997	mit Heizung, Bad/WC	–	–	2 050,–	1	–	–	2 100,–	1	–	–
modernisierter Altbau	mit Heizung, Bad/WC	1 600,–	6	–	–	–	–	–	–	–	–

Quelle: Der Gutachterausschuss für Grundstückswerte in der Stadt Wuppertal

Abb. 9: Vergleichsfaktoren für bebaute Grundstücke in Rheine (2000)

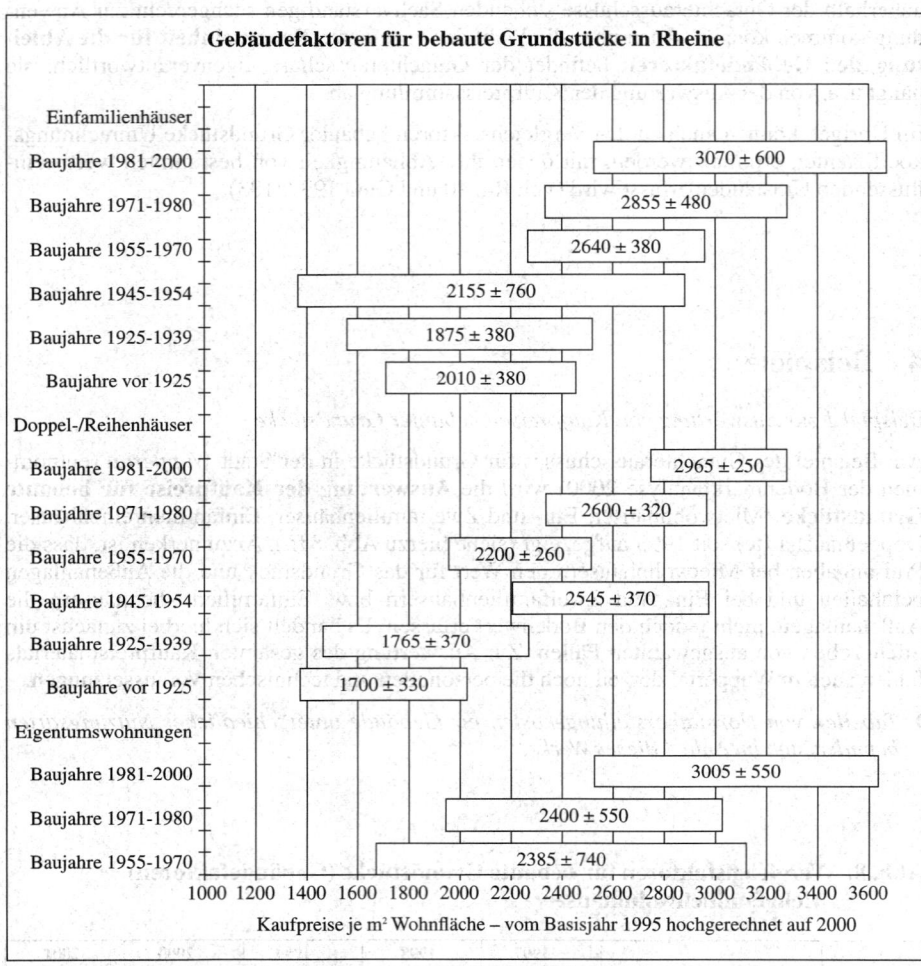

Gebäudefaktoren für bebaute Grundstücke in Rheine

Einfamilienhäuser	
Baujahre 1981-2000	3070 ± 600
Baujahre 1971-1980	2855 ± 480
Baujahre 1955-1970	2640 ± 380
Baujahre 1945-1954	2155 ± 760
Baujahre 1925-1939	1875 ± 380
Baujahre vor 1925	2010 ± 380
Doppel-/Reihenhäuser	
Baujahre 1981-2000	2965 ± 250
Baujahre 1971-1980	2600 ± 320
Baujahre 1955-1970	2200 ± 260
Baujahre 1945-1954	2545 ± 370
Baujahre 1925-1939	1765 ± 370
Baujahre vor 1925	1700 ± 330
Eigentumswohnungen	
Baujahre 1981-2000	3005 ± 550
Baujahre 1971-1980	2400 ± 550
Baujahre 1955-1970	2385 ± 740

1000 1200 1400 1600 1800 2000 2200 2400 2600 2800 3000 3200 3400 3600

Kaufpreise je m² Wohnfläche – vom Basisjahr 1995 hochgerechnet auf 2000

Quelle: Gutachterausschuss für Grundstückswerte für den Bereich der Stadt Rheine

Abb. 10: Verkehrswerte (Vergleichswerte) von Einfamilienhäusern in Abhängigkeit von Baujahr und Bodenwert

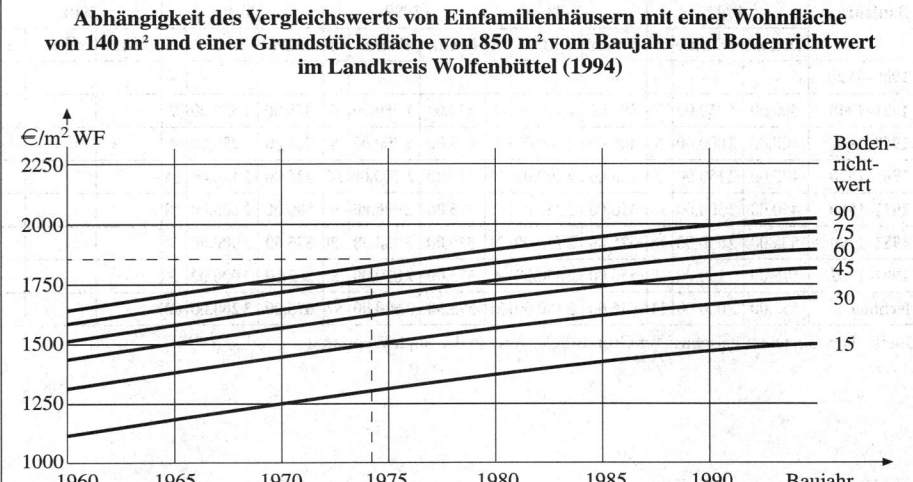

Abhängigkeit des Vergleichswerts von Einfamilienhäusern mit einer Wohnfläche von 140 m² und einer Grundstücksfläche von 850 m² vom Baujahr und Bodenrichtwert im Landkreis Wolfenbüttel (1994)

Beispiel für die Ableitung eines Vergleichswerts
für ein Objekt mit folgenden Merkmalsausprägungen: Baujahr 1974, Wohnfläche 120 m², Ausstattung normal, Bodenrichtwert (lt. Bodenrichtwertkarte) 90 €/m², Grundstücksgröße ca. 850 m²

Entsprechend der Grafik wird abgegriffen:

ca. 1 850 €/m² Wohnfläche
1 850 × 1,08 Wohnflächenkorrektur =
rd. 2 000 €/m² Wohnfläche.

2 000 × 60 €/m² Wohnfläche = 120 000 €

Vergleichswert = rd. 120 000 €

Quelle: Gutachterausschuss für Grundstückswerte für den Bereich des Landkreises Wolfenbüttel; Grundstücksmarktbericht (umgerechnet)

Abb. 11: Vergleichsfaktoren für bebaute Grundstücke (Gebäudefaktoren) Ein- und Zweifamilienwohnhäuser

Baujahr	1997			1998			1999			2000			2001		
	DM/m³	DM/m²	n	DM/m³	DM/m²	n	DM/m³	DM/m²	n	DM/m³	DM/m²	n	€/m³	€/m²	n
1900–1920	325,00	1 950,00	5	325,00	1 950,00	4	–	–	–	310,00	1 850,00	1			
1921–1948	300,00	1 750,00	5	300,00	1 700,00	13	325,00	1 750,00	6	300,00	1 700,00	4			
1949–1960	350,00	1 900,00	18	325,00	1 850,00	9	375,00	2 100,00	9	350,00	1 800,00	8			
1961–1970	400,00	2 150,00	15	400,00	2 200,00	8	400,00	2 200,00	13	400,00	2 150,00	10			
1971–1980	450,00	2 450,00	8	450,00	2 450,00	12	450,00	2 350,00	3	350,00	2 200,00	2			
1981–1990	500,00	2 650,00	5	475,00	2 600,00	8	–	–	–	500,00	2 600,00	4			
1991–1997	–	–	–	550,00	3 600,00	2	–	–	–	–	–	–			
Neubau	–	–	–	–	–	–	–	–	–	–	–	–			

Quelle: Der Gutachterausschuss für Grundstückswerte in der Stadt Wuppertal

Abb. 12: Vergleichsfaktoren für bebaute Grundstücke (Gebäudefaktoren)
Einfamilienreihenhäuser

Baujahr	1997			1998			1999			2000			2001		
	DM/m³	DM/m²	n	DM/m³	DM/m²	n	DM/m³	DM/m²	n	DM/m³	DM/m²	n	€/m³	€/m²	n
1900–1920	–	–	–	–	–	–	–	–	–	–	–	–			
1921–1948	400,00	1 950,00	7	400,00	2 050,00	4	375,00	1 950,00	5	375,00	1 850,00	7			
1949–1960	400,00	2 000,00	3	400,00	2 100,00	5	425,00	2 300,00	5	425,00	2 250,00	4			
1961–1970	425,00	2 150,00	5	425,00	2 200,00	11	425,00	2 300,00	14	425,00	2 150,00	14			
1971–1980	450,00	2 300,00	13	450,00	2 350,00	16	475,00	2 400,00	9	500,00	2 600,00	18			
1981–1990	525,00	2 650,00	18	525,00	2 750,00	21	550,00	2 750,00	20	575,00	3 000,00	9			
1991–1997	575,00	3 150,00	3	550,00	2 850,00	4	575,00	2 850,00	5	550,00	3 000,00	3			
Neubau	550,00	3 000,00	11	575,00	3 100,00	21	575,00	3 000,00	57	625,00	3 200,00	63			

Quelle: Der Gutachterausschuss für Grundstückswerte in der Stadt Wuppertal

Abb. 13: Vergleichsfaktoren für bebaute Grundstücke (Gebäudefaktoren)
Einfamilien-Doppelhaushälfte
Achtung: DM/m³ = ohne Bodenwert, incl. Außenanlagen
DM/m² = ohne Bodenwert, incl. Außenanlagen

Baujahr	1997			1998			1999			2000			2001		
	DM/m³	DM/m²	n	DM/m³	DM/m²	n	DM/m³	DM/m²	n	DM/m³	DM/m²	n	€/m³	€/m²	n
1900–1920	–	–	–	325,00	1 900,00	3	325,00	1 850,00	2	300,00	1 700,00	3			
1921–1948	350,00	1 800,00	10	325,00	1 750,00	7	325,00	1 700,00	6	375,00	2 000,00	4			
1949–1960	375,00	1 900,00	5	350,00	1 950,00	3	350,00	1 900,00	4	500,00	2 250,00	6			
1961–1970	–	–	–	–	–	–	350,00	1 800,00	2	475,00	2 250,00	3			
1971–1980	475,00	2 400,00	4	475,00	2 350,00	3	475,00	2 350,00	4	500,00	2 400,00	5			
1981–1990	525,00	2 550,00	3	525,00	2 700,00	7	–	–	–	550,00	2 800,00	6			
1991–1997	550,00	2 900,00	2	600,00	3 000,00	2	–	–	–	625,00	3 150,00	5			
Neubau	625,00	3 200,00	11	650,00	3 350,00	21	625,00	3 100,00	25	650,00	3 300,00	30			

Quelle: Der Gutachterausschuss für Grundstückswerte in der Stadt Wuppertal

**Abb. 14: Gebäudewertfaktoren für Wohn- und Geschäftshäuser in Abhängigkeit
von Ausstattung und Lage in Schwerin (1997)**

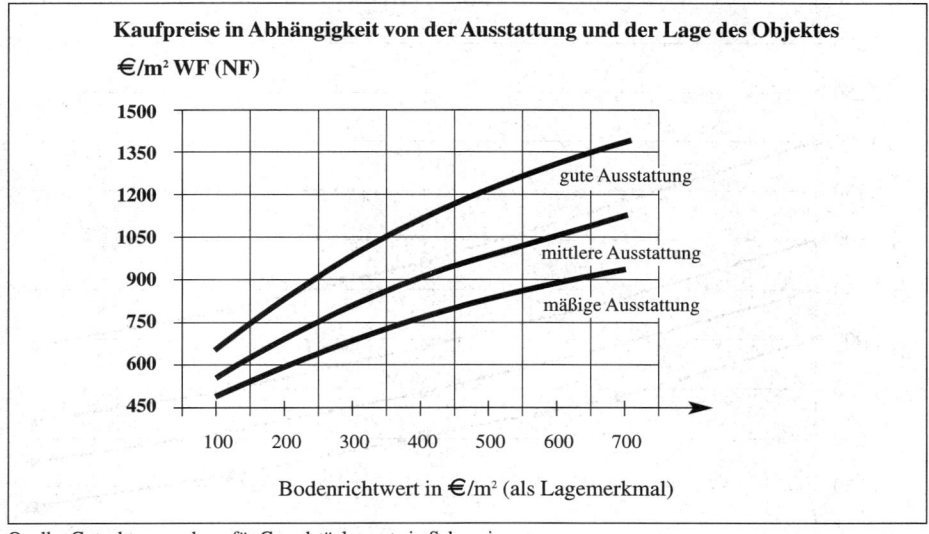

Quelle: Gutachterausschuss für Grundstückswerte in Schwerin

**Abb. 15: Kaufpreise für wiederverkaufte Doppelhaushälften
in Bergisch Gladbach in Abhängigkeit von der Grundstücksfläche,
Lage, Ausstattung und Wohnfläche 2000**

Kaufpreise in Abhängigkeit von der Grundstücksfläche, Lage, Ausstattung und Wohnfläche bei wiederverkauften Doppelhaushälften in Bergisch Gladbach					
		Grundstücksfläche			
		180 bis 400 m²		401 bis 800 m²	
Aus-stattung	m²	Bodenrichtwertlage			
		350–500 DM/m²	510–650 DM/m²	350–500 DM/m²	510–650 DM/m²
einfache	90–125	290 000–430 000	–	300 000–450 000	330 000–470 000
	126–175	320 000–440 000	–	350 000–450 000	440 000–520 000
mittlere	90–125	340 000–450 000	420 000–490 000	360 000–480 000	380 000–510 000
	126–175	400 000–520 000	460 000–570 000	420 000–550 000	470 000–580 000
gute	90–125	390 000–520 000	460 000–580 000	420 000–540 000	480 000–550 000
	126–175	450 000–600 000	470 000–680 000	500 000–650 000	560 000–720 000

Quelle: Grundstücksmarktbericht 1999

Abb. 16: Vergleichsfaktor für Reihenhäuser und Doppelhaushälften in Abhängigkeit von Wohnfläche und Baujahr (Grundstücksgröße: 300 m²) in Offenburg

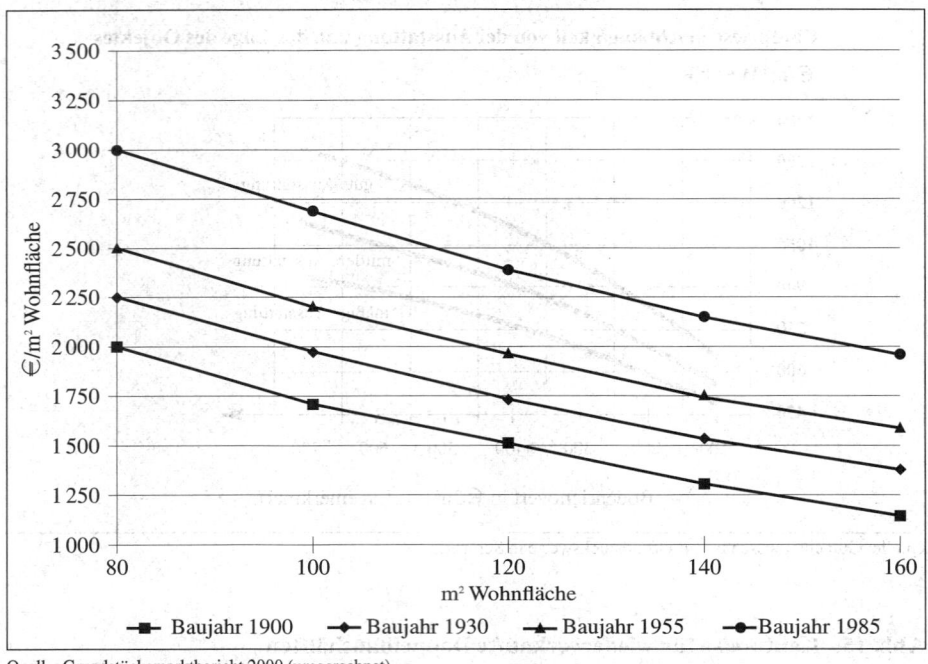

Quelle: Grundstücksmarktbericht 2000 (umgerechnet)

Abb. 17: Vergleichsfaktor für frei stehende Ein- und Zweifamilienhäuser in Abhängigkeit von Wohnfläche und Baujahr (Grundstücksgröße: 500 m²) in Offenburg

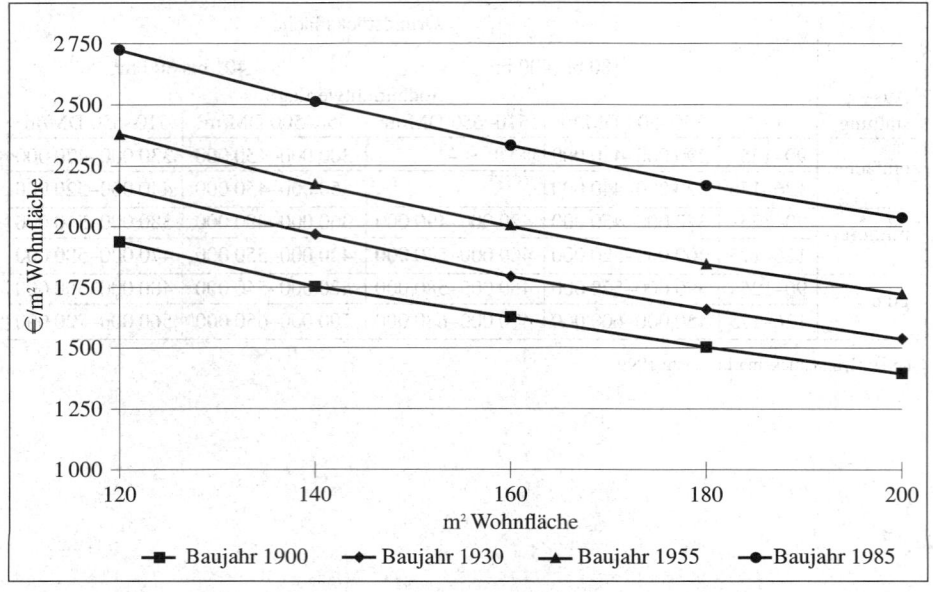

Quelle: Grundstücksmarktbericht 2000 (umgerechnet)

Abb. 18: Vergleichsfaktor für Reihenhäuser und Doppelhaushälften in Abhängigkeit von Grundstücksgröße und Baujahr (Wohnfläche: 120 m²) in Offenburg

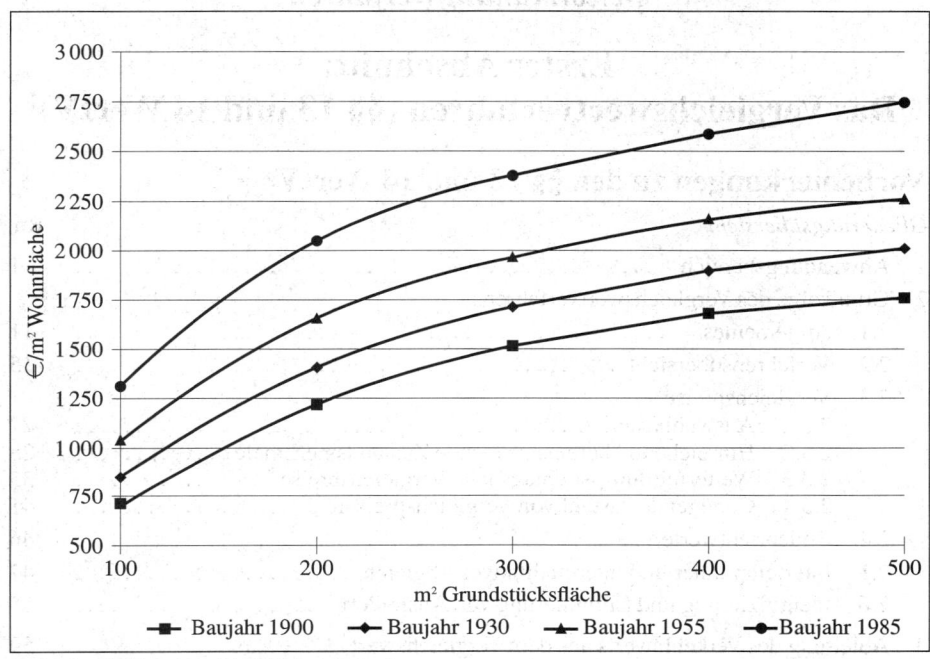

Quelle: Grundstücksmarktbericht 2000 (umgerechnet)

Abb. 19: Vergleichsfaktor für frei stehende Ein- und Zweifamilienhäuser in Abhängigkeit von Grundstücksgröße und Baujahr (Wohnfläche: 160 m²) in Offenburg

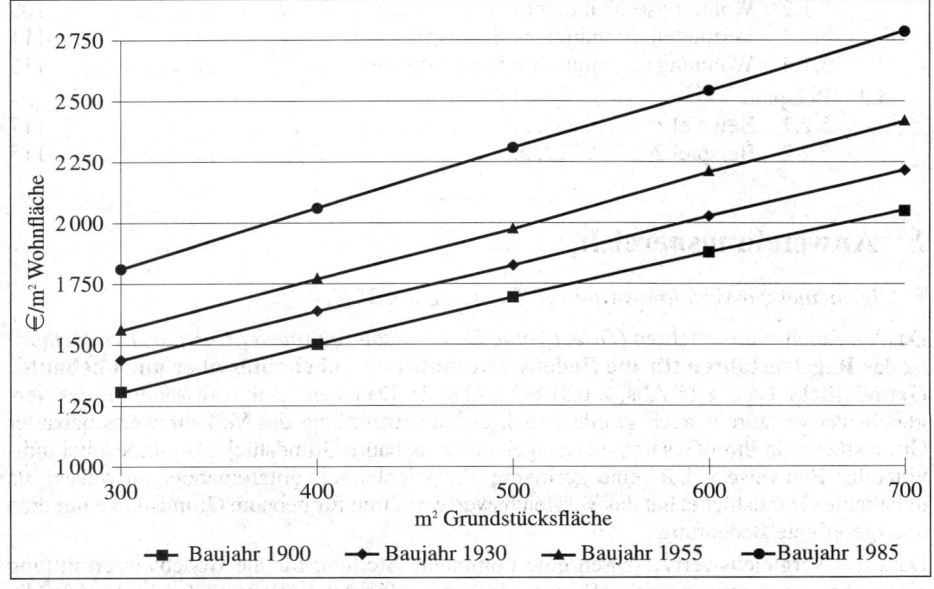

Quelle: Grundstücksmarktbericht 2000 (umgerechnet)

Dritter Teil WertV:
Wertermittlungsverfahren

Erster Abschnitt:
Das Vergleichswertverfahren (§§ 13 und 14 WertV)

Vorbemerkungen zu den §§ 13 und 14 WertV

1   Anwendungsbereich

▸ *Allgemeines zur Verfahrenswahl vgl. § 7 WertV Rn. 25 ff., 45 ff.*

1   Das Vergleichswertverfahren *(Direct Value Comparison Approach / Comparative Method)*
ist das **Regelverfahren für die Bodenwertermittlung unbebauter aber auch bebauter
Grundstücke** (vgl. § 15 Abs. 2 und § 21 Abs. 2). Daneben ist die Anwendung des Vergleichswertverfahrens auch grundsätzlich auf die Ermittlung des Verkehrswerts bebauter
Grundstücke (in ihrer Gesamtheit) ausgelegt. Da bebaute Grundstücke zumindest bei individueller Bauweise i. d. R. eine geringere Vergleichbarkeit untereinander aufweisen als
unbebaute Grundstücke, hat das Vergleichswertverfahren für bebaute Grundstücke nur eine
untergeordnete Bedeutung.

Dass das Vergleichswertverfahren eine dominante Stellung für die Bodenwertermittlung
einnimmt, ist darauf zurückzuführen, dass dem Vergleichswertverfahren ohnehin die

höchste Überzeugungskraft beizumessen ist und die übrigen Verfahren (Residualwert- und Ertragswertverfahren) bei der Ermittlung des Bodenwerts im höchsten Maße fehlerträchtig sind und vielfach versagen:

– „Den **sichersten Anhalt für die Ermittlung des gemeinen Werts** (= *Verkehrswert*) bie- **2**
ten die für das Grundstück oder die für wesentlich gleichartige Grundstücke in der letzten Zeit gezahlten Vergleichspreise" hat schon das Pr. OVG in einer Entscheidung aus
dem Jahre 1910[1] ausgeführt und tatsächlich ist das Vergleichswertverfahren nicht nur die
einfachste, sondern auch die zuverlässigste Methode, wenn genügend Vergleichspreise
vorliegen[2]. In der amtlichen Begründung zur WertV 72 wurde sogar darauf hingewiesen,
dass der Bodenwert bebauter Grundstücke „nur" durch Preisvergleich mit dem
Bodenwert unbebauter Grundstücke ermittelt werden kann[3].

– **Den Verkehrswert des Grund und Bodens aus dem fiktiven Ertrag** eines auf dem **3**
Grundstück errichtbaren Gebäudes zu ermitteln, ist dagegen nicht nur äußerst fehlerträchtig[4], sondern auch mit Erfahrungssätzen unvereinbar[5]. Nur wenn die Vergleichsmethode
„aus irgendeinem Grund versagt", wird dem Verfahren in der Rechtsprechung eine Bedeutung beigemessen[6]. Es ist in diesem Fall allerdings nur dann „gangbar", wenn die Anwendung dieser Methode „sichere Anhaltspunkte" verspricht[7].

Auch wenn die WertV in § 7 Abs. 1 Satz 1 die drei klassischen Wertermittlungsverfahren **4**
gleichrangig[8] aufführt, wird dem **Vergleichswertverfahren eine aus seiner Überzeugungskraft und Plausibilität resultierende Vorrangigkeit**[9] beigemessen. Für die Ermittlung des Bodenwerts bebauter Grundstücke wird es in § 15 Abs. 2 und § 21 Abs. 2 als
Regelverfahren vorgeschrieben[10]. In der steuerlichen Bewertung wird dem Vergleichswertverfahren ausdrücklich ein Vorrang eingeräumt[11].

Liegen also **genügend Vergleichspreise** vor, so ist das Vergleichswertverfahren nicht nur **5**
die „einfachste", sondern auch die „zuverlässigste Methode", während die anderen Verfahren vor allem bei Fehlen geeigneter Vergleichspreise und damit insbesondere bei bebauten
Grundstücken in Betracht kommen. Denn für bebaute Grundstücke sind nach der Natur der
Sache Vergleichsobjekte weniger leicht zu finden als bei unbebauten Grundstücken[12]. Der
Verordnungsgeber hat dem einerseits damit Rechnung getragen, dass nach § 7 Abs. 2 auch
die „sonstigen Umstände des Einzelfalls" bei der Auswahl des Wertermittlungsverfahrens zu
berücksichtigen sind, andererseits sollen mit der Ableitung von Vergleichsfaktoren für
bebaute Grundstücke gemäß § 12 i. V. m. § 13 Abs. 3 die Voraussetzungen für eine Anwen-

---

1 Pr. OVG, Urt. vom 10. 6. 1910 – VIII C 99/09 –, EzGuG 20.8
2 BGH, Urt. vom 12. 7. 1971 – III ZR 197/68 –, EzGuG 20.50
3 BR-Drucks. 265/75, zu § 18d Abs. 2
4 Ermert in AVN 1967, 213; Schahn in VR 1985, 173
5 KG Berlin, Urt. vom 20. 5. 1957 – 9 U 491/57 –, EzGuG 4.6
6 KG Berlin, Beschl. vom 23. 5. 1958 – 9 U 812/57 –, EzGuG 4.9
7 BGH, Urt. vom 27. 11. 1961 – III ZR 167/60 –, EzGuG 4.16; ohne Einschränkung noch BGH, Urt. vom 10. 2.
   1958 – III ZR 168/56 –, EzGuG 4.8
8 BGH, Urt. vom 15. 6. 1965 – V ZR 24/63 –, EzGuG 20.39; vgl. auch BR-Drucks. 265/72, S. 7
9 Für die Ermittlung des gemeinen Werts (Verkehrswert) sind Kaufpreise für gleichartige Grundstücke der „wichtigste Anhaltspunkt", vgl. BVerwG, Urt. vom 13. 11. 1964 – 7 C 20/64 –, EzGuG 20.38. Schon in der Enteignungsrechtsprechung des RG und des Pr. OVG ist eine Hinwendung vom Ertragswertverfahren zum Vergleichswertverfahren zu erkennen, wobei zwischen Vergleichs- und Ertragswert kein Unterschied erkannt wurde (vgl.
   Pr. OVG, Urt. vom 11. 2. 1897 – EzGuG 20.3; Pr. OVG, Urt. vom 9. 11. 1897 – 1 C 129/96 –, EzGuG 20.4;
   Pr. OVG, Urt. vom 2. 11. 1896 – EzGuG 20.2; Pr. OVG, Urt. vom 21. 9. 1899 – IX 24/99 –, EzGuG 20.6; Pr.
   OVG, Urt. vom 19. 5. 1911 – VIII C 315/10 –, EzGuG 20.9; RG in PrVBl. 29, 72; RG in JW 1907, 719; RG in
   JW 1911, 556; RG in PrVBl. 31, 162; im Urt. des Pr. OVG vom 10. 6. 1910 – VIII C 99/09 –, EzGuG 20.8 heißt
   es in aller Deutlichkeit: „Den sichersten Anhalt für die Ermittlung des gemeinen Werts bieten die für das Grundstück oder die für wesentlich gleichartige Grundstücke in der letzten Zeit gezahlten Vergleichspreise."
10 BR-Drucks. 265/72, S. 32
11 BFH, Urt. vom 26. 9. 1980 – III R 21/78 –, EzGuG 20.86; BFH, Beschl. vom 21. 5. 1982 – III B 32/81 –, EzGuG
   20.99
12 BGH, Urt. vom 12. 7. 1971 – III ZR 197/68 –, EzGuG 20.50

dung des Vergleichswertverfahrens auf die Verkehrswertermittlung bebauter Grundstücke verbessert werden[13].

6 Hinsichtlich der Ermittlung von Bodenwerten ist im Übrigen auch deshalb nicht vom Ertragswert auszugehen, da sich im Spiel von Angebot und Nachfrage die **Bodenpreise vom Ertragswert weit entfernt** haben, weil Grund und Boden nach der überwiegenden Verkehrsauffassung eine so sichere Kapitalanlage ist, dass auf eine mit anderen Anlagegütern vergleichbare Rendite weithin verzichtet wird (vgl. Rn. 65 ff.).

7 Das in den §§ 13 und 14 geregelte Vergleichsverfahren kann nach dem Vorhergesagten sowohl auf die Verkehrswertermittlung unbebauter als auch bebauter Grundstücke Anwendung finden, und zwar allein oder in Kombination mit anderen Verfahren. Die Verfahren sind nach § 7 Abs. 2 nach der Art des Gegenstands der Wertermittlung (§ 2) unter Berücksichtigung der im gewöhnlichen Geschäftsverkehr bestehenden Gepflogenheiten und „den sonstigen Umständen des Einzelfalls" zu wählen, wobei § 7 Abs. 1 **die Verfahren gleichwertig anführt und keinem Verfahren Vorrang eingeräumt wird**.

8 Die Wahl des Wertermittlungsverfahrens erfolgt also nach der Art des Gegenstands der Wertermittlung unter Berücksichtigung der im gewöhnlichen Geschäftsverkehr bestehenden Gepflogenheiten und den sonstigen **Umständen des Einzelfalls** (vgl. § 7 WertV Rn. 44 ff.). Innerhalb dieses Rahmens liegt sie im Ermessen des Sachverständigen bzw. des Gutachterausschusses. Die Wahl muss begründet werden[14].

9 Nach der Rechtsprechung des BGH[15] ist die **Wahl des Wertermittlungsverfahrens** (spätestens) im Falle eines Rechtsstreits **in erster Linie eine Rechtsfrage**. Sie ist im Streitfalle Sache des Tatrichters[16].

10 ▶ *Weitere Ausführungen zur Wahl des bzw. der Wertermittlungsverfahren vgl. § 7 WertV Rn. 25 ff.*

2   Grundzüge des Vergleichswertverfahrens

2.1   Allgemeines

11 In seinen Grundzügen folgt das Vergleichswertverfahren dem Grundgedanken, dass eine Sache so viel wert ist, wie üblicherweise im gewöhnlichen Geschäftsverkehr dafür als Preis erzielt werden kann. Sich an den Preisen für vergleichbare Objekte zu orientieren, entspricht auch den auf dem Grundstücksmarkt vorherrschenden Gepflogenheiten. Die **Usancen des gewöhnlichen Geschäftsverkehrs**, d. h. die Maßstäbe, die der Verkehr bei Grundstücksverkäufen und -ankäufen anzuwenden pflegt, **sind** auch **ein wesentliches bei der Wahl des Wertermittlungsverfahrens zu berücksichtigendes Kriterium**[17].

12 Gemeinhin wird bei **Anwendung des Vergleichswertverfahrens** unterschieden zwischen

- dem *unmittelbaren* Preisvergleich, bei dem der Verkehrswert direkt aus Vergleichspreisen abgeleitet wird, die zeitgleich mit dem Wertermittlungsstichtag für Grundstücke vereinbart worden sind, die mit dem zu wertenden Grundstück übereinstimmende Zustandsmerkmale aufweisen, sowie

- dem *mittelbaren* Preisvergleich, bei dem die Vergleichspreise bzw. Bodenrichtwerte zunächst auf den Wertermittlungsstichtag und/oder auf die Zustandsmerkmale des zu wertenden Grundstücks umgerechnet werden müssen (vgl. § 7 WertV Rn. 53 ff.).

13 Beim **unmittelbaren Preisvergleich** soll der Bodenwert des Wertermittlungsobjekts aus Kaufpreisen vergleichbarer Grundstücke *(comparables)* abgeleitet werden (vgl. Rn. 48 und Abb. 1).

Abb. 1: Unmittelbarer Preisvergleich

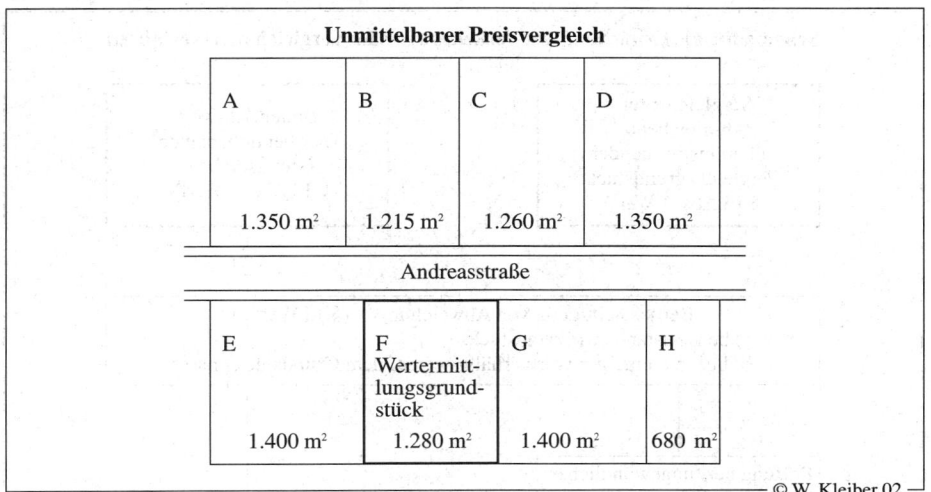

Beispiel: **14**

Der Verkehrswert des Grundstücks F soll ermittelt werden. Es liegen folgende Kaufpreise vergleichbarer Grundstücke vor:

Grundstück	Verkaufszeitpunkt	Gesamtkaufpreis €	Grund und Boden €/m²
E	2. 3. 2000	160 000	136 €/m²
D	19. 3. 2000	162 000	145 €/m²
G	4. 4. 2000	170 000	150 €/m²

Mittel: $\overline{X}$ = **144 €/m²**

Der Vergleichskaufpreis für das Grundstück F beträgt rd. 144 €/m². Der Verkehrswert des Grundstücks F beträgt rd. 184 300 € (1 280 m² $\times$ 144 €/m² = 184 320 €).

2.2 Verfahrensübersicht

In seinem **Aufbau** folgt das in den §§ 13 und 14 geregelte **Vergleichswertverfahren** den   **15** beschriebenen Gepflogenheiten des gewöhnlichen Geschäftsverkehrs. Das Verfahren vollzieht sich in den in Abb. 2 schematisch dargestellten Stufen.

---

13 BR-Drucks. 352/88, S. 52 f.
14 BR-Drucks. 352/88, S. 43
15 BGH, Urt. vom 2. 12. 1971 – III ZR 165/69 –, EzGuG 20.51; BGH, Urt. vom 26. 10. 1972 – III ZR 78/71 –, EzGuG 18.57
16 BGH, Urt. vom 8. 11. 1962 – III ZR 86/61 –, EzGuG 8.5; BGH, Urt. vom 2. 12. 1971 – III ZR 165/69 –, EzGuG 20.51; BGH, Urt. vom 26. 10. 1972 – III ZR 78/71 –, EzGuG 18.57; Kleiber in Ernst/Zinkahn/Bielenberg, BauGB, Komm. zu § 7 WertV Rn. 7 ff.; Kröner, Die Enteignungsentschädigung in der Rechtsprechung des Bundesgerichtshofs, 2. Aufl., S. 128; ders. in DRiZ 1961, 381; Gelzer/Busse, Der Umfang des Enteignungsentschädigungsanspruchs aus Enteignung und enteignungsgleichem Eingriff, 2. Aufl., S. 30
17 OLG Köln, Urt. vom 28. 8. 1962 – 9 U 28/58 –, EzGuG 20.31; vgl. Begründung zur WertV 61 im BAnz, Nr. 154 vom 12. 8. 1961, sowie zur WertV 72; BR-Drucks. 352/72, S. 7 f.; Pagendarm in WM 1958, 1350

Abb. 2: Vergleichswertverfahren

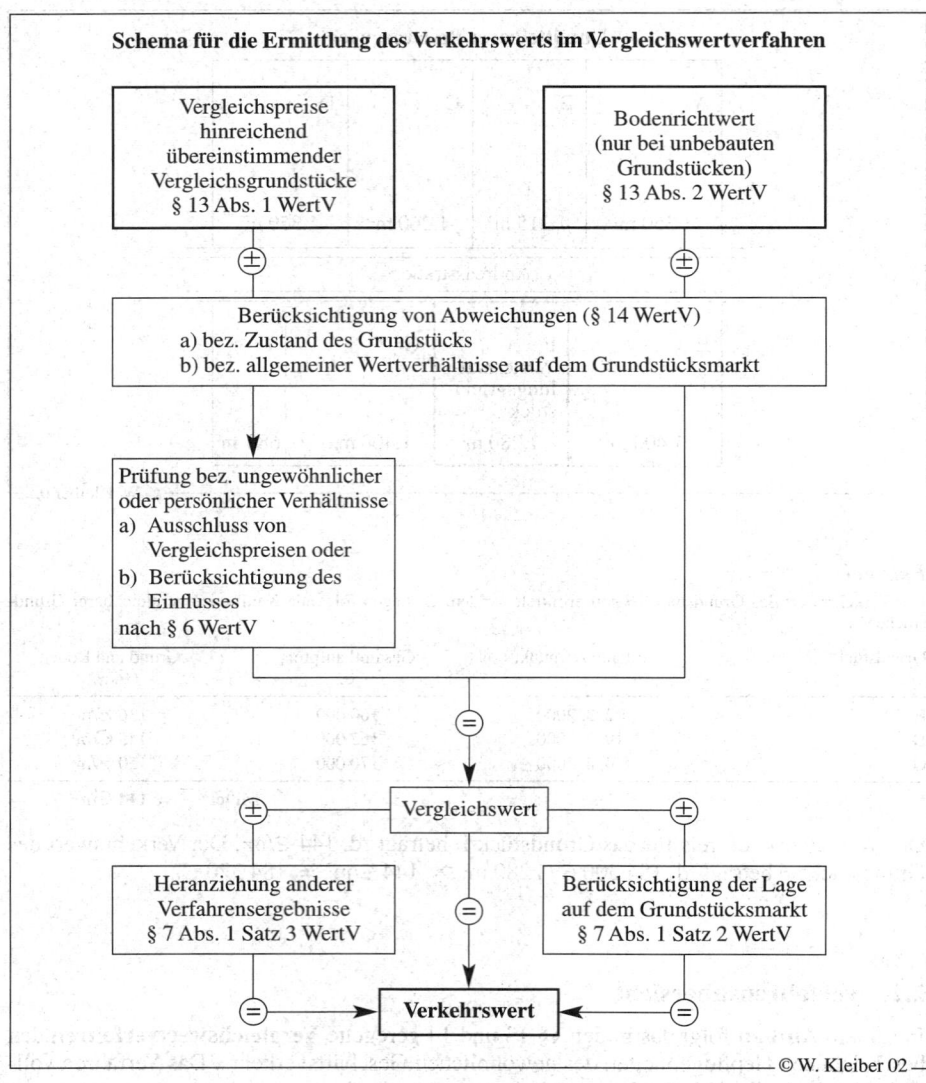

© W. Kleiber 02

16 In seiner **Grundstruktur** stellt sich das Vergleichswertverfahren recht einfach dar:

1. Qualifizierung des Zustands und allgemeine Wertverhältnisse

17 Wie bei jedem anderen Wertermittlungsverfahren ist **Ausgangspunkt** zunächst

a) die Qualifizierung des Zustands des (zu wertenden) Grundstücks sowie

b) die Feststellung des Wertermittlungsstichtags, d. h. des Zeitpunkts, auf den sich die Wertermittlung beziehen soll.

2. Heranziehung von Vergleichspreisen / Bodenrichtwerten

18 Entsprechend dem festgestellten Zustand des zu wertenden Grundstücks und dem maßgeblichen Wertermittlungsstichtag müssen dann entsprechende **Vergleichspreise** von Vergleichsgrundstücken herangezogen werden, die

a) einerseits hinsichtlich ihrer Zustandsmerkmale mit denen des zu wertenden Grundstücks möglichst hinreichend übereinstimmen und

b) andererseits zu einem Zeitpunkt vereinbart worden sind, der dem Wertermittlungsstichtag möglichst nahe liegt (Vgl. § 13 WetV Rn. 17 ff.).

Neben oder an Stelle von Vergleichspreisen kann auch der entsprechende Bodenrichtwert herangezogen werden.

3. Umrechnung

Eine Immobilie ist kein Fließbandprodukt, wie Kühlschränke, Autos oder Streichholz-schachteln. Schon auf Grund seines Standorts hat **jedes Grundstück eine eigene Individualität** und weist auch ansonsten mehr oder minder große Unterschiede in seinen Zustandsmerkmalen gegenüber den in Betracht kommenden Vergleichsgrundstücken auf. Neben diesen qualitativen Unterschieden im Zustand des zu wertenden Grundstücks im Verhältnis zu den Vergleichsgrundstücken gilt es zu berücksichtigen, dass die für die **Vergleichsgrundstücke** auf dem Markt ausgehandelten Preise regelmäßig zu einer Zeit vereinbart wurden, die gegenüber dem Wertermittlungsstichtag (vgl. § 3 WertV) **von einem unterschiedlichen allgemeinen Preis- oder Wertniveau bestimmt** ist. Die allgemeinen Wertverhältnisse auf dem Grundstücksmarkt sind nämlich insbesondere auf Grund von Veränderungen der allgemeinen wirtschaftlichen Verhältnisse i. d. R. stetigen Schwankungen unterworfen und nur selten und allenfalls kurzfristig konstant. **19**

Da es kaum jemals gelingen wird, Vergleichspreise oder Bodenrichtwerte von Grundstücken heranzuziehen, die völlige Identität mit den Zustandsmerkmalen des zu wertenden Grundstücks aufweisen und zudem sich auch noch auf die allgemeinen Wertverhältnisse des Wertermittlungsstichtags beziehen, müssen die Vergleichspreise bzw. Bodenrichtwerte in einem **interqualitativen und intertemporalen Preisvergleich** auf die Zustandsmerkmale des zu wertenden Objekts und die allgemeinen Wertverhältnisse des maßgeblichen Wertermittlungsstichtags umgerechnet werden. Deshalb müssen bei Anwendung des Vergleichswertverfahrens **20**

1. *Unterschiede* der zum Preisvergleich herangezogenen Vergleichsgrundstücke *in ihren Zustandsmerkmalen* (vgl. §§ 4 und 5) gegenüber denen des zu wertenden Grundstücks (interqualitativer Preisvergleich) *und*

2. *Unterschiede in der* konjunkturellen und somit die Höhe der Vergleichspreise mitbestimmenden *allgemeinen Wertentwicklung* auf dem Grundstücksmarkt gegenüber den am Wertermittlungsstichtag vorherrschenden Verhältnissen (intertemporärer Preisvergleich).

berücksichtigt werden. Die Berücksichtigung erfolgt nach Maßgabe des § 14 im Wege der Umrechnung der einzelnen Vergleichspreise.

4. Identifizierung und Eliminierung von Ausreißern

Hat man die zum Preisvergleich herangezogenen Kaufpreise vergleichbarer Grundstücke hinsichtlich der jeweiligen Zustandsmerkmale und der allgemeinen Wertverhältnisse mit denen des zu wertenden Grundstücks gleichnamig gemacht, so werden diese Kaufpreise noch immer in einem gewissen Umfang voneinander abweichen, ohne dass diese **Streuung der Kaufpreise** auf bestimmte Einflüsse zurückgeführt werden kann. Dies kann auf Zufälligkeiten zurückgeführt werden, die für den gewöhnlichen Geschäftsverkehr durchaus kennzeichnend sind. Denn auf einem freien Grundstücksmarkt spielen regelmäßig auch Zufälligkeiten z. B. in Bezug auf subjektive Anschauungen der Vertragsparteien und ihr Verhandlungsgeschick eine Rolle, selbst wenn ungewöhnliche oder persönliche Verhältnisse i. S. d. § 6 nicht zum Tragen gekommen sind. **21**

Bevor eine Aggregation der regelmäßig „streuenden" Vergleichspreise vorgenommen werden kann, muss aber sorgsam geprüft werden, ob sich unter den **Vergleichspreisen** auch solche befinden, **die** i. S. d. § 6 **„erheblich" von vergleichbaren Kauffällen abweichen** **22** und deshalb nicht dem gewöhnlichen Geschäftsverkehr zurechenbar sind (Ausreißer, vgl. Rn. 55, 74 ff. sowie § 6 WertV Rn. 17 ff.). Da sich nach § 194 BauGB der Verkehrswert nach dem im gewöhnlichen Geschäftsverkehr ohne Rücksicht auf ungewöhnliche oder persönliche Verhältnisse erzielbaren Preis bemisst, dürfen die herangezogenen Vergleichspreise nämlich nicht durch ungewöhnliche oder persönliche Verhältnisse beeinflusst worden sein. Wird festgestellt, dass die Höhe eines Vergleichspreises durch **ungewöhnliche oder persönliche Verhältnisse** beeinflusst worden ist, so ist dieser Kaufpreis als Vergleichspreis grundsätzlich ungeeignet, es sei denn, die Auswirkungen der Besonderheiten auf den Kaufpreis können „sicher" erfasst werden. In diesem Fall geht der „berichtigte" oder „bereinigte" Kaufpreis in das Verfahren ein.

23   Bei **Heranziehung von Bodenrichtwerten** entfällt im Übrigen die Prüfung auf „Ausreißer", da in die Bodenrichtwertermittlung ohnehin schon keine Vergleichspreise eingehen dürfen, die durch ungewöhnliche oder persönliche Verhältnisse beeinflusst sind.

5. Ermittlung des Vergleichswerts

24   Nach Aussonderung von einzelnen Vergleichspreisen, die als „Ausreißer" identifiziert wurden und nicht dem gewöhnlichen Geschäftsverkehr zurechenbar sind, können die **verbleibenden Vergleichspreise** in geeigneter Weise **zum Vergleichswert aggregiert** werden. Dies erfolgt i. d. R. durch Bildung des arithmetischen Mittels (Rn. 63; § 13 WertV Rn. 29 ff.). Bei Heranziehung von Bodenrichtwerten entfällt dieser Schritt, da man mit der „Umrechnung" der Zustandsmerkmale des Bodenrichtwertgrundstücks auf die Zustandsmerkmale des zu wertenden Grundstücks und ggf. der Indizierung dieses Bodenrichtwerts auf die allgemeinen Wertverhältnisse des Wertermittlungsstichtags unmittelbar zum Vergleichswert gelangt. Lediglich im Falle einer Heranziehung von mehreren Bodenrichtwerten ist – wie im Falle der Heranziehung von Vergleichspreisen – eine Aggregation der Bodenrichtwerte erforderlich.

6. Ermittlung des Verkehrswerts

25   Nach dem Aufbau der WertV handelt es sich bei dem **Vergleichswert** um einen **Zwischenwert, der nicht identisch mit dem Verkehrswert sein muss.** Die Verfahrensvorschriften der WertV sind allerdings darauf angelegt, dass der Vergleichswert, wie im Übrigen auch der Ertrags- und Sachwert, möglichst dem Verkehrswert entsprechen soll. Dies kann allerdings nur erreicht werden, wenn alle in die Wertermittlung eingehenden Ausgangsdaten (Parameter) der „Lage auf dem Grundstücksmarkt" am Wertermittlungsstichtag idealtypisch entsprechen und vollständig in das Verfahren eingehen. Dieses Ziel lässt sich am ehesten bei Anwendung des Vergleichswertverfahrens erreichen, denn mit den Vergleichspreisen findet die „Lage auf dem Grundstücksmarkt"[18] am direktesten ihre angemessene Berücksichtigung.

26   Nur wenn **begründbare Anhaltspunkte** gegeben sind, nach denen die **Lage auf dem Grundstücksmarkt** noch nicht hinreichend Eingang in das Wertermittlungsverfahren gefunden hat, ist der Verkehrswert durch Zu- oder Abschläge aus dem Vergleichswert abzuleiten. Daneben kann eine Anpassung des Vergleichswerts an den Verkehrswert erforderlich werden, wenn neben dem Vergleichswertverfahren auch das Sach- und/oder Ertragswertverfahren mit abweichenden Ergebnissen zur Anwendung gekommen ist und sachgerechte Gründe für eine Berücksichtigung des Ertrags- und/oder Sachwerts vorliegen. Im Ergebnis muss also geprüft werden, ob

1. eine Anpassung des Vergleichswerts an die Lage auf dem Grundstücksmarkt nach Maßgabe des § 7 Abs. 1 Satz 2

2. und – sofern andere Wertermittlungsverfahren zur Anwendung gekommen sind – „unter Würdigung der Aussagefähigkeit" der Ergebnisse dieser Verfahren nach Maßgabe des § 7 Abs. 1 Satz 3 eine Anpassung

zur Ermittlung des Verkehrswerts erforderlich wird. Lässt sich dies nicht begründen, ist der „Vergleichswert" mit dem Verkehrswert identisch.

2.3   Vergleichspreise

2.3.1   Auswahlkriterien

§ 13 gibt für die Auswahl von Vergleichspreisen drei **Kriterien** vor: **27**

a) Zum Preisvergleich sollen Kaufpreise solcher Grundstücke herangezogen werden, die hinsichtlich ihrer wertbeeinflußenden Merkmale (§§ 4 und 5) mit denen des zu wertenden Grundstücks „hinreichend" übereinstimmen.

b) Die Vergleichspreise sollen in zeitlicher Hinsicht dem Wertermittlungsstichtag möglichst nahe liegen, d. h., die zum Preisvergleich heranzuziehenden Kauffälle vergleichbarer Grundstücke sollen sich auf einen Zeitpunkt beziehen, der dem Wertermittlungsstichtag möglichst nahe liegt.

c) Es soll ggf. unter Einbeziehung von Vergleichspreisen aus entfernter gelegenen Vergleichsgebieten eine möglichst genügende (ausreichende[19]) Anzahl von Vergleichspreisen herangezogen werden.

d) Nach Maßgabe des § 6 sind solche Preise „herauszufiltern", die durch ungewöhnliche oder persönliche Verhältnisse beeinflusst worden sind, um diese

– ersatzlos „fallen zu lassen" oder

– zu „bereinigen",

indem der Einfluss der ungewöhnlichen oder persönlichen Verhältnisse auf die Höhe des Vergleichspreises „sicher" ermittelt wird; dies wiederum wird nur in Ausnahmefällen möglich sein.

2.3.2   Hinreichend übereinstimmende Zustandsmerkmale

Die Forderung nach einer hinreichenden **Übereinstimmung der Zustandsmerkmale** der   **28**
Vergleichsgrundstücke mit denen des zu wertenden Grundstücks betrifft insbesondere

– Lage (vgl. § 4 Abs. 6),

– Art und Maß der baulichen Nutzung (vgl. § 4 Abs. 1),

– Bodenbeschaffenheit,

– Größe,

– Grundstücksgestalt,

– Erschließungszustand

sowie bei *baulichen Anlagen*

– Alter,

– Bauzustand und

– Ertrag.

Bei hinreichender Übereinstimmung sind die Vergleichspreise geeignet[20]. Bei besonders   **29**
individuell gestalteten und beschaffenen Grundstücken wird man größere Abweichungen der herangezogenen Vergleichsgrundstücke von dem Wertermittlungsobjekt hinnehmen müssen als bei marktüblicheren Objekten.

---

18 Die „Lage auf dem Grundstücksmarkt" wird in § 7 Abs. 1 Satz 2 durch den Hinweis auf die in § 3 Abs. 3 definierten „allgemeinen Wertverhältnisse auf dem Grundstücksmarkt" erläutert, die nach der Systematik der Rechtsverordnung eigentlich bereits bei der Ermittlung des Vergleichswerts nach § 14 Satz 2 WertV zu berücksichtigen sind; vgl. Kleiber in Ernst/Zinkahn/Bielenberg, BauGB, Komm. zu § 3 WertV Rn. 19

19 BFH, Urt. vom 26. 9. 1980 – III R 21/78 –, EzGuG 20.86

20 BGH, Urt. vom 19. 12. 1963 – III ZR 162/63 –, EzGuG 20.35; entsprechend auch der BFH, Urt. vom 26. 9. 1980 – III R 21/78 –, EzGuG 20.86; RFH, Urt. vom 31. 3. 1938 – III 228/37 –, EzGuG 4.4a

30   Als **Maß der Übereinstimmung** können die Zu- und Abschläge gelten, die nach Maßgabe des § 14 zur Berücksichtigung von Abweichungen anzubringen sind. Das KG Berlin[21] hat hierzu festgestellt, dass die Zu- und Abschläge die Größenordnung von höchstens 30 % oder allenfalls 35 % nicht übersteigen dürfen. Einen Abzug von 30 % hat auch das VG Schleswig bejaht (vgl. § 6 WertV Rn. 17 ff.)[22].

31   Die von der Rechtsprechung gezogenen Grenzen sind mindestens bei inhomogenen Marktverhältnissen zu eng. Man muss nämlich berücksichtigen, dass bereits Kaufpreise völlig gleichartiger Grundstücke im gewöhnlichen Geschäftsverkehr in nicht unerheblichem Maße streuen. **Abweichungen von 10 %** werden in der Rechtsprechung als „üblich" angesehen, wobei auch diese Grenze eher zu niedrig angesetzt ist. Von maßgeblicher Bedeutung ist in diesem Zusammenhang die Erheblichkeitsschwelle, die zum Ausscheiden von Kaufpreisen nach § 6 Abs. 2 Nr. 1 führt. Deshalb müssen auch Grundstücke als vergleichbar angesehen werden, bei denen zur Berücksichtigung von Abweichungen in den Zustandsmerkmalen und von Änderungen in den allgemeinen Wertverhältnissen auf dem Grundstücksmarkt höhere Zu- oder Abschläge angebracht werden müssen.

32   In einer neueren Entscheidung des LG Berlin[23] wurde unter Hinweis auf § 13 WertV i. d. F. vom 6. 12. 1988, nach der – abweichend von der WertV 72[24] – lediglich eine noch **hinreichende Übereinstimmung** der Vergleichspreise mit dem zu wertenden Objekt gefordert werde, zur Berücksichtigung von Abweichungen „ein Lagezuschlag von 40 % für „nicht unbedenklich" aber „noch vertretbar" gehalten.

33   In den WertR (Anl. 24 Nr. 4.2 Abs. 1; abgedruckt im Teil III Rn. 452) wird für die zu fordernde Übereinstimmung zwischen Vergleichsobjekt und dem zu wertenden Grundstück darauf hingewiesen, dass, **gemessen an dem als „Ausgangswert" für die Wertermittlung herangezogenen Vergleichspreis, überproportionale Ab- oder Zuschläge nicht** notwendig werden (**Proportionalitätserfordernis**), um zum Verkehrswert zu kommen. Dies soll nur in besonderen Ausnahmefällen zulässig sein. Die Vorgabe folgt der Erkenntnis, dass bei überproportionalen Zu- und Abschlägen grundsätzlich Zweifel an der Eignung der Methode aufkommen und mit überproportionalen Zu- und Abschlägen auch zwangsläufig verbundene Fehlereinflüsse regelmäßig überproportional durchschlagen.

34   Die **Zuverlässigkeit des Vergleichswertverfahrens verringert sich, je größer die Anpassung** ist, die auf Grund von Unterschieden in den wertbeeinflussenden Umständen der Vergleichsobjekte zu dem zu wertenden Grundstück sowie auf Grund der zu berücksichtigenden Abweichungen in den allgemeinen Wertverhältnissen erforderlich wird.[25]

2.3.3   Wertermittlungsstichtagsnahe Vergleichspreise

35   Das Kriterium der hinreichenden Übereinstimmung der qualitativen Zustandsmerkmale der Vergleichsgrundstücke mit denen des zu wertenden Grundstücks schließt auch ein, dass die **Vergleichspreise zu einem dem Wertermittlungsstichtag möglichst nahekommenden Zeitpunkt vereinbart werden**.

36   Eine weitgehende Übereinstimmung der Zustandsmerkmale sowie des Wertermittlungsstichtags mit den Kaufdaten der Vergleichsgrundstücke bedeutet im Ergebnis, dass die Vergleichsgrundstücke auch hinsichtlich ihrer „Preise" – entsprechend der in der Rechtsprechung des BGH[26] erhobenen Forderung – mit dem zu wertenden Grundstück vergleichbar sind.

37   Grundsätzlich lassen sich die **in der Vergangenheit entrichteten Kaufpreise** mittels Indexreihen – theoretisch auch über Jahrzehnte hinweg – umrechnen, jedoch muss dabei bedacht werden, dass damit zusätzliche Fehler in das Wertermittlungsverfahren Eingang finden können. Zudem wird man auch bei einer gut geführten Kaufpreissammlung den damaligen Grundstückszustand nicht mehr umfassend und vollständig erfassen können, so dass zwischenzeitliche Änderungen der Zustandsmerkmale das Bild verfälschen.

Bis zu welchem Zeitraum man bei Heranziehung von Kaufpreisen aus zurückliegender Zeit **38** gehen kann, konnte der Verordnungsgeber wiederum nicht normativ vorgeben. Auch hier kommt es auf die Umstände des Einzelfalls, vor allem auf das sonstige Kaufpreismaterial an. In der Praxis werden **Kaufpreise aus zurückliegender Zeit etwa bis zu 4 Jahren** herangezogen, wenngleich auch ein weiteres Zurückgehen zuweilen sogar sinnvoll sein kann.

In der Praxis treten auch Wertermittlungsfälle auf, in denen die Heranziehung von Ver- **39** gleichspreisen aus weit zurückliegender Zeit gegenüber Kaufpreisen neueren Datums von Vorteil sein kann. So besteht z. B. bei der **Ermittlung des sanierungsunbeeinflussten Grundstückswerts** i. S. d. § 153 Abs. 1 BauGB die Möglichkeit

– von Vergleichspreisen auszugehen, die noch vor Einleitung der Sanierung in dem Gebiet, in dem das zu wertende Grundstück gelegen ist, bezahlt wurden, wobei diese Preise dann allerdings über längere Zeiträume auf den Wertermittlungsstichtag „hochindiziert" werden müssen, oder

– von Vergleichspreisen auszugehen, die zu einem dem Wertermittlungsstichtag nahe kommenden Zeitpunkt in Gebieten bezahlt werden, die in ihrem Zustand aber dem Sanierungsgebiet vor Einleitung der Sanierungsmaßnahme entsprechen müssen. Mangelt es hier an geeigneten Vergleichsgebieten oder bestehen Unsicherheiten bezüglich der richtigen Qualifizierung des damaligen Zustands des Sanierungsgebiets, ist die Fehleranfälligkeit bei dieser Vorgehensweise möglicherweise größer als im ersten Fall.

Bei der **retrospektiven Ermittlung von Verkehrswerten**, d. h. bei der auf einen zurück- **40** liegenden Stichtag bezogenen Wertermittlung müssen im Übrigen die sich in den „jüngeren" Preisvereinbarungen manifestierenden Preisentwicklungen, die für einen „durchschnittlich besonnenen, nüchternen Betrachter" am Wertermittlungsstichtag nicht erkennbar waren bzw. sein konnten, ebenfalls außer Betracht bleiben. Der Sachverständige hat sich in solchen Fällen in den Erkenntnisstand zu versetzen, den er am Wertermittlungsstichtag haben konnte, d. h., er darf in solchen Fällen seine Erkenntnisse über die Folgezeit nicht zur Grundlage der Verkehrswertermittlung auf einen zurückliegenden Zeitpunkt machen. Bei der **Verkehrswertermittlung, bezogen auf zurückliegende Zeitpunkte** sind mithin stets die Verhältnisse maßgebend, die zu diesem Zeitpunkt den gewöhnlichen Geschäftsverkehr bestimmt haben (vgl. § 13 WertV Rn. 27 ff. sowie § 194 BauGB Rn. 54 und 69).

2.3.4 Genügende Anzahl von Vergleichspreisen

Die Forderung des Verordnungsgebers nach einer „genügenden" Anzahl von Vergleichs- **41** preisen ergibt sich aus § 13 Abs. 1 Satz 2, nach dem Vergleichsgrundstücke aus vergleichbaren Gebieten „auch" herangezogen werden „können", wenn sich in dem Gebiet, in dem das zu wertende Grundstück liegt, nicht „genügend" Kaufpreise finden lassen. Aus dieser Vorschrift ergibt sich zugleich eine **Rangfolge für die Auswahl der Vergleichspreise**:

---

21 KG Berlin, Urt. vom 1. 11. 1969 – U 1449/68 –, EzGuG 20.46

22 VG Schleswig, Urt. vom 25. 9. 1974 – 2 A 108/74 –, EzGuG 15.2; bereits das Pr. OVG hat sich mit dieser Problematik eingehend beschäftigt; vgl. Pr. OVG, Urt. vom 2. 11. 1896 –, EzGuG 20.2

23 LG Berlin, Urt. vom 11. 8. 1998 – 29 0 371/97 –, GuG 1999, 250

24 BR-Drucks. 352/88

25 Britton/Davies, Modern Methode of Valuation of Land, Houses and Buildings, 8. Aufl. London 1989, S. 39 ff.

26 BGH, Urt. vom 28. 4. 1966 – III ZR 24/65 –, EzGuG 19.9; BGH, Urt. vom 13. 7. 1978 – III ZR 112/75 –, EzGuG 19.34 = EzGuG 6.200; BGH, Urt. vom 1. 7. 1982 – III ZR 10/81 –, EzGuG 4.86; das Pr. OVG hat sogar unter „neueren" Kaufpreisen ... noch solche bis zu 12 Jahren zurück betrachtet (vgl. St. Band VIII S. 344)

a) Vorrangig sind also Vergleichspreise aus dem Gebiet heranzuziehen, in dem das Grundstück liegt. Dies ergibt sich schon aus der mit § 13 Abs. 1 Satz 1 geforderten Eignung der Vergleichspreise.

b) Erst wenn sich keine genügende Anzahl von geeigneten Vergleichspreisen in dem Gebiet selbst finden lassen, ist auf Vergleichsgebiete auszuweichen.

42   In besonderen Fällen muss von dieser Grundregel abgewichen werden, wenn nämlich die in Betracht kommenden Vergleichsgrundstücke in dem **Gebiet**, in dem das zu wertende Grundstück liegt, regelmäßig **ungeeignet** sind. Einen derartigen Ausnahmefall regelt § 26 Abs. 1 Satz 2 i.V. m. § 153 Abs. 1 BauGB (vgl. § 13 Rn. 38 ff.).[27]

43   Die Grundregel, nach der auf Vergleichsgebiete auszuweichen ist, wenn in der näheren Umgebung nicht genügend Vergleichsobjekte vorhanden sind, entspricht auch den in der Rechtsprechung entwickelten Grundsätzen. Das KG Berlin hat hierzu festgestellt, dass auf **Kaufpreise von Grundstücken in anderen Lagen** zurückgegriffen werden kann, wenn in dem Gebiet selbst keine Kaufpreise für Grundstücke vorliegen, die hinsichtlich Lage und Nutzung mit dem zu wertenden Grundstück vergleichbar sind[28]. Der BFH hat in seiner Rechtsprechung sogar weitergehend auf den überregionalen Markt abgestellt[29].

44   I. d. R. wird man bei Heranziehung von Vergleichspreisen aus anderen Lagen das Gemeindegebiet und seine Nachbarschaft nicht verlassen. Grundsätzlich können aber auch Vergleichspreise aus vergleichbaren Gemeinden herangezogen werden, wenn in der Belegenheitsgemeinde keine oder keine ausreichende Zahl von Vergleichspreisen vorliegen. Dies stellte in den jungen Bundesländern sogar zunächst die einzige Methode dar, um überhaupt das Vergleichswertverfahren anwenden zu können. Bei Anwendung dieser **Methode des interregionalen Preisvergleichs** wird man als Vergleichsgemeinde solche heranziehen, die im Hinblick auf Einwohnergröße und großräumige Lage (z. B. Nähe einer Großstadt) vergleichbar sind.

45   Zur Beurteilung der großräumigen Lage haben sich die von der BfLR (nunmehr BBR) abgeleiteten **siedlungsstrukturellen Kreistypen**[30] bewährt. Man wird daher bestrebt sein, solche Vergleichsgemeinden auszuwählen, die in einem mit der Belegenheitsgemeinde vergleichbaren siedlungsstrukturellen Kreistyp gelegen sind. Daneben ist vor allem noch zu beachten, dass die Gemeinden eine möglichst vergleichbare Wirtschaftskraft aufweisen. Die Vergleichskriterien Einwohnerzahl und Siedlungsstruktureller Kreistyp haben sich als ungewöhnlich hoch korreliert mit dem allgemeinen Bodenwertniveau erwiesen. Dies hat sich allerdings auch schon in anderen ungewöhnlichen Untersuchungen bestätigt. Nach einer Untersuchung aus dem Jahre 1979 besteht eine hohe negative Korrelation zwischen der Gemeindegrößenklasse und den entsprechenden Geburtenziffern, d. h. die Geburtenzahl nimmt mit Ansteigen der Gemeindegröße steil und signifikant ab[31]; ein für Soziologen sehr interpretierfähiges Nebenprodukt der Wertermittlungslehre!

▶ *Näheres vgl. § 13 WertV Rn. 38 ff.*

2.4   Bodenrichtwerte

46   Da das Vergleichswertverfahren in der Praxis im Wesentlichen bei der Bodenwertermittlung Anwendung findet, ist die Regelung des § 13 Abs. 2 von maßgeblicher Bedeutung. Danach können zur Ermittlung des Bodenwerts „neben oder an Stelle von Preisen für Vergleichsgrundstücke auch **geeignete Bodenrichtwerte**" i. S. d. § 196 BauGB herangezogen werden (vgl. § 196 BauGB Rn. 5 ff.). Grundsätzlich hat dabei jedoch die **Heranziehung von Vergleichspreisen Vorrang vor der Heranziehung von Bodenrichtwerten** (vgl. § 13 WertV Rn. 188 ff.)[32].

2.5   Intertemporaler und interqualitativer Abgleich

Der **Vergleichswert** kann in aller Regel nicht **unmittelbar aus den Vergleichspreisen**   **47**
bzw. dem Bodenrichtwert abgeleitet werden, weil

a) die Zustandsmerkmale der Vergleichsgrundstücke bzw. des Bodenrichtwertgrundstücks von den Eigenschaften des zu wertenden Grundstücks abweichen und

b) die Vergleichspreise im Verhältnis zu den am Wertermittlungsstichtag vorherrschenden allgemeinen Wertverhältnissen auf dem Grundstücksmarkt einer Aktualisierung bedürfen; Entsprechendes gilt i. d. R. auch bezüglich vorhandener Bodenrichtwerte.

Der **unmittelbare Preisvergleich** stellt dabei **eine idealtypische Wunschvorstellung dar**, die praktisch kaum   **48**
jemals Bedeutung erlangt. Denn Grundstücke stellen Unikate mit individuellen Eigenschaften dar, die sich selbst bei
unmittelbarer Nachbarschaft i. d. R. erheblich unterscheiden, so dass allenfalls in Ausnahmefällen zustandsgleiche
Vergleichsgrundstücke dem Gutachter an die Hand gegeben sind. Dass dabei zudem der Vergleichspreis etwa zeitgleich zum Wertermittlungsstichtag vereinbart worden ist, um für einen „unmittelbaren" Preisvergleich geeignet zu
sein, wäre dann schon ein Glücksfall, der sicherlich kaum jemals auch gleich für eine hinreichende Anzahl von Vergleichspreisen gegeben ist. Tatsächlich ist die **Unterscheidung zwischen dem mittelbaren und unmittelbaren**
Preisvergleich deshalb „graue Theorie"; den unmittelbaren Preisvergleich gibt es demzufolge nicht.

Bei **Anwendung des Vergleichswertverfahrens** müssen deshalb   **49**

a) *Unterschiede* der zum Preisvergleich herangezogenen Vergleichsgrundstücke *in ihren Zustandsmerkmalen* (vgl. §§ 4 und 5) gegenüber denen des zu wertenden Grundstücks (interqualitativer Preisvergleich) *und*

b) *Unterschiede in der* konjunkturellen und somit die Höhe der Vergleichspreise mitbe-stimmenden *allgemeinen Wertentwicklung* auf dem Grundstücksmarkt gegenüber den am Wertermittlungsstichtag vorherrschenden Verhältnissen (intertemporärer Preisvergleich)

berücksichtigt werden. Die Berücksichtigung erfolgt nach Maßgabe des § 14 im Wege der Umrechnung der einzelnen Vergleichspreise.

Der **interqualitative Abgleich** der Vergleichsgrundstücke auf die Zustandsmerkmale des   **50**
zu wertenden Grundstücks kann auf der Grundlage

– von Umrechnungskoeffizienten i. S. d. § 10,

– von Zu- und Abschlägen,

– von Regressionsanalysen

oder in einer sonstigen geeigneten Weise erfolgen.

▶ *Näheres hierzu vgl. Erläuterungen bei § 14 und § 10 WertV*   **51**

Der **intertemporale Abgleich** der zumeist aus der Vergangenheit stammenden Vergleichs-   **52**
preise auf die am Wertermittlungsstichtag herrschenden allgemeinen Wertverhältnisse auf
dem Grundstücksmarkt erfolgt – soweit es um die Bodenwertermittlung geht – auf der
Grundlage von Bodenpreisindexreihen.

▶ *Näheres hierzu bei § 9 Rn. 1ff. und § 14 Rn. 274ff.*   **53**

---

27   Das Recht der WertV 72 enthielt zur Wertermittlung für Sanierungsgebiet und Entwicklungsbereiche in § 21
     Abs. 3 Satz 1 sowie § 22 Abs. 3 WertV 72 eine dementsprechende Vorschrift, die damit als allgemeiner Werter-
     mittlungsgrundsatz in den geltenden § 13 Abs. 1 Satz 2 WertV aufgegangen ist
28   KG Berlin, Urt. vom 1. 11. 1969 – U 1449/68 –, EzGuG 20.46
29   BFH, Urt. vom 10. 8. 1972 – VIII R 82/71 –, EzGuG 20.53
30   Hüttenrauch/Jacobs/Kehlen in GuG 1992, 137; dort auch die abgedruckte Karte siedlungsstruktureller Kreis-
     typen; vgl. Kleiber, Sammlung amtlicher Vorschriften zur Verkehrswertermittlung, a. a. O., 4. Aufl. 1992
31   Hetzold, in ifo-Schnelldienst Nr. 9 1979, Institut für Wirtschaftsforschung, München
32   BGH, Urt. vom 17. 5. 1991 – V ZR 104/90 –, EzGuG 11.183

54 Mit dem interqualitativen und intertemporalen Abgleich der Vergleichspreise werden die zum Preisvergleich herangezogenen Kaufpreise vergleichbarer Grundstücke hinsichtlich der jeweiligen Zustandsmerkmale und der allgemeinen Wertverhältnisse mit denen des zu wertenden Grundstücks „gleichnamig" gemacht. Gleichwohl werden diese Kaufpreise noch immer in einem gewissen Umfang voneinander abweichen, ohne dass diese **Streuung der Kaufpreise** auf bestimmte Einflüsse zurückgeführt werden kann. Dies kann auf Zufälligkeiten zurückgeführt werden, die für den gewöhnlichen Geschäftsverkehr durchaus kennzeichnend sind. Denn auf einem freien Grundstücksmarkt spielen regelmäßig auch Zufälligkeiten z. B. in Bezug auf subjektive Anschauungen der Vertragsparteien und ihr Verhandlungsgeschick eine Rolle, selbst wenn ungewöhnliche oder persönliche Verhältnisse i. S. d. § 6 nicht zum Tragen gekommen sind.

2.6   Identifizierung und Eliminierung von Ausreißern

55 Ausreißer, d. h. einzelne **Kaufpreise**, die i. S. des § 6 WertV **„erheblich" von den übrigen Vergleichspreisen abweichen**, indizieren das Vorliegen von ungewöhnlichen oder persönlichen Verhältnissen beim Zustandekommen dieses Kaufpreises. Gemäß § 6 WertV darf ein solcher Kaufpreis nur berücksichtigt werden, wenn diese Besonderheiten durch entsprechende Korrekturen des Vergleichspreises sicher berücksichtigt werden können. Das wird jedoch in der Praxis kaum möglich sein.

56 Das wohl wichtigste Kriterium für die Identifizierung von Kaufpreisen, die durch ungewöhnliche oder persönliche Verhältnisse beeinflusst sind, stellt immer noch eine erhebliche Abweichung des einzelnen Kaufpreises gegenüber dem Mittel aller in Betracht kommenden Vergleichspreise dar. Als durch ungewöhnliche oder persönliche Verhältnisse beeinflusst gelten solche Kaufpreise, die mehr als $\pm 30\,\%$ vom (arithmetischen) Mittelwert abweichen. Breite Anwendung zur Identifizierung von Ausreißern findet auch die sog. **3-Sigma-Regel** (vgl. Rn. 78 ff.).

57 Die **Prüfung auf Ausreißer** kann erst vorgenommen werden, wenn die Vergleichspreise der herangezogenen Vergleichsgrundstücke auf die Zustandsmerkmale des zu wertenden Grundstücks umgerechnet worden sind und sich die Preise darüber hinaus auf einen gemeinsamen Stichtag beziehen, d. h. auf die allgemeinen Wertverhältnisse des Wertermittlungsstichtags umgerechnet worden sind.

58 Nicht der höchste und auch nicht der niedrigste Preis innerhalb des verbleibenden Streuungsbereichs der Vergleichspreise kann Maßstab der Verkehrswertermittlung sein. Die Verkehrswertdefinition des § 194 BauGB lässt es auch nicht zu, eine Verkehrswertspanne zu ermitteln (vgl. § 194 BauGB Rn. 118 ff.). Da nach den vorangegangenen Verfahrensschritten eine Anzahl von Vergleichspreisen unterschiedlicher Höhe gewissermaßen repräsentativ (i. S. des gewöhnlichen Geschäftsverkehrs) für den erzielbaren Preis des zu wertenden Grundstücks ist, muss deshalb im statistischen Sinne das (gewogene) Mittel dieser Vergleichspreise als **der am „wahrscheinlichsten" zu erzielende Preis des Grundstücks** und damit gleichzeitig als sein Verkehrswert gelten[33]. Dieser errechnet sich z. B. durch Bildung des arithmetischen Mittels aus den Vergleichspreisen.

▶ *Näheres hierzu bei Rn. 79.*

3   Ableitung des Verkehrswerts aus dem Vergleichswert

59 Bei dem **Vergleichswert** handelt es sich um einen **Zwischenwert, der nicht identisch mit dem Verkehrswert sein muss**. Die Verfahrensvorschriften der WertV sind allerdings darauf angelegt, dass der Vergleichswert, wie im Übrigen auch der Ertrags- und Sachwert, möglichst dem Verkehrswert entsprechen soll. Dies kann allerdings nur erreicht werden, wenn alle in die Wertermittlung eingehenden Ausgangsdaten (Parameter) der Lage auf dem Grundstücksmarkt am Wertermittlungsstichtag idealtypisch entsprechen und vollständig in das Verfahren eingehen. Wenn Anhaltspunkte gegeben sind, nach denen die **Lage auf dem Grundstücksmarkt** noch nicht hinreichend Eingang in das Wertermittlungsverfahren gefunden hat, ist der Verkehrswert durch Zu- oder Abschläge aus dem Vergleichswert abzuleiten. Daneben kann eine Anpassung des Vergleichswerts an den Verkehrswert erforderlich werden, wenn neben dem Vergleichswertverfahren auch das Sach- und/oder Ertragswertverfahren mit abweichenden Ergebnissen zur Anwendung gekommen ist/sind und sachgerechte Gründe für eine Berücksichtigung des Ertrags- und/oder Sachwerts vorliegen.

Im Ergebnis muss also geprüft werden, ob   **60**

1. eine Anpassung des Vergleichswerts an die Lage auf dem Grundstücksmarkt nach Maßgabe des § 7 Abs. 1 Satz 2

2. und – sofern andere Wertermittlungsverfahren zur Anwendung gekommen sind – „unter Würdigung der Aussagefähigkeit" der Ergebnisse dieser Verfahren nach Maßgabe des § 7 Abs. 1 Satz 3 eine Anpassung hieran

zur Ermittlung des Verkehrswerts erforderlich wird. Lässt sich dies nicht begründen, ist der **Vergleichswert mit dem Verkehrswert identisch**.

4 Statistische Grundlagen

Die Praxis bedient sich insbesondere bei Anwendung des Vergleichswertverfahrens einiger   **61** **Rechentechniken der Statistik**, obwohl die statistischen Voraussetzungen der stochastischen Verteilung im strengen Sinne nur selten vorliegen. Dies ist gleichwohl nicht zu beanstanden, denn immerhin dient dies der Operationalisierung und Übersichtlichkeit des Verfahrens. Nachstehend sollen deshalb einige **statistische Begriffe und Verfahren** kurz erläutert werden:

– Mit dem Zeichen Σ (Sigma) wird die **Summe von n Stichproben x_i** bezeichnet: **62**

$$\sum_{i=1}^{n} x_i = x_1 + x_2 + x_3 + \ldots\ldots\ldots\ldots x_n$$

Beispiel:

Als Vergleichspreise liegen sechs Kaufpreise KP_i vor: 160 €/m², 180 €/m², 170 €/m², 160 €/m², 160 €/m² und 180 €/m²:

$\Sigma KP_i = 1\,010$ €/m²

– Zur Ableitung eines ausgeglichenen Werts aus n Stichproben ist die Bildung des **arith-**   **63** **metischen Mittels** auch in der Wertermittlung weit verbreitet. Es definiert sich wie folgt:

$$\text{Arithmetisches Mittel:} \quad \bar{x} = \frac{\Sigma x_i}{n}$$

Beispiel:

Im vorstehenden Beispiel setzt sich die Summe der vorliegenden Vergleichspreise aus sechs „Stichproben" zusammen:

Arithmetisches Mittel: $\overline{KP} = \dfrac{1\,010 \text{ €/m}^2}{6} = 168{,}3 \approx \textbf{170 €/m}^2$

Das arithmetische Mittel wird dann als Vergleichswert angesehen.

---

33   BT-Drucks, 10/6166, S.137f.

Betrachtet man die am Markt erzielten und zur Verkehrswertermittlung herangezogenen Kaufpreise als eine Stichprobe aus der Grundgesamtheit aller (zumindest denkbaren) Vergleichspreise, so lassen sich unter Anwendung statistischer Methoden Aussagen über die **Genauigkeit der Verkehrswertermittlung** z. B. durch Mittelbildung der zur Verfügung stehenden Vergleichspreise und Berechnung des mittleren Fehlers des Mittels treffen. Ob die Zahl der in das Mittel eingegangenen Vergleichspreise als „ausreichend" i. S. der WertV anzusehen ist, lässt sich dann nach statistischen (Genauigkeits-) Kriterien beurteilen.

64   Das **arithmetische Mittel aus Stichproben, denen ein unterschiedliches Gewicht p_i zuzuordnen ist**, errechnet sich nach der Formel:

$$\text{Gewogenes arithmetisches Mittel:} \quad \boxed{\bar{x} = \frac{\sum x_i \cdot p_i}{\sum p_i}}$$

Beispiel:

Den im vorstehenden Beispiel angegebenen Vergleichspreisen wurden entsprechend ihrer Aussagefähigkeit die aus der nachstehenden Tabelle ersichtlichen Gewichte beigeordnet:

Nr.	KP_i	p_i	$KP_i \times P_i$	VW	v_i	$v_i v_i p_i$
1	160 €/ m²	1	160	172,6	+ 12,6	158,76
2	180 €/ m²	4	720	172,6	− 7,4	219,04
3	170 €/ m²	3	510	172,6	+ 2,6	20,28
4	160 €/ m²	2	320	172,6	+ 12,6	317,52
5	160 €/ m²	1	160	172,6	+ 12,6	158,76
6	180 €/ m²	4	720	172,6	− 7,4	219,04
Summen		$\sum$ = 15	$\sum = 2\,590$			$\sum v_i v_i p_i = 1\,093,4$

wobei:

n = Anzahl der Vergleichspreise, hier = 6
v_i = Verbesserungen = Verkehrswert − KP_i
p_i = Gewicht des Vergleichspreises KP_i

$$\boxed{\text{Verkehrswert} = \frac{\sum KP_i \times p_i}{\sum p_i}} = \overline{KP} = \frac{2\,590}{15} \approx 172,6 \approx \mathbf{173\ \text{€/m}^2}$$

65   *Hinweis:*

Wenn als Maß des Gewichtes die Häufigkeit einer Beobachtungsgröße (hier Kaufpreise) gewählt wird, darf diese Größe auch nur einmal angesetzt werden.

Im Beispiel:

KP: 160 €/m²   Gewicht 3 (weil 3 × vertreten)
KP: 180 €/m²   Gewicht 2 (weil 2 × vertreten)
KP: 170 €/m²   Gewicht 1 (weil 1 × vertreten)

Nr.	KP_i	p_i	$KP_i \times P_i$
1	160 €/ m²	3	480
2	180 €/ m²	2	360
3	170 €/ m²	1	170
Summen		= 6	= 1010

Gewogenes arithmetisches Mittel: $\overline{KP} = \dfrac{1010}{6} = 168,3$ €/m² $\approx$ **168 €/m²**

Die Frage, ob die Anzahl der auftretenden Beobachtungsgrößen (z. B. Kaufpreise, Erträge und dgl.) oder andere Erkenntnisse das Gewicht einer Beobachtungsgröße bestimmen, ist am Einzelfall zu entscheiden.

– Als **Modalwert** wird der Wert bezeichnet, der mit seiner Anzahl am häufigsten vor-   **66**
kommt (Häufigster Wert)

Beispiel:

Im Beispiel tritt ein Kaufpreis von 160 €/m² am häufigsten auf, nämlich insgesamt 3 ×.

– Als **Median** bezeichnet man den Zentralwert, der sich als Mittelwert der aufgereihten   **67**
Beobachtungsgrößen (hier Kaufpreise) ergibt:

Beispiel:

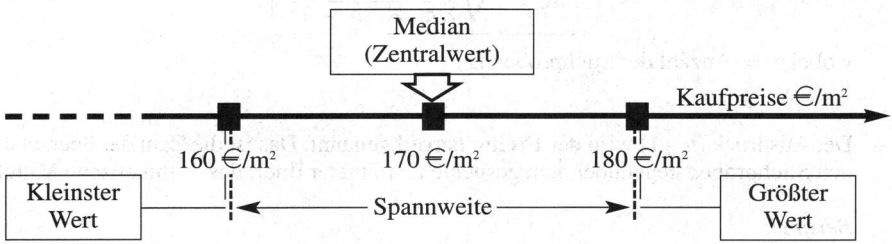

– Als **Spannweite** bezeichnet man den Unterschied zwischen dem größten und kleinsten   **68**
Wert.

– Die Differenz aus dem arithmetischen Mittel $\bar{x}$ aus n Stichproben und der einzelnen   **69**
Stichprobe x_i wird als **Verbesserung v_i** bezeichnet:

$$\text{Verbesserung:} \quad \boxed{v_i = \bar{x} - x_i}$$

Dann sind:

Das Quadrat der einzelnen Verbesserungen: $v_i v_i$

Die Summe der Quadrate aus $v_i v_i$: $\Sigma v_i v_i$

Die Summe der gewichteten Quadrate aus $v_i v_i$: $\Sigma v_i v_i p_i$

Beispiel:

Für das vorstehende Beispiel ergeben sich folgende Verbesserungen v_i-Quadrate der Verbesserungen $v_i v_i$-
gewichtete Quadrate der Verbesserungen $v_i v_i p_i$ und ihre Summen:

Nr.	ungewichtet				gewichtet				
	$\overline{KP}$	KP_i	v_i	$v_i v_i$	$\overline{KP}$	KP_i	v_i	p_i	$v_i v_i p_i$
1	168,3	160	+ 8,3	68,9	172,6	160	+ 12,6	1	158,76
2	168,3	180	– 11,7	136,9	172,6	180	– 7,4	4	219,04
3	168,3	170	– 1,7	2,9	172,6	170	+ 2,6	3	20,28
4	168,3	160	+ 8,3	68,9	172,6	160	+ 12,6	2	317,52
5	168,3	160	+ 8,3	68,9	172,6	160	+ 12,6	1	158,76
6	168,3	180	– 11,7	136,9	172,6	180	– 7,4	4	219,04
Summen		1 010	0	483,4		1 010		15	1 093,40

$$
\begin{aligned}
n &= 6 \\
\Sigma\, v_i v_i &= 483,4 \\
\Sigma\, v_i v_i p_i &= 1\,093,4 \\
\Sigma\, p_i &= 15,0
\end{aligned}
$$

70   – Als Genauigkeitsmaß des (gewichteten) arithmetischen Mittels lässt sich der **Mittlere Fehler des arithmetischen Mittels m_x** *(mean)* nach folgenden Formeln berechnen:

Mittlerer Fehler des *ungewichteten* arithmetischen Mittels:

$$m_x = \sqrt{\frac{\sum v_i v_i}{n(n-1)}}$$

Mittlerer Fehler des *gewichteten* arithmetischen Mittels:

$$m_x = \sqrt{\frac{\sum v_i v_i p_i}{\sum p_i \times (n-1)}}$$

wobei n = Anzahl der Stichproben ist.

71   – Der Ausdruck (n – 1) wird der **Freiheitsgrad** genannt. Das ist die Zahl der überschüssigen Stichproben gegenüber dem gesuchten Parameter (hier: das arithmetische Mittel).

Beispiel:

– Nach Ausscheiden der Kaufpreise, die durch ungewöhnliche oder persönliche Verhältnisse beeinflusst worden sind (vgl. § 6 WertV) und

– nach Umrechnung der verbliebenen Kaufpreise auf den Wertermittlungsstichtag und die Zustandsmerkmale des zu wertenden Grundstücks

liegen folgende Vergleichspreise KP_i vor (vgl. Beispiel Rn. 61):

Nr.	KP_i	v_i	$v_i v_i$
1	160,–	– 8,3	68,9
2	180,–	+ 11,7	136,9
3	170,–	+ 1,7	2,9
5	160,–	– 8,3	68,9
6	160,–	– 8,3	68,9
7	180,–	+ 11,7	136,9
$\sum KP_i =$	1 010,–	$\sum v_i v_i =$	**483,4**

wobei:

n = Anzahl der Vergleichspreise, hier = 6
v_i = Verbesserungen = Verkehrswert – KP_i

$$\text{Verkehrswert} = \frac{\sum KP_i}{n} = 168,3 \approx \mathbf{170 \; €/m^2}$$

72   – Für das vorstehend berechnete **(unwichtete)** arithmetische Mittel der Kaufpreise KP_i ergibt sich ein mittlerer Fehler von:

Mittlerer Fehler des **ungewichteten** arithmetischen Mittels m_x:

$$m_x = \sqrt{\frac{\sum v_i v_i}{n(n-1)}} = \sqrt{\frac{483,4}{30}} = \pm \mathbf{4 \; €/m^2}$$

Gesamtergebnis: $\overline{KP} = \mathbf{168,3 \; €/m^2 \pm 4,0 \; €/m^2}$

73   **Vertrauensgrenzen**

$$\text{Vertrauensgrenzen} = \text{Verkehrswert} \pm m_x \times t_\alpha$$

wobei:

t_α = Quantile der t-Verteilung; (Student-Verteilung; vgl Rn. 79) als Funktion der
 – Freiheitsgrade n – 1
 – statistischen Sicherheit
 hier bei (n – 1) = 5 und 90 %iger Wahrscheinlichkeit: $t_{10\%,\,5} \approx 2$

Vertrauensgrenzen = 168 €/m² ± 8 €/m²

– Für das vorstehend unter Rn. 69 ff. berechnete gewogene arithmetische Mittel der Kauf- **74**
preise KP_i ergibt sich ein **mittlerer Fehler** von:

$$m_X = \sqrt{\frac{1\,093,4}{15 \times 5}} = \pm\ 3,8\ €/m²$$

Gesamtergebnis: **KP = 172,6 €/m² ± 3,8 €/m²**

– Als **Standardabweichung**, d. h. als Maß für die durchschnittliche Abweichung aller **75**
Werte vom Mittelwert, gilt:

$$s_X = \sqrt{\frac{\sum v_i v_i}{n-1}}$$

Beispiel (vgl. Rn. 69)

$$s_X = \sqrt{\frac{483,4}{5}} = \pm\ 9,8\ €/m²$$

Bei normal verteilter Stichprobe liegen die Werte zwischen ± 3 s_X **(sog. 3-Sigma-Regel).**

– Das Quadrat der Standardabweichung (s_X^2) wird als **Varianz** bezeichnet. **76**

– Der **Variationskoeffizient** ergibt sich dann aus dem Verhältnis der Standardabwei- **77**
chung zum arithmetischen Mittel (Mittelwert)

$$\text{Variationskoeffizient} = \frac{s_X}{\overline{x}}$$

Beispiel:

– Standardabweichung s_X = ± 9,8 €/m²
– Arithmetisches Mittel = 168,3 €/m²

$$\text{Variationskoeffizient} = \frac{9,8}{168,3} = \pm\ 0,058$$

– Auf der Grundlage einer bestimmten vorgegebenen Wahrscheinlichkeit lassen sich hierzu **78**
die Vertrauensgrenzen eines **statistischen Vertrauensbereichs** mit Hilfe der Quantile der
Student- oder t-Verteilung und in Abhängigkeit vom Freiheitsgrad ermitteln (vgl Rn. 55 ff.).

$$\text{Vertrauensgrenzen} = \overline{VW} \pm \frac{m \times t_\alpha}{\sqrt{n}} = \overline{VW} \pm m_X \times t_\alpha$$

wobei $\overline{VW}$ = Mittel aus n Vergleichspreisen = $\dfrac{\sum KP_i}{n}$

$\qquad$ KP = Vergleichspreis

$\qquad$ n = Anzahl der Vergleichspreise

$\qquad$ t_α = Quantile der t-Verteilung (Student-Verteilung)
$\qquad\qquad$ Tabelliert als Funktion der
$\qquad\qquad$ – n – 1 (Freiheitsgrade)
$\qquad\qquad$ – Statistischen Sicherheit

$\qquad$ m = Standardabweichung = $\sqrt{\sum vv/n - 1}$

$\qquad$ m_X = Standardabweichung des Mittels = $\dfrac{m}{\sqrt{n}}$

$\qquad$ v_i = Verbesserung = $\overline{VW} - KP_i$

79   An die statistische Sicherheit[34] dürfen keine überspannten Anforderungen gestellt werden. Für eine 80 bis 95 %ige Wahrscheinlichkeit (= 5 bis 20 %ige Unsicherheit) ergeben sich die **Quantilen** (Streuungsmaß) aus nachstehender Abb. 3:

Abb. 3: Tabelle der t_α-Quantilen

Quantile bei Wahr- scheinlich- keit	Freiheitsgrad (n – 1)									
	1	2	3	4	5	6	7	8	9	10
80 %ig	3,08	1,89	1,64	1,53	1,48	1,44	1,41	1,40	1,38	1,37
90 %ig	6,31	2,92	2,35	2,13	2,02	1,94	1,89	1,86	1,83	1,81
95 %ig	12,71	4,30	3,18	2,78	2,57	2,45	2,36	2,31	2,26	2,23

Beispiel zur Identifizierung und Eliminierung von Ausreißern:
Vergleichspreise

	Nr.	KP_i	v_i	$v_i v_i$
	1	160	– 12	144
	2	180	+ 8	64
	3	170	– 2	4
→	4	190	+ 18	324
	5	160	– 12	144
	6	160	– 12	144
	7	180	+ 8	64
→	8	200	+ 28	784
→	9	190	+ 18	324
→	10	130	– 42	1 764

$$\Sigma KP_i = 1\,720 \qquad \Sigma v_i^2 = 3\,760$$

$$\overline{VW} = \frac{\Sigma\, KP_i}{n} \qquad\qquad \overline{VW} = \frac{1\,720}{10} = \mathbf{172\ \text{€/m}^2}$$

$$m_x = \sqrt{\frac{\Sigma\, v_i v_i}{n\,(n-1)}} \qquad m_x = \sqrt{\frac{3\,760}{10\,(10-1)}} = \pm\,\mathbf{6,46\ \text{€/m}^2}$$

Für $\alpha = 10\,\%$ Irrtumswahrscheinlichkeit $\hat{=}$ 90 %ige Statistische Sicherheit:

$$t_{10\,\%,\ 9} = 1,83$$

Vertrauensgrenzen = $\overline{VW} \pm m_x \times t_\alpha = \mathbf{172\ €\,/\,m^2} \pm 12\ € / m^2$

160 €/m² ≤ Vergleichspreise ≤ 184 € / m²

Ausreißer: Kaufpreise Nr. 4, 8, 9, 10

80   Der **Ausschluss von Kaufpreisen oder anderer Daten auf der Grundlage statistischer Vertrauensgrenzen**[35] erfordert zunächst, die in Betracht kommenden Daten untereinander gleichnamig zu machen. Abweichungen, die auf unterschiedliche Zustandsmerkmale zurückzuführen sind, dürfen nicht zum Ausschluss von Kaufpreisen führen. Entsprechendes gilt auch für Abweichungen, die darauf zurückzuführen sind, dass Kaufpreise zu unterschiedlichen Zeitpunkten vereinbart worden sind. Der Ausschluss von Kaufpreisen und anderen Daten, die erheblich von denen vergleichbarer Fälle abweichen, bedingt deshalb, dass Abweichungen untereinander vorweg nach Maßgabe des § 14 berücksichtigt werden. Der Vertrauensbereich, der sich ergänzend zu dem (gewogenen) Mittel aus den gleichnamig gemachten Kaufpreisen ermitteln lässt (vgl. Rn. 78), ist abhängig von

– der verbleibenden Streuung der Kaufpreise untereinander,

– der Anzahl der Vergleichspreise und

– der statistischen Sicherheit, die man fordern kann.

In dem vorgestellten Beispiel (vgl. Rn. 79) wurde eine 90 %ige statistische Sicherheit als   **81** ausreichend befunden. Die sich dafür in Abhängigkeit von den Freiheitsgraden ergebende sog. t-Quantile ergibt sich aus Abb. 3. **Freiheitsgrad** ist dabei die um die Zahl 1 verminderte Anzahl der Kaufpreise.

5   Beispiele zum Vergleichswertverfahren

5.1   Eigentumswohnung

5.1.1   Allgemeines

▶ *Grundsätzliches zur Rechtsform der Eigentumswohnungen vgl. Teil VII Rn. 12 und Teil III Rn. 472 ff.; zur Verfahrenswahl vgl. § 7 WertV Rn. 124 ff.; zur Bodenwertermittlung in Bezug auf Eigentumswohnungen vgl. Rn. 95 ff. sowie § 29 WertV Rn. 29 ff.*

Der **Grundstücksmarkt für Wohnungseigentum** untergliedert sich in folgende Markt-   **82** segmente

1. *Neuerstelltes Wohnungseigentum*

    a) Erstverkauf und

    b) Weiterverkauf

2. In Wohnungseigentum *umgewandelte (sanierte) Mietobjekte*

    a) Erstverkauf

    b) Weiterverkauf

---

34   Zur Beurteilung der statistischen Sicherheit kommt es entscheidend auf die in Prozentpunkten geforderte Wahrscheinlichkeit an (z. B. 80 %). Dass man es in der Wertermittlungspraxis diesbezüglich in aller Regel mit einem Vertrauensbereich zu tun hat, der sich um einen Mittelwert „nach oben und nach unten" erstreckt (zweiseitige Betrachtungsweise), bedeutet zwar, dass sich der Bereich der Irrtumswahrscheinlichkeit (Unsicherheit) gegenüber der einseitigen Betrachtungsweise je zur Hälfte auf zwei Seiten verteilt, jedoch bleibt davon das geforderte Maß der Wahrscheinlichkeit unberührt.

35   Der Vertrauensbereich hat sich im Schrifttum zur Beurteilung als Genauigkeitsmaß weitgehend durchgesetzt (so auch Vogels, a. a. O., 4. Aufl., S. 28, 331). Zur Beurteilung der Genauigkeit von Regressionsfunktionen wird im Schrifttum vereinzelt auch der sog. Erwartungsbereich ermittelt, mit dem bei vorgegebener Sicherheit der Bereich ermittelt wird, in dem eine zukünftige Beobachtung erwartet wird (vgl. Brückner, Zusammengestellte Lehrbriefe zur Mathematischen Statistik bei der Ermittlung von Grundstückswerten, Nds. Landesverwaltungsamt, Hannover 1976, S. 181). Der Erwartungsbereich ist – da er sich auf die Einzelbeobachtung bezieht – im Verhältnis zum Vertrauensbereich breiter (vervielfacht mit dem Faktor $\sqrt{n}$) angelegt. Da es hier aber um die Genauigkeitsbetrachtung eines als Mittel aus n Vergleichspreisen abgeleiteten Verkehrswerts geht, ist die Ermittlung des Vertrauensbereichs auf der Grundlage der Standardabweichung des Mittels (= Standardabweichung/$\sqrt{n}$) vorzuziehen.

Abb. 4: Grundstücksteilmärkte bei Wohnungseigentum

Teilmärkte bei Wohnungseigentum

Wohnungseigentum

Neuerstelltes Wohnungseigentum

In Wohnungseigentum umgewandelte Mietobjekte

Erst-verkauf

Weiter-verkauf

Appartements (bis ca. 40 m²)

Erst-verkauf

Weiter-verkauf

© W. Kleiber 2000

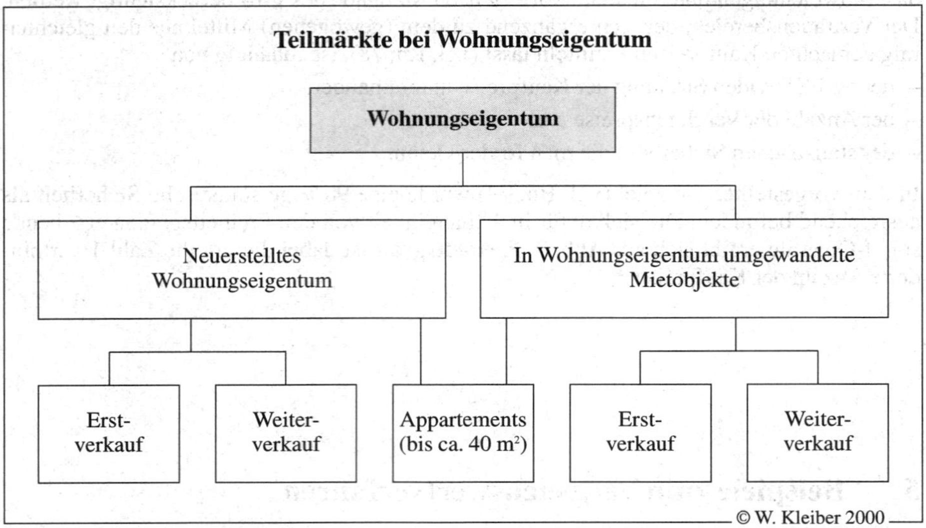

83   Bei der Verkehrswertermittlung von Grundstücken ist des Weiteren zwischen **bezugsfreien und vermieteten Eigentumswohnungen** zu unterscheiden (vgl. Rn. 95 ff., 111 ff.).

84   Grundsätzlich führt die **Zerstückelung eines Objektes** (z. B. Mehrfamilienhaus) **in Eigentumswohnungen** dazu, dass der Quadratmeter Wohnfläche im Wert steigt. Nachfolgende Untersuchung des Gutachterausschusses für Grundstückswerte macht dies deutlich (Abb. 5):

Abb. 5: Wertverhältnis von Mehrfamilienhauspreisen zu Eigentumswohnungspreisen in Stuttgart

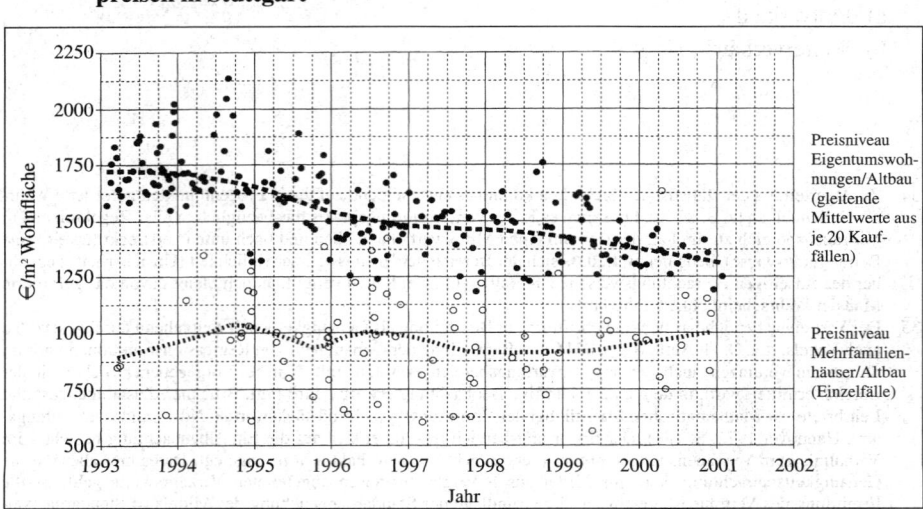

Quelle: Grundstücksmarktbericht 2000 Stuttgart

Eigentumswohnungen gelten als langfristige zweckgebundene Kapitalanlage. Sie werden **85** **entweder zur Eigennutzung oder zur Vermietung erworben.** Dabei sind in beiden Fällen wegen des zu erwartenden hohen Wiederverkaufswerts Objekte in guter Lage mit guter Sozialstruktur besonders gefragt.

Die **Wertermittlung von Eigentumswohnungen** kann grundsätzlich nach den gleichen **86** Methoden erfolgen, wie sie bei der Verkehrswertermittlung von Mietwohn- oder Einfamilienhausgrundstücken üblich sind. Allerdings sind einige **Besonderheiten** zu beachten:

– Im Allgemeinen wird nicht das gesamte Grundstück, sondern nur eine Eigentumswohnungseinheit zu werten sein. Das kann bei der **Anwendung des Sachwertverfahrens** zu Problemen führen. Im Sachwertverfahren wird zunächst der Grundstückssachwert (Bodenwert, Gebäudewert, Wert der Außenanlagen) des Gesamtobjekts ermittelt und der Wert des Wohnungseigentums anhand des Miteigentumsanteils als Bruchteil des Grundstückssachwerts errechnet. Diese Ermittlung ist im Prinzip fehlerfrei, wenn die Miteigentumsanteile nach Quadratmeter Wohnfläche am Gesamtflächenanteil aufgeteilt worden sind. Bei Objekten mit Mischnutzung (z. B. Läden im Erdgeschoss und Wohnungen in den Obergeschossen) richten sich die Kaufpreise für Gewerbeflächen nicht nach den Flächengrößen des jeweiligen Teileigentums, sondern nach der Ertragserwartung. Das bedeutet, dass ein ertragsträchtiger Laden im Erdgeschoss einen höheren Verkehrswert besitzen kann, als er sich unter Zugrundelegung der flächenmäßigen Miteigentumsanteile ergeben würde. Insofern könnte das Sachwertverfahren bei der Aufteilung des Gesamtsachwerts nach Miteigentumsanteilen zu falschen Werten führen.

– Das **Ertragswertverfahren** wird bei Eigentumswohnungen, die in Bauart und Ausstattung Mietwohnungen gleichen, herangezogen. Erfahrungsgemäß reichen bei diesen Objekten die Instandhaltungsrücklagen für die notwendigen Instandhaltungsarbeiten oft nicht aus. Der Sachverständige sollte bei älteren Eigentumswohnungen immer die Jahresabrechnungen der letzten Jahre und den Wirtschaftsplan des laufenden Jahres beim Verwalter einsehen. Dadurch kann er den Instandhaltungsaufwand im Verhältnis zum (fiktiven) Mietertrag feststellen und kann somit Überbewertungen vermeiden.

– In den häufigsten Fällen wird der Verkehrswert vom Wohnungseigentum im **Vergleichswertverfahren** ermittelt. Hierfür gibt es zwei gewichtige Gründe:

● Der Teilmarkt orientiert sich nahezu ausschließlich an Quadratmeterpreisen ($€/m^2$ Wohnfläche).

● Es liegt im Allgemeinen eine ausreichende Anzahl von Vergleichskaufpreisen vor, da der Teilmarkt nach wie vor rege ist.

Zur Wertermittlung mit Hilfe des sog. **Wohnwertverfahrens** vgl. Springer in GuG 1995, 39, Treiber in GuG 1998, 219, Diemann in GuG 1999, 352 und Schmidt in GuG 1999, 352.

a) Durchschnittspreise für Eigentumswohnungen

Als Grundlage können die von den Gutachterausschüssen für Grundstückswerte abgeleiteten und zumeist in deren Grundstücksmarktberichten veröffentlichten **Gebäudefaktoren** **87** **i. S. des § 12 WertV** herangezogen werden. Es handelt sich hierbei um Durchschnittspreise für Eigentumswohnungen (vgl. § 12 WertV Rn. 28 ff.).

Beispiel 1 zur Auswertung von Kaufpreisen für Eigentumswohnungen

Der Gutachterausschuss für Grundstückswerte für die Stadt *Worms* erstellt jährlich Kauf- **88** preisübersichten (durchschnittliche Marktpreise) für Eigentumswohnungen. Hierbei wird unterschieden nach Wohnfläche, Erst- und Weiterverkauf sowie nach Umwandlungsfällen (Abb. 6):

Abb. 6: Durchschnittspreise für Eigentumswohnungen in Worms

Vertragsart	Jahr	Wohnfläche											
		bis 30 m²		bis 50 m²		bis 70 m²		bis 90 m²		bis 110 m²		>110 m²	
		Anzahl	DM/m²	Anzahl	DM/m²	Anzahl	DM/m²	Anzahl	DM/m²	Anzahl	DM/m²	Anzahl	DM/m²
Erstverkauf nach Neubau	1993	6	5085	84	3831	146	3781	127	3412	33	3502	9	3276
	1994	112	4125	122	3997	144	3686	82	3577	26	3514	7	3442
	1995	83	4849	77	4349	102	3862	66	3560	16	3365	3	3350
	1996	34	4505	82	4322	66	3709	40	3420	13	3167	6	3034
	1997	7	3667	34	3675	71	3452	57	3303	13	2943	12	2781
	1998	1	–	8	4451	36	3340	42	3287	9	3489	4	2723
	1999	0	–	8	3499	12	3578	19	3299	10	3175	6	2917
	2000	1	–	8	3439	6	3650	11	3802	9	2891	4	2584
	2001	–	–	–	–	–	–	–	–	–	–	–	–
	2002	–	–	–	–	–	–	–	–	–	–	–	–
	2003	–	–	–	–	–	–	–	–	–	–	–	–
	2004	–	–	–	–	–	–	–	–	–	–	–	–
Weiterverkauf neuer WE	1993	0	0	10	2884	22	2711	33	2851	20	2966	3	2558
	1994	27	2860	31	2735	22	3056	26	3016	17	2897	1	–
	1995	6	3401	16	3071	15	2885	24	2866	12	3014	4	2613
	1996	14	4268	14	3068	18	2543	44	2974	14	3612	1	–
	1997	14	3758	24	3269	27	3167	34	2738	5	2455	1	–
	1998	11	2355	12	3099	31	2676	37	2605	14	2555	6	2534
	1999	10	3790	13	3294	28	2997	44	2685	16	2802	2	2319
	2000	7	2142	4	2886	18	2637	38	2547	10	2650	4	2135
	2001	–	–	–	–	–	–	–	–	–	–	–	–
	2002	–	–	–	–	–	–	–	–	–	–	–	–
	2003	–	–	–	–	–	–	–	–	–	–	–	–
	2004	–	–	–	–	–	–	–	–	–	–	–	–
Erstverkauf nach Umwandlung	1993	0	0	22	2630	24	2489	18	2392	3	2564	2	2519
	1994	3	2458	12	2976	21	2893	13	2611	11	2910	0	0
	1995	2	2468	7	2336	58	3042	33	2687	11	2594	10	2360
	1996	4	3008	5	2136	18	2198	11	2266	8	2383	5	2112
	1997	3	2257	16	2625	19	2671	16	2183	3	2330	5	2007
	1998	2	3106	8	3477	63	2590	29	2448	2	3630	13	2124
	1999	1	–	7	2683	36	2380	38	2305	15	2370	11	2373
	2000	0	–	5	2168	55	2196	18	2451	4	1966	5	2410
	2001	–	–	–	–	–	–	–	–	–	–	–	–
	2002	–	–	–	–	–	–	–	–	–	–	–	–
	2003	–	–	–	–	–	–	–	–	–	–	–	–
	2004	–	–	–	–	–	–	–	–	–	–	–	–
	2005	–	–	–	–	–	–	–	–	–	–	–	–
Weiterverkauf umgewandelter WE	1993	5	3020	13	2474	38	2220	15	2417	3	2267	1	–
	1994	8	2614	15	2552	19	2211	16	2558	5	2288	3	2262
	1995	1	–	8	6116	20	2336	17	2144	5	2410	1	–
	1996	1	–	7	2860	30	2236	12	2454	4	2408	3	2057
	1997	5	1698	6	2616	20	2071	13	2441	3	2727	2	2050
	1998	1	–	10	1996	18	2151	18	1999	2	2132	4	1702
	1999	0	–	8	2317	23	2221	15	2416	1	–	4	2353
	2000	0	–	7	2289	20	2368	11	2127	6	2397	3	2474
	2001	–	–	–	–	–	–	–	–	–	–	–	–
	2002	–	–	–	–	–	–	–	–	–	–	–	–
	2003	–	–	–	–	–	–	–	–	–	–	–	–
	2004	–	–	–	–	–	–	–	–	–	–	–	–
	2005	–	–	–	–	–	–	–	–	–	–	–	–

Es handelt sich dabei – wie bereits erwähnt – um Durchschnittspreise, die sich auf die   **89**
durchschnittlichen der Auswertung zu Grunde liegenden Eigenschaften beziehen. Aus diesem Grunde ist von der Veröffentlichung dieser Daten zu fordern, dass möglichst **alle wertbeeinflussenden Umstände** mit bekannt gemacht werden. Da die Durchschnittspreise auch von der Lage der Objekte im und außerhalb des Stadtgebiets abhängig sind, hat sich auch die Veröffentlichung dieser „Durchschnittspreise" in Karten bewährt. Als *Beispiel* wird ein Ausschnitt der Karte von Durchschnittspreisen für 0–3 Jahre alte Eigentumswohnungen des Gutachterausschusses für die Stadt *Bonn* abgedruckt:

Abb. 7: Durchschnittspreise für Eigentumswohnungen

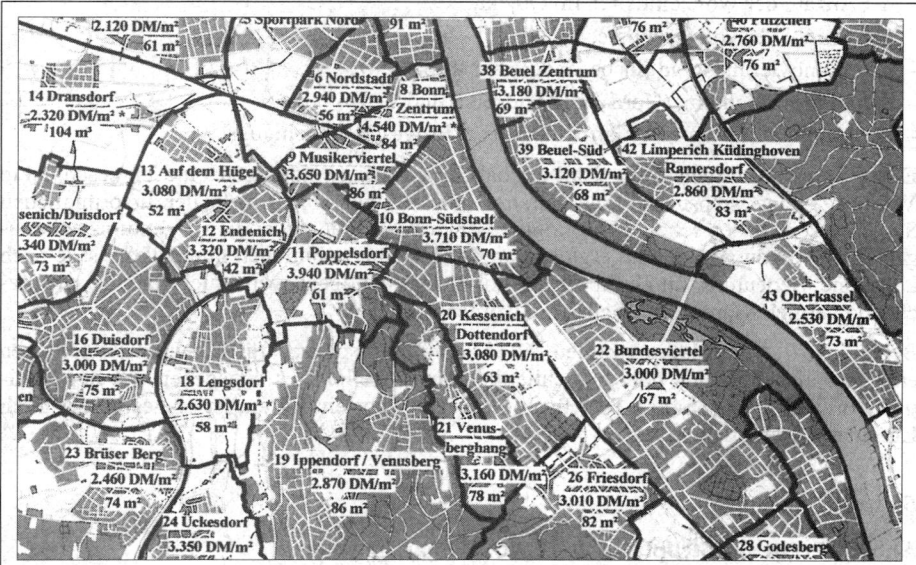

Durchschnittspreise für neu erstellte Eigentumswohnungen 31. 12. 2000 in der Bundesstadt Bonn

Angaben in $\frac{\text{DM/m}^2 \text{ Wohnfläche}}{\text{Wohnfläche}}$

Besondere wertbestimmende Merkmale wie
– Ortsteillage
– unmittelbares Umfeld der Wohnanlage
– Gebäudekonzeption
– Lage der Wohnung innerhalb des Objektes
– Ausstattung
– Zuschnitt
bewirken in der Regel Abweichungen von den Durchschnittspreisen.

Die so veröffentlichten „Durchschnittspreise" sind ihrem Charakter nach durchaus mit   **90**
Bodenrichtwerten i. S. d. § 196 BauGB vergleichbar. Insofern wäre bei entsprechender Ableitung dieser „Preise" der Begriff „Durchschnittswerte" vorzuziehen.

Stützt sich die Verkehrswertermittlung auf solche „Durchschnittspreise", so müssen die   **91**
Eigenschaften der Eigentumswohnung bekannt sein, die jeweils dem angegebenen „Durchschnittspreis" zu Grunde liegen. Wie bei der Ableitung von individuellen Bodenwerten aus Bodenrichtwerten müssen darüber hinaus die wesentlichen wertbeeinflussenden Umstände von Eigentumswohnungen möglichst auch im Hinblick auf das Maß ihres Einflusses bekannt sein. Wie noch darzustellen ist, liegen auch hierüber empirische Erkenntnisse vor.

92 Die **Durchschnittspreise von Eigentumswohnungen weisen eine** große **Abhängigkeit auf von**
- der Wohnfläche,
- dem Ersterwerb bzw. Wiederverkaufsfall,
- der Pkw-Stellplatzmöglichkeit,
- dem Wohnungsalter (Baujahr bzw. Restnutzungsdauer des Gebäudes),
- dem Geschoss,
- der Ausstattung, die vielfach mit dem Baujahr korreliert ist,
- der Lage (Zentrumsnähe, Wohnlage, Verkehrslage und dgl.),
- der Anzahl der Wohneinheiten im Objekt,
- der Anzahl der Vollgeschosse,
- dem Renovierungsgrad (insbesondere bei Altbauten),
- der Himmelsrichtung (Nord- oder Südseite) und
- der „Anbindung" an eine Gartenfläche (bei Erdgeschosswohnung).

93 **Eigentumswohnungen ohne Balkon** haben wie Mietwohnungen eine eingeschränkte Marktakzeptanz, selbst wenn die Nutzung eines Balkons nicht mehr den ursprünglichen Stellenwert zu haben scheint. Die eingeschränkte Marktgängigkeit von Eigentumswohnungen ohne Balkon gegenüber vergleichbaren Eigentumswohnungen mit Balkon ist je nach Lage und Bedeutung durch Abschläge zu berücksichtigen, wenn nicht bereits entsprechende Vergleichspreise herangezogen worden sind.

94 Bezüglich des **Stellplatzes** werden die „Durchschnittspreise" für Eigentumswohnungen entweder einschließlich oder ausschließlich eines Stellplatzes angegeben. **Ist der Stellplatz in dem angegebenen Durchschnittspreis nicht enthalten, ist er gesondert nach Erfahrungssätzen anzusetzen.**

Beispiel:

Abb. 8: Preise für Stellplätze, Garagen, Tiefgaragen usw.

Art	Jahr	Anzahl	Minimal DM	Maximal DM	Durchschnitt DM
Stellplätze und Carport	1994	229	2 000,–	15 385,–	6 762,–
	1995	206	1 108,–	15 000,–	6 620,–
	1996	145	3 000,–	15 000,–	6 949,–
	1997	127	2 000,–	20 000,–	7 282,–
	1998	143	2 000,–	15 000,–	6 787,–
	1999	106	2 000,–	20 000,–	6 222,–
	2000	123	1 200,–	18 000,–	5 814,–
	2001	–	–	–	–
	2002	–	–	–	–
	2003	–	–	–	–
Garagen und 1/2 Doppelparker	1994	91	6 000,–	25 000,–	15 989,–
	1995	108	5 000,–	26 000,–	14 866,–
	1996	76	7 000,–	28 000,–	17 268,–
	1997	71	5 100,–	27 500,–	17 426,–
	1998	86	5 000,–	35 000,–	16 428,–
	1999	58	7 000,–	30 000,–	17 028,–
	2000	73	4 000,–	30 000,–	15 327,–
	2001	–	–	–	–
	2002	–	–	–	–
	2003	–	–	–	–

Art	Jahr	Anzahl	Minimal DM	Maximal DM	Durchschnitt DM
Tiefgaragenplätze	1994	252	14 945,–	25 000,–	20 068,–
	1995	182	12 000,–	26 000,–	20 986,–
	1996	111	10 000,–	26 000,–	19 303,–
	1997	139	15 000,–	29 200,–	21 281,–
	1998	53	10 000,–	25 000,–	18 621,–
	1999	48	6 500,–	40 000,–	19 155,–
	2000	33	5 000,–	25 800,–	16 083,–
	2001	–	–	–	–
	2002	–	–	–	–
	2003	–	–	–	–

Quelle: Grundstücksmarktbericht 2000 des Gutachterausschusses für den Bereich der Stadt Worms

b) Bodenwert

Bei der Ermittlung des Verkehrswerts von Eigentumswohnungen kann weitgehend auf die **95**
Ermittlung des Bodenwerts verzichtet werden, insbesondere, wenn das Vergleichswertverfahren auf der Grundlage von Vergleichspreisen angewandt wird und sich die Vergleichspreise auf den Quadratmeter Wohnfläche einschließlich des Bodenwertanteils beziehen.
Entsprechendes gilt bei der Anwendung des Ertragswertverfahrens, wenn die Restnutzungsdauer hinreichend lang ist und auf einen gesonderten Ansatz des Bodenwerts verzichtet werden kann. **Bodenwerte sind** demzufolge **allenfalls bei Anwendung des Sachwertverfahrens und bei übergroßen Grundstücksflächen** (§ 16 Abs. 2) **erforderlich**.

Bezüglich des Bodenwertgefüges in Gebieten, die dem mehrgeschossigen Wohnungsbau **96**
vorbehalten sind, kann es angezeigt sein, zwischen Wohnlagen zu unterscheiden, die dem
„Mietwohnungsbau" und solchen, die der Errichtung von Eigentumswohnungen zuzuordnen sind, wobei sich i. d. R. in typischen **Eigentumswohnungsgebieten** ein um ca. 10 bis
40 % höheres Bodenwertgefüge ergibt. Dies ist oftmals nur mit sehr guten Ortskenntnissen
zu beurteilen, insbesondere wenn typische „Mietwohnungsbaugebiete" in „Eigentumswohnungsbaugebiete" umschlagen und die Eigentümer von Baulücken nicht mehr bereit
sind, zu den niedrigeren Preisen des Mietwohnungsbaus zu verkaufen. Es handelt sich hierbei in erster Linie um Gebiete, die nach ihrer Lage und infrastrukturellen Ausstattung, ähnlich Einfamilienhausgebieten, einen hohen Annehmlichkeitswert aufweisen. Ähnliches
kann sich auch in Einfamilienhausgebieten mit großen Grundstücksflächen einstellen,
wenn sich die Grundstücke für kleinere Eigentumsanlagen mit ca. 4 Wohneinheiten eignen.

Die Bodenwertermittlung für unbebaute Grundstücke kann problematisch dann sein, wenn **97**
sich das Grundstück in einem Gebiet befindet, das von einem gespaltenen Bodenmarkt
geprägt ist. Ein gespaltener Bodenmarkt kann vorliegen, da einerseits die bauplanungsrechtlichen Festsetzungen „offen" sind für den mehrgeschossigen vermieteten Wohnungsbau und die Errichtung von Eigentumswohnungen. Nach den Erfahrungen der Gutachterausschüsse für Grundstückswerte werden für die Grundstücke in einem typischen Eigen-
tumswohnungsgebiet regelmäßig dann **höhere Bodenpreise** als in typischerweise dem
Mietwohnungsbau vorbehaltenen Gebieten vereinbart, **wenn also die Käufer üblicherweise die Errichtung von Eigentumswohnungen beabsichtigen**. Für *Bonn* ist dafür ein
Verhältnis von etwa 1 : 1,3 und für *Köln* ein Verhältnis von etwa 1 : 1,2 bis 1 : 1,4 festgestellt worden, d. h., für Eigentumsmaßnahmen werden ca. 10 bis 40 % höhere Bodenpreise
vereinbart und diese müssen wohl auch dem gewöhnlichen Geschäftsverkehr zugerechnet
werden, wenn dies in einem Gebiet üblich ist (vgl. § 14 WertV Rn. 45 und 183 und § 13
WertV Rn. 111 ff.).

98   Hieraus folgt, dass immer dann, wenn der **Bodenwert für die Ermittlung des Verkehrs-werts von Eigentumswohnungen** von Bedeutung ist, der Sachverständige prüfen muss,

a) auf welche Nutzung sich die herangezogenen Bodenvergleichspreise bzw. der Boden-richtwert bezieht und

b) ob das Gebiet, in dem sich die Eigentumswohnung befindet, nach den am Wertermitt-lungsstichtag bestehenden Gepflogenheiten als ein Gebiet einzustufen ist, in dem der Preismechanismus durch Käufer von Eigentumswohnungen geprägt wird. Ein Verkäu-fer würde dann regelmäßig nur an solche Käufer veräußern, die zum Zwecke der Errichtung von Eigentumswohnungen höhere Preiszugeständnisse machen. Der Ver-kauf zum niedrigeren Preis, der für die Errichtung mehrgeschossiger Mietwohnungen üblich ist, müsste dann umgekehrt dem ungewöhnlichen Geschäftsverkehr i. S. d. § 6 zugerechnet werden.

99   Der Gutachterausschuss für Grundstückswerte in *Bergisch Gladbach* hat sich mit dem Wertverhältnis von sog. „**Wohnungseigentums-Bauplätzen**" zum sonstigen Grund-stücksmarkt befasst und auf der Grundlage einer Vergleichsanalyse mit Bodenrichtwerten eine Abhängigkeit von der Geschossflächenzahl festgestellt (vgl. Abb. 9):

Abb. 9: Wohnungseigentums-Bauplätze

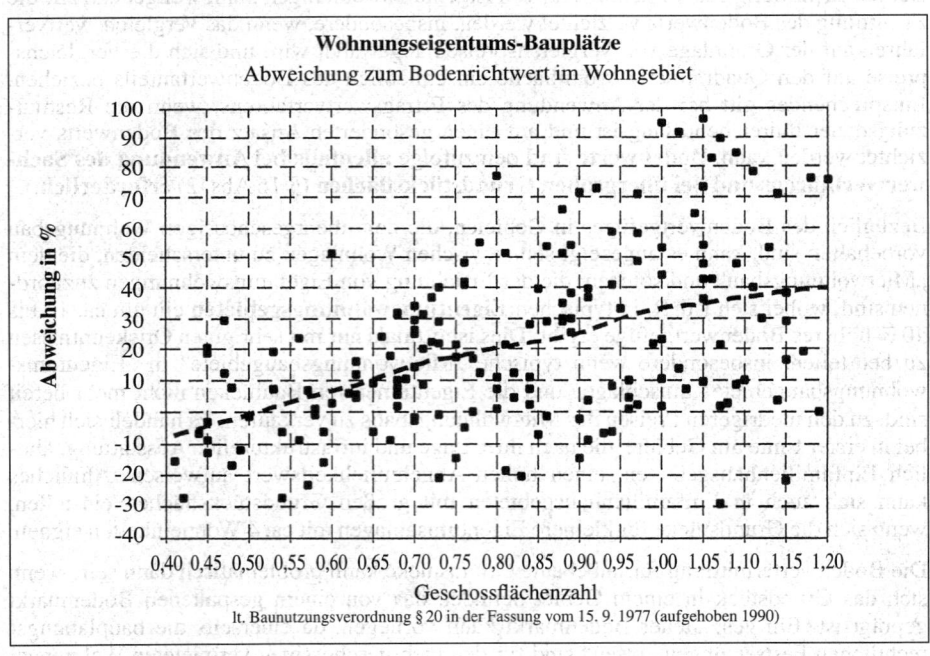

c) Erst- und Weiterkauf

100   Wie eingangs dargestellt, muss bei Eigentumswohnungen über deren konkrete Eigenschaf-ten hinaus nach

– Erstverkäufen und

– Weiterverkäufen

unterschieden werden.

101   **Wiederverkäufe** weisen ein deutlich geringeres Wertniveau gegenüber Erstverkäufen auf, wie die nachfolgende Untersuchung aus *Dortmund* zeigt (Abb. 10):

Abb. 10: **Unterschiedliche Preisentwicklung für Wohnungseigentum bei Erst- und Wiederverkäufen in Dortmund**

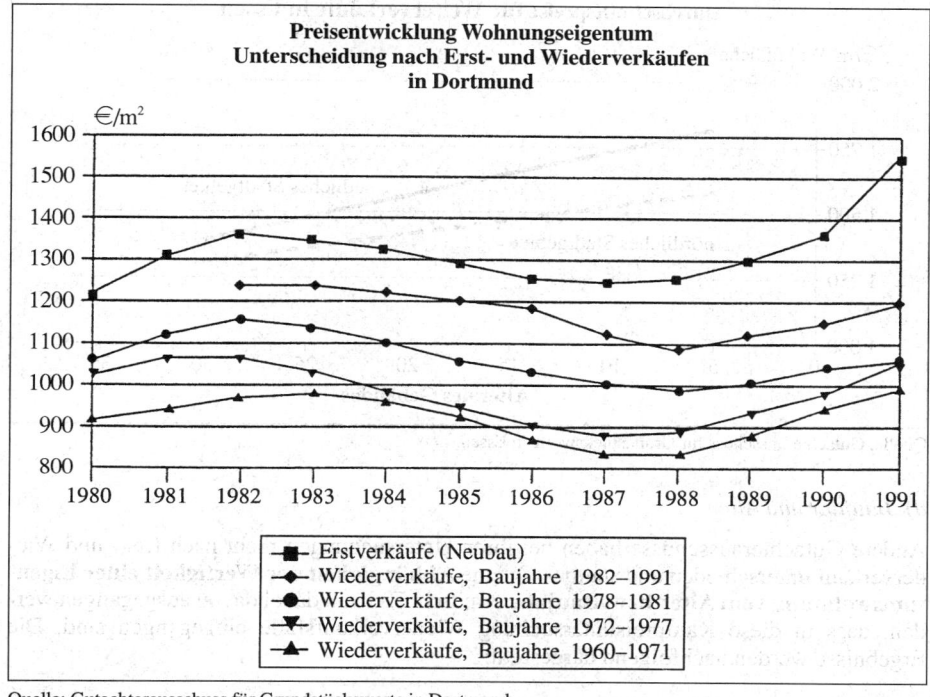

Quelle: Gutachterausschuss für Grundstückswerte in Dortmund.

Abb. 11: **Verhältnis der Wiederverkaufspreise zu den Erstverkaufspreisen in Trier (1996)**

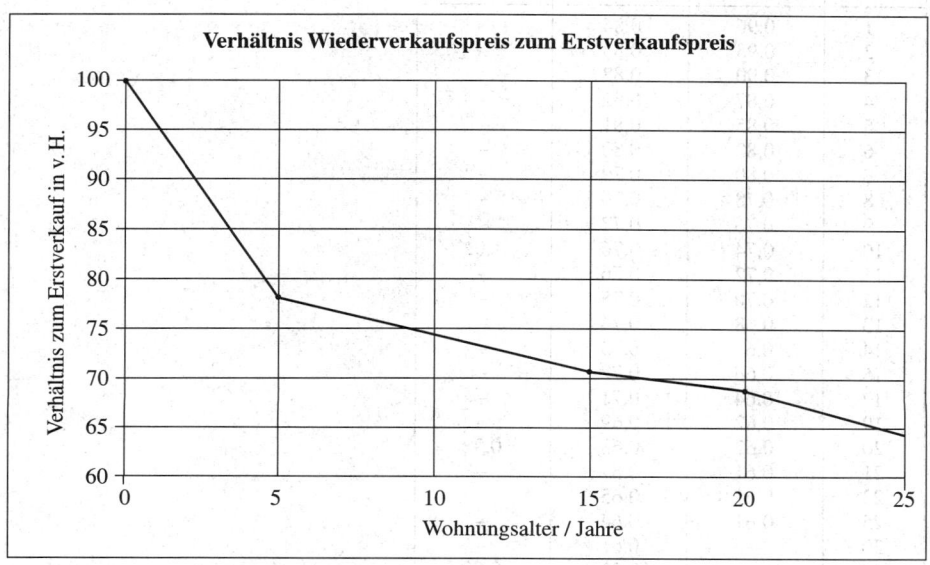

Quelle: Grundstücksmarktbericht 1996 des Gutachterausschusses für Grundstückswerte in Trier.

Abb. 12: Durchschnittspreise für Weiterverkäufe in Essen (mittlere Lage) 1995

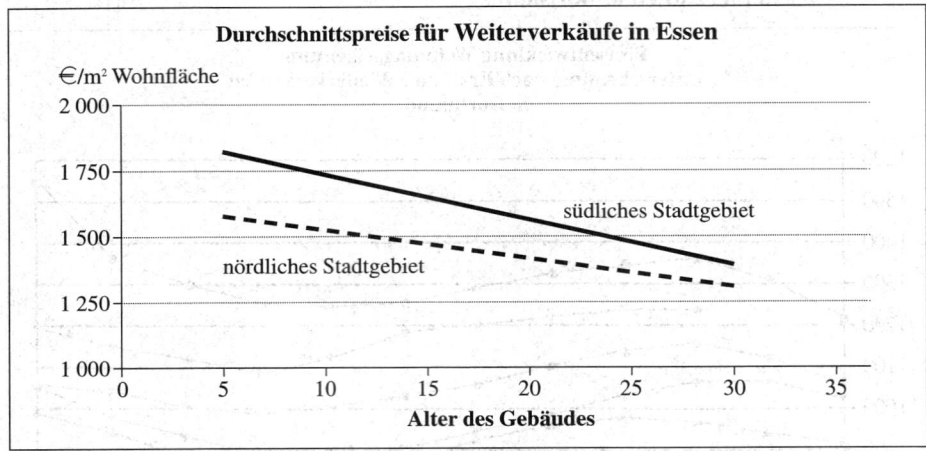

Quelle: Gutachterausschuss für Grundstückswerte in Essen.

d) Baujahr und Alter

102   Andere Gutachterausschüsse haben bei ihren Untersuchungen nicht nach Erst- und Wiederverkauf unterschieden und stattdessen eine **Abhängigkeit der Wertigkeit einer Eigentumswohnung vom Alter bzw. Baujahr** ermittelt. Es kann dabei davon ausgegangen werden, dass in diese Kaufpreisuntersuchung Wiederverkaufsfälle eingegangen sind. Die Ergebnisse werden nachfolgend dargestellt:

Abb. 13: Abhängigkeit des Verkehrswerts von Eigentumswohnungen vom Alter

Alter	Umrechnungskoeffizient		
	Bonn	Mainz	Nürnberg
1	0,96	0,84	–
2	0,93	0,83	–
3	0,90	0,82	–
4	0,87	0,82	–
5	0,85	0,81	–
6	0,82	0,80	–
7	0,80	0,79	–
8	0,78	0,76	–
9	0,76	0,77	–
10	0,74	0,76	1,02
11	0,72	0,76	–
12	0,70	0,75	–
13	0,68	0,74	–
14	0,67	0,73	–
15	0,66	0,72	–
17	0,64	0,71	–
19	0,62	0,69	–
20	0,62	0,68	0,92
21	0,61	0,67	–
23	0,61	0,65	–
25	0,61	0,64	–
30	–	0,61	–
40	–	0,51	0,80

Nach einer Marktuntersuchung des Gutachterausschusses in **Frankfurt am Main** ergibt   **103**
sich folgende formelmäßige Abhängigkeit

$$\text{Wert}_{Altbau} = \text{Wert}_{Neubau} \times 0{,}0085 \times (100\text{-Alter})$$

Neben den individuellen Werteinflüssen von Lage, Ausstattung, Zuschnitt etc. ist gerade
bei Altbauten den Gemeinschaftsanlagen besondere Beachtung zu schenken. Dazu zählen
beispielsweise Dach, Fassaden, Zufahrten, Treppenhaus, Flure, technische Einrichtungen
wie Heizung oder Aufzüge, usw., an deren Instandhaltung bzw. Modernisierung jeder
Eigentümer anteilig beteiligt ist.

**Abb. 14: Abhängigkeit des Verkehrswerts von Eigentumswohnungen
         vom Alter in Bonn, Mainz und Nürnberg**

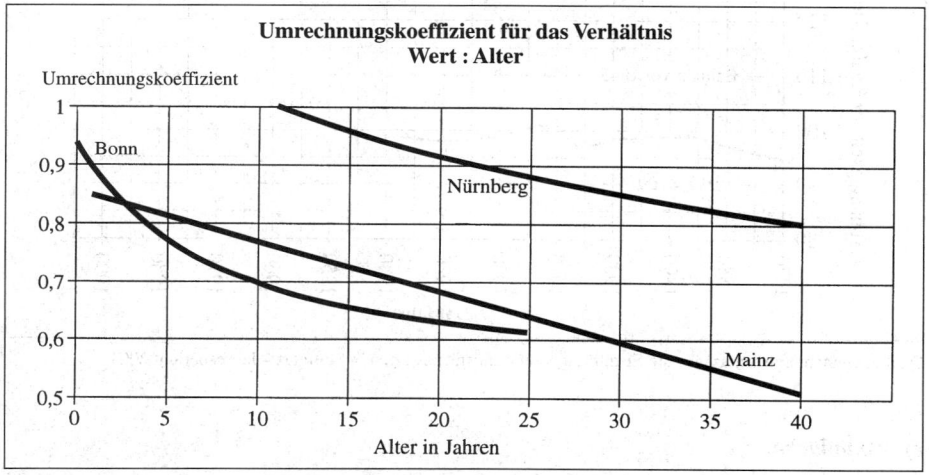

Quelle: Gutachterausschuss für Grundstückswerte in Bonn, Mainz und Nürnberg.

**Abb. 15: Abhängigkeit des Verkehrswerts von Eigentumswohnungen
         vom Alter in Essen**

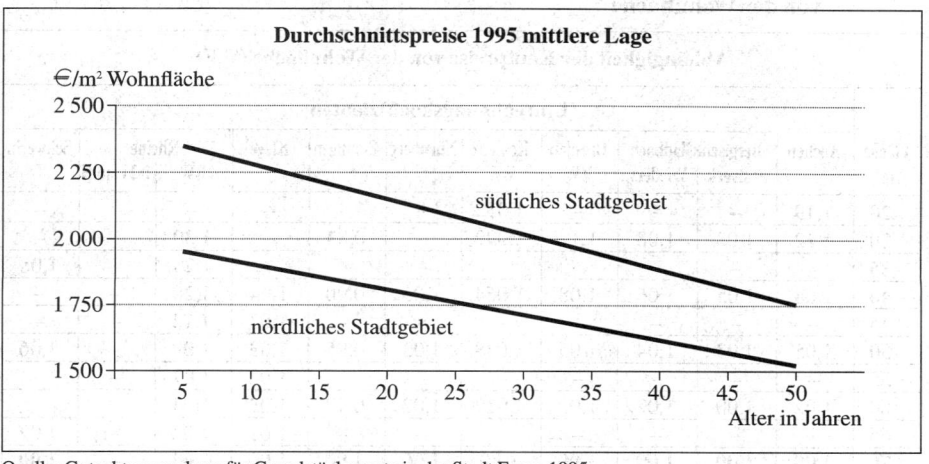

Quelle: Gutachterausschuss für Grundstückswerte in der Stadt Essen 1995.

Abb. 16: Abhängigkeit des Verkehrswerts von Eigentumswohnungen vom Baujahr in Stuttgart

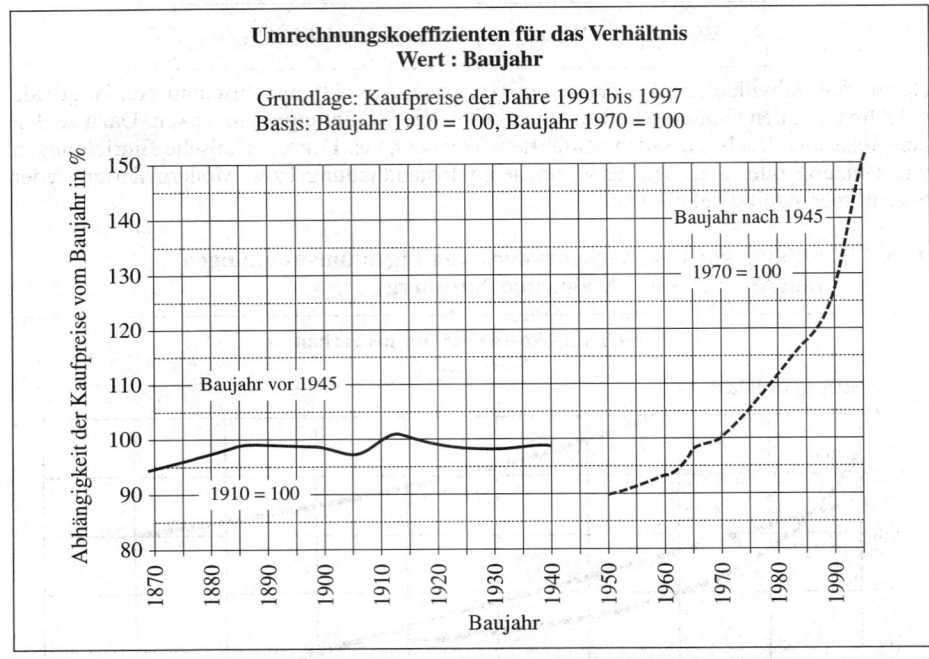

Quelle: Gutachterausschuss für die Ermittlung vonGrundstückswerten in Stuttgart – Jahresbericht 2001.

e) Wohnfläche

104 Über die **Abhängigkeit des Verkehrswerts einer Eigentumswohnung von den unterschiedlichen wertbeeinflussenden Umständen** liegen folgende empirische Untersuchungen vor:

Abb. 17: Abhängigkeit des Verkehrswerts von Eigentumswohnungen von der Wohnfläche

Abhängigkeit der Kaufpreise von der Wohnfläche (WF)											
	Umrechnungskoeffizienten										
Fläche m²	**Aachen**	**Bergisch Gladbach**		**Dresden EW**	**Koblenz EW**	**Nürnberg**	**Esslingen**	**Kleve**	**Rheine**		**Schwerin**
		Erstverk.	**Wiederv.**						**EW**	**1-2 Fam.H**	
20	1,19	–	–	–	1,052	–	–	–	–	–	–
30	1,12	1,08	1,08	1,12	1,099	–	0,83	–	1,30	–	–
35	–	–	–	–	–	–	–	–	1,25	–	1,08
40	1,08	1,05	1,06	1,08	1,064	1,06	0,90	1,04	1,20	–	–
45	–	–	–	–	–	–	–	1,03	1,12	–	–
50	1,05	1,03	1,04	1,05	1,038	1,03	0,95	1,03	1,09	–	1,06
55	–	–	–	–	–	–	–	1,02	1,07	–	–
60	1,02	1,00	1,02	1,02	1,017	1,02	0,98	1,02	1,04	–	–
65	–	–	–	–	–	–	–	1,01	1,02	–	1,02
70	**1,00**	**1,00**	**1,00**	**1,00**	**1,00**	**1,00**	**1,00**	**1,00**	**1,00**	–	**1,00**

Abb. 17: Anschluss von S. 1052

<table>
<tr><td colspan="11" align="center">**Abhängigkeit der Kaufpreise von der Wohnfläche (WF)**</td></tr>
<tr><td rowspan="3">Fläche
m²</td><td colspan="10" align="center">**Umrechnungskoeffizienten**</td></tr>
<tr><td rowspan="2">Aachen</td><td colspan="2">Bergisch Gladbach</td><td>Dresden</td><td>Koblenz</td><td rowspan="2">Nürnberg</td><td rowspan="2">Esslingen</td><td rowspan="2">Kleve</td><td colspan="2">Rheine</td><td rowspan="2">Schwerin</td></tr>
<tr><td>Erstverk.</td><td>Wiederv.</td><td>EW</td><td>EW</td><td>EW</td><td>1-2 Fam.H</td></tr>
<tr><td>75</td><td>–</td><td>–</td><td>–</td><td>–</td><td>–</td><td>–</td><td>–</td><td>0,99</td><td>0,98</td><td>–</td><td>0,98</td></tr>
<tr><td>80</td><td>0,98</td><td>1,00</td><td>0,98</td><td>0,98</td><td>0,986</td><td>0,99</td><td>1,00</td><td>0,99</td><td>0,96</td><td>1,38</td><td>–</td></tr>
<tr><td>85</td><td>–</td><td>–</td><td>–</td><td>–</td><td>–</td><td>–</td><td>–</td><td>0,99</td><td>0,95</td><td>–</td><td>0,95</td></tr>
<tr><td>90</td><td>0,97</td><td>0,97</td><td>0,97</td><td>0,97</td><td>0,973</td><td>0,98</td><td>1,00</td><td>0,98</td><td>0,93</td><td>1,29</td><td>–</td></tr>
<tr><td>95</td><td>–</td><td>–</td><td>–</td><td>–</td><td>–</td><td>–</td><td>–</td><td>0,98</td><td>0,92</td><td>–</td><td>0,93</td></tr>
<tr><td>100</td><td>0,95</td><td>0,95</td><td>0,94</td><td>0,95</td><td>0,962</td><td>0,97</td><td>0,98</td><td>0,97</td><td>–</td><td>1,21</td><td>–</td></tr>
<tr><td>110</td><td>0,94</td><td>0,93</td><td>0,92</td><td>–</td><td>0,952</td><td>–</td><td>0,99</td><td>0,97</td><td>–</td><td>1,15</td><td>0,90</td></tr>
<tr><td>120</td><td>0,93</td><td>0,91</td><td>0,90</td><td>–</td><td>0,943</td><td>0,96</td><td>0,98</td><td>0,96</td><td>–</td><td>1,09</td><td>0,88</td></tr>
<tr><td>130</td><td>0,92</td><td>0,89</td><td>0,88</td><td>–</td><td>0,935</td><td>–</td><td>–</td><td>0,96</td><td>–</td><td>1,04</td><td>–</td></tr>
<tr><td>140</td><td>0,91</td><td>0,87</td><td>0,86</td><td>–</td><td>0,928</td><td>–</td><td>–</td><td>–</td><td>–</td><td>**1,00**</td><td>–</td></tr>
<tr><td>150</td><td>0,90</td><td>–</td><td>–</td><td>–</td><td>–</td><td>0,95</td><td>–</td><td>–</td><td>–</td><td>0,96</td><td>–</td></tr>
<tr><td>160</td><td>0,89</td><td>–</td><td>–</td><td>–</td><td>–</td><td>–</td><td>–</td><td>–</td><td>0,93</td><td>–</td><td>–</td></tr>
</table>

Quelle: Gutachterausschuss für Grundstückswerte in Aachen, Koblenz, Nürnberg, Esslingen, Dresden, Rheine und Schwerin.

▶ *Vgl. zu den Abhängigkeiten bei Mietwohnungen § 17 WertV Rn. 133*

Abb. 18: Abhängigkeit des Verkehrswerts von der Wohnfläche

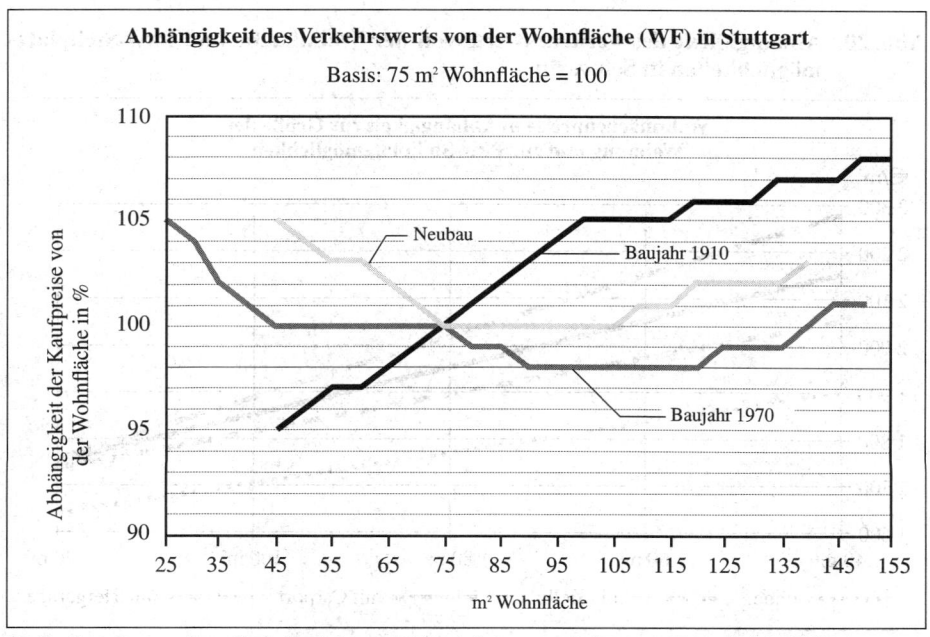

Quelle: Gutachterausschuss für die Ermittlung von Grundstückswerten in Stuttgart – Jahresbericht 2000.

Abb. 19: Abhängigkeit des Verkehrswerts von Eigentumswohnungen in Abhängigkeit von der Wohnfläche bei Ersterwerb

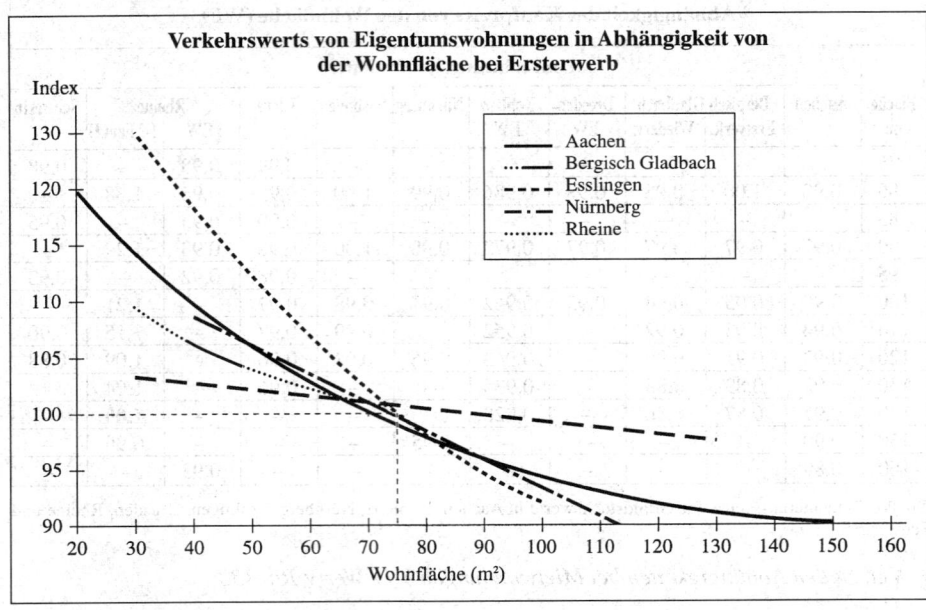

Quelle: Gutachterausschuss für Grundstückswerte.

f) Wohnfläche und Pkw-Stellplatzmöglichkeiten

105   Abb. 20: Abhängigkeit des Verkehrswerts von der Wohnfläche und Pkw-Stellplatzmöglichkeiten in Schwerin

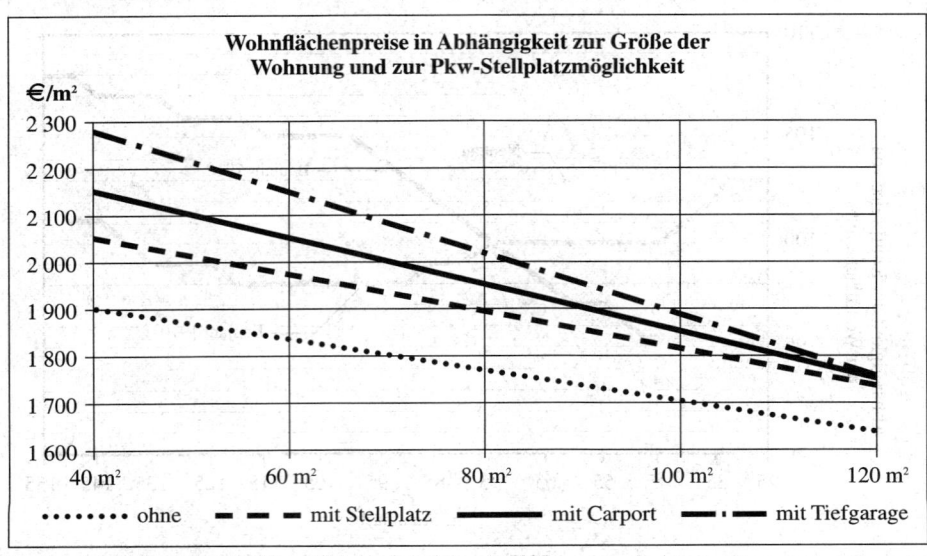

Quelle: Gutachterausschuss für Grundstückswerte in Schwerin 1995.

g) Geschosslage

Abb. 21: Abhängigkeit des Quadratmeterwerts von Eigentumswohnungen   **106**
in Esslingen von den Geschossen

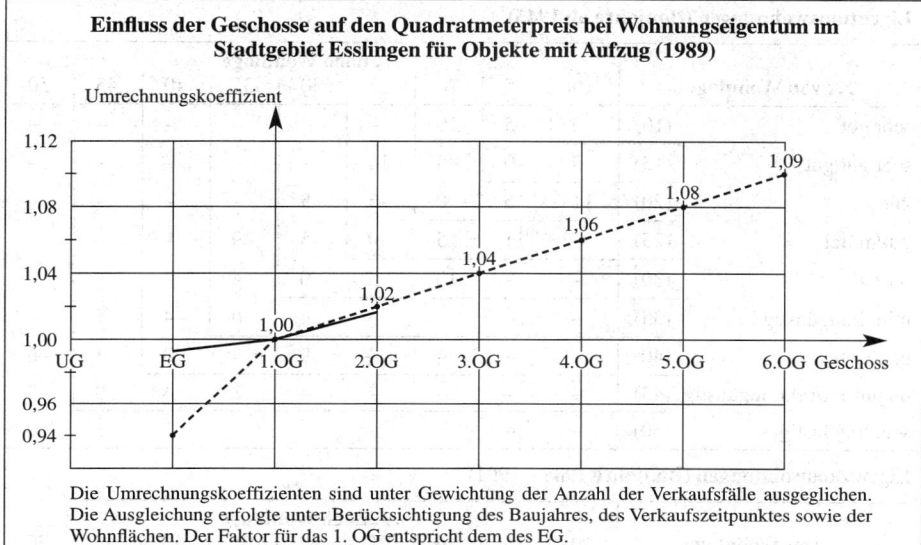

Einfluss der Geschosse auf den Quadratmeterpreis bei Wohnungseigentum im
Stadtgebiet Esslingen für Objekte mit Aufzug (1989)

Die Umrechnungskoeffizienten sind unter Gewichtung der Anzahl der Verkaufsfälle ausgeglichen.
Die Ausgleichung erfolgte unter Berücksichtigung des Baujahres, des Verkaufszeitpunktes sowie der
Wohnflächen. Der Faktor für das 1. OG entspricht dem des EG.

Quelle: Gutachterausschuss für Grundstückswerte in Esslingen.

h) Lage im Stadtgebiet

Abb. 22: Abhängigkeit der Quadratmeterwerte wiederverkaufter Eigentums-   **107**
wohnungen von der Entfernung zum Stadtzentrum in Trier (1996)

Quadratmeterwerte wiederverkaufter Eigentumswohnungen ab rd. 40 m² Wohnungsgröße von Baujahr und Entfernung zum Stadtzentrum					
	Entfernung zum Zentrum				
Baujahr	Zentrum DM/m²	2,0 km DM/m²	3,5 km DM/m²	5,0 km DM/m²	7,0 km DM/m²
1990	3 390	3 240	3 100	2 950	2 850
1985	3 240	3 100	2 950	2 800	2 700
1980	3 090	2 940	2 800	2 650	2 550
1975	2 940	2 800	2 650	2 500	2 400
1970	2 790	2 650	2 500	2 350	2 250

Erläuterung: Für Wohnungen, bei denen das Mietverhältnis fortbesteht, sind die Tabellenwerte um
5 v. H. zu reduzieren. Für Wohnungen, die beim Erwerb zur freien Verfügung stehen,
sind die Tabellenwerte um 5 v. H. anzuheben.

Quelle: Grundstücksmarktbericht 1996 des Gutachterausschusses für Grundstückswerte in Trier.

Abb. 23: Umrechnungskoeffizienten für Eigentumswohnungen in Stuttgart

Umrechnungsfaktoren für die Unterschiede in den Wohnlagen; alle Angaben in %-Punkten									
Eigentumswohnungen (Baujahre ab 1945)									
. . . von Wohnlage					...nach Wohnlage				
		10	15	20	25	30	35	40	45	50
sehr gut	(10)	0	–5	–10	–	–	–	–	–	–
sehr gut/gut	(15)	5	–0	–5	–10	–	–	–	–	–
gut	(20)	11	5	0	–5	–9	–	–	–	–
gut/mittel	(25)	–	11	5	0	–5	–9	–	–	–
mittel	(30)	–	–	10	5	0	–4	–8	–	–
mittel/ungünstig	(35)	–	–	–	9	4	0	–4	–7	–
ungünstig	(40)	–	–	–	–	9	4	0	–3	–6
ungünstig/sehr ungünstig	(45)	–	–	–	–	–	8	4	0	–3
sehr ungünstig	(50)	–	–	–	–	–	–	7	3	0
Eigentumswohnungen (Baujahre 1984 – 1991)									
. . . von Wohnlage					...nach Wohnlage				
		10	15	20	25	30	35	40	45	50
sehr gut	(10)	0	–9	–15	–	–	–	–	–	–
sehr gut/gut	(15)	10	0	–7	–12	–	–	–	–	–
gut	(20)	18	7	0	–5	–9	–	–	–	–
gut/mittel	(25)	–	13	6	0	–4	–8	–	–	–
mittel	(30)	–	–	10	5	0	–4	–7	–	–
mittel/ungünstig	(35)	–	–	–	8	4	0	–3	–6	–
ungünstig	(40)	–	–	–	–	7	3	0	–3	–5
ungünstig/sehr ungünstig	(45)	–	–	–	–	–	6	3	0	–3
sehr ungünstig	(50)	–	–	–	–	–	–	6	3	0

Quelle: Gutachterausschuss in Stuttgart

**Abb. 24: Abhängigkeit des Quadratmeterwerts von Eigentumswohnungen
in Braunschweig von der Ausstattung und dem Kaufzeitpunkt**

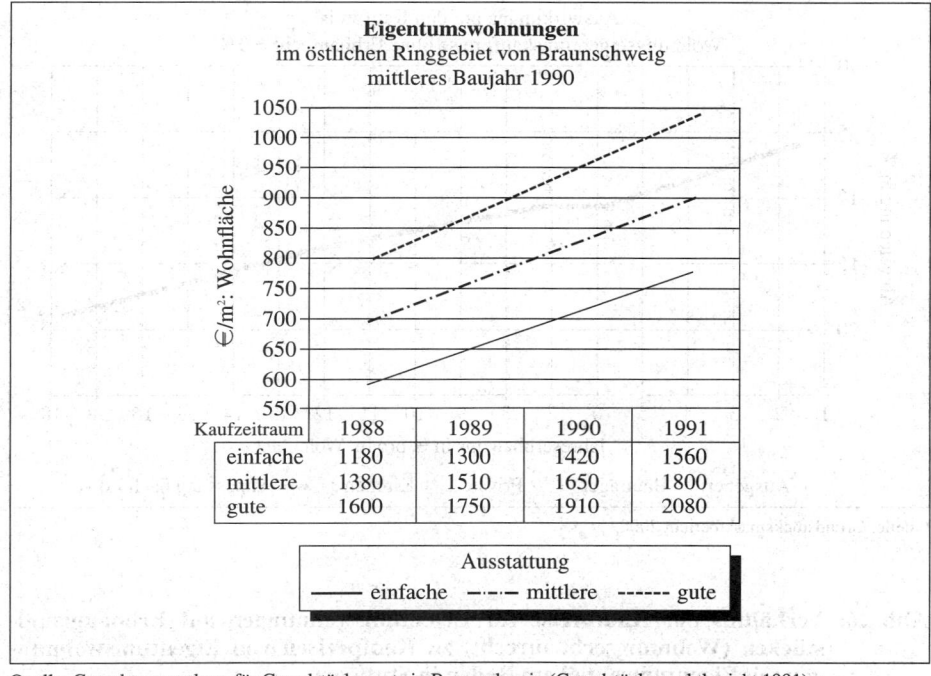

Quelle: Gutachterausschuss für Grundstückswerte in Braunschweig (Grundstücksmarktbericht 1991).

5.1.2 Wohnungserbbaurecht

Eigentumswohnungen können auch auf Erbbaugrundstücken errichtet werden. Man spricht **109**
dann von einem Wohnungserbbaurecht (vgl. Teil VII Rn. 49). Im Vergleich zu Eigentumswohnungen mit Eigentumsanteil am Grund und Boden werden für Eigentumswohnungen
auf Erbbaugrundstücken in Abhängigkeit von der Höhe des jährlichen Erbbauzinses **Kaufpreise** vereinbart, **die durchschnittlich um fünf bis 20 % niedriger ausfallen.**

In der Abb. 25 ist das Ergebnis einer aus dem Jahre 1997 stammenden Untersuchung des **110**
Gutachterausschusses von *Bergisch Gladbach* dargestellt.

Ein ähnlicher Verlauf ergibt sich auch nach Untersuchungen des Gutachterausschusses für
Grundstückswerte in *Stuttgart* (Abb. 26).

Abb. 25: Verhältnis der Kaufpreise für Eigentumswohnungen auf Erbbaugrundstücken (Wohnungserbbaurecht) zu Kaufpreisen von Eigentumswohnungen mit Eigentumsanteil am Boden in Bergisch Gladbach

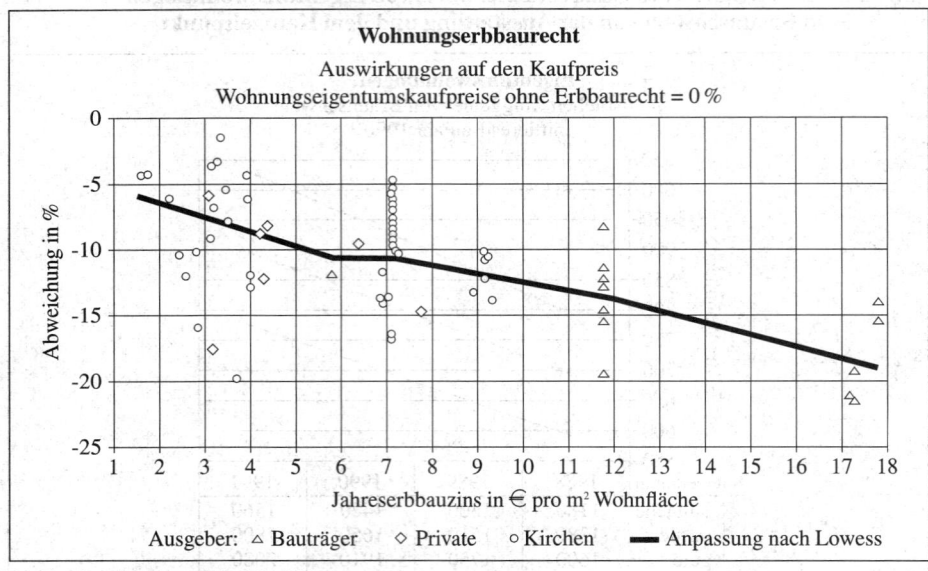

Quelle: Grundstücksmarktbericht 2000.

Abb. 26: Verhältnis der Kaufpreise für Eigentumswohnungen auf Erbbaugrundstücken (Wohnungserbbaurecht) zu Kaufpreisen von Eigentumswohnungen mit Eigentumsanteil am Boden in Stuttgart

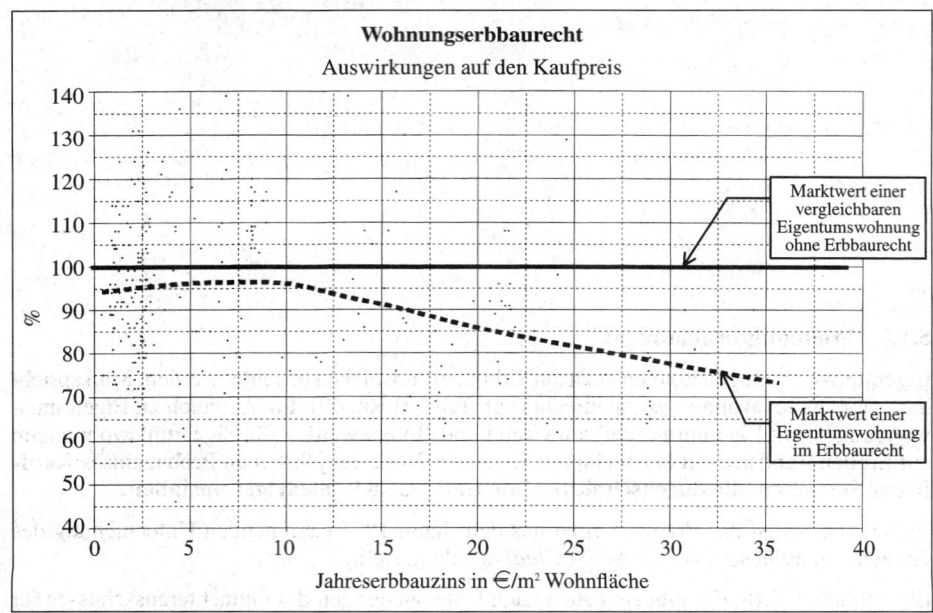

Quelle: Grundstücksmarktbericht 2000 Stuttgart.

5.1.3   Vermietete Eigentumswohnungen

Eigentumswohnungen gehören i. d. R. **zu den Immobilien, die vornehmlich zum**   **111**
Zwecke der Eigennutzung erworben werden. Gleichwohl lässt sich der Markt für Eigentumswohnungen aufgliedern in solche,

a) die üblicherweise „bezugsfrei" gehandelt werden und somit dem Erwerber sofort zum Zwecke der Eigennutzung zur Verfügung stehen, und solchen,

b) die vermietet sind und im vermieteten Zustand veräußert werden.

Diese **Spaltung des Marktes** (vgl. § 14 WertV Rn. 45)[36] ist häufig eine Folge der persön-   **112**
lichen Lebensumstände der Eigentümer und den Eigentumswohnungen nicht per se anzusehen. Es gibt aber auch andererseits Wohnanlagen, die als Ertragsobjekte – früher im Bauherrenmodell – zum Zwecke der Vermietung durch Kapitalanleger errichtet worden sind. Solche Eigentumswohnungen finden sich vor allem in preisgünstig errichteten Großwohnanlagen, wo der Eigentümer als Vermieter lediglich in Konkurrenz zu anderen Mietwohnungen steht und selbst nicht gehobene Wohnansprüche zu verwirklichen trachtet.

Je höherwertiger eine Eigentumswohnung nach Lage und Ausstattung beschaffen ist, desto   **113**
größer ist die Disparität zwischen dem Wert der bezugsfreien Eigentumswohnung im Verhältnis zu den aus der Vermietung dieser Wohnung erzielbaren Erträgen und ihrer Kapitalisierung. Für den Erwerber einer solchen Eigentumswohnung, der sie für eigene Wohnzwecke erwerben will, kommt es – wie im Übrigen auch auf dem Teilmarkt für Ein- und Zweifamilienhäuser – hierauf primär auch gar nicht an. Er ist allein am schönen Wohnen in den „eigenen vier Wänden" interessiert. **Vermietete Eigentumswohnungen haben** deshalb **wie vermietete Ein- und Zweifamilienhäuser nur noch einen eingeschränkten Markt.** Da der Kauf einer solchen Wohnung nicht „die Miete bricht" und Eigenbedarf nur unter engen Voraussetzungen zumeist auch nur in einem langwierigen Verfahren „durchsetzbar" ist, müssen für solche Objekte erfahrungsgemäß *Preisabschläge bis zu 30 %* hingenommen werden, wenn die Wohnung keine Aussicht hat, auf absehbare Zeit frei zu werden (in *Trier* bis 10 % und in *Essen* bis 15 %; *München* 5 bis 10 % nach Angabe des Gutachterausschusses). Derartige rechtliche und wirtschaftliche Gegebenheiten sind im Rahmen der Verkehrswertermittlung zu berücksichtigen und nicht als Abweichung des Kaufpreises (im Einzelfall) gegenüber dem Verkehrswert anzusehen, d. h. die Eigenschaft der Eigentumswohnung „vermietet" ist verkehrswertrelevant und muss deshalb im Rahmen der Verkehrswertermittlung bereits berücksichtigt werden.

Etwas anderes kann gelten, wenn z. B. auf Grund eines Mietvertrags oder anderer Beson-   **114**
derheiten davon ausgegangen wird, dass die Eigentumswohnung nur noch vorübergehend vermietet ist. Zusammenfassend ist also festzustellen, dass vermietete Eigentumswohnungen sowie Ein- und Zweifamilienhäuser auf Grund ihrer eingeschränkten Verwendungsfähigkeit einem Grundstücksteilmarkt unterworfen sind, der durch deutliche Wertabschläge gegenüber „bezugsfreien" Objekten gekennzeichnet ist, wobei der Wertunterschied umso deutlicher ausfällt, je besser die Lage ist. In den einfachen Lagen kann der Wertunterschied bis auf Null zurückgehen.

Die wohl eingehenste Untersuchung liegt zu dieser Problematik derzeit vom Gutachteraus-   **115**
schuss für Grundstückswerte in *Bergisch Gladbach* vor. Danach sind die **Abschläge,** die im Grundstücksverkehr mit vermieteten Eigentumswohnungen im Vergleich zu dem Grundstücksmarkt bezugsfreier Wohnungen üblich sind, **von der Größe der Wohnanlage abhängig** (Abb. 27):

---

36   Debus in GuG 1995, 283; Tewis in GuG 2001, 11

Abb. 27: Abschläge für vermietete Eigentumswohnungen gegenüber bezugsfreien Eigentumswohnungen

Wohnanlage	Durchschnittliche Abweichung der vermieteten Wohnungen zu bezugsfreien Wohnungen
3 bis 12 Wohnungen	– 16 %
13 bis 60 Wohnungen	– 12 %
über 60 Wohnungen	– 10 %

Quelle: Grundstücksmarktbericht 2000 Bergisch Gladbach

5.1.4 Wohnungseigentum mit Reparaturstau

116 Probleme können sich bei der Wertermittlung von Wohnungs- oder Teileigentum insbesondere in den neuen Bundesländern dann ergeben, wenn bei dem Objekt ein erheblicher Reparaturstau vorliegt. Normalerweise hat die Eigentümergemeinschaft ein Reparaturrücklagenkonto, aus dem die laufenden Instandhaltungskosten und andere Reparaturen für die im gemeinschaftlichen Eigentum stehenden Bauteile gedeckt werden. Dieses Konto muss ausreichend groß sein, damit auch die im Laufe der Zeit anfallenden Großreparaturen aufgefangen werden können. Anderenfalls können die einzelnen Eigentümer mit zum Teil erheblichen Kosten belastet werden. Bei der Verkehrswertermittlung von Wohnungs- und Teileigentum ist deshalb stets zu prüfen, ob dieses **Rücklagenkonto** einen entsprechenden positiven Betrag ausweist. Ist dies nicht der Fall, mindert sich der Wert des Wohnungs- oder Teileigentums (Abb. 28):

Abb. 28: Wertermittlung von Wohnungs- oder Teileigentum bei Instandhaltungs- oder Reparaturstau

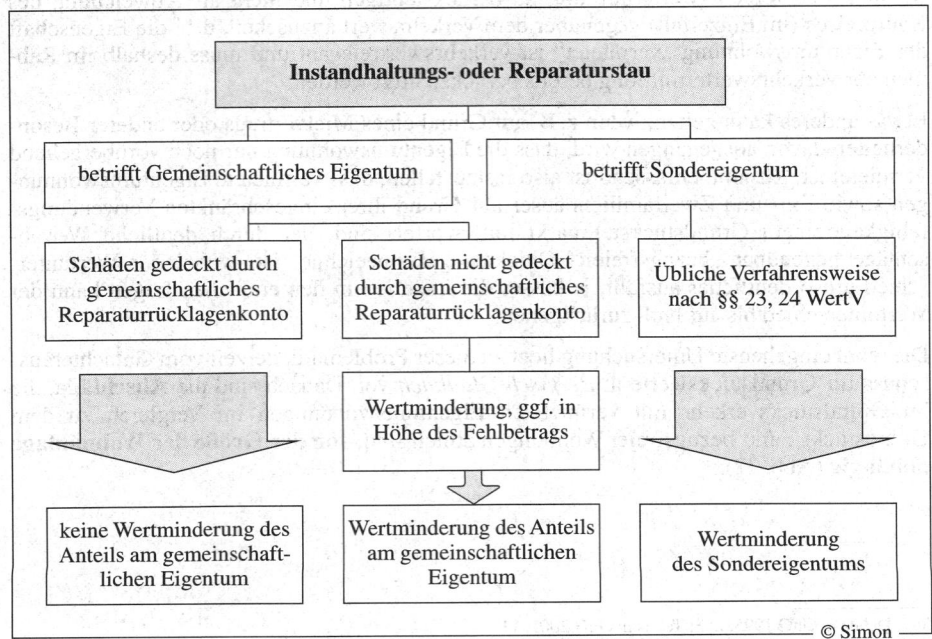

© Simon

5.2   Beispiele

5.2.1   Beispiel 1:

Wertermittlungsobjekt   **117**

Es ist der Verkehrswert einer am Wertermittlungsstichtag

– 7 Jahre alten Eigentumswohnung

– mit einer Wohnfläche von 100 m²

– in mittlerer bis einfacher Wohnlage

– zusammen mit einem zugehörigen Tiefgaragenplatz

zu ermitteln.

– Weiterverkauf

Wertermittlung

a) *Ermittlung des Durchschnittswerts aus flächenbezogenen Vergleichspreisen für neu-
errichtetes Wohnungseigentum*

Nach den vom örtlichen Gutachterausschuss für Grundstückswerte abgeleiteten
durchschnittlichen Vergleichspreisen für den Weiterverkauf von Eigentumswohnungen
beträgt der durchschnittliche Kaufpreis je Quadratmeter Wohnfläche einer neuerrich-
teten Eigentumswohnung von 70 m² Größe in guter bis mittlerer Wohnlage
1500 €; vgl. die von den Gutachterausschüssen veröffentlichten (vgl. Rn. 87) Untersuchungsergebnisse; hieraus folgt z. B.:

$$100 \text{ m}^2 \times 1\,500\,€ = \mathbf{150\,000\,€}$$

b) *Berücksichtigung von Abweichungen der Wohnungsgröße (Wohnfläche)*

Allgemein gilt, dass der Verkehrswert pro Quadratmeter Wohnfläche – ähnlich wie die
Miete vermieteten Wohnraums – desto größer ist, je kleiner die Wohnung ist (vgl. § 17
WertV Rn. 133). Dies belegt eine Reihe von Untersuchungen, die nachfolgend dargestellt werden. Ausnahmen von dieser Regel können sich für hochwertige Luxuswoh-
nungen ergeben, die nicht nur bezüglich Ausstattung, sondern auch bezüglich der
Wohnfläche großzügig gestaltet sein müssen, um auf diesem Teilmarkt höhere Preise
erzielen zu können.

Klöckner hat für Aachen folgende Gleichung für den Umrechnungskoeffizienten für die
Abhängigkeit des Quadratmeterwerts von Eigentumswohnungen von der Wohnfläche
abgeleitet:

$$UK = 1{,}78908 \times WF\,m^{2\,-0{,}137}$$

bezogen auf eine 70 m² große Eigentumswohnung mit einem UK = 100 oder

$$UK = 1{,}8802 \times WF\,m^{2\,-0{,}137}$$

bezogen auf eine 100 m² große Eigentumswohnung mit einem UK = 100

▶ *Zu anderen Untersuchungen vgl. oben Rn. 104 ff.*

Nach Untersuchungen des örtlichen Gutachterausschusses für Grundstückswerte mindert sich im Beispielsfall
also der durchschnittliche Vergleichspreis je Quadratmeter Nettowohnfläche mit zunehmender *Wohnungsgröße*.

Im Verhältnis zu dem auf eine 70 m² große Wohnung bezogenen durchschnittlichen Kaufpreis beträgt der
Umrechnungskoeffizient für eine 100 m² große Wohnung entsprechend dem Beispielsfall z. B. in Aachen 0,95
(vgl. Rn. 104); hieraus folgt:

$$150\,000\,€ \times 0{,}95 = \mathbf{142\,500\,€}$$

c) Berücksichtigung des Stellplatzes

Sofern ein Stellplatz nicht bereits mit den Vergleichspreisen berücksichtigt wurde, kann er durch Einzelansätze zusätzlich berücksichtigt werden. Die Gutachterausschüsse veröffentlichen entsprechende Regelsätze (vgl. Abb. 8 bei Rn. 94).

Ein *Tiefgaragenplatz* wird mit € 10 000 berücksichtigt; hieraus folgt:

$$142\,500\,€ + 10\,000\,€ = \mathbf{152\,500\,€}$$

d) Berücksichtigung des Alters

Nach Untersuchungen des örtlichen Gutachterausschusses für Grundstückswerte nimmt der *Verkehrswert von Eigentumswohnungen in Abhängigkeit vom Wohnungsalter* ab (hier: Ergebnisse der Untersuchungen des Gutachterausschusses für Grundstückswerte in den Städten Bonn, Essen, Mainz, Stuttgart und Nürnberg (Abb. 13 bis 16 bei Rn. 102 ff.).

Für die im vorliegenden Fall 7 Jahre alte Eigentumswohnung ist damit bei einem Umrechnungsfaktor von 0,80 anzusetzen

$$152\,500\,€ \times 0,80 = \mathbf{122\,000\,€}$$

e) Berücksichtigung der Lage

Der Wert einer Eigentumswohnung ist wie im Übrigen der Wert anderer Immobilien abhängig von der Lage des Objektes. Sofern mit den herangezogenen Vergleichspreisen (differenziert nach Wohnlagen) die Lage noch nicht berücksichtigt wurde, ist eine zusätzliche Berücksichtigung erforderlich.

Nach Untersuchungen des örtlichen Gutachterausschusses für Grundstückswerte ist zur Berücksichtigung des Unterschieds zwischen einer den durchschnittlichen Vergleichspreisen zu Grunde liegenden „guten bis mittleren" Wohnlage und der „mittleren ungünstigen" Wohnlage des Wertermittlungsobjekts ein weiterer Abschlag von 8 % anzubringen (vgl. Rn 107); hieraus folgt:

$$122\,000\,€ \times 0,92 = \mathbf{112\,240\,€}$$

Vom Gutachterausschuss für Grundstückswerte für die Landeshauptstadt *Stuttgart* sind z.B. Umrechnungskoeffizienten abgeleitet worden, mit denen sich der Verkehrswert von Eigentumswohnungen der Baujahrsgruppen „1945 bis 1983" und „1984 bis 1991" nach unterschiedlichen Wohnlagen umrechnen lassen (vgl. Abb. 23).

Weiterhin ist nach Lage des Einzelfalls zu berücksichtigen:

- Erst- und Wiederverkäufe (Abb. 10 bis 12 bei Rn. 100),
- vorangegangene Veräußerungen (Abb. 11),
- die Ausstattung des Wohneigentums sowie des Gesamtobjektes (vgl. Rn. 108),
- die Lage des Wohneigentums innerhalb des Gesamtobjekts (z.B. Geschoss, vgl. Abb. 21 bei Rn 106),
- Besonderheiten bezüglich der zu tragenden Lasten (Instandsetzungen, Verwaltung, Gemeinschaftsanlagen usw.),
- Besonderheiten bezüglich der übrigen Bewohner,
- sonstige nach der Lage auf dem Grundstücksmarkt zu berücksichtigende Besonderheiten,
- die Anzahl der Wohneinheiten im Objekt,
- alle allgemeine Lage (Abb. 22 f.)[37].

Zu den angesprochenen wertbeeinflussenden Umständen liegen die unter Rn. 100 ff. vorgestellten **Untersuchungsergebnisse** vor.

5.2.2   Beispiel 2:

Gutachten über den Verkehrswert der Eigentumswohnung   **118**
Nr. 6 in H., E-Straße 9

1. Vorbemerkungen

1.1 Auftraggeber des Gutachtens: Herr E. F., 3 H., E-Straße 9.

1.2 Das Gutachten wird vom Auftraggeber für steuerliche Zwecke benötigt.

1.3 Wertermittlungsstichtag ist der 1. Januar 1982.

1.4 Die Eigentumswohnung wurde am 2. 10. 19… vom Unterzeichner im Beisein
des Herrn F. besichtigt.

2.   Beschreibung des Wertermittlungsobjektes

3000 H., E-Straße 9 Wohnung Nr. 6 mit 100/1 000 Miteigentumsanteil
Grundbuch von H., Blatt 1213.
Gemarkung St., Flur 12, Flurstück 19/7.
Eigentümer: Herr E. F., 3000 H., E-Straße 9.
(Lageplan)

2.1   Tatsächliche Wertmerkmale

Lage: Das Grundstück liegt im süd-östlichen Teil von H., an der E-Straße in einem bevorzugten Wohngebiet mit hohem Freizeitwert.

Form, Größe, Bodenbeschaffenheit: Die Form des Grundstücks und seine nähere Umgebung sind aus dem Lageplan zu erkennen. Das Grundstück ist farbig gekennzeichnet.
Es ist 850 m² groß. Die Baugrundverhältnisse sind normal (nicht bindiger Boden,
Grundwasser tiefer als 2 m). Das Grundstück ist mit 10 Eigentumswohneinheiten
unterschiedlicher Größe in Blockbebauung bebaut.

Erschließungszustand: Das Grundstück ist voll erschlossen. Alle ortsüblichen Ver- und
Entsorgungsleitungen (Wasser, Elt, Gas) sind vorhanden. Die E-Straße ist eine öffentliche Straße mit Durchgangsverkehr. Beidseitig sind Gehwege vorhanden.

Verkehrsanbindung: Bus- und Straßenbahnhaltepunkte befinden sich in unmittelbarer
Nähe des Grundstücks an der E-Straße. Anschluss an die BAB 7 in ca. 500 m Entfernung über Zubringer.

Versorgungs- und Dienstleistungsbetriebe: Gute Einkaufsmöglichkeiten befinden sich im
nahe gelegenen Einkaufszentrum an der H-Straße.

2.2   Rechtliche Wertmerkmale

Das Grundstück ist Bauland (§ 30 BauGB). Für das Wertermittlungsobjekt ist im rechtsverbindlichen Bebauungsplan Nr. 131 ein allgemeines Wohngebiet (WA) in offener Bauweise
(o) festgesetzt. Als Maß der baulichen Nutzung ist zulässig:

Geschossflächenzahl (GFZ): 1,1
Bebauung mit 4 Vollgeschossen.

Die Bebauung entspricht der zulässigen Ausnutzung. In der näheren Umgebung des
Grundstücks befindet sich ein Wohngebiet mit gehobener Einfamilienhausbebauung mit
geringerer GFZ.

Erschließungsbeiträge: Das Grundstück ist erschließungsbeitragsfrei.

Rechte und Belastungen: Grundbuch und Baulastenverzeichnis wurden eingesehen. Wertbeeinflussende Rechte und Belastungen liegen nicht vor.

---

37 Krumm in AVN 1988, 166

2.3   Beschreibung der baulichen Anlage

Baulicher Zustand: Das ausschließlich dem Wohnen dienende Gesamtgebäude, wie auch die Eigentumswohnung Nr. 6 befinden sich in sehr gutem Erhaltungszustand. Nach den vorgelegten Jahresabrechnungen des Verwalters sind die Rücklagen für Instandhaltungsmaßnahmen ausreichend hoch.

Baumängel und Bauschäden: Es wurden keine Baumängel oder Bauschäden festgestellt.

Wohnfläche der Eigentumswohnung Nr. 6: 85 m².

Baujahr: 1977.

Restnutzungsdauer: Bei einem zum Zeitpunkt der Wertermittlung bestehenden Alter von 5 Jahren und einer gewöhnlichen Nutzungsdauer von 80 Jahren beträgt die Restnutzungsdauer des Objekts 75 Jahre.

Zusammenfassung: Das Wertermittlungsobjekt besteht aus der 85 m² großen 3-Zimmereigentumswohnung Nr. 6 des Aufteilungsplans mit 100/1 000 Miteigentumsanteil. Sie liegt im II. Obergeschoss rechts in Südlage. Der Wohnungsgrundriss sowie die bauliche Ausstattung der Wohnung entsprechen derzeitig gehobenen Wohnvorstellungen und sind von guter bis sehr guter Qualität.

3.   Ermittlung des Verkehrswerts

Grundstücksverkehrswerte werden auf der Grundlage des Sach-, Ertrags- oder Vergleichswertverfahrens ermittelt. Die Wahl des Verfahrens richtet sich nach den Gepflogenheiten des Grundstücksmarkts. Es ist dabei von den Maßstäben auszugehen, die der Verkehr beim Grundstückskauf anzuwenden pflegt[38].

Eigentumswohnungen werden i. d. R. nach Preisen je Quadratmeter Wohnfläche gehandelt. Aus diesem Grunde kann der Verkehrswert im Vergleichswertverfahren ermittelt werden. Für die Wertermittlung sind Quadratmeterpreise geeigneter Vergleichsobjekte heranzuziehen. Liegen sie nicht vor, kann der Verkehrswert je nach Charakter der Wohnung hilfsweise nach dem Ertrags- oder Sachwertverfahren ermittelt werden. Die danach errechneten Ausgangswerte sind unter Würdigung der besonderen Situation auf dem Grundstücksmarkt zu ermäßigen oder zu erhöhen.

Im vorliegenden Fall liegt eine ausreichende Anzahl von Vergleichsobjekten vor, die mit dem Wertermittlungsobjekt hinsichtlich der wertrelevanten Merkmale vergleichbar sind. Der Verkehrswert wird deshalb auf der Grundlage des Vergleichswertverfahrens ermittelt.

Da die Eigentumswohnung Nr. 6 unter Umständen auch als Renditeobjekt (Mietwohnung) angesehen werden kann, wird zu Kontrollzwecken der Ertragswert ermittelt.

Für die Ermittlung des Vergleichswerts liegen 51 Kaufpreise von Eigentumswohnungen vor. Sie wurden zwischen 1972 und 1982 errichtet und in der Zeit von 1977 bis 1984 veräußert (vgl. Abb. 29).

In 38 Fällen handelt es sich um Erst- und in 13 Fällen um Zweitverkäufe. Alle Eigentumswohnungen sind hinsichtlich der Lage, Bauweise und baulicher Ausstattung mit dem Wertermittlungsobjekt vergleichbar. Die Kaufpreise wurden jeweils auf Preise je Quadratmeter Wohnfläche umgerechnet. Der für den Wertermittlungsstichtag maßgebende Vergleichswert wurde im Wege der linearen **Regressionsanalyse** ermittelt. Hierzu wurden die Quadratmeterpreise (y) mit ihren entsprechenden Veräußerungszeitpunkten (x) in Beziehung gesetzt (vgl. § 14 WertV Rn. 19 ff.; nachstehende Abb. 30).

Erfahrungsgemäß ist in den Kaufpreisen für Erstverkäufe ein Anteil für Unternehmergewinn enthalten, der bei Wiederveräußerung nicht mehr realisiert werden kann. Um zu überprüfen, ob dieser Anteil nennenswert ist, wurde der lineare Schätzwert (y) für den Wertermittlungsstichtag getrennt nach Zweitverkäufen (13 Fälle) und Erst- und Zweitverkäufen (51 Fälle) ermittelt. Die Regressionsgerade für die Zweitverkäufe lautet y = 841,93 (€) +

Abb. 29: Vergleichskaufpreise (nur Zweitverkäufe)

Nr.	Lage	Baujahr	Kauf-zeitpunkt	x-Wert	Kaufpreis je m² WF	Wohnfläche m²
1	B-Weg	1973	13. 5. 80	3,25	1 090,50	102,69
2	B-Weg	1972	20. 12. 83	6,75	1 022,00	102,69
3	H-Weg	1972	11. 10. 82	5,75	1 325,50	61,48
4	H-Weg	1972	28. 7. 78	1,50	805,00	61,48
5	H-Weg	1972	10. 6. 80	3,25	1 036,00	80,81
6	H-Weg	1972	28. 5. 80	3,25	977,00	80,92
7	H-Weg	1972	28. 12. 81	4,75	1 225,50	80,88
7a	H-Weg	1972	28. 12. 81	4,75	1 225,50	61,48
8	St-Straße	1974	21. 1. 80	3,00	1 080,00	74,06
9	St-Straße	1974	2. 1. 80	3,00	945,00	74,06
10	St-Straße	1974	29. 7. 80	3,50	1 012,50	74,06
11	St-Straße	1974	28. 11. 80	3,75	1 004,50	95,57
12	E-Straße	1977	16. 7. 81	4,50	1 212,50	80,39
13	E-Straße	1977	23. 8. 79	2,50	1 083,00	67,86

(Der Kaufzeitpunkt wurde verschlüsselt: I. Quartal 1977 = 0,00, II. Quartal 1977 = 0,25,
III. Quartal 1977 = 0,50, IV. Quartal 1977 = 0,75, I. Quartal 1978 = 1,0 usw. bis I. Quartal 1984 = 7,00).

Abb. 30: Regressionsanalyse über Kaufpreise von Eigentumswohnungen

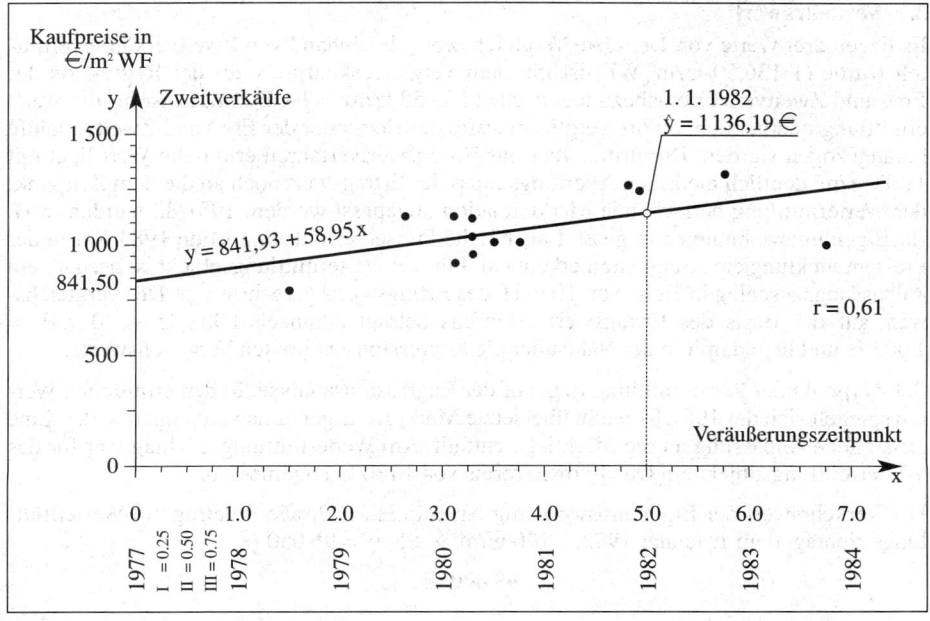

38   OLG Köln, Urt. vom 28. 8. 1962 – U 28/58 –, EzGuG 20.31

58,95 x, der lineare Schätzwert (y) für den Wertermittlungsstichtag 1 136,69 €. Die Regressionsgerade für die Erst- und Zweitverkäufe ist nahezu identisch. Der lineare Schätzwert (y) beträgt hier 1 133,30 €. Die Korrelationskoeffizienten betragen 0,61 und 0,76. Zumindest der zweite Wert deutet auf eine gute Angleichung der Regressionsgeraden und damit auf eine hohe Abängigkeit zwischen Kaufpreis/m² Wohnfläche und Veräußerungszeitpunkt hin.

4. Ertragswert

Für vergleichbare vermietete Wohnungen wurden 1981/82 Nettokaltmieten zwischen 5 und 6 €/m² WF gezahlt.

Jahresrohertrag	
85 (m²) × 5,50 (€)× 12 =	5 610,00 €
Bewirtschaftungskosten für Instandhaltung, Verwaltung und	
Mietausfallwagnis (vgl. WertR, Anl. 3) 15 v. H. ./.	– 841,50 €
	4 768,50 €

Bodenertragsanteil
(850 m² Bodenfläche × 42,50 €/m² = 36 112,50 €

$$5{,}5 \text{ v. H. v.}\ 36\,112{,}50\ € \times \frac{100}{1\,000}\ ./.$$

	– 198,50 €
	4 570,00 €

Restnutzungsdauer 75 Jahre
Liegenschaftszinssatz 5,5 v. H.
Vervielfältiger: 17,85

4 570 € × 17,85	81 574,50 €
Bodenwertanteil +	+ 3 611,00 €
Grundstücksertragswert	85 185,50 €
je Quadratmeter Wohnfläche	1 002,00 €

5. Verkehrswert

Es liegen drei Werte vor. Der erste Vergleichswert, der anhand von Zweitverkäufen ermittelt wurde (1 136,50 €/m² WF) ist mit dem Vergleichskaufpreis aus der Regression der Erst- und Zweitverkäufe nahezu identisch (1 133,50 €/m² WF). Demnach ist für die Wertermittlung unerheblich, ob die Vergleichswerte der Erst- oder der Erst- und Zweitverkäufe herangezogen werden. Der dritte, über das Ertragswertverfahren ermittelte Wert liegt mit 1 002 €/m² deutlich niedriger. Allerdings muss der Ertragswert noch an die zum Zeitpunkt der Wertermittlung herrschende Marktsituation angepasst werden. 1981/82 wurden in H. für Eigentumswohnungen in guten Lagen hohe Preise gezahlt. Erst Mitte 1983 war in der Preisentwicklung eine Stagnation erkennbar. Für das Wertermittlungsobjekt ist deshalb ein Anpassungszuschlag in Höhe von 10 v. H. des Ertragswerts gerechtfertigt. Der Vergleichswert auf der Basis des Ertragswertverfahrens beträgt demnach 1 002 € + 10 v. H. = 1 003 € und liegt damit in der Nähe über die Regression ermittelten Vergleichswerte.

Schwerpunkt der Wertermittlung liegt auf der Regressionsanalyse. In den ermittelten Werten spiegelt sich der 1981/82 leicht übersetzte Markt für Eigentumswohnungen wider. Eine zusätzliche Anpassung an die Marktlage entfällt. Am Wertermittlungsstichtag war für das Wertermittlungsobjekt ein Quadratmeterpreis von 1 130 € angemessen.

Der Verkehrswert der Eigentumswohnung Nr. 6 in H., E-Straße 9 betrug am Wertermittlungsstichtag, dem 1. Januar 1982, 1 130 €/m² × 85 m² = 96 050 €

95 000 €.

§ 13 WertV
Ermittlungsgrundlagen

(1) ¹Bei Anwendung des Vergleichswertverfahrens sind Kaufpreise solcher Grundstücke heranzuziehen, die hinsichtlich der ihren Wert beeinflussenden Merkmale (§§ 4 und 5) mit dem zu bewertenden Grundstück hinreichend übereinstimmen (Vergleichsgrundstücke). ²Finden sich in dem Gebiet, in dem das Grundstück gelegen ist, nicht genügend Kaufpreise, können auch Vergleichsgrundstücke aus vergleichbaren Gebieten herangezogen werden.

(2) ¹Zur Ermittlung des Bodenwerts können neben oder an Stelle von Preisen für Vergleichsgrundstücke auch geeignete Bodenrichtwerte herangezogen werden. ²Bodenrichtwerte sind geeignet, wenn sie entsprechend den örtlichen Verhältnissen unter Berücksichtigung von Lage und Entwicklungszustand gegliedert und nach Art und Maß der baulichen Nutzung, Erschließungszustand und jeweils vorherrschender Grundstücksgestalt hinreichend bestimmt sind.

(3) ¹Bei bebauten Grundstücken können neben oder an Stelle von Preisen für Vergleichsgrundstücke insbesondere die nach Maßgabe des § 12 ermittelten Vergleichsfaktoren herangezogen werden. ²Der Vergleichswert ergibt sich durch Vervielfachung des jährlichen Ertrags oder der sonstigen Bezugseinheit des zu bewertenden Grundstücks mit dem nach § 12 ermittelten Vergleichsfaktor; Zu- oder Abschläge nach § 14 sind dabei zu berücksichtigen. ³Bei Verwendung von Vergleichsfaktoren, die sich nur auf das Gebäude beziehen (§ 12 Abs. 3), ist der getrennt vom Gebäudewert zu ermittelnde Bodenwert gesondert zu berücksichtigen.

Gliederungsübersicht Rn.

1   Heranziehung von geeigneten Vergleichspreisen (Abs. 1)

1.1   Allgemeines

▶ *Zur ersatzweisen Heranziehung von Bodenrichtwerten vgl. Rn. 188 ff. und Vorbem. zu den §§ 13 und 14 WertV Rn. 46.*

1   Als **Vergleichsgrundstücke** sind generell solche anzusehen, die auf einem – wenn auch engen – Markt **nach übereinstimmenden Merkmalen** gehandelt werden[1], ohne dass bezüglich der Gesamtheit der Merkmale Identität bestehen muss.

In der Praxis stellt sich nach den Ausführungen der Vorbemerkungen zu § 13 und   **2**
§ 14 regelmäßig die Aufgabe,

a) eine genügende Anzahl „geeigneter" Vergleichspreise auszuwählen, sofern nicht nach
   § 13 Abs. 2 auf einen „geeigneten" Bodenrichtwert zurückgegriffen wird,

b) die Vergleichspreise bzw. den Bodenrichtwert auf die Zustandsmerkmale des zu wertenden Grundstücks nach Maßgabe des § 14 „umzurechnen",

c) die „qualitativ gleichnamig gemachten" Vergleichspreise mittels Indexreihen wiederum
   nach Maßgabe des § 14 auf die allgemeinen Wertverhältnisse des Wertermittlungsstichtags „umzurechnen" und

d) solche Preise nach Maßgabe des § 6 „herauszufiltern", die durch ungewöhnliche oder
   persönliche Verhältnisse beeinflusst worden sind, um diese

   – ersatzlos „fallen zu lassen" oder

   – zu „bereinigen",

indem der Einfluss der ungewöhnlichen oder persönlichen Verhältnisse auf die Höhe des
Vergleichspreises „sicher" ermittelt wird; dies wiederum wird nur in Ausnahmefällen möglich sein.

Die verbleibenden auf den Wertermittlungsstichtag bezogenen und auf die Zustandsmerk-   **3**
male des zu wertenden Grundstücks „umgerechneten" **Vergleichspreise müssen** sodann
zum Vergleichswert aggregiert werden. Dazu ist es erforderlich, jeden einzelnen Vergleichspreis hinsichtlich seiner Aussagefähigkeit sorgsam zu würdigen und ihm bei der
Aggregation aller Vergleichspreise das angemessene Gewicht zu geben.

Hieran knüpft § 13 Abs. 1 an, der die Heranziehung der **Kaufpreise solcher Grundstücke**   **4**
vorschreibt, **die hinsichtlich der ihren Wert beeinflussenden Merkmale (§§ 4 und 5)**
mit dem zu wertenden Grundstück hinreichend übereinstimmen. Darüber hinaus
kommt es entscheidend auf die Zusammensetzung der herangezogenen Vergleichspreise –
auf ihre „Chemie" – an. Folgende Grundsätze sind deshalb zu beachten:

a) Die zum Preisvergleich heranzuziehenden Kaufpreise vergleichbarer Grundstücke
   müssen zu einem Zeitpunkt vereinbart worden sein, der dem Wertermittlungsstichtag
   möglichst nahe liegt (vgl. Rn. 12 ff.).

b) Es müssen genügend Vergleichspreise herangezogen werden (vgl. Rn. 17 ff.).

Im Folgenden sollen die **Kriterien** für die Heranziehung von Vergleichspreisen erläutert   **5**
werden.

1.2   Hinreichend übereinstimmende Zustandsmerkmale

Eine hinreichende Übereinstimmung der Zustandsmerkmale der zum Vergleich herangezo-   **6**
genen Grundstücke mit denen des zu wertenden Grundstücks liegt in der Natur des Vergleichswertverfahrens. Im weiten Sinne kann (fast) alles miteinander verglichen werden
(auch Äpfel mit Birnen!). Sinnvoll ist ein Preisvergleich aber nur, wenn Abweichungen
ihrem Umfang nach in eine vergleichende Betrachtung eingebracht werden können und
nicht das Maß dessen überschreiten, was auch im gewöhnlichen Geschäftsverkehr als
abwegig angesehen wird. Nur dann liegt ein **geeigneter**[2] **Vergleichspreis** vor. An die „Eignung" der Vergleichspreise sollen nach der Begründung zur WertV keine überzogenen

---

1 BFH, Urt. vom 29. 4. 1987 – X R 2/80 –, BFHE 150, 453 = EzGuG 19.39 b

2 § 4 Abs. 1 WertV 72 hat noch ausdrücklich von „geeigneten" Vergleichspreisen gesprochen. Dieser Begriff wurde
   auch in der höchstrichterlichen Rechtsprechung gebraucht und ist nach dem geltenden § 13 Abs. 2 WertV noch
   immer für die Heranziehung von Bodenrichtwerten sowie nach § 9 Abs. 3 Satz 1, § 10 Abs. 2 Satz 1 und § 11
   Abs. 2 Satz 1 für die Ableitung erforderlicher Daten einschlägig

Anforderungen gestellt werden. Es genügt, dass sich die Grundstücke ähneln[3]. Während nämlich nach früherem Recht die Vergleichsgrundstücke mit dem zu wertenden Grundstück „soweit wie möglich übereinstimmen" sollten[4], fordert die geltende WertV stattdessen nur eine „hinreichende" Übereinstimmung, um so den engen Vergleichsrahmen des bisherigen Rechts zu erweitern[5].

7   Das **Kriterium der hinreichenden Übereinstimmung** stellt einen unbestimmten Rechtsbegriff dar. Der BGH hat dies entsprechend dem Regelungsgehalt des bisherigen Rechts dahin gehend ausgelegt, dass die Vergleichsgrundstücke insbesondere nach

- Lage (vgl. § 4 Abs. 6),
- Art und Maß der baulichen Nutzung (vgl. § 4 Abs. 1),
- Bodenbeschaffenheit,
- Größe,
- Grundstücksgestalt,
- Erschließungszustand

sowie bei *baulichen Anlagen* nach

- Alter,
- Bauzustand und
- Ertrag

„geeignet" sein sollen[6]. Bei besonders „individuell gestalteten und beschaffenen" Grundstücken wird man größere Abweichungen der herangezogenen Vergleichsgrundstücke von dem Wertermittlungsobjekt hinnehmen müssen als bei marktüblicheren Objekten.

8   Als **Maß der Übereinstimmung** können die Zu- und Abschläge gelten, die nach Maßgabe des § 14 zur Berücksichtigung von Abweichungen anzubringen sind. Das KG Berlin[7] hat in einer Entscheidung festgestellt, dass diese Zu- und Abschläge die Größenordnung von „höchstens 30 % oder allenfalls 35 % nicht übersteigen" dürfen; einen Abzug von 30 % hat auch das VG Schleswig bejaht[8].

9   Das **LG Berlin**[9] hat anknüpfend an die genannte Rechtsprechung des KG unter Hinweis auf die mit der WertV i. d. seit 1988 geltenden Fassung geänderte Regelung des § 13 Abs. 1 Satz 1 die Grenzen des Maßes der Übereinstimmung marginal erweitert und unter bestimmten Umständen einen Lagezuschlag von 40 % zur Berücksichtigung solcher Abweichungen für zwar „nicht unbedenklich", aber nach Ansicht des erkennenden Gerichts „auf der Basis der §§ 13, 14 WertV 88 noch vertretbar" befunden.

10   Die von der Rechtsprechung gezogenen Grenzen sind mindestens bei inhomogenen Marktverhältnissen zu eng. Man muss nämlich berücksichtigen, dass bereits Kaufpreise völlig gleichartiger Grundstücke im gewöhnlichen Geschäftsverkehr in nicht unerheblichem Maße streuen. **Abweichungen von 10 %** werden in der Rechtsprechung als **„üblich"** angesehen, wobei auch diese Grenze eher zu niedrig angesetzt ist (vgl. § 6 WertV Rn. 19 ff.). Von maßgeblicher Bedeutung ist in diesem Zusammenhang die Erheblichkeitsschwelle, die zum Ausscheiden von Kaufpreisen nach § 6 Abs. 2 Nr. 1 führt. Deshalb müssen auch Grundstücke als „vergleichbar" angesehen werden, bei denen zur Berücksichtigung von Abweichungen in den Zustandsmerkmalen und von Änderungen in den allgemeinen Wertverhältnissen auf dem Grundstücksmarkt höhere Zu- oder Abschläge angebracht werden müssen.

11   In den WertR (Anl. 24 Nr. 4.2 Abs. 1, abgedruckt in Teil III Rn. 452) wird für die zu fordernde Übereinstimmung zwischen Vergleichsobjekt und dem zu wertenden Grundstück gefordert, dass, **gemessen an dem als „Ausgangswert" für die Wertermittlung herangezogenen Vergleichspreis, nicht überproportionale Ab- oder Zuschläge** notwendig werden (**Proportionalitätserfordernis**), um zum Verkehrswert zu kommen; dies soll nur in besonderen Ausnahmefällen zulässig sein. Diese Vorgabe folgt der Erkenntnis, dass **bei überproportionalen Zu- und Abschlägen grundsätzlich Zweifel an der Eignung der Methode** aufkommen und mit überproportionalen Zu- und Abschlägen auch zwangsläufig verbundene Fehlereinflüsse regelmäßig überproportional durchschlagen.

1.3   Wertermittlungsstichtagsnahe Vergleichspreise

Entsprechend der bisherigen Rechtsprechung (vgl. Rn. 8) zu den „geeigneten Vergleichs-   **12** preisen" muss auch künftig gefordert werden, dass die Vergleichspreise nicht nur hinsichtlich der **Zustandsmerkmale mit dem zu wertenden Grundstück hinreichend übereinstimmen,** sondern auch, dass die **Kaufpreise zu einem dem Wertermittlungsstichtag möglichst nahe kommenden Zeitpunkt vereinbart** wurden.

Eine weitgehende Übereinstimmung der Zustandsmerkmale sowie des Wertermittlungs-   **13** stichtags mit den Kaufdaten der Vergleichsgrundstücke bedeutet im Ergebnis, dass die **Vergleichsgrundstücke** auch hinsichtlich ihrer „Preise" – entsprechend der in der Rechtsprechung des BGH[10] erhobenen Forderung – **mit dem zu wertenden Grundstück „vergleichbar"** sind.

Grundsätzlich lassen sich die **in der Vergangenheit entrichteten Kaufpreise** (vgl. § 14   **14** WertV Rn. 274) mittels Indexreihen – theoretisch auch über Jahrzehnte hinweg – umrechnen, jedoch muss dabei bedacht werden, dass damit zusätzliche Fehler in das Wertermittlungsverfahren Eingang finden können. Zudem wird man auch bei einer gut geführten Kaufpreissammlung den damaligen Grundstückszustand nicht mehr umfassend und vollständig erfassen können, so dass zwischenzeitliche Änderungen der Zustandsmerkmale das Bild verfälschen.

Bis zu welchem **Zeitraum** man bei der Auswahl von Kaufpreisen aus zurückliegender Zeit   **15** gehen kann, konnte der Verordnungsgeber wiederum nicht normativ vorgeben. Auch hier kommt es auf die Umstände des Einzelfalls, vor allem auf das sonstige Kaufpreismaterial an. In der Praxis werden Kaufpreise aus zurückliegender Zeit etwa bis zu 4 Jahren herangezogen, wenngleich, wie unter Rn. 16 dargelegt, auch ein weiteres Zurückgehen sogar sinnvoll sein kann. Die zu beobachtende Zurückhaltung der Praxis ist ansonsten durchaus sachgerecht, wenngleich mancher Sachverständiger im Rahmen des Sachwertverfahrens mit seinem Rückgriff auf 1913er Normalherstellungskosten weniger „zimperlich" war. **Grundsätzlich gilt,** was den zeitlichen „Rückgriff" anbelangt, dass die an den herangezogenen Vergleichspreisen anzubringenden Zu- und Abschläge für die zeitliche Fortschreibung des Vergleichswerts an die am Wertermittlungsstichtag herrschenden allgemeinen Wertverhältnisse auf dem Grundstücksmarkt zusammen mit den sonstigen Zu- und Abschlägen für qualitative Unterschiede **nicht überproportional** ausfallen dürfen.

---

3   RFH, Urt. vom 27. 4. 1928 – II A 17/28 –, AVN 1928, 771
4   § 4 Abs. 2 WertV 72
5   BR-Drucks, 352/88, S. 54
6   BGH, Urt. vom 19. 12. 1963 – III ZR 162/63 –, EzGuG 20.35; entsprechend auch der BFH, Urt. vom 26. 9. 1980
    – III R 21/78 –, EzGuG 20.86; RFH, Urt. vom 31. 3. 1938 – III 228/37 –, EzGuG 4.4 a
7   KG Berlin, Urt. vom 1. 11. 1969 – U 1449/68 –, EzGuG 20.46
8   VG Schleswig, Urt. vom 25. 9. 1974 – 2 A 108/74 –, EzGuG 15.2; bereits das Pr. OVG hat sich mit dieser Problematik eingehend beschäftigt; vgl. Pr. OVG, Urt. vom 2. 11. 1896 –, EzGuG 20.2
9   LG Berlin, Urt. vom 11. 8. 1998 – 29 0 371/97 –, GuG 1999, 250 = EzGuG
10 BGH, Urt. vom 28. 4. 1966 – III ZR 24/65 –, EzGuG 19.9; BGH, Urt. vom 13. 7. 1978 – III ZR 112/75 –,
    EzGuG 6.200 = 19.34; BGH, Urt. vom 1. 7. 1982 – III ZR 10/81 –, EzGuG 4.86, BGH, Urt. vom 22. 4. 1982 III
    ZR 131/80 –, EzGuG 17.44; BGH, Urt. vom 19. 12. 1963 – III ZR 162/63 –, EzGuG 20.35; BFH, Urt. vom
    26. 9. 1980 – III R 21/78 –, EzGuG 20.86

16 In der Praxis treten auch Wertermittlungsfälle auf, in denen die Heranziehung von Vergleichspreisen aus weit zurückliegender Zeit gegenüber Kaufpreisen neueren Datums von Vorteil sein können. So besteht z. B. bei der **Ermittlung des sanierungsunbeeinflussten Grundstückswerts** i. S. d. § 153 Abs. 1 BauGB die Möglichkeit

– von Vergleichspreisen auszugehen, die noch vor Einleitung der Sanierung in dem Gebiet, in dem das zu wertende Grundstück gelegen ist, bezahlt wurden, wobei diese Preise dann allerdings über längere Zeiträume auf den Wertermittlungsstichtag „hochindiziert" werden müssen, oder

– von Vergleichspreisen auszugehen, die zu einem dem Wertermittlungsstichtag nahe kommenden Zeitpunkt in Gebieten bezahlt werden, die in ihrem Zustand aber dem Sanierungsgebiet vor Einleitung der Sanierungsmaßnahme entsprechen müssen. Mangelt es hier an geeigneten Vergleichsgebieten oder bestehen Unsicherheiten bezüglich der richtigen Qualifizierung des damaligen Zustands des Sanierungsgebiets, ist die Fehleranfälligkeit bei dieser Vorgehensweise möglicherweise größer als im ersten Fall.

1.4 Genügende Anzahl von Vergleichspreisen

▶ *Allgemeines vgl. Vorbem. zu den §§ 13 und 14 WertV Rn. 18 ff.*

17 Die Forderung nach einer genügenden Anzahl geeigneter Vergleichspreise ist identisch mit der Forderung nach einer **„ausreichenden Zahl" geeigneter Vergleichspreise,** wie dies noch in § 4 Abs. 1 WertV 72 normiert war und von der Rechtsprechung aufgegriffen wurde[11]. Ungeachtet dessen handelt es sich auch hierbei um einen unbestimmten Rechtsbegriff.

18 Häufig steht der Gutachter vor dem Problem, dass ihm aus der Nachbarschaft (des zu wertenden Grundstücks) und selbst unter Einbeziehung von Vergleichsgebieten innerhalb oder außerhalb der Belegenheitsgemeinde nur wenige oder sogar keine „geeigneten" Vergleichspreise zur Verfügung stehen[12]. Dies wirft die Frage auf, was als **„ausreichende" Anzahl von Vergleichspreisen** anzusehen ist. Auch wenn Vergleichspreise im statistischen Sinne nicht als „Stichproben" angesehen werden können, weil – zumindest im strengen Sinne – zumeist **die mit Blick auf statistische Anforderungen stochastischen Voraussetzungen unzureichend erfüllt** sind, ist man versucht, die Forderung nach mindestens fünf bis zehn Vergleichspreisen zu erheben. Dies würde aber für die Praxis in vielen Fällen eine unüberwindbare Hürde darstellen, denn der Grundstücksmarkt gebiert (aus statistischer Sicht) eher nur in Ausnahmefällen genügend Transaktionen. Für den *„valuer"* ist der Grundstücksmarkt chronisch defizitär.

19 Betrachtet man die am Markt erzielten und zur Verkehrswertermittlung herangezogenen Kaufpreise als eine Stichprobe aus der Grundgesamtheit aller (zumindest denkbaren) Vergleichspreise, so lassen sich unter **Anwendung statistischer Methoden** Aussagen über die Genauigkeit der Verkehrswertermittlung z. B. durch Mittelbildung der zur Verfügung stehenden Vergleichspreise und Berechnung des mittleren Fehlers des Mittels treffen (vgl. Vorbem. zu den §§ 13 f. WertV Rn. 47 ff.). Ob die Zahl der in das Mittel eingegangenen Vergleichspreise als „ausreichend" i. S. der WertV anzusehen ist, lässt sich dann nach statistischen (Genauigkeits-)Kriterien beurteilen. Bei dieser Vorgehensweise versteht sich von selbst, dass zuvor

– die durch ungewöhnliche oder persönliche Verhältnisse beeinflussten Vergleichspreise ausgeschieden oder entsprechend „berichtigt" worden sind (vgl. § 6 WertV Rn. 4, 11) und

– die verbliebenen Vergleichspreise hinsichtlich Abweichungen in ihren Zustandsmerkmalen und unterschiedlicher allgemeiner Wertverhältnisse (vgl. § 14 WertV Rn. 1 ff., 274 f.) umgerechnet worden sind.

Nach dem hier nicht näher zu erläuternden **Zentralen Grenzwertsatz der Statistik** erhöht **20** sich – vereinfacht gesagt – mit einer wachsenden Zahl von Vergleichspreisen deren Repräsentativität für den daraus abgeleiteten Verkehrswert. Von daher könnte die Forderung begründet werden, dass mindestens 10 und in ungünstigen Fällen auch noch mehr Vergleichspreise für eine „sichere" Verkehrswertermittlung erforderlich sind. Steht eine derartige Anzahl von Vergleichspreisen zur Verfügung, wird man sie auch berücksichtigen (müssen). Es wäre jedoch eine Verkennung der in der Praxis bestehenden Möglichkeiten, wenn man allein mit den strengen Anforderungen der Statistik die Verkehrswertermittlung zu beherrschen trachtet. Die Praxis der Wertermittlung muss ebenso wie der Grundstücksverkehr damit leben, dass nur selten ein im statistischen Sinne ausreichendes Kaufpreismaterial zur Verfügung steht und der **Verkehrswert oft nur aus wenigen Vergleichspreisen abgeleitet** werden muss. Die dabei in Anlehnung an statistische Methoden der in Abb. 2 und 3 bei § 14 WertV sowie in den Vorbem. zu den §§ 13 f. WertV unter Rn. 70 ff. dargestellten Vorgehensweise hat immerhin auch in diesen Fällen für sich, dass auch der aus einer kleinen Stichprobe abgeleitete Verkehrswert als der „wahrscheinlichste" Wert gelten kann, sofern nicht weitere Gesichtspunkte zu berücksichtigen sind.

Es kommt hinzu, dass auch wenige und sogar ein **einziger Kaufpreis,** wenn man ihn **als** **21** **Stichprobe aus einer normal verteilten Grundgesamtheit** betrachtet, durchaus auch dem Wert entsprechen kann, der sich aus einer Vielzahl von Vergleichspreisen als wahrscheinlichster Wert ergibt.

Mit überzogenen an strengen Kriterien der Statistik orientierten Anforderungen an die Zahl **22** der „ausreichenden Vergleichspreise" befände sich die Verkehrswertermittlung mitunter sehr schnell in der Sackgasse. Die Verkehrswertermittlung muss sich regelmäßig mit weniger Vergleichspreisen begnügen, als es die strengen Kriterien der Statistik erfordern. Dabei kann eine absolute Zahl nicht vorgegeben werden, weil es auch hier auf die **Verhältnisse des Einzelfalls** ankommt. So kann die Aussagefähigkeit von wenigen zeitnahen und geringfügig streuenden Vergleichspreisen aus der unmittelbaren Nachbarschaft zum Wertermittlungsobjekt (z. B. in einem Reihenhausgebiet) durchaus größer sein als eine größere Anzahl divergierender Vergleichspreise von Grundstücken, die in ihren Eigenschaften vom Wertermittlungsobjekt stärker abweichen.

Die „ausreichende" Zahl „geeigneter" Vergleichspreise hängt damit davon ab, was unter **23** der Eignung der zur Verfügung stehenden Vergleichspreise verstanden wird und letztlich von dem ab, „was der Markt hergibt". Von daher geht es für den Gutachter im Kern darum, unter Einbeziehung von Alternativlösungen, wie der Anwendung des Ertragswert- oder Sachwertverfahrens, sich umfassend zu bemühen, alle in Betracht kommenden Vergleichsdaten (Kaufpreise, Mieten, Bewirtschaftungskosten, Normalherstellungskosten usw.) aufzubereiten, ihre Aussagefähigkeit unter Abwägung der Ergebnisse alternativer Lösungswege zu würdigen und nach Maßgabe des § 7 das Verfahren zu wählen, was die größte Gewähr für eine „richtige" Verkehrswertermittlung bietet. In der Rechtsprechung ist hierbei nicht ausgeschlossen worden, dass dabei sogar das **Vorhandensein von nur einem geeigneten Vergleichsgrundstück** die Anwendung des Vergleichswertverfahrens nicht ohne weiteres ausschließt[13]. Die Rechtsprechung folgt dabei der statistischen Erkenntnis, nach der auch die kleinste Stichprobe für das Gesamtergebnis repräsentativ ist, wenn es nur die „richtige" ist. Schon das Pr. OVG hatte deshalb in seiner Rechtsprechung erkannt, dass

---

11 Der Verordnungsgeber erhebt diese Forderung wohl mehr rein zufällig ausdrücklich nur noch in § 10 Abs. 2 WertV für die Ableitung von Umrechnungskoeffizienten. Sachlich muss dies aber generell gelten.

12 Die Möglichkeit, zur Bodenwertermittlung auch „geeignete" Bodenrichtwerte heranzuziehen, soll bei den nachfolgenden Betrachtungen ausgeschlossen sein.

13 BGH, Urt. vom 1. 7. 1982 – III ZR 10/81 –, EzGuG 4.86; so bereits Pr. OVG, Urt. vom 23. 9. 1898 – St. 8.311 – und – St. 8.315 –, EzGuG 20.5; auch RFH, Urt. vom 16. 10. 1930 – III A 306/30 –, EzGuG 8.1; a. A. LG Koblenz, Urt. vom 20. 2. 1978 – 4 O 49/77 –, EzGuG 20.72; RFH, Urt. vom 28. 4. 1938 – III 345/37 –, RStBl. 1938, 716; BFH, Urt. vom 22. 11. 1968 – III R 49/68 –, EzGuG 19.15 a

der „Umstand, dass eine Besitzung als einziger Fall des Verkaufs eines gleichartigen Grundstücks ermittelt ist", diesen Verkaufspreis nicht ungeeignet als Vergleichsobjekt macht[14].

24   **Fazit:** Zusammenfassend ist also festzustellen, dass der Verordnungsgeber nicht vorgeben konnte, wie viel Vergleichspreise im Einzelfall mindestens heranzuziehen sind. Je stärker einzelne auf denselben (Wertermittlungs-)Stichtag bezogene Vergleichspreise von Grundstücken gleichen Zustands (ggf. durch Umrechnung nach Maßgabe des § 14) voneinander abweichen, umso mehr Kaufpreise müssen herangezogen werden. Letztlich bleibt dies aber stets eine **Funktion der statistischen Sicherheit,** die im Einzelfall gefordert werden kann. Weisen wenige zur Verfügung stehende Vergleichspreise indessen eine geringe Streuung auf und kann auch nach den sonstigen Umständen des Einzelfalls gefolgert werden, dass sie ein hohes Maß an Eignung aufweisen, so kann der Verkehrswert den Umständen entsprechend auch aus wenigen Vergleichspreisen abgeleitet werden. Im Einzelfall kann sich dies sogar auf einen einzelnen Vergleichspreis beschränken. In diesem Fall müssen aber an die Eignung des Vergleichspreises hohe Anforderungen gestellt werden.

25   Abschließend wird dem Sachverständigen empfohlen, in seinem Gutachten auch den **Nachweis seiner Bemühungen, genügend Vergleichspreise heranzuziehen,** darzulegen. Dies gilt umso mehr, je weniger Vergleichspreise ihm zur Verfügung gestanden haben. Dies gilt insbesondere, wenn ihm nur eine ungenügende Anzahl oder überhaupt keine Vergleichspreise zur Verfügung gestanden haben. Im Rahmen seiner Begründungspflicht hat er dann nämlich darzulegen, warum er auf Ersatzlösungen „ausweichen" musste.

26   ▸ *Zur Genauigkeit der Verkehrswertermittlung vgl. § 194 BauGB Rn. 129 ff.*

1.5 Vergleichspreise bei retrospektiver Verkehrswertermittlung

27   Bei einer auf einem zurückliegenden Wertermittlungsstichtag bezogenen Verkehrswertermittlung dürfen grundsätzlich **nur Vergleichspreise** herangezogen werden, **die zu diesem Zeitpunkt bereits zugänglich waren** und die ein Abbild für den gewöhnlichen Geschäftsverkehr in diesem Zeitpunkt waren (vgl. Vorbem. zu den §§ 13 f. WertV Rn. 40). Vergleichspreise aus jüngerer Zeit müssen dagegen insbesondere dann „ausgeblendet" werden, wenn sie maßgeblich durch Verhältnisse beeinflusst worden sind, die bis zum Wertermittlungsstichtag nicht erkennbar waren. Dies ist insbesondere dann von Bedeutung, wenn nach dem Wertermittlungsstichtag neuere Entwicklungen eingetreten sind, die für einen „nüchternen Betrachter" zum Wertermittlungsstichtag nicht erkennbar waren (vgl. § 194 BauGB Rn. 54 und 69).

28   **Nachträglich bekannt gewordene Tatsachen** machen ein Verkehrswertgutachten nicht fehlerhaft, zumindest dann, wenn die nachträglich bekannt gewordenen Tatsachen am Wertermittlungsstichtag nicht erkennbar waren[15].

2   Mittelbildung und Genauigkeit

29   Der **Vergleichswert lässt sich** nach Auswahl der Vergleichspreise in aller Regel **nicht unmittelbar aus den verbleibenden Vergleichspreisen ableiten.** Die den Vergleichspreisen zu Grunde liegenden Vergleichsgrundstücke weisen nämlich i. d. R. keine in jeder Beziehung mit dem zu wertenden Objekt unmittelbar vergleichbare Identität auf. Darüber hinaus sind die Vergleichspreise i. d. R. auch zu unterschiedlichen Zeitpunkten zustande gekommen. Deshalb müssen vor der Aggregation der verbleibenden Vergleichspreise diese zunächst auf einen gemeinsamen Stichtag und die Grundstücksmerkmale „umgerechnet" werden, die das zu wertende Grundstück aufweist. Gemeinsamer Stichtag ist dabei entsprechend der Aufgabenstellung der Wertermittlungsstichtag.

Die **Umrechnung** erfolgt **nach Maßgabe des** § 14 auf der Grundlage von Bodenpreisindexreihen, Umrechnungskoeffizienten oder in einer sonstigen geeigneten Weise.

Die **Aggregation der umgerechneten Vergleichspreise** vollzieht sich dann zumeist **im** **30** **Wege der Bildung eines arithmetischen Mittels,** sofern nicht andere Rechentechniken (z. B. Regressionsanalysen) zur Anwendung kommen.

In dem in der Vorbem. zu den §§ 13 und 14 WertV unter Rn. 64 erläuterten Beispiel ent- **31** spricht Kaufpreis Nr. 3 (170 €/m²) dem sich als arithmetisches Mittel aus allen Kaufpreisen ergebenden Verkehrswert in Höhe von 170 €/m².

Lassen sich den einzelnen Vergleichspreisen im Hinblick auf ihre Vergleichbarkeit mit dem zu wertenden Grundstück **unterschiedliche Gewichte** zuordnen, so z. B. bemessen nach der Entfernung der Vergleichsgrundstücke von dem zu wertenden Grundstück, kann der Verkehrswert auch als gewogenes arithmetisches Mittel aus den Vergleichspreisen abgeleitet werden.

▶ *Vgl. hierzu Vorbem. zu den §§ 13 und 14 WertV Rn. 24 f., 63 ff.* **32**

Anders als bei Anwendung des Ertrags- und Sachwertverfahrens stellt der durch Aggrega- **33** tion der **Vergleichspreise abgeleitete Vergleichswert i. d. R. zugleich** den **Verkehrswert** dar, denn die Lage auf dem Grundstücksmarkt (i. S. d. § 7 Abs. 1 Satz 2) findet im Vergleichswertverfahren direkt Eingang in die herangezogenen Kaufpreise. Etwas anderes kann z. B. gelten, wenn mit der herangezogenen Bodenpreisindexreihe die zwischenzeitlichen Änderungen der allgemeinen Wertverhältnisse auf dem Grundstücksmarkt noch nicht vollständig berücksichtigt worden sind.

▶ *Zur Genauigkeit der Verkehrswertermittlung vgl. § 194 BauGB Rn. 129 ff.* **34**

3 Ersatzlösungen bei fehlenden Vergleichspreisen

3.1 Allgemeines

Stehen dem Sachverständigen im Einzelfall keine oder in nicht ausreichendem Umfang **35** geeignete Vergleichspreise oder Bodenrichtwerte zur Verfügung, so kann dies ein Grund dafür sein, auf **andere Verfahren** auszuweichen (Sach- und Ertragswertverfahren). Das dem Gutachter zur Verfügung stehende Vergleichsmaterial ist ein „sonstiger Umstand des Einzelfalls" i. S. d. § 7 Abs. 2, der bei der Verfahrenswahl zu berücksichtigen ist. Dies gilt auch dann, wenn nach der Art des Gegenstands der Wertermittlung das Vergleichswertverfahren eigentlich angezeigt ist (z. B. Bodenwertermittlung).

Entscheidendes Kriterium ist dabei die zu erwartende Genauigkeit, die das in Betracht **36** kommende Verfahren erwarten lässt. Es ist dann auf das Verfahren auszuweichen, das vergleichsweise das zuverlässigste Ergebnis erwarten lässt.

Bevor man auf andere Verfahren ausweicht, wird man aber prüfen, ob nicht **Ersatzlösun-** **37** **gen** zur Anwendung kommen, die ihrer Natur nach dem Vergleichswertverfahren zuzurechnen sind. Vor allem wird man zunächst nach Maßgabe des § 13 Abs. 1 Satz 2 Ver-

---

14 Pr. OVG, Urt. vom 23. 9. 1898 – St. 8.311 –, EzGuG 20.5
15 Zu einem späteren Altlastenverdacht: BFH, Urt. vom 1. 4. 1998 – X R 150/95 –, GuG 1998, 373 = EzGuG 19.45; LG Frankfurt am Main, Urt. vom 8. 12. 1982 – 3/3 AktE 104/79 –, BB 1983, 1244 = EzGuG 20.101b; BGH, Urt. vom 17. 1. 1973 – IV ZR 142/70 –, EzGuG 20.53 a

gleichspreise aus vergleichbaren Gebieten heranziehen. Darüber hinaus kommt insbesondere bei der Ermittlung von Bodenwerten eine Verkehrswertermittlung im Wege

a) deduktiver Verfahren (vgl. Rn. 322 ff.) auch auf der Grundlage kalkulatorischer Betrachtungen und

b) residueller Verfahren (vgl. Rn. 245 ff.)

in Betracht. Daneben stellt sich auch die Frage der Verwertbarkeit von Angebotspreisen, Ausschreibungsergebnissen und vorhandener Gutachten. Schließlich kann es auch unvermeidlich werden, den Verkehrswert im Wege einer freien Schätzung abzuleiten.

3.2 Vergleichspreise aus Vergleichsgebieten (Abs. 1 Satz 2)

38 § 13 Abs. 1 geht von der Maxime aus, dass Vergleichspreise aus der unmittelbaren Nachbarschaft des zu wertenden Grundstücks i. d. R. die höchste Gewähr für ihre Eignung bieten, weil die dort gelegenen Grundstücke in ihren Eigenschaften die höchste Übereinstimmung mit denen des zu wertenden Grundstücks aufweisen. Erst wenn sich dort nicht „genügend" Vergleichspreise auffinden lassen, soll es nach der Reihenfolge der Sätze 1 und 2 möglich sein, **Vergleichsgrundstücke aus vergleichbaren Gebieten** heranzuziehen[16]. Für die Praxis ist diese filigrane Abstufung des Verordnungsgebers bedeutungslos, denn die Forderung nach „genügend" Vergleichspreisen kann regelmäßig ohnehin nur unter Einbeziehung der weiteren Umgebung erfüllt werden. Insoweit stellt § 13 Abs. 1 Satz 2 eine Klarstellung[17] dar, die den Gutachter aber auch ermutigen soll, bei der Suche nach „geeigneten" Vergleichspreisen schon einmal entferntere – gleichwohl vergleichbare – Gebiete oder Stadtteile einzubeziehen. Dies können auch sogar Vergleichsgebiete in anderen Städten sein, eine Praxis, die nach Aufhebung des Preisstopps auf dem Gebiet der neuen Länder, unverzichtbar war (vgl. Vorbem. §§ 13 f. Rn. 43 ff.).

39 In der Praxis treten vielfach auch Fälle auf, in denen **Vergleichspreise aus der unmittelbaren Nachbarschaft zu dem zu wertenden Objekt** sogar **besonders ungeeignet sind**. So sind z. B. im Falle der Ermittlung des sanierungs- bzw. entwicklungsunbeeinflussten Grundstückswerts i. S. d. § 153 Abs.1 BauGB i. V. m. § 26 WertV Vergleichspreise aus der unmittelbaren Nachbarschaft zum Satzungsgebiet besonders „verdächtig", von sanierungs- bzw. entwicklungsbedingten Werterhöhungen beeinflusst zu sein, die es aber gerade bei Wertermittlungen innerhalb des Satzungsgebiets (Veranstaltungsgebiet) „auszublenden" gilt. Das OLG Frankfurt am Main[18] hat deshalb solchen Vergleichsgebieten eine „Eignung" abgesprochen:

40 **Folgender Sachverhalt** lag der o. a. Entscheidung des OLG Frankfurt am Main zu Grunde:

In der Gemeinde A wurde eine Entwicklungsmaßnahme durchgeführt, von der die benachbarte Gemeinde B „profitierte", ohne dass dort eine Entwicklungsmaßnahme durchgeführt wurde. Die Bodenwerte stiegen unter dem Einfluss der Entwicklungsmaßnahme A in der Gemeinde B an.

Im Verlauf der Entwicklungsmaßnahme galt es, den entwicklungsunbeeinflussten Grundstückswert zwecks Ankaufs eines Grundstücks zu ermitteln. Dabei ging es im Kern um die Frage, ob die allgemeine Wertentwicklung in der Nachbargemeinde, in der zwar keine Entwicklungsmaßnahme durchgeführt worden ist, die aber gleichwohl unter dem Einfluss der Entwicklungsmaßnahme eine indirekte „Aufwertung" erfahren hatte, bei der Ermittlung des entwicklungsunbeeinflussten Bodenwerts zu berücksichtigen sei (Abb. 1).

Des Weiteren wurde von den entwicklungsbetroffenen Eigentümern vorgebracht, dass der für den Entwicklungsbereich aufgestellte Flächennutzungsplan(entwurf) „als eine von der bevorstehenden Anwendung des *Entwicklungsmaßnahmenrechts* ... unabhängige Ursache der Bauerwartung gewertet werden müsse, weil es einen durch Bauland- und Wohnungsnachfrage verursachten Planungsbedarf und eine dadurch hervorgerufene Bauleitplanung auch in den ... umgebenden Städten und Gemeinden gegeben habe, wo keine förmliche Festlegung von städtebaulichen Entwicklungsbereichen beabsichtigt war und erfolgt ist", d. h., die Betroffenen argumentierten, dass auch ohne städtebauliche Entwicklungsmaßnahme eine Weiterentwicklung stattgefunden haben würde, die es bei der Ermittlung des entwicklungsunbeeinflussten Grundstückswerts zu berücksichtigen gelte.

Abb. 1: **Bodenwertentwicklung in der Entwicklungsgemeinde und in einer benachbarten Vergleichsgemeinde**

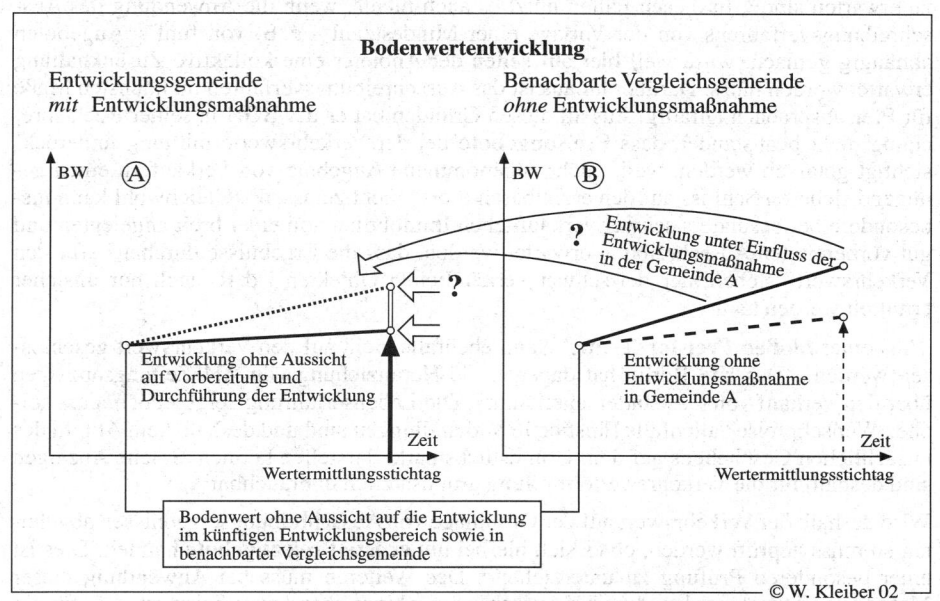

© W. Kleiber 02

Das OLG Frankfurt am Main hat dieser Auffassung ausdrücklich mit der Begründung **41**
widersprochen, dass damit die entwicklungsrechtlichen Vorschriften über den Ausschluss
entwicklungsbedingter Werterhöhungen „praktisch unanwendbar" seien. Sinn und Zweck
dieser Regelungen sei die „volle" Wertabschöpfung, die den Eigentümern von Grundstücken dort, wo keine förmlichen Entwicklungsmaßnahmen durchgeführt werden, anlässlich der Heraufstufung ihrer Grundstücke durch Baulandausweisung nicht auferlegt wird.
Deshalb darf **die Tatsache, dass in beiden Arten von Gemeinden – denen mit und
denen ohne förmlich festgesetzte Entwicklungsbereiche – Bauleitplanung betrieben
wird, nicht dazu genutzt werden, den Tatbestand der Vorwirkung einer Entwicklungsmaßnahme zu verneinen.**

3.3 Angebotspreise

Die **Verkehrswertermittlung im Wege der Ausschreibung** stellt kein in der WertV gere- **42**
geltes und allgemein anerkanntes Wertermittlungsverfahren dar. Vor allem stößt die Verkehrswertermittlung auf der Grundlage von Angeboten, die im Wege einer Ausschreibung
ohne eine qualifizierte Beschreibung des Objekts „hereingeholt" werden, auf Bedenken,
weil sie anfällig für Extremausschläge ist, die mit der Verkehrswertdefinition nicht vereinbar sind. Einerseits kann ein preistreibender „Versteigerungseffekt" eintreten, wenn es sich
um besonders attraktive Objekte handelt; andererseits bleiben die Angebote bei „dürftigen"

16   OLG Celle, Urt. vom 21. 8. 1978 – 4 U 214/74 –, EzGuG 20.76
17   BFH, Urt. vom 10. 8. 1972 – VIII R 82/71 –, EzGuG 20.53; KG Berlin, Urt. vom 1. 11. 1969 – U 144/68 –,
     EzGuG 20.46
18   BVerfG, Beschl. vom 9. 3. 1998 – 1 BvR 1041/92 –, GuG 1999, 244; BGH, Urt. vom 9. 7. 1992 – III ZR
     167/91 –; OLG Frankfurt mit Urt. vom 24. 6. 1991 – 1 U 2/90 –, GuG 1997, 54 = EzGuG 15.69 a; LG Darm-
     stadt, Urt. vom 31. 7. 1996 – 90 (B) 12/93 –, GuG 1997, 56 = EzGuG 15.84

Ausschreibungsunterlagen erfahrungsgemäß unter dem Verkehrswert, insbesondere wenn aus der Person des Verkäufers heraus schwierige und langwierige Verkaufsverhandlungen zu erwarten sind[19]. In diesen Fällen nützt es auch nichts, wenn die Anwendung des Ausschreibungsverfahrens von der Vorlage einer Mindestzahl – z. B. von fünf – Angeboten abhängig gemacht wird, weil hier auf seiten der Anbieter eine kollektive Zurückhaltung erwartet werden muss. Darüber hinaus ist das Ausschreibungsverfahren im höchsten Maße für Preisabsprachen anfällig. Aus all diesen Gründen hat es der BGH in seiner Rechtsprechung nicht beanstandet, dass **Preisangebote** bei der Verkehrswertermittlung unberücksichtigt gelassen werden, weil „nicht angenommene Angebote von Verkäufern einen genügend sicheren Schluss auf den erzielbaren Preis" nicht zulassen[20]. Gleichwohl kann insbesondere bei besonders schwer verkäuflichen Immobilien von einer breit angelegten und gut vorbereiteten Ausschreibung erwartet werden, dass die Ergebnisse durchaus „für den Verkehrswert" stehen, der bei schwer verkäuflichen Objekten i. d. R. auch nur unsicher ermittelt werden kann.

43   „Aus einer **bloßen Preisforderung**" kann ebenfalls nicht auf den Verkehrswert geschlossen werden[21]. Das KG Berlin hat dagegen die Heranziehung von 224 Zeitungsanzeigen über den Verkauf von Gaststätten anerkannt[22]. Die Lebenserfahrung zeigt jedoch, dass solche „Wunschpreise" allenfalls Einstieg in Verhandlungen sind und deshalb kein Abbild des tatsächlichen Geschehens auf dem Grundstücksmarkt darstellen können. Solche Anzeigen sind deshalb für die Verkehrswertermittlung grundsätzlich unbrauchbar[23].

44   Wird deshalb der Verkehrswert auf der Grundlage von Ausschreibungsergebnissen abgeleitet, so muss geprüft werden, ob es sich hierbei um **ernste Preisangebote** handelt. Dies ist einer besonderen Prüfung zu unterziehen[24]. Des Weiteren muss bei Anwendung dieser Methode gefordert werden, dass die Ausschreibung hinreichend qualifiziert ist, d. h. für die Kaufinteressenten müssen die Eigenschaften des Objekts und hier insbesondere die rechtlichen und tatsächlichen Nutzungsmöglichkeiten völlig transparent sein. Sind dagegen z. B. die künftigen Nutzungsmöglichkeiten, insbesondere die Baurechte, nicht bekannt und gesichert, so sind spekulativ „hohe" oder besonders „vorsichtige" Preisangebote nicht auszuschließen. Vor allem sollte das Ausschreibungsverfahren dann auch – wie bei der Zwangsversteigerung – mit der Vorlage eines Verkehrswertgutachtens verbunden werden[25].

45   Eine sinnvolle Einbindung einer Ausschreibung sahen die zur Umsetzung des Treuhandgesetzes (THG) erlassenen Richtlinien für die Durchführung der Verwertung und Verwaltung volkseigener land- und forstwirtschaftlicher Flächen in den neuen Bundesländern vor. Nach diesen Richtlinien verkaufte und verpachtete die Bodenverwertungs- und -verwaltungsgesellschaft (BVVG) ihre Grundstücke[26]. Diese sahen vor, dass zur Gewährleistung größtmöglicher Transparenz und Objektivität beim Verkauf von Grundstücken ein Wettbewerb unter den möglichen Interessenten in allen geeigneten Fällen durch **Ausschreibung** herbeizuführen ist (vgl. Nr. 2.2). Dies wiederum sollte im Regelfall **auf der Grundlage einer gutachterlichen Wertermittlung** nach Maßgabe der WertV und den hierzu erlassenen Richtlinien erfolgen (vgl. Nr. 3.3, 5.2 und 6.2).

46   Auch die **EU-Kommission**[27] hat im Zuge einer Mitteilung ihres Leitfadens betr. Elemente staatlicher Beihilfe bei Verkäufen von Bauten oder Grundstücken durch die öffentliche Hand ihre Anforderungen an ein Bieterverfahren publiziert. Dort heißt es unter anderem:

„**1. Verkauf durch ein bedingungsfreies Bietverfahren**

Der Verkauf von Bauten oder Grundstücken nach einem hinreichend publizierten, allgemeinen und bedingungsfreien Bietverfahren (ähnlich einer Versteigerung) und die darauf folgende Veräußerung an den Meistbietenden oder den einzigen Bieter, stellt grundsätzlich einen Verkauf zum Marktwert dar und enthält damit keine staatliche Beihilfe. Es spielt keine Rolle, ob vor dem Bietverfahren eine andere Bewertung des Gebäudes oder des Grundstücks existierte, z. B. für Buchungszwecke oder um ein beabsichtigtes erstes Mindestangebot bereitzustellen.

a) Hinreichend publiziert ist ein Angebot, wenn es über einen längeren Zeitraum (zwei Monate und mehr) mehrfach in der nationalen Presse, Immobilienanzeigen oder sonstigen geeigneten Veröffentlichungen und durch Makler, die für eine große Anzahl potenzieller Käufer tätig sind, bekannt gemacht wurde und so allen potenziellen Käufern zur Kenntnis gelangen konnte.

Die Absicht, Bauten oder Areale zu verkaufen, die wegen ihres großen Werts oder wegen anderer Merkmale typischerweise für europaweit oder sogar international tätige Investoren von Interesse sein dürften, sollte in Publikationen bekannt gemacht werden, die regelmäßig international beachtet werden. Begleitend sollten derartige Angebote durch europaweit oder international tätige Makler verbreitet werden.

b) Bedingungsfrei ist eine Ausschreibung, wenn grundsätzlich jeder Käufer unabhängig davon, ob und in welcher Branche er gewerblich tätig ist, das Gebäude oder Grundstück erwerben und für seinen wirtschaftlichen Zweck nutzen kann und darf. Einschränkungen aus Gründen des Nachbar- oder Umweltschutzes oder zur Vermeidung rein spekulativer Gebote sowie raumordnungsrechtliche Einschränkungen für den Eigentümer eines Grundstücks nach nationalem Recht beeinträchtigen nicht die Bedingungsfreiheiten eines Angebots."

3.4 Vorhandene Gutachten

Die Verwendung bereits vorliegender Gutachten stellt im eigentlichen Sinne keine Ersatzlösung dar. Liegen Gutachten im Einzelfall bereits vor, muss geprüft werden, ob man sich diesen anschließt oder ggf. davon abweicht. Ergibt sich aus dieser Prüfung, dass auf ein **sachgemäß begründetes Gutachten eines zuverlässigen Sachverständigen** zurückgegriffen werden kann, so hat die Rechtsprechung dies nicht beanstandet, wenn es an Vergleichsdaten mangelt[28].

47

3.5 Freie Schätzung

Scheiden mangels geeigneter Vergleichspreise neben dem Vergleichswertverfahren auch das Ertragswert- und das Sachwertverfahren gänzlich aus, bleibt im Übrigen der Weg der freien Schätzung. **Die Befugnis zu schätzen setzt** – wie im Abgabenrecht – **das Scheitern aller Bemühungen um die Erhebung von wertrelevanten Indizien voraus,** aus denen sich deduktiv nach Plausibilität und Wahrscheinlichkeitsmethoden der Verkehrswert ableiten lässt[29].

48

▸ *Hierzu auch § 194 BauGB Rn. 118 ff., 140.*

---

19 Die Bundesverwaltung geht bei Abweichungen zwischen einem Gutachten einerseits und dem Ergebnis einer Ausschreibung andererseits von einem vertretbaren Spielraum „von höchstens 20 v. H." aus (vgl. BT-Drucks. 13/160, S. 29)

20 BGH, Urt. vom 5. 4. 1973 – III ZR 74/72 –, EzGuG 2.12

21 Pr.OVG, Urt. vom 15. 4. 1998 – III 81/97 –, EzGuG 20.4a

22 KG Berlin, Urt. vom 16. 7. 1985 – U 6417/83 –, EzGuG 14.78

23 So auch Petersen in Marktorientierte Immobilienbewertung, 4. Aufl. S. 43; a. A. Streich in RDM Informationsdienst 1999 Nr. 3 S. 17, der allen Erfahrungen zuwider, nach denen insbesondere bei Erstinseraten überhöhte Mietpreiserwartungen annonciert werden, solche gelten lassen will. Streich hat sich im Übrigen auch entgegen der Rechtsprechung des BVerfG gegen das Konkretisierungsgebot bei Mietwertgutachten ausgesprochen und rekourriert in geradezu extremer Weise auf Veröffentlichungen der RDM. Die Verwendung von RDM-Immobilienpreisspiegeln ist jedoch im Rahmen von Mieterhöhungsverlangen unzulässig (vgl. § 17 WertV Rn.178). Hier ist verantwortungsbewussteres Handeln angezeigt, zumal Fehler sich direkt auf das Ergebnis auswirken.

24 BGH, Urt. vom 19. 12. 1963 – III ZR 162/63 –, EzGuG 20.35

25 BGH, Urt. vom 19. 12. 1963 – III ZR 162/63 –, EzGuG 20.35

26 GuG 1993, 165; Weitere Grundsätze für die Ermittlung von Verkehrswerten durch Ausschreibungen sieht ein Erl. des BMF vom 6. 5. 1993 (GuG 1993, 353) und vom 19. 8. 1994 – VI A 1 – VV 2030 – 10 + 94 – vor. Abgedruckt bei Bielenberg/Koopmann/Krauzberger, Städtebauförderungsrecht Bd. II 15 I; GuG 1994, 29

27 Mitteilung der Kommission Nr. 97/C 209/03 vom 10. 7. 1997 (ABl. der EG Nr. C 209/3 vom 10. 7. 1997 – abgedruckt in GuG 1997, 363)

28 BGH, Urt. vom 26. 9. 1958 – VIII ZR 121/57 –, NJW 1958, 1967 = ZMR 1959, 270; BGH, Urt. vom 30. 6. 1959 – VIII ZR 81/58 –, EzGuG 20.24

29 Gelzer-Busse, Umfang des Entschädigungsanspruchs, München 1980, 2. Aufl., Rn. 105 für den Fall eines Rechtsstreits unter Hinweis auf BGH, Urt. vom 8. 11. 1962 – III ZR 86/61 –, EzGuG 8.5; BGH, Urt. vom 20. 12. 1963 – III ZR 112/63 –, EzGuG 14.18; auch Mampel in DÖV 1992, 556 unter Hinweis auf § 162 Abs. 1 AO. So auch schon PrOVG, Urt. vom 27. 4. 1920 – VII C 5/19 –, EzGuG 14.1

---

49   In der Einheitsbewertung ist anerkannt, dass der Wert eines Grundstücks mangels aussagekräftiger Vergleichspreise „notfalls" im Wege der **Schätzung nach § 162 Abs. 1 AO** zu ermitteln ist[30].

4   Ermittlung von Bodenwerten

4.1   Allgemeines

50   Die Bedeutung des Vergleichswertverfahrens liegt vornehmlich in der Ermittlung von Bodenwerten, ohne dass die WertV eindeutig definiert, was unter dem Bodenwert zu verstehen ist. In Zweifelsfällen ist dies pragmatisch zu behandeln. Das **Vergleichswertverfahren ist das Regelverfahren**

    – sowohl für die Bodenwertermittlung unbebauter Grundstücke,

    – als auch für die Bodenwertermittlung bebauter Grundstücke.

    ▸ *Zur Bodenwertermittlung in Gebieten, die durch Eigentumswohnungen geprägt sind, Vorbem. zu den §§ 13 f. WertV Rn. 95 ff.*

51   Wird der gemäß § 15 Abs. 2 im Wege des Vergleichswertverfahrens ermittelte **Bodenwert in die Ertragswertermittlung** nach den §§ 15 ff. eingebracht, so **kann auf eine übergenaue Bodenwertermittlung verzichtet werden, wenn die bauliche Anlage eine Restnutzungsdauer von über 40 bis 50 Jahren aufweist** (vgl. Rn. 194 und Vorbem. zu den §§ 15 ff. WertV Rn. 147 f.). Dies ist in der Methodik des Ertragswertverfahrens begründet. Für die im Rahmen des Ertragswertverfahrens nach § 16 Abs. 2 nicht in die Ermittlung des Bodenwertverzinsungsbetrags einzubeziehenden selbstständig wirtschaftlich nutzbaren Grundstücksteile gilt dies allerdings nicht. Umgekehrt bedarf es bei Anwendung des Ertragswertverfahrens auf Grundstücke, deren Bebauung eine kurze Restnutzungsdauer aufweist (n > 40 Jahre), nicht nur einer genauen Bodenwertermittlung. Der aus Vergleichspreisen unbebauter Vergleichsgrundstücke abgeleitete Bodenwert muss dann auch noch um die **Freilegungskosten** vermindert werden.

52   Die WertV gebraucht den **Begriff des Bodenwerts** ohne ihn zu definieren in einer Vielzahl von Vorschriften (§ 13 Abs. 2, § 15 Abs. 2 und 3, § 16 Abs. 2 und 3, § 20 Abs. 1 bis 3, § 21 Abs. 2, 4 und 5); es kann davon ausgegangen werden, dass der in § 28 Abs. 3 gebrauchte Begriff des „Werts des Bodens" damit identisch ist. Der Frage, wie der Bodenwert definiert ist und insbesondere was Bestandteil der Bodenwertermittlung im Einzelfall ist, kommt nicht eine rein akademische Bedeutung zu. Die Frage kann im Einzelfall sogar von entscheidender praktischer Bedeutung sein. Dies ist z. B. der Fall, wenn es um die Frage geht, ob der Bodenwert begrifflich

    – eine Berücksichtigung von Altablagerungen (Altlasten) oder Bodenschätzen einschließt,

    – Aufwuchs oder sogar zumindest unbedeutende bauliche Anlagen (z. B. Einfriedungen) einbezieht oder

    – eine Werterhöhung oder Wertminderung nicht nur auf Grund öffentlich rechtlicher Vorschriften, sondern auch privatrechtliche Rechte und Belastungen (z. B. Wegerecht)

    umfasst. Im Kern geht es also um die Frage, ob sich der Bodenwert allein auf den Wert des „nackten" Grund und Bodens[31] bezieht oder bestimmte wertbeeinflussende Umstände berücksichtigt werden müssen.

53   Was „im" Boden „steckt" **(Altlasten, Bodenschätze),** muss grundsätzlich wohl dem Bodenwert zugerechnet werden, es sei denn, es ist eigentumsmäßig nicht dem Grundeigentum zurechenbar. Dies entspricht den Gepflogenheiten des Grundstücksmarktes bei der Bodenpreisbildung (§ 4 WertV Rn. 41 ff.).

Zur Frage der **Berücksichtigung öffentlich-rechtlicher Vorschriften** und der allgemeinen Lagemerkmale gehen die Vorschriften der WertV davon aus, dass sie „in" den Bodenwert „einfließen". Im Einzelfall kann dies in Bezug auf privatrechtliche Rechte und Belastungen in der Wertermittlungspraxis schon differenzierter zu sehen sein. So kann z. B. die **Berücksichtigung eines Wegerechts** bei der Ermittlung des Bodenwerts eines bebauten Grundstücks zu anderen Ergebnissen führen als bei einem bebauten Grundstück. Würde man dann das Wegerecht bereits bei der Bodenwertermittlung berücksichtigen und bei Anwendung des Ertrags- oder Sachwertverfahrens dem Wert der baulichen und sonstigen Anlagen nach Maßgabe des § 15 Abs. 2 oder § 21 Abs. 2 hinzurechnen, so würde das Ergebnis verfälscht werden, denn zumindest bei langer Restnutzungsdauer ist eine Gesamtbetrachtung angezeigt. **54**

Dementsprechend werden **Aufwuchs** und kleinere bauliche (Außen-)anlagen von geringer (wertmäßiger) Bedeutung im Grundstücksverkehr zumeist dem Bodenwert zugeordnet, zumindest soweit diese wertmäßig unbedeutend sind und dies ortsüblich ist. Lediglich außergewöhnlich aufwendige Anlagen (Parkanlagen) oder besondere Solitäre sind gesondert zu erfassen. Ein ortsüblicher Aufwuchs spielt, wie Befragungen nach dem Marktverhalten ergeben haben[32], bei den Kaufverhandlungen „keine Rolle" und wird dann im Rahmen der Kaufpreissammlungen der Gutachterausschüsse (§ 195 BauGB) regelmäßig nicht besonders erfasst. Die WertV trägt dem im Rahmen des *Sachwertverfahrens* mit der Vorschrift des § 21 Abs. 4 Rechnung, wonach Außenanlagen und sonstige Anlagen (Aufwuchs) nur besonders zu erfassen sind, wenn sie nicht bereits mit dem Bodenwert erfasst wurden (vgl. § 2 WertV Rn. 28 ff.; § 21 WertV Rn. 32 ff.; § 15 WertV Rn. 20; § 17 WertV Rn. 46; § 19 WertV Rn. 51). **55**

Dementsprechend hat der BGH in seiner Rechtsprechung unter Hinweis auf § 21 Abs. 4 ausdrücklich nur einen **„aus dem Rahmen der Bepflanzung normaler Wohngrundstücke fallenden, den Charakter des zu bewertenden Grundstücks als eines parkähnlichen Geländes maßgeblich prägenden Bewuchs"** als Außenanlage angesehen, die dann nicht von vornherein vom Bodenwert miterfasst wird[33]. **56**

Zur Frage des **richtigen Bodenwerts bebauter Grundstücke** wird auf die Ausführungen der Rn. 83 ff. verwiesen. **57**

Im Übrigen hat der **Verordnungsgeber den Bodenwert aus guten vornehmlich pragmatischen Gründen nicht definieren wollen.** In der Wertermittlung steht nämlich die Heranziehung geeigneter Vergleichspreise von Grundstücken im Vordergrund, die hinsichtlich ihrer wertbeeinflussenden Merkmale mit dem zu wertenden Objekt möglichst direkt übereinstimmen. Dies schreibt § 13 WertV ausdrücklich vor. Insoweit liefe dies auf einen zusätzlichen und völlig überflüssigen Rechenschritt hinaus, wollte man im Einzelfall den Bodenwert des „nackten" Grundstücks in einem Gutachten auswerfen, wenn Vergleichspreise z. B. von unbebauten und ortsüblich bepflanzten Grundstücken zur Verfügung stehen und sie direkt zur Wertermittlung eines in gleicher Weise bepflanzten Grundstücks herangezogen werden können. Soweit es Unterschiede in der Bepflanzung zu berücksichtigen gilt, können von einer differenziellen Berücksichtigung solcher Unterschiede bessere Ergebnisse erwartet werden. Das „bloße Runter- und Hochrechnen" auf und vom „nackten" Bodenwert fiele zumindest in solchen Fällen der Wertermittlung in den Bereich des degenerierten Hedonismus, der in den Vorgaben des § 13 WertV keine Stütze findet. **58**

---

30 BFH, Urt. vom 29. 4. 1987 – X R 2/80 –, BFHE 150, 453 = BStBl. II 1987, 769 Viskorf/Glier/Knobel, BewG, 4. Aufl. 1998 § 9 Rn. 6 ff.
31 Steuerrechtlich wird unter dem Grund und Boden die „nackte" Grundstücksfläche ohne jegliche Auf- und Einbauten verstanden; BFH, Urt. vom 14. 3. 1961 – I 17/60 S –, EzGuG 4.15 b; BFH, Urt. vom 15. 10. 1965 – VI 181/65 U –, EzGuG 20.41
32 Gerardy/Möckel, Praxis der Grundstücksbewertung 4.4.4/2
33 BGH, Urt. vom 2. 7. 1992 – III ZR 162/90 –, EzGuG 2.54

59   Sprachlich kann davon ausgegangen werden, dass der **Bodenwert bei bebauten Grund-stücken** nicht den Gebäudewertanteil und auch nicht den Wert zumindest größerer bau-licher Anlagen umfasst; dies folgt aus § 15 Abs. 2 und § 21 Abs. 2. Ansonsten hat es der Verordnungsgeber bewusst vermieden, den Bodenwert zu definieren und hat damit einer praxisbezogenen Handhabung den Vorzug gegeben.

60   Ob zwischen dem **„Bodenwert"** und dem **„Wert des unbebauten** (und unbepflanzten und sonst wie ungenutzten) **Grundstücks"** Identität besteht, hängt somit nach dem Vorher-gesagten von der Definition des „Bodenwerts" und der des „unbebauten Grundstücks" ab. Der Begriff des „unbebauten Grundstücks" ist insbesondere in der steuerlichen Bewertung von Bedeutung und wird dort vom

– baureifen Grundstück i. S. d. § 73 BewG,

– bebauten Grundstück[34] i. S. d. § 74 BewG und vom

– Grundstück im Zustand der Bebauung i. S. d. § 91 BewG

abgegrenzt. **§ 72 BewG definiert als unbebaute Grundstücke solche, auf denen sich keine benutzbaren Gebäude befinden.** Als unbebautes Grundstück gelten nach Abs. 2 dieser Vorschrift des Weiteren auch solche Grundstücke, auf denen sich Gebäude befinden, deren Zweckbestimmung und Wert gegenüber der Zweckbestimmung und dem Wert des Grund und Bodens von untergeordneter Bedeutung sind. Als unbebautes Grundstück gilt ansonsten nach Abs. 3 dieser Vorschrift auch ein Grundstück, auf dem infolge der Zer-störung oder des Verfalls der Gebäude auf die Dauer benutzbarer Raum nicht mehr vorhan-den ist[35]. Bemerkenswert an dieser sich am Steuerrecht ausrichtenden Definition ist die alleinige Bezugnahme auf Gebäude. Insoweit ist die steuerliche Definition nicht verallge-meinerungsfähig.

61   Von einer **Unbenutzbarkeit** eines Gebäudes kann im Übrigen erst gesprochen werden, wenn eine baupolizeiliche Auflage zur sofortigen Räumung sämtlicher Räume wegen Baufälligkeit oder Verwahrlosigkeit vorliegt oder zu erwarten ist (vgl. unten Rn. 62)[36].

62   **Ziff. 159 Abs. 4 der ErbStR definiert die Unbenutzbarkeit** im Übrigen wie folgt:

„(4) [1]Ein Gebäude ist nicht mehr benutzbar, wenn infolge des Verfalls des Gebäudes oder der Zerstörung keine auf Dauer benutzbaren Räume vorhanden sind (§ 145 Abs. 2 Satz 2 BewG). [2]Ein Gebäude ist dem Verfall preisgegeben, wenn der Verfall so weit fortgeschritten ist, dass das Gebäude nach objektiven Verhältnissen auf Dauer nicht mehr benutzt werden kann. [3]Die Verfallsmerkmale müssen an der Bausubstanz erkennbar sein und das gesamte Gebäude betreffen. [4]Von einem Verfall ist auszugehen, wenn erhebliche Schäden an konstruktiven Teilen des Gebäudes einge-treten sind und ein Zustand gegeben ist, der aus bauordnungsrechtlicher Sicht die sofortige Räumung nach sich zie-hen würde. [5]Das ist stets der Fall, wenn eine Anordnung der baupolizeilichen Aufsichtsbehörde zur sofortigen Räu-mung des Grundstücks vorliegt; dabei ist gesondert zu prüfen, ob der Zustand von Dauer ist. [6]Hingegen wirken sich behebbare Baumängel und Bauschäden sowie aufgestauter Reparaturbedarf infolge von unterlassenen Instandset-zungs- und Reparaturarbeiten regelmäßig nur vorübergehend auf Art und Umfang der Gebäudenutzung aus und betreffen nicht unmittelbar die Konstruktion des Gebäudes. [7]Sie führen deshalb nicht dazu, ein Gebäude als dem Ver-fall preisgegeben anzusehen. [8]Befinden sich auf dem Grundstück Gebäude, die auf Grund von Umbauarbeiten vorü-bergehend nicht benutzbar sind, gilt das Grundstück als bebautes Grundstück. [9]Nicht zu erfassen sind jedoch Gebäude, die infolge Entkernung keine bestimmungsgemäß benutzbaren Räume mehr enthalten, auch wenn dies nur vorübergehend der Fall ist. [10]Ein Gebäude ist zerstört, wenn keine auf Dauer benutzbaren Räume vorhanden sind."

63   Der **Bodenwert bestimmt sich** nach der Definition des Verkehrswerts (§ 194 BauGB) **nicht danach, was der Boden „kosten darf", sondern in erster Linie danach, welchen Wert der gewöhnliche Geschäftsverkehr dem Boden beimisst.** Dennoch entwickeln sich Bodenwerte nicht völlig losgelöst von der künftigen Ertragsfähigkeit, denn diese bestimmt das Marktverhalten der Käufer.

64   Die ertragswirtschaftliche Betrachtung hat schon im vorigen Jahrhundert die „Theorie der Bodenwertbildung" beherrscht. Im Vordergrund stand dabei der landwirtschaftliche Grundstücksmarkt. Die **Lehre von der Grundrente** (Grundrententheorie) ging dabei von der auf ewig bestehenden Nutzungsfähigkeit des Grund und Bodens aus und leitete den Bodenwert aus der **Grundrentenformel**

$$\text{Bodenwert} = \frac{\text{Grundrente}}{\text{Zinssatz}}$$

ab, d. h. der Bodenwert wurde als der Barwert einer auf ewig fließenden Grundrente (Reinertrag) ermittelt[37].

Wenn auch die **Ertragsfähigkeit des Grund und Bodens** ein wichtiger Parameter der **65** Bodenwertbildung ist, so kann gleichwohl eine gwisse **Entkoppelung** beobachtet werden, die – je nach Grundstücksteilmarkt – unterschiedlich ausfällt:

a) Der **Verkehrswert land- und forstwirtschaftlich genutzter Flächen** hat sich (insbesondere im Ausstrahlungsbereich der Ballungszentren aber auch sonst) zwar nicht vollständig, jedoch weitgehend von der landwirtschaftlichen Ertragsfähigkeit „abgekoppelt"[38]. Dem wird insbesondere mit den Regelungen über den Zugewinnausgleich bei Landwirten Rechnung getragen[39].

b) Der **Verkehrswert von Ein- und Zweifamilienhäusern** wird maßgeblich von dem im Gebäude verkörperten Sachwert und weniger vom Ertragswert bestimmt, was letztlich auch für die Wahl des Wertermittlungsverfahrens ausschlaggebend ist (vgl. § 7 WertV Rn. 72 ff.).

c) Selbst der **Verkehrswert von Mietwohnhäusern,** deren Herstellung zu Kostenmieten von 20 €/m² WF und mehr führt, die aber tatsächlich weitaus geringere Renditen abwerfen, entfernt sich nicht selten vom wirtschaftlichen Nutzen.

Die „Entkoppelung" (wenn auch nicht Abkoppelung) der Verkehrswerte von der („reinen" finanzmathematischen) Ertragsfähigkeit wird in der Wertermittlungspraxis in erster Linie mit Hilfe des Liegenschaftssatzes überbrückt, der regelmäßig weitaus niedriger ausfällt als der bankenübliche Zinssatz (vgl. § 11 WertV Rn. 10 ff., 30 ff.).

Wenngleich heute Bodenwerte vornehmlich im Wege des Vergleichswertverfahrens (vgl. § 7 **66** WertV Rn. 45 ff.) abgeleitet werden, so stehen daneben **deduktive Methoden,** z. B. die Ermittlung von Bodenwerten durch Vervielfachung des Rein- oder Rohertrags (vgl. § 13 WertV Rn. 322 ff.).

---

34 BVerwG, Urt. vom 24. 10. 1996 – 4 C 1/96 –, EzGuG 3.121

35 Zur Abgrenzung von bebauten Grundstücken vgl. den gleich lautenden Ländererlass vom 7. 3. 1995 (z. B. Erl. des thür. FM vom 3. 3. 1995 – S 3219 c A–Z–201.5)

36 BFH, Urt. vom 20. 6. 1975 – III R 87/74 –, BStBl. II 1975, 803; BFH, Urt. vom 24. 10. 1990 – II R 9/88 –, BFHE 162, 369 = BStBl. II 1991, 60; BFH, Urt. vom 23. 4. 1992 – II R 19/89 –, BFH/NV 1993, 84 – unter Bezugnahme auf § 16 Abs. 3 II WoBauG

37 Hanke, H.: Der Produktionsfaktor Boden; Akademie für Raumforschung und Landesplanung, Hannover 1976, S. 60 ff.; Niehans, J.: Eine vernachlässigte Beziehung zwischen Bodenpreis, Wirtschaftswachstum und Kapitalzins, in: Schweizerische Zeitschrift für Volkswirtschaft und Statistik 1966, S. 195 ff.; dazu Sieber, H., ebenda, 1967, Nr. 1; Beutler, H.: Das Problem der Grundrente und seine Lösungsversuche, Diss. Stuttgart 1962; s. auch Brede, H., Dietrich, B., Kohaupt, B., Politische Ökonomie des Bodens und Wohnungsfrage, Frankfurt/M. 1976 und Leimbrock, H., Zur Ursachenerklärung von Preissteigerungen beim städtischen Boden, Frankfurt/M. 1980; Haman, U., Bodenwert und Stadtplanung, Stuttgart 1969, S. 12

38 BVerfG, Beschl. vom 16. 10. 1984 – 1 BvL 17/80 –, EzGuG 20.107b; BGH, Urt. vom 30. 9. 1976 – III ZR 149/75 –, EzGuG 20.64; BGH, Urt. vom 6. 12. 1973 – III ZR 143/71 –, EzGuG 8.40; BGH, Urt. vom 17. 12. 1964 – III ZR 96/63 –, EzGuG 11.47; BGH, Urt. vom 8. 11. 1962 – III ZR 86/81 –, EzGuG 8.5; BGH, Urt. vom 9. 11. 1959 – III ZR 149/58 –, EzGuG 14.12; OLG München, Beschl. vom 23. 11. 1967 – XXV 2/66 –, EzGuG 8.23; OLG Köln, Urt. vom 28. 8. 1962 – 9 U 28/58 –, EzGuG 20.31; OLG Hamm, Urt. vom 14. 3. 1961 – 10 U 3/60 –, EzGuG 14.13 c; OLG Hamm, Urt. vom 28. 11. 1983 – 22 U 23/83 –, EzGuG 14.75

39 BGBl. I 1994, 2324

4.2   Bodenwert von Grundstücken mit Freilegungssubstanz

4.2.1   Allgemeines

67   Grundstücke mit baufälligen nicht mehr benutzbaren Gebäuden oder sonstiger dem Verfall preisgegebener Bausubstanz gelten in der **steuerlichen Bewertung** als unbebaute Grundstücke (§ 72 Abs. 3 BewG)[40]. Wertermittlungstechnisch kann es dahinstehen, wie derartige Grundstücke zu bezeichnen sind, in jedem Fall mindern die Baureste den Bodenwert. Wird zur Ermittlung des Bodenwerts von Vergleichspreisen unbebauter Grundstücke oder von Bodenrichtwerten ausgegangen, so sind deshalb die Freilegungskosten zum Abzug zu bringen (vgl. Abschn. 12 Abs. 2 BewR Gr).

68   Anders als bei der steuerlichen Bewertung ist von diesem Grundsatz nicht erst auszugehen, wenn die baupolizeiliche Aufsichtsbehörde die sofortige Räumung angeordnet hat. Die Freilegung des Grundstücks (Liquidation) kann schon geboten sein, wenn die **Bebauung eine wirtschaftliche Belastung** darstellt. Einen solchen Fall hebt § 20 WertV besonders hervor. Danach ist „als Ertragswert" der um die Freilegungskosten verminderte Bodenwert zu ermitteln, wenn bei der Verminderung des Reinertrags um den Bodenwertverzinsungsbetrag (§ 16 Abs. 2 WertV) kein (positiver) Anteil für die Ermittlung des Ertragswerts verbleibt. In Formeln

$$p \times BW \leq RE$$

wobei   p   = Liegenschaftszinssatz

RE   = Reinertrag

BW = Bodenwert

69   Übersteigt der Bodenwertverzinsungsbetrag den Reinertrag, so ist dies ein **Indiz dafür, dass die Bebauung in einem Missverhältnis zum Bodenwert steht.** Soweit rechtliche oder sonstige Gründe einer Freilegung entgegenstehen, ist nach § 20 Abs. 2 WertV zu verfahren (vgl. Erläuterungen zu § 20 WertV).

70   **Die Regelung des § 20 WertV,** die von der Systematik der WertV dem Ertragswertverfahren zugeordnet ist, stellt im Kern eine Regelung zur Bodenwertermittlung im Wege des Vergleichswertverfahrens dar. Sie **findet im Übrigen auch auf Objekte Anwendung, deren Verkehrswert im Wege des Sachwertverfahrens zu ermitteln ist.** Von daher ist die Stellung des § 20 Abs. 1 WertV verunglückt. Sie ist lediglich im Hinblick auf den in § 20 Abs. 2 WertV geregelten Fall zu rechtfertigen.

71   Der Bodenwert, vermindert um die Freilegungskosten, kann auch für ein **mit einem Baudenkmal bebautes Grundstück** von Bedeutung sein, auch wenn die Freilegung des Grundstücks unzulässig ist. Ist nämlich der Erhalt eines Baudenkmals wirtschaftlich unzumutbar, z. B. wenn das Baudenkmal einen dem Verfall preisgegebenen Zustand aufweist, so stellt der um die Freilegungskosten verminderte Bodenwert den Wert dar, der im Falle der Geltendmachung eines dann gegebenen **Übernahmeanspruchs** zu entschädigen wäre (vgl. § 19 WertV Rn. 61, 85).

72   Im Falle eines dem Grundeigentümer drohenden **Rückbaugebots** nach § 179 BauGB **(Abbruchgebot)** für eine abbruchreife Bausubstanz ist dem Eigentümer nach § 178 Abs. 3 BauGB eine Entschädigung zu gewähren. Bezüglich der Freilegung des Grundstücks ist allerdings nicht mit einer Entschädigung zu rechnen, die werterhöhend zu berücksichtigen wäre. Mit der Freilegung des Grundstücks gehen nämlich insoweit keine Vermögensnachteile einher, weil die dafür aufgebrachten Kosten zu einem entsprechend höheren Grundstückswert führen, denn ein Grundstück mit abbruchreifer Bausubstanz hat nach dem Vorhergesagten einen insoweit geminderten Verkehrswert. Allenfalls für sonstige Vermögensnachteile kann ein Entschädigungsanspruch entstehen.

4.2.2 Freilegungskosten

Bei der Ermittlung des Bodenwerts wird üblicherweise von Vergleichspreisen unbebauter **73**
Grundstücke oder von entsprechenden Bodenrichtwerten ausgegangen (§§ 13 f.). Hierbei
muss berücksichtigt werden, dass Objekte mit abbruchreifer Bausubstanz insoweit geringerwertig sind, als die **Bausubstanz noch beseitigt werden muss.** Deshalb schreibt § 20
Abs. 1 Satz 2 zur Klarstellung vor, dass der Vergleichswert eines unbebauten (freiliegenden) Grundstücks um die gewöhnlichen Kosten zu mindern ist, die aufzuwenden wären,
damit das Grundstück vergleichbaren unbebauten Grundstücken entspricht.

Es handelt sich hierbei um die **Freilegungskosten** bzw. um die Kosten der Freimachung **74**
(vgl. Nr. 1.3 DIN 276). Hierzu gehören insbesondere die Abbruchkosten. Entsprechend der
Regelung des § 6 dürfen nur die **gewöhnlichen Kosten der Freilegung** angesetzt werden.
Auf Grund persönlicher oder ungewöhnlicher Verhältnisse außergewöhnlich hohe oder
niedrige Freilegungskosten müssen mithin außer Betracht bleiben. Darüber hinaus sollen
diese Kosten nur in der Höhe angesetzt werden, wie diese im gewöhnlichen Geschäftsverkehr berücksichtigt werden. Auch die üblicherweise gewährten Förderungen – direkt oder
indirekt – sind zu berücksichtigen, wenn im gewöhnlichen Geschäftsverkehr damit gerechnet werden kann. Hierzu gehören auch Maßnahmen nach § 249 h des Arbeitsförderungsgesetzes (AFG). Aus dem umfangreichen Förderkatalog können die folgenden relevanten
Schwerpunkte hervorgehoben werden:

– Sicherung und Sanierung von Gebäuden, Hallen und sonstigen Bauwerken,

– Aufräumarbeiten (Beräumung und Flächenregulierung),

– Demontage von Anlagen oder Anlagenteilen einschließlich Verschrottung,

– Abriss nicht mehr benötigter oder nicht sanierungsfähiger Bauwerke, Fundamente und
 Nebeneinrichtungen (inkl. Entsorgung von Bauschutt, Einbringen und Planieren von
 neuem Erdreich).

Abb. 2: Erfassung von Abfallmengen

Formblatt zur Ermittlung von Abfallmengen

Baustelle/Abfallerzeuger[1]: Dokumentation zur: Vorkalkulation[2]

 projektspezifischen Abfallbilanz[2]

Baumaßnahme(n)[1]: Abfallbilanz gemäß KrW-/AbfG

 [1] je nach Art der Dokumentation / [2] Zutreffendes ankreuzen

Abfallbezeichnung		Entsorgung (Verwertung bzw. Beseitigung)							
Abfall-schlüssel	Bezeichnung	Menge in t	Menge in m³	Beseitigung	Verwertung	Begründung der Beseitigung	Angaben zur Entsorgungsanlage	Kosten	Kosten pro Einheit
17 02 19									
17 07 01	Gemischte Bau- und Abbruchabfälle	17		Ja			Bauabfallsortierung Mustermann	3230,–	190,–

Beseitigung z. B.: **BBD** = Boden- und Bauschuttdeponie · **HMD** = Hausmülldeponie · **SAV** = Sonderabfallverbrennungsanlage · **SAD** = Sonderabfall-
 deponie · **CPB** = chemisch/physikalische Behandlung

---

40 BFH, Urt. vom 20. 6. 1975 – III R 87/84 –, BStBl. II 1975, 803

Abb. 3: Deponiegebühren

Deponiegebühren

entnommen: Pohnert, F., Kreditwirtschaftliche Wertermittlungen, 5. Aufl. 1996, S. 233 und 307

I   Normalmüll in DM/t (1996)

	DM/t	DM m³
Bauschutt, unbelastet, rein verwertbar		
Kantenlänge bis 200 cm	30,–	52,– zzgl. MwSt.
desgleichen über 200 cm	40,–	69,– zzgl. MwSt.
Trommelschutt	80,–	138,– zzgl. MwSt.
Bauschutt, unbelastet, nicht verwertbar	190,–	285,– incl. MwSt.
Bauschutt, belastet, Nachweispflicht	320,–	480,– incl. MwSt.
Bauschutt, belastet, Asbest	380,–	570,– incl. MwSt.
Künstliche Mineralfasern zur Deponie	760,–	95,– incl. MwSt.
Baustellenabfälle	290,–	145,– incl. MwSt.
Baustellenabfälle 100% Aufschlag	580,–	290,– incl. MwSt.
Erdaushub, belastet, Nachweispflicht	320,–	480,– incl. MwSt.
Pflanzenabfälle, nicht verwertbar	385,–	96,– incl. MwSt.

Quelle: Deponie 65439 Flörsheim-Wicker, An der B 40. Tel.: 0 61 45/5 91 11

II Sondermüll in DM/t (Ende 1995)

1. Übernahme von Sonderabfall mit Entsorgungsnachweis:

diverses Schüttgut, spezifisches Gewicht	
größer als 0,5 t/m³	675,– DM/t zzgl. MwSt.
kleiner als 0,5 t/m³	340,– DM/t zzgl. MwSt.
diverse Gebinde, big-bags, Fässer	820,– DM/t zzgl. MwSt.
Kernsande	200,– DM/t zzgl. MwSt.
Asbeststäube, Spritzasbest	700,– DM/t zzgl. MwSt.
Zuschläge: Einbau in Kalkbett	60,– DM/t zzgl. MwSt.
Auflagen und gesonderte Behandlung,	
kontaminierte Böden	auf Anfrage

2. Übernahme von Abfall mittels vereinfachtem Entsorgungsnachweises:

Gießerei-Altsand/Formsande	100,– DM/t zzgl. MwSt.
Asbestabfälle, spez. Gew, größer als 0,5 t/m³	550,– DM/t zzgl. MwSt.
kleiner als 0,5 t/m³	275,– DM/m³ zzgl. MwSt.
übergroße Teile	700,– DM/t zzgl. MwSt.

3. Nebenleistungen:

Wiegung, Begleitscheinbearbeitung	50,– DM/Stück zzgl. MwSt.
Entsorgungsnachweise	ab 100,– DM/Stück zzgl. MwSt.

Quelle z. B. GBS Gerolstein in Rheinland-Pfalz, Tel.: 0 62 33/7 70 60

Abb. 4: Rückbau- und Entsorgungskosten in Berlin/Brandenburg 1993

Bauweise/ Nutzung	Kosten für Rückbau (je m³)	Kosten für Entsorgung (je m³)	Summe
Massivbau/Studio	ca. 18,00 DM	ca. 5,50 DM	23,50 DM
Baracke	ca. 14,00 DM	ca. 7,50 DM	21,50 DM
Stahlskelett/Werkhalle	ca. 20,00 DM	ca. 5,50 DM	25,50 DM
Stahlskelett/Büro	ca. 21,00 DM	ca. 3,10 DM	24,10 DM
Fachwerk	ca. 27,00 DM	ca. 14,00 DM	41,00 DM

Die Zahlen sind, mit Ausnahme des Büro- sowie des Fachwerkbaus, jeweils Mittelwerte mehrerer gleichartiger Gebäude.
Quelle: Berlin-Brandenburgische-Bauwirtschaft = GuG 1996, 228

Schließlich ist zu beachten, dass zu den Freilegungskosten in entsprechender Anwendung 75 des § 22 Abs. 2 auch die zugehörigen **Nebenkosten** gehören[41].

Soweit zu erwarten ist, dass die Freilegung unternehmerseitig betrieben wird, muss eine 76 Minderung der Freilegungskosten um die **Umsatzsteuer** (als durchlaufender Posten) in Betracht gezogen werden. Auch wenn die Freilegungskosten steuerrechtlich den Herstellungskosten zuzuordnen sind, steht diese Umsatzsteuer nämlich im engen Zusammenhang mit dem Grund und Boden und ist insoweit bei der Verkehrswertermittlung nach den Preisbildungsmechanismen bei den abzuziehenden Freilegungskosten kostenmindernd zu berücksichtigen (vgl. § 33 a Abs. 5 Nr. 3 EStR).

Im Jahre 1997 beliefen sich die Freilegungskosten auf etwa 15 bis 20 €/m³ umbautem 77 Raum (Raummeter) einschließlich Abfuhr der anfallenden Schuttmassen und aller Gebühren für die Entsorgung/Versorgung. Der Betrag kann sich deutlich erhöhen, soweit es sich um Sondermüll handelt, der bei der Entsorgung besonders behandelt werden muss, oder besondere Transport- und Sicherungskosten anfallen. Bei einem Verbleib von **vor Ort recyclefähigen Abbruchmassen** und ihrer Aufbereitung zu Recyclingschotter auf der Baustelle können sich Einsparungen von 1,50 bis 2,00 €/m² ergeben. Dies kommt aber nur bei entsprechend hohem Abbruchvolumen in Betracht und setzt voraus, dass durch einen hohen Mauerwerksanteil ein Recyclingschotter in ausreichender Qualität herzustellen ist, der für die nachfolgenden Bauarbeiten in dieser Menge benötigt wird oder sonst verwertbar ist. Der angegebene Betrag der Freilegungskosten pro m² umbauten Raums ist auch deutlich abzusenken, wenn es sich um großvolumige Hallen mit „viel Luft" handelt.

Die vorstehende (Rn. 73) Vorgehensweise betrifft in erster Linie solche Fälle, in denen die 78 abgehende Bebauung der realisierbaren Nutzung tatsächlich im Wege steht. Bei größeren Objekten treten vielfach Fälle auf, in denen die Kosten des Abrisses einer Vielzahl von Objekten auch den Bodenwert „auffressen" würden, wenn dieser um die Freilegungskosten vermindert wird; es können sich dann auch negative Werte (**Unwerte; Nil-value**)[42] ergeben.

Dieser Fall tritt umso häufiger auf, je niedriger der Bodenwert des Grundstücks ist, und die 79 Sachlage muss sorgsam danach analysiert werden, wie ein **wirtschaftlich vernünftiger Eigentümer** damit umgehen würde.

Beispiel: 80

Es liegen die sich aus Abb. 5 ergebenden Verhältnisse vor:

Ein Grundstückseigentümer bzw. ein potenzieller Erwerber wird in dem vorstehenden Fall einerseits danach trachten, die Möglichkeiten der ertragreichsten baulichen Nutzung des Grundstücks „auszuschöpfen" und gleichzeitig die unrentierlichen Kosten zu minimieren. Er wird bezüglich der Freilegung nur die unabweisbaren Maßnahmen ergreifen. In dem Beispielsfall wird er, um den Bodenwert realisieren zu können, das Gebäude A abreißen müssen. Geht man also bei der Wertermittlung vom Bodenwert des unbebaut gedachten Grundstücks aus, so ist dieser mindestens um die Freilegungskosten des Gebäudes A zu vermindern.

– Bei den übrigen baulichen Anlagen, die nicht zwangsläufig abzureißen sind, muss kritisch die Notwendigkeit eines sofortigen oder baldigen Abrisses geprüft werden. Dabei ist auch in Erwägung zu ziehen, ob allein schon zur Kostenersparnis der **Abbruch** gedanklich **in die Zukunft verschoben** wird, wenn nicht die ästhetische Beeinträchtigung so stark ist, dass sie zu sofortigem Handeln zwingt. Auch muss eine „einfache" Zwischennutzung in Erwägung gezogen werden.

---

41 Zur steuerlichen Behandlung vgl. BFH, Urt. vom 6. 11. 1968 – I R 12/66 –, EzGuG 20.44.
42 Statements of Valuation and Appraisal Practice and Guidance Notes des RICS, London 1996, VA S. 3.6.

Abb. 5: Beispielsfall für den Bodenwert überschießende Freilegungskosten

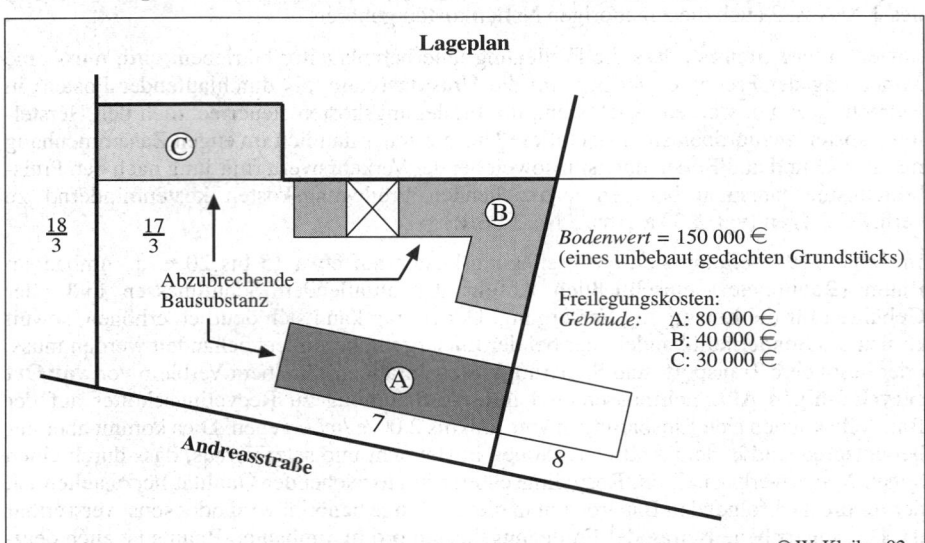

© W. Kleiber 02

– Vielfach kann die **Notwendigkeit** des Abbruchs **am Wertermittlungsstichtag noch nicht beurteilt werden** und es wird bewusst im Hinblick auf sich noch möglicherweise ergebende Weiterverwendungsmöglichkeiten davon Abstand genommen. Auch diese Überlegungen können sich für die vorhandenen Gebäude B und C in dem vorgestellten Beispielsfall ergeben.

– Es kommt schließlich hinzu, dass auch eine substantiell abbruchreife Bausubstanz insoweit auch eine **werterhöhende Komponente** haben kann, als diese Bausubstanz im Hinblick auf ihren Bestandsschutz (zu Recht oder zu Unrecht) dem Eigentümer eine bauliche Nutzung dort sichert, wo ein Neubau nicht genehmigungsfähig wäre.

81   Soweit nach den Usancen des Grundstücksmarktes eine **Freilegung erst zu einem (sehr viel) späteren Zeitpunkt üblicherweise verwirklicht** wird, ist es begründet, die Freilegungskosten nur zu einem Bruchteil anzusetzen. Dies entspricht auch der finanzmathematischen Betrachtungsweise, bei der die Freilegungskosten nur in Höhe der über den Zeitraum des Fortbestands der abgängigen Bausubstanz diskontierten Freilegungskosten unter Berücksichtigung eines Abschlags für eventuelle ästhetische Beeinträchtigungen berücksichtigt wird.

Beispiel:

Bodenwert (des unbebaut gedachten Grundstücks)	=	150 000 €
Freilegungskosten		
a) des Gebäudes A, das sofort freizulegen ist	= –	80 000 €
b) der Gebäude B und C in ca. 10 Jahren:		
70 000 € × 1,05⁻¹⁰	= –	42 974 €
= Differenz	=	27 026 €
– Abschlag (ästhetische Minderung)	=	2 026 €
= Verkehrswert	=	**25 000 €**

82   Eine bauliche Weiterverwendung soll für die Gebäude B und C nicht in Betracht kommen. Kommt hingegen in dem betrachteten Zeitraum noch eine **rentierliche Zwischennutzung**, sei es für Lagerzwecke und dgl., in Betracht, so ist das Ergebnis um die kapitalisierten Erträge aufzustocken:

Beispiel:

Die Gebäude B und C können noch für einfache Lagerzwecke mit einem jährlichen Reinertrag von 4 000 € zwischengenutzt werden:

4 000 € × 7,72*   = 30 880 € (= kapitalisierte Zwischennutzung)
Verkehrswert: 25 000 € + 30 880 €   = **56 000 €**
* Vervielfältiger bei p = 5 % und RND = 10 Jahre

Das Beispiel soll deutlich machen, dass ein **schematischer Abzug der Freilegungskosten** das Ergebnis und die wirtschaftliche Realität erheblich **verfälschen kann.**

4.3   Bodenwert bebauter Grundstücke

4.3.1 Allgemeines

Das Vergleichswertverfahren ist das **Regelverfahren für die Ermittlung des Verkehrs-** **83**
werts unbebauter Grundstücke. Hierüber gehen die Auffassungen nicht auseinander.
Wie aber ist der Bodenwert eines bebauten Grundstücks zu ermitteln? Boden und Gebäude
bilden – von den jungen Bundesländern abgesehen – rechtlich und wirtschaftlich eine Einheit und auch tatsächlich eine Schicksalsgemeinschaft, so dass letztlich nur eine gesamtheitliche Betrachtung für die Verkehrswertermittlung ausschlaggebend sein kann. Die
Frage stellt sich dennoch, da die dafür einschlägigen Verfahren der WertV von einer gesonderten Ermittlung des Bodenwerts einerseits und des Verkehrswertanteils der baulichen
Anlage andererseits ausgehen:

– Lediglich bei Anwendung des *Vergleichswertverfahrens* kann der Verkehrswert eines
  bebauten Grundstücks – ohne Aufspaltung in einen Wertanteil für Boden und bauliche
  Anlage – durch Heranziehung von Vergleichspreisen vergleichbar bebauter Grundstücke
  ermittelt werden. Bei Anwendung von Vergleichsfaktoren bebauter Grundstücke, die
  sich nur auf das Gebäude beziehen (vgl. § 12 Abs. 3), besteht aber auch hier die Notwendigkeit, den Bodenwert gesondert zu berücksichtigen (vgl. § 13 Abs. 3 Satz 3).

– Bei Anwendung des *Ertragswertverfahrens* ist der Wert der baulichen Anlagen getrennt
  von dem Bodenwert zu ermitteln (vgl. § 15).

– Bei Anwendung des *vereinfachten Ertragswertverfahrens* kann unter bestimmten Voraussetzungen auf die Bodenwertermittlung verzichtet werden (vgl. Vorbem. zu den
  §§ 15–20 WertV Rn. 150 ff.).

– Bei Anwendung des *Sachwertverfahrens* ist der Wert der baulichen *und* sonstigen Anlagen getrennt vom Bodenwert zu ermitteln (vgl. § 21 Abs. 1, 2 und 5).

Die WertV schreibt für die Ermittlung des Bodenwerts bebauter Grundstücke das Ver- **84**
gleichswertverfahren als Regelverfahren vor (vgl. § 15 Abs. 2 und § 21 Abs. 2). Als Vergleichsgrundstücke für die Ermittlung des Bodenwerts eines bebauten Grundstücks kommen nur *Vergleichspreise unbebauter Grundstücke* in Betracht, denn der Grund und Boden
eines bebauten Grundstücks ist allenfalls in Ausnahmefällen selbstständiger Gegenstand
des Grundstücksverkehrs. **Als Regelverfahren für die Ermittlung des Bodenwerts**
bebauter Grundstücke hat der Verordnungsgeber deshalb von dem Preisvergleich
mit unbebauten Grundstücken ausgehen müssen. Die aus der Situationsgebundenheit
des Grundstücks und den Beziehungen zu seiner Umgebung resultierenden tatsächlichen
Gegebenheiten der Nachbarschaft und mithin auch deren Bebauung sind dabei als lagebestimmendes Faktum zu berücksichtigen.

Die hier vertretene Auffassung steht – wie noch ausgeführt wird – im Einklang mit der vom **85**
Verordnungsgeber vorgegebenen Systematik der WertV. Sie findet ihre Bestätigung darin,
dass die nach § 14 Satz 3 zur Ermittlung von Bodenwerten heranzuziehenden **Bodenpreis-**
indexreihen nach § 9 Abs. 3 Satz 1 ausdrücklich **aus Kaufpreisen unbebauter Grund-**
stücke abzuleiten sind und die mit § 15 Abs. 2 und § 21 Abs. 2 vorgeschriebene Anwen-

dung der §§ 13 f. hierauf aufbaut. Darüber hinaus werden nach § 196 Abs. 1 Satz 2 BauGB die Bodenrichtwerte in bebauten Gebieten mit dem Wert ermittelt, der sich für das unbebaute Grundstück ergeben würde.

4.3.2   Zur Theorie der Dämpfung des Bodenwerts bebauter Grundstücke

4.3.2.1   Allgemeines

86   Nach der **Systematik der WertV** ist als Bodenwert bebauter Grundstücke der Bodenwert maßgebend, der sich für das unbebaute Grundstück ergeben würde. Demzufolge ist

a) im Rahmen des *Ertragswertverfahrens* der nach § 15 Abs. 2 WertV anzusetzende Bodenwert regelmäßig im Wege des Preisvergleichs aus Kaufpreisen unbebauter Grundstücke abzuleiten,

b) im Rahmen des *Sachwertverfahrens* der nach § 21 Abs. 2 WertV anzusetzende Bodenwert wiederum im Wege des Preisvergleichs aus Kaufpreisen unbebauter Grundstücke abzuleiten,

c) sowohl der Anfangs- als auch der Endwert des Grundstücks zur *Ermittlung des Ausgleichsbetrags* nach § 28 Abs. 3 Satz 1 WertV ebenfalls grundsätzlich durch Vergleich mit dem Wert vergleichbarer unbebauter Grundstücke zu ermitteln.

87   Werden an Stelle von Vergleichspreisen Bodenrichtwerte aus bebauten Gebieten herangezogen, so sind diese nach § 196 Abs. 1 Satz 2 BauGB mit dem Wert zu ermitteln, der sich ergeben würde, wenn das Grundstück unbebaut wäre. Die Systematik der WertV ist damit in sich schlüssig und mit dem BauGB abgestimmt.

88   Im gleichen Sinne schreibt auch § 19 Abs. 2 des Sachenrechtsbereinigungsgesetzes (SachenRBerG) für die **Ermittlung des Bodenwerts bebauter Grundstücke zum Zwecke der Zusammenführung von Boden- und Gebäudeeigentum in den jungen Bundesländern** – anknüpfend an die Regelung des § 196 Abs. 1 Satz 2 BauGB – vor, dass der Bodenwert mit dem Wert zu ermitteln ist, der sich ergeben würde, wenn das Grundstück unbebaut wäre.

89   Der Grundsatz, den Bodenwert bebauter Grundstücke mit dem Wert anzusetzen, der sich für das unbebaute Grundstück ergeben würde, herrscht schließlich auch im **steuerlichen Bewertungsrecht** (§ 84 BewG).

90   **§ 84 BewG** bestimmt, wie es der Systematik der WertV entspricht, zunächst, dass der Grund und Boden „mit dem Wert anzusetzen" ist, „der sich ergeben würde, wenn das Grundstück unbebaut wäre". Darüber hinaus **kennt** das Bewertungsrecht **eine irgendwie geartete Bodenwertdämpfung nicht.** Das steuerliche Bewertungsrecht begibt sich damit gar nicht erst auf das „Glatteis", sich dem Streit auszusetzen, ob und ggf. in welchem Maße eine Dämpfung des Bodenwerts in Betracht kommt[43]. Im Hinblick auf die rechtliche Bedeutung der steuerlichen Bewertung und ihrer Rechtsmittelanfälligkeit hat man hier erkannt, dass man in Begründungsdefizite geraten muss. Des Weiteren ist auch richtigerweise erkannt worden, dass die Frage sehr viel eleganter im Rahmen des Marktanpassungsabschlags zu lösen ist, der an den (Gesamt-)Sachwert anzubringen ist (§ 90 BewG). Für das Ergebnis spielt es nämlich keine Rolle, ob der Boden- oder Gebäudewert gedämpft wird. Wer also unbedingt sich bestätigt sehen will, dass der Bodenwert eines bebauten Grundstücks gedämpft sei, möge sich durch den Marktanpassungsabschlag am Gesamtwert bestätigt sehen.

91   Dem das Wertermittlungs- und Bewertungsrecht beherrschenden Grundsatz wird nun mitunter die *These* gegenübergesetzt, der Bodenwert bzw. der Bodenwertanteil eines bebauten Grundstücks sei gegenüber dem Bodenwert eines unbebauten Grundstücks gedämpft, d. h. der Bodenwert bebauter Grundstücke müsse geringer sein. Zur Begründung wird zumeist darauf verwiesen, dass mit der Bebauung eines Grundstücks die Dispositionsfähigkeit eingeschränkt werde und dies letztlich den Wert mindere. Fundamentalistische Vertreter dieser Theorie der Bodenwertdämpfung machen dabei auch keinen Unterschied, ob das Grundstück optimal bebaut wurde, die Bebaubarkeit nicht „ausgeschöpft" wurde oder über die bauplanungsrechtlich zulässige Bebauung hinausgegangen wurde. Vielmehr wird behauptet, dass selbst bei optimaler Bebauung allein schon **mit zunehmendem Alter der Bebauung eine wertmindernde Disparität zwischen der tatsächlichen Nutzung des Bodens und der im Neubaufall gegebenen Nutzbarkeit** bestehe.

Die These einer Dämpfung des Bodenwerts eines bebauten Grundstücks ist letztlich nicht beweisfähig, weil der Grund und Boden eines bebauten Grundstücks nicht eigenständiger Gegenstand des Grundstücksmarktes ist. Die bereits angesprochene Regelung des § 19 Abs. 2 Satz 2 SachenRBerG war von daher im Hinblick auf die Vermeidung von Rechtsstreitigkeiten erforderlich und sinnvoll. Sie ist darauf angelegt, einen gerechten Interessenausgleich zwischen dem Grundeigentümer und dem Nutzer des Gebäudes herbeizuführen. **92**

Die These, dass der Bodenwert eines bebauten Grundstücks dem Bodenwert eines unbebauten Grundstücks entspricht, ist ebenfalls nicht beweisfähig, weil eine eindeutige verursachungsgerechte Aufteilung von Vergleichspreisen bebauter Grundstücke, bzw. von im Wege des Ertrags- oder Sachwertverfahrens abgeleiteten Verkehrswerten bebauter Grundstücke in einen Boden- und Gebäudewertanteil nicht möglich ist. Dies wird als das **ungelöste Repartitionsproblem** bezeichnet. Entsprechende Versuche, das ungelöste Repartitionsproblem auf der Grundlage schon vom Ansatz her fragwürdiger Annahmen mit komplizierten mathematischen Modellen einer Lösung zuzuführen, müssen als gescheitert gelten, zumal die vorgestellten „Zahlenapparate" nicht überprüfbar dargestellt werden konnten. **93**

In der täglichen Wertermittlungspraxis ist eine **Lösung des Repartitionsproblems regelmäßig** auch **nicht erforderlich, denn die Wertermittlungspraxis zielt auf das Gesamtergebnis, nämlich auf den Verkehrswert des bebauten Grundstücks ab.** Selbst wenn man in Ausnahmefällen nicht umhin kommt, den Boden- bzw. Gebäudewertanteil ermitteln zu müssen, so besteht kein vernünftiger Grund, solche zumeist fragwürdigen Lösungswege in die tägliche Praxis der Verkehrswertermittlung bebauter Grundstücke zu übertragen: **94**

– In den besonderen Ausnahmefällen, in denen der Bodenwertanteil bebauter Grundstücke erforderlich ist, muss der Lösungsweg ohnehin auf einen bestimmten zumeist gesetzgeberischen Zweck ausgerichtet sein.

– Ansonsten müssen die damit verbundenen (überflüssigen) Zwischenrechnungen mit all ihren Fehlermöglichkeiten abgelehnt werden, wenn auf direktem Wege ohne derartige zusätzliche Fehlerquellen das Gesamtergebnis mit einer zwangsläufig höheren Sicherheit ermittelbar ist[44].

Die tägliche Wertermittlungspraxis ist gut beraten, den Verkehrswert des (Gesamt-) Grundstücks möglichst direkt auf der Grundlage eines Wertermittlungsmodells abzuleiten, das nicht durch **zusätzliche Fehlerquellen** belastet ist. **95**

---

43 Die steuerliche Betrachtungsweise kann als der Königsweg zur Behandlung des unlösbaren Repartitionsproblems angesehen werden. Warum also im Himmelreich eine Lösung suchen, die der Wertermittlung zu Füßen liegt.

44 Eine sachgerechte Anwendung der Methode der Bodenwertdämpfung setzt nämlich die strikte Einhaltung der Modellkonformität im Hinblick einheitlicher und allseits transparenter Dämpfungsregularien bis hin zur modellkonformen Ableitung und Anwendung von Liegenschaftszinssätzen, Bodenpreisindexreihen, Normalherstellungskosten und Marktanpassungsfaktoren voraus, wobei dies dann zu keinem anderen Ergebnis führen kann, als bei Ansatz „ungedämpfter" Bodenwerte. Wer aber kann im Interesse der Nachvollziehbarkeit und Durchsichtigkeit einer Wertermittlung dem freien Berufsstand dies schon aufbürden wollen?

96   Grundsätzlich ist von jedem Wertermittlungsverfahren zu fordern, dass man zum „richtigen" Verkehrswert gelangt. Die **Verkehrswertermittlung auf der Grundlage gedämpfter Bodenwerte muss von daher zu demselben Ergebnis wie die Verkehrswertermittlung auf der Grundlage „ungedämpfter" Bodenwerte führen.** Dies wiederum bedeutet, dass die Anwendung beider Methoden – „richtig" angewandt – lediglich zu einer Verschiebung des Boden- und Gebäudewertanteils führt (Abb. 6).

Abb. 6: Auswirkung einer Dämpfung des Bodenwerts auf die Wertanteile des Bodens und der baulichen Anlage am Verkehrswert eines bebauten Grundstücks

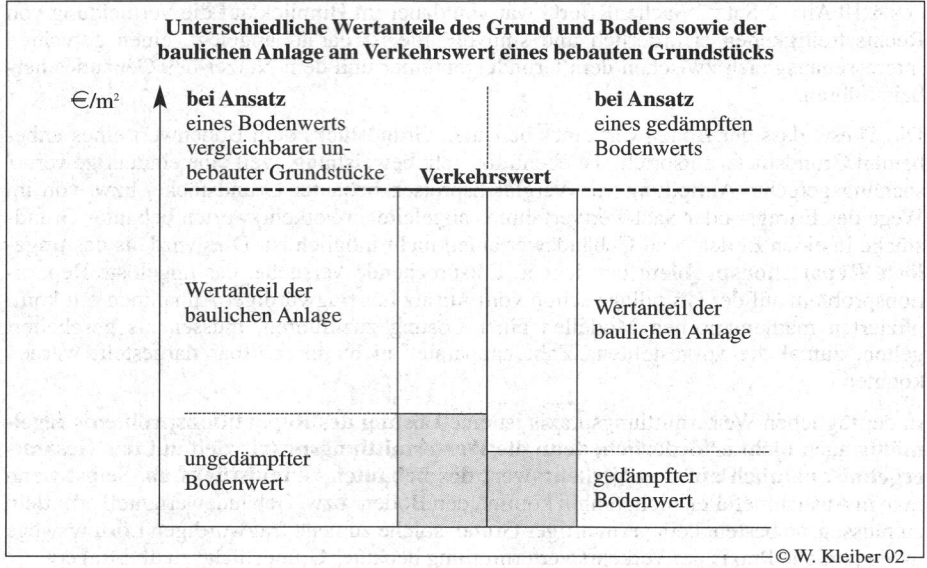

- © W. Kleiber 02 -

97   Während nun bei Anwendung des mit § 15 Abs. 1 bzw. § 21 Abs. 1 WertV vorgeschriebenen Verfahrens, den Bodenwert mit dem Wert vergleichbarer unbebauter Grundstücke anzusetzen, insoweit direkt zum Bodenwert führt, wird im Falle einer Dämpfung des Bodenwerts, ein **zusätzlicher Rechenschritt** – nämlich die Dämpfung – erforderlich. Für diese Dämpfung wiederum gibt es keine anerkannten Dämpfungsmethoden und sie werden vielfach von den Vertretern dieser Methode bewusst verschwiegen.

98   Die Dämpfung des Bodenwerts führt, wie aus der Abbildung ersichtlich, zu einer **Aufblähung des Gebäudewerts um den Betrag, um den der Bodenwert gedämpft wurde.** Dies wiederum führt zwangsläufig zu einer modifizierten Gebäudeertrags- bzw. -sachwertermittlung. Die herkömmlichen Wertermittlungsmethoden müssen also dementsprechend modifiziert werden, damit die Bodenwertdämpfung wieder „aufgefangen" wird. Dies wird nachfolgend noch näher erläutert. Als Zwischenergebnis kann aber schon jetzt festgestellt werden, dass die Bodenwertdämpfung eine Reihe zusätzlicher Rechenschritte mit zusätzlichen Fehlerquellen zur Folge hat, die für das Gesamtergebnis belanglos sind, d. h. ein **Nullsummenspiel** sind. Mit der Bodenwertdämpfung und der zwangsläufig damit verbundenen Modifikation der Gebäudeertragswert- bzw. -sachwertermittlung sind zusätzliche Fehlereinflüsse verbunden, so dass schon von daher die Bodenwertdämpfung abzulehnen ist (vgl. § 11 WertV Rn. 90 ff.).

Trotz der vorstehend erläuterten klaren und sachgerechten Regelungen der WertV und des **99** BauGB wird die Bodenwertdämpfung bebauter Grundstücke insbesondere in der behördlichen Wertermittlungspraxis einiger (weniger) Städte nicht aufgegeben. Bei näherer Betrachtung ist dies häufig darauf zurückzuführen, dass die **Dämpfung von Bodenwerten** (im eigentlichen Sinne) **nicht hinreichend von einer besonderen Fallgestaltung unterschieden wird, die** auch nach den Vorschriften der WertV **bei der Bodenwertermittlung beachtet werden muss:**

Unter der **Dämpfung von Bodenwerten** ist nach dem Vorhergesagten eine Verminderung **100** des Bodenwerts eines bebauten Grundstücks gegenüber dem Bodenwert eines unbebauten Grundstücks *allein* auf Grund der „bloßen" Tatsache der Bebauung zu verstehen, die – und hierauf kommt es entscheidend an – selbst dann angebracht wird, wenn die tatsächliche Bebauung der bauplanungsrechtlich zulässigen bzw. lagetypischen Nutzung entspricht.

Hiervon **zu unterscheiden ist der Fall, in dem die tatsächliche Bebauung eines Grund- 101 stücks von der bauplanungsrechtlich zulässigen bzw. lagetypischen Nutzung abweicht** (Rn. 122). Solche Besonderheiten müssen stets bei der Bodenwertermittlung berücksichtigt werden. Dies befiehlt ausdrücklich § 5 Abs. 1 Satz 2 WertV. Dabei kann sich eine Erhöhung aber auch eine Verminderung des Bodenwerts gegenüber vergleichbaren unbebauten Grundstücken ergeben. Schon insoweit kann dieser Fall nicht mit der vorstehend definierten Dämpfung gleichgesetzt werden.

Liegen **solche Besonderheiten** vor, **finden** sie **bereits mit dem** nach § 15 Abs. 1 bzw. § 21 **102** Abs. 1 WertV anzusetzenden **Bodenwert Eingang in die Ertrags- bzw. Sachwertermittlung.**

Bei alledem gilt es zwischen **103**

a) der Dämpfung von Bodenwerten im eigentlichen Sinne und

b) der Berücksichtigung einer Abweichung des tatsächlich auf dem Grundstück realisierten Maßes der baulichen Nutzung von der bauplanungsrechtlich zulässigen bzw. lagetypischen Nutzung

sorgsam zu unterscheiden. Der zweite Fall stellt ein aliud gegenüber der Dämpfung von Bodenwerten dar. Beide Fälle sollen nachstehend näher erläutert werden.

4.3.2.2 Dämpfung von Bodenwerten

Wie vorstehend ausgeführt ist im Schrifttum wiederholt darauf hingewiesen worden, dass **104** der Bodenwert eines bebauten Grundstücks mit dem eines unbebauten Grundstücks nicht vergleichbar sei, weil dem Eigentümer mit der Bebauung des Grundstücks die **Dispositionsfreiheit** genommen sei, sein Grundstück nach eigenen Wünschen bedarfsgerecht zu nutzen. Art und Intensität der Nutzung sind mit dem Zeitpunkt der Bebauung festgelegt und können später nicht ohne weiteres geändert werden.

Welche Folgerungen sich hieraus ergeben, stellt eine im Schrifttum kontrovers und mitun- **105** ter schon als „Glaubenskrieg" behandelte Streitfrage dar. Während auf der einen Seite die Auffassung vertreten wird, der Bodenwert eines bebauten Grundstücks entspreche dem „vollen" Bodenwert eines ansonsten vergleichbaren unbebauten Grundstücks, wird von verschiedenen Gutachtern die These vertreten, der Bodenwert eines bebauten Grundstücks sei gegenüber dem Bodenwert eines ansonsten vergleichbaren unbebauten Grundstücks im Wert gemindert. Ausgangspunkt dieser **„Theorie von den gedämpften Bodenwerten bebauter Grundstücke"** ist die mit der Bebauung eines Grundstücks einhergehende Beeinträchtigung der freien Disposition über eine (optimale) Nutzung des Grundstücks. Dabei wird unterstellt, dass der Grund und Boden im Zeitpunkt seiner Bebauung i. d. R.

einer optimalen Nutzung zugeführt wurde, sich jedoch die realisierte Bebauung mit zunehmendem Alter von der optimalen Nutzung des unbebaut gedachten Grundstücks entferne.

106   Es handelt sich hierbei um ein eigentümliches Problem deutscher Wertermittlungstheoretiker, das im angelsächsischen Raum auf Unverständnis stoßen muss. Zum einen hat man klarer erkannt, dass der einer **baulichen Anlage** zurechenbare Bodenwert ohnehin für das Ergebnis zumindest bei **längerer Restnutzungsdauer** weitgehend bedeutungslos ist (vgl. Rn. 140, § 11 WertV Rn. 67 ff. und Vorbem. zu den §§ 15 ff. WertV Rn. 150 ff.), wenn das Ertragswertverfahren zur Anwendung kommt. Man hat sich deshalb dort auch nicht in diese ohnehin nicht zu beantwortende Frage verbissen; insbesondere hat man dort auch nicht den Versuch unternommen, die gängigen Verfahren in unnütziger Weise zu verkomplizieren, weil die Frage in besonderen Ausnahmefällen eine Rolle spielen könnte, die dann aber pragmatisch und sachbezogen zu lösen sind (vgl. Rn. 160 ff. und 180; vgl. auch § 28 WertV Rn. 182 ff.). In den Fällen der Wertermittlung von Objekten mit kurzer Restnutzungsdauer eines aufstehenden Gebäudes, in denen der Bodenwert überhaupt erst Bedeutung erlangt, ist darüber hinaus die zur Rechtfertigung einer Dämpfung ins Feld geführte Begründung, nach der mit der Bebauung die freie Disposition verloren ginge und deshalb der Bodenwert zu mindern sei, in sich widersprüchlich, weil gerade in dieser Phase mit abnehmender Restnutzungsdauer die freie Disponierbarkeit immer näher rückt und gerade umgekehrt der volle Bodenwert wieder „aufblühen" müsste, so er tatsächlich gedämpft wurde.

107   Der Grundsatz der Bodenwertermittlung eines bebauten Grundstücks auf der Grundlage eines unbebaut gedachten Grundstücks gehört deshalb zu den fundamentalsten Grundsätzen der **angelsächsischen Wertermittlungslehre.** Das American Institute of Real Estate Appraisers vermerkt u. a. hierzu: „*The concept of highest and best use is fundamental to real property value. In one application of the concept, land is valued as though vacant and available for its highest and best use . . . The potential use, not the existing use, usually governs the price that will be paid*"[45].

108   Begründet wird diese Auffassung dort, wie im Übrigen auch hier schon in der Vorauflage, nicht allein im Hinblick auf **praktische**, sondern **auch** auf **wirtschaftliche Erwägungen**[46].

109   Bei alledem ist die Bodenwertdämpfung in der ausländischen Wertermittlungslehre „kein Thema". In Deutschland wiederum findet die Bodenwertdämpfung lediglich bei einigen wenigen Gutachterausschüssen für Grundstückswerte zumeist auf Grund einer weit zurückreichenden Tradition noch Fürsprecher. Der Methode kommt dort die Bedeutung eines innerbehördlichen Katasterdirektorenverfahrens zu, das von außenstehenden Sachverständigen schon deshalb nicht nachvollzogen werden kann, weil diese Katasterdirektoren ihre Dämpfungsmechanismen nicht offen legen. Dies ist aber unverzichtbar, wenn solche gedämpften Bodenwerte unter Beachtung des **Grundsatzes der Modellkonformität** auch sachgerecht zur Anwendung kommen sollen. „Gedämpfte" Bodenwerte werden deshalb in der freien Sachverständigentätigkeit zu Recht weitgehend ignoriert[47]. Wenn von freien Sachverständigen in Einzelfällen gedämpften Bodenwerten „zugesprochen" wird, so geschieht dies im voreilenden Gehorsam allenfalls dann, wenn sie von solchen Katasterdirektoren mit der Gutachtenerstattung beauftragt werden[48]. Daneben bilden sich diesbezüglich allerdings auch böse Allianzen zu solchen Sachverständigen, die mit der Bodenwertdämpfung ihr Ergebnis „hinzutrimmen" trachten, ohne dass sie z. B. bei Anwendung des Ertragswertverfahrens erkennen, dass sie dann auch einen die Bodenwertdämpfung neutralisierenden gedämpften Liegenschaftszinssatz heranziehen müssten; solche Gutachten sind damit (grob) fehlerhaft.

110   Über die genannten Fälle hinaus findet die Bodenwertdämpfung in der deutschen **Praxis der freien Sachverständigen,** die immerhin rd. 90 % aller Sachverständigentätigkeiten besorgen, kaum Anwendung[49].

Im Kern geht es bei dem aufgeworfenen Problem des „richtigen" Bodenwerts bebauter Grundstücke nicht um die Frage nach der tatsächlichen Höhe des Bodenwerts (i. S. der Definition des Verkehrswerts nach § 194 BauGB), denn der Grund und Boden ist für sich allein auf Grund der Schicksalsgemeinschaft von Boden und Bebauung im Allgemeinen nicht „verkehrsgängig" und ließe sich ohnehin nicht direkt aus dem Markt ableiten. Es muss vielmehr darum gehen, welcher Bodenwert aus Gründen der Praktikabilität und der mit der Wertermittlung verfolgten Zielsetzung anzusetzen ist. Dabei ist zunächst in Erinnerung zu rufen, dass es hier i. d. R. um die Ermittlung des *(Gesamt-)* Verkehrswerts eines bebauten Grundstücks nach dem durch die WertV vorgegebenen Wertermittlungsverfahren geht, wobei das Ertrags- und Sachwertverfahren noch immer die Regelverfahren sind. Die „Theorie von den gedämpften Bodenwerten bebauter Grundstücke" stellt hierzu einen Bruch her, denn die verfahrensmäßige Ausgestaltung des **Ertragswertverfahrens geht von der Wertbeständigkeit des Grund und Bodens aus**[50]. In Abwandlung der ricardianischen Grundrententheorie soll nämlich mit der durch § 15 vorgegebenen Aufteilung des Ertragswerts in einen Boden- und Gebäudewertanteil der Tatsache Rechnung getragen werden, dass der Grund und Boden wertbeständig ist, während der Wert der baulichen Anlagen infolge Alterung und Abnutzung gegen Null läuft und zu einer „Belastung" des Grund und Bodens (Freilegungskosten) wird[51].

Dass die verschiedentlich geübte Praxis der „Bodenwertdämpfung" hierzu im Widerspruch steht, zeigt auch der Umstand, dass die WertV kein Verfahren zur Dämpfung des Bodenwerts eines bebauten Grundstücks gegenüber dem vollen Bodenwert vorsieht. In der Praxis sind hierzu auf der Grundlage unterschiedlichster Theorien unterschiedlichste Rechenoperationen entwickelt worden, aus denen ein letztlich theoretischer Bodenwert eines bebauten Grundstücks konstruiert wird (vgl. § 196 BauGB Rn. 27; Teil III Rn. 443 ff.). Auch wenn derartige Vorgehensweisen unter Berufung auf Kaufpreisanalysen – jede für sich – mit dem Anspruch auf Richtigkeit entwickelt wurden, muss bedenklich stimmen, dass die unterschiedlichsten Verfahrensweisen zu unterschiedlich konstruierten Bodenwerten führen und von daher die **Gefahr der Manipulation** nicht auszuschließen ist.

112

---

45 The Appraisal of Real Estate. American Institute of Real Estate Appraisers, 9. Aufl. Chicago 1987, S. 41, 269 ff., 300, 347
46 Johnson in The Appraisal Journal, Januar 1981; North. The Concept of Highest and Best Use, Winnipeg, Appraisal Institute Canada 1981; Reading in Highest and Best Analysis. American Institute of Real Estate Appraisers, Chicago 1981
47 Im Rahmen der Überprüfung von 100 000 Gutachten freier Sachverständiger durch die TLG ist nur in verschwindend seltenen Fällen der Bodenwert „gedämpft" worden und dann zumeist nur in solchen Fällen, wo mit dem „Joker Bodenwertdämpfung" das Ergebnis „hingetrimmt" werden sollte.
48 Zur Beschreibung der Situation kann auf eine im Auftrag der Treuhandanstalt durchgeführte Verkehrswertermittlung eines Berliner Sachverständigen verwiesen werden, der dabei wie selbstverständlich von „ungedämpften" Bodenwerten ausging. Als derselbe Sachverständige in derselben Angelegenheit dann im Auftrag der Senatsverwaltung nochmals tätig wurde, hat er dieselbe Verkehrswertermittlung in vorauseilenden Gehorsam (und in Erwartung weiterer Aufträge) auf der Grundlage „gedämpfter" Bodenwerte durchgeführt. Im Rahmen des von ihm zur Anwendung gekommenen Ertragswertverfahrens gelangte er im Übrigen insoweit in beiden Fällen zu demselben Ergebnis, denn der Bodenwert schlägt bei Anwendung dieses Verfahrens i. d. R. ohnehin nicht auf das Gesamtergebnis durch.
49 Der freie Sachverständige kann es sich im täglichen Geschäft zumeist auch gar nicht leisten, sich mit irgendwelchen „Dämpfungstheorien" zu befassen, die im Rahmen des vorherrschend zur Anwendung kommenden Ertragswertverfahrens in aller Regel für das Gesamtergebnis belanglos sind. Insoweit wird der „Theorienstreit" vornehmlich von einigen Katasterdirektoren betrieben.
50 Seit jeher nimmt der Boden eine besondere Stellung ein (superficies solo cedit). Gebäude sind vergänglich und der Fährnis unterworfen („Fährnis ist, was die Fackel verzehrt").
51 Umfassend hierzu Kleiber in Ernst/Zinkahn/Bielenberg, BauGB, Komm. zu § 15 WertV Rn. 5 zu § 16 WertV Rn. 3, 12, zu § 20 WertV Rn. 4; da das Ertragswertverfahren von dem Modell ausgeht, dass mit der Bebauung eines Grundstücks das in dem Grund und Boden investierte Kapital für die Dauer der baulichen Nutzung „gebunden" ist und nicht anderweitig angelegt werden kann, ist der Ansatz des „vollen" Bodenwerts systemkonform.

113   Aus den vorstehenden Gründen wäre – wenn man schon den Bodenwert dämpfen wollte – der Praxis der Vorzug zu geben, die sich der Bodenwertdämpfung auf der Grundlage fester und für jedermann nachvollziehbarer (prozentualer) Abschläge bedient, selbst wenn diese Abschläge willkürlich gegriffen sind. Diese Praxis ist zumindest kontrollierbar, wenn die **Dämpfungsmechanismen offen gelegt werden.** Begrifflich kann aber auch in diesem Fall von einer Dämpfung des Bodenwerts gesprochen werden. Auch bedeutet dies für die Praxis die Einschaltung eines zusätzlichen und (bei „richtiger Verkehrswertermittlung") für das Ergebnis bedeutungslosen Rechenschritts, der sich zwangsläufig auf die Ermittlung des Gebäudewertanteils auswirken muss (vgl. Rn. 140 f.).

114   Von einer Reihe von Sachverständigen wird unbedacht der Bodenwert eines bebauten Grundstücks gegenüber dem vollen Bodenwert mit kürzer werdender Restnutzungsdauer der baulichen Anlage gegen „Null gedämpft", wobei nach Ablauf der Restnutzungsdauer – spätestens mit Abbruch der baulichen Anlage – der volle Bodenwert des unbebaut gedachten Grundstücks – quasi schlagartig – wieder aufleben soll[52].

115   Dieser Einschätzung ist der **BGH** nicht gefolgt[53]. In einer **Entscheidung** heißt es hierzu wörtlich (vgl. Rn. 156):

> „Ohne Erfolg wendet sich die Revision dagegen, dass das BG im Anschluss an den Sachverständigen bei einem mit Miethäusern bebauten Grundstück davon ausgeht, mit zunehmendem Alter der Gebäude (bis 70 Jahre) sinke auch der reine Bodenwert kontinuierlich; dann nehme diese Bodenwertminderung wieder allmählich ab und entfalle beim Abbruch des Gebäudes nach einer (angenommenen) Gesamtnutzungsdauer des Gebäudes von 100 Jahren ganz."

116   Die in diesem Verfahren vom Sachverständigen vorgetragene „Erfahrung" ist einerseits fragwürdig und andererseits im Hinblick auf die für die Verkehrswertermittlung von Mietshäusern angezeigte Anwendung des Ertragswertverfahrens weitgehend unbedeutend:

a)   Tatsächlich muss nämlich festgestellt werden, dass der **Verkehrswert bebauter Grundstücke sowohl an steigenden als auch fallenden Bodenwerten partizipiert**[54]. Die aufstehende Bebauung ist dagegen einer verbrauchsbedingten Wertminderung unterworfen, wobei die jährliche Wertminderung ohne durchgreifende Instandsetzungen und Modernisierungen umso größer ist, je kürzer die (wirtschaftliche) Gesamtnutzungsdauer des Gebäudes ist. Da die früher als üblich angesehene 100-jährige Gesamtnutzungsdauer eines Gebäudes ohne solche Maßnahmen schon seit langem nicht mehr gilt, herrschen bei vielen Grundeigentümern häufig falsche Vorstellungen über den Wertverfall ihres Gebäudes, auch was die übrigen wertbeeinflussenden Umstände anbelangt.

117   b)   Zum anderen muss im Falle einer Dämpfung des Bodenwerts unter dem **Grundsatz der Modellkonformität** konsequenterweise ein **gedämpfter Liegenschaftszinssatz** zur Anwendung kommen (vgl. Rn. 140; § 11 WertV Rn. 90), der im Ergebnis die Bodenwertdämpfung vollständig kompensiert (Nullsummenspiel). Selbst aber wenn man inkonsequenterweise auf den Ansatz gedämpfter Liegenschaftszinssätze verzichtet, ist die Dämpfung des Bodenwerts gerade bei Objekten mit langer Restnutzungsdauer für das Ergebnis selbst bei Verwendung „ungedämpfter" Liegenschaftszinssätze belanglos, weil der Bodenwert mit länger werdender Restnutzungsdauer einen immer geringer werdenden Einfluss auf das Ergebnis hat und lediglich – wie dargestellt – zu einer Verschiebung des Boden- und Gebäudewertanteils führt. Gedämpfte Bodenwerte führen nämlich zu einer Verminderung des Bodenwertverzinsungsbetrags und damit zu einer Erhöhung des um den Bodenwertverzinsungsbetrag verminderten Reinertrags. Die damit einhergehende Erhöhung des Gebäudeertragswerts wird dann mit dem gedämpften Bodenwert im Gesamtergebnis wieder aufgefangen.

118   Eine andere als hilflos zu bezeichnende Praxis bedient sich **pauschaler Dämpfungsmethoden,** indem generell vom Bodenrichtwert (für unbebaute Grundstücke) ein Abschlag von z. B. 40 % angebracht wird. Diese Vorgehensweise steht zwar im Widerspruch zu der „inneren" Begründung der Bodenwertdämpfung, nämlich der mit zunehmendem Alter der

baulichen Anlage anwachsenden Disparität des „verbrauchten" Bodens zum Bodenwert
eines unbebauten Grundstücks; sie hat aber immerhin den Vorteil der Eindeutigkeit für den
„Verbraucher".

Schließlich greifen andere Sachverständige zur Begründung ihrer Dämpfungspraxis auf   **119**
Begründungen zurück, die mit einer verantwortungsbewussten Wertermittlungspraxis
nicht vereinbar sind. Um nicht dem Grundeigentümer den Wertverzehr seines Gebäudes im
Gutachten attestieren zu müssen, begründen eine Reihe von Sachverständigen die Bodenwertdämpfung gelegentlich auch damit, dass ein entsprechend **höherer Wert der baulichen Anlage „verbraucherfreundlicher"** sei. Dies kann allerdings wenig überzeugen,
zumal anderenorts die Praxis ohne eine derartige Argumentation auskommt[55].

Ob der gesunde Grundstücksverkehr den Bodenwertanteil so beurteilt, wie er nach den   **120**
unterschiedlichsten Theorien und Verfahrensweisen der Bodenwertdämpfung abgeleitet
wird, muss bei alledem solange fraglich bleiben, wie der Grund und Boden eines bebauten
Grundstücks nicht selbstständig gehandelt wird. Nach der hier vertretenen Auffassung
kann das sog. **Repartitionsproblem**, nämlich die verursachungsgerechte Aufteilung des
(Gesamt-)Verkehrswerts eines Grundstücks auf Boden und Gebäude, letztlich **nicht eindeutig gelöst werden**[56]. Deshalb müssen **praktischen Bedürfnissen und rechtlichen
Erfordernissen Rechnung tragende Lösungen** zur Anwendung kommen[57]. Von dieser
Zielsetzung ist ersichtlich auch der Verordnungsgeber ausgegangen. Die Verordnung enthält deshalb nur für die Fälle besondere Regelungen zur Berücksichtigung einer Bebauung
bei der Bodenwertermittlung, wo dies als notwendig erkannt worden ist (so § 20 Abs. 3 und
§ 28 Abs. 3 Satz 2; vgl. § 11 WertV Rn. 82)[58].

Für den Regelfall der Ermittlung des Verkehrswerts bebauter Grundstücke nach dem   **121**
Ertrags- oder Sachwertverfahren **geht die Verordnung davon aus, dass als Bodenwert
der Wert** angesetzt wird, **den das Grundstück im unbebauten Zustand hätte;** die Verordnung enthält zumindest keine diesen Bodenwert modifizierende Regelung.

4.3.2.3   Abweichungen der tatsächlichen von der bauplanungsrechtlich
zulässigen Bebauung

Die „Theorie" **von den gedämpften Bodenwerten bebauter Grundstücke muss klar**   **122**
**unterschieden werden von der Notwendigkeit, eine vorhandene „realisierte" Bebau-
ung bei der Bodenwertermittlung zu berücksichtigen, wenn diese im Einzelfall nach
Art und Maß von der rechtlich zulässigen und lagetypischen Nutzbarkeit abweicht**
und weder durch An- noch Aufbau dem rechtlich Zulässigen angepasst werden kann. Die-

---

52   Brandau in VR 1977, 68 mit Replik von Kleiber in VR 1977, 74 und Güttler in VR 1981, 396; Böser/Preuss in
     AVN 1982, 138: Lucht in VR 1977, 264; Meissner in AVN 1975, 131; Streich in AVN 1974, 360 sowie in AVN
     1975, 132
53   BGH, Beschl. vom 28. 6. 1984 – III ZR 187/83 –, EzGuG 14.77
54   So auch bereits Lütge, Wohnungswirtschaft, Stuttgart 1949, S. 382
55   Pohlmann/Hohenaspe, Die Trennung des Boden- und Bauwertes in der Praxis amerikanischer Gemeinden, in
     Jahrbuch der Bodenreform 1914, S. 103
56   Kleiber in Ernst/Zinkahn/Bielenberg, BauGB, Komm. zu § 196 Rn. 47 f.; so im Übrigen auch Sieber, Boden-
     preissteigerung und Grundstücksmarkt, WuR 1956, 29 ff. Fn. 2
57   Zustimmend Zimmermann, WertV 88, München 1998 S. 277
58   Rechtlich stellt sich die Notwendigkeit zur „Herausfilterung" des Bodenwerts eines bebauten Grundstücks dort,
     wo gesetzliche Regelungen an den Bodenwert anknüpfen, z.B. in der Umlegung, bei der Ausgleichsbetragser-
     mittlung für sanierungsbedingte Bodenwerterhöhungen, der Entschädigung bei hoheitlichen Eingriffen in die
     ausgeübte Nutzung nach § 42 BauGB sowie im Falle der Einführung einer Bodenwertsteuer.

ser Fall ist weitgehend unstreitig, wenngleich vielfach zur Begründung der Theorie von den gedämpften Bodenwerten unbedachterweise eben auf diesen Fall verwiesen wird. Wie unter Rn. 104 dargelegt, geht die „Theorie von den gedämpften Bodenwerten" in ihrem eigentlichen Kern von der Auffassung aus, dass von dem „Akt der Bebauung an" der Bodenwert des „verbrauchten" Grundstücks mit zunehmendem Alter der Bebauung gegenüber dem „unbebauten" Bodenwert absinke (gedämpft werde), um dann aber mit dem wirtschaftlichen „Abgang" des Gebäudes schlagartig wieder aufzuleben. Ursächlich dafür sei allein der Umstand, dass mit der Bebauung des Grund und Bodens über diesen nicht mehr disponiert werden könne. Diese „Dämpfung" berührt damit für sich nicht die Frage, ob das Grundstück nach der realisierten Art und dem realisierten Maß der baulichen Nutzung der rechtlich zulässigen Nutzbarkeit entspricht.

123 Eine andere Betrachtung ist für den **Sonderfall** angezeigt, **in dem die auf einem Grundstück realisierte Bebauung nicht der bauplanungsrechtlich zulässigen bzw. lagetypischen Nutzung entspricht und ihr auch nicht durch Auf- oder Anbauten angeglichen werden kann** (§ 5 Abs. 1 WertV; vgl. § 5 WertV Rn. 76). Wenn auch diesbezüglich fälschlicherweise von einer Bodenwertdämpfung gesprochen wird, so liegt hier eine folgenschwere Verkennung eines sich grundsätzlich von der Bodenwertdämpfung im eigentlichen Sinne unterscheidenden Sachverhalts vor. Unter einer Dämpfung des Bodenwerts darf nämlich nur (und auch nur) der Fall verstanden werden, in dem allein auf Grund der Tatsache, dass das Grundstück bebaut ist, der Bodenwert gegenüber eines unbebauten Grundstücks gemindert ist (vgl. hierzu auch § 20 WertV Rn. 84 ff.; § 25 WertV Rn. 34 ff.).

124 Dem angesprochenen Sonderfall der Abweichung einer nicht nachbesserbaren realisierten Nutzung von der zulässigen Nutzbarkeit gleichzusetzen ist der Fall einer **allgemein unwirtschaftlichen und irreparablen Bebauung,** die oftmals mit zunehmendem Alter der Bebauung fast naturgesetzlich unterstellt wird. Tatsächlich kann aber eine ältere Bebauung keinesfalls a priori als unwirtschaftlich gelten, denn auch die Altvordern waren auf Wirtschaftlichkeit bedacht. Was sich z. B. als unwirtschaftliche Raumhöhe in einem Gründerzeithaus aufdrängt, kann sogar zu höheren Mieterträgen führen.

125 Als Beispiel einer unwirtschaftlichen Bebauung kann z. B. ein **ungünstiges Verhältnis der Nutz- zur Geschossfläche, also ein** ungünstiger **Nutzflächenfaktor** bzw. ein ungünstiges **Ausbauverhältnis** gelten (vgl. Teil II Rn. 554 ff., 584 ff.). Auch mit Hinweis auf diesen Sachverhalt kann nicht leichtfertig eine „Bodenwertdämpfung" begründet werden. Untersuchungen zur zeitlichen Entwicklung des Nutzflächenfaktors haben z. B. für München ergeben, dass der Nutzflächenfaktor dort im Zeitraum von 1899 bis 1960 gerade einmal von 0,72 auf 0,77 gestiegen ist. Gegen eine besondere Berücksichtigung dieser allgemeinen baulichen Entwicklung spricht vor allem aber, dass ihr bei **systemkonformer Ableitung des Liegenschaftszinssatzes** (unter Berücksichtigung der Restnutzungsdauer des Gebäudes) bereits mit dem Liegenschaftszinssatz Rechnung getragen wird und dies auf eine Doppelberücksichtigung hinaus laufen würde. Insoweit kann ein „Bebauungsabschlag" allenfalls in besonders zu begründenden Ausnahmefällen in Betracht kommen, wenn nämlich schon im Zeitpunkt der Errichtung des Gebäudes eine deutliche Unwirtschaftlichkeit ohne rechtfertigende Gründe in Kauf genommen wurde oder das Gebäude auf Grund einer besonderen Entwicklung zum Wertermittlungsstichtag einen vom Üblichen deutlich abweichenden Nutzflächenfaktor gegenüber gleichen Gebäuden aufweist.

126 Zu den der Bodenwertermittlung zu Grunde zu legenden rechtlichen Gegebenheiten, wie Art und Maß einer baulichen Nutzung, gehören auch die sich aus einer vorhandenen Bebauung ergebenden und die Bodennutzung mitbestimmenden Umstände. § 5 Abs. 1 bestimmt ausdrücklich, dass sich die **Nutzbarkeit** (nach Art und Maß) nicht nur nach den §§ 30, 33 und 34 BauGB, sondern **auch unter Berücksichtigung der sonstigen öffentlich-rechtlichen und privatrechtlichen Vorschriften** ergibt. Hierzu gehören auch

– die Erteilung eines Dispenses, der eine höhere als die in einem Bebauungsplan festgesetzte Nutzung zulässt,

– der Bestandsschutz einer zulässigerweise errichteten baulichen Anlage, die auf einem Grundstück steht, für das im Falle einer beabsichtigten Neuerrichtung der baulichen Anlage (z. B. nach vorheriger Bebauungsplanänderung) keine Baugenehmigung erteilt werden könnte,

– die denkmalschutzrechtlichen Bestimmungen, die den Abriss einer vorhandenen baulichen Anlage nicht zulassen, so dass eine Neubebauung entsprechend einer ansonsten zulässigen Nutzung nicht möglich ist (es ist möglich, dass der Bebauungsplan ein höheres, aber auch geringeres Maß der baulichen Nutzung vorsieht).

Vielen Gutachtern bereitet es Schwierigkeiten, dass der Grundsatz „Bodenwert des bebauten Grundstücks = Bodenwert des unbebaut gedachten Grundstücks" in den genannten Fällen, ohne dass die Aufzählung abschließend ist, nicht bedeutet, dass die Eigenschaften des Grund und Bodens, die sich erst aus der Bebauung (z. B. auf Grund des Bestand- oder Denkmalschutzes) ergeben, außer Betracht bleiben. Sie gehen von der Vorstellung aus, dass das Grundstück tatsächlich freigelegt worden ist und legen die sich dann ergebende Qualität der Wertermittlung zu Grunde. Das wäre falsch. Richtig ist vielmehr, dass die vorstehenden rechtlichen Gegebenheiten bei der Ermittlung des Bodenwerts des unbebaut gedachten Grundstücks berücksichtigt werden müssen. **127**

Solche mit der Bebauung des Grundstücks in einem unmittelbaren Zusammenhang stehenden **rechtlichen Gegebenheiten können die Nutzbarkeit des bebauten Grundstücks gegenüber seinem unbebauten Zustand vorübergehend** (bis zum Abriss der baulichen Anlage), **aber auch auf Dauer** (bei den auf Dauer zu erhaltenden Denkmälern) **erhöhen oder mindern.** Der Grundsatz, den Bodenwert eines bebauten Grundstücks mit dem Wert anzusetzen, den das Grundstück im unbebauten Zustand hätte, schließt auch ein, dass die sich aus der vorhandenen (realisierten) Bebauung ergebenden rechtlichen Gegebenheiten bei der Ermittlung des Bodenwerts berücksichtigt werden, sei es, dass sie sich werterhöhend oder wertmindernd auswirken. **128**

Unter Beachtung dieser Grundsätze muss im Falle einer **Abweichung der realisierten Nutzung von der zulässigen Nutzbarkeit eines Grundstücks** zwischen dem Fall **129**

– der Unterschreitung (Unternutzung)[59] und

– der Überschreitung (Übernutzung)

der realisierten Nutzung gegenüber der sich für das unbebaute Grundstück ergebenden Nutzbarkeit unterschieden werden, wobei Unter- und Überschreitung i. d. R. zeitlich begrenzt sind. Dies kann bei der Bodenwertermittlung durch entsprechende Abzinsung des Unterschieds zwischen

– dem Bodenwert auf Grund der zulässigen und lageüblichen Nutzung ($BW_{zul./lag.}$) und

– dem Bodenwert auf Grund der realisierten Nutzung ($BW_{real.}$)

berücksichtigt werden (Abb. 7).

▸ *Zur lagetypischen Nutzbarkeit ($BW_{lag.}$) vgl. § 5 WertV Rn. 76 ff.; § 14 WertV Rn. 53; § 25 WertV Rn. 34 ff.*

Dies kann, wie nachfolgend dargelegt wird, dazu führen, dass der zum Preisvergleich herangezogene Bodenwert eines unbebauten Grundstücks, der sich nach der rechtlichen zulässigen Nutzbarkeit (Art und Maß) der baulichen Nutzung bemisst, entsprechend erhöht oder vermindert werden muss. Der **Fall der „Verminderung" darf nicht mit der unter Rn. 104 ff. erläuterten Dämpfung verwechselt werden**[59]. **130**

---

59 FG Düsseldorf, Urt. vom 10. 9. 1993 – 14 K 255/88 F –, EzGuG 20.148

131 In den Sonderfällen, in denen die realisierte Bebauung der zulässigen bzw. lagetypischen Nutzbarkeit nicht entspricht und ihr auch nicht durch Auf- und Anbauten angeglichen werden kann, bestimmt sich der **Bodenwert nach Art und Maß der realisierten Bebauung zuzüglich des auf dem Grundstück „schlummernden Bodenwertzuwachses"**, der jedoch über die Restnutzungsdauer des Gebäudes abzuzinsen ist (Abb. 7). Dies gilt insbesondere, wenn das bauplanungsrechtliche Maß der baulichen Nutzung auf Grund von sonstigen öffentlich-rechtlichen und privatrechtlichen Vorschriften i. S. d. § 5 Abs. 1 nicht „ausgeschöpft" werden kann.

Abb. 7: Berücksichtigung von Abweichungen des Maßes der tatsächlichen Bebauung eines Grundstücks von dem rechtlich zulässigen bzw. lagetypischen Maß der baulichen Nutzung (i. S. d. § 5 Abs. 1 WertV) bei der Bodenwertermittlung

> Berücksichtigung von Abweichungen des Maßes der tatsächlichen Bebauung eines Grundstücks von dem rechtlich zulässigen bzw. lagetypischen Maß der baulichen Nutzung (i. S. d. § 5 Abs. 1 WertV) bei der Bodenwertermittlung
>
> $$BW = BW_{real.} + (BW_{zul./lag.} - BW_{real.}) \times 1/q^n$$
>
> wobei:
>
> $BW_{real.}$ = Bodenwert auf Grund realisierter Nutzung
>
> $BW_{zul./lag.}$ = Bodenwert auf Grund zulässiger bzw. lagetypischer Nutzung (§ 5 WertV Rn. 76 ff.)
>
> q = Zinsfaktor = $1 + $ Zinssatz$/100 = 1 + p$
>
> n = Restnutzungsdauer in Jahren
>
> *Beispiele:*
>
> a) **bei Unterschreitung der rechtlich zulässigen Nutzung**
>
> $BW_{real.}$ bei GFZ von 0,8 = 244 €/m²
> $BW_{zul./lag.}$ bei GFZ von 1,2 = 300 €/m²
> Liegenschaftszinssatz p = 5
> Restnutzungsdauer n = 20 Jahre
> **$BW = 244 + 56 \times 1/1{,}05^{20} = 265$ €/m²**
>
> b) **bei Überschreitung der rechtlich zulässigen Nutzung**
>
> $BW_{real.}$ bei GFZ von 1,2 = 300 €/m²
> $BW_{zul./lag.}$ bei GFZ von 0,8 = 244 €/m²
> Liegenschaftszinssatz p = 5
> Restnutzungsdauer n = 20 Jahre
> **$BW = 300 - 56 \times 1/1{,}05^{20} = 279$ €/m²**
>
> c) **bei „auf Dauer" zu erhaltenden Gebäuden (Denkmälern);** § 19 WertV Rn. 133 ff.
>
> $$\lim_{n \to \infty} \frac{1}{q^n} = O$$
>
> **$BW = BW_{real.}$**

Die Abzinsung ist über die Dauer vorzunehmen, die die bauliche Anlage unter Berücksich- **132** tigung ihres Bestandsschutzes entsprechend ihrer Restnutzungsdauer voraussichtlich genutzt wird, sofern nicht aus anderen rechtlichen Gründen ein vorheriger Abbruch erwartet werden muss. Bei einer auf Dauer zu erhaltenden baulichen Anlage mit einer (zumindest theoretisch) gegen Unendlich strebenden Restnutzungsdauer, wie z.B. bei **denkmalgeschützten Gebäuden,** führt diese Vorgehensweise dazu, dass das Korrekturglied in der Formel in Abb. 7 gegen Null geht und der Bodenwertermittlung die tatsächlich mit dem Denkmal realisierte Nutzung zu Grunde gelegt wird (vgl. § 19 WertV Rn. 133). Diese kann niedriger, aber auch höher als die nach den heute geltenden bauplanungsrechtlichen Vorschriften zulässige Nutzbarkeit sein. In der Praxis, so z.B. in Hamburg, werden deshalb zu Recht Abweichungen der realisierten von der rechtlich zulässigen und lagetypischen Nutzung nur besonders berücksichtigt, wenn die vorhandene Nutzung nach Art und Maß nicht nachhaltig ist, so z.B. wenn die vorhandene Bebauung eine wirtschaftliche Restnutzungsdauer von weniger als 30 Jahren hat[60].

Was in Abb. 7 beispielhaft für Abweichungen im Maß der baulichen Nutzung erläutert **133** wird, gilt gleichermaßen für **Abweichungen der realisierten von der bauplanungsrechtlich zulässigen Nutzungsart.** Dies verlangt ausdrücklich auch § 5 Abs. 1. Als Beispielfall kann der sich aus einer **Zweckentfremdungsverordnung** ergebende **Bestandsschutz** für eine Wohnnutzung gelten, wenn andererseits das Grundstück einer höherwertigen Büronutzung zugeführt würde.

Die hier empfohlene Vorgehensweise steht im Einklang mit **Nr. 3.6.5.2 WertR** (vgl. § 25 **134** WertV Rn. 40 ff.).

4.3.2.4 Ertrags- und Sachwertverfahren unter Heranziehung gedämpfter Bodenwerte

Der im Rahmen des Ertrags- und Sachwertverfahrens nach § 15 Abs. 2 bzw. § 21 Abs. 2 **135** WertV anzusetzende Bodenwert ist regelmäßig im Wege des **Preisvergleichs auf der Grundlage unbebauter Vergleichsgrundstücke** und mithin als ungedämpfter Bodenwert zu ermitteln. Wie unter Rn. 122 ff. dargelegt, ist dieser Bodenwert nur im Falle von Abweichungen der tatsächlichen Bebauung von der zulässigen bzw. lagetypischen Nutzbarkeit zu erhöhen oder zu vermindern.

Wird dessen ungeachtet **ein gedämpfter Bodenwert in die Ertrags- oder Sachwerter-** **136** **mittlung eingeführt, so ist dies bei der gebotenen konsequenten Beachtung aller Verfahrensgrundsätze für das Gesamtergebnis unwirksam,** denn dies muss dann zu einer entsprechenden Erhöhung des Gebäudeertrags- bzw. -sachwerts führen, d. h., die Bodenwertdämpfung führt lediglich zu einer Verschiebung des Gebäude- und Bodenwertanteils am Gesamtwert.

a) Dämpfung bei Anwendung des Ertragswertverfahrens

Nach den §§ 15 bis 20 WertV bestimmt sich der **Ertragswert nach folgender Formel:** **137**

$$EW = (RE - p \times BW) \times V + BW$$

wobei   EW = Ertragswert
           RE = Reinertrag
           BW = Bodenwert
           p   = Liegenschaftszinssatz
           V   = Vervielfältiger

---

60   Vgl. AK Wertermittlung des Deutschen Städtetages, Vorbericht zu TOP 8 der Sitzung am 11. 11. 1991

138 Der **Liegenschaftszinssatz bestimmt sich** gemäß den Ausführungen bei § 11 WertV **nach folgender Beziehung:**

$$p = \frac{RE \times 100}{KP} - \frac{100\,(q-1)}{q^n - 1} \times \frac{KP - BW}{KP}$$

wobei q = Zinsfaktor = p + 1
         KP = Kaufpreis

Der aus am Markt erzielten Kaufpreisen abgeleitete Liegenschaftszinssatz führt nach diesem Modell zu einem am Markt erzielbaren Ertragswert, der dann zugleich Verkehrswert ist.

139 Wie aus den Formeln für den Ertragswert und den Liegenschaftszinssatz ersichtlich, geht der Bodenwert sowohl in die Ableitung des Liegenschaftszinssatzes, als auch des Ertragswerts ein. **Soll der Bodenwert gedämpft werden, muss nach dem Grundsatz der Modellkonformität sowohl der Liegenschaftszinssatz, als auch der Ertragswert auf der Grundlage gedämpfter Bodenwerte abgeleitet werden.**

140 **Bei systemkonformer Anwendung des Ertragswertverfahrens schlägt die Dämpfung des Bodenwerts eines bebauten Grundstücks in erster Linie auf den Liegenschafts-zinssatz durch,** wenn dieser als logische Konsequenz (Modellkonformität) auf der Grundlage gedämpfter Bodenwerte abgeleitet wird (vgl. § 11 WertV Rn. 90 ff.). Da der Wertanteil der baulichen Anlage am Verkehrswert bei einer Dämpfung des Bodenwerts komplementär zunimmt, muss sich nämlich der Liegenschaftszinssatz entsprechend ver-mindern, denn bei gleich bleibendem Reinertrag, aber höherem Wert der baulichen Anlage stellt sich eine geringere Verzinsung der Liegenschaft ein. Dies zeigt auch das Berechnungsbeispiel in Abb. 8.

141 Hieraus müssen zwei wichtige **Schlussfolgerungen** gezogen werden, die in der Wertermittlungspraxis oft unbeachtet gelassen werden:

1. Die empirisch ermittelten Liegenschaftszinssätze der Gutachterausschüsse, die bei ihrer Ableitung von gedämpften Bodenwerten ausgegangen sind (soweit erkennbar: *Lübeck, Bremen* und *Stuttgart)* können nicht unmittelbar mit empirisch abgeleiteten Liegenschaftszinssätzen verglichen werden, bei deren Ableitung von „vollen" Bodenwerten ausgegangen wurde. *München* ist aus den hier dargestellten Gründen davon abgegangen.

2. Bei Anwendung der empirisch unter Berücksichtigung gedämpfter Bodenwerte abgeleiteter Liegenschaftszinssätze muss – um im System zu bleiben – auch ein gedämpfter Bodenwert in das Ertragswertverfahren eingeführt werden; vielfach wird dies schon deshalb nicht beachtet, weil die Dämpfer ihr Dämpfungssystem nicht hinreichend offen legen.

Dies macht deutlich, dass die **Dämpfung der Bodenwerte zu einer im Ergebnis nutzlosen Verkomplizierung** führt, die der Nachvollziehbarkeit der Wertermittlung abträglich ist.

142 Eine **Dämpfung des Bodenwerts** ergäbe zumindest bei langer Restnutzungsdauer des Gebäudes aber auch sonst **keinen Sinn.** Das Ertragswertverfahren ist nämlich im Grunde genommen eine Berechnung von Einnahmen- und Ausgabenströmen über die gesamte Nutzungsdauer der Immobilie. So ist beispielsweise der Kauf des (unbebauten) Grund-stückes, auf dem das ertragbringende Gebäude erst noch errichtet werden muss, finanz-mathematisch gesehen der erste Ausgabenstrom der Gesamtinvestition. Beträgt der Kauf-preis für das unbebaute Grundstück 1 500 000 € und beträgt die Gesamtnutzungsdauer des noch zu erstellenden Gebäudes 80 Jahre, ist das beim Grundstückskauf investierte Kapital – finanzmathematisch gesehen – nur so viel wert, wie der Investor heute bei einer Bank anlegen müsste, um in 80 Jahren den Kaufpreis (1 500 000 €) zurückzuerhalten. Bei einem angenommenen Zinssatz von 5 % beträgt dieses Kapital

$$1\,500\,000\,€ \times \frac{1}{(1 + \frac{5}{100})^{80}} = 30\,265\,€$$

Abb. 8: Vergleichende Betrachtung zur Ermittlung des Ertragswerts und des Liegenschaftszinssatzes bei unterschiedlich angesetzten Bodenwerten

---

Vergleichende Betrachtung zur Berechnung des Ertragswerts und des Liegenschaftszinssatzes bei unterschiedlich angesetzten Bodenwerten

Beispiel:

Kaufpreis KP für bebautes Grundstück:	500 000 €
Jährlicher Reinertrag RE:	30 000 €
Restnutzungsdauer RND:	30 Jahre

1. Alternative

Als **Bodenwert BW** des bebauten Grundstücks wird der Wert angesetzt, den das Grundstück im unbebauten Zustand hätte:

$BW_{ungedämpft}$ = **200 000 €**
(aus Vergleichspreisen)

Gebäudewert   = **300 000 €**
(500 000 € – BW   = 300 000 €)

2. Alternative

Als **Bodenwert BW** des bebauten Grundstücks wird ein gegenüber dem Wert des unbebauten Grundstücks abgesenkter („gedämpfter") Bodenwert angesetzt:

$BW_{gedämpft}$ = **100 000 €**

Gebäudewert   = **400 000 €**
(500 000 € – BW   = 400 000 €)

a) **Berechnung des Liegenschaftszinssatzes**
   (entsprechend dem Beispiel in Abb. 14 bei § 11 WertV Rn. 82 ff.)

mit einem

$BW_{ungedämpft}$ =   200 000 €

ergibt:

Liegenschaftszinssatz p_1 = 5,13 v. H.

mit einem

$BW_{gedämpft}$ =   100 000 €

ergibt:

Liegenschaftszinssatz p_2 = 4,75 v. H.

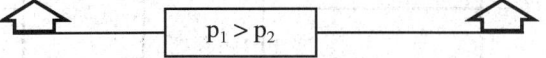

$$p_1 > p_2$$

b) **Berechnung des Ertragswerts EW**

auf der Grundlage der unterschiedlich angesetzten Bodenwerte, dem jeweils zuzuordnenden Liegenschaftszinssatz p_i und dem sich dafür ergebenden Vervielfältiger V_i:

$$EW = (RE - p \times BW) \times V + BW$$

(vgl. Abb. 6 bei Vorbem. zu den §§ 15 ff. WertV Rn. 46 ff.)

bei

$BW_{ungedämpft}$	= 200 000 €		$BW_{gedämpft}$	= 100 000 €
p_1	= 5,13 v. H.		p_2	= 4,75 v. H.
V_1	= 15,14725		V_2	= 15,82042
	EW ≈ 500 000 €	⟷		**EW ≈ 500 000 €**

c) **Fazit:** Die Ermittlung des Ertragswerts auf der Grundlage gedämpfter Bodenwerte führt auch zum Verkehrswert, wenn innerhalb dieses „Modells" kein Systembruch entsteht und die Dämpfung bei allen Parametern, insbesondere bei der Ableitung des Liegenschaftszinssatzes, berücksichtigt wird.

Wo mit „gedämpften" Bodenwerten „gearbeitet" wird, müssen bei alledem in gleicher Weise „gedämpfte" Bodenwerte in die Ableitung des Liegenschaftszinssatzes (vgl. § 11 WertV Rn. 90 ff.) eingeführt worden sein. Wo hingegen der Liegenschaftszinssatz auf der Grundlage des „vollen" Bodenwerts abgeleitet worden ist, darf grundsätzlich auch kein „gedämpfter" Bodenwert in die Ertragswertermittlung eingeführt werden.

143 Eine zu einem beliebigen Zeitpunkt im Laufe der Nutzungsdauer des aufstehenden Gebäudes vorgenommene **Verminderung des Bodenwerts wegen Bebauung verletzt** somit **die finanzmathematische Grundstruktur des Ertragswertverfahrens** und ist bereits aus diesem Grunde abzulehnen.

144 Auf einen interessanten Aspekt zur „Theorie der Dämpfung des Bodenwerts bebauter Grundstücke" weist Weil[61] hin, mit dessen Vorfahren sich bereits das BVerwG eingehend befasst hat[62]. Weil geht von folgenden **Grundprinzipien** aus:

a) Der Bodenwert eines bebauten Grundstücks hängt von der zulässigen Bebauungsmöglichkeit und nicht von der tatsächlichen Bebauung ab.

b) Der für die Ermittlung des Verkehrswerts im Sach- und Ertragswertverfahren anzusetzende Bodenwert für dasselbe Grundstück ist identisch.

c) Eine von der zulässigen und lagetypischen Bebauung abweichende Bebauung ändert nicht den anzusetzenden Bodenwert, sondern lediglich die Bodenwertverzinsung.

Für diese Grundprinzipien spricht in der Tat, dass z. B. der Eigentümer eines untergenutzten Grundstücks gewollt (im Falle einer von ihm selbst zu verantwortenden Bebauung) oder ungewollt (im Falle einer nachträglichen „Heraufzonung") auf die „volle" Verzinsung des Bodenwerts verzichtet. Die Weilsche Auffassung hat vor allem für das Ertragswertverfahren eine besondere Bedeutung und lässt sich am folgenden Beispiel erläutern (Abb. 9):

Abb. 9: Unterschiedliche Bodenwertverzinsung nach Weil

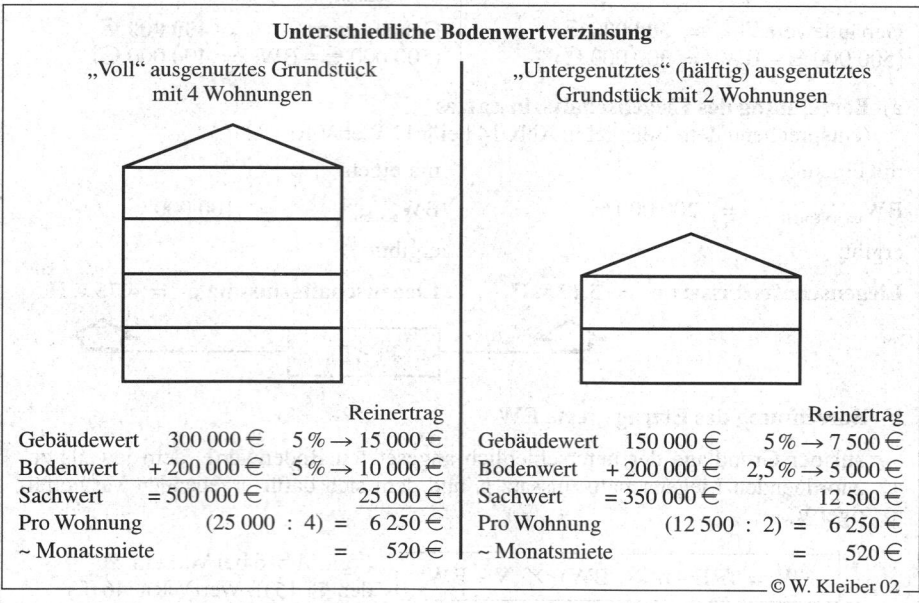

Unterschiedliche Bodenwertverzinsung

„Voll" ausgenutztes Grundstück mit 4 Wohnungen

„Untergenutztes" (hälftig) ausgenutztes Grundstück mit 2 Wohnungen

		Reinertrag			Reinertrag
Gebäudewert	300 000 € 5 % → 15 000 €		Gebäudewert	150 000 € 5 % → 7 500 €	
Bodenwert	+ 200 000 € 5 % → 10 000 €		Bodenwert	+ 200 000 € 2,5 % → 5 000 €	
Sachwert	= 500 000 € 25 000 €		Sachwert	= 350 000 € 12 500 €	
Pro Wohnung	(25 000 : 4) = 6 250 €		Pro Wohnung	(12 500 : 2) = 6 250 €	
~ Monatsmiete	= 520 €		~ Monatsmiete	= 520 €	

© W. Kleiber 02

145 Nach **Weil** soll die Bodenwertverzinsung eines unter- oder übergenutzten Grundstücks in dem Verhältnis von der Bodenwertverzinsung des planungsadäquat genutzten Grundstücks abweichen, wie dies dem jeweiligen Ertragsverhältnis entspricht.

Der Nachteil dieses Verfahrensvorschlags ist darin zu sehen, dass man bei der Ertragswertermittlung zu unterschiedlichen Soll- und Habenzinssätzen kommt (eigener Zinssatz für die Ermittlung des Bodenwertverzinsungsbetrags). Des Weiteren ist dagegen anzuführen, dass das Verfahren die Restnutzungsdauer unberücksichtigt lässt. Diese ist aber von entscheidender Bedeutung, denn es macht einen Unterschied, ob der Grund und Boden nur noch wenige Jahre oder über eine sehr lange Zeitspanne untergenutzt bleibt.

b) „Dämpfung" bei Anwendung des Sachwertverfahrens

146 Nach dem Vorhergesagten ist gemäß § 21 Abs. 2 WertV der **Bodenwert** auch bei Anwendung des Sachwertverfahrens im Wege des Preisvergleichs **mit dem Wert zu ermitteln, wie er sich für unbebaute Grundstücke ergibt.** Für eine Bodenwertdämpfung gibt die WertV mithin keinen Raum.

Auch bei Anwendung des Sachwertverfahrens muss eine Dämpfung des Bodenwerts bei **147** richtiger Ermittlung des Verkehrswerts eine Verschiebung der Wertanteile bewirken. Sieht man einmal von einem Wertanteil für sonstige Anlagen ab, so führt die Bodenwertdämpfung zwangsläufig dazu, dass sich der Gebäudewertanteil erhöht. Abzulehnen wäre dabei der Ansatz entsprechend höherer Normalherstellungskosten, da dies zu einer weiteren Verzerrung des Systems, insbesondere im Verhältnis zu den ansonsten anzusetzenden Normalherstellungskosten führen würde. Folgte man dennoch dieser Auffassung, so verbleibt die Möglichkeit **bei der Wertminderung wegen Alters nach § 25** oder letztlich mit dem Marktanpassungszu- oder -abschlag – quasi kompensatorisch – einen **geringeren Wertverzehr** der baulichen Anlage **zu unterstellen,** als bei Ansatz eines ungedämpften Bodenwerts angesetzt werden müsste. Im Ergebnis bedeutet aber auch dies, dass ein zusätzlicher und für das Endergebnis belangloser Rechenschritt zwischengeschaltet werden muss, der letztlich zu Lasten der Vergleichbarkeit geht. Dies gilt auch dann, wenn der Bodenwert eines bebauten Grundstücks aus dem Bodenwert unbebauter Grundstücke durch feste vorgegebene Prozentsätze abgeleitet wird (Dämpfung durch vorgegebene prozentuale Abschläge).

In der Praxis führt die **Dämpfung von Bodenwerten bei Anwendung des Sachwertverfahrens** vornehmlich zu entsprechend modifizierten Marktanpassungsabschlägen oder **148** -zuschlägen, d. h. zur Marktanpassung werden

– entsprechend verminderte Marktanpassungsabschläge bzw.

– entsprechend erhöhte Marktanpassungszuschläge

erforderlich (vgl. Abb. 10).

Abb. 10: Marktanpassungsabschläge bei gedämpften und ungedämpften Bodenwerten

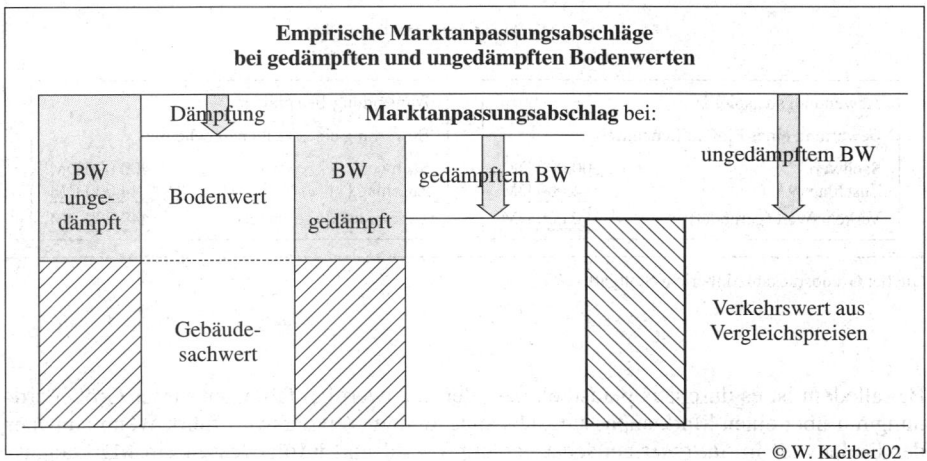

Der wohl augenfälligste Beleg dafür ist die Praxis der Bodenwertdämpfung des Gutachter- **149** ausschusses für Grundstückswerte für den Bereich *Stuttgart*. Dort wird der Bodenwert von Grundstücken, die vor 1965 bebaut wurden (sic!), – unabhängig von irgendwelchen Kriterien gleichsam mit überstrapaziertem Ermessen – weitgehend pauschal um 30 % vermindert. Als **Folge der Bodenwertdämpfung** hat man dort selbst noch für Einfamilienhäuser

---

61 Weil, Grundstücksschätzung, 5. Aufl. Düsseldorf 1958, S. 20, 29 ff., 48 ff.
62 BVerwG, Urt. vom 13. 11. 1964 – 7 C 20/64 –, EzGuG 20.38; auch BFH, Urt. vom 16. 11. 1979 – III R 76/77 –, EzGuG 20.81 b

(mit Einliegerwohnung) mit einem Sachwert von über 0,9 Mio. DM (~ 450 000 €) empirisch Marktanpassungs*zuschläge* abgeleitet, um aus dem Sachwert den Verkehrswert abzuleiten, während anderenorts ohne die Zwischenschaltung einer Bodenwertdämpfung üblicherweise bereits ab einem Sachwert von rd. 250 000 € Marktanpassungsabschläge ermittelt wurden (vgl. § 25 WertV Rn. 97 ff.).

Abb. 11: Marktanpassungsfaktoren in Stuttgart bei Heranziehung gedämpfter Bodenwerte

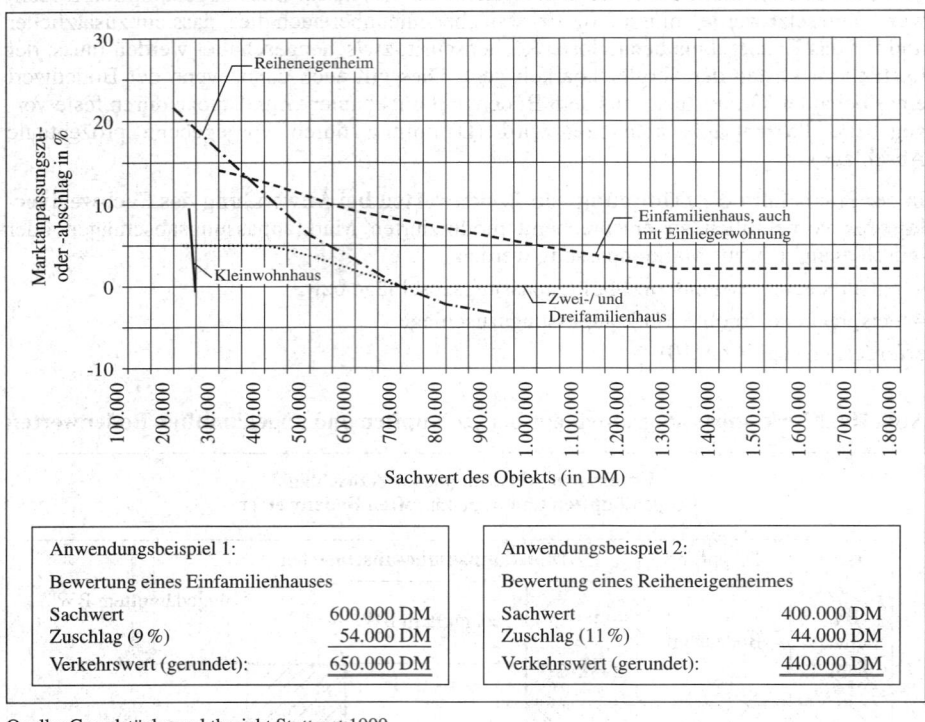

Anwendungsbeispiel 1:		Anwendungsbeispiel 2:	
Bewertung eines Einfamilienhauses		Bewertung eines Reiheneigenheimes	
Sachwert	600.000 DM	Sachwert	400.000 DM
Zuschlag (9 %)	54.000 DM	Zuschlag (11 %)	44.000 DM
Verkehrswert (gerundet):	650.000 DM	Verkehrswert (gerundet):	440.000 DM

Quelle: Grundstücksmarktbericht Stuttgart 1999

150 Bei alledem ist es durchaus plausibel, dass der Sachwert bei Objekten dieser Größenordnung nur über einen Marktanpassungsabschlag zu dem Verkehrswert führt. Wenn nun aber der Bodenwert in *Stuttgart* zunächst gedämpft wird und infolgedessen ein Marktanpassungszuschlag erforderlich wird, um über den Sachwert zum Verkehrswert zu gelangen, so erscheint die **Dämpfung** nicht nur im Hinblick auf zusätzliche Rechenoperation überflüssig, sondern auch **wenig realitätsnah** (Abb. 12).

151 Die Vorschriften der WertV zum Sachwertverfahren weisen im Übrigen einen Widerspruch für den Sonderfall auf, dass die **tatsächliche Bebauung von der zulässigen Bebaubarkeit bzw. lagetypischen Nutzung abweicht.**

– Auf der einen Seite sind solche Widersprüche bereits bei der Ermittlung des Bodenwerts im Wege des Preisvergleichs zu berücksichtigen, denn dabei muss bereits die Sondervorschrift des § 5 Abs. 1 Satz 2 WertV Beachtung finden, d. h. der Bodenwert ist entsprechend zu erhöhen oder zu vermindern.

Abb. 12: Stuttgarter Kapriolen

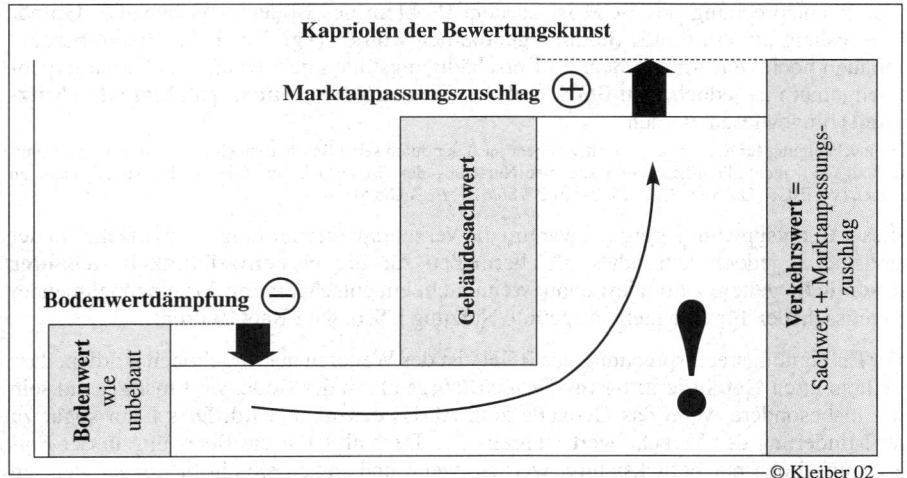

Kapriolen der Bewertungskunst
Marktanpassungszuschlag $\oplus$
Bodenwertdämpfung $\ominus$
Gebäudesachwert
Bodenwert wie unbebaut
Verkehrswert = Sachwert + Marktanpassungszuschlag
© Kleiber 02

– Auf der anderen Seite ist nach § 25 WertV ein „erhebliches Abweichen" der tatsächlichen von der nach § 5 Abs. 1 WertV maßgeblichen Nutzung durch Zu- oder Abschläge oder in anderer geeigneter Weise bei der Ermittlung des Gebäudesachwerts zu berücksichtigen. Diese Vorschrift findet jedoch nur insoweit Anwendung, wie dem nicht bei der Bodenwertermittlung Rechnung getragen wurde. Bei sachgerechter Bodenwertermittlung ist dann insoweit für § 25 kein Raum mehr.

Abweichend von diesen Vorgaben bestimmt **Nr. 3.6.5.2 der WertR,** dass ein „offensichtliches Missverhältnis" (erhebliches Abweichen) zwischen der tatsächlichen und der rechtlich zulässigen bzw. lagetypischen Nutzung (Nutzbarkeit) weder bei der Bodenwertermittlung noch bei der Gebäudewertermittlung, sondern als „Minderung oder Erhöhung des *Gesamtwerts* des Grundstücks" zu berücksichtigen ist.   **152**

Zur Höhe des daraus resultierenden Abschlags bzw. Zuschlags heißt es des Weiteren in der Nr. 3.6.5.2 der WertR, dass Zu- oder Abschlag „vom **Ausmaß des Missverhältnisses, von der Restnutzungsdauer der vorhandenen Bebauung sowie von der Möglichkeit, das Missverhältnis durch Abbruch der Bebauung zu beseitigen,** abhängig ist. Diesen Hinweisen entspricht die unter Rn. 131 ff. empfohlene Vorgehensweise.   **153**

Fazit: Die Bodenwertdämpfung kann im Rahmen des Sachwertverfahrens zu einer „Aufblähung" aber auch „Schrumpfung" des vom Gutachterausschuss für Grundstückswerte ermittelten Marktanpassungsabschlags führen, je nachdem, ob im Einzelfall ein Marktanpassungsab- oder -zuschlag erforderlich wird. Hieraus wiederum folgt, dass bei der **Veröffentlichung solcher Marktanpassungsfaktoren für außenstehende Sachverständige die Dämpfungsmethodik des Gutachterausschusses bekannt gemacht werden muss,** weil sonst Veröffentlichungen solcher Marktanpassungsfaktoren für den Sachverständigen praktisch wertlos sind. Die Bodenwertdämpfung des Gutachterausschusses für Grundstückswerte, so er sie für unvermeidlich hält, muss dann also transparent gemacht werden, wenn sie schadlos bleiben soll.   **154**

Wenn also von einzelnen Gutachterausschüssen für Grundstückswerte Bodenwerte nach jeweils eigenen Theorien gedämpft und dementsprechend Marktanpassungsfaktoren abgeleitet werden, so mögen sie dies sachlich für geboten erachten. Problematisch wird dies aber dann, wenn sie ihre Dämpfungsmethodik nicht offen legen und die abgeleiteten **Marktanpassungsfaktoren** auf ungedämpfte Bodenwerte zur Anwendung kommen.   **155**

4.3.2.5 Rechtsprechung

156 In der Rechtsprechung des BGH ist zu dem Problem des Bodenwerts bebauter Grundstücke bislang nur am Rande Stellung genommen worden (vgl. Rn. 115). Hierzu bestand wohl auch noch kein Anlass, denn in Entschädigungsfällen geht es um das Gesamtergebnis. Allgemein ist jedoch vom BGH[63] auf den **Vorrang der „Nutzungsfähigkeit" (Nutzbarkeit)** hingewiesen worden:

> „Die Entschädigung für das Grundstück ist vielmehr nach der durch seine Beschaffenheit und Lage bedingten Nutzungsfähigkeit – nicht allein nach der ausgeübten Nutzung – des Grundstücks am Tage der Inanspruchnahme zu bemessen (vgl. BGH, Urt. vom 8. 11. 1962 – III ZR 86/61 –, *EzGuG 8.5).*"

157 In dieser Rechtsprechung ging es zwar um die Verkehrswertermittlung landwirtschaftlicher Grundstücke, jedoch kann dies gleichermaßen für die **Nutzungsfähigkeit bebauter Grundstücke** gelten, zumindest dann, wenn nicht ein entschädigungslos hinzunehmender Planungsschaden für eine nicht ausgeübte Nutzung i. S. d. § 42 BauGB droht.

158 In der Enteignungsrechtsprechung des BGH[64] ist des Weiteren hervorgehoben worden, dass bei einem alten **Gebäude in bester Geschäftslage** allein der Bodenwert maßgebend sein kann, insbesondere wenn das Gebäude zum Abriss erworben wird. Dies kann sogar zu einer Minderung des Verkehrswerts führen: „ …Deshalb kann die Bebauung in der Entschädigungshöhe nur berücksichtigt werden, wenn und soweit sie ein Faktor ist, der den gemeinen Wert der entzogenen Sachgemeinschaft mitbestimmt, wenn sich also der gemeine Wert wirklich aus der Summe des Werts der Bodenfläche und der aufstehenden Bauwerke ergibt. Ein Gebäude, das nur Abbruchwert hat, darf nicht mit seinem Bauwert eingesetzt werden…" Ebenso kann ein vorhandenes Gebäude den Wert mindern, wenn es die wirtschaftlich zweckmäßige Verwendung hindert oder erschwert. Es kann deshalb notwendig sein, ein vorhandenes Bauwerk wegzudenken, um zu dem richtigen gemeinen Wert zu gelangen."[65] Sibyllinisch heißt es dagegen im BGH, Urt. vom 30. 1. 1957[66]: „Der Bodenwert ist nach den für bebauten Grund und Boden ermittelten Werten einzusetzen."

159 Bei der Verkehrswertermittlung von **Objekten mit abbruchreifen Gebäuden** oder solchen, die zumindest eine im Verhältnis zum Bodenwert unzulängliche Rendite abwerfen, ist bei alledem nach den Vorschriften der WertV das in § 20 geregelte Liquidationsverfahren anzuwenden, wobei – abgesehen von dem in § 20 Abs. 3 geregelten Fall – ohnehin von dem Bodenwert auszugehen ist, den das Grundstück im unbebauten Zustand hätte[67].

4.3.2.6 Steuerliche Bewertung

a) Allgemeines

160 Besondere Bedeutung findet die Frage der **Bodenwertermittlung bebauter Grundstücke** bei der Bewertung **für steuerliche Zwecke.** Eine Aufteilung des Grundstücks in „Grund und Boden" sowie Gebäude wird z. B. auf Grund der Regelung des § 6 Abs. 1 Nr. 1 und 2 EStG erforderlich (vgl. Abschn. 13 b EStR).

161 Nach **Abschn. 58 Abs. 4 EStR** sind die Anschaffungskosten für den Grund und Boden einerseits und für das Gebäude andererseits getrennt auszuweisen, weil die Anschaffungskosten des Gebäudes steuerwirksam abgeschrieben werden können, die Anschaffungskosten des Grund und Bodens dagegen nicht.

162 Für die Ermittlung von Grundstückswerten unter Anwendung des Sachwertverfahrens hat der Gesetzgeber mit § 84 BewG den Bewertungsgrundsatz aufgestellt, den **Grund und Boden „mit dem Wert anzusetzen, der sich ergeben würde, wenn das Grundstück unbebaut wäre".** Boden- und Gebäudewert sind (zusammen) unter Anwendung von Wertzahlen nach § 90 BewG dem gemeinen Wert (Verkehrswert) anzupassen, ohne dass dabei entschieden werden muss, welchem Wertanteil diese Anpassung zuzuordnen ist. Dennoch stellt sich auch im steuerlichen Bereich die Aufgabe, den angemessenen Bodenwertanteil am Gesamtwert bzw. Gesamtkaufpreis „herauszufiltern", nämlich bei der Ermittlung der Bemessungsgrundlage für die nur auf das Gebäude mögliche Absetzung für Abnutzung (AfA) nach § 7 Abs. 4 EStG[68].

Die ältere **Rechtsprechung des BFH** hatte dazu die so genannte „Restwertmethode" ver- **163** treten[69]:

„Für die Verteilung des Kaufpreises in solchen Fällen hat der Reichsfinanzhof in seiner Entscheidung vom 19. 11. 1941 – VI 200/41 – (RStBl. 1942, 42) ausgeführt, die Bodenwerte für Grundstücke seien in gleicher Lage und bei gleicher Benutzungsmöglichkeit im Allgemeinen gleich, während die Werte der Gebäude nach Ausstattung, Alter, baulichem Zustand, nach Art und Umfang der Nutzung, dem Ertrag usw. schwankten; daher sei regelmäßig anzunehmen, dass von dem vereinbarten Gesamtkaufpreis auf den Boden so viel entfalle, als dieser am Anschaffungstag tatsächlich (objektiv) wert gewesen sei, während der darüber hinausgehende Betrag als Kaufpreis für das Gebäude anzusehen sei. Den Grundsätzen dieser Entscheidung des Reichsfinanzhofs kann man im Allgemeinen auch heute noch folgen.

Die darin zitierte **Entscheidung des RFH** hatte Tradition. Das Gericht hatte schon im **164** Urt. vom 26. 1. 1938[70] klar herausgestellt:

„In der Regel ist anzunehmen, dass die eigentlichen Grundwerte im Allgemeinen die gleichen sind, gleichviel ob das Grundstück bebaut ist oder nicht, wenn nicht etwa zwangswirtschaftliche Gesichtspunkte eingreifen. Steigt der Grundwert, ohne dass das darauf stehende Gebäude eine entsprechende Ausnutzung zulässt oder ohne dem Steigen des Grundwerts entsprechende Änderung vorgenommen werden kann – wobei die Kosten der Änderung zu berücksichtigen wären –, so geht in der Regel der Gebäudewert um den Betrag zurück, um den der Grundwert steigt. Nebenher sei bemerkt, dass das eine Teilwertabschreibung auf das Gebäude nicht rechtfertigen würde, da das zu bewertende Wirtschaftsgut, nämlich das bebaute Grundstück, Gebäude und Grund und Boden umfasst. In der Regel ist ein wesentlicher Gebäudewert vorhanden, wenn der Grundwert allein den Verkehrswert des Grundstücks mit darauf stehendem Gebäude erreicht. Das Steigen des Grundwerts kann also ein Absinken des Gebäudewerts zur Folge haben, und mit weiterem Steigen des Grundwerts kann schließlich der Gebäudewert völlig verschwinden. Das Abbrechen des Gebäudes besagt, dass ein Grundwert nicht mehr vorhanden ist. Siehe auch RFH, Entsch. vom 19. 1. 1938 – VI 533/36 –".[71]

Für die Aufteilung des Gesamtkaufpreises in einen Bodenwert- und einen Gebäudewert- **165** anteil wurde bis 1971 die so genannte **Restwertmethode**[72] angewendet (Abb. 13). 1971 rückte der BFH von seiner bisherigen Auffassung ab[73] und schrieb vor, dass der Gesamtkaufpreis nunmehr im Verhältnis der Teilwerte (d. h. Bodenwert wie unbebaut und Gebäudesachwert) aufzuteilen ist (**Verkehrswertmethode**[74]).

Der **Aufteilungsmodus nach der Restwertmethode** ist mit Recht **verworfen** worden, da **166** alle das Gesamtgrundstück betreffenden negativen wertbeeinflussenden Umstände **einseitig auf den Gebäudewertanteil abgewälzt** wurden und das Verfahren damit insgesamt zu ungerechtfertigt hohen Bodenwertanteilen führte (vgl. Abb. 14). Die Aufteilung des Gesamtkaufpreises nach der **Verkehrswertmethode** ist dagegen plausibel, weil alle den Kaufpreis beeinflussenden Umstände gleichermaßen auf die Wertanteile des Grund und Bodens und des Gebäudes verteilt werden.

---

63 BGH, Urt. vom 6. 12. 1962 – III ZR 113/61 –, EzGuG 6.65; LG Bremen, Urt. vom 5. 11. 1954 – 1 O 749/54 (B) –, EzGuG 6.10; BGH, Urt. vom 17. 12. 1964 – III ZR 96/63 –, EzGuG 11.47; BGH, Urt. vom 8. 11. 1962 – III ZR 86/61 –, EzGuG 8.5
64 BGH, Urt. vom 2. 4. 1981 – III ZR 186/79 –, EzGuG 19.38
65 BGH, Urt. vom 25. 6. 1964 – III ZR 111/64 –, EzGuG 20.37
66 BGH, Urt. vom 30. 1. 1957 – V ZR 84/56 –, EzGuG 4.5; vgl. ferner Pr. OVG, Urt. vom 11. 11. 1898 – I 1863 –, EzGuG 4.2
67 OLG Koblenz, Urt. vom 1. 6. 1977 – 1 U 9/76 –, EzGuG 20.67 – in der Entscheidung wird auf die Anwendung des § 12 WertV verwiesen, der § 20 WertV 88 entspricht; OLG Köln, Beschl. vom 3. 5. 1962 – 4 W 7/62 –, EzGuG 20.30; auch BFH, Urt. vom 6. 11. 1968 – I R 12/66 –, EzGuG 20.44; BFH, Urt. vom 28. 3. 1973 – I R 115/71 –, EzGuG 20.55; BFH, Urt. vom 2. 6. 1959 – I 74/58 F –, EzGuG 4.10 a
68 Stöckel in DStZ, 1988, 220
69 BFH, Urt. vom 15. 10. 1965 – VI 134/65 U –, EzGuG 4.26
70 RFH, Urt. vom 26. 1. 1938 – VI 619/37 –, EzGuG 4.4
71 RFH, Urt. vom 19. 1. 1938 – VI 533/36 –, EzGuG 4.3 a; RFH, Urt. vom 26. 1. 1938 – VI 619/37 –, EzGuG 4.4; vgl. auch RFH, Urt. vom 9. 1. 1931 – I A 246/30 –, EzGuG 20.13
72 BFH, Urt. vom 3. 6. 1965 – IV 351/64U –, EzGuG 4.24; BFH, Urt. vom 15. 10. 1965 – VI 134/65 U –, EzGuG 4.26
73 BFH, Urt. vom 21. 1. 1971 – IV 123/65 –, EzGuG 4.31 a
74 BFH, Urt. vom 19. 12. 1972 – VIII ZR 124/69 –, EzGuG 4.38 a; BFH, Urt. vom 10. 10. 2000 – IX R 86/97 –, BStBl. II 2001, 183 = GuG 2001, 253

Abb. 13: Kaufpreisaufteilung in Boden- und Gebäudewertanteil nach der Rechtsprechung des BFH

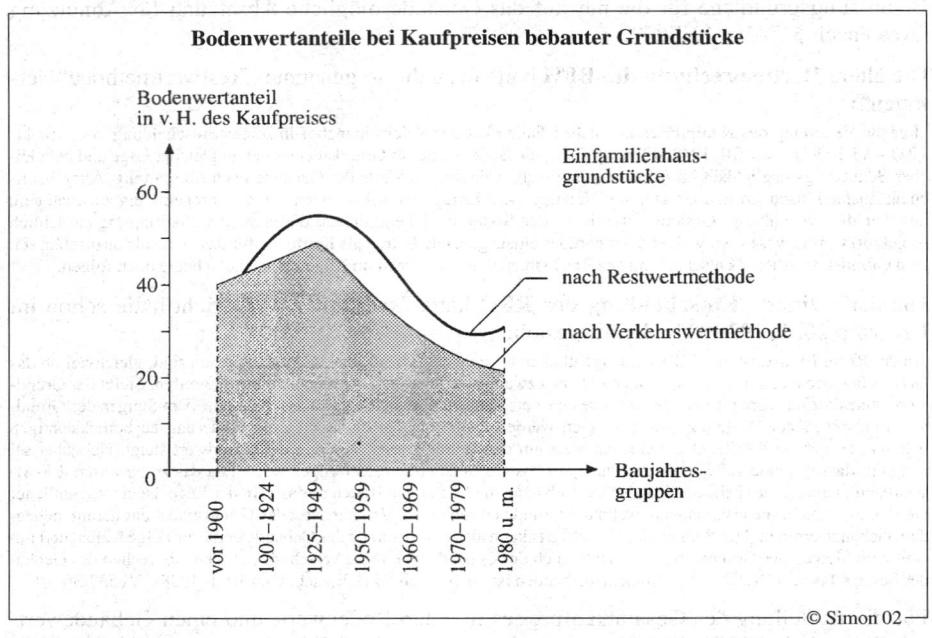

Abb. 14: Wertanteile für den Grund und Boden in v. H. am Kaufpreis des Gesamtobjekts nach der Restwert- und der Verkehrswertmethode

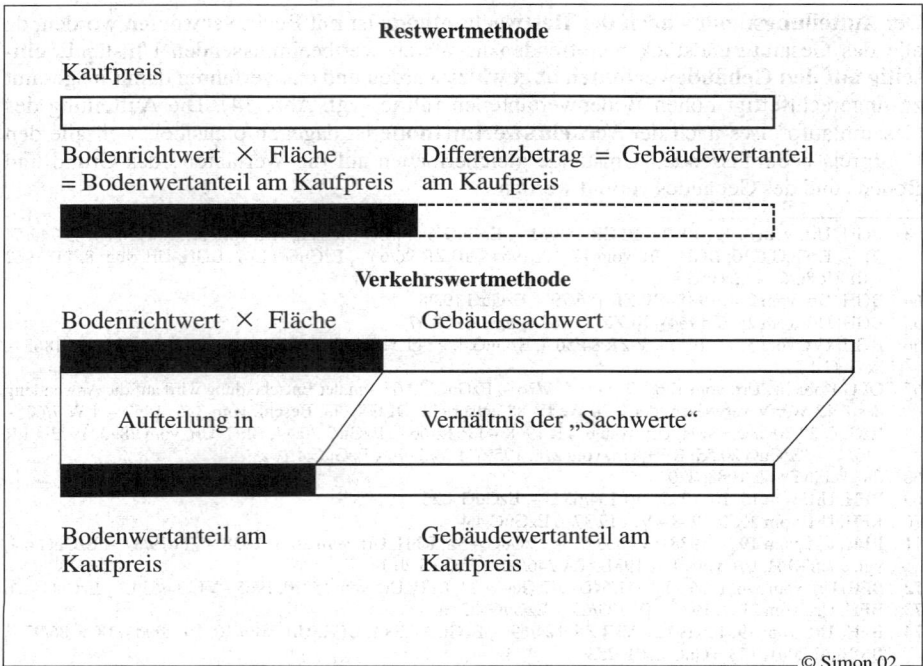

1971 rückte der BFH[75] von seiner bisherigen Rechtsprechung ab und schrieb vor, dass der **Gesamtwert nunmehr im Verhältnis der Teilwerte aufzuteilen** ist. **167**

Beispiel zur Verkehrswertaufteilung: **168**

Ein noch zu modernisierendes Gebäude wird für 800 000 € erworben. Bei Bewertung der einzelnen Teilkomponenten ergibt sich für den Grund und Boden ein Verkehrswert von 400 000 €, für die Altbausubstanz und die Modernisierungsmaßnahmen jeweils ein Verkehrswert von 300 000 €, insgesamt also 000 000 €.
Der einheitliche Kaufpreis ist im Verhältnis 4:3:3 auf die Teilkomponenten aufzuteilen. Auf den Grund und Boden entfallen also 320 000 €, auf den Altbau 240 000 € und auf die Modernisierungsmaßnahmen ebenfalls 240 000 €.

In der Folge hat das FG Köln[76] entschieden, dass bei der Ermittlung der Verkehrswertanteile des Bodens und des Gebäudes zum Zwecke der Aufteilung eines Gesamtkaufpreises der für unbebaute Grundstücke ermittelte Bodenrichtwert „nicht ohne weiteres der Bewertung des bebauten Grund und Bodens zu Grunde gelegt werden" könne, weil der vom Gutachterausschuss ermittelte Bodenrichtwert für ein unbebautes Grundstück gelte und der Verkehrswert des bebauten Grund und Bodens insbesondere dann nicht dem Bodenrichtwert entspräche, „wenn das **Maß der baurechtlich zulässigen Nutzung nicht ausgeschöpft** worden ist". Diesen Hinweisen kann mit dem unter Rn.131 ff. erläuterten Verfahren Rechnung getragen werden. Das FG Hamburg[77] stellt für die Aufteilung eines Kaufpreises auf die jeweiligen Sachwerte ab („beim Grund und Boden im unbebauten Zustand = Verkehrswert"). Das FG Baden-Württemberg hat im Urt. vom 29. 4. 1998 – 12 K 351/92 –, EFG 1998, 1191 einen Bebauungsabschlag von 25 % vom Bodenrichtwert (eines unbebaut gedachten Grundstücks), wie er z. B. in *Stuttgart* praktiziert wird, nicht gelten lassen wollen. **169**

Die **Absicht beim Erwerb eines Grundstücks, die Gebäude abzureißen,** rechtfertigt im Übrigen nach ständiger finanzgerichtlicher Rechtsprechung nicht, den für ein bebautes Grundstück bezahlten Überpreis im Wesentlichen dem Grund und Boden zuzuordnen[78]. **170**

Zur **Teilwertermittlung bei Eigentumswohnungen** vgl. BFH, Urt. vom 24. 2. 1999 – IV B 73/98 –, GuG 2000, 186 = EzGuG 20.170. **171**

Fazit: Sachverständige, die bei der Ermittlung des Bodenwerts bebauter Grundstücke mit generellen Bebauungsabschlägen arbeiten, begeben sich unnötig in Schwierigkeiten, denn **172**

– die Höhe des gewährten Abschlags kann nicht schlüssig begründet werden, da die hierzu erforderlichen Grunddaten nicht ermittelbar sind;

– bei Anwendung geminderter (gedämpfter) Bodenwerte müssen andere, üblicherweise bei der Wertermittlung verwendete Parameter (z.B. Liegenschaftszinssatz, Marktanpassungszu- oder -abschläge) korrigiert werden, da sie unter anderem von der Ermittlungsmethodik des Bodenwerts abhängen.

Im Übrigen würden bei der generellen **Bodenwertdämpfung** alle Einflüsse, die auf den Wert des Grundstücks einwirken, einseitig auf den Bodenwert abgewälzt. Das Verfahren ist damit mit der vom BFH verworfenen Restwertmethode vergleichbar. Es wird empfohlen, die Bodenwerte so anzusetzen, als ob das Grundstück unbebaut wäre und auf Bebauungsabschläge zu verzichten. Dazu können die von den Gutachterausschüssen ermittelten Bodenrichtwerte ohne weiteres herangezogen werden, denn die Bodenrichtwerte in bebauten Gebieten werden seit jeher[79] mit dem Wert ermittelt, der sich ergeben würde, wenn der Boden unbebaut wäre[80]. Etwaige in ihrer Höhe nicht exakt feststellbare Bodenwertmin- **173**

---

75 BFH, Urt. vom 21. 1. 1971 – IV 123/65 –, EzGuG 4.31 a
76 FG Köln, Urt. vom 14. 1. 1988 – 5 K 296/86 –, EzGuG 4.120; BFH, Urt. vom 20. 9. 1980 – III R 21/78 –, BFHE 132, 101 = BStBl. II 1981, 153
77 FG Hamburg, Beschl. vom 27. 8. 1973 – I 8/70 –, EzGuG 4.41; zur Aufteilung bei Grundstücken des öffentlich geförderten sozialen Wohnungsbaues vgl. FG Berlin, Urt. vom 10. 3. 1971 – VI 72/69 –, EzGuG 4.32
78 BFH, Urt. vom 16. 12. 1981 – I R 31/78 –, EzGuG 4.80
79 § 144 Abs. 1 Satz 2 BBauG 76
80 § 196 Abs. 1 Satz 2 BauGB 87

derungen infolge Bebauung können ohne Begründungsprobleme bei der Anpassung des Ausgangswerts (Grundstückssachwert, Grundstücksertragswert) an die Marktlage berücksichtigt werden (vgl. Rn. 131 ff.).

b) Grundbesitzbewertung

174   In der **steuerlichen Grundbesitzbewertung** findet bei der Bewertung von bebauten Grundstücken im Ertragswertverfahren nach § 146 BewG eine vereinfachende Betrachtungsweise Anwendung. Danach ist im Falle einer Abweichung der tatsächlichen Bebauung von der rechtlich zulässigen Bebauung des Bodenrichtwertgrundstücks das Maß der tatsächlichen Bebauung für die Bodenwertermittlung maßgebend, wenn rechtlich keine Möglichkeit besteht, das Maß der zulässigen baulichen Nutzung durch Erweiterung und Neubau auszuschöpfen[81].

175   Auf Antrag des Finanzausschusses des Bundesrates zu **Nr. 176 ErbStR**[82] ist im Rahmen der **Mindestbewertung** folgende Regelung in die ErbStR aufgenommen worden:

„(2) ¹Weicht die tatsächliche Bebauung von der rechtlich zulässigen Nutzung des Bodenrichtwertgrundstücks ab, ist dies bei der Wertermittlung nur dann wertmindernd zu berücksichtigen, wenn rechtlich keine Möglichkeit besteht, das Maß der zulässigen baulichen Nutzung durch Erweiterung oder Neubau auszuschöpfen. ²Das gilt insbesondere für Grundstücke mit Baulasten, soweit sie sich auf das Maß der baulichen Nutzung auswirken, sowie für Grundstücke, die unter Denkmalschutz gestellt sind. ³Zur Berücksichtigung der Wertminderung in den genannten Ausnahmefällen ist die Geschossflächenzahl nach den Außenmaßen des Gebäudes in allen Vollgeschossen zu ermitteln (§ 20 Abs. 3 Satz 1 BauNVO). ⁴§ 20 Abs. 3 Satz 2 BauNVO in der Fassung vom 23. Januar 1990 ist nicht anzuwenden. ⁵Die Geschossfläche ist durch die Grundstücksfläche zu teilen und ergibt die der tatsächlichen Nutzung entsprechende Geschossflächenzahl. ⁶Die errechnete Geschossflächenzahl und die Geschossflächenzahl des Bodenrichtwertgrundstücks sind in Umrechnungskoeffizienten auszudrücken. ⁷Der Bodenwert ist nach folgender Formel zu berechnen:

$$\text{Bodenwert/m}^2 = \frac{\text{Umrechnungskoeffizient für die Geschossflächenzahl des zu bewertenden Grundstücks}}{\text{Umrechnungskoeffizient für die Geschossflächenzahl des Bodenrichtwertgrundstücks}} \times \text{Bodenrichtwert}$$

176   Nach der Begründung zu dieser Regelung (a. a. O.) soll damit aber nur den Fällen Rechnung getragen werden, in denen die tatsächliche Bebauung *unterhalb* der gesetzlich zulässigen Bebauung bleibt und auch in *absoluten Ausnahmefällen* ausgeschlossen ist, die für ein Gebiet allgemein zulässige Bebauung auszuschöpfen.

4.3.2.7 Schlussfolgerung

177   Die **Heranziehung von gedämpften Bodenwerten** setzt bei Anwendung des Ertragswertverfahrens unter dem Grundsatz der Modellkonformität zwangsläufig die Ableitung und Anwendung gedämpfter Liegenschaftszinssätze und bei Anwendung des Sachwertverfahrens „gedämpfter" aber auch „aufgekochter" Marktanpassungsab- bzw. -zuschläge voraus. Bei der grundsätzlich zu beachtenden Modellkonformität führt die Heranziehung gedämpfter Bodenwerte stets (und nicht nur bei Grundstücken, deren Bebauung eine lange Restnutzungsdauer aufweist) zu demselben Ergebnis wie bei Anwendung des „vollen" Bodenwerts. Sie ist damit letztlich stets ein (unsinniges) Nullsummenspiel (vgl. § 11 Rn. 90 ff.).

178   Die Ausführungen zeigen, dass eine **Dämpfung des Bodenwerts solange unschädlich ist, wie bei der Wertermittlung innerhalb des Systems einheitlich** (systemkonform) **verfahren wird.** Wenn also der Bodenwert eines bebauten Grundstücks gegenüber dem eines unbebauten Grundstücks „gedämpft" wird, so darf sich dies nicht auf die Verkehrswertermittlung selbst beschränken, sondern muss innerhalb dieses Systems bereits bei der Ableitung der zur Wertermittlung erforderlichen Daten gleichermaßen so geschehen, z. B. bei der Ableitung des Liegenschaftszinssatzes, der Vergleichsfaktoren bebauter Grundstücke oder der Markanpassungsfaktoren des Sachwertverfahrens. Für die Gutachterausschüsse für Grundstückswerte folgt hieraus, dass sie bei der Veröffentlichung der von ihnen abgeleiteten erforderlichen Daten der Wertermittlung dartun müssen, wie der Bodenwert in die Ableitung dieser Daten eingegangen ist. Wurde der Bodenwert gedämpft, so muss zudem die angewandte Methodik erläutert werden, weil sonst eine sachgerechte Verwendung dieser Daten nicht möglich ist.

Die vorstehenden Ausführungen zeigen, dass **im Normalfall** – und dieser muss im Vordergrund der Betrachtungen stehen – die **Dämpfung des Bodenwerts bei systemkonformer Anwendung der WertV** lediglich **zu einem zusätzlichen und für das Ergebnis bedeutungslosen Rechengang führt.** Dies kann nicht zur Überzeugungskraft einer Verkehrswertermittlung beitragen, es sei denn, der Verbraucher eines Gutachtens ließe sich allein durch ein sachkundig erscheinendes „Rechenwerk" beeindrucken. Auf die Wiedergabe von „Dämpfungsverfahren" wird deshalb hier verzichtet, zumal der Verordnungsgeber nur in bestimmten Ausnahmefällen eine Dämpfung des Bodenwerts in Kauf genommen hat[83] (vgl. Rn. 180). Dem entspricht im Übrigen die mit § 196 Abs. 1 Satz 2 BauGB vorgegebene Regel, in bebauten Gebieten die Bodenrichtwerte mit dem Wert zu ermitteln, der sich für das unbebaute Grundstück ergeben würde (vgl. § 196 BauGB Rn. 22) sowie der Ableitung von Bodenpreisindexreihen aus Kaufpreisen unbebauter Grundstücke (§ 9 Abs. 3).

179

Vorstehende auch aus § 5 Abs. 1 herzuleitende **Verfahrensweise trägt rechtlichen Erfordernissen Rechnung:**

180

a) bei der *Ermittlung der Entschädigung* für hoheitliche Eingriffe in die ausgeübte Nutzung nach § 42 BauGB ohne Abbruch der Gebäude;

b) bei der *Bemessung des Endwerts* nach Maßgabe des § 28 Abs. 3 zur Ermittlung des Ausgleichsbetrags nach den §§ 154f. BauGB (vgl. Rn. 100; § 28 WertV Rn. 138ff.)[84].

c) bei der *Verkehrswertermittlung eines im Außenbereich gelegenen Grundstücks*, das zulässigerweise mit einem privilegierten Vorhaben bebaut wurde und im Falle des Abgangs der baulichen Anlage die Neuerrichtung nach Maßgabe des § 35 BauGB jedoch nicht zulässig wäre (vgl. insbesondere aber § 35 Abs. 4 BauGB);

d) bei der *Bemessung von Ausgleichsleistungen* in Umlegungsverfahren (§ 64 BauGB), wenn die tatsächliche Nutzung von der zulässigen Nutzung abweicht[85]; indessen muss bei der Ermittlung des Sollanspruchs ein Zurückbleiben der auf einem eingeworfenen Grundstück befindlichen Bebauung hinter der rechtlich zulässigen Nutzung außer Betracht bleiben, wenn im Hinblick auf die Eigentümernützigkeit der Umlegung der Sollanspruch des Umlegungsbeteiligten nicht geschmälert werden soll[86];

e) bei der *Ermittlung des Bodenwerts eines mit einer denkmalgeschützten Anlage bebauten Grundstücks*; da auf Grund des Bestandsschutzes und der Erhaltungspflicht das Bauwerk „auf ewig" erhalten bleiben soll, geht das zweite Glied der Ausgangsformel in Abb. 7 bei Rn. 131 wegen $n \rightarrow \infty$ mit dem Ergebnis gegen Null, dass sich der Bodenwert allein nach der realisierten Nutzung bestimmt (vgl. § 19 WerV Rn. 133ff.);

f) bei der Ermittlung des Bodenwerts nach § 19 SachenRBerG;

g) bei der Ermittlung von Bodenrichtwerten nach § 196 BauGB.

---

81 ErbStR vom 21. 12. 1998 BStBl. I Sondernr. 2/1998; Erl. des Min. für Finanzen und Energie des Landes Schleswig-Holstein vom 9. 10. 1997 – VI 310 – S 3014 – 097 – (GuG 1998, 166 = DStZ 1998, 144 = DStR 1997, 1728) versus Erl. des bay. FM vom 15. 10. 1997 – 17/106 – 53 946 –, GuG 1998, 305; OFD Frankfurt am Main, Vfg. vom 31. 10. 1997 – S 3289 d A 1 St III 30 –, GuG 1998, 353

82 BR-Finanzausschuss (zu Punkt 3 der TO der 709. Sitzung am 25. 6. 1998) BR-Drucks. 525/1/98

83 BGH, Urt. vom 10. 2. 1958 – III ZR 168/56 –, EzGuG 4.8; BGH, Urt. vom 27. 11. 1961 – III ZR 167/60 –, EzGuG 4.16

84 Kleiber in Bielenberg/Koopmann/Krautzberger, Städtebauförderungsrecht, Komm. zu § 154 BauGB, Rn. 62ff.

85 Ernst/Zinkahn/Bielenberg, BauGB, Komm. zu § 60 Rn. 25ff.

86 Gleiche Auffassung: Dieterich, Baulandumlegung, 3. Aufl. München 1996, S. 146; Ernst/Zinkahn/Bielenberg, BauGB, Komm. zu § 60 Rn. 6ff., § 57 Rn. 30

181 Den vorstehenden Ausführungen trägt § 28 Abs. 3 Rechnung. Für die **Ermittlung von Ausgleichsbeträgen** nach den §§ 154 f. BauGB schreibt § 28 Abs. 3 Satz 1 ausdrücklich vor, dass Anfangs- und Endwerte grundsätzlich „durch Vergleich mit dem Wert vergleichbarer unbebauter Grundstücke" zu ermitteln sind und nur in bestimmten, in Satz 2 dieser Vorschrift geregelten Ausnahmefällen von dieser Grundregel abzuweichen ist. Die Vorschrift nennt dabei nur den Fall, in dem die zulässige Nutzbarkeit durch eine bestehen bleibende Bebauung beeinträchtigt wird.

182 Bei alledem kann nicht übersehen werden, dass es von der vorstehenden Problematik abzugrenzende Fälle gibt, in denen die **bauliche Nutzung in einem Missverhältnis zu dem Bodenwert** steht, der sich für das unbebaute Grundstück ergibt. Hier ist vor allem an den Fall eines untergenutzten Grundstücks zu denken, das eine dem Bodenwert nicht angemessene Rendite abwirft. Wird der Bodenwert bei der Ermittlung derartiger Objekte im Wege des Ertragswertverfahrens mit dem Wert angesetzt, der sich für das Grundstück im unbebauten Zustand ergibt, kann das dazu führen, dass der Verzinsungsbetrag des Bodenwerts nach § 16 Abs. 2 Satz 1 den Reinertrag des Grundstücks nach § 16 Abs. 1 „auffrisst". Dass nur ein als Wert des unbebauten Grundstücks angesetzter „voller" Bodenwert hierzu führen kann, hat der Verordnungsgeber gesehen und deshalb für diesen Fall mit § 20 ein besonderes Wertermittlungsverfahren (Liquidationsverfahren) vorgegeben (vgl. § 20 WertV Rn. 29 ff.). Dieses Verfahrens hätte es nicht bedurft, wenn der Verordnungsgeber davon ausgegangen wäre, dass das Missverhältnis der Bodennutzung zum „vollen" Bodenwert bereits durch eine entsprechende Dämpfung des Bodenwerts zu berücksichtigen wäre (vgl. § 20 WertV Rn. 19).

183 § 20 Abs. 3 schreibt ausdrücklich vor, dass die eingeschränkte Ertragsfähigkeit eines Grundstücks auf Grund eines längerfristig „aus rechtlichen oder anderen Gründen" nicht möglichen Abrisses des Gebäudes bei der Bemessung des Bodenwerts zu berücksichtigen ist und damit ein Bodenwert in die Ermittlung des Ertragswerts Eingang finden soll, der ausdrücklich von dem Wert nach § 15 Abs. 2 abweicht. Die **Vorschrift impliziert** damit, **dass der nach § 15 Abs. 2 anzusetzende Bodenwert in Bezug auf die Bebauung des Grundstücks wiederum ungedämpft ist.**

184 Wird der nach vorstehenden mit § 5 Abs. 1 im Einklang stehenden Grundsätzen ermittelte Bodenwert

– gemäß § 15 Abs. 2 in das *Ertragswertverfahren* eingeführt, ist für die Anwendung des § 20 Abs. 3 kein Raum mehr; diese Vorschrift lässt ohnehin nicht erkennen, wann und ggf. nach welchen Maßstäben ein „von dem Wert nach § 15 Abs. 2" abweichender Bodenwert in das Verfahren eingeführt werden soll.

Vor einer missbräuchlichen Anwendung des § 20 Abs. 3 muss dringend gewarnt werden. Die Vorschrift, nach der neben rechtlichen Gründen auch aus „anderen Gründen" ein von § 15 Abs. 2 abweichender Bodenwert zulässig sein soll, darf nicht als Freibrief verstanden werden, einen manipulierten Bodenwert in das Verfahren einzuführen. Dies ist deshalb nicht ausgeschlossen, weil einerseits die Anwendungsvoraussetzungen und andererseits die Verfahrensweise zur Abänderung des nach § 15 Abs. 2 anzusetzenden Bodenwerts nicht geregelt sind (vgl. § 20 WertV Rn. 57 ff.).

185 Soweit bei einem Zurückbleiben der tatsächlichen Nutzung gegenüber der rechtlich zulässigen Nutzung die Ertragsfähigkeit nach den hier dargelegten und im Einklang mit § 5 Abs. 1 stehenden Grundsätzen berücksichtigt wird, trägt dies im Übrigen auch dem Regelungsgehalt des § 20 Abs. 3 Satz 2 insoweit bereits Rechnung, nach dem die Dauer und die Höhe der eingeschränkten Ertragsfähigkeit zu berücksichtigen ist. Zu fragen ist auch, warum § 20 Abs. 3 nur den Fall einer eingeschränkten Nutzungsmöglichkeit und nicht auch – wie § 5 Abs. 1 den Fall einer Überschreitung der rechtlich zulässigen Ertragsfähigkeit des Grundstücks behandelt. Die insgesamt unverständliche Vorschrift ist auch erst kurz vor Fertigstellung des RegEntw. in die Verordnung aufgenommen worden (vgl. § 20 WertV Rn. 57 ff.).

Fazit: Als Ergebnis ist also festzustellen, dass es zweckmäßig ist, bei der Verkehrswert- **186** ermittlung bebauter Grundstücke **im Normalfall als Bodenwert den Verkehrswert vergleichbarer unbebauter Grundstücke anzusetzen**, und zwar nach folgenden Maßgaben:

a) Die Bebauung der umgebenden Grundstücke ist als lagewertbildender Faktor zu berücksichtigen.

b) Die für das Grundstück sich ergebenden rechtlichen Gegebenheiten sind nach Maßgabe der Verkehrswertdefinition des § 194 BauGB zu berücksichtigen; dies betrifft insbesondere die Festsetzungen eines Bebauungsplans, die sonstigen öffentlich-rechtlichen und privatrechtlichen Vorschriften (vgl. Rn. 127 ff.; § 14 WertV Rn. 46 ff.) einschließlich der aus der Bebauung sich ergebenden rechtlichen Gegebenheiten, die sich z.B. auf die Ertragsfähigkeit auswirken können.

Annex: Das von **Naegeli**[87] vor sehr langer Zeit (1955–1957) entwickelte **Lageklassenver-** **187** **fahren,** nach dem sich ggf. der gedämpfte Anteil des Bodens am Gesamtwert eines bebauten Grundstücks „einzig und allein" nach den von ihm definierten Lageklassen bestimmt, mag seinerzeit für den von ihm untersuchten schweizerischen Grundstücksmarkt „stimmig" gewesen sein; für deutsche Verhältnisse ist dieses Verfahren sowohl von seinem Ansatz her als auch den angegebenen Werten her unbrauchbar, auch wenn im deutschsprachigen Schrifttum hierauf schon einmal zurückgegriffen worden ist[88]. Von sachkundigen Gutachtern wird das Verfahren deshalb nicht angewandt (vgl. Rn. 371).

4.4 Bodenrichtwertverfahren (Abs. 2)

4.4.1 Allgemeines

Nach Abs. 2 Satz 1 können zur Ermittlung von Bodenwerten neben oder an Stelle von Prei- **188** sen für Vergleichsgrundstücke **geeignete Bodenrichtwerte** herangezogen werden.

Voraussetzung für die Heranziehung von Bodenrichtwerten zur Wertermittlung ist **189** ihre Eignung (vgl. § 13 Abs. 2). Eine Eignung ist gegeben, wenn die Bodenrichtwerte:

a) entsprechend den örtlichen Verhältnissen *hinreichend gegliedert* sind, und zwar nach

– Lage (§ 5 Abs. 6) und

– Entwicklungszustand (§ 4);

b) *hinreichend bestimmt* sind, und zwar nach

– Art und Maß der baulichen Nutzung (§ 5 Abs. 1),

– Erschließungszustand sowie

– der jeweils vorherrschenden Grundstücksgestalt.

Als **geeignete Bodenrichtwerte** kommen **190**

– die *allgemeinen* Bodenrichtwerte i. S. d. § 196 Abs. 1 Satz 1 bis 3 BauGB,

– die *besonderen* Bodenrichtwerte i. S. d. § 196 Abs. 1 Satz 5 BauGB sowie

– bei Wertermittlungen, die sich auf zurückliegende Stichtage beziehen, schließlich auch die *für steuerliche Zwecke abgeleiteten Bodenrichtwerte i. S. d. § 196 Abs. 1 Satz 4 und Abs. 2 BauGB*

in Betracht (vgl. § 196 BauGB Rn. 40 ff.).

---

87 Naegeli, Die Wertberechnung des Baulandes, Zürich 1965
88 Ross/Brachmann, Ermittlung des Bauwertes von Gebäuden und des Verkehrswerts von Grundstücken, 25. Aufl. 1989; S. 35 ff.

191 Unter den **besonderen Bodenrichtwerten** sind solche zu verstehen, die auf Antrag der für den Vollzug des BauGB zuständigen Behörden

– für einzelne Gebiete

– bezogen für einen von dem ansonsten vorgegebenen „abweichenden Zeitpunkt"

ermittelt worden sind. Bei dem „geeigneten" Zeitpunkt kann es sich von dem ansonsten nach § 196 Abs. 1 Satz 3 BauGB maßgeblichen Zeitpunkt (Ende eines jeden Kalenderjahrs) abweichenden Zeitpunkt handeln. I. d. R. wird dieser Zeitpunkt von der beantragenden Behörde vorgegeben. Solche besonderen Bodenrichtwerte kommen insbesondere bei Sanierungs- und Entwicklungsmaßnahmen sowie für Umlegungsgebiete in Betracht[89].

192 Bei den **für steuerliche Zwecke abgeleiteten Bodenrichtwerten** handelt es sich um solche, die bezogen

– auf den Hauptfeststellungszeitpunkt der Einheitsbewertung (1. 1. 1964) bzw.

– auf den Zeitpunkt der Bedarfsbewertung zur Feststellung des Grundbesitzwerts (1. 1. 1996)

ermittelt werden.

193 Schon im Hinblick auf die Reform des Erbschaft- und Schenkungsteuerrechts haben sich an die **Bodenrichtwertermittlung für steuerliche Zwecke** höhere Anforderungen gestellt, wie sie seinerzeit im RdSchreiben des Bundesministeriums für Raumordnung, Bauwesen und Städtebau vom 4. 2. 1996 wie folgt zusammengefasst wurden:

„1. Die Bodenrichtwerte sollen flächendeckend für das Bauland im gesamten Gemeindegebiet und zwar sowohl für bebaute als auch für unbebaute Grundstücke in einer „Dichte" abgeleitet werden, dass der Bodenwert des einzelnen Grundstücks nicht erheblich vom Bodenrichtwert der zugeordneten Bodenrichtwertzone abweicht; zumindest sollen die Voraussetzungen geschaffen werden, dass im Bedarfsfall eine den steuerlichen Anforderungen genügende ergänzende Bodenrichtwertermittlung („Nachverdichtung") zum 1. 1. 1996 jederzeit möglich ist.

2. Flächen, in denen kein Grundstücksverkehr stattgefunden hat, sollten von der Bodenrichtwertermittlung grundsätzlich nicht ausgenommen sein.

3. Die den ermittelten Bodenrichtwerten zuzuordnende Bodenrichtwertzone sollte „in sich" möglichst homogen sein, insbesondere was die Art und das Maß der baulichen Nutzbarkeit betrifft. Sie sind räumlich abzugrenzen.

4. In bebauten Gebieten sind nach Maßgabe des § 196 Abs. 1 Satz 2 BauGB die Bodenrichtwerte mit dem Wert zu ermitteln, der sich ergeben würde, wenn der Boden unbebaut wäre.

5. Soweit nach Maßgabe landesrechtlicher Bestimmungen eine Bodenrichtwertermittlung zum 31. 12. 1995 nicht vorgeschrieben ist, sollen entsprechende Bodenrichtwertermittlungen „zwischengeschaltet" werden."

4.4.2   Heranziehung von Bodenrichtwerten

▶ *Hierzu Allgemeines bei § 196 BauGB und § 14 WertV Rn. 178 ff.*

194 Die Heranziehung von Bodenrichtwerten ist eine anerkannte und bewährte Methode, die in der höchstrichterlichen Rechtsprechung nicht beanstandet worden ist[90] (vgl. § 196 BauGB Rn. 5 ff.). **Die Wertermittlung durch unmittelbare Ableitung aus Kaufpreisen für vergleichbare Grundstücke hat Vorrang vor der Wertermittlung auf der Grundlage von den als Durchschnittswerte definierten Bodenrichtwerten[91].** Im Schrifttum war die Verwendbarkeit von Bodenrichtwerten trotz ihrer ausdrücklichen „Verankerung" als Hilfsmittel der Wertermittlung in § 5 WertV 72 lange Zeit nicht unumstritten[92]. Heute sind Bodenrichtwerte als Grundlage der Wertermittlung anerkannt. Allerdings genießt die **Heranziehung von Vergleichspreisen Vorrang** (vgl. Vorbem. zu den §§ 13 f. WertV Rn. 46). Dabei wird man vor allem im Rahmen der Anwendung des Ertragswertverfahrens auf Grundstücke, deren Bebauung eine lange Restnutzungsdauer aufweisen, schon aus fehlertheoretischen Gründen weitaus geringere Ansprüche stellen können (vgl. Rn. 51, Vorbem. zu den §§ 15 ff. WertV Rn. 147 f.).

Die von den Gutachterausschüssen nach § 193 Abs. 3 BauGB zu ermittelnden und nach **195** § 196 Abs. 3 BauGB zu veröffentlichenden Bodenrichtwerte weisen bei fachlich kompetenter Aufgabenerfüllung diese Voraussetzungen nicht allerorts auf. Dabei ist zwar daran zu erinnern, dass Bodenrichtwerte nach § 195 Abs. 1 BauGB als durchschnittliche Lagewerte des Grund und Bodens für Gebiete mit im Wesentlichen gleichen Lage- und Nutzungsverhältnissen definiert sind und sie mithin nicht identisch mit dem Verkehrswert eines bestimmten Grundstücks sind, sondern für ein **fiktives Bodenrichtwertgrundstück** „stehen", das in der Bodenrichtwertkarte

– entweder einer bestimmten „starr" abgegrenzten Bodenrichtwertzone (*zonale* Bodenrichtwerte)
– oder einem Gebiet ohne „scharfe" Zonenbegrenzung (sog. *lagetypische* Bodenrichtwerte mit fließenden Bodenrichtwertzonen)

zugeordnet ist. In jedem Fall können auf Grund der Eintragungen der Bodenrichtwerte in eine Bodenrichtwertkarte deren Gliederung sowie die wesentlichen Zustandsmerkmale der zugehörigen Bodenrichtwertgrundstücke entnommen werden.

Obwohl Abs. 2 Satz 1 die Heranziehung von Bodenrichtwerten „neben oder an Stelle von **196** (Vergleichs-)Preisen" scheinbar als eine gleichwertige Methode anführt, hat der **Preisvergleich Vorrang.** Dies hat – wie bereits dargelegt – die höchstrichterliche Rechtsprechung wiederholt festgestellt und ist darin begründet, dass der **direkte Preisvergleich eine höhere Zuverlässigkeit** verspricht, als ein Zurückgreifen auf die in nicht erkennbarer Weise aus Vergleichspreisen oder sonstwie abgeleiteten Bodenrichtwerte. Deshalb gilt es zunächst stets den direkten Preisvergleich zu suchen. Da Bodenrichtwerte i. d. R. aus Vergleichspreisen abgeleitet werden, sollten insoweit auch die Vergleichspreise zur Verfügung stehen. Der Sachverständige muss auch diesbezüglich seine Feststellungen im Gutachten darlegen.

Die Notwendigkeit, bei Heranziehung von Bodenrichtwerten auf originäre Vergleichs- **197** preise zurückzugreifen, stellt sich vor allem dann, wenn **Zweifel an der Stimmigkeit der Bodenrichtwerte** aufkommen müssen[93]. Der sich aus § 195 Abs. 3 BauGB ergebene Rechtsanspruch auf Auskunft aus der Kaufpreissammlung besteht bei alledem generell und nicht erst bei aufkommenden Zweifeln. Etwas anderes kann allenfalls dann gelten, wenn nach den Umständen des Einzelfalls der Bodenrichtwert in erkennbarer Weise vertrauenswürdig ist und etwaige Schätzungenauigkeiten ohne Bedeutung sind. Dies kann bei Anwendung des Ertragswertverfahrens der Fall sein, denn bei Anwendung dieses Verfahrens schlagen Ungenauigkeiten der Bodenwertermittlung bei langer Restnutzungsdauer des Gebäudes nur marginal auf das Ergebnis durch.

Die hier angesprochenen nach § 193 Abs. 3 BauGB von den Gutachterausschüssen für **198** Grundstückswerte zu ermittelnden Bodenrichtwerte sind nach § 196 Abs. 3 BauGB zu veröffentlichen. Jedermann kann von der Geschäftsstelle des Gutachterausschusses **Auskunft über die Bodenrichtwerte** verlangen.

Bodenrichtwerte werden in **Bodenrichtwertkarten** veröffentlicht. **199**

89 MtFuE – Schl.-Hol. Erl. vom 9. 10. 1997 – VI 310 – S 3041 – 097 –, GuG 1998, 166, 305 = DStZ 1998, 144
90 BGH, Urt. vom 4. 3. 1982 – III ZR 156/80 –, EzGuG 11.127; BGH, Urt. vom 10. 3. 1977 – III ZR 195/74 –, EzGuG 18.72; BFH, Urt. vom 15. 1. 1985 – IX R 81/83 –, EzGuG 20.109; a. A. RFH, Urt. vom 28. 4. 1938 – III 345/37 –, RStBl. 1938, 716
91 BGH, Urt. vom 17. 5. 1991 – V ZR 104/90 –, EzGuG 11.183; BFH, Urt. vom 26. 9. 1980 – III R 21/78 –, EzGuG 20.86; BFH, Urt. vom 29. 4. 1987 – X R 2/90 –, EzGuG 19.39 b; BFH, Urt. vom 8. 9. 1994 – IV R 16/94 –, EzGuG 19.43
92 Brachmann in AVN 1967, 478; Meissner in AVN 1967, 535; Hintzsche in AVN 1968, 111; Glaser in AVN 1969, 456; Frisch in AVN 1970, 445
93 Zu den Zweifeln vgl. Rechtsprechung des OLG Düsseldorf in Bezug auf Kostenrecht: OLG Düsseldorf, Beschl. vom 2. 6. 1971 – 10 W 37/71 –, Rpfleger 1971, 372 = DNotZ 1972, 442 = JVBl. 1971, 190 = EzGuG 20.49 b

Abb. 15: Bundes(haupt)stadtrichtwertvergleich

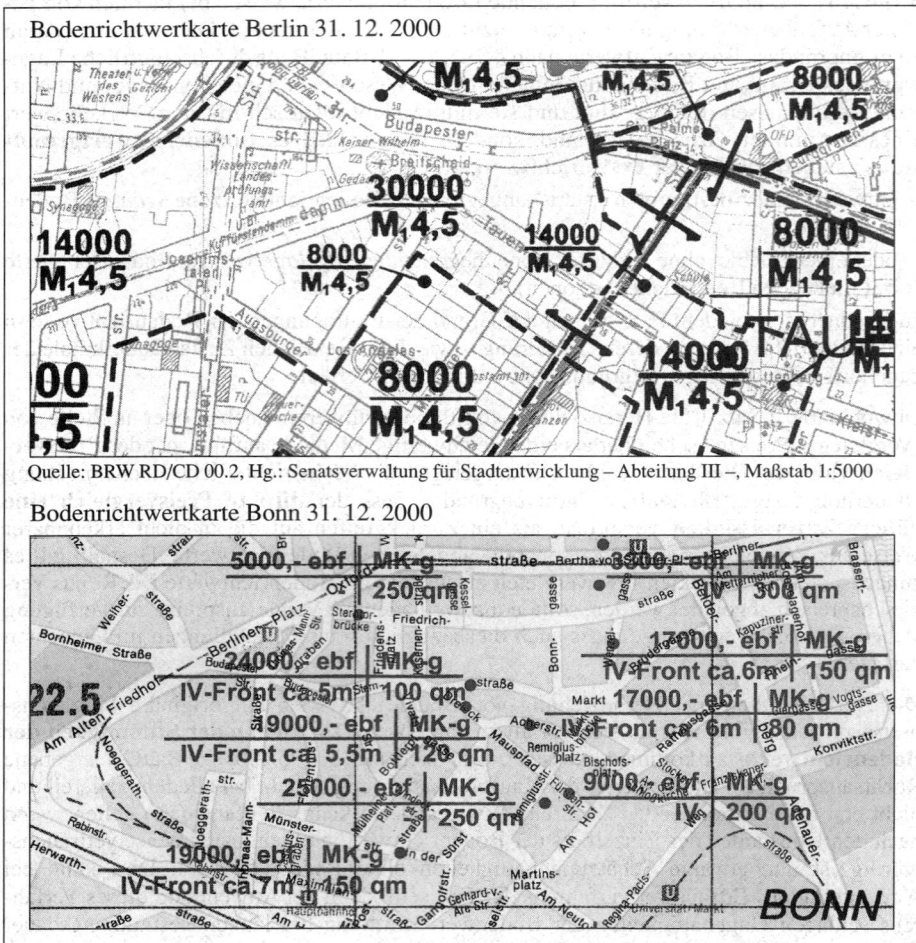

Bodenrichtwertkarte Berlin 31. 12. 2000

Quelle: BRW RD/CD 00.2, Hg.: Senatsverwaltung für Stadtentwicklung – Abteilung III –, Maßstab 1:5000

Bodenrichtwertkarte Bonn 31. 12. 2000

200 Als *Beispiel* wird auf Abb. 5 der Bodenrichtwertkarte für die Innenstadt von *Düsseldorf* – abgedruckt bei § 196 BauGB – verwiesen.

201 Bei der Heranziehung von Bodenrichtwerten zur Bodenwertermittlung sind eine Reihe von **Grundsätzen** zu beachten:

1. Die in einem Gutachten herangezogenen **Bodenrichtwerte** sind **mit den Eigenschaften des Bodenrichtwertgrundstücks** detailliert **zu erläutern.** Dies ist Voraussetzung, um hieran anknüpfend die Abweichungen des zu wertenden Objekts von den Eigenschaften des Bodenrichtwertgrundstücks angemessen berücksichtigen zu können.

2. Der in der **Bodenrichtwertkarte** ausgewiesene Bodenrichtwert ist

   a) bei *zonalen Bodenrichtwerten* nur ein allgemeiner Wertmaßstab für die Lageverhältnisse in der Zone und bezieht sich auf ein fiktives Bodenrichtwertgrundstück mit den durchschnittlichen Eigenschaften der in der abgegrenzten Bodenrichtwertzone gelegenen Grundstücke, soweit nicht besondere Eigenschaften des Bodenrichtwertgrundstücks bei der Veröffentlichung angegeben sind;

b) bei *lagetypischen Bodenrichtwerten* ebenfalls nur ein allgemeiner Wertmaßstab und bezieht sich ebenfalls auf ein fiktives Bodenrichtwertgrundstück mit den durchschnittlichen Eigenschaften der dem lagetypischen Bodenrichtwert zurechenbaren Zone, die aber nicht durch eine Grenzlinie vom Gutachterausschuss bei der Veröffentlichung vorgegeben wurde. Demzufolge muss bei Heranziehung lagetypischer Bodenrichtwerte eigenverantwortlich entschieden werden, von welchem Bodenrichtwert zweckmäßigerweise auf Grund einer höheren Übereinstimmung mit den Eigenschaften des zu wertenden Grundstücks ausgegangen wird. Ansonsten können die Eigenschaften des Bodenrichtwertgrundstücks der Bodenrichtwertkarte unmittelbar nur insoweit entnommen werden, wie sie konkret angegeben worden sind.

Im Übrigen wird bei der Veröffentlichung lagetypischer Bodenrichtwerte dieser vielfach so dargestellt, dass dem Bodenrichtwert in der Bodenrichtwertkarte mittels Eintragung eines Punktes eine bestimmte „Punktlage" zugeordnet wird, so dass die allgemeinen Lageeigenschaften hieraus abgeleitet werden können, ohne dass es sich hierbei um einen individuellen Bodenwert an der markierten Lage handelt. Die dem markierten Bodenrichtwert zugeordneten (bauplanungsrechtlichen) und sonstigen Eigenschaften stimmen nämlich auch bei punktmäßiger Zuordnung nicht zwangsläufig mit dem dort tatsächlich gegebenen Verhältnissen überein, so dass es sich auch in diesem Fall um ein fiktives Bodenrichtwertgrundstück handelt.

Die **lagetypischen** und mit der Veröffentlichung des Bodenrichtwerts **explizit nicht angegebenen Eigenschaften des Bodenrichtwertgrundstücks** müssen also in jedem Fall – unabhängig davon, ob es sich um zonalen oder lagetypischen Bodenrichtwert handelt, dem Bereich entnommen werden, der dem Bodenrichtwert (durch die Wertzone) zugeordnet oder nach den örtlichen Verhältnissen zurechenbar ist.

3. Bei Heranziehung von Bodenrichtwerten zu Bodenwertermittlungen werden **Abweichungen in den Zustandsmerkmalen des zu wertenden Grundstücks** von denen des Bodenrichtwertgrundstücks nach Maßgabe des § 14 entsprechend den Verfahren berücksichtigt, die auch für die Heranziehung von Kaufpreisen gelten; demzufolge wird auf die entsprechenden Erläuterungen zu § 14 verwiesen.

Aus den vorstehenden Darlegungen ergibt sich, dass die **Eignung von Bodenrichtwerten** **202** **für Wertermittlungen umso besser ist, je dichter die Bodenrichtwerte** abgeleitet worden sind, je mehr die konkreten Eigenschaften der dem Bodenrichtwert zuzuordnenden Grundstücke bei der Ableitung berücksichtigt und in der Veröffentlichung angegeben worden sind.

Bei alledem sind **Zweifel** aufgekommen, **dass die** nach § 196 BauGB flächendeckend für **203** das gesamte Bundesgebiet **abzuleitenden Bodenrichtwerte (für Bauland) tatsächlich für die Bodenwertermittlung allerorts geeignet sind**[94]. Vielfach beschränkt sich nämlich die Bodenrichtwertableitung auf wenige und dann auch noch unpräzisierte Angaben.

a) Bebaute Gebiete

▶ *Hierzu § 196 BauGB Rn. 22 ff.*

Nach § 196 Abs. 1 Satz 2 BauGB sind die Bodenrichtwerte für bebaute Gebiete mit dem **204** Wert zu ermitteln, der sich ergeben würde, wenn der Boden unbebaut wäre. Grundsätzlich ist der Bodenrichtwertermittlung dabei das Maß der baulichen Nutzung zu Grunde zu legen, das sich für das Bodenrichtwertgrundstück nach Maßgabe des § 5 Abs. 1 WertV ergibt. Nach dieser Vorschrift ist das nach den bauplanungsrechtlichen Bestimmungen der §§ 30, 33 und 34 BauGB unter Berücksichtigung sonstiger öffentlich-rechtlicher und privatrechtlicher Vorschriften höchstzulässige Maß der baulichen Nutzung maßgebend, es sei denn, im gewöhnlichen Geschäftsverkehr wird am Wertermittlungsstichtag üblicher-

---

94 Vgl. hierzu Umfrage des Deutschen Landkreistages in GuG 2000, 164

weise ein davon abweichendes Maß der baulichen Nutzung zu Grunde gelegt. Angewandt auf die Bodenrichtwertermittlung bedeutet dies, dass **der Bodenrichtwertermittlung das am Bezugsstichtag der Bodenrichtwertermittlung lageübliche Maß der baulichen Nutzung** nach Sinn und Zweck des § 196 BauGB i.V. m. § 5 Abs. 1 WertV ebenfalls **zu Grunde zu legen ist.** Dennoch kann nicht ausgeschlossen werden, dass das in bebauten Gebieten tatsächlich realisierte Maß der baulichen Nutzung im Einzelfall von dem abweicht, was im Neubaufall am Wertermittlungsstichtag lageüblich wäre. Die Abweichungen können nach dem unter Rn. 131 ff. vorgestellten Verfahren berücksichtigt werden; zu den Besonderheiten in *Bremen* vgl. § 196 BauGB Rn. 27 ff.

205   **Abweichungen in den Zustandsmerkmalen des Bodenrichtwertgrundstücks** von denen des zu wertenden Grundstücks müssen in der Zusammenfassung also nach Maßgabe des § 14 durch angemessene Zu- oder Abschläge berücksichtigt werden, wobei durch Satz 3 dieser Vorschrift der Anwendung marktgerechter Umrechnungskoeffizienten Priorität beigemessen wird. Soweit es sich zudem um ein bebautes Grundstück handelt, bei dem das nach § 5 Abs. 1 maßgebliche Maß der baulichen Nutzung vorübergehend nicht ausgeschöpft werden kann, muss bei diesbezüglichen Korrektiven die Restnutzungsdauer der Baulichkeiten berücksichtigt werden (vgl. Rn. 131 f.).

b) Innenstadtlagen in Großstädten

206   Die Ableitung von **Bodenrichtwerten für bebaute Innenstadtbereiche** der Großstädte (Einkaufsstraßen, Fußgängerbereiche) bereitet der Praxis wegen geringer Kaufvorgänge, deren Preise das Wertgefüge zudem meist sprengen, besondere Schwierigkeiten.

207   Für **Innenstadtbereiche** werden deshalb häufig mangels eines Geschäftsverkehrs keine Bodenrichtwerte beschlossen. Vereinzelt wird mit **Bodenwertanteilen je Quadratmeter Wohn- oder Nutzfläche** gearbeitet, wobei im gewerblichen Bereich zwischen Büro-, Laden- und Nebenflächen unterschieden wird. Auch Bodenwertanteile je Pkw-Stellplatz auf dem Grundstück bzw. in der Sammelgarage auf dem Grundstück sind üblich. In westdeutschen Großstädten wurden folgende Bandbreiten 1996 beobachtet:

Wohnfläche (Mietwohnungen)	210 bis 425 €/m² Wohnfläche	
	(Ausnahmen bis 450 €/m² Wohnfläche)	
Bürofläche	700 bis 1 050 €/m² Nutzfläche	
Ladenfläche (Handelsfläche)	1 050 bis 1 400 €/m² Nutzfläche	
Nebenräume	350 bis 700 €/m² Nutzfläche	
Pkw-Stell- bzw. Einstellplätze	2 100 bis 7000 €/Stell- bzw. Einstellplatz	

208   In Großstädten sind **Grundstücke mit Büro- und Geschäftshäusern in sehr guten und guten Innenstadtlagen** sowie Grundstücke mit Bürogebäuden in Innenstadtrandlagen oder Nebenzentren eine Besonderheit. Maßgeblich für den Bodenwert ist auch hier der Standort (die Lage) der Immobilie und die wirtschaftlichen Nutzungsmöglichkeiten (Handels- und Büroflächen). Einflussfaktoren von untergeordneter Bedeutung sind dagegen Grundstücksgröße sowie Art und Maß der baulichen Nutzung. Wertunterschiede von bis zu 60 % des Bodenwerts (€/m²) in sehr guten Innenstadtlagen ergeben sich meist für die Geschäftsgrundstücke in guten Innenstadtlagen. Ein nahezu ähnliches Verhältnis ist bei Grundstücken mit Bürogebäuden in Innenstadtrandlagen und Nebenzentren zu beobachten.

209   Großstädte (z. B. *Düsseldorf* und *Köln*) orientieren beim Verkauf eigener Grundstücke die Höhe des Verkaufspreises zunehmend nicht mehr an dem Bodenrichtwert i. V. m. der Katasterfläche, sondern bemessen den **Verkaufspreis nach der Größe der Laden-, Gewerbe- oder Wohnfläche,** die nach Maßgabe einer noch zu erteilenden Baugenehmigung auf der „Kauffläche" errichtet werden kann. Häufig bleiben dabei allgemeine Verkehrsflächen, wie Eingang, Foyer, Treppenhaus und Flur, und die Flächen für Pkw-Abstell- und Einstellplatz unberücksichtigt.

Kaufverträge werden unter Zugrundelegung von i. d. R. noch nicht genehmigten Bauzeich- **210** nungen beurkundet. Nutzfläche und Höhe des Kaufpreises gelten als vorläufig, **Abrechnungsmaßstab sind die Flächen, für die eine Baugenehmigung erteilt wurde** und die mängelfrei errichtet und abgenommen worden sind (Zustandsbericht; Schluss- bzw. Gebrauchsabnahme).

Beispiel: **211**

a) Ein 5915 m² großes Grundstück liegt gemäß rechtskräftigem Bebauungsplan im MK-Gebiet (Kern/Geschäftsgebiet); GRZ = 0,8; GFZ = 2.2; 4 Vollgeschosse; Satteldach.

Zur Bestimmung des Grundstücksverkaufspreises im erschlossenen Zustand sind anzusetzen:

für Ladenfläche	450 € m²
für Gewerbefläche	375 €/m²
für Wohnfläche	250 €/m²

Unberücksichtigt bleiben Verkehrsflächen, die Tiefgarage und die oberirdisch anzulegenden Stellplätze.

Mit Hilfe der Bauzahlen des Bauantrags vom 5. 1. 2001 ergibt sich der vorläufige Kaufpreis wie folgt:

Ladenfläche	3 052,20 m²	× 450	€/m² =	€ 1 373 490
Gewerbefläche	831,67 m²	× 375	€/m² =	€ 311 876
Wohnfläche	3 202,76 m²	× 250	€/m² =	€ 800 690
7 086,63 m²		**∅ 350,80 €/m²**	**=**	**€ 2 486 056**

Bei einer Grundstücksfläche von 5 915 m² sind dies **420, 30 €/m²**
rd. 420 €/m²

b) Der nachhaltig erzielbare Jahresrohertrag wurde mit 0,9 Mio. € (= rd. 152 €/m² Grundstücksfläche) ermittelt.

c) *Anmerkungen:* Ein in der Nachbarschaft zum 31. 12. 2000 ausgewiesener Bodenrichtwert (235 €/m² ebf. GFZ 1,5; Mischgebiet, 4 Vollgeschosse, Grundstückstiefe 40 m) war für die Ermittlung ungeeignet.

Bei Fehlen von Vergleichskaufpreisen und Bodenrichtwerten haben sich in der Praxis **Erfah-** **212** **rungswerte** gebildet, auf die insbesondere bei Wertermittlungen in **Innenstadtbereichen** zurückgegriffen wird. Sie sind in der nachfolgenden Tabelle zusammengestellt (Abb. 16).

Abb. 16: Bodenwertanteile in % der Verkehrswerte

Bodenwertanteile in % der Verkehrswerte						
Baujahrs-gruppen	Einfamilien-häuser	Zweifamilien-häuser	Wohnungs- und Teil-eigentum	Mietwohn-grundstücke	Gemischt ge-nutzte Grund-stücke	Geschäfts-grundstücke
bis 1900	39,5	41,4	32,8	32,5	36,0	40,0
1901–1924	35,6	43,7	45,5	28,8	34,7	32,9
1925–1949	30,5	48,4	43,7	29,9	31,8	33,3
1950–1959	32,6	38,2	38,3	24,1	24,6	27,3
1960–1969	25,3	31,5	32,2	23,8	22,9	22,9
1970–1979	21,1	24,6	24,7	18,3	20,7	19,9
ab 1980	20,9	18,6	17,1	19,5	21,8	21,9
im Mittel:	35,3	32,5	24,9	26,8	27,7	29,6

Abschließend bleibt auf die aus den verschiedensten Anlässen **im Einzelfall anzubringen-** **213** **den Risikoabschläge** hinzuweisen, z. B. auf mögliche Einwirkungen (Belästigungen) durch Flug-, Sport- oder Verkehrslärm, den Imageschaden bei von Altlasten sanierten Grundstücken (merkantiler Minderwert; vgl. § 194 BauGB Rn. 144 ff.) oder sonstige, sich aus dem Grundbuch ergebende Wertminderungen. Die Höhe solcher Abschläge lässt sich i. d. R. weder direkt noch deduktiv aus vergleichbaren Fällen ableiten. Die Abschläge können in Anlehnung an § 287 ZPO nach gutachterlichem Ermessen (frei) geschätzt werden. Die Höhe des Abschlags, bezogen auf die Besonderheiten des zu wertenden Grundstücks, kann sich zwischen 10 bis 25 % des Grundstückswerts bewegen.

4.4.3 KostO

214 Die **Heranziehung von Bodenrichtwerten zur Ermittlung des Geschäftswerts i. S. der KostO** ist in der Rechtsprechung dem Grunde nach überwiegend als zulässig befunden worden.

215 **Im Rahmen der Rechtsprechung zur KostO** (Ermittlung von Gegenstandswerten) **ist anerkannt, vom** herangezogenen **Bodenrichtwert einen Sicherheitsabschlag von rd. 25 % vorzunehmen.** Dies entspricht der ständigen Entscheidungspraxis insbesondere des KG, das sich auf eine 1973 eingeholte Untersuchung beruft, nach der „die zu den Richtwerten zusammengefassten Bodenpreise eine Schwankungsbreite von bis zu 10 % bis 30 % unterhalb der Richtwerte" zeigen, „wobei das Hauptgewicht der Schwankungsbreite bei 20 % lag"[95].

4.5 Deduktive Bodenwertermittlung

4.5.1 Allgemeines

216 Das Vergleichswertverfahren ist das Regelverfahren für die Ermittlung des Bodenwerts unbebauter und bebauter Grundstücke. Dabei können – wie ausgeführt – nach § 7 Abs. 2 Satz 1 neben oder an Stelle von Vergleichspreisen auch geeignete Bodenrichtwerte herangezogen werden. Das Vergleichswertverfahren setzt voraus, dass geeignete Vergleichspreise bzw. Bodenrichtwerte zur Verfügung stehen. Dann ist das Vergleichswertverfahren die einfachste und zugleich zuverlässigste Methode. Mit dieser Begründung hat der BGH dem **Vergleichswertverfahren** in seiner Rechtsprechung **Priorität** zugesprochen; das BVerwG und der BFH haben sich ebenfalls dahin gehend ausgesprochen[96].

217 Während für die Verkehrswertermittlung von baureifem Land sowie für land- oder forstwirtschaftliche Flächen i. d. R. Vergleichspreise bzw. ein geeigneter Bodenrichtwert zur Verfügung stehen, sieht sich der Sachverständige häufig allein gelassen, wenn es um die **Verkehrswertermittlung von Bauerwartungsland oder Rohbauland** geht. Selbst wenn im Einzelfall dafür Vergleichspreise zur Verfügung stehen, so sind es in aller Regel nur wenige Preise, die dann zudem auch noch wenig aussagekräftig sind. Bauerwartungsland stellt nämlich nach den Ausführungen zu § 4 Abs. 2 einen sehr labilen und flüchtigen Entwicklungszustand dar, dessen Wertigkeit je nach Wartezeit und Realisierungschance unterschiedlich ausfällt. Die Realisierungschance der Bauerwartung weist zudem eine erhebliche Wertspanne auf. Das Gleiche gilt für Rohbauland, insbesondere, wenn eine Bodenordnung unabweislich ist und die Finanzierung der Erschließungs- und sonstigen Infrastrukturmaßnahmen aussichtslos ist. Ähnliche Probleme stellen sich auch dann, wenn es um die Verkehrswertermittlung großflächiger Baulandflächen geht, die einer Neuerschließung bedürfen (z. B. Konversionsflächen).

218 Der BGH (a. a. O.) hat in seiner Rechtsprechung zum Vergleichswertverfahren auch **andere Methoden grundsätzlich zugelassen**, wenn das Vergleichswertverfahren am Fehlen geeigneter Vergleichspreise scheitert. Dies entspricht auch dem Grundsatz des § 7 Abs. 2, nach dem die Wahl des Wertermittlungsverfahrens auch nach den „Umständen des Einzelfalls" begründet werden kann. Das Fehlen geeigneter Vergleichspreise ist ein solcher „Umstand".

219 In der Wertermittlungspraxis bedient man sich so genannter deduktiver oder kalkulatorischer Wertermittlungsverfahren vornehmlich dann, wenn es an geeigneten Vergleichspreisen mangelt, die einen direkten Preisvergleich zulassen. Dies betrifft in erster Linie die Bodenwertermittlung von **Grundstücken, die sich in einem Übergangsstadium von der land- oder forstwirtschaftlichen Nutzung zur Baureife (baureifes Land) befinden,** aber auch vielfach die Bodenwertermittlung bereits bebauter Grundstücke vornehmlich in den bebauten Innenbereichen. Auch hier mangelt es häufig an geeigneten Vergleichspreisen für unbebaute Grundstücke.

Unter dem **Oberbegriff „deduktives Verfahren"** im weiten Sinne ist eigentlich auch das **220** klassische Vergleichswertverfahren zu verstehen, bei dem Unterschiede in den wertbeeinflussenden Merkmalen zwischen den Vergleichsgrundstücken und dem zu wertenden Grundstück „deduktiv" mithilfe von Zu- und Abschlägen oder mittels anderer geeigneter Verfahren berücksichtigt werden (mittelbarer Preisvergleich). Nehmen die zu berücksichtigenden Wertunterschiede ein Ausmaß an, dass man den Vergleichspreisen ihre Eignung zum Preisvergleich absprechen muss, bedient man sich hilfsweise besonderer Parameter und Verfahren. In diesem Sinne werden im allgemeinen Sprachgebrauch unter dem Begriff „deduktives Verfahren" (im engeren Sinne) Verfahren verstanden, bei denen mangels einer hinreichenden Anzahl geeigneter Vergleichspreise der Bodenwert auf der Grundlage weiterer Vergleichsparameter, insbesondere der Ertragsverhältnisse aber auch der Baulandproduktionskosten abgeleitet wird. Im Einzelnen sind hier zu nennen:

a) die kalkulatorische Ableitung des Bodenwerts aus dem mutmaßlichen Ertrag des Grundstücks, der sich bei seiner bestimmungsgemäßen Nutzung, insbesondere Bebauung des Grundstücks ergibt;

b) die Ableitung des Bodenwerts auf der Grundlage (möglichst empirisch ermittelter) und an wertbestimmenden Merkmalen anknüpfender Erfahrungssätze; z. B. Bodenwertableitung aus erzielbaren Erdgeschossmieten;

c) die Ableitung des Bodenwerts aus Erfahrungssätzen für die auf dem Grundstück realisierbare Geschossfläche.

Darüber hinaus stellt auch die Bodenwertermittlung im Wege des **Residualwertverfah-** **221** **rens (auf der Grundlage der Baulandproduktionskosten)** im Kern ein deduktives Verfahren dar.

Soweit es um die Ermittlung des Verkehrswerts des Grund und Bodens geht, sind die **222** genannten **Verfahren** in aller Regel **höchst fehlerträchtig,** so dass es sich bei diesen Verfahren praktisch um Hilfs- bzw. Ersatzmethoden handelt, die dann in Betracht kommen können, wenn das Vergleichswertverfahren insbesondere mangels geeigneter Vergleichspreise versagt. Im Rahmen von Investitionsberechnungen können die Verfahren zur Ableitung eines dem konkreten Einzelfall tragbaren Bodenwerts herangezogen werden.

---

95 BayObLG, Beschl. vom 22. 7. 1971 – 2 Z 88/70 –, EzGuG 11.81; BayObLG, Beschl. vom 13. 9. 1972 – BReg 3 Z 40/70 –, BayObLGZ 72, 297 = Rpfleger 1972, 464 = MittByNot 1972, 311 = JurBüro 1972, 1097; OLG Karlsruhe, Beschl. vom 6. 7. 1971 – 11 W 66/71 – , Rpfleger 1971, 371; LG München I, Beschl. vom 30. 1. 1970 – 16 T 40/69 –, Rpfleger 1970, 218; AG Göttingen, Beschl. vom 11. 2. 1970 – 9 IV 165/22 –, Rpfleger 1970, 256; KG, Beschl. vom 1. 2. 1972 – 1 W 12213/70 –, JVBl. 1972, 138; OLG Hamm, Beschl. vom 7. 1. 1971 – 15 W 441/70 –, JurBüro 1971, 346; Lauterbach, KostenG, 16. Aufl. § 19 KostO Rn. 3 B; a. A., OLG Düsseldorf, Beschl. vom 2. 6. 1971 – 10 W 37/71 –, Rpfleger 1971, 372 = DNotZ 1972, 442 = JVBl. 1971, 190; Weweder in Rohs/Weweder, KostO 2. Aufl. § 19 Erl. I a S. 254; Schalhorn in JurBüro 1970, 723; KG, Urt. vom 24. 10. 1997 – 25 W 5064/96 –, GuG-aktuell 1999, 47 (LS) = EzGuG 14.130; KG, Beschl. vom 9. 10. 1973 – 1 W 507/72 –, DNotZ 1974, 486 = EzGuG; KG, Beschl. vom 26. 10. 1994 – 1 W 5012/94 –, DNotZ 1996, 790 = EzGuG 18.116 a; KG, Beschl. vom 8. 3. 1994 – 1 W 6606/94 –; KG, Beschl. vom 31. 1. 1995 – 19 W 6272/95 –, AnwBl. Bln. 1995, 416; BayObLG, Urt. vom 22. 7. 1971 – BReg 2 Z 88/70 –, EzGuG 11.81; BayObLG, Beschl. vom 13. 9. 1972 – BReg 3 Z 40/71 –, EzGuG 20.53 a: 25 %; BayObLG,Urt. vom 5. 1. 1995 – 3 Z BR 291/94 –, EzGuG 19.44; OLG Köln, Urt. vom 15. 1. 1984 – 23 Wlw 21/83 –, EzGuG 20.104 b: 25 %
96 BGH, Urt. vom 12. 7. 1971 – III ZR 197/68 –, EzGuG 20.51; BVerwG, Urt. vom 13. 11. 1964 – 7 C 20/64 –, EzGuG 20.38; Pr OVG, Urt. vom 18. 1. 1902 – EzGuG 20.6 a; BFH, Urt. vom 26. 9. 1980 – III R 21/78 –, EzGuG 20.38; BFH, Beschl. vom 21. 5. 1982 – III B 32/81 –, EzGuG 20.99

4.5.2 Bodenwertermittlung bei warteständigem Bauland auf der Grundlage der Wartezeit

4.5.2.1 Allgemeines

223 Wo es um die Bodenwertermittlung sog. warteständigen Baulands, also um die Bodenwertermittlung von Bauerwartungs- und Rohbauland geht (vgl. § 13 WertV Rn. 260 ff., 284 ff.), bestimmt sich der Wert unabhängig von der Klassifizierung des Grundstücks als Bauerwartungsland, Brutto- oder Nettorohbauland, wie unter § 4 WertV Rn. 178 ff. ausgeführt, vornehmlich nach der **Wartezeit** bis zu einer baulichen Nutzbarkeit. Auf die bloße Einordnung einer Fläche als Bauerwartungs- oder Rohbauland kommt es also nicht entscheidend an (§ 5 Abs. 4). Demzufolge misst der Grundstücksmarkt einer Fläche, die schon bald eine bauliche Nutzbarkeit erwarten lässt, einen höheren Wert bei, als für Flächen, für die nach den Verhältnissen zum Wertermittlungsstichtag eine längere Wartezeit hingenommen werden muss.

224 Wo es an Vergleichspreisen für warteständiges Bauland mangelt, wird in der Praxis der Verkehrswertermittlung der Verkehrswert von Bauerwartungsland und Rohbauland (deduktiv) aus vorhandenen Vergleichspreisen für baureifes Land abgeleitet, indem die Wartezeit wertmäßig in Abschlag gebracht wird. Grundsätzlich stellt diese Methode einen äußerst problematischen Hilfsweg dar *(method of last resort)* und sollte nur im Notfall beschritten werden. Im Kern ist diese Methode eigentlich dem klassischen Vergleichswertverfahren zuzuordnen, bei dem größere Abweichungen i. S. d. § 14 gegenüber den herangezogenen Vergleichspreisen in Kauf genommen werden (müssen). Diese Abschläge können ein Vielfaches von dem betragen, was letztlich als Verkehrswert des warteständigen Baulands auf diesem Wege ermittelt wird. In der **Anl. 24 Ziff. 4.2 Abs. 1 Satz 4 WertR** ist diese Methode deshalb **nur in besonderen Ausnahmefällen zugelassen worden, wenn der dabei zu berücksichtigende Wertunterschied nicht überproportional ist.** Dies gilt gleichermaßen auch in den Fällen, in denen man den an die Ausgangspreise für baureifes Land anzubringenden „Abschlag" hilfsweise mit plausiblen Methoden zu begründen trachtet.

4.5.2.2 Einfache Bruchteilsmethode

225 Wie vorstehend ausgeführt, wird in der Praxis der Verkehrswertermittlung von der Möglichkeit Gebrauch gemacht, den **Verkehrswert warteständigen Baulands aus Vergleichspreisen von baureifem Land unter Berücksichtigung der Wartezeit abzuleiten.**

226 **Abzulehnen** ist die Praxis, bei der Verkehrswertermittlung von Bauerwartungsland und Rohbauland die mitunter im Schrifttum veröffentlichten Tabellenwerke heranzuziehen, in denen für Bauerwartungs- und Rohbauland (ggf. noch differenziert) Vomhundertsätze des Baureifen Landes angegeben sind, um daraus den Verkehrswert abzuleiten (Abb. 17, vgl. § 4 WertV Rn. 19 und § 14 WertV Rn. 32 ff.).

227 Diese Vorgehensweise (Pauschalansätze) kann als **hilflose Methode** bezeichnet werden, die aus mehreren Gründen Bedenken hervorrufen muss:

a) Zum einen handelt es sich bei den veröffentlichten **Pauschalsätzen** um Durchschnittssätze, die schon von daher nicht auf die örtlichen Marktverhältnisse übertragbar sind. Zum anderen sind sie mit großen Unsicherheiten behaftet, wie sich schon aus den veröffentlichten „Spannbreiten" ergibt. Dies ist u. a. darin begründet, dass im Einzelfall die Wartezeit bis zur Baureife sehr unterschiedlich ausfallen kann und der Anteil der erforderlichen Gemeinbedarfs- und naturschutzrechtlichen Ausgleichsflächen ebenfalls recht unterschiedlich sein kann.

**Abb. 17: Preisspannen in den Qualitätsstufen der Baulandpreisentwicklung
(Hilflose Methode)**

Stufe	Merkmal	v. H. des Werts von baureifem Land
	Bauerwartungsland	
1	Bebauung nach der Verkehrsauffassung in absehbarer Zeit zu erwarten	15–40
2	Im Flächennutzungsplan als Baufläche dargestellt	25–50
3	Aufstellung eines Bebauungsplanes beschlossen	35–60
4	Innerhalb der im Zusammenhang bebauten Ortsteile gelegen	50–70
5	Bebauungsplan aufgestellt. Je nach geschätzter Dauer bis zur Rechtskraft und Grad der Erschließungsgewissheit	50–70
	Rohbauland	
6	Bebauungsplan rechtskräftig. Bodenordnung erforderlich	60–80
7	Bebauungsplan rechtskräftig. Bodenordnung nicht erforderlich	70–85
8	Bebauungsplan rechtskräftig. Erschließung gesichert	85–95
	Baureifes Land	
9	Bebauungsplan rechtskräftig. Erschließung erfolgt oder bereits vorhanden	100

Quelle: Gerardy/Möckel, Praxis der Grundstücksbewertung (Stand 1994)

b) Es kommt hinzu, dass bei Anwendung dieser Methode die prozentualen Abschläge von dem Ausgangswert des baureifen Landes sehr hoch – im Einzelfall bis zu 90 % (!) – ausfallen können und dies allein schon Bedenken hervorrufen muss. Abschläge in dieser Größenordnung sprechen gegen die Eignung des herangezogenen Ausgangswerts von baureifem Land. Das **KG Berlin** hat zu dieser Problematik festgestellt, dass Zu- und Abschläge „höchstens 30 % oder allenfalls 35 % nicht übersteigen" dürfen[97]. Ein höherer Abschlag spricht mithin gegen die Eignung des herangezogenen Vergleichspreises.

Das Ausmaß der **Schwankungsbreiten** zeigt der Gutachterausschuss für den Bereich der Stadt *Bergisch Gladbach* auf, in dessen Marktbericht 2000 allein für Rohbauland ein Wertverhältnis von 0,35 bis 0,89 für das Wertverhältnis zwischen Rohbauland und baureifem Land (ebp) ausgewiesen wird. **228**

Es ist zwar einzuräumen, dass das Bauerwartungs- und Rohbauland ex definitionem tendenziell eine den angegebenen Vomhundertsätzen entsprechende Wartezeit und Wertigkeit aufweisen, jedoch ist auch genauso sicher, dass es **ein festes und vor allem nicht für das gesamte Bundesgebiet gültiges Wertverhältnis zwischen Bauerwartungs- und Rohbauland zum baureifen Land nicht gibt.** In empirischen Untersuchungen sind zudem deutlich voneinander abweichende aber stets erhebliche Wertspannen für den Wertanteil des Bauerwartungs- und Rohbaulandes festgestellt worden (Abb. 18 und 19). **229**

---

97 KG Berlin, Urt. vom 1. 11. 1969 – U 1449/68 –, EzGuG 20.46; LG Berlin, Urt. vom 11. 8. 1998 – 29 0 371/97 –, GuG 1999, 250 = EzGuG („nicht ohne Bedenken bis zu 40 % aber u. U. noch vertretbar")

Abb. 18: Durchschnittlicher Wertanteil des Bauerwartungslandes und des Rohbaulandes am Wert des baureifen Landes (= 100 %)

	Durchschnittlicher Wertanteil des Bauerwartungslandes und des Rohbaulandes am Wert des baureifen Landes (= 100 %)		
Entwicklungszustand	Prozentualer Wertanteil		
	nach Seele[98] | nach Vogels[99]		nach Gerardy/ Möckel[100]
	theoretisch		
Baureifes Land	100 %	100 %	100 %
Rohbauland	50–80 %	60–100 %	36–91 %
Bauerwartungsland	25–60 %	30–80 %	15–50 %

W. Kleiber 02

230 Mit großem Vorbehalt können hierzu folgende **Erfahrungswerte** genannt werden (Abb. 19):

Abb. 19: Grobe Durchschnittsdauer für die Baulandentwicklung

Zeitraum für	Zeitspanne
Entwicklung des Rohbaulandes bis zur Baureife (baureifes Land)	insgesamt 5 Jahre
Entwicklung des Bauerwartungslandes bis zur Baureife (baureifes Land)	insgesamt 5–10 Jahre
Bebauung eines durch eine Umlegung (§§ 45 ff. BauGB) neugeordneten Gebiets (Schließung von Baulücken)	insgesamt 5 Jahre

(vgl. auch § 5 WertV Rn. 108 f.)

231 **Gesicherte Aussagen über einen bestimmten Wertanteil des Bauerwartungslandes oder des Rohbaulandes am Wert des baureifen Landes sind nicht möglich** (vgl. § 14 WertV Rn. 23). Der relative Wertanteil ist zwar theoretisch in erster Linie von der Wartezeit bis zum Eintritt der Baureife abhängig, jedoch ist gerade die **Wartezeit** im Hinblick auf die häufig schwer abschätzbare städtebauliche Entwicklung, auf die kommunale Planungshoheit, einhergehend mit der Beteiligung von Bürgern und Trägern öffentlicher Belange, und letztendlich auch im Hinblick auf die bodenrechtlichen und finanziellen Möglichkeiten der Gemeinde für die Erschließung **schwer abschätzbar.** Was heute noch an Entwicklungsmöglichkeiten in weiter Ferne zu stehen scheint, kann sich morgen bereits konkretisieren; umgekehrt haben sich auch bereits bis ins Detail konkretisierte Entwicklungschancen nicht selten „über Nacht" verflüchtigt.

232 Die Literaturangaben über den relativen **Wertanteil des Bauerwartungslandes und des Rohbaulandes am Wert des baureifen Landes** (= 100 %) müssen von daher als Durchschnittswerte angesehen werden, denen i. d. R. zudem eine Reihe theoretischer Annahmen zu Grunde liegen (Abb. 17). Sie sind nur mit höchster Vorsicht heranzuziehen. Einer den Gegebenheiten des konkreten Einzelfalls Rechnung tragenden Berücksichtigung der Wartezeit ist der Vorzug zu geben.

Gerardy/Möckel unterscheiden in ihrer Veröffentlichung zwischen fünf Stufen des Bauerwartungslandes mit einer Wertigkeit von 15 bis 70 % des Werts vom baureifen Land (vgl. Abb. 17 oben bei Rn. 226). Es handelt sich hierbei um eine **äußerst fragwürdige Aufstellung,** deren Verbreitung weniger auf den gesunden Sachverstand als auf die Bequemlichkeit des Anwenders zurückgeführt werden kann:

233

– Das Kriterium der „absehbaren Zeit" in Stufe 1 ist völlig unbestimmt, weil hierunter Zeiträume von einem Jahr (und weniger) bis zu acht Jahren und mehr verstanden werden können.

– Das Kriterium der „Aufstellung des Bebauungsplans" i. S. d. § 33 BauGB kann und wird sogar regelmäßig bereits eine Rohbaulandeinstufung erlauben!

– Das Kriterium „innerhalb der im Zusammenhang bebauten Ortsteile" wird ebenfalls mindestens zum Rohbauland führen, wenn damit nicht der sog. „Außenbereich im Innenbereich" gemeint sein soll, der wiederum jede Wertigkeit haben kann.

– Das Kriterium „Bebauungsplan aufgestellt" in Stufe 5 wird schließlich ebenfalls zur Rohbaulandeinstufung führen (vgl. § 4 Abs. 3 WertV).

Im Übrigen sind die **angegebenen Vomhundertsätze,** selbst wenn ihnen – gegliedert nach Stufen – vernünftige Kriterien zu Grunde lägen, durch die **naturschutzrechtliche Eingriffs- und Ausgleichsregelung** des § 1 a BauGB i. V. m. den §§ 135 ff. BauGB **überholt,** da diese allgemein zur Preisdämpfung in nicht unerheblichem Maße führen kann.

234

Die schematische Anwendung dieser Tabelle ist in der Praxis schon manchem Sachverständigen zum Verhängnis geworden, z. B. wenn es darum geht, für einen großflächigen städtebaulichen **Entwicklungsbereich die entwicklungsunbeeinflussten Grundstückswerte** für z. B. 30 ha festzulegen. Entwicklungsträger lehnen von daher diese Tabelle am entschiedensten ab.

235

Aus diesen Gründen sind **deduktive Verfahren** vorzuziehen, mit denen die Besonderheiten des Einzelfalls berücksichtigt werden können. Bevor man zu solchen Verfahren greift, sollte aber gewissenhaft geprüft werden, ob nicht doch ein direkter Preisvergleich möglich ist. Viele Sachverständige vernachlässigen dies mit dem pauschalen Hinweis auf nicht vorhandene Vergleichspreise. **Anl. 24 Nr. 4.2 Abs. 2 WertR** (abgedruckt in Teil III bei Rn. 452) schreibt zudem ausdrücklich vor, dass zunächst hilfsweise auf „geeignete Vergleichspreise und Bodenrichtwerte vergleichbarer Gemeinden zurückgegriffen" werden soll. Unterschiede in den wirtschaftlichen, strukturellen und besonderen Verhältnissen sind dann durch marktkonforme Zu- bzw. Abschläge nach geeigneten Verfahren zu berücksichtigen und nachvollziehbar zu begründen.

236

Die dargelegten Bedenken sind im Rahmen der **steuerlichen Bewertung** nicht von gleichem Gewicht, da diese ohnehin auf ein vereinfachtes Massenbewertungsverfahren angelegt ist. Ziff. 161 der ErbStR sieht folgende Abschläge in Abhängigkeit vom Entwicklungszustand der Grundstücke vor (Abb. 20):

237

---

98 Seele, Ausgleich maßnahmebedingter Bodenwerterhöhungen, Schriftenreihe des BMBau Bonn 1976 Nr. 03.047 S. 67; theoretische Berechnungen bei einer Aufschließungsdauer für Bauerwartungsland von 9 Jahren und für Rohbauland von 3 Jahren und einem Liegenschaftszinssatz von 5 %

99 Vogels, Grundstücks- und Gebäudebewertung marktgerecht, 5. Aufl. Wiesbaden 1996, S. 66 ff.; theoretische Berechnungen unter Berücksichtigung inflationärer Entwicklungen bei einer erwarteten Wertsteigerung von 0–8 % p. a. und einer Aufschließungsdauer von 5 bis 10 Jahren für Bauerwartungsland und von 5 Jahren für Rohbauland

100 Gerardy/Möckel, Praxis der Grundstücksbewertung, Landshut 1991 Losebl.-S. 3.1.2/8

Abb. 20: Steuerliche Pauschalsätze

Entwicklungszustand	Bodenrichtwertansatz
baureifes erschließungsbeitragsfähiges Land	80 v. H.
baureifes erschließungsbeitragspflichtiges Land	angemessener Abschlag
Bauerwartungsland	60 v. H.
Rohbauland	40 v. H.
Nettorohbauland	30 v. H.
Frei- und Verkehrsflächen	angemessener Abschlag

4.5.2.3   Einfache Diskontierungsmethode

238   Neben dem vorstehend beschriebenen Verfahren hat es zahlreiche Versuche gegeben, den Verkehrswert warteständigen Baulands auf der Grundlage von Vergleichspreisen für baureifes Land kalkulatorisch unter **Einbeziehung von Investitionskosten, Wertentwicklungen und dgl.** wiederum auf der Grundlage der Wartezeit abzuleiten. In der einfachsten Form wird dabei der im Wege des Preisvergleichs ermittelte **Verkehrswert für baureifes Land über die Wartezeit abgezinst.**

$$\text{Bodenwert}_{\text{warteständig}} = \frac{\text{Bodenwert für baureifes Land}}{q^n}$$

q = 1 + p (Zinsfaktor)
p = Diskontierungszinssatz
n = Wartezeit

239   Bei Anwendung der einfachen Diskontierungsformel wird insbesondere die im Zuge der Aufschließung größerer Bauflächen von den Gemeinden (z. B. im Wege städtebaulicher Verträge) geltend gemachte Beteiligung des Grundeigentümers an den **Aufschließungskosten einschließlich einer ggf. unentgeltlichen Bereitstellung der Gemeinbedarfsflächen vernachlässigt.** Deshalb können auch die nachfolgend vorgestellten verfeinerten Kalkulationsmodelle unter Einbeziehung von Wertsteigerungen, Eigenkapitalverzinsungen eines Investors und Inflationsraten zu keiner durchgreifenden Verbesserung des Grundverfahrens führen:

240   *a) Kalkulationsmodell A*

Unter Einbeziehung

– einer jährlich erwarteten Wertsteigerung von w %,
– einer Eigenkapitalverzinsung für die Vorhaltekosten von k % und
– einer erwarteten Inflationsrate von i %

kommt man nach folgender Beziehung zum **Bodenwert des warteständigen Baulandes:**

$$\text{Bodenwert}_{\text{Warteständiges Bauland}} = \text{Bodenwert (ebp)}_{\text{Baureifes Land}} \times \frac{(1+w)^n}{(1+i)^n \times (1+k)^n}$$

$$\boxed{\text{Bodenwert}_{\text{Warteständiges Bauland}} = \text{Bodenwert (ebp)}_{\text{Baureifes Land}} \times \left(\frac{1+w}{(1+i)\,(1+k)}\right)^n}$$

wobei: i   =   erwartete Inflationsrate p. a. (%)
            w   =   erwartete Werterhöhung p. a. (%)
            k   =   Eigenkapitalverzinsung p. a. (%)
            n   =   Wartezeit bis zur Baureife (Jahre)

Beispiel:

Gegeben: Bodenwert $_{\text{Baureifes Land}}$ = 300 €/m² ebp

Eigenkapitalverzinsung k = 6 % p. a.

Erwartete Werterhöhung w = 3 % p. a.

Erwartete Inflationsrate i = 2 % p. a.

Gesucht: Bodenwert des warteständigen Baulands mit Wartezeit von 4 Jahren

$$\text{Bodenwert }_{\text{Warteständiges Bauland}} = 300 \text{ €/m}^2 \times \left(\frac{1+0,03}{(1+0,02)\,(1+0,06)} \right)^4$$

$$\text{Bodenwert }_{\text{Warteständiges Bauland}} = \mathbf{247 \text{ €/m}^2}$$

b) Kalkulationsmodell B: 241

Von *Vogels* (a. a. O., 5. Aufl. S. 71) ist ein Verfahren vorgeschlagen worden, den **Verkehrswert von Rohbauland** aus dem Verkehrswert für baureifes Land in verkürzter Weise unter Berücksichtigung der Wartezeit nach folgender Formel abzuleiten:

$$BW_{\text{Rohbauland}} = BW \, (\text{ebp})_{\text{Baureifes Land}} \times \left(\frac{1+w}{1+k} \right)^n$$

wobei BW = Bodenwert

w = erwartende Werterhöhung vom werdenden baureifen Land p. a. (%)

k = Eigenkapitalverzinsung p. a. (%)

n = Wartezeit bis zur Baureife (Jahre)

ebp = erschließungsbeitragspflichtig

Mit der Werterhöhung w muss neben der Preisentwicklung auch die Geldentwertung berücksichtigt werden. Bei kurzer Wartezeit und in Anbetracht der nicht vorhersehbaren Unregelmäßigkeiten in der Preisentwicklung können aber stabile Preisverhältnisse zu Grunde gelegt werden (w = 0).

Beispiel:

Bodenwert BW (ebp) $_{\text{Baureifes Land}}$ = 300 €/m²

Eigenkapitalverzinsung k = 6 %

Erwartete Werterhöhung w = 3 %

$$BW_{\text{Rohbauland}} = 300 \text{ €/m}^2 \left(\frac{1,03}{1,06} \right)^4 = \mathbf{267 \text{ €/m}^2}$$

Für k wählt *Vogels,* ausgehend von einem **mittleren Zinssatz von 5,5 %,** einen Ansatz von 242 insgesamt 11 %, der insgesamt doch recht hoch ausfällt:

Damit errechnet sich der Rohbaulandwert zu

$$BW_{\text{Rohbauland}} = BW \, (\text{ebp})_{\text{baureifes Land}} \times \frac{1}{1,11^n}$$

d. h. als der über die Wartezeit unter Würdigung des Risikos abgezinste erschließungsbeitragspflichtige – ebp – Baulandwert.

Beispiel:

Gegeben: Bodenwert (ebp) $_{\text{Baureifes Land}}$ = 300 €/m²

Erwartete Wartezeit = 4 Jahre

$$\mathbf{Bodenwert}_{\text{Rohbauland}} = 300 \text{ €/m}^2 \times \frac{1}{1,11^4} = \mathbf{198 \text{ €/m}^2}$$

243   *Beispiel:*

Vogels weist mit Recht darauf hin, dass derartige Berechnungen nicht über Zeiträume von 5 bis 10 Jahren hinausgehen sollten, wobei nach der hier vertretenen Auffassung davon eher die untere Grenze eingehalten werden sollte. Des Weiteren ist darauf hinzuweisen, dass dieses finanzmathematische Modell an die Eigenkapitalverzinsung anknüpft, d. h. an den **Zinssatz, den ein Investor bei alternativer Geldanlage für sein Eigenkapital üblicherweise erwarten kann.** Dies ist darin begründet, dass ein Investor auf der anderen Seite auf die erwartete Werterhöhung „setzt". Theoretisch lässt sich das Modell noch als Investitionsmodell „verfeinern", indem man von einem investorenseitig unterstellten Eigen-Fremdkapitalverhältnis oder sogar von einem zu 100 % fremdkapitalfinanzierten Modell ausgeht, jedoch muss man dabei bedenken, dass man sich damit immer mehr von der Verkehrswertermittlung entfernt und damit letztlich mit insgesamt **vier völlig unsicheren Schätzgrößen** in ein solches Modell „hineingehen" würde, nämlich mit

– der erwarteten Wertsteigerung,

– der erwarteten Eigenkapitalverzinsung,

– der erwarteten Fremdkapitalverzinsung und

– der erwarteten Inflationsrate.

Damit würde man zwar eine eindrucksvolle „Rechnung" aufmachen, jedoch bliebe das Ergebnis höchst fragwürdig, und zwar umso fragwürdiger, je länger die erwartete Wartezeit (eine weitere höchst fehleranfällige Schätzgröße) ist.

244   **Fazit:**

Die vorgestellten Kalkulationsmodelle (A und B) sind sowohl von ihrem Ansatz als auch von ihrer „Mathematik" her vornehmlich als Investitionsmodelle begründet. Sie können jedoch nicht gewährleisten, dass sie zum „richtigen" Ergebnis führen. Dies beginnt bereits bei den gewählten Zinsansätzen, die stets nur abgeschätzt werden können, denn wie sich der Bodenwert und die Finanzierungskosten entwickeln, lässt sich nur mit einer großen Unsicherheitsmarge abschätzen. In diesem nicht unerheblichen Unsicherheitsrahmen kann sich der Anwender der Verfahren nur insofern „sicher" fühlen, als der, der solche „Wertermittlungen" gegen sich gelten lassen muss, auch nur grob schätzen kann. **Somit kann – und dies zeigen die Erfahrungen – nahezu jedes Ergebnis „ermittelt" werden.** Entscheidend bleibt die „richtige" Wartezeit und der Diskontierungszinssatz einschließlich eines Verwirklichungsrisikos und vor allem das sorgfältige „Abtasten" der mit dem Baulandproduktionsprozess verbundenen rechtlichen und wirtschaftlichen Risiken. Auch beim Rohbauland handelt es sich noch um einen labilen Entwicklungszustand, wenn die Bodenordnung, die Erschließung, die zu lösenden Umwelt- und Finanzierungsprobleme risikobehaftet sind oder die Verhältnisse auf dem Grundstücksmarkt umschlagen. Es ist daher wichtiger, dies analytisch richtig zu erfassen und zu begründen. Wieder einmal erweist sich gerade auch hier, dass der Verkehrswert keine mathematisch exakt ermittelbare Größe ist, während die vorgestellten Verfahren den Eindruck einer mathematisch exakten Ableitung aufdrängen.

4.5.3   Residualwertverfahren bei warteständigem Bauland

4.5.3.1   Allgemeines

▶ *Zur deduktiven Ermittlung des Rohbaulandwerts in der Umlegung vgl. Teil VI Rn. 76 ff.*

245   Das Residualwertverfahren *(Residual Approach)* geht in seinen **Grundzügen** davon aus, dass sich der Preis eines (unbebauten oder sonst wie erst noch zu entwickelnden) Grundstücks (Bodenpreis) auf der Grundlage eines Nutzungskonzepts (Projekts) ableiten lässt, indem

– der sich für das realisierte Projekt ermittelte fiktive (Gesamt-)Verkehrswert des Grundstücks um

– die dafür aufzubringenden Gesamtkosten (Bau-, Entwicklungs- und Vermarktungskosten) vermindert wird. Der verbleibende Betrag (das Residuum) ergibt dann den „tragbaren" Preis des Grundstücks „vor" seiner Entwicklung (Bodenpreis). Im Falle der Anwendung des Residualwertverfahrens auf die Verkehrswertermittlung warteständigen Baulands ist Ausgangswert der Verkehrswert des baureifen Landes, der dann um die **Baulandproduktions- und Vermarktungskosten** vermindert wird.

Die **Grundgleichung des Residualwertverfahrens** stellt sich wie folgt dar (Abb. 21):   **246**

Abb. 21: Bodenwertermittlung im Wege des Residualwertverfahrens

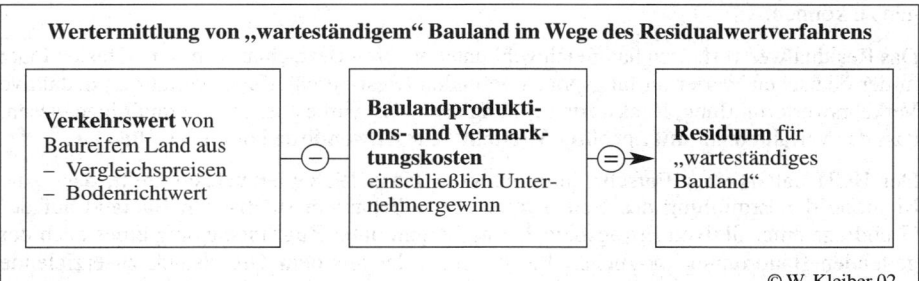

© W. Kleiber 02

Das **Verfahren ist** nach den Grundgedanken **darauf angelegt, sämtliche für die Vorbe-**   **247**
reitung und Durchführung eines Projekts aufzubringenden Kosten rechnerisch dem
Erwerbspreis zu „unterwälzen" (Unterwälzungs- bzw. Rückrechnungsverfahren).
Das Verfahren kann deshalb vom Ansatz her nur dann direkt zum Verkehrswert i. S. des
§ 194 BauGB führen, wenn im gewöhnlichen Geschäftsverkehr eine Unterwälzung der
dem Erwerber künftig entstehenden Kosten allgemein akzeptiert wird, d. h. nach den Preismechanismen des gewöhnlichen Geschäftsverkehrs diese Kosten „unterwälzbar" sind.
Ansonsten ist das Verfahren auf die Ermittlung eines aus der Sicht des Käufers wirtschaftlich tragbaren Erwerbspreises (Residualpreises) angelegt, wobei sich auch ein Unterneh-
merrisiko in den Erwerbspreis einrechnen lässt.

Das **Residualwertverfahren wird insbesondere von Investoren als ein modernes Wert-**   **248**
ermittlungsverfahren herausgestellt, das in der angelsächsischen Wertermittlungslehre
entwickelt worden sei. Des Weiteren wird es als ein leistungsfähiges Verfahren herausgestellt, dem sich die deutsche Wertermittlungspraxis nur ungenügend angenommen hätte.

Bei dem Residualwertverfahren handelt es sich tatsächlich um eine sehr alte Wertermitt-   **249**
lungsmethode. **Mit dieser Methode hat man sich in Deutschland schon im 19. Jahr-**
hundert unter anderen Bezeichnungen intensiv auseinander gesetzt. Im sog. Pommernbankprozess war das Residualwertverfahren bereits Gegenstand gerichtlicher Auseinandersetzungen und wurde seinerzeit von einer vom Gericht bestellten Kommission als
„ganz unzuverlässig" bezeichnet, um mit dieser Methode zum Handelswert (Verkehrswert) zu gelangen[101].

---

101 Weber, A., Über Bodenrente und Bodenspekulation in der modernen Stadt, Leipzig, S. 106 ff.; Eberstadt, R.,
        Die Spekulation im neuzeitlichen Städtebau, Berlin 1907, S. 46; C. J. Fuchs, Über städtische Bodenrente und
        Bodenspekulation, Archiv für Sozialwissenschaft Vol. XXII, XXIII S. 720

250 Im sog. Pommernbankprozess[102] standen sich zwei Werttheorien gegenüber:

a) Nach der vom Geheimrat Dietrich vertretenen Auffassung sollte sich der Wert eines Grundstücks nicht nach dem bemessen, was der Grundstücksmarkt einem Grundstück tatsächlich beimisst (Verkehrswert; im Prozess wurde vom „Handelswert" gesprochen), sondern nach dem Residualwert, ermittelt aus dem (fiktiven) Ertragswert unter Abzug der Herstellungskosten und eines Risikoabschlags.

b) Die vom Gericht bestellte Kommission bekämpfte diese Methode als „ganz unzuverlässig" und wollte nur den Handelswert (Verkehrswert) gelten lassen.

Das Gericht hat letztendlich nur den Handelswert (Verkehrswert) gelten lassen.

251 Im deutschsprachigen Schrifttum blieb diese Methode lange Zeit unbeachtet oder als „ältere" Methode abgetan, weil **das Ergebnis dieses Verfahrens** ein Produkt aus einer Vielzahl von Annahmen mit **hoher Fehlerträchtigkeit** (vgl. Rn. 332 ff.) sei und deshalb eine große Streuung aufweise. Vor- und Nachteile dieses Verfahrens müssen bei dessen Anwendung in der Tat gewissenhaft beachtet werden, um das Ergebnis angemessen würdigen zu können.

252 Das Residualwertverfahren hat gleichwohl unter anderen Bezeichnungen seinen festen Platz in der deutschen Wertermittlungspraxis gefunden (Rest-durch-Abzug-Verfahren; deduktive Verkehrswertermittlung, Rückwärtsrechnung usw.). Es wurde aber stets darauf hingewiesen, dass das Verfahren nur mit **„größter Vorsicht" zur Anwendung** kommen sollte.

253 Der BGH hat in einer Entscheidung aus dem Jahre 1958 hierzu festgestellt, dass „die Methode der Ermittlung des Bodenwerts von unbebautem städtischen Bauland auf der Grundlage einer fiktiven Ertragsberechnung, indem unter Zugrundelegung eines nach der geltenden Bauordnung möglichen Bauprojektes der aus dem Grundstück zu erzielende Ertrag errechnet wird, ... von jeher für zulässig gehalten"[103].

254 Der BGH hat im Jahre 1961 diese Auffassung bestätigt. Einschränkend hat das Gericht aber diese Auffassung **nur in den Fällen** gelten lassen wollen, **in denen sich der Tatrichter „hiervon sichere Anhaltspunkte verspricht"**. Dabei wurde der Fall herausgestellt, dass die Ermittlung des Bodenwerts anhand von Vergleichspreisen „schwer oder gar nicht möglich erscheint"[104]. In der Rechtsprechung der unteren Gerichte ist die Anwendung des Residualwertverfahrens als **unvereinbar mit Erfahrungssätzen** und als ungeeignet bezeichnet worden, um zu brauchbaren Ergebnissen bei der Verkehrswertermittlung zu gelangen[105].

255 Umgekehrt ist in der höchstrichterlichen Rechtsprechung dem **Vergleichswertverfahren Priorität** zugesprochen worden, wenn es um die Ermittlung von Bodenwerten geht[106]. Das Residualwertverfahren hat in Anbetracht seiner hohen Fehlerträchtigkeit zunächst nur die Bedeutung einer Hilfsmethode erlangen können, die hilfsweise zur Anwendung kommt, wenn andere und sicherere Verfahren, z. B. mangels Vergleichspreise nicht zur Anwendung kommen können. Fehlertheoretisch wurden die Schwachstellen des Verfahrens insbesondere hinsichtlich der Ermittlung eines fiktiven Ertragswerts schon sehr früh untersucht[107].

256 Das Residualwertverfahren steht gegenwärtig nicht zuletzt auf Grund öffentlichkeitswirksamer Verlautbarungen der Investoren in „Konjunktur" und dies allzu häufig auch dann, wenn der „klassische" Preisvergleich angezeigt ist. Bei der Verkehrswertermittlung von warteständigem Bauland wird zunehmend von Sachverständigen z. B. gar nicht mehr der intensive Versuch unternommen, geeignete Vergleichspreise heranzuziehen, was ja wohl noch immer die überzeugendste Methode darstellt. Vielmehr wird allzu häufig leichtfertig behauptet, Vergleichspreise lägen nicht vor, und wenn es z. B. um Bauerwartungsland gehe, seien die ja „sowieso fragwürdig". Dann wird vom „grünen Tisch" der Bodenrichtwert für baureifes Land herangezogen, der sich „bequem" um pauschale, aus „schlauen" und zitierfähigen Büchern entnommene Tabellenabschläge vermindern lässt, oder es werden im „deduktiven Verfahren" von den sog. „Abschlagsgutachtern" imposante Abschlagsrechnungen aufgestellt. Schon oft genug ist dabei die peinliche Situation entstanden, dass die **Gegenkontrolle durch doch vorhandene Vergleichspreise** das Unheil offenbarte.

Wenn z. B. unlängst ein Gutachterausschuss für Grundstückswerte für den Bereich einer Großstadt den Wert für begünstigtes Agrarland (i. S. v. § 4 Abs. 1 Nr. 2 WertV) mit 45 €/m² (hochoffiziell gegen eine Gebühr von 100 €) mitteilen konnte und der Sachverständige für Bauerwartungsland mit langer Aufschließungsdauer im Wege des Residualwertverfahrens zuvor mit imposanten Rechnungen dagegen zu einem Bodenpreis von 20 €/m² gelangte, muss Nachdenklichkeit aufkommen.

Dass sich der **Verkehrswert von Bauland nicht aus einer Addition der Baulandproduktionskosten** ergibt, ist inzwischen jedem Sachverständigen geläufig. Dass sich umgekehrt der Verkehrswert des werdenden Baulands z. B. des Bauerwartungslands nicht aus einer Subtraktion der Baulandproduktionskosten vom Baulandwert – vor allem nicht unmittelbar – ergeben kann, ist manchem Sachverständigen nocht nicht bewusst geworden. Dass aufgebrachte Kosten und dadurch herbeigeführte oder nicht bewirkte Wertschöpfungen sich nur sehr bedingt entsprechen, mag man sich am Versuch verdeutlichen, den Verkehrswert von werdendem Gewerbebauland aus dem Verkehrswert für „fertiges" Gewerbebauland z. B. in Altwarp abzuleiten. **257**

In der heutigen Wertermittlungsliteratur wird die **Anwendung des Residualwertverfahrens** weitgehend abgelehnt bzw. allenfalls **als Hilfsmethode** anerkannt, wenn entsprechend der o. a. Rechtsprechung keine geeigneteren Verfahren zur Verfügung stehen (Residualwertverfahren „als letzter Ausweg")[108]. **258**

Das Residualwertverfahren gehört zu den nichtnormierten Verfahren. Es wird noch nicht einmal in der WertV ausdrücklich genannt und auch die WertR spricht das Verfahren nur indirekt in Anl. 24 unter Nr. 4.2 an (vgl. Teil III Rn. 452 ff.). Dementsprechend kommt das **Verfahren in der Praxis in recht unterschiedlicher Weise zur Anwendung,** insbesondere was Art und Umfang der in Abzug gebrachten Herstellungs- und Entwicklungskosten anbelangt. Generell kann aber festgestellt werden, dass man sich dabei eben nicht auf die „bloßen" Herstellungskosten beschränkt, sondern vielfach auch **259**

– Finanzierungskosten,

– Verwertungskosten,

– Vorhaltekosten,

– einen Unternehmergewinn und

– Grunderwerbsnebenkosten

berücksichtigt. Umgekehrt werden zumindest seitens der Investoren die im Einzelfall in Anspruch genommenen **Förderungen** und Subventionen nicht berücksichtigt, was nur konsequent wäre.

---

102 Weil, Grundstücksschätzung, 3. Aufl., S. 11, 20 f., 31; Albert, Schätzung der Grund- und Gebäudewerte, 4. Aufl., S. 66 bis 82; Ehlers, Die Bewertung und Preisbildung bei Grundbesitz 1942, S. 61 ff.; Haider/Engel/Dürschke, Bewertungsgesetz und Bodenschätzungsgesetz, 3. Aufl., S. 239, 245; Naegeli, Handbuch des Liegenschaftsschätzers, Zürich 1975, S. 35

103 BGH, Urt. vom 10. 2. 1958 – III ZR 168/56 –, EzGuG 4.8

104 BGH, Urt. vom 27. 11. 1961 – III ZR 167/60 –, EzGuG 4.16

105 KG, Urt. vom 20. 5. 1957 – 9 U 491/57 –, EzGuG 4.6; LG Hamburg, Urt. vom 5. 8. 1960 – 10 0 36/59 –, EzGuG 4.15

106 BGH, Urt. vom 29. 3. 1971 – III ZR 98/69 –, EzGuG 6.137; BVerwG, Urt. vom 13. 11. 1964 – 7 C 20/64 –, EzGuG 20.38; BFH, Urt. vom 26. 9. 1980 – III R 21/78 –, BFHE 132, 101 = BStBl. II 1981, 153 = EzGuG 20.86; BFH, Urt. vom 21. 5. 1982 – III B 32/81 –, EzGuG 20.99

107 Ermert in AVN 1967, 213; Schahn in VR 1985, 173; Kremers in BlGBW 1969, 129; Hintzsche in BlGBW 1969, 233; Naegeli, Handbuch des Liegenschaftsschätzers, Zürich, 1975, S. 36

108 Vogels, H., Grundstücks- und Gebäudebewertung marktgerecht, 5. Aufl. Wiesbaden 1996, S. 28 f.; Pohnert, Kreditwirtschaftliche Wertermittlung, 5. Aufl. S. 113; Zimmermann, WertV 88, München 1998, S. 204; Kleiber/Simon, WertV 98, 5. Aufl. 1999, S. 245; Simon in GuG 1995, 229; Sotelo in GuG 1995, 91; Simon/Kleiber, Schätzung und Ermittlung von Grundstückswerten, 7. Aufl. Neuwied 1996, S. 138; Kleiber in GuG 1996, 16; Möckel in GuG 1996, 274; Thomas/Leopoldsberger/Waldbröhl in Schulte, Immobilienökonomie Bd. I München/Wien 1998, S. 444; zustimmend: Thomas in GuG 1995, 25, 82; Kremer in GuG 1995, 264; Kritisch und mit Einschränkungen: Reck in GuG 1995, 234; Vogel in GuG 1994, 347

4.5.3.2 Verfahrensgang

260 Mit der früher üblichen Diskontierung des als Ausgangswert herangezogenen Vergleichswerts für erschließungsbeitragspflichtiges baureifes Land über die Wartezeit (vgl. Rn. 245 ff.) wird man vielfach den heutigen Verhältnissen auf dem Grundstücksmarkt und den dort herrschenden Preismechanismen nicht mehr gerecht. Dies gilt insbesondere dann, wenn es um die Verkehrswertermittlung großflächigen warteständigen Baulands (Bauerwartungsland bzw. Rohbauland) oder um die Umnutzung bzw. Neuordnung baureifen Landes (z. B. großflächige Industriebranchen) geht. In solchen Fällen kann es erforderlich werden, neben der Wartezeit und dem Erschließungsbeitrag (Erschließungsausbau- und Grunderwerbskosten) noch folgende wertbeeinflussende Merkmale zu berücksichtigen:

a) ein **erhöhter öffentlicher Flächenbedarf für Infrastrukturmaßnahmen, naturschutzrechtliche Ausgleichsflächen und soziale Folgeeinrichtungen,**

b) eine **Überwälzung des 10 %igen Eigenanteils** der Gemeinde am Erschließungsaufwand auf den Eigentümer (Erschließungsvertrag nach § 124 BauGB),

c) die **Abschöpfung umlegungsbedingter Bodenwerterhöhungen** im Rahmen amtlicher Bodenordnungsmaßnahmen nach den §§ 45 ff. BauGB sowie

d) die **Übernahme** der durch die Bauleitplanung verursachten **Bodenordnungs-, Erschließungs- und Folgekosten im Rahmen eines städtebaulichen Vertrags.**

261 Sofern nach der vorhandenen städtebaulichen Situation und dem Verhalten des Planungsträgers davon ausgegangen werden muss, dass darin begründete **Mehrkosten üblicherweise auf die Eigentümer „überwälzt" werden** und davon die Preisbildung auf dem Grundstücksmarkt im gewöhnlichen Geschäftsverkehr mitbestimmt wird, muss dies bei der Verkehrswertermittlung im Wege deduktiver Verfahren mitberücksicht werden.

262 Wertermittlungstechnisch empfiehlt es sich, sich auf die **wesentlichen wertbestimmenden Parameter** in einem möglichst einfachen und übersichtlichen Verfahrensgang zu konzentrieren. „Überfrachtete Rechenverfahren" sind dagegen ungeeignet, auch wenn sie eine hohe Wissenschaftlichkeit und Scheingenauigkeit vortäuschen.

263 Bei dieser Vorgehensweise sind in der Gesamtschau die **wesentlichen Parameter**:

a) die Erschließungs*ausbau*kosten,

b) die Wartezeit und das damit verbundene Wagnis, (vgl. hierzu Rn. 289 ff.),

c) der Diskontierungszinssatz (vgl. Rn. 294 ff.),

d) der unentgeltlich bereitzustellende Flächenanteil, insbesondere soweit er für Infrastruktur- und naturschutzrechtliche Ausgleichsmaßnahmen über die Erschließungsflächen aufgebracht werden muss, sowie

e) die Kosten der Bodenordnung und der im Rahmen eines städtebaulichen Vertrags bereitzustellenden Infrastruktureinrichtungen (Folgekosten, Rn. 302 ff.)

264 Dies macht es erforderlich, den in solchen Fällen **unentgeltlich bereitzustellenden Flächenanteil sowie die Folgekosten** möglichst sorgfältig abzuschätzen. Grundlage dafür sind der Bebauungsplan bzw. der städtebauliche Vertrag. Soweit diese noch nicht zur Verfügung stehen, muss sich der Sachverständige an der vorhandenen städtebaulichen Situation und dem Verhalten des Planungsträgers in der Weise orientieren, wie dadurch das Marktgeschehen mitbestimmt wird. Der Auftraggeber muss sich in dieser Phase bewusst sein, dass er bei diffusen Verhältnissen Unsicherheiten der Verkehrswertermittlung in Kauf nimmt. Dies kann dem Sachverständigen nicht angelastet werden[109]. Als ein universell und den Gegebenheiten des Einzelfalls anpassungsfähiges Wertermittlungsverfahren kann die nachfolgend vorgestellte Methode bei zeitlich begrenzter Wartezeit zur Anwendung kommen:

265 Der dabei als **„ersparte Kosten"** anzusetzende Betrag, der im Falle einer amtlichen Umlegung nach den §§ 45 ff. BauGB als Umlegungsvorteil „abschöpfungsfähig" ist, muss im

Falle der privaten Bodenordnung ebenfalls als eine den Eigentümer belastende Kostenposition in Abzug gebracht werden. Für den Eigentümer besteht insoweit kein wirtschaftlicher Unterschied. Werden darüber hinaus z. B im Rahmen eines **städtebaulichen Vertrags weitere Infrastrukturleistungen** vom Eigentümer erbracht, müssen die Kosten zusätzlich in Abzug gebracht werden. Sie liegen oftmals in gleicher Höhe wie die Erschließungskosten[110].

Die zur Verkehrswertermittlung des warteständigen Baulands heranziehbaren **Vergleichspreise** baureifen Landes sollen sich nach den allgemeinen Grundsätzen des § 13 auf Grundstücke beziehen, die mit dem künftigen Zustand des zu wertenden warteständigen Baulands möglichst übereinstimmende Zustandsmerkmale aufweisen, insbesondere was die Lage und **künftige Nutzbarkeit** anbelangt. Des Weiteren ist vor allem beachtlich, ob sich die Vergleichspreise auf erschließungsbeitragsfreies (ebf) oder erschließungsbeitragspflichtiges (ebp) baureifes Land beziehen.   266

Im ersten Schritt sind die herangezogenen Vergleichspreise für baureifes Land – soweit erforderlich – auf die Lagemerkmale des zu wertenden Baulands „umzurechnen" (vgl. § 14 WertV). Dies gilt auch für etwaige Unterschiede im **Maß der baulichen Nutzung (GFZ)**. Dabei kann es von Bedeutung sein, welchen erschließungsbeitragsrechtlichen Zustand die den Vergleichspreisen zu Grunde liegenden Grundstücke aufweisen. Die in der Praxis zur Anwendung kommenden Umrechnungskoeffizienten zur Berücksichtigung eines unterschiedlichen Maßes der baulichen Nutzung (GFZ) sind nämlich in aller Regel auf der Grundlage erschließungsbeitragsfreier (ebf) baureifer Grundstücke abgeleitet worden (so auch Anl. 23 der WertR). Um „im System zu bleiben", müssen deshalb Vergleichspreise für erschließungsbeitragsfreies baureifes Land herangezogen werden, die dann auf das Maß der baulichen Nutzung umgerechnet werden, das für das zu wertende warteständige Bauland maßgeblich ist. Vergleichspreise erschließungsbeitragspflichtiger Grundstücke müssen ggf. zuvor auf einen erschließungsbeitragsfreien Zustand umgerechnet werden.   267

Im Anschluss an diese vorab durchzuführende „Angleichung" der Vergleichspreise für baureifes Land gilt es dann in erster Linie nur noch die   268

a) **Vorhaltekosten** über die ausstehende Wartezeit bis zur Baureife und das damit verbundene Wagnis (Risiko) sowie

b) die sich aus der Flächenbereitstellung und den Erschließungsmaßnahmen (Ausbau) zusammensetzenden Erschließungskosten (ggf. auch **infrastrukturelle Aufschließungskosten**)

zu berücksichtigen.

Die **Vorhaltekosten über die ausstehende Wartezeit sowie die Kosten der Flächen, die für Erschließungs- und sonstige Infrastrukturmaßnahmen** quasi unentgeltlich bereitgestellt werden müssen, sind von der Höhe des Bodenwerts abhängig, den es zu ermitteln gilt. Ergibt sich im Einzelfall ein sehr niedriger Wert des warteständigen Baulands, so fallen die Kosten entsprechend niedrig aus. Ergibt sich ein hoher Verkehrswert des warteständigen Baulands, fallen die Kosten entsprechend hoch aus. Mit pauschalierenden Ansätzen wird man dem nicht gerecht. Sachlich angemessene Ansätze setzen aber voraus, dass man den Wert des warteständigen Baulands, den es aber erst noch zu ermitteln gibt, bereits kennt.   269

Verfahrensgemäß stellt sich das Problem, das zur Verkehrswertermittlung des warteständigen Baulands das Ergebnis der Wertermittlung bekannt sein muss; es lässt sich wie folgt lösen (Abb. 22).   270

---

109   Kleiber in WiV 1967, 63
110   Voß in GuG 1996, 343

In Formeln:

$$BW_{\text{warteständig}} = BW\,(ebf) - EAB \times 0.9 - InfraK - BW_{\text{warteständig}} \times$$

$$\left(\frac{p \times n}{100} + \frac{\text{Gemeinbedarfsfläche}}{\text{Bruttorohbaulandfläche}} \times 0.9 \right)$$

wobei BW (ebf) = Bodenwert des erschließungsbeitragsfreien baureifen Landes
       EAB   = Erschließungs*ausbau*beitragsanteil
       InfraK   = Infrastrukturkosten bzw. Ersparte Bodenordnungskosten
                   bei Umlegung (Grundbuch-, Vermessungs- und Notarkosten)
       p   = Zinssatz
       n   = Wartezeit

271   Der in der Formel auftretende **Faktor „0,9"** entfällt im Übrigen ersatzlos, wenn erwartet werden muss, dass die Gemeinde im Rahmen eines Erschließungsvertrags ihren gemeindlichen Eigenanteil an dem Erschließungsaufwand in Höhe von 10 % auf den Eigentümer „überwälzt".

Abb. 22: Deduktive Ableitung des Verkehrswerts warteständigen Baulands

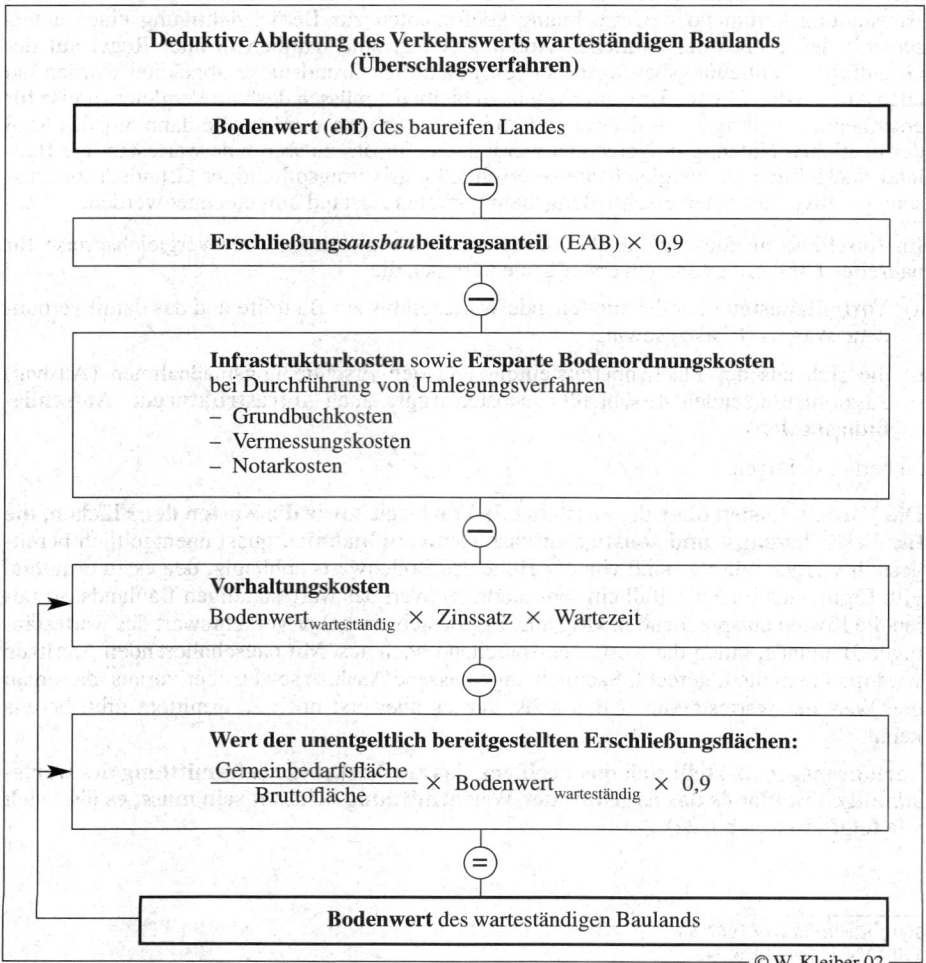

© W. Kleiber 02

Aufgelöst:

$$BW_{warteständig} = \frac{BW\,(ebf) - EAB \times 0{,}9 - InfraK}{1 + \dfrac{p \times n}{100} + \dfrac{Gemeinbedarfsfläche}{Bruttofläche} \times 0{,}9}$$

Beispiel:

BW (ebf)	=	200 €/m²
Erschließungsausbaubeitragsanteil	=	30 €/m² (= 90 % des vollen Betrags)
Erschließungsflächen	=	25.000 m²
Bruttoflächen	=	100.000 m²
Diskontierungszins p	=	5 %
Wartezeit n	=	5 Jahre
Infrastrukturkosten	=	35 €/m²

$$Bodenwert_{warteständig} = \frac{200\ €/m^2 - 30\ €/m^2 - 35\ €/m^2}{1 + \dfrac{5 \times 5}{100} + \dfrac{25.000}{100.000} \times 0{,}9}$$

$BW_{warteständig}$ = 91,50 €/m²
Gesamtwert: 100.000 m² × 91,50 €/m² = **9,15 Mio. €**

4.5.3.3 Berücksichtigung der Erschließung

Nach § 127 BauGB erheben die Gemeinden zur Deckung ihres „anderweitig nicht gedeck- **272**
ten" Aufwands für Erschließungsanlagen einen Erschließungsbeitrag. Der Erschließungsbeitrag wird erhoben für

- den **Grunderwerb**,

- eine etwaige **Freilegung** sowie

- die **Herstellung der Erschließungsanlage.**

Die Gemeinde trägt dabei (grundsätzlich) 10 % des beitragsfähigen Erschließungsaufwands.

Bezüglich des durch die Erschließung ausgelösten **Flächenbedarfs** und der üblicherweise **273**
anfallenden **Erschließungsbeiträge** liegen folgende **Erfahrungswerte** vor:

- Die Erschließungsbeiträge belaufen sich in der Praxis je nach örtlichen Verhältnissen
  (Lage, Topografie) zwischen 15 € bis 50 € pro Quadratmeter erschlossenen Baulands.

- Der Flächenbedarf für die Erschließung beläuft sich auf etwa 20 bis 30 % des Bruttoroh-
  baulands; es kommt hier entscheidend darauf an, ob der Maßnahme eine flächenspa-
  rende oder flächenintensive Erschließungskonzeption zu Grunde liegt.

In den vorgenannten **Erfahrungswerten** über Erschließungsbeiträge **sind die Kosten des** **274**
Grunderwerbs enthalten, wobei – im Falle von Neuerschließungsmaßnahmen – der
Grunderwerb regelmäßig nicht zu den Preisen des baureifen Landes getätigt wird. Zumin-
dest bei Neuerschließungsmaßnahmen können die künftigen Erschließungsflächen unter
Anwendung des Vorwirkungsgrundsatzes erworben werden. Bei der hier behandelten Vor-
gehensweise dürfen zunächst aber nur die Erschließungsausbaukosten (EAB) zum Ansatz
kommen, denn die Höhe der Grunderwerbskosten ergibt sich erst aus dem Ergebnis der
Wertermittlung.

275   Bei der (deduktiven) Ableitung des Verkehrswerts warteständigen Baulands aus Vergleichspreisen für erschließungsbeitragsfreies Bauland dürfen aus den vorstehenden Gründen nicht

- der Freilegungsanteil für die Erschließungsflächen (häufig **pauschal mit 30 % des Rohbaulands) und gleichzeitig**

- **der ortsübliche Erschließungsbeitrag** *in voller Höhe* bezogen auf die Bruttofläche zum Abzug gebracht werden. Dies würde zu einer Doppelberücksichtigung führen, denn im Erschließungsbeitrag ist der Grunderwerb enthalten. Dieser in der Wertermittlungspraxis oftmals begangene Fehler führt im Ergebnis dazu, dass bei der Ermittlung des Verkehrswerts warteständigen Baulands aus Vergleichspreisen baureifer erschließungsbeitragsfreier (ebf) Grundstücke der Flächenbeitrag für die künftige Erschließung

  - einerseits mit dem Abzug eines prozentualen Flächenabzugs und

  - andererseits mit dem Ansatz des „vollen" Erschließungsbeitrags, der die Grunderwerbskosten enthält,

  doppelt zum Abzug gebracht wird.

276   Deswegen ist es geboten, im Rahmen der deduktiven Ableitung des Verkehrswerts warteständigen Baulands aus erschließungsbeitragsfreien (ebf) Vergleichspreisen (für baureifes Land) den grundsätzlich in Abzug zu bringenden Erschließungsbeitrag in

- eine Grunderwerbskomponente und

- eine Ausbaukomponente

aufzuspalten und zunächst **nur die Ausbaukomponente in Abzug zu bringen.** Entsprechende Regelungen enthält auch das Umlegungsrecht in § 57 Satz 4 i. V. m. § 68 Abs. 1 Nr. 4 BauGB für den Fall einer straßenlandbeitragsfreien aber ansonsten erschließungsbeitragspflichtigen Zuteilung[111]. Dem entspricht auch die deduktive Ableitung von Rohbaulandwerten (aber auch generell die Ableitung des Verkehrswerts von „warteständigem Bauland"), wenn dabei von einem anteiligen (prozentualen) unentgeltlichen Flächenabzug für Erschließungsanlagen ausgegangen wird.

Beispiel:

Ausgangsdaten:

- Vergleichswert für erschließungsbeitragsfreies (ebf) baureifes Land BW .... 200 €/m²
- Erschließungsbeitrag pro Quadratmeter erschlossenen baureifen Landes .... 50 €/m²
  - davon Grunderwerbskosten .... 20 €/m²
  - Ausbaukosten .... 30 €/m²
- Bruttorohbaulandfläche .... 100.000 m²
- Erschließungsfläche .... 25.000 m²
- Nettorohbaulandfläche .... 75.000 m²

Rechengang:

BW (ebf)	=	200,00 €/m²
– Erschließungsbeitragsanteil für Ausbau	= –	30,00 €/m²
= BW (ebp)	=	**170,00 €/m²** (noch nicht diskontierter Zwischenwert)

Bodenwert des gesamten Baugrundstücks: 75.000 m² × 170 €/m² = **12,75 Mio. €** (Zwischenwert)

277   Zu beachten ist, dass sich der vorstehend ermittelte **Quadratmeterwert des erschließungsbeitragspflichtigen (ebp) baureifen Landes nur auf die künftige Nettorohbaulandfläche** bezieht, weil der Anteil der Grunderwerbskosten am Erschließungsbeitrag mit der unentgeltlichen Bereitstellung der dafür erforderlichen Flächen getätigt wird und diese Flächen damit einen „Nullwert" aufweisen.

Zur Erläuterung wird die **Gesamtberechnung** vorgestellt:

Rechengang:

Zu ermitteln ist der Verkehrswert des Nettorohbaulands bei sofortiger unentgeltlicher Abgabe der Erschließungsflächen von 25.000 m²: mithin 75.000 m²

Erschlossen hat diese Fläche im erschließungsbeitragsfreien (ebf) Zustand einen Wert von:
75.000 m² × 200 €/m² .... = 15,000 Mio. €

Abzug des Erschließungsausbaubeitrags für die Nettorohbaulandfläche:
75.000 m² × 30 €/m² .... = – 2,250 Mio. €

Straßenausbaupflichtiges, aber ansonsten erschließungsbeitragsfreies Land mithin .... = 12,750 Mio. €

Der Bodenwert pro Quadratmeter Nettorohbauland ergibt sich mithin zu

12,750 Mio. € : 75.000 m² = **170 €/m²** (wie oben)

Um zum aktuellen Nettorohbaulandwert zu kommen, ist vorstehend ermittelter Zwischenwert noch über die Wartezeit möglichst unter gleichzeitiger Berücksichtigung des damit verbundenen Wagnisses **abzuzinsen** (vgl. Rn. 289 ff.). **278**

Abzulehnen ist dagegen eine Berechnungsweise, bei der – vom Bodenwert für erschließungsbeitragsfreies (ebf) Bauland (BW [ebf]) ausgehend – **279**

– der Bodenwert um einen Flächenbeitrag für die künftigen Erschließungsflächen (z. B. um 30 %) vermindert,

– der „volle" Erschließungsbeitrag (einschließlich des Anteils für die Grunderwerbskosten) abgezogen und

– das Ergebnis darüber hinaus als Ausgangswert für die „volle" Bruttorohbaulandfläche herangezogen wird.

Beispiel (falsch):

Ausgangsdaten wie im vorstehenden Beispiel

BW (ebf)	=	200,00 €/m²
– 25 % von 200 €/m²	= –	50,00 €/m²
= Nettobaulandflächenwert	=	150,00 €/m²
– Erschließungsbeitrag	= –	50,00 €/m²
= BW (ebp)	=	100,00 €/m²

Auch wenn dieser Wert nur auf die Nettorohbaulandfläche zur Anwendung käme, wäre das Ergebnis falsch:
75.000 m² × 100 €/m² = 7,5 Mio. € (falsch)

Bei dieser Berechnungsweise werden – wie vorstehend erläutert – die **Kosten des Grunderwerbs für die Erschließungsflächen** doppelt zum Ansatz gebracht, nämlich einmal mit dem „vollen" Erschließungsbeitrag und ein zweites Mal mit dem Flächenbeitrag. Tatsächlich müsste, wenn die Erschließungsbeiträge „voll" zum Ansatz gebracht werden, eine Entschädigung für die vom Eigentümer in Anspruch genommenen Erschließungsflächen berücksichtigt werden. Dieser Entschädigungsbetrag ist bei vorstehender Berechnungsweise aber unberücksichtigt geblieben. **280**

Abzulehnen ist auch die vorstehende Berechnungsweise, wenn an Stelle des vollen Erschließungsbeitrags nur der Erschließungs*ausbau*beitrag zum Abzug gebracht wird, um insoweit eine Doppelberücksichtigung zu vermeiden: **281**

111 Ernst/Zinkahn/Bielenberg, Komm. zum BauGB, § 68 Rn. 6; § 57 BauGB Rn. 34

Beispiel (falsch)

Ausgangsdaten wie im vorstehenden Beispiel

BW (ebf)	200,00 €/m²
− 25 % von 200 €/m²	− 50,00 €/m²
= Nettobaulandflächenwert	= 150,00 €/m²
− Erschließungsausbaubeitrag	− 30,00 €/m²
= BW (ebp)	= 120,00 €/m²

Der Gesamtwert der Nettorohbaulandfläche ergäbe sich damit zu 75.000 m² × 120 €/m² = 9,0 Mio € (falsch)

An dieser Berechnung ist zu bemängeln, dass sich der Grunderwerb für die Erschließungs-flächen am Wert des baureifen Landes orientiert; tatsächlich wird der Grunderwerb jedoch nach dem Wert des warteständigen Baulands getätigt.

282   In den vorstehenden Berechnungsbeispielen wurden nicht, wie vielfach von Entwicklungs-gesellschaften gefordert, **Entwicklungskosten** berücksichtigt. Dies ist nur in den Ausnah-mefällen sachgerecht, wo der Grundstücksmarkt mit solchen Kostenbelastungen rechnen muss und dies auch im gewöhnlichen Geschäftsverkehr die Preisbildung beeinflusst. Grundsätzlich kann jedoch der Grundstücksmarkt damit rechnen, dass solche Entwick-lungsmaßnahmen zu den ureigensten Aufgaben der Gemeinde gehören. Demzufolge trägt auch bei Bodenordnungsmaßnahmen nach den §§ 45 ff. BauGB die Gemeinde die Verfah-renskosten (§ 78 BauGB). Selbst bei Durchführung städtebaulicher Sanierungs- und Ent-wicklungsmaßnahmen sind die **gemeindlichen Verfahrenskosten** nicht förderfähig, wenn die Gemeinde die Maßnahme in eigener Regie durchführt; etwas anderes gilt nur im Falle der Beauftragung eines Trägers. Es kommt bei genauerer Betrachtung hinzu, dass die Gemeinde grundsätzlich 10 % der Erschließungskosten selber tragen muss.

283   Gleichwohl erscheint es angezeigt, dass bei Anwendung deduktiver Verfahren wertmin-dernd noch zu berücksichtigen ist, dass die Parzellierung des Bruttorohbaulandes zu weite-ren Kostenbelastungen des Eigentümers führt (**Vermessungs-, Notariats- und Grund-buchkosten**), die auch im Falle einer Durchführung einer Umlegung als Umlegungsvorteil oder im Rahmen städtebaulicher Verträge (vgl. Rn 307 ff.) zur „Abschöpfung" gelangen. Im Falle des Ankaufs solcher Flächen werden solche Kosten daher auch von Entwicklungs-trägern geltend gemacht. Von daher ist es vertretbar, methodisch den Verfahrensweg zur deduktiven Ableitung des Rohbaulandwerts von Flächen anzuwenden, der zur Ermittlung des Einwurfswerts (der Bruttorohbaulandfläche) in der Umlegung zur Anwendung kommt, wenn es sich um Rohbaulandflächen handelt, die bodenordnerisch aufbereitet werden müssen.

4.5.3.4 Berücksichtigung der Wartezeit

284   Ausgehend von Vergleichspreisen für erschließungsbeitragsfreies (ebf) baureifes Land müssen nach Abzug der Erschließungsausbaubeträge (nach vorstehenden Grundsätzen) noch die Vorbehaltekosten über die Wartezeit berücksichtigt werden, um daraus den zu ermittelnden Verkehrswert des Rohbaulands oder gar des Bauerwartungslands abzuleiten. Die wohl **einfachste Methode** besteht darin, den erschließungsbeitragspflichtigen Zwi-schenwert über die nach den örtlichen Verhältnissen und der Lage auf dem Grundstücks-markt angemessene Wartezeit abzuzinsen:

$$\text{Bodenwert}_{\text{Warteständiges Bauland}} = \frac{\text{Bodenwert (ebp)}}{(1+\frac{p}{100})^n} = \frac{\text{Bodenwert (ebp)}}{q^n}$$

wobei p = Diskontierungszinssatz

             n = Wartezeit

             q = Zinsfaktor = $(1+\frac{p}{100})$

Der **Diskontierungsfaktor** $\dfrac{1}{q^n}$ = q^{-n} kann Tafelwerken entnommen werden oder auch **285** leicht mit Taschenrechnern ermittelt werden (vgl. Rn. 294 ff. sowie Anh. 5.1).

Die **Abschätzung der Wartezeit** erfordert vom Sachverständigen viel Einfühlungsvermö- **286** gen in den „Baulandproduktionsprozess" und eingehende Kenntnisse der bodenrechtlichen Zusammenhänge, wobei er sich vor allem frei von spekulativen Erwägungen machen muss. Der „Baulandproduktionsprozess" zieht sich – angefangen von den ersten Überlegungen, eine „grüne Wiese" für eine bauliche oder sonstige Nutzung aufzubereiten, bis hin zum Verkauf des fertigen Bauplatzes – i. d. R. lang hin und scheitert auch schon einmal.

Die Wartezeit wird mit § 5 Abs. 4 als die **Zeit** definiert, **die sich nach der voraussicht- 287 lichen Dauer bis zum Eintritt der für die Zulässigkeit einer baulichen Nutzung erfor- derlichen rechtlichen und tatsächlichen Voraussetzungen** bemisst. Die Wartezeit des zu wertenden Grundstücks bemisst sich demzufolge nach dem **Zeitraum,** der

– einerseits von dem Wertermittlungsstichtag (§ 3 Abs. 1) und
– andererseits durch den Zeitpunkt begrenzt wird, zu dem voraussichtlich die rechtlichen und tatsächlichen Voraussetzungen für die Zulässigkeit der baulichen Nutzung gegeben sind.

Bei der **Bestimmung des Zeitpunkts, in dem** nach § 5 Abs. 4 **die rechtlichen und 288 tatsächlichen** Voraussetzungen für eine bauliche Nutzung gegeben sind, handelt es sich um den Zeitpunkt, ab dem ein Grundstück nach Maßgabe des § 4 Abs. 4 als „baureifes Land" einzustufen ist. Konkret ist die **Wartezeit des warteständigen Baulands abhängig von**

– den individuellen Eigenschaften des Grundstücks, insbesondere im Hinblick auf seine Chance bodenordnerisch und infrastrukturell Baureife zu erlangen,
– der allgemeinen Lage auf dem örtlichen Grundstücksmarkt und dem dort herrschenden Siedlungsdruck sowie
– dem Verhalten der Gemeinde bzw. den Möglichkeiten, die ein Investor zur Her- beiführung der Baureife hat.

Die Berücksichtigung einer **Vermarktungszeit der baureifen Grundstücke** bleibt dage- gen problematisch, weil beim Verkauf baureifer Grundstücke dies von Verkäufern i. d. R. nicht hingenommen wird.

4.5.3.5 Berücksichtigung des Wagnisses

Unter einem Wagnis (Risiko) ist die aus Ungewissheit und Unsicherheit resultierende **289 Wahrscheinlichkeit zu verstehen, dass ein Ereignis nicht, oder nicht in der erwarteten Ausprägung eintritt.** Im Zusammenhang mit der Verkehrswertermittlung warteständigen Baulandes steht dabei insbesondere die Erwartung im Vordergrund, dass

a) die Fläche tatsächlich die Baureife mit den erwarteten Nutzungsmöglichkeiten erlangt und
b) der Baulandproduktionsprozess sich in einem bestimmten Zeitraum vollzieht und bestimmte Kosten eingehalten werden können.

Einem Risiko stehen in aller Regel auch (Gewinn-)potenziale gegenüber[112]. Diese kön- **290** nen darin bestehen, dass sich der Baulandproduktionsprozess schneller als erwartet voll- zieht, geringere Kosten verursacht und in einer höheren Nutzbarkeit mündet.

---

112 Benthlin in FamRZ 1982, 338; Hildebrand, Systemorientierte Risikoanalyse in der Investitionsplanung, Berlin 1988; Ropeter, Investitionsanalyse für gewerbliche Immobilien, Rudolf Müller 1998, S. 61 ff.; Timm, Das Investiti- onsrisiko im investitionstheoretischen Ansatz, Berlin 1976; Teichmann, Die Investitionsentscheidung bei Unsicher- heiten, Berlin 1970; Müller, Risiko und Ungewissheiten, in E. Wittmann (Hrsg.): HWB, 5. Aufl. Stuttgart 1993; Kupsch, Risikomanagement, in Corstn/Reiß (Hrsg.), Handbuch der Unternehmensführung, Wiesbaden 1995

291   Risiko und Gewinnpotenzial sind im Übrigen in aller Regel in nicht unerheblichem Maße subjektiv und nicht für jeden gleich. Für den Planungsträger oder demjenigen, der zu diesem eine besondere Nähe hat, ist z. B. das Risiko eines sich hinziehenden Planungsprozesses geringer als für denjenigen, der gegen den Planungsträger agiert.

292   Anders als bei der Unternehmensbewertung ist es in der Praxis der Verkehrswertermittlung von wartеständigem Bauland nicht üblich, das mit der Baulandentwicklung verbundene Risiko durch einen zusätzlichen **Risikozuschlag am Diskontierungszinssatz** zu berücksichtigen, zumal mit dem Rückgriff auf den Liegenschaftszinssatz ohnehin das objektspezifische Risiko in ortsüblicher Weise mitberücksichtigt wird. Diesbezüglich erscheint es vielmehr sachgerecht, ein noch verbleibendes, bestehendes Risiko mit einer entsprechend „dimensionierten" Wartezeit zu berücksichtigen. In diesem Fall ist es unzulässig, das Ergebnis der Verkehrswertermittlung mit einem zusätzlichen Risikoabschlag zu „belegen". Dies liefe auf eine **Doppelberücksichtigung** eines bestehenden Risikos hinaus. Wenn darüber hinaus dann noch der Diskontierungszinssatz um einen Risikozuschlag erhöht würde, wäre das Risiko sogar dreifach berücksichtigt. Zur Verdeutlichung wird auf die nachfolgende Abbildung verwiesen. Der unter lit a vorgestellten Vorgehensweise ist – wenn tatsächlich ein Wagnis bestehen sollte – der Vorzug zu geben (Abb. 23):

Abb. 23: Berücksichtigung des Risikos bei der Abzinsung

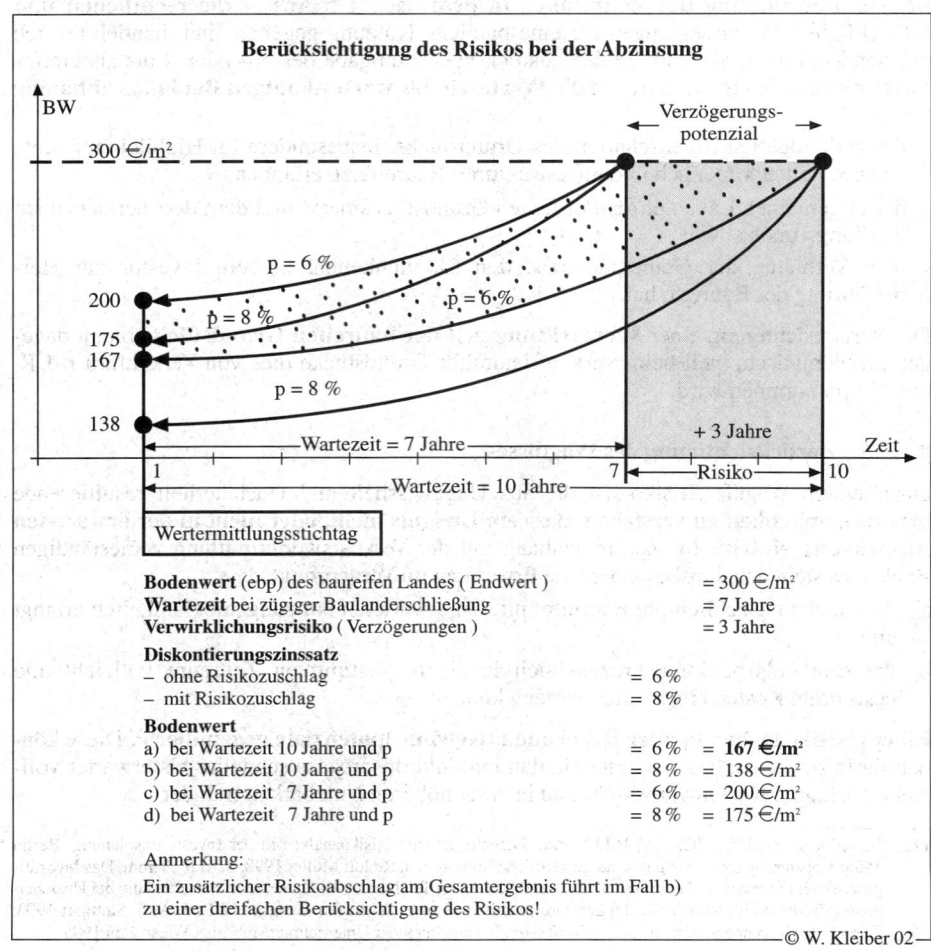

Berücksichtigung des Risikos bei der Abzinsung

Bodenwert (ebp) des baureifen Landes (Endwert)		= 300 €/m²
Wartezeit bei zügiger Baulanderschließung		= 7 Jahre
Verwirklichungsrisiko (Verzögerungen)		= 3 Jahre
Diskontierungszinssatz		
– ohne Risikozuschlag	= 6 %	
– mit Risikozuschlag	= 8 %	
Bodenwert		
a) bei Wartezeit 10 Jahre und p	= 6 %	= **167 €/m²**
b) bei Wartezeit 10 Jahre und p	= 8 %	= 138 €/m²
c) bei Wartezeit 7 Jahre und p	= 6 %	= 200 €/m²
d) bei Wartezeit 7 Jahre und p	= 8 %	= 175 €/m²

Anmerkung:

Ein zusätzlicher Risikoabschlag am Gesamtergebnis führt im Fall b) zu einer dreifachen Berücksichtigung des Risikos!

© W. Kleiber 02

Bei alledem ist sorgsam zu prüfen, ob tatsächlich ein Wagnis besteht[113]. Muss das bejaht **293** werden, kann dies wertermittlungstechnisch am sichersten durch Abschätzung der Zeitspanne erfasst werden, um die sich die Realisierung der Baulanderschließung verzögern kann (im Beispiel: 3 Jahre). Allgemein kann hierzu festgestellt werden, dass ein solches **Risiko um so geringer ist, je exponierter die Fläche ist**, da die planende Gemeinde ein umso höheres Interesse an der Baulandentwicklung hat, je größer der Entwicklungsdruck auf Grund der städtebaulichen Gesamtsituation ist (vgl. auch § 4 WertV Rn. 28, 150, 158 ff., 289 ff.).

4.5.3.6 Diskontierungszinssatz

Ein bestimmter Diskontierungszinssatz, mit dem der Verkehrswert des erschließungsbei- **294** tragspflichtigen (ebp) baureifen Landes – Ausgangswert für die Ermittlung des warteständigen Baulandwerts – über die jeweilige Wartezeit abzuzinsen ist, kann mit dem Anspruch der Allgemeingültigkeit nicht vorgegeben werden. Aus theoretischer Sicht müsste der **Diskontierungszinssatz aus den jeweiligen Verhältnissen des örtlichen Grundstücksmarktes** und des Wertermittlungsobjektes abgeleitet werden.

Hierfür bedürfte es eingehender Analysen des Grundstücksmarktes, um aus dem Wertver- **295** hältnis von Vergleichspreisen für warteständiges Bauland zu Vergleichspreisen für erschließungsbeitragsfreies (ebf) baureifes Land die Verzinsung zu ermitteln. Solche Untersuchungen stehen nicht zur Verfügung, jedoch könnte hilfsweise **aus einzelnen zur Verfügung stehenden Vergleichspreisen für werdendes Bauland finanzmathematisch der Diskontierungszinssatz ermittelt** werden. Dafür bedarf es der Kenntnis der Wartezeit (bis zur Baureife) der zum Vergleich herangezogenen Grundstücke.

Als Ertrag eines unbebauten Grundstücks könnte allenfalls der **Wertzuwachs eines** **296** **Grundstücks** angesehen werden, der dem Grundstück realiter (inflationsbereinigt) zuwächst. Die Erfahrung lehrt, dass solche Wertzuwächse entgegen landläufigen Meinungen vielfach recht gering ausfallen, wenn man von Wertzuwächsen auf Grund von Qualitätsverbesserungen absieht. Bei warteständigem Bauland, um das es hier geht, ist ein solcher Wertzuwachs vielfach von der Wartezeit bis zur höherwertigen Nutzung abhängig, d. h., bei sehr langer Wartezeit wird regelmäßig ein geringer jährlicher Wertzuwachs und damit auch ein kleiner Diskontierungszinssatz zu verzeichnen sein; bei kurzer Wartezeit können sich höhere jährliche Wertzuwächse einstellen.

Beispiel: **297**

– Es steht als Vergleichspreis für werdendes Bauland ein Vergleichsobjekt zur Verfügung, das eine Wartezeit von 7 Jahren bis zum Erreichen der Entwicklungsstufe „Baureifes Land" aufweist .... 225 €/m²
– Der Vergleichspreis für Baureifes Land erschließungsbeitragspflichtig (ebp) beläuft sich auf .... 300 €/m²

Die Wartezeit, die zur Ableitung des Diskontierungszinssatzes herangezogenen Vergleichsgrundstücks bemisst sich nach dem Zeitraum, der

– einerseits vom Zeitpunkt des Kaufvertrags und

– andererseits durch den Zeitpunkt begrenzt wird, zu dem seinerzeit der Eintritt der rechtlichen und tatsächlichen Voraussetzungen für die Zulässigkeit der baulichen Nutzung erwartet wurde.

---

113 Ungewissheit erwächst aus der Unkenntnis zufälliger Entwicklungen aber auch Störimpulsen sowie aus der begrenzten Kenntnis tatsächlicher Wirkungszusammenhänge. Die mit Irrtumsgefahren behafteten prognostizierten Erwartungen können sich positiv oder negativ entwickeln. Der Risikobegriff umfasst deshalb sowohl die Möglichkeit des von der Prognose abweichenden Wertverlustes als auch des Wertgewinns.

Ermittlung des Diskontierungszinssatzes p:

$$p_\% = 100 \left(\sqrt[n]{\frac{\text{Bodenwert}_{\text{baureif (ebp)}}}{\text{Bodenwert}_{\text{Wartezeit}}}} - 1 \right)$$

wobei n = Wartezeit

$$p_\% = 100 \left(\sqrt[7]{\frac{300}{225}} - 1 \right) = \textbf{4,2 \%}$$

298 Mit Hilfe solcher Diskontierungszinssätze lässt sich der **Bodenwert warteständigen Bau-lands** unter Berücksichtigung der jeweiligen Wartezeit nach folgender Formel ableiten:

$$\text{Bodenwert}_{\text{Warteständiges Bauland}} = \text{Bodenwert}_{\text{baureif (ebp)}} \times q^{-n}$$

wobei $q = (1 + \frac{p}{100})$
       p = Diskontierungszinssatz
       n = Wartezeit

Beispiel:

Es soll nunmehr der Verkehrswert einer Rohbaulandfläche ermittelt werden, die eine Wartezeit von vier Jahren aufweist.

Als Vergleichswert wird wiederum der zur Verfügung stehende Vergleichspreis von 300 €/m² für erschließungsbeitragspflichtiges (ebp) baureifes Land herangezogen:

– Wartezeit n   = 4 Jahre
– Vergleichspreis (ebp)   = 300 €/m²
– Diskontierungszinssatz   ≈ 4 %

$$\text{Bodenwert} = 300 \times (1 + \frac{4}{100})^{-4} = \textbf{256 €/m²}$$

299 In der Praxis scheitert die Ableitung eines empirischen Diskontierungszinssatzes in aller Regel bereits an geeigneten Vergleichspreisen. Die Praxis bedient sich ersatzweise des objektspezifischen örtlichen **Liegenschaftszinssatzes als Diskontierungszinssatz**[114]. Dies ist in einer Reihe von Verwandtschaften begründet, die der Liegenschaftszinssatz mit dem Diskontierungszinssatz aufweist:

– Der Grundstücksmarkt geht bei einem Erwerb warteständigen Baulands in aller Regel von einem **Wertzuwachs** im Verlauf der Wartezeit aus. Des Weiteren wird, wie bei einem bereits bebauten Objekt erwartet, dass – zeitlich versetzt – später auch die Mieterträge steigen werden.

– Der Grundstücksmarkt betrachtet auch den Erwerb warteständigen Baulands als eine krisenfeste **Sachgutanlage**, die eine geringere als die bankenübliche Verzinsung des investierten Kapitals rechtfertigt. Inflationäre Entwicklungen wirken sich demzufolge gleichartig auf Liegenschafts- und Diskontierungszinssatz aus.

– Der Grundstücksmarkt kann in vielen Fällen – ersatzweise zu der bankenüblichen Verzinsung des eingesetzten Kapitals – auch mit direkten und indirekten Förderungen „rechnen". Dabei stehen nicht nur die i. d. R. erst mit der Bebauung gewährten steuerlichen Vorteile im Vordergrund, sondern häufig auch die mit der Baulanderschließung gewährten **Förderungen.** So wurden im Zeitraum von 1991 bis 1997 insgesamt rd. 16 Milliarden € im Rahmen der Gemeinschaftsaufgabe „Verbesserung der regionalen Wirtschaftsstruktur" (GA-Mittel) für infrastrukturelle Maßnahmen gewährt. Daneben bestehen zahlreiche Förderungsprogramme (KfW-Infrastrukturprogramm; Fördermittel der EU (EFRE), Konversionsprogramme, KONVERS- und URBAN-Programm und vieles mehr).

Bei alledem ist empirisch belegbar, dass im gewöhnlichen Geschäftsverkehr bei der Ableitung des Verkehrswerts warteständigen Baulands aus Vergleichspreisen baureifen Landes der Grundstücksmarkt nicht auf der Grundlage bankenüblicher Zinssätze kalkuliert, sondern sich an dem objektspezifischen örtlichen Liegenschaftszinssatz orientiert. Dies findet seinen empirischen Nachweis auch darin, dass die **Wertentwicklung warteständigen Baulands von der Entwicklung der Hypothekenzinsen** stets **weitgehend abgekoppelt** war (§ 11 WertV). Die Heranziehung des Hypothekenzinssatzes als Diskontierungszinssatz würde deshalb zu Ergebnissen führen, die mit dem Geschehen auf dem Grundstücksmarkt unvereinbar sind. Umgekehrt führen Verkehrswertermittlungen auf der Grundlage des Liegenschaftszinssatzes (als Diskontierungszinssatz) regelmäßig zu Kaufabschlüssen (allein im Bereich des Bundes bei einem Veräußerungsvolumen von 50 Mio. € p. a.). Diese Praxis – ob sachlich begründet oder nicht – kann für sich mithin in Anspruch nehmen, der Lage auf dem Grundstücksmarkt zu entsprechen. Insoweit mag sich die Praxis der Verkehrswertermittlung von Grundstücken von der Praxis der Unternehmensbewertung und der Beleihungspraxis unterscheiden (vgl. § 11 WertV Rn. 30 ff. sowie Teil II Rn. 98 ff.).

300

Wenn nämlich bei alledem der Grundstücksmarkt in seinen **Preisbildungsmechanismen für warteständiges Bauland** (z. B. Bauerwartungsland) direkt mit der Entwicklung der Hypothekarzinsen korreliert wäre, so müsste die Preisentwicklung z. B. für Bauerwartungsland dieser folgen. Es kann aber empirisch nachgewiesen werden, dass dem gerade nicht so ist:

301

Abb. 24: **Entwicklung der Liegenschafts- und Hypothekenzinsen im Vergleich zur Preisentwicklung von Bauerwartungsland in Düsseldorf**

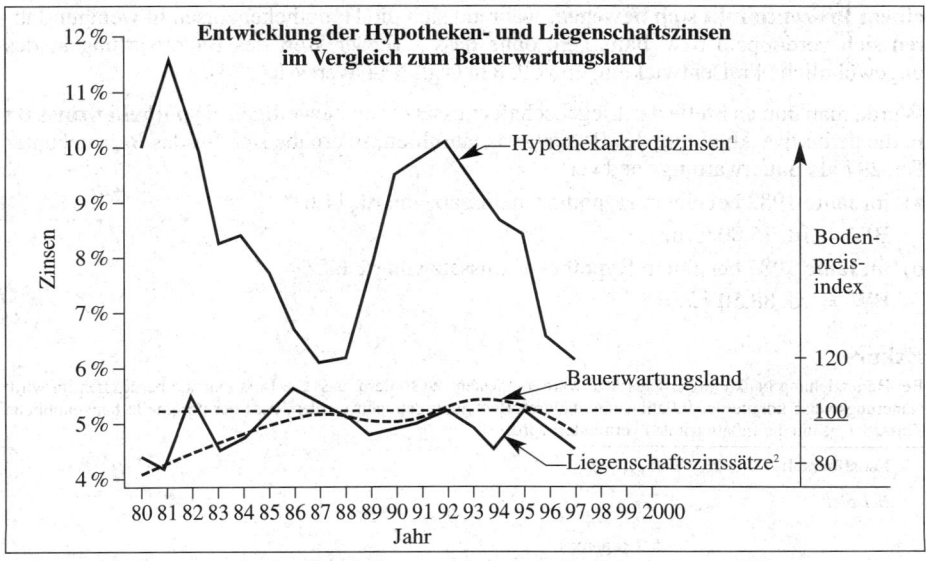

1 Hypothekarkreditzinsen, als Gleitzinsen (Effektivverzinsung), Quelle: Deutsche Bundesbank
2 Liegenschaftszinssätze, als durchschnittlicher Zinssatz abgeleitet aus Verkäufen von Mietwohnhäusern und gemischt genutzten Gebäuden. Quelle: Gutachterausschuss für Grundstückswerte in Düsseldorf; eigene statistische Auswertungen aus der Kaufpreissammlung

---

114   Gablenz, Grundstücks-Wertermittlung, Verlag Bauwesen Bln. 1999, S. 29

Abb. 25: Entwicklung der Liegenschafts- und Hypothekenzinsen im RegBez Hannover

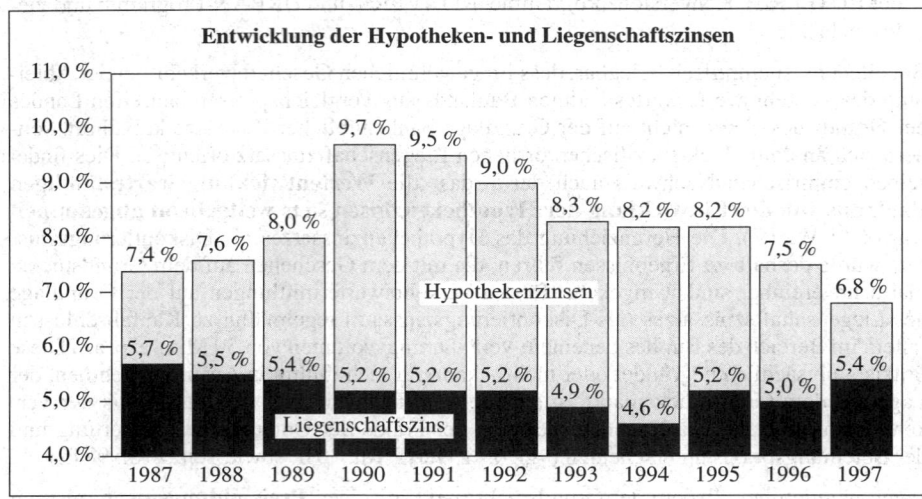

Quelle: Grundstücksmarktbericht 1997

302 Vergleicht man nun einmal die Entwicklung der Hypothekenzinsen mit der des Liegen-schaftszinssatzes, so stellt man zunächst fest, dass der **Liegenschaftszinssatz** selbst **in einem Zeitraum von 10 Jahren Änderungen ausgesetzt ist, die in einem Korridor von einem Prozentpunkt sich bewegen,** während sich die Hypothekenzinsen in wenigen Jahren sich verdoppeln bzw. halbieren, ohne dass z. B. der Wert des Bauerwartungslandes ungewöhnliche Preisentwicklungen vollzieht (vgl. § 11 WertV Rn. 33).

303 Würde man nun an Stelle des Liegenschaftszinssatzes den jeweiligen **Hypothekenzinssatz** in die deduktive Ableitung des Bodenwerts einführen, so ergäbe sich für das *Beispiel* unter Rn. 297 als Bauerwartungslandwert

a) im Jahre 1982 bei einem Hypothekenzinssatz von rd. 11,6 %
    BW = rd. 75,00 €/m²

b) im Jahre 1987 bei einem Hypothekenzinssatz von rd. 6,0 %
    BW = rd. 88,50 €/m²

304 Exkurs:

Bei Heranziehung banküblicher Zinssätze wäre mindestens zu fordern, dass die Inflationsrate berücksichtigt wird. Näherungsweise könnte der Inflationsrate dadurch Rechnung getragen werden, dass der nominelle bankenübliche Zinssatz r_{nom} um die Inflationsrate i vermindert wird:

Faustformel: $r_{real} = (r_{nom} - i)$

Beispiel: $r_{nom} = 7\%$
              $i = 2\%$
              $r_{real} = 5\%$ (approx)

Die Faustformel ist nur im Falle niedriger Inflationsraten für die Umrechnung geeignet. Die exakte Umrechnungsformel lautet: $(1 + r_{nom}) = (1 + r_{real})(1 + 1)$

$$r_{real} = \frac{(r_{nom} - i)}{(1 + i)}$$

Beispiel: $r_{real} = \frac{(7-2)}{(1+0,02)} = \mathbf{4,902}$ % (exakt)

Die Verwendung **bankenüblicher Finanzierungszinssätze** ist bei alledem **abzulehnen.**   **305**
Der Eigentümer z. B. einer Bauerwartungslandfläche erwartet gerade nicht die bankenübliche
Verzinsung. Vielmehr werden Grundstücke vielfach aus einer inneren Verbundenheit und als
krisensicheres Sachgut unter Verzicht auf eine bankenübliche Verzinsung des darin investierten Kapitals gehalten. Würde auf dem Grundstücksmarkt eine bankenübliche Verzinsung in
Form eines entsprechenden Wertzuwachses erwartet werden, so müssten im großen Umfange
solche Flächen zum Verkauf gestellt werden, weil die Erlöse – bankenüblich angelegt – i. d. R.
eine weitaus höhere Verzinsung erbringen und auch steuerliche Privilegien des Grundbesitzes
dies nicht aufwiegen. Eine Abzinsung auf der Grundlage bankenüblicher Zinsen verbietet sich
deshalb, wenn es um den Verkehrswert geht. Etwas anderes kann im Rahmen von **Inves-**
titionsrechnungen gelten, wenn es nicht um die Ermittlung des Verkehrswerts geht.

Der **Ansatz bankenüblicher Finanzierungszinssätze** mit der Begründung, dass im Falle   **306**
einer Fremdfinanzierung die Vorhaltung warteständigen Baulands entsprechend finanziert
werden müsse, kann auch nicht überzeugen. Dies **könnte** nämlich **gleichermaßen für den**
Fall des Erwerbs eines bebauten Ertragsobjekts geltend gemacht werden, für den
i. d. R. ebenfalls Fremdmittel aufgenommen werden. Gleichwohl ist im Rahmen der
Verkehrswertermittlung nach den Grundsätzen des Ertragswertverfahrens hier nicht ernsthaft die Verwendung bankenüblicher Zinssätze gefordert worden.

4.5.3.7   Berücksichtigung der Bodenordnungs- und Infrastrukturkosten

Bei der Verkehrswertermittlung großflächigen warteständigen Baulands (Bauerwartungs-   **307**
land bzw. Rohbauland) oder im Falle der Umnutzung bzw. Neuordnung baureifen Landes
(z. B. großflächiger Industriebrachen) kann es erforderlich werden, neben der Wartezeit
und dem Erschließungsbeitrag (Erschließungsausbau- und Grunderwerbskosten) noch folgende wertbeeinflussende Merkmale zu berücksichtigen:

a) ein **erhöhter öffentlicher Flächenbedarf für Infrastrukturmaßnahmen, natur-**
   schutzrechtliche Ausgleichsflächen und soziale Folgeeinrichtungen,

b) eine **Überwälzung des 10 %igen Eigenanteils der Gemeinde** am Erschließungsaufwand auf den Eigentümer (Erschließungsvertrag nach § 124 BauGB),

c) die **Abschöpfung umlegungsbedingter Bodenwerterhöhungen** im Rahmen amtlicher Bodenordnungsmaßnahmen nach den §§ 45 ff. BauGB sowie

d) die **Übernahme der** durch die Bauleitplanung verursachten **Bodenordnungs-, Er-**
   schließungs- und Folgekosten im Rahmen eines städtebaulichen Vertrags.

Sofern nach der vorhandenen städtebaulichen Situation und dem Verhalten des Planungs-   **308**
trägers davon ausgegangen werden muss, dass darin begründete **Mehrkosten üblicher-**
weise auf die Eigentümer überwälzt werden und davon die Preisbildung auf dem Grundstücksmarkt im gewöhnlichen Geschäftsverkehr mitbestimmt wird, muss dies bei der Verkehrswertermittlung im Wege deduktiver Verfahren mitberücksichtigt werden.

Dies macht es erforderlich, den in solchen Fällen unentgeltlich bereitzustellenden (zusätz-   **309**
lichen) Flächenanteil sowie die Folgekosten möglichst sorgfältig abzuschätzen. **Grund-**
lage dafür sind der Bebauungsplan bzw. der städtebauliche Vertrag. Soweit diese noch
nicht zur Verfügung stehen, muss sich der Sachverständige an der vorhandenen städtebaulichen Situation und dem Verhalten des Planungsträgers in der Weise orientieren, wie
dadurch das Marktgeschehen mitbestimmt wird. Der Auftraggeber muss sich in dieser
Phase bewusst sein, dass er bei „diffusen" Verhältnissen Unsicherheiten der Verkehrswertermittlung in Kauf nimmt. Dies kann dem Sachverständigen nicht angelastet werden[115].

---

115   Kleiber in Wirtschaft und Verwaltung 1967, 63

Der unentgeltlich bereitzustellende Flächenanteil wird in der vorstehenden Formel (Rn. 270) mit dem Quotienten

$$\frac{\text{Gemeinbedarfsfläche}}{\text{Bruttofläche}}$$

erfasst; multipliziert mit dem warteständigen Bodenwert (pro m²) ergibt er den Gesamtwert. Der Faktor „0,9" ist auf diesen Gesamtwert nur anzuwenden, wenn die Gemeinde 10 % dieses Gesamtwerts selbst trägt. Der in der Formel auftretende **Faktor „0,9"** entfällt dagegen ersatzlos, wenn erwartet werden muss, dass die Gemeinde im Rahmen eines Erschließungsvertrags ihren gemeindlichen Eigenanteil an dem Erschließungsaufwand in Höhe von 10 % auf den Eigentümer überwälzt.

310 Der als ersparte Kosten anzusetzende Betrag der Bodenordnungskosten, der im Falle einer amtlichen Umlegung nach den §§ 45 ff. BauGB als Umlegungsvorteil „abschöpfungsfähig" ist, muss im Falle der privaten Bodenordnung ebenfalls als eine den Eigentümer belastende Kostenposition in Abzug gebracht werden. Für den Eigentümer besteht insoweit kein wirtschaftlicher Unterschied. Werden darüber hinaus z. B im Rahmen eines **städtebaulichen Vertrags weitere Infrastrukturleistungen** vom Eigentümer erbracht, müssen auch die Kosten zusätzlich in Abzug gebracht werden. Diese zusätzlichen Kosten liegen oftmals in gleicher Höhe wie die Erschließungskosten[116].

311 Der für die Erschließungsmaßnahmen, für Ausgleichsmaßnahmen sowie ggf. für weitere Infrastruktureinrichtungen bereitzustellende Flächenanteil ist möglichst auf der Grundlage von formellen Planungen zu ermitteln und muss ansonsten geschätzt werden. Als Anhalt kann eine Umfrage des Deutschen Städtetags aus dem Jahre 1997[117] dienen. Danach beträgt der **durchschnittliche Flächenabzug in Umlegungsgebieten** (mit steigender Tendenz) in

Wohngebieten ohne naturschutzrechtliche Ausgleichsflächen .... rd. 21,0 %
mit naturschutzrechtlichen Ausgleichsflächen .... rd. 28,0 %

Gewerbegebieten ohne naturschutzrechtliche Ausgleichsflächen .... rd. 17,5 %
mit naturschutzrechtlichen Ausgleichsflächen .... rd. 24,0 %

312 Der **naturschutzrechtliche Ausgleichsflächenbedarf**, der bezogen auf Umlegungsgebiete rd. 6 bis 7 % nach dieser Untersuchung ausmacht, dürfte aber tatsächlich höher ausfallen, weil wohl weitere Flächen außerhalb des Umlegungsgebiets bereitgestellt werden.

313 Im Rahmen der von der Landeshauptstadt München beschlossenen Grundsätze der „Sozialen Bodennutzung" (SoBoN)[118] und der hierzu erlassenen Richtlinie für die inhaltliche und verfahrensmäßige Umsetzung wird im Rahmen städtebaulicher Verträge ein anteiliger **Infrastrukturkostenbeitrag in Höhe von 65 €/m² Geschossfläche „der Baurechtsmehrung"** ausbedungen; dieser soll in etwa die Hälfte der angesetzten ursächlichen sozialen Infrastrukturkosten abdecken. Er wird zum Zeitpunkt der Realisierungsmöglichkeit des neuen bzw. zusätzlichen Baurechts fällig. Daneben werden von dem Planungsbegünstigten folgende Leistungen erbracht:

– unentgeltliche und kostenfreie Flächenabtretung für im Plangebiet vorgesehene Erschließungsanlagen (Grün- und Verkehrsflächen, Immissionsschutzanlagen und dgl.) für Gemeinbedarfsnutzungen und für den naturschutzrechtlich gebotenen Ausgleich, soweit diese Flächen nicht bei den Planungsbegünstigten verbleiben sollen; ggf. ist der Erwerbsaufwand zu erstatten;

– Herstellungskosten der Erschließungsanlagen und der Ausgleichsmaßnahmen;

– ggf. Wettbewerbskosten, Kosten für zusätzliche Öffentlichkeitsarbeiten, Honorare nach HOAI bei Vergabe von Leistungen an Dritte, Kosten für Gutachten, Umlegungskosten;

– Verzicht auf Ansprüche z. B. wegen Eingriffs in den eingerichteten und ausgeübten Gewerbebetrieb.

Ob im Einzelfall bei der Verkehrswertermittlung einer warteständigen Baulandfläche **314**
davon auszugehen ist, dass deren Entwicklung tatsächlich vom Abschluss eines städtebaulichen Vertrags mit der Übernahme von Infrastrukturmaßnahmen abhängig ist, kann nur
auf der Grundlage des **örtlichen Marktgeschehens und des** generellen **Verhaltens des
Planungsträgers** beurteilt werden. Im Rahmen einer Verkehrswertermittlung verbietet es
sich zunächst, stillschweigend entsprechenden Anweisungen des Auftraggebers zu folgen.
Hier muss sich der Sachverständige zunächst selbst ein Bild darüber verschaffen, ob dies
tatsächlich den Gepflogenheiten des Grundstücksmarktes entspricht und der Grundstücksmarkt auf ein entsprechendes Verhalten des Planungsträgers „reagiert". Wäre dies im Einzelfall zu verneinen und besteht der Auftraggeber dennoch darauf, ein solches Verhalten
des Planungsträgers der Wertermittlung zu Grunde zu legen, sollte der Gutachter seine
Wertermittlung mit einem entsprechenden Hinweis versehen.

Als **Indiz dafür, dass die Baulandentwicklung** im Einzelfall **nur in Abhängigkeit vom**   **315**
Abschluss eines städtebaulichen Vertrags eine Chance hat, gilt insbesondere die Größe
des künftigen Baugebiets, weil i. d. R. nur große Baugebiete auch größere Infrastrukturmaßnahmen zur Folge haben, die der Planungsträger auf den Investor zu überwälzen trach-
tet. Daneben sind entsprechende Gemeinderatsbeschlüsse sowie die Eigentumsstruktur
beachtlich, weil der Abschluss eines städtebaulichen Vertrags vor allem nur dann eine
Chance hat, wenn sich nur ein oder zumindest wenige Investoren nach der vorgefundenen
Eigentumsstruktur als Vertragspartner anbieten. Bezüglich der Größe des zu entwickelnden
Gebiets kann für die Verhältnisse in *Berlin* die nachfolgend abgedruckte Aufstellung der
„Vertragsgebiete" einen Anhalt bieten (Abb. 26).

Im Übrigen wäre es nur konsequent, spiegelbildlich zu den überwälzten Infrastrukturkosten auch die zu erwartenden Förderungen der Maßnahme werterhöhend zu berücksichtigen. **Bodenbezogene Förderungen** führen nun einmal zu Bodenwerterhöhungen.

Legende von Abb. 26:

* Der Abschluss eines städtebaulichen Vertrags ist in folgenden Fällen an einen Senatsbeschluss und
die Beteiligung des Parlaments gekoppelt:

1. Grunderwerb oder Grundstücksveräußerung (inkl. Schenkung), soweit der Vorgang der Einwilligung des Abgeordnetenhauses gemäß § 64 LHO unterliegt;

2. Zwingende vertragliche Verpflichtungen für Berlin (insbesondere: Infrastruktur, Wohnungs-
bauförderung), die über den Rahmen des beschlossenen Haushaltsplans hinausgehen.

\# Bauabschnitt „Wohnungsbau"

Quelle: Abgeordnetenhaus von Berlin Drucks. 13/1393, S. 3

---

116   Voß in GuG 1996, 343
117   Umdruck DST M 4801 vom 13. 3. 1997
118   Gemeinsamer Beschluss des Ausschusses für Stadtplanung und Bauordnung, des Kommunalausschusses, des
Finanzausschusses und des Ausschusses für Arbeit und Wirtschaft vom 3. 12. 1997 der Landeshauptstadt
München.

Abb. 26: Städtebauliche Vertragsgebiete (Strukturdaten)

Gebiete mit abgeschlossenem städtebaulichen Vertrag	Datum des Vertragsabschlusses/ Investor	Realisierungs-zeitraum	Größe in ha	Wohneinheiten (WE)
Karow-Nord* (Weißensee)	03. 11. 1992/Groth & Gralfs, WBG Weißensee, GEHAG, SÜBA	1993–1998	97,0	5 108
Buchholz-West* (Pankow)	12. 12. 1994 Arge Süd (mehrere Investoren)	1995–1999	44,0	2 888
Eisenacher Straße* (Marzahn)	14. 07. 1995/Investorengemein-schaft; u. a. LBB/Bavaria	1996–1999	47,2	1 654
Staaken, Gärtnereiring (Spandau)	10. 01. 1996 Trigon	1996–1997	2,3	184
Staaken, Cosmarweg* (Spandau)	14. 12. 1994 Trigon	1995–1998	7,8	732
Staaken-Lincoln/LHGS (Spandau)	16. 05. 1995 Lincoln GmbH	1995–1997	2,6	248
Staaken-Bauwert/BeWoGe (Spandau)	27. 04. 1995 Bauwert/BeWoGe	1995–1997	4,4	291
Rudow-Süd/Trapez (Neukölln)	mehrere Grundstücksverträge 1994/1995/1996, Gehag, Stadt & Land, LBB/Bavaria u. a.	1995–2000	45,3	1 709
Altglienicke, DEGEWO (Treptow)	23. 09. 1994 DEGEWO	1995–1998	10,8	530
Altglienicke, Dr. Kupfer (Treptow)	09. 02. 1995 Dr. Kupfer GmbH	1995–1997	2,4	148
Altglienicke, Stadt und Land (Treptow)	20. 11. 1995 Stadt und Land	1996–2000	41,0	1 518
Büchnerweg, Trigon (Treptow)	27. 11. 1996 Trigon	1996–1998	2,5	305
Stadtteilzentrum Hellersdorf* (Hellersdorf)	01. 02. 1995 Mega AG	1995–2000	31,0	950
Gärtnerei „Weiße Taube" (Hohenschönhausen)	21. 07. 1994 Investorengemeinschaft	1995–1997 #	15,3	1 164
Kodak (Köpenick)	26. 04. 1995 Kodak/Hanseatica	1995–1998	11,0	705
Summe			364,6	18 134

Abb. 27: Baulandproduktionskosten (ohne Grunderwerb)

Kostenarten	Umlegung nach §§ 45 ff. BauGB €	Städtebauliche Entwicklungs- maßnahmen §§ 165 ff. BauGB €
1. Vorbereitung		
1.1 Flächennutzungsplan	0,32	0,32
1.2 Bebauungsplan	0,41	0,41
1.3 Grünordnungsplan	0,25	0,25
1.4 Verwaltungskosten	0,71	
1.5 Entwicklungsbetreuer		0,71
2. Kosten der Erschließung		
2.1 Erschließung nach den §§ 127 ff. BauGB	30,00	30,00
2.1.1 Kosten Erhebung	**0,56**	
Ermittlung der Grundlagen		
Berechnungen, Erteilung, Beratung,		
Buchungsaufwand		
2.1.2 Zuschlag Risiko		
Widerspruchsverfahren (ohne Ansatz)		
2.2 Kanalanlage		
2.2.1 Kanalbau	6,40	6,40
2.2.2 Beitragserhebung	**0,56**	
2.3 Wasserbau		
2.3.1 Anlagenbau	2,72	2,72
2.3.2 Beitragserhebung	**0,56**	
2.4 Sonstige Ordnungsmaßnahmen		
2.4.1 Altlastenerkundung Grundbaulabor	0,25	0,25
2.4.2 Sonstige Gutachten	0,25	0,25
2.4.3 Vermessung	5,00	5,00
2.4.4 Sonstige Ordnungsmaßnahmen	5,00	5,00
2.4.5 Ausbau Ausgleichsflächen	5,00	5,00
3. Baumaßnahmen		
3.1 Kindergarten	6,00	6,00
3.1.2 Kosten der Verwaltung	0,25	
3.2 Verwaltungsstelle	0,25	
4. Sonstige Kosten		
Finanzierungskosten		
Kosten 77,86		
Deckungsbeitrag	./. 48,12	
Kosten 29,75		
× 6 % × 3 Jahre	**5,34**	
Kosten 109,93		
× 6 % × 3 Jahre		19,78

Kostenarten	Umlegung nach §§ 45 ff. BauGB €	Städtebauliche Entwicklungs- maßnahmen §§ 165 ff. BauGB €
5. **Finanzierungsbeiträge/** **Deckungsbeiträge**		
5.1 Erhebung der Erschließungskosten 90 % von 3.1	27,00	
5.2 Erhebung von Beiträgen Ausgleichsmaßnahmen 90 % von 2.4, 2.5 und 3.4.5	16,53	
5.3 Einmalbeitrag Kanal 50 % von 3.2.1 Rest über lfd. Gebühren	3,20	
5.4 Einmalbeitrag Wasser 50 % von 3.3.1 Rest über lfd. Gebühren	1,38	

Anmerkungen:

1. Kostenpositionen ohne direkte Deckungsbeiträge = **Fettdruck.**

2. Bei Kosten der Verwaltung wurde von Gehalts- und Vergütungstabellen der öffentl. Verwaltung, Zuschlägen für Lohnnebenkosten und Arbeitsplatzkosten ausgegangen.

3. Bei den Erschließungskosten wurde der gemeindliche Mindestanteil (= 10 v. H.) angesetzt. Mithin werden 90 v. H. der Kosten über Erschließungsbeiträge erhoben.
   Weiter wurde bei der Zinsrechnung (5.1 Finanzierungskosten) unterstellt, dass die Gemeinde gemäß § 133 Abs. 3 BauGB Vorauszahlungen erhebt. Zinsen wurden daher nicht angesetzt.

4. Bei den Gebühren für Wasser und Kanal wurde von einer Splittung der Kosten mit 50 v. H. für Einmalbetrag und 50 v. H. für Kostenanteil in verbrauchsabhängiger Rechnung (Abschreibungsanteil in Gebührenkalkulation) ausgegangen.
   Weiter wurde bei der Zinsrechnung unterstellt, dass die Gemeinde/VGV Vorausleistungen von den Eigentümern bis zur Höhe des Beitrages anfordert. Zinsen wurden daher nicht angesetzt.
   Die Satzungslage bzw. Entgeltsatzung ist bei einer genauen Satzungslage zu berücksichtigen.

5. Bei Baumaßnahmen wurden event. Landeszuschüsse (z. B. KIGA-Programm) nicht berücksichtigt, da diese in beiden Modellen anfallen. Sie würden somit zu einer analogen Reduzierung führen.
   Allerdings ist dabei zu berücksichtigen, dass grundsätzlich kein Förderungsanspruch besteht. Wegen der Haushaltslage ist eine Aussage zu Fördermöglichkeiten nur bedingt möglich.

6. Da gemäß § 170 BauGB bei Entwicklungsmaßnahmen grundsätzlich die Ausgaben aus den Einnahmen finanziert werden sollen, wurde ein Förderansatz nicht ausgewiesen. Eine Förderung würde im Ergebnis zu einer Kostenreduzierung und damit zu einem niedrigeren Kostenpreis für den Verkauf führen.

7. Ein Ansatz unter Position 2.1.2 wurde nicht vorgenommen, da dieser nur ungenau zu ermitteln ist. Allerdings zeigt die Unzahl von Verwaltungsgerichtsverfahren in Erschließungsbeitragsverfahren, dass hier relative Rechtsunsicherheit besteht. Als Merkposten wurde nur eine Textstelle eingesetzt.

Quelle: Heimstätte Rheinland-Pfalz GmbH; nach Toman, D.: Bundesverband der Landentwicklungsgesellschaften 1997/4 = GuG 1998, 110

4.5.4   Residualwertverfahren bei fertigem Bauland (baureifes Land)

4.5.4.1   Allgemeines

Das bereits im Zusammenhang mit der Verkehrswertermittlung von warteständigem Bauland vorgestellte Residualwertverfahren findet auch auf die Ermittlung von baureifem Land Anwendung. Dies betrifft insbesondere **Grundstücke, für die im Hinblick auf ihre besonderen Eigenschaften keine Vergleichspreise zur Verfügung stehen.** Es kann sich hierbei um besonders hochwertige Grundstücke in den Innenstadtlagen mit solitären Eigenschaften aber auch um baureife Grundstücke handeln, deren wirtschaftlicher Gebrauch eine kostenintensive Umnutzung erfordert.   **316**

Wie bereits ausgeführt, handelt es sich um ein sehr altes und seit jeher **problembehaftetes Verfahren,** mit dem man sich gerade in Bezug auf seine Anwendung auf baureife Grundstücke kritisch auseinandergesetzt hat.   **317**

Das Residualwertverfahren folgt in seiner **Grundform** wiederum der sich aus Abb. 28 ergebenden Gleichung: **318**

Abb. 28: **Grundgleichung des Residualwertverfahrens (residual valuation) zur Ermittlung des Werts eines zur „Entwicklung" anstehenden Grundstücks**

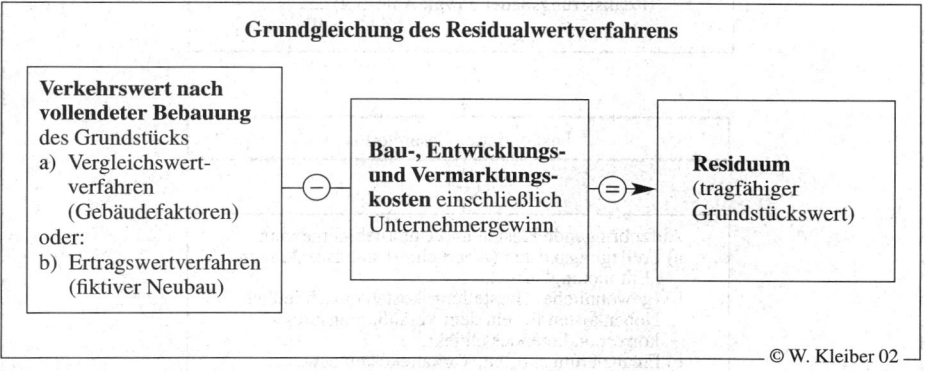

Ausgangswert ist in diesem Fall, wie aus Abb. 28 ersichtlich,   **319**

– entweder der fiktive Ertragswert

– oder der fiktive Vergleichswert

auf der **Grundlage einer Nutzungskonzeption** für das Grundstück.

Der Ausgangswert wird dann im zweiten Schritt um die Bau-, Entwicklungs- und Vermarktungskosten einschließlich eines Unternehmergewinns vermindert. Der Abzug der Baukosten macht deutlich, dass das **Residualwertverfahren letztlich ein Kombinationsverfahren darstellt, bei dem der Ertrags- oder Vergleichswert mit dem Sachwert verquickt wird,** wenn man die Baukosten mit den Normalherstellungskosten zum Ansatz bringt (Abb. 29).   **320**

Das **Residualwertverfahren ist in Deutschland** unter der Bezeichnung „Kalkulatorische Bodenwertermittlung" bzw. „Rest-durch-Abzug-Verfahren" **schon seit altersher in Ausnahmefällen zur Anwendung gekommen,** wenn der direkte Preisvergleich (mangels Vergleichspreise) versagte.   **321**

**Abb. 29: Schema für die Ermittlung eines kalkulatorisch tragbaren Bodenwerts auf
der Grundlage von Vergleichspreisen für einen fiktiven Neubau (ggf. nach
Abbruch der bestehenden Bausubstanz)**

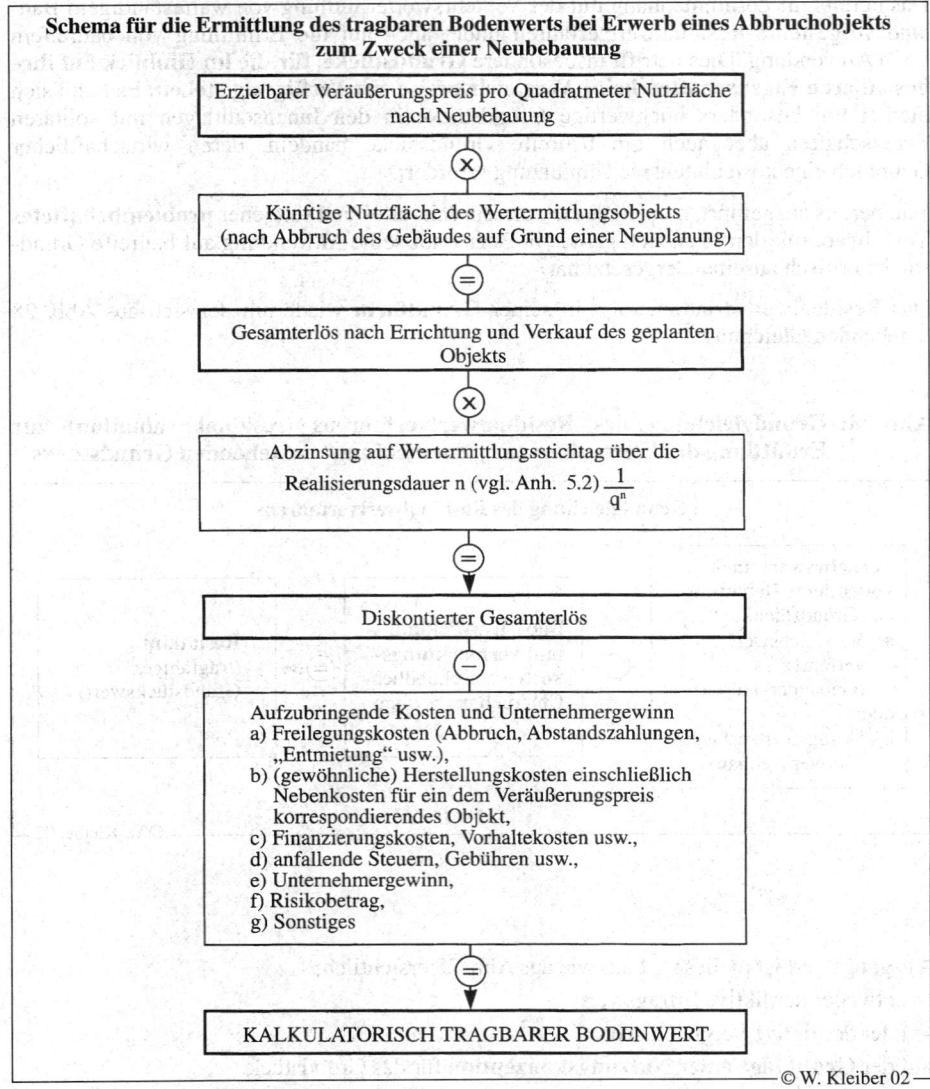

© W. Kleiber 02

4.5.4.2 Kalkulatorische Bodenwertermittlung

322 Wo für die Ermittlung des Bodenwerts unbebauter Grundstücke keine Vergleichspreise zur
Verfügung stehen sowie zur Ermittlung des Bodenwerts eines bebauten Grundstücks wird
gelegentlich auf die Methode zurückgegriffen, den **Bodenwert auf der Grundlage eines
fiktiven Ertrags** abzuleiten.

323 **Formelmäßig ergibt sich der Bodenwert durch Auflösung der Formel für das Ertragswertverfahren** (Abb. 6 bei Vorbem. zu §§ 15 ff. WertV Rn. 46) nach dem Bodenwert (vgl.
Abb. 30):

Abb. 30: Ermittlung des Bodenwerts eines Grundstücks auf der Grundlage des erwarteten Ertrags

---

Ermittlung des Bodenwerts eines Grundstücks auf der Grundlage des erwarteten Ertrags
(kalkulatorischer Bodenwert)

$$BW = \left(RE - \frac{G}{V}\right) \times \frac{1}{p} \qquad (1)$$

$$BW = EW \times q^n - RE\,\frac{q^n - 1}{q - 1} \qquad (2)$$

$$BW = (EW - RE \times V) \times q^n \qquad (3)$$

$$BW = (EW - RE \times V) / (1 - p \times V) \qquad (4)$$

wobei:
- BW = (kalkulatorischer) Bodenwert
- RE = Reinertrag
- EW = Ertragswert oder Kaufpreis
- V = Vervielfältiger
- G = Gebäudewertanteil nach den §§ 22 bis 25 WertV
- p = Liegenschaftszinssatz/100
- q = Zinsfaktor = 1 + p
- n = Restnutzungsdauer

© W. Kleiber 02

Am gebräuchlichsten ist die **Anwendung der in Abb. 30 unter (1) ausgewiesenen** **324** **Formel;** die Bodenwertermittlung vollzieht sich derzufolge nach folgendem Schema (Abb 31).

Bei Anwendung der Methode benötigt man neben den für die Ermittlung des fiktiven **325** Ertragswert erforderlichen Ausgangsdaten (Liegenschaftszinssatz, Reinertrag und Restnutzungsdauer) den nach den Grundsätzen des Sachwertverfahrens ermittelten **Wert der baulichen Anlage (Gebäudesachwert):**

Beispiel A: **326**

Geschätzte Neubaukosten
des Gebäudes G: 1 600 000 €

Zu erwartender Rohertrag aus der zukünftigen Nutzung: 200 000 €/Jahr

Liegenschaftszinssatz: 7,0 v. H.
Vervielfältiger bei RND = 80 Jahre: 14,224

Grundstücksrohertrag	200 000 €	
Bewirtschaftungskosten (30 v. H.):	./. 60 000 €	
Grundstücksreinertrag: RE =	140 000 €	= 140 000 €

Ertragsanteil der baulichen Anlage (unter
Berücksichtigung der gewöhnlichen
Gesamtnutzungsdauer von 80 Jahren) $\frac{1\,600\,000\,€}{14.224}$ – 112 500 €

Bodenertragsanteil am Grundstücksreinertrag: = 27 500 €

Bodenwert: $BW = 27\,500 \times \frac{100}{7} = \mathbf{392\,857\,€}$ **rd. 400 000 €**

(Kapitalisierungsfaktor für die „ewige Rente" bei Zinssatz von 7 v. H.)

Abb. 31: Bodenwertermittlung über den mutmaßlichen Ertrag

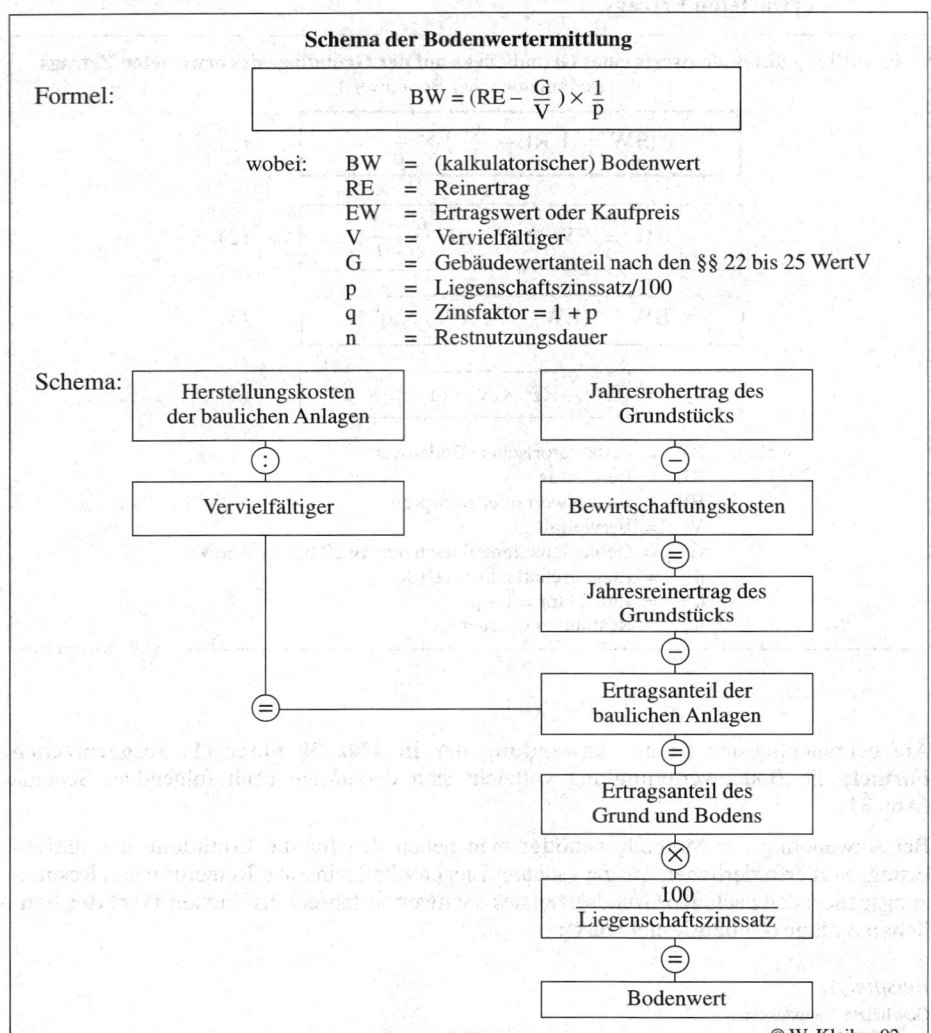

Schema der Bodenwertermittlung

Formel:

$$BW = (RE - \frac{G}{V}) \times \frac{1}{p}$$

wobei:
BW	=	(kalkulatorischer) Bodenwert
RE	=	Reinertrag
EW	=	Ertragswert oder Kaufpreis
V	=	Vervielfältiger
G	=	Gebäudewertanteil nach den §§ 22 bis 25 WertV
p	=	Liegenschaftszinssatz/100
q	=	Zinsfaktor = 1 + p
n	=	Restnutzungsdauer

Schema:

© W. Kleiber 02

327   Die **Bodenwertermittlung über den mutmaßlichen Ertrag** (kalkulatorischer Boden-wert) vereinfacht sich bei Objekten mit sehr langer Restnutzungsdauer, wie dies im Falle eines fiktiven Neubaus unterstellt werden kann. Aus Formel (1) der Abb. 30 folgt:

$$BW = (RE - \frac{G}{V}) \times \frac{1}{p} = \frac{RE}{p} - \frac{G \times q^n}{q^n - 1}$$

wobei:
BW	=	kalkulatorischer Bodenwert
RE	=	Reinertrag
G	=	Gebäudewertanteil nach den §§ 22 ff.
p	=	Liegenschaftszinssatz/100
q	=	Zinsfaktor = 1 + p
n	=	Restnutzungsdauer

Bei p > 3 % und einer Restnutzungsdauer RND > etwa 50 Jahre ergibt sich hieraus der kalkulatorische Bodenwert BW näherungsweise aus:

$$BW \approx \frac{RE}{p} - G$$

328

Beispiel B:

Das vorstehende Beispiel der Ermittlung des kalkulatorischen Bodenwerts vereinfacht sich auf der Grundlage nachstehender Formel:

$$BW = \frac{RE \times 100}{p} - G$$

– Reinertrag RE	= 140 000 €
– Gebäudewertanteil G	= 1 600 000 €
– Liegenschaftszinssatz p	= 7,0 %

$$BW \approx \frac{140\,000 \times 100}{7} - 1\,600\,000\ €$$

$$\mathbf{BW = 400\,000\ €}$$

Wie sich aus der im *Beispiel B* vorgestellten vereinfachten Bodenwertermittlung über den **329** mutmaßlichen Ertrag ergibt, handelt es sich hierbei um das bekannte **Rest-durch-Abzug-Verfahren**, denn mit dem Glied (RE × 100)/p wurde im Wege des sog. vereinfachten Ertragswertverfahrens der Ertragswert ermittelt, der dann um den im Wege des Sachwertverfahrens ermittelten Gebäudesachwert G vermindert wurde:

$$BW = Ertragswert - Gebäudesachwert$$

Beispiel C: **330**

Ermittlung des Bodenwerts

a) *Wertermittlungsobjekt:*
Innerstädtisches Objekt in Leipzig (als Bankobjekt geeignet)
Grundstücksgröße: 2 660 m²
GFZ (nach § 34 BauGB): 3,0
Beste Geschäftslage
Denkmalgeschütztes Objekt

b) *Ermittlung der Nutzfläche* bei GFZ von 3,0 (überschlägig)
2 660 m² × 3,0   = 7 980 m²
abzüglich 25 %   = 1 995 m²
= Nutzfläche (NF)   = 5 985 m²

c) *Ermittlung des Verkehrswerts* (insgesamt)
Jahresrohertrag bei banküblicher Miete in Spitzenlage von 20 €/m²
Jahresrohertrag 5 985 m² × 20 €/m²   = 119 700 € × 12   = 1 436 400 €
./. Bewirtschaftungskosten von 18 %   =   258 552 €
= Jahresreinertrag (RE)   =   = 1 177 848 €

d) Verkehrswert bei denkmalgeschützter baulicher Anlage bei einem Liegenschaftszinssatz von 6 % (Vervielfältiger bei 100 Jahren = 16,62):
Verkehrswert = 1 177 848 × 16,62   =   **19 575 834 €**

e) *Ermittlung des Bauwerts:*
Grundstücksgröße × GFZ   = 7 980 m²
Umbauter Raum bei Geschosshöhe von 3,5 m:
7 980 m² × 3,50 m   = 27 930 m³
Bei Herstellungswert von 275 €/m³
Bauwert (27 930 m³ × 275)   = 7 680 750 €   = – 7 680 750 €

f) *Bodenwert* = Verkehrswert – Bauwert   = 11 895 084 €
Bodenwert pro m² (11 895 084 € : 2660 m²)   =   **4 472 €/m²**

331 Es handelt sich jedoch um ein Residualwertverfahren, bei dessen Anwendung beachtet werden muss, dass der **Sachwert eben nur unter Berücksichtigung erheblicher Marktanpassungsabschläge (vgl. § 25 WertV) zum Verkehrswert führt** und infolgedessen der bloße Abzug des Sachwerts der baulichen Anlage dazu führen muss, dass der so ermittelte Bodenwert nicht auch dem Verkehrswert des Grund und Bodens entsprechen kann[119].

332 Das **Verfahren ist** darüber hinaus äußerst **fehleranfällig vor allem in Bezug auf den Liegenschaftszinssatz.** Kleinste und noch innerhalb der Ermittlungsgenauigkeit (des Liegenschaftszinssatzes) liegende Fehler können das Ergebnis bis zur Unkenntlichkeit verfälschen[120], d. h. jeder gewünschte Bodenwert ließe sich z. B. durch geringfügige Änderungen im Liegenschaftszinssatz ermitteln. Von daher kann das Verfahren i. d. R. nur eingeschränkt zu brauchbaren Ergebnissen führen. Dies ist auch darauf zurückzuführen, dass mit zunehmender Restnutzungsdauer die Fehleranfälligkeit bezüglich der „richtig" angesetzten Restnutzungsdauer abnimmt, dafür aber die Fehleranfälligkeit bezüglich des „richtig" angesetzten Liegenschaftszinssatzes ansteigt (Abb. 32).

Abb. 32: Auszug aus der Vervielfältigertabelle

bei Restnutzungs-dauer RND (Jahre)	Vervielfältiger gem. Anl. zur WertV bei Liegenschaftszinssatz p				
	5,0	6,0	6,5	7,0	8,0
			$\Delta V = 0{,}17$		
10	7,72	**7,36**	**7,19**	7,02	6,71
50	18,26	15,76	14,72	13,80	12,23
60	18,93	16,16	15,03	14,04	12,38
70	19,34	16,38	15,20	14,16	12,44
80	19,60	16,51	15,28	14,22	12,47
90	19,75	16,58	15,33	14,25	12,49
100	19,85	**16,62**	**15,36**	14,27	12,49
			$\Delta V = 1{,}26$		

© W. Kleiber 02

333 Das Verfahren kann auch beim **Erwerb eines Abbruchobjekts** zur Anwendung kommen. In diesem Fall sind zusätzlich noch die Freilegungskosten in Abzug zu bringen; auf der anderen Seite sind werterhöhend aber auch die über die Restnutzungsdauer anfallenden kapitalisierten Erträge sowie ggf. Erlöse aus der **Verwertung der abgehenden Bausubstanz** bzw. deren Wiederverwendungswert in die Rechnung einzubringen.

334 Das Verfahren findet z. B. auch bei der **Ermittlung von Bodenrichtwerten in bebauten Gebieten** Anwendung, wenn als Vergleichspreis ein Kaufpreis für das bebaute Grundstück zur Verfügung steht.

4.5.4.3 Residualwertverfahren (baureifes Land)

a) Allgemeines

335 Das Residualwertverfahren ist methodisch darauf angelegt, zu dem Preis des Grundstücks zu führen, bis zu dem ein Erwerber gehen kann, damit er bei anschließender Realisierung der bestimmungsgemäßen Nutzung auch noch einen angemessenen Unternehmergewinn erzielen kann. Nach der Philosophie des Verfahrens muss sich an derartigen Überlegungen jeder potenzielle Erwerber des Grundstücks orientieren. Die der Methode zu Grunde liegenden operativen Verfahrensschritte der Marktmechanismen sollten dem gewöhnlichen

Geschäftsverkehr entsprechen, wenn das Verfahren zum Verkehrswert führen soll. Es bleibt dennoch dabei, dass es sich bei dieser Methode um die **Ermittlung eines Grenzwerts** handelt, d. h. um die Ermittlung des Bodenwerts, bis zu dem **im Falle einer Verwertung des Grundstücks durch eine bestimmungsgemäße Bebauung unter Abzug der Bau- und sonstigen Entwicklungskosten der Investor gehen kann (Residuum)**[121].

Das Residualwertverfahren (Restwertmethode) findet bei der Ermittlung des tragbaren **336** Preises für unbebaute und bebaute Grundstücke einschließlich der zum Abriss oder zum Umbau anstehenden bebauten Grundstücke Anwendung. Das Verfahren beruht auf **Investitionsüberlegungen** und ist darauf gerichtet, als investitionsverträglichen Wert eines zur Entwicklung (development) anstehenden Grundstücks den Preis zu ermitteln, den ein Investor im Hinblick auf

– eine angemessene Rendite oder

– einen erzielbaren Veräußerungserlös (Verkehrswert nach vollzogener Entwicklung des Grundstücks)

tragen kann[122]. Dies erfolgt auf der Grundlage einer fiktiven Bebauung des Grundstücks oder eines fiktiven Umbaus des vorhandenen Gebäudes sowie der dafür aufzubringenden Investitionskosten einschließlich eines angemessenen Unternehmergewinns.

Man hat das Verfahren deshalb auch als **Rückwärtsrechnung** bezeichnet: im angelsächsi- **337** schen Sprachraum auch *Backdoor-Approach*[123].

Umgekehrt kann ausgehend von der Prognose aller Entwicklungskosten einschließlich **338** eines Unternehmergewinns und ggf. eines Wagniszuschlages **die erforderliche Monatsmiete** mithilfe des Verfahrens abgeleitet werden, um die wirtschaftliche Tragfähigkeit eines Projektes zu überprüfen (sog. *Frontdoor Approach;* vgl. Vorbem. zu den §§ 15 ff. WertV Rn. 47 ff.).

Das Verfahren zielt nach seinen Grundgedanken darauf ab, sämtliche mit der Realisierung **339** einer Nutzungskonzeption (Projekt) verbundenen Kosten in den Erwerbspreis zu unterwälzen (**Unterwälzungsverfahren**); die Entwicklungskosten werden quasi in das Residuum „durchgereicht". Das Verfahren kann deshalb auf direktem Wege zum Verkehrswert nur dann führen, wenn im gewöhnlichen Geschäftsverkehr eine Unterwälzung der dem Erwerber künftig entstehenden Entwicklungskosten allgemein akzeptiert wird. Ansonsten ist das Verfahren darauf angelegt, zu dem sich aus der Sicht eines Erwerbers ergebenden Residual*preis* zu führen.

Das Residualwertverfahren kommt insbesondere in folgenden Fällen zur **Anwendung:** **340**

a) beim Grunderwerb zur Ermittlung des höchsten für einen Investor noch tragbaren Ankaufspreises *(maximum oder best use value);*

b) zur Berechnung der Rentabilität der Bebauung eines im Eigentum des Investors bereits befindlichen Grundstücks, wobei hierbei aber ein Grundstückswert (z. B. der Erwerbspreis) in das Verfahren eingeführt werden muss;

c) zur Berechnung der höchsten noch tragfähigen Baukosten, wenn sich das Grundstück bereits im Eigentum eines Investors befindet und die wirtschaftliche Verwertungsfähigkeit des Grundstücks nach seiner Bebauung bekannt ist[124].

---

119 GuG 1996, 16
120 Zur Genauigkeit Kremers in BIGBW 1969, 129 und Hintzsche in BIGBW 1969, 233; Ermert in AVN 1967, 213; Schahn in VR 1985, 173; auch LG Hamburg, Urt. vom 5. 8. 1960 – 10 O 36/59 –, EzGuG 4.15; vgl. auch BGH, Urt. vom 24. 1. 1966 – III ZR 15/16 –, EzGuG 6.85; KG, Urt. vom 20. 5. 1957 – 9 U 491/57 –, EzGuG 4.6
121 The Appraisal of Real Estate: American Institute of Real Estate Appraisers: 9. Aufl. 1987 Chicago, S. 419
122 Kleiber in: Der Städtetag 1989, 579
123 Naegeli, Handbuch des Liegenschaftsschätzers, Zürich 1975, S. 35; Graaskamp, J.A., A rational approach to feasibility analysis, in Appraisal Journal 1972, 513 ff.
124 Darlow, Valuation and Development Appraisal, Estates Gazette 1982

341   Damit ist das Residualverfahren darauf angelegt, den höchsten für den Investor noch tragbaren Grundstückswert auf der Grundlage einer vorausschauenden Investitionsrechnung
und Verkehrswertabschätzung abzuleiten. Fordert der Veräußerer einen höheren Kaufpreis,
muss der erwerbswillige Investor „aussteigen" oder in Kauf nehmen, dass sich sein **Unternehmergewinn** entsprechend verringert oder ihm die Investition sogar Verluste einbringt.
Gelingt es einem erwerbswilligen Investor, zu einem niedrigeren Kaufpreisabschluss zu
kommen, erhöht sich dagegen sein Unternehmergewinn.

342   Mit dem Begriff Residualwertverfahren verbindet sich in erster Linie der für Investoren
bedeutsame Fall der **Ermittlung von Ankaufpreisen** für die **vor einer baulichen Entwicklung** (Neubebauung oder Umnutzung einer bestehenden Bebauung) stehenden Immobilien. Der dafür nach dem Residualwertverfahren ermittelbare Ankaufpreis lässt sich dann
als Residuum aus dem potenziellen Erlös bei anschließender Veräußerung der Immobilie
und den investierten Kosten ermitteln.

343   Das vornehmlich als Grundlage für Investitionsentscheidungen entwickelte Modell des
Residualwertverfahrens kann für die Verkehrswertermittlung eine Aussagekraft allenfalls
unter der **Prämisse** entwickeln, **dass bei Anwendung des Verfahrens vom Szenario
einer harten Konkurrenz um den Erwerb eines Grundstücks ausgegangen wird** und
in die Wertermittlung mit „soliden" Parametern eingegangen wird, wobei stets eine Situation gegeben sein muss, die auf
– eine Maximierung des Erfolgs in Gestalt eines möglichst hohen Verkehrswerts nach
  Durchführung der Entwicklung und
– eine Minimierung der dafür investierten Kosten ausgerichtet ist.

Das Verfahren stellt insoweit ein **Instrument einer Kosten-Nutzen-Analyse** dar, wobei
das höchste erzielbare Residuum die wirtschaftlich intelligenteste Lösung markiert.

344   Als Verfahren zur Ermittlung des Verkehrswerts muss das **Residualwertverfahren** jedoch
nach den ihm zu Grunde liegenden Mechanismen **versagen, wenn ein solcher Wettbewerb fehlt** und erwerbsseitig die Position „Entwicklungskosten" diktiert werden kann.
Durch entsprechend „anspruchsvolle" Vorgaben für das zur Entwicklung anstehende
Objekt einerseits und ggf. durch Verzicht auf eine möglichst ertragreiche Nutzung kann
unter Anwendung des Residualwertverfahrens der Preis beliebig zu Lasten des Veräußerers
„gedrückt" werden. Eine privilegierte Stellung nehmen dabei die Gemeinden auf Grund
ihrer Planungshoheit ein. Diese Stellung lässt sich im Rahmen des Residualwertverfahrens
„instrumentalisieren" (so auch AK „Wertermittlung" der FK „Kommunales Vermessungs-
und Liegenschaftswesen" des Deutschen Städtetags am 17. und 18. 10. 1996 (L 5307)).

345   Anders stellt sich die Situation dar, wenn das Residualwertverfahren von miteinander konkurrierenden Erwerbern zur Anwendung kommt und ein jeder, im Bestreben, die höchste
Kaufofferte unterbreiten zu können, **eine Optimierung des Kosten-Nutzen-Verhältnisses**
der Residualwertermittlung zu Grunde legt.

346   Die Tatsache, dass dann alle potenziellen Erwerber ihr Kaufangebot unter vorstehenden
Gesichtspunkten bemessen, führt zwangsläufig zu dem Ergebnis, dass derjenige das **höchste Kaufangebot** abgibt, **der die wirtschaftlich** „intelligenteste" **Nutzung beabsichtigt**
und deren preisgünstige Realisierung antizipiert. I. d. R. wird ein Veräußerer auf das entsprechende Kaufangebot eingehen mit der Folge, dass das höchste (tragbare) Kaufangebot
das Geschehen auf dem Grundstücksmarkt bestimmt. Dies kann das Bild der Städte stärker
beeinflussen als manche Wunschvorstellungen der Stadtplaner.

b) Verfahrensgang

347   **Ausgangspunkt** der Residualwertermittlung ist nach dem Vorhergesagten zunächst die
Ermittlung des Verkehrswerts bzw. des **Veräußerungserlöses nach vollendeter Bebau-**

ung des Grundstücks. Dabei kann es sich um eine Neubebauung (ggf. nach vorherigem Abriss einer Altbebauung) aber auch um eine Modernisierung bzw. Umstrukturierung einer bestehenden Bebauung handeln. Dabei kommen in erster Linie die sog. klassischen Wertermittlungsverfahren, d. h. das Vergleichs- und Ertragswertverfahren zur Anwendung, wobei dem Vergleichswertverfahren wiederum der Vorzug zu geben ist:

– Der Veräußerungserlös nach vollendeter Bebauung *(development)* kann insbesondere **im Wege des Vergleichswertverfahrens** auf der Grundlage von Kaufpreisen für vergleichbare neu erstellte Objekte abgeleitet werden. Beabsichtigt z. B. der Investor die Errichtung von Eigentumswohnungen, so lässt sich der fiktive Veräußerungserlös unter Heranziehung von Vergleichswerten für neu erstellte Eigentumswohnungen (€/Quadratmeter Wohnfläche) ableiten, die nach Lage und Ausstattung der beabsichtigten Bebauung entsprechen. Die Ableitung erfolgt dabei auf der Grundlage der für das Wertermittlungsobjekt bestehenden Baurechte unter Berücksichtigung aller rechtlichen und tatsächlichen Eigenschaften des Grundstücks.

– Bei ertragswertorientierten Objekten kann neben oder an Stelle des nach Vergleichspreisen ermittelten und zu erwartenden Veräußerungserlöses der **Ertragswert** herangezogen werden. Hierauf wird man zurückgreifen, wenn Vergleichspreise nicht zur Verfügung stehen. Da es hierbei um die Ermittlung des Ertragswerts nach erfolgter Neubebauung des Grundstücks geht, ergeben sich hierbei eine Reihe von Vereinfachungen:

- Als *Restnutzungsdauer* wird die Gesamtnutzungsdauer (GND) angesetzt.
- Der Bodenwert wird (bei normalgeschnittenen Grundstücken) nicht benötigt, denn bei entsprechend langer Restnutzungsdauer ist der Bodenwert für die Ermittlung des Ertragswerts eine zu vernachlässigende Größe (vgl. Rn. 51 sowie Vorbem. zu den §§ 15 ff. WertV Rn. 50 und 147 ff.). Das Problem der Bodenwertermittlung stellt sich mithin nicht:

$$\text{Ertragswert} = \frac{\text{Reinertrag}}{\text{Liegenschaftszinssatz}} \times 100 = \text{Reinertrag} \times \text{V}$$

wobei V = Vervielfältiger

Ausgehend vom Verkehrswert des „Endprodukts" werden im zweiten Schritt die **Gesamtheit der dafür aufzubringenden Kosten einschließlich der Finanzierungskosten und eines Unternehmergewinns „gegengerechnet":** **348**

– Grunderwerbskosten einschließlich Grunderwerbsnebenkosten,
– Grundstücksaufbereitungskosten (Erschließungskosten, Dekontaminationskosten, Anschließungskosten, Freilegungskosten usw.),
– Abstandszahlungen,
– Baukosten einschließlich Baunebenkosten,
– Projektmanagementkosten,
– Finanzierungskosten,
– Unternehmergewinn (Gewinnspanne des Projektentwicklers)

Beispiel: (Grundfall) **349**

1. Wertermittlungsobjekt
Unbebautes Grundstück, baureifes Land: Gewerbegebiet mit einer GFZ = 0,6; Grundstücksgröße 2 833 m²

2. Ermittlung des Bodenwerts nach dem sog. Residualwertverfahren (residual valuation)
a) Berechnung der Brutto- und Nettogeschossfläche
Bruttogeschossfläche:

2 833 m² × 0,6	≈ 1 700 m²
./. 17/100 × 1 700 m²	= 289 m²
Nettogeschossfläche	= 1 411 m²

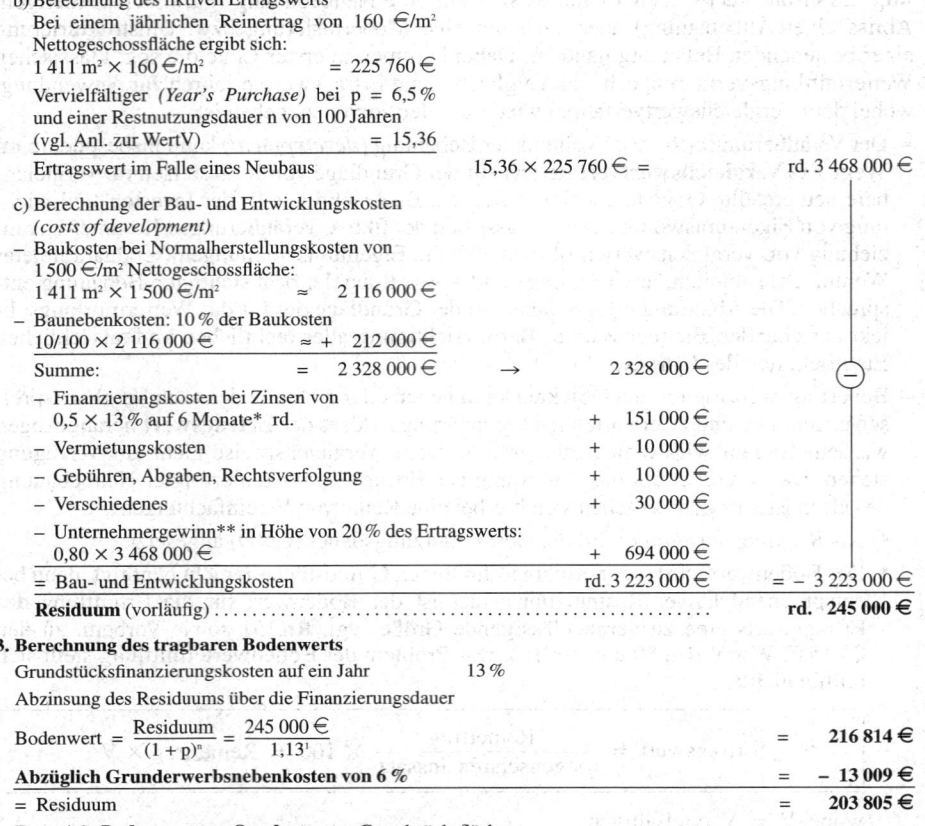

b) Berechnung des fiktiven Ertragswerts
Bei einem jährlichen Reinertrag von 160 €/m²
Nettogeschossfläche ergibt sich:
1 411 m² × 160 €/m²   = 225 760 €

Vervielfältiger *(Year's Purchase)* bei p = 6,5 %
und einer Restnutzungsdauer n von 100 Jahren
(vgl. Anl. zur WertV)   = 15,36

Ertragswert im Falle eines Neubaus   15,36 × 225 760 € =   rd. 3 468 000 €

c) Berechnung der Bau- und Entwicklungskosten
(costs of development)
– Baukosten bei Normalherstellungskosten von
1 500 €/m² Nettogeschossfläche
1 411 m² × 1 500 €/m²   ≈   2 116 000 €

– Baunebenkosten: 10 % der Baukosten
10/100 × 2 116 000 €   ≈ +   212 000 €

Summe: =   2 328 000 €   →   2 328 000 €   (–)

  – Finanzierungskosten bei Zinsen von
  0,5 × 13 % auf 6 Monate* rd.   +   151 000 €
  – Vermietungskosten   +   10 000 €
  – Gebühren, Abgaben, Rechtsverfolgung   +   10 000 €
  – Verschiedenes   +   30 000 €
  – Unternehmergewinn** in Höhe von 20 % des Ertragswerts:
  0,80 × 3 468 000 €   +   694 000 €

= Bau- und Entwicklungskosten   rd. 3 223 000 €   = – 3 223 000 €

Residuum (vorläufig) . . . .   **rd. 245 000 €**

3. Berechnung des tragbaren Bodenwerts
Grundstücksfinanzierungskosten auf ein Jahr   13 %
Abzinsung des Residuums über die Finanzierungsdauer

$$\text{Bodenwert} = \frac{\text{Residuum}}{(1+p)^n} = \frac{245\ 000\ €}{1,13^1}$$ =   **216 814 €**

Abzüglich Grunderwerbsnebenkosten von 6 %   =   **– 13 009 €**

= Residuum   =   **203 805 €**

Entspricht **Bodenwert pro Quadratmeter** Grundstücksfläche
203 805 € : 2 833 m²   =   **72 €/m²**

* Auf den Zinssatz wird deshalb der Faktor 0,5 angewandt.
** Üblicherweise wird mit einem Unternehmensgewinn von 10–20 % gerechnet.

350   Die unter Ziff. 3 des vorstehenden Beispiels vorgenommene **Berücksichtigung der Grundstücksfinanzierungskosten** und Rechtskosten (Notariats-, Anwaltskosten und dgl.) stellt eine Erweiterung der Grundgleichung des Residualwertverfahrens dar, wie es heute üblicherweise praktiziert wird. Damit wird berücksichtigt, dass der als Residuum ermittelte tragbare Bodenwert vorgehalten werden muss. Finanzmathematisch erfolgt die Berücksichtigung der Finanzierungskosten also durch Abzinsung des Residuums über die Zeit der Vorhaltung:

$$\text{Bodenwert} = \frac{\text{Residuum}}{q^n}$$

$$n = \text{Vorhaltezeit}$$
$$q = 1 + \text{Zinssatz}/100$$

$1/q^n$ ist tabelliert im Anh. 5.2

351   Im Unterschied zu dem mitunter in der Bundesrepublik Deutschland unter anderer Bezeichnung praktizierten Residualwertverfahren (hierzulande auch als **Rest-durch-Abzug-Verfahren** oder als kalkulatorische Grundstückswertermittlung bezeichnet) wird dieses Verfahren im Ausland zumeist auf der Grundlage konkreter Vorstellungen über die künftige Nutzung angewandt, d. h. es liegen zumeist sogar ausführungsreife Baupläne vor.

Sie erlauben es, einerseits den künftigen Verkaufswert und andererseits die konkret anfallenden **Bau-, Entwicklungs- und Vermarktungskosten** mit einer vergleichweise hohen Zuverlässigkeit abzuschätzen. Dies muss man sogar als eine **wesentliche Voraussetzung für die Anwendung des Residualwertverfahrens** fordern, weil sich sonst die unter Rn. 342 angesprochene Fehlerträchtigkeit dieses Verfahrens nicht in Grenzen halten lässt. Der Investor ist damit zugleich in der Lage, einen zuverlässigen „Fahrplan" für die Realisierung der geplanten Maßnahme aufzustellen. Damit lassen sich die anfallenden Kosten mit einer höheren Genauigkeit abschätzen und in das Berechnungsverfahren einführen. **352**

c) Verfeinerter Verfahrensgang bei längerfristig zur Entwicklung anstehenden Immobilien

Bei Anwendung des Residualwertverfahrens auf Objekte, deren Entwicklung sich längerfristig hinzieht, wird seitens der Investoren der **Finanzierung** große Beachtung geschenkt. **353**

Die **Finanzierung der Bebauung** hat dabei besonderes Gewicht, da die Bebauung bekanntlich weitaus höhere Kosten verursacht als die Bereitstellung des Grundstücks. Deshalb wird bei Anwendung des Residualwertverfahrens zwischen der Finanzierung der eigentlichen Bebauung des Grundstücks und der Gesamtentwicklung (development) unterschieden. Während mit der Abzinsung des Residuums vor allem die Vorhaltung des Grundstücks erfasst wird und diese sich auf die gesamte Entwicklungsdauer erstreckt, fallen die höheren Finanzierungskosten der Bebauung erst in der Bauphase an. Um dies bei der Ermittlung des Residualwerts zu erfassen, stellt man einen Fahrplan für die Gesamtentwicklung auf und berücksichtigt die Finanzierung der Bebauung gesondert (Abb. 33): **354**

Abb. 33: Zeitlicher Ablauf der Entwicklung und Verwertung einer Baumaßnahme (Schema)

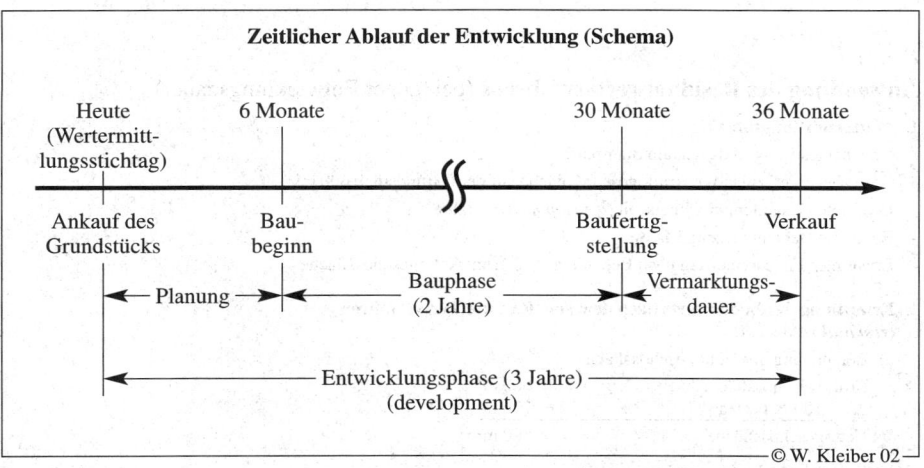

Die **Finanzierungskosten** für die Bebauung des Grundstücks werden den Baukosten zugerechnet. Die **Finanzierungskosten für die Gesamtentwicklung** hingegen, wie bereits ausgeführt, durch Diskontierung des Residuums. Damit ergibt sich als erweiterte Form des Residualwertverfahrens folgendes Schema (Abb. 34): **355**

Abb. 34: Erweiterte Form des Residualwertverfahrens bei unterschiedlicher Berücksichtigung der Baufinanzierung und der Finanzierung der Gesamtentwicklung

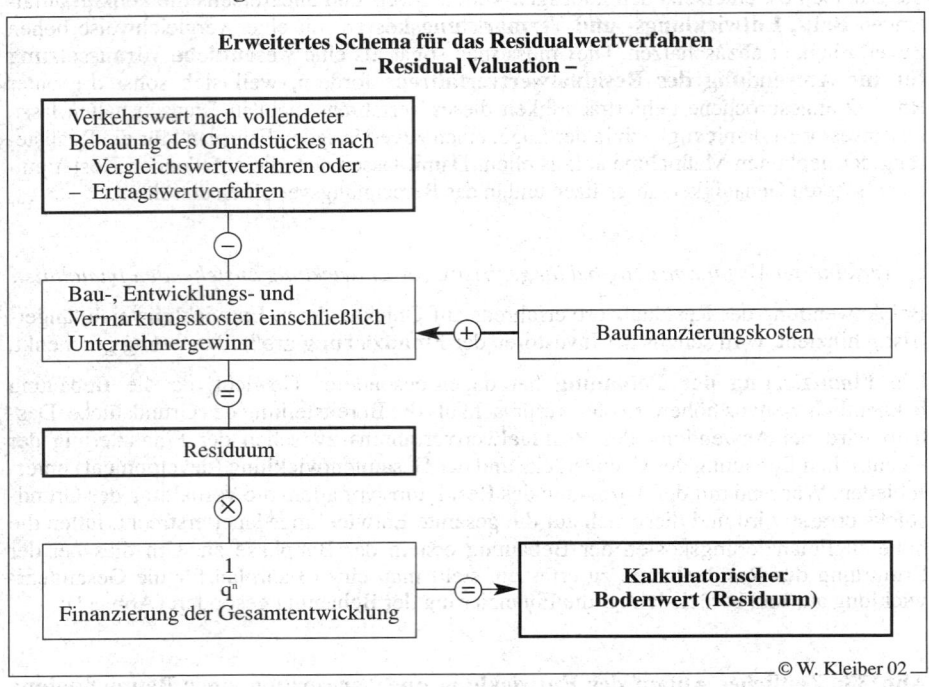

© W. Kleiber 02

356 *Beispiel 1:*

Anwendung des Residualwertverfahrens (bei langer Entwicklungsdauer)

1. Wertermittlungsobjekt
- Unbebautes Baugrundstück am Stadtrand
- Gewerbegebiet, zulässige Bruttogeschossfläche auf dem Grundstück 600 m²
- Erwartete Gesamtentwicklungszeit *(development):* 3 Jahre
- Erwartete Bebauungszeit: 2 Jahre
- Erwarteter Jahresreinertrag nach Bebauung: 150 €/m² Nettogeschossfläche

2. Ermittlung des Bodenwerts nach dem sog. Residualwertverfahren
   (residual valuation)
   a) Berechnung der Nettogeschossfläche

Bruttogeschossfläche:	= 600 m²
./. 17/100 × 600 m²	≈ 100 m²
Nettogeschossfläche	≈ 500 m²

   b) Berechnung des fiktiven Ertragswerts

   Bei einem jährlichen Reinertrag von 150 €/m²
   Nettogeschossfläche ergibt sich:
   500 m² × 150 €/m²   = 75 000 €

   × Vervielfältiger *(Year's Purchase)* bei p = 6,5 %
   und einer Restnutzungsdauer n von 100 Jahren
   (vgl. Anl. zur WertV)   = 15,36

   = Ertragswert im Falle eines Neubaus   rd. 1 155 000 €

c) Berechnung der Bau- und Entwicklungskosten *(costs of development)*

- *Baukosten* bei Normalherstellungskosten von
  900 €/m² Bruttogeschossfläche (einschließ-
  lich Baunebenkosten): 900 €/m² × 600 m²   = 540 000 €

- Baufinanzierung bei Bauzeit von 2 Jahren und
  Zinssatz von 14 %:
  0,5* × 14 % auf 2 Jahre rd.   75 000 €

- Architekten- und Beratungskosten
  12,5 % der Baukosten   = 67 500 €

- Finanzierungskosten für Architekten und Beratungskosten auf 2 Jahre:
  0,5* × 14 % auf 2 Jahre   = 10 000 €

- Vermietungskosten 10 % des erwarteten Jahresreinertrags   = 7 500 €

- Verschiedenes   = 30 000 €

- Unternehmergewinn in Höhe von 15 % des Ertragswerts   = 173 250 €

= Bau- und Entwicklungskosten   903 250 €   = − 903 250 €

Residuum (vorläufig) .... = **251 750 €**

3. Berechnung des tragbaren Bodenwerts

- Grundstücksfinanzierungskosten für
  3 Jahre bei einem Zinssatz   von 14 %

$$\text{Bodenwert} = \frac{\text{Residuum}}{1,14^3} = 251\ 750\ € /0,67497 =$$ 169 924 €

Abzüglich Grunderwerbsnebenkosten von 6 %   = − 10 195 €

= Residuum   **159 729 €**

* Der Faktor 0,5 wird eingeführt, weil die Kosten erst im Verlauf der Maßnahme, d. h. nicht über die volle Bauphase entstehen.

Hinweis: Die Grundstücksgröße geht in die Bodenwertermittlung des Grundstücks indirekt über die Geschossfläche
ein; bei übergroßen Grundstücken müsste sie gesondert Berücksichtigung finden.

Beispiel 2:

a) Es soll ein 10 000 m² großes Grundstück mit einer Bruttogeschossfläche von 12 000 m² erworben werden.   **357**
Die Planung sieht folgende Nutzung vor:

a) Bürofläche	5 000 m²	Nettogeschossfläche (NF)
b) Ladenfläche	2 000 m²	Nettogeschossfläche (NF)
c) Wohnfläche	2 000 m²	Nettogeschossfläche (NF)
Insgesamt	9 000 m²	Nettogeschossfläche (NF)
+ 25 % von 12 000 m²	= + 3 000 m²	
Summe	= 12 000 m²	Bruttogeschossfläche (BGF)

b) Folgender „Fahrplan" besteht: Vorlaufzeit   4 Jahre
                                         Bauzeit   + 2 Jahre
                                         Insgesamt   = 6 Jahre

c) Folgende Finanzierungskosten sowie Wert- und Kostensteigerungen werden erwartet:

   a) Finanzierungskosten .... 10 % p.a.
   b) Baukostensteigerung .... 6 % p.a.
   c) Wertsteigerung .... 4 % p.a.

1. Ertragswert/Verkaufswert (nach Bauzeit)

Nutzung	NF (m²)	Preis (Verkauf)	Insgesamt
Büro	5 000	3 000 €/m²	15 000 000 €
Laden	2 000	4 000 €/m²	8 000 000 €
Wohnen	2 000	2 500 €/m²	5 000 000 €
		Summe	28 000 000 €

Ertragswert/Verkaufswert in 6 Jahren
bei 4 % Wertsteigerung (28 000 000 € × 1,04⁶ =)   = → 35 428 960 €
q^n = 1,26532

2. Aufzuwendende Kosten

Nutzung	NF (m²)	Baukosten einschließlich Nebenkosten	Insgesamt
Büro	5 000	1 500 €/m²	7 500 000 €
Laden	2 000	1 000 €/m²	2 000 000 €
Wohnen	2 000	2 500 €/m²	2 800 000 €
		Summe	12 300 000 €

a) Kosten in 5 Jahren bei 6% Baukostensteigerung (12 300 000 € × $1{,}06^5$ =) = 16 460 229 €
   q^n = 1,33823
   4 Jahre Vorlaufzeit und bei zweijähriger Bauzeit (× 0,5) = 5 Jahre

b) Finanzierungskosten (1 % von 16 460 229 €)   = + 164 602 €
   1 Jahr bei zweijähriger Bauzeit

c) Vermarktungskosten   + 500 000 €

d) Abbruchkosten/Sonstiges   + 2 500 000 €

Summe   = 19 624 831 €

Unternehmergewinn/Wagnis (15 v. H. von 19 624 831 €)   = 2 943 725 €

Ertragswert abzüglich Kosten   22 568 556 €   = − 22 568 556 €

                                           = **12 860 404 €**

3. Bodenwertermittlung

Ertragswert (Verkaufswert) abzüglich Kosten   = 12 860 404 €
Diskontiert über 6 Jahre bei 10 % Finanzierungskosten   = 7 259 312 €
$1/1{,}10^6$ = 0,56447 × 12 860 404 €
Abzüglich Grunderwerbskosten (4 % von 7 259 312 €)   = − 290 372 €
Grunderwerbsteuer/Notar/Grundbuch

Ergibt Bodenwert erschließungsbeitragsfrei (ebf)   = 6 968 940 €
Erschließungskosten 50 €/m² × 10 000 m²   = − 500 000 €

Ergibt Bodenwert erschließungsbeitragspflichtig   = **6 468 940 €**

Bodenwert = rd. 650 €/m² entspricht 540 €/m² BGF

d) Schwachstellen des Residualwertverfahrens

358   Die Schwächen des Residualwertverfahrens müssen darin erblickt werden, dass es sich dabei um einen „konstruierten" Bodenwert handelt, dessen Höhe durch eine Reihe nur **unsicher kalkulierbarer Faktoren** direkt und mit einer äußerst verhängnisvollen Fehlerfortpflanzung bestimmt wird und insoweit auch beeinflussbar ist.

– Nach dem Grundschema des Residualwertverfahrens bestimmt sich der Residualwert als Differenzwert zweier nahe gleich großer Einzelwerte (fiktiver Ertragswert abzüglich Bau-, Entwicklungs- und Vermarktungskosten). Zur Ermittlung des Bodenpreises wird dabei als Ausgangswert zunächst der Ertragswert des Grundstücks (Gebäude und Boden) abgeleitet, der dann um die Herstellungskosten des Gebäudes vermindert wird. Dies hat zur Folge, dass bereits relativ **kleine Fehler von weniger Prozentpunkten bei der Ermittlung des Ertragswerts oder der Herstellungskosten des Gebäudes überproportional auf die absolute Höhe des Residuums durchschlagen.**

Durch kleine nicht mehr kontrollierbare Änderung der Ausgangsdaten lässt sich nahezu jeder beliebige Bodenwert ermitteln; das Verfahren ist deshalb „in der überwiegenden Mehrzahl aller Fälle" unbrauchbar[125].

359   *Beispiel:*

– Als (fiktiver) erzielbarer Veräußerungserlös sei im Wege des Vergleichs- oder Ertragswertverfahrens ermittelt . . . . 1 000 000 €

– Die Bau-, Entwicklungs- und Vermarktungskosten (einschließlich Unternehmergewinn) seien ermittelt mit . . . . − 900 000 €

Residuum   = **100 000 €**

Unterstellt, bei der Ermittlung des erzielbaren Veräußerungsgewinns sei ein um 10 % zu hoher Wert ermittelt worden, d. h. der „richtig" ermittelte Veräußerungspreis betrage nur 900 000 €, so ist das als tragbarer Bodenwert ermittelte Residuum 100 %ig falsch.

Unterstellt, die Bau-, Entwicklungs- und Vermarktungskosten seien „nur" um 10 % zu niedrig ermittelt worden, d. h. sie betrügen tatsächlich 990 000 €, so vermindert sich das Residuum gleich um 90 %.

Dass z. B. der unter Heranziehung des Ertragswertverfahrens ermittelte Veräußerungserlös um 10 % falsch berechnet wird, kann bei realistischer Betrachtung kaum ausgeschlossen werden. Überschreitungen von Baukostenvoranschlägen in nicht unerheblicher Höhe, wie sie fast tagtäglich Schlagzeilen machen, signalisieren hier eine weitere Schwachstelle. Fehler, die hier begangen werden, stellen – ebenso wie Fehler, die bei der Ermittlung des fiktiven Veräußerungserlöses nach vollendeter Bebauung auftreten, – im Verhältnis zu dem Residuum eine große Wertkomponente dar und schlagen deshalb überproportional auf das Residuum durch.

– **Fehler bei den Ausgangswerten können sich** dabei **kumulieren** und besonders verhängnisvoll auswirken: Wird beispielsweise der Ertragswert des Grundstücks (Boden und Gebäude fehlerhafter Weise zu niedrig ermittelt und werden gleichzeitig die Herstellungskosten zu hoch angesetzt, muss sich das Residuum „auffressen". Es kann sich dann auch sehr schnell ein negativer Residualwert (nil value) ergeben.

Charakteristisch für die Anwendungspraxis ist also, dass **das Residuum** i. d. R. **als Dif-** **360** **ferenzbetrag zweier nahezu gleichgroßer Ausgangsgrößen abgeleitet wird.** Dies ist dann der Fall, wenn z. B. der Bodenwert als Residuum aus dem im Wege des (fiktiven) Ertragswertverfahrens abgeleiteten Verkehrswert abzüglich der Herstellungskosten und – in Erweiterung dieses Gedankens – abzüglich der gesamten Entwicklungskosten einschließlich eines Unternehmergewinns, der Finanzierungs- und Vermarktungskosten sowie eines Risikoabschlages für unvorhersehbare Kosten abgeleitet werden soll. Das Ergebnis der Ausgangsgrößen muss dabei naturgemäß fehlerbehaftet sein.

In der Kombination nimmt sich der Fehler, wenn man einen der wichtigsten Sätze der **361** **Fehlerfortpflanzungslehre** heranzieht, noch harmlos aus. Danach ergibt sich der Fehler, gleichlautend mit dem pythagoräischen Satz der Geometrie, als Hypotenuse zu den Katheten:

$$m = +/- \sqrt{m_1^2 + m_1^2}$$

wobei für m_1 und m_2 jeweils der mittlere Fehler der Ausgangswerte anzusetzen ist.

In der praktischen Anwendung des Verfahrens nimmt sich der Fehler im Verhältnis zum Residuum jedoch schon gewaltig aus, wenn zwei nahezu gleichgroße Größen kombiniert werden. Die Fehleranfälligkeit wird erst erträglich, wenn eine der Größen, z. B. die Herstellungskosten, im Verhältnis zum künftigen Wert kleinere Größenordnungen einnehmen und damit das Residuum entsprechend anwächst. Der erstgenannte Fall tritt in der täglichen Praxis z. B. bei Anwendung des Ertragswertverfahrens unter Berücksichtigung eines Instandsetzungsstaus sogar sehr häufig auf.

Bei der Ableitung des Residuums aus nahezu gleichgroßen Größen kann es sogar leicht **362** vorkommen, dass sich bei Ansatz fehlerhafter Ausgangsgrößen ein **negatives Residuum** ergibt. Verfechter des Verfahrens sind deshalb im Interesse ihrer Glaubwürdigkeit peinlichst darauf bedacht, diesen Fall nicht eintreten zu lassen.

---

125 Vogels, M., Grundstücks- und Gebäudebewertung marktgerecht, 5. Aufl. 1996, S. 28; Kleiber in GuG 1996, 16

363   Aus dem einfachen *Beispiel* (Rn. 359) lässt sich folgendes **Fazit** ziehen:

- Die **Fehlerträchtigkeit wird erst erträglich, wenn** die **Position, die vom Ausgangswert in Abzug gebracht wird** (hier: Bau-, Entwicklungs- und Vermarktungskosten), **den hälftigen Betrag der Ausgangsposition und weniger ausmacht.** Dann sind die mit der Methode verbundenen Fehleranfälligkeiten noch hinnehmbar. Die Fehlerträchtigkeit ist indessen am größten, wenn der Differenzbetrag aus etwa gleich großer Position als Residuum ermittelt wird und es sich bei diesen Positionen zudem um absolut große Positionen handelt. Kleine relative Fehler können hier zu einer völligen Verfälschung des Ergebnisses führen.

364
- Bei Anwendung des bevorzugt vom Erwerber herangezogenen Residualwertverfahrens ergeben sich i. d. R. auffällig „niedrige" Bodenwerte, die zudem damit begründet werden, dass sie für den Erwerber im Hinblick auf die Rentierlichkeit einer Immobilie gar nicht höher ausfallen dürften, weil sich die Immobilie sonst nicht „rechne". Dies mag zwar zutreffen, jedoch sind es häufig dieselben Investoren, die gern darauf hinweisen, dass der Baulandkostenanteil zumindest bei Ein- und Zweifamilienhäusern bereits im Jahre 1990 in Baulandhochpreisregionen gut 30 v. H. und in einigen Kernstädten schon bei 50 v. H. und mehr ausmachen (Abb. 35)[126]. Dieser Widerspruch **(residuelles Paradoxon)** ist auffällig und findet seine Erklärung darin, dass bei Anwendung des Residualverfahrens die Herstellungskosten und damit der Gebäudesachwert in voller Höhe eingeht, obwohl aus der Wertermittlungslehre bekannt ist, dass bei Sachwerten über rd. 150 000 € bereits erhebliche **Marktanpassungsabschläge** angebracht werden müssen und diese **bei Sachwerten von rd. 250 000 € bereits eine Größenordnung von 30 v. H. und mehr** erreichen (vgl. § 25 WertV Rn. 76 f.) Will man also tatsächlich über das Residualverfahren zum Verkehrswert gelangen, dürften auch nur die entsprechend verminderten und nicht die tatsächlichen Herstellungskosten zum Ansatz kommen, d. h. das Residuum erhöht sich um den Marktanpassungsabschlag (vgl. auch die Rechtsprechung des BGH; Vorbem. zu den §§ 15 ff. WertV Rn. 340 ff.).

Abb. 35: Baulandkostenanteil

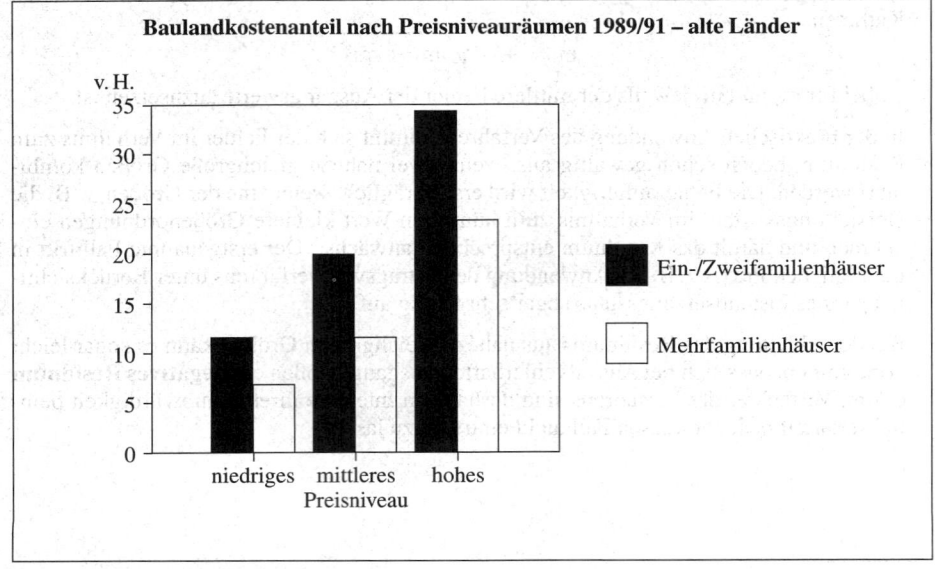

Quelle: Laufende Raumbeobachtung der BfLR

Bei Anwendung des Residualwertverfahrens auf der Grundlage fiktiv ermittelter Ertrags- **365** werte unter Abzug der Herstellungskosten werden Elemente des Ertragswertverfahrens und des Sachwertverfahrens kombiniert (Verquickung von Wert und Kosten). Während mithilfe des Ertragswerts auf der Grundlage marktüblicher Liegenschaftszinssätze i. S. d. § 11 der Verkehrswert noch verhältnismäßig sicher ermittelt werden kann, handelt es sich bei den zum Abzug kommenden Herstellungskosten für das Gebäude um eine bloße Kostengröße, die sich in aller Regel erheblich vom Gebäudewert entfernt. Bei Anwendung des Sachwertverfahrens nach den §§ 21 ff. werden deshalb in der Wertermittlungspraxis erhebliche Marktanpassungszu- oder -abschläge erforderlich, um mithilfe des Sachwerts zum Verkehrswert zu gelangen. Es besteht nämlich **keine Identität zwischen Kosten und Werten.** Hierauf hat die höchstrichterliche Rechtsprechung mehrfach hingewiesen[127]. In der Gesetzgebung wird diesbezüglich auch zwischen rentierlichen und unrentierlichen Kosten unterschieden (so z. B. 177 Abs. 4 BauGB).

Es liegt nämlich in der inneren Logik des Residualwertverfahrens, bei dem sich das Residuum aus der Differenz zweier Werte ergibt, dass sich **beide Werte (Ertrags- und Vergleichswert einerseits und Sachwert/Herstellungskosten andererseits) am Verkehrswert orientieren müssen, wenn das sich daraus ergebende Residuum ebenfalls verkehrswertorientiert sein soll.** Legt der Sachverständige bei Anwendung des Residualwertverfahrens seinen aus der Anwendung des Sachwertverfahrens kommenden Erfahrungsschatz zu Grunde, muss er sich folgerichtig fragen, ob er seinen Erfahrungsschatz über die dabei notwendig werdenden Marktanpassungszu- und -abschläge zum Ansatz bringen muss. Andererseits müsste sich das Residuum, z. B. im Falle von Objekten, bei denen im Falle der Ermittlung nach dem Sachwertverfahren hohe Marktanpassungsabschläge angebracht werden müssen, genau um die Höhe des Marktanpassungsabschlags vermindern; das Residuum kann sonst insoweit nicht mehr verkehrswertorientiert sein.

Das Residualwertverfahren ist damit ein Verfahren, mit dem die Schwachstellen des Sachwertverfahrens *(Cost Approach = „method of last resort")* unkorrigiert in der verhängnisvollsten Weise integriert werden, da die Herstellungskosten ohne Marktanpassung in das Verfahren eingehen. Der als Residuum ermittelte Bodenpreis kann schon deshalb i. d. R. nicht dem Verkehrswert des Grund und Bodens entsprechen[128]. *Zimmermann*[129] stellt deshalb fest, dass das Residualwertverfahren schon vom Denkansatz mit der Ermittlung eines marktwirtschaftlich definierten Verkehrswerts unvereinbar ist.

Bei der Verkehrswertermittlung von Grundstücken kommen **Finanzierungskosten, Ver-** **366** **marktungskosten, Unternehmergewinne** und dgl. grundsätzlich nicht gesondert zum Ansatz. Bei Anwendung des Ertrags- und Sachwertverfahrens finden solche Positionen indirekt über den Liegenschaftszinssatz und den Marktanpassungsfaktor Eingang in das Wertermittlungsverfahren (vgl. § 194 BauGB Rn. 90 ff.). So wird z. B. ein Mietausfallwagnis im Rahmen der angesetzten Bewirtschaftungskosten berücksichtigt (§ 18 Abs. 5). Ein erhöhtes Risiko spiegelt sich in einem entsprechend erhöhten Liegenschaftszinssatz wider und umgekehrt. Finanzierungskosten sind in Bezug auf die Herstellung des Gebäudes üblicherweise in den Normalherstellungskosten enthalten (§ 22 Abs. 2).

„Finanzierungskosten" stellen eine Position dar, deren Berücksichtigung im Rahmen der **367** Verkehrswertermittlung geradezu verpönt ist, weil unterschiedliche Finanzierungskosten zu unterschiedlichen Verkehrswerten führen würden. Der Ansatz von Finanzierungskosten im Rahmen des Residualwertverfahrens muss deshalb das Residuum umso mehr vermindern, je höher diese Kosten im Einzelfall angesetzt werden.

---

126 Bundesministerium für Raumordnung, Bauwesen und Städtebau, Baulandbericht 1993, Bonn 1993, S. 23
127 BGH, Urt. vom 24. 1. 1963 – III ZR 149/61 –, EzGuG 20.34; BGH, Urt. vom 13. 5. 1955 – V ZR 36/54 –, EzGuG 3.5; BGH, Urt. vom 10. 7. 1953 – V ZR 22/52 –, EzGuG 20.16; OLG Köln, Urt. vom 2. 3. 1962 – 9 U 33/61 –, EzGuG 20.29
128 Scarett, D., Property Valuation: The five methods, London 1961; Kleiber/Simon, WertV 98, S. 598 ff.
129 Zimmermann, WerV 88, München 1998, S. 205

Auch der Ansatz eines **Unternehmergewinns** von 10 bis 20 % oder der Vermarktungskosten ist der Sachwertermittlung fremd und muss zu einer Verringerung des Residuums führen.

368   Im Gegensatz zur Verkehrswertermittlung werden bei Anwendung des Residualwertverfahrens die genannten Kostenpositionen neben weiteren dieser Art (häufig in Verbindung mit einem Unternehmergewinn) demgegenüber zum Abzug gebracht, so dass insoweit der Residualwert zusätzlich „gedrückt" wird. **Doppelberücksichtigung** ist dabei nicht auszuschließen.

369   Dies gilt entsprechend für die Grunderwerbskosten (vgl. § 194 Rn. 90 ff.). Mit dem Abzug der **Grunderwerbskosten** werden diese im Ergebnis zu Lasten des Verkaufes in den Bodenpreis „unterwälzt". Im gewöhnlichen Geschäftsverkehr werden Grunderwerbskosten indessen neben dem Verkehrswert üblicherweise vom Käufer getragen und beeinflussen das Preisgeschehen. Wird z. B. bei Anwendung des Residualwertverfahrens von Vergleichspreisen oder Bodenrichtwerten ausgegangen, so sind diese Ausgangspreise (-werte) gewissermaßen bereits grunderwerbsnebenkostenpflichtig, wie dies gleichermaßen bei dem Kauf eines erschließungsbeitragspflichtigen Grundstücks gilt, das ebenfalls bereits im Verhältnis zum Erwerb eines entsprechenden erschließungsbeitragsfreien Grundstücks in seinem Wert gemindert ist. Ein nochmaliger Abzug liefe daher auf eine Doppelberücksichtigung hinaus.

Das gilt gleichermaßen, wenn bei Anwendung des Residualwertverfahrens von einem im Wege des Ertragswertverfahrens ermittelten Ausgangswert ausgegangen wird. Der **Liegenschaftszinssatz i. S. d. § 11,** mit dem der Ertragswert ermittelt wird (vgl. § 11 WertV Rn. 48) ist nämlich aus Kaufpreisen bebauter Grundstücke abgeleitet worden, für deren Kauf vom Erwerber in aller Regel Grunderwerbsnebenkosten zu tragen sind. Auch in diesem Falle sind mithin die Grunderwerbskosten bereits berücksichtigt worden. Bei genauerer Betrachtung finden die Grunderwerbskosten in den genannten Fällen bereits mehr als angemessen Eingang in die Residualwertermittlung, denn die Grunderwerbskosten finden so in einer Höhe ihre Berücksichtigung, wie sie sich für den Wert des fertigen Produkts ergeben, während die Grunderwerbsnebenkosten für das niedrigere Residuum weitaus geringer ausfallen.

370   Im Hinblick auf das mit jedem Kauf eines Grundstücks verbundene **Risiko** ist das Verfahren einseitig auf den Vorteil eines investierenden Käufers ausgerichet. Dies wird besonders deutlich, wenn ein Risikoabschlag wertmindernd in Abzug gebracht wird, denn einem Risiko stehen in aller Regel auch Gewinnpotenziale gegenüber[130].

371   Eine weitere Schwäche des Residualwertverfahrens liegt in seiner **Manipulierbarkeit.** Da sich der Residualwert – vereinfacht gesagt – als Differenzwert aus einem fiktiven Ertragswert und den aufzubringenden Herstellungskosten ergibt, muss sich der Residualwert

- *erhöhen,* wenn der Residualwertermittlung eine besonders ertragreiche Nutzung mit besonders niedrigen Herstellungskosten zu Grunde gelegt wird und umgekehrt,

- *vermindern,* wenn der Residualwertermittlung eine besonders ertragarme Nutzung bei sehr hohen Herstellungskosten zu Grunde gelegt wird.

372   Im Schrifttum wird deshalb herausgestellt, dass bei Anwendung des Residualwertverfahrens die „Gefahr betrügerischer Manipulationen" besonders hoch ist. Die Summierung vieler kleiner Differenzen genüge, um extreme Resultate zu erzielen. „Diese an und für sich richtige Methode wird daher in der Hand des Kenners, der die Karten zu mischen versteht, zum Instrument, mit welchem sich ein Landwert in fast jeder gewünschten Höhe rechnerisch ausweisen lässt[131]".

373   Dabei ist allerdings zu fordern, dass vor dem Hintergrund einer gesunden Konkurrenzsituation auf dem Immobilienmarkt der Residualwertermittlung ein Nutzungskonzept zu Grunde gelegt wird, mit der das Entwicklungspotenzial unter Berücksichtigung der rechtlichen und

tatsächlichen Gegebenheiten ohne spekulative Elemente bei gleichzeitiger **Minimierung der dafür erforderlichen Kosten** optimal ausgeschöpft wird *(highest and best use)*. Der Begriff des *(highest and best use)* wird hier i. S. einer optimalen Verwertungsstrategie gebraucht, ohne dass damit zwangsläufig ein optimistischer Verkaufspreis in dem Sinne verbunden ist, dass dieser „Optimismus" auf eine allgemeine konjunkturelle Verbesserung der Lage auf dem Immobilienmarkt oder gar auf einen Immobilienboom gerichtet ist.

Im Ansatz der Herstellungskosten, Vermarktungskosten, Finanzierungskosten usw. liegt neben der „dramatischen" Fehleranfälligkeit des Verfahrens mithin die zweite große Schwachstelle der Methode. Man muss sich daher vergegenwärtigen, dass das **Residualwertverfahren in seinem Kern eine Kombination aus Ertrags- und Sachwertverfahren bzw. aus Vergleichs- und Sachwertverfahren ist,** wobei die Anwender des Residualwertverfahrens die Herstellungskosten in voller Höhe ansetzen, während bei Anwendung des „reinen" Sachwertverfahrens nicht unerhebliche Marktanpassungsabschläge als erforderlich angesehen werden, wenn das Sachwertverfahren zum Verkehrswert führen soll. Dies mag im Rahmen einer Investitionsberechnung sachgerecht sein; geht es dagegen um den Verkehrswert, darf die Erkenntnis nicht vergessen werden, dass **zwischen Kosten und Wert keine Identität** besteht[132].   **374**

Auf der anderen Seite besteht der Vorteil des Verfahrens darin, dass mit ihm allen **individuellen Eigenschaften** des Objekts Rechnung getragen werden kann. Rechtliche und tatsächliche Gegebenheiten (Baubeschränkungen, Gestaltungsvorschriften, Stellplatzfrage, Abstandszahlungen, Umweltauflagen, grundstücksbedingte Vor- und Nachteile usw.) gehen einerseits in die Bau- und Entwicklungskosten und andererseits in den erwarteten Veräußerungserlös ein. Mit den ohnehin in den bebauten Ballungszentren kaum noch zur Verfügung stehenden Vergleichspreisen für unbebaute Grundstücke lassen sich die individuellen Eigenschaften allenfalls mit einem kaum noch zu leistenden Aufwand erfassen; ihre Heranziehung würde deshalb aufwendige Analysen erforderlich machen.   **375**

Fazit: Bei dem Residualwertverfahren handelt es sich, soweit es auf die Bodenwertermittlung zur Anwendung kommt, um nichts anderes als um das schon früher zur Anwendung gekommene Verfahren der kalkulatorischen Ermittlung eines (tragbaren) Bodenpreises. Allerdings wurden bei Anwendung des Residualwertverfahrens in immer stärkerem Maße Kostenpositionen zur Geltung gebracht, die einem Investor hinsichtlich der Gesamtheit aller Entwicklungskosten auch einen Gewinn einschließlich der Finanzierungs- und Grunderwerbskosten eines Unternehmergewinns versprechen. Deren Berücksichtigung muss in der Wertermittlungslehre jedoch auf Bedenken stoßen, zumindest wenn nicht gleichzeitig zu erwartende **Wertzuwächse und Subventionen** (z. B. GRW, Urban, Konvers, KfW-Mittel und dgl.) **einschließlich Steuervorteile** berücksichtigt werden. Unternehmergewinne verstecken sich vielfach bereits in Einzelpositionen. Darüber hinaus sind direkte und indirekte Subventionen steuerlicher Art oftmals für die Preisbildung von erheblicher Bedeutung, so dass vor einer einseitigen Berücksichtigung eines Unternehmergewinns und vor übersetzten Ansätzen gewarnt werden muss.   **376**

---

130   Benthlin in FamRZ 1982, 338; Hildebrandt, Systemorientierte Risikoanalyse in der Investitionsplanung, Berlin 1988; Rohpeter, Investitionsanalyse für gewerbliche Immobilie, Rudolf Müller 1998, S. 61 ff.; Timm, Das Investitionsrisiko im investitionstheoretischen Ansatz, Berlin 1976; Teichmann, Die Investitionsentscheidung bei Unsicherheiten, Berlin 1970; Müller, Risiko und Ungewissheiten in E. Wittmann (Hrsg.); HWB, 5. Aufl., Stuttgart 1993; Kupsch, Risikomanagement in Corsten/Reiß (Hrsg.), Handbuch der Unternehmensführung, Wiesbaden 1995
131   Zimmermann, a. a. O., S. 206 f.; Naegeli, W., Die Wertberechnung des Baulands, Zürich, S. 9
132   Pohnert, Kreditwirtschaftliche Wertermittlung 5. Aufl., S. 113; Kleiber in GuG 1996, 16; Groß in GuG 1996, 24; Vogel in GuG 1994, 347; Möckel in GuG 1996, 274; Reck in GuG 1995, 234; Simon in GuG 1985, 229; Zimmermann in WertV 88 München 1998, S. 204; a. A. Thomas, A., in GuG 1995, 25, 82; Krämer in GuG 1995, 264

377   Je stärker die Investorenseite ihre Belange in die Wertermittlung eingebracht hat, desto größer ist in der Wertermittlungspraxis allerdings auch der Widerstand gegen solche Verfahren geworden[133]. Soweit es um die Verkehrswertermittlung geht, ist deshalb der **direkte Preisvergleich noch immer vorzuziehen;** dies scheitert allerdings oftmals an geeigneten Vergleichspreisen.

378   Die Wertermittlungspraxis bewegt sich bei Anwendung des Residualwertverfahrens immer dann in eine äußerst kritische Zone, wenn der danach ermittelte Wert im Verhältnis zu dem als Ausgangswert herangezogenen Vergleichswert/-preis in ein solches Missverhältnis gerät, dass man die **herangezogenen Ausgangspreise kaum noch als geeignete Vergleichspreise i. S. d. § 13 WertV** bezeichnen kann. In der Rechtsprechung ist jedenfalls das Maß der zu berücksichtigenden Abweichungen als ein Kriterium für die Beurteilung der Eignung der Vergleichsobjekte herangezogen worden.

379   Nr. 4.2 der Anl. 24 zur WertR (abgedruckt in Teil II Rn. 452 ff.) stellt hierzu ausdrücklich heraus, dass die **Ableitung des Bodenwerts von werdendem Bauland aus Vergleichspreisen und Bodenrichtwerten eines Entwicklungszustands höherer Qualität nur als besondere Ausnahme in Betracht kommen kann, wenn der zu berücksichtigende Wertunterschied den als Ausgangswert herangezogenen Vergleichswert/-preis überproportional überschreitet.** Des Weiteren wird dort in Nr. 4.2 Abs. 3 auch ausdrücklich festgestellt, dass eine Bodenwertermittlung auf der Grundlage kalkulierter Kosten nur ergänzend und auch nur wiederum insoweit in Betracht kommen kann, als das Ergebnis nicht überproportional von diesem Ausgangswert abweicht. Mit den Ergänzungen der WertR[134] hat man damit der manchmal ausufernden Praxis sog. „Abschlagsgutachter" eine Warntafel gesetzt, wo man im alltäglichen Leben auch nicht zum Preisvergleich greift. Wer käme schon auf die Idee, sich beim Erwerb eines Ladas an den Preisen der S-Klasse zu orientieren. Im Rahmen des Residualwertverfahrens – als dem klassischen Investorenverfahren – setzt man sich häufig recht unbekümmert darüber hinweg und geht zugleich wider allen Erfahrungssätzen der Verkehrswertlehre von einer Identität der Kosten einer Maßnahme und des damit bewirkten Wertzuwachses aus. Hier ist deshalb nicht unberechtigt die Kritik hineingestoßen, wenn es um den Verkehrswert geht.

380   Bei dem Residualwertverfahren handelt es sich somit um eine **höchst fehleranfällige Hilfsmethode**[135], die als Methode zur Ermittlung des Verkehrswerts eines Grundstücks nur dann zur Anwendung kommt, wenn andere Verfahren, die eine sichere Ableitung des Verkehrswerts ermöglichen, nicht zur Anwendung kommen können. Im Allgemeinen ist die Ermittlung des Bodenwerts auf der Grundlage von Vergleichspreisen der Vorzug zu geben.

381   Das Residualwertverfahren hat in der Wertermittlungspraxis vornehmlich nur in den Fällen eine Bedeutung erlangen können, wo eine Bodenwertermittlung auf der Grundlage von Vergleichspreisen nicht möglich war. Dies sind insbesondere **Immobilien, die i. d. R. nur von professionellen Projektentwicklern in einem aufwendigen Verfahren verwertet werden können und insofern auch nur einem begrenzten Marktsegment zuzurechnen sind.**

382   Aus Vergleichsrechnungen, die für Objekte durchgeführt worden sind, von denen der Bodenwert über den direkten Preisvergleich ermittelt werden konnte, ist bekannt, dass die Anwendung des Residualwertverfahrens zumeist sehr schnell zu einem Preis führt, der den Verkehrswert des Grund und Bodens erheblich unterschreiten kann. Dies ist darin begründet, dass dabei in aller Regel die Herstellungskosten und auch sonstige Kosten in voller Höhe von dem fiktiven Ertragswert (Verkehrswert des Objektes nach seiner Entwicklung) in Abzug gebracht werden und keine **Identität zwischen Kosten und Wert** und dementsprechend auch keine Identität zwischen Kostendifferenzialen und Wertdifferenzialen besteht. Wegen des „Restwertcharakters" und der Abhängigkeit des Residualpreises von sämtlichen Entwicklungskosten sowie der in der Struktur des Verfahrens angelegten Fehlerträchtigkeit ist das Verfahren in erster Linie als Plausibilitätsprüfung von Bedeutung.

Unter der Zielsetzung, den Verkehrswert des Grundstücks zu ermitteln, muss bei Anwen-   **383**
dung des Residualwertverfahrens eine Konzeption zu Grunde gelegt werden, die auf eine
Optimierung des Kosten-Nutzenverhältnisses ausgerichtet ist.

Unter der Zielsetzung der Ermittlung eines investitionssicheren tragbaren Bodenpreises   **384**
sind demgegenüber die individuellen Kosten möglichst vollständig und umfassend anzusetzen. Die Disparität zum Boden und zum Verkehrswert wird dabei umso größer, je
umfassender das damit verbundene Risiko und die damit verbundenen Kosten in den Residualwert eingerechnet werden. Nach den Mechanismen des Verfahrens werden solche
Kosten preismindernd bis in das Residuum (Bodenwert) „durchgereicht".

Folgt man dem Grundsatz, dass die Usancen des gewöhnlichen Geschäftsverkehrs das ent-   **385**
scheidende Kriterium für die Wahl des Verfahrens zur Ermittlung des Verkehrswerts ist, so
kann das Residualwertverfahren unter vorstehenden Gesichtspunkten allenfalls für Grundstücke solcher Grundstücksmarktsegmente noch als geeignet angesehen werden, deren
Preisbildung durch Investitionsüberlegungen i. S. des Residualwertverfahrens beherrscht
werden. Unter diesen Kautelen ist die **Wahl des Residualwertverfahrens** auch mit den im
Grundsatz des § 7 Abs. 2 vereinbar.

In Betracht kommt hier insbesondere   **386**

a) der Grundstücksmarkt großflächig zu erschließender Baulandflächen, insbesondere
   wenn in der Gemeinde kommunale Grundsatzbeschlüsse gefasst worden sind, nach
   denen ein Planungsrecht nur im Falle der Übernahme kommunaler Infrastrukturleistungen, z. B. im Wege städtebaulicher Verträge, gewährt wird.

b) Grundstücke, deren Nutzung vornehmlich nur durch professionelle Investoren herbeigeführt werden kann.

Selbst unter diesen Voraussetzungen ist die Anwendung des Residualwertverfahrens vornehmlich nur i. S. einer **Investitionsentscheidung** und weniger als Verfahren der Verkehrswertermittlung geeignet. Der Verkäufer eines Grundstücks, dessen Bodenwert im Wege des
Residualwertverfahrens ermittelt werden soll, wird mindestens den aus Vergleichspreisen
abgeleiteten Verkehrswert eines unbebauten Grundstücks abzüglich evtl. Abbruchkosten
verlangen. Dies ist im Verhältnis zum Residualwertverfahren auch die einfachere und plau-
siblere Methode. Das Residualwertverfahren kann in diesem Fall als Entscheidungshilfe
dafür herangezogen werden, ob auch ein höherer Preis wirtschaftlich tragfähig ist, wobei
dann der höhere Preis auch über dem Verkehrswert liegen kann. Dem Liquidationswert
(§ 20) muss ansonsten der Vorzug gegeben werden.

Die eigentliche Bedeutung des Residualwertverfahrens liegt also in seiner **Funktion als**   **387**
Entscheidungsgrundlage für Investitionen. Im Hinblick auf eine anstehende Bebauung
eines Grundstücks bzw. einen Umbau eines bebauten Grundstücks kann mithilfe des Residualwertverfahrens der wirtschaftlich tragbare Erwerbspreis ermittelt werden. Demzufolge
wäre der Begriff Residual*preis*verfahren zutreffender.

Wie bereits dargelegt, wird dieser Residualpreis maßgeblich von der seiner Ermittlung zu   **388**
Grunde gelegten **Nutzungskonzeption** bestimmt. Bei Anwendung des Residualwertverfahrens müssen deshalb zwei voneinander abzugrenzende Ansätze unterschieden werden:

a) Ermittlung des Residualpreises auf der Grundlage einer bestimmten vorgegebenen Nutzungskonzeption.

b) Ermittlung des Residualpreises auf der Grundlage einer kosten- und nutzenoptierten
   Konzeption *(highest and best use)*.

---

133 Pohnert in Kreditwirtschaftliche Wertermittlungen, 5. Aufl. 1997, S. 113; Möckel in GuG 1996, 274; Kleiber in
     GuG 1996, 16; Schwarz in GuG 1994, 267
134 Kleiber, WertR 76/96, 8. Aufl. 2001, Bundesanzeiger Verlag
135 Schulte, Handbuch Immobilien-Projektentwicklung, Köln 1996, S. 60

389 Die Ermittlung des Residualpreises auf der Grundlage einer bestimmten vorgegebenen
Nutzungskonzeption führt in aller Regel zu den größten Disparitäten der Ergebnisse
gegenüber dem Verkehrswert. Dies sind regelmäßig auch die Fälle, in denen das **Residualwertverfahren seitens der Käufer in Ankaufsverhandlungen instrumentalisiert** wird,
indem Ertragspotenziale ebenso wie die Möglichkeiten einer Kostenminimierung unausge-
schöpft bleiben.

390 Als Grundlage für die Ermittlung des Verkehrswerts ist das Residualwertverfahren deshalb
allenfalls **nur** dann **geeignet, wenn bezüglich unter Zugrundelegung der Nutzungskonzeption eine Konkurrenzsituation zu Grunde gelegt wird,** die dem Grundsatz des *highest
and best use* bei gleichzeitiger Minimierung der Gesamtaufwendungen entspricht. Dies ist
u. a. auch darin begründet, dass Grundstücke im gewöhnlichen Geschäftsverkehr, der nach
Maßgabe des § 194 BauGB Maßstab für die Verkehrswertermittlung sein muss, in aller
Regel an den Meistbietenden veräußert werden. Soweit die Grundgedanken des Residualwertverfahrens das Preisgeschehen auf dem Grundstücksmarkt bestimmen, kommt mithin
nur derjenige Käufer zum Zuge, der **im Sinne einer Kosten-Nutzenanalyse auf Grund
einer optimierten Verwertungsstrategie auch den höchsten Preis bieten kann.**

391 Gleichwohl führt das Residualwertverfahren auch unter diesen Prämissen aus den genann-
ten Gründen i. d. R. nicht unmittelbar zum Verkehrswert (Abzug von nicht wertadäquaten
Kostenpositionen). Das Residualwertverfahren in der von Investorenseite praktizierten
Ausgestaltung stellt bei alledem ein **einseitig auf die Belange des Investors** ausgerichtetes
Investorenverfahren zur Ermittlung des tragbaren Bodenpreises dar.

392 Die Ermittlung des Residualpreises auf der Grundlage einer Nutzungskonzeption, die dem
Grundsatz des *highest and best use* folgt, kann im Übrigen aber auch zu einem Preis
führen, der **über** dem im Wege des Preisvergleichs ermittelten Verkehrswert liegt. Dieser
Fall kann bei optimalen Verwertungsstrategien eintreten. Im Konkurrenzkampf der Bewerber um ein Grundstück kommt der Anbieter zum Erfolg, der sein **Angebot auf der Grundlage des *highest and best use*** abgegeben hat[136].

393 In der **Zusammenfassung** können als besonders fehlerträchtige und sensitive Parameter
des Residualwertverfahrens gelten:

a) Das „richtige" Nutzungskonzept, insbesondere bezüglich der wirtschaftlichsten Nutzung unter Minimierung der Bau-, Entwicklungs- und Vermarktungskosten.

b) Die fiktive Ertragswertermittlung, insbesondere bezüglich
   – des angesetzten nachhaltigen Reinertrags,
   – der „richtigen" Nutzflächenermittlung und
   – des „richtigen" Liegenschaftszinssatzes.

c) Die Angemessenheit
   – der Baukosten (einschließlich Baunebenkosten und der Kosten für Außenanlagen),
     der Abbruch- und Erschließungskosten,
   – der Finanzierungskosten,
   – der Kosten der Vermarktung,
   – dem Mietausfallwagnis,
   – den Kosten für Unvorhergesehenes (Gewinn, Wagnis, Altlasten) und
   – ggf. der Abfindungsbeträge,
   wobei der Abzug von „bloßen" Kosten[137] insoweit vom Verkehrswert wegführt, wie die
   Kosten nicht werthaltig sind. Wie dargelegt, sind im Rahmen der Verkehrswertermittlung entsprechend den Preismechanismen im gewöhnlichen Geschäftsverkehr solche
   Kosten i. d. R. nicht überwälzbar. Es kommt hinzu, dass solche **Kosten** möglicherweise
   doppelt zum Ansatz kommen (Beispiel: Finanzierung der Baukosten sind bei Ansatz
   angemessener Herstellungskosten bereits in diesen Herstellungskosten enthalten (§ 22
   Abs. 2). Umgekehrt werden in der Praxis der Investitionsberechnungen auf der Grund-

lage des Residualwertverfahrens vielfach auch weitere Kosten zum Abzug gebracht (z. B. ein Unternehmergewinn in Höhe von 10 bis 15 % des Ertragswerts).

d) Werden die Baukosten in Höhe der gewöhnlichen Herstellungskosten (§ 22) als sog. Normalherstellungskosten in das Residualwertverfahren eingeführt, so wird damit die **Mehrwert-/Umsatzsteuer** berücksichtigt. Dies ist auch sachgerecht, wenn es um die Ermittlung des Verkehrswerts im Wege des Residualwertverfahrens geht. Kommt das Residualwertverfahren mit der Zielsetzung zur Anwendung, den investitionsorientierten Erwerbspreis eines bestimmten Investors abzuleiten, kann zwischen optierenden und nichtoptierenden Investoren unterschieden werden. Soweit demnach die Mehrwertsteuer „weitergereicht" werden kann, können die auf der Grundlage der Normalherstellungskosten, die die Mehrwertsteuer definitionsgemäß enthalten, angesetzten Baukosten um diese vermindert werden.

e) Bezüglich der Größenordnung der anzusetzenden Kosten bis zur Verwertung des Objekts (insbesondere Baukosten) besteht die Möglichkeit,

– die **individuellen tatsächlich zu erwartenden Kosten im Sinne einer objektspezifischen Investitionsberechnung** anzusetzen, wobei dann ggf. auch überhöhte Herstellungskosten zum Ansatz kommen müssen, wenn das Projekt schnell durchgeführt werden soll (Feiertagszuschläge, Nachtarbeit usw.), oder

– jeweils von **gewöhnlichen und nachhaltig entstehenden Kosten** auszugehen.

Einheitliche Sätze, die für sämtliche Projekte und alle Gebäudearten Gültigkeit haben, gibt es nicht und können auch nicht aus Vereinfachungsgründen angesetzt werden.

f) Die Schätzung der Preisentwicklung aller übrigen Kosten (Bau-, Finanzierungs-, Abrisskosten, Abfindungen, Genehmigungsgebühren usw.) ist mit zusätzlichen Fehlerquellen verbunden. Die freie **Schätzung der Entwicklung dieser Kosten ist** außerordentlich **problematisch.** Ihre Berücksichtigung stellt damit zwar theoretisch eine Verfeinerung dar; praktisch entstehen damit aber neue Fehlerquellen, die hier zu einer Scheingenauigkeit führen. Allenfalls bei sehr langer Entwicklungsdauer ist deshalb eine Dynamisierung sinnvoll[138].

Der schon aus grundsätzlichen Erwägungen problematische Abzug sonstiger anfallender Kosten einschließlich der Grunderwerbs- und Finanzierungskosten ist einseitig auf die Belange des Investors ausgerichtet. Entsprechendes gilt auch für den Abzug eines Unternehmergewinns und eines Risikoabschlags. Im Grundstücksverkehr allgemein auch auch im Handel mit baureifen Grundstücken, deren Bebauung stets eine mehr oder minder lange Vorbereitungs-, Bau- und Vermarktungsphase bedürfen, lassen sich nämlich die Verkäufer derartige Kosten sonst auch nicht wertmindernd in Rechnung stellen. Verkehrswert ist insoweit der „volle" Wert ohne Abzug der Grunderwerbskosten eines Käufers.

Der Verkäufer eines Grundstücks würde sich auf einen so ermittelten Residual*preis* nur dann einlassen, wenn dieser höher als der im Preisvergleich direkt ermittelte Bodenwert des unbebauten Grundstücks abzüglich der Abbruchkosten ausfällt. Der Grundstücksmarkt greift dabei in aller Regel auf die aus Vergleichspreisen abgeleiteten Bodenrichtwerte zurück, die nach § 196 BauGB für das Gemeindegebiet von der Gemeinde zu ermitteln sind. Der Verkehrswert des Grund und Bodens eines Abbruchobjektes kann in diesem Fall also vergleichsweise einfach und plausibel direkt aus diesen Bodenrichtwerten unter Abzug der Abbruchkosten abgeleitet werden (§ 20 Abs. 1).

---

136 American Institute of Real Estate Appraisers: The Appraisal of Real Estate, 9. Aufl. Chicago, S. 68 ff.
137 Selbst in der steuerlichen Bewertung, die sich vereinfachender Methoden bedient, ist dies mit aller Dringlichkeit BFH im Urt. vom 28. 10. 1998 – II R 37/97 –, GuG 1999, 184 = EzGuG 20.166 herausgestellt worden; dies muss insbesondere von den Beleihungsinstituten gewürdigt werden.
138 Britton, W./Davies, K., Modern Methods of Valuation of Land, Houses and Buildings, 8. Aufl. London 1989

4.5.5 Bodenwertermittlung auf der Grundlage der Ertragsfähigkeit

a) Abhängigkeit von Erdgeschossmieten

394 Bodenwert und Ertragsfähigkeit eines Grundstücks stehen in einem engen Zusammenhang. Dies gilt zumindest für Grundstücke, die unter Renditegesichtspunkten gehandelt werden. Für die **Innenstadtlagen** ist eine **hohe Korrelation zwischen der Rohmiete pro Quadratmeter Nutzfläche des Geschäftsraums und dem Bodenwert** festgestellt worden, wobei sich erst bei höheren Mieten größere Abweichungen von den empirisch **abgeleiteten** funktionalen Zusammenhängen gezeigt haben. Auf der Grundlage von Auswertungen der Kaufpreise aus den 70er Jahren wurden folgende Beziehungen abgeleitet:

Osnabrück:[139] $BW = 32{,}43 \times RoE^{0{,}9890}$

$BW = 26{,}22 \times RoE^{1{,}0638}$ (1)

Offenbach:[140] $BW = 26{,}045 \times RoE^{1{,}0752}$ (2)

wobei

BW = Bodenwert in [€]

RoE = Rohertrag/Monat in [€]

395 Bei alledem wurde darauf hingewiesen, dass das **Maß der baulichen Nutzung (GFZ) und die Restnutzungsdauer** sich **unwesentlich auf den Bodenwert auswirken**, wobei die Restnutzungsdauer ohnehin allenfalls bei unter- oder übergenutzten Grundstücken unter bestimmten Voraussetzungen auf den Bodenwert durchschlägt.

396 Die Annahme von *Schmalgemeier,* die Relation von Roherträgen (Nettokaltmiete) und Bodenwerten sei zeitunabhängig, hat sich als unhaltbar erwiesen. Bereits nach wenigen Jahren (1985) musste vielmehr festgestellt werden, dass in Abhängigkeit von der Lagequalität die Bodenwerte in den Innenstadtlagen bereits das 35- bis 48fache der Geschäftsraummieten im Erdgeschoss ausmachen. Für den Bodenwert eines aus einer Sanierung „herauskommenden" Grundstücks wird von *Brandt-Wehner*[141] auf Grund von Kaufpreisen, die wiederum aus den 70er Jahren stammen, folgende Beziehung angegeben:

$$BW = \frac{1}{\left(\dfrac{0{,}3238}{RoE^{0{,}45}} + 0{,}01086\right)^{2{,}86}} \quad (3)$$

397 *Beispiel:*

Bei einem Rohertrag (Nettokaltmiete) von 20 €/m² NF/Monat ergeben sich nach

(1) $BW = 26{,}22 \times 20^{1{,}0638}$ $= 635$ €/m²

(2) $BW = 26{,}045 \times 20^{1{,}0752}$ $= 652$ €/m²

(3) $BW = 1/(\dfrac{0{,}3238}{20^{0{,}45}} + 0{,}01086)^{2{,}86}$ $= 840$ €/m²

Die doch erheblichen Unterschiede lassen erkennen, dass das Verfahren nicht ohne weiteres übertragbar ist.

Bister hat entsprechende Umrechnungsverhältnisse für **Büro- und Geschäftsgrundstücke** in der Düsseldorfer Innenstadt abgeleitet[142]. Er kommt zu folgender Funktionsgleichung:

$$BW = 2{,}0643 \times RoE^{1{,}123}$$

wobei wiederum

BW = Bodenwert in [€]

RoE = Rohertrag pro Quadratmeter Grundstücksfläche in [€]

Die Ergebnisse stehen in Plausibilität zueinander. Die von Bister ermittelte Abhängigkeit zeigt einen steileren Kurvenverlauf, was auf die höhere Wertigkeit der Düsseldorfer Innenstadt gegenüber niedersächsischen Gemeindezentren zurückgeführt werden kann.

Trotzdem kommt man nicht um die Feststellung herum, dass alle **Versuche, den Boden-** **398** **wert in Abhängigkeit von der Erdgeschossmiete durch empirisch abgeleitete Funkti-** **onsgleichungen mit hinreichender Sicherheit zu ermitteln, als gescheitert gelten müs-** **sen.** Es kommt hinzu, dass die vorgestellten Funktionsgleichungen schon nach ihrer Art bei dem „Verbraucher" kaum Vertrauen „ernten" können, zumal das ihnen zu Grunde liegende Rechenwerk letztlich für Außenstehende nicht überprüfbar ist[143].

b) Abhängigkeit vom Jahresrohertrag

Gerardy/Höpcke[144] haben für die Zentren niedersächsischer Städte die sich aus Abb. 36 **399** ergebende **Abhängigkeit des „mittleren Bodenwerts" vom Jahresrohertrag in € pro** **Quadratmeter Grundstücksfläche** festgestellt. Dem Jahresrohertrag haftet allerdings eine gewisse Unsicherheit an, die auf die jeweiligen Bewirtschaftungskosten zurückzu-führen ist. Bei der Ableitung derartiger Tabellen auf der Grundlage von Reinerträgen kön-nen diese Unsicherheiten vermieden werden.

Als **Funktionsgleichung** wurde von *Gerardy* **für Zentrumslagen** abgeleitet: **400**

$$BW = 1,8691 \times RoE^{1.0897}$$

wobei
BW = Bodenwert
RoE = Rohertrag (Nettokaltmiete) pro Quadratmeter Grundstücksfläche

Abb. 36: Mittlerer Bodenwert in Abhängigkeit vom Jahresrohertrag pro m² Grund- **stücksfläche in nds. Zentren**

Mittlerer Bodenwert			
Jahresrohertrag pro m² Grundstücksfläche €	Mittlerer Bodenwert €/m²	Jahresrohertrag pro m² Grundstücksfläche €	Mittlerer Bodenwert €/m²
5	16,00	80	228,50
10	22,50	85	246,00
15	39,50	90	264,00
20	51,50	95	282,00
25	64,00	100	300,50
30	77,00	110	339,00
35	90,00	120	379,00
40	104,00	130	420,50
45	118,00	140	463,50
50	132,50	150	508,00
55	197,50	160	559,00
60	163,00	170	601,50
65	179,00	180	650,50
70	195,00	190	701,00
75	211,50	200	753,50

139   Schmalgemeier in VR 1977, 422 für die Jahre 1966–1977 und Nutzflächen von 30 bis 150 m²
140   Paul in VR 1983, 141
141   Brandt-Wehner in VR 1985, 413
142   Bister in VR 1978, 124
143   Ziegenbein in VR 1999, 383
144   Gerardy in Nachr. der nds. Kat- und VermVw 1964, 125; ders. in Nachr. der nds. Kat.- und VermVw 1964, 14

4.6 Zielbaumverfahren

401 Das von *Aurnhammer*[145] entwickelte Zielbaumverfahren stellt ein **operatives Verfahren zur Berücksichtigung von Abweichungen** i. S. des § 14 WertV der Vergleichsgrundstücke mit den dafür herangezogenen Vergleichspreisen von den Merkmalen des zu wertenden Grundstücks dar. Dabei werden die Abweichungen in Komponenten aufgegliedert, z. B.

– die regionale Lage,

– die Infrastruktur und

– subjektive Wertfaktoren,

die wiederum in Einzelkomponenten aufgegliedert werden. Die einzelnen Komponenten werden dann auf der Grundlage eines Punktesystems gewichtet und zu einem Ab- bzw. Zuschlag aggregiert (vgl. § 7 WertV Rn. 60 ff.).

402 Das **Verfahren** wird in Abb. 37 erläutert.

Abb. 37: Schema des Zielbaumverfahrens

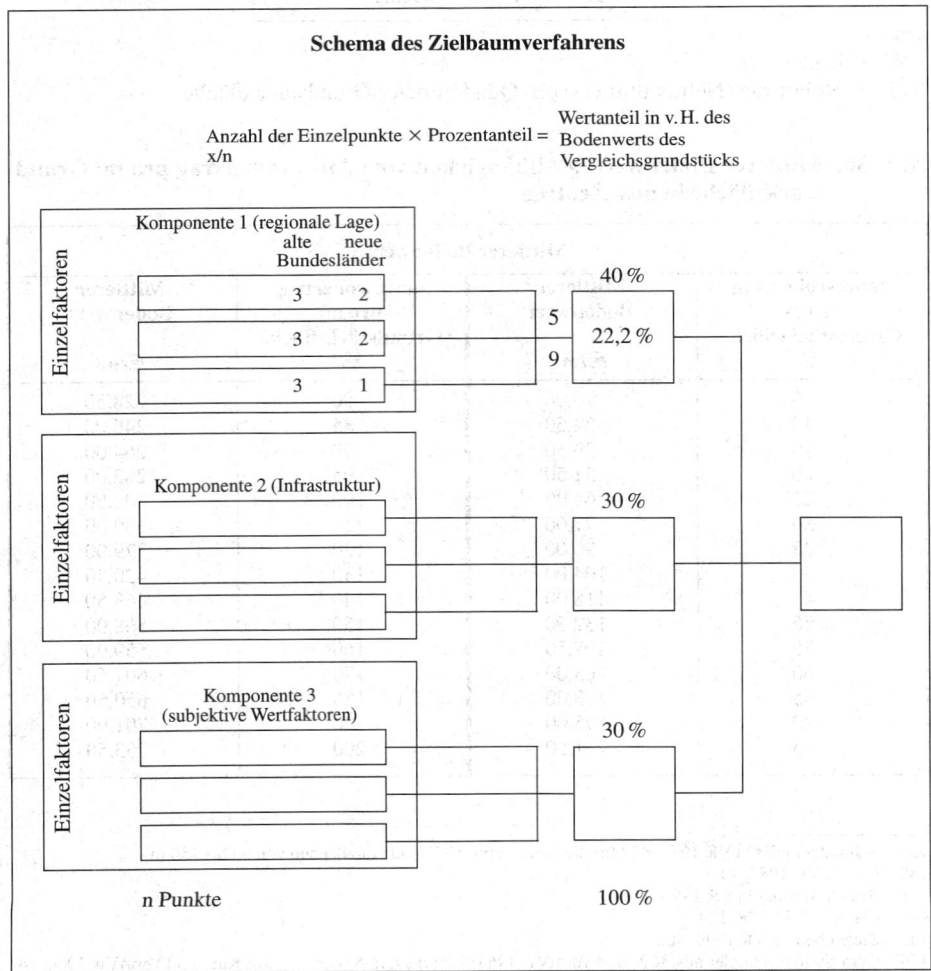

5   Vergleichswertverfahren für bebaute Grundstücke (Abs. 3)

Grundsätzlich kann das Vergleichswertverfahren auch bei bebauten Grundstücken zur Anwendung kommen. In der Praxis hat dies allerdings keine große Bedeutung erlangen können, weil die **Grundstücke auf Grund der individuellen Bebauung regelmäßig nicht hinreichend vergleichbar sind.** Diese Voraussetzung kann aber in Einzelfällen durchaus vorliegen, z. B. in Reihenhausgebieten.   **403**

Um dem abzuhelfen, hat der Verordnungsgeber mit § 13 Abs. 3 ein von der Praxis entwickeltes Verfahren zur Verkehrswertermittlung bebauter Grundstücke im Wege des Preisvergleichs in die Verordnung aufgenommen. Es soll neben oder an Stelle der Heranziehung von geeigneten Vergleichspreisen zur Anwendung kommen können. Voraussetzung für die Anwendung dieser Vorschrift ist, dass aus der ausgewerteten Kaufpreissammlung **Vergleichsfaktoren für bebaute Grundstücke** empirisch abgeleitet worden sind. Dies ist zuallererst Aufgabe der Gutachterausschüsse, denen die Auswertung der Kaufpreissammlung obliegt (vgl. § 193 Abs. 3 BauGB).   **404**

§ 12 unterscheidet in Anlehnung an die für die Anwendung des Ertrags- bzw. Sachwertverfahrens maßgeblichen Grundsätze zwischen **Ertrags- und Gebäudefaktoren** (vgl. § 12 WertV). Während der Ertragsfaktor vor allem dann in Betracht kommt, wenn für die Wertbeurteilung des Grundstücks üblicherweise der nachaltig erzielbare Ertrag im Vordergrund steht (wie bei nichteigengenutzten Renditegrundstücken), kommt der Gebäudefaktor vor allem dann in Betracht, wenn für die Wertermittlung des Grundstücks der in der baulichen Anlage verkörperte Sachwert von maßgebender Bedeutung ist.   **405**

Ertrags- bzw. Gebäudefaktor werden nach § 12 dadurch ermittelt, dass die **Kaufpreise auf den nachhaltig erzielbaren jährlichen Ertrag (Ertragsfaktor) oder auf eine sonstige geeignete Bezugseinheit, insbesondere auf eine Raum- oder Flächeneinheit der baulichen Anlage (Gebäudefaktor) bezogen werden.** Dabei sollen die Vergleichsfaktoren aus Kaufpreisen differenziert nach Lage, Art und Maß der baulichen Nutzung, Größe der Grundstücke und Alter der baulichen Anlagen abgeleitet werden. Ist ein Grundstück wesentlich größer, als es einer der baulichen Anlage angemessenen Nutzung entspricht und ist eine zusätzliche Nutzung oder Verwertung einer Teilfläche zulässig und möglich, ist der auf die Teilfläche entfallende Kaufpreisanteil bei der Ableitung der Vergleichsfaktoren für bebaute Grundstücke entsprechend der Regelung des § 16 Abs. 2 Satz 3 nicht zu berücksichtigen.   **406**

Die **Vergleichsfaktoren für bebaute Grundstücke** können nach § 12 Abs. 3 im Übrigen (allein) **bezogen auf das Gebäude** ermittelt werden. Die Ableitung dieser Faktoren vollzieht sich wie vorstehend, wobei allerdings vom Kaufpreis zunächst der Bodenwert des Grundstücks und der Wert der Außenanlagen abgezogen werden muss (Abb. 38).   **407**

Bei **Anwendung von Vergleichsfaktoren** auf bebaute Grundstücke wird der Verkehrswert ermittelt, indem die einschlägigen Parameter des zu wertenden Grundstücks, d. h.   **408**

– bei Anwendung von Ertragsfaktoren: der Rein- oder Rohertrag (bemessen in €/Jahr) oder

– bei Anwendung von Gebäudefaktoren: der Brutto-Rauminhalt des Gebäudes oder dessen Brutto-Grund-, Geschoss-, Nutz- oder Wohnfläche (gemessen in Kubik- oder Quadratmetern),

mit dem auf dieselbe Bezugseinheit bezogenen Vergleichsfaktor multipliziert wird (§ 13 Abs. 3). Das Produkt ergibt unter Berücksichtigung von Abweichungen nach Maßgabe des § 14 den Vergleichswert (Verkehrswert). Wurden Vergleichsfaktoren herangezogen, die sich nach Maßgabe des § 12 Abs. 3 allein auf das Gebäude beziehen, müssen neben dem so

---

145   Aurnhammer in BauR 1978, 356 und BauR 1981, 139; hierzu OLG Stuttgart, Urt. vom 14. 3. 1989 – 12 U 29/88 –, EzGuG 11.170k; VG Berlin, Beschl. vom 11. 11. 1998 – 19 A 86/98 –, GuG 1999, 186 = EzGuG

ermittelten Gebäudewert zusätzlich der Bodenwert des Grundstücks und der Wert der Außenanlagen berücksichtigt werden.

409 Im Übrigen müssen auch bei der Ermittlung des Vergleichswerts bebauter Grundstücke (nach Maßgabe des § 13 Abs. 3 i.V. m. § 12) **Abweichungen nach § 14** berücksichtigt werden, wenn

– die qualitativen Zustandsmerkmale der Grundstücke, die der Ermittlung des herangezogenen Vergleichsfaktors (Ertrags- oder Gebäudefaktor) zu Grunde lagen und

– die allgemeinen Wertverhältnisse auf dem Grundstücksmarkt zum Zeitpunkt des Wertermittlungsstichtags sich gegenüber denen verändert haben, die der Ableitung der Vergleichsfaktoren zu Grunde lagen.

Abb. 38: Ableitung und Anwendung von Vergleichsfaktoren

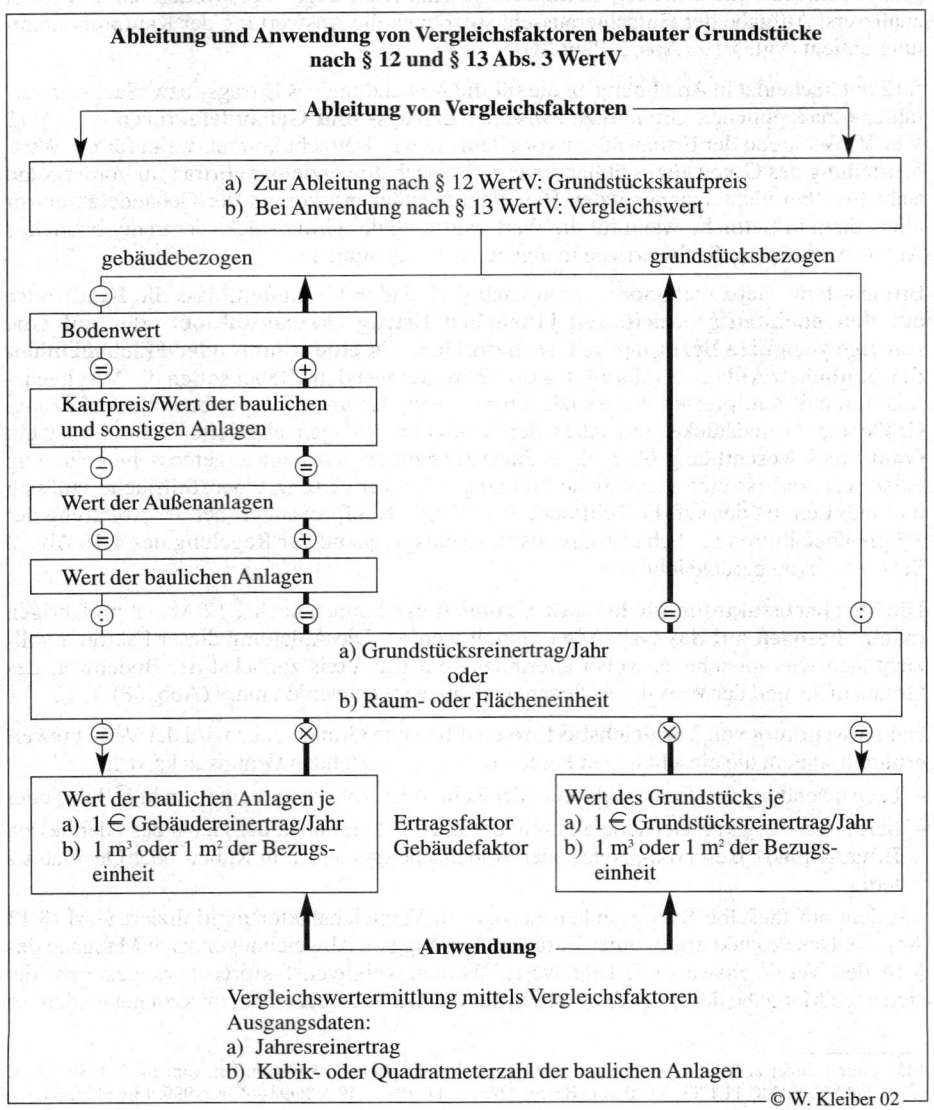

© W. Kleiber 02

Weiterführende Hinweise zur Bodenwertermittlung von **410**
– **Abbauland** (Abgrabungsgrundstücke) vgl. § 4 WertV Rn. 311
– **Altlastenbehaftete Flächen** bei § 5 WertV Rn. 119 ff.
– **Ausgleichsflächen** (naturschutzrechtliche bei § 4 WertV Rn. 258 und
  § 14 WertV Rn. 147 ff.
– **Bahnfläche**
– **Bergbaugebiete** vgl. § 4 WertV Rn. 322 ff.
– **Deponieflächen** vgl. § 4 WertV Rn. 440 ff.
– **Bauerwartungsland** vgl. § 4 WertV Rn. 141 ff., § 13 WertV Rn. 30 ff.
– **Entwicklungsbereiche** vgl. §§ 26 ff. WertV
– **Eigentumswohnungsgebieten** (vgl. Vorbem. zu den §§ 13 und 14 WertV Rn. 95 ff.
– **Eckgrundstücken** vgl. § 14 WertV Rn. 261 ff.
– **Flugplätze** vgl. § 4 WertV Rn. 591 ff.
– **Gartenland** vgl. § 4 WertV Rn. 309
– **Gemeinbedarfsflächen** vgl. § 4 WertV Rn. 475 ff. und § 7 WertV Rn. 131 ff.
– **Geringstland** bei § 4 WertV Rn. 4 ff., 254
– **Grünflächen** vgl. § 4 WertV Rn. 560
– **Hafenflächen** vgl. § 4 WertV Rn. 468 ff.
– **Hofanschlussflächen** vgl. § 4 WertV Rn. 40 ff.
– **Kiesgrube** vgl. § 4 WertV Rn. 345 ff.
– **Kirchenfläche** vgl. § 4 WertV Rn. 613 ff.
– **Kleingartengebiete** vgl. § 4 WertV Rn. 276 ff.
– **Konversionsfläche** vgl. § 4 WertV Rn. 486
– **Land- und forstwirtschaftliche Flächen** vgl. § 4 WertV Rn. 26 ff.
– **Ödland** vgl. § 4 WertV Rn. 5, 254
– **Personenbezogene Flächen** vgl. § 5 WertV Rn. 87 ff.
– **Rohbauland** vgl. § 4 WertV Rn. 170 ff.
– **Sanierungsgebiete** vgl. §§ 26 ff. WertV
– **Sozialer Wohnungsbau** vgl. § 5 WertV Rn. 87 ff.
– **Sportplätze** vgl. § 4 WertV Rn. 546
– **Straßenland** vgl. § 4 WertV Rn. 556 ff., § 7 WertV Rn. 131 ff.,
  § 29 WertV Rn. 116 ff., 194
– **Umlegungsgebiete** vgl. Teil VI Rn. 77 ff.
– **Wald** vgl. § 4 WertV Rn. 85 ff.
– **Wasserflächen** vgl. § 4 WertV Rn. 455

§ 14 WertV
Berücksichtigung von Abweichungen

[1]Weichen die wertbeeinflussenden Merkmale der Vergleichsgrundstücke oder der Grundstücke, für die Bodenrichtwerte oder Vergleichsfaktoren bebauter Grundstücke abgeleitet worden sind, vom Zustand des zu bewertenden Grundstücks ab, so ist dies durch Zu- oder Abschläge oder in anderer geeigneter Weise zu berücksichtigen. [2]Dies gilt auch, soweit die den Preisen von Vergleichsgrundstücken und den Bodenrichtwerten zu Grunde liegenden allgemeinen Wertverhältnisse von denjenigen am Wertermittlungsstichtag abweichen. [3]Dabei sollen vorhandene Indexreihen (§ 9) und Umrechnungskoeffizienten (§ 10) herangezogen werden.

1   Allgemeines

Kaufpreise von Vergleichsgrundstücken sowie Bodenrichtwerte können i. d. R. nicht **1** unmittelbar zum Preisvergleich herangezogen werden, weil die **Vergleichsgrundstücke in ihren Eigenschaften** (wertbeeinflussende Merkmale) zumeist **von denen des zu wertenden Grundstücks abweichen.** Dies steht der Heranziehung von derartigen Vergleichspreisen und Bodenrichtwerten jedoch grundsätzlich nicht entgegen. Prinzipiell lässt sich fast alles – selbst „Äpfel mit Birnen" – miteinander vergleichen. Es geht jeweils um die angemessene Berücksichtigung der Abweichungen, um einen sachgerechten Vergleich zu ermöglichen.

Da sich bei freier Preisbildung auf dem Grundstücksmarkt die Grundstückspreise unter **2** dem Einfluss allgemeiner konjunktureller Einflüsse mit der Zeit selbst bei gleich bleibenden qualitativen Eigenschaften der Grundstücke ändern, ist man bestrebt, **Vergleichspreise** heranzuziehen, **die möglichst zeitgleich und zeitnah zum Wertermittlungsstichtag vereinbart wurden.** Da dies in aller Regel nicht möglich ist, müssen Vergleichspreise herangezogen werden, die häufig vor mehreren Jahren ausgehandelt wurden. Diese Vergleichspreise müssen dann auf die allgemeinen Wertverhältnisse am Wertermittlungsstichtag umgerechnet werden.

3   In der **Zusammenfassung** geht es bei der Heranziehung von Vergleichspreisen (auch von Bodenrichtwerten) um

– einen interqualitativen Preisabgleich und

– einen intertemporären Preisabgleich.

4   Die Vorgaben des **§ 14** weisen hierfür folgende **Systematik** auf:

– Satz 1 regelt die Berücksichtigung von Abweichungen der wertbeeinflussenden *Zustandsmerkmale* der Vergleichsgrundstücke von dem zu wertenden Grundstück;

– Satz 2 regelt die Berücksichtigung von Abweichungen bezüglich der *allgemeinen Wertverhältnisse* gegenüber dem Zeitpunkt, zu denen die jeweiligen Vergleichspreise im Unterschied zum Wertermittlungsstichtag zustande kamen;

– Satz 3 gibt als „Soll-Vorschrift" den Hinweis, dass bei der Berücksichtigung von Abweichungen nach Satz 1 vorhandene Umrechnungskoeffizienten (§ 10) und bei der Berücksichtigung von Abweichungen nach Satz 2 vorhandene Indexreihen (§ 9) herangezogen werden sollen.

5   **Abweichungen** werden danach durch

1. Umrechnungskoeffizienten und Bodenpreisindexreihen,

2. „Zu- und Abschläge" oder

3. in „anderer geeigneter Weise"

berücksichtigt, wobei der 1. Alternative durch Satz 3 Priorität eingeräumt wird.

6   Bei den nach § 14 Satz 3 vorrangig heranzuziehenden Umrechnungskoeffizienten und Bodenpreisindexreihen soll es sich um solche handeln, die nach den §§ 9 und 10 abgeleitet wurden (§ 8 WertV). Mit dem Hinweis auf diese Vorschrift hat der Verordnungsgeber sicherstellen wollen, dass **marktorientierte Daten** zur Anwendung kommen.

7   Wenn in der Rechtsprechung immer wieder betont wurde, dass der Verkehrswert keine mathematisch errechenbare Größe ist, so ist dies im besonderen Maße auch darin begründet, dass **Abweichungen in den Zustandsmerkmalen** häufig **nicht mathematisch exakt erfassbar** sind. Dagegen ist die Umrechnung älterer Vergleichspreise auf die allgemeinen Wertverhältnisse auf dem Grundstücksmarkt zum Zeitpunkt des Wertermittlungsstichtags i. d. R. ein einfacher und sicherer Rechengang, wenn geeignete Bodenpreisindexreihen (§ 9) vorliegen.

8   Die WertV ist gleichwohl darauf angelegt, die **Berücksichtigung von Abweichungen** in den Zustandsmerkmalen dadurch **auf fundierte Grundlagen** zu stellen, dass sie

– den **Gutachterausschüssen für Grundstückswerte** vorschreibt, die dafür erforderlichen Umrechnungskoeffizienten i. S. d. § 10 **abzuleiten und**

– im Rahmen des Vergleichswertverfahrens **anzuwenden.**

Der Anspruch der WertV ist hoch gesteckt und kann selbst in den großen Städten mit gut funktionierenden Gutachterausschüssen nicht in voller Breite erfüllt werden (vgl. § 10 WertV Rn. 1 ff.).

9   Wo letztlich keinerlei heranziehbare Umrechnungskoeffizienten zur Verfügung stehen, muss man schließlich auf **allgemeine Erfahrungssätze** zurückgreifen und verbleibende Unterschiede in den wertbeeinflussenden Merkmalen zwischen den Vergleichsobjekten und dem zu wertenden Grundstück durch Zu- oder Abschläge berücksichtigen.

10 Mit **angemessenen**[1] **Zu- und Abschlägen** können insbesondere Unterschiede bezüglich der besonderen Lageverhältnisse (innere und äußere Verkehrslage, Gesellschafts-, Geschäfts- und Wohnlage), der Nutzbarkeit, der Grundstücksgröße, Grundstückstiefe und des Grundstückszuschnitts, der Bodenbeschaffenheit, des Erschließungs- und Entwicklungszustands, der Umwelteinflüsse sowie ggf. bezüglich Bau- und Nutzungsbeschränkungen berücksichtigt werden. Auf jeden Fall sollten die Zu- und Abschläge begründbar sein. Sich dabei nur auf seine Erfahrung zu berufen, stellt allerdings eine eher „hilflose Methode" dar.

Neben dem Rückgriff auf Erfahrungswerte zur Berücksichtigung bestehender Abweichungen der Vergleichsgrundstücke von dem zu wertenden Grundstück besteht die einfachste Form der Umrechnung von Vergleichspreisen auf die wertbeeinflussenden Merkmale des Wertermittlungsgrundstücks darin, dass man das maßgebliche **wertbeeinflussende Merkmal,** in dem sich die Grundstücke unterscheiden, mit plausiblen Kenngrößen (Passantenfrequenz, Flächenproduktivität usw.) wertmäßig **ins Verhältnis setzt** und hieraus den gesuchten Wert des zu wertenden Grundstücks ableitet: **11**

Gesucht: Bodenwert/-preis des Wertermittlungsobjekts mit dem wertbeeinflussenden Merkmal A (gegeben)

Gegeben: Bodenpreis eines Vergleichsgrundstücks mit dem wertbeeinflussenden Merkmal B (messbar)

Dann ist: $\dfrac{\text{Bodenpreis}_{\text{Merkmal A}}}{\text{Bodenpreis}_{\text{Merkmal B}}} = \dfrac{\text{Merkmal A}}{\text{Merkmal B}}$

Umgeformt:
$$\text{Bodenpreis}_{\text{Merkmal A}} = \text{Bodenwert}_{\text{Merkmal B}} \times \dfrac{\text{Merkmal A}}{\text{Merkmal B}}$$

Beispiel: **12**
– Es liegt ein Vergleichspreis in Höhe von 300 €/m² aus einem innerstädtischen Mischgebiet (bevorzugte Einkaufslage) vor. Das Vergleichsgrundstück hat eine Flächenproduktivität von 8 000 €/m² Verkaufsfläche. Die Nachbargrundstücke sind ähnlich geprägt.

– Gesucht ist der Bodenwert eines ebenfalls im innerstädtischen Mischgebiet gelegenen Grundstücks. Die Lage ist durch eine geringere Flächenproduktivität geprägt, die bei 6 000 €/m² Verkaufsfläche liegt.

– **Gesuchter Bodenpreis** = 300 €/m² × $\dfrac{6\,000}{8\,000}$ = **225 €/m²**

▶ *Weitere Beispiele bei Rn. 65, 247 ff.* **13**

Wie das KG Berlin[2] feststellte, könnten prozentuale Zu- und Abschläge in ihrer Höhe niemals nach einer vom Sachverstand geschaffenen Methode genau berechnet werden; in einem Rechtsstreit seien sie immer nur im Rahmen des dem Gericht nach § 287 ZPO zustehenden Ermessens zu schätzen und böten damit stets Raum für unterschiedliche Auffassungen. Das Gericht war des Weiteren der Auffassung, dass nicht alle Grundstücke mit Hilfe von Zu- und Abschlägen miteinander vergleichbar gemacht werden könnten, sondern nur die, bei denen verhältnismäßig geringfügige Differenzen zu überbrücken seien und bei denen die **Zu- oder Abschläge die Größenordnung von höchstens 30 % oder allenfalls 35 % nicht überstiegen.** Die Notwendigkeit von Korrekturen in Höhe von 40 % und mehr zeige dagegen, dass die angeblich vergleichbaren Grundstücke in Wahrheit nicht miteinander verglichen werden können. Denn die Einbeziehung eines Grundstücks mit einer solchen Korrektur beeinflusse das Ergebnis auch dann nicht nennenswert, wenn der erzielte Bodenpreis des Grundstücks erheblich über das Preisniveau der sonstigen Vergleichsgrundstücke hinausrage (vgl. § 13 WertV Rn. 8 ff.). **14**

---

1 Die Zu- und Abschläge müssen „angemessen" sein, obwohl die Vorschrift im Unterschied zum früheren Recht (§ 6 WertV 72) dies nicht ausdrücklich hervorhebt.
2 KG Berlin, Urt. vom 1. 11. 1969 – III 1449/68 –, EzGuG 20.46; einen Abzug von 30 % bejahend VG Schleswig, Urt. vom 25. 9. 1974 – 2 A 108/74 –, EzGuG 15.1; bereits das Pr. OVG hat sich mit dieser Problematik eingehend beschäftigt; Urt. vom 2. 11. 1896, EzGuG 20.2

15 I. d. R. unterscheiden sich die zum Preisvergleich heranziehbaren Grundstücke gleich in mehreren Zustandsmerkmalen von denen des zu wertenden Grundstücks. Dass ein Vergleichsgrundstück nur in einem einzigen Zustandsmerkmal Abweichungen aufweist, ist eher eine seltene Ausnahme. Muss also der Kaufpreis eines Vergleichsgrundstücks bezüglich mehrerer abweichender Zustandsmerkmale auf die Eigenschaften des Wertermittlungsobjekts umgerechnet werden, so kann für das Ergebnis von Bedeutung sein, in welcher **Reihenfolge** die erforderlichen **Zu- oder Abschläge** an den Kaufpreis des Vergleichsgrundstücks angebracht werden. Dies betrifft die Fälle, in denen die Zu- oder Abschläge teils **mit Absolutbeträgen** und teils **mit Relativbeträgen** angebracht werden:

16 *Beispiel:*

a) Das Vergleichsgrundstück weist gegenüber dem Wertermittlungsobjekt (in mittlerer Geschäftslage mit einer GFZ von 1,2) Abweichungen bezüglich

– dem Maß der baulichen Nutzung (nämlich eine GFZ von 0,8) und

– der Geschäftslage (nämlich schlechte Geschäftslage)

auf. Der Vergleichspreis betrage 600 €/m².

b) – Der unterschiedlichen Geschäftslage soll mit einem Zuschlag von 200 €/m² Rechnung getragen werden.

– Das unterschiedliche Maß der baulichen Nutzung soll entsprechend der Umrechnungskoeffizententabelle der Anl. 23 WertR durch Anwendung des Faktors 1,22 (= 1,10/0,90) berücksichtigt werden.

1. Berechnung			*2. Berechnung*	
Vergleichspreis		600 €/m²	Vergleichspreis	600 €/m²
Berücksichtigung der Geschäftslage	+ 200 €/m²		Berücksichtigung der unterschied-lichen GFZ: 600 € × 1,22	= 732 €/m²
Zwischensumme		**800 €/m²**	Berücksichtigung der Geschäftslage	+ 200 €/m²
Berücksichtigung der unterschied-lichen GFZ: 800 € × 1,22	= **976 €/m²**		Summe	**932 €/m²**

Bei höheren Zu- und Abschlägen, die mit einem Vomhundertsatz angebracht werden, können sich leicht Unterschiede von 10 % und mehr ergeben.

17 Bei einer **Berücksichtigung unterschiedlicher Zustandsmerkmale unter einheitlicher Verwendung von Zu- oder Abschlägen in absoluter Höhe oder bei einheitlicher Verwendung von Relativbeträgen** (prozentuale Zu- oder Abschläge) ist es dagegen für das Ergebnis unerheblich, in welcher Reihenfolge die Zu- oder Abschläge angebracht werden. Von daher ist dieser Methodik der Vorzug zu geben.

18 Ist es, wie in dem vorgestellten Beispiel, unvermeidlich, teils mit **Zu- oder Abschlägen in absoluter Höhe und teils mit Relativbeträgen** zu arbeiten, beantwortet sich die Frage nach der richtigen Reihenfolge der Vorgehensweise nach folgenden Überlegungen: Die zur Berücksichtigung eines unterschiedlichen Maßes der baulichen Nutzung abgeleiteten Umrechnungskoeffizienten werden nach Maßgabe des § 10 Abs. 1 aus Kaufpreisen „sonst gleichartiger" Grundstücke abgeleitet, die *nur* in dem einen bestimmten Zustandsmerkmal voneinander abweichen. Es handelt sich hierbei um die sog. „Ceteris-paribus-Bedingung", nach der die sonstigen wertbeeinflussenden Umstände gleich sein sollen. Insoweit ist es gerechtfertigt, vor Anwendung der Umrechnungskoeffizienten all die Zu- und Abschläge anzubringen, mit denen die Vergleichspreise auf die Zustandsmerkmale umgerechnet werden, die ansonsten auch der Ableitung der Umrechnungskoeffizienten zu Grunde lagen. Solchen Überlegungen kann aber, wie bereits erläutert wurde, von vornherein aus dem Weg gegangen werden, wenn zur Berücksichtigung von Abweichungen einheitlich mit prozentualen Zu- oder Abschlägen gearbeitet wird.

2 Anwendung mathematisch-statistischer Methoden (Regressionsanalysen)

Mit dem in § 14 Satz 1 enthaltenen Hinweis, nach dem **Abweichungen der wertbeeinflus-** 19 **senden Merkmale** der Vergleichsgrundstücke vom Zustand des zu wertenden Grundstücks nicht nur durch Zu- oder Abschläge, sondern auch **in anderer geeigneter Weise berück-** **sichtigt** werden können, soll den in der Praxis zur Anwendung kommenden mathematisch-statistischen Methoden Rechnung tragen (Regressionsanalyse). Die Anwendung mathematisch-statistischer Methoden hat den Vorteil, dass auch Abweichungen mehrerer Zustandsmerkmale der Vergleichsgrundstücke von denen des Wertermittlungsobjekts in einem Rechengang berücksichtigt werden können. Die Methodik ist zudem darauf angelegt, die Verkehrswertermittlung optimal an den zum Preisvergleich herangezogenen Vergleichsgrundstücken zu orientieren. Zu diesem Zweck sucht man – wie in der Ökonometrie – ein plausibles mathematisches Erklärungsmodell zur Verkehrswertbildung zu konstruieren. Die dabei als verkehrswertbestimmende Faktoren eingeführten Größen werden – ausgehend von denen der Vergleichsgrundstücke – mit Hilfe eines **ausgleichenden Algorithmus** bestimmt (vgl. Abb. 2 ff.; auch Rn. 22). Bei nüchterner Betrachtung dürfen die Erwartungen in diese Methodik allerdings nicht überspannt werden, da die von der Statistik gestellten Anforderungen an derartige Modelle allenfalls näherungsweise erfüllt sind und Scheingenauigkeiten erreicht werden können.

Bei Anwendung multipler Regressionsanalysen muss vor allem eine **Plausibilität und** 20 **Anschaulichkeit des Erklärungsmodells** gefordert werden. Linearen Erklärungsmodellen ist grundsätzlich der Vorzug zu geben, soweit kompliziertere Funktionen nicht begründbar sind:

a) Funktionsgleichung der **linearen Einfachregression:**

$$\text{Zielgröße } y = a + b \cdot x$$

Abb. 1: Lineare Einfachregression

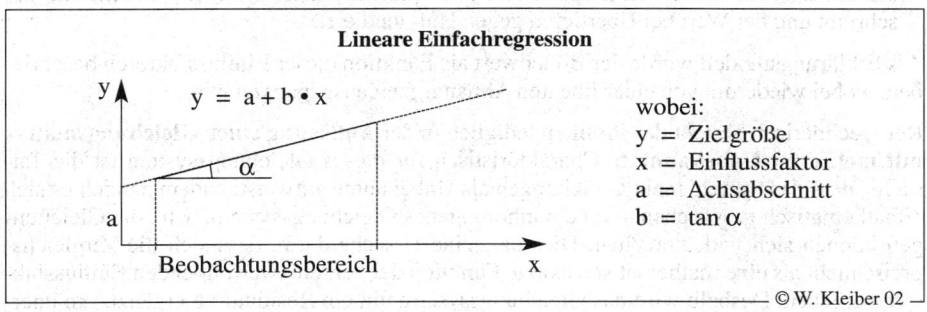

© W. Kleiber 02

b) Funktionsgleichung der **multiplen** (linearen) **Regression**

Zielgröße
$$y = a + bx_1 + cx_2 + \ldots$$
a ... Achsabschnitt auf der Ordinate
b, c ... Regressionskoeffizienten
x_i... Einflussfaktoren

21 Zur funktionalen Erfassung des Zusammenhangs zwischen der Zielgröße (insbesondere dem Bodenwert) und den (für dessen Höhe) maßgeblichen Einflussfaktoren ist zwar möglichst die Funktion anzustreben, die der funktionalen Abhängigkeit am nächsten kommt, jedoch sollte der Anwender hier **nicht** der Versuchung unterliegen, **Scheingenauigkeiten unter Ansatz allzu komplizierter Funktionsformen** zu erzielen. Zwar mögen in Einzelfällen durch komplizierte mathematische Funktionen höhere Genauigkeitsparameter zu erzielen sein, jedoch kann nicht ohne weiteres angenommen werden, dass das den Grundstücksmarkt prägende Verhalten der Marktteilnehmer einer übermäßig komplizierten Funktionsgleichung folgt. Ein noch so eindrucksvoller Rechenaufwand darf also den Blick nicht dafür verstellen, was angesichts der Beschaffenheit der zur Verfügung stehenden Daten und den Marktverhältnissen sinnvoll ist. Sonst geraten vom Ansatz her zweckmäßige Operationalisierungen der Wertermittlung durch statistische Methoden in Gefahr, zu bloßem Selbstzweck ohne Beweis- und Überzeugungskraft zu degenerieren.

22 Zur Demonstration des Verfahrens wird in Abb. 2 zunächst ein **Beispiel zur linearen Einfachregression** vorgestellt (vgl. Vorbem. zu den §§ 13 ff. WertV Rn. 18).

23 Zur Vermeidung von Fehlinterpretationen ist darauf hinzuweisen, dass die unter Anwendung der Regressionsanalyse gefundene **Regressionsgleichung** grundsätzlich **nur für den Bereich** gilt, **für den in die Ableitung „Beobachtungsgrößen" eingegangen** sind (Gültigkeitsbereich). Wurden also Kaufpreise für Grundstücke mit einer zwischen 0,6 und 1,6 variierenden GFZ in die Auswertung eingeführt, so steht der dafür ermittelte Regressionskoeffizient auch nur für diesen Bereich. Dies schließt nicht aus, dass bei Anwendung der abgeleiteten Regressionsfunktion in begrenztem Maße Extrapolationen hingenommen werden können.

24 Abb. 3 enthält ein Beispiel, bei dem sich die **Vergleichsgrundstücke von dem Wertermittlungsobjekt bezüglich mehrerer Zustandsmerkmale unterscheiden:**
- im Maß der baulichen Nutzung (gemessen nach der GFZ),
- der Entfernung der Vergleichsgrundstücke vom Zentrum (gemessen in [km]) und
- dem Grundstückszuschnitt (gemessen als Quotient aus Grundstücksbreite zu Grundstückstiefe, wobei das Ergebnis 1,0 einen quadratischen Grundstückszuschnitt beschreibt und der Wert bei Übertiefen gegen Null tendiert).

Als Erklärungsmodell wurde der Bodenwert als Funktion dieser Einflussfaktoren beschrieben, wobei wiederum von einer linearen Abhängigkeit ausgegangen wird.

25 Rein rechnerisch besteht das Problem lediglich in der **Auflösung einer Gleichungsmatrix mit mehreren Unbekannten.** Charakteristisch für dieses Gleichungssystem ist die Tatsache, dass das System mehr Gleichungen als Unbekannte aufweist; zudem handelt es sich – mathematisch gesprochen – um ein inhomogenes Gleichungssystem, d. h., die Gleichungen können sich widersprechen. Dies hat seine Ursache darin, dass sich die Vergleichspreise nicht als eine mathematisch exakte Funktion der verkehrswertbildenden Einflussfaktoren ergeben. Deshalb wird das Gleichungssystem um ein Residuum r_i ergänzt, um unerklärbare Restschwankungen „aufzufangen". Dies entspricht den Erfahrungen, denn auch im gewöhnlichen Geschäftsverkehr streuen die Kaufpreise selbst für völlig gleichartige Grundstücke. Da sich der Verkehrswert – statistisch betrachtet – als der wahrscheinlichste Wert definieren lässt (vgl. § 194 BauGB Rn. 8), wird das Gleichungssystem derart gelöst, dass sich die Lösungsfunktion „möglichst gut" den sich aus den Vergleichsgrundstücken ergebenden Parametern (im Beispiel sind dies die GFZ, die Entfernungslage und der Grundstückszuschnitt) anpasst. Dies erfolgt nach dem aus der Ausgleichsrechnung bekannten Verfahren der Methode der kleinsten Quadrate, die im Ergebnis dazu führt, dass die Summe der Quadrate aller Residuen minimiert wird. Rechnerisch ist die Anwendung dieses Verfahrens, auf das hier nicht einzugehen ist, selbst bei Anwendung elektronischer Taschenrechner heute unproblematisch.

Abb. 2: Beispiel zur linearen Einfachregression

Beispiel einer linearen Einfachregression

Lineares *Erklärungsmodell der Verkehrswertbildung* (mit sog. Niveaukonstante)

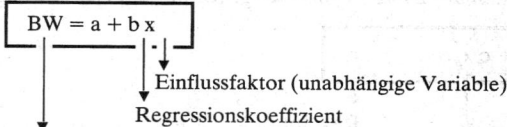

$$BW = a + b\,x$$

Einflussfaktor (unabhängige Variable)

Regressionskoeffizient

Bodenwert bzw. Verkehrswert bei Anwendung auf bebaute Grundstücke (Vergleichspreise)

Der (zu ermittelnde) Regressionskoeffizient gibt an, um welches Maß sich der Bodenwert bzw. Verkehrswert verändert, wenn sich die unabhängige Variable um eine Einheit ändert.

Beispiel:

a) Es liegen 6 *Vergleichspreise* (Kaufpreise unbebauter Grundstücke unterschiedlichen Maßes der baulichen Nutzung) vor; die Vergleichspreise sind bereits auf den Wertermittlungsstichtag mittels Bodenpreisindexreihen umgerechnet:

Nr.	$BW\,[\text{€}/m^2]$	GFZ			
	y	x	x^2	y^2	$x \cdot y$
1.	300	0,4	0,16	90 000	120
2.	280	0,4	0,16	78 400	112
3.	350	0,6	0,36	122 500	210
4.	400	0,6	0,36	160 000	240
5.	250	0,4	0,16	62 500	100
6.	420	0,6	0,36	176 400	252
$\Sigma =$	2 000	3,0	1,56	689 800	1 034

Arithmetisches Mittel der Vergleichspreise:

$$\overline{BW} = \frac{2\,000}{6} = 333,3\ \text{€}$$

Arithmetisches Mittel der GFZ:

$$\overline{GFZ} = \frac{3,0}{6} = 0,5$$

$$Q_x = \sum x^2 - \frac{(\sum x)^2}{n} = 1,56 - \frac{3,0^2}{6} = 0,06$$

$$Q_y = \sum y^2 - \frac{(\sum y)^2}{n} = 689\,800 - \frac{2\,000^2}{6} = 23\,133$$

$$Q_{xy} = \sum xy - \frac{\sum x \cdot \sum y}{n} = 1\,034 - \frac{3,0 \cdot 2\,000}{6} = 34$$

$$b = \frac{Q_{xy}}{Q_x} = \frac{34}{0,06} = 566,7; \quad a = \overline{BW} - b \cdot \overline{GFZ} = 333,3 - 566,7 \cdot 0,5 = 50$$

Lösungsgleichung: $\quad BW = 50 + 567 \cdot x_{GFZ}$

b) **Gesucht:** Bodenwert des Wertermittlungsobjekts mit GFZ = 0,5

$$BW = 50 + 567 \times 0,5 = \mathbf{333\ \text{€}/m^2}$$

c) **Genauigkeitsuntersuchung:**

$$m_{GFZ = 0,5} = m\sqrt{\frac{1}{n} + \frac{(0,5 - \overline{GFZ})^2}{Q_x}} = \pm 13\ \text{€}/m^2$$

wobei $\quad m = \sqrt{\dfrac{Q_{yx}}{n-2}}\ $ und $\ Q_{yx} = Q_y - b \cdot Q_{xy}$

Abb. 3: Anwendung mathematisch-statistischer Methoden in der Verkehrswertermittlung, dargestellt am Beispiel eines linearen Erklärungsmodells

---

Anwendung mathematisch-statistischer Methoden in der Verkehrswertermittlung (Regressionsanalyse)

Lineares *Erklärungsmodell der Bodenwertbildung:* (ohne sog. Niveaukonstante)

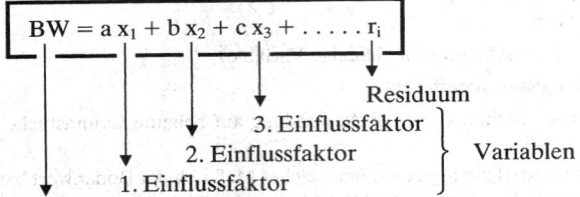

$$BW = a\,x_1 + b\,x_2 + c\,x_3 + \ldots\ldots r_i$$

Residuum
3. Einflussfaktor ⎫
2. Einflussfaktor ⎬ Variablen
1. Einflussfaktor ⎭
Bodenwert (Kaufpreise von Vergleichsgrundstücken)

$a, b, c \ldots$ Regressionskoeffizienten (gesucht); sie geben an, um welches Maß sich der Bodenwert BW verändert, wenn sich die unabhängigen Variablen um eine Einheit ändern.

a) Beispiel:

– Es liegen 6 *Vergleichspreise* mit folgenden Zustandsmerkmalen vor (indiziert auf Wertermittlungsstichtag):

Vergleichspreise Nr. €/m²	GFZ	Zustandsmerkmale des Grundstücks	
		Entfernung zum Zentrum in (km)	Grundstückszuschnitt in Breite : Tiefe
	x_1	x_2	x_3
1. 300	0,4	0,5	1,3
2. 280	0,4	1,0	0,8
3. 350	0,6	0,6	0,8
4. 400	0,6	0,2	0,9
5. 250	0,4	1,2	0,6
6. 420	0,6	0,2	1,0

– *Wertermittlungsobjekt:* GFZ: 0,5; Entfernung zum Zentrum: 0,8 km; Grundstücksbreite/Tiefe: 0,6

– *Gesucht:* Bodenwert

b) Rechengang:

Auf Grund des Erklärungsmodells ergibt sich mit den Daten der Vergleichsgrundstücke folgende *Gleichungsmatrix:*

$$300 = a \cdot 0,4 + b \cdot 0,5 + c \cdot 1,3 + r_1 \qquad 400 = a \cdot 0,6 + b \cdot 0,2 + c \cdot 0,9 + r_4$$
$$280 = a \cdot 0,4 + b \cdot 1,0 + c \cdot 0,8 + r_2 \qquad 250 = a \cdot 0,4 + b \cdot 1,2 + c \cdot 0,6 + r_5$$
$$350 = a \cdot 0,6 + b \cdot 0,6 + c \cdot 0,8 + r_3 \qquad 420 = a \cdot 0,6 + b \cdot 0,2 + c \cdot 1,0 + r_6$$

Die Auflösung der Gleichungsmatrix unter der Bedingung einer Minimierung der Residuen $\Sigma r_i\, r_i$ führt zur Lösung:

$$BW = 561,3\, x_{GFZ} - 13,7\, x_{Entfernung} + 67,2\, x_{Zuschnitt}$$

c) Ermittlung des Bodenwerts des Wertermittlungsobjekts nach der gefundenen Lösungsgleichung:

$$BW = 561,3 \times 0,5 - 13,7 \times 0,8 + 67,2 \times 0,6 = \mathbf{310\ €/m^2}$$

Das in Abb. 3 vorgestellte *Beispiel* führt zur folgenden (nur für den Beispielsfall geltenden)   **26** „Bodenwertformel":

$$BW = 561,3\ x_{GFZ} - 13,7\ x_{Entfernung} + 67,2\ x_{Zuschnitt}$$

Dies bedeutet:

– der Bodenwert „wächst" mit ansteigender GFZ;

– der Bodenwert vermindert sich mit der Entfernung zum Zentrum;

– der Bodenwert „wächst", je vorteilhafter der Grundstückszuschnitt ist.

In welchem Maße die Abhängigkeit des Bodenwerts von den genannten Einflussfaktoren gegeben ist, beschreiben die ermittelten Regressionskoeffizienten.

Das Verfahren erlaubt auch Aussagen über die **Genauigkeit der als Erklärungsmodell**   **27** **der Bodenwertbildung gefundenen Lösungsgleichung.** Maßstab hierfür ist insbesondere die Summe aus den Quadraten der Residuen, dargestellt an dem in Abb. 4 vorgestellten *Beispiel.*

Hieraus lässt sich als einfachstes statistisches Prüfmaß für das Erklärungsmodell als   **28** Ganzes das sog. **Bestimmtheitsmaß R** ableiten, das auch als Korrelationsmaß oder Korrelationskoeffizient bezeichnet wird. Es kann als Prozentzahl aufgefasst werden, die anzeigt, welcher Anteil der zu erklärenden Varianz durch die Lösungsgleichung beschrieben wird. Bei sehr engem Zusammenhang zwischen dem hier zu ermittelnden Verkehrswert und den erklärenden Einflussfaktoren nähert es sich dem Wert Eins; bei nur geringen Zusammenhängen geht das Bestimmtheitsmaß gegen Null. Vor einer falschen Auslegung des Bestimmtheitsmaßes, auf dessen Ermittlung hier nicht näher eingegangen werden soll, muss gewarnt werden. Seine Aussagekraft ist abhängig vom Umfang der Stichprobe, d.h. der Zahl der in die Auswertung eingehenden Vergleichspreise. Zudem lässt sich – gemessen am Bestimmtheitsmaß – eine Scheingenauigkeit erreichen durch Einführung weiterer, auch unplausibler Erklärungsgrößen in das Erklärungsmodell. Vor diesem Hintergrund muss ohnehin vor einer Überforderung der Regressionsanalyse gewarnt werden. Dies beginnt bereits bei der Konstruktion des Erklärungsmodells (Abb. 4).

Abb. 4: Summe der Quadrate der Residuen

Nr.	Vergleichs-preise €/m²		Bodenwert nach Lösungs-gleichung		r_i	$r_i r_i$
1.	300	–	310	=	– 10	100
2.	280	–	265	=	+ 15	225
3.	350	–	380	=	– 30	900
4.	400	–	394	=	+ 6	36
5.	250	–	247	=	+ 3	9
6.	420	–	401	=	+ 19	361
					$\Sigma\ r_i r_i =$	**1 631**

Auf zwei von vielen weiteren **Anforderungen**, die hieran zu stellen sind, sei hingewiesen: **29**

a) die angesetzten Erklärungsfaktoren müssen vollständig und ursächlich für die Höhe der Vergleichspreise sein;

b) die Erklärungsfaktoren sollen voneinander unabhängig und normal verteilt sein und nur eine einseitige kausale Beziehung zu den von ihnen erklärten Vergleichspreisen aufweisen.

Ein anschauliches Bild über die Verteilung erhält man durch Aufstellung entsprechender **Histogramme, bei der die Häufigkeit der einzelnen Klassen** in Form von aneinandergereihten Rechtecken dargestellt wird (Abb. 5).

Abb. 5: Histogramm

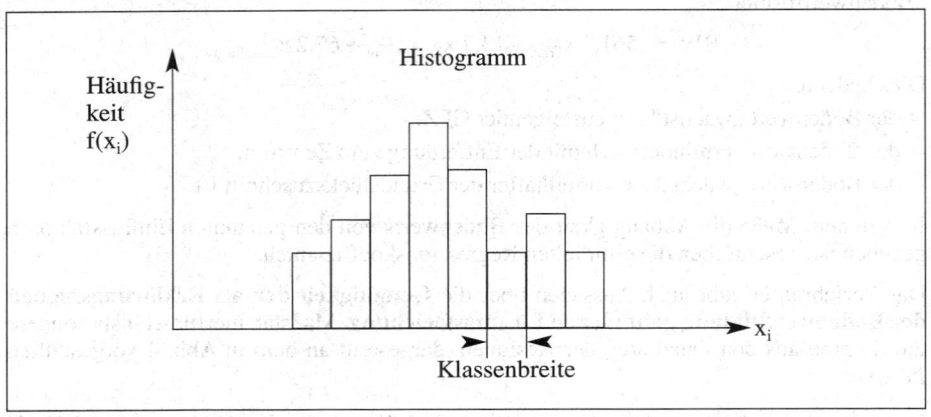

3   Berücksichtigung von Abweichungen in den Zustandsmerkmalen

3.1   Entwicklungszustand

30   Grundsätzlich sind Vergleichspreise von Grundstücken heranzuziehen, deren Entwicklungszustand (§ 4) weitgehend mit dem des zu wertenden Grundstücks übereinstimmt; d. h. zur Verkehrswertermittlung von Baureifem Land zieht man möglichst Vergleichspreise von „Baureifem Land" und nicht etwa von Bauerwartungsland heran.

31   Insoweit brauchen Unterschiede zwischen dem Entwicklungszustand des Vergleichsgrundstücks und dem des zu wertenden Grundstücks nicht berücksichtigt zu werden. Dabei muss allerdings bedacht werden, dass es **für** einen bestimmten in § 4 definierten **Entwicklungszustand kein** bestimmtes **einheitliches Bodenwertniveau** gibt. Innerhalb eines bestimmten Entwicklungszustands kann es entsprechend den übrigen qualitativen Eigenschaften des Grundstücks auch im Hinblick auf eine Weiter- und Rückentwicklung des Entwicklungszustands erhebliche, sich im Bodenwertniveau niederschlagende Wertdifferenzen geben. Dies gilt insbesondere für das werdende Bauland (Bauerwartungs- und Rohbauland). Nach der Systematik der WertV gilt dies insbesondere für die in § 5 Abs. 4 definierte Wartezeit, die in § 3 Abs. 2 neben dem Entwicklungszustand als eigenständiges Zustandsmerkmal genannt wird, zu berücksichtigen.

32   Die Heranziehung von Vergleichspreisen für Grundstücke eines mit dem zu wertenden Grundstück identischen Entwicklungszustands ist geboten, weil es auf Grund vorstehender Ausführungen ein festes **Wertverhältnis zwischen den verschiedenen Entwicklungszustandsstufen** nicht geben kann. Wertmäßig gehen nämlich die verschiedenen Entwicklungszustandsstufen ineinander über (vgl. bei § 13 WertV Rn. 226 und § 4 WertV Rn. 19 ff.). Die im Schrifttum angegebenen Preisspannen zwischen verschiedenen Entwicklungszustandsstufen können deshalb keine Allgemeingültigkeit beanspruchen, sondern allenfalls für ganz spezifische ihrer Ableitung zu Grunde gelegte Verhältnisse.

33   Bei **warteständigem Bauland** können unterschiedliche Wertigkeiten ihre Ursache haben in:

a) unterschiedlichen Wartezeiten bis zur Baureife mit dem daraus resultierenden Zinsverlust (vgl. § 13 WertV Rn. 245 ff.),

b) unterschiedlichen Aufschließungskosten; so zur **kostenkalkulatorischen Ermittlung des Unterschieds zwischen Rohbauland und baureifem Land (ersparte Aufwendungen)**.

Folgende Positionen sind dabei von Bedeutung:

– Erschließungsvorteil,

– Freilegungs- und Freistellungsvorteile, soweit Nutzungseinrichtungen beseitigt und der Nutzung entgegenstehende Rechte aufgehoben werden müssen,

– Vorteile einer ggf. erforderlichen Bodenordnung, bemessen nach Vermessungs-kosten, Notar- und Gutachterkosten, Grunderwerbsteuer, Grundbuchgebühren usw.[3]

▶ *Zum Entwicklungszustand von Flächen, die für bestimmte Personengruppen festgesetzt*   **34**
sind, vgl. § 5 WertV Rn. 91 oder für die bestimmte Wohngebäude des sozialen Wohnungs-baus errichtet werden dürfen, vgl. § 5 WertV Rn. 87 ff.

3.2 Wartezeit bis zu einer baulichen oder sonstigen Nutzung

Es wurde schon darauf hingewiesen, dass insbesondere bei warteständigem Bauland die   **35**
Wartezeit bis zu einer baulichen oder sonstigen Nutzung ein **wesentliches Zustandsmerk-mal** ist[4].

Bei der Berücksichtigung der Wartezeit beim Preisvergleich muss sorgfältig **unterschie-**   **36**
den werden zwischen:

a) der Wartezeit, die für das zu wertende Grundstück bis zum Eintritt der Voraussetzungen für die Zulässigkeit einer baulichen Nutzung besteht, und

b) der Wartezeit, die entsprechend für die zum Preisvergleich herangezogenen Grund-stücke bis zum Eintritt der Zulässigkeit einer baulichen Nutzung bestand.

Wertmäßig können unterschiedliche **Wartezeiten** bei dem zu wertenden Grundstück und den zum Preisvergleich herangezogenen Grundstücken **durch finanzmathematische Methoden** berücksichtigt werden.

Ergänzend wird darauf hingewiesen, dass die vorstehenden Ausführungen sinngemäß auch   **37**
zur Berücksichtigung von **Wartezeiten** zur Anwendung kommen können, **die auf eine Änderung oder Aufhebung der rechtlichen und tatsächlichen Voraussetzungen für eine bauliche Nutzung** wie im Übrigen auch für eine *sonstige* Nutzung zur Anwendung kommen können. Denn keineswegs ist die Entwicklung stets nur im Hinblick auf eine höherwertige Nutzung gegeben. Die Zulässigkeit einer baulichen Nutzung kann einem Grundstück nämlich durch Änderung oder Aufhebung eines Bebauungsplans nach den §§ 39 ff. BauGB auch wieder entzogen werden. Geschieht dies innerhalb einer Frist von 7 Jahren ab Zulässigkeit einer baulichen Nutzung, bemisst sich die Entschädigung gemäß § 42 Abs. 2 BauGB nach dem Unterschied zwischen dem Wert des Grundstücks auf Grund der bisher zulässigen Nutzung und dem Wert, der sich infolge der Änderung oder Auf-hebung ergibt. Bei längeren Fristen kann der Eigentümer nach § 42 Abs. 3 BauGB nur eine Entschädigung für Eingriffe in die ausgeübte Nutzung verlangen. Auch wenn der Regelungsgehalt des § 5 Abs. 4 auf diesen Fall nicht eingeht, so muss dies nach den Gepflo-genheiten des gewöhnlichen Geschäftsverkehrs bei der Verkehrswertermittlung berück-sichtigt werden, so dass auch diesbezüglich Erwartungen zu beachten sind.

▶ *Weitere Hinweise zur Wartezeit bei § 4 WertV Rn. 15, 144; § 5 WertV Rn. 108 ff.; § 13 WertV Rn. 131, 223, 284 ff.; § 27 WertV Rn. 30 ff.*

---

3 Ernst/Zinkahn/Bielenberg, BauGB, Komm. zu § 58 Rn. 4; Dieterich, Baulandumlegung, Recht und Praxis, 4. Aufl. 2000, Rn. 190 ff., 210; vgl. BGH, Urt. vom 22. 6. 1978 – III ZR 92/75 –, EzGuG 17.35

4 Im Unterschied zu § 3 Abs. 2 WertV wird die Wartezeit in § 5 Abs. 4 WertV nur in Bezug auf die bauliche Nut-zung und nicht auf eine „sonstige" Nutzung definiert.

3.3   Entschädigungs- und Übernahmeanspruch

38   Als eine weitere bei der Verkehrswertermittlung zu beachtende rechtliche Gegebenheit i. S. d. § 194 BauGB kommt ein mit dem Grundstück verbundener **Entschädigungs- oder Übernahmeanspruch** in Betracht. Dies können insbesondere Entschädigungs- und Übernahmeansprüche nach den planungsschadensrechtlichen Vorschriften der §§ 39 ff. BauGB, aber auch nach Fachplanungsgesetzen (auch Berggesetz) sein.

39   Derartige Entschädigungs- und Übernahmeansprüche werden vom Sachverständigen häufig gar nicht erst erkannt, wenn er sich darauf beschränkt, allein die zum Wertermittlungsstichtag maßgeblichen bauplanungsrechtlichen Festsetzungen festzustellen. Deshalb muss die **bauplanungsrechtliche Vergangenheit des zu wertenden Grundstücks** mit in die Betrachtung einbezogen werden, insbesondere wenn das Grundstück am Wertermittlungsstichtag von Festsetzungen für den Gemeinbedarf oder sonstige fremdnützige Nutzungen betroffen ist (§ 40 BauGB). Es kann aber auch ein Herabzonungsfall nach § 42 Abs. 2 BauGB vorliegen, ohne dass bislang ein Entschädigungsanspruch für die Wertminderung auf Grund der Änderung oder Aufhebung einer zulässigen Nutzung, die sich vor dem Wertermittlungsstichtag vollzogen hatte, geltend gemacht wurde.

40   Diese Fälle können sich in Bezug auf die Anspruchsgrundlage und Entschädigungshöhe rechtlich schwierig gestalten und überfordern vielfach den Gutachter. In jedem Fall muss der **Sachverständige** in seinem Gutachten **auf** diesen **Umstand hinweisen, wenn er nicht** eine **rechtliche Klärung herbeiführen kann.**

41   Dabei ist zu beachten, dass Entschädigungs- und Übernahmeansprüche nach den Vorschriften des BauGB regelmäßig nur dem betroffenen Eigentümer unmittelbar zustehen[5]. Ist das **Grundstück nach Entstehung des Anspruchs aber vor dem maßgeblichen Wertermittlungsstichtag veräußert** worden, kann der Rechtsnachfolger in die Rechtsposition des betroffenen vorherigen Eigentümers einrücken[6]. Grundsätzlich muss der Rechtsnachfolger dies nachweisen. Enthält der Veräußerungsvertrag eine entsprechende Bestimmung, so ist dies leicht nachweisbar. Der Nachweis kann aber auch in der Weise erfolgen, dass dargelegt wird, dass der Erwerbspreis dem damaligen Verkehrswert ohne den enteignenden Eingriff entsprach[7].

42   Hieraus ergibt sich die Möglichkeit, bei der Verkehrswertermittlung von **Grundstücken, für die ein planungsschadensrechtlicher Entschädigungsanspruch noch nicht geltend gemacht worden ist,** den Verkehrswert ohne oder mit Übertragung des Entschädigungsanspruchs im Gutachten auszuweisen.

3.4   Art und Maß der baulichen Nutzung; Bauweise

3.4.1   Art der baulichen Nutzung

▸ *Hierzu Allgemeines § 5 WertV Rn. 10 ff.*

43   Bezüglich der „Art der baulichen Nutzung" ist nach § 1 BauNVO zwischen der *allgemeinen und besonderen* Art der baulichen Nutzung zu unterscheiden. Für die Wertermittlung ist es erforderlich, die zum Preisvergleich herangezogenen Grundstücke ebenso wie das zu wertende Grundstück diesen Gebieten zuzuordnen, damit die Vergleichbarkeit hergestellt wird.

– Im *Flächennutzungsplan* werden die für eine Bebauung vorgesehenen Flächen nach § 1 Abs. 1 und 2 BauNVO nach der **allgemeinen Art (Bauflächen)** und – soweit erforderlich – nach der besonderen Art ihrer baulichen Nutzung (Baugebiete) dargestellt.

- Im *Bebauungsplan* wird die Art der baulichen Nutzung nach § 1 Abs. 3 BauNVO durch Ausweisung von **Baugebieten** festgesetzt. Die §§ 2 bis 14 BauNVO werden durch diese Festsetzungen Bestandteil des Bebauungsplans, soweit nicht auf Grund des § 1 Abs. 4 bis 9 BauNVO etwas anderes bestimmt wird.

- In sog. *im Zusammenhang bebauten Ortsteilen* (für die ein Bebauungsplan nicht aufgestellt wurde) bestimmt sich die Art der baulichen Nutzung (wie im Übrigen auch das Maß der baulichen Nutzung) gemäß § 34 Abs. 1 BauGB grundsätzlich nach der Eigenart der näheren Umgebung.

- Im *Vorhaben- und Erschließungsplan* (§ 12 BauGB) erfolgt die Festsetzung entsprechend den Bestimmungen über Bebauungspläne.

- Soweit in einem *Rahmenplan* (informelle Planung) Art und Maß der baulichen Nutzung von den vorstehenden rechtlichen Ausweisungen abweichen, wird das damit bestehende Baurecht nicht geändert. Der Rahmenplan ist deshalb insoweit nur zu berücksichtigen, wie den Darstellungen Aussicht auf rechtliche Umsetzung innewohnt.

Grundsätzlich ist es geboten, zum Preisvergleich solche Grundstücke heranzuziehen, die in **44** ihrer Art der baulichen Nutzung dem zu wertenden Grundstück entsprechen. Bei der Qualifizierung ist nach Maßgabe des § 5 Abs. 1 die Art der baulichen Nutzung nach den genannten **Vorschriften der BauNVO unter Berücksichtigung sonstiger öffentlich-rechtlicher und privatrechtlicher Vorschriften** zu bestimmen. Wird dabei am Wertermittlungsstichtag von der zulässigen Nutzungsart regelmäßig abgewichen, dann ist die Nutzungsart zu Grunde zu legen, die im gewöhnlichen Geschäftsverkehr am Wertermittlungsstichtag zu Grunde gelegt wird. Spekulative Momente müssen dabei außer Betracht bleiben.

Die Notwendigkeit, Abweichungen in der Art der baulichen Nutzung der Vergleichs- **45** grundstücke von der des zu wertenden Grundstücks zu berücksichtigen, muss der Gutachter dadurch zu vermeiden suchen, dass nur **Grundstücke gleicher Nutzungsart** zum Preisvergleich herangezogen werden. Denn ein Industriegrundstück lässt sich kaum mit einem Einfamilienhausgrundstück vergleichen. Im Einzelfall muss sogar innerhalb der durch die BauNVO vorgegebenen Kategorien nach den Gepflogenheiten des Geschäftsverkehrs zwischen unterschiedlichen Nutzungen unterschieden werden. So bilden sich z. B. in Wohngebieten unterschiedliche Grundstücksmärkte lagemäßig in der Weise heraus, dass in bestimmten Teilgebieten **Mietwohnungsbau und** in anderen Teilgebieten **Eigentumsmaßnahmen** (Eigentumswohnungen) durchgeführt werden. Dabei werden die Grundstücke in solchen Gebieten auf einem besonders hohen Bodenwertniveau gehandelt, die sich für Eigentumsmaßnahmen eignen, während die Grundstücke in Gebieten, die „nur" für den Mietwohnungsbau „angenommen" werden, ein vergleichsweise geringeres Bodenwertniveau aufweisen. Entsprechend den Usancen der Investoren muss der Sachverständige das Gebiet qualitätsmäßig analysieren (vgl. Vorbem. zu den §§ 13 f. WertV Rn. 95 ff.).

▸ *Näheres hierzu bei § 13 WertV Rn. 111 ff. und § 14 WertV Rn. 183.*

---

5 Ernst/Zinkahn/Bielenberg, BauGB § 40 BauGB Rn. 53 ff.; § 42 BauGB Rn. 133; § 18 BauGB Rn. 41 ff.; BGH, Urt. vom 4. 2. 1957 – III ZR 181/55 –, EzGuG 18.6

6 BGH, Urt. vom 2. 2. 1978 – III ZR 90/76 –, EzGuG 18.81

7 BGH, Urt. vom 2. 2. 1978 – III ZR 90/76 –, EzGuG 18.81; BGH, Urt. vom 13. 7. 1978 – III ZR 166/76 –, EzGuG 18.84; BGH, Urt. vom 9. 12. 1968 – III ZR 114/66 –, EzGuG 4.28

3.4.2   Maß der baulichen Nutzung

3.4.2.1   Geschossflächenzahl (GFZ)

▶ *Hierzu Allgemeines § 5 WertV Rn. 35 ff. und § 10 WertV Rn. 6.*

46 Das **Maß der baulichen Nutzung bestimmt sich nach § 16 Abs. 2 BauNVO** durch Festsetzung
  – der Grundflächenzahl (GRZ) oder der Grundfläche der baulichen Anlagen (GR);
  – der Geschossflächenzahl (GFZ) oder der Größe der Geschossfläche (GF);
  – der Baumassenzahl (BMZ) oder der Baumasse (BM);
  – der Zahl der Vollgeschosse (Z);
  – der Höhe baulicher Anlagen.
  Die Begriffe werden unter § 5 WertV Rn. 14 ff. erläutert.

47 Für die Belange der Wertermittlung wird das Maß der baulichen Nutzung wie folgt festgestellt:
  a) Im **Flächennutzungsplan** kann das *allgemeine* Maß der baulichen Nutzung – soweit erforderlich – durch Angabe der Geschossflächenzahl (GFZ) bzw. der Baumassenzahl (BMZ) nach Maßgabe des § 16 Abs. 1 BauNVO dargestellt werden; auch die Begrenzung der Höhe einer baulichen Anlage kann dargestellt werden.
  b) Im **Bebauungsplan** ist das Maß der baulichen Nutzung unter Einhaltung der Vorschriften des § 17 BauNVO festzusetzen (vgl. § 5 WertV Rn. 10 ff. und § 4 WertV Rn. 208 ff.).
  c) In den sog. **im Zusammenhang bebauten Ortsteilen** bestimmt sich das Maß der baulichen Nutzung grundsätzlich wiederum gemäß § 34 Abs. 1 BauGB nach der Eigenart der Umgebung des Grundstücks (vgl. § 5 WertV Rn. 58 ff.; § 4 WertV Rn. 213 ff.).

48 Sowohl für das zu wertende Grundstück als auch für die zum Preisvergleich herangezogenen Grundstücke bestimmt sich das Maß der baulichen Nutzung gemäß § 5 Abs. 1 nach den genannten **bauplanungsrechtlichen Vorschriften unter Berücksichtigung sonstiger öffentlich-rechtlicher und privatrechtlicher Vorschriften.**

49 Im Zusammenhang mit den Erläuterungen zu § 5 Abs. 1 ist bereits darauf hingewiesen worden, dass von den vorstehenden Grundsätzen abzuweichen ist, wenn **im gewöhnlichen Geschäftsverkehr ein** davon **abweichendes Maß der baulichen Nutzung üblicherweise der Kaufpreisbemessung zu Grunde gelegt** wird *(lagetypische Nutzung).* Dies gilt gleichermaßen für die Qualifizierung des zu wertenden Grundstücks wie auch für die Qualifizierung der zum Preisvergleich herangezogenen Grundstücke. Maßgebend sind bei der Qualifizierung
  – des zu wertenden Grundstücks die Verhältnisse am Wertermittlungsstichtag und
  – der zum Preisvergleich herangezogenen Grundstücke die Verhältnisse zum Zeitpunkt der Kaufpreisvereinbarung.

50 Nur wenn das jeweils preis- bzw. wertbestimmende Maß der baulichen Nutzung dem nach § 5 Abs. 1 Satz 1 höchstzulässigen Maß der baulichen Nutzung entspricht, ist dies anzuhalten. Ansonsten ist das **„lageübliche" Maß der baulichen Nutzung** anzuhalten, wobei dieses nach den unter § 5 WertV Rn. 76 ff. gegebenen Erläuterungen nicht in jedem Fall mit dem in der Umgebung des Grundstücks realisierten Maß der baulichen Nutzung identisch sein muss.

51 Abweichungen zwischen dem nach vorstehenden Grundsätzen ermittelten Maß der baulichen Nutzung des zu wertenden Grundstücks und den zum Preisvergleich herangezogenen Grundstücken (auch Bodenrichtwerten) sind durch Zu- oder Abschläge zu berücksichtigen. **Nach § 14 Satz 3 sollen** dabei die nach § 8 i. V. m. § 10 abzuleitenden **Umrechnungskoeffizienten Anwendung finden.**

3.4.2.2   Anlage 23 WertR

In der Praxis sind schon vor In-Kraft-Treten der WertV von verschiedenen Gutachteraus-   **52**
schüssen für deren Zuständigkeitsbereich Umrechnungskoeffizienten zur Berücksichtigung eines unterschiedlichen Maßes der baulichen Nutzung ermittelt worden (GFZ : GFZ)
(vgl. § 10 WertV Rn. 6)[8]. **Breiteste Anwendung finden** auch heute noch **die in Anl. 23
zur WertR** und in Abb. 6 **wiedergegebenen Umrechnungskoeffizienten.** Da die
Umrechnungskoeffizienten den Verhältnissen des örtlichen Grundstücksmarktes entsprechen müssen, haben die in der **WertR** veröffentlichten Umrechnungskoeffizienten allerdings **keinen verbindlichen Charakter.** Ihre Anwendung setzt voraus, dass vorher geprüft
werden muss, ob sie den örtlichen Verhältnissen entsprechen. Obwohl die genannten
Umrechnungskoeffizienten nunmehr schon vor über zwei Jahrzehnten abgeleitet wurden,
finden sie noch heute auf Grund entsprechender Überprüfungen breite Anwendung; bezüglich ihrer Gültigkeit kann sogar von einem Placebo-Effekt gesprochen werden.

Bei Anwendung der Anl. 23 sind einige weitere **Besonderheiten** zu beachten: **53**

a) Den **angegebenen Umrechnungskoeffizienten liegen erschließungsbeitragsfreie
    Grundstückspreise zu Grunde;** erschließungsbeitragspflichtige Grundstücke müssen
    bei Anwendung dieser Umrechnungskoeffizienten ggf. vorab umgerechnet werden.

b) Im Falle einer **Abweichung des lageüblichen Maßes der baulichen Nutzung von
    dem bauplanungsrechtlich zulässigen Maß der baulichen Nutzung** ist der Ableitung
    dieser Umrechnungskoeffizienten entsprechend den Vorgaben des § 5 Abs. 1 WertV die
    lageübliche Geschossflächenzahl (GFZ) zu Grunde gelegt worden. Dies muss entspre-
    chend bei ihrer Heranziehung und Anwendung berücksichtigt werden, wenn im Einzel-
    fall dieser Fall vorliegt. Im Falle der Heranziehung von Bodenrichtwerten ist zu prüfen,
    ob sich die vom Gutachterausschuss ergänzend zum Bodenrichtwert angegebene GFZ
    auch tatsächlich auf die lageübliche Nutzung bezieht, wie man es bei einer sachgerech-
    ten Bodenrichtwertableitung erwarten sollte (§ 5 WertV Rn. 76 ff.; § 13 WertV
    Rn. 122 ff.).

c) Der Ableitung der Anl. 23, die auf *Tiemann* zurückgeht, lag das Kaufpreismaterial von
    unbebauten Wohngrundstücken in *Essen* zu Grunde[9]; sie wurden erstmals im Amts-
    blatt der Stadt Essen vom 30. 5. 1980 veröffentlicht. Der Gutachterausschuss von
    Essen[10] weist in seinem Grundstücksmarktbericht darauf hin, dass sie immer noch ange-
    wendet werden können. Entsprechend dem der Ableitung zu Grunde liegenden Kauf-
    preismaterial ist zu beachten, dass sich die Umrechnungskoeffizienten auf

    – Wohngrundstücke sowie

    – unbebaute Grundstücke beziehen, d. h. auch diesbezüglich ist von einer Dämpfung
      der Bodenwerte unter dem Grundsatz der Modellkonformität Abstand zu nehmen.

d) Bezüglich **gewerblicher Grundstücke** müssen auf Grund regional weiterführender
    Untersuchungen weitere Besonderheiten beachtet werden:

    – Der Gutachterausschuss in *Frankfurt am Main* stellt z. B. in seinem Grundstücks-
      marktbericht fest, dass sich für Bürogrundstücke in bester Citylage (1a-Lage) eine
      lineare Abhängigkeit des Bodenwerts von der Geschossflächenzahl (GFZ) am Markt
      durchgesetzt habe.

    – Auch der Gutachterausschuss von *Berlin* hat für Dienstleistungsimmobilien eine
      „steilere" Abhängigkeit des Bodenwerts von der Geschossflächenzahl festgestellt.

---

8   Bister in VR 1978, 124; Tiemann in VR 1976, 355, dessen Ableitungen der Anl. 23 zu WertR 91/96 zu Grunde
    liegen; vgl. auch Müller, Bewertung von Baugrundstücken, Hannover 1968, S. 85; Hanach, GFZ-Umrechnungs-
    koeffizienten für die Stadt Hannover, Nachr. der nds. Kat- und VermVw 2000, 27; Jäger, Ermittlung örtlicher
    Umrechnungskoeffizienten in GuG 1995, 348; Debus in GuG 2000, 279
9   Tiemann in VR 1976, 355 (358)
10 Jäger, H. in GuG 1996, 348

54 Allgemein kann festgestellt werden, dass auf Grund neuerer Untersuchungen **für Bürogebäude eine starke Hinwendung zu einer linearen Berücksichtigung eines unterschiedlichen Maßes der baulichen Nutzung (GFZ) beobachtet werden kann.**

Abb. 6: Umrechnungskoeffizienten GFZ : GFZ gem. Anl. 23 WertR

GFZ	GFZ des Wertermittlungsobjekts																				
	0,4	0,5	0,6	0,7	0,8	0,9	**1,0**	1,1	1,2	1,3	1,4	1,5	1,6	1,7	1,8	1,9	**2,0**	2,1	2,2	2,3	2,4
0,4	**1,00**	1,09	1,18	1,27	1,36	1,44	1,52	1,59	1,67	1,73	1,80	1,88	1,94	2,00	2,06	2,14	2,20	2,26	2,32	2,38	2,44
0,5	0,92	**1,00**	1,08	1,17	1,25	1,32	1,39	1,46	1,53	1,58	1,65	1,72	1,78	1,83	1,89	1,96	2,01	2,07	2,13	2,18	2,24
0,6	0,85	0,92	**1,00**	1,08	1,15	1,22	1,28	1,35	1,41	1,46	1,53	1,59	1,64	1,69	1,74	1,81	1,86	1,91	1,96	2,01	2,06
0,7	0,79	0,86	0,93	**1,00**	1,07	1,13	1,19	1,25	1,31	1,36	1,42	1,48	1,52	1,57	1,62	1,68	1,73	1,77	1,82	1,87	1,92
0,8	0,73	0,80	0,87	0,93	**1,00**	1,06	1,11	1,17	1,22	1,27	1,32	1,38	1,42	1,47	1,51	1,57	1,61	1,66	1,70	1,74	1,79
0,9	0,69	0,76	0,82	0,88	0,95	**1,00**	1,05	1,11	1,16	1,20	1,25	1,31	1,35	1,39	1,43	1,48	1,53	1,57	1,61	1,65	1,69
1,0	0,66	0,72	0,78	0,84	0,90	0,95	**1,00**	1,05	1,10	1,14	1,19	1,24	1,28	1,32	1,36	1,41	1,45	1,49	1,53	1,57	1,61
1,1	0,63	0,69	0,74	0,80	0,86	0,90	0,95	**1,00**	1,05	1,09	1,13	1,18	1,22	1,26	1,30	1,34	1,38	1,43	1,46	1,50	1,53
1,2	0,60	0,65	0,71	0,76	0,82	0,86	0,91	0,95	**1,00**	1,04	1,08	1,13	1,16	1,20	1,24	1,28	1,32	1,35	1,39	1,43	1,46
1,3	0,58	0,63	0,68	0,74	0,79	0,83	0,88	0,92	0,96	**1,00**	1,04	1,09	1,12	1,16	1,19	1,24	1,27	1,31	1,34	1,38	1,41
1,4	0,55	0,61	0,66	0,71	0,76	0,80	0,84	0,88	0,92	0,96	**1,00**	1,04	1,08	1,11	1,14	1,18	1,22	1,25	1,29	1,32	1,35
1,5	0,53	0,58	0,63	0,68	0,73	0,77	0,81	0,85	0,89	0,92	0,96	**1,00**	1,03	1,06	1,10	1,14	1,17	1,20	1,23	1,27	1,30
1,6	0,52	0,56	0,61	0,66	0,70	0,74	0,78	0,82	0,86	0,89	0,93	0,97	**1,00**	1,03	1,06	1,10	1,13	1,16	1,20	1,23	1,26
1,7	0,50	0,55	0,59	0,64	0,68	0,72	0,76	0,80	0,83	0,86	0,90	0,94	0,97	**1,00**	1,03	1,07	1,10	1,13	1,16	1,19	1,22
1,8	0,49	0,53	0,57	0,62	0,66	0,70	0,74	0,77	0,81	0,84	0,88	0,91	0,94	0,97	**1,00**	1,04	1,07	1,10	1,13	1,15	1,18
1,9	0,47	0,51	0,55	0,60	0,64	0,67	0,71	0,74	0,78	0,81	0,84	0,88	0,91	0,94	0,96	**1,00**	1,03	1,06	1,09	1,11	1,14
2,0	0,46	0,50	0,54	0,58	0,62	0,66	0,69	0,72	0,76	0,79	0,82	0,86	0,88	0,91	0,94	0,97	**1,00**	1,03	1,06	1,08	1,11
2,1	0,44	0,48	0,52	0,56	0,60	0,64	0,67	0,70	0,74	0,77	0,80	0,83	0,86	0,89	0,91	0,95	0,97	**1,00**	1,03	1,05	1,08
2,2	0,43	0,47	0,51	0,55	0,59	0,62	0,65	0,69	0,72	0,75	0,78	0,81	0,84	0,86	0,89	0,92	0,95	0,97	**1,00**	1,03	1,05
2,3	0,42	0,46	0,50	0,54	0,57	0,61	0,64	0,67	0,70	0,73	0,76	0,79	0,82	0,84	0,87	0,90	0,92	0,95	0,97	**1,00**	1,03
2,4	0,41	0,45	0,48	0,52	0,56	0,59	0,62	0,65	0,68	0,71	0,74	0,77	0,80	0,82	0,84	0,88	0,90	0,93	0,95	0,98	**1,00**

(Zeilenbeschriftung links: GFZ des Vergleichsobjektes)

55 Die in der Anl. 23 ausgewiesenen **Umrechnungskoeffizienten** sind **unter der Herrschaft der BauNVO 77/86** mit der von der geltenden BauNVO abweichenden Definition der Geschossfläche abgeleitet worden. Insoweit wird auf die Ausführungen zu § 5 WertV Rn. 43 ff. verwiesen. Dennoch dürfte keine Notwendigkeit bestehen, diesem Umstand besonders Rechnung tragen zu müssen, da der Gutachterausschuss für den Bereich der Stadt *Essen,* auf den diese Koeffizienten zurückgehen, auch bei neueren Veröffentlichungen hieran festgehalten hat und davon ausgegangen werden kann, dass die Werte überprüft wurden.

56 *Beispiel:*

Vergleichspreis   300 €/m²
Vergleichsgrundstück   GFZ = 1,5
Zu ermitteln ist der Bodenwert eines Grundstücks mit einer GFZ von 2,0
Aus Tabelle: 1,17
Bodenwert :   300 €/m² × 1,17 = 351 €/m²

3.4.2.3 Weitere Untersuchungen

57 Von verschiedenen Gutachterausschüssen vornehmlich größerer Städte sind eigenständig Umrechnungskoeffizienten für das Verhältnis GFZ : GFZ abgeleitet worden, die teilweise **erheblich von denen der WertR abweichen.** Sie sind in den Abb. 7 und 8 zusammengestellt.

Abb. 7: Zusammenstellung von Umrechnungskoeffizienten GFZ: GFZ für ausgewählte Großstädte

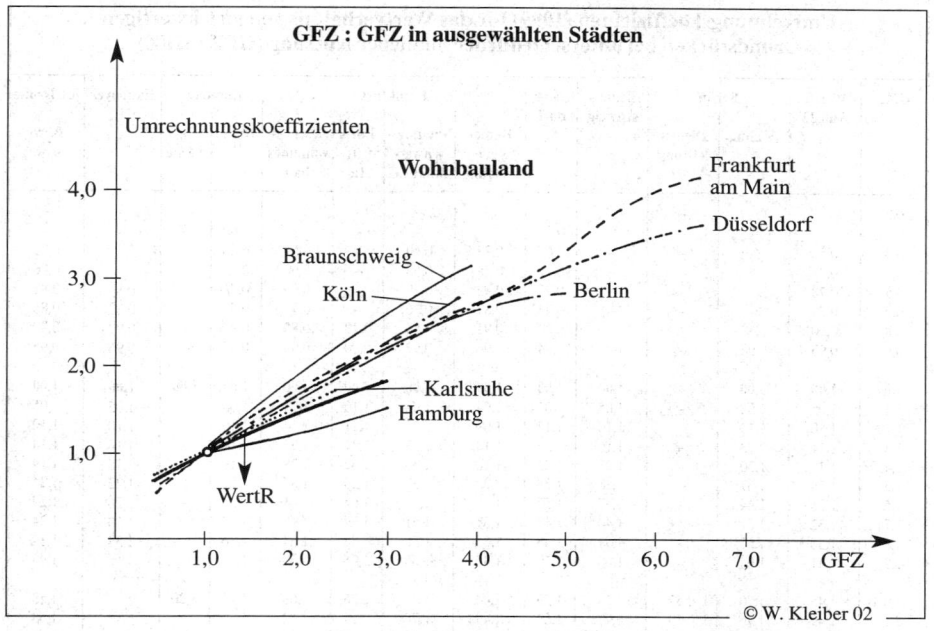

GFZ : GFZ in ausgewählten Städten

© W. Kleiber 02

Zu **GFZ-Umrechnungskoeffizienten für Bürohochhäuser** vgl. Debus in GuG 2000, 279.

Umrechnungskoeffizienten lassen sich in mathematisch einfachster Weise mit Hilfe von   **58**
Regressionsanalysen ermitteln[10]. Die dabei ermittelten **Funktionsgleichungen** sind nachfolgend aufgeführt:

WertR	$UK = 0{,}6 \times \sqrt{GFZ_{lag}} + 0{,}2 \times GFZ_{lag} + 0{,}2$	
	$UK_{neu} = (662{,}86 + 527{,}98 \times GFZ)/1190{,}84$	
Frankfurt am Main (1996)	$UK = GFZ^{0{,}778}$	Ertragsobjekt mit Nutzungsschwerpunkt im Erdgeschoss
	$UK = 0{,}557 + 0{,}443 \times GFZ$	Ertragsobjekt mit homogener Nutzung über alle Geschosse
	$UK = GFZ^{1{,}042}$	Bürogrundstück in bester (I a) Citylage
Köln	$UK = 0{,}692 \times 1{,}445^{GFZ}$	Geschosswohnungsbau
Leipzig[11]	$UK = GFZ^{0{,}682}$	
Stuttgart	$UK = GFZ^{0{,}673}$	

---

11 Grundstücksmarktbericht Leipzig 2000

Abb. 8: Zusammenstellung von Umrechnungskoeffizienten GFZ : GFZ

Umrechnungskoeffizienten (1999) für das Wertverhältnis von gleichwertigen Grundstücken bei unterschiedlicher baulicher Nutzung (GFZ : GFZ)

GFZ	WertR Anl. 23	Berlin		Braun-schweig	Düssel-dorf	Frankfurt				Hamburg		Hannover	Karlsruhe
		Wohn.	Dienstleistung			Homogene Nutzung	Nutzungsschwerpunkt EG	Büro City 1a	Geschosswohnungsbau	Wohn.	Gewerbe		Büro usw.
0,2	–	–	–	–	–	–	–	–	–	–	–	–	–
0,3	–	–	–	–	0,61	–	–	–	–	0,60	–	–	–
0,4	0,66	–	–	–	0,67	0,73	0,49	–	0,51	0,66	–	–	0,71
0,5	0,72	–	–	–	0,72	0,78	0,58	–	0,60	0,72	–	–	0,76
0,6	0,78	–	–	–	0,77	0,82	0,67	–	0,69	0,78	–	0,84	0,81
0,7	0,84	–	–	–	0,83	0,87	0,76	–	0,77	0,84	–	0,88	0,86
0,8	0,90	0,84	–	–	0,89	0,91	0,84	0,79	0,85	0,90	–	0,92	0,90
0,9	0,95	0,92	–	–	0,94	0,96	0,92	0,90	0,93	0,95	–	0,96	0,95
1,0	1,00	1,00	–	1,00	1,00	1,00	1,00	1,00	1,00	1,00	1,00	1,00	1,00
1,1	1,05	1,08	–	1,05	1,06	1,04	1,08	1,10	1,07	1,05	–	1,05	1,05
1,2	1,10	1,15	–	1,10	1,12	1,09	1,15	1,21	1,14	1,10	–	1,10	1,10
1,3	1,14	1,23	–	1,16	1,17	1,13	1,23	1,31	1,21	1,14	–	1,14	1,14
1,4	1,19	1,30	–	1,23	1,23	1,18	1,30	1,42	1,28	1,19	–	1,18	1,19
1,5	1,24	1,37	–	1,30	1,29	1,22	1,37	1,53	1,35	1,24	–	1,22	1,24
1,6	1,28	1,44	–	1,37	1,35	1,27	1,44	1,63	1,41	1,28	–	1,26	1,29
1,7	1,32	1,51	–	1,44	1,40	1,31	1,51	1,74	1,48	1,32	–	1,30	1,34
1,8	1,36	1,57	–	1,52	1,46	1,35	1,58	1,84	1,54	1,36	–	1,34	1,39
1,9	1,41	1,64	–	1,60	1,52	1,40	1,65	1,95	1,60	1,41	–	–	1,43
2,0	1,45	1,70	0,57	1,69	1,59	1,44	1,71	2,06	1,66	1,45	1,20	–	1,48
2,1	1,49	1,76	0,59	1,77	1,62	1,49	1,78	2,17	1,72	1,49	–	–	1,53
2,2	1,53	1,82	0,61	1,86	1,71	1,53	1,85	2,27	1,78	1,53	–	–	1,58
2,3	1,57	1,88	0,63	1,95	1,77	1,58	1,91	2,38	1,84	1,57	–	–	1,63
2,4	1,61	1,93	0,65	2,04	1,83	1,62	1,98	2,49	1,90	1,61	–	–	1,68
2,5	1,65*	1,99	0,67	2,13	1,88	1,66	2,04	2,60	1,96	1,65	–	–	–
2,6	1,67*	2,04	0,70	2,22	1,94	1,71	2,10	2,71	2,01	1,69	–	–	–
2,7	1,72*	2,09	0,72	2,31	2,00	1,75	2,17	2,82	2,07	1,73	–	–	–
2,8	1,76*	2,15	0,74	2,40	2,07	1,80	2,23	2,92	2,13	1,76	–	–	–
2,9	1,80*	2,19	0,76	2,49	2,12	1,84	2,29	3,03	2,18	1,80	–	–	–
3,0	1,84*	2,24	0,78	2,58	2,18	–	–	3,14	2,24	1,85	1,50	–	–
3,1	–	2,29	0,81	2,67	2,24	–	–	3,25	–	–	–	–	–
3,2	–	2,33	0,83	2,75	2,29	–	–	3,36	–	–	–	–	–
3,3	–	2,37	0,85	2,83	2,34	–	–	3,47	–	–	–	–	–
3,4	–	2,41	0,87	2,92	2,40	–	–	3,58	–	–	–	–	–
3,5	–	2,45	0,89	2,99	2,45	–	–	3,69	2,51	–	–	–	–
3,6	–	2,49	0,91	3,07	2,50	–	–	3,80	–	–	–	–	–
3,7	–	2,53	0,94	3,14	2,56	–	–	3,91	–	–	–	–	–
3,8	–	2,56	0,96	3,20	2,62	–	–	4,02	–	–	–	–	–
3,9	–	2,59	0,98	3,27	2,67	–	–	4,13	–	–	–	–	–
4,0	–	2,62	1,00	–	2,72	–	–	–	2,71	2,05	–	–	–
4,1	–	2,66	1,02	–	2,77	–	–	–	–	–	–	–	–
4,2	–	2,68	1,04	–	2,83	–	–	–	–	–	–	–	–
4,3	–	2,70	1,06	–	2,87	–	–	–	–	–	–	–	–
4,4	–	2,73	1,09	–	2,91	–	–	–	–	–	–	–	–
4,5	–	2,75	1,11	–	2,96	–	–	–	3,04	–	–	–	–
4,6	–	2,77	1,13	–	3,02	–	–	–	–	–	–	–	–
4,7	–	2,79	1,15	–	3,06	–	–	–	–	–	–	–	–
4,8	–	2,81	1,17	–	3,10	–	–	–	–	–	–	–	–
4,9	–	2,83	1,20	–	3,14	–	–	–	–	–	–	–	–
5,0	–	2,84	1,22	–	3,18	–	–	–	3,32	2,15	–	–	–
5,5	–	–	1,33	–	3,37	–	–	–	3,59	–	–	–	–
6,0	–	–	1,43	–	3,50	–	–	–	3,88	2,20	–	–	–
6,5	–	–	–	–	3,59	–	–	–	4,16	–	–	–	–

Entspricht den UK in Essen. Die mit * versehenen UK sind nicht in die WertR aufgenommen worden.

Quelle: Gutachterausschüsse für Grundstückswerte: Marktberichte (Berlin: ABl. 1995, 402 und Abl. 1993, 100)

Umrechnungskoeffizienten (1999) für das Wertverhältnis von gleichwertigen Grundstücken bei unterschiedlicher baulicher Nutzung (GFZ : GFZ)

GFZ	Köln Geschosswohnungsbau	Konstanz Wohnen	Konstanz Gewerbe	Leipzig	München Wohnbauland EFH	München Wohnbauland Mehrgesch.	München höherwertiges Gewerbe	Nürnberg Misch- und Wohnnutzung	Paderborn	Regensburg	Schwerin	Stuttgart Wohnhäuser 1–2 gesch.	Stuttgart Wohnhäuser Mehrgesch.	Wuppertal Geschosswohnungsbau
0,2	–	–	–	–	0,324	–	–	–	–	–	–	–	–	–
0,3	–	0,60	–	–	0,409	–	–	–	–	–	0,54	–	–	–
0,4	–	0,66	–	0,54	0,493	0,727	–	–	–	0,92	–	0,76	–	0,82
0,5	–	0,72	–	0,62	0,578	0,773	–	–	–	–	–	0,81	–	0,85
0,6	–	0,78	–	0,71	0,662	0,812	–	–	–	0,94	–	0,86	–	0,88
0,7	–	0,84	–	0,78	0,747	0,850	–	0,86	–	–	0,85	0,90	–	0,91
0,8	0,93	0,90	–	0,86	0,831	0,891	–	0,90	–	0,97	–	0,94	–	0,94
0,9	–	0,95	–	0,93	0,916	0,931	–	0,95	–	–	–	0,97	–	0,97
1,0	**1,00**	**1,00**	**1,00**	**1,00**	**1,000**	**1,000**	**1,00**	**1,00**	**1,00**	**1,00**	**1,00**	**1,00**	**1,00**	**1,00**
1,1	–	1,05	–	1,07	1,084	1,100	1,10	1,05	1,00	–	–	–	1,07	1,03
1,2	1,08	1,10	–	1,13	–	1,200	1,20	1,10	1,02	1,03	–	–	1,13	1,06
1,3	–	1,14	–	1,20	–	1,300	1,30	1,14	1,03	–	–	–	1,20	1,09
1,4	1,16	1,19	–	1,26	–	1,400	1,40	1,19	1,05	1,06	–	–	1,26	1,12
1,5	–	1,24	–	1,32	–	1,500	1,50	1,24	1,08	–	–	–	1,32	1,15
1,6	1,25	1,28	–	1,38	–	1,600	1,60	1,29	1,11	1,10	–	–	1,38	1,18
1,7	–	1,32	–	1,44	–	1,700	1,70	1,34	1,14	–	–	–	1,43	1,21
1,8	1,34	1,36	–	1,49	–	1,800	1,80	1,39	1,17	1,13	–	–	1,49	1,24
1,9	–	1,41	–	1,55	–	1,900	1,90	1,43	1,21	–	–	–	1,55	1,27
2,0	1,45	1,45	1,25	1,60	–	2,000	2,00	1,48	1,25	1,17	–	–	1,60	1,30
2,1	–	1,49	–	1,66	–	2,100	2,10	1,53	1,29	–	–	–	1,66	1,34
2,2	1,56	1,53	–	1,71	–	2,200	2,20	1,58	1,32	1,22	–	–	1,71	1,37
2,3	–	1,57	–	1,76	–	2,300	2,30	1,63	1,35	–	–	–	1,76	1,40
2,4	1,67	1,61	–	1,82	–	2,400	2,40	1,67	1,38	1,26	–	–	1,81	1,43
2,5	–	1,65	–	1,87	–	2,500	2,50	1,72	1,40	–	–	–	–	–
2,6	1,80	1,69	–	1,92	–	2,600	2,60	1,77	1,42	1,31	–	–	–	–
2,7	–	1,73	–	1,97	–	2,700	2,70	1,82	1,43	–	–	–	–	–
2,8	1,94	1,76	–	2,02	–	2,800	2,80	1,87	1,45	–	1,36	–	–	–
2,9	–	1,80	–	2,07	–	2,900	2,90	1,91	1,46	–	–	–	–	–
3,0	2,09	1,85	1,50	2,12	–	3,000	3,00	1,96	1,48	1,42	–	–	–	–
3,1	–	–	–	2,16	–	3,100	3,10	2,01	1,50	–	–	–	–	–
3,2	2,25	–	–	2,21	–	3,200	3,20	2,06	1,51	1,48	–	–	–	–
3,3	–	–	–	2,26	–	3,300	3,30	2,11	1,53	–	–	–	–	–
3,4	2,42	–	–	2,30	–	3,400	3,40	2,16	1,55	1,55	–	–	–	–
3,5	–	–	–	2,35	–	3,500	3,50	2,20	1,57	–	–	–	–	–
3,6	2,61	–	–	2,40	–	3,600	3,60	2,25	1,58	1,62	–	–	–	–
3,7	–	–	–	2,44	–	3,700	3,70	2,30	1,60	–	–	–	–	–
3,8	2,81	–	–	2,49	–	3,800	3,80	2,35	1,62	1,70	–	–	–	–
3,9	–	–	–	2,53	–	3,900	3,90	2,40	1,64	–	–	–	–	–
4,0	3,02	2,05	–	2,57	–	4,000	4,00	2,44	1,65	1,80	–	–	–	–
4,1	–	–	–	2,62	–	–	4,10	–	1,67	–	–	–	–	–
4,2	3,25	–	–	2,66	–	–	4,20	–	1,69	–	–	–	–	–
4,3	–	–	–	2,70	–	–	4,30	–	1,71	–	–	–	–	–
4,4	3,50	–	–	2,75	–	–	4,40	–	1,72	–	–	–	–	–
4,5	–	–	–	2,79	–	–	4,50	–	1,74	–	–	–	–	–
4,6	3,77	–	–	2,83	–	–	4,60	–	1,76	–	–	–	–	–
4,7	–	–	–	2,87	–	–	4,70	–	1,78	–	–	–	–	–
4,8	4,05	–	–	2,91	–	–	4,80	–	1,80	–	–	–	–	–
4,9	–	–	–	2,96	–	–	4,90	–	1,81	–	–	–	–	–
5,0	4,36	2,15	–	3,00	–	–	5,00	–	1,82	–	–	–	–	–
5,5	–	–	–	–	–	–	5,50	–	–	–	–	–	–	–
6,0	–	2,20	–	–	–	–	6,00	–	–	–	–	–	–	–
6,5	–	–	–	–	–	–	6,50	–	–	–	–	–	–	–

3.4.2.4 Ersatzmethoden

59 Wo keine empirischen Erkenntnisse über die Abhängigkeit des Bodenwerts vom Maß der baulichen Nutzung vorliegen, hat es sich auch als praktikabel erwiesen, die **Vergleichspreise** nicht in ihrer tatsächlich vereinbarten Höhe, sondern **umgerechnet auf den Geschossflächenpreis in den Preisvergleich einzubringen.** Der Geschossflächenpreis des Vergleichsgrundstücks berechnet sich nach der Formel

$$\text{Geschossflächenpreis} = \frac{\text{Bodenpreis/m}^2}{\text{GFZ}}$$

60 Der Bodenwert des zu wertenden Grundstücks ergibt sich mit Hilfe von Geschossflächenpreisen durch Multiplikation der Geschossflächenzahl des zu wertenden Grundstücks mit dem **mittleren Geschossflächenpreis der Vergleichsgrundstücke.**

Beispiel:

– Bezogen auf den Wertermittlungsstichtag liegen folgende Vergleichspreise/m² vor:

Nr.	Preis [€/m²]	GFZ	
1	310	1,00	
2	380	1,50	Mittlerer Vergleichspreis pro GFZ = 1,00:
4	220	0,85	
5	320	1,25	
6	230	0,95	$\frac{1\,530}{5,55} = 275,7$ €/m² bei GFZ = 1,00
	Σ = 1530	Σ = 5,55	

– Zu ermitteln ist der Verkehrswert eines Grundstücks mit einer GFZ von 1,1:

$$\text{Verkehrswert} = 275,7 \times 1,1 = \textbf{303,– €}$$

▶ *Weitere Ausführungen zur Ableitung und Anwendung von Umrechnungskoeffizienten zur Berücksichtigung eines unterschiedlichen Maßes der baulichen Nutzung vgl. § 8 WertV Rn. 1 ff. und § 10 WertV Rn. 1 ff.*

61 Die Umrechnungskoeffiziententabelle verliert ihre Aussagekraft, wenn Grundstücke mit **erheblich voneinander abweichenden Geschossflächenzahlen** miteinander verglichen werden sollen, vor allem, wenn zudem die Mieten in den einzelnen Geschossen voneinander stark abweichen.

62 In der Praxis wird mitunter die **Abweichung der** auf dem zu wertenden Grundstück **realisierbaren GFZ gegenüber der fiktiven GFZ** des Bodenrichtwertgrundstücks durch Umrechnung nach folgender Formel berücksichtigt:

$$\text{Bodenrichtwert} \times \frac{\text{GFZ}_{\text{realisiert}}}{\text{GFZ}_{\text{Bodenrichtwert}}}$$

63 *Beispiel:*

Dem Bodenrichtwert von 850 €/m² liegt eine GFZ von 2,0 zu Grunde. Er soll zur Bodenwertermittlung eines Grundstücks mit einer GFZ von 2,2 zur Anwendung kommen (vgl. Beispiel bei Rn. 106 ff.):

$$850\ \text{€/m}^2 \times \frac{2,2}{2,0} = \textbf{935 €/m}^2$$

Methodisch enthält die im Beispiel dargestellte Vorgehensweise eine Reihe von Vereinfachungen, da hier das Verhältnis 1 : 1 unterstellt wird.

a) Abweichungen im Maß der baulichen Nutzung zwischen dem Bodenrichtwertgrundstück und dem zu wertenden Grundstück sind nach § 14 Satz 3 WertV möglichst auf der Grundlage von Umrechnungskoeffizienten zu berücksichtigen. Dies ergäbe auf der Grundlage der Umrechnungskoeffizienten nach Anl. 23 zur WertR (vgl. § 10 WertV Rn. 7):

$$850\ \text{€/m}^2 \times \frac{1,35}{1,45} = \textbf{897 €/m}^2$$

b) Kann auf Grund einer bestehenden Bebauung des Grundstücks mit einer GFZ von 2,0 die nach § 5 Abs. 1 maßgebliche GFZ von 2,2 erst in n = 20 Jahren „ausgeschöpft" werden, so ergibt sich nach der unter § 13 Rn. 131 ff. vorgestellten Formel bei einem Zinssatz von p = 5 %:

$$BW = BW_{real.} + (BW_{zul.} - BW_{real.}) \times 1/q^n$$
$$BW = 850 + (920 - 850) \times 1/1,05^{20} = 876 \text{ €/m}^2$$

3.4.2.5 Grundflächenzahl (GRZ)

▶ *Hierzu Allgemeines § 5 WertV Rn. 37 ff.*

In den Innenstädten wird der Bodenwert ausschlaggebend durch die Nutzung der unteren **64** Geschosse und den dort erzielbaren Erträgen bestimmt. Neben der **erdgeschossigen Ladennutzung** haben das Keller- und das 1. Obergeschoss durch deren bauliche Einbeziehung an Bedeutung gewonnen. Die herausragende Bedeutung der erdgeschossigen Ladennutzung in den Innenstädten lässt es vielfach sogar sinnvoll erscheinen, die zum Preisvergleich herangezogenen Kaufpreise nach einem Frontmetermaßstab auf die Eigenschaften des zu wertenden Grundstücks unter Vernachlässigung der i. d. R. ohnehin nicht allzu unterschiedlichen GFZ umzurechnen[12]. Deshalb besteht **in den Innenbereichen** die Besonderheit, dass der **GRZ als wertbeeinflussendem Faktor eine höhere Bedeutung zukommt,** da eine hohe GRZ eine entsprechend größere ebenerdene Ladennutzung ermöglicht.

Der **besonderen Bedeutung der GRZ** und der vergleichsweise hohen Mieterträge im unte- **65** ren Geschossbereich bei den in City-Lagen gelegenen Grundstücken kann mit dem sog. **Mietsäulenverfahren**[13] Rechnung getragen werden. In Abb. 9 wird dies an einem Extrembeispiel verdeutlicht, wobei der Wertunterschied in erster Linie aus der höheren GRZ resultiert, die zu einer erheblichen Ertragssteigerung in den unteren Geschossbereichen führt.

Der in Abb. 9 vorgenommenen Berechnungsweise liegt eine lineare Abhängigkeit zu Grunde, die kritisch hinterfragt werden muss, zumal insbesondere die empirischen Untersuchungen zur Abhängigkeit des Bodenwerts von der Erdgeschossmiete eher auf eine parabolische Abhängigkeit deuten. Auf der anderen Seiten haben Untersuchungen zur Abhängigkeit des Bodenwerts von der GFZ ergeben, dass der **Bodenwert gerade in den Innenstadtlagen in linearer Abhängigkeit von der GFZ** steht, so dass der Benutzer dieser Methode hier nicht blind entsprechenden Hinweisen auf die parabolische Abhängigkeit folgen sollte, wenn dies nicht im Einzelfall konkret nachgewiesen werden kann.

3.4.3 Bauweise

Unter der Bauweise wird bauplanungsrechtlich die Stellung des Baukörpers auf dem **66** Grundstück verstanden, wobei § 22 BauNVO zwischen der offenen und geschlossenen Bauweise unterscheidet (vgl. § 5 WertV Rn. 55). Vom Gutachterausschuss der Stadt *Solingen* wurden zur wertmäßigen Unterscheidung folgende **Umrechnungskoeffizienten** abgeleitet:

Offene Bauweise	**1,00**
Doppelhaus über 10 m Frontbreite	1,05
Doppelhaus unter 10 m Frontbreite	1,10
Reihenhaus	1,15

Bei alledem besteht eine Korrelation zur Abhängigkeit des Bodenwerts von der Grundstücksgröße. Das Reihenhaus weist i. d. R. gegenüber der offenen Bauweise eine kleinere Grundstücksfläche auf und dies darf nicht doppelt berücksichtigt werden.

---

12 So schon Großmann in ZfV 1951, 175; Buhr in AVN/1930, 151, in ZfV 1931, 764; Jahrbuch der Bodenreform 52. Jahrgang Heft 1; Möhring in AVN 1898, 233
13 BGH, Urt. vom 1. 2. 1982 – III ZR 93/80 –, EzGuG 14.69

Abb. 9: Umrechnung von Vergleichswerten mit Hilfe der Ertragsverhältnisse nach dem sog. Mietsäulenverfahren

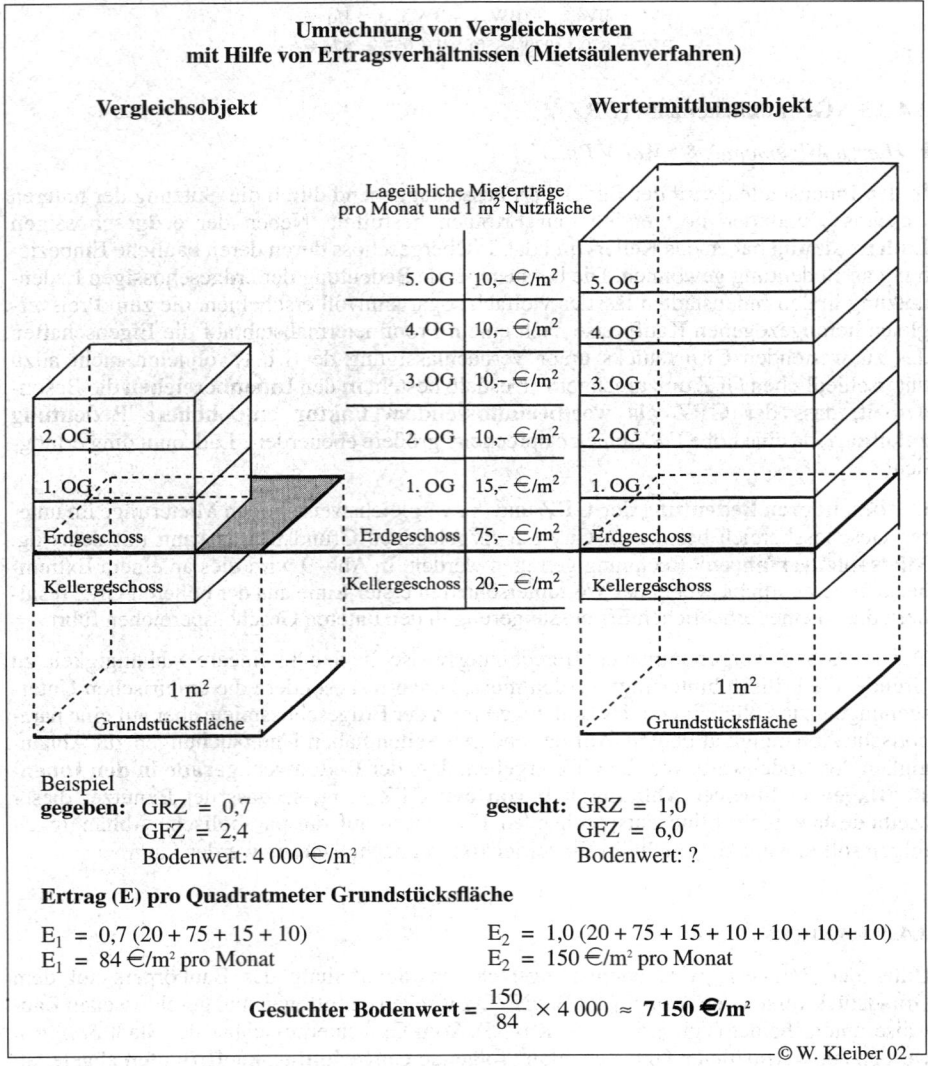

Umrechnung von Vergleichswerten
mit Hilfe von Ertragsverhältnissen (Mietsäulenverfahren)

Vergleichsobjekt   **Wertermittlungsobjekt**

Lageübliche Mieterträge
pro Monat und 1 m² Nutzfläche

5. OG	10,– €/m²	5. OG
4. OG	10,– €/m²	4. OG
3. OG	10,– €/m²	3. OG
2. OG	10,– €/m²	2. OG
1. OG	15,– €/m²	1. OG
Erdgeschoss	75,– €/m²	Erdgeschoss
Kellergeschoss	20,– €/m²	Kellergeschoss

1 m²   1 m²
Grundstücksfläche   Grundstücksfläche

Beispiel
gegeben: GRZ = 0,7   **gesucht:** GRZ = 1,0
GFZ = 2,4   GFZ = 6,0
Bodenwert: 4 000 €/m²   Bodenwert: ?

Ertrag (E) pro Quadratmeter Grundstücksfläche

$E_1 = 0,7 (20 + 75 + 15 + 10)$ $E_2 = 1,0 (20 + 75 + 15 + 10 + 10 + 10 + 10)$
$E_1 = 84 €/m²$ pro Monat $E_2 = 150 €/m²$ pro Monat

$$\text{Gesuchter Bodenwert} = \frac{150}{84} \times 4\,000 \approx \mathbf{7\,150 \ €/m²}$$

© W. Kleiber 02

3.5 Grundstücksgröße, -tiefe und -gestalt

3.5.1 Allgemeines

67 Erfahrungsgemäß ist der auf den Quadratmeter Grundstücksfläche bezogene Bodenwert sowohl von der Grundstücksgröße als auch von der Grundstückstiefe abhängig. Allgemein gelten folgende **Erfahrungssätze:**

a) Je größer die Gesamtfläche eines Grundstücks, desto kleiner ist der auf den Quadratmeter bezogene Bodenwert.

b) Ausgehend von der Vorderlandfläche eines Grundstücks nimmt der auf den Quadratmeter bezogene Bodenwert mit der Grundstückstiefe ab.

Um die Abhängigkeit des Bodenwerts von der Grundstücksgröße oder Grundstückstiefe in **68** marktkonformer Weise berücksichtigen zu können, werden von den Gutachterausschüssen für Grundstückswerte Umrechnungskoeffizienten in Abhängigkeit von der Grundstückstiefe, aber auch Umrechnungskoeffizienten in Abhängigkeit von der Grundstücksfläche abgeleitet. **Grundstücksgröße und Grundstückstiefe** sind aber keine unabhängig voneinander stehenden Parameter, sondern **stehen in aller Regel in Beziehung** zueinander. Mit zunehmender Grundstückstiefe wächst nämlich i. d. R. auch die Grundstücksgröße. Aus diesem Grunde würde es auf eine Doppelberücksichtigung hinauslaufen, wenn im Zuge der Bodenwertermittlung übergroßer Grundstücke Umrechnungskoeffizienten in Abhängigkeit von der Grundstückstiefe und gleichzeitig Umrechnungskoeffizienten in Abhängigkeit von der Grundstücksfläche zur Anwendung kämen.

Das Verhältnis der (Front-)Breite und Tiefe eines Grundstücks bestimmt wiederum die **69** **Grundstücksgestalt,** den **Grundstückszuschnitt** bzw. die **Form des Grundstücks.** Grundstücksgröße und Grundstückstiefe stehen mithin auch wertmäßig in enger Beziehung zu der Grundstücksgestalt. Bei Abweichungen der Vergleichsgrundstücke bzw. des Bodenrichtwertgrundstücks von der Grundstücksgröße, -tiefe und -gestalt muss dieser Zusammenhang beachtet werden. Wenn die genannten Einflussfaktoren jedoch schrittweise (jeweils gesondert) z. B. durch Zu- oder Abschläge berücksichtigt werden, kann sich sehr schnell eine Doppel- bzw. Dreifachberücksichtigung einschleichen.

Aus diesem Grunde dürfen z. B. zur Berücksichtigung **einer Übergröße des zu wertenden** **70** **Grundstücks** auf der Grundlage von Umrechnungskoeffizienten in Abhängigkeit von der Grundstücksgröße diese nicht gleichzeitig in Kombination mit Umrechnungskoeffizienten in Abhängigkeit von der Grundstückstiefe zur Anwendung kommen. Dies verbietet sich ebenso, wie eine zusätzliche wertmäßige **Abstufung nach Vorder- und Hinterland.**

Die einem Sachverständigen mitunter gleichzeitig zur Verfügung stehenden Umrechnungs- **71** koeffizienten in Abhängigkeit von der Grundstücksgröße und von der Grundstückstiefe können bei alledem i. d. R. nur alternativ zur Anwendung kommen, wobei, wie noch näher dargelegt wird, die Methodenwahl nicht im freien Belieben des Sachverständigen steht. In der Regel führt die **alternative Anwendung** der zwei **genannten Methoden** nämlich **zu unterschiedlichen Ergebnissen.** Dies soll kurz am Beispiel eines übergroßen Einfamilienhausgrundstücks in Neuss demonstriert werden (Abb. 10, 15 und 18):

Beispiel: **72**

Abb. 10: Einfamilienhaus in Neuss

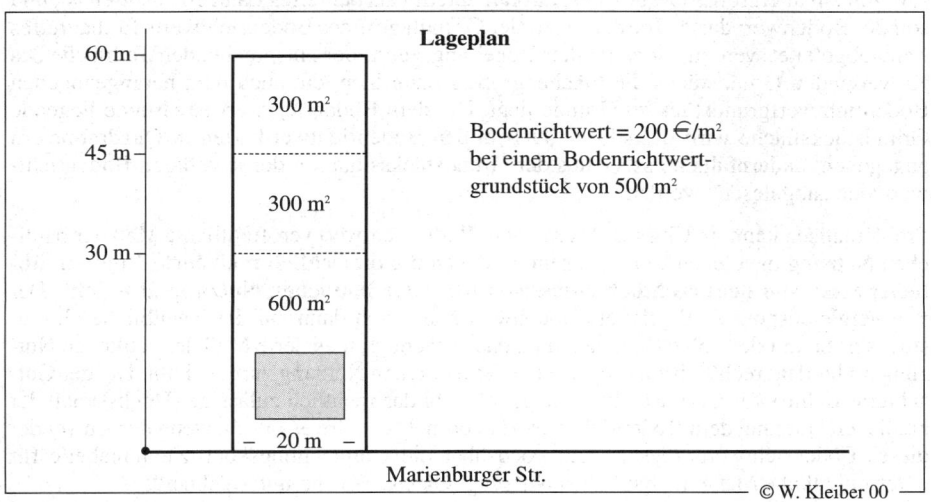

Lageplan

60 m —

300 m²

45 m —

Bodenrichtwert = 200 €/m²
bei einem Bodenrichtwert-
grundstück von 500 m²

300 m²

30 m —

600 m²

— 20 m —

Marienburger Str.

© W. Kleiber 00

a) Bodenwertermittlung in Abhängigkeit von der Grundstückstiefe

Bodenwert				
bis 30 m Tiefe	600 m² × 200 €/m²		=	120 000 €
30 bis 45 m Tiefe	300 m² × 200 €/m² × 0,95		=	57 000 €
45 bis 60 m Tiefe	300 m² × 200 €/m² × 0,90		=	54 000 €
Gesamtfläche	1 200 m² Gesamtwert		=	**231 000 €**

b) Bodenwertwermittlung in Abhängigkeit von der Grundstücksfläche

$$BW_{1\,200\,m^2} = 200\ \text{€/m}^2 \times \frac{US\ 1.200\ m^2}{UK\ 500\ m^2} = 200 \times \frac{0{,}901}{1{,}000} = 180{,}2\ \text{€/m}^2$$

Gesamtwert: 1 200 m² × 180,2 €/m² = **216 240 €**

* Umrechnungskoeffizienten nach Neusser Tabellen (Abb. 15 und 18)

73 Der Sachverständige muss – wie das Beispiel zeigt – die dem konkreten Sachverhalt angemessene Vorgehensweise auswählen. Bevor diesbezüglich **das im konkreten Einzelfall sachgerechte Verfahren** ausgewählt wird, muss man jedoch zunächst die Grundstücksgröße feststellen, die

– im Falle der Heranziehung von Bodenrichtwerten dem jeweiligen Bodenrichtwertgrundstück zuzuordnen ist, bzw.

– im Falle der Heranziehung von Vergleichspreisen den Vergleichsgrundstücken zu Grunde liegt, sofern man die Vergleichspreise nicht bereits jeweils auf die Grundstücksgröße des zu wertenden Grundstücks umgerechnet hat.

74 Erst wenn das **zu wertende Grundstück wesentlich größer als das zum Vergleich herangezogene Bodenrichtwertgrundstück (bzw. die herangezogenen Vergleichsgrundstücke)** ist, muss nach einem geeigneten Weg zur Berücksichtigung dieser Abweichung gesucht werden.

75 Die Notwendigkeit einer besonderen Berücksichtigung der Grundstücksgröße und Grundstückstiefe des zu wertenden Grundstücks stellt sich nämlich erst dann, wenn sich das zu wertende Objekt von den zum Vergleich herangezogenen Grundstücken unterscheidet. Handelt es sich um ein wesentlich größeres Grundstück, so muss dann darüber hinaus zunächst geprüft werden, ob eine Zerlegung des Grundstücks in Flächen unterschiedlicher Qualitäten (Entwicklungszustandsstufen) – z. B. als Vorder- und Hinterland – in Betracht kommt. Dies wird auch als **Zerlegungs- bzw. Mosaikmethode** bezeichnet. Auch bei der Zerlegungsmethode muss die dem Bodenrichtwertgrundstück bzw. dem Vergleichsgrundstück zu Grunde liegende Grundstücksgröße Beachtung finden. Handelt es sich nämlich z. B. um ein übergroßes Grundstück, das nur anteilig als baureifes Land einzustufen ist, und soll der Bodenwert dieser Teilfläche auf der Grundlage eines Bodenrichtwerts für baureifes Land abgeleitet werden, ist es in aller Regel angezeigt, der entsprechenden Teilfläche des zu wertenden Grundstücks die Flächengröße zuzuordnen, die auch dem herangezogenen Bodenrichtwertgrundstück zu Grunde liegt. Die dem Bodenrichtwert zu Grunde liegende Grundstücksfläche wird deshalb vielfach in den Bodenrichtwertkarten in Quadratmetern angegeben; andernfalls muss sie aus der Grundstückssituation der jeweiligen Bodenrichtwertzone „abgelesen" werden.

76 Problematisch kann im Übrigen das mit dem Bodenrichtwert veröffentlichte Maß der baulichen Nutzung in solchen Gebieten sein, in denen **die tatsächlich realisierte Nutzung üblicherweise von dem rechtlich zulässigen Maß der baulichen Nutzung abweicht.** Der von Vergleichspreisen abgeleitete Bodenwert sollte sich dann auf die lageübliche Grundstücksgröße mit der Folge beziehen, dass das tatsächlich realisierte Maß der baulichen Nutzung hinter dem rechtlich zulässigen Maß der baulichen Nutzung zurückbleibt. Hat der Gutachterausschuss für Grundstückswerte gleichwohl das rechtlich zulässige (Höchst)maß der baulichen Nutzung dem Bodenrichtwert zugeordnet, so wäre es falsch, wenn der Anwender dieses Bodenrichtwerts diesen auch noch über die Umrechnungskoeffiziententabelle für unterschiedliche Maße der baulichen Nutzung (GFZ/GFZ) „heruntergerechnet".

In der **Zusammenfassung** bieten sich zur Berücksichtigung für die Übergröße eines   **77**
Grundstücks also unterschiedliche Verfahrensweisen an, nämlich

a) Berücksichtigung auf der Grundlage von Vergleichspreisen/Bodenrichtwerten von vergleichbar übergroßen Grundstücken;

b) Zerlegung des Gesamtgrundstücks in Teilflächen unterschiedlicher Wertigkeiten, deren Bodenwert jeweils eigenständig ermittelt wird (Mosaik- bzw. Zerlegungsmethode; Aufteilung in Vorder- und Hinterland usw.);

c) Berücksichtigung der Übergröße eines zugleich übertiefen Grundstücks auf der Grundlage von Umrechnungskoeffizienten in Abhängigkeit von der Grundstückstiefe;

d) Berücksichtigung der Übergröße auf der Grundlage von Umrechnungskoeffizienten in Abhängigkeit von der Grundstücksfläche.

e) Berücksichtigung der Übergröße auf der Grundlage von Umrechnungskoeffizienten in Abhängigkeit von der Grundstücksgestalt (Verhältnis der Grundstücksbreite zur Grundstückstiefe).

Abb. 11: Überblick über unterschiedliche Vorgehensweisen zur Berücksichtigung von Übergrößen

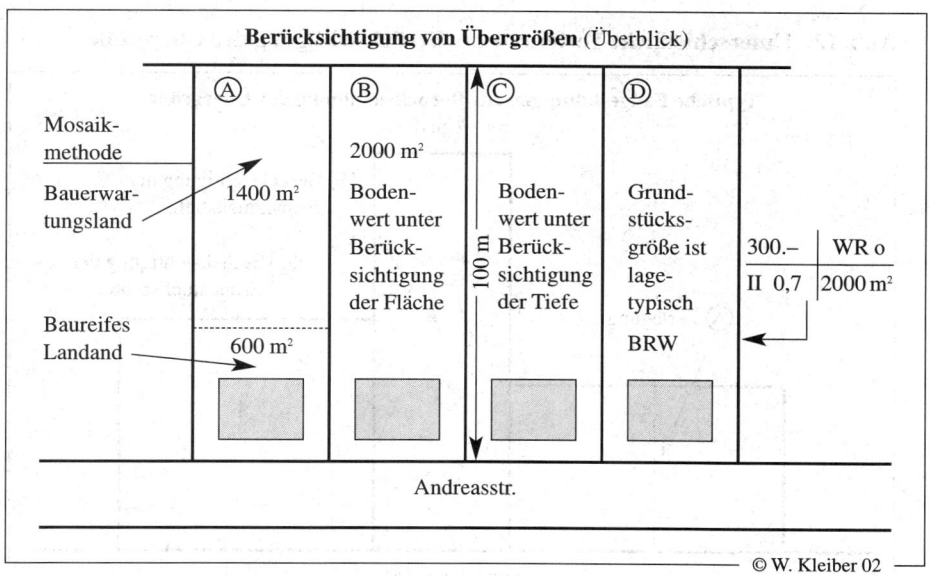

Das im Einzelfall zur Anwendung kommende Verfahren ist nach sachlichen Kriterien aus-   **78**
zuwählen und zu begründen. Dafür können die Grundsätze herangezogen werden, die allgemein für die **Wahl des Wertermittlungsverfahrens** gelten. § 7 Abs. 2 schreibt hierfür vor, dass die Verfahren nach der Art des Gegenstands der Wertermittlung unter Berücksichtigung

– der Gepflogenheiten des Geschäftsverkehrs und

– den sonstigen Umständen des Einzelfalls

zu wählen sind.

79   Im Vordergrund für die Wahl des Verfahrens stehen danach also die Gepflogenheiten des Geschäftsverkehrs. Als **sonstige Umstände des Einzelfalls** können daneben vor allem auch die dem Sachverständigen zur Verfügung stehenden Möglichkeiten, insbesondere die ihm zur Verfügung stehenden marktkonformen Umrechnungskoeffizienten eine gewichtige Rolle spielen. Vielfach werden dem Sachverständigen nämlich nicht stets Umrechnungskoeffizienten in Abhängigkeit von der Grundstücksfläche und Grundstückstiefe gleichzeitig zur Verfügung stehen.

80   Allgemein können entsprechend den **Marktgepflogenheiten** folgende Grundsätze aufgestellt werden:

a) Die Anwendung der **Zerlegungsmethode** (Mosaikmethode) ist insbesondere dann angezeigt, wenn die überschießende Fläche eine wirtschaftlich selbstständig nutzbare Fläche darstellt, wobei es sich nicht stets um eine selbstständige bauliche Nutzung handeln muss (§ 16 Abs. 2 Satz 3). Die Möglichkeit einer selbstständigen baulichen Nutzung stellt hier sogar den krassesten Fall dar, der zu sachlich unsinnigen Ergebnissen führt, wenn in diesem Fall der Bodenwert eines übergroßen Grundstücks auf der Grundlage von Umrechnungskoeffizienten in Abhängigkeit von der Grundstücksfläche gemindert werden würde (vgl. Fall A der nachfolgenden Abb. 12). In solchen Fällen muss also das Grundstück in Einzelgrundstücke zerlegt werden.

Abb. 12: Unterschiedliche Verfahren zur Berücksichtigung der Übergröße

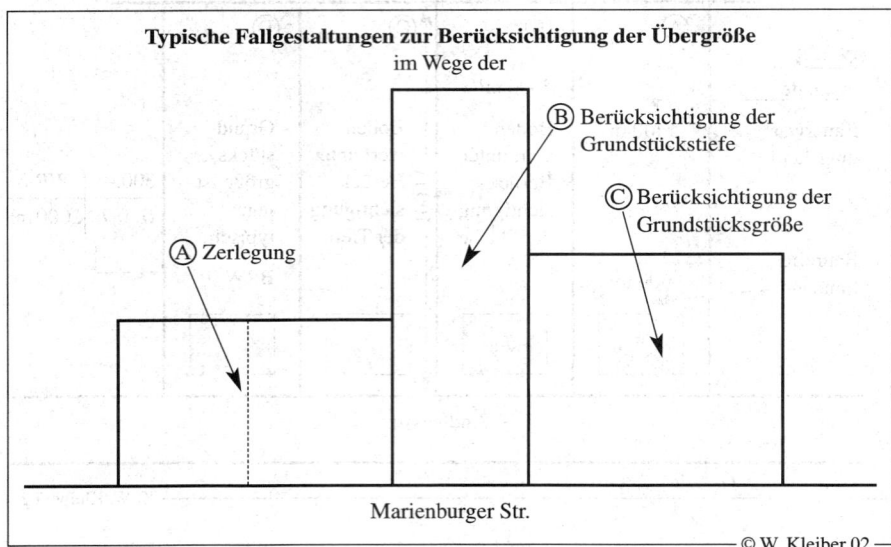

b) Die darüber hinaus sich stellende Frage, ob der Bodenwert nach Maßgabe der **Grundstückstiefe** *oder* der **Grundstücksgröße** zu reduzieren ist, hängt maßgeblich von der Grundstücksform (Grundstückszuschnitt) ab.

Ein vorteilhaft zugeschnittenes Grundstück ist durch rechtwinklig zueinander stehende Grundstücksgrenzen und einem Verhältnis der Frontbreite zur Grundstückstiefe von etwa 1 : 2 gekennzeichnet[14]. Dabei kommt es vor allem auch darauf an, dass die baulich zulässige Nutzung auf dem Grundstück realisiert werden kann. Bei Einfamilienhäusern gilt ein Grundstück mit einer Frontbreite von 20 m und einer Grundstückstiefe von 30 m als ideal. Weist das Grundstück also bei einem organischen Verhältnis von Breite und Tiefe eine Übergröße auf, so wird man nach vorheriger „Ausschöpfung" der Möglichkeiten einer Zerlegung den Bodenwert unter Anwendung der Umrechnungskoeffizienten für unterschiedliche Grundstücksgrößen reduzieren.

c) Die Heranziehung von Umrechnungskoeffizienten in Abhängigkeit von der **Grundstückstiefe** ist damit letztlich nur in den Fällen sachgerecht, wo das Grundstück auch tatsächlich eine langgestreckte Übertiefe aufweist und das Verhältnis von Breite zu Tiefe überdurchschnittlich ist.

Die wertmäßige Aufteilung eines übertiefen Grundstücks mithilfe von Umrechnungskoeffizienten in Abhängigkeit von der Grundstückstiefe läuft auf eine wertmäßige Zonierung entsprechend der Grundstückstiefe hinaus und stellt insoweit eine Verfeinerung der Aufteilung in Vorder- und Hinterland dar. Dabei ist auch hier im Hinblick auf die Anwendung des Ertragswertverfahrens zu prüfen, ob das Hinterland eine selbstständig nutzbare Fläche i. S. d. § 16 Abs. 2 Satz 3 darstellt. **81**

Bei Anwendung des Ertragswertverfahrens darf nach § 16 Abs. 2 Satz 3 nämlich für den Fall, dass ein Grundstück wesentlich größer ist, als es einer den baulichen Anlagen angemessenen Nutzung entspricht, und **eine zusätzliche Nutzung oder Verwertung einer Teilfläche** zulässig und möglich ist (Übergröße), der Jahresreinertrag des Grundstücks nach § 16 Abs. 1 nicht um den Bodenwertverzinsungsbetrag dieser Teilfläche vermindert werden, da er zur Erzielung des Reinertrags nicht erforderlich ist. Im Ergebnis wird dieser Grundstücksteil als „angehängte" zusätzliche Teilfläche allein mit ihrem Bodenwert „mitgeschleppt". **82**

3.5.2 Mosaikverfahren (Vorder- und Hinterland)

▶ *Grundsätzliches hierzu auch bei § 7 WertV Rn. 149 ff.*

Die Notwendigkeit einer Aufteilung übergroßer Grundstücke kann sich sowohl bei dem Wertermittlungsobjekt als auch bei den Vergleichsobjekten stellen. Unterließe man dies bei den Vergleichsobjekten, so wäre der daraus ermittelte durchschnittliche Quadratmeterwert verfälscht. Allenfalls in dem (wohl mehr theoretischen) Ausnahmefall, dass die Vergleichsobjekte die gleichen Anteile unterschiedlich wertiger Teilflächen aufweisen wie das Wertermittlungsobjekt, könnte die Aufteilung unterbleiben. **83**

Bei der Aufteilung übertiefer Grundstücke in Teilflächen unterschiedlichen Entwicklungszustands nach **Vorder- und Hinterland** stellt sich die Frage, wo die Grenze zu ziehen ist. Soweit es sich bei dem Vorderland um baureife Flächen handelt, orientiert sich die Trennlinie zwischen dem baureifen Vorderland und dem Hinterland grundsätzlich am Ende der Fläche, die nach öffentlich-rechtlichen Vorschriften baulich nutzbar ist, zuzüglich der Freifläche, die für die bauliche Nutzung erforderlich ist (Abb. 13)[15]. **84**

Die sich hieraus ergebende **Mindest-Grundstücksfläche** (Normfläche) **ist aber nur Ausgangsgröße für die Aufteilung in Vorder- und Hinterland**. Wo nach der Art der Grundstücksnutzung die darüber hinausgehende Fläche wertmäßig wie das Vorderland gehandelt wird, verschiebt sich die Trennlinie[16]. Es kommt entscheidend auf die Grundstückstiefe an, die den herangezogenen Vergleichsgrundstücken bzw. dem Bodenrichtwertgrundstück zu Grunde liegt. **85**

---

14 Dieterich, Baulandumlegung 4. Aufl., S. 153; Dieterich in Ernst/Zinkahn/Bielenberg, § 194 BauGB Rn. 102
15 BGH, Urt. vom 30. 5. 1983 – III ZR 22/82 –, EzGuG 18.93; BVerwG, Urt. vom 17. 7. 1958 – 1 C 209/57 –, EzGuG 4.10; VGH Mannheim, Urt. vom 27. 10. 2000 – 8 S 714/00 –, ESVGH 51, 61
16 BGH, Urt. vom 27. 9. 1990 – III ZR 97/89 –, GuG 1991, 38 = EzGuG 2.51

Abb. 13: Bestimmung der Grenzlinie zwischen Vorder- und Hinterland bei übertiefen Grundstücken

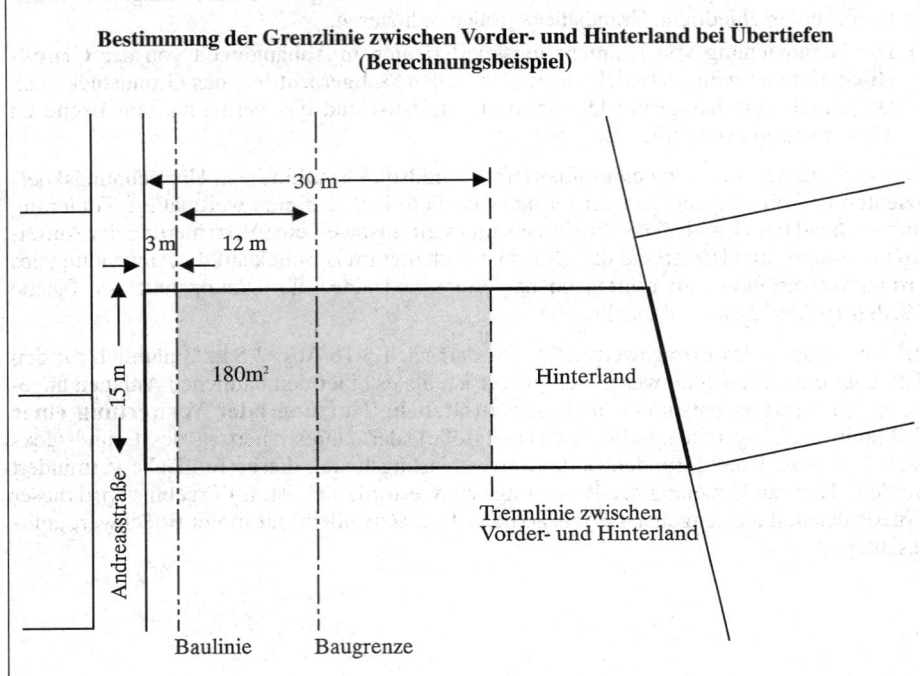

a) **Festsetzungen des Bebauungsplans:** GRZ = 0,4 GFZ = 0,8 geschlossene Bauweise
b) **Berechnung der Grundfläche** innerhalb der Baulinie und Baugrenze: 12 m × 15 m = 180 m²
c) **Berechnung der notwendigen Grundstücksfläche** bei einer GRZ von 0,4: 180 m² : 0,4 = 450 m²
d) **Berechnung der erforderlichen Grundstückstiefe** bei einer Grundstücksbreite von 15 m:

$$450 \text{ m}^2 : 15 \text{ m} = \mathbf{30 \text{ m}}$$

Hieraus folgt, dass das Vorderland (baureifes Land) „rechnerisch" bis zu einer Grundstückstiefe von 30 m reicht.

© W. Kleiber 02

86 Die Trennlinie verschiebt sich, wenn Vorderland z. B. für Straßenverbreiterungsmaßnahmen abgetreten wird. Das bislang baulich nicht nutzbare Hinterland tritt dann insoweit an die Stelle des abgetretenen Vorderlandes (sog. **vorgeschobenes Hinterland**). Im Entschädigungsfall ist deshalb Bemessungsgrundlage für das abgetretene Vorderland der Wert, der sich für den Entwicklungszustand des Hinterlandes ergibt. Zu diesem Ergebnis kommt man auch bei Anwendung des sog. Differenzwertverfahrens. Hierbei wird der Verkehrswert des Gesamtgrundstücks vor und nach Abtretung der Teilfläche gegenübergestellt[17].

▸ *Näheres zum vorgeschobenen Hinterland bei § 7 WertV Rn. 151 ff.*

Eine gesamtheitliche Betrachtung ist auch bei Anwendung der Mosaikmethode geboten. Entscheidend ist die **Verkehrsauffassung.** Selbst rechtliche Gegebenheiten müssen in ihrer Bedeutung zurücktreten, wie das nachfolgende Beispiel zeigt (Abb. 14):

Abb. 14: Lageplan

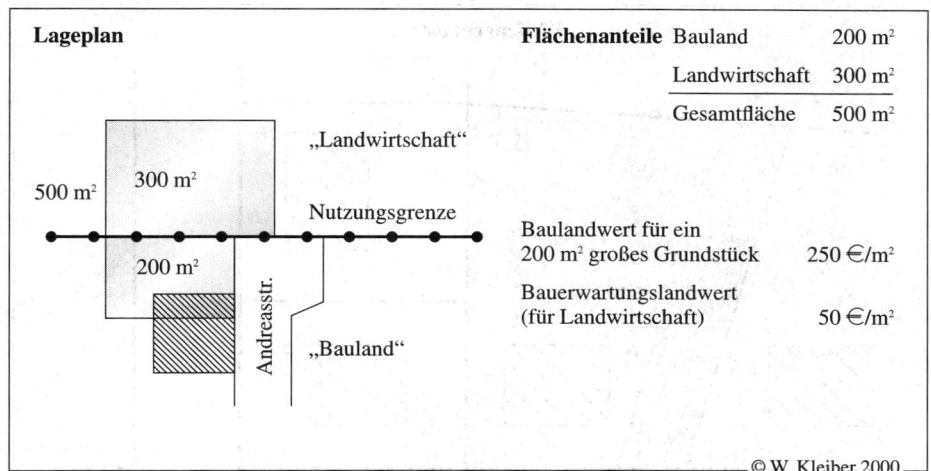

Flächenanteile Bauland	200 m²
Landwirtschaft	300 m²
Gesamtfläche	500 m²

Baulandwert für ein
200 m² großes Grundstück 250 €/m²

Bauerwartungslandwert
(für Landwirtschaft) 50 €/m²

© W. Kleiber 2000

Lösungsvorschlag für die Ermittlung des Verkehrswerts:

Falsch			Richtig		
200 m² × 250 €/m²	= 50 000 €		500 m² × 193,80 €/m²	= **96 900 €**	
300 m² × 50 €/m²	= 15 000 €			↑	
500 m² = Summe	= 65 000 €		← Differenz	**31 900 €**	

Den Verhältnissen auf dem Grundstücksmarkt würde man nicht gerecht werden, wenn man die der Landwirtschaft vorbehaltene Fläche mit dem Bodenwert (anteilig) ansetzen würde, der auf dem landwirtschaftlichen Grundstücksmarkt erzielt werden kann, wenn es sich faktisch um Bauland handelt.

Eine Besonderheit liegt bei übertiefen Grundstücken vor, die eine sog. Hinterlandbebauung zulässt und ein selbstständig nutzbares **Hinterliegergrundstück** – oftmals als sog. **„Pfeifengrundstück"** benannt – gebildet werden kann (Abb. 15). Es gibt nämlich keinen allgemein geltenden Grundsatz, dass eine Hinterlandbebauung städtebaulich unerwünscht ist[18]. **87**

In einem im Zusammenhang bebauten Ortsteil kommt es aber bei der Frage, ob eine rückwärtige Bebauung eines Grundstücks zulässig ist, nach der überbaubaren Grundstücksfläche regelmäßig darauf an, in welchem Umfang die den **Maßstab bildenden umliegenden Grundstücke** eine rückwärtige Bebauung aufweisen. Diese Frage lässt sich nur an Hand der konkreten Umstände des Einzelfalls beantworten[19]. **88**

---

17 BGH, Urt. vom 29. 1. 1970 – III ZR 360/69 –, EzGuG 18.48; zum Wertverhältnis zwischen Vorder- und Hinterland vgl. auch OLG Hamburg, Urt. vom 24. 4. 1970 – 1 U 17/69 –, EzGuG 18.50; OLG Hamburg, Urt. vom 13. 4. 1973 – 1 U 13/71 –, EzGuG 4.40; vgl. auch WertR Nr. 2.3.4 und 6.4; ferner: OLG Hamburg, Urt. vom 12. 5. 1964 – 1 U 53/62 –, EzGuG 4.21

18 BVerwG, Urt. vom 29. 11. 1974 – 4 C 10/73 –, BRS Bd. 28 Nr. 28; OVG Münster, Urt. vom 22. 5. 1992 – 11 A 1709/89 –, GuG 1993, 57 = EzGuG 8.71

19 BVerwG, Urt. vom 6. 11. 1997 – 4 B 172/97 –, NVwZ-RP 1998, 539; BVerwG, Urt. vom 15. 12. 1994 – 4 C 19/93 –, BauR 1995, 506; BVerwG, Beschl. vom 28. 9. 1988 – 4 B 175/88 –, EzGuG 8.65; VGH Kassel, Urt. vom 25. 9. 1987 – 4 UE 40/87 –, BRS Bd. 47 Nr. 64

Abb. 15: Pfeifengrundstück

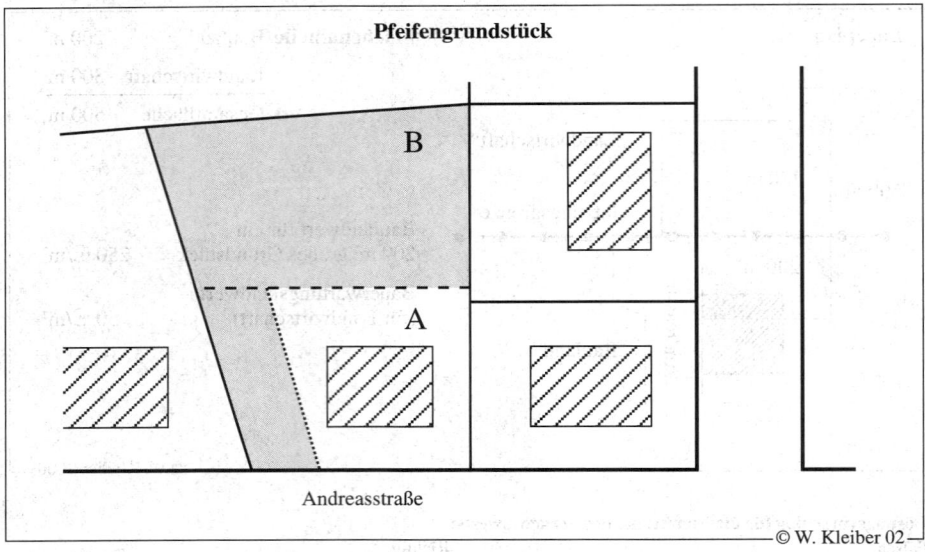

89   Liegt der **Standort eines geplanten Wohngebäudes im hinteren Grundstücksbereich gänzlich außerhalb des Umgebungsrahmens** hinsichtlich der überbaubaren Grundstücksfläche, so ist das Vorhaben nach § 34 Abs. 1 BauGB nicht allein deshalb zulässig, weil eine sinnvolle straßenseitige Bebauung wegen des schmalen Zuschnitts des Grundstücks nicht möglich ist[20]. Auch kann die Frage, ob von einem den Umgebungsrahmen überschreitenden Vorhaben im unbeplanten Innenbereich eine Vorbildwirkung für Nachbargrundstücke ausgehen kann, nur nach dem jeweiligen Einzelfall beurteilt werden; sie ist keiner rechtsgrundsätzlichen Klärung zugänglich[21].

90   Als baureifes Land können hinterliegende Grundstücke bzw. Grundstücksteile, auch wenn für sie im Bebauungsplan eine bauliche Nutzung festgesetzt ist, nur eingestuft werden, wenn ein **Zugang zur Erschließungsanlage** ggf. über ein fremdes Grundstück gesichert ist. Nach höchstrichterlicher Rechtsprechung gehören Hinterliegergrundstücke nämlich nur dann zum Kreis der erschlossenen Grundstücke, wenn die rechtlichen Hindernisse, die der Zugänglichkeit entgegenstehen, in rechtlich gesicherter Weise und auf Dauer ausräumbar sind[22]. In der Rechtsprechung wird deshalb gefordert, dass die Zufahrt durch eine Grunddienstbarkeit gesichert ist[23].

91   Der VGH Mannheim[24] fordert in seiner Rechtsprechung, dass die **verkehrsmäßige Erreichbarkeit des Hinterliegergrundstücks** bauordnungsrechtlich durch eine öffentlich-rechtlich gesicherte Zufahrt gewährleistet ist. Dafür reiche es nicht aus, dass zugunsten dieses Grundstücks im Bebauungsplan ein Geh-, Fahr- und Leitungsrecht nach § 9 Abs. 1 Nr. 21 BauGB festgesetzt ist und die Überfahrt durch schuldrechtliche Vereinbarung mit dem Eigentümer des Vorderliegergrundstücks gesichert ist. Eine solche öffentlich-rechtliche Sicherheit der Zufahrt trete nur ein, wenn eine entsprechende **Baulast** bestellt werde und zugleich eine deckungsgleiche Grunddienstbarkeit bestehe.

3.5.3 Grundstücksgröße

Unterschiede in der Grundstücksgröße zwischen dem zu wertenden Grundstück und den **92** zum Vergleich herangezogenen Grundstücken[25] werden grundsätzlich berücksichtigt, indem die **Vergleichspreise** – wie im Übrigen auch Bodenrichtwerte – **auf den Quadratmeter Grundstücksfläche bezogen werden** und auf dieser Grundlage die individuelle Grundstücksgröße des Wertermittlungsobjekts volle Berücksichtigung erfährt.

Erfahrungsgemäß ist jedoch der Quadratmeterwert **eines Baugrundstücks umso größer, je** **93** **kleiner das Baugrundstück** ist, ohne dass sich deshalb der Gesamtpreis des Grundstücks im gleichen Maße verringert. Dies ist zum einen darauf zurückzuführen, dass sich bei hohen Baulandpreisen der Käufer darauf beschränkt, die baurechtlich notwendige Fläche zu erwerben und auf Freiflächen verzichtet. Auf der anderen Seite gelingt es den Verkäufern erfahrungsgemäß, höhere Quadratmeterpreise beim Verkauf kleinerer Grundstücke am Markt durchzusetzen.

Für die **Abhängigkeit des auf den Quadratmeter Grundstücksfläche bezogenen Ver-** **94** **kehrswerts von der Grundstücksfläche** sind von einigen Gutachterausschüssen für Grundstückswerte **Umrechnungskoeffizienten** ermittelt worden (Abb. 16), wobei zwischen

– Ein- und Zweifamilienhäusern,

– Reihenhäusern und

– Gewerbegrundstücken

zu unterscheiden ist.

Bezüglich Ein- und Zweifamilienhäuser sind diese i. d. R. auf eine durchschnittliche **95** Grundstücksfläche von 500 m² mit einem Umrechnungskoeffizienten von 1,0 ermittelt worden. Bei kleineren Grundstücksflächen steigt der Quadratmeterwert verhältnismäßig steil an. Daher muss beim Preisvergleich zwischen **kleinen und großen Grundstücksflächen** unterschieden werden. Noch stärker als bei Ein- und Zweifamilienhäusern steigen die Quadratmeterwerte für Reihenhäuser an, insbesondere wenn die Grundstücksfläche bis auf ca. 150 m² zurückgeht.

In Abb. 17 sind **durchschnittliche Umrechnungskoeffizienten** für die Abhängigkeit des **96** Quadratmeterwerts von der Grundstücksfläche angegeben, die als Anhalt dienen können, wenn keine örtlichen Umrechnungskoeffizienten zur Verfügung stehen.

Für **Gewerbegrundstücke** hat der Gutachterausschuss für den Bereich der Stadt *Aachen* folgende Umrechnungskoeffizienten abgeleitet

Fläche [m²]	1000	2000	3000	4000	5000	6000	7000	8000	9000	10 000	11 000
UK	1,45	1,31	1,18	1,08	**100**	0,93	0,89	0,86	0,84	0,83	0,83

---

20   VGH Mannheim, Urt. vom 7. 2. 1997 – 5 S 3442/95 –, VBlBW 1997, 268
21   BVerwG, Beschl. vom 4. 10. 1995 – 4 B 68/95 –, NVwZ-RR 1996, 375
22   BayVGH, Urt. vom 2. 4. 1980 – 23 Cs – 670/79 –, EzGuG 8.56; BVerwG, Urt. vom 7. 10. 1977 – 4 C 103/74 –, EzGuG 9.31a
23   BayVGH, Urt. vom 22. 2. 1978 – 65 XV 75 –, EzGuG 18.32; anders OVG Münster, Urt. vom 31. 1. 1989 – 3 A 922/87 –, EzGuG 8.68
24   BVerwG, Urt. vom 15. 1. 1988 – 8 C 111/86 –, EzGuG 9.62; VGH Mannheim, Urt. vom 13. 12. 1994 – 2 S 3003/93 –, VBlBW 1995, 358 VGH –, Mannheim Urt. vom 12. 9. 1996 – 8 S 1844/94 –, BGH, Urt. vom 3. 2. 1989 – V ZR 224/87 –, NJW 1989, 1607; BGH, Urt. vom 6. 10. 1989 – V ZR 227/88 –, NVwZ 1990, 192
25   Hierzu schon Groeger in ZfV 1921, 165

Abb. 16: Bodenwert in Abhängigkeit von der Grundstücksgröße des individuellen Wohnungsbaus (Überblick) 1998

Bodenwert in Abhängigkeit von der Grundstücksgröße des individuellen Wohnungsbaus (Überblick) 1999														
Fläche	Bad Doberan	Bergisch Gladbach	Bonn	Land Brandenburg	Hamburg		Hannover	Köln*	Landkreis Leer	Leipzig	Neuss		Wuppertal 1-2 gesch.	Schwerin
m²	EFH	EFH	EFH/ZFH	EFH/ZFH	RH	EFH	EFH/ZFH	EFH			EFH/DH	RH	o.B.	
125	–	–	–	–	–	–	–	1,32	–	–	–	–	–	–
150	1,41	–	1,42	–	1,93	–	–	1,27	–	–	–	–	–	–
175	–	–	–	–	1,78	–	–	1,24	–	–	–	–	–	–
200	1,29	–	1,29	–	1,63	–	–	1,21	–	1,27	1,155	1,314	–	–
225	–	–	–	–	1,54	–	–	1,18	–	–	–	1,257	–	–
250	–	–	–	–	1,47	–	–	1,15	–	–	1,116	1,200	1,13	1,00
275	–	–	–	–	1,39	–	–	1,13	–	–	–	1,171	–	–
300	1,16	1,09	1,16	1,32	1,32	1,21	1,09	1,12	–	1,16	–	1,142	1,09	–
325	–	–	–	–	–	1,18	–	1,10	–	–	1,066	1,114	–	–
350	–	1,07	–	–	1,22	1,15	1,06	1,09	–	–	–	1,085	1,06	–
375	–	–	–	–	1,16	1,11	–	1,07	–	–	–	–	–	–
400	1,07	1,06	1,07	1,30	1,13	1,09	1,04	1,05	1,08	1,06	–	1,058	1,04	–
425	–	–	–	–	1,09	1,06	–	1,04	–	–	–	–	–	–
450	–	1,01	–	–	1,06	1,04	1,02	1,03	–	–	1,015	1,028	–	–
475	–	–	–	–	1,03	1,02	–	1,01	–	–	–	–	–	–
500	**1,00**	**1,00**	**1,00**	**1,00**	**1,00**	**1,00**	**1,00**	**1,00**	**1,00**	**1,00**	**1,000**	**1,000**	**1,00**	**1,00**
525	–	–	–	–	–	0,98	–	0,99	–	–	–	–	–	–
550	–	0,98	–	–	–	0,96	0,98	0,98	–	–	–	0,971	–	–
575	–	–	–	–	–	0,94	–	0,97	–	–	–	–	–	–
600	0,94	0,96	0,95	0,87	–	0,93	0,97	0,96	0,93	0,95	–	–	0,97	–
625	–	–	–	–	–	0,92	–	0,952	–	–	0,962	0,954	–	–
650	–	0,94	–	–	–	0,90	0,96	0,94	–	–	–	–	–	–
675	–	–	–	–	–	0,89	–	0,933	–	–	–	–	–	–
700	0,90	0,93	0,91	0,77	–	0,88	0,94	0,92	0,89	0,91	–	0,937	0,94	–
725	–	–	–	–	–	0,87	–	0,918	–	–	–	–	–	–
750	–	0,91	–	–	–	0,85	0,93	0,91	–	–	–	–	–	1,00
775	–	–	–	–	–	0,84	–	0,904	–	–	–	–	–	–
800	0,86	0,89	0,87	0,68	–	0,83	0,91	0,89	0,84	0,88	–	–	0,92	–
825	–	–	–	–	–	0,82	–	0,889	–	–	–	–	–	–
850	–	0,88	–	–	–	0,81	0,89	0,88	–	–	–	–	–	–
875	–	–	–	–	–	0,81	–	0,880	–	–	–	–	–	–
900	0,83	0,87	0,85	0,59	–	0,80	0,88	0,87	0,80	0,85	–	–	0,90	–
925	–	–	–	–	–	0,79	–	0,865	–	–	–	–	–	–
950	–	0,85	–	–	–	0,78	0,87	0,86	–	–	–	–	–	–
975	–	–	–	–	–	0,77	–	0,851	–	–	–	–	–	–
1 000	0,81	0,84	0,83	0,52	–	0,76	0,86	0,85	0,78	0,82	–	–	0,88	1,00
1 050	–	0,83	–	–	–	0,75	0,85	–	–	–	–	–	–	–
1 100	0,78	0,81	0,80	0,45	–	0,74	0,84	–	0,76	–	0,913	–	–	–
1 150	–	0,79	–	–	–	0,72	0,83	–	–	–	–	–	–	–
1 200	0,76	–	0,78	0,42	–	0,71	0,82	–	0,74	–	–	–	–	–
1 250	–	–	–	–	–	0,70	–	–	–	–	0,76	–	–	0,95
1 300	0,74	–	0,76	–	–	0,69	–	–	0,72	–	–	–	–	–
1 350	–	–	–	–	–	–	–	–	–	–	–	–	–	–
1 400	0,72	–	0,75	–	–	0,67	–	–	0,70	–	–	–	–	–
1 450	–	–	–	–	–	–	–	–	–	–	–	–	–	–
1 500	0,71	–	0,73	–	–	0,65	–	–	0,68	0,71	0,883	–	–	0,90
2 000	–	–	–	–	–	0,57	–	–	0,62	0,67	–	–	–	0,80
2 500	–	–	–	–	–	0,53	–	–	0,59	0,64	–	–	–	–
3 000	–	–	–	–	–	0,50	–	–	–	0,62	–	–	–	–
4 000	–	–	–	–	–	0,45	–	–	–	–	–	–	–	–
4 500	–	–	–	–	–	0,43	–	–	–	–	–	–	–	–
5 000	–	–	–	–	–	0,41	–	–	–	–	–	–	–	–

Quelle: Gutachterausschussberichte der Städte

EFH = Einfamilienhaus, ZFH = Zweifamilienhaus, DH = Doppelhaushälfte, RH = Reihenhaus, o. B. = offene Bauweise, * UK = 249,63 – 23,39 x lnGF

Abb. 17: Bodenwert in Abhängigkeit von der Grundstücksgröße (Empfehlung)

Bodenwert in Abhängigkeit von der Grundstücksgröße
Empfehlung

Aus zahlreichen Untersuchungen ist bekannt, dass der Bodenwert eines Gundstücks bei kleiner werdenden Grundstücken ab einer Grundstücksgröße von etwa 500 m² stark ansteigt und zwar bei Reihenhäusern stärker als bei sonstigen Ein- und Mehrfamilienhäusern.

Bei größer werdenden Grundstücken geht die Minderung des Quadratmeterpreises zurück und vermindert sich ab etwa 2 500 m² nur noch marginal.

Folgende Umrechnungskoeffizienten sind, sofern vom örtlichen Grundstücksmarkt keine besseren Erkenntnisse vorliegen, für
– Reihenhäuser (RH) und
– Ein- und Zweifamilienhäuser (EFH) heranziehbar:

Ergänzender Hinweis: In Hochpreisregionen ist die Abhängigkeit der Bodenwerte von der Grundstücksgröße stärker als in mittleren und niedrigen Preisregionen ausgeprägt.

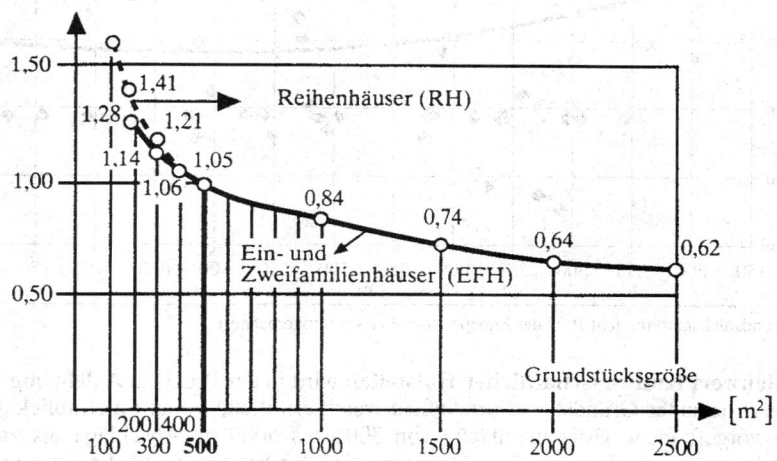

Umrechnungskoeffizienten

Fläche	150	200	250	300	350	400	450	**500**	550	600	700	800	900	1 000	1 500	2 000
EFH	–	1,28	1,21	1,14	1,10	1,06	1,03	**1,00**	0,98	0,95	0,92	0,89	0,86	0,84	0,74	0,64
RH	1,57	1,41	1,29	1,21	1,12	1,05	1,03	**1,00**	0,98	–	–	–	–	–	–	–

Beispiel:

a) Es liegt ein Vergleichspreis für ein
   250 m² großes Einfamilienhausgrundstück vor: 400 €/m²

b) Gesucht ist ein Vergleichspreis für ein
   400 m² großes Einfamilienhausgrundstück (Wertermittlungsobjekt)

Lösung: Umrechnungskoeffizient für 250 m² (EFH): 1,21 (lt. Tabelle)
          Umrechnungskoeffizient für 400 m² (EFH): 1,06 (lt. Tabelle)

Vergleichspreis (EFH) 400 m² $= \dfrac{1{,}06}{1{,}21} \times 400$ €/m² $=$ **350 €/m²**

97   In **ländlichen Bereichen** ist die Abhängigkeit des Bodenwerts baureifer Grundstücke von der Grundstücksgröße weniger stark ausgeprägt, weil in solchen Gebieten große Grundstücke vorherrschen (vgl. § 4 WertV Rn. 93, 43 Abb. 18).

Abb. 18: Abhängigkeit des Quadratmeterwerts baureifer Grundstücke von der Grundstücksgröße im ländlichen Bereich (Ennepe-Ruhr-Kreis)

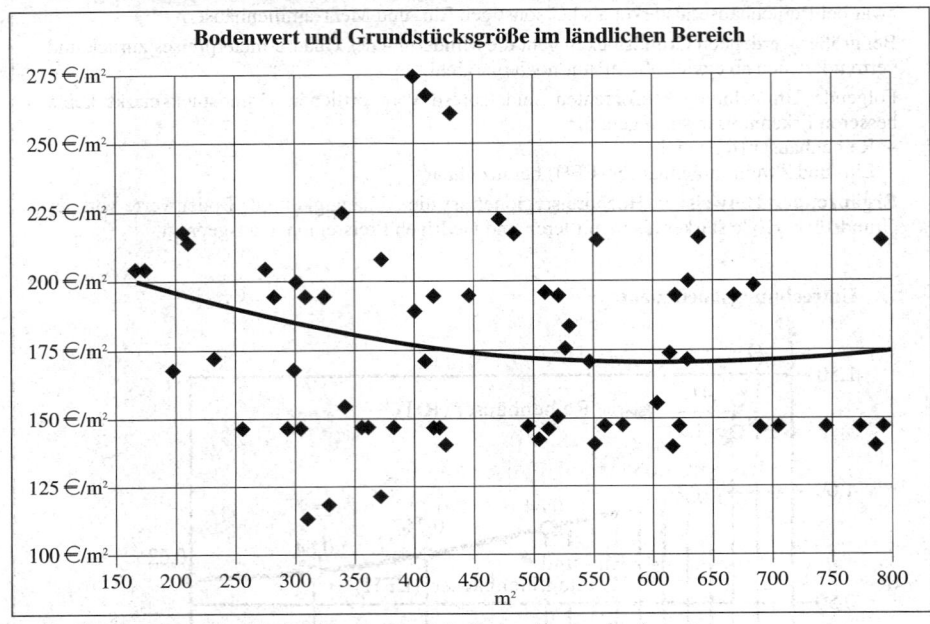

Quelle: Grundstücksmarktbericht 1997 des Ennepe-Ruhr-Kreises (umgerechnet)

98   Der **Bodenwert landwirtschaftlicher Hofstellen** wird in der Praxis in Anlehnung an den Bodenwert bebauter Grundstücke im Außenbereich ermittelt, wobei im Hinblick auf die vielfach vorgefundene Hofstellenfläche von 3000 bis 5000 m² Abschläge bis zu 50 % wegen Übergröße anzubringen sind. Daneben wird der Bodenwert häufig auch mit dem zwei- bis vierfachen Bodenwert landwirtschaftlicher Flächen angesetzt. Je höher der landwirtschaftliche Bodenwert ist, desto kleiner ist dabei der Vervielfacher. Auch die Kombination beider Verfahren ist gebräuchlich.

99   **Bei land- oder forstwirtschaftlich genutzten Grundstücken** i. S. d. § 4 Abs. 1 Nr. 1 nimmt der Quadratmeterwert – anders als bei Bauland mit der Grundstücksgröße nicht ab; vielmehr **steigt er sogar mit der Grundstücksfläche leicht** an (vgl. § 4 WertV Rn. 93). Der Quadratmeterwert der besonderen landwirtschaftlichen Flächen i. S. d. § 4 Abs. 1 Nr. 2 WertV nimmt hingegen – wie bei Bauland – mit der Grundstücksfläche ab (vgl. § 4 WertV Rn. 43, 140; zum Wald vgl. § 4 WertV Rn. 93 ff.).

3.5.4 Grundstückstiefe

100   Eine weitere Besonderheit ist bei übergroßen Grundstücken dann gegeben, wenn sie „in der Tiefe" aus unterschiedlich nutzbaren Grundstücksteilen bestehen. Dies gilt insbesondere bei sog. Übertiefen. **In der Wertermittlungspraxis**[26] werden **Übertiefen** dadurch berücksichtigt, dass z. B. ab 40 m Grundstückstiefe die hieran anschließenden Grundstücksteilflächen – **gestaffelt nach Tiefenzonen – mit einem Wertabschlag zum Vorderlandwert angesetzt** werden. Dieses Verfahren stößt mit Recht zunehmend auf Ablehnung, weil es ein festes Wertverhältnis zwischen Vorder- und Hinterland nicht gibt[27].

Bei Grundstücken, die auf Grund ihrer Übergröße aus **unterschiedlichen Grundstücks-** **101** **qualitäten** bestehen, ist es sachgerechter,

a) Umrechnungskoeffizienten für die Abhängigkeit des Bodenwerts von der Grundstückstiefe empirisch abzuleiten (Abb. 19 und 20) oder

b) der Wertermittlung der einzelnen Teilflächen den ihnen jeweils zuzuordnenden Entwicklungszustand mit den entsprechenden Bodenwerten zuzuordnen (Mosaikmethode).

Die zuletzt genannte Methode ist insbesondere bei größeren Grundstücksflächen sachge- **102** recht, wenn sich ein Grundstück nach der **Gesamtsituation** entsprechend aufteilen lässt. Die erstgenannte Methode wird insbesondere bei kleineren übertiefen Grundstücken angewandt, wobei die mit Umrechnungskoeffizienten belegte Staffelung der Wertigkeit u. a. auch ihre Begründung in dem geringerwertigen Entwicklungszustand finden kann.

Soweit bei übertiefen Grundstücken keine unterschiedlichen Entwicklungszustandsstufen **103** in die Wertermittlung eingehen, ist es dagegen seit jeher auch üblich, **Umrechnungskoeffizienten i. S. d. § 10 für den Bodenwert in Abhängigkeit von der Grundstückstiefe heranzuziehen** (vgl. Abb. 19):

Abb. 19: Bodenwert in Abhängigkeit von der Grundstückstiefe

Tiefe m	Aachen	Bergisch-Gladbach freistehende Eigenheime	Reihenmittelhaus grundstücke	Doppelhausgrundstücke	Düren	Essen 3–4 gesch.	Neuss EFH DH	RH	Solingen	Einheitsbewertung*
18	–	–	–	–	–	–	1,10	–	–	–
20	1,200	1,09	–	1,08	–	1,240	–	1,10	–	–
22	–	–	–	–	–	1,180	1,05	–	–	–
24						1,120	–		–	
25	1,090	1,05	1,05	1,04	–	1,100	–	1,05	1,09	–
28	–	–	–	–		1,040	–	–	–	
30	**1,000**	**1,00**	**1,00**	**1,00**	**1,00**	**1,000**	**1,00**	**1,00**	**1,00**	–
32	–	–	–	–		0,970	–	–	–	
35	0,925	0,95	0,95	0,96		0,925	–	–	0,92	
38	–	–	–	–		0,890	–	–	–	
40	0,871	0,90	0,93	0,92	–	0,870	0,95	0,95	0,88	–
45	0,806	0,86	–	0,88	–	0,820	–	–	0,83	–
50	0,758	0,81	–	0,84	0,94	0,780	–	–	0,79	–
55	0,716	0,76	–	–	–	0,750	0,90	0,90	–	–
60	0,679	0,71	–	–	0,88	0,720	–	–	–	0,50
70	0,616	–	–	–	0,82	–	–	–	–	–
80	0,564	–	–	–	0,76	–	0,85	0,84	–	–
90	0,520	–	–	–	0,70	–	–	–	–	–
100	0,500	–	–	–	0,64	–	–	–	–	0,40 soweit baulich nutzbar sonst ≥ 0,40

* jeweils nur bezogen auf den Teilflächenwert im Verhältnis zur Hauptfläche.

Quelle: Grundstücksmarktbericht; vgl. Tiemann in AVN 1964, 19 und AVN 1970, 387

26 Die Abhängigkeit des Grundstückswerts von der Grundstückstiefe ist schon seit jeher Gegenstand empirischer Untersuchungen, vgl. Strinz, Der Städtebau 1929, 69; Pohlman-Hohenaspe im Jahrbuch der Bodenreform 1914, 103; Kirchesch in ZfV 1941, 330; Großmann in ZfV 1941, 175; Krämer, U., RDM-Informationsdienst 1997, 15

27 OVG Münster, Urt. vom 25. 9. 1957 – 4 A 670/56 –, EzGuG 4.7; auch im Bereich der steuerlichen Bewertung hat der BFH zumindest für die in offener Bauweise mit Ein- und Zweifamilienhäusern bebauten Gebiete festgestellt, dass eine Aufteilung in Vorder- und Hinterland nicht üblich sei (vgl. BFH, Urt. vom 18. 9. 1970 – 3 B 21/70 –, EzGuG 4.37)

104   Im Übrigen stehen Abschläge wegen Übertiefe im **Zusammenhang mit Abschlägen wegen Übergröße**, insbesondere wenn eine Übergröße bereits durch Abschläge für eine „innere Erschließung" angebracht worden ist. Insoweit dürfen Übergröße und Übertiefe nicht doppelt berücksichtigt werden (vgl. Rn. 92).

105   Aus empirischen Untersuchungen ergibt sich, dass die **Abhängigkeit des Bodenwerts von der Grundstückstiefe im Bereich der Wohnbaugrundstücke bei Mehrfamilienhäusern deutlich ausgeprägter als bei Ein- und Zweifamilienhäusern** ist. Dies findet seine logische Erklärung darin, dass Übertiefen keine oder allenfalls vernachlässigbare Auswirkungen auf die Mietverhältnisse haben, während bei Ein- und Zweifamilienhäusern die Annehmlichkeit eines größeren Gartens oder einer sonstigen Freifläche ihren wertmäßigen Niederschlag findet. Bei Reihenhäusern ist dies sogar noch ausgeprägter. Abb. 20 enthält zur Berücksichtigung der Abhängigkeit des Bodenwerts von der Grundstückstiefe Empfehlungen.

Abb. 20: Bodenwert in Abhängigkeit von der Grundstückstiefe (Empfehlung)

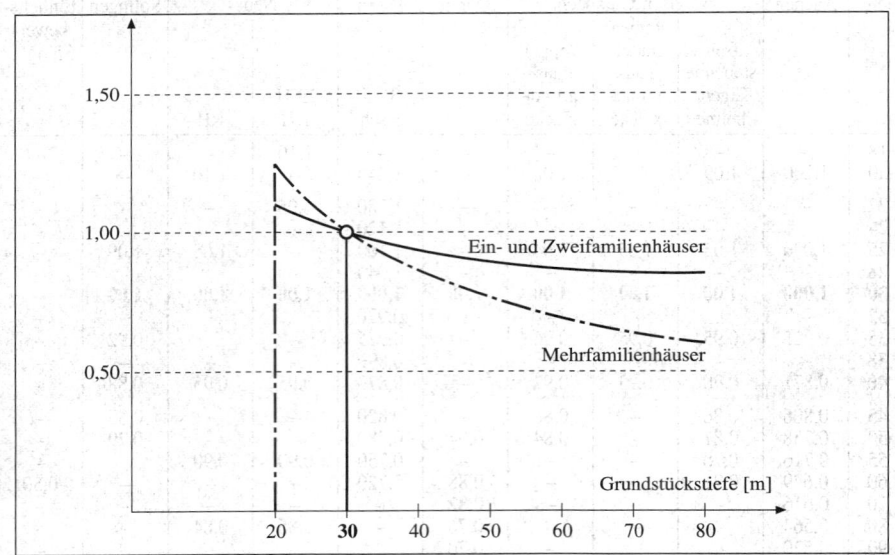

Bodenwert in Abhängigkeit von der Grundstückstiefe

Aus zahlreichen Untersuchungen ist bekannt, dass der Bodenwert eines Grundstücks mit größer werdender Grundstückstiefe abfällt

Bei Mehrfamilienhäusern ist die Abhängigkeit des Bodenwerts von der Grundstückstiefe ausgeprägter als bei Ein- und Zweifamilienhäusern

Umrechnungskoeffizienten

Grundstücks- tiefe (m)	20	22	24	26	28	**30**	32	34	36	38	40	45	50	55	60	70	80
Ein- und Zwei- familienhaus	1,10	1,07	1,04	1,03	1,02	**1,00**	0,98	0,97	0,95	0,92	0,89	0,85	0,82	0,82	0,81	0,81	0,80
Mehrfamilien- haus	1,25	1,18	1,12	1,10	1,04	**1,00**	0,97	0,93	0,91	0,89	0,87	0,82	0,78	0,75	0,72	0,70	0,65

© W. Kleiber 02

Anhand eines weiteren *Beispiels* wird aufgezeigt, wie die **Grundstückstiefe** berücksichtigt wird. Die Hinterlandfläche ist, gemäß den Festsetzungen des Bebauungsplans, als Gewerbegebiet nutzbar. **106**

Beispiel:

(Wohn- und Geschäftshaus mit Hofbebauung, Baujahr 1970/72)

– Frontbreite	25 m
– Grundstückstiefe	80 m
– Fläche	2 000 m²
– Zuschnitt	Rechteck
– Art der baulichen Nutzung	MI bzw. GE für das Hinterland
– Vollgeschosse	VI (sechs Geschosse) bzw. II im GE-Gebiet
– Bauweise	g (geschlossen)
– Maß der baulichen Nutzung	GFZ = 2,1 (vorhanden bei Vorderlandfläche 1000 m²)
	GFZ = 1,0 (vorhanden bei Hinterlandfläche 1000 m²)
– Bodenrichtwert (Baufläche)	1 200 €/m² ebp bis zu einer Tiefe von 40 m
– Bodenrichtwert (gewerbliche Baufläche)	150 €/m² erschließungsbeitragspflichtig

Bodenwert:

1000 m² Vorderland (bis zu einer Tiefe von 40 m) je m² 1200 €	=	1 200 000 €
1000 m² Hinterland (GE-Gebiet) je m² 150 €	=	150 000 €
(= Abschlag vom Wert des Vorderlandes 87,5 v. H.)		
2 000 m² (= 675 €/m² ebp i. D.)	=	**1 350 000 €**

Im Beispielsfall liegt der Anteil des Bodenwerts am Verkehrswert der Immobilie bei rd. 30 %, d. h. Bodenwert und Wert der baulichen Anlagen ergaben den Ertragswert (Verkehrswert) des Grundstücks mit 4 500 000 €. Andererseits war dies das 12fache der Jahresrohmiete; auf einen Quadratmeter Nutz-/Wohnfläche entfallen 1 815 € im Durchschnitt.

In der **steuerlichen Bewertung** ist, wie auch sonsthin üblich, bei der Ermittlung des Bodenwerts eine Grundstücksfläche nur dann aufzuteilen, wenn dies auch zuvor bei der Ermittlung der jeweiligen Durchschnittswerte geschehen ist[28]. Eine Aufteilung muss dagegen unterbleiben, wenn sich der ermittelte Durchschnittswert auf die Gesamtfläche bezieht. Wird eine Grundstücksfläche in Vorder- und Hinterland aufgeteilt, so ist sie in der steuerlichen Bewertung nach ihrer Tiefe in Zonen zu gliedern, deren Abgrenzung sich grundsätzlich nach den örtlichen Verhältnissen richtet. Für den Fall, dass keine örtlichen Besonderheiten gelten, können Grundstücke nach den BewR Gr[29] im Allgemeinen nach folgenden Tiefen mit der nachstehend angegebenen Wertrelation gegliedert werden (Abb. 21): **107**

Abb. 21: Bodenwert in Abhängigkeit von der Grundstückstiefe in der steuerlichen Bewertung

Vorder- und Hinterland (Zonen)	Grundstückstiefe	Bodenwert
Zone I **Vorderland**	**bis 40 m Tiefe**	**100 %**
Zone II **Hinterland**	40 – 80 m Tiefe	50 % des Vorderlands
Zone III a Hinterland	über 80 m Tiefe soweit baulich nutzbar	40 % des Vorderlands
Zone III b Hinterland	über 80 m Tiefe soweit baulich nicht nutzbar	weniger als 40 % des Vorderlands

© W. Kleiber 02 —

---

28 Die Aufteilung größerer unbebauter Grundstücksflächen in Vorder- und Hinterland ist nach ständiger Rspr. nicht zwingend vorzunehmen. Die Aufteilung hängt vielmehr davon ab, ob sie ortsüblich oder durch behördliche Anordnung bedingt ist (BFH, Urt. vom 18. 9. 1970 – III B 21/70 –, EzGuG 4.31)

29 BewR Gr vom 19. 9. 1966 (BAnz. Nr. 183 Beil. = BStBl. I 1966, 890; zu § 72 BewG Nr. 8)

108 Des Weiteren ist für die steuerliche Bewertung vorgeschrieben, dass die auf das Vorder- und Hinterland entfallenden Flächenanteile zu schätzen sind, wenn die Grundstücksfläche so geschnitten ist, dass eine **Aufteilung der Gesamtfläche in Vorder- und Hinterland** nach den vorstehenden Grundsätzen **nicht möglich** ist.

3.5.5 Grundstücksgestalt

a) Bauland

109 Im Bereich des Baulands findet die **Grundstücksgestalt bereits** ganz allgemein **bei der Klassifizierung des Entwicklungszustands** insoweit ihre **Berücksichtigung**, als nach bauordnungsrechtlichen Vorschriften auf einem Grundstück Gebäude nur errichtet werden dürfen, wenn es nach Lage, *Form*, Größe und Beschaffenheit für die beabsichtigte Bebauung geeignet ist. Hieraus folgt, dass eine für die Bebauung unzureichende Grundstücksform (Grundstücksgestalt) zur Einstufung dieser Fläche nach § 4 Abs. 3 als „Rohbauland" führt, auch wenn die sonstigen Voraussetzungen für eine bauliche Nutzung gegeben sind. Insoweit kann die Grundstücksgestalt bereits bei der Qualifizierung des Entwicklungszustands Eingang in die Wertermittlung finden.

110 Darüber hinaus wird der Erwerber eines Grundstücks regelmäßig bereit sein, für ein gut gestaltetes Grundstück einen höheren Kaufpreis als für ein ungünstig geschnittenes Grundstück zu zahlen. Deshalb müssen **Abweichungen in der Grundstücksgestalt** der zum Preisvergleich herangezogenen Grundstücke vom Wertermittlungsobjekt berücksichtigt werden.

111 Der diesbezüglich in § 5 Abs. 5 und § 13 Abs. 2 gebrauchte Begriff der „Grundstücksgestalt" ist inhaltlich identisch mit dem Begriff „Grundstückszuschnitt" oder dem im Baurecht gebrauchten Begriff der „Form"[30] des Grundstücks. Entsprechend der Zweckbestimmung des Baulands ist die Grundstücksgestalt desto höherwertiger, je günstiger das **Verhältnis zwischen der Frontbreite des Grundstücks und seiner Tiefe** entsprechend den bauplanungsrechtlichen Festsetzungen des Bebauungsplans ist. Der Quotient aus Frontbreite und Grundstückstiefe kann deshalb als Maßstab zur Berücksichtigung der Grundstücksgestalt gelten. Die wohl geschickteste Erfassung des Grundstückszuschnitts i.V.m. mit der Grundstücksfläche und -tiefe wird vom Gutachterausschuss in *Bergisch-Gladbach* praktiziert (Abb. 22):

Abb. 22: **Umrechnungskoeffizienten für Grundstücke unterschiedlicher Grundstücksbreite und -tiefe**

Umrechnungskoeffizienten für Grundstücke unterschiedlicher Grundstücksbreite und -tiefe						
	Breite in (m)					
Tiefe in (m)	5,0 – 7,0	8,0 – 11,0	11,0 – 13,0	**13,1 – 17,0**	17,1 – 20,0	20,1 – 24,0
15,0–20,0	–	–	–	1,19	1,19	–
20,1–25,0	1,18	1,14	1,14	1,13	1,13	1,11
25,1–30,0	1,12	1,09	1,12	1,10	1,10	1,09
30,1–35,0	1,07	1,05	1,08	1,06	1,06	1,04
35,1–40,0	1,03	1,02	1,03	**1,00**	0,98	0,98
40,1–45,0	0,97	0,97	0,97	0,95	0,94	0,94
45,1–50,0	–	0,91	0,91	0,90	0,90	0,90
50,1–55,0	–	–	–	0,87	0,86	0,85
55,1–60,0	–	–	–	0,81	0,80	0,77

Quelle: Grundstücksmarktbericht 2000 von Bergisch-Gladbach

Sog. **Schikanierzwickel** werden häufig zu Preisen gehandelt, die nicht dem gewöhnlichen **112** Geschäftsverkehr zugerechnet werden. Unter solchen Flächen werden Grundstücke verstanden, die auf Grund ihres Zuschnitts und der Lage selbstständig nicht baulich nutzbar sind und auch sonsthin kaum sinnvoll genutzt werden können, jedoch in Verbindung mit dem benachbarten Grundstück dessen bauliche oder sonstige Nutzung erst ermöglichen. In solchen Fällen ist der Eigentümer des „Schikanierzwickels" in einer „guten Verhandlungsposition" und kann Preise für solche Grundstücke durchsetzen, die sich mehr am Wertzuwachs des Grundstücks orientieren, dem der „Zwickel" nützlich ist, als sonsthin den „inneren Wert" der Fläche ausmachen (ungewöhnliche Verhältnisse i. S. des § 6; vgl. Vorbem. zur WertV Rn. 4 ff.).

Die „harmlosere" Form des Schikanierzwickels sind **Arrondierungsflächen,** unter denen **113** gemeinhin selbstständig nicht bebaubare Teilflächen verstanden werden, die zusammen mit einem angrenzenden Grundstück dessen bauliche Ausnutzbarkeit erhöhen oder einen ungünstigen Grenzverlauf verbessern (vgl. Rn. 120 ff.).

b) Land- oder forstwirtschaftliche Flächen

Bei land- oder forstwirtschaftlichen Grundstücken (vgl. § 4 WertV Rn. 37 ff.) steht die **114** **Geschlossenheit (Arrondierung)** in Bezug auf die Bewirtschaftung und eine günstige Stellung des Landgutes bezüglich der Abwehr von Immissionen im Vordergrund[31].

Beeinträchtigungen treten bei **land- oder forstwirtschaftlichen Betrieben** häufig durch **115** die Flächenabgabe für Verkehrswege oder durch Nutzungsbeschränkungen auf Grund von Leitungstrassen auf. Erfahrungsgemäß wirkt sich dies auf die Verkehrswerte dieser Grundstücke bzw. dieser Betriebe aus. Die Wertminderung ist insbesondere von der Betriebsgröße und Betriebsart, der sog. „Zerschneidungsgeometrie" und von sonstigen Umständen abhängig. Als Schadenselemente werden genannt:

– Umwege für Mensch, Material und Maschine,

– sonstige Erschwernisse des Betriebs,

– Randschäden (Zuwachs- und Qualitätsverluste. einschließlich eines erhöhten Risikos in den Randzonen [Sturmanfälligkeit]),

– Minderauslastung vorhandener Kapazitäten,

– Störung der Nachhaltsstruktur.

Da die Geschlossenheit eines Grundstücks zur eigentumsmäßig geschützten Rechtsposi- **116** tion gehört, besteht ein Anspruch auf Entschädigung, wenn die **Durchschneidung eines geschlossenen** (arrondierten) **Landguts** zu einer Verkehrswertminderung führt[32]. Das Differenzwertverfahren (vgl. § 29 WertV Rn. 176) ist eine anerkannte Wertermittlungsmethodik zur Ermittlung der Entschädigung für Durchschneidungsschäden[33].

---

30 § 45 Abs. 1 BauGB; entsprechend auch die BauOen Länder (vgl. Art. 4 Abs. 1 Nr. 1 Bay.LBauO); auch die Definition des Rohbaulandes in § 4 Abs. 3 WertV schließt hieran an

31 BVerfG, Beschl. vom 7. 6. 1977 – 1 BvL 105, 424/73, 226/74 –, EzGuG 4.52; BFH, Urt. vom 23. 2. 1979 – III R 44/74 –, EzGuG 19.35; BGH, Urt. vom 12.6.1975 – III ZR 25/73 –, EzGuG 4.44; BGH, Urt. vom 25.6.1981 – III ZR 12/80 –, EzGuG 4.77; Aust/Jacobs a. a. O., 4.Aufl., S.179

32 BGH, Urt. vom 28. 9. 1978 – III ZR 162/77 –; BGH, Urt. vom 23. 6. 1975 – III ZR 55/73 –, WM 1975, 1059 = DÖV 1976, 208 = BRS Bd. 34 Nr. 30 (LS) = DB 1975, 2128; BGH, Urt. vom 25. 6. 1981 – III ZR 12/80 –, EzGuG 4.77; OLG Hamm, Urt. vom 20. 9. 1977 – 10 U 76/77 –, EzGuG 4.53

33 BGH, Urt. vom 6. 3. 1986 – III ZR 146/86 –, EzGuG 13.86; BGH, Urt. vom 14. 6. 1982 – III ZR 175/80 –, EzGuG 14,73; BGH, Urt. vom 3. 12. 1981 – III ZR 53/80 –, EzGuG 20.93; BGH, Urt. vom 8. 10. 1981 – III ZR 46/80 –, EzGuG 4.79; BGH, Urt. vom 23. 6. 1975 – III ZR 55/73 –, Zit, Fn. 32; BGH, Urt. vom 13. 5. 1975 – III ZR 152/72 –, WM 1975, 834 = MDR 1975, 913 = BRS Bd. 34 Nr. 127 = BauR 1975, 285 = AgrarR 1975, 285 = JR 1975, 840; BGH, Urt. vom 13. 3. 1975 – III ZR 152/72 –, EzGuG 4.43; OLG Köln, Urt. vom 21. 11. 1972 – 4 U 199/71 –, EzGuG 8.39; BGH, Urt. vom 30. 9. 1976 – III ZR 149/75 –, EzGuG 20.64

117   Allgemein lässt sich feststellen, dass eine mittige Zerschneidung eines land- oder forstwirtschaftlichen Betriebs durch eine **Autobahn** den Verkehrswert des Betriebs am stärksten mindert, nämlich bis zu 75 %. **Leitungsdurchschneidungen** dagegen „nur" bis 40 % bei mittiger Durchschneidung und bis 30 % bei Randzerschneidungen. Im Entschädigungsfall muss die Wertermittlung in begründeter Weise nachgewiesen werden. Hierzu wird auf das weiterführende Schrifttum verwiesen[34].

▶ *Vgl. weitere Hinweise zum Leitungsrecht im Teil VIII Rn. 388 ff.*

3.5.6 Frontbreite

118   Die Höhe des Kaufpreises bei **Geschäftsgrundstücken in Geschäftslagen** hängt nicht nur von der Ausnutzung ab, sondern auch **von der Breite der Straßenfront.** Die folgende Tabelle zeigt die Umrechnungsfaktoren für die verschiedenen Frontbreiten bei sonst gleichen wertrelevanten Faktoren, wie sie sich auf Grund einer Auswertung der Kaufpreissammlung des Gutachterausschusses für Grundstückswerte für den Bereich der Stadt *Konstanz* aus dem Jahre 1999 ergibt (Abb. 23).

119   Die Auswertung der Kaufpreise in Konstanz hat gezeigt, dass die Höhe des Kaufpreises bei Geschäftsgrundstücken in Geschäftslagen nicht nur von der Ausnutzung abhängt, sondern auch von der Breite der Straßenfront: Die folgende Tabelle zeigt die Umrechnungsfaktoren für die verschiedenen Frontbreiten bei sonst gleichen wertrelevanten Faktoren.

Abb. 23: Umrechnungsfaktoren für Frontbreite (2000) in Konstanz   **Ideales Frontbreiten- und Ladengrößenverhältnis**

Frontbreite	UK		Ladengröße m²	Frontbreite lfm
5	0,75		30	4– 5
6	0,80		50	5– 6
7	0,85		100	6– 8
8	0,90		200	8–10
9	0,95		400	10–12
10	**1,00**		600	10–12
11	1,05		800	10–14
12	1,10		1 000	15–15
13	1,15			
14	1,20			
15	1,25			

Quelle: Müller Consult

Quelle: Gutachterausschuss für Grundstückswerte in Konstanz 2000

3.5.7 Arrondierungsflächen

120   Soweit es sich bei den nicht erforderliche Freiflächen um sog. „Arrondierungsflächen" handelt, sind in einer aus den Jahren 1994 und 1999 stammenden Untersuchung des Gutachterausschusses für Grundstückswerte in der Stadt *Wuppertal* die sich aus Abb. 24 ergebenden **Preisrelationen zum jeweiligen Bodenrichtwert** ermittelt worden:

Abb. 24: Preisrelation von Arrondierungsflächen

Preisrelation von Arrondierungsflächen zum Bodenrichtwert			
Kategorie	Preisspanne in % vom Bodenrichtwert	Durchschnitts- wert in % vom Bodenrichtwert	Anzahl der Kauffälle
Baulandteilflächen			
– Flächen, die eine höhere bauliche Nutzung ermöglichen	35 – 105	70	112
– Überbaubereinigung	50 – 130	95	9
– Garagen- und Stellplatzflächen	20 – 80	50	51
Nicht erforderliche Freiflächen			
– Flächen, im hinteren Grundstücks- bereich, Gartenland, u. ä.	5 – 25	15	133

Quelle: Bodenmarktanalyse 2000 des Gutachterausschusses für Grundstückswerte in der Stadt Wuppertal.

Allgemein lässt sich dieser Aufstellung entnehmen, dass solche **Arrondierungsflächen** **121**
um so höher im Preis gehandelt werden, **je gewichtiger der Erwerb für den Eigentü-**
mer des benachbarten Grundstücks ist. Der Grundstücksmarktbericht von *Bergisch-*
Gladbach (2000) weist die sich aus Abb. 25 ergebenden Preisspannen aus:

Abb. 25: Zu- und Abschläge für Arrondierungsflächen in Bergisch-Gladbach und im
Oberbergischen Kreis

Art der unselb- ständigen Teilfläche	Anz.	Durchschnitts- preis bzw. Preisspanne in % des Baulandwerts	Beispiel
1. Arrondierung zu bebauten Grund- stücken			
a) Baurechtlich notwen- dige Flächen bzw. Flächen zur bau- lichen Erweiterung	54	**91 %** 65 – 121 %	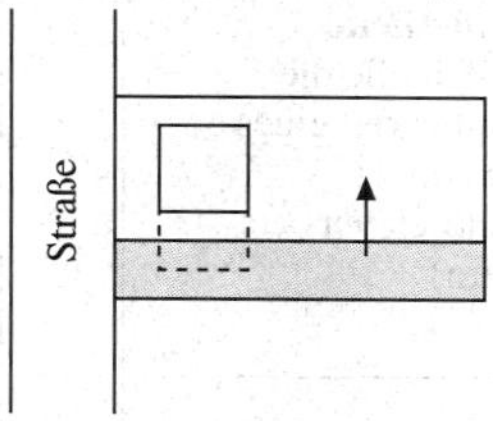
		Oberbergischer Kreis:	
	7	**105 %** 90 – 125 %	

---

34 LandR, abgedruckt bei Kleiber, WertR 76/96; 5. Aufl. Bundesanzeiger-Verlag Köln; Köhne, Landwirtschaftliche Taxationslehre, Hamburg 1987, S. 49 ff.; Beckmann in AgrarR 1976, 192 ff., ders. in AgrarR 1979, 93 ff.,
ders. in AgrarR 1980, 96 ff., ders. in AgrarR 1985, 286; Beckmann/Huth, Bestimmung der An- und Durchschneidungsschäden, Schriftenreihe des HLBS, 2. Aufl. Bonn

Fortsetzung Abb. 25:

Art der unselbst-ständigen Teilfläche	Anz.	Durchschnitts-preis bzw. Preisspanne in % des Baulandwerts	Beispiel
b) seitlich gelegene Flächen bzw. andere als Stellplatz geeignete Flächen	99	**40 %** 25 – 56 %	Straße
		Oberbergischer Kreis:	
	10	**55 %** 35 – 80 %	
c) Garten- und Hinter-land in Innen-bereichslagen	101	**25 %** 15 – 35 %	Straße
		Oberbergischer Kreis:	
	15	**35 %** 10 – 60 %	
d) Arrondierung aus land- und forstwirtschaft-lichen Flächen	88	**10 %** 5 – 16 %	Straße
2. Arrondierung zur Bildung bebaubarer Grundstücke (Flächen, die die Bebaubarkeit eines *Grundstücks* wesentlich ver-bessern)	19	**80 %** 60 – 95 %	Straße
		Oberbergischer Kreis:	
	2	**100 %** 95 – 100 %	
3. Freihändiger Erwerb von Verkehrsflächen a) Ankauf Flächen, die zur Verbreiterung einer bestehenden Straße benötigt wer-den (geringer Eingriff)	68	**25 %** 15 – 40 %	Straße

Art der unselbst-ständigen Teilfläche	Anz.	Durchschnitts-preis bzw. Preisspanne in % des Baulandwerts	Beispiel
b) Ankauf nachträglicher Erwerb einer bereits als Straße genutzten Fläche	228	**15 %** 8 – 23 %	Straße

Zu- und Abschläge für Arrondierungsflächen im Rheinisch Bergischen Kreis

1. Zukäufe zu bereits bebauten Grundstücken a) Baurechtlich erforderliche Flächen bzw. Flächen zur baulichen Erweiterung	10	**105 %** 100 – 120 %	
b) Sogenanntes seitliches Hinterland zur Arrondierung und seitliche Stellplatzflächen	17	**35 %** 30 – 35 % (größenabhängig)	
c) Gartenland und Hinterlandzukäufe	23	**10 %** 5 – 15 % (größenabhängig)	
2. Arrondierungsflächen zur Schaffung von bebaubaren Grundstücksflächen	26	**95 %** 80 –100 %	

Auswertungen liegen 105 Kaufpreise aus dem Zeitraum 1992 bis Juni 1994 zu Grunde

3.5.8   Bodenbeschaffenheit (Baugrund)

▶ *Allgemeines vgl. § 5 WertV Rn. 117ff., § 4 WertV Rn. 311ff. sowie RBBau K1 (Februar 1995)*

122 Die topographischen und physischen Eigenschaften des Grund und Bodens, insbesondere seine Eignung als Baugrund, sind ein wesentliches wertbestimmendes Merkmal. Sie müssen bei der Verkehrswertermittlung von Bauland vor allem dann Beachtung finden, wenn sie zu erhöhten **Gründungskosten** führen. Hervorgehoben seien hier
  – ein felsiger Untergrund,
  – die Schichtenfolge, Beschaffenheit und Tragfähigkeit des Baugrunds,
  – die baustoffschädigenden Bestandteile im Baugrund und Grundwasser,
  – die Tal-, Hang- oder Höhenlage,
  – die Grundwasserverhältnisse, z. B.
  – ein hoher Grundwasserstand (z. B. in Flussnähe).

123 Der Sachverständige muss hierauf in seinem Gutachten insbesondere dann eingehen, wenn das zu wertende Objekt besondere Boden- und Grundwasserverhältnisse aufweist. Bei der Verkehrswertermittlung im Wege des Vergleichswertverfahrens muss diesen Besonderheiten in aller Regel dann nicht Rechnung getragen werden, wenn die Grundstücke der zum Vergleich herangezogenen Kaufpreise die gleichen Verhältnisse aufweisen. In diesen Fällen werden derartige **Besonderheiten bereits mit den Vergleichspreisen berücksichtigt.** So kann z. B. in Gebieten, in denen der Bergbau herumgeht, davon ausgegangen werden, dass sich die Vergleichspreise unter Berücksichtigung dieses Umstands gebildet haben. Abweichungen i. S. d. § 14 sind dann nicht zu berücksichtigen. Etwas anderes gilt in den Fällen, in denen nur Teile des Gebiets, aus dem Vergleichspreise herangezogen werden, davon betroffen sind. So können z. B. erhöhte Gründungskosten in Flussnähe auftreten, während andere Gebietsteile nicht davon betroffen sind.

124 Allgemein kann als Grundsatz gelten, dass bei **Heranziehung von Vergleichspreisen aus Gebieten, die keine besonderen Gründungskosten bedingen und ihrer Übertragung auf ein Grundstück, das erhöhte Gründungskosten erfordert, der Vergleichspreis um die mutmaßlichen Gründungskosten zu vermindern ist**[35].

3.6   Beitrags- und abgabenrechtlicher Zustand

3.6.1   Allgemeines

▶ *Hierzu Näheres § 5 WertV Rn. 100ff.*

125 Unterscheiden sich die zum Preisvergleich herangezogenen Grundstücke in ihrem beitrags- und abgabenrechtlichen Zustand (vgl. § 5 Abs. 3) von dem Wertermittlungsobjekt, muss dies ebenfalls nach § 14 berücksichtigt werden. Folgende **nichtsteuerlichen Abgaben bzw. Beiträge** (vgl. § 5 WertV Rn. 100 ff.) sind hier zu erwähnen:
  a) Erschließungsbeiträge nach den §§ 124 ff. BauGB (Rn. 133 ff.),
  b) Abgaben nach den Kommunalabgabengesetzen (KAG) der Länder (Rn. 145 f.),
  c) Naturschutzrechtliche Ausgleichsabgaben: Kostenerstattungsbetrag nach § 135 a BauGB (§ 4 WertV Rn. 258 ff. sowie hier bei Rn. 147),
  d) Umlegungsausgleichsleistungen nach § 64 BauGB (vgl. Rn. 153),
  e) Ausgleichsbeträge nach den §§ 154 f. BauGB (Rn. 156 ff.) bzw. § 24 Bundes-Bodenschutzgesetz (vgl. Rn. 158),
  f) Ablösungsbeträge für Stellplatzverpflichtungen (Rn. 160 ff.),
  g) Beiträge auf Grund von Satzungen der Wasser- und Bodenverbände[36],
  h) Versiegelungsabgaben,
  i) Ersatzzahlungen nach Baumschutzverordnungen (vgl. Rn. 165[37]),
  j) Walderhaltungsabgaben nach Landeswaldgesetz (vgl. Brandenburg Rn. 163 ff.)[38].

Besondere Beachtung bei der Verkehrswertermittlung muss bei alledem der Frage ge- **126**
schenkt werden,

a) wann die Beitragsschuld entstanden ist (Entstehungszeitpunkt),

b) wer Beitragsschuldner ist,

c) ob eine Vorauszahlung bzw. Vorausleistung erbracht worden ist und

d) ob die Beitragsschuld als öffentliche Last auf dem Grundstück ruht.

Vor allem bei einem **Wechsel des Eigentümers** können diese Fragen besondere Bedeutung **127**
erlangen; z. B. wenn ein Beitrag bzw. eine Abgabe noch erbracht werden muss, gilt es zu
prüfen, wen die Beitragspflicht (den bisherigen Eigentümer oder den Erwerber) trifft (vgl.
Rn. 38 ff.).

3.6.2 Erschließungsbeitrag nach den §§ 123 ff. BauGB

Bei der Wertermittlung von Grundstücken muss unterschieden werden zwischen **128**

– der Erschließung, d. h. **dem Erschlossensein eines Grundstücks,** als tatsächliches
Zustandsmerkmal **und**

– **dem erschließungsbeitragsrechtlichen Zustand des Grundstücks** (vgl. § 5 Abs. 3).

Demzufolge wird zwischen erschließungsbeitragsfreiem (ebf) und erschließungsbeitragspflichtigem (ebp) baureifen Land unterschieden. Wechselt das Eigentum an einem noch
erschließungsbeitragspflichtigen Grundstück, gilt es, die einschlägigen Rechtsvorschriften
des Erschließungsbeitragsrechts zu beachten:

a) Nach § 133 Abs. 2 BauGB entsteht der Erschließungsbeitrag mit der endgültigen
Herstellung der Erschließungsanlage. Im Unterschied zum kommunalen Beitragsrecht
ist die **Person, die im Zeitpunkt der Entstehung der Beitragspflicht Eigentümerin
des Grundstücks ist, nicht erschließungsbeitragspflichtig,** so dass auch nach Entstehung der Erschließungsbeitragspflicht jeder Erwerber damit rechnen muss, der Erschließungsbeitragspflicht selbst nachkommen zu müssen. Deshalb wird er bei der
Bemessung des Kaufpreises die ausstehende Erschließungsbeitragspflicht „in Rechnung" stellen.

b) **Erschließungsbeitragspflichtig** mit konstitutiver Wirkung **ist** nach § 134 Abs. 1
BauGB **die Person, die im Zeitpunkt der Bekanntgabe des Erschließungsbeitrags-
bescheids Eigentümerin des Grundstücks ist**[39].

Ist das **Grundstück mit einem Erbbaurecht belastet**, so ist der Erbbauberechtigte an
Stelle des Eigentümers beitragspflichtig (§ 134 Abs. 1 Satz 2 BauGB); ist dagegen das
Grundstück mit einem **dinglichen Nutzungsrecht** i. S. des Art. 233 des § 4 EGBGB
belastet, ist der Inhaber dieses Rechts anstelle des Eigentümers beitragspflichtig (§ 134
Abs. 1 Satz 3 BauGB).

Wechselt das Eigentum am Grundstück zwischen der Entstehung der Erschließungsbeitragspflicht und der Bekanntgabe des Beitragsbescheids, kann der neue Eigentümer
nicht geltend machen, dass er im Zeitpunkt der Entstehung nicht der Eigentümer des
Grundstücks gewesen sei[40].

---

35 OVG Lüneburg, Urt. vom 17. 1. 1997 – 1 L 1218/95 –, EzGuG 15.87 a
36 BVerwG, Urt. vom 23. 6. 1972 – 4 C 105/68 –, EzGuG 1.110; BVerwG, Urt. vom 23. 5. 1973 – 4 C 21/70 –,
EzGuG 1.110; OVG Münster, Urt. vom 5. 3. 1976 – 11 A 685/74 –, RdL 1978, 220; VG Freiburg, Urt. vom 10.9.
1976 – VS II 157/75 –, KStZ 1977, 97
37 Beispielsweise BaumschutzVO von Brandenburg vom 28. 5. 1981 (GBl. DDR I Nr. 22), zuletzt geändert durch
VO vom 17. 6. 1994 (GVBl. II 1994, 560)
38 Verordnung über die Walderhaltungsabgabe vom 21. 9. 1993 (GVBl. 1993, 649)
39 BVerwG, Urt. vom 20. 9. 1974 – 4 C 32/72 –, EzGuG 9.19; BVerwG, Urt vom 27. 9. 1982 – 8 C 145/81 –,
EzGuG 9.47a; überholt und ohnehin nur für die steuerliche Bewertung: RFH, Urt. vom 27. 3. 1944 – III 17/41 –,
RStBl. 1941, 461
40 BVerwG, Urt. vom 20. 9. 1974 – 4 C 32/72 –, EzGuG 9.19

c) Wechselt das Eigentum am Grundstück *nach* Bekanntgabe des Erschließungsbeitrags-bescheids, so bleibt der bisherige Eigentümer erschließungsbeitragspflichtig, unabhängig davon, ob der Zeitpunkt der Fälligkeit gegeben ist oder nicht. Allerdings kann in diesem Fall von Bedeutung sein, dass der **Erschließungsbeitrag nach § 134 Abs. 2 BauGB als öffentliche Last auf dem** (erworbenen) **Grundstück ruht.** Die öffentliche Last gewährt der Gemeinde zur Sicherung ihres Beitragsanspruchs einen Befriedigungsanspruch an dem „haftenden" Grundstück, wobei der Eigentümer ggf. die Zwangsvollstreckung zu dulden hat.

d) In einem **Erschließungsvertrag nach § 124 BauGB** kann die Erschließung auf einen Dritten übertragen werden; der Dritte kann sich hierin verpflichten, die nach Bundes- oder Landesrecht beitragsfähigen sowie nichtbeitragsfähigen Erschließungsanlagen herzustellen und die Kosten ganz oder teilweise zu tragen. Die betroffenen Grundstücke sind insoweit erschließungsbeitragsfrei zu werten.

129   **Fazit:** Frühestens mit dem Zeitpunkt der Bekanntgabe des Erschließungsbeitragsbescheids kann ein Grundstück als erschließungsbeitragsfrei gelten, wobei ein von dem jeweiligen Eigentümer noch nicht entrichteter Erschließungsbeitrag eine persönliche Schuld darstellt, die auf den Erwerber nur dann zurückschlägt, wenn die Gemeinde als Gläubigerin des Beitragsanspruchs sich an dem (mit der öffentlichen Last) belasteten Grundstück befriedigt. Solange sich das Grundstück aber noch im Eigentum des Abgabepflichtigen befindet und die Abgabenschuld noch nicht erbracht wurde, muss diesem Umstand zumindest in Bezug auf die Beleihungsfähigkeit des Grundstücks Rechnung getragen werden (vgl. Abb. 26, § 5 WertV Rn. 100 ff.).

Abb. 26:   Schema der Entwicklung von Bodenwerten in Abhängigkeit von öffentlichen Beiträgen

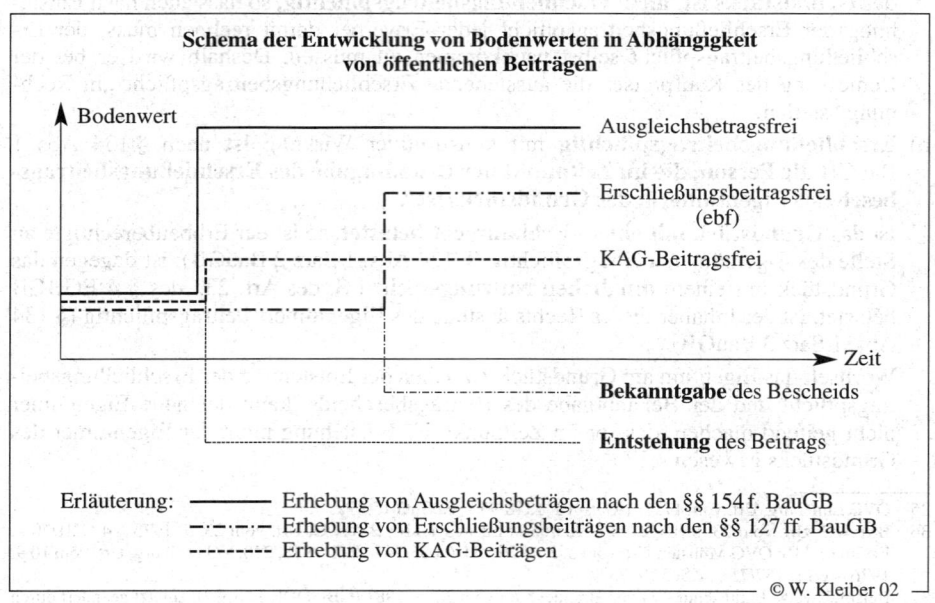

130   Der Vergleich zeigt, dass im Erschließungsbeitragsrecht der **Bekanntgabe des Erschließungsbeitragsbescheids** eine besondere Bedeutung auch für die Bodenwertbildung beikommt (Abb. 27):

Abb. 27: Schema der Bodenwertentwicklung in Abhängigkeit von der Erschließung und der Erhebung von Erschließungsbeiträgen

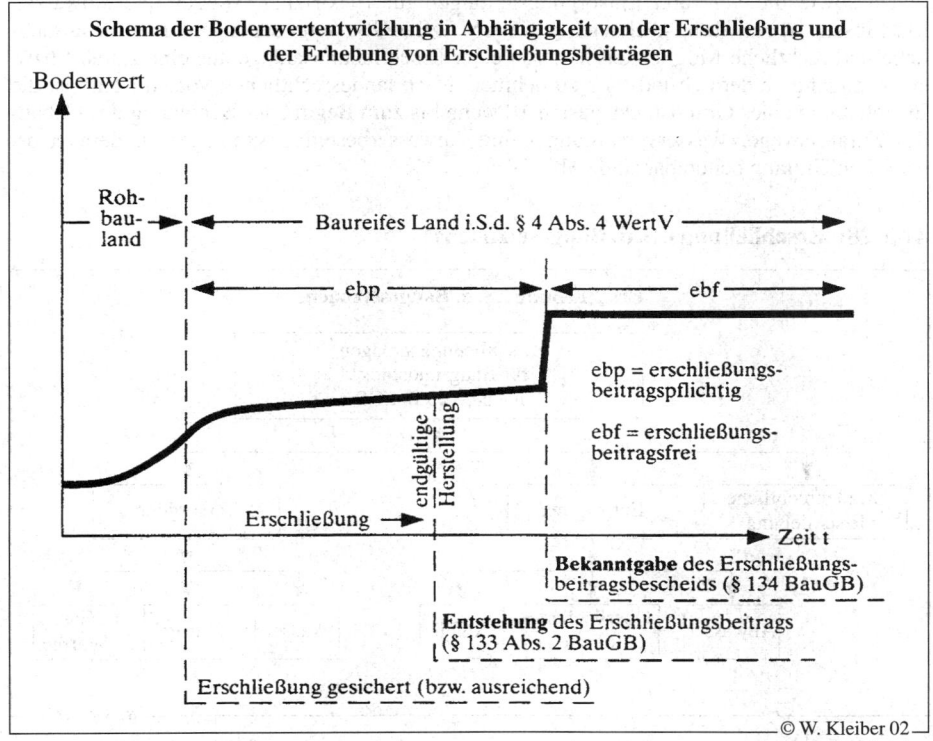

Schema der Bodenwertentwicklung in Abhängigkeit von der Erschließung und der Erhebung von Erschließungsbeiträgen

© W. Kleiber 02

Besonderheiten können gegeben sein, wenn vom bisherigen Eigentümer **Vorauszahlungen nach § 133 Abs. 3 BauGB geleistet** und beim Erwerb eines beitragspflichtig gestellten Grundstücks die Übernahme der Zahlungspflicht vereinbart oder für ein erschließungsbeitragspflichtiges Grundstück die Erschließungsbeitragsfreiheit zugesichert wurde; in diesem Fall kommen Schadensersatzansprüche nach § 459 Abs. 2 i.V.m. § 463 BGB in Betracht. **131**

Bezüglich **Vorausleistungen auf den Erschließungsbeitrag** hat das BauGB die Rechtslage dahingehend geändert, dass **Vorausleistungen auf den Erschließungsbeitrag mit der endgültigen Beitragsschuld** auch dann **zu verrechnen** sind, wenn der Vorausleistende nicht beitragspflichtig ist (vgl. § 133 Abs. 3 Satz 2 BauGB). **132**

Mit der Erschließung eines Grundstücks ist i.d.R. eine Erhöhung des Bodenwerts[41] verbunden. Eine **vorhandene oder zumindest gesicherte Erschließung**[42] ist nämlich nach § 30 Abs. 1, § 33 Abs. 1 Nr. 4, § 34 Abs. 1 Satz 1 und § 35 Abs. 2 BauGB **Voraussetzung für die Klassifizierung einer Fläche als baureifes Land** (§ 4 Abs. 5) und findet auf diesem Wege **133**

---

41 BFH, Urt. vom 20. 5. 1957 – VI 138/55 U –, BFHE 65, 285 = BStBl. III 1957, 343; BFH, Urt. vom 18. 9. 1964 – VI 100/63 S –, EzGuG 9.2; BFH, Urt. vom 24. 11. 1967 – VI R 302/ 66 – , EzGuG 9.3
42 § 35 Abs. 1 Satz 1 BauGB fordert dagegen eine „ausreichende" Erschließung

ihre wertmäßige Berücksichtigung. Nach allgemeiner Auffassung gehört zum Erschließungserfordernis die verkehrsmäßige Anbindung des Baugrundstücks durch Straßen, Wege oder Plätze sowie die Ver- und Entsorgungsleitungen für Elektrizität, Wasser und Abwasser. Erschlossen ist ein Grundstück nach § 131 Abs. 1 BauGB, wenn der Eigentümer die tatsächliche und rechtliche Möglichkeit hat, von einer Erschließungsanlage aus eine Zufahrt bzw. einen Zugang zu dem Grundstück zu nehmen. Nach landesrechtlichen Vorschriften[43] ist die Erschließung eines Grundstücks gesichert, wenn bis zum Beginn der Benutzung des Gebäudes Zufahrtswege, Wasserversorgungs- und Abwasserbeseitigungsanlagen in dem erforderlichen Umfang benutzbar sind (Abb. 28):

Abb. 28: Erschließung i. S. d. Baugesetzbuchs

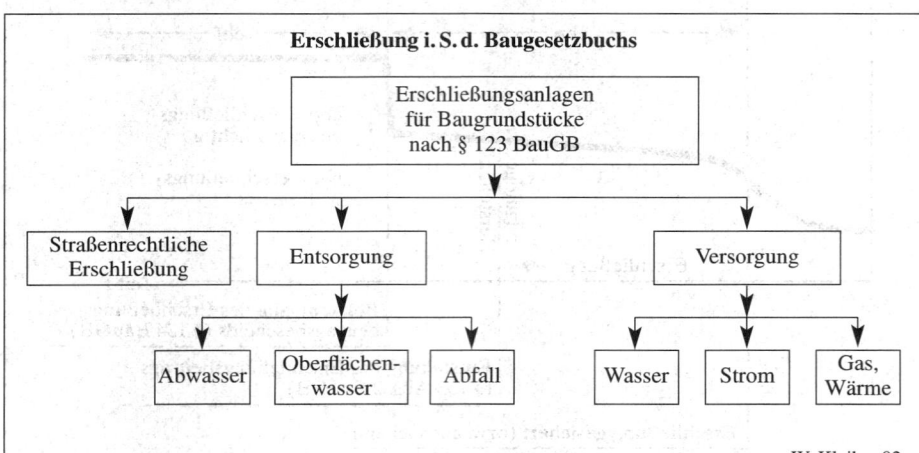

134   Eine **Zweiterschließung** kann den Bodenwert erhöhen, wenn mit der zusätzlichen Zufahrt ein Grundstück wirtschaftlich besser genutzt werden kann. Dies kann insbesondere bei gewerblich genutzten Grundstücken der Fall sein, wenn dadurch ein Grundstück z. B. von einer Nebenstraße ungestört „angefahren" werden kann[44].

135   Auch die **Anlegung von Parkstreifen,** mit einer Trennung des ruhenden und fließenden Fahrzeugverkehrs und der damit verbesserten Erreichbarkeit der Grundstücke sowie verbesserten Parkmöglichkeiten erhöht den Wert eines Grundstücks[45].

136   Der **Unterschied zwischen dem Verkehrswert eines erschließungsbeitragsfreien (ebf) und erschließungsbeitragspflichtigen (ebp) Grundstücks** wird nach den am Wertermittlungsstichtag üblicherweise anfallenden und sich nach den durchschnittlichen Kosten der Erschließungsanlagen bemessenden Erschließungsbeitrag abgeleitet, wobei nach § 129 Abs. 1 Satz 3 BauGB die Gemeinde mindestens l0 v. H. des beitragsfähigen Erschließungsaufwands trägt, sofern nichts anderes nach § 124 BauGB vereinbart wurde.

137   In der Rechtsprechung blieb diese Praxis unbeanstandet[46], soweit es sich nicht um eine Zweiterschließung handelt. In diesem Fall kommt es weniger auf die Kosten, sondern auf die Vor-, aber auch Nachteile an, die sich nach der Lage des Grundstücks und seiner Nutzung ergeben. Das OLG Köln[47] hat hierzu ausgeführt, dass allein schon die **Lebenserfahrung dafür spreche,** dass eine Grundstückserschließung eine Verkehrswerterhöhung zur Folge habe und in aller Regel davon auszugehen sei, dass „wenn ein Grundstück erstmals durch eine Straße erschlossen wird, die Erschließungsbeitragspflicht durch eine entsprechende Erhöhung des Verkehrswerts zumindest komplettiert wird."

Die **durchschnittlichen Erschließungskosten** betragen etwa **138**

  bis 50 €/m² Grundstücksfläche bei Geschossbauten,

    40 €/m² Grundstücksfläche bei Ein- und Zweifamilienhäusern,

    25 bis 35 €/m² Grundstücksfläche bei größeren Gewerbegrundstücken.

Solche *Kosten* müssen nicht zwangsläufig in gleicher Höhe in die *Wert*bildung eingehen. Insbesondere wenn solche Kosten erst zu einem späteren Zeitpunkt anfallen, werden sie vom Markt oftmals nur in gedämpfter Höhe rezipiert[48]. Auch müssen die angegebenen **Kostensätze im Verhältnis zum absoluten Grundstückswert** gesehen werden, wenn sie zur Umrechnung erschließungsbeitragsfreier in erschließungsbeitragspflichtige Grundstückswerte herangezogen werden. Dabei wird deutlich, dass in sog. Niedrigpreisgebieten die Verkehrswerte erschließungsbeitragsfreier Grundstücke (z. B. Industriegrundstücke) oftmals niedriger als die aktuellen Erschließungsbeiträge sind und eine Verrechnung nominaler Erschließungskosten zu Negativwerten führen würde. Deshalb sieht § 19 Abs. 3 des Sachenrechtsbereinigungsgesetzes – SachenRBerG – zur Berücksichtigung von Aufwendungen für die Erschließung, zur Vermessung und für andere Kosten der Baureifmachung weitaus niedrigere Anrechnungsbeträge vor:

    25 DM/m² in Gemeinden mit mehr als 100 000 Einwohnern,

    15 DM/m² in Gemeinden mit mehr als 10 000 bis 100 000 Einwohnern und

    10 DM/m² in Gemeinden bis zu 10 000 Einwohnern.

Des Weiteren werden die Erschließungskosten durch den Unterschied des Verkehrswerts **139** für erschließungsbeitragsfreies Bauland und Rohbauland begrenzt (§ 19 Abs. 3 Satz 2 SachenRBerG).

Steht das **Eigentum am Grundstück mehreren Personen** zu, so muss berücksichtigt werden, ob Gesamthandseigentum oder Miteigentum nach Bruchteilen und ggf. der jeweilige Anteil berücksichtigt werden muss. Dies kann im Einzelfall von Bedeutung sein[49]. **140**

Keine Erschließungsbeiträge fallen in den förmlich festgelegten Entwicklungsbereichen i. S. d. §§ 165 ff. BauGB **und in** den **förmlich festgelegten Sanierungsgebieten an**, **141** für die gemäß § 142 Abs. 4 BauGB in der Sanierungssatzung die Anwendung der besonderen sanierungsrechtlichen Vorschriften der §§ 152 bis 156 a BauGB *nicht* ausgeschlossen wurde (vgl. Vorbem. zu §§ 26–28 WertV Rn. 1ff.). Dort werden gemäß § 154 Abs. 1 Satz 2 BauGB anstelle von Erschließungsbeiträgen und Kostenerstattungsbeiträgen Ausgleichsbeträge nach den §§ 154 f. BauGB erhoben.

Bei den **in** einem **Umlegungsverfahren nach den §§ 45 ff. BauGB neu geordneten** **142** **Grundstücken** muss darüber hinaus in Bezug auf den Erschließungsbeitrag zwischen der

– straßenlandbeitragsfreien und

– straßenlandbeitragspflichtigen

---

43 Art. 4 Abs. 1 Nr. 3 Bay. LBauO

44 BFH, Urt. vom 12. 1. 1995 – IV R 3/95 –, DB 1995, 1371

45 OVG Münster, Urt. vom 25. 5. 1992 – 2 A 1646/90 –, KStZ 1992, 196 = NWVBl. 1992, 442 = KirchE 30, 238 = ZKF 1992, 256 = Gemeindehaushalt 1992, 442

46 LG Koblenz, Urt. vom 1. 9. 1986 – 4 O 5/86 –, EzGuG 20.117; LG Kiel, Urt. vom 3. 11. 1989 – 19 O 4/83 –, GuG 1990, 103 = EzGuG 15.64 bez. entwicklungsbedingter Bodenwerterhöhungen. Vgl. hierzu Beitragsrecht für städtebauliche Aufschließungsmaßnahmen, Schriftenreihe des BMBau Nr. 03.011 Bonn 1973, S. 65

47 OLG Köln, Urt. vom 25. 10. 1984 – 7 U 4/84 –, EzGuG 9.53 a

48 Im sachs.-anh. Bodenrichtwerterlass vom 22. 1. 1993 – 46 – 23520 – (MBl. LSA 1993, 500) wird richtigerweise darauf hingewiesen, dass „eine rein rechnerische Addition erschließungsbeitragspflichtiger Bodenwerte und der Erschließungsbeiträge in der Regel nicht sachgerecht" ist.

49 Kleiber in Bielenberg/Koopmann/Krautzberger, Städtebauförderungsrecht a. a. O., § 154 BauGB Rn. 31ff.

Zuteilung unterschieden werden. Im Regelfall werden die neu geordneten Grundstücke entsprechend dem Wesen der Umlegung straßenlandbeitragsfrei zugeteilt, wobei der Wert der im Umlegungsverfahren ausgeschiedenen Flächen nach § 68 Abs. 1 Nr. 4 BauGB im Umlegungsverzeichnis aufgeführt wird, wenn in Ausnahmefällen insoweit erschließungsbeitragspflichtig zugeteilt wurde. Gemäß § 128 Abs. 1 Satz 3 BauGB zählt dieser Wert zu den erschließungsbeitragsrechtlichen Grunderwerbskosten. Im Übrigen werden für die sonstigen Kosten des Erschließungsaufwands auch für die in einem Bodenordnungsverfahren nach den §§ 45 ff. BauGB zugeteilten Grundstücke nach Maßgabe der §§ 123 ff. BauGB Erschließungsbeiträge erhoben.

143 Abschließend sei noch darauf hingewiesen, dass nach der Rechtsprechung des BVerwG[50] **Grundstückskaufverträge der Gemeinden, in denen Vereinbarungen über die Abgeltung von Erschließungsbeiträgen mit dem Kaufpreis getroffen wurden,** nichtig sind, da das Gericht hierin eine verdeckte Ablösung erblickt hat.

144 Auch wenn im Rahmen der Verkehrswertermittlung z. B. eines erschließungsbeitragsfreien Grundstücks von erschließungsbeitragsfreien Vergleichspreisen oder einem entsprechenden Bodenrichtwert ausgegangen worden ist, empfiehlt es sich im Gutachten den beitrags- und abgabenrechtlichen Zustand des Grundstücks substanziell darzulegen. Im Rahmen seiner **Sorgfaltspflicht** sollte der Gutachter dann gleichwohl darlegen, auf Grund welcher Tatsachen ein grundsätzlich in Frage kommender Beitrag dann nicht mehr anfällt. Hier kann z. B. auf einen bereits entrichteten Erschließungsbeitrag, auf eine persönliche Beitragspflichtigkeit oder auf den Umstand hingewiesen werden, dass ein **Grundstück an einer historischen Straße** liegt. An die Begründungspflicht dürfen hierbei allerdings auch keine überspannten und eher formalen Anforderungen gestellt werden, jedoch sind immer dann erhöhte Anforderungen an die Begründungspflicht zu stellen, wenn nach den Gesamtumständen eine den jeweiligen Eigentümer des Grundstücks treffende Beitragspflichtigkeit nicht von vornherein auszuschließen ist. Der Nachweis, dass z. B. ein zu wertendes Grundstück erschließungsbeitragsfrei ist, stellt nämlich letztlich die Begründung dafür dar, dass bei Heranziehung von erschließungsbeitragsfreien Vergleichspreisen bzw. eines entsprechenden Bodenrichtwerts Unterschiede in dem abgabenrechtlichen Zustand insoweit nicht berücksichtigt werden müssen.

3.6.3   Abgaben nach dem Kommunalabgabenrecht (KAG)

145 Die Gemeinden erheben nach landesrechtlichen Vorschriften (Kommunalabgabengesetze – KAG) Beiträge für die Erweiterung und Verbesserung von Erschließungsanlagen. **Die KAG-Beiträge bemessen sich nach dem wirtschaftlichen Vorteil des Grundstücks,** der sich auch im Verkehrswert des Grundstücks niederschlagen kann. Mit der Steigerung des Gebrauchswerts geht nämlich regelmäßig auch eine Steigerung des Verkehrswerts einher. Sie ist schon dann anzunehmen, wenn die Grundstücke wirtschaftlicher genutzt werden[51]. In förmlich festgelegten Sanierungsgebieten, für die die Anwendung der besonderen sanierungsrechtlichen Bestimmungen der §§ 152 ff. BauGB nicht ausgeschlossen wurde, werden Beiträge auf Grund landesrechtlicher Bestimmungen für die Herstellung, Verbesserung und Erweiterung von Erschließungsanlagen nicht erhoben[52].

146 Im Übrigen gelten die Ausführungen zu den Erschließungsbeiträgen nach dem BauGB (Rn. 133 ff.) entsprechend. Im Unterschied hierzu ist nach dem kommunalen Beitragsrecht allerdings **diejenige Person beitragspflichtig, die zum Zeitpunkt der Entstehung des Beitrags Eigentümerin des Grundstücks ist.**

3.6.4 Kostenerstattungsbetrag nach § 135 a BauGB

▸ *Grundsätzliches hierzu bei § 4 WertV Rn. 258 ff.*

Im Bebauungsplan festgesetzte naturschutzrechtliche Ausgleichsmaßnahmen i. S. d. § 1 a **147**
Abs. 3 BauGB hat nach § 135 a Abs. 1 BauGB grundsätzlich der Vorhabenträger durchzuführen. Soweit diese Maßnahmen entsprechend den Festsetzungen auf dem Eingriffsgrundstück durchzuführen sind, kann sich der Wert des Grundstücks im Vergleich zu den
Vergleichspreisen der Grundstücke bzw. zu dem herangezogenen Bodenrichtwert (eines
Bodenrichtwertgrundstücks, für das entsprechende Maßnahmen nicht festgesetzt worden
sind) entsprechend vermindern. Grundsätzlich kann zur **Ermittlung des Minderungsbe-
trags** von den Kosten ausgegangen werden, die üblicherweise dabei entstehen. Ein Kostenerstattungsbetrag entsteht für das Grundstück in diesen Fällen nicht.

Wie unter § 4 WertV bei Rn. 258 ff. erläutert wurde, kann es sich im Rahmen der natur- **148**
schutzrechtlichen Ausgleichsregelung des § 1 a BauGB um

– Festsetzungen über Ausgleichsflächen und
– um Festsetzungen über Ausgleichsmaßnahmen (z. B. eine Bepflanzung)

handeln.

Im Falle von Festsetzungen über Ausgleichsflächen ist dies bei der Verkehrswertermittlung **149**
durch die zusätzliche Fläche selbst zu berücksichtigen, d. h. bei einem Preisvergleich mit
davon nicht betroffenen Grundstücken kann dies z. B. durch einen geminderten Quadratmeterwert des entsprechend größeren Grundstücks berücksichtigt werden. Im Falle von
Festsetzungen über Ausgleichsmaßnahmen (Bepflanzungen) kommen die Kosten der
Bepflanzungen als Ausgangsgröße in Betracht. Dabei sind allerdings nur die Pflanzkosten
berücksichtigungsfähig, die über das hinausgehen, was auch sonst der Grundstückseigentümer an Bepflanzungen vorgenommen hätte.

Soweit **Maßnahmen an anderer Stelle den Eingriffsgrundstücken nach § 9 Abs. 1 a** **150**
BauGB zugeordnet sind, soll nach § 135 a Abs. 2 BauGB die Gemeinde diese anstelle und
auf Kosten der Vorhabenträger oder Eigentümer durchführen und die hierfür erforderlichen
Flächen bereitstellen. Die Gemeinde erhebt in diesen Fällen zur Deckung ihres Aufwands
einschließlich der hierfür bereitgestellten Flächen vom Eigentümer einen Kostenerstattungsbetrag, der als öffentliche Last auf dem Grundstück ruht. Der Kostenerstattungsbetrag
kann geltend gemacht werden, sobald die Grundstücke, auf denen der ausgleichspflichtige
Eingriff zu erwarten ist, baulich oder gewerblich genutzt wird.

Die Erhebung von Kostenerstattungsbeträgen entfällt nach § 154 Abs. 1 Satz 3 ggf. i. V. m. **151**
§ 169 Abs. 1 Nr. 7 BauGB in **städtebaulichen Sanierungsgebieten und Entwicklungsbereichen.** Dort wird anstelle des Kostenerstattungsbetrags ein Ausgleichsbetrag erhoben. Im
Falle einer gemeindlichen Veräußerung der neugeordneten Grundstücke erfolgt die Veräußerung zum kostenerstattungsbetragsfreien Neuordnungswert.

Auf Grund der vorstehend erläuterten Regelung muss in den genannten Fällen **zwischen** **152**
einem kostenerstattungsbetragsfreien und kostenerstattungsbetragspflichtigen
Grundstückswert unterschieden werden. Wie bei der entsprechenden Unterscheidung

---

50 Wittern in NVwZ 1991, 751
51 OVG Münster, Urt. vom 31. 8. 1978 – 2 A 222/76 –, EzGuG 9.34; OVG Münster, Urt. vom 21. 4. 1975 – 2 A
769/72 –, OVGE 31, 48 = KStZ 1975, 217; OVG Münster, Urt. vom 15. 9. 1975 – 2 A 1347/73 –, DVBl. 1977,
393: OVG Münster, Urt. vom 27. 7. 1976 – 2 A 805/75 –, DWW 1977, 65 = VRspr. 28, 463 = JZ 1976, 176;
OVG Münster, Urt. vom 25. 10. 1982 – 2 A 1817/80 –, EzGuG 9.47; BayVGH, Beschl. vom 7. 8. 1985 – 23 CS
84 A.3129 –, EzGuG 9.58; OVG Münster, Urt. vom 25. 5. 1992 – 2 A 1646/90 –, KStZ 1992, 196
52 Kleiber in Bielenberg/Koopmann/Krautzberger, Städtebauförderungsrecht, Bd. I, § 155 BauGB Rn. 24 f., § 154
BauGB Rn. 69 f.

zwischen erschließungsbeitragspflichtigen (ebp) und erschließungsbeitragsfreien (ebf) Grundstückswerten bemisst sich der Unterschied nach der voraussichtlichen Höhe des Kostenerstattungsbetrags.

3.6.5   Umlegungsausgleichsleistungen

153   ▶ *Umfassend zu Umlegungsverfahren vgl. Teil VI Rn. 51 ff.*

154   Der umlegungsrechtliche Mehrwertausgleich, d. h. die Verpflichtung des Eigentümers eines im Umlegungsverfahren nach den §§ 45 ff. BauGB neugeordneten Grundstücks oder des Erbbauberechtigten zu „Geldleistungen nach den §§ 57 bis 61" (vgl. § 64 Abs. 3 BauGB), gilt als Beitrag und ruht als öffentliche Last auf dem Grundstück oder dem Erbbaurecht. Die Geldleistung, deren Fälligkeit und Zahlungsart werden im Umlegungsverzeichnis aufgeführt (§ 68 BauGB). Wird der **Verkehrswert eines in der Umlegung rechtskräftig zugeteilten Grundstücks** ermittelt, können die Geldleistungen grundsätzlich außer Betracht bleiben, selbst dann, wenn sie

– bei einer Minderzuteilung von der Gemeinde oder

– bei einer Mehrzuteilung vom Eigentümer oder Erbbauberechtigten

noch nicht erbracht worden sind. Es handelt sich hierbei nämlich lediglich um ein Schuldverhältnis zwischen der Gemeinde und dem Eigentümer bzw. Erbbauberechtigten. Im Veräußerungsfall bemisst sich der Verkehrswert deshalb allein nach dem Neuordnungszustand des Grundstücks, wenn man die dingliche Sicherung des Mehrwertausgleichs (öffentliche Last) außer Betracht lässt.

3.6.6   Ausgleichsbetrag nach den §§ 154 f. BauGB

155   ▶ *Weitere Ausführungen zur Ausgleichsbetragserhebung bei § 28 WertV Rn. 1 ff.*

156   In förmlich festgelegten Sanierungsgebieten, für die die Anwendung der besonderen sanierungsrechtlichen Vorschriften der §§ 152 ff. BauGB *nicht* ausgeschlossen wurde, sowie in städtebaulichen Entwicklungsbereichen wird nach § 154 Abs. 1 BauGB **anstelle eines Erschließungsbeitrags ein Ausgleichsbetrag** in Höhe der sanierungs- bzw. entwicklungsbedingten Bodenwerterhöhung erhoben. Ausgleichsbetragspflichtig ist der Eigentümer des Grundstücks im Zeitpunkt der Entstehung des Ausgleichsbetrags. Nach § 154 Abs. 3 Satz 1 BauGB entsteht der Ausgleichsbetrag mit Abschluss der Sanierung bzw. Entwicklung nach den §§ 162 f. BauGB. Der Zeitpunkt der Entstehung des Ausgleichsbetrags ist damit identisch mit dem Zeitpunkt, der auch der Ermittlung des Ausgleichsbetrags zu Grunde zu legen ist. Der Zeitpunkt wird in § 28 Abs. 2 Satz 2 konkretisiert. Der Eigentümer des Grundstücks in diesem Zeitpunkt ist im Übrigen auch dann ausgleichsbetragspflichtig, wenn das Grundstück mit einem Erbbaurecht belastet ist[53].

157   Der **Eigentümer des Grundstücks zum Zeitpunkt der Entstehung** bleibt auch dann **ausgleichsbetragspflichtig,** wenn er das Grundstück veräußert. Da der Ausgleichsbetrag nach § 154 Abs. 4 Satz 3 BauGB *nicht* als öffentliche Last auf dem Grundstück ruht, kann der Ausgleichsbetragsanspruch im Veräußerungsfalle auch nicht aus dem Grundstück befriedigt werden[54]. Wird ein Grundstück, für das der Ausgleichsbetrag zwar entstanden, aber noch nicht entrichtet worden ist, veräußert, kann deshalb vom Verkehrswert des Grundstücks unter Berücksichtigung der rechtlichen und tatsächlichen Neuordnung des Gebiets ausgegangen werden (vgl. Abb. 25 bei Rn. 129)[55].

3.6.7 Bodenschutzrechtlicher Ausgleichsbetrag

Grundstücke, die unter Einsatz öffentlicher Mittel von Altlasten bereinigt (saniert) worden **158**
sind, sind nach Maßgabe des § 25 BSchG einem (bodenschutzrechtlichen) Ausgleichsbetrag unterworfen, wenn durch die Maßnahmen zur Beseitigung der Altlasten der Verkehrswert des Grundstücks nicht nur unwesentlich erhöht wurde und der Eigentümer die Kosten
nicht oder nur unvollständig getragen hat. Die **Höhe dieses bodenschutzrechtlichen Ausgleichsbetrags** bestimmt sich in Anlehnung an § 154 Abs. 1 und 2 BauGB nach § 25 Abs. 2
BodSchG aus dem „Unterschied zwischen dem Wert, der sich ergeben würde, wenn die
Maßnahmen (zur Altlastensanierung) nicht durchgeführt worden wären (Anfangswert),
und dem Verkehrswert, der sich für das Grundstück nach Durchführung der Erkundungs-
und Sanierungsmaßnahmen ergibt (Endwert)". Die Höhe des (bodenschutzrechtlichen)
Ausgleichsbetrags wird durch die Höhe der eingesetzten öffentlichen Mittel begrenzt (vgl.
§ 5 WertV Rn. 140, 162).

Der bodenschutzrechtliche Ausgleichsbetrag ruht im Unterschied zu dem sanierungsrecht- **159**
lichen Ausgleichsbetrag nach den §§ 154 f. BauGB als **öffentliche Last** auf dem Grund-
stück. Der bodenschutzrechtliche Ausgleichsbetrag wird nach § 93 b GBV mit einem
Bodenschutzvermerk in Abs. 2 des Grundbuchs eingetragen. Weiterführendes Schrifttum:
Simon in GuG 1999, 212; Grziwotz, Immobilienrecht 2000, RWS-Forum 19; Roller in
GuG 2001, 162; Erbguth in DVBl. 2001, 601; Sandner in NJW 2001, 2045

3.6.8 Ablösungsbeträge für Stellplatzverpflichtungen

Der Verpflichtung zur Herstellung von Stellplätzen oder Garagen kommt insbesondere im **160**
dicht bebauten Kernbereich der Städte eine auch bei der Verkehrswertermittlung zu berücksichtigende Bedeutung zu. Dabei muss grundsätzlich zwischen

a) der Herstellung von Stellplätzen oder Garagen im Neubaufall und

b) der nachträglichen Forderung nach Schaffung von Stellplätzen oder Garagen

unterschieden werden. Die Verpflichtung des Eigentümers zur Herstellung von Stellplätzen
oder Garagen ergibt sich aus dem Bauordnungsrecht der Länder. So dürfen z. B. nach § 47
der nordrh.-westf. BauO bauliche Anlagen nur errichtet oder wesentlich geändert werden,
wenn Stellplätze oder Garagen in ausreichender Größe sowie in geeigneter Beschaffenheit
hergestellt werden[56]. Für bereits bestehende Anlagen können sie auf Grund einer Satzung
auch noch nachträglich gefordert werden. Die **Stellplatzverpflichtung kann durch einen
Geldbetrag (Ablösebetrag) abgelöst werden,** wenn der Stellplatzverpflichtung nur unter
sehr großen Schwierigkeiten nachgekommen werden kann oder diese auf Grund einer Satzung untersagt bzw. eingeschränkt ist[57].

---

53 Kleiber in Bielenberg/Koopmann/Krautzberger, Städtebauförderungsrecht, Bd. I, § 154 BauGB Rn. 58 ff.,
     BVerwG, Urt. vom 1. 12. 1989 – 8 C 44/88 –, EzGuG 9.71
54 Kleiber in Ernst/Zinkahn/Bielenberg, BauGB, § 194 Rn. 39
55 Zur Verrechnung von Vorauszahlungen nach § 154 Abs. 6 BauGB vgl. Kleiber in Bielenberg/Koopmann/
     Krautzberger, Städtebauförderungsrecht, Bd. 1 § 154 BauGB Rn. 282
56 BGH, Urt. vom 26. 2. 1971 – V ZR 116/68 –, EzGuG 1.9 m.w.N.; vgl. Stellplatz-Ablöseverordnung für Berlin
     vom 29. 10. 1990, GVABl. 1990, 2232 = GuG 1991, 51; GuG 1993, 49
57 Seiner Rechtsnatur nach ist der Ablösebetrag eine nichtsteuerliche Sonderabgabe (BVerwG, Urt. vom 30. 8.
     1985 – 4 C 10/81 –, EzGuG 1.30); sie ist Surrogat für die Stellplatzverpflichtung (vgl. OVG Hamburg, Urt. vom
     13. 11. 1980 – Bf. II 22/79 –, EzGuG 1.19 a); im Übrigen kann die Ablösung auch Gegenstand eines öffentlich-
     rechtlichen Vertrags sein (vgl. OVG Münster, Urt. vom 25. 1. 1977 – 7 A 64/75 –, EzGuG 1.16); Schröer in
     NVwZ 1997, 140

161   **Die Möglichkeit, im Falle der Errichtung eines Neubaus auf einem Grundstück die Stellplatzverpflichtung ablösen zu können, ist für den Bauherrn grundsätzlich von Vorteil.** Er kann nämlich von dieser Möglichkeit Gebrauch machen, wenn dies im Vergleich zur Schaffung von Garagen oder Stellplätzen auf eigenem Grund und Boden für ihn günstiger ist[58]. Bei bestehenden Gebäuden hat der Eigentümer diese Dispositionsfreiheit nicht mehr. Im Vergleich zu den Bodenwerten unbebauter Grundstücke kann deshalb ein Wertabschlag insoweit gerechtfertigt sein, wie der Ablösebetrag den wirschaftlichen Vorteil übersteigt, der aus der Nutzung der Grundstücksflächen resultiert, die ansonsten für die Herstellung von Stellplätzen oder Garagen auf dem Grundstück hätten Verwendung finden können.

162   **Die Höhe des Ablösungsbetrags** (vgl. Abb. 29) **ergibt sich nach den landesrechtlichen Bestimmungen.** Nach § 1 der bln. Stellplatz-Ablöseverordnung vom 7. 2. 1992[59] bestimmt sich der Ablösungsbetrag nach der Berechnungsformel:

$$5\,600 \text{ DM} + 8\,500 \text{ DM} \times \text{GFZ i. S. d. § 20 i. V. m. § 21 a Abs. 4 BauNVO}$$

wobei für die östlichen Bezirke Berlins Sonderregelungen zu beachten sind (vgl. § 2 der Stellplatz-Ablösungsverordnung)[60].

Abb. 29: Beträge zur Ablösung der Stellplatzbaupflicht in ausgewählten Städten

Stadt	Einwohner Tsd.	Betrag in DM	Ermittlung	Bemerkungen
Berlin[2] (1992)	3409	min 9 000 max 39 600	Einzelfall-berechnung	A = 5 600 DM + (8 500 DM × GFZ) geplant: 4 Stpl ohne Ablösung
Hamburg (1992)	1626	min 15 660 max 28 800	Festwerte	Innenstadt (o.Whg.) 28 800 DM/Stpl üb. Stadtgebiet u. Whg. 15 660 DM/Stpl
Frankfurt (1979) geplant	635	max 15 000 max 25 000	Einzelfall-berechnung	A = 2 800 DM + (F×V×0,45) F = 25 m² A = 3 800 DM + (F×V×0,60) F = 25 m²
Düsseldorf (1980)	574	min 10 000 max 18 000	Festwerte	Innenstadt 18 000 DM/Stpl citynahe Gebiete 14 000 DM/Stpl übriges Stadtgebiet 10 000 DM/Stpl
Dresden (1991)	501	max 15 000	Einzelfall-berechnung	Formel: A = (V + K) × 0,6 F F = 25 m², K = 150 DM
Nürnberg (1990)	486	max 15 000	Einzelfall-berechnung	Formel: A = (V + K) × 0,5 F F = nach Kfz-Flächenbedarf, K = 130 DM
Münster (1985)	253	min 5 250 max 25 200	Festwerte	Innenstadt 25 200 DM/Stpl citynahe Gebiete 15 000 DM/Stpl übriges Stadtgebiet 5 250 DM/Stpl Kernzonen in Außenstadtbezirken 9 500 DM/Stpl
Kassel (1986)	192	min 2 250 max 13 200	Einzelfall-berechnung	A = 2 000 DM + BFW[1] × 25 m² (1 750 – 20 000 DM/Stpl)

Abkürzungen: A = Ablösebetrag pro Stellplatz, F = Fläche des Stellplatzes, GFZ = Geschossflächenzahl, K = Baukosten, Stpl = Stellplatz, V = Verkehrswert, Whg = Wohnung, BFW = Bodenfestwert

1 Die Bodenwerte sind in der Satzung festgesetzt (7 Zonen mit 70 – 800 DM/m²).
2 Stellplatzpflicht wird abgelöst

Quellen: Stellplatzsatzungen der Gemeinden; Gesetz über die Höhe des Ausgleichsbetrages für Stellplätze und Garagen der Hansestadt Hamburg, Drs. 14/857, Dez. 1991; Stellplatz-Ablöseverordnung Berlin, Feb. 1992
Quelle: Handbuch der kommunalen Verkehrsplanung, 1. Ergänzungs-Lieferung = GuG 1995, 49

---

58 BVerwG, Urt. vom 4. 2. 1966 – 4 C 64/65 –, EzGuG 1.5 a; OVG Hamburg, Urt. vom 13. 11. 1980 – Bf. II 22/79 –, EzGuG 1.19 a; zur steuerlichen Behandlung des Ablösungsbetrags vgl. BFH, Urt. vom 8. 3. 1984 – IX R 45/80 –, EzGuG 1.24
59 (GVBl. 1992, 112), vgl. GuG 1991, 51 und GuG 1993, 49
60 GuG 1993, 49

Abb. 30: Richtwertzahlen

	Richtzahlentabelle für den Stellplatzbedarf und den Bedarf an Abstellplätzen für Fahrräder (Quelle: Sächs. ABl. 1995 Sonderdr. Nr. 4 vom 8. 3. 1995)		
Nr.	Verkehrsquelle	Zahl der Stellplätze für Kraftfahrzeuge	Zahl der Abstellplätze für Fahrräder
1	Wohngebäude		
1.1	Einfamilienhäuser	1 bis 2 je Wohnung	–
1.2	Mehrfamilienhäuser und sonstige Wohnungen	1 bis 1,5 je Wohnung	2 je Wohnung
1.3	Gebäude mit Altenwohnungen	1 je 6 Wohnungen	1 je 6 Wohnungen
1.4	Wochenend- und Ferienhäuser	1 je Wohneinheit	–
1.5	Kinder- und Jugendwohnheime	1 je 10 bis 20 Betten, jedoch mindestens 2 Stellplätze	1 je 2 Betten
1.6	Studentenwohnheime	1 je 2 bis 3 Betten	1 je Bett
1.7	Schwesternwohnheime	1 je 3 bis 5 Betten, jedoch mindestens 3 Stellplätze	1 je 3 Betten
1.8	Arbeiterwohnheime	1 je 2 bis 4 Betten, jedoch mindestens 3 Stellplätze	1 je 4 Betten
1.9	Altenwohnheime	1 je 8 bis 15 Betten, jedoch mindestens 3 Stellplätze	1 je 10 Betten
2	Gebäude mit Büro-, Verwaltungs- und Praxisräumen		
2.1	Büro- und Verwaltungsräume allgemein	1 je 30 bis 40 m^2 Nutzungsfläche[*]	1 je 40 bis 80 m^2 Nutzfläche[*]
2.2	Räume mit erheblichem Besucherverkehr (Schalter-, Abfertigungs- oder Beratungsräume, Arztpraxen und dergleichen)	1 je 20 bis 30 m^2 Nutzfläche[*]	1 je 30 bis 60 m^2 Nutzfläche[*]
3	Verkaufsstätten		
3.1	Läden, Geschäftshäuser / Stellplätze je Laden	1 je 30 bis 40 m^2 Verkaufsnutzfläche[*], jedoch mindestens 2 jedoch mindestens 2 Stellplätze je Laden	1 je 60 bis 80 m^2 Verkaufsnutzfläche[*]
3.2	Geschäftshäuser mit geringem Besucherverkehr	1 je 50 m^2 Verkaufsnutzfläche[*]	1 je 100 m^2 Verkaufsnutzfläche[*], jedoch mindestens 1 je Laden oder Geschäftshaus
3.3	Großflächige Einzelhandelsbetriebe außerhalb von Kerngebieten	1 je 10 bis 20 m^2 Verkaufsnutzfläche[*]	1 je 150 m^2 Verkaufsnutzfläche[*]
4	Versammlungsstätten (außer Sportstätten), Kirchen		
4.1	Versammlungsstätten von überörtlicher Bedeutung (z. B. Theater, Konzerthäuser, Mehrzweckhallen)	1 je 5 Sitzplätze	1 je 10 bis 20 Sitzplätze
4.2	Sonstige Versammlungsstätten (z. B. Lichtspieltheater, Schulaulen, Vortragssäle)	1 je 5 bis 10 Sitzplätze	1 je 10 bis 20 Sitzplätze
4.3	Gemeindekirchen	1 je 40 Sitzplätze	1 je 30 Sitzplätze
4.4	Kirchen von überörtlicher Bedeutung	1 je 30 Sitzplätze	1 je 20 Sitzplätze
5	Sportstätten		
5.1	Sportstätten ohne Besucherplätze (z. B. Trainingsplätze)	1 je 400 m^2 Sportfläche	1 je 250 m^2 Sportfläche
5.2	Sportplätze und Sportstadien mit Besucherplätzen	1 je 15 Besucherplätze	1 je 20 Besucherplätze
5.3	Sporthallen ohne Besucherplätze	1 je 50 m^2 Hallenfläche	1 je 50 m^2 Hallenfläche
5.4	Sporthallen mit Besucherplätzen	1 je 15 Besucherplätze	1 je 15 Besucherplätze
5.5	Freibäder und Freiluftbäder	1 je 200 bis 300 m^2 Grundstücksfläche	1 je 200 bis 300 m^2 Grundstücksfläche

Nr.	Verkehrsquelle	Zahl der Stellplätze für Kraftfahrzeuge	Zahl der Abstellplätze für Fahrräder
5.6	Hallenbäder ohne Besucherplätze	1 je 5 bis 10 Kleiderablagen	1 je 5 bis 10 Kleiderablagen
5.7	Hallenbäder mit Besucherplätzen	1 je 15 Besucherplätze	1 je 10 Besucherplätze
5.8	Tennisplätze ohne Besucherplätze	3 je Spielfeld	1 je Spielfeld
5.9	Tennisplätze mit Besucherplätzen	1 je 15 Besucherplätze	1 je 10 bis 15 Besucherplätze
5.10	Minigolfplätze	10 je Minigolfplatz	2 je Minigolfanlage
5.11	Kegel-, Bowlingbahnen	4 je Bahn	1 je Bahn
5.12	Bootshäuser und Bootsliegeplätze	1 je 2 bis 5 Boote	1 je 5 Boote
6	Gaststätten und Beherbergungsbetriebe		
6.1	Gaststätten von örtlicher Bedeutung	1 je 8 bis 12 Sitzplätze	1 je 8 bis 12 Sitzplätze
6.2	Gaststätten von überörtlicher Bedeutung	1 je 4 bis 8 Sitzplätze	1 je 8 bis 12 Sitzplätze
6.3	Hotels, Pensionen, Kurheime und andere Beherbergungsbetriebe	1 je 2 bis 6 Betten, für zugehörigen Restaurationsbetrieb Zuschlag nach Nummer 6.1 oder 6.2	1 je 20 bis 30 Betten
6.4	Jugendherbergen	1 je 10 Betten	1 je 10 Betten
7	Krankenanstalten		
7.1	Universitätskliniken	1 je 2 bis 3 Betten	1 je 25 Betten
7.2	Krankenhäuser von überörtlicher Bedeutung (z. B. Schwerpunktkrankenhäuser), Privatkliniken	1 je 2 bis 4 Betten	1 je 30 bis 50 Betten
7.3	Krankenhäuser von örtlicher Bedeutung	1 je 4 bis 6 Betten	1 je 25 Betten
7.4	Sanatorien, Kuranstalten, Anstalten für langfristig Kranke	1 je 2 bis 4 Betten	1 je 40 bis 60 Betten
7.5	Altenpflegeheime	1 je 6 bis 10 Betten	1 je 40 bis 60 Betten
8	Schulen, Einrichtungen der Jugendförderung		
8.1	Grundschulen	1 je 30 Schüler	1 je 5 Schüler
8.2	Sonstige allgemeinbildende Schulen, Berufsschulen, Berufsfachschulen	1 je 5 bis 10 Schüler über 18 Jahre	
8.3	Sonderschulen für Behinderte	1 je 15 Schüler	1 je 10 bis 15 Schüler
8.4	Fachschulen, Hochschulen	1 je 4 Studierende	1 je 4 bis 8 Studierende
8.5	Kindergärten, Kindertagesstätten und dergleichen	1 je 20 bis 30 Kinder, jedoch mindestens 2 Stellplätze	1 je 20 bis 30 Kinder
8.6	Jugendfreizeitheime und dergleichen	1 je 15 Besucherplätze	1 je 5 Besucherplätze
9	Gewerbliche Anlagen		
9.1	Handwerks- und Industriebetriebe	1 je 70 m² Nutzfläche oder je 3 Beschäftigte*)	1 je 70 m² Nutzfläche oder je 3 Beschäftigte*)
9.2	Lagerräume, Lagerplätze, Ausstellungs- und Verkaufsplätze	1 je 100 m² Nutzfläche oder je 3 Beschäftigte*)	1 je 100 m² Nutzfläche oder je 3 Beschäftigte*)
9.3	Kraftfahrzeugwerkstätten	6 je Wartungs- oder Reparaturstand	1 je 5 Beschäftigte
9.4	Tankstellen mit Pflegeplätzen	10 je Pflegeplatz	–
9.5	Autom. Kraftfahrzeugwaschstraßen	5 je Waschanlage**)	–
9.6	Kraftfahrzeugwaschplätze zur Selbstbedienung	3 je Waschplatz	–
10	Verschiedenes		
10.1	Kleingartenanlagen	1 je 3 Kleingärten	–
10.2	Friedhöfe	1 je 2 000 m² Grundstücksfläche, jedoch mindestens 10 Stellplätze	1 je 2 000 m² Grundstücksfläche
10.3	Spiel- und Automatenhallen	1 je 20 m² Spielhallenfläche, jedoch mindestens 3***)	1 je 20 m² Spiel- oder Automatenhallenfläche, jedoch mindestens 3

*)   Der Stellplatzbedarf ist in der Regel nach der Nutzfläche zu berechnen; ergibt sich dabei ein offensichtliches Missverhältnis zum tatsächlichen Stellplatzbedarf, so ist die Zahl der Beschäftigten zu Grunde zu legen.

**)   Zusätzlich muss ein Stauraum für mindestens 40 Kraftfahrzeuge vorhanden sein.

***) Bei der Berechnung der Spielhallennutzfläche bleiben Nebenräume außer Betracht.

3.6.9 Walderhaltungsabgabe nach Landeswaldgesetz

Nach landesrechtlichen Vorschriften bedarf die **Umwandlung eines Waldes in eine** 163
andere Nutzungsart der Genehmigung der unteren Forstbehörde (Umwandlungsgenehmigung, vgl. § 8 LWaldG Brandenburg). Zum Ausgleich nachteiliger Wirkungen seiner Umwandlung kann z. B. in *Brandenburg* die untere Forstbehörde insbesondere bestimmen, dass

1. als Ersatz eine **Erstaufforstung** geeigneter Grundstücke innerhalb einer bestimmten Frist vorzunehmen ist,

2. ein Wald mit Schutzstatus zu erhalten ist,

3. sonstige **Schutz- und Gestaltungsmaßnahmen** zu treffen sind.

Soweit die nachteiligen Wirkungen einer Waldumwandlung nicht ausgeglichen werden können, ist ein finanzieller Ausgleich zu leisten.

Zum Ausgleich der nicht durch Ersatzmaßnahmen ausgeglichenen nachteiligen Wirkung 164
wird eine **Walderhaltungsabgabe** erhoben. Diese bemisst sich z. B. im Lande *Brandenburg* nach den „ausgeschiedenen Waldfunktionen des umzuwandelnden einschließlich des von der Umwandlung mittelbar betroffenen Waldes"[61], der Größe und räumlichen Lage der umzuwandelnden Fläche und den zu erwartenden Auswirkungen auf den Naturhaushalt zum Zeitpunkt des Umwandlungsantrages" (vgl. auch § 15 Abs. 6 LWaldG M-V). Hierzu bestimmt § 3 der WalderhaltungsabgabenVO des Landes:

§ 3
Rahmensätze

(1) Als Untergrenze für die Höhe der Walderhaltungsabgabe werden die Kosten für eine nach forstlichen Gesichtspunkten mit standortgerechten Baumarten zu begründende Kultur einschließlich ihrer Sicherung angesetzt. Bei Flächen mit Waldfunktionen höherer Wertigkeit ist höchstens ein Fünffaches dieser Kosten zu Grunde zu legen.

Bemessungskriterien sind der Verlust an Schutz- und Erholungsfunktion des betreffenden Waldgebietes, der örtliche Waldanteil, die ökologische Wertigkeit des umzuwandelnden Bestandes und sonstige negative Wirkungen auf die Natur.

(2) Als Obergrenze für die Höhe der Walderhaltungsabgabe werden die Kosten nach Absatz 1 zuzüglich durchschnittlicher Ankaufskosten aufforstungsfähiger Grundstücke gleicher Größe im selben Naturraum angesetzt.

3.6.10 Ausgleichszahlung nach Baumschutzverordnung

Rechtsgrundlage für die Baumschutzsatzungen und Baumschutzverordnungen ist § 18 165
BNatSchG, der unter dem Begriff der geschützten Landschaftsbestandteile auch den Schutz von Bäumen einbezieht. Die Länder können in Ausfüllung von § 18 BNatSchG i. V. m. der Befreiungsregelung des § 31 BNatSchG ergänzende Regelungen insbesondere zu Ausgleichsverpflichtungen im Falle einer Befreiung von der Satzung bzw. Verordnung in ihren Landesnaturschutzgesetzen treffen. Möglich ist auch eine Befreiungsregelung unmittelbar in der Satzung bzw. Verordnung. Da § 18 BNatSchG eine gegenüber § 8 a BNatSchG **eigenständige Regelung** trifft, ist diese zunächst **vorrangig** gegenüber der Ausgleichsverpflichtung nach § 8 a BNatSchG[62]. Allerdings können in einem Bebauungsplan gleichwohl Festsetzungen zur Beseitigung von auf Grund von § 18 BNatSchG geschützten Bäumen getroffen werden. Es greift dann aber zuvor die Verpflichtung, eine Befreiung von der Baumschutzsatzung bzw. -verordnung einzuholen. Die in diesem Fall ggf. nach Landesrecht bzw. der Satzung oder Verordnung gebotene Ausgleichsverpflichtung auf Grund einer Befreiung von der Baumschutzsatzung bzw. -verordnung ist **nicht der bauleitplanerischen Abwägung** unterworfen.

---

61 Verordnung über die Walderhaltungsabgabe vom 21. 9. 1993 (GVBl. Bbg 1993, 649)
62 Oldiges, Rechtsfragen zur Bedeutung der naturschutzrechtlichen Eingriffsregelung in der Bauleitplanung, BMBau 1996, S. 112 ff.

166   Die **Unterschutzstellung von Bäumen** muss nach Auffassung des BVerwG **nur hinsichtlich des Bestandes an Bäumen** – nicht jedoch hinsichtlich eines jeden einzelnen Baumes erforderlich sein[63]. Baumschutzsatzungen, die hinsichtlich ihres Geltungsbereichs auf „die innerhalb der im Zusammenhang bebauten Ortsteile und den Geltungsbereich der Bebauungspläne" abstellen, sind nunmehr auch vom BVerwG als uneingeschränkt rechtswirksam anerkannt worden[64].

167   Die naturschutzrechtliche Eingriffsregelung für das Bebauungsplanverfahren und die Baumschutzsatzungen bzw. -verordnungen sehen, wenn sie sich auf dasselbe Gebiet beziehen, unterschiedliche **Rechtsfolgen für das Beseitigen von Bäumen** vor. Da Baumschutzsatzungen und -verordnungen in unterschiedlicher Ausgestaltung möglich sind, ist jeweils im konkreten Einzelfall das Verhältnis zur naturschutzrechtlichen Eingriffsregelung zu bestimmen; dabei ist auch entscheidend, ob der Bebauungsplan nach § 1 a BauGB oder die Regelung zum Baumschutz für das Gebiet zeitlich früher vorlag.

168   Liegt eine Baumschutzsatzung bzw. -verordnung für ein bislang nicht beplantes Gebiet bereits vor und soll danach das Gebiet durch einen Bebauungsplan überplant werden, ist im Rahmen des Bebauungsplanverfahrens bei Anwendung des § 1 a BauGB in Rechnung zu stellen, dass für die von der Planung erfassten Bäume bereits eine vorrangige Ausgleichsregelung besteht. Die Gemeinde darf daher den **Schutz der Bäume nicht in die nach § 8 a BNatSchG geforderte Eingriffs- /Ausgleichsbetrachtung einbeziehen.** Eine Ausnahme gilt nur dann, wenn es sich um eine gemeindliche Baumschutz*satzung* handelt, da die Gemeinde als Satzungsgeberin diese Baumschutzsatzung für den Bereich des Bebauungsplans zeitgleich mit der Aufstellung des Bebauungsplans außer Kraft setzen kann. Die Außerkraftsetzung kann ausdrücklich, u. U. aber auch konkludent durch eine entsprechende Willensäußerung im Aufstellungsverfahren für den Bebauungsplan erfolgen. Für einen solchen Willen zur konkludenten Außerkraftsetzung der Baumschutzsatzung müssen aber im Aufstellungsverfahren für den Bebauungsplan deutliche Anhaltspunkte ersichtlich sein. Eine solche Lösungsmöglichkeit existiert für Baumschutz*verordnungen* nicht, da diese von der Gemeinde nicht aufgehoben werden können.

169   Liegt dagegen zunächst der **Bebauungsplan** vor und wird erst danach eine Baumschutzsatzung bzw. -verordnung aufgestellt, verdrängt die Baumschutzsatzung bzw. Verordnung, soweit der Bebauungsplan noch nicht vollzogen ist, die insoweit zu den Bäumen getroffenen Ausgleichsverpflichtungen im Bebauungsplan. Im Baugenehmigungsverfahren, in welchem konkret über das Beseitigen der Bäume zu entscheiden ist, ist dann in Bezug auf die Bäume nicht mehr der insoweit gegenstandslos gewordene Bebauungsplan anzuwenden, sondern die nachträglich erlassene Baumschutzsatzung bzw. -verordnung. Auch hier ist allerdings zu prüfen, ob nicht Anhaltspunkte bei Aufstellung der Baumschutzsatzung vorliegen, dass diese sich nicht auf den zeitlich früheren Bebauungsplan erstrecken soll[65].

170   **Baumschutzsatzungen müssen** hinsichtlich ihrer Regelungen zur Bemessung der zu entrichtenden Ausgleichszahlung **dem Bestimmtheitsgebot genügen:**

a) Wird die **Fällung von Bäumen** z. B. **zum Zwecke der Bebauung eines Grundstücks erforderlich,** so sind in der Regel zunächst Ersatzpflanzungen zu fordern. Soweit es sich hierbei nicht um eine Verpflichtung zu besonders aufwendigen Ersatzpflanzungen handelt, folgt hieraus in aller Regel keine besondere Wertminderung des Grundstücks. Zum einen sind die anfallenden Kosten im Vergleich zu den Grundstücks- und Baukosten von untergeordneter Bedeutung, zumal eine (ergänzende) Bepflanzung mit der Bebauung eines Grundstücks ohnehin verbunden ist. Dagegen können eher schon die Beseitigungskosten von Bäumen zu einer Wertminderung führen, wenn bei der Bodenwertermittlung von Vergleichspreisen für sofort bebaubare Grundstücke ausgegangen wurde.

b) Scheiden **Ersatzbepflanzungen** aus rechtlichen oder tatsächlichen Gründen aus, so können dem Eigentümer Ausgleichszahlungen auferlegt werden, wenn die Baumschutzsatzung bzw. das Naturschutzgesetz dies entsprechend vorsieht. In der Rechtsprechung sind Regelungen anerkannt, nach denen sich die Ausgleichszahlung nach der Art und dem konkreten Stammumfang eines entfernten Baumes bemisst[66]. Die Mehrzahl der in Nordrhein-Westfalen getroffenen Regelungen sehen darüber hinaus eine Pflanzkostenpauschale in Höhe von 30 % des Nettokaufpreises[67] und ggf. einer dreijährigen Anwachspflege einschließlich Mehrwertsteuer vor, wobei diese nur zum Ansatz kommen kann, wenn die Gemeinde den Pflanzauftrag an Privatunternehmen vergibt. Die Wertminderung eines Grundstücks im Vergleich zu dem Verkehrswert unmittelbar bebaubarer Grundstücke kann in solchen Fällen anhand der sich so bemessenen Ausgleichszahlung leicht mithilfe von entsprechenden Baumschulkatalogen ermittelt werden.

c) Baumschutzsatzungen, die hinsichtlich der Bemessung von **Ausgleichszahlungen auf die Methode Koch abheben, werden** im Schrifttum dagegen mit dem Hinweis **abgelehnt,** dass diese Methode ökologischen Gesichtspunkten nicht Rechnung trage und dem Eigentümer Kosten auferlege, die er in der Vergangenheit bereits getragen habe[68]. In der Kritik an dieser Methode wird darauf hingewiesen, dass sich die Ausgleichszahlung und damit auch eine hieraus abgeleitete Wertminderung als unangemessen hoch erweise.

3.7 Lagefaktoren

3.7.1 Allgemeines

▶ *Allgemeines vgl. § 5 WertV Rn. 203 ff.*

Von vielen Gutachtern wird die nicht gerade geistreiche Auffassung vertreten, dass der Verkehrswert eines Grundstücks im Wesentlichen nur durch drei Faktoren bestimmt werde, nämlich nach der Lage des Grundstücks, der Lage und nochmals der Lage. Dieses Wortspiel mag durchaus charakteristisch für die Bedeutung dieses Faktors sein. Bei der Ermittlung des Verkehrswerts darf allerdings nicht übersehen werden, dass **die Lage ein äußerst komplexer Begriff** ist und hierunter alles verstanden werden könnte, was die Höhe des Verkehrswerts bestimmt. Dies fängt bei der kleinräumigen Lage mit den sie prägenden grundstücksspezifischen Eigenschaften, also Art und Maß der baulichen Nutzung, Grundstücks- und Geländeform und dgl. an und endet in der großräumigen Lage innerhalb der Stadt, des Landes und im Hinblick auf die wirtschaftlichen Verflechtungen sogar innerhalb von Europa. **171**

Praktisch geht es bei der Verkehrswertermittlung aber im Wesentlichen um die Berücksichtigung der kleinräumigen Lage (Mikrobereich), soweit die sie bestimmenden Faktoren nicht bereits durch die übrigen wertbeeinflussenden Umstände, wie Art und Maß der bau- **172**

---

63 BVerwG, Beschl. vom 29. 12. 1988 – 4 C 19/86 NuR 1989, 179 = NVwZ 1989, 555; BVerwG, Beschl. vom 1. 2. 1996 – 4 B 303/95 –, NuR 1996, 403 = DWW 1996, 313

64 BGH, Beschl. vom 15. 3. 1996 – 3 StR 506/95 –; Weitzel in NuR 1995, 16; Günther in NWVBl. 1995, 90; BVerwG, Urt. vom 16. 6. 1994 – 4 C 2/94 –, EzGuG 2.59; VGH Mannheim, Urt. vom 2. 10. 1996 – 5 S 831/95 –, GuG 1998, 58; OLG Düsseldorf, Beschl. vom 21. 6. 1995 – 2 Ss (OWi) 171/95 –, NuR 1996, 214

65 OVG Münster, Urt. vom 28. 6. 1995 – 7 a D 44/94 NE –, NuR 1996, 419

66 OVG Schleswig, Urt. vom 2. 11. 1994 – 1 L 21/94 –, NuR 1995, 377

67 Musterbaumschutzsatzung des nordrh.-westf. Städtetages Umdruck Nr. 3811, abgedruckt bei Günther, Baumschutzrecht, Anl. 1

68 Günther in Jahrbuch der Baumpflege 1998, Braunschweig; Schulz, ebenda

lichen Nutzung usw., berücksichtigt sind, denn die **großräumige Lage** (Makrobereich) findet wertmäßig bereits mit den herangezogenen Vergleichspreisen oder dem Bodenrichtwert weitgehend ihre Berücksichtigung. § 5 hebt demzufolge als besondere Lagemerkmale

– die Verkehrslage (Verkehrsanbindung),
– die Nachbarschaftslage,
– die Wohn- und Geschäftslage sowie
– die Umwelteinflüsse (Immissionslage)

hervor. Dem **Standort des Wertermittlungsobjekts** in Bezug auf die durch derartige Lagefaktoren bestimmten Nachbarschaftsbeziehungen kommt insbesondere bei **Einzelhandelsobjekten** deshalb eine überragende Bedeutung zu, weil ein schlechter Standort durch eine noch so gute Konzeption kaum kompensiert werden kann.

173 Die Berücksichtigung von Abweichungen in den Lageverhältnissen zwischen dem Wertermittlungsobjekt und den zum Vergleich herangezogenen Grundstücken erfordert die ganze Erfahrung und Sachkunde eines Gutachters, denn anders als z. B. bezüglich eines unterschiedlichen Maßes der baulichen Nutzung lässt sich die Lagequalität nicht mit einer alles umfassenden Kenngröße „messen". In vielen Fällen mag es aber auch genügen, Lageunterschiede hilfsweise durch **bestimmte sie kennzeichnende Eigenschaften zu beschreiben und bei der Verkehrswertermittlung zu berücksichtigen.**

174 Es hat immer wieder letztlich aber gescheiterte Versuche gegeben, einzelne Lagefaktoren durch ein Punkte- und Gewichtssystem zu aggregieren, um die Berücksichtigung von Lageunterschieden zu operationalisieren[69]; die hierzu entwickelten Verfahren verleiten zu einem den Besonderheiten des Einzelfalls nicht hinreichend Rechnung tragenden Schematismus. Für den „Verbraucher" eines Gutachtens sind sie häufig nicht einsichtig und lassen die mehr oder minder subjektiven Gedankengänge des Gutachters nicht hinreichend erkennen. Interessant ist auch die Operationalisierung der Lageberücksichtigung nach der Lendenfeldschen Formel[70].

Abb. 31: Typologie der Immobilienarten und -nutzer

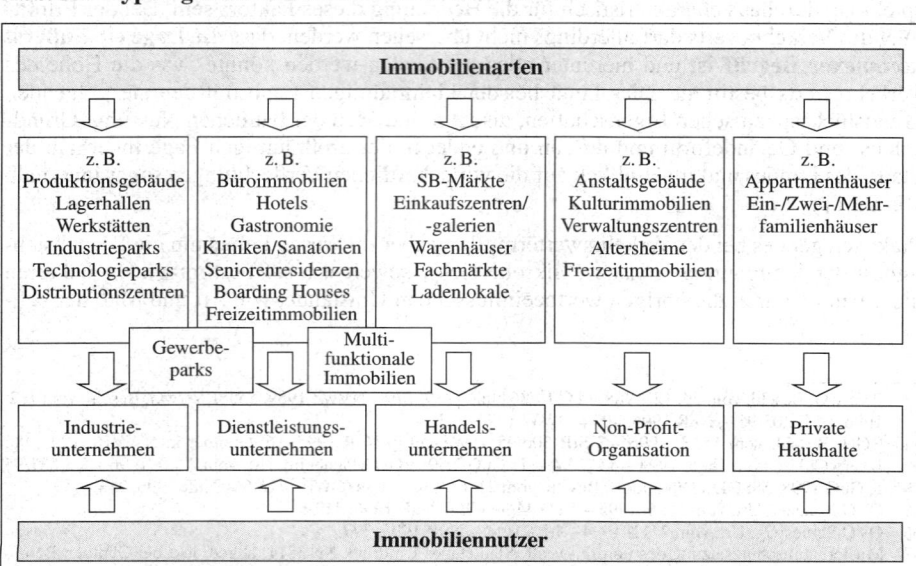

Quelle: Schmitz-Morkramer, 1990, S. 416; Falk, 1992, S. 586; Bone-Winkel, 1994, S. 33.

Zur Qualifizierung der wesentlichen **Lagemerkmale des Wertermittlungsobjektes und**   **175**
der **Vergleichsgrundstücke** empfiehlt es sich, auf die wesentlichen, möglichst „messbaren" preisbestimmenden Eigenschaften der jeweiligen Grundstücksart (Abb. 31) abzustellen, um die Unterschiede angemessen berücksichtigen zu können. Im Einzelnen können dies sein:

a) unterschiedliche *Geschäftslagen,* die sich in unterschiedlichen Ertragsverhältnissen ausdrücken können (Passantenfrequenz[71], „Passantenqualität"),

b) unterschiedliche *Verkehrslagen,* z. B. auf Grund unterschiedlicher Entfernungen zum Zentrum oder auf Grund der Verkehrsanbindung durch Straßen und öffentliche Nahverkehrsmittel,

c) unterschiedliche *Immissionslagen,* z. B. bezüglich Schadstoffen, Lärm, Geruch und Erschütterungen,

d) unterschiedliche *Wohnlagen,* wobei neben der Verkehrsanbindung und den Umwelteinflüssen die ein ruhiges und angenehmes Wohnen bestimmenden Faktoren (Nähe zu Freizeiteinrichtungen; Begrünung usw.) von Bedeutung sind.

Zur Berücksichtigung von Lagefaktoren hat man seit jeher versucht, **Wertunterschiede**   **176**
auf der Grundlage einer vorgegebenen Lageklassifikation, z. B. nach

– sehr günstige Lage,

– günstige Lage,

– mittlere Lage,

– einfache Lage und

– schlechte Lage,

dadurch in den Griff zu bekommen, dass man

– das Wertverhältnis zwischen diesen Lagen oder

– ein Punktesystem für unterschiedliche Lageverhältnisse

abgeleitet hat[72]. Allgemein anerkannte Werte konnten bislang dafür allerdings noch nicht entwickelt werden, da den orts- und marktspezifischen Gegebenheiten eine ausschlaggebende Bedeutung beizumessen ist.

▸ *Weitere Ausführungen bei § 5 WertV Rn. 203 ff.; § 14 WertV Rn. 43 ff. und § 28 WertV*   **177**
  Rn. 144, 162.

3.7.2 Berücksichtigung mit Hilfe von Bodenrichtwerten

Unterschiede in den allgemeinen Lageverhältnissen der Vergleichsgrundstücke zu denen   **178**
des Wertermittlungsobjekts können, sofern die Grundstücke in unterschiedlichen Bodenrichtwertzonen (§ 196 BauGB Rn. 17; § 13 WertV Rn. 194 ff.) gelegen sind und sich die jeweiligen Bodenrichtwerte auf identische Bodenrichtwertgrundstücke beziehen, mit Hilfe des **Wertverhältnisses dieser Bodenrichtwerte** berücksichtigt werden. Zu diesem Hilfsmittel wird man dann greifen, wenn man nicht direkt den Bodenrichtwert der Zone heranziehen will, in dem das Wertermittlungsobjekt gelegen ist.

---

69 Z. B. das sog. Braunschweiger Verfahren; vgl. Müller, Die städtische Grundrente und die Bewegung von Baugrundstücken, Tübingen 1952, sowie Müller, Bewertung von Baugrundstücken, Hannover 1968; Kellermann in ZfV 1962, 343, 380, 427; Brachmann, Ermittlung des Bauwertes von Gebäuden und des Verkehrswertes von Grundstücken, Hannover 1969, S. 40

70 Die Ermittlung von Bodenwerten, Schriftenreihe der Forschungsgesellschaft für Wohnen, Bauen und Planen, Heft 38, Selbstverlag Wien

71 GuG 1995 361; vgl. unten bei Rn. 169

72 So schon Müller, Bewertung von Baugrundstücken, Hannover 1968, S. 85 ff.; Gerardy, Praxis der Grundstücksbewertung, 4. Aufl.; Klocke, Der Sachverständige und seine Auftraggeber, Wiesbaden 2. Aufl. 1987, S. 84; Bachman in Schw. Zeitschr. für Vermessung, Kulturtechnik und Photogrammetrie 1953, 281

179 *Beispiel:*

– Zu ermitteln ist der Bodenwert eines in der Bodenrichtwertzone A gelegenen Grundstücks; der Bodenrichtwert betrage 400 €/m².

– Ein Vergleichspreis eines in der Bodenrichtwertzone B gelegenen Grundstücks betrage 370 €/m². Auf Grund schlechterer Lageverhältnisse in der Bodenrichtwertzone B betrage der Bodenrichtwert dort 350 €/m² für ein ansonsten mit der Bodenrichtwertzone A identisches Bodenrichtwertgrundstück.

– Umrechnung des Vergleichspreises:

$$370 \times \frac{400}{350} = 423 \text{ €/m}^2$$

180 Anhaltspunkte lassen sich ceteris paribus aus dem Vergleich von Bodenrichtwerten gewinnen, wie dies z. B. aus einer dem Grundstücksmarktbericht für *Essen* (1997) entnommenen Darstellung deutlich wird:

Bodenrichtwerte für Grundstücke mit 1- oder 2-geschossiger Bauweise
(im Wesentlichen für Eigentumsmaßnahmen)

Alle Werte sind bezogen auf Grundstücke vom Typ W2 bei einer GFZ von 0,5.

LAGE	gut	mittel	mäßig
DM/m²	670	420	300
UK	1,60	**1,0**	0,75

Bodenrichtwerte für Grundstücke mit 3- oder mehrgeschossiger Bauweise
(Geschosswohnungsbau – im Wesentlichen für Eigentumsmaßnahmen)

Alle Werte sind bezogen auf Grundstücke vom Typ W3 bei einer GFZ von 1,0

LAGE	gut	mittel	mäßig
DM/m²	580	530	375
UK	1,09	**1,00**	0,71

3.7.3   Wohnlage (Makrolage)

3.7.3.1   Allgemeines zu Wohnimmobilien

181 Bei Wohnimmobilien handelt es sich um Objekte, bei denen das **Wohnen im Vordergrund der Nutzung** steht und zwar unabhängig davon, ob es sich um eine Eigennutzung handelt oder das Objekt vermietet ist.

182 **Wohnimmobilien lassen sich** danach **untergliedern** in die **Segmente** (Abb. 32):

– Ein- und Zweifamilienhäuser,

– Eigentumswohnungen,

– Mehrfamilienhäuser ggf. mit Eigentumswohnungen.

Die Mehrfamilienhäuser werden insbesondere nach der Anzahl der Wohneinheiten und der Anzahl der vom Treppenhaus „erschlossenen Wohnungen" (Ein-, Zwei- und Mehrspänner) untergliedert.

Abb. 32: Wohnimmobilien

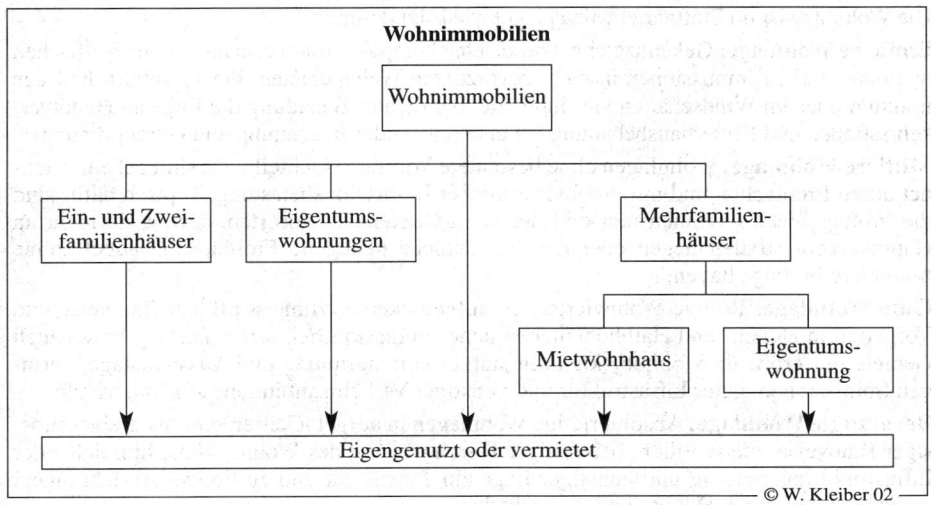

Wohnimmobilien

Bezüglich des Bodenwertgefüges in Gebieten, die dem mehrgeschossigen Wohnungsbau **183** vorbehalten sind, kann es angezeigt sein, zwischen Wohnlagen zu unterscheiden, die dem Mietwohnungsbau, und solchen, die der Errichtung von Eigentumswohnungen zuzuordnen sind, wobei sich i. d. R. in typischen **Eigentumswohnungsgebieten** ein um ca. 10 bis 40 % höheres Bodenwertgefüge ergibt. Dies ist oftmals nur mit sehr guten Ortskenntnissen zu beurteilen, insbesondere wenn typische „Mietwohnungsbaugebiete" in Eigentumswohnungsbaugebiete umschlagen und die Eigentümer von Baulücken nicht mehr bereit sind, zu den niedrigeren Preisen des Mietwohnungsbaus zu verkaufen. Es handelt sich hierbei in erster Linie um Gebiete, die nach ihrer Lage und infrastrukturellen Ausstattung, ähnlich Einfamilienhausgebieten, einen hohen Annehmlichkeitswert aufweisen. Ähnliches kann sich auch in Einfamilienhausgebieten mit großen Grundstücksflächen einstellen, wenn sich die Grundstücke für kleinere Eigentumsanlagen mit ca. 4 Wohneinheiten eignen (vgl. Vorbem. zu den §§ 13 f. WertV Rn. 95 und § 13 WertV Rn. 111).

Die Wohnlage beurteilt sich nach den Annehmlichkeiten in Bezug auf ungestörtes Wohnen **184** mit möglichst guter Erreichbarkeit der Naherholungsgebiete und der Versorgungszentren, aber auch nach der in einer **„guten Adresse"** zum Ausdruck kommenden Anschauung des Grundstücksmarktes. Tucholsky lässt sein Gedicht „Das Ideal" mit folgender Beschreibung eines idealen Grundstücks beginnen:

„Ja, das möchste: Eine Villa im Grünen mit großer Terrasse, vorn die Ostsee, hinten die Friedrichsstraße; mit schöner Aussicht, ländlich-mondän, vom Badezimmer ist die Zugspitze zu sehn – aber abends zum Kino hast dus nicht weit. Das Ganze schlicht, voller Bescheidenheit..."

Eine **Wohnlage** lässt sich im Einzelnen durch folgende Parameter beschreiben: **185**

– Erreichbarkeit der örtlichen Versorgungseinrichtungen,

– Erreichbarkeit der Naherholungsgebiete und Grünanteil der Umgebung,

– gesellschaftliches Ansehen der Lage (die „gute Adresse"),

– Immissionslage,

– das kleinräumige Straßenbild und die großräumige Quartierslage,

– Nutzungsdichte (Art und Maß der baulichen Nutzung),

– klein- und großräumige Verkehrsanbindung.

3.7.3.2   Wohnlagenklassifizierung

186 Die Wohnlage ist im Stuttgarter Mietspiegel wie folgt definiert:

Einfache Wohnlage: Gekennzeichnet durch eine kompakte Bauweise mit wenig Freiflächen und/oder starken Immissionen in nicht bevorzugten Wohngebieten: hierzu gehört die Lage inmitten oder im Windschatten von Industrie, bei dichter Bebauung die Lage an Hauptverkehrsstraßen und Hinterhausbebauung bei unzureichender Besonnung und Durchgrünung.

Mittlere Wohnlage: Wohnlagen ohne besondere Vor- und Nachteile: sie sind gekennzeichnet durch Freiflächen und mit durchschnittlicher Immissionsbelastung. Typisch dafür sind die Wohngebiete der Innenstadt und der alten Ortsteile in Vororten, soweit sie nicht an Hauptverkehrsstraßen liegen oder die Grundstücke genügend Freiflächen, jedoch keine besondere Freilage haben.

Gute Wohnlage: Ruhige Wohnviertel mit aufgelockerter, zumeist offener Bauweise und Vorgärten in Höhen- und Halbhöhenlagen ohne Immissionsbelastung. Dazu gehören auch Gebiete mit größeren Wohnobjekten mit starker Durchgrünung und Aussichtslage, geringen Immissionen, guter Infrastruktur und günstiger Verkehrsanbindung zur Innenstadt.

Bevorzugte Wohnlage: Absolut ruhige Wohnlagen in aufgelockerter, ein- bis dreigeschossiger Bauweise, meist Villen, bei völliger Durchgrünung des Wohngebiets, hinreichender Infrastrukturausstattung und günstiger Lage zur Innenstadt und zu Freizeiteinrichtungen, meist begleitet durch Höhen- und Aussichtslage.

Das **Wertverhältnis unterschiedlicher Wohnlagen** wurde für Stuttgart, wie aus Abb. 33 ersichtlich, abgeleitet.

187 Bezüglich der in Abb. 33 bis 35 aufgeführten Umrechnungskoeffizienten für bebaute Grundstücke sind diese nur auf die Fälle anwendbar, die bezüglich des Verhältnisses der anteiligen Boden- und Bauwerte den Verhältnissen entsprechen, die der Ableitung dieser Umrechnungskoeffizienten zu Grunde lagen (Modellbedingungen). Bei der Veröffentlichung dieser Umrechnungskoeffizienten ist leider versäumt worden, die einschlägigen Modellbedingungen offen zu legen; deshalb muss vor der Anwendung der Umrechnungskoeffizienten in den Fällen gewarnt werden, in denen Boden- und Bauwertanteil in einem extremen Verhältnis zueinander stehen.

Abb. 33: Wertverhältnis unterschiedlicher Wohnlagen in Stuttgart (1992)

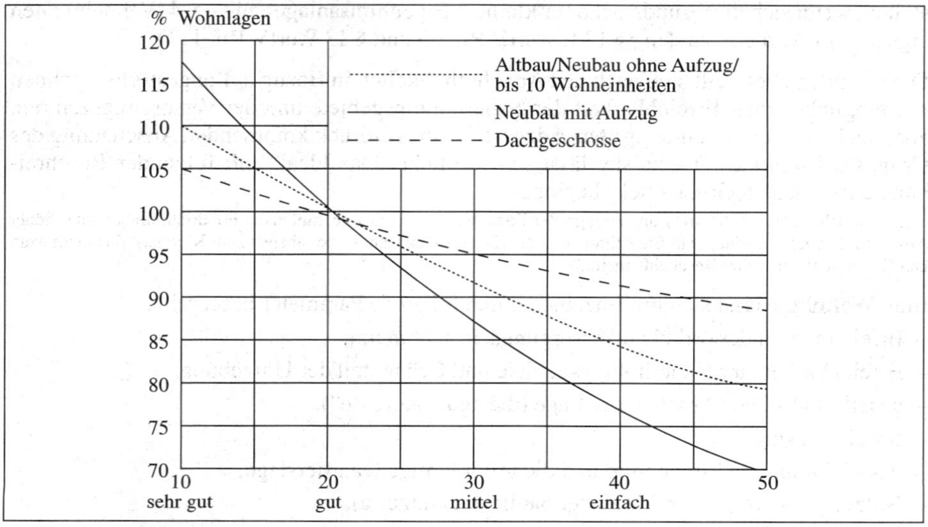

Quelle: Freise in GuG 1993, 74

Abb. 34: Umrechnungskoeffizienten für Gesamtwerte in % für unterschiedliche Wohnlagen in der Landeshauptstadt Stuttgart

Grundstücksart		Wohnlage								
		10	15	20	25	30	35	40	45	50
Unbebautes baureifes Land (Wohnlage) GFZ <1,0					Werte in Klammern = Geringe Fallzahl					
Wohnlage:										
bevorzugt	10	–	–	–						
	15	–	(0)	(– 18)	(– 32)					
gut	20	–	(+ 21)	0	– 17	– 23				[%]
	25		(+ 47)	+ 21	0	– 7	– 17			
mittel	30			+ 30	+ 7	0	– 11	(– 18)		
	35				+ 21	+ 13	0	(– 8)	–	
einfach	40					(+ 22)	(+ 9)	(0)	–	–
	45							–	–	–
ungünstig	50							–	–	–
Einfamilienhäuser										
Wohnlage:										
bevorzugt	10	–	–	–	–					
	15	–	(0)	(– 15)	(– 20)	–				[%]
gut	20	–	(+ 17)	0	– 6	– 17				
	25		(+ 25)	+ 6	0	– 11	– 14			
mittel	30			+ 20	+ 13	0	– 13	(– 6)		
	35				+ 16	+ 3	0	(– 4)	–	
einfach	40					(+ 7)	(+ 4)	(0)	–	–
	45							–	–	–
ungünstig	50								–	–
Zwei-/Dreifamilienwohnhäuser										
Wohnlage:										
bevorzugt	10									
	15		(0)	(– 13)	(– 27)					[%]
gut	20		(+ 15)	0	– 16	– 18				
	25		(+ 37)	+ 19	0	– 3	– 13			
mittel	30			+ 22	+ 3	0	– 11	(– 29)		
	35				+ 15	+ 12	0	(– 21)		
einfach	40					(+ 42)	(+ 27)	(0)	–	
	45						–	–	–	–
ungünstig	50							–	–	–

Quelle: Gutachterausschuss für Grundstückswerte in Stuttgart; Jahresbericht 2000; Bauer in AVN 1992, 12; Werte in Klammern = geringe Fallzahlen

188   Obwohl sich die Lageverhältnisse in ihrer Komplexität regelmäßig nicht durch bestimmte Kenngrößen „messen" lassen, können zur Berücksichtigung von Abweichungen in den Lageverhältnissen entsprechende Umrechnungskoeffizienten nach § 10 abgeleitet werden. Hierzu müssen Kaufpreise bestimmter Lageklassen sortiert und miteinander ins Verhältnis gesetzt werden. Mit den für die Landeshauptstadt *Stuttgart* abgeleiteten **Umrechnungs-koeffizienten für unbebautes Bauland, Einfamilienhausgrundstücke, Zwei-/ Dreifa-milienhauswohngrundstücke sowie Mehrfamilienhausgrundstücke werden die Umrechnungskoeffizienten in % des Gesamtwerts** gegliedert nach insgesamt neun unterschiedlichen Wohnlagen aufgeführt (Abb. 34, 35).

189   *Anwendungsbeispiel:*
– Zu ermitteln ist der Verkehrswert unbebauten Wohnbaulandes in „guter bis mittlerer" Wohnlage.
– Zur Verfügung steht ein Vergleichspreis in Höhe von 650 €/m² eines Grundstücks in „mittlerer" Wohnlage.
– Umrechnungskoeffizient: + 13%
– Umrechnung des Vergleichspreises: $650 + (650 \times {}^{13}/_{100})$ = **734 €/m²**

190   Der **Berliner Mietspiegel** unterscheidet lediglich nach einfachen, mittleren und guten Wohnlagen. In München wird dagegen nach einfachen, durchschnittlichen und gehobenen Lagen unterschieden, während der Mietspiegel von *Frankfurt am Main* lediglich zwischen einfachen und guten Lagen unterscheidet[73].

Abb. 35: Umrechnungskoeffizienten für Mehrfamilienhäuser nach unterschiedlichen Wohnlagen in der Landeshauptstadt Stuttgart in % des Bodenwerts (2000)

		Wohnlage								
		10	15	20	25	30	35	40	45	50
bevorzugt	(10)									
	(15)									
gut	(20)									
	(25)			(+ 2)	0	(– 3)	(– 7)			
mittel	(30)			(+ 5)	+ 3	0	– 5	– 12		
mittel/mäßig	(35)				+ 8	+ 5	0	– 8	(– 17)	
einfach	(40)					+ 14	+ 8	0	(– 11)	
	(45)						(+ 21)	(+ 12)	0	
ungünstig	(50)									

191   ▶ *Umrechnungskoeffizienten für Eigentumswohnungen in Stuttgart vgl. Vorbem. zu den §§ 13 f. WertV Rn. 84.*

3.7.3.3   Wohnparks

192   Neue Wohngebiete und Wohnparks bilden im Verhältnis zu gewachsenen Lagen einen besonderen Grundstücksteilmarkt mit einem i. d. R. höheren Bodenwertniveau. Der Grund-stücksmarktbericht *Brandenburg* führt folgende Untersuchung an (Abb. 36):

Abb. 36: Bodenwerte in Wohnparks im Verhältnis zu allgemeinen Wohnlagen

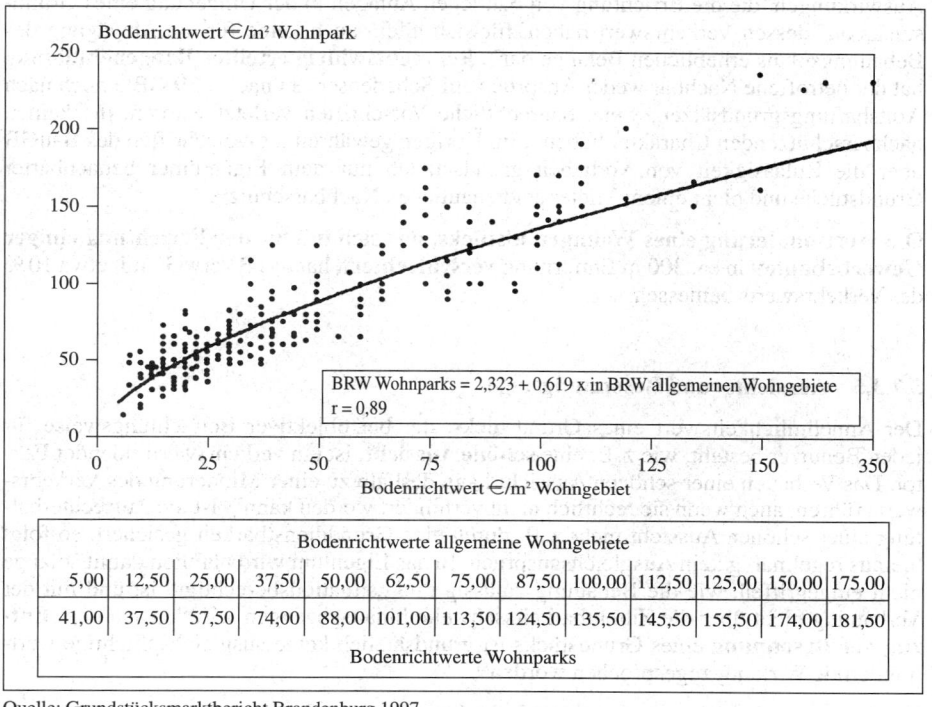

Bodenrichtwerte allgemeine Wohngebiete												
5,00	12,50	25,00	37,50	50,00	62,50	75,00	87,50	100,00	112,50	125,00	150,00	175,00
41,00	37,50	57,50	74,00	88,00	101,00	113,50	124,50	135,50	145,50	155,50	174,00	181,50
Bodenrichtwerte Wohnparks												

Quelle: Grundstücksmarktbericht Brandenburg 1997

3.7.3.4   Nachbarschaftslage

Dem Hause gibt der Nachbar seinen Wert, heißt es im Volksmund, und in der Tat wird z. B.   **193** die Wohnlage in werterhöhendem, aber auch in wertmindernem Sinne durch die unmittelbare Nähe – seien es Freiflächen, Wohn- oder Industriegebiete – mitbestimmt. **Wohnblockartige Siedlungsvorhaben** sind dabei geeignet, gute Wohngegenden ihres ruhigen Villencharakters zu entkleiden und den Wohnwert zu mindern[74]. Auch kann der Entzug von Licht und Luft durch die Bebauung der Nachbargrundstücke und deren Baugestaltung zu einer Wertminderung führen[75]. Die davon ausgehenden Situationsveränderungen sind jedoch solange entschädigungslos hinzunehmen, wie sie nicht den Grad des schweren und unerträglichen Eingriffs erreichen.

Führt eine Baugenehmigung oder ihre Ausnutzung zu einer Wertminderung des Nachbar-   **194** grundstücks, die das zumutbare Maß überschreitet, so kann darin nach Auffassung des BVerwG[76] ein **schwerer und unerträglicher Eingriff** in das Eigentum liegen (Gebot der Rücksichtnahme)[77]. Allerdings kommt der Wertminderung dabei keine selbstständige

---

73   Senatsverwaltung für Bauen, Wohnen und Verkehr (Hsg): Berliner Mietspiegel Magistrat der Stadt Frankfurt am Main (Hsg): Mietspiegel 1997
74   BGH, Urt. vom 25. 3. 1977 – V ZR 92/74 –, EzGuG 4.50; OVG Berlin, Beschl. vom 26. 11. 1963 – II S 7/63 –, EzGuG 4.18; Pr. OVG, Urt. vom 11. 4. 1933 – VI D 79/32 –, EzGuG 4.3; Pr. OVG, Urt. vom 10. 6. 1932 – VII C 183/31 –, EzGuG 14.2; zu **Hochhäusern** in der Nähe von Flachbauten vgl. Stadtbauwelt 1972, 142
75   LG Dortmund, Urt. vom 27. 2. 1964 – 2 S 274/63 –, EzGuG 3.36
76   BVerwG, Urt. vom 13. 6. 1969 – 4 C 234/65 –, EzGuG 8.28
77   BVerwG, Urt. vom 25. 2. 1977 – 4 C 22/75 –, EzGuG 13.35; BVerwG, Urt. vom 14. 12. 1973 – 4 C 71/71 –, EzGuG 8.41; BVerwG, Urt. vom 5. 7. 1974 – 4 C 50/72 –, EzGuG 8.43

Bedeutung, sondern nur Indizbedeutung für die Schwere des Eingriffs zu[78]. So stellen die Auswirkungen, die die Errichtung von baulichen Anlagen in der Umgebung eines Grundstücks auf dessen Verkehrswert haben, für sich allein auch keine für die Abwägung des Bebauungsplans erheblichen Belange dar[79]. Bei **rechtswidrig erteilter Baugenehmigung** hat der betroffene Nachbar weder Anspruch auf Schadensersatz nach § 39 OBG noch nach Amtshaftungsgrundsätzen, wenn baurechtliche Vorschriften verletzt wurden, die keinen nachbarschützenden Charakter haben[80]. Im Übrigen gewähren die Vorschriften des BauGB über die Zulässigkeit von Vorhaben grundsätzlich nur dem Eigentümer benachbarter Grundstücke und nicht einem Mieter städtebaulichen Nachbarschutz[81].

195   Die **Wertminderung eines Wohngrundstücks, das sich infolge der Errichtung einiger Gewerbebauten** in ca. 300 m Entfernung **verschlechtert,** hat das B VerwG[82] mit etwa 10 % des Verkehrswerts bemessen.

3.7.3.5   Aussichts- und Besonnungslage

196   Der Annehmlichkeitswert eines Grundstücks, der bei objektiver Betrachtungsweise für jeden Benutzer besteht, wie z. B. eine **schöne Aussicht,** ist ein verkehrswertbildender Faktor. Das Verbauen einer schönen Aussicht kann deshalb zu einer Minderung des Verkehrswerts führen, auch wenn sie rechtlich nicht verhindert werden kann[83]. Ist die Aufrechterhaltung einer schönen Aussicht nicht z. B. durch eine Grunddienstbarkeit gesichert, so folgt hieraus regelmäßig kein Ausgleichsanspruch. In das Eigentum wird nämlich damit solange nicht eingegriffen, wie die Bebauung zulässig und „situationsberechtigt" ist und mit der Verbauung nicht über die Zumutbarkeitsschwelle hinausgegangen wird[84]. Auch dem **Entzug der Besonnung** eines Grundstücks ist grundsätzlich keine ausgleichspflichtige wertmindernde Wirkung zugesprochen worden[85].

Der Gutachterausschuss für den Bereich der Stadt *Solingen* hat folgende Umrechnungskoeffizienten für diesen Bereich abgeleitet:

Himmelsrichtung		
	Garten nach Osten	**1,00**
	Garten nach Westen	1,00
	Garten nach Süden	1,05
	Garten nach Norden	0,95

3.7.3.6   Wassergrundstück

197   Die Lage eines Wohngrundstücks direkt (oder in der Nähe) am **Ufer einer Wasserfläche** (Wassergrundstück) ist i. d. R. ein werterhöhender Umstand[86].

▸ *Zu den Wasserflächen vgl. § 4 WertV Rn. 445 ff., § 19 WertV Rn. 173.*

3.7.4   Gewerbe- und Geschäftslage (Makrolage)

3.7.4.1   Allgemeines zu Gewerbeimmobilien

▸ *Hierzu auch § 5 WertV Rn. 117 ff.; § 17 WertV Rn. 141 ff.*

198   Bei einer gewerblichen Immobilie handelt es sich um ein **Objekt, das überwiegend gewerblichen Aktivitäten,** insbesondere im Bereich der Produktion von Gütern und der Dienstleistungen einschließlich der Distribution von Gütern mit der Absicht der Erzielung von Einnahmen **dient**[87]. Bezüglich der Abgrenzung von anderen Immobilienarten kann auf verschiedene Rechtsbereiche rekurriert werden, insbesondere

a) das Mietvertragsrecht (vgl. § 17 WertV Rn. 99 ff.), und

b) das Steuerrecht, das ein gemischt genutztes Grundstück erst dann als überwiegend Wohnzwecken dienend anerkennt, wenn das Verhältnis der Nutzflächen (Wohnfläche zu gewerblich genutzten Flächen) 66 ²/₃ % übersteigt[88].

Gewerbeimmobilien lassen sich wie aus Abb. 37 ersichtlich **untergliedern:** **199**

Abb. 37: Gewerbeimmobilien

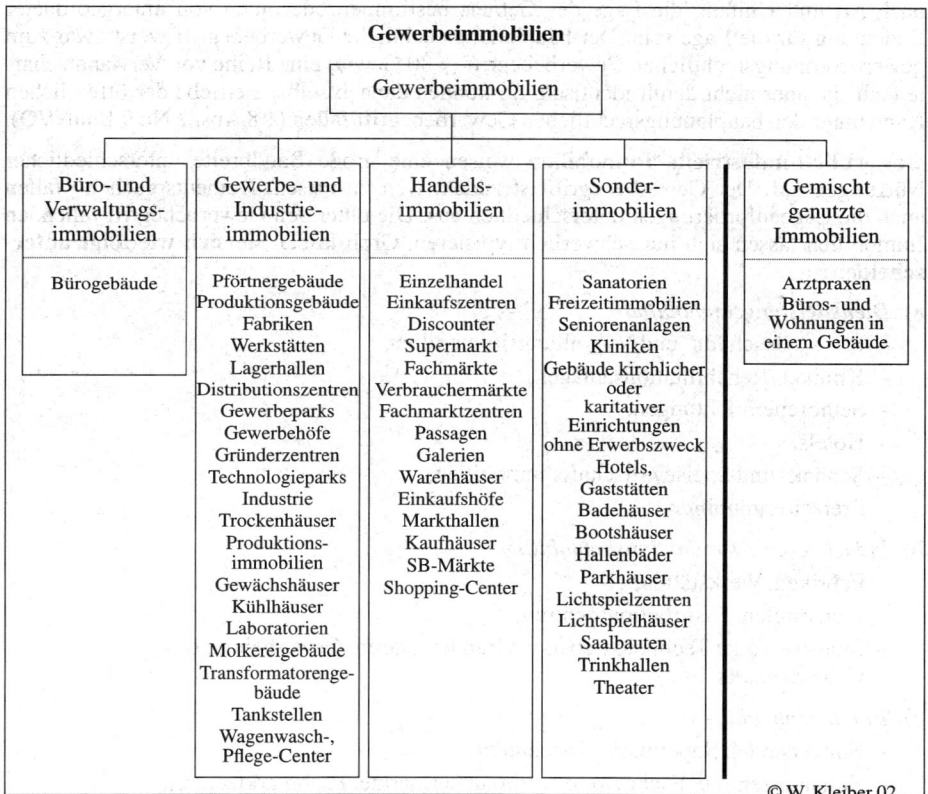

© W. Kleiber 02

78 BVerwG, Urt. vom 14. 4. 1978 – 4 C 96, 97/76 –, EzGuG 8.52; vgl. auch BVerwG, Beschl. vom 8. 5. 1983 – 4 C 96/79 –

79 BVerwG, Beschl. vom 9. 2. 1995 – 4 NB 17/94 –, EzGuG 4.159; BVerwG, Urt. vom 14. 4. 1978 – 4 C 97/76 –, EzGuG 8.52; BVerwG, Beschl. vom 24. 4. 1992 – 4 B 60/92 –

80 BGH, Urt. vom 27. 1. 1983 – III ZR 131/81 –, EzGuG 13.61 (Abgrenzung zu BGH, Urt. vom 12. 10. 1978 – III ZR 162/76 –, EzGuG 12.22)

81 BVerwG, Beschl. vom 11. 7. 1989 – 4 B 33/89 –, EzGuG 4.126

82 BVerwG, Beschl. vom 9. 2. 1995 – 4 NB 17/94 –, EzGuG 4.159

83 VGH, Mannheim, Normenkontrollbeschl. vom 14. 3. 1990 – 8 S 2599/89 –

84 BVerwG, Urt. vom 13. 6. 1969 – 4 C 80/67 –, EzGuG 4.29; BVerwG, Urt. vom 13. 6. 1969 – 4 C 234/65 –, EzGuG 8.28; OLG Hamburg, Urt. vom 19. 2. 1960 – 1 U 163 (169)/59 –, EzGuG 4.13

85 Pr. OVG, Urt. vom 11. 4. 1933 – VI D 79/32 –, EzGuG 4.3

86 BGH, Urt. vom 20. 10. 1967 – V ZR 78/65 –, EzGuG 4.27

87 Bone-Winkel, Das strategische Management von offenen Immobilienfonds unter besonderer Berücksichtigung der Projektentwicklung von Gewerbeimmobilien, Verlag Rudolf Müller, Köln 1994, S. 33

88 BFH, Urt. vom 9. 9. 1980 – VIII R 5/79 –, EzGuG 3.63 b

200   Für den städtebaurechtlichen Gewerbebegriff hat § 1 Abs. 1 der Gewerbesteuerdurchführungsverordnung Bedeutung: Danach stellt ein **Gewerbebetrieb** „eine selbstständige nachhaltige Tätigkeit" dar, „die mit Gewinnabsichten unternommen wird und sich als Beteiligung am allgemeinen wirtschaftlichen Verkehr darstellt, wenn die Betätigung weder als Ausübung von Land- und Forstwirtschaft noch als Ausübung eines freien Berufs oder als selbstständige Arbeit i. S. d. Einkommensteuerrechts anzusehen ist".

201   Die gewerbliche Nutzung von Grundstücken ist mit unterschiedlicher Intensität in den verschiedensten **bauplanungsrechtlichen Gebietstypen der BauNVO** zulässig. Sie können nach Art und Umfang die Lage des Gebiets bestimmen oder auch von untergeordneter Bedeutung für die Lage sein. Der bauplanungsrechtliche Gewerbebegriff weist zwar zum gewerbeordnungsrechtlichen Gewerbebegriff (§ 30 GewO) eine Reihe von Verwandtschaften auf, ist aber nicht damit identisch. So können danach selbst Betriebe der öffentlichen Hand unter den bauplanungsrechtlichen Gewerbebegriff fallen (§ 8 Abs. 2 Nr. 9 BauNVO).

202   **Gewerblich-industrielle Immobilien** weisen eine große Bandbreite unterschiedlicher Nutzungen auf. Der Gewerbebegriff ist zudem weit zu fassen. Dementsprechend fallen auch die Lageanforderungen unterschiedlich aus. Die unter den Gewerbebegriff fallenden Immobilien lassen sich nur schwerlich typisieren. Grob **lassen** sie **sich wie folgt unterscheiden:**

a) *Dienstleistungsimmobilien*
- Büro-, Geschäfts- und Verwaltungsimmobilien,
- Kliniken/Rehabilitationsanlagen,
- Senioreneinrichtungen,
- Hotels,
- Schank- und Speisewirtschaftsimmobilien,
- Freizeitimmobilien,

b) *Industrie- und Produktionsimmobilien*
- Fabriken, Werkstätten,
- Lagerhallen, Distributionszentren,
- Industrie- oder Technologieparks, Gründerzentren, Gewerbehöfe bzw. Gewerbeparks,

c) *Handelsimmobilien*
- Einzelhandel, Supermarkt, Discounter,
- Einkaufszentren, Fachmärkte, Verbrauchermärkte, Fachmarktzentren,
- Galerien, Passagen,
- Warenhäuser, Kaufhäuser, Markthallen, Einkaufshöfe,
- Shopping-Center

203   Unter einem **Shopping-Center** versteht man gemäß der Definition des *International Council of Shopping-Centers* eine Anzahl von Handels- und Dienstleistungseinrichtungen, welche als eine einheitliche Immobilie geplant, entwickelt, finanziert und verwaltet wird. Die Gruppe der *Shopping-Centers* kann man wie folgt weiter unterteilen (Abb. 38):

Abb. 38: Shopping-Center und andere Handelsimmobilien

Art	Größe	Lage
Geschäftshaus		
Ladenfläche	bis ca. 500 m²	nicht spezifiziert
Ladenpassage	nicht spezifiziert	Innenstadt
Shopping-Center		
Nahversorgungs-Zentrum	3 000 – 5 000 m² VK-Fläche	Stadtteil/Wohngebiet
Galerie/Passage	10 000 – 20 000 m² VK-Fläche	Innenstadt
Regionales Einkaufszentrum	über 15 000 m² VK-Fläche	nicht spezifiziert
Großflächige Handelsimmobilien		
Kaufhaus	3 000 – 5 000 m² VK-Fläche	Innenstadt
Warenhaus	ab 5 000 m² VK-Fläche	Innenstadt
Supermarkt	800 – 1 500 m² VK-Fläche	nicht spezifiziert
Verbrauchermarkt	1 500 – 5 000 m² VK-Fläche	Peripherie/Umland
SB-Warenhaus	ab 5 000 m² VK-Fläche	Peripherie/Umland

Quelle: Immobilienökonomie Bd. 1, Oldenbourg

Abb. 39: Marktanteile der Vertriebsformen

Markttyp	Nutzfläche in m²	1990 i. v. H.	1990 i. v. H.	Prognose Markt- entwicklung
SB-Warenhäuser	über 5 000	13,0	13,2	leicht steigend
Verbrauchermärkte	800 – 5 000	27,7	28,0	leicht steigend
Supermärkte	400 – 800	11,4	11,6	gleichbleibend
Lebensmittel-Discounter	400 – 600	25,0	30,4	steigend
Sonstige Geschäfte*	bis 400	22,9	16,8	abnehmend

* Jedes 10. der insgesamt rd. 300 000 Einzelhandelsgeschäfte ist immer noch ein „Tante-Emma-Laden" mit ein oder zwei Beschäftigten.

Quelle: Europäisches Handelsinstitut (EHI, 1998)

Die bauplanungsrechtliche Zulässigkeit gewerblicher Nutzungen reicht je nach Art der Nutzung von Kleinsiedlungsgebieten bis hin zu Sondergebieten.

Zu den wichtigsten Unterscheidungsmerkmalen gehört die **Unterscheidung zwischen**   **204**

a) **Gewerbegebieten** i. S. d. § 8 BauNVO (GE) und

b) **Industriegebieten** i. S. d. § 9 BauNVO (GI),

die sich teilweise überschneidende Nutzungsmöglichkeiten aufweisen.

Abb. 40: Geplante Hersteller-Direktverkaufszentren in Deutschland nach Angaben der Länder, Stand: Mai 1998

Hersteller-Direktverkaufszentren nach Informations- und Planungsstand:
■ Vorbescheid, Genehmigung erteilt   ◆ im Verfahren oder im Gespräch   O wird nicht weiter verfolgt

Quelle: BBR 1998

Abb. 41: Anzahl der Shopping-Center

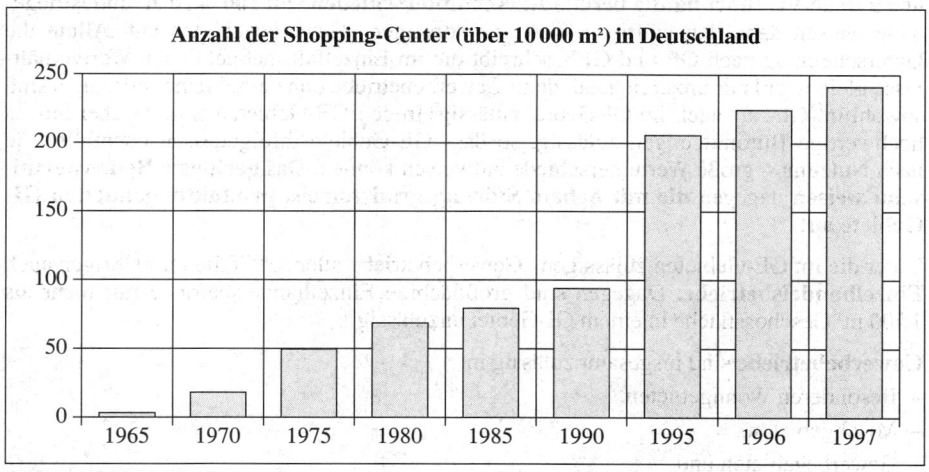

Quelle: Euro-Handelsinstitut

Die planungsrechtliche **Ausweisung von Gewerbe- und Industrieflächen** nach den   **205**
Grundsätzen der BauNVO (vgl. § 5 WertV Rn. 19) lässt **aus wirtschaftlicher Sicht recht
unterschiedliche Nutzungen** zu. Dies reicht oftmals vom Schrottplatz bis zu einer hochwertigen Büronutzung (Abb. 42):

Abb. 42: Gewerbliche und industrielle Nutzung GE/GI nach BauNVO

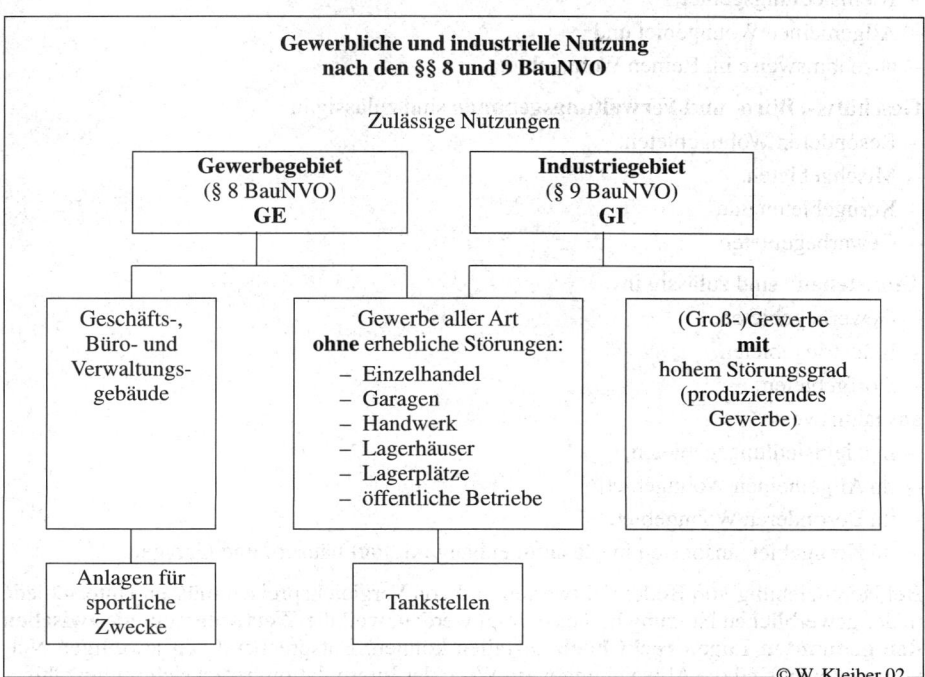

© W. Kleiber 02

206 Die bauplanungsrechtliche **Unterscheidung zwischen GE- und GI-Gebieten** i. S. d. §§ 8 und 9 BauNVO **führt häufig bereits zu Wertunterschieden von 100 %,** d. h., Industriegebiete weisen dann den hälftigen Wert von sonstigen Gewerbegebieten auf. Allein die Unterscheidung nach GE und GI beschreibt die im Einzelfall maßgeblichen Wertverhältnisse gleichwohl nur unzureichend, denn Gewerbebetriebe ohne erhebliche Störungen sind sowohl im GE- als auch im GI-Gebiet zulässig. In den GE-Gebieten sind darüber hinaus hochwertige Büronutzungen zulässig, so dass GE-Gebiete infolgedessen ebenfalls – je nach Nutzung – große Wertunterschiede aufweisen können. Das **geringste Bodenwertniveau weisen** dagegen **die mit hohem Störungsgrad** zumeist **produktiv genutzten GI-Gebiete auf.**

207 Unter die im GE-Gebieten zulässigen „Gewerbebetriebe aller Art" fallen im Übrigen auch **Einzelhandelsbetriebe.** Dagegen sind großflächige Einzelhandelsbetriebe mit mehr als 1 500 m^2 Geschossfläche in einem GI-Gebiet unzulässig[89].

Gewerbebetriebe sind insgesamt zulässig in
– Besonderen Wohngebieten,
– Mischgebieten,
– Gewerbegebieten und
– Industriegebieten.

Nicht störende Gewerbebetriebe sind des Weiteren zulässig in
– Kerngebieten,
  ausnahmsweise
   – in Kleinsiedlungsgebieten,
   – im Allgemeinen Wohngebiet.

Nicht störende Handwerksbetriebe sind zulässig im
– Kleinsiedlungsgebiet,
– Allgemeinen Wohngebiet und
– ausnahmsweise im Reinen Wohngebiet.

Geschäfts-, Büro- und Verwaltungsgebäude sind zulässig in
– Besonderen Wohngebieten,
– Mischgebieten,
– Kerngebieten und
– Gewerbegebieten.

Tankstellen[90] sind zulässig in
– Gewerbegebieten,
– Industriegebieten,
– Dorfgebieten,
ausnahmsweise
– in Kleinsiedlungsgebieten,
– im Allgemeinen Wohngebiet,
– im Besonderen Wohngebiet,
– im Kerngebiet, ansonsten im Zusammenhang mit Parkhäusern und Garagen.

208 Bei Heranziehung von Bodenrichtwerten und von Vergleichspreisen müssen Unterschiede in der gewerblichen Nutzung berücksichtigt werden, weil die **Wertunterschiede zwischen den genannten Lagen recht hoch** ausfallen können. Entsprechend den jeweiligen Nutzungsanteilen sind die Abweichungen im Wege der Interpolation berücksichtigungsfähig.

Bei der Verkehrswertermittlung wird deshalb unter Berücksichtigung der Situationsgebun- **209** denheit, der **allgemeinen Verkehrsauffassung** und der lagetypischen Nutzung wie folgt unterschieden:

– *„klassische" Gewerbeflächen* für das produzierende Gewerbe, Großhandel, Lagerplätze, Speditionen, die zumeist ebenerdig bebaut sind und größere Freiflächen aufweisen (Büroflächenanteil i. d. R. < 30 %); die Verkehrswerte weisen in diesen Gebieten zumeist eine geringe „Empfindlichkeit" gegenüber einem unterschiedlichen Maß der baulichen Nutzbarkeit von i. d. R. (GFZ) 0,4 bis 1,0 auf;

– *„verdichtetes klassisches Gewerbe"*, in zumeist mehrgeschossig bebauten älteren und nicht selten mit „Wohnen" durchmischten Baugebieten;

– *„Büro- und Geschäftslage"* mit i. d. R. mehrgeschossiger Bebaubarkeit (typische GFZ von 2,0); die Verkehrswerte weisen in diesen Gebieten häufig eine lineare Empfindlichkeit gegenüber der Bruttogeschossfläche (BGF) auf;

– *„Shopping-Centers"* in zumeist peripher gelegener Lage, zumeist autogerecht mit einem breiten Parkangebot und mit sehr geringer baulicher Ausnutzung (GFZ 0,2 bis 0,6) ausgelegt, insbesondere für Gartencenter, Autohändler und den sog. (Fast-) „Food-Bereich";

– *„Läden"*, wobei zwischen „klassischen" Zentrumslagen und Einkaufszentren unterschieden wird.

Die **Geschäftslage** beurteilt sich nach dem jeweiligen Nutzungszweck; insbesondere **bei** **210** **Büro-, Verwaltungs- und Handelsimmobilien stehen Zentralität und Attraktivität des Standorts mit guter Verkehrsanbindung im Vordergrund.**

3.7.4.2 Lagemerkmale von Büroimmobilien

▶ *Hierzu auch § 17 WertV Rn. 145 ff.* **211**

Büro- und Verwaltungsimmobilien werden im Hinblick auf Lage und Funktion insbesondere nach ihrem Standort unterschieden. **Typische Segmente sind folgende Standorte:**

– City

– City-Randlage

– Bürozentrum (Bürostandort); Backoffice-Standort

– Übriges Stadtgebiet

– Stadtumland.

Die Lagemerkmale von Büroimmobilien ergeben sich gestaffelt nach ihrer Bedeutung für **212** den Nutzer aus der nachfolgenden Abb. 43. Es kann davon ausgegangen werden, dass die im Wege einer Befragung ermittelte **Rangfolge auch für ihren Einfluss auf die Preisbildung** steht.

---

89 BVerwG, Urt. vom 3. 2. 1984 – 4 C 54/80 –, BVerwGE 68,343 = NJW 1984, 1768 = BauR 1984, 380 = DVBl. 1984, 62 = ZfBR 1984, 135 = UPR 1984, 225 = DÖV 1984, 849 = BRS Bd. 42 Nr. 50 = BayVBl. 1984, 726
90 GuG 1995, 301 = Vermögensrecht (a. a. O.), II 7.3.11

Abb. 43: Rangfolge der wertbeeinflussenden Lagemerkmale und Ausstattung

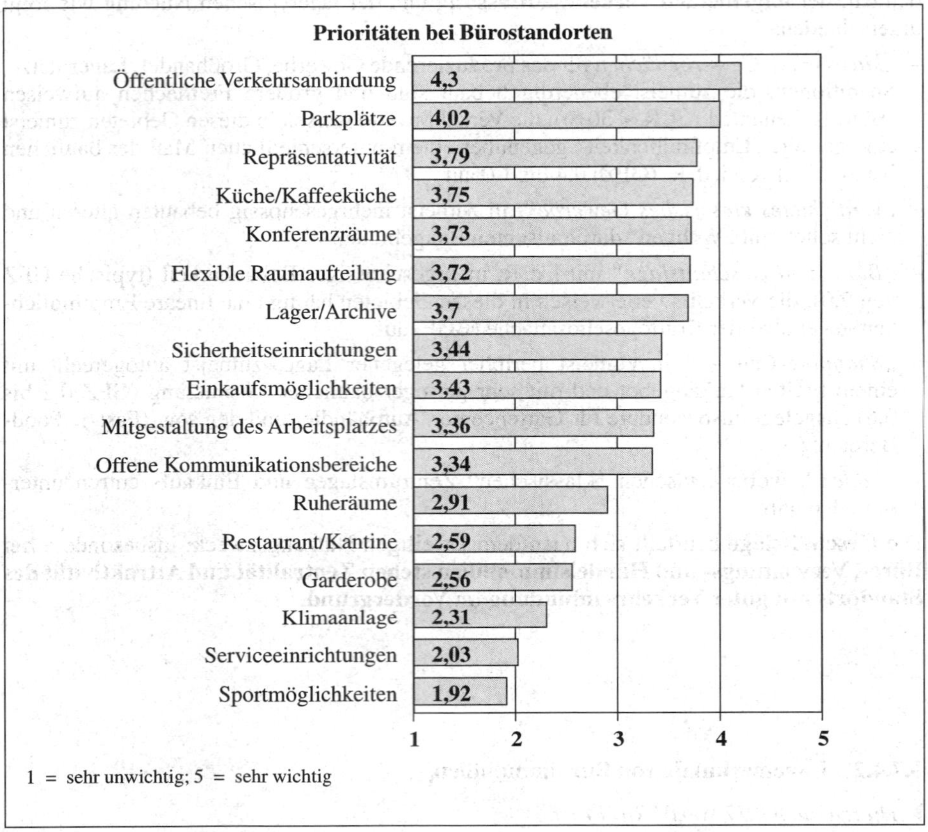

Prioritäten bei Bürostandorten

Merkmal	Wert
Öffentliche Verkehrsanbindung	4,3
Parkplätze	4,02
Repräsentativität	3,79
Küche/Kaffeeküche	3,75
Konferenzräume	3,73
Flexible Raumaufteilung	3,72
Lager/Archive	3,7
Sicherheitseinrichtungen	3,44
Einkaufsmöglichkeiten	3,43
Mitgestaltung des Arbeitsplatzes	3,36
Offene Kommunikationsbereiche	3,34
Ruheräume	2,91
Restaurant/Kantine	2,59
Garderobe	2,56
Klimaanlage	2,31
Serviceeinrichtungen	2,03
Sportmöglichkeiten	1,92

1 = sehr unwichtig; 5 = sehr wichtig

Quelle: Jones Lang Wootton/Contact & Cooperation

213   Neben den allgemeinen **Lagemerkmalen, die die Rangfolge anführen, sind** vor allem die **Ausstattungsmerkmale von** hoher **Bedeutung.** Gute Lagemerkmale mit guter Ausstattung des Gebäudes sind Voraussetzung für Spitzenmieten.

214   Daneben sind auch die Größe, die **Flexibilität** der Nutzbarkeit, ihre Teilbarkeit und das Alter von Bedeutung.

215   Die **Mietfläche** ist insoweit problematisch, als es hierfür an einheitlichen mietvertraglichen Berechnungsnormen mangelt. Die Gesellschaft für Immobilienwirtschaftliche Forschung e. V. (gif) hat hierfür zwar „Richtlinien zur Berechnung der Mietfläche für Büroraum" (MF-B, vgl. Anl. 3 zu § 17 WertV Rn. 209) entwickelt. Es bleibt abzuwarten, ob sie von der Praxis angenommen werden. Soweit zur Verkehrswertermittlung von Büroflächen Erfahrungssätze z. B. über die erzielbaren Erträge oder deren Herstellungskosten herangezogen werden, sind dessen ungeachtet die Berechnungsmethoden maßgebend, die diesen Erfahrungssätzen zu Grunde liegen.

Nach *Leopoldsberger*[91] sind folgende **Faktoren für die Wertigkeit von Büroimmobilien**   **216**
von Bedeutung (Abb. 44):

Abb. 44: Wertigkeit von Büroimmobilien

Merkmal	Kriterium	Wert	Gewicht	gew. Objektwert
Allgemeine Einschätzung (20 %)				
Lage im Ort; Umgebung	Bürozentrum	1		
	Stadtzentrum	1		
	Industriegebiet	3		
	Wohngebiet	3	10 %	
	Peripherie	3		
	außerhalb	5		
	ungünstig			
Image	erstklassig	1		
	attraktiv	2		
	neutral	3	10 %	
	unattraktiv	4		
	negativ	5		
Individualverkehrsanbindung (30 %) unter Berücksichtigung des Verkehrsflusses und unter Berücksichtigung der Erreichbarkeit				
Autobahnanschluss				
• Entfernung	bis zu 1 km	1		
	bis zu 5 km	2		
	bis zu 10 km	3		
	bis zu 20 km	4		
	mehr als 20 km	5	10 %	
• Erreichbarkeit	i. d. R. kein Stau	1		
	selten Stau	3		
	häufig Stau	4		
	immer mit Stau	5		
Innerstädtische Straßenanbindung	Gute Anbindung	1		
	Mittlere Anbindung	3	10 %	
	Schlechte Anbindung	5		
Parkplatzsituation	für Mitarbeiter und für Kunden	1		
	nur für Kunden	3	10 %	
	kaum vorhanden	4		
	keine	5		

---

91 Leopoldsberger, G., Kontinuierliche Wertermittlung von Immobilien, Köln 1998

Abb. 45: Lagequalität von Büroimmobilien

Merkmal	Kriterium	Wert	Gewicht	gew. Objektwert
Öffentlicher Personennahverkehr (20 %)				
Anzahl der Haltepunkte in 500 m Umkreis (bzw. Qualität der ÖPNV-Linien)	mehr als drei drei zwei eine keine	1 2 3 4 5	5 %	
Entfernung zu U-Bahnhöfen	weniger als 500 m bis zu 500 m bis zu 1000 m bis zu 2000 m mehr als 2000 m	1 2 3 4 5	5 %	
Entfernung zu Straßen-bahnhaltestellen	weniger als 500 m bis zu 500 m bis zu 1000 m mehr als 1000 m	1 2 3 5	5 %	
Entfernung zu Bushaltestellen	weniger als 500 m bis zu 500 m bis zu 1000 m mehr als 1000 m	1 2 3 5	5 %	
Öffentlicher Personenfernverkehr (15 %)				
IC-Bahnhof	bis zu 10 km bis zu 20 km bis zu 30 km bis zu 50 km mehr als 50 km	1 2 3 4 5	5 %	
Flughafen	bis zu 10 km bis zu 20 km bis zu 30 km bis zu 50 km mehr als 50 km	1 2 3 4 5	10 %	
Infrastrukturelle und kulturelle Umgebung (15 %)				
Hotels im 5-km-Radius	mehr als drei drei zwei eines keines	1 2 3 4 5	6 %	
Restaurants im 1000-m-Radius	mehr als 10 bis zu 10 bis zu 5 eines keines	1 2 3 4 5	4 %	
Nahversorgungszentrum	weniger als 500 m bis zu 500 m bis zu 1000 m bis zu 2000 m mehr als 2000 m	1 2 3 4 5	5 %	
Bank- oder Postfilialen	weniger als 500 m bis zu 500 m bis zu 1000 m bis zu 2000 m mehr als 2000 m	1 2 3 4 5		
Lagequalität der Büroimmobilie			100 %	

3.7.4.3   Lagemerkmale von Handelsimmobilien

a) Allgemeines

Neben den klassischen Läden zählen zu den Handelsimmobilien insbesondere **Kaufhäu-**   **217**
ser, Einkaufszentren und sonstige großflächige Einzelhandelsagglomerationen (sog.
Shopping-Center). Handelsimmobilien werden insbesondere nach Größe und Standort
unterschieden:

 – Innenstadt,   – Stadtrand und
 – Stadtteilzentrum,   – „grüne Wiese".

Für die Größe der Handelsimmobilien ist insbesondere die **Verkaufsfläche** (VF) entschei-   **218**
dend. Als internationaler Standard gilt hier die *Gross Leasable Area (GLA).* Sie definiert
sich nach dem zur exklusiven Nutzung durch den Mieter verfügbaren Fläche einschließlich
Konstruktions-, Verkehrs- und sonstige vermietete Flächen. Zur Berechnung der Fläche hat
die Gesellschaft für Immobilienwirtschaftliche Forschung e.V. (gif) eine Richtlinie zur
Berechnung der Mietfläche für Handelsimmobilien (MF-H) erarbeitet (vgl. GuG 1998, 157
= Anh. Teil III Rn. 595).

Bezüglich der **Ausprägung von Handelsimmobilien** wird nach *Schulte/Schäfers/Hoberg/*   **219**
Sotelo/Homann/Vogler wie folgt unterschieden[92]:

Mixed-Use-Immobilien: Typische Centerform für Innenstadtlagen, die sowohl als fre-
quenz-starke *Shopping-* als auch als attraktive Bürostandorte gelten. Kennzeichnend ist die
Verbindung unterschiedlicher Nutzungsformen in einer Großimmobilie. Neben Einzelhan-
dels- und Büroflächen ist auch eine zusätzliche Wohn- oder Freizeitnutzung möglich. Der
Einzelhandel ist i. d. R. als Passage oder Galerie konzipiert.

Vertical Mall: Einkaufszentren, in welchen sich die Mietflächen über mehrere Etagen
erstrecken. Insbesondere die vertikale Erschließung und Aktivierung höher gelegener
Geschosse stellen weitgehende Anforderungen an die Konzeption. *Vertical Malls* befinden
sich überwiegend in Städten mit stark konzentrierten Citykernen.

Abb. 46: Einkaufszentren

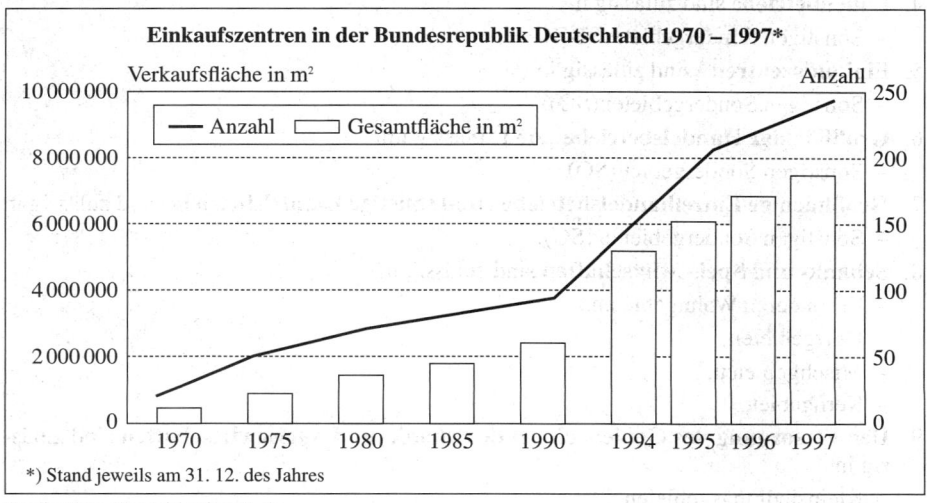

Einkaufszentren in der Bundesrepublik Deutschland 1970 – 1997*

*) Stand jeweils am 31. 12. des Jahres

Quelle: Euro-Handelsinstitut, Köln

---

92   Immobilienökonomie, Bd. 1, S. 15 ff.

Strip-Center: Urform der Einkaufszentren, bei der die Einzelhandelsgeschäfte als Streifen (Strip) nebeneinander aufgereiht liegen. Das Center orientiert sich zu den Parkflächen hin, welche sich direkt vor den Läden befinden.

Specialty-Center: Immobilienkonzept, welches durch zielgerichteten Mietermix Kompetenz in einem bestimmten Handelsbereich schaffen möchte. Denkbar sind Spezialisierungen auf einzelne Themen, wie junde Mode, Sport- und Freizeitartikel, Inneneinrichtung, Autozubehör oder Entertainment sowie die Fokussierung auf einzelne Kundengruppen oder Preissegmente.

Fachmarkt-Zentren: Agglomeration von großflächigen Einzelhandelsbetrieben unter einem gemeinsamen Dach. Häufig ergänzt um kleinere Versorgungsgeschäfte und Gastronomiebetriebe. Standort ist meist die Peripherie größerer Städte.

Offprice-Center, Factory-Outlets und Mills-Concept: Centerformen mit preisaggressiver Ausrichtung. Während in Offprice-Centren verschiedene Einzelhändler Markenartikel unterschiedlicher Hersteller anbieten und in Factory-Outlets mehrere unterschiedliche Hersteller Markenartikel des eigenen Unternehmens vertreiben, sind die *Mills-Concepts* eine Kombination beider vorgenannten Centertypen.

220 Eine besondere Gruppe innerhalb der Gewerbeimmobilien nehmen die Handelsimmobilien ein. Die darunter fallenden **Läden, Ladengebiete, Einkaufszentren** usw. sind in verschiedenen bauplanungsrechtlichen Gebietstypen zulässig:

1. **Läden** sind zulässig in
   - besonderen Wohngebieten (WR),
   - Kerngebieten (obwohl § 7 BauNVO diese nicht ausdrücklich erwähnt).

2. **Der Versorgung des Gebiets dienende Läden** sind zulässig in
   - Kleinsiedlungsgebieten.

3. **Einzelhandelsbetriebe** sind zulässig in
   - Dorfgebieten (MD),
   - Mischgebieten (MI),
   - Kerngebieten (MK).

4. **Ladenbetriebe** sind zulässig in
   - Sonstigen Sondergebieten (SO).

5. **Einkaufszentren**[93] sind zulässig in
   - Sonstigen Sondergebieten(SO).

6. **Großflächige Handelsbetriebe**[93] sind zulässig im
   - Sonstigen Sondergebiet (SO).

7. **Großflächige Einzelhandelsbetriebe**[93] **und sonstige Handelsbetriebe** sind zulässig in
   - Sonstigen Sondergebieten (SO).

8. **Schank- und Speisewirtschaften** sind zulässig in
   - Besonderen Wohngebieten,
   - Dorfgebieten,
   - Mischgebieten,
   - Kerngebiet.

9. **Der Versorgung des Gebiets dienende Schank- und Speisewirtschaften** sind zulässig in
   - Kleinsiedlungsgebieten.

Bei der Beurteilung der **Lage von Handelsimmobilien** ist es besonders wichtig, zwischen der **Makro- und Mikrolage** zu unterscheiden.

b) Makrobereich

Zur Berücksichtigung des **Makrobereichs** ist in erster Linie auf Standortfaktoren und die   **221**
Strukturdaten der Region und der Stadt zurückzugreifen. Bei gewerblichen Immobilien
wird man für eine entsprechende Analyse die Materialien der einschlägigen Kammern und
Verbände heranziehen. Zu erwähnen sind des Weiteren die Informationen der Statistischen
Ämter des Bundes und der Länder, wissenschaftlicher Institute und dgl. Im Einzelnen sind
von Bedeutung:

Standortfaktoren: **222**

– Lage, städtebauliche und räumliche Einordnung,

– Infrastruktur und Erreichbarkeit (Entfernung zum ÖPNV),
    Parkmöglichkeit und Erschließung,

– Passantenfrequenz und -qualität,

– Einzugs- und Verflechtungsbereich,

– Standortdaten (über komplexe Datenbanken),

– Gewerbesteuer,

– Umsatzsteuerstatistiken,

– Freizeitwert/Umgebung,

– Bevölkerungsentwicklung, Strukturveränderungen,

– Wirtschafts- und Kaufkraft, Kaufkraftströme,

– Branchenanalysen, Konkurrenzsituation (Wettbewerbsposition und Tragfähigkeit),
    Konzentrationsprozesse,

– Arbeitsplatzbedarf und -nachfrage (Arbeitslosenentwicklung),

– Sozialdemographische Struktur.

Leopoldsberger[94] unterscheidet nach **fünf Lage- und Größenklassen** (Abb. 47):   **223**

Abb. 47: Lage- und Größenklassen für Handelsimmobilien

Lage	Bezeichnung	Merkmal	Flächen
I	Beste Lage am Ort	Höchste Kundenfrequenz	$< 200 \ m^2$
II	Gute Zentrumslage	Hohe Kundenfrequenz	$200 \ m^2 - \ 499 \ m^2$
III	Abseitige Zentrumslage	Niedrige Kundenfrequenz	$500 \ m^2 - \ 999 \ m^2$
IV	Vorortzentrum		$1 \ 000 \ m^2 - 4 \ 999 \ m^2$
V	Stadtrandlage	„Grüne Wiese"!	$5 \ 000 \ m^2 >$

Bei der Beurteilung der Standortqualität kommt es nicht allein auf die derzeitige Situation   **224**
(status quo), sondern vor allem auf die **Entwicklung des Standorts und der Region** an
(Quo vadis?).

---

93   Gleichlautende Erlasse der neuen Bundesländer betr. Bewertung von Warenhausgrundstücken, Einkaufszentren
     sowie Groß-, SB- und Verbrauchermärkten und Messehallen im Beitrittsgebiet (BStBl. I 1993, 528 = Ver-
     mögensrecht [a. a. O.] II 7.3.10)
94   Leopoldsberger, G., Kontinuierliche Wertermittlung von Immobilien, Köln 1998

225   Die wichtigsten **Standortfaktoren** im Makrobereich sind in der sich aus Abb. 48 ergebenden **Rangfolge** – wiederum auf der Grundlage einer Befragung – zusammengestellt.

Abb. 48: Wichtigkeit von Standortfaktoren

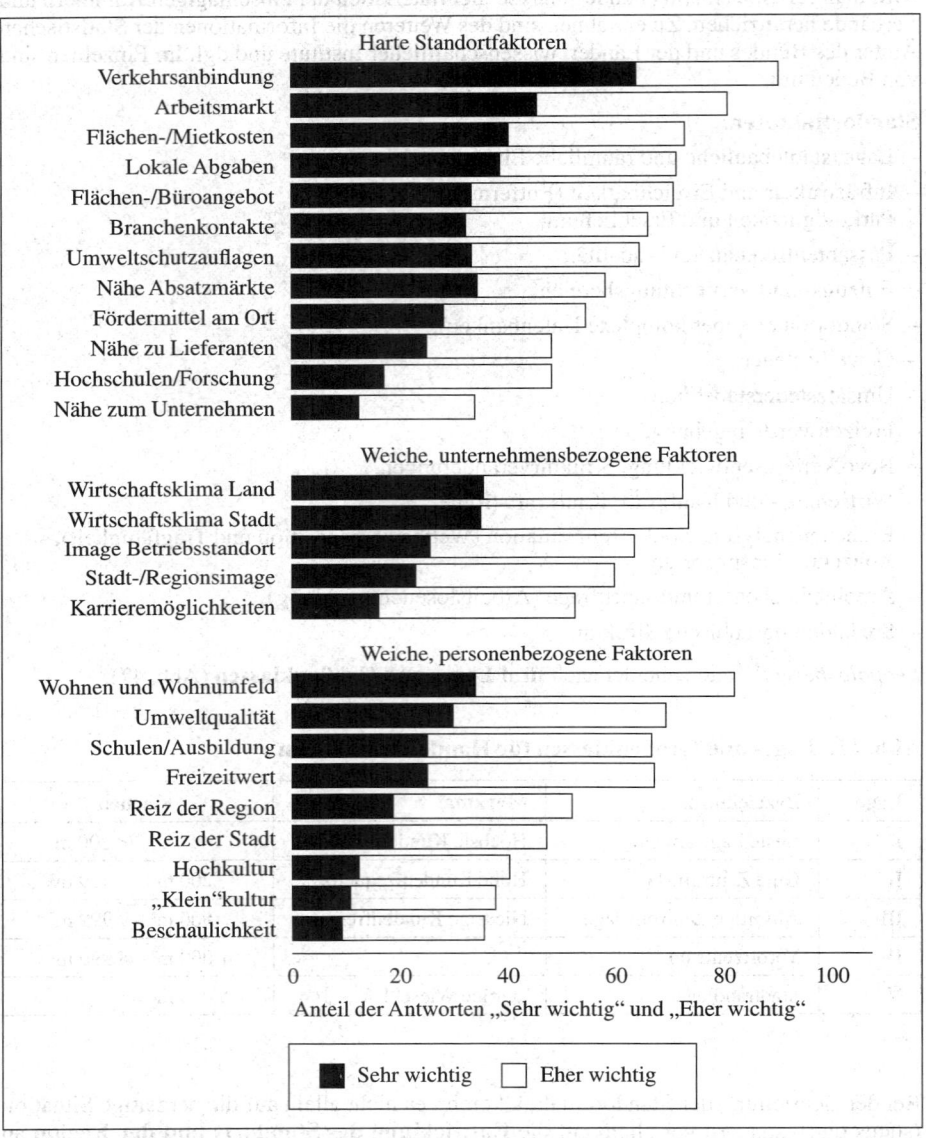

Quelle: Ergebnisse einer Umfrage bei ca. 2000 Unternehmen im Herbst 1993; Deutsches Institut für Urbanistik.

226   Zur Beurteilung der Qualität des Makrobereichs bedient man sich, wie im Übrigen auch
zur Beurteilung der Qualität des Mikrobereichs zumeist eines einfachen Schulnotensystems, indem man je nach Branche die maßgeblichen **Standortqualitätskriterien
gewichtet und den „Erfüllungsgrad" des einzelnen Standorts sowie ggf. damit konkurrierender Standorte feststellt.**

Beispiel (Abb. 49)

Abb. 49: Gewichtete Standortfaktoren

Kriterien zur Beurteilung der Qualität des Makrobereichs		Erfüllungsgrade				
	Gewicht	Standort Erfüllungsgrad	Gewichtet	Wettbewerbsstandorte Gewichteter Erfüllungsgrad		
1	2	3	4 = 2 x 3	A	B	C
Verkehrsanbindung	1,0	0,8	0,80	1,00	0,50	0,20
Arbeitsmarkt	0,8	0,8	0,64	0,80	0,40	0,10
Absatzmarkt	1,0	0,6	0,60	1,00	0,50	0,35
Parkplatz	1,0	1,0	1,00	1,00	0,50	0,20
Umweltauflagen	0,7	0,5	0,35	0,70	0,35	0,25
Wohnumfeld	0,6	0,8	0,48	0,60	0,30	0,30
Lieferantennähe	0,5	0,5	0,25	0,50	0,25	0,20
Freizeitwert	0,5	0,8	0,40	0,50	0,25	0,10
Summen	6,2		4,52	6,10 sehr gut	3,05 mittel	1,60 nicht ausreichend

c) Mikrobereich

Im **Mikrobereich** sind insbesondere **Grundstücksmerkmale und die Ausstattung** des 227 Objekts wertbeeinflussend.

a) **Grundstück**
   – die Ladengröße (Breite der Ladenfront und repräsentationsgeeignete Schaufensterfläche; Ladentiefe; nutzbare Deckenhöhe; Anzahl der Verkaufsebenen),
   – die Lagermöglichkeiten, soweit nicht sog. *„Just-in-time*-Bedienung" möglich,
   – Möglichkeiten der Außenwerbung,
   – Grundstückszuschnitt,
   – Grundstückswert,
   – Parkplatzangebot.

b) **Nutzungskonzeption**
   – funktionales Grundkonzept,
   – Betreiberkonzeption,
   – Vertriebskonzept,
   – Umgestaltungs- und Erweiterungsmöglichkeiten,
   – Grundriss- und Flächenoptimierung,
   – markt- und standortgerechte Nutzungskonzeption,
   – Portfoliostrategie,
   – Ertragskalkulation (objektbezogene Ertrags- und Mietprognose),
   – Branchen- und Mietstruktur,
   – Vermietungschancen,
   – Miet- und Pachtkonditionen
     (Mietvertragsdauer und ggf. Auflagen sowie Mietanpassung),
   – Nebenkosten,
   – Finanzierungsmodell/Wirtschaftlichkeitsberechnung.

c) **Betrieb**
   - – Centermanagement,
   - – Werbegemeinschaft.
d) **Marktanalyse**
   - – Bedarfsberechnungen und Nachfrageanalysen,
   - – Akzeptanzuntersuchung für Produktenpalette,
   - – Quantitative und Qualitative Konkurrenzanalyse,
   - – Wirtschaftsfaktor/Multiplikatoreneffekte,
   - – Preis- und Mietspiegel.
e) **Bau**
   - – baulicher Zustand (z. B. Ausbaustandard im Sanitärbereich),
   - – Vorbereitung,
   - – Durchführung,
   - – Technik,
   - – Kosten,
   - – Baurecht,
   - – Architektur,
   - – bauliche Anpassungsmöglichkeiten.

Die Qualität des Mikrobereichs kann nach dem Beispiel der Bewertung des Makrobereichs ermittelt werden.

d) Einzelhandel

▶ *Hierzu auch § 17 WertV Rn. 148 ff.*

228 Im Vergleich zu Büroobjekten hat die **Bau- und Objektqualität** von Handelsimmobilien eine weitaus geringere wertbeeinflussende Bedeutung. Die Handelsunternehmen übernehmen hier häufig die Einbauten, Fassadengestaltung und Schaufensteranordnung in eigene Regie und tragen i. d. R. auch die Instandhaltungskosten (Ausnahme: Unterhaltung von Dach und Fach).

229 Die für Handelsimmobilien generell geltenden Lagekriterien gelten im Übrigen auch für **Einzelhandelsimmobilien,** und zwar sowohl, was den Makrobereich, als auch, was den Mikrobereich betrifft.

230 Weitergehende Analysen sind hierzu von *Tietz* gemacht worden. Als **Kenngröße für die Standortgüte des Einzelhandels** kann nach Tietz[95] der regionalspezifische Zentralitätskoeffizient Z_R gelten, der wie folgt definiert:

$$Z_R = \frac{UK_R}{EK_R}$$

Dabei bedeuten:

$$UK_R = \frac{\text{Umsatz der Ladengeschäfte in den Einzelhandelsbranchen mit Waren zentralörtlicher Funktion in der Region R}}{\text{Umsatz der Ladengeschäfte in den Einzelhandelsbranchen mit Waren zentralörtlicher Funktion in der BRD} \times 1\,000}$$

$$EK_R = \frac{\text{Zahl der Einwohner in der Region R}}{\text{Zahl der Einwohner in der BRD} \times 1\,000}$$

Der **Umsatz im** relevanten **Warenbereich** in den relevanten Betriebstypen in der Region R   **231**
(U$_{WR}$) ergibt sich nach folgender Formel:

$$U_{WR} = \text{Einwohner in der Region } (E_R)$$

$$\times \frac{\text{Nachfrage nach dem Warenbereich W in der BRD } (N_W)}{\text{Zahl der Einwohner in der BRD } (E)}$$

$$\times \text{Zentralkoeffizient } (Z_R)$$

Der **Einzelhandelsumsatz im engeren Sinne** liegt seit 1993 in Deutschland zwischen 355   **232**
bis 360 Mrd. € (1998 = 359 €). Der Umsatz des Einzelhandels „im weiteren Sinn" unter
Einschluss von **Apotheken, Tankstellen** und dem **Autohandel** liegt bei 476 Mrd. € und
ist im Gegensatz zum Umsatz im engeren Sinn seit 1993 laufend weiter gestiegen. Autohändler und Tankstellen fragen keine Einzelhandelsflächen nach. Ihr Umsatzanteil von
90 Mrd. € soll daher in dieser Untersuchung nicht betrachtet werden. Hinzugerechnet werden muss zum traditionellen Umsatz im engeren Sinn aber ein Umsatzanteil von
25,5 Mrd. € für **Apotheken** und 28 Mrd. € für **Gastronomie** und Dienstleistungen. Insbesondere die **Dienstleistungsbranche** steigert die Nachfrage nach Einzelhandelsflächen in
Kernstädten, aber auch innerhalb großflächiger Betriebe[96].

Abb. 50: **Einzelhandelsumsätze p. a. pro Kopf der Bevölkerung sowie Zentralitäts-**
kennziffer nach Bundesländern 1998

Land	Einzelhandelsumsatz pro Kopf in € p. a.	Zentralitätskennziffer[1]
Schleswig-Holstein	5 458	111
Hamburg	6 405	127
Niedersachsen	4 981	102
Bremen	6 076	122
Nordrhein-Westfalen	4 999	103
Hessen	4 938	97
Rheinland-Pfalz	4 648	97
Baden-Württemberg	4 819	98
Bayern	4 880	99
Saarland	5 471	116
Berlin	5 156	103
Brandenburg	3 726	88
Mecklenburg-Vorpommern	3 907	94
Sachsen	3 691	88
Sachsen-Anhalt	3 900	92
Thüringen	3 784	90

1   Diese Kennziffer wird von der GfK unter Berücksichtigung des Bevölkerungsanteils des jeweiligen Landes an
    der Gesamtbevölkerung der Bundesrepublik Deutschland ermittelt (Einzelhandels-Umsatzkennziffer je Einwoh-
    ner/Einzelhandelsrelevanter Kaufkraftkennziffer je Einwohner x 100). Liegt die Kennzahl über 100, so zieht die
    Region Kaufkraft aus den Nachbarländern ab oder umgekehrt.

Quelle: GfK, Nürnberg

---

95   Tietz, B., City Studie, Landsberg 1991
96   DSL Bank, Die Zukunft der Handelsimmobilien 1999

Abb. 51: Übersicht über die wichtigsten Standortfaktoren

Standortfaktoren im Einzelhandel

Bedarfsorientierung

> Konsumentendichte, -nähe und -struktur im Einzugsbereich (u. a. Einwohnerzahl und -dichte, Bevölkerungs- und Sozialstruktur, Größe des zentralörtlichen Einzugsbereichs, Kaufkraftdifferenzierung, Fremden- und Besucherfrequenz)

> Versorgungsgewohnheiten (u. a. Konsumhäufigkeit, d. h. Häufigkeit der Inanspruchnahme)

> Ausrichtung des Einzelhandels- und Dienstleistungsangebots auf die Nutzergruppen (u. a. Konsumwertigkeit, Spezialisierungsgrad, Ausrichtung auf Massenbedarf oder spezielle Konsumentengruppen)

Erreichbarkeit (Verkehrslage und Transportaufwand für Kunden-, Berufs- und Geschäftsverkehr sowie Materialaufwand)

> Funktionsräumliche Lage (Lagesituation des Betriebes in Bezug auf den zentralen Standortraum der Stadt, innerhalb des zentralen Standortraumes, innerhalb der Geschäftsstraße, Lage zu Wohngebieten usw.)

Verkehrsanbindung, -bedienung und -struktur (u. a. Verteilung, Frequenz und Tarife des öffentlichen)

> Nahverkehrsnetzes; **Erreichbarkeit und Dichte für den motorisierten Individualverkehr, insb. Lage im Straßennetz,** Autobahnanbindung; Lage zu regionalen o. internationalen Flughäfen; Fußgängerverkehr, insb. Dichte und Frequenz)

> Lage zu Verkehrsakkumulationspunkten/Lage zu Passantenmagneten (Lage zu Haltestellen Öffentl. Verkehrslinien, insb. zum Hauptbahnhof, zu größeren Parkgelegenheiten, zu bes. Verkehrsanziehungspunkten wie größere Behörden)

> Verkehrszukunft (u. a. vorgesehener Schnellstraßenbau, geplante Haltestellen oder unterirdischen Stadtbahn)

Konkurrenzsituation/Agglomerationsvorteile

> Branchengleiche Konkurrenzakkumulation (Konkurrenzanziehung)

> Branchengleiche Absatzagglomeration

> Sonstige Agglomerationsvorteile (u. a. Möglichkeiten der Werbung; Messen; Fühlungsvorteile mit wichtigen Entscheidungsfunktionen der öffentl. Verwaltung und Wirtschaft)

> Konkurrenzevitation (Konkurrenzvermeidung)

Stadtfunktionale Faktoren

> Wirtschaftsstruktur der Stadt

> Bedeutung der Stadt als zentraler Ort/Innerstädtische Zentrenausstattung (Nebenzentren)

> Spezielle Funktionen der Stadt (z. B. Universitätsstadt, Fremdenverkehrsort)

Zwischen- und außerbetriebliche Kontaktbedürfnisse bzw. Interaktionen

> Persönliche (Geschäfts-)Kontaktmöglichkeiten zwischen gleichen, ähnlichen oder andersartigen Einrichtungen/Betrieben (Face-to-face-Kontakte)

> Andere zwischenbetriebliche Kontaktarten (Interaktionsformen) (z. B. schriftlich/telefonisch)

> Art der Kontakte zwischen Kunden und Einrichtungen/Betrieben

Raumbedarf, -angebot und -kosten

> Verfügbarkeit der Betriebsraumfläche/Betriebsraumqualität

> Räumliche Expansionsmöglichkeiten des Betriebes

> Grundstücks-, Gebäude-, Miet- und Instandhaltungskosten

> Rendite (z. B. Bürogebäude als Renditeobjekt)

Einflüsse der Planung / städtebauliche Gründe

> **Bebauungsplan/Flächennutzungsplan (Art und Maß der baulichen Nutzung; Nutzungsbeschränkungen durch Bauvorschriften)**

> Städtische Infrastruktur (z. B. Entsorgungseinrichtungen)

> **Spezielle Maßnahmen städtebaulicher Gestaltung (u. a. Errichtung von Fußgängerzonen, Auswirkungen von Gestaltungssatzungen)**

> **Maßnahmen der Verkehrsplanung**

> Direkte Standortbeeinflussung (u. a. Umlegung im Rahmen von Sanierungsvorhaben, Standortlenkung beim Bau von Cityerweiterungsprojekten, z. B. im Zusammenhang mit dem U-Bahnbau)

Standortbeeinflussung durch übergeordnete Institutionen

> Vorgaben und Beeinflussung durch berufsständische Kammern

> Steuern und Abgaben

> Sonstige Bestimmungen

Betriebsinterne Faktoren

> Betriebsstruktur und -organisation (u. a. Art des Angebots bzw. der Spezialisierung, Größe, Besitzverhältnisse, Zugehörigkeit zu freiwilligen Ketten usw., Investitionen in Betriebsausstattung, Finanzen)

> Innerbetriebliche Kommunikation und Arbeitsteilung

> Persönliche Verhältnisse der Betriebsleitung (Persönlichkeit, Fachausbildung, persönliche Bindungen, berufliche Beziehungen und sonstige Präferenzen)

> Arbeitskräftebedarf und -angebot (Quantität, Qualität)

Standorttradition

> Räumlich-zeitliche Persistenz von Betriebsstandorten (Standortbeharrung)

Repräsentations- und Imagefaktoren

> Historischer Lagewert, Image, Symbolwert eines Standortraumes

> Landschaftliche Lagefaktoren

> Attraktivität und Image des Betriebes

Quelle: Heineberg, H.; de Lange, N., Die Cityentwicklung in Münster und Dortmund seit der Vorkriegszeit, In: Weber, P.; Schreiber, K.-F. (HG), Westfalen und angrenzende Regionen, Paderborn 1983, S. 221–285

Weitere Kriterien (im Mikrobereich) sind vor allem der Quotient aus   233

$$\frac{\text{Käuferfrequenz}}{\text{Passantenfrequenz}}$$

u. U. gegliedert nach Alter und Geschlecht der Passanten, Besucher und Käufer und dem **Um-**   234
satz je Quadratmeter Verkaufsfläche (Flächenproduktivität), die insgesamt rückläufig ist.

Einen **Überblick über die wichtigsten Standortfaktoren** gibt die Zusammenstellung der
Abb. 51.

Die Standortfaktoren sind zugleich Indikator für die maßgeblichen wertbeeinflussenden   235
Lagemerkmale von Einzelhandelsimmobilien. Sie bestimmen den nachhaltig erzielbaren
Umsatz. Es gilt die Beziehung, dass, **je besser der Standort, desto höher ist der zu**
erwartende Umsatz und die zu erwartende Miete. Bei neu errichteten Einzelhandelsimmobilien mit einer wirtschaftlichen Nutzungsdauer von 20 bis 40 Jahren ist eine auf
10 Jahre gesicherte Erstvermietung zwar wichtig, jedoch nicht allein ausschlaggebend.

Als wichtigste **Kerngrößen für den Standort** können gelten

a) das nach Bedarfsgruppen zu differenzierende einzelhandelsrelevante **Kaufkraftpoten-**   236
   zial im Einzugsgebiet; das Kaufkraftpotenzial wird durch **Kaufkraftkennziffern**
   erfasst, die die Konsumfähigkeit der ortsansässigen Bevölkerung (das Nachfragepoten-
   zial) angeben (Abb. 52 bis 54),

b) die jeweilige **Kaufkraftabschöpfung durch bestehende Angebote** einschließlich der
   Konkurrenzstabilität,

c) die **Umsatzkennziffer,** die den Einzelhandelsumsatz in Relation zum durchschnittlichen Umsatz der übrigen Gemeinden angibt,

d) der **Einzelhandelsumsatz pro Kopf der ortsansässigen Bevölkerung innerhalb**
   eines Jahres

   und **speziell in Einzelhandelslagen:**   237

e) der **Filialisierungsgrad,** d. h. der Anteil von Filialunternehmen am Marktbesatz (in 1a-
   Lagen),

f) die **Passantenfrequenz,** d. h. die Zahl der Passanten, die in einer bestimmten Zeit (z. B.
   einer Stunde) zu einer bestimmten Zeit eine Straße durchlaufen, und

g) die **Passantenqualität,** wobei insbesondere deren Kaufbereitschaft und Kaufkraft im
   Vordergrund steht.

Angaben hierfür können von **regionalen Marktforschungsinstituten** gemacht werden,   238
die bestehende Konkurrenzstandorte mit ihren Verkaufsflächen und Umsätzen sowie Kaufkraftpotenziale abschätzen können (Abb. 52 ff.).

Abb. 52: Kaufkraftkennziffern

Kaufkraftkennziffern		
Kammerbezirk Köln	Stand	Kaufkraftkennziffer je Einwohner
Kreisfreie Städte		
Köln	Dezember 1992	119,7
Leverkusen	Dezember 1992	122,6
Erftkreis	Dezember 1992	114,4
Bedburg	März 1991	100,9
Bergheim	März 1991	102,8
Brühl	März 1991	112,6
Elsdorf	März 1991	96,4
Erftstadt	März 1991	107,8
Frechen	März 1991	112,3
Hürth	März 1991	98,2
Kerpen	März 1991	96,9
Pulheim	März 1991	122,5
Wesseling	März 1991	100,2

Abb. 53: Beispiel für Kaufkraftpotenziale kleinflächiger Verbrauchermärkte

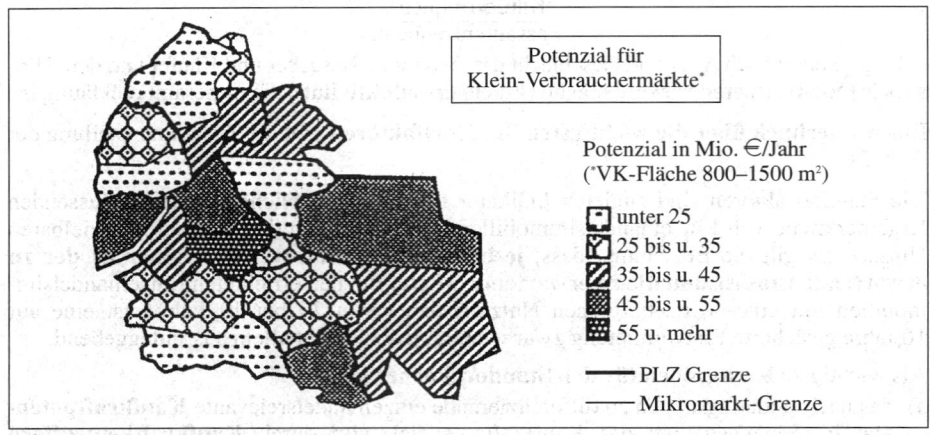

Quelle: GfK Marktforschung Nürnberg

Abb. 54: Einzelhandelsrelevante Kennziffern 1999

Stadt	Kaufkraftkenn-ziffer je Ew.*	Umsatzkenn-ziffer je Ew.*	Einzelhandels-zentralität
Berlin	101,8	105,1	1,03
Essen	106,7	118,8	1,11
Frankfurt/M.	113,4	125,5	1,11
Hamburg	109,3	128,6	1,18
Köln	113,7	124,8	1,10
München	131,9	152,7	1,16
Stuttgart	119,6	140,1	1,17

* bezogen auf den Durchschnitt Bundesrepublik Deutschland von 100,0

Quelle: GfK; eigene Zusammenstellung; Dr. Lübke Research 1999

239   Mithilfe der **Kaufkraftkennziffern lässt sich** für den jeweiligen Einzugsbereich eines Handelsunternehmens **die Kaufkraft ermitteln,** dem das vorhandene und geplante Verkaufsflächenangebot gegenübergestellt werden kann. Aus der Gegenüberstellung lässt sich dann ablesen, ob ein örtlicher Verkaufsflächenbedarf oder ein Verkaufsflächenüberangebot besteht. Dies kann zur Beurteilung eines vorhandenen oder geplanten Handelsunternehmens herangezogen werden.

Beispiel:

Abb. 55: Örtlicher Flächenbedarf

Stadtteil	Einwohner	Kaufkraft-kennziffer	Kaufkraft Mio. €	Verkaufsfläche Angebot m²	Bedarf m²
A	70 000	1,10	385	70 000	85 000
B	50 000	0,95	237	50 000	50 000
C	20 000	1,25	125	18 000	22 000
D	10 000	1,19	60	25 000	17 000
E	30 000	1,30	195	28 000	32 000
	180 000		1 002	191 000	206 000

Ergebnis: Im Stadtteil D, in dem ein zu wertendes Handelsobjekt gelegen ist, besteht ein Überangebot an Verkaufsflächen. In den übrigen Stadtteilen besteht dagegen zumeist ein Unterangebot. Die wirtschaftliche Situation ist dadurch gekennzeichnet, dass eine stadtteilsgrenzenübergreifende Konkurrenzsituation gegeben ist.

e) Citylage (Innenstadt)

Innerhalb der **Geschäftslagen** gilt die Citylage der Innenstadt *(CBD – Central Business District)* als Spitzenlage (vgl. Abb. 56). So werden unter City-Immobilien vornehmlich Geschäftshäuser in erstklassiger Lage und mit Einzelhandelsnutzung verstanden, wobei sich die Hauptnutzfläche (Verkaufsfläche) in erster Linie auf das Erdgeschoss und bei guter Einbeziehung auf das *Basement* und erste Obergeschoss erstreckt. Für den Verkehrswert dieser Immobilien ist in erster Linie der Mietertrag in diesem Bereich ausschlaggebend; die darüber hinausgehende Nutzung der Obergeschosse zu Wohn- und Bürozwecken ist dagegen eher bedeutungslos. **240**

Ohne wissenschaftlichen Unterbau wird im Einzelhandelsbereich **nach Ia-, Ib-, IIa-Lagen unterschieden.** **241**

Abb. 56: Bevorzugter Einkaufsort

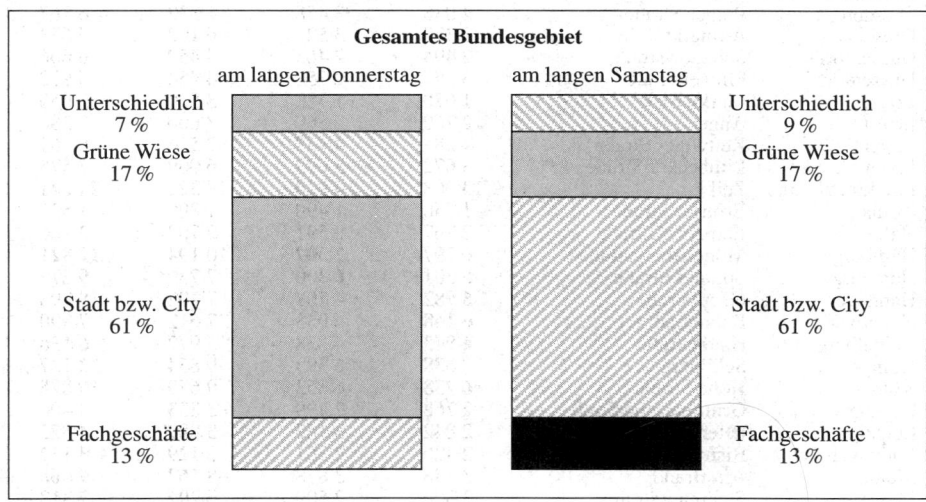

Quelle: Ifo Institut/Infratest, 1995

Die **Ia-(City-)Lage** wird im Allgemeinen als die Lage definiert, die den höchsten Lauf, d.h. die höchste **Passantenfrequenz,** aufweist, wobei es allein auf die Frequenz nicht ankommt. Es empfiehlt sich darüber hinaus auch nach der **Passantenqualität** zu unterscheiden. Besonders hohe Passantenfrequenzen mit hohem Verkaufsumsatz weisen häufig **Fußgängerzonen** auf. Branchenmäßig sind sie weniger auf die Versorgung der Bevölkerung mit dem Grundbedarf, sondern i.d.R. durch *Shopping* bzw. *luxury goods* des sog. *Non-food*-Bereichs gekennzeichnet, insbesondere Textilien und Lederwaren (60 %), Porzellan, Schmuck und dgl. Es handelt sich dabei um einen sehr engen Markt, der sich zumeist auf 350 bis 500 m Straßenlänge in Gemeinden mit mehr als 50 000 Einwohnern beschränkt (vgl. Zusammenstellung in GuG 1995, 361). **242**

243 In den großen Metropolen unterscheidet man nach der sog. **Kaufhausrennbahn und der sog. Luxusmeile.**

244 Weiteres Kriterium für die Ia-Lage ist ein **Einzelhandelsbesatz mit gutem Branchenmix.** Als „Laufkiller" gelten dagegen Banken, Postämter, aber auch Vitrinen, Bepflanzungen und U-Bahneingänge.

▶ *Weitere Ausführungen bei §17 WertV Rn. 161ff.*

245 **Standortfaktoren** und ihre Parameter bestimmen nicht nur den Verkehrswert von Einzelhandelsimmobilien, sondern sind auch besonders geeignet **zur Umrechnung von Vergleichspreisen.**

Abb. 57: Passantenfrequenz

Passantenfrequenz 2000					
Stadt	Straße	Di. 16–17.^{00}	Di. 17–18.^{00}	Sa. 11–12.^{00}	Sa. 12–13.^{00}
Berlin	Tauentzienstraße	4 635	3 903	7 491	8 683
Berlin	Wilmersdorfer Straße	3 515	4 563	4 370	5 733
Bremen	Sögestraße	3 660	3 587	6 559	7 246
Bremen	Obernstraße	3 010	3 159	4 828	5 992
Darmstadt	Ernst-Ludwig-Straße	3 055	2 661	6 007	6 158
Dortmund	Westenhellweg	5 453	5 643	9 588	**12 222**
Dortmund	Ostenhellweg	4 065	4 010	6 741	8 242
Dresden	Prager Straße	4 035	3 458	6 332	6 767
Dresden	Altmarkt	3 370	3 528	6 102	5 623
Düsseldorf	Schadowstraße	2 494	2 463	4 459	6 606
Düsseldorf	Flingerstraße	3 265	2 758	4 454	5 972
Erfurt	Marktstraße	1 670	1 380	3 520	3 650
Erfurt	Anger	2 760	2 560	3 600	3 380
Essen	Kettwiger Straße	4 288	4 438	7 534	8 064
Essen	Limbecker Straße	3 672	3 699	6 009	7 575
Frankfurt/Main	Zeil	13 003	**14 924**	19 322	**21 241**
Gotha	Erfurter Straße	1 750	1 490	1 800	1 530
Halle	Leipziger Straße	2 767	2 591	2 708	2 986
Hamburg	Mönckebergstraße	6 797	**7 307**	10 194	**12 821**
Hamburg	Spitaler Straße	5 301	**6 300**	7 739	**9 276**
Hannover	Georgstraße	**5 982**	4 708	7 202	8 793
Hannover	Bahnhofstraße	**6 168**	6 033	7 612	7 990
Heidelberg	Hauptstraße	**4 943**	4 858	5 972	6 138
Köln	Schildergasse	**7 838**	6 593	9 854	**12 127**
Köln	Hohe Straße	**6 738**	6 053	9 679	**10 878**
Leipzig	Grimmaische Straße	2 768	2 799	3 833	4 400
Leipzig	Petersstraße	2 842	3 162	3 889	4 522
Ludwigshafen	Bismarckstraße	2 420	2 361	3 129	3 132
Mainz	Am Brand	3 588	3 838	8 162	**9 468**
Mainz	Stadthausstraße	3 300	2 509	6 291	7 313
Mannheim	Breite Straße	2 148	2 473	4 422	7 081
Mannheim	Planken	3 584	3 803	5 218	5 276
München	Neuhauser Straße	8 992	**13 747**	16 810	**20 507**
München	Kaufinger Straße	10 296	**13 156**	13 611	**6 247**
Nürnberg	Breite Gasse	3 007	3 356	5 603	8 236
Nürnberg	Königstraße	2 715	2 698	3 790	5 741
Offenbach	Frankfurter Straße	2 046	3 228	1 990	2 313
Stuttgart	Königstraße	4 822	**5 856**	7 002	**8 981**
Stuttgart	Schulstraße	2 221	2 515	4 537	5 742
Vordertaunus	Louisenstraße	1 852	1 789	2 946	3 216
Weimar	Schillerstraße	1 550	1 270	2 040	2 250
Wiesbaden	Kirchgasse	4 814	4 101	6 334	6 937
Wiesbaden	Marktstraße/Neugasse	1 975	2 204	4 932	5 968

6 789 fette Zahlen kennzeichnen die Tageshöchstwerte

Quelle: Blumeneuer 2000 = GuG 2001, 40

Die **Passantenfrequenz** ist **mit** der Ladenmiete (Erdgeschossmiete) und die wiederum mit   **246**
dem **Bodenwertgefüge korreliert** (vgl. § 17 WertV Rn. 148).

Beispiel: **247**

Zur Verkehrswertermittlung eines innerstädtischen Geschäftsgrundstücks liegen verschiedene Vergleichspreise aus
benachbarten Straßenzügen vor, die vom Käuferstrom unterschiedlich frequentiert werden. Im Hinblick auf die
bestehende Einzelhandelsnutzung wird der Verkehrswert maßgeblich durch den Käuferstrom bestimmt. Auf der
Grundlage einer Zählung des Käuferstroms lässt sich – ceteris paribus – der Bodenwert des Wertermittlungsobjektes
aus Vergleichspreisen von Grundstücken benachbarter Straßenzüge ableiten. Zur Umrechnung können die Ergebnisse z.B. von Fußgängerzählungen ins Verhältnis zueinander gesetzt werden oder sogar Umrechnungskoeffizienten
im Wege einer Regressionsanalyse als Funktion der Fußgängerfrequenz abgeleitet werden (vgl. Abb. 58):

**Abb. 58: Ergebnisse einer Fußgängerzählung im Fußgängerbereich in der Zeit von
10.00 bis 18.00 Uhr am ... (Beispiel)**

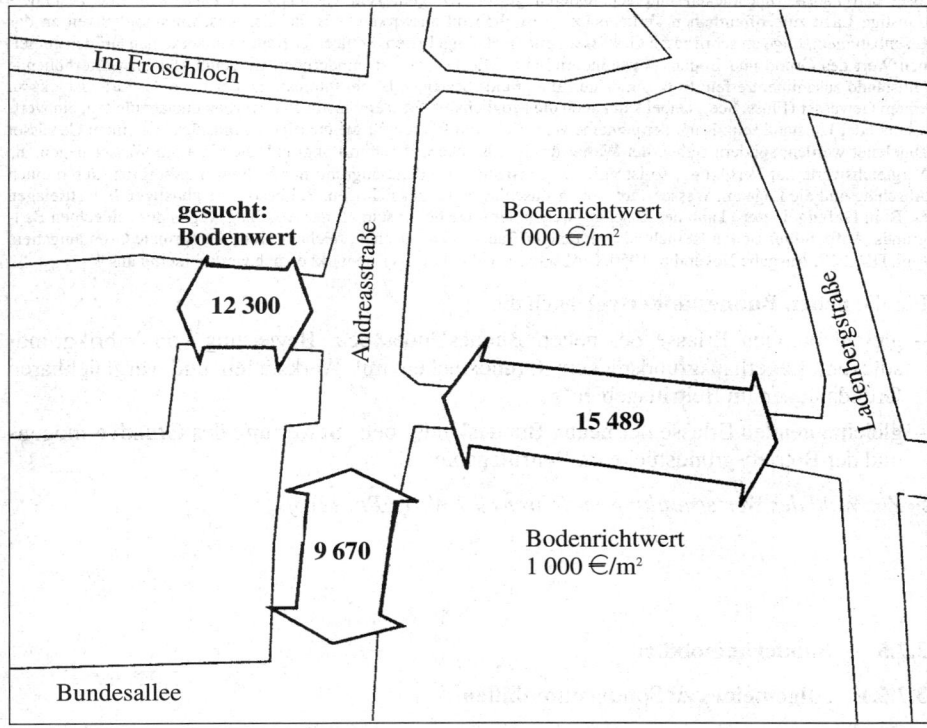

Gesuchter Bodenwert:

$$\text{Bodenwert} = \frac{12\,300}{15\,489} \times 1\,000 \approx \mathbf{800\ €/m^2}$$

▶ *Weitere Hinweise zur Verkehrswertermittlung von Einzelhandelsimmobilien, insbesondere hinsichtlich ihrer **Ertragsfähigkeit**, vgl. bei § 17 WertV Rn. 148 ff.*

3.7.4.4   Lagemerkmale im industriell-produzierenden Bereich

▸ *Allgemeines vgl. oben Rn. 198 ff. sowie § 17 WertV Rn. 162*

248   **Charakteristisch für Industrieimmobilien** sind relativ große Räume und Hallen mit wenig Innenausbauten, insbesondere

– Fertigungsgebäude,

– Werkstätten,

– Lagerhallen und

– Distributionszentren

249   Zur Berücksichtigung von Abweichungen bei der **Bodenwertermittlung von Fabrik-grundstücken** im Verhältnis zu den sonstigen Gewerbegrundstücken enthalten die steuer-lichen Bewertungsrichtlinien eine Reihe auch bei der Verkehrswertermittlung anwendbarer Grundsätze; dort wird ausgeführt[97]:

„Bei den Fabrikgrundstücken und den anderen gewerblich genutzten Grundstücken kann sich eine besonders günstige Lage zum öffentlichen Verkehrsnetz werterhöhend auswirken, z. B. bei der Anschlussmöglichkeit an das Eisenbahnnetz, Lage an schiffbaren Gewässern und in Hafengebieten. Schlechter Baugrund wirkt sich auf den gemei-nen Wert des Grund und Bodens wertmindernd aus. Mit diesem wertmindernden Umstand können werterhöhende Umstände zusammentreffen; trotz schlechten Baugrunds besteht z. B. ein Interesse an der Lage des Grundstücks an einem Gewässer (Fluss, See). Dabei kann auch die Möglichkeit, Wasser günstig zu erwerben und abzuleiten, ein wert-erhöhender Umstand sein. Kann der gemeine Wert nicht von Werten für gleichartige Grundstücke an einem Gewässer abgeleitet werden, sondern stehen nur Werte für Grundstücke mit gutem Baugrund, die nicht am Wasser liegen, als Vergleichswerte zur Verfügung, so ist ggf. der Umstand, dass der Baugrund nur bedingt tragfähig ist, durch einen Abschlag und die Lage am Wasser durch einen Zuschlag zu berücksichtigen. Bei besonders günstigen Industrielagen (z. B. in **Hafengebieten**) kann der Zuschlag wegen der Lage höher sein als der Abschlag wegen des schlechten Bau-grunds. Aufgefüllter Boden ist nicht als tragfähiger Baugrund anzusehen; reicht er unter die normale Gründungstiefe (vgl. DIN 277, Ausgabe November 1950 X, Abschn. 1.344 – Anl. 1.1), so wirkt er sich wertmindernd aus.

250   Für die **neuen Bundesländer vgl.** auch die

– gleichlautenden Erlasse der neuen Bundesländer betr. Bewertung von Fabrikgrund-stücken, Lagerhausgrundstücken, Grundstücken mit Werkstätten und vergleichbaren Grundstücken im Beitrittsgebiet[98],

– gleichlautenden Erlasse der neuen Bundesländer betr. Bewertung des Grundvermögens und der Betriebsgrundstücke im Beitrittsgebiet[99].

251   ▸ *Zur Wahl des Wertermittlungsverfahrens § 7 WertV Rn. 110 ff.*

3.7.5   Sonderimmobilien

3.7.5.1   Allgemeines zu Sonderimmobilien

252   Sonderimmobilien sind Objekte, die auf eine **spezielle Nutzung mit geringer Drittver-wendungsfähigkeit** ausgerichtet sind. Sie weisen i. d. R. ein hohes Ertragspotenzial ver-bunden mit einem oftmals hohem Risikopotenzial auf. Ihre Nutzung ist, wie aus Abb. 59 ersichtlich, breit gefächert.

---

97   BewR Gr vom 19. 9. 1966 (BAnz Nr. 183 Beil. = BStBl. I 1966, 890, zu § 83 Nr. 35(3))
98   BStBl. I 1993, 467 = GuG 1994, 226 = Vermögensrecht (a. a. O) II 7.3.9
99   Vermögensrecht (a. a. O.)

Abb. 59: Sonderimmobilien

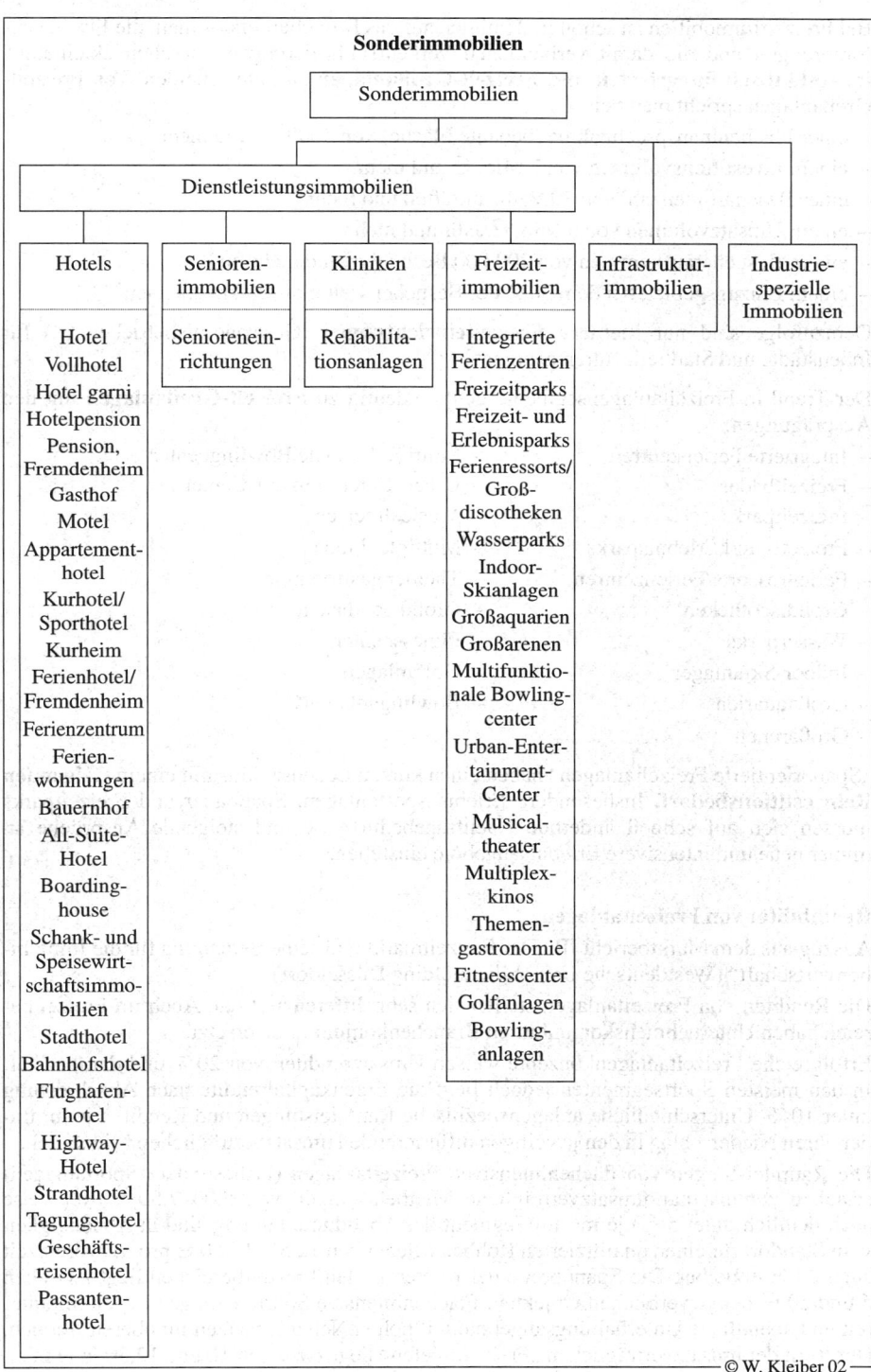

3.7.5.2 Freizeitimmobilien

253 Bei Freizeitimmobilien ist schon im Hinblick auf das Besucheraufkommen, die Flächenanforderungen und die damit verbundenen Verkehrsanforderungen zwischen „kleineren" **innerstädtisch integrierten und Freizeit-Großanlagen** zu unterscheiden. Von Freizeit-Großanlagen spricht man bei

- einer Flächeninanspruchnahme (bebaute Fläche) von 5000 m^2 und mehr
- einem Investitionsvolumen von 7 Mio. € und mehr,
- einer Beschäftigtenzahl von 30 Vollzeitkräften und mehr,
- einem Umsatzvolumen von 5 Mio. €/Jahr und mehr
- einem Besucheraufkommen von 200 000 Besuchern und mehr und
- einem Einzugsgebiet, bei dem 30 % der Besucher weiter als 20 km anreisen[100].

254 Demzufolge sind nur **kleinere Freizeiteinrichtungen** (Gastronomiebetriebe etc.) für Innenstädte und Stadtteilzentren geeignet.

255 Der Trend in Freizeitanlagensegmente geht eindeutig zu **Freizeit-Großanlagen** mit den Ausprägungen:

– Integrierte Ferienzentren	– Multifunktionale Bowlingcenter
– Freizeitbäder	– Urban-Entertainment-Center
– Freizeitparks	– Musicaltheater
– Freizeit- und Erlebnisparks	– Multiplexkinos
– Ferienressorts/Ferienzentren	– Themengastronomie
– Großdiscotheken	– Großdiscotheken
– Wasserparks	– Fitnesscenter
– Indoor-Skianlagen	– Golfanlagen
– Großaquarien	– Bowlinganlagen
– Großarenen	

„Spaßorientierte Freizeitanlagen" haben einen kurzen Lebenszyklus mit einem **steigenden Reinvestitionsbedarf.** Insbesondere Erlebnissportanlagen, Spaßbäder und Freizeitparks müssen sich auf schnell ändernde Nachfragebedürfnisse und steigende Ansprüche an immer neue und intensivere Erlebnisangebote einstellen.

256 **Rentabilität von Freizeitanlagen**

Auszug aus dem Marktbericht III „Der Freizeitmarkt und seine Bedeutung für die Immobilienwirtschaft" (Westdeutsche Immobilienholding Düsseldorf).

Die Renditen von Freizeitanlagen stellen sich sehr differenziert dar. Auch im Freizeitbereich haben Unternehmenskonjunkturen Branchenkonjunkturen ersetzt.

Erfolgreiche Freizeitanlagenkonzepte weisen Umsatzrenditen von 20 % und darüber auf. In den meisten Sportsegmenten jedoch liegt die Eigenkapitalrendite nach Abschreibung unter 10 %. Unterschiedliche anlagenspezifische Raumleistungen und Renditen je m^2 finden ihren Niederschlag in den jeweiligen differierenden umsatzverträglichen Mietsätzen.

Die Raumleistungen von flächenintensiven Freizeitanlagen (insbesondere Sportanlagen) erlauben zumeist nur umsatzverträgliche Mietbelastungen von 5,00–7,50 € (teilweise auch deutlich unter 5 €) je m^2. Im Segment der Abendunterhaltung sind in Abhängigkeit vom Standort für einen qualifizierten Rohbau Mieten von 12,50–17,50 € pro m^2, vereinzelt auch 20 € erzielbar. Die Spannbreite der Mieten in den Freizeitbereichen liegt zwischen 5 und 20 € bei gewerblichen Objekten. Flächenintensive Sportnutzungen liegen im unteren und abendliche Unterhaltungsangebote mit hohen Nebenumsätzen im oberen Bereich. Der Kern der umsatzverträglichen „Freizeitmieten" liegt zwischen 10 und 12,50 € je m^2.

Die Einbindung von Freizeitanlagen in *Mixed-Use-Center* wird im Rahmen der Umstrukturierung klassischer Gewerbeimmobilienmärkte an Bedeutung gewinnen. Die Rendite von Freizeiteinrichtungen in *Mixed-Use-Immobilien* müssen unter Umwegrentabilitätsaspekten analysiert werden. Nachfragesynergetisch geeignete Freizeitanlagen erzeugen zusätzliche Besucher- und Kundenfrequenzen.

Zudem führen diese Einrichtungen zu einer Erhöhung der Wiederholungsbesucherquote und zu einer Verlängerung der Aufenthaltsdauer für das Gesamtzentrum. Die Umsätze und Renditen der integrierten Freizeitanlagen bleiben i. d. R. weit hinter den Vergleichsdaten von alternativen Einzelhandelsnutzungen zurück. Von den Betreibern kann somit keine dem Einzelhandel vergleichbare Miete erwirtschaftet werden. Zugeständnisse bei den Mietkonditionen sind daher durch das Centermanagement erforderlich, um Freizeiteinrichtungen als „Ankermieter" zu gewinnen (vgl. GuG 2001, 293).

Abb. 60: Marktsegmente

Marktsegment	Bestehende Anlagen	Zahl der Planungen und in Bau befindlichen Anlagen	Größenordnung der Investitionen in den nächsten 5 Jahren in Mrd. €
Multiplexkinos	etwa 40	etwa 100	1,5
Urban-Entertainment-Center	4	etwa 40	3,7
Freizeitgroßparks mit über 1 Mio. Jahresbesuchen	6	3	0,6
Ferienzentren mit mehr als 1 000 Betten	22	4 – 5	0,5
Freizeitbäder einschließlich freizeitorientierter Freibäder, Thermal-, Mineral- und Solebäder	ca. 250 i. w. S. ca. 200 i. e. S.	25	0,5

Bezüglich der **Standortfaktoren** kann generell zwischen   **257**
– Freizeiteinrichtungen mit einer ausgeprägten Erholungs-Entspannungs- und Naturkomponente insbesondere im sog. *„Outdoor"*-Bereich sowie
– Freizeiteinrichtungen mit einem ausgeprägten *„Indoor*-Angebot" unterschieden werden.

Für die *Outdoor*-Einrichtungen stellt ein landschaftlich ansprechendes Umfeld mit guter   **258**
Erreichbarkeit eine gute Standortbedingung dar, während für den *Indoor*-Bereich innerstädtische Standorte optimale Rahmenbedingungen darstellen, wenngleich auch im Einzelfall solche Nutzungen auf der „grünen Wiese" realisierbar sind.

Im **Mikrobereich** sind insbesondere Grundstücksmerkmale und die Ausstattung des   **259**
Objekts wichtige Standortfaktoren

a) **Grundstück**
   – Baugrund
   – Grundstückszuschnitt
   – Grundstückswert
   – Parkplatzangebot
   – Weiterentwicklungsmöglichkeiten

100 Wenzel und Partner BDU Freizeitgroßanlagen-Typologie, Bedarf und Investitionsaufwand 1995

b) **Nutzungskonzept**
   - Zielgruppen und Zielgruppenverhalten
   - Umsetzung der Standortbedingungen, Integration standortspezifischer Themen
   - Thematisierung und Gestaltungsrichtlinien
   - Kreation eines Angebotsmixes, Selektion der Angebotsbausteine
   - Klare Positionierung und Abgrenzung im Wettbewerbsumfeld
   - Gästeflussplanung

c) **Betrieb**
   - Angebotskonzept
   - Darstellung der Betriebsform
   - Unternehmens- und Wirtschaftsplan (fünf Jahre)

d) **Marktanalyse**
   - Nachfrageverhalten
   - Einzugsgebiet
   - Synergieeffekte
   - Verkehrsanbindung
   - Wettbewerbssituation (Substitutionsmöglichkeiten)
   - Direkte Konkurrenzsituation
   - Indirekte Konkurrenzsituation
   - Soziodemographische Struktur in den Einzugsgebietszonen
     • Altersstruktur
     • Geschlecht
     • Bildungsstruktur (soziale Determinanten)
   - Sozioökonomische Struktur
     • Verfügbares Haushaltseinkommen (Kaufkraft, Preispolitik)
     • Haushaltsausstattung (u. a. mit Verkehrsmitteln)
     • Arbeitsplatzstruktur nach Qualifikation (Arbeitslosenrate)
   - Siedlungsstruktur
     • Bevölkerungsdichte (Ballungsraum, ländliche Strukturen)
     • Wohnverhältnisse
     • Haushaltsgröße (Familien-, Singlehaushalte usw.)
   - Gästeankünfte
   - Übernachtungsaufkommen
   - Verweildauer
   - Trends, insbesondere: – Wirtschaftliche Entwicklung der Region
     – Zu- und Abwanderungsstatistik
     – Bevölkerungsprognose/Fremdenverkehrsentwicklung
     – Veränderung der Altersstruktur usw.
     – Trends der allgemeinen Wertedynamik
     – Trends im Freizeitverhalten
     – Gesellschaftliche Rahmentrends

▶ *Zur Wertermittlung vgl. § 17 WertV Rn. 166*

e) **Bau**
- Glaubwürdige Umsetzung einer Thematisierung im Innen- und Außenbereich
- Kostengünstiges Bauen
- Flexibles Bauen
- Optimierung funktionaler Abläufe

Abb. 61: Akzeptierte Fahrzeit zu ausgewählten Fahrzielen

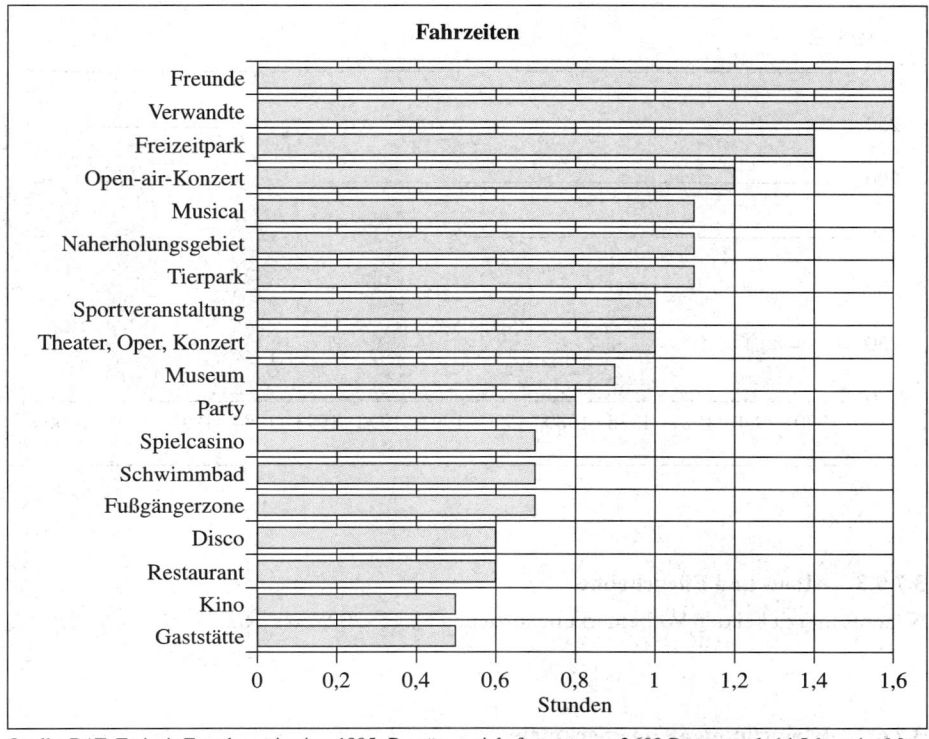

Quelle: BAT; Freizeit-Forschungsinstitut 1995; Repräsentativbefragung von 2 600 Personen ab 14 Jahren im März 1995 in Deutschland

Abb. 62: Marktvolumen

Marktvolumen und Marktprognose für Freizeitanlagen in Deutschland 1993/1999			
	Marktvolumen 1993 in Mio. €	Marktvolumen 1999 in Mio. €	Wachstum
Golfanlagen	500	1 000	100,0 %
Badminton-Anlagen	93	155	67,6 %
Freizeitparks	300	450	50,0 %
Freizeitbäder	490	650	32,7 %
Tennis-Anlagen	500	650	30,0 %
Squash-Anlagen	195	250	28,2 %
Fitness-Center	2 252	1 500	19,8 %
Sauna-Anlagen	118	135	14,9 %

Quelle: BBE-Unternehmensberatung

Abb. 63: Marktvolumina des Freizeitmarktes 1980 – 1996 (2000 geschätzt)

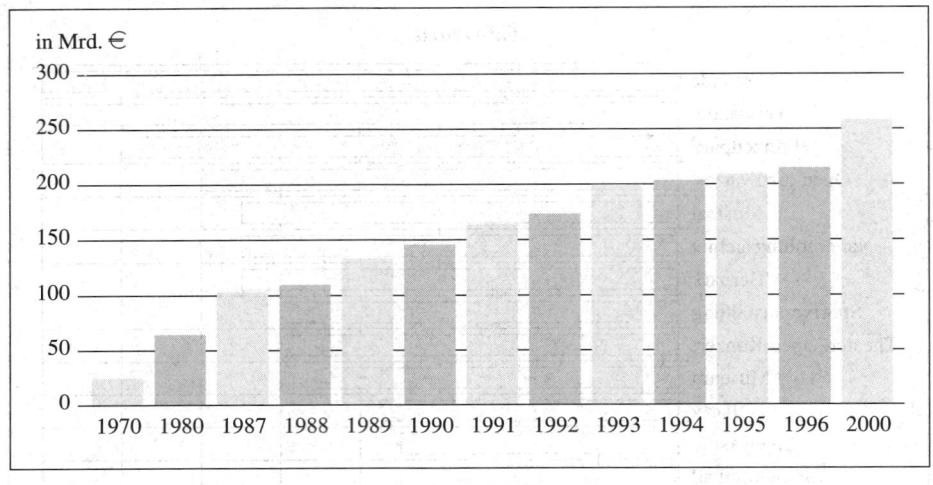

3.7.5.3   Alten- und Pflegeheime

260   Näheres hierzu bei den Vorbemerkungen zu den §§ 15–20 WertV Rn. 472 ff.

3.7.6   Kleinräumige Lagemerkmale

3.7.6.1   Ecklage

261   Unter **Eckgrundstücken** werden i. d. R. **Grundstücke am Schnittpunkt zweier Straßen** verstanden. Auf Grund der sich hieraus ergebenden Folgen für die Grundstücksnutzung können sich im Vergleich zu an einem Straßenzug gelegenen Grundstück Vor- oder Nachteile ergeben. Die Ecklage kann sich aber auch wertneutral auswirken[101].

262   Allgemein lässt sich feststellen, dass **bebaute Eckgrundstücke i. d. R. eine höhere bauliche Ausnutzung** aufweisen, die vielfach nicht mit den baurechtlichen Vorschriften im Einklang steht, jedoch unter Bestandsschutz fällt bzw. im Falle einer Neubebauung aus städtebaulichen Gründen wieder genehmigt würde[102]. Wird die sich daraus ergebende Werterhöhung bereits nach Maßgabe des § 5 Abs. 1 durch Ansatz eines entsprechend erhöhten Bodenwerts berücksichtigt, ist diesem Umstand insoweit bereits Rechnung getragen. Dies wird oft übersehen. Darüber hinaus kann sich ein höherer Wert für Eckgrundstücke in Geschäftslagen ergeben, wenn sich dadurch die Ertragsfähigkeit, z. B. durch erhöhten Kundenzulauf, verbessert (Eckläden). Dieser Vorteil kann sich auch in Wohnlagen bei einer Nutzung der Ecklage für eine Gastwirtschaft einstellen. Auf der anderen Seite müssen bei erschließungsbeitragspflichtigen Eckgrundstücken erhöhte Erschließungskosten „gegengerechnet" werden. Des Weiteren gilt es bei Anwendung des Ertragswertverfahrens auch ggf. erhöhte Betriebskosten (z. B. Grundbesitzabgaben) wertmindernd zu berücksichtigen.

263   *Beispiel:*

Ein Eigentümer beauftragt einen Sachverständigen mit der Verkehrswertermittlung seines selbstgenutzten Einfamilienhausgrundstücks zum 1. 12. 1995 (Grundstück A, siehe Lageplan). Das Objekt liegt nahe dem Kernbereich einer Stadt im Mischgebiet. Ein Bebauungsplan besteht nicht. Die übliche bauliche Ausnutzung der benachbarten, überwiegend gemischt genutzten Grundstücke liegt bei etwa GFZ 1,2. Die Bodenrichtwertkarte weist einen Richtwert von 1 400 €/m² bei BMI und GFZ von 1,2 aus. Das Wertermittlungsgrundstück ist 1 000 m² groß und mit einem voll unterkellerten Einfamilienhaus in Massivbauweise bebaut (Abb. 64):

Abb. 64: Ausschnitt aus dem Lageplan

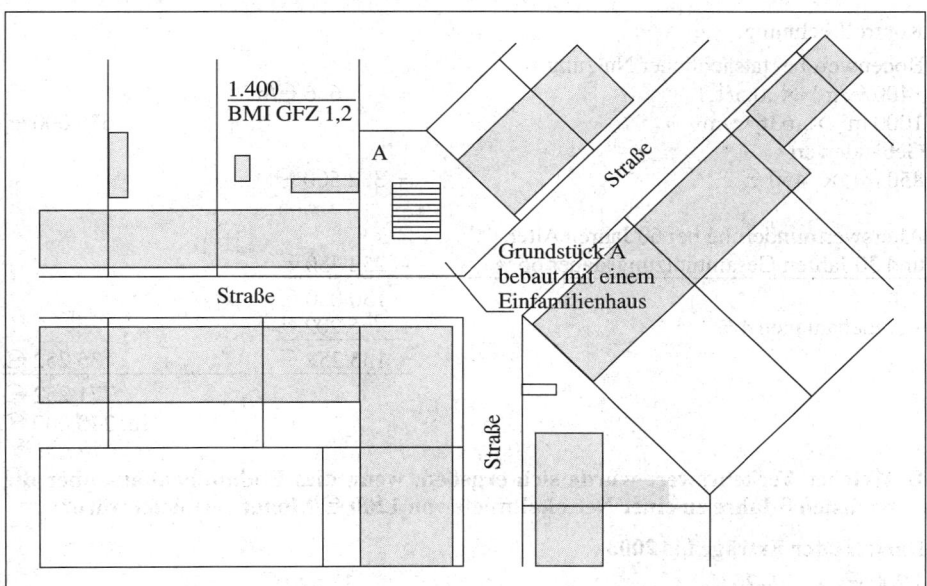

Objektdaten:

Bebaute Fläche	150 m²
Umbauter Raum (DIN 277, 1950)	850 m³
Raummeterpreis, einschl. Baunebenkosten	450 €/m³
Baujahr	1935
Gesamtnutzungsdauer	80 Jahre
Umrechnungsfaktoren	
bei GFZ 1,2 = 1,1	
bei GFZ 0,15 = 0,5	

A Ermittlung des Verkehrswerts

Weitere Daten:

Liegenschaftszinssatz	3,5 %
Bewirtschaftungskosten	20 %

Das Grundstück ist mit einem dem Wert des Grund und Bodens nicht entsprechenden Gebäude bebaut. Der Verkehrswert ist deshalb aus dem Bodenwert bei zulässiger GFZ 1,2, abzüglich der Abbruchkosten zu ermitteln:

101   OVG Münster, Urt. vom 25. 9. 1957 – 4 A 670/56 –, EzGuG 4.7
102   VG Berlin, Beschl. vom 11. 11. 1998 – 19 A 86/98 –, EzGuG 15.93

Bodenwert
1000 m² × 1400 €/m²   =   1 400 000 €
Abbruchkosten
850 m³ × 30 €/m³   = –   25 500 €

                                                               1 374 500 €
Verkehrswert rd.   1 375 000 €

Kontrollrechnung:
Bodenwert bei tatsächlicher Nutzung
1400 €/m² × 0,5/1,1   =   636 €/m²
1000 m² × 636 €/m²   636 000 €
Gebäudewert
850 m³ × 450 €   = 382 500 €

Alterswertminderung bei 60 Jahren Alter
und 80 Jahren Gesamtnutzungsdauer 66 %   – 252 450 €
                                               130 050 €
+ Außenanlagen 4 %   +   5 202 €
                                               135 252 €   +   135 252 €
                                                                     771 252 €
                                                                rd. 770 000 €

**B Welcher Verkehrswert würde sich ergeben, wenn dies Einfamilienhaus über die
nächsten 8 Jahre zu einer Nettokaltmiete von 1200 €/Monat vermietet wäre?**

Barwert der Erträge bis 2003
1 200 € × 12–20 %   11 520 €
Vervielfältiger bei 8 Jahren und 3,5 % : 6,87
11 520 € × 6,87   =   79 142 €

Bodenwert aus Aufgabenteil A   = 1 374 500 €
diskontiert über 8 Jahre bei 3,5 %
1 374 500 € × 0,7594   + 1 043 795 €
                                                              1 122 937 €
                                                            rd. 1 120 000 €

Annex: Steuerliche Bewertung

264   Nach den Bestimmungen der **Richtlinien der Finanzverwaltung für die Bewertung des
Grundvermögens**[103] – BewR Gr – ergeben sich Werterhöhungen nur für das „engere Eckgrundstück". Es bestimmt sich in seiner Abmessung nach der ortsüblichen Vorderlandtiefe
(Tiefe des Bodenrichtwertgrundstücks), die sich bis zu einem Höchstmaß von 30 m von
der Ecke aus gerechnet als Straßenfronten ergibt. Alle über diese Abmessungen hinausgehenden Grundstücksteile sind dagegen wie Grundstücke mit nur einer Straßenfront zu werten (Abb. 65).

265   Ein höherer Wert auf Grund der Ecklage ergibt sich nur für das **engere Eckgrundstück.**
Der erhöhte Wert kann durch einen **Zuschlag** ermittelt werden, der **an den Wert des Rei-
hengrundstücks für die „wertvollere" Straße anzubringen** ist. Als Anhalt für die
Zuschläge kommen die in Abb. 66 aufgeführten Rahmensätze in Betracht, die nur für
Bereiche mit geschlossener Bauweise gelten; bei offener Bauweise sind die Rahmensätze
entsprechend zu mindern.

Abb. 65: Ermittlung des engeren Eckgrundstücks auf der Grundlage der ortsüblichen Vorderlandtiefe

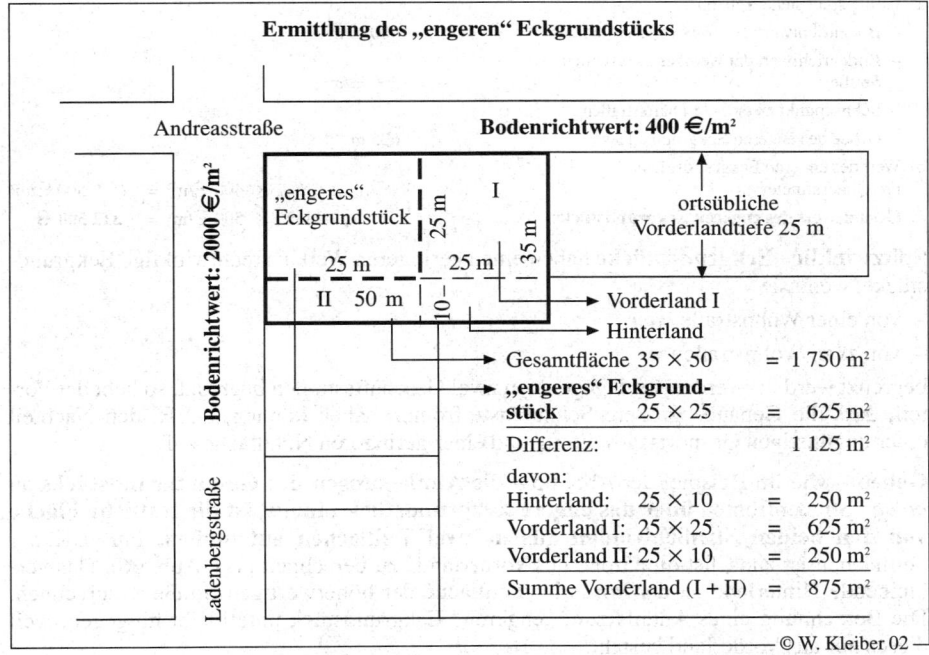

Ermittlung des „engeren" Eckgrundstücks

Andreasstraße   Bodenrichtwert: 400 €/m²

Bodenrichtwert: 2000 €/m²

„engeres" Eckgrundstück

25 m   I

25 m   25 m   35 m

ortsübliche Vorderlandtiefe 25 m

II   50 m   10

Ladenbergstraße

→ Vorderland I
→ Hinterland

Gesamtfläche 35 × 50 = 1 750 m²

„engeres" Eckgrund-
stück   25 × 25 =   625 m²

Differenz: 1 125 m²

davon:
Hinterland: 25 × 10 =   250 m²
Vorderland I: 25 × 25 =   625 m²
Vorderland II: 25 × 10 =   250 m²

Summe Vorderland (I + II) =   875 m²

© W. Kleiber 02

Abb. 66: Rahmensätze für Zuschläge zum Wert der Reihengrundstücke der „wert-volleren" Straße zur Ermittlung des Werts des „engeren" Eckgrundstücks

Rahmensätze für Zuschläge zur Ermittlung des Werts engerer Eckgrundstücke
nach BewR Gr

örtliche Situation	Wertzuschlag
am Schnittpunkt	
a) von Wohnstraßen	5 bis 10 %
b) einer Geschäftsstraße mit einer Wohnstraße	15 bis 25 %
c) zweier Geschäftsstraßen	25 bis 45 %

Die *unteren* Rahmensätze sind anzuwenden,
– wenn der durchschnittliche Wert für die weniger „wertvolle" Straße erheblich geringer als der Wert für die wertvollere Straße ist **oder**
– wenn es sich um eine weniger bevorzugte Geschäftslage handelt.

Die *oberen* Rahmensätze sind anzuwenden,
– wenn die durchschnittlichen Werte für die Straßen annähernd gleich sind **und**
– wenn es sich um eine besonders gute Geschäftslage handelt.

© W. Kleiber 02

---

103   Richtlinien für die Bewertung des Grundvermögens vom 19. 9. 1966 (BAnz. Nr. 183 vom 29. 9. 1966)

266 *Beispiel:*

zur Ermittlung des Werts des engeren Eckgrundstücks

a) Fallbeispiel siehe Abb. 65

  – Bodenrichtwert der „wertvolleren" Straße : 400 €/m²

  – Bodenrichtwert der weniger „wertvollen"
    Straße : 200 €/m²

  – Schnittpunkt zweier Geschäftsstraßen

  – Größe des engeren Eckgrundstücks : 625 m²

b) Wert des engeren Eckgrundstücks
   pro Quadratmeter: 400 €/m² + $^{25}/_{100}$ × 400 €/m² = 500 €/m²

   Gesamtwert des engeren Eckgrundstücks: 625 m² × 500 €/m² = **312 500 €**

267 **Spitzwinklige Eckgrundstücke** haben einen geringeren Wert als rechtwinklige Eckgrundstücke, wenn sie

– von einer Wohnstraße *oder*

– von zwei Wohnstraßen

begrenzt werden. Werden sie dagegen von zwei Geschäftsstraßen begrenzt, so hebt der Vorteil, dass die Gebäude größere Schaufensterfronten haben können, i. d. R. den Nachteil einer ungünstigen Grundrissgestaltung und einer geringeren Nutzfläche auf.

268 **Gehen** – wie im Beispiel der Abb. 66 – die **Abmessungen des Gesamtgrundstücks** an *beiden* Straßenfronten **über das engere Eckgrundstück hinaus, ist die restliche Fläche von den beiden Straßenfronten aus in zwei Teilflächen aufzuteilen.** Für jede der Teilflächen ist zunächst die Größe des Vorderlands zu berechnen (vgl. Abb. 66). Das verbleibende Hinterland ist der Vorderlandteilfläche der höherwertigen Straße zuzurechnen. Die Berechnung eines Anteils zum „engeren" Eckgrundstück unterbleibt hingegen, weil dieses nur aus Vorderland besteht.

269 *Beispiel:*

zur **Ermittlung des Werts eines Eckgrundstücks** (Fallbeispiel siehe Abb. 65):

a) *Wert des „engeren" Eckgrundstücks* (vgl. vorheriges Beispiel) 312 500 €

  – Vorderlandfläche I: 25 × 25 = 625 m²

  – Vorderlandfläche II: 25 × 10 = 250 m²

  – Hinterland 25 × 10 = 250 m²

  – Bodenrichtwert für Vorderland I = 400 €/m²

  – Bodenrichtwert für Vorderland II = 200 €/m²

  Der Wert des Hinterlands betrage 50 % des zugehörigen Vorderlands

b) *Ermittlung des Gesamtwerts:*

  – Wert des „engeren" Eckgrundstücks = 312 500 €

  – Wert der Vorderlandfläche I
    625 m² × 400 €/m² = 250 000 €

  – Wert des anteiligen Hinterlands
    250 m² × $\dfrac{400 €}{2\ m²}$ = 50 000 €

  – Wert der Vorderlandfläche II*
    250 m² × 200 €/m² = 50 000 €

  Gesamtwert = **662 500 €**

  * mindestens der Wert des Hinterlands der höherwertigen Straße

270 Des Weiteren führt Abschn. 9 der BewR Gr **zur Wertigkeit von Eckgrundstücken** folgende Grundsätze auf:

„(1) Bei Eckgrundstücken ist i. d. R. von dem höheren der Werte auszugehen, die für die begrenzenden Straßen gelten.

(2) Eckgrundstücke können wertvoller, aber auch geringwertiger als Reihengrundstücke sein. Ein höherer Wert ist in erster Linie durch die größere bauliche Ausnutzbarkeit der Eckgrundstücke begründet. Bei Eckgrundstücken an Geschäftsstraßen wirkt außerdem eine höhere Ertragsfähigkeit werterhöhend (z. B. durch Eckläden).

(3) Eckgrundstücke an Geschäftsstraßen haben infolge der bevorzugten Geschäftslage und der entsprechend höheren Ertragsfähigkeit einen wesentlich höheren Wert als andere Grundstücke der Geschäftsstraßen. Dieser höhere Wert ist dadurch bedingt, dass gegenüber den Mehrerträgen, die infolge der bevorzugten Geschäftslage zu erwarten sind, die Bewirtschaftungskosten nicht in demselben Ausmaß steigen.

(4) Eckgrundstücke am Schnittpunkt von Wohnstraßen haben gegenüber Reihengrundstücken nur dann einen höheren Wert, wenn auf ihnen ein Gebäude mit gewerblich genutzten Räumen (vor allem mit Eckläden oder einer Gastwirtschaft) errichtet werden kann. Sind sie dagegen nur durch eine größere bauliche Ausnutzbarkeit bevorzugt, so ist ein höherer Wert im Allgemeinen nicht anzunehmen, weil dieser Vorteil durch die erhöhten Bewirtschaftungskosten aufgehoben wird."

Bei den in offener Bauweise bebaubaren Eckgrundstücken überwiegen i. d. R. die **271** Nachteile, insbesondere wenn auf Grund festgesetzter Baulinien ein Grundstück einen überproportionalen Anteil an unbebaubarem Vorderland aufweist. Überdies kann die Ecklage mit höheren Erschließungsbeiträgen und Grundbesitzabgaben (Straßenreinigungsgebühren) sowie stärkerer Lärm- und Abgasbelastung belastet sein. Für den Eigentümer des Grundstücks bzw. dessen Nutzer bedeutet die Ecklage zudem, dass in das Grundstück mehr als sonsthin eingesehen werden kann und im Winter eine größere Fläche von Schnee geräumt werden muss. Lediglich bei einer Reihenhausbebauung ergeben sich aus der Ecklage insoweit Vorteile, als das Grundstück im Verhältnis zur übrigen Bebauung zumindest nach einer Seite eine offene Bauweise aufweist; für die zusätzlich benötigte Fläche kann allerdings in diesem Fall nicht der „volle" Baulandwert angesetzt werden.

3.7.6.2 Passage

Bei **Grundstücken mit Passagen** (überbaute oder mit einem Glasdach versehene Flächen, **272** die dem öffentlichen Verkehr dienen) kann regelmäßig das **Hinterland ebenso genutzt werden wie das Vorderland.** Durch die bessere Ausnutzung der als Hinterland zu wertenden Flächen wird ein Minderwert des Grund und Bodens der dem Verkehr dienenden Passage ausgeglichen. Deshalb kommt ein Abschlag wegen geringer baulicher Ausnutzung durch den Passagebau i. d. R. nicht in Betracht.

3.7.6.3 Arkade

Zunehmend von Bedeutung ist die **Berücksichtigung von Arkaden** bei Grundstücken, auf **273** denen Arkaden auf Grund einer baubehördlichen Auflage erstellt wurden und deren Werteinfluss nicht bereits mit den herangezogenen Vergleichspreisen oder Bodenrichtwerten berücksichtigt wurde. Hier ist Folgendes zu beachten:

a) Ist das Eigentum an der Gehfläche der Arkaden in privater Hand geblieben, so ist zu prüfen, ob und in welcher Höhe der Wert des Grund und Bodens wegen der **Ausnutzungsbeschränkung** des Grundstücks gemindert ist. Im Allgemeinen kann die Grundfläche der Arkaden vom Eigentümer nicht genutzt werden. Diese Minderausnutzung beeinträchtigt den Wert des Grund und Bodens und ist deshalb bei der Ermittlung des Bodenwerts für das Arkadengrundstück durch einen Abschlag zu berücksichtigen. Die Höhe des Abschlags ergibt sich aus dem Verhältnis des von den Arkaden umschlossenen Rauminhalts zum gesamten Rauminhalt des Gebäudes einschließlich der Arkaden. **Der Wertminderung** durch den Bau der Arkaden **können** aber **Werterhöhungen gegenüberstehen.** Oft wird der Arkadenraum durch das Aufstellen von Schaukästen, Vorführeinrichtungen, Vitrinen und dgl. genutzt. Soweit in solchen Fällen eine weitgehende Raumausnutzung besteht, kann der errechnete Abschlag wegfallen.

b) Gehört die Gehfläche der Arkaden der Gemeinde, so ist der Wert des Grund und Bodens wegen der **erhöhten baulichen Ausnutzung des restlichen Grund und Bodens** durch Über- und Unterbebauung der der Gemeinde gehörenden Grundstücksfläche zu erhöhen. Die Höhe des Mehrwerts ist zu berechnen nach dem Verhältnis des durch die Arkaden gewonnenen Rauminhalts zum Rauminhalt, der sich bei normaler Nutzung (ohne Arkaden) ergeben hätte.

Hat der Grundstückseigentümer die Arkaden freiwillig errichtet, so kann eine Wertminderung in der Regel nicht anerkannt werden[104].

4   Berücksichtigung von Abweichungen in den allgemeinen Wertverhältnissen auf dem Grundstücksmarkt

274 Der Verkehrswert eines Grundstücks ist nur in den seltensten Fällen konstant und letztlich auch nur über einen begrenzten Zeitraum. Selbst bei gleichbleibendem Zustand ändern sich die Verkehrswerte von Grundstücken unter dem Einfluss der in § 3 Abs. 3 definierten „allgemeinen Wertverhältnisse auf dem Grundstücksmarkt". Da die zum Preisvergleich herangezogenen Vergleichspreise zumeist aus der Vergangenheit stammen, müssen sie auf die zum Wertermittlungsstichtag maßgebenden allgemeinen Wertverhältnisse „hochgerechnet" werden. Die Umrechnung der i. d. R. auf den Zeitpunkt des Kaufpreisabschlusses bezogenen Vergleichspreise erfolgt regelmäßig auf der Grundlage der das Geschehen auf dem örtlichen Grundstücksmarkt beschreibenden Indexreihen. Nach § 8 sind diese **Indexreihen** vom Gutachterausschuss abzuleiten. Diese **sollen** nach § 14 Satz 3 **zur Berücksichtigung von Unterschieden in den allgemeinen Wertverhältnissen herangezogen werden:**

275 *Beispiel:*

a) Vergleichspreis: 280 €/m²
    Kaufpreisdatum: Juli 2000
    Bodenpreisindexzahl 2000:   185

b) Wertermittlungsstichtag: 15. 8. 2002
    Bodenpreisindexzahl 2002:   198

c) Umrechnung:

$$280 \times \frac{198}{185} = \mathbf{300 \ € \ / \ m^2}$$

276 Obwohl die in der Praxis abgeleiteten Bodenpreisindexreihen die Entwicklung auf dem Grundstücksmarkt mit einer vergleichsweise hohen Genauigkeit beschreiben, wird man in der Praxis davor zurückschrecken, **Vergleichspreise** heranzuziehen, **die z. B. 10 Jahre oder älter sind.** Solche Kaufpreise gelten gemeinhin nicht als „geeignet" i. S. d. § 13 Abs. 1; vielmehr müssen möglichst zeitnahe Vergleichspreise gefordert werden (vgl. § 9 WertV Rn. 31 ff.).

277 Bei der Heranziehung i. d. R. „jahrgangsweise" abgeleiteter Bodenpreisindexzahlen muss bedacht werden, auf welchen Zeit*raum* bzw. welchen Zeit*punkt* diese Indexzahlen ermittelt wurden. Wurde die Indexzahl aus dem Mittel aller geeigneten Kaufpreise eines Kalenderjahres ermittelt, so bezieht sich die Indexzahl in etwa auf die **Jahresmitte.** Entscheidend ist also der Bezugszeitpunkt des in die Ableitung eingehenden Kaufpreismaterials. Grundsätzlich ist es aber auch möglich, die Indexzahlen, wie die Bodenrichtwerte, bezogen auf das **Ende eines Kalenderjahres** zu ermitteln. Um dafür gesicherte Ergebnisse gewinnen zu können, ist die Einbeziehung des Kaufpreismaterials des nachfolgenden (Halb-)Jahres ratsam.

278 In jedem Fall muss bei dem Gebrauch von Indexreihen der **Bezugszeitpunkt** bedacht werden, weil mit der Zeit die Aktualität einer ermittelten Indexzahl schwindet. Dies kann zusätzliche Korrekturen erforderlich machen, die bereits nach Maßgabe des § 14 oder aber durch Anpassung an die Lage auf dem Grundstücksmarkt nach § 7 Abs. 1 Satz 2 aufgefangen werden können. Die Korrekturen können nach den Entwicklungen der Vergleichspreise neueren Datums bemessen werden. Problematisch wird es dann, wenn keine neueren gesicherten Erkenntnisse vorliegen. In diesem Fall kann sich der Gutachter dadurch helfen, dass er die Entwicklung aus vergleichbaren Gebieten oder Orten hilfsweise heranzieht oder aber die Entwicklung auf Grund anderer, die allgemeinen Wertverhältnisse auf dem Grundstücksmarkt bestimmender Faktoren abschätzt. Dabei ist in erster Linie an die in § 3 Abs. 3 genannten Faktoren zu denken. In Zweifelsfällen empfiehlt es sich, im Gutachten entsprechende Hinweise zu geben.

In Gebieten, für die marktorientierte Indexreihen nicht abgeleitet worden sind, wird mitunter auf die **Kaufwertestatistik der Statistischen Landesämter** zurückgegriffen. Dieses Verfahren ist grundsätzlich abzulehnen, da es sich hierbei gerade nicht um eine auf einen gleich bleibenden „Warenkorb" aufbauende Statistik handelt. Der BGH[105] hat hierzu ausgeführt: „Es darf nicht übersehen werden, dass in dem genannten Zeitraum in Braunschweig (anders als im Bundesdurchschnitt) kein kontinuierlicher Preisanstieg stattgefunden hat und der für 1969 festgestellte Durchschnittspreis nur auf drei Verkaufsfällen basiert. Das rechtfertigt es aber nicht, diese statistischen Angaben über die örtlichen Verhältnisse aus der Beurteilung gänzlich auszuklammern. Dies gilt um so mehr, als auch die vom Statistischen Bundesamt für Gemeinden zwischen 200 000 und 500 000 Einwohnern (dazu zählt Braunschweig) ermittelten Durchschnittspreise für baureifes Land erheblich über den Zahlen liegen, auf die das OLG seine Umrechnung stützt. Es lässt sich nicht ausschließen, dass das OLG für das Jahr 1974 höhere Vergleichspreise und auch einen höheren Bodenpreis für das hier zu bewertende Grundstück errechnet hätte, wenn es bei der Wahl des Umrechnungsmaßstabs das statistische Material für Braunschweig mit in den Kreis seiner Erwägungen einbezogen hätte." Damit hat das Gericht die Verwendung dieser statistischen Angaben einschränkend gelten lassen. Es ist aber daran festzuhalten, dass von der Verwendung der Kaufwertestatistik nachdrücklich abzuraten ist.

       279

5 Verkehrswert (Marktwert)

Das Ergebnis der Wertermittlung nach den §§ 13 und 14 ist in der Terminologie der WertV 72 (§ 7 Satz 3 WertV 72; auch § 13 Abs. 3 Satz 2) der „Vergleichswert", der bei sachgerechter Anwendung des Verfahrens regelmäßig mit dem Verkehrswert identisch ist (vgl. Vorbem. zu den §§ 13, 14, WertV, Rn. 59). Denn die Anwendung des Vergleichswertverfahrens ist mehr als das Ertrags- und Sachwertverfahren darauf angelegt, die **Lage auf dem Grundstücksmarkt** durch die zum Vergleich herangezogenen Daten a priori zu berücksichtigen, so dass die Ableitung des Verkehrswerts aus dem Ergebnis des herangezogenen Verfahrens nach Maßgabe des § 7 Abs. 1 Satz 2 hier regelmäßig keine Bedeutung erlangen kann. Zu- und Abschläge könnten sich allenfalls noch ergeben, wenn die Lage auf dem Grundstücksmarkt noch nicht hinreichend erfasst worden ist und eine residuelle Angleichung deshalb erforderlich wird. Dies muss ggf. aber auch begründet werden können.

       280

104   Weiterführend BGH, Urt. vom 15. 10. 1992 – III ZR 147/91 –, GuG 1993, 178 = EzGuG 14.115
105   BGH, Urt. vom 23. 6. 1983 – III ZR 39/82 –, EzGuG 20.102

„Der Preis fürs Schwein ist oft nicht klein,
weil Futtermais, nicht wahr, man weiß,
auch wächst auf Land, von dem bekannt,
dass oft es etwas hoch im Preis.
Hast du bedacht, warum die Pacht so hoch?
Sie ist nicht klein,
weil man erhält von jenem Feld den teuren Mais,
das teure Schwein. "   *(H. J. Davenport)*

Zweiter Abschnitt:
Das Ertragswertverfahren §§ 15 bis 20 WertV

Vorbemerkungen zu den §§ 15 bis 20 WertV

1   Anwendungsbereich

▶ *Zu den Anwendungsfällen vgl. § 7 WertV Rn. 62 ff.*

1   Der **Verkehrswert** ist in § 194 BauGB zwar **als stichtagsbezogener,** gleichwohl **aber zukunftsorientierter Wert** definiert. Er bestimmt sich maßgeblich durch den Nutzen, den ein Grundstück seinem Eigentümer zukünftig gewährt, genauer gesagt *jedem* Eigentümer gewähren kann, denn es kommt nicht darauf an, ob der Eigentümer aus subjektiven Gründen darauf verzichtet, diesen Nutzen aus dem Grundstück zu ziehen.

2   Dies gilt insbesondere für bebaute Objekte, für deren Wertschätzung im gewöhnlichen Geschäftsverkehr der nachhaltig erzielbare Ertrag im Vordergrund steht. Der **Verkehrswert** dieser Grundstücke **bestimmt sich dann nach den auf den Wertermittlungsstichtag eskomptierten Erträgen.** Die künftig erzielbaren Erträge sind dabei nicht nur ein wesentlicher wertbeeinflussender Faktor für den Wertanteil der baulichen Anlage. Auch der Bodenwert(-anteil) wird durch die auf einem Grundstück erzielbaren Erträge bestimmt. Zur Verdeutlichung sei nur auf die Umrechnungskoeffizientabelle zur Berücksichtigung eines unterschiedlichen Maßes der baulichen Nutzung verwiesen (vgl. § 14 Rn. 46).

3   Im Kern ist jedes Ertragswertverfahren darauf gerichtet, den **auf den Wertermittlungsstichtag bezogenen Barwert aller künftigen Erträge** zu ermitteln *(Income Approach)*. Das Ertragswertverfahren ist deshalb – wie immer es im Einzelnen ausgestaltet ist – ein Barwertverfahren *(Discounted-Cash-Flow-Verfahren)*. Dies gilt grundsätzlich auch für das in der WertV geregelte Ertragswertverfahren.

4   **Klassischer Anwendungsbereich des Ertragswertverfahrens** sind Mietwohngrundstücke, Geschäftsgrundstücke und gemischtgenutzte Grundstücke (vgl. Nr. 3.1.2 WertR). Heute kommt dem Ertragswertverfahren nahezu eine allgemein gültige Bedeutung für die

Verkehrswertermittlung bebauter Grundstücke zu, zumindest wenn man von Ein- und Zweifamilienhäusern und den Fällen absieht, wo das Vergleichswertverfahren gesichertere Ergebnisse erwarten lässt.

Wie unter § 7 WertV Rn. 78 ausgeführt, kann das Ertragswertverfahren auch auf die Ermitt-   **5** lung des Verkehrswerts von **Ein- und Zweifamilienhäuser** Anwendung finden. Diese Objekte gelten zwar als typische Sachwertobjekte, denn im gewöhnlichen Geschäftsverkehr orientiert sich das Kaufverhalten maßgeblich an den Kosten, die für diese Objekte aufzubringen sind. Einem Käufer stellt sich hier die Frage „bauen oder kaufen?". Gleichwohl kann prinzipiell auch das Ertragswertverfahren Anwendung finden, wenn dafür geeignete Liegenschaftszinssätze zur Verfügung stehen. Daran scheitert es aber zumeist, zumal die Liegenschaftszinssätze je nach Lage und Ausstattung dieser Objekte erhebliche Unterschiede aufweisen können (auch negative Liegenschaftszinssätze!). Im Schrifttum ist der hierzu geführte Methodenstreit in völlig unangemessener Weise hochstilisiert worden[1].

Bei **Anmietung von Einfamilienhäusern** liegt die marktübliche Miete erheblich über der   **6** Miete im Geschosswohnungsbau. Für Mainz weist der Gutachterausschussbericht 1997 folgende Zuschläge auf:

Freistehende Einfamilienhäuser   + 30 v. H.
Reihenhäuser   + 20 v. H.

Auch bei **Hotel-, Klinik- und Altenheimgrundstücken, Freizeit- und Dienstleistungs-**   **7** **immobilien, Sonderimmobilien für spezielle Nutzungen** und dgl. führt das Ertragswertverfahren – wie das Marktverhalten zeigt – zu einem geeigneten Ausgangswert für die Ableitung des Verkehrswerts. Nach Möglichkeit sollte zur Stützung oder zur Kontrolle ein weiteres Wertermittlungsverfahren zur Verkehrswertermittlung herangezogen werden. So stellt ein unabhängig vom Ertragswert ermittelter Sachwert ein wesentliches Element gegen grobe Fehleinschätzungen dar. Bei den vorgenannten Objekten ist die Differenz zwischen Sach- und Ertragswert i. d. R. allerdings groß. Bei Hotels und Kliniken (Sanatorien) liegt dies insbesondere an dem ungleichen Verhältnis zwischen den Investitionen (Grundstück, Gebäude, Inventar und sonstige Einrichtungsgegenstände) und den Erträgen; darüber hinaus fällt die Verpflichtung zur Ersatzbeschaffung und Modernisierung (Qualitätsverbesserung) ins Gewicht. So müssen renommierte Hotels alle 10 bis 20 Jahre große Summen investieren, um ihre Marktposition zu halten.

Der Verkehrswert von **Fabrikgrundstücken** wurde über Jahrzehnte traditionell aus dem   **8** Sachwert abgeleitet. Insbesondere die Verwertungsfälle der 80-er Jahre führten zu veränderten Marktgepflogenheiten, die sich auch in der Wahl des geeigneten Wertermittlungsverfahrens niederschlagen müssen. Es zeigte sich, dass Gewerbegrundstücke (Fabrikationen) im freihändigen Verkauf unter Berücksichtigung der Ertragsmöglichkeiten nur mit Abschlägen (Nachlässen) zu veräußern waren, die bisweilen zwischen 30 v. H. und 50 v. H. des Sachwerts betragen haben. Solche Abschläge dokumentieren die Unwirtschaftlichkeit insbesondere alter Fabrikgebäude im Hinblick auf Gebäudeabmessung (Grundriss), Gebäudehöhen (Mehrgeschossigkeit) und Bauausführungen.

Grundstücke mit baulichen Anlagen für **Speditionsgesellschaften** (Büro- und Verwal-   **9** tungsgebäude, Sozialgebäude, Lagerhallen, Kfz-Pflege- und Waschhallen, befestigte Freiflächen usw.) werden inzwischen auch als reine Renditeobjekte angesehen. Einen Käufer interessiert hier vorrangig, welche Miete/Pacht er nachhaltig erzielen kann. Dies gilt ebenso für **Einzelhandelsimmobilien.** Die vorhandene Kaufkraft muss jedoch in einem ausgewogenen Verhältnis zur Verkaufsfläche stehen.

Auch bei der Wertermittlung bebauter Grundstücke, die auf Dauer einer **öffentlichen**   **10** **Zweckbindung** unterworfen bleiben **(Gemeinbedarfsgrundstück)**, findet das Ertrags-

---

1 Zu dem letztlich fruchtlosen Methodenstreit vgl. Sailer in GuG 1999, 50; Möckel in GuG 1998, 270; Hiller in GuG 1999, 52 und Sommer in GuG 1998, 215

wertverfahren zunehmend Anwendung (vgl. § 7 Rn. 131 und § 4 WertV Rn. 475 ff.). Dies ist darin begründet, dass auch die öffentliche Hand, wenn es um den Erwerb solcher Grundstücke geht, vor der Alternative steht, entsprechende Grundstücke anzumieten oder selber zu bauen (Sachwert). Bei Anwendung des Ertragswertverfahrens auf Gemeinbedarfsgrundstücke ist allerdings als Besonderheit zu beachten, dass bei der Ermittlung des Bodenwertverzinsungsbetrags ein mit der angesetzten Miete korrespondierender Bodenwert zum Ansatz kommen muss, während ansonsten für die Bodenwertermittlung die sonst üblichen Wertermittlungsgrundsätze Anwendung finden.

11 ▶ *Weiteres zum Anwendungsbereich bei Rn. 83, § 7 Rn. 62 ff. und § 17 WertV Rn. 168 ff.*

12   Bei Anwendung des **Ertragswertverfahrens** wird allein schon dadurch der Blick in die Zukunft in den Vordergrund gerückt, dass ausdrücklich die „nachhaltigen" Erträge die Grundlage der Wertermittlung sein sollen. Damit sind bei einem bebauten Grundstück die Erträge angesprochen, die über die gesamte „Zeitschiene" der wirtschaftlichen Nutzbarkeit vor alledem des Gebäudes erwartet werden können. Dies kann ein sehr langer, kaum übersehbarer Zeitraum sein, jedoch ist der Anwender damit gehalten, das in die Wertermittlung „einzustellen", was er bei wirtschaftlich vernünftiger Betrachtung am Wertermittlungsstichtag hätte erkennen können. Grundsätzlich kann der Sachverständige darauf vertrauen, dass er mit den am Wertermittlungsstichtag ortsüblich erzielbaren Ertragsverhältnissen die nachhaltige Ertragssituation „einfängt", wenn er zur Kapitalisierung dieser Erträge den (dynamischen) Liegenschaftszinssatz heranzieht, der auf dem Grundstücksmarkt im Hinblick auf die nachhaltige Entwicklung ermittelt wurde (vgl. § 11 WertV Rn. 51 ff.). Dies ist aber dann nicht der Fall, wenn eine Immobilie zur Umnutzung ansteht, die der Sachverständige erkennen muss, denn das **in einer Immobilie „schlummernde" Entwicklungspotenzial** ist Bestandteil der nachhaltigen Ertragsfähigkeit (vgl. § 194 BauGB Rn. 63 ff.). Das Gleiche gilt, wenn die am Wertermittlungsstichtag **tatsächlich gegebenen Ertragsverhältnisse** auf Grund vertraglicher Bindungen bzw. des geltenden Mietrechts von den nachhaltigen Erträgen **der Höhe nach und über eine zeitliche Bindungsfrist in einem Maße abweichen, dass sie sich nachhaltig auswirken** und für das Ergebnis der Ertragswertermittlung bedeutsam sind.

13   **Für das Gewesene gibt der Kaufmann nichts!** Im Kern geht es deshalb bei Anwendung des Sach-, Vergleichs- und Ertragswertverfahrens darum, möglichst wertermittlungsstichtagsnahe Erfahrungssätze über die auf dem Grundstücksmarkt vorherrschende Wertschätzung des Objekts (Vergleichspreise), die Herstellungskosten (Normalherstellungskosten) und Erträge unter Berücksichtigung der künftigen Nutzung in das Verfahren einzuführen. Die künftige Verwertbarkeit ist auch Gegenstand der Regelung des § 25 (wirtschaftliche Wertminderung, ggf. Werterhöhung).

14   Dass sich der Verkehrswert maßgeblich durch die Zukunftserwartungen bestimmt (**Zukunftserfolgswert;** vgl. die Erläuterungen zu § 194 BauGB), wird bei Anwendung des Ertragswertverfahrens deutlich. Das Ertragswertverfahren ist nämlich darauf angelegt, den **Verkehrswert aus der künftigen Nutzung** (bzw. Nutzungsfähigkeit) **mittels der nachhaltig zu erwartenden Erträge** abzuleiten. Die in der Vergangenheit erzielten Erträge werden dabei hilfsweise als Indiz für die künftig erzielbaren Erträge herangezogen und zwar auch nur insoweit, wie sie sich auf die künftige Nutzung projezieren lassen. Entsprechend der Definition des Verkehrswerts ist dabei von nachhaltigen Erträgen auszugehen, wie sie ohne Rücksicht auf ungewöhnliche oder persönliche Verhältnisse nach den rechtlichen und tatsächlichen Gegebenheiten erzielbar sind.

15   Bei alledem müssen die in das Ertragswertverfahren eingehenden Größen grundsätzlich einer **ordnungsgemäßen Bewirtschaftung** des Grundstücks Rechnung tragen und auch die Bewirtschaftungskosten nachhaltig sein. Des Weiteren gilt, dass ungewöhnliche oder persönliche Verhältnisse außer Betracht bleiben und die Ansätze sich am Markt orientieren.

2   Grundzüge des Ertragswertverfahrens

2.1   Übersicht

2.1.1 Allgemeines zum Ertragswertverfahren

Wie bereits ausgeführt, definiert sich der Ertragswert als Barwert aller künftigen Erträge. **16** Da mit der Unterhaltung von Immobilien in aller Regel Bewirtschaftungskosten verbunden sind, geht es konkret um die aus der Immobilie fließenden Reinerträge. Betrachtet man einmal die sich jährlich ergebenden Reinerträge, setzt sich der Ertragswert aus der **Summe der über die verbleibende wirtschaftliche Restnutzungsdauer der baulichen Anlage jährlich anfallenden Reinerträge jeweils diskontiert auf den Wertermittlungsstichtag zuzüglich des** nach Ablauf der Restnutzungsdauer des Gebäudes **verbleibenden diskontierten Restwerts** zusammen. Restwert ist dabei der Bodenwert. In Formeln ausgedrückt, ergibt sich mithin als Ertragswert

$$ EW = \frac{RE_1}{q^1} + \frac{RE_2}{q^2} + \frac{RE_3}{q^3} + \cdots\cdots \frac{RE_n}{q^n} + \frac{BW}{q^n} \tag{1}$$

wobei
- EW ... Ertragswert
- RE_i ... Reinertrag des jeweiligen Jahres
- n ... Restnutzungsdauer der baulichen Anlage
- BW ... Bodenwert
- q ... Zinsfaktor = 1 + p/100
- p ... Diskontierungszinssatz

Führt man in diese Formel als Bodenwert den Bodenwert eines unbebauten Grundstücks ein, so setzt sich der Restwert – genau genommen – aus dem **Bodenwert abzüglich der Freilegungskosten** zusammen. Angesichts der langen Restnutzungsdauer kann die Verminderung des Bodenwerts um die Freilegungskosten vernachlässigt werden. Bei kurzer Restnutzungsdauer der baulichen Anlage müssen dagegen die Freilegungskosten zum Abzug gebracht werden.

Die vorgestellte Formel stellt die Urform des Ertragswertverfahrens dar (Allgemeines Bar- **17** wertverfahren). Die **WertV,** die zwar nicht ausdrücklich diese Form des Ertragswertverfahrens regelt, **schließt die Anwendung dieser Formel nicht aus.** Die WertV regelt nämlich lediglich allgemeine Grundsätze der Verkehrswertermittlung.

Bei langer Restnutzungsdauer der baulichen Anlage gestaltet sich die Ertragswertermitt- **18** lung nach der vorgestellten Formel rechenaufwendig. Man ist daher bestrebt, den **Rechenaufwand auf das erforderliche Maß zu vermindern.** Dafür bieten sich verschiedene Wege an.

a) Bei **Immobilien, die gleich bleibende Reinerträge erwarten lassen** (RE_i = Konstanz) **19** lässt sich die vorgestellte Ertragswertformel mathematisch vereinfachen zu

$$ EW = RE \times V + BW/q^n \tag{2}$$

wobei V = Vervielfältiger (Barwertfaktor).

Bei langer Restnutzungsdauer des Gebäudes geht der Restwert (BW/q^n) gegen Null und kann vernachlässigt werden. Die Formel vereinfacht sich damit zu

$$ EW = RE \times V \tag{3}$$

Man erhält damit einen **Ertragswert für das Gesamtgrundstück,** d. h. für Boden und Gebäude (eingleisiges Verfahren).

20 Die Formel lässt sich zudem mathematisch in der Weise umformen, dass sich der **Ertragswert formelmäßig aus Boden- und Gebäudewertanteil zusammensetzt** (zweigleisiges Verfahren):

$$EW = \underbrace{(RE - BW \times p)\ V}_{\text{Gebäudewertanteil}} + \underset{\text{Bodenwertanteil}}{BW} \qquad (4)$$

Die WertV beschränkt sich darauf, das Ertragswertverfahren in der mit Formel (4) vorgestellten – universell anwendbaren – Form zu regeln, schließt aber die Anwendung der übrigen Berechnungsweisen nicht aus. Dies ist in einer Reihe von Vorteilen begründet, auf die noch näher einzugehen sein wird.

21 Man mag an dieser Stelle einwenden, dass die Voraussetzungen für die Anwendung dieser Formel, nämlich ein konstant bleibender Reinertrag in aller Regel kaum jemals gegeben sind, weil sich die Reinerträge schon auf Grund inflationärer oder sonstiger allgemeinwirtschaftlicher Veränderungen erhöhen oder vermindern bzw. auf Grund von Besonderheiten z. B. mietvertraglicher Art verändern. Dies steht der Anwendung dieser Formel gleichwohl nicht prinzipiell entgegen, da sich solche Besonderheiten – wie noch darzustellen ist – berücksichtigen lassen:

– **Allgemeine konjunkturelle Entwicklungen,** wie z. B. Veränderungen der Mieteinnahmen oder der Wertverhältnisse **lassen sich** mit dem Diskontierungszinssatz **erfassen, indem zur Diskontierung der Reinerträge der empirisch-dynamische Liegenschaftszinssatz herangezogen wird** (vgl. Rn. 118 ff. und § 11 WertV),

– **Besonderheiten der Mietentwicklung,** z. B. mietvertraglicher Art (sog. Anomalien) **lassen sich dagegen durch ergänzende Rechenschritte berücksichtigen** (vgl. Rn. 265 ff.).

Dies ist in § 19 ausdrücklich geregelt.

22 An dieser Stelle sei herausgestellt, dass die **Ertragswertermittlung nach den Grundsätzen der WertV damit dynamisch in Bezug auf die allgemeine Ertragsentwicklung ist** und ihr eine marktkonforme Effektivverzinsung zu Grunde liegt. Der mitunter gern vorgebrachte Vorwurf, das WertV-Verfahren sei statisch, ist falsch. Er findet wohl darin seine Erklärung, dass bei oberflächlicher Betrachungsweise die Vorteile des dynamischen Liegenschaftszinssatzes nicht erkannt werden. Das Ertragswertverfahren nach den Grundsätzen der WertV ist mit seinem § 19, wie bereits angesprochen, auch offen für zeitlich unterschiedlich anfallende Erträge. Im Vergleich zu angelsächsischen Methoden der Ertragswertermittlung ist das Ertragswertverfahren nach den Grundsätzen der WertV mit seiner Aufspaltung in einen Boden- und Gebäudewertanteil auch leistungsfähiger, genauer sowie universeller und flexibler anwendbar.

23 Das Ertragswertverfahren nach den Grundsätzen der WertV ist auch keinesfalls, wie mitunter von sog. „international tätigen Immobilienentwicklern" behauptet wird, ein Verfahren, das sich – im Unterschied zu „internationalen Methoden" – auf überholte Daten der Vergangenheit stützt. Auch bei Anwendung des Ertragswertverfahrens nach den Grundsätzen der WertV kommt es entscheidend auf die künftigen Erträge an (Grundsatz der Nachhaltigkeit). Im Unterschied zu den Internationalität beanspruchenden Bewertern zielt die WertV aber darauf ab, die künftigen Erträge nicht spekulativ auf der Grundlage apokrypher Erwartungen, sondern möglichst zeitnah unter Berücksichtigung der künftigen Nutzung auf der Grundlage realitätsbezogener Ansätze in die Wertermittlung einzubeziehen. Der dabei zur Anwendung kommende Liegenschaftszinssatz, der von den Gutachterausschüssen für Grundstückswerte nach § 7 stets aktuell zu ermitteln ist, gewährleistet, dass die Zukunftserwartungen nach den objektiven Maßstäben des gewöhnlichen Geschäftsverkehrs Eingang in die Verkehrswertermittlung findet. Dieser Liegenschaftszinssatz wird zwar aus Verkäufen abgeleitet, die in der Vergangenheit getätigt wurden, jedoch soll es sich um Verkäufe handeln, die zu einem dem Wertermittlungsstichtag möglichst nahe liegenden Zeitpunkt zustande gekommen sind. Dieser **Liegenschaftszinssatz** ist ein zukunftsgerichteter und dynamischer Zinssatz, denn er **bestimmt sich durch die Zukunftserwartung des Grundstücksmarktes.** Mit spekulativen Zinssätzen wäre dagegen Tür und Tor für Manipulationen der Verkehrswertermittlung geöffnet. Die Ertragswertermittlung auf der Grundlage des Liegenschaftszinssatzes stellt eine Marktzinsmethode dar, wie sie der BGH bei der Bewertung privater Geldgeschäfte (BGZ 146, 5) fordert.

Der Liegenschaftszinssatz stellt gewissermaßen den **Effektivzins** der Liegenschaft dar, der das richtige Instrument ist, wenn es um die Untersuchung einzelner Geldanlagen einschließlich Immobilien geht.

b) Bei **Immobilien, die** über längere Phasen gleich bleibende Reinerträge erwarten lassen   **24** und auf Grund besonderer – insbesondere mietvertraglicher – Gründe erst **in größeren Zeitabständen unterschiedliche Reinerträge erwarten lassen,** kann diesem Umstand rechentechnisch dadurch Rechnung getragen werden, dass man die sich für die jeweiligen Phasen ergebenden Barwerte zusammenfasst (Abb. 1).

Abb. 1: Phasen unterschiedlicher Reinerträge

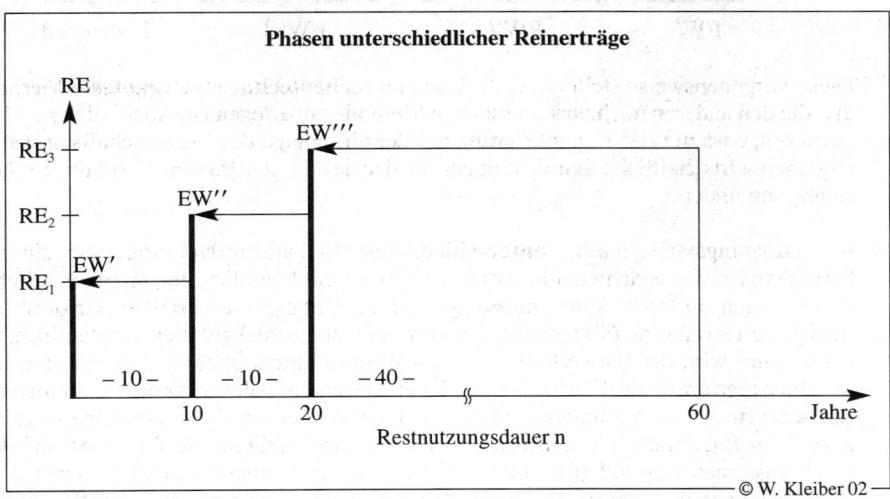

Der Ertragswert setzt sich in diesem Fall aus den jeweiligen Ertragswerten für die unterschiedlichen Phasen zusammen, die jeweils auf den Wertermittlungsstichtag diskontiert werden müssen. Allein bei der sich unmittelbar an den Wertermittlungsstichtag anschließenden Phase bedarf es der Diskontierung nicht, weil sich der kapitalisierte Reinertrag unmittelbar als der sich auf den Wertermittlungsstichtag bezogene Barwert ergibt. Im Beispiel:

$$ EW = \underbrace{RE_1 \times V}_{EW'} + \underbrace{(RE_2 \times V)\, q^{-10}}_{EW''} + \underbrace{(RE_3 \times V)\, q^{-20}}_{EW'''} + \underbrace{BW \times q^{-60}}_{\text{Bodenwert}} $$

Der **Vervielfältiger V** bestimmt sich dabei nach dem Liegenschaftszinssatz und der   **25** Nutzungsdauer der jeweiligen Phase (im Beispiel 10, 10 und 40 Jahre).

Rechentechnisch lässt sich diese Vorgehensweise vereinfachen, indem man als Vervielfältiger den jeweils um den Vervielfältiger des vorangegangenen Zeitraums verminderten Vervielfältiger ansetzt (**Vervielfältigerdifferenzenverfahren**). Im *Beispiel* wird also zur Ermittlung von EW'' als Vervielfältiger angesetzt:

Vervielfältiger von 20 Jahren z. B.   12,46   (p = 5 %)

./. Vervielfältiger von 10 Jahren z. B.   7,72

= Vervielfältigerdifferenz   = **4,74**

Vervielfältiger zur Ermittlung von E'''.

Vervielfältiger von 60 Jahren z. B.   18,93

./. Vervielfältiger von 20 Jahren z. B.   12,46

= Vervielfältigerdifferenz   = **6,47**

Der Differenzbetrag des Vervielfältigers (Vervielfältigerdifferenz) stellt gewissermaßen den diskontierten Vervielfältiger dar; eine Diskontierung der Ertragswerte E'' und E''' entfällt damit. Die Berechnung des Ertragswerts vereinfacht sich damit zu:

$$EW = \underbrace{RE_1 \times V}_{EW'} + \underbrace{RE \times \Delta V_{(20-10)}}_{EW''} + \underbrace{RE_3 \times \Delta V_{(60-20)}}_{EW'''} + \underbrace{BW \times q^{-60}}_{Bodenwert}$$

26   Diese Vorgehensweise stellt die einfachste und **rechentechnisch eleganteste Methode** dar, die den anderen noch vorzustellenden Methoden überlegen ist. Auch sei darauf hingewiesen, dass mit der Kapitalisierung auf der Grundlage des Liegenschaftszinssatzes allgemeinwirtschaftliche Entwicklungen in den jeweiligen Phasen ebenfalls Berücksichtigung finden.

27   c) Bei **jahrgangsweise völlig unterschiedlicher Ertragsentwicklung,** wie sie insbesondere bei neu errichteten Investitionsobjekten mit komplizierten mietvertraglichen Gestaltungen auftreten kann, muss ggf. auf die anfangs vorgestellte „Urform" des Ertragswertverfahrens (allgemeine Barwertmethode) zurückgefallen werden, d. h. als Ertragswert wird der Barwert aller auf den Wertermittlungsstichtag diskontierten Jahresreinerträge ermittelt (Formel (1). Auch bei Anwendung dieser Formel sucht man den Rechenaufwand zu minimieren. Da mit der Diskontierung der Jahresreinerträge die jeweiligen Barwerte diese umso mehr an Bedeutung verlieren, je ferner sie anfallen, beschränkt man sich auf die Aufsummierung der diskontierten Jahresreinerträge für einen begrenzten Zeitraum von etwa 10 Jahren und addiert den auf den Wertermittlungsstichtag diskontierten Ertragswert für die verbleibende Restnutzungsdauer (Restwertmethode, vgl. Rn. 203, Abb. 2).

28   Ertragswert ist dann:

$$EW = \underbrace{RE_1 \times V + RE_2 \times V \times q^{-1} + \cdots RE_{10} \times V x q^{-10}}_{Jährlich\ anfallende\ Barwerte} + \underbrace{RE \times \Delta V_{(60-40)} + BW q^{-60}}_{Restwert}$$

Diese Vorgehensweise ist mit hohem Rechenaufwand verbunden. Gleichwohl kann diese Vorgehensweise unumgänglich sein. Eine nicht unerhebliche Bedeutung kommt dabei dem Restwert zu, weil sich – bei Beschränkung dieser Restwertmethode auf 10 Jahre – als Barwert des Ertragsflusses für die verbleibende Restnutzungsdauer in aller Regel ein nicht unerheblicher Betrag ergibt. Der Restwert darf deshalb nicht, wie mitunter von Investoren unter Hinweis auf seine Bedeutungslosigkeit vorgebracht wird, geschätzt werden, sondern bedarf einer sorgfältigen Ermittlung.

Abb. 2: Ertragswert bei jährlich unterschiedlichen Reinerträgen (Restwertmethode)

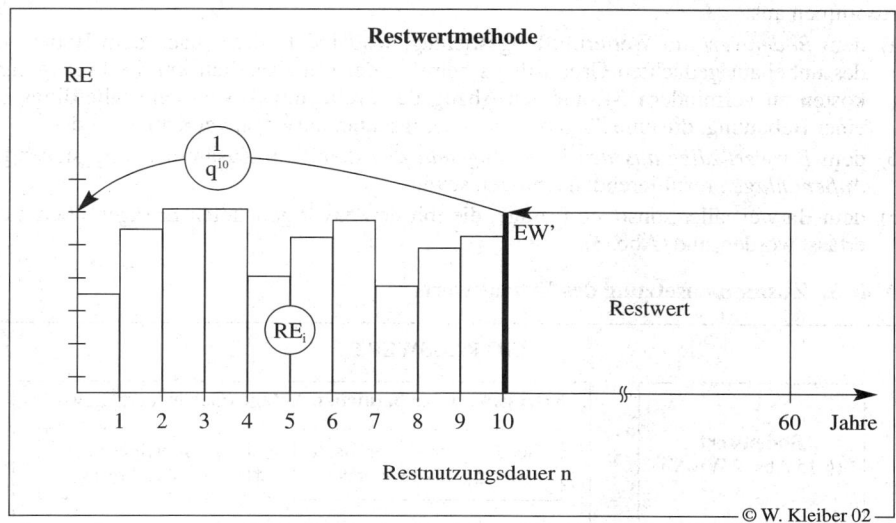

Der Ertragswert auf der Grundlage der jährlich anfallenden Barwerte wird auch in der **29** Weise ermittelt, dass als Diskontierungszinssatz ein **bankenüblicher Finanzierungszinssatz** herangezogen wird. In diesem Fall muss allerdings mindestens die Inflation und die Wertentwicklung der Immobilie gegengerechnet werden. Darüber hinaus können auch Finanzierungskosten und sonstige Einnahme- und Ausgabeströme individueller Art in die Berechnung einbezogen werden. In solchen Fällen geht es aber nicht mehr um die Ermittlung des Verkehrswerts, sondern um die Ermittlung eines Investitionswerts. Man spricht dann (unpräzis) von einem **Discounted-Cashflow-Verfahren,** wobei dieser Begriff lediglich das zum Ausdruck bringt, was sich methodisch bei allen Ertragswertermittlungen vollzieht und im Übrigen auch keine „internationale" Besonderheit ist. Tatsächlich stellen nämlich alle hier vorgestellten Vorgehensweisen allgemeine Barwertmethoden *(Discounted-Cashflow-Verfahren)* dar, unabhängig davon, ob von gleich bleibenden oder jährlich unterschiedlichen Ertragsflüssen *(Cashflow)* ausgegangen wird. Mit der Berücksichtigung individueller Besonderheiten der Kapitalanlage entfernt man sich auch nach internationalem Verständnis von der Verkehrswertermittlung.

In der **Zusammenfassung** ist festzustellen, dass sich die WertV darauf beschränkt, das **30** Ertragswertverfahren in der Form zu regeln, die am häufigsten zur Anwendung kommt, ohne die Anwendung der beschriebenen Modifikationen auszuschließen. Das in der WertV in seinen Grundzügen geregelte Ertragswertverfahren auf der Grundlage marktkonformer Liegenschaftszinssätze ist damit auch als ein „dynamisches", d. h. die künftige Marktentwicklung berücksichtigendes Verfahren ausgestaltet. Besondere objektspezifische Ertragsverhältnisse werden einschließlich Besonderheiten ihrer zu erwartenden Entwicklung (z. B. auf Grund von Mietverträgen) bei Anwendung dieses Verfahrens berücksichtigt. Darüber hinaus ist das Verfahren „zweigleisig" unter Aufteilung in einen Boden- und Gebäudewertanteil ausgestaltet und kann (wenn die entsprechenden Voraussetzungen vorliegen) auch als „vereinfachtes Ertragswertverfahren" ohne Aufteilung in einen Boden- und Gebäudewertanteil „eingleisig" zur Anwendung kommen.

2.1.2   Allgemeines zum Ertragswertverfahren der WertV

31 Nach dem in den §§ 15 bis 20 geregelten Ertragswertverfahren setzt sich der **Ertragswert** zusammen aus:

a) dem *Bodenwert* am Wertermittlungsstichtag, wobei sich dieser nach dem Bodenwert des unbebaut gedachten Grundstücks bemisst, der grundsätzlich um die Freilegungskosten zu vermindern ist; auf den Abzug der Freilegungskosten kann allerdings bei einer Bebauung, die eine längere Restnutzungsdauer aufweist, verzichtet werden;

b) dem *Barwert aller aus der Bebauung und den* damit im Zusammenhang stehenden *Außenanlagen* resultierenden Erträgen sowie

c) dem Barwert aller sonstigen Erträge, die mit den zuvor genannten Erträgen noch nicht erfasst worden sind (Abb. 3).

Abb. 3: Zusammensetzung des Ertragswerts

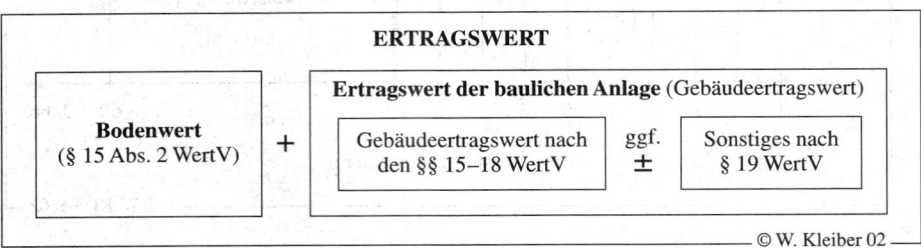

© W. Kleiber 02

32 Unter den bei Anwendung des Ertragswertverfahrens im Regelfall nicht gesondert zu berücksichtigenden „sonstigen" Anlagen versteht die Verordnung insbesondere **Gartenanlagen, Anpflanzungen und Parks.** Dass deren Wertanteil hier keiner gesonderten Wertermittlung bedarf, ist darauf zurückzuführen, dass die aus der baulichen Anlage fließende Rendite zugleich ein Entgelt für die Annehmlichkeit des Grundstücks in seiner Gesamtheit darstellt und mithin z. B. die Rendite aus einer parkähnlichen Gestaltung des Grundstücks umfasst[2]. Dies entspricht dem erkennbaren Willen des Verordnungsgebers. In der Begründung zu § 15 Abs. 1 heißt es hierzu: „... Dies trägt einmal der Tatsache Rechnung, dass die baulichen Anlagen auf dem Grundstück insgesamt gesehen werden müssen und ihnen nur noch die sonstigen Anlagen gegenüberstehen, die in der Regel für das Ertragswertverfahren nicht von Bedeutung sind, aber erforderlichenfalls über § 19 erfasst werden können."[3] Soweit sich zusätzlich zum Wertanteil der baulichen Anlagen ein Wertanteil für die „sonstigen" Anlagen tatsächlich einmal ergibt, ist dies nach § 19 zu berücksichtigen; eine doppelte Berücksichtigung muss dabei in jedem Fall vermieden werden.

33 Im Ergebnis setzt sich damit der Ertragswert (EW) im Wesentlichen aus dem Boden- und dem Gebäudeertragswert zusammen. **Gebäudeertragswert** ist der Barwert aller aus dem Gebäude nachhaltig fließenden Erträge. Dieser Barwert ergibt sich durch Kapitalisierung des nachhaltig erzielbaren Jahresreinertrags des Gebäudes mit Hilfe eines Vervielfältigers V. Um zu diesem **Jahresreinertrag** des Gebäudes zu gelangen, muss jedoch zunächst der als Ausgangsgröße zur Verfügung stehende Jahresreinertrag des (Gesamt-)Grundstücks um den jährlichen Bodenwertverzinsungsbetrag vermindert werden.

34 Auf diese Betrachtung bauen die **Verfahrensregeln der §§ 15 bis 19 WertV** auf. Folgende (bereits vorgestellte) Formel liegt diesen Vorschriften zu Grunde:

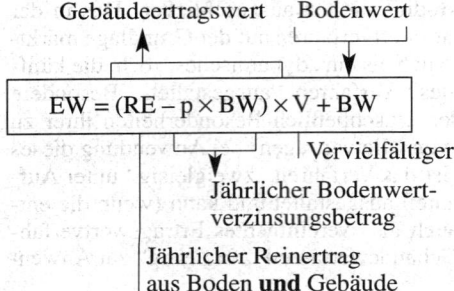

Gebäudeertragswert   Bodenwert

$$EW = (RE - p \times BW) \times V + BW$$

Vervielfältiger

Jährlicher Bodenwert-
verzinsungsbetrag

Jährlicher Reinertrag
aus Boden **und** Gebäude

wobei   EW = Ertragswert
BW = Bodenwert
p   = Liegenschaftszinssatz

Diese Formel entspricht also der in den §§ 15 ff. WertV normierten Vorgehensweise, die **35** auch als eine **zweigleisige Ertragswertermittlung** bezeichnet wird, weil dabei der Gesamtertragswert des Grundstücks in einen Boden- und Gebäudewertanteil aufgespalten wird. **Diese Vorgehensweise ist** – wie noch näher dargelegt wird – immer dann **von Vorteil,** wenn es sich

a) um ein bebautes Grundstück handelt, dessen *Bebauung* eine *kurze Restnutzungsdauer* aufweist oder

b) der *Gebäudewertanteil* (für sich), d. h. losgelöst vom Bodenwert *ermittelt werden muss.*

Zur **Erläuterung des Verfahrens wird das nachfolgende Beispiel vorgestellt;** der schematische Ablauf ergibt sich aus Abb. 4.

Beispiel: **36**

Mehrfamilienhaus, im Jahre 1932 in massiver Bauweise erstellt; 8 abgeschlossene Wohnungen; Wohnfläche (WF) insgesamt 700 m²; Nettokaltmiete 9,50 €/m² WF im Monat; Restnutzungsdauer 30 Jahre; Liegenschaftszinssatz 5 %; Bodenwert 200 000 €

Ertragswert:
$$EW = (RE - p \times BW) \times V + BW$$

a) Ermittlung des Reinertrags:
9,50 €/m² WF × 700 m² × 12 = 79 800 €/Jahr
abzüglich nichtumlagefähige Bewirtschaftungskosten
– Verwaltungskosten: 8 × 240 € = – 1 920 €/Jahr
– Instandhaltung: 12,00 €/m² × 700 m² = – 8 400 €/Jahr
– Mietausfallwagnis: 2 % der Nettokaltmiete = – 1 596 €/Jahr
Reinertrag (RE) = 67 884 €/Jahr
b) abzüglich Bodenwertverzinsungsbetrag: 200 000 € × 5 % = – 10 000 €/Jahr
Reinertragsanteil der baulichen Anlage = 57 884 €/Jahr
c) Ermittlung des Ertragswerts der baulichen Anlage
Vervielfältiger bei
– Restnutzungsdauer von 30 Jahren
– Liegenschaftszinssatz von 5 %:
lt. Anl. zur WertV: 15,372452
= Ertragswert der baulichen Anlage (57 884 €/Jahr × 15,372452) ≈ 889 819 €
d) Ermittlung des Ertragswerts:
zuzüglich Bodenwert = + 200 000 €
= Ertragswert ≈ **1 089 819 €**

▶ *Vgl. hierzu die modifizierte Ertragswertermittlung bei Rn. 152*

Aus der Sicht eines Investors folgt aus der Notwendigkeit, den Grund und Boden zur Erzie- **37** lung von Einnahmen aus der Bebauung des Grundstücks vorzuhalten, dass er das **in Grund und Boden investierte Kapital** nicht anderweitig zu banküblichen Zinsen anlegen kann. Der Reinertrag eines Grundstücks muss deshalb nach den Regeln der WertV um den Verzinsungsbetrag des Grund und Bodens vermindert werden. Erst der so verminderte Reinertrag ergibt kapitalisiert über die Restnutzungsdauer den allein auf die baulichen Anlagen bezogenen Wertanteil.

Der Bodenwert erhöht nach dem vorher Gesagten einerseits unmittelbar den Ertragswert **38** dadurch, dass er gesondert neben dem Wert der baulichen Anlagen anzusetzen ist, und vermindert andererseits den Ertragswert im Ergebnis dadurch, dass die Verzinsung des Bodenwerts den Reinertrag mindert und damit zu einer Absenkung des Wertanteils der baulichen Anlagen führt. Dabei ist zu bedenken, dass sich das in den Grund und Boden

---

2 OLG Koblenz, Urt. vom 13. 1. 1982 – 1 U 6/80 –, EzGuG 2.28; so auch in der steuerlichen Bewertung (vgl. BewR Gr vom 19. 9. 1966 , BAnz Nr. 183 Beil. = BStBl. I 1966, 890, zu § 79 BewG Nr. 21)
3 BR-Drucks. 352/58, S. 55f.

Abb. 4: Schema des Ertragswertverfahrens

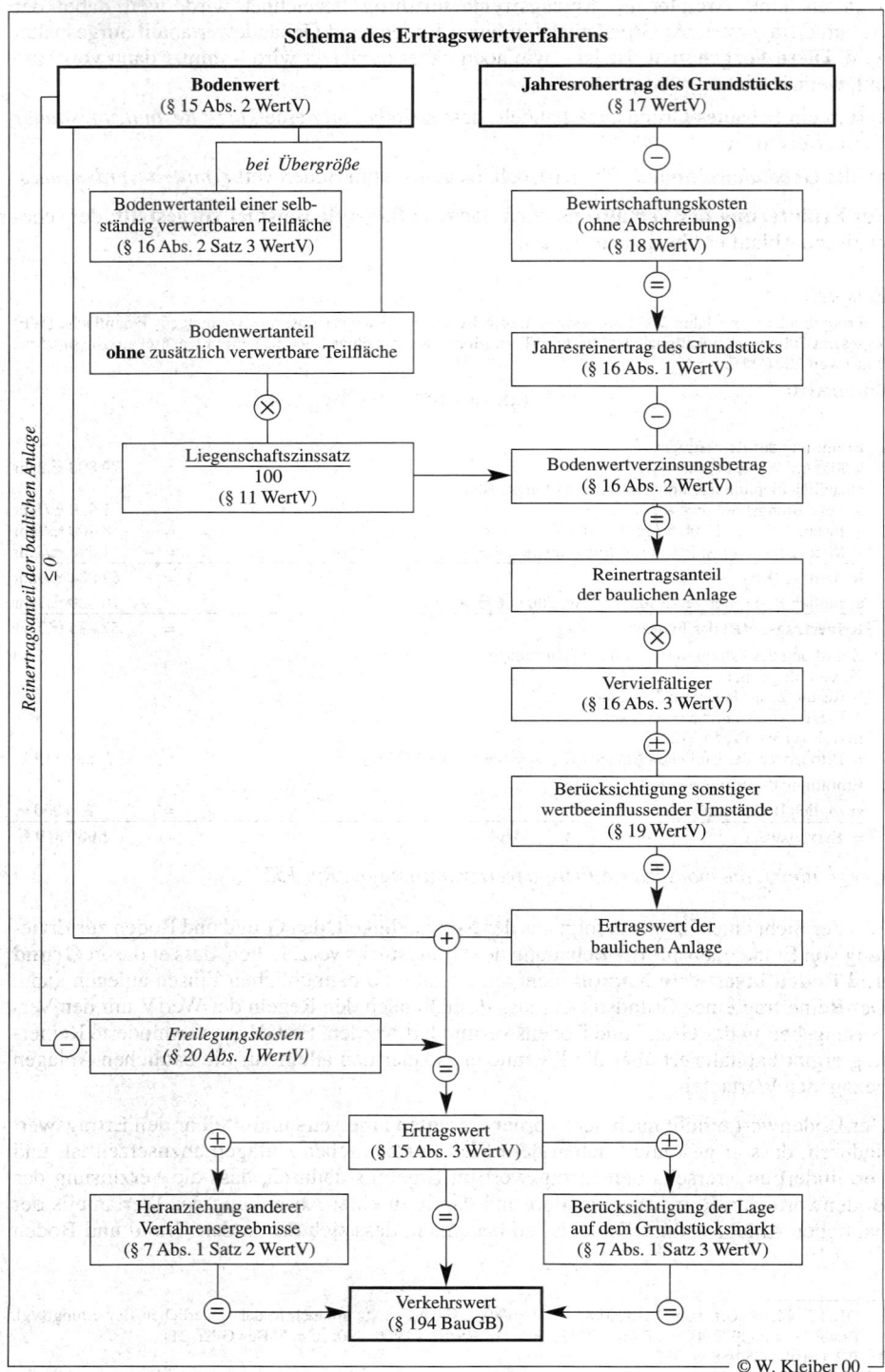

Schema des Ertragswertverfahrens

investierte Kapital nicht mit zunehmendem Alter der Bebauung verringert. Bei konsequenter Anwendung des **dem Ertragswertverfahren zu Grunde liegenden ökonomischen Modells** sind von daher keine rechtfertigenden Gründe gegeben, den in das Ertragswertverfahren nach § 15 Abs. 2 einzuführenden Bodenwert im Verhältnis zum Bodenwert eines vergleichbaren unbebauten Grundstücks mit zunehmendem Alter zu dämpfen. Vielmehr ist davon auszugehen, dass der Bodenwert eines bebauten Grundstücks an allgemeinen Bodenwerterhöhungen partizipiert. In welchem Maße dies geschieht, mag streitig, letztlich aber eine pragmatisch zu lösende Frage sein (vgl. § 13 WertV Rn. 116 ff.).

Aus der vorgestellten Ertragswertformel, mit der der Ertragswert in einen Gebäude- und **39** Bodenwertanteil aufgespalten wird, lässt sich allein durch Umformung eine ansonsten damit **mathematisch identische andere Form** gewinnen. Sie lautet:

$$EW = RE \times V + \frac{BW}{q^n} = RE \times V + BW \times q^{-n}$$

Bei Anwendung dieser Formel braucht der Jahresreinertrag des (Gesamt-)Grundstücks **40** nicht um den jährlichen Bodenwertverzinsungsbetrag vermindert zu werden. Vielmehr wird gleich der **Jahresreinertrag** *des Grundstücks* (**ohne vorherigen Abzug des Bodenwertverzinsungsbetrags**) **mit dem Vervielfältiger kapitalisiert**. Das Ergebnis stellt mithin allerdings auch nicht den Gebäudeertragswert, sondern den nicht aufgespaltenen Gesamtwert des Grundstücks dar. Der kapitalisierte Jahresreinertrag des Grundstücks muss allerdings noch um den über die Restnutzungsdauer des Gebäudes diskontierten Bodenwert ergänzt werden. Die Anwendung dieser Formel muss damit zu identischen Ergebnissen führen.

Beispiel: **41**

a) **Wertermittlungsobjekt**

– Bodenwert BW	100 000 €
– Reinertrag RE	24 000 €
– Liegenschaftszinssatz p	6 %
– Restnutzungsdauer n	70 Jahre

b) **Ermittlung des Ertragswerts nach**

$EW = (RE - p \times BW) \times V + BW$ $EW = RE \times V + \dfrac{BW}{q^n}$

Reinertrag	=	24 000 €	Reinertrag	=	24 000 €
– Bodenwert × $6/_{100}$	=	– 6 000 €	× Vervielfältiger V		
= Reinertragsanteil	=	18 000 €	bei n = 70 : 16,384524	=	393 229 €
× Vervielfältiger V					
bei n = 70 : 16,384524	=	294 921 €	+ abgezinster Bodenwert		
+ Bodenwert	=	100 000 €	bei $1/q^n$ = 0,0169273	=	+ 1 692 €
= Ertragswert	=	**394 921 €**	= Ertragswert	=	**394 921 €**

Ergänzend sei noch darauf hingewiesen, dass man zu der mathematisch umgeformten For- **42** mel des Ertragswertverfahrens

$$EW = RE \times V + BW\, q^{-n}$$

auch direkt ohne Unterteilung nach Boden- und Gebäudewertanteil gelangt, wenn man den (Gesamt-)Ertragswert als Barwert aller jährlichen Reinerträge (aus Boden *und* Gebäude) betrachtet, indem man die **jährlichen Reinerträge, die über die Restnutzungsdauer des Gebäudes fließen, zunächst partiell auf den Wertermittlungsstichtag diskontiert und aufsummiert**. Nach Ablauf der Restnutzungsdauer verbleibt dann nur noch der Bodenwert, der dann ebenfalls auf den Wertermittlungsstichtag zu diskontieren ist:

Ausgangsformel

$$EW = \frac{RE_1}{q^1} + \frac{RE_2}{q^2} + \frac{RE_3}{q^3} + \frac{RE_4}{q^4} + \frac{RE_5}{q^5} + \dots + \frac{Restwert}{q^n}$$

wobei $\frac{1}{q^n}$ mit $q = 1 + \frac{p}{100} = $ Zinsfaktor

Bei konstantem Reinertrag
$RE_1 = RE_2 = RE_3 = \dots RE_n$

Restwert = Bodenwert

43 Es handelt sich hierbei um die Ursprungsform des Ertragswertverfahrens (allgemeine Bar-wertmethode). Fälschlicherweise wird allein dieser Ursprungsform die Bezeichnung **Dis-counted-Cashflow** zugeordnet.

44 **Unterstellt man** nun noch, **dass die jährlichen Reinerträge über die verbleibende Rest-nutzungsdauer konstant bleiben,** so ergibt sich hieraus wiederum:

$$EW = RE \times V + \frac{BW}{q^n} = RE \times V + BW \times q^n$$

Umgeformtes Ertragswertverfahren nach WertV bei beliebiger Restnutzungsdauer

wobei: EW ... Ertragswert
RE ... Reinertrag
BW ... Bodenwert
V   ... Vervielfältiger (vgl. Anl. zur WertV)
q   ... Zinsfaktor ($= 1 + $ Liegenschaftszinssatz)
n   ... Restnutzungsdauer der baulichen Anlagen
p   ... Liegenschaftszinssatz

45 **Bei einer langen Restnutzungsdauer des Gebäudes (n > 40 Jahre), stellt der diskon-tierte Bodenwert im Hinblick auf die allgemeine Schätzgenauigkeit nur noch eine marginale Größe dar** und man gelangt zur sog. vereinfachten Ertragswertformel:

$$EW = RE \times V$$

Vereinfachtes Ertragswertverfahren nach WertV bei Restnutzungsdauer > 40 Jahre da $\lim_{n \to \infty} \frac{BW}{q^n} = 0$

Hinweis
bei kurzer Restnutzungsdauer des Gebäudes ist stets (!)

$$BW = BW_{unbebaut} - Freilegungskosten$$

Abb. 5: Ermittlung des Ertragswerts bei vereinfachter Vorgehensweise

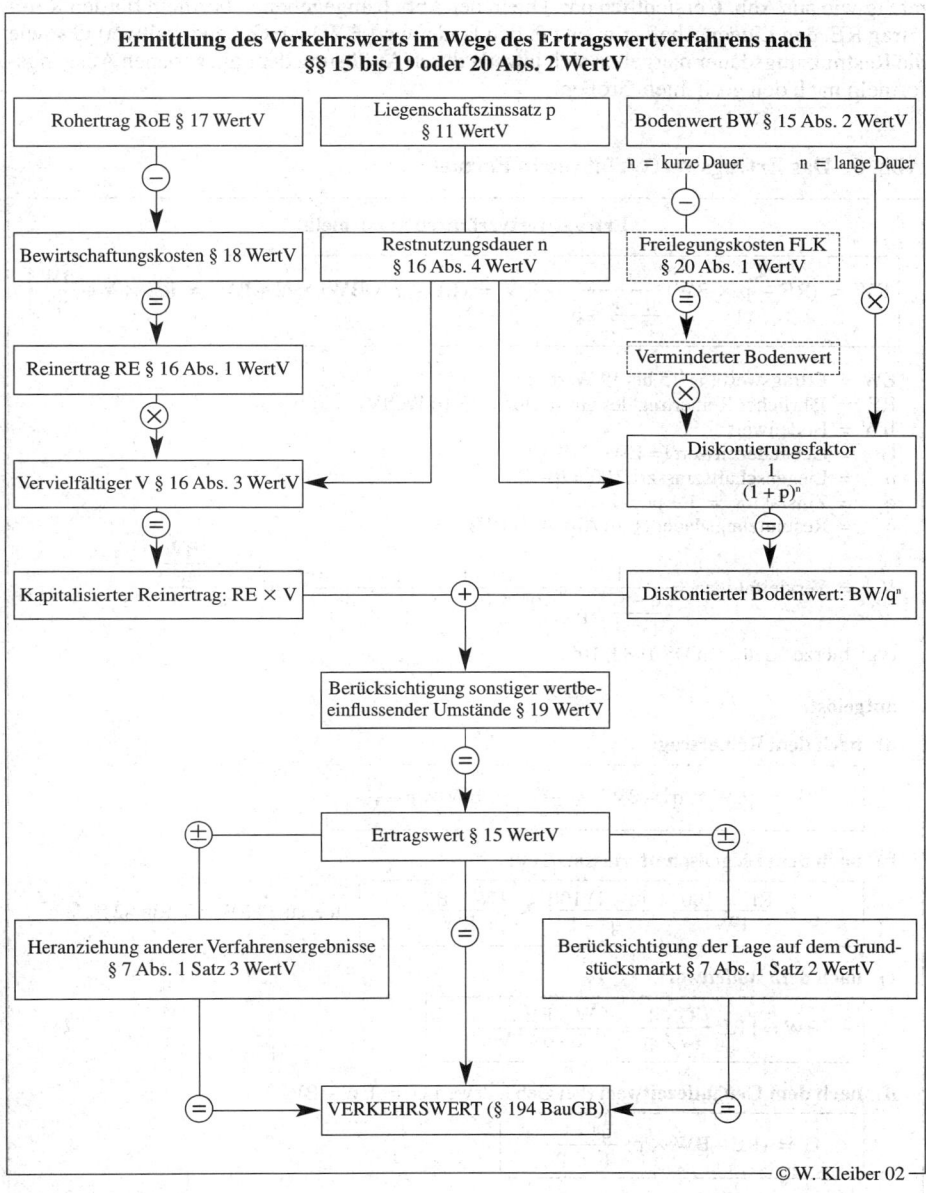

© W. Kleiber 02

46 In der **Gesamtschau** stellt sich das Ertragswertverfahren nach den §§ 15 ff. WertV formelmäßig wie aus Abb. 6 ersichtlich dar. Die in der Abb. 6 angegebenen Formeln für den Reinertrag RE, den Liegenschaftszinssatz p, den Bodenwert BW, den Gebäudezeitwert G sowie
die Restnutzungsdauer n ergeben sich jeweils durch Auflösung der angegebenen Ausgangs-
formeln nach den gesuchten Größen.

Abb. 6: Das Ertragswertverfahren in Formeln

Ertragswertverfahren in Formeln

$$EW = (RE - p \times BW)\, \frac{1}{\frac{q-1}{q^n-1} + p} + BW = (RE - p \times BW) \times V + BW = RE \times V + \frac{BW}{q^n}$$

EW = Ertragswert (§§ 15 bis 19 WertV)
RE = Jährlicher Reinertrag des Grundstücks (§ 16 WertV)
BW = Bodenwert
G = Gebäudezeitwert (= EW – BW)
p = Liegenschaftszinssatz/100 = q – 1
q = Zinsfaktor = 1 + p/100
n = Restnutzungsdauer (§ 16 Abs. 4 WertV)

$$V \;=\; \text{Vervielfältiger} = \frac{1}{\frac{q-1}{q^n-1}+p} = \frac{q^n-1}{q^n \times (q-1)} = \frac{1-(1+p)^{-n}}{p} = \frac{EW - \frac{BW}{q^n}}{RE}$$

(vgl. hierzu Kleiber in DS 1983, 105).

aufgelöst:

a) **nach dem Reinertrag:**

$$RE = (EW \times q^n - BW) \times \frac{p}{q^n-1} = BW \times p + \frac{G}{V}$$

b) **nach dem Liegenschaftszinssatz/100:**

$$p = \frac{RE \times 100}{EW} - \frac{(q-1)\,100}{q^n-1} \times \frac{EW - BW}{EW}$$ hierzu § 11 WertV Rn. 82 ff.

c) **nach dem Bodenwert:**

$$BW = \left(RE - \frac{G}{V}\right)\frac{1}{p} = \frac{EW - RE \times V}{1 - p \times V}$$

d) **nach dem Gebäudezeitwert** (bei Gebäudewert G = EW – BW):

$$G = (RE - BW \times p)\, \frac{q^n-1}{q^n \times p}$$

e) **nach der Restnutzungsdauer:**

$$n = \frac{\log (RE - p \times BW) - \log (RE - p \times EW)}{\log q}$$

f) **nach der Monatsmiete** (Nettokaltmiete):

$$\text{Monatsmiete} = \frac{RE + BewK}{12 \times NF}$$ wobei: BewK = Bewirtschaftungskosten
                              NF = Nutzfläche

Im Übrigen lässt sich auch die **„Sollmiete" durch Umkehrung des Verfahrensganges,**   **47**
der der Ertragswertermittlung zu Grunde liegt, (rechnerisch) ableiten (vgl. Abb. 6 und 7).

Abb. 7: Ermittlung der Nettokaltmiete

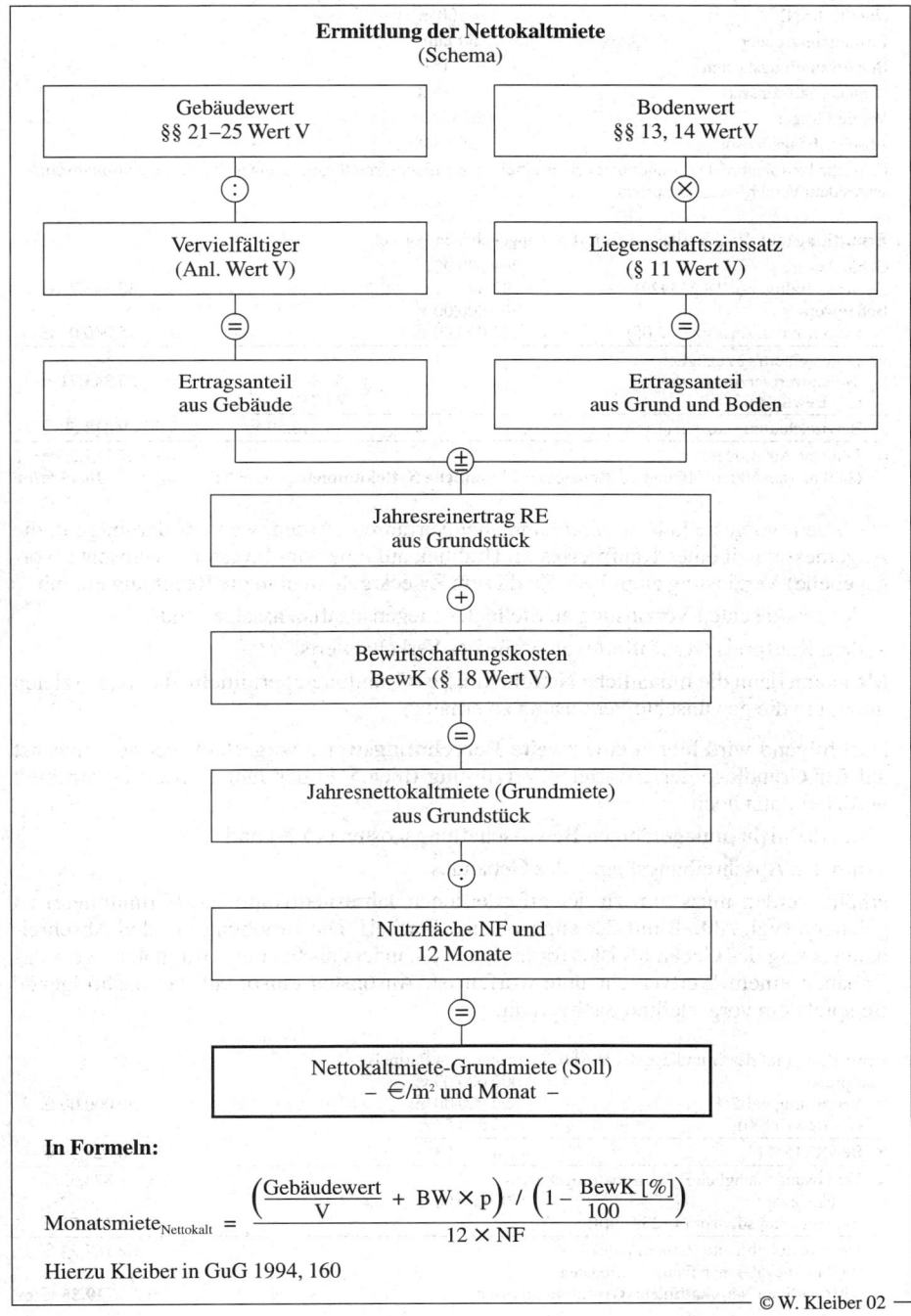

Ermittlung der Nettokaltmiete
(Schema)

Gebäudewert
§§ 21–25 Wert V

Bodenwert
§§ 13, 14 WertV

Vervielfältiger
(Anl. Wert V)

Liegenschaftszinssatz
(§ 11 Wert V)

Ertragsanteil
aus Gebäude

Ertragsanteil
aus Grund und Boden

Jahresreinertrag RE
aus Grundstück

Bewirtschaftungskosten
BewK (§ 18 Wert V)

Jahresnettokaltmiete (Grundmiete)
aus Grundstück

Nutzfläche NF und
12 Monate

Nettokaltmiete-Grundmiete (Soll)
– €/m² und Monat –

In Formeln:

$$\text{Monatsmiete}_{\text{Nettokalt}} = \frac{\left(\dfrac{\text{Gebäudewert}}{V} + \text{BW} \times \text{p}\right) / \left(1 - \dfrac{\text{BewK [\%]}}{100}\right)}{12 \times \text{NF}}$$

Hierzu Kleiber in GuG 1994, 160

© W. Kleiber 02

Beispiel:

a) Sachverhalt

Verkehrswert	1 000 000 €
Bodenwert	300 000 €
Gebäudewert	700 000 €
Nutzfläche NF	500 m²
Restnutzungsdauer	50 Jahre
Bewirtschaftungskosten	15 %
Liegenschaftszinssatz	5 %
Vervielfältiger	18,255929
Abschreibungsdivisor	209,348

Es ist die Nettokaltmiete (Grundmiete) zu ermitteln, die auf der Grundlage des angegebenen Liegenschaftszinssatzes dem Verkehrswert entspricht.

b) Ermittlung (auf der Grundlage der in Abb. 7 angegebenen Formel)

Gebäudewert	700 000,00 €			
: Vervielfältiger (= 18,255929)	38 343,71 €		=	38 343,71 €
Bodenwert	300 000,00 €			
× Liegenschaftszinssatz (= 0,05)	15 000,00 €		+	15 000,00 €
= Jahresreinertrag zuzüglich Bodenwertverzinsungsbetrag		53 343,71 €	=	53 343,71 €
: (1 – BewK/100)		62 757,30 €		
+ Bewirtschaftungskosten (15 %)	=	9 413,59 €	+	9 413,59 €
= Jahresnettokaltmiete			=	62 757,30 €
: 6000 m² (bei 500 m² NF und 12 Monaten) = **Monatliche Nettokaltmiete pro m² NF**			=	**10,45 €/m²**

Nach dem vorgestellten *Beispiel* kann auch verfahren werden, wenn es darum geht, die Angemessenheit eines Kaufpreises im Hinblick auf eine vom Investor gewünschte (vorgegebene) Verzinsung zu prüfen. Zu diesem Zweck geht man in die Rechnung ein mit

– der gewünschten Verzinsung an Stelle des Liegenschaftszinssatzes und
– dem Kaufpreis (Kaufofferte) an Stelle des Verkehrswerts.

Man kann dann die monatliche Nettokaltmiete (Grundmiete) ermitteln, die man erzielen muss, um die gewünschte Verzinsung zu erhalten.

Nachfolgend wird hierzu eine **zweite Berechnungsweise** vorgestellt, bei der zunächst auf der Grundlage der erwarteten Verzinsung (hier 5 %) der Jahreszinsertrag ermittelt wird, der dann noch

– um die nicht umlagefähigen Bewirtschaftungskosten (15 %) und
– um den Abschreibungsbetrag des Gebäudes

erhöht werden muss, um zu der erforderlichen Jahresnettokaltmiete (Grundmiete) zu gelangen (vgl. Abb. 8 mit der angegebenen Formel). Die Erhöhung um den Abschreibungsbetrag des Gebäudes ist erforderlich, da – anders als bei einer Kapitalanlage – das Gebäude einem Wertverzehr unterworfen ist. Ansonsten entspricht das nachfolgende Beispiel dem vorgestellten Sachverhalt.

c) Ermittlung (auf der Grundlage der in Abb. 7 angegebenen Formel)

Kaufpreis	1 000 000,00 €		
× Verzinsung bei 5 %	50 000,00 €		50 000,00 €
: (1 – BewK/100)	= 58 823,53 €		
× BewK (15 %)	= 8 823,53 €	+	8 823,53 €
= Verzinsung zuzüglich Bewirtschaftungskosten		=	58 823,53 €
= Gebäudewert	700 000,00 €		
: Abschreibungsdivisor (= 209, 348)		+	3 343,71 €
= Jahresnettokaltmiete (Grundmiete)		=	62 167,24 €
: 6000 m² (bei 500 m² NF und 12 Monaten)			
= **Monatliche Nettokaltmiete (Grundmiete) pro m² NF**		=	**10,36 €/m²**

Abb. 8: Ermittlung der Nettokaltmiete bei vorgegebener Verzinsung eines Kaufpreises

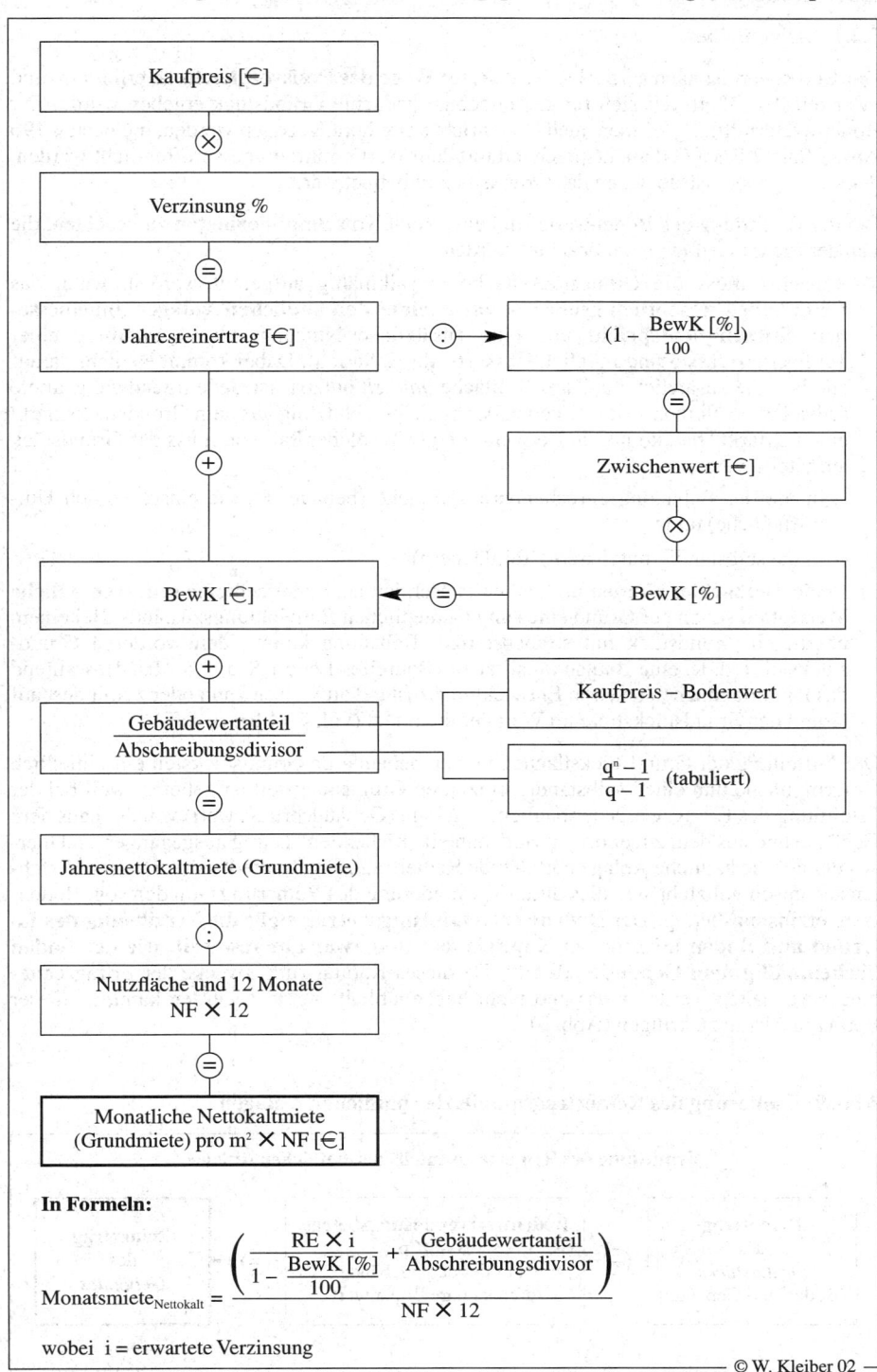

In Formeln:

$$\text{Monatsmiete}_{\text{Nettokalt}} = \frac{\left(\dfrac{RE \times i}{1 - \dfrac{BewK\,[\%]}{100}} + \dfrac{\text{Gebäudewertanteil}}{\text{Abschreibungsdivisor}} \right)}{NF \times 12}$$

wobei i = erwartete Verzinsung

© W. Kleiber 02

2.2   Bodenwert

2.2.1   Allgemeines

48   Der Bodenwert ist nach § 15 Abs. 2 i. d. R. **im Wege des Preisvergleichs** zu ermitteln, und zwar mit dem Wert, der sich für das unbebaut gedachte Grundstück ergeben würde. Zur Bodenwertermittlung können auch Bodenrichtwerte herangezogen werden, die nach § 196 Abs. 1 Satz 2 BBauG dementsprechend mit dem Wert ermittelt und veröffentlicht werden, der sich ergeben würde, wenn das Grundstück unbebaut wäre.

49   Bei der Ermittlung des Bodenwerts sind eine Reihe von **Besonderheiten** zu beachten, die von der Praxis vielfach nicht beachtet werden.

a) Zunächst muss die Grundstücksfläche mosaikmäßig aufgeteilt werden, wenn das **Grundstück wesentlich größer ist, als es einer den baulichen Anlagen angemessenen Nutzung entspricht** und eine zusätzliche Nutzung oder Verwertung einer Teilfläche zulässig und möglich ist (§ 16 Abs. 2 Satz 3). Dabei kommt es nicht darauf an, dass die zusätzlich nutzbare Teilfläche *baulich* nutzbar ist. Jede irgendwie geartete selbständige Nutzbarkeit, die neben der baulichen Nutzung auf dem Grundstücksmarkt einen „Markt" hat, kommt in Betracht. Liegt ein solcher Fall vor, muss das Grundstück aufgeteilt werden

– in die der Bebauung zurechenbare Teilfläche (bebaute Fläche einschließlich Umgriffsfläche) und

– in die selbständig nutzbare(n) Teilfläche(n).

b) Beide **Teilflächen können** und haben tatsächlich auch vielfach eine **unterschiedliche Wertigkeit** schon auf Grund eines unterschiedlichen Entwicklungszustands. Bei einem übertiefen Grundstück mit straßenseitiger Bebauung kommt dem vorderen Grundstücksteil i. d. R. eine Baulandqualität zu (Baureifes Land i. S. d. § 4 Abs. 4), während das Hinterland einen anderen Entwicklungszustand aufweisen kann oder zumindest auf Grund der Grundstückstiefe im Wert gemindert ist (vgl. § 14 Rn. 100 ff.).

50   Die Aufteilung der Grundstücksfläche in einen bebaubaren Grundstücksteil einschließlich Umgriffsfläche und einen selbständig nutzbaren Grundstücksteil ist geboten, weil bei der Ermittlung des Ertragswerts der baulichen Anlage (Gebäudeertragswert) von dem aus dem Gebäude und aus dem zugehörigen Bodenanteil „fließenden" Ertrag ausgegangen und hieraus der auf die bauliche Anlage entfallende Reinertrag „abgespaltet" werden muss. Verfahrenstechnisch vollzieht sich dies durch Verminderung des Reinertrags um den sog. Bodenwertverzinsungsbetrag. Der **Bodenwertverzinsungsbetrag stellt die Verzinsung des im Grund und Boden investierten Kapitals dar, und zwar nur insoweit, wie der Boden flächenmäßig dem Gebäude „dient".** Da dieses Kapital zum Zwecke der Ertragserzielung vorgehalten werden muss und nicht bankenüblich angelegt werden kann, ist dieser Betrag in Abzug zu bringen (Abb. 9):

Abb. 9: Isolierung des Reinertragsanteils der baulichen Anlagen

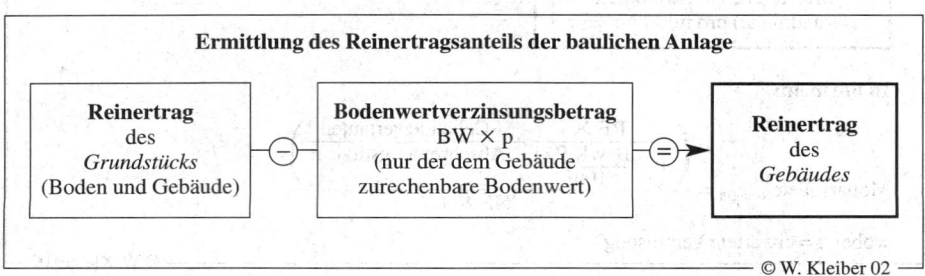

Bei der Ermittlung des **Bodenwerts der Umgriffsfläche** des Gebäudes – Grundlage der Ermittlung des Bodenwertverzinsungsbetrags – können aus fehlertheoretischen Gründen eingeschränkte Anforderungen an die Genauigkeit der Bodenwertermittlung gestellt werden (vgl. § 13 WertV Rn. 51; § 15 WertV Rn. 23 sowie hier Rn. 147 f.).

2.2.2 Bodenwertverzinsungsbetrag

Das Ertragswertverfahren basiert – wie vorstehend erläutert – auf der Erkenntnis, dass der **51** Reinertrag aus dem Objekt die Verzinsung der Investition darstellt, und zwar die Verzinsung sowohl der Investition in den Grund und Boden wie auch der in die Aufbauten (z. B. ein Mehrfamilienhaus oder ein Wohn- und Geschäftshaus). Nun weiß man, dass der Boden unvergänglich ist, während die Gebäude auch bei ordnungsgemäßer Instandhaltung nur eine begrenzte technische und vor allem wirtschaftliche Nutzungsdauer haben. Der **Reinertrag ist** daher – wie oben bereits angesprochen – **aufzuspalten in die Verzinsungsanteile des Bodens und der baulichen Anlagen**; die Rede ist auch vom gespaltenen Verfahren. Der Bodenwertverzinsungsbetrag berechnet sich wie folgt:

$$\text{Bodenwertverzinsungsbetrag} = \text{Bodenwert} \times \frac{p}{100}$$

wobei p = Liegenschaftszinssatz

Der **Bodenwertverzinsungsbetrag** lässt sich im Übrigen auch aus der Ertragswertformel **52** (durch Umformung) ableiten:

$$\text{Bodenwertverzinsungsbetrag} = \text{BW} \times p = \text{RE} - \frac{G}{V}$$

wobei BW = Bodenwert
        RE = Reinertrag
        G   = Gebäudewert (§§ 22 ff. WertV)
        p   = Liegenschaftszinssatz/100

Entsprechend seiner Restnutzungsdauer wird der **Verzinsungsbetrag des Bodenwerts** bei **53** Ansatz eines objektspezifischen Liegenschaftszinssatzes **auf ewig kapitalisiert** und ergibt den Bodenertragswert (= Bodenwert), während der Ertragswertanteil der baulichen Anlagen als Zeitrente über die Dauer der voraussichtlichen wirtschaftlichen Nutzungsmöglichkeit (Restnutzungsdauer) zu sehen ist. Ihr Barwert ist der Ertragswertanteil der baulichen Anlagen. Bodenwert und Wert der baulichen Anlagen bilden zusammen den Ertragswert und damit auch – vorbehaltlich § 7 Abs. 1 – den Verkehrswert des Objekts, sofern nach § 19 keine sonstigen wertbeeinflussenden Umstände (durch Zu- bzw. Abschläge) zu berücksichtigen sind.

Der Ermittlung des Bodenwertverzinsungsbetrags ist nur die der jeweiligen Bebau- 54 ung zurechenbare Grundstücksfläche zu Grunde zu legen, d. h. die bebaute Fläche einschließlich der sog. **Umgriffsfläche.** Selbstständig nutzbare Teilflächen des Grundstücks bleiben nach § 16 Abs. 2 Satz 2 einer gesonderten Wertermittlung vorbehalten (vgl. § 15 WertV Rn. 35).

Während der **Bodenwert** der selbständig nutzbaren unbebauten Teilflächen nach den allge- **55** meinen Regeln ermittelt wird, gilt es **für die bebaute Grundstücksfläche einschließlich ihrer Umgriffsfläche** wiederum einige Besonderheiten zu beachten:

– Der Bodenwert ist, wie bereits erläutert, mit dem **Wert** zu ermitteln, **wie er sich für das unbebaute Grundstück ergeben würde.**

Danach bestimmen sich **Art und Maß der baulichen Nutzung** grundsätzlich nach der bauplanungsrechtlich zulässigen Nutzung. Soweit die bauplanungsrechtlich zulässige Nutzung auf dem örtlichen Teilmarkt am Wertermittlungsstichtag üblicherweise nicht ausgenutzt wird, ist die sog. *lagetypische* Nutzung maßgebend (§ 5 Rn. 43 ff.). I. d. R. kann davon ausgegangen werden, dass sich auch im Falle der Heranziehung von Bodenrichtwerten diese sich bereits auf die lagetypische Nutzung beziehen. Im Einzelfall ergibt sich dies aus den zum Bodenrichtwert ausgewiesenen Angaben in der Bodenrichtwertkarte.

– Wird die **bauplanungsrechtlich zulässige Nutzung bzw. die lagetypische Nutzung durch die tatsächliche Bebauung unterschritten**, so ist gleichwohl die bauplanungsrechtlich zulässige bzw. lagetypische Nutzung der Bodenwertermittlung zu Grunde zu legen, wenn sie jederzeit durch **An- oder Aufbau** herbeigeführt werden kann.

– Können Abweichungen zwischen der bauplanungsrechtlich zulässigen bzw. lagetypischen Nutzung durch An- oder Aufbau nicht vermieden werden, so liegt ein Sonderfall vor, dem mit dem in § 13 Rn. 122 ff. beschriebenen Verfahren Rechnung getragen werden kann. Dies gilt für sog. **Unternutzungen** gleichermaßen wie für sog. **Übernutzungen.** Bei einer denkmalgeschützten Bebauung kann im Übrigen gleich von Art und Maß der tatsächlichen Nutzung ausgegangen werden.

– Der **Bodenwertermittlung** für die der Bebauung zugeordneten Teilfläche **ist grundsätzlich der erschließungsbeitragsfreie (ebf) Bodenwert** zu Grunde zu legen (§ 16 WertV Rn. 33 ff.).

Ergänzende Hinweise zum Bodenwertverzinsungsbetrag der WertR[4]

56 *Nach § 16 Abs. 2 Satz 1 WertV in Verbindung mit Ziffer 3.5.3 Satz 2 WertR 96 ist der Reinertrag des Grundstücks um die angemessene Verzinsung des Bodenwerts (Bodenwertverzinsungsbetrag) zu vermindern, wobei Teilflächen unberücksichtigt bleiben, auf denen eine zusätzliche Nutzung oder eine Verwertung der Teilfläche zulässig und möglich ist.*

So ist zum Beispiel im Rahmen des Ertragswertverfahrens bei der Ermittlung des Bodenwertverzinsungsbetrags i. d. R. vom erschließungsbeitragsfreien Bodenwert selbst dann auszugehen, wenn der Erschließungsbeitrag noch nicht entstanden oder noch nicht fällig gestellt worden ist. Dies ist darin begründet, dass in solchen Fällen davon ausgegangen werden muss, dass der Eigentümer noch mit einem Erschließungsbeitrag belastet wird und sich insoweit in dem Zeitraum, für den der um den Bodenwertverzinsungsbetrag verminderte Reinertrag kapitalisiert wird, von dem entsprechend verminderten Reinertrag ausgegangen werden muss, denn auch für den noch zu entrichtenden Erschließungsbeitrag muss der Eigentümer einen Zinsverlust hinnehmen, der seinen Ertrag aus der Immobilie schmälert. In solchen Fällen kann es im Ergebnis erforderlich werden, dass in das Ertragswertverfahren zwei unterschiedliche Bodenwerte eingeführt werden müssen:

57 *Beispiel:*

Reinertrag (RE)	44 928 € p. a.
Grundstücksfläche	1 000 m²
Bodenwert erschließungsbeitragsfrei (BW)	200 €/m² (= 200 000 €)
Bodenwert erschließungsbeitragspflichtig (BW′)	175 €/m² (= 175 000 €)
Restnutzungsdauer	70 Jahre
Liegenschaftszinssatz (p)	5 %
Vervielfältiger (V)	19,34

Das Grundstück ist erschließungsbeitragspflichtig

Richtig:			Falsch:		
RE	=	44 928 €	RE	=	44 928 €
BW	=	200 000 €	BW′	=	175 000 €
BW × 0,05	=	– 10 000 €	BW′ × 0,05	=	– 8 750 €
RE – BW × p	=	34 928 €	RE – BW′ × p	=	36 178 €
× V (= 19,34)	=	675 508 €	× V (= 19,34)	=	699 683 €
+ BW′	=	+ 175 000 €	+ BW′	=	+ 175 000 €
= EW	=	850 508 €	= EW	=	874 683 €
		rd. 850 000 €			**rd. 875 000 €**

*Dieser Grundsatz ist insbesondere auch zu beachten, wenn der **Grund und Boden verbilligt oder unentgeltlich abgegeben wird**; des Weiteren gilt der Grundsatz, wenn allein der Ertragswert der baulichen Anlage (Gebäudeertragswert) ermittelt wird. Der Bodenwertverzinsungsbetrag ist auch in diesen Fällen auf der Grundlage des vollen erschließungsbeitragsfreien Bodenwerts zu ermitteln.*

Ist im Einzelfall davon auszugehen, dass der **Erschließungsbeitrag längerfristig nicht erhoben** wird, kann dies zu einer Verfälschung des Ergebnisses führen. Dies lässt sich korrigieren, indem der Ertragswert um den Zinsertrag „aufgestockt" wird, der sich für den kapitalmäßig angelegten Erschließungsbeitrag ergibt. I. d. R. kann dies aber im Rahmen der allgemeinen Ungenauigkeit einer Verkehrswertermittlung vernachlässigt werden. **58**

▶ *Weitere Hinweise bei Rn. 163 ff.*

2.2.3 Liquidationswert

▶ *Näheres vgl. Erläuterungen zu § 20 WertV Rn. 29 ff.*

Im Einzelfall kann bei Anwendung des Ertragswertverfahrens der Fall eintreten, dass der Bodenwertverzinsungsbetrag eine Größenordnung einnimmt, die den gesamten Reinertrag des Grundstücks übersteigt, d. h. die bloße Verzinsung des im Grund und Boden investierten Kapitals fällt höher aus, als der aus der baulichen Nutzung fließende Gesamtertrag. Dies kann vielfältige Gründe haben. Als typischer Fall gilt eine Grundstücksnutzung, bei der die bauliche (Kümmer-)Nutzung in einem Missverhältnis zum Bodenwert steht. § 20 Abs. 1 schreibt für diese Fälle vereinfachend vor, dass **als Ertragswert dann der Bodenwert abzüglich Freilegungskosten** anzusetzen ist (Liquidationswert), wenn also der Bodenwertverzinsungsbetrag den Reinertrag des Grundstücks (einschließlich des Bodens) übersteigt: **59**

$$\boxed{\text{BW} \times \text{p} > \text{RE (des Grundstücks)}}$$

Diesbezüglich kann allerdings schon von einem **missverstandenen Liquidationswertprinzip** gesprochen werden, **wenn der Sachverständige unter den** genannten **Voraussetzungen schematisch auf das Liquidationswertverfahren „umsteigt".** Tatsächlich führt das **Liquidationswertverfahren lediglich zum Mindestwert eines Grundstücks.** Wenn dagegen an Stelle der Liquidation der Bebauung andere Maßnahmen eine wirtschaftlich vernünftigere Verwertung der vorhandenen Bausubstanz ermöglichen, bestimmt sich der Verkehrswert auf der Grundlage der wirtschaftlich vernünftigeren Verwertungsmöglichkeit, auch wenn auf Grund der tatsächlichen Verhältnisse der Bodenwertverzinsungsbetrag den Reinertrag des Grundstückes übersteigt (vgl. § 20 WertV Rn. 5, 47 ff.). **60**

Allzu häufig gelangt der Sachverständige in der Praxis zur fehlerhaften Anwendung des Liquidationswertverfahrens auf Grund von Versäumnissen und Denkfehlern: **61**
– Geht der Sachverständige bei einem **bebauten Grundstück mit einem erheblichen Instandsetzungsrückstau** von den sich unter Berücksichtigung dieses Instandsetzungsstaus ergebenden geminderten Erträgen aus, so kann dies vermeintlich zu einem den Bodenwertverzinsungsbetrag unterschreitenden Reinertrag führen, während sich auf der Grundlage des sich bei ordnungsgemäßer Instandhaltung ergebenden Reinertrags ein durchaus übliches Verhältnis zwischen Reinertrag und Bodenwertverzinsungsbetrag ergibt.
– Mitunter wird bei **übergroßen Grundstücken** versäumt, die mit § 16 Abs. 2 Satz 3 vorgegebene Aufteilung des Grundstücks in eine der Bebauung zuzurechnende und eine selbstständig nutzbare Teilfläche mit der Folge zu zerlegen, dass der Ermittlung des Bodenwertverzinsungsbetrags eine übergroße Grundstücksfläche zu Grunde gelegt wird (vgl. Rn. 54 ff.).

---

4 Nrn. 3.5 und 3.5.3 der WertR 91 und Nr. 1.24 des Wertermittlungsvordrucks; vgl. Erl. des BMBau vom 1. 8. 1996 (BAnz Nr. 150 vom 13. 8. 1996; BAnz 1996, 9133 = GuG 1996, 298)

– Mitunter wird der Bodenwertermittlung schematisch die bauplanungsrechtlich zulässige Nutzung zu Grunde gelegt, obwohl nach Maßgabe des § 5 Abs. 1 die **lagetypische Nutzung** maßgebend ist.

– Schließlich wird bei **Abweichungen der tatsächlichen Nutzung von der bauplanungsrechtlich zulässigen bzw. lagetypischen Nutzung** der Bodenwert schematisch auch dann auf der Grundlage der bauplanungsrechtlich zulässigen Nutzung abgeleitet, wenn sich diese nicht durch An- bzw. Aufbauten herbeiführen ließe. In diesem Fall muss die unter § 13 Rn. 122 ff. vorgestellte Vorgehensweise beachtet werden.

Die besonderen Verfahrensregelungen des § 20 über das Liquidationswertverfahren gelten bei alledem nur für die „echten" Fälle, in denen der **Bodenwertverzinsungsbetrag den Jahresreinertrag des Grundstücks übersteigt**.

62   Kann unter den genannten Voraussetzungen die bauliche Anlage sofort abgerissen werden, soll danach der Bodenwert unter Berücksichtigung der Freilegungskosten direkt den Ertragswert darstellen. Muss hingegen die bauliche Anlage aus rechtlichen oder sonstigen Gründen vorübergehend erhalten werden, so soll nach § 20 Abs. 2 bzw. 3 der Ertragswert nach Verfahrensgrundsätzen ermittelt werden, die finanzmathematisch die Liquidierung der baulichen Anlagen „nachzeichnen". Die unter Rn. 40 ff. beschriebenen Verfahrensgrundsätze entsprechen dem in § 20 Abs. 2 geregelten Liquidationswertverfahren. Es handelt sich hierbei mithin um eine Überregulierung. Da die **Anwendung des Liquidationswertverfahrens zu demselben Ergebnis führen** muss, braucht hierauf auch nicht weiter eingegangen zu werden.

63   Entschieden abzulehnen ist aber die in § 20 Abs. 3 geregelte Modifikation des Ertragswertverfahrens, nach der ein im Vergleich zum Bodenwert eines unbebauten Grundstücks verminderter **(gedämpfter) Bodenwert** in das Ertragswertverfahren einzuführen ist, wenn die bauliche Anlage aus rechtlichen oder anderen Gründen längerfristig nicht abgerissen werden kann, wie z.B. im Gebiet einer Erhaltungssatzung nach § 172 BauGB[5] (vgl. § 13 WertV Rn. 86 ff.). Wie vorstehend ausgeführt, geht gerade in diesem Fall der Bodenwert ohnehin auf Grund der Diskontierung über die Restnutzungsdauer in einer erheblich verminderten Größenordnung in den Ertragswert ein, so dass eine zusätzliche Bodenwertminderung, für die es auch keine allseits anerkannten Verfahren gibt, praktisch bedeutungslos ist. Die Regelung macht von daher keinen Sinn (vgl. § 20).

2.2.4   Freilegungskosten

▶ *Näheres zu Freilegungskosten vgl. § 13 WertV Rn. 73 ff.*

64   Bei Anwendung des Ertragswertverfahrens nach den §§ 15 bis 19 wird üblicherweise der Bodenwert (eines unbebaut gedachten Grundstücks) ohne Berücksichtigung der Freilegungskosten angesetzt. Nach Abgang der baulichen Anlage muss jedoch das Grundstück frei gelegt werden, um den „voll" angesetzten Bodenwert dann erneut „realisieren" zu können. **Deshalb müsste** eigentlich **im Ertragswertverfahren stets der um die Freilegungskosten verminderte Bodenwert angesetzt werden**. Die WertV sieht dies in den Vorschriften der §§ 15 bis 19 jedoch nicht ausdrücklich vor. Sie weist insoweit eine Lücke auf, die darin begründet ist, dass bei langer Restnutzungsdauer der baulichen Anlage die Höhe des Bodenwerts ohnehin nur einen geringen Einfluss auf das Gesamtergebnis hat und vernachlässigt werden kann (vgl. jedoch Rn. 45).

65   **Bei einer kurzen Restnutzungsdauer der baulichen Anlage müssen** nach dem vorher Gesagten die **Freilegungskosten** allerdings stets **berücksichtigt werden**, und zwar sowohl

– bei der Ermittlung des Bodenwertverzinsungsbetrags als auch

– bei dem gesondert anzusetzenden Bodenwert.

Dies gilt grundsätzlich und nicht nur in den mit § 20 vorgegebenen Fällen, in denen der Bodenwertverzinsungsbetrag den Reinertrag des Grundstücks „auffrisst".

Bei genereller Verminderung des Bodenwerts um die Freilegungskosten gelangt man **66** **stets zu demselben Ergebnis wie bei Anwendung des Liquidationswertverfahrens**. In den ergänzenden Auslegungshinweisen im RdErl. des BMBau[6] wird dazu ausgeführt:

„Die Anwendung des Ertragswertverfahrens auf Objekte mit kurzer Restnutzungsdauer der baulichen Anlage (z. B. zum Zwecke einer Zwischennutzung) hat die Frage der sachgerechten Berücksichtigung der absehbaren Freilegungskosten bei der Verkehrswertermittlung aufgeworfen; die Frage steht in engem Zusammenhang mit dem anzusetzenden Bodenwert, der in der Regel aus Vergleichspreisen (Bodenrichtwerten) unbebauter Grundstücke abgeleitet wird."

Hierzu wird im Anhang zu dem vorgenannten Erlass ein schematisiertes **Beispiel zur** **67** **Erläuterung** vorgestellt:

„Bei Anwendung des allgemeinen Ertragswertverfahrens nach den §§ 15 bis 19 WertV auf Objekte mit kurzer Restnutzungsdauer ist der aus Vergleichspreisen (Bodenrichtwerten) unbebauter Grundstücke abgeleitete Bodenwert um die gewöhnlichen Freilegungskosten zu vermindern; der verminderte Bodenwert ist

– sowohl bei der Ermittlung des Bodenwertverzinsungsbetrags (Nr. 1.24 des Vordrucks; 3.5.3 WertR)

– als auch bei dem unter Nummer 1.12 des Vordrucks auszuweisenden Bodenwert anzusetzen; eine Diskontierung der Freilegungskosten ist bei dieser Vorgehensweise entbehrlich. Die abzuziehenden Freilegungskosten können im Vordruck unter Nummer 1.113 ausgewiesen werden (vgl. Nr. 2.3.4 WertR).

Entsprechendes gilt auch bei Anwendung des Liquidationswertverfahrens nach § 20 Abs. 2 WertV bezüglich des zu diskontierenden Bodenwerts; d. h., es wird der um die Freilegungskosten verminderte Bodenwert – abgeleitet aus Vergleichspreisen (Bodenrichtwerten) unbebauter Grundstücke – diskontiert."

Berücksichtigung der Freilegungskosten in der Ertragswertermittlung von Objekten mit Zwischennutzung, **68** **die in absehbarer Zeit zur Freilegung anstehen.**

Beispiel:

a) Anwendung des Ertragswertverfahrens nach den §§ 15 bis 19 WertV:

Wertermittlungsobjekt: Verwaltungsgebäude mit 5-jähriger Mietbindung

Bodenwert (BW) eines vergleichbaren unbebauten Grundstücks	=	550 000 €
./. Freilegungskosten	=	50 000 €
= Verminderter BW	=	**500 000 €**
Zwischennutzung 5 Jahre, Liegenschaftszinssatz p = 5 % Vervielfältiger V = 4,329477		
Reinertrag (RE)	=	40 000 €
./. Bodenverzinsungsbetrag (5/100 × *500 000* €)	=	25 000 €
= Anteil der baulichen Anlage am Reinertrag	=	15 000 €
Wert der baulichen Anlage (RE – p × BW) × V	=	64 942 €
+ Verminderter BW	=	*500 000* €
= Ertragswert	=	564 942 €
Ertragswert rd.	=	**565 000 €**

b) Anwendung des Liquidationswertverfahrens nach § 20 Abs. 2 WertV:

Bodenwert (BW) eines vergleichbaren unbebauten Grundstücks	=	550 000 €
./. Freilegungskosten	=	50 000 €
= Verminderter BW	=	500 000 €
Zwischennutzung 5 Jahre, Liegenschaftszinssatz p = 5 %, Vervielfältiger V = 4,329477		
Reinertrag (RE)	=	40 000 €
Wert der baulichen Anlagen (RE × V)	=	173 179 €
+ Diskontierter BW (500 000 € × 0,783526)	=	391 763 €
= Liquidationswert	=	564 942 €
Liquidationswert rd.	=	**565 000 €**

---

5 So die amtliche Begründung in BR-Drucks. 352/88, S. 60

6 RdErl. des BMBau vom 12. 10. 1993 (BAnz Nr. 199; 1993, 9630 = GuG 1994, 12)

69   In derartigen Fällen wird häufig der Fehler begangen, dass die Freilegungskosten mit der Begründung diskontiert werden, dass die Freilegung – wie im vorstehenden Beispiel – erst in fünf Jahren ansteht. Dabei wird verkannt, dass bei Anwendung des unter b) vorgestellten Liquidationswertverfahrens die **Diskontierung der Freilegungskosten** schon **dadurch erfolgt, dass der um die Freilegungskosten verminderte Bodenwert diskontiert wird** (hier 500 000 €), denn es gilt:

$$\frac{BW - FLK}{q^n} = \frac{BW}{q^n} - \frac{FLK}{q^n}$$

Statt den Bodenwert und die Freilegungskosten jeweils für sich zu diskontieren, wird bei Anwendung des Liquidationswertverfahrens – mathematisch identisch – gleich die Differenz diskontiert. Das gilt entsprechend bei Anwendung des unter a) vorgestellten traditionellen Ertragswertverfahrens, wenn der **um die Freilegungskosten verminderte Bodenwert** sowohl **bei der Ermittlung des Bodenwertverzinsungsbetrags** als auch bei dem gesondert anzusetzenden Bodenwert entsprechend vermindert **zum Ansatz kommt**. In beiden Fällen gelangt man mithin zu identischen Ergebnissen. Deshalb würde man einen groben Fehler begehen, wenn man im *Beispiel a)* die Freilegungskosten zusätzlich in diskontierter Höhe zum Abzug bringen würde!

70   Im Übrigen bleibt zu prüfen, ob im Falle der Freilegung des Grundstücks **Restwerte** werterhöhend gegenzurechnen sind. In diesem Fall ist als Bodenwert jeweils einzuführen:

$$BW - FLK + Restwert$$

2.2.5   Gespaltene Bodenwerte

a) Erschließungsbeitragspflichtiges Grundstück

71   Als ein Ausfluss des missverstandenen Stichtagsprinzips der Verkehrswertermittlung (vgl. § 194 BauGB Rn. 55 ff.) lässt sich erklären, dass der Bodenwertverzinsungsbetrag (BW × p) stets auf der Grundlage des Bodenwerts ermittelt wird, der für das Grundstück bezogen auf den Wertermittlungsstichtag ermittelt wurde. Dies muss immer dann zu einer Verfälschung des Ergebnisses führen, wenn am Wertermittlungsstichtag absehbar ist, dass der Eigentümer diesbezüglich noch kostenmäßig belastet wird, ohne dass sich dies entsprechend auf die Ertragssituation auswirkt. Der angesetzte Bodenwert und die angesetzten Ertragsverhältnisse korrespondieren in einem solchen Fall in Bezug auf den Zeitraum, über den die um den Bodenwertverzinsungsbetrag verminderten Reinerträge kapitalisiert werden, nicht miteinander. Es gilt also, bei der Ermittlung des Bodenwertverzinsungsbetrags das **Prinzip des korrespondierenden Bodenwerts** zu beachten.

72   Als typisch dafür kann der Fall gelten, in dem **bis zum Wertermittlungsstichtag ein Erschließungsbeitrag noch nicht fällig gestellt wurde** und der Bodenwertverzinsungsbetrag auf der Grundlage des Bodenwerts eines erschließungsbeitragspflichtigen (ebp) Grundstücks in die Bodenwertverzinsungsbetragsermittlung eingeführt wurde. In solchen Fällen ist der zu erwartende Erschließungsbeitrag dadurch zu berücksichtigen, dass der Bodenwertverzinsungsbetrag auf der Grundlage eines erschließungsbeitragsfreien Grundstücks (ebf) ermittelt wird, denn für den Eigentümer vermindert sich der aus der Immobilie „fließende" Reinertrag, wenn man den Zeitraum betrachtet, über den der Reinertrag kapitalisiert wird, um die Gesamtkosten.

▸ *Näheres vgl. hierzu oben Rn. 56 ff.*

b) Nutzungsrechtsbefangene Grundstücke

73   Auf dem Gebiet der neuen Bundesländer stellt sich häufig die Aufgabe, den Verkehrswert eines Gebäudes (ohne Grund und Boden) zu ermitteln. Nach dem **Teilungsmodell des**

Sachenrechtsbereinigungsgesetzes (SachenRBerG) ist dabei der hälftige Bodenwert dem Nutzungsberechtigten und der verbleibende hälftige Bodenwert dem Eigentümer des Grundstücks zuzurechnen. Soll der Gebäudewertanteil im Wege des Ertragswertverfahrens ermittelt werden, so scheidet die Anwendung des vereinfachten Ertragswertverfahrens

$$EW = RE \times V$$

auch bei Objekten mit langer Restnutzungsdauer von vornherein aus, weil damit – wie unter Rn. 150 ff. erläutert – der Wert des dem Gebäude zuzuordnenden Bodens miterfasst wird. Bei der hier angezeigten konventionellen Vorgehensweise nach den §§ 15 ff. ermittelt sich der Ertragswert wiederum nach der Formel

$$EW = (RE - BW \times p) \times V + BW,$$

wobei der erste Term den Gebäudewertanteil ergibt. Bei Anwendung dieser Ertragswertformel ist es unzulässig, den Bodenwertverzinsungsbetrag überhaupt nicht anzusetzen oder allenfalls auf der Grundlage des hälftigen Bodenwerts zu ermitteln.

Diese **Vorgehensweise wäre abzulehnen**, weil sie zu übersetzten Gebäudeertragswerten **74** führen muss, denn der unverminderte Reinertrag muss – kapitalisiert – den Gebäudeertragswert „hochschrauben". Dies wäre sachlich falsch, denn allein der Umstand, dass der hälftige Bodenwert nach den Vorschriften des SachenRBerG dem Nutzungsberechtigten unentgeltlich zukommt, ändert nichts daran, dass vermögensmäßig die übrige Hälfte vom Nutzungsberechtigten zur Erzielung des Reinertrags vorgehalten werden muss, sei es durch Kauf oder durch einen entsprechenden Erbbauzins. Es spielt grundsätzlich keine Rolle, wie der Gebäudeeigentümer zu seinem Eigentum am Grund und Boden gekommen ist; im Ergebnis hält er den Bodenwert (kapitalmäßig) auch dann vor, wenn er den Boden geschenkt bekommen hat.

Zur Ermittlung des Gebäudewerts (Gebäudeertragswert) muss in jedem Fall also **der** **75** **volle Bodenwert der Ermittlung des Bodenwertverzinsungsbetrags zu Grunde gelegt werden**, denn selbst für den dem Eigentümer des Grundstücks zuzurechnenden hälftigen Bodenwert, muss der Nutzungsberechtigte in Ausübung seines Wahlrechts für den Erwerb bezahlen bzw. Erbbauzinsen aufbringen[7].

c) Sanierungsgebiete und Entwicklungsbereiche

In förmlich festgelegten Sanierungsgebieten, die nicht im vereinfachten Sanierungsverfah- **76** ren saniert werden, sowie in städtebaulichen Entwicklungsbereichen bleiben während des Verfahrens bei der Bodenwertermittlung grundsätzlich die sanierungs- bzw. entwicklungsbedingten Bodenwerterhöhungen außer Betracht. Maßgeblicher Bodenwert ist hier der sog. sanierungs- bzw. entwicklungsunbeeinflusste Bodenwert (vgl. § 26 WertV). Die **Entwicklung der Mieten** kann sich dagegen der tatsächlichen Neuordnung schon während des Verfahrens angleichen, d. h. mit Fortschreiten der Sanierung bzw. Entwicklung kann eine Disparität zwischen Ertrag und dem bodenrechtlich maßgeblichen Bodenwert eintreten.

Solange die sanierungs- bzw. entwicklungsbedingten Bodenwerterhöhungen vom Eigen- **77** tümer z. B. im Wege der Ablösung nach § 154 Abs. 2 BauGB oder durch Erwerb des Grundstücks zum Neuordnungswert nach § 153 Abs. 4 BauGB noch nicht erbracht worden sind, muss die **Mietentwicklung bei der Ermittlung des Verkehrswerts eines bebauten Grundstücks im Wege des Ertragswertverfahrens** unberücksichtigt bleiben. Andererseits läuft der Sachverständige Gefahr überhöhte Ertragswerte zu ermitteln, wenn er gleichzeitig bei der Ermittlung des Bodenwertverzinsungsbetrags vom sanierungs- bzw. entwicklungsunbeeinflussten Bodenwert ausgeht.

---

7   Weiteres Beispiel: Kleiber in GuG 1993, 351

78 *Beispiel:*

a) Sachverhalt

– Sanierungs- bzw. entwicklungsunbeeinflusster Bodenwert	=	100 000 €
– Wohnfläche	=	500 m²
– Reinertrag (vor der Sanierung bzw. Entwicklung)	=	3,50 €/m²
unter Sanierungs- bzw. Entwicklungseinfluss	=	4,00 €/m²

Der Unterschied im Reinertrag ergebe sich ausschließlich auf Grund Lageverbesserung im Zuge der bereits durchgeführten Sanierungs- bzw. Entwicklungsmaßnahmen.

- Liegenschaftszinssatz p =   5 %
- Restnutzungsdauer n =   40 Jahre
- Vervielfältiger V =   17,16

b) Ertragswertermittlung

RICHTIG:

RE = 500 m² × *3,50* €/m² × 12 =		21 000 €
– Bodenwertverzinsungsbetrag		
100 000 € × 0,05	=	– 5 000 €
= RE – BW × p	=	16 000 €
(RE – BW × p) × V	=	274 560 €
+ BW	=	100 000 €
= EW	=	**374 560 €**

FALSCH:

RE = 500 m² × 4,00 €/m² × 12 =		24 000 €
– Bodenwertverzinsungsbetrag		
100 000 € × 0,05	=	– 5 000 €
= RE – BW × p	=	19 000 €
(RE – BW × p) × V	=	326 040 €
+ BW	=	100 000 €
= EW	=	**426 040 €**

79 Der Fehler ist erheblich, weil hier die bereits infolge der Durchführung von Sanierungs- bzw. Entwicklungsmaßnahmen gestiegenen Reinerträge mit dem sanierungs- bzw. entwicklungsunbeeinflussten Bodenwert unzulässigerweise kombiniert wurden. **Der sanierungs- bzw. entwicklungsunbeeinflusste Bodenwert korrespondiert nicht mit dem angesetzten Reinertrag.** In solchen Fällen kann nicht mit gespaltenen Bodenwerten gearbeitet werden; vielmehr ist der sanierungs- bzw. entwicklungsunbeeinflusste Bodenwert sowohl der Ermittlung des Bodenverzinsungsbetrags als auch dem Bodenwert selbst zu Grunde zu legen, wenn von sanierungs- bzw. entwicklungsunbeeinflussten Erträgen ausgegangen wird:

$$EW = (RE - p \times BW) \times V + BW$$

         RE vor der   sanierungs- bzw. entwicklungsunbeeinflusster
         Sanierung bzw.   Bodenwert
         Entwicklung

80 Geht man indessen vom **Reinertrag** aus, **der sich bereits unter Berücksichtigung der durchgeführten Sanierungs- bzw. Entwicklungsmaßnahmen ergibt** (hier 4,00 €/m² WF), muss zur Ermittlung des Bodenwertverzinsungsbetrags der Bodenwert angesetzt werden, der sich korrespondierend zu der Ertragsentwicklung ergibt, d. h., es ist die Bodenwerterhöhung bereits zu berücksichtigen, die sich kausal auf die durchgeführten Sanierungs- bzw. Entwicklungsmaßnahmen zurückführen lässt und den erhöhten Mieteinnahmen entspricht:

$$EW = (RE - BW \times p) \times V + BW$$

                               sanierungs- bzw. entwicklungs-
                                 unbeeinflusster Bodenwert
               Bodenwert unter Berücksichtigung
               des Sanierungs- bzw. Entwicklungseinflusses
       Reinertrag unter Berücksichtigung des
       Sanierungs- bzw. Entwicklungseinflusses

81 ▶ *Weitere Hinweise für Sanierungsgebiete und Entwicklungsbereiche vgl. § 26 WertV Rn. 137 ff.*

d) Weitere Beispiele

Vorstehende Grundsätze gelten auch bei **verbilligter Abgabe von Grundstücken** durch **82** Bund, Land oder Gemeinde. Dies ist eigentlich selbstverständlich. Ein Sachverständiger würde auch bei „Schenkungen" im privaten Bereich dies nicht in seine Verkehrswertermittlung einfließen lassen. Dass es hier in der Praxis zu Missverständnissen gekommen ist, kann auf eine Vermischung von Verkehrswert- und Kaufpreisermittlung zurückgeführt werden. Da jedoch die öffentliche Hand Verbilligungen gegenüber dem Verkehrswert gewährt, muss es auch in diesen Fällen zunächst um die Ermittlung des Verkehrswerts gehen, und erst im Anschluss daran ist der Übergang zum verbilligten Kaufpreis vorzunehmen. Falsch wäre es daher, einen verbilligt abgegebenen Boden mit dem verbilligten Bodenwert zur Grundlage der Ermittlung des Bodenwertverzinsungsbetrags zu machen.

Daneben treten in der Praxis aber auch Fälle auf, in denen die verbilligte Abgabe des Grund **83** und Bodens „verschleiert" ist und dies nicht auf den ersten Blick erkannt wird. Typischer Fall hierfür ist die **Verkehrswertermittlung einer baulichen Anlage auf einer Gemeinbedarfsfläche,** deren Bebauung ihre öffentliche Zweckbindung behält (bleibende Gemeinbedarfsfläche, z.B. ein aufgegebenes Kasernengebäude, das für eine landeseigene Polizeischule umgenutzt werden soll). Für die Verkehrswertermittlung solcher Gebäude wurde mit Erl. des BMBau[8] die Anwendung des Ertragswertverfahrens empfohlen. Der Bodenwert wiederum bestimmt sich nach dem sog. aktualisierten Beschaffungswertprinzip (vgl. § 4 WertV Rn. 532 ff.), d.h. nach dem Entwicklungszustand, der sich vor dem *neu* festgesetzten Gemeinbedarfszweck nach den vorhandenen Situationsmerkmalen ohne Berücksichtigung der tatsächlichen Bebauung bei erstmaliger Beschaffung (auch entschädigungsrechtlich) ergeben würde (vgl. Rn. 10 und § 17 WertV Rn. 168 ff.).

Die empfohlende **Anwendung des Ertragswertverfahrens für Gemeinbedarfsgrund-** **84** **stücke auf der Grundlage von Erträgen, die im privatwirtschaftlichen Bereich üblich sind** und die Vorhaltung hochwertigen Baulands erfordern, kann dann zu einer Kombination mit einem sehr niedrigen und der baulichen Nutzung nicht korrespondierenden Bodenwert führen, so z.B., wenn eine im Außenbereich gelegene Kaserne zu bewerten ist und sich der Wert des Grund und Bodens am Bauerwartungslandwert orientiert (vgl. auch § 26 WertV Rn. 155 ff.). Auch in diesem Fall muss, wenn die Verkehrswertermittlung zu vernünftigen Ergebnissen führen soll, der mit den angesetzten Ertragsverhältnissen korrespondierende (fiktive) Bodenwert der Ermittlung des Bodenwertverzinsungsbetrags zu Grunde gelegt werden, während ansonsten der nach dem aktualisierten Beschaffungswertprinzip ermittelte Bodenwert maßgeblich ist (gespaltene Bodenwerte).

2.3 Ertragswert der baulichen Anlage (Gebäudeertragswert)

2.3.1 Allgemeines

Neben dem Bodenwert stellt der Ertragswert der baulichen Anlage (Gebäudeertragswert) **85** die zweite Komponente des Ertragswerts dar. Der Gebäudeertragswert wird dabei als der Barwert aller aus der baulichen Anlage (Gebäude) fließenden Reinerträge ermittelt. Gedanklich wird dabei von dem **Modell** ausgegangen, **dass das Gebäude ordnungsgemäß unterhalten wird und die Reinerträge über eine begrenzte Nutzungsdauer bis zum Abgang der baulichen Anlage „fließen".** Etwas anderes würde sich ergeben, wenn man das Gebäude durch Modernisierungsmaßnahmen (immer wieder) verjüngen würde, was vielfach der Realität entspricht. Dessen ungeachtet geht das Modell des in den §§ 15 bis 20 geregelten Ertragswertverfahrens frei von dahingehenden Spekulationen (auf der

---

8 BMBau-Erl. vom 12. 10. 1993, BAnz Nr. 199; 1993, 9630 = GuG 1994, 42

Grundlage von Erfahrungssätzen über die Kosten einer ordnungsmäßigen Instandhaltung) von einer begrenzten Restnutzungsdauer des Gebäudes aus. Im Einzelfall kann es aber durchaus geboten sein, den Ertragswert auf der Grundlage einer Umnutzung bzw. Modernisierung mit einer Verlängerung der Restnutzungsdauer zu ermitteln (vgl. Rn. 329 ff.).

86 Der Gebäudeertragswert wird als Barwert des auf die baulichen und sonstigen Anlagen entfallenden nachhaltigen Reinertrags nach finanzmathematischen Methoden ermittelt[9]. **Mit abnehmender Restnutzungsdauer reduziert sich dieser Barwert** gegen Null. Die Bebauung wird damit zu einer Belastung des Grundstücks, wenn sie wirtschaftlich verbraucht ist und die Freilegung des Grundstücks unter Berücksichtigung von Erlösen aus der Verwertung der Bausubstanz Kosten verursacht. Diesbezüglich enthalten die §§ 15 bis 19 allerdings keine Regelungen, weil die diskontierten Freilegungskosten bei längerer Restnutzungsdauer vernachlässigbar sind. Für Objekte mit kurzer Restnutzungsdauer der baulichen Anlage sieht die WertV die Ermittlung des Ertragswerts nach den besonderen Vorschriften des § 20 vor. Die Vorschrift schreibt ausdrücklich die Berücksichtigung von Freilegungskosten vor, wobei diese jedoch bei der Ermittlung des Bodenwerts zu berücksichtigen sind. Dies kann – wie unter Rn. 60 ff. bereits ausgeführt – insoweit zu Missverständnissen führen, wenn daraus geschlossen wird, dass nur dann die Freilegungskosten berücksichtigt werden müssen. Tatsächlich müssen die **Freilegungskosten auch bei Anwendung des in den §§ 15 ff. WertV geregelten Verfahrens immer dann berücksichtigt werden, wenn die bauliche Anlage eine kurze Restnutzungsdauer aufweist.** Dabei gilt es, die Freilegungskosten nach dem unter Rn. 68 (Beispiel a) erläuterten Verfahren (doppelt) zum Ansatz zu bringen (Bodenwertverzinsungsbetrag und Bodenwert).

87 Die bauliche Nutzung setzt voraus, dass der Grund und Boden vorgehalten werden muss. Neben dem auf die baulichen Anlagen entfallenden Wertanteil – bislang auch als Gebäudeertragswert bezeichnet – muss deshalb der Bodenwert gesondert angesetzt werden. **Bodenwert und Wert der baulichen Anlagen ergeben zusammen den Ertragswert des Grundstücks.**

2.3.2   Reinertrag

88 Maßgebliche Ausgangsgröße für die Ermittlung des Gebäudeertragswerts ist der **Reinertrag des Grundstücks**, der mit § 16 Abs. 1 Satz 1 **definiert** wird **als:**

$$\boxed{\text{Reinertrag} = \text{Rohertrag} - \text{Bewirtschaftungskosten}}$$

Als Rein- bzw. Roherträge dürfen in die Ertragswertermittlung **nur solche eingeführt werden, die bei ordnungsgemäßer Bewirtschaftung** *nachhaltig* **erwirtschaftet werden und zulässig sind.**

89 Als nachhaltig wird in der Verkehrswertermittlung der **Reinertrag** angesehen, **der am Wertermittlungsstichtag für den Gegenstand der Wertermittlung auf Grund der örtlichen Verhältnisse des Grundstücksmarktes, der allgemeinen mietrechtlichen Bestimmungen sowie der besonderen mietvertraglichen Umstände unter Berücksichtigung der sich am Wertermittlungsstichtag konkret abzeichnenden Entwicklung üblicherweise auf Dauer erzielt werden kann.** Dies bedeutet, dass es auf die tatsächlich anfallenden Erträge nicht ankommt, soweit sie

– nicht nachhaltig sind,

– einer ordnungsgemäßen Bewirtschaftung nicht entsprechen,

– unzulässigerweise unter Missachtung der Mietgesetzgebung oder vertraglicher Bindungen

erzielt werden. Auf der anderen Seite können aber **zulässigerweise abgeschlossene vertragliche Bindungen,** die im Einzelfall die nachhaltig erzielbaren Erträge beeinflussen, nicht unbeachtlich bleiben. Ein solcher Fall liegt vor, wenn diese erheblich von dem abweichen, was sonsthin üblicherweise für vergleichbare Objekte erzielbar ist, und die vertraglichen Bindungen längerfristig wirksam sind (vgl. Rn. 265 ff.).

Hieraus stellt sich für den Gutachter regelmäßig die Aufgabe, **90**

a) den ortsüblich erzielbaren Ertrag sowie

b) den sich aus einem bestehenden Mietverhältnis tatsächlich ergebenden Ertrag einschließlich der sich daraus ergebenden Ertragsentwicklung festzustellen, um hieraus den **im Einzelfall maßgeblichen nachhaltigen Reinertrag** abzuleiten. Nur wenn der tatsächliche Mietertrag dem ortsüblich erzielbaren nachhaltigen Ertrag entspricht, kann bei der Wertermittlung direkt davon ausgegangen werden. Es ist aber zu fordern, dass im Gutachten hierzu der Nachweis geführt wird. Abzulehnen ist in jedem Fall die Praxis, ohne Rücksicht auf bestehende Vertragsverhältnisse ungeprüft auf ortsüblich erzielbare Nutzungsentgelte zurückzugreifen.

Bei **Abweichungen des tatsächlich erzielten Nutzungsentgelts von dem ortsüblich** **91** **erzielbaren Nutzungsentgelt** kann die Ermittlung des nachhaltigen Reinertrags zu besonderen Schwierigkeiten führen. In der Praxis können hierbei die unterschiedlichsten Fallgestaltungen auftreten:

– das tatsächlich entrichtete Nutzungsentgelt bleibt hinter dem ortsüblich erzielbaren Nutzungsentgelt zurück, weil der Vermieter eine Mietanpassung versäumt hat;

– auf Grund eines langfristig angelegten Mietvertrags, möglicherweise mit der Option einer Verlängerung verbunden, weicht das vertragliche Nutzungsentgelt längerfristig vom ortsüblich erzielbaren Nutzungsentgelt (nach oben oder unten) ab.

Derartige Gegebenheiten lassen sich bei der Wertermittlung berücksichtigen, indem zu- **92** nächst vom ortsüblich nachhaltig erzielbaren Reinertrag ausgegangen wird und die sich über den Zeitraum der Mietanpassung bzw. der Vertragsdauer kapitalisierte **Differenz der Nutzungsentgelte** zusätzlich, d. h. entweder durch einen Zu- oder Abschlag, berücksichtigt wird. Dies sieht die WertV ausdrücklich in § 19 vor. Bei Mietverhältnissen, die das üblich erzielbare Nutzungsentgelt deutlich überschreiten, ist zudem die **Solvenz des Mieters** zu prüfen, weil bei unsicheren Mietverhältnissen zugleich mit einem höheren Mietausfallwagnis zu rechnen ist.

In komplizierten Fällen kann eine unstetige Mietentwicklung auch mithilfe der Ursprungs- **93** form des Ertragswertverfahrens der **allgemeinen Barwertmethode** berücksichtigt werden, die die allgemeinste Form des in der WertV geregelten Ertragswertverfahrens darstellt. Dabei werden die Reinerträge über einen bestimmten (absehbaren) Zeithorizont jahrgangsweise zusammen mit dem sich dann ergebenden Restwert diskontiert. Die diskontierten Erträge (Barwerte) ergeben zusammen mit dem diskontierten Restwert den Ertragswert:

$$EW = \frac{RE_1}{q^1} + \frac{RE_2}{q^2} + \frac{RE_3}{q^3} + \ldots \frac{RE_n}{q^n} + \frac{Restwert}{q^n}$$

Grundsätzlich gelten die Erträge als nachhaltig, die über die verbleibende Restnutzungs- **94** dauer im Durchschnitt erzielbar sind. Da sich aber die Mietenentwicklung nicht mit der gebotenen Sicherheit abschätzen lässt, werden **als nachhaltige Erträge die am Wertermittlungsstichtag unter gewöhnlichen Verhältnissen erzielbaren Erträge** angesetzt. Die Wertermittlungsverfahren sehen diesbezüglich auch nicht vor, **inflationäre Entwicklungen** besonders zu berücksichtigen, d. h., die Verfahren sind insoweit inflationsfrei angelegt.

---

9 Maier/Furrer, Der Einfluss der Besteuerung auf den Bodenmarkt, die Bodennutzung und die Bodenrente, Nationales Schweizer Forschungsprogramm, Liebefeld-Bern 1988, S. 48

95   Hierin kann aber keinesfalls ein Defekt der bestehenden Verfahren erkannt werden, weil die Zukunftserwartungen, seien sie inflationärer oder anderer Art, mit dem aus der ausgewerteten Kaufpreissammlung abgeleiteten **Liegenschaftszinssatz** erfasst werden (vgl. Rn. 116, § 11 WertV Rn. 30 ff.). Dieser bestimmt sich nämlich (näherungsweise) aus den Quotienten der unter gewöhnlichen Verhältnissen tatsächlich erzielbaren Reinerträge und den diesen zugeordneten im gewöhnlichen Geschäftsverkehr tatsächlich erzielten Kaufpreisen. In diese Kaufpreise gehen die Zukunftserwartungen in umfassender Weise ein, d. h., in die Kaufpreise gehen die vom Markt erwartete **inflationäre Entwicklung** ebenso wie die allgemeine Entwicklung der Mieten und Pachten ein. Mit der Ableitung des Liegenschaftszinssatzes aus diesen Kaufpreisen wird infolgedessen die Zukunft in der Weise „eingefangen", wie sie vom allgemeinen Geschäftsverkehr eingeschätzt wird.

2.3.3   Bewirtschaftungskosten

96   Ausgangspunkt des Ertragswertverfahrens ist die **Ermittlung des nachhaltig erzielbaren Reinertrags** des Grundstücks in seiner Gesamtheit. Zu seiner Ermittlung kann auch vom Jahresrohertrag ausgegangen werden, der nach § 17 Abs. 1 alle bei ordnungsgemäßer Bewirtschaftung und zulässiger Nutzung nachhaltig erzielbaren Einnahmen aus dem Grundstück, insbesondere Mieten und Pachten einschließlich Vergütungen, umfasst. Der Jahresreinertrag ergibt sich in diesem Fall aus dem Jahresrohertrag abzüglich der jährlichen Bewirtschaftungskosten nach § 18 (*Outgoings*).

97   Bei der Ermittlung des Reinertrags können **Umlagen** von vornherein außer Betracht bleiben, wenn von der Nettokaltmiete ausgegangen wird, die die umlagefähigen Bewirtschaftungskosten nicht einbezieht. Umlagen, die z. B. zur Deckung von Betriebskosten gezahlt werden, sind deshalb bei der Ermittlung des Rohertrags nicht zu berücksichtigen (vgl. § 17 Abs. 1 Satz 2). Folgerichtig sind die durch Umlagen gedeckten Betriebskosten nach § 18 Abs. 1 Satz 1, Halbsatz 2 auch nicht bei den abzuziehenden Bewirtschaftungskosten zu berücksichtigen (Abb. 10):

Abb. 10:   Bewirtschaftungskosten (§ 18 WertV = § 24 II BV)

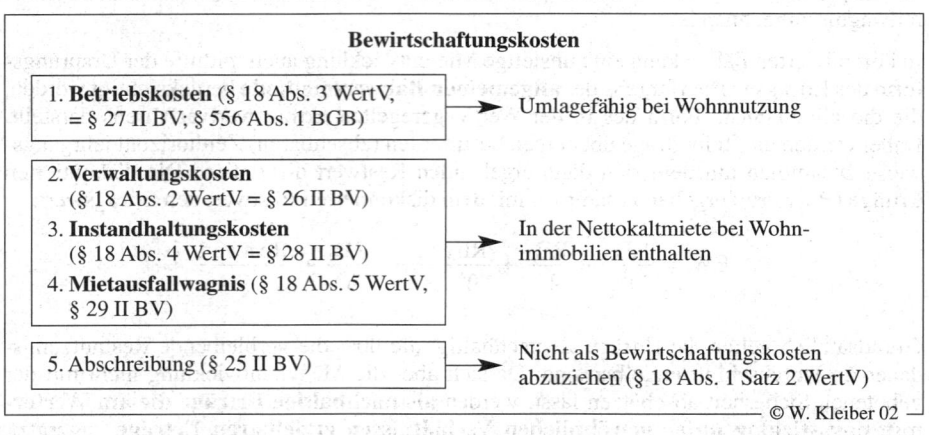

98   **Durch Umlagen gedeckte Betriebskosten** bleiben mithin bei den zum Ansatz kommenden Bewirtschaftungskosten unberücksichtigt, wenn von der Nettokaltmiete (Grundmiete) ausgegangen wird (vgl. § 18 WertV Rn. 59 ff.). Dies trifft insbesondere

– laufende öffentliche Lasten wie zum Beispiel Grundsteuer,

– Wasserversorgung,

– Entwässerung,

– Heizung, Fernwärmeversorgung oder Reinigung und Wartung von Etagenheizungen,
– zentrale Warmwasserversorgung, Fernwasserversorgung oder Kosten der Reinigung und Wartung von Warmwassergeräten (Warmwasserregler),
– verbundene Heizungs- und Warmwasseranlagen,
– Betrieb eines maschinellen Personen- und Lastenaufzugs,
– Straßenreinigung und Müllabfuhr,
– Hausreinigung und Ungezieferbekämpfung,
– Gartenpflege,
– Beleuchtung,
– Schornsteinreinigung,
– Sach- und Haftpflichtversicherung,
– Hauswart (für Arbeiten, die sich nicht auf Verwaltungs- oder Instandsetzungsaufgaben beziehen),
– Betrieb der Gemeinschaftsantennen-Anlage oder der privaten Verteilanlage des Breitbandkabelnetzes,
– Betrieb der maschinellen Wascheinrichtung,
– sonstige Betriebskosten wie zum Beispiel Gemeinschaftssauna.

Unberücksichtigt bleibt auch die in der Gesamtzahlung enthaltene **Mehrwertsteuer**.

Bezüglich **gewerblicher Immobilien** ist der Katalog der Betriebskosten der II BV unvollständig. Bei gewerblich genutzten Immobilien sind beispielsweise ergänzend zu nennen die laufenden Kosten von Klimaanlagen, eines Wachdienstes usw.

99   Bei Anwendung des Ertragswertverfahrens braucht im Unterschied zum Sachwertverfahren auch der sog. **Abschreibung** (zumindest rechnerisch) keine Beachtung geschenkt zu werden (vgl. hierzu § 18 WertV Rn. 35 ff.).

100   Der um die umlagefähigen Betriebskosten verminderte Rohertrag stellt die sog. **Nettokaltmiete** dar (Abb. 11):

Abb. 11: Nettokaltmiete

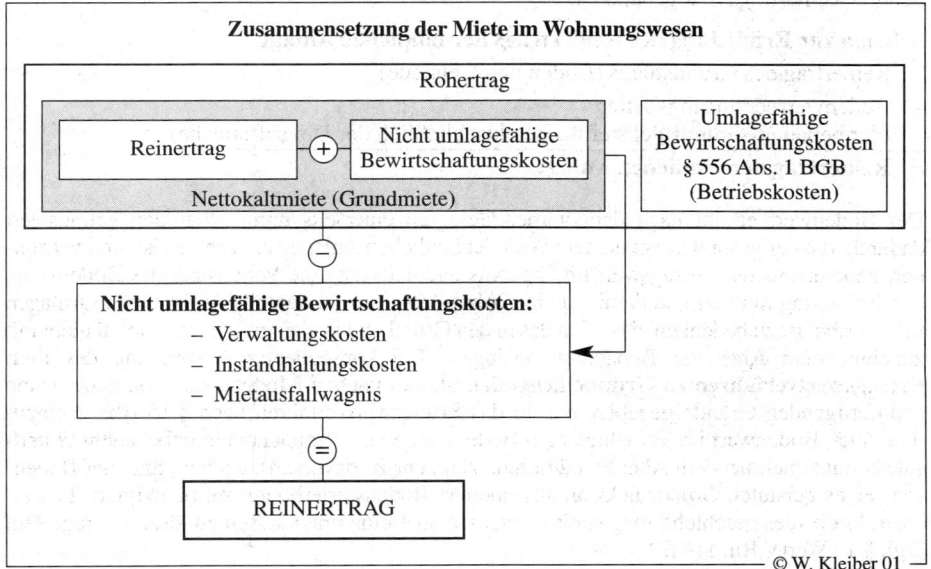

© W. Kleiber 01

101   Die aus Abb. 12 ersichtliche **Vorgehensweise** hat sich hierbei bewährt.

Abb. 12: Schema

Schema zur Ermittlung des Reinertrags des Grundstücks
Jährlicher Rohertrag insgesamt (nachhaltig erzielbare Mieten – Einnahmen p. a. ohne MwSt.) ./. Umlagefähige Betriebskosten
= **Nettokaltmiete/**Grundmiete (um umlagefähige Betriebskosten verminderter Rohertrag) ./. Verwaltungskosten (§ 26 II BV) ./. Instandhaltungskosten (§ 28 II BV) ./. Mietausfallwagnis (§ 29 II BV)
= **Reinertrag des Grundstücks** (§ 16 Abs. 1 WertV)

© W. Kleiber 02

102   Aus der Sicht eines Investors folgt aus der Notwendigkeit, den Grund und Boden zur Erzielung von Einnahmen aus der Bebauung des Grundstücks vorzuhalten, dass er das **im Grund und Boden investierte Kapital** nicht anderweitig zu banküblichen Zinsen anlegen kann. Der Reinertrag eines Grundstücks muss deshalb nach den Regeln der WertV um den Verzinsungsbetrag des Grund und Bodens vermindert werden. Erst der so verminderte Reinertrag ergibt kapitalisiert über die Restnutzungsdauer den allein auf die baulichen Anlagen bezogenen Wertanteil.

103   Der **Bodenwertverzinsungsbetrag** ergibt sich – wie bereits ausgeführt – aus dem **Produkt des Liegenschaftszinssatzes** (§ 11) **und dem** i. d. R. im Vergleichswertverfahren zu ermittelnden Bodenwert. Dabei wird davon ausgegangen, dass der Grund und Boden ein unzerstörbares Gut ist, das auf ewig eine Bodenrente abwirft. Finanzwirtschaftlich kann dies auch als der Schuldzins angesehen werden, der für das im Grund und Boden gebundene Kapital aufgebracht werden muss. Nach § 16 Abs. 2 Satz 2 soll jedoch „in der Regel" der Liegenschaftszinssatz maßgebend sein, der auch für die Kapitalisierung des verbleibenden Reinertrags maßgebend ist.

104   **Schema zur Ermittlung des Reinertrags der baulichen Anlage**

   Reinertrag des Grundstücks (Boden und Gebäude)
– Bodenwertverzinsungsbetrag
   (der bebauten Grundstücksteilfläche einschließlich der Umgriffsfläche)

= **Reinertrag der baulichen Anlage**

105   Der Bodenwert erhöht nach dem vorher Gesagten einerseits unmittelbar den Ertragswert dadurch, dass er gesondert neben dem Wert der baulichen Anlagen anzusetzen ist, und vermindert andererseits den Ertragswert im Ergebnis dadurch, dass die Verzinsung des Bodenwerts den Reinertrag mindert und damit zu einer Absenkung des Wertanteils der baulichen Anlagen führt. Dabei ist zu bedenken, dass sich das in den Grund und Boden investierte Kapital nicht mit zunehmendem Alter der Bebauung verringert. Bei konsequenter Anwendung des **dem Ertragswertverfahren zu Grunde liegenden ökonomischen Modells** sind von daher keine rechtfertigenden Gründe gegeben, den in das Ertragswertverfahren nach § 15 Abs. 2 einzuführenden Bodenwert im Verhältnis zum Bodenwert eines vergleichbaren unbebauten Grundstücks mit zunehmendem Alter zu dämpfen. Vielmehr ist davon auszugehen, dass der Bodenwert eines bebauten Grundstücks an allgemeinen Bodenwerterhöhungen partizipiert. In welchem Maße dies geschieht, mag streitig, letztlich aber eine pragmatisch zu lösende Frage sein (vgl. § 13 WertV Rn. 116 ff.).

Der **Barwert des Reinertragsanteils der baulichen Anlagen wird ermittelt durch**   **106**
Kapitalisierung mit Hilfe des sich aus der Anlage zur WertV ergebenden **Vervielfältigers**
über die Restnutzungsdauer der baulichen Anlage.

2.3.4 Vervielfältiger

Der Vervielfältiger V, mit dem der Reinertrag des Grundstücks vermindert um den Boden-   **107**
wertverzinsungsbetrag kapitalisiert wird, ist nach Maßgabe des § 16 Abs. 3 regelmäßig mit
dem Wert anzusetzen, der sich dafür finanzmathematisch in Abhängigkeit von

– dem Liegenschaftszinssatz p und

– der Restnutzungsdauer n

ergibt. Der **Vervielfältiger** ist im Anh. zur WertV abgedruckt. Er **stellt** mathematisch
nichts anderes als **den Barwertfaktor einer endlichen Rente** dar, wobei als Rente die
jährlich anfallenden nachhaltigen Reinerträge der baulichen Anlage mit Hilfe des Vervielfältigers kapitalisiert werden.

Die der Anl. zur WertV zu Grunde liegende Formel lautet   **108**

$$V_{nachschüssig} = \frac{q^n - 1}{q^n \times (q - 1)}$$

wobei: q = Zinsfaktor = $1 + \dfrac{p}{100}$

           p = Liegenschaftszinssatz (§ 11 WertV)
           n = Restnutzungsdauer der baulichen Anlage
           V = Vervielfältiger

Die angegebene **Formel bezieht sich auf eine jährlich nachschüssig anfallende Rente**   **109**
(Reinertrag der baulichen Anlage), d. h. die Anwendung dieser Formel ist im strengen Sinne
eigentlich nur zulässig, wenn der Reinertrag aus der Grundstücksnutzung erst am 31. 12. des
Jahres „fließt". Tatsächlich werden die Mieten i. d. R. jedoch vorschüssig, und zwar am
Monatsanfang erbracht.

Bei vorschüssigem Nutzungsentgelt lautet die Vervielfältigerformel   **110**

$$V_{vorschüssig} = \frac{q^n - 1}{q^{n-1} \times (q - 1)}$$

Das Glied q^n im Nenner wird bei Umstellung der tabellierten Vervielfältigerformel um
1 vermindert.

Gleichwohl ist für die tägliche Praxis die vorschüssige Vervielfältigerformel ungeeignet, da   **111**
die Nutzungsentgelte i. d. R. zwar vorschüssig, jedoch nicht am Jahresanfang für das
gesamte Jahr, sondern jeweils monatsweise erbracht werden, d. h. für den Dezember des
Jahres zum 1. 12. des Jahres. Diesen Verhältnissen wird man bei der Kapitalisierung des
jährlichen Reinertrags durch Anwendung der nachschüssigen Vervielfältigerformel gerechter. Eine **Umstellung auf** die tatsächlichen Verhältnisse **vorschüssig erbrachter Nut-**
zungsentgelte kann geboten sein, wenn das Nutzungsentgelt über einen längeren Zeitraum
(z. B. vierteljährlich) erbracht wird, wie z. B. im angelsächsischen Raum bei Gewerbeobjekten oder bei der Kapitalisierung der Rente für einen Überbau.

Die vorstehenden **Vervielfältigerformeln für vor- und nachschüssig entrichtete Nut-**   **112**
zungsentgelte lassen sich auf monatliche oder vierteljährliche Zahlweisen durch entsprechende Modifikation des Zinsfaktors **umstellen**:

$$q = 1 + \frac{p}{1200} \qquad \text{Zinsfaktor bei } \textit{monatlicher} \text{ Zahlweise}$$

$$q = 1 + \frac{p}{300} \qquad \text{Zinsfaktor bei } \textit{vierteljährlicher} \text{ Zahlweise}$$

$$q = 1 + \frac{p}{100} \qquad \text{Zinsfaktor bei } \textit{jährlicher} \text{ Zahlweise}$$

113   Ob und inwieweit eine **Umstellung des Vervielfältigers auf eine monatliche Mietzahlung** tatsächlich in einer zu berücksichtigenden Weise auf den Ertragswert durchschlägt, soll am nachstehenden *Beispiel* untersucht werden:

114   *Beispiel:*

Ertragswertermittlung bei monatlicher Zahlweise des Nutzungsentgelts

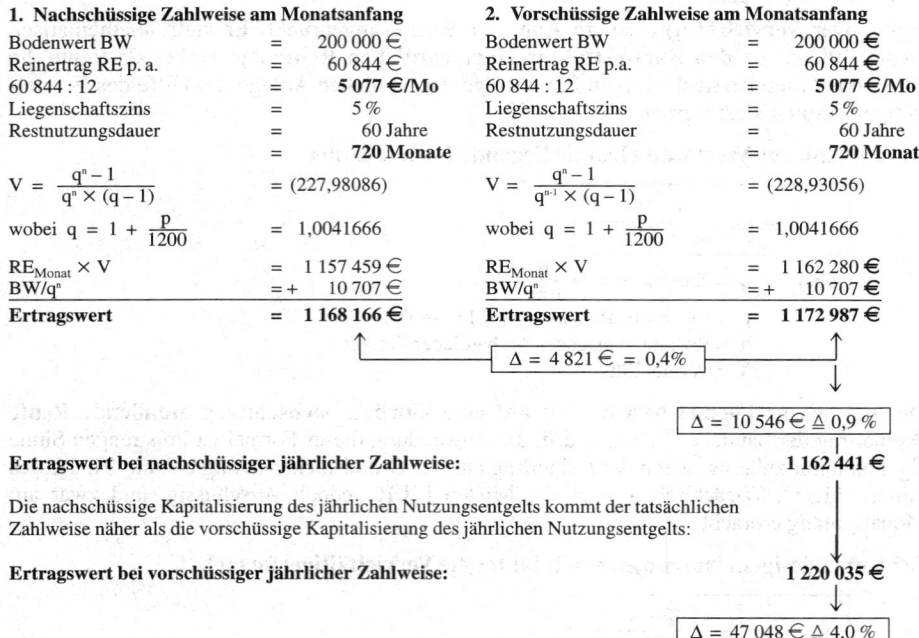

1. Nachschüssige Zahlweise am Monatsanfang

Bodenwert BW	=	200 000 €
Reinertrag RE p. a.	=	60 844 €
60 844 : 12	=	**5 077 €/Mo**
Liegenschaftszins	=	5 %
Restnutzungsdauer	=	60 Jahre
	=	**720 Monate**

$V = \dfrac{q^n - 1}{q^n \times (q - 1)}$ = (227,98086)

wobei $q = 1 + \dfrac{p}{1200}$ = 1,0041666

$RE_{Monat} \times V$	=	1 157 459 €
BW/q^n	= +	10 707 €
Ertragswert	=	**1 168 166 €**

2. Vorschüssige Zahlweise am Monatsanfang

Bodenwert BW	=	200 000 €
Reinertrag RE p.a.	=	60 844 €
60 844 : 12	=	**5 077 €/Mo**
Liegenschaftszins	=	5 %
Restnutzungsdauer	=	60 Jahre
	=	**720 Monate**

$V = \dfrac{q^n - 1}{q^{n-1} \times (q - 1)}$ = (228,93056)

wobei $q = 1 + \dfrac{p}{1200}$ = 1,0041666

$RE_{Monat} \times V$	=	1 162 280 €
BW/q^n	= +	10 707 €
Ertragswert	=	**1 172 987 €**

$$\Delta = 4\,821\ \text{€} = 0,4\%$$

$$\Delta = 10\,546\ \text{€} \triangleq 0,9\,\%$$

Ertragswert bei nachschüssiger jährlicher Zahlweise: **1 162 441 €**

Die nachschüssige Kapitalisierung des jährlichen Nutzungsentgelts kommt der tatsächlichen Zahlweise näher als die vorschüssige Kapitalisierung des jährlichen Nutzungsentgelts:

Ertragswert bei vorschüssiger jährlicher Zahlweise: **1 220 035 €**

$$\Delta = 47\,048\ \text{€} \triangleq 4,0\,\%$$

115   Bei **mehrmonatiger Vorauszahlung des Nutzungsentgelts**, z. B. wenn Gewerbemieten vierteljährlich vorschüssig gezahlt werden, kann eine Umstellung geboten sein. Dann ergeben sich pro Jahr 4 Zahlungstermine, jeweils am 1.1., 1.4., 1.7. und 1.10. des Jahres.

Beispiel:

Vierteljährlich vorschüssige Zahlung		25 000 €
Zinssatz		6,5 %
Laufzeit der Zahlungen		10 Jahre
Anzahl der Zahlungstermine 10 × 4	=	40
Zinssatz je Zahlungstermin 6,5/4	=	1,63 %
Vorschüssiger Rentenbarwertfaktor bei 1,63 % Zins und 40 Zahlungsterminen: 29,24 × 1,0163	=	29,72
Kapitalisierter Wert der vierteljährlich vorschüssigen Zahlungen über 10 Jahre: 25 000 € × 29,72	=	743 000 €

Würde man hier die Zahlungsmodalitäten ignorieren und als jährlich nachschüssige Zahlung behandeln, ergäbe sich:

$$100\,000\ \text{€} \times 7,19^* = 719\,000\ \text{€}.$$

* Vervielfältiger bei 6,5 % und 10 Jahren Laufzeit.

2.3.5 Liegenschaftszinssatz

▶ *Zu den örtlichen von den Gutachterausschüssen für Grundstückswerte abgeleiteten*   **116**
Liegenschaftszinssätzen (vgl. § 11 WertV Rn. 23 ff.)

Nach § 16 Abs. 2 Satz 2 und Abs. 3 Satz 2 ist grundsätzlich   **117**

– sowohl für die Ermittlung des Bodenwertverzinsungsbetrags

– als auch für die Ermittlung des Gebäudeertragswerts mit Hilfe des in der Anl. zur WertV
tabellierten Vervielfältigers

der Liegenschaftszinssatz i. S. d. § 11 maßgebend, d. h. es ist **grundsätzlich der vom örtlichen Gutachterausschuss für Grundstückswerte abgeleitete Liegenschaftszinssatz**
in beiden Fällen heranzuziehen. Nach Maßgabe der Ausführungen zu § 11 sind Zu- oder
Abschläge nicht nur zulässig, sondern nach Lage des Einzelfalls auch sachgerecht. Die
Verwendung von Angaben des Schrifttums bzw. der WertR ist nur ersatzweise zu empfehlen, wenn dem Sachverständigen eigene Erfahrungssätze oder örtliche Marktdaten nicht
zur Verfügung stehen (Abb. 13):

Abb. 13: Vorschlag für anzuwendende Liegenschaftszinssätze

Vorschlag für anzuwendende Liegenschaftszinssätze		
	Liegenschaftszinssatz	
Grundstücksart	in ländlichen Gemeinden	in den übrigen Gemeinden
Wohngrundstücke		
Einfamilienhausgrundstücke	2,5 bis 3,5 %	2,0 bis 3,0 %
Zweifamilienhausgrundstücke	3,5 bis 4,0 %	3,5 %
Mietwohngrundstücke	4,5 bis 6,0 %	4,0 bis 5,0 %
Eigentumswohnungen		3,5 %
Gemischt genutzte Grundstücke		
Gemischt genutzte Grundstücke mit einem gewerblichen Anteil der Jahresnettokaltmiete über 50 %	5,0 %	4,5 %
Gemischt genutzte Grundstücke mit einem gewerblichen Anteil der Jahresnettokaltmiete über 50 %	5,5 %	5,0 %
Gewerbliche Grundstücke		
Büro- und Geschäftshäuser		6,0 bis 7,0 %
Selbstbedienungs- und Fachmärkte, Verbrauchermärkte, Einkaufszentren		6,5 bis 7,5 %
Warenhäuser		6,5 bis 7,5 %
Hotels und Gaststätten		6,5 bis 7,5 %
Tennishallen und Freizeiteinrichtungen		6,0 bis 8,5 %
Sozialimmobilien (z. B. Kliniken und Altenpflegeheime)		6,0 bis 8,5 %
Parkhäuser, Sammelgaragen, Tankstellen		6,0 bis 8,5 %
Lagerhallen (Speditionsbetriebe)		6,0 bis 8,0 %
Fabrikationshallen		6,5 bis 8,0 %
Fabriken und ähnliche speziellere Produktionsstätten		7,5 bis 9,0 %

Kleiber

118   Bei dem zur Anwendung kommenden **Liegenschaftszinssatz** handelt es sich um einen Zinssatz, der auf Grund der Methodik seiner empirischen Ableitung **allgemein zu erwartende Änderungen der Erträge (Mietwertsteigerungen aber auch Mietwertminderungen), erwartete Veränderungen der allgemeinen Wertverhältnisse auf dem Grundstücksmarkt, erwartete Änderungen in der Entwicklung der Bewirtschaftungskosten sowie der steuerrechtlichen Rahmenbedingungen bereits berücksichtigt.** Demzufolge können die zum Wertermittlungsstichtag ermittelten nachhaltigen Reinerträge entsprechend einer ewigen Rente als im Zeitablauf konstant angenommen und mit Hilfe des Vervielfältigers kapitalisiert werden.

119   Diese Methode wird auch im angelsächsischen Raum unter der Bezeichnung *Growth Implicit Model* praktiziert. Die deutsche Wertermittlungslehre entspricht damit durchaus internationalen Verfahren und ist ihnen sogar überlegen, weil

– mit der Aufspaltung des Ertragswertverfahrens in einen Bodenwert – und Gebäudewertanteil der unterschiedlichen Bestandsdauer von Boden und Gebäuden genauer Rechnung getragen werden kann und

– der Liegenschaftszinssatz *(all risks yield; ARY)* auf Grund der umfassenden Kaufpreissammlung der Gutachterausschüsse von diesen präziser als in anderen Ländern abgeleitet werden kann.

120   Bei alledem werden **Anomalien in den Ertragsverhältnissen, d.h. zeitlich befristete Abweichungen der Ertragsströme von dem zu Grunde gelegten nachhaltigen Reinertrag** (Über- und Untervermietungen; *underrented property* und *overrented property*) zusätzlich berücksichtigt. Dies war schon stets auch entsprechend in der WertV vorgeschrieben (§ 19 WertV). Die dabei zur Anwendung kommenden Methoden haben schon in der Vergangenheit den Verfahren entsprochen, die heute fälschlicherweise als *„Term and Reversion Model“, „Top Slicing Model“, „Hardcore Model“, „Layer Method“, „Two Income Model“* oder *„Horizontal Separation Model“* als Neuheit angepriesen werden. Es handelt sich hierbei lediglich um Rechentechniken zur Berücksichtigung von Über- und Untervermietungen, wie sie auch in Deutschland schon seit jeher praktiziert werden und man lasse sich diesbezüglich nicht durch modern anmutende Begriffe täuschen[10].

2.3.6   Gesamt- und Restnutzungsdauer

▶ *Näheres vgl. § 16 WertV Rn. 88 ff.; § 23 WertV Rn. 14 ff.*

121   Die Kapitalisierung des um den Bodenwertverzinsungsbetrag verminderten Reinertrags mit Hilfe des Vervielfältigers erfolgt über die Restnutzungsdauer der baulichen Anlage (des Gebäudes). Die **Restnutzungsdauer ergibt sich aus der Anzahl von Jahren, in denen die bauliche Anlage (das Gebäude) bei ordnungsgemäßer Unterhaltung und Bewirtschaftung voraussichtlich noch (wirtschaftlich) genutzt werden kann.** Entsprechen die baulichen Anlagen nicht den allgemeinen Anforderungen an gesunde Wohn- und Arbeitsverhältnisse oder an die Sicherheit der auf dem betroffenen Grundstück wohnenden und arbeitenden Menschen, ist dies nach § 16 Abs. 4 Satz 3 WertV zu berücksichtigen, d.h., die Restnutzungsdauer ist insoweit zu vermindern, sofern nicht bei der Wertermittlung von einem fiktiv instand gesetzten oder modernisierten Gebäude ausgegangen wird (vgl. Rn. 330 ff.).

122   Die Restnutzungsdauer kann üblicherweise geschätzt werden, wobei etwaige Fehler nur geringfügig auf das Ergebnis durchschlagen, sofern nicht das Gebäude eine extrem kurze Restnutzungsdauer aufweist. Dabei muss **allein der Blick in die Zukunft maßgebend** sein, denn das, was in der Vergangenheit an Instandsetzungs- und Modernisierungsmaßnahmen durchgeführt worden ist (künstliche Verjüngung), hat seinen Niederschlag in dem Bestand gefunden, der sich dem Sachverständigen am Wertermittlungsstichtag präsentiert.

Das Gleiche gilt für unterlassene Instandhaltungen, die zu einer Verkürzung der Restnutzungsdauer geführt haben können. Insofern wäre es noch nicht einmal erforderlich, bei Anwendung des Ertragswertverfahrens nach dem Baujahr zu fragen.

In der Praxis bedient man sich zur Abschätzung der Restnutzungsdauer einer **Hilfsmethode**, indem man die **Restnutzungsdauer aus der Differenz zwischen der üblichen Gesamtnutzungsdauer (GND) und dem Alter der baulichen Anlage** ableitet: **123**

> Restnutzungsdauer (RND) = Gesamtnutzungsdauer (GND)-Alter

Diese Vorgehensweise setzt die Kenntnis der üblichen Gesamtnutzungsdauer voraus. Die **übliche Gesamtnutzungsdauer** fällt je nach Objektart unterschiedlich aus. Sie ist dabei nicht von der technischen Gesamtnutzungsdauer abhängig. Diese kann die wirtschaftliche Gesamtnutzungsdauer allenfalls technisch begrenzen. Im Allgemeinen ist jedoch die wirtschaftliche Gesamtnutzungsdauer weitaus kürzer als die *technische Gesamtlebensdauer*, so dass auch dieser Fall kaum jemals eintritt.   **124**

Bei ordnungsgemäßer Bewirtschaftung und Unterhaltung der baulichen Anlage können allenfalls solide Ein- und Zweifamilienhäuser eine wirtschaftliche Gesamtnutzungsdauer von 100 Jahren erreichen. Ansonsten fällt die wirtschaftliche Gesamtnutzungsdauer weitaus geringer aus und beträgt mitunter – wie z. B. bei Tankstellen – wenige Dezennien. **Anhaltspunkte für die wirtschaftliche Gesamtnutzungsdauer enthalten die Tabellen der Normalherstellungskosten** NHK 2000[11]. Daneben hat der BMBau in Ergänzung zur WertR Hinweise zur Abschätzung der Restnutzungsdauer erlassen, die nachstehend mit einigen Ergänzungen abgedruckt sind: **125**

Im RdErl. des BMBau vom 12. 10. 1993 wird hierzu ausgeführt: **126**

„a) Für die Ermittlung des Werts baulicher Anlagen ist **allein die an der wirtschaftlichen Nutzungsfähigkeit orientierte wirtschaftliche Gesamtnutzungsdauer und nicht die technische Lebensdauer** von Bedeutung. Die Tabellen der Anlagen 5, 7 und 8 der WertR 96 geben lediglich die technische Lebensdauer an, die die oberste Grenze der wirtschaftlichen Gesamtnutzungsdauer darstellt.

b) Von **denkmalgeschützten und erhaltenswerten Gebäuden** abgesehen, hat sich die wirtschaftliche Gesamtnutzungsdauer baulicher Anlagen in den vergangenen Jahrzehnten auf Grund gewachsener Ansprüche deutlich vermindert; dies gilt auch für öffentlichen Zwecken dienende Gebäude. Im gewerblich-industriellen Bereich haben insbesondere die produktions- und betriebstechnischen Anforderungen (einschließlich der Umweltbelange) die Gesamtnutzungsdauer in nicht unerheblicher Weise verkürzt.

Damit hat sich die Schere zwischen technischer Lebensdauer und wirtschaftlicher Gesamtnutzungsdauer weiter geöffnet. Die in den Anl. 5, 7 und 8 der WertR 96 angegebene technische Lebensdauer hat von daher untergeordnete Bedeutung; insbesondere verbietet sich eine schematische Heranziehung der angegebenen Werte als wirtschaftliche Gesamtnutzungsdauer."

Die in den **WertR 96** abgedruckten Tabellen   **127**

– Technische Lebensdauer von baulichen Anlagen und Bauteilen (Anl. 5),

– Technische Lebensdauer von Außenanlagen (Anl. 7),

– Technische Lebensdauer von besonderen Betriebseinrichtungen und Gerät (Anl. 8)

geben deshalb allenfalls die technischen Grenzen der wirtschaftlichen Gesamtnutzungsdauer an, die in aller Regel bedeutungslos sind. Von einem Abdruck wird deshalb hier abgesehen.

---

10 Es trifft deshalb auch nicht die Kritik (von Thomas/Leopoldsberger/Walbröhl, Immobilienökonomie Bd. 1 S. 438 f.) zu, antizipierte Mieterhöhungen würden nach der deutschen Wertermittlungslehre nicht berücksichtigt werden.

11 Kleiber, WertR 2001, 8. Aufl. Köln

Abb. 14: Durchschnittliche wirtschaftliche Gesamtnutzungsdauer (GND)[12]

128   Es handelt sich hierbei also um die durchschnittliche wirtschaftliche Gesamtnutzungsdauer bei ordnungsgemäßer Instandhaltung (ohne Modernisierung).

Gebäudeart	Gesamtnutzungsdauer
Einfamilienhäuser (entsprechend ihrer Qualität)	
Einfamilienhaus auch mit Einliegerwohnung	60 bis 100 Jahre
Zwei- und Dreifamilienhaus	
Reihenhaus (bei leichter Bauweise kürzer)	
Fertighaus in Massivbauweise	60 bis 80 Jahre
Fertighaus in Fachwerk- und Tafelbauweise	60 bis 70 Jahre
Siedlungshaus	50 bis 60 Jahre
Holzhaus	
Schlichthaus (massiv)	50 bis 60 Jahre
Mietwohngebäude[13]	
(freifinanziert)	60 bis 80 Jahre
(soziale Wohnraumförderung)	50 bis 70 Jahre
Gemischt genutzte Häuser mit einem gewerblichen	
Mietertragsanteil bis 80 %	50 bis 70 Jahre
Dienstleistungsimmobilien	
Verwaltungs- und Bürogebäude	
Schulen, Kindergärten	50 bis 70 Jahre
Gewerbe- und Industriegebäude	
bei flexibler und zukunftsgerechter Ausführung	40 bis 60 Jahre
Einkaufszentrum/SB-Märkte	30 bis 50 Jahre
Hotels[14]**/Sanatorien/Kliniken**	40 bis 60 Jahre
Tankstellen	10 bis 20 Jahre
Stallgebäude	15 bis 25 Jahre
Außenmauern	
Außenwände Stahlfachwerk mit Ziegelstein ausgefacht	50 bis 60 Jahre
Stahlkonstruktion mit ungeschützten Außenflächen	30 bis 40 Jahre
Außenverkleidung mit Trapezblechen auf Stahlstielen und Riegeln	30 bis 40 Jahre
Außenverkleidungen mit verzinktem Wellblech auf	
Stahlstielen und Riegeln	25 bis 30 Jahre
Gesamtnutzungsdauer im Vomhundertsatz	
bei Gebäuden in Stahlbetonskelettkonstruktion	etwa 65 bis 75 v. H.,
bei mehrgeschossigen Stahlskelettgebäuden	etwa 65 bis 75 v. H.,
bei eingeschossigen Stahlskelettgebäuden	etwa 70 bis 80 v. H.,
bei Stahlfachwerkgebäuden	etwa 80 bis 90 v. H.,
und bei Gebäuden in leichter Bauweise	etwa 90 bis 100 v. H.
der technischen Lebensdauer für gewerbliche Objekte[15].	

129   ▸ *Zur Verlängerung der Restnutzungsdauer durch Modernisierung vgl. § 16 WertV Rn. 18 ff., § 23 WertV Rn. 14 ff. sowie zur Restnutzungsdauer bei einem Gebäudemix § 16 WertV Rn. 109 ff.*

12   RdErl. des BMBau vom 12. 10. 1993 (BAnz. Nr. 199; 1993, 9630 = GuG 1994, 42)
13   Zur Restnutzungsdauer von Blockbaukarten und Plattenbauweisen vgl. Anh. 9.11 der 3. Aufl. zu diesem Werk; die angegebene Restnutzungsdauer hat sich als zu undifferenziert ergeben.
14   Weyers, G., Gesamtnutzungsdauer von Hotelgebäuden, GuG 1993, 41; Ostermann in GuG 1999, 143 ff. und 1999, 282 ff.
15   Nach Untersuchungen von Brachmann, Ammann und Tiemann, mitgeteilt in Simon/Kleiber, Schätzung und Ermittlung von Grundstückswerten, 7. Aufl., S. 362

2.3.7   Sonstige wertbeeinflussende Umstände (§ 19 WertV)

An den kapitalisierten Jahresreinertrag der baulichen Anlage sind nach Maßgabe des § 19   **130**
zur Berücksichtigung sonstiger wertbeeinflussender Umstände Zu- oder Abschläge anzubringen. Als solche Umstände hebt die Vorschrift
– die **Nutzung des Grundstücks für Werbezwecke** (Rn. 137 ff.; § 19 WertV Rn. 13) sowie
– **wohnungs- und mietrechtliche Bindungen** (Rn. 265 ff.; § 16 WertV Rn. 60 ff.; § 19
  WertV Rn. 23 ff.)
hervor.

Daneben sind noch die Fälle zu nennen, in denen die bauliche Anlage einen **Instandset-**   **131**
zungsstau aufweist (vgl. Rn. 389 ff.; § 19 WertV Rn. 45 ff.). Zu- oder Abschläge sind allerdings nur insoweit anzubringen, wie derartigen Umständen nicht bereits durch
– Ansatz eines entsprechenden Reinertrags oder
– einer entsprechend geänderten Restnutzungsdauer
Rechnung getragen wurde. Die Zu- oder Abschläge müssen in jedem Fall begründet sein.   **132**

Nach § 19 sind solche **rechtlichen Gegebenheiten** i. S. d. Verkehrswertdefinition (§ 194
BauGB) zusätzlich zu berücksichtigen, wenn ihnen also nicht bereits im Rahmen der
§§ 15 ff. Rechnung getragen worden ist. In Betracht kommen des Weiteren
– eine von der ortsüblich erzielbaren Miete abweichende (nachhaltige) Vertragsmiete, insbesondere im gewerblichen Bereich (sog. *over- oder underrented* Objekte; Rn. 271
  sowie § 15 WertV Rn. 60 ff.),
– eine unterlassene Mietanpassung, die auf Grund der Mietgesetzgebung nicht in einem
  Zuge nachholbar ist (insbesondere auf Grund der Kappungsgrenzen),
– wohnungs- und mietrechtliche Bindungen auf Grund einer sozialen Wohnraumförderung (vgl. § 19 WertV Rn. 23 ff.) und
– Staffelmietverträge (§ 16 WertV Rn. 75 ff.).

In der Wertermittlungspraxis werden solche Fallkonstellationen in der Weise berücksich-   **133**
tigt, dass zunächst der **fiktive Ertragswert auf der Grundlage der ortsüblich erziel-**
ren und nachhaltigen Erträge ermittelt wird und an diesem vorläufigen Ertragswert Ab-
oder Zuschläge für den Zeitraum angebracht werden, für den auf Grund der genannten
Gegebenheiten eine davon abweichende Rendite erzielt wird.

Diese Vorgehensweise hat den **Vorteil**, dass der (vorläufige) Ertragswert (als Ausgangs-   **134**
wert) auf der Grundlage der üblicherweise anzusetzenden ortsüblichen Nettokaltmieten,
der Bewirtschaftungskosten und des Liegenschaftszinssatzes ermittelt werden kann.

135

Beispiel:

Für eine Gewerbeimmobilie wird über einen Gesamtzeitraum von zehn Jahren ein Ertrag erzielt, der jährlich die für
vergleichbare Objekte erzielbaren Erträge um 20 000 € unterschreitet (underrented); nach Ablauf des Mietvertrags
kann wieder mit der ortsüblichen Miete gerechnet werden.

Der Verkehrswert des Grundstücks auf der Grundlage der ortsüblichen erzielbaren Miete ohne Berücksichtigung der
vertraglichen Mietbindung wurde mit € 800 000 ermittelt.

Die Minderung beträgt bei
– einer jährlichen Mietminderung um 20 000 €
– einer Mietbindungsdauer von 10 Jahren und
– einem Liegenschaftszinssatz von 6 %:

$$\text{Ertragswertminderung} = 20\,000\ \text{€} \times \text{Vervielfältiger}$$

Als Vervielfältiger ergibt sich gemäß Anlage zur WertV bei einem Liegenschaftszinssatz von 6 % und einer Mietbindungsdauer von 10 Jahren: 7,36

$$\text{Ertragswertminderung} = 20\,000\ \text{€} \times 7,36 = 147\,200\ \text{€}$$

Der Ertragswert unter Berücksichtigung der Mietbindung ergibt sich dann wie folgt:

Ertragswert ohne Berücksichtigung der Mietbindung:	800 000 €
Ertragswertminderung auf Grund Mietbindung	– 147 200 €
= Ertragswert unter Berücksichtigung der Mietbindung:	**652 800 €**

136 Zur **Ermittlung des Barwerts der jährlichen Ertragseinbußen** (im Beispiel € 20 000 p. a.) wurde der Vervielfältiger der Anl. zur WertV herangezogen. Entsprechend dem vorstehenden Beispiel ist auch vorzugehen bei sog. *overrented* Objekten, d. h. bei Objekten, für die auf Grund von Vertragsgestaltungen eine höhere Rendite nachhaltig ist, als sie der Ortsüblichkeit entspricht. Nicht berücksichtigungsfähig sind dabei allerdings Mehrerträge, die rechtlich unzulässig sind, insbesondere wenn Wucher vorliegt (§ 5 WiStG).

137 Daneben gilt es mitunter den Fall zu beachten, dass aus einem Grundstück zusätzliche Einnahmen „fließen", die schon deshalb mit dem Nutzungsentgelt aus der Vermietung nicht direkt erfasst werden, weil sie über einen anderen Zeitraum „fließen", so z. B. im Falle der **vorübergehenden Vermietung einer Giebelwand für Werbezwecke** oder der Einrichtung einer Antennenanlage. Diesem Umstand kann wiederum durch eine eigenständige Kapitalisierung der zusätzlichen Einnahmen Rechnung getragen werden (vgl. § 19 WertV Rn. 13).

138 *Beispiel:*

Die Restnutzungsdauer eines Gebäudes betrage 70 Jahre; die noch auf 20 Jahre frei stehende Giebelwand erhöht die Reinerträge aus der Grundstücksnutzung über diese Dauer um 5 000 € pro Jahr. Bei einem Liegenschaftszinssatz von p = 5 % ergibt sich aus der Anl. zur WertV ein Vervielfältiger von V = 12,46.

Der Ertragswert des Grundstücks erhöht sich damit um: 5 000 € × 12,46 = 62 300 €

139 Im Übrigen dürfen **nur die zulässigerweise erzielbaren Einnahmen aus Werbeflächen** berücksichtigt werden, d. h., die Werbefläche muss zumindest bauaufsichtlich genehmigungsfähig sein[16]. So bedarf es z. B. in *Nordrhein-Westfalen* einer Genehmigung, wenn der Werbeträger an einem Gebäude die Werbefläche von 0,80 m² überschreiten möchte[17]. Vorübergehende Einnahmen, die nur kurzfristig fließen, sollen bei der Ertragswertermittlung nicht berücksichtigt werden und werden bei der Entschädigung als sonstige Vermögensnachteile entschädigt[18].

140 Soweit den Einnahmen aus Werbefläche **Bewirtschaftungskosten** gegenüberstehen, sind sie bei der Ermittlung des Reinertrags aus Werbeflächen zu berücksichtigen.

2.4   Ertragswert

141 Der **Ertragswert der baulichen Anlagen (Gebäudeertragswert) ergibt zusammen mit dem Bodenwert** nach § 15 Abs. 2 **den Ertragswert des Grundstücks** (Abb. 15):

Abb. 15: Ertragswert

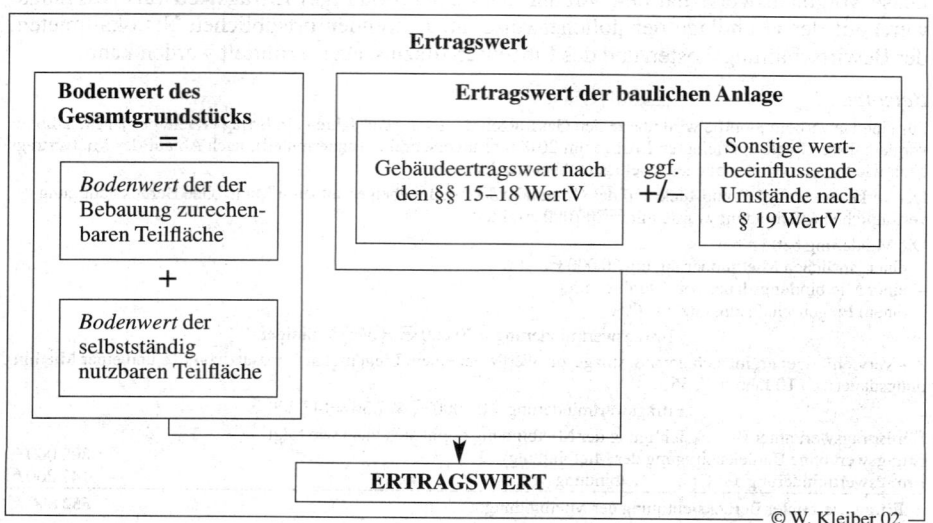

2.5 Verkehrswert

Der Ertragswert des Grundstücks wäre mit dem Verkehrswert des Grundstücks identisch, **142** wenn alle in das Wertermittlungsverfahren eingeführten Parameter, wie Erträge, Bewirtschaftungskosten, Liegenschaftszinssatz und Restnutzungsdauer, der Lage auf dem Grundstücksmarkt am Wertermittlungsstichtag vollständig entsprächen. Soweit dies nicht der Fall ist, wird der **Verkehrswert** nach § 7 Abs. 1 Satz 2 **aus dem Ertragswert „unter Berücksichtigung der Lage auf dem Grundstücksmarkt" abgeleitet.** Sind mehrere Verfahren (z. B. auch das Sachwert- oder Vergleichswertverfahren) herangezogen worden, ist der Verkehrswert aus den Ergebnissen der angewandten Verfahren „unter Würdigung ihrer Aussagefähigkeit" zu bemessen. Auch dieser Schritt ist besonders zu begründen.

▸ *Weitere Ausführungen hierzu vgl. § 7 WertV Rn. 193 ff. sowie § 19 WertV*   **143**

2.6 Beispiel und Fehlerbetrachtung

Ein Beispiel für die Ermittlung des Ertragswerts eines Mietwohngrundstücks mit einer **144** Restnutzungsdauer von 50 Jahren bei einer Gesamtnutzungsdauer von 80 Jahren ist in Abb. 16 dargestellt. An diesem Beispiel wird zugleich aufgezeigt, dass der Gutachter die fehlertheoretischen Zusammenhänge des Ertragswertverfahrens beherrschen muss, um das Ergebnis des Ertragswertverfahrens sachgerecht würdigen zu können. Zu beachten sind hierbei insbesondere die **Auswirkungen, die sich aus einem fehlerhaften Ansatz der in das Ertragswertverfahren eingehenden Parameter auf die Höhe des Ertragswerts ergeben.**

Dies sind:

– die (Größe der) Wohn- bzw. Nutzfläche,

– der nachhaltig erzielbare Jahresrohertrag (Nettokaltmiete),

– die Höhe des Liegenschaftszinssatzes,

– die geschätzte Restnutzungsdauer,

– die Höhe der Bewirtschaftungskosten,

– der Bodenwert.

Welche Auswirkungen diese Parameter auf das Ergebnis – den Ertragswert – haben, wenn **145** sie (fehlerhaft) im Beispiel um 10 % zu niedrig gegenüber der „wahren" Höhe angesetzt wurden, wird in diesem Beispiel ergänzend dargestellt. **Neuralgische Größen sind** dabei insbesondere der **Rein- bzw. Rohertrag** (Nettokaltmiete) **sowie der Liegenschaftszinssatz.** Fehlerhafte Ansätze können dabei nicht nur bezüglich der „richtigen" Ermittlung des Ertrags pro Quadratmeter Wohn- oder Nutzfläche, sondern bereits bei der zutreffenden Ermittlung der Wohn- bzw. Nutzfläche auftreten.

Zur Vermeidung von Missverständnissen muss aber darauf hingewiesen werden, dass die in **146** dem Beispiel ausgeworfenen Auswirkungen – relativ und absolut – insbesondere in Abhängigkeit von

– der Höhe des Liegenschaftszinssatzes und

– der Restnutzungsdauer

unterschiedlich ausfallen.

---

16 BVerwG, Urt. vom 28. 4. 1972 – 4 C 11/68 –, EzGuG 3.41; BVerwG, Urt. vom 28. 6. 1955 – 1 C 146/53 –, EzGuG 3.6; BGH, Urt. vom 3. 2. 1978 – V ZR 79/75 –, EzGuG 3.60
17 OVG Koblenz, Urt. vom 22. 7. 1987 – 1 A 128/85 –, BRS Bd. 48 Nr. 120; OVG Berlin, Urt. vom 14. 10. 1988 – 2 B 51/87 –, BRS Bd. 48 Nr. 121; OVG Berlin, Urt. vom 23. 9. 1988 – 2 B 39/87 –, BRS Bd. 48 Nr. 122
18 BGH, Urt. vom 7. 7. 1966 – III ZR 108/65 –, EzGuG 6.91

Abb. 16: Ermittlung des Ertragswerts; Fehlerbetrachtung

I. Ermittlung des Ertragswerts

1. *Wertermittlungsobjekt:* Mietwohngrundstück

– Bodenwert (BW)	=	420 000 €
– Wohnfläche (WF)	=	1 000 m²
– Monatliche Nettokaltmiete (RoE)	=	8 €/m²
– Nicht umlagefähige Bewirtschaftungskosten	=	22 %
– Restnutzungsdauer (RND)	=	50 Jahre
– Liegenschaftszinssatz (p)	=	5 %
– Vervielfältiger V bei n = 50 und p = 5 %	=	18,26

2. *Ermittlung des Ertragswerts:*

Jahresnettokaltmiete (Grundmiete): (8 €/m² × 1 000 m² × 12)	=	96 000 €
– Bewirtschaftungskosten (= 22 %)	=	21 120 €
= Jahresreinertrag (RE)	=	74 880 €
– Bodenwertverzinsungsbetrag (420 000 € × 5/100)	=	21 000 €
= Jahresreinertragsanteil der baulichen Anlagen	=	53 880 €
Ertragswert der baulichen Anlagen bei V = 18,26	=	983 849 €
+ Bodenwert (BW)	=	420 000 €
= Ertragswert (EW)	=	**1 403 849 €**

II. Auswirkungen fehlerhafter Ansätze auf den Ertragswert

(die in *kursiv* gesetzten Ansätze sind gegenüber vorstehendem Beispiel um 10 v. H. zu niedrig angesetzt)

	A*	B	C
Wohnfläche	*900 m²*	*1 000 m²*	1 000 m²
Jahresnettokaltmiete (Grundmiete)	*86 400 €*	*86 400 €*	96 000 €
Liegenschaftszinssatz	5 %	5 %	*4,5 %*
Restnutzungsdauer	50 Jahre	50 Jahre	50 Jahre
Bewirtschaftungskosten	22 %	22 %	22 %
Bodenwert	420 000 €	420 000 €	420 000 €
Ertragswert (fehlerhaft)	1 267 118 €	1 267 118 €	1 526 165 €
Unterschied zu I.	– 136 731 €	– 136 731 €	+ 122 316 €
	= **– 9,7 %**	= **– 9,7 %**	= **+ 8,7 %**

	D	E	F
Wohnfläche	1 000 m²	1 000 m²	1 000 m²
Jahresnettokaltmiete (Grundmiete)	96 000 €	96 000 €	96 000 €
Liegenschaftszinssatz	5 %	5 %	5 %
Restnutzungsdauer	*45 Jahre*	50 Jahre	50 Jahre
Bewirtschaftungskosten	22 %	*19,8 %*	22 %
Bodenwert	420 000 €	420 000 €	*378 000 €*
Ertragswert (fehlerhaft)	1 377 448 €	1 442 414 €	1 400 195 €
Unterschied zu I.	– 26 401 €	+ 38 565 €	– 3 654 €
	= **– 1,9 %**	= **+ 2,7 %**	= **– 0,3 %**

© W. Kleiber 02

* Dieser Fall ist im Ergebnis mit Fall B identisch

Zu den **Auswirkungen fehlerhafter Ansätze bei der Ermittlung des Ertragswerts** wird **147** bemerkt:

a) **Fehler bei der Ermittlung der Wohnfläche** wirken sich direkt auf den Roh- bzw. Reinertrag aus. Insoweit gelten die unter Buchst. b) gemachten Ausführungen. Bezüglich der Flächenermittlung sollte dabei nicht unterstellt werden, dass Fehler nicht nur auf Grund falscher Berechnungen und Vermessungen auftreten; es kommt auch hier auf die Berechnungsmodalitäten an[19]. Vielfach werden auch ungeprüft fehlerhafte Angaben, z. B. des Auftraggebers, übernommen.

b) Ein **Fehler bei der Ermittlung des Roh- bzw. Reinertrags** „schlägt" auf den Ertragswert besonders stark durch. Im vorstehenden Beispiel (Abb. 16) führt ein fehlerhafter Ansatz von 7,20 €/m² statt 8,00 €/m² (= 10 v. H.) zu einem nahezu um ebenfalls 10 % zu niedrigen Ertragswert. Fehler schlagen um so stärker durch, je länger die Restnutzungsdauer ist.

c) Ein **Fehler bei dem angesetzten Liegenschaftszinssatz** wirkt sich – wie ein Blick in die Vervielfältigertabelle zeigt – um so stärker auf das Ergebnis der Ertragswertermittlung aus, je länger die Restnutzungsdauer und je kleiner der Liegenschaftszinssatz in seiner absoluten Höhe ist. Bei Objekten mit sehr langer Restnutzungsdauer und absolut niedrigen Liegenschaftszinssätzen sind eigentlich sogar Genauigkeiten von einer Dezimalstelle bei dem angesetzten Liegenschaftszinssatz anzustreben (vgl. § 11 WertV Rn. 6).

d) Ein **Fehler bei der geschätzten Restnutzungsdauer** wirkt sich – wie wiederum ein Blick in die Vervielfältigertabelle zeigt – um so stärker auf das Ergebnis der Ertragswertermittlung aus, je kürzer die Restnutzungsdauer und je kleiner der Liegenschaftszinssatz in seiner absoluten Höhe ist. Dies kommt im Beispiel der Abb. 16 unzureichend zum Ausdruck, da es sich hierbei um ein Beispiel handelt, das ein Objekt mit verhältnismäßig langer Restnutzungsdauer zum Gegenstand hat. Deshalb sei ausdrücklich darauf hingewiesen, dass das Ertragswertverfahren – angewandt auf Objekte mit kurzer Restnutzungsdauer – diesbezüglich besonders fehlerträchtig ist.

e) Ein **Fehler bei den angesetzten Bewirtschaftungskosten** schlägt direkt auf die Höhe des Reinertrags durch; insoweit gelten die zu Buchst. b) gemachten Ausführungen. Dass sich im Beispiel der Abb. 16 ein 10%iger Fehler bei den angesetzten Bewirtschaftungskosten verhältnismäßig geringfügig auf das Ergebnis der Ertragswertermittlung auswirkt, täuscht, denn beim Ansatz der Bewirtschaftungskosten können leicht größere Fehler gemacht werden. Deshalb muss auch auf die „richtige" Ermittlung der Bewirtschaftungskosten große Sorgfalt aufgebracht werden (vgl. Abb. 17).

f) Ein **Fehler bei der Ermittlung des Bodenwerts** wirkt sich bei Objekten mit langer Restnutzungsdauer des Gebäudes in einer i. d. R. zu vernachlässigenden Größenordnung aus. Nur bei Objekten, deren Bebauung eine kurze Restnutzungsdauer aufweist, muss der Bodenwert besonders sorgfältig ermittelt werden. Bei Objekten mit sehr langer Restnutzungsdauer kann der Ertragswert unter Vernachlässigung des Bodenwerts allein durch Kapitalisierung des Reinertrags im sog. vereinfachten Ertragswertverfahren ermittelt werden (vgl. Rn. 150 ff.).

Die **Wohnfläche** wird auf der Grundlage der DIN 283 Teil 2 i. d. F. vom Februar 1962 oder **148** der §§ 42 bis 44 der II BV berechnet (vgl. § 17 Rn. 120 ff.).

Bei **Anwendung des vereinfachten Ertragswertverfahrens** nach der unter Rn. 46 **149** und 150 ff. vorgestellten Formel erhält man für das in Abb. 15 behandelte Beispiel:

$$EW = 74\,880\,€ \times 18{,}255886 = \mathbf{1\,367\,000\,€}$$

wobei V bei n = 50 Jahre und p = 5 % : 18,255886

Das Ergebnis zeigt, dass sich fehlerhafte Ansätze bei Anwendung des klassischen Ertragswertverfahrens weitaus verhängnisvoller auswirken können als bei Übergang zum vereinfachten Ertragswertverfahren.

---

19   Simon in: Praxishandbuch Sachverständigenrecht, München 1996, § 47 Rn. 60

Abb. 17: Abhängigkeit des Grundstücksertragswerts von der Höhe der Miete und der Bewirtschaftungskosten

Wesentliche Einflussfaktoren auf den Gebäudeertragswert		
Miete in €/m² WF	Bewirtschaftungskosten in v. H.	Gebäudeertragswert in €
7,00	20,0	568 000
7,00	25,0	526 000
7,00	30,0	484 000
7,00	35,0	443 000
7,00	25,0	526 000
6,50	25,0	481 000
6,00	25,0	437 000
5,50	25,0	392 000
Berechnungsbasis: Gebäude mit 500 m² Wohnfläche, Bodenwert 100 000 €, Zinssatz 5,0 %		

© Simon 02

3   Grundzüge modifizierter Ertragswertverfahren

3.1   Vereinfachtes Ertragswertverfahren

3.1.1   Allgemeines

▶ *Hierzu auch § 15 WertV Rn. 9 ff.*

150 Wie sich aus der Formelübersicht der Abb. 6 (bei Rn. 46) ergibt, kann der Ertragswert – mathematisch identisch – auch in der Weise ermittelt werden, dass

a) der Reinertrag direkt, d. h. ohne vorherige Verminderung um den Bodenwertverzinsungsbetrag, mit Hilfe des Vervielfältigers kapitalisiert wird und

b) der Bodenwert in einer über die Restnutzungsdauer der baulichen Anlagen diskontierten Größenordnung dem kapitalisierten Reinertrag zugeschlagen wird.

151 In Formeln:

$$\text{Ertragswert} = \text{RE} \times \text{V} + \frac{\text{BW}}{q^n} = \text{RE} \times \text{V} + \text{BW} \cdot q^{-n}$$

wobei   RE . . jährlicher Reinertrag des Grundstücks (§ 16)
BW . . Bodenwert (§ 15 Abs. 2)
V . . . . Vervielfältiger (lt. Anlage zur WertV)
q . . . . Zinsfaktor $= 1 + p/100$
p . . . . Liegenschaftszinssatz/100 $= q - 1$
n . . . . Restnutzungsdauer (§ 16 Abs. 4)

Beispiel: **152**

Mehrfamilienhaus, im Jahre 1932 in massiver Bauweise erstellt: 8 abgeschlossene Wohnungen; Wohnfläche (WF) insgesamt 700 m²; Nettokaltmiete 9,50 €/m² WF im Monat; Restnutzungsdauer 30 Jahre; Liegenschaftszinssatz 5 %; Bodenwert: 200 000 €

$$EW = RE \times V + BW \times q^{-n}$$

a) Ermittlung des Reinertrags:

9,50 €/m² WF × 700 m² × 12	=	79 800 €/Jahr
abzüglich nichtumlagefähige Bewirtschaftungskosten		
Verwaltungskosten: 8 × 240 €	= –	1 920 €/Jahr
Instandhaltung: 12,00 €/m² × 700 m²	= –	8 400 €/Jahr
Mietausfallwagnis: 2 % der Nettokaltmiete (Grundmiete)	= –	1 596 €/Jahr
Reinertrag (RE)	=	67 884 €/Jahr

b) Ermittlung des Ertragswerts:

Gebäudewertanteil: 67 884 € × 15,372452	=	*1 043 544 €*
(V bei Restnutzungsdauer 30 Jahre		
und einem Liegenschaftszinssatz von 5 %: 15,372452)		
Bodenwertanteil: 200 000 € × 0,2313774	= +	*46 275 €*
(1/qⁿ bei Restnutzungsdauer n von 30 Jahren)		
und einem Liegenschaftszinssatz p von 5 %: 0,2313774)		
= Summe	≈	1 089 819 €
+/– Zu- oder Abschläge nach § 19 WertV	=	0 €
= Ertragswert	≈	**1 089 819 €**

Das *Beispiel* zeigt, dass man mit diesem Verfahren zu demselben Ergebnis gelangt wie bei konventioneller Vorgehensweise (vgl. Beispiel bei Rn. 36).

Bei Anwendung vorstehender mit der Ertragswertformel der WertV (EW = [RE – p × BW] **153** × V + BW) mathematisch identischen Formel ergibt sich eine weitere Vereinfachung in den Fällen, wo es um die Verkehrswertermittlung eines bebauten Grundstücks geht, auf dem eine bauliche Anlage mit sehr langer Restnutzungsdauer (n > 50 Jahre) steht. Dann kann darauf verzichtet werden, das zweite Glied dieser Formel, nämlich den über die Restnutzungsdauer der baulichen Anlage diskontierten Bodenwert, zu berechnen. Die Ertragswertformel schmilzt für das **vereinfachte Ertragswertverfahren** auf folgende mathematische Form zusammen:

$$EW = RE \times V$$

Diese Vereinfachung stellt sich ein, weil – wie bereits angesprochen– der **Bodenwert bei** **154** **langer Restnutzungsdauer für das Ergebnis eine vernachlässigbare Größe** wird, da er ohnehin nur in der über die Restnutzungsdauer der baulichen Anlage diskontierten Höhe eingeht. Das gilt allerdings nur für die Grundstücksfläche, die der Bebauung zuzurechnen ist.

Beispiel:

Bodenwert	480 000 €
Restnutzungsdauer	60 Jahre
Liegenschaftszinssatz	5 %
BW × q⁻ⁿ = 480 000 € × 1,05⁻⁶⁰	= 25 697 €

$BW \times q^{-n} = 480\,000\ \text{€} \times 1{,}05^{-60} = 25\,697\ \text{€}$

Die vorstehenden auf den Verfahrensvorschriften der §§ 15 ff. aufbauenden Ausführungen **155** machen deutlich, dass die **Ermittlung des Ertragswerts von Objekten mit einer langen** **Restnutzungsdauer auch ohne Kenntnis des Bodenwerts erfolgen kann**, denn dessen Anteil am Ertragswert tendiert mit wachsender Restnutzungsdauer gegen eine zu vernachlässigende Größe. Dies gilt um so mehr, je höher der Liegenschaftszinssatz ist, so dass sich der Ertragswert von Objekten, die eine längere Restnutzungsdauer als 50 Jahre aufweisen, allein durch Kapitalisierung des nachhaltigen Reinertrags ermitteln lässt. Die WertV sieht dies zwar ausdrücklich nicht vor, jedoch zeugt es eher von Unkenntnis, wenn der Sachverständige bei Objekten mit sehr langer Restnutzungsdauer filigrane und wissenschaftlich anmutende Untersuchungen zur Ermittlung des „richtigen" Bodenwerts anstellt, die für das Ergebnis letztlich bedeutungslos sind (Abb. 18):

Abb. 18: Aufteilung des Ertragswerts in einen Boden- und Gebäudewertanteil in Abhängigkeit von der Restnutzungsdauer

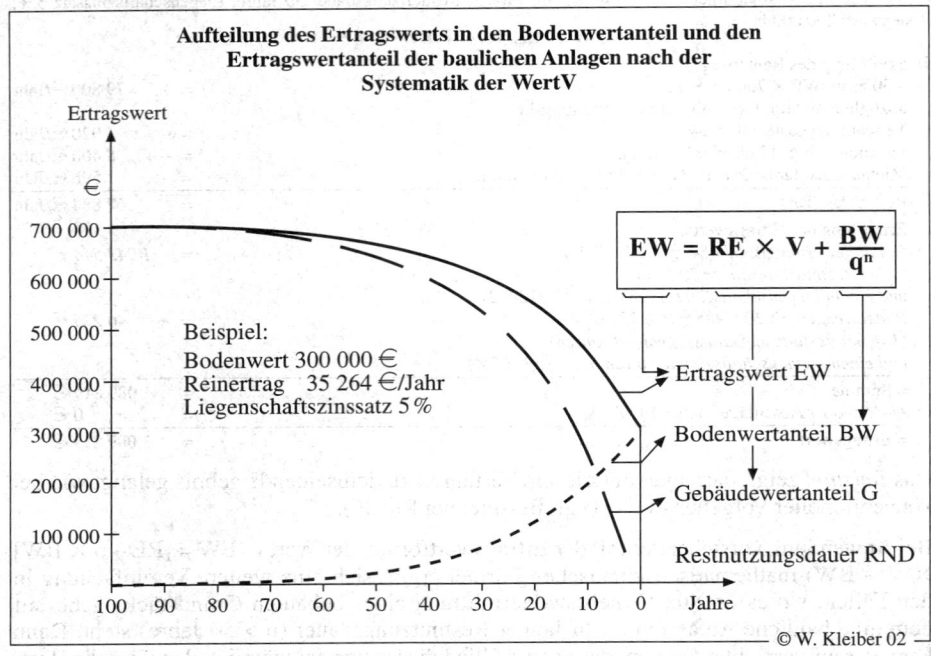

156   Einschränkend muss aber darauf hingewiesen werden, dass in **Extremfällen bei sehr hohen Bodenwerten** auch bei längerer Restnutzungsdauer der Bodenwert nicht vernachlässigt werden darf, wenn der diskontierte Bodenwert zu einem nicht vernachlässigbaren Bodenwertanteil führt. Darüber hinaus muss eine selbstständig nutzbare Freifläche (§ 16 Abs. 2) gesondert ermittelt werden (vgl. Rn. 160 ff.).

157   *Beispiel:*

Bodenwert   =   10 000 €/m²
Grundstücksgröße   =   2 000 m²
Bodenwert   =   10 000 €/m² × 2 000 m² = 20 Mio. €

Bei einem Liegenschaftszinssatz von p = 5 % und einer Restnutzungsdauer von 50 Jahren ergibt der diskontierte Bodenwert immer noch:

Diskontierter Bodenwert = 20 Mio. € × $1{,}05^{-20}$ = 1,744 Mio. €

Dieser Betrag mag zwar im Verhältnis zum Gesamtwert gering sein, er sollte gleichwohl nicht vernachlässigt bleiben.

158   Des Weiteren wird darauf hingewiesen, dass das vereinfachte Ertragswertverfahren auch bei langer Restnutzungsdauer in den jungen Bundesländern nicht unbedachterweise zur Anwendung kommen darf, wenn dort nur der **Gebäudewert (ohne Grund und Boden)** ermittelt werden soll und für diesen Zweck nur das erste Glied der Formel des vereinfachten Ertragswertverfahrens zum Ansatz kommt:

$$EW = RE \times V$$

159   Mit dieser Formel wird nämlich stets zugleich der zur Bebauung gehörende Bodenwertanteil miterfasst. Der **Bodenwert findet** hier **Eingang in den angesetzten Reinertrag, der durch die Höhe des Nutzungsentgelts und die Nutzfläche bestimmt wird**. Insoweit weist das in den §§ 15 ff. geregelte traditionelle Ertragswertverfahren Vorteile auf, da sich damit der

Gebäudewertanteil (für sich) ermitteln lässt. Das Ertragswertverfahren der WertV ist diesbezüglich universeller als das vereinfachte Ertragswertverfahren in seiner Anwendung. Das vereinfachte Ertragswertverfahren ist für den ungeübten Anwender auch fehleranfälliger bezüglich im Einzelfall zu beachtender Besonderheiten. Der Bodenwert wird z. B. im Falle eines erschließungsbeitragspflichtigen (ebp) Zustands des Grund und Bodens mit dem Wert des erschließungsbeitragsfreien (ebf) Baulands berücksichtigt. Ist das Grundstück jedoch tatsächlich erschließungsbeitragspflichtig, müssen deshalb die auf den Wertermittlungsstichtag diskontierten Erschließungsbeiträge zusätzlich in Abzug gebracht werden (vgl. Rn. 57).

Darüber hinaus kann bei Anwendung des vereinfachten Ertragwertverfahrens auf eine   **160** Bodenwertermittlung nicht verzichtet werden, wenn das Grundstück **selbständig nutzbare Teilflächen** aufweist. Mit dem vereinfachten Ertragswertverfahren wird nur die der Bebauung zuzuordnende Grundstücksteilfläche erfasst. Dies verdeutlicht die nachfolgende Abb. 19. Für die Grundstücke A und B ergeben sich nach dem vereinfachten Ertragswertverfahren identische Werte. Tatsächlich ist der Verkehrswert des Grundstücks B um den Bodenwert der selbständig nutzbaren Teilfläche wertvoller.

Abb. 19: Übergroßes Grundstück

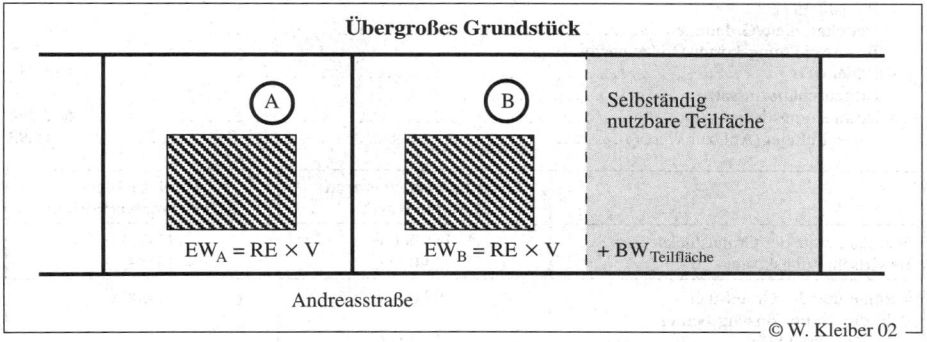

Bei der Ermittlung des **Ertragswerts von Objekten mit kurzer Restnutzungsdauer**   **161** sowie für den Teil eines bebauten Grundstücks, der eine zusätzliche Nutzung oder Verwertung zulässt, ist eine Bodenwertermittlung also unabweislich (vgl. Rn. 174). Dann muss der Bodenwert mit der höchstmöglichen Genauigkeit ermittelt werden. Übersteigt der Reinertrag des Grundstücks den sich durch Multiplikation des Bodenwerts mit dem Liegenschaftszinssatz ergebenden sog. Bodenwertverzinsungsbetrag (= $BW \times p$), so muss der Bodenwert nach § 20 Abs. 1 darüber hinaus um die Freilegungskosten vermindert werden, wenn zur Ermittlung des Bodenwerts von Vergleichspreisen unbebauter Grundstücke ausgegangen wurde.

In diesem Fall ist der so ermittelte **Bodenwert zugleich der Ertragswert.** Auf die Ermitt-   **162** lung des Gebäudewertanteils kann dann verzichtet werden, da dieser auf eine zu vernachlässigende Größe zusammengeschrumpft und allein der Bodenwert im gewöhnlichen Geschäftsverkehr preisbildend ist.

Auf eine weitere Gefahrenquelle bei Anwendung des vereinfachten Ertragswertverfahrens   **163** soll noch hingewiesen werden: Bei Anwendung dieses Verfahrens kommt der Bodenwert zwar nicht unmittelbar zum Ansatz; die Wertigkeit des Grund und Bodens geht mittelbar aber über die Miete in das Ertragswertverfahren ein. Die Größe des Grundstücks und seine bauplanungsrechtliche Ausnutzbarkeit geht ebenfalls mittelbar über die zum Ansatz gelangene Nutzfläche in das Verfahren ein. **Bei alledem geht der Bodenwert für ein erschließungsbeitragspflichtiges Grundstück mit dem Bodenwert eines erschließungs-**

beitragsfreien (ebf) Grundstücks in das Verfahren ein. Demzufolge muss bei Anwendung dieses Verfahrens auf ein erschließungsbeitragspflichtiges (ebp) Grundstück das Ergebnis um den voraussichtlichen Erschließungsbeitrag vermindert werden (Rn. 57).

164   Zusammenfassend kann also festgestellt werden, dass die Anwendung des vereinfachten Ertragswertverfahrens auf Grundstücke mit einer Bebauung, die eine längerfristige Restnutzungsdauer aufweisen, gegenüber dem WertV-Verfahren eine Reihe von Vorteilen hat, aber auch **Gefahrenmomente** aufweist. Wesentlicher Vorteil ist, dass der **Bodenwert** unter den vorstehenden Voraussetzungen gar **nicht** erst **ermittelt zu werden braucht,** da er – diskontiert über die Restnutzungsdauer – zu einer vernachlässigbaren Größe wird. Dies gilt allerdings nur insoweit, wie das Grundstück keine selbstständig nutzbaren Flächen aufweist und größenmäßig der Bebauung entspricht.

165   Dass die Kenntnis des Bodenwerts bei neuen Renditeobjekten oder solchen mit langer Restnutzungsdauer bei der Ermittlung des Ertragswerts im Grunde entbehrlich ist, wird im nachfolgenden **Beispiel** aufgezeigt:

Beispiel:

1. **Wertermittlungsobjekt:**
   - Mehrfamilienhaus mit Garagenzeile
   - Baujahr 1972
   - Nettokaltmiete/Grundmiete . . . . 115 000 €
   - Bewirtschaftungskosten (Einzelnachweis) . . . . 23 000 €
   - Bodenwert . . . . 480 000 €
   - Liegenschaftszinssatz . . . . 5 %
   - Restnutzungsdauer . . . . 60 Jahre
   - Vervielfältiger (Anl. zur WertV) 18,93

	Ertragswertverfahren i. S. der WertV	Vereinfachtes Ertragswertverfahren
Nettokaltmiete des Grundstücks	115 000 €	115 000 €
Bewirtschaftungskosten (20 %)	− 23 000 €	− 23 000 €
= Reinertrag des Grundstücks	92 000 €	92 000 €
./. Bodenwertverzinsungsbetrag		
(5 % v. 480 000 €)	24 000 €	
= Verzinsung der baulichen Anlagen	**68 000 €**	
× Vervielfältiger (18,93)	× 18,93 =	
= Ertragswert der baulichen Anlagen	1 287 240 €	
+ Bodenertragswert (Bodenwert)	+ 480 000 €	
= vorläufiger Ertragswert	1 767 240 €	1 741 560 €
./. Anpassung an die Marktlage (10 %)	176 724 €	174 156 €
= Ertragswert des Grundstücks	1 590 516 €	1 567 404 €*
= **Verkehrswert**	rd. **1 600 000 €**	**1 600 000 €**

* Die Abweichung zum Ergebnis nach WertV beträgt 1,45 %.

3.1.2   Kritische Nachbetrachtung

166   Das Vereinfachte Ertragswertverfahren findet in der angelsächsischen Wertermittlungspraxis breite Anwendung und entspricht im Kern der **ricardianischen Grundrentenformel**:

$$\text{Ertragswert} = \frac{\text{Reinertrag}}{\text{Liegenschaftszinssatz}} \times 100 \qquad (1)$$

Wie unter § 11 WertV Rn. nachgewiesen, geht der Vervielfältiger V mit n → ∞ in den reziproken Liegenschaftszins über. Auch über diese Beziehung gelangt man – wie über die ricardianische Grundrentenformel – zur Formel des Vereinfachten Ertragswertverfahrens.

$$\text{Ertragswert} = \text{Reinertrag} \times V \qquad (2)$$

Mit Formel (2) wird der Wertbeständigkeit des Grund und Bodens stärker Rechnung getragen, wobei der Bodenwert selbst vernachlässigt werden kann, wenn die Ertragswertermittlung mit dem Vervielfältiger V für eine Restnutzungsdauer von n = 100 Jahre vorgenommen wird. **167**

Beispiel

zum vereinfachten Ertragswertverfahren:

Jahresreinertrag (RE) .... 134 207 € p. a.
Restnutzungsdauer .... 63 Jahre
Liegenschaftszinssatz .... 5,5 %
Vervielfältiger V 17,559

$$EW = 134\,207\ € \times 17{,}559 = \mathbf{2\,356\,542\ €}$$

Formel (1) lässt sich aber auch auf eine **endliche Restnutzungsdauer** umformen, und man erhält: **168**

$$EW = RE \times \frac{1 - \dfrac{1}{(1+p)^n}}{p} \qquad (3)$$

Mathematisch entspricht diese Form der Formel (2), wobei p in % = p/100.

Dies entspricht auch der in der Volkswirtschaft vorherrschenden Betrachtungsweise: *Musgrave*[20] definiert den Ertragswert – mathematisch identisch – wie folgt: **169**

$$\text{Ertragwert} = RE \times \frac{1 - (1+p)^{-n}}{p} \qquad (4)$$

Beispiel: **170**

a) Wertermittlungsobjekt:

- Jahresreinertrag RE   = 50 000 €
- Bodenwert BW   = 200 000 €
- Restnutzungsdauer n   = 80 Jahre
- Liegenschaftszinssatz p   = 5 %
- Vervielfältiger V   = 19,60 (lt. Anl. zur WertV); berechnet: 19,5964

b) Wertermittlung:

- nach den §§ 15 ff. WertV:
  EW = (RE – p × BW) × V + BW   **= rd. 984 000 €**
- nach vorstehender Grundrentenformel (1):
  EW = (50 000 €/5) × 100   **= 1 000 000 €**
- unter Verwendung des Vervielfältigers
  nach Formel (2) für n = 80 Jahre
  EW = 50 000 € × 19,5964   **= rd. 980 000 €**
- unter Verwendung der Formel (3) für n = 80 Jahre:
  EW = 50 000 € × 19,5964   **= rd. 980 000 €**

Hiervon ausgehend kommt im Ausland das Ertragswertverfahren i. d. R. allein unter Heranziehung des aus dem Grundstück in seiner Gesamtheit fließenden Ertrags **ohne besondere Berücksichtigung des Bodenwerts** zur Anwendung. Der grundlegende Unterschied zum Verfahren nach WertV besteht also darin, dass der Ertragswert nicht aus einem getrennt zu **171**

---

20 Musgrave, Die öffentlichen Finanzen in Theorie und Praxis Bd. III, Tübingen, S. 80; die Formel entspricht der mathematisch umgeformten Vervielfältigerformel der WertV (vgl. § 16 WertV Rn. 44 ff.); vgl. auch Meier/Furrer, Der Einfluss der Besteuerung auf den Bodenmarkt, die Bodennutzung und die Bodenrente, Liebefeld/Bern 1988

ermittelnden Boden- und Gebäudeertragswert (Wert der baulichen Anlagen) abgeleitet wird; im Unterschied zum deutschen Ertragswertverfahren handelt es sich damit um ein „einsträngiges" Verfahren, das also vom Rein- oder Rohertrag (Nettokaltmiete/Grundmiete) ausgehend direkt, d.h. ohne gesonderte Berücksichtigung des Bodenwerts, zum Ertragswert führt (Abb. 20):

Abb. 20: Vergleich der unterschiedlichen Grundprinzipien der deutschen und angelsächsischen Ertragswertmethode

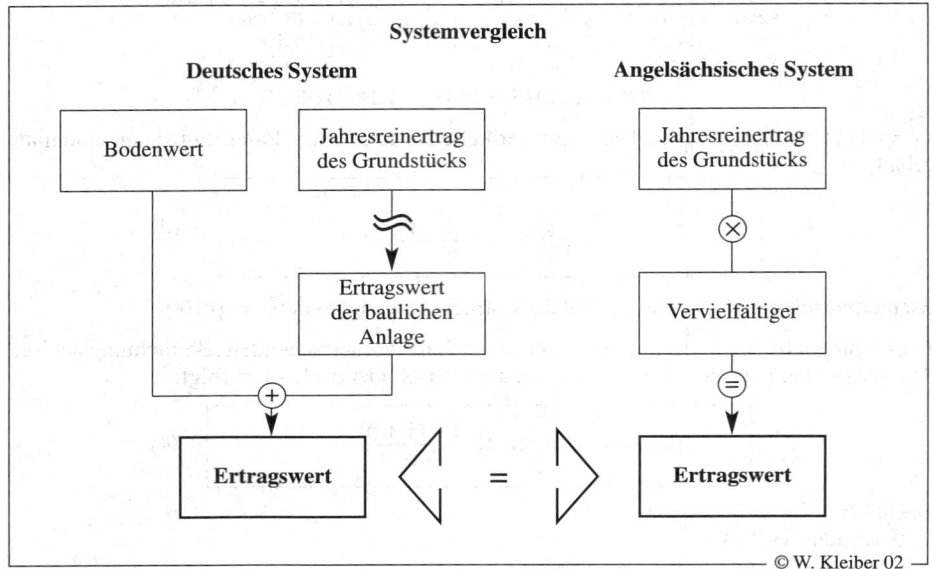

172   Eine Aufspaltung des Ertragswerts in Boden- und Gebäudeertragswert kennt also die angelsächsische Wertermittlungslehre für den Regelfall nicht[21]. Es wird vielmehr eine absolute Schicksalsgemeinschaft zwischen Boden und darauf aufstehendem Gebäude unterstellt. Hieraus ergeben sich folgende **Eigenschaften der angelsächsischen Wertermittlungsmethodik:**

a) Die Grundlage der Kapitalisierung ist der Reinertrag des Grundstücks, wobei damit auch der Bodenwertverzinsungsbetrag kapitalisiert wird.

b) Die Kapitalisierung erfolgt über die Restnutzungsdauer der baulichen Anlage, auch wenn die Nutzbarkeit des Grund und Bodens (theoretisch) ewig und nicht durch die Nutzungsdauer der baulichen Anlage begrenzt wird.

c) Marktübliche auf diese Methodik ausgerichtete Liegenschaftszinssätze können nicht mit den nach den Grundsätzen der WertV abgeleiteten Liegenschaftszinssätzen verglichen werden, vor allem was Objekte mit einer kurzen Restnutzungsdauer betrifft.

173   Zur **Definition des Open Market Value** vgl. § 194 BauGB Rn. 103.

174   Wie bereits erläutert, ist die Aufspaltung in einen Bodenwert- und Gebäudewertanteil gemäß den §§ 15ff. WertV in der **Wertbeständigkeit des Grund und Bodens** begründet, die sich **mit Verkürzung der Restnutzungsdauer immer stärker auswirkt** (vgl. § 11 WertV Rn. 82ff.).

Beispiel

(für ein Wertermittlungsobjekt mit *kurzer* Restnutzungsdauer der baulichen Anlage):

a) Wertermittlungsobjekt:

- Jahresreinertrag RE = 50 000 €
- Bodenwert BW = 200 000 €
- Restnutzungsdauer n = 20 Jahre
- Liegenschaftszinssatz p = 5 %
- Vervielfältiger V = 12,56 (lt Anl. WertV)

b) Wertermittlung:

- nach den §§ 15 ff. WertV: EW = (RE – p × BW) × V + BW ≈ **700 000 €**
- allein unter Verwendung des Vervielfältigers: EW = RE × V = **628 000 €**

Mit **Verlängerung der Restnutzungsdauer** der baulichen Anlage vermindert sich der   **175**
Anteil des Bodenwerts am Ertragswert des Grundstücks. Eine weitere Bestimmungsgröße
für den Wertanteil des Grund und Bodens am Ertragswert ist die Höhe des Liegenschaftszinssatzes. Bei sehr niedrigem Liegenschaftszinssatz ist der Wertanteil des Grund und
Bodens am Ertragswert des Grundstücks am größten. Jedoch schon bei Liegenschaftszinssätzen von 2 % und höher sowie langer Restnutzungsdauer nimmt der Wertanteil des Grund
und Bodens am Ertragswert des Grundstücks drastisch ab.

Ein Bodenpreis von 100 €/m² geht bei einer **Restnutzungsdauer der baulichen Anlage**   **176**
von 80 Jahren

bei einem Liegenschaftszinssatz von 2 % mit 20,50 €/m²
von 3 % mit 9,40 €/m²
von 4 % mit 4,34 €/m²
von 5 % mit 2,02 €/m²
von 6 % mit 0,95 €/m²
von 7 % mit 0,45 €/m²

in den Ertragswert des Grundstücks ein. Im Ergebnis geht der Bodenwert selbst bei größeren Grundstücken in das Gesamtergebnis mit einer Größenordnung ein, die zumeist innerhalb der Ermittlungs- und Abrundungsgenauigkeit liegt.

Die Ertragswertermittlung allein unter Anwendung des Vervielfältigers V der Anlage zur   **177**
WertV ohne Berücksichtigung (der Besonderheiten) des Grund und Bodens würde bei kurzer Restnutzungsdauer des Gebäudes das Ergebnis verfälschen. Dies kann bei Anwendung
des vereinfachten Ertragswertverfahrens auf Objekte, deren bauliche Anlage eine kürzere
Restnutzungsdauer (von im Durchschnitt RND < etwa 50 Jahre) aufweist, **mit dem Vervielfältiger** i.V. m. dem Liegenschaftszinssatz **aufgefangen** werden. In der angelsächsischen Wertermittlungspraxis werden hierzu empirisch Vervielfältiger V abgeleitet, wie
dies die WertV erstmals mit § 12 geregelt hat. Die aus dem Quotienten aus

$$\frac{\text{Kaufpreis KP}}{\text{Reinertrag RE}}$$

abgeleiteten Ertragsfaktoren stellen derartige Vervielfältiger dar, die im angelsächsischen
Sprachraum als *„Years Purchase"* – abgekürzt Y. P. – bezeichnet werden (vgl. § 12 WertV
Rn. 8 ff.). Diese **Ertragsfaktoren müssen** nicht nur **gegliedert nach Objektgruppen**,
sondern vor allem auch nach **Altersklassen abgeleitet werden,** um den mit einer Verkür-
zung der Restnutzungsdauer wachsenden Einfluss des Bodenwerts zu berücksichtigen.
Des Weiteren sind sie aus Kaufpreisen von Objekten abzuleiten, die ein objekttypisches
Grundstück aufweisen. Sofern das Grundstück nicht dem Durchschnitt entspricht (z. B.
Übergrößen), ist dies entsprechend der Regelung des § 16 Abs. 2 Satz 3 WertV besonders
zu berücksichtigen.

---

21   Auch Simon in GuG 1996, 134 und GuG 2000, 134

178   Diese Vorgehensweise entspricht im Übrigen **der in Deutschland** als überschlägliches Wertermittlungsverfahren **praktizierten Maklermethode** auf der Grundlage entsprechender Erfahrungswerte (Abb. 21):

Abb. 21: Vervielfältiger* für Büro- und Geschäftshäuser in besten und guten Lagen

Vervielfältiger für Büro- und Geschäftshäuser		
Standort	**beste Lage**	**gute Lage**
Berlin	18 – 20	14 – 16
Dortmund	13 – 15	11 – 13
Dresden	16 – 18	14 – 16
Düsseldorf	12 – 15	11 – 13
Essen	14 – 16	12 – 14
Frankfurt	17	12 – 15
Hamburg	18 – 21	15 – 18
Heidelberg	15 – 18	12 – 14
Köln	15 – 16	13 – 14
Leipzig	16	10 – 12,5
Ludwigshafen	14 – 17	12 – 14
Mannheim	15 – 18	12 – 14
München	18 – 25	16 – 20
Nürnberg	15 – 18	12 – 16
Stuttgart	16,5 – 19,5	14 – 18
Wiesbaden	12 – 14	11 – 13

Die angegebenen Preisspannen bzw. Werte sind abhängig von der Lage, dem Zustand, der Ausstattung, der Beziehbarkeit bzw. der architektonischen Gestaltung und vom Maß der baulichen Nutzungsmöglichkeit. Sie stellen die am Markt aktuell realisierten Werte dar. Erste standort- und objektbezogene Einschätzungen lassen sich daraus ableiten. Der Prognosezeitraum umfasst sechs Monate.

* Nettokaufpreis + Erwerbskosten : Jahresnettomiete
Quelle: Dresdner Bank Immobiliengruppe RESEARCH 2000

179   Eine Verfeinerung dieses Verfahrens stellt die in § 12 geregelte **Ableitung von Vergleichsfaktoren für bebaute Grundstücke** dar.

180   Als weitere **Nachteile des Vereinfachten Verfahrens** sind zu nennen:

a) Das Vereinfachte Verfahren erlaubt keine gesonderte Ermittlung des Gebäudeertragswerts. Es stellt sich aber in der Praxis gerade diese Aufgabe, z. B. im Zusammenhang mit der Sachenrechtsbereinigung.

b) Obwohl man bei Anwendung des Vereinfachten Verfahrens auf die Ermittlung des Bodenwerts verzichten kann, können sich aber diesbezüglich leicht Fehler einschleichen, wenn es sich z. B. um ein erschließungsbeitragspflichtiges Grundstück handelt (vgl. Rn. 57, 159). In diesem Fall muss der voraussichtliche Erschließungsbeitrag gesondert zum Abzug gebracht werden, denn grundsätzlich geht bei Anwendung des vereinfachten Ertragswertverfahrens der Bodenwert mit dem Wert ein, den der Grund und Boden im erschließungsbeitragsfreien Zustand hätte.

c) Noch komplizierter werden die Verhältnisse in Sanierungsgebieten und Entwicklungsbereichen, in denen man bei Anwendung des Ertragswertverfahrens in aller Regel nicht mithin kommt, mit gespaltenen Bodenwerten zu rechnen.

Bei alledem kann zusammenstellend festgestellt werden, dass die **verblüffende Einfachheit des Vereinfachten Verfahrens bei komplizierteren Sachverhalten,** die heute die Wertermittlungspraxis beherrschen, **schnell zu gravierenden Fehlern führen kann.**

Fazit: Der **Vorteil** des vereinfachten Ertragswertverfahrens besteht in erstes Linie darin, dass die Ermittlung des Bodenwerts entfällt; bestechend ist auch seine einfache mathematische Form.   **181**

Der **Nachteil** besteht darin, dass die Anwendung des vereinfachten Ertragswertverfahrens   **182** auf Objekte, deren bauliche Anlage eine kürzere Restnutzungsdauer RND (von durchschnittlich < etwa 50 Jahre) aufweist, die empirische Ableitung besonderer nach der Restnutzungsdauer gestaffelter Vervielfältiger erforderlich macht. Bei konsequenter Umstellung auf dieses Verfahren fiele dieser Nachteil nicht so sehr ins Gewicht, da damit gleichzeitig die ohnehin gebotene Ableitung marktorientierter (dynamischer) Liegenschaftszinssätze in einem Rechengang gelöst wird.

3.2   Pachtwertverfahren

3.2.1   Übersicht

Bei Anwendung des Pachtwertverfahrens wird zur Ermittlung des Ertragswerts an Stelle   **183** von nachhaltig erzielbaren Mieterlösen von **nachhaltig erzielbaren Pachterträgen** ausgegangen. Diese Unterform des Ertragswertverfahrens kommt insbesondere bei gewerblichen Grundstücken zur Anwendung, die üblicherweise verpachtet werden (§§ 581 bis 597 BGB) bzw. verpachtet werden können. Das Verfahren kann deshalb auch bei eigengenutzten gewerblichen Objekten Anwendung finden und findet im Wirtschaftsleben einschließlich der Praxis der Beleihungsinstitute Anerkennung.

Wie bei der Anwendung des auf Mieterträge zurückgreifenden Ertragswertverfahrens ist   **184** von dem **nachhaltig erzielbaren Jahrespachterlös** auszugehen, **der** als Jahresrohertrag ermittelt, **um die bei ordungsgemäßer Bewirtschaftung nachhaltig anfallenden Bewirtschaftungskosten zu vermindern ist.**

Der nachhaltig erzielbare Pachterlös lässt sich aus **branchenspezifischen Durchschnitts-**   **185** **pachten** ableiten, wie sie von Handelsforschungsinstituten veröffentlicht werden (vgl. § 17 Rn. 158 Abb. 24 sowie hier Abb. 22). Die marktspezifischen örtlichen Gegebenheiten sind dabei zu berücksichtigen. Die nachhaltig erzielbaren Durchschnittspachten werden üblicherweise in einem Vomhundertsatz des üblicherweise erzielbaren branchenspezifischen Umsatzes (z. B. in € pro m² Verkaufsfläche bzw. pro m² Geschäftsraum) angegeben.

$$\text{Jahresrohertrag}_{€/m^2} = \text{Jahresumsatz}_{€/m^2} \times \text{Pachtzins}_{\%}$$

Der sich nach **Abzug der Bewirtschaftungskosten** des Verpächters ergebende Grundstücksreinertrag wird – wie bei dem normalen Ertragswertverfahren – mit dem **marktüblichen Liegenschaftszinssatz** über die verbleibende Restnutzungsdauer kapitalisiert.

Wie im Falle einer Vermietung des Grundstücks kann   **186**
– **der nachhaltig erzielbare Pachterlös**
– **von dem tatsächlich erzielten Pachterlös**
abweichen. Sofern sich der tatsächlich erzielte Pachterlös auf Grund vertraglicher Vereinbarungen nicht an dem den nachhaltig erzielbaren Pachterlös angleichen lässt und die Abweichungen nach Höhe und zeitlicher Bindung so erheblich sind, dass sie das Ergebnis über die allgemeine Schätzgenauigkeit beeinflussen, sind solche vertraglichen Bindungen eine die Nachhaltigkeit beeinflussende rechtliche Gegebenheit. Solche Abweichungen müssen dann zusätzlich berücksichtigt werden. Dies erfolgt nach den Verfahren, die auch

**Abb. 22: Durchschnittliche Pachtsätze in v. H. des Umsatzes nach Branchen* –
Stand 1999: vgl. § 17 Rn. 157, 165**

Branche/Gewerbe	Durchschnittliche Pachtsätze in v. H. des Umsatzes	Geschäftsraum je Betrieb m²
Möbel	5,3	14 407
Glas/Porzellan/Keramik	6,6	755
Drogerien/Parfümerien	4,4	244
Spielwaren	4,0 bis 5,0	–
Sportartikel	5,4	589
Schuhe	6,2	642
Textilien	6,2	788
Discounter	3,0	–
Lederwaren	8,3	431
Lebensmittel	3,0	601
Reformhaus	5,9	120
Elektro	3,8	442
Supermärkte	1,5 bis 2,0	–
Radio/Fernsehen	3,2	–
Photo	2,0 bis 3,0	–
Uhren, Juwelen/Gold- und Silberwaren	4,6	154
Tabakwaren	3,7	78
Eisenwaren/Hartwaren	3,0	2 093
Bürowirtschaftlicher Fachhandel	4,5	702
Buchhandel	3,8	486
Verbrauchermärkte (Großmärkte)	2,0 bis 2,5	–
Warenhäuser	–	–
SB-Warenhäuser	1,5 bis 2,0	–
Baumärkte	–	–
Hotel/Restaurant		
– Beherbergung	15 bis 20 %	–
– Gastronomie	6 bis 10 %	–
– Getränke	8 bis 10 %	–
– Sonstiges	10 bis 15 %	–
– Gesamtumsatz	15 bis 18 %	–
– in Sonderfällen maximal bis zu	20 %	–
Hotel garni		
– Beherbergung	18 bis 22 %	
– Speisen/Getränke	8 bis 12 %	
– Gesamtumsatz	20 bis 22 %	
– in Sonderfällen maximal bis zu	25 %	
ansonsten	8 bis 10 %	
– Normalausstattung	11 bis 13 %	
– gehobene Ausstattung	11 bis 13 %	
– First-Class	13 bis 15 %	
– Kur- und Ferienhotel	14 %	
Speiserestaurant	6 bis 8 %	
Weinstuben	8 bis 10 %	
Bierkneipe	10 %	
Altenheime**	5 bis 15 %	
Fachkliniken	15 bis 20 %	
Kurkliniken	15 bis 20 %	
Sanatorien	15 bis 20 %	
Pflegeheime	15 bis 20 %	
Großdiskothek	10 bis 12 %	

* Aktuelle Angaben: Institut für Handelsforschung an der Universität Köln; Verlag Otto Schwartz und Co, Annastr. 7 in 37075 Göttingen; Einzelhandelsinstitut e. V., Speichenstr. 55 in 50672 Köln; abrufbar: www.ifhKoeln.de; Deutsches Wirtschaftswissenschaftliches Institut für Fremdenverkehr an der Universität München 1995
** Vom Umsatz sind die Arztkosten abzuziehen

zur Berücksichtigung von Unter- bzw. Übervermietungen gebräuchlich sind (vgl. Rn. 265 ff.). Sofern ein umsatzabhängiger Pachtzins (zumeist i.V. m. einem Mindestumsatz) vereinbart worden ist, ist der Sachverständige auf Angaben der Vertragsparteien angewiesen. Hier ist größte Vorsicht insbesondere bei Vereinbarung eines Mindestumsatzes angezeigt, denn erfahrungsgemäß wird in solchen Fällen der Mindestumsatz auffälligerweise allenfalls geringfügig überschritten.

▸ *Zur Anwendung des Pachtwertverfahrens bei Hotelbewertungen vgl. Rn. 405 ff. sowie § 17 WertV Rn. 158, 164 ff.*

Abb. 23: Prozentuale Umsatzmieten der jeweiligen Branchen

Prozentuale Umsatzmieten nach Branchen			
Branche	**%**	**Branche**	**%**
Betten	ca. 3,5 – 4,5	Blumen	ca. 5,5 – 8,0
Bücher	ca. 4,5 – 5,5	DOB/HAKA	ca. 6,0 – 8,0
Drogerie	ca. 4,0 – 4,5	Kaffee + Tee	ca. 4,0 – 8,0
Lebensmittel (auch Discounter)	ca. 2,0 – 3,0	Möbel	ca. 4,3 – 5,0
Optik	ca. 4,0 – 6,0	Parfümerie	ca. 5,5 – 7,0
Reformhaus	ca. 4,5 – 6,0	Schuhe	ca. 5,0 – 7,0
Spielwaren	ca. 4,5 – 5,5	Sportartikel	ca. 4,0 – 5,5
Tabakwaren, Zeitschriften, Lotto	ca. 3,0 – 5,5	Uhren + Schmuck	ca. 5,0 – 7,5
weiß + braune Ware	ca. 2,5 – 3,0	Young Fashion	ca. 6,0 – 8,0
Zoo	ca. 3,5 – 5,0		
unabhängig von der vereinbarten Festmiete			

Quelle: 1999 Brockhoff & Partner Immobilien GmbH, Essen, GuG 1999, 308

3.2.2 Ertragskraftorientiertes Pachtwertverfahren (EOP-Methode)

Das von *Loew/Riedel/Bruss*[22] unter der Bezeichnung „Ertragskraftorientierte Pachtwert- **187** methode" publizierte Verfahren zur Ermittlung von Pachtzinsen vornehmlich im gastwirtschaftlichen Bereich stellt nichts anderes als eine besondere **Ausformung des üblichen Pachtwertverfahrens** dar. Die besondere Ausformung zielt in ihrem Kern – wie noch näher dargelegt wird – auf die **Berücksichtigung objekt- und vertragsspezifischer Besonderheiten ab.**

---

22 Loew/Riedel/Bruss, Miet- und Pachtverträge im Gastgewerbe unter wirtschaftlicher Betrachtung, hsg. Gastgewerbliche Schriftenreihe (Dehoga), Bonn 1993 Nr. 57; Loew, H. in GuG 1997, 209; Bub, W.-R., Die auf – nach der EOP-Methode festgestellter – Pachtzinsüberhöhung beruhende Sittenwidrigkeit von Gaststätten-Pachtverträgen, ZMR 1995, 509; Michalski, L., Die Sittenwidrigkeit von Miet-Pachtzinsen für Gewerberäume, ZMR 1996, 1; Walterspiel, K., Die Kostenmiete im Gastgewerbe? Nochmals zur Anwendung der EOP-Methode, ZMR 1996, 468; Seitter, O., Sittenwidrigkeit von Gaststättenverträgen wegen Pachtzinsüberhöhung, ZMR 1996, 587; Usinger, W., Abschied von der Marktmiete in NZM 1998, 641; Bub, W.-R. in ZMR 1995, 509; Loew in GuG 2001, 142; Warstadt in GuG 2001, 199; Walterspiel in NZM 2000, 72

188   Das Verfahren fand zunächst in der Rechtsprechung seine Bestätigung. Gleichwohl war es im Schrifttum nie unumstritten[23]. Der BGH hat das Verfahren schließlich als ungeeignet zur Feststellung einer Sittenwidrigkeit von Miet- und Pachtverträgen auf Grund eines Missverhältnisses von Leistung und Gegenleistung erkannt[24]. Es kann insoweit auch **nicht** – zumindest nicht direkt – als **geeignet zur Ermittlung von Verkehrswerten** angesehen werden. Der BGH hat es im Übrigen offen gelassen, ob das Verfahren für Investitions- und Beleihungszwecke geeignet ist.

189   Bei der **EOP-Methode** handelt es sich – wie bereits herausgestellt – um eine **besondere Ausformung der allgemeinen Pachtwertmethode.** Ausgehend von der tatsächlichen Nutzung eines Objektes (z. B. Gaststätte) wird in einem ersten Schritt der jährliche Pachtzins auf der Grundlage des branchenüblich (Basis-)Umsatzes in € und des branchenüblichen Pachtzinses in % ermittelt. In einem zweiten Schritt werden dann die objektspezifischen Besonderheiten durch

a) einen entsprechend modifizierten Umsatz in €,

b) einen entsprechend modifizierten Pachtzins in % und

c) sonstige Zu- und Abschläge in €

berücksichtigt. Bezüglich der objektspezifischen Besonderheiten wird dabei nach

– objektimmanenten Besonderheiten,

– offenen vertragsbedingten Besonderheiten und

– verdeckten vertragsbedingten Besonderheiten

unterschieden. Mit den unter a bis c genannten „Korrekturen" sollen die sich auf den Normalfall beziehenden branchenüblichen Umsätze und Pachtzinsen an die Objektmerkmale angepasst werden (Abb. 24).

190   Der unter **Berücksichtigung der objekt- einschließlich vertragsspezifischen Besonderheiten** angepasste branchenübliche (Basis-)Umsatz und der (Basis-)Pachtzins stellen dann die Grundlage für die Anwendung des Pachtwertverfahrens dar.

191   Die Berücksichtigung objektspezifischer einschließlich der am Objekt (als rechtliche Gegebenheiten i. S. d. Verkehrswertdefinition des § 194 BauGB) „hängenden" vertragsspezifischen Besonderheiten entspricht zunächst der Vorgehensweise bei Anwendung des klassischen Ertragswertverfahrens; auch bei Anwendung des Ertragswertverfahrens müssen objektspezifische Besonderheiten, z. B. bezüglich des Ansatzes der Reinerträge, Bewirtschaftungskosten und des Liegenschaftszinses, berücksichtigt werden. Darüber hinaus sind die insoweit nicht berücksichtigten Besonderheiten ggf. nach § 19 WertV durch Zu- und Abschläge zu berücksichtigen. Insoweit lehnt sich die EOP-Methode verfahrensmäßig an das klassische Ertragswertverfahren an. Es ist bei Anwendung des klassischen Ertragswertverfahrens auf gewerbliche Grundstücke auch durchaus üblich, das Ergebnis mit Hilfe branchenüblicher Umsatzzahlen und Pachtzinsen, wie sie vom Handelsinstitut in Köln veröffentlicht werden (vgl. § 17 WertV Rn. 157 ff.), auf Plausibilität zu überprüfen. Insoweit stellt sich die EOP-Methode im Kern als das klassische Ertragswertverfahren dar, bei dem man den nachhaltigen Reinertrag nicht mehr direkt aus Mieten und dgl. ableitet, sondern von branchenspezifischen Umsatzzahlen und Pachtzinsen ausgeht und diese im zweiten Schritt den **objekt- und vertragsspezifischen Besonderheiten** auf der Grundlage der tatsächlichen Nutzung angleicht; damit nimmt das Verfahren den Charakter einer Unternehmensbewertung an. Die Bezeichnung des Verfahrens als „Ertragskraftorientierte Pachtwertmethode" (EOP) mag bei alledem sehr werbewirksam sein, jedoch ist auch das klassische Ertragswertverfahren mit gleichem Anspruch „ertragskraftorientiert", denn auch bei diesem Verfahren ermittelt sich der Ertragswert nach den nachhaltigen Erträgen.

Abb. 24: Verfahrensablauf der EOP-Methode

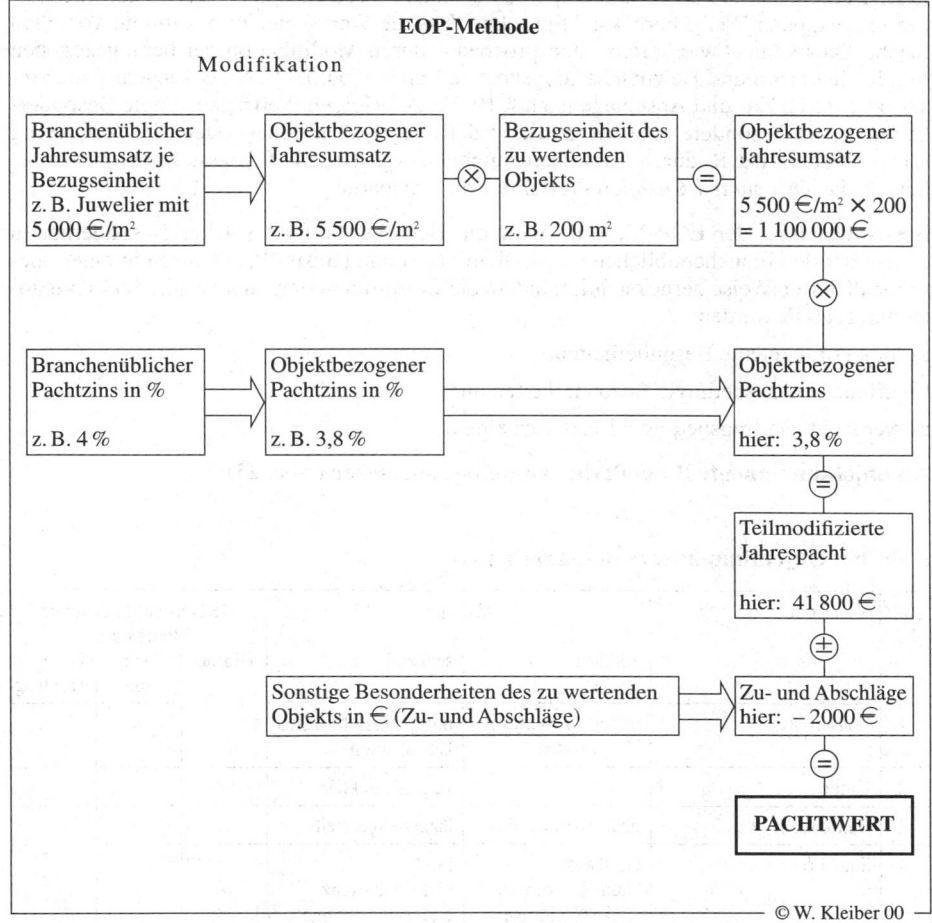

EOP-Methode

Modifikation

| Branchenüblicher Jahresumsatz je Bezugseinheit z. B. Juwelier mit 5 000 €/m² | Objektbezogener Jahresumsatz z. B. 5 500 €/m² | ⊗ | Bezugseinheit des zu wertenden Objekts z. B. 200 m² | = | Objektbezogener Jahresumsatz 5 500 €/m² × 200 = 1 100 000 € |

⊗

| Branchenüblicher Pachtzins in % z. B. 4 % | Objektbezogener Pachtzins in % z. B. 3,8 % | Objektbezogener Pachtzins hier: 3,8 % |

=

Teilmodifizierte Jahrespacht

hier: 41 800 €

±

| Sonstige Besonderheiten des zu wertenden Objekts in € (Zu- und Abschläge) | Zu- und Abschläge hier: – 2000 € |

=

PACHTWERT

© W. Kleiber 00

23 BGH, Urt. vom 13. 6. 2001 – XII ZR 49/99 –, GuG 2001, 302; OLG Stuttgart, Beschl. vom 19. 6. 2001 – 5 U 121/00 –, GuG 2001, 313; OLG Stuttgart, Urt. vom 6. 8. 1998 – 13 U 262/97 –, OLGR Stuttgart 1998, 389; OLG Karlsruhe, Urt. vom 9. 6. 1998 – 19 U 203/97 –; OLG München, Urt. vom 21. 11. 1997 – 14 U 140/97 –, NZM 1991, 224; OLG Nürnberg, Beschl. vom 8. 10. 1997 – 5 W 3283/97 –; OLG Stuttgart, Urt. vom 4. 9. 1997 – 13 U 96/97 –; OLG Stuttgart, Urt. vom 26. 5. 1997 – 5 U 155/95 –, OLGR Stuttgart 1997, 18; OLG München, Urt. vom 18. 4. 1997 – 21 U 5900/9 –, OLGR München 1998, 20; OLG Karlsruhe, Urt. vom 6. 2. 1997 – 12 U 92/96 –, EzGuG 20.160 a; OLG Nürnberg, Urt. vom 26. 9. 1996 – 2 U 3060/ 92 –; OLG Hamm, Beschl. vom 17. 9. 1996 – 2 W 22/96 –; OLG Stuttgart, Urt. vom 26. 6. 1995 – 5 U 189/94 –, EzGuG 20.161 b; OLG München, Urt. vom 24. 2. 1995 – 23 U 4255/94 –; OLG München, Urt. vom 27. 5. 1994 – 21 U 2236/92 –, OLGR München 1996, 163; OLG Stuttgart, Urt. vom 17. 5. 1993 – 5 U 107/92 –; OLG Stuttgart, Urt. vom 1. 2. 1993 – 5 U 138/91 –, NJW-RR 1993, 654; OLG Stuttgart, Urt. vom 13. 7. 1992 – 5 U 2/92 – EzGuG 20.142; OLG Karlsruhe, Urt. vom 6. 2. 1997 – 12 U 92/72 –, EzGuG 20.160 a; OLG Stuttgart, Urt. vom 26. 5. 1997 – 5 U 155/95 –, EzGuG 20.161 b; OLG München, Urt. vom 21. 11. 1997 – 14 U 140/97 –, EzGuG 20.162; OLG München, Urt. vom 25. 9. 1998 – 23 U 2624/98 –, EzGuG 20.165 a; OLG München, Urt. vom 27. 4. 1999 – 25 U 1817/98 –, MDR 1999, 1131 = NZM 1999, 617 = OLGR München 1999, 186; OLG Nürnberg, Urt. vom 16. 7. 1998 – 8 U 197/98 –, EzGuG 20.163 a; LG Konstanz, Urt. vom 21. 8. 1998 – 3 O 586/96 –, EzGuG 20.164 a
24 BGH, Urt. vom 28. 4. 1999 – XII ZR 150/97 –, GuG 2000, 54 historisch: RFH, Urt. vom 15. 12. 1938 – III 18/38 –, RStBl. 1939, 708

192 Bei Anwendung des klassischen Ertragswertverfahrens werden **objektspezifische Besonderheiten** einschließlich der am Objekt „klebenden" **vertragsspezifischen Besonderheiten** in geeigneter Weise berücksichtigt, ohne dass die WertV hierfür bestimmte Vorgaben macht. Dies kann – wie bereits angesprochen – durch Modifikation der herangezogenen Vergleichsmieten und Bewirtschaftungskosten, durch Modifikation des Liegenschaftszinses oder durch Zu- und Abschläge nach § 19 WertV erfolgen. Vertragsbedingte Besonderheiten, die insbesondere zu einer zeitlich i. d. R. begrenzten Unter- oder Übervermietung führen, werden i. d. R. durch Zusatzberechnungen (vgl. Rn. 271 ff.) berücksichtigt bzw. es kommt das *Discounted-Cashflow*-Verfahren zur Anwendung.

193 Bei Anwendung der EOP-Methode wird die Berücksichtigung solcher Besonderheiten gegenüber den branchenüblichen (Basis-)Umsätzen und (Basis-)Pachtzinsen in einer operationalisierten Weise berücksichtigt, indem die **Besonderheiten** zunächst **in drei Kategorien aufgeteilt** werden:

a) objektimmanente Besonderheiten,

b) offene vertragsbedingte Besonderheiten und

c) verdeckte vertragsbedingte Besonderheiten.

194 Als **objektimmanente Besonderheiten** werden angesehen (Abb. 25):

Abb. 25: Objektimmanente Besonderheiten

Lfd. Nr.	Kriterium	Wirkung		Berücksichtigung durch Modifikation		
		erhöhend	senkend	Umsatz	Pachtzins	Zu- oder Abschlag
1.	Betriebsart	mit ertragsstarken Umsatzarten	mit ertragsschwachen Umsatzarten		×	
2.	Größe		zu groß, zu klein	×		
3.	Betriebszeit	ohne Sperrstunde	längere Sperrzeit	×		
4.	Standort	Großstadt	Dorf	×		
		kaum Konkurrenz	viel Konkurrenz	×		
		starke Nachfrage	geringe Nachfrage	×		
		bekannte Lage	unbekannte Lage	×		
		gut erreichbar	abseits	×		
		positives Umfeld	negatives Umfeld	×		
		viele Parkplätze	wenig Parkplätze	×		
5.	Erscheinungsbild	ansprechend	abstoßend	×		
6.	Ausstattungsstandard	gut	schlecht	×		
7.	Funktionalität	optimal	schlecht	×		
8.	Voraussichtliche – Warenkosten – Personalkosten – Energiekosten	günstig	überhöht		× × ×	
9.	Voraussichtliche Kosten Instandhaltung, Schönheitsreparaturen	gering	hoch			×
10.	Abschreibungsbedarf	gering	hoch			×
11.	Betriebskosten	günstig	ungünstig		×	

Als **offene vertragsbedingte Besonderheiten** werden angesehen (Abb. 26):   **195**

Abb. 26: Offene vertragsbedingte Besonderheiten

Lfd. Nr.	Kriterium	Wirkung		Berücksichtigung durch Modifikation		
		erhöhend	senkend	Umsatz	Pacht-zins	Zu- oder Abschlag
1.	Einflussnahme – Leistungspolitik		ja	×		×
2.	Preispolitik		ja	×	×	
3.	Werbepolitik		ja			×
4.	Konkurrenzklausel		nein	×		
5.	Verteilung – Energiekosten – Steuern, Versicherungen – Instandhaltung/ Schönheitsreparaturen	einseitig pächterfreundlich	einseitig verpächterfreundlich			× × ×

Als **verdeckte vertragsbedingte Besonderheiten** werden angesehen (Abb. 27):   **196**

Abb. 27: Verdeckte vertragsbedingte Besonderheiten

Lfd. Nr.	Kriterium	Wirkung		Berücksichtigung durch Modifikation		
		erhöhend	senkend	Umsatz	Pacht-zins	Zu- oder Abschlag
1.	Lieferverträge/Mindestabnahme		ja			×
2.	Automatenverträge		ja			×
3.	Ablösung für – hohes Warenlager – Großinventar – Goodwill		ja ja ja			× × ×
4.	Baukostenzuschuss		ja			×
5.	Vereinbarungen zu – Umbauten – Objektrückgabe	pächterfreundlich	verpächterfreundlich			× ×
6.	Übernahme von Arbeits- verhältnissen nach § 613 a BGB		ja bzw. zu viele			×
7.	Kautionsvereinbarung		Barkaution ohne Verzinsung			×
8.	Vertragslaufzeit		sehr kurz			×
9.	Einseitige Option auf Pachtverlängerung	wenn beim Pächter liegend	wenn beim Verpächter liegend			×
10.	Wertsicherung	nein				×
11.	Unterverpachtungsrecht	ja				×
12.	Einschränkung Schaden- ersatz-/Minderungsrecht		ja			×

197   Die in den vorstehenden Tabellen empfohlene Berücksichtigung objekt- einschließlich vertragsbedingter Besonderheiten durch Modifikation des (Basis-)Umsatzes bzw. des (Basis-)Pachtzinses einerseits und durch Zu- oder Abschläge andererseits ist nicht immer sachgerecht. Allgemein gilt hier die Regel, dass solche

– *Besonderheiten, die den Pachtwert über die gesamte Nutzungsdauer* (d. h. den gesamten Kapitalisierungszeitraum) *beeinflussen,* durch eine angemessene Modifizierung des Umsatzes und des Pachtzinses berücksichtigt werden, während

– *Besonderheiten, die sich nur temporär oder sogar nur einmalig auf den Pachtwert auswirken,* durch Zu- oder Abschläge (in €) berücksichtigt werden.

198   Ein besonderes Problem bei Anwendung der Pachtwertmethode wie im Übrigen aber auch bei Anwendung des klassischen Ertragswertverfahrens stellt die Frage dar, von welcher gewerblichen Branche auszugehen ist. Wie bereits ein flüchtiger Blick in die Einkaufsstraßen zeigt, ergibt sich ein **breites Marktspektrum für die Nutzung von Einzelhandelsflächen mit völlig unterschiedlichen Umsatzpotenzialen** einerseits und unterschiedlichen Umsatzmieten. Hierauf ist zurückzuführen, dass ertragsstarke Nutzungen ertragsschwächere Nutzungen verdrängen. Auf der anderen Seite ist es der Branchenmix, von dem letztlich alle Nutzungen „leben". Nicht jede Nutzung verträgt aber jede Miete.

199   Ein umsichtiges Citymanagement wird deshalb darauf bedacht sein, gleichwertige Flächen verschiedenen Branchen in einem ausgewogenen Mix zu unterschiedlichen Mieten zur Verfügung zu stellen. I. d. R. wird sich jede Ladenfläche grundsätzlich für jede Nutzung eignen, zumal Läden oftmals im „gehobenen Rohbau" zur Vermietung gelangen und der Nutzer den branchenspezifischen Ausbau übernimmt; allein die Ladengröße ist ein Indikator für bestimmte Nutzungen.

Abb. 28: Lageplan der Einkaufsstraße

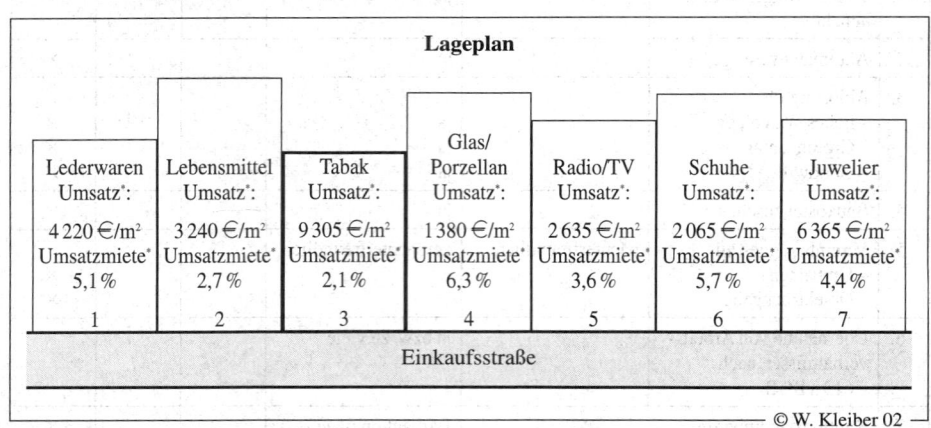

© W. Kleiber 02

* Branchenübliche Umsätze und Pachten nach Untersuchungen des Instituts für Handelsforschung an der Universität zu Köln (Stand: 1995)

200   Bei alledem stellt sich die Frage, ob im Einzelfall die **Zufälligkeit der tatsächlichen Nutzung** zugleich Grundlage der Verkehrswertermittlung sein darf. Im vorstehenden Beispiel (Abb. 28) stellt sich konkret die Frage, ob die tatsächliche Nutzung als Juwelier- oder Tabakladen mit hohem Jahresumsatz zum Ausgang der Ertragswertermittlung gemacht werden kann. Dieselbe Frage stellt sich aber auch bei Anwendung des Pachtwertverfahrens.

Zu alledem wird hier die Auffassung vertreten, dass eine bestimmte Nutzung in den selte- **201** nen Ausnahmefällen zum Ausgangspunkt der Pacht- bzw. Ertragswertermittlung gemacht werden kann, wenn das Objekt auch für andere Nutzungen nach seiner objektiven Beschaffenheit geeignet ist und die allgemeine Situation diese Nutzung auch verträgt. Ansonsten kann weder die ertragskräftigste noch die ertragsschwächste Nutzung – unabhängig von der tatsächlichen Nutzung – zum Ausgangspunkt der Pacht- und Ertragswertermittlung gemacht werden, wenn es um den Verkehrswert geht. **Unter dem Gesichtspunkt der Verkehrswertermittlung empfiehlt es sich auf die durchschnittliche Nutzung zurückzufallen,** und zwar selbst dann, wenn z. B. der Branchenmix ein Defizit bezüglich ertragsstarker Nutzungen aufweist. Man muss sich hier vergegenwärtigen, dass sich die zum Wertermittlungsstichtag vorgefundene Situation sehr schnell wandeln kann, während mit dem Rückgriff auf eine bestimmte Nutzung und der sich hieraus ergebenden Barwertermittlung unterstellt wird, dass diese Nutzungsverhältnisse über die gesamte Restnutzungsdauer Bestand haben. Auf der anderen Seite wird man eine von der durchschnittlichen Nutzbarkeit abweichende tatsächliche Nutzung auch nicht gänzlich unberücksichtigt bleiben lassen, sei es dass es sich um eine Unter- oder Übernutzung handelt. In solchen Fällen muss man mit feinem Marktgefühl unter Berücksichtigung vertraglicher Gegebenheiten den Zeitraum abschätzen, über den sich eine ertragsschwächere bzw. ertragsstärkere Nutzung „hält", um den Barwert der Mehr- oder Mindereinnahmen aus der tatsächlichen Nutzung zusätzlich in Ansatz bzw. zum Abzug zu bringen.

Lösungsvorschlag in der Zusammenfassung: **202**

a) Bei Anwendung des klassischen Ertragswertverfahrens verbietet es sich in Einzelhandelslagen immer dann von der tatsächlichen Nutzung als der nachhaltigen Nutzung auszugehen, wenn

  – sie sich nicht aus der vorhandenen Bausubstanz aufdrängt oder

  – von der durchschnittlichen Nutzung abweicht.

  In solchen Fällen ist im Rahmen einer vorsichtigen und risikoorientierten Verkehrswertermittlung die durchschnittliche Ertragsfähigkeit und nicht etwa der *highest and best price* der Ertragswertermittlung zu Grunde zu legen. Ergeben sich aus der „Unter- oder Übernutzung" Abweichungen gegenüber der durchschnittlichen Ertragsfähigkeit, so sind diese nach den dafür gängigen Verfahren zusätzlich zu berücksichtigen.

b) Dasselbe gilt auch bei Anwendung des Pachtwertverfahrens. Die zur Anwendung kommende EOP (Ertragsorientierte Pachtwertmethode) führt dagegen nicht zum Verkehrswert, wenn von der „Zufälligkeit" der tatsächlich vorhandenen Branche ausgegangen wird.

3.3 Gesplittetes Ertragswertverfahren

3.3.1 Verkehrswertermittlung

Im Rahmen der Anwendung des Ertragswertverfahrens als Grundlage von Investitionsent- **203** scheidungen lässt sich das Ertragswertverfahren dahingehend modifizieren, dass der **Kapitalisierungszeitraum** in Phasen **aufgesplittet** und diese unterschiedlich berücksichtigt werden (vgl. Rn. 27). Abweichend von den Regelungen der §§ 15 ff. WertV, nach denen sich der Gebäudeertragswert bzw. der Ertragswert im Wege der Kapitalisierung des nachhaltigen Reinertrags über die gesamte Restnutzungsdauer ergibt, vollzieht sich dabei die Kapitalisierung der sich für einen *begrenzten Zeitraum* ergebenden nachhaltigen Erträge zunächst lediglich über diesen Zeitraum; dem sich dafür ergebenden Barwert wird dann nur noch der über diesen Zeitraum diskontierte Verkehrswert, wie er sich nach Ablauf dieses Zeitraums einstellt, zugeschlagen (diskontierter Restwert).

204   **In Formeln** (Abb. 29):

$$EW = RE \times V_{(p, n_1)} + (RE \times V_{(p, n_2)} + BW \times q^{-n_2}) \times q^{-n_1}$$

$$\underbrace{\qquad\qquad}_{EW\ (1.\ Periode)}\qquad \underbrace{\qquad\qquad\qquad\qquad}_{EW'\ (2.\ Periode)}$$

wobei n_1 = Kapitalisierungszeitraum der 1. Periode

n_2 = Kapitalisierungszeitraum des Restwerts

Abb. 29: Gesplittetes Ertragswertverfahren

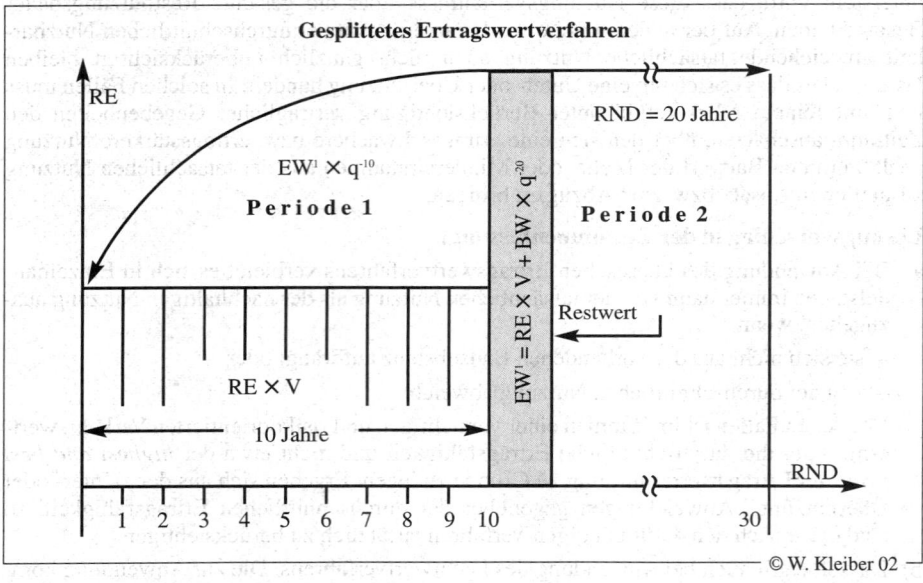

© W. Kleiber 02

205   **Das Verfahren** entspricht in seinen Grundzügen dem in den §§ 15 ff. geregelten Ertragswertverfahren, wobei lediglich der Kapitalisierungszeitraum aufgesplittet wird. Das Verfahren **muss** von daher grundsätzlich **zu demselben Ergebnis führen wie die Anwendung des normalen Ertragswertverfahrens**: Im nachstehenden *Beispiel* wird der Ertragswert für ein Objekt, dessen Bebauung eine 30-jährige Restnutzungsdauer aufweist, nach der klassischen Ertragswertformel und gesplittet über eine 10-jährige Nutzungsdauer zuzüglich eines Restwerts für die verbleibenden 20 Jahre Restnutzungsdauer ermittelt und gegenübergestellt:

Beispiel:

Mehrfamilienhaus:	Reinertrag	60 844 €/Jahr
	Restnutzungsdauer	30 Jahre
	Liegenschaftszinssatz	5 %
	Bodenwert	200 000 €
V (5 %, 30 Jahre)	= 15,372452	q^{-30} = 0,231377
V_1 (5 %, 10 Jahre)	= 7,721738	q^{-20} = 0,376889
V_2 (5 %, 20 Jahre)	= 12,462218	q^{-10} = 0,613913

$$EW = RE \times V + BW \times q^{-30}$$

RE	=	60 844 €
× V (=15,372)	=	935 321 €
+ BW	=	200 000 €
× q^{-30} (= 0,231377)	=	+ 46 275 €
= EW	=	**981 596 €**

$$EW = RE \times V_1 + (RE \times V_2 + BW \times q^{-20}) \times q^{-10}$$

RE	=	60 844 €
× V$_1$	=	469 821 €
× V$_2$	=	758 251 €
+ BW	=	200 000 €
× q^{-20} (= 0,376889)	=	75 378 €
= RE × V$_2$ – BW × q^{-20}	=	833 629 €
× q^{-10} (= 0,613913)	=	+ 511 776 €
EW	=	**981 596 €**

Beide Verfahren führen also zu identischen Ergebnissen. **Bei Anwendung des gesplitteten Ertragswertverfahrens setzt sich der Ertragswert** lediglich **aus dem Barwert der ersten Periode** (hier: 469 821 €) **zuzüglich des Restwerts** (hier: in Höhe von 833 629 €) **diskontiert über den Zeitraum der ersten Periode** (von hier 10 Jahren) **zusammen.** Gleichwohl verspricht man sich von dem gesplitteten Verfahren Vorteile: **206**

– Zum einen glaubt man den Restwert keine entscheidene Bedeutung beimessen zu dürfen und ihn ggf. sogar als Schätzgröße ansetzen zu können.

– Zum anderen glaubt man der ersten Periode dagegen ein größeres Gewicht beimessen zu müssen und ggf. für jedes einzelne Jahr mit den jeweils dafür erwarteten Erträgen den Barwert zu ermitteln. In jedem Fall ermöglicht die Vorgehensweise eine objektspezifische Erfassung der Ertragsräume der ersten Periode und ihre Berücksichtigung.

In dem *Beispiel* wurde für die (erste) Periode von gleich bleibenden Erträgen (hier in Höhe von 60 844 €) ausgegangen; der Barwert wurde mithin durch Kapitalisierung dieses Ertrags mit Hilfe des Vervielfältigers V$_1$ ermittelt. Bei **Ansatz von jährlich unterschiedlichen Erträgen** kann der Barwert durch partielle Diskontierung der Jahreserträge und ihrer Aufsummierung zuzüglich des diskontierten Restwerts (hier 833 629 €) ermittelt werden, d. h. aus der Summe: **207**

$$EW = \frac{RE_1}{q^1} + \frac{RE_2}{q^2} + \cdots \frac{RE_{10}}{q^{10}} + Restwert \times q^{-10}$$

Das gesplittete Verfahren weist tatsächlich jedoch insoweit **keinerlei Vorteile gegenüber dem normalen Ertragswertverfahren auf**, denn auch dieses lässt sich dahingehend modifizieren, dass für beliebige Zeiträume unterschiedliche Erträge zum Ansatz gelangen. Die „Philosophie" des Verfahrens muss bei alledem darin gesehen werden, dass man sich als Vorteil verspricht, wenn man **208**

– einerseits den unmittelbar überschaubaren Zeitraum (der ersten Periode) in seinen Ertragsverhältnissen und in seiner Ertragsentwicklung objektspezifisch und realistisch in die Ertragswertermittlung einbringen kann und

– andererseits den weniger überschaubaren Zeitraum (der zweiten Periode) über den diskontierten Restwert wertmäßig pauschalierend berücksichtigt, wobei vielfach hier von Schätzgrößen ausgegangen wird.

Die Methode wird mitunter deshalb auch als **Restwertverfahren** bezeichnet. Das Restwertverfahren führt zunächst also zu keinerlei Verbesserung der Ertragswertmethodik, denn – wie bereits angesprochen – können auch bei Anwendung des klassischen Ertragswertverfahrens nach den §§ 15 ff. WertV besondere Entwicklungen der Ertragsverhältnisse individuell berücksichtigt werden. **209**

Bezüglich des Restwertanteils ist die Restwertmethode sogar geeignet, die qualitative Leistungsfähigkeit des Verfahrens zu verschleiern, wenn dieser **Restwert im Wege der Schätzung** eingebracht wird. Wie an dem vorgestellten Beispiel deutlich wird, **bestimmt** nämlich der Restwert – zumindest bei einer verbleibenden längeren Restnutzungsdauer – **maßgeblich das Gesamtergebnis.** Der Restwert fällt mit 511 776 € in dem Beispiel höher **210** als der Barwert der ersten Periode aus. Das Verfahren kann mithin nur eine Genauigkeits-steigerung vortäuschen, wenn einerseits der Wertanteil der ersten Periode mit besonderer Präzision und hohem Rechenaufwand erfasst wird und andererseits der wertmäßig nicht unbedeutsame Restwert im Wege einer groben Schätzung in das Gesamtergebnis eingeht.

211 Ein Vorteil des Verfahrens könnte darin gesehen werden, dass es – wie das vereinfachte Ertragswertverfahren – **ohne Ermittlung des Bodenwerts** und der Schätzung einer (Gesamt-)Restnutzungsdauer auskommt, jedoch verlagert sich die Wertermittlungsproble-matik in die „richtige" Erfassung des Restwerts. Der Schätzung des verbleibenden Gebäu-des (als den Restwert) muss dann eine wesentliche Beachtung beigemessen werden, weil

a) einerseits die Wertminderung infolge Alterung in technischer und wirtschaftlicher Hin-sicht und

b) andererseits konjunkturelle Werterhöhungen und möglicherweise auch Wertminderungen

berücksichtigt werden müssen. Die unter a) genannten Wertminderungen lassen sich auf der Grundlage empirischer Untersuchungen ansetzen; die künftigen Werterhöhungen könnten allenfalls prognostisch abgeschätzt werden. Dies ist methodisch unbefriedigend. Auf der anderen Seite ist es für den Grundstücksmarkt durchaus kennzeichnend, dass Erwartungen in einer vom Ergebnis her nicht quantifizierbaren Höhe bei der Preisgestal-tung eine nicht unerhebliche Rolle spielen. Insoweit entspricht das Verfahren durchaus den Usancen des Grundstücksmarktes, auch wenn es deshalb mit Unsicherheiten behaftet sein muss. Vom Grundstückssachverständigen wird hier erwartet, dass er die Erwartungshal-tung des allgemeinen Grundstücksmarktes richtig einzuschätzen weiß.

Verhängnisvoll wird die Anwendung dieses Verfahrens, wenn über die erste Phase mit Hilfe der allgemeinen Barwertmethode *(Discounted Cashflow)* auf der Grundlage von bloßen (prognostizierten) Annahmen über die Mietentwicklung ein falscher fehlerhafter Teilwert abgeleitet wird und die fehlerhafte Ertragssituation (z. B. für das zehnte Jahr) dann über die verbleibende Restnutzungsdauer kapitalisiert wird. Bisher hat es noch keiner ver-mocht, die Ertragsentwicklung über zehn Jahre vorauszusagen. Grobe Fehlbewertungen, wie sie unter Rn. 236 ff. dargestellt werden, waren die Folge. Man muss sich hier immer vergegenwärtigen, dass der **Anteil des Restwerts am Gesamtwert erheblich** ist und die **Ermittlung des Restwerts auf der Grundlage falsch prognostizierter Ertragsverhält-nisse zudem noch grob verfälscht wird** (vgl. Rn. 24, Rn. 223 ff.).

3.3.2   Kapitalwertverfahren für Rentabilitätsanalysen

3.3.2.1   Allgemeines

212 Seine eigentliche Bedeutung entwickelt das gesplittete Ertragswertverfahren (Restwert-methode) im Rahmen von **Rentabilitätsanalysen für Immobilienprojekte.** Im Vorder-grund steht dabei in aller Regel die Frage, ob sich eine Investition in eine Immobilie ggf. im Vergleich zu alternativen Anlagen lohnt, d. h. wie sich der Kauf einer Immobilie ggf. in Verbindung mit weiteren investiven Maßnahmen verzinst. Konkret wird dabei die Frage nach der Verzinsung der Investition vor dem Hintergrund eines bestimmten Zeitraums gestellt.

213 Die dafür zur Anwendung kommende sog. **Kapitalwert-Methode lehnt sich an das gesplittete Ertragswertverfahren** an:

$$EW = RE \times V + \frac{Restwert}{q^n} \qquad \text{bei gleich bleibenden Erträgen}$$

oder

$$EW = \sum_{t=1}^{n} RE_i \times q^{-1} + \frac{\text{Restwert}}{q^n} \qquad \text{bei jährlich unterschiedlichen Reinerträgen}$$

wobei n = den Zeitraum der ersten Periode darstellt,
d. h. des im Vordergrund der Rentabilitätsanalyse stehenden Investitionszeitraums

          t = laufende Jahre dieses Investitionszeitraums

          q = $(1 + i)$

          i = Diskontierungszinssatz

Bezüglich des dabei anzusetzenden **Diskontierungszinssatzes** bestehen nun – je nach **214** Zielsetzung – verschiedene Möglichkeiten:

a) Zum einen könnte auch hier der *Liegenschaftszinssatz p* herangezogen werden, wie er sich für vergleichbare Objekte ermitteln lässt; im Ergebnis führt die Anwendung der Formel dann wieder zum Verkehrswert, wenn darüber hinaus auch die nachhaltig erzielbaren Reinerträge als Einnahmeüberschuss aus der Grundstücksnutzung zum Ansatz gelangen.

b) Im Rahmen einer individuellen Rentabilitätsanalyse können aber auch **bankübliche Zinsen** (ggf. unter Einbeziehung einer Eigenkapitalverzinsung) eingeführt werden. Wenn darüber hinaus als Reinertrag auch noch der objektspezifische Einnahmeüberschuss aus der Grundstücksnutzung $Ü_t$ zum Ansatz gelangt, erhält man den **individuellen Kapitalwert**. Diese Vorgehensweise wird als Kapitalwert-Methode oder in Anlehnung an den sich damit ergebenden *Netto Present Value* auch als **N.-P.-V.-Methode** bezeichnet.

c) Des Weiteren besteht die Möglichkeit, den Wert der Immobilie mit einem durch eigene Zielvorgaben gewünschten Zinssatz und auf der Grundlage des objektspezifischen Einnahmeüberschusses $Ü_t$ (an Stelle des nachhaltigen Reinertrags) zu ermitteln, d. h. zu dem Zinssatz, zu dem ein Investor unter Berücksichtigung der von ihm gewünschten Verzinsung seines eingesetzten Kapitals zum Erwerb der Immobilie bereit ist **(zielorientierter Zinssatz)**.

d) Schließlich lässt sich die vorgestellte Formel auch noch auf der Grundlage der abschätzbaren Einnahmeüberschüsse $Ü_t$ und bekannten Investitionskosten (Kaufpreis einschließlich Erwerbsnebenkosten sowie ggf. weiterer Investitionskosten) auflösen. Man erhält dann den *objektspezifischen internen Zinssatz*. Dieser gibt an, wie sich das investierte Kapital verzinst. Der **interne Zinssatz** entspricht dem Liegenschaftszinssatz, wenn

die Einnahmeüberschüsse $Ü_t$ dem nachhaltigen Reinertrag und

die Investitionskosten dem Verkehrswert

entsprechen (und im Übrigen Finanzierungs- und Grunderwerbskosten unberücksichtigt bleiben). Diese Methode wird auch als „I.-R.-R.-Methode" in Anlehnung an den internen Zinssatz *(Internal Rate of Return)* bezeichnet.

In der Hauptsache wird also nach   **215**

– der **Internal-Rate-of-Return-Methode** (I.-R.-R.-Methode) und

– der **Netto-Present-Value-Methode** (N.-P.-V.-Methode oder Kapitalwert-Methode)

unterschieden (Abb. 30):

Abb. 30: Kapitalwertmethoden

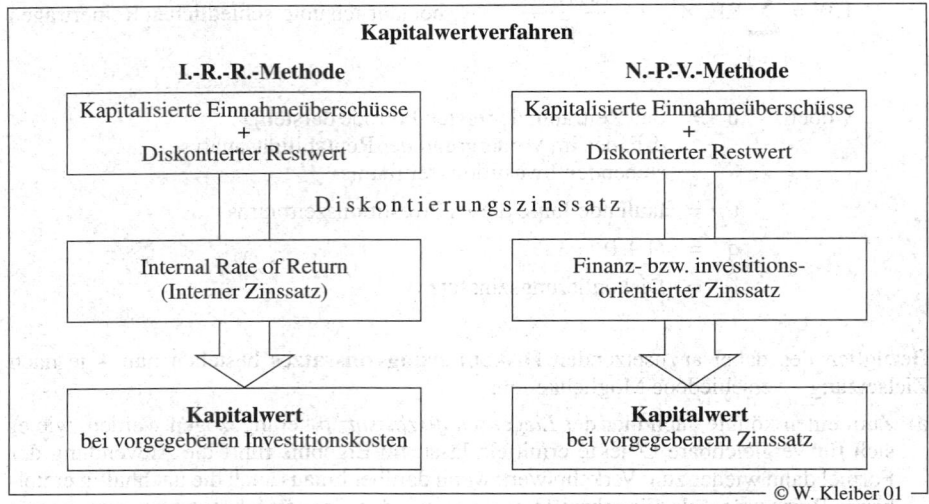

3.3.2.2 Kapitalwertverfahren (N.-P.-V.-Methode)

216　Bei der Kapitalwert-Methode[25] führt man nun an Stelle des sonst üblichen nachhaltigen Reinertrags die objektspezifisch erwarteten tatsächlichen **jährlichen Überschüsse aus der Grundstücksnutzung ($Ü_t$)** und an Stelle des Liegenschaftszinssatzes einen Kalkulationszinssatz ein.

217　Der **Vergleich des** sich daraus ergebenden **Barwerts mit den erforderlichen Anschaffungskosten** (Investitionsausgabe) a_o **lässt** dann **eine Aussage zur Frage zu, ob sich die Investition lohnt:**

$$C_o = \sum_{t=1}^{n} Ü_t \frac{1}{(1+i)^t} + R_n \frac{1}{(1+i)^n} \quad - \quad a_o$$

Kapital-wert	Barwert der Einnahme-überschüsse	diskontierter Restwert	Investitions-kosten

entspricht individuellem Grundstücksertragswert

wobei　$Ü_t$ … die laufenden Einzahlungs- und Auszahlungsüberschüsse
　　　　　　 = $e_t - a_t$ (in der Verkehrswertermittlung der Reinertrag)

　　　a_t … die laufenden Auszahlungen, untergliedert nach

– periodischen Kosten:　　　Versicherungen,
　　　　　　　　　　　　　　Verwaltungskosten,
　　　　　　　　　　　　　　Instandhaltungskosten,
　　　　　　　　　　　　　　Betriebskosten usw.

– aperiodischen Kosten:　　Instandhaltungskosten,
　　　　　　　　　　　　　　Modernisierungskosten,
　　　　　　　　　　　　　　Freilegungskosten usw.

ohne Einbeziehung von Zins- und Tilgungszahlungen
sowie Abschreibung (in der Verkehrswertermittlung die laufenden Bewirtschaftungskosten)

e_t ... die laufenden Einzahlungen

Mieteinnahmen:
Grundmiete,
Nebenkostenanteil,
evt. zusätzliche Einnahmen
gemäß Mietvertrag

Sonstige Periodenerlöse:
Werbeflächen,
Park- oder sonstige Stellflächen

a_o ... Investitionskosten (Investitionszahlungen)

= Anschaffungs- bzw. Herstellungskosten

+ Grunderwerbsnebenkosten:　– Maklergebühren

　　　　　　　　　　　　　　– Grundbuchgebühren

　　　　　　　　　　　　　　– Notarkosten

　　　　　　　　　　　　　　– Grunderwerbsteuer

　　　　　　　　　　　　　　– Bankengebühren

　　　　　　　　　　　　　　– Gutachterkosten usw.

R_n ... Veräußerungserlös am Ende der Nutzungsdauer ggf. getrennte Prognose der Wertentwicklung des

– Anteils der baulichen Anlagen

– Anteils des Grund und Bodens.

Ist der Kapitalwert C_o = o, liegt eine sog. **Entscheidungsindifferenz** vor. Ist der Kapitalwert C_o positiv, so verspricht die Sachinvestition Gewinn. Bestehen mehrere Möglichkeiten alternativer Sachinvestitionen, so ist jene am vorteilhaftesten, die den höchsten Kapitalwert aufweist.　　**218**

Der **Kalkulationszinsfuß i stellt die Verzinsungsuntergrenze für das eingesetzte Kapital** dar. Die individuelle Finanzierung kann – im Unterschied zu den Methoden der Verkehrswertermittlung – dabei eingestellt werden[26]. Grundsätzlich besteht die Möglichkeit den Kalkulationszinssatz zu orientieren an:　　**219**

– vergleichbaren banküblichen Zinsen (Leitzinsen),

– Opportunitätskosten alternativer Anlageformen oder

– eigenen Zielvorgaben (die gewünschte Verzinsung einer Investition).

Mit der Verminderung des Kalkulationszinssatzes erhöht sich der Kapitalwert und umgekehrt.

Durch Auflösung der Ausgleichsgleichung lässt sich der sog. **kritische Zinssatz** (i_{krit}) ermitteln, mit dem die Verzinsung der Investitionsauszahlung zum gleichen Endwert führt.

$$i_{krit} = (1 + i)\sqrt[n]{\frac{\sum_{t=1}^{n}\frac{\ddot{U}_t}{(1+i)^t}}{a_o} + 1} - 1$$

25　Schulte/Ropeter, Rentabilitätsanalyse für Immobilienprojekte im Handbuch Immobilienprojektentwicklung, Köln 1996, S. 165

26　Der Ansatz von Finanzierungskosten ist in der Verkehrswertlehre verpönt, weil sich dabei – je nach Finanzierung des Objekts – unterschiedliche Werte ergeben würden. Gleichwohl gehen auch über den Liegenschaftszinssatz Finanzierungskosten in die Verkehrswertermittlung ein und zwar in der marktüblichen Höhe.

220   Dabei kann eine **Finanzierung durch Fremd- und Eigenkapital** individuell berücksichtigt werden. Bei einer Finanzierung

– durch Fremdkapital (FK) mit dem Sollzinssatz i_S und
– durch Eigenkapital (EK) mit dem Habenzinssatz i_H

ergibt sich als Mischzinssatz:

$$i_{S/H} = \frac{EK \times i_H + FK \times i_S}{EK + FK}$$

221   Ein auf dieser Grundlage ermittelter **positiver Kapitalwert C_o zeigt an, dass die Sachinvestition mehr erbringt, als für die Verzinsung und Tilgung des Kredits benötigt wird.**

222   Als weitere **Prämisse** ist bei alledem zu berücksichtigen, dass Einzahlungsüberschüsse (Auszahlungsüberschüsse) der Sachinvestition zum Kalkulationszinssatz angelegt werden.

223   **Schwachpunkt des Verfahrens bleibt,** wie vorstehend dargelegt wurde, **die Ermittlung des Restwerts,** d. h. des Werts, der sich nach Ablauf des betrachteten Investitionszeitraums ggf. durch Verkauf der Immobilie dann realisieren lässt, und der Kalkulationszinssatz (vgl. Rn. 211).

224   Darüber hinaus basieren die Einnahmen e_t und laufenden Auszahlungen a_t auf **Prognosen, deren Ungenauigkeitsgrad mit wachsender zeitlicher Entfernung vom Ermittlungszeitpunkt zunimmt.** Die Prognoseschwierigkeiten lassen sich durch sorgfältige Informationsbeschaffung zwar einengen, bleiben aber erheblich. Hierauf sind auch die Zusammenbrüche in der Immobilienbranche zurückzuführen:

So wurde z. B. für ein Hotelprojekt in Zwickau der LWS für ein 36,5 Mio. € teures Investitionsvorhaben mit einer 10%igen Rendite gerechnet, die auf Grund von Fehlprognosen allein in den ersten Jahren Verluste von rd. 2,25 € erwirtschaftet (SZ vom 17. 8. 1999).

Derartige Investitionsrechnungen wirken zwar auf den unbefangenen „Verbraucher" durchdacht und herkömmlichen Verfahren der Verkehrswertermittlung überlegen. Tatsächlich können aber durch eine Vielzahl von fehlerträchtigen Schätzgrößen die Ergebnisse erheblich und unkontrollierbar verfälscht werden. Es handelt sich eben um ein **Prognoseverfahren** und Prognoseverfahren sind stets äußerst problematisch. Klassische und modern angewandte Verfahren der Wertermittlung haben sich gegenüber solchen Kalkulationsmodellen immer noch als überlegen erwiesen, wenn es um die Ermittlung des Verkehrswerts ging. Dies ist letztlich darauf zurückzuführen, dass sie sich auf empirisch abgeleitete und handhabbare Liegenschaftszinssätze und nicht auf bloße und leicht manipulierbare Prognosen stützen. Der „Verbraucher" hüte sich deshalb, sich von gewaltigen Rechenwerken blenden zu lassen.

3.3.2.3   I.-R.-R.-Methode

225   Wie vorstehend bereits angesprochen, liegt eine **Entscheidungsindifferenz** vor, wenn der Kapitalwert $C_o = 0$ ist. In diesem Fall entspricht der individuelle Grundstücksertragswert den Investitionskosten a_o. Für diesen Fall kann die **Verzinsung des mit den Investitionskosten a_o gebundenen Kapitals** ermittelt werden, indem die verbleibende Gleichung nach dem Zinssatz aufgelöst wird:

$$O = \sum_{t=1}^{n} \ddot{U}_t \frac{1}{(1+i)^t} + R_n \frac{1}{(1+i)^n} - a_o$$

wobei a_o = Investitionskosten

Der sich ergebende Zinssatz wird als **interner Zinssatz** r **(Internal Rate of Return)**[27] genannt. Der interne Zinssatz (Rendite oder Rentabilität) gibt die Verzinsung des durchschnittlich gebundenen Kapitals an. Eine Sachinvestition ist

– vorteilhaft, wenn der interne Zinssatz r den Kalkulationszinssatz i übersteigt,

– unvorteilhaft, wenn der interne Zinssatz r den Kalkulationszinssatz i unterschreitet und

– indifferent, wenn der interne Zinssatz r dem Kalkulationszinssatz i entspricht.

Der interne Zinssatz wird im Wege der Iteration ermittelt. Die Verwendung interner **226** Zinsfüße wird im Schrifttum kontrovers diskutiert.

3.4   Allgemeines Barwertverfahren: Discounted-Cashflow-Verfahren

3.4.1   Allgemeines

Wie einleitend bereits unter Rn. 16 erläutert wurde, kann als **Urform des in der WertV** **227** **geregelten Ertragswertverfahrens die allgemeine Barwertformel** gelten. Im Unterschied zu dem Ertragswertverfahren nach den §§ 15 ff. kann mithilfe der allgemeinen Barwertformel der Ertragswert von Immobilien mit alternierenden Jahresreinerträgen ermittelt werden.

$$\text{Barwert} = \frac{RE_1}{q^1} + \frac{RE_2}{q^2} + \frac{RE_3}{q^3} + \frac{RE_4}{q^4} + \frac{RE_5}{q^5} + \dots \frac{RE_n}{q^n} + \frac{\text{Restwert}}{q^n} \qquad (1)$$

Restwert diskontiert über den Beobachtungszeitraum (Zeithorizont)

Diskontierter Reinertrag des n-ten Jahres

Diskontierter Reinertrag des fünften Jahres

Diskontierter Reinertrag des vierten Jahres

Diskontierter Reinertrag des dritten Jahres

Diskontierter Reinertrag des zweiten Jahres

Diskontierter Reinertrag des ersten Jahres

Diskontiert wird dabei jeweils der Jahresreinertrag RE_i mit dem **Diskontierungsfaktor:**

$$\frac{1}{q^n} \text{ wobei } q = 1 + \frac{p}{100} \quad (= \text{Zinsfaktor})$$

p ist bei Anwendung des „klassischen" Ertragswertverfahrens der Liegenschaftszinssatz (§ 11 WertV).

Der Ertragswert ergibt sich bei Anwendung der vorgestellten Formel als Summe der **228** **partiell diskontierten Reinerträge** zuzüglich des diskontierten Restwerts (Barwerte).

---

27   Investitionsrechnung, 6. Aufl. Berlin/New York 1995, S. 90 ff.; Rolfes, Moderne Investitionsrechnung, München/Wien 1992, S. 49 ff.; Haberstock/Dellmann, Kapitalwert und interner Zinsfuß als Kriterien zur Beurteilung der Vorteilhaftigkeit von Investitionsprojekten, in Kostenrechnungs-Praxis, S. 195 ff., 206

229 Im **allgemeinen Sprachgebrauch** wird bei Anwendung dieser Methode vielfach vom *Discounted-Cashflow*-Verfahren gesprochen, insbesondere dann, wenn der Barwert auf der Grundlage von Diskontierungszinssätzen ermittelt wird, wie sie für langfristige Kapitalanlagen üblich sind, und darüber hinaus weitere Investitionsaspekte berücksichtigt werden sollen. Tatsächlich sind alle Ertragswertverfahren ihrer Natur nach Barwertverfahren und können damit allesamt den Begriff *Discounted-Cashflow*-Verfahren für sich in Anspruch nehmen.

230 Der nach dieser Ausgangsgleichung (1) zu diskontierende Reinertrag ergibt sich bekanntlich aus dem Rohertrag – RoE – (Nettokaltmiete) abzüglich der (nicht umlagefähigen) Bewirtschaftungskosten (BewK). Die Ausgangsformel wird damit häufig wie folgt angegeben:

$$\text{Barwert} = \sum_{1}^{n} \frac{(RoE_n - BewK_n)}{(1 + p/100)^n} + \frac{\text{Restwert}}{(1 + p/100)^n}$$

231 Bei **konstant bleibenden Reinerträgen** kann die vorstehende rechentechnisch aufwendige Formel umgeformt werden, und man erhält die bekannte – einfachere – Formel des Ertragswertverfahrens (nach den §§ 15 ff. WertV):

$$\text{Barwert} = \text{Ertragswert} = RE \times V + \frac{BW}{q^n} = (RE - p \times BW) \times V + BW$$

wobei: V = Vervielfältiger (tabelliert in WertV)
          BW = Bodenwert

Der Restwert ist hierbei der Bodenwert, der mit Ablauf der Restnutzungsdauer des Gebäudes verbleibt, denn die Bausubstanz ist zu diesem Zeitpunkt wirtschaftlich verbraucht.

232 Ein **Unterschied zwischen der klassischen Ertragswertermittlung nach** den Grundsätzen der WertV **und der allgemeinen Barwertmethode (Discounted-Cashflow-Methoden)** besteht mithin lediglich darin, dass

a) das „klassische" Ertragswertverfahren grundsätzlich von dem am Wertermittlungsstichtag erzielbaren ortsüblichen Jahresreinertrag ausgeht und diesen zugleich als den für die gesamte Restnutzungsdauer der baulichen Anlage nachhaltigen Reinertrag unterstellt. Allgemeine Änderungen in den Ertrags- und Wertverhältnissen auf dem Grundstücksmarkt werden dabei mit dem dynamischen und effektiven Liegenschaftszinssatz (als Diskontierungszinssatz) berücksichtigt, während besondere und hier vor allem mietvertragliche Änderungen der Nutzungsentgelte nach § 19 durch zusätzliche Rechenschritte Berücksichtigung finden;

b) mit der allgemeinen Barwertmethode *(Discounted-Cashflow-Methode)* – wie mit der klassischen Ertragswertmethode nach WertV– ebenfalls als Ertragswert *(Discounted-Cashflow-Wert)* die Summe der auf den Wertermittlungsstichtag diskontierten Jahresreinerträge ermittelt wird, dabei jedoch auf der Grundlage perspektivischer Annahmen (ggf. entsprechend einer gegebenen Vertragsgestaltung) von sich in bestimmten Zeitabständen ändernden Nutzungsentgelten ausgegangen wird. Daneben können noch andere Besonderheiten, wie z.B. sofort durchgeführte oder beabsichtigte Investitionen mit ihren Auswirkungen auf die Ertragsverhältnisse – wie bei Anwendung der WertV – berücksichtigt werden.

233 Während sich das „klassische" Ertragswertverfahren auf Emperie stützt, stellt die so definierte *Discounted-Cashflow-Methode* ein einfaches **Prognoseverfahren** dar. Man täte dem „klassischen" Ertragswertverfahren aber unrecht, wenn man es als statisch betrachten würde, mit dem absehbare Veränderungen in den Ertragsverhältnissen nicht berücksichtigt werden könnten. Auch **das klassische Ertragswertverfahren ist offen für die Berücksichtigung von Änderungen in den Ertragsverhältnissen.** Beispiele dafür sind das Staffelmietverfahren oder die *praktizierten Modifikationen* des Ertragswertverfahrens bei Gebäuden der sozialen Wohnraumförderung (vgl. Vorbem. zu den §§ 15 ff. WertV Rn. 271 ff.). Die WertV schreibt dies sogar mit § 19 ausdrücklich vor (vgl. § 19 WertV Rn. 23 ff.).

In der allgemeinen Wertermittlungspraxis hat man schon seit jeher auf das sog. Dis- **234** **counted-Cashflow-Verfahren zurückgegriffen,** wenn es um die Ermittlung des Ertrags- werts von Grundstücken ging, bei denen die zu erwartenden Erträge im Verlauf der Nut- zungsphasen einer Immobilie deutliche Unterschiede aufweisen, so z. B. bei der Verkehrs- wertermittlung von Abbauland (vgl. § 4 WertV Rn. 365 ff.), bei der Verkehrswertermittlung landwirtschaftlicher Betriebe und vor allem bei der Verkehrswertermittlung von Grund- stücken, die einer Umnutzung bedürfen.

In der allgemeinen Wertermittlungspraxis hat man auf das sog. *Discounted-Cashflow*-Ver- **235** fahren vor allem bei der **Verkehrswertermittlung von Sonderimmobilien** zurückgegrif- fen, für die keine marktkonform abgeleiteten Liegenschaftszinssätze zur Verfügung stan- den und sich die klassische Ertragswertermittlung nach den Grundsätzen der WertV als zu eng erwiesen hat. Das sog. *Discounted-Cashflow*-Verfahren kommt in solchen Fällen als Hilfsmethode zur Anwendung. Es stellt in diesen Fällen deshalb eine Hilfsmethode dar, weil man mit dem Rückgriff auf bankenübliche Kapitalmarktzinssätze als Diskontierungs- zinssatz (an Stelle objektbezogener Liegenschaftszinssätze) gezwungen ist, über die gesamte Restnutzungsdauer der Immobilie eine nicht abschätzbare Ertragsentwicklung, ein nicht abschätzbares Risiko sowie eine nicht abschätzbare Konjunkturentwicklung (Inflation) gegenzurechnen. Angesichts der langen Restnutzungsdauer einer Immobilie ist dies praktisch kaum möglich. Die Überprüfung von Verkehrswertermittlungen, bei denen diesbezüglich von wohlbegründeten Annahmen ausgegangen wurde, hat schon nach weni- gen Jahren offenbart, dass auch der sorgfältigste Anwender des sog. *Discounted-Cashflow*- Verfahren die künftigen Entwicklungen nicht vorhersehen kann. Die so praktizierte *Dis- counted-Cashflow*-Methode ist nun einmal ein **Prognoseverfahren** und Prognosen treffen tatsächlich in den seltensten Fällen ein. Hierüber dürfen auch die aufwendigsten Rechen- werke nicht hinwegtäuschen.

Die Anwendung des sog. *Discounted-Cashflow*-Verfahrens führt zwar zu imposanten **236** Rechenwerken, die aber letztlich bei näherer Betrachtung nicht beeindrucken können und besonders fehleranfällig sind. Diese Rechenwerke sind zudem leicht manipulierbar, weil die **unterstellten Entwicklungen** nicht widerlegt werden können, wenn sie nur mit ge- drechselten Worten begründet sind. Sie erweisen sich i. d. R. nachträglich als falsch, weil sie nicht vorhersehbar sind.

Abb. 31: Fehleranfälligkeit der sog. „Discounted-Cashflow-Methode"

Jahr		Mietwert - Nettokalt- DM	Bewirt- schaftungs- kosten DM	Reinertrag DM	Cashflow DM	Abzins- faktor 9,000 % 	heutiger Wert DM
31. 12. 1994		630 315		600 300	600 300	0,91743	550 734
1995	+ 5 %	661 831		636 858	636 858	0,84168	536 031
1996	+ 5 %	694 922		636 858	636 858	0,77218	491 771
1997	+ 5 %	729 668		675 643	675 643	0,70843	478 642
1998	+ 5 %	766 152		675 643	675 643	0,64993	439 122
1999	+ 5 %	804 459		716 790	716 790	0,59627	427 398
2000	+ 5 %	844 682		716 790	716 790	0,54703	392 108
2001	+ 5 %	886 917		760 442	760 442	0,50187	381 640
2002	+ 5 %	931 262		760 442	760 442	0,46043	350 129
2003		977 825		977 825			
			× 18,80				
plus Verkauf				= 18 383 118	19 360 944	0,42241	**8 178 272**
						Wert	**12 225 847**

Quelle: Evans, I.R.R., Seminar 1994

237   Als *Beispiel* sei auf eine im Jahre 1994 aufgestellte Ertragswertermittlung auf der Grundlage von Finanzierungszinssätzen i. V. m. einer hypothetisch unterstellten Entwicklung der Mieteinnahmen hingewiesen, die bereits in der 3. Aufl. dieses Werks auf S. 1436 vorgestellt wurde (Abb. 31). Die Berechnung vollzog sich auf der Annahme eines
– Finanzierungszinssatzes von 9 % und
– einer **jährlichen Mietsteigerung** von 5 %.

238   **Tatsächlich sind die Mieten jedoch allein in den ersten fünf Jahren um 16 Prozentpunkte gesunken** und auch der Finanzierungszinssatz fiel in dieser Zeit deutlich! Diese Vorgehensweise ist von daher fehlerträchtig. Wenn in diesem Zusammenhang behauptet wird, das Verfahren sei *dynamisch*, während die Verwendung von Liegenschaftszinssätzen *statisch* sei, so liegt hier eine, wie noch dargelegt wird, Verkennung der materiellen Bedeutung des Liegenschaftszinssatzes.

Vor allem macht das *Beispiel* aber auch deutlich, dass sich die zwangsläufig auftretenden Fehler in der Prognose in verhängnisvoller Weise auch noch systematisch hochgeschaukelt haben, denn der 1994 (fälschlicherweise) für 2003 prognostizierte Jahresreinertrag wird dann auch noch über die verbleibende Restnutzungsdauer von ca. 50 Jahren kapitalisiert! Mit Voraussagen, so schon Mark Twain, sollte man vorsichtig sein „besonders über die Zukunft".

Abb. 32: Prognosefehler

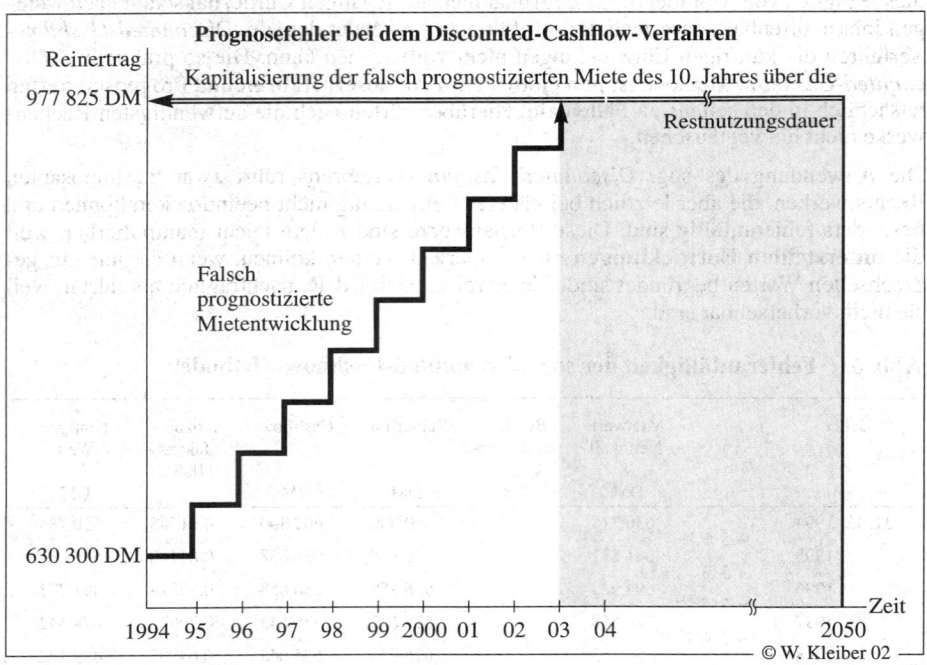

239   Die allgemeine Bewertungsmethode (*Discounted-Cashflow*-Methode) ist vornehmlich darauf ausgerichtet, Investitionsentscheidungen vorzubereiten. Ein Investor, der wirtschaftlich über einen gewissen Zeitraum investieren will, kann unter Anwendung dieser Methode erkennen, bis zu welchem Preis er in eine Immobilie einsteigt. Für den Gutachter geht es dabei weniger um die Ermittlung des Verkehrswerts im strengen Sinne, sondern um die **Beratung eines Investors.** Nach der Methode (und hier liegt ihre Bedeutung) kann nämlich für jede vom Investor – entsprechend seinen Verwertungsmöglichkeiten – vorgegebene Verzinsung des in die Immobilie eingesetzten Kapitals der maximale Kaufpreis bestimmt werden, der ihm die vorgegebene Verzinsung garantiert (vgl. Janssen, GuG 2001, 193; Abb. 33).

Abb. 33: Anwendung der allgemeinen Barwertmethode (Discounted-Cashflow-Methode) zur Bemessung eines Ankaufspreises

Allgemeines Barwertverfahren (DCF)
(Beispiel)

a) **Wertermittlungsobjekt:** Renditeobjekt
 – Jährlicher Reinertrag: 60 000 €
  (erwartet auf eine Dauer von 5 Jahren: $\overline{n} = 5$)
 – Erwarteter Verkaufspreis nach 5 Jahren: 1 500 000 €

b) **Berechnung des allgemeinen Barwerts (DCF):**

$$DCF = RE \times V + \frac{VP}{q^{\overline{n}}} - InvK$$

wobei   DCF   =   Discounted Cashflow
       RE   =   Reinertrag
       V   =   Vervielfältiger
       VP   =   Verkaufspreis nach Investitionszeitraum $\overline{n}$
       InvK   =   Investitionskosten
       q   =   Zinsfaktor = 1 + Zinssatz/100
       $\overline{n}$ =   Investitionszeitraum

c) *Beispiel:* Bei einem Diskontierungszinssatz von 5 %:
       DCF = 1 435 089 €
Sofern zur Erzielung eines angesetzten Reinertrags Investitionskosten aufzubringen sind, vermindert sich dieser Wert um diese Kosten (im Beispiel InvK = O)

d) **Darstellung des allgemeinen Barwerts (DCF) in Abhängigkeit vom Diskontierungszinssatz:**

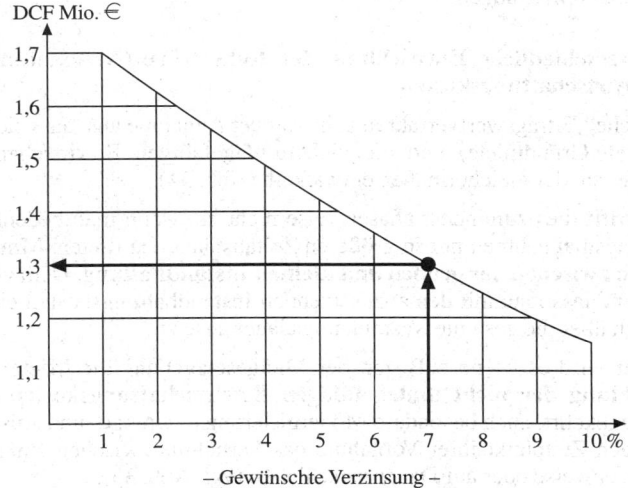

Dem Diagramm kann für das unter a) beschriebene Wertermittlungsobjekt bei vorgegebener Verzinsung der Investition der Ankaufspreis entnommen werden.

Beispiel: Gewünschte Verzinsung der Investition 7 %
       Ankaufspreis: rd. 1,3 Mio. €

© W. Kleiber 02

240 Das in Abb. 32 dargestellte Prinzip kann entsprechend den Besonderheiten des Einzelfalls erweitert werden. So kann zum Beispiel auch der diskontierte **Wert künftiger Investitionen** im Objekt (Modernisierungsmaßnahmen) korrespondierend zu entsprechend höheren Reinerträgen eingerechnet werden.

3.4.2 Anwendungsfälle

3.4.2.1 Allgemeines

241 Bei „Wald- und Wiesen"-Objekten wird die Anwendung der allgemeine Barwertmethode *(Discounted-Cashflow*-Methode) kaum in Betracht kommen. Auch bietet das „klassische" Ertragswertverfahren hinreichende Möglichkeiten, absehbare Änderungen der Ertragsverhältnisse zusätzlich zu berücksichtigen. Typische Anwendungsfälle für die allgemeine Barwertmethode *(Discounted-Cashflow*-Methode) sind gewerbliche, gemischt genutzte sowie Objekte des Geldanlagevermögens; insbesondere wenn diese Objekte **komplizierte Vertragsgestaltungen über** das **Nutzungsentgelt** aufweisen und mit zusätzlichen Investitionen verbunden sind. Das Verfahren ist deshalb als eine Investorenmethode anzusehen, mit der man alle wesentlichen Faktoren, die für die Rendite ausschlaggebend sind (Mieteinnahmen, Bewirtschaftungskosten, Instandsetzungs-, Modernisierungs-, Um- und Ausbaukosten), getrennt berücksichtigen und die Rentierlichkeit der Finanzströme genauer als beim „klassischen" Ertragswertverfahren analysieren kann. Es erlaubt Investoren den Vergleich mit anderen Anlageformen.

242 Allein vom Rechenaufwand her kann die allgemeine Barwertmethode *(Discounted-Cashflow*-Methode) zwar den Eindruck des ernsthaften und begründeten Bemühens vermitteln, die künftige wirtschaftliche Entwicklung sehr viel genauer als mit dem „klassischen" Ertragswertverfahren zu berücksichtigen. Dies kann andererseits sehr leicht in eine pseudowissenschaftliche Scheingenauigkeit umschlagen. **Zukünftige Entwicklungen lassen sich im Vergleich zur Langlebigkeit von Immobilien allenfalls nur über einen begrenzten Zeitraum und auch da nur bedingt abschätzen. Kleinere Fehler können dabei das Ergebnis erheblich verfälschen.** Auf weitere Schwachpunkte des Verfahrens wird noch näher eingegangen.

3.4.2.2 Unterschiedliche Entwicklung der Roherträge (Nettokaltmieten) und der Bewirtschaftungskosten

243 Das „klassische" Ertragswertverfahren geht von der Annahme aus, dass sich der Rohertrag (Nettokaltmiete/Grundmiete) und die nicht umlagefähigen Bewirtschaftungskosten im Verhältnis zueinander gleichermaßen entwickeln (Abb. 34).

244 Tatsächlich trifft dies zumindest phasenweise nicht zu, wenn man bedenkt, dass größere Instandhaltungsmaßnahmen nur in größeren Zeitabständen auftreten. **Man unterscheidet deshalb auch zwischen der großen und kleinen Instandhaltung.** Dem wird damit Rechnung getragen, dass man mit den anzusetzenden Instandhaltungskosten einen nivellierenden Ausgleich über die gesamte Restnutzungsdauer ansetzt.

245 Komplizierter wird es, wenn z. B. mit der Mietgesetzgebung die **Mietentwicklung von der Entwicklung der nicht umlagefähigen Bewirtschaftungskosten „abgekoppelt"** wird oder umgekehrt; auch besondere Modernisierungs-, Umbau- und Ausbaumaßnahmen können je nach Zeitpunkt ihrer Vornahme das Verhältnis zwischen Einnahmen und der Ausgabe phasenweise oder auf Dauer verschieben (vgl. Abb. 35).

Im Rahmen von Investitionsrechnungen lassen sich überdies auch noch **Finanzierungskosten** in die Berechnung einführen, wobei diese abhängig sind von

– der Eigenkapitalverzinsung,

– der Fremdkapitalverzinsung und

– dem Verhältnis des Eigen- zum Fremdkapital bei der Finanzierung.

Abb. 34: Variierende Bewirtschaftungskosten

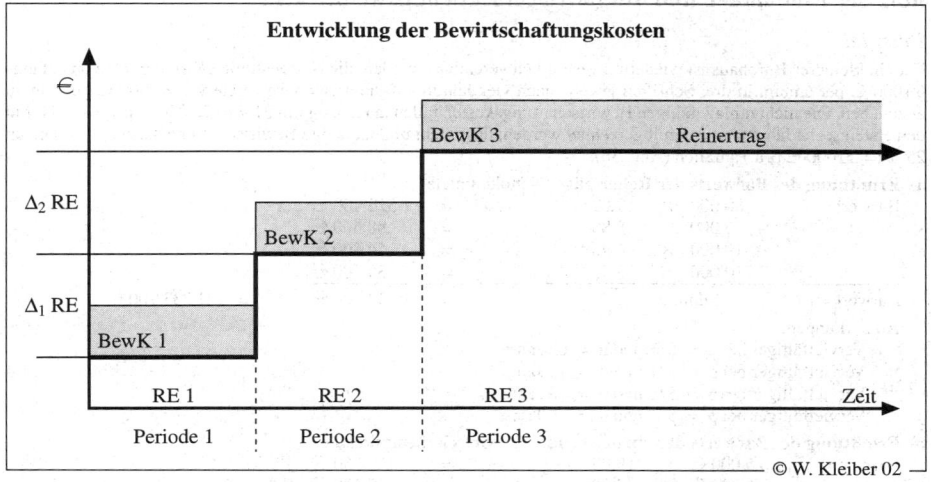

© W. Kleiber 02

Schließlich sind es vor allem auch noch besondere **steuerliche Vor- und Nachteile,** die   **246**
zeitweilig die Ertragsverhältnisse maßgebend beeinflussen können. Zusammenfassend
lässt sich feststellen, dass die Entwicklung der Roherträge (Nettokaltmiete/Grundmiete)
völlig abgekoppelt von der Entwicklung der nicht umlagefähigen Bewirtschaftungskosten
verlaufen kann und sich das Verhältnis zueinander in unterschiedlichen Zeitabständen verschiebt.

Abb. 35: Einnahmen- und Ausgabenentwicklung

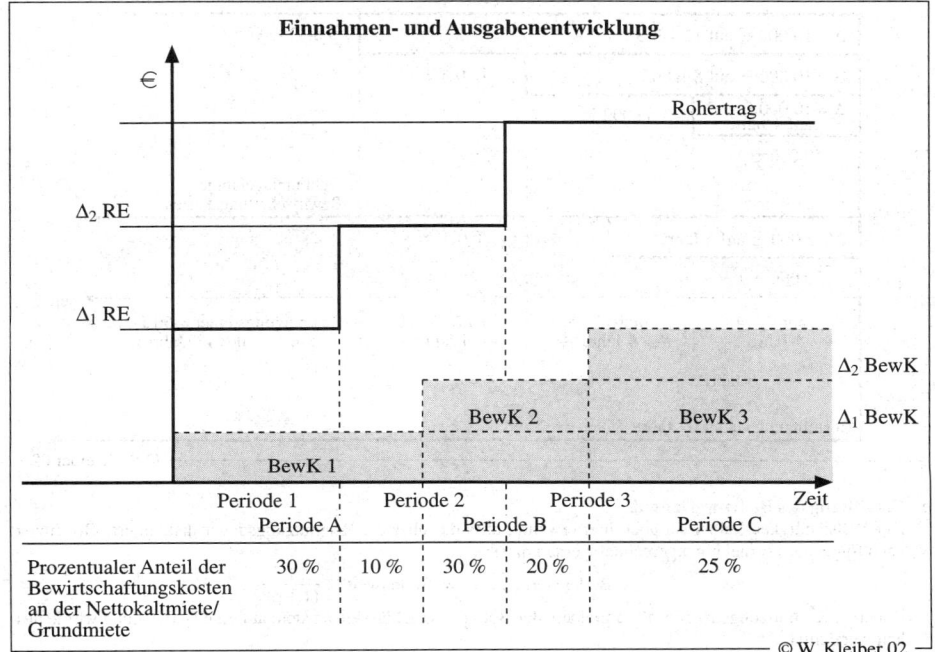

© W. Kleiber 02

247 Im nachfolgenden *Beispiel* soll dargestellt werden, wie eine **unterschiedliche Entwicklung der Einnahmen und Ausgaben** berücksichtigt werden kann.

Beispiel:

Für ein kleineres Bürohaus ist wiederum vertraglich vereinbart worden, die Nettokaltmiete/Grundmiete von anfangs 50 000 € per annum in drei Schritten jeweils nach vier Jahren auf die ortsübliche Miete von 80 000 € per annum anzuheben. Die nicht umlagefähigen Bewirtschaftungskosten fallen langfristig mit 31 % (= 25 000 € p. a.) aus. Nur in den ersten sechs Jahren kann damit gerechnet werden, dass nicht umlagefähige Bewirtschaftungskosten in Höhe von 25 % (= 20 000 € p. a.) anfallen (Abb. 36).

a) **Ermittlung des Barwerts der Roherträge** (Nettokaltmiete)

Barwert =	80 000	×	19,03[+]	=	1 522 400 €
	– 10 000	×	8,86[++]	= –	88 600 €
	– 10 000	×	6,46[+++]	= –	64 600 €
	– 10 000	×	3,55[++++]	= –	35 500 €
Barwert =	Summe			=	1 333 700 € = 1 333 700 €

Anmerkungen:

[+]   Vervielfältiger bei p = 5 % und n = 62 Jahre
[++] Vervielfältiger bei p = 5 % und n = 12 Jahre
[+++] Vervielfältiger bei p = 5 % und n = 8 Jahre
[++++] Vervielfältiger bei p = 5 % und n = 4 Jahre

b) **Ermittlung des Barwerts der abzuziehenden Bewirtschaftungskosten**

Barwert =	25 000 €	×	19,03[+]	=	475 750 €
	– 5 000 €	×	5,08[++]	= –	25 400 €
Barwert =	Summe			=	450 350 € – 450 350 €
Barwert der Reinerträge (= **Ertragswert**)				=	**883 350 €**

Anmerkungen:

[+] Vervielfältiger bei p = 5 % und n = 62 Jahre
[++] Vervielfältiger bei p = 5 % und n = 6 Jahre

Abb. 36: Einnahmen- und Ausgabenentwicklung

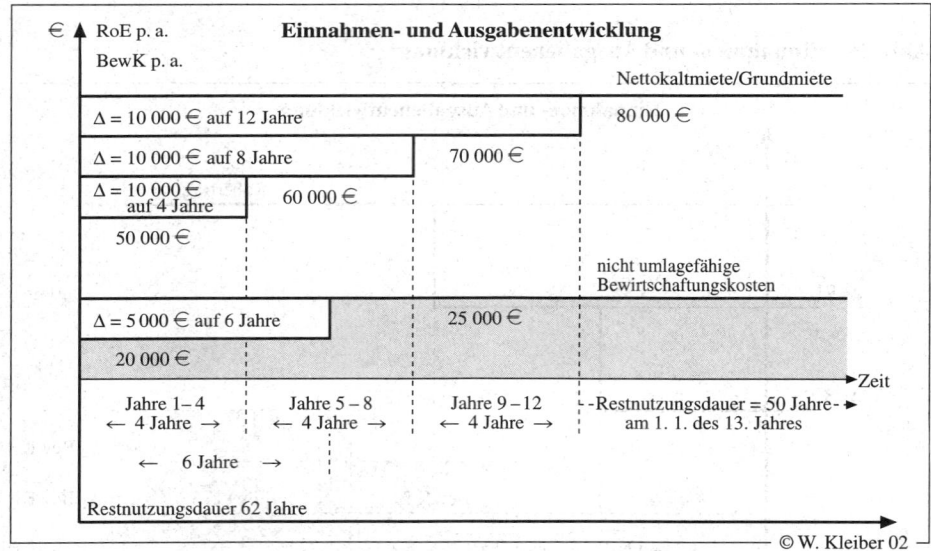

c) **Ermittlung des Bodenwertanteils**

Der Vollständigkeit halber sei auch hier erwähnt, dass der über die Restnutzungsdauer diskontierte Bodenwert nach folgender Formel hinzugerechnet werden muss:

$$\text{Bodenwert}_{\text{diskontiert}} = \text{Bodenwert} \times \frac{1}{(1 + p)^n}$$

Bei einer Restnutzungsdauer > 50 Jahre kann der Betrag vernachlässigt werden; auf eine Berechnung wurde deshalb verzichtet.

3.4.2.3   Berücksichtigung von Investitionen

Mit Hilfe der allgemeinen Barwertverfahren *(Discounted-Cashflow*-Methode) lassen sich   **248**
auch **besondere Investitionen** berücksichtigen, die ein Investor beabsichtigt. Dabei bestehen häufig konkrete Vorstellungen über

- den Umfang der Investition,
- die Kosten der Investitionen einschließlich der Finanzierungskosten,
- die Dauer der Investitionsmaßnahme einschließlich vorübergehend hinzunehmenden Nutzungsbeeinträchtigungen sowie
- den erwarteten zusätzlichen Nutzen (Ertragssteigerung).

Im Falle der Einbeziehung besonderer Investitionen in die Barwertberechnung **erweitert**   **249**
sich die mathematische Form der vorgestellten **Ausgangsgleichung** (vgl. Rn. 230) **um die**
abzuziehenden Investitionskosten:

$$\text{Barwert (DCF)} = \underbrace{\sum_{n=1}^{n} \frac{(\text{RoE}_n - \text{BewK}_n)}{(1+p/100)^n} + \frac{\text{Restwert}}{(1+p/100)^n}}_{\Delta} - \underbrace{\text{InvK}_0}$$

$$= \text{Residuum}$$

wobei: RoE_n =   Rohertrag (Nettokaltmieten/Grundmiete) zum Zeitpunkt n

BewK_n =   Bewirtschaftungskosten zum Zeitpunkt n

p =   Interner Zinsfuß (z. B. vorgegebene Objektrendite)

InvK_0 =   Anfangsinvestition zum Zeitpunkt n_0

Der *Discounted-Cashflow*-Wert stellt dabei wiederum nichts anderes als das **Residuum**   **250**
aus dem Barwert der Reinerträge einschließlich des Restwerts und den aufgebrachten Investitionskosten dar. Bei der Ermittlung sind die entsprechend erhöhten Reinerträge von dem Zeitpunkt ab zu berücksichtigen, zu dem die Investitionen zur Ertragssteigerung führen werden.

Beispiel: **251**

a) **Objekt**

Bürohaus	1 000 m²	NF
Nettokaltmiete/Grundmiete	20 €/m²	NF im Monat
Nicht umlagefähige BewK	3 €/m²	NF im Monat
Restnutzungsdauer (RND)	30 Jahre	
Liegenschaftszinssatz	6 %	
Bodenwert	1 200 000 €	(= 400 m² × 3 000 €/m²)

b) **Mietvertrag**

10-jähriger Mietvertrag mit
- Option zur Verlängerung um 2 × 5 Jahre
- vertragliche Mieterhöhung nach 3 Jahren um 10 %
- vertragliche Mieterhöhung um weitere 20 % bei durchgreifender Modernisierung mit Entschädigung für Nutzungsausfall

c) **Investitionsentscheidung**

Der Eigentümer (Investor) beabsichtigt, in 5 Jahren eine durchgreifende Modernisierung vorzunehmen:
- Modernisierungsvolumen 1,5 Mio. € einschließlich Entschädigung
- Modernisierungsdauer 1 Jahr

Es wird erwartet, dass
- die Modernisierung die Restnutzungsdauer um 20 Jahre verlängert,
- die nicht umlagefähigen Bewirtschaftungskosten auf 2,50 €/m² NF im Monat gesenkt werden können.

Abb. 37: Beispiel

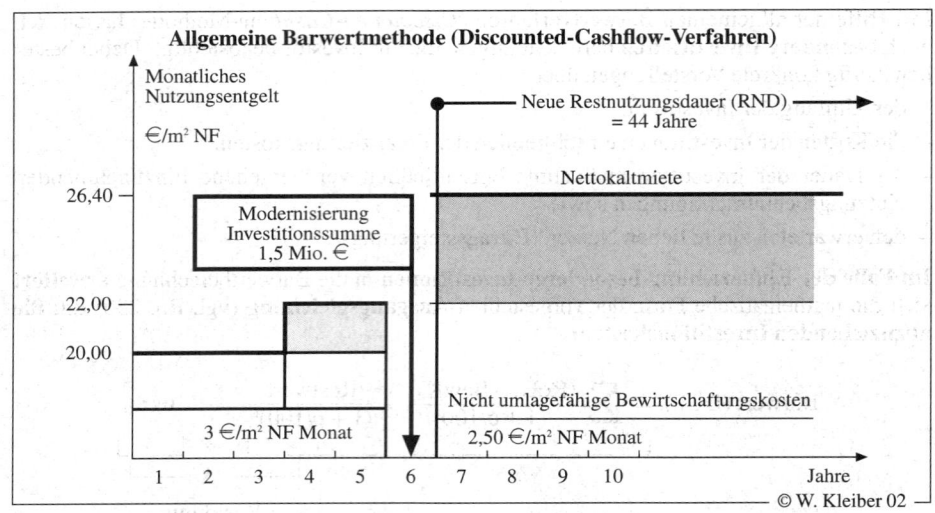

Allgemeine Barwertmethode (Discounted-Cashflow-Verfahren)

Monatliches
Nutzungsentgelt

€/m² NF

Neue Restnutzungsdauer (RND)
= 44 Jahre

Nettokaltmiete

26,40 —

Modernisierung
Investitionssumme
1,5 Mio. €

22,00 —

20,00 —

Nicht umlagefähige Bewirtschaftungskosten

3 €/m² NF Monat   2,50 €/m² NF Monat

1   2   3   4   5   6   7   8   9   10   Jahre

© W. Kleiber 02

Ertragswertermittlung entsprechend vorgegebener Vertragsgestaltung unter Berücksichtigung der Modernisierung

1. Jahr 1 bis 3:

Reinertrag der baulichen Anlage:

1 000 m² × 20 €/m² × 12	=	240 000 €
– BewK: 1 000 m² × 3 €/m² × 12	= –	36 000 €
– Bodenwertverzinsungsbetrag: 1,2 Mio. € × 6/100	= –	72 000 €
= Reinertrag	=	132 000 €
× Vervielfältiger 2,67 (bei p = 6 % und n = 3 Jahre)	=	+ 352 440 €

2. Jahre 4 und 5:

Reinertrag der baulichen Anlage:

1 000 m² × 22 €/m² × 12	=	264 000 €
– BewK	= –	36 000 €
– Bodenwertverzinsungsbetrag	= –	72 000 €
= Reinertrag	=	156 000 €
× Vervielfältiger 1,83 (bei p = 6 % und n = 2 Jahre)	=	285 480 €
diskontiert über 3 Jahre: (285 480 € × (1,06)⁻³	=	+ 239 694 €

3. Investitionen im Jahre 6:

Investitionssumme (einschließlich Entschädigung)	=	1,5 Mio. €
diskontiert über 5,5 Jahre	=	– 1 088 702 €

4. Zeitraum ab 7. Jahr:

a) Restnutzungsdauer:

Ursprüngliche Restnutzungsdauer	=	24 Jahre (= 30 – 6)
Verlängerung der Restnutzungsdauer	=	20 Jahre
= Neue Restnutzungsdauer	=	44 Jahre

b) Reinertrag:

Ursprüngliche Nettokaltmiete/Grundmiete	=	22,00 €/m² NF
+ Erhöhung: 22,00 €/m² × 20/100	=	4,40 €/m² NF
= Neue Nettokaltmiete (Grundmiete)	=	26,40 €/m² NF

c) Nicht umlagefähige BewK   =   2,50 €/m² NF

5. Reinertrag der baulichen Anlage:

1 000 m² × 26,40 €/m² × 12	=	316 800 €
– BewK: 1 000 m² × 2,50 €/m² × 12	= –	30 000 €
– Bodenwertverzinsungsbetrag	= –	72 000 €
= Reinertrag	=	214 800 €
× Vervielfältiger 15,38 (bei p = 6 % und n = 44 Jahre)	=	+ 3 303 624 €
diskontiert über 6 Jahre: 3 303 624 € × (1,06)⁻⁶	=	+ 2 328 923 €
+ Bodenwert	=	+ 1 200 000 €
= **Verkehrswert (Ertragswert ≙ *Discounted Cashflow*)**	=	**3 032 355 €**

Vergleichsberechnung (ohne Modernisierung)

1. **Jahr 1 bis 3:**
   Barwert des Gebäudereinertrags (aus 1.)   =   +   352 440 €

2. **Zeitraum ab Jahr 4:**
   Reinertrag auf Grund höherer Miete   =   156 000 €
   × Vervielfältiger bei RND = 27 Jahre und p = 6 %
   = 13,21: 156 000 € × 13,21   =   2 060 760 €
   diskontiert über 3 Jahre (2 060 760 × $1,06^{-3}$) =   =   + 1 730 254 €
   + Bodenwert   =   + 1 200 000 €

   = Verkehrswert   =   **3 282 694 €**

Fazit: Die Investition lohnt sich nicht.

3.4.3   Zinssatz

3.4.3.1   Berücksichtigung der allgemeinen Entwicklung

Die Methode der partiellen Diskontierung und Aufsummierung der Jahresreinerträge wird häufig damit begründet, dass das „klassische" Ertragswertverfahren schon deshalb zu falschen Ergebnissen führen müsse, weil der Ansatz der **am Wertermittlungsstichtag üblicherweise erzielbaren Erträge nicht der Realität der Zukunft entsprächen.** Das Gleiche gilt für die üblicherweise anfallenden Bewirtschaftungskosten als die für die gesamte Restnutzungsdauer nachhaltigen Ausgaben. Dies lässt sich auch leicht mit jeder Mietwertstatistik und der beklagten „Explosion" der Bewirtschaftungskosten beweisen. Darüber hinaus wird auch noch die allgemeine Inflation ins Feld geführt, die bei Anwendung des „klassischen" Ertragswertverfahrens außer Betracht bliebe.   **252**

Das erscheint zunächst plausibel. Die Argumentation ist gleichwohl falsch. Mit dem „klassischen" Ertragswertverfahren das seiner Natur nach auch ein *Discounted-Cashflow*-Verfahren ist, werden trotz des praktizierten Ansatzes der am Wertermittlungsstichtag üblicherweise erzielbaren Erträge auch die zu erwartenden Änderungen dieser Erträge ebenso berücksichtigt wie die sonstigen allgemein zu erwartenden Entwicklungen der Grundstückswerte einschließlich inflationärer und deflationärer Entwicklungen. Dies vollzieht sich über den **Liegenschaftszinssatz,** der bei sachgerechter Anwendung des Ertragswertverfahrens empirisch „aus dem Marktgeschehen" abzuleiten ist. Der Liegenschaftszinssatz ist nämlich in erster Linie eine Funktion der für eine bestimmte Grundstücksart am Wertermittlungsstichtag im gewöhnlichen Geschäftsverkehr üblicherweise   **253**

– erzielbaren ortsüblichen Reinerträge,

– den dafür üblicherweise erzielbaren Verkehrswert sowie

– den allgemeinen immobilienwirtschaftlichen Rahmenbedingungen (Besteuerung).

▶ *Zu dieser Problematik vgl. die Ausführungen bei § 11 WertV Rn. 30 ff.*

Zur **Ableitung des Liegenschaftszinssatzes** wird an Stelle des Verkehrswerts eines Grundstücks der dafür tatsächlich erzielte Kaufpreis eingesetzt. Mit diesem Kaufpreis werden die im gewöhnlichen Geschäftsverkehr erwarteten Mietzinsentwicklungen (Mieterhöhungen und Mietsenkungen) ebenso berücksichtigt wie allgemeine Wertzuwächse oder Wertverluste eines Grundstücks einschließlich steuerlicher Vor- und Nachteile, ganz gleich, worauf diese zurückzuführen sein mögen. Wenn – wie übrigens zu allen Zeiten – über untragbar hohe Grundstückspreise geklagt wird, darf nicht übersehen werden, dass mit den hohen Grundstückspreisen die erwarteten Wertzuwächse vorweggenommen werden. **Diese Entwicklungen gehen in die Liegenschaftszinssatzableitung ein** und zwar **nach der objektiven Einschätzung des Grundstücksmarktes.**   **254**

255   Die allgemein zu erwartenden Marktentwicklungen für Immobilien, seien es die mehr oder minder permanent steigenden Mieten oder Bewirtschaftungskosten oder die zumindest nominell steigenden Grundstückspreise, können es nach dem Vorhergesagten allein nicht rechtfertigen, generell vom „klassischen" Ertragswertverfahren auf das allgemeine Barwertverfahren (*Discounted-Cashflow*-Methode) „umzusteigen". Vielmehr liegt in der **Erfassung dieser allgemeinen Entwicklung gerade die Stärke des Ertragswertverfahrens, wenn empirisch aus dem Markt abgeleitete Liegenschaftszinssätze herangezogen werden,** wie dies die WertV vorschreibt.

3.4.3.2   Wahl des Zinssatzes

256   Die **Wahl des richtigen Zinssatzes** stellt einen der **wesentlichen Schwachpunkte** der allgemeinen Barwertformel (*Discounted-Cashflow*-Methode) dar. An die Genauigkeit des „richtigen" Zinssatzes müssen hohe Anforderungen gestellt werden, denn eine fehlerhafte Abweichung dieses Zinssatzes um nur einen halben Prozentpunkt führt zu einer erheblichen Verfälschung des richtigen Ergebnisses.

257   Die allgemeine Barwertmethode (*Discounted-Cashflow*-Methode) eröffnet hier – je nach Zweckbestimmung dieser Methode – **zwei Möglichkeiten,** zwischen denen klar unterschieden werden muss:

a)   Ansatz eines Liegenschaftszinssatzes i. S. d. § 11 WertV, dessen Anwendung zum Verkehrswert der Immobilie führen soll;

b)   Ansatz eines vorweg bestimmten Zinssatzes, der sich an
–   vergleichbare banktübliche Zinsen (Leitzinsen),
–   Opportunitätskosten alternativer Anlageformen oder
–   eigenen Zielvorgaben (die gewünschte Verzinsung einer Investition)

orientieren kann. Der Ansatz dieses Zinses führt regelmäßig zu einem Wert, der hinter dem Verkehrswert zurückbleiben muss. Dies ist darauf zurückzuführen, dass sich Liegenschaften – gemessen am Verkehrswert – zu einem niedrigeren als den bankenüblichen Zinssatz verzinsen.

258   Liegt für das Objekt eine Kaufpreisforderung vor, so kann man darüber hinaus mithilfe des allgemeinen Barwertverfahrens (*Discounted-Cashflow*-Verfahren) – gewissermaßen in Umkehrung der Ausgangsformel der *Discounted-Cashflow*-Methode – auf der Grundlage

–   des Einnahme-Ausgabeüberschusses und

–   ggf. der Kapitalkosten

auch die objektspezifische Verzinsung ermitteln. Dies ist dann der **objektspezifische interne Zinsfuß (Internal Rate of Return).** Wird dieser interne Zinsfuß ohne Berücksichtigung der Kapitalkosten abgeleitet, so entspricht diese Ableitung des *Internal Rate of Return* im Prinzip der Ableitung eines objektspezifischen Liegenschaftszinssatzes, wie sie nach § 11 WertV von den Gutachterausschüssen für Grundstückswerte auf der Grundlage einer Vielzahl von vergleichbaren Objekten vorgenommen wird. Der Vergleich des objektspezifisch abgeleiteten internen Zinsfußes mit dem allgemeingültigen Liegenschaftszinssatz lässt dann eine Beurteilung der Kaufpreisforderung zu. Fällt der interne Zinsfuß höher als der Liegenschaftszinssatz aus, so stellt sich der Kauf günstig dar und umgekehrt.

259   Die allgemeine Barwertmethode (*Discounted-Cashflow*-Methode) unter **Anwendung eines investitionsorientierten Zinsfußes** ist nicht darauf angelegt, zum Verkehrswert zu führen, sondern als Entscheidungshilfe für Investitionen zu dienen. Aus diesem Grunde steht der Liegenschaftszinssatz häufig nicht im Vordergrund; vielmehr wird der **Zinssatz** eingeführt, **der bei der Finanzierung der geplanten Investition beachtet werden muss.**

Es wird unterschieden zwischen

- Hypothekenzinsen *(mortgage capitalization)*,
- Bodenwertverzinsung *(land capitalization)*,
- Bauwertverzinsung *(building capitalization)*,
- Liegenschaftsverzinsung *(overall capitalization)* und
- Eigenkapitalverzinsung *(equity capitalization)*.

Dies sind Hilfsmittel, um die Rentabilität von Immobilieninvestitionen zu analysieren. Gleichwohl haben auch Fachleute große Probleme mit derartigen **Kennzahlen** umzugehen.

Insbesondere die Fremd- und Eigenkapitalverzinsung weist über längere Zeiträume, um die es bei Grundstücksinvestitionen i. d. R. immer geht, erhebliche Schwankungen auf, die auf die Wertermittlung „durchschlagen" und zu den aus angelsächsischen Räumen bekannten Hausse- und Baisse-Erscheinungen auf dem Grundstücksmarkt führen, während sich der Liegenschaftszinssatz zeitlich innerhalb eines verhältnismäßig schmalen Korridors bewegt (vgl. § 11 WertV Rn. 44).

Es gibt **keine Vorgaben, wie sich der investitionsorientierte Zinsfuß hieraus zusammensetzt und ermittelt wird.** Vielmehr müssen plausible Annahmen getroffen werden, z. B.

- über das Verhältnis von Eigenkapital- zu Fremdkapitalfinanzierung,
- über das Verhältnis der Bodenwert- zur Bauwertverzinsung und
- über die Zinsentwicklung, sofern nicht von Festzinsen ausgegangen werden kann.

Die **Methode** ist von daher **fehleranfällig.** Zwar kann bezüglich der Fremdfinanzierung von einem festen Zinssatz ausgegangen werden, wenn entsprechend finanziert worden ist. Bezüglich der Eigenkapitalverzinsung bleibt aber die Methode risikobehaftet, insbesondere wenn man bedenkt, in welchem Ausmaß die Zinsen auf dem Kapitalmarkt schwanken und wie sich bereits Bruchteile eines Prozentpunktes auf den „Wert" auswirken.

In der Praxis wird deshalb häufig die Methode nach ca. zehn Jahren abgebrochen, d. h. der *Discounted-Cashflow*-Wert ergibt sich aus den kapitalisierten Erträgen der anstehenden zehn Jahre zuzüglich des diskontierten Restwerts am Ende des Zehnjahreszeitraums, wobei auch der „richtige" Ansatz dieses Werts sehr fehlerträchtig sein muss.

Der besondere Wert dieser Methode besteht darin, dass er als Entscheidungsgrundlage dafür dienen kann,

- welche Rentabilität eine Immobilie im Verhältnis zu alternativen Geldanlagen hat,
- welcher Preis für eine Immobilie bezahlt werden darf, wenn sich der Investor eine bestimmte Rentabilität vorgibt (vgl. Beispiel).

Die eigentliche Bedeutung der allgemeinen Barwertmethode (DCF) liegt also in der Möglichkeit, damit die **Rentabilität von Investitionen** aufzuzeigen, und zwar bezogen auf einen mittelfristigen und überschaubaren Zeitraum. **Für längere Zeiträume muss die Methode dagegen als hoch spekulativ** angesehen werden, denn wer schon vermag über Dezennien hinaus die Zukunft in einer derart detaillierten Weise zu erfassen, wie sie der Methode innewohnt.

260

261

262

263

264

4   Besondere Ertragsverhältnisse (Anomalien)

4.1   Allgemeines

265   Die WertV geht mit den Regelungen der §§ 15 bis 18 von dem **Grundfall** aus, dass die Immobilie

– ordnungsgemäß instand gehalten wurde und sie keinen Instandhaltungsstau sowie keine Baumängel oder Bauschäden aufweist,

– die vorhandene Ertragssituation (Einnahmen und Bewirtschaftungskosten) den bei ordnungsgemäßer Bewirtschaftung üblicherweise erzielbaren Erträgen entspricht und

– die tatsächliche Nutzung den Usancen einer wirtschaftlich vernünftigen Grundstücksnutzung entspricht.

Dieser **Grundfall kann** aber **keinesfalls als der Normalfall angesehen werden** und es gilt, bestehende Besonderheiten zu beachten. Dies wird in der Praxis der Verkehrswertermittlung allzu häufig übersehen, obwohl dies dem Anwender mit § 19 ausdrücklich befohlen wird.

266   Solche **Besonderheiten** können insbesondere darin bestehen, dass

a)   die tatsächliche Miete nicht der ortsüblich erzielbaren Miete entspricht, sei es, dass der Eigentümer einen besonders günstigen oder ungünstigen Mietvertrag ausgehandelt oder eine Anpassung der Miete an die ortsüblich erzielbare Miete versäumt hat (sog. Über- oder Untervermietung/Milieuschutzsatzung vgl. § 20 WertV Rn. 75),

b)   die Möglichkeiten einer wirtschaftlich vernünftigen und üblicherweise auch ausgeübten Nutzung nicht ausgeschöpft werden (Fehlnutzung, z. B. durch Vermietung des Erdgeschosses als Wohnung in einer Einzelhandelslage mit entsprechender Nachfrage nach Läden),

c)   ein Instandhaltungsstau besteht oder sich aufdrängende rentierliche Umnutzungs- bzw. Modernisierungsmaßnahmen unterlassen wurden.

267   **Langfristige Mietverhältnisse,** die häufig Ursachen der mit a) und b) beschriebenen Situation sind, stellen rechtliche Gegebenheiten (i. S. d. § 194 BauGB) und Eigenschaften eines Grundstücks dar, die nach der Verkehrsauffassung für den Wert des Grundstücks von Bedeutung sind[28]. Zwar mögen sich solche Verhältnisse mitunter auf Grund persönlicher Beziehungen herausgebildet haben; die Mietverhältnisse müssen damit gleichwohl als eine objektive mit dem Grundstück verbundene Gegebenheit betrachtet werden (Abb. 38):

Abb. 38: Anomalien der Ertragsverhältnisse

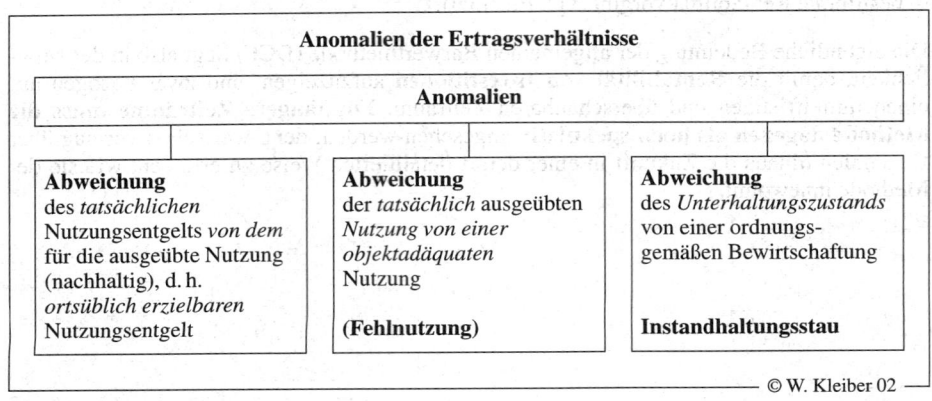

© W. Kleiber 02

Solchen **Besonderheiten** kann dadurch **Rechnung getragen werden**, dass   **268**

a) zunächst ein fiktiver Ertragswert unter Ausblendung solcher Besonderheiten auf der Grundlage eines ordnungsgemäß unterhaltenen und bewirtschafteten Objekts, d. h. auf der Grundlage der ortsüblich erzielbaren Einnahmen und der bei ordnungsgemäßer Bewirtschaftung anfallenden gewöhnlichen Bewirtschaftungskosten ermittelt wird und anschließend die im Einzelfall bestehenden Besonderheiten zusätzlich berücksichtigt werden oder

b) die bestehenden Abweichungen von einem ordnungsgemäß unterhaltenen und bewirtschafteten Objekt (z. B. unterlassene Instandhaltungen) bereits mit den in die Verkehrswertermittlung eingehenden Parameter (z. B. mit entsprechend dem Instandhaltungsstau verminderten Mieten und ggf. höheren Bewirtschaftungskosten sowie reduzierter Restnutzungsdauer) berücksichtigt werden.

Welcher Verfahrensweg hier sinnvoll ist, hängt von den Umständen des Einzelfalls ab. Allgemein kann hierzu gesagt werden, dass der unter lit a genannte Verfahrensweg dann sinnvoll erscheint, wenn die genannten **Abweichungen im Verhältnis zur Restnutzungsdauer von vorübergehender Natur sind**, während es für ein Grundstück mit einer ohnehin in absehbarer Zeit abgängigen baulichen Anlage wohl kaum sinnvoll ist, zunächst den Ertragswert unter der Annahme eines fiktiven (instand gesetzten) Zustands zu ermitteln, um diesen Zwischenwert dann um Instandsetzungs- bzw. Umnutzungskosten zu vermindern, die der Eigentümer gar nicht aufzubringen gedenkt. Für die im Einzelfall zur Anwendung kommenden Verfahrenswege sollte das maßgebend sein, was ein **vernünftig handelnder Eigentümer machen würde**.   **269**

Der **unter Buchstabe a genannte Verfahrensweg hat** für den erstgenannten Regelfall einen großen **Vorteil**, von dem sich der Verordnungsgeber leiten ließ und der deshalb den Regelungen der §§ 15 ff. zu Grunde liegt. Der Sachverständige kann bei dieser Vorgehensweise nämlich auf marktorientierte Erfahrungssätze zurückgreifen, was den Ansatz   **270**

– des Liegenschaftszinssatzes,

– der Restnutzungsdauer,

– der nachhaltig erzielbaren Einnahmen,

– der bei ordnungsgemäßer Bewirtschaftung anfallenden Bewirtschaftungskosten usw.

anbelangt. Demgegenüber kommt der Sachverständige leicht ins „Schwimmen", wenn er für ein erheblich instandsetzungsbedürftiges Objekt die angemessenen Erträge, Bewirtschaftungskosten, Liegenschaftszinssätze sowie die möglicherweise verminderte Restnutzungsdauer zum Ansatz bringen soll. Demzufolge steht Verfahrensweg a) auch im Vordergrund der Wertermittlungspraxis, wobei diese Praxis mitunter auch in unzuträglicher Weise „überbelastet" wird (vgl. Rn. 229 ff. sowie Vorbem. zu den §§ 21 bis 25 WertV Rn. 10 ff.).

4.2   Über- und Untervermietung

4.2.1   Allgemeines zu den Lösungswegen

Grundsätzlich soll nach § 16 Abs. 1 bei der Ermittlung des Ertragswerts von dem „nachhaltig erzielbaren jährlichen Reinertrag" ausgegangen werden. Diese Regelung darf aber nicht dahingehend missverstanden werden, dass der tatsächlich erzielte Reinertrag stets außer Betracht bleiben kann. Vielmehr ist **grundsätzlich stets**   **271**

– **der nachhaltig erzielbare Reinertrag und**

– **der tatsächlich erzielte Reinertrag**

festzustellen, damit ggf. Abweichungen berücksichtigt werden können.

---

28   BGH, Urt. vom 23. 3. 1990 – V ZR 16/89 –, EzGuG 12.56 b; BGH, Urt. vom 9. 7. 1976 – V ZR 256/76 –, BGHZ 67, 134

272 Die Notwendigkeit der **Berücksichtigung von Abweichungen** stellt sich immer dann, **wenn solche Abweichungen nachhaltig die Ertragsverhältnisse beeinflussen**. Diese Situation kann sich insbesondere im gewerblichen Bereich bei langfristigen Mietverträgen ergeben, wobei es sich um ein

– sog. *overrented* Objekt (bei die ortsüblichen Mieten überschreitenden Erträgen) oder um ein
– sog. *underrented* Objekt (bei die ortsüblichen Mieten unterschreitenden Erträgen)

handeln kann. Dabei müssen lediglich solche vertraglichen Mieten außer Betracht bleiben, die rechtlich unzulässig sind (Wuchermieten). Eine Vermietung, die auf Grund versäumter Mietanpassungen weit hinter dem ortsüblichen Entgelt zurückbleibt, muss ebenfalls berücksichtigt werden[29], soweit die Kappungsgrenzen einer Mietanpassung entgegenstehen.

273 All dies sind keine „ungewöhnlichen und persönlichen Verhältnisse" i. S. d. Verkehrswertdefinition des § 194 BauGB, sondern bei der Wertermittlung zu berücksichtigende „rechtliche Gegebenheiten". Denn es gilt der Grundsatz **„Kauf bricht nicht Miete"**, so dass solche „rechtlichen Gegebenheiten" im gewöhnlichen Geschäftsverkehr verkehrswertbeeinflussend sind.

274 Ob im Einzelfall solche Abweichungen „nachhaltig" sind und berücksichtigt werden müssen, lässt sich einfach feststellen. Dies ist nicht nur von dem Unterschied zwischen der tatsächlich erzielten und der ortsüblich erzielbaren Miete abhängig, sondern auch von der **Dauer solcher Abweichungen**. Abweichungen von geringerer Höhe können, wenn sie längerfristig hinzunehmen sind, den Ertragswert genauso beeinflussen, wie Abweichungen von beträchtlicher Größenordnung, die nur von kurzfristiger Dauer und von vorübergehender Natur sind. Überschlägig kann dies geprüft werden, indem die jährliche Ertragsdifferenz mit Hilfe des Vervielfältigers über die zeitliche Bindungsfrist kapitalisiert wird. Ist der sich daraus ergebende Barwert im Rahmen der Abrundung beachtlich, so ist eine „Nachhaltigkeit" der Abweichung gegeben. Ob eine derartige Abweichung die Ertragssituation nachhaltig beeinflusst, hängt in der Zusammenfassung ab von

a) der Höhe der Mietabweichung,
b) der davon betroffenen Mietfläche und
c) der Dauer der Mietabweichung.

275 *Beispiel:*
– Verkehrswert (geschätzt) . . . . 700 000 €
– Jährliche Ertragseinbußen gegenüber der ortsüblich erzielbaren Miete . . . . 6 000 €
– Zeitliche Bindung . . . . 5 Jahre
– Gesamte Mietfläche betroffen.
Bei einem Liegenschaftszinssatz von 5 % ergibt sich ein Barwert der Ertragseinbuße aus „Untervermietung":
$$\text{Barwert} = 6\,000\,€ \times V$$
$$= 6\,000\,€ \times 4,33 = \mathbf{26\,000\,€}$$
Ergebnis: Die Untervermietung beeinflusst den Ertragswert nachhaltig.

276 Verfahrenstechnisch bieten sich hier eine Reihe von unterschiedlichen Lösungswegen zur Berücksichtigung von Abweichungen der tatsächlich erzielten Nutzungsentgelte von den nachhaltig erzielbaren Nutzungsentgelten an: Diese Verfahren sind finanzmathematisch identisch und führen deshalb zu identischen Ergebnissen. Die Verfahren unterscheiden sich lediglich in der Rechentechnik:

a) **Vervielfältigerdifferenzverfahren** *(Term and Reversion[30])*;
b) **Zu- und Abschlagsverfahren** *(Top Slicing Approach, auch Hardcore bzw. Layer Method),*
c) **Partielle Diskontierung** bis hin zur

d) **allgemeinen Barwertermittlung** durch jahrgangsweise Diskontierung der Jahresrein-erträge (Urform der klassischen Ertragswertermittlung; fälschlicherweise wird allein dafür auch der Begriff *Discounted Cashflow* verwandt).

Die eigentliche Frage, vor die der Anwender gestellt ist, besteht in erster Linie darin, zu entscheiden, welche Genauigkeit und Schärfe im Hinblick auf die allgemeine Schätzge-nauigkeit der in das Verfahren einzustellenden Parameter überhaupt vertretbar ist. Zwar sind z. B. auf Grund vertraglicher und sonstiger rechtlicher Rahmenbedingungen eine Reihe von Ausgangsgrößen in ihrer Entwicklung vorgezeichnet, jedoch im Vergleich zur Gesamtrestnutzungsdauer einer Immobilie i. d. R. nur für einen begrenzten Zeitraum und dann auch nicht frei von unerwarteten Sonderentwicklungen. Die Verkehrswertermitt-lung wird immer zu einem gewichtigen Anteil eine Schätzung bleiben und der Sachver-ständige hüte sich vor dem Trugschluss, dass mit der finanzmathematischen Berücksich-tigung jedweder Sonderentwicklung einzelner Parameter, deren Eintritt er nicht gewähr-leisten kann, das Ergebnis sich tatsächlich verbessern ließe. Die eigentliche Wertermittlungskunst besteht vielmehr darin, die wesentlichen Entwicklungen zu erken-nen und sich auf die **wesentlichen Parameter** zu beschränken und allgemeine über die besonderen Verhältnisse des einzelnen Wertermittlungsobjekts hinausgehende Entwick-lungen in die Wertermittlung mit einzustellen.   **277**

4.2.2   Vervielfältigerdifferenzenverfahren (Term and Reversion Approach; TRA-Methode)

a) Allgemeines (vgl. § 16 WertV Rn. 75 ff.)

Es handelt sich hierbei um die einfachste und eleganteste Methode zur Berücksichtigung von Über- und Untervermietungen (*over-* und *underrented* Objekte). Die auf Grund der Unter- oder Übervermietung sich ergebenden unterschiedlichen Einkommensströme wer-den dabei vertikal in Blöcke aufgeteilt, die man im angelsächsischen Sprachraum als *Term and Reversion* bezeichnet.   **278**

Beispiel 1 (Abb. 39):   **279**
Büroobjekt
– Nachhaltig erzielbares monatliches Nutzungsentgelt am Wertermittlungsstichtag . . . .   15 €/m² NF
– Tatsächlich erzieltes monatliches Nutzungsentgelt auf Grund des Mietvertrags . . . .   20 €/m² NF
– Ablauf des Mietvertrags . . . .   in 5 Jahren
– Nutzfläche . . . .   3 000 m²
– Restnutzungsdauer . . . .   30 Jahre
– Bodenwert . . . .   500 000 €
– Nachhaltig erzielbarer Jahresreinertrag . . . .   450 000 €
– Liegenschaftszinssatz . . . .   6 %

Ertragswertermittlung:
Jahresreinertrag der ersten fünf Jahre (Mietvertrag)
20 € m²/NF im Monat × 12 Monate × 3 000 m² NF . . . .   =   720 000 €
Jahresreinertrag nach fünf Jahren (nachhaltig)
15 € m² NF im Monat × 12 Monate × 3 000 m² NF . . . .   =   540 000 €

---

29   A. A. für den steuerlichen Bereich: BFH, Urt. vom 14. 8. 1953 – III 33/53 U –, BFHE 57, 733 = BStBl. III 1993, 279; BFH, Urt. vom 12. 12. 1991 – IV R 53/90 –, EzGuG 20.197
30   In der deutschen Wertermittlungsliteratur wurde das Verfahren erstmalig in der 1. Aufl. zu diesem Werk unter S. 494 vorgestellt (1991). Dem Verfahren kam im Hinblick auf die Mietangleichung in den neuen Bundeslän-dern eine hohe Bedeutung zu.

Abb. 39: Beispielsfall

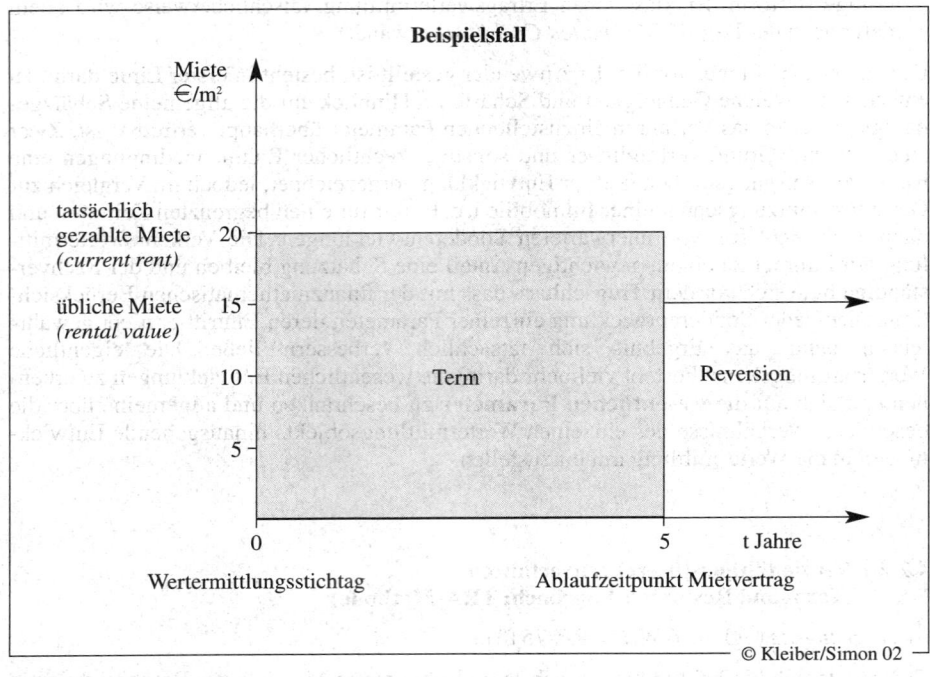

Beispielsfall

© Kleiber/Simon 02

Lösungsweg:

Jahr 1– 5: 720 000 €	×	4,16	= 2 995 200 €
V bei 6,5 % und 5 Jahren	=	4,16	
Jahr 6–30: 540 000 € × (13,76 – 4,16	=	9,60)	= 5 184 000 €
V bei 6,0 % und 30 Jahren	=	13,76	

Zwischensumme	= 8 179 200 €
+ Diskontierter Bodenwert	
500 000 € × 0,174110	= 87 055 €
= **Ertragswert**	= **8 266 255 €**

Anmerkung: Zur Berücksichtigung des überhöhten Mietausfallwagnisses in der ersten Phase (5 Jahre) wurde der Vervielfältiger auf der Grundlage eines um 0,5 Prozentpunkte erhöhten Liegenschaftszinssatzes angesetzt.

280   *Beispiel 2 (Abb. 40):*

Büroobjekt wie im Beispiel 1. Das Objekt ist jedoch auf fünf Jahre untervermietet *(underrented)*. Der Mieter wurde im Zuge der Neuerschließung eines Gebiets mit einer Lockmiete gewonnen.

– Nachhaltig erzielbares monatliches Nutzungsentgelt am Wertermittlungsstichtag	15 €/m² NF
– Tatsächlich erzieltes monatliches Nutzungsentgelt auf Grund Mietvertrag	10 €/m² NF
– Ablauf des Mietvertrags	in 5 Jahren
– Weitere Angaben wie im Beispiel 1	

Ertragswertermittlung:

Jahresreinertrag der ersten fünf Jahre (Mietvertrag)	
10 € m² NF im Monat × 12 Monate x 3 000 m² NF	= 360 000 €
Jahresreinertrag nach fünf Jahren (nachhaltig)	
15 € m² NF im Monat × 12 Monate × 3 000 m² NF	= 540 000 €

Abb. 40: Underrented Objekt

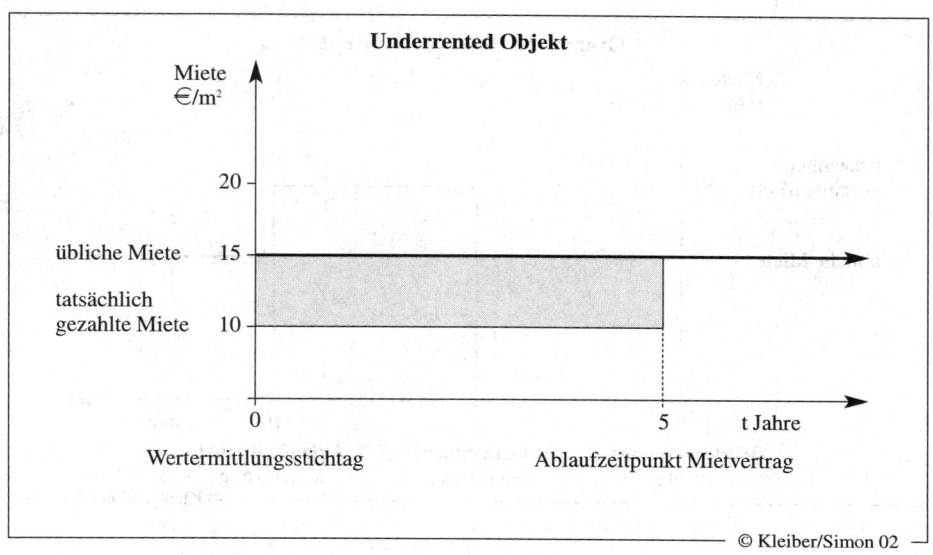

Lösungsweg:

Jahr 1– 5: 360 000 € × .... ×   4,16   = 1 497 600 €
            V bei 6,5 % und 5 Jahren .... =   4,16

Jahr 6–30: 540 000 € × (13,76 – 4,16 .... =   9,60   = 5 184 000 €
            V bei 6,0 und 30 Jahren .... = 13,76

Zwischensumme .... = 6 681 600 €

+ Diskontierter Bodenwert (vgl. Beispiel 1) .... =   87 055 €

= Ertragswert .... **= 6 768 655 €**

Anmerkung: Zur Berücksichtigung des verminderten Mietausfallwagnisses auf Grund der Untervermietung wurde der Vervielfältiger für die erste Phase auf der Grundlage eines um 0,5 Prozentpunkte erhöhten Liegenschaftszinssatzes angesetzt (vgl. Rn. 288 ff.).

Beispiel 3 (Abb. 41):   **281**

Büroobjekt wie im Beispiel 1. Das Objekt ist jedoch am Wertermittlungsstichtag zum ortsüblichen (nachhaltigen) Nutzungsentgelt vermietet. Auf Grund des Mietvertrags kann in fünf Jahren für weitere fünf Jahre mit einem überhöhten Nutzungsentgelt gerechnet werden. Die Übervermietung tritt damit – vom Wertermittlungsstichtag aus betrachtet – zeitlich versetzt ein

– Nachhaltig erzielbares monatliches Nutzungsentgelt am Wertermittlungsstichtag .... 15 €/m² NF

– Tatsächlich erzieltes monatliches Nutzungsentgelt
  ab dem 5. bis zum 10. Jahr auf Grund Mietvertrag .... 20 €/m² NF

– Weitere Angaben wie im Beispiel 1

Ertragswertermittlung:

Jahresreinertrag der ersten fünf Jahre
15 € m² NF im Monat × 12 Monate × 3 000 m² NF .... =   540 000 €

Jahresreinertrag der Jahre 5 bis 10:
20 € m² NF im Monat × 12 Monate × 3 000 m² NF .... =   720 000 €

Jahresreinertrag der Jahre 11 bis 30
15 € m² NF im Monat × 12 Monate × 3 000 m² NF .... =   540 000 €

Abb. 41: Zeitlich versetzter Mehrertrag

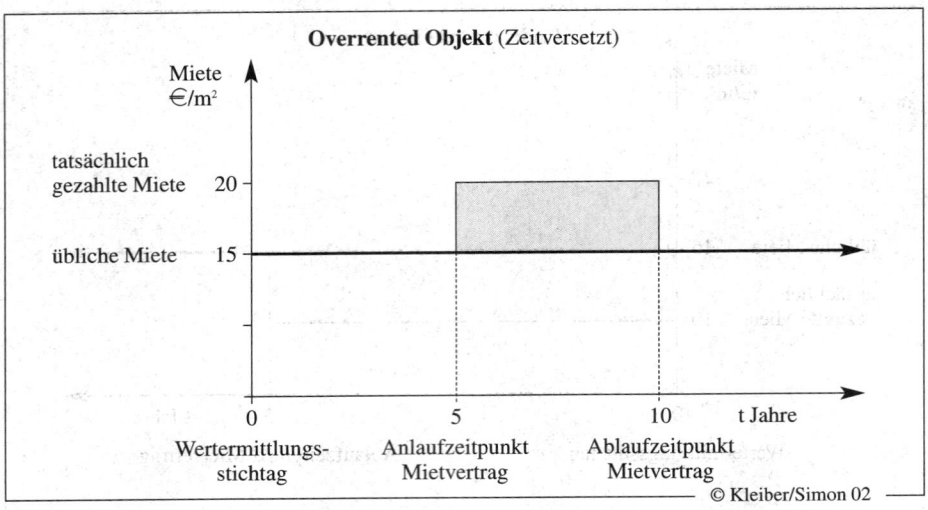

Lösungsweg:

Jahr 1 – 5: 540 000 € ....× 4,21		= 2 273 400 €
V bei 6,0 % und 5 Jahren .... = 4,21		
Jahr 6 –10: 720 000 € × (7,19 – 4,21 .... = 2,98)		= 2 145 600 €
V bei 6,5 % und 10 Jahren .... = 7,19		
Jahr 11–30: 540 000 € × (13,76 – 7,19 .... = 6,57)		= 3 547 800 €
V bei 6,0 % und 30 Jahren .... = 13,76		

Zwischensumme	= 7 966 800 €
+ Diskontierter Bodenwert (vgl. Beispiel 1)	= 87 055 €
= Ertragswert	**= 8 053 855 €**

Anmerkung: Zum erhöhten Liegenschaftszinssatz von 6,5 % vgl. die vorangegangenen Anmerkungen.

▶ *Zur Anwendung des Vervielfältigerdifferenzenverfahrens bei Staffelmieten vgl. § 16 WertV Rn. 75 ff.*

b) Annex zu den Bewirtschaftungskosten

282   Die **Höhe der Bewirtschaftungskosten ist in aller Regel unabhängig davon, ob Mehr- oder Mindereinnahmen erzielt werden.** Grundsätzlich ist deshalb auch in diesen Fällen von den nachhaltig bei ordnungsgemäßer Bewirtschaftung anfallenden Erfahrungssätzen auszugehen.

283   Werden die **Bewirtschaftungskosten in einem Vomhundertsatz** z. B. der Nettokaltmiete angesetzt, so ist dieser Vomhundertsatz stets nur auf die nachhaltig erzielbare Nettokaltmiete und nicht auf den Mehr- oder Minderertrag anzuwenden, denn die Bewirtschaftungskosten vermindern sich nicht allein schon deshalb, weil die Mieteinnahmen weit hinter dem zurückbleiben, was sonst zu erzielen wäre. Umgekehrt beruhen die Vomhundertsätze der nicht umgelegten Bewirtschaftungskosten i. d. R. auf Erfahrungssätzen von Objekten, die zu ortsüblichem Nutzungsentgelt vermietet sind.

284   Zur **Feststellung des Ausmaßes einer Über- oder Untervermietung** sind die Bewirtschaftungskosten auch nur einmal zum Ansatz zu bringen, nämlich bei der ortsüblich erzielbaren nachhaltigen Miete:

Mehr- oder Minderertrag = Miete$_{tats}$ – (Nettokaltmiete$_{nachh}$ – BewK$_{nachh}$)

Miete$_{tats}$ = Tatsächlich anfallende Miete z. B. auf Grund Vertrag

BewK$_{nachh}$ = Nachhaltige Bewirtschaftungskosten (nicht umlagefähig) bei ordnungsgemäßer Bewirtschaftung.

Wird zur Ermittlung des Reinertrags von der Nettokaltmiete ausgegangen, so ist diese nur noch um die nicht umgelegten Bewirtschaftungskosten zu vermindern. Dies sind z. B. bei Wohngrundstücken:

a) – die Verwaltungskosten und

b) – die Instandhaltungskosten sowie

c) das Mietausfallwagnis.

285 Wenn vorstehend darauf hingewiesen wurde, dass sich diese Kosten in ihrer absoluten Höhe allein auf Grund von Mehr- oder Mindereinnahmen nicht ändern, so gilt dies für das **Mietausfallwagnis** nur im eingeschränkten Sinne.

– In der Phase eines Minderertrags besteht nämlich nur ein geringes oder überhaupt kein Mietausfallwagnis.

– In der Phase eines Mehrertrags besteht dagegen ein erhöhtes Mietausfallwagnis, denn allein der Mietvertrag kann den Eigentümer nicht vor ein abruptes Ende des Mietverhältnisses schützen. Für diesen Fall kann nur damit gerechnet werden, dass eine Neuvermietung zu dem ortsüblich nachhaltigen Ertrag möglich ist.

286 Hieraus folgt, dass während der Phase einer Mehr- oder Mindermiete dem geänderten Mietausfallwagnis Rechnung zu tragen ist. In welcher Höhe dem unterschiedlichen Mietausfallwagnis Rechnung zu tragen ist, hängt entscheidend von der **Bonität des Mieters** ab.

287 Rechentechnisch ist dem unterschiedlichen Mietausfallwagnis am einfachsten dadurch Rechnung zu tragen, dass der zur Kapitalisierung des Mehr- oder Minderertrags herangezogene **Vervielfältiger** gegenüber dem zur Ermittlung des Ertragswerts auf der Grundlage des nachhaltig erzielbaren Reinertrags herangezogenen Vervielfältiger **um bis zu 0,5 % erhöht wird.** Der Vervielfältiger ist dabei – auch wenn dies auf dem ersten Blick paradox erscheint – sowohl im Falle eines Mehrertrags, als auch im Falle eines Minderertrags zu erhöhen (vgl. hierzu die Begründung bei Rn. 288 ff.).

288 Bezüglich des bei der **Kapitalisierung eines Minder- oder Mehrertrags anzusetzenden Zinssatzes** bestehen unterschiedliche Auffassungen, die zum Teil theoretisch allerdings allzu übersetzt dargestellt werden:

289 a) Einerseits besteht die Auffassung, dass auch hierfür der Liegenschaftszinssatz maßgeblich sein soll, weil solche Mehr- oder Mindererlöse mit der Liegenschaft eng verbunden sind und ihr Schicksal teilen. Darüber hinaus lässt sich diese Auffassung auch damit begründen, dass Investitionen in Liegenschaften mit der Inkaufnahme einer – gegenüber bankenüblichen Zinssätzen – niedrigeren Verzinsung verbunden sind; von daher sei die Anwendung des Liegenschaftszinssatzes auch für die Kapitalisierung eines individuell vereinbarten Mehr- oder Mindererlöses geboten.

Dieser Auffassung folgend ist es durchaus sachgerecht,

– zur **Kapitalisierung eines Mindererlöses** (Untervermietung) einen um ca. 0,5 Prozentpunkte gegenüber dem sonst angemessenen Liegenschaftszinssatz *erhöhten* Zinssatz heranzuziehen und gleichzeitig

– bei der **Kapitalisierung eines Mehrerlöses** (Übervermietung) den Liegenschaftszinssatz ebenfalls um 0,5 Prozentpunkte zu *erhöhen.* Damit wird dem erhöhten Risiko Rechnung getragen, denn auch ein langfristiges Mietverhältnis schützt den Vermieter nicht vor der Insolvenz des Mieters, die sonst im Übrigen durch Erhöhung des **Mietausfallwagnisses** berücksichtigt werden kann.

Diese auf den ersten Blick unlogische Verfahrensweise ist darin begründet, dass der kapitalisierte Minder-erlös ein Abzugsbetrag ist. Da das Risiko des Käufers gering ist, nach Ablauf des Mietvertrags die ortsübliche Miete zu erzielen, muss folglich bei der Kapitalisierung des Minderertrags ein höherer Zinssatz als der sonst angemessene Liegenschaftszinssatz zu Grunde gelegt werden.

290   b) Daneben besteht die Auffassung, Mehr- oder Mindererlöse durch **Ansatz bankenübli-cher Zinsen** rein finanzmathematisch zu behandeln, weil entsprechende Mietverträge eine individuelle und investitionsorientierte Besonderheit darstellen. Dies mag sich mit-unter so verhalten, jedoch wird auch die sicherlich nicht freiwillige Inkaufnahme einer Untervermietung ebenso wie die Durchsetzbarkeit einer Übervermietung maßgeblich durch die Verhältnisse auf dem Grundstücksmarkt bestimmt. Es kommt hinzu, dass diese Vorgehensweise angesichts der erheblichen Schwankungen der bankenüblichen Zinsen fehleranfällig ist und überdies konsequenterweise auch mit der Berücksichti-gung anderer bei finanzmathematischer Betrachtungsweise bedeutsamer Faktoren wie Inflation und Wertentwicklung verbunden wäre. Diese Vorgehensweise kann auf dem ersten Blick zu theoretisch fundierteren und im Ergebnis mit der unter a) vorgestellten Methode sogar übereinstimmenden Resultaten führen, die schon mit geringen unkon-trollierbaren Änderungen des Zinsansatzes äußerst fehlerträchtig und manipulierbar sind. Große Rechenwerke führen eben nicht zwangsläufig zu einer Verbesserung des Ergebnisses, sondern auch schon zur Verschlechterung.

Für die Anwendung bankenüblicher Zinsen spricht auch, dass der Liegenschaftszins-satz dynamisch in Bezug auf die Wertentwicklung ist und diese bereits mit dem *hard core* vollständig berücksichtigt worden ist. Die Unter- oder Übervermietung führt indessen nicht zu einem Immobilienwertzuwachs.

4.2.3 Zu- und Abschlagsverfahren
(Top Slicing Approach; auch Hardcore oder Layer Method)

291   Zur Berücksichtigung von Abweichungen der tatsächlich erzielten Nutzungsentgelte von den nachhaltig erzielbaren Nutzungsentgelten ist das Zu- und Abschlagsverfahren das wohl älteste Verfahren. **Von Zu- und Abschlägen infolge wohnungs- und mietrecht-licher Bindungen spricht bereits die aus dem Jahre 1961 stammende WertV** (vgl. § 19). In diesem Zusammenhang werden heute auch die englischen Bezeichnungen, wie *Top Slicing, Hardcore-* oder *Layer-Verfahren* verwendet.

292   Die Berücksichtigung von Besonderheiten in den Reinerträgen und hier insbesondere bei einer Unter- oder Übervermietung mithilfe des Zu- und Abschlagsverfahrens bietet sich in besonders einfachen Fällen an. Bei Anwendung dieses Verfahrens wird

a) zunächst ein **vorläufiger Ertragswert** auf der Grundlage der nachhaltigen Nutzungs-entgelte *(Hardcore)* ermittelt und

b) im zweiten Schritt von dem vorläufigen Ertragswert

– der Barwert der **Einnahmeausfälle** im Falle einer Untervermietung abgezogen oder

– der Barwert der **zusätzlichen Einnahmen** im Falle einer Übervermietung saldiert.

293   Im Kern werden bei Anwendung dieses Verfahrens die **im zeitlichen Verlauf der Nutzung einer Immobilie unterschiedlich anfallenden Ertragsströme horizontal aufgespalten** (*Slicing* oder auch Sandwich-Verfahren). Der Begriff *Top-Slicing* ist bei alledem einseitig, weil grundsätzlich bei Anwendung des Verfahrens auf den Fall der Untervermietung auch ein *Bottom Slicing* möglich ist.

294   Der Vorteil des Verfahrens besteht insbesondere darin, dass der vorläufige Ertragswert auf der Grundlage gesicherter Erfahrungssätze bezüglich der nachhaltigen Erträge, der nach-haltigen Bewirtschaftungskosten und vor allem des marktkonformen Liegenschaftszinssat-zes ermittelt werden kann.

Abb. 42: Overrented Objekt

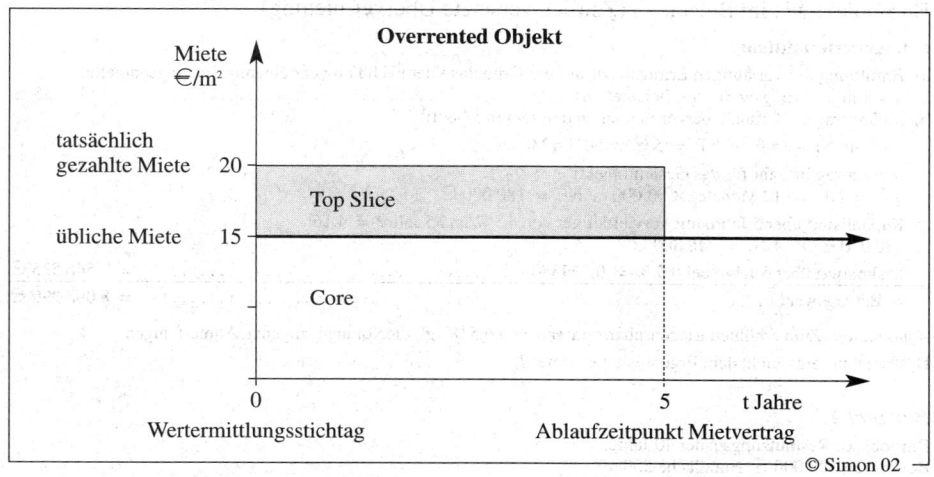

Beispiel 1a (Abb. 42):　　　　　　　　　　　　　　　　　　　　　**295**
Büroobjekt wie im Beispiel 1 (Übervermietung; Rn. 279)

Ertragswertermittlung:

a) Ermittlung des vorläufigen Ertragswerts auf der Grundlage der nachhaltig erzielbaren Nutzungsentgelte:

$$EW = RE \times V + BW \times q^{-n}$$

Jahresreinertrag:
15 € m² NF im Monat × 12 Monate × 3 000 m² NF .... = 540 000 €
× Vervielfältiger von 6 % und 30 Jahren .... = 13,76　= 7 430 400 €
+ Diskontierter Bodenwert (vgl. Beispiel 1) .... = 　87 055 €

= Vorläufiger Ertragswert .... = 7 517 455 €

b) Mehrertrag auf Grund Übervermietung in den ersten fünf Jahren:
20 € m² NF − 15 € m² NF = 5 € m² NF im Monat

Mehrertrag im Jahr für das Gesamtobjekt:
5 € m² NF × 12 Monate × 3 000 m² NF = 180 000 €

Kapitalisiert über 5 Jahre mit Vervielfältiger
von 6,5 % und 5 Jahre = 4,16 : 180 000 € × 4,16 .... = 　748 800 €

= **Ertragswert** .... = **8 266 255 €**

Anmerkung: Zum erhöhten Liegenschaftszinssatz von 6,5 % vgl. die vorangegangenen Anmerkungen.
Das Ergebnis entspricht dem Ergebnis des Beispiel 1.

Beispiel 2a:　　　　　　　　　　　　　　　　　　　　　　　　**296**
Büroobjekt wie im Beispiel 2 (Untervermietung; Rn. 280)

Ertragswertermittlung:

a) Ermittlung des vorläufigen Ertragswerts auf der Grundlage der nachhaltig erzielbaren Nutzungsentgelte
Vorläufiger Ertragswert (vgl. Beispiel 1a) .... 7 517 455 €

b) Minderertrag auf Grund Untervermietung in den ersten fünf Jahren:
15 € m² NF − 10 € m² NF = 5 € m² NF im Monat

Minderertrag im Jahr für das Gesamtobjekt:
5 € m² NF × 12 Monate × 3 000 m² NF = 180 000 €

Kapitalisiert über 5 Jahre mit Vervielfältiger
von 6,5 % und 5 Jahre = 4,16 : 180 000 € × 4,16 .... = 　748 800 €

= **Ertragswert** .... = **6 768 655 €**

Anmerkung: Zum erhöhten Liegenschaftszinssatz von 6,5 % vgl. die vorangegangenen Anmerkungen.
Das Ergebnis entspricht dem Ergebnis des Beispiels 2.

297 *Beispiel 3 a:*

Büroobjekt wie im Beispiel 3 (Zeitlich versetzte Übervermietung)

Ertragswertermittlung:

a) Ermittlung des vorläufigen Ertragswerts auf der Grundlage der nachhaltig erzielbaren Nutzungsentgelte
   Vorläufiger Ertragswert (vgl. Beispiel 1 a) . . . . 7 517 455 €

b) Mehrertrag auf Grund Übervermietung in den Jahren 5 bis 10:

   20 € m² NF – 15 € m² NF = 5 € m² NF im Monat

   Mehrertrag im Jahr für das Gesamtobjekt:
   5 € m² NF × 12 Monate × 3 000 m² NF = 180 000 €

   Kapitalisiert über 5 Jahre mit Vervielfältiger von 6,5 % und 5 Jahre = 4,16:
   180 000 € × 4,16 = 748 800 €

   Diskontiert über 5 Jahre bei 6,5 % = 0,729880 . . . . = 546 535 €

   = **Ertragswert** . . . . = **8 063 990 €**

Anmerkung: Zum erhöhten Liegenschaftszinssatz von 6,5 % vgl. die vorangegangenen Anmerkungen.

Das Ergebnis entspricht dem Ergebnis im Beispiel 3.

298 *Beispiel 4:*

Büroobjekt: Restnutzungsdauer 40 Jahre.
Bodenwert 300 000 €. Nutzfläche 500 m²
Marktüblicher Liegenschaftszinssatz 6 %
Es liegt ein Mietvertrag vor, der folgende Reinerträge vorsieht:

2000 bis einschließlich 2002   12 €/m² NF × 500 m² NF × 12 =   72 000 € p. a.
2003 bis einschließlich 2004   20 €/m² NF × 500 m² NF × 12 = 120 000 € p. a.
2005 bis einschließlich 2006   25 €/m² NF × 500 m² NF × 12 = 150 000 € p. a.

Der Ertragswert ergibt sich entsprechend der vorgestellten Formel aus der Summe

– der bis zum Ablauf des Mietvertrags jährlich diskontierten Reinerträge,
– des ab dem 8. Jahr ermittelten Barwerts auf der Grundlage des am Wertermittlungsstichtag nachhaltig erzielbaren Ertrags und
– des über die Restnutzungsdauer diskontierten Bodenwerts, der zuvor um die Freilegungskosten zu vermindern ist (Abb. 43).

Abb. 43: Über- und Untervermietung

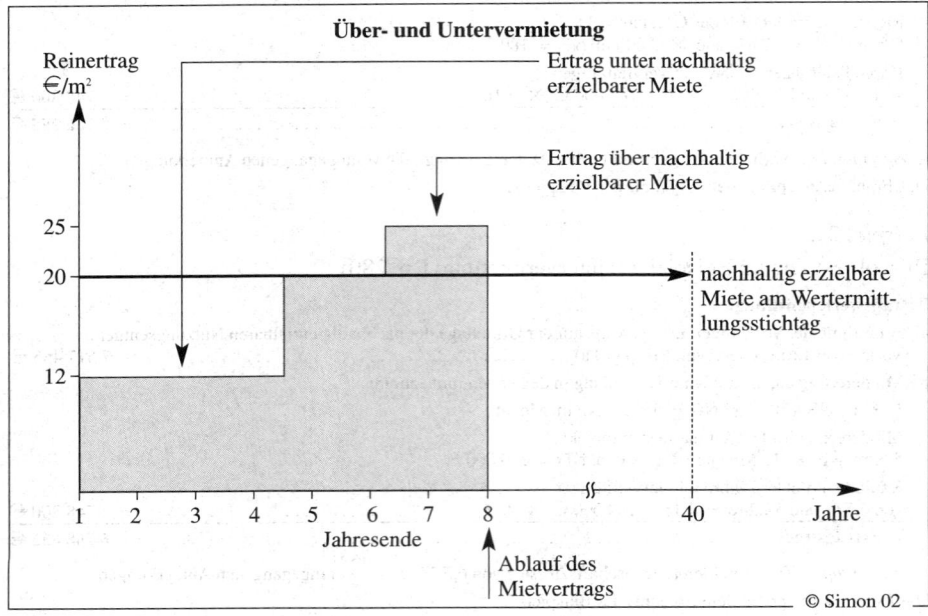

© Simon 02

Auf eine Verminderung des Bodenwerts um die **Freilegungskosten** kann in Anbetracht der **299** langen Restnutzungsdauer verzichtet werden, da dieser Rechenschritt das Ergebnis unwesentlich beeinflusst.

Abb. 44: Vereinfachtes Verfahren (nachschüssig)

Jahre	1	2	3	4	5	6	7	8 – 40	40
Reinerträge €	72 000	72 000	72 000	120 000	120 000	150 000	150 000	120 000	300 000
Vervielfältiger								×14,23	(Bodenwert)
									= 1 707 600
Diskontierungs-	0,9479	0,8985	0,8516	0,7921	0,7473	0,6853	0,6435	0,6651	0,0972
faktor									
Zins	5,5 %	5,5 %	5,5 %	6,0 %	6,0 %	6,5 %	6,5 %	6,0 %	6,0 %
auf den Wert-	68 249	64 692	61 315	95 052	89 676	102 795	96 525	1 135 725	29 167
ermittlungs-									
stichtag dis-	(+)	(+)	(+)	(+)	(+)	(+)	(+)	(+)	
kontierter Wert									
Grundstücks-									↓
ertragswert €									1,743 Mio.

Grundsätzlich ist bei der Ermittlung des Reinertrags aus **300**

     Rohertrag **(Nettokaltmiete)** – (nicht umgelegte) Bewirtschaftungskosten

von konstanten nachhaltigen Bewirtschaftungskosten (in absoluter Höhe) auszugehen, da Bewirtschaftungskosten eine unabhängig vom Mehr- oder Minderertrag feste Größe sind. Eine **Besonderheit** besteht lediglich **hinsichtlich des Mietausfallwagnisses.** In der Phase des Minderertrags ist das Mietausfallwagnis geringer als bei Erzielung der nachhaltigen Miete, da sich dann im Falle einer Beendigung des Mietverhältnisses für den Gebäudeeigentümer die Chance für ein neues Mietverhältnis auf der Grundlage der nachhaltig erzielbaren Miete eröffnet. In der Phase der Mehreinnahmen verhält es sich umgekehrt.

Dem wurde im vorgestellten Beispiel dadurch Rechnung getragen, dass **301**

– in der Phase der Minderträge, diese mit einem gegenüber dem Liegenschaftszinssatz (hier von 6 %) **um 0,5 % verminderter Diskontierungszinssatz** abgezinst wurden und

– in der Phase der Mehrerträge, diese mit einem gegenüber dem Liegenschaftszinssatz (hier von 6 %) um 0,5 % erhöhten Diskontierungszinssatz abgezinst wurden.

– In der Phase, in der die erzielte Miete der nachhaltig erzielbaren Miete entspricht, wurde der Liegenschaftszinssatz als Diskontierungszinssatz zum Ansatz gebracht.

Im Unterschied hierzu wird bei Anwendung der Zu- und Abschlagsmethode dem erhöhten **302** bzw. verminderten Mietausfallwagnis dadurch Rechnung getragen, dass dort der zur Kapitalisierung des Mehr- bzw. Mindererlöses herangezogene **Vervielfältiger stets auf der Grundlage eines gegenüber dem Liegenschaftszinssatz erhöhten Zinssatz** zum Ansatz gelangt (vgl. Rn. 288 ff.). Das Mietausfallwagnis kann dabei, wie noch erläutert wird, präziser erfasst werden, denn das abweichende Mietausfallwagnis ist nur von der Phase der jährlichen Mehr- oder Mindereinnahmen und nicht vom Diskontierungszeitraum abhängig.

c) Weitere rechentechnische Hinweise

Die Aufsummierung aller jahrgangsweise diskontierten Reinerträge führt bei langer Rest- **303** nutzungsdauer der baulichen Anlage zu einer Zahlenlawine; rechentechnisch würde die Lösung heute zwar keine besonderen Probleme aufwerfen. Es können gleichwohl eine Reihe von **Vereinfachungsmöglichkeiten** genutzt werden:

– Zunächst ist daran zu erinnern, dass die künftig zu erwartenden Reinerträge, die jahrgangsweise in abgezinster Höhe in den Ertragswert eingehen, um so unbedeutender werden, je mehr man sich vom Wertermittlungsstichtag entfernt. Bei Anwendung der Methode des partiellen Diskontierens ist es deshalb gängig, die diskontierten Reinerträge nur über einen Zeitraum von etwa zehn Jahren zusammen mit dem über diese zehn Jahre ebenfalls diskontierten Restwert des dann noch verbleibenden (bebauten) Grundstücks aufzusummieren (auch: gesplittetes Ertragswertverfahren vgl. Rn. 203).

– Des Weiteren werden sich in aller Regel die nachhaltigen Ertragsverhältnisse auch nicht in jedem Jahr ändern, d. h. bei der Ertragswertermittlung können i. d. R. eine Reihe von Jahren mit gleich bleibenden Ertragsverhältnissen zusammengefasst werden. In dem vorgestellten *Beispiel* wurden in diesem Sinne die Jahre 8 bis 40 zusammengefasst. Dies ist zur Vereinfachung auch für die vorangehenden zeitlichen Abschnitte möglich.

Die wohl umständlichste Vorgehensweise stellt dabei das **Säulenverfahren** dar, bei dem zunächst die Jahre gleich bleibender Ertragsverhältnisse zusammengefasst und bezogen auf den Anfang dieser Periode der Barwert des sich dafür ergebenden Jahresreinertrags mithilfe des Vervielfältigers (der WertV) ermittelt wird. Bevor diese Barwerte aufsummiert werden, müssen sie dann allerdings erst mit Hilfe des Diskontierungsfaktors auf den Wertermittlungsstichtag abgezinst werden.

304 *Beispiel 4 a:*

Ausgangsdaten wie bei Beispiel 4 (Rn. 298)

Abb. 45: Säulenverfahren

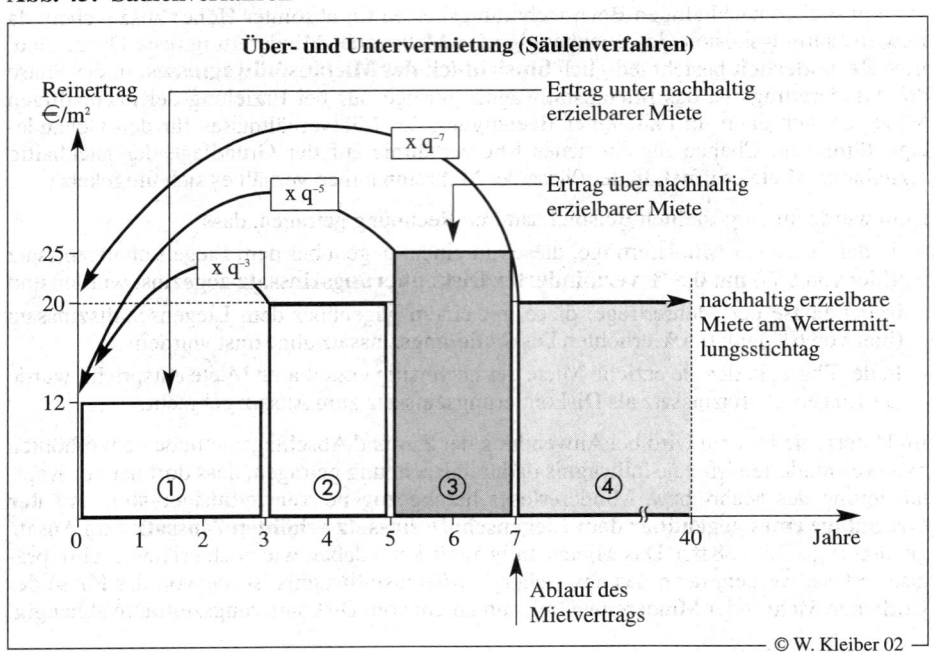

© W. Kleiber 02

Periode	Dauer Jahre	Vervielfältiger Zins	Vervielfältiger V	zins	Diskontierungs- zeitraum	faktor
1	3	5,5 %	2,70	–	–	–
2	2	6,0 %	1,83	6,0 %	3 Jahre	0,8396
3	2	6,5 %	1,82	6,0 %	5 Jahre	0,7473
4	33	6,0 %	14,23	6,0 %	7 Jahre	0,6651

Vereinfachte Ertragswertermittlung (nachschüssig)

Jahre	1–3	4,5	6,7	8–40	40	
Reinertrag €	72 000	120 000	150 000	120 000	300 000	(Bodenwert)
V	2,70	1,83	1,82	14,23	–	
RE × V	194 400	219 600	273 000	1 707 600	–	
x q^{-n}	–	0,8396	0,7473	0,6651	0,0972	
auf den Wertermittlungsstichtag diskontierter Wert	⊕ 194 400	⊕ 184 376	⊕ 204 013	⊕ 1 135 725	⊕ 29 167	⊜ Summe = **1 748 Mio €**

Rechentechnisch einfacher ist auch hier das bereits vorgestellte Zu- und Abschlagsverfahren *(Hardcore-Methode)*. Hier wird zunächst wieder der Ertragswert auf der Grundlage der nachhaltigen Erträge ermittelt. Die Mehr- und Mindereinnahmen sind im Anschluss daran zusätzlich zu berücksichtigen (Abb. 46).   **305**

Beispiel 4 b: **306**

Abb. 46: Sandwichverfahren

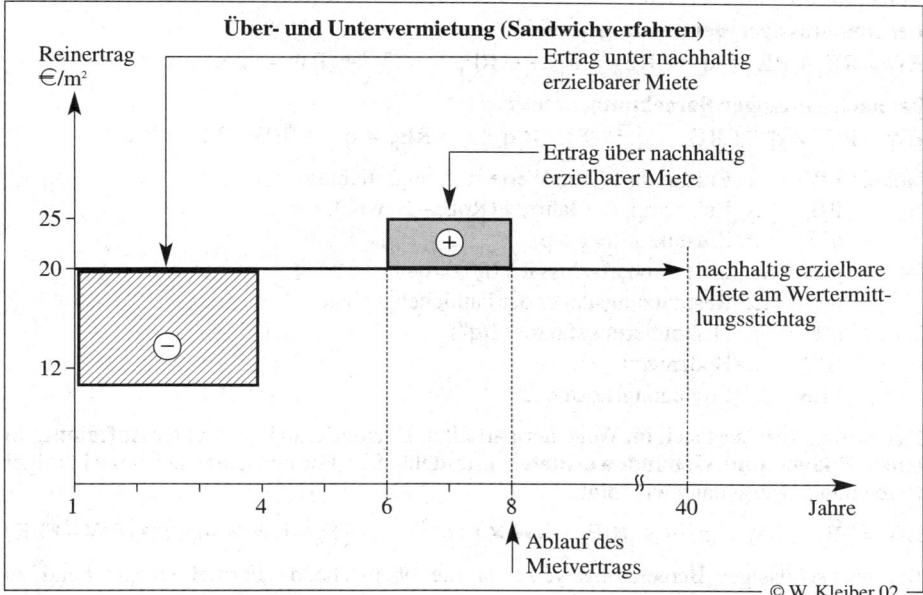

EW = 120 000 € × 15,05 + 300 000 € × 0,0972
EW = 1 835 160 €

Ertragswert auf der Grundlage des nachhaltigen Ertrags (Ausgangsdaten wie bei *Beispiel 4;* Rn. 298):

EW = RE x V + BW x q^{-n}
EW = 120 000 € × 15,05 + 300 000 € × 0,0972
EW = 1 835 160 €

Mehreinnahmen: 150 000 € – 120 000 €   =   30 000 € p. a.   × 1,82
                   Kapitalisiert über 2 Jahre   = **54 600 €**
                   V bei 6,5 % und 2 Jahre   =   1,82
                   Wegen des erhöhten Mietausfallwagnisses wurde der Liegenschaftszinssatz um 0,5 % erhöht.
                   Diskontiert über 5 Jahre: 54 600 € × 0,7473   =   40 803 €

Mindereinnahmen: 120 000 € – 72 000 €   =   48 000 € p. a.   × 2,65
                   Kapitalisiert über 3 Jahre   = **127 200 €**
                   Wegen des geminderten Mietausfallwagnisses wurde der Liegenschaftszinssatz um 0,5 % erhöht.

Ertragswert = 1 835 160 € + 40 803 € – 127 200 €   = **1 748 Mio. €**

307 **Erläuterungen zu den Ergebnissen:**

Die Berechnungsweise des Beispiels 4 b führt zu dem Ergebnis des Berechnungsbeispiels 4 a. Demgegenüber weicht das Ergebnis der Berechnung im Beispiel 4 – wenn auch unerheblich – von den Ergebnissen der Beispiele 4 a und 4 b ab. Dies ist darauf zurückzuführen, dass dem unterschiedlichen Mietausfallwagnis während der Phase der Mehr- oder Mindermiete dadurch Rechnung getragen wurde, dass im Beispiel 4 der Diskontierungszinssatz gegenüber dem Liegenschaftszinssatz erhöht oder vermindert wurde. Das unterschiedliche Mietausfallwagnis ist aber letztlich nur von der Dauer der Phase des Mehr- oder Minderertrags und nicht vom Zeitraum abhängig, über den der (erhöhte bzw. verminderte) Jahresreinertrag diskontiert wird. Die Minderung bzw. Erhöhung des Diskontierungszinssatzes wirkt sich damit bei einem langen Diskontierungszeitraum überproportional aus, wenn im Verhältnis dazu die Phase des Mehr- oder Minderertrags kurz ist.

4.2.4 Partielle Diskontierung (Allgemeine Barwertformel)

308 Bei besonders komplizierten Sachverhalten mit sich in kurzen Zeitabständen (ggf. auch jährlich) ändernden Erträgen muss letztlich auf die **Ursprungsform des Ertragswertverfahrens** zurückgegriffen werden *(Discounted Cashflow)*. Wie bereits vorgestellt, ergeben sich dafür folgende Formeln:

bei vorschüssiger Berechnungsweise:

$$EW = RE_1 + RE_2 \times q^{-1} + RE_3 \times q^{-2} + \cdots RE_n \times q^{-(n-1)} + (BW - FLK) \times q^{-n}$$

bei nachschüssiger Berechnungsweise:

$$EW = RE_1 \times q^{-1} + RE_2 \times q^{-2} + RE_3 \times q^{-3} + \cdots RE_n \times q^{-n} + (BW - FLK) \times q^{-n}$$

wobei EW ...   Ertragswert (zum Wertermittlungsstichtag)

      RE_i ...   Reinertrag des Jahres i (RoE_i – $BewK_i$)

      q ...   Zinsfaktor (= 1 + p)

      p ...   Liegenschaftszinssatz/100 (= q–1)

      n ...   Restnutzungsdauer der baulichen Anlage

      q^{-n} ...   Diskontierungsfaktor ($1/q^n$)

      BW ...   Bodenwert

      FLK ...   Freilegungskosten

309 Der Ertragswert lässt sich im Wege der partiellen Diskontierung auch unter **Aufteilung in einen Boden- und Gebäudewertanteil** ermitteln. Die Formel lautet bei vorschüssiger Berechnungsweise dann wie folgt:

$$EW = (RE_1 - BW \times p)\, q^{-1} + (RE_2 - BW \times p)\, q^{-2} + \ldots (RE_n - BW \times p)\, q^{-n} + (BW - FLK)$$

Bei nachschüssiger Berechnungsweise ist die obenstehende Formel entsprechend zu erweitern.

4.2.5 Leerstand

310 Ein **unvermeidlicher Leerstand** sowie die Vermietung unter **Gewährung einer längerfristigen Mietfreiheit**, wie dies bei kunjktureller Rezession z. B. bei Gewerbeobjekten eingeräumt wird, führt zu Mindereinnahmen. Auch dies muss zusätzlich berücksichtigt werden, soweit dem mit dem angesetzten Mietausfallwagnis ungenügend Rechnung getragen wurde. Ausgehend vom Ertragswert, wie er sich für den Fall der Vermietung zum Wertermittlungsstichtag unter Vernachlässigung der eingeräumten Mietfreiheit ergibt, sind dann die Einnahmeausfälle in Abzug zu bringen.

Beispiel: **311**

Nach der Lage auf dem Grundstücksmarkt muss für ein leer stehendes Bürogebäude erwartet werden, dass eine Vermietung nur unter Einräumung einer zweijährigen Mietfreiheit möglich ist bzw. es wird ein gleich langer Leerstand hingenommen, um dann aber ein langfristiges Mietverhältnis einzugehen, das einen Ertrag erwarten lässt, der über der derzeitigen „Flaute auf dem Immobilienmarkt" liegt.

Neben dem Ausfall der Nettokaltmiete hat der Grundstückseigentümer während dieser Zeit auch die nicht umlagefähigen Bewirtschaftungskosten (Betriebskosten) zu tragen. Der Renditeausfall setzt sich mithin zusammen aus
– dem Reinertrag zuzüglich der gesamten Bewirtschaftungskosten oder
– der Nettokaltmiete/Grundmiete zuzüglich der umlagefähigen Betriebskosten.

Die Nutzfläche betrage	1 000 m²
Die Nettokaltmiete betrage	20 €/m²
Die Betriebskosten betragen	1,50 €/m²
Der Liegenschaftszinssatz betrage	7 %.

Bei einem zweijährigen Nutzungsausfall ergibt sich als Abzugsbetrag:

1 000 m² × (20 €/m² + 1,50 €/m²) × 1,81 = **38 915 €**

V von p: 7 % und n = 2 Jahre = 1,81

Ertragsausfälle aus unvermeidlichen Leerständen müssen, soweit diese nicht mit dem   **312** angesetzten Mietausfallwagnis berücksichtigt werden, ebenso wie vertraglich vereinbarte **mietfreie Zeiten** zusätzlich bei der Ertragswertermittlung mit ihrem Barwert zum Abzug gebracht werden, wenn dadurch die nachhaltigen Einnahmen beeinflusst werden und dem nicht bereits mit dem Liegenschaftszinssatz entsprochen wird[31].

Beispiel: **313**

Ein mit einem Bürogebäude (1 200 m² Nutzfläche) bebautes Grundstück ist zu werten. Die am Wertermittlungsstichtag nachhaltig erzielbare Nettokaltmiete beträgt 25 €/m² NF. Vermieter und Mieter schließen folgenden Mietvertrag:

Laufzeit des Mietvertrags 10 Jahre. Das erste Jahr ist mietfrei mit Ausnahme umlagefähiger Bewirtschaftungskosten. Vom 2. bis einschließlich dem fünften Jahr beträgt die Miete 20 €/m² NF. Ab dem 6. bis einschließlich dem 10. Jahr werden 30 €/m² vereinbart.

Es ist der Grundstücksertragswert des Objekts unter Vernachlässigung des Bodenwerts zu ermitteln. Die Restnutzungsdauer des Gebäudes beträgt 60 Jahre, der Liegenschaftszinssatz 6 %, die Bewirtschaftungskosten betragen 15 % der Nettokaltmiete/Grundmiete (Abb. 47).

Abb. 47: Mietentwicklung

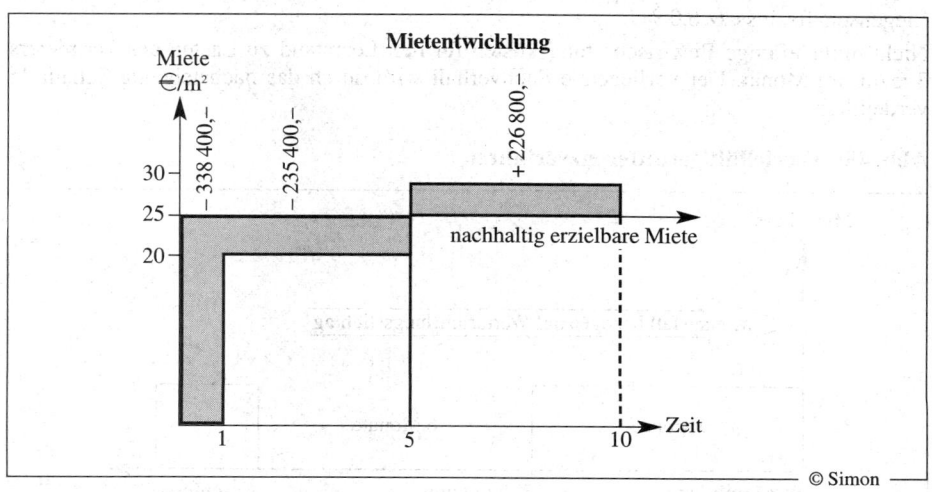

31 Leopoldsberger, G., Anmerkungen zu dieser auf Simon zurückgehenden Darstellung in GuG 1998, 154

1) Jahresrohertrag

1 200 m² × 25 € × 12	360 000 €	
Bewirtschaftungskosten 15 %	− 54 000 €	
Grundstücksreinertrag	306 000 €	
Vervielfältiger bei 60 Jahren und 6 %:	16,16	
Grundstücksertragswert	4 944 960 €	= 4 944 960 €

2) Berücksichtigung der mietfreien Zeit:

Vervielfältiger bei 1 Jahr und 6 %	0,94	
360 000 € × 0,94		− 338 400 €

3) Berücksichtigung des Minderertrags

Minderertrag 5 € × 1200 m² × 12 Monate	= 72 000 €/Jahr	
Vervielfältiger bei 6 % und 5 Jahren	4,21	
− Vervielfältiger für 1 Jahr	− 0,94	
Vervielfältigerdifferenz =	3,27	
Minderwert 72 000 € × 3,27		= − 235 440 €

4) Berücksichtigung des Mehrertrags

Mehrertrag 5 € × 1 200 m² × 12 Monate	= 72 000 €/Jahr	
Vervielfältiger bei 6 % und 10 Jahren	7,36	
./. Vervielfältiger für 5 Jahre	− 4,21	
Vervielfältigerdifferenz =	3,15	
Mehrwert 72 000 € × 3,15		+ 226 800 €
Summe		4 597 920 €
Grundstücksertragwert		**rd. 4 600 000 €**

Beispiel 2:

314 Der Ertragswert eines Büroobjekts ist zum Stichtag 1. 6. 2001 zu ermitteln. Das Objekt ist zu marktüblichen Mieten vermietet. Am Wertermittlungsstichtag ist sicher, dass Mieter A, der 40 % der Gesamtnutzfläche des Gebäudes (4 500 m²; monatliche Nettokaltmiete 160 000 €) angemietet hat, sein Mietverhältnis zum 1. 3. 2002 kündigt. Der Grundstückseigentümer steht bereits mit einem Nachmieter in Verhandlung, der die gesamte Nutzfläche von 4 500 m² ab 1. 9. 2002 zur Marktmiete anmieten wird.

In welcher Höhe ist der auf der Basis der Vollvermietung ermittelte Grundstücksertragswert zu mindern, wenn der Mietausfall vom 1. 3. bis 1. 9. 2002 (6 Monate) als sicher anzunehmen ist?

Liegenschaftszinssatz 6,0 %

Nicht umlagefähige Bewirtschaftungskosten für den Leerstand zu Lasten des Vermieters 3 €/m² im Monat. Der vorliegende Sachverhalt wird durch das nachstehende Schaubild verdeutlicht:

Abb. 48: Vervielfältigerdifferenzverfahren

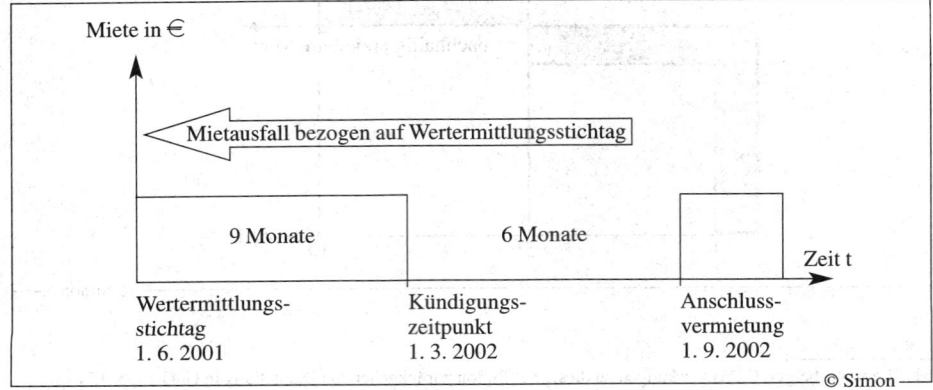

© Simon

Der Jahreszinssatz beträgt 6 %,
der monatliche Zinssatz 6,0/12 = 0,5 %.

Der Vervielfältiger für (9 + 6 =) 15 Monate beträgt	14,41662
Der Vervielfältiger für 9 Monate beträgt	− 8,77906
Die Vervielfältigerdifferenz beträgt	= 5,63756

Minderbetrag bezogen auf den Wertermittlungsstichtag:

Monatliche Miete 160 000 € zuzüglich nicht umlagefähiger
Bewirtschaftungskosten

$(3 \text{ €/m}^2 \times 4\,500 \text{ m}^2) = 173\,500$ €

173 500 €/Monat × 5,63756 — 978 117 €

Der auf der Basis der Vollvermietung
ermittelte Grundstücksertragswert ist um rd. 980 000 € zu vermindern.

Alternativberechnung nach dem Diskontierungsmodell

Vervielfältiger bei 6,0 % Jahreszins für 6 Monate:	5,89638
Minderbetrag 173 500 €/Monat × 5,89638	1 023 022 €

Diskontierungsfaktor für 9 Monate bei 0,5 % Zins/Monat: 0,956105

Auf den Wertermittlungsstichtag diskontierter Minderbetrag

1 023 022 € × 0,956105 — 978 116 €

Der auf der Basis der Vollvermietung ermittelte Grundstücksertragswert ist um rd. 980 000 € zu vermindern.

4.2.6 Optionen

Mitte des Jahres 2001 erwirbt ein Investor ein Geschäftsgrundstück mit 3 Läden im Erdgeschoss und 6 Büros in den Obergeschossen. Die Mietverträge laufen zwischen dem 30. 11. 2001 und 30. 11. 2004 aus, so dass der Käufer damit rechnen konnte, die teilweise sehr niedrigen Mieten (Büromiete Büro A, D, E, F 14 €/m², Büromiete B 16 €/m² und Ladenmieten C, G, H 40 €/m²) alsbald auf das ortsübliche Niveau (Büros auf 20 €/m², Ladenflächen auf 45 €/m² NF) anzuheben (in den Mietverträgen war lediglich die Werthaltigkeit der Mieten über eine Anpassung entsprechend der Veränderung der Lebenshaltungskosten gesichert). Die Möglichkeit schnell erfolgender Mieterhöhungen hatte auch die Kaufpreisbildung wesentlich beeinflusst. Nach dem Kauf stellte sich jedoch heraus, dass bei zwei Büros und einem Laden folgende Optionsrechte auf Verlängerung der Mietverträge bestanden: 315

Büro A: Mietfläche 175 m², Miete 14 €/m² nettokalt. Ablaufzeitpunkt des Mietvertrags 30. 11. 2001 (war dem Käufer bekannt), aber Option auf Verlängerung des Mietvertrags zu den gleichen bestehenden Bedingungen vom 1. 12. 2001 bis 30. 11. 2003 (war dem Käufer nicht bekannt).

Büro B: Mietfläche 170 m², Miete 16 €/m² nettokalt. Ablaufzeitpunkt des Mietvertrags 30. 11. 2004 (war dem Käufer bekannt), aber Option auf Verlängerung des Mietvertrags zu den gleichen bestehenden Bedingungen vom 1. 12. 2004 bis 30. 11. 2007 (war dem Käufer nicht bekannt).

Laden C: Mietfläche 35 m², Miete 40 €/m² nettokalt. Ablaufzeitpunkt des Mietvertrags 30. 11. 2002 (war dem Käufer bekannt), aber Option auf Verlängerung des Mietvertrags zu den gleichen bestehenden Bedingungen vom 1. 12. 2002 bis 30. 11. 2027 (war dem Käufer nicht bekannt).

Am Kaufzeitpunkt hatte noch keiner der drei Mieter das Optionsrecht ausgeübt. Trotzdem beeinflussten diese beim Kauf nicht mitgeteilten Optionsrechte die Renditekalkulation des Käufers erheblich, so dass er gegen den Veräußerer eine Klage auf Kaufpreisminderung anstrengte.

Frage 1: Wie hoch wäre der Kaufpreisminderungsbetrag rechnerisch anzusetzen, wenn davon ausgegangen wird, dass alle drei Mieter die Option ausüben werden?

Frage 2: Wie hoch ist die sich aus der rechnerischen Kaufpreisminderung ergebende tatsächliche Wertminderung anzusetzen, wenn man den Umständen Rechnung trägt, dass

– eine Option möglicherweise nicht ausgeübt wird und

– die Kalkulation einer Marktmiete von 20 €/m² bzw. 45 €/m² für Ende 2002 bzw. Ende 2004 mit Unsicherheiten behaftet ist?

Anzuwendender Zinssatz 6,0 v. H.

316   Lösung:

	Fläche (m² NF)	übliche Miete (€/m²)	tatsächlich gezahlte Miete (€/m²)	Jahresmiete erzielbar (€)	tatsächliche Jahresmiete (€)	Verlust/ Jahr (€)
Büro A	175	20	14	42 000	29 400	– 12 600
Büro B	170	20	16	40 800	32 600	– 8 160
Laden C	35	45	40	16 800	16 800	– 2 100
			zusammen:	99 600	78 800	– 22 860

Berechnung der Verluste

Verlust aus Miete für Büro A
Jahresverlust   12 600 €

Minderertrag
vom 1. 12. 2001 bis 30. 11. 2003 = 2 Jahre
Vervielfältiger
Verlust: 1,83 × 12 600 €   23 058 €

Verlust aus Miete für Büro B
Jahresverlust   8 160 €

Minderertrag
vom 1. 12. 2004 bis 30. 11. 2017 = 13 Jahre
Vervielfältiger bei 16 Jahren   10,11
Vervielfältiger bei 3 Jahren   2,67

Vervielfältigerdifferenz   7,44
Verlust B: 7,44 × 8 160 €   60 710 €

Verlust aus Miete für Laden C
Jahresverlust 2 100 €

Minderertrag
vom 1. 12. 2004 bis 30. 11. 2027 = 25 Jahre
Vervielfältiger bei 26 Jahren   13,00
Vervielfältiger bei 1 Jahr   0,94

Vervielfältigerdifferenz   12,06
Verlust aus C 12,06 × 2 100 €   25 326 €
                                              109 094 €

Antwort Frage 1

Gesamtverlust (rechnerisch)   **rd. 110 000 €**

Antwort Frage 2

Die Ertragsminderung auf Grund der dem Käufer nicht bekannten Optionsrechte beträgt rechnerisch nach finanzmathematischer Berechnung rd. 110 000 €, muss aber nicht notwendigerweise der Kaufpreisminderung in dieser Höhe entsprechen. Zum Kaufzeitpunkt hatte kein Mieter das Optionsrecht ausgeübt. Ob alle Mieter ihre Optionsrechte ausüben werden, ist nicht sicher vorhersehbar. Aus diesem Grunde und wegen der Unmöglichkeit der Renditeeinschätzung der Immobilie aus der Marktsituation 2001 für Zeitpunkte in 2002 und 2004, kann die rein rechnerisch festgestellte Minderung von 110 000 € nach Markterfahrung um rd. 20 v. H. gemindert werden. Die Wertminderung beträgt danach

                           rd. 90 000 €

4.2.7 Atypische Nutzung

Der bereits angesprochene Grundsatz des § 16 Abs. 1, nach dem von dem „nachhaltig **317** erzielbaren Reinertrag der baulichen Anlage" auszugehen ist, bedeutet nicht nur, dass das nachhaltig ortsüblich erzielbare Nutzungsentgelt einer vorhandenen Nutzung – ggf. unter Berücksichtigung von Abweichungen des tatsächlichen Nutzungsentgeltes – der Ertragswertermittlung zu Grunde zu legen ist, sondern auch, dass die **objektadäquate Nutzung** berücksichtigt werden muss.

Ein in der Innenstadt gelegenes Objekt, das am Wertermittlungsstichtag für Wohnzwecke **318** vermietet ist, obwohl eine höherwertige Nutzung für Büro- und Einzelhandelsnutzung nicht nur zulässig, sondern auch üblich ist, wird im gewöhnlichen Geschäftsverkehr zu entsprechend höheren Preisen gehandelt. Auch hier stellt sich die Notwendigkeit, eine höherwertigere Nutzung unter Berücksichtigung der bestehenden Mietverträge, der Möglichkeiten ihrer Kündigung und der technischen Möglichkeiten einer Umnutzung und ihrer Kosten einschließlich ortsüblicher **Abstandszahlungen an weichende Mieter** in die Betrachtung einzubeziehen.

Beispiel: **319**

Ein in der Innenstadt (MK-Gebiet) gelegenes Wohn-/Geschäftshaus ist im Erdgeschoss für Wohnzwecke vermietet. Die erzielte Miete entspricht der ortsüblichen für Wohnräume erzielbaren Miete.

Der Mieter ist bereit, gegen eine Abstandszahlung von 20 000 € sein Mietverhältnis vorzeitig aufzulösen, um damit dem Eigentümer die Möglichkeit zu eröffnen, den Wohnraum für eine gebietsübliche Einzelhandelsnutzung herzurichten; rechtliche Gründe stehen dem auch nicht entgegen (Zweckentfremdungsverbot, Erhaltungssatzung i. S. d. § 172 BauGB).

Ein Nutzungsinteressent ist bereit, bei einem zehnjährigen Mietvertrag unter üblichen Konditionen den Umbau auf eigene Kosten vorzunehmen.

Lösung:

a) Im ersten Schritt ist die Angemessenheit der geforderten Abstandszahlung zu überprüfen. Die geforderte Abstandszahlung ist angemessen, wenn sie den Usancen der Immobilienwirtschaft entspricht und unter dem Barwert der erzielbaren Mehrbeträge für die derzeit für Wohnzwecke genutzten Räume liegt:

– Das Mietverhältnis lässt erwarten, dass die 100 m² große Wohnung in ca. 10 Jahren frei wird bzw. frei gemacht werden kann.

– Im Falle einer Einzelhandelsvermietung könnte die Miete von derzeit 6 €/m² WF auf 20 €/m² NF heraufgesetzt werden.

Potenzieller Mehrertrag:

$(20 € – 6 €) × 100 \text{ m}^2 × 12 = 16 800 €$ p. a.

Barwert für 10 Jahre bei einem Zins von 5,5 % (V = 7,54)

$16 800 € × 7,54 = 126 672 €$

Die geforderte Abstandszahlung von 20 000 € unterschreitet den Barwert des potenziellen Mehrertrags deutlich.

b) Der Ertragswert wird auf der Grundlage einer Umnutzung des Erdgeschosses ermittelt und um die dabei üblicherweise anfallenden Umnutzungskosten einschließlich Abstandszahlung vermindert.

Erst wenn mit Abstandszahlungen oder in einer anderen geeigneten Weise das Mietverhältnis **320** nicht aufgelöst werden kann, muss solchen Fällen unter Berücksichtigung der mietrechtlichen Bindungen dadurch Rechnung getragen werden, dass **für den Zeitraum des Kündigungsschutzes wertermittlungstechnisch von einer Untervermietung ausgegangen wird**.

Bei **gewerblichen Mietverhältnissen** stellt sich die Situation i. d. R. einfacher als für **321** Wohnraum dar. Ist nämlich das Mietverhältnis für eine feste Vertragslaufzeit abgeschlossen worden, endet es grundsätzlich mit dem vertraglichen Ablauf (§ 542 BGB), ohne dass das Mietverhältnis gekündigt werden müsste.

Setzt der Mieter nach Ablauf der **vertraglichen Festmietzeit** das Mietverhältnis fort, tritt **322** nach § 545 BGB eine stillschweigende Verlängerung des Mietverhältnisses auf unbestimmte Zeit ein, sofern nicht eine Vertragspartei ihren entgegenstehenden Willen innerhalb von zwei Wochen dem anderen Teil erklärt.

323   Ansonsten kann das Mietverhältnis nach Maßgabe der §§ 568 ff. BGB von jeder Vertragspartei gekündigt werden; insoweit stellt sich bei einer **unwirtschaftlichen Nutzung des gewerblich genutzten Grundstücks** die Situation einfacher als bei einer Nutzung für Wohnzwecke dar.

324   Derartige Fallkonstellationen dürfen in der vorgestellten Weise nur auf der Grundlage einer sorgfältigen Analyse des Mietverhältnisses, seiner Kündbarkeit sowie einer **nüchternen Analyse der wirtschaftlich vernünftigen Verwertbarkeit der Immobilie** unter Berücksichtigung ihrer Nachbarschaft behandelt werden. Spekulative und einer ordnungsgemäßen Grundstücksbewirtschaftung nicht entsprechende Nutzungsmöglichkeiten müssen außer Betracht bleiben. Bei dieser Vorgehensweise geht es im Wesentlichen darum, ein Missverhältnis zwischen der tatsächlichen und der objektadäquaten Nutzung angemessen zu berücksichtigen.

325   Der vorgestellte Fall (Rn. 319) legt auch die **Grenzen der Verkehrswertermittlung** offen. Lässt man nämlich einmal die in dem Beispielsfall vorgegebene Abstandssumme von 20 000 € außer Betracht, weil der Mieter diesbezüglich erst noch in Verhandlung treten will, so wird deutlich, dass der Verkehrswert im Rahmen der Spanne des potenziellen Mehrerlöses schwankt. Welcher Anteil des potenziellen Mehrerlöses dem Verkehrswert zuzurechnen ist, wäre dann vom Ergebnis der Ablöseverhandlungen abhängig. Mit dem potenziellen Mehrerlös wird lediglich der Verhandlungsspielraum des Eigentümers vorgegeben. In seinen Verhandlungen kann er – wirtschaftlich vernünftig handelnd – bis zu diesem Betrag gehen. Dies kann im Einzelfall, wie im Übrigen auch der Fall „Weinhaus Huth" in Berlin gezeigt hat, zu beträchtlichen Unterschieden führen.

326   Der vorgestellte Fall kann sich in einer noch „verschärfenden" Form für **Liquidationsobjekte** stellen, wenn die Ertragsverhältnisse in einem deutlichen Missverhältnis zum Bodenwert stehen, das Objekt auf Grund mietrechtlicher Bindungen nicht freigelegt werden kann und eine Auflösung des Mietverhältnisses (z. B. nach § 573 BGB oder nach den Vorschriften der §§ 182 ff. BauGB) nicht möglich ist.

327   Als ein weiteres *Beispiel* kann der Fall eines Objektes mit ungünstiger aber leicht veränderbarer Raumaufteilung angeführt werden. So wird im Einzelhandel danach getrachtet, die *Verkaufsfläche* möglichst groß und die *Lagerfläche* möglichst klein zu halten. Ein **Verhältnis von 80 % zu 20 % deutet auf ungünstige und verbesserungsfähige Aufteilung** hin, insbesondere wenn sich dieses Verhältnis auf derselben Ebene ergibt.

328   Mitunter kann es angezeigt sein, die **Grundrissgestaltung** eines Ladens kritisch nach Optimierungsmöglichkeiten zu prüfen. So weisen Läden in den neuen Bundesländern oftmals ein ungünstiges Verhältnis zwischen Verkaufs- und Lagerflächen auf, das nicht unmittelbar der Verkehrswertermittlung zu Grunde gelegt werden kann. Kann z. B. durch den Versatz einer Trennwand die Verkaufsfläche deutlich (zu Lasten der Lagerfläche) erhöht werden, so geht damit eine Verbesserung der Ertragssituation einher, denn Lagerflächen werden bei moderner Anlieferungstechnik *(„just in time")* mit einer Verlagerung der Lagerfläche auf die Straße kaum noch benötigt (Abb. 49).

Abb. 49: Supermarkt mit übergroßer Lagerfläche

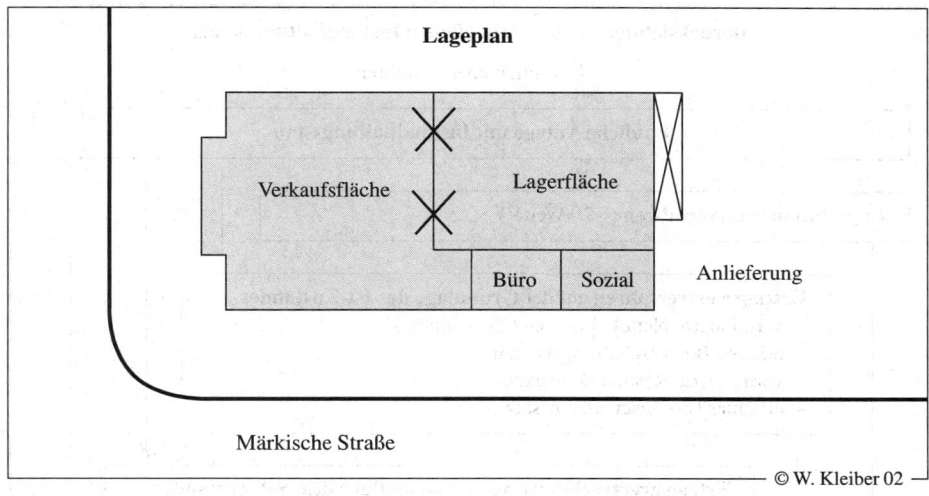

5   Instandhaltungsstau und Umnutzungskosten (Anomalien)

5.1   Allgemeines

Ein Instandhaltungsstau, Bauschäden und Baumängel sowie eine sich aufdrängende   **329**
Umnutzung lassen sich bei Anwendung des Ertragwertverfahrens nach unterschiedlichen
Methoden berücksichtigen, insbesondere

1. durch Ansatz entsprechend geminderter Erträge ggf. in Verbindung mit
    – entsprechend höheren Bewirtschaftungskosten und
    – einer entsprechend geminderten Restnutzungsdauer, oder
2. durch Ansatz der „nachhaltig erzielbaren Reinerträge" i.V. m der üblichen Restnut-
    zungsdauer eines ordnungsgemäß instand gehaltenen Gebäudes und Verminderung des
    fiktiven Ertragswerts um die Instandsetzungs- bzw. Umnutzungskosten (Abb. 50).

Während die erstgenannte Methode bei Objekten zur Anwendung kommt, die in absehba-   **330**
rer Zeit abgängig sind (vgl. Liquidationswertverfahren nach § 20), findet bei längerfristig
zu erhaltenden Objekten die zuletzt genannte Methode in der Praxis breite Anwendung.
Der Vorteil dieser Methode besteht in erster Linie darin, dass der Sachverständige auf die
im Normalfall erzielbaren ortsüblichen Mieten und Bewirtschaftungskosten, den auf dieser
Grundlage abgeleiteten Liegenschaftszinssatz und auf die übliche Restnutzungsdauer
zurückgreifen kann. Damit werden verhältnismäßig verlässliche Wertermittlungsgrundlagen in die Ertragswertermittlung eingeführt. Der Verkehrswert wird bei dieser Vorgehensweise nach dem Vorhergesagten also in der Weise ermittelt, dass man zunächst den fiktiven
Ertragswert eines instand gehaltenen Gebäudes ableitet und die notwendigen **Instandsetzungskosten gegenrechnet**. Dies erscheint zunächst einfach und plausibel; es kann aber
bei höherem Instandhaltungsstau höchst problematisch sein.

Abb. 50: Berücksichtigung eines erheblichen Instandhaltungsstaus (Verfahrensweisen)

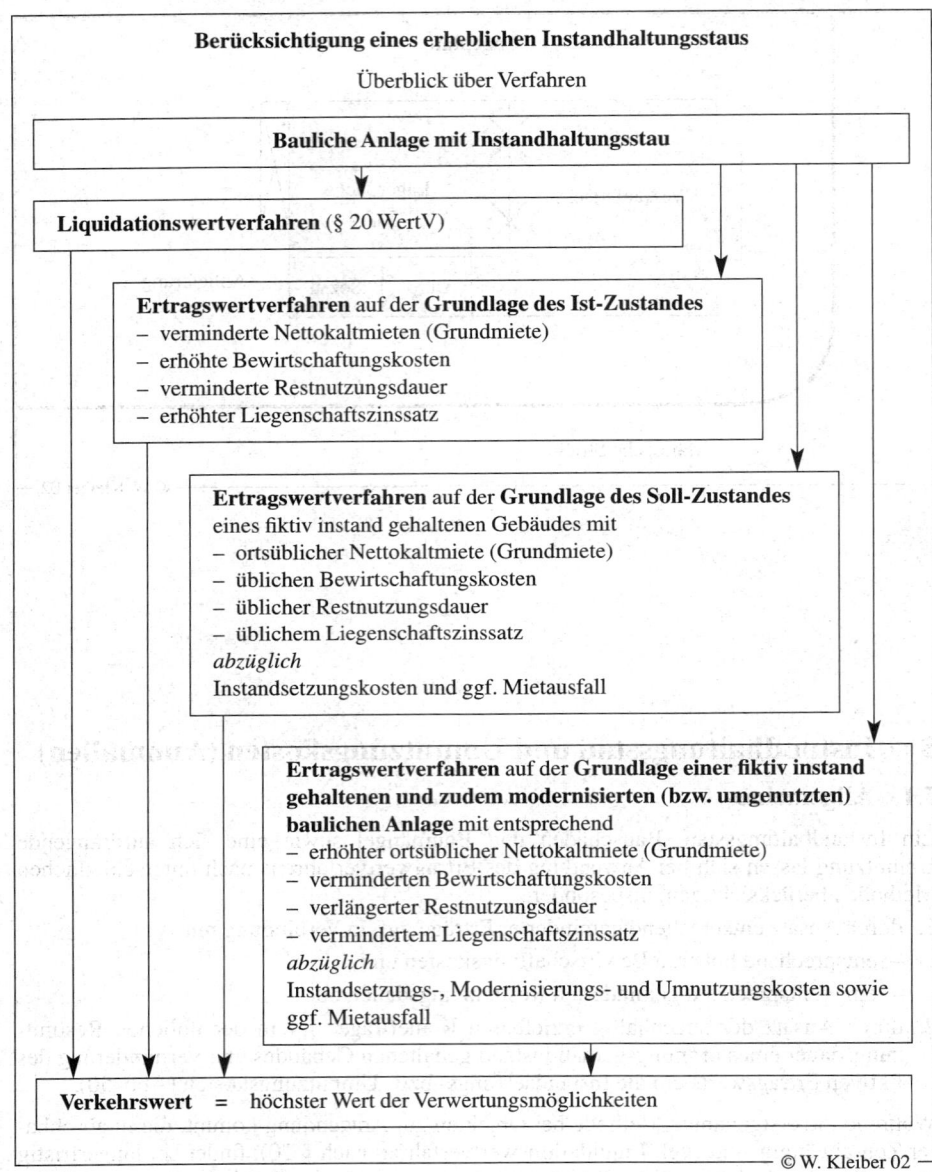

Zunächst wird man einmal – wie bei der Sachwertermittlung – zwischen disponiblen und **331** zwingend erforderlichen Schadensbeseitigungskosten unterscheiden müssen. Des Weiteren müssen die disponiblen **Schadensbeseitigungskosten nach den ihnen zu Grunde liegenden rentierlichen, teilrentierlichen und unrentierlichen Maßnahmen** untergliedert werden (Abb. 51):

Abb. 51: Instandsetzungsmaßnahmen

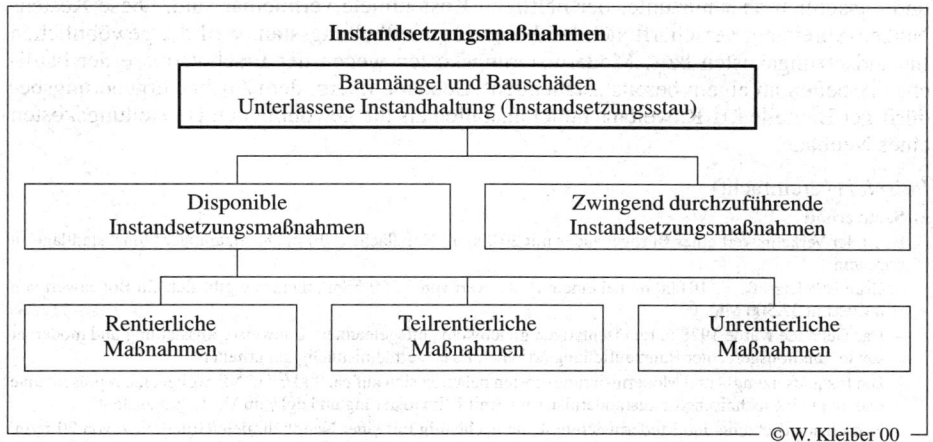

© W. Kleiber 00

Die **schematische Gegenrechnung disponibler und unrentierlicher bzw. teilrentier-**   **332**
licher Maßnahmen zur Behebung von Baumängeln, Bauschäden bzw. eines Instand-
setzungsstaus in voller Höhe ist besonders **problematisch.** Dies gilt insbesondere in den
Fällen, in denen eine ohnehin kurze Restnutzungsdauer des Gebäudes dadurch nicht verlängert wird und von dem Mangel keine spürbare Nutzungsbeeinträchtigung ausgeht. So
wird z. B. die Feuchtigkeit in einem Kriechkeller infolge einer fehlenden Außenisolierung
im Hinblick auf die unverhältnismäßig hohen Kosten einer nachträglichen Isolierung hingenommen. Fiktive Instandsetzungskosten lassen sich im gewöhnlichen Geschäftsverkehr
bei dem Erwerb unterwälzen. In derartigen Fällen wäre die Gegenrechnung der vollen
Instandsetzungskosten nicht sachgerecht. Das Gleiche gilt für teilrentierliche und disponi-
ble Maßnahmen entsprechend.

Der Verkehrswertermittlung ist bei alledem eine wirtschaftliche Verhaltensweise des   **333**
Grundstückseigentümers unter besonderer Berücksichtigung der Rentierlichkeit der in
Betracht kommenden Maßnahme zu Grunde zu legen. Dies gilt vor allem auch in den Fällen, in denen darüber hinaus **Modernisierungs- und Umstrukturierungsmaßnahmen** in
Betracht zu ziehen sind. In der Praxis werden in derartigen Fällen vielfach konkrete Vor-
stellungen eines potenziellen Erwerbers in die Verhandlungen eingebracht. Im Rahmen der
Verkehrswertermittlung von Grundstücken dürfen solche Vorstellungen nicht als Diktat
betrachtet werden, wenn dabei die Grundsätze einer Kosten-Nutzenoptimierung verletzt
werden, da damit vielfach die Absicht einer Unterwälzung unrentierlicher Kosten in den
Kaufpreis verbunden ist. Dies ist in Folgendem begründet:

Die Verkehrswertermittlung eines instandsetzungsbedürftigen Gebäudes auf der Grundlage   **334**
des fiktiven Ertragswerts des instand gehaltenen Gebäudes unter Abzug der Instandset-
zungs- bzw. Umnutzungskosten stellt vom Prinzip her eine **Kombination aus Ertrags-**
und Sachwertverfahren dar, **die mit den Prinzipien des Residualwertverfahrens ver-**
wandt ist. Der Abzug der vollen Instandsetzungskosten führt im Ergebnis dazu, dass auch
unrentierliche Instandsetzungs- bzw. Umnutzungskosten zum Abzug gelangen können,
was sich insbesondere bei solchen Objekten verhängnisvoll auswirken kann, bei denen
Sach- und Ertragswert auseinanderklaffen und bei denen man im Falle der Anwendung des
Sachwertverfahrens hohe Marktanpassungsabschläge anbringen würde. Dies betrifft insbe-

sondere Wohnobjekte, die zu Kostenmieten von 20 €/m² WF und mehr errichtet werden und tatsächlich aber nur unter der hälftigen Kostenmiete vermietbar sind. Diese Kosten-Nutzen-Spreizung verschärft sich bei hohem Instandhaltungsstau, weil die gewöhnlichen Instandsetzungskosten bzw. Modernisierungskosten wegen der Erschwernisse der baulichen Arbeiten an einem bereits „stehenden" Gebäude i.V. m. dem Ausbau erneuerungsbedürftiger Bauteile i. d. R. weitaus höher ausfallen als die gewöhnlichen Herstellungskosten eines Neubaus.

335 *Beispiel* (vereinfacht):

a) Sachverhalt

Es ist der Verkehrswert eines Bürogebäudes mit 20 000 m² Nutzfläche (NF) in „hochkarätiger" Innenstadtlage zu ermitteln.

– Grundstücksgröße = 10 000 m² bei einem Bodenwert von 3 750 €/m²; hieraus ergibt sich ein Bodenwert von insgesamt 37,500 Mio. €.

– Das Gebäude wurde 1928 in repräsentativer, gleichwohl „pflegeleichter" Bauweise, Ausstattung und moderner sowie funktionsgerechter Raumaufteilung errichtet. Es ist verhältnismäßig gut erhalten.

– Die Instandsetzungs- und Modernisierungskosten belaufen sich auf ca. 900 €/m² NF, wobei eine repräsentative und nicht eine technische Luxusmodernisierung (mit Klimatisierung und dgl.) im Vordergrund steht.

– Nach Instandsetzung und Modernisierung kann nachhaltig mit einer Nettokaltmiete/Grundmiete von 20 €/m² NF und nicht umlagefähigen Bewirtschaftungskosten von 20 % gerechnet werden; trotz der erstklassigen Lage ist eine höhere Miete kaum erzielbar.

– Im Hinblick auf Größe und Ausstattung des Objektes muss mit einem eingeschränkten Käuferkreis gerechnet werden.

b) Verkehrswertermittlung (fiktiver Ertragswert abzüglich Instandsetzung)

– Ermittlung des Reinertrags:

20 000 m² NF × 20 €/m² NF × 12	= 4 800 000 €	p. a.
./. Bewirtschaftungskosten (20 %)	= – 960 000 €	p. a.
= Reinertrag	= 3 840 000 €	p. a.
./. Bodenwertverzinsungsbetrag	= – 2 250 000 €	
(bei p = 6 %: 37,500 Mio. € × 0,06)		
= bodenwertverzinsungsbetraggeminderter RE	= 1 590 000 €	
× Vervielfältiger (16,62)	= 26 425 850 €	
(bei RND = 100 Jahre und p = 6 %)		
– Instandsetzungs- und Modernisierungskosten		
(20 000 m² NF × 900 €/m² NF)	= – 18 000 000 €	
= Gebäudeertragswert (Gebäudeanteil)	= 8 425 850 €	
+ Bodenwert	= 37 500 000 €	
= Ertragswert (Boden und Gebäude)	**= 45 925 850 €**	

336 Bei genauerer Betrachtung handelt es sich um ein **Liquidationsobjekt,** denn bei Ansatz eines Reinertrags, der dem tatsächlich gegebenen instandsetzungs- und modernisierungsbedürftigen Zustand entspricht, ergäbe sich nach Abzug des Bodenwertverzinsungsbetrags ein „negativer" Reinertrag.

337 In der Wertermittlungspraxis werden solche **Liquidationsobjekte vielfach gar nicht erkannt, wenn schematisch vom fiktiven Ertragswert** unter Berücksichtigung der Instandhaltung ausgegangen wird. Geht man dagegen von einer hälftigen Miete von 10 €/m² NF für das instandsetzungsbedürftige Gebäude aus, so wird dies deutlich:

20 000 m² NF × 10 €/m² NF × 12	= 2 400 000 €	p. a.
– Bewirtschaftungskosten (20 % von 4,8 Mio €)	= 960 000 €	p. a.
= Reinertrag RE	= 1 440 000 €	p. a.
– Bodenwertverzinsungsbetrag	= – 2 250 000 €	p. a.
= RE (bodenwertverzinsungsbetraggemindert)	**= – 810 000 €**	

Als Liquidationswert ergäbe sich bei einem Bauvolumen von 70 000 m³ und Freilegungskosten von 20 €/m³:

Bodenwert	= 37 500 000 €	
– Freilegungskosten (70 000 m³ × 20 €/m³)	= – 1 400 000 €	
= Liquidationswert	= 36 100 000 €	

Der Unterschied gegenüber dem vorstehend ermittelten Ertragswert beträgt rd. 10 Mio. €; insoweit wäre dem Ertragswert der Vorzug zu geben.

Vorstehende Berechnung zeigt aber, dass es gleichwohl problematisch wäre, nach Maß- **338** gabe des § 20 Abs. 1 schematisch als Verkehrswert den Bodenwert abzüglich Freilegungs- kosten anzusetzen, denn damit würde sich ein deutlich niedrigerer Wert ergeben, als sich bei der oben zu Grunde gelegten Verwertungskonzeption ergibt. In dem diesem Beispiel zu Grunde liegenden Fall war ein Investor daran auch interessiert.

Gleichwohl bleibt auch der ermittelte Ertragswert problematisch, wie nachfolgende Betrachtung zeigt. Zunächst muss man erkennen, dass die unter b) vorgestellte **Ertrags- wertermittlung auf der Grundlage der Erträge nach Instandsetzung und Modernisie- rung und nachträglichem Abzug der Instandsetzungs- und Modernisierungskosten im Prinzip eine Form des Residualwertverfahrens** mit der damit verbundenen Proble- matik darstellt. Die dabei angesetzten Kosten müssen sich dabei nicht in einer entsprechen- den Ertragswerterhöhung niederschlagen (vgl. § 13 WertV Rn. 335 ff.; § 24 WertV Rn. 25 ff.).

Viele Sachverständige bringen dessen ungeachtet die **Instandsetzungs- bzw. Umnut-** **339** **zungskosten in voller Höhe** mit der Begründung zum Abzug, dass ein jeder Eigentümer diese Kosten investieren müsse. Dies darf aber nicht schematisch vorgenommen werden. Der BGH[32] hat mehrfach in seiner Rechtsprechung auf diese aus der Verknüpfung von Ertrags- und Sachwertermittlung resultierende Problematik hingewiesen. Ausgehend von der Erkenntnis, dass das Sachwertverfahren i. d. R. sehr hohe Marktanpassungsabschläge erfordert, um über den Sachwert zum Verkehrswert zu gelangen, führt der BGH in dieser Entscheidung u. a. aus:

„Sind bereits die Herstellungskosten einer Sache nicht entscheidend für deren gemeinen Wert (Verkehrswert), ... so gilt das umso mehr für die Instandsetzungskosten ... Der Verkehrswert einer beschädigten Sache, z. B. eines Hauses, wird daher – oder kann mindestens – in vielen Fällen höher sein als der Verkehrswert des Hauses in unbeschädigtem Zustand abzüglich der Instandsetzungskosten."

Es handelt sich bei alledem um die Problematik, die auch bei Anwendung des Sachwertver- **340** fahrens im Zusammenhang mit der Frage nach der **Alterswertminderung für Schadens- beseitigungskosten bei Baumängeln** und Bauschäden auftritt. Folgende Überlegungen können hier weiterführen:

Der Erwerb eines **Objektes**, der **mit dem Einsatz erheblicher Instandsetzungs-, Moder-** **341** **nisierungs- oder Umnutzungskosten verbunden** ist, kommt – wirtschaftlich gesehen – dem Erwerb eines unbebauten Grundstücks gleich, auf dem der Erwerber die Errichtung eines Quasi-Neubaus beabsichtigt.

Unter dieser Prämisse muss auch folgende Betrachtung angestellt werden (vereinfachte Betrachtungsweise):

c) **Verkehrswertermittlung** (fiktiver Sachwert abzüglich Ersparnisse)

Herstellungskosten für einen Neubau eines Gebäudes, in der Art des vorhandenen Gebäudes im instand gesetzten und modernisierten Zustand: 20 000 m² NF × 1 500 €/m² = 30 Mio. €

– Ersparte Herstellungskosten:

Von den Herstellungskosten verbleiben nur die Instand- setzungs- und Modernisierungskosten: 1 500 €/m² NF – 900 €/m² = 600 €/m² NF

insgesamt: 20 000 m² NF × 600 €/m² NF	= 12,0 Mio. €
+ Bodenwert	= 37,5 Mio. €
= **Sachwert (ohne Marktanpassung)**	= 49,5 Mio. €

---

32 BGH, Urt. vom 10. 7. 1953 – V ZR 22/52 –, EzGuG 20.16; BGH, Urt. vom 13. 5. 1955 – V ZR 36/54 –, EzGuG 3.5; BGH, Urt. vom 24. 1. 1963 – III ZR 149/61 –, EzGuG 20.34; OLG Köln, Urt. vom 2. 3. 1962 – 9 U 33/61 –, EzGuG 20.29

342   Die Alternativberechnung kann im Gegensatz zu dem unter b) vorgestellten Verfahren als eine Sachwertermittlung qualifiziert werden, bei der der vorhandene instandsetzungs- und modernisierungsbedürftige Gebäudezustand gleichsam als ersparte Herstellungskosten behandelt wird. Man wird sich für dieses Verfahren zumindest in den Fällen entscheiden können, wo es sich um ein Objekt handelt, bei dem sich dem Käufer **nur die Option „bauen oder kaufen"**, also die Option einer Anmietung, nicht stellt. Wo ersatzweise die Möglichkeit besteht, sich „einzumieten", kann dagegen erwartet werden, dass er sich am Ertragswert orientiert.

343   Tatsächlich stellt somit also die unter b) vorgestellte Methode vornehmlich ein Sachwertverfahren dar, denn bei genauerer Betrachtung sind es die Modernisierungs- und Instandsetzungskosten in Höhe von 18 Mio. €, die entscheidend auf das Ergebnis „durchschlagen". Die **Methode**, Ertragswertobjekte mit sehr hohem Instandsetzungsbedarf auf der Grundlage eines ordnungsgemäß instand gehaltenen Objektzustands zu ermitteln, und das Ergebnis dann um Instandsetzungskosten zu vermindern, **schlägt also bei sehr hohem Instandsetzungsbedarf in ihrem Kern in ein (verkapptes) Sachwertverfahren** um.

344   Insoweit stellt die unter Buchstabe c) vorgestellte Berechnungsweise im Übrigen den konsequenteren Schritt zum Sachwertverfahren dar, wobei das Ergebnis in Anbetracht der Höhe des Sachwerts einer Marktanpassung bedarf. Das Ergebnis macht zudem deutlich, dass die Anwendung des Liquidationswertverfahrens hier nicht zu sachgerechten Ergebnissen führt.

5.2   Lösungswege

▶ *Hierzu auch § 24 WertV Rn. 20 ff.*

345   Wie vorstehend erläutert stellt die Methode der Ermittlung des Ertragswerts eines instandsetzungs-, modernisierungs- bzw. umnutzungsbedürftigen bebauten Grundstücks im Wege des als (fiktiv als Ausgangswert) instand gesetzt, modernisiert bzw. umgenutzt ermittelten Gebäudewerts unter Abzug der Instandsetzungs-, Modernisierungs- bzw. Umnutzungskosten ihrer Natur nach ein **Residualwertverfahren mit allen seinen Schwächen** dar (vgl. § 13 WertV Rn. 316 ff.). Die damit verbundene Problematik ist vielfach nicht erkannt worden, zumindest, wenn es um das Gegenrechnen der Kosten eines kleineren Instandhaltungsstaus ging. Aber selbst größere Instandsetzungs-, Modernisierungs- bzw. Umstrukturierungskosten werden vielfach schematisch selbst dann gegengerechnet, wenn damit der Bodenwert „angefressen" wird. Diesbezüglich kann nicht deutlich genug der Liquidationswert als Mindestwert und Schranke für eine derartige Vorgehensweise herausgestellt werden.

346   Im Schrifttum[33] ist das angesprochene Problem auch bislang nicht vertieft worden, was das Ertragswertverfahren anbelangt. Dies ist insofern erstaunlich, da es im Kern um dieselbe Problematik geht, die sich auch im Sachwertverfahren bei Baumängeln und Bauschäden stellt (vgl. § 24 WertV Rn. 10 ff.).

347   Die Verwandtschaft des Problems muss aber erkannt werden, denn – wie unter Rn. 94 ff. dargelegt – kann man **bei Anwendung des Ertragswertverfahrens unter Gegenrechnung hoher Instandsetzungs-, Modernisierungs- oder Umnutzungskosten** eigentlich **nicht** mehr von einem **Ertragswertverfahren** sprechen. Das tatsächlich zur Anwendung kommende Residualwertverfahren wird maßgeblich durch den Sachwert der Instandsetzungs-, Modernisierungs- oder Umnutzungskosten bestimmt. Die schematische Gegenrechnung der Kosten *ist* dabei, wie der BGH in der unter Rn. 339 zitierten Rechtsprechung überzeugend dargelegt hat, unzulässig und mit den Grundsätzen der Verkehrswertermittlung unvereinbar.

Zur **Lösung des Problems** erscheint es zunächst sachdienlich, zwischen **348**
a) den unabweisbaren und sofort erforderlichen Instandsetzungskosten sowie
b) den disponiblen Instandsetzungs-, Modernisierungs- und Umnutzungskosten
zu unterscheiden. Dies entspricht der auch bei Anwendung des Sachwertverfahrens gebotenen Betrachtungsweise (§ 24 WertV Rn. 20 ff.).

Die **unabweisbaren Instandsetzungskosten müssen** wohl **in voller Höhe** von dem fiktiv **349** ermittelten Ausgangswert, nämlich dem Ertragswert eines insoweit ordnungsgemäß instand gehaltenen Gebäudes **in Abzug gebracht werden,** sofern nicht die Liquidation sinnvoller ist. Dies ist darin begründet, dass im gewöhnlichen Geschäftsverkehr ein Käufer diese Kosten tatsächlich gegenrechnen muss, wenn er nicht im Gesamtergebnis einen überhöhten Kaufpreis aufbringen will.

Zur **Ermittlung der unabweisbaren Instandsetzungskosten** bieten sich zwei Verfahrens- **350** wege an:
a) Ermittlung nach den Kosten der Einzelgewerke sowie
b) Ermittlung auf der Grundlage der Normalherstellungskosten entsprechend dem Wertanteil der instandsetzungsbedürftigen Gewerke am Gesamtwert. In diesem Fall werden also die Normalherstellungskosten und die Wertanteilstabelle herangezogen.

Die zuletzt genannte Vorgehensweise ist nicht unproblematisch, weil es sich bei den Nor- **351** malherstellungskosten um die **Ersatzbeschaffungskosten eines Neubaus** handelt und der Neubau allemal preisgünstiger als die Instandsetzung ist. Es kommt hinzu, dass die Instandsetzung in aller Regel mit den Kosten eines vorherigen Ausbaus der instandsetzungsbedürftigen Gewerke verbunden ist (Abb. 52):

Abb. 52: Ermittlung der Instandsetzungskosten

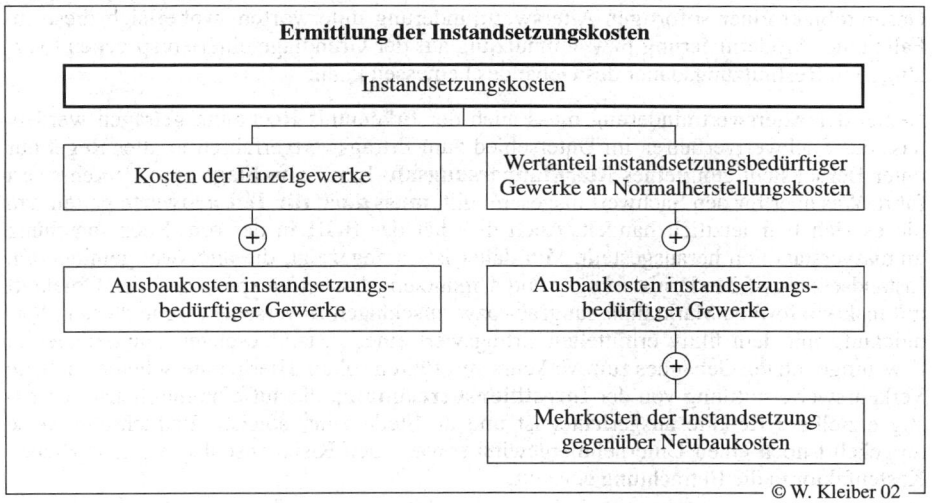

© W. Kleiber 02

Die **Mehrkosten der Instandsetzung in einem bestehenden Gebäude gegenüber den** **352** **Neubaukosten**, ermittelt über den Wertanteil an den Normalherstellungskosten, kann je nach Gewerk nicht unerheblich sein. So ist die Erneuerung einer Nasszelle mit dem kostenaufwendigen Entfernen der Verkachelung, der sanitären Einrichtungen bis hin zum Entfernen der Leitungsrohre verbunden, wobei es hierbei um Handarbeiten geht.

---

33 Vogels, M., Grundstücks- und Gebäudebewertung marktgerecht, 5. Aufl. 1996, S. 241

353   Die **Ermittlung disponibler Instandsetzungskosten sowie zusätzlicher Modernisie-rungs- und Umnutzungskosten** ist dagegen weitaus komplizierter. Zunächst muss man sich darüber Klarheit verschaffen, welche Kostengruppe(n) hier im Rahmen einer Ver-kehrswertermittlung überhaupt zum Ansatz gebracht werden dürfen. Wo der Eigentümer disponieren kann, wird er sich für den Weg entscheiden, der die höchste Rentierlichkeit verspricht. Von einer Modernisierung oder Umnutzung wird er Abstand nehmen, wenn sich dies nicht rechnet. Selbst von Instandsetzungen wird er absehen, wenn sie sich ihm nicht aufzwingen und sie sich nicht lohnen. So wird er z. B. von einer kostenintensiven Keller-isolierung zurückschrecken, wenn sie sich schon im Hinblick auf die begrenzte Rest-nutzungsdauer des Gebäudes nicht „rechnet" und diesem Mangel im gewöhnlichen Geschäftsverkehr gegenüber einem vergleichbaren isolierten Objekt mit einem Abschlag Rechnung getragen wird, der geringer als die Isolierungskosten ausfällt.

354   Soweit der Sachverständige diesbezüglich nicht über Erfahrungssätze verfügt, bietet es sich an, ausgehend von den vollen Instandsetzungs-, Modernisierungs- und Umnutzungs-kosten der vorstehend zitierten Rechtsprechung des BGH folgend die Sachwertkosten so zu vermindern, wie dies den Grundsätzen des Sachwertverfahrens entspricht (vgl. § 24 Rn. 20 ff.). Dies ist darin begründet, dass es sich bei den **Instandsetzungs-, Modernisie-rungs- und Umnutzungskosten im Ergebnis um (Teil-)Sachwertkosten handelt.**

355   Hieraus folgt, dass die **Kosten** zunächst **einer Alterswertminderung zu unterwerfen** sind. Ein entsprechend investierender Eigentümer muss sich nämlich in der Tat bewusst sein, dass seine Investition in eine Schicksalsgemeinschaft mit dem Gesamtobjekt tritt. Davon unberührt bleibt die Erneuerung bzw. Modernisierung kurzlebiger Gewerke, die über die verbleibende und ggf. verlängerte Restnutzungsdauer abgelebt werden oder nach Ablauf der Restnutzungsdauer Weiterverwendung finden können. Instand gesetzte, modernisierte oder umgenutzte Gewerke, deren Restnutzungsdauer jedoch länger als die Restnutzungsdauer des Gesamtobjekts ausfällt, sind dagegen in Verbindung mit diesem Gesamtobjekt einer sofortigen Alterswertminderung unterworfen, wobei sich diese im Falle einer Modernisierung bzw. Umnutzung auf der Grundlage einer entsprechend ver-längerten Restnutzungsdauer des Gebäudes bemessen kann.

356   Neben der Alterswertminderung muss auch der Erkenntnis Rechnung getragen werden, dass das Sachwertverfahren im Unterschied zum Ertragswertverfahren in aller Regel nur unter Berücksichtigung eines **Marktanpassungsab- bzw. -zuschlags** zum Verkehrswert führt. Was aber für den Sachwert insgesamt gilt, **muss auch für Teilsachwerte** gelten, um die es sich hier letztlich handelt. Auch dies hat der BGH in der o. a. Rechtsprechung unmissverständlich herausgestellt. Von daher ist es angezeigt, die alterswertgeminderten Instandsetzungs-, Modernisierungs- und Umnutzungskosten entsprechend der Objektart mit maktkonformen Marktanpassungsab- bzw. zuschlägen zu versehen, wenn diese in Ver-quickung mit dem fiktiv ermittelten Ertragswert eines instandgesetzten, modernisierten bzw. umgenutzten Gebäudes zum Verkehrswert führen sollen. Hierin unterscheidet sich die Verkehrswertermittlung von der **Investitionsberechnung,** die auf eine möglichst kurzfri-stig erzielbare Rendite ausgerichtet ist und an Stelle einer solchen Betrachtungsweise umgekehrt noch einen Unternehmergewinn sowie einen Risikoabschlag als zusätzlichen Kostenfaktor in die Betrachtung einstellt.

357   Im Rahmen einer Investitionsberechnung wird den Sachverständigen in aller Regel auch vorgegeben, welche Variante im Rahmen der sich anbietenden Möglichkeiten (Instandset-zung oder Instandsetzung in Kombination mit einer Modernisierung bzw. einer Umnut-zung) er seiner Wertermittlung zu Grunde legen soll. Dies mag dann auch nicht die rentier-lichste aller sich anbietenden Möglichkeiten sein. Geht es hingegen um den Verkehrswert, wie er sich bei freier Disponierbarkeit einstellt, so muss der **Variante der Vorzug gegeben werden, die im Rahmen des rechtlich Zulässigen und der Usancen auf dem Grund-stücksmarkt zum „optimierten Verkehrswert"** führt, denn es entspricht gerade bei

Ertragswertobjekten den Preismechanismen des gewöhnlichen Geschäftsverkehrs, dass die Verwertungsmöglichkeiten einer Immobilie ausgeschöpft werden. Bei sich alternativ stellenden Verwertungsmöglichkeiten kann es daher erforderlich werden, dass der Sachverständige zunächst die in Betracht kommenden Möglichkeiten durchspielt um sich dann zu entscheiden, welcher Vorgehensweise der Vorzug zu geben ist (vgl. § 194 BauGB Rn. 75 ff.).

6 Finanzmathematische Grundlagen

6.1 Allgemeines

Bei der Ertragswertermittlung wird der am Wertermittlungsstichtag erzielbare, nachhaltige **358** **Grundstücksreinertrag wie eine jährlich wiederkehrende Rente** angesehen, die jedes Jahr in gleicher Höhe bis zum Ende der Nutzungsdauer des Gebäudes anfällt. Diese Rente wird als jährlich nachschüssige Zahlung angesehen, d. h., es wird unterstellt, dass der Jahresreinertrag erst am Ende eines jeweiligen Jahres in einer Summe dem Eigentümer zufließt (vgl. § 16 WertV Rn. 51 ff.). Aus dem Jahresreinertrag wird nach den Regeln der Rentenrechnung der Grundstücksertragswert ermittelt.

Zum Verständnis der finanzmathematischen Operationen beim Ertragswertverfahren sind **359** **Grundkenntnisse der Zinseszins- und Rentenberechnung** erforderlich. Es sind im Allgemeinen folgende Rechenoperationen vorzunehmen:
– die Aufzinsung einer einmaligen Zahlung oder Einnahme,
– die Abzinsung einer einmaligen Zahlung oder Einnahme,
– die Barwertermittlung einer (jährlich) wiederkehrenden Zahlung oder Einnahme,
– die Endwertermittlung einer (jährlich) wiederkehrenden Zahlung oder Einnahme.

Für ausgeliehenes Kapital wird im Allgemeinen als Gegenleistung ein Entgelt verlangt. **360** Dieses Entgelt ist der Preis für das geliehene Kapital und wird als **Zins** bezeichnet. Hat man Zinsen zu bezahlen, spricht man von **Sollzinsen.** Werden Zinsen eingenommen, werden diese als **Habenzinsen** bezeichnet. Die Höhe der Zinsen bestimmen sich wie jeder Preis nach Angebot und Nachfrage. Auf dem Grundstücksmarkt fördern niedrige Zinsen und hemmen hohe Zinsen die Investitionsbereitschaft. Die jeweilige Zinshöhe wird außerdem entscheidend vom jeweiligen Basiszinssatz[34] beeinflusst. Bei finanzmathematischen Berechnungen wird der Zinssatz meistens in Dezimalschreibweise angegeben (Zinssatz i = Zinsfuß/100, also für einen Zinsfuß von 6 % schreibt man $i = 0{,}06$).

Die Zeitdauer, für die das Kapital ausgeliehen wird, nennt man **Laufzeit.** Sie wird meistens **361** in Jahren angegeben; n gibt die Anzahl der Perioden/Jahre an.

Es bedeuten:
K_o = Anfangskapital am Anfang des 1. Jahres (heutiger Wert des Kapitals/Gelds)
K_1 = Kapital am Ende des 1. Jahres
K_n = Endkapital (Kapital am Ende des n-ten Jahres)
i = Zinssatz in Dezimalform (5 % Zins, also 0,05)
n = Anzahl der Perioden (Jahre)

Im Wirtschaftsleben werden unterschiedliche Zinsbegriffe verwendet, die zum Teil identische Bedeutung haben. Nachfolgend werden die wichtigsten Begriffe erläutert (Abb. 53):

---

34 Zinssatz, zu dem die Banken Geld leihen können

Abb. 53: Begriffsdefinitionen

Zins	
Preis für die leihweise Überlassung von Kapital	

Geldzins, Marktzins

Zins für die Inanpruchnahme
eines Kredits,
der sich am Markt einstellt

**Originärer Zins,
natürlicher Zins,
Güterzins**

Nettorendite
aus einer Investition

Bruttozins

Nettozins zuzüglich Risikoprämie
und Verwaltungskosten
(des Kreditinstituts)

Nettozins

reines Entgelt
für das geliehene Kapital

Nominalzins

der auf den Nennwert
von Wertpapieren
bezogene Zins

Effektivzins

der sich aus dem Verhältnis
zwischen Zinserträgen und
Kapital (von Wertpapieren)
ergebende Zins

Eigenkapitalzins

Habenzins für Geldanlagen

Fremdkapitalzins

Sollzins für geliehenes Geld

Realzins

Zinsertrag abzüglich
der Inflationsrate

Zinsspanne

Differenz zwischen Soll- und Habenzins

© Simon 01

6.2 Aufzinsung

362 Unter der **Aufzinsung** (einer einmaligen Zahlung) versteht man die **Ermittlung eines Endkapitals K_n, das sich für ein Anfangskapital K_0** (zu einem bestimmten Zeitpunkt t_0) **nach n-Jahren ergibt,** wenn das Anfangskapital K_0 über die Laufzeit n mit i-Prozent verzinst wird (Abb. 54):

Abb. 54: Aufzinsung

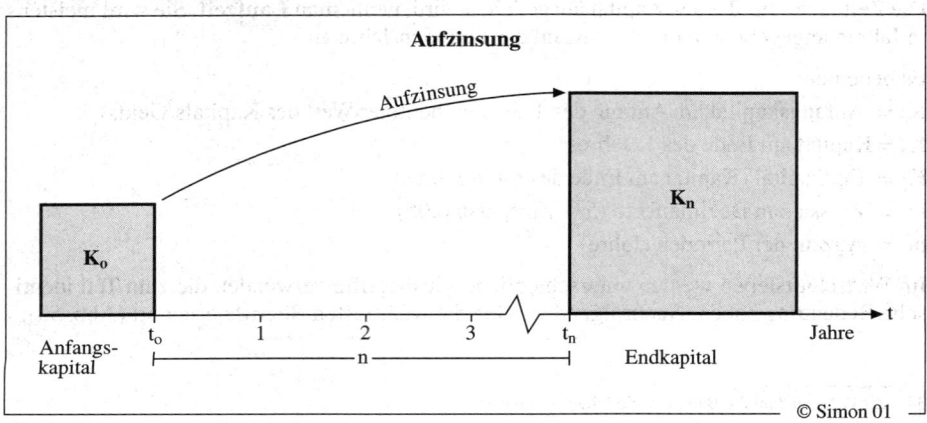

© Simon 01

Die **Aufzinsungsformel** lautet: $K_n = K_o \times (1 + i)^n$ 363

oder vereinfacht, wenn $(1 + i) = q$ $K_n = K_o \times q^n$

$q = (1 + i)$ wird auch als **Zinsfaktor** bezeichnet,

q^n wird als **Aufzinsungsfaktor** bezeichnet und ist in Abhängigkeit vom Zinssatz und der Laufzeit im Anh. 5.1 tabuliert.

Beispiel: 364

A legt auf der Bank die Summe von 10 000 € für 5 Jahre zu 6 % Zinsen p.a. an. Wie hoch ist ein Kapital nach 5 Jahren ?

Lösung:

$K_n = 10\,000\,€ \times 1{,}06^5$

$K_n = 10\,000\,€ \times 1{,}338226$

$K_n = 13\,382{,}26\,€$

Nach Ablauf von 5 Jahren ist das Anfangskapital von 10 000 € auf 13 382,26 € angewachsen.

Würde nicht der Aufzinsungsfaktor aus der Aufzinsungstabelle (q^n) verwendet werden, müsste wesentlich aufwendiger gerechnet werden:

Der Aufzinsungsfaktor (q^n) bei einem Jahr betrage 1,06:

Zeit	Anfangskapital		Zinsfaktor	aufgezinstes Kapital (Endkapital)	Zinsanteil
1. Jahr	10 000,00 €	×	1,06	10 600,00 €	600,00 €
2. Jahr	10 600,00 €	×	1,06	11 236,00 €	636,00 €
3. Jahr	11 236,00 €	×	1,06	11 910,16 €	674,16 €
4. Jahr	11 910,16 €	×	1,06	12 624,77 €	714,61 €
5. Jahr	12 624,77 €	×	1,06	13 382,26 €	757,49 €
Summe					3 382,26 €

An Zinsen sind 3 382,26 € angefallen. Das Anfangskapital von 10 000 € ist folglich auf 13 382,26 € angewachsen. Das gleiche Ergebnis wird erzielt, wenn das Anfangskapital von 10 000 € mit dem Auszinsungsfaktor 1,3382 (bei n = 5 und i = 0,06) multipliziert wird.

6.3   Abzinsung/Diskontierung

Unter einer **einfachen Abzinsung (einer einmaligen Zahlung)** versteht man die **Ermitt-**   365
lung eines Anfangskapitals K_o, das sich für ein bekanntes Endkapital K_n (zu einem bestimmten Zeitpunkt t_n) **ergibt,** wenn dieses Anfangskapital über die Laufzeit n mit i Prozent verzinst wird. Die Abzinsung wird auch als Diskontierung bezeichnet (Abb. 55).

Die **Abzinsungsformel** (Diskontierungsformel) lautet: 366

$$K_o = K_n \frac{1}{(1 + i)^n}$$

oder vereinfacht:

$$K_o = K_n \times \frac{1}{q^n}$$

Der **Abzinsungsfaktor (Diskontierungsfaktor)** $1/q^n$ ist mithin der Reziprokwert des Aufzinsungsfaktors. Er lässt sich mathematisch auch q^{-n} schreiben und ist wiederum in Abhängigkeit von Zinssatz und Laufzeit im Anh. 5.2 tabuliert.

Abb. 55: Abzinsung

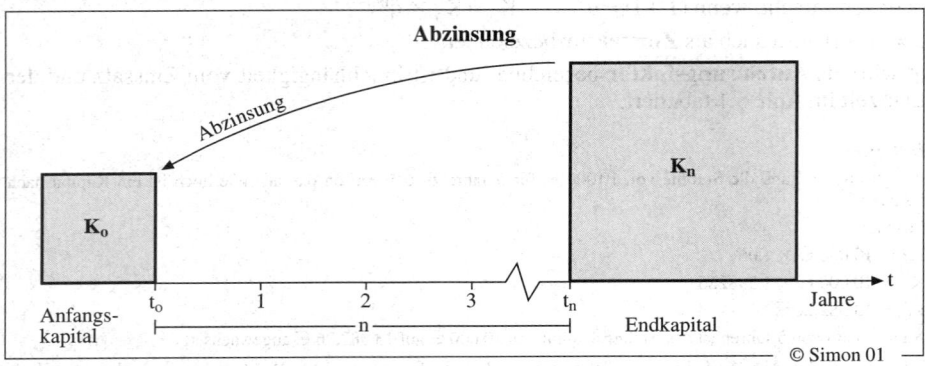

© Simon 01

367 *Beispiel 1:*

A kann in 4 Jahren ein Grundstück zu einem vereinbarten Preis von 100 000 € kaufen. Welchen Anteil dieser Summe muss er heute zurücklegen, um in 4 Jahren den Kaufpreis von 100 000 € bezahlen zu können, wenn ihm die Bank einen Zinssatz von 6,5 % einräumt ?

Lösung:

$$K_o = 100\,000\,\text{€} \times \frac{1}{(1{,}065)^4}$$
$$K_o = 100\,000\,\text{€} \times 0{,}777323$$
$$K_o = 77\,732\,\text{€}$$

A muss demnach heute 77 732 € bei der Bank einzahlen, damit er in 4 Jahren mit dem dann auf 100 000 € angewachsenen Kapital das Grundstück kaufen kann.

368 Auch hier kann man die aufwendigere Einzelberechnung vornehmen. Der Abzinsungsfaktor $(1/q^n)$ bei einem Jahr beträgt 0,938967.

Zeit	Endkapital		Zinsfaktor	abgezinstes Kapital (Anfangskapital)	Zinsanteil
1. Jahr	100 000,00 €	×	0,938967	93 896,70 €	6 103,30 €
2. Jahr	93 896,70 €	×	0,938967	88 165,90 €	5 730,98 €
3. Jahr	88 165,90 €	×	0,938967	82 784,87 €	5 381,03 €
4. Jahr	82 784,87 €	×	0,938967	77 732,26 €	5 052,61 €
Summe					22 267,92 €

Der Zins beträgt innerhalb der 4 Jahre insgesamt 22 268,00 €. A muss demnach bei der Bank den Betrag von (100 000 € – 22 268 € =) 77 732 € einzahlen. Das gleiche Ergebnis wird erzielt, wenn das Endkapital von 100 000 € mit dem Abzinsungsfaktor 0,777323 (bei n = 4 und i = 0,065) multipliziert wird.

369 *Beispiel 2:*

Beim Kauf eines Hauses 2002 wird vereinbart, dass der Käufer 200 000 € sofort in bar, weitere 100 000 € in 2 Jahren und weitere 150 000 € in 5 Jahren zu zahlen hat.

Wie hoch ist der Kaufpreis 2002, wenn ein Zinssatz von 7,5 % zu Grunde gelegt wird?

Lösung:

$K_1 =$		=	200 000 €
$K_2 =$	100 000 € × 0,8653	=	86 530 €
$K_3 =$	150 000 € × 0,6966	=	104 490 €
Summe		=	391 020 €

Es wurde über eine Summe von insgesamt 450 000 € verhandelt, die in unterschiedlich hohen Teilbeträgen über einen fünfjährigen Zeitraum zu zahlen ist. Bezogen auf 2002 ist diese Summe jedoch nur 391 020 € „wert", denn dem Verkäufer entgehen die Zinsen für 100 000 € über 2 Jahre und die Zinsen von 150 000 € für 5 Jahre.

Auf der Grundlage eines Kapitalbetrags von 10 000 € zum gegenwärtigen Zeitpunkt t_o **370**
wird zur Veranschaulichung in Abb. 56 der Barwert dargestellt, der sich für diesen Betrag
bei einem Zinssatz von 5 % in den vorherigen und nachfolgenden Jahren ergibt.

Abb. 56: Auf- und Abzinsung

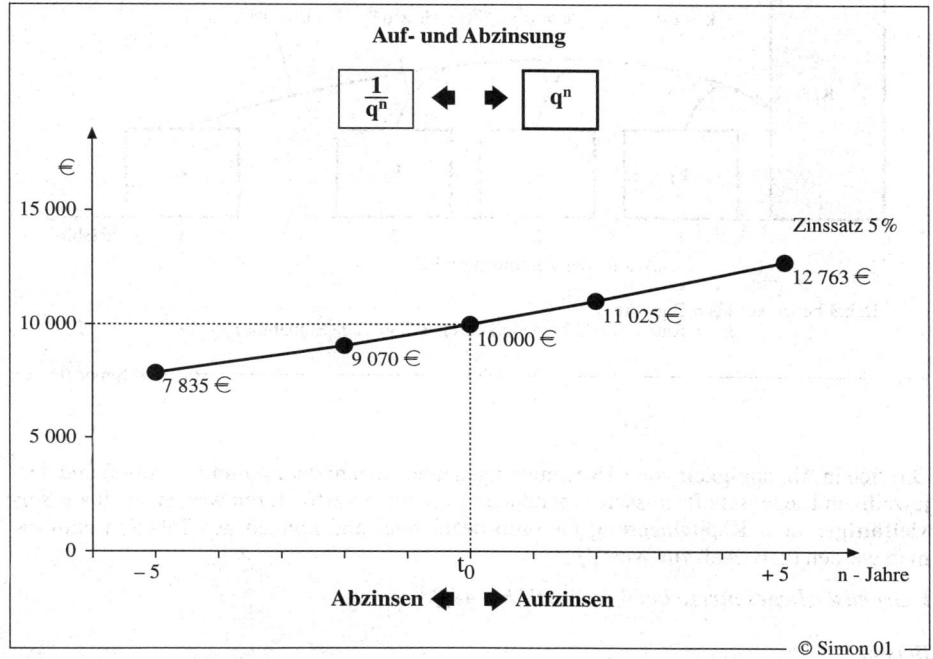

6.4   Barwertermittlung einer jährlich wiederkehrenden Zahlung

Erfolgen **gleichbleibende Zahlungen** (Einnahmen) **in gleichen wiederkehrenden Zeit-** **371**
abständen, spricht man von einer **Rente.** Fundamentaler Teil der Ertragswertermittlung ist
es, den Gesamtwert regelmäßiger Einnahmen (Jahresreinerträge) auf einen vorgegebenen
Zeitpunkt hin (Wertermittlungsstichtag) abzuzinsen, d. h. zu diskontieren (Abb. 57).

Bei der Verkehrswertermittlung wird definitionsgemäß grundsätzlich von jährlich nachschüssigen Zahlungen oder
Einnahmen ausgegangen, obwohl die (Miet-) Erträge üblicherweise monatlich vorschüssig anfallen. Die in diesem
Abschnitt behandelten Berechnungsformeln **beziehen sich** deshalb **auf jährlich nachschüssige Renten.**

Grundsätzlich ist diese Aufgabenstellung mit den Mitteln der Zinseszinsrechnung zu lösen. **372**
Die Verfahrensweise ist jedoch sehr umständlich, da eine Zusammenfassung mehrerer Dis-
kontierungen in einem Rechengang nicht möglich ist.

Die **Rentenbarwertformel** lautet: **373**

$$K_o = k \frac{1}{q^n} \times \frac{q^n - 1}{q - 1}$$

wobei $\dfrac{1}{q^n} \times \dfrac{q^n - 1}{q - 1} = \dfrac{(1 + i)^n - 1}{i\,(1 + i)^n}$ = **Rentenbarwertfaktor**

k … Jährliche Rate mit der Besonderheit, dass der Rentenbarwertfaktor

wenn $n \rightarrow \infty$ zu $\dfrac{1}{i}$ wird.

Abb. 57: Barwertermittlung

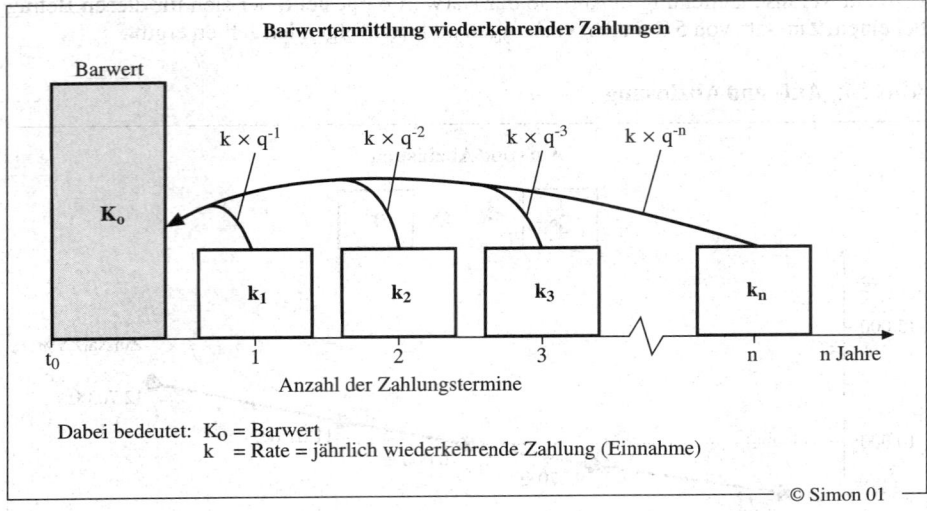

374   Die sich in Abhängigkeit von n (Restnutzungsdauer, Anzahl der Zahlungstermine) und dem jeweiligen Liegenschaftszinssatz ergebenden Rentenbarwertfaktoren werden auch als **Vervielfältiger** oder Kapitalisierungsfaktoren bezeichnet und können aus Tabellen entnommen werden (z. B. Anl. zur WertV).

▶ *Grundsätzliches hierzu bei § 16 WertV Rn. 44 ff.*

375   *Beispiel:*

Wie hoch ist der Barwert im Jahre 2000, wenn von 2000 an bis zum Jahr 2006 jährlich eine Einnahme von 10 000 € erzielt wird, die mit 6 % verzinst wird?

$$K_0 = 10\,000\,€ \times \frac{1}{1,06^6} \times \frac{1,06^6 - 1}{1,06 - 1}$$

$$= 10\,000\,€ \times 0,70496 \times \frac{1,41852 - 1}{0,06}$$

$$= 7049,60 \times 6,97532$$

$$= 49\,173\,€$$

Die Rechnung vereinfacht sich bei Anwendung der Vervielfältigertabelle.

Nach dieser Tabelle beträgt bei n = 6 und p = 6 % (i = 0,06) der Rentenbarwertfaktor (Vervielfältiger) 4,91732.

$$10\,000\,€ \times 4,91732 = 49\,173\,€$$

Auch in diesem Fall kann aufwendiger nach der Zinseszinsrechnung gerechnet werden:

n	Einnahme €	Einnahme auf das erste Jahr (diskontiert)
1. Jahr	10 000	9 433,96 €
2. Jahr	10 000	8 899,96 €
3. Jahr	10 000	8 396,19 €
4. Jahr	10 000	7 920,94 €
5. Jahr	10 000	7 472,58 €
6. Jahr	10 000	7 049,61 €
Summe der auf das erste Jahr diskontierten Einnahmen		49 173,00 €

6.5 Endwertermittlung einer jährlich wiederkehrenden Zahlung oder Einnahme

Der Endwert K_n einer Zahlungsreihe von n gleich großen Raten k bei einem Zinssatz von i   **376** bestimmt sich unter der Voraussetzung, dass die Zahlungen und die **Zinszuschläge jeweils am Jahresende** erfolgen, als Produkt der Rate k und dem sog. Rentenendwertfaktor:

$$K_n = k \times \frac{q^n - 1}{q - 1}$$

wobei $\dfrac{q^n - 1}{q - 1} = \dfrac{(1 + i)^n - 1}{i} =$ **Rentenendwertfaktor**

     k ... Jährliche Rate

Der **Rentenendwertfaktor** ist also das Gegenstück zum Rentenbarwertfaktor.

Beispiel: **377**

Ein Bausparer schließt einen Vertrag ab, in dem er sich verpflichtet, nach der ersten Zahlung von 2 000 € in Jahresabständen am Ende jeden Jahres 6 Jahre lang je 1 000 € zu zahlen. Wie hoch ist die Bausparsumme 10 Jahre nach Vertragsabschluss, wenn der Zinseszins 6 % beträgt (Abb. 58)?

Abb. 58: Endwert einer wiederkehrenden Zahlung

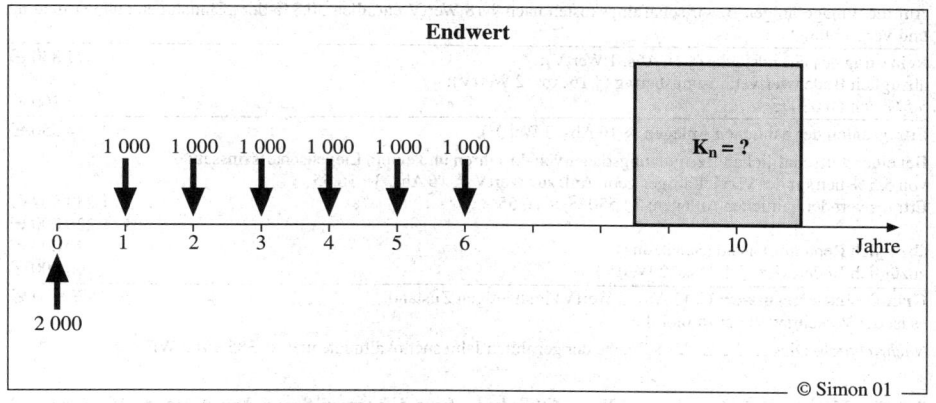

Lösung:

$$(2\,000\,€ \times q^{10}) + (1\,000\,€ \times \frac{q^6 - 1}{q - 1})\, q^4$$

$$= (2\,000\,€ \times 1{,}06^{10}) + (1\,000\,€ \times \frac{1{,}06^6 - 1}{1{,}06 - 1})\, 1{,}06^4$$

$$= 3\,581{,}70\,€ + (1\,000\,€ \times 6{,}9753)\, 1{,}2625$$

$$= 3\,581{,}70 + 8{,}806{,}32$$

$$= 12\,388{,}02\,€$$

Die einmalige Zahlung von 2 000 € verzinst sich bis Ende des zehnten Jahres auf 3 581,70 €. Der Kapitalwert der jährlichen Einzahlungen beträgt am Ende des sechsten Jahres 6 975,30 €. Diese Summe steht weitere 4 Jahre auf Zinseszins, so dass sich (10 Jahre nach Vertragsabschluss) insgesamt ein Kapitalwert von 12 388,02 € ergibt.

7   Beispiele zum Ertragswertverfahren

7.1   Wohnhochhausgrundstück

7.1.1   Unter Abzug umlagefähiger Betriebskosten

378   **a) Sachverhalt**

Mehrfamilienhaus (Hochhaus mit 9 Vollgeschossen) Baujahr 1980, Holzfenster, Einfachverglasung, Bad, WC, zentrale Ölheizung, Durchlauferhitzer, Aufzug
34 Wohneinheiten (WE) mit insgesamt 2 536 m² Wohnfläche (WF)
Im Durchschnitt: 75 m²/WE; umbauter Raum: 10 450 m³
Grundstücksgröße: 1 820 m²
Kein Leerstand; Sozialamt zahlt bei 28 WE (= 82,4 %) einen Härteausgleich

b) Wertermittlung

Summe der *Einnahmen aus Vermietung und Verpachtung* in 2000 (Rohertrag) = 5,10 €/m² WF mtl.			155 203 €
abzüglich umlagefähige Bewirtschaftungskosten in Höhe von (= 1,40 €/m² mtl. bzw. 16,80 €/m² p. a.)			– 42 605 €[35]
Nettokaltmiete/Grundmiete			= 112 598 €[36]

abzüglich nicht umlagefähige Bewirtschaftungskosten (§ 18 WertV):

– Betriebskosten nicht umlegbar (Versicherungsprämien)	=	1 000 €	(0,9 %)	
– Verwaltungskosten (II BV a. F.). 34 WE × 230 €/WE	=	7 820 €	(6,9 %)	
– Instandhaltungsrücklage 2 536 m² WF × 9,00 €/m²	=	22 824 €[37]	(20,3 %)	
– Mietausfallwagnis 2 % von 155 203 €	=	3 104 €	(2,8 %)	
	=	34 748 €	(30,8 %)	– **34 748 €**

Auf die umlagefähigen Bewirtschaftungskosten nach § 18 WertV entfallen 30,8 % der „Einnahmen aus Vermietung und Verpachtung".

Reinertrag des Grundstücks (§ 16 Abs. 1 WertV):		77 850 €
abzüglich Bodenwertverzinsungsbetrag (§ 16 Abs. 2 WertV): 5,5 % von 60 000 €		– 3 300 €
Ertragsanteil der baulichen Anlagen (§ 16 Abs. 3 WertV):	=	74 550 €

Bei einer wirtschaftlichen Restnutzungsdauer von 45 Jahren und einem Liegenschaftszinssatz von 5,5 % beträgt der Vervielfältiger gem. Anl. zur WertV (§ 16 Abs. 3): 16,55

Ertragswert der baulichen Anlagen: 74 550 € × 16,55		1 233 802 €
	rd.	1 235 000 €
abzüglich Reparaturanstau (Schätzung)	–	320 000 €
zuzüglich Bodenwert (§ 15 Abs. 2 WertV)	+	60 000 €
Grundstücksertragswert (§ 15 Abs. 3 WertV) im heutigen Zustand: es ist der Verkehrswert der Immobilie.	=	**975 000 €**

Nachrichtlich: Dies sind z. Z. das 8,7fache der gezahlten Jahresnettokaltmiete und rd. 385 €/m² WF

7.1.2   Wertermittlung desselben Objekts ohne Überprüfung der Nettokaltmiete auf Angemessenheit (Auszug) unter Nichtbeachtung des Abzugs umlagefähiger Betriebskosten

379   **a) Sachverhalt:** wie bei vorstehendem Beispiel 7.1.1

b) Wertermittlung

Summe der *Einnahmen aus Vermietung und Verpachtung* 2536 m² WF × 5,10 €/m² × 12	=	155 203 €
abzüglich Bewirtschaftungskosten (pauschal ca. 30 %)	–	46 561 €
Grundstücksreinertrag	=	108 642 €
abzüglich Bodenwertverzinsungsbetrag 5,5 % von 60 000 €	–	3 300 €
Gebäudeertragsanteil:	=	105 342 €
Restnutzungsdauer = 45 Jahre, 5,5 %, Vervielfältiger 16,55		
Gebäudeertragsanteil: 110 058 € × 16,55	=	1 743 410 €
	rd.	1 745 000 €
abzüglich geschätzter *Reparaturanstau*	–	320 000 €
zuzüglich Bodenwert	+	60 000 €
Grundstücksertragswert (Verkehrswert) im heutigen Zustand:	=	**1 485 000 €**

c) Zum Vergleich:

Ergebnis der Wertermittlung durch die Bank: 1 100 000 €

Mit 1,4 Mio. € liegt das hier ermittelte Ergebnis um rd. 43 % über dem „wahren" Verkehrswert.

Dieses Beispiel zeigt einen der häufigen **Fehler bei der Ertragswertermittlung.** Offensichtlich wurde im Beispiel 7.1.1 der Sachverhalt nicht ausreichend aufgeklärt und die vom Vermieter angegebene Warmmiete (einschließlich der Umlagen) als Nettokaltmiete/ Grundmiete angenommen. Dies führt zu der hier dargestellten Abweichung von rd. 44 % vom zutreffenden Ergebnis des vorstehenden Beispiels.

Bei jeder Ertragswertermittlung sind deshalb **bestehende Mietverträge einzusehen** und auszuwerten. Liegen keine Mietverträge vor, ist grundsätzlich von der nachhaltig erzielbaren Miete auszugehen. Zum Abzug der Bewirtschaftungskosten vom Jahresrohertrag bzw. Nettokaltmiete siehe unter § 16 WertV Rn. 11 ff.

7.2 Mietwohngrundstück

a) Sachverhalt: **380**

– Auftraggeber: Testamentsvollstrecker
– Zweck der Wertermittlung: Nachlassregelung

Das Wertermittlungsobjekt ist 1961 als 6-geschossiges Mehrfamilienhaus (freifinanziert mit 14 Wohnungen, 719 m² Wohnfläche) mit Sockelgeschoss für Pkw-Abstellplätze erstellt worden. Das Grundstück ist 315 m² groß und liegt gemäß Flächennutzungsplan im Mischgebiet (MI) einer westdeutschen Großstadt in guter Wohnlage.

Wertermittlungsstichtag ist der 1. 8. 2000. Die Wertermittlung erfolgt im Ertragswertverfahren (§ 7 Abs. 3).

b) Wertermittlung

Bodenwertermittlung

Der Bodenrichtwert für ein lagetypisches Grundstück mit mindestens 10 m Frontbreite im Mischgebiet gelegen, wird bei 5-geschossiger Bebauung und 30 m Grundstückstiefe in der Bodenrichtwertkarte (Stand 31. 12. 2000) mit 800 €/m² Grundstücksfläche ausgewiesen. Die zulässige GFZ beträgt 3,3, wobei Sockel- und Garagengeschosse unberücksichtigt bleiben. Der Bodenrichtwert ist erschließungs- und kanalanschlussbeitragsfrei. Das in der Bodenrichtwertzone gelegene Wertermittlungsgrundstück hat eine GFZ (ohne Garagengeschoss) von 3,26, so dass der ausgewiesene Bodenrichtwert mit 800 €/m² ohne Korrektur herangezogen werden kann.

Bodenwert: 800 €/m² × 315 m²   = 252 000 €
                                                        rd. 250 000 €

Bei einem durchschnittlichen Bodenwertanteil von 5 000 € je Pkw-Stellplatz (insgesamt wären 8 Einstellplätze möglich) ergibt sich ein Bodenwertanteil von rd. 300 €/m² Wohnfläche, der akzeptabel ist.

Ermittlung des Sachwerts der baulichen Anlagen

Die bebaute Fläche wurde mit 150 m², die Brutto-Grundfläche mit 1005 m² ermittelt.

Der Wertansatz je m³ Brutto-Grundfläche wird in Anlehnung an eine Übersicht zu Normalherstellungskosten (gem. § 22 Abs. 1 bis 3 zum Stichtag 2000) gewählt, die in den Tabellen der NHK 2000 (Typ 3.42 Mittelhaus, mittlere Ausstattung) enthalten ist. Das Ausbauverhältnis (m³ umbauter Raum : m² Wohnfläche) beträgt bei dem zu wertenden Mehrfamilienhaus 4,83 m (3 470 m³ : 718,9 m²).

Die in Ansatz gebrachte Wertminderung beruht auf empirischen Untersuchungen der Arbeitsgemeinschaft der Vorsitzenden der Gutachterausschüsse in Nordrhein-Westfalen (AGVGA-NW). Unterstellt sind eine Gesamtnutzungsdauer des Gebäudes von 80 Jahren und eine Restnutzungsdauer von 40 Jahren.

---

35   Eingeschlossen sind die umlegbaren Betriebskosten (z. B. Umlagen für Wasser, Kanal, Heizung, Aufzug etc.)
36   = 3,70 €/m² WF mtl. im Durchschnitt. Gemäß Mietspiegel für nicht öffentlich geförderte Wohnungen (Stand 1. 7. 1997) werden für Wohnungen um 80 m² Größe mit Heizung, Bad/WC der Baujahresgruppe 1975–1980 in mittleren Wohnlagen 3,50–4,50 €/m² WF (= i. M. 4 €/m²) angegeben; die gezahlte Miete (3,70 €/m² WF) ist demnach als nachhaltig erzielbar anzusehen
37   Anzumerken: dies sind 0,8 % der Neubaukosten

			rd.	728 700 €
– Mehrfamilienhaus 1005 m² × 725 €/m² =			rd.	728 700 €
– abzüglich Wertminderung 49,4 % (AGVGA – NW); vgl. § 23 WertV Anl. 3			–	359 978 €

Zwischensumme 1:			=	368 722 €
Zuzüglich Zeitwerte:	besondere Bauteile		+	2 794 €
	besondere Betriebseinrichtungen		+	23 000 €
	Außenanlagen		+	13 000 €
Zwischensumme 2:			=	407 516 €
zuzüglich Baunebenkosten 15 %			rd.	61 127 €
			=	468 643 €
abzüglich geschätzter Reparaturanstau			–	35 000 €
Zeitwert der reparaturfreien baulichen Anlagen:			=	433 643 €
zuzüglich Bodenwert			+	250 000 €
Sachwert des Grundstücks:			=	**683 643 €**

(Zur Stützung und Kontrolle des Ertragswerts)

Ermittlung des Ertragswerts des Grundstücks

Das Gebäude besitzt 14 Wohneinheiten, 2 Wohnungen je Geschoss mit Durchschnittsgrößen von 48 bis 53 m² Wohnfläche; die Wohnfläche wurde nach den §§ 42 bis 44 II BV ermittelt.

Bruttomieteinnahmen

Nr.	Geschoss	Wohnfläche	€/m² WF Monat	Miete/Monat €
1	I. OG	50,0	5,01	250
2		51,6	4,66	240
3	II. OG	50,0	5,10	255
4		51,6	4,76	245
5	III. OG	51,4	4,63	235
6		53,0	4,48	235
7	IV. OG	51,4	4,93	250
8		53,0	4,44	235
9	V. OG	51,4	4,83	245
10		53,0	4,48	235
11	VI. OG	52,3	4,84	250
12		54,0	4,40	235
13	VII. OG	48,1	4,62	220
14		48,1	4,62	220
		718,9	4,70	3 350

Die umlagefähigen Bewirtschaftungskosten (Betriebskosten) lagen in jüngster Zeit bei 0,86 €/m² Wohnfläche (Haus mit Personenaufzug). Der Höhe nach entsprechen sie den Kosten in vergleichbaren Objekten.

Grundstücksrohertrag (brutto) 3 350 € × 12	40 200 €
abzüglich umlagefähiger Betriebskosten 0,86 €/m² × 718,9 × 12	– 7 419 €
Nettokaltmiete (korrigierter Grundstücksrohertrag i. S. v. § 17 Abs. 1)	= 32 781 €

Kontrolle der Grund-(Nettokalt-)Miete auf Angemessenheit

Der um die umlagefähigen Bewirtschaftungskosten geminderte Grundstücksrohertrag führt zu einer Nettokaltmiete/Grundmiete von 3,80 €/m². Nach der Mietrichtwerttabelle (Stand: 1. 5. 2000) für die Stadt D. ergibt sich bei Berücksichtigung von Baujahr, Wohnlage, Ausstattung und Beschaffenheit folgende Durchschnittsmiete je m² Wohnfläche (ohne Angabe der Berechnungsnorm – DIN 283/II BV a. F. –) 3,00 € bis 3,80 €,

im Mittel	3,40 €/m²
Zuschlag für Fahrstuhl	+ 0,10 €/m²
Zuschlag für Isolierverglasung	+ 0,25 €/m²
Summe	= 3,75 €/m²

Die gezahlte Miete liegt damit im Rahmen der ortsüblichen Vergleichsmiete.

Nettokaltmiete/Grundmiete	32 781 €
Garagenmiete (6 Einstellplätze × 30 €/Pl.) 180 € × 12	+ 2 160 €
Jahresnettokaltmiete insgesamt (§ 17 Abs. 1)	= 34 941 €

Bewirtschaftungskosten, soweit vom Vermieter zu tragen:

Verwaltungskosten

14 Wohneinheiten × 230 €	3 220 €
6 Garagen × 30 €	180 €

Instandhaltungskosten

718 m² WF × 11,50 €	8 257 €
6 Garagen × 68 €	408 €

Mietausfallwagnis (§ 18 Abs. 5)

2 % von 40 200 €		804 €			
insgesamt = (32 v.H. der Nettokaltmiete)	=	12 869 €	→	–	12 869 €
Grundstücksreinertrag				=	22 072 €
Bodenwertverzinsungsbetrag					
4,5 %* von 250 000 €				–	11 250 €
Reinertrag der baulichen Anlagen				**=**	**10 822 €**

* *Liegenschaftszinssatz:*
Im Jahresbericht zum Grundstücksmarkt 2000 der Stadt D. sind Liegenschaftszinssätze zum 31. 12. 2000 ausgewiesen. Für Wohngebäude (Nachkriegsbauten ab Baujahr 1949) wurden Zinssätze zwischen 5,0 bis 5,5 % unter folgenden Prämissen ermittelt:
Wohnlage: mittlere, stadtkernnahe Lage
Grundstücksgröße: 300 m² bis 500 m²
Gebäudegröße: 400 bis 800 m² Wohnfläche
Ausstattung: entsprechend dem Baujahr
Mietgrundlage: Nettokaltmiete/Grundmiete.

Die Eigenschaften des Wertermittlungsobjekts sind:
gute Stadtlage
315 m² Grundstücksfläche
719 m² Wohnfläche
Wiederaufbau 1956.

Bei Abweichungen von den wertrelevanten Eigenschaften des oben definierten Objekts sind Korrekturen des Liegenschaftszinssatzes vorzunehmen. Für Wohnungen in guter Stadtlage – wie im vorliegenden Fall – wird eine Minderung des Liegenschaftszinssatzes bis 15 % angegeben. Der beim Bodenwertverzinsungsbetrag *angenommene Liegenschaftszinssatz* ergibt sich daher wie folgt:

Mittelwert aus 5,0 bis 5,5 %	5,25 %
abzüglich 14 %	– 0,75 %
Liegenschaftszinssatz	= 4,50 %

Die Restnutzungsdauer wird bei einer üblichen Gesamtnutzungsdauer von 80 Jahren auf 40 Jahre geschätzt.

Ertragswert der baulichen Anlagen:

10 822 € × 18,40	=	199 125 €
+ Bodenwert	+	250 000 €
= Grundstücksertragswert	=	449 125 €

Der Grundstücksertragswert entspricht dem 12,8fachen der Jahresnettokaltmiete. Der Marktbericht des Gutachterausschusses hat für Mietwohngrundstücke mit Restnutzungsdauern zwischen 30 und 80 Jahren Vergleichsfaktoren in der Bandbreite von 12,6 bis 14,3 ermittelt. Eine Anpassung an die Marktlage wurde bereits bei der Ermittlung des Liegenschaftszinssatzes berücksichtigt.

Verkehrswert des Grundstücks   450 000 €

Bezogen auf die Miete der Pkw-Einstellplätze im Sockelgeschoss des Objekts ergibt sich ein Wert von 4 260 €/Platz, bei 6 Plätzen sind dies 25 560 €. Auf einen Quadratmeter Wohnfläche entfallen danach rd. 625 €.

Umwandlungen in Eigentumswohnungen

Immobilien der vorgenannten Art sind zur Umwandlung in Eigentumswohnungen besonders geeignet. Auf das weitere Vorgehen wird daher im Folgenden näher eingegangen.

Erwerber sind i. d. R. professionelle Investoren, die häufig bei 100-prozentiger Fremdfinanzierung der Einstandskosten mit schlüssigen Konzepten aufwarten. Neben dem zu behebenden Reparaturanstau sollen weitere Modernisierungsmaßnahmen vorgenommen werden. Gedacht ist an die Erweiterung der elektrischen Installation, Kabelanschluss, Beiputzarbeiten, Isolier-, Außenputz, Erneuerung der Aufzugstechnik, Treppenhausanstrich und diverse kleinere Arbeiten. Einschließlich der Position „Unvorhergesehenes" werden hierfür rd. 400 000 € (= rd. 555 €/m² WF) kalkuliert. Die Arbeiten sollen sukzessive (bei vollgenutztem Objekt) in einem Zeitraum von etwa 15 Monaten durchgeführt werden. Zinsen für Einstandspreis und Sanierungskosten werden marktgerecht mit 11 % effektiv für 1 Jahr angesetzt.

Kalkulationsbasis

Einstandspreis		
(Verkehrswert zur 13,8fachen Grundmiete)		480 000 €
+ Maklercourtage einschließlich 16 % MwSt.	+	16 600 €
+ Grunderwerbsteuer 2 % von 480 000 €	+	9 600 €
+ Notar- und Gerichtskosten	+	7 200 €
Erwerbskosten Grund und Boden einschließlich Gebäude	=	513 400 €
+ Sanierungskosten einschließlich Reparaturen (555 €/m² WF)	+	399 000 €
Zwischensumme 1:	=	912 400 €
+ Zinsen für 1 Jahr, 11 % von 912 400 € rd.	+	100 000 €
Zwischensumme 2:	=	1 012 400 €
+ 15 % Unternehmerzuschlag	+	111 400 €
Erlöserwartung:		1 123 400 €

Nach Abzug von 52 000 € (= 8 700 €/Stellplatz) für Stellplätze ergibt sich ein Durchschnittspreis von rd. 1 490 €/m² WF.

Preisvergleich

Gemäß Jahresbericht zum Grundstücksmarkt der Stadt D wurden für citynahe Wohnlagen in der Baujahresgruppe 1949–1960 durchschnittliche Marktpreise von 1 300 €/m² WF ermittelt, wobei folgende Wohnungsmerkmale zu Grunde gelegt wurden:

Wohnlage	mittlere	
	gute	Zuschlag bis 40 %
	sehr gute	Zuschlag über 40 %
	einfache	Zuschlag bis 15 %
Wohnungsgröße	60–80 m²	
Ausstattung	neuzeitlich, mit Bad und Zentralheizung	
Unterhaltung	normale	
Gebäudegröße	mehr als 6 Wohnungen	
Finanzierung	mit freien Mitteln	

Im Preis €/m² WF nicht enthalten sind Wertanteile für Garagen oder Einstellplätze.

Wie bereits ausgeführt, ist die Wohnlage für das Objekt mit gut zu bezeichnen; die Wohnungsgröße liegt im Durchschnitt bei 51,4 m². Dies führt zu folgender Wertermittlung:

Grundpreis	1 300 €
+ Zuschlag 20 % wegen guter Wohnlage	260 €
+ Zuschlag 5 % wegen Kleinwohnungen	65 €
	1 625 €
Preis je m² Wohnfläche	rd. **1 600 €**

Die Erlöserwartung erscheint somit realistisch. Ein solches Vorgehen bewahrt Kreditinstitute vor überhöhten Beleihungen. Die für Reparaturen und Sanierung notwendigen Darlehensmittel sollten nur nach Baufortschritt zur Verfügung gestellt werden.

Anmerkungen:

a) Nach dem Wohnungseigentumsgesetz (WEG) müssen Wohnungen abgeschlossen sein. Strenge Voraussetzungen für die Erteilung der Abgeschlossenheitsbescheinigung bei älteren Gebäuden bewirkten in den vergangenen Jahren einen erheblichen Rückgang der Umwandlungsfälle. Nunmehr müssen gemäß einer Entscheidung des gemeinsamen Senats der Obersten Bundesgerichte[38] Eigentumswohnungen, die durch Sanierung von Altbauten entstehen, nicht mehr den aktuellen baurechtlichen Bestimmungen für Brand-, Schall- und Wärmeschutz entsprechen. Es genügt, dass die Wohnungen räumlich klar voneinander abgegrenzt sind.

b) Die Höhe der Sanierungskosten richtet sich nach dem Umfang der vorgesehenen Arbeiten. Sie bewegen sich im Allgemeinen zwischen 200 €/m² WF bei Fassaden- und Treppenhausanstrich und bis zu 1 000 €/m² WF bei Komplettsanierung an Dach und Fach bei unbewohnten Gebäuden.

c) Bei Umwandlung von alten Häusern in Wohnungseigentum muss von Beginn an (durch den Initiator) wegen der eingeschränkten Gewährleistung, ein Gebäudeinstandsetzungskonto mit dem notwendigen Guthaben eingerichtet werden. Im Beispielsfall sollten dies mindestens 13 000 € sein (= rd. 1 % der Erlöserwartung bzw. die Instandhaltungsrücklage von etwa zwei Wirtschaftsjahren).

d) Bei umgewandelten Mietwohnungen in Eigentumswohnungen gilt nach dem 31. 7. 1990 in *Nordrhein-Westfalen* gemäß KündigungssperrfristVO für Mieter ein Kündigungsschutz von fünf Jahren ab Eintragung des Eigentumswechsels im Grundbuch; in Gebieten mit erhöhtem Wohnungsbedarf sind dies ab 1. 4. 1994 zehn Jahre. Hinzu kommt noch die gesetzliche Kündigungsfrist (3 bis 12 Monate). Die aufgeschobene Verfügbarkeit führt häufig zu

Preiszugeständnissen der Verkäufer. Bei umgewandelten Wohnungen der sozialen Wohnraumförderung hat der Mieter ein Vorkaufsrecht. Der Käufer einer solchen Wohnung kann überhaupt nicht kündigen. Wurden die öffentlichen Darlehen vorzeitig zurückgezahlt, gilt i. d. R. eine Kündigungssperre von acht bzw. zehn Jahren, mindestens jedoch drei bzw. fünf Jahre (landesrechtlich unterschiedlich geregelt) zuzüglich gesetzlicher Kündigungsfrist.

▶ *Weitere Beispiele zur Verkehrswertermittlung von Eigentumswohnungen bei Vorbem. zu den §§ 13 f. WertV Rn. 82 ff.*

7.3 Mehrfamilienhaus mit Gewerbeeinheiten

a) Sachverhalt

381

– *Zum Grundstück:*

Großstadt, westliche Neustadt; mittlere Wohnlage im Mischgebiet; ebenes, gut geschnittenes Reihengrundstück, Frontbreite 17,0 m, mittlere Tiefe 53,5 m, groß 888 m²; Bebauung nach § 34 BauGB, 5 Vollgeschosse, ausgebautes Dachgeschoss, GRZ = 0,27, GFZ = 1,54; keine Bau- und Altlasten, keine wertmindernden Eintragungen in Abt. II des Grundbuchs; Bodenrichtwerte: Vorderland 385 €/m² ebf., Hinterland 130 €/m² ebf.; Straße komplett und endgültig ausgebaut, direkter Zugang, kein Überbau, wirtschaftliche Einheit.

– *Zum Gebäude:*

Baujahr 1938, durch Kriegseinwirkungen 1943/44 zu etwa 50 v. H. zerstört, Wiederaufbau 1955/56; Wohnwertverbesserungen 1986/87 durch Einbau neuer Fenster mit Isolierverglasung i. S. der WärmeschutzVO, neuer Außenputz mit Wärmedämmung durch 60 mm starke Styroporplatten, Installation von Thermostatventilen an sämtlichen Heizkörpern, die gemäß HeizanlagenVO bis zum 30. 9. 1987 erfolgen musste; fiktives Baujahr 1948, bei 80 Jahren üblicher Gesamtnutzungsdauer ergibt sich im Jahre 2000 eine Restnutzungsdauer von 28 Jahren (2028–2000), Gesamtausstattung durchschnittlich, Unterhaltungszustand normal, Keller-, Souterrain-, 1.–4. Obergeschoss und ausgebaute Mansarde (ohne Fahrstuhl).

– Wertermittlungsstichtag: 30. 4. 2000

b) Wertermittlung

Wohnhaus:	5 940 m³	umbauter Raum (DIN 277 1950)
	977 m²	Wohnfläche (11 WE) (DIN 283)
	210 m²	Nutzfläche (2 WG) (DIN 283)
	1 187 m²	**Gesamtnutzfläche**
	1 720,50 m²	Brutto-Grundfläche
	199,50 m²	Brutto-Grundfläche (Garagen)
	Ausbauverhältnis 5,0 (5 940 m³ : 1 187 m²)	

Garagen:	475 m³ (13 Pkw-Plätze)

Grundmiete/Nettokaltmiete: (Mietverträge)

4 260 €	(: 977 m² = i. D. 4,36 €/m² WF)[39]
1 050 €	(: 210 m² = i. D. 5 €/m² NF)
650 €	Garagenmiete (: 13 = 50 €/Platz)
5 960 €	× 12 = **71 520 €** p.a.

Anteil der Mieteinnahmen aus gewerblich genutzten Räumen = 17,6 %

Büromieten in vergleichbaren Gebäuden liegen bei 4,50 bis 6,50 €/m² NF; dies sind i. D. 5,50 €/m² Nutzfläche (NF) im Monat. Die gezahlte Miete (5 €/m² NF) ist demnach angemessen und nachhaltig.

Für Pkw-Garagen sind 40 bis 60 €/Platz üblich; die gezahlten rd. 50 €/Platz sind demnach nachhaltig.

---

38 BGH, Beschl. vom 30. 6. 1992 – GmS – OBG – 1/91 –, BGHZ 119, 42 = WM 1992, 671 = NJW 1992, 329 = GE 1992, 1262

39 Modifizierte Mietspiegelsätze gemäß Beschluss des Gutachterausschusses Gruppe III (wegen Modernisierung): Für Wohnungen in mittlerer Wohnlage mit Heizung, Bad/WC um 100 m² Wohnfläche ist eine Bandbreite von 4,30 bis 5,30 €/m² WF ausgewiesen. Im Mittel sind dies 4,80 €/m² WF; die z. Z. gezahlte Miete (1. 6. 1995– 31. 5. 2000) liegt im Durchschnitt bei 4,36 €/m² WF; sie ist nachhaltig erzielbar.

Zum Vergleich:

Ableitung der Nettokaltmiete/Grundmiete aus der Anlage V zur Einkommensteuererklärung 1999

Einkünfte aus Vermietung und Verpachtung

– Summe der Einnahmen (einschließlich Vorauszahlungen für Betriebskosten und Heizung
sowie Ausgleich der Salden zur Mietnebenkostenabrechnung 1999)   83 570 €

Abzüglich: (umlegbare Betriebskosten)

– Grundsteuer, Straßenreinigung, Müllabfuhr   2 860 €

– Wasserversorgung, Entwässerung, Hausbeleuchtung   3 480 €

– Heizung   5 600 €

– Schornsteinreinigung   70 €
(ohne Hausversicherungen)   –   12 010 €

Das Ergebnis korrespondiert mit der Nettokaltmiete/Grundmiete: =   71 560 €

geringfügige Unterschiede beruhen auf dem Saldenausgleich der Mietnebenkostenabrechnung des Vorjahres.

Hinweise zu Instandhaltungskosten und zum Verwaltungsaufwand

– Erhaltungsaufwand (Instandhaltungskosten § 18 Abs. 4 WertV)
Kleinere Aufwendungen werden voll abgezogen, größere Aufwendungen können auf bis zu 5 Jahre verteilt werden.

Jahr	kleinere Aufwendungen	große Aufwendungen	Bemerkungen
1994	–	11 745 €	1/2
1995	4 540 €	11 745 €	1/2
1996	11 464 €	17 990 €	1/4
1997	2 140 €	17 990 €	1/4
1998	2 635 €	17 990 €	1/4
1999	–	17 990 €	1/4

– Kosten der Hausverwaltung

1996	1 574 €	
1997	1 574 €	
1998	2 011 €	
1999	2 448 €	

Bodenwertermittlung

Zur Ermittlung des Bodenwerts wird ein geeigneter Bodenrichtwert (Stand 31. 12. 1999) herangezogen.

Infolgedessen ergibt sich für das zu wertende Grundstück der Bodenwert wie folgt:

595 m² Vorderland, Gebäude- und Freifläche (35 m Tiefe)
je m² 385 €   =   229 075 €

293 m² Hinterland, je m² 130 €   =   + 38 090 €

888 m²   = 267 165 €

zur Rundung (1,06 %)   +   2 835 €

= 304, 05 €/m² im Durchschnitt: = 270 000 €

oder: Bodenanteil rd. 200 €/m² NF/WF und rd. 2 000 €/Pkw-Platz

Ermittlung des Werts der baulichen Anlagen (§ 21 Abs. 1, 3 und 4 WertV)

Wohnhaus 1 720,50 m² × 725 €/m³	=	rd.	1 247 400 €
Garagen 199,50 m² × 250 €/m³	=	+	49 875 €
Besondere Bauteile: Balkone, Vordach, Rampe (1,7 %)	=	+	22 000 €
Außenanlagen/Anschlüsse (6,4 %)	=	+	83 000 €
Zwischensumme:	=	rd.	1 402 000 €
Baunebenkosten (15 %)	=	rd. +	210 000 €
Herstellungswert der baulichen Anlagen:			1 612 000 €

Versicherungssumme besteht mit MK 150 000 (1914); sie ist ausreichend.

Alterswertminderung:	fiktives Baujahr 1948			
	Jahr der Wertermittlung 2000			
	Gesamtnutzungsdauer 80 Jahre			
	Restnutzungsdauer 28 Jahre			
	Wertminderung 54 %	rd. –	870 000 €	
	(Anl. 6 zur WertR)	=	742 000 €	
abzüglich Reparaturanstau: Treppenhausanstrich		–	12 000 €	
		=	730 000 €	
	zuzüglich Bodenwert		270 000 €	

Sachwert (Bodenwert und Wert der baulichen Anlagen)   **1 000 000 €**
(sonstige Anlagen sind nicht zu berücksichtigen)

Ertragswert

Grundstücksrohertrag					83 570 €
abzüglich umlagefähige Bewirtschaftungskosten 15 % von 83 570 €				–	12 536 €
Nettokaltmiete (Grundmiete):				=	71 034 €
abzüglich Bewirtschaftungskosten (§ 18 Abs. 1)					
(soweit nicht umlagefähig)					
– nicht umlagefähige Betriebskosten (Versicherungsprämien)	–	1 500 €	(2,1 %)		
– Verwaltungskosten (gezahlt) 230 € × 13 =	–	2 990 €	(3,6 %)		
					29,1 %
– Instandhaltungskosten					
1 187 m² × 11,50 €/m² NF/WF	–	13 650 €			
13 Pl. × 68 €/Platz	–	884 €	(17,4 %)		
– Mietausfallwagnis					
2 % von 83 570 € (Rohertrag)	–	1 671 €	(2,0 %)		
	–	20 695 €		–	20 695 €
Reinertrag des Grundstücks (§ 16 Abs. 1):				=	50 339 €
abzüglich Verzinsung des Bodenwerts (§ 16 Abs. 2)					
5,0 % von 270 000 € =				–	13 500 €
Ertragsanteil der baulichen Anlagen				=	36 839 €

Restnutzungsdauer 28 Jahre Liegenschaftszinssatz 5,0 %,
Vervielfältiger 14,90 gemäß Anl. zur WertV (§ 16 Abs. 3)

Ertragswert der baulichen Anlagen (Gebäudeertragswert):			
36 839 € × 14,90 = 548 901 €	rd.	550 000 €	
zuzüglich Bodenwert (§ 15 Abs. 2)	+	270 000 €	
Zwischenwert	=	820 000 €	
Reparaturanstau (Treppenhausanstrich, schätzungsweise)	–	12 000 €	
Grundstücksertragswert (§ 15 Abs. 3)	= rd.	**810 000 €**	

Vergleichsfaktoren für bebaute Grundstücke gemäß § 12 Abs. 2 WertV sind demnach:
Der Ertragswert entspricht dem 9,6fachen Rohertrag i. S. d. § 17 Abs. 1.
Der Wert je m² NF/WF beträgt rd. 682 €/m².

7.4   Gemischt genutztes Grundstück

a) Sachverhalt   382

Das im allgemeinen Wohngebiet (WA) gelegene Reihengrundstück ist 799 m² groß, voll erschlossen und mit einem viergeschossigen Mauerwerksmassivbau mit ausgebautem Dachgeschoss (Baujahr 1966) sowie mit 7 Massivgaragen bebaut. Das Grundstück ist entsprechend den Bauvorschriften voll ausgenutzt. Es besteht aus bebaubarem Vorderland (35 m tief) und nicht bebaubarem Hinterland. Der Bodenrichtwert für Vorderland beträgt 400 €/m². Im Gebäude befinden sich 8 Wohnungen und 2 Büros. Die bauliche Ausstattung des Gebäudes entspricht dem heute üblichen Standard, der bauliche Unterhaltungszustand ist gut. Es sind Nettokaltmieten vereinbart, sämtliche umlagefähigen Betriebskosten werden umgelegt. Die Nettokaltmieten (Grundmiete) betragen für die Wohnungen 4,12 €/m² WF und für die Büroräume 5 €/m² NF. Die Garagen werden für je 40 €/Monat vermietet. Der ortsübliche Liegenschaftszinssatz beträgt 5 v. H. Der Verkehrswert des Grundstücks ist zum 1. 6. 2000 zu ermitteln (Abb. 59).

Abb. 59: Lageplan

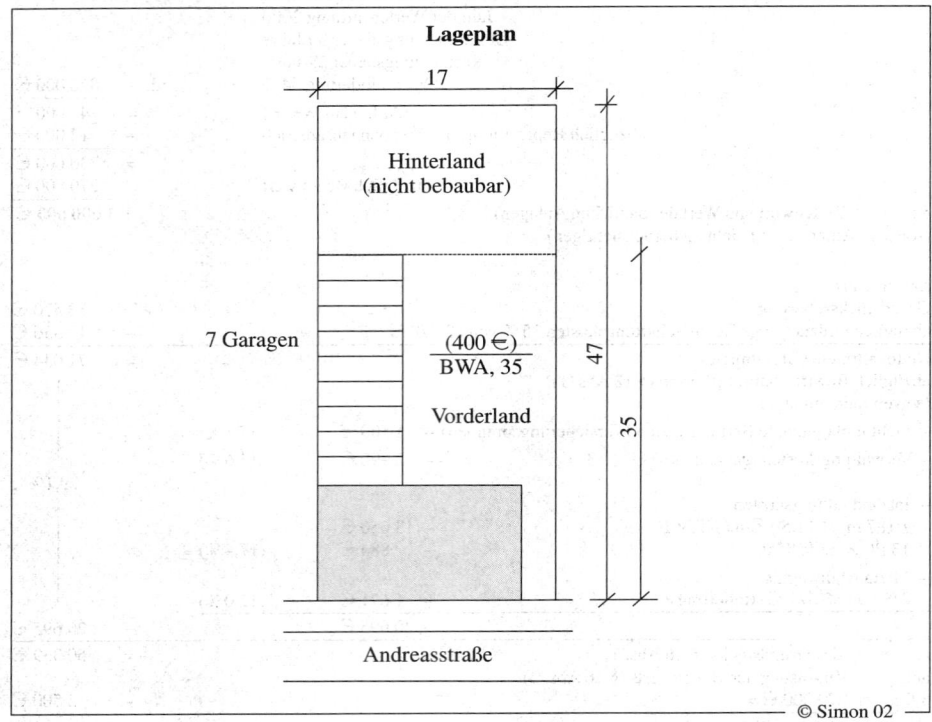

Lageplan

17

Hinterland
(nicht bebaubar)

7 Garagen

(400 €)
BWA, 35

Vorderland

47

35

Andreasstraße

© Simon 02

b) Wertermittlung

Ermittlung des Bodenwerts

Die Bodenrichtwertkarte vom 31. 12. 1999 weist für das allgemeine Wohngebiet einen Bodenrichtwert von 400 €/m² für Vorderland aus. Der vordere Grundstücksteil des Wertermittlungsgrundstücks erfüllt alle Merkmale des Bodenrichtwertgrundstücks. Die geringfügige Bodenwertsteigerung vom 31. 12. 1999 bis zum Wertermittlungsstichtag bleibt außer Betracht. Der nicht bebaubare rückwärtige Grundstücksteil wird als Gartenland mit 15 v. H. des Bodenrichtwerts berücksichtigt.

Vorderland 17 m × 35 m × 400 €/m²	238 000 €	
Hinterland 17 m × 12 m × 60 €/m²	12 240 €	
Summe	250 240 €	≈ 250 000 €

Ermittlung des Werts der baulichen Anlagen

Jahresnettokaltmiete		
930 m² × 4,12 €	3 831,60 €	
200 m² × 5,00 €	+ 1 000,00 €	
insgesamt	= 4 831,60 € /Monat	
4 831,60 € × 12		57 980 € p. a.
Nicht umlagefähige Bewirtschaftungskosten		
– Verwaltungskosten		
2 v. H. von 57 980 € =	– 1 160 €	
– Instandhaltungskosten[40]		
1 130 m² × 10,75 €/m² =	– 12 148 €	26 % des Jahresrohertrags
– 7 Garagen × 64 €/Jahr =	– 448 €	
– Mietausfallwagnis		
2 v. H. von 57 980 € =	– 1 160 €	
Summe	– 14 916 €	– 14 916 €
Grundstücksreinertrag		= 43 064 €
Bodenwertverzinsungsbetrag 5 v. H. von *238 000 €*		– 11 900 € (nur Vorderland!)
Ertragsanteil der baulichen Anlagen		= 31 164 €

Der Vervielfältiger beträgt bei einer Restnutzungsdauer von
46 Jahren (Gesamtnutzungsdauer 80 Jahre, Alter 34 Jahre) und
einem Liegenschaftszinssatz von 5 v. H. 17,88 (vgl. Anl. zur WertV)

Ertragswert der baulichen Anlagen		
31 164 € × 17,88	= +	557 212 €
Grundstücksertragswert	=	807 212 €
Anpassung an die Marktlage (vgl. § 7 Abs. 1); – 5 v. H.	= –	40 361 €
	=	**766 851 €**

c) Verkehrswert des Grundstücks   rd.   770 000 €

Nachrichtlich: Der Verkehrswert entspricht dem 13fachen der Grundstücksnettokaltmiete.

7.5   Geschäftshaus

Wertermittlungsstichtag 1. 1. 2000   **383**

Baujahr 1985 mit Tiefkeller, Basement, Erd- bis 6. Obergeschoss, Kaufhauscharakter, Feuermelde- und Sprinkleranlage, Rolltreppen, Aufzüge, Luftschleier, Zentralheizung, insgesamt 5 830 m² Nutzfläche (Lager-, Verkaufs-, Verkehrsfläche), 25 000 m³ umbauter Raum, Frontbreite 17 m, unregelmäßige Grundstücksform, Grundstück 800 m², Fußgängerzone (City), westdeutsche Großstadt. Zwei Hauptmieter. Guter Bau- und Unterhaltungszustand. Gesamtnutzungsdauer des Gebäudes 60 Jahre.

Summe der Einnahmen aus Vermietung und Verpachtung (= Nettokaltmiete ohne MwSt./Grundmiete) (entspricht rd. 13 €/m² Nutzfläche im Durchschnitt mtl.)			890 000 €
abzüglich nicht umlegbare Bewirtschaftungskosten:			
– *Betriebskosten* (soweit nicht umlegbar)			
– Grundsteuer	+	22 000 € (2,5 %)	
– Versicherungsprämien	+	3 090 € (0,3 %)	15,0 %
– *Verwaltungskosten* in der angefallenen Höhe			
2 000 € × 12 =		24 000 € (2,7 %)	
Instandhaltungskosten			
5 830 m² × 10 €/m² =	+	58 300 € (6,5 %)	
Mietausfallwagnis (§ 18 Abs. 4)			
3 % von 890 000 € =	+	26 700 € (3,0 %)	
	=	134 090 €	– 134 090 €
Reinertrag des Grundstücks:			= 755 910 €
abzüglich Bodenwertverzinsungsbetrag 5 000 000 € × 0,06			– 300 000 €
Ertragsanteil der baulichen Anlagen:			= 455 910 €

Bei einer wirtschaftlichen Restnutzungsdauer von 45 Jahren und einem Liegenschaftszinssatz von 6 % beträgt der Vervielfältiger 15,46 (gem. Anl. zur WertV).

Ertragswert der baulichen Anlagen (Gebäudeertragswert):		
455 910 € × 15,46	=	7 048 369 €
	rd.	7 000 000 €*
abzüglich Reparaturanstau		0 €
zuzüglich Bodenwert		+ 5 000 000 €
Ertragswert (Verkehrswert):		**12 000 000 €**

* = 480 €/m³

Nachrichtlich: dies sind das 13,5fache der gezahlten Jahresnettokaltmiete und rd. 2 060 €/m² Nutzfläche im Durchschnitt; vgl. weiteres Beispiel eines Büroobjektes in GuG 2001, 208

7.6   Selbstbedienungsmarkt

7.6.1   Selbstbedienungswarenhaus

a) Sachverhalt   **384**

Wertermittlungsstichtag 1. 1. 2000

Baujahr 1985, in einem Sondergebiet gemäß § 11 Abs. 2 BauNVO, Halle aus Stahlbetonfertigteilen (Betonrahmenbinder), Verkleidung Trapezbleche, Flachdach, Warmluftheizung, Sprinkleranlage, Boden Kunststeinplatten, Grundstück Rechteckform, Größe 60 000 m², ausreichend Pkw-Stellplätze für Kunden (etwa 800), auf die Verkaufsfläche entfallen rd. 72 v. H. der Nutzfläche (16 350 m²), Stadtrandlage rheinische Großstadt. Guter Bau- und Unterhaltungszustand.

---

40   II. Berechnungsverordnung 1996 § 28 Abs. 2 Ziff. 2; a. F.

b) Wertermittlung

Gezahlte Nettokaltmiete (ohne MwSt.) / Grundmiete;   1 103 500 €*

* dies sind 5,60 €/m² NF (einschließlich Nutzungsentschädigung für 800 Kundenparkplätze) im Monat

abzüglich nicht umlegbare Bewirtschaftungskosten:

– *Betriebskosten* (soweit nicht umlegbar)		
– Grundsteuer	23 173 €	(2,1 %)
– Versicherungsprämien	5 517 €	(0,5 %)
– *Verwaltungskosten* (in der angefallenen Höhe)		
2 800 € × 12 =	33 600 €	(3,0 %)
– *Instandhaltungskosten*		
16 350 m² × 7,70 €/m² =	125 895 €	(11,4 %)
– *Mietausfallwagnis*		
3 % von 1 103 500 € =	33 105 €	(3,0 %)

    20 %

= zusammen	221 290 €	– 221 290 €
Reinertrag des Grundstücks:		= 882 210 €
abzüglich Bodenwertverzinsungsbetrag:		
3 000 000 € × 0,065		= – 195 000 €
Ertragsanteil der baulichen Anlagen:		= 687 210 €

Bei einer wirtschaftlichen Restnutzungsdauer von 30 Jahren und
einem Liegenschaftszinssatz von 6,5 % beträgt der Vervielfältiger 13,06
(gem. Anlage zu § 16 Abs.3 WertV)

Ertragswert der baulichen Anlagen (Gebäudeertragswert):

687 210 € × 13,06	= 8 974 963 €
Ertragswert	rd. ≈ 9 000 000 €
abzüglich Reparaturanstau	0 €
zuzüglich Bodenwert	+ 3 000 000 €
Ertragswert (Verkehrswert):	**= 12 000 000 €**

Nachrichtlich: Dies sind das 10,9fache der gezahlten Jahresrohmiete und rd. 734 €/m² Nutzfläche (einschließlich des Werts der Außenanlagen/Pkw-Parkplätze)

7.6.2 Selbstbedienungsmarkt

385   **a) Sachverhalt**

Für einen Investor soll der Verkehrswert eines bestehenden SB-Marktgrundstücks (vgl. § 18 WertV Rn. 78) ermittelt werden. Der Standort für den Markt ist zufriedenstellend (mittlere Lagequalität). Folgende Daten liegen vor:

Verkaufsfläche VF	900 m²	(75 %)
Nebenflächen (Büro-, Sozial- und Lagerflächen) +	300 m²	(25 %)
Nutzfläche (NF) insgesamt =	1 200 m²	(100 %)

30 Pkw-Einstellplätze (30 m²/Platz)

Grundstücksgröße	2 800 m²
Umsatz	3 900 000 €/Jahr
Üblicher Liegenschaftszinssatz 7 %	

Mieten (ohne MwSt.):

Verkaufsflächen 900 m² × 8 €/m² =		7 200 €
Nebenflächen 300 m² × 2,50 €/m² =	+	750 €
30 Einstellplätze 8 €/Platz =	+	240 €
Monatsmiete (Nettokaltmiete) insgesamt =		8 190 €

Neben der Frage nach dem Verkehrswert ist zu ermitteln, welche Umsatzmiete (in v. H.) und welche Quadratmeter-miete (in €/m² NF) der Investor durchsetzen muss, wenn er eine Rendite seines zu investierenden Kapitals von 8 % erzielen will.

b) Wertermittlung

Überprüfung der Vorgaben auf Schlüssigkeit

Verkaufsfläche VF	900 m²	(75 %)
Nebenflächen (Büro-, Sozial- und Lagerflächen) +	300 m²	(25 %)
Nutzfläche (NF) insgesamt =	1 200 m²	(100 %)

Überprüfung auf Verhältnis VF/NF: Flächenverhältnis liegt im üblichen Rahmen.

Verkaufsfläche   900 m²
Umsatz 3 900 000 €/Jahr
Ermittlung und Überprüfung der Flächen-
produktivität: (Fl. Pr.) = 4 333 €/m² VF.
Die Flächenproduktivität liegt zum Wert-
ermittlungsstichtag im üblichen Rahmen.

Überprüfung der Schlüssigkeit der Miete aus Umsatz:

Mieten (ohne MwSt.):

Verkaufsflächen 900 m² × 8 €/m² VF		7 200 €
Nebenflächen 300 m² × 2,50 €/m² NF	+	750 €
30 Einstellplätze 8 €/Platz	+	240 €
Monatsmiete (Nettokaltmiete/Grundmiete) insgesamt	=	8 190 € bei einem Umsatz von 3 900 000 €

Die gezahlte Miete beträgt rd. 2,5 % des Umsatzes und liegt damit im üblichen Rahmen.

Durchschnittsmiete je m² Nutzfläche:
8 190 €/1 200 m² = 6,83 €/m² NF; Quadratmetermiete liegt im üblichen Rahmen.

Ermittlung des Grundstücksertragswerts

Jahresnettokaltmiete/Grundmiete (8 190 €/m² × 12)		98 280 €
abzüglich Bewirtschaftungskosten (25 %)	–	24 570 €
Grundstücksreinertrag/Jahr	=	73 710 €
abzüglich Bodenwertverzinsungsbetrag 7 % von 250 000 €	–	17 500 €
Reinertrag der baulichen Anlage	=	56 210 €
Ertragswert der baulichen Anlage: Vervielfältiger bei 7 % Zins und 40 Jahren Restnutzungsdauer 13,33 56 210 € × 13,33		749 279 €
Bodenwert	+	250 000 €
Grundstücksertragswert	=	999 279 €
Verkehrswert[41]	**=**	**1 000 000 €**

c) Ermittlung der geforderten Umsatzmiete

Rendite der Gesamtinvestition 8 % von 1 000 000 €		80 000 €
Abschreibung bei 8 % Zinsen und 40 Jahren Restnutzungsdauer auf den Ertragswert der baulichen Anlage: 750 000 €/259,06[42]	+	2 895 €
Jahresreinertrag	=	82 895 €
Bewirtschaftungskosten (25 % der Nettokaltmiete) 82 895 € = 75 = × : 25 × = 27 632 €	+	27 632 €
Erforderliche Jahresnettokaltmiete in v. H. des Umsatzes: 3 900 000 € : 100 = 110 527 € : × × = 2,8 %	=	**110 527 €**

Die Umsatzmiete muss 2,8 % des Jahresumsatzes betragen.

d) Ermittlung der geforderten Quadratmetermiete

110 527 €/1 200 m²/12 = 7,68 €/m² Nutzfläche

Die Quadratmetermiete je m² Nutzfläche muss 7,68 € betragen.

Das *Beispiel* zeigt, dass sowohl die Umsatzmiete (2,8 %) als auch die Miete/m² Nutzfläche (7,68 €/m²) die üblichen Bandbreiten für SB-Märkte in mittleren Lagen übersteigen. Der Investor wird deshalb entweder seine Renditevorstellung korrigieren müssen oder aber ein anderes, günstigeres Objekt in Erwägung ziehen.

---

41   Bei dem angesetzten Liegenschaftszinssatz von 7 % beträgt der Verkehrswert das 10,2fache der Jahresnettokaltmiete. Überprüfung auf flächenbezogenen Wertfaktor: 1 000 000 €/1 200 m² = 833 €/m² Nutzfläche. Das
Ergebnis liegt im üblichen Rahmen.
42   Tabelle des Abschreibungsdivisors in Anh. 10.3

7.7 Parkhaus

386

a) Sachverhalt

Teiloffenes Parkhaus in City-Randlage einer westdeutschen Großstadt mit 700 Stellplätzen auf 8 Ebenen, Baujahr 1959/60, Modernisierung, Betonsanierung und Umbau Erdgeschoss (ehemalige Tankstelle) von 1991 bis 1999, Grundstück 3 480 m², 55 035 m³ umbauter Raum nach DIN 277/1950 (= rd. 79 m³/Stellplatz). Nutzfläche Parkhaus 19 000 m² (= rd. 27 m²/Stellplatz), sonstige Nutzfläche 200 m², das Parkhaus ist Tag und Nacht geöffnet, mit einem professionellen Betreiber besteht ein Geschäftsbesorgungsvertrag, guter Bau- und Unterhaltungszustand, es besteht Anschluss an das Parkleitsystem der Stadt.

Anzumerken ist, dass in 35 an das Parkleitsystem angeschlossene Parkierungsanlagen[43] rund 17 000 Stellplätze zur Verfügung stehen. Zudem gibt es in der City rund 27 000 Stellplätze im öffentlichen Bereich, deren Bewirtschaftung mithilfe von Parkscheinautomaten erfolgt.

Am 1. 7. 1999 waren in der Stadt rd. 480 000 Personenkraftwagen zugelassen; nach Angaben des Kraftfahrtbundesamtes in Flensburg waren dies in der Bundesrepublik Deutschland rd. 42 Millionen Personenkraftwagen.

Gemäß Beleihungsgrundsätze für Sparkassen in Preußen vom 10. 2. 1928 waren u. a. Parkhäuser und Tiefgaragen von der Beleihung ausgeschlossen. Da für Parkierungsanlagen die im Realkreditgeschäft geforderte Drittverwendungsmöglichkeit auszuschließen ist, kommt hier nur die Sicherstellung von Personalkrediten bei 100 % Risikogewichtung in Frage.

b) Wertermittlung

1. Bodenwert

Für den Bereich der Innenstadt hat der Gutachterausschuss für Grundstückswerte bislang Bodenrichtwerte nicht beschlossen. Seit 1988 wird hilfsweise mit Bodenwertanteilen je m² Nutz- bzw. Wohnfläche sowie je Stellplatz gearbeitet. So sind für den Parkhaus-Standort 4.500 € je Stellplatz und 350 € je m² Bürofläche anzusetzen.

Der Bodenwert ergibt sich demnach wie folgt:

700 Stellplätze zu je 4 500 €	=	3 150 000 €
200 m² Büro- und Ausstellungsfläche zu je 350 €	=	70 000 €
zzgl. Grundstücksnebenkosten und zur Rundung		80 000 €
Bodenwert (= rd. 950 € je m² Katasterfläche)		**3 300 000 €**

2. Bauwert

Vorbemerkung: Der Grundstückseigentümer hat nach § 9 UStG zur Mehrwertsteuer optiert und somit die volle Vorsteuerabzugsberechtigung (§ 15 Abs. 1 UStG). Der Bauwert wird daher auf der Grundlage der „Nettomethode", d. h. ohne Mehrwertsteuer, ermittelt. Der Netto-Neubauwert ist zudem identisch mit der Deckungssumme für die Sachversicherung.

Wegen umfangreicher Modernisierungs- und Sanierungsarbeiten in den Jahren 1991–1999 wird von einem fiktiven Baujahr 1970 ausgegangen. Bei einer durchschnittlichen Gesamtnutzungsdauer von 60 Jahren und einem Gebäudealter von 30 Jahren ergibt sich eine Restnutzungsdauer von 30 Jahren.

55035 m³ × 130 €/m³	=	7 154 550 €
Zuschläge für besondere Einbauten und Bauteile (rd. 3 %)	+	216 450 €
Außenanlagen und Hausanschlüsse (rd. 2,5 %)	+	179 000 €
Zwischensumme	=	7 550 000 €
Baunebenkosten rd. 12 %	+	900 000 €
Neubauwert:	=	8 450 000 €
(= rd. 12 000 €/Stellplatz einschl. sonstige NF)		
./. Alterswertminderung nach Tabelle Ross 38 % rd.	–	3 200 000 €
Bauwert (netto)	=	5 250 000 €
Bodenwert	+	3 300 000 €
Sachwert		
(= rd. 12 200 €/Stellplatz einschl. sonstige NF)	=	**8 550 000 €**

3. Ertragswert

Alle Erlöse und Mieten der Gewerberäume unterliegen der Mehrwertsteuer. Für die Ermittlung des Ertragswerts kommen Nettowerte zum Ansatz. Angenommen werden nachhaltige Erlöse aus dem Parkhausgeschäft und zwar in Anlehnung an die Ergebnisse im Zeitraum 1997–1999.

Einnahmen aus dem Kurzparkergeschäft	+	850 000 €
Einnahmen aus dem Dauerparkergeschäft	+	550 000 €
Gesamteinnahmen Parkhaus:	=	1 400 000 €
abzüglich 25 % für Betreiberhonorar, Personal- und sämtliche Betriebskosten gemäß Geschäftsbesorgungsvertrag rd.	–	350 000 €
Nettokaltmiete Parkhaus:	=	1 050 000 €

dies sind rd. 125 €/Stellplatz/mtl.. Hiermit wird ein „Nettowert" erreicht, der innerhalb der in der Stadt üblichen Bandbreite (120–135 €/Stellplatz/mtl.) liegt. Zudem
sind dies rd. 4,60 €/m² mtl. NF Parkhaus, ein Satz der auch in vergleichbaren Parkhäusern erreicht wird. Mithin kann der Rohertrag als nachhaltig angesehen und für den
weiteren Rechengang benutzt werden.

Zuzüglich Einnahmen aus der Vermietung von Büro-, Lager- und Nebenräumen sowie
Reklameflächen und Stellplätze für Warenautomaten

(= rd. 8 €/m² NF i. D. mtl.)		+	20 000 €
Nettokaltmiete des Grundstücks		=	1 070 000 €

abzüglich nicht umlegbare Bewirtschaftungskosten:

• Betriebskosten			
Grundbesitzabgaben	37 000 €		
Versicherungsprämien	15 000 €		
• Verwaltungskosten			
700 Einstellplätze × 35 €	24 500 €		
8 % von 20.000 €	1 600 €		
• Instandhaltungskosten*			
700 Einstellplätze × 150 €/Stpl.	105 000 €		
200 m² × 8 €/m²	1 600 €		
• Mietausfallwagnis			
8 % von 1 070 000 €	85 600 €	–	**270 300 €

* = 1,26 % des Neubauwerts
** = 25,26 % der Jahresnettokaltmiete

Reinertrag des Grundstücks:	=	799 700 €
abzüglich Bodenwertverzinsungsbetrag 7,0 % von 3 300 000 €	–	231 000 €
Ertragsanteil der baulichen Anlagen:	=	568 700 €

Bei einer wirtschaftlichen Restnutzungsdauer von 30 Jahren und einem Liegenschaftszinssatz von 7,0 % beträgt der Vervielfältiger gem. Anl. zu § 16 Abs. 3 WertV = 12,41

Der Ertragswert der baulichen Anlagen ergibt sich demnach wie folgt:

568 700 € × 12,41 = 7 057 567 €	rd.	7 100 000 €
zuzüglich Bodenwert		3 300 000 €
Ertragswert der Immobilie		**10 400 000 €**

4. Einzelergebnisse

Bodenwert		3 300 000 €
Bauwert	+	5 250 000 €
Sachwert	=	8 550 000 €
Ertragswert		10 400 000 €

5. Verkehrswert   rd. 10.000 000 €

(dies sind 116,96 % des Sachwerts und 96,15 % des Ertragswerts)

6. Beispielhaft die Beleihungswertermittlung einer Sparkasse in Baden-Württemberg

Grundlage ist das Organisationshandbuch für das Kreditgeschäft, Stand: (1. 4. 1995);
hier insbesondere die Ziffer 2.4 der Übersicht zu Mindestabschlägen vom Bauwert und
vom Ertragswert.

Bodenwert			3 300 000 €
Bauwert 5 250 000 € × 0,60 (Abschlag 40 %)	=	+	3 150 000 €
Sachwert			6 450 000 €

Ertragswert:

Nettokaltmiete			1 070 000 €
abzüglich 40 % für Bewirtschaftungskosten und Risiko	rd.	–	430 000 €
Reinertrag des Grundstücks:			640 000 €
abzüglich Bodenwertverzinsungsbetrag		–	231 000 €
Ertragsanteil der baulichen Anlagen:		=	409 000 €

---

43 Weyers in GuG 1994, 70 und 156 sowie GuG 1995, 352 und GuG 1997, 298

Gebäudeertragswert: 409 000 € × 12,41 =	rd.	5 100 000 €
zuzüglich Bodenwert	+	3 300 000 €
Beleihungswert Vorschlag:	=	**8 400 000 €**

7. Personalkredit

Würden die Kompetenzträger der Sparkasse den Beleihungswert mit 8 000 000 € festsetzen, so bliebe man 20 % unter dem Marktwert. Andererseits wäre die Gewährung eines grundpfandrechtlich gesicherten Personalkredits bis zur Höhe von 8 000 000 € (bei Beachtung der Kapitaldienstgrenze) satzungsmäßig möglich. (BelGr II. Personalkredit, § 23 Abs. 1 Beleihungsgrenze). Nach der Vfg. der OFD Frankfurt/M. vom 9. 1. 1995 (S 2196 A – 9 – St II/23) bestehen seitens der Finanzverwaltung keine Bedenken, bei einem Parkhaus eine betriebsgewöhnliche Nutzungsdauer von 30 Jahren anzusetzen.

7.8   Klinik

7.8.1   Fachklinik (Überschlagsermittlung)

387   **a) Sachverhalt**

Fachklinik[44], viergeschossiger Stahlbetonskelettbau, Baujahr 1980, Restnutzungsdauer am Wertermittlungsstichtag (2000) 40 Jahre, 130 Einzelzimmer mit Dusche/WC, insgesamt 6 100 m² Nutzfläche, Grundstücksgröße 100 000 m², davon 45 000 m² Sondergebiet Klinik (Bodenrichtwert 35 €/m² einschließlich Erschließungskosten) und 55 000 m² Grünfläche im Landschaftsschutzgebiet (Bodenwert 1 €/m²). Die Klinik ist verpachtet. Die Pacht betrug in den Jahren 1986 bis 1988 durchschnittlich 1 350 000 DM[45]. Folgende weitere Daten sind bekannt:

Pflegesatz in €/Tag (1997 bis 1999 im Mittel)	100 €
Pflegesatzeinnahmen (1997 bis 1999 im Mittel)	4 850 000 €
Sonstige Erlöse (Cafeteria, Kiosk, Frisör usw.)	15 000 €
Gesamterlöse	4 865 000 €
Jahrespacht (1997 bis 1999 im Mittel)	800 000 €[46]

Der Liegenschaftszinssatz beträgt 7 %.

b) Wertermittlung

– Überprüfung der angegebenen Daten
   Überprüfung der Pflegesatzeinnahmen:
   130 Zimmer × 100 € × 365 Tage = 4 745 000 €
   4 745 000 < 4 850 000 €[47]

   Überprüfung der Umsatzpacht:
   Die Umsatzpachten bei Fachkliniken mit geringem Pflegeaufwand liegen i. d. R. zwischen 15 und 20 % des Gesamtumsatzes (vgl. § 17 WertV Rn. 164).

   $$\frac{800\,000 \times 100}{4\,865\,000} = 16{,}44\,\%.$$ Die erzielte Umsatzpacht liegt im üblichen Rahmen.

Bodenwertermittlung

45 000 m² Bauland × 35 €/m²	=	1 575 000 €
55 000 m² Grünland × 1 €/m²	+	55 000 €
Bodenwert insgesamt	=	1 630 000 €

Ermittlung des Werts der baulichen Anlagen

Nettokaltmiete	=	800 000 €
Bewirtschaftungskosten		
Verwaltungskosten 4 %	–	32 000 €
Instandhaltungskosten (15 €/m² Nutzfläche)	–	91 500 €
Mietausfallwagnis 4 %	–	32 000 €
Jahresreinertrag	=	**644 500 €**
Abzüglich Bodenwertverzinsungsbetrag 7 % von 1 630 000 €	–	114 100 €
= Jahresreinertrag der baulichen Anlage	=	530 400 €
Vervielfältiger bei 7 % und 40 Jahren Restnutzungsdauer: 13,33		
Ertragswert der baulichen Anlagen 530 400 × 13,33	=	7 070 232 €
Bodenwert	+	1 630 000 €
Grundstücksertragswert	=	8 700 232 €
Verkehrswert des Grundstücks	=	**8 700 000 €**

Vergleichsdaten:

Wert je Zimmer:	66 923 €
Jahresrohmietenvervielfältiger:	10,9
Grundstücksbezogener Gebäudewertfaktor:	1 426 €/m² Nutzfläche

7.8.2   Rehabilitationsklinik

a) Sachverhalte

388

Mit der Gesundheitsreform 2000 wurde das Wort „Kur" durch die Begriffe Rehabilitation und Vorsorge ersetzt.

Bei dem zur Wertermittlung anstehenden Objekt, handelt es sich um eine seit 1979 nach betriebswirtschaftlichen Kriterien in privater Trägerschaft geführte Klinik für psychosomatische Medizin mit 141 Einzelzimmern und den üblichen Nebeneinrichtungen (wie z. B. Therapiegebäude, Sporthalle, Küchenausbau etc.) in westdeutscher Mittelgebirgslandschaft.

Behandelt werden Patienten mit psychosomatischen, neurotischen und psychiatrischen Erkrankungen. Es besteht ein Versorgungsvertrag nach § 111 SGB V. Die Kosten der Behandlung werden von gesetzlichen und privaten Krankenkassen sowie von allen Rentenversicherungsträgern übernommen. Die Klinik ist zudem als beihilfefähig anerkannt.

Bis Ende 1996 war die Klinik voll ausgelastet. Infolge der Auswirkungen aufgrund des Wachstums- und Beschäftigungsgesetzes vom 13. 9. 1996 ist die Auslastung ab 1997 geringfügig zurückgegangen. Aus heutiger Sicht kann die Belegung mit 90 % als nachhaltig angenommen werden. Ganz allgemein gilt, dass Rehabilitationskliniken existenziell auf hohe Auslastungen (Belegungszahlen) angewiesen sind.

Für stationäre Rehamaßnahmen (Eigenbeteiligung des Patienten mit 8,50 €/West oder 7 €/Ost; die Anrechnung auf den Urlaub wurde zurückgenommen) und stationäre Anschluss-Rehabilitation wurden 1999 (rd. 800 000 Fälle) rd. 6 Mrd. € aufgebracht, die zu rd. 95 % von den Krankenkassen und Rentenversicherungsträgern übernommen wurden. Für 2000 rechnen die Kostenträger mit rd. 1 Mio. Reha-Patienten.

b) Wertermittlungen
1. Bodenwert

Die Bodenwertermittlung erfolgt unter Rückgriff auf die am 12. 3. 2001 zum 31. 12. 2000 vom Gutachterausschuss für Grundstückswerte beim Vermessungs- und Katasteramt des Kreises beschlossenen Bodenrichtwerte für erschließungsbeitragsfreie (ebf) Grundstücke (Abb. 60):

Abb. 60: Bodenwertermittlung

Nutzungsart	Fläche	€/m²	€
Bauland (bebaubare Fläche 2 340 m²/GRZ = 0,4)	5 850	45,00 ebf	263 250
Reservebauland	44 150	10,00 ebf	441 500
Land- und forstwirtschaftliche Nutzfläche	83 000	1,00*	83 000
Zwischensumme	133 000		787 750
Grundstücksnebenkosten und zur Rundung (1,6 %)			12 250
Bodenwert			800 000**

  * ohne Aufwuchs
 ** 6,02 €/m² im Durchschnitt

---

44   Weyers in GuG 1997, 218
45   Pacht für Mobiliar und sonstiges, nicht fest mit den baulichen Anlagen verbundenes Wirtschaftsgut ist nicht enthalten.
46   Bezogen auf Nutzfläche: 800 000 €/12/6 100 m² = 10,93 €/m²/Monat
47   Die tatsächliche Ausnutzung liegt bei rd. 102 %. Das ist möglich, da Aufnahme- und Entlassungstag je als ein voller Pflegetag berechnet werden konnten.

2. Wert der baulichen Anlagen

Baupreisindex 1914 = 100; 1999 = 2 010

Bei den Wertansätzen werden keine Reproduktionskosten, sondern **Kosten vergleichbarer, wirtschaftlicher Ersatzbauten** zu Grunde gelegt. Es wird eine wirtschaftliche Lebensdauer von 60 Jahren angenommen. Im Hinblick auf die in den 90er Jahren durchgeführten Sanierungsarbeiten und die Erweiterungsbauten wird die wirtschaftliche Restnutzungsdauer nach gutachterlichem Ermessen frei geschätzt mit 50 Jahren[48]; 1990 ist demnach als fiktives Baujahr anzusehen.

Die Wertansätze je €/m³ enthalten die Mehrwertsteuer, nicht jedoch die Baunebenkosten. Die Ermittlung des Bauwerts muss in diesem Fall mehrwertsteuerpflichtig erfolgen, weil die Einnahmen aus Vermietung und Verpachtung „steuerfrei" sind (Abb. 61):

Abb. 61: Gebäudezeitwerte

Lfd. Nr.	Bezeichnung der Gebäude	Baujahr	bebaute Fläche m²	umbauter Raum m³	€ m³	Herstellungswert €	Wertminderung* %	Gebäudezeitwert €
1	**Klinikgebäude mit KG** und 4 Vollgeschossen							
	1. Bauabschnitt	1975/79	1 936	25 785	300	7 735 500	18,9	6 273 490
	2. Bauabschnitt	1984/85 1995/96 }	252	2 230	300	669 000	18,9	542 559
2	**Therapiegebäude ohne KG mit** 2 Vollgeschossen							
	1. Bauabschnitt	1979/80	404	2 450	330	808 500	18,9	655 694
			2 592	30 465	rd. 302	9 213 000	18,9	7 471 743
	umbauter Raum nach DIN 277 (Nov. 1950)					187 000	18,9	151 657
	Besondere Bauteile (Lichtschächte, Vordächer, Rampen) und Betriebseinrichtungen (2 Aufzüge, Trafo)					500 000	18,9	405 500
	Zwischensumme (Baukosten)					9 900 000	18,9	8 028 900
	Zeitwert der Außenanlagen (rd. 3 % von 8 028 900 €) und zur Rundung							241 100
	Zeitwert der Baunebenkosten (15 % von 8 270 000 €)						rd.	1 230 000
	Gebäudewert bei Bauindex 2010 (1914 = 100)							9 500 000
	✂ Reparaturanstau (liegt nicht vor)							–
	Bauwert (Bauzeitwert)							9 500 000**

* degressive Wertminderung nach Vogels, 5. Aufl. 1996, Tab. 2.18, S. 105
** Zeitwerte: 67 375 €/Zimmer bzw. 1 440 €/m² Nutzfläche (Neubauwert: rd. 83 200 €/Zimmer);
    Ausbauverhältnis: 30 465 m³ : 6 600 m² = 4,62 m³/m²

3. Sachwert

Bodenwert		800 000 €
Bauwert	+	9 500 000 €
Boden- und Bauwert	=	**10 300 000 €**

4. Ertragswert

Umsätze aus Vermietung/Verpachtung von Immobilien sind grundsätzlich steuerfrei. Vorsteuern (MwSt.) sind nur dann absetzbar, wenn sie im Zusammenhang mit Umsatzerlösen stehen, die mehrwertsteuerpflichtig sind. Der Grundstückseigentümer hat die Möglichkeit, auf die Umsatzsteuerbefreiung der Mieteinnahmen zu verzichten (= Option zur MwSt.), wenn die Immobilie an einen Unternehmer, der selbst mit seinen Umsätzen der Steuer unterliegt, vermietet oder verpachtet wird.

Da die Umsätze des Klinikbetreibers „umsatzsteuerfrei" sind, ist auch die gezahlte Pacht ein „Nettobetrag", d. h. ohne MwSt. Diese hat bei i. d. R. 100 % Auslastung im Zeitraum 1997 bis 1999 im Jahresdurchschnitt rd. 900 000 € betragen. Flächenbezogen sind dies rd. 11,50 €/m² Nutzfläche im Monat. Vereinbart ist eine Wertsicherungsklausel (4-Personen-Haushalt mit mittlerem Einkommen).

Zum Vergleich: Gemäß aktuellem Mietspiegel für nicht öffentlich geförderte Wohnungen können bei Neubauten 6 bis 8 €/m² und bei Altbauten 3 bis 5 €/m² Wohnfläche mtl. angesetzt werden.

Aufgabe des Sachverständigen für die Immobilienwertermittlung ist es, Angemessenheit bzw. Nachhaltigkeit der Pachtzahlung zu überprüfen. In diesem Fall konnte er hierbei – was selten möglich ist – auf die Jahresabschlüsse der Betreibergesellschaft (Pächter, ein privatwirtschaftliches Unternehmen für Gesundheitsdienstleistungen) zurückgreifen.

Im Zeitraum 1997 bis 1999 hat der Pflegesatz unverändert rd. 120 €/Tag betragen. Bei 100 % Auslastung ergibt sich für den Klinikbetreiber somit ein Umsatz von 6 175 800 € p. a. (120 € × 141 Zimmer × 365). Die tatsächlichen Erlöse aus dem Klinikbereich haben im Durchschnitt der letzten drei Jahre rd. 5 700 000 € p. a. betragen, was einer Auslastung von rd. 92 % entsprach. Demnach ergibt die Pachtzahlung von 900 000 € p. a., die als nachhaltig erzielbar angesehen werden kann, eine Umsatzbelastung von rd. 16 %.

Abb. 62: Wertermittlung

		€	€
Nettokaltmiete:			900 000
./. Bewirtschaftungskosten nach § 18 WertV detailliert			
• Betriebskosten (nicht umlegbar)	5 %	45 000	
• Verwaltungskosten	3 %	27 000	
• Instandhaltungskosten (6 600 m² × 20 €/m² NF)	rd. 15 %	132 000	
• Mietausfallwagnis	6 %	54 000	
insgesamt	rd. 29 %	258 000	– 258 000
Mietreinertrag (Gebäude- und Bodenreinertrag)			= 642 000
./. Bodenwertverzinsungsbetrag der Normfläche, Zinssatz 7 % v. rd. 270 000 €			– 18 900
Gebäudeertragsanteil			= 623 100
Bei einer wirtschaftlichen Restnutzungsdauer von 50 Jahren und einem Zinssatz von 7 % beträgt der Vervielfältiger gemäß § 16, Ziff. 3 WertV (Anl. zur WertV) 13,80			
Gebäudeertragswert (Gebäudeertragsanteil × Vervielfältiger) =		8 598 780 €	rd. 8 600 000
./. Reparaturanstau (liegt nicht vor)			0,00
Zwischenwert			8 600 000
zuzüglich Bodenwert (Bodenwert der Normfläche + Wert der abweichenden Grundstücksfläche)			+ 800 000
Ertragswert			= 9 400 000

Nachrichtlich (Vergleichszahlen):
- Bodenwertanteil am Ertragswert (Verkehrswert) = 8,5 % (Bandbreite 5–15 %)
- Ertragswert (Verkehrswert) = 10,4fache Nettokaltmiete (Bandbreite 10–12faches)
  = rd. 66 700 €/Zimmer (Bandbreite Neubauten 75 000 bis
  150 000 €/Zimmer)
  = 1 425 €/m² Nutzfläche (Bandbreite Neubauten 1 500 bis 2 000 €/m²)

5. Verkehrswert
Zusammenfassung:

Sachwert	(Ziffer 3)	**10 300 000 €**
Ertragswert	(Ziffer 4)	**9 400 000 €**

Unter Abwägung aller wertbeeinflussenden Umstände wird der Verkehrswert für das Klinikgrundstück in Anlehnung an den Ertragswert ermittelt zu **9 400 000 €.**

6. Beleihungswertermittlung für eine Sparkasse (gewerblich genutztes Grundstück)

Schätzung eines externen Sachverständigen (§ 9 Abs. 2 a BelGr) bei Berücksichtigung individueller Abschläge i. S. d. BelG.

---

48 Vgl. hierzu auch „Gesamtnutzungsdauer von Hotelgebäuden", in: GuG 1993, 41 f.

a) Sachwert

Bodenwert (Ziffer 1) gemäß § 2, Abs. 4 BelGr		800 000 €
Bauwert (Ziff. 2)	9 500 000 €	
abzgl. angemessener Risikoabschlag:		
gemäß § 2 Abs. 3 BelGr (Abschlagsverfahren)		
25 %* von 9 500 000 €	– 2 375 000 €	
Zwischensumme:	= 7 125 000 €	
abzüglich Gewerbeabschlag gem. § 18 Abs. 1 b BelGr		
15 %** von 7 125 000 €	– 1 068 750 €	
Bauwert i. S. der BelGr:	6 056 250 €	rd. 6 000 000 €
Boden- und Bauwert (Sachwert)		**6 800 000 €**

  * Stannigel/Kremer/Weyers, BelGr für Sparkassen, S. 145
  ** Stannigel/Kremer/Weyers, BelGr für Sparkassen, S. 477

b) Ertragswert

Nettokaltmiete/Grundmiete (4):		900 000 €
abzgl. rd. 29 % Bewirtschaftungskosten	–	260 000 €
Mietreinertrag (Gebäude- und Bodenreinertrag):	=	640 000 €
abzüglich 15 % gewerblicher Risikoabschlag gem. § 18, Abs. 1 a BelGr	–	96 000 €
Zwischensumme:		544 000 €
abzgl. Bodenwertverzinsungsbetrag der Normfläche: 7 % von rd. 270 000 €	–	18 900 €
Gebäudeertragsanteil:		525 100 €
Restnutzungsdauer 50 Jahre, Zinssatz 7 %, Vervielfältiger 13,80		
Gebäudeertragswert (Gebäudeertragsanteil × Vervielfältiger)		
525 100 € × 13,80 = 7 246 380 €	rd.	7 200 000 €
zzgl. Bodenwert der Normfläche und Wert der abweichenden		
Grundstücksfläche (Bodenwert)	+	800 000 €
Ertragswert (Beleihungswertvorschlag i. S. d. BelGr):	=	**8 000 000 €**

c) Beleihungswert

Wird der Beleihungswert mit 8 000 000 € festgesetzt, so war bislang ist ein Realkredit in Höhe von 480 000 € (= 60 % von 8 000 000 € bzw. 51 % des mit 9 400 000 € ermittelten Verkehrswerts) darstellbar, wenn dies mit der Kapitaldienstgrenze vereinbar ist.

d) Eigenschätzung

Gemäß Anwendungshandbuch (Stand: 1995) müsste die Kredit-Sachbearbeitung den Jahresrohertrag um mindestens 40 % reduzieren (Bewirtschaftungskosten und gewerbl. Risikoabschlag) und mit mindestens 6,5 % kapitalisieren. Im Ergebnis erhöht sich der Beleihungswert um rd. 6,2 % auf rd. 8 500 000 €; die Beleihungsmöglichkeit (60 %) endet bei 510 000 €. Bezogen auf den Verkehrswert sind dies 54,2 %.

Bei einem Liegenschaftszinssatz von 7 % wäre die Eigenschätzung der Sparkasse zum gleichen Beleihungswert (Buchstabe c) gekommen.

e) Anmerkung

Das Konsultationspapier des Baseler Ausschusses für Bankenaufsicht besagt, dass an Immobilien gesicherte Kredite, wo der Betrieb eine Konzession erfordert (Privatkliniken, Alten- und Pflegeheime), zukünftig nicht mehr (bislang bevorzugte Behandlung) als *gewerblicher Realkredit* definiert werden können.

Für gewerbliche Realkredite ist ebenso wie bei Ausleihungen auf Wohnimmobilien ein Risikogewicht von 50 % vorgeschrieben, d. h. die Kredite sind zu 50 % mit Eigenkapital der Institute zu unterlegen.

Das Statistische Bundesamt in Wiesbaden hat im Dezember 1999 erstmals eine Pflegestatistik erstellt. Hiernach waren in der Bundesrepublik Deutschland insgesamt 2,02 Millionen Personen pflegebedürftig. In Pflegeheimen wurden 573 000 Personen und durch ambulante Pflegedienste 415 000 Personen betreut.

Kostenbeispiel Pflegestufe 3

August 2001		i. v. H.
Unterkunft/Verpflegung	27,50 €	29,0
Pflegeleistungen	55,30 €	58,4
Investitionskosten	9,45 €	10,0
Zuschlag Einzelzimmer/Neubau	2,50 €	2,6
	94,75 €	**100,0**

7.9   Lagerhaus

7.9.1   Lagerhaus (Allgemein)

1. Begriffsdefinitionen   **389**

Lagerhallen sind Hallenbaukörper, die überwiegend zur Zwischenlagerung und zum Umschlag von Waren genutzt werden.

Lagergebäude sind alle Gebäude, die der Aufbewahrung von Gegenständen und Materialien dienen. Silos zählen nicht hierzu, da sie keine Gebäude sind und im Regelfall nicht von Menschen betreten werden können.

Lagergebäude können betrieblichen, landwirtschaftlichen, aber auch privaten Zwecken dienen. Zu den privaten Zwecken dienenden Lagergebäuden gehören etwa ein Holz- oder Heizöllagerschuppen, ein Gartenhaus zur Unterbringung von Gartengeräten, ein Abstellgebäude für Fahrräder, Kinderwagen und dergl. Zu den landwirtschaftlichen Lagergebäuden zählen Schuppen, Scheunen und Hallen zur Unterbringung landwirtschaftlicher Erzeugnisse, zur Lagerung von Streu- und Futtermitteln und zum Abstellen der landwirtschaftlichen Geräte und Fahrzeuge.

2. Bodenwerte für Lagerhausgrundstücke

Lagerhausgrundstücke liegen wegen der nachteiligen Umwelteinwirkungen (Lärm, Abgase) meistens in Gewerbegebieten. Sie sind überwiegend großflächig (ca. 50 000 bis 80 000 m² Grundstücksfläche). Bebaut ist i. d. R. ein Anteil von 25 bis 30 % der gesamten Grundstücksfläche. Die Restfläche besteht größtenteils aus befestigter Freifläche.

In den Ballungsräumen *München, Stuttgart, Rhein/Main, Rhein/Ruhr* und *Hamburg* liegen die Grundstückspreise zwischen 50 und 150 €/m². In den übrigen Regionen kann je nach Lagequalität mit Preisen zwischen 15 und 50 €/m² gerechnet werden. In einigen Gebieten werden geeignete Gewerbeflächen aus Wettbewerbsgründen zu Dumpingpreisen angeboten.

3. Gebäudeformen und Herstellungskosten

Der Normaltyp der Lagerhalle besteht aus einer nicht unterkellerten, eingeschossigen Stahl- oder Stahlbetonskelettkonstruktion. Er hat durchschnittlich 2 000 bis 5 000 m² Brutto-Grundfläche (BGF), 15 m Spannweite der Tragkonstruktion und ca. 6,5 m Traufhöhe. Dies entspricht der Stapelhöhe von 4 Europapaletten.

Baukonstruktionen von Lagerhallen

Konstruktionsform	Anteil in v. H.[49]
Holzskelett	6,5
Mauerwerksmassivbau	10,0
Stahlbetonskelett	30,0
Stahlskelett	51,6
Sonstige	1,9
insgesamt	100,0

Im Allgemeinen werden **folgende Bautypen unterschieden**:

Bautyp	Traufhöhe
Lagerhalle (Normaltyp)	6,5– 7,5 m
Hochlagerhalle	8,0–14,0 m
Hochregallager (Sonderform)	15,0–45,0 m
Kühlhalle (Sonderform)	6,5–12,0 m

Wegen des geforderten schnellen Warenumschlags besitzen Lagerhallen gute Andienungs- und Fördereinrichtungen. Der Fußboden ist für Gabelstaplerverkehr ausgelegt (mindestens 2 500 kp/m² Bodentragfähigkeit). Die darüber hinausgehende bauliche Ausstattung ist dagegen einfach.

Ein Großteil der Lagerhallen besitzt einen **Büro- und Sozialteil** (Büroräume, Teeküche, sanitäre Anlagen), der deutlich besser ausgestattet ist. Dabei handelt es sich entweder um in die Halle integrierte Einbauten (vgl. Abb. 63) mit Staubdecken und ohne eigene Außenwände oder um selbstständige Anbauten (vgl. Abb. 64). Der Umfang des Büro- und Sozialteils beträgt im Allgemeinen unter 10 v. H. des umbauten Raums des Gesamtbaukörpers .

Folgenutzungen von Lagerhallen (Ausnahme: Hochregallager und mit Einschränkungen Kühlgutlagerhallen) sind vielfältig möglich. Denkbar sind folgende Nutzungen:

Kfz-Ausstellungshallen, Möbelausstellungshallen, Speditionslagerhallen, Textil- und Baumärkte, Gartencenter usw. Der Verkehrswert derartig folgegenutzter Grundstücke richtet sich nach den branchenüblichen Umsätzen bzw. Pachten oder Mieten der jeweiligen Nutzungsart.

Raummeterpreise von Lagerhallen

Eindeutiges preisbeeinflussendes Merkmal ist die Qualität der baulichen Ausstattung. Die Größe (Umbauter Raum, Brutto-Grundfläche), die Spannweite der Tragkonstruktion und die Traufhöhe haben einen deutlich geringeren und damit bei der Verkehrswertermittlung vernachlässigbaren Einfluss auf den Raummeterpreis.

Zur überschlägigen **Ermittlung von Wertminderungen wegen baulicher Mängel oder Schäden** kann mit den im Anh. 5.4 der 3. Aufl. zu diesem Werk abgedruckten Bauanteilen in v. H. der Herstellungskosten gerechnet werden.

---

49   Untersuchungsumfang: 663 Objekte

Abb. 63: Lagerhallen mit integriertem Büro- und Sozialteil

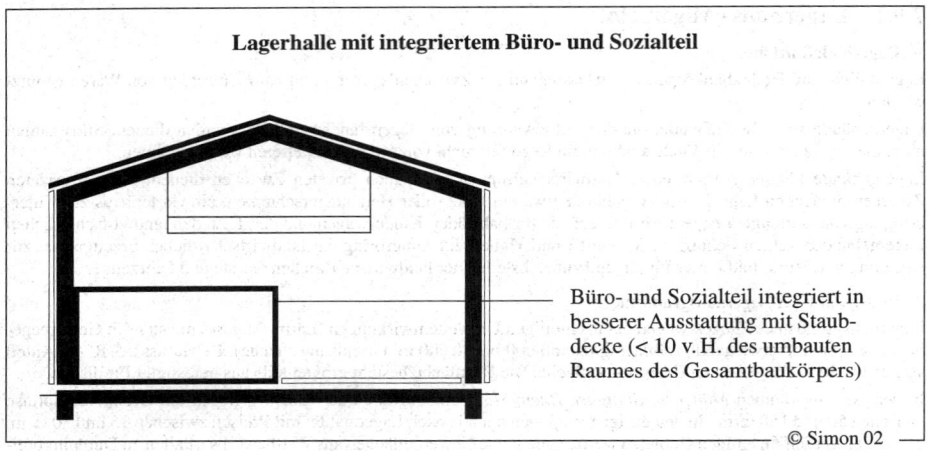

Lagerhalle mit integriertem Büro- und Sozialteil

Büro- und Sozialteil integriert in besserer Ausstattung mit Staubdecke (< 10 v. H. des umbauten Raumes des Gesamtbaukörpers)

© Simon 02

Abb. 64: Lagerhallen mit selbstständigem Büro- und Sozialteilanbau

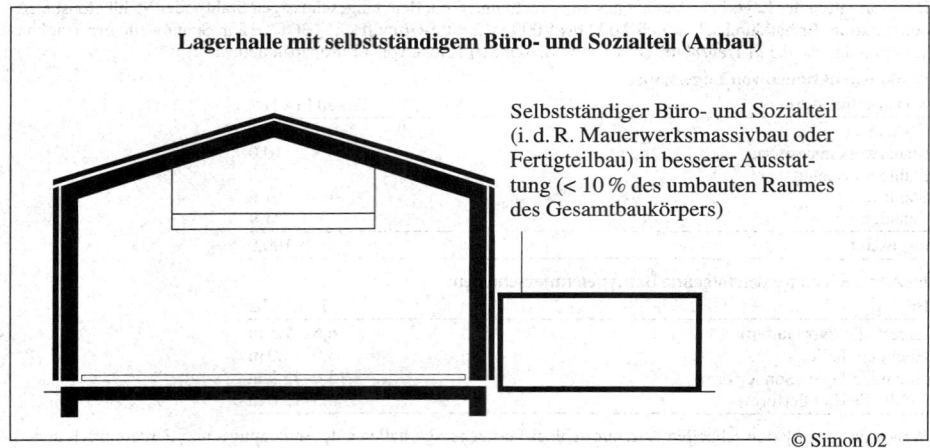

Lagerhalle mit selbstständigem Büro- und Sozialteil (Anbau)

Selbstständiger Büro- und Sozialteil (i. d. R. Mauerwerksmassivbau oder Fertigteilbau) in besserer Ausstattung (< 10 % des umbauten Raumes des Gesamtbaukörpers)

© Simon 02

7.9.2   Lagerhalle

390   a) **Sachverhalt**

Das 68 400 m² große Grundstück besteht aus einem 2-geschossigen Bürogebäude mit 2 300 m² Nutzfläche und zwei Betriebswohnungen mit je 105 m² Wohnfläche, aus einer Wagenpflegehalle mit Werkstatt (550 m² NF), einer Lagerhalle (7 000 m² NF) mit 12 m Stapelhöhe und einer Lagerhalle (7 000 m² NF) mit 6,5 m Stapelhöhe. Die dazugehörende befestigte Hoffläche beträgt 30 000 m².

Das Grundstück liegt im Gewerbegebiet. Der anzusetzende Bodenpreis beträgt 25 €/m² (einschließlich Erschließungskosten). Das Grundstück ist eigengenutzt. Übliche Mieten für vergleichbare Grundstücke:

Lagerhalle:	0,40 €/m² pro lfdm Stapelhöhe
Büro- und Sozialflächen:	6 €/m² NF
Wohnflächen:	3,50 €/m² WF
Werkstattgebäude:	4,60 €/m² NF
Befestigte Hofflächen:	0,35 €/m² nutzbarer Fläche

Für Vermieter fallen bei vergleichbaren Objekten üblicherweise folgende **Bewirtschaftungskosten** an:

Instandhaltungskosten:	7 bis 8 % anteilig
Mietausfallwagnis:	4 %
Verwaltungskosten:	3 %

Abb. 65: Lageplan

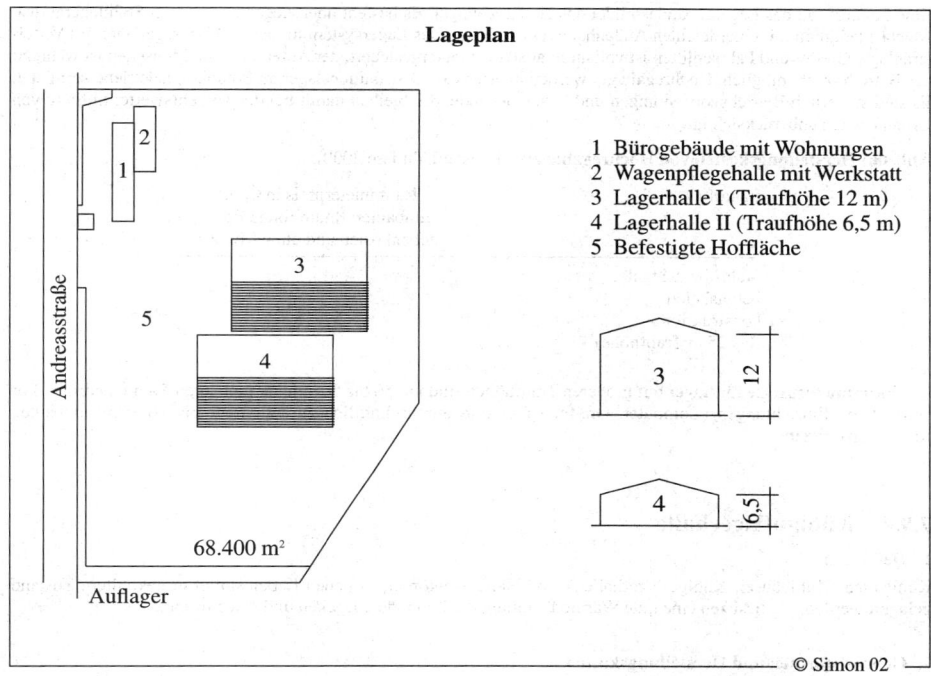

Lageplan

1 Bürogebäude mit Wohnungen
2 Wagenpflegehalle mit Werkstatt
3 Lagerhalle I (Traufhöhe 12 m)
4 Lagerhalle II (Traufhöhe 6,5 m)
5 Befestigte Hoffläche

68.400 m²

Auflager

© Simon 02

Der ortsübliche Liegenschaftszinssatz beträgt 6 % des Reinertrags. Die Restnutzungsdauer der baulichen Anlagen beträgt im Mittel noch 50 Jahre.

b) Wertermittlung

Bodenwertermittlung

68 400 m² × 25 €	=	= 1 710 000 €

Ermittlung des Gebäudeertragswerts

1. Bürogebäude (Büroflächen) 2 300 m² NF × 6 €	=	13 800 €
Bürogebäude (Wohnflächen) 210 m² WF × 3,50 €	=	735 €
2. Wagenpflegehalle mit Werkstatt 550 m² NF × 4,60 €	=	2 530 €
3. Lagerhalle I (0,40 €/m × 12) × 7 000 m²	=	33 600 €
4. Lagerhalle II (0,40 €/m × 6,5) × 7 000 m²	=	18 200 €
5. Befestigte Hoffläche 30 000 m² × 0,35 €	=	10 500 €
= Monatsnettokaltmiete (Grundmiete)	=	79 365 €/Monat
Jahresnettokaltmiete (Grundmiete) 79 365 € × 12		952 380 €
Bewirtschaftungskosten 15 %		− 142 857 €
Bodenwertverzinsungsbetrag (6 % von 1 710 000 €)		− 102 600 €
RE − p × BW	=	706 923 €
Vervielfältiger bei 50 Jahren Restnutzungsdauer und 6 %		
Liegenschaftszinssatz: 15,76		
706 923 € × 15,76	=	+ 11 141 106 €
Grundstücksertragswert		= 12 851 106 €

c) Verkehrswert   rd.   **13 000 000 €**

Nachrichtlich zu den Vergleichsdaten: Der Verkehrswert entspricht dem 13,7fachen der Jahresrohmiete. Der flächenbezogene Wertfaktor für die Lagerhallengrundstücke beträgt 762 €/m² NF.

Generell kann heute davon ausgegangen werden, dass der **Rohmietenvervielfältiger** bei reinen Lagerhausgrundstücken bei nur etwa der 10fachen Jahresrohmiete liegt. Im vorliegenden Beispiel ist dieser Faktor wegen des schon erheblichen Anteils an nicht zu Lagerzwecken vermieteten Nutzflächen entsprechend höher.

7.9.3 Hochregallager

391 Eine Sonderform des Lagergebäudes bildet das Hochregallager. Es besteht überwiegend aus einem Stahllagergerüst, welches lediglich mit einer leichten Außenhaut verkleidet ist. Das Lagersystem moderner Hochregallager mit Verteileranlage, Greifer und Fahrschlitten ist vollautomatisch computergesteuert, der Aufenthalt von Menschen ist während des Betriebs nicht möglich. Hochregallager werden meistens als Distributionslager an Produktionsbetriebe vermietet. Es sind steuerlich Betriebsvorrichtungen und keine Gebäude. Sie bleiben damit bei der Verkehrswertermittlung von Grundstücken unberücksichtigt.

Abb. 66: Herstellungskosten von Hochregallagern (Preisverhältnisse 2000):

Bauart	Raummeterpreis in €/m³ umbauten Raum (ohne Baunebenkosten und ohne MwSt.)
Stahl- bzw. Stahlbetonskelettkonstruktion (bis 25 m Traufhöhe)	57–73

Die **Raummeterpreise** für Lager mit größeren Traufhöhen sind um 30 bis 50 % je m³ umbauten Raum niedriger. Für betriebliche Einrichtungen (Computer, Greifer usw.) sind durchschnittlich zusätzlich 11 bis 26 €/m³ umbauten Raums anzusetzen.

7.9.4 Kühlgutlagerhalle

392 **1. Definition**

Kühlhallen (Kühlhäuser, Kühlgutlagerhallen) sind Hallenbaukörper, in denen Lebensmittel in gekühltem Zustand gelagert werden. Sie besitzen eine gute Wärmedämmung der Fußböden, Decken und Außenwände.

2. Gebäudeformen und Herstellungskosten

Kühlgutlagerhallen bestehen meistens aus Stahl- oder Stahlbetonskelettkonstruktionen mit 2 000 bis 5 000 m² Brutto-Grundfläche, Spannweiten von 15 bis 30 m und Traufhöhen von 7 bis 10 m.

Es sind drei **Konstruktionsformen** bekannt:

> Einschalige massive Wandausführung mit innenliegender Wärmedämmung
> Zweischaliger leichter Wandaufbau mit dazwischenliegender Wärmedämmung
> Zweischaliger massiver Wandaufbau mit dazwischenliegender Wärmedämmung

Die Dicke der Wärmedämmung ist davon abhängig, ob im Gebäude gekühlt (2 bis 6 °C) oder tiefgekühlt (bis –25 °C) wird. Sie beträgt zwischen 100 und 200 mm. Der Fußboden ist gabelstaplerfest, die übliche Gesamtnutzungsdauer beträgt 40 bis 60 Jahre.

Raummeterpreise für leichtere Konstruktionen (Tiefkühlung) betragen rd. 50 €/m³ umbauten Raums (ohne Baunebenkosten und ohne MwSt., Preisverhältnisse 1996). Die Mieten betragen zwischen 6 €/m² (Kühlung) und 15 €/m² (Tiefkühlung).

▶ *Hierzu auch Klocke in GuG 1994, 38*

7.10   Hotel

7.10.1 Allgemeines

▶ *Zur Wahl des Wertermittlungsverfahrens vgl. § 7 WertV Rn. 63 ff.*

393 Die Ermittlung des Gesamtwerts eines Hotels gehört vorrangig zu den Aufgaben der Betriebswirtschaft. Es kann der Substanzwert des Grund und Bodens, der Gebäude sowie des Inventars und der Einrichtungen zur **Ermittlung des Unternehmenswerts** herangezogen werden. Gewichtiger ist jedoch der *Ertragswert*, der i. d. R. auf den Gewinn- und Verlustrechnungen der letzten Jahre beruht. Die Kapitalisierung der Ertragskraft des Hotels (= Betrag, den der Hotelbetrieb jährlich erwirtschaften kann) ergibt im Allgemeinen seinen betriebswirtschaftlichen Wert, *der nicht mit dem Verkehrswert i. S. von § 194 BauGB ver-*

gleichbar ist. Betriebswirtschaftlich wird in der stark anlagenintensiven Hotellerie eine 10%ige Gesamtkapitalrendite für erforderlich gehalten. Die Praxis akzeptiert daher Kapitalisierungssätze zwischen 10 und 11%.

Zum **Beherbergungsgewerbe** gehören Hotels, Gasthöfe, Pensionen, Hotels garni, Erho-　**394** lungs- und Ferienheime, Ferienzentren, Ferienhäuser, Ferienwohnungen, Hütten, Jugendherbergen, Sanatorien und Fach-(Kur-)Kliniken.

Unter **Hotel** wird im Allgemeinen ein kombinierter Logis- und Verpflegungsbetrieb mit　**395** unterschiedlicher Ausstattung und Service verstanden, nach deren Qualität Hotels in verschiedene Kategorien eingeteilt werden. Betriebe ohne Restaurants werden als Hotels garni bezeichnet. Etwa ein Drittel der gesamten Bettenkapazität im Beherbergungsgewerbe wird von Hotels angeboten.

Eine gesetzliche Definition der **Betriebsarten des Beherbergungsgewerbes** fehlt bisher.　**396** Deshalb hat die Fachgruppe Hotels und verwandte Betriebe für die Arbeit in der Praxis Definitionen der verschiedenen Arten der gewerblichen Beherbergungsbetriebe erstellt. Diese Definitionen wurden zuletzt im Jahre 1981 überarbeitet und im Jahre 1988 durch eine Vereinbarung zwischen dem Deutschen Hotel- und Gaststättenverband (DEHOGA) und dem Deutschen Fremdenverkehrsverband (DFV) für die Verwendung im gesamten deutschen Fremdenverkehr übernommen.

Im Hinblick auf die **Art des Hotelbetriebs und den Standort** ist zu unterscheiden zwischen:　**397**
- Hotels in größeren Städten und Messeständen als Hotel-Restaurant, Privat- bzw. Designer-Hotel, Hotel garni, All-Suite-Hotel, Apartmenthotel und Boardinghouse, mit ggf. Kongress- und Seminarräumlichkeiten (Stadthotellerie);
- Hotels in Orten mit Mineral- und Moorbädern, Seeheil- und Seebädern, Kneippheilbädern und -Kurorten sowie heilklimatische Kurorte (Kur- und Stadthotellerie);
- Hotels in Sport- und Feriengebieten, Berg- und Landhotels (Ferienhotellerie);
- Motels an Fernverkehrsstraßen, Hotelschiffe auf Flüssen in Messestädten.

Im Einzelnen sind die Eigenschaften und Voraussetzungen der folgenden **Betriebsarten**　**398** angesprochen:

– Hotel,	– Kurheim,
– Hotel garni,	– Ferienzentrum,
– Hotelpension/Pension/Fremdenheim,	– Ferienwohnungen,
– Gasthof,	– Bauernhof,
– Motel,	– All-Suite-Hotel,
– Appartementhotel,	– Boardinghouse.
– Kurhotel/Sporthotel.	

Des Weiteren werden Hotels unterschieden

a) nach Standort	Stadthotel
	Bahnhofshotel
	Flughafenhotel
	Highway-Hotel
	Strandhotel
b) nach der Nutzung	Tagungshotel
	Hotelpension/Pension
	Ferienhotel/Fremdenheim
	Kurhotel/Sporthotel
	Kurheim
	Geschäftsreisehotel
	Passantenhotel
	Bauernhof

c) nach der Ausstattung   Vollhotel
                                            Garni-Hotel
                                            Suiten-Hotel
                                            Appartementhotel
                                            Boardinghaus usw.

d) nach der Leistung   Klassifizierung nach Sternen
                                            (in Deutschland allerdings
                                            nicht offiziell)

399 Die Hotelklassifizierung (Kategorie) in der Bundesrepublik Deutschland ist noch nicht
optimal. Hotelführer, Kurverwaltungen und Verkehrsämter verwenden häufig bis zu
30 Bildzeichen (Piktogramme), um Ausstattung und Service der Gastgeberangebote zu
kennzeichnen, während die **internationale Hotellerie** sich mit **fünf Leistungskategorien**
(1- bis 5-Sterne-Hotel) für die elektronischen Buchungen begnügt. Unterschieden wird
zwischen Hotels mit geringem, gutbürgerlichem, mittlerem, großem und größtem Kom-
fort.

400 Zur Führung eines gastgewerblichen Betriebs ist nach § 2 Abs. 1 des **Gaststättengesetzes**
vom 5. 5. 1970 eine Erlaubnis erforderlich. Diese wird für eine bestimmte Betriebsart und
für bestimmte Räume meist auf Widerruf erteilt. Eine vorläufige Erlaubnis erlischt i. d. R.
nach drei Monaten.

7.10.2   Grundlagen der Wertermittlung

7.10.2.1   Allgemeines

401 Die Erscheinungsformen der Immobilien im Hotel- und Gaststättengewerbe sind derart
vielfältig, dass eine pauschale Wertermittlung über standardisierte Wertansätze nicht empfohlen werden kann.

7.10.2.2   Vergleichswertverfahren

402 Bei **Ableitung des Zimmerpreises aus dem Kaufpreis eines Hotels zu Vergleichszwecken** ist Vorsicht geboten. Im Kaufpreis sind neben dem Wert des Grund und Bodens
und des Gebäudes in jedem Falle der *good will* (Firmenwert) und häufig auch der Inventar-
wert enthalten. Für Verkehrswertaussagen sind diese Werte üblicherweise außer Betracht
zu lassen. Wie nachstehendes Beispiel zeigt, reduziert sich so ein überschlägig aus einem
Kaufpreis ermittelter Wert je Zimmer von 105 000 € nach Bereinigung auf 60 000 €
(Abb. 67).

7.10.2.3   Sachwertverfahren

403 **Raummeterpreise** für Hotels mit durchschnittlicher bis guter Ausstattung weisen eine
große Streuung auf. Sie liegen gegenwärtig zwischen 300 und 500 €/m^3 . Dabei haben gut
ausgestattete Hotels mit großen Geschosshöhen einen relativ niedrigen und kompakte
Objekte mit durchschnittlicher Ausstattung einen relativ hohen Raummeterpreis. Die Höhe
des Raummeterpreises ist deshalb nicht unbedingt ein Indiz für die Qualität der baulichen
Ausführung und Ausstattung. Den größten Kostenfaktor im Hotelbau stellen der Ausbau
und die Haustechnik dar. Überschlagsrechnungen basieren auf den Herstellungskosten
(Grundstücks- und Gebäudekosten ohne Inventar) je Gastzimmer (Appartement mit Vorraum, Bad/Dusche, WC). Sie liegen zwischen 45 000 € und 105 000 € je Zimmer. Bei
Luxushotels können auch 155 000 € je Zimmer überschritten werden (Kostenverhältnisse
1996). Die Methode, die Herstellungskosten eines Hotels nach den durchschnittlich aufzuwendenden Kosten je Gästebett zu ermitteln, kann nicht empfohlen werden.

Abb. 67: Kaufpreise und Ertragswerte

	08/1989	02/1990
Hoteldaten:	150 Zimmer	245 Zimmer
Baujahre	1980–86	1986–88
Hotelkategorie	4 Sterne	4 Sterne
Grundstück (m²)	13 400	9 100
Gesamtkaufpreis	16 000 000 €	20 000 000 €
= je Zimmer	106 667 €	81 633 €
Gemäß Kaufvertrag entfallen auf:		
Grund und Boden	1 300 000 €	2 400 000 €
Gebäude und bauliche Anlagen	8 200 000 €	14 300 000 €
Inventar etc.	3 200 000 €	3 700 000 €
Firmenwert*	3 000 000 €	–
Ertragswertverfahren		
Verkehrswert Immobilie:	8 700 000 €	11 200 000 €
mithin je Zimmer	58 000 €	45 714 €

* Der Firmenwert repräsentiert das allgemeine Ansehen und die Wertschätzung des Unternehmens und ist oft von der Person des jeweiligen Eigentümers abhängig. Dies kann im Einzelfall erhebliche Auswirkungen auf die wirtschaftlichen Verhältnisse des Betriebes haben.

Abb. 68: Zimmer-Investitionskosten in der Hotellerie (1996)

Sterne (Kategorie)	BGF (pro Zimmer)	Investition (in € inkl.)
1 ★	15 – 20 m²	um 25 000
2 ★★	ca. 35 m²	50 000 – 60 000
3 ★★★	40 – 50 m²	75 000 – 90 000
4 ★★★★	ca. 55 m²	100 000 – 130 000
5 ★★★★★	über 65 m²	ab 150 000 (bis über 200 000)

Quelle: Münchener Institut für Markt-, Regional- und Wirtschaftsforschung

Der Sachwert eines Hotels kann unschwer plausibel ermittelt werden. Die Höhe der Bau- **404** kosten wird durch Bauart und Ausstattung beeinflusst. Allerdings täuschen hohe Gebäudenormalherstellungskosten oft einen ebenso hohen Verkehrswert vor, der bei Verkauf nicht erzielt werden kann. Die **Anwendung des Sachwertverfahrens** als Hauptverfahren zur Wertermittlung von Hotelgrundstücken **ist** deshalb **abzulehnen.** Hotelobjekte sind vielmehr reine Renditegrundstücke, deren Werte allein nach ihrer Renditefähigkeit gebildet werden. Grundstückssachwerte werden in diesem Zusammenhang nur für Kontrollzwecke ermittelt.

7.10.2.4   Ertragswertverfahren

Für die Wertermittlung von Hotelbetrieben (mit Ausnahme der kleinen Betriebe mit Werten **405** deutlich > 500 000 €) ist bei Anwendung des Ertragswertverfahrens generell zwischen zwei Verfahren zu differenzieren:

– dem Pachtwertverfahren (Rn. 409 ff. sowie Vorbem. zu den §§ 15–20 WertV Rn. 183 ff.) und dem

– betriebswirtschaftlichen Verfahren.

Grundlage beider Verfahren bildet der durchschnittliche Gesamtjahresumsatz des Betriebs. Er ist bei bestehenden Betrieben aus den Jahresabrechnungen der vergangenen 3 bis 5 Jahre zu ermitteln oder bei geplanten oder im Bau befindlichen Objekten nach Erfahrungssätzen zu schätzen.

a) Hotelumsätze

406   Für einen Hotelbetrieb der gehobenen Kategorie werden für überschlägige **Umsatzschätzungen** 1991 Nettoeinnahmen je Zimmer mit 50 €/Tag angenommen[50]. Bei einer Zimmerauslastung von rd. 60 v. H. sind dies 85 € und bei rd. 65 v. H. rd. 80 €/Zimmer[51].

▶ *Hierzu vgl. die Aufstellung in den Vorbem. zu den §§ 15–20 WertV Rn. 186 ff.*

Abb. 69: Umsatzstärkste Hotels

Betrieb	Zimmeranzahl insgesamt	Belegungsquote/ Zimmer in v. H.	
		1990	1991
Sheraton Hotel Frankfurt	1 050	86,8	84,1
Hotel Bayerischer Hof, München	431	70,8	66,0
Hotel Inter-Continental, Berlin	575	82,9	70,4
Hotel Inter-Continental Frankfurt	800	71,5	64,7
Sheraton Hotel & Towers, München	636	70,3	58,9
Steigenberger Hotel, Frankfurt	360	65,9	84,0
Hotel Park Hilton, München	477	70,9	62,4
Hotel Vier Jahreszeiten, München	340	76,2	68,8
Hotel Maritim, Köln	454	62,5	66,3
Bristol Hotel, Berlin	315	87,2	78,3
Hotel Schweizer Hof, Berlin	430	84,7	69,2
Hotel Elysee, Hamburg	299	86,0	90,0
Grand Hotel Esplanade, Berlin	402	82,0	71,4
Hotel Sonnenalp, Allgäu	230	91,4	87,9
Hotel Bachmair, Rottach-Egern	310	89,0	98,0
Steigenberger Hotel, Berlin	396	82,4	72,0
SAS Plaza Hotel, Hamburg	563	72,2	72,7
Hotel Mainz Hilton, Mainz	433	95,6	–
Hotel Berlin, Berlin	468	84,2	69,8
Hotel City Hilton, München	483	78,7	77,2

---

50   Vgl. Simon/Cors/Troll, B 6, Rn. 33
51   Zu den Umsätzen der 20 umsatzstärksten Hotelbetriebe in den Altbundesländern in den Jahren 1990/91 vgl. GuG 1991, 222; Quelle: NGZ service manager

Abb. 70: ERFA-Kennzahlen der Jahre 1989–1992 eines Großstadt-Hotels der Drei-Sterne-Kategorie

(Privathotel mit kompletter Gastronomie/Kooperations-Hotel)

– Betriebskennzahlen in Prozent	1992	1991	1990	1989	Mittel
Umsatz Logis	65,6	63,0	61,6	61,0	62,8
Umsatz Food & Beverage (F&B)	29,6	32,0	32,5	33,5	31,9
Umsatz Nebenabtlg. (sonst. Umsätze)	4,8	5,0	5,9	5,5	5,3
Gesamtumsatz (GU)	100,0	100,0	100,0	100,0	100,0
Gesamtumsatz gegenüber Vorjahr (1989 = 100 %)	**112,7**	**95,8**	**108,3**	**100,0**	
Personalaufwand am Gesamtsatz	36,0	32,3	28,7	29,3	
Durchschnittlicher Umsatz pro Mitarbeiter €	4 600	4 344	4 676	4 538	
– Logiskennzahlen					
Anzahl der Zimmer	95	95	95	95	
Anzahl der Betten (1,4 Betten/Zimmer)	130	130	130	130	
durchschnittl. Zimmerpreis (€)	76,64	65,72	61,17	56,16	
Zimmerbelegung in %	69,0	65,1	66,0	65,0	
durchschnittliche Aufenthaltsdauer in Tg.	1,92	1,86	1,91	1,83	
Logisumsatz gegenüber Vorjahr in % (1989 = 100 %)	**117,6**	**96,8**	**110,6**	**100,0**	

Abb. 71: F&B-Kennzahlen in Prozent

	1992	1991	1990	1989
Gesamtumsatz gegenüber Vorjahr (1989 = 100 %)	**104,6**	**94,8**	**104,4**	**100,0**
Umsatz Speisen	57,8	57,7	58,5	57,7
Umsatz Getränke	38,6	39,5	38,6	39,5
andere Erlöse (Mieten, weiterb. Löhne)	3,6	2,8	2,9	2,8
	100,0	100,0	100,0	100,0
– Sonstige Kennzahlen des Gesamtumsatzes in %				
Verwaltungskosten, Versicherungsprämien	5,8	4,1	6,4	6,4
Reparaturen, Instandsetzung, Löhne	9,0	6,8	2,3	1,3
Energiekosten	3,1	3,4	3,2	3,3
Werbeaufwand	1,7	1,2	1,6	1,4
– Betriebsergebnis in % (Bruttogewinn)	22,9	28,0	35,3	35,4

Anmerkungen:
Restaurant, Schänke und Pilsstube verkörpern die Gastronomie. Vier voll klimatisierte Konferenzräume bieten für Tagungen jede gewünschte technische Ausstattung. Alle Zimmer sind mit Bad/Dusche, Kabel-TV, Minibar, Radio, Fön und Hosenbügler ausgestattet. Das Hotel verfügt über Tiefsammelgarage, Schwimmbad, Sauna, Solarium und Bundeskegelbahn. Das nach 1945 sukzessiv wieder aufgebaute Hotel wurde in den Jahren 1990 bis 1992 abermals mit einem Kostenaufwand von 1 300 000 € (= 13 642 €/Zimmer) modernisiert. Siebzig Prozent der Hotelgäste sind Geschäftsleute.

Preisspiegel 1992:　Einzelzimmer　　80 bis 100 €
　　　　　　　　　　　Doppelzimmer　100 bis 130 €
　　　　　　　　　　　Wochenendpreise auf Anfrage

407 Der **Hotelbetriebsumsatz ergibt sich aus** den **Einnahmen für Logis, Food & Beverage und Sonstiges.** Er ist i. d. R. Maßstab für Bemessung der Pacht. Von durchschnittlichen Umsätzen (etwa der letzten drei Jahre), die auf Dauer von durchschnittlich begabten Hoteliers erzielt werden können, und bei normalen Betriebs- und Sachkosten ergibt sich die Hotelpacht im Allgemeinen aus folgenden Prozentsätzen (Umsätze ohne MwSt. und gegebenenfalls auch ohne Kurtaxe) in den Teilbereichen:

Hotel Restaurant		Hotel garni	
für Beherbergung	15–20 %	für Beherbergung	18–22 %
für Speisen	6–10 %	für Speisen/Getränke	8–12 %
für Getränke	8–10 %	für Gesamtumsatz	20–22 %
für Sonstiges	10–15 %	in Sonderfällen bis zu maximal	25 %
für Gesamtumsatz	15–18 %		
in Sonderfällen bis zu maximal	20 %		

Flächenbedarf in der Restauration

Flächenbedarf		
– Full-Service-Restaurant	4,5–6,0 m²	
– begrenztes Angebot (ohne große Küche)	2,5–3,5 m²	pro Platz
– Fast-Food	1,5–2,0 m²	

Quelle: Münchener Institut für Markt-, Regional- und Wirtschaftsforschung

b) Auslastung

408 In staatlichen Statistiken wird immer noch mit **Auslastungszahlen auf der Grundlage von Bettenbelegungen** gearbeitet. Die Zimmerauslastung ist i. d. R. um 10 Prozentpunkte höher (Bettenauslastung 45 % entspricht einer Zimmerauslastung von ca. 55 v. H.).

Abb. 72: Übersicht Übernachtungen in der Bundesrepublik Deutschland (Anteile 1991 in Prozent); neuere Daten, vgl. § 17 WertV Rn. 165

Betriebsart / Hotelbenutzer	Hotels in Städten	*	Hotels in Feriengebieten
Tagungs- und Kongressgäste	23,9	10	21,1
Messegäste	10,7	10	2,1
Geschäftsreisende	49,5	70	13,9
Urlauber	8,5	5	48,4
Sonstige (z. B. Durchreisende/Touristen)	7,4	5	14,5

Quelle: International Hotel Association (IHA)

* Bewertungsobjekt Privathotel, 3-Sterne-Kategorie, Messestadt, Kooperations-Hotel 75 % Stammkunden, Zimmerbelegung 1989–1991 i. D. 66 %

7.10.2.5 Pachtwertverfahren

▶ *Vgl. Rn. 167 ff., § 17 WertV Rn. 164 ff., § 7 WertV Rn. 69; Vorbem. zu den §§ 15 ff. Rn. 186.*

Das Pachtwertverfahren ist das von Grundstückssachverständigen üblicherweise ange- **409**
wandte Verfahren zur Wertermittlung eines Hotelgrundstücks. Es wird im Wirtschaftsleben
allgemein anerkannt und dient auch bei der Beleihung als Grundlage. Es gleicht im Prinzip
dem Ertragswertverfahren nach der WertV, wobei der **Grundstücksreinertrag** aber nicht
aus den üblichen Mieten, sondern **aus dem nachhaltig erzielbaren Pachtertrag des
Eigentümers** gebildet wird. Bei bestehenden Objekten können meistens die Umsatzzahlen
aus den vergangenen drei Jahren vergleichend mit herangezogen werden. Die mitgeteilten
Umsatzzahlen sind jedoch zunächst auf Angemessenheit hin zu überprüfen. Grundsätzlich
wird dabei vorausgesetzt, dass der Eigentümer des Hotelgrundstücks seinen Betrieb verpachtet. Als Jahresnettokaltmiete wird dann die Pacht angesetzt, die ein Betreiber des
Hotels (Pächter) üblicherweise dem Eigentümer (Verpächter) zahlt. Diese Verfahrensweise
ist auch bei eigengenutzten Hotels anzuwenden, also in den Fällen, in denen Betreiber und
Eigentümer eine Person ist.

Bei dem Pachtwertverfahren wird aus einem nachhaltig erzielbaren Gesamtumsatz mittels **410**
**angemessener, marktüblicher Pachtsätze für Beherbergung, Gastronomie und sons-
tigem Umsatz** ein Jahrespachterlös als Jahresnettokaltmiete ermittelt. Der sich nach
Abzug der Bewirtschaftungskosten des Verpächters (üblicherweise nicht mehr als 15 %
der Jahresnettokaltmiete) ergebende Grundstücksreinertrag wird wie bei dem normalen
Ertragswertverfahren nach den §§ 15 bis 20 WertV mit einem marktüblichen Liegenschaftszinssatz über die voraussichtliche Restnutzungsdauer des Objekts kapitalisiert. Das
Ergebnis ist der aus dem Grundstücksertragswert abgeleitete Verkehrswert nach § 194
BauGB.

Beispiel (vereinfachte Wertermittlung): **411**

Hotel mit 132 Betten, Jahresbetrieb, Zimmerpreise (ohne Frühstück) je nach Saison 30 bsi 45 €.

Umsätze im Jahr 1996 aus

Beherbergung		1 100 000 €
Gastronomie	+	980 000 €
Sonstigem	+	15 000 €
Gesamtumsatz	=	2 095 000 €

Pachteinnahmen des Verpächters aus

Beherbergung	22 v. H.		242 000 €
Gastronomie	12 v. H.	+	117 600 €
Sonstigem	15 v. H.	+	2 250 €
Gesamtpachteinnahme		=	361 850 €
Bewirtschaftungskosten des Verpächters 15 v. H.		= −	54 278 €
Grundstücksreinertrag		=	307 572 €
marktüblicher Liegenschaftszinssatz für Hotelobjekte 6,5 %, Restnutzungsdauer des Objekts 40 Jahre: Vervielfältiger 14,15 Grundstücksertragswert 307 572 € × 14,15		=	4 352 144 €
Verkehrswert des Grundstücks			**rd. 4 350 000 €**

Das Pachtwertverfahren führt bei Hotelobjekten mit Verkehrswerten > 500 000 € zu plau- **412**
siblen und nachvollziehbaren Ergebnissen. Für **Kleinstbetriebe, Pensionen, Gasthöfe
und Ferienlager mit Werten unter 500 000 €** ist die Anwendung des Verfahrens nicht zu
empfehlen, da der geringe Ertrag eine Verpachtung des Objekts nicht trägt. Hier wäre
ohnehin zu überprüfen, ob nicht das Liquidationsverfahren zu marktgerechteren Egebnis-
sen führt.

413 *Beispiel:*

Großstadt-Hotel der 3-Sterne-Kategorie
Privathotel mit kompletter Gastronomie/Kooperations-Hotel

a) Grundlagen: – Aktuelle Objektunterlagen
                     – Betriebskennzahlen der Jahre 1989 – 1992 (Abb. 67)
                     – Food & Beverage- und sonstige Kennzahlen in Prozent (Abb. 68)
                     – Bodenwert

b) Wertermittlung

Ertragswert:
                     – Anteil Logis-Umsatz 1989–1992 i. M.   62,8 %
                     – durchschnittlicher Zimmerpreis
                       1989/92 i. M.   rd. 65 €
                     – durchschnittliche Zimmerbelegung 1989/92 i. M. 66,3 %
                     – dies sind rd. 23 000 Vermietungen
                       (95 × 365 × 0,663).

Umsatz Logis:	23 000 × 65 € =	1 495 000 €	(62,0 %)
		rd. 1 500 000 €	

demnach ergeben sich für:

Umsatz Food & Beverage:	rd.	790 000 €	(32,7 %)
Sonstige Umsätze:	rd.	130 000 €	(5,3 %)
Betriebsumsatz:	**rd.**	**2 420 000 €**	(100,0 %)

Angemessener Pachtwert = Jahresnettokaltmiete i. S. von § 17 WertV:

18 % von 2 420 000 €	=	435 600 €
abzüglich Bewirtschaftungskosten (gemäß besonderem Nachweis) rd. 15 %	= –	65 400 €
= Reinertrag des Grundstücks		370 200 €
– abzüglich Bodenwertverzinsungsbetrag:		
6,5 % von 1 000 000 €		65 000 €
Ertragsanteil der baulichen Anlagen:	rd. =	**305 000 €**

Bei einer wirtschaftlichen Restnutzungsdauer von 40 Jahren und einem Liegenschaftszinssatz von 6,5 % ist der Vervielfältiger 14,15

Gebäudeertragswert: 305 000 € × 14,15	=	4 315 750 €
	rd.	4 300 000 €
zuzüglich Bodenwert	=	1 000 000 €
Ertragswert:		**= 5 300 000 €**
Sachwert (Bau- und Bodenwert) wurde ermittelt mit		**= 6 000 000 €**
Verkehrswert der Immobilie		**5 500 000 €** *

* *nachrichtlich:* – 103,8 % des Ertragswerts
                   – 12,6facher Jahresrohertrag
                   – 57 900 €/Zimmer
                   – 2,27facher Betriebsumsatz

7.10.2.6   Betriebswirtschaftliches Verfahren

414 Beim betriebswirtschaftlichen Bewertungsverfahren wird zunächst der Bruttobetriebsgewinn – **Gross Operating Profit – (G.O.P.)** ermittelt. Er ist die Ausgangsgröße der betrieblichen Wertbetrachtung und besteht aus der Differenz des jährlichen Gesamtumsatzes des
Hotels und allen laufenden Betriebsaufwendungen. Dabei ist der Bruttobetriebsgewinn
nicht mit dem Grundstücksreinertrag nach § 16 und § 17 WertV gleichzusetzen. Er ist nicht
auf der Grundlage von üblichen Erfahrungsgrößen ermittelbar, sondern kann nur für den
jeweiligen Betrieb individuell festgestellt werden. Damit wird auch offenbar, dass der
betriebswirtschaftliche Wert eines Hotels und sein Verkehrswert nach § 194 BauGB nicht
identisch sind. Der betriebswirtschaftliche Wert ist ein individueller Unternehmensertrags-
wert (Abb. 73):

Abb. 73: Unterschiede zwischen der Ertragswertermittlung nach WertV und dem betriebswirtschaftlichen Bewertungsverfahren

Verfahrensvergleich	
Ertragswertverfahren nach WertV	**Betriebswirtschaftliches Verfahren**
Wert wird bei freier Disponierbarkeit des Objekts am Grundstücksmarkt von der Verzinsung des investierten Kapitals bestimmt.	Wert wird bei Fortführung der bestehenden Nutzung von den voraussichtlichen Gewinnen bestimmt.
Kapitalisierung des Grundstücksreinertrags unter Berücksichtigung des Liegenschaftszinssatzes und der voraussichtlichen Restnutzungsdauer des Objekts. (Zeitrentenvervielfältiger)	Kapitalisierung der Einnahmeüberschüsse unter Berücksichtigung des aktuellen Kapitalmarktzinssatzes zuzüglich eines Risikozuschlags (Kapitalisierungsfaktor für 100 Jahre Laufzeit).
Normiertes Verfahren nach §§ 15 bis 19 WertV	Keine Normung des Verfahrens

© Simon 02

Auch die weitere wertermittlungstechnische Behandlung des Bruttobetriebsgewinns ist **415** von der entsprechenden Verfahrensweise bei der Ertragswertermittlung nach WertV deutlich unterschieden. Zur Ermittlung eines nachhaltig erzielbaren Unternehmensertragswerts wird der Bruttobetriebsgewinn üblicherweise aus einer für die Zukunft geschätzten Fünfjahresperiode gewichtet und kapitalisiert. Bei der **Bemessung des Kapitalisierungszinssatzes** wird nicht von einem entsprechend der Risikoeinschätzung des Objekts sich ergebenden Liegenschaftszins ausgegangen, sondern von einem Kapitalmarktzins einer entsprechenden alternativen Investition, der um einen Risikozuschlag bis zu 50 v. H. erhöht wird. Das Ergebnis ist der betriebswirtschaftliche Ertragswert oder der Unternehmenswert. Er ist nicht identisch mit dem Verkehrswert nach § 194 BauGB, da er wesentlich von der künftigen Führung des Betriebs geprägt und nicht von typisierten Durchschnittsparametern abgeleitet wird.

Beispiel wie vor:　　　　　　　　　　　　　　　　　　　　　　　　　　　**416**

Gesamtumsatz (1996)	= 2 095 000 €
– Wareneinsatz	– 330 000 €
– Personalkosten	– 715 000 €
– Energiekosten	
– Steuern, Beiträge, Versicherungen	
– Sonstige Betriebs- und	
– Verwaltungskosten	
– Reparaturen, Instandhaltung	
insgesamt	– 412 000 €
Bruttobetriebsgewinn (1996)	rd. 638 000 €

Bruttobetriebsgewinne für die Folgejahre bis 2000 geschätzt:
(Kapitalisierungszinssatz: 7,5 % Anlagezins + 50 % Risikozuschlag = 11,0 %; Diskontierungszinssatz: 11,0 %).

Jahr	1996	1997	1998	1999	2000
Bruttobetriebsgewinn	638 000 €	640 000 €	640 000 €	645 000 €	655 000 €
Diskontierungsfaktor	0,9009	0,8116	0,7312	0,6587	0,5935
Bruttobetriebsgewinn bezogen auf 1996	574 774 €	519 424 €	467 968 €	424 862 €	388 743 €

Summe der Betriebsgewinne 1996 bis 1999	1 987 028 €
Geschätzter Betriebsgewinn des Jahres 2000	
kapitalisiert mit 11 %	+ 3 534 024 €
	= 5 521 052 €
Betriebswirtschaftlicher Ertragswert bzw.	
Unternehmenswert	
des Objekts 1996	rd. 5 520 000 €

417 Das vorstehende Beispiel zeigt eine Methode der Ermittlung des betriebswirtschaftlichen Ertragswerts oder des Unternehmenswerts auf. In der betriebswirtschaftlichen Praxis werden sehr unterschiedliche Verfahren angeboten, die zum Teil zu voneinander stark abweichenden Ergebnissen führen. Wenn schon bei der Verkehrswertermittlung nach WertV eine Schätzungsgenauigkeit von ± 15 v. H. als üblich gilt, ist das **Ergebnis betriebswirtschaftlicher Wertermittlungen mit erheblich größeren Unsicherheiten behaftet,** da die Wertermittlungsansätze zukunftsorientiert vorgenommen werden, d. h. das Ergebnis noch stärker von der persönlichen Einschätzung des Wertermittlers geprägt wird als bei der Verkehrswertermittlung. Zudem fehlen Normierungen wie bei der Wertermittlung nach § 194 BauGB weitgehend (Abb. 74).

418 Im Zusammenhang mit der Unternehmensbewertung wird häufig auch ein **Mischverfahren** angewendet, welches Komponenten des Pachtwert- und des betriebswirtschaftlichen Verfahrens enthält. Von diesem Verfahren ist abzuraten, da der zunächst ermittelte Betriebsgewinn (G.O.P.; Umsatz abzüglich der Betriebsaufwendungen) mit einem aus dem Liegenschaftszinssatz abgeleiteten Vervielfältiger kapitalisiert wird. Es liegt auf der Hand, dass dieses Verfahren gegenüber der betriebswirtschaftlichen Methode (Kapitalmarktzinssätze zuzüglich Risikozuschlag) zu nicht vertretbar hohen Endwerten führt.

419 **Vor der Anwendung des betriebswirtschaftlichen Verfahrens bei der Verkehrswertermittlung muss** generell **gewarnt werden.** Das Verfahrensergebnis speziell bei der Hotelbewertung wird ausschlaggebend durch die Personalkosten bestimmt. Bei einem angenommenen jährlichen Personalkostenanteil von rd. 15 000 €/Person wirkt sich das Fehlen einer Person bereits in einem rd. 195 000 € höheren Ertragswert aus (Objekt mit 30 Jahren Restnutzungsdauer und 6,5 % Zins), andererseits wird bei Einbeziehung einer entbehrlichen Person der Ertragswert in gleicher Größenordnung vermindert. Ein Grundstückssachverständiger ohne detaillierte Kenntnisse im Hotelmanagement wäre schon bei der Frage des für das Hotel erforderlichen Personalaufwands hoffnungslos überfordert.

420 **Hotelgrundstücke sind risikoreiche Kapitalanlagen.** Insofern liegt der Kapitalisierungszinssatz im Ertragswertverfahren im Allgemeinen nicht unter 6,5 v. H. Durchschnittlich werden 7 v. H. angenommen, da Modernisierungsinvestitionen insbesondere im Gästebereich alle 15 bis 20 Jahre erforderlich sind. In diesem Zeitraum muss sich der bei einem Hotelneubau mit 60 bis 70 v. H. der Herstellungskosten anzusetzende Ausbauanteil weitgehend amortisiert haben.

421 *Beispiel*

einer überschlägigen Wertermittlung für ein Grundstück mit Hotelbetrieb im Ertragswertverfahren

Grundstück mit Hotel der gehobenen Kategorie (70 Einzelzimmer, 30 Doppelzimmer, 3 Restaurants und Bar mit insges. 360 Sitzplätzen, Konferenzräume, Sauna), Baujahr 1985, Restnutzungsdauer 40 Jahre, Bodenwert 300 000 €, Liegenschaftszinssatz 6,75 v. H.

Jahresumsatz	2 600 000 €
Jahresreinertrag rd. 14 v. H. des Umsatzes	364 000 €
Bodenertragsanteil 6,75 v. H. v. 300 000 €	20 250 €
Ertragsanteil der baulichen Anlage	343 750 €

Abb. 74: Grundsätzliche Unterschiede bei der Wertermittlung von Hotelbetrieben nach § 194 BauGB und Unternehmensbewertung (schematisch)

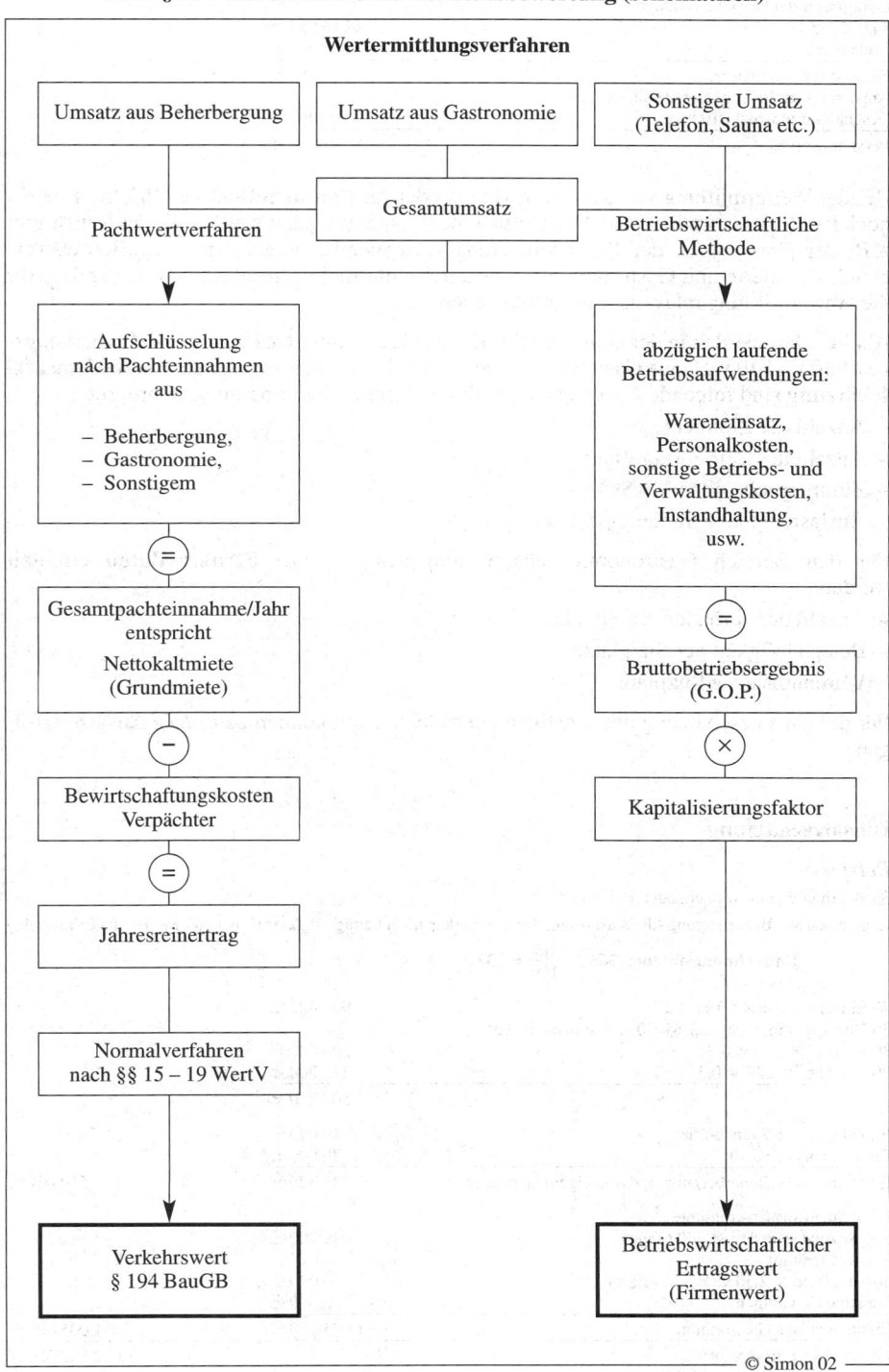

© Simon 02

Vervielfältiger bei 40 Jahren Restnutzungsdauer und 6,75 v. H.
  Zins = 13,73
Ertragswert der baulichen Anlage

343 750 € × 13,73		4 719 688 €
Bodenwert	+	300 000 €
Grundstücksertragswert	=	5 019 688 €
Anpassung an die Marktlage (risikoreiches Geschäftsgrundstück) 10 v. H.	–	501 969 €
Verkehrswert rd.	=	4 520 000 €

422 Bei der Wertermittlung von geplanten Hotels oder **im Bau befindlichen Objekten** liegen noch keine Umsatzzahlen vor. Der Umsatz muss dann geschätzt werden. Einen Anhalt gibt z. B. der jährlich von der Betriebsberatung Gastgewerbe herausgegebene „Betriebsvergleich Hotellerie und Gastronomie"[52], der durchschnittliche Umsatzzahlen und andere für die Wertermittlung relevante Strukturdaten ausweist.

423 Als Idealfall werden in der Branche 60 v. H. des Gesamtumsatzes aus dem Beherbergungsgeschäft und 40 v. H. aus Gastronomie und Nebenabteilungen angesehen. Für die **Umsatzschätzung** sind folgende Ausgangsdaten für den Bereich Beherbergung erforderlich:

– Anzahl der Zimmer

– Anzahl der Betriebstage/Jahr

– Zimmerpreis (ohne MwSt.)

– Auslastung der Zimmerkapazität

Für den Bereich Gastronomie müssen hingegen folgende **Strukturdaten** ermittelt werden:

– Anzahl der vorhandenen Sitzplätze

– Beleghäufigkeit der Sitzplätze

– Warenumsatz je Sitzplatz

424 Für die Umsatzschätzung der sonstigen Dienstleistungen können pauschale Ansätze erfolgen.

Umsatzschätzung

425 *Beispiel:*

Sachverhalt wie im vorstehenden Beispiel

Einnahmen aus Beherbergung (die Auslastung der Zimmerkapazität beträgt rd. 65 v. H. bei 365 Betriebstagen pro Jahr)

$$\text{Umrechnungsfaktor: } 365 \times \frac{65}{100} = 237$$

70 Einzelzimmer × 60 € × 237		995 400 €	
30 Doppelzimmer, davon i. M. 70 v. H. einzeln belegt			
30 × 60 € × 237 × 0,7		298 620 €	
30 × 100 € × 237 × 0,3		213 300 €	
		1 507 320 €	
Einnahmen aus Saunabetrieb	+	10 000 €	
Einnahmen aus Kiosk	+	20 000 €	
Einnahmen aus Beherbergung und Sonstigem insgesamt		1 537 320 €	rd. 1 540 000 €
Einnahmen aus Gastronomie			
360 Sitzplätze × 8 € × 340 (Tage)		979 200 €	
Konferenzräume			
80 Sitzplätze × 2,50 € × 100 (Tage)	+	20 000 €	
Sonstige Einnahmen	+	6 000 €	
Einnahmen aus Gastronomie		1 005 200 €	1 005 000 €
Jahresumsatz insgesamt			rd. 2 550 000 €

Fiktive Pachteinnahme aus Beherbergung	
20 v. H. von 1 540 000 €	308 000 €
Fiktive Pachteinnahme aus Gastronomie	
10 v. H. von 1 005 000 €	100 500 €
Nettokaltmiete (Grundmiete)	408 500 €
Bewirtschaftungskosten, soweit vom	
Verpächter zu tragen 15 v. H.	− 61 275 €
Jahresreinertrag	347 225 €
Bodenertragsanteil 6,75 v. H. von 300 000 €	− 20 250 €
Ertragsanteil der baulichen Anlagen	= 326 975 €
Vervielfältiger bei n = 40 und p = 6,75 : 13,73	
Ertragswert der baulichen Anlagen 326 975 € × 13,73	4 489 367 €
Bodenwert	+ 300 000 €
Grundstücksertragswert	4 789 367 €
Marktanpassung (risikoreiches Gewerbeobjekt) 10 v. H.	− 478 937 €
	= 4 310 430 €
Verkehrswert	**rd. 4 300 000 €**

Anzumerken ist, dass im ermittelten Verkehrswert weder der Wert des „good wills" noch der Wert des Inventars enthalten ist.

Plausibilitätskontrollen:
Verkehrwert entspricht dem 10,5fachen Nettokaltmiete
Verkehrwert je Zimmer 43 000 €
Verkehrswert entspricht dem 1,7fachen Betriebsumsatz

Umsätze und Pachtzahlungen eines im **2. Halbjahr 1988** eröffneten Hotels haben sich wie folgt entwickelt:

	Jahr	Jahresumsatz/€	Veränd. Vj. %	Basispacht/€	i. v. H. v. Umsatz
1.	1989[1]	12 345 000	–	2 858 817	23,16
2.	1990	15 473 000	25,3	2 892 191	18,69
3.	1991	16 382 000	5,9	2 908 883	17,76
4.	**1992[2]**	**17 628 000**	**7,6**	**2 908 883**	**16,50**
5.	1993[3]	18 245 000	3,5	3 290 163	18,03
10.	1998[3]	22 292 000	3,5	4 762 684	21,36

1 volles Geschäftsjahr
2 entsprechen nahezu den 1984 angenommenen Werten; die Zimmerbelegung hat 71,2 % betragen = 96 155 vermietete Zimmer
  Bei 60 %-Logisanteil (10,5 Mio. €) sind dies 109,20 €/Zimmer
3 Prognosen; ab Jahresumsatz 20 Mio. € ist neben der *Basispacht* eine *Umsatzpacht* von 4 % zu zahlen. Budgetzahlen müssen in Zeiten wirtschaftlicher Rezession häufig nach unten korrigiert werden

7.10.3 Geplanter Hotel-Neubau

Bei geplanten Neubauten müssen Verkehrs- und Beleihungswert auf der Grundlage von Grundbuch-/Katasterunterlagen und genehmigten Bauzeichnungen vorgenommen werden. Liegt eine Baugenehmigung noch nicht vor, so muss sich die Planung auf die Festsetzungen eines rechtsverbindlichen Bebauungsplans oder eines Bauvorbescheids beziehen und die Erschließung des Grundstücks gesichert sein. Bei Baubeginn stellt lediglich der Bodenwert die Kreditsicherheit dar.

426

52 Betriebsvergleich Hotellerie und Gastronomie Deutschland 1998; BBG Consulting Betriebberatung Gastgewerbe GmbH, Rathausufer 19, 40213 Düsseldorf; Miet- und Pachtverträge im Gastgewerbe (mit Rechtsprechung zur EOP-Methode), Gastgewerbliche Schriftenreihe Nr. 57 der DEHOGA und INTERHOGA, 4. Aufl. 1998

7.10.3.1 Verkehrswert des Grundstücks nach Errichtung des Hotels

427 An einem *Beispiel* aus dem Jahre 1984 für ein 5-Sterne-Hotel (das Hotel hat den Betrieb in der zweiten Jahreshälfte 1988 aufgenommen) wird das Vorgehen des Immobilien-Sachverständigen vor Baubeginn demonstriert.

1. Sachverhalt
- Wert des Grund und Bodens (Bodenwert) 3,5 Mio. €.
- Hotel-Neubau, 370 Zimmer, komplette Gastronomie,
- 135 050 verfügbare Zimmer p. a. (370 × 365),
- angenommene Zimmerbelegung 70 % = 94 535 Zimmer,
- durchschnittlich erzielbarer Zimmerpreis, hochgerechnet auf den Zeitpunkt der Hoteleröffnung (1988), 110 € (netto),
- Ermittlung der möglichen Abteilungsumsätze bei Berücksichtigung der in dieser Hotel-Kategorie üblichen Kennzahlen am Gesamtumsatz.

– Umsatz Logis	60 %
– Umsatz Food	23 %
– Umsatz Beverage	12 %
– Umsatz Sonstiges	5 %
Zusammen	**100 %**

Branchenübliche Pachtsätze

– vom Logis-Umsatz	20 %
– vom Gastronomie-Umsatz	
• Food	8 %
• Beverage	12 %
– vom Umsatz Sonstiges	15 %

2. Lösungsweg:

Mögliche Struktur des Gesamtumsatzes			Schätzung/€	i. v. H.
– Logis	94 535 Zimmer × 110 €	=	10 398 850	60
– Gastronomie				
• Food			+ 3 986 225	23
• Beverage			+ 2 079 770	12
– Sonstiges			+ 866 571	5
Gesamtumsatz (geschätzt):			**= 17 331 416**	**100**
			rd. 17 300 000	

3. Ermittlung der Jahresnettokaltmiete:

Die Abteilungsumsätze werden gerundet.

Logis	10 400 000 €	×	0,20	=	2 080 000 €
Food	4 000 000 €	×	0,08	=	+ 320 000 €
Beverage	2 100 000 €	×	0,12	=	+ 252 000 €
Sonstiges	800 000 €	×	0,15	=	+ 120 000 €
Betriebsumsatz:	17 300 000 €	×	0.16	=	2 772 000 €

Jahresnettokaltmiete (§ 17 Abs. 1 Ziff. 1 WertV):	rd. 2 800 000 €
abzüglich 15% Bewirtschaftungskosten	– 420 000 €
Reinertrag des Grundstücks:	= 2 380 000 €
abzüglich Bodenwertverzinsung 6,5 % von 3 500 000 €	– 227 500 €
Ertragsanteil der baulichen Anlagen:	**= 2 152 500 €**

Bei einer Gesamtnutzungsdauer für das Hotelgebäude[53] von 60 Jahren und einem Liegenschaftszinssatz von 6,5 % ist der Vervielfältiger 15,03

Gebäudeertragswert: 2 152 500 € × 15,03	=	32 352 075 €
		rd. 32 500 000 €
zuzüglich Bodenwert:		+ 3 500 000 €
Ertragswert/Verkehrswert:		**36 000 000 €***

Nachrichtlich:
* = 12,86facher Jahresrohertrag
  = 2,08facher Betriebsumsatz
  rd. 97 300 €/Zimmer

7.10.3.2   Beleihungswertermittlung für Sparkassen

1. Bodenwert		3 500 000 € **428**

2. Bauwert (Index 1400/1914 = 100)
– Nettomethode, ohne MwSt. –

370 Zimmer × 100 000 €/Zimmer =	rd.	37 000 000 €
∕. 20 % Risikoabschlag gemäß Abschlagsverfahren		
i. S. v. § 2 Ziff. 3 BelG	–	7 400 000 €
Zwischenwert:	=	29 600 000 €
∕. 15 % Gewerbeabschlag i. S. v. § 18 Ziff. 1 b BelG	rd.	4 440 000 €
= Bauwert	=	25 160 000 €
		25 200 000 €

3. Sachwert (Boden- und Bauwert) i. S. der BelG: **28 700 000 €**

4. Ertragswert

Jahresnettokaltmiete (Grundmiete) (geschätzt) – (Gewerbliche Mieteinnahmen) –		2 800 000 €
abzüglich 15 % Bewirtschaftungskosten	–	420 000 €
= Jahresreinertrag (Gebäude- und Bodenreinertrag)	=	2 380 000 €
∕. 20 % Gewerbeabschlag i. S. v. § 18 Ziff. 1 a BelG	–	476 000 €
Mietreinertrag nach Gewerbeabschlag:	=	1 904 000 €
∕. Bodenwertverzinsungsbetrag 6,5 % von € 3 500 000	–	227 500 €
Ertragsanteil der baulichen Anlagen:	=	1 676 500 €
Gesamtnutzungsdauer 60 Jahre; Zinssatz 6,5 %, Vervielfältiger		
gemäß Anl. zu § 16 Abs. 3 WertV = 15,03		
Gebäudeertragswert:		
1 676 500 € × 15,03 = 25 197 795 €	rd.	25 200 000 €
zuzüglich Bodenwert	+	3 500 000 €
Beleihungswertvorschlag:	=	**28 700 000 €**

Anmerkungen:

– Der Abschlag vom Verkehrswert beträgt in diesem Fall rd. 20 %. Nach der Tabelle *Risikokategorien* ist für ein gewerblich genutztes Grundstück mit durchschnittlichem Risiko ein Abschlag von 15 bis 20 % vom Verkehrswert vorzunehmen.

– Darstellbar wären ein *Realkredit* von rd. 17,2 Mio. € (= 47,8 % des Verkehrswerts) und ein *grundpfandrechtlich gesicherter Personalkredit* von rd. 23 Mio. € (= 63,9 % des Verkehrswerts).

– Die Darlehen werden i. d. R. nach „*Baufortschritt*" unter Berücksichtigung ihres Anteils an den Finanzierungsmitteln ausgezahlt. Beleihungswert bei Baubeginn ist nur der Bodenwert. Ein mit 28,7 Mio. € festgesetzter Beleihungswert wird erreicht, wenn das in allen Teilen baurechtlich genehmigte Bauwerk mängelfrei abgenommen ist[54].

– Neue Hotels haben erfahrungsgemäß – insbesondere wenn Standort und Kategorie stimmen – eine Anlaufdauer von bis zu fünf Jahren.

7.11   Tennisanlage

7.11.1   Allgemeines

Tennishallen dienen im Allgemeinen dem unabhängig von der Jahreszeit und dem Wetter **429** ganzjährig betriebenen Freizeittennissport. Betreiber der Hallen sind Vereine und kommerzielle Investoren. Die Zahl der im Deutschen Tennisbund registrierten Tennisspieler hat sich in den 90er Jahren auf rd. 2 Mio. Spieler verdoppelt. Darüber hinaus gibt es noch eine große Anzahl nicht registrierter Freizeitspieler. Die Entwicklung des Tennissports zum Freizeitsport stagniert jedoch in den letzten Jahren.

---

53   Vgl. hierzu „Gesamtnutzungsdauer von Hotelgebäuden", GuG 1993, 41

54   BGH, Urt. vom 16. 9. 1993 – VII ZR 206/92 -, NJW 1993, 3264 = MDR 1993,1206 = BauR 1994, 108. Hiernach ist eine von Baufirmen häufig verwendete Vertragsklausel, wonach Auftraggeber vor Baubeginn eine unwiderrufliche Zahlungsgarantie einer Bank vorlegen müssen, unwirksam, weil selbst bei Ausführungsmängeln hätte gezahlt werden müssen. Die gesetzlich mögliche Leistungsverweigerung würde so abgeschnitten. Am 1. 5. 1993 ist das neue Bauhandwerkersicherungsgesetz (§ 648 a BGB) in Kraft getreten. Hierdurch wird das Ausfallrisiko vom Unternehmer weitgehend auf das Kreditinstitut verlagert. Zahlungen nach Baufortschritt sollten daher nur noch auf der Grundlage von Bautenstandsberichten erfolgen (vgl. Buchmann in Kreditpraxis 1994. 33)

430 Die Tennishallen oder Tenniszentren befinden sich meistens in Sondergebieten (SO), die der Erholung dienen.

Bauplanungsrechtlich gehören Tennisanlagen zu den **Flächen für Sport- und Spielanlagen bzw. Sportplätze** (§ 9 Abs. 1 Nr. 5 und 15).

431 Bei einer Tennisanlage kann es sich um
– eine privatwirtschaftlich betriebene Anlage oder
– um eine Gemeinbedarfseinrichtung handeln, wenn sie jedermann und damit der Öffentlichkeit zugänglich ist.

Es kommt entscheidend auf die **bauplanungsrechtliche Festsetzung im Bebauungsplan** an, wobei ein Tennisplatz mit ein oder zwei Spielfeldern, die der Öffentlichkeit zugänglich sind, i. d. R. in jedem Baugebiet ohne besondere Festsetzung zulässig ist, während es einer besonderen Festsetzung im Bebauungsplan dann bedarf, wenn ein Tennisplatz als Gemeinbedarfseinrichtung eine Fläche in Anspruch nimmt und infolgedessen die Verträglichkeit der davon ausgehenden Störungen mit den benachbarten Nutzungen zu prüfen ist.

432 Im **Außenbereich** ist eine Tennisanlage grundsätzlich unzulässig[55]. Privat oder gewerblich betriebene Tennisanlagen sind im Allgemeinen Wohngebiet, besonderen Wohngebiet, Dorfgebiet, Mischgebiet, Kerngebiet und Gewerbegebiet allgemein zulässig. Wegen der Geräuschemission dürfen größere Anlagen im reinen Wohngebiet (WR) und im Industriegebiet nur ausnahmsweise unter Beachtung der Schranken des § 15 BauNVO errichtet werden.

Abb. 75: Die Immissionsrichtwerte nach der 28. BImSchV

Nutzung	tagsüber		nachts
	außerhalb der Ruhezeiten dB (A)	innerhalb der Ruhezeiten dB (A)	dB (A)
Gewerbegebiet	65	60	50
Kerngebiet/Mischgebiet	60	55	45
Allgemeines Wohngebiet, Kleinsiedlungsgebiet	55	50	40
Reines Wohngebiet	50	45	35
Kurgebiet, Krankenhäuser, Pflegeanstalten	45	45	35

a) Gebäudeformen

433 Tennishallen sind überwiegend in **Holzrahmenbinderbauweise** errichtete heizbare (Warmluftheizung) Hallenkonstruktionen mit leichter gedämmter Außenfassade (Wellfaserzementplatten oder Trapezblech) und leichter gedämmter Dacheindeckung (meistens Kaltdach). Sie haben Geschossflächen von 1 500 bis 2 000 m², Spannweiten bis zu 40 m und Traufhöhen von ca. 4,5 m. Folgende Nutzungstypen sind zu unterscheiden:
– Tennishalle ohne Sozialteil (Umkleideräume, Duschen),
– Tennishalle mit integriertem oder angebautem Sozialteil,
– Tenniszentren mit integriertem Sozialteil und Restauration.

Die **Hallenkonstruktionen** sind unterschiedlich. In der überwiegenden Anzahl der Fälle werden Holzrahmenkonstruktionen in Satteldachausführung mit senkrechten Stützen oder als Bogenbinder verwendet. Bei modernen Tennishallen lassen sich die Dachflächen öffnen

(Open-air-Halle)[56]. Damit kann das Aufheizen der Hallen auf 40 bis 50 °C in der warmen Jahreszeit vermieden werden[57]. An Flächen- bzw. Raumbedarf werden für einen Tennisplatz ca. 615 m² oder rd. 4 300 m³ umbauter Raum benötigt.

Ausstattung: Die Hallen werden überwiegend mit Langfeldneonleuchten beleuchtet. Der Fußbodenunterbau besteht aus einer Beton- oder Asphaltbodenplatte, auf der meistens Teppichboden (Velours, Nadelfilz) verklebt ist. Neuere Hallen haben oft einen Belag aus Kunststoffteppich mit Quarzsand oder Gummigranulat. Hartplätze mit Kunststoff- oder Gummibelägen sind selten, da Spieler und Material erhöhtem Verschleiß unterliegen.

Tennishallen sind Einzweckbauten. Folgenutzungen sind i. d. R. nicht möglich. Eine Umnutzung als Selbstbedienungsmarkt wird aus bauordnungsrechtlichen Gründen scheitern. Die Nutzung als Lagerhalle ist wegen der Baukonstruktion (niedrige Traufhöhe, ungeeigneter Fußboden) unrentabel.

b) Herstellungskosten

Die **Herstellungskosten je Hallenplatz** (einschließlich Sozialteil) betragen ca. 180 000 **434** bis 280 000 € (Preisverhältnisse 1989). Die Nutzungsdauer von Tennishallen wird mit 40 bis 60 Jahren angenommen.

Zur überschlägigen Ermittlung von **Wertminderungen wegen baulicher Mängel** oder Schäden kann mit den sich aus Rn. 58 f. bis § 24 WertV ergebenden Bauanteilen in v. H. der Herstellungskosten gerechnet werden.

7.11.2 Tennishalle

1. Vertragsgestaltungen

Pachtverträge werden im Allgemeinen für die gesamte Tennisanlage (ggf. auch einschließ- **435** lich der Außenplätze) geschlossen. Zur Beurteilung angemessener Mieten oder Pachten müssen getrennte Berechnungen nach Erfahrungssätzen vorgenommen werden.

2. Mieten

Die Mietpreise (1990) für Hallenplätze sind im Allgemeinen nach der Tageszeit gestaffelt. **436**

Saison	Betriebs-stunden pro Tag	Auslastung der Plätze in v. H.	Kernzeit 15.00–22.00 h (an Wochenenden 9.00–20.00 h) Kosten/Std. in €	Außerhalb der Kern-zeit
Sommer (ca. 20 Wochen)	15–16	30–50	13–20	8–20
Winter (ca. 32 Wochen)	15–16	60–80	13–20	8–20

3. Umsätze

Die Umsätze ergeben sich aus den Benutzergebühren für die Spielfelder und ggf. den Ein- **437** nahmen aus Gastronomie, der Pächterwohnung, den Sportshops, den Spielautomaten, den Reklameflächen und den sonstigen Dienstleistungen. Von dem Gesamtumsatz sind die Betriebskosten und der Gewinn des Betreibers abzuziehen. Zu diesen Kosten gehören:

---

55   BVerwG, Beschl. vom 3. 12. 1990 – 4 B 144/90 –, NVwZ 1991, 878
56   Open-air-Hallen liegen im Herstellungspreis um rd. 40 % über den Kosten für konventionelle Hallenkonstruktionen
57   Klimatisierung der Tennishallen ist wegen des hohen Kostenaufwandes unrentabel

- Kosten der Energieversorgung
- Kosten der Instandhaltung (soweit vom Betreiber zu leisten)
- Kosten der Betriebsführung
- Kosten des Personals
- Bruttogewinn des Betreibers

Die vom Umsatz abzuziehenden **betriebsbedingten Ausgaben** liegen zwischen 40 und 50 % des Umsatzes[58]. Das führt zu einer Jahresnettokaltmiete von durchschnittlich 55 % des Umsatzes. Bei einem normal laufenden Betrieb liegen die üblichen Monatsmieten etwa zwischen 3 bis 4 €/m² Hallenfläche (Kostenverhältnisse 1989). Die noch zu berücksichtigenden Bewirtschaftungskosten des Eigentümers können mit 20 bis 25 % angenommen werden.

Zur Überprüfung der Umsatzangaben oder bei Neuprojektierungen ist eine **Umsatzermittlung nach Durchschnittsdaten** erforderlich. Dabei ist zunächst der Umsatz, bezogen auf einen Hallenplatz bei 100 % Auslastung nach Sommer- und Wintersaison, festzustellen. Wegen der je nach Tageszeit unterschiedlichen Mietpreise ist eine zeitliche Aufspaltung der Hallenstunden vorzunehmen (Abb. 76). Die übliche Preisermäßigung bei Jahres- oder Halbjahresabonnements ist zu berücksichtigen.

Abb. 76: Erlöse für einen Hallentennisplatz bei 100 % Auslastung

Wintersaison					
Tag	Zeiten	Std./Tag	Anzahl Tage	€/Std.	€/Woche
Mo-Fr	7– 9	2	5	10,00	100
	9–16	7	5	12,00	420
	16–22	6	5	16,00	480
	22–23	1	5	12,00	60
Sa-So	7– 9	2	2	12,00	48
	9–20	11	2	13,00	286
	20–23	3	2	12,00	72
					1 466
Abo-Ermäßigung 5 % pauschal				–	73
Einnahme pro Woche				**=**	**1 393**

Der Durchschnittspreis/Stunde beträgt danach (1 393 €/7/16 =) 12,44 €

Sommersaison					
Tag	Zeiten	Std./Tag	Anzahl Tage	€/Std.	€/Woche
Mo–Fr	7–16	9	5	8,00	360
	16–22	6	5	14,00	420
	22–23	1	5	10,00	50
Sa–So	7–22	15	2	14,00	420
	22–23	1	2	10,00	20
					1 270
Abo-Ermäßigung 10 % pauschal				–	127
Einnahme pro Woche				**=**	**1 143**

Der Durchschnittspreis/Stunde beträgt danach (1 143 €/7/16 =) 10,21 €

Als nächster Schritt wird der **Gesamtjahresumsatz des Tennisplatzes** ermittelt. Auch hier ist eine Aufteilung in Sommer- und Wintersaison erforderlich, weil sich die Auslastung jahreszeitbedingt ändert (vgl. Abb. 77):

Abb. 77: Ermittlung des Jahresumsatzes eines Hallentennisplatzes

Saison	Wocheneinnahme bei 100% Auslastung	übliche Auslastung	Wochen/Jahr	Umsatz in €
Winter	1 393,00	80	32	35 661
Sommer	1 143,00	50	20	11 430
Gesamtjahresumsatz				**47 091**

Nach Abzug der Betriebskosten in Höhe von rd. 45% des Jahresumsatzes verbleibt eine Jahresnettokaltmiete von (47 091 € – 45% =) 25 900 €/Platz.

Überprüfung auf übliche Monatsmiete je m² Nutzfläche: Platzfläche einschließlich Sozialteil und Nebenräume (615 m² + 10% =) 678 m² Monatsmiete danach (25 900 €/12/677 =) 3,19 €/m² NF.

4. Tennisfreiplätze

Im Zusammenhang mit Tennishallen werden häufig auch Tennisfreiplätze zum Spielbetrieb angeboten. Die Freiplätze haben Fußbodenbeläge aus Grand (Ziegelmehl), Beton, Bitumen oder Kunststoff. Die Herstellungskosten eines Freiplatzes betragen (einschließlich Unterbau, Spielfeldbelag, Pfosten, Netze, Drainage, Umrandung und Einzäunung) rd. 25 000 bis 40 000 € (Kostenverhältnisse 1989).   **438**

Abb. 78: Erlöse für einen Tennisfreiplatz bei 100% Auslastung

Freiluftsaison					
Tag	Zeiten	Std./Tag	Anzahl Tage	€/Std.	€/Woche
Mo–Fr	7–13	6	5	6,00	180
	13–21	8	5	8,00	320
Sa–So	7–21	14	2	8,00	224
					724
Abo-Ermäßigung 10% pauschal				–	72
Einnahme pro Woche				**=**	**652**
Der Durchschnittspreis/Stunde beträgt danach (652 €/7/14 =) 6,65 €.					

Abb. 79: Ermittlung des Jahresumsatzes eines Tennisfreiplatzes

Saison	Wocheneinnahme bei 100% Auslastung	übliche Auslastung	Wochen/Jahr	Umsatz in €
Freiluftsaison	652	45	25	7 335
Gesamtjahresumsatz				**7 335**

Nach Abzug der Betriebskosten in Höhe von rd. 40% des Jahresumsatzes verbleibt eine Jahresnettokaltmiete von (7 335 € – 40% =) 4 401 €/Platz.

---

58   Pohnert: Kreditwirtschaftliche Wertermittlungen, 5. Aufl., Luchterhand Verlag 1997, S. 184

4.1 Bewirtschaftungsdaten

439   Ebenso wie bei Hallentennisplätzen muss bei Freiplätzen der Umsatz nach gestaffelten Stundenpreisen ermittelt werden. Die Mietpreise betragen zwischen 5 und 8 €/Std. Tennisvereine pachten Freiplätze oft an. Die üblichen Pachten betragen zwischen 250 und 500 €/Platz/Woche (das sind rd. 40 bis 70 % der bei freier Vermietung erzielbaren Erlöse bei 100 % Auslastung). Die Auslastung in der Freiluftsaison (25 Wochen pro Jahr) liegt bei 30 bis 50 %. Die Jahresnettokaltmiete beträgt bei Außenplätzen etwa 60 % des Umsatzes.

7.11.3   Tennishalle und Freiplätze

a) Sachverhalt

440   Der Verkehrswert einer Tennisanlage, bestehend aus einer Tennishalle mit Sozialteil und 4 Spielplätzen und 4 Freiplätzen, ist zu ermitteln. Das Grundstück ist 9 000 m² groß und entsprechend den Vorgaben des Bebauungsplans baulich voll ausgenutzt. Der Bodenrichtwert beträgt 40 €/m². Die Halle hat eine Nutzfläche von 2700 m² und einen umbauten Raum von 18 800 m³. Die Bewirtschaftungsdaten ergeben sich aus Rn. 437 und 439. Das Objekt ist 5 Jahre alt und hat eine Restnutzungsdauer von 55 Jahren. Der übliche Liegenschaftszinssatz beträgt 6,5 %.

b) Wertermittlung

Ermittlung des Sachwerts

Bodenwert: 9 000 m² × 40 €	=	360 000 €
Wert der baulichen Anlagen Halle (einschließlich Sozialteil)		
18 800 m³ × 59 €	= 1 109 200 €	
Alterswertminderung bei 5 Jahren und 55 Jahren Restnutzungsdauer		
8,3 % (lineare Alterswertminderung)	./. 92 064 €	
Wert der Freiplätze:	= 1 017 136 €	
Je Platz pauschal 25 000 € einschließlich Alterswert-		
minderung 4 × 25 000 €	= 100 000 €	
Wert der sonstigen Außenanlagen: Parkplatzflächen, Wege- und Platzbefestigungen, Umzäunungen, einschließlich Alterswertminderung		
5 % von 1 017 136 €	+ 50 857 €	
Gebäudesachwert	= 1 167 993 €	+ 1 167 993 €
		= 1 527 993 €
Sachwert		**rd. 1 500 000 €**

Ermittlung des Ertragswerts

Gesamtjahresumsatz der Hallentennisplätze (vgl. Rn. 437)	
47 091 € × 4	188 364 €
Gesamtjahresumsatz der Tennisfreiplätze (vgl. Rn. 438)	
7 335 € × 4	29 340 €
Umsatz insgesamt	217 704 €
Betriebskosten und Gewinn des Pächters rd. 45 %	
Jahresnettokaltmiete 217 704 € – 45 %	119 737 €
Bewirtschaftungskosten 20 % der Jahresnettokaltmiete	− 23 947 €
Jahresreinertrag	= 95 790 €
Bodenwertverzinsungsbetrag 6,5 % von 360 000 €	− 23 400 €
Jahresreinertrag Vervielfältiger bei 55 Jahren Restnutzungsdauer und 6,5 % Zinssatz = 14,90	= 72 390 €
Ertragswert der baulichen Anlagen	
72 390 € × 14,90	= 1 078 611 €
Bodenwert	+ 360 000 €
	= 1 438 611 €
Ertragswert	**= rd. 1 400 000 €**

c) Verkehrswert

Die Tennisanlage ist ein Renditegrundstück. Der Verkehrswert richtet sich in erster Linie nach dem nachhaltig erzielbaren Grundstücksertrag. Nach den am Wertermittlungsstichtag herrschenden wirtschaftlichen Verhältnissen beträgt der Verkehrswert

1 400 000 €

(Der Verkehrswert entspricht dem 11,7fachen der Jahresnettokaltmiete).

7.12 Reitanlage

1. Allgemeines

In diesem Segment sind vielfältige Ausformungen der Nutzung möglich; folgende **Haupt-**   **441**
gruppen sind in der Praxis von Bedeutung:

a) *Privatställe*, die kommerziell oder privat (vereinsmäßig) vorrangig die Pferdehaltung betreiben,

b) *Reitanlagen*, die kommerziell oder privat (vereinsmäßig) betrieben werden für
  – den Pensionsbetrieb von Reitpferden,
  – die Vermietung von Reitpferden,
  – den Reitunterricht sowie
  – die Vermietung von Pferdeboxen.

c) (Galopp-) *Rennbahnen*, die üblicherweise gewinnwirtschaftlich insbesondere für den Wetteinsatz betrieben werden.

2. Wertermittlung

I. d. R. werden solche Sportstätten unter gewinnwirtschaftlichen Gesichtspunkten betrie-   **442**
ben, so dass wiederum dem **Ertragswertverfahren eine Vorrangstellung** einzuräumen
ist. Dies kann auf der Grundlage einer Gewinn- oder Verlustrechnung der vergangenen
sechs Jahre erfolgen, wobei ungewöhnliche Verhältnisse nicht berücksichtigt werden dürfen. Bei Heranziehung von Gewinn- und Verlustrechnungen muss deshalb das zur Verfügung stehende Material daraufhin geprüft werden, inwieweit es von besonderen Verhältnissen, wie besonderen Investitionen oder einem außerplanmäßigen Nutzungsausfall, beeinflusst ist.

Folgende **ertragswirtschaftlichen Kenndaten** können für **Reitanlagen** herangezogen
werden (Verhältnisse 1994):
– Durchschnittliche Auslastung 50 bis 80 %;
– Durchschnittlicher Pferdeeinsatz: 4 Reitstunden täglich an 6 Tagen;
– Durchschnittliche Reitstundenentgelt: 10 bis 15 €/Stunde, ggf. Aufpreise für Sonder-
  leistungen (Springen, Ausritte und dgl.);
– Pensionspreis: 300 bis 500 €/Pferdebox (ohne Nebenkosten);
– Futterkosten: 80 bis 125 €/Monat und Pferd;
– Sonstige Ausgaben: Pferdepflege, Energie, Personal und Betriebskosten;
– Gesamtbetriebskosten: ca. 60 bis 70 % des Rohertrags;
– Bewirtschaftungskosten: ca. 20 % des Rohertrags;
– Sonstige Einnahmen: An- und Verkauf von Pferdeartikeln, Vereinsbeiträge, Gaststätten-
  betrieb, Pferdezucht, Werbeeinnahmen;
– Jahrespachtwerte (1992): 1,50 bis 3 €/m² NF Hallenfläche,
                         2,50 bis 4 €/m² NF Stallung,
                         3 bis 6 €/m² Service-, Sozial- und Gästeräume.

Als **Grundschema**[59] können **zur Ermittlung des Reinertrags** folgende **Einnahmen aus**   **443**
Reit- und Pensionsbetrieben herangezogen werden:

+ Nebeneinnahmen aus Pflege und Ausbildung der Pferde, Vermietung von Pferdeboxen
  und Pferdekoppeln sowie Reitveranstaltungen,

+ Vereinsbeiträge,

+ Nebeneinnahmen im sonstigen Dienstleistungsbereich (Gaststätten, Betriebswohnungen und dgl.).

Sie sind um die **Bewirtschaftungskosten** zu vermindern.

---

59   Borchert in GuG 1994, 337

444   Folgende **ertragswirtschaftliche Kenndaten**[60] können für Rennbahnen herangezogen werden:

– Totalisatorerträge,

– Werbeeinnahmen,

– Sponsoren,

– Mitgliedsbeiträge,

– Einsatz und Reuegelder,

– Mieten, Pachten und Standgelder,

– Eintrittsgelder,

– Sonstige Freiflächenveranstaltungen,

– Rennbahn,

– Betriebskosten, wie Rennbahnpreise, Züchterprämien, Totalisatorenkosten, Veranstaltungskosten, Personalkosten, Instandhaltungskosten,

– Wettumsätze (Abb. 80).

Abb. 80: Jahres-Wettumsätze in Mio. € (Saison 1994)
            (in Klammern: Zahl der Rennen)

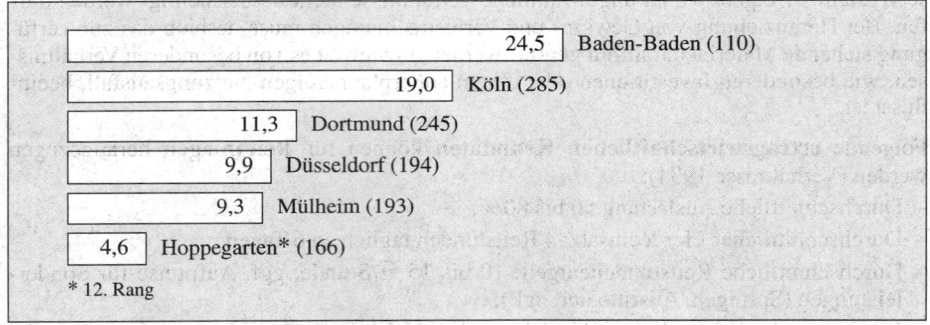

Quelle: Direktorium für Vollblutzucht und Rennen e.V.

Abb. 81: Wettumsätze pro Rennen
            Angaben in € (Saison 1994)

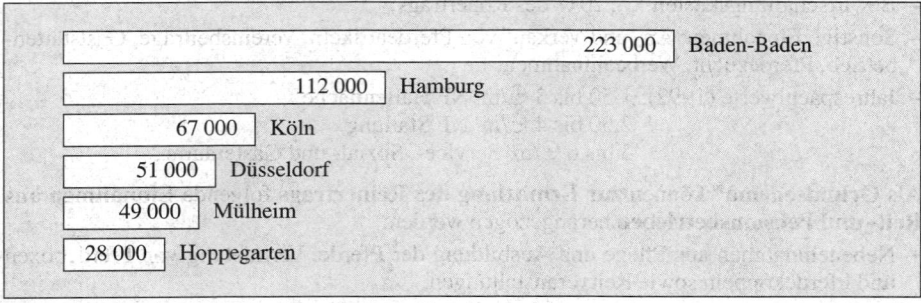

Quelle: Direktorium für Vollblutzucht und Rennen e.V.

445   Der **Rennbahnbetrieb** ist zeitlich und saisonal begrenzt und zudem wetterabhängig. Hinsichtlich der allgemeinen Konkurrenzsituation sind mehr als 20 große Renntage p. a. kaum möglich.

Von besonderer Bedeutung für die Verkehrswertermittlung von Rennbahnen ist der **Boden-**   **446**
wert, da z. B. Galopprennbahnen flächenintensiv sind und Flächen von 40 bis 60 ha aufweisen. Von den besonderen gewerblichen Flächen, wie Verwaltungsgebäuden, Betriebs-
unterkünfte und dgl. abgesehen werden die Bodenflächen zumeist zum 3fachen der besonderen landwirtschaftlichen Flächen i. S. d. § 4 als 1 Nr. 2 WertV gehandelt[61].

Dabei sind Preisabschläge bei **überdurchschnittlich großen Anlagen** sowie bei **Arron-**   **447**
dierungsflächen von untergeordneter Bedeutung denkbar, sofern dafür nicht eine Heraufzonung in Aussicht steht.

7.13   Golfanlage

7.13.1   Allgemeines

Die Aufgabe, den Verkehrswert eines Golfplatzes zu ermitteln[62], stellt sich zumeist dann,   **448**
wenn eine **Fläche zu diesem Zweck verkauft oder verpachtet** wird (Abb 82):

Abb. 82:   Golfclubs in Deutschland

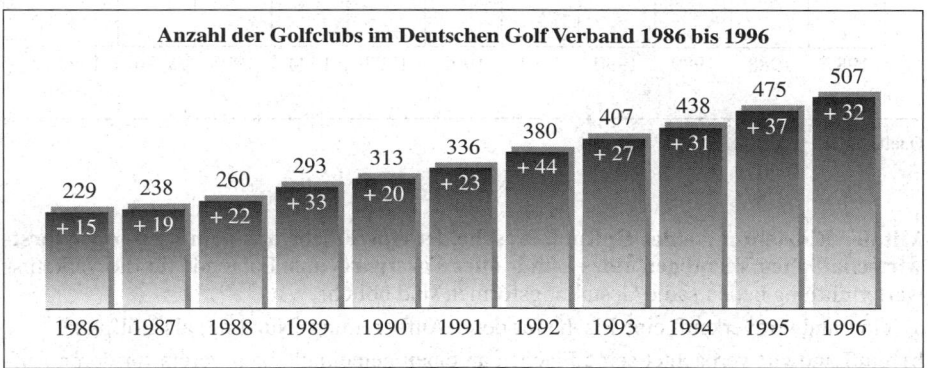

Voraussetzung für die Errichtung eines Golfplatzes **ist die entsprechende Darstellung**   **449**
der Fläche im Flächennutzungsplan und entsprechende Festsetzungen im Bebau-
ungsplan. Im Hinblick auf den damit verbundenen Eingriff in die Natur ist damit ein Verhältnis der reinen Spielfläche (Abschläge, Bahnen und Grün) zu ökologischen Ausgleichsflächen i. d. R. von 1 : 1 verbunden. Soweit dahin gehende Ausweisungen zu erwarten sind,
müssen das bestehende Wagnis und die Wartezeit in einem zueinander angemessenen Verhältnis berücksichtigt werden.

Im Zusammenhang mit Golfanlagen stellen sich folgende **Wertermittlungsaufgaben**   **450**

a) Verkehrswertermittlung von zumeist noch landwirtschaftlich genutzten oder nutzbaren
    Flächen zwecks Einrichtung einer Golfanlage,
b) Verkehrswertermittlung von bereits eingerichteten Golfanlagen,
c) Ermittlung angemessener Pachtentgelte für verpachtetes Golfgelände,
d) Ermittlung angemessener Erbbauzinsen für entsprechende Erbbaurechte.

Nur 10 % aller Golfanlagen stehen im Eigentum des Betreibers. Infolgedessen stellt sich   **451**
i. d. R. nur die Aufgabe, den Bodenwert künftiger Golfanlagen und (angemessene) Pachtentgelte zu ermitteln.

---

60   Pohnert, F., Kreditwirtschaftliche Wertermittlungen, 5. Aufl., S. 117 (zum Reiterhof)
61   Füllekrug in GuG 1994, 84
62   Köhne in GuG 1999, 257; Billion in GuG 1999

Abb. 83: Zuwachs der Golfspieler 1987 – 1997

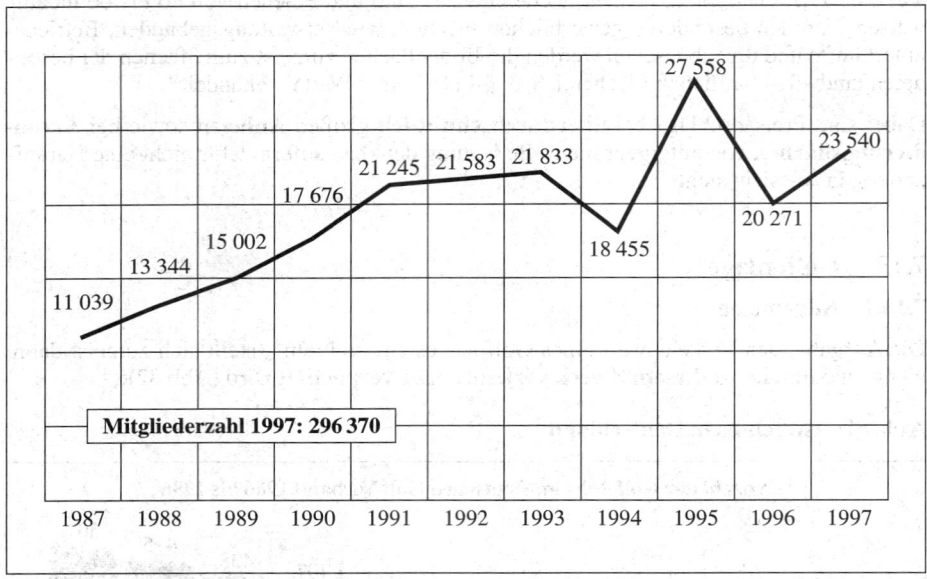

Quelle: DGV

452 **Mit der Einrichtung eines Golfplatzes scheidet eine Fläche aus dem land- oder forst-wirtschaflichen Vermögen eines Land- oder Forstwirts aus.** Folgende für die Verkehrs-wertermittlung bedeutsame Gestaltungsformen sind üblich:

a) ein Landwirt verkauft eine Fläche für deren Aufbereitung (Nutzung) als Golfplatz;

b) ein Landwirt verpachtet seine Flächen an einen gemeinnützigen Verein für deren Auf-bereitung (Nutzung) als Golfplatz;

c) ein Landwirt verpachtet seine Fläche an eine Betreibergesellschaft (GmbH), die den Golfplatz herrichtet und sie einem gemeinnützigen Verein überlässt;

d) ein Landwirt verpachtet eine Fläche zu gleichen Zwecken an eine Kommanditgesell-schaft.

453 Soweit die Herrichtung eines Golfplatzes mit **Baumaßnahmen** i. S. d. Vorhabensbegriffs nach § 29 BauGB verbunden ist, bedarf es einer bauaufsichtlichen Genehmigung oder Zustimmung[63].

454 Für den Landwirt hat die Verpachtung bzw. Verkauf eine Reihe **steuerrechtlicher Folgen;** dies sind:

a) Mit der Herrichtung der Fläche scheidet diese aus dem land- oder forstwirtschaftlichen Vermögen aus und wird dem Grundvermögen mit einem Einheitswert von 2 bis 2,50 €/m² zugerechnet. Damit ergibt sich eine erhebliche Grundsteuermehrbelastung.

b) Auf Grund des neuen Einheitswerts ergibt sich eine entsprechend höhere Erb-schaftsteuer.

c) Einkommensteuerlich ist bei Verpachtung einer ehemals land- oder forstwirtschaftli-chen Betriebsfläche als Golfgelände bei gleichzeitiger Umwidmung (der Betriebsge-bäude) mit der Überführung des Betriebsvermögens in das Privatvermögen eine steuer-liche Entnahme verbunden. Neben der Versteuerung des Entnahmegewinns fällt dann eine Versteuerung der Pachteinnahmen aus Vermietung und Verpachtung an.

7.13.2   Ertragswirtschaftliche Gesamtsituation

Ertragswirtschaftlich ist die **Betreibung eines Golfplatzes** von   **455**
– der Zahl der Mitglieder und dem jährlichen Beitrag,
– dem durchschnittlichen Umsatz und
– den Betreiberkosten abhängig.

Als **wirtschaftliche Kennzahlen** für eine Golfanlage können gelten:
a) Durchschnittlicher Mitgliederstamm für eine 5-Mio.-€-Golfplatzanlage:
   600 bis 700 Golfer
b) Durchschnittlicher Umsatz für eine 18-Loch-Golfanlage: rd. 0,6 bis 0,8 Mio. €
c) Durchschnittliche Mitgliederzahl je Golfanlage: rd. 530 Personen

Beispiel einer Gesamtkalkulation   **456**

Golfplatz mit 18 Löchern; Größe 70 ha

Jahresmitgliedsbeitrag	500 €/Mitglied		
Vollzahlende Mitglieder	700		
Pacht	750 €/ha		
Einnahmen	700 × 500 €		= 350 000 €
Ausgaben			
Pacht	70 ha × 750 €/ha	= 52 500 €	
4 Platzarbeiter	4 × 30 000 €/Jahr	= 120 000 €	
Maschinen		= 30 000 €	
Platzpflege		= 25 000 €	
Betrieb/Clubhaus		= 25 000 €	
Verwaltung; Sonstiges		= 25 000 €	
Summe		= 277 500 €	277 500 €
Überschuss			72 500 €

Damit ist der Golfplatz jedoch noch nicht rentierlich, denn die Kalkulation berücksichtigt   **457**
nicht die Herstellung. Bei einem Gesamtfinanzierungsvolumen von 2,5 Mio. € und Finanzierungskosten von 10 % ergibt sich ein Kapitaldienst von 250 000 €/Jahr, so dass – verteilt auf die Mitglieder – jährlich rd. 350 € als Kapitaldienst von den Mitgliedern aufzubringen sind. Um den Reinertrag eines Golfplatzes nach dem Ertragswertverfahren zu
ermitteln, kann deshalb auf der Einnahmeseite gleich von den Mitgliederbeiträgen einschließlich eines Kapitaldienstbetrags ausgegangen werden.

7.13.3   Herstellung von Golfanlagen

Die **Herstellungskosten** für eine komplette Golfanlage mit 18 Löchern auf einer Fläche   **458**
von 75 ha kostete im Jahr 1994 ohne Grundstück und Unternehmergewinn etwa 5 bis 10
Mio. €. Der Golfplatz selbst hat daran nur etwa einen Anteil von 40 % (Abb. 84).

Einzelpositionen[64] sind insbesondere
– das Clubhaus mit 1 Mio. €,
– Maschinenpark (250 000 €),
– Maschinenhalle mit Werkstatt sowie Caddiehalle (je 200 000 €),
– Abschlaggebäude der Driving Range (50 000 €),
– Zufahrt und Parkplatz (100 000 €),
– Wasser und Abwasser (50 000 €),
– Kleinbauten (25 000 €),
– ein Polster für Unvorhergesehenes (100 000 €),

---

63   Schink in StuGB 1986, 644; Schulze-Hagen in BauR 1986, 6 ff.; Schink in Kormann (Hrsg): Naturschutz und
     Bauleitplanung, UPR special Bd. 8, 1995; GuG-aktuell 1997, 11; Pohnert, 5. Aufl., a. a. O., S. 187
64   Münchener Messegesellschaft nach SZ vom 28. 12. 1994

– Planung und Architektenhonorar (je 250 000 €),
– Projektmanagement mit Vorlaufkosten (175 000 €),
– Fertigstellungspflege und Bauzeitpacht (je 75 000 €).

Abb. 84: Gesamt-Ausgaben/-Aufwendungen pro Loch 1997 (18-Löcher-Anlagen)

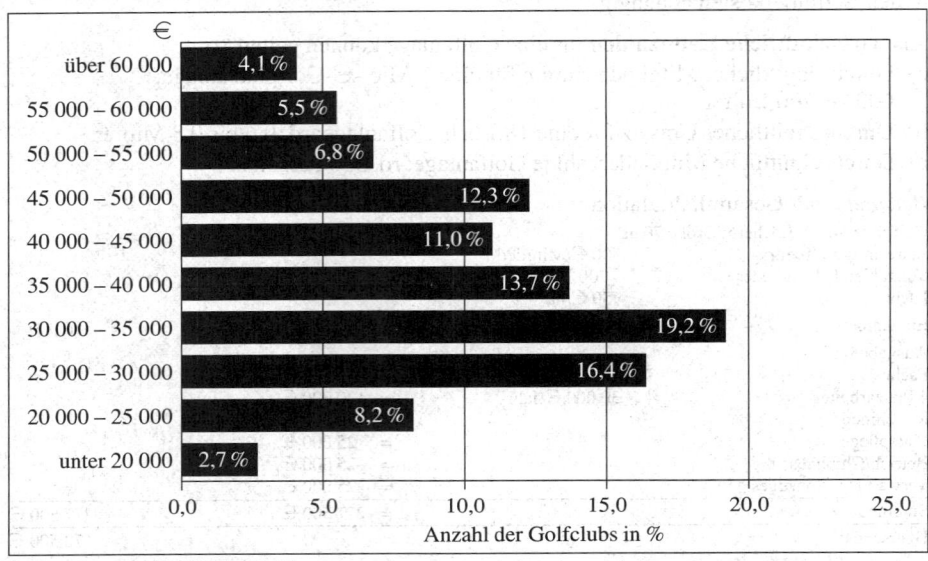

Quelle: Deutscher Golf Verband e.V.

459   Die Herrichtung eines Golfplatzes ist dabei regelmäßig auf eine **Mindestzeit von 20 bis 30 Jahre** angelegt (Gesamtnutzungsdauer). Als **Mindestfläche** kann eine Fläche von ca. 25 ha gelten. Meist werden jedoch 9- oder 18-Loch-Anlagen hergerichtet mit einem durchschnittlichen Flächenbedarf von 50 bis 100 ha[65].

7.13.4   Pachtentgelte

460   Unter Berücksichtigung der steuerlichen Mehrbelastungen, die mit der Herrichtung einer vormals landwirtschaftlichen Fläche zu einer Golfanlage und der damit einhergehenden Zurechnung dieser Fläche zum Grundvermögen verbunden ist, ergibt sich für die Verpachtung als Golfplatz ein Mindestpachtzins von 0,07 €/m² im Jahr. 1990 betrugen die **Pachtpreise etwa 0,05 bis 0,08 €/m² im Jahr** je nach Lage. Im Jahre 1992 wurden bereits Pachterlöse von 0,09 bis 0,10 €/m² im Jahr erlöst. In der Praxis wird bei Golfplätzen mit einer Verzinsung von 2 % „gerechnet", was bei den angegebenen Pachtpreisen einem Bodenwert von 5 €/m² entspricht.

461   Im konkreten Fall muss die Höhe des angemessenen **Pachtentgelts** aus entsprechenden Vergleichsdaten abgeleitet werden. Der Deutsche Golfverband hat solche in der Vergangenheit – gegliedert nach Postleitzahlen veröffentlicht (Abb. 87). Die veröffentlichten Pachtentgelte machen deutlich, dass diese erhebliche Schwankungsbreiten aufweisen. Der Schwerpunkt lag im Jahre 1998 zwischen 0,04 bis 0,08 €/m² im Jahr. In Bezug auf die fallspezifische Differenzierung besteht eine Abhängigkeit von

a) der regionalen Kaufkraft und Bevölkerungsdichte mit verhältnismäßig hohen Pachtentgelten in Berlin, Stuttgart, München und dem Rhein-Main Gebiet,

b) dem regionalen Pachtpreisniveau in der Landwirtschaft, das auch als Ausgangs- bzw. Mindestentgelt angesehen werden kann,

c) den jeweiligen Konditionen und dem Zeitpunkt des Pachtvertrags.

Abb. 85: Pachtpreise für Golfplätze

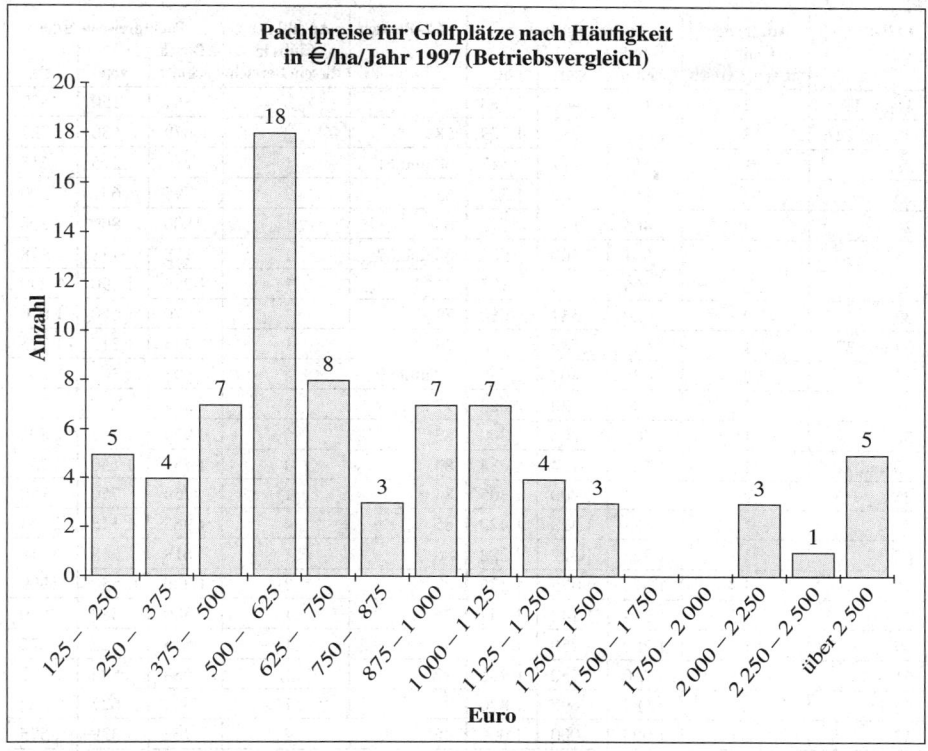

Pachtpreise für Golfplätze nach Häufigkeit in €/ha/Jahr 1997 (Betriebsvergleich)

Quelle: Deutscher Golf Verband e.V., Wiesbaden (23. 10. 1998)

Abb. 86: Greenfee-Tarife*) in der Bundesrepublik Deutschland

Lfd. Nr.	Golf-Club	Tarif €	Telefon
1	Gut Lärchenhof	90	0 22 38/92 39 00
2	St. Leon-Rot[1]	75	0 62 27/8 60 80
3	Sporting Club Berlin[2]	60	03 36 31/6 35 00
4	Beuerberg[3]	60	0 81 79/6 17
5	Land-Golfclub Öschberghof	60	07 71/8 45 25
6	Golf Club Feldafing	60	0 81 57/9 33 40
7	Münchener Golf Club Straßlach	60	0 81 70/4 50
8	Margarethenhof GCC[4]	60	0 80 22/7 50 60
9	Golf Club Hubbelrath	60	0 21 04/7 21 78
10	Kosaido International GC Düsseldorf	55	0 21 04/7 70 60
11	Golf- und Land-Club Berlin-Wannsee	55	0 30/8 05 50 75
12	Golfclub Schloss Egmating	55	0 80/9 08 60

1) Softspikes only; 2) Hotelgäste mit ermäßigtem Tarif; 3) Abschlagzeit bis 9 Uhr; 4) Abschlagzeit bis 10 Uhr

* Wochenend-Tarife; unter der Woche sind die Tarife niedriger. Abschlagzeiten i. d. R. nur bei vorheriger Anmeldung und in Begleitung eines Clubmitglieds.

Quelle: Golf Journal 10/1999

---

65   LT-Drucks. Nordrh.-Westf. 11/4891 vom 12. 1. 1993; Brückner in UPR 1988, 424

Abb. 87: Pachtpreise für Golfvereine nach PLZ-Bereichen 1998

PLZ-Bereich	Anzahl der Clubs in diesem Bereich	Pachtpreise in €/ha i. Durchschnitt	von	bis	PLZ-Bereich	Anzahl der Clubs in diesem Bereich	Pachtpreise in €/ha i. Durchschnitt	von	bis
14 bis 17	2	1 166	400	1 933	57	3	364	150	500
20 und 22	3	1 023	712	1 209	58	2	679	630	727
23	1	517	517	517	60 und 61	1	215	215	215
25	3	867	182	1 301	63	2	795	691	900
26	4	465	141	775	64	1	800	800	800
27	3	541	500	581	66 und 67	1	178	178	178
29	1	195	195	195	71	1	1 290	1 290	1 290
33	2	620	561	680	72	1	1 070	1 070	1 070
34 und 37	1	586	586	586	74	1	1 215	1 215	1 215
35	2	476	402	550	73 und 89	5	693	300	1 200
36	2	1 370	120	2 664	77 und 79	3	336	260	375
38	1	200	200	200	82	5	1 929	1 292	2 801
40 und 42	1	1 084	1 134	1 084	83	3	1 759	1 150	2 750
41	2	1 103	900	1 305	84	1	750	750	750
44	1	1 428	1 428	1 428	85	4	1 963	1 118	2 933
45	1	1 222	1 222	1 222	86	1	618	618	618
46	1	1 375	1 375	1 375	87	2	1 230	550	1909
47	1	1 144	1 144	1 144	88	1	580	580	580
49	1	1 250	1 250	1 250	91	1	625	625	625
51	1	750	750	750	92	1	588	588	588
52	2	784	697	870	93	1	622	622	622
53	1	1 000	1 000	1 000	96	2	462	339	585
55 und 56	1	750	750	750	97	2	840	500	1180

* Auf Golfplatz-Grundstücke entfallen meist 60 bis 80 Hektar. Am Betriebsvergleich 1997 haben 75 Golf-Clubs teilgenommen.

Quelle: Deutscher Golf Verband e.V., Wiesbaden (23. 10. 1998)

Abb. 88: Belegungsdichte der Golfplätze von 1995 bis 1999

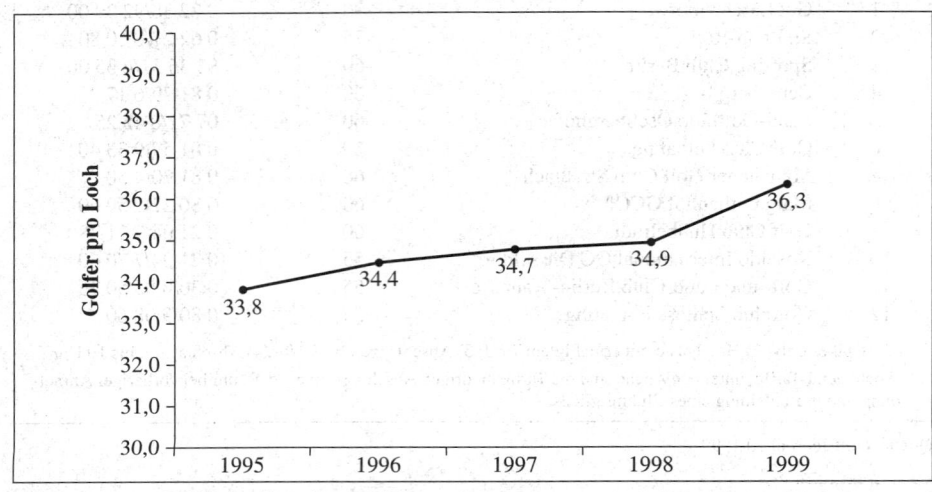

Quelle: Deutscher Golf Verband http://www.golf.de

7.13.5 Bodenwert künftiger Golfanlagen

Flächen für Golfplätze werden   **462**
– in ländlichen Bereichen mit etwa dem 2- bis 3fachen und
– in Ballungszentren mit dem 4- bis 5fachen des
bäuerlichen Pachtzinses verpachtet. Dementsprechend wurden künftige **Golfplätze** auch
mit dem 2- bis 4fachen Wert landwirtschaftlicher Flächen gehandelt, wobei überdurchschnittliche Kostenbelastungen bei hügeliger Geländeoberfläche wertmindernd sind. Wertmindernd wirken sich darüber hinaus ökologische Auflagen sowie „Durchschneidungen"
durch öffentliche Wege mit den notwendigen Sicherungsmaßnahmen aus.

Als weitere Orientierung für die Bodenwertermittlung können **Vergleichspreise** herange-   **463**
zogen werden, **die für Sport- und Freizeitanlagen bezahlt worden sind,** wobei der Quadratmeterpreis mit zunehmender Flächengröße geringer zu veranschlagen ist.

Neuere Umfragen[66] deuten darauf hin, dass für künftige Golfanlagen nach der Boomphase   **464**
anfangs der 90er-Jahre Landwirte nur noch die **Preise für landwirtschaftliche Nutz-
flächen bzw. bis zu 50 % darüber** bezahlt worden sind, wobei dies insbesondere für kleinere Teilflächen gelten soll. Der Markt ist bei alledem recht undurchsichtig und wird durch
fallspezifische Verhandlungskonstellationen bestimmt.

Ein höherer Bodenwert, der sich am **Bodenwert vergleichbarer Gewerbeflächen** orien-   **465**
tiert, ist darüber hinaus für die Teilbereiche angemessen, die planungsrechtlich mit Gebäuden bebaut werden dürfen und ausreichend erschlossen sind.

7.13.6 Verkehrswertermittlung eingerichteter Golfanlagen

Als Wertermittlungsverfahren kommt in aller Regel nur das **Ertragswertverfahren** in   **466**
Betracht, da
– Vergleichspreise von eingerichteten Golfanlagen kaum zur Verfügung stehen und
– das Sachwertverfahren, wie aus der ansatzweise vorgestellten Gesamtkalkulation
  erkennbar, den Ertragswert, an dem sich ein wirtschaftlich denkender Käufer orientieren
  würde, mehr oder minder deutlich überschreitet.

Bei der Verkehrswertermittlung von Flächen, die zum Zwecke ihrer Nutzung als Golfanlage verpachtet sind, lässt sich der Verkehrswert nach allgemeinen Grundsätzen des
Ertragswertverfahrens ermitteln (Restwertmethode):

$$EW = RE \times V + \text{Restwert} \times q^{-n}$$

Reinertrag (RE) ist dabei die Nettopacht, d. h. die dem Verpächter zufließende Barpacht.   **467**
Zur Ermittlung des Reinertrags muss Einblick in den Pachtvertrag genommen werden. Als
die wichtigsten wertbestimmenden Parameter des Pachtvertrags können gelten:
– Die Höhe des Pachtentgelts,
– Anpassungsklauseln,
– die Zahlungspflicht für bodenbezogene Abgaben, insbesondere die Grundsteuer,
– die Zahlungsweise (vorschüssig oder nachschüssig),
– die Restlaufzeit des Pachtverhältnisses,
– eventuelle Entschädigungen für vorhandene Einrichtungen,
– die Regelungen zur Rückübertragung (z. B. Rekultivierungspflichten des Pächters),
– die Regelungen für eine Verlängerung der Pacht.

---

[66] Köhne in GuG 1999, 258 ff.; Weiteres Schrifttum: Billion, F., in GuG 1999, 331

468 Der **Vervielfältiger V** bestimmt sich nach Maßgabe der vertraglichen Restlaufzeit ggf. unter Berücksichtigung von Verlängerungsoptionen und dem Kalkulationszinssatz. Bei vorschüssiger Zahlung des jährlichen Pachtentgelts ist abweichend von der Anlage zur WertV der vorschüssige Vervielfältiger heranzuziehen.

469 Der **Restwert** ist mit dem Wert anzusetzen, den die Fläche nach Ablauf des Pachtvertrags unter Berücksichtigung der dann bestehenden Verwertungsmöglichkeiten aufweist. Fällt die Golfanlage entschädigungslos an den Verpächter zurück, muss insbesondere geprüft werden, ob dieselbe Nutzung oder eine gleichartige Nutzung fortgesetzt werden kann, wobei dann allerdings von einer entsprechend „gealterten" Anlage mit einem entsprechenden Modernisierungs- bzw. Umnutzungsbedarf ausgegangen werden muss. Ist hingegen für eine nach Ablauf der Pachtzeit noch werthaltige Anlage eine Entschädigung zu leisten, so kann als Restwert der Bodenwert angesetzt werden.

470 Kommt nach Ablauf der Pachtzeit nur eine landwirtschaftliche Nachfolgenutzung in Betracht, muss geklärt werden, wem die **Rekultivierungslast** obliegt. Hat der Pächter die Kosten der Rekultivierung zu tragen, kann direkt vom Verkehrswert landwirtschaftlicher Flächen ausgegangen werden. Hat diese Kosten indessen der Verpächter zu tragen, so ist der Verkehrswert landwirtschaftlicher Flächen abzüglich dieser Rekultivierungskosten anzusetzen.

471 Als **Kalkulationszinssatz** wird im Schrifttum ein Zinssatz von 4 % genannt[67], der nach der hier vertretenen Auffassung allerdings höher ausfällt. Dieser Auffassung hat sich Köhne[68] angeschlossen, der mit Recht darauf hinweist, dass im Hinblick auf ein drohendes Überangebot an Golfanlagen das Betreiberrisiko gestiegen ist. Mit einem Zinssatz von 5 bis 6 %, der sich immer noch unterhalb eines bankenüblichen Finanzierungszinssatzes bewegt, wird einer Anpassung des Pachtentgelts Rechnung getragen, andernfalls wäre der Kalkulationszinssatz noch höher anzusetzen.

7.14   Alten- und Pflegeheim[69]

7.14.1   Allgemeines

472 Die demographische Struktur der Bundesrepublik Deutschland erfordert bis zum Jahre 2010 einen Bedarf an Pflegeplätzen von 850 000. Im Jahre 2000 lag der Bestand dagegen bei 690 000 Pflegebetten. Rd. 400 000 sind davon vor Einführung der Heimmindestbauverordnung erstellt und in hohem Maße sanierungsbedürftig. Damit ergab sich für die nächsten 10 bis 15 Jahre ein **Investitionsbedarf von ca. 5 bis 7,5 Mrd. €** (Abb. 89).

• Rd. 13 Mio. über 65-Jährige leben in Deutschland	
• Rd. 95 % der über 65-Jährigen leben in „normalen" Wohnungen	
• Rd. 5 % der über 65-Jährigen leben in Sonderwohnformen der Altenhilfe	
• 4,5 % leben in Alten- und Pflegewohnheimen	= rd. 580 000 Plätze
• 0,7 % leben in Wohnheimen (inkl. Wohnstifte)	= rd. 90 000 Plätze
• Das Eintrittsalter liegt im Durchschnitt bei über 80 Jahren	
• rd. 8 000 Projekte	= rd. 670 000 Plätze

Quelle: Empirica; Stand: Mai 2000

Der **Pflegesatz** setzt sich aus den Personal- und Sachkosten, der Abschreibung und den Zinsen für Kapitaldienste zusammen mit den sich aus der nachfolgenden Darstellung ergebenden Positionen (Abb. 90).

---

67   Köhne, Landwirtschaftliche Taxationslehre, 2. Aufl., S. 174; vgl. die 3. Aufl. dieses Werks Köln 1998, S. 897
68   Köhne in GuG 1999, 260
69   Jahn, W., Wertermittlung von Alten- und Pflegeheimen, GuG 2000, 282

Abb. 89: Bewohner in Alteneinrichtungen 1995 – 2030

1 100 Tsd.
1 000 Tsd.
900 Tsd.
800 Tsd.
700 Tsd.
600 Tsd.
500 Tsd.
400 Tsd.
300 Tsd.
200 Tsd.
Bewohner in allen Einrichtungen der Altenhilfe
Bewohner in Pflegeheimen
1995
2000
2005
2010
2015
2020
2025
2030
Prognosezeitraum

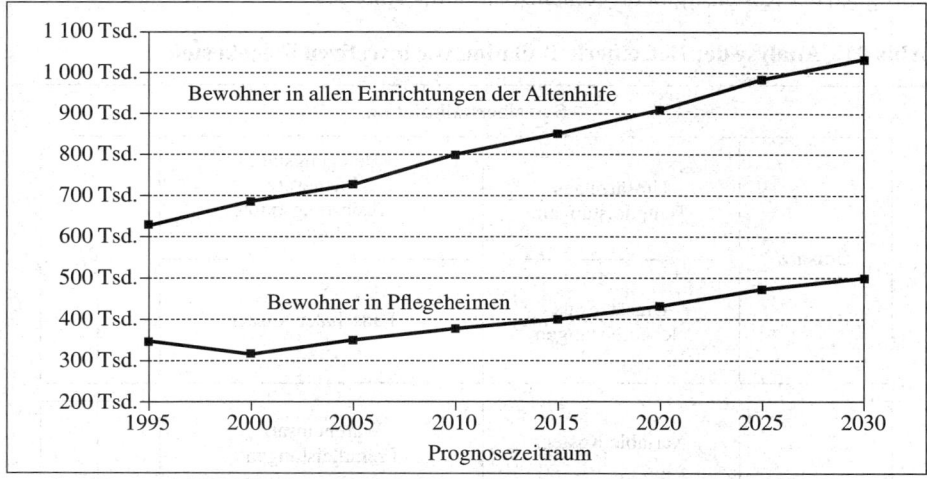

Quelle: Die Auswirkungen der Pflegeversicherung auf die Nachfrage nach Sozialimmobilien in WIS Bericht Nr. 21

Abb. 90: Ermittlung des Pflegesatzes

Ermittlung des Pflegesatzes
Liquiditätwirksame Betriebskosten
Kalkulatorische Kosten
Investive Folgekosten
= Pflegesatz*)
Personalkosten
Sachkosten
Abschreibungen
Zinsen für Kapitaldienste
= Pflegesatz*)
1. Ärztlicher Dienst
2. Pflegedienst
3. Medizinisch-technischer Dienst
4. Funktionsdienst
5. Klinischs Hauspersonal
6. Wirtschafts- und Versorgungsdienst
7. Technischer Dienst einschließlich Instandhaltung
8. Verwaltungsdienst
9. Sonderdienste
10. Sonstiges Personal
11. Nicht zurechenbare Personalkosten
1. Lebensmittel
2. Medizinischer Bedarf
3. Zu- und Abwasser, Energie, Brennstoffe
4. Wirtschaftsbedarf
5. Verwaltungsbedarf
6. Zentrale Verwaltungsdienste
7. Zentrale Gemeinschaftsdienste
8. Steuern, Abgaben, Versicherungen
9. Instandhaltung einschl. Instandsetzung
10. Gebrauchsgüter
11. Sonstiges
Abschreibungen
Zinsen Eigenkapital
Zinsen Fremdkapital
= Pflegesatz*)
„Cashflow-Kosten"
Kapitalkosten
*) Pflegesatz = Σ Kosten / Berechnungstage
Berechnungstage = Betten × 365 × Ø Auslastung

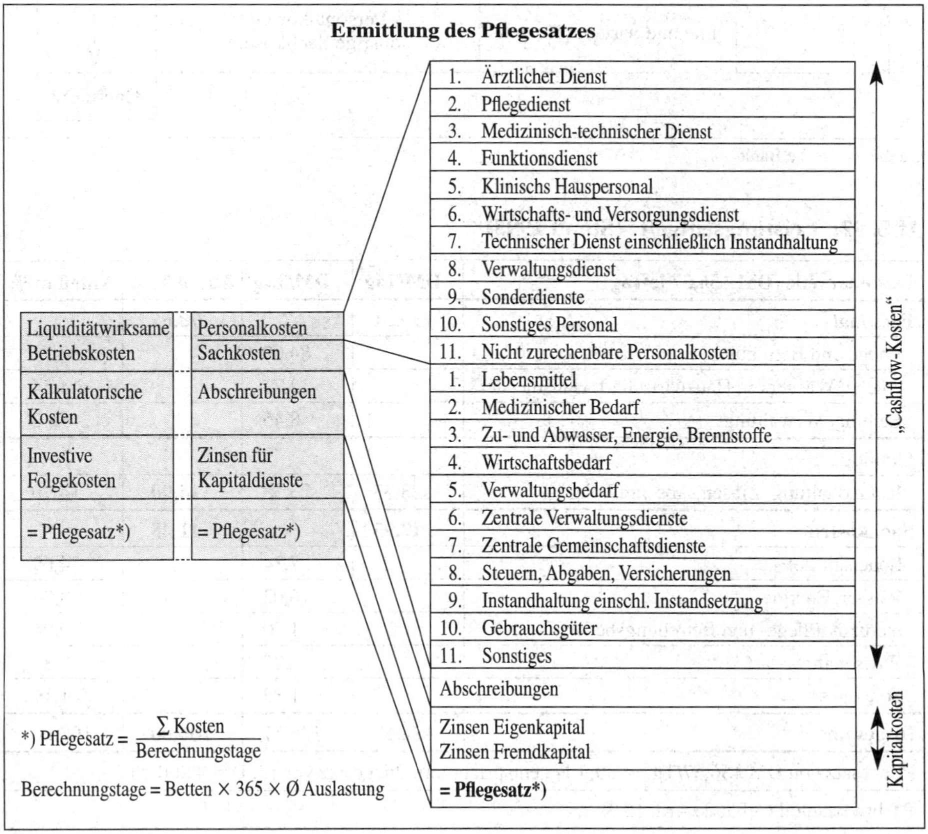

Quelle: Deutsche Bank

Die Personalkosten bilden bei einer Betreiberkalkulation den Schwerpunkt. Der Umsatz abzüglich der Kosten ergibt die Rendite (Cashflow, Abb. 91):

Abb. 91: Analyse der Betreiberkalkulation vor investiven Folgekosten

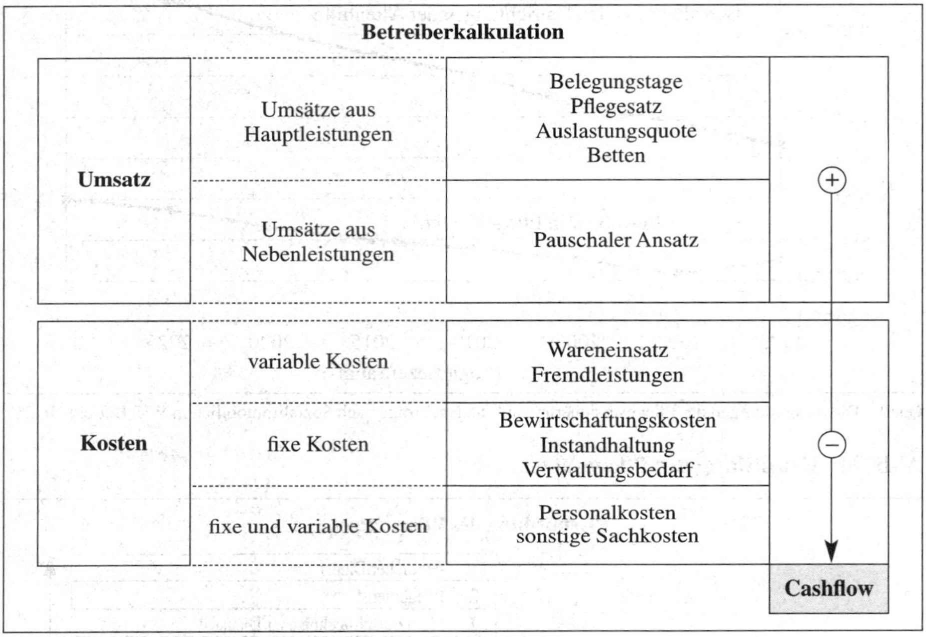

Quelle: Deutsche Bank

Abb. 92: Leistungsentgelte (Stand 1995)

Kostenanteile (DM 156,57 je Tag)	DM/Tag	DM/Tag	Anteil in %	Anteil in %
Personal	**115,31**		**73,65**	
Pflege und Betreuung		84,09		53,71
Küche, Wäscherei, Hauswirtschaft, Hausmeister		22,77		14,54
Leitung, Verwaltung		8,45		5,40
Gebäude				
Instandhaltung, Zinsen, Abschreibung	**23,33**	23,33	**14,90**	14,90
Sachkosten	**17,93**		**11,45**	
Lebensmittel		7,34		4,69
Wasser, Energie		6,02		3,84
medizin. Pflege- und Betreuungsbedarf		1,50		0,96
Wirtschaftsbedarf		1,25		0,80
Sonstiges		1,82		1,16
Insgesamt	**156,57**	156,57	**100,00**	100,00
Pflegesatz von DM 156,57/Tg. × 30,5 Tg. entspricht mtl. Pflegesatz von rd. DM 4 800,00				
Pachtwertanteil Gebäude – rd. 15 %				

Quelle: LVR

7.14.2   Verkehrswertermittlung eines Seniorenzentrums (Beispiel[70])

Das Zentrum besteht aus einem Alten- und Pflegeheim sowie den Bereichen beschütztes   **473**
Wohnen sowie Tagespflege und Rehabilitation; sein Standort befindet sich in Nordrhein-
Westfalen.

1. Ausgangsdaten

a) Bodenbeschreibung

Lage	Stadtzentrum
Lagebeurteilung	zentrale, ruhige Lage; für die ausgeübte Nutzung besonders geeignet
Nahverkehrsmittel	Bushaltestelle in unmittelbarer Nähe
Straßenzustand	Anbindung an die endgültig ausgebaute Oststraße (verkehrsberuhigt gestaltet)
Zuwegung	direkter Straßenzugang
Versorgung	Strom, Gas, Wasser, Telefon
Entsorgung	Anschluss an den öffentlichen Kanal
Erschließungsbeiträge	fallen nicht mehr an, sie sind im Kaufpreis enthalten
Nachbarbebauung	Ein- und Zweifamilienhäuser sowie Mehrfamilienhäuser
Grundstückszuschnitt	Reihengrundstück, unregelmäßiger Zuschnitt, Südhanglage
Straßenfront	ca. 80 m
Baurecht	Sondergebiet Seniorenzentrum, GRZ = 0,4 GFZ = 1,1 5 Vollgeschosse
vorhandene Ausnutzung	GRZ = 0,26 GF = 6880 m^2 GFZ = 0,92
wertbeeinflussende Umstände	keine
Baulasten	keine Eintragungen im Baulastenverzeichnis
Altlasten	sind nicht bekannt geworden
Überbauungen	keine Grenzbebauungen (offene Bauweise)
wirtschaftliche Einheit	ja

b) Baubeschreibung

Bezeichnung	Seniorenzentrum bestehend aus:
• Alten- und Pflegeheim:	90 Plätze
• Beschütztes Wohnen:	21 Plätze
• Tagespflege/ambul. Reha-Bereich:	12 Plätze
Baujahr	1993/1994
Funktion, Grundrisse	zweckmäßige, zeitgemäße Grundriss- und Gebäudekonzeption (Y-förmiger Baukörper)
Keller	als Sockel-/Hanggeschoss ausgebaut
Anzahl der Geschosse/Dachgeschosse	4 Vollgeschosse, DG im Kernbereich als Kapelle ausgebaut, ansonsten kein Dachausbau
Art	freistehend
Fundamente	Beton-Streifenfundamente
Außenwände, Fassaden	Mauerwerk, Außenhaut Thermoputz (weiß)
Innenwände	vorwiegend Mauerwerk, Putz; Tapeten, Anstrich oder Fliesen
Decken	Stahlbeton
Treppen	Stahlbeton, Natur-, Kunststein- oder Fliesenbelag
Dach	Holz-Satteldach, Falzziegeleindeckung
Fenster	Alu-kunststoffbeschichtet, Dämmglas
Türen	Naturholz oder kunststoffbeschichtete Türblätter, entsprechend den Anforderungen als FH-Türen ausgebildet
Bodenbeläge	vorwiegend PVC- oder Stein-/Fliesenbelag
Heizung	Zentralheizung, 500 – 700 kW
Sanitäre Installation	entsprechend den heutigen Erfordernissen in behindertengerechter Ausführung
Elektro-Installation	lt. VDE
Personen-Aufzüge	Kern A: 1 Aufzug 140/240
	Trakt B: 1 Aufzug 110/240
	Trakt C: 1 Aufzug 110/210
Schall- u. Wärmeschutz	lt. DIN 4108 bzw. 4109
Gesamtausstattung	durchschnittlich bis überdurchschnittlich
Bau- u. Unterhaltungszustand	gut; das Objekt ist mängelfrei erstellt und abgenommen worden

---

70 Stannigel/Kremer/Weyers, Beleihungsgrundsätze, S. 516, Abschnitt 6.8.2 Altenheime, Pflegeheime; Weyers, G., Verkehrswert und Beleihungswert von Seniorenimmobilien, GuG 1997, 2

Außenanlagen	Zufahrten, 40 Stellplätze und Wege in Verbundpflaster, gärtnerische Gestaltung (Strauch und Baumbepflanzung)
Bauschein	Nr. 05/1847.015 vom 25. 1. 1993

Hinweis:

Die Angaben beziehen sich auf dominierende Ausstattungen und Ausführungen. In Teilbereichen können Abweichungen vorliegen.

c) Nutzungsmäßige Aufteilung

Gebäude-teil	Sockelgeschoss Ebene 0	Erdgeschoss Ebene 1	1.–3. Obergeschoss Ebene 2–4	Dachgeschoss Ebene 5
Trakt A	nicht unterkellert	Küche, Vorrat, Lager, Personal	»Heim und Pflege«	keine Nutzung
Trakt B	Lager, Wäsche- und Bügelräume	Speiseraum, Cafeteria, WC-Räume	»Heim und Pflege«	keine Nutzung
Trakt C	Technik- und Werkstatträume	Foyer, Rezeption, Friseur	Zentralbereich, div. Nutzung	Kapelle, Technik
Trakt D	Personal- und Lagerräume	Tagespflege, Büroräume	»Heim und Pflege«	keine Nutzung
Trakt E	nicht unterkellert	Phys. Therapie, Sonderräume	»Beschütztes Wohnen«	keine Nutzung

d) Betriebliche Nutzung (Zimmer und Bettenangebot)

   A Alten- und Pflegeheim (Anzahl Zimmer)
   (»Heim und Pflege«)

Lage	1. Obergeschoss		2. Obergeschoss		3. Obergeschoss		insgesamt	
	EZ	DZ	EZ	DZ	EZ	DZ	EZ	DZ
Trakt A	6	1	6	1	6	1	18	3
Trakt B	1	4	1	4	1	4	3	12
Trakt C	1	–	1	–	1	–	3	–
Trakt D	12	–	12	–	12	–	36	–
	20	5	20	5	20	5	60	15

Σ der Zimmer = 75
Σ der Betten = 90

   B Beschütztes (heimverbundenes) Wohnen
   in Trakt E, 1.–3. Obergeschoss

Lage/Geschoss	1-Bettenappartements (Stück)	2-Bettenappartements (Stück)	insgesamt	
			Zimmer	Betten
1. Obergeschoss	–	1	1	2
2. Obergeschoss	6	2	8	10
3. Obergeschoss	5	2	7	9
	11	5	16	21

   C Tagespflege und ambulante Rehabilitation
   Für diesen Betriebsbereich stehen im Erdgeschoss der Trakte D und E insgesamt 12 Plätze zur Verfügung.

D Zusammenfassung

Betriebsbereich	Zimmerzahl	Betten/Plätze
Alten- und Pflegeheim (»Heim und Pflege«)	75	90
Beschütztes (heimverbundenes) Wohnen	16	21
Zwischensumme:	91	111
Tagespflege und ambulante Rehabilitation		12
* = 1,35 Betten/Zimmer		123*

2. Bauzahlenübersicht

In der Projektbeschreibung sowie dem Antrag und Bescheid für die öffentliche Förderung der Baumaßnahme ist bei der Ermittlung des Gebäudevolumens als Bezugsgröße der umbaute Raum i. S. von DIN 277/1950 (insgesamt 26 616 m³) und die Hauptnutzfläche (3 241 m²) zu Grunde gelegt worden.

Für die Bauwert-Ermittlung (Wert der baulichen Anlagen) werden jedoch die dem Bauantrag zu Grunde liegenden, geprüften Bauzahlen-Ermittlungen herangezogen.

Grundlage:

Ausstellungen des Architekten … Schreiben vom 25. 1. 1992

a) Brutto-Grundfläche

Aus der geprüften Brutto-Rauminhalt-Berechnung entnommen: 1948,84 m²   rd. 1949 m²
Geschossfläche, Brutto-Rauminhalt (DIN 277 – 1973/1987)

Geschoss	Geschossfläche (m²)	Brutto-Rauminhalt (m³)
Sockelgeschoss		3 649
Erdgeschoss	1 348	5 813
1. Obergeschoss	1 877	5 298
2. Obergeschoss	1 849	5 097
3. Obergeschoss	1 806	5 000
Dachgeschoss	6 880	24 857
(ausgebaut Kapelle)		778
Dachgeschoss		25 635
nicht ausgebaut		3 140
		28 775

Zum Vergleich: Umbauter Raum nach DIN 277/1950 = 26 616 m³; dies sind 92,5 % des Brutto-Rauminhalts.

b) Nutzflächen

Geschoss	NF (m²)	FF (m²)	VF (m²)	NGF (m²)
Sockelgeschoss	509	162	193	864
Erdgeschoss	1 193	–	237	1 430
1. Obergeschoss	1 322	12	360	1 694
2. Obergeschoss	1 328	–	365	1 693
3. Obergeschoss	1 283	–	372	1 655
Dachgeschoss	121	48	92	261
	5 756	222	1 619	7 597

Legende:

NF	Nutzfläche (Hauptnutzfläche + Nebennutzfläche)
FF	Funktionsfläche (Fläche für betriebstechnische Anlagen)
VF	Verkehrsfläche (Flure, Treppenhäuser)
NGF	Netto-Grundfläche

Dem geprüften Antrag auf öffentliche Förderung des Objektes sind die folgenden Flächenangaben entnommen:
zu Alten- und Pflegeheim (90 Plätze)

57 Einzelzimmer,	je 25,00 m²	1 425,00 m²
3 Doppelzimmer,	je 31,97 m²	95,91 m²
12 Doppelzimmer,	je 29,18 m²	350,16 m²
3 Einzelzimmer,	je 27,36 m²	82,08 m²
75 Zimmer		1 953,15 m²

zu Heimverbundenes Wohnen (21 Plätze)

7 Einzelappartement,	je 40,98 m²	286,86 m²
2 Einzelappartement,	je 42,49 m²	84,98 m²
2 Einzelappartement,	je 43,44 m²	86,88 m²
5 Doppelappartement,	je 49,02 m²	245,10 m²
16 Appartements		703,82 m²
Zwischensumme:		2 656,97 m²
zu Sonderbereich, Tagespflege/ambul. Reha-Bereich		678,80 m²
		3 335,77 m²
		rd. 3 336 m²*

*   Es handelt sich hierbei um die Hauptnutzfläche (HNF). Unter Einbeziehung der Fläche für Flure und Treppenhäuser (Verkehrsfläche) mit 1 619 m² ergeben sich insgesamt 4 955 m². Dies sind 65,2 % der Netto-Grundfläche (NGF). Auf Gemeinschaftseinrichtungen entfallen demnach 34,8 % der NGF.
Anzumerken ist, dass der Anteil der »Wohnfläche« an der NGF in der Regel zwischen 60 und 70 % liegt; im Beispielsfall sind es 65,2 % der NGF.
Ganz allgemein gilt, dass ein hoher Anteil der Fläche für Gemeinschaftseinrichtungen die Netto-Kaltmiete in die Höhe treibt.

3. Bodenwertermittlung

a) Kaufpreis

Das Areal wurde von der Stadt Muster (siehe hierzu UR.-Nr. 1156/91 vom 12. 10. 1991, Notar Karl Müller) zu einem Kaufpreis von 85 €/m² Grundstücksfläche erschließungsbeitragsfrei erworben.

b) Bodenrichtwerte, erschließungsbeitragsfrei (ef), zum 31. 12. 1999.

Im unmittelbaren Einzugsbereich betragen die Bodenrichtwerte:
100 €/m², Misch-/Wohngebiet, 2 Vollgeschosse
105 €/m², Mischgebiet, 2–3 Vollgeschosse.
Hierbei handelt es sich um Richtwertgrundstücke von 20 m × 35 m = 700 m², die in offener Bauweise bebaut werden können.

c) Wert des Grundstücks

Unter Berücksichtigung der Preisentwicklung auf dem Grundstücksmarkt sowie aller sonstigen wertbestimmenden Eigenschaften wurden in Abstimmung mit dem örtlichen Gutachterausschuss für Grundstückswerte für das Bewertungsgrundstück 150 €/m² ebf für angemessen erachtet.
Bei einem Sachwert des Objektes in Höhe von 11 095 000 € ergibt sich ein Bodenwertanteil von 10,4 %. Bezogen auf die Netto-Grundfläche (NGF) von 7 597 m² sind dies 151,38 €/m².
Damit liegen diese Kennzahlen (i. v. H. des Bodenwerts bzw. €/m² NGF) innerhalb der üblichen Bandbreiten.

Bezeichnung	Fläche m²	€/m²	€
Gebäude- und Freifläche	7 500	150,00	1 125 000
Grundstücksnebenkosten und zur Rundung (2,22 %)			25 000
Insgesamt Bodenwert:	7 500	153,33	1 150 000

4. Bauwertermittlung

Bezeichnung	Baujahr	beb. Fläche m²	Masse m² m²	€/Einheit	Neuwert €	WM* %	Zeitwert €
Seniorenzentrum	1994	1949	28 775	325	9 351 875	11,6	267 058
Außenanlagen, bes. Bauteile u. z. Rundung (6,66 %)					623 125	11,6	550 842
Zwischensumme:					9 975 000	11,6	8 817 900
Baunebenkosten (12,78 %)					1 275 000	11,6	1 127 100
Bauwert bei Index 2 050 (1914 = 100)					11 250 000	11,6	9 945 000

Auf 1 Zimmer entfallen 316 m³ (Bandbreite 200 bis 300 m³).
Ausbauverhältnis: 28 775 m³ : 7 597 m² = 3,8 (günstig).

* Bei einer durchschnittlichen wirtschaftlichen Gesamtnutzungsdauer (GND) von 60 Jahren (RdErl. des BMBau vom 12. 10. 1993 (BAnz. Nr. 199; 1993, 9630 = GuG 1994, 42) und der Wertminderung wegen Alters nach Vogels.

Legende Bauwert-Ermittlung:

beb. Fläche/m²	=	bebaute Fläche
Masse/m³	=	Bezugsgröße, Brutto-Rauminhalt
€/Einh.	=	€/m³ Brutto-Rauminhalt
Neuwert/€	=	Herstellungswert
WM %	=	Wertminderung i. v. H.
Zeitwert/€	=	Gebäudewert
Bauindex	=	Die Angabe der Indexzahl zum Stichtag der Wertermittlung erfolgt zum Zweck einer späteren Überarbeitung des Gutachtens. Der €/m³-Ansatz entspricht heutigen Kosten.

Bei den Wertansätzen (einschl. MwSt.) wurden keine Reproduktionskosten, sondern die Kosten vergleichbarer wirtschaftlicher Ersatzbauten zu Grunde gelegt. Auf ein Zimmer entfallen rd. 125 000 € (Neuwert) (Bandbreite vergleichbarer Neubauten 100 bis 150 000 €).

5.   Pachtwertermittlung

5.1   Altenheim (90 Plätze)

5.1.1   Heimkosten incl. Investitionskosten per 1. 1. 2000 (ohne MwSt.)

Die Pflegesätze beinhalten sämtliche Aufwendungen für Beherbergung, Verpflegung, Investition und Pflege (nach Bedürftigkeit). Kosten für die ärztliche Versorgung sowie für Pflegemittel sind hierin nicht enthalten. Der Heimkostensatz U + V (für die Unterkunft und die Verpflegung) sowie der Investitionskostenanteil sind Grundbeträge für alle Pflegeklassen. Sie ergeben sich aus dem Selbstkostenblatt.

Leistungen	Pflegestufen					
	I normale Pflege		II erhöhte Pflege		III schwere Pflege	
	€	%	€	%	€	%
Pflege	34,70	46,3	44,70	52,6	69,70	63,3
Unterkunft u. Verpflegung	27,45	36,6	27,45	32,3	27,45	25,0
Investitionskosten	12,85	17,1	12,85	15,1	12,85	11,7
Gesamtkosten pro Tag	75,00	100,0	85,00	100,0	110,0	100,0

5.1.2   Erlöse

Die vorhandenen Plätze verteilen sich seit der Eröffnung der Anlage im Durchschnitt wie folgt:

a) Für normale Pflegebedürftige 15 Plätze (= 16,7 % der verfügbaren Plätze)

b) Für erhöht Pflegebedürftige 35 Plätze (= 38,9 % der verfügbaren Plätze)

c) Für schwer Pflegebedürftige 40 Plätze (= 44,4 % der verfügbaren Plätze)

Auf die Kategorien erhöht- bzw. schwerpflegebedürftige Personen entfallen i. d. R. 60 bis 80 % der verfügbaren Plätze: hier sind es 83,3 %.

15 Plätze ×		= 75 €	1 125 €
35 Plätze ×		= 85 €	2 975 €
40 Plätze ×		= 110 €	4 400 €
Zwischensumme:			8 500 €
60 Einzelzimmer (EZ-Zuschlag 1,30 €)			78 €
Heimkosten je Tag:			8 578 €

Das Alten- und Pflegeheim war von Anbeginn voll ausgelastet; es kann daher mit einer nachhaltigen Auslastung von 98 % gerechnet werden.

Der Jahreserlös ergibt sich demnach wie folgt:
8 578 € × 365 × 0,98 = 3 068 350,60 = rd. 3 100 000 €

Der Jahreserlös in Höhe von 3 100 000 € entspricht einem durchschnittlichen Erlös von 95 €/Platz/Tag. Bei Berücksichtigung von 100.000 € (= rd. 3 %) für sonstige Erlöse, ist bei der Pachtwertermittlung von rd. 3 200 000 € auszugehen.

Angemessener Pachtwert 18 % von 3 200 000 € = 576 000 €/Jahr = 48 000 €/Monat; dies sind 24,58 €/m² HNF.

5.2 Beschütztes (heimverbundenes) Wohnen (21 Plätze)

Für diesen Bereich wird der nachhaltige Erlös mit 16 €/m² HNF/Monat kalkuliert. Bei einer Gesamtfläche von rd. 704 m² sind dies rd. 11.264 €/Monat bzw. 536,38 €/Platz.

5.3 Tagespflege, ambulanter Reha-Bereich

Es stehen 12 Tagespflegeplätze zur Verfügung. Der Pflegesatz liegt bei 65 €/Platz/Tag (rd. 87 % des Normalpflegesatzes von 75 €/Tag). Bei voller Auslastung (12 × 65 € × 365) würde sich ein Jahreserlös von 284 700 € (= 23 725 €/mtl.) ergeben. Es wird eine Auslastung von 98 % angenommen. Demnach kann der Bereich der Tagespflege sowie der ambulante Reha-Bereich mit einem Erlös von 23 250 €/mtl. berücksichtigt werden. Weiter sind noch Einnahmen aus Zusatzleistungen, die mit etwa 16 750 €/mtl. anzusetzen sind, zu berücksichtigen. Bei insgesamt 40 000 €/mtl. und 20 % Pachtanteil ergibt sich ein Pachtwert von 8 000 € (= 11,78 €/m² HNF bei 679 m²).

6. Ertragswertermittlung

Nr.	Bezeichnung		Einheit	€/Einheit	€/Monat
1	Alten- und Pflegeheim	90 Plätze	1 953 m²	24,58	48 000
2	Beschütztes Wohnen	21 Plätze	704 m²	16,00	11 264
3	Tagespflege/ambul. Reha-Bereich	12 Plätze	679 m²	11,78	8 000
Insgesamt:			3 336 m²	20,16	67,26
Jahresrohertrag:	(§ 17 WertV)				807,16
./. Bewirtschaftungskosten:	(§ 18 WertV) 15,00 %				– 121,03
Jahresreinertrag:					686 093
./. Bodenwertverzinsungsbetrag:	6,5 % von 1 150 000 €				74 750
Gebäudeertragsanteil:					611 343
Vervielfältiger bei 54 Jahren Restnutzungsdauer und 6,5 % = 14,87 × 611 343 € = 9 090 670 € Gebäudeertragswert rd.					9 100 000
Bodenwert					+ 1 150 000
Ertragswert					10 250 000

7. Verkehrswertermittlung

Bodenwert	1 150 000 €
Bauwert	9 945 000 €
Sachwert (SW)	11 095 000 €
Ertragswert (EW)	10 250 000 €
Verkehrswert der Immobilie:	10 500 000 €*

(94,64 % SW, 102,44 % EW)

* Verkehrswert (VW belastungsfrei und ohne Zubehör).

Bezugsgrößen zum Verkehrswert (Kennzahlen):

- Jahresrohertrag　　　　　　807 168 €　　/13,0facher
- Anzahl Zimmer　　　　　　91　　　　　/rd. 115 385 €/Zimmer
- Anzahl Betten　　　　　　123　　　　　/rd.　85 365 €/Bett
- Netto-Grundfläche (NGF)　7 597 m²　　/rd.　1 385 €/NGF
- Hauptnutzfläche (HNF)　　3 336 m²　　/rd.　3 150 €/HNF

8.　Ermittlung des Beleihungswerts i. S. von § 12 HBG

8.1　Vorgaben/Wertermittlungsanweisung

8.1.1　Bodenwert

- Preise für Grundstücke gleicher Art und Lage, die auf Dauer als angemessen anzusehen sind.
- Aktuelle Verkaufspreise, die für Grundstücke gleicher oder ähnlicher Lage unter normalen Verhältnissen erzielt worden sind.
- Bodenrichtwerte der Gutachterausschüsse für Grundstückswerte.

8.1.2　Bauwert

- Angemessene Herstellungskosten
  Hierbei dürfen die Kosten der Außenanlagen ohne Nachweis, höchstens bis zu 5 % der reinen Baukosten angesetzt werden. Baunebenkosten können bis zu 15 % der Summe aus Baukosten und Kosten der Außenanlagen ohne besonderen Nachweis berücksichtigt werden. Bei Berücksichtigung von Baunebenkosten bis zu 20 % ist ein besonderer Nachweis erforderlich.
- Risikoabschlag vom Bauwert bei Anwendung des Abschlagsverfahrens mindestens 10 %.
- Bau- und Unterhaltungszustand, Alter sowie zu erwartende Restnutzungsdauer der baulichen Anlagen sind Grundlage für die Berücksichtigung der Wertminderung.

8.1.3　Ertragswert

Jahresrohertrag (nachhaltig)
./. Bewirtschaftungskosten

= Gebäude- und Bodenreinertrag
./. Bodenwertverzinsungsbetrag (Normfläche)

= Gebäudeertragsanteil
× Vervielfältiger (Anl. zu § 16 Abs. 3 WertV)

= Gebäudeertragswert
./. Risikoabschlag

= Gebäudeertragswert i. S. Beleihungsgrundsätze
+ Bodenwert

= Ertragswert i. S. Beleihungsgrundsätze/Wertermittlungsanweisung

8.1.4　Bewirtschaftungskosten

Beim Ansatz der Bewirtschaftungskosten als Pauschalbetrag darf ein Satz von 15 % des Jahresrohertrags nicht unterschritten werden.

8.1.5　Kapitalisierungszinssätze (Mindestsätze)

Wohngrundstücke 5,0 %
Gemischt genutzte Grundstücke 5,5 %
Gewerbegrundstücke 6,0–6,5 %

8.1.6　Risikokategorien

(1) Geringes bis durchschnittliches Objektrisiko
(2) Erhöhtes Objektrisiko
(3) Hohes Objektrisiko

8.1.7　Risikoabschläge

Zur Ermittlung von Bauwert und Gebäudeertragswert sind die folgenden Risikoabschläge vorzunehmen:
- Bei Objekten mit geringem bis durchschnittlichem Risiko　　Abschläge von 10 bis 25 %
- Bei Objekten mit erhöhtem Risiko　　　　　　　　　　　　Abschläge von 25 bis 40 %
- Bei Objekten mit hohem Risiko　　　　　　　　　　　　　Abschläge von mindestens 40 %.

Bei der Ermittlung des Ertragswerts von Wohngrundstücken mit geringem Objektrisiko kann auf den Abschlag beim Gebäudeertragswert verzichtet werden.

8.1.8 Ableitung eines Beleihungswert-Vorschlags

Bodenwert	1 150 000 €
Bauwert i. S. BelGr bei 15 % Risikoabschlag	rd. 8 450 000 €
Gebäudeertragswert i. S. BelGr bei 15 % Risikoabschlag	7 750 000 €
Sachwert i. S. Beleihungsgrundsätze	9 600 000 €
Ertragswert i. S. Beleihungsgrundsätze	8 900 000 €
Beleihungswert-Vorschlag	rd. 9 000 000 €*

* Dies sind 87,71 % des mit 10 500 000 € ermittelten Verkehrswerts; d. h. der Risikoabschlag beim Praxisbeispiel beträgt rd. 14 %.

Wird der Beleihungswert mit 9 000 000 € festgesetzt, so könnten im i. S. von § 11 HBG 5 400 000 € als Realkredit gewährt werden. Dies wären rd. 51 % des Verkehrswerts. Erfahrungsgemäß können Kreditnehmern bei realkreditfähigen Objekten bis zu 50 % der auf Angemessenheit überprüften Herstellungskosten oder des fachgerecht ermittelten Verkehrswerts als Realkredit zur Verfügung gestellt werden. Siehe hierzu auch die Bewertungsvorschriften des BAKred i. S. von § 20 Abs. 3 S. 2 Ziff. 4 KWG.

8.1.9 Objektbeurteilung und Risikoeinstufung

Das 1994 in Betrieb genommene Zentrum von Altenpflege, beschütztem Wohnen sowie Tagespflege und Rehabilitation mit insgesamt 123 Heimplätzen ist voll angenommen; die Betriebserlaubnis wurde am 25. 10. 1994 erteilt. Alle Anlagen hinterlassen einen gepflegten Eindruck. Ob seiner zentralen und ruhigen Lage ist das Zentrum derzeit völlig konkurrenzlos. Es kann von einem geringen bis durchschnittlichem Objektrisiko ausgegangen werden (1). Beabsichtigt ist in Kürze die Zertifizierung nach DIN EN ISO 9000 ff.
Anzumerken ist, dass von den rd. 500 000 Heimplätzen für vollstationäre Pflege in der Bundesrepublik Deutschland derzeit (1. Hj. 2000) rd. 140 000 Plätze (= 28 %) auf Nordrhein-Westfalen entfallen. Das NRW-Sozialministerium hält (am 4. 4. 2000) den Bedarf an stationären Pflegebetten statistisch gesehen für ausreichend, auch wenn es noch örtlich Engpässe gibt. Das Angebot in der Tagespflege ist seit 1996 (das Landespflegegesetz ist in Kraft getreten) um 60 % auf 2 700 Plätze gesteigert worden; die Kurzzeit-Pflegeplätze haben sich in diesem Zeitraum verdoppelt, sie werden derzeit mit 5 000 angegeben.

474   Weitere Beispiele:

– Wertermittlung einer Deponie § 4 WertV Rn. 447 ff.

– Wertermittlung von Grundstücken mit Bodenschätzen § 4 WertV Rn. 373 ff.

– Wertermittlung von Grundstücken mit Lärmbelastungen § 5 WertV Rn. 237 ff.

– Wertermittlung von Grundstücken mit Altlasten vgl. § 5 WertV Rn. 183 ff.

– Wertermittlung von Konversionsflächen vgl. § 4 WertV Rn. 486 ff.

– Wertermittlung eines Einfamilienhauses Vorbem. zu den §§ 21 ff. WertV Rn. 127 f.

– Wertermittlung eines Wohngrundstücks im sozialen Wohnungsbau vgl. § 19 WertV Rn. 30 ff.

– Wertermittlung eines Liquidationsobjektes vgl. § 20 WertV Rn. 53 ff.

– Wertermittlung von Burgen und Schlössern vgl. § 19 WertV Rn. 126 ff.

– Wertermittlung von Grundstücken mit Denkmälern vgl. § 19 WertV Rn. 179 ff.

– Wertermittlung im Geltungsbereich einer Erhaltungssatzung vgl. § 19 WertV Rn. 214 ff.

– Wertermittlung von Eigentumswohnungen vgl. Vorbem. zu den §§ 13 und 14 WertV Rn. 82 ff.

Anlage:

Umsatzbezogene Mietwertableitung für Alten- und Pflegeheim (angem. Schätzwerte)

Postleitzahl:	Ort:

Straße, Hausnummer:

Basisdaten

Nutzfläche (ohne Garagen):			m²	
Anzahl der Zimmer:	(i. Mittel:	m² je Zimmer incl. antlg. Nebenfl.)	Stck.	
Anzahl der Betten/Plätze:	(i. Mittel:	Betten je Zimmer)	Stck.	
– Betreutes Wohnen:			Stck.	
– Tagespflege:			Stck.	
– Pflegestufe I:			Stck.	
– Pflegestufe II:			Stck.	
– Pflegestufe III:			Stck.	
Auslastung der Betten/Plätze:			%	90
Belegungstage				
(Erfahrungsw. bez. Nutzung, Lage u. Konzeption):	(365 Tage ×	90 % Auslastung) p. a.		328,50
Umsatzmiete				
– Betreutes Wohnen:			%	30,0
– Tagespflege:			%	20,0
– Pflegestufe I – III:			%	18,0
Tagessätze	(Erfahrungswerte bez. Nutzung, Lage u. Konzeption)			
– Betreutes Wohnen:	(Monatlich €	/30 Tage)	€/Tg.	
– Tagespflege:	(Monatlich €	/30 Tage)	€/Tg.	
– Pflegestufe I:	(Monatlich €	/30 Tage)	€/Tg.	
– Pflegestufe II:	(Monatlich €	/30 Tage)	€/Tg.	
– Pflegestufe III:	(Monatlich €	/30 Tage)	€/Tg.	

Jahresumsatz

– Betreutes Wohnen:	Plätze × €	× 328,50 Belegungstage	(%) €	
– Tagespflege:	Plätze × €	× 328,50 Belegungstage	(%) €	
– Pflegestufe I:	Plätze × €	× 328,50 Belegungstage	(%) €	
– Pflegestufe II:	Plätze × €	× 328,50 Belegungstage	(%) €	
– Pflegestufe III:	Plätze × €	× 328,50 Belegungstage	(%) €	
– Sonstiger Umsatz:			(%) €	
Gesamtumsatz:	– Basisjahr		(%) €	

Mietwert aus Umsatz

– Betreutes Wohnen:	€	× 30,0 %	€
– Tagespflege:	€	× 20,0 %	€
– Pflegestufe I – III:	€	× 18,0 %	€
– Sonstigem Umsatz:	€	× 20,0 %	€
jährliche Umsatzmiete:	i. M.	%	
monatliche Flächenmiete:	€	: 12 :	m²	€/m²
Mietwert je Bett und Belegungstag:	i.M. €		

Bemerkungen

Zweiter Abschnitt:
Ertragswertverfahren

§ 15 WertV
Ermittlungsgrundlagen

(1) Bei Anwendung des Ertragswertverfahrens ist der Wert der baulichen Anlagen, insbesondere der Gebäude, getrennt von dem Bodenwert auf der Grundlage des Ertrags nach den §§ 16 bis 19 zu ermitteln.

(2) Der Bodenwert ist in der Regel im Vergleichswertverfahren (§§ 13 und 14) zu ermitteln.

(3) Bodenwert und Wert der baulichen Anlagen ergeben den Ertragswert des Grundstücks, soweit dieser nicht nach § 20 zu ermitteln ist.

---

1 Übersicht (Abs.1)

1.1 Ertragswertverfahren nach WertV

▶ *Zur Anwendbarkeit des Ertragswertverfahrens vgl. § 7 WertV Rn. 62 ff. und Vorbem. zu den §§ 15 ff. Rn. 1 ff.*

1 Der Ertragswert ist für die Ermittlung des Verkehrswerts von Objekten geeignet, für die die **Verzinsung des investierten Kapitals bei der Preisbildung im gewöhnlichen Geschäftsverkehr ausschlaggebend** ist. Dies sind insbesondere Mietwohn- und Geschäftsgrundstücke, gemischt genutzte Grundstücke, Gewerbe-, Industrie- sowie Garagengrundstücke (Parkhäuser, Garagenhöfe, Tief- und Sammelgaragen).

2 Der **Ertragswert** eines (bebauten) Grundstücks **ist die Summe der Barwerte aller bei ordnungsgemäßer Bewirtschaftung aus dem Grundstück nachhaltig erzielbaren Reinerträge einschließlich des Bodenwerts.** Mit dem Ertragswert wird demzufolge aufgezeigt, welches Kapital aus dem Grundstück sich nach dem ortsüblichen Miet- und Pachtzinsniveau rentierlich verzinst. Der aus dem Ertragswert nach § 7 Abs. 1 Satz 2 abgeleitete

Verkehrswert, der zwar als stichtagsbezogener Zeitwert definiert ist (§ 194 BauGB), bestimmt sich somit der Höhe nach maßgeblich durch die in die Zukunft gesetzten Erwartungen.

Der **Ertragswert setzt sich** mithin **zusammen** aus **3**
– dem Wert der baulichen Anlagen (Gebäudeertragswert) und
– dem Bodenwert,
wobei ggf. nach § 19 sonstige wertbeeinflussende Umstände besonders berücksichtig werden müssen (vgl. Abb. 1):

Abb. 1: Ermittlung des Ertrags- und Verkehrswerts

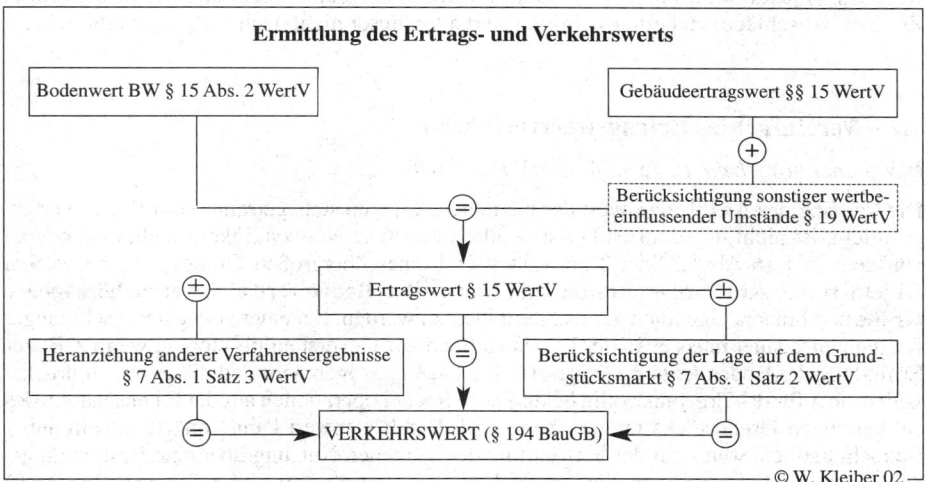

Nach Abs. 1 sind **Bodenwert und Wert der baulichen Anlagen unabhängig voneinander „getrennt" zu ermitteln:** **4**
– Der Wert der baulichen Anlagen ist auf der Grundlage des Ertrags nach den §§ 16 bis 19 zu ermitteln.
– Der Bodenwert bestimmt sich nach Abs. 2 i. d. R. im Vergleichswertverfahren nach § 13 und § 14.

Der „Wert der baulichen Anlagen" ist begrifflich identisch mit dem in der WertV 72 **5** noch gebrauchten Begriff des **„Gebäudeertragswerts".** Zur besseren Unterscheidung zwischen dem Wert der baulichen Anlagen i. S. d. Ertragswertverfahrens von dem gleichlautenden Begriff bei Anwendung des Sachwertverfahrens (vgl. § 21 Abs. 1 und 5), empfiehlt es sich, hier vom *„Ertragswert der baulichen Anlagen"* (Gebäudeertragsort) zu sprechen.[1]

Die Aufspaltung des Ertragswerts in einen Bodenwert- und Gebäudewertanteil ist darauf **6** zurückzuführen, dass der **Grund und Boden ein wertbeständiges Gut** ist, während der Wert der baulichen Anlagen infolge Alterung und Abnutzung abnimmt.

Nun weiß man, wie bereits ausgeführt, dass der Boden unvergänglich ist, während die **7** Gebäude auch bei ordnungsgemäßer Instandhaltung eine begrenzte technische und vor

---

1 Zu den Unterschieden vgl. Kleiber in Ernst/Zinkahn/Bielenberg, BauGB, Komm. zu § 21 WertV Rn. 4; im Übrigen so auch die Überschrift zu § 16 WertV

allem wesentlich kürzere wirtschaftliche Nutzungsdauer haben. Der **Reinertrag des Grundstücks wird daher aufgespaltet in die Verzinsungsanteile des Bodens und der baulichen Anlagen.** In diesem Zusammenhang wird deshalb auch von einem gespaltenen Verfahren gesprochen.

8   Entsprechend seiner „Restnutzungsdauer" wird der **Verzinsungsbetrag des Bodenwerts** (= Bodenwertverzinsungsbetrag) bei Ansatz eines objektspezifischen Liegenschaftszinssatzes **auf ewig kapitalisiert** und ergibt den Bodenertragswert (= Bodenwert), während der Ertragswertanteil der baulichen Anlagen als Zeitrente über die Dauer der voraussichtlichen wirtschaftlichen Nutzungsmöglichkeit (Restnutzungsdauer) zu sehen ist. Sein Barwert ist der Ertragswertanteil der baulichen Anlagen. Bodenwert und Wert der baulichen Anlagen bilden den Ertragswert und damit auch – vorbehaltlich § 7 Abs. 1 – den Verkehrswert des Objekts, sofern nach § 19 keine sonstigen wertbeeinflussenden Umstände (durch Zu- bzw. Abschläge) zu berücksichtigen sind oder dieser nicht nach § 20 zu ermitteln ist.

1.2 Vereinfachtes Ertragswertverfahren

▶ *Vgl. hierzu Vorbem. zu §§ 15 ff. WertV Rn. 150 ff.*

9   Die Vorgabe des Abs. 1, den Wert der baulichen Anlagen stets getrennt vom Bodenwert zu ermitteln, ist nicht in jedem Fall eine sachlich gebotene Notwendigkeit. Sieht man einmal von dem in § 16 Abs. 2 Satz 3 geregelten Fall eines übergroßen Grundstücks ab, ist **bei Objekten mit sehr langer Restnutzungsdauer der Bodenwert eine vernachlässigbare Größe** und braucht eigentlich gar nicht ermittelt zu werden. Bei einem Objekt mit sehr langer Restnutzungsdauer muss es in der Praxis vielfach auf Unverständnis stoßen, wenn z. B. zur Ermittlung des Bodenwerts ein Bodenrichtwert herangezogen wird und dieser mit eindrucksvollen, aber für das Ergebnis völlig belanglosen Rechenoperationen auf die Eigenschaften des zu wertenden Grundstücks umgerechnet wird. Der Bodenwert kann von vornherein außer Betracht bleiben, wenn mit der Fortführung der baulichen Nutzung über eine Restnutzungsdauer gerechnet werden kann, die länger als etwa 50 Jahre währt (vgl. § 7 WertV Rn. 165 ff. und § 13 WertV Rn. 51, 194).

10   Der Ertragswert kann in diesem Fall im sog. vereinfachten Ertragswertverfahren aus dem Produkt von Reinertrag und Vervielfältiger (vgl. Anl. zur WertV) abgeleitet werden:

$$\text{Ertragswert} = \text{Reinertrag} \times \text{Vervielfältiger}$$

oder auch aus:

$$\text{Ertragswert} = \frac{\text{Reinertrag} \times 100}{\text{Kapitalisierungszinssatz}}$$

11   Weicht die Grundstücksgröße von der üblichen und der Bebauung angemessenen Grundstücksgröße ab, so kann dies gesondert berücksichtigt werden (vgl. Vorbem. zu den §§ 15 ff. WertV Rn. 160 ff.)

12   Mit abnehmender Restnutzungsdauer und insbesondere bei **Objekten mit nur noch kurzer Restnutzungsdauer** (z. B. unter 30 Jahren) schlägt der Bodenwert auf den Ertragswert, wie im Übrigen auch auf die Höhe des Liegenschaftszinssatzes (vgl. § 11 WertV Rn. 82 ff.) durch, während der Wert der baulichen Anlagen rapide abnimmt. Dies ist nicht nur in der Alterung und Abnutzung der baulichen Anlagen, sondern auch darin begründet, dass der dadurch bedingte Rückgang des Reinertrags um den Bodenwertverzinsungsbetrag gemindert wird.

13   Die einfachste, aber auch unsicherste Methode, den Wert eines Grundstücks über Erträge zu ermitteln, bietet das **Maklerverfahren,** das im Kern zwar ein vereinfachtes Ertragswertverfahren darstellt, jedoch auf recht „grobe" Vervielfältiger (Multiplikatoren) zurückgreift (vgl. Rn. 33). Ausgangspunkt ist der tatsächlich erzielte Grundstücksrohertrag/Jahr, der mit einem Faktor multipliziert wird. Entsprechende Faktoren werden von den Maklerverbänden oder von Gutachterausschüssen ermittelt und veröffentlicht. Dabei muss zwischen Rohmietenmultiplikatoren (Nettokaltmiete) und Reinertrags-Mietenmultiplikatoren unterschieden werden (vgl. Abb. 2).

Beispiel:

Erfahrungssätze (Jahresrohmietenvervielfältiger) für Gewerbeobjekte in sehr guten Lagen im Jahr 2000

Geschäftshäuser (1a-Lage)	16–19
Bürogebäude (1a-Lage)	16–19
Verbrauchermärkte, Einkaufszentren	12
Lagerhallen, Produktionsstätten	9–11
Grundstücksrohertrag eines Büroobjekts in sehr guter Lage im Jahre 2000	= 82 500 €
(Verkehrswert): 82 500 € × 16	= 1 320 000 €

Als vereinfachtes Verfahren gilt auch das früher **im Schätzwesen angewandte ungespaltene Ertragswertverfahren** nach der Formel (vgl. Rn. 10):   **14**

$$EW = \frac{[\text{Jahresrohertrag-Bewirtschaftungskosten (einschl. AfA)}] \times 100}{\text{Zinssatz}}$$

Hier ergeben sich bei der Abschreibung des Werts der baulichen Anlagen Probleme. Das   **15**
Verfahren ist deshalb **nur bei Objekten mit langer Restnutzungsdauer (> 40 Jahre)** anwendbar. Obwohl das Verfahren vielfach noch von Kreditinstituten und Versicherungen angewendet wird, ist es in der Schätzpraxis seit langem durch das genauere, gespaltene Ertragswertverfahren ersetzt worden.

Beispiel: **16**

Ertragswertermittlung nach dem vereinfachten Verfahren

Mietwohngrundstück	
Grundstücksnettokaltmiete/Grundmiete	100 000 €/Jahr
Bewirtschaftungskosten	25 %
Zinssatz	5,5 %
Bodenwert	200 000 €
Rohertrag	100 000 €
Bewirtschaftungskosten einschließlich AfA	35 000 €
Reinertrag	65 000 €
Ertragswert des Grundstücks 65 000 × 100/5,5	**1 181 818 €**

Bei diesem Verfahren wird die jeweilige Restnutzungsdauer des Gebäudes nicht berücksichtigt. Dafür ist bei den Bewirtschaftungskosten die jährliche **„Abschreibung der baulichen Anlage"** einzurechnen. Sie beträgt etwa 1 bis 1,5 % der Herstellungskosten des Gebäudes. Im vorstehendem *Beispiel* beträgt sie bei Gebäudeherstellungskosten von rd. 1 Mio. €: 10 000 €. Der hier angewendete Vervielfältiger (100/p, hier 100/5,5) wird im Gegensatz zu dem üblicherweise verwendeten Zeitrentenvervielfältiger als „ewiger" Rentenfaktor bezeichnet. Er beträgt bei 4 % (100/4 =) 25, bei 5 % (100/5 =) 20 usw.

Als eine Weiterentwicklung gilt die ebenfalls als vereinfachtes Ertragswertverfahren   **17**
bezeichnete Methode, bei der an Stelle der bei der Kapitalisierung verwendeten „ewigen" Rentenvervielfältiger **Zeitrentenvervielfältiger** angewendet werden. Dabei ist das Problem der Abschreibung der baulichen Anlage zumindest grob gelöst. Allerdings kann auch dieses Verfahren nur bei Objekten mit Restnutzungsdauern über 40 Jahre angewendet werden.

Abb. 2: Mietmultiplikatoren (vgl. § 12 WertV Rn. 12)

Lage	Objektart	Großstädte/Investmentzentren						Größere Städte im Westen							Größere Städte im Osten							Mittelstädte						Ø Gesamt
		Berlin	Frankfurt	Hamburg	Köln	Stuttgart	Ø	Freiburg	Karlsruhe	Ludwigshafen	Lübeck	Mannheim	Wiesbaden	Ø	Chemnitz	Dresden	Erfurt	Leipzig	Potsdam	Rostock	Ø	Bad Homburg	Darmstadt	Friedrichshafen	Heidelberg	Konstanz	Ø	
1a	Büro-/Geschäftshaus	20,0	18,0	20,0	18,0	20,0	19,2	18,0	18,0	13,0	15,0	16,5	15,5	15,5	12,5	16,5	15,0	15,0	17,0	13,5	14,9	16,0	17,0	17,5	18,0	19,0	17,5	16,9
1b	Büro-/Geschäftshaus	17,0	16,0	16,0	15,5	17,5	16,4	17,0	15,5	12,0	14,0	15,0	14,0	14,0	10,5	14,5	13,0	13,0	15,0	13,0	13,2	14,5	14,0	15,0	16,0	17,0	15,3	14,9
1er	Büro-/Geschäftshaus	14,0	14,0	14,0	12,5	14,0	14,2	16,0	13,5	11,0	13,0	13,5	13,0	13,0	10,0	13,5	12,0	12,0	13,0	11,0	11,9	13,5	12,0	13,5	16,0	14,0	13,8	13,3
	Wohn-/Geschäftshaus	13,0	14,0	15,0	14,0	16,5	14,5	16,0	14,0	11,5	13,5	14,0	13,0	13,0	10,0	13,5	12,0	12,5	13,5	11,0	12,1	13,5	13,0	15,0	16,0	16,0	14,7	13,7
Stadtteil	Büro-/Geschäftshaus	12,5	13,0	14,0	12,0	14,0	13,1	14,0	13,0	11,0	12,5	13,0	12,5	12,5	10,0	13,5	12,0	11,5	12,0	11,0	11,7	12,0	12,0	12,0	14,0	13,0	12,6	12,5
	Wohn-/Geschäftshaus	12,0	13,0	15,0	13,5	14,0	13,5	15,0	13,5	12,0	12,5	13,5	13,0	13,0	10,0	13,5	12,0	12,0	12,5	11,0	11,8	12,0	12,0	14,0	15,0	14,0	13,4	13,3
	Nahversorgungszentrum	11,5	11,5	12,0	11,0	12,5	11,8	12,0	12,0	11,0	12,0	12,5	12,0	12,0	11,0	12,0	11,5	11,0	11,5	11,0	11,4	12,0	11,0	11,5	12,0	12,0	11,7	11,7
	SB-Fachmarkt	12,0	11,5	12,0	11,0	12,5	11,8	11,5	11,5	10,0	11,0	11,5	11,0	11,0	11,0	12,0	11,5	11,0	11,0	11,0	11,3	11,0	11,0	10,5	11,5	11,0	11,0	11,3
Peripherie (Stadtrand/ Grüne Wiese/ Vororte)	Bürohaus	12,0	12,0	13,0	11,0	13,0	12,2	12,0	12,0	11,0	11,0	12,0	11,0	11,0	9,5	11,0	11,0	10,0	10,5	10,0	10,3	11,5	12,0	11,5	12,5	12,0	11,9	11,5
	Wohn-/Geschäftshaus	11,0	12,5	13,0	12,5	13,0	12,4	13,0	12,5	11,5	12,0	12,5	12,0	12,0	9,0	12,0	11,0	10,5	11,5	10,0	10,7	11,5	11,5	11,0	12,5	12,5	11,9	11,8
	Büro und Gewerbe	11,5	11,0	11,0	10,0	12,0	11,1	11,0	11,0	10,0	10,0	11,0	10,0	10,0	9,0	10,0	10,0	9,0	10,5	9,0	9,4	10,0	10,0	10,0	11,5	11,0	10,4	10,4
	Gewerbe/Industrie/Hallen	9,0	10,0	10,0	9,5	11,0	9,9	9,0	9,5	9,0	9,5	9,5	9,0	9,0	8,0	9,0	9,0	8,0	9,5	8,5	8,8	9,0	8,5	9,5	10,0	9,0	9,2	9,3
	SB-Fachmarkt	11,0	11,0	11,0	10,0	11,0	10,8	11,5	10,5	11,0	10,5	10,5	10,0	10,0	10,0	12,0	11,5	10,0	10,0	10,0	10,0	10,0	10,0	10,0	10,5	10,0	10,1	10,4

Quelle: DB Immobilien; Stand II. Quartal 2000

Beispiel:

18

wie vor:

Restnutzungsdauer	40 Jahre	Restnutzungsdauer	80 Jahre
Jahresnettokaltmiete/Grundmiete	100 000 €	Jahresnettokaltmiete/Grundmiete	100 000 €
Bewirtschaftungskosten 25 %	– 25 000 €	Bewirtschaftungskosten	– 25 000 €
Grundstücksreinertrag	= 75 000 €	Grundstücksreinertrag	= 75 000 €
Vervielfältiger bei 40 Jahren und 5,5 % = 16,05		Vervielfältiger bei 80 Jahren und 5,5 % Zins = 17,93	
Ertragswert des Grundstücks 75 000 € × 16,05	**1 203 750 €**	75 000 € × 17,93	**1 344 750 €**

Wie man sieht, ist dieses Verfahren genauer, denn beim vereinfachten Verfahren unter Verwendung von „ewigen" Vervielfältigern ergibt sich in beiden Fällen das gleiche Ergebnis.

Nachfolgend sind beide Verfahren in Abb. 3 gegenübergestellt.

19

Abb. 3: Vereinfachte Ertragswertverfahren

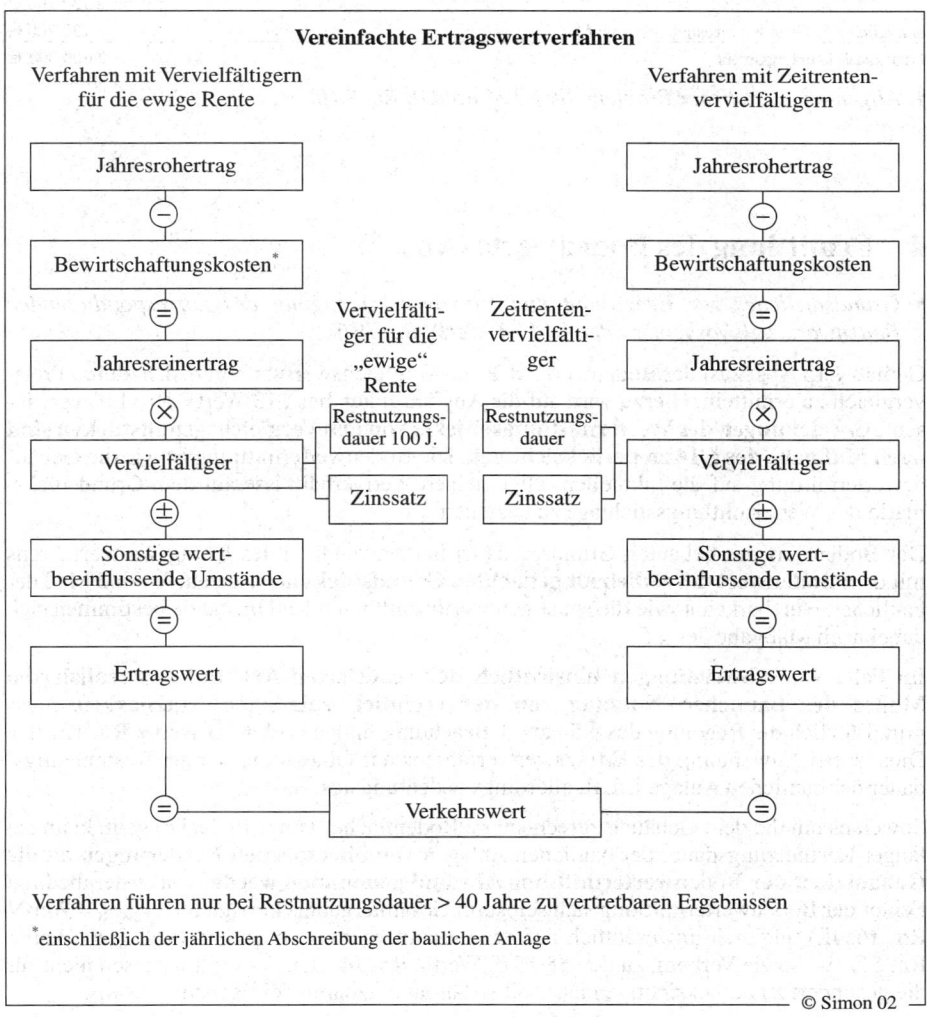

Verfahren führen nur bei Restnutzungsdauer > 40 Jahre zu vertretbaren Ergebnissen

*einschließlich der jährlichen Abschreibung der baulichen Anlage

© Simon 02

20   Vor allem Investoren bevorzugen das vereinfachte Ertragswertverfahren, wobei sie üblicherweise die sogenannten **Grunderwerbsnebenkosten**[2] zusätzlich wertmindernd berücksichtigen (vgl. § 194 BauGB Rn. 90 ff.; § 13 WertV Rn. 369 ff.). Das nachfolgende Beispiel zeigt eine derartige Wertermittlung bei einem komplizierten Sachverhalt.

Beispiel:

Einem Kaufinteressenten wird Ende 2001 ein Geschäftsgrundstück in der Innenstadt angeboten. Der Jahresreinertrag beträgt 150 000 €. Ab 2003 können 190 000 € erzielt werden. Der Liegenschaftszins beträgt 6,75 %.

Grundstücksreinertrag 2002–2003	150 000 €	
Vervielfältiger bei 6,75 % für 2 Jahre: 1,81		
Grundstücksertragswert		
150 000 € × 1,81		271 500 €
Grundstücksreinertrag ab 2003	190 000 €	
Vervielfältiger bei 6,75 % für die „ewige Rente": 14,79		
abzüglich Vervielfältiger für 2 Jahre	– 1,81	
= Vervielfältiger	= 12,98	
Grundstücksertragswert 190 000 € × 12,98		2 466 200 €
		2 737 700 €
abzüglich 5 % Grunderwerbsnebenkosten rd.		137 700 €
Grundstücksertragswert		**2 600 000 €**

▸ *Allgemeines zu dieser Problematik § 194 BauGB Rn. 90 ff.*

2   Ermittlung des Bodenwerts (Abs. 2)

▸ *Grundsätzliches zur Ermittlung und zur Berücksichtigung des korrespondierenden Bodenwerts vgl. Vorbem. zu den §§ 15 ff. WertV Rn. 79 ff.*

21   Gemäß § 15 Abs. 2 ist der Bodenwert i. d. R. im Vergleichswertverfahren, d. h. durch Preisvergleich zu ermitteln. Hierzu wird auf die Ausführungen bei § 13 WertV Rn. 1 ff. verwiesen. **Abweichungen des Wertermittlungsobjekts von den Vergleichsgrundstücken sind nach Maßgabe des § 14 zu berücksichtigen**. Die Bodenwertermittlung ist wie die Gebäudewertermittlung auf die (aktuellen) allgemeinen Wertverhältnisse auf dem Grundstücksmarkt des Wertermittlungsstichtags zu beziehen.

22   Der Bodenwert des bebauten Grundstücks ist bei Anwendung des Ertragswertverfahrens mit dem **Bodenwert des unbebaut gedachten Grundstücks** anzusetzen. Art und Maß der baulichen Nutzbarkeit sowie die sonstigen wertbeeinflussenden Umstände bestimmen sich dabei nach Maßgabe des § 5.

23   Im Falle von **Abweichungen hinsichtlich der realisierten Art und des realisierten Maßes der baulichen Nutzung von der rechtlich zulässigen Nutzbarkeit** muss grundsätzlich die Regelung des § 5 Abs. 1 Beachtung finden (vgl. § 13 WertV Rn. 122 ff.). Dies ist bei Anwendung des Ertragswertverfahrens auf Objekte mit langer Restnutzungsdauer der baulichen Anlage i. d. R. allerdings bedeutungslos.

Soweit es um die dem Gebäude zurechenbare Bodenfläche (Umgriffsfläche) geht, kann bei langer Restnutzungsdauer der baulichen Anlagen **von überzogenen Forderungen an die Genauigkeit der Bodenwertermittlung Abstand genommen werden,** da systembedingt Fehler der Bodenwertermittlung sich selbst im Gesamtergebnis korrigieren (vgl. § 7 WertV Rn. 165 ff.) und sich unwesentlich auf das Gesamtergebnis auswirken (vgl. § 13 WertV Rn. 51, 194 sowie Vorbem. zu den §§ 15 ff. WertV Rn. 147 ff.). Dies gilt indessen nicht für die gesondert zu berücksichtigenden „selbstständig nutzbaren Teilflächen".

3 Ermittlung des Gebäudeertragswerts

Ausgangsparameter für die Ermittlung des Ertragswerts der baulichen Anlagen (Gebäu- **24**
deertragswert) nach dem Ertragswertverfahren sind die **bei Fremdnutzung nachhaltig zu
erzielenden Mieten und gegebenenfalls Pachten** (ohne die Zahlungen für Mobilien). Für
eigengenutzte Räumlichkeiten sind die Mieten vergleichbarer Objekte zu Grunde zu legen.
Von dem so ermittelten Jahresrohertrag sind die mit dem Eigentum und seiner Bewirtschaftung und Erhaltung verbundenen Kosten abzuziehen.

Der so ermittelte Reinertrag des Grundstücks ist um den sog. **Bodenwertverzinsungsbe-** **25**
trag zu mindern. Der Bodenwertverzinsungsbetrag ergibt sich durch Anwendung des Liegenschaftszinssatzes p auf den Bodenwert.

$$\text{Bodenwertverzinsungsbetrag} = \text{Bodenwert} \times \text{p}$$

Die vorstehend angesprochene Minderung des Reinertrags des Grundstücks um den Verzin- **26**
sungsbetrag des Bodenwerts (§ 16 Abs. 2 Satz 1) basiert auf der Erkenntnis, dass der Reinertrag aus einem Objekt die **Verzinsung der Investition** darstellt, und zwar die Verzinsung

– sowohl der Investition in den *Grund und Boden,*

– *als auch* der Investitionen in die *Bebauung,* z. B. das Mehrfamilienhaus oder das Wohn-
  und Geschäftshaus.

Wie dargestellt, ergibt sich bei der Ertragswertermittlung nach § 16 der Reinertragsanteil der **27**
baulichen Anlagen nach Abzug der Bodenwertverzinsung vom Reinertrag des Grundstücks.
Priorität erhält hierbei insbesondere bei sehr kurzer Restnutzungsdauer der Bodenwert und
seine Verzinsung. Die Ermittlung des Bodenwerts erfolgt wie bei unbebauten Grundstücken
i. d. R. nach dem Vergleichswertverfahren bzw. durch Ableitung vom Bodenrichtwert. Nun
kann es vorkommen, dass durch die vorhandenen Aufbauten das Grundstück nicht optimal
ausgenutzt wird (man denke z. B. an ein Vorkriegsmiethaus ohne Bäder und Heizung, das
wegen großer Geschosshöhen zwei Vollgeschosse weniger als die neuere Nachbarbebauung
hat), so dass der **Reinertrag geringer ist als der Verzinsungsbetrag des nutzbaren Bodenwerts.** Im Klartext bedeutet dies, dass die Altbauten unwirtschaftlich sind. Für den Fall, dass
infolgedessen der Bodenwertverzinsungsbetrag den Reinertrag „auffrisst", bestimmt § 20
Abs. 1, dass als Ertragswert nur der „reine" Bodenwert anzusetzen ist, wobei ggf. die Kosten
des bevorstehenden Abbruchs (Freilegungskosten) zu berücksichtigen wären.

▶ *Hierzu vgl. die Ausführungen zu § 20 WertV.*

Der Gebäudeertragswert ergibt sich durch **Kapitalisierung des um den Bodenwertver-** **28**
**zinsungsbetrag verminderten Reinertrags über die Restnutzungsdauer der baulichen
Anlage** mithilfe des Vervielfältigers. Der Vervielfältiger ist in der Anl. zur WertV in Abhängigkeit vom Liegenschaftszinssatz p und der Restnutzungsdauer n tabuliert.

4 Ertragswert als Summe aus Boden- und Gebäudeertragswert (Abs. 3)

4.1 Allgemeines

Die **Summe aus dem Bodenwert des Grundstücks und dem Ertragswert der bau-** **29**
lichen Anlagen ergibt nach Abs. 3 **den Ertragswert,** soweit es nicht noch weitere wertbeeinflussende Umstände zu berücksichtigen gilt (vgl. § 19 WertV). Dies können werterhöhende Umstände (zusätzliche Einnahmen z. B. aus Werbeflächen) und wertmindernde
Umstände (Belastung mit einem Wegerecht) sein.

---

2 Die Grunderwerbsnebenkosten bestehen aus Maklergebühren, Anwalts- und Gerichtskosten sowie der Grunderwerbsteuer.

30 Wurde „innerhalb" des Ertragswertverfahrens die **Lage auf dem Grundstücksmarkt** vollständig erfasst, entspricht der Ertragswert zugleich dem Verkehrswert. Soweit die Lage auf dem Grundstücksmarkt nicht hinreichend berücksichtigt werden konnte, ist auch dies nach § 7 Abs. 1 Satz 2 durch Zu- oder Abschläge nachzuholen. Wurden mehrere Verfahren zur Verkehrswertermittlung herangezogen, ist der Verkehrswert nach Maßgabe des § 7 Abs. 1 Satz 3 aus den Ergebnissen der angewandten Verfahren abzuleiten.

4.2   Grundstücksbelastungen

31 Die im Ertragswertverfahren zu wertenden Renditeobjekte können in ihrem Wert durch vielfältige Grundstücksbelastungen gemindert sein. Soweit solche Belastungen bei der Ermittlung des Bodenwerts oder des Gebäudeertragswerts unberücksichtigt geblieben sind, müssen sie zusätzlich in ihrer vermindernden Höhe ermittelt und in **Abzug** gebracht werden (vgl. hierzu Teil VII und VIII).

32 Aus der Sicht der Beleihungsinstitute ist bei Grundstücksbelastungen zu unterscheiden zwischen solchen, die den Barpreis, jedoch nicht den Verkehrswert und solchen, die den Verkehrswert auf Dauer beeinflussen. Da der Verkehrswert nach der Definition im BauGB zunehmend auch von Kredit- und Versicherungsinstituten zur **Ableitung des Beleihungswerts** und von Gerichten für die Festsetzung im Zwangsversteigerungsverfahren (§ 74 a Abs. 5 ZVG) begehrt wird, müssen noch einige Besonderheiten angesprochen werden. Gerichte wie Grundpfandrechtsgläubiger fordern in jedem Falle den Verkehrswert des Objekts so zu bestimmen, als ob auf ihm keine Belastungen ruhten (Verkehrswert im belastungsfreien Zustand). Ist eine Belastung (Recht) vorhanden, so muss der Barwert der Belastung getrennt ermittelt und ausgewiesen werden, damit die Anwender unter Berücksichtigung der Rangstelle des Rechts im Grundbuch entscheiden können. Abzüge in Höhe des Barwerts vom Verkehrswert des Grundstücks im belastungsfreien Zustand dürfen also nicht vorgenommen werden (vgl. Teil VIII).

4.3   Plausibilitätskontrolle

33 Zur überschläglichen Ermittlung des Verkehrswerts wird mitunter die sogenannte **Maklermethode** (Rn. 13) angewandt, bei der der Grundstücksjahresrohertrag (Kaltmiete) mit einem Vervielfältiger (Multiplikatoren) multipliziert den Verkehrswert ergibt. Es liegt auf der Hand, dass ein solches Verfahren keine genauen Ergebnisse bringen und eine Wertermittlung nicht ersetzen kann. Dennoch orientiert sich eine Vielzahl von Kaufinteressenten hiernach, und das Verfahren bietet Sachverständigen wie Benutzern von Wertermittlungen eine schnelle **Plausibilitätskontrolle der Wertermittlungsergebnisse.** Es setzt aber voraus, dass der Anwender den örtlichen Immobilienmarkt genau kennt und bei Verwendung der Multiplikatoren ortsübliche, nachhaltig erzielbare Kaltmieten ausschließlich MwSt. bei Mieten für Gewerberäume zu Grunde legt. Die benutzten Multiplikatoren beruhen auf einem mixtum compositum aus Durchschnittsverzinsung des Eigenkapitals, Fremdmittelanteil, Objektalter bzw. Baujahr, Bau- und Unterhaltungszustand, Bewirtschaftungskosten und Risikobeurteilung. Zudem differieren die Multiplikatoren nach Art und Lage des Objekts, den örtlichen Marktverhältnissen und dem Zinsniveau am Kapitalmarkt.

34 **Zur Überprüfung des ermittelten Ertragswerts** besonders **geeignet sind die** von den Gutachterausschüssen für Grundstückswerte nach Maßgabe des § 12 abgeleiteten **Vergleichsfaktoren bebauter Grundstücke.** Für Renditeobjekte sind dies insbesondere die sog. Ertragsfaktoren (Rohertragsvervielfältiger bei Berücksichtigung bzw. Ansatz nachhaltig erzielbarer Nettokaltmieten) und auch (z. B. bei Eigentumswohnungen) die Gebäudefaktoren. Bei Renditeobjekten wird nach Objektart und Restnutzungsdauer unterschieden; bei Eigentumswohnungen ist nach Neubau, umgewandelten Mietwohnungen und Wiederverkaufsfällen zu unterscheiden (vgl. zu alledem die *Beispiele* bei § 12 WertV Rn. 13 ff.).

Zur **Plausibilitätskontrolle der Wertermittlungsergebnisse mittels Rohertragsfakto-** 35
ren werden diese in der **Beleihungspraxis** bei Renditeobjekten jeweils am Schluss der
Wertermittlung *nur* nachrichtlich ausgewiesen. Da die Kreditinstitute im Allgemeinen über
ausreichendes Datenmaterial verfügen, ist die Kontrollfunktion der Rohertragsfaktoren
hinreichend abgesichert[3].

Möckel[4] tritt im Ergebnis dieser Betrachtungsweise unter Hinweis auf die „groben Spannen" der immer wieder 36
genannten Jahresmietenvervielfacher (vgl. vorstehende Angaben des Gutachterausschusses für die Stadt *Köln*) bei.
Wenn er allerdings an gleicher Stelle als abweichende Auffassung herausstellt, dass das Verfahren „genaue" Ergebnisse „liefere", weil es in *Berlin* in Anspruch genommen werden mag, quasi im Wege des Vergleichswertverfahrens
sich bei der Ableitung dieser Faktoren auf eine ausreichende Anzahl von Kaufpreisen „annähernd vergleichbarer
Grundstücke" zu stützen und den Vergleich über die „Jahresrohmiete als Bezugsgröße" herzustellen, so mag dies bislang für Berlin und wohl auch manch andere Gemeinde im Einzelfall gelungen sein (so z. B. in *Niedersachsen*). Für
die Masse der Fälle rechtfertigt dies jedoch keine abweichende Auffassung. Nicht umsonst finden im Hinblick auf die
hier bestehende Lücke die vom RDM veröffentlichten Mietenmultiplikatoren immer noch eine vergleichsweise hohe
Beachtung. Der „breite Durchbruch" lässt hier vorerst noch auf sich warten.

5 Ertragswertermittlung nach Runge

Vor In-Kraft-Treten der WertV von 1961 und ihrer Vorläuferin (WertR 1955) war die 37
Ertragswertermittlung nach dem sog. Runge-Verfahren[5] weit verbreitet. Das Verfahren
wird heute nicht mehr den anerkannten Wertermittlungsmethoden zugerechnet. Gleichwohl scheut sich auch heute noch mancher Gutachter nicht vor seiner Anwendung. Es soll
deshalb kurz mit seinen **Mängeln** vorgestellt werden:

Runge hatte zunächst richtigerweise erkannt, dass der Grund und Boden im Gegensatz zum 38
Gebäude grundsätzlich keiner Alterswertminderung unterworfen ist und deshalb der auf das
Gebäude bezogene Reinertrag nicht als ewige Rente angesehen und berücksichtigt werden
darf. Hiervon ausgehend hat *Runge* einen Weg gesucht, den aus einem bebauten Grundstück
fließenden **Reinertrag auf das Gebäude und den Boden** nach einem sachgerechten Schlüssel **aufzuteilen.** Als Schlüssel dient *Runge* das Verhältnis aus Bodenwert zu Gebäudesachwert. Nach diesem Verhältnis wird der Reinertrag in einen Boden- und Gebäudeanteil aufgeteilt. Der auf ewig kapitalisierte Reinertragsanteil des Bodens ergibt dann zusammen mit dem
über die Restnutzungsdauer kapitalisierten Reinertragsanteil des Gebäudes den Ertragswert:

Beispiel: 39

a) **Wertermittlungsobjekt**
 – Der Sachwert eines Mehrfamilienhauses sei mit 800 000 € ermittelt
 – Der Bodenwert (BW) betrage 200 000 €
 – Der Reinertrag (RE) betrage 48 000 €
 – Die Restnutzungsdauer betrage 30 Jahre
 – Der Liegenschaftszinssatz betrage 5 %

b) **Verkehrswertermittlung**

$$\text{Reinertragsquotient} = \frac{\text{Bodenwert}}{\text{Gebäudesachwert}} = \frac{200\,000\,€}{600\,000\,€} = \frac{1}{3} = 0{,}333$$

wobei Gebäudesachwert = 800 000 € – 200 000 € = 600 000 €

Bei einem Reinertrag (RE) des Grundstückes von 48 000 € entfallen somit
 a) auf den Boden: 48 000 : 3   = 16 000 €
 b) auf das Gebäude: 48 000 – 16 000   = 32 000 €

                                                  zusammen = 48 000 €

---

3 Gleicher Auffassung Pohnert, Kreditwirtschaftliche Wertermittlung, 5. Aufl. 1997, S. 252 f.
4 Gerardy/Möckel, Praxis der Grundstücksbewertung Nr. 4.3.6, S. 4
5 Runge, Grundstücksbewertung, 3. Aufl. 1955, S. 157, 184 ff.; hierzu Erxleben in VR 1976, 381

Runge-Verfahren   **Verfahren nach WertV**

Reinertrag (RE)	=	48 000 €	Reinertrag (RE)		=	48 000 €
a) Bodenanteil	=	16 000 €	./. Bodenwertverzinsungsbetrag			
b) Gebäudeanteil	=	32 000 €	200 000 € × 0,05		= –	10 000 €
			= Verminderter RE		=	38 000 €
Ertragswert aus			× Vervielfältiger		=	584 060 €
a) Bodenanteil*	=	320 000 €	(Vervielfältiger = 15,37)			
b) Gebäudeanteil	= +	491 840 €	+ Bodenwert BW		=	200 000 €
(Vervielfältiger = 15,37)						
Ertragswert	=	811 840 €	= Ertragswert (EW)		=	784 060 €

* 16 000 €/0,05 = 320 000 €

40 Das sog. Runge-Verfahren stellte zwar einen Fortschritt dar gegenüber der bis dahin vielfach praktizierten Methode, den Ertragswert im Wege eines auf ewig kapitalisierten Reinertrags zu ermitteln

$$\text{Ertragswert} = 48\,000\,€ \times \frac{100}{5} = 960\,000\,€\ (!)$$

jedoch trägt die Methode nicht der wirtschaftlichen Erkenntnis Rechnung, dass das **im Grund und Boden investierte Kapital** nicht mehr eine banktübliche Verzinsung erbringt und insoweit der Reinertrag aus dem Grundstück um den Bodenwertverzinsungsbetrag vermindert werden muss. Deswegen ergeben sich bei Anwendung des Runge-Verfahrens übersetzte Werte.

41 Bessere Ergebnisse als nach *Runge* erhält man durch **Berücksichtigung einer Alterswertminderung** bei der Ermittlung des Ertragswerts eines Gebäudes durch **Anwendung des Vervielfältigerquotientenverfahrens.** Ausgehend von einem Ertragswert, der sich ohne Beachtung der Restnutzungsdauer allein durch „ewige" Kapitalisierung des Reinertrags (im *Beispiel* 48 000 €) ergibt, wird dabei der auf das Gebäude entfallende Anteil um die Alterswertminderung reduziert. Diese soll sich aus dem Vervielfältigerquotienten ergeben, der sich wie folgt ermittelt:

$$\text{Vervielfältigerquotient} = 100 \times \frac{\text{Vervielfältiger}_{RND}}{\text{Vervielfältiger}_{GND}}$$

wobei RND = Restnutzungsdauer
      GND = Übliche Gesamtnutzungsdauer

Die **Alterswertminderung (W$_{min}$) des Gebäudeanteils** beträgt dann:

$$\boxed{W_{min}\,[\,\%\,] = 100 - \text{Vervielfältigerquotient}}$$

Bei einem neu erstellten Gebäude (RND = GND) ergibt sich eine Alterswertminderung von Null; bei einem abgenutzten Gebäude (RND = 0) ergibt sich eine Alterswertminderung von 100 %.

42 *Beispiel:*

Als Ertragswert (EW) des vorstehenden Beispiels ergibt sich bei einer „ewigen" Verrentung des Reinertrags (RE) von 48 000 € und einem Liegenschaftszinssatz p von 5 %:

$$EW = \frac{48\,000\,€ \times 100}{5} = 960\,000\,€$$

Gebäudewertanteil (960 000 € – 200 000 €) = 760 000 €

Vervielfältigerquotient $= 100 \times \dfrac{15,37}{19,85} = 77,43$

Vervielfältiger bei p = 5 % und RND = 30 Jahre : 15,37
Vervielfältiger bei p = 5 % und GND = 100 Jahre : 19,85
Alterswertminderung = 22,57 % (= 100 % – 77,43 %)

Ertragswert:

Gebäudewertanteil	= 760 000 €		
./. Alterswertminderung	= 171 532 €	(= 760 000 € × $\frac{22,57}{100}$)	
= Differenz	= 588 468 €		
+ Bodenwert	= 200 000 €		
= Ertragswert	**= 788 468 €**		

§ 16 WertV
Ermittlung des Ertragswerts der baulichen Anlagen

(1) [1]Bei der Ermittlung des Ertragswerts der baulichen Anlagen ist von dem nachhaltig erzielbaren jährlichen Reinertrag des Grundstücks auszugehen. [2]Der Reinertrag ergibt sich aus dem Rohertrag (§ 17) abzüglich der Bewirtschaftungskosten (§ 18).

(2) [1]Der Reinertrag ist um den Betrag zu vermindern, der sich durch angemessene Verzinsung des Bodenwerts ergibt. [2]Der Verzinsung ist in der Regel der für die Kapitalisierung nach Absatz 3 maßgebende Liegenschaftszinssatz (§ 11) zu Grunde zu legen. [3]Ist das Grundstück wesentlich größer, als es einer den baulichen Anlagen angemessenen Nutzung entspricht, und ist eine zusätzliche Nutzung oder Verwertung einer Teilfläche zulässig und möglich, ist bei der Berechnung des Verzinsungsbetrags der Bodenwert dieser Teilfläche nicht anzusetzen.

(3) [1]Der um den Verzinsungsbetrag des Bodenwerts verminderte Reinertrag ist mit dem sich aus Anlage 1 zu dieser Verordnung ergebenden Vervielfältiger zu kapitalisieren. [2]Maßgebend ist derjenige Vervielfältiger, der sich nach dem Liegenschaftszinssatz und der Restnutzungsdauer der baulichen Anlagen ergibt.

(4) [1]Als Restnutzungsdauer ist die Anzahl der Jahre anzusehen, in denen die baulichen Anlagen bei ordnungsgemäßer Unterhaltung und Bewirtschaftung voraussichtlich noch wirtschaftlich genutzt werden können; durchgeführte Instandsetzungen oder Modernisierungen oder unterlassene Instandhaltung oder andere Gegebenheiten können die Restnutzungsdauer verlängern oder verkürzen. [2]Entsprechen die baulichen Anlagen nicht den allgemeinen Anforderungen an gesunde Wohn- und Arbeitsverhältnisse oder an die Sicherheit der auf dem betroffenen Grundstück wohnenden oder arbeitenden Menschen, ist dies bei der Ermittlung der Restnutzungsdauer besonders zu berücksichtigen.

---

1   Reinertrag des Grundstücks (Abs. 1)

1.1 Allgemeines

1   § 16 regelt die Ermittlung des Ertragswerts der baulichen Anlagen, der zusammen mit dem Bodenwert den Ertragswert des Grundstücks ergibt, soweit es nicht noch sonstige wertbeeinflussende Umstände nach § 19 zu berücksichtigen gilt.

2   Der **Verfahrensgang** ist in den Vorbem. zu den §§ 15 ff. WertV unter Rn. 16 ff. beschrieben. Im Einzelnen regelt:

– Abs. 1 die Ermittlung des Jahresreinertrags des Grundstücks,

– Abs. 2 die Minderung des Jahresreinertrags des Grundstücks um den Verzinsungsbetrag des Bodenwerts,

– Abs. 3 die Kapitalisierung des verminderten Jahresreinertrags mit Hilfe des Vervielfältigers gemäß Anlage zur WertV,

– Abs. 4 die Ermittlung der Restnutzungsdauer.

3   Bei der Ermittlung des Ertragswerts der baulichen Anlagen ist vom **nachhaltig erzielbaren jährlichen Reinertrag des Grundstücks** auszugehen. Dieser ergibt sich aus dem Rohertrag (§ 17) abzüglich der (nicht umgelegten) Bewirtschaftungskosten (§18).

4   Der in Abs. 1 Satz 2 sowie in § 17 verwandte Begriff des Rohertrags, der sich als die Gesamtheit aller Einnahmen definieren lässt, stellt in der Wertermittlungspraxis eine theoretische Größe ohne praktische Bedeutung dar. Um aus dem theoretischen Rohertrag zu dem letztlich maßgeblichen Reinertrag zu gelangen, müsste der Rohertrag um die Gesamtheit der Bewirtschaftungskosten vermindert werden. In der Vermietungspraxis wird jedoch ein Teil der Bewirtschaftungskosten i. d. R. gesondert im Wege der **zweiten Miete** erbracht (vgl. § 556 Abs. 1 BGB). Konkret handelt es sich dabei um die umgelegten Bewirtschaftungskosten.

5   **Bei Wohnraum werden heute die Betriebskosten** mit der Folge **umgelegt,** dass der Vermieter aus der vereinbarten „ersten" Miete nur noch die Verwaltungs- und Instandhaltungskosten sowie das Mietausfallwagnis aufzubringen hat (zur Abschreibung vgl. § 18 WertV Rn. 35 ff.). Diese Miete wird Nettokaltmiete genannt und von dieser Nettokaltmiete kann bei der Ertragswertermittlung direkt ausgegangen werden. Der Rohertrag stellt damit eine nicht praxisrelevante Größe dar.

6   Entsprechendes gilt auch für **Gewerberaum.** Im Unterschied zum Wohnraum bestehen dabei jedoch keine gesetzlichen Schranken auch die übrigen Bewirtschaftungskosten umzulegen.

Bei alledem ermittelt sich der Reinertrag auf der Grundlage der **Nettokaltmiete/** **7**
Grundmiete abzüglich der nicht umgelegten (umlagefähigen) Bewirtschaftungskosten.

Die **Bewirtschaftungskosten** einschließlich der Grundsteuer, der Prämien für die Sach- **8**
und Haftpflichtversicherungen, der Kosten der Objektverwaltung, dem Mietausfallwagnis
und der Instandhaltungsrücklage (vgl. Vorbem. zu den §§ 15 ff. Rn. 96), um die die als Ausgangsgröße herangezogene Nettokaltmiete/Grundmiete zu vermindern ist, lassen sich im
Allgemeinen mit Hilfe durchschnittlicher Erfahrungsgrundsätze in Abhängigkeit von der
Höhe des Rohertrags bzw. der Jahresnettokaltmiete/Grundmiete ermitteln. Dies gilt jedoch
hauptsächlich für die Verwaltungskosten und das Mietausfallwagnis. Instandhaltungskosten sollten in Anlehnung an die Nutz- oder Wohnfläche bzw. Stellplatzzahl für PKW's
berücksichtigt werden. Zur Kontrolle kann es im Einzelfall sinnvoll sein, die Anl. V zur
Einkommensteuererklärung (Einkünfte aus Vermietung und Verpachtung) zur Ableitung
(Kontrolle) des Rohertrags (bzw. Jahresnettokaltmiete) des Grundstücks (§17) mit heranzuziehen.

Beispiel: **9**
Ermittlung des Grundstücksreinertrags
Mietwohngrundstück in einer Großstadt, Baujahr 1956, 7 Wohnungen, Gesamtwohnfläche
600 m², Jahresrohmiete 65 700 €, Nettokaltmiete/Grundmiete 56 000 €.

1. Ermittlung auf Grund der tatsächlichen Verhältnisse

Es wird eine Nettokaltmiete/Grundmiete erhoben. Alle anderen mit der Bewirtschaftung des Grundstücks verbundenen Kosten, insbesondere die Betriebskosten, mit Ausnahme der Verwaltungs-, Instandhaltungskosten und des Mietausfallwagnisses werden umgelegt.

Nettokaltmiete/Jahr		56 000 €
(entspricht einer durchschnittlichen Miete von 7,78 €/m² WF)		
Nicht umgelegte Bewirtschaftungskosten		
Verwaltungskosten		
230 €/Wohnung		
230 € × 7	1 610 €	
Instandhaltungskosten (tatsächlich angefallen)	11 500 €	
Mietausfallwagnis (in Anlehnung an § 29 Satz 2 II BV)		
2 v. H. der Nettokaltmiete/Grundmiete: 2 v. H. von 56 000 €	1 120 €	
	14 230 €	14 230 €
Jahresreinertrag		**41 770 €**

Die Bewirtschaftungskosten betragen real 25,41 v. H. der Nettokaltmiete/Grundmiete.

Die Bedeutung der Nettokaltmieten (Reinertrag des Grundstücks und der baulichen Anla- **10**
gen) sowie die (fehlerhaften) **Folgen der Nichtbeachtung der umlagefähigen Betriebs-**
kosten wird in den Vorbem. zu den §§ 15 bis 20 WertV Rn. 378 im *Beispiel* 1 a und 1 b
demonstriert.

1.2 Nachhaltigkeit der Erträge

Bei der Ermittlung des Ertragswerts ist die Forderung von wesentlicher Bedeutung, dass **11**
von dem **nachhaltig erzielbaren Nutzungsentgelt** auszugehen ist. Nachhaltig ist begrifflich der Reinertrag, mit dem die Entwicklung der Rendite „auf Dauer", d. h. über die
gesamte Restnutzungsdauer der baulichen (und sonstigen) Anlagen berücksichtigt wird[1]. In
der Praxis kann dieser Forderung allerdings nur bedingt entsprochen werden, denn der
Gutachter kann die künftige Entwicklung nicht mit der gebotenen Sicherheit vorwegneh-

---

1 Schmidt-Futterer, Wohnraumschutz, Rn. C 185; Warnecke, ZMR 1976, 228

men; andererseits wäre die Verkehrswertermittlung mit subjektiven und möglicherweise auch spekulativen Einschätzungen behaftet. Deshalb wird in der Praxis **als nachhaltig erzielbarer Reinertrag der am Wertermittlungsstichtag ggf. unter Berücksichtigung davon abweichender mietvertraglicher Besonderheiten üblicherweise erzielbare Reinertrag** angesetzt.

12 **Für die Praxis ist es dabei i. d. R. unerlässlich**

a) die mietvertraglichen Regelungen in jedem Fall mit heranzuziehen und dahingehend zu überprüfen, ob sich hieraus Abweichungen gegenüber den ansonsten objektspezifischen üblicherweise erzielbaren Erträgen ergeben, und

b) die mietrechtlichen Regelungen zu beachten.

Darüber hinaus ist die **Solvenz des Mieters** ein vielfach vernachlässigter Faktor, denn die Rechtspositionen des Grundstückseigentümers sind nur so viel wert, wie der Mieter in der Lage ist, sie zu erfüllen.

13 Eine **Störung der nachhaltigen Ertragsfähigkeit** eines Grundstücks kann auch **durch die Art der vorgefundenen tatsächlichen Nutzung** gegeben sein, so z. B. wenn in einer Einkaufsstraße das Erdgeschoss zu Wohnzwecken genutzt wird und es der Eigentümer bisher versäumt hat oder daran gehindert war, hier eine ertragsreichere Ladennutzung einzurichten. Zwar mögen dann hier die ortsüblich erzielbaren Mieten dem Eigentümer zufließen, jedoch bemisst sich der nachhaltige Ertrag an den ortsüblich erzielbaren Ladenmieten.

14 In Einkaufsstraßen, die sich durch einen Branchenmix mit Läden unterschiedlicher Miethöhe auszeichnen, muss darüber hinaus geprüft werden, ob die tatsächliche Ladennutzung mit ihrer jeweiligen Ertragskraft nachhaltig ist, wenn auch die **branchenspezifische Ladennutzung** dem Eigentümer die dafür ortsüblich erzielbaren Mieterträge „beschert". Es kann sich hierbei um Ladennutzungen handeln, die im Vergleich zu der durchschnittlichen Ertragskraft einer solchen Einkaufsstraße besonders günstig aber auch besonders ungünstig ausfällt und im Falle einer Insolvenz des Mieters leicht in das Gegenteil umschlagen kann (vgl. § 194 BauGB Rn. 85 ff.).

15 Nach dem vorher Gesagten kann also für die anzusetzenden nachhaltig erzielbaren Reinerträge auch nicht ausschlaggebend sein, was tatsächlich an Einnahmen erzielt wird. Vielmehr bedarf es der Prüfung, ob diese dem nachhaltig erzielbaren Reinertrag entsprechen. Ein jederzeit „korrigierbares" **Zurückbleiben des tatsächlichen Nutzungsentgelts hinter dem üblicherweise** für gleichartige Objekte unter Berücksichtigung der rechtlichen Gegebenheiten des Einzelfalls **erzielbaren Reinertrag** muss ebenso unbeachtet bleiben, wie z. B. ein in unzulässiger Weise erhöhter Mietertrag.

– So ist z. B. bei einer **Verkehrswertermittlung in Sanierungsgebieten** auch nicht von einer vermeintlich hohen Rendite auszugehen, wenn diese durch Vermietung an Gastarbeiter erzielt, aber wegen ungesunder Wohnverhältnisse (vgl. § 43 Abs. 4 BauGB) nicht gerechtfertigt ist[2].

16 – Umgekehrt muss auch **unbeachtlich** bleiben, **wenn der Eigentümer aus subjektiven Gründen** (z. B. aus wirtschaftlichem Unvermögen oder aus persönlichen Bindungen heraus) **darauf verzichtet hat, das Nutzungsentgelt in zulässiger Weise anzuheben.** Entsprechendes gilt auch bei unentgeltlicher Überlassung z. B. einer Wohnung. Dies folgt auch aus § 6, nach dem durch ungewöhnliche oder persönliche Verhältnisse beeinflusste Mieten oder sonstige Nutzungsentgelte grundsätzlich nicht zur Wertermittlung herangezogen werden dürfen.

17 Ein **zulässigerweise vertraglich vereinbartes Mietverhältnis** ist– auch wenn es ungewöhnlich sein mag– als rechtliche Gegebenheit zu berücksichtigen, wenn dadurch die nachhaltig erzielbaren Reinerträge mitbestimmt werden[3]. Dies gilt unabhängig davon, ob derartige Vertragsverhältnisse im Verhältnis zu dem üblicherweise erzielbaren nachhaltigen Reinertrag zu einem besonders hohen oder niedrigen Reinertrag führen. Wird bei der

Verkehrswertermittlung ein sich nachhaltig auswirkendes Mietverhältnis nicht beachtet, so kann dem Gutachter der Vorwurf der Fahrlässigkeit gemacht werden[4].

Abzulehnen ist indessen die Methode, trotz Ansatzes eines am Wertermittlungsstichtag **18** ortsüblich erzielbaren Ertrags allein unter Berufung auf den Erfahrungssatz, dass sich die Erträge in der Vergangenheit „nach oben" entwickelt hätten, **von steigenden Mieten mehr oder minder spekulativ auszugehen.** Dies wird bereits mit der Ableitung des Liegenschaftszinssatzes auf der Grundlage der ortsüblich erzielbaren Erträge ebenso berücksichtigt wie die Erwartungen bezüglich inflationärer Entwicklungen und die Grundstücksentwicklung (vgl. § 11 Rn. 30 ff.).

Zur Ermittlung der üblicherweise erzielbaren nachhaltigen Reinerträge empfiehlt es sich **19** auch auf entsprechende Erhebungen und Veröffentlichungen der Gutachterausschüsse (Mietwerkübersichten) zurückzugreifen. Des Weiteren sind in diesem Zusammenhang die einfachen oder qualifizierten **Mietspiegel** nach den §§ 558 c und d BGB zu nennen. Wird von Mietspiegeln ausgegangen, so muss beachtet werden, welche Mietentgelte (Nettokaltmiete, Mietnebenkosten) der Auswertung zu Grunde gelegt und mit den Zahlenwerten wiedergegeben werden. Soweit erforderlich, muss die stichtagsbezogene Marktmiete auf den Wertermittlungsstichtag umgerechnet werden. Dafür kann auf die vom Statistischen Bundesamt in der Reihe 7 der Fachserie 17 veröffentlichten „Preise und Preisindizes für die Lebenshaltung in Deutschland" zurückgegriffen werden. Des Weiteren ist zu beachten, dass es sich hierbei um Mieten handelt, die aus Bestands- und Neubaumieten der letzten vier Jahre abgeleitet wurden.

Die **Nettokaltmiete/Grundmiete** stellt im Übrigen **auch das Entgelt für die auf dem** **20** **Grundstück befindlichen sonstigen Anlagen** (z. B. parkähnliche Bepflanzungen, vgl. § 2 WertV Rn. 28 f. und § 19 Rn. 4) dar. So findet z. B. die Annehmlichkeit des „guten" Wohnens in einer begrünten Wohnanlage ihre Berücksichtigung in der Miete. In Ausnahmefällen wäre dies nach § 19 besonders zu berücksichtigen. Von daher ist der vom Verordnungsgeber gewählte Begriff des „Ertragswert der *baulichen* Anlagen" unzutreffend (vgl. § 19 WertV Rn. 4, 8).

1.3   Nachhaltigkeit der Bewirtschaftungskosten

▶ *Hierzu auch § 18 Rn. 14 ff.*

Der Reinertrag wird in Abs. 1 als der sich nach § 17 ergebende Rohertrag abzüglich der **21** nach § 18 anzusetzenden Bewirtschaftungskosten definiert. Dies sind die Verwaltungs-, Betriebs- und Instandhaltungskosten, die Abschreibung sowie das Mietausfallwagnis. Auf Grund der wohnungsrechtlichen Bestimmungen kann zur Ermittlung des Reinertrags auch direkt von der sog. **Nettokaltmiete/Grundmiete** ausgegangen werden. Es handelt sich hierbei um den um die umlagefähigen Bewirtschaftungskosten (Betriebskosten; vgl. Vorbem. zu den §§ 15 bis 20 WertV Rn. 96 ff.) verminderten Rohertrag. Die Nettokaltmiete/ Grundmiete enthält also nicht die Umlagen, insbesondere nicht „die als Umlagen erhobenen Betriebskosten" (auch nicht die Abschreibung; vgl. § 18 WertV Rn. 35).

Beispiel: **22**

Mietwohngrundstück in Großstadt mit Jahresrohmiete 60 000 €; die jährlichen Betriebskosten betragen 10 000 €:

Jahresrohertrag	= 60 000 €	
− Jahresbetriebskosten	= 10 000 €	
= Nettokaltmiete	= 50 000 €/Jahr.	

▶ *Zu den Betriebskosten vgl. § 18 WertV Rn. 59 ff. und § 17 WertV Rn. 14 ff.*

---

2 BT-Drucks. VI/510, S. 39 sowie BR-Drucks. 265/75, S. 15; vgl. hierzu BGH, Urt. vom 2. 12. 1971 – III ZR 165/69 –, EzGuG 20.51
3 BR-Drucks. 352/88, S. 56
4 BGH, Urt. vom 2. 11. 1983 – IV ZR 20/82 –, EzGuG 20.103; Schopp in ZMR 1990, 361

23   Die **Nettokaltmiete/Grundmiete ist i. d. R. Ausgangsgröße für die Ermittlung des Reinertrags,** auf dessen Grundlage der Ertragswert abgeleitet wird. Um zu dem Reinertrag zu gelangen, muss also die Nettokaltmiete/Grundmiete um die nicht umgelegten (umlagefähigen) Bewirtschaftungskosten vermindert werden.

Bei *Wohnraum* sind dies

– die Verwaltungskosten,

– die Instandhaltungskosten und

– das Mietausfallwagnis.

24   In Korrespondenz zu den nachhaltig anzusetzenden Reinerträgen müssen auch die zum Abzug kommenden Bewirtschaftungskosten nachhaltig sein. In der Wertermittlungspraxis wird auch diesbezüglich von den **am Wertermittlungsstichtag üblicherweise** (bei ordnungsgemäßer Bewirtschaftung) anfallenden Bewirtschaftungskosten ausgegangen. Soweit auf Grund der Vertragsverhältnisse z. B. üblicherweise auf die Mieter umgelegte Bewirtschaftungskosten im Einzelfall vom Eigentümer getragen und dadurch die Ertragsverhältnisse nachhaltig gemindert werden, muss dies bei der Verkehrsermittlung berücksichtigt werden, wenn sich dies nachhaltig auswirkt. Von daher müssen auch diesbezüglich die Mietverträge geprüft werden. **Pauschaliert angesetzte Bewirtschaftungskosten** sind von daher **fehlerträchtig.**

25   In der Wertermittlungspraxis kommen **zur Berücksichtigung der nicht umlagefähigen Bewirtschaftungskosten zwei Verfahren** zur Anwendung

a) der *Pauschalabzug* für die nicht umlagefähigen Bewirtschaftungskosten und

b) der Abzug der nicht umgelegten (umlagefähigen) Bewirtschaftungskosten durch *Einzelansätze.*

26   Die erstgenannte Methode (Pauschalabzug) kommt insbesondere bei Mietwohngrundstücken zur Anwendung und betrifft dort die Verwaltungs- und Instandhaltungskosten sowie das Mietausfallwagnis. Diese Methode ist allerdings auch bei diesen Objekten nur sachgerecht, wenn die hierfür zur Verfügung stehenden **Erfahrungssätze (Pauschalen) aus Objekten** abgeleitet wurden, **die nach Art und Umfang dem Wertermittlungsobjekt entsprechen.** So sind z. B. die sich aus Anl. 3 zur WertR 96 ergebenden Pauschalsätze auf Mietwohngrundstücke mit 3 bis 8 Wohnungen für „alle Ortsgrößen" gegliedert nach Baujahrsgruppen und unterschiedlicher Ausstattung ausgewiesen. Die Tabelle kann deshalb auch nur herangezogen werden, wenn das Wertermittlungsobjekt entsprechende Merkmale aufweist.

27   Allgemein kann bei alledem festgestellt werden, dass dem Abzug der nicht umgelegten (umlagefähigen) **Bewirtschaftungskosten auf der Grundlage individueller Einzelansätze der Vorzug zu geben ist.**

28   *Beispiel:*
Detaillierte Ermittlung des Jahresreinertrags für ein städtisches Mietwohngrundstück

Jahresrohertrag (lt. Aufstellung)	65 700 €
Betriebskosten (im Jahr)	
Grundsteuer,	3 300 €
Wasserver- und entsorgung, Hausbeleuchtung,	1 680 €
Hausreinigung,	1 760 €
Müllabfuhr,	640 €
Gehwegreinigung,	220 €
Straßenreinigung,	190 €
Feuerversicherung,	1 520 €

Sach- und Haftpflichtversicherung,	230 €	
Gartenpflege	160 €	
	9 700 €	9 700 €
Nettokaltmiete/Grundmiete		**56 000 €***
Bewirtschaftungskosten (im Jahr)		
Verwaltungskosten	2 940 €	
Instandhaltunskosten	11 460 €	
Mietausfallwagnis (§ 29 Satz 2 II BV)	1 314 €	
	15 714 €	– 15 714 €
Jahresreinertrag		**40 286 €**

* Überprüfung auf Angemessenheit der Miete; Vergleichsmiete lt. Mietspiegel 7,20 – 8,80 €/m²
  Erzielte Miete 56 000 €/600 m² WF/12 = 7,78 €/m²

Der bei Mietwohnobjekten übliche pauschalierte Abzug der Bewirtschaftungskosten vom **29**
Rohertrag (i. d. R. Jahresnettokaltmiete) ist bei **hochwertigen Gewerbeimmobilien** nicht
statthaft und kann zu katastrophalen Fehlbewertungen führen. Für diesen Fall trifft die Kritik an der in Deutschland verbreiteten aber falschen Verfahrensweise zu, wenn der Gebäu-
dereinertrag noch durch einen pauschalierten Abzug der Bewirtschaftungskosten ermittelt
wird, wobei sich die Sachverständigen hinsichtlich der Höhe des prozentualen Abschlags
mitunter sogar an den für diese Grundstücksgruppe unzutreffenden Bewirtschaftungs-
kostensätzen von Mietwohngrundstücken anlehnen.

Zudem werden Mietverträge nicht eingesehen, obwohl jedermann weiß, dass Gewerbe- **30**
mietverträge frei aushandelbar sind und je nach Abschlusszeitpunkt der Mietverträge, entweder mieter- oder vermieterfreundliche Vereinbarungen getroffen werden, die erhebliche
Auswirkungen auf den Reinertrag und damit auch auf den Verkehrswert haben können.
Insbesondere bei Ansatz der Instandhaltungskosten werden häufig schwere Fehler
gemacht. **Bei Gewerbeobjekten besteht im Gegensatz zu Mietwohngrundstücken
Gestaltungsfreiheit hinsichtlich der Mietverträge.** So werden hier in der Praxis Instandhaltungskosten zum Teil (Vermieter trägt nur die Instandhaltungskosten an Dach und Fach)
oder vollständig den Mietern auferlegt. Im ersten Fall werden dann bei neueren Objekten
etwa 5 €/m² Nutzfläche pro Jahr angesetzt, im letzteren Fall kann unter Umständen ein
Ansatz für Instandhaltung gänzlich entfallen. Generell liegen die Bewirtschaftungskosten
bei Gewerbeobjekten höchstens bei 15 bis 18 v. H. des Jahresrohertrags. Bei
Top-Objekten liegen sie häufig sogar unter 10 v. H. Es ist leicht vorstellbar, dass ein Sachverständiger, der die bei Mietwohnobjekten üblichen Bewirtschaftungskostensätze (ab
25 % aufwärts!) auf derartige Gewerbeobjekte überträgt, zu eklatant falschen Wertermittlungsergebnissen kommt.

2 Ermittlung des Reinertragsanteils der baulichen Anlagen (Abs. 2)

2.1 Abzug des Bodenwertverzinsungsbetrags (Abs. 2 Satz 1 und 2)

Nach den einleitenden Ausführungen in den Vorbem. zu den §§ 15 ff. WertV ist das in der **31**
WertV geregelte Ertragswertverfahren zweisträngig ausgestaltet. Der Ertragswert setzt sich
aus einem jeweils für sich zu ermittelnden Bodenwert und dem Wert der baulichen Anlagen
(Gebäudeertragswert) zusammen. Mieter und Pächter machen indessen diese Unterschei-
dungen nicht. Ihr Nutzungsentgelt bezieht sich auf die Gesamtimmobilie. Aus diesem
Grunde muss der zur Wertermittlung herangezogene Reinertrag in einen Boden- und
Gebäudeanteil aufgespalten werden. Als Bodenwertanteil des gesamten Reinertrags wird
der Betrag angesehen, um den sich das im Grund und Boden gebundene Kapital – bemes-

sen nach dem Bodenwert zum Wertermittlungsstichtag – verzinsen würde (Bodenwertver-zinsungsbetrag). Um also zu dem allein auf die baulichen Anlagen entfallenden Reiner-tragsanteil zu kommen, muss der (gesamte) Reinertrag des *Grundstücks* (einschließlich des Bodens) zunächst um den **Bodenwertverzinsungsbetrag**

$$\boxed{\text{Bodenwert} \times \text{Liegenschaftszinssatz}}$$

gemindert werden.

32 Nach § 16 Abs. 2 Satz 2 ist der Ermittlung des Bodenwertverzinsungsbetrags i. d. R. der **Liegenschaftszinssatz nach § 11** zu Grunde zu legen. Dieser Zinssatz ist auch für die Kapitalisierung des verbleibenden Reinertragsanteils maßgebend (vgl. § 16 Abs. 3).

▸ *Zu den Liegenschaftszinssätzen vgl. § 11 WertV Rn. 1ff. sowie Vorbem. zu den §§ 15ff. Rn. 95f. und 116ff.*

33 **Bei der Ermittlung des Bodenwertverzinsungsbetrags ist i. d. R. vom erschließungs-beitragsfreien Bodenwert** selbst dann **auszugehen,** wenn der Erschließungsbeitrag noch nicht entstanden oder noch nicht fällig gestellt worden ist. Dies ist darin begründet, dass in solchen Fällen davon ausgegangen werden muss, dass der Eigentümer noch mit einem Erschließungsbeitrag belastet wird und sich insoweit in dem Zeitraum, für den der um den Bodenwertverzinsungsbetrag verminderte Reinertrag kapitalisiert wird, von dem entspre-chend verminderten Reinertrag ausgegangen werden muss, denn auch für den noch zu ent-richtenden Erschließungsbeitrag muss der Eigentümer künftig einen Zinsverlust hinneh-men, der seinen Ertrag aus der Immobilie schmälert. Dies ist deshalb beachtlich, weil bei Anwendung des Ertragswertverfahrens über „künftige" Zeiträume kapitalisiert wird. **In solchen Fällen kann es im Ergebnis** erforderlich werden, dass **in das Ertragswertver-fahren zwei unterschiedliche Bodenwerte eingeführt werden müssen** (vgl. Vorbem. zu den §§ 15 ff. WertV Rn. 55 ff.):

$$EW = (RE - BW \times p) \text{ x } V + BW'$$

Bodenwert erschließungs-
beitragspflichtig (ebp)

Bodenwert erschließungsbeitragsfrei (ebf)

34 *Beispiel:*

Reinertrag (RE)	60 844 € p. a.	
Grundstücksfläche	1 000 m²	
Bodenwert (erschließungsbeitragsfrei – ebf –)	200 €/m²	(= 200 000 €)
Bodenwert (erschließungsbeitragspflichtig – ebp –)	150 €/m²	(= 150 000 €)
Restnutzungsdauer n	50 Jahre	
Liegenschaftszinssatz p	5 %	
Vervielfältiger V	18,26	

$$EW = (RE - BW \times p) \times V + BW'$$

Das Grundstück ist erschließungsbeitrags*pflichtig.*

Richtig:			*Falsch:*		
RE	=	60 844 €	RE	=	60 844 €
BW	=	*200 000 €*	BW'	=	*150 000 €*
BW × 0,05	=	10 000 €	BW × 0,05	=	7 500 €
RE – BW × p	=	50 844 €	RE – BW × p	=	53 344 €
× V (= 18,26)	=	928 411 €	× V (= 18,26)	=	974 061 €
+ BW'	=	150 000 €	+ BW'	=	150 000 €
= EW	=	**1 078 411 €**	= EW	=	**1 124 061 €**

Δ EW = 4,1 % = 45 650 €

Der **Unterschied** ist schon so **deutlich**, dass es ihn zu berücksichtigen gilt.
Der der Ermittlung des Bodenwertverzinsungsbetrags zu Grunde gelegte erschließungsbeitragsfreie Bodenwert „*korrespondiert*" mit dem Reinertrag.

2.2 Behandlung einer Übergröße des Grundstücks (Abs. 2 Satz 3)

▶ *Hierzu auch die Vorbem. zu den §§ 15 ff. WertV Rn. 54 ff.*

Wie vorstehend ausgeführt wurde, stellt der aus einer bebauten Immobilie erzielte Reiner-   **35**
trag grundsätzlich ein Nutzungsentgelt für Boden *und* Gebäude dar. Mit dem Abzug des
Bodenwertverzinsungsbetrags soll der allein auf die bauliche Anlage bezogene Reinertrag
ermittelt werden, um hieraus den Wert der baulichen Anlage abzuleiten **(Gebäudeertragswert).**

Ist das zu wertende Grundstück wesentlich größer, als es einer den baulichen Anlagen   **36**
angemessenen Nutzung entspricht, und ist eine **zusätzliche Nutzung oder Verwertung
einer Teilfläche zulässig und möglich,** ist bei der Berechnung des Verzinsungsbetrags der
Bodenwert dieser „überschießenden" und selbstständig nutzbaren Teilfläche nicht anzusetzen. Dies ist häufig dann der Fall, wenn sich Firmen im Hinblick auf späteres Wachstum
Flächen für Erweiterungsbauten sichern (vgl. Abb. 1). Auch ist es möglich, dass das Hinterland bei sehr tiefen Wohngrundstücken gemäß den Festsetzungen im Bebauungsplan nunmehr als zusätzliche Baustelle angesehen und verkauft werden kann. Die Verzinsung des
Bodenwerts bei einem wesentlich größeren Gewerbegrundstück wird anschließend an
einem *Beispiel* aus der Praxis demonstriert.

Beispiel: **37**
Ein Unternehmen hat ein 10 000 m² großes Grundstück 1990 erworben. In einem 1. Bauabschnitt wurden 1990/92 ein
Büro- und Sozialgebäude sowie eine Produktionshalle errichtet. Vorstellungen über weitere Bauabschnitte in der
Zukunft hatte man im Hinblick auf das Reservebauland entwickelt, so dass das zulässige Maß der baulichen Nutzung
erst nach und nach erreicht wird. Gesamtnutzungsdauer 60 Jahre. Grundstücksgestalt und Lage der Baukörper des
ersten Bauabschnitts ergeben sich aus Abb. 1:

Abb. 1: Lageplan des Gewerbegrundstücks

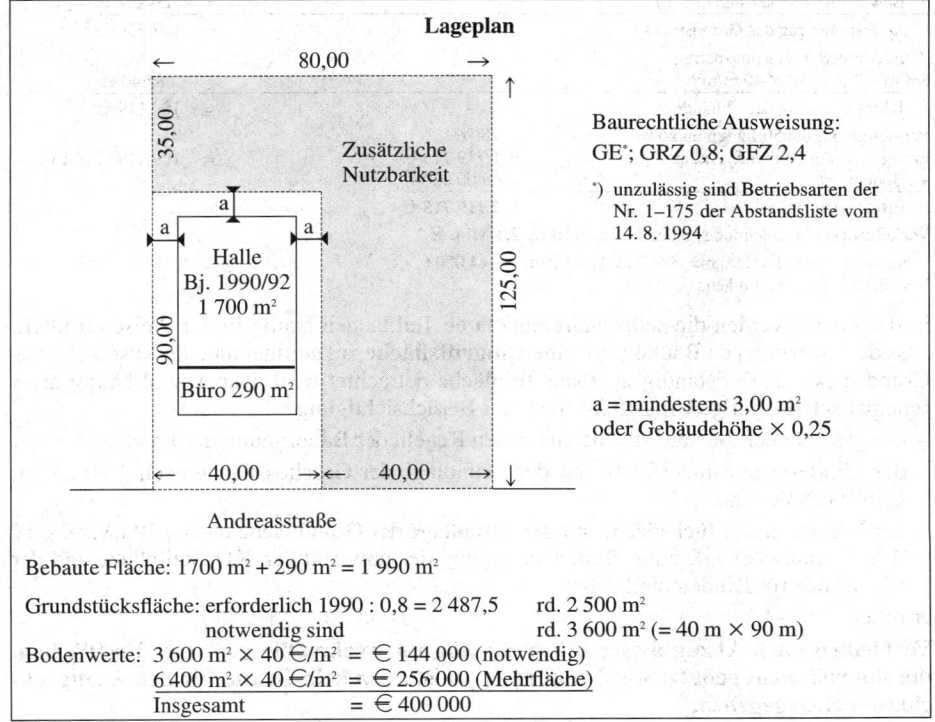

Bebaute Fläche: 1700 m² + 290 m² = 1 990 m²

Grundstücksfläche: erforderlich 1990 : 0,8 = 2 487,5   rd. 2 500 m²
            notwendig sind   rd. 3 600 m² (= 40 m × 90 m)
Bodenwerte: 3 600 m² × 40 €/m² = € 144 000 (notwendig)
            6 400 m² × 40 €/m² = € 256 000 (Mehrfläche)
           Insgesamt   = € 400 000

Der Verkehrswert für das Grundstück des Produktionsbetriebs **einschließlich Reservebauland** kann wie folgt ermittelt werden:

Besonderheiten: ungünstiger Standort, strukturschwaches Gebiet

Bodenwert: 10 000 m² Gewerbegrundstück 40 €/m² ebf.   =   **400 000 €**
GE; GRZ = 0,8; GFZ = 2,4
Bebauungsplan rechtsverbindlich seit
30. 12. 1997

Sachwert der baulichen Anlage:

a) Bürogebäude (2-geschossig) Brutto-Grundfläche 2 × 290 m² (überschlägig) = 580 m² alterswertverminderte und regionalisierte Normalherstellungskosten (einschließlich Baunebenkosten) zum Wertermittlungsstichtag 500 €/m² BGF

580 m² × 500 €/m²   522 000 €

b) Produktionshalle (Höhe 5,70) Brutto-Rauminhalt 5,70 m × 1 700 m² = 9 690 m³ alterswertgeminderte und regionalisierte Normalherstellungskosten (einschließlich Baunebenkosten) zum Wertermittlungsstichtag 100 €/m³ BRI

9 690 m³ × 100 €/m³   969 000 €

c) Außenanlagen   9 000 €

d) Sachwert
Bürogebäude   522 000 €
Produktionshalle   969 000 €
Außenanlagen   9 000 €
Bodenwert   400 000 €

zusammen   **1 900 000 €** = Gebäudesachwert

Ermittlung des Ertragswerts

EG Sozialräume	217 m² × 8 €/m²	=	1 736 € im Monat
OG Büroräume	219 m² × 6 €/m²	=	1 314 € im Monat
Nebenräume	49 m² × 5 €/m²	=	245 € im Monat
Produktionshalle	1 650 m² × 5 €/m²	=	8 250 € im Monat
zusammen		=	11 545 € im Monat
Jahresnettokaltmiete/Grundmiete		=	138 540 €
./. Bewirtschaftungskosten (15 %)		= −	20 781 €
= Jahresreinertrag des Grundstücks		=	117 759 €
./. Bodenwertverzinsungsbetrag			
6 % von 3 600* m² × 40 €/m²		= −	8 640 €
= Jahresreinertrag der Gebäude		=	109 119 €
Vervielfältiger bei 50 Jahren und 6 %	= 15,76		
Ertragswert der baulichen Anlage	= 1 719 715 €	(=	109 119 € × 15,76)
+ Bodenwert	= 400 000 €		
= Ertragswert	= **2 119 715 €**		

Verkehrswert in Anlehnung an den Ertragswert rd. **2,1 Mio. €****

*   notwendig sind 40 × 90 m = 3 600 m² × 40 €/m² = 144 000 €
** = rd. 984 €/m² Nettofläche

38 In der Praxis werden die selbständig nutzbaren Teilflächen häufig in der Weise ermittelt, dass den vorhandenen Baukörpern eine **Umgriffsfläche** zugeordnet und die Restfläche des Grundstücks als selbständig nutzbare Teilfläche betrachtet wird. Dabei wird häufig allzu schematisch die nötige Umgriffsfläche unter Berücksichtigung

– der gesetzlichen Abstandsflächen nach den Regeln der Bauordnung des Landes,
– der Mindestgrundstücksfläche auf der Grundlage der Geschossfläche nach § 20 i. V. m. § 19 BauNVO und
– der Mindestgrundstücksfläche auf der Grundlage der Grundfläche nach § 19 i. V. m. § 17 Abs. 1 BauNVO ggf. unter Berücksichtigung der notwendigen Kfz-Stellplätze und der Richtgröße für Kinderspielflächen

ermittelt.

Verbleiben nach Abzug dieser Flächen völlig unzweckmäßig geformte Restflächen, die sinnvoll nicht genutzt werden können, so ist auch kein Grund für den Abzug solcher Flächen gegeben.

Als **Richtgröße für Kinderspielflächen** kann von 3 m² je Wohneinheit (WE) ausgegangen **39** werden. Richtsätze für Kfz-Stellplätze ergeben sich aus den Erlassen der Länder[5].

Vorstehende Vorgehensweise kann also nur näherungsweise zur Bestimmung der selbst- **40** ständig nutzbaren und verwertbaren Teilflächen i. S. d. § 16 Abs. 2 WertV dienen, da letzt- lich die **örtliche Situation maßgebend** ist. Wenn sich also nach Abzug der nach vorstehen- den Grundsätzen ermittelten Umgriffsflächen lediglich noch **schmale Randstreifen** bis zur Grundstücksgrenze ergeben und diese nicht selbstständig in zulässiger Weise nutzbar sind, müssen sie den Umgriffsflächen zugerechnet werden.

2.3 Liquidationswert

Ist der Bodenwertverzinsungsbetrag größer als der Reinertrag, so verbleibt kein positiver **41** Gebäudeertragsanteil, d. h., die **bloße Verzinsung des im Grund und Boden** investierten Kapitals wirft eine höhere Rendite ab als die bauliche Nutzung des Grundstücks. Dies deu- tet auf ein **Missverhältnis zwischen dem Bodenwert und der Bebauung** hin. § 20 Abs. 1 schreibt für diesen Fall

$$p \times BW > RE$$

in einer vielfach irreführenden Weise vor, dass dann als Ertragswert der Bodenwert abzüg- lich der Freilegungskosten anzusetzen ist (Liquidationswert). Der Praktiker hüte sich aber davor, dem blind zu folgen. Zum einen kann die genannte Bedingung nur scheinbar erfüllt sein, wenn nämlich die bauliche Anlage einen Instandhaltungsrückstau aufweist und von entsprechend geminderten Erträgen ausgegangen wurde. Zum anderen wurde möglicher- weise nicht beachtet, dass der Bodenwertverzinsungsbetrag auf der Grundlage einer über- großen Grundstücksfläche ermittelt wurde und nach § 16 Abs. 2 Satz 3 der Ermittlung des Bodenwertverzinsungsbetrags nur die Grundstücksteilfläche zu Grunde gelegt werden darf, die der Bebauung zuzurechnen ist (vgl. Rn. 35 ff.).

Selbst wenn beide vorstehend genannten Hauptfehlerquellen nicht vorliegen und gleich- **42** wohl der Bodenwertverzinsungsbetrag den Reinertrag „auffrisst", hat der **Liquidations- wert** nach § 20 Abs. 1 nur die **Bedeutung eines Mindestwerts.** Bevor die Regelungen des § 20 greifen, muss noch geprüft werden, ob sich nicht auf der Grundlage eines Umnut- zungs- oder Modernisierungsprozesses ein höherer Ertragswert als der Liquidationswert ergibt bzw. der Restwert der baulichen Anlage, der im Falle seiner „Vernichtung" durch Freilegung des Grundstücks verlustig gehen würde, höher als der Barwert einer Neubau- ung unter Abzug der Freilegungskosten ausfällt.

▶ *Weiterführend zum Liquidationswertverfahren vgl. Vorbem. zu den §§ 15 ff. WertV Rn. 59* **43** *sowie die Erläuterungen zu § 20 WertV.*

---

5 Z. B. Sächsisches Amtsblatt, Sonderdruck 4 aus 1995 vom 8. 3. 1995; vgl. § 14 WertV Rn. 160

3   Kapitalisierung des Reinertragsanteils der baulichen Anlagen (Abs. 3)

3.1   Allgemeines

44   Der Gebäudeertragswert wird ermittelt, indem der **um den Verzinsungsbetrag des Bodenwerts verminderte Reinertrag** der baulichen Anlagen gemäß § 16 Abs. 2 **mit dem** sich aus der Anl. zur WertV ergebenden **Vervielfältiger kapitalisiert wird**. Maßgebend ist derjenige Vervielfältiger, der nach dem gewählten Liegenschaftszinssatz und der angemessenen Restnutzungsdauer der baulichen Anlagen in Betracht kommt.

$$\text{Gebäudeertragswert} = (RE - p \times BW) \times V$$

3.2   Vervielfältiger

45   Finanzmathematisch bedeutet die Kapitalisierung des Reinertragsanteils der baulichen Anlagen die **Ermittlung des Barwerts einer endlichen Rente**, bestehend aus den über die Restnutzungsdauer der baulichen Anlage fließenden Erträgen. Die Abschreibung, d. h. die Erneuerungsrücklage zum Ausgleich des Wertverfalls infolge Alterung und Abnutzung der baulichen Anlage, braucht nicht zusätzlich angesetzt zu werden (vgl. § 18 Rn. 35 ff.). Dabei wird entsprechend der Vorgabe des § 16 Abs. 2 Satz 2 der Abschreibungszinssatz (Habenzinssatz) mit dem Sollzinssatz gleichgesetzt; die mathematische Formel des Vervielfältigers V lautet:

$$V = \frac{q^n - 1}{q^n \times (q - 1)} = \frac{1 - (1 + p)^{-n}}{p}$$

46   Der **Vervielfältiger kann der Anl. zur WertV** (abgedruckt im Textteil) in Abhängigkeit von

– der Restnutzungsdauer des Gebäudes und
– dem Liegenschaftszinssatz

entnommen werden.

47   Die vorstehend vorgestellte **Formel des Vervielfältigers** lässt sich aus dem jährlichen Gebäudeertrag der allgemeinen Ertragswertformel ableiten.

$$EW = \underbrace{(RE - p \times BW) \times V}_{\text{Gebäudeertragswert}} + \underbrace{BW}_{\text{Bodenwert}}$$

wobei   EW   … Ertragswert
        BW   … Bodenwert
        p   … Liegenschaftszinssatz

Der Gebäudeertragswertanteil ergibt sich durch Kapitalisierung des um den Bodenwertverzinsungsbetrag verminderten Reinertrags. Dieser jährlich anfallende Betrag entspricht der Summe aus dem Verzinsungs- und dem Abschreibungsbetrag des Gebäudes. In Formeln:

(1)

$$RE - (BW \times \frac{p}{100}) = \underbrace{G \times p}_{\substack{\text{Verzinsung} \\ \text{des} \\ \text{Gebäudes}}} + \underbrace{G \times \frac{q-1}{q^n - 1}}_{\substack{\text{Abschreibung} \\ \text{des} \\ \text{Gebäudes}}}$$

wobei: RE   ... Reinertrag
           BW   ... Bodenwert
           G   ... Gebäudezeitwert
           n   ... Restnutzungsdauer
           p   ... Sollzinssatz

$$q \quad \dots \text{Zinsfaktor} = 1 + \frac{\text{Abschreibungszinssatz}}{100}$$

$$\frac{q^n - 1}{q - 1} \quad \dots \text{Abschreibungsdivisor (tabelliert im Anh. 5.3)}$$

Die **Abschreibung des Gebäudes** definiert sich dabei als Zeitrente, die n-mal über die   **48** Restnutzungsdauer am Ende eines jeden Jahres auf Zins und Zinseszins angelegt wird und so bemessen ist, dass sich als Endwert der Gebäudezeitwert ergibt.

Bezüglich der **Verzinsung** kann unterschieden werden zwischen   **49**

– dem *Sollzinssatz,* dem Zinssatz für Schulden auf dem investierten Kapital (= übliche Kapitalverzinsung), und

– dem *Abschreibungszinssatz* (= Habenzinssatz), dem Zinssatz auf Guthaben, die der Grundstückseigentümer während der Restnutzungsdauer n des Gebäudes aus der Rücklage ansammelt (§ 18 WertV Rn. 35 ff.).

Durch Umformung der Gleichung (1) erhält man die Vervielfältigerformel:

$$\text{Vervielfältiger} \ \ V = \frac{G}{RE - BW \times \dfrac{p}{100}} = \frac{1}{\dfrac{q-1}{q^n - 1} + p} \tag{2}$$

Setzt man darüber hinaus **Soll- und Abschreibungszinssatz**[6] **gleich,** folgt hieraus: **50**

$$\text{Vervielfältiger} \ \ V = \frac{q^n - 1}{q^n \times (q-1)} = \frac{1 - (1+p)^{-n}}{p}$$

(tabelliert in der Anl. zur WertV)

$$\text{wobei nunmehr } q = 1 + \frac{\text{Liegenschaftszinssatz } p}{100}$$

$$p/100 = q - 1$$

3.3 Vor- und nachschüssige Nutzungsentgelte

Der in der Praxis gebräuchliche finanzmathematische Vervielfältiger, der in der Anl.   **51** zur WertV in Abhängigkeit von dem Zinssatz und der Laufzeit (Restnutzungsdauer) tabelliert ist, **gilt für sog.** *nachschüssige* **Zeitrenten.** Bei der Kapitalisierung von Nutzungsentgelten wird mit dem Vervielfältiger also von der Annahme ausgegangen, dass das Nutzungsentgelt jeweils am (Monats-) Ende entrichtet wird, während tatsächlich die Miete üblicherweise spätestens bis zum 3. eines jeden Monats im Voraus, d.h. also *vorschüssig,* fällig wird.

---

6   Kleiber in DS 1983, 106; Stemmler in Archivbericht der Fédération Internationale des Géomètres (FIG) 1971 Nr. 904.2; zum Einfluss der **Inflation** auf den Ertragswert vgl. Lüftl in Österreichische Immobilien-Zeitung 1975, 359; Haenle in DWW 1982, 354

a) Vervielfältiger bei Vorauszahlung der Nutzungsentgelte

52 **Für vorschüssige Nutzungsentgelte lautet** die finanzmathematische Formel des **Vervielfältigers:**

$$V = \frac{q^n - 1}{q^{n-1} \times (q-1)}$$

Da häufig keine Tabellen für vorschüssige Rentenbarwertfaktoren zur Hand sind, kann im Übrigen der **nachschüssige Rentenbarwertfaktor** (Vervielfältiger) **wie folgt umgerechnet** werden:

1. Der nachschüssige Rentenbarwertfaktor wird mit dem Zinsfaktor q multipliziert:

    Zinssatz 6,5 %

    Laufzeit 10 Jahre

    Vervielfältiger nach WertV (nachschüssiger Rentenbarwertfaktor): 7,19

    Vorschüssiger Rentenbarwertfaktor: $7,19 \times 1,065 = 7,66$

2. Es wird der nachschüssige Rentenbarwertfaktor für die um ein Jahr verminderte Laufzeit aus der Tabelle entnommen und dieser Wert um 1 erhöht:

    Zinssatz 6,5 %

    Laufzeit 10 Jahre

    Vervielfältiger für (10 – 1 Jahre) also 9 Jahre: 6,66

    Vorschüssiger Rentenbarwertfaktor: $6,66 + 1 = 7,66$

Bei **längerer Restnutzungsdauer** kann eine vorschüssige Zahlungsweise schon „zu Buche" schlagen, wie sich aus nachfolgendem Beispiel ergibt:

53 *Beispiel:*

Ertragswertermittlung bei

1. „Nachschüssiger" jährlicher Zahlweise			2. „Vorschüssiger" jährlicher Zahlweise		
Bodenwert BW	=	200 000 €	Bodenwert BW	=	200 000 €
Reinertrag RE p.a.	=	60 844 €	Reinertrag RE p.a.	=	60 844 €
Liegenschaftszins	=	5 %	Liegenschaftszins	=	5 %
Restnutzungsdauer	=	60 Jahre	Restnutzungsdauer	=	60 Jahre
Vervielfältiger:			**Vervielfältiger:**		
$V = \frac{q^n - 1}{q^n \times (q-1)}$	=	**18,92929**	$V = \frac{q^n - 1}{q^{n-1} \times (q-1)}$	=	**19,87575**
RE × V	=	1 151 734 €	RE × V	=	1 209 320 €
BW/q^n	= +	10 707 €	BW/q^n	= +	10 707 €
Ertragswert	=	**1 162 441 €**	Ertragswert	=	**1 220 027 €**

$$\Delta = 57\,594\,€ \triangleq 5\,\%\,!$$

54 Die Ergebnisse machen deutlich, dass der **Unterschied mit rd. 5 % recht hoch** ausfällt. Dies findet seine Erklärung darin, dass bei der hier vorgenommenen jahrgangsweisen Kapitalisierung des alljährlich anfallenden Jahresreinertrags bei Verwendung des vorschüssigen Vervielfältigers gegenüber dem nachschüssigen WertV-Vervielfältiger jeweils über einen um ein Jahr verminderten Zeitraum diskontiert wird.

55 Unter Hinweis auf den nicht unerheblichen Unterschied zwischen der nachschüssigen Kapitalisierung gemäß Anlage zur WertV und der vorschüssigen Kapitalisierung wird vereinzelt eine **Umstellung des WertV-Vervielfältigers** auf vorschüssige Zahlungsweise gefordert. Dies klingt zunächst plausibel, wenn zugleich darauf hingewiesen wird, dass auch die Nutzungsentgelte üblicherweise im Voraus entrichtet werden.

56 Generell ist dem jedoch entgegenzuhalten, dass ein derartiger Fehler mit dem Liegenschaftszinssatz aufgefangen werden würde. Die Forderung ist gleichwohl auch vom Modellansatz nicht durchdacht und übersieht die Tatsache, dass das **Nutzungsentgelt**

üblicherweise monatsweise und nicht jahrgangsweise im Voraus entrichtet wird. Mit der Umstellung der Kapitalisierung auf einen vorschüssigen Vervielfältiger würde man den Fehler begehen, der Immobilie eine Rendite unterzuschieben, die sie tatsächlich nicht hat. Die Rendite „fließt" nämlich i.d.R. gar nicht in voller Höhe zum Jahresbeginn, sondern verteilt über 12 Monate jeweils am Monatsanfang. Wollte man also das Berechnungsverfahren der Ertragswertmethode realitätsbezogener verfeinern wollen, müsste das Rechenverfahren konsequenterweise auf eine Kapitalisierung der vorschüssig erbrachten *Monatsentgelte* umgestellt werden. Dies wäre zunächst rechenaufwendiger, was in Anbetracht moderner Rechenhilfsmittel für sich allein heute nicht mehr dagegen spräche, jedoch muss diese Umstellung das Ergebnis wiederum dem annähern, was sich bei nachschüssiger jährlicher Zahlungsweise ergibt. Dies soll nachfolgend demonstriert werden:

b) Vervielfältiger bei monatlicher Zahlweise der Nutzungsentgelte

Führt man in die Ertragswertermittlung – entsprechend der Gepflogenheiten – eine **monat-**   **57** **liche Zahlweise** des Nutzungsentgelts ein, so **lautet der Zinsfaktor:**

$$q = 1 + \frac{p}{1200} \quad \text{Zinsfaktor bei } \textit{monatlicher} \text{ Zahlweise}$$

$$q = 1 + \frac{p}{400} \quad \text{Zinsfaktor bei } \textit{vierteljährlicher} \text{ Zahlweise}$$

$$q = 1 + \frac{p}{100} \quad \text{Zinsfaktor bei } \textit{jährlicher} \text{ Zahlweise}$$

Ob und inwieweit eine Umstellung des Vervielfältigers auf eine monatliche Mietzahlung tatsächlich in einer zu berücksichtigenden Weise auf den Ertragswert „durchschlägt", soll wiederum am vorstehenden *Beispiel* untersucht werden:

Beispiel: **58**
Ertragswertermittlung bei monatlicher Zahlweise des Nutzungsentgelts

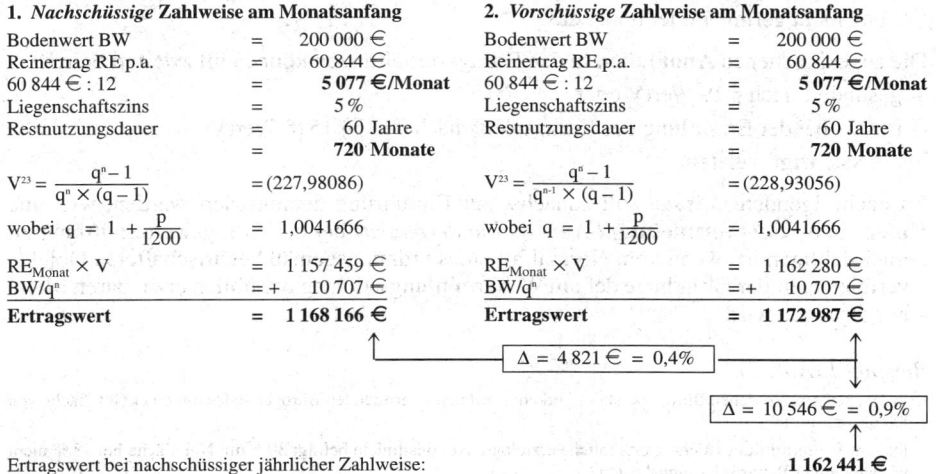

1. *Nachschüssige* **Zahlweise am Monatsanfang**

Bodenwert BW	=	200 000 €
Reinertrag RE p.a.	=	60 844 €
60 844 € : 12	=	**5 077 €/Monat**
Liegenschaftszins	=	5 %
Restnutzungsdauer	=	60 Jahre
	=	**720 Monate**

$$V^{23} = \frac{q^n - 1}{q^n \times (q-1)} \quad = (227,98086)$$

wobei $q = 1 + \frac{p}{1200}$ = 1,0041666

$RE_{Monat} \times V$	=	1 157 459 €
BW/q^n	= +	10 707 €
Ertragswert	=	**1 168 166 €**

2. *Vorschüssige* **Zahlweise am Monatsanfang**

Bodenwert BW	=	200 000 €
Reinertrag RE p.a.	=	60 844 €
60 844 € : 12	=	**5 077 €/Monat**
Liegenschaftszins	=	5 %
Restnutzungsdauer	=	60 Jahre
	=	**720 Monate**

$$V^{23} = \frac{q^n - 1}{q^{n-1} \times (q-1)} \quad = (228,93056)$$

wobei $q = 1 + \frac{p}{1200}$ = 1,0041666

$RE_{Monat} \times V$	=	1 162 280 €
BW/q^n	= +	10 707 €
Ertragswert	=	**1 172 987 €**

$$\Delta = 4\,821 € = 0,4\%$$

$$\Delta = 10\,546 € = 0,9\%$$

Ertragswert bei nachschüssiger jährlicher Zahlweise: **1 162 441 €**

c) Schlussbetrachtung

Mit dem Rechenergebnis auf der Grundlage eines vorschüssig entrichteten Monatsentgelts   **59** nähert man sich von allen dargestellten Berechnungsarten den tatsächlichen Verhältnissen am nächsten an. Das Ergebnis (im Beispiel: 1 172 987 €) stimmt überraschend gut mit dem sich unter Anwendung des (nachschüssigen) WertV-Vervielfältigers ermittelten Ertragswert (EW = 1 162 441 €) überein.

4 Anomalien der Ertragswertermittlung

4.1 Allgemeines

▶ *Hierzu bereits Vorbem. zu den §§ 15 ff. WertV Rn. 130 ff. und 271 ff.*

60 Wie bereits in den Vorbem. zu den §§ 15 ff. WertV unter Rn. 88 ff. herausgestellt wurde, wird der Ertragswert **grundsätzlich auf der Grundlage der nachhaltig erzielbaren Miete** abgeleitet, wobei diese unverändert über die gesamte Restnutzungsdauer kapitalisiert wird. Die tatsächlich erzielbaren Erträge können indessen auf Grund

– einer mietvertraglichen Vereinbarung,

– des Mietrechtes, das z. B. die sofortige Anpassung einer „Mindermiete" an die ortsübliche Vergleichsmiete im Hinblick auf die zu beachtenden Kappungsgrenzen nicht zulässt, oder

– einer nicht „artgerechten" Vermietung (Wohnung im Ladengeschoss)

von der nachhaltig erzielbaren Miete abweichen. Dabei kann es sich um eine Über- oder Untervermietung handeln[7].

61 Gleichwohl ist es sachgerecht auch in solchen Fällen den Ertragswert **zunächst im ersten Schritt auf der Grundlage der langfristig nachhaltigen Miete** zu ermitteln (vorläufiger Ertragswert), um in einem zweiten Schritt solche Anomalien zu berücksichtigen. Für diese Vorgehensweise spricht, dass

a) die dem Sachverständigen zur Verfügung stehenden Liegenschaftszinssätze i. d. R. auf der Grundlage von Normalverhältnissen, d. h. nachhaltigen Erträgen, ermittelt wurden und

b) die Erfahrungssätze über Bewirtschaftungskosten sich ebenfalls auf Normalverhältnisse beziehen. Dies ist insbesondere dann von Bedeutung, wenn die Bewirtschaftungskosten pauschal in einem Vomhundertsatz der Nettokaltmiete ermittelt werden, weil dieser Vomhundertsatz nur dann zu angemessenen Bewirtschaftungskosten führen kann, wenn er auf die nachhaltigen Ertragsverhältnisse zur Anwendung kommt. Die Bewirtschaftungskosten fallen i. d. R. nämlich im Falle einer Unter- oder Übervermietung nicht geringer oder höher aus.

62 Die angesprochenen **Anomalien** in den Ertragsverhältnissen können im **zweiten Schritt**

– gesondert nach § 19 WertV oder

– bereits bei der Ermittlung des Ertragswerts nach den §§ 15 ff. WertV

berücksichtigt werden.

63 Im nachfolgenden *Beispiel* soll zunächst zur Einführung demonstriert werden, wie eine **Unter- bzw. Übervermietung** *(over- and underrented)* bei der Ertragswertermittlung zu berücksichtigen ist, wenn vom Normalfall eines ordnungsgemäß bewirtschafteten Objekts – vermietet auf der Grundlage der am Wertermittlungsstichtag ortsüblich erzielbaren Miete – ausgegangen wird.

64 *Beispiel 1 (Abb. 2):*

In einem neu erschlossenen Büropark ist der Verkehrswert eines vermieteten Bürogebäudes mit einer Nutzfläche von 1 000 m² zu ermitteln.

– Die am Wertermittlungsstichtag ortsübliche erzielbare Nettokaltmiete beträgt 30 €/m² Nutzfläche bei 18 % nicht umlagefähiger Bewirtschaftungskosten.

– Es besteht ein langfristiger Mietvertrag:

  – Der in der Erschließungsphase geschlossene Mietvertrag räumt dem Mieter noch auf 8 Jahre eine „Lockmiete" von 15 €/m² NF ein.

  – Um seinen Standort langfristig zu sichern, hat der Mieter bei Nachverhandlungen erst kürzlich eine Fortsetzung des Mietverhältnisses auf weitere 10 Jahre ausgehandelt und dabei einer Nettokaltmiete/Grundmiete von 40 €/m² NF zugestimmt.

– Die Restnutzungsdauer beträgt 60 Jahre

– Bodenwert: 1 Mio. €

Abb. 2: Mietentwicklung auf Grund Mietvertrag

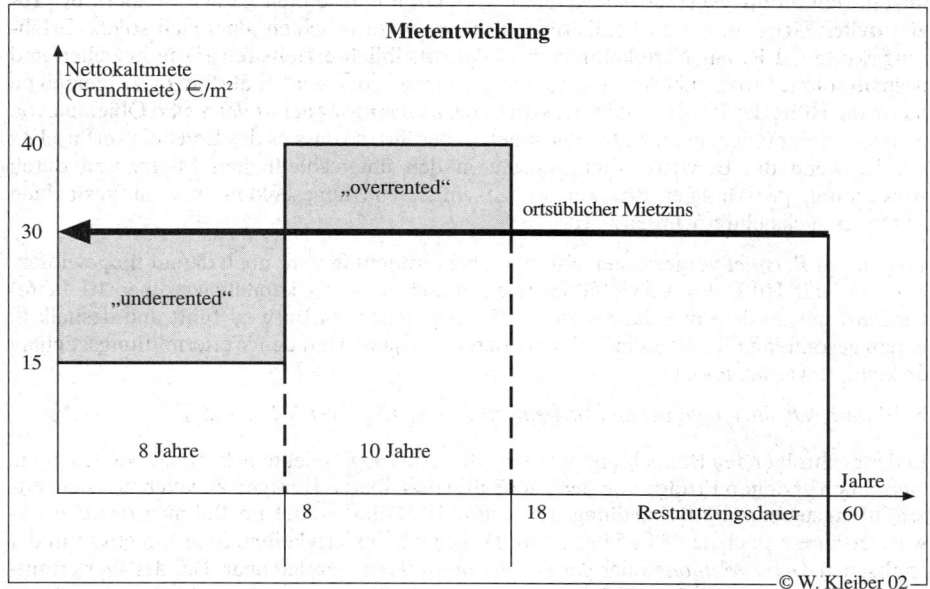

Verkehrswertermittlung:

a) Verkehrswert ohne Berücksichtigung des Mietvertrags:

$$EW = (RE - p \times BW) \times V + BW = RE \times V + BW \times q^{-n}$$

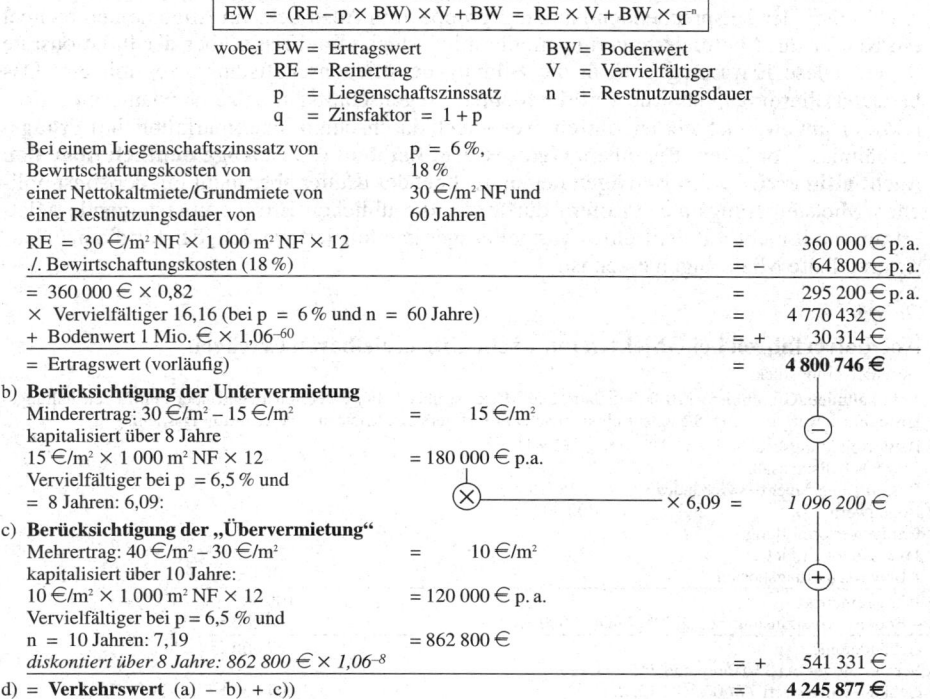

wobei EW = Ertragswert   BW= Bodenwert
RE = Reinertrag   V = Vervielfältiger
p = Liegenschaftszinssatz   n = Restnutzungsdauer
q = Zinsfaktor = 1 + p

Bei einem Liegenschaftszinssatz von   p = 6 %,
Bewirtschaftungskosten von   18 %
einer Nettokaltmiete/Grundmiete von   30 €/m² NF und
einer Restnutzungsdauer von   60 Jahren

RE = 30 €/m² NF × 1 000 m² NF × 12	=	360 000 € p.a.
./. Bewirtschaftungskosten (18 %)	= −	64 800 € p.a.
= 360 000 € × 0,82	=	295 200 € p.a.
× Vervielfältiger 16,16 (bei p = 6 % und n = 60 Jahre)	=	4 770 432 €
+ Bodenwert 1 Mio. € × 1,06⁻⁶⁰	= +	30 314 €
= Ertragswert (vorläufig)	=	**4 800 746 €**

b) **Berücksichtigung der Untervermietung**
Mindererrtrag: 30 €/m² − 15 €/m²   =   15 €/m²
kapitalisiert über 8 Jahre
15 €/m² × 1 000 m² NF × 12   = 180 000 € p.a.
Vervielfältiger bei p = 6,5 % und
= 8 Jahren: 6,09:   ⊗   × 6,09 =   *1 096 200 €*

c) **Berücksichtigung der „Übervermietung"**
Mehrertrag: 40 €/m² − 30 €/m²   =   10 €/m²
kapitalisiert über 10 Jahre:
10 €/m² × 1 000 m² NF × 12   = 120 000 € p.a.
Vervielfältiger bei p = 6,5 % und
n = 10 Jahren: 7,19   = 862 800 €
diskontiert über 8 Jahre: 862 800 € × 1,06⁻⁸   = +   541 331 €

d) = **Verkehrswert** (a) − b) + c))   =   **4 245 877 €**

---

7   OLG Karlsruhe, RE vom 13. 11. 1989 − 9 REMiet 1/89 −, EzGuG 3.78; LG Düsseldorf, Urt. vom 2. 5. 1990
   − 24 S − 452/89 −, EzGuG 3.82; OLG Hamm, Beschl. vom 29. 1. 1993 −REMiet 2/92 −, EzGuG 3.111

65   Soweit bei einer derartigen Ertragswertermittlung die nachhaltigen **Bewirtschaftungs-kosten** (bei ordnungsgemäßer Unterhaltung) nicht mit absoluten Zahlen, sondern **in prozentueller Größenordnung** eingeführt werden, ist zu beachten, dass sich solche Erfahrungswerte i. d. R. auf Nettokaltmieten in der ortsüblich erzielbaren Höhe beziehen und deshalb solche Prozentualsätze nur auf solche angewendet werden dürfen. Im Allgemeinen bleibt die Höhe der Bewirtschaftungskosten bei *overrented* oder *underrented* Objekten von dem sich dafür ergebenden Nutzungsentgelt unberührt, so dass es das Ergebnis verfälschen würde, wenn die Bewirtschaftungskosten in den unterschiedlichen Mietphasen durch Anwendung prozentualer Erfahrungssätze auf solche abgesenkten bzw. aufgestockten Mieten berücksichtigt würden.

66   Zu dem im *Beispiel* vorgestellten Fall der Übervermietung wird noch darauf hingewiesen, dass der mit Hilfe des Vervielfältigers ermittelte Barwert (kapitalisiert über 10 Jahre) zunächst nur zu dem in 8 Jahren zur Verfügung stehenden Barwert führt und deshalb in einem gesonderten Rechenschritt (kursiv dargestellt) noch auf den Wertermittlungsstichtag diskontiert werden musste.

▶ *Weitere Ausführungen bei den Vorbem. zu den §§ 15 ff. WertV Rn. 265 ff.*

67   In der nachfolgenden Betrachtung werden zur Vertiefung Objekte behandelt, bei denen die tatsächlich erzielten Erträge von den nachhaltig erzielbaren Erträgen abweichen. Die wertermittlungstechnische Behandlung dieser Problemfälle bereitet im Rahmen des Ertragswertverfahrens nach den §§ 15 bis 19 WertV keine Schwierigkeiten. Sie ist in etwa mit der englischen *Layer-Methode* oder der *Hardcore-Methode* vergleichbar. Bei der Wertermittlung derartiger Objekte ist auf Folgendes zu achten: Die Liegenschaftszinssätze werden in Deutschland aus getätigten Verkäufen abgeleitet. Insofern kommt in den durchschnittlichen Liegenschaftszinssätzen auch die jeweilige Markterwartung über künftige Marktentwicklungen der entsprechenden Nutzungsgruppe zum Ausdruck. Im Allgemeinen rechnet ein Käufer mit Mietpreissteigerungen, die mindestens mittelfristig über der Inflationsrate liegen. Diese Erwartung geht in die Bildung des Liegenschaftszinssatzes mit ein. Das bedeutet allerdings, dass die veröffentlichten Liegenschaftszinssätze nur dann ohne Korrekturen angewendet werden dürfen, wenn auch durchschnittliche (marktübliche) Ertragsverhältnisse vorliegen. Bei einem **Grundstück, bei dem die Erträge deutlich über den nachhaltig erzielbaren Erträgen liegen,** rechnet der Käufer aber nicht mit der sonst üblichen Mietsteigerungsrate. Insofern dürfte der die üblichen Erträge übersteigende Mietertragsanteil nicht mit demselben Vervielfältiger kapitalisiert werden, der für die nachhaltig erzielbare Miete angemessen ist.

68   *Beispiel 2:*

Normalverfahren bei Objekten mit nachhaltig erzielbaren Erträgen

Geschäftsgrundstück

Nettokaltmiete/Grundmiete 120 000 €/Jahr. Die Miete ist über 8 Jahre vereinbart und über den Lebenshaltungskostenindex wertgesichert. Sie entspricht der nachhaltig erzielbaren Miete am Wertermittlungsstichtag.

Bewirtschaftungskosten	12 v. H.	
Liegenschaftszinssatz	7 v. H.	
Restnutzungsdauer des Gebäudes	35 Jahre	
Bodenwert	400 000 €	
Ertragswertermittlung		
Jahresnettokaltmiete		120 000 €[8]
– Bewirtschaftungskosten		– 14 400 €
Jahresreinertrag		105 600 €
– Bodenwertverzinsungsbetrag 7 % von 400 000 €		– 28 000 €
Gebäudereinertrag		77 600 €
Vervielfältiger bei 35 Jahren und 7 % = 12,95		
Gebäudeertragswert 77 600 € × 12,95		1 004 920 €
+ Bodenwert		+ 400 000 €
Grundstücksertragswert		= 1 404 920 €
		rd. **1 400 000 €**

Im vorliegenden *Beispiel* wurde entsprechend der Risikoabschätzung des Objekts der **69** marktübliche Liegenschaftszinssatz von 7 % zu Grunde gelegt, da die erzielte Nettokaltmiete der nachhaltig erzielbaren Miete entspricht. Weichen die tatsächlich erzielten Erträge von den nachhaltig erzielbaren Erträgen ab, ist der die nachhaltig erzielbaren Erträge übersteigende Mietertrag über die Laufzeit des Mietvertrags zu kapitalisieren. Da für den Käufer das **Risiko** größer ist, dass die vertraglich vereinbarten (überhöhten) Mieten auch über die Laufzeit des Mietvertrags tatsächlich gezahlt werden, muss bei der **Kapitalisierung des Mehrertrags demnach ein höherer Zinssatz angenommen werden,** denn wenn der Mieter insolvent werden würde, könnte der Vermieter bei der Folgevermietung allenfalls noch mit der nachhaltig erzielbaren Miete rechnen (vgl. Beispiel 1).

Beispiel 3: **70**

Sachverhalt wie vor, jedoch beträgt die vereinbarte Nettokaltmiete/Grundmiete 160 000 € lt. Mietvertrag über 8 Jahre. Würde der Gesamtertrag von 160 000 € über die Restnutzungsdauer des Objekts auf der Grundlage des Liegenschaftszinssatzes kapitalisiert werden, wäre die Berechnung angreifbar, da nach Ablauf des 8-jährigen Mietvertrags damit gerechnet werden muss, dass lediglich die nachhaltig erzielbare Miete erzielt werden kann. Sie beträgt – diskontiert auf den Wertermittlungsstichtag – eben nur 120 000 €. Wenn sich innerhalb der nächsten 8 Jahre kein überproportionaler Realmietzuwachs ergeben würde, ergäbe sich somit eine Überbewertung des Objekts. Diese Überbewertung wirkt sich noch gravierender aus, wenn sich anstatt der am Markt erwarteten Realmietsteigerungen stagnierende oder sogar sinkende Mieten einstellen.

vorläufiger Grundstücksertragswert aus Beispiel 2	1 404 920 €
Der Zuschlag würde also betragen:	
Mehrertrag	40 000 €
abzüglich Mietausfallwagnis von 4 %	1 600 €
	38 400 €
Vervielfältiger bei 10 % Zins[9] und 8 Jahren = 5,33	
Zuschlag: 38 400 € × 5,33	204 672 €
	1 609 920 €
Grundstücksertragswert rd.	**1 610 000 €**

Das entspricht einem um rd. 14,6 % höheren Wert.

Diese Berechnung ist plausibel und wird am Immobilienmarkt zumindest von den institu **71** tionellen Anlegern nachvollzogen. Eine Gefahr besteht allerdings in der Pseudo-Verwissenschaftlichung derartiger Betrachtungen. Durch Einbringen von zu vielen möglicherweise wertrelevanten Parametern und einer Reihe mathematischer Operationen entsteht häufig der Eindruck, als ob der Verkehrswert genau berechenbar sei. Dieser Eindruck, der sich zuweilen bei englischen und amerikanischen Wertgutachten aufdrängt, täuscht. Der Verkehrswert ist und bleibt ein Schätzwert und ist damit auch direkt abhängig von der Erfahrung des Sachverständigen, der ihn schätzt. Deshalb ist die einfachere, nachfolgend beschriebene Variante zur Lösung des vorstehenden Problems angemessen. Bei dieser Methode wird bei der Berechnung des Zuschlags vom (dynamischen) Liegenschaftszinssatz ausgegangen. Das höhere **Risiko wird durch einen individuell begründeten Abschlag berücksichtigt.**

Beispiel wie vor: **72**

Jahresnettokaltmiete/Grundmiete		120 000 €
Bewirtschaftungskosten	–	14 400 €
Jahresreinertrag		105 600 €
– Bodenwertverzinsungsbetrag 7 % von 400 000 €	–	28 000 €
Gebäudereinertrag		77 600 €
Vervielfältiger bei 35 Jahren und 7 % = 12,95		
Gebäudeertragswert 77 600 € × 12,95		1 004 920 €
– Bodenwert	+	400 000 €
Grundstücksertragswert		**1 404 920 €**

---

8 Miete über Index wertgesichert
9 Kapitalmarktzins + Risikozuschlag

Mehrertrag über 8 Jahre 40 000 €/Jahr
abzüglich Mietausfallwagnis von 4 %
Kapitalisierungsfaktor bei 7 % und 8 Jahren = 5,97
Zuschlag 38 400 € × 5,97   +   229 248 €

Grundstücksertragswert	**1 634 168 €**

73   Es ergeben sich zwei Eckwerte. Beim unteren Eckwert von 1 400 000 € wird der – zumindest am Wertermittlungsstichtag – fließende höhere Ertrag überhaupt nicht berücksichtigt.
Es wird also der ungünstigste Fall unterstellt, dass der Mieter direkt nach dem Wertermittlungsstichtag insolvent und die höhere Miete ab sofort nicht mehr realisierbar sein wird.
Beim oberen Eckwert von 1 630 000 € wird dagegen davon ausgegangen, dass der
Mehrertrag gegebenenfalls unter Einbeziehung einer weiteren Mieterhöhung bis Mietver-
tragsende erzielt wird. Welcher Kaufpreis letztlich ausgehandelt werden wird, hängt von
der Risikobereitschaft des Käufers ab. Sie lässt sich nicht exakt objektiv begründen. Hier
hat der Sachverständige den Verkehrswert unter Berücksichtigung der beiden Eckwerte
begründet abzuleiten, wobei die **Bonität des Mieters** sowie die absolute Miethöhe eine
gewichtige Rolle spielen. Im Kern hat diese Ableitung den Charakter einer reinen Schätzung.

74   In den nachfolgenden Abschnitten sollen die **Rechentechniken** zur Berücksichtigung von
Anomalien in den Ertragsverhältnissen am Beispiel von Staffelmietverträgen vorgestellt
werden.

4.2   Staffelmieten

4.2.1   Vervielfältigerdifferenzverfahren

▶ *Allgemeines vgl. Vorbem. zu den §§ 15 ff. WertV Rn. 278 ff.*

75   Der Ertragswert eines Mietwohngrundstücks mit Staffelmieten kann besonders einfach unter
Anwendung des **Vervielfältigerdifferenzverfahrens** ermittelt werden, wobei sich die Phasen unterschiedlicher Ertragsverhältnisse besonders eindrucksvoll nachvollziehen lassen.

Die Anwendung des Verfahrens kann dadurch vereinfacht werden, dass das Ertragswertverfahren als ein sog. einsträngiges Verfahren ohne besondere Behandlung des Bodenwerts
zur Anwendung kommt (vgl. Vorbem. zu den §§ 15 ff. WertV Rn. 150 ff.).

**Zur Erläuterung wird das folgende Beispiel unter Anwendung des Vervielfältiger-
differenzverfahrens „durchgespielt":**

76   *Beispiel* (Abb. 3):

a) Sachverhalt: Mietwohngrundstück mit Staffelmieten
  – Wohnfläche WF   480 m²
  – Bodenwert BW   300 000 €
  – Restnutzungsdauer   80 Jahre
  – Liegenschaftszinssatz p   5,5 %
  – Bodenwertverzinsungsbetrag   16 500 €   (= 300 000 € × 5,5/100)
  – Jahresbewirtschaftungskosten über gesamte Nutzungsdauer
    (außer umgelegte Betriebskosten):
    22 % der Nettokaltmiete/Grundmiete   10 898 €   (= 49 536 € × 22/100)
  – Staffelmiete: 2002 bis Ende 2006:   6,00 €/m² Wohnfläche
    (Netto-   2005 bis Ende 2011:   7,20 €/m² Wohnfläche
    kaltmiete)   ab 2012 übliche Marktmiete: 8,60 €/m² Wohnfläche
  – Wertermittlungsstichtag 1. 1. 2002

b) Hinweis:
  Die Bewirtschaftungskosten und der Bodenwertverzinsungsbetrag entstehen in voller Höhe nur bei der Ermittlung des Verkehrswerts des unbelasteten Grundstücks; es ist ein fester (absoluter) Betrag, der sich durch abge-
  senkte Mieten bis 2011 nicht vermindert.

Abb. 3: Einfluss von Staffelmieten auf die Ertragsverhältnisse und den Ertragswert der baulichen Anlagen

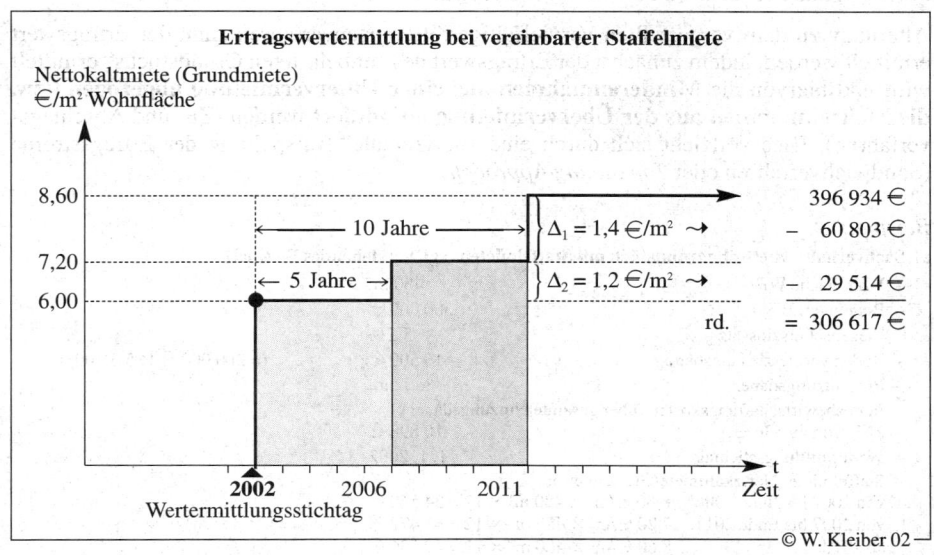

Ertragswertermittlung bei vereinbarter Staffelmiete

Nettokaltmiete (Grundmiete)
$€/m^2$ Wohnfläche

8,60	396 934 €
← 10 Jahre → $\Delta_1 = 1{,}4\ €/m^2\ \curvearrowright$	− 60 803 €
7,20 ← 5 Jahre → $\Delta_2 = 1{,}2\ €/m^2\ \curvearrowright$	− 29 514 €
6,00	rd. = 306 617 €

2002   2006   2011   t
Wertermittlungsstichtag   Zeit

© W. Kleiber 02

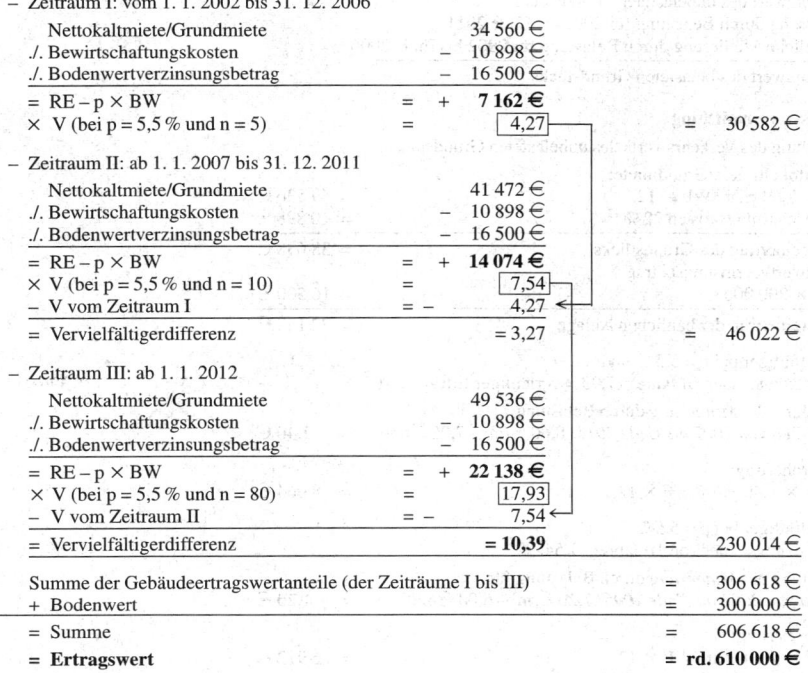

c) Verkehrswertermittlung

– Zeitraum I: vom 1. 1. 2002 bis 31. 12. 2006

Nettokaltmiete/Grundmiete	34 560 €	
./. Bewirtschaftungskosten	− 10 898 €	
./. Bodenwertverzinsungsbetrag	− 16 500 €	
= RE − p × BW	= + **7 162 €**	
× V (bei p = 5,5 % und n = 5)	= 4,27	= 30 582 €

– Zeitraum II: ab 1. 1. 2007 bis 31. 12. 2011

Nettokaltmiete/Grundmiete	41 472 €	
./. Bewirtschaftungskosten	− 10 898 €	
./. Bodenwertverzinsungsbetrag	− 16 500 €	
= RE − p × BW	= + **14 074 €**	
× V (bei p = 5,5 % und n = 10)	= 7,54	
− V vom Zeitraum I	= − 4,27	
= Vervielfältigerdifferenz	= 3,27	= 46 022 €

– Zeitraum III: ab 1. 1. 2012

Nettokaltmiete/Grundmiete	49 536 €	
./. Bewirtschaftungskosten	− 10 898 €	
./. Bodenwertverzinsungsbetrag	− 16 500 €	
= RE − p × BW	= + **22 138 €**	
× V (bei p = 5,5 % und n = 80)	= 17,93	
− V vom Zeitraum II	= − 7,54	
= Vervielfältigerdifferenz	= **10,39**	= 230 014 €

Summe der Gebäudeertragswertanteile (der Zeiträume I bis III)	=	306 618 €
+ Bodenwert	=	300 000 €
= Summe	=	606 618 €
= **Ertragswert**	=	**rd. 610 000 €**

Das Ergebnis entspricht dem Ertragswert der im nachstehenden Beispiel angewandten Methode.

Zu den Besonderheiten bezüglich der **Bewirtschaftungskosten** vgl. Vorbem. zu den §§ 15 ff. WertV Rn. 282 ff.

4.2.2 Sandwichverfahren

▶ *Hierzu auch Vorbem. zu den §§ 15 ff. WertV Rn. 291 ff.*

77   Alternativ zu dem vorgestellten Vervielfältigerdifferenzenverfahren kann der Ertragswert ermittelt werden, indem zunächst der Ertragswert des „unbelasteten Grundstücks" ermittelt wird und hiervon die **Mindereinnahmen aus einer Untervermietung abgezogen bzw. die Mehreinnahmen aus der Übervermietung aufaddiert** werden (Zu- und Abschlagsverfahren). Dies vollzieht sich durch eine „horizontale" Aufspaltung der Ertragsströme (Sandwichverfahren oder *Top Slicing Approach*).

Beispiel:

a) Sachverhalt: Mietwohngrundstück mit Staffelmieten (vgl. vorstehendes Beispiel)

– Wohnfläche WF	480 m²	
– Bodenwert BW	300 000 €	
– Liegenschafszinssatz p	5,5 %	
– Bodenwertverzinsungsbetrag	16 500 €	(= 300 000 € × 5,5/100)
– Restnutzungsdauer	80 Jahre	
– Jahresbewirtschaftungskosten (über gesamte Nutzungsdauer):		
22 % von 49 536 €:	10 898 €	
– Wertermittlungsstichtag	1. 1. 2002	
– Staffelmiete (Nettokaltmiete/Grundmiete):		
von 2002 bis Ende 2006: 6,00 €/m² × 480 m² × 12 = 34 560 €		
von 2007 bis Ende 2011: 7,20 €/m² × 480 m² × 12 = 41 472 €		
ab 2012: 8,60 €/m² × 480 m² × 12 = 49 536 €		

b) Lösungsweg:

Verkehrswert des unbelasteten Grundstücks
./. Minderung durch Belastung für 2002 bis Ende 2011
./. Zusätzliche Minderung durch Belastung für 2002 bis Ende 2006

= Verkehrswert des belasteten Grundstücks

c) Verkehrswertermittlung

– Ermittlung des Verkehrswerts des unbelasteten Grundstücks:

Jahresnettokaltmiete/Grundmiete:		
480 m² × 8,60 €/m² WF × 12	= 49 536 €	
./. Bewirtschaftungskosten 22 %	= 10 898 €	
= Jahresreinertrag des Grundstücks	= 38 638 €	
./. Bodenwertverzinsungsbetrag		
5,5 % × 300 000 €	= 16 500 €	
= Jahresreinertrag der baulichen Anlage	= 22 138 €	
× Vervielfältiger bei p = 5,5 % und		
Restnutzungsdauer 80 Jahre: 17,93 = vorläufiger Ertragswert		396 934 €
– Ermittlung der *Minderung* durch Belastung		
für die Zeit von 2007 bis Ende 2011: 8,60 €/m² – 7,20 €/m²	= 1,40 €/m²	
Jahresrohertrag:		
480 m² × 1,40 €/m² WF × 12	= 8 064 €	
× Vervielfältiger bei p = 5,5 %		
und Nutzungsdauer von 10 Jahren: 7,54	=	– 60 803 €
– Ermittlung der *Minderung* durch Belastung für		
die Zeit von 2002 bis Ende 2006: 7,20 €/m² – 6,00 €/m²	= 1,20 €/m²	
Jahresrohertrag:		
480 m² × 1,20 €/m² WF × 12	= 6 912 €	
× Vervielfältiger bei 5 Jahren: 4,27	=	– 29 514 €
= Ertragswert der baulichen Anlagen	=	306 617 €
+ Bodenwert	=	300 000 €
= Summe	=	606 617 €
= **Ertragswert**	=	**rd. 610 000 €**

Zu den Bewirtschaftungskosten vgl. die grundsätzlichen Ausführungen in den Vorbem. zu **78**
den §§ 15 ff. WertV Rn. 282 ff. Danach können die Bewirtschaftungskosten über die Phasen der Untervermietung unberücksichtigt bleiben, da diese sich infolge der Untervermietung grundsätzlich nicht vermindern. Allenfalls dem veränderten **Mietausfallwagnis** kann
durch einen **um 0,5 Prozentpunkte erhöhten Kapitalisierungszinssatz** Rechnung getragen werden.

Wäre hingegen im vorstehenden Beispiel tatsächlich davon auszugehen, dass die
Bewirtschaftungskosten (in relativer Abhängigkeit von der Nettokaltmiete) in den beiden Perioden bis Ende 2011 geringer als die in Abhängigkeit von 8,60 € pro Quadratmeter
Wohnfläche (in dem *Beispiel)* angesetzten Bewirtschaftungskosten ausfällt, so erhöht sich
der Reinertrag im vorstehenden Berechnungsbeispiel, und zwar wie folgt (vgl. Abb. 4).

– von 2002 – 2011 um 0,31 €/m^2 Wohnfläche monatlich (= 22 % von 1,40 €).
– von 2002 – 2006 um weitere 0,26 €/m^2 Wohnfläche monatlich (= 22 % von 1,20 €).

Kapitalisiert ergibt dies eine Erhöhung des Verkehrswerts um:

$$
\begin{aligned}
0{,}31\ \text{€/m}^2 \times 480\ \text{m}^2 \times 12 \times 7{,}54 &= +\ 13\,463\ \text{€}\quad (\text{bei } V = 7{,}54)\\
+\ 0{,}26\ \text{€/m}^2 \times 480\ \text{m}^2 \times 12 \times 4{,}27 &= +\ \ \ 6\,395\ \text{€}\quad (\text{bei } V = 4{,}25)\\
\hline
\text{Insgesamt} &= +\ 19\,858\ \text{€}
\end{aligned}
$$

Das Ergebnis zeigt, dass die angemessene **Berücksichtigung der Bewirtschaftungs-** **79**
kosten eine überaus wichtige und deshalb **mit großer Sorgfalt zu klärende Tatfrage** ist.
Bei entsprechend verminderten Bewirtschaftungskosten erhöht sich der Verkehrswert –
wie das Beispiel zeigt – um rd. 20 000 €. Dies entspricht rd. 6,5 % des Werts der baulichen
Anlage!

In dem vorgestellten *Beispiel* ist das sog. **Sandwichverfahren** zur Anwendung gekommen, **80**
bei dem der Ertragswert zunächst auf der Grundlage der „Endmiete" ermittelt wird und
hiervon „scheibchenweise" die kapitalisierten Mindererträge abgezogen werden. Rechentechnisch lässt sich dies noch vereinfachen (Abb. 4):

Abb. 4: Ertragswert bei Staffelmietverträgen

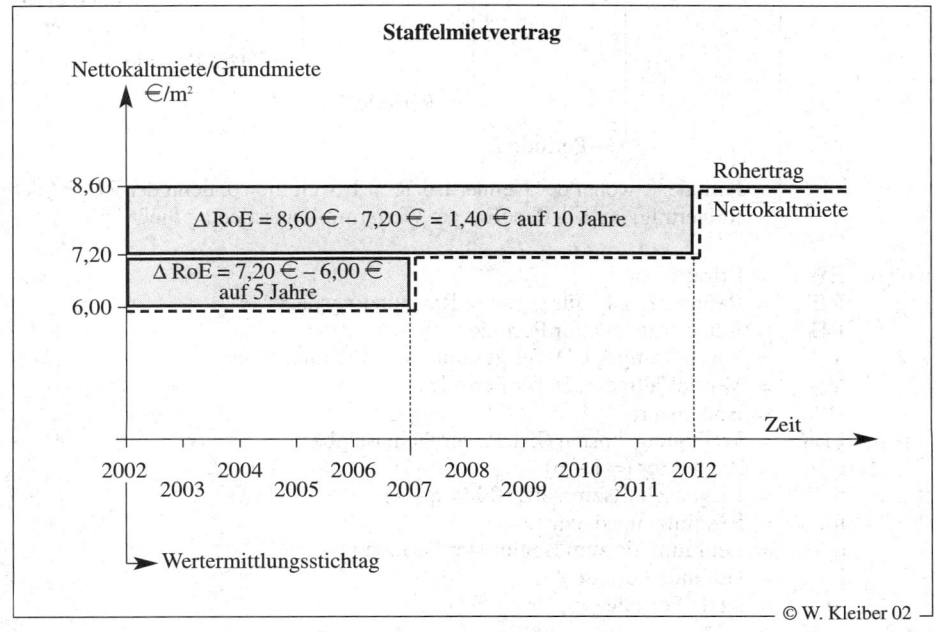

81 *Beispiel:*

a) Sachverhalt: Mietwohngrundstück mit Staffelmiete (vgl. § 17 WertV Rn. 67)

vgl. vorstehendes Beispiel

b) Verkehrswertermittlung

Berechnung der kapitalisierten Nettokaltmiete

$8{,}60 \times 480\,m^2 \times 12 = 49\,536\,€ \times 17{,}93^*$ =		888 181 €	
$-\ 1{,}40 \times 480\,m^2 \times 12 =\ 8\,064\,€ \times 7{,}54^{**}$ =		$-$ 60 803 €	
$-\ 1{,}20 \times 480\,m^2 \times 12 =\ 6\,912\,€ \times 4{,}27^{***}$ =		$-$ 29 514 €	
= Summe = kapitalisierte Roherträge =		797 864 €	= 797 864 €

   * = Vervielfältiger für p = 5,5 % und RND = 80 Jahre
  ** = Vervielfältiger für p = 5,5 % und RND = 10 Jahre
 *** = Vervielfältiger für p = 5,5 % und RND = 5 Jahre   ⊖

Berechnung der kapitalisierten Bewirtschaftungskosten

$-\ 10\,898\,€$ p.a. $\times\ 17{,}93$ = 195 401 €		$=\ -$ 195 401 €

                                                             ⊕

Berechnung des diskontierten Bodenwerts

$+\ 300\,000\,€ \times 1/1{,}055^{80}$ = 4 139 €		$=\ +$ 4 139 €

= Ertragswert = Summe	**= 606 602 €**

Das Ergebnis entspricht – von Rechenunschärfen abgesehen – den Ergebnissen der vorstehenden Berechnungen; vgl. zu Staffelmieten in GuG 1994, 147 und Werth in GuG 1994, 279

4.2.3 Säulenverfahren; Partielle Diskontierung

82 Das vorstehend vorgestellte Staffelmietverfahren lässt sich auch im Wege der partiellen Diskontierung durchrechnen. Das **Verfahren der partiellen Diskontierung entspricht der allgemeinen Barwertermittlung** (auch *Discounted-Cashflow*-Verfahren genannt). Entsprechend der besonderen Konstellation bezüglich der „staffelmäßig" erzielbaren Reinerträge folgt hieraus[10]:

$$EW = RE_1 \times \frac{V_1}{q^{d_1}} + RE_2 \times \frac{V_2}{q^{d_2}} + RE_3 \times \frac{V_3}{q^{d_3}} + \ldots RE_n \times \frac{V_m}{q^{d_m}} + \frac{BW - FLK}{q^n} \quad \text{wobei } q^0 = 1$$

diskontierter Bodenwert

letzte Periode

Periode 3

Periode 2

Periode 1, wobei der Nenner i. d. R. = 1, weil $d_1 = 0$, denn der RE_1 ist der Reinertrag, der i. d. R. sofort am Wertermittlungsstichtag fließt ($q^0 = 1$)

wobei	EW	= Ertragswert
	RE	= Reinertrag i. D. für gesamte Restnutzungsdauer
	RE_i	= Reinertrag i. D. für Periode i
	V	= Vervielfältiger i. D. für gesamte Restnutzungsdauer
	V_i	= Vervielfältiger i. D. für Periode i
	BW	= Bodenwert
	FLK	= Freilegungskosten (i. d. R. vernachlässigbar)
	q	= Zinsfaktor (= 1 + p)
	p	= Liegenschaftszinssatz/100 (= q – 1)
	n	= Restnutzungsdauer
	d_i	= Zeitraum bis zum Beginn der Periode i
	i	= laufende Periode
	m	= letzte Periode

Der *Bodenwert geht* bei langer Restnutzungsdauer nur **in einer zu vernachlässigenden** **83**
Größenordnung in den Ertragswert ein, nämlich in der über die Restnutzungsdauer diskontierten Höhe.

Auf der Grundlage der zu erwartenden Zeitabfolge der schrittweisen **Mietanpassung** wird **84**
der Ertragswert nach der vorgestellten Formel also ermittelt, indem

a) die über die Dauer der für die jeweils abzuschätzenden Zeitabschnitte nachhaltig erzielbaren Reinerträge (RE_i) mit Hilfe des sich jeweils dafür aus der Anlage zur WertV ergebenden Vervielfältigers (V_i) für die jeweilige Periode kapitalisiert werden und

b) der kapitalisierte Reinertrag (RE_i) von dem Zeitpunkt ab, von dem ab der Reinertrag erzielbar ist, auf den Wertermittlungsstichtag über die Zeit (d_i) diskontiert wird.

Die Summe der so kapitalisierten und diskontierten Reinerträge ergibt zusammen mit dem über die gesamte Restnutzungsdauer diskontierten Bodenwert den Ertragswert des Grundstücks.

Das Verfahren kann deshalb auch als **Säulenverfahren** bezeichnet werden, weil jeweils **85**
zunächst der Barwert der einzelnen „Ertragssäulen" ermittelt wird. Dabei muss beachtet werden, dass mit dem Vervielfältiger jeweils nur der Barwert bezogen auf den Zeitpunkt ermittelt wird, in dem der jeweilige Kapitalisierungszeitraum zu „laufen" beginnt. Dies ist in dem vorgestellten Beispiel der

– 1. 1. 2002 = Wertermittlungsstichtag

– 1. 1. 2007 = 1. Mieterhöhung und

– 1. 1. 2012 = 2. (endgültige) Mieterhöhung (vgl. Abb. 5).

Hieraus folgt, dass der auf den Zeitpunkt der ersten und zweiten Mieterhöhung ermittelte **86**
Barwert noch in einem zusätzlichen Rechenschritt auf den Wertermittlungsstichtag diskontiert werden muss. Das Säulenverfahren ist deshalb im Vergleich zur Sandwichmethode rechenaufwendiger und damit praxisfremd, wenn längere Phasen gleicher Ertragsverhältnisse zusammengefasst werden können. Es ist indessen das Regelverfahren, wenn es jährlich sich verändernde Ertragsverhältnisse zu berücksichtigen gilt.

Abb. 5: Säulenverfahren (partielle Diskontierung)

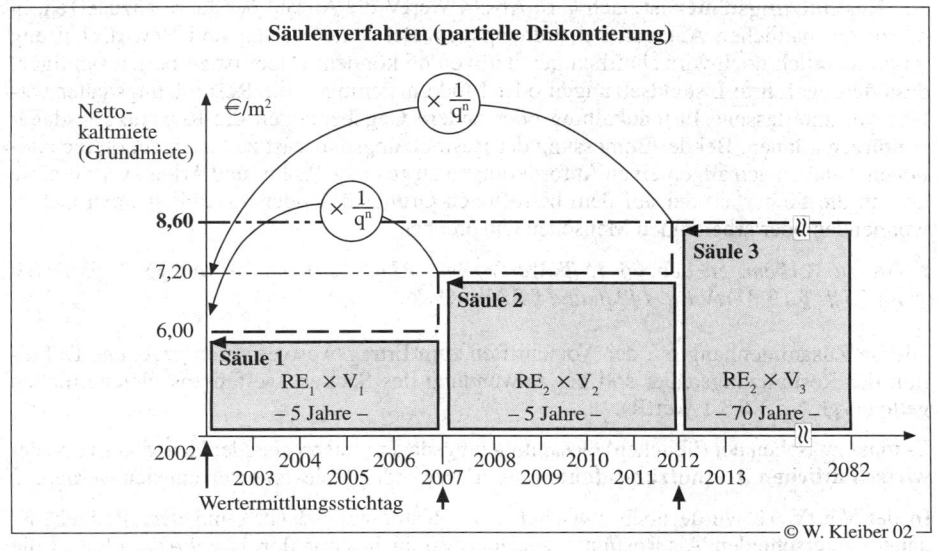

10   Güttler in GuG 1991, 95

87 *Beispiel:*

a) Sachverhalt: Mietwohngrundstück mit Staffelmiete (vgl. vorstehendes Beispiel)

– Wohnfläche WF	480 m²	
– Bodenwert BW	300 000 €	
– Liegenschaftszinssatz	5,5 %	
– Bodenwertverzinsungsbetrag	16 500 €	(= 300 000 € × 5,5/100)
– Restnutzungsdauer	80 Jahre	
– Jahresbewirtschaftungskosten (über gesamte Nutzungsdauer) 22 % von 49 536 €	10 898 €	(ohne umgelegte Betriebskosten)

– Staffelmiete (Nettokaltmiete/Grundmiete):

von 2002 bis Ende 2006: 6,00 €/m² × 480 m² × 12 = 34 560 € (auf 5 Jahre)

von 2007 bis Ende 2011: 7,20 €/m² × 480 m² × 12 = 41 472 € (auf 5 Jahre)

von 2012 bis Ende 2082: 8,60 €/m² × 480 m² × 12 = 49 536 € (auf 70 Jahre)

– Wertermittlungsstichtag 1. 1. 2002

b) Verkehrswertermittlung

Periode Jahre	Jahresnettokaltmiete – BewK = Reinertrag			$\times V = RE \times V \times \frac{1}{q^{d_i}}$			diskontiert	d_i Jahre
	€	BewK	€	V	€	$\frac{1}{q^{d_i}}$		
1. 1. 2002 – 31. 12. 2006	34 560	10 898	23 662	4,27028	101 043	1,000000	= 101 043 €	ab sofort
1. 1. 2007 – 31. 12. 2011	41 472	10 898	30 574	4,27028	130 560	0,765134	= 99 896 €	ab 5. Jahr
1. 1. 2012 – 31. 12. 2082	49 536	10 898	38 638	17,75330	685 952	0,585430	= 401 577 €	ab 10. Jahr

Summe aller kapitalisierten und diskontierten Reinerträge	= 602 516 €
+ **diskontierter Bodenwert (BW/q^n) = 300 000 €/1,055^{80}**	=+ 4 139 €
= **Ertragswert**	**= 606 655 €**

Das Ergebnis entspricht – von Rechenunschärfen abgesehen – den Ergebnissen der vorstehenden Beispielsrechnungen.

5   Wirtschaftliche Gesamt- und Restnutzungsdauer (Abs. 4)

5.1   Allgemeines

88 Als **Restnutzungsdauer** ist nach § 16 Abs. 4 WertV die Anzahl der Jahre anzusetzen, in denen die baulichen Anlagen bei ordnungsgemäßer Unterhaltung und Bewirtschaftung voraussichtlich noch wirtschaftlich genutzt werden können. Dabei ist zu berücksichtigen, dass durchgeführte Instandsetzungen oder Modernisierungen die Restnutzungsdauer verlängern, unterlassene Instandhaltung oder andere Gegebenheiten die Restnutzungsdauer verkürzen können. Bei der Bemessung der Restnutzungsdauer ist zu beachten, ob die baulichen Anlagen den allgemeinen Anforderungen an gesunde Wohn- und Arbeitsverhältnisse und an die Sicherheit der auf dem betroffenen Grundstück oder im umliegenden Gebiet wohnenden oder arbeitenden Menschen entsprechen.

▶ *Hierzu Vorbem. zu den §§ 15 ff. WertV Rn. 121 ff.; Vorbem. zu den §§ 21 ff. WertV Rn.75 ff; § 19 WertV Rn. 142 ff. und § 23 WertV Rn. 104 ff.*

Die im Zusammenhang mit den Vorschriften zum Ertragswertverfahren gegebene Definition der Restnutzungsdauer soll bei Anwendung des Sachwertverfahrens gleichermaßen gelten (vgl. Nr. 3.6.3.1 WertR).

89 Es muss zwischen der (üblichen) Gesamtnutzungsdauer (entsprechender Neubauten) und der **wirtschaftlichen Restnutzungsdauer** (des zu wertenden Objekts) unterschieden werden.

90 In der WertV 72 wurde noch zwischen der „Restnutzungsdauer" und der „Restlebensdauer" unterschieden. Als Restnutzungsdauer war auch schon dort in § 9 Abs. 4 Satz 1 die Anzahl der Jahre definiert, in der die bauliche Anlage bei ordnungsgemäßer Unterhaltung und Bewirtschaftung voraussichtlich noch wirtschaftlich genutzt werden kann[11]; dies ist i. S. d. Rentenrechnung die Laufzeit der Rente. Im Unterschied hierzu war in § 17 Abs. 2 die **Restlebensdauer** als die Anzahl der Jahre zu verstehen, die die bauliche Anlage physisch Bestand hat. Da der physischen Existenz einer baulichen Anlage bei ordnungsgemäßer Instandhaltung kaum Grenzen[12] gesetzt sind und es auch bei Sachwertobjekten allein auf die wirtschaftliche Verwendbarkeit einer baulichen Anlage ankommt, wurde mit der WertV die Unterscheidung zwischen Restnutzungsdauer und Restlebensdauer aufgegeben[13]. Sowohl beim Ertragswertverfahren, als auch bei Anwendung des Sachwertverfahrens soll es allein auf die wirtschaftliche Restnutzungsdauer ankommen (vgl. § 23 WertV Rn. 8).

Im **RdErl. des BMBau vom 12. 10. 1993**[14] wird hierzu ausgeführt: **91**

„a) Für die Ermittlung des Werts baulicher Anlagen ist **allein die an der wirtschaftlichen Nutzungsfähigkeit orientierte wirtschaftliche Gesamtnutzungsdauer und nicht die technische Lebensdauer** von Bedeutung. Die Tabellen der Anlagen 5, 7 und 8 der WertR 96 geben lediglich die technische Lebensdauer an, die die oberste Grenze der wirtschaftlichen Gesamtnutzungsdauer darstellt.

b) Von **denkmalgeschützten und erhaltenswerten Gebäuden** abgesehen, hat sich die wirtschaftliche Gesamtnutzungsdauer baulicher Anlagen in den vergangenen Jahrzehnten auf Grund gewachsener Ansprüche deutlich vermindert; dies gilt auch für öffentlichen Zwecken dienende Gebäude. Im gewerblich-industriellen Bereich haben insbesondere die produktions- und betriebstechnischen Anforderungen (einschließlich der Umweltbelange) die Gesamtnutzungsdauer in nicht unerheblicher Weise verkürzt.

Damit hat sich die Schere zwischen technischer Lebensdauer und wirtschaftlicher Gesamtnutzungsdauer weiter geöffnet. Die in den Anl. 5, 7 und 8 der WertR angegebene technische Lebensdauer hat von daher untergeordnete Bedeutung; insbesondere verbietet sich eine schematische Heranziehung der angegebenen Werte als wirtschaftliche Gesamtnutzungsdauer.“

Aus dem dem Ertragswertverfahren zu Grunde liegenden (mathematischen) Modell folgt, **92** dass der **richtigen Einschätzung der Restnutzungsdauer mit zunehmendem Alter der baulichen Anlage, d. h. mit abnehmender Restnutzungsdauer, eine höhere Bedeutung** zukommt. Dies zeigt sich auch an den Tafeldifferenzen der Vervielfältigertabelle (vgl. Anl. zur WertV). Bei Objekten (wirtschaftliche Einheiten), die bauliche Anlagen oder Bauteile mit unterschiedlicher Restnutzungsdauer aufweisen, kommt den dominierenden Bestandteilen maßgebliche Bedeutung zu.

Die Praxis der Ermittlung der Restnutzungsdauer auf der Grundlage der Gesamtnutzungs- **93** dauer unter Abzug des Alters der baulichen Anlage setzt – wie dargelegt – eine **ordnungsgemäße Unterhaltung und Bewirtschaftung der baulichen Anlage** voraus. In der Praxis hat man es jedoch häufig mit Fällen zu tun, in denen eine bauliche Anlage über die ordnungsgemäße Unterhaltung hinaus modernisiert wurde oder Instandhaltungen unterlassen wurden.

5.2 Gesamtnutzungsdauer

Die Gesamtnutzungsdauer bestimmt sich nach dem vorher Gesagten nach der **Anzahl von** **94** **Jahren, die ein Neubau üblicherweise wirtschaftlich genutzt werden kann.** Von daher wird auch von der üblichen Gesamtnutzungsdauer gesprochen.

Von denkmalgeschützten und erhaltenswerten Gebäuden abgesehen, hat sich die wirt- **95** schaftliche **Gesamtnutzungsdauer baulicher Anlagen** in den vergangenen Jahrzehnten auf Grund gewachsener Ansprüche gegenüber früheren Einschätzungen deutlich vermin-

---

11 BGH, Urt. vom 7. 7. 1966 – III ZR 108/65 –, EzGuG 6.9 i
12 Treffend hat der Eigentümer des Hauses Gerberau 20 in Freiburg im Breisgau sein Haus mit der Inschrift versehen „Wenn dieses Haus so lang besteht, bis in der Welt der Neid vergeht, dann wird es wohl so lang bestehen, bis dass die Welt wird untergehen“.
13 BR-Drucks. 352/88, S. 63
14 BAnz Nr. 199 von 1993, 9630 = GuG 1994, 42

dert; dies gilt auch für öffentlichen Zwecken dienende Gebäude. Im gewerblich-industriellen Bereich haben insbesondere die produktions- und betriebstechnischen Anforderungen (einschließlich der Umweltbelange) die Gesamtnutzungsdauer in nicht unerheblicher Weise verkürzt.

96 **Für die Ermittlung des Werts baulicher Anlagen ist** nach alledem **allein die** an der wirtschaftlichen Nutzungsfähigkeit orientierte **wirtschaftliche Gesamtnutzungsdauer und nicht die technische Lebensdauer von Bedeutung.**

Die in den **WertR 96** abgedruckten Tabellen
– Technische Lebensdauer von baulichen Anlagen und Bauteilen (Anl. 5),
– Technische Lebensdauer von Außenanlagen (Anl. 7),
– Technische Lebensdauer von besonderen Betriebseinrichtungen und Geräten (Anl. 8)

geben deshalb allenfalls die technischen Grenzen der wirtschaftlichen Gesamtnutzungsdauer an, die in aller Regel bedeutungslos sind. Die im Ergebnis weitgehend bedeutungslose **technische Gesamtlebensdauer** kann auf den S. 1366 ff. der zweiten Auflage nachgelesen werden (Abb. 6).

Abb. 6: Lebensdauer (nicht Nutzungsdauer!) von Bauteilen und Materialien

Lebensdauer von Bauteilen und Materialien		
	Ausführung	**Lebensdauer in Jahren**
Konstruktion	einfache Ausführung	80
	städtische Ausführung	80
	bessere Ausführung	80
	monumentale Ausführung	80
	Leichtwände	40
Dachhaut	Ziegel, Schiefer	50
	Asbestzement	40
	Zinkblech	30
	Doppelte Pappe, Stahlblech	20
Dachstuhl	(Stahl und Holz)	80
Dachrinne	Kupferblech	40
	Zinkblech	30
	Stahl, verzinkt	20
Putz	Deckenputz auf Massivdecken	80
	Deckenputz auf Putzträger	50
	Deckenputz in Nassräumen	30
	Innenwandputz	50
	Außenwandputz	30
Fußböden	Estrich, Plattenbeläge in Mörtel	30
	Hartholz	50
	Weichholz	30
	Kunststoffbeläge	30
	Linoleum	30
	Textilbeläge	10
Treppenstufen	Hartholz, Stein	50
	Weichholz	30
Fenster	Hartholz	50
	Weichholz	30
	Fensterbänke	30
	Fensterläden	30
Türen	Innentüren	40
	Außentüren, Hartholz	50
	Außentüren, Weichholz	30

Quelle: Bund Deutscher Baumeister (BDB).

Die bis in die heutige Wertermittlungspraxis noch vorherrschende **Anschauung einer im** **97** **Regelfall 100-jährigen** (wirtschaftlichen) **Gesamtnutzungsdauer eines Gebäudes ist grundsätzlich überholt.** Banken und Sparkassen sind zu Recht dazu übergegangen, die wirtschaftliche Nutzungsdauer von Gebäuden nach unten hin zu korrigieren. Dies betrifft insbesondere Gewerbe- und Industriebauten, die für bestimmte Branchen und Produkte maßgeschneidert errichtet worden sind und insoweit auch nicht universell Verwendung finden können.

Als **Anhaltspunkt für die wirtschaftliche Gesamtnutzungsdauer** können die nachfol- **98** genden Angaben gelten, wobei der Anwender dieser Tabelle gehalten ist, eigenverantwortlich die Gesamtnutzungsdauer des zu wertenden Objekts insbesondere unter Berücksichtigung der Lage des Objekts, seiner Eigenschaften und der wirtschaftlichen Verwertungsfähigkeit zu ermitteln[15] (Abb. 7).

▶ *Weitere Hinweise zur Restnutzungsdauer bei Rn. 88 ff. sowie § 23 WertV Rn. 14 ff.*

Abb. 7: Durchschnittliche wirtschaftliche Gesamtnutzungsdauer (GND) **99**
Es handelt sich hierbei um die durchschnittliche wirtschaftliche Gesamtnutzungsdauer bei ordnungsgemäßer Instandhaltung (ohne Modernisierung).

Gebäudeart	Gesamtnutzungsdauer
Einfamilienhäuser (entsprechend ihrer Qualität)	
Einfamilienhaus auch mit Einliegerwohnung Zwei- und Dreifamilienhaus Reihenhaus (bei leichter Bauweise kürzer)	60–100 Jahre
Fertighaus in Massivbauweise	60– 80 Jahre
Fertighaus in Fachwerk- und Tafelbauweise	60– 70 Jahre
Siedlungshaus Holzhaus	50– 60 Jahre
Schlichthaus (massiv)	50– 60 Jahre
Mietwohngebäude	
(freifinanziert)	60– 80 Jahre
(soziale Wohnraumförderung)	50– 70 Jahre
Gemisch genutzte Häuser mit einem gewerblichen Mietertragsanteil bis 80 %	50– 70 Jahre
Dienstleistungsimmobilien	
Verwaltungs- und Bürogebäude Schulen, Kindergärten	50– 70 Jahre
Gewerbe- und Industriegebäude bei flexibler und zukunftsgerechter Ausführung	40– 60 Jahre
Stallgebäude	15– 25 Jahre
Tankstellen	10– 20 Jahre
Selbstbedienungs- und Baumarkt/Einkaufszentrum	30– 50 Jahre
Hotels/Sanatorien/Kliniken	40– 60 Jahre
Außenmauern	
Außenwände Stahlfachwerk mit Ziegelstein ausgefacht	50– 60 Jahre
Stahlkonstruktion mit ungeschützten Außenflächen	30– 40 Jahre
Außenverkleidung mit Trapezblechen auf Stahlstielen und Riegeln	30– 40 Jahre
Außenverkleidung mit verzinktem Wellblech auf Stahlstielen und Riegeln	25– 30 Jahre

15 RdErl. des BMBau vom 12. 10. 1993 (BAnz Nr. 199; 1993, S. 9630 = GuG 1994, 42); Weyers, G: Gesamtnutzungsdauer von Hotelgebäuden, GuG 1993, 41

100 Hinweise zur technischen Gesamt*lebens*dauer landwirtschaftlicher Wirtschaftsgebäude enthielten die **Anl. 5, 7 und 8 WertR 96.** Danach ist die Gesamtlebensdauer von Wirtschaftsgebäuden in einfacher Ausführung mit etwa 30 Jahren anzusetzen, für eine massive Bauweise werden 100 Jahre angegeben. Im *steuerlichen Bereich* wird gemäß § 7 Abs. 4 EStG seit dem 1. 4. 1985 eine Nutzungsdauer (für die Abschreibung) von i. d. R. 25 Jahren angegeben. Auch für **Investitionsrechnungen** werden **in der Landwirtschaft** Abschreibungszeiträume von 25 Jahren angegeben, die auch *Köhne* empfiehlt[16]. Bei einem zu wertenden Wirtschaftsgebäude, das einem Neubau funktionell gleichzusetzen ist, ist nach *Köhne* die wirtschaftliche Restnutzungsdauer dicht unterhalb der wirtschaftlichen Gesamtnutzungsdauer anzusetzen. Weicht das Gebäude jedoch funktionell stärker vom modernen Stand ab oder ist die wirtschaftliche Nutzung mit größeren Unsicherheiten verbunden, so ist die wirtschaftliche Restnutzungsdauer wesentlich geringer anzusetzen.

5.3   Restnutzungsdauer

5.3.1   Allgemeines

101 Bei Anwendung des Sachwertverfahrens sowie bei Anwendung des Ertragswertverfahrens bemisst sich die Alterswertminderung (Sachwertverfahren) bzw. die Kapitalisierungsdauer (für den anzusetzenden Vervielfältiger im Ertragswertverfahren) nach der *wirtschaftlichen* Restnutzungsdauer und nicht nach der verbleibenden *technischen Restlebensdauer*. Wird bei Anwendung des Sachwertverfahrens zur Ermittlung der Restnutzungsdauer diese aus dem Baujahr und der Standzeit des Gebäudes abgeleitet, muss deshalb die **wirtschaftliche Gesamtnutzungsdauer** herangezogen werden und nicht die technische Gesamtlebensdauer.

102 Die **Restnutzungsdauer wird** in erster Linie **von den wirtschaftlichen Nutzungsmöglichkeiten bestimmt,** die dem zu wertenden Objekt am Wertermittlungsstichtag noch beizumessen ist. Dabei ist allerdings zu berücksichtigen, dass es mitunter wirtschaftlicher ist, eine wirtschaftliche Restnutzungsdauer nicht „bis zum bitteren Ende" auszuschöpfen, sondern durch eine **wirtschaftlichere Nutzungsalternative** zu ersetzen. Insoweit können auch technische Gesichtspunkte eine Rolle spielen.

103 Als *übliche* Restnutzungsdauer ist die Anzahl der Jahre anzusehen, über die eine bauliche Anlage zu einem bestimmten Zeitpunkt (Wertermittlungsstichtag) bei ordnungsgemäßer Unterhaltung und Bewirtschaftung voraussichtlich noch wirtschaftlich genutzt werden kann. Dabei ist zu bedenken, dass es häufig durch (umfangreiche) Objektmodernisierungen zu einer **Verlängerung der Gesamt- und Restnutzungsdauer** kommt. Mangelhafte Pflege bzw. unzureichende Unterhaltung der Gebäudesubstanz führen regelmäßig zu einem Substanzverfall und damit zu einer **Verkürzung der Restnutzungsdauer**. Dies ist im wohnwirtschaftlichen Bereich meist dann der Fall, wenn weder der bauliche Zustand noch die Ausstattung (mit z. B. Elektro- und Sanitäreinrichtungen) den heutigen Anforderungen entsprechen. Beispielhaft zu erwähnen sind insbesondere die Altbauten aus der Zeit vor dem Ersten Weltkrieg und die Übergangswohnhäuser aus den 50er Jahren mit den Laubengangswohnungen.

104 Bei den älteren Gewerbeimmobilien müssen Zustand, Ausstattung und wirtschaftliche Nutzung berücksichtigt werden. Von besonderer Bedeutung für die Festlegung einer sicherlich verkürzten Restnutzungsdauer ist die (dauerhafte) Nutzung von speziellen oder mehrgeschossigen Produktionsgebäuden und **verschachtelten Fabrikhallen mit zu geringen Höhen** und engen Stützenabständen. Werden solche Areale aufgegeben, so sind allenfalls, wenn überhaupt, kurzfristige Zwischennutzungen die Regel. Moderne Produktionsmethoden, etwa mit Hilfe von computergesteuerten Maschinen und Robotern, sind heute nur noch in erdgeschossigen Aufbauten üblich.

Insbesondere bei Vermietung und Verpachtung von **Selbstbedienungsmärkten und** **105**
Hotels werden mitunter Vermieterpflichten (die Unterhaltung von Dach und Fach) dem
Mieter/Pächter aufgelastet. Nicht selten kommt es dann bei solchen Objekten zu einem
erheblichen Reparaturanstau, weil Mieter/Pächter die übernommenen Pflichten vernachlässigen. Auch dies kann zu einer Verkürzung der (wirtschaftlichen) Restnutzungsdauer
führen.

Die **übliche Restnutzungsdauer – RND –** von Gebäuden wird i. d. R. so ermittelt[17], indem **106**
von einer für die Objektart üblichen Gesamtnutzungsdauer – GND – das Alter in Abzug
gebracht wird:

$$\text{Restnutzungsdauer RND} = \text{Gesamtnutzungsdauer GND} - \text{Alter}$$

Dies darf nicht schematisch vorgenommen werden. Es müssen vor allem die örtlichen und **107**
allgemeinen Wirtschaftsverhältnisse im Hinblick auf die Verwendbarkeit der baulichen
Anlagen berücksichtigt werden. Sachgerechter ist es daher, die **wirtschaftliche Restnut-**
zungsdauer am Wertermittlungsstichtag unter Berücksichtigung des Bau- und Unter-
haltungszustands sowie der wirtschaftlichen Verwendungsfähigkeit der baulichen
Anlage zu schätzen. Es ist nämlich bedenklich, die Restnutzungsdauer, wie oben dargestellt, schematisch zu errechnen, weil damit ebenso die Vorhersage über die Einkommensströme über mehrere Jahrzehnte verbunden ist. Dies gilt insbesondere für den gewerblichen
Bereich, wo zunehmend nach der maßgeschneiderten Immobilie gefragt wird. Deshalb ist –
wie dargelegt – die wirtschaftliche Gesamtnutzungsdauer i. d. R. kürzer als die technische
Gesamtlebensdauer[18].

Zusammenfassend ist also festzustellen, dass auch bei landwirtschaftlichen Wirtschafts- **108**
gebäuden die wirtschaftliche Restnutzungsdauer i. d. R. kürzer als die technische Restnutzungsdauer anzusetzen ist und in einem Größenbereich von 25 Jahren anzusiedeln ist. In
welchem Maße davon Abschläge zu machen sind, hängt in erster Linie von dem Bestand
der gegenwärtigen Nutzung und den alternativen Nutzungsmöglichkeiten gegenüber einem
Neubau ab.

5.3.2 Gebäudemix

Bei **Liegenschaften, die sich aus einer Vielzahl von Gebäuden mit unterschiedlicher** **109**
Restnutzungsdauer zusammensetzen, stellt sich die Frage, welche Restnutzungsdauer der
Kapitalisierung des Reinertrags zu Grunde zu legen ist. Viele Gutachter ermitteln in derartigen Fällen zunächst die Summe aller Reinerträge der baulichen Anlagen und kapitalisieren diese mit einer gewogenen Restnutzungsdauer der baulichen Anlagen unter Anwendung folgender Formel:

$$\text{RND}_{\text{Mittel}} = \frac{\sum (\text{RoE}_i \times \text{RND}_i)}{\sum \text{RoE}_i}$$

---

16 Gütter, K., Bewertung landwirtschaftlicher Wirtschaftsgebäude, Schriftenreihe des HLBS, Heft 132, St. Augus-
    tin, 1991; Köhne, M., Landwirtschaftliche Taxationslehre, 2. Aufl. Hamburg und Berlin 1993, S. 196–220;
    Köhne, M. und K., Gütter, K., Modifizierung des Sachwertverfahrens für die Wertermittlung bei landwirtschaft-
    lichen Wirtschaftsgebäuden, GuG 1996, 320–325, 199
17 BGH, Urt. vom 8. 12. 1975 – III ZR 93/73 –, EzGuG 20.58
18 Hierzu Kleiber in Ernst/Zinkahn/Bielenberg, BauGB, Komm. zu § 16 WertV Rn. 20 ff. und § 23 WertV
    Rn. 15 ff.; Vogels, Grundstücks- und Gebäudebewertung – marktgerecht, 5. Aufl. 1995, S. 99 ff. und 195 ff.

wobei:

RoE_i	=	Rohertrag des Gebäudes i (besser: Jahresnettokaltmiete/Grundmiete)
RND_{Mittel}	=	Gewogene (mittlere) Restnutzungsdauer
RND_i	=	Restnutzungsdauer des Gebäudes i

110 *Beispiel:*

Eine Liegenschaft setzt sich aus drei Gebäuden zusammen:
– Gebäude 1: Nettokaltmiete/Grundmiete 40 000 €; RND 40 Jahre
– Gebäude 2: Nettokaltmiete/Grundmiete 20 000 €; RND 20 Jahre
– Gebäude 3: Nettokaltmiete/Grundmiete 10 000 €; RND 10 Jahre

Ermittlung der mittleren Restnutzungsdauer:

Gebäude	RND_i [Jahre]	Nettokaltmiete$_i$ [€]	Nettokaltmiete$_i$ × RND_i [€ × Jahre]
1	40	40 000	1 600 000
2	20	20 000	400 000
3	10	10 000	100 000
Σ Jahresnettokaltmiete =		70 000	2 100 000 = Σ Jahresnettokaltmiete/ Grundmiete × RND

Mittlere Restnutzungsdauer

$$(RND_{Mittel}) = \frac{2\,100\,T€}{70\,T€} = 30\ \text{Jahre}$$

111   **Vor einer schematischen Anwendung dieses Verfahrens muss gewarnt werden**, insbesondere, wenn die Liegenschaft eine wirtschaftliche Einheit darstellt:

– Soweit die wirtschaftliche Nutzungsfähigkeit der Liegenschaft von der gleichzeitigen Nutzbarkeit mehrerer Gebäude abhängt, bestimmt zunächst das schwächste Glied die für diese Liegenschaft maßgebliche Restnutzungsdauer. Es muss darüber hinaus jedoch untersucht werden, ob und inwieweit sich die Restnutzungsdauer des schwächsten Gebäudes verlängern lässt; möglicherweise muss auch ein parzieller Neubau in Betracht gezogen werden. Ansonsten teilen die Gebäude mit einer längeren Restnutzungsdauer das Schicksal der Gebäude mit kürzerer Restnutzungsdauer.

– Soweit eine Aufteilung der Liegenschaft in voneinander abspaltbare Nutzungen und damit auch einer unterschiedlichen Nutzungsdauer in Betracht kommt, ist eine differenzierte Vorgehensweise angezeigt.

In jedem Fall muss der Gutachter unter wirtschaftlicher Sichtweise eine den **besonderen Verhältnissen der Liegenschaft im Einzelfall** Rechnung tragende Restnutzungsdauer ansetzen.

112   *Beispiel:*

Im nachfolgenden Beispiel sollen häufig gemachte Fehler und die Auswirkungen der unterschiedlichen Vorgehensweisen dargestellt werden (Abb. 8).

Die Gesamtgrundstücksgröße beträgt 5 000 m².
Bodenrichtwert 100 €/m²
Bodenwert 100 €/m² × 5 000 m² = 500 000 €

a) die „hilflose" Methode (schematische Vorgehensweise):

Eine Liegenschaft setzt sich entsprechend vorstehendem Beispiel aus drei Gebäuden zusammen:

– Gebäude 1: Jahresnettokaltmiete 40 000 €; RND 40 Jahre
– Gebäude 2: Jahresnettokaltmiete 20 000 €; RND 20 Jahre
– Gebäude 3: Jahresnettokaltmiete 10 000 €; RND 10 Jahre

Abb. 8: Lageplan

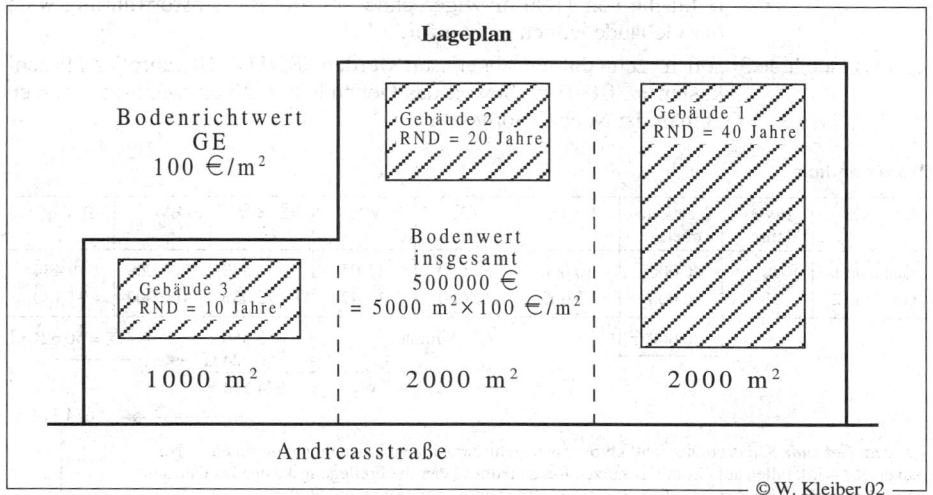

Ermittlung des Reinertrags:

Nettokaltmiete	=	70 000 €	(= Σ der RoE)
./. BewK	=	17 500 €	(= 25 % des RoE)
= RE	=	52 500 €	
./. Bodenwertverzinsungsbetrag	=	− 30 000 €	bei p = 6 % : (500 000 € × 0,06)
= RE − p × BW	=	22 500 €	

1. Fehlerquelle:

Abzug des Bodenwertverzinsungsbetrags für die Gesamtfläche einschließlich der selbstständig nutzbaren Freiflächen, der den Reinertrag RE übermäßig „auffrisst".

2. Fehlerquelle:

Der Grundbesitz wird als wirtschaftliche Einheit angesehen. Demzufolge wird eine mittlere Restnutzungsdauer (RND) ermittelt (vgl. Rn. 109).

Scheinwissenschaftlich wird die „gewogene" Restnutzungsdauer entsprechend vorstehender Vorgehensweise mit 30 Jahren ermittelt:

Ertragswert: $EW = RE \times V + \dfrac{BW}{q^n}$

Reinertrag (RE)	=	52 500 €	
× V (= 13,76)	=		722 400 € (bei p = 6 %)
Bodenwert (BW)	=	500 000 €	
× 1/q^n (= 0,17411)	=		+ 87 055 € (bei p = 6 %)
= Ertragswert (EW)	=		809 455 €
	EW =		**810 000 €**

Diese Art der Verkehrswertermittlung ist das Ergebnis einer schematischen Denkweise. Ebenso schematisch wäre es, nach dem Grundsatz vorzugehen, dass das **„schwächste Glied einer Kette"** die Restnutzungsdauer der wirtschaftlichen Einheit bestimmt. **113**

Richtige Vorgehensweise: **114**

Die wirtschaftliche Verwendungsfähigkeit des Grundstücks ist zunächst im Hinblick auf Optimierung zu analysieren. Dazu werden die in Betracht kommenden Alternativen i. S. des *'best use'* analysiert. Als Ergebnis stellt sich folgendes Bild:

a) das Gebäude 1 soll weitergenutzt werden; ihm wird eine Grundstücksteilfläche von 2 000 m² zugeordnet.

b) Das Gebäude 2 soll ebenfalls weitergenutzt werden; ihm wird eine Grundstücks-teilfläche von 1 000 m² zugerechnet; für die Betriebsfortführung wäre das Gebäude jedoch nicht erforderlich.

c) Das Gebäude 3 soll in zehn Jahren abgerissen werden (RND = 10 Jahre!) Abbruch-kosten = 30 000 €. Soweit das Gebäude betriebsnotwendige Anlagen enthält, ist Neubau vorgesehen.

Wertermittlung

Gebäude	RND Jahre	Nettokalt-miete €	BewK[1] €	RE €	V[2]	RE × V €	BW €	BW/q[n3] €
Gebäude 1	40	40 000	10 000	30 000	15,05	451 500	200 000	19 444
Gebäude 2	20	20 000	5 000	15 000	11,47	+ 172 050	100 000	+ 31 180
		60 000 €			Summe:	= 623 550 €		Σ = 50 624 €
						+ 50 624 €		
					EW₁ + EW₂	= 674 174 €		
								674 174 €

Bei dem *Gebäude 3*, das voraussichtlich bereits in zehn Jahren abgebrochen und durch einen Neu-bau ersetzt wird, fallen auf Grund der kurzen Restnutzungsdauer die Freilegungskosten ins Gewicht und sollen deshalb im Wege des Liquidationswertverfahrens berücksichtigt werden.

$RoE_{Gebäude 3}$ =   10 000 €
– BewK   =   2 500 € (= 25 v. H. der Nettokaltmiete)
= RE   =   7 500 € × 7,36 $_{(p = 6\%, n = 10\ Jahre)}$ =   55 200 €   (+)

Bodenwert (im freigelegten Zustand)   =   100 000 €
./. Freilegungskosten   = – 30 000 €
= BW – FLK   =   70 000 €   (+)

diskontiert über 10 Jahre mit dem Liegenschaftszinssatz von 6 % bei einem Diskontierungsfaktor von 0,55839 : 70 000 € × 0,55839   =   39 088 €
= Liquidationswert von Gebäude 3 (EW₃)   =   94 288 €   →   94 288 €
+ „Überschüssiger" Bodenwert (= 1 000 m² × 100 €)   =   100 000 €
= Gesamtertragswert EW₁ + EW₂ + EW₃ + BW$_{(überschüssig)}$ =   **868 462 €**

Anmerkungen: 1) Bewirtschaftungskosten (BewK) = 25 % der Nettokaltmiete
                 2) bei Liegenschaftszinssatz 6 % und RND des Gebäudes
                 3) bei Liegenschaftszinssatz 6 % und Diskontierungszeitraum = Restnutzungsdauer des Gebäudes

115   Das vorgestellte *Beispiel* verdeutlicht, welche schwerwiegenden Fehler bei einer schemati-schen Vorgehensweise ohne Berücksichtigung der wirtschaftlichen und funktionalen Zusammenhänge der wirtschaftlichen Einheit auftreten können.

5.4   Abweichungen von der üblichen Restnutzungsdauer

5.4.1   Allgemeines

116   Wenn man einmal von den besonderen Einflüssen absieht, die die wirtschaftliche Existenz eines Gebäudes beeinflussen können, definiert sich die Restnutzungsdauer – wie ausge-führt – als der Zeitraum, über den sich eine bauliche Anlage bei ordnungsgemäßer Bewirt-schaftung zu einem bestimmten Zeitpunkt (z. B. zum Wertermittlungsstichtag) wirtschaft-lich noch trägt. Entsprechend definiert sich auch die (übliche) **Gesamtnutzungsdauer als der Zeitraum, über den sich eine neu errichtete bauliche Anlage zum Zeitpunkt ihrer Fertigstellung voraussichtlich wirtschaftlich trägt.**

Wurde also eine **bauliche Anlage** stets **ordnungsgemäß instand gehalten,** ist es gerecht-   **117**
fertigt, die Restnutzungsdauer (RND) einer baulichen Anlage aus deren üblicher Gesamtnutzungsdauer (GND) und ihrem Alter nach folgender Beziehung abzuleiten:

$$\boxed{\text{Übliche RND} = \text{GND} - \text{Alter}}$$

wobei: RND ... Übliche Restnutzungsdauer
GND ... Übliche Gesamtnutzungsdauer

Diese schematische Vorgehensweise ist vielfach jedoch gar nicht möglich, weil **bauliche**   **118**
Anlagen gerade **nicht** stets **ordnungsgemäß instand gehalten** oder über die Instandhaltung hinaus **sogar modernisiert** wurden:

– Bei *unterlassener Instandhaltung* kann sich sowohl die Gesamtnutzungsdauer als auch
  die Restnutzungsdauer verkürzen.
– Bei *Modernisierung* der baulichen Anlage, die über die bloße Instandhaltung hinausgeht, können sich wiederum sowohl die Gesamtnutzungsdauer als auch die Restnutzungsdauer verlängern.

Im Rahmen des Ertragswertverfahrens kommt es bei alledem **allein auf die Restnutzungs-**   **119**
dauer an, die sich ggf. auf Grund der dargestellten Verhältnisse gegenüber der
üblichen Restnutzungsdauer verkürzen oder verlängern kann.

5.4.2 Verkürzung der üblichen Restnutzungsdauer

Eine unterlassene Instandhaltung kann sowohl die ursprüngliche Gesamtnutzungsdauer als   **120**
auch die übliche Restnutzungsdauer verkürzen, denn zu einer ordnungsgemäßen Unterhaltung und Bewirtschaftung gehört die Durchführung anfallender Instandhaltungen.

§ 28 II BV definiert (ohne den Begriff zu gebrauchen) als **Instandhaltung** (vgl. § 18 WertV   **121**
Rn. 80 , 94 ff.) die Maßnahmen, die während der Nutzungsdauer zur Erhaltung des bestimmungsgemäßen Gebrauchs getätigt werden müssen, um die durch Abnutzung, Alterung
und Witterungseinwirkung entstehenden baulichen und sonstigen Mängel ordnungsgemäß
zu beseitigen. Die Instandhaltung ist von der Modernisierung abzugrenzen.

Die **Instandhaltung ist zu unterscheiden von der Instandsetzung** (§ 18 WertV Rn. 80 ff.,   **122**
94). Einen Legalbegriff der Instandsetzung enthält § 3 Abs. 4 ModEnG). Instandsetzung ist
danach die Behebung von baulichen Mängeln, insbesondere von Mängeln, die infolge von
Abnutzung, Alterung, Witterungseinflüssen *oder Einwirkungen Dritter* entstanden sind,
durch Maßnahmen, die in den Wohnungen den zum bestimmungsgemäßen Gebrauch
geeigneten Zustand wiederherstellen (vgl. auch § 177 BauGB). Dies bedeutet aber nicht,
dass die Instandsetzung immer in der Wiederherstellung des ursprünglichen Zustands des
Gebäudes bestehen muss, zumal namentlich ältere Gebäude im Laufe der Jahrzehnte oder
Jahrhunderte mehrfach verändert werden[19]. Instandsetzung und Instandhaltung sind danach
wesensgleich, aber nicht identisch. Die Begriffe werden im Verhältnis so zueinander abgegrenzt, dass die Instandhaltung die Beseitigung von Mängeln umfasst, die durch Alterung,
Abnutzung oder Witterungseinflüsse in mehr oder weniger zeitlich gleich bleibenden
Abständen auftreten, und die vorbeugenden Maßnahmen zur Verhinderung von eingetrete-
nen Schäden, deren Auftreten ungewiss und unregelmäßig ist oder die durch unterlassene
Instandhaltung oder durch Einwirkungen Dritter entstanden sind[20].

---

19   Battis/Krautzberger/Löhr, BauGB § 177 Rn. 10
20   Pergande, Wohnungsbaurecht II. BV § 11 Anm. 10.4; zu den Kosten § 17 Rn. 6 und § 18 Rn. 15

123 **Unterlassene Instandhaltungen** und auch „andere Gegebenheiten" können zu einer Verkürzung der üblichen Restnutzungsdauer führen. Dies können z. B. durch höhere Gewalt entstandene Schäden oder wirtschaftlich-technische Entwicklungen sein. So kann sich die übliche Restnutzungsdauer eines Gewerbebaus verkürzen, wenn er produktionstechnisch und damit wirtschaftlich auf Grund neuerer Entwicklung überholt ist. Bei entsprechenden durchgeführten oder unterlassenen Maßnahmen kann jedoch nicht schematisch eine Verkürzung oder Verlängerung der üblichen Restnutzungsdauer angenommen werden, denn nicht in jedem Fall wird die übliche Restnutzungsdauer durch Instandsetzungs- oder Modernisierungsmaßnahmen verlängert[21].

124 Mit Abs. 4 Satz 2 wird klargestellt, dass bei der Bemessung der Restnutzungsdauer besonders zu berücksichtigen ist, wenn eine bauliche Anlage nicht mehr den **allgemeinen Anforderungen an gesunde Wohn- und Arbeitsverhältnisse** oder an die Sicherheit der auf dem betroffenen Grundstück wohnenden und arbeitenden Menschen entspricht. Ein derartiger Fall liegt insbesondere dann vor, wenn ein städtebaulicher Missstand gegeben ist, z. B. in Bezug auf

a) die Belichtung, Besonnung und Belüftung der Wohnungen und Arbeitsstätten,

b) die bauliche Beschaffenheit von Gebäuden, Wohnungen und Arbeitsstätten,

c) die Zugänglichkeit der Grundstücke,

d) die Auswirkungen einer vorhandenen Mischung von Wohn- und Arbeitsstätten,

e) die Nutzung von bebauten und unbebauten Flächen nach Art, Maß und Zustand,

f) die Einwirkungen, die von Grundstücken, Betrieben, Einrichtungen oder Verkehrsanlagen ausgehen, insbesondere durch Lärm, Verunreinigungen und Erschütterungen,

g) die vorhandene Erschließung

(vgl. § 136 Abs. 3 Nr. 1 BauGB und § 43 Abs. 4 BauGB).

125 **Die allgemeinen Anforderungen an gesunde Wohn- und Arbeitsverhältnisse unterliegen einem ständigen Wandel[22].**

126 Von einer Verkürzung der üblichen Restnutzungsdauer ist i. d. R. bei **nicht behebbaren Baumängeln** (z. B. Gründungsmangel) auszugehen, d. h. bei Dauerschäden. Bei behebbaren Baumängeln und auch Bauschäden, die im Falle unterlassener Instandsetzungen zu einer Verkürzung der üblichen Restnutzungsdauer führen, kann damit zugleich eine entsprechende Minderung des Reinertrags einhergehen. Grundsätzlich sind beide Komponenten bei der Verkehrswertermittlung zu berücksichtigen, denn die wirtschaftliche Nutzungsfähigkeit des Grundstücks wird in der Tat in diesem Fall in beiderlei Beziehungen beeinträchtigt. Kann die daraus resultierende Wertminderung durch eine Instandsetzung aufgefangen werden, so wäre dies in entsprechender Anwendung des § 19 gegenzurechnen, denn jeder vernünftig handelnde Eigentümer würde die entsprechenden Maßnahmen durchführen.

5.4.3 Verlängerung der Restnutzungsdauer durch Modernisierungen

▸ *Allgemeines vgl. § 18 WertV Rn. 80 sowie Vorbem. zu den §§ 21 ff. WertV Rn. 89 ff.*

127 Die übliche Restnutzungsdauer lässt sich nach den vorangegangenen Ausführungen insbesondere durch Modernisierungen verlängern[22]. Als Modernisierung definiert § 16 Abs. 3 des Wohnraumförderungsgesetzes **„bauliche Maßnahmen, die**

1. den Gebrauchswert des Wohnraums oder des Wohngebäudes nachhaltig erhöhen,

2. die allgemeinen Wohnverhältnisse auf Dauer verbessern oder

3. nachhaltig Einsparungen von Energie oder Wasser bewirken.

Instandsetzungen, die durch Maßnahmen der Modernisierung verursacht werden, fallen unter die Modernisierung". Eine ähnliche Definition enthält § 559 BGB in Bezug auf die Modernisierungsumlage. Das Miethöhengesetz sowie das Gesetz zur Förderung der Modernisierung von Wohnungen und von Maßnahmen zur Einsparung von Heizenergie (ModEnG), in denen die Modernisierung ähnlich definiert war (§ 3 Abs. 1 MHG), sind mit Art. 10 Nr. 1 des Mietrechtsreformgesetzes und Art. 4 des Wohnraumförderungsgesetzes aufgehoben worden.

Nach § 11 Abs. 6 Satz 2 II BV[23] gehören zur Modernisierung auch der **Ausbau und der Anbau i. S. d.** § 17 Abs. 1 Satz 2 und Abs. 2 des II WoBauG, soweit die baulichen Maßnahmen den Gebrauchswert (vgl. Teil II Rn. 6) des bestehenden Wohnraums nachhaltig erhöhen[24]. Auch das II WoBauG ist mit dem Wohnraumförderungsgesetz aufgehoben worden (Art. 2); insoweit kommt dieser Regelung der II BV nur noch Überleitungsfunktion zu.

Der Modernisierungsbegriff gilt auch für § 9 Abs. 3 des Wohnungsbindungsgesetzes – WoBindG – sowie für die §§ 6, 13 Abs. 1 und für den § 16 Abs. 5 der Neubaumietenverordnung. Trotz Aufhebung des ModEnG ist dessen Modernisierungsbegriff nach wie vor zur Auslegung heranzuziehen[24]. Danach fallen unter den **Modernisierungsbegriff** insbesondere Maßnahmen zur Verbesserung **128**

a) des Zuschnitts der Wohnung,

b) der Belichtung und Belüftung,

c) des Schallschutzes,

d) der Energie- und Wasserversorgung sowie der Entwässerung,

e) der sanitären Einrichtungen,

f) der Beheizung und der Kochmöglichkeiten,

g) der Funktionsabläufe in Wohnungen und

h) der Sicherheit vor Diebstahl und Gewalt.

Solche Maßnahmen sind geeignet, die sonst übliche wirtschaftliche Nutzungsdauer eines Gebäudes um mindestens 35 bis 40 Jahre zu verlängern.

Von dem wohnungswirtschaftlichen Modernisierungsbegriff zu unterscheiden ist die **129** **Modernisierung i. S. d. § 177 BauGB.** Nach dieser Vorschrift geht es bei der Modernisierung vornehmlich um die Beseitigung von Missständen i. S. d. § 177 Abs. 2 BauGB. Die Beseitigung von Missständen wird erforderlich, wenn eine bauliche Anlage nicht ordnungsgemäß unterhalten worden ist. Insoweit kann eine so definierte Modernisierung nicht zu einer Verlängerung der sonst üblichen wirtschaftlichen Nutzungsdauer eines Gebäudes gegenüber der bei ordnungsgemäßer Unterhaltung der baulichen Anlage gegebenen Nutzungsdauer führen.

Dem Gutachter bereitet die **Abschätzung einer verlängerten Restnutzungsdauer** auf **130** Grund durchgeführter Modernisierungen oftmals Schwierigkeiten. Zum Zwecke der Operationalisierung dieser Abschätzung hat die Arbeitsgemeinschaft der Vorsitzenden der Gutachterausschüsse für Grundstückswerte in *Nordrhein-Westfalen* ein Verfahren entwickelt, das nachfolgend vorgestellt wird (vgl. § 23 WertV Rn. 64 ff.).

---

21 BGH, Urt. vom 8. 12. 1975 – III ZR 93/73 –, EzGuG 20.58
22 BGH, Urt. vom 13. 7. 1967 – III ZR 1/65 –, EzGuG 6.104
23 Es besteht Verwandtschaft zum **Umbau**, worunter nach allgemeinem Sprachgebrauch (nur) die bauliche Umgestaltung eines vorhandenen Gebäudes oder von Räumen zu verstehen ist; im Rechtssinne liegt ein Umbau vor, wenn das äußere Erscheinungsbild der bisherigen Räume nachhaltig geändert wird (vgl. BVerwG, Urt. vom 3. 3. 1987 – 8 C 73/86 –, NJW–RR 1987, 1489; OVG Hamburg, Urt. vom 8. 10. 1984 – Bf. II 51/80 –; BFH, Urt. vom 28. 6. 1977 – VIII R 115/73 –, BFHE 122, 512)
24 Pergande, Wohnungsbaurecht II BV Anm. 10

– In einem ersten Schritt wird zunächst der **Modernisierungsgrad** ermittelt. Der Modernisierungsgrad wird in einer von 1 bis 5 reichenden Skala mit Hilfe eines Punktrasters bestimmt (Abb. 9).

Abb. 9: Modernisierungsgrad

Modernisierungs-grad	Bezeichnung	Punkte
1	nicht modernisiert	0 bis 1
2	kleine Modernisierungen im Rahmen der Instandhaltung	2 bis 5
3	mittlerer Modernisierungsgrad	6 bis 10
4	überwiegend modernisiert	10 bis 15
5	umfassend modernisiert	16 bis 20

131 Liegen die Maßnahmen weiter, z. B. 20 Jahre zurück, ist ggf. zu prüfen, ob nicht ein geringerer als der maximale Tabellenwert anzusetzen ist.

– Die **Punkte zur Ermittlung des Modernisierungsgrads** werden für die sich aus Abb. 10 ergebenden Modernisierungselemente vergeben, wobei in erster Linie nur Maßnahmen innerhalb der letzten 20 Jahre berücksichtigt werden.

Abb. 10: Modernisierungselemente mit Punktraster für typische Fälle

Modernisierungselemente	max. Punkte	Punkte
Dacherneuerung	3	
Verbesserung der Fenster	2	
Verbesserung der Leitungssysteme (Strom, Gas, Wasser, Abwasser)	2	
Einbau einer Sammelheizung bzw. neuen Etagenheizung	2	
Wärmedämmung der Außenwände	2	
Modernisierung von Bädern	2	
Einbau von Bädern	3	
Modernisierung des Innenausbaus, z. B. Decken, Fußböden	3	
Wesentliche Änderung und Verbesserung der Grundrissgestaltung	3	
	Summe:	

Maximal können in der Summe 22 Punkte vergeben werden.

132 Entsprechend der jeweils ermittelten Gesamtpunktzahl kann der **Modernisierungsgrad** wie folgt ermittelt werden:

– Die sich in Abhängigkeit von dem festgesetzten Modernisierungsgrad ergebende modifizierte Restnutzungsdauer ist von dem jeweiligen Gebäudealter und der üblichen Gesamtnutzungsdauer abhängig. Sie ergibt sich aus Abb 11. Das dieser Tabelle zu Grunde liegende Modell geht davon aus, dass die Restnutzungsdauer ab einem Gebäudealter von 30 Jahren, abgestuft nach dem Grad der Modernisierung, gegenüber dem Betrag Gesamtnutzungsdauer ./. Alter auf maximal 50 Jahre gestreckt wird. Für die Streckung ist eine Kreisbogenfunktion unterstellt. Die **Rundung,** die im Bewertungsfall **nach sachverständigem Ermessen auf 5 Jahre** erfolgen sollte, **bleibt dem Anwender überlassen.**

Abb. 11: Modifizierte Restnutzungsdauer

Übliche Gesamtnutzungsdauer von 100 Jahren

Gebäude-alter	Modernisierungsgrad				
	0–1 Punkte	2–5 Punkte	6–10 Punkte	11–15 Punkte	16–20 Punkte
	modifizierte Restnutzungsdauer*				
≥ 100 Jahre	10	20	30	40	50
90 Jahre	14	23	32	41	51
80 Jahre	20	26	34	43	52
70 Jahre	30	32	38	46	54
60 Jahre	40	40	43	49	57
50 Jahre	50	50	50	54	60
40 Jahre	60	60	60	60	65
30 Jahre	70	70	70	70	70
20 Jahre	80	80	80	80	80
10 Jahre	90	90	90	90	90
0 Jahre	100	100	100	100	100

Übliche Gesamtnutzungsdauer von 90 Jahren

Gebäude-alter	Modernisierungsgrad				
	0–1 Punkte	2–5 Punkte	6–10 Punkte	11–15 Punkte	16–20 Punkte
	modifizierte Restnutzungsdauer*				
≥ 90 Jahre	9	18	27	36	45
80 Jahre	13	21	29	37	46
70 Jahre	20	25	32	39	47
60 Jahre	30	31	36	42	49
50 Jahre	40	40	41	46	52
40 Jahre	50	50	50	52	56
30 Jahre	60	60	60	60	61
20 Jahre	70	70	70	70	70
10 Jahre	80	80	80	80	80
0 Jahre	90	90	90	90	90

Übliche Gesamtnutzungsdauer von 80 Jahren

Gebäude-alter	Modernisierungsgrad				
	0–1 Punkte	2–5 Punkte	6–10 Punkte	11–15 Punkte	16–20 Punkte
	modifizierte Restnutzungsdauer*				
≥ 80 Jahre	8	16	24	32	40
70 Jahre	12	19	26	33	41
60 Jahre	20	23	29	35	42
50 Jahre	30	30	34	39	45
40 Jahre	40	40	40	43	48
30 Jahre	50	50	50	50	53
20 Jahre	60	60	60	60	60
10 Jahre	70	70	70	70	70
0 Jahre	80	80	80	80	80

Übliche Gesamtnutzungsdauer von 70 Jahren

Gebäude-alter	Modernisierungsgrad				
	0–1 Punkte	2–5 Punkte	6–10 Punkte	11–15 Punkte	16–20 Punkte
	modifizierte Restnutzungsdauer*				
≥ 70 Jahre	7	14	21	28	35
60 Jahre	11	17	23	29	36
50 Jahre	20	22	26	32	37
40 Jahre	30	30	32	35	40
30 Jahre	40	40	40	41	44
20 Jahre	50	50	50	50	50
10 Jahre	60	60	60	60	60
0 Jahre	70	70	70	70	70

Übliche Gesamtnutzungsdauer von 60 Jahren

Gebäude-alter	Modernisierungsgrad				
	0–1 Punkte	2–5 Punkte	6–10 Punkte	11–15 Punkte	16–20 Punkte
	modifizierte Restnutzungsdauer*				
≥ 60 Jahre	6	12	18	24	30
50 Jahre	11	15	20	25	31
40 Jahre	20	21	24	28	33
30 Jahre	30	30	30	32	36
20 Jahre	40	40	40	40	40
10 Jahre	50	50	50	50	50
0 Jahre	60	60	60	60	60

* Die Rundung muss im Einzelfall durch den Anwender erfolgen.

§ 17 WertV
Rohertrag

(1) ¹**Der Rohertrag umfasst alle bei ordnungsgemäßer Bewirtschaftung und zulässiger Nutzung nachhaltig erzielbaren Einnahmen aus dem Grundstück, insbesondere Mieten und Pachten einschließlich Vergütungen.** ²**Umlagen, die zur Deckung von Betriebskosten gezahlt werden, sind nicht zu berücksichtigen.**

(2) Werden für die Nutzung von Grundstücken oder Teilen eines Grundstücks keine oder vom Üblichen abweichende Entgelte erzielt, sind die bei einer Vermietung oder Verpachtung nachhaltig erzielbaren Einnahmen zu Grunde zu legen.

---

1   Rohertrag des Grundstücks

1.1   Allgemeines

§ 17 ist eine § 16 Abs. 1 Satz 2 ergänzende Vorschrift. Gegenstand dieser Bestimmung ist **1** die Ermittlung des Rohertrags, aus dem sich der **Reinertrag nach Abzug der Bewirtschaftungskosten** gemäß § 18 ergibt.

Der Begriff **Rohertrag ist ein Sammelbegriff, der nach Abs. 1 Satz 1** *alle* **bei ordnungs-** **2** **gemäßer Bewirtschaftung zulässigerweise nachhaltig erzielbaren Einnahmen aus dem Grundstück**, insbesondere ortsübliche Mieten und Pachten und sonstigen Nutzungsentgelte einschließlich besonderer Vergütungen (z. B. Garage, Einstellplatz, Garten- oder Möbliertzuschlag) **umfasst.**

Zum Rohertrag i. S. des Ertragswertverfahrens gehören auch   **3**

– die Entgelte für eine Nutzung von Grundstücksteilen für Werbezwecke, soweit sie nicht nach § 19 berücksichtigt werden;

– eine anteilige Miete für Grundstücksfreiflächen (Gartennutzung);

– Entgelte für die Nutzung von Bestandteilen des Grundstücks und des Zubehörs, soweit diese nachhaltig sind;

– vom Mieter übernommene Schönheitsreparaturen, zu denen ansonsten nach § 535 BGB der Vermieter verpflichtet ist;

– besondere Leistungen auf Grund von Gestaltungsverträgen.

Zum Rohertrag gehören auch **Vergütungen (§ 27 NMV)**, die neben der Einzelmiete für die **4** Überlassung einer Garage, eines Stellplatzes oder eines Hausgartens in nachhaltiger Weise erzielt werden können. Das Gleiche gilt für die Mitvermietung von Einrichtungs- und Ausstattungsgegenständen, soweit diese zugleich Bestandteil oder Zubehör des Wertermittlungsobjekts sind, jedoch sind diese Mietanteile ggf. herauszurechnen, wenn es um die Gebäudeertragswertermittlung geht.

Angesetzt werden dürfen nur nachhaltige Vergütungen in angemessener Höhe. **Zuschläge** **5** i. S. d. § 26 NMV sind in gewöhnlicher Höhe anzusetzen, soweit sie nachhaltig sind und sie der üblichen Nutzung des Wertermittlungsobjekts entsprechen. Nach § 26 Abs. 1 NMV gehören hierzu ein:

a) Zuschlag für die Benutzung von Wohnraum zu anderen als Wohnzwecken (§ 26 Abs. 2 NMV);

b) Zuschlag für die Untervermietung von Wohnraum (Untermietzuschlag; § 26 Abs. 3 NMV);

c) Zuschlag wegen Ausgleichzahlungen nach § 7 des Wohnungsbindungsgesetzes (§ 26 Abs. 4 NMV);

d) Zuschlag zur Deckung erhöhter laufender Aufwendungen, die nur für einen Teil der Wohnung des Gebäudes oder der Wirtschaftseinheit entstehen (§ 26 Abs. 5 NMV);

e) Zuschlag für Nebenleistungen des Vermieters, die nicht allgemein üblich sind oder nur einzelnen Mietern zugute kommen (§ 26 Abs. 6 NMV);

f) Zuschlag für Wohnungen, die durch Ausbau von Zubehörraum neu geschaffen wurden (§ 26 Abs. 7 NMV).

6   **Nicht zum Rohertrag gehört**

– **bei gewerblicher Vermietung** im Übrigen **die** anfallende **Mehrwertsteuer,**

– die u. U. in den Mieterzahlungen enthaltenen Entgelte für Inventar, spezielle Betriebs-*einrichtungen* und der Firmenwert.

Letzte Klarheit liefert regelmäßig der Einblick in den Miet- bzw. Pachtvertrag.

7   Der unter Einbeziehung a l l e r erzielbaren Grundstückseinnahmen definierte **Rohertrag schließt auch die Kosten der Bewirtschaftung als Einnahmen ein,** die der Vermieter als Grundstückseigentümer nach Maßgabe des Mietvertrags in Form einer Umlage in Verbindung mit einer Abrechnung nach Ablauf des Wirtschaftsjahres geltend macht. Grundsätzlich kann die Umlage jedoch auch als Pauschale vereinbart werden; es können auch Vorauszahlungen in angemessener Höhe vereinbart werden (§§ 556 und 556a BGB). Bezüglich der besonderen mietvertraglichen Regelungen über die Umlage wird auch von der „zweiten Miete" gesprochen.

8   Um zum Zwecke der Ermittlung des Ertragswerts vom Rohertrag zum Reinertrag zu gelangen, müssen die umgelegten Bewirtschaftungskosten wie die übrigen Bewirtschaftungskosten vom Rohertrag in Abzug gebracht werden. Die **Bewirtschaftungskosten setzten sich dabei nach § 18 zusammen aus:**

– den Betriebskosten,

– den Verwaltungskosten,

– den Instandhaltungskosten,

– dem Mietausfallwagnis und

– der Abschreibung, die allerdings nach § 18 Abs. 1 Satz 2 unbeachtlich bleiben soll.

9   Wie noch näher ausgeführt werden wird, werden Bewirtschaftungskosten in der Vermietungspraxis zumindest teilweise

a) auf die Mieter umgelegt bzw.

b) es wird dem Mieter mit dem Mietvertrag auferlegt, bestimmte Maßnahmen der ordnungsgemäßen Bewirtschaftung auf eigene Kosten zu besorgen (z. B. Instandhaltung).

Dies hat zur Folge, dass die für die Ermittlung des Ertragswerts zur Verfügung stehenden ortsüblichen Vergleichsmieten insoweit frei von Bewirtschaftungskosten sind. Bei *Wohnraum* sind nach den gesetzlichen Bestimmungen

– die **Betriebskosten,**

– die der Instandhaltung zurechenbaren **Schönheitsreparaturen** (vgl. § 18 WertV Rn. 87; § 28 Abs. 4 Satz 3 II BV) und

– die sog. **kleine Instandhaltung** nach § 28 Abs. 3 Satz 2 II BV in Form der sog. zweiten Miete umlagefähig. Die „erste Miete", die die umlagefähigen **10** Bewirtschaftungskosten (Betriebskosten) nicht enthält, wird als **Nettokaltmiete** oder Grundmiete bezeichnet.

Von einem nicht um die umlagefähigen Betriebskosten verminderten Rohertrag ist in den **11** (Ausnahme-)Fällen auszugehen, in denen eine **Bruttomiete mietvertraglich vereinbart** worden ist. Allerdings wird man auch in diesen Fällen von der Nettokaltmiete zweckmäßigerweise schon deshalb ausgehen, weil hierüber verlässlichere Vergleichsmieten i. d. R. vorliegen.

Im gewerblichen Bereich ist die Umlagefähigkeit von Bewirtschaftungskosten nicht **12** **auf die Betriebskosten beschränkt.** Hier ist ein deutlicher Trend zu erkennen, möglichst alle Bewirtschaftungskostengruppen umzulegen (sog. *double- und tripl-net*-Mieten). In entsprechender Anwendung des § 17 Abs. 1 Satz 2 kann dann von einer um weitere Bewirtschaftungskostengruppen verminderten Netto(kalt)miete ausgegangen werden, die dann wiederum um die verbleibenden nicht umgelegten Bewirtschaftungskosten zu vermindern ist, um zum Reinertrag zu gelangen (vgl. § 18 WertV Rn. 57 ff.).

Bei alledem ist es stets **zwingend geboten, in den Miet- bzw. Pachtvertrag Einblick zu** **13** **nehmen,** um sich darüber Klarheit zu verschaffen.

1.2 Umlageverminderter Rohertrag

Soweit eine oder mehrere der genannten Kostengruppen der Bewirtschaftungskosten nach **14** Maßgabe des Mietvertrags mit der „zweiten Miete" umgelegt wird, ist es schon aus verfahrenstechnischer Sicht **praktikabler, zur Ermittlung des Reinertrags direkt von der Netto(kalt)miete (Grundmiete) auszugehen und nur noch die nicht umgelegten Bewirtschaftungskosten zum Abzug zu bringen.** § 17 Abs. 1 Satz 2 schränkt die Regelung des Vorsatzes, nach der zum „Rohertrag" a l l e erzielbaren Einnahmen gehören, deshalb dahin gehend ein, dass die zur Deckung von Betriebskosten gezahlten Umlagen bei der Ermittlung des Rohertrags nicht zu berücksichtigen sind. Der Begriff des Rohertrags stellt deshalb für die Wertermittlungspraxis eine theoretische Größe ohne praktische Bedeutung dar.

Mit der Herausnahme der zur Deckung von Betriebskosten entrichteten Umlagen gemäß **15** § 17 Abs. 1 Satz 2 stellt die WertV auf **Wohnraumobjekte** ab, **für die § 556 Abs. 2–4 BGB Vorauszahlungen** (in angemessener Höhe) **für Betriebskosten** i. S. d. § 27 II BV mit jährlicher Abrechnung **zulässt.** Dementsprechend gehen Betriebskosten im Bereich der sozialen Wohnraumförderung aber auch im steuerbegünstigten oder frei finanzierten Wohnungsbau, der mit Wohnungsfürsorgemittel gefördert worden ist, gemäß § 27 Abs. 3 II BV auch nicht in die Wirtschaftlichkeitsberechnung ein.

Die §§ 556 und 556a BGB haben folgende Fassung: **16**

„§ 556
Vereinbarungen über Betriebskosten

(1) Die Vertragsparteien können vereinbaren, dass der Mieter Betriebskosten im Sinne des § 19 Absatz 2 des Wohnraumförderungsgesetzes trägt. Bis zum Erlass der Verordnung nach § 19 Absatz 2 Satz 2 des Wohnraumförderungsgesetzes ist hinsichtlich der Betriebskosten nach Satz 1 § 27 der Zweiten Berechnungsverordnung anzuwenden.

(2) Die Vertragsparteien können vorbehaltlich anderweitiger Vorschriften vereinbaren, dass Betriebskosten als Pauschale oder als Vorauszahlung ausgewiesen werden. Vorauszahlungen für Betriebskosten dürfen nur in angemessener Höhe vereinbart werden.

(3) Über die Vorauszahlungen für Betriebskosten ist jährlich abzurechnen; dabei ist der Grundsatz der Wirtschaftlichkeit zu beachten. Die Abrechnung ist dem Mieter spätestens bis zum Ablauf des zwölften Monats nach Ende des Abrechnungszeitraums mitzuteilen. Nach Ablauf dieser Frist ist die Geltendmachung einer Nachforderung durch den Vermieter ausgeschlossen, es sei denn, der Vermieter hat die verspätete Geltendmachung nicht zu vertreten. Der Ver-

mieter ist zu Teilabrechnungen nicht verpflichtet. Einwendungen gegen die Abrechnung hat der Mieter dem Vermieter spätestens bis zum Ablauf des zwölften Monats nach Zugang der Abrechnung mitzuteilen. Nach Ablauf dieser Frist kann der Mieter Einwendungen nicht mehr geltend machen, es sei denn, der Mieter hat die verspätete Geltendmachung nicht zu vertreten.

(4) Eine zum Nachteil des Mieters von Absatz 1, Absatz 2 Satz 2 oder Absatz 3 abweichende Vereinbarung ist unwirksam."

„§ 556 a
Abrechnungsmaßstab für Betriebskosten

(1) Haben die Vertragsparteien nichts anderes vereinbart, sind die Betriebskosten vorbehaltlich anderweitiger Vorschriften nach dem Anteil der Wohnfläche umzulegen. Betriebskosten, die von einem erfassten Verbrauch oder einer erfassten Verursachung durch die Mieter abhängen, sind nach einem Maßstab umzulegen, der dem unterschiedlichen Verbrauch oder der unterschiedlichen Verursachung Rechnung trägt.

(2) Haben die Vertragsparteien etwas anderes vereinbart, kann der Vermieter durch Erklärung in Textform bestimmen, dass die Betriebskosten zukünftig abweichend von der getroffenen Vereinbarung ganz oder teilweise nach einem Maßstab umgelegt werden dürfen, der den erfassten unterschiedlichen Verbrauch oder die erfassten unterschiedlichen Verursachung Rechnung trägt. Die Erklärung ist nur vor Beginn eines Abrechnungszeitraumes zulässig. Sind die Kosten bislang in der Miete enthalten, so ist diese entsprechend herabzusetzen.

(3) Eine zum Nachteil des Mieters von Absatz 2 abweichende Vereinbarung ist unwirksam."

17   Unter die **Betriebskosten** (§ 18 Rn. 59 ff.) fallen im Einzelnen:

- die laufenden öffentlichen Lasten des Grundstücks, namentlich die Grundsteuer; bei grundsteuerbefreiten Objekten ist zu prüfen, inwieweit fiktive Beträge für die Grundsteuer in Ansatz zu bringen sind (vgl. WertR Nr. 3.4.2.3);
- die Kosten der Wasserversorgung und Entwässerung; die Kosten des Betriebs einer zentralen Heizungsanlage einschließlich der Abgasanlage, der zentralen Brennstoffversorgungsanlagen, der eigenständig gewerblichen Lieferung von Wärme und der Reinigung und Wartung von Etagenheizungen;
- die Kosten des Betriebs der zentralen Warmwasserversorgungsanlage, der eigenständig gewerblichen Lieferung von Warmwasser oder der Reinigung und Wartung von Warmwassergeräten;
- die Kosten verbundener Heizungs- und Warmwasserversorgungsanlagen;
- die Kosten des Betriebs des maschinellen Personen- und Lastenaufzugs;
- die Kosten der Straßenreinigung und Müllabfuhr;
- die Kosten der Hausreinigung und Ungezieferbekämpfung;
- die Kosten der Gartenpflege;
- die Kosten der Beleuchtung;
- die Kosten der Schornsteinreinigung;
- die Kosten der Sach- und Haftpflichtversicherung;
- die Kosten für den Hauswart;
- die Kosten des Betriebs der Gemeinschafts-Antennenanlage oder des Betriebs einer Breitbandkabelnetzverteileranlage;
- die Kosten des Betriebs der maschinellen Wascheinrichtung und
- sonstige Kosten, die mit dem Betrieb des Gebäudes unmittelbar zusammenhängen (z. B. Kosten der Dachrinnenreinigung).

Inhaltlich entspricht dieser Katalog der Definition der Betriebskosten in § 18 Abs. 3 auch wenn diese Vorschrift nicht mehr ausdrücklich auf § 27 II BV Bezug nimmt (vgl. zu den umlegbaren Betriebskosten § 18 WertV Rn. 64).

18   **Nicht zu den Betriebskosten** gehören

- die Kosten der Wohnungsverwaltung,
- die Kosten für Instandsetzung und Instandhaltung.

19   Diese Kosten bilden zwar einen besonderen Mietteil, der der Grundmiete zugeschlagen oder auf die Mieter durch einen festen im Mietvertrag ausgewiesenen Betrag umgelegt werden kann; eine gleitende Kostenumlage ist für die sonstigen Nebenkosten allerdings nicht möglich.

2   Ermittlung der Nettokaltmiete/Grundmiete

2.1   Vorbemerkungen

Nach den vorstehenden Ausführungen darf die tatsächlich im Einzelfall vorliegende   **20**
Ertragssituation nicht ungeprüft in das Wertermittlungsverfahren eingeführt werden.
§ 17 Abs. 1 schreibt ebenso wie § 16 Abs. 1 ausdrücklich vor, dass von **nachhaltig erzielbaren Erträgen** auszugehen ist (vgl. § 16 WertV Rn. 4 ff.). Dies gilt für den Rohertrag
ebenso wie für den Reinertrag. Im Falle von Vertragsmieten gilt allerdings der Grundsatz,
dass die Nachhaltigkeit der Einnahmen durch den Vertragsinhalt bestimmt wird[1].

Aus diesem Grunde muss der Sachverständige in jedem Fall **Einsicht in die Mietverträge**   **21**
nehmen, um Abweichungen der mietrechtlich erzielbaren Einnahmen von der langfristig
nachhaltigen Miete festzustellen.

Bestehen solche **Abweichungen, müssen im Rahmen der Ertragswertermittlung zwei**   **22**
Mieten ermittelt werden:

a) die nachhaltig ortsübliche Miete, die der Kapitalisierung über die Restnutzungsdauer
   zu Grunde gelegt wird und

b) die mietrechtlich vorübergehend davon abweichende Miete.

Unterschiede in den Ertragsverhältnissen sind entweder, wie bei § 16 WertV unter   **23**
Rn. 60 ff. erläutert, bereits bei der Kapitalisierung des Reinertrags oder gesondert nach § 19
WertV zu berücksichtigen.

Die am Wertermittlungsstichtag erzielbare ortsübliche Vergleichsmiete gilt im Rahmen der   **24**
Ertragswertermittlung als die langfristig nachhaltige Miete, auch wenn man dagegen einwenden mag, dass sich die Mieten mit der Zeit ändern. **Allgemeine Änderungen in den
Mieterträgen werden** aber bereits **mit dem** (dynamischen) **Liegenschaftszinssatz
berücksichtigt.** Die am Wertermittlungsstichtag gegebene ortsübliche Vergleichsmiete ist
insoweit dynamisch und kann auch mit einer sich an die Mietpreisentwicklung angekop-
pelten (indexierten) Miete gleichgesetzt werden.

Um Abweichungen zwischen der tatsächlich erzielten Miete und der ortsüblichen (nach-   **25**
haltigen) Vergleichsmiete feststellen zu können, ist es unerlässlich, den **Mietvertrag mietrechtlich zu analysieren.** Aus diesem Grunde werden nachfolgend unter Rn. 27 ff. die
rechtlichen Grundlagen der Mietpreisgestaltung und der Mietpreiserhöhung dargestellt.

Zur **Ermittlung örtlich üblicher und angemessener Mieten/Pachten** (nachhaltig erziel-   **26**
bare Einnahmen je m² Nutz- bzw. Wohnfläche) können regelmäßig folgende Quellen
benutzt werden:

– Mietspiegel für nicht öffentlich geförderte Wohnungen mit Bandbreiten für Nettokaltmieten je m² Wohnfläche gegliedert nach Baujahresgruppen, Lagequalität, Wohnungsgröße
  und Ausstattungsmerkmalen, zusammengestellt von den örtlichen Verbänden der Wohnungswirtschaft, Behörden, Haus-, Wohnungs- und Grundbesitzerverbänden, Mieterverei-
  nen und Maklern (vgl. Rn. 187);

– Mieten im Bereich der sozialen Wohnraumförderung, die sich aus Wirtschaftlichkeitsberechnungen ergeben (berücksichtigt werden müssen das Wohnungsbindungsgesetz, die
  Neubaumietenverordnung und die II Berechnungsverordnung);

---

1   Zur Schätzung des Rohmietwerts in der **steuerlichen Bewertung** vgl. BFH, Urt. vom 21. 1. 1986 – IX R 7/79 –,
    EzGuG 20.113; BFH, Urt. vom 20. 10. 1965 – VI 292/64 U –, EzGuG 20.42; BFH, Urt. vom 11. 10. 1977 – VIII R
    20/75 –, EzGuG 20.68; BFH, Urt. vom 17. 10. 1969 – VI R 17/67 –, EzGuG 20.45; BFH, Urt. vom 10. 8. 1984
    – III R 41/75 –, EzGuG 20.107; BFH, Urt. vom 25. 6. 1984 – GrS 4/82 –, BFHE 141, 405 = BStBl. II 1984, 751 =
    NJW 1985, 93; ferner BFH, Urt. vom 14. 12. 1976 – VII R 99/72 –, EzGuG 19.31

- der alle zwei Jahre jeweils zum 31. März erscheinende Wohngeld- und Mietenbericht der Bundesregierung als Spiegelbild der Situation auf dem Wohnungsmarkt (Bundesministerium für Verkehr, Bau- und Wohnungswesen);
- aus der eigenen langjährigen Erfahrung des Sachverständigen sind Mieten vergleichbarer Objekte in ausreichendem Maße bekannt;
- die Auswertung des Angebots an Immobilien, insbesondere von Miet- und Pachtgrundstücken in der örtlichen und überörtlichen Presse und Immobilienspiegel von Tochterunternehmen der Banken und Sparkassen, vermitteln eine aktuelle Marktübersicht;
- der RDM, der VDM und viele örtliche Immobilienbörsen veröffentlichen Preisspiegel für Mieten von Geschäfts-, Büro- und Lagerräumen, Stellplätze in Großgaragen (Parkhaus, Tiefgaragen) sowie für befestigte und unbefestigte Freiflächen;
- die jährlichen Mietkosten der Einzelhandelsfachgeschäfte nach Branchen, Ortsgrößenklassen und Geschäftslagen durch das Institut für Handelsforschung an der Universität zu Köln;
- die zuständigen Fachverbände des Handels und des Handwerks erteilen Auskünfte;
- Mietrichtwertkarten für Ladenräume (z. B. in Wuppertal für die Bereiche City-Elberfeld, City – Barmen und Oberbarmen und Nebenzentren);
- Mietwertübersichten in den Jahres-Grundstücksmarktberichten der Gutachterausschüsse für Grundstückswerte für Ladenräume, Büro- und Praxisräume, PKW-Stellplätze und Einfamilienhausmieten als Orientierungshilfe;
- Auswertungen zum Wohngeldbezug;
- Mietwerte für Ladenlokale, Büroräume und Gewerbeflächen im Kammerbezirk der IHKs mit Kaufkraftkennziffern je Einwohner der GfK Marktforschung GmbH & Co. KG, Nürnberg;
- Geschäftsberichte und statistische Berichte zum geforderten Wohnungsbau der Wohnungsbauförderungsanstalten der Länder;
- Mietwertübersichten in den Grundstücksmarktberichten der Gutachterausschüsse für Grundstückswerte;
- Jahres-Zahlenspiegel der Industrie- und Handelskammern mit Fläche in km^2, Einwohnerzahlen, Kammermitgliedern, verarbeitendem Gewerbe, Handel und Gastgewerbe, Fremdenverkehr, Gewerbeanzeigen (An-, Ab- und Ummeldungen), Realsteuerhebesätze etc;
- Monatszeitschriften der Industrie- und Handelskammern;
- Branchenprognosen von Bank- und Wirtschaftsinstituten, Verbänden;
- Jahresberichte renommierter Finanzberatungsgesellschaften;
- Fachserien zu Gewerbeimmobilien der Wirtschaftspresse;
- Wirtschaftsbriefe;
- Marktberichte international tätiger Immobiliengesellschaften;
- Top-Shop der Brockhoff & Zadelhoff Immobilien GmbH (Atlas der 1-A-Läden mit Straße, Haus-Nr., Schaufensterfrontlänge, Eck- bzw. Reihenhauslage, Differenzstufen im Eingangsbereich, Name des Nutzers; vgl. Rn. 158 ff.);
- Strukturatlas der Hauptgemeinschaft des Deutschen Einzelhandels (HDE); u. a. mit Verkaufsflächenentwicklung, Umsätzen je Quadratmeter Verkaufsfläche, Mietpreisentwicklung; Karten ausgewählter Bürostandorte;
- Handelsatlanten der Industrie- und Handelskammern mit den Standorten großflächiger Einzelhandelsbetriebe, Strukturatlanten mit den Gewerbestandorten im Kammerbezirk;
- Berichte der Hauptgemeinschaft des Deutschen Einzelhandels (HDE) über Umsatzentwicklungen im Einzelhandel in der Bundesrepublik Deutschland;

- Wirtschafts- und Arbeitsmarktberichte der Großstädte (Ämter für Wirtschaftsförderung) über Stand, Entwicklung und Perspektiven der lokalen Wirtschaft und des Arbeitsmarktes;

- Studien zu den wirtschaftlichen Auswirkungen des EG-Binnenmarktes (ab 1993) auf Sektoren und Regionen der Bundesrepublik Deutschland;

- Standortanalysen verschiedener Institute zu Investitionsentscheidungen über größere Gewerbeimmobilien;

- Veröffentlichungen der Landesämter für Datenverarbeitung und Statistik (z. B. in Nordrhein-Westfalen; „Statistische Rundschau").

2.2 Allgemeines zur Wohn- und Gewerberaummiete

Im Bereich des Mietrechts bedarf es einer sorgfältigen **Abgrenzung der Wohnraummiete von der Gewerberaummiete.** Maßgebend für die Einordnung ist vor allem die Zweckbestimmung der Räume, die von den Parteien im Mietvertrag vereinbart wurde[2]. Soweit im Mietvertrag keine eindeutige Zweckbestimmung vereinbart worden ist, richtet sich die Zweckbestimmung nach der objektiven Beschaffenheit der Räume. Wo nach den bestehenden Verhältnissen ein „Mischverhältnis" besteht, richtet sich die Zuordnung nach der sog. „Übergewichtstheorie"[3], wobei der Parteienwille und der Vertragszweck ausschlaggebend sind. Nach Vertragsabschluss wird durch eine ohne Abstimmung mit dem Vermieter vom Mieter vorgenommene Änderung der Nutzungsart an der rechtlichen Einordnung nichts geändert. **27**

Der **wesentliche Unterschied zwischen der Wohnraum- und Geschäftsraummiete** besteht in der Gestaltung des Mietzinses. **28**
- Für *Mietverhältnisse über Wohnraum* finden insbesondere die Regelungen des Bürgerlichen Gesetzbuches – BGB – Anwendung; des Weiteren sind die Regelungen über den sog. Rechtsentscheid (§ 541 ZPO) zu nennen.
- Für *Mietverhältnisse im gewerblichen Bereich* kann die Miete weitgehend frei vereinbart werden (Grundsatz der Vertragsfreiheit)[4]. Selbst die Kündigung des Mietverhältnisses mit dem Ziel einer Heraufsetzung des Mietzinses gilt nicht als sittenwidrig. Bei Geschäftsraummieten darf die Vereinbarung allerdings nicht gegen § 138 Abs. 2 BGB verstoßen.

Von einem gewerblichen Mietverhältnis ist auszugehen, wenn Wohnraum zum Zwecke der **Weitervermietung** an einen Dritten (sog. Endmieter) angemietet wird. Bei Beendigung des Zwischenmietverhältnisses tritt der Vermieter an Stelle des gewerblichen Zwischenmieters in das Weitermietverhältnis mit dem Endmieter ein. Der Endmieter kann dann nach § 565 BGB die Kündigungsschutzbestimmungen (§§ 566 a bis e, § 574 BGB) für sich in Anspruch nehmen. **29**

Das **Immobilienleasing** wird in der Rechtsprechung als Miete mit Einzelelementen des Kaufes und der Darlehensgewährung qualifiziert[5]. **30**

Unter der **Miete ist die entgeltliche Überlassung einer Sache zum Gebrauch** an einen Dritten zu verstehen (§ 535 BGB). Die Miete setzt sich nach § 556 Abs. 1 BGB zusammen aus der Grundmiete (Netto- oder Kaltmiete) und den Betriebskosten als Teil der Miet- **31**

---

2 LG Hamburg, Urt. vom 9. 10. 1984 – 16 S 168/84 –, EzGuG 3.68 a
3 BGH, Urt. vom 15. 11. 1978 – VIII ZR 14/78 –, EzGuG 3.61 a; BGH, Urt. vom 16. 4. 1986 – VIII ZR 60/85 –, EzGuG 7.96 b
4 Fritz, Gewerberaummietrecht, München 1991; Bub/Treier, Handbuch der Geschäfts- und Wohnraummiete, 2. Aufl., München 1993
5 BGH, Urt. vom 25. 1. 1989 – III ZR 302/87 – sowie BGH, Urt. vom 9. 10. 1985 – VIII ZR 217/84 –, BGHZ 96, 103

nebenkosten, mit denen die laufend anfallenden Gemeinkosten der baulichen Anlage abgedeckt werden sollen. Die Grundmiete/Nettokaltmiete enthält damit weder die Umlagen noch die nicht als „Umlagen erhobenen Betriebskosten" und auch nicht die Abschreibung.

32 Die in den §§ 535 bis 580 a BGB geregelte **Miete ist von der Pacht zu unterscheiden**, die in den §§ 581 bis 597 BGB geregelt ist. Während die Miete ein Nutzungsentgelt für den Gebrauch des vermieteten Gegenstands ist, wird mit der Pacht vom Verpächter dem Pächter zugleich auch das Recht zum „Genuss der Früchte" gewährt. Dies bedingt i. d. R. die Überlassung einer betriebsbereiten Einrichtung, wie z. B. im Falle einer eingerichteten Gaststätte oder einer sonstigen Immobilie. Auf Pachtverhältnisse finden die mietrechtlichen Vorschriften weitgehend Anwendung, jedoch sind im Einzelfall Besonderheiten bezüglich der Kündigungsfristen und Instandhaltungspflichten zu beachten.

33 Die **Höhe der Miete können Mieter und Vermieter** bei Abschluss des Mietvertrags **bis zur Grenze der Mietpreisüberhöhung** (§ 5 WiStG, § 302 a StGB) **grundsätzlich frei vereinbaren**. Eine Ausnahme stellt – wie bereits erwähnt – die Miete im Bereich der sozialen Wohnraumförderung dar. Dass hierbei den allgemeinen Anforderungen an gesunde Wohn- und Arbeitsverhältnisse Rechnung zu tragen ist, bedarf nicht der Klarstellung. Im Übrigen muss aber bei der anzusetzenden Miete auf die rechtlich zulässige Nutzung abgestellt werden, weil nur diese nachhaltig ausgeübt werden kann[6].

34 Im Rahmen des Mietvertrags können die Vertragsparteien auch eine Änderung der Miete während der Vertragsdauer vereinbaren. Es muss jedoch grundsätzlich zwischen **Wohnraum- und Geschäftsraummietverträgen** unterschieden werden.

35 **Mietverhältnisse, die für einen längeren Zeitraum** als ein Jahr, gerechnet vom Beginn des Mietverhältnisses, **geschlossen werden, bedürfen** nach § 550 BGB grundsätzlich **der Schriftform**. Ein nicht schriftlich geschlossener Mietvertrag für länger als ein Jahr gilt für unbestimmte Zeit. Er kann unter Beachtung der gesetzlichen Kündigungsfristen frühestens zum Ablauf eines Jahres nach Überlassung des Wohnraums gekündigt werden. Die Anforderungen an die Schriftform ergeben sich aus den §§ 126 ff. BGB:

– Unter einem **Vorvertrag** versteht man eine gegenseitige Verpflichtung der Vertragsparteien, einen Mietvertrag zu schließen. Er ist nur wirksam, wenn er den Inhalt des Mietvertrags hinreichend in dem Maße konkretisiert, dass ein Gericht den Vertragsinhalt durch Urteil bestimmen kann.

– Unter einem **Vormietrecht** versteht man analog zum Vorkaufsrecht das Recht eines dadurch Begünstigten, in ein Mietverhältnis vorrangig zu den Bedingungen einzutreten, die der Vermieter mit einem Dritten ausgehandelt hat. Der Begünstigte kann innerhalb einer Frist von zwei Monaten in den mit einem Dritten abgeschlossenen Mietvertrag eintreten. Der Vermieter ist analog zu § 510 BGB verpflichtet, dem Begünstigten unter Vorlage des mit einem Dritten geschlossenen Mietvertrags den Vertragsabschluss mitzuteilen.

– Unter einem **Anmietrecht** versteht man die vertraglich eingeräumte Verpflichtung des Vermieters, dem Begünstigten ein Mietobjekt anzubieten, bevor es an einen Dritten vermietet wird.

– Unter einer **Option** versteht man die Befugnis des Mieters, durch einseitige Erklärung ein bestehendes Mietverhältnis um eine bestimmte Zeit zu verlängern. Hierzu soll im Vertrag die Optionsfrist geregelt sein.

36 Im Übrigen tritt im **Falle des Todes des Mieters** oder des Vermieters sein Erbe als Gesamtrechtsnachfolger in die Rechte und Pflichten des Mietvertrags ein (§§ 1922, 1967 ff. BGB). Die §§ 563 ff. BGB lassen abweichend vom Prinzip der Gesamtrechtsnachfolge unter bestimmten Voraussetzungen eine Sonderrechtsnachfolge für bestimmte Personen in das Mietverhältnis über Wohnraum zu. Findet die Sonderrechtsnachfolge nicht statt, so bleibt es bei dem allgemeinen Erbrechtsprinzip der Gesamtrechtsnachfolge und das Mietverhältnis wird mit dem Erben fortgesetzt. Im Todesfall haben jedoch Mieter und Vermieter gemäß §§ 563 f. BGB das Recht zur außerordentlichen Kündigung des Mietverhältnisses unter Wahrung der gesetzlichen Kündigungsfristen. Der Vermieter kann das Mietverhältnis mit den Erben des verstorbenen Wohnungsmieters grundsätzlich nur dann kündigen, wenn in der Person des Eingetretenen ein wichtiger Grund liegt, selbst wenn der Erbe zu Lebzeiten des Mieters nicht in der Wohnung gelebt hat[7].

Die Miete wird bei Wohnimmobilien typischerweise als monatlicher Festbetrag vereinbart. **37**
Bei der Vermietung von Geschäftsraum, insbesondere bei Einzelhandelsflächen wird häufig eine zusätzliche **umsatzabhängige Miete** vereinbart, wobei solche Verträge i. d. R. eine Betriebspflicht des Mieters vorsehen.

Der **Anstieg der Wohnungsmieten** ist in den letzten Jahren (in fast allen großen Städten **38** der Bundesrepublik Deutschland) recht unterschiedlich gewesen. Im Durchschnitt hat sich folgende Entwicklung eingestellt (Abb. 1 und 2):

Abb. 1: Entwicklung der Mieten nach RDM (1989 = 100)

Jahr	Altbau RDM-Preisspiegel		Veränderung gegen Vorjahr in %	Neubau freifinanziert RDM-Preisspiegel		Veränderung gegen Vorjahr in %	Erstbezug RDM-Preisspiegel	
	mittlerer Wohnwert	guter Wohnwert		mittlerer Wohnwert	guter Wohnwert		mittlerer Wohnwert	guter Wohnwert
1989	**100,0**	**100,0**	**3,5**	**100,0**	**100,0**	**2,7**	**100,0**	**100,0**
1990	113,5	112,9	3,6	111,6	110,4	3,5	111,6	110,8
1991	125,2	124,8	4,4	122,1	121,5	4,5	121,9	121,2
1992	136,1	135,2	6,3	134,2	132,1	5,4	135,3	132,8
1993	142,9	140,9	5,7	142,0	138,3	5,6	142,5	138,5
1994	146,8	142,2	5,8	143,6	138,3	4,5	143,6	137,2
1995	145,9	141,5	4,9	139,8	133,8	4,0	139,4	132,8
1996	144,3	138,2	4,3	137,0	130,6	2,7	135,1	127,2
1997	139,8	134,7	4,2	133,1	126,8	2,3	139,4	123,2
1998	138,0	131,9	2,3	130,8	125,0	1,7	128,8	121,0
1999	136,1	130,5	–	131,0	124,8	–	128,8	121,4
2000	–	–	–	–	–	–	–	–
2001	–	–	–	–	–	–	–	–
2002	–	–	–	–	–	–	–	–
2003	–	–	–	–	–	–	–	–
2004	–	–	–	–	–	–	–	–
2005	–	–	–	–	–	–	–	–

Table title (top of table): **Entwicklung der Erst- und Wiedervertragsmieten in den alten Bundesländern auf Grundlage der RDM-Statistik**

Quelle: BT-Drucks. 14/3070 S. 21ff.

▶ *Hierzu auch Anhang 3.3*

---

6   BR-Drucks. 352/88, S. 57
7   BGH, Beschl. vom 12. 3. 1997 – VIII ARZ 3/96 –

Abb. 2: Entwicklung der Mieten und der Lebenshaltung in Deutschland sowie in den alten und in den neuen Bundesländern

Entwicklung der Mieten und der Lebenshaltung in Deutschland									
Jahr	Preisindex für die Lebenshaltungskosten			Mietenindex					
				Deutschland		alte Bundesländer		neue Bundesländer	
	Deutsch-land	alte Bundes-länder	neue Bundes-länder	1995 = 100	Verände-rungen gegen Vorjahr	1995 = 100	Verände-rungen gegen Vorjahr	1995 = 100	Verände-rungen gegen Vorjahr
1991 JD	87,2	89,0	75,5	–	–	–	–	–	–
1992 JD	91,6	92,5	85,6	–	–	–	–	–	–
1993 JD	95,7	95,8	94,7	–	–	–	–	–	–
1994 JD	98,3	98,4	98,1	–	–	–	–	–	–
1995 JD	**100,0**	**100,0**	**100,0**	**100,0**	–	**100,0**	–	**100,0**	–
1996 JD	101,4	101,3	101,9	103,2	3,2	–	–	–	–
1997 JD	103,3	103,2	104,2	105,8	2,5	–	–	–	–
1998 JD	104,3	104,1	105,3	107,0	1,1	–	–	–	–
1999 JD	104,9	104,8	105,7	108,1	1,0	–	–	–	–
2000 JD	106,9	106,9	107,5	109,4	1,0	–	–	–	–
2001 JD	–	–	–	–	–	–	–	–	–
2002 JD	–	–	–	–	–	–	–	–	–
2003 JD	–	–	–	–	–	–	–	–	–
2004 JD	–	–	–	–	–	–	–	–	–
2005 JD	–	–	–	–	–	–	–	–	–
2006 JD	–	–	–	–	–	–	–	–	–
2007 JD	–	–	–	–	–	–	–	–	–

Quelle: Statistisches Bundesamt, Fachserie 17 Reihe 7 (Preisindizes für die Lebenshaltung)

2.3   Wohnraummiete

2.3.1   Allgemeines

39   Im **frei finanzierten Wohnungsbau** kann der Vermieter mit den nachfolgend behandelten Einschränkungen zumindest im Falle der Neuvermietung die Miete mit dem Mieter frei vereinbaren. Im Bereich des **öffentlich geförderten Wohnungsbaus** oder der sozialen Wohnraumförderung steht dem Vermieter lediglich die sog. Kostenmiete zu. Die Kosten-miete umfasst die laufenden Aufwendungen für die Wohnung. Sie wird im Rahmen einer Wirtschaftlichkeitsberechnung auf Grund der Kapital- und Bewirtschaftungskosten errech-net. Die sich aus den **Wirtschaftlichkeitsberechnungen** ergebenden Kostenmieten bei Sozialwohnungen sind für die Vertragsparteien verbindlich.

2.3.2 Mietpreisgestaltung

Als Miete kann auf Grund der Vertragsfreiheit bei nicht preisgebundenem Wohnraum für die eigentliche Überlassung des Wohnraums und alle sonstigen Verpflichtungen **ein Pauschalbetrag vereinbart** werden. Wurde eine pauschale Miete vereinbart und keine Regelung über Nebenkosten getroffen, so sind mit der Miete alle Entgelte des Mieters abgegolten. Es ist auch der freien Vereinbarung überlassen, ob und in welchem Umfang der Mieter bestimmte Mietnebenkosten neben der eigentlichen Miete trägt. Die unterschiedliche Vertragsgestaltung hat nach den §§ 558 ff., 560 BGB ein **unterschiedlich ausgestaltetes Mieterhöhungsrecht** des Vermieters zur Folge. **40**

Ausgehend vom Grundsatz, dass der Vermieter die auf der vermieteten Sache ruhenden Lasten zu tragen hat (§ 535 BGB), können dabei, soweit im Mietvertrag nichts anderes geregelt ist, von den Nebenkosten nur die Erhöhungsbeträge auf die Mieter umgelegt werden (§ 556 BGB). Dies betrifft die in Anl. 3 zu § 27 II BV aufgeführten Betriebskosten. Alle übrigen Mietnebenkosten dürfen nur unter den erschwerten Voraussetzungen des § 558 BGB erhöht werden. **41**

Nach den §§ 556 ff. BGB kann in den **Fällen, in denen im Mietvertrag nur die Nettokaltmiete/Grundmiete vereinbart wurde** und die Betriebskosten gesondert ausgewiesen werden, auch nur die Nettokaltmiete/Grundmiete erhöht werden, während die Betriebskostenanteile nur über § 560 BGB verändert werden können.

Neben dem Preis für die bloße Gebrauchsüberlassung einer Wohnung kann mit dem Mieter also die Übernahme insbesondere von **Neben- und Betriebskosten** vereinbart werden. Im Einzelnen wird zwischen folgenden Kostengruppen unterschieden: **42**

a) *Nutzungsabhängige Kosten:* Dies sind z. B. die Kosten für den Wasserverbrauch, die Heizung, die Müllabfuhr sowie für Energie und Strom.

b) *Existenzabhängige Kosten:* Dies sind insbesondere die Grundsteuer, Versicherungskosten sowie Straßenreinigungsgebühren.

c) *Anschaffungs- und herstellungsbedingte Kosten:* Dies sind insbesondere die Finanzierungskosten sowie die Eigenkapitalverzinsung.

Für die Abwälzung solcher Nebenkosten gilt das **Enumerationsprinzip,** nach dem auf den Mieter nur die Kosten übergehen, die im Mietvertrag besonders vereinbart sind. Soweit auf Anl. 3 der II BV Bezug genommen wird, sollte diese als Anlage zum Mietvertrag genommen werden. Sie erfasst aber nicht die Kosten der Hausverwaltung, deren Überwälzung auch bei kleineren Gewerbeimmobilien schon üblich ist. **43**

Für die Neben- und Betriebskosten können **Vorauszahlungen** mit anschließender Abrechnung aber auch Pauschalzahlungen vereinbart werden. Dies ergibt sich im Einzelnen aus dem Mietvertrag[8]. Daneben kann auch die Übernahme von **Schönheitsreparaturen** vereinbart werden, die **grundsätzlich vom Vermieter zu tragen** sind (§ 535 BGB)[9]. **44**

Der unter Ausschluss der umlagefähigen Betriebskosten sich ergebende Rohertrag stellt die **Grundmiete/Nettokaltmiete** dar, wie sie für Wohnraum heute regelmäßig vereinbart wird. Was nachhaltig erzielbar ist, kann deshalb auf dieser Grundlage auf Grund örtlicher Vergleichsmieten einschließlich eines örtlichen Mietspiegels am zuverlässigsten ermittelt werden. **45**

Die **Grundmiete/Nettokaltmiete stellt i. d. R. auch ein Entgelt für die auf dem Grundstück befindlichen sonstigen Anlagen** (z. B. parkähnliche Bepflanzungen) **dar.** So findet z. B. die Annehmlichkeit des „guten" Wohnens in einer begrünten Wohnanlage ihre **46**

---

8   Zur Umlagefähigkeit vgl. BGH, Urt. vom 20. 1. 1993 – VIII ZR 10/92 –, GuG 1994, 127 (LS) = WuM 1993, 109 = DWW 1993, 74 = MDR 1993, 339 = WM 1993, 660 = ZMR 1993, 359
9   Hierzu Schildt in WuM 1994, 237; Gather in ZAP F 4 S. 339 ff.

Berücksichtigung in der Miete[10], in Ausnahmefällen wäre dies nach § 19 besonders zu berücksichtigen. Von daher ist der vom Verordnungsgeber gewählte Begriff des „Ertragswerts der baulichen Anlagen" unzutreffend (vgl. § 15 WertV Rn. 20; § 19 WertV Rn. 51; § 2 WertV Rn. 28).

47 Bei der **Gestaltung der Wohnraummiete** sind neben den Preisvorschriften drei weitere allgemeine Schranken der Mietzinserhöhung zu beachten, wobei ein Verstoß – entgegen § 139 BGB – nicht den Bestand des Mietverhältnisses, sondern lediglich die Mietzinsvereinbarung berührt[11]. Dies sind

a) die Wesentlichkeitsgrenze (vgl. Rn. 73 ff.),

b) die Wuchergrenze (vgl. Rn. 80 ff.) und

c) die Kappungsgrenze (vgl. Rn. 84 ff.).

48 Bei Verwendung von **Formularmietverträgen** können sich jedoch aus dem AGBGB Einschränkungen insbesondere bezüglich der Übernahme von Pflichten und Kosten auf den Mieter ergeben.

2.3.3 Mieterhöhungsverlangen

▶ *Näheres hierzu bei Rn. 172 ff.*

49 Die Mietparteien können eine Mieterhöhung während des Mietverhältnisses nach Maßgabe des § 557 Abs. 1 und 2 BGB vereinbaren und zwar in Form von Staffel- und Indexmieten nach den §§ 557a und b BGB. Im Übrigen kann der Vermieter **Mieterhöhungen nur nach Maßgabe des**

– **§ 558 BGB,** d. h. eine Mieterhöhung bis zur ortsüblichen Vergleichsmiete,

– **§ 559 BGB,** d. h. eine Mieterhöhung um elf vom Hundert der für die Wohnung aufgewendeten Modernisierungskosten, sowie

– **§ 560 BGB,** d. h. eine Mieterhöhung bei Veränderung der Betriebskosten,

soweit nicht eine Erhöhung durch Vereinbarung ausgeschlossen ist oder sich der Ausschluss aus den Umständen ergibt, vornehmen. Eine zum Nachteil des Mieters abweichende Vereinbarung ist unwirksam.

In der **Gesamtschau** ergeben sich also folgende Möglichkeiten der Mieterhöhung:

a) Anpassung der Miete an die ortsübliche Vergleichsmiete nach § 558 BGB,

b) Erhöhung der Miete nach Durchführung von Modernisierungsmaßnahmen gemäß § 559 BGB,

c) Anpassung der Miete auf Grund einer vertraglichen Vereinbarung einer Indexmiete (Koppelung an die Entwicklung der Lebenshaltungskosten aller privaten Haushalte in Deutschland nach § 557b BGB) und

d) Anpassung der Miete auf Grund einer Staffelmietvereinbarung nach § 557a BGB bzw. einer Indexmiete nach § 557b BGB.

a) Anpassung an die ortsübliche Vergleichsmiete

50 Nach § 558 BGB hat der Vermieter unter bestimmten Voraussetzungen einen Anspruch gegen den Mieter auf Zustimmung zu einem begründeten Mieterhöhungsverlangen (sog. Zustimmungsverfahren) bis zur ortsüblichen Vergleichsmiete. Mit § 558 Abs. 2 BGB ist **die ortsübliche Vergleichsmiete als das übliche Entgelt definiert, das in der Gemeinde oder einer vergleichbaren Gemeinde für Wohnraum vergleichbarer Art, Größe, Ausstattung, Beschaffenheit und Lage gezahlt wird.** Der Gesetzgeber hat dafür einen **Zeitraum von vier Jahren vorgegeben.** Dabei ist grundsätzlich zwischen zwei grundverschiedenen Tatbeständen zu unterscheiden:

– Nach den §§ 556 f. BGB besteht ein *Zahlungsanspruch* bei der Umlegung von Modernisierungskosten (§ 559 BGB) und der Umlegung von Betriebskostenerhöhungen (§ 556 f. BGB).

– Nach § 558 BGB kann die Mieterhöhung bis zur ortsüblichen Vergleichsmiete nur im Wege eines *Zustimmungsanspruchs* geltend gemacht werden.

Abb. 3: Möglichkeiten der Mieterhöhungen bei laufenden Mietverhältnissen

---

Möglichkeiten der Mieterhöhungen bei laufenden Mietverhältnissen

Staffelmietvereinbarung (§ 557 a BGB) Erhöhung höchstens jedes Jahr; betragsmäßige Ausweisung der Erhöhungsbeträge	Indexmietvereinbarung § 557 b BGB Kopplung an die Entwicklung des Lebenshaltungskostenindexes aller privaten Haushalte in Deutschland nach Angaben des Statistischen Bundesamtes (Erhöhung höchstens jedes Jahr)
Erhöhung nach § 558 BGB durch Anpassung an die ortsübliche Vergleichsmiete, allerdings nur, wenn die letzte Erhöhung ein Jahr zurückliegt und sich der Mietzins innerhalb von drei Jahren nicht um mehr als 20 % erhöht	Erhöhung nach § 559 BGB nach Durchführung von Modernisierungen; Erhöhung der Miete um bis zu 11 % der aufgewandten Kosten

© W. Kleiber 01

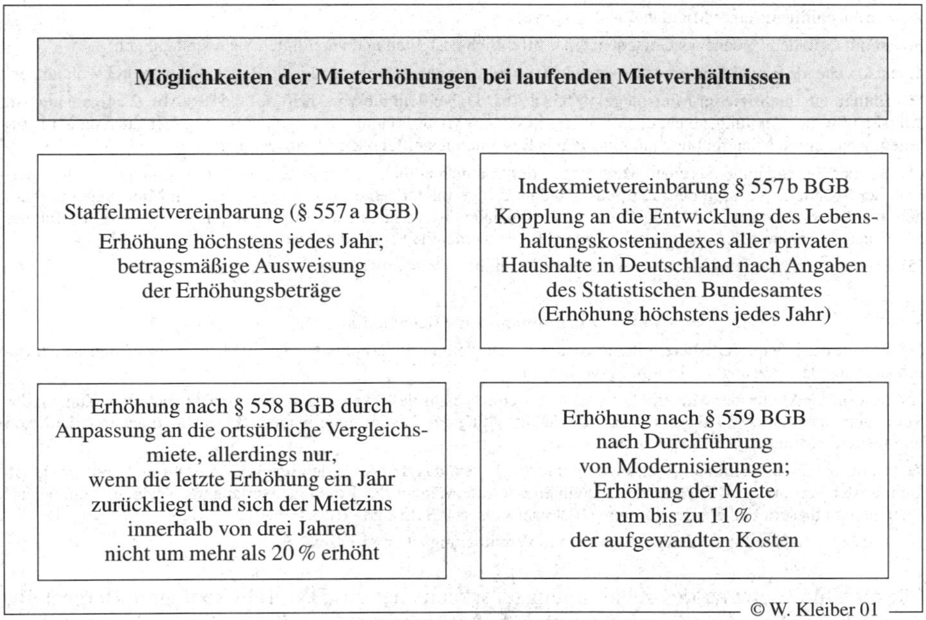

Die vorstehend angesprochenen Vorschriften haben folgende Fassung[12]:

„§ 558
Mieterhöhung bis zur ortsüblichen Vergleichsmiete

(1) Der Vermieter kann die Zustimmung zu einer Erhöhung der Miete bis zur ortsüblichen Vergleichsmiete verlangen, wenn die Miete in dem Zeitpunkt, zu dem die Erhöhung eintreten soll, seit 15 Monaten unverändert ist. Das Mieterhöhungsverlangen kann frühestens ein Jahr nach der letzten Mieterhöhung geltend gemacht werden. Erhöhungen nach den §§ 559 bis 560 werden nicht berücksichtigt.

(2) Die ortsübliche Vergleichsmiete wird gebildet aus den üblichen Entgelten, die in der Gemeinde oder einer vergleichbaren Gemeinde für Wohnraum vergleichbarer Art, Größe, Ausstattung, Beschaffenheit und Lage in den letzten vier Jahren vereinbart oder, von Erhöhungen nach § 560 abgesehen, geändert worden sind. Ausgenommen ist Wohnraum, bei dem die Miethöhe durch Gesetz oder im Zusammenhang mit einer Förderzusage festgelegt worden ist.

(3) Bei Erhöhungen nach Absatz 1 darf sich die Miete innerhalb von drei Jahren, von Erhöhungen nach den §§ 559 bis 560 abgesehen, nicht um mehr als 20 vom Hundert erhöhen (Kappungsgrenze).

(4) Die Kappungsgrenze gilt nicht,

1. wenn eine Verpflichtung des Mieters zur Ausgleichszahlung nach den Vorschriften über den Abbau der Fehlsubventionierung im Wohnungswesen wegen des Wegfalls der öffentlichen Bindung erloschen ist und

2. soweit die Erhöhung den Betrag der zuletzt zu entrichtenden Ausgleichszahlung nicht übersteigt.

Der Vermieter kann vom Mieter frühestens vier Monate vor dem Wegfall der öffentlichen Bindung verlangen, ihm innerhalb eines Monats über die Verpflichtung zur Ausgleichszahlung und über deren Höhe Auskunft zu erteilen. Satz 1 gilt entsprechend, wenn die Verpflichtung des Mieters zur Leistung einer Ausgleichszahlung nach den §§ 34 bis 37 des Wohnraumförderungsgesetzes und den hierzu ergangenen landesrechtlichen Vorschriften wegen Wegfalls der Mietbindung erloschen ist.

---

10   OLG Koblenz, Urt. vom 13. 1. 1982 – 1 U 6/80 –, EzGuG 2.28
11   BGH, Urt. vom 11. 1. 1984 – VIII ARZ 13/83 –, EzGuG 20.104 a
12   BT-Drucks. 14/4553, S. 53 ff.

(5) Von dem Jahresbetrag, der sich bei einer Erhöhung auf die ortsübliche Vergleichsmiete ergäbe, sind Drittmittel im Sinne des § 559 a abzuziehen, im Falle des § 559 a Abs. 1 mit 11 vom Hundert des Zuschusses.

(6) Eine zum Nachteil des Mieters abweichende Vereinbarung ist unwirksam.

§ 558 a
Form und Begründung der Mieterhöhung

(1) Das Mieterhöhungsverlangen nach § 558 ist dem Mieter in Textform zu erklären und zu begründen.

(2) Zur Begründung kann insbesondere Bezug genommen werden auf

1. einen Mietspiegel (§§ 558 c, 558 d),

2. eine Auskunft aus einer Mietdatenbank (§ 558 e),

3. ein mit Gründen versehenes Gutachten eines öffentlich bestellten und vereidigten Sachverständigen,

4. entsprechende Entgelte für einzelne vergleichbare Wohnungen; hierbei genügt die Benennung von drei Wohnungen.

(3) Enthält ein qualifizierter Mietspiegel (§ 558 d Abs. 1), bei dem die Vorschrift des § 558 d Abs. 2 eingehalten ist, Angaben für die Wohnung, so hat der Vermieter in seinem Mieterhöhungsverlangen diese Angaben auch dann mitzuteilen, wenn er die Mieterhöhung auf ein anderes Begründungsmittel nach Absatz 2 stützt.

(4) Bei der Bezugnahme auf einen Mietspiegel, der Spannen enthält, reicht es aus, wenn die verlangte Miete innerhalb der Spanne liegt. Ist in dem Zeitpunkt, in dem der Vermieter seine Erklärung abgibt, kein Mietspiegel vorhanden, bei dem § 558 c Abs. 3 oder § 558 d Abs. 2 eingehalten ist, so kann auch ein anderer, insbesondere ein veralteter Mietspiegel oder ein Mietspiegel einer vergleichbaren Gemeinde verwendet werden.

(5) Eine zum Nachteil des Mieters abweichende Vereinbarung ist unwirksam.

§ 558 b
Zustimmung zur Mieterhöhung

(1) Soweit der Mieter der Mieterhöhung zustimmt, schuldet er die erhöhte Miete mit Beginn des dritten Kalendermonats nach dem Zugang des Erhöhungsverlangens.

(2) Soweit der Mieter der Mieterhöhung nicht bis zum Ablauf des zweiten Kalendermonats nach dem Zugang des Verlangens zustimmt, so kann der Vermieter auf Erteilung der Zustimmung klagen. Die Klage muss innerhalb von drei weiteren Monaten erhoben werden.

(3) Ist der Klage ein Erhöhungsverlangen vorausgegangen, das den Anforderungen des § 558 a nicht entspricht, so kann es der Vermieter im Rechtsstreit nachholen oder die Mängel des Erhöhungsverlangens beheben. Dem Mieter steht auch in diesem Fall die Zustimmungsfrist nach Absatz 2 Satz 1 zu.

(4) Eine zum Nachteil des Mieters abweichende Vereinbarung ist unwirksam."

Für die Durchsetzung des Zustimmungsanspruchs hat das BVerfG wiederholt klargestellt, dass dabei **keine überhöhten formalen Anforderungen** gestellt werden dürfen[13].

51   **Übliches Entgelt** i. S. d. Vorschrift **ist die so genannte ortsübliche Vergleichsmiete**[14]. Dieser in § 5 WiStG gebrauchte Begriff entspricht dem des § 558 Abs. 2 BGB. Eine ordnungswidrige Mietpreisüberhöhung lässt sich demzufolge auf der Grundlage von Mietspiegeln feststellen[15].

52   Die **ortsübliche Vergleichsmiete stellt bei Mieterhöhungen die Obergrenze dar.** Aufschläge (Erhöhungen) wegen Modernisierung und höheren Betriebs- oder Kapitalkosten (soweit diese mietvertraglich vereinbart sind) bleiben bei der Bemessung der Kappungsgrenze unberücksichtigt. Dies gilt ebenso für den Fall der Mieterhöhung, wenn die Miete mindestens ein Jahr unverändert ist.

53   **Von der ortsüblichen Vergleichsmiete zu unterscheiden ist die Marktmiete,** die im Falle einer Neuvermietung unter Berücksichtigung von Angebot und Nachfrage erzielt werden kann. Im Falle einer Neuvermietung kann der Vermieter diese Marktmiete verlangen; er ist nicht an die ortsübliche Vergleichsmiete gebunden.

54   **Die ortsübliche Vergleichsmiete ist auf den Zugang des Erhöhungsverlangens zu beziehen.** Dies ist im Übrigen bei Stellung eines Mieterhöhungsverlangens beachtlich. Soweit ein Sachverständiger mit der Ermittlung der ortsüblichen Vergleichsmiete beauftragt ist, wird i. d. R. die ortsübliche Vergleichsmiete auf den im Auftrag angegebenen Zeitpunkt bezogen.

55   Im Rahmen der allgemeinen Schranken kann der Vermieter von Wohnraum eine Mietpreiserhöhung verlangen, wenn der Mietzins seit einem Jahr unverändert geblieben ist und der verlangte Mietzins die **üblichen Entgelte** nicht übersteigt. Als übliches Entgelt ist die ortsübliche Vergleichsmiete zu verstehen, die aus einem repräsentativen Querschnitt der in den letzten vier Jahren geänderten Bestandsmieten bzw. neu vereinbarten Mieten für nicht preisgebundenen Wohnraum vergleichbarer Art, Größe, Ausstattung, Beschaffenheit und Lage abzuleiten ist.

Bei der Ermittlung der ortsüblichen Vergleichsmiete sind nur Neuabschlüsse bzw. **56** **Vertragsänderungen während der letzten vier Jahre zu berücksichtigen.** Es darf sich dabei nicht um eine Zufallsstichprobe handeln.

Das **Verhältnis Alt- und Neumieten** soll ausgewogen sein und nicht durch Willkürlich- **57** keiten, etwa durch ausschließliche Berücksichtigung von Neumieten beeinflusst sein. Dafür bedarf es einer Sichtung des Vergleichsmaterials und ggf. dessen Gewichtung, um die Daten der einzelnen Jahre gleichrangig zu berücksichtigen[16]. Ein Mischungsverhältnis von 50 % zu 50 % der „Bestandsmieten" und „Abschlussmieten" in allen Jahrgängen ist angemessen[17].

„Ein ‚ausgewogenes' Verhältnis zwischen Alt-(Bestands-) und Neumieten ist dann am **58** besten und einfachsten gewährleistet, wenn beide mit ihrem tatsächlichen Bestand und damit gemäß ihrer Üblichkeit in der jeweiligen Gemeinde repräsentativ berücksichtigt wer- den und so an der Bildung der ortsüblichen Vergleichsmiete angemessen teilnehmen"[18]. Von den herangezogenen Bestandsmieten ist zu fordern, dass sie während der Vertragslauf- zeit angepasst wurden.

Daneben gilt es noch eine Reihe von **Besonderheiten** zu beachten:

– Maßgeblich ist die ortsübliche Vergleichsmiete in Bezug auf bestimmte Wohnungen, die selbst innerhalb eines Hauses sehr unterschiedlich sein können[19].

– Nach § 558 Abs. 2 BGB soll sich die ortsübliche Vergleichsmiete auf Wohnraum ver- gleichbarer Art, Größe, Ausstattung, Beschaffenheit und Lage abstellen, d.h. die Wohn- wertmerkmale sind das entscheidende Kriterium.

– Ausreißer, insbesondere Liebhabermieten und Gefälligkeitsmieten müssen nach dem Kriterium der Üblichkeit unberücksichtigt bleiben.

Die ausgeführten Regelungen schließen nicht die **Gültigkeit individueller und einver-** **59** **nehmlicher Vereinbarungen über eine Mieterhöhung aus,** die auch über der ortsüblichen Vergleichsmiete liegen kann (vgl. § 557 Abs. 1 BGB). Sofern dies nicht möglich ist, stellt das Mieterhöhungsverlangen nach § 558 a BGB einen besonderen formalisierten Antrag i. S. d. § 145 BGB auf Zustimmung des Mieters zu einer Mieterhöhung dar.

Eine Erhöhung der **Miete für frei finanzierte Wohnungen** ist nach alledem nur unter **60** Beachtung der gesetzlichen Bestimmungen zulässig. Der Vermieter kann verlangen, dass der Mieter einer Mieterhöhung (Anpassung) zustimmt, wenn

---

13 BVerfG, Beschl. vom 10. 10. 1978 – 1 BvR 180/77 –, EzGuG 3.60 a; BVerfG, Beschl. vom 12. 3. 1980 – 1 BvR 759/77 –, EzGuG 20.82; BVerfG, Beschl. vom 14. 5. 1985 – 1 BvR 494/85 –, NJW 1987, 313 = ZMR 1986, 272 = WuM 1986, 237 = DWW 1986, 173

14 Frantziock in Fischer/Dieskau/Pergande, Wohnungsbaurecht § 1 MHRG Rn. 2

15 AG Dortmund, Urt. vom 20. 5. 1991 – 125 C 11518/90 –, EzGuG 11.184; LG Dortmund, Urt. vom 24. 7. 1991 – 21 S 73/91 –, WuM 1991, 559

16 Köhler, Handbuch der Wohnraummiete, 3. Aufl. 1988, S. 63

17 Bub/Treier, a. a. O., Rn. 482 ff. a. A. Isenmann in DWW 1995, 71; BayObLG, Urt. vom 19. 3. 1981 – 1 ZS 7/81 –, EzGuG 19.36; BayObLG, RE vom 23. 7. 1987 – REMiet 2/87 –, EzGuG 20.121; vgl. BayObLG, Urt. vom 9. 2. 1982 – AllgReg 105/81 –, EzGuG 20.93 b; zu alledem vgl. Dröge, a. a. O., S. 146

18 Huber in ZMR 1992, 475; Wullkopf in WuM 1985, 4; Voelskow in ZMR 1992, 327; weiterführend zur Gewich- tung von Bestands- und Neumieten: Dröge, Handbuch der Mietpreisbewertung für Wohn- und Gewerberaum, 2. Aufl., Neuwied 1999, S. 179 ff.

19 BayObLG, RE vom 27. 10. 1992 – REMiet 3/92 –, EzGuG 20.143 a

– die Miete seit 15 Monaten unverändert war; nach einer erfolgten Mieterhöhung kann ein erneutes Erhöhungsverlangen nicht schon nach zwölf Monaten zugestellt werden; es ist unwirksam[20];

– die neue Miete die üblichen Entgelte nicht übersteigt, die für nicht preisgebundenen Wohnraum vergleichbarer Art, Größe, Ausstattung, Beschaffenheit und Lage in den letzten vier Jahren vereinbart worden sind, und

– der Mietzins sich innerhalb eines Zeitraums von drei Jahren nicht um mehr als 20 v. H. erhöht (Kappungsgrenze).

b) Mieterhöhung nach Durchführung von Modernisierungsmaßnahmen

61   Nach § 559 a BGB kann der Vermieter eine **Erhöhung der jährlichen Miete** um elf vom Hundert der für die Wohnung für Maßnahmen aufgewendeten Kosten verlangen, wenn dadurch

– der Gebrauchswert der Mietsache nachhaltig erhöht wird,

– die allgemeinen Wohnverhältnisse auf Dauer verbessert werden,

– oder nachhaltige Einsparungen von Energie oder Wasser bewirkt werden (Modernisierung).

62   **§§ 559 ff. BGB** haben folgenden Wortlaut:

„**§ 559**
Mieterhöhung bei Modernisierung

(1) Hat der Vermieter bauliche Maßnahmen durchgeführt, die den Gebrauchswert der Mietsache nachhaltig erhöhen, die allgemeinen Wohnverhältnisse auf Dauer verbessern oder nachhaltig Einsparungen von Energie oder Wasser bewirken (Modernisierung), oder hat er andere bauliche Maßnahmen auf Grund von Umständen durchgeführt, die er nicht zu vertreten hat, so kann er die jährliche Miete um 11 vom Hundert der für die Wohnung aufgewendeten Kosten erhöhen.

(2) Sind die baulichen Maßnahmen für mehrere Wohnungen durchgeführt worden, so sind die Kosten angemessen auf die einzelnen Wohnungen aufzuteilen.

(3) Eine zum Nachteil des Mieters abweichende Vereinbarung ist unwirksam.

§ 559 a
Anrechnung von Drittmitteln

(1) Kosten, die vom Mieter oder für diesen von einem Dritten übernommen oder die mit Zuschüssen aus öffentlichen Haushalten gedeckt werden, gehören nicht zu den aufgewendeten Kosten im Sinne des § 559.

(2) Werden die Kosten für die baulichen Maßnahmen ganz oder teilweise durch zinsverbilligte oder zinslose Darlehen aus öffentlichen Haushalten gedeckt, so verringert sich der Erhöhungsbetrag nach § 559 um den Jahresbetrag der Zinsermäßigung. Dieser wird errechnet aus dem Unterschied zwischen dem ermäßigten Zinssatz und dem marktüblichen Zinssatz für den Ursprungsbetrag des Darlehens. Maßgebend ist der marktübliche Zinssatz für erstrangige Hypotheken zum Zeitpunkt der Beendigung der Maßnahmen. Werden Zuschüsse oder Darlehen zur Deckung von laufenden Aufwendungen gewährt, so verringert sich der Erhöhungsbetrag um den Jahresbetrag des Zuschusses oder Darlehens.

(3) Ein Mieterdarlehen, eine Mietvorauszahlung oder eine von einem Dritten für den Mieter erbrachte Leistung für die baulichen Maßnahmen stehen einem Darlehen aus öffentlichen Haushalten gleich. Mittel der Finanzierungsinstitute des Bundes oder eines Landes gelten als Mittel aus öffentlichen Haushalten.

(4) Kann nicht festgestellt werden, in welcher Höhe Zuschüsse oder Darlehen für die einzelnen Wohnungen gewährt worden sind, so sind sie nach dem Verhältnis der für die einzelnen Wohnungen aufgewendeten Kosten aufzuteilen.

(5) Eine zum Nachteil des Mieters abweichende Vereinbarung ist unwirksam.

§ 559 b
Geltendmachung der Erhöhung, Wirkung der Erhöhungserklärung

(1) Die Mieterhöhung nach § 559 ist dem Mieter in Textform zu erklären. Die Erklärung ist nur wirksam, wenn in ihr die Erhöhung auf Grund der entstandenen Kosten berechnet und entsprechend den Voraussetzungen der §§ 559 und 559 a erläutert wird.

(2) Der Mieter schuldet die erhöhte Miete mit Beginn des dritten Monats nach dem Zugang der Erklärung. Die Frist verlängert sich um sechs Monate, wenn der Vermieter dem Mieter die zu erwartende Erhöhung der Miete nicht nach § 554 Abs. 3 Satz 1 mitgeteilt hat oder wenn die tatsächliche Mieterhöhung mehr als 10 vom Hundert höher ist als die mitgeteilte.

(3) Eine zum Nachteil des Mieters abweichende Vereinbarung ist unwirksam."

c) Mieterhöhung wegen Änderung der Darlehenszinsen

Nach § 5 MHG war der Vermieter berechtigt, unter bestimmten Voraussetzungen **Er-**   **63**
höhungen der Kapitalkosten infolge einer Erhöhung des Zinssatzes aus einem dinglich
gesicherten Darlehen auf den Mieter umzulegen.

§ 5 MHG ist mit dem Mietrechtsreformgesetz aufgehoben worden (vgl. BT-Drucks.   **64**
14/4553, S. 37).

d) Mietanpassung bei vertraglich vereinbarter Index- oder Staffelmiete nach den §§ 557 a und b BGB

Das BGB schränkt für Mietverträge über Wohnraum die Möglichkeiten einer vertraglichen   **65**
Mieterhöhung durch § 557 Abs. 1 und 2 BGB auf Index- und Staffelmietverträge nach den
§§ 557 a und b BGB ein. Zum Nachteil des Mieters davon abweichende Vereinbarungen
sind unwirksam (§ 557 a Abs. 4 und § 557 b Abs. 4 BGB).

– Nach § 557 a BGB kann für bestimmte Zeiträume die Miete in unterschiedlicher Höhe   **66**
    schriftlich vereinbart werden **(Staffelmiete),** wobei

      ● der jeweilige Mietzins oder die Erhöhung betragsmäßig ausgeworfen sein muss und

      ● der jeweilige Mietzins mindestens ein Jahr unverändert bleiben muss und

      ● der Mietzins absolut durch § 5 WiStG und § 302 a StGB begrenzt bleibt.

Nach Ablauf der Staffelmietvereinbarung gelten im Übrigen wieder die Regelungen der
§§ 558 ff. BGB.

§ 557 a BGB lautet: **67**

„§ 557 a
Staffelmiete

(1) Die Miete kann für bestimmte Zeiträume in unterschiedlicher Höhe schriftlich vereinbart werden; in der Vereinbarung ist die jeweilige Miete oder die jeweilige Erhöhung in einem Geldbetrag auszuweisen (Staffelmiete).

(2) Die Miete muss jeweils mindestens ein Jahr unverändert bleiben. Während der Laufzeit einer Staffelmiete ist
eine Erhöhung nach den §§ 558 bis 559b ausgeschlossen.

(3) Das Kündigungsrecht des Mieters kann für höchstens vier Jahre seit Abschluss der Staffelmietvereinbarung ausgeschlossen werden. Die Kündigung ist frühestens zum Ablauf dieses Zeitraumes zulässig.

(4) Eine zum Nachteil des Mieters abweichende Vereinbarung ist unwirksam."

Die Vorschrift entspricht § 10 Abs. 2 MHG. **Die Beschränkung von Staffelmietverträgen**   **68**
auf zehn Jahre wurde jedoch aufgegeben.

– Nach § 557b BGB kann schriftlich vereinbart werden, dass die Miete durch den vom   **69**
    Statistischen Bundesamt ermittelten Preisindex für die Lebenshaltung aller privaten
    Haushalte in Deutschland bestimmt wird **(Indexmiete),** wobei

      ● von Erhöhungen für durchgeführte Modernisierungen nach § 559 BGB und Verände-
        rungen der Betriebskosten nach § 560 BGB abgesehen die Miete mindestens ein Jahr
        unverändert bleiben muss,

      ● Mieterhöhungen nach § 558 BGB (ortsübliche Vergleichsmiete) ausgeschlossen sind,

      ● die Mietänderung in Textform unter Angabe der eingetretenen Änderung des Preis-
        indexes sowie die jeweilige Miete oder die Erhöhung in einem Geldbetrag anzugeben
        sind.

§ 557 b BGB hat folgende Fassung: **70**

„ § 557b
Indexmiete

(1) Die Vertragsparteien können schriftlich vereinbaren, dass die Miete durch den vom Statistischen Bundesamt
ermittelten Preisindex für die Lebenshaltung aller privaten Haushalte in Deutschland bestimmt wird (Indexmiete).

---

20   BGH, Urt. vom 16. 6. 1993 – VIII ARZ 2/93 –, EzGuG 3.112

(2) Während der Geltung einer Indexmiete muss die Miete, von Erhöhungen nach den §§ 559 bis 560 abgesehen, jeweils mindestens ein Jahr unverändert bleiben. Eine Erhöhung nach § 559 kann nur verlangt werden, soweit der Vermieter bauliche Maßnahmen auf Grund von Umständen durchgeführt hat, die er nicht zu vertreten hat. Eine Erhöhung nach § 558 ist ausgeschlossen.

(3) Eine Änderung der Miete nach Absatz 1 muss durch Erklärung in Textform geltend gemacht werden. Dabei sind die eingetretene Änderung des Preisindexes sowie die jeweilige Miete oder die Erhöhung in einem Geldbetrag anzugeben. Die geänderte Miete ist mit Beginn des übernächsten Monats nach dem Zugang der Erklärung zu entrichten.

(4) Eine zum Nachteil des Mieters abweichende Vereinbarung ist unwirksam."

71 Die Vorschrift lehnt sich an § 10 a MHG mit folgenden Änderungen an:

– Maßgeblich ist künftig der ab dem Basisjahr 2000 nur noch für Deutschland ausgewiesene Lebenshaltungskostenindex maßgebend.

– Eine Mindestlaufzeit für Indexmieten gibt es nicht mehr. Mit Wegfall des Genehmigungserfordernisses einer Indexmietvereinbarung auf Grund des Euroeinführungsgesetzes konnte die Festlegung einer Mindestlaufzeit entfallen.

Eine **Genehmigungspflicht** besteht nicht mehr (§ 4 Abs. 2 PreisklauselVO).

e) Überleitung

72 Ab In-Kraft-Treten des Mietrechtsreformgesetzes (1. Juli 2001) gilt das neue Recht. Es ist grundsätzlich auch auf **Miet- und Pachtverträge** anzuwenden, **die bereits vor In-Kraft-Treten abgeschlossen worden sind.** Artikel 229 § 3 EGBGB sieht bestimmte Ausnahmen (Übergangsregelungen) insbesondere bezüglich der Kündigungsregelungen, bestehender Mietspiegel und der Betriebskostenabrechnung vor. Von den außer Kraft tretenden Vorschriften ist insbesondere das Gesetz zur Regelung der Miethöhe (MHG) zu nennen.

2.3.4   Allgemeine Schranken der Mieterhöhung

2.3.4.1   Wesentlichkeitsgrenze

73 Eine **ordnungswidrige Mietpreiserhöhung** liegt nach § 5 des Wirtschaftsstrafgesetzes (WiStG) vor, wenn für die Vermietung von Räumen zum Wohnen oder damit verbundene Nebenleistungen unangemessen hohe Entgelte gefordert werden. Hierunter versteht das Gesetz solche, die infolge der Ausnutzung eines geringen Angebots an vergleichbaren Räumen **die üblichen Entgelte um mehr als 20 v. H. übersteigen,** die in der Gemeinde oder in vergleichbaren Gemeinden für die Vermietung von Räumen vergleichbarer Art, Größe, Ausstattung, Beschaffenheit und Lage oder damit verbundene Nebenleistungen in den letzten vier Jahren vereinbart wurden.

74 § 5 WiStG hat folgende Fassung:

„§ 5 WiStG
Mietpreisüberhöhung

(1) Ordnungswidrig handelt, wer vorsätzlich oder leichtfertig für die Vermietung von Räumen zum Wohnen oder damit verbundene Nebenleistungen unangemessen hohe Entgelte fordert, sich versprechen lässt oder annimmt.

(2) Unangemessen hoch sind Entgelte, die infolge der Ausnutzung eines geringen Angebots an vergleichbaren Räumen die üblichen Entgelte um mehr als 20 vom Hundert übersteigen, die in der Gemeinde oder in vergleichbaren Gemeinden für die Vermietung von Räumen vergleichbarer Art, Größe, Ausstattung, Beschaffenheit und Lage oder damit verbundene Nebenleistungen in den letzten vier Jahren vereinbart oder, von Erhöhungen der Betriebskosten abgesehen, geändert worden sind. Nicht unangemessen hoch sind Entgelte, die zur Deckung der laufenden Aufwendungen des Vermieters erforderlich sind, sofern sie unter Zugrundelegung der nach Satz 1 maßgeblichen Entgelte nicht in einem auffälligen Missverhältnis zu der Leistung des Mieters stehen.

(3) Die Ordnungswidrigkeit kann mit einer Geldbuße bis zu einhunderttausend Deutsche Mark geahndet werden."

75 **Die Wesentlichkeitsgrenze von 20 % darf grundsätzlich nicht überschritten werden,** d. h., die geforderte Miete darf die üblichen Entgelte für vergleichbare Räume nicht unwesentlich überschreiten. „Wesentlich" ist eine Überschreitung der ortsüblichen Vergleichsmiete um mehr als 20 %[21].

Als Voraussetzung wird dafür keine generelle Wohnraummangellage, sondern lediglich gefordert, dass die **Nachfrage höher als das Angebot** ist[22]. Maßstab ist die Nettokaltmiete/Grundmiete zuzüglich der Entgelte für Nebenleistungen[23]. **76**

Bei der Auswahl ortsüblicher **Vergleichsmieten** zur Ermittlung des üblichen Entgelts müssen solche außer Betracht bleiben, **die aus einem verknappten Wohnungsangebot für benachteiligte Mietergruppen als überhöht gelten müssen**[24]. Allgemeine Änderungen der ortsüblichen Miete sind aber zu berücksichtigen[25]. **77**

Die Wesentlichkeitsgrenze darf ausnahmsweise überschritten werden, wenn dies zur **Deckung der laufenden Aufwendungen des Vermieters erforderlich** ist (§ 5 Abs. 1 Satz 3 WiStG). Dies darf allerdings nicht in einem auffälligen Missverhältnis zu den Leistungen des Vermieters stehen. Ein auffälliges Missverhältnis kann angenommen werden, wenn der Mietzins die ortsübliche Vergleichsmiete um mehr als 50 % überschreitet (**Wuchergrenze**). Bei einer Überschreitung der ortsüblichen Vergleichsmiete um mehr als 50 % auf Grund laufender Aufwendungen des Vermieters bleibt die Mietvereinbarung bis zu einer Höhe von 150 % der ortsüblichen Vergleichsmiete wirksam. Bei preisfreiem Wohnraum ist dabei unter den „laufenden Entgelten" die Kostenmiete i. S. d. § 8 WoBindG zu verstehen. **78**

Eine **Überschreitung der 20-%-Grenze** ist zusammenfassend in folgenden **Ausnahmefällen zulässig**: **79**

a) Eine Überschreitung ist bei Neubauten einschließlich bei den ab 1. 1. 1991 erstellten Wohnungen zulässig.

b) Soweit eine Überschreitung der 20-%-Grenze nach altem Recht zulässig war, darf die zuletzt verlangte Miete aus Gründen des Bestandschutzes zulässigerweise weiterverlangt werden.

c) Eine Überschreitung ist zulässig, wenn die Miete „zur Deckung der laufenden Aufwendungen des Vermieters" erforderlich ist, wobei sich diese nach den Grundsätzen der Kostenmiete (§ 18 II BV) bestimmen.

2.3.4.2 Wuchergrenze

Eine weitere Begrenzung eines Mieterhöhungsverlangens ergibt sich aus dem Strafgesetzbuch (StGB). So liegt nach § 302 a StGB der Straftatbestand des Wuchers vor, wenn ein **auffälliges Missverhältnis zwischen der Miete und der Leistung des Vermieters** besteht. **80**

§ 302 a StGB hat folgende Fassung:

„Wucher

(1) Wer die Zwangslage, die Unerfahrenheit, den Mangel an Urteilsvermögen oder die erhebliche Willensschwäche eines anderen dadurch ausbeutet, dass er sich oder einem Dritten

1. für die Vermietung von Räumen zum Wohnen oder damit verbundene Nebenleistungen,

2. für die Gewährung eines Kredits,

3. für eine sonstige Leistung oder

4. für die Vermittlung einer der vorbezeichneten Leistungen

21 OLG Stuttgart, RE vom 7. 7. 1981 – 8 REMiet 1/81 –, EzGuG 20.89 a
22 OLG Hamm, RE vom 24. 7. 1986 – 4 REMiet 1/86 –, EzGuG 20.115 c
23 OLG Stuttgart, RE vom 26. 2. 1982 – 8 REMiet 5/81 –, EzGuG 20.93 b; BayObLG, RE vom 26. 6. 1972 – RReg 4 St 504/72 OWi –, ZMR 1972, 381 = WuM 1972
24 OLG Hamburg, RE vom 15. 11. 1982 – 4 U 181/81 –, EzGuG 3.64 c; OLG Stuttgart, RE vom 7. 7. 1981 – 8 REMiet 1/81 –, EzGuG 20.89 a; KG, RE vom 16. 7. 1992 – 8 REMiet 3166/92 –, ZMR 1992, 486 = WuM 1992, 514
25 OLG Frankfurt am Main, RE vom 4. 4. 1985 – 20 REMiet 3/85 –, EzGuG 20.109 a

Vermögensvorteile versprechen oder gewähren lässt, die in einem auffälligen Missverhältnis zu der Leistung oder deren Vermittlung stehen, wird mit Freiheitsstrafe bis zu drei Jahren oder mit Geldstrafe bestraft. Wirken mehrere Personen als Leistende, Vermittler oder in anderer Weise mit und ergibt sich dadurch ein auffälliges Missverhältnis zwischen sämtlichen Vermögensvorteilen und sämtlichen Gegenleistungen, so gilt Satz 1 für jeden, der die Zwangslage oder sonstige Schwäche des anderen für sich oder einen Dritten zur Erzielung eines übermäßigen Vermögensvorteils ausnutzt.

(2) In besonders schweren Fällen ist die Strafe Freiheitsstrafe von sechs Monaten bis zu zehn Jahren. Ein besonders schwerer Fall liegt in der Regel vor, wenn der Täter
1. durch die Tat den anderen in wirtschaftliche Not bringt,
2. die Tat gewerbsmäßig begeht,
3. sich durch Wechsel wucherische Vermögensvorteile versprechen lässt."

81 Die Miete darf danach nicht in einem auffälligen Missverhältnis zur Leistung des Vermieters stehen (§ 302 a Abs. 2 StGB). Auffällig ist nach einer Entscheidung des BGH das Missverhältnis, wenn die ortsübliche Vergleichsmiete um 50 v. H. und mehr überschritten wird. In diesem Fall ist die Rede von **Mietwucher;** so u. a. auch das OLG Köln[26]. Unterhalb des Mietwuchers gibt es – wie unter Rn. 73 ff. ausgeführt – durch § 5 Wirtschaftsstrafgesetz (WiStG) eine weitere Begrenzung des Mietpreisanstiegs. Hiernach darf die Miete nicht um mehr als 20 v. H. über der ortsüblichen Vergleichsmiete liegen. Nach § 5 Abs. 2 WiStG sind nunmehr Entgelte unangemessen hoch, die die üblichen Entgelte um mehr als 20 v. H. übersteigen, die in der Gemeinde oder in vergleichbaren Gemeinden für die Vermietung von Wohnräumen vergleichbarer Art, Größe, Ausstattung, **Beschaffenheit und Lage in den letzten vier Jahren vereinbart worden** sind. Nicht unangemessen hoch sind Entgelte, die für Räume entrichtet werden, die nach dem 1. 1. 1991 fertig gestellt wurden oder für die das Entgelt vor dem 1. 9. 1993 über der bezeichneten Grenze von 20 v. H. liegen durfte (§ 5 Abs. 2 Nr. 2 WiStG). Die Ordnungswidrigkeit kann mit einer Geldbuße bis zu 100 000 DM geahndet werden.

82 Die **Wuchergrenze** des § 302 a Abs. 1 Ziff. 1 StGB **bezieht sich wie die Wesentlichkeitsgrenze des § 5 WiStG nur auf die Vermietung von Räumen zum Wohnen,** worunter im Übrigen auch Nebenräume fallen, die eigentlich nicht zum Wohnen vermietet werden. Jedoch dürfen nach § 138 Abs. 2 BGB auch Mietvereinbarungen über Geschäftsräume nicht in einem auffälligen Missverhältnis zu der Leistung stehen. I. d. R. liegt ein solches Missverhältnis auch hier vor, wenn die vereinbarte Miete die angemessene marktübliche Miete um mehr als 50 % übersteigt[27].

83 Die Wesentlichkeitsgrenze (Rn. 73) darf ausnahmsweise überschritten werden, wenn dies zur **Deckung der laufenden Aufwendungen des Vermieters** erforderlich ist (§ 5 Abs. 1 Satz 3 WiStG), dies darf allerdings nicht in einem auffälligen Missverhältnis zu den Leistungen des Vermieters stehen. Ein auffälliges Missverhältnis kann angenommen werden, wenn die Miete die ortsübliche Vergleichsmiete um mehr als 50 % überschreitet **(Wuchergrenze).** Bei einer Überschreitung der ortsüblichen Vergleichsmiete um mehr als 50 % auf Grund laufender Aufwendungen des Vermieters bleibt die Mietzinsvereinbarung bis zu einer Höhe von 150 % der ortsüblichen Vergleichsmiete wirksam[28]. Bei preisfreiem Wohnraum ist dabei unter den „laufenden Entgelten" die Kostenmiete i. S. d. § 8 WoBindG zu verstehen.

2.3.4.3 Kappungsgrenze

84 Bei bestehenden Mietverhältnissen sind im frei finanzierten Wohnungsbau Mieterhöhungen (-anpassungen) möglich, wenn die bisherige Grundmiete (Nettokaltmiete) seit einem Jahr unverändert ist. Eine **neue Mietforderung** ist dem Mieter gegenüber zu begründen.

85 Zur **Begründung** kann nach § 558 a BGB insbesondere Bezug genommen werden auf
1. einen Mietspiegel (§§ 558 c, 558 d BGB),
2. eine Auskunft aus einer Mietdatenbank (§ 558 e BGB),

3. ein mit Gründen versehenes Gutachten eines öffentlich bestellten und vereidigten Sachverständigen,

4. entsprechende Entgelte für einzelne vergleichbare Wohnungen; hierbei genügt die Benennung von drei Wohnungen.

Zur Begründung kann – und das ist neu – auf eine Mietdatenbank oder auf einen qualifizierten Mietspiegel zurückgegriffen werden.

Die Mietsteigerung darf in drei Jahren nicht mehr als 20 v. H. betragen (Kappungsgrenze). Erreicht der Vermieter vom Mieter indessen die Zustimmung für eine höhere (angemessene) Grundmiete, so hat der Mieter in aller Regel kein Recht zum Widerruf i. S. d. Gesetzes über den Widerruf von Haustürgeschäften.   **86**

Der Umfang der möglichen Mieterhöhung wird dabei von der jeweils niedrigeren Grenze bestimmt, d. h. eine **Angleichung der Miete an die ortsübliche Vergleichsmiete ist im Rahmen der Kappungsgrenze nur bis zur ortsüblichen Vergleichsmiete möglich.**

§ 558 Abs. 3 und 4 BGB lautet (vgl. Rn. 51):   **87**

„(3) Bei Erhöhungen nach (§ 558) Absatz 1 (BGB n.F.; ortsübliche Vergleichsmiete) darf sich die Miete innerhalb von drei Jahren, von Erhöhungen nach den §§ 559 bis 560 (BGB n.F.; Mieterhöhung bei Modernisierung und Veränderung der Betriebskosten) abgesehen, nicht um mehr als 20 vom Hundert erhöhen (Kappungsgrenze).

(4) Die Kappungsgrenze gilt nicht,

1. wenn eine Verpflichtung des Mieters zur Ausgleichszahlung nach den Vorschriften über den Abbau der Fehlsubventionierung im Wohnungswesen wegen des Wegfalls der öffentlichen Bindung erloschen ist und

2. soweit die Erhöhung den Betrag der zuletzt zu entrichtenden Ausgleichszahlung nicht übersteigt.

Der Vermieter kann ...“

2.4   Gewerberaummiete

2.4.1   Allgemeines

▸ *Allgemeine Hinweise vgl. Rn. 12 und § 18 WertV Rn. 57 ff.*

Im Bereich des Mietrechts bedarf es einer sorgfältigen **Abgrenzung der Wohnraummiete von der Gewerberaummiete.** Maßgebend für die Abgrenzung ist vor allem die Zweckbestimmung der Räume, die von den Parteien im Mietvertrag vereinbart wurde. Ein Geschäftsraummietvertrag liegt vor, wenn die Fläche oder ein Gebäude auf Grund eines schuldrechtlichen Vertrags gegen Entgelt (unbefristet oder auf Zeit) zu anderen als Wohnzwecken überlassen wurde. Es kommt also auf die zwischen den Parteien vereinbarte Zweckbestimmung an, wobei eine ausdrückliche Festlegung entbehrlich ist, wenn die angemieteten Flächen eindeutig nur für gewerbliche oder geschäftliche Zwecke geeignet sind. Soweit im Mietvertrag keine eindeutige Zweckbestimmung vereinbart worden ist, richtet sich die Zweckbestimmung nach der objektiven Beschaffenheit der Räume. Wo nach den bestehenden Verhältnissen ein „Mischverhältnis“ besteht, richtet sich die Zuordnung nach der sog. Übergewichtstheorie, wobei der Parteienwille und der Vertragszweck ausschlaggebend sind (vgl. Rn. 27 ff.).   **88**

Der **wesentliche Unterschied zwischen der Wohnraum- und Geschäftsraummiete** besteht darin, dass bei der **Gestaltung von Geschäfts- und Gewerberaummieten** weitgehend Vertragsfreiheit gegeben ist, jedoch sind Vereinbarungen unwirksam, wenn sie sittenwidrig oder wucherisch sind oder gegen gesetzliche Vorschriften verstoßen (§§ 134, 138 BGB).   **89**

---

26   OLG Köln, Urt. vom 22. 8. 1978 – 1 Ss 391/78 –, EzGuG 20.77
27   LG Darmstadt, Urt. vom 14. 1. 1972 – 2 KLS 2/71 –, EzGuG 3.38 a
28   Bub/Treier, Handbuch der Wohnraummiete, a. a. O., III A Rn. 266 unter Bezugnahme auf OLG Hamburg, RE vom 5. 8. 1992 – 4 U 22/92 –, EzGuG 3.109 a

90   Es bestehen **keine Einschränkungen für den Abschluss von Staffelmietverträgen.** Es
kann dabei im Vorhinein festgelegt werden, in welchem Umfang der Mietzins zu bestimmten Zeitpunkten erhöht wird. Es kann ein bestimmter Prozentsatz oder ein fester Betrag
vereinbart werden. Von der Möglichkeit wird man insbesondere Gebrauch machen, wenn
dem Mieter bei Geschäftsbeginn eine Anlaufzeit gewährt werden soll und andererseits der
Vermieter am Gedeihen des Geschäfts partizipieren will.

91   Zulässig sind auch **Wertsicherungsklauseln**[29]. Sofern in einer Wertsicherungsklausel eine
automatische Anpassung des Mietzinses ohne Ermessensspielraum für die Parteien geregelt ist und sofern als Wertmesser keine gleichartige oder vergleichbare, sondern eine
andere Leistung geregelt ist, handelt es sich um eine genehmigungsbedürftige Gleitklausel.
Typischer Fall ist eine automatische Anpassung des Mietzinses an Veränderungen des
Lebenshaltungskostenindexes. Entsprechendes gilt für eine Anpassung des Mietzinses an
die Entwicklung der Hypothekenzinsen, der Beamtengehälter und an die Entwicklung des
Grundstückswerts[30].

Nach **§ 4 Abs. 1 PreisklauselVO** gelten Anpassungsklauseln als genehmigt und bedürfen
damit keiner Einzelgenehmigung, wenn
– der Vermieter für 10 Jahre auf sein Kündigungsrecht verzichtet oder
– der Mieter das Recht hat, die Vertragsdauer auf mindestens 10 Jahre zu verlängern und
  der Vertrag zulässige Bezugsgrößen verwendet.
Zulässig sind der Preisindex für die Gesamtlebenshaltungskosten des Statistischen Bundesamtes, eines Statistischen Landesamtes oder ein Verbraucherpreisindex des Statistischen Amtes der Europäischen Gemeinschaft. Für Mietanpassungsvereinbarungen in Verträgen über Wohnraum gilt § 557 BGB (§ 4 Abs. 2 PreisklauselVO). Daneben können
Preisklauseln genehmigt werden, wenn besondere Gründe des nationalen oder internationalen Wettbewerbs dies rechtfertigen (§ 5).

92   **Genehmigungsfrei sind Umsatz- und Gewinnbeteiligungsklauseln.**

93   **Nicht zum Rohertrag gehört bei gewerblicher Vermietung im Übrigen die anfallende
Mehrwertsteuer.**

94   **Instandhaltungs- und Instandsetzungsmaßnahmen** können im Rahmen von Individual-
verträgen über Gewerberäume auch bezüglich struktureller Mängel an Dach und Fach auf
den Mieter überwälzt werden. Einer Umlegung von **Verwaltungskosten** stehen keine
zwingenden Vorschriften entgegen. Sowohl Fremd- als auch Eigenkosten können umgelegt
werden. Wird eine Pauschale vereinbart, bleibt es bei dem Betrag, wenn nichts anderes ausbedungen wurde.

95   **Mietsicherheiten** in Form einer Barkaution und einer Bankbürgschaft sind im gewerblichen Bereich zu verzinsen, soweit hierüber eine Vereinbarung im Mietvertrag getroffen
wurde.

96   Der bei Mietwohnobjekten übliche pauschalierte Abzug der nicht umlagefähigen Bewirtschaftungskosten (Verwaltungs- und Instandhaltungskosten sowie Mietausfallwagnis) vom
Rohertrag/Nettokaltmiete ist bei **hochwertigen Gewerbeimmobilien** nicht statthaft und
kann zu katastrophalen Fehlbewertungen führen.

97   Entscheidend bei der Vermietung von Gewerbe- und Geschäftsräumen sind die Vereinbarungen im Mietvertrag, der deshalb vom Sachverständigen eingesehen werden sollte. So
kann beispielsweise das **langfristig vereinbarte Mietverhältnis** von dem Betreiber eines
Selbstbedienungsmarktes durch einseitige Erklärung unter Beachtung einer Kündigungsfrist (i. d. R. 6 bis 12 Monate) vorzeitig beendet werden, wenn eine nicht von ihm zu vertre-
tende geschäftliche Entwicklung eintritt und zu einem nachhaltig unwirtschaftlichen

Ergebnis führt, so dass die Weiterführung im Hinblick auf hohe Verluste ihm nicht zugemutet werden kann. In solchen Fällen wird der Nachweis der Unwirtschaftlichkeit durch Vorlage der Geschäftsbücher erbracht und meist bis zu einer Jahrespacht als Abstandszahlung geleistet, beziehungsweise es wird eine um bis zu einem Drittel reduzierte Miete bis zum Vertragsende als Ausgleichszahlung vereinbart.

Leider werden in der Wertermittlungspraxis noch immer nicht stets **Mietverträge eingesehen, obwohl jedermann weiß, dass Gewerbemietverträge frei aushandelbar sind** und je nach Abschlusszeitpunkt der Mietverträge entweder mieter- oder vermieterfreundliche Vereinbarungen getroffen werden, die erhebliche Auswirkungen auf den Reinertrag und damit auch auf den Verkehrswert haben können. Insbesondere bei Ansatz der Instandhaltungskosten werden häufig schwere Fehler gemacht. Bei Gewerbeobjekten besteht – wie ausgeführt – im Gegensatz zu Mietwohngrundstücken Gestaltungsfreiheit hinsichtlich der Mietverträge. So werden hier in der Praxis Instandhaltungskosten zum Teil (Vermieter trägt nur die Instandhaltungskosten an Dach und Fach) oder vollständig den Mietern auferlegt. Im ersten Fall werden dann bei neueren Objekten etwa 5 €/m² Nutzfläche pro Jahr angesetzt, im letzteren Fall kann unter Umständen ein Ansatz für Instandhaltung gänzlich entfallen. Generell liegen die Bewirtschaftungskosten bei Gewerbeobjekten höchstens bei 15 bis 18 v. H. des Jahresrohertrags. Bei Top-Objekten liegen sie häufig sogar unter 10 v. H. Es ist leicht vorstellbar, dass ein Sachverständiger, der die bei Mietwohnobjekten üblichen Bewirtschaftungskostensätze (ab 25 % aufwärts!) auf derartige Gewerbeobjekte überträgt, zu eklatant falschen Wertermittlungsergebnissen kommt (vgl. § 18 WertV Rn. 22).

98

2.4.2   Mietpreisgestaltung

Wichtige Punkte bei Mietverträgen für Gewerbeimmobilien sind   **99**

1. Bezeichnung der Vertragsparteien
 – Genaue Angaben des Vertragspartners, ggf. unter Beachtung der Gesellschaftsform

2. Beschreibung des Vertragsgegenstandes
 – Lage, Größe der Flächen, Definition der Mietflächen (DIN 277)
 – Darstellung im Lageplan (wesentlicher Bestandteil des Vertrags)
 – Nutzungsfestschreibung
 – Konkurrenzschutz
 – Schlüsselverzeichnis als Anlage

3. Miete
 – Miete pro m²
 – Umsatzmiete
 – Staffelmiete
 – Mehrwertsteuer
 – Fälligkeit der Miete
 – Wertgleitklausel auf Index-Basis bei Verträgen ab 10 Jahre Laufzeit
 – Verzug, Verzugsschaden
 – Ausschluss von Aufrechnung sowie Minderungs- oder Zurückhaltungsrechten

---

29   BGH, Urt. vom 2. 2. 1977 – VIII ZR 271/75 –, EzGuG 3.58 a
30   BGH, Urt. vom 27. 6. 1973 – VIII ZR 98/72 –, WM 1973, 905 = NJW 1973, 1498 = WuM 1974, 42 = ZMR
    1973, 298 = BB 1973, 998; BGH, Urt. vom 23. 2. 1979 – V ZR 106/76 –, EzGuG 7.65

100 **4. Mietbeginn und Mietdauer**

- Festmietzeit
- Fortsetzung nach Ablauf der Mietzeit
- Kündigungsfrist
- Ausschluss § 545 BGB (Stillschweigende Verlängerung)
- Duldung von Vermietungsplakaten

5. Kündigung aus wichtigem Grunde

- Vorbehaltserklärung
- Beispielhafte Benennung von Kündigungsgründen

6. Bewirtschaftungskosten

- Betriebskosten (inkl. Hausverwaltung) gemäß Anlage
  (= Anl. 3 zur § 27 II. Berechnungsverordnung)
- Verwaltungskosten
- Vorauszahlungen
- Umlageschlüssel
- Abrechnungszeitraum
- Änderung der Vorauszahlungen

101 **7. Sammelheizung und Warmwasserversorgung**

- Heizperiode
- Haftungsausschluss bei Betriebsstörungen
- Haftungsbegrenzung auf Dritthaftung
- Änderung der Beheizungsart

8. Benutzung der Gemeinschaftsanlagen

- Aufzug
- Tiefgarage usw.

9. Haftung für den Zustand des Mietobjekts

9.1 Haftung des Vermieters
  - Instandhaltung und Instandsetzung durch den Vermieter
  - Ausschluss von Mietminderung oder Schadenersatzansprüchen
    bei vom Vermieter nicht zu vertretenden Störungen
  - Versicherungsangelegenheiten

9.2 Haftung des Mieters
  - Umgang mit der Mietsache
  - Schönheitsreparaturen
  - Kleinreparaturen
  - Anzeigepflicht des Mieters

102 Von besonderer Bedeutung für die Nutzung ist die **Raumkonfiguration und ihre Flexibilität** für die jeweils nachgefragte Büroform.

2.4.3   Konkurrenz- und Sortimentsschutzklausel

▶ *Zu den wettbewerbsbeschränkenden Dienstbarkeiten vgl. Teil VII Rn. 409 ff.*

103 **Vereinbarungen von Wettbewerbsverboten** zugunsten des Mieters und *Mieterbetriebs-
verpflichtungen* sind bei der Verkehrswertermittlung zu berücksichtigen. Hingewiesen wird
in diesem Zusammenhang auf ein Urteil des OLG Celle[31], nach dem der Warenhauskonzern
sein Warenhaus in Hameln 1988 nicht schließen durfte, weil die Stadt Hameln im Jahre
1977 dem Warenhausneubau im Altstadtkern nur unter der Voraussetzung zugestimmt
hatte, dass das neue Haus auch über 20 Jahre hinweg als Vollwarenhaus zu betreiben ist.

In Mietverträgen für Gewerberäume sind mitunter auch **Konkurrenz- und Sortiments-** **104**
schutzklauseln sowie Werbeverbote hinsichtlich des Vertriebs bestimmter Artikel vereinbart. Obschon der Vermieter gewerblicher Räume grundsätzlich die Pflicht hat, den Mieter
vor Konkurrenz im eigenen Haus zu schützen, hat er bei innerstädtischen Immobilien ein
besonderes Interesse daran, den Konkurrenzschutz generell auszuschließen. Hierdurch
bleiben die Vermietungschancen besser gewahrt, und neue interessante Mieter müssen aus
Rücksicht auf bestehende Schutzpflichten nicht abgewiesen werden.

Hingewiesen in diesem Zusammenhang wird auf ein Urteil des BGH[32]. Der Vermieter hatte **105**
im Mietvertrag mit einem **Drogisten** vereinbart, dass keine Konkurrenzbranchen bezüglich
der im gleichen Gebäudekomplex vorhandenen anderen Mieter betrieben werden dürfen.
Der Drogist verkaufte nun neben Babynahrung, Kinderpflegemitteln und Windeln auch
nichtapothekenpflichtige Arzneimittel. Eine auf dem gleichen Grundstück befindliche
Apotheke hatte einen Umsatzanteil von 8 % für diese Artikel. Unter Berufung auf die vereinbarte Konkurrenzschutzklausel verlangte der Apotheker die Aufgabe des Ladens,
zumindest aber die Einstellung des Verkaufs der nichtapothekenpflichtigen Arzneimittel.

Der BGH hielt eine **Unterlassungspflicht in Form von Werbebeschränkungen** bei teil- **106**
weiser Sortimentsüberschneidung durch die Vereinbarungen im Mietvertrag für nicht erfasst;
nur das Betreiben einer weiteren Apotheke auf demselben Grundstück sei ausgeschlossen.

In einem anderen Fall ging es um die **Vermietung einer Teileigentumseinheit** (z. B. **107**
Laden- und Geschäftsräume). Es müssen Teilungserklärung und Gemeinschaftsordnung
beachtet werden. Vermietet worden war ein Ladenlokal zum Betrieb eines Eiscafés. Hierdurch fühlten sich die Wohnungseigentümer belästigt und forderten die Aufhebung des
Mietverhältnisses. Die Teileigentumseinheit war in der Teilungserklärung als „Sondereigentum an den im Erdgeschoss gelegenen Geschäftsräumen" ausgewiesen und im Aufteilungsplan wurde das Sondereigentum als Laden bezeichnet: Die Gemeinschaftsordnung
besagte, dass der Laden gewerblichen Zwecken diene. Das BayObLG[33] stellte fest, dass das
Eiscafé geschlossen werden müsse, weil die Wohnungseigentümer mit Beeinträchtigungen
zu rechnen hätten, die bei einem normalen Ladengeschäft (mit wahrscheinlich auch geringerer Miete) nicht eintreten würden. Die Gemeinschaftsordnung als Gebrauchsregelung
i. S. von § 15 WEG regele eindeutig die Zweckbestimmung des Anwesens.

2.5 Mietpreisbestimmende Merkmale

2.5.1 Wohnraum

2.5.1.1 Allgemeines

Bei der Verkehrswertermittlung im Wege des Ertragswertverfahrens sowie der Erstattung **108**
von Mietwertgutachten sind als geeignete Vergleichsmieten solche heranzuziehen, die für
hinreichend vergleichbare Wohnungen vereinbart worden sind. Entsprechend der Regelung
des § 568 Abs. 2 BGB sind **Vergleichskriterien Art, Größe (Wohnfläche), Ausstat-**
tung und Beschaffenheit (Wohnwertmerkmale) der Wohnung. Unterschiede der Vergleichswohnungen zu den zu wertenden Wohnungen sind – ähnlich der Regelung des
§ 14 WertV – durch Zu- und Abschläge zu berücksichtigen[34].

---

31 OLG Celle, Urt. vom 16. 6. 1987 – 20 U 10/87 –, rechtskräftig
32 BGH, Urt. vom 9. 7. 1987 – I ZR 140/85 –, EzGuG 14.81 a
33 BayObLG, Urt. vom 12. 3. 1987 – B Reg. 2 Z 58/86 –, rechtskräftig, unveröffentlicht
34 Kaupmann in Nachr. der nds. Kat.- und VermVw 1989, 144; auf Ablehnung im Schrifttum stößt die sog. Grenz-
wertmethode von Töllner in DS 1990, 307; Dröge, a. a. O., S. 170 ff.

109 Des Weiteren sind **folgende Merkmale von Belang**

– Trennung von Bad und WC,

– Kochnische oder Küche,

– Vorhandensein eines Balkons, einer Terrasse oder einer Loggia, soweit diese Umstände nicht der Beschaffenheit zugeordnet werden,

– Gesamteindruck, Fassadengestaltung.

110 Die genannten vier **Wohnwertmerkmale** (Art, Größe, Ausstattung und Beschaffenheit) sind nicht gleichwertig. Folgende **Gewichtungen** werden den wohnwertbestimmenden Merkmalen zugeordnet (Abb. 4).

Abb. 4: Merkmale

Merkmal	Bewertungsanteil %	
	1	2
Art (Hochhaus usw.)	20	5
Beschaffenheit	20	10
Größe	30	10
Ausstattung	10	15
Lage (Wohnlage)	40	60

1   Isenmann in DWW 1994, 178
2   Oberhofer in WM 1993, 10; vgl. auch Dröge, 1. Aufl. a. a. O., S. 172 f., vgl. auch Isenmann in DWW 1992, 234 und DWW 1994, 178

Abb. 5: Art und Beschaffenheit

Objekt	Wertigkeit
Wintergarten	2,00
Freisitz ebenerdig	
beidseitig gedeckt	1,25
einseitig gedeckt	1,00
nicht gedeckt	0,75
Freisitz Dachgeschoss	
beidseitig gedeckt	1,75
einseitig gedeckt	1,50
nicht gedeckt	1,25
Loggia	1,25
Veranda	1,25
Balkon	1,00

Überdachung	Wertigkeit
Nicht überdacht	0,60
Teilüberdachung	
Dachüberstand	0,70
weniger als 1,0 m	0,80
1,0 m bis 1,5 m	1,00
1,5 m bis 2,0 m	1,10
mehr als 2 m	1,20
Vollüberdachung	
undurchsichtig	1,50
teilweise durchsichtig	1,75
Glasüberdachung	2,00

Brüstung und Deckung	Wertigkeit
durchsichtige Brüstung	0,25
teilweise undurchsichtige Brüstung	0,50
undurchsichtige Brüstung	1,00
Brüstungshöhe	
unter 1 m	0,50
1,00 m bis 1,25 m	1,00
1,25 m bis 1,50 m	1,25
über 1,50 m	0,50
für Bepflanzung geeignet	0,50
Pflanztrog o. Ä. vorhanden	0,75
Sichtschutz	
einseitig	0,75
zweiseitig	1,50
zusätzlich bepflanzt	0,25
Windschutz	
einseitig	0,60
zweiseitig	1,20
zusätzlich bepflanzt	0,25
Brüstung und Sichtschutz	
einseitig	1,25
zweiseitig	1,90
Brüstung und Windschutz	
einseitig	1,10
zweiseitig	1,75

Oberflächenbeschaffenheit	Wertigkeit
bindiges Material	0,25
Betonplatte ohne Glattstrich	0,40
Betonplatte mit Glattstrich	0,60
Verbundsteine o. Ä.	1,10
rauhe Bodenplatten	0,75
glatte Bodenplatten	1,00
Bodenfliesen	1,25

Entwässerung	Wertigkeit
ohne	0
Innenentwässerung	0,75
Außenentwässerung	
Wasser tropft ab	1,00
Wasserspeier	1,10
Wasserrinne	1,25

2.5.1.2 Art (der Wohnung)

Unter der Art i. S. d. § 568 Abs. 2 BGB ist in erster Linie die **Struktur des Hauses und des**   **111**
Wohnraums zu verstehen, beispielsweise

- Einfamilienhaus,
- Reihenhaus,

- Penthauswohnung,
- Hochhaus.

112   So stellen die **Wohnungen in Hochhäusern** einen Markt sui generis dar, der nicht in einen Topf mit dem Wohnraum in Ein- und Zweifamilienhäusern geworfen werden kann[35]. Die Wohnung in einem Ein- und Zweifamilienhaus lässt sich selbst nur bedingt mit einer Wohnung in einem einfachen Mehrfamilienhaus vergleichen, weil dort das Wohnen in ruhiger und gepflegter Vorortlage im Vordergrund steht.

2.5.1.3   Beschaffenheit (der Wohnung)

113   Unter der Beschaffenheit wird insbesondere der **Zuschnitt der Wohnung** einschließlich der **mitvermieteten Hausteile sowie Art und Gestaltung der Umgebung** verstanden. Behebbare Mängel sind dagegen bedeutungslos, da der Mieter seine Gewährleistungsansprüche (§§ 536 ff. BGB) geltend machen kann (Minderungsrechte)[36].

114   Unter der **Beschaffenheit ist des Weiteren zu verstehen**
- die architektonische Gestaltung der Wohnung,
- die Baualtersklasse (vgl. Mietspiegel),
- die Raumeinteilung (Schnitt),
- das Vorhandensein von Balkon und Nebenräumen,
- der bauliche Zustand der Wohnung und der mitzubenutzenden Hausteile,
- die Aussicht,
- die Besonnungslage,
- der Garten und Grünanlagen,
- die Abgeschlossenheit der Wohnung,
- der Modernisierungsgrad,
- die Wärmedämmung.

2.5.1.4   Größe; Wohnfläche

a) Allgemeines

115   Für die Prüfung, ob die vorliegende Ertragssituation dem entspricht, was als nachhaltig und rechtlich erzielbar ist, kann auf Vergleichsmieten und insbesondere auch auf Mietspiegel zurückgegriffen werden. Dabei muss die Wohnungsgröße berücksichtigt werden, denn erfahrungsgemäß fallen die **Mieten pro Quadratmeter Wohnfläche umso geringer aus, je größer die Wohnfläche** insgesamt ist[37]. In den sog. „Adressenlagen" (am Englischen Garten in München) kann es sich jedoch umgekehrt verhalten; dort sind große repräsentative Wohnungen teurer als kleinere Wohnungen.

116   Unter der Größe des Mietobjekts wird vielfach nicht nur die Quadratmeterzahl der Wohnung, sondern auch die Zimmerzahl der Wohnung verstanden. Bezüglich der **Zahl der Zimmer** sind nach vorliegenden Erfahrungen geringe Abweichungen hinnehmbar und zwar umso eher, je größer die Wohnung (Haus) ist, d. h. ab 4 Zimmer; ansonsten ist die Gewichtung im Schrifttum sehr strittig.

117   Als **Wohnfläche** definiert § 19 Abs. 1 des Wohnraumförderungsgesetzes:

„(1) Die Wohnfläche einer Wohnung ist die Summe der anrechenbaren Grundflächen der ausschließlich zur Wohnung gehörenden Räume. Die Bundesregierung wird ermächtigt, durch Rechtsverordnung mit Zustimmung des Bundesrates Vorschriften zur Berechnung der Grundfläche und zur Anrechenbarkeit auf die Wohnfläche zu erlassen."

Diese Definition entspricht § 42 Abs. 1 II BV; nicht übernommen in das Wohnraumförderungsgesetz wurden § 42 Abs. 2 bis 4 II BV, mit denen die Berechnung der Wohnfläche für Zwecke der sozialen Wohnraumförderung konkretisiert wird. Die Ermächtigung der Bundesregierung zum Erlass von Berechnungsvorschriften, die im Übrigen § 105 Abs. 1 Buchstabe d II WoBauG entspricht, wird aber im Hinblick auf die auseinander laufenden Definitionen in ihrer Bedeutung wachsen, da sonst eine unsichere Rechtslage erwartet werden muss. Diese Entwicklung muss abgewartet werden. Die §§ 42 ff. der II BV bleiben zunächst jedoch bestehen.

Der **Wohnflächenberechnung** der zu untersuchenden Wohnung und der Vergleichswohnungen sind miteinander identische Berechnungsweisen zu Grunde zu legen. Dies kann insbesondere die DIN 283 aber auch die II BV sein, obwohl diese nur für die Ermittlung der Wohnfläche preisgebundener Wohnungen gilt (vgl. Teil III Rn. 511 ff.).

b) Außenflächen (Balkone, Dachgärten, Terrassen)

▶ *Hierzu Teil III Rn. 507 ff.*

Für gute bzw. schlechte **Balkon- oder Terrassenlagen** sind in Anlehnung an die Regelungen der §§ 42 ff. II BV, nach denen die diesbezüglichen Flächen zur Hälfte in die Wohnfläche eingehen (nach der DIN 283 indessen nur ein Viertel), Zu- oder Abschläge in einer maximalen Größenordnung von 50 % angemessen[38]. **118**

Bei der Ermittlung des Mietwerts müssen die sog. Außenflächen, worunter im Gegensatz zur eigentlichen allseits umschlossenen Innenfläche Balkone, Dach- und Wintergärten, Terrassen, Veranden, Loggien und Freisitze zu verstehen sind, besonders beachtet werden. Für die anzusetzende Fläche gibt es, abgesehen von der Regelung der §§ 42 ff. II BV für den mietpreisgebundenen Wohnraum keine verbindlichen Berechnungsregeln, nachdem die DIN 283 bereits im August 1983 zurückgezogen wurde (vgl. Teil III Rn. 516 ff.). Das BayObLG[39] hat hierzu ausgeführt, dass bei einem Mieterhöhungsverlangen nach den Umständen des Einzelfalls der **Flächenanteil je nach seinem Wohnwert überhaupt nicht oder in guten Lagen bis zu $^1/_4$ und in Ausnahmefällen bei sehr guter Lage bis zu $^1/_2$ zu berücksichtigen** ist. **119**

c) Wohnungsgröße

Der Wohnflächenberechnung der zu untersuchenden Wohnung und der Vergleichswohnungen sind miteinander identische Berechnungsweisen zu Grunde zu legen. Dies konnte insbesondere die DIN 283 (März 1951)[40] aber auch die §§ 42 bis 45 II BV[41] sein, obwohl diese nur für die Ermittlung der Wohnfläche im Bereich der sozialen Wohnraumförderung gilt. **120**

---

35 A.A. LG Lübeck, Urt. vom 11. 10. 1994 – 6 S 256/93 –, WuM 1995, 189; Beuermann, Miete und Mieterhöhung, 2. Aufl. Berlin 1994 § 2 Rn. 29

36 OLG Stuttgart, Urt. vom 7. 7. 1981 – 8 REMiet 1/81 –, EzGuG 20.89 a; LG Braunschweig, Urt. vom 21. 11. 1988 – 13 BS 145/88 –, WuM 1989, 578; LG Hamburg, Urt. vom 10. 10. 1989 – 11 S 99/89 –, WuM 1991, 593

37 Schnoor in RDM Informationsdienst 1/1994; Streich in RDM Informationsdienst 1994 Nr. 1 S. 3

38 BayObLG, RE vom 20. 7. 1983 – REMiet 6/82 –, EzGuG 20.102 a; BayObLG, Beschl. vom 7. 3. 1996 – 2 Z BR 136/95 –, NJW 1996, 2106 = GuG 1996, 381

39 BayObLG, Urt. vom 20. 7. 1983 – REMiet 6/82 –, EzGuG 20.102 a

40 Der Normungsausschuss des Deutschen Instituts für Normung e.V. hat die DIN 283 aus dem Jahre 1951 – Berechnung von Wohnflächen und Nutzflächen – mit Teil 1 am 8. 3. 1983 und mit Teil 2 am 1. 6. 1989 ersatzlos zurückgezogen (abgedruckt im Anhang 11); vgl. Kremer, Zur Berechnung der Wohnflächen im BBauBl. 1990, 367.

41 Der Anwendungsbereich der II BV ergab sich aus § 1 II BV; die Vorschrift lautet:
§ 1 Anwendungsbereich der Verordnung
(1) Diese Verordnung ist anzuwenden, wenn
1. die Wirtschaftlichkeit, Belastung, Wohnfläche oder der angemessene Kaufpreis für öffentlich geförderten Wohnraum
bei Anwendung des Zweiten Wohnungsbaugesetzes oder des Wohnungsbindungsgesetzes,
2. die Wirtschaftlichkeit, Belastung oder Wohnfläche für steuerbegünstigten oder frei finanzierten Wohnraum
bei Anwendung des Zweiten Wohnungsbaugesetzes,
3. die Wirtschaftlichkeit, Wohnfläche oder der angemessene Kaufpreis
bei Anwendung der Verordnung zur Durchführung des Wohnungsgemeinnützigkeitsgesetzes
zu berechnen ist.
(2) Diese Verordnung ist ferner anzuwenden, wenn in anderen Rechtsvorschriften die Anwendung vorgeschrieben oder vorausgesetzt ist. Das Gleiche gilt, wenn in anderen Rechtsvorschriften die Anwendung der Ersten Berechnungsverordnung vorgeschrieben oder vorausgesetzt ist; Pohnert in GuG 1991, 150

121 Der wesentliche **Unterschied zwischen der Wohnflächenberechnung** nach der DIN 283 (1951) und den §§ 42 bis 44 II BV liegt bei der Ermittlung der Flächen für **Balkone, Loggien, Dachgärten oder „gedeckten" Freisitzen.** Nach der DIN 283 (1951) sind die diesbezüglichen Flächen zu *einem Viertel* anzurechnen. Nach § 44 Abs. 2 II BV können dagegen deren Grundflächen zur Ermittlung der Wohnfläche (WF) bis *zur Hälfte* angerechnet werden. Folglich hat sich die Praxis – auch bei gewerblich genutzten Räumen – weitgehend an den Vorgaben der II BV mit dem Ergebnis größerer Wohn-/Nutzflächen orientiert. Von Interesse ist in diesem Zusammenhang, welche Berechnungsnorm den Mietspiegeln zu Grunde liegt, denn Wohn- bzw. Nutzflächen sind für die Ermittlung der Nettokaltmiete und als Umlagemaßstab von Betriebskosten von wesentlicher Bedeutung.

122 Nach **§ 17 Abs. 1 des Wohnraumförderungsgesetzes** definiert sich der **Wohnraum** als der umbaute Raum, „der tatsächlich oder rechtlich zur dauernden Wohnnutzung geeignet und vom Verfügungsberechtigten dazu bestimmt ist. Wohnraum können abgeschlossene Wohnungen oder einzelne Wohnräume sein." Die **Wohnfläche** einer Wohnung wird mit § 19 des Wohnraumförderungsgesetzes definiert als „die Summe der anrechenbaren Grundflächen der ausschließlich zur Wohnung gehörenden Räume." Das Wohnraumförderungsgesetz hat aber selbst keine Berechnungsregeln zur Ermittlung der Wohnfläche vorgegeben und die §§ 42 bis 44 II BV nicht aufgehoben. Mit § 19 Abs. 1 Satz 2 des Wohnraumförderungsgesetzes ist aber die Bundesregierung ermächtigt, Vorschriften zur Berechnung der Grundfläche und zur Anrechenbarkeit auf die Wohnfläche zu erlassen.

123 Bis zum Erlass der Berechnungsvorschriften wird die Situation weiterhin von einem **uneinheitlichen Wohnflächenbegriff** geprägt bleiben, was die Berechnung der Wohnfläche anbelangt. Der BGH hat hierzu festgestellt, dass der Begriff auslegungsfähig sei, weil sich hierzu kein einheitlicher Sprachgebrauch entwickelt habe[42]. In einer neueren Entscheidung hat der BGH[43] erkannt, dass dabei die Verkehrssitte zu berücksichtigen ist und infolgedessen die Gültigkeit der DIN 283 von 1951 für die Bildung der Verkehrssitte unbeachtlich sei.

124 Nach der **DIN 283** von 1951, die der Normungsausschuss des Deutschen Instituts für Normung e. V. am 8. 3. 1983 (Teil I) und am 1. 6. 1989 (Teil II) ersatzlos zurückgezogen hat, gilt als **Wohnung die Summe der Räume, welche die Führung eines Haushalts ermöglichen,** darunter stets eine Küche oder ein Raum mit Kochgelegenheiten. Zu einer Wohnung gehören außerdem Wasserversorgung, Ausguss und Abort (vgl. Teil III Rn. 518).

▶ *Zu den Kellergeschossen vgl. Teil III Rn. 519.*

d) Wohnfläche nach DIN 283

125 Zur Ermittlung der Wohnfläche vgl. die Ausführungen im Teil III unter Rn. 507 ff. Die DIN 283/1951 ist in der Anlage 4 zum Teil III unter Rn. 591 abgedruckt.

e) Wohnfläche nach den §§ 42 bis 44 der II Berechnungsverordnung

126 Zur Ermittlung der Wohnfläche vgl. wiederum die Ausführungen im Teil III unter Rn. 507 ff. Die §§ 42 bis 44 der II BV sind in der Anlage 5 zum Teil III unter Rn. 592 abgedruckt.

f) Flächenabweichung

127 In **Mietverträgen für gewerblich genutzte Räume** wird die Nutzfläche im Allgemeinen durch Angabe der Quadratmeterzahl beschrieben. Bei Neubauten (Erstbezug) ist meist das gemeinsame Aufmaß Grundlage für die Bemessung der Kaltmiete und den Umlageschlüssel. Die Kaltmiete wird dann in einem Preis je m² Gesamtnutzfläche (ohne Kellerräume, Tiefgarage etc.) angegeben. Für Haupt- und Nebenflächen in Büro-, Verwaltungsgebäuden sowie für Verkaufs-, Büro-, Lager-, Sozial- und Werkstatträume werden oft auch differenzierte Mietansätze entsprechend der Wertigkeit dieser Räumlichkeiten vereinbart. Bei *Selbstbedienungsmärkten* (SB-Märkte) umfasst der Durchschnittssatz pro Quadratmeter Nutzfläche (m^2 NF) meist auch das Nutzungsrecht an den Pkw-Parkplätzen auf der Freifläche des Grundstücks.

In **Wohnungsmietverträgen** wird die Wohnfläche meist mit Zirka-Quadratmetern vereinbart. Ergibt sich durch ein späteres Aufmaß eine geringere als die vereinbarte Wohnfläche, so ist eine Reduzierung der Miete nicht möglich. **128**

Zur Begründung führte der BGH[44] in einer Entscheidung an, dass der Verkäufer gewusst hat, dass der Käufer von der im Prospekt genannten Wohnfläche von 78 m^2 ausging. Hatte der Verkäufer eine andere Vorstellung über die tatsächliche Größe, so wäre diese für die Bestimmung des Vertrags nur dann von Bedeutung, wenn der Käufer das erkannt und in dieser Kenntnis den Vertrag abgeschlossen hätte. Des Weiteren mache der verwendete **Zusatz „ca." die Angabe nur dann unverbindlich, wenn die Abweichung geringfügig gewesen wäre, „nicht aber für einen Unterschied von mehr als 10 %".** **129**

Auch beim **Erwerb noch zu errichtender Eigentumswohnungen** führen Flächenabweichungen häufig zum Streit. Im Kern geht es dabei um die zugesicherten Eigenschaften des Kaufgegenstands. Ist z. B. einem Erwerber vom Bauträger eine bestimmte Wohnfläche zugesichert worden, die z. B. auf Grund eines Nachbareinspruchs (wenn die Bauerlaubnis unbeschadet Rechten Dritter erteilt wurde) mit der Folge einer Planungsänderung und einer damit verbundenen Reduzierung der Wohnfläche, nicht realisiert werden konnte, so wird dem Erwerber in der Rechtsprechung[45] eine Kaufpreisminderung zugestanden. **130**

g) Umrechnungskoeffizient Wohnungsgröße

Bezüglich der Wohnungsgröße haben sich bislang keine anerkannten Klasseneinteilungen feststellen lassen. Die Mietspiegel weisen hier unterschiedliche Klasseneinteilungen auf (Abb. 6). **131**

Abb. 6: Wohnungsgrößenklassen nach ausgewählten Mietspiegeln

Wohnungsgrößenklassen						
Berlin	**Düsseldorf**	**Frankfurt am Main**	**Hamburg**	**Köln**	**München**	**Stuttgart**
< 40	keine Wohnungsgrößenklassen. Zuschläge für Appartements zwischen 20 m^2 und 45 m^2. Abschläge für Wohnungen ≥ 100 m^2	Basismieten stehen für Wohnflächen zwischen 15 m^2 und 150 m^2 in 5-m^2-Schritten für sechs Altersklassen zur Verfügung	25–41	um 40	Basismieten stehen für Wohnflächen zwischen 22 m^2 und 160 m^2 und 160 m^2 für jeden Quadratmeter zur Verfügung. Prozentuale Ab- und Zuschläge für die Zimmeranzahl und neun Gebäudealtersklassen.	
40–60			41–65	um 60		40–60
60–90			66–90	um 80		61–90
≥ 90			≥ 91	um 100		> 90
				um 120		

Quelle: Mietspiegel/Leopoldsberger   Alle Angaben in m^2

---

42   BGH, Urt. vom 30. 11. 1990 – V ZR 91/86 –, EzGuG 12.77
43   BGH, Urt. vom 11. 7. 1997 – V ZR 246/96 –, NJW 1997, 2874
44   BGH, Urt. vom 11. 7. 1997 – V ZR 246/96 –, NJW 1997, 2874
45   LG Ravensburg, Urt. vom 21. 12. 1990 – 2 O 1745/90 –, EzGuG 12.79 a

132   Von den Gutachterausschüssen für Grundstückswerte sowie aus Kreisen der Sachverständigen wurden zu diesem Zweck **Umrechnungskoeffizienten für das Verhältnis von Wohnfläche zur Miethöhe für Neubauwohnungen in mittlerer Wohnlage mit mittlerer Ausstattung** ermittelt (vgl. Abb. 7).

133   Daneben liegen eine Reihe (meist älterer) Untersuchungen vor, die in Abb. 7 zusammengestellt sind (vgl. die Abhängigkeit bei Eigentumswohnungen (Vorbem. zu den §§ 13 f. WertV Rn. 104).

Abb. 7: Umrechnungskoeffizienten für das Verhältnis der Wohnfläche zur Miethöhe

Wohnfläche (WF) m²	Umrechnungskoeffizient			
	München (Englert)*	Bonn Essen	Mainz	Streich
10	–	–	1,67	–
20	1,70	–	1,40	–
30	1,31	1,38	1,26	1,17
40	1,16	1,25	1,18	1,14
50	1,10	1,15	1,11	1,08
60	1,05	1,08	1,06	1,05
70	1,02	1,02	1,02	1,02
75	**1,00**	**1,00**	**1,00**	**1,00**
80	0,98	0,98	0,98	0,99
90	0,96	0,94	0,95	0,96
100	0,93	0,90	0,93	0,94
110	0,92	0,87	0,91	0,92
120	0,90	0,85	0,88	0,91
130	0,88	0,82	0,87	0,90
140	0,86	0,80	0,85	0,89
150	0,85	0,78	0,84	0,88
160	–	–	–	0,87
170	–	–	–	0,86
180	–	–	–	–
190	–	–	–	–
200	–	–	–	–

© W. Kleiber 02

* Streich in VR 1981, 381; ders. in VR 1982, 147 und in DWW 1984, 90; DWW 1980, 188
Englert in Immobilien-Wirtschaft heute Nr. 17/92

Beispiel:

– Gegeben: Vergleichsmiete von 3,00 € für 50 m² große Wohnung in Bonn
– Gesucht: Miete für 80 m² große Wohnung
  Aus Abb. 7:   Umrechnungskoeffizient für 50 m² = 1,15
                    Umrechnungskoeffizient für 80 m² = 0,98

Gesuchte Miete $= \dfrac{0,98}{1,15} \times 3,00\ €/m² = \textbf{2,56 €/m²}$

Abb. 8: Umrechnungskoeffizient für das Verhältnis von Wohnfläche zur Miethöhe in Essen, Mainz und Bonn

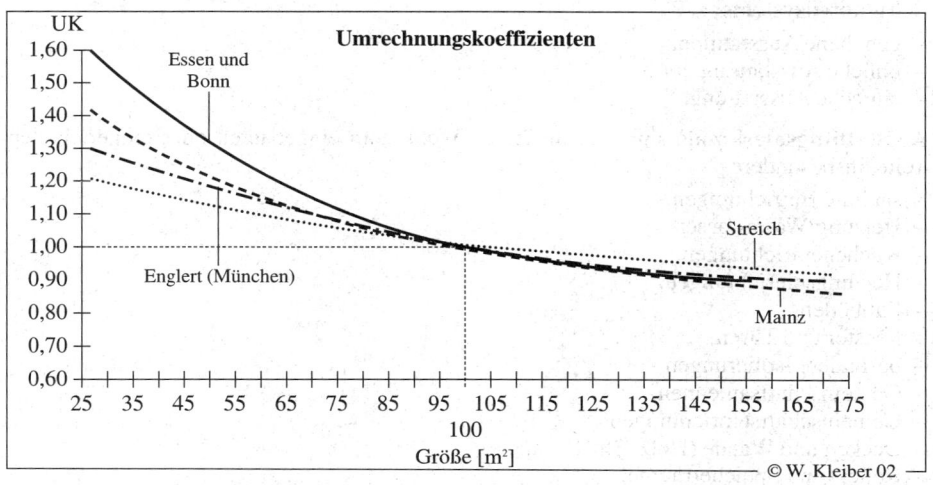

© W. Kleiber 02

Als **ausgeglichene Umrechnungskoeffizienten** ergeben sich (Abb. 9):

Abb. 9: Umrechnungskoeffizienten für das Verhältnis der Wohnfläche (WF) zur Miethöhe

Wohnfläche (WF)	Umrechnungskoeffizient		
m²	von	Mittel	bis
10	1,50	1,60	1,70
20	1,34	1,40	1,46
30	1,23	1,29	1,35
40	1,16	1,20	1,24
50	1,09	1,13	1,17
60	1,03	1,07	1,11
70	0,98	1,02	1,06
75	–	**1,00**	–
80	0,94	0,98	1,02
90	0,92	0,96	1,00
100	0,90	0,94	0,98
110	0,87	0,91	0,95
120	0,83	0,88	0,93
130	0,80	0,85	0,90
140	0,76	0,82	0,88
150	0,73	0,79	0,85
160	0,70	0,76	0,82

© W. Kleiber 02

2.5.1.5 Ausstattung (einer Wohnung)

Unter der Ausstattung werden **alle räumlichen und sonstigen Ausstattungsmerkmale** **134** verstanden, die der Vermieter dem Mieter zur Verfügung gestellt hat. Hilfsweise kann hier auf die DIN 283 Teil I Ziff. 3 (vgl. Rn. 125) zurückgegriffen werden, die allerdings auch keine vollständige Aufzählung enthält.

135 Der Ausstattung kommt von den unter Rn. 108 ff. genannten wohnwertbestimmenden Merkmalen das höchste Gewicht zu; innerhalb der Merkmale bedient sich die Praxis eines **Schulnotensystems;** z. B.

– gehobene Ausstattung,
– übliche Ausstattung und
– einfache Ausstattung.

136 **Ausstattungsmerkmale** sind alle im leeren Wohnraum eingebauten oder eingerichteten Teile, insbesondere

– sanitäre Einrichtungen,
– Heizung/Warmwasser,
– Kücheneinrichtungen,
– Heizungseinrichtungen,
– Fußböden,
– Fenster und Türen,
– besondere Isolierungen,
– Gemeinschaftsantennen,
– Gemeinschaftseinrichtungen,
– Decken und Wände (Holz, Stuck, Tapete),
– Keller- und Speicherräume,
– Gemeinschaftsräume,
– Wandschränke/Garderoben/offener Kamin.

Einrichtungen des Mieters sind hingegen nicht zu berücksichtigen[46].

2.5.1.6 Lage

137 **Lagemerkmale sind insbesondere[47]:**

– Baudichte,
– baulicher Zustand,
– Frei- und Grünflächen,
– landschaftlicher Charakter, Beeinträchtigungen durch Lärm, Staub, Geruch,
– Ortslage: Lage des Wohnquartiers innerhalb des Stadtgebietes (Zentralität),
– Verkehrsanbindung zur Innenstadt oder zu Bezirkszentren,
– Parkmöglichkeiten,
– Versorgung mit Läden, Schulen und sonstigen Infrastruktureinrichtungen
– Infrastruktur (öffentliche Einrichtungen wie Verkehrsanbindung, Schulen, Krankenhäuser, Spielplatz, Grünflächen, Kindergärten usw.),
– Lage im Haus (Geschosslage – auch abhängig vom Vorhandensein eines Fahrstuhls – und Ausrichtung nach der Himmelsrichtung[48] sowie Lage innerhalb des Komplexes (Vorderhaus – Rückgebäude).

138 Im Hinblick auf die hohe Streitbefangenheit, die mit der **Einordnung von Lagemerkmalen** verbunden ist, hat *Börstinghaus*[49] einen **Kriterienkatalog** (Abb. 10) mit nachstehend abgedruckten Erläuterungen vorgegeben:

Erläuterungen zur Lageklassentabelle

Spalte 1: Enthält beispielhaft die wichtigsten Lagekriterien. Selbstverständlich können Sie noch andere Kriterien, die für den Einzelfall zutreffen, hinzufügen und/oder andere Kriterien weglassen.

Spalte 2: Hier sollten Sie Noten eintragen, wobei Sie sinnvollerweise eine Notenskala verwenden sollten, die Ihrem Mietspiegel entspricht (hat der Mietspiegel vier Lageklassen, sollte man die Noten Eins bis Vier vergeben). Auf diese Weise wird die Eingruppierung in die Lageklasse für beide Vertragsparteien nachvollziehbarer und überprüfbarer. Wenn Sie die Gesamtnotenzahl durch die Anzahl der vergebenen Noten dividieren, erhalten Sie einen Wert, der zunächst eine Aussage über die Eingruppierung in eine Lageklasse erlaubt und zum anderen kann man unter Umständen an dem entsprechenden Dezimalwert auch schon ablesen, ob die Benotung im oberen, mittleren oder unteren Bereich der Notenskala liegt, was dann ggf. ein Anhaltspunkt dafür sein kann, aus welchem Bereich der Mietpreisspanne die konkrete Vergleichsmiete zu entnehmen ist. Maßstab für die Benotung muss aber auf jeden Fall ein objektiver sein. Wie oben bereits festgestellt, kann für den einen Mieter ein fehlender U-Bahnanschluss bedeutungslos sein und für den anderen von sehr großer Bedeutung. Objektiv ist ein solcher Anschluss aber immer vorteilhaft.

Wichtig ist in diesem Zusammenhang aber der Hinweis, dass manche Mietspiegel bestimmte Bedingungen an die Eingruppierung in eine bestimmte Lageklasse knüpfen. In diesem Fall muss zusätzlich überprüft werden, ob diese Bedingungen erfüllt sind.

Abb. 10: Tabelle zur Ermittlung der Lageklasse

Tabelle zur Ermittlung der Lageklasse	
Lagemerkmal	**Beurteilung**
Lage	
Im Stadtgebiet	
Im Stadtbezirk	
Wohnberuhigung	
Bebauung	
Offene/geschlossene Bauweise	
Bebauungsdichte	
Wohnbeeinträchtigungen	
Straßenlärm	
Bahn- oder Fluglärm	
Industrielärm	
Sonstiger Lärm	
Gerüche- u. Staubimmissionen	
Verkehrsanbindung	
Auto	
Bahn/Bus	
U-Bahn	
Radwege	
Fußwege	
Schulweg	
Einkauf	
Für den täglichen Einkauf	
Andere Dinge	
Freizeiteinrichtungen	
Kinderspielplätze	
Naherholungsgebiete	
Sportplätze, -hallen	
Sonstige Einrichtungen	
Medizinische Versorgung	
Schulen	
Kindergärten	
Öffentliche Einrichtungen	
Sonstige Lagevor- und -nachteile	

---

46 LG Baden-Baden, Urt. vom 8. 5. 1992 – 1 S 98/91 –, EzGuG 11.193 a; BayObLG, Urt. vom 14. 7. 1981 – AllgReg 32/81 –, WuM 1981, 201; a. A. Walterscheidt, Typische Fehler in einem Vergleichsmietzinsgutachten, Hannover 1999, S. 45

47 Hinweise des BMJ in WM 1980, 189 = ZMR 1980; weiterführend Niederberger in WuM 1980, 173; Isenmann in DS 1992, 153

48 LG Köln, Urt. vom 16. 2. 1994 – 10 S 407/93 –, WuM 1994, 691

49 Börstinghaus, U., Mieterhöhungen bei Wohnraummietverträgen, 2. Aufl. 1995, S. 322

139   Es handelt sich bei dem vorstehenden Kriterienkatalog um die sog. Makrolage. Umstritten ist dagegen, ob die sog. Mikrolage, d. h. die **Lage der Wohnung innerhalb des Hauses,** unter dem Begriff der Lage i. S. d. § 568 Abs. 2 BGB fällt, da diese möglicherweise bereits mit der „Beschaffenheit" erfasst werden kann. Entscheidend ist bei alledem, dass diese Mikrolage nicht doppelt berücksichtigt wird.

140   Bezüglich der **Immissionslage** und einem hierauf sich gründenden Abschlag bei großer Lärmimmission in der Innenstadt kann ein solcher Abschlag nur in Betracht kommen, wenn die Lärmbelastung nicht lageüblich ist[50] (Lärmvorbelastung vgl. § 5 WertV Rn. 259 ff.). Im konkreten Einzelfall ist entscheidend darauf abzustellen, ob die zum Vergleich herangezogenen Vergleichsmieten sich auf Objekte beziehen, die gleichartig „vorbelastet" sind.

Abb. 11: Mietminderungstabelle

Mietminderungstabelle	
Gerichtliche Entscheidungen Kurzbezeichnung des Mangels	**Minderung der Monatsmiete**
der Balkon ist wegen Baufälligkeit nicht benutzbar	3 %
die Gegensprechanlage ist defekt	3 %
die Hauseingangstür ist defekt	3 %
Verunreinigungen durch am Haus nistende Tauben	5 %
im Kellerraum tritt Feuchtigkeit auf	5 %
die Waschküche kann nicht benutzt werden	5 %
der Küchenherd ist defekt	5 %
Feuchtigkeit in mehreren Räumen, außerdem Schimmel- und Algenbefall	10 %
Blindwerden eines Doppelfensters durch Feuchtigkeit	10 %
Bleibelastung im Trinkwasser zwischen 126 und 176 mg/l	10 %
Fenster sind luftdurchlässig und lassen sich nur schlecht schließen	10 %
die Nutzungsmöglichkeit des Kellers entfällt	10 %
Mäuse und Kakerlaken befinden sich über Monate hinweg in der Wohnung	10 %
gesundheitsgefährdender Nitratgehalt des Trinkwassers	10 %
das Trinkwasser ist rostig und bräunlich verfärbt	10 %
die Wohnung ist empfindlich feucht	20 %
Unbenutzbarkeit der Badewanne	20 %
erheblicher Schimmelpilzbefall im Wohn- und Schlafzimmer sowie im Bad	20 %
die Heizung fällt im Oktober aus	20 %
Feuchtigkeitsschäden wirken sich auf den Funktionswert aller Räume aus	20 %
im Haus wird ein Bordell betrieben	30 %
erhebliche Lärmstörungen wegen Bauarbeiten im Haus	30 %
im Wohnzimmer droht Deckeneinsturz durch Wasserschaden	30 %
erheblicher Gaststättenlärm bis 1.00 Uhr nachts	37 %
erhebliche Feuchtigkeitsschäden, Tropfwasser an der Decke und Durch- feuchtung des Teppichbodens	50 %
Formaldehyd-Belastung in der Wohnung zwischen 0,13 und 0,21 ppm	50 %
die Heizung fällt während der Wintermonate aus	100 %

Quelle: Der Immobilien-Berater, 1993 Altenkirchen; auch Dröge, a. a. O., 2. Aufl., S. 376

2.5.2 Gewerberaum

2.5.2.1 Allgemeines

▶ *Allgemeines zu den Lagemerkmalen von Gewerbeimmobilien vgl. § 14 WertV Rn. 198 ff.; § 5 WertV Rn. 24 ff.*

Gewerbeimmobilien weisen eine große Spannbreite unterschiedlicher Nutzungen auf. Die **141** **mietpreisbestimmenden Merkmale sind** deshalb **nutzungsabhängig.**

Während bei der Vermietung von Wohnraum die maßgebliche Mietfläche auf der Grund- **142** lage der §§ 42 bis 44 II BV bzw. der DIN 283 ermittelt wird und Vergleichsmieten sich dar- auf beziehen, fehlt es in der **gewerblichen Vermietungspraxis** an eindeutigen allgemein anerkannten Grundlagen zur Berechnung der Mietfläche. In der Vermietungspraxis konnte man auf eine entsprechende Anwendung der genannten Normen bzw. auf die nach Maß- gabe der DIN 277 ermittelte Nutzfläche zurückgreifen. Um im gewerblichen Bereich zu eindeutigen und einheitlichen Grundlagen für die Ermittlung der Mietfläche zu gelangen, hat die Gesellschaft für Immobilienwirtschaftliche Forschung entsprechende Richtlinien zur Ermittlung der Mietfläche für Büro- und Handelsraum erarbeitet (MF-B und MF-H; abgedruckt in Teil III Rn. 552 ff. sowie Anl. 7 und 8 Rn. 208 f.).

In jedem Fall gilt für die Heranziehung von Vergleichsmieten und ihre Übertragbarkeit auf **143** das im Wege des Ertragswertverfahrens zu wertende Objekt der Grundsatz, dass die diesen Vergleichsmieten zu Grunde liegende Mietflächenermittlungsmethodik der Ermittlung der maßgeblichen Mietfläche des zu wertenden Objekts zu Grunde gelegt werden muss **(Ein- heitlichkeit der Mietflächenermittlungsmethodik).** Unterschiedlichkeiten der Miet- flächenermittlungsmethodik beeinträchtigen die Vergleichbarkeit.

Im Bereich der Ertragswertermittlung von zu Wohnzwecken genutzten Grundstücken ist **144** der Grundsatz der einheitlichen Mietflächenermittlungsmethodik i. d. R. schon deshalb weitgehend erfüllt, weil hier vornehmlich nur die zwei genannten Wohnflächenermitt- lungsmethoden zur Anwendung kommen und diese allenfalls in Einzelfällen zu deutlich voneinander abweichenden Wohnflächen führen. Anders stellt sich aber die Vermietungs- praxis für **Gewerberaum** dar. Hier haben sich insbesondere bei Großobjekten, an denen mehrere Mietverhältnisse begründet wurden, unterschiedliche Modalitäten z. B. zur Berechnung der Bürofläche herausgebildet, die die Übertragbarkeit von Vergleichsmieten verkomplizieren müssen. Es bleibt abzuwarten, ob die von der Gesellschaft für Immobili- enwirtschaftliche Forschung erarbeiteten Richtlinien (MF-B, MF-H) hier die dringend gebotene Vereinheitlichung herbeiführen.

2.5.2.2 Büroflächenmerkmale

▶ *Allgemeines vgl. § 14 WertV Rn. 211 ff.*

Mietpreisbestimmende Merkmale für Büroflächen sind (vgl. § 5 WertV Rn. 29 ff.) **145**
– Lage,
– Zuschnitt,
– Verbindung der Geschosse (Lifte/Rolltreppe),
– klimatechnische Ausstattung (Heizung/Lüftung),
– datentechnische Ausstattung (Verkabelung),
– sozialtechnische Ausstattung (Sozial- und Personalräume),
– sicherheitstechnische Ausstattung,
– sanitäre Ausstattung (WC, Waschräume),

---

50   AG Mainz, Urt. vom 12. 3. 1998 – 86 C 197/97 –, EzGuG 13.137

– Erreichbarkeit,
– Parkplatzsituation,
– Repräsentation (Vorfahrt, Eingang, Empfang, Zugangskontrollen),
– Identifikation,
– städtebauliches Umfeld,
– Außenanlagen,
– Architektur,
– Fassade,
– Baustoffe,
– Baujahr,
– Beleuchtung,
– Belichtung (Fenster, Sonnenschutz),
– Art der Decke und Deckenhöhe,
– Türhöhe,
– Dach,
– Schallschutz,
– Energieversorgung.

Abb. 12: Nachgefragte Büroformen

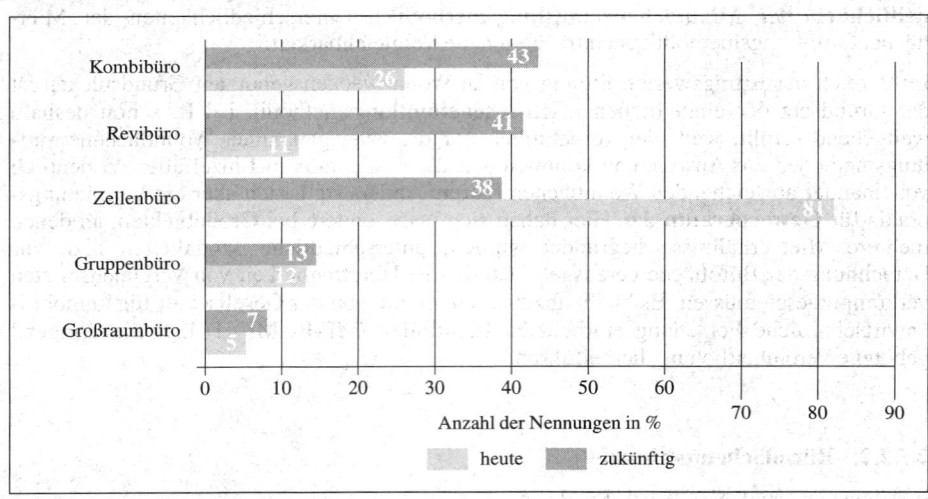

Quelle: Dr. Lübke Research 1999, Mehrfachnennungen möglich

146 **Man unterscheidet zwischen**

– Einzel- und Zweierbüros
– Gruppenräumen
– Großraumbüros
– Kombibüros

Eine hohe Flexibilität ist bei einem großzügigen Grundraster mit möglichst weit gespannten und unterzugsfreien Decken, das den Einbau reversibler Trennwandsysteme erlaubt, gegeben. Der Flächenbedarf pro Mitarbeiter schwankt zwischen 25 und 30 m² „über alles".

Nach älteren Untersuchungen von *Birkner*[51] bestehen folgende **Zusammenhänge bei**   **147**
Büroimmobilien mit folgender Ausstattung (Abb. 13); vgl. hierzu weitergehend *Dröge*
a. a. O., S. 298 f.):

- Offene, geschossweise Verbindung der Mietflächen, z. B. Rolltreppen oder innerbetrieb-
  liche Treppen,
- Klimatisierung der Mietflächen in Untergeschossen,
- Lifte, bei mehr als 2 Obergeschossen,
- Sozialflächen: WC-Anlagen, Wasch- und Personalräume.

Abb. 13: Richtwerte

Richtwerte für Mietpreisunterschiede nach Stockwerken in % bei Gewerbeflächen				
Geschoss	**Verkaufsfläche**	**Bürofläche**	**Sozialfläche**	**Verkehrsfläche**
2. Untergeschoss	50 – 70	5 – 20	10 – 20	10 – 30
1. Untergeschoss	70 – 80	5 – 25	15 – 25	10 – 30
Erdgeschoss	**100 %**	10 – 40	20 – 30	15 – 25
EG-Schaufenster	150 – 200	–	–	–
EG-Passage	120 – 150	–	–	–
1. Obergeschoss	70 – 90	10 – 60	15 – 25	10 – 30
2. Obergeschoss	50 – 70	10 – 60	15 – 20	10 – 30
3. – 6. OG	40 – 60	10 – 60	15 – 30	10 – 30

Quelle: Birkner in DS 1986, 137

Abb. 14: Ausstattungsmerkmale eines modernen Bürogebäudes

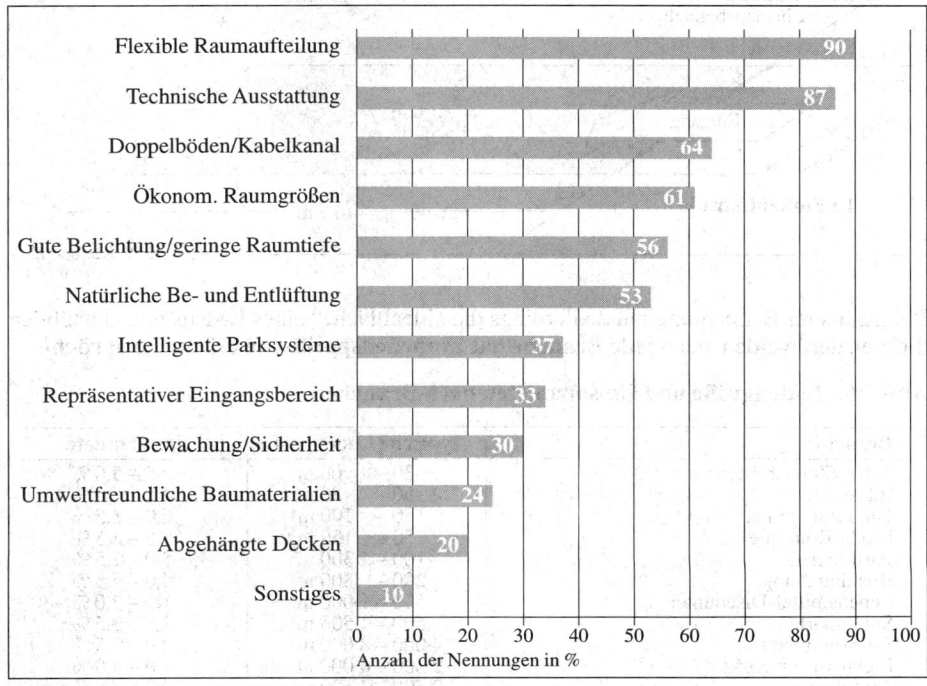

Quelle: Dr. Lübke Research 1999, Mehrfachnennungen möglich

---

51   DS 1986, 137

2.5.2.3   Einzelhandelsmerkmale (Läden)

▸ *Zu den Standortqualitäten von Einzelhandelsläden vgl. § 14 WertV Rn. 228 ff.*

148   Der Trend zum Erlebniskauf begünstigt die Innenstädte gegenüber den Einkaufszentren in Randlagen, und tatsächlich stiegen die Geschäftsraummieten anfangs der 90er Jahre auch stark an. Inzwischen mussten erhebliche Einbrüche verzeichnet werden und haben dem „Beschauer" verdeutlicht, dass es sich hier um einen **instabilen Markt** handelt, **der sich nicht durch Spitzenmieten in 1a-Lagen beschreiben lässt.**

149   Die **Erträge aus Ladennutzungen** sind **stark abhängig von der Ladenfläche** und Ladentiefe. Für größere Ladenflächen (etwa ab 150 m² Nutzfläche) werden bis um etwa ein Drittel bis zur Hälfte geringere Mieten erzielt als für kleinere Läden an demselben Standort. Je kleiner die Verkaufsfläche des Ladens, desto höher der Ertrag. Für **Eckläden** werden im Hinblick auf die höhere Passantenfrequenz und die besseren Werbemöglichkeiten mit breiterer Schaufensterfront Zuschläge von 25 % und mehr gemacht.

150   **Der ideale Einzelhandelsladen** ergibt sich aus der Darstellung in Abb. 15 mit folgenden Merkmalen:

– Größe ca. 100 m²
– Schaufensterfront mindestens 6,00 m
– rechtwinkliger Schnitt
– ebenerdiger stufenfreier Zugang.

Abb. 15: Idealtypischer Einzelhandelsladen

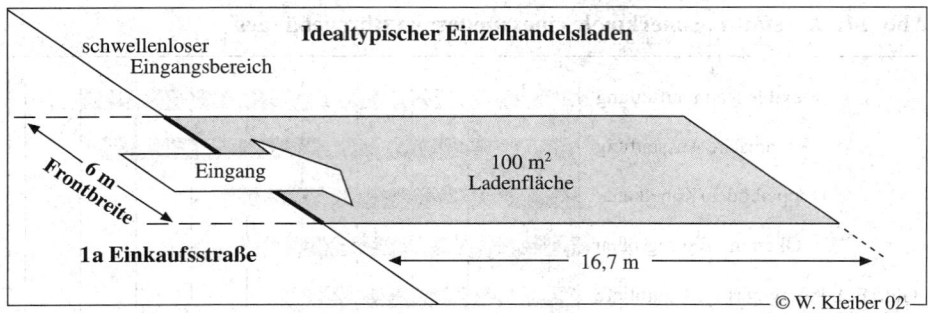

Bei genauerer Betrachtung muss allerdings die „Idealfläche" eines Ladens branchenüblich differenziert werden, denn **jede Branche hat branchenspezifische Flächenansprüche:**

Abb. 16: Ladengröße und Umsatzmieten nach Branchen

Branche	typische Ladengröße	Umsatzmiete
Tabak/Zeitschriften	30 – 60 m²	2,5 – 5,0 %
Bäckerei	50 – 80 m²	4,5 – 6,0 %
Uhren/Schmuck	50 – 100 m²	6,0 – 8,5 %
Mode-Boutique	50 – 150 m²	5,5 – 8,5 %
Parfümerie	100 – 300 m²	5,0 – 7,5 %
Buchhandlung	200 – 800 m²	4,0 – 5,5 %
Lebensmittel-Discounter	500 – 1 000 m²	1,5 – 2,0 %
Supermarkt	500 – 1 500 m²	2,5 – 3,5 %
SB-Warenhaus	4 000 – 8 000 m²	2,0 – 2,5 %
Elektro-Fachmarkt	2 000 – 4 000 m²	3,0 – 4,0 %
Textilkaufhaus	2 500 – 3 500 m²	4,0 – 5,5 %
Junge-Mode-Store	1 000 – 2 000 m²	5,0 – 7,5 %

Quelle: Jones Lang LaSalle; vgl. Brockhoff und Partner, Vorbem. zu den §§ 15 ff. WertV Rn. 186

Die Marktberichte der auf Handelsimmobilien spezialisierten Maklerhäuser unterscheiden **151**
nach **unterschiedlichen Größenklassen** (Abb. 17):

Abb. 17: Handelsflächeneinteilung verschiedener Unternehmen[52]

Brockhoff & Partner	BBE-Unternehmensberatung	Comfort	RDM
< 60 m²			< 60 m²
60 m² – 120 m²		< 100 m²	
120 m² – 260 m²	< 250 m²	100 m² – 300 m²	> 100 m²
> 260 m²	250 m² – 800 m²		
> 800 m²	300 m² – 2 000 m²	300 m² – 2 000 m²	
	< 10 000 m²	<10 000 m²	

Nach einer Untersuchung der BBE-Unternehmensberatung[53] liegt die **durchschnittliche**   **152**
Mietbelastung in Großstädten über 250 000 € bei

– Flächen unter   250 m²   ...... über   10,0 % des Umsatzes
– Flächen über   250 m²   ......   7,4 % des Umsatzes
– Flächen über   800 m²   ......   5,9 % des Umsatzes

a) Ladenfläche

Je kleiner die Verkaufsfläche des Ladens, desto höher der Ertrag. Diese Abhängigkeit   **153**
ist wiederholt empirisch festgestellt worden. Hierüber liegen sowohl Einzeluntersuchun-
gen, wie auch Untersuchungen einzelner Gutachterausschüsse für Grundstückswerte vor
(Abb. 18 und 19).

Abb. 18: Umrechnungskoeffizient für das Verhältnis von Ladenfläche (Hauptnutz-
fläche) zur Miethöhe

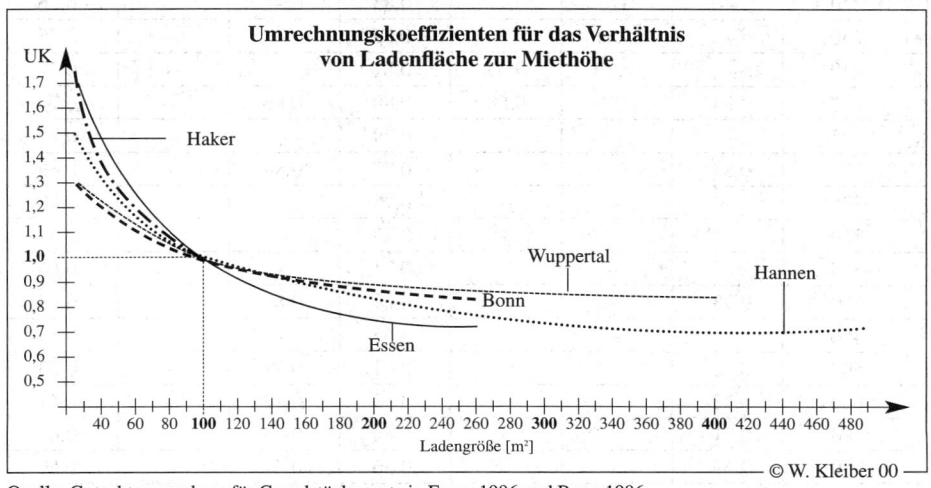

Quelle: Gutachterausschuss für Grundstückswerte in Essen 1996 und Bonn 1996

52 Comfort: Marktbericht Vermietung 1994/1995; vgl. Brockhoff & Partner Immobilien: Der Markt für Einzelhandelsimmobilien, Büro- und Hallenflächen 1996; Kemper's City-Makler: Kemper's Frequenzanalyse 96/97,
1996, S. 30; Comfort: Marktbericht Vermietung 1994/1995, S. 1.
53 BBE Unternehmensberatung (Hsg.), Diefenbach, R., Die Mietkosten im Griff 1997, S. 116 f.

Abb. 19: Umrechnungskoeffizienten für das Verhältnis von Ladenfläche zur Miethöhe

Größe (m²)	Barmen Ober- barmen	Bonn	Essen	Gelsen- kirchen**	Wupper- tal	Einzel- untersuchungen Haker*	Hannen***
10	1,52	–	–	3,75	1,45	2,79	1,55
20	1,35	1,37	–	3,27	1,30	2,05	1,46
30	1,26	1,28	1,66	2,82	1,22	1,69	1,38
40	1,19	1,21	1,47	2,42	1,16	1,50	1,30
50	1,14	1,16	1,34	2,07	1,12	1,36	1,23
60	1,10	1,12	1,24	1,76	1,09	1,26	1,18
70	1,07	1,08	1,16	1,50	1,06	1,17	1,13
80	1,04	1,05	1,10	1,29	1,04	1,10	1,07
90	1,02	1,02	1,05	1,12	1,02	1,05	1,03
100	**1,00**	**1,00**	**1,00**	**1,00**	**1,00**	**1,00**	**1,00**
110	–	0,98	0,96	0,92	–	–	0,97
120	0,97	0,96	0,92	0,91	0,97	–	0,94
130	–	0,94	0,89	0,90	–	–	0,91
140	0,94	0,92	0,86	0,89	0,95	–	0,89
150	–	0,91	0,84	0,88	–	–	0,87
160	0,91	0,90	0,82	0,88	0,93	–	0,85
170	–	0,88	0,80	0,88	–	–	0,83
180	0,89	0,86	0,78	0,87	0,91	–	0,81
190	–	0,85	0,76	0,86	–	–	0,80
200	0,87	0,84	0,74	0,85	0,89	–	0,78
210	–	0,83	0,73	0,84	–	–	0,77
220	–	0,82	0,71	0,83	–	–	0,76
230	–	0,81	0,70	0,82	–	–	0,75
240	–	0,80	0,69	0,81	–	–	0,74
250	0,84	0,79	0,68	0,80	0,86	–	0,74
275	–	–	–	0,79	–	–	0,72
300	0,80	–	–	0,77	0,84	–	0,69
325	–	–	–	0,75	–	–	0,68
350	–	–	–	0,73	–	–	0,67
375	–	–	–	0,71	–	–	0,66
400	0,78	–	–	0,69	0,80	–	0,66
450	–	–	–	0,65	–	–	0,65
500	0,75	–	–	0,61	0,77	–	0,63
600	0,73	–	–	0,53	0,75	–	0,61
700	0,71	–	–	0,44	0,73	–	0,60
800	0,69	–	–	0,36	0,71	–	0,59
900	–	–	–	0,28	–	–	0,59
1000	–	–	–	0,20	–	–	0,58

© W. Kleiber 02

* Haker in RDM-Informationsdienst 1994/1 S. 9
** Salewski in VR 1990, 398;
*** Hannen in VR 1987, 165

Eine Besonderheit weist die Untersuchung des Gutachterausschusses für Grundstücks- **154**
werte in *Wuppertal* auf. Diese bezieht sich auf einen **Richtwertladen, der einen Anteil
der Ladenraumfläche im Erdgeschoss (EG) von 70 % aufweist.** Für Abweichungen
werden vom Gutachterausschuss zusätzliche Umrechnungsfaktoren angegeben (Abb. 20).

**Abb. 20: Umrechnungstabelle für verschiedene Ladenraumanteile im Erdgeschoss
in Wuppertal-Elberfeld, Barmen/Oberbarmen**

Anteil der Ladenraumfläche im EG in %	Miete in % Wuppertal	Barmen Oberbarmen
10	71	79
20	76	82
30	80	84
40	84	87
50	89	91
60	95	95
70	**100**	**100**
80	106	106
90	112	112
100	118	118

Umrechnungsbeispiel:

	Definition des Richtwerts:	umzurechnender Laden:
Fläche:	100 m²	70 m²
Ladenanteil im EG:	70 %	90 %
Fußgängerfrequenz:	ist im Richtwert berücksichtigt	
Mietrichtwert:	20 €/m²	Miete = ?

Umrechnung:
1. wegen Größe   20 €/m² × 1,06 = 21,20 €/m²
2. wegen Ladenanteil im EG:
    21,20 €/m² × 1,12 = 23,74 €/m²

Quelle: Gutachterausschuss für Grundstückswerte in Wuppertal

b) Ladentiefe

Bedeutsamer als die Ladenfläche ist der Zuschnitt des Ladens. Die einfache Multiplikation **155**
von Ladenfläche und Mietpreis muss deshalb bei besonders tiefen Läden zu falschen
Ergebnissen führen. *Brockhoff & Partner* (a. a. O.) unterscheiden deshalb nach **12 Größenklassen** (Abb. 21):

Abb. 21: Größenklassen für Handelsflächen

Handelsflächen	Ladentiefe		
Ladengröße	bis 7 m	bis 14 m	über 14 m
< 60 m²	060-I	060-II	060-III
60 m² – 120 m²	120-I	120-II	120-III
120 m² – 260 m²	260-I	260-II	260-III
> 260 m²	*[999-I]*	*[999-II]*	999-III

Bezüglich der **Ladenfläche, Ladentiefe und des Zuschnitts** lässt sich die Vergleichbar- **156**
keit der Läden untereinander durch die sog. *Zoning*-Methode herstellen, bei der die Ladenfläche entsprechend der Tiefe in unterschiedliche Zonen aufgeteilt wird. Üblich ist hierbei
eine Staffelung der Ladentiefe in jeweils 7-m-Schritten (vgl. Abb. 22).

Abb. 22: Untergliederung einer Ladenfläche in Zonen unterschiedlicher Tiefe

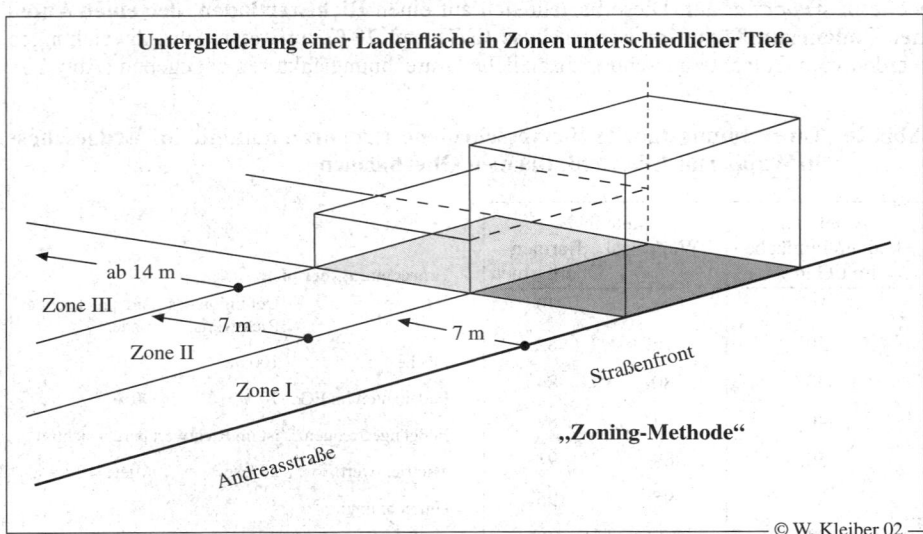

Mit zunehmender Distanz von der Straßenfront (Lauflage) vermindert sich die Wertigkeit des Ladens, weil die Umsätze sinken. Hieraus lässt sich der Mietwert eines Ladens ablei-ten. Läden unterschiedlicher Größen und Zuschnitte lassen sich somit vergleichbar machen. Voraussetzung ist allerdings, dass man die **Staffelung der Mietpreise nach den angegebenen Zonen** kennt. Nach dem Städte-Index von *Kemper* ergeben sich nach dem Prinzip des *halfing-back* folgende Abstufungen:

Zone	Ladentiefe	Mietpreis
Zone I	bis 7 m Ladentiefe	100 %
Zone II	ab 7 bis 14 m	50 %
Zone III	ab 14 m Ladentiefe	25 %

157 Bei mehrstöckigen Einkaufsläden (Warenhäuser) ist darüber hinaus ein **vertikales *Zoning*** üblich, bei dem man im Erhältnis zum Erdgeschoss mit dem Wert 1, das Untergeschoss mit einer Wertigkeit von 45 % (Wert 0,45) und dem 1. Obergeschoss eine Wertigkeit von 55 % (Wert 0,55) beimisst. Dieser Wertfaktor nimmt dann mit jedem weiteren Geschoss ab. Eine weitere Rolle spielen dabei vor allem die Erreichbarkeit durch Rolltreppen und konventio-nelle Treppen sowie deren Anordnung, die Raumhöhe und Belichtung.

158 Über die **Höhe branchenspezifischer Mieten und Umsätze,** die im Rahmen der Anwen-dung des Pachtwertverfahrens als Anhalt herangezogen werden können (vgl. Rn. 150, Vor-bem. zu den §§ 15 ff. WertV Rn. 183 ff.), liegen Marktuntersuchungen vor. Bei Heranzie-hung dieser Ergebnisse ist aber zu beachten, dass

a) es sich um bundesdurchschnittliche Untersuchungsergebnisse handelt und die Situation vor Ort insbesondere auch auf Grund der innerstädtischen Lage davon abweicht, und

b) die Angaben nicht schematisch auf jede im Einzelfall gegebene Verkaufsfläche zur Anwendung kommen können, d. h., es muss – wie vorstehend erläutert – unbedingt die branchenspezifische Verkaufsfläche beachtet werden.

Abb. 23: Mietwertvergleich nach der Zoning-Methode

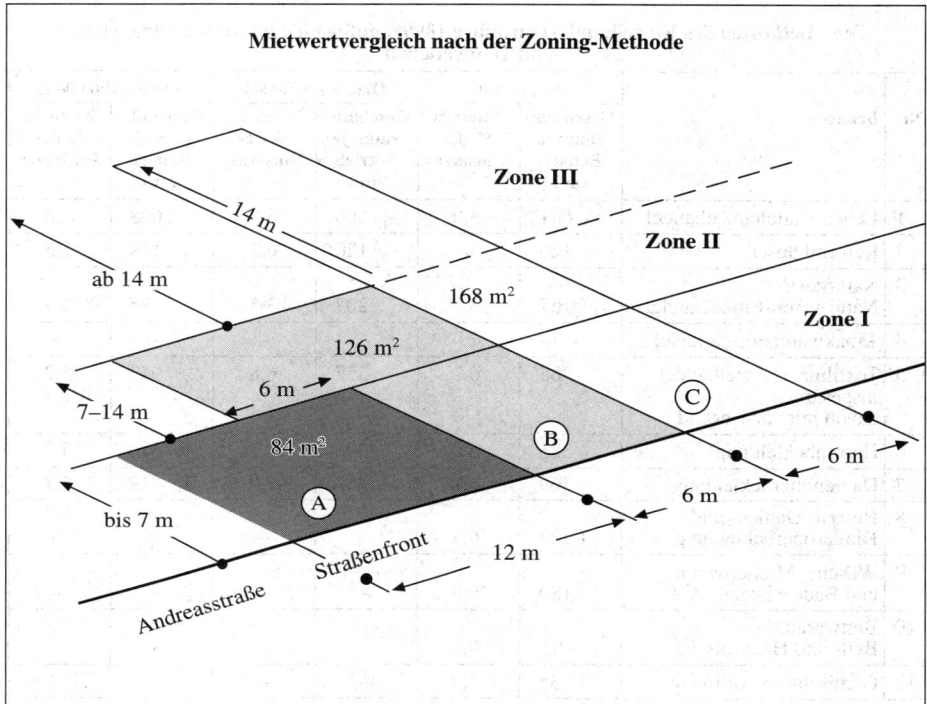

Mietwertvergleich nach der Zoning-Methode

Mietwertberechnung

Zonen	Laden Ⓐ	Laden Ⓑ	Laden Ⓒ
Zone I 100 €/m²	84 m² ≙ 4 200 € (12 m × 7 m)	42 m² ≙ 2 100 € (6 m × 7 m)	42 m² ≙ 2 100 € (6 m × 7 m)
Zone II 50 €/m²	—	84 m² ≙ 2 100 € (12 m × 7 m)	42 m² ≙ 1 050 € (6 m × 7 m)
Zone III 25 €/m²	—	—	84 m² ≙ 1 050 € (6 m × 14 m)
Summe	Laden Ⓐ = 4 200 €	Laden Ⓑ = 4 200 €	Laden Ⓒ = 4 200 €
Ladengröße	(84 m²)	(126 m²)	(168 m²)

Abb. 24: Mietkosten in Einzelfachgeschäften (Stand 1999)

Nr.	Branche	insgesamt		Orte > 100 000 E		Orte < 100 000 E	
	Die Mietkosten des Einzelhandels im Jahre 1999*, aufgegliedert nach 24 Branchen und Teilbranchen						
		Geschäfts-raum je Betrieb (m²)	Miete in % des Umsatzes	Geschäfts-raum je Betrieb (m²)	Miete in % des Umsatzes	Geschäfts-raum je Betrieb (m²)	Miete in % des Umsatzes
1	Lebensmitteleinzelhandel	601	3,0	563	3,5	628	2,6
2	Reformhäuser	120	5,9	120	6,2	119	5,5
3	Naturkost/ Naturwaren-Einzelhandel	167	3,7	207	3,5	135	3,9
4	Tabakwareneinzelhandel	78	2,0	–	–	–	–
5	Textilmarkteinzelhandel insgesamt davon mit vorwiegend	788	6,2	557	6,8	912	5,9
6	Herrenbekleidung	383	5,9	390	7,1	380	5,2
7	Damenoberbekleidung	369	6,2	460	7,0	312	5,7
8	Herren- Damen- und Kinderoberbekleidung	1 122	6,3	–	–	–	–
9	Wäsche, Miederwaren und Badeartikeln	189	6,0	–	–	–	–
10	Bettwaren, Bett- und Hauswäsche	885	8,0	–	–	–	–
11	Gemischtem Sortiment	1 835	5,9	–	–	–	–
12	Schuheinzelhandel	642	6,2	1 222	7,2	481	5,9
13	Möbeleinzelhandel	14 407	5,3	17 406	5,2	13 628	5,4
14	Glas-, Porzellan- und Keramikeinzelhandel	755	6,6	1 042	6,6	595	6,7
15	Hartwaren insgesamt	2 093	3,0	1 343	3,2	2 350	2,9
16	Consumer Electronics-Einzelhandel	442	3,8	–	–	–	–
17	Drogerien	224	4,4	–	–	–	–
18	Lederwareneinzelhandel	431	8,3	–	–	–	–
19	Uhren-, Juwelen-, Gold- und Silberwaren-einzelhandel	154	4,6	147	4,7	160	4,6
20	Zweiradhandel	365	4,5	396	4,5	267	4,5
21	Sportartikeleinzelhandel	589	5,4	–	–	–	–
22	Sortimentsbuchhandlung	486	3,8	604	3,9	371	3,8
23	Bürowirtschaftlicher Fachhandel insgesamt	702	4,5				
24	Blumenfachgeschäfte	267	5,5	–	–	–	–
	Einzelfachgeschäfte insgesamt	1 515	5,1	1 295	5,2	1 632	5,1

* Die Auswertung basiert auf Betriebsvergleichsergebnissen von Einzelhandelsfachgeschäften, die sich ausschließlich in fremden Räumen befinden.

Quelle: Institut für Handelsforschung an der Universität zu Köln, Postfach 41 05 20 in 50865 Köln; www.ifhKoeln.de; vgl. auch GuG 1997, 368 und GuG 1997, 246; vgl. auch Einzelhandel im Internet: www.comfort-gmbh.de/seiten/Trend.htm

Abb. 25: Quadratmeterumsätze in € pro Jahr nach Warengruppen und Lage des Einzelhandelsbetriebs 1998

Warengruppe	Umsatz pro m² Verkaufsfläche und Jahr in €	
	City-Lage	Außenlage
Nahrungsmittel	5 100	4 250
Getränke	3 950	3 150
Bekleidung	4 050	2 850
Schuhe	4 300	2 000
Möbel	2 250	1 550
TV, Radio, Computer	6 250	5 050
Baubedarf	1 700	1 400
Bücher/Zeitungen	5 100	4 550
Uhren/Schmuck	9 800	4 600
Sportartikel	3 300	2 100
Apotheken	8 750	7 950

Quelle: Handels- und Gaststättenzählung 1993 und Rückrechnung auf das Niveau von 1998

Abb. 26: Durchschnittsmieten für verschiedene Typen von Fach- und Verbrauchermärkten in % des Jahresumsatzes und in €/m² Verkaufsfläche (1999)

Markttyp	Verkaufsfläche bis ... m²	Mieten	
		in v. H. des Jahresumsatzes	in €/m²
Lebensmittel-Discount	2 000	2,5–3,5	8,00– 9,00
Fachmarkt Möbel	5 000	4,5–5,0	6,00– 7,00
Fachmarkt Medien/Computer	3 000	5,0–6,0	9,00–10,00
Baumarkt	10 000	3,0–4,0	6,50– 7,50
Textilmarkt	2 000	6,0–8,0	9,50–11,50
SB-Warenhaus	7 000	4,0–5,0	9,00–10,50

Quelle: Brockhoff City Immobilien

Der Gutachterausschuss für Grundstückswerte in *Wuppertal* erstellt schon seit einiger Zeit **159 Mietrichtwertkarten für Ladenräume.** Vorausgegangen sind umfangreiche Befragungen zur Miethöhe, Nutzfläche, Ladenfront, Grundrissgestaltung, zum Baujahr und Modernisierungsgrad und zu den Betriebskosten. Sie haben gezeigt, dass die Miethöhe fast allein von der Geschäftslage abhängig ist. Nur gering wirkt sich der Umfang der nutzbaren Fläche aus, kaum die Lage des Geschäftslokals im Eckhaus, und nur schwach beeinflussen Baujahr, Branche oder Modernisierungsgrad die Miethöhe. Völlig unabhängig scheint die Miethöhe vom baulichen Zustand des Hauses oberhalb der im Erdgeschoss bzw. 1. Obergeschoss gelegenen Gewerberäume zu sein (Abb. 27).

Abb. 27: Ausschnitt aus der Mietrichtwertkarte im Bereich Elberfeld (November 1999)

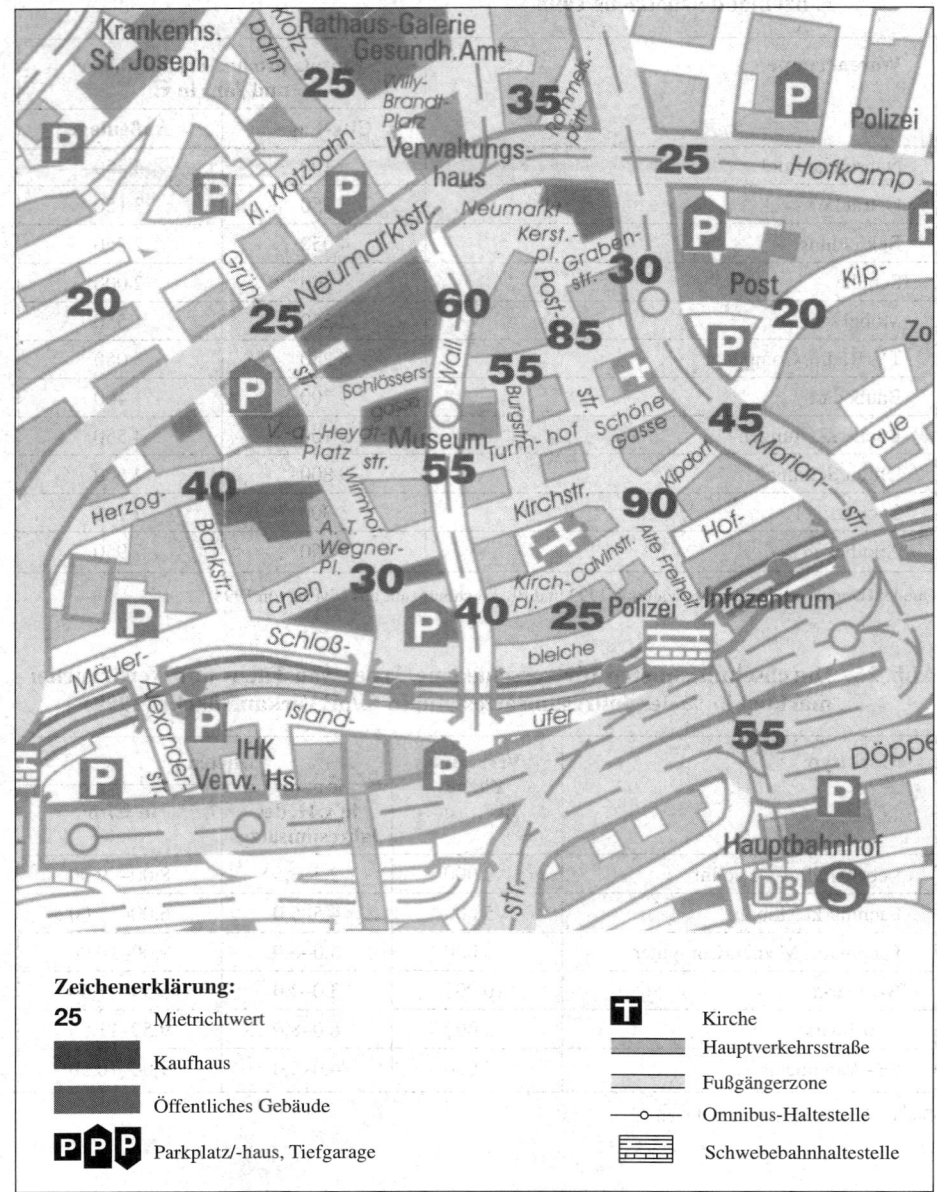

Zeichenerklärung:

25 Mietrichtwert	✝ Kirche
▓ Kaufhaus	▬ Hauptverkehrsstraße
▓ Öffentliches Gebäude	▬ Fußgängerzone
P P P Parkplatz/-haus, Tiefgarage	—o— Omnibus-Haltestelle
	▦ Schwebebahnhaltestelle

Erläuterungen:

Um das Mietpreisgefüge und die Zusammenhänge zwischen einer Ladenmiete und die auf sie einwirkenden Einflüsse zu erkennen, wurden im Jahr 1988 (Datenstand Juli 1987) erstmals Mietrichtwerte für dieses Gebiet veröffentlicht.

Diese Mietrichtwerte wurden auf Grund einer erneuten Erhebung im Herbst 1995 analysiert und fortgeschrieben. Die Ergebnisse sind in dieser Karte dargestellt.

Abb. 28: Aachen, Adalbertstr.

Aachen

1a-Lage: Adalbertstraße

Filialisierungsgrad: 83,9 %
Besonderheiten: großflächige Bebauung
Kaufhausmeile

Peterstraße

Bock, Textilhaus	6-10
Strauch, Café + Brotlädchen	6-10
Bock, HAKA	6-10
Schweitzer, Schreibwaren	12
Fister, Textilhaus	14
Tack, Schuhe	16
Sport-Kaufhof	18
World Fashion	
Kaufhof	20-30
mit Bäckerei Moss/Iß was/	
Saturn, Elektroartikel	
Benetton, young fashion	32
Roland, Schuhe	32
H. Nobis, HAKA	34
Wehmeyer,	
Bekleidungshaus	36-42
Langhardt, Lederwaren	44
Douglas, Parfümerie	44a
Apollo, Optik	46
Nordsee, Systemgastronomie	48
Orsay, young fashion	50
Jersey Ilany, DOB	52
Schlemmermeyer, Feinkost	54
Interimslösung/Bossi	56
Adalbert Apotheke	58

Harscampstraße

Atlas, Reisebüro	60
Tchibo, Kaffee	60
Ursula Aust, DOB	62
Filius Ruffini, HAKA	64
Fashion Point	
Chare Corporation	66
Bijou Brigitte, Modeschmuck	68
A. Brach, Fleischerei	70

Adalbertsberg

Adalbertstraße
Länge 1a-Lage: 350 m

Peterstraße

	Wilma's Modepavillon, DOB
1	Bäckerei
1	Leo's Jeans
25	Cold Kraemer
25a	Modehaus Blömer
27	Siemens, Schuhe
29	Böhmer, Schuhe
31	Haus für alle
33	Kämpgen, Schuhe
35	Bertram & Ackens, Lederw.
35	Deichmann, Schuhe
37	Gold + Silber
37	Salamander, Schuhe
39	Kaufhalle, Kleinkaufhaus
41	Biba, DOB
41a	Checkers, young fashion
41b	Andre, Schuhe
41b	St. Trop, Accessoires
43	Christ, Juwelier
45–47	Tack, Schuhe
49	Nies, Automaten Center
51	Buntrock, DOB
53-55	Woolworth, Kleinkaufhaus
55	Yves Rocher, Kosmetik
57	Uhren Weiss, Juwelier
57	Pariscop, DOB

Kugel-
brunnen

Quelle: Kemper's Frequenz Analyse 1995/96

Definition der Mietrichtwerte:

Ein Mietrichtwert ist ein aus tatsächlichen Mieten statistisch ermittelter Durchschnittswert je m² Nutzfläche monatlich, der sich auf einen Normalladen in der jeweiligen Geschäftslage bezieht.

Mietrichtwerte sind reine Grundmieten, in denen Betriebskosten, sonstige Kosten und die Mehrwertsteuer nicht enthalten sind. Betriebskosten sind die Kosten, die einem Eigentümer durch das Eigentum an einem Grundstück oder durch den bestimmungsgemäßen Gebrauch sowie einer baulichen und sonstigen Anlage laufend entstehen, z.B. Grundsteuer, Straßenreinigungskosten, Kosten der Sach- und Haftpflichtversicherung, Heizung usw.

Eigenschaften eines Normalladens:

Ein Normalladen ist ein im Erdgeschoss befindliches, branchenunabhängiges Ladenlokal, dessen Nutzfläche neben dem Verkaufsraum auch die allgemein üblichen Nebenräume (z.B.: Büro, Sozialräume o. Ä.) umfasst. Die durchschnittliche Nutzfläche eines Normalladens liegt zwischen 80–120 m², wobei der Anteil der Verkaufsfläche im Erdgeschoss 70 v. H. dieser Fläche beträgt. Auf Grund des ausgewerteten Mietpreismaterials, das dieser Karte zu Grunde liegt, werden im Allgemeinen für kleinere Läden höhere und für größere Läden niedrigere Mieten gezahlt. Ebenso führt prinzipiell ein höherer Anteil der Ladenraumfläche im Erdgeschoss als die des Normalladens zu einer höheren Miete.

Darüber hinaus unterliegen die Mieten in branchenattraktiven Lagen anderen Gesetzmäßigkeiten und können erheblich von den Mietrichtwerten abweichen.

Hinweis:

Die Mietrichtwertkarte stellt eine Orientierungshilfe zur Ermittlung angemessener Mieten dar. Im Einzelfall können aber Abweichungen des zu beurteilenden Ladens zum Normalladen eine Änderung des Mietrichtwerts bewirken. Dies trifft in erster Linie auf Geschäftslagen zu, in denen überwiegend eine Branche (z. B. Gastronomie) die Attraktivität dieses Gebiets begründet. Aber auch andere wertbildende Faktoren sind nach sachverständiger Einschätzung durch Zu- oder Abschläge zu berücksichtigen.

Für Einkaufszentren, Kaufhäuser u. Ä. wurden keine Mietrichtwerte ermittelt. Die Mieten in derartigen Objekten sind nicht mit den sich frei bildenden Mieten in normalen Geschäftshäusern zu vergleichen. Sie unterliegen hier anderen Gesetzmäßigkeiten (ein Vermieter für zahlreiche Geschäfte, gesteuerter Branchenmix, außergewöhnliche Mietkonditionen).

Quelle: Gutachterausschuss für Grundstückswerte in der Stadt Wuppertal

Ergänzende Untersuchungen werden von großen Immobilienfirmen angestellt. Aus einem **Top-Shops-Atlas** der Brockhoff & Zadelhoff Immobilien GmbH (Essen) ist der Ausschnitt entnommen (Abb. 28).

Die nachstehende Aufstellung zeigt, dass **kleinere Läden,** bezogen auf den Quadratmeter, **die höchsten Mieten abwerfen,** wobei die Mieten ab etwa 100 m² Ladengröße mit Verkleinerung der Ladenfläche steil ansteigen (Abb. 29).

Abb. 29: Umrechnungskoeffizienten für das Verhältnis der Ladenfläche (Hauptnutzfläche) und der Ladentiefe zur Miethöhe

Laden- fläche in [m²]	Umrechnungskoeffizient			Ladentiefe in [m]	Umrechnungskoeffizient		
	von	Mittel	bis		von	Mittel	bis
10	1,45	2,24	3,05				
20	1,30	2,00	2,70				
30	1,22	1,80	2,28				
40	1,16	1,63	2,10				
50	1,12	1,48	1,84				
60	1,09	1,35	1,61				
70	1,06	1,20	1,34				
80	1,04	1,12	1,20				
90	1,02	1,05	1,08				
100	0,97	**1,00**	1,03	7	0,9	**1,0**	1,1
120	0,91	0,94	0,97	8	0,8	0,9	1,0
140	0,87	0,89	0,95	9	0,7	0,8	0,9
160	0,82	0,85	0,88	10	0,6	0,7	0,8
180	0,77	0,82	0,87	11	0,5	0,6	0,7
200	0,75	0,80	0,86	12	0,4	0,5	0,6
250	0,73	0,78	0,85	13	0,3	0,4	0,5
300	0,70	0,76	0,84	14	0,2	0,3	0,4
400	0,67	0,73	0,83				
500	0,63	0,70	0,81				
600	0,59	0,67	0,76				
700	0,55	0,64	0,73				
800	0,51	0,61	0,71				

© W. Kleiber 02

c) Eckladen

Für **Eckläden** werden im Hinblick auf die höhere Passantenfrequenz und die besseren **160** Werbemöglichkeiten mit breiterer Schaufensterfront **Zuschläge von 25 % und mehr** gemacht (vgl. § 14 WertV Rn. 261).

d) Passantenfrequenz

Die Ladenmieten und damit im Übrigen auch das Bodenwertgefüge weisen schließlich **161** eine hohe Abhängigkeit von der jeweiligen Passantenfrequenz (vgl. § 14 WertV Rn. 242 ff.) auf (Abb. 30 sowie GuG 2001, 40).

Abb. 30: Abhängigkeit der Ladenmiete von der Passantenfrequenz

Ladenmiete und Passantenfrequenz	
Passanten pro Stunde	**Miete (€/m²/Monat)**
4 000 bis 3 600	150
3 600 bis 3 200	120
3 200 bis 2 600	100
2 600 bis 2 000	80
2 000 bis 1 400	70
1 400 bis 1 000	60
1 000 bis 600	50
unter 600	30–40
Untergrenze 400	20

Quelle: Berechnungen der DSG Bank auf Grund der Datenbasis von Kempers Frequenzanalyse 1997/98; vgl. GuG 2000, 46

2.5.2.4 Industriell-produzierender Bereich

▶ *Allgemeines zu den Lagemerkmalen vgl. § 14 WertV Rn. 248 ff.* **162**

Abb. 31: Gewerbeparks und Gewerbehallen

Düsseldorf 1998

Mietpreise Düsseldorf in DM/m² netto		
	von	**bis**
Norden	7,00	11,00
Linksrheinisch	7,50	11,00
Hafen/Bilk	4,00	8,00
Osten	6,00	8,50
Süden	4,50	8,50

Mietpreisspannen in DM/m²									
Qualität	**Düsseldorf**		**Neuss**		**Ratingen**		**Hilden**		**Erkrath**	
	von	**bis**	**von**	**bis**	**von**	**bis**	**von**	**bis**	**von**	**bis**
neuwertig	8,50	11,00	7,80	9,80	9,00	10,00	8,50	10,50	–	–
mittelmäßig	5,00	8,50	7,00	9,75	6,50	8,50	7,50	8,00	7,00	9,75
mäßig	4,50	7,50	3,50	7,25	–	6,50	–	6,90	–	–

Neuss

Mietpreise Neuss in DM/m² netto		
	von	bis
Hafen	3,50	7,00
Norden	6,00	9,25
Süden	6,00	9,80
Sonst.	7,80	8,00

Ratingen

Mietpreise Ratingen in DM/m² netto		
	von	bis
Norden	7,80	8,00
Tiefenbroich	6,50	9,50
West	7,00	10,00

Quelle: Knight Frank

Sonderpunkt Gewerbeparks

Mietpreise Gewerbeparkhallen in DM/m² netto		
	von	bis
Düsseldorf	8,00	11,00
Neuss	8,50	9,90
Ratingen	7,90	10,00
Hilden	8,50	10,50
Erkrath	–	9,75

2.5.2.5 Sonderimmobilien

▸ *Allgemeines zu den Lagemerkmalen vgl. § 14 WertV Rn. 198 ff., 252 ff.*

163 Bei **speziellen Immobilien,** deren Mietwert bzw. Miete üblicherweise nicht über m²-Nutz-fläche ermittelt wird, sind zusätzliche Objektangaben erforderlich:

– Bei **Hotels** bedarf es für die Bereiche Logis, Gastronomie und Sonstiges (Tagungs-räume, Verkauf, Schwimmbad usw.) einschlägiger Angaben über den mehrjährigen Umsatz (netto ohne MwSt.) sowie der Zimmerauslastung (vgl. Vorbem. zu den §§ 15 ff. WertV Rn. 409 ff. sowie 183 ff.).

– Bei **Tennis-, Badminton-, Squash- und Reithallen** bedarf es der Angaben über den Umsatz sowie der Auslastung in der Sommer- und Wintersaison (vgl. Vorbem. zu den §§ 15–20 WertV Rn. 429 ff.).

– Bei **Tankstellen** (vgl. § 5 WertV Rn. 26) bedarf es der Angaben über den Umsatz für die Bereiche Kraftstoffe, Autopflege, Autozubehör und ggf. „Minimarkt" (Shop); vgl. GuG 2001, 178.

– Bei **Lichtspieltheatern** bedarf es der Umsatzangabe in den Bereichen Filmgeschäft und „Kiosk" sowie der Anzahl der Vorführungen mit durchschnittlicher Auslastung (vgl. Rn. 166).

Es kommt vereinzelt auch vor, dass die **Brutto-Geschossfläche als Bezugsgröße** für die **164** Ermittlung der Miete/Pacht herangezogen wird. Da für diese Wertzahlen i. d. R. keine Mietspiegel existieren, muss in diesen Fällen zur Überprüfung der Nachhaltigkeit solcher Mieten die Nutzfläche ermittelt und das vereinbarte Entgelt hierauf umgerechnet werden.

Zur **Ermittlung des Rohertrags** (Nettokaltmiete) kann auch die Durchschnittspacht und **165** der Durchschnittsumsatz herangezogen werden (vgl. Rn. 158 und Vorbem. zu den §§ 15 ff. WertV Rn. 183 ff.; vgl. Abb. 32 und 33).

Abb. 32: Durchschnittliche Pachtsätze in v. H. des Umsatzes
(vgl. Vorbem. zu §§ 15–20 WertV Rn. 183 ff.)

a) **Durchschnittliche Pachten von Hotels**[54]

Ausstattung	Betriebsart		
	Stadthotel	Hotel garni	Kur- und Ferienhotel
Normale Ausstattung	11 bis 13 %	18 bis 20 %	8 bis 10 %
Gehobene Ausstattung	11 bis 13 %	20 bis 24 %	11 bis 13 %
First-Class Ausstattung	13 bis 15 %	–	10 bis 12 %

b) **Durchschnittlicher Warenertrag und durchschnittliche Belegungshäufigkeit pro Tag in Hotels**

Ausstattung	Betriebsart					
	Stadthotel		Hotel garni		Kur- und Ferienhotel	
	Durchschnittlicher Warenertrag je Sitzplatz pro Tag	Durchschnittliche Belegungshäufigkeit je Sitzplatz pro Tag	Durchschnittlicher Warenertrag je Sitzplatz pro Tag	Durchschnittliche Belegungshäufigkeit je Sitzplatz pro Tag	Durchschnittlicher Warenertrag je Sitzplatz pro Tag	Durchschnittliche Belegungshäufigkeit je Sitzplatz pro Tag
Normale Ausstattung	8,70 €	8,80	3,00 €	0,50	8,00 €	0,90
Gehobene Ausstattung	11,00 €	0,90	7,00 €	0,90	9,40 €	1,00
First-Class Ausstattung	18,70 €	1,10	–	–	12,90 €	1,00

c) **Durchschnittlicher Auslastungsgrad**

Ausstattung	Betriebsart					
	Stadthotel		Hotel garni		Kur- und Ferienhotel	
	Betten	Zimmer	Betten	Zimmer	Betten	Zimmer
Normale Ausstattung	45,6	51,6	49,2	52,5	47,8	46,8
Gehobene Ausstattung	42,5	51,2	47,6	57,8	54,9	55,1
First-Class Ausstattung	44,5	47,4	–	–	50,1	54,4

▶ *Hierzu Vorbem. zu §§ 15 bis 20 WertV Rn. 114.*

---

54   Vgl. auch zur Wertermittlung Vorbem. zu den §§ 15 ff. WertV Rn. 393 ff.

Abb. 33: Durchschnittliche Pachtsätze

Betriebsart/Umsatzbereich	Pachtsätze in Prozent
Beherbergung:	
– einfache Betriebe, Zimmer ohne Nasszelle	10 bis 15
– einfache Betriebe, Zimmer mit Nasszelle	15 bis 20
– gute Betriebe, Zimmer mit Nasszelle	20 bis 30
– sehr gute Betriebe, Zimmer mit Nasszelle	25 bis 35
– Luxushotels	über 30
Speisen/Getränke:	
– Schankbetriebe	6 bis 8
– Pubs	
gute	8 bis 10
sehr gute	10 bis 12
– Bistros	10 bis 12
– Gaststätten	
einfach	6 bis 8
gut	7 bis 9
– Restaurants	
gut	7 bis 9
sehr gut	8 bis 10
Spezialitätenlokale	8 bis 12
– Cafés/Eisdielen	8 bis 12
– Diskotheken	12 bis 18
– Hallenbetriebe	4 bis 7
Sonstige Betriebsumsätze:	
– Spielautomatenprovisionen	40 bis 60*)
– Kegelbahnmieten	30 bis 50
– Telefon, Garagen	10 bis 15

* Hierbei handelt es sich um den vom Automatenaufsteller an den Pächter ausgezahlten Anteil an den Gesamteinspielergebnissen.

Quelle: DEHOGA-Schriftenreihe Nr. 57 (1993)

Betriebsart/Umsatzbereich	Warenumsatz pro Stuhl/Jahr in € ohne MwSt.
– Traditionelle Schankbetriebe	ca. 1 500 bis 2 000
– Pubs	
gute	ca. 2 000 bis 3 000
sehr gute	bis 4 500
– Bistros	ca. 2 500 bis 4 500
– Gaststätten	
einfache	ca. 1 500 bis 2 000
gute	ca. 2 000 bis 4 000
– Restaurants	
gute	ca. 2 000 bis 4 500
sehr gute	bis 7 500
– Spezialitätenlokale	ca. 3 500 bis 9 000
– Cafés/Eisdielen	ca. 2 000 bis 4 500
– Diskotheken	ca. 2 500 bis 7 000
– Hallenbetriebe	ca. 1 000 bis 3 000

Quelle: DEHOGA-Schriftenreihe Nr. 57 (1993), umgerechnet

Abb. 34: Interne Gastronomieausgaben je Gast in Relation zur Verweildauer

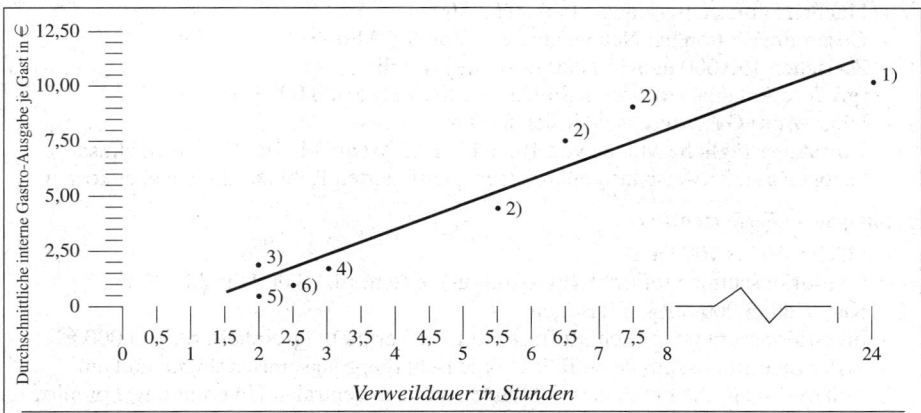

1) Durchschnittliche Verweildauer vier Tage, durchschnittliche Gastro-Ausgabe pro Person und Tag 11 €
2) Die deutschen Freizeitparks mit über 1 Mio. Besucher realisieren Netto-Gastro-Umsätze zwischen 5 € und etwa 9 € je Gast; differenziert nach der Komplexität der Anlage und der Verweildauer
3) 1,75 bis 2 € bei Multiplexkinos in innerstädtischen Lagen
4) Freizeitbad (Mittelwert kommunaler und privatwirtschaftlicher Betriebe/mittlere Verweildauer)
5) Fitnessanlage
6) Großaquarien

Quelle: Marktbericht III (Freizeitmarkt) der Westdeutschen Immobilienholding

Abb. 35: Mietwerte für Gaststätten, Restaurants, Cafés in Bergisch Gladbach 2000

Gaststätten, Restaurants, Cafés		
Lage	**Nutzfläche inkl. Nebenräume**	**€ pro m²**
Zentren Bergisch Gladbach, Bensberg, Refrath	60–140 m²	17,50–25,00 €/m²
Stadtkernrandlagen	60–220 m²	7,50–17,50 €/m²
Nebenzentren	60–220 m²	6,50–12,50 €/m²
Wohngebiete, Stadtrandlagen	80–240 m²	6,00–10,00 €/m²

Quelle: Gutachterausschuss für Grundstückswerte in Bergisch Gladbach (2000); umgerechnet
Wochenend- und Freizeitgärten in Ballungsgebieten: 0,40–0,60 €/m² im Jahr

▶ *Hierzu auch Stelter/Krenz in GuG 2001, 203, Loew in GuG 2001, 142*

2.5.2.6 Freizeitimmobilien

▶ *Allgemeines zu den Lagemerkmalen vgl. § 14 WertV Rn. 252 ff.*

Zur Beurteilung der Rentabilität von Freizeitimmobilien sind die nachfolgenden nach Art **166** des Objektes gegliederten **Kennzahlen** von Bedeutung:

a) *Themengastronomie*
  – Flächenbedarf: 600 bis 2 500 m²
  – Investitionsvolumen zwischen 1 500 und 3 000 €/m² einschl. Ausstattung
  – Umsatz pro Gast: rd. 8,00 €

b) *Großdiskotheken*

   – Flächen zumeist zwischen 1 000 und 3 500 m²
   – Gesamtinvestition bei Neubauten ca. 2,5 bis 7,5 Mio. €
   – Zwischen 150 000 und 350 000 Besuche pro Jahr
     (größere Anlagen realisieren durchschnittlich etwa 300 000 Besuche)
   – Umsatz pro Gast: durchschnittlich 8,00 €
   – Umsatzverträgliche Mieten von 10,00 bis 12,50 €/m² (10 bis 12 % vom Umsatz),
     bezogen auf den Ausbaustandard eines qualifizierten Rohbaus ohne Nebenkosten

c) *Integrierte Ferienzentren*

   – Fläche: 60 bis 100 ha
   – Investitionssumme (einschl. Infrastruktur) je Bett: rd. 28 000 bis 30 000 €
   – Kapazität: 3 000 bis 4 000 Betten
   – Investitionssumme (einschl. Infrastruktur) je Vermietungseinheit: rd. 135 000 €
   – ¹/₃ der Investitionssumme entfällt auf die Beherbergungseinrichtungen und ein
     weiteres ¹/₃ auf die Freizeiteinrichtungen und den zentralen Unterhaltungskomplex
   – Gesamtinvestition: rd. 100 Mio. €
   – Amortisationszeit: 7 Jahre
   – Auslastungsraten bei ca. 90 %
   – Umsatz je Bett: ca. 13 000 € pro Jahr
   – Umsatzanteile: 50 % Beherbergung, 25 % Gastronomie,
     10 % Freizeitdienstleistungen, 15 % Shop-Umsätze

d) *Freizeitparks*

   – Flächenbedarf zwischen 30 und 100 ha
   – Kumulierte Investition der gewachsenen Anlagen über 150 Mio. €
   – Über 2 Mio. Besuche pro Jahr
   – Umsatz pro Gast 23 bis 25 €
   – 60 % Umsatzanteil aus Eintrittsentgelten, 30 % Umsatzanteil Gastronomie

e) *Musicaltheater*

   – Bebaute Fläche: rd. 5 000 m² (BGF zwischen 8 500 und 10 000 m²)
   – Kapazität: 1 600 bis 1 800 Sitzplätze
   – Investitionssumme (einschl. Infrastruktur): rd. 25 bis 30 Mio. €
   – Investitionssumme (einschl. Infrastruktur) je Sitzplatz: rd. 14 000 €
   – 650 000 bis 700 000 Besuche pro Jahr bei über 90 % Auslastung
   – Durchschnittlicher Umsatz pro Gast: ca. 40 €

f) *Freizeitbäder (Fitness- und Wellnesscenter vgl. GuG aktuell 2001, 28)*

   – Flächen: 5 000 bis 6 000 m²
   – Investitionsvolumen: ca. 12,5 Mio. bis 17,5 Mio. €
     (Spannbreite zwischen 8 Mio. und 35 Mio. €)
   – Investitionskennziffern: ca. 15 000 € je m² Wasserfläche
     und ca. 1 750 bis 2 000 € je m² Saunabereich
   – Durchschnittlich ca. 325 000 Besuche pro Jahr
     (Spannbreite zwischen 150 000 und 850 000 Besuche pro Jahr)
   – Durchschnittlicher Umsatz pro Gast ca. 5 € (davon ¹/₃ Nebenumsätze);
     kommerzielle Anlagen etwa 13 € bei einer Spannbreite von 6 bis 23 €

g) *Multiplexkinos*

   – Gesamtfläche bei Multiplexen der mittleren Größenklasse
     (2 000 bis 2 200 Sitzplätze) rd. 5 000 m²
   – Streuung der Investitionssumme im Kern zwischen 13 Mio. und 20 Mio. €
     (Cinedom in Köln rd. 65 Mio. €)

- Investition je Sitzplatz zwischen 6 000 und 8 500 € einschl. Grundstück
- Auslastungsquoten zwischen 25 und 35 % (Maxx in München fast 50 %)
- Umsatz je Gast 8 bis 9 €
- Umsatzverträgliche Mieten (10 bis 15 %) zwischen 10,00 und 17,50 €, bezogen auf den Ausbaustandard eines qualifizierten Rohbaus ohne Nebenkosten; bei hervorragender Standortqualität sind Mieten von 20 €/m² erreichbar

Abb. 36: Filmtheater-Brutto-Eintrittspreise je Besucher 1988–1997

Durchschnittlicher Brutto-Eintrittspreis* (Filmtheater-Bruttoeinnahmen dividiert durch die Anzahl der Filmbesuche)						
Kalenderjahr	Gesamt-Deutschland in DM	Veränderung zum Vorjahr in %	West-Deutschland in DM	Veränderung zum Vorjahr in %	Ost-Deutschland in DM	Veränderung zum Vorjahr in %
1988	7,55	0,0	7,55	0,0	–	–
1989	7,81	+ 3,4	7,81	+ 3,4	–	–
1990	8,10	+ 3,7	8,10	+ 3,7	–	–
1991	8,18	+ 1,0	8,57	+ 5,8	4,92	–
1992	8,42	+ 2,9	8,82	+ 2,9	5,31	+ 7,9
1993	8,97	+ 6,5	9,36	+ 6,1	6,33	+ 19,2
1994	9,25	+ 3,1	9,65	+ 3,1	6,93	+ 9,5
1995	9,51	+ 2,8	9,87	+ 2,3	7,47	+ 7,7
1996	9,89	+ 4,0	10,23	+ 3,6	8,20	+ 9,8
1997	10,26	+ 4,0	10,56	+ 3,2	8,88	+ 7,9

* Vor 1991 nur alte Bundesländer einschließlich West-Berlin

Für das Jahr ergeben sich nach Angaben der Filmförderungsanstalt folgende **Kennzahlen:**
- Zugang Multiplex-Zentren 24 mit 206 Leinwänden (i. D. 9 Leinwände je Zentrum)
- Multiplex-Zentren insgesamt 128 (31. 12. 2000)
- Leinwände insgesamt 4 783, davon 1 162 (= 24,3 %) in Multiplex-Zentren
- Anzahl Kinobesucher 152,5 Millionen (+ 2,4 % geg. 1999), davon rd. 61,0 Millionen (= 40 %) in Multiplex-Zentren
- Preis je Ticket i. D. 5,30 €
- Umsatzanteil der Multiplexe rd. 44 %

Miete für Kinobereich (1998)
- CineStar: 16 €/m²   40 €/Platz
- Branche: 17,50–20,00 €/m²   40–55 €/Platz

Erstellungskosten je Kinoplatz (ohne Einrichtung mit Grundstück)
- CineStar: ca. 4 800 €/Platz
- Branche: ca. 5 000–7 000 €/Platz
- günstiger Grundstückspreis ca. 250 €/m²
- gute Grundstücksausnutzung
- kein Projektentwickler

167

Abb. 37: Der Multiplex-Markt: Anzahl der Leinwände

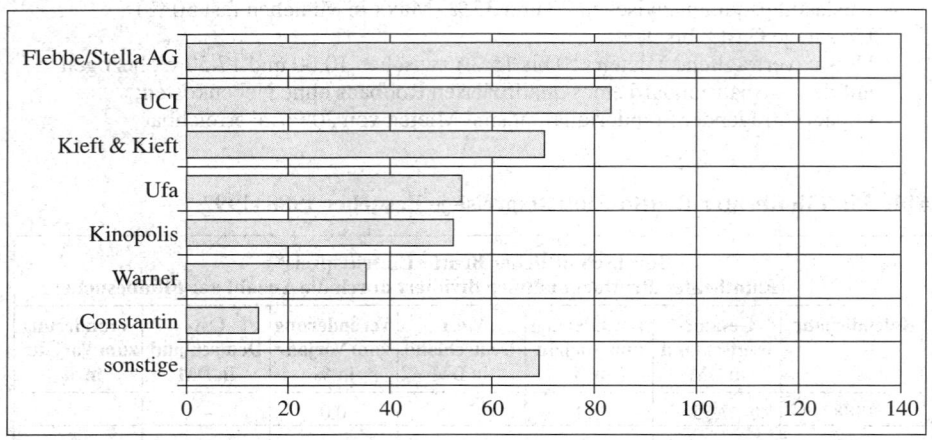

Quelle: UCI; Stand Dezember 1997

Abb. 38: Sitzplätze je Leinwand und je 1 000 Einwohner von 1993 bis 1997

Ende des Kalenderjahres	Ortsfeste Leinwände insgesamt	Anzahl in 1 000	Sitzplätze je Leinwand	je 1 000 Einwohner
1993 West-Dt.	3 251	610	188	9,3
1993 Ost-Dt.	458	135	295	8,6
1993	3 709	746	201	9,2
1994 West-Dt.	3 290	613	186	9,3
1994 Ost-Dt.	473	128	270	8,2
1994	3 763	741	197	9,1
1995 West-Dt.	3 291	610	185	9,2
1995 Ost-Dt.	523	120	229	7,7
1995	3 814	730	191	8,9
1996 West-Dt.	3 398	627	185	8,6
1996 Ost-Dt.	637	133	209	9,4
1996	4 035	760	188	9,3
1997 West-Dt.	3 407	626	184	9,4
1997 Ost-Dt.	721	147	203	9,5
1997	4 128	772	187	9,4

Quelle: Filmstatistisches Taschenbuch 1998, 65205 Wiesbaden, Kreuzberger Ring 56, Telefon (06 11) 7 78 91 14, Telefax (06 11) 7 78 91 69

Abb. 39: Filmbesuch 1995 bis 1997

Bundesland	Filmbesuch			Veränd. 1996 zu 1997 in %	Jährliche Besucher je Einwohner
	1995	1996	1997		
Baden-Württemberg	15 548 681	16 098 906	17 136 772	6,45	1,65
Bayern	18 124 529	19 057 759	20 699 586	8,62	1,72
Berlin (West)	6 795 561	6 783 004	6 485 872	– 4,38	3,01
Bremen	1 436 321	1 500 876	1 535 054	2,28	2,27
Hamburg	3 922 443	4 331 494	5 024 360	16,00	2,94
Hessen	9 193 483	9 940 104	10 914 911	9,81	1,81
Niedersachsen	11 521 435	11 800 753	12 453 796	5,53	1,59
Nordrhein-Westfalen	28 282 931	29 438 837	31 337 702	6,45	1,74
Rheinland-Pfalz	4 744 945	5 121 327	5 217 196	1,87	1,30
Saarland	1 414 536	1 517 597	1 670 242	10,06	1,54
Schleswig-Holstein	4 570 494	4 896 987	4 954 767	1,18	1,80
Alte Bundesländer	**105 555 359**	**110 487 644**	**117 430 258**	**6,28**	**1,76**
Berlin (Ost)	2 278 912	2 575 502	3 685 370	43,09	2,85
Brandenburg	2 368 990	2 940 025	3 532 664	20,16	1,38
Mecklenburg-Vorpommern	2 596 820	3 436 186	3 357 348	– 2,29	1,85
Sachsen	5 386 975	6 006 923	6 989 708	16,36	1,54
Sachsen-Anhalt	3 055 520	3 704 054	4 383 425	18,34	1,61
Thüringen	3 242 833	3 735 157	3 742 897	0,21	1,51
Neue Bundesländer	**18 930 050**	**22 397 847**	**25 691 412**	**14,70**	**1,67**
Insgesamt	**124 485 409**	**132 885 491**	**143 121 670**	**7,70**	**1,74**

Quellen: FFA – Bundesanstalt des öffentlichen Rechts, Berlin; eigene Berechnungen

▶ *Zur Wertermittlung vgl. Kühbacher in GuG 2001, 231; vgl. auch GuG 2001, 178 und 245*

2.5.3   Gemeinbedarfsnutzung

Wie unter § 7 WertV Rn. 131 ff. und in den Vorbem. zu den §§ 15 ff. WertV unter Rn. 17   **168**
erläutert, kann das **Ertragswertverfahren auch zur Ermittlung des Verkehrswerts von baulich für Gemeinbedarfszwecke genutzte Grundstücke zur Anwendung** kommen.
Dabei gilt es insbesondere zwei Besonderheiten zu beachten:

a) Als Erträge sind solche anzusetzen, die von der öffentlichen Hand im Falle einer Anmietung der Räumlichkeiten für vergleichbare Objekte auf dem privatwirtschaftlichen Grundstücksmarkt aufgebracht werden müssten.

b) Als Bodenwert ist in solchen Fällen bei der Ermittlung des Bodenwertverzinsungsbetrags der mit diesen Ertragsverhältnissen **korrespondierende Bodenwert** vergleichbarer privatwirtschaftlich nutzbarer Grundstücke anzusetzen, während es ansonsten bei dem Bodenwert der Gemeinbedarfsfläche verbleibt (gespaltene Bodenwerte).

Dies ist in dem Modell der Ertragswertermittlung begründet:

$$EW = (RE - p \times BW) \times V + BW'$$

Bodenwert des   Bodenwert
mit dem Reinertrag   der
korrespondierenden   Gemein-
Grundstücks   bedarfsfläche

wobei   EW   ... Ertragswert

       BW   ... Bodenwert

       V   ... Vervielfältiger

       p   ... Liegenschaftszinssatz

169   Würde man nämlich den Bodenwertverzinsungsbetrag auf der Grundlage der Gemeinbedarfsnutzung ermitteln, so würde der um den Bodenwertverzinsungsbetrag verminderte Reinertrag (RE – p × BW) unangemessen „hochschnellen", denn der **Bodenwert einer Gemeinbedarfsnutzung ist in aller Regel niedriger** als der einer vergleichbaren privatwirtschaftlich nutzbaren Fläche (Prinzip korrespondierender Bodenwerte).

170   Bezüglich der für Gemeinbedarfsnutzungen anzusetzenden Erträge gilt der bereits angesprochene **Grundsatz, nach dem solche Erträge anzusetzen sind, die für vergleichbare privatwirtschaftlich nutzbare bauliche Anlagen ortsüblich und nachhaltig sind.** Dies ist in vielen Fällen unproblematisch, bereitet mitunter aber auch Schwierigkeiten:

– Bei öffentlichen *Verwaltungsgebäuden* bereitet der Ansatz in aller Regel keine Schwierigkeiten, weil hier auf vergleichbare Büronutzungen zurückgegriffen werden kann.

– Bei anderen Gemeinbedarfsnutzungen, wie *Schulen, Kindergärten und öffentlichen Versammlungsstätten* stellt sich die Situation schon komplizierter dar, jedoch gibt es auch für dieses Segment durchaus einen (kleinen) Mietmarkt.

171   In der Wertermittlungspraxis kann hier vielfach auf die **Benutzungs- und Entgeltverordnung** der jeweiligen Städte zurückgegriffen werden.

So sieht z. B. die **Benutzungs- und Entgeltverordnung** der Stadt *Kiel* vom 8. 12. 1995, geändert am 18. 9. 1996, für die Benutzung von Schulräumen und Sporthallen folgende Entgelte vor (zu Krankenhäusern vgl. *Gödecke* in Nachr. der nds. Kat- und VermVw 2001, 15):

	im Sommerhalbjahr (1. 5.–30. 9.)	im Winterhalbjahr (1. 10.–30. 4.)
A. Allgemeine Räume		
1. Klassenraum	12,00 DM je angef. Stunde	15,00 DM
2. Zeichen- und Musiksaal, Großraum o. Ä.	20,00 DM je angef. Stunde	25,00 DM
B. Sporträume		
1. Gymnastiksaal Krafttrainingsraum	20,00 DM je angef. Stunde	30,00 DM
2. Normalturnhalle	30,00 DM je angef. Stunde	40,00 DM
3. Großturnhalle Sporthalle	50,00 DM je angef. Stunde	60,00 DM
4. Lehrschwimmbecken Max-Planck-Schule	40,00 DM je angef. Stunde	50,00 DM
5. Bewegungsbad Bildungszentrum Mettenhof	30,00 DM je angef. Stunde	40,00 DM

C. **Aulen, Mensen u. ä. Räume**

mit einem Fassungsvermögen

– bis 200 Personen	100,00 DM je Tag	125,00 DM/Tag
– über 200 – 500 Personen	125,00 DM je Tag	150,00 DM/Tag
– über 500 Personen	150,00 DM je Tag	175,00 DM/Tag

D. **Fachräume, Werkstätten, Labors u. Ä.**

1. Werkstatt, Labor	300,00 DM je Tag	350,00 DM/Tag
Fachraum	50,00 DM je Stunde	60,00 DM/Std.
2. Fachraum für CAD-Technik	600,00 DM je Tag	650,00 DM/Tag
	80,00 DM je Stunde	90,00 DM/Std.

E. **Meisterkurs Hauswirtschaft**

Für die Überlassung von Schulraum
für die Durchführung des Kurses
zur Vorbereitung auf die Meisterprüfung
in der Hauswirtschaft je Teilnehmer/
Teilnehmerin und Semester   150,00 DM   175,00 DM

F. **Geräteüberlassung**
Für die gleichzeitige Überlassung

a) eines Klaviers	30,00 DM je Tag
b) eines Flügels	50,00 DM je Tag
c) von sonstigen Lehrmitteln und Musikinstrumenten	nach Vereinbarung

(2) Bei der Erhebung eines Eintrittsgeldes von mehr als 7,50 DM für den teuersten Platz sowie bei gewerblichen Nutzungen ist das 5-fache der aufgeführten Entgelte zu zahlen.

(3) Werden Räume für Privatunterricht genutzt, der nicht im schulischen Interesse liegt, wird das 3-fache der Entgelte festgesetzt.

(4) Übernachtungen in Schulräumen und Sporthallen werden nur bei Großveranstaltungen genehmigt, wenn eine andere Unterbringung, z. B. in Jugendherbergen, nicht möglich ist. Es wird ein Entgelt von 3,00 DM je Person und Nacht erhoben.

(5) Die Kosten für die Heizung, für Beleuchtung, Reinigung und Wartung sind in den Entgelten enthalten. Bei erhöhter Verschmutzung sind notwendige zusätzliche Reinigungskosten von dem Nutzer/der Nutzerin zu übernehmen.

(6) Für die Nutzung von Schulräumen und Sporthallen wird für Personalkosten des Schulhausmeisters ein Zuschlag

– an Sonn- und Feiertagen in Höhe von	30,00 DM
– an Werktagen außerhalb der Arbeitszeit in Höhe von	15,00 DM je Stunde erhoben.

§ 6
Entgelte

(4) Übernachtungen in Schulräumen und Sporthallen werden Personen, die einem Turn- und Sportverein oder einer Sportgruppe, die dem Sportverband Kiel, dem Landessportverband Schleswig-Holstein oder einer Nebenorganisation des Deutschen Sportbundes angeschlossen sind, genehmigt und im Übrigen nur Teilnehmerinnen/Teilnehmern von Großveranstaltungen, wenn eine andere Unterbringung, z. B. in Jugendherbergen, nicht möglich ist. Es wird ein Entgelt von 5,00 DM je Person und Nacht erhoben. Wer gegen die Regelungen der Benutzungs- und Entgeltordnung oder der Haus- bzw. Hallenordnung verstößt, kann von weiteren Nutzungen ausgeschlossen werden. Die Verwaltung ist berechtigt, Kautionen hinterlegen zu lassen.

2.6   Mieterhöhungsverlangen

2.6.1   Allgemeines

Ein **Mieterhöhungsverlangen muss begründet werden.** Das Gesetz sieht hierfür ver- **172**
schiedene Begründungsmittel vor (§ 558 a BGB):

1. Mietspiegel (§§ 558 c und d BGB),
2. eine Auskunft aus einer Mietdatenbank (§ 558 e BGB),

3. Gutachten eines öffentlich bestellten und vereidigten Sachverständigen,

4. Hinweis auf Entgelte für mindestens drei vergleichbare Wohnungen.

Streitig ist bei alledem, ob auch ein Sachverständigengutachten eines nicht öffentlich bestellten Sachverständigen zulässig ist[55].

173 Der Vermieter ist in der Wahl seines Begründungsmittels frei. Der **Heranziehung von Mietspiegeln räumt das Gesetz keine Priorität bei.** Soll sich das Mieterhöhungsverlangen auf ein Gutachten eines Sachverständigen stützen, so muss es sich dabei um „ein mit Gründen versehenes Gutachten eines öffentlich bestellten und vereidigten Sachverständigen" handeln. Insoweit gelten nicht die unmittelbaren Regelungen der ZPO. An ein vorprozessuales Gutachten sind keine minderen Ansprüche zu stellen, als an ein gerichtliches Gutachten[56].

174 **Wertermittlungsstichtag** ist der **Zeitpunkt des Zugangs des Mieterhöhungsverlangens**[57].

2.6.2   Mietspiegel

2.6.2.1   Allgemeines

175 Unter einem Mietspiegel ist eine **Übersicht über die ortsüblichen Vergleichsmieten** zu verstehen. Das BGB kennt zwei Arten von Mietspiegeln,

a) den *(einfachen)* Mietspiegel nach § 558 c BGB und

b) den *qualifizierten* Mietspiegel nach § 558 d BGB.

Für beide Arten von Mietspiegeln fordert das Gesetzbuch, dass sie von der Gemeinde oder von Interessenvertretern der Vermieter und der Mieter gemeinsam erstellt oder anerkannt worden sind[58]. Für den qualifizierten Mietspiegel wird darüber hinaus gefordert, dass er nach „anerkannten wissenschaftlichen Grundsätzen" erstellt worden ist.

§§ 558 c und d BGB haben folgende Fassung

„§ 558 c BGB (Mietspiegel)

(1) Ein Mietspiegel ist eine Übersicht über die ortsübliche Vergleichsmiete, soweit die Übersicht von der Gemeinde oder von Interessenvertretern der Vermieter und der Mieter gemeinsam erstellt oder anerkannt worden ist.

(2) Mietspiegel können für das Gebiet einer Gemeinde oder mehrerer Gemeinden oder für Teile von Gemeinden erstellt werden.

(3) Mietspiegel sollen im Abstand von zwei Jahren der Marktentwicklung angepasst werden.

(4) Gemeinden sollen Mietspiegel erstellen, wenn hierfür ein Bedürfnis besteht und dies mit einem vertretbaren Aufwand möglich ist. Die Mietspiegel und ihre Änderungen sollen veröffentlicht werden.

(5) Die Bundesregierung wird ermächtigt, durch Rechtsverordnung mit Zustimmung des Bundesrates Vorschriften über den näheren Inhalt und das Verfahren zur Aufstellung und Anpassung von Mietspiegeln zu erlassen."

§ 558 d BGB (Qualifizierter Mietspiegel)

„(1) Ein qualifizierter Mietspiegel ist ein Mietspiegel, der nach anerkannten wissenschaftlichen Grundsätzen erstellt und von der Gemeinde oder von Interessenvertretern der Vermieter und der Mieter anerkannt worden ist.

(2) Der qualifizierte Mietspiegel ist im Abstand von zwei Jahren der Marktentwicklung anzupassen. Dabei kann eine Stichprobe oder die Entwicklung des vom Statistischen Bundesamt ermittelten Preisindexes für die Lebenshaltung aller privaten Haushalte in Deutschland zu Grunde gelegt werden. Nach vier Jahren ist der qualifizierte Mietspiegel neu zu erstellen.

(3) Ist die Vorschrift des Absatzes 2 eingehalten, so wird vermutet, dass die im qualifizierten Mietspiegel bezeichneten Entgelte die ortsübliche Vergleichsmiete wiedergeben."

Das Gesetz verzichtet hier auf Vorgaben bestimmter wissenschaftlicher Methoden (Tabellenmethode oder Regressionsanalyse) und eine Verpflichtung der Gemeinde zur Erstellung eines qualifizierten Mietspiegels. Im Unterschied zum einfachen Mietspiegel soll dem qualifizierten Mietspiegel wegen der erforderlichen wissenschaftlichen Qualität eine **prozes-**

suale (gleichwohl widerlegbare Richtigkeits-)Vermutung im gerichtlichen Mieter-
höhungsrechtsstreit zukommen. Der wesentliche Unterschied besteht also in den Rechtsfolgen.

Wenn der Vermieter der Auffassung ist, dass die ortsübliche Vergleichsmiete höher ist, als
im qualifizierten Mietspiegel angegeben, kann er sich ebenso wie im Falle des Vorliegens
eines einfachen Mietspiegels auf drei Vergleichsmieten oder ein Gutachten eines öffentlich
bestellten und vereidigten Sachverständigen berufen.

Der Mietspiegel hat sich bei außergerichtlichen Mieterhöhungserklärungen bewährt[59]. Im   **176**
Rechtsstreit kommt dem **Mietspiegel** die **Bedeutung eines Parteigutachtens** bei.

Nach § 558 c Abs. 3 und § 558 d Abs. 2 BGB sollen die einfachen Mietspiegel und die qualifizierten Mietspiegel alle zwei Jahre der Entwicklung angepasst werden. Von der Ermächtigung des § 558 c Abs. 5 BGB, durch Rechtsverordnung Vorschriften über den näheren
Inhalt und das Verfahren zur Aufstellung und Anpassung von Mietspiegeln zu erlassen, hat
die Bundesregierung bislang keinen Gebrauch gemacht. Stattdessen sind aber „Hinweise
für die Aufstellung von Mietspiegeln" veröffentlicht worden[60]. Auf derartige Mietspiegel
kann also Bezug genommen werden, wenn der Mietspiegel von der Gemeinde oder vom
Interessenvertreter der Vermieter und der Mieter gemeinsam erstellt oder anerkannt worden
ist.

Ein Mieterhöhungsverlangen kann im Übrigen auch auf **Mietspiegel vergleichbarer**   **177**
Nachbargemeinden gestützt werden. Davon wird man nur Gebrauch machen, wenn ein
Mietspiegel der Belegenheitsgemeinde nicht zur Verfügung steht. An die Erstellung des
Mietspiegels sind folgende **Anforderungen** zu stellen:

– Der Mietspiegel soll einen repräsentativen Querschnitt der ortsüblichen Entgelte vergleichbarer Wohnungen enthalten.

– In den Mietspiegel sollen ortsübliche Entgelte eingehen, die in den letzten vier Jahren
  vereinbart oder geändert wurden.

– In den Mietspiegel dürfen preisgebundene Mieten nicht eingehen.

– Der Mietspiegel soll eine Einordnung der Wohnungen nach Art, Größe, Ausstattung,
  Beschaffenheit und Lage zulassen; dabei empfiehlt es sich, das Baualter anzugeben.

Die **Verwendung des RDM-Immobilienpreisspiegels, des VDM-Preisspiegels** oder der   **178**
Mietpreisübersichten der Finanzämter **ist bei einem Mieterhöhungsverlangen unzuläs-**
sig. Dies spricht gegen ihre Heranziehung zur Verkehrswertermittlung.

Bei der Verwendung von Mietspiegeln ist zu beachten, dass die meisten Mietspiegel die
sog. **Grundmiete** ausweisen. Unter dem Begriff **Grundmiete** ist das **Entgelt für die**
Gebrauchsüberlassung einer Wohnung o h n e Betriebskosten zu verstehen (Nettomiete).

Um die Vergleichbarkeit der ausgewiesenen Grundmiete mit der tatsächlich entrichteten   **179**
Miete herzustellen, bedarf es insbesondere bei älteren Mietverträgen, mit denen nicht die

---

55 Bub/Treier (Schulz) § 2 MHG IIIa Rn. 242
56 OLG Karlsruhe, Beschl. vom 20. 7. 1982 – 3 REMiet 2/82 –, EzGuG 11.132 c
57 BayObLG, Beschl. vom 27. 10. 1992 – REMiet 3/92 –, EzGuG 20.143 a; OLG Stuttgart, Urt. vom 15. 12. 1993
    – 8 REMiet 4/93 –, WuM 1994, 58 = NJW-RR 1994, 334 = ZMR 1994, 109 = DWW 1994, 47
58 OLG Hamm, Urt. vom 11. 10. 1991 – 30 REMiet 4/90 –, WuM 1990, 538 = ZMR 1991, 22
59 OLG Stuttgart, RE vom 2. 2. 1982 – 8 REMiet 4/81 –, EzGuG 3.64 b; AG Frankfurt am Main, Urt. vom 20. 10.
    1988 – 33 C 4916/87-29 –, EzGuG 3.74
60 BBauBl. 1980, 357 = WuM 1980, 165; Zur Methodik vgl. Klein, Th./Martin, F., in WuM 1994, 513; Voelskow,
    R. in ZMR 1992, 326; Aigner, K./Oberhofer, W./Schmidt, B. in WuM 1993, 10, 16; Gaede, K.-W./Kredler, C. in
    WuM 1992, 577; Krämer in WuM 1992, 172; Leutner, B. in WuM 1992, 652; BMBau: Hinweise zur Erstellung
    von Mietspiegeln, Bonn 1997

---

gesamten umlagefähigen Betriebskosten umgelegt werden, der Umrechnung. Im Einzelnen kann zwischen folgenden Vertragstypen unterschieden werden:

1. Mietverträge, mit denen alle umlagefähigen Betriebskosten umgelegt werden;

2. Mietverträge, mit denen nicht alle umlagefähigen Betriebskosten umgelegt werden und stattdessen pauschal ein Teilbetrag vom Mieter vertraglich übernommen worden, und damit auch die an sich umlagefähigen Betriebskosten abgegolten sind (**Teilinklusivmiete**);

3. Mietverträge, die eine Warm-, Inklusiv- oder Bruttomiete vorsehen, mit der die Betriebskosten als abgegolten gelten, d. h. die vereinbarte Miete enthält auch den gesamten Betriebskostenanteil.

180 Der **Vergleich der vertraglich vereinbarten Miete mit den im Mietspiegel ausgewiesenen Mietwerten** erfolgt regelmäßig in der Weise, dass – je nach mietvertraglicher Behandlung der umlagefähigen Betriebskosten bzw. überwälzungsfähigen Schönheitsreparaturen – die im Mietspiegel ausgewiesene Grundmiete „aufgestockt" wird.

Abb. 40: Vergleich der vertraglichen Miete mit der im Mietspiegel ausgewiesenen (aufgestockten) Grundmiete

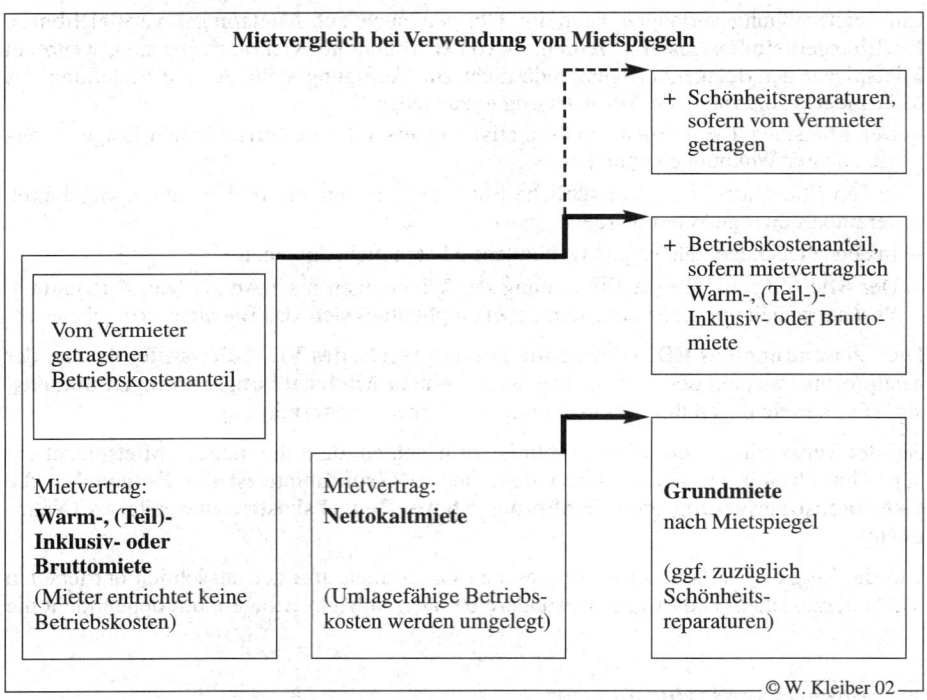

181 Im 2. *Fall* (Teilinklusivmiete) muss, um eine Vergleichbarkeit herzustellen, unter Heranziehung des Mietvertrags, der **vom Mieter bezahlte Betriebskostenanteil** zunächst herausgerechnet werden. Einfacher ist es, wenn der Mieter seinen Betriebskostenanteil durch eine Nebenkostenpauschale entrichtet. Die mietvertraglich vereinbarte Miete kann dann direkt mit der im Mietspiegel ausgewiesenen Grundmiete verglichen werden.

Sieht der **Mietvertrag** indessen eine **Warm-, Inklusiv- oder Bruttomiete** vor (*Fall 3*), **182** müssen die in der Miete enthaltenen Betriebskosten zunächst im Wege einer fiktiven Umlage herausgerechnet werden. Zu diesem Zweck werden

a) die jährlich anfallenden Betriebskosten des Gesamtobjekts ermittelt,

b) anschließend wird der auf den Mieter entfallende Anteil pro Quadratmeter Wohnfläche in der Weise ermittelt, indem der Gesamtbetrag der jährlichen Betriebskosten durch die gesamte Wohnfläche des Mietobjekts geteilt wird;

c) schließlich wird der auf den Quadratmeter Wohnfläche bezogene Betriebskostenanteil auf den Monatswert umgerechnet, indem das vorstehende Ergebnis durch 12 geteilt wird.

Zur Frage, ob und welche **Zu- und Abschläge an die im Mietspiegel ausgewiesenen** **183** **Werte** anzubringen sind, ist zunächst auf den Mietspiegel selbst hinzuweisen, soweit dieser ausdrücklich für bestimmte Merkmale Zu- oder Abschläge vorsieht. Weitere Zu- und Abschläge für bestimmte Beschaffenheitsmerkmale verbieten sich, wenn solche Merkmale bereits in das statistische Material, das der Ableitung zu Grunde gelegt wurde, bereits eingegangen sind. Unzulässig sind Zu- und Abschläge für Teilmärkte, wie z. B. für Wohnungen bestimmter Bevölkerungsgruppen (Studenten, Stationierungskräfte, Ausländer, Wohngemeinschaften).

Weist ein Mietspiegel **Leerstellen** auf, ist **eine Interpolation unzulässig**[61]. **184**

Soweit **Schönheitsreparaturen** (vgl. § 18 WertV Rn. 100) vom Vermieter getragen wer- **185** den, sind diese den im Mietspiegel ausgewiesenen Werten zuzuschlagen[62]. In Anlehnung an § 28 Abs. 4 II BV n. F. kommt ein Höchstzuschlag von 8,50 € je Quadratmeter Wohnfläche im Jahr in Betracht, wobei sich dieser Satz für Wohnungen nach der *alten* Fassung der II BV verringerte,

– die überwiegend nicht tapeziert sind,   um 1,35 DM

– die ohne Heizkörper ausgestattet sind,   um 1,05 DM und

– die überwiegend nicht mit Doppelfenster
oder Verbundfenster ausgestattet sind,   um 1,10 DM.

Diese **Abzugsbeträge sind** nach der seit dem 1. 1. 2002 geltenden Fassung der II BV **gestrichen worden,** weil – so die Begründung – diese Fälle „heute kaum noch gegeben" sind.

Bei Verwendung von Mietspiegeln kann ein **Zuschlag wegen zwischenzeitlich eingetre-** **186** **tener Erhöhung der ortsüblichen Vergleichsmiete** verlangt werden, wenn die eingetretene Erhöhung begründbar ist. Maßstab hierfür ist die Entwicklung der ortsüblichen Vergleichsmiete.

2.6.2.2   Beispiel eines Mietspiegels

a) Mietspiegel für nicht öffentlich geförderte Wohnungen (Stadtgebiet Köln) **187**

Stand 1. 7. 2000

Zusammengestellt bei der Rheinischen Immobilienbörse durch

– Kölner Haus- und Grundbesitzerverein 1888,

– Verband der privaten Wohnungswirtschaft im Regierungsbezirk Köln,

– Mieterverein Köln,

---

61   LG Berlin, Urt. vom 1. 2. 1990 – 61 S 353/89 –, WuM 1990, 158

62   OLG Koblenz, Urt. vom 8. 11. 1984 – 4 W RE 571/84 –, NJW 1985, 333 = WuM 1985, 15; LG Wiesbaden, Urt.
    vom 9. 2. 1987 – 1 S 104/86 –, WuM 1987, 127

– Rheinische Immobilienbörse,

– Stadt Köln, Amt für Wohnungswesen,

– Vereinigung von Haus-, Wohnungs- und Grundeigentümern Köln e.V.,

unter Mitarbeit von

– Arbeitsgemeinschaft gemeinnütziger Kölner Wohnungsunternehmen,

– Geschäftsstelle des Gutachterausschusses für Grundstückswerte in Köln,

– Ring Deutscher Makler,

– Verband der Immobilienberufe und Hausverwalter e.V.

Allgemeine Erläuterungen

Der „Mietspiegel für freifinanzierte Wohnungen" dient als Richtlinie zur Ermittlung ortsüblicher Vergleichsmieten. Er bietet den Mietpartnern eine Orientierungsmöglichkeit, um in eigener Verantwortung die Miethöhe je nach Lage (Grundstück, Wohnung), Ausstattung, Zustand der Wohnung und des Gebäudes zu vereinbaren. Die in der Tabelle aufgeführten Spannen, die den Schwerpunkt des Marktes darstellen, geben den unterschiedlichen Wohnwert wieder. In innerstädtischen Wohnlagen liegen die Mieten überwiegend im oberen Bereich. Höhere und niedrigere Mieten werden nicht ausgeschlossen. In Randlagen können sich niedrigere Mieten ergeben. Höhere Mieten können sich insbesondere bei Appartements, Maisonette- und Penthousewohnungen sowie bei außergewöhnlich gestalteten und gepflegten Wohnhäusern ergeben. Kleinappartements und Einfamilienhäuser sind nicht erfasst.

Es handelt sich um die „Nettomiete" je m² Wohnfläche. Betriebskosten können gesondert erhoben werden, soweit der Mietvertrag entsprechende Regelungen enthält. Abrechnung und Umlage der Betriebskosten richten sich nach den mietvertraglichen Vereinbarungen.

Zusätzliche Kosten können anfallen für

* Grundsteuer
* Entwässerung
* Betrieb des Aufzugs
* Straßenreinigung
* Gartenpflege
* Wasserversorgung
* Betriebskosten der Heizung und Warmwasserversorgung
* Gebäude- und Haftpflichtversicherung
* Kosten des Betriebs einer maschinellen Wascheinrichtung
* Kosten des Betriebs einer Gemeinschaftsantenne/Kabelanschluss
* Schornsteinfeger
* Hauswart
* Müllabfuhr
* Hausreinigung
* Allgemeinbeleuchtung
* Laufende Kosten des Betriebs von Sonderanlagen und -einrichtungen, die durch die Art des Gebäudes erforderlich sind,

sowie für Schönheitsreparaturen.

Sofern die Parteien Kosten für die hier aufgeführten Betriebskosten insgesamt oder teilweise in den Mietpreis einberechnet haben, sind diese für die Feststellung der Vergleichsmiete zunächst abzusetzen und später wieder hinzuzurechnen.

Besondere Erläuterungen

Die im Mietspiegel verwandten Begriffe werden wie folgt erläutert:

1. Größe der Wohnung

Die Berechnung der Wohnungsgröße für diesen Mietspiegel erfolgt nach der 2. Berechnungsverordnung, wobei die Balkon- und die gedeckte Terrassenfläche zu $1/4$ angerechnet werden.

2. Baualtersgruppe 1

Bei den Wohnungen der Gruppe 1 handelt es sich um Wohnungen in Häusern, die bis zum 20. Juni 1948 erstellt und bezugsfertig wurden und die im Rahmen der laufenden Instandhaltung einen Normalstandard erhalten haben bzw. bei denen einzelne Anpassungen an den Standard heutiger Wohnvorstellungen erfolgt sind (Teilmodernisierung). Soweit bei Wohnungen aus der Gruppe 1 die Altsubstanz weitgehend unverändert geblieben ist, bewegen sich die Mieten ca. 10 % unterhalb der angegebenen Spannen.

3. Lage der Wohnung

Einfache Wohnlagen

Eine einfache Wohnlage ist gegeben, wenn das Wohnen durch Geräusch- und Geruchsbelästigung oder auf Grund anderer Kriterien kontinuierlich erheblich beeinträchtigt und dadurch der Wohnwert gemindert wird.

Mittlere Wohnlagen

a) Standard

Bei der mittleren Wohnlage handelt es sich um normale Wohnlagen ohne besondere Vor- und Nachteile. Die überwiegende Zahl der Wohnungen innerhalb des Stadtgebiets liegt in diesen Wohngegenden. Solche Wohngebiete sind zumeist dicht bebaut und weisen keine kontinuierlich, beeinträchtigenden Belastungen durch Geräusch oder Geruch auf.

b) gut

Die gute Wohnlage ist gekennzeichnet durch lockere Bebauung, Baumbepflanzung an der Straße oder Garten, fehlenden Durchgangsverkehr, gute Einkaufsmöglichkeiten, nichtbeeinträchtigende Einrichtungen und günstige Verkehrsverbindungen auch mit öffentlichen Verkehrsmitteln zum Zentrum. Bei dieser Untergruppierung ist die Miete zwischen den Werten der mittleren und sehr guten Wohnlage einzuordnen.

Sehr gute Wohnlage

Die guten Wohnlagen sind durch aufgelockerte, in der Regel zweigeschossige in Villenlagen bis zu viergeschossige Bebauung in ruhiger und verkehrsgünstiger Grünlage gekennzeichnet.

4. Ausstattung der Wohnungen

a) Heizung

Bei Warmluftheizungen, die die Beheizung der Wohnung überwiegend zulassen, ist die Einordnung in der Gruppe mit Heizung, jedoch an der unteren Grenze der Mietpreisspanne, angemessen.

b) besondere Ausstattung

Eine besondere Ausstattung von Wohnungen liegt vor, wenn
- die Gesamtanlage vom Gruppenstandard erheblich abweicht,
- wärme- und schalldämmende Verglasung (dies gilt für die Gruppen I bis III),
- ein außergewöhnlicher Fußboden (Parkett, Marmor, Solnhofener Platten und Keramik),
- ein separates WC und ein separates Zweitbad oder Dusche,
- Einbauschränke gehobener Qualität,

– eine Einbauküche oder
– ein großer Balkon, Terrasse, Loggia, Garten vorhanden sind.
Es ist erforderlich, dass mehrere Merkmale vorliegen.

5. Modernisierung

Von einer modernisierten Wohnung kann gesprochen werden, wenn sie durch umfassende Wertverbesserung neuzeitlichen Wohnansprüchen gerecht wird. Die Mietwerte
orientieren sich an denen der Gruppe 3. Bei umfassend sanierten Gebäuden (grundlegende Veränderung des Ursprungszustands) wird für die Eingruppierung in die entsprechende Baualtersklasse auf das Jahr der Fertigstellung der Sanierung abgestellt; Entsprechendes gilt für durch Ausbau neugeschaffenen Wohnraum.

6. Appartements

Unter einem Appartement ist eine abgeschlossene Einzimmerwohnung mit eingerichteter Küche oder Kochnische, separatem Bad oder Dusche sowie WC zu verstehen.

Gruppe 1: Wohnungen in Gebäuden, die bis 20. 06. 1948 bezugsfertig wurden (Altbauten)

		in einfacher Wohnlage €/m²	in mittlerer Wohnlage €/m²	in sehr guter Wohnlage €/m²
A Wohnungen um 40 m² Größe	1	2,45–3,17	2,71–3,43	3,02–3,94
	2	3,12–4,04	3,48–4,40	3,83–4,76
	3	4,65–5,52	5,06–6,03	5,68–6,75
B Wohnungen um 60 m² Größe	1	2,40–3,12	2,66–3,37	2,97–3,89
	2	3,12–3,94	3,43–4,35	3,89–4,70
	3	4,50–5,47	4,86–5,98	5,47–6,49
C Wohnungen um 80 m² Größe	1	2,20–3,02	2,51–3,27	2,71–3,53
	2	2,97–3,89	3,37–4,29	3,73–4,65
	3	4,24–5,32	4,70–5,78	5,22–6,24
D Wohnungen um 100 m² Größe	2	2,91–3,83	3,27–4,19	3,63–4,55
	3	4,14–5,16	4,50–5,47	5,11–6,08
E Wohnungen um 120 m² Größe	2	2,76–3,68	3,12–4,04	3,48–4,40
	3	3,83–4,76	4,35–5,27	4,86–5,88

Gruppe 2: Wohnungen in Gebäuden, die vom 21. 06. 1948 bis 1960 bezugsfertig wurden

		in einfacher Wohnlage €/m²	in mittlerer Wohnlage €/m²	in sehr guter Wohnlage €/m²
A Wohnungen um 40 m² Größe	2	3,43–4,65	3,89–5,11	4,76–5,47
	3	4,60–6,08	5,11–6,60	5,62–7,11
B Wohnungen um 60 m² Größe	2	3,27–4,50	3,78–5,01	4,19–5,32
	3	4,40–5,93	4,91–6,44	5,57–7,11
C Wohnungen um 80 m² Größe	2	3,32–4,35	3,73–4,76	4,09–5,11
	3	4,14–5,62	4,60–6,08	5,11–6,60
D Wohnungen um 100 m² Größe	2	3,02–4,19	3,43–4,60	3,78–4,96
	3	3,89–5,32	4,29–5,73	4,76–6,19
E Wohnungen um 120 m² Größe	2	3,02–3,94	3,43–4,45	3,78–4,81
	3	3,78–5,06	4,19–5,62	4,65–6,08

Gruppe 3: Wohnungen in Gebäuden, die von 1961 bis 1975 bezugsfertig wurden

		in einfacher Wohnlage €/m²	in mittlerer Wohnlage €/m²	in sehr guter Wohnlage €/m²
A Wohnungen um 40 m² Größe	3	5,42–7,16	6,03–7,77	6,70–8,44
	4	5,88–7,82	6,65–8,59	7,36–9,31
B Wohnungen um 60 m² Größe	3	5,16–6,95	5,78–7,57	6,34–8,13
	4	5,57–7,52	6,39–8,33	7,00–8,95
C Wohnungen um 80 m² Größe	3	4,70–6,60	5,11–7,16	5,83–7,72
	4	5,37–7,26	5,88–7,93	6,65–8,54
D Wohnungen um 100 m² Größe	3	4,60–6,14	5,11–6,65	5,62–7,16
	4	4,91–6,80	5,52–7,41	6,19–8,08
E Wohnungen um 120 m² Größe	3	4,60–5,83	5,11–6,49	5,62–7,00
	4		5,52–7,26	6,19–7,93

Gruppe 4: Wohnungen in Gebäuden, die von 1976 bis 1989 bezugsfertig wurden

		in einfacher Wohnlage €/m²	in mittlerer Wohnlage €/m²	in sehr guter Wohnlage €/m²
A Wohnungen um 40 m² Größe	3	5,57–7,31	6,24–7,98	6,95– 8,69
	4	6,60–8,28	7,41–9,20	8,23–10,02
B Wohnungen um 60 m² Größe	3	5,22–7,06	5,83–7,67	6,49– 8,33
	4	5,93–7,98	6,95–8,69	7,41– 9,46
C Wohnungen um 80 m² Größe	3	4,76–6,80	5,37–7,41	5,98– 8,03
	4	5,73–7,52	6,39–8,18	7,11– 8,90
D Wohnungen um 100 m² Größe	3	4,55–6,34	5,11–6,90	5,68– 7,46
	4	5,22–7,00	5,88–7,67	6,49– 8,28
E Wohnungen um 120 m² Größe	3	4,35–6,03	5,11–6,75	5,62– 7,31
	4	4,96–6,75	5,73–7,57	6,34– 8,18

Gruppe 5: Wohnungen in Gebäuden, die von 1990 bis 1999 bezugsfertig wurden

		in einfacher Wohnlage €/m²	in mittlerer Wohnlage €/m²	in sehr guter Wohnlage €/m²
A Wohnungen um 40 m² Größe	3		7,67– 9,71	8,95–10,23
	4		8,18–10,23	9,46–11,25
B Wohnungen um 60 m² Größe	3		7,67– 9,46	8,18–10,23
	4		8,18– 9,71	8,95–10,74
C Wohnungen um 80 m² Größe	3		7,67– 9,46	8,44– 9,97
	4		8,18– 9,71	8,69–10,48
D Wohnungen um 100 m² Größe	3		7,16– 9,20	7,93– 9,97
	4		7,67– 9,71	8,44–10,23
E Wohnungen um 120 m² Größe	3		6,90– 9,20	7,67– 9,71
	4		7,41– 9,46	8,18–10,23

1   ohne Heizung, ohne Bad, WC in der Wohnung
2   ohne Heizung, mit Bad/WC oder mit Heizung ohne Bad
3   mit Heizung, Bad/WC
4   mit besonderer Ausstattung

188   **b) Mietspiegel für gewerbliche Räume in Köln**

Zusammengestellt von der Rheinischen Immobilienbörse in Zusammenarbeit mit dem Ring Deutscher Makler, Stand: März 2000

Erläuterungen:

Die Übersicht informiert über Mieten für Büroräume und Lagerraum im Stadtgebiet Köln sowie über Ladenlokale an ausgewählten Einzelhandelsstandorten. Sonderausstattungen sind nicht berücksichtigt. Die Spannen geben den unterschiedlichen Nutzwert wieder. Die Aufzählung ist beispielhaft.

Mieten für qualifizierte Serviceflächen im Neubaubereich liegen zwischen den Mieten für gute Lagerflächen und den unteren Werten für Büroräume.

Praxisräume liegen im unteren Bereich der Mieten für Büroflächen.

Bei Großgaragen liegen die Mieten für Doppelparker bei 50–70 % des Preises.

Büroräume		**DM pro m²**
a) Bankenviertel und Sonderlagen		26,00–32,00
b) bevorzugte Innenstadt- und Vorortlagen		20,00–26,00
c) nicht bevorzugte bis mittlere Bürolagen		14,00–20,00

Stellplätze für PKW		**DM pro Platz**
Freifläche		
Innenstadt und bevorzugte Vorortlagen		80,00–120,00
nicht bevorzugte bis mittlere Lagen		30,00– 90,00
Garagenplatz (Großgarage)		
Innenstadt		170,00–250,00
Garagenplatz (Einzelgarage)		
Innenstadt		180,00–270,00
nicht bevorzugte bis mittlere Lagen		100,00–150,00

Ladenlokale		**DM pro m²**
a) in Spitzenlagen	20 bis 50 m²	200,00–300,00
(Hohe Straße, Schildergasse, Wallrafplatz Ostseite)	50 bis 100 m²	150,00–220,00
	über 100 m²	100,00–180,00
b) in sehr guten Innenstadtlagen (wie beispielsweise	20 bis 50 m²	80,00–150,00
Am Hof, Minoritenstraße, Breite Straße,	50 bis 100 m²	70,00–120,00
Apostelnstraße, Neumarkt-Nordseite,	über 100 m²	40,00– 80,00
Ehrenstraße, Hahnenstraße, Mittelstraße)		
c) in guten Innenstadtlagen (wie beispielsweise	20 bis 50 m²	40,00– 80,00
Gürzenichstraße, Hahnenstraße, Herzogstraße,	50 bis 100 m²	35,00– 70,00
Hohenzollernring, Hohenstaufenring,	über 100 m²	25,00– 50,00
Habsburgerring)		
d) in sehr guten Vorortlagen (wie beispielsweise	20 bis 50 m²	40,00– 70,00
Neusser Straße, Venloer Straße, Bahnhof-	50 bis 100 m²	30,00– 60,00
straße (Porz), Dürener Straße, Rodenkirchener	über 100 m²	25,00– 60,00
Hauptstraße/Maternusplatz, Sülzburgstraße,		
Deutzer Freiheit)		

e) in guten Vorortlagen (wie beispielsweise	20 bis 50 m²	30,00– 60,00
Aachener Straße, Höninger Weg, Frankfurter	50 bis 100 m²	25,00– 45,00
Straße, Kalker Hauptstraße, Zülpicher Straße)	über 100 m²	20,00– 30,00

Lagerraum/Produktionsfläche

a) mit Heizung	7,00–10,00
b) ohne Heizung	5,00– 7,00

Erläuterung:

Die Werte für **Ladenlokale** beziehen sich auf normal geschnittene Geschäftsräume mit entsprechender Frontbreite im Erdgeschoss in jeweiligen Haupt- und Nebenzentren. Nebenräume, vor allem Lagerflächen, sind davon nicht erfasst. Höhere bzw. niedrigere Mieten, die sich für bestimmte Branchen ergeben können, sind dabei nicht ausgeschlossen. Höhere Mieten ergeben sich vor allem bei Kleinstläden. In den Nebenstraßen und in angrenzenden Räumen liegen die Mieten unterhalb der ausgewiesenen Werte.

Zusätzliche Informationen erteilt: Rheinische Immobilienbörse, Unter Sachsenhausen 10–26, 50667 Köln, Telefon 02 21/16 40 – 352, Telefax 02 21/16 40 – 359.

2.6.3 Sachverständigengutachten

▸ *Zum Beweis durch Sachverständigengutachten vgl. Teil III Rn. 287 ff. und §§ 402 bis 414 ZPO (Anh. 1.7)*

Neben dem Mietspiegel nennt § 558 a Abs. 2 Nr. 3 BGB ein mit Gründen versehenes Gutachten eines öffentlich bestellten und vereidigten Sachverständigen als Grundlage eines Mieterhöhungsverlangens. Dem Gutachten kommt im Streitfall lediglich die Bedeutung eines Parteigutachtens bei. Der Sachverständige muss nicht speziell für das Gebiet des Mietpreisrechts öffentlich bestellt und vereidigt sein. Auch Sachverständige für Grundstückswerte kommen in Betracht[63]. Es muss sich aber um einen **Sachverständigen** handeln, **der von der Industrie- und Handelskammer der Belegenheitsgemeinde der Wohnung bestellt worden ist**[64]. Da ein Mieterhöhungsverlangen auch „auf sonstige Weise" begründet werden kann, kommen auch andere Gutachter und wissenschaftliche Institute in Betracht, jedoch wird man erhöhte Anforderungen an deren Qualifikation stellen müssen. Nach Auffassung von *Fischer*[64] bietet das Nebeneinander von Mietspiegeln und, wenn im Streitfall nötig, deren Handhabung und Begründung durch Sachverständige die „richtigste" Lösung zur Ermittlung der ortsüblichen Vergleichsmiete. **189**

Wie andere Gutachten müssen auch **Mietwertgutachten verständlich und in nachvollziehbarer Weise erstattet** werden. Es genügt auch hier nicht, wenn sich der Gutachter allein auf seine Sachkunde beruft[65]. Die Gutachten dürfen sich auch nicht in „Allgemeinplätzen" verlieren[66]. **190**

---

63 BGH, Urt. vom 21. 4. 1982 – VIII ARZ 2/82 –, EzGuG 20.97
64 BayObLG, RE vom 23. 7. 1987 – REMiet 2/87 –, EzGuG 20.121; OLG Oldenburg, Beschl. vom 22. 12. 1980 – 5 UH 13/80 –, EzGuG 11.120 o; WuM 1996, 604 ff.
65 OLG Karlsruhe, RE vom 20. 7. 1982 – 3 REMiet 2/82 –, EzGuG 11.132 c; LG Baden-Baden, Beschl. vom 30. 12. 1992 – 1 S 52/93 –, WuM 1993, 357
66 Schopp in ZMR 1977, 259; OLG Stuttgart, Beschl. vom 15. 12. 1993 – 8 REMiet 4/93 –, WuM 1994, 58; LG Köln, Urt. vom 28. 8. 1993 – 1 S 45/93 –, WuM 1995, 114

191   Zur **Beurteilung der Wohnlage** muss der Gutachter die betreffende Wohnung nicht in jedem Fall besichtigt haben, es genügt die Besichtigung einer Wohnung gleichen Typs[67].

192   Das Gutachten muss sich auf **repräsentatives Datenmaterial**[68] stützen.

193   Die **Vergleichswohnungen müssen im Gutachten nicht immer konkretisiert werden.** Es kann ausreichen, wenn dem Sachverständigen Vergleichswohnungen in ausreichender Zahl und deren Mietpreisgestaltung bekannt sind (vgl. Rn. 202 ff.). Soweit er selbst nicht über einen repräsentativen Kenntnisstand verfügt, soll es genügen, wenn der Sachverständige seinen Kenntnisstand durch ergänzende Datensammlungen vervollständigt.

194   **Im Sachverständigengutachten** ist der zu Grunde gelegte **Mietbegriff darzulegen,** damit eine Vergleichbarkeit zum Mietzinserhöhungsverlangen hergestellt werden kann.

195   Zur **Konsistenz eines Mietwertgutachtens** hat das LG Berlin[69] festgestellt, dass der in § 2 Abs. 5 Satz 3 MHG (§ 558 Abs. 3 BGB) festgelegte Maßstab an Aktualität fordere, dass Sachverständigengutachten nicht mehr verwertet werden können, wenn sie älter als zwei Jahre sind. Nach Ablauf eines Zeitraums von über zwei Jahren können sich nämlich die tatsächlichen Verhältnisse so verändert haben, dass sie von einem so alten Gutachten nicht mehr belegt werden können.

2.6.4   Vergleichsobjekte

2.6.4.1   Allgemeines

196   Ein Mieterhöhungsverlangen kann schließlich auch durch Hinweise auf **Entgelte vergleichbarer Wohnungen** begründet werden. Dabei können vom Vermieter auch eigene Vergleichswohnungen benannt werden, auch solche, die im selben Haus liegen[70].

197   Nach § 558 a Abs. 2 Nr. 4 BGB genügt die **Benennung von drei Vergleichswohnungen.** Nur in besonders gelagerten Ausnahmefällen konnten zwei Vergleichswohnungen ausreichend sein[71]. In jedem Fall müssen die Vergleichswohnungen konkret beschrieben werden, so dass sie identifizierbar sind. Dabei muss der Quadratmeterpreis angegeben werden, bzw. die Wohnfläche und die Miete. Wenn die angegebene Miete dem Mietbegriff entspricht[72], der dem Mieterhöhungsverlangen zu Grunde liegt, müssen die Betriebskosten nicht zusätzlich angegeben werden. Unterschiedliche Mietbegriffe müssen ggf. erläutert werden. Im Übrigen müssen die Vergleichswohnungen mit der Wohnung, für die ein Mieterhöhungsverlangen gestellt wird, nur ungefähr vergleichbar und nicht identisch sein.

198   Vergleichbar sind Wohnungen, die insbesondere nach **Lage, Ausstattung und Alter** in ihren wesentlichen Merkmalen mit dem Objekt übereinstimmen. Bezüglich der Größe der Wohnung werden geringere Anforderungen gestellt, sofern es sich nicht um einen gänzlich anderen Wohnungsmarkt handelt, wie es etwa bei nur halb so großen Wohnungen der Fall ist[73]. Unterschiede sind, wie bei einem Sachverständigengutachten, zu berücksichtigen. Beim Vergleich mit Wohnungen aus benachbarten oder vergleichbaren Gemeinden sind erhöhte Anforderungen an die Vergleichbarkeit zu stellen.

199   Im Anschluss an die Berücksichtigung von Abweichungen des Vergleichs- vom Wertermittlungsobjekt unter sinngemäßer Anwendung der Grundsätze des § 14 WertV ermittelt sich die ortsübliche **Vergleichsmiete aus dem arithmetischen Mittel,** wobei vorher Ausreißer ausgesondert werden müssen. Als Maß für die Aussagekraft der Spanne gilt der sog. Variationskoeffizient (vgl. Vorbem. zu den §§ 13 und 14 WertV Rn. 77).

2.6.4.2   Mischungsverhältnis

200   I. d. R. können nur annähernd vergleichbare Wohnungen zum Mietvergleich herangezogen werden, wobei die **Daten der letzten vier Jahre** in ausgewogener Weise **möglichst gleichrangig heranzuziehen** sind (vgl. Rn. 56). Des Weiteren ist auf ein gleichrangiges

Mischungsverhältnis zwischen Neuabschlussmieten und Bestandsmieten Wert zu legen, weil sonst eine vom Gesetz nicht gewollte Verfälschung eintreten würde. Schließlich empfiehlt sich den Vergleich auf der Grundlage der Nettokaltmiete/Grundmiete vorzunehmen und die zur Verfügung stehenden Mieten darauf zu überprüfen, ob Teilinklusivmieten vereinbart wurden (vgl. Rn. 179 ff.).

201 Das **Mischungsverhältnis ist durch Offenlegung der Befundtatsachen transparent zu machen.** Hierzu hat der Sachverständige insbesondere die Herkunft der Vergleichsmieten darzulegen und ein für den Mietmarkt repräsentatives Verhältnis zwischen Bestands- und Neuvermietungsmieten zu Grunde zu legen[74].

2.6.4.3   Offenbarungspflicht von Vergleichsobjekten

202 Zur Frage, ob zur Begründung eines Mieterhöhungsverlangens die herangezogenen Vergleichswohnungen zu offenbaren sind, fordert das BVerfG, dass die Geheimhaltungspflicht des Sachverständigen und das Rechtsschutzbedürfnis des durch ein Mieterhöhungsverlangen betroffenen Mieters gegeneinander abzuwägen sind. **„Auf eine Offenlegung von Mietpreis und Adressen der Vergleichswohnungen** oder sonstiger Angaben über deren Beschaffenheit **kann ... in aller Regel nicht verzichtet werden, soweit deren Kenntnis für eine Überprüfung des Gutachtens praktisch unentbehrlich ist",** heißt es unmissverständlich im Beschl. des BVerfG vom 11. 10. 1994[75].

203 Diese Rechtsprechung hat jedoch nur einen vorläufigen Schlusspunkt unter eine Rechtsprechung gesetzt, die dies überwiegend schon vorher gefordert hatte. Teilweise wurde in der Vergangenheit aber auch auf eine sachlich unangreifbare Berücksichtigung der Vergleichspreise vertraut und kein Bedürfnis für eine Überprüfung des Sachverständigen gesehen. Der Geheimhaltungspflicht des Gutachters sowie dem Schutzbedürfnis des Vermieters und des Mieters der Vergleichswohnungen, deren Mietpreise nunmehr im Gutachten konkret zu offenbaren sind, wurde dabei ein höherer Rang eingeräumt. Für die jüngere Rechtsprechung war entscheidend, dass aus dem Gutachten, mit dem ein Mieterhöhungsverlangen begründet und hieraus eine finanzielle Belastung des Mieters abgeleitet wird, nach dem **Rechtsstaatsprinzip** einer Überprüfung zugänglich sein muss.

▶ *Ausführlich hierzu Teil III Rn. 393 ff.*

204 Für **Schiedsgutachten hat der BGH**[76] **die Offenbarungspflicht** im Übrigen dahin gehend **eingeschränkt,** dass im Hinblick auf das grundsätzliche Einvernehmen der Parteien, sich dem Schiedsgutachter zu unterwerfen, genügen soll, wenn der Sachverständige die Vergleichsobjekte lediglich mit der Anschrift (Straßenbezeichnung), den individuellen Beschaffenheitsmerkmalen und den Mietpreisen, jedoch ohne genaue Angabe über die Lage des Hauses und der Wohnung sowie Namen und Anschrift von Vermieter und Mieter benennt (vgl. Teil III Rn. 312 ff.).

---

67   OLG Oldenburg, Urt. vom 2. 1. 1981 – 5 UH 4/80 –, EzGuG 11.120 p; OLG Celle, Urt. vom 27. 4. 1982 – 2 UH 1/81 –, EzGuG 20.98
68   Bub/Treier (Schulz) III A Rn. 508; LG München, Urt. vom 21. 1. 1991 – 12 S 334/90 –, ZMR 1986, 169; LG Köln, Urt. vom 19. 9. 1991 – 1 S 108/90 –, WuM 1992, 256
69   LG Berlin, Urt. vom 3. 2. 1998 – 63 S 364/97 –, EzGuG 11.262
70   OLG Frankfurt am Main, Urt. vom 5. 10. 1981 – 20 REMiet 2/81 –, EzGuG 20.91; OLG Karlsruhe, RE vom 20. 7. 1982 – 3 REMiet 2/82 –, EzGuG 11.132 d
71   BayObLG, Urt. vom 23. 7. 1987 – REMiet 2/87 –, EzGuG 20.121
72   OLG Frankfurt am Main, RE vom 20. 3. 1984 – REMiet 2/84 –, EzGuG 20.104 b; OLG Karlsruhe, RE vom 7. 5. 1984 – 3 REMiet 1/84 –, EzGuG 3.65 a; BVerfG, Beschl. vom 12. 5. 1993 – 1 BvR 442/93 –, NJW 1993, 2039 = WuM 1994, 139 = ZMR 1994, 139
73   BVerfG, Beschl. vom 12. 3. 1980 – 1 BvR 759/77 –, EzGuG 20.82
74   Bub/Treier (Schultz) III A Rn. 482 ff.; Osmer in ZMR 1995, 1 ff.
75   BVerfG, Beschl. vom 11. 10. 1994 – 1 BvR 1398/93 –, GuG 1995, 51 = EzGuG 11.217b
76   BGH, Beschl. vom 21. 6. 1995 – XII ZR 167/94 –, GuG 1996, 113 = EzGuG 20.157

Auf der Grundlage solcher Nutzungsentgelte und der sich nach der jeweiligen Marktlage ergebenden Belegung lässt sich der **ortsübliche Mietwert pro Quadratmeter Nutzfläche** ableiten.

2.6.5 Mietdatenbank

205 Seit dem 1. 9. 2001 kann ein Mieterhöhungsverlangen nach § 558 a Abs. 2 Nr. 2 BGB auch auf eine Auskunft aus einer Mietdatenbank gestützt werden.

Eine **Mietdatenbank** ist nach § 558 e BGB n. F. eine zur Ermittlung der ortsüblichen Vergleichsmiete fortlaufend geführte Sammlung von Mieten, die von der Gemeinde oder von Interessenvertretern der Vermieter und der Mieter gemeinsam geführt oder anerkannt wird und aus der Auskünfte gegeben werden, die für einzelne Wohnungen einen Schluss auf ortsübliche Vergleichsmieten zulassen (z. B. die Mietdatenbank in Hannover des „Verein zur Ermittlung und Auskunftserteilung über die ortsüblichen Vergleichsmieten e.V. (MEA)".

§ 558 e BGB hat folgende Fassung

„§ 558 e
Mietdatenbank

Eine Mietdatenbank ist eine zur Ermittlung der ortsüblichen Vergleichsmiete fortlaufend geführte Sammlung von Mieten, die von der Gemeinde oder von Interessenvertretern der Vermieter und der Mieter gemeinsam geführt oder anerkannt wird und aus der Auskünfte gegeben werden, die für einzelne Wohnungen einen Schluss auf die ortsübliche Vergleichsmiete zulassen."

Im Umgang mit der Mietdatenbank dürften sich eine Reihe **datenschutzrechtlicher Fragen** stellen und der Gesetzgeber hat es sich in der Begründung vorbehalten, das Instrument der Mietdatenbank mit weiterreichenden Rechtsfolgen auszustatten, wenn die notwendigen praktischen Erfahrungen vorliegen.

2.7 Mietwertgutachten (Beispiel)

206 1. **Aufbau**

1. Allgemeines
   - Allgemeine Angaben über die Wohnung und ihre Lage innerhalb des Gebäudes und der Gemeinde
   - Wertermittlungsstichtag
   - Zweck des Gutachtens
   - Auftraggeber
   - Grundlagen (Vergleichsmieten; Mietspiegel, Unterlagen)
   - Ortsbesichtigung
   - Gutachter

2. Beschreibung des Mietobjekts
   - Lagebeschreibung (Stadt, Einwohner, Verkehrsverhältnisse, Immissionen, Nachbarschaftslage, Geschäfts- und Wohnlage; Entfernungslage),
   - Beschreibung der Bebauung des Objekts und der Umgebung,
   - Bauweise und Ausstattung (Hausanschlüsse, Himmelsrichtung, Anzahl der Wohneinheiten, Stockwerk, Gemeinschaftsflächen; Baujahr und Unterhaltungszustand; Nebenräume; Zuschnitt; Raumhöhe usw.).

3. Ermittlung der Miethöhe
   - Vergleichsobjekte; Berücksichtigung von Abweichungen; Mietspiegel usw.

4. Anlagen
   - Fotos; Lagepläne; Grundrisse; Aufrisse

2. Beispiel

Das Liegenschaftsamt der Stadt hat mit Schreiben vom 30. 10. 2001 beantragt, ein Gutachten zu erstatten über den Mietwert der im I. Obergeschoss gartenseitig links gelegenen Wohnung im Hause . . . Stadt, Straße, Hausnummer.

Das Gutachten soll als Begründung eines Mieterhöhungsbegehrens Anwendung finden.

Der Gutachterausschuss ermittelt die ortsübliche Vergleichsmiete i. S. d. § 558 Abs. 2 BGB als Nettokaltmiete ohne Berücksichtigung von Nebenkosten.

Die ortsübliche Vergleichsmiete ist nach § 558 Abs. 2 BGB definiert, als „das übliche Entgelt, das in der Gemeinde oder in vergleichbaren Gemeinden für nicht preisgebundenen Wohnraum vergleichbarer Art, Größe, Ausstattung, Beschaffenheit und Lage **in den letzten vier Jahren** vereinbart oder, . . ., geändert worden ist."

Der Gutachterausschuss in der Besetzung:

. . .

. . .

. . .

erstattet auf Grund der Ortsbesichtigung und der Beratung am 10. 10. 2001 das folgende

Mietwertgutachten.

Zeitpunkt der Mietwertermittlung: 10. 10. 2001.

Lage des Grundstücks

Das Grundstück liegt südlich des Zentrums an der Nordostseite der P-Straße zwischen K-Straße und L-Straße gegenüber dem Elisabethkrankenhaus. Es gehört zum bevorzugten Wohngebiet der Südstadt.

Die P-Straße ist in diesem Bereich vorwiegend eine Wohnstraße mit einzelner Büro- und Geschäftsnutzung. Die Straße weist mittleren Verkehr auf. Es herrscht eine geschlossene Bebauung mit 3- bis 4-geschossigen Gebäuden, die um die Jahrhundertwende errichtet wurden, vor.

Die P-Straße ist voll ausgebaut und sowohl mit Parkmöglichkeiten als auch mit Bürgersteigen versehen (vor dem Haus Nr. 65 insgesamt rd. 3,2 m breit).

Hinsichtlich Wohnumfeld/Wohnqualität ist die P-Straße in diesem Bereich eine gute, bevorzugte Wohnlage. Negativ beeinflusst wird die Wohnlage jedoch durch die hinter dem Grundstück vorbeiführende Bundesbahnstraße.

Haltestellen öffentlicher Verkehrsmittel sowie Geschäfte für den täglichen Bedarf befinden sich in der Nähe.

Zum Zentrum beträgt die Entfernung rd. 800 m.

Trotz der vorhandenen Parkbuchten sind die öffentlichen Parkmöglichkeiten auf der P-Straße als nicht ausreichend zu bezeichnen. Private Parkmöglichkeiten auf dem Grundstück selbst bestehen nicht.

Beschreibung des Gebäudes

Die zu begutachtende Wohnung liegt in einem massiven Gebäude, das um die Jahrhundertwende errichtet wurde. Das Gebäude ist beidseitig eingebaut und besteht aus Keller-, Erd-, 1. Ober- sowie ausgebautem Dachgeschoss. Es wird von sechs Mietparteien fast ausschließlich (ein Büroraum) zu Wohnzwecken genutzt.

Inmitten eines gepflegten Umfelds ist das äußere Erscheinungsbild des Gebäudes als gut zu bezeichnen (Erdgeschoss: gegliederter Putz, gestrichen; darüber Klinkerfassade, tlw. mit Stuckornamenten).

Das Gebäude steht unter Denkmalschutz.

Das Treppenhaus des Gebäudes ist großzügig zugeschnitten und gepflegt. Der Fußboden ist im Erdgeschoss mit Ornamentfliesen belegt, Decken und Wände tlw. mit Stuckornamenten versehen. In den Obergeschossen sind die Flure mit PVC belegt. Die Naturholztreppe mit Holzgeländer und Holzhandlauf rundet den guten Gesamteindruck des Treppenhauses ab.

Das Gebäude verfügt über eine Türöffnungsgegensprechanlage.

Im Kellergeschoss befinden sich die Mieterkeller sowie eine Waschküche mit Waschmaschinenanschlüssen und Trockengelegenheit. Bei der Ortsbesichtigung des Gutachterausschusses waren Feuchtigkeitsschäden an den Kellerinnenwänden sichtbar.

Das Gebäude steht auf einem 1 020 m² großen Grundstück.

Beschreibung der Wohnung

Die zu begutachtende Wohnung ist abgeschlossen und im I. Obergeschoss straßenseitig gelegen. Es handelt sich hierbei um ein 1-Zimmer-Appartement mit Kochnische, Bad und Diele. Die Raumaufteilung ist als nicht ganz zweckmäßig anzusehen und entspricht nicht voll den heutigen Anforderungen an eine Wohnung. So beträgt der Flächenanteil der Diele rd. 28 % der Gesamtwohnfläche. Die Diele ist darüber hinaus schlecht nutzbar (lang und schmal, für Garderobe wenig Raum).

Die zu begutachtende Wohnung wurde im Jahre 1990 von Seiten des Liegenschaftsamtes der Stadt aufgemessen und die Wohnungsgröße neu ermittelt. Die Wohnfläche ist unstreitig und wird somit nachfolgend angehalten.

Die Wohnung ist wie folgt aufgeteilt:
- Wohn-/Schlafzimmer (gartenseitig)   19,0 m²
  davon Kochnische   3,0 m²
- Diele (innen liegend, über Decke belichtet)   9,8 m²
- Bad (innen liegend)   3,5 m²

Die Gesamtwohnfläche beträgt somit 35,3 m²; die Raumhöhe tlw. rd. 2,70 m, tlw. rd. 3,20 m.

Die zu wertende Wohnung wurde durch Umbau nachträglich geschaffen. Neu errichtete Wände wurden hierbei tlw. in Leichtbauweise errichtet.

Zur Wohnung gehören ein rd. 4 m² großer Kellerraum. Er ist durch eine Dachlattenkonstruktion abgetrennt und auf Grund der im Kellergeschoss vorhandenen Feuchtigkeit nicht voll nutzbar.

Eine Garage bzw. PKW-Abstellplatz gehört nicht zur Wohnung.

Ausstattung der Wohnung

Der Gutachterausschuss wertet die Wohnung in dem Zustand, den er bei der Ortsbesichtigung vorgefunden hat. Er unterstellt den Normalfall einer Wohnungsvermietung, d. h., dass die für eine Vermietung notwendige Ausstattung vom Vermieter gestellt wird und die Schönheitsreparaturen vom Mieter getragen werden.

Die Wohnung ist insgesamt gut ausgestattet.

So werden alle Räume über eine Gasetagenheizung mittels Stahlradiatoren (mit Thermostatventilen) erwärmt. Die Warmwasserversorgung erfolgt ebenfalls über die Heizung. Die Fenster (innen Holzfensterbänke mit Kunststoffüberzug) sind isolierverglast und tlw. mit Oberlichtern versehen. Die Fenster sind mit Kunststoffrollläden ausgestattet.

Alle Leitungen sind unter Putz verlegt.

Der Fußboden ist in allen Räumen mit Hart-PVC-Platten (verschweißt) belegt und mieterseits tlw. mit Teppichboden.

Die Holztüren (tlw. mit Oberlichtern) sind glatt abgesperrt und befinden sich in Holzzargen. Bei der Ortsbesichtigung waren Risse in den neu errichteten Wänden sowie ein (kaschierter) Feuchtigkeitsschaden im Decken-/Wandbereich von Bad/Diele sichtbar. Die Wände sind überwiegend mit Rauhfaser verkleidet.

Im Dielenbereich ist die Decke überwiegend aus armiertem Glas erstellt. Bad und Kochnische sind darüber hinaus wie folgt ausgestattet:

Bad:	rd. 2 m hoch gefliest (Dekorfliesen), weißes Sanitär, Dusche mit Trennwand, WC mit Spülkasten, Waschbecken K+W-Wasser, Fußboden mit Kunststoffbelag
Kochnische:	rd. 1,5 m hoch gefliest, Nirosta-Spüle.

Die mieterseits herbeigeführte Ausstattung wird nachfolgend nicht berücksichtigt.

Wertermittlung der Wohnung

Für den Stadtbereich liegt ein allseits anerkannter Mietpreisspiegel nicht vor.

Der Gutachterausschuss hat jedoch für interne Wertermittlungszwecke eine Mietwertübersicht erstellt. Hierfür wurden rd. 2 200 Einzelmieten aus den Jahren 1997–1999 i. S. d. BGB ausgewertet.

Eine Fortschreibung dieser Werte im Oktober 2001 zeigte – bei gleicher Vorgehensweise – eine spürbare Steigerung gegenüber der Auswertung von 1999.

Unter Berücksichtigung dieser Mietpreissteigerung in 2001 wird der o. g. Mietwertübersicht für eine rd. 35 m² große Wohnung mit guter Ausstattung in guter Wohnlage eine Mietwertspanne von

$$6,00 - 6,95 \ \text{€/m}^2 \ \text{Wohnfläche}$$

entnommen.

Diese Mietspanne kann für die nachfolgende Mietwertfindung nur eine Orientierung sein. Vielmehr soll die Mietwertermittlung über elf Vergleichswohnungen aus gleicher bzw. gleichwertiger Lage erfolgen. Die Merkmale dieser Wohnungen sind mit der zu begutachtenden Wohnung hinreichend vergleichbar. Die Vergleichswohnungen sind abgeschlossen und in Mehrfamilienhäusern bzw. in gemischt genutzten Gebäuden mit geringem gewerblichen Anteil gelegen, die um die Jahrhundertwende errichtet, jedoch zwischenzeitlich vollmodernisiert wurden, d. h., dass alle Vergleichswohnungen gut ausgestattet sind.

Die nachfolgenden Vergleichsmieten sind aktuell und werden für Wohnungen gezahlt, für die Mietverträge in den letzten vier Jahren abgeschlossen wurden bzw. für die der Mietzins in den letzten vier Jahren angepasst wurde. Die Vergleichswohnungen sind frei finanziert; als Mietpreise werden die Nettokaltmieten ohne Nebenkosten angegeben.

1. C-Straße; Mehrfamilienhaus, 7 Wohneinheiten;

a)	I. OG – 32 m² × 6,10 €/m²	Zu:
b)	II. OG – 32 m² × 6,10 €/m²	a) und b): 2 Zimmer, Diele, Bad
c)	III. OG – 30 m² × 6,00 €/m²	c) 1 Zimmer, Diele, Bad

2. K-Straße; Mehrfamilienhaus, 8 Wohneinheiten
a)   EG – 42 m² × 6,18 €/m²
b)   I. OG – 44 m² × 6,03 €/m²   Zu:
c)   II. OG – 44 m² × 6,25 €/m²   a) bis c): 2 Zimmer, Diele, Bad

3. W-Straße; Mehrfamilienhaus, 6 Wohneinheiten
a)   EG – 30 m² × 7,00 €/m²   Zu:
b)   I. OG – 30 m² × 7,00 €/m²   a) und b): 1 Zimmer, Diele, Bad

4. L-Straße; Mehrfamilienhaus, 6 Wohneinheiten
     I. OG – 32 m² × 5,50 €/m²   1 Zimmer, Diele, Bad

5. P-Straße: gemischt genutztes Gebäude, 10 Einheiten
a)   EG – 28 m² × 6,49 €/m²   Zu: a): 1 Zimmer, Diele, Bad
b)   II. OG – 40 m² × 5,61 €/m²   b): 2 Zimmer, Diele, Bad

**Anpassung der Vergleichswohnungen an die Merkmale
der zu begutachtenden Wohnung**

Der Gutachterausschuss hält die nachfolgenden Zu- bzw. Abschläge zu/von den angegebenen Vergleichsmieten auf Grund von Urteilen, eigenen Auswertungen sowie seinen Erfahrungen für angemessen, um die aufgeführten Vergleichswohnungen den Merkmalen der zu
begutachtenden Wohnung anzupassen.

Zu 1a) und 1b):   ● bessere, ruhigere Wohnlage   – 10 %
                    ● besserer Wohnungszuschnitt   – 10 %
                                                                  – 20 %

Zu 1 c):   ● bessere, ruhigere Wohnlage   – 10 %
                    ● etwas besserer Wohnungszuschnitt   – 5 %
                    ● Lage im III. OG   + 2 %
                                                                  – 13 %

Zu 2 a) und 2 b):   ● bessere, ruhigere Wohnlage   – 10 %
                    ● besserer Wohnungszuschnitt   – 10 %
                    ● größere Wohnfläche   + 3 %
                                                                  – 17 %

Zu 2c):   ● bessere, ruhigere Wohnlage   – 10 %
                    ● besserer Wohnungszuschnitt   – 10 %
                    ● vorhandener Balkon   – 3 %
                    ● größere Wohnfläche   + 3 %
                                                                  – 20 %

Zu 3a) und 3b):   ● schlechtere Wohnlage
                      weniger Lärmimmissionen   ± 0 %
                    ● besserer Wohnungszuschnitt   – 10 %
                    ● bessere Ausstattung
                      (u. a. hochwertige Fußbodenbeläge)   – 10 %
                                                                  – 20 %

Zu 4):   ● etwas ruhigere Wohnlage   – 5 %
                    ● etwas besserer Wohnungszuschnitt   – 5 %
                                                                  – 10 %

Zu 5a):	• schlechtere Wohnlage,		
	weniger Lärmimmissionen	±	0 %
	• besserer Wohnungszuschnitt	–	10 %
	• etwas bessere Ausstattung		
	(u. a. höherwertige Fußbodenbeläge)	–	5 %
	• geringere Wohnfläche	–	3 %
		–	18 %
Zu 5b):	• schlechtere Wohnlage,		
	weniger Lärmimmissionen	±	0 %
	• besserer Wohnungszuschnitt	–	10 %
	• etwas größere Wohnfläche	+	2 %
		–	8 %

Mietwertermittlung der Wohnung

Entsprechend der derzeit gültigen Rechtsprechung zum Mietpreisrecht im freifinanzierten Wohnungsbau ist der Vermieter zur Begründung seines Mietpreis-Erhöhungsbegehrens berechtigt, sich auf drei Vergleichsmieten aus seinem eigenen Gebäude zu beziehen.

Der Gutachterausschuss folgert hieraus, dass auch bei Mietwertgutachten mehrere in einem Gebäude gelegene Wohnungen selbstständig zum Vergleich herangezogen werden können.

Bei der nachfolgenden Mietwertermittlung erfolgt keine Gewichtung nach der Anzahl der Wohnungen innerhalb der Vergleichsobjekte (Gebäude). Es kommt somit das arithmetische Mittel aller auf die Merkmale des Wertermittlungsobjekts abgestellten Vergleichsmieten zum Zuge.

Ausgehend von den v. g. Vergleichswohnungen ergibt sich unter Berücksichtigung der beschriebenen Anpassungen folgender Mietwert:

Vergleichs-objekt Nr.	tatsächlicher Mietpreis ($€$/m²)	Anpassung an Wertermittlungs-objekt (%)	Vergleichs-miete ($€$/m²)
1a	6,10	– 20	5,38
1b	6,10	– 20	5,38
1c	6,00	– 13	5,22
2a	6,18	– 17	5,13
2b	6,03	– 17	5,00
2c	6,25	– 20	5,00
3a	7,00	– 20	5,60
3b	7,00	– 20	5,60
4	5,50	– 10	4,95
5a	6,49	– 18	5,32
5b	5,11	– 8	5,16
			57,74 : 11

Mittelwert: 5,25 $€$/m² Wohnfläche

Der Gutachterausschuss ermittelt die ortsübliche Vergleichsmiete der zu begutachtenden Wohnung im Hause P-Straße 65, I. Obergeschoss, gartenseitig links mit

5,25 $€$/m² Wohnfläche.

Bei der Ermittlung der ortsüblichen Vergleichsmiete wurde Größe, Lage, Art, Ausstattung und Beschaffenheit sowohl der zu wertenden Wohnung als auch der Vergleichswohnung berücksichtigt.

gez.: Vorsitzender

207   **Anlage 1 zu § 17 WertV**

Hinweise für die Erstellung eines Sachverständigengutachtens zur Begründung des Mieterhöhungsverlangens nach § 2 Abs. 2 MHG *(nunmehr § 558 a Abs. 2 Nr. 3 BGB)*

Herausgegeben vom Bundesministerium der Justiz

I. Einleitung

Der Vermieter von Wohnraum hat seinen Anspruch gegen den Mieter auf Zustimmung zu einer Mieterhöhung schriftlich zu begründen (§ 2 Abs. 2 Satz 1 des Gesetzes zur Regelung der Miethöhe – MHG –; *nunmehr § 558 Abs. 1 BGB*). Zur Rechtfertigung seines Verlangens kann er unter anderem auf ein mit Gründen versehenes Gutachten eines öffentlich bestellten oder vereidigten Sachverständigen Bezug nehmen (§ 2 Abs. 2 Satz 2 MHG; *nunmehr § 558 a Abs. 2 Nr. 3 BGB*). Das Gutachten hat das übliche Entgelt zu ermitteln, das in der Gemeinde oder in vergleichbaren Gemeinden für nicht preisgebundenen Wohnraum vergleichbarer Art, Größe, Ausstattung, Beschaffenheit und Lage gezahlt wird. Stimmt der Mieter der begehrten erhöhten Miete nicht zu, muss der Vermieter seinen Anspruch im Wege einer Klage vor den ordentlichen Gerichten verfolgen. Im Rahmen dieses Rechtsstreites überprüft das Gericht vorab, ob der Vermieter sein Mieterhöhungsverlangen ordnungsgemäß begründet hat, d. h. bei der Bezugnahme auf ein Sachverständigengutachten, ob dieses ausreichend mit Gründen versehen ist. Entspricht das Gutachten dieser Anforderung nicht, so weist das Gericht die Klage in der Regel ohne Sachprüfung als unzulässig zurück.

Die anliegende Prüfliste mit Erläuterungen und Bewertungsbeispielen führt die Kriterien auf, die ein ausreichend begründetes Gutachten in der Regel enthalten sollte. Sie ist als Orientierungshilfe für den Sachverständigen zu verstehen und hat keinen bindenden Charakter. Sachliche Gesichtspunkte können davon abweichende Gliederungen und Bewertungen rechtfertigen, ohne dass dadurch das Gutachten fehlerhaft wird. Gutachten, die den Vorschlägen der Prüfliste entsprechend abgefasst werden, genügen der derzeitigen Rechtsprechung der meisten Gerichte. Einige Gerichte stellen jedoch weitere Anforderungen an Gutachten in diesem Bereich und verlangen vom Sachverständigen die Angabe einzelner Vergleichsobjekte. Auch für diese Fälle bieten Prüfliste, Erläuterungen und Bewertungsmuster Orientierungshilfen. Auf Feststellungen, die nach der Rechtsprechung des jeweils zuständigen Gerichts nicht erforderlich sind, sollte der Gutachter verzichten, damit unnötige Kosten vermieden werden.

Grundlage der anliegenden Prüfliste mit Erläuterungen und Bewertungsbeispielen war ein Entwurf, den Herr Dr. Hans Langenberg, Richter am Amtsgericht Hamburg, im Auftrag des Bundesministeriums der Justiz erarbeitet hat. Die endgültige Fassung beruht auf anschließenden Erörterungen mit den Landesjustizverwaltungen, mit Sachverständigen, Verbänden und Organisationen sowie dem Deutschen Industrie- und Handelstag und der Bundesarchitektenkammer.

II. Prüfliste

Gutachten

über die ortsübliche Vergleichsmiete nach § 2 Abs. 2 MHG *(nunmehr § 558 Abs. 2 BGB)* für die Wohnung …

1. Beteiligte, Auftrag, Unterlagen

    1.1. Auftraggeber

    1.2. Vermieter

    1.3. Mieter

    1.4. Zweck des Gutachtens: Begründung eines Mieterhöhungsverlangens nach § 2 Abs. 2 MHG *(nunmehr § 558 a Abs. 2 Nr. 3 BGB)*

1.5. Ortsbesichtigung am:
     Anwesend:

1.6. Unterlagen:
     Mietvertrag vom …, Nachträge und sonstige Vereinbarungen, ggf. Baubeschreibung, Wohnungsgrundriss

2. Lage des Grundstücks

2.1. Ortsteil, Verlauf der Straße, Entfernung zur Innenstadt, Art der umliegenden Bebauung (Bauperiode, Baudichte), Nutzung der benachbarten Grundstücke/des Straßenzuges, Baumbestand, Frei- und Grünflächen, Verkehrsverhältnisse (Anliegerstraße, Durchgangsstraße u. Ä.), Parkplätze, Immissionen (Lärm, Geruch u. Ä.)

2.2. Verkehrsverbindungen (Art des öffentlichen Beförderungsmittels, Verbindung zum Stadtzentrum oder Ortsteilzentrum bzw. zur nächsten Stadt

2.3. Einkaufsmöglichkeiten

2.4. Schulen und andere öffentliche Einrichtungen

2.5. Spielmöglichkeiten für Kinder

2.6. Freizeit- und Erholungsmöglichkeiten

3. Gebäude

3.1. Art und Lage des Hauses
     Baujahr, Geschosszahl, Gestaltung der Straßenfront, Wohnungszahl/gewerbliche Mietparteien, Bauzustand, Wärme- und Schallschutz

3.2. Außenanlagen
     Hofanlage, Gartenflächen, seitlicher und hinterer Abstand zur Nachbarbebauung, Ver- und Entsorgungsanschlüsse

3.3 Hauseingang und Treppenhaus

3.4. Ausstattung mit technischen Einrichtungen und Gemeinschaftsanlagen

3.5. Pkw-Einstellplätze

4. Wohnung

4.1. Lage der Wohnung im Haus

4.2. Wohnfläche und räumliche Aufteilung
     Zimmerzahl, Küche/Kochnische, Bad mit WC/getrenntes WC, zweites WC, Balkon o. Ä., Kellerraum, Dachboden, Dachschrägen

4.3. Ausstattung
     Fußboden
     Türen
     Fenster
     elektrische Anlage
     Art der Beheizung und Warmwasserbereitung, Thermostaste
     Küche
     Bad/WC

4.4. Änderungen/Verbesserungen durch den Mieter

4.5. Mängel
     behebbare Mängel/gravierende, kaum zu beseitigende Mängel
     mit Dauerbeeinträchtigung der Wohnung

5. Besondere Nutzungsrechte oder Zusatzverpflichtungen des Mieters

6. Bewertung

6.1. Bewertungsbasis (Darstellung der ortsüblichen Entgelte für vergleichbare Wohnungen)

6.1.1. Eigenes Vergleichsmaterial
6.1.2. Werte des Mietenspiegels
6.2. Berechnung der Miete für die zu bewertende Wohnung durch Beurteilung ihrer einzelnen mietbildenden Faktoren
6.2.1. Lage des Grundstücks, Gebäude, Wohnung, besondere Nutzungsrechte oder Zusatzverpflichtungen des Mieters
6.2.2. Änderungen/Verbesserungen durch den Mieter
6.2.3. Mängel der Mietsache
6.3 Hilfsweise: Ergänzungen der Ausführungen zu 6.1. durch Bezeichnung von Vergleichsobjekten, wenn dies von der örtlichen Rechtsprechung gefordert wird

7. Abwägung der Faktoren und Ergebnis

III. Erläuterungen

Zu 1.5. Der Sachverständige soll die zu bewertende Wohnung grundsätzlich besichtigen. Anderenfalls kann der Mieter den Eindruck gewinnen, dass der Sachverständige die besonderen Eigenheiten der Wohnung nicht genügend berücksichtigt hat. Dies gilt insbesondere für Altbauwohnungen, deren Ausstattung auch im selben Haus erfahrungsgemäß sehr unterschiedlich sein kann.

Bei der Bewertung von vergleichbaren Wohnungen einer Neubauanlage mit verschiedenen Wohnungstypen jeweils gleicher Ausstattung wird es allerdings genügen, wenn der Sachverständige einige Wohnungen jedes Wohnungstyps besichtigt und für jeden Typ ein generalisierendes Gutachten fertigt. Der Sachverständige sollte im Gutachten erwähnen, dass er sich von der Gleichartigkeit der Wohnungen eines bestimmten Typs z. B. anhand von Bauzeichnungen überzeugt hat; er sollte ferner die besichtigten Wohnungen, sofern deren Mieter damit einverstanden sind, genau bezeichnen, damit sich die Mieter anderer Wohnungen ggf. von der Übereinstimmung der besichtigten mit der von ihnen bewohnten Wohnung überzeugen können.

Zu 1.6. Der Sachverständige soll den Mietvertrag einsehen. Auf diese Weise erhält er schnell und zuverlässig einen Überblick darüber, ob Sonderleistungen durch den Mieter übernommen wurden, denen ggf. nach der Lage auf dem örtlichen Wohnungsmarkt Rechnung getragen werden kann, wenn sie nicht ortsüblich sind. Ebenso erhält er auf diese Weise verlässlich Kenntnis über etwaige Sonderrechte des Mieters.

Zu 2. Es ist allgemeine Auffassung, dass der Sachverständige die Wohnung zumindest entsprechend den gesetzlich in § 2 MHG *(nunmehr § 558 Abs. 2 BGB)* vorgegebenen Bewertungskriterien zu beschreiben hat. Zur Lage zählt indes nicht nur die exakte Angabe der Belegenheit des Objekts, sondern es sind auch grobe Angaben zu den angeführten mietwertbildenden Faktoren erforderlich.

Zu 3.1. bis 4.3. Eine eingehendere Objektbeschreibung erscheint grundsätzlich nicht erforderlich. Eine Kurzbeschreibung anhand der hier vorgeschlagenen Prüfliste reicht aus. Wenn sich allerdings Besonderheiten herausstellen, sind diese im Einzelnen aufzuführen (z. B. reine Nord- bzw. Südlage; geringe Wandstärke oder Deckenstärke (Hellhörigkeit); Lage sämtlicher Wohnräume zu einer Hauptverkehrsstraße o. Ä. m.).

Zu 4.2. Der Sachverständige soll anführen, auf wessen Angaben die ausgewiesene Wohnfläche beruht, da die Wohnungsgröße nicht selten ein besonderer Streitpunkt zwischen den Parteien ist. Auch wenn die Wohnfläche zwischen den Mietvertragsparteien streitig ist, braucht der Sachverständige grundsätzlich die Wohnung nicht mehr auszumessen, es sei denn, sein Auftraggeber erweitert den Auftrag um diese Aufgabe.

Zu 4.3. Der Sachverständige hat den Bestand im Zeitpunkt der Anmietung und etwaige spätere Veränderungen durch den Vermieter zu beschreiben. Sofern Streit zwischen den

Parteien besteht, ob einzelne Einrichtungen vom Vermieter oder Mieter beschafft oder beseitigt worden sind, sollte sich der Sachverständige darauf beschränken, den Streitpunkt festzuhalten, ohne etwa den Streit entscheiden zu wollen. Im Hinblick auf die zunehmende Bedeutung der Heizkosten sollte der Sachverständige prüfen, ob Raumthermostate oder Thermostatventile an den Heizkörpern und sonstige energiesparende Ausstattungen vorhanden sind.

Zu 4.4. Der Sachverständige hat die Leistungen und Einbauten des Mieters in der Wohnung aufzuführen. Soweit dies nicht bereits in den beiden vorhergehenden Ziffern geschehen ist, sollte diese Aufzählung nunmehr erfolgen.

Streiten die Parteien darüber, ob es sich um eine bauseitig gestellte Einrichtung oder um eine Investition des Mieters handelt, so gilt das unter Ziffer 4.3. Gesagte. Zu der Notwendigkeit der Differenzierung zwischen dem vom Vermieter gestellten Objekt einerseits und den Änderungen/Verbesserungen des Mieters andererseits siehe unten Ziffer 6.2.2.

Zu 4.5. Wenn das zu bewertende Objekt Mängel aufweist, hat der Sachverständige diese anzuführen. Ob und wie der Sachverständige bei der Ermittlung der ortsüblichen Miete die festgestellten Mängel berücksichtigt, ist nicht im beschreibenden Teil des Gutachtens, sondern in dem bewertenden Teil zu entscheiden. Siehe dazu unten Ziffer 6.2.3.

Zu 5. Aus den besonderen Vereinbarungen der Mietvertragsparteien kann sich z. B. ergeben, dass bestimmte Vor- oder Nachteile im Rahmen der Mietzinsgestaltung nicht heranzuziehen sind oder dass der Mieter geldwerte Zusatzverpflichtungen übernommen hat. Derartige Besonderheiten sind in den beschreibenden Teil des Gutachtens aufzunehmen.

Zu 6.1.1. Der Sachverständige hat zunächst eine Ausgangsbasis zu bezeichnen, damit die spätere Bewertung des konkreten Objektes nachvollziehbar wird. Hier kann er auf Mietdaten zurückgreifen, welche er aus eigener Tätigkeit kennt, welche ihm z. B. Makler oder Hausverwalter aus ihren Wohnungsbeständen exakt nachgewiesen haben oder welche er bei einer seriösen Dateninformationszentrale abgerufen hat; diese Mietdaten müssen sich auf Objekte verschiedener Vermieter beziehen. Der Sachverständige hat allerdings immer darauf zu achten, dass eine möglichst weitgehende Vergleichbarkeit gemäß den in § 2 MHG *(nunmehr § 558 Abs. 2 BGB)* vorgegebenen Bewertungsfaktoren vorhanden ist, und Abweichungen durch Zu- und Abschläge rechnerisch zu berücksichtigen. Den Verhältnissen auf dem örtlichen Wohnungsmarkt ist Rechnung zu tragen. Wesentlich ist ferner, dass das Datenmaterial nicht nur aus Neuvermietungen stammt; es ist vielmehr auf ein ausgewogenes Verhältnis von Mieten aus länger und kürzer bestehenden Mietverhältnissen zu achten.

Der Sachverständige soll genau angeben, welchen Mietbegriff er zu Grunde legt, wobei in der Regel von einer Grundmiete ohne alle Betriebskosten ausgegangen wird. Es versteht sich, dass dieser Mietwert auf das zu bewertende Objekt und die Vergleichsobjekte gleichermaßen anzuwenden ist; wird z. B. von einer Grundmiete ohne alle Betriebskosten ausgegangen, so sind die Vergleichsmieten um etwa enthaltene Betriebskosten zu kürzen.

Zu 6.1.2. Soweit in der Gemeinde ein Mietspiegel vorhanden ist, sollte der Sachverständige auf die dort für die zu bewertende Wohnung ausgewiesenen Mieten eingehen und eine abweichende Feststellung eingehend begründen. Diese Forderung rechtfertigt sich daraus, dass einem Mietspiegel ein erhebliches Gewicht beikommt, welches der Sachverständige, dem oft nur weniger Material zur Verfügung steht, nicht ohne weiteres und jedenfalls nicht ohne Begründung aufwiegen kann.

Zu 6.2.1. Bei der Ermittlung des Mietwerts für das untersuchte Objekt empfiehlt es sich, die Bewertungsfaktoren nochmals im Einzelnen zu behandeln, jetzt aber nicht mehr nur beschreibend, sondern bewertend: Dabei ist wiederum nicht nur kenntlich zu machen, welche Faktoren als günstig und welche als ungünstig angesehen werden, sondern es ist auch die Bedeutung der einzelnen Faktoren gegeneinander abzuwägen. Diese im eigentlichen Sinne wertende Tätigkeit darf nicht durch eine bloße Aufzählung der einzelnen Faktoren umgangen werden. Wesentlich ist dabei nicht, dass jeder Mieter von den Argumenten des Sachverständigen überzeugt wäre, sondern vielmehr, dass er auf Grund der vom Sachverständigen aufgezeigten Überlegungen in die Lage versetzt wird, die Gedankengänge und Schlussfolgerungen des Sachverständigen nachzuvollziehen, um einen eigenen Eindruck zu gewinnen.

Zu 6.2.2. Es entspricht fast allgemeiner Auffassung, dass Investitionen des Mieters zur Verbesserung der Wohnung nicht zugunsten des Vermieters bei der Mietwertermittlung anzusetzen sind. Es versteht sich, dass Einrichtungen des Mieters, welche der Vermieter, in der Regel gegen Wertersatz, vom Mieter übernommen hat und für deren Unterhaltung sowie ggf. Erneuerung er nun zuständig ist, der wirtschaftlichen Sphäre des Vermieters zuzurechnen sind. Sie können daher zu seinen Gunsten in Ansatz gebracht werden.

Besteht Streit zwischen den Parteien, ob es sich um eine vom Vermieter gestellte Einrichtung oder um eine Investition des Mieters handelt, so sollte der Sachverständige darlegen, ob der Streitpunkt sich überhaupt bei der Mietwertbildung auswirkt. Ist dies der Fall, so soll der Sachverständige, soweit irgend möglich, den Unterschied im Mietwert der Wohnung mit und ohne die streitige Einrichtung durch Angabe des Unterschiedsbetrags bezeichnen. Auf diese Weise erfüllt der Sachverständige seinen Auftrag, ohne in den Streit der Parteien einzugreifen.

Zu 6.2.3. Mängel behebbarer Art werden nach weit überwiegender Auffassung nicht negativ berücksichtigt. Eine Ausnahme wird nur dann angenommen, wenn faktisch eine Dauerbeeinträchtigung vorliegt, d. h., wenn die Mängelbeseitigung dem Vermieter technisch oder wirtschaftlich nicht zuzumuten ist. Hat der Sachverständige im beschreibenden Teil des Gutachtens unter Ziffer 4.5. Mängel aufgeführt, so sollte er nunmehr auch im wertenden Teil des Gutachtens darauf eingehen, ob und ggf. warum Mängel von ihm bei der Bewertung auf der Grundlage der vorstehenden Ausführungen berücksichtigt wurden oder nicht.

Zu 6.3. Einige Gerichte vertreten die Auffassung, der Sachverständige habe sein Gutachten nur dann nachprüfbar begründet, wenn er Vergleichsobjekte benannt oder sich z. B. mit Gründen auf den Mietenspiegel einer anderen Gemeinde bezogen hat. Zwar soll das Gutachten gemäß § 2 Abs. 2 MHG *(nunmehr § 558a Abs. 2 Nr. 3 BGB)* eine alternative Möglichkeit zur Begründung des Mieterhöhungsverlangens bieten; wenn dem Sachverständigen jedoch auf Grund seiner Erfahrung bekannt ist, dass die Gerichte des zuständigen Gerichtsbezirks diese zusätzliche Forderung aufstellen, sollte er doch hilfsweise mindestens drei Vergleichsobjekte benennen. Dem Vermieter ist nicht mit einem Gutachten gedient, das vom zuständigen Gericht ohne weitere Prüfung seines materiellen Inhalts als nicht ausreichend begründet zurückgewiesen wird.

An die vom Sachverständigen heranzuziehenden Vergleichsobjekte können jedoch nicht die Anforderungen gestellt werden, wie sie erhoben werden, wenn ein Mieterhöhungsverlangen nur mit drei Vergleichsobjekten begründet wird; anderenfalls würde eine der gesetzlich zur Verfügung gestellten Begründungsmöglichkeiten faktisch eliminiert. Der Sachverständige ist daher frei in der Wahl der Vergleichsobjekte, die Eignung der herangezogenen Objekte zum Vergleich ist allerdings ebenso von ihm zu begründen, wie z. B. die Interpolation mit Werten aus einem Mietspiegel. Der Sachverständige kann daher auch Vergleichsobjekte heranziehen, bei denen sich nur ein Teil der gesetzlich vorgegebenen Bewertungsfaktoren deckt. Eine detaillierte Beschreibung der Vergleichswohnungen ist nicht erforderlich, sie braucht nicht ausführlicher zu sein als die Angaben, welche der Vermieter bei der Begründung durch die Benennung von drei Vergleichswohnungen üblicherweise erbringen sollte. Nur soweit sich die Vergleichsobjekte nach ihren gesetzlichen Bewertungsfaktoren von der zu beurteilenden Wohnung unterscheiden, hat der Sachverständige die Divergenzen durch Zu- und Abschläge, die der Höhe nach zu begründen sind, zur Geltung zu bringen.

Die Vergleichsobjekte sind vornehmlich aus derselben Gemeinde heranzuziehen. Erst wenn dies aus tatsächlichen Gründen nicht möglich ist, soll auf Objekte vergleichbarer Gemeinden zurückgegriffen werden. Die Gemeinden müssen dabei wohnungsmarktwirtschaftlich vergleichbar sein. Die Vergleichbarkeit des Wohnungsmarktes ist vom Sachverständigen darzulegen.

Soweit der Sachverständige Wohnungen anführt, die er aus eigener früherer Sachverständigentätigkeit kennt, darf er diese hinsichtlich ihrer Belegenheit nur so grob bezeichnen, dass zwar die Lage des Objektes noch nachvollziehbar ist, das konkrete Vergleichsobjekt aber nicht bekannt wird; auf diese Weise vermeidet er jeden Konflikt mit der nach § 203 Abs. 2 Nr. 5 des Strafgesetzbuches strafbewehrten Schweigepflicht und den Bestimmungen des Datenschutzgesetzes.

§ 18 WertV

Bewirtschaftungskosten

(1) [1]Bewirtschaftungskosten sind die Abschreibung, die bei gewöhnlicher Bewirtschaftung nachhaltig entstehenden Verwaltungskosten (Absatz 2), Betriebskosten (Absatz 3), Instandhaltungskosten (Absatz 4) und das Mietausfallwagnis (Absatz 5); durch Umlagen gedeckte Betriebskosten bleiben unberücksichtigt. [2]Die Abschreibung ist durch Einrechnung in den Vervielfältiger nach § 16 Abs. 3 berücksichtigt.

(2) Verwaltungskosten sind

1. die Kosten der zur Verwaltung des Grundstücks erforderlichen Arbeitskräfte und Einrichtungen,

2. die Kosten der Aufsicht sowie

3. die Kosten für die gesetzlichen oder freiwilligen Prüfungen des Jahresabschlusses und der Geschäftsführung.

(3) Betriebskosten sind die Kosten, die durch das Eigentum am Grundstück oder durch den bestimmungsgemäßen Gebrauch des Grundstücks sowie seiner baulichen und sonstigen Anlagen laufend entstehen.

(4) Instandhaltungskosten sind Kosten, die infolge Abnutzung, Alterung und Witterung zur Erhaltung des bestimmungsgemäßen Gebrauchs der baulichen Anlagen während ihrer Nutzungsdauer aufgewendet werden müssen.

(5) [1]Mietausfallwagnis ist das Wagnis einer Ertragsminderung (§ 17), die durch uneinbringliche Mietrückstände oder Leerstehen von Raum, der zur Vermietung bestimmt ist, entsteht. [2]Es dient auch zur Deckung der Kosten einer Rechtsverfolgung auf Zahlung, Aufhebung eines Mietverhältnisses oder Räumung.

(6) [1]Die Verwaltungskosten, die Instandhaltungskosten und das Mietausfallwagnis sind nach Erfahrungssätzen anzusetzen, die unter Berücksichtigung der Restnutzungsdauer den Grundsätzen einer ordnungsgemäßen Bewirtschaftung entsprechen. [2]Die Betriebskosten sind unter Berücksichtigung der Grundsätze einer ordnungsgemäßen Bewirtschaftung im üblichen Rahmen nach ihrer tatsächlichen Höhe unter Einbeziehung der vom Eigentümer selbst erbrachten Sach- und Arbeitsleistung zu ermitteln. [3]Soweit sie sich nicht ermitteln lassen, ist von Erfahrungssätzen auszugehen.

---

1   Allgemeines

▶ *Allgemeines § 16 WertV Rn. 21 ff., § 17 WertV Rn. 8 ff.*

Nach § 16 Abs. 1 ist bei der Ermittlung des Ertragswerts der baulichen Anlagen von dem **1**
nachhaltig erzielbaren Jahresreinertrag auszugehen. Der **Reinertrag ergibt sich aus dem
Rohertrag** (Grund- bzw. Nettokaltmiete; § 17) **abzüglich der Bewirtschaftungskosten,**
die bei gewöhnlicher Bewirtschaftung nachhaltig entstehenden[1].

Die **Bewirtschaftungskosten** setzen sich gemäß Abs. 1 Satz 1 zusammen aus **2**

– der Abschreibung,

– den Verwaltungskosten,

– den Betriebskosten,

– den Instandhaltungskosten und

– dem Mietausfallwagnis.

Diese **Kostengruppen der Bewirtschaftungskosten werden** in Anlehnung an die ent- **3**
sprechenden Regelungen der §§ 24 bis 30 II BV **mit § 18 Abs. 2 bis 5 WertV definiert.**
Lediglich von einer Definition der Abschreibung wird in der WertV abgesehen. Hierzu
belässt es die WertV in Abs. 1 Satz 2 bei dem Hinweis, die Abschreibung werde „durch
Einrechnung in den Vervielfältiger" nach § 16 Abs. 3 berücksichtigt.

Mit der seit dem 1. 1. 2002 geltenden Fassung der II BV sind die §§ 8, 26, 28 und 41 sowie
die Anl. 3 geändert und die **Verwaltungs- und Instandhaltungskosten mit Wirkung ab
1. 1. 2005 indiziert** worden.

---

[1] Nicht zuzustimmen ist der Auffassung von Petersen (Marktorientierte Immobilienbewertung 4. Aufl. S. 16), die
WertV definiere die Bewirtschaftungskosten unscharf, weil die Betriebskosten umgelegt werden und infolgedessen ausgehend von der Nettokaltmiete (als dem Rohertrag) nur die „Netto-Bewirtschaftungskosten zum
Abzug gebracht werden. Die Definition der Bewirtschaftungskosten entspricht den gesetzlichen Vorgaben des
§ 24 II BV und dem passt sich die WertV mit § 18 Abs. 1 an. Im Übrigen müssten die „Netto-Bewirtschaftungskosten" je nach Nutzungsart (Wohnen/Gewerbe) unterschiedlich definieren, wollte man dem Vorschlag von
Petersen folgen, was aber nur zu Missverständnissen führen würde. Die WertV ist insofern universell ausgerichtet.

4 Welche von den verbleibenden Kostengruppen der Bewirtschaftungskosten (Verwaltungs-, Betriebs- und Instandhaltungskosten sowie Mietausfallwagnis) zur Ermittlung des Reinertrags in Abzug zu bringen sind, hängt im Einzelnen von der Ausgangsmiete ab, die als Rohertrag herangezogen wird. Wird z. B. zur Ertragswertermittlung von Wohngrundstücken von der **Nettokaltmiete/Grundmiete** ausgegangen, müssen von den Bewirtschaftungskosten grundsätzlich nur noch die Verwaltungs- und Instandhaltungskosten sowie das Mietausfallwagnis in Abzug gebracht werden, um den Reinertrag zu ermitteln, soweit die Betriebskosten umgelegt werden.

5 In der Verordnung festzulegen, in welcher Höhe die Bewirtschaftungskosten im Einzelnen anzusetzen sind, erschien dem Verordnungsgeber auch unter Berücksichtigung des Gesichtspunkts einheitlicher Wertermittlungsgrundsätze nicht sachgerecht, da damit den unterschiedlichen örtlichen Verhältnissen nicht ausreichend Rechnung getragen werden könnte.

6 Mit den **Generalklauseln der Abs. 1 und 6** werden lediglich dafür **allgemeine Grundsätze** vorgegeben, die sich wie folgt zusammenfassen lassen:

a) § 16 Abs. 1 Satz 1 stellt ebenso wie § 17 Abs. 1 Satz 1 heraus, dass zur Ermittlung des Ertragswerts von dem *nachhaltig erzielbaren* Jahresrein- bzw. -rohertrag ausgegangen werden muss. Demzufolge dürfen auch nur nachhaltig entstehende Bewirtschaftungskosten in Abzug gebracht werden. § 18 Abs. 1 Satz 1 enthält hierzu als ergänzende Klarstellung den Hinweis, dass nur die „bei gewöhnlicher Bewirtschaftung" nachhaltig entstehenden Bewirtschaftungskosten abzugsfähig sind. Abs. 6 unterstreicht diesen Hinweis mit dem zusätzlichen Befehl, dass die angesetzten Bewirtschaftungskosten „den **Grundsätzen einer ordnungsgemäßen Bewirtschaftung** entsprechen" sollen.

b) § 16 Abs. 1 Satz 2 bestimmt, dass **durch Umlagen gedeckte Betriebskosten** unberücksichtigt bleiben. Dies folgt aus § 17 Abs. 1 Satz 2, nach dem Umlagen, die zur Deckung von Betriebskosten gezahlt werden, bei der Ermittlung des Rohertrags unberücksichtigt bleiben. Sie können nach § 18 Abs. 1 Satz 2 (zweiter Halbsatz) zur verfahrensmäßigen Vereinfachung des Ertragswertverfahrens gänzlich „ausgeklammert" werden.

Wie noch näher ausgeführt wird, ist diese Vorschrift insoweit unvollständig, als auch

– Schönheitsreparaturen und

– die sog. kleine Instandhaltung

mietvertraglich dem Mieter angelastet werden können und insoweit bei der Ermittlung des Reinertrags nicht mehr in Abzug zu bringen sind.

c) Die **Abschreibung** wird nicht als Bewirtschaftungskosten zum Abzug gebracht (§ 18 Abs. 1 Satz 2).

7 Ansonsten kann als Grundsatz gelten, dass jeweils die **objektspezifischen nachhaltigen Bewirtschaftungskosten** zur Ermittlung des Reinertrags abzusetzen sind.

8 Wie bei **Betriebskosten** – auf die i. d. R. Vorauszahlungen geleistet werden – bleibt im Übrigen auch die in der Gesamtzahlung u. U. enthaltene **Mehrwertsteuer** unberücksichtigt.

2 Generalklauseln (Abs. 1 und 6)

2.1 Gewöhnliche Bewirtschaftungskosten

9 Die Generalklausel des Abs. 1 und 6 hebt als allgemeinen Grundsatz hervor, dass Bewirtschaftungskosten in „gewöhnlicher" und den „Grundsätzen einer ordnungsgemäßen Bewirtschaftung" entsprechenden Höhe anzusetzen sind und schließt damit ein, dass dabei auch stets den rechtlichen und tatsächlichen Gegebenheiten des Wertermittlungsobjekts Rechnung zu tragen ist, und zwar in einer dem Objekt angemessenen und üblichen Höhe. Besonders kostengünstige Bewirtschaftungskosten müssen dabei ebenso unberücksichtigt bleiben, wie überhöhte Bewirtschaftungskosten (vgl. § 6). Im Übrigen folgt aus dem Begriff der **ordnungsgemäßen Bewirtschaftung**, dass unnötige oder unwirtschaftliche Kosten nicht oder nur in angemessener Höhe angesetzt werden dürfen, wobei sich dies auf die erforderlichen Kosten beschränken muss[2].

Umgekehrt sind **objektspezifische Besonderheiten** zu berücksichtigen, so z. B. erhöhte **10** Betriebs- und Instandsetzungskosten für denkmalgeschützte Gebäude.

Bewirtschaftungskosten sind in der Höhe anzusetzen, **wie sie bei normalen,** die Art der **11** Nutzung berücksichtigenden **Verhältnissen mit fremdem Personal für ein unverschuldetes Grundstück laufend entstehen.** Finanzierungskosten (Zinsen, Agien) und Steuern sind mit Ausnahme der Grundsteuer und Grundbesitzabgaben nicht eingeschlossen. Unberücksichtigt bleiben ebenso überdurchschnittliche Ausgaben, die auf einer aufwendigen Wirtschaftsführung beruhen und einmalige oder zufällige Kosten (z. B. die Kosten von größeren Reparatur-, Instandsetzungs- oder Modernisierungsmaßnahmen). Größerer Erhaltungsaufwand kann z. B. bei den Einkünften aus Vermietung und Verpachtung auf bis zu fünf Jahre verteilt werden.

Die **Begrenzung der Bewirtschaftungskosten auf angemessene und laufend entste- 12 hende Aufwendungen** erfordert bei deren Ermittlung einen sorgfältigen Vergleich mit den Kosten der Vorjahre und mit allgemein gültigen Vergleichsdaten.

In Fällen, in denen sich die Bewirtschaftungskosten nicht hinreichend genau ermitteln las- **13** sen, kann im Allgemeinen von durchschnittlichen Erfahrungssätzen ausgegangen werden. Bei Wohnimmobilien bewegen sich die **Erfahrungssätze** (Pauschalsätze) etwa zwischen 20 v. H. (bei neueren Gebäuden) und 40 v. H. (bei Altbauten bis Baujahr 1948) der Jahresroherträge (Nettokaltmieten; § 17).

2.2 Nachhaltige Bewirtschaftungskosten

▶ *Hierzu auch § 16 Rn. 17*

Es sind jeweils nur die Bewirtschaftungskosten anzusetzen, die bei ordnungsgemäßer **14** Bewirtschaftung **nachhaltig** entstehen. Die **WertR** führen unter **Nr. 3.5.2** hierzu aus

„3.5.2 Bewirtschaftungskosten (Nr. 1.22 des Vordrucks)
Bewirtschaftungskosten sind regelmäßig und nachhaltig anfallende Ausgaben. Soweit sie im Einzelfalle nicht ermittelt werden können, sind Erfahrungssätze zu Grunde zu legen. Zinsen für Hypothekendarlehen und Grundschulden oder sonstige Zahlungen für auf dem Grundstück lastende privatrechtliche Verpflichtungen sind bei den Bewirtschaftungskosten nicht zu berücksichtigen.“

Nach § 24 Abs. 2 II BV hat der Ansatz der Bewirtschaftungskosten den **Grundsätzen 15 einer ordnungsgemäßen Bewirtschaftung** zu entsprechen (vgl. § 17 Abs. 1 Satz 1, § 16 Abs. 1 Satz 1, § 18 Abs. 1 Satz 1 WertV). Des Weiteren dürfen nach dieser Vorschrift Bewirtschaftungskosten nur angesetzt werden,

a) wenn sie ihrer Höhe nach feststehen oder

b) wenn mit ihrem Entstehen sicher gerechnet werden kann, und soweit sie bei gewissenhafter Abwägung aller Umstände und bei ordentlicher Geschäftsführung gerechtfertigt sind.

---

2   KG Berlin, Urt. vom 26. 4. 1976 – 8 U 1871/74 –, MDR 1976, 756 = FWW 1977, 52 = ZMR 1976, 204

16 Die WertV scheint sich von dieser objektbezogenen Betrachtungsweise zu lösen. Abs. 1 Satz 1 definiert die bei der Verkehrswertermittlung maßgeblichen Bewirtschaftungskosten nämlich als die bei „gewöhnlicher Bewirtschaftung **nachhaltig entstehenden Verwaltungs-, Betriebs- und Instandhaltungskosten sowie das Mietausfallwagnis**" (vgl. § 16 WertV Rn. 11 ff.). Insoweit knüpft § 18 an die bereits im Zusammenhang mit der Definition des Rohertrags geknüpfte Forderung der Nachhaltigkeit an. Wie dort wird mit Abs. 6 Satz 1 und 2 auch für die Ermittlung der Bewirtschaftungskosten vorgeschrieben, dass diese „unter Berücksichtigung der Grundsätze einer ordnungsgemäßen Bewirtschaftung" anzusetzen sind. Es handelt sich aber auch hierbei um Bewirtschaftungskosten, die den Besonderheiten des jeweiligen Wertermittlungsobjekts Rechnung tragen müssen; so muss z. B. der Umstand berücksichtigt werden, dass eine bauliche Anlage auf Grund ihrer Konstruktion und Nutzbarkeit besonders hohe oder niedrige Verwaltungs-, Betriebs- oder Instandhaltungskosten verursacht.

17 Bei **größeren Objekten** sollte schon im Hinblick auf ein sicheres Ergebnis einer individuellen Berücksichtigung der Bewirtschaftungskosten der Vorrang eingeräumt werden. So ist bei Wohnungsbaugesellschaften, professionellen Hausverwaltungen, institutionellen Anlegern und vermögenden Privaten als Grundstückseigentümer die Beschaffung von Bewirtschaftungskosten aus den **Jahresabrechnungen der Betriebskosten** im Detail meist problemlos. Gemäß einem Urt. des BayOLG[3] ist es Zweck einer Jahresabrechnung, die Beträge, die an die Wohnungsmieter zurückzuzahlen oder von ihnen nachzuzahlen sind, verbindlich festzulegen. Dies könne nur durch Einzelabrechnungen erreicht werden, die auf der Grundlage vollständiger Jahresabrechnungen erfolgen müssen. Auch können sich aus aktuellen Einkommensteuererklärungen (Anl. V – Einkünfte aus Vermietung und Verpachtung) wertvolle Hinweise zur Ableitung der Bewirtschaftungskosten ergeben.

18 Bei **individueller Berücksichtigung der Bewirtschaftungskosten** ist es im Allgemeinen ausreichend, Verwaltungskosten, Instandhaltungskosten (-Rücklage) und Mietausfallwagnis nach Erfahrungssätzen zu berücksichtigen. Für Verwaltungs- und Instandhaltungskosten bieten die in der II BV genannten Sätze eine Orientierungshilfe (vgl. Rn. 29).

Der Vermieter muss die jeweilige **Abrechnung spätestens bis zum Ablauf des 12. Monats nach Ende des Abrechnungszeitraumes** dem Mieter mitteilen. Danach sind Nachforderungen nicht mehr möglich (§ 556 Abs. 3 BGB).

19 Bei **Wohnungs- und Teileigentum** können wesentliche Daten der jährlichen Wohngeldabrechnung des Verwalters (§§ 20 bis 29 WEG) entnommen werden. Interessant ist in diesem Zusammenhang die Haftung des Erwerbers von Wohnungs- und Teileigentum für Verbindlichkeiten früherer Jahre, sofern der Beschluss der Eigentümergemeinschaft nach dem Eigentumserwerb gefasst worden ist[4]. Hingegen verjährt der Anspruch des Vermieters gegen den Mieter auf *Nachzahlung von Betriebskosten* in vier Jahren. Die Verjährungsfrist beginnt jeweils am Ende des Jahres, in dem der Anspruch entstanden ist. Unklar ist bisher, ob die Frist für die Verjährung einer Nachforderung des Vermieters gegen seinen Mieter bereits mit dem Ende des Jahres zu laufen beginnt, innerhalb dessen die Abrechnungsperiode endet oder erst mit dem Ende desjenigen Jahres, in welchem dem Mieter die Abrechnung zugeht. Bei der Abrechnung *von Heizkosten*[5] hat der BGH in einem Rechtsentscheid am 19. 12. 1990 festgestellt, dass derjenige Zeitpunkt maßgebend ist, zu dem dem Mieter die Abrechnung über die Heizkosten zugeht. Auch muss die Eigentümerversammlung einer Wohnlage nicht hinnehmen, dass sich Mitglieder durch einen Rechtsanwalt vertreten lassen. Eine Vertretung ist nur durch den Verwalter, den Ehegatten oder einen anderen Eigentümer zulässig[6].

20 Bei nicht öffentlich geförderten Wohnungen (freifinanzierte Wohnungen) muss zunächst geprüft werden, was im **Wohnungsmietvertrag** vereinbart wurde. Für Abrechnungszeiträume, die vor dem In-Kraft-Treten der Neufassung des § 20 NMV (August 1990) liegen, muss gemäß der alten Gesetzesvorschrift die Abrechnung innerhalb von neun Monaten nach Ablauf des Abrechnungszeitraumes vorliegen[7]. Für freifinanzierte Wohnungen gilt als äußerste Grenze jedoch auch hier die Zwölf-Monatsfrist[8, 9, 10].

Die im Einzelfall zur Ermittlung des Reinertrags von dem als Rohertrag herangezogenen **21** Ausgangsmiete abzusetzenden Bewirtschaftungskosten werden in der Wertermittlungs- praxis

a) als **Pauschalabschlag** in einem Vomhundertsatz der Ausgangsmiete (z. B. Nettokalt- miete) oder

b) **gegliedert nach den abzusetzenden Bewirtschaftungskostengruppen (Verwal- tungs- und Instandhaltungskosten sowie dem Mietausfallwagnis)** in ihrer jeweils nachhaltigen Höhe einzeln

abgesetzt. Der zuletzt genannten Vorgehensweise ist grundsätzlich der Vorzug zu geben.

Abb. 1: Ermittlung der nicht umlagefähigen bzw. umgelegten Bewirtschaftungskosten

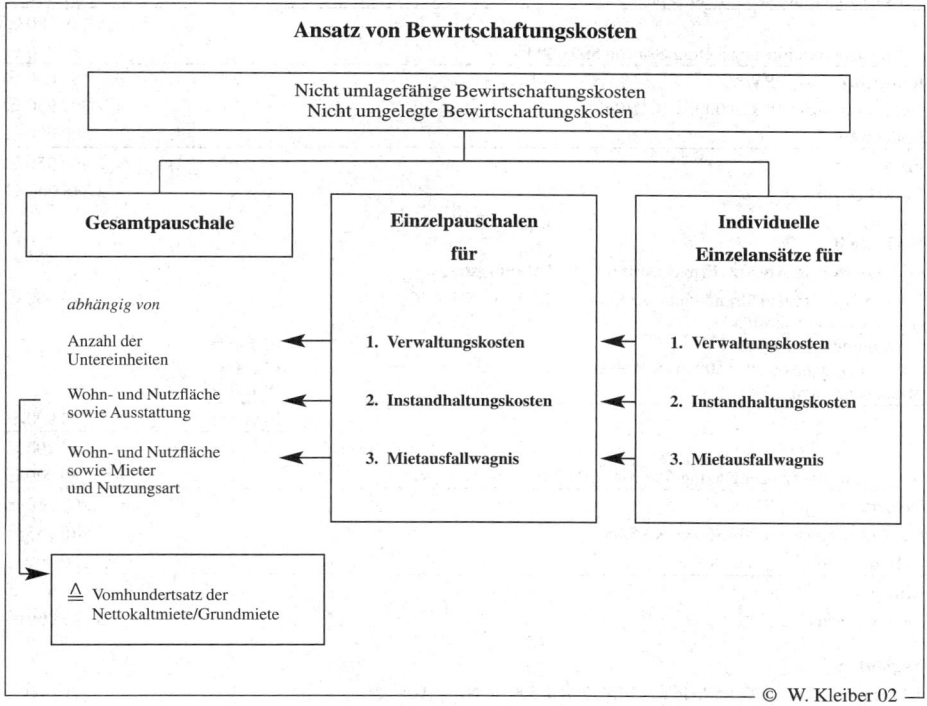

© W. Kleiber 02

3   BayOLG, Urt. vom 18. 7. 1989 – BReg. 2 Z 66/89 –, EzGuG 20.126
4   BGH, Beschl. vom 21. 4. 1988 – V ZB 10/87 –, EzGuG 3.72 a
5   BGH, RE vom 19. 12. 1990 – VIII ARZ 5/90 –, Zit Fn. 8
6   BGH, Beschl. vom 29. 1. 1993 – V ZB 24/92 –
7   LG, Aachen, Beschl. vom 1. 8. 1991 – 5 T 235/91 –, WuM 1991, 504; LG Bonn, Urt. vom 3. 12. 1992 – 6 S 282/92 –, WuM 1993, 363
8   LG Berlin, GE 1989, 153
9   LG Hamburg, Urt. vom 19. 9. 1989 – 16 S. 20/87 – WuM 1990, 561
10   vgl. BT-Drucks. 14/4553, S. 51

22 *Beispiel A:*

a) Sachverhalt

Büroobjekt

Nutzfläche	1 500 m²
Liegenschaftszinssatz	6 %
Nettokaltmiete/Grundmiete	15 €/m²
Bodenwert	500 000 €
Restnutzungsdauer	40 Jahre

Vermieter trägt laut Mietvertrag nur die Reparaturen an Dach und Fach

Der Mieter übernimmt lt. Mietvertrag sämtliche Bewirtschaftungskosten, also sowohl die gesamten Instandhaltungskosten als auch die Verwaltungskosten.

Variante A

b) Fehlerhafter Ansatz pauschalierter Bewirtschaftungskosten

Jahresnettokaltmiete/Grundmiete: 15 €/m² × 1 500 m² NF × 12		270 000 €
– Bewirtschaftungskosten 30 % pauschal	–	81 000 €
		189 000 €
– Bodenwertverzinsungsbetrag 6 % von 500 000 €	–	30 000 €
Reinertrag – p · BW	=	159 000 €
Gebäudeertragswert 159 000 € × 15,05	=	2 392 950 €
Bodenwert	+	500 000 €
Ertragswert	=	2 892 950 €
Verkehrswert		**2 895 000 €**

Variante B

c) Fehlerhafter Ansatz (Einzelansätze) des Wohnungsbaus.

Jahresnettokaltmiete/Grundmiete: 15 €/m² × 1 500 m² NF × 12			270 000 €
Bewirtschaftungskosten			
Verwaltungskosten 4 %	10 800 €		
Instandhaltungskosten 1 500 m² × 8 €/m²	12 000 €		
Mietausfallwagnis 3 %	8 100 €		
	30 900 €	–	30 900 €
		=	239 100 €
– Bodenwertverzinsungbetrag 6 % von 500 000 €		–	30 000 €
Reinertrag – p · BW		=	209 100 €
Gebäudeertragswert 209 100 € × 15,05			3 146 955 €
+ Bodenwert		+	500 000 €
Ertragswert		=	3 646 955 €
Verkehrswert			**3 645 000 €**

Variante C

Jahresnettokaltmiete/Grundmiete: 15 €/m² × 1 500 m² NF × 12			270 000 €
Bewirtschaftungskosten			
Verwaltungskosten (zur Sicherheit 0,5 %)	1 350 €		
Instandhaltungskosten	– €		
Mietausfallwagnis 3 %	8 100 €		
	9 450 €	–	9 450 €
		=	260 550 €
– Bodenwertverzinsungsbetrag 6 % von 500 000 €		–	30 000 €
Reinertrag– BW × p		=	230 550 €
Gebäudeertragswert 230 550 € × 15,05 bei V von 40 Jahren und p = 6 %		=	3 469 778 €
+ Bodenwert		+	500 000 €
Ertragswert			3 969 778 €
Verkehrswert			**3 970 000 €**

Hier wäre zu empfehlen, die Wertberechnung mit den üblichen Bewirtschaftungskosten vorzunehmen (also etwa 11–12 v. H.) und den sich auf Grund des günstigen Mietvertrags ergebenden Mehrertrag lediglich über die Restlaufzeit des Mietvertrags zu kapitalisieren und zuzuschlagen.

Parameter	A	B	C
Bewirtschaftungs-kostenansatz	30 % 81 000 €	11,44 % 30 900 €	3,5 % 9 450 €
Verkehrswert	2 895 000 € ≙ 100 %	3 645 000 € ≙ 125,91 %	3 970 000 € ≙ 137,12 %

2.3   Pauschale Ermittlung der Bewirtschaftungskosten

2.3.1   Allgemeines

Da nach § 18 Abs. 1 Satz 2 die Abschreibung im Rahmen der Verkehrswertermittlung   **23** unbeachtlich bleiben soll (vgl. hierzu Rn. 35 ff.), hat man **zur Ermittlung des Reinertrags grundsätzlich nur noch**

– die Betriebskosten,

– die Verwaltungskosten,

– die Instandhaltungskosten und

– das Mietausfallwagnis

in Abzug zu bringen. § 17 Abs. 1 Satz 2 bestimmt darüber hinaus, dass der Rohertrag die zur Deckung der Betriebskosten erhobenen Umlagen nicht enthalten soll, wenn zur Ermittlung des Reinertrags gleich von der Nettokaltmiete ausgegangen wird.

Dies betrifft insbesondere **Mietwohngrundstücke** mit der Folge, dass sich die noch in   **24** Abzug zu bringenden Bewirtschaftungskosten auf

– die Verwaltungskosten,

– die Instandhaltungskosten und

– das Mietausfallwagnis

reduzieren.

Etwas Anderes gilt für **gewerbliche Objekte,** bei denen grundsätzlich auch die übrigen   **25** Bewirtschaftungskostengruppen umgelegt werden können. Wird zu deren Verkehrswertermittlung von entsprechenden Vergleichsmieten ausgegangen, so sind nur noch die verbleibenden nicht umgelegten Bewirtschaftungskostengruppen in Abzug zu bringen. Von daher muss bei der Verkehrswertermittlung sorgfältig zwischen Mietwohn- und gewerblichen Objekten unterschieden werden.

Grundsätzlich besteht die Möglichkeit, die im Einzelfall nicht umgelegten Bewirtschaf-   **26** tungskosten (-gruppen) pauschal oder im Wege von Einzelansätzen in Abzug zu bringen. **Allgemein ist** den **Einzelansätzen** schon deshalb **der Vorzug zu geben, weil damit Besonderheiten des Einzelfalls präziser erfasst werden können**, während der Ansatz von Pauschalansätzen nur dann zufriedenstellende Ergebnisse erwarten lässt, wenn das zu wertende Objekt durchschnittliche Verhältnisse aufweist, wie sie der Ableitung von Pauschalen für die nicht umlagefähige Bewirtschaftungskosten zu Grunde lagen.

Zur Beurteilung der Eignung der in Betracht kommenden Methoden muss man sich ver-   **27** deutlichen, von welchen Faktoren die jeweilige Höhe der angemessenen Bewirtschaftungskostengruppen abhängig ist.

– Die **Höhe der Verwaltungskosten** ist insbesondere von der Anzahl der Mieteinheiten eines Objektes und weniger von der Nutzfläche bzw. dem Rohertrag abhängig. Ein in viele Untereinheiten zersplittertes Objekt erfordert i. d. R. einen höheren Verwaltungsaufwand, als ein gleich großes Objekt, das in wenige Untereinheiten zerfällt. Verwaltungskostenpauschalen sind von daher nur bei großen Einheiten sachgerecht, bei denen der Verwalter mit einer Pauschale von 5–7 % der Einnahmen vergütet wird. Die II BV i. d. F. vom 1. 1. 2002 hat es allerdings für Mietwohnobjekte auf einzelne Wohnungen bezogene Pauschalbeträgen in absoluter Höhe belassen (230 €/WE).

Mit der am 1. 1. 2002 in Kraft getretenen Neufassung der II BV wurden die **Verwaltungs- und Instandhaltungskosten** dynamisiert. Nach § 26 Abs. 4, § 28 Abs. 5 a und § 41 Abs. 1 Satz 2 II BV sollen

a) die Höchstpauschale der Verwaltungskosten für Wohnungen (230 €), Eigentumswohnungen (275 €) und Garagen (30 €),

b) die *Abzugssätze* von 0,20 €/m² nach § 28 Abs. 2 Satz 2 II BV bei *eigenständig gewerblicher Leistung von Wärme,*

c) der Zuschlagssatz von 1 € für Wohnungen, für die ein maschinell betriebener Aufzug vorhanden ist (§ 28 Abs. 2 Satz 3 II BV),

d) die Abzugssätze von 1,05 €/m² nach § 28 Abs. 3 II BV für die vom Mieter getragenen Kosten der *kleinen Instandhaltung,*

e) die gesondert zu berücksichtigenden Kosten der vom Vermieter getragenen *Schönheitsreparaturen* in Wohnungen von höchstens 8,50 €/m² nach § 28 Abs. 4 II BV sowie

f) die *Instandhaltungspauschale für Garagen* und ähnliche Einstellplätze von höchstens 68 € nach § 28 Abs. 5 II BV

ab dem 1. 1. 2005 um die vom Statistischen Bundesamt festgestellte **Entwicklung des Preisindexes für die Lebenshaltung aller privaten Haushalte in Deutschland seit dem 1. 1. 2002** und danach jeweils alle drei Jahre um die für diesen Zeitraum festgestellte Entwicklung des Preisindexes **fortgeschrieben werden.**

Aufwandskennzahlen						
Verhältnis	**Büro- und Verwaltungsgebäude**			**Wohn- und Wohnungsgeschäftsgebäude**		
Qualifizierung	niedrig	mittel	hoch	niedrig	mittel	hoch
Instandsetzungskosten in % der Investitionskosten Annahme: Kosten des Bauwerks eines 3- bis 4-geschossigen Wohnungsbaus 1994: 1 120 €/m²	0,6	0,9	1,2	0,8	1,0	1,2
Jährliche Verwaltungskosten in % der Sollmieten Vollvermietung *ohne* Mietrückstände Jährliche Kosten der Verwaltung entsprechend II BV (alt) 230 €/m² je Wohnung und 30 €/m² je PKW-Stellplatz	–	–	–	4	8	12
Baunebenkosten in % der Kosten des Bauwerks	10,5	12,25	20,0	12,0	16,0	20,0
Kosten der Außenanlagen in % der Kosten des Bauwerks	3,5	5,5	7,5	5,0	10,0	15,0

Quelle: Gärtner, S., Beurteilung und Bewertung alternativer Planungsentscheidungen im Immobilienbereich mit Hilfe eines Kennzahlensystems, 1. Aufl. 1996

Die **Abhängigkeit der Verwaltungskosten von der Zahl der Mieteinheiten** ist insbesondere bei gewerblichen Objekten beachtlich, weil man es hier oftmals mit größeren Mieteinheiten als im Wohnungsbau zu tun hat. Bei gewerblichen Objekten können sich die Verwaltungskosten deshalb erheblich reduzieren, wenn ein größerer Komplex nur an einen einzigen Nutzer vermietet ist.

Die **Höhe der Instandhaltungskosten** ist in erster Linie eine Funktion der Wohn- bzw. Nutzfläche und der Ausstattung. Wohn- und Nutzfläche in Verbindung mit der Ausstattung bestimmen die Einnahmen, so dass Pauschalsätze für die Instandhaltungskosten i. d. R. als Vomhundertsatz des Rohertrags (Nettokaltmiete) angegeben werden. Schwachstelle solcher Pauschalsätze ist die Tatsache, dass die Instandhaltungskosten für gleich große und gleichermaßen ausgestattete Objekte in guten und schlechten Lagen etwa gleich hoch ausfallen, so dass diese vor ihrer Anwendung auf Objekte in besonders guter oder besonders schlechter Lage korrigiert werden müssen, denn die Instandhaltungskosten fallen für Objekte, die z. B. auf Grund ihrer schlechten Lage einen entsprechend geringeren Ertrag einbringen, nicht niedriger aus, wenn eine ordnungsgemäße Bewirtschaftung gewährleistet sein soll.

Die **Höhe des Mietausfallwagnisses** ist, wie die Höhe der Instandhaltungskosten, wiederum eine Funktion der Wohn- bzw. Nutzfläche i. V. m. den nach Lage des Objekts und seiner Ausstattung erzielbaren Erträgen. Darüber hinaus ist das Mietausfallwagnis aber besonders von der Grundstücksart abhängig. Angebots- und Nachfragesituation weisen je nach Grundstücksart erhebliche Unterschiede aus. Gewerbliche Objekte, die eine deutlich höhere Fluktuation als Wohnobjekte aufweisen, sind bezüglich der Nachfrage stark von der wirtschaftlichen Konjunktur abhängig; sie weisen deshalb ein deutlich höheres Mietausfallwagnis auf. Entscheidend ist hier aber vor allem die Bonität des Mieters, d. h., das Mietausfallwagnis bestimmt sich maßgeblich nach den gegebenen (auch persönlichen) Verhältnissen des Einzelfalls.

2.3.2 Wohnraum

Für Mietwohnobjekte enthält Anl. 3 WertR 76 eine **Tabelle für die Gesamtpauschale der nicht umlagefähigen Bewirtschaftungskosten,** d. h. für die Verwaltungs- und Instandhaltungskosten sowie das Mietausfallwagnis. Im Hinblick auf die Abhängigkeit der Verwaltungskosten von der Anzahl der Untereinheiten ist ihre Anwendung auf Objekte mit 3 bis 8 Wohnungen beschränkt (Abb. 2, 3): 28

Abb. 2: Durchschnittliche pauschalierte Bewirtschaftungskosten für Verwaltung, Instandhaltung und Mietausfallwagnis in v. H. der Nettokaltmiete (ohne Betriebskosten) **für Mietwohngrundstücke** nach Anl. 3 WertR

Mietwohngrundstücke mit 3 bis 8 Wohnungen, Mittel aller Ortsgrößen,
wirtschaftliche Verhältnisse der Jahre 1977/78
Quelle: WertR Anl. 3

Baujahr	Wohnungsausstattung	
	ohne Bad oder ohne Zentralheizung v. H.	*mit* Bad oder mit Zentralheizung v. H.
bis 1925	40	33
1926–1948	35	29
1949–1955	31	26
1956–1968	27	22
ab 1969	22	15

Die Nettokaltmiete enthält weder „Umlagen" noch „nicht als Umlagen erhobene Betriebskosten".

Abb. 3: Durchschnittliche pauschalierte Bewirtschaftungskosten im freifinanzierten Wohnungsbau für Verwaltung, Instandhaltung und Mietausfallwagnis in v. H. der Nettokaltmiete

Baujahr	Wohnungsausstattung			
	ohne Bad oder ohne Zentralheizung v. H.		*mit* Bad oder mit Zentralheizung v. H.	
	WertR 96	Bonn	WertR 96	Bonn
bis 1948	35–40	27–25	29–33	24–21
1949–1965	31–28	24–20	26–23	23–20
1966–1977	29–22	–	22–15	20–17
ab 1978	22	–	15	17–13

29 Daneben enthält Anl. 3 a eine Tabelle von Pauschalen für die Verwaltungs- und Instandhaltungskosten, wobei die Pauschalen sich auf

– die einzelne Wohnung (Verwaltungskosten) und

– auf den Quadratmeter Wohnfläche (Instandhaltungskosten)

beziehen. Darüber hinaus sind an die angegebenen Pauschalen **Zu- bzw. Abschläge anzubringen, wenn der Vermieter die Schönheitsreparaturen trägt** (Abb. 4).

30 **In den Erhaltungs- und Instandhaltungskosten sind die Kosten für Schönheitsreparaturen nicht enthalten.** Trägt der Vermieter die Schönheitsreparaturen, erhöhen sich die angegebenen Pauschalen um bis zu 8,50 €/m². Die in § 28 Abs. 4 Satz 3 der II BV in der bis zum 1. 1. 2002 geltenden Fassung noch vorgesehene Differenzierung nach überwiegend tapezierten Wohnungen, Wohnungen ohne Heizkörper und Wohnungen ohne Verbund- oder Doppelfenster ist aufgegeben worden, weil Schönheitsreparaturen ohnehin vertraglich auf den Mieter übertragen werden und die genannten Fälle praktisch bedeutungslos geworden seien.

Die **Instandhaltungskosten,** einschließlich Schönheitsreparaturen, **für Garagen** oder ähnliche Einstellplätze betragen bis 68 € je Garagen- oder Einstellplatz im Jahr.

31 Nach Empfehlung des Ostdeutschen Sparkassen- und Giroverbandes[11] aus dem Jahre 1999 sind bei **Block-** und **Plattenbauweisen** von der Jahresnettokaltmiete/Grundmiete (soweit nicht vom Unternehmer konkretere Angaben vorliegen) anzusetzen:

– Verwaltungskosten in Höhe von 217,74 € pro Einheit

– Instandhaltungskosten ca. 5,11–7,16 € pro m²

– Mietausfallwagnis 2 % vom Rohertrag (Nettokaltmiete)

Die Darstellung der einzelnen Positionen kann durch eine Pauschalierung ersetzt werden. Im Pauschalierungsverfahren sind 30–40 % der Jahresnettokaltmiete/Grundmiete anzusetzen.

---

11 GuG aktuell 1994, 42; Rundschreiben Nr. 185/1994 des Ostdeutschen Sparkassen- und Giroverbandes vom 6. 10. 1994; 3. Aufl. zu diesem Werk S. 2158

Abb. 4: Bewirtschaftungskosten (Verwaltungs- und Instandhaltungskosten sowie Mietausfallagnis nach Zweiter Berechnungsverordnung)

Bewirtschaftungskosten

zu Nr. 3.5.2.2 und 3.5.2.4 WertR

I   Verwaltungskosten nach § 26 Abs. 2 und 3 sowie § 41 Abs. 2 II BV (zu Nr. 3.5.2.2. WertR)

bis 230 €	jährlich je Wohnung, bei Eigenheimen, Kaufeigenheimen und Kleinsiedlungen je Wohngebäude
bis 275 €	jährlich je Eigentumswohnung, Kaufeigentumswohnung und Wohnung in der Rechtsform eines eigentumsähnlichen Dauerwohnrechts nach § 41 Abs. 2 II BV
bis 30 €	jährlich für Garagen oder ähnliche Einstellplätze

Die genannten Beträge verändern sich ab dem 1. 1. 2005 und am 1. 1. eines jeden darauf folgenden dritten Jahres um den Prozentsatz, um den sich seit der letzten Veränderung der vom Statistischen Bundesamt festgestellte Preisindex für die Lebenshaltungskosten aller privaten Haushalte in Deutschland insgesamt verändert hat. Für die Veränderung am 1. 1. 2005 ist die Veränderung seit dem 1. 1. 2002 maßgeblich.

II   Instandhaltungskosten nach § 28 Abs. 2 BV (zu Nr. 3.5.2.4 WertR):

bis 7,10 €/m²	Wohnfläche je Jahr für Wohnungen, deren Bezugsfertigkeit am Ende des Kalenderjahres weniger als 22 Jahre zurückliegt
bis 9,00 €/m²	Wohnfläche je Jahr für Wohnungen, deren Bezugsfertigkeit am Ende des Kalenderjahres mindestens 22 Jahre zurückliegt
bis 11,50 €/m²	Wohnfläche je Jahr für Wohnungen, deren Bezugsfertigkeit am Ende des Kalenderjahres mindestens 32 Jahre zurückliegt

Zu- und Abschläge:

abzüglich 0,20 €	jährlich je m² Wohnung, bei eigenständig gewerblicher Leistung von Wärme i. S. d. § 1 Abs. 2 Nr. 2 der HeizkostenV
abzüglich 1,05 €	jährlich je m² Wohnung, wenn der Mieter die Kosten der kleinen Instandhaltung i. S. d. § 28 Abs. 3 Satz 2 II BV trägt
zuzüglich 1,00 €	jährlich je m² Wohnung, wenn ein maschinell betriebener Aufzug vorhanden ist
zuzüglich bis 8,50 €	jährlich je m² Wohnung, wenn der Vermieter die Kosten der Schönheitsreparaturen i. S. d. § 28 Abs. 4 Satz 2 II BV trägt

Die genannten Beträge verändern sich ab dem 1. 1. 2005 und am 1. 1. eines jeden darauf folgenden dritten Jahres nach Maßgabe des vorstehenden für die Verwaltungskosten maßgeblichen Grundsatzes.

Die Instandhaltungskosten, einschließlich Schönheitsreparaturen, für Garagen oder ähnliche Einstellplätze betragen

bis 68 €	je Garagen- oder Einstellplatz im Jahr (§ 28 Abs. 5 II BV)

Die genannten Beträge verändern sich ab dem 1. 1. 2005 und am 1. 1. eines jeden darauf folgenden dritten Jahres nach Maßgabe des vorstehenden für die Verwaltungskosten maßgeblichen Grundsatzes.

III   Mietausfallwagnis nach § 29 Abs. 2 BV (zu Nr. 3.5.2.5 WertR)

Als Erfahrungswerte können angesetzt werden:

2 vom Hundert	der Nettokaltmiete bei Mietwohn- und gemischt genutzten Grundstücken
4 vom Hundert	der Nettokaltmiete (Rohertrag) bei Geschäftsgrundstücken

© W. Kleiber 02

Abb. 5: Instandhaltungs- und Verwaltungskosten in €/m²/Jahr nach II BV älterer Fassungen

II BV	Gültig	Abschreibung %	Verwaltungskosten WE €/J	Verwaltungskosten Gar. €/J	Ofenheizung ohne Bad	Ofenheizung mit Bad	Ofenheizung mit Lift	Zentralheizung ohne Bad	Zentralheizung mit Bad	Zentralheizung mit Lift	kleiner Repart. d. Mieter	Bei Übernahme ohne Tapete	mit Tapete	mit Zentr. Hzg.	mit Dop. Fen.	Garage € Jahr
II BV	20.11.1950	1,0	15,34	5,11	0,89	1,02		1,02	1,15		−0,20					
II BV	1.8.1963	1,0	30,67	5,11	1,41	1,58	+0,10	1,56	1,74	+0,10	−0,13			+0,87		
II BV	20.12.1967	1,0	43,46	7,67	a) 1,94	2,15	+0,13	2,10	2,30	+0,13	−0,15	+1,28	+0,15	+0,10	+0,13	15,34
					b) 1,79	1,99	+0,13	1,94	2,15	+0,13	−0,15	+1,28	+0,15	+0,10	+0,13	15,34
					c) 1,69	1,89	+0,13	1,84	2,05	+0,13	−0,15	+1,28	+0,15	+0,10	+0,13	15,34
II BV	1.1.1971	1,0	51,13	10,23	a) 1,94	2,15	+0,13	2,10	2,30	+0,13	−0,15	+1,28	+0,15	+0,10	+0,13	15,34
					b) 1,79	1,99	+0,13	1,94	2,15	+0,13	−0,15	+1,28	+0,15	+0,10	+0,13	15,34
					c) 1,69	1,89	+0,13	1,84	2,05	+0,13	−0,15	+1,28	+0,15	+0,10	+0,13	15,34
II BV	1.6.1972	1,0	61,35	10,23	a) 2,35	2,66	+0,20	2,61	2,91	+0,20	−0,26	+1,84	+0,20	+0,15	+0,18	20,45
					b)			b)								
					c) 2,06	2,35	+0,20	2,30	2,61	+0,20	−0,26	+1,84	+0,20	+0,15	+0,18	20,45
II BV	20.12.1974	1,0	92,03	15,34	a) 3,68	4,04	+0,26	3,99	4,35	+0,26	−0,51	+2,40	+0,26	+0,20	+0,23	25,56
					b) 3,53	3,89	+0,26	3,83	4,19	+0,26	−0,51	+2,40	+0,26	+0,20	+0,23	25,56
					c) 3,17	3,53	+0,26	3,48	3,83	+0,26	−0,51	+2,40	+0,26	+0,20	+0,23	25,56
II BV	1.7.1979	1,0	122,71 / 148,27**	17,90	a) 4,40	4,81	+0,31	4,76	5,16	+0,31	−0,61	+2,40	+0,31	+0,26	+0,33	30,67
					b) 4,19	4,60	+0,31	4,55	4,96	+0,31	−0,61	+2,40	+0,31	+0,26	+0,33	30,67
					c) 3,12	3,53	+0,31	3,48	3,98	+0,31	−0,61	+2,40	+0,31	+0,26	+0,33	30,67
II BV	1.1.1984 bzw. 1.8.1984 f. Instandhaltung	1,0	122,71 / 148,27**	17,90	a) 5,83	6,39	+0,41	6,31	6,88	+0,41	−0,82	+3,83	+0,41	+0,33	+0,36	38,35
					b) 5,57	6,14	+0,41	6,06	6,62	+0,41	−0,82	+3,83	+0,41	+0,33	+0,36	38,35
					c) 5,55	4,11	+0,41	5,04	5,60	+0,41	−0,82	+3,83	+0,41	+0,33	+0,36	38,35
					d) 3,53	4,09	+0,41	4,01	4,58	+0,41	−0,82	+3,83	+0,41	+0,33	+0,36	38,35

Note: column headings — Verwaltungskosten (WE €/J, Gar. €/J); Instandhaltungskosten €/m²/Jahr (Ofenheizung, Zentralheizung); Bei Übernahme der Schönheitsrep. durch Vermieter (ohne Tapete, mit Tapete, mit Zentr. Hzg., mit Dop. Fen.).

Instandhaltungskosten €/m²/Jahr

II BV	Gültig	Abschreibung %	Verwaltungskosten WE €/J	Verwaltungskosten Gar. €/J	Ofenheizung ohne Bad	Ofenheizung mit Bad	Ofenheizung mit Lift	Zentralheizung ohne Bad	Zentralheizung mit Bad	Zentralheizung mit Lift	kleiner Repart. d. Mieter	Bei Übernahme der Schönheitsrep. durch Vermieter ohne Tapete	mit Tapete	mit Zentr. Hzg.	mit Dop. Fen.	Garage €/Jahr
II BV	1.7.1988 bzw. 12.10.1990	1,0	168,61 / 196,85***	23,01	a) 7,26	7,92	+0,51	a) 7,82*	8,49*	+0,51	−0,97	+4,60	+0,51	+0,41	+0,43	46,02
					b) 6,75	7,41	+0,51	b) 7,31*	7,98*	+0,51	−0,97	+4,60	+0,51	+0,41	+0,43	46,02
					c) 5,22	5,88	+0,51	c) 5,78*	6,44*	+0,51	−0,97	+4,60	+0,51	+0,41	+0,43	46,02
					d) 3,94	4,60	+0,51	d) 4,50*	5,16*	+0,51	−0,97	+4,60	+0,51	+0,41	+0,43	46,02
II BV	1.8.1992	1,0	214,75 / 255,65***	28,12	a) 9,64	10,22	+0,84	a) 10,05**	10,13**	+0,84	−0,97	+5,52	+0,61	+0,48	+0,51	56,24
					b) 8,87	9,46	+0,84	b) 9,28**	9,71**	+0,84	−0,97	+5,52	+0,61	+0,48	+0,51	56,24
					c) 6,57	7,16	+0,84	c) 6,98**	7,57**	+0,84	−0,97	+5,52	+0,61	+0,48	+0,51	56,24
					d) 5,04	5,62	+0,84	d) 5,44**	6,03**	+0,84	−0,97	+5,52	+0,61	+0,48	+0,51	56,24

Bezugsfertig bis a) 31. 12. 1952;
b) 31. 12. 1969;
c) nach 31. 12. 1979;
d) bis 31.12.1980;
e) von 1.1.1953 bis 31. 12. 1969;
f) ab 1. 1. 1970 bis 31. 12. 1979;
g) nach dem 31. 12. 1979 (ab 1. 1. 1980)

* Bei Fernanschluss vermindern sich diese Beträge ab 12. 10. 1990 um € 0,17.
** Bei Fernanschluss vermindern sich diese Beträge ab 1. 8. 1992 um € 0,15
*** Bei Eigentumswohnungen

2.3.3   Gewerberaum

32   Für gewerbliche Objekte sind **Pauschalsätze** im Hinblick auf die großen Spannbreiten **kaum angebbar.** Allgemein gilt, dass sie i. d. R. deutlich niedriger als für Wohnraum ausfallen, insbesondere wenn über die Betriebskosten hinaus weitere Bewirtschaftungskostengruppen umgelegt werden.

33   Als **Anhaltspunkt** kann die nachfolgend abgedruckte Tabelle dienen (Abb. 6):

Abb. 6: Pauschalierte Bewirtschaftungskosten für Gewerbegrundstücke

Pauschalierte Bewirtschaftungskosten für Gewerbegrundstücke		
Die Vomhundertsätze der Nettokaltmiete sind abhängig von a) vertraglichen Vereinbarungen b) Alter, Zustand und Größe der baulichen Anlagen c) Ausstattung der baulichen Anlagen sowie d) Lage und Ortsgröße Mit höheren Nettokaltmieten sinkt der Vomhundertsatz an der Nettokaltmiete. Bei abnehmender Restnutzungsdauer steigt der Vomhundertsatz an der Nettokaltmiete.		
a) Verwaltungskosten	3 bis 10 %	oder 0,13 bis 0,24 €/m² (275 € pro Eigentumswohnung). Mit sich erhöhender Einwohnerzahl der Belegenheitsgemeinde (bis 50 000 Einwohner) können sich die Verwaltungskosten um bis zu 2 Prozentpunkte erhöhen.
b) Instandhaltung	7 bis 25 %	oder 1,0 bis 1,5 % des Herstellungswerts am Wertermittlungsstichtag
		10,00 bis 12,00 €/m²
		Im Vergleich zu Wohnungen i. d. R. niedriger, da die Nettokaltmiete höher ist und die Instandhaltung neben der Miete gesondert getragen wird. Bei Objekten mit längerer Restnutzungsdauer (RND) ist der Vomhundertsatz niedriger als bei Objekten mit kurzer Restnutzungsdauer (RND).
c) Mietausfallwagnis	2,5 bis 4,0 %	Nr. 3.5.2.5 WertR; im Vergleich zu Wohnungen deutlich höher
	bis 8,0 %	bei besonderem Risiko
nachrichtlich d) Betriebskosten	10 bis 30 %	In kleineren Gemeinden und bei Okjekten mit kurzer Restnutzungsdauer (RND) vermindern sich die Vomhundertsätze. Die Betriebskosten sind im gewerblichen Bereich häufig ohne Grundsteuer und Versicherungsprämie.
Summe		rd. 12,5 bis 40 % (ohne Betriebskosten)
Für Sondernutzungen:		– Garagen- und Lagerflächen 15 bis 20 % – Tiefgaragen bis 25 % – Tankstellen bis 25 % – Selbstbedienungsläden 15 bis 25 % – Fachkliniken bis 15 % – Tennisplätze 15 bis 20 %

— © W. Kleiber 01 —

34   Für gemischt genutzte Grundstücke liegt ferner eine **ältere Untersuchung der Gewos** (1981) über pauschalierte Bewirtschaftungskosten vor (abgedruckt auf den S. 2146 ff. der 3. Aufl. zu diesem Werk).

Abb. 7: Nebenkosten in den fünf wichtigsten Bürostandorten (2000) in €/m² NF und Monat

	Klimatisiert				
	Berlin	Düsseldorf	Frankfurt/M.	Hamburg	München
Öffentliche Abgaben	0,56	0,71	0,85	0,78	0,68
Versicherung	0,23	0,13	0,17	0,12	0,14
Wartung	0,36	0,36	0,36	0,30	0,50
Strom	0,45	0,30	0,78	0,29	0,36
Heizung	0,44	0,35	0,49	0,50	0,38
Wasser, Kanal	0,09	0,12	0,15	0,11	0,14
Reinigung	0,23	0,16	0,13	0,28	0,21
Bewachung	0,21	0,18	0,25	0,14	0,29
Verwaltung	0,43	0,44	0,46	0,41	0,34
Hausmeister	0,26	0,27	0,38	0,34	0,35
Sonstiges	0,08	0,05	0,05	0,03	0,07
Gesamt	3,36	3,05	4,04	3,27	3,34
	Unklimatisiert				
	Berlin	Düsseldorf	Frankfurt/M.	Hamburg	München
Öffentliche Abgaben	0,59	0,60	0,86	0,71	0,56
Versicherung	0,16	0,15	0,17	0,13	0,15
Wartung	0,22	0,33	0,27	0,17	0,22
Strom	0,19	0,14	0,15	0,14	0,18
Heizung	0,42	0,28	0,27	0,35	0,32
Wasser, Kanal	0,12	0,08	0,10	0,10	0,11
Reinigung	0,19	0,18	0,24	0,24	0,16
Bewachung	0,20	0,15	0,20	0,04	0,17
Verwaltung	0,45	0,44	0,41	0,43	0,37
Hausmeister	0,23	0,21	0,35	0,26	0,23
Sonstiges	0,04	0,13	0,09	0,06	0,09
Gesamt	2,28	2,67	3,08	2,60	2,53

Quelle: Jones Lang LaSalle

Abb. 8: Durchschnittswerte aller Nebenkosten 1997/1998 in DM/m² NF und Monat

Abgaben	Vollklimatisiert			Teilklimatisiert			Unklimatisiert		
	1997	1998	%	1997	1998	%	1997	1998	%
Öffentliche Abgaben	1,37	1,62	18,2	1,28	1,17	− 8,6	1,21	1,27	5,0
Versicherung	0,30	0,34	13,3	0,40	0,39	− 2,5	0,32	0,33	3,1
Wartung	1,27	1,26	− 0,8	0,64	0,55	− 14,1	0,46	0,37	− 19,6
Strom	1,33	0,98	26,3	0,64	0,60	− 6,3	0,25	0,27	8,0
Heizung	0,73	0,55	− 24,7	0,65	0,78	20,0	0,62	0,70	12,9
Wasser, Kanal	0,25	0,20	− 20,0	0,23	0,22	− 4,3	0,19	0,19	−
Reinigung	0,32	0,35	9,4	0,37	0,52	40,5	0,35	0,38	8,6
Bewachung	0,71	0,58	− 18,3	0,69	1,08	56,5	0,44	0,42	− 4,5
Verwaltung	0,95	0,74	− 22,1	0,87	0,86	− 1,1	0,75	0,78	4,0
Hausmeister	0,47	0,42	− 10,6	0,49	0,42	− 14,3	0,53	0,50	− 5,7
Sonstiges	0,33	0,18	− 45,5	0,21	0,15	− 28,6	0,23	0,16	− 30,4
Total	8,03	7,22	− 10,1	6,47	6,74	4,2	5,35	5,37	0,4

* Veränderung 1998 gegenüber 1997

Quelle: Jones Lang Wootton GuG 1998, 306

2.4   Partielle Ermittlung der Bewirtschaftungskosten

2.4.1   Abschreibung – AfA – (Abs. 1 Satz 2)

35   Als **Abschreibung definiert § 25 Abs. 1 II BV** für die Belange der sozialen Wohnraumförderung **den auf jedes Jahr der Nutzung fallenden „Anteil der verbrauchsbedingten Wertminderung der Gebäude, Anlagen und Einrichtungen".** Der Abschreibungsbetrag soll nach der mutmaßlichen Nutzungsdauer errechnet werden.

36   Die **DIN 31 052** (Januar 1985) verwendet an Stelle des Begriffs der Abschreibung den technischen Begriff der Abnutzung und definiert diese wie folgt:

„Im Sinne der Instandhaltung Abbau des Abnutzungsvorganges (Nr. 4.1) infolge physikalischer und/oder chemischer Einwirkungen.

Anmerkung: Abnutzung im Sinne der Instandhaltung sind z. B. Verschleiß, Alterung, Korrosion und auch plötzlich auftretende Istzustandsveränderungen wie z. B. ein Bruch (Abnutzung in kaufmännischer Bewertung ist die Abschreibung)."

37   **Mit § 25 Abs. 2 und 3 II BV werden folgende Abschreibungssätze empfohlen:**

„(2) Die Abschreibung soll bei Gebäuden 1 vom Hundert der Baukosten, bei Erbbaurechten 1 vom Hundert der Gesamtkosten nicht übersteigen, sofern nicht besondere Umstände eine Überschreitung rechtfertigen.

(3)   Als besondere Abschreibung für Anlagen und Einrichtungen dürfen zusätzlich angesetzt werden von den Kosten

1. der Öfen und Herde	3 vom Hundert,
2. der Einbaumöbel	3 vom Hundert,
3. der Anlagen und der Geräte zur Versorgung mit Warmwasser, sofern sie nicht mit einer Sammelheizung verbunden sind,	4 vom Hundert,
4. der Sammelheizung einschließlich einer damit verbundenen Anlage zur Versorgung mit Warmwasser	3 vom Hundert,
5. der Fernheizung	0,5 vom Hundert,
und einer damit verbundenen Anlage zur Versorgung mit Warmwasser	4 vom Hundert,
6. des Aufzugs	2 vom Hundert,
7. der Gemeinschaftsantenne	9 vom Hundert,
8. der maschinellen Wascheinrichtung	9 vom Hundert."

38   Begrifflich steht die so definierte Abschreibung in enger Verwandtschaft mit der **Wertminderung wegen Alters nach § 23 WertV** (§ 23 WertV Rn. 12 ff.). Im Rahmen des *Ertragswertverfahrens* stellt die Abschreibung jedoch nicht die verbrauchsbedingte Wertminderung, sondern die dieser Wertminderung entsprechende **Erneuerungsrücklage für den verbrauchsbedingten Wertverzehr der baulichen Anlagen** dar. Diese Erneuerungsrücklage wäre aus dem Reinertrag aufzubringen, wobei es dahingestellt sein mag, ob der Eigentümer diesen Bestandteil des Reinertrags „verfrühstückt" oder tatsächlich auf Zins und Zinseszins anlegt, um am Ende der Restnutzungsdauer den Ertragswert der baulichen Anlagen wieder angesammelt zu haben. Von daher braucht der Abschreibung (= Erneuerungsrücklage) in der Tat keine Beachtung geschenkt zu werden. Das Modell des in der WertV geregelten Ertragswertverfahrens und der mit § 16 Abs. 1 und 2 i.V. m. den §§ 17 und 18 definierte Reinertrag ist aber gleichwohl irreführend, weil hierin eben die Erneuerungsrücklage enthalten ist. Kein Kapitalanleger würde den Kapitalrückfluss als *Rein*ertrag ansehen, wenn am Ende der Investitionsdauer das angelegte Kapital „verfrühstückt" wäre. Der eigentliche Reinertrag ist von daher der um die Erneuerungsrücklage verminderte Reinertrag i. S. d. WertV. Die WertV folgt dieser im Übrigen auf den „eigentlichen" Liegenschaftszinssatz durchschlagenden Betrachtungsweise nicht.

39   **Irrig ist die** mathematisch nicht haltbare **Feststellung** in § 18 Abs. 1 Satz 2 WertV, **nach der die Abschreibung in den Vervielfältiger eingerechnet sei.** Tatsächlich ist die im Rahmen des Ertragswertverfahrens als **Erneuerungsrücklage für den verbrauchsbedingten Wertverzehr der baulichen Anlage** definierte Abschreibung also im Reinertrag enthalten und es wird bei der Anwendung des Vervielfältigers auf den ermittelten Reinertrag nicht zwischen der Kapitalisierung der darin enthaltenen Abschreibung und des eigentlichen Reinertrags unterschieden.

Bei der Ableitung des Vervielfältigers wird lediglich davon ausgegangen, dass der **40** Abschreibungsbetrag im Reinertrag enthalten ist. Dies gilt gleichermaßen für die **steuerliche Bewertung,** wo ebenso von diesem Trugschluss ausgegangen wird (vgl. Nr. 19 Abs. 1 BewR Gr). Im Ergebnis führt die Besteuerung insoweit zum Substanzverzehr, denn die Abschreibung stellt ja lediglich die Erneuerungsrücklage für den verbrauchsbedingten Wertverzehr dar.

Das **Ertragswertverfahren ist gleichwohl in sich schlüssig,** da auch der Liegenschafts- **41** zinssatz aus einem abschreibungsunverminderten Reinertrag abgeleitet wird und man in demselben System bleibt.

Dies soll an nachfolgendem *Beispiel* (RND ≈ 100 Jahre) verdeutlicht werden:

a) **Ableitung des Liegenschaftszinssatzes**

ohne Berücksichtigung der Abschreibung			*mit* Berücksichtigung der Abschreibung		
RE	=	50 000 €	RE	=	50 000 €
Abschreibung	=	0 €	Abschreibung	=	− 5 000 €
$RE_{unvermindert}$	=	50 000 €	$RE_{vermindert}$	=	45 000 €
KP ≈ VW	=	1 000 000 €	KP ≈ VW	=	1 000 000 €
$p = RE \times \dfrac{100}{KP}$	=	**5 %**	$p = RE \times \dfrac{100}{KP}$	=	**4,5 %**

b) **Verkehrswertermittlung**

$$\text{Verkehrswert} = \frac{RE \times 100}{p}$$

RE	=	50 000 €	RE	=	50 000 €
Abschreibung	=	0 €	Abschreibung	=	5 000 €
$RE_{unvermindert}$	=	50 000 €	$RE_{vermindert}$	=	45 000 €
p	=	5 %	p	=	4,5 %
$VW = \dfrac{RE}{p}$	=	**1 000 000 €**	$VW = \dfrac{RE}{p}$	=	**1 000 000 €**

Aus dem *Beispiel* wird deutlich, dass man zu demselben Ergebnis gelangt, wenn man jeweils in demselben System bleibt. Das Verfahren der WertV, die Abschreibung außer Betracht zu lassen, hat damit den Vorteil, dass man sich über die Höhe der angemessenen Abschreibung keine Gedanken zu machen braucht, und zwar weder bei der Ableitung des Liegenschaftszinssatzes noch bei Anwendung des Ertragswertverfahrens. Festzuhalten bleibt aber, dass das, was als **Reinertrag nach § 16 Abs. 1** in die Wertermittlung eingeführt wird, **nicht der „wahre" Reinertrag** ist und diesen Ausdruck aus immobilienwirtschaftlicher Sicht nicht verdient.

Entsprechendes gilt für den **Liegenschaftszinssatz.** Das Beispiel zeigt, dass sich unter **42** Berücksichtigung der Abschreibung Liegenschaften zu einem geringeren Zinssatz verzinsen, als der angesetzte Liegenschaftszinssatz vorgibt.

Das in den §§ 21 ff. geregelte **Sachwertverfahren** schenkt der Frage der Rücklage der sog. **43** Abschreibung im Übrigen keine Beachtung. Dies ist in dem grundlegenden Wesensunterschied zwischen Ertrags- und Sachwertverfahren begründet und bei Anwendung des Sachwertverfahrens auch systemgerecht. Mit der in § 23 definierten **Wertminderung wegen Alters,** die auch als Abschreibung (für Abnutzungen – AfA –) bezeichnet wird, soll die Wertminderung des Objekts im Hinblick auf die sich mit zunehmendem Alter verkürzende Restnutzungsdauer gegenüber dem als Neubauwert ermittelten Herstellungswert erfasst werden. Diese Wertminderung wächst von Null im Jahr der Gebäudeerrichtung bis zum vollen Herstellungswert im Jahre des wirtschaftlichen Abgangs des Gebäudes an, ohne dass dabei gefordert wird, dass die Wiederanlage eines der alljährlich anfallenden Wertminderung entsprechenden Betrags auf Zins und Zinseszins den „Wert der baulichen Anlagen" reproduziert.

44 Die Höhe des **Abschreibungsbetrags, der im Reinertrag enthalten ist,** lässt sich nach dem dem Ertragswertverfahren zu Grunde liegenden Modell aus dem jeweiligen Gebäudewert ableiten. Der Abschreibungsbetrag ergibt sich dann nach den Ausführungen bei § 16 WertV Rn. 48 aus

$$\text{Abschreibungsbetrag des Gebäudes} = G \, \frac{q-1}{q^n-1}$$

wobei G ... Gebäudewert
       q ... Zinsfaktor $= 1 + \dfrac{\text{Abschreibungszinssatz}}{100}$

45 Als **Abschreibungszinssatz** ist nach den Ausführungen unter § 16 WertV Rn. 49 ff. der Liegenschaftszinssatz maßgebend.

Der jährliche Abschreibungsbetrag kann ermittelt werden, indem der Gebäudeertragswert am Wertermittlungsstichtag durch den nachhaltigen **Abschreibungsdivisor**

$$\text{Abschreibungsdivisor} = \frac{q^n-1}{q^n-1} \qquad\qquad \text{tabelliert im Anh. 5.3}$$

geteilt wird.

Beispiel

Gebäudewert	500 000 €
Abschreibungszinssatz	5 %
Restnutzungsdauer	50 Jahre

$$\text{Abschreibungsbetrag} \quad = \frac{500\,000\ €}{209{,}348} = 2\,388\ €$$

2.4.2 Verwaltungskosten (Abs. 2)

2.4.2.1 Allgemeines

▶ *Hierzu die Ausführungen bei Rn. 30 ff.*

46 Verwaltungskosten sind die **Kosten der zur Verwaltung des Grundstücks einschließlich seiner baulichen Anlagen erforderlichen Arbeitskräfte und Einrichtungen, die Kosten der Aufsicht sowie die Kosten für die gesetzlichen und freiwilligen Prüfungen des Jahresabschlusses und der Geschäftsführung.** Sie bewegen sich je nach Bundesland in einer Größenordnung von 3 v. H. bis zu 10 v. H. der Jahresbruttomiete, in Ausnahmefällen auch bis zu 12 v. H. Die WertR nennen 3 bis 5 v. H. des Rohertrags (eigentlich Nettokaltmiete/Grundmiete) je nach den örtlichen Verhältnissen.

47 Die Definition unterscheidet sich von § 26 Abs. 1 II BV dadurch, dass der **„Wert der vom Vermieter** *(Eigentümer)* **persönlich geleisteten Verwaltungsarbeit"** nach dem Wortlaut des Abs. 2 in der Wertermittlung nicht zu berücksichtigen ist. Nach den wohnungswirtschaftlichen Bestimmungen werden diese Kosten nämlich – wie noch nach der WertV 72 – den Verwaltungskosten zugeordnet. Nach wie vor gibt es jedoch keine Gründe, die vom Eigentümer geleistete **Verwaltungsarbeit** entsprechend der Generalklausel des Abs. 1 und 6 in der gewöhnlichen und nachhaltig entstehenden Höhe nicht als Bewirtschaftungskosten bei der Ermittlung des Ertragswerts zu berücksichtigen; ließe man die Eigenleistungen insoweit außer Betracht, würde das Ergebnis der Ertragswertermittlung nämlich verfälscht werden. Von daher kann nach der hier vertretenen Auffassung aus der geänderten Fassung der Vorschrift nicht auf eine materielle Änderung geschlossen werden, zumal in der Begründung das Motiv dieser Änderung nicht erläutert wird. Die mit Abs. 6 dieser Vorschrift gegenüber § 11 Abs. 6 WertV 72 vorgenommene Erweiterung der Betriebskosten um die „vom Eigentümer selbst erbrachten Sach- und Arbeitsleistungen" wirft allerdings die Frage auf, ob der Verordnungsgeber damit eine neue Zuordnung vornehmen wollte. Dies aber würde der Definition der Betriebskosten in Abs. 3 zuwiderlaufen. Deshalb ist die Erweiterung des Abs. 6 um die vom Eigentümer selbst erbrachten Sach- und Arbeitsleistungen lediglich als eine Klarstellung zu den Betriebskosten anzusehen. Dass diesbezüglich eine Klarstellung in der Begründung als sinnvoll angesehen wurde[12], könnte zwar im Umkehrschluss zu der mit Abs. 2 vorgesehenen Streichung der Eigenleistungen des Verwalters (Eigentümers) für eine materielle Änderung der Verwaltungskosten sprechen (argumentum e contrario), jedoch muss aus sachlichen Erwägungen daran festgehalten werden, dass die Eigenleistungen des Verwalters (Eigentümers) auch weiterhin als Verwaltungskosten zu berücksichtigen sind.

Nach Abs. 2 Nr. 1 der Vorschrift gehören zu den Verwaltungskosten die **Kosten der zur**   **48** **Verwaltung des Grundstücks erforderlichen Arbeitskräfte und Einrichtungen.** Demzufolge gehören zu den Verwaltungskosten auch die nach Nr. 14 der Anl. 3 zu § 27 Abs. 1 II BV nicht umlegbaren Anteile der Hauswartskosten, die auf die Verwaltung entfallen. Bei persönlicher Arbeitsleistung ist auf den Betrag abzustellen, der für gleichwertige Unternehmerleistung zu erbringen wäre, jedoch ohne Umsatzsteuer. Im Unterschied zum bisherigen Recht werden die baulichen Anlagen des Grundstücks hierbei nicht mehr ausdrücklich genannt; begrifflich gehören sie nach wie vor zum Grundstück.

Zu den Kosten der Verwaltung gehören weiterhin die **Kosten der gesetzlichen und frei-**   **49** **willigen Prüfung des Jahresabschlusses und der Geschäftsprüfung** (vgl. Abs. 2 Nr. 3). Diese Vorschrift gilt insbesondere für die unternehmerische Wohnungswirtschaft; sie muss aber entsprechend auch für die private Grundstücksverwaltung gelten.

Der **Vergütungsanspruch der freiberuflichen Hausverwalter** richtet sich in erster Linie   **50** nach den mit dem Hauseigentümer getroffenen Vereinbarungen. Danach wird die laufende Verwaltungstätigkeit mit den genannten Prozentsätzen der jährlichen Bruttomieteinnahme aus dem Grundstück abgegolten. Unter **Bruttomieteinnahmen** ist der zwischen Vermieter und Mieter vereinbarte jährliche Mietzins einschließlich der gesetzlich oder vertraglich den Mietern auferlegten Nebenleistungen (Umlagen) zu verstehen.

▶ *Zu den Verwaltungskosten nach Anl. 3a WertR vgl. Rn. 29, 54*

Für Verwaltungskosten gilt, wie für die Instandhaltungskosten und das Mietausfallwagnis,   **51** dass auf entsprechende **Erfahrungssätze** zurückgegriffen werden soll (Abs. 6).

2.4.2.2   Wohnraum

Bei **Mietwohnungen** können Verwaltungskosten nicht umgelegt werden. Zahlt ein Mieter   **52** dennoch aus Unkenntnis der Rechtslage solche Nebenkosten, die im Mietvertrag nicht vereinbart wurden, so stellt dies gemäß einer Entscheidung des LG Kassel[13] keine Anerkennung einer Zahlungspflicht dar. Die Zahlung der Kosten – so das Gericht – besage nur, dass der Wohnungsmieter von einer ordnungsgemäßen Abrechnung ausgegangen sei.

Nach § 26 Abs. 2 II B dürfen die Verwaltungskosten höchstens mit 230 €/jährlich je Wohnung, bei *Eigenheimen, Kaufeigenheimen und Kleinsiedlungen* je Wohngebäude und mit   **53** höchstens 275 € je Wohnung bei *Eigentumswohnungen sowie Wohnungen in der Rechtsform eines eigentumsähnlichen Dauerwohnrechts* (§ 41 Abs. 2 II BV) angesetzt werden.

---

12   BR-Drucks. 352/88, S. 58
13   LG Kassel, Urt. vom 27. 7. 1989 – 1 S 187/88 –, EzGuG 20.127

Für Garagen oder ähnliche Einstellplätze dürfen Verwaltungskosten höchstens 30 €/jährlich je Garage oder Einstellplatz angesetzt werden. Die Sätze können als Anhalt dienen. Nach den WertR betragen die Verwaltungskosten im Übrigen etwa **3 bis 5 v. H. des Rohertrags** (eigentlich: der Jahresnettokaltmiete) je nach örtlichen Verhältnissen. Auch diesen Sätzen kommt allerdings keine Verbindlichkeit zu. Allgemein gilt, dass der Vomhundertsatz bei großen Wohnanlagen geringer ausfällt als bei kleineren Wohnanlagen (vgl. auch *Reeker/Slomian,* Immobilienverwaltung, Praxishandbuch, München 2000).

54 Die genannten Beträge sind nach § 26 Abs. 2 und § 41 Abs. 2 Satz 2 II BV ab dem 1. Januar 2005 um die vom Statistischen Bundesamt festgestellte Entwicklung des Preisindexes für die Lebenshaltung aller privaten Haushalte seit dem 1. Januar 2002 und danach jeweils alle drei Jahre um die für diesen Zeitraum festgestellte Entwicklung des Preisindexes fortzuschreiben.

▶ *Hierzu vgl. die Ausführungen bei Rn. 30ff.*

55 Verwaltungskostenpauschalen gibt es auch im freifinanzierten Wohnungsbau. Diese bewegten sich im Jahre 1997 z.B. bei **Eigentumswohnungen** zwischen 245 € und 276 € einschließlich der Mehrwertsteuer im Jahr. In allen Fällen erhält der Verwalter daneben die Auslagen für Porti, Telefon, Fahrgelder, Büromaterial usw. ersetzt.

56 Bei **Wohnungs- und Teileigentum** können wesentliche Daten im Übrigen der jährlichen Wohngeldabrechnung des Verwalters (§§ 20 bis 29 WEG) entnommen werden.

Abb. 9: Verwaltungskosten in v. H. des Rohertrags nach Simon/Kleiber

In Gemeinden	Einfamilienhäuser			Zweifamilienhäuser			Mietwohngrundstücke			Gemischt genutzte Grundstücke mit einem gewerblichen Anteil am Jahresrohertrag bis 50 v. H.			mehr als 50 v. H.			Geschäftsgrundstücke		
	bis 31.3.1924	1.4.1924 bis 20.6.1948	nach dem 20.6.1948	bis 31.3.1924	1.4.1924 bis 20.6.1948	nach dem 20.6.1948	bis 31.3.1924	1.4.1924 bis 20.6.1948	nach dem 20.6.1948	bis 31.3.1924	1.4.1924 bis 20.6.1948	nach dem 20.6.1948	bis 31.3.1924	1.4.1924 bis 20.6.1948	nach dem 20.6.1948	bis 31.3.1924	1.4.1924 bis 20.6.1948	nach dem 20.6.1948
bis 5000	2	2	2	2	2	2	3	3	3	3	3	3	3	3	3	3	3	3
über 5000 bis 50000	2	2	2	2	2	2	3	3	3	3	3	3	3	3	3	4	4	4
über 50000 Einw.	2	2	2	2	2	2	4	4	4	4	4	4	4	4	4	5	5	5

Quelle: Simon/Kleiber, Schätzung und Ermittlung von Grundstückswerten, 7. Aufl. 1996, S. 194

Kleiber

2.4.2.3 Gewerberaum

Bei **Gewerbeimmobilien** kommt es im Einzelfall zu **mietvertraglichen Vereinbarungen** 57 **über die Umlage der Verwaltungskosten.** Die Verwaltungskosten können umgelegt werden (vgl. § 17 Rn. 12, 88). Meist handelt es sich hierbei um die Kosten für die Erstellung der Jahresabrechnungen zu den (Mietneben-) Betriebskosten. Ganz allgemein werden Gewerbeimmobilien mit häufig nur wenigen Mietern in der Bewirtschaftung „pflegeleichter" als Wohnimmobilien angesehen.

Für **Gewerbeflächen** werden Verwaltungskosten zwischen 0,15 €/m^2 bis 0,25 €/m^2 58 monatlich gezahlt. *Reeker/Slomian* (Immobilienverwaltung – Praxishandbuch, München 2000) geben Verwaltungskosten von 3 bis 6 % der Nettokaltmiete an, wobei sie sich tatsächlich eher im unteren Bereich bewegen. Rechtsgrundlage der Verwaltertätigkeit ist i. d. R. ein Dienstvertrag, der eine Geschäftsbesorgung i. S. von § 675 BGB zum Inhalt hat.

2.4.3 Betriebskosten (Abs. 3)

2.4.3.1 Allgemeines

▶ *Allgemeines vgl. Vorbem. zu den §§ 15 ff. WertV Rn. 96 ff. und § 17 WertV Rn. 14 ff., 88 ff.*

Betriebskosten sind die **Kosten, die dem Eigentümer durch das Eigentum am Grund-** 59 **stück oder durch den bestimmungsgemäßen Gebrauch des Grundstücks sowie seiner baulichen und sonstigen Anlagen laufend entstehen** (vgl. § 18 Abs. 3). Sie sind in der Anl. 3 zu § 27 Abs. 1 der II Berechnungsverordnung – BV – aufgeführt und i. d. R. von den Mietern ganz neben der Miete zu tragen.

Die **Definition gilt** unmittelbar für preisgebundenen Wohnraum und **mittelbar über § 556** 60 **BGB auch für preisfreien Wohnraum.**

Bei gewerblichen Mietverhältnissen und solchen, die nicht auf Gewinnerzielung ausge- 61 richtet sind, ist die **Definition nur verbindlich, wenn sie vertraglich vereinbart worden ist** oder im Wege der Auslegung Anwendung finden kann[14].

Betriebskosten (Nebenkosten) können also nur dann gesondert erhoben werden, wenn der 62 Mietvertrag eine entsprechende Regelung enthält. **In Miet- bzw. Pachtverträge** ist einzusehen. Nach Vertragsabschluss bzw. der letzten Mietänderung eintretende Erhöhungen der Betriebskosten i. S. d. Anl. 3 zu § 27 II BV *können im Wohnungsbau* u. a. gemäß § 556 BGB zusätzlich erhoben werden. Meist ist dies jedoch mietvertraglich geregelt[15].

Es kommt insbesondere bei Wohnungsunternehmen vor, dass hier **nur die Kosten von** 63 **Wasserversorgung, Heizung und Warmwasser neben der Miete umgelegt werden.** Es empfiehlt sich daher immer abzuklären, was die monatliche Zahlung des Mieters beinhaltet.

Unter die **Betriebskosten** fallen im Einzelnen:

– die laufenden öffentlichen Lasten des Grundstücks, namentlich die Grundsteuer; bei 64 grundsteuerbefreiten Objekten ist zu prüfen, inwieweit fiktive Beträge für die Grundsteuer in Ansatz zu bringen sind (vgl. WertR , Nr. 3.4.2.3);

---

14 Langenberg, Betriebskostenrecht der Wohn- und Gewerberaummiete, 2. Aufl. München 2000, S. 2, 67 ff.
15 Zur Umlagefähigkeit AG Dachau, Beschl. vom 7. 4. 1998 – 3 C 76/98 –, DWW 1998, 181

– die Kosten der Wasserversorgung und Entwässerung; die Kosten des Betriebs einer zentralen Heizungsanlage einschließlich der Abgasanlage, der zentralen Brennstoffversorgungsanlagen, der eigenständig gewerblichen Lieferung von Wärme und der Reinigung und Wartung von Etagenheizungen;

– die Kosten des Betriebs der zentralen Warmwasserversorgungsanlage, der eigenständig gewerblichen Lieferung von Warmwasser oder der Reinigung und Wartung von Warmwassergeräten sowie Wassermengenreglern;

– die Kosten verbundener Heizungs- und Warmwasserversorgungsanlagen;

– die Kosten des Betriebs des maschinellen Personen- und Lastenaufzuges;

– die Kosten der Straßenreinigung und Müllabfuhr;

– die Kosten der Hausreinigung und Ungezieferbekämpfung;

– die Kosten der Gartenpflege;

– die Kosten der Beleuchtung;

– die Kosten der Schornsteinreinigung;

– die Kosten der Sach- und Haftpflichtversicherung;

– die Kosten für den Hauswart;

– die Kosten des Betriebs der Gemeinschafts-Antennenanlage oder des Betriebs einer Breitbandkabelnetzverteileranlage;

– die Kosten des Betriebs der maschinellen Wascheinrichtung und

– sonstige Kosten, die mit dem Betrieb des Gebäudes unmittelbar zusammenhängen (z. B. Kosten der Dachrinnenreinigung).

65 **Inhaltlich entspricht dieser Katalog der Definition der Betriebskosten in § 18 Abs. 3** auch wenn diese Vorschrift nicht mehr ausdrücklich auf § 27 II BV Bezug nimmt.

66 Nicht zu den **Betriebskosten der Wohnungswirtschaft** gehören

– die Kosten der Wohnungsverwaltung,

– die Kosten für Instandsetzung und Instandhaltung.

Auch bei den **Betriebskosten** ist im Übrigen ein **Ausfallwagnis** zu berücksichtigen. Dieses Umlageausfallwagnis darf z. B. im Bereich der sozialen Wohnraumförderung 2 v. H. der für alle Wohnungen entstandenen Betriebskosten nicht übersteigen.

67 Bezüglich der anzusetzenden **Betriebskosten** räumt Abs. 6 Satz 2 und 3 dem Ansatz der Betriebskosten **in ihrer tatsächlichen Höhe Priorität** gegenüber dem Ansatz entsprechender Erfahrungssätze ein. Nur die bei ordnungsgemäßer Bewirtschaftung angemessenen Betriebskosten sind dabei zu berücksichtigen. Mit Abs. 6 Satz 2 wurde zudem klargestellt, dass dies nur „im üblichen Rahmen" zulässig ist. Dieser ausdrückliche Zusatz entspricht materiell der Vorgabe des Abs. 1 Satz 1, nach der nur die bei gewöhnlicher Bewirtschaftung nachhaltig entstehenden Betriebskosten anzusetzen sind. Darüber hinaus bestimmt Abs. 6 Satz 2, dass die vom Eigentümer selbst erbrachten Sach- und Arbeitsleistungen in die Betriebskosten einzubeziehen sind.

68 **Betriebskosten** dürfen **nach Erfahrungssätzen** also erst angesetzt werden, soweit sich die tatsächliche Höhe der Betriebskosten nicht ermitteln lässt. Auf derartige Erfahrungssätze wird aber schon deshalb zurückzugreifen sein, weil die nach Abs. 6 Satz 2 primär ihrer tatsächlichen Höhe nach zu berücksichtigenden Betriebskosten dahingehend überprüft werden müssen, ob sie dem entsprechen, was sich bei ordnungsgemäßer Bewirtschaftung im üblichen Rahmen ergibt. Deshalb führt diese Vorschrift im Ergebnis dazu, dass von vornherein von den im üblichen Rahmen anfallenden Betriebskosten ausgegangen werden kann (Abb. 10).

Abb. 10: Betriebskosten in v. H. des Rohertrags (ohne Grundsteuer) nach Simon/ Kleiber

In Gemeinden	Einfamilienhäuser und Zweifamilienhäuser			Mietwohngrundstücke			Gemischt genutzte Grundstücke mit einem gewerblichen Anteil am Jahresrohertrag									Geschäftsgrundstücke		
							bis 40 v.H.			40 bis 50 v.H.			über 50 v.H.					
							bezugsfertig											
	bis 31.3.1924	1.4.1924 bis 20.6.1948	nach dem 20.6.1948	bis 31.3.1924	1.4.1924 bis 20.6.1948	nach dem 20.6.1948	bis 31.3.1924	1.4.1924 bis 20.6.1948	nach dem 20.6.1948	bis 31.3.1924	1.4.1924 bis 20.6.1948	nach dem 20.6.1948	bis 31.3.1924	1.4.1924 bis 20.6.1948	nach dem 20.6.1948	bis 31.3.1924	1.4.1924 bis 20.6.1948	nach dem 20.6.1948
bis 2 000	5	5	5	5	5	5	5	5	5	5	5	5	5	5	5	5	5	5
über 2 000 bis 5 000	6	6	6	6	6	6	6	6	6	6	6	6	7	7	6	7	7	6
über 5 000 bis 10 000	8	7	7	8	7	7	8	7	7	8	7	7	9	8	7	9	8	7
über 10 000 bis 50 000	10	9	8	10	9	9	10	9	8	8	7	7	9	8	7	9	8	7
über 50 000 bis 100 000	10	10	8	11	10	10	10	9	8	9	8	8	9	8	7	9	8	7
über 100 000 bis 200 000	10	10	8	11	10	10	11	10	8	9	8	8	9	8	7	9	8	7
über 200 000 bis 500 000	10	10	8	12	11	10	12	11	8	9	8	8	9	8	7	9	8	7
über 500 000 Einw.	10	18	8	12	11	10	12	11	8	9	8	8	9	8	7	9	8	7

Quelle: Simon/Kleiber, Schätzung und Ermittlung von Grundstückswerten, 7. Aufl. 1996, S. 196.

2.4.3.2 Umlagefähige Betriebskosten

a) Allgemeines

Eine Besonderheit gilt es nach Abs. 1 Satz 1 in Bezug auf die Betriebskosten zu beachten. **69** Die **durch Umlagen** (nach den §§ 556 f. BGB; vgl. § 17 WertV Rn. 16) **gedeckten Betriebskosten werden** nach dieser Vorschrift von vornherein **nicht den bei der Ermittlung des Ertragswerts anzusetzenden Bewirtschaftungskosten zugerechnet**. Dies ist darin begründet, dass nach § 17 Abs. 1 Satz 2 derartige Umlagen auch nicht dem Rohertrag zugeordnet werden. Infolgedessen brauchen sie zur Ermittlung des Reinertrags aus dem Rohertrag nicht als Bewirtschaftungskosten in Abzug gebracht zu werden. Zur Ermittlung des Reinertrags wird deshalb regelmäßig von der Jahresnettokaltmiete ausgegangen.

b) Wohnraum

70   Die Betriebskosten haben in der Wohnungswirtschaft immer mehr an Bedeutung gewonnen. Man spricht in diesem Zusammenhang von einer „zweiten Miete". Als Betriebskosten werden nach dem vorher Gesagten die Kosten definiert, die durch das Eigentum am Grundstück oder durch den bestimmungsgemäßen Gebrauch des Grundstücks sowie seiner baulichen und sonstigen Anlagen *laufend* entstehen. Im Unterschied zum bisherigen Recht wird in Abs. 3 nicht mehr ausdrücklich auf die entsprechende Anwendung des § 27 II BV i.V. m. Anl. 3 zu dieser Verordnung verwiesen; die dort genannten Betriebskostenarten sind aber weiterhin zu berücksichtigen. Die Begründung zu Abs. 3 weist ausdrücklich darauf hin, dass die **II BV in der jeweils geltenden Fassung** bei Wohngebäuden einen brauchbaren Anhalt gibt, was im Einzelfall zu den Betriebskosten zu rechnen ist[16]. Auch nach diesen Bestimmungen sind Betriebskosten nur solche, die laufend entstehen, d.h. in voraussichtlichen (auch mehrjährigen) Zeiträumen immer wieder anfallen. Der Begriff der Betriebskosten kann nach § 556 BGB für preisfreien Wohnraum im Übrigen nicht über die in Anl. 3 zu § 27 II BV genannten Betriebskostenarten erweitert werden[17].

71   Im öffentlich geförderten Wohnungsbau gehört die **Grundsteuer** nach § 27 i.V. m. Anl. 3 Nr. 1 II BV neben anderen laufenden öffentlichen Lasten des Grundstücks zu den umlagefähigen Betriebskosten. Die Grundsteuer wird üblicherweise auch ohne gesetzliche Regelung im freifinanzierten Wohnungsbau umgelegt.

Die Grundsteuer bemisst sich in den alten Bundesländern als Produkt aus der Monatsbruttomiete pro Quadratmeter Wohnfläche zum 1. 1. 1964, der Wohnfläche (WF), dem Vervielfältiger (V) nach Tab 3 bis 8 BewG, der Grundsteuermesszahl (GMZ) und dem Hebesatz (H):

$$\text{Grundsteuer} = \frac{\text{Monatsbruttomiete}}{\text{m}^2 \text{ Wohnfläche (WF)}} \times \text{WF} \times \text{V} \times \text{GMZ} \times \text{H}$$

Die Grundsteuermesszahlen betragen

Einfamilienhäuser   = 2,6 v. T. für die ersten 75 000 DM
                                dann 3,3 v. T. 3 etwa 3,3 v. T.

Zweifamilienhäuser   = 3,1 v. T.

Sonstige Baugrundstücke = 3,5 v. T.

Die Bruttokaltmiete 1964 wird mithilfe des Mietspiegels und dem Mietenindex ermittelt.

72   Da das Grundsteuersystem als sog. verbundene Grundsteuer auf der Grundlage von Boden *und* Gebäude ausgestaltet ist, ergibt sich für neue Gebäude eine höhere Grundsteuer als für ältere Gebäude.

73   Die **vom Eigentümer selbst erbrachten Sach- und Arbeitsleistungen** sind bei der Ermittlung der Betriebskosten nach Abs. 6 Satz 2 zu berücksichtigen. Dies entspricht § 27 Abs. 2 Satz 1 II BV, nach dem derart ersparte Betriebskosten mit dem Betrag angesetzt werden dürfen, der für „eine gleichwertige Leistung eines Dritten, insbesondere eines Unternehmers, angesetzt werden könnte". Im Unterschied zu § 27 Abs. 2 Satz 2 II BV muss hierbei allerdings auch die Umsatzsteuer des Dritten berücksichtigt werden, da auch diese üblicherweise anfällt.

74   Im Unterschied zu den Verwaltungs- und Instandhaltungskosten sowie dem Mietausfallwagnis sind die **Betriebskosten** nach Abs. 6 möglichst **nach ihrer tatsächlichen Höhe anzusetzen**, weil damit den Besonderheiten des Wertermittlungsobjekts angemessen entsprochen werden kann. Die Generalklausel des Abs. 1 schränkt dies allerdings insoweit ein, dass es sich dabei entsprechend den tatsächlichen und rechtlichen Gegebenheiten um gewöhnliche und nachhaltig entstehende Betriebskosten handeln muss. Erst wenn dies nicht möglich ist, sind die Betriebskosten nach Erfahrungssätzen anzusetzen (Abs. 6 Satz 2 letzter Halbsatz).

Die von der Gewos im Auftrag des BMBau abgeleiteten durchschnittlichen Betriebskosten **75** sind auf S. 2142 der 3. Aufl. dieses Werks abgedruckt. Für den **öffentlich geförderten und sozialen Wohnungsbau** sowie für den **steuerbegünstigten oder freifinanzierten Wohnungsbau, der mit Wohnungsbauförderungsmitteln gefördert worden ist,** schreibt § 27 Abs. 3 II BV im Übrigen vor, dass **Betriebskosten nicht in der Wirtschaftlichkeitsberechnung angesetzt** werden dürfen.

Maßstab für die Verteilung der umlagefähigen Betriebskosten ist im Allgemeinen der **76** Anteil der Nutz- bzw. Wohnfläche an der gesamten nutzbaren Fläche (vgl. § 556 a BGB). Nachdem die DIN 283 (1951) in den Jahren 1983 und 1989 ersatzlos zurückgezogen wurde, wird die Nutz- bzw. Wohnfläche heute meist auf der Grundlage der §§ 42 bis 44 II BV berechnet.

Zahlungen auf Betriebskosten erfolgen regelmäßig als Vorauszahlungen. Der Vermie- **77** ter muss jährlich abrechnen und angeben, welchen Abrechnungszeitraum er zu Grunde legt. So kann es möglich sein, dass der Vermieter nicht alle Betriebskosten in einer Abrechnung erfasst. Dies ist dann der Fall, wenn für Heizkosten als Abrechnungszeitraum beispielsweise der 1. 7. bis 30. 6. vereinbart ist, im Übrigen aber das Kalenderjahr zu Grunde gelegt wird. Der Vermieter muss die jeweilige Abrechnung spätestens bis zum Ablauf des zwölften Monats nach Ablauf des Abrechnungszeitraums vorlegen. Auch bei den Betriebskosten ist ein Ausfallwagnis zu berücksichtigen. Dieses Umlageausfallwagnis darf z. B. im Bereich der sozialen Wohnraumförderung 2 v. H. der für alle Wohnungen entstandenen Betriebskosten nicht übersteigen. Der Anspruch des Vermieters gegen den Mieter auf Nachzahlung von Betriebskosten verjährt in vier Jahren[18].

c) Gewerberaum

Zu den Mietnebenkosten zählen auch hier die Betriebskosten gemäß § 27 II BV, d. h. **78** einschließlich Grundbesitzabgaben und Prämien für Sach- und Haftpflichtversicherungen. Bei der *Neuvermietung gewerblich nutzbarer Räume* wird noch selten die **Umlage der Grundsteuer und Versicherungsprämien** vereinbart.

Durch **individualvertragliche Regelungen** kann im gewerblichen Bereich der Vermieter **79** den Mieter mit Kosten belasten, die über den Betriebskostenkatalog der II BV hinausgehen, z. B. mit

– den Kosten der Verwaltung bei der Vermietung von Teileigentum,

– den Kosten einer rechtlich nicht mit dem Vermieter identischen Hausverwaltung,

– den laufenden Kosten von Befahranlagen für Grasdächer und Fassaden,

– den Kosten von Fahnen und Hinweisschildern,

– der laufenden Instandhaltung und Instandsetzung im Innern der Räume[19].

---

16 BR-Drucks. 352/88, S. 58

17 Fischer-Dieskau/Pergande/Schwender, Wohnungsbaurecht, Bd. IV § 27 II BV S. 11

18 Zur Auslegung und Zulässigkeit von Formularklauseln in einem Wohnungsmietvertrag (z. B. Verteilungsschlüssel, Dübeleinsätze in Küche und Bad), wird auf BGH, Urt. vom 20. 1. 1993 – VIII ZR 10/92 –, GuG 1994, 127 [LS] verwiesen

19 Langenberg, Betriebskostenrecht der Wohn- und Gewerbemiete, 2. Aufl. München 2000, S. 68; Betriebskosten von Shopping-Center: Kinzer in GuG 2001, 74

Abb. 11: Betriebskosten eines Shopping-Centers 1994
(Verkaufsfläche: ca. 9000 m² -14 000 m²)

Betriebskostenart (Shopping-Center)	von €	bis €	Mittelwert €
	– jeweils €/m² Mietfläche monatlich –		
Heizung/Klima	0,20	0,30	0,25
Allgemeinstrom	0,70	1,00	0,85
Hausmeister	0,55	0,85	0,70
Wartungen/Reparaturen	0,40	0,60	0,50
Müll	0,20	0,40	0,30
Grundsteuer	0,40	0,80	0,60
Wasser/Entwässerung	0,15	0,25	0,20
Reinigung/Außenanlagen	0,45	0,70	0,58
Versicherung	0,30	0,45	0,38
Bewachung	0,30	0,70	0,50
Center-Management	0,60	1,40	1,00
Verwaltung	0,50	0,70	0,60
Summe	4,75	8,15	6,45

Quelle: DTZ-Zadelhoff

2.4.4   Instandhaltungskosten (Abs. 4)

2.4.4.1   Allgemeines

▶ *Allgemeines vgl. § 16 WertV Rn. 21, 120 ff.*

80   Instandhaltungskosten sind die **Kosten, die während der Nutzungsdauer zur Erhaltung des bestimmungsgemäßen Gebrauchs der baulichen Anlagen aufgewendet werden müssen, um die durch Abnutzung, Alterung, Witterungs- und Umwelteinflüsse entstehenden baulichen Schäden bzw. durch gesetzliche Auflagen ordnungsgemäß zu beseitigen und die Qualität und damit die Ertragsfähigkeit des Renditeobjektes zu erhalten.**

81   *Instandsetzungen* (vgl. § 16 WertV Rn. 122) sind dagegen Maßnahmen zur Wiederherstellung des zum bestimmungsmäßigen Gebrauch geeigneten Zustandes (Soll-Zustandes) eines Objektes, sofern sie nicht unter den Wiederaufbau fallen oder durch Modernisierungen verursacht worden sind (vgl. § 28 Abs. 1 Satz 2 II BV, § 3 Nr. 10 HOAI)

82   Die Instandhaltungskosten umfassen sowohl die Kosten der laufenden Unterhaltung wie auch der Erneuerung einzelner baulicher Teile (z. B. Flachdächer, Fassaden, Fensterrahmen einschl. Isolierglas). Innerhalb der Bewirtschaftungskosten nehmen die Instandhaltungskosten allein schon auf Grund ihrer Größenordnung eine besondere Stellung ein. Die Instandhaltungskosten nach ihrer tatsächlich anfallenden Höhe bei der Ermittlung des Ertragswerts anzusetzen, ist regelmäßig schon deshalb abzulehnen, weil sie in recht unterschiedlichen Intervallen anfallen. **Angemessene Instandhaltungskosten können deshalb nur auf der Grundlage langfristiger Beobachtungen** unter Einbeziehung der sog. großen und kleinen Instandhaltung **gewonnen werden.**

83   Die Definition der Instandhaltungskosten des Abs. 4 WertV lehnt sich an die für den öffentlich geförderten Wohnraum geltende II BV an. Demgegenüber wird die Instandhaltung mit der **DIN 31 052** (Januar 1985) definiert als Maßnahmen zur *Bewahrung und Wiederherstellung des Sollzustands* sowie zur Feststellung und Beurteilung des Istzustands von technischen Mitteln eines Systems. Diese Maßnahmen beinhalten:

– **Wartung** (Nr. 1.1),

– **Inspektion** (Nr. 1.2) und

– **Instandsetzung** (Nr. 1.3).

Sie schließen ein

– **Abstimmung** der Instandhaltungsziele mit den Unternehmenszielen

– **Festlegung entsprechender Instandhaltungsstrategien.**

Anmerkung: Die vier Grundbegriffe Instandhaltung, Wartung, Inspektion und Instandsetzung umfassen jeweils die Gesamtheit aller Maßnahmen, die für die Instandhaltung der technischen Mittel eines Systems (Anlage bzw. Anlagenteile) innerhalb eines Unternehmens (innerbetrieblich) erforderlich sind.

Die für die Wartung, Inspektion und Instandsetzung aufgeführten einzelnen Maßnahmen sind in der Reihenfolge ihrer zeitlichen und logischen Aufeinanderfolge aufgeführt. Art und Umfang der einzelnen Maßnahmen orientieren sich jeweils an der Instandhaltungsstrategie des Unternehmens.

Werden einzelne Instandhaltungsmaßnahmen, wie z. B. die Durchführung von Wartungsmaßnahmen oder die Durchführung definierter Instandsetzungsmaßnahmen außerhalb des Unternehmens, d. h. vom Produkthersteller selbst oder von Dritten in eigener Regie und Verantwortung vorgenommen, so können sich diese grundsätzlich nur am Produkt selbst und an den als üblich zu unterstellenden Betriebs- und Umgebungsbedingungen orientieren. Die Berücksichtigung von betriebsspezifischen Sonderbedingungen und von Maßnahmen der Instandhaltung, die aus den Instandhaltungszielen und der Instandhaltungsstrategie des Unternehmens resultieren, bedarf besonderer Vereinbarungen."

Als **Wartung** werden in der DIN 31 052 definiert **84**
Maßnahmen zur Bewahrung des Sollzustands von technischen Mitteln eines Systems.
Diese Maßnahmen beinhalten:

– **Erstellen eines Wartungsplans,** der auf die spezifischen Belange des jeweiligen Betriebes oder der betrieblichen Anlage abgestellt ist und hierfür verbindlich gilt (Wartungsanleitung siehe DIN 31 052)

– **Vorbereitung der Durchführung**

– **Durchführung**

– **Rückmeldung**

Als **Inspektion** werden in der DIN 31 052 definiert **85**
Maßnahmen zur Feststellung und Beurteilung des Istzustands von technischen Mitteln eines Systems.
Diese Maßnahmen beinhalten:

– **Erstellen eines Plans** zur Feststellung des Istzustands, der für die spezifischen Belange des jeweiligen Betriebs oder der betrieblichen Anlage abgestellt ist und hierfür verbindlich gilt (Inspektionsanleitung siehe DIN 31 052).

Dieser Plan soll u. a. Angaben über Ort, Termin, Methode, Gerät und Maßnahmen enthalten.

– **Vorbereitung** der Durchführung

– **Durchführung,** vorwiegend die quantitative Ermittlung bestimmter Größen

– **Vorlage** des Ergebnisses der Istzustandsfeststellung

– **Auswertung** der Ergebnisse zur Beurteilung des Istzustands

– **Ableitung der notwendigen Konsequenzen** auf Grund der Beurteilung

Als **Instandsetzung** werden in der DIN 31 052 definiert **86**
Maßnahmen zur Wiederherstellung des Sollzustands von technischen Mitteln eines Systems.
Diese Maßnahmen beinhalten:

– **Auftrag,** Auftragsdokumentation und Analyse des Auftragsinhalts

– **Planung** im Sinne des Aufzeigens und Bewertens alternativer Lösungen unter Berücksichtigung betrieblicher Forderungen

– **Entscheidung** für eine Lösung

– Vorbereitung der Durchführung, beinhaltend Kalkulation, Terminplanung, Abstimmung, Bereitstellung von Personal, Mitteln und Material, Erstellung von Arbeitsplänen

– **Vorwegmaßnahmen** wie Arbeitsplatzausrüstung, Schutz- und Sicherheitseinrichtungen usw.

– **Überprüfung** der Vorbereitung und der Vorwegmaßnahmen einschließlich der Freigabe zur Durchführung

– **Durchführung**

– **Funktionsprüfung** und Abnahme

– **Fertigmeldung**

– **Auswertung** einschließlich Dokumentation, Kostenaufschreibung, Aufzeigen und gegebenenfalls Einführen von Verbesserungen

Unter einem **Umbau** ist eine nachhaltige Änderung des äußeren Erscheinungsbildes zu verstehen, wie etwa bei Grundrissänderungen oder der Zusammenfassung von mehreren Räumen oder kleinen Wohnungen zu einer abgeschlossenen Wohneinheit (BVerwG, Urt. vom 3. 7. 1987 – 8 C 73/86 –, NJW-RR 1987, 1489; OVG Hamburg, Urt. vom 8. 10. 1981 – Bf II 51/80 –, BBauBl. 1992, 793; BFH, Urt. vom 28. 6. 1977 – VIII R 115/73 –, BFHE 122, 512).

87 Das Modell des Ertragswertverfahrens geht lediglich von der ordnungsgemäßen Instandhaltung des Objekts aus. Nach Abs. 1 Satz 1 sind deshalb grundsätzlich nur die bei gewöhnlicher Bewirtschaftung nachhaltig entstehenden Instandhaltungskosten anzusetzen. **Für** die **Instandhaltungskosten, die Verwaltungskosten sowie** für **das Mietausfallwagnis soll auf Erfahrungssätze zurückgegriffen werden** (Abs. 6 Satz 1), die den Grundsätzen einer ordnungsgemäßen Bewirtschaftung entsprechen[20]. Da sich die Restnutzungsdauer vor allem auf die Instandhaltungskosten und das Mietausfallwagnis erheblich auswirkt, ist die **Berücksichtigung der Restnutzungsdauer** ausdrücklich vorgeschrieben worden[21]. Hieran knüpft die WertV an.

Nach § 536 BGB hat der Vermieter die vermietete Sache in einem zu dem vertragsgemäßen Gebrauch geeigneten Zustand zu überlassen und sie während der Mietzeit in diesem Zustand zu erhalten. Demzufolge sind **Schönheitsreparaturen** grundsätzlich Sache des Vermieters.

88 Wie sich aus § 28 Abs. 4 II BV ergibt, sind die sog. **Schönheitsreparaturen begrifflich der Instandhaltung zuzurechnen.** Hierunter definiert die Vorschrift „das Tapezieren, Anstreichen oder Kalken der Wände und Decken, das Streichen der Fußböden, Heizkörper einschließlich Heizrohre, der Innentüren sowie der Fenster und Außentüren von innen" (vgl. hierzu unten Rn. 100 ff.). Schönheitsreparaturen sind zwar grundsätzlich Sache des Vermieters, werden heute aber i. d. R. in der Wohnraumbewirtschaftung auf die Mieter umgelegt. Die Regelung des Abs. 1 Satz 1 zweiter Halbsatz, nach der nur die durch Umlagen gedeckten Betriebskosten im Rahmen des Abzugs der Bewirtschaftungskosten von der Nettokaltmiete unberücksichtigt bleiben, ist nicht mehr zeitgemäß und sachgerecht.

89 Im Übrigen ist anzumerken, dass bei **Neubauten** in den ersten fünf Jahren meist keine nennenswerten Kosten anfallen. In den folgenden fünf Jahren sind es i. d. R. Kleinreparaturen, die das Gebäudeinstandsetzungskonto belasten. Aus diesem Grunde wird zwischen der

– sog. kleinen Instandhaltung und
– der großen Instandhaltung

unterschieden. Unter der **kleinen Instandhaltung** ist nach § 28 Abs. 3 Satz 2 II BV das Beheben kleinerer Schäden an den Installationsgegenständen für Elektrizität, Wasser und Gas, den Heiz- und Kocheinrichtungen, den Fenster- und Türverschlüssen sowie den Verschlussvorrichtungen von Fensterläden zu verstehen. Auch die kleine Instandhaltung kann mietvertraglich selbst im Bereich der sozialen Wohnraumförderung (§ 28 Abs. 3 II BV) auf den Mieter übertragen werden, so dass sich die Bewirtschaftungskosten insoweit für den Vermieter vermindern (vgl. unten Rn. 102).

90 Größere Ausgaben lassen sich durch regelmäßige Wartung, Pflege und rechtzeitige Instandsetzungen vermeiden. Der **Ansatz von Instandhaltungskosten dient** nach § 28 Abs. 1 II BV n. F. nicht mehr **zur Deckung der** *Instandsetzung.* Das gilt des Weiteren für Kosten der Baumaßnahmen, soweit durch sie eine Modernisierung vorgenommen wird.

91 Ab wann einzelne **Gebäudeteile** reparaturbedürftig werden, ergibt sich aus nachfolgender Abb. 12.

92 Instandhaltungen und gegebenenfalls Sanierungsarbeiten sind wegen der damit verbundenen z. T. erheblichen Kosten langfristig zu planen. Zudem sollten die notwendigen und zumeist lohnintensiven Arbeiten nicht erst ausgeführt werden, wenn die Maßnahmen nicht mehr auf-

Abb. 12: Reparaturbedürftigkeit von Gebäudeteilen

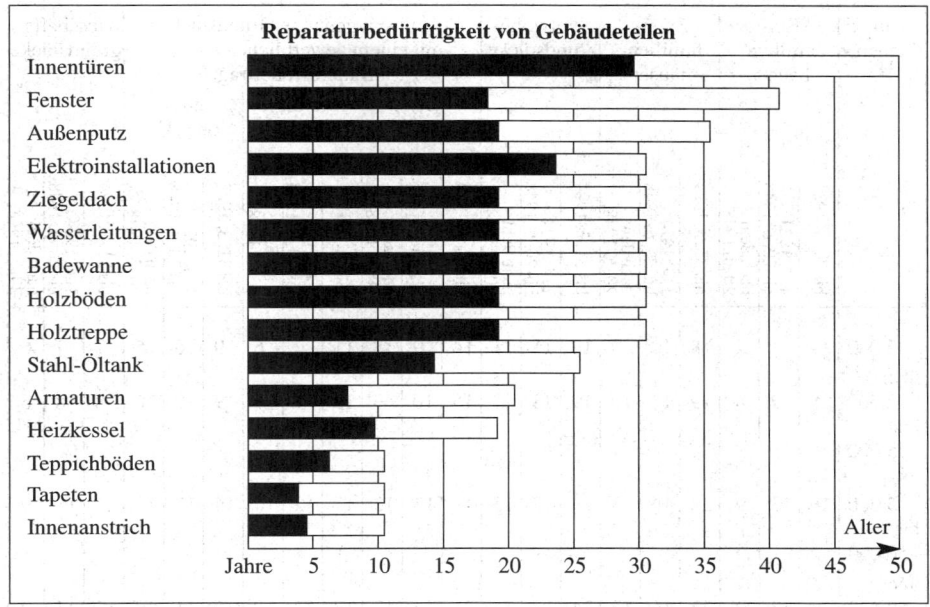

schiebbar sind. Zu bedenken ist ebenso, dass für die Dauer der Arbeiten mitunter Mietausfall unvermeidbar ist, weil Räumlichkeiten nicht benutzt werden können. Aus diesem Grunde sind **Reparaturrücklagen** unumgänglich. Sie empfehlen sich zudem, um die bei jeder Immobilie unerwartet eintretenden Schadenfälle beheben bzw. notwendige Maßnahmen durchführen und bezahlen zu können. Zu erwähnen in diesem Zusammenhang ist beispielsweise die Umrüstung (Neuanlage) von Heizungsanlagen, die älter als 10 Jahre sind.

▶ *Zu Instandsetzungskosten vgl. § 24 WertV Anl. 11 ff.*

Klocke empfiehlt eine **unterschiedliche Mittelbereitstellung in einem Zyklus von fünf**   **93** **Jahren seit Erstellung** eines Objekts. Im Einzelnen kann mit folgenden Instandhaltungskosten je Quadratmeter Nutzfläche/Wohnfläche pro Jahr gerechnet werden:

  1. bis 5. Jahr: 6 €

  6. bis 10. Jahr: 9 €

11. bis 15. Jahr: 12 €

    ab 16. Jahr: 18 €

(Alle Angaben bezogen auf die Preisverhältnisse 2000)

Die Instandhaltung ist bei alledem von der Modernisierung abzugrenzen. Unter **Moderni-**   **94** **sierung**[22] sind bauliche **Maßnahmen zu verstehen, die der nachhaltigen Erhöhung des Gebrauchswerts eines Objekts dienen, wie etwa Verbesserung der Wohnqualität durch bessere Raumausnutzung, Belichtung, Belüftung, bauliche Maßnahmen zur Verbesserung der Verkehrswege, wie Aufzüge, insbesondere verbessernde Maßnah-**

---

20   BAnz Nr. 154 vom 12. 8. 1961
21   BR-Drucks. 265/72, S. 17
22   Vgl. auch Gesetz zur Förderung und Modernisierung von Wohnungen (BGBl. I 1976, 2429); § 17 Abs. 1 Satz 2
     II WoBauG; BGH, Urt. vom 3. 7. 1987 – 8 C 73/86 –, NJW-RR 1987, 1489

Abb. 13: Instandhaltungskosten in v. H. des Rohertrags nach Simon/Kleiber

In Gemeinden	Einfamilienhäuser			Zweifamilienhäuser			Mietwohngrundstücke			Gemischt genutzte Grundstücke mit einem gewerblichen Anteil am Jahresrohertrag									Geschäftsgrundstücke		
										bis 40 v. H.			40 bis 60 v. H.			über 60 v. H.					
										bezugsfertig											
	bis 31. 3. 1924	1. 4. 1924 bis 20. 6. 1948	nach dem 20. 6. 1948	bis 31. 3. 1924	1. 4. 1924 bis 20. 6. 1948	nach dem 20. 6. 1948	bis 31. 3. 1924	1. 4. 1924 bis 20. 6. 1948	nach dem 20. 6. 1948	bis 31. 3. 1924	1. 4. 1924 bis 20. 6. 1948	nach dem 20. 6. 1948	bis 31. 3. 1924	1. 4. 1924 bis 20. 6. 1948	nach dem 20. 6. 1948	bis 31. 3. 1924	1. 4. 1924 bis 20. 6. 1948	nach dem 20. 6. 1948	bis 31. 3. 1924	1. 4. 1924 bis 20. 6. 1948	nach dem 20. 6. 1948
bis 2 000	17	11	7	18	12	9	18	11	11	14	9	8	11	7	6	9	6	5	7	7	6
über 2 000 bis 5 000	18	12	8	19	13	10	19	13	12	15	10	9	13	9	7	9	7	6	8	8	6
über 5 000 bis 50 000	19	13	9	22	16	13	23	17	15	19	13	13	17	12	10	14	11	10	11	11	9
über 50 000 bis 100 000	19	13	0	22	16	13	24	17	15	21	14	13	18	12	10	15	11	10	12	11	9
über 100 000 bis 500 000	19	13	9	22	16	13	25	18	15	21	14	13	18	12	10	15	11	10	12	11	9
über 500 000 Einw.	19	13	9	22	16	13	26	19	15	22	15	13	18	12	10	15	11	10	12	11	9

Quelle: Simon/Kleiber, Schätzung und Ermittlung von Grundstückswerten, 7. Aufl. 1996, S. 199

men für Behinderte oder ältere Menschen. Die nachhaltige Erhöhung des *Gebrauchs-werts* bezieht sich jedoch nicht nur auf Wohnobjekte, sondern auch auf alle übrigen Objekte, wie zum Beispiel Grünanlagen oder raumbildende Ausbauten, Anlagen der Technischen Ausrüstung oder der Verbesserung des Wärme- und Schallschutzes. Wesentliche Voraussetzung der Modernisierung ist immer die nachhaltige Erhöhung des Gebrauchs-werts des Objekts. Dies schließt also eine Erhöhung des reinen Verkaufs- oder Handelswertes des Objekts allein aus.

95 **Modernisierungskosten liegen** im Vergleich deutlich **über den Instandhaltungs-/ Sanierungskosten.** Folgende Werte je Quadratmeter Wohnfläche (WF) sind im Jahre 2000 für eine durchgreifende Modernisierung angemessen:

einfacher Standard 500 bis 700 €/m² WF

mittlerer Standard 700 bis 1 000 €/m² WF

gehobener Standard 1 000 bis 1 400 €/m² WF

▶ *Vgl. auch Ausführungen bei § 16 WertV Rn. 121 ff. und zur Höhe der Instandhaltungskosten Rn. 99 ff.; Anl. 11 zu § 24 WertV*

Unter dem **Gebrauchswert** ist der Wert zu verstehen, der ein Objekt nach Nutzung, funk- **96** tionellen Eigenschaften, Wirtschaftlichkeit und Anforderungen an den Stand der Erkenntnis und Technik qualifiziert (vgl. Teil II Rn. 6). Auch gestalterisch-ästhetische Verbesserungen können als Teilmaßnahmen den Gebrauchswert erhöhen. Als alleinige Maßnahmen sind sie jedoch keine Modernisierung, sondern i. d. R. Instandsetzung oder Instandhaltung[23].

Die **Wiederherstellung** ist der Oberbegriff für Wiederaufbauten und Instandsetzungen **97** (§ 3 Nr. 10 HOAI).

2.4.4.2 Wohnraum

Die **WertR** machen zu den Instandhaltungskosten im Bereich des Mietwohnungsbaus **98** unter **Nr. 3.5.2.4** folgende Angaben:

bei Mietwohngrundstücken, mit vor 1925 errichteten Gebäuden
einfacher Ausstattung (ohne Bad, ohne Heizung) *etwa 20–25 v. H. des Rohertrags,*
mittlerer und besserer Ausstattung *etwa 15–20 v. H. des Rohertrags,*
bei Mietwohngrundstücken mit nach 1924 errichteten Gebäuden
etwa 10–15 v. H. des Rohertrags.
Sie können auch auf der Grundlage der Sätze des § 28 der II BV in der jeweils geltenden Fassung angesetzt werden. Hierbei ist zu beachten, dass diese sich auf nach 1945 errichtete Gebäude beziehen und es sich hierbei um Höchstsätze handelt. Ältere Gebäude haben in der Regel einen höheren Instandhaltungsbedarf. Dies kann durch folgende Zuschläge auf die Sätze der II BV erfasst werden:

bei vor 1925 errichteten Gebäuden mit *15%,*
bei 1925 bis 1934 errichteten Gebäuden mit *10%,*
bei 1935 bis 1945 errichteten Gebäuden mit *5%."*

§ 28 Abs. 2 II BV in der ab 1.1.2002 geltenden Fassung schreibt folgende Instandhal- **99** **tungskosten vor** (vgl. Anl. 3 a WertR):

Instandhaltungskosten

bis 7,10 €/m² Wohnfläche je Jahr für Wohnungen, deren Bezugsfertigkeit am Ende des Kalenderjahres weniger als 22 Jahre zurückliegt.

bis 9,00 €/m² Wohnfläche je Jahr für Wohnungen, deren Bezugsfertigkeit am Ende des Kalenderjahres mindestens 22 Jahre zurückliegt.

bis 11,50 €/m² Wohnfläche je Jahr für Wohnungen, deren Bezugsfertigkeit am Ende des Kalenderjahres mindestens 32 Jahre zurückliegt.

Eine baujahrsabhängige bzw. ausstattungsbedingte Differenzierung bleibt danach sachgerecht. Im Unterschied zu der früheren Fassung der II BV soll es auf das Baujahr nicht mehr ankommen. Im Hinblick auf die künftige Entwicklung soll vielmehr der zurückliegende Zeitraum (bis zur Bezugsfertigkeit) für die vorgegebenen **Höchstsätze** maßgebend sein.

Die seit dem 1. 1. 2002 geltende Fassung der II BV sieht folgende ausstattungsabhängige **Zu- und Abschläge** vor:

Abschlag von 0,20 €/m² bei eigenständig gewerblicher Leistung von Wärme i. S. d. § 1 Abs. 2 Nr. 2 HeizkostenV;

Abschlag von 1,05 €/m² wenn der Mieter die Kosten der kleinen Instandsetzung trägt;

---

23 Locher/Koeble/Frik, HOAI Kommentar Wiesbaden 1962, S. 243

Zuschlag von 1,00 €/m²   wenn ein maschinell betriebener Aufzug vorhanden ist und

Zuschlag von bis 8,50 €/m² wenn der Vermieter die Kosten der Schönheitsreparaturen
i. S. d. § 28 Abs. 4 Satz 2 II BV trägt.

Die Zu- und Abschläge sind nach § 28 Abs. 5 a II BV ab dem 1. 1. 2005 und am 1. Januar eines jeden darauf folgenden dritten Jahres entsprechend der Entwicklung des Lebenshaltungskostenindexes aller privaten Haushalte in Deutschland des Statistischen Bundesamtes anzupassen (vgl. Rn. 25).

100 In den vorstehend angegebenen Instandhaltungspauschalen (die der alten Fassung der II BV entsprechen) sind die **Kosten der Schönheitsreparaturen** nicht enthalten, weil in der Vermietungspraxis die Übernahme der Schönheitsreparaturen durch den Mieter regelmäßig vereinbart wird (vgl. § 17 WertV Rn. 185 und § 18 WertV Rn. 87f.)[24].

101 Maßgeblich ist der Vertrag und diesbezüglich ist eine gewissenhafte Überprüfung der Vertragssituation angezeigt, denn die in der II BV angegebenen Sätze der Instandhaltungskosten sind „höchstens mit 8,50 €/m² WF im Jahr zu erhöhen, wenn der **Vermieter die Schönheitsreparaturen trägt.** Die Beteiligung der Mieter an darüber hinausgehenden weiteren Reparaturkosten (Kleinreparaturen bis zu 50 € im Einzelfall) sowie bei Beendigung des Mietverhältnisses – Dübeleinsätze entfernen und Löcher verschließen – ist meist in Formularmietverträgen geregelt (vgl. Rn. 87ff.)[25].

102 Trägt der Mieter die Kosten der **kleinen Instandhaltung** in der Wohnung, so verringern sich die Instandhaltungskosten nach § 28 Abs. 3 BV um 1,05 € im Jahr.

103 Die **vom Vermieter getragenen Kosten der kleinen Instandhaltung und der Schönheitsreparatur** können den Reinertrag erheblich mindern und auf das Ergebnis der Ertragswertermittlung durchschlagen. Es handelt sich um rechtliche Gegebenheiten, die dem Objekt anhaften. Inwieweit solche zusätzlichen Bewirtschaftungskosten des vermietenden Eigentümers nachhaltig sind, bedarf dann einer weiteren Prüfung, denn ein vernünftig handelnder Vermieter wird danach trachten, die Schönheitsreparaturen bei nächster Gelegenheit kostenmäßig auf den Mieter zu überwälzen.

104 Hat der Mieter die Schönheitsreparaturen vertraglich übernommen, so könnten die Kosten der **Schönheitsreparaturen[26] begrifflich dem Rohertrag zugerechnet werden.** In diesem Fall wären sie dann gleichzeitig als Teil der Bewirtschaftungskosten zur Ermittlung des Reinertrags in Abzug zu bringen, und zwar als Teil der Instandhaltungskosten. In der Wertermittlungspraxis wird dies dadurch vereinfacht, dass entsprechend der mit § 17 Abs. 1 vorgegebenen Behandlung umlagefähiger Betriebskosten

– einerseits die vom Mieter getragenen Schönheitsreparaturen nicht mit dem Rohertrag (Nettokaltmiete) erfasst werden und

– andererseits die Instandhaltungskosten unter Ausschluss der Kosten der Schönheitsreparaturen zum Ansatz kommen.

105 Trägt hingegen der Vermieter die Schönheitsreparaturen, so müssen – wie bereits ausgeführt – entsprechend erhöhte Instandhaltungskosten zum Ansatz kommen.

106 Bei **neueren baulichen Anlagen** muss zudem beachtet werden, dass die auf die Wirtschaftlichkeitsberechnung im öffentlich geförderten sozialen sowie im steuerbegünstigten Wohnungsbau zugeschnittenen Instandhaltungskosten der II BV gegenüber den für den freifinanzierten Wohnungsbau angemessenen Sätzen i. d. R. zurückbleiben, weil dieser regelmäßig eine aufwendigere Bauart und Ausstattung aufweist. Infolgedessen müssen ggf. entsprechende Zuschläge angebracht werden.

107 Für **Einfamilienhäuser** wird z. B. mit einer Rücklage von 1,60 € pro Quadratmeter Wohnfläche im Monat gerechnet; dies entspricht 19,20 € im Jahr. Bei **Wohnungseigentum** sind die Eigentümer nach § 21 Abs. 5 Nr. 4 WEG zur Ansammlung einer angemessenen

Instandhaltungsrücklage verpflichtet. Ihre Höhe bestimmen die Wohnungseigentümer bei der Aufstellung des jährlichen Wirtschaftsplans durch Stimmenmehrheit. Zur Durchführung erforderlicher Instandsetzungsmaßnahmen genügt im Übrigen die Stimmenmehrheit der Wohnungseigentümergemeinschaft. Gemäß einer Entscheidung des BayOLG[27] ist ein einstimmiger Beschluss der Eigentümergemeinschaft nur erforderlich, wenn die Veränderung der Wohnanlage über eine ordnungsgemäße Instandhaltung hinausgeht. Eine Instandhaltung ist auch dann gegeben, wenn die Maßnahmen wirtschaftlich sinnvoll und erprobt sind und der Zustand des Gebäudes verändert wird.

Für den **Bereich der sozialen Wohnraumförderung** sind die angegebenen Pauschalsätze **108** verbindlich. Die seit dem 1. 1. 2002 geltende Fassung bedarf im Unterschied zu den früheren Fassungen der II BV nicht mehr der Anpassung an die wirtschaftliche Entwicklung, weil die angegebenen Pauschalsätze mit § 20 Abs. 5a II BV ab 1. 1. 2005 entsprechend der Entwicklung der Lebenshaltungskosten periodisch alle drei Jahre anzupassen sind.

2.4.4.3 Gewerberaum

Für Gewerbeimmobilien kann die **Instandhaltungskostenpauschale** je nach Art der Nut- **109** zung und Beanspruchung hieraus abgeleitet werden. Sie kann unter Berücksichtigung von Alter und Ausstattung etwa 15 € bis 20 € je Quadratmeter Nutzfläche betragen. Da im gewerblichen Bereich üblicherweise der Vermieter nur die „Instandhaltung von Dach und Fach" trägt, liegen die bei der Wertermittlung zu Grunde zu legenden Instandhaltungspauschalen zumeist zwischen 5 und 7,50 €/m² NF. Für Garagen oder ähnliche Stellplätze dürfen als Instandhaltungskosten einschließlich der Kosten für Schönheitsreparaturen höchstens 68 € jährlich je Garagen- oder Einstellplatz angesetzt werden (§ 28 Abs. 5 II BV).

Bei Gewerbeimmobilien bestehen mitunter **besondere Vereinbarungen** zwischen Vermie- **110** ter und Mieter über die Zahlung bestimmter Grundstücksaufwendungen. So kommt es vor, dass der Mieter/Pächter sich verpflichtet hat, auch die Kosten der *Unterhaltung an Dach und Fach* zu übernehmen, obschon er eine marktgerechte Miete/Pacht zahlt (z. B. für das Hauptgebäude oder den Verbrauchermarkt). Es wird in solchen Fällen Aufgabe der Vermieter sein, sicherzustellen, dass der Bau- und Unterhaltungszustand auf Dauer zufriedenstellend bleibt. Voraussetzung hierfür ist, dass die Objekte regelmäßig in Augenschein genommen werden.

2.4.5 Mietausfallwagnis (Abs. 5)

2.4.5.1 Allgemeines

Mietausfallwagnis ist das **Risiko einer Ertragsminderung, die durch Mietminderung,** **111** **uneinbringliche Zahlungsrückstände oder Leerstehen von Raum, der zur Vermietung bestimmt ist, entsteht.** In Anlehnung an § 29 Satz 1 II BV sind auch **Rückstände von Pachten, Vergütungen und Zuschlägen** dem Mietausfallwagnis zuzurechnen. Des Weiteren umfasst das Mietausfallwagnis die uneinbringlichen Kosten einer Rechtsverfolgung auf Zahlung, Aufhebung eines Mietverhältnisses oder Räumung.

---

24 Schmidt in WuM 1994, 237; Gather in ZAP F 4, S. 339 ff.
25 BGH, Urt. vom 7. 6. 1989 – VIII ZR 91/88 –, EzGuG 3.75 a
26 Zu den Schönheitsreparaturen in der steuerlichen Bewertung: BFH, Urt. vom 2. 6. 1971 – III R 105/70 –, EzGuG 20.49 a
27 BayOLG, Entsch. vom 26. 2. 1990 – 2 Z 104/89 –, EzGuG 20.132

112   **Leerstand** bedeutet, dass Mieträume, etwa auf Grund veränderter Marktverhältnisse oder struktureller Umstände, derzeit unvermietet sind und dementsprechend keine Mieteinnahmen erzielt werden können. Insbesondere sind es mitunter Büroräume, die öfter leer stehen. Bei Ladenlokalen ist es der Standort und eine Rezession, die Mieter abwarten lassen und damit insbesondere bei Neubauten Leerstand erzeugen. Nicht zu unterschätzen ist der mögliche Kaufkraftabfluss auf die grüne Wiese. Für den innerörtlichen Einzelhandel in gemieteten Räumen können sich hierdurch Schwierigkeiten ergeben, die bis zur Aufgabe des Geschäfts führen. Für den Vermieter bedeutet dies *Mietausfall* für eine mitunter lange Dauer. In solchen Fällen ist auch eine Neuvermietung mit einer anderen Nutzung nur nach zeitraubenden Umbauarbeiten möglich. Für den Büroraummarkt (insbesondere in älteren Gebäuden) gilt dies ebenso.

113   Die Position Mietausfallwagnis dient auch zur Deckung der **Kosten einer Rechtsverfolgung** mit dem Ziele der Zahlung rückständiger Mieten (etwa durch eine formelle Abmahnung mit Nachweis der Zustellung), Aufhebung eines Mietverhältnisses oder Räumung der Mietfläche. Daneben können Kosten für die eventuelle Lagerung von Einrichtungsgegenständen, Maschinen, Möbeln und Zubehör sowie für eine u. U. notwendige Renovierung des geräumten Mietobjekts anfallen.

114   Für **Mietkürzungen oder Mietausfälle** gibt es viele Begründungen. So ist Miet-(Teil-) ausfall möglich, wenn die Wohnräume wegen Hochwasser unbenutzbar sind. Für die Zeit einer Überschwemmung kann die Miete anteilig (etwa um 10 bis zu 80 v. H.) gemindert werden. Durch den Ausfall der Zentralheizung ist z. B. eine Mietminderung zwischen 50 bis 100 v. H. möglich. Ist die Mietsache hingegen von Anfang an mit einem Mangel behaftet, der im Laufe der Mietzeit zur Aufhebung der Gebrauchstauglichkeit führen würde, und nimmt der Vermieter sie in seinen Besitz, um den Mangel beheben zu lassen, so gilt die Gebrauchstauglichkeit für die Dauer der Mängelbeseitigung als aufgehoben mit der Folge, dass der Mieter während dieser Zeit von der Entrichtung des Mietzinses befreit ist[28].

115   **Uneinbringliche Zahlungsrückstände** ergeben sich i. d. R. dann, wenn der Mieter die vom ihm geschuldete Miete nicht zu zahlen fähig oder willens ist. Die Praxis zeigt, dass zwischen der Erklärung der fristlosen Kündigung wegen Zahlungsverzugs und der Räumung des Mietobjekts Monate vergehen können, die ein Anwachsen der Zahlungsrückstände bewirken. So ist beispielsweise bei der Räumung von Wohnraum – auch wegen der Mieterschutzgesetzgebung – oft mit sechs, meistens jedoch mit acht bis zu zwölf Monaten (im Einzelfall) zu rechnen. Während dieser Zeit erhält der Vermieter i. d. R. weder die Grundmiete noch die Abschlagszahlungen für die Betriebskosten. Reduzierungen der Zahlungsrückstände bei Wohnungsmieten können sich allenfalls durch die Zahlungen der Sozial- und Ordnungsämter sowie Aufrechnungen der Vermieter mit Mietkautionen ergeben. Neben Barkautionen sind auch selbstschuldnerische Bürgschaften – häufig von Kreditinstituten – üblich. Diese Sicherheiten dürfen bei Wohnungen betragsmäßig zusammengenommen die Summe von drei Monatsmieten nicht übersteigen[29].

116   Die vielfach vertretene Auffassung, dass **langfristig vereinbarte Mietverhältnisse** das Mietausfallwagnis reduzierten, ist falsch, denn auch solche Mietverhältnisse können den Grundstückseigentümer nicht vor Zahlungsrückständen und dgl. schützen. Das Mietausfallwagnis ist vielmehr in erster Linie von der Solvenz des Mieters abhängig. Bei sog. *overrented* Objekten ist es erfahrungsgemäß höher als bei sog. *underrented* Objekten.

117   Nach **Nr. 3.5.2.5 WertR** sind als Mietausfallwagnis erfahrungsgemäß in etwa anzusetzen:
2 % des Rohertrags (Nettokaltmiete) bei **Mietwohn- und gemischt genutzten Grundstücken und**
4 % des Rohertrags (Nettokaltmiete) bei **Geschäftsgrundstücken**

2.4.5.2 Wohnraum

Das **Mietausfallwagnis** darf **nach § 29 Satz 3 II BV** höchstens mit 2 v. H. des Rohertrags **118**
(Jahresnettokaltmiete) angesetzt werden. Hieran knüpfen auch die unter Nr. 3.4.2.5 der
WertR angegebenen Erfahrungswerte für Mietwohn- und gemischt genutzte Grundstücke
an, während dort für Geschäftsgrundstücke ein Mietausfallwagnis von 4 v. H. der Netto-
kaltmiete/Grundmiete angegeben wird. Diese Sätze können aber nur einen Anhalt geben,
denn grundsätzlich gilt auch diesbezüglich, dass die örtliche Marktlage, der Zustand und
die Art des Grundstücks sowie vor allem auch die Restnutzungsdauer zu beachten sind. Die
jüngsten Erfahrungen (strukturelle Probleme, Insolvenzen, Fluktuationen, Leerstände) zeigen,
dass die vorgenannten Sätze insbesondere für die Gebiete außerhalb der Ballungsräume eher am
unteren Rand einer möglichen Bandbreite liegen.

An **folgendem Beispiel** wird die Höhe der Bewirtschaftungskosten (individuell ermittelt) **119**
in Abhängigkeit von der Nettokaltmiete nach § 17 sichtbar gemacht:

Beispiel A

Mehrfamilienhaus zum Wertermittlungsstichtag 30. 6. 2000

Sachverhalt:

Die Ermittlung des Verkehrswerts ist zum Zwecke des Verkaufs erfolgt. Der Verkäufer hat die Immobilie 1995
geerbt; sie war im Zeitpunkt des Verkaufs (Dezember 2000) rd. 45 Jahre im Eigentum der Familie.

Objektdaten:

Baujahr 1916, Keller-, Erd-, 1. und 2. Ober- sowie ausgebautes Dachgeschoss, Modernisierung 1975/76 mit Bäder-
einbau, Kunststoff-Fenster mit Isolierglas, abgehängte Decken, PVC-Böden, zentrale Etagenheizungen Gas/Strom,
1992/93 komplett neue Dacheindeckung und neuer Fassadenputz; Kosten rd. 200 000 DM, fiktives Baujahr daher
1942. 8 abgeschlossene Wohnungen mit insgesamt 696 m² Wohnfläche, Vorortlage in rheinischer Großstadt, Grundstücksgröße 486 m²; umbauter Raum 4 300 m³.

Wertermittlung:

Summe der Einnahmen aus Vermietung und Verpachtung in 2000 (Grundmiete, Neben- bzw. Betriebskosten)	49 150 €
abzüglich umlegbare *Betriebskosten* (Wasser, Entwässerung, allgemeine Beleuchtung, Müllabfuhr, Gemeinschaftsantenne, Ungezieferbekämpfung) i. S. der mietvertraglichen Vereinbarungen	
4 780 €* ⟶	./. 4 780 €
Jahresnettokaltmiete i. S. von § 17: 44 370 €** ⟶	= 44 370 €

* dies sind 6,87 € /m² WF (monatlich 0,57 €/m²) und 9,7 % von 49 150 €
** = 63,75€/m² bzw. 5,31 €/m² WF monatliche Nettokaltmiete i. D.

Kontrolle der Grund-(Nettokalt-)Miete auf Angemessenheit unter Zuhilfenahme des
örtlichen Mietspiegels für nicht öffentlich geförderte Wohnungen (Stand: 1. 7. 2000).

Für Wohnungen um 80 m² WF mit Heizung, Bad/WC in mittlerer Wohnlage werden 5 bis 7 €/m² WF der Objekt-Gruppe 3 mit Heizung, im Mittel also 6 €/m² ausgewiesen. Die gezahlte Miete liegt im Rahmen der ortsüblichen Vergleichsmiete,
und zwar noch unterhalb des Mittels.

Abzüglich Bewirtschaftungskosten i. S. von § 18:

– *Verwaltungskosten* (gezahlt werden mtl. 200 €) (= 4,88% der Gesamteinnahmen)	= 2 400,00 €	
– *Betriebskosten* (nicht umlegbar)		
– Grundsteuer (Teilbetrag)	310,03 €	
– Straßenreinigung	376,04 €	
– Sachversicherung	1 102,03 €	
– Haftpflichtversicherung	267 36 €	
Summe	rd. 2 055,46 €	2 055,46 €

---

28 BGH, Urt. vom 29. 10. 1986 – VIII ZR 144/85 –, EzGuG 20.118; vgl. Deutscher Mieterbund, Wohnungsmangel
und Mietminderung, Köln 1987; Zentralverband der Dt. Haus-, Wohnungs- und Grundeigentümer, Handbuch
für Wohnungsrecht und Wohnungswirtschaft

29 BGH, Urt. vom 20. 4. 1989 – IX ZR 212/88 –, BGHZ 107, 210 = WM 1989, 795 = NJW 1989, 1853 = WuM
1989, 289 = ZMR 1989, 236 = DWW 1989, 255 = BB 1989, 1082

Summe	2 055,46 €	

– *Instandhaltungskosten*
696 m² WF × 10 €/m² WF =   rd. 6 960,00 €

– *Mietausfallwagnis*
2 % der gesamten Einnahmen von   49 150,00 €   rd.   983,00 €

*** = 27,9 % der Nettokaltmiete (§ 17)   12 398,46 €   ./. 12 398 €

Reinertrag des Grundstücks: 31 972 €

abzüglich Bodenwertverzinsungsbetrag 5 % von 150 000 €*   ./. 7 500 €

Ertragsanteil der baulichen Anlagen: **24 472 €**

* = 308,64 €/m² Grundstück

Bei einer wirtschaftlichen Restnutzungsdauer von 40 Jahren und einem Liegenschaftszinssatz von 5 % beträgt der Vervielfältiger gem. Anl. zu § 16 Abs. 3 WertV
= 17,16
24 472 € × 17,16 = 419 940 € = rd. 420 000,00 €

Ertragswert der baulichen Anlage	rd. 420 000 €
+ Bodenwert	+ 150 000 €
= Ertragswert	**= 570 000 €**

Das Objekt hinterlässt einen gepflegten Eindruck. Reparaturanstau ist demnach nicht zu berücksichtigen.

Der *Verkehrswert für das Mehrfamilienhausgrundstück* wird mit 570 000 € beziffert.

Nachrichtlich: Der Verkehrswert entspricht dem 12,8fachen Rohertrag; es ergibt sich ein Wert von rd. 820 € für einen Quadratmeter Wohnfläche.

Anmerkungen:

Gemäß Grundstücksmarktbericht 1999 des Gutachterausschusses für Grundstückswerte sind die folgenden erforderlichen Daten (§ 8) bekannt geworden.

– Bodenrichtwerte

– Bodenpreisindexreihen

– *§ 11 WertV – Liegenschaftszinssatz –*
Für Mietwohngrundstücke – Altbauten mit einer Restnutzungsdauer von 30 bis 45 Jahren – wird ein durchschnittlicher Liegenschaftszinssatz von 5 % ausgewiesen.

– *§ 12 WertV – Rohertragsfaktoren – (Vergleichsfaktoren für bebaute Grundstücke)*
Aus dem Datenmaterial Verkäufe 1998 haben sich für Mietwohngrundstücke – Altbauten mit einer Restnutzungsdauer von 30 bis 45 Jahren – Ertragsfaktoren in einer Bandbreite von 12 bis 16 (im Beispielsfall = 12,8) ergeben.

– Das Beispiel belegt den vorher genannten Erfahrungssatz (Pauschalansatz für Bewirtschaftungskosten) von bis zu
40 % des Rohertrags bei Wohnimmobilien/Altbauten bis Baujahr 1948. Hier ergeben sich rund 28 %.

– Beispielhaft die durchschnittliche Verteilung der Jahres-Betriebskosten eines 4-Personen-Haushalts* in Köln im
Jahr 2000 (Abb. 14).

– Nach einer Vermarktungsdauer von rd. zwei Monaten wird das Objekt im Dezember 2000 für 625 000 € verkauft.
Zudem erklärt eine Sparkasse schriftlich und unwiderruflich, diese bei Fälligkeit auf das Girokonto des Verkäufers
zu überweisen. Der Kaufpreis entspricht einer Steigerung von 9,65 % gegenüber dem mit 570 000 € ermittelten
Verkehrswerts. Andererseits ist der Kaufpreis das 14,09-fache des Rohertrags (Bandbreite gem. Marktbericht 12
bis 16). Auf einen Quadratmeter Wohnfläche entfallen zudem rd. 900 €.

120 Das OLG Hamm[30] hatte zu entscheiden, ob eine Mietminderung auch möglich ist, wenn der **Boden** (Untergrund) **eines Wohngrundstücks durch giftige Chemikalien verseucht** ist. Die Richter kamen zwar zu keinem abschließenden Urteil, gaben aber wichtige Hinweise. So hängt eine Mietminderung nicht davon ab, dass die Mieter infolge der Gifte bereits Schäden erlitten haben. Schon die Sorge um mögliche Schäden kann zur Minderung der Miete oder sogar zur fristlosen Kündigung berechtigen. Maßgeblich für den Ernst der Lage ist die Zusammensetzung und Konzentration der Schadstoffe, das Urteil von Sachverständigen, die Möglichkeit von Sanierungsmaßnahmen, der Kreis der gefährdeten Personen, die Dauer der Mietzeit usw.[31].

121 Auch **Baulärm,** der von einem Nachbargrundstück ausgeht, kann zu einer Mietkürzung führen, wie ein Urteil des BayOLG zeigt (vgl. § 5 WertV Rn. 211 ff.)[32].

Abb. 14: Betriebskosten

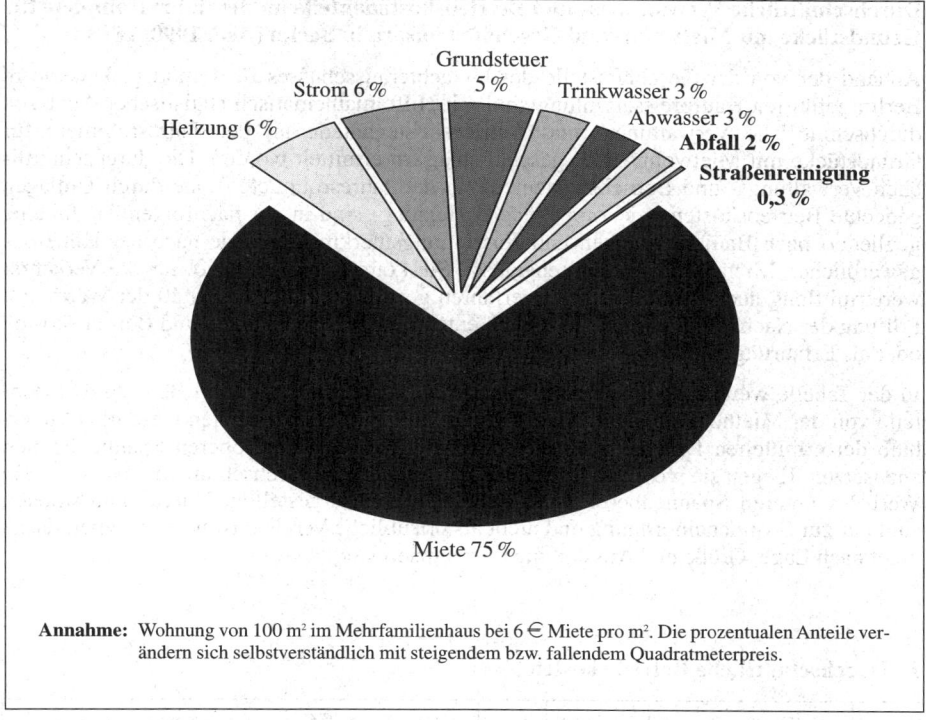

Grundsteuer
Strom 6 %   5 %   Trinkwasser 3 %
Heizung 6 %   Abwasser 3 %
                                         Abfall 2 %
                                         **Straßenreinigung
                                         0,3 %**

Miete 75 %

Annahme: Wohnung von 100 m² im Mehrfamilienhaus bei 6 € Miete pro m². Die prozentualen Anteile verändern sich selbstverständlich mit steigendem bzw. fallendem Quadratmeterpreis.

2.4.5.3 Gewerberaum

Das Mietausfallwagnis hat im gewerblichen Bereich besondere Bedeutung, denn der Ver-   **122**
mieter hat es hier regelmäßig – ausgenommen die **Shopping-Center** mit z. B. 50 bis 150
Fachgeschäften – nicht mit einer Vielzahl von Einzelmietern zu tun, wie dies bei Mietwohnhäusern der Fall ist, sondern mit wenigen Partnern. Das Risiko eines Mietausfalls
liegt sowohl in der **Mieterbonität** als auch in der gegebenenfalls **verminderten Vermietbarkeit** von im Allgemeinen auf bestimmte betriebliche Verhältnisse zugeschnittenen, mitunter großräumigen Nutzungsflächen. Zeiten starker Konjunktureinbrüche sind regelmäßig
von Zurückhaltung der Konsumenten begleitet. Insbesondere sind Gewinneinbußen des
Fach-Einzelhandels (z. B. 1992/1. Hj. zu 1993/1. Hj. = ./. 3 %) die Regel. Spätere Ge-
schäftsaufgaben und damit *Mietausfall* können – wie bereits gesagt – nicht ausgeschlossen
werden.

**Bei ausschließlich gewerblich genutzten Objekten sollte das Mietausfallwagnis mit   123
4 bis 8 v. H. der Jahresroherträge berücksichtigt werden.**

---

30   OLG Hamm, Urt. vom 25. 5. 1987 – 30 REMiet 1/86 –, EzGuG 3.71b
31   Thieler/Montasser, Mietminderungsliste, 6. Aufl. Bayerisch Gmain
32   BayOLG, Urt. vom 4. 2. 1987 – REMiet 2/86 –, EzGuG 12.84 a

Anlage 1: Bewirtschaftungskostentabelle des Gutachterausschusses in Berlin

124   **Durchschnittliche Verwaltungs- und Betriebskostenanteile an der Jahresrohmiete für Grundstücke mit Mietwohn- und Geschäftshäusern in Berlin (ABl. 1990, 1618).**

Anhand der von der Geschäftsstelle des Gutachterausschusses für Grundstückswerte in Berlin geführten Kaufpreissammlung sind mit Hilfe mathematisch statistischer Analysen durchschnittliche Verwaltungs- und Betriebskostenanteile an der Jahresrohmiete für Grundstücke mit Mietwohn- und -geschäftshäusern ermittelt worden. Die durchschnittlichen Verwaltungs- und Betriebskostenteile an der Jahresrohmiete (ohne durch Umlagen gedeckte Betriebskosten, wie zum Beispiel Heizung) sind in der nachfolgenden Tabelle, gegliedert nach Baujahrsgruppen und Ausstattungsmerkmalen sowie nach der Höhe des gewerblichen Mietanteils, zusammengefasst. Sie können zum Beispiel für die Verkehrswertermittlung nach dem Ertragswertverfahren gemäß §§ 7 und 15 bis 20 der WertV zur Prüfung der Nachhaltigkeit von tatsächlich entstehenden Verwaltungs- und Betriebskosten oder als Erfahrungswerte angewendet werden.

In der Tabelle werden Spannen ausgewiesen, da die Verwaltungs- und Betriebskostenanteile von der Miethöhe abhängig sind. Liegen die tatsächlichen Mieten wesentlich unterhalb der ermittelten Durchschnittsmieten, ist ein Wert aus dem oberen Spannenbereich anzusetzen. Liegen sie wesentlich oberhalb der ermittelten Durchschnittsmieten, so ist ein Wert des unteren Spannenbereichs zu benutzen. Die dargestellten Durchschnittsmieten sind nur zur Spanneneinordnung und nicht als ortsübliche Vergleichsmiete geeignet, da sie nicht nach Lage, Größe und Ausstattung differenziert sind.

1. Durchschnittliche Betriebskosten

Jahr		gewerbl. Mietanteil v. H.	Teil-region	Durchschnittsmiete DM/m²							
				5,00	7,50	10,00	12,50	15,00	20,00	25,00	30,00
1993	Baujahre bis 1948	< 1	West	28,2	23,5	20,2	17,6				
			Ost	–	27,3	–					
		≥ 1	West	26,5	21,3	17,6	14,7	12,4	8,7		
			Ost	26,5	20,5	16,2	12,9				
1994	Baujahre bis 1948	< 1	West	31,7	27,0	23,7	21,1				
			Ost	–	27,3	–					
		≥ 1	West	28,6	23,4	19,8	16,9	14,6	10,9		
			Ost	28,2	22,2	17,9	14,6				
1995	Baujahre bis 1948	< 1	West	34,2	29,5	26,2	23,6				
			Ost	–	27,3	–					
		≥ 1	West	30,2	25,0	21,3	18,4	16,1	12,4		
			Ost	29,4	23,3	19,1	15,8				
1993 bis 1995	Baujahre nach 1948	< 1	West	32,3	28,2	25,4	–	21,3	18,5		
		≥ 1	West	–	28,8	25,1	–	19,9	16,3	13,4	11,1

2. Durchschnittliche Verwaltungskosten (Ergebnisse 1993/95)

Baualtersgruppe	gewerbl. Mietanteil v. H.	Teil-region	Durchschnittsmiete DM/m² monatlich								
			3,50	5,00	7,50	10,00	12,50	15,00	20,00	25,00	30,00
Altbauten	< 1	West		6,1	5,5	5,1	4,7				
vor 1900		Ost	9,5	8,1	6,8						
Brutto-Kaltmieten	≥ 1	West		6,2	5,9	5,7	5,5	5,3	5,1		
		Ost	7,9	6,9	5,9	5,3	4,6				
Altbauten	< 1	West		6,9	6,2	5,8	5,5				
ab 1990	≥ 1	Ost	9,5	8,1	6,8						
Brutto-Kaltmieten		West		6,5	6,2	6,0	5,8	5,6	5,4		
		Ost	7,9	6,9	5,9	5,3	4,6				
Zwischen-	< 1	West		7,7	7,1	6,7	6,3				
kriegsbauten		Ost	9,5	8,1	6,8						
1919 bis 1948	≥ 1	West		6,9	6,5	6,3	6,1	5,9	5,7		
Brutto-Kaltmieten		Ost	7,9	6,9	5,9	5,3	4,6				
Neubauten ab 1949											
Brutto-Kaltmieten	< 1	West		8,4	7,1	6,2	5,5	5,0	4,1		
	≥ 1	West		6,8	6,1	5,5	5,0	4,2	3,6	3,2	
Netto-Kaltmieten	< 1	West	12,7	10,8	8,5	7,0	5,8	4,8	3,2		
	≥ 1	West		9,2	7,8	6,8	6,0	5,4	4,4	3,6	3,0

Quelle: Geschäftsstelle des Gutachterausschusses für Grundstückswerte in Berlin

3. Durchschnittliche Instandhaltungskosten (1996)

Baujahr	Instandhaltungs-kosten für		Zuschlag bei		Abschlag bei
	Wohn-flächen (DM/m²)	Nutz-flächen (DM/m²)	Zentral-heizung (DM/m²)	Aufzug (DM/m²)	fehlendem Bad/Dusche (DM/m²)
bis 1900	22,00	11,00	1,00	1,60	–
von 1901 bis 1948	20,00	10,00	1,00	1,60	–
von 1949 bis 1969	18,00	9,00	1,00	1,60	1,10
von 1970 bis 1979	14,00	7,00	1,00	1,60	1,10
ab 1980	12,00	6,00	1,00	1,60	1,10

offene Wageneinstellplätze (je Platz):	55 DM
Garagen und gedeckte Stellplätze (je Platz):	110 DM

Quelle: ABl. Berlin 1996, 4098

§ 19 WertV
Berücksichtigung sonstiger wertbeeinflussender Umstände

[1]Sonstige den Verkehrswert beeinflussende Umstände, die bei der Ermittlung nach den §§ 16 bis 18 noch nicht erfasst sind, sind durch Zu- oder Abschläge oder in anderer geeigneter Weise zu berücksichtigen. [2]Insbesondere sind die Nutzung des Grundstücks für Werbezwecke oder wohnungs- und mietrechtliche Bindungen sowie Abweichungen vom normalen baulichen Zustand zu beachten, soweit sie nicht bereits durch den Ansatz des Ertrags oder durch eine entsprechend geänderte Restnutzungsdauer berücksichtigt sind.

---

1   Allgemeines

Ausgangspunkt für die Ermittlung des Ertragswerts sind   **1**

– die nachhaltig erzielbaren Reinerträge (§ 16 Abs. 1) bzw.

– die bei ordnungsgemäßer Bewirtschaftung nachhaltig erzielbaren Roherträge

unter Abzug

– der bei gewöhnlicher Bewirtschaftung nachhaltig anfallenden Bewirtschaftungskosten.

Auf Grund bestehender Vertragsgestaltungen können die **tatsächlichen Grundstücks-einnahmen von den nachhaltigen Einnahmen abweichen.** Darüber hinaus können die tatsächlichen Mieteinnahmen auch ohne besondere Vertragsgestaltungen von den nachhaltig erzielbaren Einnahmen abweichen, wenn der Eigentümer auf Grund der mietrechtlichen Rahmenbedingungen nicht die Möglichkeit einer sofortigen Anpassung hat. Sind solche Abweichungen der Höhe nach und im Hinblick auf ihre zeitliche Dauer so erheblich, dass sie die nachhaltige Ertragssituation beeinflussen, müssen solche Abweichungen zusätzlich berücksichtigt werden.

Der Wert der baulichen Anlagen nach den §§ 15 bis 18 kann sich auf Grund vorstehender   **2** aber auch anderer Gründe ermäßigen oder erhöhen, wenn besondere wertbeeinflussende Umstände vorliegen (Anomalien) und diese Umstände nicht schon bei der Ermittlung des Grundstücksrohertrags (Miete), den Bewirtschaftungskosten (z. B. durch regelmäßig wiederkehrende, ungewöhnlich hohe Instandhaltungskosten) oder beim Vervielfältiger (z. B. bei abweichender Restnutzungsdauer) berücksichtigt worden sind. **§ 19 bildet** hierzu **einen Auffangparagraph** und ist mit § 25 (Berücksichtigung sonstiger wertbeeinflussender Umstände beim Sachwertverfahren, vgl. § 25 WertV Rn. 1 ff.) vergleichbar. Abb. 1 gibt einen Überblick über die Anwendungsmöglichkeiten des § 19.

In Betracht kommt   **3**

a) eine mit dem nach den §§ 15 ff. angesetzten Reinertrag noch nicht berücksichtigte **zusätzliche Nutzung des Grundstücks** mit weiteren „Ertragsströmen", **z. B. für Werbezwecke**, **Antennenanlagen** (Rn. 22) oder **Zwischennutzungen**,

b) ein besonders guter Erhaltungszustand oder eine ansprechende **architektonische Gestaltung der baulichen Anlage**, soweit dem nicht bereits mit dem angesetzten Ertrag, einer verlängerten Restnutzungsdauer oder mit dem Liegenschaftszinssatz (noch) nicht Rechnung getragen wurde, sowie andere besondere Vorteile des Grundstücks,

Abb. 1: Berücksichtigung sonstiger wertbeeinflussender Umstände nach § 19

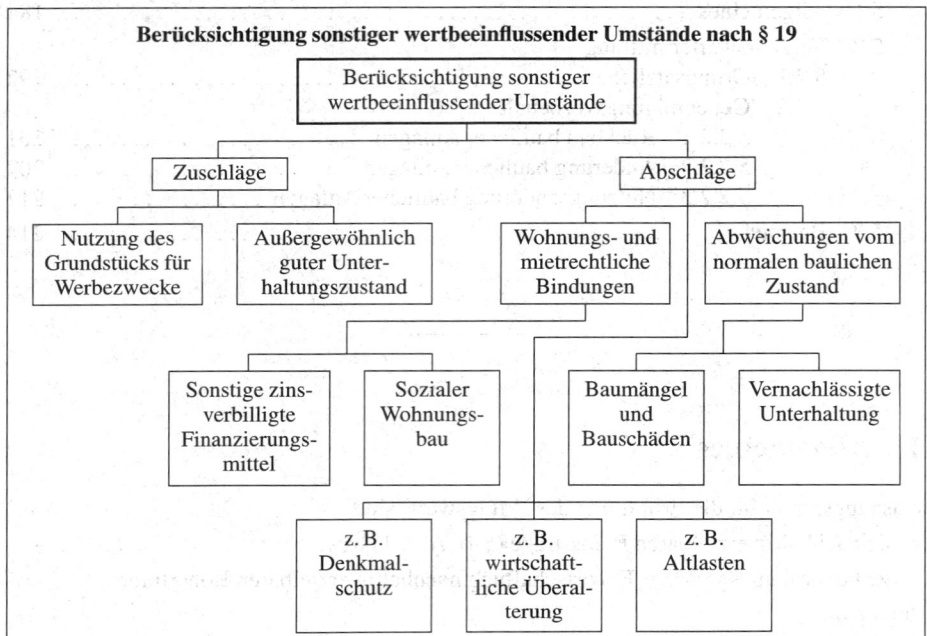

Berücksichtigung sonstiger wertbeeinflussender Umstände nach § 19

© Simon 02

c) ein **besonders schlechter Erhaltungszustand der baulichen Anlage**, insbesondere auf Grund

   – einer vernachlässigten Unterhaltung,

   – Baumängel und Bauschäden sowie

   auf Grund einer **wirtschaftlichen Überalterung** der baulichen Anlage, soweit dem nicht bereits mit den angesetzten Erträgen nach den §§ 15 ff., der Restnutzungsdauer und dem Liegenschaftszinssatz hinreichend Rechnung getragen wurde,

d) besondere Vor- oder Nachteile auf Grund rechtlicher Bindungen (**Denkmalschutz, Erhaltungsrecht** nach den §§ 172 ff. BauGB, **Gestaltungssatzungen** nach Landesrecht und dgl.), soweit dem nicht wiederum bereits mit den §§ 15 ff. Rechnung getragen wurde. Hierunter fallen auch besondere sich auf den allgemeinen Grundstücksmarkt auswirkende steuerliche Vergünstigungen (vgl. Rn. 52 ff.);

e) besondere **wohnungs- und mietrechtliche Bindungen,** soweit ihnen wiederum (noch) nicht mit den §§ 15 ff. Rechnung getragen wurde; dabei kann es sich sowohl um gesetzliche, als auch vertragsrechtliche Bindungen handeln. Im gewerblichen Bereich kommen darüber hinaus insbesondere immissionsschutzrechtliche Einschränkungen in Betracht.

4   Zu Gartenanlagen, Anpflanzungen und Parks vgl. Rn. 51.

5   Die Aufzählung der zu berücksichtigenden wertbeeinflussenden Umstände ist in § 19 nicht vollständig. Weitere Abschlagsgründe können z. B. **ungünstige Lageverhältnisse** (insbesondere Immissionseinflüsse) oder Aufwendungen für einen bevorstehenden **Abbruch** von Teilen der baulichen Anlagen des Grundstücks sein. An dieser Stelle können auch Wertminderungen wegen **wirtschaftlicher Überalterung** (vgl. § 25 WertV) oder vorliegender Bodenverunreinigungen (Altlasten) vorgenommen werden. Für die Höhe der zu gewährenden Abschläge können die Kosten zur Beseitigung der Missstände einen Anhalt bieten.

Altlasten, die grundsätzlich bereits bei der Bodenwertermittlung zu Wertminderungen   **6**
führen, können schließlich auch zu einer zusätzlichen Wertminderung eines aufstehenden
Gebäudes führen, wenn dadurch dessen Nutzbarkeit beeinträchtigt wird. Im Einzelfall
muss dabei jedoch geprüft werden, ob eine sich nach den Gesamtkosten der Altlastenbeseitigung bemessene Bodenwertminderung ganz oder zumindest teilweise durch den aus der
Bodensanierung folgenden

a) Wegfall einer Wertminderung der baulichen Anlage und

b) der Bodenwerterhöhung

aufgefangen wird.

Mietvertraglich ausbedungene Abweichungen der tatsächlichen Miete bzw. Pacht   **7**
von der ortsüblich erzielbaren (nachhaltigen) Miete bzw. Pacht sowie Abweichungen
der tatsächlich erzielten Miete bzw. Pacht, die auf Grund der mietrechtlichen Rahmenbedingungen (z. B. Kappungsgrenze) nicht jederzeit an die ortsüblich erzielbare (nachhaltige)
Miete bzw. Pacht angeglichen werden können, müssen nach § 19 zusätzlich berücksichtigt
werden, wenn

– dem nicht bereits nach den §§ 15 ff. Rechnung getragen wurde und

– die Abweichung die Ertragssituation in ein für das Ergebnis der Verkehrswertermittlung
  nachhaltigen Weise beeinflusst.

Die dabei zur Anwendung kommenden Verfahren sind in den Vorbemerkungen zu den
§§ 15 ff. unter Rn. 265 ff. vorgestellt.

Nach der Systematik der WertV ist die **Berücksichtigung sonstiger wertbeeinflussender**   **8**
Umstände nach § 19 im Rahmen der Ermittlung des Ertragswerts der baulichen
Anlage (Gebäudeertragswert) vorzunehmen, d. h., in den gegebenen Fällen wird damit
begrifflich der Gebäudeertragswert modifiziert. Dies folgt aus § 15 Abs. 1, nach dem der
Wert der baulichen Anlage (Gebäudeertragswert) ausdrücklich nach den „§§ 16 bis 19 zu
ermitteln" ist. Begrifflich mag dies im Einzelfall unverständlich sein, wenn die „sonstigen"
wertbeeinflussenden Umstände nicht unmittelbar aus der Gebäudenutzung resultieren.
Gleichwohl hat der Verordnungsgeber auch bezüglich der „sonstigen" wertbeeinflussenden
Umstände an der Zweisträngigkeit, bestehend aus Boden- und Gebäudeertragswert, festgehalten.

2   Abweichungen von Normalverhältnissen (Anomalien)

2.1   Abweichungen in den Ertragsverhältnissen

In seinen Grundzügen geht das Ertragswertverfahren von   **9**

– den nachhaltig erzielbaren Reinerträgen (§ 16 Abs. 1) bzw.

– den bei ordnungsgemäßer Bewirtschaftung nachhaltig erzielbaren Roherträgen

unter Abzug

– der bei gewöhnlicher Bewirtschaftung nachhaltig anfallenden Bewirtschaftungskosten

aus. Auf Grund bestehender Vertragsgestaltungen und sonstiger vorstehend aufgeführter
Gegebenheiten können die **tatsächlichen Grundstückseinnahmen von den nachhalti-**
gen Einnahmen abweichen. Es handelt sich hierbei vornehmlich um rechtliche Gegebenheiten, die zwar auf Grund persönlicher Umstände zustande gekommen sein mögen,
jedoch für „jedermann" rechtswirksam sind. Sie müssen deshalb bei der Verkehrswertermittlung berücksichtigt werden.

10 Nach § 19 sind als solche **rechtlichen Gegebenheiten** i. S. d. Verkehrswertdefinition (§ 194 BauGB) zusätzlich zu berücksichtigen, wenn Ihnen nicht bereits im Rahmen der §§ 15 ff. Rechnung getragen worden ist. In Betracht kommen

– eine ortsüblich erzielbare (nachhaltige) Vertragsmiete insbesondere im gewerblichen Bereich (sog. *over- oder underrented* Objekte),

– eine unterlassene Mietanpassung, die auf Grund der Mietgesetzgebung nicht in einem Zuge nachholbar ist (insbesondere auf Grund der Kappungsgrenzen),

– wohnungs- und mietrechtliche Bindungen auf Grund einer Förderung im Bereich der sozialen Wohnraumförderung und

– Staffelmietverträge.

11 In der Wertermittlungspraxis werden solche Fallkonstellationen in der Weise berücksichtigt, dass zunächst der **fiktive Ertragswert auf der Grundlage der ortsüblich erzielbaren und nachhaltigen Erträge** ermittelt wird und hieran Ab- oder Zuschläge für den Zeitraum angebracht werden, für den auf Grund der genannten Gegebenheiten eine davon abweichende Rendite erzielt wird.

Diese Vorgehensweise hat den **Vorteil,** dass der (fiktive) Ertragswert (als Ausgangswert) auf der Grundlage der üblicherweise anzusehenden ortsüblichen Nettokaltmieten, der Bewirtschaftungskosten und des Liegenschaftszinssatzes ermittelt werden kann.

Beispiel:

Für eine Gewerbeimmobilie wird über einen Gesamtzeitraum von zehn Jahren ein Ertrag erzielt, der jährlich die für vergleichbare Objekte erzielbaren Erträge um 20 000 € unterschreitet *(underrented);* nach Ablauf des Mietvertrags kann wieder mit der ortsüblichen Miete gerechnet werden.

Der Verkehrswert des Grundstücks auf der Grundlage der ortsüblichen erzielbaren Miete ohne Berücksichtigung der vertraglichen Mietbindung wurde mit 800 000 € ermittelt.

Die Minderung beträgt bei
– einer jährlichen Mietminderung von 20 000 €
– einer Mietbindungsdauer von 10 Jahren und
– einem Liegenschaftszinssatz von 6 %:

$$\text{Verkehrswertminderung} = 20\,000 \text{ €} \times \text{Vervielfältiger}$$

Als Vervielfältiger ergibt sich gemäß der Anlage zur WertV bei einem Liegenschaftszinssatz von 6 % und einer Mietbindungsdauer von 10 Jahren: 7, 36

$$\text{Ertragswertminderung} = 20\,000 \text{ €} \times 7{,}36 = 147\,200 \text{ €}$$

Der Ertragswert unter Berücksichtigung der Mietbindung ergibt sich dann wie folgt:

Ertragswert ohne Berücksichtigung der Mietbindung:	800 000 €
Ertragswertminderung auf Grund Mietbindung	– 147 200 €
= Ertragswert unter Berücksichtigung der Mietbindung:	**652 800 €**

12 Zur Ermittlung des Barwerts der jährlichen Ertragseinbußen (im Beispiel 20 000 € p. a.) kann der Vervielfältiger der Anl. zur WertV herangezogen werden. Entsprechend dem vorstehenden *Beispiel* ist auch vorzugehen bei sog. *overrented* Objekten, d. h. bei Objekten, für die auf Grund von Vertragsgestaltungen eine höhere Rendite nachhaltig ist, als sie der Ortsüblichkeit entspricht. Nicht berücksichtigungsfähig sind dabei allerdings Mehrerträge, die rechtlich unzulässig sind, insbesondere wenn Wucher vorliegt (§ 5 WiStG).

▸ *Zur Berücksichtigung von Abweichungen vgl. Vorbem. zu den §§ 15 ff. WertV Rn. 265 ff.*

2.2 Zusätzliche Nutzungen für Werbezwecke

13 Einnahmen aus der vorübergehenden Vermietung von **Reklameflächen** oder Flächen für die **Aufstellung von Warenautomaten** zählen im Allgemeinen nicht zu dem nach § 17 zu berücksichtigenden nachhaltigen Ertrag des Grundstücks (vgl. Vorbem. zu den §§ 15 ff. WertV Rn. 137 ff). Sie sind, soweit es sich nicht um unbedeutende Einnahmen handelt, nach § 19 werterhöhend zu erfassen. Vorübergehende Einnahmen aus Werbeflächen werden bei der Ertragswertermittlung zunächst „ausgeklammert" und anschließend in einem besonderen Rechenschritt berücksichtigt; im Falle einer Enteignungsentschädigung soll ggf. eine Entschädigung für andere Vermögensnachteile gewährt werden[1].

Vor allem in Geschäftszentren größerer Städte und anderen verkehrsreichen Lagen sowie in der Nähe von Sport- und Freizeitanlagen besteht Bedarf für Reklameflächen (z. B. Lichtwerbeanlagen) und Stellflächen für Warenautomaten (z. B. Zigarettenautomaten) an Gebäuden. Grundstückseigentümer haben an diesen Orten gute Möglichkeiten, solche Flächen zu vermieten. **14**

Bei der Ertragswertermittlung dürfen **nur** solche **Einnahmen aus Werbeflächen berücksichtigt werden, die zulässigerweise erzielt werden.** Insbesondere müssen dafür die bauaufsichtlichen Genehmigungen vorliegen[2]. Auch sind **bauordnungsrechtliche Auflagen** zu berücksichtigen. Bei Werbeträgern von mehr als 0,8 m² an Gebäuden ist beispielsweise nach § 82 Abs. 1 LBauO NW eine Genehmigung erforderlich, die unter Umständen wegen Stören des Straßenbilds versagt werden kann[3]. Die Genehmigung hat nach § 11 BauVorlVO der Hersteller der Werbeanlage zu beantragen. **15**

Die **Einnahmen aus der Vermietung von Reklameflächen** oder Stellflächen für Warenautomaten können als nachhaltig angesehen werden, wenn die werbenden oder verkaufenden Firmen gute Bonität besitzen und die **Verträge** zur Überlassung der Flächen oder Vorrichtungen **für einen längeren Zeitraum** geschlossen werden. In der Praxis sind bei Pachtdauern zwischen 5 und 10 Jahren monatliche oder vierteljährliche Zahlungen üblich. Es gibt auch Fälle, in denen die Zahlung der Pacht oder Miete im Voraus für den gesamten Vertragszeitraum vereinbart wird. Da in diesem Fall bei späterer Veräußerung des Grundstücks das entsprechende Teilentgelt aus der Reklamenutzung meistens nicht auf den Käufer weitergegeben wird, scheidet eine Berücksichtigung der Einnahme für die Wertermittlung i. d. R. aus. **16**

Die erzielbaren **Einnahmen** liegen bei Zigarettenautomaten zwischen 4 und 6 % des erzielten Umsatzes. **17**

Die Einnahmen der Nutzung des Grundstücks für Reklamezwecke sind bei der Wertermittlung wie folgt zu berücksichtigen: Der Jahresreinertrag aus der Verpachtung oder Vermietung der Flächen wird über die Restlaufzeit des bestehenden Vertrags mit einem entsprechenden marktüblichen Habenzinssatz kapitalisiert und dem Ertragswert der baulichen Anlagen zugeschlagen. Wegen der kaum voraussehbaren und oft schnellen Wandelbarkeit der angebotenen Produkte und Leistungen ist zu empfehlen, den **Kapitalisierungszeitraum** bei vertraglich nicht genau festgelegter Laufzeit der Verträge auf **maximal 10 Jahre** zu begrenzen. **18**

Der Kapitalisierung von Einnahmen aus Werbeträgern darf nur der Reinertrag zu Grunde gelegt werden. Soweit **Bewirtschaftungskosten** anfallen, sind sie entsprechend den Vorschriften des § 18 zu berücksichtigen, wenn sie vom Eigentümer zu tragen sind. Entsprechendes gilt auch für Montage- und ggf. Wiederherstellungskosten nach Ablauf des Pachtvertrags. **19**

Die häufig beachtlichen **Herstellungs-, Montage-, Energie- und Unterhaltungskosten** werden im Allgemeinen vom Pächter der Werbeflächen oder vom Automatenaufsteller getragen. Nach Ablauf der Pachtdauer ist der Pächter grundsätzlich auch zur Wiederherstellung des ursprünglichen Zustands verpflichtet. **20**

---

1 BGH, Urt. vom 7. 7. 1966 – III ZR 108/65 –, EzGuG 6.91
2 BVerwG, Urt. vom 28. 4. 1972 – 4 C 11/68 –, EzGuG 3.41; BVerwG, Urt. vom 28. 6. 1955 – 1 C 146/53 –, EzGuG 3.6; BGH, Urt. vom 3. 2. 1978 – V ZR 79/75 –, EzGuG 3.60
3 OVG München, Urt. vom 3. 6. 1986 – 11 A 1091/84 –, NVwZ 1987, 67 = BauR 1986, 544 = VwR 1986, 354 = Städte- und Gemeinderat 1986, 362; VGH Mannheim, Beschl. vom 15. 12. 1989 – 8 S 300 6/89 –, EzGuG 3.81; OVG Koblenz, Urt vom 22. 7. 1987 – 1 A 128/85 –, BRS Bd. 48 Nr.120; OVG Berlin, Urt. vom 14. 10. 1988 – 2 B 51/87 –, BRS Bd. 48 Nr. 121; OVG Berlin, Urt. vom 23. 9. 1988 – 2 B 39/87 –, BRS Bd.48 Nr. 122

21 *Beispiel:*

Eine giebelseitige Werbefläche ist für den Betrag von 10 000 € p.a. auf fünf Jahre vermietet. Nach Ablauf dieser Zeit ist die Bebauung des Nachbargrundstücks beabsichtigt. Bei einem Zinssatz von 6 % ergibt sich aus der Anlage zur WertV (bei n = 5 Jahre) ein Vervielfältiger von 4,21. Der Ertragswert erhöht sich damit um

$$10\,000\ \text{€} \times 4{,}21 = 42\,100\ \text{€}.$$

22 Einen Sonderfall bietet die Werbeflächennutzung in Zusammenhang mit der dinglichen **Bierbezugsverpflichtung** von Brauereien (vgl. Teil VII Rn. 409 ff.). Neben dem Recht des ausschließlichen Vertriebs ihrer Erzeugnisse auf dem Grundstück sichern sich Brauereien oft auch das Recht, Werbeanlagen anzubringen und Getränkeautomaten zu unterhalten. Da sie sich i. d. R. finanziell an den Kosten der Einrichtung und des Inventars beteiligen, werden besondere Vergütungen für das Recht, Werbeanlagen und Getränkeautomaten anzubringen oder aufzustellen, selten gezahlt.

Für **Antennenanlagen des Mobilfunks auf Hausdächern,** Türmen und Masten werden – abhängig vom Umfang der Anlage – Nutzungsentgelte in Höhe von 3 000 € bis 6 000 € p. a. und in besonderen Fällen bis 7 500 € bei einer Befristung bis höchstens 30 Jahre und bei Zahlung im Voraus vereinbart. Der Kapitalisierungszinssatz liegt zwischen 4 bis 6 % (vgl. DST Umdruck 670 vom 5. 5. 1999). Das Nutzungsentgelt für **Mobilfunkstationen in Straßentunnels** liegt – unabhängig von der Länge und Frequentierung des Tunnels bei 2 500 € pro Station.

2.3   Wohnungs- und mietrechtliche Bindungen

2.3.1   Soziale Wohnraumförderung

2.3.1.1 Allgemeines

▶ *Allgemeines vgl. § WertV Rn. 88 ff. sowie § 28 WertV Rn. 214 ff.*

23 **Wohnungs- und mietrechtliche Bindungen beeinflussen den Verkehrswert.** Dies gilt
 – für die gesetzlichen einschließlich förderungsrechtlichen wohnungs- und mietrechtlichen Bindungen,
 – als auch für vertragliche wohnungs- und mietrechtliche Bindungen.

24 Zumindest im Rahmen des öffentlich geförderten Wohnungsbaus stehen wohnungs- und mietrechtlichen Bindungen in aller Regel **Finanzierungsvorteile** gegenüber. Ob und ggf. in welchem Maße ein im öffentlich geförderten Wohnungsbau (soziale Wohnraumförderung) gefördertes Objekt in seinem Verkehrswert von einem vergleichbaren freifinanzierten Objekt abweicht, beantwortet sich bei alledem danach, wie sich Vor- und Nachteile ausgleichen.

25 Zunächst soll jedoch kurz ein Blick auf die bisherigen verschiedenen **Förderungen** geworfen werden:

Nach den **Vorschriften das Zweiten Wohnungsbaugesetzes** (II WoBauG) kann sich die Förderung richten
 – im *1. Förderungsweg* für eigengenutzten Wohnraum nach den Vorschriften des II WoBauG mit der Folge öffentlich-rechtlicher Belegungs- und Mietpreisbindungen auf Grund des Wohnungsbindungsgesetzes (WoBindG),
 – im *2. Förderungsweg* für eigengenutzten Wohnraum nach den besonderen Vorschriften der §§ 88 bis 88 c des II WoBauG mit der Folge öffentlich-rechtlicher Bindungen, und zwar der Belegungsbindung nach § 88 a des II WobauG i. V. m. dem Bewilligungsbescheid und der Mietpreisbindung nach § 88 b des II WoBauG und der §§ 8 bis 11 des WoBindG, und

– im *3. Förderungsweg* für fremdgenutzten und freifinanzierten Wohnraum nach einer Vereinbarung zwischen Darlehens- und Zuschussgeber und dem Bauherrn in Abweichung von den Vorschriften des II WoBauG (§ 88d des II WoBauG), also in privatrechtlicher Form (Kostenmiete nach § 8 WoBindG).

Das II WoBauG ist mit dem Wohnraumförderungsgesetz aufgehoben worden.

Mietwohngrundstücke können auch mit **anderen zinsverbilligten Finanzierungsmitteln**   **26** erstellt werden. Hierzu gehören insbesondere

– Arbeitgeberdarlehen,
– Darlehen aus Wohnungsfürsorgemitteln für Angehörige des öffentlichen Dienstes,
– Mittel aus dem Lastenausgleichsfonds und
– Mittel aus Wohnungsbauförderungsprogrammen.

In diesen Fällen liegt die vereinbarte Miete i. d. R. unter der Marktmiete und es stellt sich   **27** die Frage, ob auch hier der Verkehrswert wie im Bereich der sozialen Wohnraumförderung wegen der über einen längeren Zeitraum erzielten Mindereinnahmen gegenüber einem freifinanzierten Objekt zu mindern ist. Nach überkommener Auffassung stellen diese rein privatrechtlichen Vereinbarungen **ungewöhnliche oder persönliche Verhältnisse** i. S. d. § 6 Abs. 3 dar und sind bei der Verkehrswertermittlung außer Betracht zu lassen. Diese Auffassung wird nicht geteilt.

Zur **indirekten Förderung durch steuerliche Vergünstigungen** sei angemerkt, dass diese   **28** i. d. R. bereits bei der Ermittlung des Liegenschaftszinssatzes Berücksichtigung findet, soweit es sich um allgemeine das Investitionsgeschehen beeinflussende Förderungen handelt. Solche steuerlichen Vorteile dürfen von daher nicht noch besonders berücksichtigt werden (Gefahr der Doppelberücksichtigung).

Zur Wertermittlung von Grundstücken, die im Bereich der sozialen Wohnraumförderung   **29** bebaut wurden, bietet die Fachliteratur mehrere Verfahren an; sie gehen von unterschiedlichen Ermittlungsgrundlagen aus. Zum Teil dienen Herstellungskosten, die Ertragsverhältnisse oder auch Vergleichswerte als Ausgangsparameter. Die in der Praxis überwiegend angewendeten Ertragsmodelle unterscheiden sich hauptsächlich in der **unterschiedlichen Berücksichtigung der niedrig verzinslichen öffentlichen Mittel.** Einigkeit besteht bei allen Modellen darin, dass die nach dem Ertragswertverfahren errechnete Wertminderung nicht auf die Restnutzungsdauer des Gebäudes, sondern auf die Dauer der Bindung an die Kostenmiete abzustellen ist[4].

2.3.1.2 Standardverfahren

Das Standardverfahren geht zur Ermittlung des Ertragswerts der baulichen Anlagen, von   **30** einem nachhaltig erzielbaren Rohertrag (Nettokaltmiete) normal finanzierter Objekte gleicher Art, Lage und Ausstattung aus. Dieser Wert wird um den **kapitalisierten Unterschiedsbetrag aus den Mieteinnahmen und dem Zinsvorteil aus den valutierten verbilligten Zinsmitteln** korrigiert[5].

Beispiel: **31**

Mietwohngrundstück: Tatsächliche Jahresnettokaltmiete 25 000 €; ortsübliche Jahresnettokaltmiete 34 000 €; Bewirtschaftungskosten 8 500 €; Restnutzungsdauer des Gebäudes 70 Jahre; Bodenwert 80 000 €; Liegenschaftszinssatz 5 v. H.; zinsverbilligte Mittel (valutiert) 110 000 €.

---

4   BGH, Urt. vom 12. 2. 1988 – V ZR 184/86 –, EzGuG 20.123
5   Simon/Kleiber, a. a. O., Rn. 4.144

Berechnung des Ertragswerts:

Bodenwert			=	80 000 €

Ertragswert der baulichen Anlage:

Jahresnettokaltmiete	=		34 000 €
Bewirtschaftungskosten	=	–	8 500 €
= Reinertrag	=		25 500 €

abzüglich Bodenwertverzinsungsbetrag

$$\frac{80\,000 \times 5}{100} \qquad = \quad - \qquad 4\,000\ €$$

Reinertrag der baulichen Anlagen	=	21 500 €

Ertragswert der baulichen Anlage
21 500 € × 19,34   =   415 810 €
(Vervielfältiger bei 5 % und 70 Jahren)

Mindereinnahmen und Zinsvorteile:
Mindereinnahmen:

34 000 € – 25 000 €	=	9 000 €

Zinsvorteile

8 v. H. von 110 000 €	=	8 800 €		
zu zahlende Zinsen	= –	825 €	= –	7 975 €
Minderbetrag			=	1 025 €

Barwert:
1 025 € × 6,71
(Vervielfältiger bei 8 % und 10 Jahren): v = 6,71   = –   6 878 €   = +   408 932 €

Ertragswert des Grundstücks	= rd.	**489 000 €**

32 Bei dem einfachsten Verfahren wird der **Ertragswert unter Berücksichtigung der übli-chen Miete** ermittelt **und die kapitalisierte Differenz zwischen üblicher und auf Grund der Sozialbindung tatsächlich gezahlter Miete abgezogen.** Der Kapitalisierungszeitraum hängt vom Ablauf der Eigenschaft „öffentlich gefördert" und der etwaigen Nachwirkungs-frist ab. Dieses Verfahren führt im Vergleich zu den erzielten Kaufpreisen zu vertretbaren Ergebnissen[6]. Offensichtlich werden am Grundstücksmarkt die teilweise recht aufwendigen Berechnungen der anderen angebotenen Wertermittlungsmodelle nicht nachvollzogen.

33 *Beispiel 1:*

4 dreigeschossige Mietwohnhäuser mit insgesamt 29 Wohneinheiten, Baujahr 1980, 1329 m² Wohnfläche, Markt-miete 6,84 €/m² WF (insgesamt 109 084 €/Jahr), Sozialmiete 5,26 €/m² WF (insgesamt 83 886 €/Jahr). Ablauf der Mietbindung in 8 Jahren, Bodenwert 450 000 €.

a) **Ertragswert**

Jahresnettokaltmiete

1 329 m² × 6,84 €/m² × 12	=	109 084 €
Bewirtschaftungskosten abzüglich 25 %	–	27 271 €
= Reinertrag	=	81 813 €
– Bodenwertverzinsungsbetrag		
5 % von 450 000 €	–	22 500 €
= Reinertragsanteil der baulichen Anlagen		59 313 €

Restnutzungsdauer 45 Jahre,
Liegenschaftszinssatz 5 %
Vervielfältiger 17,77

Ertragswert der baulichen Anlage

59 313 € × 17,77		1 053 992 €		
+ Bodenwert	+	450 000 €		
= Ertragswert	=	1 503 992 €	=	1 503 992 €

b) **Barwert der Ertragsminderung**

6,84 €/m² – 5,26 €/m² = 1,58 €/m² WF

1,58 €/m² × 12 × 1329 m² × 6,46	162 778 €	= – 162 778 €
(Vervielfältiger bei 8 Jahren und 5% Zins)		
	=	1 341 144 €

c) **Verkehrswert des Grundstücks**	=	**1 340 000 €**

Abb. 2: Zusammensetzung der Miete

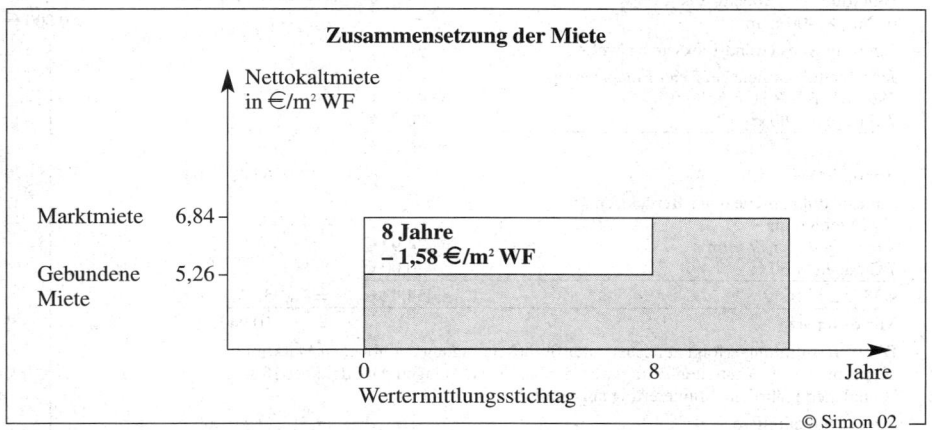

Zusammensetzung der Miete

Nettokaltmiete
in €/m² WF

Marktmiete 6,84

Gebundene 5,26
Miete

**8 Jahre
− 1,58 €/m² WF**

0   8   Jahre
Wertermittlungsstichtag

© Simon 02

Wenn der Fall eintritt, dass der Vermieter bei **Wegfall der Mietpreisbindung** trotz **34** 30%iger Mieterhöhung innerhalb von 10 Jahren nicht die übliche Marktmiete erreicht, muss die Wertermittlung nach dem nachfolgend aufgezeigten Schema erfolgen (Abb. 3):

Abb. 3: Zusammensetzung der Miete

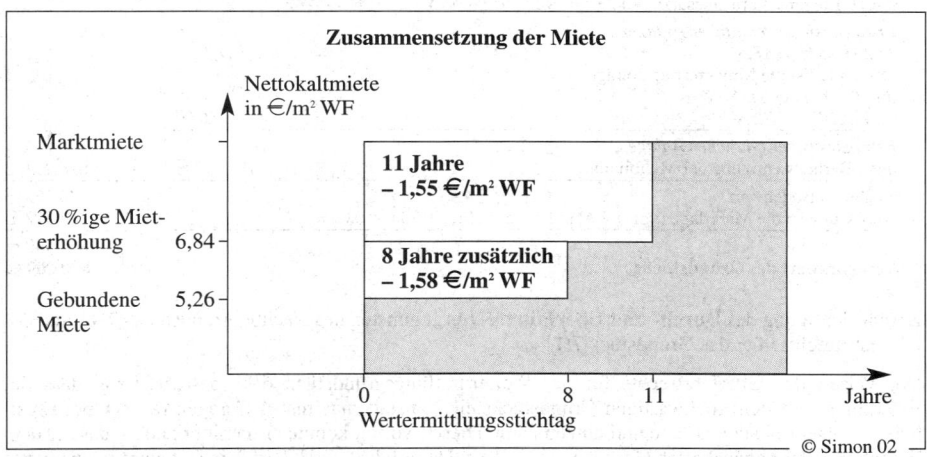

Zusammensetzung der Miete

Nettokaltmiete
in €/m² WF

Marktmiete

30%ige Miet-
erhöhung 6,84

Gebundene 5,26
Miete

**11 Jahre
− 1,55 €/m² WF**

**8 Jahre zusätzlich
− 1,58 €/m² WF**

0   8   11   Jahre
Wertermittlungsstichtag

© Simon 02

Beispiel 2: **35**

Das voll erschlossene Grundstück liegt im Innenstadtbereich der Stadt A und ist 650 m² groß. Es ist mit einem vierge-schossigen Mietwohngebäude und einer Reihengarage (7 Einstellplätze) bebaut und entsprechend den baurechtlichen Vorschriften voll ausgenutzt. Der Bodenrichtwert beträgt 400 €/m² (erschließungsbeitragsfrei). In Abt. II des Grund-buchs ist ein Durchfahrtrecht (Ein- und Ausfahrtrecht) und ein Überfahrtrecht zugunsten des jeweiligen Eigentümers des benachbarten Grundstücks 7/11 eingetragen. Im Bestandsverzeichnis ist ein Überfahrtrecht am Grundstück 7/11 vermerkt. Vereinbarungen über gegenseitige Entschädigungen für die Rechte wurden nicht getroffen.

Das 1968 erstellte Gebäude ist ein verputzter Mauerwerksmassivbau mit durchschnittlicher Ausstattung. Er enthält 9 Wohnungen mit Größen zwischen 40 und 80 m² Wohnfläche. Die Gesamtwohnfläche beträgt 596 m². Die ebenfalls 1968 fertiggestellte Garage wurde in Mauerwerksmassivbauweise mit Holzpultdach und Pappdeckung ausgeführt.

Das Gebäude wurde mit öffentlichen Mitteln gebaut. Die Mittel sind am Wertermittlungsstichtag abgelöst. Es besteht eine Nachwirkungsfrist von 10 Jahren. Die Kostenmiete beträgt 6,77 €/m² WF, die ortsübliche Marktmiete 8,30 €/m² WF. Für die Garagennutzung werden 60 €/Monat je Einstellplatz verlangt.

6   Hawerländer im Informationsdienst für Sachverständige 1988, Heft 2

Wertermittlung
- Ermittlung des Bodenwerts
  650 m² × 400 €/m²   = 260 000 €
- Ermittlung des Grundstücksertragswerts

  Jahresnettokaltmiete bei freier Finanzierung
  596 m² WF × 8,30 €/m²   4 946,80 €
  7 Garagen × 60 €   420,00 €
                                                 5 366,80 €

  5 366,80 DM × 12   = 64 401,60 €

  Jahresnettokaltmiete unter Berücksichtigung
  der Mietbindung
  596 m² WF × 6,77 €/m²   4 034,92 €
  7 Garagen × 60 €   420,00 €
  4 454,92 € × 12   4 454,92 €   = − 53 459,04 €

  Mietdifferenz   = 10 942,56 €

- Die Wertermittlung erfolgt zunächst unter Berücksichtigung der üblichen Marktmiete.
  Von dem danach ermittelten Ertragswert der baulichen Anlagen wird der über 10 Jahre
  kapitalisierte jährliche Minderertrag abgezogen.

  Jahresnettokaltmiete   = 64 401,60 €
  Bewirtschaftungskosten 22 v. H.   = − 14 168,35 €
  = Jahresreinertrag   = 50 233,25 €
  Bodenwertverzinsungsbetrag
  5 v. H. von 260 000 €   = − 13 000,00 €
  Reinertrag der baulichen Anlagen   = 37 233,25 €

  Der Vervielfältiger beträgt bei 58 Jahren Restnutzungsdauer und
  5 v. H. Liegenschaftszinssatz: 18,82 (vgl. Anl. zur WertV)

  Ertragswert der baulichen Anlagen
  37 233,25 € × 18,82   = 700 729,73 €
  Der kapitalisierte Minderertrag beträgt
  für 10 Jahre bei 5 v. H. Zins
  10 942,56[7] × 7,72   = − 84 476,56 €[8]

  Ertragswert der baulichen Anlagen
  unter Berücksichtigung der Mietbindung   = 616 253 € :   + 616 253 €
  zuzüglich Bodenwert   =   = 876 253 €
- Anpassung an die Marktlage (vgl. § 7 Abs. 1): − 5 v. H.: 876 253 × 0,05 =   ./.   43 812 €
                                                                  = 832 440 €
  Verkehrswert des Grundstücks   **rd. 830 000 €**

36 Berücksichtigung des **Durch- und Überfahrtrechts** zugunsten des Nachbargrundstücks 7/11 und des
Überfahrtrechts über das Grundstück 7/11

Der Vorteil des Überfahrtrechts für das Wertermittlungsgrundstück 6/11 besteht darin, dass der
Eigentümer auf dem rückwärtigen Grundstücksteil 7 anstatt maximal 4 Garagen (an der nordwest-
lichen Hofseite) bauen konnte und nutzen kann. Diesen Vorteil konnte er damit erkaufen, dass er dem
Eigentümer des benachbarten Grundstücks 7/11 ein Durchfahrt- und Überfahrtrecht einräumen musste
(vgl. Abb. 4). Da sich Vor- und Nachteile gegenseitig aufheben, bleiben das Recht und die Belastung
bei der Wertermittlung außer Ansatz. Auch besteht durch den Zwang der Aufrechterhaltung der Durchfahrt kein Nachteil, da die Nutzung des Garagenhofs gegenüber der Nutzung der Grundfläche der
Durchfahrt als Wohnfläche wirtschaftlich günstiger ist.

2.3.1.3 Vogels-Verfahren

37 Vogels[9] schlägt die **Wertermittlung nach dem Hypothekenkoeffizientenverfahren** vor.
Dieses Verfahren wurde von dem Amerikaner *Ellwood* entwickelt. Es ist für praktisch alle
Problemfälle des Ertragswertverfahrens anwendbar. Dabei wird die gesamte *"Perfor-
mance"* des Objekts, also die Zinsvorteile, die gezahlten Erträge, der Eigenkapitalzins,
aber auch künftige Wertsteigerungen und Wertminderungen in einem ebenfalls überschaubaren Zeitraum (üblicherweise 10 Jahre) nach der Formel

Abb. 4: Lageplan

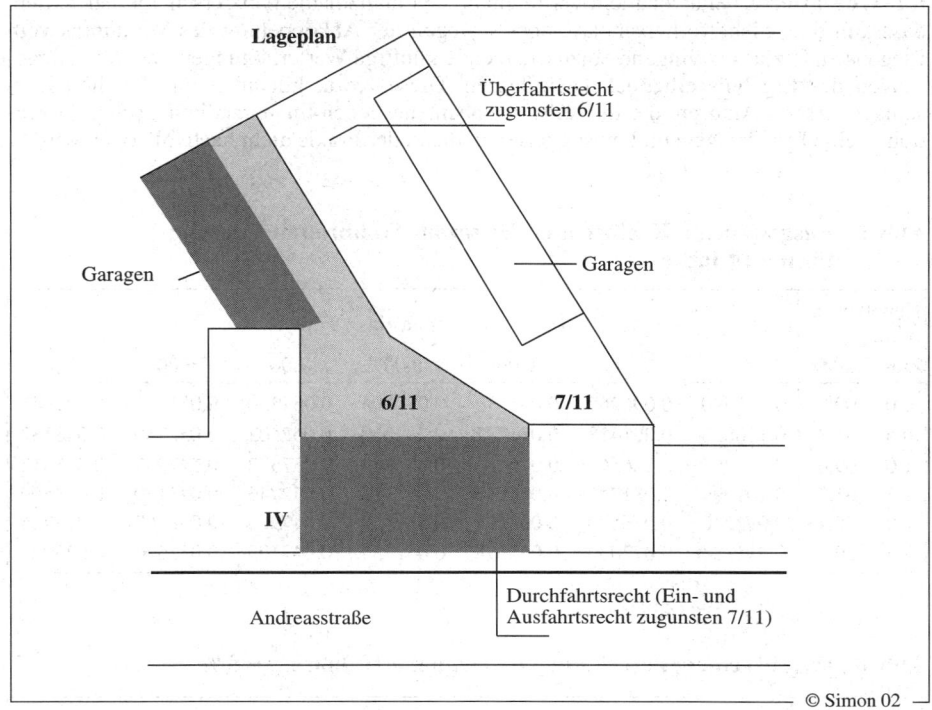

Lageplan

Überfahrtsrecht
zugunsten 6/11

Garagen

Garagen

6/11

7/11

IV

Andreasstraße

Durchfahrtsrecht (Ein- und
Ausfahrtsrecht zugunsten 7/11)

© Simon 02

$$\text{Barwert (Ertragswert)} = \frac{\text{Grundstücksreinertag} + \text{Hypothek} \times c}{\text{Eigenkapitalzinssatz} - w}$$

berücksichtigt. Der „c-Wert" ergibt sich aus den Hypothekenkonditionen, der zu Grunde gelegten Laufzeit und der Erträge und wird ebenso wie der „w-Wert", der die erwarteten Wertänderungen und den zu Grunde gelegten Eigenkapitalzins repräsentiert, aus Tabellen (Auszüge in Abb. 5 und Abb. 6) entnommen.

Beispiel: 38

Grundstücksreinertrag 30 000 €/Jahr
Hypothek 160 000 €, Zins 0,5 %, Tilgung 1 %,
Eigenkapital 8 %, Laufzeit 10 Jahre,
geschätzte Wertsteigerung 60 %, geschätzte Wertminderung 10 %.

$$\text{Barwert (Ertragswert)} = \frac{30\,000\,€ + 160\,000\,€ \times 0{,}072060}{0{,}08 - 0{,}030373} = \text{rd. } \mathbf{275\,000\,€}$$

7   Gegen die Berechnung könnte eingewendet werden, dass bei Ansatz der niedrigeren Kostenmiete der €-Betrag der Bewirtschaftungskosten geringer sein müsste. Da aber die Höhe der Bewirtschaftungskosten nicht unmittelbar davon abhängt, ob das Objekt öffentlich gefördert oder freifinanziert ist, sind grundsätzlich die bei Marktmiete üblicherweise anfallenden Bewirtschaftungskosten anzusetzen

8   Bei bestehenden öffentlichen Mitteln müsste der Zinsvorteil aus den valutierten verbilligten Finanzierungsmitteln den Mindereinnahmen gegengerechnet werden (Simon/Kleiber, 7. Aufl. 1996 Rn. 4.144). Im vorliegenden Fall sind die Mittel bereits zurückgezahlt, so dass am Wertermittlungsstichtag kein Zinsvorteil mehr besteht; vgl. auch Hofbaur in DWW 1982, 322

9   Vogels, Grundstücks- und Gebäudebewertung – marktgerecht, Bauverlag Wiesbaden und Berlin, 5. Aufl., S. 319 f.

39 Im Grunde genommen bildet die hier **angesetzte Laufzeit von 10 Jahren schon die absolute Obergrenze,** denn bei allem Vertrauen in die Finanzmathematik erscheint bedenklich,
dass künftige, nicht vorhersehbare, aber – wegen der Abkoppelung des Verfahrens vom
Liegenschaftszins – zwingend einzuschätzende künftige Werterhöhungen und Wertminderungen das Ergebnis erheblich beeinflussen. Diese Kritik gilt auch für Verfahrensvor-
schläge anderer Autoren, die mit teilweise abenteuerlichen finanzmathematischen Operationen eine Ergebnisgenauigkeit suggerieren, die in der Praxis nicht nachvollzogen wird.

**Abb. 5: Ausgewählte c-Koeffizienten für soziale Wohnraumförderung
für n = 10 Jahre**

Hypotheken-tilgung 1 %, Zins, Laufz	Eigenkapitalzins y in %						
	12,00	10,00	9,00	8,00	7,00	6,00	5,00
0,0 100,00	0,115690	0,096267	0,086574	0,076895	0,067230	0,057579	0,047942
0,5 81,30	0,110828	0,091418	0,081732	0,072060	0,062403	0,052760	0,043132
1,0 69,66	0,105962	0,086565	0,076886	0,067222	0,057572	0,047937	0,038318
1,5 61,54	0,101099	0,081715	0,072045	0,062388	0,052746	0,043120	0,033509
2,0 55,48	0,096240	0,076870	0,067207	0,057559	0,047925	0,038307	0,028706
2,5 50,73	0,091384	0,072030	0,062374	0,052734	0,043109	0,033500	0,023907

Abb. 6: W_{min} bei einem Berechnungszeitraum n = 10 Jahre, y = 8 %

Wert-zuw. Wz %	Wertminderung „W_{min}" in %						
	70,0	50,0	30,0	20,0	15,0	10,0	0,0
100	–0,027612	0,000000	0,027612	0,041418	0,048321	0,055224	0,069029
95	–0,028647	–0,001726	0,025196	0,038657	0,045387	0,052117	0,065578
90	–0,029683	–0,003451	0,022780	0,035895	0,042453	0,049011	0,062127
85	–0,030718	–0,005177	0,020364	0,033134	0,039519	0,045905	0,058675
80	–0,031754	–0,006903	0,017948	0,030373	0,036586	0,042798	0,055224
75	–0,032789	–0,008629	0,015532	0,027612	0,033652	0,039692	0,051772
70	–0,033824	–0,010354	0,013116	0,024851	0,030718	0,036586	0,048321
65	–0,034860	–0,012080	0,010700	0,022089	0,027784	0,033479	0,044869
60	–0,035895	–0,013806	0,008284	0,019328	0,024851	0,030373	0,041418
55	–0,036931	–0,015532	0,005868	0,016567	0,021917	0,027267	0,037966
50	–0,037966	–0,017257	0,003451	0,013806	0,018983	0,024160	0,034515
45	–0,039002	–0,018983	0,001035	0,011045	0,016049	0,021054	0,031063
40	–0,040037	–0,020709	–0,001381	0,008284	0,013116	0,017948	0,027612
35	–0,041073	–0,022435	–0,003797	0,005522	0,010182	0,014841	0,024160
30	–0,042108	–0,024160	–0,006213	0,002761	0,007248	0,011735	0,020709
25	–0,043143	–0,025886	–0,008629	0,000000	0,004314	0,008629	0,017257
20	–0,044179	–0,027612	–0,011045	–0,002761	0,001381	0,005522	0,013806
15	–0,045214	–0,029338	–0,013461	–0,005522	–0,001553	0,002416	0,010354
10	–0,046250	–0,031063	–0,015877	–0,008284	–0,004487	–0,000690	0,006903
5	–0,047285	–0,032789	–0,018293	–0,011045	–0,007421	–0,003797	0,003451
0	–0,048321	–0,034515	–0,020709	–0,013806	–0,010354	–0,006903	0,000000

2.3.1.4 Weitere Verfahren

Im Verfahren nach *Feldhaus*[10] wird vom Grundstücksertragswert ohne Berücksichtigung **40** der Sozialbindung der Barwert der Ertragsminderung und des **Zinsvorteils** abgezogen. **Möckel** schließlich favorisiert hingegen das Vergleichswertverfahren. Da hierzu eine ausreichende Anzahl von Vergleichsgrundstücken benötigt wird, ist der Anwendungsbereich zwangsläufig stark eingeschränkt[11].

Abweichend von den hier vorgestellten Grundsätzen der Verkehrswertermittlung wird in **41** der Rechtsprechung zur KostO die Auffassung vertreten, dass der Wert eines Grundstücks, für das eine Verpflichtung zur Bebauung mit sozialer Wohnraumförderung besteht, wegen des **eingeschränkten Interessentenkreises** i.d.R. nur einen Bruchteil des nach allgemeinen Grundsätzen zu ermittelnden Werts „ausmache"[12].

Zur **steuerlichen Bewertung** vgl. BFH, Urt. vom 16. 6. 1999 – II R 86/97 –, GuG 2000, **42** 187 = EzGuG.

2.3.2 Besondere Mietverhältnisse

Eine besondere von den nachhaltigen Mietverhältnissen abweichende Situation kann ins- **43** besondere gegeben sein, wenn

a) das **Grundstück** und hier insbesondere das **Gebäude nicht objektadäquat genutzt** wird oder

b) die tatsächlich erzielten Einnahmen auf Grund bestehender Vertragsgestaltungen von den **nachhaltig erzielbaren Einnahmen,** d.h. den am Wertermittlungsstichtag ortsüblichen Entgelten abweichen. Ein dahin gehende Abweichung kann sich z.B. auch auf Grund geltenden Mietrechts ergeben, wenn z.B. eine Miete nicht der ortsüblichen Miete angepasst wurde und eine Korrektur unter Beachtung der Kappungsgrenzen nicht sofort möglich ist.

Aus diesen Gründen muss in jedem Fall geprüft werden, ob die tatsächliche Nutzung auch **44** der objektadäquaten Nutzung entspricht. Darüber hinaus müssen **in jedem Fall die Mietverträge herangezogen werden,** um ggf. Abweichungen der tatsächlichen von der nachhaltigen Miete zu berücksichtigen. Die Behandlung dieser Fälle wird in der Vorbem. zu den §§ 15 ff. unter Rn. 265 ff. umfassend dargestellt.

3 Abweichungen vom normalen baulichen Zustand

3.1 Baumängel und Bauschäden

Oft liegen Baumängel oder Bauschäden vor, die einen Abschlag vom Ertragswert der bauli- **45** chen Anlagen rechtfertigen. Haben sich die Mängel oder Schäden nicht schon in der Miete, in höheren Bewirtschaftungskosten oder der verkürzten Restnutzungsdauer niedergeschlagen, ist dies durch angemessene Abschläge zu berücksichtigen. Die Höhe des Abschlags bestimmt sich nach dem Umfang der Baumängel oder Bauschäden und lässt sich

---

10 Simon/Kleiber, a.a. O. Rn. 4.145
11 Zur steuerlichen Bewertung vgl. BFH, Urt. vom 24. 3. 1981 – II R 118/78 –, EzGuG 20.89; BFH, Beschl. vom 11. 7. 1980 – III B 3/80 –, EzGuG 20.84; BFH, Urt. vom 12. 12. 1979 – II R 127/74 –, BStBl. II 1980, 218 = BFHE 129, 404; BFH, Beschl. vom 12. 5. 1978 – III R 18/76 –, EzGuG 20.74
12 LG München I, Beschl. vom 28. 1. 1999 – 13 T 10870/98 –, EzGuG 14.132; BayObLG, Urt. vom 5. 1. 1995 – 3 ZBR 291/94 –, EzGuG 19.44 (Altenheim); BayObLG, Urt. vom 8. 4. 1998 – 3 Z BR 354/97 –, GuG 2000, 249 = EzGuG 19.45 a (Betriebsgrundstück)

a) in Anlehnung an den Wertanteil des schadhaften Bauteils am Gesamtbauwerk (z. B. entsprechend der Wertanteilstabelle; abgedruckt als Anl. 1 bis 10 zu § 24 WertV) oder

b) über die bezogen auf den Wertermittlungsstichtag kalkulierten Schadensbeseitigungskosten ermitteln. Dabei muss vor allem geprüft werden, ob die Kosten in voller Höhe oder in einer alterswertgeminderten bzw. sonst wie verkürzten Höhe zum Abzug kommt (vgl. hierzu Rn. 46 ff.; Vorbem. zu den §§ 15 ff. WertV Rn. 329 ff.; § 24 WertV Rn. 10 ff.).

3.2   Vernachlässigte Instandhaltung

46 Eine **vernachlässigte Instandhaltung** verkürzt im Regelfall die übliche Gesamtnutzungsdauer. Bei Anwendung des Sachwertverfahrens führt dies zu einer erhöhten Wertminderung wegen Alters (vgl. § 16 Abs. 4 bzw. § 23 Abs. 2). Es besteht jedoch auch die Möglichkeit, die Wertminderung nach § 19 zu würdigen. Dazu wären zunächst die **Kosten** festzustellen, **die zur Beseitigung des aufgestauten Reparaturaufwands am Wertermittlungsstichtag erforderlich sind**. Ob allerdings diese Kosten in voller Höhe vom Ertragswert der baulichen Anlagen abzuziehen sind, ist nicht leicht zu entscheiden. Wird lediglich „repariert", dürften die Reparaturkosten ohne Abzug ansetzbar sein. Werden infolge der mangelhaften Instandhaltung unbrauchbar gewordene Bauteile durch neue ersetzt, ist aber stets zu prüfen, ob damit eine Wertverbesserung gegenüber einem vergleichbaren Gebäude gleichen Alters, welches normal instand gehalten wurde, einhergeht. In diesem Fall wären die Schadenbeseitigungskosten zu mindern. Als Anhalt kann der Prozentsatz der gewährten Alterswertminderung dienen (vgl. hierzu die Ausführungen zu § 24 WertV Rn. 20 und Vorbem. zu den §§ 15 ff. WertV Rn. 345 ff.).

47 Diesbezüglich gehen Sachverständige allzu häufig zu schematisch vor und scheuen sich nicht, selbst **hohe Instandsetzungskosten** (Instandsetzungsstau) und Umnutzungskosten in voller Höhe zum Abzug zu bringen. Dem hat der BGH[13] sehr überzeugend widersprochen. Der BGH weist darauf hin, dass Instandsetzungskosten „häufig", wenn nicht in der Mehrzahl der Fälle, die Werterhöhung übersteigen, die die Sache durch die Instandsetzung erfährt. „Sind bereits die Herstellungskosten nicht entscheidend für den gemeinen Wert (= Verkehrswert), schon weil die Herstellungskosten im Verkehr als gleichwertig angesehener Sachen sehr unterschiedlich sein können, ... so gilt das um so mehr für die Instandsetzungskosten, die regelmäßig weniger überschaubar sind als die Herstellungskosten und im Verhältnis meistens höher liegen als diese ... Der Verkehrswert einer beschädigten Sache, z. B. eines Hauses, wird daher – oder kann mindestens – in vielen Fällen höher sein als der Verkehrswert des Hauses in unbeschädigtem Zustand abzüglich der Instandsetzungskosten." (vgl. Vorbem. zu den §§ 15 bis 20 WertV Rn. 329 ff., 345 ff.; § 24 WertV Rn. 10 ff.).

3.3   Besonderer Unterhaltungszustand

48 **Ein besonders guter Unterhaltungszustand muss nicht stets zu einer Erhöhung der Einnahmen oder einer Verlängerung der Restnutzungsdauer führen**. In diesem Fall würde er bereits in Anwendung der §§ 15 ff. Eingang in die Verkehrswertermittlung finden. Des Weiteren muss dies auch nicht stets zu einer Verminderung der nachhaltigen Bewirtschaftungskosten führen, was wiederum bereits über § 18 Eingang in die Verkehrswertermittlung finden würde. Gleichwohl kann beobachtet werden, dass ein besonders guter Unterhaltungszustand im gewöhnlichen Geschäftsverkehr zu höheren Preiszugeständnissen führt.

3.4 Sonstige Umstände

Die Aufzählung der zu berücksichtigenden wertbeeinflussenden Umstände ist in § 19 nicht **49**
vollständig. Weitere Abschlagsgründe können z. B. ungünstige Lageverhältnisse (insbesondere Immissionseinflüsse) oder Aufwendungen für einen bevorstehenden Abbruch von
Teilen der baulichen Anlagen des Grundstücks sein. An dieser Stelle können auch Wertminderungen wegen **wirtschaftlicher Überalterung** (vgl. § 25 WertV Rn. 17 ff.) oder vorliegender Bodenverunreinigungen (**Altlasten**) vorgenommen werden. Für die Höhe der zu
gewährenden Abschläge können die Kosten zur Beseitigung der Missstände einen Anhalt
bieten.

▸ *Vgl. hierzu § 5 WertV Rn. 119 ff.*

Als **werterhöhender Umstand** kommt eine besondere **architektonische Gestaltung** oder **50**
eine besondere Außenanlage in Betracht, die sich nicht bereits werterhöhend im Reinertrag
niederschlägt. Entsprechende Zuschläge dürfen jedoch nur insoweit angebracht werden,
wie im gewöhnlichen Geschäftsverkehr derartige Umstände werterhöhend „angenommen"
werden; ansonsten muss insoweit von einem Affektionswert gesprochen werden. Nicht
jede als besonders künstlerisch geltende architektonische Gestaltung findet im gewöhnlichen Geschäftsverkehr entsprechende Resonanz und kann dort sogar auf Ablehnung
stoßen.

Nach der Begründung zu § 15 Abs. 1 sind sonstige Anlagen, worunter die WertV u. a. **Gar-** **51**
tenanlagen, Anpflanzungen und Parks versteht, für das Ertragswertverfahren „in der
Regel ... nicht von Bedeutung"; in Ausnahmefällen können die sonstigen Anlagen erforderlichenfalls über § 19 erfasst werden[14]. Ein derartiger Ausnahmefall liegt vor, wenn besonders aufwendige Anpflanzungen vorliegen, die nicht bereits mit den zu Grunde gelegten
Ertragsverhältnissen berücksichtigt werden *und* denen im gewöhnlichen Geschäftsverkehr
zusätzlich Rechnung getragen wird. Dabei darf nicht außer Acht gelassen werden, dass das
Ertragswertverfahren i. d. R. nur bei Objekten zur Anwendung kommt, bei denen der nachhaltig erzielbare Ertrag, die Rendite, im Vordergrund steht. Die Berücksichtigung von
Umständen, die keine Rendite erbringen, ist von der Natur der Sache heraus bei Ertragswertobjekten infolgedessen eher die Ausnahme (vgl. § 2 WertV Rn. 28 ff.; § 13 WertV
Rn. 55; § 15 WertV Rn. 20).

4 Denkmalgeschützte Bausubstanz

4.1 Allgemeines

Grundstücke, deren Erhaltung wegen ihrer Bedeutung für Kunst, Geschichte und Wissen- **52**
schaft im öffentlichen Interesse liegt, sind **Kulturdenkmale.** Nach § 3 Abs. 1 des nds.
Denkmalschutzgesetzes (Nds. DSchG) werden unterschieden:

Baudenkmale,
Bodendenkmale und
bewegliche Denkmale.

Für die Wertermittlung sind insbesonderes die **Baudenkmale,** also Grundstücke mit auf- **53**
stehenden Gebäuden, von Bedeutung. Bebaute Grundstücke können nach den jeweiligen
Landesdenkmalschutzgesetzen ganz oder teilweise unter Schutz gestellt werden. Der
Denkmalschutz gehört zu den stärksten Bindungen des Privateigentums. Zwar ist durchaus

---

13   BGH, Urt. vom 24. 1. 1963 – III ZR 149/61–, EzGuG 20.34
14   BR-Drucks. 352/88, S. 55 f.

denkbar, dass sich der Denkmalschutz wertsteigernd auswirken kann (z. B. ältere Wohngebäude, die an die heute herrschenden Vorstellungen an Wohnraum angepasst worden sind,
Gastronomiebetriebe in historischen Bauten oder die Aussicht auf Fördermittel und Steuer-
ersparnisse). Überwiegend wird die Unterdenkmalschutzstellung jedoch am Markt als
negativ eingeschätzt; sie kann sich aber auch wertneutral auswirken.

54   **Grundstücke mit denkmalgeschützter Bausubstanz** bereiten der **Wertermittlungspraxis** immer wieder Probleme. Diese Probleme haben ihre Ursache weniger im wertermittlungstechnischen, sondern vor allem im rechtlichen Bereich. Der Sachverständige sieht
sich hier vor allem hohen Ansprüchen des Denkmalschutzes ausgesetzt. Inwieweit diese
Ansprüche im Rahmen der Sozialbindung des Eigentums Bestand haben, muss jedoch von
rechtlicher Seite entschieden werden.

55   Die Eintragung eines Objekts in die **Denkmalschutzliste** (vgl. § 4 nds. DSchG) ist eine
zulässige **öffentlich-rechtliche Beschränkung** des Grundeigentums. Sie gehört zu den
tatsächlichen Eigenschaften und rechtlichen Gegebenheiten von Grundstücken, die den
Verkehrswert beeinflussen können (§ 194 BauGB i. V. m. § 3 Abs. 2 WertV). Wertbeeinflus-
send sind insbesondere das Instandhaltungs- und Instandsetzungsgebot sowie das
Abbruchverbot. Diese Gebote finden die Grenze in ihrer Zumutbarkeit für den Eigentümer.
Die Eintragung bewirkt zwar i. d. R. keine enteignende Maßnahme, kann aber im Einzelfall
bedingt enteignende Wirkung haben. Der BGH hat eine Grenze dort gezogen, wo der
Eigentümer, um sich von ungewöhnlich hohen Bewirtschaftungskosten zu befreien, einen
Verkaufspreis hinnehmen muss, der lediglich „etwa zwei Drittel des Verkehrswerts des
unbebauten Grund und Bodens ausmacht"[15]. Eine Überschreitung der allerdings nicht konkret definierten Zumutbarkeitsgrenze (salvatorische Zumutbarkeitsregel) löst eine Entschädigungspflicht aus. Die Beschränkungen des Grundstücks müssen zudem vom Sachverhalt
her geboten und in ihrer Ausgestaltung sachgerecht sein[16]. Sie dürfen nicht zu einer übermäßigen Belastung des Eigentümers im vermögensrechtlichen Bereich führen. Ein Minderwert von 15 v. H. infolge des Denkmalschutzes ist jedoch (noch) nicht als enteignender
Eingriff zu sehen[17].

56   Die mit der **Unterschutzstellung** (Eintragung in eine Denkmalliste) einhergehende Wertminderung **stellt für sich allein nämlich noch keinen enteignenden Eingriff dar,** denn
Art. 14 GG gewährleistet nicht den Marktpreis eines Grundstücks. Entsprechende Maßnahmen haben für sich gesehen auch keine enteignende Wirkung, die als Vorwirkung einer
späteren Enteignung angesehen werden könnten, mit der Folge, dass das Grundstück von
der konjunkturellen (qualitativen) Weiterentwicklung ausgeschlossen wäre[18].

57   Ist ein **Entschädigungsanspruch** gegeben und wird er an einen potenziellen Käufer abgetreten, so wird er bei der Kaufpreisbemessung zu berücksichtigen sein. Ist ein Entschädigungsanspruch bereits abgegolten oder ein Anspruch nicht gegeben, spielt er bei der Kaufpreisbemessung keine Rolle. Der Verkehrswert ist dann bereits entsprechend gemindert.

58   Die denkmalschutzrechtlichen Bindungen (insbesondere die Pflicht zur Erhaltung der alten
Bausubstanz, vgl. § 6 nds. DSchG) können für den Eigentümer auch ohne Überschreitung
der entschädigungsauslösenden Enteignungsschwelle erheblich sein. Der Eigentümer hat
mit folgenden Auswirkungen zu rechnen:

– **Bodenwert**: Nichtausnutzung der ansonsten zulässigen Bebaubarkeit (GRZ, GFZ); im
  Hinblick auf den Bestandsschutz kann aber auch eine Übernutzung gesichert sein,

– **Wert der baulichen Anlagen**: Beibehaltung veralteter Bauweisen und Bauformen
  (ungünstiges Verhältnis WF/BRI, WF/VF, Raumhöhen, Raumgröße),

– **gesteigerter Unterhaltungsaufwand,**

– **Wert der sonstigen Anlagen**: kostspielige Unterhaltung und Pflege von Außenanlagen,

– **Abrissverbot**[19]

Beispiel:

DENKMALLISTE Stadt					lfd. Nr. 178	

[X] Baudenkmal	☐ ortsfestes Bodendenkm	☐ bewegl. Denkmal	☐ Denkmalbereich

Lage des Denkmals

Stadtteil	Straße	Nr.	Gemarkung	Flur	Flurstück
	Brückenstraße	51		5	215

Kurzbezeichnung des Denkmals	2-geschossiges Fachwerkhaus
Darstellung der wesentlichen charakteristischen Merkmale des Denkmals	18. Jh.; 2-geschossiges Fachwerkhaus, straßenseitiger Giebel aus Backstein, an der rückwärtigen Giebelseite niederer, langgestreckter Fachwerkanbau, Fachwerk an einer Traufseite freiliegend, an der zweiten verputzt, hier mit einem modernen Fenstereinbruch; Ständerwandkonstruktion, die kleinen hochrechteckigen Fenster sind paarweise an einem Ständer angeordnet, Unterzüge mit weit herausragenden Balkenenden und Zapfenschlössern; Fenster am Backsteingiebel stichbogig mit betonten Entlastungsbögen und paarweise angeordnet, in drei Fällen mit verbindender Sohlbank; einige Zuganker, traufseitiger Eingang mit quergeteiltem Türblatt der Bauzeit.
Tag der Eintragung	0 5. März 93 Unterschrift

Die Unterschutzstellung einer baulichen oder sonstigen Anlage unter **Denkmalschutz** **59** **führt**, wie ausgeführt, **nicht zwangsläufig zu einer Wertminderung oder Werterhöhung des Grundstücks.** Vielmehr müssen Vor- und Nachteile der Unterschutzstellung entsprechend der Anschauung des gewöhnlichen Geschäftsverkehrs miteinander „aufgerechnet" werden. Im Ergebnis kann sich der Denkmalschutz dabei auch wertneutral auswirken.

Von einem „**denkmalgeprägten**" Verkehrswert kann bei alledem erst dann gesprochen **60** werden, wenn der Denkmalschutz entsprechend der Vorgabe des § 194 BauGB Eingang in den Verkehrswert findet, wobei eine Prägung im eigentlichen Sinne tatsächlich erst vorliegt, wenn der Verkehrswert eines z. B. mit einem Denkmal bebauten Grundstücks vom Verkehrswert desselben Grundstücks unter der Annahme *abweicht*, dass das Gebäude nicht unter Schutz gestellt worden ist[20]. Im Übrigen ist die Verwendung des Begriffs „denkmalgeprägter" Verkehrswert nur im Einzelfall zur Klarstellung sinnvoll, denn die Denkmaleigenschaft ist wie jede andere verkehrswertbeeinflussende Eigenschaft eines Grundstücks zu berücksichtigen, ohne dass dies sonsthin zum Ausdruck gebracht wird. So ist es z. B. auch nicht üblich, von einem „erschließungsgeprägten" oder „aussichtsrechtsgeprägten" Verkehrswert zu sprechen.

---

15   BGH, Urt. vom 8. 6. 1978 – III ZR 161/76 –, EzGuG 5.5
16   BVerfG, Beschl. vom 12. 6. 1979 – 1 BvL 19/76 –, EzGuG 14.62
17   OLG München, Urt. vom 17. 11. 1983 – 1 U 2829/83 –, EzGuG 5.11
18   BGH, Urt. vom 11. 2. 1988 – III ZR 64/87 –, EzGuG 5.30; hierzu nach Zurückverweisung: KG Berlin, Urt. vom 6. 12. 1988 – U 3735/88 –, GuG 1990, 106 = EzGuG 5.35
19   BGH, Urt. vom 8. 6. 1978 – III ZR 161/76 –, EzGuG 5.7a
20   A. A. Meiß in ZfV 1985, 356, der u. a. auf die Restnutzungsdauer des Gebäudes abstellt, obwohl die Besonderheit dieser Objekte gerade darin besteht, dass die Gebäude zu erhalten sind und dies i. d. R. technisch auf Dauer auch möglich ist.

61   Die denkmalschutzbedingten Einschränkungen des Grundstücks führen überwiegend zu einem **Minderwert** gegenüber einem vergleichbaren unbelasteten Grundstück. Zur Ermittlung der Höhe der Wertminderung lassen sich keine allgemeingültigen Regeln aufstellen. Da nach der Rechtsprechung bei einer Wertminderung von > etwa 15 v. H. gegenüber dem „unbelasteten" Verkehrswert ein Entschädigungsanspruch ausgelöst werden kann, liegen die Abschläge auch nur in einem Bereich, wie dem Eigentümer zuzumuten ist, Beeinträchtigungen des Denkmalschutzes entschädigungslos hinzunehmen. Der Verkehrswert eines mit einem Denkmal bebauten Grundstücks kann gegenüber dem Verkehrswert eines „unbelasteten" Grundstücks infolgedessen nur in dem Maße abgesenkt werden wie im Rahmen der Sozialbindung des Eigentums entschädigungslos hinzunehmen ist. Mithin kann der Verkehrswert auf Grund des Denkmalschutzes nur bis zur sog. Zumutbarkeitsschwelle sinken. Andernfalls besteht ein **Übernahmeanspruch** (vgl. Rn. 85 ff.).

62   Die Zumutbarkeitsschwelle kann durch direkte und indirekte (steuerliche) Förderungsmaßnahmen angehoben werden. **Steuerliche Vorteile** sind im Rahmen der Saldierung von Vor- und Nachteilen zu berücksichtigen.

63   Die Ermittlung der Wertminderung im Wege des direkten oder indirekten **Preisvergleichs** auf der Grundlage von Kaufpreisen vergleichbarer Grundstücke oder mit Vergleichsfaktoren scheidet wegen der individuell unterschiedlichen Einzelsachverhalte i. d. R. aus. Ob und wie sich die Denkmaleigenschaft auf den Verkehrswert auswirkt, wird deshalb – wie ausgeführt – durch **Aufrechnung der damit verbundenen Vor- und Nachteile** ertragswirtschaftlich ermittelt. Der denkmalgeprägte Verkehrswert übersteigt demzufolge den (fiktiven) Verkehrswert desselben Grundstücks ohne Denkmaleigenschaft, wenn die Vorteile die Nachteile übertreffen und umgekehrt. Dabei kann es jeweils nur um solche Vor- und Nachteile gehen, die jedermann treffen. Bezüglich der mit der Denkmaleigenschaft verbundenen steuerlichen Vorteile ist in der Rechtswissenschaft strittig, ob hier eine objekt- oder subjektbezogene Betrachtungsweise durchgreift (vgl. Rn. 88 ff.).[21]

64   Ist nach alledem ein Entschädigungsanspruch zu bejahen, so muss grundsätzlich dieser berücksichtigt werden, solange der **Eigentümer des Grundstücks** diesen (noch) **beanspruchen kann.**

65   Der Eigentümer, der eine aus seiner Sicht **rechtswidrige Unterschutzstellung eines Gebäudes als Denkmal** hinnimmt und von den sich ihm bietenden Möglichkeiten des Primärrechtsschutzes keinen Gebrauch macht, kann in einem nachfolgenden Zivilprozess grundsätzlich allerdings keine Entschädigung nach dem Rechtsinstitut des enteignungsgleichen Eingriffs verlangen. Vielmehr ist dem Betroffenen im Rahmen des enteignungsgleichen Eingriffs generell die aus dem Gedanken des § 254 BGB abzuleitende Pflicht auferlegt, nach Bekanntgabe des Verwaltungsakts der Unterschutzstellung zu prüfen, ob der darin enthaltene Eingriff in sein Eigentum rechtmäßig ist oder nicht (vgl. § 29 WertV Rn. 22). Ergeben sich bei dieser Prüfung Zweifel an der Rechtmäßigkeit des Eingriffs oder hätte die Prüfung zu diesem Ergebnis geführt, so ist der Betroffene im Regelfall gehalten, die zulässigen verwaltungsrechtlichen Rechtsbehelfe zu ergreifen, um den drohenden Schaden abzuwenden. Unterlässt er eine zumutbare Anfechtung und kann ihm dies im Sinne eines „Verschuldens in eigener Angelegenheit" vorgeworfen werden, so steht ihm im Regelfall ein Entschädigungsanspruch für solche Nachteile nicht zu, die er durch die Anfechtung hätte vermeiden können[22]. Ein „verfallener" Anspruch ist im Rahmen der Verkehrswertermittlung kein „Aktivposten".

66   Aus den vorstehenden Ausführungen ergibt sich, dass es im Zusammenhang mit der Verkehrswertermittlung von Grundstücken, die mit einem Denkmal bebaut sind, **zwischen drei Wertermittlungsaufgaben** zu **unterscheiden** gilt:

    a) *Ermittlung eines „denkmalgeprägten" Verkehrswerts, wenn sich aus der Bebauung gegenüber einem „unbelasteten" Grundstück ein davon abweichender Verkehrswert ergibt,*

b) Ermittlung des Entschädigungs- bzw. Ausgleichsanspruchs bei einem denkmalverur-
   sachten enteignenden Eingriff, wenn das Eigentum nicht entzogen wird, und

c) Ermittlung des Entschädigungsanspruchs bei Enteignung bzw. Übernahmeverlangen.

In den Fällen a) und b,) in denen also ein Entschädigungs- bzw. Übernahmeanspruch
besteht, stellt sich darüber hinaus die Frage, ob überhaupt der Entschädigungs- bzw. Ausgleichsanspruch bei der Verkehrswertermittlung zum Abzug gebracht wird, denn immerhin
„hängt" dieser Anspruch vermögensmäßig am Grundstück. Allgemein wird hierzu empfohlen, diesen Anspruch bei der Verkehrswertermittlung unberücksichtigt zu lassen, und
den insoweit „denkmalgeprägten" Verkehrswert zu ermitteln. Diesbezüglich stellt sich
nämlich die rechtlich zu beurteilende Frage, ob im Falle einer zwischenzeitlichen Veräußerung des Grundstücks dieser Anspruch auf den Käufer übergegangen ist. In jedem Falle
sollte aber bei dieser Vorgehensweise im Gutachten auf diesen Umstand hingewiesen werden bzw. der Sachverständige sollte vom Auftraggeber eine Klärung diesbezüglich herbeiführen.

4.2 Zumutbarkeitsschwelle

Einen Entschädigungsanspruch löst der Denkmalschutz erst aus, **wenn eine unzumutbare**   **67**
Beeinträchtigung vorliegt[23]. Die Zumutbarkeitsschwelle wird überschritten, wenn das
betroffene Grundstück nicht mehr sinnvoll genutzt werden kann, d. h. eine sinnvolle Nutzung durch übermäßig hohe Investitionen ausgeschlossen ist. Wenn also die Belastungen
so schwer sind, dass sie dem Eigentümer auch unter Berücksichtigung der Sozialbindung
nicht mehr zuzumuten sind, entfaltet die Unterschutzstellung enteignende Wirkung. Denn
dem Eigentümer kann nicht zugemutet werden, dass er auf Dauer zur Erhaltung des Denkmals zuschießt („Zuschussobjekt"). Hierbei sind allerdings staatliche und kommunale
Zuschüsse sowie steuerliche Vergünstigungen zu berücksichtigen, die die Zumutbarkeitsschwelle absenken[24]. Umgekehrt hat der Eigentümer eine Wertminderung (vgl. Rn. 54, 65)
entschädigungslos hinzunehmen, soweit die Zumutbarkeitsschwelle nicht überschritten
wird.

Ob sich eine Unterschutzstellung im Rahmen der **Sozialbindung des Eigentums** (Art. 14   **68**
Abs. 1 Satz 2 und Abs. 2 GG) hält und sie damit vom Eigentümer selbst bei eingetretener
Minderung des Verkehrswerts entschädigungslos hinzunehmen ist, oder ob mit einer damit
einhergehenden Beeinträchtigung in die verfassungsrechtlich geschützte Rechtsposition
des Eigentümers eingegriffen wird, beurteilt sich gemäß gefestigter Rechtsprechung nach
der sog. „Zumutbarkeitsschwelle".

Von einer wirtschaftlichen Unzumutbarkeit kann vielmehr erst gesprochen werden, wenn   **69**
der Eigentümer das **Grundstück nicht mehr wirtschaftlich sinnvoll nutzen kann und**
die Aufwendungen für den Erhalt unter Berücksichtigung staatlicher Zuschüsse und anderer Vorteile **in einem nachhaltigen Missverhältnis zum realisierbaren Nutzwert des**
Grundstücks stehen[25]. Der **Begriff der Unzumutbarkeit**[26] wird derzeit nur in § 7 Abs. 3

---

21   Kleeberg/Eberl, Kulturgüter in Privatbesitz, Heidelberg, 2. Aufl. 2000, Rn. 120 m.w.N.

22   BGH, Urt vom 21. 12. 1989 – III ZR 132/88 –, EzGuG 5.38; BGH, Urt. vom 26. 1. 1984 – III ZR 216/82 –,
    EzGuG 6.223

23   BGH, Urt. vom 9. 10. 1986 – III ZR 2/84 –, EzGuG 5.23; BGH, Urt. vom 11. 2. 1988 – III ZR 64/87 –, EzGuG
    5.30; BGH, Urt. vom 26. 4. 1990 – III ZR 47/89 –, GuG 1991, 215 = EzGuG 5.40

24   BVerfG, Beschl. vom 19. 6. 1969 – I BvR 353/67 –, BVerfGE 26, 215 = NJW 1969, 1475 = DÖV 1970, 141
    (LS); BVerwG, Beschl. vom 10. 7. 1987 – 4 B 146/87 –, EzGuG 5.25; BVerwG, Urt. vom 21. 6. 1974 – 4 C 14/74
    –, EzGuG 13.23; OVG Münster, Urt. vom 18. 5. 1984 – 11 A 1776/83 –, EzGuG 5.14; VGH Mannheim, Urt. vom
    30. 11. 1977 – III 2006/76 –; VGH Mannheim, Urt. vom 10. 5. 1988 – 1 S 1949/87 –, EzGuG 5.32; zu salvatori-
    schen Entschädigungsklauseln: BVerwG, Urt. vom 15. 2. 1990 – 4 C 47/89 –, EzGuG 6.251

25   BGH, Urt. vom 8. 6. 1978 – III ZR 161/76 –, EzGuG 5.5; ; Leibholz/Lincke in DVBl. 1975, 933 ff.

26   Nüßgens/Boujong, Eigentum, Sozialbindung, Enteignung, Beck-Verlag München 1987, Rn. 224 unter Hinweis
    auf BGH, Urt. vom 18. 12. 1980 – III ZR 64/80

des nds. DSchG definiert. Danach tritt eine unzumutbare wirtschaftliche Belastung insbesondere dann ein, wenn die Erhaltung und Bewirtschaftung nicht durch Erträge oder den Gebrauchswert des Kulturdenkmals aufgesogen werden; die Vorschrift nennt allerdings nur einen Anwendungsfall, in dem die Erhaltung des Baudenkmals wirtschaftlich unzumutbar sein kann.

70   § 7 NDSchG hat folgenden Wortlaut:

„§ 7
Grenzen der Erhaltungspflicht

(1) Erhaltungsmaßnahmen können nicht verlangt werden, soweit die Erhaltung den Verpflichteten wirtschaftlich unzumutbar belastet.

(2) Ein Eingriff in ein Kulturdenkmal ist zu genehmigen, soweit

1. der Eingriff aus wissenschaftlichen Gründen im öffentlichen Interesse liegt,

2. ein überwiegendes öffentliches Interesse anderer Art den Eingriff zwingend verlangt,

3. die unveränderte Erhaltung den Verpflichteten wirtschaftlich unzumutbar belastet.

(3) ¹Unzumutbar ist eine wirtschaftliche Belastung insbesondere, soweit die Kosten der Erhaltung und Bewirtschaftung nicht durch die Erträge oder den Gebrauchswert des Kulturdenkmals aufgewogen werden können. ²Kann der Verpflichtete Zuwendungen aus öffentlichen oder privaten Mitteln oder steuerliche Vorteile in Anspruch nehmen, so sind diese anzurechnen. ³Der Verpflichtete kann sich nicht auf die Belastung durch erhöhte Erhaltungskosten berufen, die dadurch verursacht wurden, dass Erhaltungsmaßnahmen diesem Gesetz oder sonstigem öffentlichem Recht zuwider unterblieben sind.

(4) Absatz 1 und Absatz 2 Nr. 3 gelten nicht für das Land, die Gemeinden, die Landkreise und die sonstigen Kommunalverbände."

Diese Definition entspricht den Grundsätzen der nachfolgend dargelegten **Rechtsprechung zum Denkmalschutz,** die entsprechend zur Anwendung kommen kann. Ihr kommt insoweit eine Allgemeingültigkeit zu.

71   Die mit § 7 Abs. 3 Satz 1 NDSchG gegebene Definition vermag den in § 7 Abs. 2 Nr. 3 NDSchG verwendeten Begriff der **wirtschaftlichen Unzumutbarkeit**[27] allerdings nicht erschöpfend zu erklären. In der Entscheidung des OVG Lüneburg[28] heißt es:

„Es mag zwar möglich sein, dass das Erd- und das Obergeschoss des Hauses sowie einige Reparaturen an der Außenschale des Umfassungsmauerwerks mit einem Aufwand von rd. 200 000 DM in einen Zustand zu versetzen sind, der das Haus wieder bewohnbar werden lässt. Insoweit wird das Gutachten des Sachverständigen ... das Erforderliche zutreffend wiedergeben. Ob die darauf aufbauende, § 7 Abs. 3 S. 1 NDSchG anwendende Kosten-Rechnung zutrifft, die die Beklagte ... vorgelegt hat, lässt der Senat offen. Denn die Substanzverbesserung, die der Kläger damit erreichte, wäre, soweit die Vermietbarkeit der vom Gutachter konzipierten zwei Wohnungen in Frage stünde, ganz unbedeutend. Die Vermietbarkeit als solche wird erheblichen Schwierigkeiten schon deswegen begegnen, weil zwei relativ großen Dielen verhältnismäßig kleine und zum Teil verwinkelte Räume zugeordnet sind. Diese Wohnungen entsprechen nicht dem Standard, der heute an Wohnungszuschnitt und Ausstattung gestellt wird. Die insbesondere im Obergeschoss sehr niedrigen lichten Deckenhöhen von 1,80 m bis 2,04 m und die in beiden Geschossen funktionslos teilweise ungleichen Fußbodenhöhen werden potenzielle Mieter davon abhalten, ernsthaft den Einzug in dieses Haus zu dem von der Beklagten angenommenen Mietpreis zu erwägen. Der Umbauaufwand stünde darüber hinaus in einem unvertretbaren Missverhältnis zu dem Wert, der dem Haus in seinem jetzigen Zustand beigemessen werden kann. Es muss nämlich die Bausubstanz des Bauwerks allgemein als aufgebraucht angesehen werden. Die vom Gutachter für erforderlich gehaltenen Arbeiten können nur als Reparatur zur notdürftigen Wiederherstellung der Bewohnbarkeit des Hauses angesehen werden."

72   Bezüglich des Zeitraums, aus dem sich die Rentierlichkeit des Sanierungsaufwands ergibt, geht das Gericht in einer späteren Entscheidung davon aus, dass sich die **Investition in einem Zeitraum von mindestens 20 Jahren amortisieren** muss. In einer weiteren Entscheidung des OVG Lüneburg[29] heißt es dazu:

„Bei einem Sanierungsaufwand von 282 500 DM ergibt sich die Unzumutbarkeit der wirtschaftlichen Belastung gemäß § 7 Abs. 3 Satz 1 NDSchG schon aus der Berechnung der Beklagten selbst. Zwar endet diese Berechnung mit einer durchschnittlichen erforderlichen Kostenmiete von 6,26 DM. Dieser Wert ergibt sich jedoch erst bei einem Zeitraum von 50 Jahren. In den ersten 10 Jahren hat die Beklagte eine notwendige Kostenmiete von 7,82 DM und in den folgenden 20 Jahren sogar eine Kostenmiete von 10,76 DM errechnet. Eine solche Miete kann aber, wie oben ausgeführt worden ist, aller Voraussicht nach nicht erzielt werden. Da die Zumutbarkeitsgrenze jedenfalls dann überschritten ist, wenn der Eigentümer auf Dauer bei der Erhaltung des Baudenkmales zuschießen müsste (BGH, Urt. vom 8. 6. 1978 – III ZR 161/76 –, *EzGuG* 5.5, unter Bezugnahme auf Schmaltz, BauR 1976, 96 [97]), kann der Klägerin nicht zugemutet werden, zunächst 30 Jahre lang eigenes Kapital für die Erhaltung ihres denkmalwürdigen Gebäudes aufzubringen."

Wird im Rahmen des Denkmalschutzes die Genehmigung zum Abbruch eines Gebäudes versagt, dessen ungewöhnlich hohe Bewirtschaftungskosten zu einem **Kaufpreis** (Verkehrswert) führen würden, der „lediglich **etwa zwei Drittel des Verkehrswerts des unbebauten Grund und Bodens"** ausmacht, so löst dies nach einer Entscheidung des BGH eine Enteignungsentschädigung aus[30]. **73**

Typische Fallgestaltungen für eine **wirtschaftliche Unzumutbarkeit:** **74**

1. Eine mit der denkmalgerechten Erhaltung eines Gebäudes oder Gebäudeteils verbundene museale Nutzung[30].

2. Auf Grund geänderter Lebens- und Wirtschaftsformen nicht mehr oder nur noch eingeschränkt nutzbare alte Scheunen, Mühlen und Speicher, für die sich auch keine wirtschaftlich tragfähige Nachfolgenutzung anbietet.

3. Schlösser, Villen und andere Repräsentationsgebäude mit aufwendiger Architektur, unwirtschaftlichem und übergroßem Bauvolumen und Grundrissen, die heutigen Wohn- und Arbeitsbedingungen nicht mehr entsprechen und deren Gebrauchswert in einem anhaltenden Missverhältnis zu den laufenden Instandhaltungs-, Heiz- und Reinigungskosten steht[31].

In jedem Fall bedarf es zur Feststellung der wirtschaftlichen Unzumutbarkeit einer genauen Analyse am konkreten Einzelfall.

In der **Rechtsprechung** sind dafür folgende **Grundsätze** entwickelt worden: **75**

a) Allein die Tatsache, dass bei einem (Teil-)Abbruch und einer Neubebauung geringere Kosten als bei Erhalt der bestehenden baulichen Anlage entstehen würden, führt nicht zur wirtschaftlichen Unzumutbarkeit[32].

b) Allein die Tatsache, dass durch Neuvermietung höhere Renditen erzielt werden könnten, führt nicht zur wirtschaftlichen Unzumutbarkeit[32].

c) Allein die Tatsache eines Mindererlöses des Grundstücks kann keine wirtschaftliche Unzumutbarkeit mit enteignender Wirkung begründen[33].

d) Eine wirtschaftliche Unzumutbarkeit liegt vor, wenn sich Investitionen zum Erhalt der baulichen Anlage nicht mindestens in 20 Jahren amortisieren[34].

e) Bei der Prüfung einer wirtschaftlichen Unzumutbarkeit ist ein längerer Zeitraum zu Grunde zu legen, wobei absehbar sein muss, dass der Eigentümer mittelfristig keine angemessene Rendite aus dem Objekt erwirtschaften kann. In Anlehnung an das Steuerrecht bietet sich eine Zehn-Jahres-Frist an (vgl. OVG Lüneburg, a. a. O.).

f) Bezugspunkt für die Zumutbarkeit von Erhaltungs- und Pflegemaßnahmen ist der Nutzwert des jeweiligen Kulturdenkmals und nicht etwa die allgemeine wirtschaftliche Situation des verpflichteten Eigentümers oder Besitzers. Weder kann die Sozialbindung dazu führen, dass ein Eigentümer sein sonstiges Eigentum und Vermögen für den Erhalt eines Kulturdenkmals opfern muss, noch kann umgekehrt die Zulässigkeit denkmalschutzrechtlicher Anordnungen an einer etwa gegebenen schlechten finanziellen Situation des Eigentümers scheitern[35].

---

27 VGH Mannheim, Urt. vom 10. 5. 1988 – 1 S 1949/87 –, EzGuG 5.32
28 OVG Lüneburg, Urt. vom 14. 10. 1982 – 6 A 123/80 –, EzGuG 5.10
29 OVG Lüneburg, Urt. vom 4. 10. 1984 – 6 A 11/83 –, EzGuG 5.14a
30 BGH, Urt. vom 8. 6. 1978 – III ZR 161/76 –, EzGuG 5.7a; VHG Mannheim, Urt. vom 30. 11. 1977 – III 2006/76
31 BGH, Urt. vom 9. 10. 1986 – III ZR 2/85 –, EzGuG 5.23
32 Nußgens/Boujong, a. a. O., Fn. 26
33 OVG Lüneburg, Urt. vom 16. 1. 1984 – 1 A 68/82 –, EzGuG 5.12
34 OVG Lüneburg, Urt. vom 4. 10. 1984 – 6 A 11/63 –, EzGuG 5.14a
35 VGH Mannheim, Urt. vom 12. 12. 1985 – 5 S 2653/84 –, EzGuG 5.21d

g) Die Sozialbindung des Eigentums verpflichtet auch den Eigentümer eines Baudenkmals nicht, auf Dauer bei der Erhaltung eines Gebäudes „zuzuschießen". Die aus der Erhaltung und Unterhaltung entstehenden Folgekosten können ihm dann nicht mehr entschädigungslos zugemutet werden, wenn der Erhaltungsaufwand unter Berücksichtigung staatlicher und kommunaler Zuschüsse sowie der zu erwartenden steuerlichen Vergünstigungen in einem anhaltenden Missverhältnis zum realisierbaren Nutzwert für den Eigentümer steht[36].

h) Die Bewirtschaftungskosten müssen die Erträge übersteigen, d. h. dem Eigentümer kann mittelfristig nicht zugemutet werden „zuzulegen". Andernfalls ist der Erhalt wirtschaftlich unzumutbar. Unterlassene Er- und Unterhaltungsmaßnahmen müssen dabei unberücksichtigt bleiben[37].

76 Die wirtschaftliche Unzumutbarkeit ist am Objekt gebunden. Die Frage, ob bezüglich der Zumutbarkeit eine **subjektive oder objektive Betrachtungsweise** maßgeblich ist und ggf. die persönlichen Einkommens- und Vermögensverhältnisse des Eigentümers in die Betrachtung einzubeziehen sind, ist umstritten[38].

77 Der BGH hat in einer älteren Entscheidung unscharf auf Personengruppen abgestellt[39]. Die Instanzengerichte haben auf die „**Abwägung aller subjektiven Gesichtspunkte** unter Berücksichtigung der objektiven Lage" abgestellt und festgestellt, dass der Begriff der Zumutbarkeit allgemein, einheitlich und uneingeschränkt auch für den Fall gilt, dass eine denkmalschützende Anordnung an den Bund gerichtet ist[40]. Bezugspunkt sei also nicht die allgemeine wirtschaftliche Situation des Eigentümers[41]. Selbst unter dem Gesichtspunkt einer möglicherweise erhöhten Sozialpflicht der öffentlichen Hand hat man also in dieser Rechtsprechung **für den Bund objektive Maßstäbe gelten lassen und ihm im Falle der wirtschaftlichen Unzumutbarkeit einen Entschädigungsanspruch zugesprochen.** Entsprechendes gilt grundsätzlich auch für gemeindliches Eigentum. Das BVerwG hat in ständiger Rechtsprechung anerkannt, dass gemeindliches Eigentum entsprechend seiner einfachrechtlich bestimmten Gestalt ebenso wie jedes andere private Eigentum geschützt ist[42] (Ausnahme: § 7 Abs. 3 nds. DSchG).

78 § 7 Abs. 3 Satz 1 des nds. DSchG geht von einer **objektiven Zumutbarkeitsgrenze** aus; auf die Einkommens- und Vermögensverhältnisse des Eigentümers kommt es nicht an.

79 Ist das **Baudenkmal** mit seiner Umgriffsfläche **Teil eines größeren Grundstückskomplexes, so beurteilt sich die Zumutbarkeit nach dem eigentlichen Denkmalgrundstück,** d. h., der Eigentümer ist auch nicht verpflichtet, mit den Erträgen aus der nicht denkmalgeschützten Bausubstanz zuzuschießen. Dies liefe auf eine „Aushöhlung" der verfassungsrechtlichen Grenzen des Denkmalschutzes hinaus und wäre zugleich den Verstoß gegen den Gleichheitsgrundsatz im Verhältnis zu denjenigen Eigentümern, die sich auf die Zumutbarkeitsgrenze berufen können, weil sie ein vergleichbares Baudenkmal ohne denkmalbelastete Grundstücksteilflächen innehaben. Auf der anderen Seite ist bei der Beurteilung der Zumutbarkeit das Baudenkmal in seiner Gesamtheit als wirtschaftliche Einheit in die Betrachtung einzustellen; so kann z. B. eine Burggaststätte eine ansonsten unrentable Burg mittragen[43].

80 Bezüglich der **Umgriffsfläche** ist des Weiteren darauf hinzuweisen, dass in entsprechender Anwendung des Gedankens, der der Regelung des § 16 Abs. 2 Satz 3 WertV zu Grunde liegt, nur die im unmittelbaren (wirtschaftlichen) Zusammenhang mit dem Denkmal erforderliche nutzungsgeprägte Teilfläche dem Denkmal zuzurechnen ist und selbstständig nutzbare Freiflächen besonders zu erfassen sind. Solche Flächen müssen insbesondere bei der Ermittlung des Bodenwertverzinsungsbetrags außer Betracht bleiben (vgl. Rn. 141).

81 In der Praxis der Verkehrswertermittlung von Grundstücken mit Denkmälern wird zumeist die Zumutbarkeitsgrenze nicht hinreichend beachtet:

Beispiel:

Sanierungskosten:	30 Mio. €	Abbruchkosten:	2,3 Mio. €
		Neubaukosten:	20,3 Mio. €
	= 30 Mio. €		23,0 Mio. €

Mehrkosten der Gebäudesanierung gegenüber Abriss und Neubau = 30 Mio. € – 23 Mio. €

                                ↳   = – rd. 7   Mio. €

abzüglich Bodenwert einschließlich „Umgriff"   = + rd. 2,8 Mio. €

ergibt einen *negativen Wert* von   **= – rd. 4,2 Mio. €**

Das *Beispiel* führt mit dem **Negativwert (Unwert)** zu einem **nicht tragbaren Ergebnis:**

a) Kein Grundstückseigentümer würde zum Negativwert verkaufen, d. h. der Verkauf erfolgt allenfalls zu 1 €; ein zusätzlicher Übernahmepreis ist realitätsfremd.

b) Der Denkmalschutz „sprengt" hier die Inhaltsbestimmung des Eigentums; der Eigentümer macht seinen Übernahmeanspruch geltend.

I. d. R. wird als **unterste Grenze des Verkehrswerts der Wert des „reinen Grund und Bodens" vermindert um die Freilegungskosten anzusetzen** sein. Art und Maß der baulichen Nutzung bemessen sich dann abweichend vom Grundsatz, dass sich die bauliche Nutzung eines mit einem Denkmal bebauten Grundstücks nach der tatsächlich realisierten Art und dem Maß der baulichen Nutzung bemisst (vgl Rn. 133 ff.).   **82**

Die **Freilegungskosten** dürfen im Übrigen nicht schematisch angesetzt werden (vgl. Vorbem zu den §§ 15 ff. WertV Rn. 64 ff. und § 13 WertV Rn. 73 f.).   **83**

Wird die **Zumutbarkeitsschwelle überschritten,** ist zwischen   **84**

– Eingriffen mit enteignender Wirkung (enteignungsgleicher bzw. ausgleichspflichtiger Eingriff) und dem Fall der

– „klassischen Enteignung"

zu unterscheiden, wobei einige Denkmalschutzgesetze für bestimmte Fälle einen Übernahmeanspruch des Eigentümers ausdrücklich vorsehen[44]. Die Denkmalschutzgesetze der Länder regeln die Entschädigung durch konkretisierende Vorschriften[45] oder durch salvatorische Klauseln, die in der Rechtsprechung bislang nicht beanstandet wurden[46]. Die Enteignung ist zulässig, wenn auf andere zumutbare Weise nicht erreicht werden kann, dass

---

36 OVG Münster, Urt. vom 18. 12. 1984 – 11 A 1176/83 –, NJW 1986, 1890 = NVwZ 1986, 685 (LS) = OVGE 37, 124 = BRS Bd. 42 Nr. 137

37 BVerwG, Urt. vom 10. 5. 1985 – 8 C 35/83 –, BVerwGE 71, 290 = DÖV 1985, 724 = DVBl. 1985, 1173; BayVGH, Urt. vom 8. 11. 1985 – 26 8 82 A. 1173 –, EzGuG 5.21 c

38 Battis/Krautzberger/Löhr in Bezug auf Erhaltungssatzungen i. S. d. § 172 BauGB: § 173 Rn. 3; Schmidt-Eichstaedt in DST 1979, 143; Eberl/Martin/Petzet, DenkmalschutzG, Komm., Art. 4 Rn. 13; Dörffeldt, Hess. Denkmalschutzrecht, § 12 Rn. 6; Moench in NJW 1980, 1549; Battis/Schmittat in NuR 1983, 105; Memmesheimer/Upmeier/Schönstein, Denkmalschutzrecht Nordrhein-Westfalen, § 7 Rn. 11.1

39 BGH, Urt. vom 25. 3. 1957 – III ZR 253/55 –, EzGuG 5.2; vgl. auch BGH, Urt. vom 19. 9. 1985 – III ZR 162/84 –, BGHZ 96, 1 = NJW 1986, 1107 = MDR 1986, 386 = NVwZ 1986, 420 (LS) = ZfBR 1986, 88 = BRS Bd. 46 Nr. 168 = RdL 1986, 179

40 BayVGH, Beschl. vom 5. 5. 1980 – 14 CS 80 A 99 –, EzGuG 5.8 a, ähnlich auch BayVGH, Urt. vom 8. 11. 1984 – 26 B 82 A 1773 –, EzGuG 5.21 c

41 VGH Mannheim, Urt. vom 12. 12. 1985 – 5 S 2653/84 –, EzGuG 5.21 d; Mönch in NJW 1983, 2002; Battis/Schmittat, Rechtsfragen des Denkmalschutzes NuR 1983, 105

42 BVerwG, Urt. vom 24. 11. 1994 – 7 C 23/93 –, BVerwGE 97, 143 (151); BVerwG, Urt. vom 20. 8. 1996 – 7 C 5/96 –, VIZ 1996, 648

43 Lemmel in DVBl. 1983, 680 f.; Heuer in Neue Zeitschrift für Verwaltungsrecht 1982, 238

44 So § 31 des nordrh.-westf. Denkmalschutzgesetzes; vgl. OVG Münster, Beschl. vom 14. 9. 1989 – 2 B 2733/89 –; VG Köln, Urt. vom 23. 5. 1989 – 14 K 3101/87 –

45 So z. B. § 31 Abs. 2 des rh.-pf. Denkmalschutzgesetzes durch Verweis auf das Landesenteignungsgesetz

46 BayVerfGH, Urt. vom 15. 5. 1981 – Vf. 23 – VI 79 –, EzGuG 5.8a; OVG Münster, Urt. vom 18. 5. 1984 – 2 A 1776/83 –, EzGuG 5.14

a) ein geschütztes Kulturdenkmal in seinem Bestand oder seinem Erscheinungsbild erhalten bleibt oder wissenschaftlich ausgewertet werden kann;

b) in einem Grabungsschutzgebiet planmäßige Nachforschungen betrieben werden können (so § 30 des rh.-pf. DSchG, vgl. § 30 nordrh.-westf. DSchG).

85 In den Ländern, die dem Eigentümer ausdrücklich einen Übernahmeanspruch einräumen, finden die enteignungsrechtlichen Vorschriften entsprechende Anwendung. Ein **Übernahmeanspruch** (vgl. Rn. 61) besteht danach immer dann, wenn dem Eigentümer mit Rücksicht auf seine Pflicht zur Erhaltung des Denkmals auf Grund einer behördlichen Maßnahme nicht zuzumuten ist, das Denkmal zu behalten oder es in der bisherigen oder einer anderen zulässigen Art zu nutzen (vgl. § 31 des nordrh.-westf. DSchG).

86 Die Entschädigung bei enteignungsgleichem Eingriff sowie im Falle einer Vollenteignung bemisst sich aus Gründen der **Gleichbehandlung** nach dem Verkehrswert des Grundstücks unter Berücksichtigung dessen, was der Eigentümer im Rahmen der Sozialpflichtigkeit bis zur sog. Zumutbarkeitsschwelle entschädigungslos hinzunehmen hat.

87 **Fazit:** Als Ergebnis dieser Betrachtung ist festzuhalten, dass im Falle einer Wertminderung des Grundstücks infolge der **denkmalschutzrechtlichen Unterschutzstellung** z. B. eines Bauwerks der **Verkehrswert dieses Grundstücks** unter Berücksichtigung eines ggf. bestehenden Ausgleichsanspruchs nur in dem Maße gegenüber dem unbelasteten Grundstück gemindert wird, wie dem Eigentümer zuzumuten ist, die Beeinträchtigungen entschädigungslos hinzunehmen.

4.3   Vor- und Nachteile des Denkmalschutzes

4.3.1   Allgemeines

88 Vor- und Nachteile des Denkmalschutzes bedürfen im Rahmen der Verkehrswertermittlung der Konkretisierung. Hierzu kann unter Bezugnahme auf das Auskunftsrecht nach § 197 BauGB (z. B. i. V. m. § 22 Abs. 3 Nr. 1 nordrh.-westf. DSchG) die Denkmalschutzbehörde um **Konkretisierung**

– der Schutz-, Pflege- und Nutzungspflichten,

– der erlaubnispflichtigen Maßnahmen

und der sonstigen verkehrswertbeeinflussenden Pflichten des Eigentümers gebeten werden.

89 **Beeinträchtigungen können sich insbesondere ergeben bei**

a) einer – gemessen an der sozialen Bedeutung des Eigentumsobjekts – übermäßigen, den Grundsatz der Verhältnismäßigkeit verletzenden Einschränkung der freien Verfügungsbefugnis und Nutzungsberechtigung[47];

b) einer hoheitlichen Unterbindung eines rechtmäßig betriebenen Abbaus von Bodenschätzen, auch wenn dies nur zeitweise, z. B. auf drei Jahre, erfolgt[48];

c) einem Abbruch- bzw. Rückbaugebot oder einer sonstigen Anordnung der Denkmalschutzbehörde[49];

d) einer unwirtschaftlichen Bauweise;

e) erhöhten Instand- und Unterhaltungskosten auf Grund einer aufwendigen, unwirtschaftlichen und neuzeitlichen Ansprüchen nicht hinreichend anpassbaren Bauweise;

f) einer mit der Unterschutzstellung verbundenen Anordnung, bestimmte Räume eines Baudenkmals als Museum zu belassen[50].

90 **An Vorteilen stehen dem insbesondere gegenüber**

a) Förderungen der EU, des Bundes, der Länder und der Gemeinden[51], soweit sie tatsächlich geleistet werden oder mit Sicherheit zu erwarten sind;

b) Steuerermäßigungen nach den §§ 7 h und i, § 10 f und § 11 b EStG[52] sowie § 115 BewG;

c) Steuerbefreiungen und Steuererlasse nach § 4 Nr. 5 GrStG und den §§ 33 und 34 GrStG[53];

d) Mieterhöhungen, die der Mieter unter den Voraussetzungen des § 3 MHG geduldet hat[54].

Darüber hinaus ist bei der Wertermittlung aber zu beachten, dass denkmalgeschützte **91** Gebäude ein „im Trend liegendes" hohes Ambiente aufweisen und demzufolge trotz höherer Instandhaltungskosten **Prädikatszuschläge** in die Preisbildung des gewöhnlichen Geschäftsverkehrs eingehen (Sozialprestige).

4.3.2 Steuerliche Vorteile

Die Berücksichtigung steuerlicher Vorteile bei der Verkehrswertermittlung ist umstritten, **92** da steuerliche Vorteile von der individuellen Einkommens- und Vermögenssituation des Eigentümers abhängig sind. Nach der hier vertretenen Auffassung sind sie gleichwohl **verkehrswertimmanent, da je nach Art eines Gebäudes von einer gebäudetypischen Käuferschicht mit entsprechenden Einkommens- und Vermögensverhältnissen ausgegangen werden kann.** Ein denkmalgeschütztes Herrenhaus mit gehobenem Ambiente hat ebenso wie eine einfache denkmalgeschützte Landarbeiterstelle seinen typischen „Markt", d.h., es besteht eine Nachfrage von Käufern mit entsprechenden Einkommens- und Vermögensverhältnissen. Selbst wenn im Einzelfall ein potenzieller Erwerber die entsprechenden Einkommens- und Vermögensverhältnisse nicht aufweist, steht er beim Erwerb in Konkurrenz mit den objekttypischen Käuferkreisen, die beim Erwerb von den ihren Einkommens- und Vermögensverhältnissen entsprechenden Steuervorteilen ausgehen können, d.h., er muss solche Vorteile auch bei der Kaufpreisbemessung akzeptieren, wenn er „zum Zuge" kommen will. Aus diesem Grunde sind nicht die im Einzelfall sich individuell ergebenden Steuervorteile, sondern die Steuervorteile maßgebend, die dem objekttypischen Käuferkreis entsprechen. Die Steuervorteile von denkmalgeschützten Gebäuden können erheblich sein.

Bei der Berücksichtigung steuerlicher Vorteile können also nicht die individuellen Steuer- **93** vorteile des konkreten Eigentümers berücksichtigt werden, wenn es um die Ermittlung des Verkehrswerts geht. Es müssen vielmehr die **Verhältnisse der Käuferschichten** berücksichtigt werden, **die im gewöhnlichen Geschäftsverkehr als Erwerber für das jeweilige Denkmal auftreten.** Denkmalgeschützte Herrenhäuser, Bauernhäuser, Burgen und Schlösser haben ihren spezifischen Markt, und zwar auch einen Käufermarkt.

---

47 BVerwG, Beschl. vom 10. 7. 1987 – 4 B 146/87 –, EzGuG 5.25; OVG Koblenz, Urt. vom 5. 6. 1987 – 8 A 19/86 –, EzGuG 5.24; BGH, Urt. vom 26. 4. 1990 – III ZR 47/89 –, GuG 1991, 215 = EzGuG 5.40

48 BGH, Urt. vom 23. 6. 1988 – III ZR 8/87 –, EzGuG 5.33; RG, Urt. vom 11. 3. 1927 – 346/26 –, EzGuG 5.1.

49 BGH, Urt. vom 11. 2. 1988 – III ZR 64/87 –, EzGuG 5.3; BGH, Urt. vom 9. 10. 1986 – III ZR 2/84 –, EzGuG. 5.23; OVG Münster, Urt. vom 18. 5. 1984 – 11 A 1776/83 –, EzGuG 5.14

50 BGH, Urt. vom 9. 10. 1986 – III ZR 2/84 –, EzGuG 5.23

51 RdErl. des nordrh.-westf. MSWV vom 16. 3. 1988 – I C 1 60.00 – 204/88 –, Nordrh.-Westf. MBl. 1988, 535 (vgl. LT-Drucks. 10/4160, S.24); zu alledem auch Kleiber in Ernst/Zinkahn/Bielenberg, BauGB, Komm. zu § 5 WertV Rn. 53 ff.; zur Einschätzung durch Betroffene Lutze in AVN 1988, 170; Kleiber in Bielenberg/Koopmann/Krautzberger, Stadtbauförderungsrecht Bd. II Teil I Nr. 9

52 WoBauFG vom 22. 12. 1989, BGBl. I 1989, 2408 sowie BGBl. II 1990, 975; hierzu BT-Drucks. 11/5680 und BT-Drucks. 11/5970; vgl. Kirchhof/Söhn, Komm. zum EStG Müller Verlag, Heidelberg 1993

53 Röttsinger in KStZ 1990, 65; Troll, GrStG, Komm. 6. Aufl., München 1991, S. 403; BVerwG, Urt. vom 21. 9. 1984 – 8 C 62/82 –, EzGuG 1.25

54 Hierzu Goliasch in ZMR 1992, 129

94 *Beispiel:*

Steuervorteile beim Denkmalschutz
Wohnhaus im sanierungsbedürftigen Zustand unter Denkmalschutz
Verkehrswert	1 000 000 €
Sanierungskosten	500 000 €

1. Erhöhte Abschreibung
Abschreibung der Sanierungskosten in 10 Jahren
Jährliche Abschreibung 500 000 € : 10	= 50 000 €		
Steuerersparnis bei Steuersatz von 50 %	= 25 000 €		
Kapitalisiert bei Zinssatz 5 %: V = 7,72	= 25 000 €	× 7,72 =	**193 000 €**

2. Übliche Abschreibung
Abschreibung der Sanierungskosten in 50 Jahren
Jährliche Abschreibung 500 000 € : 50	= 10 000 €		
Steuerersparnis bei Steuersatz von 50 %	= 5 000 €		
Kapitalisiert bei Zinssatz 5 %: V = 18,26	= 5 000 €	× 18,26 =	**91 300 €**
Differenz (Vorteil aus Denkmalschutz)		=	**101 700 €**

a) Grundsteuer

95 Als Vorteile sind hier zu nennen: **Befreiungen, Erlasse usw.** bezüglich der einheitswertabhängigen Grundsteuer nach § 4 Nr. 5 GrStG und Grundsteuererlass nach den §§ 33
und 34 GrStG, wenn der jährliche Rohertrag aus dem Baudenkmal i. d. R. unter den aufzuwendenden Kosten liegt[55]. In Betracht kommt **auch ein teilweiser Grundsteuererlass,**
wenn nur selbstständig nutzbare Teile (z. B. Gebäudeflügel) geschützt sind.

96 Ein Grundsteuererlass wegen **Unwirtschaftlichkeit** setzt voraus

a) ein besonderes öffentliches Interesse, das über die allgemeinen Eigentumsbindungen
hinausgeht,

b) ein auf Dauer prognostizierbares Unterschreiten der erzielbaren Einnahmen und sonstigen Vorteile im Verhältnis zu den grundstücksbezogenen Ausgaben zur Erhaltung des
Grundbesitzes und

c) einen Ursachenzusammenhang zwischen der Unwirtschaftlichkeit und der Kulturgut-
eigenschaft des Grundbesitzes[56].

97 Zum Rohertrag gehören im Rahmen der **Ermittlung der Bemessungsgrundlagen für die
Grundsteuer** sämtliche Einnahmen und sonstigen Vorteile. Hierzu rechnen z. B. die Miet-
und Pachteinnahmen oder der Nutzungswert, den die Benutzung für den Eigentümer hat.
Auf der Kostenseite sind alle Ausgaben zu berücksichtigen, die mit dem privilegierten
Grundbesitz in wirtschaftlichem Zusammenhang stehen sowie beispielsweise Instandhal-
tungs- und Verwaltungskosten, Aufwendungen für Reparaturen und Erhaltungsmaßnahmen, Kosten für Heizung und Wasser sowie Grundbesitzabgaben, Straßenreinigungsgebühren und auch die ggf. zu erlassende Grundsteuer. Kosten in diesem Sinne sind auch die
(normalen) Absetzungen für Abnutzung, nicht dagegen die Sonderabschreibungen und
auch weder Schuld- noch Eigenkapitalzinsen.

98 Bei **denkmalgeschützten Park- und Gartenanlagen** ist der Erlass der Grundsteuer darüber hinaus davon abhängig, dass sie grundsätzlich der Öffentlichkeit zugänglich sind
(Abschn. 35 GrStR).

99 Auch für Gebäude, in denen Gegenstände von wissenschaftlicher, künstlerischer oder
geschichtlicher Bedeutung, insbesondere **Sammlungen oder Bibliotheken** der Forschung
oder Volksbildung nutzbar gemacht werden, kann u.U. die Grundsteuer anteilmäßig erlassen werden. Voraussetzung ist, dass der Rohertrag durch die Benutzung für Forschung und
Volksbildung nachhaltig gemindert ist (vgl. Abschn. 37 GrStR). Die Grundsteuer wird nur
auf Antrag erlassen. Er ist spätestens am 31. März des folgenden Jahres mit Nachweisen
über Erträge und Kosten bei der Gemeinde einzureichen.

b) Vermögensteuer

Bis zum Wegfall der Vermögensteuer war eine Minderung der **Vermögensteuer** nach § 115   **100**
BewG auf Grund der Minderung des Einheitswerts nach Eintragung eines Objekts in die
Denkmalliste in Höhe von 5 vom Hundert des Einheitswerts möglich. In Ausnahmefällen
konnte dieser Abschlag auf 10 v. H. erhöht werden.

c) Erbschaft- und Schenkungsteuer

Grundbesitz oder Teile von Grundbesitz bleiben bei der **Schenkung- und Erbschaftsteuer**   **101**
unter gewissen Voraussetzungen ganz oder teilweise steuerfrei (§ 13 Abs. 1 Nr. 2 ErbStG).
So werden **Bodendenkmäler, Baudenkmäler oder bewegliche Denkmäler** nur mit
40 v. H. ihres Werts angesetzt, wenn ihre Erhaltung wegen ihrer Bedeutung für Kunst,
Geschichte oder Wissenschaft im öffentlichen Interesse liegt, die darauf aufzuwendenden
jährlichen Kosten i. d. R. die erzielten Einnahmen übersteigen und die Denkmäler in einem
den Verhältnissen entsprechenden Umfang den Zwecken der Forschung oder der Volksbildung nutzbar gemacht sind oder werden.

Sind darüber hinaus die Denkmäler seit mindestens zwanzig Jahren im Besitz der Familie   **102**
oder in das Verzeichnis national wertvollen Kulturgutes oder national wertvoller Archive
eingetragen, so bleiben sie **in vollem Umfang von der Erbschaft- und Schenkungsteuer
befreit.**

d) Einkommensteuer

Von Bedeutung sind vor allem **Begünstigungen im Rahmen der Einkommensteuer,**   **103**
während die Vorteile im Rahmen der Grund-, Erbschaft- und Schenkungsteuer in den Hintergrund treten. Dies ist insbesondere
– die gleichmäßige **Verteilung der Herstellungskosten auf 10 Jahre** nach § 7i EStG
  und
– die Verteilung der **Erhaltungsaufwendungen auf zwei bis fünf Jahre** nach § 11b
  EStG.

Beim Erwerb eines Baudenkmals kann der **jährliche Wertverlust** im Rahmen der Ein-   **104**
kommensteuer steuermindernd abgesetzt werden **(Absetzung für Abnutzung – AfA);**
i. d. R. kommt die lineare AfA nach § 7 Abs. 4 EStG in Betracht. Dies sind
– jährlich 2 % der Anschaffungskosten bei Gebäuden, die nach dem 31. 12. 1924 fertig
  gestellt wurden bzw.
– jährlich 2,5 % der Anschaffungskosten bei Gebäuden, die vor dem 1. 1. 1925 fertig
  gestellt wurden.

Die **Anschaffungskosten** für den Erwerb der Altbausubstanz können indessen nicht nach   **105**
§ 7i EStG erhöht abgeschrieben werden. Anstelle der üblichen linearen AfA können für
Baudenkmale die für begünstigte Baumaßnahmen aufgewendeten Kosten im Jahr der Fertigstellung und den neun folgenden Jahren mit 10 % abgesetzt werden (§ 7i EStG).
Begünstigt sind grundsätzlich nur die **Herstellungskosten,** die dem Baudenkmal zuzurechnen sind, und nicht die Anschaffungskosten, sofern die Maßnahmen mit der Absicht
der Erzielung von Einkünften durchgeführt wurden. Für die erhöhte Absetzung bedarf es

55 Röttsinger in KStZ 1990, 65; BVerwG, Beschl. vom 17. 4. 1964 – 7 B 10/63 –, EzGuG 1.5; BVerwG, Urt. vom
    21. 9. 1984 – 8 C 62/82 –, EzGuG 1.25; OVG Münster, Urt. vom 1. 4. 1960 – 22 A 1630/87 –, EzGuG 1.44
56 BVerwG, Urt. vom 8. 7. 1998 – 8 C 23/97 –, NVwZ 1999, 886 = BayVBl. 1999, 183

einer Bescheinigung der zuständigen Denkmalbehörde, mit der u. a. die Denkmaleigenschaft und die Höhe der begünstigten Aufwendungen nachgewiesen werden[57].

106 Die Herstellungskosten eines Wirtschaftsguts (z. B. Gebäude) können ebenso wie die Anschaffungskosten nur verteilt auf einen bestimmten Zeitraum steuerlich berücksichtigt werden. **Herstellungskosten** können nicht nur bei der Errichtung eines neuen Gebäudes anfallen, sondern auch, wenn an einem bereits bestehenden Gebäude Baumaßnahmen durchgeführt werden. Dies wird bei Baudenkmälern regelmäßig der Fall sein. Es handelt sich dann um so genannte nachträgliche Herstellungskosten.

107 Werden an einem bereits fertig gestellten Gebäude bauliche Maßnahmen durchgeführt, muss unterschieden werden, ob die anfallenden Kosten nachträgliche **Herstellungskosten oder Erhaltungsaufwendungen** sind[58].

108 Bei **nachträglichen Herstellungskosten,** die normalerweise nur im Rahmen der Gebäude-AfA mit dem für das Gebäude maßgebenden Vomhundertsatz abgesetzt werden können, bietet die Steuervergünstigung des § 7 i EStG bei Baudenkmälern die Möglichkeit einer erhöhten Absetzung.

109 Erhaltungsaufwendungen können nach allgemeinen Grundsätzen im Jahr ihrer Verausgabung in voller Höhe abgezogen werden. Daneben besteht unter bestimmten Voraussetzungen die **Möglichkeit, die Erhaltungsaufwendungen auf Antrag auf zwei bis fünf Jahre gleichmäßig zu verteilen.**

110 Die Frage, ob nachträgliche Herstellungskosten oder Erhaltungsaufwendungen vorliegen, haben die Finanzämter zu entscheiden. **Nachträgliche Herstellungskosten** liegen vor, wenn etwas Neues, bisher nicht Vorhandenes geschaffen wird. Bei umfangreichen und durchgreifenden Renovierungsmaßnahmen liegen nachträgliche Herstellungskosten vor, wenn das Gebäude durch die Baumaßnahme wesentlich in seiner Substanz vermehrt, in seinem Wesen erheblich verändert oder über seinen bisherigen Zustand hinaus deutlich verbessert wird.

111 Liegen nachträgliche Herstellungskosten vor und fallen **in engem räumlichem und zeitlichem Zusammenhang** mit diesen **Aufwendungen** auch solche Kosten an, die sonst als Erhaltungsaufwendungen angesehen werden, so gehören auch diese Kosten zu den nachträglichen Herstellungskosten.

112 Zu den Erhaltungsaufwendungen gehören insbesondere die Kosten für die **laufende Instandsetzung.** Aber auch die Erneuerung von bereits in dem Gebäude enthaltenen Teilen, Einrichtungen und Anlagen führt unabhängig von deren Zustand grundsätzlich zu Erhaltungsaufwendungen. Die wichtigsten Beispiele für Erhaltungsaufwendungen sind: Ausbesserungsarbeiten, Erneuerung des Außenputzes und der Außenverkleidung, Erneuerung und Umstellung der Heizungsanlagen, Erneuerung der sanitären Anlagen, Ersatz von Fenstern, Umdeckung des Daches. Bei umfangreichen und durchgreifenden Renovierungsmaßnahmen können jedoch insgesamt nachträgliche Herstellungskosten vorliegen.

113 Bei **zu eigenen Wohnzwecken genutzten Baudenkmalen** fällt ab dem Veranlagungszeitraum 1987 der steuerliche Ansatz eines Nutzungswerts für die eigengenutzte Wohnung fort. Diese Regelung gilt uneingeschränkt für eigengenutztes Wohneigentum, für das in 1986 die Pauschalbesteuerung (§ 21 a EStG) anzuwenden war oder das in 1986 (noch) nicht zu eigenen Wohnzwecken genutzt worden ist. Eigentümer, die den Nutzungswert in 1986 durch Überschussrechnung ermittelt haben, können bis 1998 (einschließlich) dieses Verfahren beibehalten, sofern die Voraussetzungen für die Überschussrechnung weiterhin vorliegen. Ab dem Veranlagungszeitraum 1987 konnten und können sie aber auch unwiderruflich den Wegfall der Nutzungswertbesteuerung beantragen. Für eigengenutzte Wohnungen in Baudenkmalen, die zu einem Betriebsvermögen gehören, ist die Fortführung der Nutzungswertbesteuerung auch über das Jahr 1998 hinaus ohne zeitliche Begrenzung möglich.

Die steuerliche Erfassung des Nutzungswerts der eigengenutzten Wohnung nach bisherigem Recht ist Voraussetzung dafür, dass bestimmte, auf die eigengenutzte Wohnung entfallende **Aufwendungen als Betriebsausgaben oder Werbungskosten steuermindernd abgezogen** werden können. Dazu zählen auch die erhöhten Absetzungen für Herstellungskosten bei Baudenkmälern nach § 7i EStG. Hieraus folgt, dass die erhöhten Absetzungen – soweit sie auf die eigengenutzte Wohnung entfallen – nicht als Betriebsausgaben oder Werbungskosten abgezogen werden können, wenn ein Nutzungswert nicht anzusetzen ist. Gleichwohl hat der Gesetzgeber in diesen Fällen die steuermindernde Berücksichtigung der erhöhten Absetzungen – wenn auch in anderer Form – weitgehend beibehalten. Für Baumaßnahmen, die nach dem 31. Dezember 1990 abgeschlossen werden und zu Herstellungskosten führen, gilt § 10f Abs. 1 EStG. Danach können die Herstellungskosten unter den näheren steuerrechtlichen und denkmalfachlichen Voraussetzungen des § 7i EStG im Jahr des Abschlusses der Baumaßnahme und in den neun folgenden Jahren jeweils bis zu 10 v. H. wie Sonderausgaben abgezogen werden. **114**

Handelt es sich bei den Kosten für Baumaßnahmen an einem zu eigenen Wohnzwecken genutzten Baudenkmal **nicht um Herstellungskosten, sondern um** *Erhaltungsaufwendungen,* so können diese Aufwendungen nur dann als Werbungskosten oder Betriebsausgaben abgezogen werden, wenn für das Jahr der Zahlung ein Nutzungswert für die eigengenutzte Wohnung anzusetzen und dieser durch Überschussrechnung zu ermitteln ist. Entsprechendes gilt für die Verteilung des Erhaltungsaufwands auf zwei bis fünf Jahre nach § 11b EStG. Ist ein Nutzungswert durch Überschussrechnung nicht anzusetzen, so können die Erhaltungsaufwendungen nach § 10f Abs. 2 EStG wie Sonderausgaben bis zu jeweils 10 v. H. im Kalenderjahr des Abschlusses der Maßnahme und in den neun folgenden Jahren abgezogen werden, wenn der Erhaltungsaufwand nach dem 31. Dezember 1989 entstanden ist und die näheren Voraussetzungen des § 11b i.V. m. § 7i EStG vorliegen. **115**

Die Vorschrift des § 10f EStG[59] enthält – ähnlich wie § 10e EStG – eine sog. Objektbeschränkung. Der Steuerpflichtige kann die als **Sonderausgaben** abziehbaren Beträge nach § 10f Abs. 1 und 2 EStG **grundsätzlich nur bei** *einem* **eigengenutzten Baudenkmal** in Anspruch nehmen, wobei die Anzahl der Maßnahmen an diesem Baudenkmal keiner Begrenzung unterliegt. Ehegatten, die die Voraussetzungen für die Ehegattenbesteuerung erfüllen, können die Abzugsbeträge nach § 10f Abs. 1 und 2 EStG bei insgesamt *zwei* eigengenutzten Baudenkmälern abziehen. **116**

Für zu eigenen Wohnzwecken genutzte Baudenkmäler, die nach dem 31. Dezember 1986 angeschafft worden sind, gilt die steuerliche Förderung des eigengenutzten Wohneigentums nach § 10e EStG. Die Förderung erfolgt in Form eines wie Sonderausgaben abziehbaren Betrags. Dieser Abzugsbetrag wird acht Jahre lang gewährt und beträgt nach der letzten Änderung des § 10e EStG durch das Steueränderungsgesetz 1992 **in den ersten vier Jahren jeweils 6 v. H. und in den darauffolgenden vier Jahren jeweils 5 v. H. der Anschaffungskosten des Gebäudes** zuzüglich der Hälfte der Anschaffungskosten für den dazugehörenden Grund und Boden. Höchstbemessungsgrundlage ist der Betrag von 330 000 DM. Nachträgliche Herstellungskosten, die innerhalb der ersten acht Jahre anfallen, können bis zum Erreichen dieser Höchstgrenze in die Steuerbegünstigung einbezogen werden, es sei denn, der Eigentümer beansprucht hierfür die Abzugsbeträge nach § 10f **117**

---

57 EStR 99 Ziff. R 83 b; nordrh.-westf. RdErl. des Ministeriums für Stadtentwicklung und Verkehr, MinBl. 1991, 1497
58 BMF-Schreiben vom 16. 12. 1996 in DB 1997, 18
59 EStR 99 Nr. R 115 b i.V. m. R 83 a und b

Abs. 1 EStG. Erhaltungsaufwendungen, die als sog. Vorkosten im Rahmen des § 10 e Abs. 6 EStG berücksichtigt worden sind, können nicht nach § 10 f Abs. 2 EStG abgezogen werden. Auch im Rahmen des § 10 e EStG gilt eine Objektbeschränkung ähnlich wie bei § 10 f EStG. Für die Inanspruchnahme der Steuerbegünstigung nach § 10 e EStG hat der Gesetzgeber durch das Steueränderungsgesetz 1992 zudem eine Einkunftsgrenze eingeführt. Maßgebend ist der Gesamtbetrag der Einkünfte, der im jeweiligen Abzugsjahr 120 000 DM, bei zusammen veranlagten Ehegatten 240 000 DM, nicht übersteigen darf.

118 Bei Baudenkmälern kann auf Grund der Regelung in § 11b EStG (früher § 82 k EStDV) der **Erhaltungsaufwand** auf zwei bis fünf Jahre verteilt werden. Die jährlichen Anteile müssen gleich hoch sein und der auf ein Jahr entfallende Anteil kann nicht nachträglich in einem anderen Jahr geltend gemacht werden. Durch die Verteilung von Erhaltungsaufwendungen kann u. U. ein höherer Steuervorteil als beim sofortigen Abzug erzielt werden.

119 Die **Verteilung von Erhaltungsaufwand** bei Baudenkmälern ist im Übrigen nur unter denselben steuerrechtlichen und denkmalrechtlichen Voraussetzungen zulässig wie die erhöhten Absetzungen. Zuschüsse zu den Erhaltungsmaßnahmen aus öffentlichen Kassen mindern die zu verteilenden Aufwendungen. Die Möglichkeit der Verteilung der Erhaltungsaufwendungen besteht auch dann, wenn das Baudenkmal zu einem Betriebsvermögen gehört (§ 4 Abs. 8 EStG).

120 Für die Zeit ab 1992 regelt § 10 g EStG den Abzug von **Aufwendungen bei Kulturgütern, die weder zur Einkunftserzielung noch zu eigenen Wohnzwecken genutzt werden.** Nach dieser Vorschrift können erforderliche Aufwendungen für Herstellungs- und Erhaltungsmaßnahmen an Kulturgütern im Jahr des Abschlusses der Maßnahme und in den neun folgenden Jahren jeweils bis zu 10 v.H. wie Sonderausgaben abgezogen werden. Der Abzug nach § 10 g EStG ist im Wesentlichen der Regelung für eigengenutzte Baudenkmäler nachgebildet. Eine Objektbeschränkung besteht jedoch nicht. Die auf zehn Jahre zu verteilenden Aufwendungen sind um öffentliche und private Zuschüsse sowie um die Einnahmen zu kürzen, die aus dem Kulturgut erzielt werden.

121 Zu den begünstigten Kulturgütern gehören nicht nur Gebäude oder Gebäudeteile, sondern u. a. auch gärtnerische, bauliche und sonstige Anlagen, die unter Denkmalschutz stehen (z. B. **Bodendenkmäler, Grabanlagen, Stadtmauern, Garten- und Parkanlagen** etc.).

122 Für den Abzug nach § 10 g EStG sind folgende **Voraussetzungen** zu beachten:
- Die Kulturgüter müssen in einem den Verhältnissen entsprechenden Umfang der wissenschaftlichen Forschung oder der Öffentlichkeit zugänglich gemacht werden, es sei denn, dem Zugang stehen zwingende Gründe des Denkmalschutzes entgegen.
- Die Maßnahmen müssen nach Maßgabe der geltenden Bestimmungen der Denkmal- und Archivpflege erforderlich sein.
- Die Maßnahmen müssen in Abstimmung mit der zuständigen Behörde erfolgen, d. h. bei Denkmälern mit der Gemeinde.
- Das Vorliegen eines begünstigten Kulturgutes sowie die Erforderlichkeit der Aufwendungen müssen durch eine Bescheinigung der zuständigen Behörde nachgewiesen werden.

123 Bei einem jährlich zu versteuernden Einkommen von 100 000 € und Herstellungskosten von 50 000 € ergibt die 10 %ige Abschreibung kapitalisiert über 10 Jahre nach § 7 i EStG einen Steuervorteil von etwa 15 000 €.

e) Umsatzsteuer

124 Nach § 4 Nr. 20 Buchst. a UStG sind die Umsätze des Bundes, der Länder, der Gemeinden oder der Gemeindeverbände hinsichtlich der Einrichtungen „Denkmäler der Bau- und Gartenbaukunst" steuerfrei. Das Gleiche gilt für entsprechende Umsätze anderer Unternehmen, wenn der zuständige Regierungspräsident bescheinigt, dass die Denkmäler der Bau- und Gartenbaukunst dieser Unternehmen die gleichen kulturellen Aufgaben erfüllen wie die der vorbezeichneten Gebietskörperschaften. Sofern Denkmäler der Bau- und Gartenbaukunst als **Museen** angesehen werden können, ist nach § 12 Abs. 2 Nr. 7 Buchst a UStG auf die Umsätze solcher Unternehmen, die die Voraussetzungen für die Steuerbefreiung nach § 4 Nr. 20 Buchst. a UStG nicht erfüllen, der ermäßigte Steuersatz anzuwenden.

Es ist bei alledem zu beachten, dass Steuervorteile an strenge Voraussetzungen gebunden sind und kurze Zeiträume abdecken. Die belastende Bindung an den Denkmalschutz besteht dagegen zeitlich unbeschränkt[60]. **125**

4.4   Verkehrswertermittlung

4.4.1   Allgemeines

Die Grundaufgabe der Verkehrswertermittlung denkmalgeschützter Objekte besteht nach dem vorher Gesagten also in der **Aufrechnung der Vor- und Nachteile,** die aus der Denkmaleigenschaft resultieren. Vor- und Nachteile sind dabei in der Höhe zu ermitteln, wie sie sich wertmäßig am Wertermittlungsstichtag im Verkehrswert niederschlagen (Abb. 7): **126**

Abb. 7: Grundaufgabe der Verkehrswertermittlung denkmalgeschützter Objekte

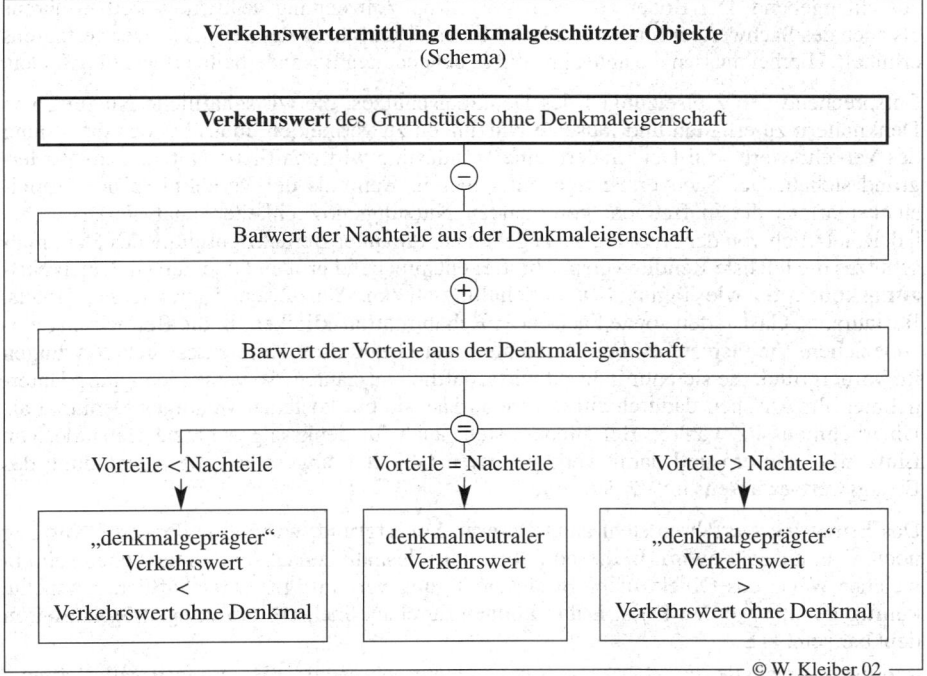

In der **steuerlichen Bewertungspraxis** wird entgegen vorstehenden Wertermittlungsgrundsätzen einseitig von einer Wertminderung auf Grund der Denkmaleigenschaft ausgegangen. **127**

▶ *Hierzu der gleich lautende Ländererlass vgl. Rn. 183 ff.*

---

60   Kamphausen: Rechtliche Probleme des Denkmalschutzes, DWW 1985, 246 ff.

128   Soweit der „denkmalgeprägte" Verkehrswert den (fiktiven) Verkehrswert desselben Objektes ohne Denkmaleigenschaft übersteigt, „fließt" dem Eigentümer durch die Unterschutzstellung ein Vermögenszuwachs zu. Im umgekehrten Falle hat er die Wertminderung entschädigungslos hinzunehmen, soweit die Zumutbarkeitsschwelle nicht überschritten wird. Die mit der **Unterschutzstellung** (Eintragung in eine Denkmalliste) einhergehende Wertminderung **stellt für sich allein nämlich noch keinen enteignenden Eingriff dar,** denn Art. 14 GG gewährleistet nicht den Marktpreis eines Grundstücks[61]; entsprechende Maßnahmen haben für sich gesehen auch keine enteignende Wirkung, die als „Vorwirkung" einer späteren Enteignung angesehen werden könnten, mit der Folge, dass das Grundstück von der konjunkturellen (qualitativen) Weiterentwicklung ausgeschlossen wäre.

4.4.2   Wertermittlungsverfahren

129   Grundsätzlich können auch für denkmalgeschützte Objekte alle nach § 7 WertV zulässigen Verfahren zur Anwendung kommen, wobei allerdings das **Vergleichswertverfahren** mangels geeigneter Vergleichspreise regelmäßig ausscheidet. Ansonsten sind für die Wahl des Verfahrens

– die Usancen des Grundstücksmarktes sowie
– die Umstände des Einzelfalls, insbesondere die Verfügbarkeit der wertbestimmenden Parameter

ausschlaggebend. Der Bodenwert wird sowohl bei Anwendung des Ertragswertverfahrens als auch des Sachwertverfahrens i. d. R. nach den Grundsätzen des Vergleichswertverfahrens ermittelt. Hierbei müssen die unter Rn. 142 ff. behandelten Besonderheiten Beachtung finden.

130   Entsprechend den Zielsetzungen des Denkmalschutzes, die wirtschaftliche Nutzung von Denkmälern zu erhalten und museale Nutzungen zu vermeiden, muss bei der Ermittlung des Verkehrswerts von Denkmälern eine vernünftige wirtschaftliche Nutzung im Vordergrund stehen. Der Sachverständige muss hier in Kenntnis der Verhältnisse des Grundstücksmarktes die in Betracht kommenden Nutzungsmöglichkeiten analysieren, wobei i. d. R. letztlich von der Nutzung auszugehen ist, die unter Berücksichtigung des Denkmalschutzes die höchste Rendite verspricht. Bei entsprechend großen Objekten sind auch **Nutzungskonzepte,** wie Tagungs- und Schulungsstätten, Sanatorien, Ferienheime, Hotels, Restaurants, Gaststätten sowie Fach- oder Rehabilitationskliniken, in die Betrachtung einzubeziehen. Vielfach stehen bei Denkmälern auf Grund ihres Ambientes auch Nutzungen im Vordergrund, die sich nur indirekt wirtschaftlich auszahlen. So versuchen häufig Unternehmen ihr Ansehen dadurch aufzuwerten, dass sie ein kostenaufwendiges Denkmal als Unternehmenssitz wählen. Bei alledem steht auch für denkmalgeschützte Gebäude, von Einfamilienhäusern und damit vergleichbaren Objekten abgesehen, die Anwendung des Ertragswertverfahrens im Vordergrund[62].

131   Das Ertragswertverfahren steht auch dann im Vordergrund, wenn eine derartige Nutzung noch nicht ausgeübt wird. In diesen Fällen wird deshalb zunächst zu untersuchen sein, in welcher Weise das Objekt unter Berücksichtigung vernünftiger wirtschaftlicher Aspekte künftig genutzt werden kann. Dabei können durchaus mehrere **Nutzungsmöglichkeiten** denkbar sein, z. B.

– privater Wohnsitz,	– Sitz von Unternehmen oder Beratungsgesellschaften,
– Hotel,	– Restaurant,
– Gaststätte,	– Tagungsstätte,
– Managementschule,	– Schulungsstätte (Internatsbetrieb),
– Privatschule,	– Betriebserholungsheim,
– Sanatorium,	– Fachklinik,
– Rehabilitationszentrum,	– Amüsieretablissement.

132 Alle denkbaren Möglichkeiten sind zu untersuchen. Die sich auf der Grundlage der **unterschiedlichen Nutzungsmöglichkeiten** ergebenden Werte sind zu ermitteln und deren Ergebnisse zu diskutieren. Der Verkehrswertermittlung ist die Nutzung zu Grunde zu legen, die am Markt am wahrscheinlichsten realisiert werden wird. Liegen für verschiedene Nutzungsmöglichkeiten gleiche Wahrscheinlichkeiten vor, ist die Nutzung anzunehmen, die – sofern keine baurechtlichen Hindernisse bestehen – die höchste Rendite verspricht. Wirtschaftliche Vorteile aus steuerlichen oder sonstigen Förderungen sind insoweit zu beachten, als sie für „jedermann" des jeweiligen objektspezifischen Grundstücksteilmarktes gelten (vgl. Rn. 63; Abb. 8):

Abb. 8: Folgenutzungsmöglichkeiten bei Schlössern und Burgen

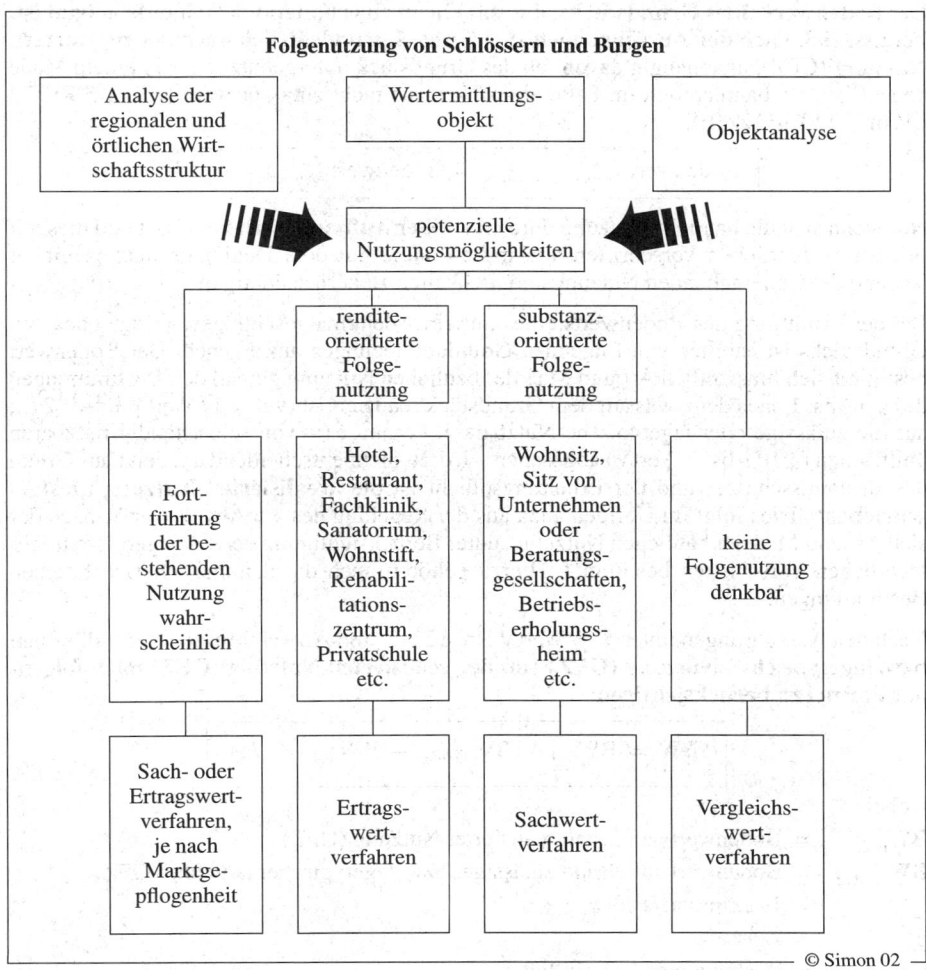

61 BGH, Urt. vom 11. 2. 1988 – III ZR 64/87 –, EzGuG 5.30; hierzu nach Zurückverweisung: KG Berlin, Urt. vom 6. 12. 1988 – U 3735/88 –, GuG 1990, 106 = EzGuG 5.35
62 Zur Wertermittlung von Schlössern und Burgen vgl. Simon in GuG 1991, 332; des Weiteren Lutze, Wertermittlung denkmalgeschützter Liegenschaften, Dortmund 1988; Niemeyer, in Nachr. der nds. Kat.- und VermVw 1984, 132

4.4.3   Boden- und Ertragswertermittlung

4.4.3.1   Bodenwert

133 Entsprechend den Zielsetzungen des Denkmalschutzes, die wirtschaftliche Nutzung von Denkmälern zu erhalten und museale Nutzungen zu vermeiden, muss bei der Ermittlung des Verkehrswerts von Denkmälern im Wege des Ertragswertverfahrens eine vernünftige **wirtschaftliche Nutzung** im Vordergrund stehen. Der Sachverständige muss hier in Kenntnis der Verhältnisse des Grundstücksmarktes die in Betracht kommenden Nutzungsmöglichkeiten analysieren, wobei i. d. R. letztlich von der Nutzung auszugehen ist, die unter Berücksichtigung des Denkmalschutzes die höchste Rendite verspricht (vgl. § 194 BauGB Rn. 63 ff.).

134 Der **Bodenwert eines Grundstücks, das mit einem zu erhaltenden Gebäude bebaut ist, bemisst sich nach den Ausführungen zu § 5 Abs. 1 grundsätzlich nach der realisierten Nutzung** (GFZ), unabhängig davon, ob das Grundstück untergenutzt oder in einem Maße bebaut ist, das baurechtlich im Falle eines Neubaus nicht zulässig wäre (vgl. § 5 Rn. 72 i. V. m. § 13 Rn. 122 ff.).

$$\text{Bodenwert}_{\text{Denkmalgrundstück}} = \text{Bodenwert}_{\text{realisierte Nutzung}}$$

135 Nur wenn sich die bauliche Nutzung durch **An- oder Aufbauten** erhöhen lässt und dies mit öffentlich-rechtlichen Vorschriften und insbesondere mit dem Denkmalschutz vereinbar ist, sind die weitergehenden Nutzungsmöglichkeiten zu berücksichtigen.

136 Bei der Ermittlung des Bodenwerts eines mit einer denkmalgeschützten Anlage bebauten Grundstücks ist nämlich von folgenden Grundüberlegungen auszugehen: Der Bodenwert bestimmt sich hinsichtlich Art und Maß der baulichen Nutzung gemäß den Bestimmungen des § 5 Abs. 1 nach dem, was auf dem Grundstück realisiert ist (vgl. § 13 WertV Rn. 122 f.); auf die zulässige oder lagetypische Nutzbarkeit kommt es – von selbstständig nutzbaren Teilflächen (§ 16 Abs. 2 WertV) abgesehen – i. d. R. nicht entscheidend an, denn auf Grund des Bestandsschutzes und der Erhaltungspflicht ist die **„realisierte" Nutzung „festgeschrieben".** Dies folgt im Übrigen auch aus der Regelung des § 5 Abs. 1 WertV, nach der sich Art und Maß der baulichen Nutzung „unter Berücksichtigung der sonstigen öffentlich-rechtlichen Vorschriften bestimmt". Hierzu gehören auch die denkmalschutzrechtlichen Bestimmungen.

137 Nach den Ausführungen unter § 13 WertV Rn. 122 ff. sind **Abweichungen der zulässigen bzw. lagetypischen Nutzung (GFZ) von der realisierten Nutzung (GFZ) nach folgender Formel zu berücksichtigen:**

$$BW = BW_{\text{real.}} + (BW_{\text{zul./lag.}} - BW_{\text{real.}}) \times 1/q^n$$

wobei:

$BW_{\text{real.}}$ = Bodenwert auf Grund realisierter Nutzung (GFZ)

$BW_{\text{zul./lag.}}$ = Bodenwert auf Grund zulässiger bzw. lagetypischer Nutzung (GFZ)

q = 1 + Zinssatz/100 = 1 + p

p = Zinssatz

n = Restnutzungsdauer in Jahren

138 Mit zunehmender Restnutzungsdauer tendiert das zweite Glied der Formel gegen Null. Da die baulichen Anlagen auf Grund des Denkmalschutzes zu erhalten sind, d. h. die **Restnutzungsdauer n gegen** ∞ läuft, ergibt sich

$$\lim_{n \to \infty} \frac{1}{q^n} = 0$$

Bei Anwendung des Ertragswertverfahrens ist der **Bodenwert für die der Bebauung** **139**
zuzurechnende Fläche i. d. R. allerdings **bedeutungslos**, weil grundsätzlich von einer
ewigen Restnutzungsdauer auszugehen ist und dementsprechend im Rahmen des Ertragswertverfahrens von Instandsetzungskosten auszugehen ist, die auf ewigen Bestand der baulichen Anlage ausgerichtet sind. Abweichend von den allgemeinen Regeln der WertV wird
man zu diesem Zwecke allerdings auch Modernisierungskosten berücksichtigen müssen.

Eine **Bodenwertermittlung** für denkmalgeschützte Ertragsobjekte kann jedoch z. B. in **140**
den jungen Bundesländern **bei gespaltenem Eigentum an Grund und Boden** einerseits
und am Gebäude andererseits erforderlich werden. Der allgemeine Grundsatz, dass sich
dann der Bodenwert unter Berücksichtigung des realisierten Maßes der baulichen Nutzung
nach dem Bodenwert vergleichbarer unbebauter Grundstücke bemisst, hat in solchen Fällen zur Folge, dass zwar das realisierte Maß der baulichen Nutzung berücksichtigt werden
muss, jedoch auch ggf. eine auf die Denkmaleigenschaft beruhende Ertragsfähigkeit des
Grundstücks (korrespondierender Bodenwert). Die eingeschränkte Ertragsfähigkeit kann
sich z. B. aus geringeren Nutzungsentgelten bei höheren Bewirtschaftungskosten, insbesondere höheren Instandsetzungskosten gegenüber Objekten ohne Denkmaleigenschaft
ergeben. Dies kann mit Hilfe von Erfahrungssätzen berücksichtigt werden, die die Abhängigkeit des Bodenwerts vom Rohertrag beschreiben.

Auf eine weitere Besonderheit gilt es noch hinzuweisen: Die vorstehenden Ausführungen **141**
beziehen sich allein auf die dem Denkmal zuzuordnende Grundstücksfläche (vgl. Rn. 79).
Befindet sich das denkmalgeschützte Objekt innerhalb eines größeren Areals, ist ihm eine
notwendige und wirtschaftlich sinnvolle Grundstücksfläche ggf. unter Berücksichtigung
einer sich aufdrängenden Bodenordnung zuzuordnen. Bei übergroßen Grundstücken, die
eine **zusätzliche Nutzung oder Verwertung von Teilflächen** i. S. d. § 16 Abs. 2 Satz 3
WertV ermöglichen, ist der Ermittlung des Bodenwerts dieser (zusätzlich nutzbaren)
Teilfläche nach allgemeinen Grundsätzen die zulässige und lagetypische Nutzbarkeit
(GFZ) zu Grunde zu legen, da diese Teilflächen insoweit zur freien Disposition stehen. In
diesem Fall muss die Grundstücksfläche deshalb zunächst entsprechend aufgeteilt
werden.

4.4.3.2   Ertragswert

Bei Anwendung des Ertragswertverfahrens werden von der Praxis grundsätzlich **zwei ver-** **142**
schiedene Wege beschritten:

1. Ertragswertermittlung auf der Grundlage der dem Gebäudezustand angemessenen üblichen Ansätze, z. B. „begrenzte" Restnutzungsdauer, Liegenschaftszinssatz, Bewirtschaftungskosten und Roherträge (Nettokaltmiete).

2. Ertragswertermittlung unter Berücksichtigung der „auf Dauer" angelegten Erhaltungspflicht (Restnutzungsdauer: ∞) i. V. m. den daraus resultierenden erhöhten Bewirtschaftungskosten, insbesondere Instandhaltungs- und Instandsetzungskosten (ggf. auch
   Modernisierungskosten), sowie den geminderten oder auf Grund eines anspruchsvollen
   Ambientes höheren Erträgen.

Grundsätzlich ist dem zweiten Modell der Vorzug zu geben, schon weil es den recht- **143**
lichen Vorgaben (der Erhaltungspflicht) entspricht, auch wenn es den Sachverständigen vor
die Schwierigkeit der Ermittlung der erhöhten Instandsetzungs- und Instandhaltungskosten
stellt. Ein besonderer Vorteil dieses Modells kann umgekehrt darin gesehen werden, dass
auf Grund der langen Restnutzungsdauer eine Bodenwertermittlung für die dem Denkmal
zuzuordnenden Umgriffsflächen entfällt, d. h. ein Bodenwert ist ggf. nur noch für die
selbstständig nutzbaren Grundstücksteile zu ermitteln. Damit kann der Sachverständige

von vornherein einer Auseinandersetzung über den richtig angesetzten Bodenwert aus dem Weg gehen. Abzulehnen ist dagegen der vereinzelt auf Hilflosigkeit beruhende und nicht begründbare Weg, im Falle der Anwendung des „sündenanfälligen" ersten Modells, den Bodenwert pauschal mit der Begründung „denkmalbehaftet" mit einem Abschlag zu versehen und dann den Gebäudewertanteil auf der Grundlage einer oftmals kurzen Restnutzungsdauer willkürlich dadurch „hochzuschaukeln", dass der Reinertrag nur noch um einen entsprechend verminderten Bodenwertverzinsungsbetrag reduziert wird. Dieser Weg zeugt von wenig Verständnis für die Funktionsweise des Ertragswertverfahrens und wird dem Sachverständigen dann zum Verhängnis, wenn er zu der Erkenntnis gelangt, dass es sich eigentlich um ein Liquidationsobjekt handelt und er sich im Hinblick auf einen Übernahmeanspruch entschließt, den um einen Denkmalabschlag verminderten Bodenwert als Entschädigungswert „stehen" zu lassen.

144 Im Einzelfall könnte es sich empfehlen, **beide Modelle durchzurechnen,** um hieraus zu einem „abgestützten" Ergebnis zu kommen.

145 Im Falle der *Ermittlung des Verkehrswerts im Wege des Ertragswertverfahrens* nach dem zweiten Modell kann also nach den vorstehenden Ausführungen vom Grundsatz her dahinstehen, welcher Bodenwert sich für das Grundstück ergibt. Denn grundsätzlich ist der Denkmalschutz darauf angelegt, die unter Schutz gestellte Anlage „auf ewig" zu erhalten, so dass sich der Ertragswert – vorbehaltlich des in § 16 Abs. 2 Satz 3 WertV geregelten Falls – **unter Vernachlässigung des Bodenwertanteils** allein auf der Grundlage der folgenden Formel ergibt[63].

$$\text{Ertragswert} = \text{Reinertrag} \times V$$

wobei V = Vervielfältiger (gemäß Anl. zur WertV)

146 Dies folgt auch aus der dem **Ertragswertverfahren nach den §§ 15 ff. WertV** zu Grunde liegenden Formel.

$$EW = RE \times V + \frac{BW}{q^n}$$

wobei:

EW	Ertragswert
RE	Reinertrag
BW	Bodenwert
q	Zinsfaktor $= 1 + p$
p	Zinssatz/100 $= q - 1$
n	Restnutzungsdauer in Jahren
V	Vervielfältiger

Das zweite Glied dieser Formel kann wiederum vernachlässigt werden, weil

$$\lim_{n \to \infty} \left(\frac{BW}{q^n}\right) = 0$$

Das erste Glied der Formel ergibt bei $n = \infty$ den reziproken Liegenschaftszinssatz

$$\lim_{n \to \infty} V = \lim_{n \to \infty} \left(\frac{q^n - 1}{q^n (q - 1)}\right) = \frac{1}{p}$$

147 Aus vorstehenden Gründen kann generell **bei einer längeren Restnutzungsdauer** (n > etwa 50 Jahre) der **Bodenwertanteil bei der Ertragswertermittlung vernachlässigt** werden.

Beispiel:

Jahresreinertrag RE = 50 000 €
Bodenwert BW = 200 000 €
Restnutzungsdauer n = 80 Jahre
Liegenschaftszinssatz p = 5 v. H.

a) Berechnung *unter* Berücksichtigung des Bodenwertanteils:

$$EW = RE \times V + \frac{BW}{q^n} = \mathbf{984\,000\,€} \text{ (bei } V = 19,60)$$

b) Berechnung *ohne* Berücksichtigung des Bodenwertanteils:

$$EW = RE \times V = \mathbf{980\,000\,€} \text{ (bei } V = 19,60)$$

Die dargestellte Verfahrensweise ist eine geradezu zwangsläufige Folge der Denkmalei- **148**
genschaft, die den Eigentümer verpflichtet, das Denkmal auf Dauer zu erhalten. Die Auffassung, dass damit der Verkehrswert „über die sehr lange Restnutzungsdauer automatisch
steige" – wie *Möckel*[64] behauptet –, verkennt völlig die Eigenschaften solcher Objekte, denn
mit der Verpflichtung zur Erhaltung solcher – oftmals baulich aufwendiger – Objekte, verbunden mit eingeschränkter wirtschaftlicher Verwertbarkeit, führt gerade umgekehrt, trotz
langer Restnutzungsdauer, zu sehr niedrigen Reinerträgen. Insbesondere die überdurchschnittlichen Instandhaltungskosten können dazu führen, dass die Denkmaleigenschaft für
den Eigentümer unzumutbar wird und ggf. ein Übernahmeanspruch in Betracht kommt.
Eine sich auf die sonst üblichen wirtschaftlichen Gesichtspunkte gründende Einschätzung
der Restnutzungsdauer würde sich unzulässigerweise über das zwingende rechtliche Erhal-
tungsgebot hinwegsetzen. Man mag zwar einwenden, dass im Rahmen der bei unwirtschaftlichen Denkmälern anzusetzenden Restnutzungsdauer begrifflich nicht von einer
wirtschaftlichen Restnutzungsdauer gesprochen werden kann, jedoch verbietet es sich
gerade bei unwirtschaftlichen Denkmälern, deshalb das auf Dauer angelegte Erhaltungsge-
bot zu negieren. Dies muss zu einer Verfälschung des Ergebnisses führen, wenn bei der
Ertragswertermittlung die wirtschaftlich „belastenden" Zeiträume „ausgeblendet" werden.
Der Denkmalschutz läuft nun einmal nicht mit Ablauf der wirtschaftlichen Restnutzungsdauer im herkömmlichen Sinne aus.

▶ *Zur Ermittlung des Bodenwertverzinsungsbetrags vgl. Rn. 133*

Wird der Verkehrswert eines Grundstücks, das mit einer denkmalgeschützten Anlage **149**
bebaut ist, im Wege des Ertragswertverfahrens ermittelt, so kommt es demzufolge maßgeblich auf eine sachgerechte Ermittlung des Reinertrags und des Liegenschaftszinssatzes an.
Bei der Ermittlung des Reinertrags gilt es insbesondere, die erhöhten Bewirtschaftungskosten und hier vor allem die **auf ewig angelegte und i. d. R. kostenintensive Instandhaltung** eines Denkmals, aber auch erhöhte Betriebskosten zu berücksichtigen. Auf der anderen Seite müssen bei der Ermittlung der Erträge auch die **indirekten Erträge**, wie Steuervorteile, zinsgünstige Darlehen, Zuschüsse berücksichtigt werden (vgl. Rn. 90 ff.).

Verfahrensmäßig stellt sich der **Ablauf der Ertragswertermittlung** von Grundstücken mit **150**
denkmalgeschützten auf Dauer zu erhaltenden Gebäuden nach dem Schema der Abb. 9 dar.

Bei Anwendung des vorgestellten Schemas gilt es zu beachten: **151**

– Als **Rohertrag** ist der Ertrag anzusetzen, der sich unter Berücksichtigung der gebäude-
  spezifischen Denkmaleigenschaft ergibt. Da es dabei i. d. R. an Vergleichsmöglichkeiten
  fehlt, wird auf die objektspezifischen Erträge zurückzugreifen sein. Dabei gilt auch hier,
  dass nur die bei ordnungsgemäßer Bewirtschaftung, d. h. denkmalspezifischer Bewirtschaftung, die nach der zulässigen Nutzung nachhaltig erzielbaren Einnahmen angesetzt
  werden dürfen. Werden diese nicht erzielt, weil das Gebäude einen Instandsetzungsrück-

---

63 Niemeyer in Nachr. der nds. Kat.- und VermVw 1984, 138
64 Möckel in ZfV 1995

Abb. 9: Ertragswertermittlung von Grundstücken mit denkmalgeschützten Gebäuden

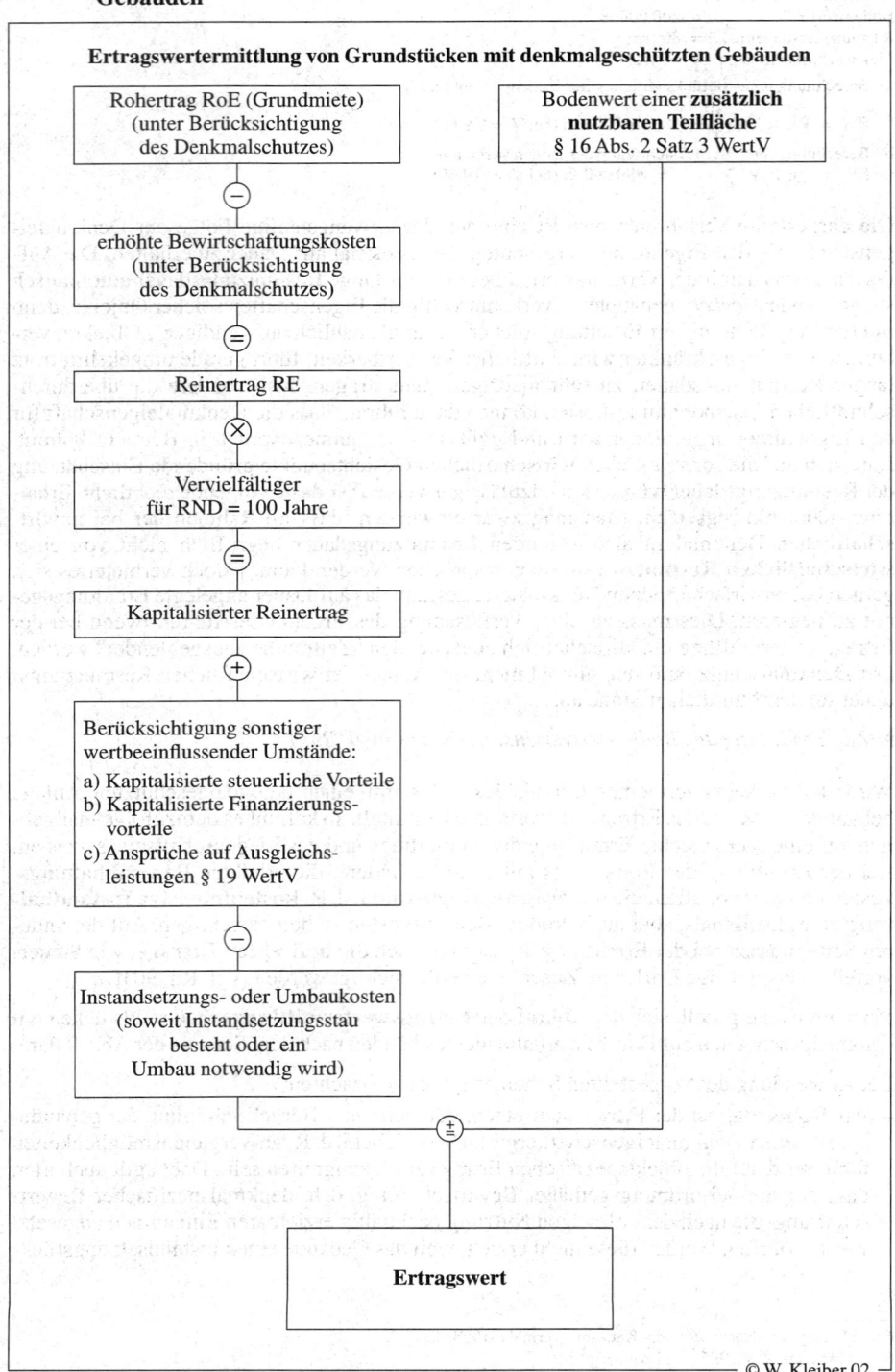

© W. Kleiber 02

stau aufweist, so empfiehlt es sich, gleichwohl von entsprechend fiktiven Einnahmen auszugehen und die aufzubringenden Instandsetzungskosten bei der Ermittlung des Ertragswerts zusätzlich in Abzug zu bringen. Dem entspricht § 7 Abs. 3 Satz 1 des nds. DSchG, nach dem es auf die „Erträge oder den Gebrauchswert" ankommt, mit denen die Belastungen aufgewogen werden „können". Im Falle des „Wohnens im eigenen Haus" soll also der Gebrauchswert maßgeblich mit entsprechend höheren fiktiven Mieten als im Falle der Vermietung maßgeblich sein.

– Als **Bewirtschaftungskosten**[65] sind wiederum die denkmalspezifischen Bewirtschaftungskosten anzusetzen. Dabei ist entsprechend der wirtschaftlichen Verwertbarkeit des Gebäudes und den baulichen Besonderheiten i. d. R. von Verwaltungs-, Betriebs- und Instandsetzungskosten auszugehen, die je nach wirtschaftlichen Beeinträchtigungen und bautechnischem Mehraufwand für die Instandhaltung bei 50 Prozentpunkte und mehr über dem Prozentsatz liegen, der sich sonst für vergleichbare nicht denkmalgeschützte Gebäude ergibt. I. d. R. wird auch ein höheres Mietausfallwagnis anzusetzen sein.

Es sind insbesondere die **Instandhaltungskosten,** die einerseits im Hinblick auf die Verpflichtung zum dauerhaften Erhalt der baulichen Anlage und andererseits im Hinblick auf die zumeist aufwendig gestaltete Bausubstanz – je nach ihrer denkmal- und kunsthistorischen Ausgestaltung – sehr viel höher als sonst üblich ausfallen können. Zur Bemessung dieser Instandhaltungskosten wird auch auf den Sachwert des Gebäudes zurückgegriffen. Die jährlichen Instandhaltungskosten werden dann mit etwa 0,8 bis 1,5 % des konkreten Herstellungswerts angesetzt, wobei der Herstellungswert eines Baudenkmals selbst bereits 50 bis 100 % über den sonst üblichen Normalherstellungskosten liegen kann. **152**

– Instandsetzungskosten für einen vorhandenen **Instandsetzungsrückstau** sind zusätzlich nach ihren gewöhnlichen Kosten zu berücksichtigen, wenn der Instandsetzungsrückstau weder beim Rohertrag noch durch entsprechend „aufgestockte" Bewirtschaftungskosten berücksichtigt worden ist. Es ist dabei in Betracht zu ziehen, dass dem Eigentümer Denkmalförderungsmittel gewährt werden.

– **Umbaukosten** sind anzusetzen, wenn eine wirtschaftliche Verwendung des Denkmals einen Umbau erforderlich macht und die Erträge sowie Bewirtschaftungskosten unter Berücksichtigung des Umbaus zur Verwirklichung eines neuen Nutzungskonzepts angesetzt werden (Investorenmethode).

Bei alledem empfiehlt es sich, die untere Denkmalschutzbehörde (des Landkreises) zu ersuchen, dass die jeweils zuständige **Denkmalfachbehörde** (Landesamt für Denkmalpflege) schriftlich detailliert über Art und Umfang von denkmalbezogenen Auflagen Stellung nimmt; die Stellungnahme wird allerdings i. d. R. nur gegen Kostenerstattung erteilt. **153**

Bezüglich der **Verwaltungskosten** ist zu berücksichtigen, dass diese im Zusammenhang mit der Instandhaltung höher als sonst üblich ausfallen können, weil es möglicherweise langwierige Absprachen mit dem Amt für Denkmalschutz zu berücksichtigen gilt. **154**

Auch das **Mietausfallwagnis** fällt häufig höher als sonst üblich aus, wenn das denkmalgeschützte Gebäude eingeschränkte Nutzungsmöglichkeiten aufweist, d. h. eine geringe Multifunktionsbreite. **155**

Im Hinblick auf das „auf Dauer" zu erhaltende Gebäude ist der **Vervielfältiger** für eine Restnutzungsdauer von 100 Jahren und einen Liegenschaftszinssatz maßgebend, der sich für Grundstücke ergibt, die mit einem Denkmal bebaut sind (denkmalspezifischer Liegenschaftszinssatz). Dieser ist wiederum im Hinblick auf die zu erhaltende Bebauung besonders einfach nach der Beziehung:

---

65 Wolf in BlGBW 1978, 228; Loddenkemper in BauR 1985, 489

$$p = \frac{RE \times 100}{KP}$$

wobei p = Liegenschaftszinssatz
      RE = Reinertrag
      KP = Kaufpreis

abzuleiten.

156 Der **denkmalspezifische Liegenschaftszinssatz** unterscheidet sich von den sonstigen Liegenschaftszinssätzen vergleichbarer Objekte i. d. R. schon deshalb, weil sich für Denkmäler ein entsprechend verminderter Reinertrag ergibt, insbesondere dann, wenn steuerliche und Finanzierungsvorteile nicht in den Reinertrag eingerechnet werden. Werden indessen für denkmalgeschützte Objekte im gewöhnlichen Geschäftsverkehr Kaufpreise erzielt, die im Hinblick auf Steuer- und Finanzierungsvorteile nicht gleichermaßen wie die Reinerträge abgesenkt sind, kann sich umgekehrt auch ein entsprechend geringerer Liegenschaftszinssatz ergeben als für vergleichbare unbelastete Objekte.

157 **Steuer- und Finanzierungsvorteile,** die für das denkmalgeschützte Objekt alljährlich anfallen, sind über die Dauer ihrer Gewährung zu kapitalisieren (vgl. Rn. 92 ff.).

158 In der Gesamtschau können sich für Objekte mit geringen Erträgen und hohen Bewirtschaftungs- und Instandsetzungskosten bei schematischer Anwendung auch negative Ertragswerte, d. h. also Unwerte, ergeben. In diesem Fall muss im Hinblick auf den **Übernahmeanspruch bei Überschreitung der Zumutbarkeitsgrenze** geprüft werden, ob dann nicht der Bodenwert geltend zu machen ist.

4.5 Schlösser, Burgen und Gutshäuser

4.5.1 Allgemeines

▶ *Zu den steuerlichen Vorteilen vgl. Rn. 92 ff.*

159 In Deutschland gibt es zurzeit etwa 12 000 **Schlösser oder Burgen,** von denen nach älteren Recherchen rd. 1 500 Objekte zum Verkauf stehen. Insbesondere für Schlösser aus dem 15. bis 19. Jahrhundert besteht reges **Interesse.**

160 Die Wertermittlung von Schlössern und Burgen ist schwer objektivierbar. Für derartige Objekte besteht **kein Grundstücksmarkt** im üblichen Sinne. Veräußerungen von Schlössern und Burgen stehen regelmäßig außerhalb des eigentlichen Marktgeschehens. **Der Verkehrswert wird maßgeblich durch eine Nutzungskonzeption bestimmt, die sich** auch **realisieren lässt.** Die Absicht der Kaufwilligen, das Objekt unterschiedlich zu nutzen (Anlageobjekt, Repräsentationsobjekt, Wunschobjekt), führt zu großen Preisdifferenzen.

161 Ein **repräsentativer Teilmarkt** für Schlösser und Burgen besteht nicht und wird auch künftig wegen der Einzigartigkeit und der geringen Anzahl der Objekte nicht zu erwarten sein. Damit scheidet das Vergleichswertverfahren nach § 13 und § 14 WertV weitgehend aus. Der Verkehrswert kann nur im Wege des Ertragswertverfahrens (§§ 16 bis 20 WertV) oder des Sachwertverfahrens (§§ 21 bis 25 WertV) ermittelt werden. Unabhängig von dem anzuwendenden Verfahren ist nach allgemeinen Schätzregeln zunächst der Verkehrswert ohne Berücksichtigung des Denkmalschutzes zu ermitteln. Danach ist die Denkmaleigenschaft durch Zu- oder Abschläge vom ermittelten unbelasteten Ausgangswert zu würdigen.

162 Etwa die Hälfte der in Deutschland stehenden Schlösser und Burgen werden genutzt. Bei diesen Objekten ist die Restnutzungsdauer sowohl in technischer als auch in wirtschaftlicher Hinsicht noch nicht abgelaufen. Im Allgemeinen liegt zwar ein Zurückbleiben hinter den allgemeinen Anforderungen an Wohnraum vor; eine Minderausnutzung dergestalt, dass nach „fiktivem" Abbruch der Gebäude der verbleibende Bodenwert höher wäre als der Verkehrswert des bebauten Grundstücks, ist selten gegeben. Ebenso wäre in den meisten Fällen ein „fiktiver" Abbruch der Baulichkeiten aus wirtschaftlichen Gründen nicht geboten. Bei den genutzten bzw. für verschiedene Zwecke wirtschaftlich nutzbaren Schlössern und Burgen wird im Allgemeinen der **Grundstücksertragswert eine plausible Ausgangsgröße** für den Verkehrswert bieten.

4.5.2 Bodenwert

Für die Beurteilung der **Höhe des Bodenwerts** ist die Grundstücksqualität entscheidend. Sie hängt von der durch den Denkmalschutz festgeschriebenen Nutzung ab (vgl. Rn. 133). Vergleichspreise oder Bodenrichtwerte können nur dann ohne wesentliche Korrekturen herangezogen werden, wenn die denkmalfreie Nutzungsmöglichkeit des Vergleichsobjekts der denkmalgeprägten Nutzung des Wertermittlungsobjekts annähernd entspricht. Bodenrichtwerte werden aus der gebietstypischen Nutzung abgeleitet. Ist das denkmalgeprägte Objekt hinsichtlich seiner Nutzung nicht gebietstypisch, müssen vorliegende denkmalfreie Vergleichspreise entweder korrigiert werden oder aber andere Vergleichswerte aus mit dem Denkmalobjekt vergleichbaren Lagen herangezogen werden. **163**

Schlösser und Burgen befinden sich überwiegend im **Außenbereich** (§ 35 BauGB). Die zum Besitz gehörenden Bodenflächen übersteigen meistens „ortsübliche" Grundstücksgrößen um ein Vielfaches. Neben der als „de-facto-Baulandfläche" ansehbaren Umgriffsfläche um die baulichen Anlagen bestehen die Restflächen überwiegend aus parkartig angelegten Anlagen, Wald-, Wiesen- und Wasserflächen. **164**

Sofern die Gesamtanlage im Außenbereich liegt, kann die **Umgriffsfläche** der Baulichkeiten als „de-facto-Bauland" angesehen werden. Der Bodenwert ist aus Vergleichspreisen bzw. Bodenrichtwerten der Nachbargemeinden abzuleiten. Dabei ist zu beachten, dass die Bodenrichtwerte bzw. Vergleichspreise für ortsübliche Grundstücksgrößen gelten. Die einer Schloss- oder Burganlage zuzuordnende Baulandfläche ist meistens erheblich größer. Das führt zu einer Reduzierung des Quadratmeterpreises. Als Anhalt für die Minderung kann Anl. 23 WertR dienen (vgl. § 10 WertV Rn. 6 und § 14 WertV Rn. 46 ff.). Danach vermindert sich der Bodenpreis/m² bei Verdopplung der Grundstücksfläche etwa im Verhältnis 1 : 0,8. **165**

Beispiel: **166**
Bodenrichtwert (ohne Erschließung) 100 €/m², ortsübliche Grundstücksgröße 1 000 m². Bei einer Umgriffsfläche von 8 000 m² würde sich ein Bodenwert von 51 €/m² Grundstücksfläche ergeben. Dieser Wert wäre dann noch um die Erschließungskosten zu erhöhen.

Bei der Ermittlung der „de-facto-Baulandfläche" ist Folgendes zu berücksichtigen: Im Außenbereich wird üblicherweise die Umgriffsfläche entsprechend einer GFZ von 0,1 bis 0,2 unterstellt[66]. Bei weitläufig angelegten baulichen Anlagen kann diese rein formal ermittelte Umgriffsfläche ggf. nicht akzeptabel sein, denn am Markt wird auch für Grundstücke, die die nach der BauNVO vorgegebene Mindestgröße deutlich übersteigen, der volle Baulandpreis bezahlt[67]. Es kommt also nicht unbedingt auf die rein rechnerische Flächenermittlung an, sondern auf eine **vernünftige Abgrenzung** der „de-facto-Baulandfläche" gegenüber den anderen zumeist geringerwertigen Flächen des Gesamtobjekts. In den meisten Fällen ist eine zeichnerische Abgrenzung der Flächen im Lageplan plausibel. Als Mindestgröße ist jedoch die sich nach der BauNVO ergebende GFZ anzuhalten. **167**

---

66 In Ausnahmefällen nahe zentraler Orte bis ca. GFZ 0,4
67 BGH, Urt. vom 27. 9. 1990 – III ZR 57/89 –, GuG 1991, 31 = EzGuG 4.134

168   Da die „de-facto-Baulandfläche" üblicherweise erschlossen ist, sind die **Erschließungskosten** entsprechend zu berücksichtigen. Wegen der Größe der Flächen ist jedoch nicht von den üblichen Zuschlägen auszugehen, sondern von entsprechend geringeren Ansätzen.

169   Schlossgrundstücke besitzen oft eine **Parkanlage.** Deren Wertermittlung bereitet oft Schwierigkeiten. Renditeorientierte Wertermittlungsansätze führen zu marktfremden Ergebnissen. Da aus einer Parkanlage kein Ertrag erwirtschaftet werden kann[68], müsste der Wert der Parkfläche theoretisch noch unter dem Wert für angrenzende land- oder forstwirtschaftlich nutzbare Flächen angenommen werden. Würde dagegen der Wert des Aufwuchses gewertet (was bei der Enteignungsentschädigung erforderlich ist), würde sich ein wesentlich höherer Wert ergeben. Aber auch diese Betrachtungsweise führt zu keinem bei Verkauf am Markt nachvollziehbaren Ergebnis.

170   Bei Wohnnutzung des Schlosses oder der Burganlage erhöht der Park zweifellos den **Wohn- und Freizeitwert.** Aber auch bei gemischter oder gewerblicher Nutzung bewirkt der Park eine Steigerung des Renommees (gute Adresse). Die aus dem Vorhandensein des Parks resultierende Erhöhung des Wohnwerts oder die „gute Adresse" stellt einen wertbildenden Faktor dar, der bei der Wertermittlung zu berücksichtigen ist. Zur plausiblen Ableitung des Bodenwerts der Parkflächen kann von folgenden Eckdaten ausgegangen werden:

171   Den untersten Eckwert bildet der **ortsübliche Ackerlandpreis** (land- oder forstwirtschaftliche Fläche). Der obere Eckwert wird durch den Ansatz für vorhandene, aber nicht notwendige und auf längere Zeit **nicht bebaubare Flächen im Baulandbereich** mit etwa 20 bis 30 v. H. des Baulandpreises gebildet (vergleichbar etwa mit dem Preis für Bauerwartungsland). Dies gilt jedoch nur für solche Parkflächen, für die wegen des zumeist vorliegenden Denkmalschutzes langfristig keine anderweitige Nutzung in Aussicht genommen werden kann. Parkflächen, die einer höherwertigen Nutzung zugeführt werden können, sind entsprechend höher einzustufen[69].

172   **Forstwirtschaftlich genutzte Flächen** – sofern sie überhaupt in die Verkehrswertermittlung mit einbezogen werden – sind nach Vergleichspreisen zu werten. Waldflächen werden mit 0,10 €/m² bis 0,50 €/m² (ohne Wert des Aufwuchses) angenommen. Es empfiehlt sich, in den Fällen der Wertermittlung größerer forstwirtschaftlich genutzter Flächen einen Forstsachverständigen hinzuzuziehen.

173   **Gartenlandflächen** werden mit etwa 10 bis 15 v. H. des Baulandpreises (ohne Erschließungskosten) bzw. zum zweifachen Ackerlandpreis gehandelt. Für **Wasserflächen,** Vorfluter und Gräben werden – sofern sie nicht als fischbare Gewässer verpachtet werden können – 0,10 bis 0,25 €/m² in Abhängigkeit vom ortsüblichen Ackerlandwert bzw. rd. 10 v. H. des Gartenlandpreises angenommen.

4.5.3 Sachwertverfahren

▶ *Zum Bodenwert vgl. Rn. 163*

174   Von der Ermittlung des Sachwerts wird in den meisten Fällen abzuraten sein. Insbesondere bei besonders aufwendiger Bauweise, z. B. eine Burg mit 3 m Mauerstärke und eingeschränkter wirtschaftlicher Verwendungsfähigkeit, würde die Anwendung des Sachwertverfahrens allenfalls aufzeigen, was die Sache nicht wert ist. Im Rahmen des Sachwertverfahrens wären zur Berücksichtigung der **wirtschaftlichen Verwertbarkeit nach § 25 Abschläge** in einer Größenordnung anzubringen, die das Sachwertverfahren als ungeeignet erscheinen lassen müssen, zumal hierfür anerkannte Normalherstellungskosten nicht vorliegen. Die Normalherstellungskosten von 1913 finden auch hier keine Rechtfertigung, da auch sie i. d. R. den Besonderheiten der Denkmäler nicht Rechnung tragen und diese zudem auch nicht alle zu dieser Zeit errichtet worden sind. Die generellen Vorbehalte gegen die Anwendung des Sachwertverfahrens auf der Grundlage der Normalherstellungskosten von 1913 greifen auch hier durch.

Nach § 22 WertV ist im **Sachwertverfahren** zunächst der Normalherstellungswert zu   **175**
ermitteln. Das sind die Kosten, die am Stichtag der Wertermittlung für einen Neubau üblicherweise hätten aufgewendet werden müssen. Bei Schlössern und Burgen aus dem Mittelalter wird man allerdings keine **Normalherstellungskosten** ermitteln können. Diese
Objekte sind ungewöhnliche und besondere Bauwerke, deren Herstellungskosten nicht mit
dem „gewöhnlichen Herstellungsaufwand" vergleichbar sind. Würden reale Herstellungskosten kalkuliert, müsste der Raummeterpreis je nach Dicke des tragenden Mauerwerks
400 € bis 800 €/m³ (DIN 277/1950) betragen. Daneben wären die Herstellungskosten der
zahlreichen Sonderbauteile getrennt zu ermitteln (DIN 277/1950, Abschn. 4) und zuzuschlagen.

▶ *Vgl. hierzu Anl. 11 zu § 24 WertV*

Insgesamt ergäben sich extrem hohe Herstellungskosten, die nach Berücksichtigung der   **176**
Alterswertminderung und ggf. der Abschläge wegen baulicher Mängel und Schäden zu
einem ebenfalls hohen Sachwert der baulichen Anlagen führen würden. Da am Grundstücksmarkt diese Werte nicht einmal entfernt als Kaufpreis realisiert werden, wären
Abschläge in Größenordnungen von 60 bis 90 v. H. unumgänglich. Angesichts dieser
hohen Abschläge, die der Höhe nach kaum nachvollziehbar begründet werden können,
stellt sich die Frage, ob das gewählte Wertermittlungsverfahren noch sinnvoll ist. Einen
Ausweg bietet die Annahme, dass das Gebäude unter Verwendung heutiger Baumaterialien
nach heutigen statischen Erkenntnissen aufgebaut werden würde. Dabei würde ein **„fiktiver" Raummeterpreis (Ersatzbeschaffungskosten)** in Ansatz gebracht, der wesentlich
unter dem Raummeterpreis für den Wiederaufbau liegt. Diese Methode hat sich bei der Wertermittlung von alten Fabrikgrundstücken bewährt, bei der die Normalherstellungskosten für
alte Massivhallen nach den Kosten für heute übliche Ausführungen angenommen werden.

Beispiele der Herstellungskosten von Sonderbauteilen (Wertverhältnisse 2000)

Bauteil	Kosten in € Wertverhältnisse 1992
Strebepfeiler 1,00 × 0,80 m mit Schaft, 8 m hoch	15 000 €/Stück
Gurtgesims, h = 0,25 m, Ausladung 0,15 m, glatt	600 €/lfdm.
Deckenfries aus Stuck bis 0,60 m breit	950 €/lfdm.
Deckenmalerei Fresko (Ausmalung mit Putten, Himmel und Wolken)	500 €/m²

Bei Wertermittlungen für unter Denkmalschutz stehende Objekte kann die **Restnutzungs-**   **177**
dauer mit mindestens 100 Jahren angenommen werden. Dabei sind die in diesen Fällen
üblicherweise entstehenden höheren Instandhaltungskosten bei den Bewirtschaftungskosten entsprechend zu berücksichtigen. Werden kürzere Restnutzungsdauern zu Grunde
gelegt, sind die Instandhaltungsaufwendungen entsprechend zu kürzen.

---

68 Auch die Erhebung von Eintrittsgeldern führt zu keinem meßbaren Ertrag, da die Einnahmen allenfalls die
    Kosten der Pflege der Anlage decken können; zu Schlössern ferner Heinzelmeir in ZfV 1995, 573; Gomille in
    Nachr. der nds. Verm- und KatVw 2000/4.
69 Die hier angegebenen Sätze, wie sie schon in der 2. Aufl. dieses Werks (Köln 1997) veröffentlicht worden sind,
    haben Eingang in die „Bewertungsgrundsätze für denkmalgeschützte Objekte am Beispiel der neuen Bundes-
    länder" des Fachbeirats „Bewertung Land- und Forstwirtschaft bei der Bodenverwertungs- und -verwaltungs
    GmbH (BVVG) i. d. F. vom Februar 1999 gefunden.

178 In Fachkreisen wird diese Auffassung nicht einheitlich vertreten. Der **generelle Ansatz der 100-jährigen Restnutzungsdauer** werde nach anderer Auffassung dem Objekt nicht gerecht, da ein vergleichbares nicht unter Denkmalschutz stehendes Gebäude am Wertermittlungsstichtag eine kürzere Restnutzungsdauer und damit einen geringeren Wert hätte. Diese Auffassung übersieht das Instandhaltungsgebot, jedoch ist nach den Ausführungen unter Rn. 152 f. diese Auffassung durchaus „umsetzbar", wenn dann von entsprechend verminderten Instandhaltungskosten ausgegangen wird.

179 In Sachverständigenkreisen wird diskutiert, ob grundsätzlich ein sog. **Schlosszuschlag** (Marktanpassungszuschlag) vorzunehmen ist, da am Markt häufig höhere Kaufpreise erzielt werden als die sich rechnerisch ergebenden Werte. Ob ein Schlosszuschlag anzunehmen ist oder nicht, hängt wesentlich von der Bedeutung des Objekts (Renommee) ab. Bei Schlössern oder Burgen mit geringem Geltungsgrad wird durchaus auch ein Marktanpassungsabschlag in Betracht zu ziehen sein.

180 *Beispiel* **Sachwertverfahren**

A   **Wertermittlung der Bausubstanz**, die für eine Folgenutzung noch verwertbar ist, zuzüglich der Baukosten, die für einen Umbau entsprechend der vorgesehenen Nutzung aufzuwenden sind. Vergleich der Summe dieser Kosten mit den Kosten, die für einen kompletten Neubau, ohne Berücksichtigung alter Bausubstanz aufzuwenden wären.

Beispiel: (ohne Berücksichtigung des Bodenwerts)

Verwertbare Altbausubstanz	1 500 000 €
Umbaukosten (nach spezifizierter Kostenermittlung)	3 200 000 €
Summe	4 700 000 €
Neubaukosten	6 000 000 €
Differenz	1 300 000 €

Das Beispiel zeigt, dass eine Sanierung des Objekts lohnt. Für die Verkehrswertermittlung ergäbe sich als Untergrenze ein Ansatz von 1,5 Mio. € für den Wert der baulichen Anlagen.

B   Bei unterstellbarer Wohnnutzung: Wertermittlung der Bausubstanz, die für eine **Folgenutzung** noch verwertbar ist, zuzüglich der Instandsetzungskosten nach Flächenwerten.

Beispiel: (ohne Berücksichtigung des Bodenwerts):

Verwertbare Altsubstanz	1 500 000 €
Instandsetzungskosten für Wohnnutzung 3 200 m² WF/NF + 1 000 €	3 200 000 €
Summe	4 700 000 €
Neubau für Wohnnutzung: 3 200 m² WF/NF × 1 500 €/m²	4 800 000 €
Differenz	100 000 €

Das Beispiel zeigt, dass auch hier eine Sanierung des Objekts lohnt. Für die Verkehrswertermittlung ergäbe sich als Untergrenze ein Ansatz von 1,5 Mio. € für den Wert der baulichen Anlagen.

4.5.4 Ertragswertverfahren

181 Bei der Wertermittlung von Schlössern und Burgen auf der Grundlage des Ertragswertverfahrens ist Folgendes zu beachten: Das **Ertragswertverfahren** ist im Wesentlichen eine Renditeberechnung. Folglich muss auch die Zielsetzung der Nutzung oder der Folgenutzung des Objekts renditeorientiert sein. Anderenfalls ergeben sich keine plausiblen Wertermittlungsergebnisse. Da Liquidationsüberlegungen (vgl. § 20 Abs. 2 WertV) wegen des Denkmalschutzes vernachlässigt werden können, ist von einer nachhaltigen wirtschaftlichen Nutzung des Schlosses oder der Burg auszugehen. Dabei kann bezüglich des Mietansatzes der renovierte oder modernisierte Zustand des Objekts zu Grunde gelegt werden. Die Aufwendungen für die Modernisierung sind wertmindernd zu berücksichtigen. Unabhängig davon ist zu klären, ob und wenn ja, in welchem Umfang aus denkmalspflegerischer Sicht besondere Instandhaltungs- oder Instandsetzungsmaßnahmen erforderlich sind und inwieweit diese besonderen Maßnahmen wiederkehrend Einfluss auf die Bewirtschaftungskosten nehmen.

Beispiel

C **Investorenmethode:**

Es wird unterstellt, dass ein Investor das Objekt erwirbt. Umbau- und Sanierungsmaßnahmen für die mögliche Folgenutzung durchführt und das sanierte Objekt weiter vermarktet.

Beispiel:

Das Objekt eignet sich als Schulungsstätte (Internatsbetrieb). Der Reinertrag beträgt 17,50 €/Person. Als Tagessatz sind 60 €/Person durchsetzbar. Die Teilnehmerzahl wird auf 60 Personen bei 250 Tagen angenommen.

Reinertrag	
17,50 €/Tag × 60 Personen × 250 Tage	262 500 €
Zinssatz 5 % Restnutzungsdauer 100 Jahre	
Vervielfältiger 19,85	
Grundstücksertragswert 262 500 € × 19,85	5 210 640 €
abzüglich Investitionskosten 3 000 m² WF/NF × 1 000 €/m²	– 3 000 000 €
Differenz	= 2 210 500 €

Da im Allgemeinen für den Investor die Kosten für Unvorhergesehenes, Wagnis und Gewinn (10 bis 20 %) abzuziehen sind, ergäbe sich ein Verkehrswert in einer Größenordnung von rd. 1,85 Mio. €.

D **Ertragswertverfahren nach WertV**

Das Objekt eignet sich zur Vermietung (Wohnungen)

Beispiel:

Rohertrag: 2 200 m² WF × 5 €/m² × 12	132 000 €	
Bewirtschaftungskosten 30 %	– 39 600 €	
Reinertrag	= 92 400 €	
Vervielfältiger 19,85		⊗
Grundstücksertragswert: 92 400 € × 19,85	1 834 140 €	← 19,85
abzüglich Umbaukosten 2 200 m² WF × 600 €	– 1 320 000 €	
Ertragswert	= 514 140 €	

Der Verkehrswert wird 0,5 Mio. € nicht übersteigen. Das Beispiel zeigt, dass der Verkehrswert derartiger Objekte eindeutig von der künftigen Nutzung bestimmt wird. Wäre im vorliegenden Fall eine Nutzung als Schulungsstätte möglich, ergäbe sich der im Beispiel C ermittelte Wert.

Auch oder gerade im Rahmen der Verkehrswertermittlung von Schlössern zeigt sich, dass man sich mit dem Ertragswertverfahren dem Verkehrswert bedeutend zuverlässiger als mit dem Sachwertverfahren nähert (Abb. 10):

Abb. 10: Bewertungen vergleichbarer Objekte in Niedersachsen

Wertermittlungs- objekt Baujahr	Wertermitt- lungsjahr	Ertragswert DM	Sachwert DM	Verkehrswert DM
Burg 13..	1972	100 000	140 000	112 000
Gut 18..	1978		1 100 000	800 000
Schloss 16..	1979	309 000	959 000	530 000
Villa 19..	1981	3 360 000	5 120 000	4 000 000
Schloss 16..	1983	832 000	1 000 000	950 000
Hotel 19..	1985		451 000	451 000
Schloss 16..	1985		1 040 000	800 000
Hotel 18..	1993	3 100 000	4 560 000	3 150 000
Villa 18..	1993		792 000	610 000
Schloss 19..	1995	5 680 000	9 710 000	5 680 000
Schloss 16..	1998	1 900 000	3 280 000	2 400 000

Quelle: Gomille, U., Was ist ein Schloss wert? Nachr. der nds Kat und VmVerw 2000/4 S. 4

183 4.6 Denkmalschutz in der steuerlichen Bewertung

Nachstehend wird der **Erlass betr. Einheitsbewertung von Grundbesitz, der unter Denkmalschutz steht,** vom 21. Oktober 1985 (BStBl. I 1985, 648) abgedruckt:

Gleich lautender Ländererlass[70]

Die Denkmaleigenschaft einer baulichen Anlage kann einen Minderwert des Grundstücks wegen eingeschränkter wirtschaftlicher Verwertbarkeit und der dem Eigentümer obliegenden Unterhaltsverpflichtungen bewirken. Dieser Minderwert kann einen Abschlag bei der Einheitsbewertung des Grundbesitzes rechtfertigen. Bei Grundstücken mit baulichen Anlagen, die nach dem Denkmalschutzgesetz des Landes ganz oder teilweise unter Schutz gestellt sind (Baudenkmälern), ist künftig wie folgt zu verfahren:

1. Maßgebende Grundstücksart bei Schlössern und Burgen

Innerhalb der Baudenkmäler stellen Schlösser und Burgen (im weiteren Erlasstext unter der Bezeichnung „Schlösser" zusammengefasst) eine besondere Gruppe dar, bei der für die Einordnung in die bewertungsrechtliche Grundstücksart Folgendes gilt:

1.1 Ein Schloss ist der Grundstücksart „Einfamilienhäuser" zuzurechnen, wenn der Gebäudebestand überwiegend zur Befriedigung des Wohnbedürfnisses dient oder nach seinem baulichen Zustand zu dienen geeignet ist und nur eine Wohnung vorhanden ist. Das wird bei den meisten kleineren Schlössern der Fall sein, die regelmäßig – z. B. als Landsitz – vom Eigentümer allein bewohnt werden.

Es kann aber auch nach Art der Benutzung eine Bewertung als Zweifamilienhaus, als gemischt genutztes Grundstück oder als Geschäftsgrundstück in Betracht kommen.

1.2 Sind dagegen – wie es insbesondere bei den größeren Schlössern und Burganlagen häufig der Fall ist – erhebliche Teile der Bausubstanz für die Befriedigung heutiger Wohnbedürfnisse ungeeignet und daher nicht oder nur gelegentlich genutzt, so ist, wenn die nach der Verkehrsauffassung nicht für Wohnzwecke geeigneten Teile der Bausubstanz überwiegen, das ganze Schloss (einschließlich der Wohnteile) der Grundstücksart „sonstige bebaute Grundstücke" zuzurechnen. Als nicht für Wohnzwecke geeignete Teile der Bausubstanz kommen z. B. Rittersäle, Hallen und andere übergroße Räume, Türme, Tore und dgl., darüber hinaus aber auch baufällige, ungesunde oder unbeheizbare Räume in Betracht. Bei der Zuordnung der Schlösser zur Grundstücksart „sonstige bebaute Grundstücke" ist nicht kleinlich zu verfahren.

1.3 Ein Grundstück mit denkmalgeschützten Gebäuden ist ein Geschäftsgrundstück, wenn es z. B. als Hotel oder Gaststätte benutzt wird. Dabei können auch nicht unmittelbar genutzte Bauteile als dem gewerblichen Betrieb dienend in die wirtschaftliche Einheit Geschäftsgrundstück einzubeziehen sein.

2. Wertermittlung

Baudenkmäler sind nach Maßgabe des § 76 BewG im Ertragswertverfahren oder im Sachwertverfahren zu bewerten, soweit es sich nicht mangels Gebäudeeigenschaft der baulichen Anlagen um unbebaute Grundstücke i. S. des § 72 BewG handelt. Ist Letzteres der Fall, so gilt Tz. 2.2.1 für die Wertermittlung entsprechend.

2.1 Ertragswertverfahren

2.1.1 Bei der Schätzung der üblichen Miete anhand von Mietspiegeln, z. B. für eigengenutzte Wohnungen in Schlössern, sind wertmindernde Umstände zu berücksichtigen, die sich z. B. aus der Lage, der Größe, der Ausstattung, dem Bauzustand ergeben. Solche Umstände können insbesondere eine geringe oder überhöhte Geschosshöhe, eine ungünstige Grundrissgestaltung, ungenügende Fensterflächen, geringe Deckenbelastbarkeit oder für gewerbliche Räume ungünstige Zugänge oder ungenügende Gestaltungsmöglichkeiten im Innern oder am Äußern des Gebäudes sein.

2.1.2 Ein etwaiger Abschlag wegen behebbarer Baumängel und Bauschäden ist nach den allgemeinen Grundsätzen vorzunehmen und betrifft nur den Gebäudewert (Abschn. 31 Abs. 3. Abschn. 33 Abs. 4 Satz 2 BewRGr).

2.1.3 Die besonderen wertmindernden Auswirkungen des Denkmalschutzes infolge der Erhaltungspflicht und des Veränderungsverbots hinsichtlich der bestehenden Bausubstanz sind pauschal durch einen Abschlag vom Grundstückswert (Bodenwert + Gebäudewert + Wert der Außenanlagen) zu berücksichtigen, der nicht unter die Begrenzung des § 82 Abs. 3 BewG fällt. Hierbei gilt Folgendes:

2.1.3.1 Steht das gesamte Gebäude unter Denkmalschutz, so kann ohne weiteren Nachweis der Grundstückswert in der Regel um 5 v. H. ermäßigt werden.

2.1.3.2 Wird nachgewiesen oder zumindest glaubhaft gemacht, dass die denkmalschutzrechtlichen Beschränkungen im Falle einer Veräußerung den Verkaufspreis in ungewöhnlichem Maße mindern, so kann der Grundstückswert um bis zu 10 v. H. ermäßigt werden.

2.1.3.3 Stehen auf einem Grundstück nur ein Teil der vorhandenen Gebäude oder nur Gebäudeteile (z. B. ein Anbau) oder nur Bauteile (z. B. die Fassade) unter Denkmalschutz, so wird der Grundstückswert gleichwohl um einen einheitlichen Hundertsatz ermäßigt, der wie folgt zu ermitteln ist:

Der nach Tz. 2.1.3.1 oder 2.1.3.2 maßgebende Hundertsatz wird zu dem Bruchteil angesetzt, der entspricht

– bei mehreren Gebäuden oder Gebäudeteilen dem Anteil der Jahresrohmiete des denkmalgeschützten Gebäudes (Gebäudeteils) an der gesamten Jahresrohmiete des Grundstücks;

– bei einem auf Bauteile (z. B. die Fassade) beschränkten Denkmalschutz dem Wertanteil des denkmalgeschützten Bauteils am Gebäude (sämtlicher Gebäude des Grundstücks). Der sich so ergebende Hundertsatz der Ermäßigung ist auf eine volle Zahl nach oben aufzurunden.

2.1.3.4 Der Abschlag wird jeweils nur insoweit gewährt, als Bausubstanz nach dem Denkmalschutzgesetz des Landes als Denkmal geschützt und zu erhalten ist; ein Gestaltungsgebot zur Anpassung von Neubauten an benachbarte

Baudenkmäler reicht daher nicht aus (vgl. das zu § 32 Abs. 1 Nr. 1 GrStG ergangene BVerwG, Urt. vom 21. 9. 1984 – 8 C 62/82 –, *EzGuG 1.25*). Ob Schutz und Erhaltungspflicht der Bausubstanz nur einzelne Gebäudeteile (z. B. nur das Vorderhaus) oder nur einzelne Bauteile (z. B. die Fassade) betreffen, bestimmt sich nach den materiellen Wirkungen des Denkmalschutzes, die tatsächlich für den Eigentümer eintreten.

2.1.3.5 Mit dem pauschalen Abschlag vom Grundstückswert ist bei normal nutzbarer Bausubstanz auch dem Umstand Rechnung getragen, dass die Instandhaltungskosten den Rahmen übersteigen können, der bei der pauschalen Berücksichtigung in den gesetzlich festgelegten Vervielfältigern zu Grunde gelegt wurde; insoweit handelt es sich um eine Ausnahme vom Verbot der individuellen Berücksichtigung von Bewirtschaftungskosten (Abschn. 31 Abs. 1 Satz 2 BewRGr).

2.1.4 Oft wird eine Werterhöhung nach § 82 Abs.2 Nr.1 BewG wegen übergroßer Fläche in Betracht kommen. Eine Erhöhung muss unterbleiben, wenn die nicht bebaute Fläche nicht genutzt werden kann (z. B. ungenutzte Wasserflächen, Umwehrungen, große Höfe). Handelt es sich dagegen um Parks oder andere nutzbare Anlagen, so erhöht sich der Wert. Der Bodenwert wird allerdings im Hinblick auf die sich aus dem Denkmalschutz ergebenden Beschränkungen und Belastungen vorsichtig zu bemessen sein.

2.2 Sachwertverfahren

2.2.1 Bei der Ermittlung des Bodenwerts ist Folgendes zu beachten:

Zwar bleibt der Umstand, dass das Grundstück bebaut ist, nach Abschnitt 35 Abs. 1 BewRGr außer Betracht. Es muss aber berücksichtigt werden, dass das unter Denkmalschutz stehende Gebäude nicht beseitigt werden wird, so dass der Eigentümer gehindert ist, den Boden anderweitig auszunutzen.

Bei der Ermittlung des Bodenwerts ist daher wegen der denkmalschutzrechtlichen Beschränkungen ein pauschaler Abschlag in entsprechender Anwendung von Tz. 2.1.3 zu berücksichtigen.

2.2.2 Bei der Ermittlung der Raummeterpreise für denkmalgeschützte Gebäude oder Gebäudeteile kann die vorhandene Innenausstattung nicht unbeachtet bleiben. Dagegen sind besondere Außenausstattungen der Gebäude (z. B. Fassadenornamente, besonders aufwendige Freitreppen) bei der Bewertung weder im Raummeterpreis noch durch besonderen Ansatz zu erfassen.

2.2.3 Bei der Wertminderung wegen Alters ist von der Lebensdauer auszugehen, die sich aus der Tabelle in Abs. 41 Abs. 2 BewRGr ergibt.

Ob die gewöhnliche Lebensdauer des Gebäudes durch erhebliche, nicht behebbar oder nur mit unverhältnismäßig hohen Kosten zu beseitigende Bauschäden verkürzt ist (Abschn. 41 Abs. 6 BewRGr), richtet sich nach den Verhältnissen des Einzelfalls. Der Restwert nach § 86 Abs. 3 BewG darf jedoch nicht unterschritten werden. Behebbare bauliche Schäden sind nach § 87 BewG in dem Umfang zu berücksichtigen, in dem sie tatsächlich bestehen.

2.2.4 Ermäßigungen nach § 88 BewG werden vornehmlich wegen der Lage des Grundstücks, wegen übergroßer Raumhöhen im Gebäude, aber auch wegen übergroßer Räume (z. B. übergroße Treppenhäuser, die ebenfalls dem Denkmalschutz unterstehen) in Betracht kommen. Das Ausmaß der Ermäßigung richtet sich nach den Verhältnissen des Einzelfalles.

Im Rahmen des § 88 BewG ist der Gebäudewert außerdem wegen der denkmalschutzrechtlichen Beschränkungen zu ermäßigen. Tz. 2.1.3 gilt mit der Maßgabe entsprechend, dass es der personellen Berechnung eines auf den gesamten Gebäudesachwert bezogenen einheitlichen Abschlagssatzes nicht bedarf, wenn bei der Bewertung von mehreren Gebäuden oder Gebäudeteilen ausgegangen wurde und von ihnen nur einige unter Denkmalschutz stehen; in diesem Fall kann der Abschlag vielmehr unmittelbar bezogen auf das einzelne Gebäude (Gebäudeteil) gewährt werden.

2.2.5 Bei Schlossanlagen müssen auch andere nutzbare Gebäude, z. B. Pavillons und Orangerien, bewertet werden. Sie zählen nicht zu den Außenanlagen.

2.2.6 Für die Ermittlung des Werts der Außenanlagen gelten die vorstehenden Ausführungen über die Ermittlung des Gebäudewerts entsprechend. Auch besondere Außenanlagen (z. B. Barockgitter) sind nur mit den normalen Durchschnittspreisen anzusetzen. Soweit die Außenanlagen nicht genutzt werden können (z. B. ungenutzte Wasserflächen, Umwehrungen), sind sie nicht zu berücksichtigen. Parkanlagen und sonstige nutzbare Anlagen sind jedoch zu erfassen.

3. Mindestbewertung

Soweit für Grundstücke mit Baudenkmälern der Mindestwert nach § 77 BewG anzusetzen ist, sind die Anweisungen in Tz. 2.2.1 über die Ermittlung des Bodenwerts zu beachten.

4. Wohnteile von Betrieben der Land- und Forstwirtschaft

Steht der Wohnteil eines Betriebs der Land- und Forstwirtschaft ganz oder teilweise unter Denkmalschutz (vgl. Abschn. 1.02 Abs. 6 BewRL), so sind Nr. 2.1.1 bis 2.1.3 bei der Ermittlung des Wohnungswerts entsprechend anzuwenden.

5. Schlussbestimmung

Dieser Erlass tritt an Stelle der bisherigen, inhaltlich übereinstimmenden Erlasse der obersten Finanzbehörden der Länder.

---

70 Hierzu die ergänzenden Erl. Bremen S 3201/S 3206 – 3260 vom 16. 12. 1985, StEK BewG 1965 § 76 Nr. 19; Hamburg 54 – S 3201 – 1/85 vom 12 11. 1985; StEK BewG 1965 § 76 Nr. 19; Hessen S 3101 A – 1/S 3206 A – 1 II B 42 vom 25. 3. 1986; StEK BewG 1965 § 76 Nr. 21; Schleswig-Holstein VI 330a – S 3201 – 18 vom 30. 4. 1986: StEK BewG 1965 § 76 Nr. 22; Nordrhein-Westfalen S 3201 – 1 – V A 4 vom 3. 12. 1985; StEK BewG 1965 § 76 Nr. 23: Niedersachsen S 3199 – 3 – 36 vom 27. 12. 1985; StEK BewG 1965 § 76 Nr. 24; Rheinland-Pfalz S 3101 A – 446 vom 17. 1. 1986; StEK BewG 1965 § 76 Nr. 25; Thüringen: VV des FM vom 22. 12. 1994 – S 3219a A – 3 – 201.3

5 Wertermittlung im Geltungsbereich von Erhaltungssatzungen

5.1 Allgemeines

184 Das städtebauliche Erhaltungsrecht ist ein Rechtsinstrumentarium, mit dem die Gemeinde ergänzend zum Sanierungs- und Entwicklungsrecht bestimmte städtebauliche Zielvorstellungen „steuern" kann. Es ist in den §§ 172 bis 174 BauGB geregelt. Bei den städtebaulichen Zielvorstellungen muss es nicht nur um den **Erhalt eines Gebiets** gehen, vielmehr kann damit auch ein sozialverträglicher Umstrukturierungsprozess „gesteuert" werden. Insoweit ist die Bezeichnung missverständlich. Des Weiteren kann damit der Erhalt der Zusammensetzung der angestammten Wohnbevölkerung „gesteuert" werden, wenn ihre Verdrängung städtebaulich abträglich wäre (städtebaulicher Reflex).

185 Das städtebauliche Erhaltungsrecht ist ein räumlich begrenzt wirksames Sonderrecht, das zeitlich (unbefristet) solange zur Anwendung kommen kann, wie es die städtebaulichen Zielvorstellungen der Gemeinde erfordern. Zu diesem Zweck kann die Gemeinde nach § 172 Abs. 1 BauGB in einem Bebauungsplan oder durch eine sonstige Satzung Gebiete bezeichnen, in denen

– der **Rückbau (Abbruch)** baulicher Anlagen,

– die **Änderung baulicher Anlagen,**

– die **Nutzungsänderung** baulicher Anlagen und

– in bestimmten Fällen auch die **Errichtung baulicher Anlagen**

der **Genehmigung** bedarf (Geltungsbereich einer Erhaltungssatzung). Gleichzeitig steht der Gemeinde im Geltungsbereich einer Erhaltungssatzung nach § 24 Abs. 1 Nr. 4 BauGB beim Kauf von Grundstücken ein Vorkaufsrecht zu. Des Weiteren kann nach § 85 Abs. 1 Nr. 6 BauGB ein Grundstück im Geltungsbereich einer Erhaltungssatzung enteignet werden, um eine bauliche Anlage aus den in § 172 Abs. 3 bis 5 bezeichneten Gründen (vgl. Rn. 201 ff.) zu erhalten. Die Erhaltungssatzung dient ausschließlich der Bezeichnung des Gebiets, ohne dass dies an besondere planungsrechtliche Voraussetzungen gebunden ist. Die Erhaltungssatzung bedarf auch keiner Begründung.

186 Des Weiteren kann die Landesregierung durch Rechtsverordnung für den Geltungsbereich von sog. **Milieuschutzsatzungen** (§ 172 Abs. 1 Nr. 2 i.V. m. Abs. 4 BauGB) mit einer Geltungsdauer von höchstens fünf Jahren bestimmen, dass die Begründung von Sondereigentum (Wohnungseigentum und Teileigentum gemäß § 1 des Wohnungseigentumsgesetzes) an Gebäuden, die ganz oder teilweise Wohnzwecken zu dienen bestimmt sind, einer Genehmigung bedarf. Diese Genehmigung ist in den in § 172 Abs. 4 Satz 2 und 3 BauGB genannten Fällen zu erteilen (vgl. Rn. 201 ff.).

187 Das **städtebauliche Erhaltungsrecht ist zweistufig ausgestaltet**:

Während in der ersten Stufe mit der Erhaltungssatzung lediglich das Gebiet festgelegt wird, entfaltet die Festlegung erst im Rahmen des Genehmigungsvorbehalts (zweite Stufe) ihre Wirkung.

188 Das städtebauliche Erhaltungsrecht kennt **drei Typen von Erhaltungssatzungen** (§ 172 Abs. 1 BauGB), nämlich

a) die *Stadtgestalterhaltungssatzung* zur Erhaltung der städtebaulichen Eigenart des Gebiets auf Grund seiner städtebaulichen Gestalt (Abs. 1 Nr. 1) – städtebaulicher Ensembleschutz –,

b) die *Milieuschutzsatzung* zur Erhaltung der Zusammensetzung der Wohnbevölkerung (Abs. 1 Nr. 2) oder

c) die *Umstrukturierungssatzung* für städtebauliche Umstrukturierungen (Abs. 1 Nr. 3)

Die **Rechtsfolgen** bezüglich des Genehmigungsvorbehalts sind in den Abs. 3 bis 5 des § 172 **189**
BauGB geregelt (vgl. Abb. 19):

„§ 172 Abs. 3 BauGB
(Stadtgestalterhaltungssatzung):

(3) In den Fällen des Absatzes 1 Satz 1 Nr. 1 (BauGB) darf die Genehmigung nur versagt werden, wenn die bauliche Anlage allein oder im Zusammenhang mit anderen baulichen Anlagen das Ortsbild, die Stadtgestalt oder das Landschaftsbild prägt oder sonst von städtebaulicher, insbesondere geschichtlicher oder künstlerischer Bedeutung ist. Die Genehmigung zur Errichtung der baulichen Anlage darf nur versagt werden, wenn die städtebauliche Gestalt des Gebiets durch die beabsichtigte bauliche Anlage beeinträchtigt wird.

§ 172 Abs. 4 BauGB
(Milieuschutzsatzung):

(4) In den Fällen des Absatzes 1 Satz 1 Nr. 2 und Satz 4 (BauGB) darf die Genehmigung nur versagt werden, wenn die Zusammensetzung der Wohnbevölkerung aus besonderen städtebaulichen Gründen erhalten werden soll. Sie ist zu erteilen, wenn auch unter Berücksichtigung des Allgemeinwohls die Erhaltung der baulichen Anlage oder ein Absehen von der Begründung von Sondereigentum wirtschaftlich nicht mehr zumutbar ist. Die Genehmigung ist ferner zu erteilen, wenn

1. die Änderung einer baulichen Anlage der Herstellung des zeitgemäßen Ausstattungszustands einer durchschnittlichen Wohnung unter Berücksichtigung der bauordnungsrechtlichen Mindestanforderungen dient,

2. das Grundstück zu einem Nachlass gehört und Sondereigentum zugunsten von Miterben oder Vermächtnisnehmern begründet werden soll,

3. das Sondereigentum zur eigenen Nutzung an Familienangehörige des Eigentümers veräußert werden soll,

4. ohne die Genehmigung Ansprüche Dritter auf Übertragung von Sondereigentum nicht erfüllt werden können, zu deren Sicherung vor dem Wirksamwerden des Genehmigungsvorbehalts eine Vormerkung im Grundbuch eingetragen ist,

5. das Gebäude im Zeitpunkt der Antragstellung zur Begründung von Sondereigentum nicht zu Wohnzwecken genutzt wird oder

6. sich der Eigentümer verpflichtet, innerhalb von sieben Jahren ab der Begründung von Sondereigentum Wohnungen nur an die Mieter zu veräußern; eine Frist nach Artikel 14 Satz 2 Nr. 1 des Investitionserleichterungs- und Wohnbaulandgesetzes vom 22. April 1993 (BGBl. I S. 466) verkürzt sich um sieben Jahre.

In den Fällen des Satzes 3 Nr. 6 kann in der Genehmigung bestimmt werden, dass auch die Veräußerung von Sondereigentum an dem Gebäude während der Dauer der Verpflichtung der Genehmigung der Gemeinde bedarf. Diese Genehmigungspflicht kann auf Ersuchen der Gemeinde in das Grundbuch für das Sondereigentum eingetragen werden; sie erlischt nach Ablauf der Verpflichtung.

§ 172 Abs. 5 BauGB
(Umstrukturierungssatzung):

(5) In den Fällen des Absatzes 1 Satz 1 Nr. 3 *(BauGB)* darf die Genehmigung nur versagt werden, um einen den sozialen Belangen Rechnung tragenden Ablauf auf der Grundlage eines Sozialplans (§ 180) zu sichern. Ist ein Sozialplan nicht aufgestellt worden, hat ihn die Gemeinde in entsprechender Anwendung des § 180 aufzustellen. Absatz 4 Satz 2 ist entsprechend anzuwenden."

Bei **Stadtgestalterhaltungssatzungen** steht, anders als bei Denkmalen, nicht die Erhaltungswürdigkeit des einzelnen Objekts im Vordergrund, sondern die städtebauliche Gestalt **190**
des Gebiets. Die Denkmaleigenschaft kann deshalb für sich eine Erhaltungssatzung nicht rechtfertigen, auch wenn die einbezogenen Objekte zugleich Denkmaleigenschaft aufweisen.

Die Festlegung des Geltungsbereichs einer Erhaltungssatzung hält sich im Rahmen der **191**
Inhaltsbestimmung des Eigentums und erst die Versagung einer Genehmigung kann in einen enteignenden Eingriff mit den aufgeführten unterschiedlichen Rechtsfolgen umschlagen. In einen enteignenden Eingriff schlägt die Versagung der Genehmigung erst um, wenn damit die Opfergrenze überschritten wird. Die **Opfergrenze bestimmt sich nach der wirtschaftlichen Zumutbarkeit einer Versagung.** Für die Auslegung des unbestimmten Rechtsbegriffs der „wirtschaftlichen Unzumutbarkeit" wird auf die in der Rechtsprechung zum Denkmalschutz entwickelten Grundsätze hingewiesen, auch wenn es sich bei den betroffenen Objekten nicht um Denkmale handeln muss (vgl. Rn. 67 ff.).

Abb. 11: Typologie der Erhaltungssatzungen und ihre Rechtsfolgen

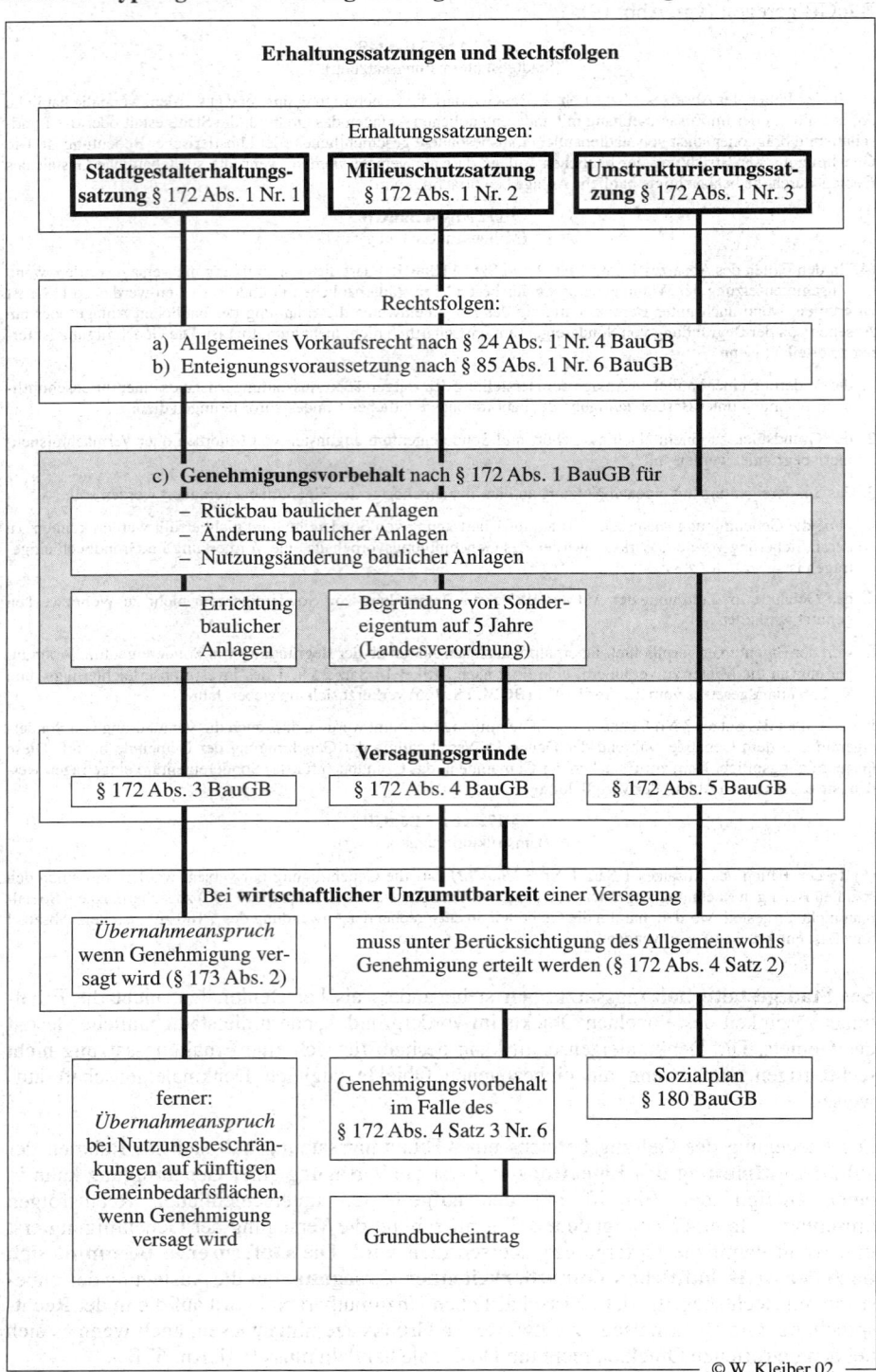

Erhaltungssatzungen und Rechtsfolgen

Erhaltungssatzungen:

| Stadtgestalterhaltungs-satzung § 172 Abs. 1 Nr. 1 | Milieuschutzsatzung § 172 Abs. 1 Nr. 2 | Umstrukturierungssat-zung § 172 Abs. 1 Nr. 3 |

Rechtsfolgen:

a) Allgemeines Vorkaufsrecht nach § 24 Abs. 1 Nr. 4 BauGB
b) Enteignungsvoraussetzung nach § 85 Abs. 1 Nr. 6 BauGB

c) **Genehmigungsvorbehalt** nach § 172 Abs. 1 BauGB für

– Rückbau baulicher Anlagen
– Änderung baulicher Anlagen
– Nutzungsänderung baulicher Anlagen

– Errichtung baulicher Anlagen

– Begründung von Sondereigentum auf 5 Jahre (Landesverordnung)

Versagungsgründe

| § 172 Abs. 3 BauGB | § 172 Abs. 4 BauGB | § 172 Abs. 5 BauGB |

Bei **wirtschaftlicher Unzumutbarkeit** einer Versagung

Übernahmeanspruch wenn Genehmigung versagt wird (§ 173 Abs. 2)

muss unter Berücksichtigung des Allgemeinwohls Genehmigung erteilt werden (§ 172 Abs. 4 Satz 2)

ferner: *Übernahmeanspruch* bei Nutzungsbeschränkungen auf künftigen Gemeinbedarfsflächen, wenn Genehmigung versagt wird

Genehmigungsvorbehalt im Falle des § 172 Abs. 4 Satz 3 Nr. 6

Sozialplan § 180 BauGB

Grundbucheintrag

© W. Kleiber 02

5.2   Verkehrswertermittlung

5.2.1   Grundsätzliches

Bei der Verkehrswertermittlung von Grundstücken im Geltungsbereich einer Erhaltungs-   **192**
satzung kommen die allgemeinen Grundsätze der Verkehrswertermittlung zur Anwendung,
jedoch gilt es eine Reihe besonderer „rechtlicher Gegebenheiten" (§ 194 BauGB) zu
beachten. Als **rechtliche Gegebenheiten** sind insbesondere

– die wertmindernden Einschränkungen zu beachten, die sich aus dem Genehmigungsvorbehalt nach § 172 Abs. 3 bis 5 BauGB und den Möglichkeiten der Versagung einer
   Änderung der baulichen Anlage, der Nutzungsänderung sowie des Rückbaus (Abbruchs)
   einer baulichen Anlage ergeben, sowie

– die werterhöhenden Momente, die sich z. B. im Falle einer Stadtgestalterhaltungssatzung nach § 172 Abs. 1 Nr. 1 im Hinblick auf den Schutz des erhaltenswerten Orts-
   bilds, der Stadtgestalt und des Landschaftsbilds ergeben.

Von der **Möglichkeit der Ausübung des Vorkaufsrechts sowie der Enteignung** nach   **193**
§ 24 Abs. 1 Nr. 4 und § 85 Abs. 1 Nr. 6 BauGB gehen i. d. R. keine besonderen Werteinflüsse aus, weil sich das Vorkaufsrecht und die Entschädigung nach dem Verkehrswert
bemisst. Ob sich die Lage eines Grundstücks im Geltungsbereich einer Erhaltungssatzung
insgesamt wertmindernd, werterhöhend oder wertneutral auswirkt, hängt ansonsten von
einer Gesamtbetrachtung sowohl der mit dem Genehmigungsvorbehalt verbundenen Einschränkungen, als auch der mit dem besonderen Schutz einer erhaltenswerten Bausubstanz
(Ensembleschutz) verbundenen Vorteile ab.

Je nach Typus der Erhaltungssatzung kann von den **Genehmigungstatbeständen** ein   **194**
unterschiedlicher Einfluss auf den Verkehrswert ausgehen.

Obwohl die **wirtschaftliche Unzumutbarkeit** erst im Falle der Versagung einer Genehmi-   **195**
gung mit unterschiedlichen Rechtsfolgen bei einer Stadtgestalterhaltungssatzung (Übernahmeanspruch) einerseits und einer Milieuschutz- oder Umstrukturierungssatzung andererseits (Genehmigungsanspruch) Bedeutung erlangt, muss die vom Gesetzgeber gezogene
Grenzlinie schon bei der Verkehrswertermittlung berücksichtigt werden, denn der Grundstücksmarkt muss die im Rahmen der Sozialpflichtigkeit vom Eigentümer hinzunehmenden wirtschaftliche Beeinträchtigungen bei der Preisbildung berücksichtigen.

Umgekehrt kann der Genehmigungsvorbehalt immer nur in dem Maße zu einer **Wertmin-**   **196**
derung führen, wie die mit der Versagung verbundene wirtschaftliche Beeinträchtigung für
den Eigentümer wirtschaftlich zumutbar ist.

Bei der Verkehrswertermittlung von Grundstücken im Geltungsbereich einer Erhaltungs-   **197**
satzung müssen deshalb regelmäßig die aus dem Genehmigungsvorbehalt resultierenden
wirtschaftlichen Beeinträchtigungen aus zweierlei Gründen ermittelt werden:

– Zum einen wird man eine aus dem Genehmigungsvorbehalt resultierende Wertminderung gegenüber einem „unbelasteten" Grundstück zumindest bei Ertragsobjekten aus
   der wirtschaftlichen Beeinträchtigung ableiten.

– Zum anderen muss sich der Sachverständige damit auseinander setzen, ob mit einer wirtschaftlichen Beeinträchtigung die wirtschaftliche Zumutbarkeitsgrenze überschritten
   wird, weil der Grundstückseigentümer im Rahmen der im Gesetz verankerten Opfergrenze die wirtschaftliche Beeinträchtigung nur bis eben zu dieser Grenze hinnehmen
   muss.

Soweit auf Grund des Genehmigungsvorbehalts insgesamt eine Minderung des Verkehrs-   **198**
werts gegenüber dem Verkehrswert eines „unbelasteten" Grundstücks eintritt, kann diese
Wertminderung den Verkehrswert nur bis zu der verfassungsrechtlichen Opfergrenze auf-
zehren. Die Opfergrenze bestimmt sich nach der wirtschaftlichen Zumutbarkeit, wobei

diese nicht in direkter Abhängigkeit von der Wertminderung zu ziehen ist. Die **Opfergrenze markiert** infolgedessen **die äußere Grenze einer sich aus dem Genehmigungsvorbehalt ergebenden Wertminderung.** Eine darüber hinausgehende Wertminderung wird quasi durch die vom Gesetzgeber vorgegebenen Rechtsfolgen „gekappt". Dies ist, wie ausgeführt, ein Übernahmeanspruch bzw. ein Genehmigungsanspruch mit der Folge, dass sich der Genehmigungsvorbehalt, von einer allgemeinen Unsicherheit bezüglich des Eintritts der Rechtsfolgen abgesehen, nicht mehr wertmindernd auswirken kann.

199 Hieraus ergibt sich für die Wertermittlung eine **zweistufige Vorgehensweise** (Abb. 12):

– In der **ersten Stufe** ist zu prüfen, ob mit einer zu erwartenden wirtschaftlichen Beeinträchtigung auf Grund des Genehmigungsvorbehalts die Opfergrenze überschritten wird und deshalb ein Genehmigungs- bzw. Übernahmeanspruch geltend gemacht werden kann. Ist dies zu bejahen, kann a priori auf die Ermittlung einer Wertminderung verzichtet werden.

– Geht auf Grund des Prüfungsergebnisses der ersten Stufe mit dem Genehmigungsvorbehalt keine wirtschaftliche Beeinträchtigung einher, die die Opfergrenze überschreitet, stellt sich dann in der **zweiten Stufe** (und nur dann) die Aufgabe, ob und ggf. in welcher Höhe eine Wertminderung zu berücksichtigen ist, wenn bei der Verkehrswertermittlung vom Verkehrswert des „unbelasteten" Grundstücks ausgegangen werden soll (Abb. 12).

200 ▶ *Zur Zumutbarkeitsgrenze vgl. die vorstehenden Ausführungen zur Zumutbarkeitsgrenze im Denkmalschutz § 19 WertV Rn. 67 ff.*

Abb. 12: Berücksichtigung der Opfergrenze bei der Verkehrswertermittlung

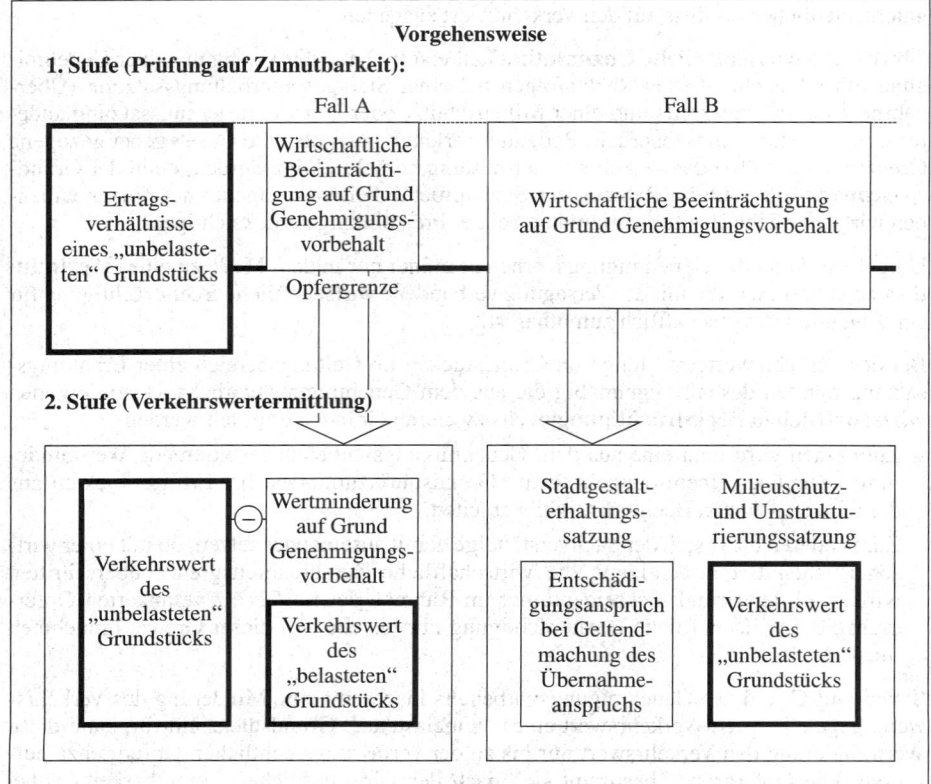

© W. Kleiber 02

5.2.2 Genehmigungsvorbehalt

5.2.2.1 Rückbau baulicher Anlagen

Der Abbruch einer baulichen Anlage stellt kein Vorhaben i. S. d. § 29 Satz 1 BauGB dar und **201** bedarf deshalb grundsätzlich keiner Genehmigung nach den planungsrechtlichen Vorschriften des allgemeinen Städtebaurechts. Die Lage eines Grundstücks im Geltungsbereich einer Erhaltungssatzung engt demzufolge die Dispositionsmöglichkeiten eines Eigentümers ein (vgl. die Rechtswirkungen bei Veränderungssperren nach § 14 Abs. 1 Nr. 1 BauGB und die entsprechenden Genehmigungsvorbehalte für Grundstücke, die in eine städtebauliche Sanierungs- oder Entwicklungsmaßnahme einbezogen worden sind: § 144 Abs. 1 Nr. 1 i. V. m. § 14 Abs. 1 BauGB). Die **Versagung der Genehmigung für den Rückbau** einer baulichen Anlage gewinnt erst dann **wertmäßig Relevanz, wenn damit eine höherwertige Nutzung des Grundstücks verhindert wird,** die üblicherweise auch realisiert werden würde.

Zur Frage, ob der Genehmigungsvorbehalt für den Rückbau einer baulichen Anlage wert- **202** mäßig berücksichtigt werden muss, sollte deshalb untersucht werden,

– ob im Einzelfall mit der **Versagung der Genehmigung** für einen sich wirtschaftlichen aufdrängenden Rückbau gerechnet werden muss und

– wie sich dies ggf. auf den Verkehrswert auswirkt.

Muss mit der Versagung der Rückbaugenehmigung gerechnet werden, lässt sich die Wert- **203** minderung dadurch ermitteln, dass

– der Verkehrswert des Grundstücks bei Fortführung der vorhandenen Bebauung und

– der Verkehrswert unter Berücksichtigung des Rückbaus der Bausubstanz

gegenübergestellt werden. Die sich daraus ergebende Wertminderung ist grundsätzlich bei der Verkehrswertermittlung zu berücksichtigen. Erst wenn die Wertminderung so erheblich ist, dass sie vom Eigentümer nicht hingenommen zu werden braucht, d. h., wenn sie für ihn wirtschaftlich unzumutbar ist, ist § 172 Abs. 4 Satz 2 und Abs. 5 Satz 3 sowie § 173 Abs. 2 i. V. m. § 40 Abs. 2 BauGB zu beachten. Die **wirtschaftliche Unzumutbarkeit** ist dann die vom Gesetzgeber gezogene **Grenzlinie der Wertminderung,** die der Eigentümer im Rahmen der Sozialbindung des Eigentums entschädigungslos hinnehmen muss.

Der Verkehrswert eines Grundstücks im Geltungsbereich einer Erhaltungssatzung kann auf **204** Grund einer zu erwartenden Versagung der **Genehmigung des Rückbaus** einer baulichen Anlage **nur bis zu der Grenze** gemindert werden, **wie dies wirtschaftlich dem Eigentümer zugemutet werden kann.** Bei wirtschaftlicher Unzumutbarkeit

– muss bei Erhaltungssatzungen i. S. d. § 172 Abs. 1 Nr. 2 BauGB (Milieuschutzsatzungen) sowie bei Satzungen i. S. d. § 172 Abs. 1 Nr. 3 BauGB (Städtebauliche Umstrukturierungssatzungen) die Genehmigung nämlich erteilt werden;

– besteht bei Erhaltungssatzungen i. S. d. § 172 Abs. 1 Nr. 1 (Stadtgestalterhaltungssatzung) BauGB ein Übernahmeanspruch.

Im Falle des **Übernahmeanspruchs** bestimmt sich demzufolge der (Mindest-) Verkehrs- **205** wert nach der dann zu gewährenden Entschädigung. Für die Bemessung der Entschädigung **sind** nach § 173 Abs. 2 Satz 2 BauGB **die planungsschadensrechtlichen Regelungen der § 43 Abs. 1, 4 und 5 sowie § 44 Abs. 3 und 4 BauGB** entsprechend anzuwenden (vgl. § 29 WertV Rn. 34 ff.).

▶ *Zur Zumutbarkeitsgrenze vgl. die entsprechend anwendbaren Grundsätze bei denkmalgeschützten Gebäuden Rn. 67 ff.*

Einen Rückbau (Abbruch) wird der Eigentümer spätestens dann in Betracht ziehen, wenn **206** der Reinertrag einer baulichen Anlage vom Bodenwertverzinsungsbetrag aufgezehrt wird und die vorhandene Bausubstanz (wirtschaftlich) nicht instandsetzungsfähig ist; d. h.

gegenüber einem Neubau zu keinen Ersparnissen führt. In solchen Fällen kommt nach § 20 Abs. 1 oder 2 WertV das Liquidationswertverfahren zur Anwendung. Zur Beantwortung der Frage, welche **Wertminderung** auf Grund der Lage des Grundstücks im Geltungsbereich der Erhaltungssatzung eingetreten ist und inwieweit sie tatsächlich im Hinblick auf den Übernahmeanspruch hingenommen werden muss, kann nach dem Vorhergesagten ermittelt werden, indem der **Liquidationswert dem Verkehrswert** gegenübergestellt wird, **der sich bei Fortführung der bestehenden baulichen Anlage ergibt.** Ist dieser Wert gegenüber dem Liquidationswert in einem Maße gemindert, das die wirtschaftliche Zumutbarkeit überschreitet, bemisst sich der Verkehrswert nach dem Entschädigungswert, der bei Geltendmachung des Übernahmeanspruchs zu gewähren ist.

5.2.2.2   Änderung baulicher Anlagen

207   Die „**Änderung einer baulichen Anlage**" **umfasst den Umbau, den Ausbau und die Erweiterung baulicher Anlagen.** Hierzu gehören sowohl Änderungen im Inneren einer baulichen Anlage, z. B. durch Änderung der Grundrissgestaltung sowie Modernisierungs- und Instandsetzungsmaßnahmen, als auch Änderungen des Äußeren eines Gebäudes. Der Genehmigungstatbestand kann, soweit aus den Erhaltungszielen mit einer Versagung gerechnet werden muss, zu einer Wertminderung führen, weil dem Objekt damit Entwicklungschancen genommen werden. Allerdings muss dabei berücksichtigt werden, dass die Realisierung solcher Entwicklungschancen i. d. R. eines Kapitaleinsatzes bedürfen und deshalb **nur rentierliche Entwicklungschancen zu einer Minderung des Verkehrswerts** eines von der Erhaltungssatzung erfassten Grundstücks gegenüber einem „unbelasteten" führen.

208   Dies kann wiederum dadurch festgestellt werden, dass

– der (fiktive) Verkehrswert unter Berücksichtigung der sich üblicherweise aufdrängenden Änderungen und der dafür aufzubringenden Kosten

– dem Verkehrswert im unveränderten Zustand

gegenübergestellt wird. Eine sich daraus ergebende Wertminderung ist wiederum nur insoweit zu berücksichtigen, wie sie wirtschaftlich zumutbar ist. Bei Überschreitung der wirtschaftlichen Zumutbarkeitsgrenze ist der fiktiv ermittelte Verkehrswert maßgebend, weil dann die Genehmigung nach § 172 Abs. 4 Satz 2 bzw. Abs. 5 Satz 3 BauGB erteilt werden muss. Der Verkehrswert des im Geltungsbereichs einer Erhaltungssatzung gelegenen Grundstücks ist in diesem Fall identisch mit dem Verkehrswert eines unbelasteten Grundstücks.

209   Im Rahmen von **Milieuschutzsatzungen** i. S. d. § 172 Abs. 1 Nr. 2 BauGB ist der Genehmigungsvorbehalt nach § 172 Abs. 4 BauGB von besonderer Bedeutung[71]. Zum Zwecke des Erhalts der Zusammensetzung der Wohnbevölkerung wird nach dieser Vorschrift die Genehmigung von Modernisierungsmaßnahmen versagt, wenn sie zu einer Miethöhe führen würde, die über der für das Erhaltungsgebiet ermittelten Durchschnittsmiete liegt (Gebietsmieten-Obergrenzen). Die eigentlichen Versagungsgründe müssen dabei städtebaulicher Natur sein, wobei es konkret um den „städtebaulichen Reflex" geht, der mit einer Verdrängung der ansässigen Bevölkerung einhergeht. So kann die Verdrängung einer infrastrukturell (in dem Gebiet) ausreichend – z. B. mit Kindergärten, Schulen, Flächen des ruhenden Verkehrs, Grünflächen, Altentagesstätten usw. – versorgten Bevölkerung zur Folge haben, dass diese Einrichtungen andernorts neu und für die neuen Bewohner andere Infrastruktureinrichtungen ebenfalls neu geschaffen werden müssen. Die Milieuschutzsatzungen sind nämlich kein Instrument des Mieterschutzes.

210   In der Praxis werden **Modernisierungsmaßnahmen im Geltungsbereich einer Milieuschutzsatzung** vielfach dann nicht genehmigt, wenn sie zu einer Miete führen würden, die die für das Erhaltungsgebiet ermittelte Durchschnittsmiete übersteigt. Dabei wird unterstellt, dass mit der Überschreitung der Durchschnittsmiete eine Umstrukturierung mit städtebaulichen Folgen eintritt. Ob mit der Überschreitung der Durchschnittsmiete tatsächlich die genannten städtebaulichen Folgen eintreten werden, mag im Einzelfall bezweifelt werden können; es dürfte jedoch schwierig und kaum zu beantworten sein, ab welcher Überschreitung der Durchschnittsmiete bei einer bestimmten Bevölkerung und infrastrukturellen Ausstattung des Gebiets davon ausgegangen werden muss. Im Hinblick auf die Vorbildwirkung einer Überschreitung der Gebietsmiete kommt es auf die subjektiven Verhältnisse nicht an. Mit dem BauGB 98 wurde diesbezüglich im Gesetz klargestellt, dass Maßnahmen zur Änderung baulicher Anlagen (Modernisierungsmaßnahmen) zumindest in den Fällen zu genehmigen sind, in denen die Maßnahme der **Herbeiführung eines durchschnittlichen Ausstattungszustands der Wohnungen unter Berücksichtigung der bauordnungsrechtlichen Anforderungen** dient, die in Neubaufällen zu stellen sind. Dies entspricht der herrschenden Rechtsprechung.

Soweit sich die Möglichkeit der Durchführung rentierlicher **Modernisierungsmaßnahmen** werterhöhend auf den Verkehrswert auswirken würde, ist diese Möglichkeit ansonsten nur bezüglich solcher Modernisierungsmaßnahmen berücksichtigungsfähig, wie die Modernisierung zu einer Miethöhe führt, die der gebietsspezifischen Durchschnittsmiete entspricht. Des Weiteren muss davon ausgegangen werden, dass insbesondere aufwertungsverdächtige Gebiete mit einkommensschwächeren Mietern durch eine Milieuschutzsatzung in ihrer Wertentwicklung gebremst werden, die sich sonst durch Modernisierungsmaßnahmen und Umwandlung der Wohnungen in Wohneigentum einstellen würde. **211**

5.2.2.3 Nutzungsänderung baulicher Anlagen

Ein Genehmigungsvorbehalt besteht nicht nur bei Änderung einer baulichen Anlage, sondern auch für den Fall, dass eine vorhandene bauliche Anlage einer neuen Nutzung zugeführt werden soll. Dies betrifft insbesondere die **Umwandlung von Wohnungen in Büros oder Vergnügungsstätten** sowie im Geltungsbereich einer Milieuschutzsatzung – zeitlich befristet auf 5 Jahre – die Umwandlung von Miet- in Eigentumswohnungen, wenn die Landesregierung durch Rechtsverordnung die Begründung von Sondereigentum (Wohnungs- und Teileigentum gemäß § 1 WEG) unter Genehmigungsvorbehalt gestellt hat. **212**

Für die Verkehrswertermittlung bedeutet dies, dass im Rahmen des **Ertragswertverfahrens von den Einnahmen aus der bestehenden Nutzung ausgegangen werden muss** und nicht eine zulässige höherwertigere Nutzung angesetzt werden darf, die sonst bei der Preisbemessung im gewöhnlichen Geschäftsverkehr maßgeblich wäre. **213**

5.3 Beispiel: Verkehrswertermittlung im Geltungsbereich einer Erhaltungssatzung nach § 172 Abs. 1 Nr. 1 BauGB

▶ *Hierzu auch § 20 WertV Rn. 75.*

Es ist der Verkehrswert einer „dramatisch" heruntergewirtschafteten Liegenschaft mit hohem Instandsetzungsstau zu ermitteln. Die Liegenschaft liegt im Geltungsbereich einer Stadtgestalterhaltungssatzung nach § 172 Abs. 1 Satz 1 Nr. 1 BauGB. Der Rückbau bedarf einer Genehmigung, die ggf. nach § 172 Abs. 3 BauGB zu versagen ist, wenn er den Zielen der Erhaltungssatzung zuwiderläuft. **214**

---

71 OVG Münster, Urt. vom 17. 11. 1987 – 7 A 1897/87 –, EzGuG 3.71e; VG Berlin, Urt. vom 3. 6. 1992 – 19 A 248/91 –, EzGuG 3.108 a; VG München, Urt. vom 9. 12. 1996 – M 8 K 96.1008 –, EzGuG 3.122

a) Wertermittlungsobjekt

1. Bodenwert

Grundstücksgröße .... 2 120 m²
Bodenrichtwert .... 400 €/m² bei GFZ 0,4
Tatsächlich realisierte Nutzung (mit Bestandsschutz) .... GFZ 1,8
Umrechnungskoeffizient (UK) von GFZ 0,4 0,66
Umrechnungskoeffizient (UK) von GFZ 1,8 1,36

$$\text{Bodenwert} = 400\ \text{€/m}^2 \times \frac{1,36}{0,66} \dots\dots\dots\dots\ =\ 824\ \text{€/m}^2$$

zuzüglich 10 % (wegen Nähe zum Wasser) .... = + 82 €/m²

ergibt .... = rd. 900 €/m²

2. Bebauung

Gemischt genutztes Gebäude (Gewerbe- und Wohngebäude)
Gutachterliche Einschätzung: „Totales Sanierungs- und Modernisierungsobjekt"
mit erheblichen Baumängeln und Bauschäden
 – schadhafte Isolierung insbesondere Außenputz
 – schadhafte Stahlkonstruktion der Balkone
 – Dacheindeckung schadhaft und undicht
 – Holzfäule und Schwamm im Dach
 – Hausbock- und Anobienbefall
 – veraltete Installationen.

Unter Berücksichtigung des Zustands wurde trotz der Baumängel und Bauschäden
für das 1929 errichtete Gebäude vom Gutachter angegeben

Gesamtnutzungsdauer .... 100 Jahre
Restnutzungsdauer .... 28 Jahre
Umbauter Raum .... 15 900 m³
Nutzfläche (gewerblich) .... 1 168 m²
Wohnfläche .... 1 205 m²

3. Sachwertermittlung (nachrichtlich)
Es wurde ein Sachwert einschließlich Außenanlagen ermittelt zu
1,235 Mio. € (Gebäudesachwert)
3,135 Mio. € (Gesamt-)Sachwert

215 b) Ertragswertermittlung

Die Ertragswertermittlung erfolgte auf der Grundlage des Ist-Zustands mit folgenden „baumängelbehafteten" Mieten

 – Wohnen   2,73 €/m² WF
 – Gewerbe   4,50 €/m² NF

Ertragswertermittlung

1 205 m² × 2,73 €/m² × 12	= 39 476 €/Jahr
1 168 m² × 4,50 €/m² × 12	= + 63 072 €/Jahr
insgesamt	= 102 548 €/Jahr

./. Bewirtschaftungskosten
Instandhaltungskosten

1 205 m² × 15,00 €/m² = 18 075 €
1 168 m² × 3,75 €/m² = 4 380 €
zusammen = 22 455 €

Verwaltungskosten
29 WE/GE × 210 € = + 6 090 €

Mietausfallwagnis
102 548 € × 0,03 = + 3 076 €
zusammen = 31 621 €   = − 31 621 €

Reinertrag (RE)   = + 70 927 €

./. Bodenwertverzinsungsbetrag
1 908 000 € × 0,05   = − 95 400 €

RE − p × BW (= minus)	=	− 24 473 € × 14,90 = − 364 648 €
(V = 14,90 bei p = 5 % und RND = 28 Jahre)		+ BW = + 1 908 000 €
Ertragswert 1		**= 1 543 352 €**

Ergebnis: Liquidationsobjekt (§ 20 Abs. 1 WertV)

Verkehrswert =   Bodenwert – Freilegungskosten

Freilegungskosten: $15\,900\ m^3\ \times\ 22{,}5\ €/m^3\ =\ 357\,750\ €$

Ob es sich tatsächlich um ein Liquidationsobjekt handelt, ist kritisch zu hinterfragen, denn mit dem Abriss des Gebäudes fällt das Grundstück auf eine GFZ von 0,4 mit einem Bodenwert von 400 €/m² zurück. Infolgedessen beläuft sich der Bodenwert auf

$$2\,120\ m^2\ \times\ 400\ €/m^2\ =\ 848\,000\ €$$

$$\text{Liquidationswert: } 848\,000 - 357\,750\ =\ \mathbf{490\,250\ €}$$

Das Grundstück liegt im Geltungsbereich einer Stadtgestalterhaltungssatzung nach § 172 Abs. 1 Nr. 1 BauGB.   **216**

§ 172 Abs. 1 BauGB:

„(1) Die Gemeinde kann in einem Bebauungsplan oder durch eine sonstige Satzung Gebiete bezeichnen, in denen

1. zur Erhaltung der städtebaulichen Eigenart des Gebiets auf Grund seiner städtebaulichen Gestalt (Abs. 3),

2. ...

3. ...

der **Rückbau (Abriss) ... der Genehmigung bedürfen** ...“

§ 172 Abs. 3 BauGB

„(3) In den Fällen des Absatzes 1 Satz 1 Nr. 1 darf die Genehmigung nur versagt werden, wenn die bauliche Anlage allein oder im Zusammenhang mit anderen baulichen Anlagen das Ortsbild, die Stadtgestalt oder das Landschaftsbild prägt oder sonst von städtebaulicher, insbesondere geschichtlicher oder künstlerischer Bedeutung ist ...“

Die Voraussetzung soll vorliegen, d. h. der Abbruch soll versagt werden. Infolgedessen kommt ein Abbruch nicht zustande. Der Gutachter ermittelt den Verkehrswert wie vorstehend zu

rd. **1,5 Mio. €** *(Existing use value)*

Die Verkehrswertermittlung ist unvollständig. Es stellt sich die **Frage, ob der Abbruch** nach § 172 Abs. 3 **versagungsfähig ist,** denn **§ 173 Abs. 2 BauGB** bestimmt: **217**

„(2) Wird in den Fällen des § 172 Abs. 3 die Genehmigung versagt, kann der Eigentümer von der Gemeinde unter den Voraussetzungen des § 40 Abs. 2 BauGB die Übernahme des Grundstücks verlangen. § 43 Abs. 1 ...“

§ 40 Abs. 2 BauGB normiert die Voraussetzungen wie folgt: **218**

„(2) Der Eigentümer kann die Übernahme der Flächen verlangen,

1. wenn und soweit es ihm mit Rücksicht auf die Festsetzung oder Durchführung des Bebauungsplans **wirtschaftlich nicht** mehr zuzumuten ist, das Grundstück zu behalten oder es in der bisherigen oder in anderer zulässigen Art zu nutzen, oder ...“

Es stellt sich also die Frage der **Zumutbarkeit.** Die Frage der Zumutbarkeit lässt sich nur beantworten, wenn man den Verkehrswert unter Berücksichtigung der Erhaltungspflicht ermittelt: **219**

c) Ertragswertermittlung (fiktiv)   **220**

Modernisierungs- bzw. Instandsetzungsaufwand	2,0 Mio. €
Verlängerung der Restnutzungsdauer auf	70 Jahre
Mieterträge modernisiert Wohnung	6 €/m² WF
Gewerbe	9 €/m² NF

Ertragswert

1 205 m² × 6 €/m² × 12	=	86 760 €
1 168 m² × 9 €/m² × 12	=	126 144 €
Nettokaltmiete im Jahr	=	212 904 €
./. Bewirtschaftungskosten	=	− 46 839 € = 22 %
= Reinertrag	=	166 065 €
− Bodenwertverzinsungsbetrag	=	− 95 400 €
= RE − p × BW	=	70 665 €
× V (= 19,34 bei p = 5 %)	=	1 366 661 €
+ Bodenwert	=	1 908 000 €
= Ertragswert (fiktiv)	=	3 274 466 €
− Instandsetzung	=	− 2 000 000 €
− Ertragsausfall von 2 Jahren		
70 927 € × 1,86	=	− 131 924 €
= Ertragswert 2	=	**1 142 542 €**

221 **Zusammenstellung der Ergebnisse:**

a) *Existing use value* .... 1,543 Mio. €

b) Liquidationswert .... 0,490 Mio. €

c) Fiktiver „Erhaltungswert" .... 1,143 Mio. €

Es stellt sich hier nicht die Frage der wirtschaftlichen Unzumutbarkeit, da der Liquidationswert, der im Falle eines Übernahmeanspruchs geltend zu machen wäre, sowohl den *existing use value,* als auch den fiktiven Erhaltungswert unterschreitet. Der Verkehrswert beträgt rd. 1,5 Mio. €, wenn die bisherige Nutzung fortgeführt und kein wirtschaftlich günstigeres Sanierungskonzept entwickelt werden kann (z. B. durch eine höhere GFZ). Das Beispiel macht aber deutlich, dass es in derartigen Fällen darum gehen muss, alle Nutzungsmöglichkeiten zu prüfen, um zu sachgerechten Ergebnissen zu kommen.

▶ *Weitere Hinweise zu Erhaltungssatzungen vgl. § 20 Rn. 75.*

§ 20 WertV
Ermittlung des Ertragswerts in besonderen Fällen

(1) ¹Verbleibt bei der Minderung des Reinertrags um den Verzinsungsbetrag des Bodenwerts nach § 16 Abs. 2 kein Anteil für die Ermittlung des Ertragswerts der baulichen Anlagen, so ist als Ertragswert des Grundstücks nur der Bodenwert anzusetzen. ²Der Bodenwert ist in diesem Fall um die gewöhnlichen Kosten zu mindern, insbesondere Abbruchkosten, die aufzuwenden wären, damit das Grundstück vergleichbaren unbebauten Grundstücken entspricht, soweit diese im gewöhnlichen Geschäftsverkehr berücksichtigt werden.

(2) ¹Wenn das Grundstück aus rechtlichen oder sonstigen Gründen alsbald nicht freigelegt und deshalb eine dem Bodenwert angemessene Verzinsung nicht erzielt werden kann, ist dies bei dem nach Absatz 1 Satz 2 verminderten Bodenwert für die Dauer der Nutzungsbeschränkung zusätzlich angemessen zu berücksichtigen. ²Der so ermittelte Bodenwert zuzüglich des kapitalisierten aus der Nutzung des Grundstücks nachhaltig erzielbaren Reinertrags ergeben den Ertragswert. ³Der für die Kapitalisierung des nachhaltig erzielbaren Reinertrags maßgebende Vervielfältiger bestimmt sich nach der Dauer der Nutzungsbeschränkung und dem der Grundstücksart entsprechenden Liegenschaftszinssatz.

(3) ¹Stehen dem Abriss der Gebäude längerfristig rechtliche oder andere Gründe entgegen und wird den Gebäuden nach den Verhältnissen des örtlichen Grundstücksmarkts noch ein Wert beigemessen, kann der Ertragswert nach den §§ 15 bis 19 mit einem Bodenwert ermittelt werden, der von dem Wert nach § 15 Abs. 2 abweicht. ²Bei der Bemessung dieses Bodenwerts ist die eingeschränkte Ertragsfähigkeit des Grundstücks sowohl der Dauer als auch der Höhe nach angemessen zu berücksichtigen.

---

1   Aufbau und Anwendungsvoraussetzung der Vorschrift

1.1 Grundvoraussetzung

1   § 20 regelt einen **Sonderfall des Ertragswertverfahrens** nach den §§ 15 bis 19. Danach wird der Ertragswert nach folgender Formel ermittelt:

$$EW = (RE - BW \times p) \times V + BW$$

(vgl. hierzu die Vorbem. zu den §§ 15 ff.). Der nach dieser Formel um den Bodenverzinsungsbetrag (BW $\times$ p) verminderte Reinertrag (RE) ergibt – kapitalisiert mit dem Vervielfältiger V – den Gebäudeertragswert. Bei einer baulich guten Ausnutzung des Grund und Bodens übersteigt der Reinertrag des Grundstücks den Bodenwertverzinsungsbetrag i. d. R. deutlich. Im Falle einer dem Bodenwert nicht angemessenen baulichen Ausnutzung des Grundstücks mit geringen Reinerträgen, kann der Bodenwertverzinsungsbetrag umgekehrt den Reinertrag übersteigen. Dies ist dann in aller Regel in einem **Missverhältnis zwischen dem Bodenwert und der Bebauung** begründet. Der um den Bodenwertverzinsungsbetrag verminderte Reinertrag führt dann zu einem *negativen* Betrag.

2   § 20 findet nach dem Wortlaut des Abs. 1 Satz 1 nur Anwendung, wenn sich im Rahmen des Ertragswertverfahrens mit der Verminderung des Reinertrags um den Verzinsungsbetrag des Bodenwerts (Bodenwertverzinsungsbetrag) nach § 16 Abs. 2 Satz 1 **kein (positiver) Betrag für die Ermittlung des Ertragswerts der baulichen Anlage** verbleibt, der sich mit dem Vervielfältiger kapitalisieren ließe. In Formeln ausgedrückt, kommt § 20 nur zur Anwendung, wenn folgende Grundvoraussetzung erfüllt ist.

$$\boxed{RE - BW \times p \leq 0} \quad \text{bzw.} \quad \boxed{BW \times p > RE}$$

wobei   RE   ... Reinertrag (§ 16)
              BW   ... Bodenwert
              p   ... Liegenschaftszinssatz

Diese Grundvoraussetzung gilt grundsätzlich für jeden der in den Abs. 1 bis 3 geregelten Fälle.

3   *Beispiel:*
- Der Reinertrag RE betrage 10 000 € p. a.
- Der Bodenwert BW betrage 250 000 €
- Der Liegenschaftszinssatz betrage 5,0 %

Jahresreinertrag des Grundstücks	=	10 000 €
./. 250 000 € $\times$ 5/100 (Bodenwertverzinsung)	=	– 12 500 €
= Differenz	=	– **2 500 €** = $\leq$ 0

4   **§ 20 ist lex specialis** zu den §§ 15 bis 19; die Vorschrift enthält eine Reihe von Sonderbestimmungen, die unter den genannten Voraussetzungen an Stelle der allgemeinen Vorschriften über die Ermittlung des Ertragswerts zur Anwendung kommen oder diese modifizieren. Die allgemeinen Voraussetzungen für die Anwendung dieser Vorschrift ergeben sich aus Abs. 1 Satz 1.

1.2 Anwendungsfälle

5   Als typischer Anwendungsfall gilt ein bebautes Grundstück, bei dem die Bebauung und deren **Reinerträge in einem Missverhältnis zur Wertigkeit des Grund und Bodens** steht. Das Missverhältnis kann seine **Ursachen** haben, insbesondere

a) in einer ungünstigen Stellung des Baukörpers, insbesondere auf einem hochwertigen Baugrundstück, z. B., wenn infolgedessen mit dem Gebäude das bauplanungsrechtlich zulässige Nutzungsmaß nicht ausgeschöpft wird;

b) in der Art der Nutzung des realisierten Gebäudes, z. B., wenn mit dem errichteten Gebäude eine zulässige höherwertigere Nutzungsart nicht möglich ist;

c) in einem erheblichen Instandhaltungsrückstau bzw. in gravierenden Baumängeln und infolgedessen sind die Reinerträge in einem Maße vermindert, dass allein schon der Bodenwertverzinsungsbetrag höher ausfällt.

In derartigen Fällen würde jeder vernünftige Eigentümer grundsätzlich danach trachten, **6** die Bebauung abzureißen und eine der Wertigkeit des Grund und Bodens angemessene Bebauung neu zu errichten. Die Regelung des § 20 ist deshalb im Fachjargon auch als „Schrottwertparagraph" bezeichnet worden. Die vorhandene Bebauung stellt in dem hier behandelten Fall eine Belastung dar, denn sie muss beseitigt werden, um das Grundstück wieder einer angemessenen Nutzung zuzuführen. Aus diesem Grunde bestimmt Abs. 1 Satz 1, dass **„als Ertragswert"** des Grundstücks der Bodenwert anzusetzen ist. Dies stellt insofern eine begriffliche Akrobatik dar, denn der Bodenwert wird i. d. R. im Vergleichswertverfahren ermittelt und dieser ist nach Satz 1 als Ertragswert anzusetzen.

Auch wenn **in derartigen Fällen** die Grundvoraussetzung für die Anwendung des § 20, **7** nämlich BW × p > RE (vgl. Rn. 2), erfüllt ist, **ist es nicht in jedem Falle sachgerecht, den Ertragswert nach Maßgabe des § 20 zu ermitteln.**

Beispiel:

Auf einem in exzellenter Lage gelegenen Wohnbaugrundstück mit parkähnlichem Umfeld befindet sich ein baufälliges Miethaus mit drei Wohnungen, die nur eine geringe Rendite abwerfen:

– Grundstücksgröße   2 000 m²
– Bodenrichtwert   1 000 €/m²
– Jahresreinertrag i. S. v. § 16 Abs. 1   18 000 €
– Liegenschaftszinssatz   p = 5 %

Der nach § 16 Abs. 2 Satz 1 WertV vom Reinertrag abzuziehende Bodenwertverzinsungsbetrag ergibt:

$$2\ 000\ m^2 \times 1000\ €/m^2 \times 5\ \% = 100\ 000\ € > 18\ 000\ €$$

d. h. **Bodenwertverzinsungsbetrag > Jahresreinertrag.**

Stellt nämlich die Bebauung noch einen wesentlichen Restwert dar, der zunächst durch die **8** Freilegung des Grundstücks „vernichtet" wird und der dann durch eine mögliche Realisierung der höheren Ertragskraft des Grundstücks unter Berücksichtigung der Investitionskosten *nicht* „aufgefangen" werden kann, wird ein wirtschaftlich handelnder Eigentümer bestrebt sein, z. B. durch Umbau und Umnutzungen die ertragsreichste (Zwischen-)Lösung zu suchen. Dies kann bedeuten, dass sich der Sachverständige entsprechend den Ausführungen bei § 194 BauGB (Rn. 63 ff.) mit verschiedenen Nutzungsalternativen befassen muss, um dann den sog. *best use value* seiner Verkehrswertermittlung zu Grunde zu legen.

Methodisch werden bei der Prüfung der Anwendungsfälle in der Praxis häufig eine Reihe **9** von Fehlern begangen:

a) Bei **übergroßen Grundstücken, die selbstständig nutzbare Teilflächen** i. S. d. § 16 Abs. 2 Satz 3 **aufweisen**, wird der Ermittlung des Bodenwertverzinsungsbetrags fehlerhafterweise die Gesamtfläche des Grundstücks mit der Folge zu Grunde gelegt, dass der Bodenwertverzinsungsbetrag den Reinertrag übersteigt.

b) Bei **Objekten, die einen Instandhaltungsrückstau oder Baumängel und Bauschäden aufweisen,** wird der Ermittlung des Reinertrags schematisch die entsprechend geminderte Miete zu Grunde gelegt.

Ob sich in diesem Fall tatsächlich ein Missverhältnis zwischen dem Reinertrag des Grundstücks und dem Bodenwertverzinsungsbetrag ergibt, ist bei **Objekten mit** hohem **Reparaturstau** nicht immer sofort für den Sachverständigen erkennbar, wenn er umgekehrt bei der Ermittlung des Reinertrags nicht vom instandsetzungsbedürftigen Gebäudezustand, sondern von einem fiktiv instandgesetzten Gebäude ausgeht, um dann den auf dieser Grundlage abgeleiteten (vorläufigen) Ertragswert um die noch aufzubringenden Instandsetzungskosten zu vermindern.

Wenn dann noch bei dieser Vorgehensweise der Abzug der Instandsetzungs- und ggf. Modernisierungskosten, die zuvor Grundlage des angesetzten Reinertrags waren, dazu führt, dass das Ergebnis den Bodenwert „an- bzw. auffrisst" muss sich der Sachverständige mit einer besonderen Einfühlsamkeit in das örtliche Geschehen auf dem Grundstücksmarkt entscheiden, ob er das Objekt als Liquidationsobjekt i. S. d. § 20 behandelt oder der baulichen Restsubstanz gleichwohl noch ein Restwert zugerechnet werden muss, wenn sie Weiterverwendung finden kann (vgl. Vorbem. zu den §§ 15 ff. WertV Rn. 336 ff.). Soweit es sich bei dem Objekt um eine **denkmalgeschützte Bausubstanz** handelt oder das Objekt im Geltungsbereich einer stadtgestalterischen Erhaltungssatzung i. S. d. § 172 BauGB liegt, ist eine Freilegung nicht zulässig. Dann muss geprüft werden, ob und ggf. in welchem Maße die Erhaltungspflicht für den Eigentümer unzumutbar ist. **Unterste Grenze des Verkehrswerts** ist in solchen Fällen der Betrag, der im Falle einer Geltendmachung des Übernahmeanspruchs als Entschädigung zu gewähren wäre.

c) Bei „großen" **Grundstücken, auf denen die bauplanungsrechtlich zulässige bzw. lagetypische Nutzung unausgenutzt ist** und durch **An- oder Aufbauten** herbeiführbar wäre, wird fehlerhafterweise von der Vorschrift Gebrauch gemacht, obwohl ein vernünftig handelnder Grundstückseigentümer das unausgenutzte Baurecht im Rahmen einer baulichen Umstrukturierung „nutzen" würde.

10 **Der Liquidationswert hat bei alledem lediglich die Bedeutung eines Mindestwerts,** wenn alternativ zur Freilegung andere Nutzungskonzeptionen nicht zu einem höheren Wert führen. Auch der Liquidationswert ist im Übrigen ein Marktwert (ABl. EU Nr. L 310 vom 11. 12. 2000, S. 1 f.).

11 **In der steuerlichen Einheitsbewertung** wird dem Gedanken des § 20 mit der Regelung des § 77 BewG Rechnung getragen. Danach **gilt** für bebaute Grundstücke **der sog. Mindestwert.** Die Vorschrift hat folgende Fassung:

> „Der für ein bebautes Grundstück anzusetzende Wert darf nicht geringer sein als der Wert, mit dem der Grund und Boden allein als unbebautes Grundstück zu bewerten wäre. Müssen Gebäude oder Gebäudeteile wegen ihres baulichen Zustands abgebrochen werden, so sind die Abbruchkosten zu berücksichtigen."

12 Nach Art. 7 des Steueränderungsgesetzes vom 18. 8. 1969 (BGBl. I 1969, 1211) ist die Vorschrift im **Hauptfeststellungszeitraum 1964** jedoch in folgender Fassung anzuwenden:

> „Der für ein bebautes Grundstück anzusetzende Wert darf nicht geringer sein als 50 vom Hundert des Werts, mit dem der Grund und Boden allein als unbebautes Grundstück zu bewerten wäre."

Eine entsprechende Regelung sieht auch § 146 Abs. 6 BewG für Zwecke der **Grundbesitzbewertung** (Erbschaft- und Schenkungsteuer) vor.

13 **Auch in dem** mit Abs. 2 geregelten **Fall einer „alsbald" nicht freilegbaren Bausubstanz führt die Anwendung der Vorschrift lediglich zu einem Mindestwert** und nicht zwangsläufig zum Verkehrswert. Unter der genannten Voraussetzung, nämlich

$$BW \times p > RE,$$

ergeben sich für die bauliche Anlage negative Reinerträge, deren Barwert den Bodenwert mit der Folge „an- bzw. auffrisst", dass sich als Liquidationswert ein Wert ergeben muss, der unter den „reinen" Bodenwert fällt. Der Bodenwert wird dabei umso stärker „angefressen", je länger die rechtlichen oder sonstigen Gründe eine Freilegung des Grundstücks verhindern. Soweit dies z. B. auf vertraglichen Bindungen beruht, wird der Eigentümer danach trachten, sie durch **Abstandszahlungen** aufzulösen. Profitieren können dabei sowohl der

Rechtsinhaber als auch der Grundstückseigentümer. Kommt es zu einer Einigung mit der Folge, dass das Grundstück sofort freilegbar wird, ist der Fall des § 20 Abs. 1 gegeben, wobei die Abstandszahlung zusätzlich in Abzug gebracht werden muss.

Die vom Verordnungsgeber (mit Abs. 2 und 3) **vorgegebenen unterschiedlichen Zeithori- 14 zonte sind im Übrigen praktisch belanglos** und bedürfen deshalb nicht der Interpretation. Das in Abs. 2 geregelte Liquidationswertverfahren, das in Abgrenzung zu Abs. 3 wohl dann nicht zur Anwendung kommen soll, wenn die bauliche Anlage „längerfristig" nicht freigelegt werden kann, stellt nämlich nichts anderes als das in eine andere mathematische Form gegossene allgemeine Ertragswertverfahren dar (vgl. Vorbem. zu den §§ 15 ff. Rn. 39). Das Ertragswertverfahren kann aber bekanntlich sowohl bei kurzer als auch bei langer Restnutzungsdauer der baulichen Anlage zur Anwendung kommen. Bei kurzer Restnutzungsdauer muss der aus Vergleichspreisen unbebauter Grundstücke abgeleitete Bodenwert jedoch stets um die Freilegungskosten vermindert werden (Vorbem. zu den §§ 15 ff. WertV Rn. 64 ff.). Überdies sind die Regelungen des Abs. 3, wie noch erläutert wird (Rn. 57 ff.), höchst fragwürdig und manipulierbar und sollten deshalb praktisch ausscheiden.

Die mit Abs. 3 für den Fall einer „längerfristig" nicht möglichen Freilegung des Grund- 15 stücks zugelassene **Dämpfung des Bodenwerts,** der ansonsten nach der Systematik der WertV mit dem Wert zu ermitteln ist, der sich für ein unbebautes Grundstück ergibt, **läuft auf eine für das Ergebnis bedeutungslose zusätzliche Rechenoperation hinaus (Null-summenspiel),** da bei einer Bebauung des Grundstücks mit einem Gebäude, das eine längere Restnutzungsdauer aufweist, der Bodenwert auf das Ergebnis der Ertragswertermittlung bekanntlich ohnehin nicht durchschlägt. Die Regelung gibt von daher keinen Sinn (vgl. § 13 WertV Rn. 137 ff.).

Das in § 20 geregelte **Liquidationswertverfahren** *(default market value)* stellt – wenn 16 man einmal von dem Fall des Abs. 1 absieht – im Übrigen nichts anderes als **eine andere mathematische Form des in den §§ 15 bis 19 geregelten Ertragswertverfahrens dar,** so dass es von daher dieser Regelungen gar nicht bedurfte. Der einzige Unterschied zu den §§ 15 ff. kann darin gesehen werden, dass § 20 ausdrücklich bestimmt, dass als Bodenwert im Rahmen des Ertragswertverfahrens eigentlich der um die Freilegungskosten verminderte Bodenwert angesetzt werden muss. Dies hat im Hinblick auf die schwindende Bedeutung der „richtigen" Höhe des Bodenwerts bei zunehmender Restnutzungsdauer der baulichen Anlage tatsächlich aber nur Bedeutung bei der Anwendung des Ertragswertverfahrens auf Grundstücke, deren Bebauung eine kurze Restnutzungsdauer aufweist. Regelungstechnisch einfacher und materiell sachgerechter wäre es von daher, auf die Bestimmungen des § 20 Abs. 2 und 3 zu verzichten und die Vorschriften des allgemeinen Ertragswertverfahrens um eine Regelung zu ergänzen, dass zumindest bei Anwendung des allgemeinen Ertragswertverfahrens auf Grundstücke, deren Bebauung eine kurze Restnutzungsdauer aufweist, der Bodenwert um die Freilegungskosten zu vermindern ist (vgl. Vorbem. zu den §§ 15 ff. Rn. 39 ff. und 64 ff.).

1.3 Systematik der Vorschrift

Unter der genannten Voraussetzung (Rn. 1 ff.) sieht § 20 für **drei unterschiedliche Fallge- 17 staltungen** drei verschiedene Lösungswege vor:

– **Abs. 1** regelt die Fälle, in denen die wirtschaftlich abbruchreifen baulichen Anlagen *(jederzeit)* abgebrochen werden können;

– **Abs. 2** regelt die Fälle, in denen Grundstücke *„alsbald",* d. h. nicht sofort, aber in absehbarer Zeit freigelegt werden können;

– **Abs. 3** regelt die Fälle, in denen Grundstücke *„längerfristig"* nicht freigelegt werden können.

18 Nach der Systematik dieser Vorschrift sollen also in Abhängigkeit von diesen Zeithorizonten unterschiedliche Verfahrensgrundsätze zur Anwendung kommen, wobei sich die Anwendungsvoraussetzungen aus einer Reihe unbestimmter Rechtsbegriffe („alsbald" oder „längerfristig" nicht freilegbares Grundstück) ergeben (vgl. Abb. 1), wobei umgangssprachlich der Begriff **„längerfristig" auf Zeiträume hindeutet, die sich für die in der Begründung genannten Fälle des Denkmalschutzes ergeben**[1].

Abb. 1: Systematik der Anwendung des § 20 WertV

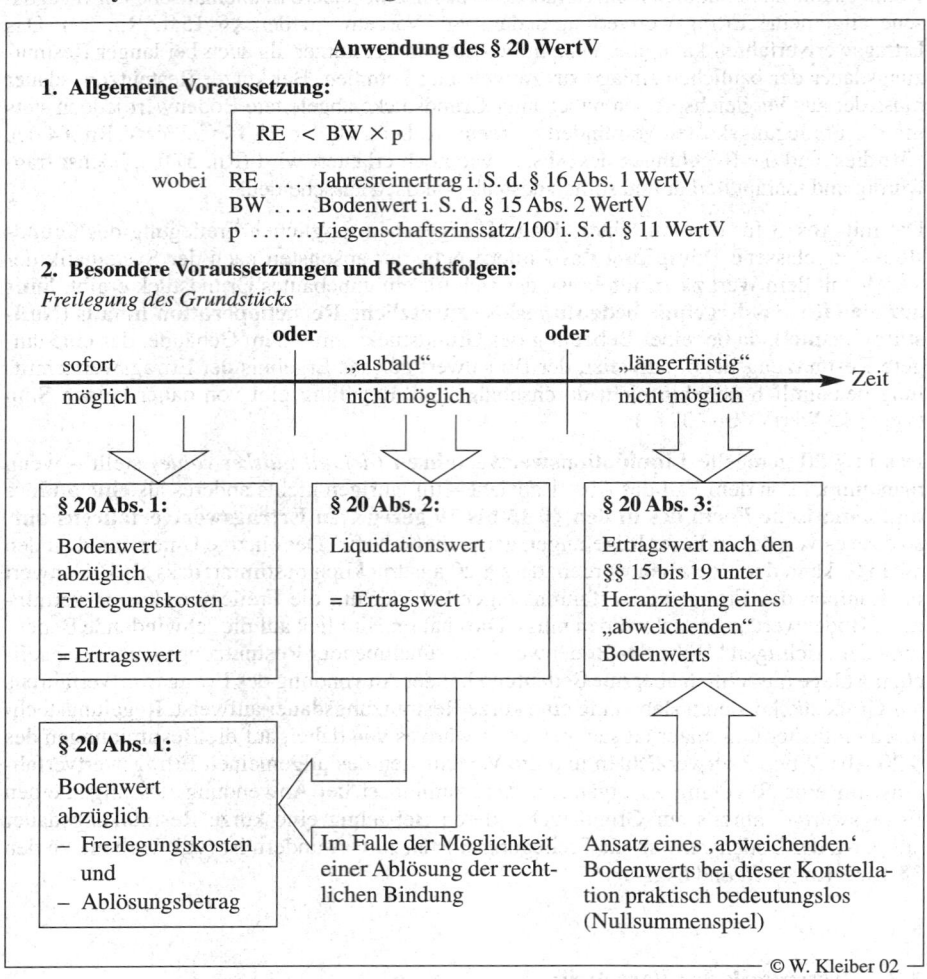

© W. Kleiber 02

19 Nach der *allgemeinen* Grundvoraussetzung findet § 20 in allen genannten Fällen nur Anwendung, wenn der Bodenwertverzinsungsbetrag i. S. d. § 16 Abs. 2 Satz 1 den Jahresreinertrag übersteigt. Die Systematik der WertV geht dabei davon aus, dass als **der Bodenwert des bebauten Grundstücks** der Bodenwert zum Ansatz kommt, **der sich für das unbebaute Grundstück ergeben würde**. Die Anschauung, dass als Bodenwert eines bebauten Grundstücks ein demgegenüber gedämpfter Bodenwert anzusetzen wäre, der einem Missverhältnis von Bodenwert und Bodennutzung – insbesondere bei einer alterswertgeminderten Bebauung – Rechnung trägt, hat der Verordnungsgeber ersichtlich nicht gelten lassen wollen, denn dann hätte es der Regelung des § 20 nicht bedurft (vgl. § 13 WertV Rn. 182 ff.). Entsprechend dem Missverhältnis zwischen Bodennutzung und Bodenwert ließe sich nämlich der Bodenwert soweit absenken, dass der Bodenwertverzinsungsbetrag nicht (mehr) den Jahresreinertrag übersteigt. Die Anwendungsvoraussetzungen für diese Vorschrift würden dann nicht mehr vorliegen.

2 Grundstücke mit sofort freilegbarer Bausubstanz (Abs. 1)

2.1 Allgemeines

Für den Anwender stellt die Vorschrift ein sacrificium intellectus dar, denn ihr materieller Gehalt weist eine Reihe von Kuriositäten auf, die sich auch in den **WertR** unter **Nr. 3.5.7** nicht erhellen. Dort heißt es lediglich: **20**

„3.5.7 Ertragswert in Sonderfällen

Wenn bei Verminderung des Reinertrags um den Verzinsungsbetrag des Bodenwerts kein Anteil für die Berechnung des Werts der baulichen Anlagen verbleibt, soll als Ertragswert des Grundstücks nur der Bodenwert angesetzt werden. Kann das Grundstück alsbald freigelegt und in einen baureifen Zustand versetzt und der zulässigen Nutzung zugeführt werden, so sind, soweit dies im gewöhnlichen Geschäftsverkehr üblich ist, die Freilegungskosten (z. B. Abbruchkosten) durch Abschläge angemessen zu berücksichtigen (§ 20 Abs. 1 WertV).

Ist die Freilegung noch nicht alsbald möglich, der Zeitpunkt der Freilegung aber absehbar, so ist der Bodenwert entsprechend abzuzinsen (§ 20 Abs. 2 WertV). Etwaige Erträge sind zu berücksichtigen.

Ist das zu bewertende Grundstück langfristig und auf unabsehbare Zeit nicht freizulegen, so ist gem. § 20 Abs. 3 WertV zu verfahren. "

Mit diesen Erläuterungen wird das Mysterium der Regelung des Abs. 3 nicht klarer. Zumindest wird der Regelungsgehalt des Abs. 3 damit aber nicht noch weiter verkompliziert.   **21**

Ist unter den Voraussetzungen des Abs. 1 Satz 1 **(Bodenwertverzinsungsbetrag > Jahresreinertrag)** die Bebauung des Grundstücks rechtlich und tatsächlich jederzeit abbruchfähig, dann soll nach der Fiktion des Abs. 1 der Bodenwert des Grundstücks zugleich dessen Ertragswert sein. Diese Bestimmung ist darin begründet, dass im gewöhnlichen Geschäftsverkehr der Bebauung grundsätzlich keine Bedeutung mehr beigemessen wird und der Verkehrswert allein durch den Bodenwert bestimmt wird. Dem ist auch die Rechtsprechung gefolgt[2]. Die Anwendung des Verfahrens ist im Übrigen auch bei Objekten mit verhältnismäßig geringwertigen Aufbauten als sachgerecht anerkannt worden, selbst wenn sich erhebliche Nutzungserträge ergeben und von der Anwendung des Sachwertverfahrens keine brauchbaren Ergebnisse zu erwarten sind[3].   **22**

Umgekehrt ist unter der Voraussetzung, dass   **23**

$$BW \times p > RE$$

nicht stets davon auszugehen, dass die Freilegung – und noch lange nicht die *sofortige* Freilegung – die wirtschaftlich vernünftigste Lösung ist. Dies muss deshalb in der Verkehrswertermittlung kritisch hinterfragt werden. **Auch wenn vorstehende Bedingung erfüllt ist, kann es wirtschaftlich sinnvoller sein, die Bebauung nicht abzureißen, sondern –** je nach Einzelfall – **wieder instand zu setzen, zu modernisieren oder umzubauen.** Dem Ertragswert nach Abs. 1 kommt von daher nur die Bedeutung eines **Mindestwerts** zu.

---

1   Zum Begriff „alsbald" im WoBauG, § 82 Abs. 5 Satz 1: BVerwG, Urt. vom 22. 9. 1966 – 7 C 22/64 –, WM 1967, 101 = BBauBl. 1967, 394 = FWW 1967, 294 und 396 = DWW 1967, 82 = ZMR 1967, 216
2   RFH, Urt. vom 9. 1. 1931 – I A 346/30 –, EzGuG 20.13; OLG Koblenz, Urt. vom 1. 6. 1977 – 1 U 9/76 –, EzGuG 20.67; OLG Köln, Beschl. vom 3. 5. 1962 – 4 W 7/62 –, EzGuG 20.30
3   BGH, Urt. vom 19. 12. 1963 – III ZR 162/63 –, EzGuG 20.35

Auch bezüglich der Freilegungskosten ist vor einer schematischen Anwendung der Vorschrift zu warnen (vgl. Rn. 9).

24   Ebenso wie die Freilegungskosten müssen auch die **Verkaufswerte für wiederverwendbare Bauteile** berücksichtigt werden und ggf. dem Bodenwert zugerechnet werden. § 20 Abs. 1 enthält zwar diesbezüglich keine klarstellende Regelung, jedoch ergibt sich dies aus allgemeinen Grundsätzen. Auch die Verkaufswerte müssen in der Höhe angesetzt werden, wie dies dem gewöhnlichen Geschäftsverkehr entspricht[4].

2.2   Verfahrensgang

25   **Verfahrensmäßig** stellt sich die **Ermittlung des Ertragswerts** nach § 20 Abs. 1 wie folgt dar (Abb. 2):

Abb. 2: Ertragswertermittlung nach § 20 Abs. 1

Ertragswertermittlung nach § 20 Abs. 1
Bodenwert eines unbebaut gedachten Grundstücks
– Freilegungskosten einschließlich Nebenkosten
+ Verwertungserlöse wiederverwendbarer Bauteile
+/– Berücksichtigung der Lage auf dem Grundstücksmarkt und der Ergebnisse anderer Verfahren nach § 7 Abs. 2
= **Ertragswert (Bodenwert)**
© W. Kleiber 02

26   Bei der Ermittlung des nach § 20 Abs. 1 anzusetzenden Bodenwerts wird üblicherweise von Vergleichspreisen unbebauter Grundstücke oder von entsprechenden Bodenrichtwerten ausgegangen (§§ 13 f.). Hierbei muss berücksichtigt werden, dass **Objekte mit abbruchreifer Bausubstanz insoweit geringerwertig sind, als die Bausubstanz noch beseitigt werden muss.** Deshalb schreibt § 20 Abs. 1 Satz 2 zur Klarstellung vor, dass der Vergleichswert eines unbebauten (freiliegenden) Grundstücks um die gewöhnlichen Kosten zu mindern ist, die aufzuwenden wären, damit das Grundstück vergleichbaren unbebauten Grundstücken entspricht.

27   Es handelt sich hierbei um die **Freilegungskosten** bzw. um die Kosten der Freimachung (vgl. Nr. 1.3 DIN 276). Hierzu gehören insbesondere die Abbruchkosten. Entsprechend der Regelung des § 6 dürfen nur die **gewöhnlichen Kosten der Freilegung** angesetzt werden. Auf Grund persönlicher oder ungewöhnlicher Verhältnisse außergewöhnlich hohe oder niedrige Freilegungskosten müssen mithin außer Betracht bleiben. Darüber hinaus sollen diese Kosten nur in der Höhe angesetzt werden, wie diese im gewöhnlichen Geschäftsverkehr berücksichtigt werden. Auch die üblicherweise gewährten Förderungen einer Freilegung – direkt oder indirekt – sind zu berücksichtigen, wenn im gewöhnlichen Geschäftsverkehr damit gerechnet werden kann. Hierzu gehören auch **Maßnahmen nach § 249 h des Arbeitsförderungsgesetzes (AFG).** Aus dem umfangreichen Förderkatalog können die folgenden relevanten Schwerpunkte hervorgehoben werden:

– Sicherung und Sanierung von Gebäuden, Hallen und sonstigen Bauwerken,

– Aufräumarbeiten (Beräumung und Flächenregulierung),

– Demontage von Anlagen oder Anlagenteilen einschließlich Verschrottung,

– Abriss nicht mehr benötigter oder nicht sanierungsfähiger Bauwerke, Fundamente und Nebeneinrichtungen (inkl. Entsorgung von Bauschutt, Einbringen und Planieren von neuem Erdreich).

28   ▶ *Zu den Freilegungskosten vgl. § 13 WertV Rn. 73 ff. und Vorbem. zu den §§ 15 ff. Rn. 64 ff.*

Abb. 3: Schema für die Ermittlung des Verkehrswerts von Grundstücken mit wirtschaftlich verbrauchter Bausubstanz

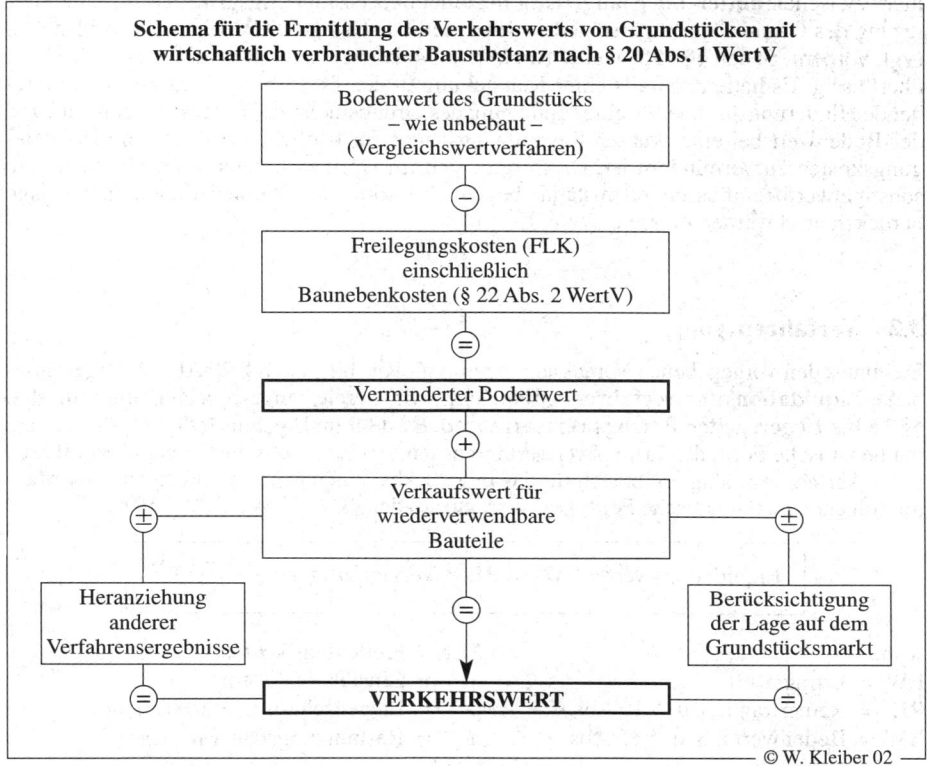

Schema für die Ermittlung des Verkehrswerts von Grundstücken mit
wirtschaftlich verbrauchter Bausubstanz nach § 20 Abs. 1 WertV

Bodenwert des Grundstücks
– wie unbebaut –
(Vergleichswertverfahren)

$-$

Freilegungskosten (FLK)
einschließlich
Baunebenkosten (§ 22 Abs. 2 WertV)

$=$

Verminderter Bodenwert

$+$

Verkaufswert für
wiederverwendbare
Bauteile

$\pm$ Heranziehung
anderer
Verfahrensergebnisse $=$ Berücksichtigung
der Lage auf dem
Grundstücksmarkt $\pm$

$=$ **VERKEHRSWERT** $=$

© W. Kleiber 02

3   Grundstücke mit alsbald nicht freilegbarer Bausubstanz (Abs. 2)

3.1   Allgemeines

§ 20 Abs. 2 regelt den Fall, in dem eine wirtschaftlich verbrauchte und abbruchreife Bebau-   **29**
ung zwar nicht „alsbald", jedoch in absehbarer Zeit beseitigt werden kann, weil

– rechtliche oder

– sonstige Gründe

einer sofortigen Freilegung entgegenstehen. Als **rechtliche Gründe** kommen vor allem
bestehende **Miet- und Pachtverträge** in Betracht. Was als „sonstige" Gründe zu verstehen
ist, lässt die Vorschrift offen. Es muss sich aber um solche Gründe handeln, die für jeden
Eigentümer des Grundstücks bindend sind und nicht etwa um persönliche Gründe, z. B. ein
freiwilliger Verzicht[5].

Wie ausgeführt muss nach der Systematik des § 20 zwischen Hinderungsgründen unter-   **30**
schieden werden, die einer *alsbaldigen* und einer *längerfristigen* Freilegung des Grundstücks entgegenstehen. Diese **Unterscheidung ist** aber **praktisch ohne Bedeutung,** weil

4   BGH, Urt. vom 25. 6. 1964 – III ZR 111/64 –, EzGuG 20.37
5   Kleiber in Ernst/Zinkahn/Bielenberg, BauGB, Komm. zu § 20 WertV Rn. 11

das in § 20 Abs. 2 und 3 für diese Fallgestaltungen vorgeschriebene Liquidationswertverfahren dem in den §§ 15 bis 19 geregelten Ertragswertverfahren entspricht, bei dem auch nicht zwischen **mittel- oder langfristig bestehenden Hinderungsgründen** für eine Freilegung des Grundstücks unterschieden wird; methodisch sind die Verfahren also identisch (vgl. Vorbem. zu den §§ 15ff. WertV Rn. 21ff.)[6]. Von daher ist die Regelung des § 20 Abs. 2 überflüssig. Es hätte allenfalls einer Klarstellung in den §§ 15 bis 19 bedurft, dass bestehende Hinderungsgründe für eine Freilegung des Grundstücks zu berücksichtigen sind und der Bodenwert bei einer kurzen Restnutzungsdauer der baulichen Anlage um die Freilegungskosten zu vermindern ist. Dies ergibt sich im Übrigen bereits aus § 19, nach dem sonstige wertbeeinflussende Umstände bei der Ermittlung des Werts der baulichen Anlage berücksichtigt werden müssen.

3.2   Verfahrensgang

31   Das unter den vorgegebenen Voraussetzungen (vgl. Rn. 1 ff.) nach § 20 Abs. 2 vorgeschriebene **Liquidationswertverfahren entspricht**, wie bereits angesprochen, **dem in den §§ 15 bis 19 geregelten Ertragswertverfahren**. Es stellt im Ergebnis lediglich eine andere mathematische Form des Ertragswertverfahrens dar, das zu identischen Ergebnissen führen muss. Verfahrensmäßig ergibt sich für das in § 20 Abs. 2 geregelte Liquidationswertverfahren folgende mathematische Form (vgl. Vorbem. zu den §§ 15 ff. WertV Rn. 59 ff.).

$$\text{Liquidationswert} = EW_{liq} = RE \times \text{Vervielfältiger} + \frac{BW - FLK}{q^n}$$

wobei   FLK = Freilegungskosten
EW = Ertragswert   q   = Zinsfaktor = 1 + p
RE = Reinertrag i. S. d. § 16 Abs. 1   p   = Liegenschaftszinssatz/100 = q – 1
BW = Bodenwert i. S. d. § 15 Abs. 2   n   = Restnutzungsdauer in Jahren

32   Der Liquidationswert ergibt sich danach als **Summe** des über die Restnutzungsdauer mit Hilfe des Vervielfältigers **kapitalisierten Reinertrags zuzüglich des über die Restnutzungsdauer abgezinsten Bodenwerts**. Dabei ist wiederum von dem Bodenwert eines unbebaut gedachten Grundstücks, vermindert um die Freilegungskosten auszugehen, denn dieser steht nach Ablauf der Restnutzungsdauer „voll" zur Disposition.

33   Bei Anwendung des Liquidationswertverfahrens auf Objekte mit sehr kurzer Restnutzungsdauer werden als **Bewirtschaftungskosten nur solche** angesetzt, **die ein Eigentümer im Hinblick auf den bevorstehenden Abbruch notwendigerweise gerade noch aufbringt** (reduzierte Bewirtschaftungskosten). Dies müsste bei Anwendung des allgemeinen Ertragswertverfahrens (§§ 15 bis 19) an Stelle des Liquidationswertverfahrens auch berücksichtigt werden, weil dies von jedem vernünftig handelnden Eigentümer so gehandhabt wird, unabhängig davon, welches Verfahren vom Gutachter herangezogen wird.

34   Der Liquidationswert ergibt sich danach als **Summe des** über die Restnutzungsdauer mit Hilfe des Vervielfältigers **kapitalisierten Reinertrags zuzüglich des über die Restnutzungsdauer abgezinsten Bodenwerts**[7]. Dabei ist wiederum von dem Bodenwert eines unbebaut gedachten Grundstücks, vermindert um die Freilegungskosten auszugehen, denn dieser steht nach Ablauf der Restnutzungsdauer „voll" zur Disposition (Abb. 4).

35   Die Anwendung des Liquidationswertverfahrens führt aus den dargelegten Gründen zu denselben Ergebnissen wie die Anwendung des allgemeinen Ertragswertverfahrens unter Berücksichtigung der Freilegungskosten und eines negativen, um die Bodenwertverzinsung verminderten Reinertrags. Als **Bodenwert** ist dabei **stets der um die Freilegungs-**

Abb. 4: Ableitung der Formel für das Liquidationswertverfahren

---

Ableitung der Formel für das Liquidationswertverfahren

1. **Formel des Ertragswerts:** (vgl. Abb. 6 bei Vorbem. zu §§ 15 ff. WertV Rn. 46, 59 ff.)

$$EW = (RE - p \times [BW - FLK]) \; \frac{q^n - 1}{q^n (q - 1)} + (BW - FLK)$$

wobei
EW = Ertragswert
RE = Reinertrag
BW = Bodenwert
LW = Liquidationswert
p = Liegenschaftszinssatz/100 = q − 1
q = Zinsfaktor = 1 + p
n = Restnutzungsdauer

2. **Umformung der Ertragswertformel:**

$$EW = RE \; \frac{q^n - 1}{q^n (q - 1)} - (BW - FLK) \; \frac{(q^n - 1)(q - 1)}{q^n (q - 1)} + (BW - FLK)$$

$$EW = RE \; \frac{q^n - 1}{q^n (q - 1)} - (BW - FLK) \; \frac{(q^n - 1)}{q^n} + (BW - FLK) \; \frac{q^n}{q^n}$$

$$EW = RE \; \frac{q^n - 1}{q^n (q - 1)} + \frac{(BW - FLK)}{q^n}$$

$$\text{Vervielfältiger} = \frac{q^n - 1}{q^n (q - 1)}$$

$$LW = EW_{liq.} = RE \times \text{Vervielfältiger} + \frac{BW - FLK}{q^n}$$

$1/q^n$ ist tabelliert im Anhang 5.2

Hinweis: Im Unterschied zu § 20 Abs. 1 schreiben die §§ 15 bis 19 nicht ausdrücklich vor, dass der Bodenwert um die Freilegungskosten zu vermindern ist. Dies ist darauf zurückzuführen, dass das Ertragswertverfahren nach den §§ 15 bis 19 üblicherweise auf Objekte mit längerer Restnutzungsdauer n zur Anwendung kommt, mithin der Bodenwert ohnehin von untergeordneter Bedeutung ist (vgl. Vorbem. zu den §§ 15 ff. WertV Rn. 154 ff.). Bei Anwendung des Ertragswertverfahrens nach den §§ 15 bis 19 auf Objekte mit sehr kurzer Restnutzungsdauer n muss der Bodenwert auch hier um die Freilegungskosten vermindert werden, wie dies § 20 Abs. 1 ausdrücklich vorschreibt.

---

kosten verminderte Bodenwert des baureifen (freigelegten) **Grundstücks anzusetzen.**
Das in Abb. 5 vorgestellte Beispiel macht deutlich, dass die negativen „Reinerträge" zu Lasten des Bodenwerts gehen. Dies ist vom Ergebnis plausibel: Wenn auf Grund eines Missverhältnisses zwischen Ertrag des Grundstücks und Bodenwert-(verzinsungsbetrag) die Verzinsung des im Boden investierten Kapitals den Reinertrag „auffrisst", sackt der Ertragswert unter den Bodenwert (des freigelegten Grundstücks).

---

6   Diese zentrale Erkenntnis übersieht Zimmermann, der hier kritiklos der Unterscheidung des Verordnungsgebers folgt (Zimmermann, WertV 88 München 1998 S. 355).
7   Ausdrücklich so BR-Drucks. 352/88, S. 59

Abb. 5: Beispiel der Ermittlung des Ertragswerts nach dem in § 20 Abs. 2 WertV geregelten Liquidationswertverfahren und nach dem in den §§ 15 bis 19 WertV geregelten Ertragswertverfahren

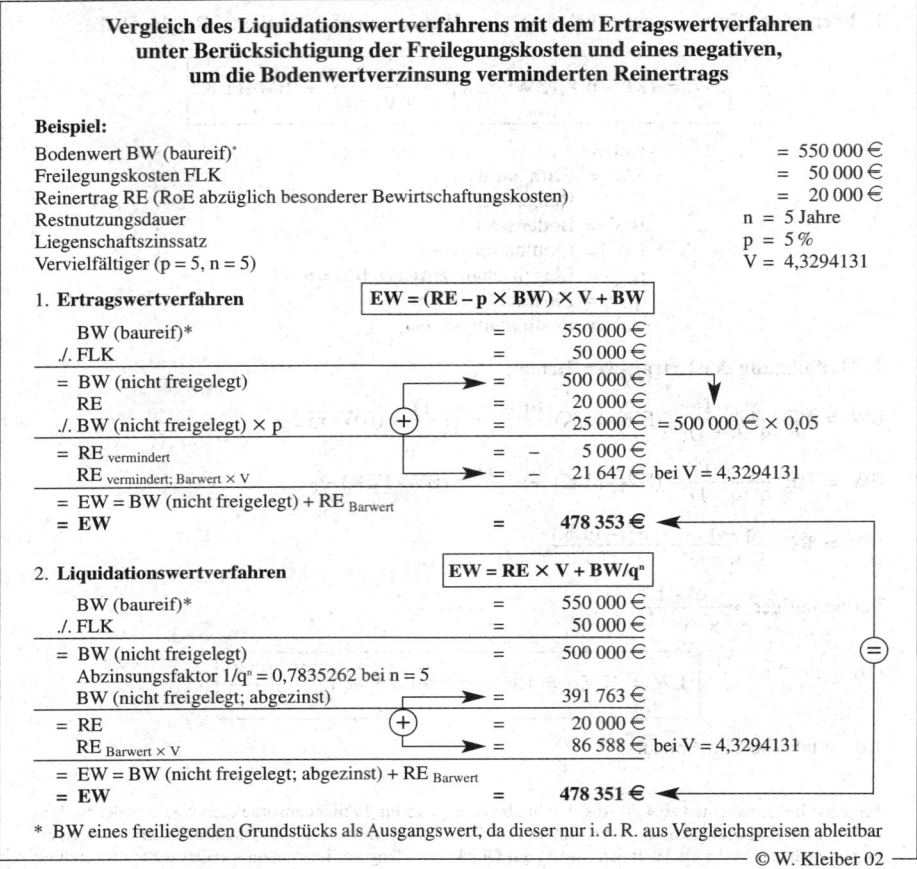

Vergleich des Liquidationswertverfahrens mit dem Ertragswertverfahren
unter Berücksichtigung der Freilegungskosten und eines negativen,
um die Bodenwertverzinsung verminderten Reinertrags

Beispiel:

Bodenwert BW (baureif)*	= 550 000 €
Freilegungskosten FLK	= 50 000 €
Reinertrag RE (RoE abzüglich besonderer Bewirtschaftungskosten)	= 20 000 €
Restnutzungsdauer	n = 5 Jahre
Liegenschaftszinssatz	p = 5 %
Vervielfältiger (p = 5, n = 5)	V = 4,3294131

1. **Ertragswertverfahren** $EW = (RE - p \times BW) \times V + BW$

BW (baureif)*	=	550 000 €
./. FLK	=	50 000 €
= BW (nicht freigelegt)	=	500 000 €
RE	=	20 000 €
./. BW (nicht freigelegt) × p	=	25 000 € = 500 000 € × 0,05
= RE vermindert	= –	5 000 €
RE vermindert; Barwert × V	= –	21 647 € bei V = 4,3294131
= EW = BW (nicht freigelegt) + RE Barwert		
= EW	=	**478 353 €**

2. **Liquidationswertverfahren** $EW = RE \times V + BW/q^n$

BW (baureif)*	=	550 000 €
./. FLK	=	50 000 €
= BW (nicht freigelegt)	=	500 000 €
Abzinsungsfaktor $1/q^n$ = 0,7835262 bei n = 5		
BW (nicht freigelegt; abgezinst)	=	391 763 €
= RE	=	20 000 €
RE Barwert × V	=	86 588 € bei V = 4,3294131
= EW = BW (nicht freigelegt; abgezinst) + RE Barwert		
= EW	=	**478 351 €**

* BW eines freiliegenden Grundstücks als Ausgangswert, da dieser nur i. d. R. aus Vergleichspreisen ableitbar

© W. Kleiber 02

36   Zur Behandlung der **Freilegungskosten** wird immer wieder der Gedanke vorgebracht, dass diese nur **in diskontierter Höhe** zum Ansatz zu bringen seien, weil sie erst nach Ablauf der Restnutzungsdauer anfielen. Dieser zunächst plausibel erscheinende Gedanke hat bei Anwendung des Liquidationswertverfahrens (vgl. *Beispiel 2*) – konsequent zu Ende gedacht – zur Folge, dass dann aber der (um die Freilegungskosten) unverminderte Bodenwert (im Beispiel 550 000 €) abgezinst werden muss. Denn derjenige, der nach Ablauf der Restnutzungsdauer (im Beispiel in 5 Jahren) das Grundstück erwerben wollte, müsste dann das Geld für den „nackten" Boden (im Beispiel 500 000 €) *und* die Freilegungskosten (im Beispiel 50 000 €) „mitbringen".

Bei Ansatz diskontierter Freilegungskosten ergibt sich der Bodenwert wie folgt:

Bodenwert BW (baureif)	= 550 000 €	
diskontiert über 5 Jahre mit		
p = 5 %, d. h. mit $1/q^n$ = 0,7835262		= 430 939 €
– Freilegungskosten (FLK)	= 50 000 €	
diskontiert über 5 Jahre mit		
p = 5 %, d. h. mit $1/q^n$ = 0,7835262		= – 39 176 €
= **Bodenwert** (nicht freigelegt und abgezinst)		= **391 763 €**

Das Ergebnis entspricht dem im Liquidationswertverfahren ermittelten abgezinsten Bodenwert (391 763 €); die Berechnungsweise unter Ansatz diskontierter Freilegungskosten ist demgegenüber aber umständlich, da hierbei nämlich sowohl der um die Freilegungskosten unverminderte Bodenwert als auch die Freilegungskosten selbst (also zweimalig) abgezinst werden müssen. Einfacher ist die im Schaubild vorgestellte Verfahrensweise, nach der direkt der **um die (nicht diskontierten) Freilegungskosten verminderte Bodenwert abgezinst wird** (vgl. Vorbem. zu den §§ 15 bis 20 WertV Rn. 64 ff.).

Im Übrigen sind auch **bei Anwendung des „normalen" Ertragswertverfahrens** *(Beispiel 1)* **37** der aus Vergleichspreisen unbebauter Grundstücke (oder Bodenrichtwerte) ermittelte und um die undiskontierten Freilegungskosten verminderte Bodenwert in Ansatz zu bringen, und zwar **sowohl bei der Ermittlung des Bodenwertverzinsungsbetrags als auch bei dem dann hinzuzuziehenden Bodenwert** (vgl. Vorbem. zu §§ 15 ff. WertV Rn. 68 f.).

Liquidationswertverfahren und Ertragswertverfahren unterscheiden sich nur insofern, als bei Anwendung des Liquidationswertverfahrens nach § 20 Abs. 2 **die Freilegungskosten ausdrücklich bodenwertmindernd berücksichtigt werden,** während bei Anwendung des Ertragswertverfahrens nach den §§ 15 bis 19 diese außer Betracht bleiben. Insoweit bedarf es noch der Harmonisierung beider Verfahren (Überregulierung, vgl. Vorbem. zu den §§ 15 bis 20 WertV Rn. 62). **38**

Nach der Begründung zu § 20 Abs. 2 soll das Liquidationswertverfahren ausdrücklich nur **39** in den Fällen Anwendung finden, in denen der Bodenwertverzinsungsbetrag den Reinertrag übersteigt und kein „positiver" Reinertragsanteil für die baulichen Anlagen verbleibt[8]. Diese Eingrenzung des Anwendungsbereichs ergibt wenig Sinn, denn das **Liquidationswertverfahren kann auch dann Anwendung finden, wenn nach Abzug des Bodenwertverzinsungsbetrags vom Reinertrag noch ein positiver Reinertragsanteil für die bauliche Anlage verbleibt.** Auch dies folgt daraus, dass das Liquidationswertverfahren nach den vorstehenden Ausführungen lediglich eine andere mathematische Form des allgemeinen Ertragswertverfahrens darstellt:

Beispiel: **40**

a) **Wertermittlungsobjekt**
- Bodenwert BW   200 000 €
- Reinertrag RE   28 000 €
- Liegenschaftszinssatz p   6 %
- Restnutzungsdauer n   70 Jahre

b) **Ermittlung des Ertragswerts** nach *den §§ 15 bis 19 WertV*

$$EW = (RE - p \times BW) \times V + BW$$

Reinertrag		28 000 €
− Bodenwert × $^6/_{100}$	=	12 000 €
= Reinertragsanteil	=	16 000 €
× Vervielfältiger V bei n = 70 : 16,384524	=	262 152 €
+ Bodenwert	=	200 000 €
= **Ertragswert**	=	**462 152 €**

* vgl. Anh. 5.2

§ 20 Abs. 2 WertV

$$EW = RE \times V + \frac{BW}{q^n}$$

Reinertrag × Vervielfältiger V bei n = 70 : 16,384524	=	28 000 € 458 767 €
+ abgezinster Bodenwert bei $1/q^n$ = 0,0169*	=	3 385 €
= **Ertragswert**	=	**462 152 €**

Wie das vorstehende Beispiel zeigt, kann das **Liquidationswertverfahren** – entgegen den **41** Bestimmungen des § 20 Abs. 2 – **auch bei langer Restnutzungsdauer** zur Anwendung kommen. Seine mathematische Form macht zudem deutlich, dass der Bodenwert bei langer Restnutzungsdauer der baulichen Anlagen eine zu vernachlässigende Bedeutung (im Beispiel: 3 385 €) für das Ergebnis hat und sich in derartigen Fällen der Ertragswert allein

---

8   BR-Drucks. 352/88, S. 59

durch Vervielfachung des Reinertrags ergibt. Nur bei einer Restnutzungsdauer (n < etwa 50 Jahre) kommt dem Bodenwert eine Bedeutung zu, wobei dann aber auch konsequenterweise die Freilegungskosten zu berücksichtigen sind, wie es § 20 Abs. 1, nicht aber § 15 Abs. 2 vorschreibt.

42   Bei Anwendung des Liquidationswertverfahrens auf Objekte mit sehr kurzer Restnutzungsdauer werden als **Bewirtschaftungskosten nur solche** angesetzt, **die ein Eigentümer im Hinblick auf den bevorstehenden Abbruch notwendigerweise gerade noch aufbringt** (reduzierte Bewirtschaftungskosten). Dies müsste bei Anwendung des allgemeinen Ertragswertverfahrens (§§ 15 bis 19) an Stelle des Liquidationswertverfahrens auch berücksichtigt werden, weil dies vernünftigerweise von jedem vernünftig handelnden Eigentümer so gehandhabt wird, unabhängig davon, welches Verfahren vom Gutachter herangezogen wird.

43   In den **Sonderfällen, in denen das realisierte Maß der baulichen Nutzung und die realisierte Art der baulichen Nutzung von der bauplanungsrechtlich zulässigen Nutzbarkeit abweichen**, muss der den Ausführungen bei § 13 unter Rn. 122 ff. modifizierte Bodenwert in die Ermittlung des Liquidationswerts eingebracht werden, denn die einer Freilegung des Grundstückes entgegenstehenden öffentlich-rechtlichen oder privatrechtlichen Vorschriften sind bei der der Bodenwertermittlung zu Grunde zu legenden Nutzbarkeit zu berücksichtigen. Diese Sonderregelung kann in Anbetracht der verhältnismäßig kurzen Restnutzungsdauer und im Unterschied zur Regelung des § 20 Abs. 3 hier von Bedeutung sein.

44   **Verfahrensmäßig** vollzieht sich das Liquidationswertverfahren wie im *Beispiel* der Abb. 5 vorgestellt.

Beispiel 1:

a) **Sachverhalt**

Cleverman ist Eigentümer eines 4 000 m² großen Gewerbegrundstücks mit speziell für einen Gewerbezweig errichteten Gebäuden, das er an Fa. „Pleitemann" vermietet hat. 2000 geht Fa. Pleitemann in Konkurs. Um den Schaden vermeintlich gering zu halten, vermietet Cleverman das Grundstück an Fa. D., die nur einen kleinen Teil der Gebäude für ihre Zwecke nutzen kann, unter Wert auf 10 Jahre fest. 2002 wurde das Grundstück im Rahmen einer Bebauungsplanänderung als allgemeines Wohngebiet ausgewiesen. Das Grundstück wäre sofort für Wohnzwecke bebaubar, wenn Fa. D. auszöge. Fa. D. weigert sich und verweist auf den bestehenden Festmietvertrag. Cleverman benötigt im Jahr 2003 dringend Geld und versucht, das Grundstück zu verkaufen. Wie hoch ist im Jahre 2003 der Verkehrswert des Grundstücks?

Zusätzliche Daten:
Bodenwert nach Änderung des Bebauungsplans im Jahr 2003: 200 €/m², d. h. insgesamt
800 000 €; umbauter Raum der aufstehenden Gebäude (DIN 277 [1950]) 9 200 m³, Jahresnettokaltmiete 18 000 €, Bewirtschaftungskosten 30 %,
Restnutzungsdauer der Gebäude ca. 40 Jahre, Zinssatz 6,5 %.

Bodenwertverzinsungsbetrag = 800 000 × 0,065 = **52 000 € > RE**

b) **Wertermittlung**

Jahresnettokaltmiete	18 000 €	
Bewirtschaftungskosten 30 %	− 5 400 €	
Reinertrag	= 12 600 €	
Barwert des Reinertrags bei p = 6,5 % und Restlaufzeit von 7 Jahren 12 600 € × 5,4845207	= 69 105 €	69 105 €
Bodenwert 4 000 m² × 200 €/m²	= 800 000 €	
Freilegungskosten 9 200 m³ × 15 €/m³	− 138 000 €	
	= 662 000 €	
Abzinsung bei 6,5 % und 7 Jahren 662 000 € × 0,6435062	= 426 001 €	+ 426 001 €
c) **Bodenwert des Grundstücks (Ertragswert)**		**rd. 495 106 €**

45   **Zu demselben Ergebnis gelangt man bei Anwendung des** in den §§ 15 ff. geregelten **allgemeinen Ertragswertverfahrens**, wenn man dort als Bodenwert den um die Freilegungskosten verminderten Bodenwert einführt:

$$EW = (RE - p \times [BW - FLK]) \times V + (BW - FLK)$$

Beispiel 2:

RE	=	12 600 €	wie im vorangegangenen Beispiel
BW	=	800 000 €	
FLK	=	138 000 €	
BW-FLK	=	662 000 €	
p	=	6,5 %	
n	=	7 Jahre	
V	=	5,4845207	

$$EW = (12\,600\,€ - 0{,}065 \times 662\,000\,€) \times 5{,}4845207 + 662\,000\,€$$
$$= -(30\,430 \times 5{,}484520) + 662\,000 = \textbf{495\,106 €}$$

Abb. 6: Schema des Liquidationswertverfahrens

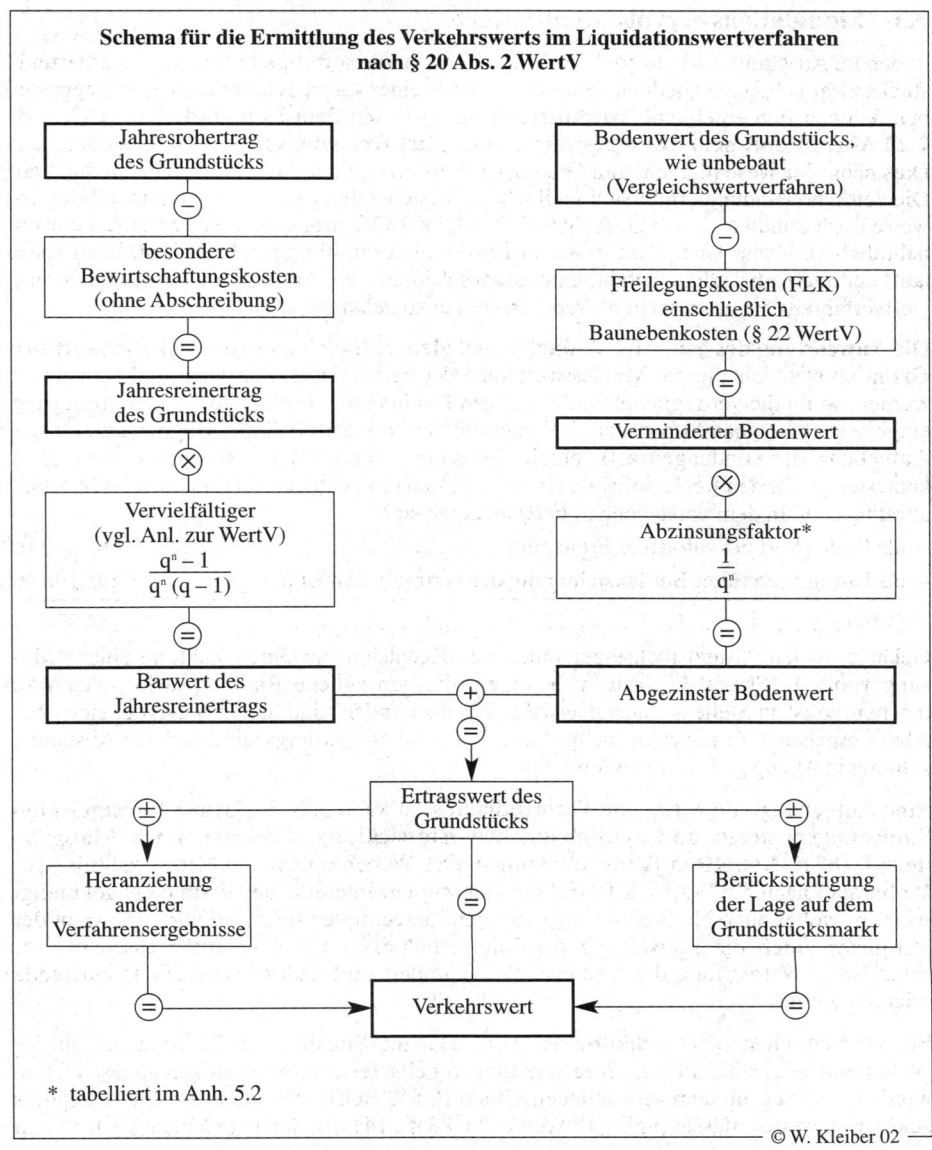

Schema für die Ermittlung des Verkehrswerts im Liquidationswertverfahren nach § 20 Abs. 2 WertV

* tabelliert im Anh. 5.2

© W. Kleiber 02

Wie man an dem Beispiel erkennt, ergibt sich ein um den Bodenwertverzinsungsbetrag verminderter **negativer Reinertrag** und man könnte fast meinen, der Verordnungsgeber habe dem Sachverständigenwesen nicht zugetraut, auch mit Negativwerten umzugehen, als er mit § 20 Abs. 2 eine andere, aber mathematisch identische Berechnungsweise vorgab, bei der Negativwerte nicht auftreten.

46 Zur Behandlung der **Freilegungskosten** vgl. Rn. 36 f.

3.3   Liquidationswert als Mindestwert

47 In den im Abschnitt 3.1 behandelten Fällen, in denen die sofortige Freilegung eines Grundstücks zwar geboten ist, jedoch rechtliche Gründe einer sofortigen Freilegung entgegenstehen, können sich erhebliche **Wertdifferenzen zwischen dem Liquidationswert (i. S. d. § 20 Abs. 2) und dem Verkehrswert eines sofort freilegbaren Grundstücks** ergeben. Dies hängt im Wesentlichen vom Grad der Unternutzung und ihrer zeitlichen Bindung ab. Die zeitliche Bindung ergibt sich vielfach aus bestehenden Mietverträgen, die möglicherweise doch kündbar sind (vgl. §§ 569 ff. BGB; §§ 182 ff. BauGB) oder zumindest einvernehmlich auflösbar sind. Dies muss im Einzelfall sorgfältig geprüft werden, denn sonst läuft der Sachverständige Gefahr, unter allzu schematischer Anwendung des Liquidationswertverfahrens zu „untersetzten" Verkehrswerten zu gelangen.

48 **Die Anwendung des § 20 Abs. 2 führt bei alledem lediglich zu einem Mindestwert des Grundstücks.** Aus diesem Mindestwert kann der Verkehrswert nur dann direkt abgeleitet werden, wenn die vertraglichen und sonstigen Bindungen, die einer sofortigen Freilegung entgegenstehen, unauflösbar sind. Deshalb müssen in jedem Fall die Möglichkeiten einer Aufhebung der Bindungen z. B. durch Ablösungsvereinbarungen geprüft werden. Dies kann sowohl für den Rechtsinhaber, als auch für den Grundstückseigentümer wirtschaftlich attraktiv sein. In dem vorstehenden *Beispiel* ergab sich

– als Bodenwert bei sofortiger Freilegung . . . . 662 000 €

– als Ertragswert unter Berücksichtigung der vertraglichen Bindungen . . . . . 495 106 €

  Differenz . . . . 66 894 €

Gelänge es dem Grundstückseigentümer, den Rechtsinhaber durch Zahlung einer Ablösung von z. B. 30 000 € dazu zu bewegen, die vertragliche Bindung nicht geltend zu machen, so ist an Stelle des sich nach Abs. 2 bemessenden Liquidationswerts der sich nach Abs. 1 ergebende Ertragswert sachgerecht. Dabei muss allerdings zusätzlich die Abstandszahlung in Abzug gebracht werden.

49 Eine Aufhebung von Miet- und Pachtverhältnissen kann z. B. **in förmlich festgelegten Sanierungsgebieten und städtebaulichen Entwicklungsbereichen nach Maßgabe der §§ 182 ff. BauGB** in Betracht kommen. Des Weiteren kann ein Mietverhältnis über Wohnraum nach § 573 Abs. 2 BGB bei berechtigtem Interesse des Vermieters gekündigt werden, wobei nach Nr. 3 dieser Regelung ein berechtigtes Interesse vorliegt, wenn der Vermieter durch die Fortsetzung des Mietverhältnisses an einer angemessenen wirtschaftlichen Verwertung des Grundstücks gehindert und dadurch erhebliche Nachteile erleiden würde.

50 Bei **gewerblichen Mietverhältnissen** stellt sich die Situation i. d. R. einfacher als für Wohnraum dar. Ist nämlich das Mietverhältnis für eine feste Vertragslaufzeit abgeschlossen worden, endet es mit dem vertraglichen Ablauf (§ 542 BGB), ohne dass das Mietverhältnis gekündigt werden müsste (vgl. § 17 WertV Rn. 88 ff., 141 ff.). Setzt der Mieter nach Ablauf der vertraglichen Festmietzeit das Mietverhältnis fort und teilen sich weder Mieter noch Vermieter innerhalb von zwei Wochen gegenseitig mit, dass eine stillschweigende Verlängerung des Mietverhältnisses nicht gewollt sei, tritt nach Maßgabe § 545 BGB eine Verlängerung des Mietverhältnisses auf unbestimmte Zeit ein.

Ansonsten kann das Mietverhältnis nach § 542 Abs. 1 BGB von jeder Vertragspartei nach **51** den gesetzlichen Vorschriften gekündigt werden (§§ 573 ff. BGB): insoweit ist bei einer **unwirtschaftlichen Nutzung des Grundstücks für gewerbliche Zwecke** die Situation einfacher als bei einer Nutzung für Wohnzwecke.

Wo der Vermieter keine rechtlichen Möglichkeiten zur Durchsetzung einer vorzeitigen **52** Beendigung des Mietverhältnisses hat, kann diese im Verhandlungswege herbeigeführt werden, z. B. durch **Abstandszahlungen** (Abb. 7). Dabei können sich – rein rechnerisch – gewaltige Spielräume ergeben. Dies soll nachstehend an einem Berliner Praxisfall erläutert werden.

Abb. 7: Abstandszahlungen

	Abstandszahlungen		
Eine 100-Quadratmeter-Wohnung in guter Lage ist seit fünf Jahren vermietet. Der Eigentümer will verkaufen. Wie viel muss er dem Mieter zahlen, damit dieser auszieht? Im Auftrag von Capital ermittelte die Maklergruppe Aufina 1993 Erfahrungswerte in deutschen Städten. Die Zahlungen fallen derzeit in den Großstädten deutlich höher aus.			
Angaben in €			
Berlin	5 000 bis 15 000	Kassel	5 000
Bochum	2 500 bis 7 500	Kiel	5 000 bis 7 500
Bonn	5 000	Köln	7 500 bis 12 500
Braunschweig	1 750 bis 5 000	Leipzig	10 000
Bremen	5 000	Ludwigshafen	2 500 bis 5 000
Darmstadt	10 000	Mainz	7 500 bis 25 000
Düsseldorf	5 000 bis 7 500	Mannheim	5 000 bis 7 500
Freiburg	2 500 bis 5 000	München	5 000 bis 10 000
Halle	2 500 bis 12 500	Nürnberg	2 500 bis 10 000
Hamburg	7 500 bis 20 000	Offenburg	5 000
Hildesheim	2 500	Rosenheim	3 500 bis 6 000
Karlsruhe	10 000	Stuttgart	7 500 bis 10 000

Quelle: Aufina, Capital 1993

53 *Beispiel:*

a) Sachverhalt

Ein hochwertiges Baugrundstück in Berlin Mitte ist mit einer eingeschossigen Stahlbetonhalle sowie im hinteren Teil mit einem kleinen fünfgeschossigen Altbauteil bebaut. Das Grundstück liegt in einem 34er MK-Gebiet mit einer GFZ von 4,0. Der Bodenwert des insgesamt 1792 m² großen Grundstücks wurde mit 16 Mio. € ermittelt, d. h. rd. 9 000 €/m².

Es besteht ein **langfristiges Mietverhältnis** an den Baulichkeiten bis zum 31. 12. 2009, das auf Grund einer Option des Mieters um 5 Jahre, also bis zum 31. 12. 2014 verlängert werden kann. Der Reinertrag beträgt danach 11 000 € mtl., d. h. 132 000 € p. a.

Die dem Reinertrag zu Grunde liegende Miete ist für den Mieter außerordentlich günstig, da sich für das Grundstück, wie es steht und liegt, im Falle der Vereinbarung einer ortsüblichen Miete ein nachhaltiger jährlicher Reinertrag von 320 000 € p. a. ergeben würde.

Was immer den Eigentümer bewogen haben mag, ein derartiges Mietverhältnis eingegangen zu sein, er hat sich gleich doppelt bestraft: Neben dem Mietverzicht hat er sich über die Mietdauer der Möglichkeit beraubt, sein Grundstück „bodenwertgemäß" zu nutzen. Es ist erheblich untergenutzt und es wird so auch bleiben, wenn der Mieter auf Einhaltung des Mietvertrages „pocht"; eine vorzeitige Kündigung des Mietverhältnisses erschien nicht möglich.

Der Eigentümer – inzwischen klüger geworden – möchte trotzdem aus dem Mietvertrag „aussteigen" – gefragt ist nach der **Höhe der Abstandszahlung,** Wertermittlungsstichtag 1. 1. 2002.

b) Lösungsansätze

1. Es handelt sich um ein **Liquidationsobjekt,** denn das Grundstück weist im Verhältnis zum Bodenwert eine deutliche Unternutzung aus:

Bei einem Bodenwert von 16 Mio. € und einem Liegenschaftszinssatz von 6 % ergibt sich ein Bodenwertverzinsungsbetrag von 960 000 €, dem ein Reinertrag von 132 000 € gegenübersteht: Der Verkehrswert würde sich bei einem sofort zulässigen Abriss aus dem Bodenwert abzüglich der Freilegungskosten – FLK – ergeben (§ 20 Abs. 1 WertV):

Bei einem umbauten Raum von 7000 m³ und Freilegungskosten von 50 €/m³ ergibt sich:

Bodenwert (wenn unbebaut)	= 16 000 000 €
– FLK = 7 000 m³ × 50 €/m³	= 350 000 €
= Verkehrswert (sofort freilegbar)	**= 15 650 000 €**

2. Unter Berücksichtigung des langfristigen Mietvertrags, aus dem sich der Eigentümer erst zum 1. 1. 2015 lösen kann, ergibt sich der Liquidationswert nach § 20 Abs. 2 WertV wie folgt:

Bodenwert unter Berücksichtigung der FLK	= 15 650 000 €
abgezinst über 14 Jahre bei p = 6 %	= 6 922 010 €
+ kapitalisierter Reinertrag von 132 000 € diskontiert mit $1,06^{-14}$	= 1 227 600 €
= Liquidationswert	
(= Verkehrswert)	**= 8 149 610 €**

c) Zwischenfazit

Der Liquidationswert ist zugleich der Verkehrswert, wenn der Mieter auf Einhaltung des Mietvertrags besteht; stimmt er der sofortigen Auflösung zu, steigt der Verkehrswert auf den zuvor berechneten Verkehrswert von 15,65 Mio. €, d. h., es tritt eine Wertsteigerung von **7 500 390 €** ein!

Anders stellt sich die Situation für den Mieter dar: Als ortsübliche nachhaltige Miete für vergleichbaren Raum hätte er üblicherweise eine Jahresmiete (ohne Bewirtschaftungskosten) von 320 000 € aufzubringen (= Reinertrag zur Vereinfachung). Mit der sofortigen Auflösung des Mietvertrags würde er auf den Differenzbetrag gegenüber der vereinbarten Miete verzichten. Dies ergibt kapitalisiert:

Vermögensverlust des Mieters = (320 000 € – 132 000 €) × $9,30^{14}$ = **1 748 400 €.**

Vervielfältiger für 14 Jahre bei p = 6 % = 9,30

Umzugskosten und dgl. sollen hier vernachlässigt werden.

d) Ergebnis

Im Falle der sofortigen Auflösung des Mietverhältnisses ist der Nachteil für den Mieter weitaus geringer als der Vorteil für den Eigentümer. Beide Beträge setzen die Grenzen für den Verhandlungsspielraum der Parteien, wenn sie sich auf einen Ablösebetrag einigen wollen. Die ermittelte Spanne von

1 748 400 € bis 7 500 390 €

ist außerordentlich groß. Selbst eine Einigung auf den Mittelwert

(7 500 390 € – 1 748 400 €) : 2 = 2 875 995 €

wäre ein gutes Geschäft für den ohnehin schon günstig gestellten Mieter.

Dies macht die **Grenzen der Verkehrswertermittlung** deutlich. Es ist in solchen Fällen 54 kaum möglich vom Schreibtisch aus einen Verkehrswert zu ermitteln, denn die Höhe der Abstandszahlung hängt maßgeblich vom Verhandlungsgeschick der Parteien ab. Falsch wäre es jedenfalls, in einem solchen Fall schematisch den Liquidationswert ohne Beachtung dieser Zusammenhänge zu ermitteln und diesen als Verkehrswert unkommentiert im Gutachten auszuwerfen. Die finanziellen Verhandlungsspielräume des Eigentümers können je nach Lage des Einzelfalls sehr groß sein, so dass man eine einvernehmliche Lösung von vornherein nicht als aussichtslos einstufen darf. Wo also eine Möglichkeit besteht, ein die wirtschaftliche Verwertung eines Grundstücks verhinderndes Mietverhältnis aufzulösen, markiert der **Liquidationswert lediglich die unterste Grenze des (Verkehrs-)werts des Grundstücks.**

Zwischenfazit: Das in § 20 Abs. 2 geregelte Liquidationswertverfahren ist mit dem in den 55 §§ 15 bis 19 geregelten Ertragswertverfahren identisch. Mathematisch stellt es nur eine andere Form des Ertragswertverfahrens dar. Das Verfahren kann entgegen dem Wortlaut des § 20 Abs. 2 auch bei längerfristig in bisheriger Weise baulich genutzten Grundstücken zur Anwendung kommen. Die diesen (längerfristigen) Fall regelnde Vorschrift des Abs. 3 unterscheidet sich von den Verfahrensvorschriften des Abs. 2 lediglich darin, dass danach ein gedämpfter Bodenwert zum Ansatz kommen kann. Ein gedämpfter Bodenwert wirkt sich bei längerfristiger Restnutzungsdauer des Gebäudes allenfalls auch dann nur marginal auf das Ergebnis aus (vgl. Rn. 63 ff.), wenn unzulässigerweise und inkonsequenterweise dann nicht auch der „gedämpfte" Liegenschaftszinssatz herangezogen wird (hierzu § 11 WertV Rn. 90 ff.). Im Übrigen kann das Verfahren entgegen der Begründung zu dieser Vorschrift an Stelle des allgemeinen Ertragswertverfahrens (§§ 15 bis 19) auch dann zur Anwendung kommen, wenn sich nach Abzug des Bodenwertverzinsungsbetrags vom Reinertrag noch ein „positiver" Reinertragsanteil für die bauliche Anlage ergibt.

Darüber hinaus darf in den Fällen des Abs. 2 **nicht schematisch** von dem sich danach erge- 56 benden Liquidationswert ausgegangen werden; vielmehr sind die Möglichkeiten einer Ablösungsvereinbarung zu prüfen.

4 Grundstücke mit längerfristig nicht freilegbarer Bausubstanz (Abs. 3)

4.1 Allgemeines

Nach dem Wortlaut des § 20 Abs. 1 i.V.m. Abs. 3 soll das Ertragswertverfahren nach den 57 §§ 15 bis 19 unter **Ansatz eines „abweichenden" Bodenwerts** zur Anwendung kommen, wenn

a) bei der Minderung des Reinertrags i. S. d. § 16 Abs. 1 um den Bodenwertverzinsungsbetrag i. S. d. § 16 Abs. 2 kein Anteil für die Ermittlung des Ertragswerts der baulichen Anlagen verbleibt,

b) dem Rückbau der Gebäude *längerfristig* rechtliche oder sonstige Gründe entgegenstehen und

c) den Gebäuden nach den Verhältnissen des örtlichen Grundstücksmarkts noch ein Wert beigemessen wird.

Liegen diese Voraussetzungen vor, so soll der Anwender der Vorschrift im Rahmen der 58 Ertragswertermittlung nach den §§ 15 ff. nicht mehr von dem **Bodenwert** ausgehen, der sich für das unbebaute Grundstück nach § 15 Abs. 2 ergeben würde, sondern von einem irgendwie „abweichenden" Bodenwert, ohne dass die WertV ausdrücklich einen gedämpften Bodenwert fordert. Da nach Abs. 3 Satz 2 jedoch die „eingeschränkte Ertragsfähigkeit" zu berücksichtigen ist, wird die Vorschrift dahin gehend auszulegen sein, dass es sich um einen gedämpften Bodenwert handeln soll.

59 Hieraus folgt umgekehrt, dass in den Fällen des § 20 Abs. 1 und 2, wie im Übrigen bei Anwendung der WertV grundsätzlich, der Bodenwert eines bebauten Grundstücks mit dem Wert zu ermitteln ist, der sich für das unbebaute Grundstück ergeben würde, denn sonst hätte es einer solchen Vorschrift nicht bedurft[9].

▶ *Grundsätzliches zur Dämpfung von Bodenwerten bebauter Grundstücke vgl. § 13 WertV Rn. 86 ff.*

4.2 Mängel der Vorschrift

60 **Wie der Bodenwert im Einzelfall** nach Maßgabe des Abs. 3 Satz 1 **zu dämpfen wäre,** hat der Verordnungsgeber nicht vorgegeben. Nach Abs. 3 Satz 2 soll dabei die eingeschränkte Ertragsfähigkeit des Grundstücks sowohl der Dauer als auch der Höhe nach angemessen berücksichtigt werden, d. h. der Bodenwert ist wohl umso stärker zu „dämpfen", je länger ein Abbruch der ohnehin längerfristig zu erhaltenden baulichen Anlage hinausgeschoben wird und sich die Dämpfung auf das Gesamtergebnis nicht auswirken kann.

61 Soweit diese Dämpfung Art und Maß der baulichen Nutzbarkeit auf Grund von **Abweichungen der rechtlich höchstzulässigen vom lagetypischen Maß der baulichen Nutzung** beträfe, ergäbe sich dies aber bereits aus § 5 Abs. 1 und wäre ohnehin bereits nach § 15 Abs. 2 zu berücksichtigen (vgl. § 5 Rn. 75). Denn nach § 5 Abs. 1 ergeben sich Art und Maß der baulichen Nutzung nicht nur nach den §§ 30, 33 und 34 BauGB, sondern „unter Berücksichtigung der sonstigen öffentlich-rechtlichen und privatrechtlichen Vorschriften, die Art und Maß der baulichen Nutzung mitbestimmen". Erklärungsversuche zu der – wie noch erläutert wird – keinen Sinn ergebenden Regelung des § 20 Abs. 3 fallen auch immer wieder auf Fallkonstellationen i. S. d. § 5 Abs. 1 zurück und es kann eigentlich nicht deutlich genug immer wieder darauf hingewiesen werden, dass die Regelung des § 20 Abs. 3 von diesem Fall abzugrenzen ist, zumal § 5 Abs. 1 auch zu Zuschlägen führen kann, wenn nämlich vom Bodenwert eines unbebaut gedachten Grundstücks ausgegangen wird und sich auf dem Grundstück eine unter den Bestandsschutz fallende bauliche Anlage befindet, die nach der realisierten Art oder dem realisierten Maß der baulichen Nutzung die bauplanungsrechtlich zulässige Nutzung übersteigt.

62 Die **Regelung des Abs. 3 ist** fachlich gleich **aus mehreren Gründen abzulehnen**[10]:

1. **Eine Dämpfung des Bodenwerts hat bei einem Grundstück, dessen Bebauung eine längere Restnutzungsdauer aufweist**, wie eigentlich jedem verständigen Gutachter bekannt ist, **keinen Einfluss auf das Gesamtergebnis, sondern bewirkt nur eine „In-sich-Verschiebung" des Boden- und Gebäudeanteils**. Ansonsten stellt die „Dämpfung" des Bodenwerts lediglich ein **„Nullsummenspiel"** mit einem zusätzlichen Rechenschritt dar. Dieser zusätzliche Rechenschritt kann seiner Höhe nach nicht überzeugend und schon gar nicht empirisch begründet werden. Der Gutachter setzt sich mit dem **Artefakt eines gedämpften Bodenwerts** unnötigerweise Angriffen aus, denn auf das Gesamtergebnis wirkt sich die Dämpfung allenfalls marginal und in Anbetracht der allgemeinen Schätzungenauigkeit in einer zu vernachlässigenden Höhe aus.

   Dies gilt selbst dann, wenn der Gutachter sich für eine **drastische Dämpfung** entschieden hat: Von daher macht es auch keinen Sinn, sich mit zumeist pseudowissenschaftlichen Methoden einer Bodenwertdämpfung auseinander zu setzen. Geht man z. B. von einer Dämpfung des Bodenwerts gegenüber dem Bodenwert eines unbebauten Grundstücks von 40 % aus (z. B. weil das Gebäude von einer „längerfristigen" Zweckentfremdungsverordnung, die oft jedoch nur ein kurzes Leben haben, „erfasst" ist), so führt dies bei einer Restnutzungsdauer n von 40 Jahren **gerade einmal zu einer Verminderung des Ertragswerts um 4,6 %**.

Beispiel: **63**

a) **Wertermittlungsobjekt:**

- Bodenwert (BW) i. S. d. § 15 Abs. 2
  (= Bodenwert des unbebaut gedachten Grundstücks) . . . . 500 000 €
- Reinertrag (RE) i. S. d. § 16 Abs. 1 . . . . 25 000 €
- Liegenschaftszinssatz p . . . . 6 %
- Restnutzungsdauer n . . . . 40 Jahre

b) **Ermittlung des Ertragswerts nach den §§ 15 bis 19 WertV**

Berechnung 1		*Berechnung 2*	
Bodenwert des unbebaut gedachten Grundstücks ("*voller*" Bodenwert i. S. d. § 15 Abs. 2):		Als Bodenwert wird ein gegenüber dem Bodenwert i. S. d. § 15 Abs. 2 "*gedämpfter*" Bodenwert angesetzt:	
=	500 000 €	hier: =	*300 000 €*
Reinertrag	25 000 €	Reinertrag	25 000 €
./. Bodenwertverzinsungsbetrag:		./. Bodenwertverzinsungsbetrag:	
500 000 × °/₁₀₀ =	30 000 €	*300 000 × °/₁₀₀* =	18 000 €
Differenz: =	− 5 000 €	Differenz: =	7 000 €
Kapitalisiert bei		Kapitalisiert bei	
p = 6 % und n = 40 Jahre		p = 6 % und n = 40 Jahre	
Vervielfältiger = 15,05 =	− 75 250 €	Vervielfältiger = 15,05 =	+ 105 350 €
+ Bodenwert =	500 000 €	+ Bodenwert =	300 000 €
Ertragswert =	**424 750 €**	Ertragswert =	**405 350 €**
	(richtig)		(falsch)

$$\Delta = 19\,400\ \text{€}\quad \Delta\ 4,6\,\%!$$

Der sich aus einer Bodenwertdämpfung um 40 % selbst bei einer Restnutzungsdauer **64** von 40 Jahren ergebende Unterschied beträgt im *Beispiel* gerade einmal 4,6 % und jeder Gutachter mag sich rühmen, wenn es ihm gelänge, den Bodenwert für sich allein schon mit dieser Genauigkeit ermitteln zu können. Solche „Hexereien" bewegen sich also im Bereich der allgemeinen Schätzgenauigkeit.

Dass sich die **Bodenwertdämpfung – wie vorstehendes Beispiel zeigt – auf das** **65** **Ergebnis nur in einer zu vernachlässigenden Größenordnung auswirken kann,** **liegt in der Systematik des Ertragswertverfahrens** und um ein solches handelt es sich auch beim Liquidationswertverfahren. Die Minderung des Bodenwerts muss näm- lich zwangsläufig zu einer dem Minderungsbetrag entsprechenden Erhöhung des Gebäude(ertrags-)werts führen, der sich als Barwert des um den Bodenwertverzin- sungsbetrag geminderten und kapitalisierten Jahresreinertrags ergibt. Durch die Boden- wertdämpfung muss sich also der in Abzug zu bringende Bodenwertverzinsungsbetrag mit der Folge vermindern, dass sich der dann verbleibende Reinertrag erhöht. Dies wie- derum führt dann zu einem entsprechend höheren Gebäudeertragswert.

$$EW = (RE - p \times BW_{\text{gedämpft}}) \times V + BW_{\text{gedämpft}}$$

In dem vorangegangenen Beispiel wurde der Bodenwert um einen Betrag von **66**

$$500\,000\ \text{€} - 300\,000\ \text{€} \qquad = \mathbf{200\,000\ €}$$

gedämpft.

---

9 Dieser Umkehrschluss gibt bei wohlwollender Auslegung des Abs. 3 dieser Vorschrift auch noch eine *qualitas occulta,* denn bei näherer Betrachtung ihres Regelungsgehalts muss man schnell erkennen, dass gerade in den Fällen, in denen Abs. 3 zur Anwendung kommen soll, nämlich bei Objekten mit einer *längerfristig* zu erhalten- den Bausubstanz, der Bodenwert und damit auch eine Dämpfung des Bodenwerts für das Gesamtergebnis prak- tisch bedeutungslos ist (vgl. Rn. 63 ff.).
10 So auch Zimmermann, WertV 88, München 1998, S. 360; ; Gablenz, Grundstücks-Wertermittlung, Verlag Bau- wesen Bln 1999 S. 71

Spiegelbildlich hierzu hat sich der um den Bodenwertverzinsungsbetrag geminderte Reinertrag um einen Betrag von

$$7\,000\,€ + \quad 5\,000\,€ \qquad\qquad = \quad 12\,000\,€$$

erhöht. Dies ergibt kapitalisiert mit 6 % über 40 Jahre bei einem Vervielfältiger von 15,05:

$$12\,000\,€ \times 15,05 \qquad\qquad = +\ \mathbf{180\,600\,€}$$

Verbleibt als Differenz gerade einmal $\qquad\qquad = (-)\ \mathbf{19\,400\,€}$

Die Bodenwertdämpfung wird mithin quasi „automatisch" durch eine entsprechende Gebäudeertragswerterhöhung nahezu vollständig kompensiert.

67   2. **Bei genauerer Analyse dieser Problematik wird man sogar erkennen, dass eine Bodenwertdämpfung vollständig durch eine Erhöhung des Gebäudeertragswerts kompensiert wird (Vollkompensation)**, denn in dem vorgestellten Beispiel wurde für den Fall der Bodenwertdämpfung derselbe Liegenschaftszinssatz herangezogen, der auch bei der Ertragswertermittlung auf der Grundlage eines ungedämpften Bodenwerts Anwendung fand. Damit ist bei genauerer Betrachtung ein Systembruch verbunden, denn Ableitung und Anwendung des Liegenschaftszinssatzes stehen unter dem **Gebot der Modellkonformität**:

– Der **Ansatz gedämpfter Bodenwerte zwingt** nämlich unter dem Grundsatz der Modellkonformität dazu, dass dann auch **gedämpfte Liegenschaftszinssätze** (§ 11 Rn. 90 ff.) zum Ansatz kommen müssen, d. h. Liegenschaftszinssätze, die dann ebenfalls auf der Grundlage gedämpfter Bodenwerte abgeleitet wurden. Die „Dämpfungsregularien" müssen dabei jeweils identisch sein.

– Wurde der Liegenschaftszinssatz hingegen auf der Grundlage ungedämpfter Bodenwerte abgeleitet, verbietet sich seine Heranziehung, wenn bei Anwendung des Ertragswertverfahrens in systemwidriger Weise der Bodenwert gedämpft wird. Gerade dies ist aber im Beispiel geschehen.

68   Hieraus folgt, dass eine Bodenwertdämpfung auch schon deshalb in aller Regel bei Beachtung des Gebots der Modellkonformität gar nicht zur Anwendung kommen kann, weil dem Gutachter die

– auf der Grundlage gedämpfter Bodenwerte abgeleiteten gedämpften Liegenschaftszinssätze i. d. R. nicht zur Verfügung stehen und

– es allgemein anerkannte Grundsätze für eine Bodenwertdämpfung nicht gibt.

69   **Macht der Sachverständige von der Regelung des § 20 Abs. 3 Gebrauch und bedient er sich dabei der Liegenschaftszinssätze, die auf der Grundlage ungedämpfter Bodenwerte abgeleitet wurden, so muss dies zwangsläufig zu einem (unwesentlich) falschen Ergebnis führen.** Wie unter § 13 Rn. 140 ff. ausgeführt wurde, ergeben sich bei Heranziehung gedämpfter und ungedämpfter Bodenwerte identische Ergebnisse, wenn dementsprechend gedämpfte und ungedämpfte Liegenschaftszinssätze zur Anwendung kommen. Dies wiederum ist unter dem Gebot der Modellkonformität unabweislich. Wenn man sich also unnötigerweise einer Bodenwertdämpfung tatsächlich unterzieht, muss man sich konsequenterweise auch für gedämpfte Liegenschaftszinssätze entscheiden, mit denen die Bodenwertdämpfung im Sinne eines Nullsummenspiels neutralisiert wird. Der Wertermittlungskunst sind da keine Grenzen gesetzt, auch wenn dies einem verständigen Betrachter kaum noch einsichtig sein kann.

4.3   Zusammenfassung

70   Im Ergebnis ist somit festzustellen, dass eine Bodenwertdämpfung – richtig praktiziert – zu keinem anderen Gesamtergebnis führen kann, als die Ermittlung des Liquidationswerts auf der Grundlage ungedämpfter Bodenwerte, wohl aber einen zusätzlichen und äußerst angreifbaren Rechenschritt erfordert. Des Weiteren bleibt festzuhalten, dass die **Bodenwertdämpfung** lediglich **zu einer Verschiebung des Bodenwert- und Gebäudewertanteils am Gesamtwert** führt. Allein damit ließe sich die Anwendung des Abs. 3 nicht begründen.

Da das mit der Bodenwertdämpfung im Zusammenhang stehende sog. **Repartitionsproblem,** nämlich die verursachungsgerechte Aufteilung in einen Boden- und Gebäudewertanteil, nicht überzeugend gelöst werden kann, sollte der Sachverständige hier entsprechend der Leistungsfähigkeit der Wertermittlungslehre allein auf das (richtige) Gesamtergebnis abstellen. Hier mit Hilfe des Artefakts gedämpfter Bodenwerte das Gesamtergebnis in einen „künstlichen" Boden- und Gebäudewertanteil aufzuspalten, was er letztlich nicht überzeugend – zumindest der Höhe nach – begründen kann, öffnet **Manipulationen** Tür und Tor. **71**

Wo diese Forderung an ihn gestellt wird und aus dem Sachzusammenhang unabweislich ist, müssen **fallspezifische Lösungen** gefunden bzw. dann vom Gesetzgeber vorgegeben werden, die dann aber auch nicht generalisiert werden dürfen (teleologische „Dämpfung"). Leichtfertiges Handeln könnte hier sonst zu Vorbildwirkungen mit bodenrechtlich schwerwiegenden Wirkungen bis hin zur Verletzung der verfassungsrechtlich geschützten Eigentumsgarantie führen. **72**

Zu erwähnen sind in diesem Zusammenhang **73**

– die Ermittlung des **Sollanspruchs auf der Grundlage der Einwurfswerte in Umlegungsverfahren** nach den §§ 45 ff. BauGB: eine generelle Bodenwertdämpfung bebauter Grundstücke würde zu einer Verminderung der Einwurfswerte und des Sollanspruchs führen und auf eine Verletzung der Bestandsgarantie hinauslaufen;

– die **Ermittlung des Anfangswerts** gemäß § 154 Abs. 1 BauGB **in städtebaulichen Sanierungsgebieten und Entwicklungsbereichen**: eine generelle Bodenwertdämpfung bebauter Grundstücke würde zu einer entsprechenden Erhöhung des Ausgleichsbetrags führen und die Regelung des § 28 Abs. 3 „aushebeln" (Bodenwertdämpfung des Endwerts in besonderen Fällen; vgl. § 28 Rn. 182 ff.);

– die Ermittlung des **Ausgleichsanspruchs für nutzungsrechtsbefangene Grundstücke nach § 19 SachenRBerG**: eine generelle Bodenwertdämpfung würde hier zu einer Verletzung des Teilungsmodells führen und den Grundstückseigentümer benachteiligen;

– die **Ermittlung des Mindestwerts im Rahmen der Grundbesitzbewertung** nach § 146 Abs. 6 i.V.m. § 145 Abs. 3 BewG: eine generelle Bodenwertdämpfung könnte auch hier gleichermaßen gefordert werden (vgl. § 13 WertV Rn. 174 ff.).

Auf eine ernsthafte Befassung mit dieser Vorschrift könnte deshalb verzichtet werden, wenn sie nicht von einzelnen Anwendern als Freibrief für nutzlose Zwischenrechnungen „kultiviert" und geradezu zelebriert würde. Hierin liegt auch die mit dieser Vorschrift verbundene Gefahr: Wie nachstehend noch dargelegt wird, führt der **Ansatz eines gedämpften Bodenwerts** ohne nennenswerte Bedeutung für das Gesamtergebnis, lediglich zu einer **Verschiebung des Innenverhältnisses von Boden- und Gebäudewertanteil,** d.h., die Bodenwertdämpfung hat zwangsläufig eine Erhöhung des Gebäudewertanteils zur Folge. Der gedämpfte Bodenwert*anteil* kann sich jedoch verselbstständigen und im Falle einer sich allein auf die Entschädigung des Bodenwerts reduzierenden Enteignungsentschädigung zu Falschbewertungen führen. Die Vorschrift öffnet insofern Tür und Tor für Manipulationen in anderen Bereichen, was nicht das Interesse des Verordnungsgebers sein konnte. **74**

Auch die Begründung lässt nicht erkennen, in welchen Fällen die Vorschrift vernünftigerweise Anwendung finden kann. Die wenigen Hinweise der Begründung machen die Vorschrift vielmehr noch fragwürdiger. Genannt werden dort solche Grundstücke, deren bauliche Anlagen auf Grund von **Erhaltungssatzungen** nach § 172 BauGB nicht abge- **75** brochen werden dürfen[11]. Damit wird in erster Linie die Stadtgestalterhaltungssatzung i. S. d. § 172 Abs. 1 Nr. 1 BauGB angesprochen (vgl. § 19 WertV Rn. 187 ff.). Die Bausubstanz ist dort – allerdings auch nur eingeschränkt – vergleichbar mit den auf Dauer zu erhaltenden **Baudenkmälern.** Da technisch fast ausnahmslos jedes Gebäude auf ewig erhaltbar ist, wäre bei Anwendung des Ertragswertverfahrens von einer (sehr) langen Restnutzungsdauer auszugehen. Wie ausgeführt ist aber der Bodenwert bei Anwendung des Ertragswertverfahrens auf Objekte mit langer Restnutzungsdauer (n > etwa 40–50 Jahre) bedeutungslos und braucht noch nicht einmal in die Ertragswertermittlung eingeführt zu werden (vgl. Vorbem. zu §§ 15 f. WertV Rn. 152 ff.). Deshalb ist es unsinnig, in derartigen Fällen den Bodenwert nach Maßgabe des § 20 Abs. 3 modifizieren zu wollen. Vielmehr wirkt sich die **Erhaltungspflicht für eine wirtschaftlich verbrauchte Bausubstanz wertmindernd auf den Gebäudewertanteil** aus, denn die erhöhten Instandsetzungs- und Betriebskosten vermindern zusätzlich den Reinertrag. Damit bleibt festzuhalten, dass in derartigen Fällen die Anwendung des vereinfachten Ertragswertverfahrens (vgl. § 19 WertV Rn. 142 ff.) unter Heranziehung fallüblicher Bewirtschaftungskosten fachlich vorzuziehen ist.

Der im Geltungsbereich einer **Stadtgestalterhaltungssatzung** zur Anwendung kommende Genehmigungsvorbehalt für den Rückbau, die Änderung oder die Nutzungsänderung baulicher Anlagen nach § 172 Abs. 3 BauGB kann in der Tat zu einer Wertminderung des Grundstücks führen. Diese Wertminderung muss aber ausgehend vom „vollen" Bodenwert ermittelt werden, denn nur dann kann eine wirtschaftliche Unzumutbarkeit der Genehmigungsversagung festgestellt werden, die nach § 173 Abs. 2 BauGB zum Übernahmeanspruch führt. Schon von daher verbietet sich eine Modifikation des Bodenwerts, die die Grundlagen der rechtlichen Beurteilung des Übernahmeanspruchs verfälschen würde.

Auch die Lage eines Grundstücks im Geltungsbereich einer Erhaltungssatzung nach § 172 Abs. 1 Nr. 2 BauGB (**Milieuschutzsatzung**) stellt keinen Fall dar, der unter § 20 Abs. 3 WertV fallen kann. Auf Grund der in Milieuschutzsatzungen zur Anwendung kommenden (umstrittenen) Mietpreisobergrenzen kann zwar der Reinertrag den Bodenwertverzinsungsbetrag unterschreiten, wenn vom Bodenwert eines vergleichbaren Grundstücks außerhalb des Milieuschutzsatzungsgebiets ausgegangen wird. Nach der Rechtsprechung ist die Festlegung einer zwar unbefristet beschlossenen Milieuschutzsatzung auf fünf Jahre insofern befristet, weil nach Ablauf dieser Zeit die Voraussetzungen überprüft werden müssen. Von daher ist in diesen Fällen allenfalls die Anwendung des § 20 Abs. 2 WertV in Betracht zu ziehen. Gleichwohl ist die Anwendung dieser Vorschrift nur dann gerechtfertigt, wenn die Bebauung in einem Missverhältnis zum Bodenwert steht. Vielfach wird mit der Milieuschutzsatzung aber nur eine wirtschaftlich zweckmäßige Nutzung der Bebauung verhindert, d.h., die Satzung steht in einem Missverhältnis zum Bodenwert. Die Milieuschutzsatzung stellt damit eine zeitlich befristete öffentlich-rechtliche Mietpreisbegrenzung dar, die mit entsprechenden privatrechtlichen Mietverhältnissen wirtschaftlich vergleichbar ist. Von daher bietet es sich an, den Milieuschutz wertermittlungstechnisch nach den Grundsätzen zu behandeln, die im Falle von *underrented* Mietobjekten zur Anwendung kommen (vgl. Vorbem. zu den §§ 15 ff. WertV Rn. 265 ff.).

76 *Möckel* glaubt als einen sinngebenden Anwendungsfall für Abs. 3 den in der Begründung gerade nicht genannten Fall eines Grundstücks gefunden zu haben, das Gegenstand einer **Zweckentfremdungsverordnung** ist. Auch für diesen Fall ist nach Abs. 1 Anwendungsvoraussetzung, dass Bodenwert und Bebauung in einem Missverhältnis zueinander stehen. Zur Feststellung eines solchen Missverhältnisses wird wiederum nach Abs. 1 der Reinertrag der baulichen Anlage mit dem Bodenwertverzinsungsbetrag verglichen. Übersteigt die Verzinsung des im Grund und Boden investierten Kapitals den aus der baulichen Anlage erzielten Reinertrag, kann dies als Indiz dafür gelten, dass das Grundstück wirtschaftlich „untergenutzt" ist.

Ist also $BW \times p > RE$

             BW .. Bodenwert

             p .... Liegenschaftszinssatz

             RE .. Reinertrag,

so wird damit zunächst nur ein Missverhältnis zwischen Bodenwert und Gebäudenutzung „offen" gelegt.

Die Bebauung als solche braucht dabei aber nicht in einem Missverhältnis zum Bodenwert zu stehen. Vielmehr steht die Nutzungsbeschränkung in einem Missverhältnis zum Bodenwert, wobei erfahrungsgemäß auch diese Beschränkung nicht ewig bestehen bleiben muss. Die Folgen einer Zweckentfremdungsverordnung bewertungsmethodisch durch den Trick zu bewältigen, dass der Bodenwert „heruntergerechnet" wird, damit sich eben doch noch ein Gebäudewert (rechnerisch) ergibt, ist nicht Aufgabe der Verkehrswertermittlung. Auch hier wären Tür und Tor für Manipulationen geöffnet, denn als Gebäudewertanteil ergibt sich jeweils komplementär nur das, was sich aus einer mehr oder minder willkürlichen Dämpfung des Bodenwerts ergeben muss.

Dabei ist es in Bezug auf ein Zweckentfremdungsverbot völlig unerheblich, dass die Rechtsprechung[12] „das bloße Streben nach Erhöhung der Rendite" nicht als Grund gelten lassen will, das Zweckentfremdungsverbot auszuhebeln. Die sich gegenüber einer bauplanungsrechtlich zulässigen höherwertigeren Nutzungsart aus dem Zweckentfremdungsverbot ergebende Nutzungseinschränkung ist unabhängig von der Regelung des § 20 Abs. 3 bereits nach § 5 Abs. 1 zu berücksichtigen und insoweit kein Fall des § 20 Abs. 3.   **77**

Selbst wenn man hier die **Wertermittlung in den Dienst des politisch Gewünschten** einbringen wollte, gibt die Vorschrift auch dafür keinen Sinn, denn eine Dämpfung bleibt nach den vorstehenden Ausführungen auch in diesem Fall für das Gesamtergebnis bedeutungslos und bewirkt lediglich eine „In-sich-Verschiebung" des Boden- und Gebäudewertanteils, d. h., auch für diesen Fall muss die Erkenntnis gelten, dass die Regelung nur für das „Innenverhältnis" des Gesamtwerts und nicht hingegen für die Höhe des Gesamtwerts von Bedeutung ist. Auch insoweit führt die Anwendung des Abs. 3 nur zu dem auch von *Möckel* erkannten Nullsummenspiel, ohne dass er allerdings auf dieses Nullsummenspiel verzichten möchte.   **78**

Im Übrigen muss sich **bei strenger Beachtung der Anwendungsvoraussetzung**   **79**

$$\text{Bodenwertverzinsungsbetrag} > \text{Reinertrag}$$

als Ergebnis **regelmäßig ein Ertragswert** ergeben, **der den Bodenwert eines unbebauten Grundstücks unterschreitet,** denn tatsächlich wird bei derartigen Konstellationen der Bodenwert durch die unrentierliche Nutzung „aufgefressen", wenn das Gebäude nicht abgebrochen werden kann. Hierin ist auch die Bezeichnung des Verfahrens als Liquidationsverfahren begründet. Stehen nun rechtliche Gründe einem sofortigen Abriss entgegen, so wird der Bodenwert umso mehr „aufgefressen", je längerfristig die rechtlichen Gegebenheiten Wirkung entfalten. Dies gilt grundsätzlich auch in den Fällen des Abs. 2, in denen die bauliche Anlage **alsbald** nicht freigelegt werden kann. Stehen rechtliche Gründe *längerfristig* (z. B. auf Grund einer Zweckentfremdungsverordnung) entgegen, so muss dies umso mehr gelten:

Beispiel: **80**

a) **Wertermittlungsobjekt:**

– Bodenwert (BW) i. S. d. § 15 Abs. 2 .... 500 000 €

– Reinertrag (RE) i. S. d. § 16 Abs. 1 .... 25 000 €

– Liegenschaftszinssatz p .... 6 %

– Restnutzungsdauer   Berechnung 1:   10 Jahre

                                          Berechnung 2:   40 Jahre

---

11   BR-Drucks. 352/88, S. 60

12   BVerfG, Urt. vom 4. 2. 1975 – 2 BvL 5/75 –, NJW 1975, 727; BVerwG, Urt. vom 10. 5. 1985 – 8 C 35/83 –, BVerwGE 71, 290

b) **Ermittlung des Liquidationswerts**

Berechnung 1			*Berechnung 2*		
Restnutzungsdauer		*10 Jahre*	Restnutzungsdauer		*40 Jahre*
§ 20 Abs. 2			§ 20 Abs. 3		
Bodenwert = jeweils Bodenwert			eines unbebauten Grundstücks		
Reinertrag	=	25 000 €	Reinertrag	=	25 000 €
./. Bodenwertverzinsungsbetrag			./. Bodenwertverzinsungsbetrag		
500 000 × $^6/_{100}$	=	− 30 000 €	500 000 × $^6/_{100}$	=	− 30 000 €
= Differenz	=	− 5 000 €	= Differenz	=	− 5.000 €
Kapitalisiert bei			Kapitalisiert bei		
p = 6 % und n = *10 Jahre*			p = 6 % und n = *40 Jahre*		
Vervielfältiger = *7,36*			Vervielfältiger = *15,05*		
	=	− 26 800 €		=	− 75 250 €
+ Bodenwert	=	500 000 €	+ Bodenwert	=	500 000 €
= Ertragswert	=	**473 200 €**	= Ertragswert	=	**424 750 €**

81 Wie das *Beispiel* zeigt, muss sich also bei strenger Beachtung der Anwendungsvoraussetzungen des § 20, nämlich BW × p > RE, in aller Regel ein „**Ertragswert**" ergeben, **der
niedriger als der Bodenwert des unbebauten Grundstücks ausfällt.** Dies wiederum ist
doch gerade Sinn und Zweck der Regelung für die angesprochenen Fälle, in denen auf
Grund rechtlicher Bindungen die sonst übliche Bodennutzung verhindert wird. Dabei fällt
– wie dargestellt – das Ergebnis umso niedriger aus, je länger die Nutzungsbindung
besteht. Wenn diesbezüglich von *Möckel* die Dämpfung des Bodenwerts damit begründet
wird, dass in Berlin für entsprechende Grundstücke Kaufpreise festgestellt worden seien,
die unterhalb des Bodenwerts lägen, so konnte damit kein überzeugenderer Nachweis für
die hier vertretene Auffassung erbracht und gleichzeitig nicht trefflicher seine Auffassung
einer *deductio ad absurdum* unterzogen werden.

82 Im Übrigen empfiehlt es sich, den **Fall eines Zweckentfremdungsverbots nicht mit dem
Fall des Denkmalschutzes gleichzusetzen.** Zwar ergehen die gesetzlichen Grundlagen
eines Zweckentfremdungsverbots unbefristet, jedoch wird ein solches Verbot – wie gerade
die Entwicklung in Berlin zeigt – kaum auf Dauer aufrechterhalten werden können, wenn
sich das städtebauliche Leitbild ändert, die Wohnungsversorgung sich entspannt, strukturelle Änderungen eintreten und ein wirtschaftlicher Nutzungsdruck zum Umdenken zwingt
(vgl. VIZ 2001, 365). Demgegenüber entfaltet eine Denkmaleigenschaft, wenn bei deren
Konstituierung nicht „überzogen" wurde, einen weitaus höheren Absolutheitsgrad, der entsprechend der Anwendungsvoraussetzung des Abs. 3 tatsächlich längerfristig und sogar
„auf Dauer" die Freilegung des Grundstücks ausschließt.

83 **Fazit:** Die Regelung des Abs. 3 erweist sich bei alledem als eine merkwürdige Fehlkon-
struktion. Dass nach der Systematik des § 20 eine Dämpfung des Bodenwerts allein bei
Objekten zulässig sein soll, die *längerfristig* nicht freigelegt werden können und deshalb
eine lange Restnutzungsdauer aufweisen, stellt dabei das eigentliche Mysterium dar. Denn
gerade bei Objekten mit langer Restnutzungsdauer mindert sich der Bodenwertanteil am
Ertragswert bis hin zur Bedeutungslosigkeit (vgl. Rn. 63). Demzufolge wird auch eine
Dämpfung des Bodenwerts für das Gesamtergebnis bedeutungslos. Dies mag wohl
auch erklären, dass der Verordnungsgeber die Vorschrift als „Kann-Bestimmung" ausgestaltet hat. Bei alledem muss nachdrücklich **von der Anwendung dieser verunglückten
Vorschrift**[13] **abgeraten** werden. Wird die Vorschrift dennoch herangezogen, so muss
gefordert werden, dass

– die Anwendungsvoraussetzungen in nachprüfbarer Weise dezidiert (und wegen der
  Fragwürdigkeit dieser Bestimmung besonders gründlich) nachgewiesen werden und

– im Gutachten fundiert begründet wird, in welchem Maße von dem nach § 15 Abs. 2
  anzusetzenden Bodenwert (eines unbebauten Grundstücks) „abgewichen" wird.

Dabei ist zu fordern, dass nur anerkannte Verfahren zur Anwendung kommen, die es aber
(zumindest derzeit) nicht gibt.

4.4 Sonderfälle

Wie unter Nr. 4.1 umfassend dargelegt, stellt gerade unter den Anwendungsvoraussetzun- **84** gen des Abs. 3 (langfristiger Erhalt der baulichen Anlage) die vorgeschriebene Dämpfung des Bodenwerts eine für das Ergebnis bedeutungslose und deshalb unsinnige Rechen- operation dar. Gleichwohl soll der Vollständigkeit halber auf **zwei Sonderfälle** hingewie- sen werden, die eine Minderung des Bodenwerts sachlich rechtfertigen, wenngleich auch sie für das Ergebnis bedeutungslos sind, nämlich

a) den Fall einer Abweichung des tatsächlich realisierten *Maßes* der baulichen Nutzung von dem bauplanungsrechtlich zulässigen und den Bodenwert unbebauter Grundstücke bestimmenden *Maß* der baulichen Nutzung sowie

b) den Fall einer Abweichung der tatsächlichen Nutzungs*art* von der bauplanungsrechtlich zulässigen und den Bodenwert unbebauter Grundstücke bestimmender Nutzungs*art*.

In beiden Fällen ist der **Bodenwert nach Maßgabe des § 5 Abs. 1 zu modifizieren** (vgl. **85** hierzu § 13 WertV Rn. 122 ff.).

Bezüglich der unter a) genannten **Abweichung des tatsächlich realisierten Maßes der baulichen Nutzung** von der zulässigen GFZ folgt *Möckel* nunmehr der hier schon seit jeher vertretenen Auffassung, dass solche Abweichungen nach der Systematik der WertV **bereits nach § 5 Abs. 1 berücksichtigt werden müssen.** Unter Hinweis auf solche beson- dere Fallgestaltung lässt sich eine generelle Dämpfung des Bodenwerts nach dem hier behandelten § 20 Abs. 3 nicht begründen. Dies wäre eine unzulässige Verallgemeinerung, wenn ein anderweitig in der WertV geregelter *Sonderfall* zur Begründung einer generellen – wenn auch bedeutungslosen – Dämpfung des Bodenwerts auch für die Fälle herangezo- gen würde, in denen solche Besonderheiten gerade nicht vorliegen *(sapere aude!)*.

Was für Abweichungen hinsichtlich des Maßes der baulichen Nutzung gilt, muss konse- **86** quenterweise aber auch für die unter b) genannten **Abweichungen hinsichtlich der Art der baulichen Nutzung** gelten, denn § 5 Abs. 1 behandelt sowohl Abweichungen im Maß der baulichen Nutzung als auch in der Art der baulichen Nutzung. Für eine unterschiedliche Sichtweise ist deshalb kein Raum (vgl. § 13 WertV Rn. 122 ff.). Dass solche Unterschiede bereits nach § 5 Abs. 1 berücksichtigt werden, hat im Übrigen auch seinen guten Sinn, denn eine nach § 5 Abs. 1 vorzunehmende Minderung kann dann nicht nur bei Anwendung des Ertragswertverfahrens in Betracht kommen. Sie muss dann nämlich auch für den Fall der Anwendung des Sachwertverfahrens gelten. Von daher kann es verhängnisvoll sein, die nach § 5 Abs. 1 gebotene Minderung in den Regelungsgehalt des § 20 Abs. 3 hineinzuinter- pretieren, auch wenn dies bei Anwendung des Ertragswertverfahrens – wie dargelegt – für das Gesamtergebnis bedeutungslos ist.

Im Übrigen stellt **§ 5 Abs. 1** auch **keinen Dämpfungsparagraphen** dar, weil sich nach die- **87** ser Vorschrift der Bodenwert eines bebauten Grundstücks gegenüber dem Bodenwert des unbebauten Grundstücks auch erhöhen kann, wenn nämlich ein höherwertigeres Maß oder eine höherwertigere Art der baulichen Nutzung im Vergleich zur bauplanungsrechtlichen Nutzbarkeit auf dem Grundstück realisiert worden ist. § 20 Abs. 3 könnte dagegen als Frei- brief für eine über die genannten Fälle hinausgehende Dämpfung des Bodenwerts verstan- den werden, für die kein vernünftiges Beispiel gegeben werden kann.

Auch die Auffassung, dass eine Bodenwertdämpfung in den Fällen des § 20 Abs. 3 für das **88** Gesamtergebnis belanglos sei, jedoch der **„Auswurf" des gedämpften Bodenwerts aus steuerlichen Gründen** geboten sei, ist abzulehnen; dies fällt in den Zuständigkeitsbereich der Steuerverwaltung (vgl. § 13 WertV Rn. 160 ff.) und liefe auf eine unvertretbare Belas-

---

13   Vgl. AK Wertermittlung des Deutschen Städtetags; Sitzung vom 16. 2. 1987 sowie Stellungnahme dieses AK im Unterausschuss „Kommunales Vermessungs- und Liegenschaftswesen" vom 25. 2. 1988

tung der allgemeinen Wertermittlungspraxis hinaus. Sonderfälle, die komplizierte Rechengänge erfordern, dürfen nämlich nicht zum Maßstab der allgemeinen Wertermittlungspraxis gemacht werden. Im Hinblick auf die bislang ungelöste Frage nach der verursachungsgerechten Aufteilung des Ertragswerts in einen Boden- und Gebäudewertanteil (Repartitionsproblem; vgl. § 13 WertV Rn. 93 ff.) ist nach der hier vertretenen Auffassung das „Ausfiltern" des Bodenwerts aus einem Gesamtkaufpreis für steuerliche Zwecke eine im Übrigen aus dem Steuerrecht, d. h. **nach Ziel und Zweck der Besteuerung heraus zu lösende Aufgabe** (vgl. Rn. 73 ff.).

89   Dieser Auffassung folgend hat der Gesetzgeber im Übrigen die Fälle, in denen eine sinnvolle Aufteilung des Gesamtwerts in einen Boden- und Gebäudeanteil notwendig wird, durch gesetzliche Vorgaben einer Lösung zugeführt, die jeweils dem besonderen Regelungszweck sinnvoll Rechnung trägt, so z. B. mit § 19 SachenRBerG (vgl. Rn. 73).

Dritter Abschnitt:
Das Sachwertverfahren §§ 21 bis 25 WertV

Vorbemerkungen zu den §§ 21 bis 25 WertV

1   Allgemeines

▶ *Zu den Anwendungsfällen ausführlich vgl. § 7 WertV Rn. 70 ff.*

1 Das Sachwertverfahren *(Cost Approach)* kommt zur Anwendung, wenn die **Ersatzbeschaf-fungskosten des Wertermittlungsobjekts nach den Gepflogenheiten des gewöhnlichen Geschäftsverkehrs preisbestimmend** sind *(Depreciated Replacement Cost Approach)*. Dies sind in erster Linie eigengenutzte Ein- und Zweifamilienhäuser, bei deren Nutzung nicht der erzielbare Ertrag, sondern ein besonderer persönlicher Nutzen, wie z. B. die Annehmlichkeit des „schöneren" Wohnens im Vordergrund steht.

2 Dass das Sachwertverfahren insbesondere bei *eigengenutzten* Einfamilienhäusern zur Anwendung kommt, darf nicht zu der Annahme verleiten, dass das Sachwertverfahren gene-rell bei eigengenutzten Objekten zur Anwendung kommt. Diese weit verbreitete Auffassung kann schon als **missverstandenes Eigennutzprinzip**[1] verstanden werden (vgl. § 7 WertV Rn. 82 ff.). Hierauf kann zurückgeführt werden, dass insbesondere eigengenutzte Gewerbe- und Industrieobjekte, eigengenutzte Verwaltungsgebäude sowie bauliche Anlagen der öffentlichen Hand gemeinhin unter Anwendung des Sachwertverfahrens bewertet wurden:

a) **Gewerbe- und Industrieobjekte** sind indessen nicht als Sachwertobjekte anzusehen, weil es dem Nutzer dieser Objekte wohl mehr als bei anderen Objekten um die Rendite geht. Wenn in der Vergangenheit das Sachwertverfahren zur Ermittlung des Verkehrs-werts von Gewerbe- und Industrieobjekten zur Anwendung gekommen ist, so ließe sich das allenfalls damit begründen, dass die Ertragsverhältnisse häufig „undurchsichtig" sind und persönliche Umstände, steuerliche Besonderheiten oder die Verschachtelung von Betriebszweigen nicht erkennen lassen, was als nachhaltiger Reinertrag bei ord-nungsgemäßer Bewirtschaftung gelten kann. Zudem handelt es sich häufig um sehr spe-zialisierte Branchenzweige mit eigenem „Firmenwert", der sich mit Hilfe des Sachwert-verfahrens ohnehin nicht ermitteln lässt. Im Rahmen der Unternehmensbewertung führt das Verfahren allenfalls zum sog. **Substanzwert,** der lediglich ein Element des Unter-nehmenswerts ist.

Die Anwendung des Sachwertverfahrens auf Gewerbe- und Industrieobjekte muss von daher für den Regelfall abgelehnt werden. Es kommt hinzu, dass insbesondere bei älte-ren Gewerbe- und Industrieobjekten das Verfahren (z. B. wegen aufwendiger Bau-weisen, die aber keineswegs neueren Produktionsmethoden entsprechen oder auch nicht erforderlich sind – so z. B. erhebliche Mauerstärken –) zu einem Wert führen muss, der dann drastisch nach § 25 WertV zu vermindern wäre. Allenfalls bei Neubauobjekten könnte für die Anwendung des Sachwertverfahrens ins Feld geführt werden, dass sich der (investierte) Sachwert „rechnet", wenn der Investor die Möglichkeit hatte, sich ein entsprechendes Objekt anzumieten. Hier kann der Sachwert zur Abstützung des Ertragswerts mit herangezogen werden (vgl. § 7 WertV Rn. 110 ff.).

b) Auch die dem Gemeinbedarf vorbehaltenen bebauten Grundstücke werden heute nicht (mehr) im Wege des Sachwertverfahrens bewertet. Die **öffentliche Zweckbindung steht der Anwendung des Ertragswertverfahrens grundsätzlich nicht entgegen**. Die Verkehrswertermittlung auf der Grundlage der ortsüblich erzielbaren Rendite lässt vielmehr auch bei den von der öffentlichen Hand eigengenutzten Objekten ein dem wahren und inneren Wert angemesseneres Ergebnis als bei Anwendung des Sachwert-verfahrens erwarten. Dies gilt nicht nur, wenn die öffentliche Zweckbindung aufgege-ben werden soll, sondern auch bei Fortführung einer öffentlichen Nutzung (vgl. § 7 WertV Rn. 131; Vorbem. zu den §§ 15 ff. WertV Rn. 12, § 17 WertV Rn. 168 ff.).

Dem Sachwertverfahren ist bei solchen Objekten nur dann im Sinne eines **Ersatzbe-schaffungswerts** der Vorzug zu geben, wenn ein öffentlich genutztes Objekt an einem bestimmten Standort aufgegeben werden muss und die ersatzweise Fortführung der Nutzung an anderer Stelle einen Neubau erfordert[2].

Ausgangspunkt für die Ermittlung des Sachwerts sind die gewöhnlichen Kosten, die unter **3** Berücksichtigung der am Wertermittlungsstichtag vorherrschenden wirtschaftlichen Rahmenbedingungen für die Neuerrichtung einer baulichen Anlage ersatzweise aufzubringen wären. Insoweit definieren sich die zur Ermittlung der „gewöhnlichen" Herstellungskosten herangezogenen Normalherstellungskosten für bauliche Anlagen älterer Baujahrsklassen nicht als „Rekonstruktionskosten" wie sie z. B. für den Wiederaufbau der Dresdner Frauenkirche aufzubringen sind, sondern als die (gewöhnlichen) Herstellungskosten, die am Wertermittlungsstichtag nach wirtschaftlichen Gesichtspunkten unter Berücksichtigung technischer Entwicklungen aufzubringen wären, um zu einem mit dem älteren Gebäude vergleichbaren Bauwerk zu gelangen. Des Weiteren definieren sich die Normalherstellungskosten für ein Ende des 19. Jahrhunderts errichtetes Mietshaus auch nicht nach den Kosten einer Holzbalkendecke, sondern nach Betondecken, die ja auch im Falle einer Erneuerung tatsächlich eingezogen würden. Insoweit geht das **Sachwertverfahren nicht von Rekonstruktionskosten, sondern von neuzeitlichen Ersatzbeschaffungskosten** aus (so auch im angelsächsischen Schrifttum: *replacement-costs*).

Dieser Gesichtspunkt muss Beachtung finden, da dementsprechend auch die nach § 24 **4** WertV zu berücksichtigenden sonstigen wertbeeinflussenden Umstände komplementär zu den Normalherstellungskosten anzusetzen sind und vor allem an dieser Stelle **wirtschaftliche Gesichtspunkte** zusätzlich beachtet werden müssen. So kann z. B. ein Gebäude mit aufwendiger künstlerischer Gestaltung und hohem Ambiente zu einer Verbesserung der Ertragssituation führen, als es den angesetzten Normalherstellungskosten entspricht. Das Gleiche gilt z. B., wenn überhohe Geschosse nach den am Wertermittlungsstichtag vorherrschenden Anschauungen bevorzugt werden. Wo überhohe Geschosshöhen dagegen im Hinblick auf die Bewirtschaftungskosten eher wertmindernd sind, kann dies außer Betracht bleiben, wenn von Normalherstellungskosten ausgegangen wird, die auf eine Flächeneinheit bezogen sind (NHK 2000).

Die häufig geübte Praxis, den Sachwert des Grundstücks ohne Prüfung mit dem Verkehrs- **5** wert gleichzusetzen, ist grundsätzlich falsch. Die **Sachwertermittlung** ist in erster Linie **ein Rechenverfahren** zur Ermittlung des Werts der Grundstückssubstanz. Der Verkehrswert wird aber durch den Grundstücksmarkt bestimmt, d. h. danach, wieviel Geld Kaufwillige üblicherweise für das jeweilige Objekt bezahlen würden, oder anders ausgedrückt, wie viel Geld ihnen das Objekt „wert" ist. Das kann unter Umständen wesentlich weniger sein, als der Sachwert des Grundstücks (Beispiel: Ein sehr gut ausgestattetes Einfamilienhausgrundstück wird fast immer unter seinem Sachwert gehandelt). Die Anpassung des Grundstückssachwerts an die jeweilige Marktlage ist deshalb ein Schwachpunkt des Sachwertverfahrens.

Der Verordnungsgeber hat mit der geltenden WertV das Sachwertverfahren im Übrigen **6** dahin gehend weiterentwickeln wollen, dass wirtschaftliche Gegebenheiten entsprechend der **Lage auf dem Grundstücksmarkt** möglichst vollständig in den Sachwert einfließen. Wörtlich heißt es in der Begründung: „Auch bei Anwendung des Sachwertverfahrens sind insbesondere die Herstellungskosten (§ 22), die Wertminderung wegen Alters (§ 23) sowie Baumängel und Bauschäden (§ 24) unter Berücksichtigung der Lage auf dem Grundstücksmarkt zu ermitteln. Nur so wird vermieden, dass bei Anwendung des Sachwertverfahrens Werte ermittelt werden, die nicht im Entferntesten der Lage auf dem Grundstücksmarkt entsprechen"[3].

---

1 Nicht zu folgen BGH, Urt. vom 13. 7. 1970 – VII ZR 189/68 –, EzGuG 20.49; OLG Hamm, Urt. vom 22. 4. 1993 – 21 U 39/92 –, BauR 1993, 628 dort auch nur für Fälle der Bausummenüberschreitung
2 Erl. des BMBau vom 12. 10. 1993 (BAnz Nr. 199; 1993, 9630; vgl. Kleiber, WertR 76/96, Bundesanzeiger Verlag, 7. Aufl. 2000, S. 69 f.
3 BR-Drucks. 352/88, S. 44

7   Dieser Gedanke wird auch mit der amtlichen Begründung zu § 21 unterstrichen. Die Vorschrift ersetzt den bisher gebräuchlichen Begriff des „Bauwerts" durch den „Wert der baulichen Anlagen und Wert der sonstigen Anlagen". Wörtlich heißt es dort: „Allerdings wird von dem Begriff ‚Bauwert' abgegangen, weil dieser Begriff zu sehr auf den Vorgang des Bauens und dessen Kosten hinweist. Aufgabe der Wertermittlung, auch wenn das Sachwertverfahren angewendet wird, ist es aber, den Verkehrswert, also den Marktwert, eines Grundstücks mit Gebäuden usw. zu ermitteln. Deshalb wurde die neue Formulierung ‚Wert der baulichen Anlagen und Wert der sonstigen Anlagen' gewählt"[4]. Auch der BGH[5] hat schon 1953 darauf hingewiesen, dass es **keinen Erfahrungssatz gäbe, nach dem sich der Verkehrswert eines Grundstücks dadurch, dass es bebaut wird, um den Wert der für die Bebauung gemachten angemessenen Baukosten erhöht.** In diesem Sinne führt das OLG Karlsruhe[6] aus, dass die Baukosten eines Gebäudes lediglich einen Anhalt für die Höhe des Verkehrswerts bilden und u. a. die Konjunktur berücksichtigt werden muss.

8   Die hohen Abschläge, die insbesondere bei hochwertigen Immobilien angebracht werden müssen, um über den Sachwert zum Verkehrswert zu gelangen, sind letztlich darauf zurückzuführen, dass **keine Identität zwischen Kosten und Wert** besteht. Infolge der Verquickung von Kosten und Wert und den daraus resultierenden Unzulänglichkeiten des Sachwertverfahrens auf einem möglichst direkten Weg zum Verkehrswert zu gelangen, wird das Verfahren auch als *„method of last resort"* bezeichnet[7].

9   Von entscheidender Bedeutung ist in diesem Zusammenhang die Tatsache, dass die Ermittlung der Wertminderung wegen Alters nach der geltenden WertV auf der Grundlage der an der wirtschaftlichen Nutzungsfähigkeit orientierten Restnutzungsdauer und nicht mehr auf der Grundlage der technisch orientierten Restlebensdauer ermittelt wird. Die dahin gehende Entwicklung der Wertermittlungspraxis war schon mit der WertV 72[8] eingeleitet worden (vgl. § 23 WertV Rn. 21 ff.) und wurde mit der Aufgabe des Begriffs der Restlebensdauer abgeschlossen. Wird den Bestrebungen des Verordnungsgebers Rechnung getragen, so wird die Lage auf dem Grundstücksmarkt bereits innerhalb des Sachwertverfahrens berücksichtigt, so dass vorbehaltlich des in § 7 Abs. 1 und 3 geregelten Falls eine Anpassung an die Lage auf dem Grundstücksmarkt entfällt. In der Vergangenheit hat es sich in der Praxis gerade bei Anwendung des Sachwertverfahrens als erforderlich erwiesen, teilweise **nicht unerhebliche Abschläge an den Sachwert** anzubringen, um zum Verkehrswert zu gelangen. Diese großen Abschläge können auch darauf zurückgeführt werden, dass es sich bei derartigen Fällen um „Ertragswertobjekte" handelt, deren Verkehrswert in erster Linie nach dem Ertragswertverfahren zu ermitteln ist (vgl. § 7 Rn. 64 ff.). Selbst in der Rechtsprechung zur Verkehrswertermittlung von Einfamilienhäusern sind Abschläge von ca. 10 bis 15 % vom Sachwert zur Anpassung an die **Lage auf dem Grundstücksmarkt** nicht beanstandet worden[9]; entscheidend muss aber auch hier das bleiben, was sich nachweisbar aus dem Grundstücksmarkt ergibt.

10   Wenn derzeit im Schrifttum vereinzelt schon geradezu kreuzzugsartig gegen das **Sachwertverfahren** zu Felde gezogen wird, so findet dies seine Erklärung darin, dass das Sachwertverfahren in seiner Anwendungsbreite – wie vorstehend erläutert – **überstrapaziert worden ist** und **mit dem Rückgriff auf die sog. 13er-Werte archaische Formen angenommen hat.** Ein modernes Sachwertverfahren wird für die Praxis auch weiterhin von Bedeutung sein. Dies gilt nicht nur für den Bereich der Verkehrswertermittlung von Ein- und Zweifamilienhäusern.

    – Das Sachwertverfahren kann selbst für die Ermittlung des Verkehrswerts typischer Ertragswertobjekte zur „Abstützung" von nicht unerheblicher Bedeutung sein. Dies gilt insbesondere für neu errichtete Ertragswertobjekte. Denn wenn die gewöhnlichen Herstellungskosten eines solchen Objektes dessen Ertragswert übersteigen, wäre es kaum verständlich, dass ein solches Objekt von einem Investor „hochgezogen" wurde. Ein vernünftig handelnder Investor wird deshalb den Sachwert durchaus „im Blick" haben und dies sollte auch für den Sachverständigen gelten.

– Bei Ertragsobjekten mit erheblichem Instandsetzungs-, Modernisierungs- oder gar Umstrukturierungsbedarf wird man ebenfalls den Sachwert vielfach Beachtung schenken müssen. Dies soll am Beispiel eines Ertragsobjektes mit erheblichem Instandsetzungsrückstau bzw. Umstrukturierungsbedarf (Modernisierungsbedarf) erläutert werden. Die Anwendung des Ertragswertverfahrens führt in solchen Fällen häufig dazu, dass sogar ihr Bodenwert von diesen Instandsetzungskosten „angefressen" wird.

– Vorstehenden Gesichtspunkten trägt auch das bei der Ermittlung von Beleihungswerten praktizierte **„Zwei-Säulen-Verfahren"** Rechnung.

Beispiel: **11**

a) Sachverhalt

Grund und Boden:

Grundstücksteilfläche:	=	4 363 m²
Bodenwert	=	200 €/m²
Bodenwert insgesamt	=	872 600 €

Instandsetzungs- und modernisierungsbedürftiges Gebäude:

Instandsetzungs- und Modernisierungsbedarf 5 Mio. €	=	1 000 €/m²
Gesamte Nutzfläche	=	5 000 m²
Durchschnittliche Nettokaltmiete	=	10 €/m²/Monat
		(nach Modernisierung)
Bewirtschaftungskosten rd. 14 %	=	1,40 €/m²
Jährlicher Reinertrag		
5 000 m² × 10,00 €/m² × 12 × 0,86	=	rd. 510 000 €
Liegenschaftsverzinsung	=	6,5 %

b) Ertragswertermittlung

Die Anwendung des Ertragswertverfahrens führt in einem solchen Fall zu folgendem Ergebnis:

RE (10,00 €/m² – 1,40 €/m²) × 5 000 m² × 12	=	516 000 €
abzüglich Bodenwertverzinsungsbetrag 4 363 m² × 200 €/m² × 0,065	=	– 56 719 €
Reinertrag der baulichen Anlage	=	459 281 €
× Vervielfältiger = 15,03 bei 60 Jahren und 6,5 %		
= Gebäudeertragswert	=	6,903 Mio. €
+ Bodenwert	=	+ 0,873 Mio. €
– Modernisierungskosten	=	– 5,000 Mio. €
= Ertragswert	=	**2,776 Mio. €**

In dem Beispiel wird der **Ertragswert durch** die hohen „Umstrukturierungs-/**Moderni-**   **12** **sierungskosten" erschlagen,** wobei man sich dabei eigentlich darüber im Klaren sein sollte, dass das **Ertragswertverfahren** in solchen Fällen weitgehend **zum Sachwertverfahren „konvertiert", denn die Instandsetzungs- und Modernisierungskosten „fressen" den Gebäudeertragswert nahezu auf.** Vielfach wird sogar nicht nur der Gebäudeertragswert „aufgefressen", sondern auch der Bodenwert.

Der Ansatz der „vollen" Umstrukturierungskosten wird damit begründet, dass sie von „jedem" Erwerber aufzubringen seien und deshalb auch in voller Höhe berücksichtigt werden müssten. Bei dieser Sichtweise kann umgekehrt ins Feld geführt werden, dass für jeden Erwerber die Bausubstanz einen Restwert aufweist, der sich aus dem Unterschied zwischen den Neubaukosten abzüglich der Umstrukturierungskosten pro m² Nutzfläche ergibt, d. h. die brachliegende Bausubstanz führt zu Ersparnissen bei der Modernisierung im Vergleich zur Neubebauung; diese Ersparnisse gegenüber den „vollen" Herstellungskosten müssen konsequenterweise auch für jeden Erwerber von „Wert" sein.

---

4   BR-Drucks. 352/88, S. 60
5   BGH, Urt. vom 10. 7. 1953 – V ZR 22/52 –, EzGuG 20.16
6   OLG Karlsruhe, Urt. vom 13. 6. 1958 – 7 U 1/58 –, EzGuG 20.20
7   Scarett, D., Property Valuation – The five methods, London 1991, S. 171
8   BR-Drucks. 265/72, S. 21
9   BGH, Urt. vom 4. 3. 1982 – III ZR 156/80 –, EzGuG 11.127

13   Diese Betrachtungsweise führt überschlägig zu folgendem Ergebnis:

c) Sachwertverfahren (vereinfacht)

Nutzfläche	=	5 000 m²
Herstellungskosten (Neubau)	=	1 500 €/m²
Sachwert: 5 000 m² × 1 500 €/m²	=	7,500 Mio. € (Neubau)
ersparte Herstellungskosten:		
1 500 €/m² − 1 000 €/m² = 500 €/m²		

Ersparnisse:

5 000 m² × 500 €/m²	=	2,500 Mio. €
+ Bodenwert	=	0,873 Mio. €
= Sachwert	=	**3,373 Mio. €**

14   Das *Beispiel* macht zumindest die **Problematik der Anrechnung von Instandsetzungs- und Modernisierungskosten in voller Höhe** bei Anwendung des Ertragswertverfahrens deutlich (vgl. § 24 Rn. 13 ff.). Im vorstehenden Beispiel mag sich die Problematik dadurch „entschärfen", dass der ermittelte Sachwert noch um den Marktanpassungszuschlag zu vermindern ist und sich somit dem ermittelten Ertragswert zumindest annähert. Bei sehr hohen Instandsetzungskosten bzw. Modernisierungskosten schlägt gleichwohl das Ertragswertverfahren letztlich in ein Sachwertverfahren um und es stellt sich dann die Frage, ob nicht die direkte Sachwertermittlung unter Berücksichtigung der ersparten Herstellungskosten das geeignete Verfahren ist.

15   Die **Wahl zwischen beiden Verfahren** ist in solchen Fällen oft schwierig. Allgemein kann gelten, dass die vorgestellte Sachwertermittlung in Betracht gezogen werden muss, wenn nach den Situationsmerkmalen im gewöhnlichen Geschäftsverkehr für jeden Erwerber *keine Alternative zur Errichtung eines Neubaues besteht, d. h. auch ersatzweise eine Anmietung nicht in Betracht kommt und die Umstrukturierung des vorhandenen Gebäudes im Vergleich zum Neubau wirtschaftliche Vorteile bietet.* Auch wird der Eigentümer in solchen Fällen in Erwägung ziehen, den Umbau auf eigene Kosten durchzuführen und das fertige Produkt dann zum Verkauf zu stellen; dies kann wirtschaftlich vernünftig werden, wenn das „fertige Produkt" einen höheren Verkaufspreis als die Umbaukosten erwarten lässt.

2   Grundzüge des Sachwertverfahrens

2.1   Übersicht

16   Der **Sachwert setzt sich zusammen aus**

– dem Bodenwert (§ 13 Abs. 2),

– dem Wert der baulichen Anlagen (§ 21 Abs. 1) und

– dem Wert der sonstigen Anlagen (§ 21 Abs. 4),

wobei der „Wert der baulichen Anlagen" neben dem Gebäude(sach-)wert auch den Wert baulicher Außenanlagen und vorhandener besonderer Betriebseinrichtungen einschließt, während sich der Wert der „sonstigen Anlagen" auf nichtbauliche Außenanlagen, insbesondere Gartenanlagen, Anpflanzungen und Parks beschränkt.

17   Der sich **aus diesen Komponenten zusammensetzende Sachwert ist nicht mit dem Verkehrswert gleichzusetzen.** Der Verkehrswert ist

– „unter Berücksichtigung der Lage auf dem Grundstücksmarkt" (§ 7 Abs. 1 Satz 2 WertV) und ggf.

– „unter Würdigung" der Aussagefähigkeit der Ergebnisse anderer angewandter Verfahren (§ 7 Abs. 1 Satz 3 WertV)

abzuleiten. Der Sachwert stellt insofern einen **Zwischenwert** auf dem Weg zum Verkehrswert dar (Abb. 1).

Abb. 1: Zusammensetzung des Sachwerts

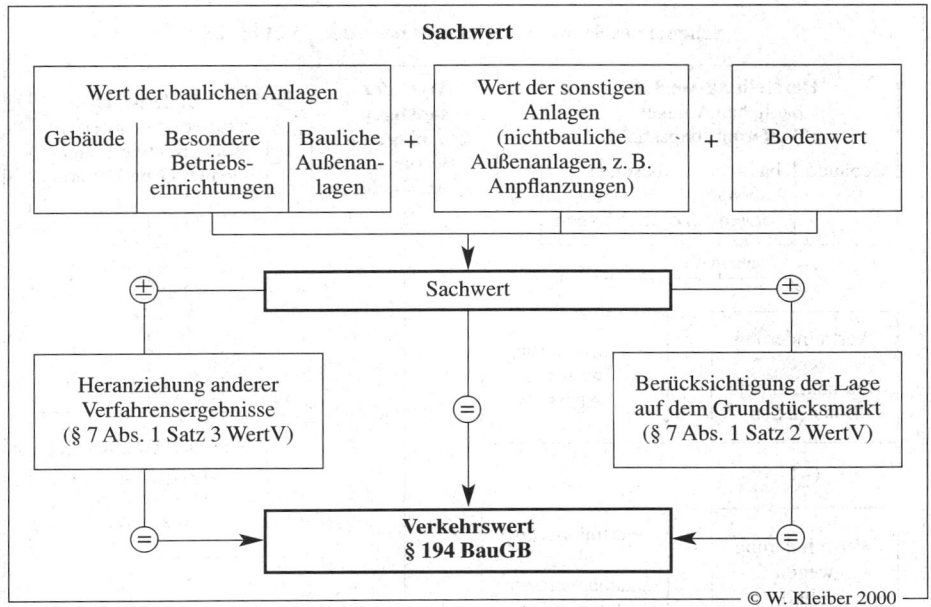

© W. Kleiber 2000

▸ *Zu den Begriffen Gebäude, bauliche Anlagen, Außenanlagen, „sonstige" Anlagen und*
den besonderen Betriebseinrichtungen vgl. § 2 WertV Rn. 18 ff.

Der Wert der baulichen Anlagen (Gebäude) und entsprechend auch der Wert besonderer **18**
Betriebseinrichtungen wird auf der Grundlage des **Herstellungswerts der baulichen**
Anlagen ermittelt. Dies **ist der** sich nach den gewöhnlichen Herstellungskosten bemessende **Neubauwert** (Ersatzbeschaffungskosten) **am Wertermittlungsstichtag.** Soweit es
im Einzelfall nicht um die Ermittlung des Sachwerts eines gerade erst am Wertermittlungsstichtag fertig gestellten Gebäudes geht, ist für die Ermittlung des „Werts der baulichen
Anlagen" der fiktiv auf den Wertermittlungsstichtag bezogene Ersatzbeschaffungswert
aber lediglich der Ausgangswert, von dem ausgehend sich der „Wert der baulichen Anlagen" unter Berücksichtigung der Wertminderung wegen Alters nach § 23 WertV, der Wertminderung wegen Baumängeln und Bauschäden nach § 24 WertV sowie sonstiger wertbeeinflussender Umstände nach § 25 WertV bestimmt.

Den detaillierten **Verfahrensgang des Sachwertverfahrens** zeigt Abb. 2. **19**

Während der Grund und Boden, von dem Sonderfall einer Verseuchung des Bodens abge- **20**
sehen, ein unvergängliches Gut ist und er deshalb nicht einem altersbedingten Wertverzehr
unterworfen ist, muss bei der Ermittlung des (Ersatzbeschaffungs-)werts der baulichen
Anlagen also der bis zum Wertermittlungsstichtag eingetretene Wertverzehr durch Alterung berücksichtigt werden (die sog. **Wertminderung wegen Alters** nach § 23 WertV),
wenn vom Neubauwert ausgegangen wird.

Die vorstehenden Verfahrensgrundsätze können auch zur Ermittlung des **Wertanteils der** **21**
Außenanlagen zur Anwendung kommen, sofern dieser nicht bereits mit dem Bodenwert
miterfasst oder sachgerechter über Erfahrungssätze nach § 24 Abs. 4 WertV ermittelt wird.
Ein altersbedingter Wertverzehr tritt hier jedoch erst von dem Zeitpunkt an ein, zu dem eine
Anpflanzung ihre optimale Funktion erreicht hat; bis dahin wächst der Wertanteil einer
Anpflanzung mit der Zeit an.

Abb. 2: Sachwertverfahren

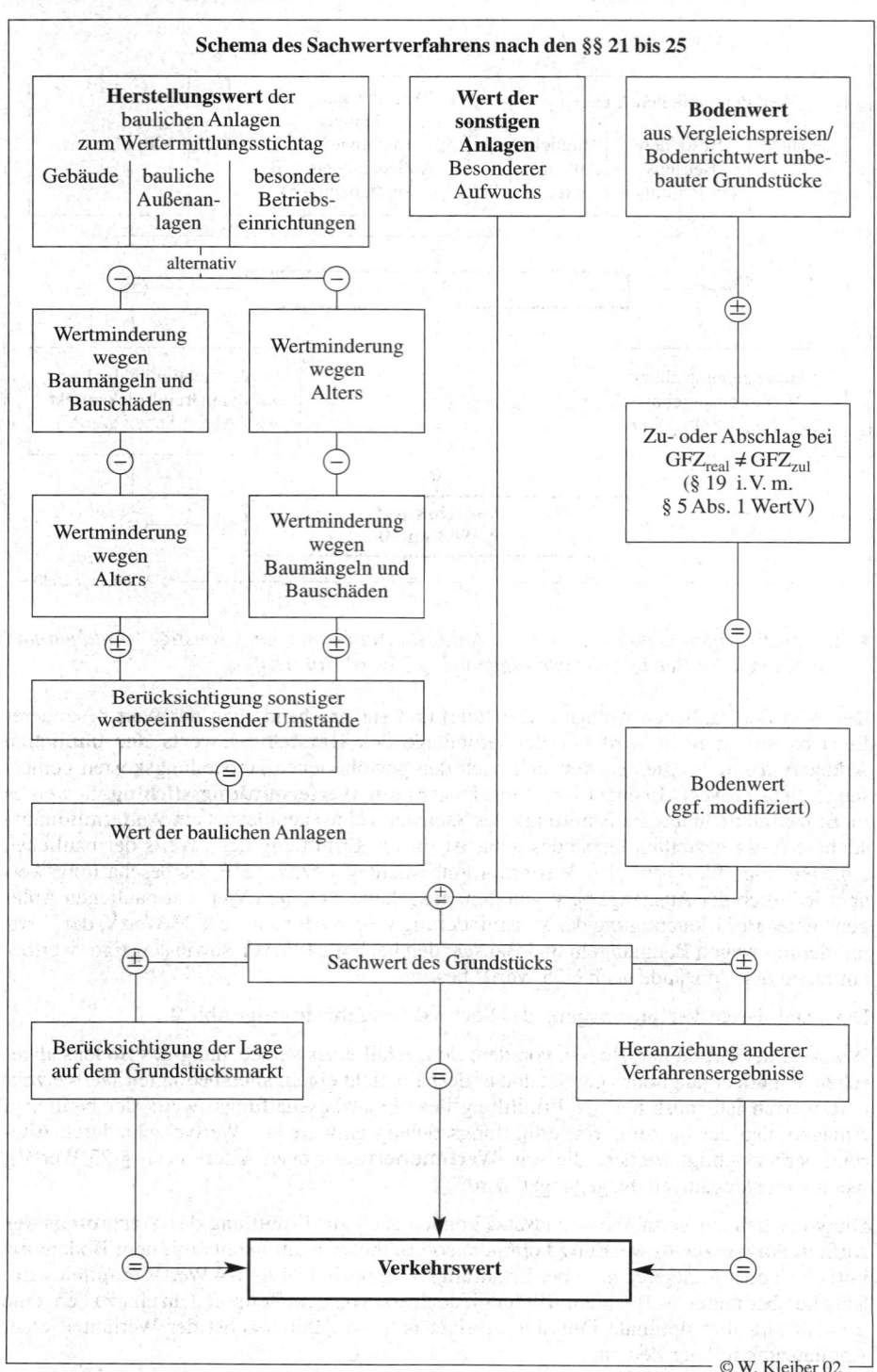

Schema des Sachwertverfahrens nach den §§ 21 bis 25

© W. Kleiber 02

2.2 Bodenwert

Der Bodenwert ist – wie bei Anwendung des Ertragswertverfahrens – regelmäßig nach dem Vergleichswertverfahren zu ermitteln. Dabei ist grundsätzlich vom **Bodenwert des unbebaut gedachten Grundstücks** auszugehen, wobei die Umgebungsbebauung ebenso zu berücksichtigen ist, wie die rechtlichen Gegebenheiten, die insbesondere Art und Maß der Nutzbarkeit des Grundstücks mitbestimmen (§ 5 Abs. 1 WertV).   **22**

Der Bodenwert ist demzufolge nach Maßgabe des § 15 Abs. 2 WertV i. d. R. im Vergleichs-wertverfahren unter Heranziehung   **23**

– einer ausreichenden Zahl geeigneter **Vergleichspreise** (unbebauter Grundstücke) oder

– von **Bodenrichtwerten** i. S. d. § 196 BauGB abzuleiten, die nach Abs. 1 Satz 2 der Vor-schrift in bebauten Gebieten mit dem Wert ermittelt werden, der sich ergeben würde, wenn das Grundstück unbebaut wäre.

Art und Maß der baulichen Nutzung bestimmen sich dabei i. d. R. nach den für die städte-bauliche Zulässigkeit von Vorhaben maßgeblichen §§ 30, 33 und 34 BauGB unter Berück-sichtigung der sonstigen öffentlich-rechtlichen und privatrechtlichen Vorschriften, die **Art und Maß der baulichen Nutzung** mitbestimmen.   **24**

a) Art und Maß der baulichen Nutzung

Etwas anderes soll nach § 5 Abs. 1 Satz 2 WertV gelten, wenn das tatsächliche auf dem zu wertenden Grundstück realisierte Maß der baulichen Nutzung am Wertermittlungsstichtag nicht dem in der Umgebung des Grundstücks üblicherweise realisiertem Maß der bauli-chen Nutzung entspricht. Die am Wertermittlungsstichtag üblicherweise realisierte und von der rechtlichen Nutzbarkeit abweichende Nutzung wird auch als die **lagetypische Nut-zung** bezeichnet (vgl. § 5 WertV Rn. 76; § 13 WertV Rn. 122 ff.; § 25 WertV Rn. 34 ff.).   **25**

Die lagetypische Nutzung ist in den genannten Fällen auch bei Anwendung des Sachwert-verfahrens der Bodenwertermittlung zu Grunde zu legen, denn das, was in dem jeweiligen Gebiet tatsächlich am Wertermittlungsstichtag „realisiert" wird bzw. würde, kann als Indiz dafür gelten, was im gewöhnlichen Geschäftsverkehr den Bodenwert bestimmt.   **26**

Darüber hinaus treten in der Praxis auch Fälle auf, in denen die auf dem zu wertenden Grundstück „realisierte" Nutzung die bauplanungsrechtlich zulässige bzw. die lagetypi-sche bauliche Nutzung über- oder unterschreitet. Kann dabei die vorhandene Bebauung der bauplanungsrechtlich bzw. lagetypischen Nutzung nicht durch An- oder Aufbauten ange-glichen werden, kann sich daraus (im Falle einer **Unternutzung**) eine Bodenwertminde-rung und (im Falle einer **Übernutzung**) eine Bodenwerterhöhung ergeben. Wertminderung und Werterhöhung lassen sich auf der Grundlage des Unterschieds der Bodenwerte ermit-teln, die sich für das Grundstück auf der Grundlage   **27**

– der realisierten Geschossflächenzahl (GFZ) und

– der bauplanungsrechtlich zulässigen bzw. lagetypischen Geschossflächenzahl (GFZ)

ergeben.

Die Bodenwertunterschiede lassen sich mit Hilfe der Anl. 23 der WertR ermitteln, sofern keine ortsüblichen **Umrechnungskoeffizienten für das Verhältnis GFZ/GFZ** vor-liegen.   **28**

Ausgangspunkt für die **Ermittlung des gegenüber einem unbebauten Grundstück im Wert geminderten bzw. erhöhten Bodenwerts** ist zunächst der Bodenwert, der sich nach dem realisierten Maß der baulichen Nutzung (GFZ) ergibt. Dieser Bodenwert ist dann   **29**

– im Falle einer **Unternutzung** um die diskontierte Werterhöhung „aufzustocken", die nach Ablauf der Restnutzungsdauer im Hinblick auf die zulässige Nutzbarkeit bzw. lagetypische Nutzung dann realisiert werden kann, bzw.

– im Falle einer **Übernutzung** um die diskontierte Wertminderung „abzusenken", die nach Ablauf der Restnutzungsdauer im Hinblick auf die zulässige Nutzbarkeit bzw. lagetypische Nutzung im Neubaufall realisierbar wäre.

30   **In Formeln:**

$$BW = BW_{real} + (BW_{zul./lag} - BW_{real}) \times 1/q^n$$

wobei BW_{real} = Bodenwert auf Grund realisierter Nutzung

$BW_{zul./lag}$ = Bodenwert auf Grund zulässiger bzw. lagetypischer Nutzung

q   = Zinsfaktor = 1 + Zinssatz/100 = 1 + p

n   = Restnutzungsdauer in Jahren

31   *Beispiel:*

Der Bodenwert betrage bei einer lagetypischen Nutzung mit einer GFZ von 1,0 = 400 €/m²

Auf einem Grundstück sei eine GFZ von 0,6 realisiert worden.

Die Restnutzungsdauer des Gebäudes liege bei 40 Jahren.

Berechnung:

Bodenwert bei einer GFZ von 0,6:

Umrechnungskoeffizienten gemäß Anl. 23 WertR bei einer

GFZ von 0,6 = 0,78

GFZ von 1,0 = 1,00

$BW_{GFZ = 0,6} = 400 \text{ €/m}^2 \times \dfrac{0,78}{1,00} = 312 \text{ €/m}^2$

Bodenwertdifferenz $(BW_{zul/lag} - BW_{real}) = 400 - 312 = 88 \text{ €/m}^2$

Bodenwert:

$BW = 312 + 88 \times 1,06^{-40} \approx \textbf{330 €/m}^2$

bei einem Zinssatz von 6 %

32   **Bei vorstehender Vorgehensweise läuft die Regelung des § 25 WertV ins Leere,** nach der ein „erhebliches Abweichen der tatsächlichen von der nach § 5 Abs. 1 (WertV) maßgeblichen Nutzung" durch Zu- oder Abschläge oder in anderer geeigneten Weise bei der Ermittlung des Gebäudesachwerts zu berücksichtigen ist.

▶ *Vgl. hierzu § 25 WertV Rn. 34 ff.*

b) Aufwuchs/Anpflanzungen

33   Der im Wege des Vergleichswertverfahrens abgeleitete Bodenwert kann wertmäßig auch einen auf dem zu wertenden Grundstück vorhandenen Aufwuchs umfassen. Dieser Fall kann gegeben sein, wenn es sich um ortsübliche Anpflanzungen handelt. In diesem Fall muss deshalb geprüft werden, ob auf den **Vergleichsgrundstücken,** die zur Ermittlung des Bodenwerts herangezogen wurden, **ein mit dem zu wertenden Grundstück vergleichbarer Aufwuchs vorhanden ist** und dieser bei der Bodenwertermittlung auch nicht „herausgerechnet" wurde. Für diesen Fall schreibt § 21 Abs. 4 WertV zur Vermeidung einer Doppelberücksichtigung ausdrücklich vor, dass der Aufwuchs – abweichend vom Grundsatz des § 21 Abs. 1 WertV – nicht getrennt vom Bodenwert zusätzlich zu berücksichtigen ist.

▶ *Näheres vgl. § 21 WertV Rn. 28 ff.; § 13 WertV Rn. 55; § 2 WertV Rn. 28; § 15 WertV Rn. 20; § 17 WertV Rn. 46 und § 19 WertV Rn. 51.*

2.3   Sachwert der baulichen Anlage (Gebäudesachwert)

2.3.1   Allgemeines

Im Unterschied zu dem zweisträngigen Ertragswertverfahren (bestehend aus Boden- und   **34**
Gebäudeertragswert) ist das Sachwertverfahren dreisträngig ausgestaltet. Der Sachwert
setzt sich – wie bereits dargelegt – aus

– dem Wert der baulichen Anlagen,

– dem Wert der „sonstigen" Anlagen (insbesondere Aufwuchs) und

– dem Bodenwert

zusammen. Der **„Wert der baulichen Anlage"** ist bei genauerer Betrachtung nicht identisch mit dem **„Gebäudesachwert"**, wenn entsprechend der Vorgaben der WertV damit
auch der Wert der baulichen Außenanlagen miterfasst wird.

2.3.2   Wert der baulichen Anlage

Zur Ermittlung des Werts der baulichen Anlage wird von dessen **Herstellungswert am**   **35**
Wertermittlungsstichtag ausgegangen.

Für die **Ermittlung des Herstellungswerts** sieht die WertV drei unterschiedliche, aber   **36**
doch sehr verwandte **Verfahrenswege** vor, nämlich die Ermittlung auf der Grundlage

a) der Normalherstellungskosten (§ 22 Abs. 1 bis 3 WertV),

b) der Herstellungskosten einzelner Bauleistungen – Einzelkosten – (§ 22 Abs. 4 WertV)
  oder

c) der tatsächlich entstandenen Herstellungskosten (§ 22 Abs. 5 WertV).

In jedem dieser Fälle muss es sich dabei um gewöhnliche Herstellungskosten handeln,   **37**
d. h. besonders preisgünstige oder überzogene Herstellungskosten, z. B. auf Grund von Fei-
erabendarbeiten oder unter Zeitdruck in Kauf genommene Preiszugeständnisse müssen
dabei außer Betracht bleiben (vgl. auch § 6 WertV). Die tatsächlichen Herstellungskosten
können deshalb nicht unbesehen herangezogen werden und müssen dahin gehend überprüft werden, ob sie den gewöhnlichen Herstellungskosten entsprechen.

Die zur Ermittlung des Herstellungs*werts* heranzuziehenden gewöhnlichen Herstellungs-   **38**
kosten werden nach Erfahrungssätzen (§ 22 Abs. 3 WertV) angesetzt. Die WertV bezeichnet diese als **Normalherstellungskosten** *(unit costs)*. Im Ergebnis muss deshalb auf sie
regelmäßig selbst dann zurückgegriffen werden, wenn die tatsächlichen Herstellungskosten bekannt sind. Die Wertermittlung auf der Grundlage gewöhnlicher Einzelleistungen
ist nur in Ausnahmefällen zulässig.

Normalherstellungskosten sind die gewöhnlichen, auf eine geeignete Bezugseinheit   **39**
bezogenen Herstellungskosten für einen Neubau (Neuerrichtung). Es handelt sich um eine
stichtagsbezogene Kostenart, denn die Herstellungskosten ändern sich mit der Zeit. Um
den Wert des Gebäudes auf der Grundlage von Normalherstellungskosten zu ermitteln,
muss sich der Gutachter deshalb Klarheit darüber verschaffen,

– auf welchen Stichtag die Normalherstellungskosten bezogen sind,

– welche Bezugseinheit (Raum- oder Flächeneinheit) den Normalherstellungskosten zu
  Grunde liegt,

– ob es sich um Bundesmittelwerte handelt oder sie sich auf bestimmte Regionen beziehen,

– ob die Baunebenkosten in den Normalherstellungskosten enthalten sind und

– welche Bauteile in den Normalherstellungskosten enthalten sind, damit einzelne Bauteile,
  Einrichtungen und sonstige Vorrichtungen, die insoweit nicht erfasst werden, durch Zu-
  oder Abschläge nach § 22 Abs. 1 Satz 2 WertV gesondert berücksichtigt werden können.

40   Zu den Normalherstellungskosten gehören per definitionem die üblicherweise entstehenden **Baunebenkosten,** insbesondere die Kosten für Planung, Baudurchführung, behördliche Prüfungen und Genehmigungen sowie die für die im unmittelbaren Zusammenhang mit der Herstellung der baulichen Anlagen erforderliche Finanzierung (§ 22 Abs. 2 WertV). Zu den Baunebenkosten zählen nach der **DIN 276 i. d. F. von 1993** (Ziff. 4.3) dagegen:

– *Grundstücksnebenkosten,* „die im Zusammenhang mit dem Erwerb eines Grundstücks entstehen: Vermessungsgebühren, Gerichtsgebühren, Notariatsgebühren, Maklerprovisionen, Grunderwerbsteuer, Wertermittlungen/Untersuchungen (Wertermittlungen, Untersuchungen zu Altlasten und deren Beseitigung, Baugrunduntersuchungen und Untersuchungen über die Bebaubarkeit, soweit sie zur Beurteilung des Grundstückswerts dienen), Genehmigungsgebühren, Bodenordnung/Grenzregulierung, sonstige Grundstücksnebenkosten" (Kostengruppen 120–129).

– *Baunebenkosten,* „die bei der Planung und Durchführung auf der Grundlage von Honorarordnungen, Gebührenordnungen oder nach weiteren vertraglichen Vereinbarungen entstehen" (Kostengruppe 700).

41   Diese Definition ist insbesondere im Hinblick auf die darin genannten Grunderwerbskosten für die Ermittlung des Sachwerts ungeeignet.

42   Die im Schrifttum **veröffentlichten Normalherstellungskosten schließen** ebenso wie die vom Bundesministerium für Verkehr, Bau- und Wohnungswesen veröffentlichten Normalherstellungskosten 2000 (NHK 2000) entgegen der Definition des § 22 Abs. 2 WertV **die Baunebenkosten i. d. R. nicht ein.** Um mit ihrer Hilfe den Herstellungswert des Gebäudes – Neubauwert am Wertermittlungsstichtag – zu ermitteln, müssen die sich i. d. R. auf einen älteren Bezugsstichtag beziehenden Normalherstellungskosten um die Baunebenkosten „aufgestockt" werden und mittels geeigneter Baupreisindexreihen auf die Preisverhältnisse am Wertermittlungsstichtag umgerechnet werden (§ 22 Abs. 3 WertV).

▸ *Näheres zu den Baunebenkosten vgl. § 22 WertV Rn. 17 ff.*

43   Nach den Grundsätzen der WertV können die Normalherstellungskosten auf jede **geeignete Bezugseinheit** bezogen sein, wobei vornehmlich Raum- oder Flächeneinheiten von praktischer Bedeutung sind, insbesondere (abgedruckt im Teil III Rn. 497 ff., 588 ff.):

a) die *Brutto-Grundfläche (BGF)* nach DIN 277 (Juni 1987);

b) der *Brutto-Rauminhalt (BRI)* nach der DIN 277 (1973/1987); auf Grund der Neufassung der DIN 277 können sich (rechnerisch) für ein und dasselbe Gebäude erhebliche Differenzen des Rauminhalts (nach DIN 277 von 1973/1987) gegenüber dem Umbauten Raum (nach DIN 277 von 1950) ergeben, wobei sich eine allgemein gültige Umrechnungsformel nicht angeben lässt;

c) der *Umbaute Raum* nach DIN 277 (November 1950); der Umbaute Raum nach der DIN 277 (1950) ist im Übrigen auch nach der II. Berechnungsverordnung – BV – maßgebend und wird in Anl. 2 zu dieser Verordnung definiert;

d) die *Wohn-/Nutzfläche* nach DIN 283 (1983), die sich überschlägig aus der Geschossfläche abzüglich eines Mauerwerksanteils und eines Anteils für nicht anrechnungsfähige Nebenräume ergibt (im Schnitt zwischen 20 bis 30 %);

e) die *Wohnfläche (WF)* nach den §§ 42 bis 44 II BV;

f) die *Geschossfläche (GF)* nach § 20 Abs. 2 bis 4 BauNVO, die sich als die nach den Außenmaßen der Gebäude über alle Vollgeschosse ergebende Fläche definiert. Die Flächen von Aufenthaltsräumen in anderen Geschossen einschließlich der zu ihnen gehörenden Treppenräume und einschließlich ihrer Umfassungswände sind mitzurechnen.

Auf jeden Fall gilt als **Grundregel, dass die Flächen- oder Raummeterberechnung des**   **44**
Wertermittlungsobjekts mit der Berechnungsweise korrespondieren muss, die auch
den herangezogenen Normalherstellungskosten zu Grunde liegt (korrespondierende
Raum- oder Flächenberechnung).

Da als Herstellungswert der Gebäude – Ausgangspunkt für die Ermittlung des Werts der   **45**
baulichen Anlagen – der Neubauwert am Wertermittlungsstichtag zu ermitteln ist, müssen
Normalherstellungskosten, die sich auf einen zurückliegenden Stichtag beziehen, mittels geeigneter Baupreisindexreihen **auf die Preisverhältnisse am Wertermittlungsstich-**
tag umgerechnet werden.

2.3.3   Normalherstellungskosten 2000 (NHK 2000)

2.3.3.1   Allgemeines

Welcher der genannten Bezugseinheit für die Ermittlung des Herstellungswerts der Vorzug   **46**
zu geben ist, beantwortet sich nach der Eignung der zur Verfügung stehenden Normalherstellungskosten und deren Aktualität. Als die vertrauenswürdigsten Normalherstellungskosten können die im Auftrag des Bundesministeriums für Raumordnung, Bauwesen und
Städtebau von der GESBIG abgeleiteten Werte gelten, die auch Grundlage der von diesem
Bundesministerium mit Erl. vom 1. 8. 1997 und mit der VV 5334 des Bundesministeriums
der Finanzen vom 17. 7. 1998 im Bundesbereich eingeführten Normalherstellungskosten
„NHK 95" sind[10]. Mit der Einführung des € wurden die Tabellenwerke unter der Bezeichnung **NHK 2000** fortgeführt.

Bei den mit diesem Erlass in die Wertermittlungspraxis eingeführten Normalherstellungs-   **47**
kosten handelt es sich um **Bundesmittelwerte nach dem Preisstand von 2000 ohne Bau-**
nebenkosten einschließlich einer 16 %igen Mehrwertsteuer, die als
– Grundflächenpreise bezogen auf 1 m² Brutto-Grundfläche (BGF) nach der DIN 277
  i. d. F. von 1987 und als
– Raummeterpreise bezogen auf 1 m³ Brutto-Rauminhalt (BRI) wiederum nach der DIN
  277 von 1987
ausgewiesen sind.

Als **Bezugsgrundlage für die Ermittlung von Herstellungswerten baulicher Anlage**   **48**
mit Hilfe geeigneter Erfahrungswerte (Normalherstellungskosten) kommt – von wenigen
Ausnahmen abgesehen – derzeit damit praktisch nur die **Brutto-Grundfläche** in Betracht,
weil nur – bezogen auf diese Bezugseinheit – vertrauenswürdige Normalherstellungskosten zur Verfügung stehen. In dem vorstehenden Erlass werden die Normalherstellungskosten zwar nachrichtlich auch bezogen auf den Brutto-Rauminhalt (noch) angegeben,
jedoch handelt es sich hierbei um aus Flächenpreisen abgeleitete Werte, so dass die Heranziehung der originären auf die Brutto-Grundfläche (BGF) bezogenen Normalherstellungskosten eine höhere Genauigkeit erwarten lassen. Lediglich für bestimmte Bauwerksarten,
nämlich **Industriegebäude, Werkstätten sowie Lagergebäude** sind die Normalherstellungskosten (NHK 2000) nur bezogen auf den Brutto-Rauminhalt ausgewiesen worden.

Mit der Einführung der NHK 2000 geht gleich in mehrerer Hinsicht eine grundlegende   **49**
Umstellung der Anwendungspraxis bei der Ermittlung der Normalherstellungskosten einer
baulichen Anlage im Vergleich zu der früheren Wertermittlungspraxis auf der Grundlage
der **sog. 13er-Werte** einher:

---

10 Ermittlung von zeitgemäßen Normalherstellungskosten für die Belange der Verkehrswertermittlung; Bundesan-
    zeiger Verlag Köln 1997; hierauf aufbauend: Erl. des BMBau vom 1. 8. 1997, veröffentlicht bei Kleiber, WertR
    96, 7. Aufl. Bundesanzeiger Verlag Köln

a) Erstmals seit 1913 stehen den Sachverständigen aktuelle – auf den **Preisstand von 2000** bezogene – Normalherstellungskosten mit dem Anspruch einer fundierten und überörtlichen Ableitung wieder zur Verfügung.

b) Entsprechend den Usancen der Bauwirtschaft wurde die Bezugsgrundlage der Normalherstellungskosten von einer Raumeinheit auf eine **Flächeneinheit** umgestellt. Grundlage der Flächeneinheit ist eine gültige Norm, so dass die nunmehr maßgebliche Flächeneinheit direkt Bauanträgen entnommen werden kann. Demgegenüber musste bei Verwendung der 13er-Werte, die sich auf den Kubikmeter Umbauten Raum nach der DIN 277 von 1950 beziehen, der Umbaute Raum des Wertermittlungsobjektes jeweils erst noch ermittelt werden, da diese Norm schon seit langem außer Kraft getreten ist.

c) Die neuen vom Statistischen Bundesamt publizierten **Baupreisindexreihen** sind auf das **Basisjahr 2000** (der NHK 2000) bezogen.

50   Der Sachverständige ist gut beraten, die neuen NHK 2000 heranzuziehen, denn die Heranziehung der 13er-Werte lässt sich nicht mehr damit rechtfertigen, dass neuere Normalherstellungskosten nicht zur Verfügung stehen.

Abb. 3: Ermittlung des Herstellungswerts mit Normalherstellungskosten

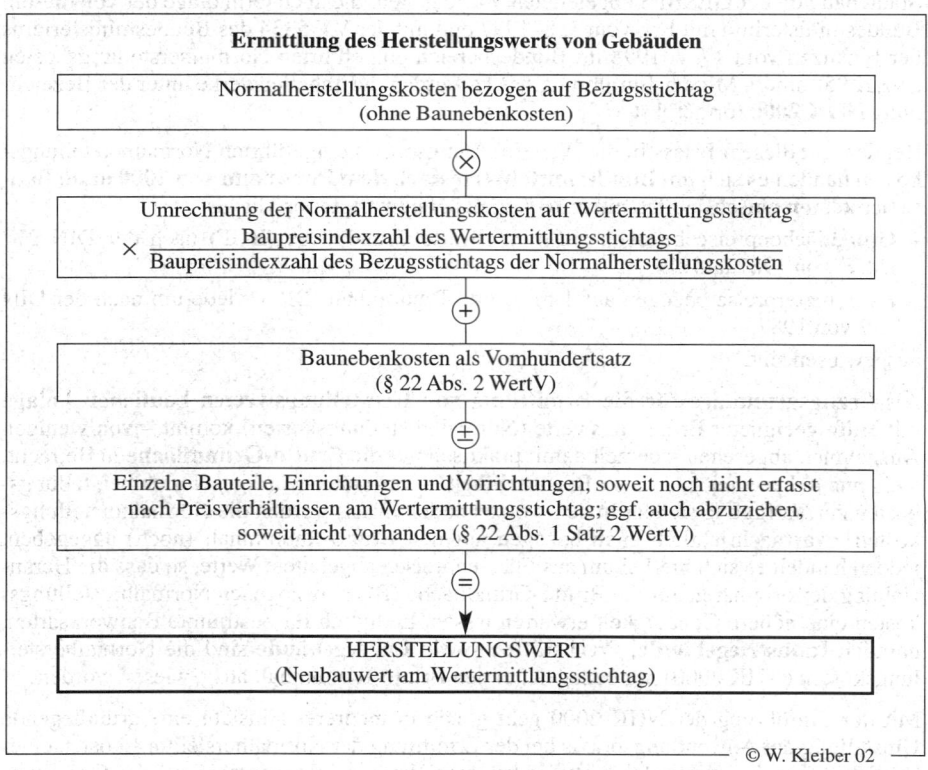

© W. Kleiber 02

51   Das nunmehr vorliegende Tabellenwerk der NHK 2000, wie es vom Bundesministerium für Raumordnung, Bauwesen und Städtebau (nunmehr Bundesministerium für Verkehr, Bau- und Wohnungswesen in die WertR und vom Bundesministerium der Finanzen in die VV 5334 zunächst mit den NHK 95 eingeführt wurde, ist **in Zusammenarbeit mit dem**

Verband der öffentlich bestellten und vereidigten (und qualifizierten) **Sachverständi-gen (BVS)**, dem **Bundesministerium der Finanzen (BMF)**, dem **Statistischen Bundes-amt**, der **Versicherungswirtschaft**, dem **Deutschen Verein für Vermessungswesen (DVW)**, dem **Kreditgewerbe**, dem **Arbeitskreis „Wertermittlung" der FK Vermes-sungs- und Liegenschaftswesen des Deutschen Städtetags** und weiteren Sachverständi-gen erstellt worden. Die genannten Institutionen waren in einem das Projekt begleitenden Fachgremium vertreten und haben ihre Belange in die Erarbeitung eingebracht. In irre-führender Weise sind seither unter dem Titel „NHK 95" von diesen amtlich eingeführten Tabellenwerken abweichende Tabellenwerke veröffentlicht worden, die dies nicht für sich in Anspruch nehmen können – es handelt sich hierbei um „selbst gestrickte" Tabellenwerke ohne amtlichen Charakter, auch wenn sie unter dem amtlichen Titel „NHK 95" veröffent-licht worden sind.

▶ *Weitere Besonderheiten vgl. § 22 WertV Rn. 55 ff.*

2.3.3.2   Objektspezifische Normalherstellungskosten 2000 (NHK 2000)

Bei Heranziehung der Normalherstellungskosten 2000 (NHK 2000) ist die Brutto-Grund-fläche (BGF) bzw. der Brutto-Rauminhalt (BRI) des Gegenstandes der Wertermittlung kor-respondierend zu den Tabellenwerken auf der Grundlage dieser Norm (DIN 277/1987) zu ermitteln. Im Interesse einer einheitlichen Anwendung empfiehlt es sich, die **Normalher-stellungskosten (NHK 2000)** dabei vorzugsweise **auf der Grundlage der Brutto-Grundfläche (BGF)** heranzuziehen.   **52**

Die einzelnen Normalherstellungskosten (NHK 2000) sind in den jeweiligen **Gebäudety-penblättern differenziert nach**:   **53**

– Bauarten in Gebäudebaujahrsklassen und

– Ausstattungsstandards nachgewiesen.

Eine Kurzbeschreibung der **Ausstattungsstandards** ist den Gebäudetypenblättern zugeordnet. Der Gegenstand der Wertermittlung ist auf der Grundlage dieser Ausstattungs-merkmale zu qualifizieren. Dabei ist zu beachten, dass die in der Ausstattungstabelle ange-gebenen Kostengruppen ungleichgewichtig sind und im Einzelfall das zu wertende Objekt sachverständig zugeordnet werden muss. Eine einfache Interpolation ist wegen der unter-schiedlichen Kostenanteile einzelner Ausstattungsmerkmale nicht zulässig.

Darüber hinaus sind die Normalherstellungskosten nach unterschiedlichem Baujahr der baulichen Anlage tabelliert. Bei durchgeführten Modernisierungsmaßnahmen bzw. unter-lassener Instandhaltung ist das **fiktive Baujahr maßgebend** (vgl. Rn. 82 ff.; § 23 WertV Rn. 29 ff.).   **54**

Die **Normalherstellungskosten 2000 (NHK 2000) stellen Bundesmittelwerte dar**, d. h. es handelt sich um Durchschnittswerte für das gesamte Bundesgebiet. Wie aus den vorge-nannten Untersuchungen hervorgeht, weichen jedoch die Normalherstellungskosten nach Regionen und Ortsgrößen teilweise erheblich voneinander ab. Dies blieb bei Heranziehung der 13er-Werte (fehlerhafterweise) vielfach unbeachtet, wenn dem nicht durch Heranzie-hung einer regionalspezifischen Baupreisindexreihe Rechnung getragen wurde. Ersatz-weise wurden solche Unterschiede mit regionalspezifischen Marktanpassungszu- und abschlägen erfasst.   **55**

Solche **regionalen Besonderheiten** sind künftig – quasi bereits am Ausgangswert – durch Anwendung regionaler und ortsspezifischer Korrekturfaktoren zu berücksichtigen. Der Anwender ist hier gehalten, seine Ortskenntnisse einzubringen. Für den Bedarfsfall werden folgende Korrekturfaktoren zur Berücksichtigung der Region und Ortsgröße angegeben, ohne dass der Anwender hieran gebunden ist: **56**

57   Korrekturfaktor A für Länder:

Baden-Württemberg	1,00 – 1,10	Niedersachsen	0,75 – 0,90
Bayern	1,05 – 1,10	Nordrhein-Westfalen	0,90 – 1,00
Berlin	1,25 – 1,45	Rheinland-Pfalz	0,95 – 1,00
Brandenburg	0,95 – 1,10	Saarland	0,85 – 1,00
Bremen	0,90 – 1,00	Sachsen	1,00 – 1,10
Hamburg	1,25 – 1,30	Sachsen-Anhalt	0,90 – 0,95
Hessen	0,95 – 1,00	Schleswig-Holstein	0,90 – 0,95
Mecklenburg-Vorpommern	0,95 – 1,10	Thüringen	1,00 – 1,05

58   Korrekturfaktor B für Ortsgröße:

(zur Berücksichtigung des Einflusses der Ortsgröße; ausgenommen *Berlin, Bremen* und *Hamburg*)

– Großstädte mit mehr als 500 000 bis 1 500 000 Einwohnern (E) .... 1,05 – 1,15
– Städte mit mehr als 50 000 bis 500 000 Einwohnern (E) .... 0,95 – 1,05
– Orte bis 50 000 Einwohner (E) .... 0,90 – 0,95

59   Hinweis: Bei den angegebenen Korrekturfaktoren handelt es sich lediglich um Empfehlungen allein für den Fall, dass dem Sachverständigen keine besseren Erkenntnisse über die marktüblichen Regional- und Ortsfaktoren zur Verfügung stehen. Der Anwender ist gut beraten, sich möglichst selbst gesicherte Erfahrungswerte zu verschaffen und diese seiner Sachwertermittlung zu Grunde zu legen. Vor allem die **Gutachterausschüsse für Grundstückswerte** sind aufgerufen, solche Faktoren auf der Grundlage der Kaufpreissammlung abzuleiten und zu veröffentlichen. Erfreulicherweise kann beobachtet werden, dass eine Reihe von Gutachterausschüssen dieser Aufgabe im Rahmen der ihnen **vorgeschriebenen Ableitung „erforderlicher Daten der Wertermittlung"** bereits angenommen haben (§ 7 WertV). Es muss in diesem Zusammenhang ausdrücklich von einer unbedachten Heranziehung der von *Mittag* (allein für die Allianz Versicherung) abgeleiteten und veröffentlichten Faktoren aller „Postleitzahl-Gemeinden" gewarnt werden, die mit dem Hinweis auf die im Auftrag des Bundesministeriums für Raumordnung, Bauwesen und Städtebau erarbeiteten NHK 2000 veröffentlicht worden sind und bei dem „Verbraucher" fälschlicherweise den Eindruck hervorrufen müssen, dass es sich um amtliche Faktoren oder um im amtlichen Auftrag ermittelte Faktoren handelt. Gerade dies aber konnte nie die Absicht sein, da vielmehr der Sachverständige hier seine Marktkenntnisse über die örtlichen Verhältnisse einbringen muss.

60   Die **Korrekturen** sind auf der Grundlage des örtlichen Grundstücksmarktes sachverständig in angemessener Höhe zu schätzen. **Abweichungen sind zulässig.** Bei Zusammentreffen mehrerer Korrekturfaktoren sind diese miteinander zu multiplizieren.

61   Die Anwendung dieser Korrekturfaktoren gestaltet sich sehr einfach und in einem Zuge, da es sich um **multiplikative Faktoren** handelt. Der örtlich tätige Anwender befasst sich hiermit i. d. R. nur einmal:

62   *Beispiel:*

Es werden die Normalherstellungskosten in einer kleineren saarländischen Gemeinde mit 40 000 Einwohnern gesucht:

Korrekturfaktor A für das Saarland 0,88
Korrekturfaktor B des Ortes 0,93
Kombinierter Korrekturfaktor: .... 0,88 × 0,93 = **0,8184**

Die Multiplikation der Tafelwerte mit dem kombinierten Korrekturfaktor ergibt dann die ortsspezifischen Normalherstellungskosten bezogen auf 2000.

Die **Umrechnung der** so ermittelten – auf 2000 bezogenen – **Normalherstellungskosten**   **63**
erfolgt dann in fachlich fundierter Weise mit dem landesspezifischen Baupreisindex[11].
Daneben besteht die Möglichkeit, die in den Tabellenwerken als Bundesmittelwerte ausgewiesenen Normalherstellungskosten mittels des Bundesbaupreisindexes auf den Wertermittlungsstichtag zu indizieren und die ortsspezifischen Besonderheiten – wie bisher –
mittels eines angemessenen Marktanpassungszu- oder -abschlags zu berücksichtigen.

In der Regel hat es mit Ermittlung der Normalherstellungskosten unter der Berücksichti-   **64**
gung der ortsspezifischen Besonderheiten sein Bewenden und es gilt nur noch – wie bisher –
die **Baunebenkosten** zu berücksichtigen. Hierzu werden in den Tabellenwerken die
objektspezifischen Baunebenkosten als Empfehlung angegeben. Auch sie können multipli-
kativ „in einem Zuge" berücksichtigt werden, z. B. durch den Multiplikator 1,14 bei Nebenkosten von 14 %. Der Anwender ist auch hier wiederum gehalten, von den angegebenen
Empfehlungen abzuweichen, z. B. wenn es sich bei dem zu wertenden Objekt um ein besonders „großes" Objekt handelt und sich deshalb der angegebene Prozentsatz vermindert.

Bei Normalherstellungskosten für **Mehrfamilien-Wohnhäuser** gilt es noch eine Besonder-   **65**
heit zu beachten, die bei Anwendung der 13er-Werte vernachlässigt wurde. Die empirischen
Untersuchungen haben nämlich ergeben, dass die Normalherstellungskosten für Mehrfamilien-Wohnhäuser nicht unerheblich von der **Grundrissart und der Wohnungsgröße**
abhängig sind. Deshalb sind allein für diese Objekte zusätzliche Korrekturfaktoren angegeben. Vor Anwendung dieser Korrekturfaktoren muss man sich vergegenwärtigen, dass sich
die in den Tabellenwerken ausgewiesenen Normalherstellungskosten auf Objekte mit

– einer *durchschnittlichen Wohnungsgröße von 70 m² BGF je Wohneinheit* (50 m² WF/WE)
  sowie

– einem *Grundriss mit 2 Wohneinheiten (WE) je Geschoss* (Zweispänner)

beziehen.

Abweichungen von der Grundrissart bzw. von der durchschnittlichen Wohnfläche   **66**
können mit folgenden Korrekturfaktoren – die auf jedem Gebäudetypenblatt ausgewiesen
sind – berücksichtigt werden:

Korrekturfaktor C für Grundrissart:
– Einspänner   (eine Wohneinheit je Geschoss) 1,05
– Zweispänner (zwei Wohneinheiten je Geschoss) 1,00
– Dreispänner   (drei Wohneinheiten je Geschoss) 0,97
– Vierspänner   (vier Wohneinheiten je Geschoss) 0,95

Korrekturfaktor D für Wohnungsgröße:
– durchschnittliche Wohnungsgröße von   50 m² BGF/WE 1,10
– durchschnittliche Wohnungsgröße von   70 m² BGF/WE 1,00
– durchschnittliche Wohnungsgröße von 135 m² BGF/WE 0,85

Zwischenwerte von Wohnungsgrößen sind ggf. zu interpolieren.

Bei Heranziehung der Normalherstellungskosten 2000 (NHK 2000) für neuere **Einfami-**   **67**
enwohn- und -Reihenhäuser gilt es zu beachten, dass der in den Tabellen ausgewiesene
Grundflächenpreis, soweit der Gebäudetyp ein **Kellergeschoss** (KG) aufweist, **ein im**
Durchschnitt etwa zu 50 % als Wohnfläche ausgebautes Kellergeschoss einschließt.
Dies entspricht auch dem tatsächlichen Baugeschehen, wobei die bauordnungsrechtlichen
Voraussetzungen i. d. R. auch erfüllt sind. Insoweit müssen in solchen Fällen nicht noch
entsprechende Zuschläge angebracht werden.

---

11   Anh. 3.9 ff.

68 In der **Gesamtschau** ergeben sich die objektspezifischen Normalherstellungskosten aus den nach
 – Gebäudetypen,
 – Gebäudebaujahrsklassen und
 – Ausstattungsstandard
tabellierten Normalherstellungskosten multipliziert mit
 – den regionalen Korrekturfaktoren A und B,
 – (bei Mehrfamilien-Wohnhäusern) den Korrekturfaktoren C und D für Grundrissart und Wohnungsgröße und
 – dem Korrekturfaktor für Baunebenkosten nach folgendem Schema (Abb. 4).

Abb. 4: Ermittlung objektspezifischer Normalherstellungskosten

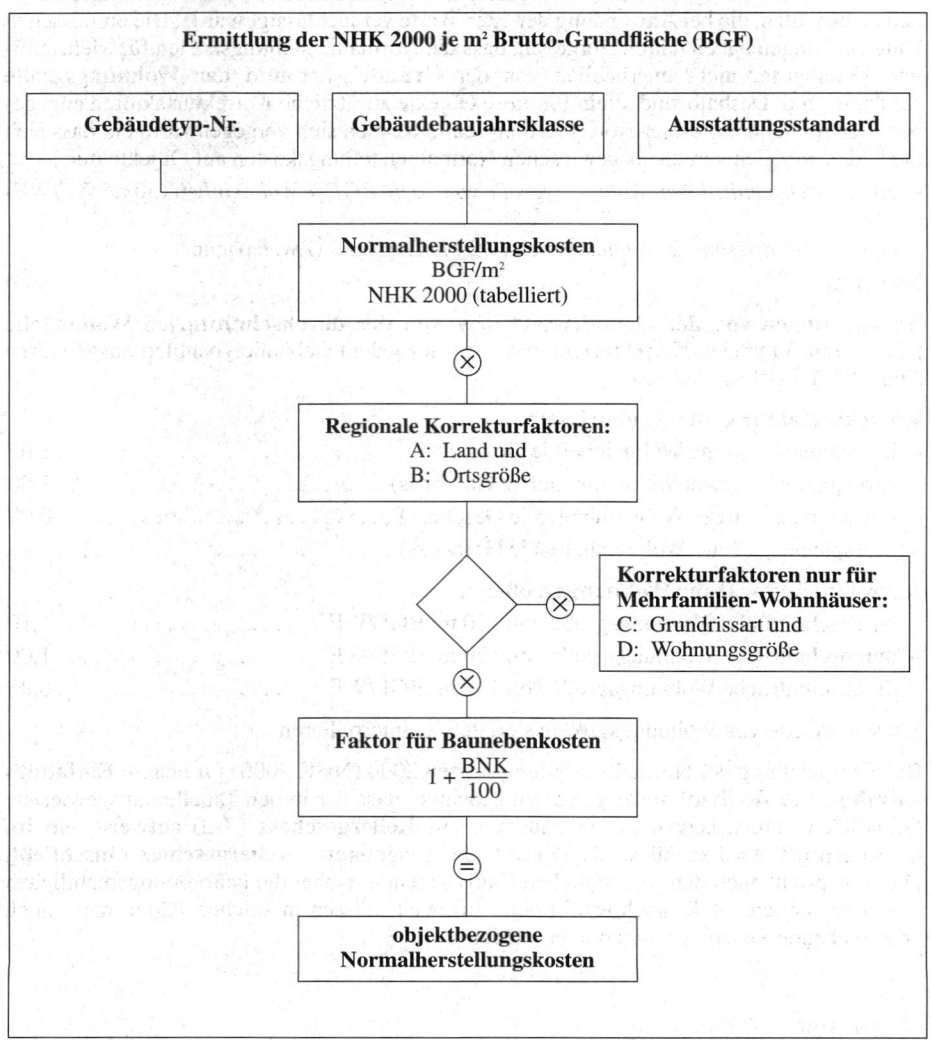

Normalherstellungskosten 2000 (NHK 2000) gem. WertR

a) Einfamilien-Wohnhäuser (freistehend)

entsprechend Kostengruppe 300 und 400 DIN 276/1993 einschließlich 16 % MwSt.
Gebäudebaujahrsklasse 2000 / Preisstand 2000 / Gesamtnutzungsdauer 60 – 100 Jahre
Angaben in €/m² je Brutto-Grundfläche DIN 277/1987/ohne Baunebenkosten (BNK)
fett / mit 16 % BNK *kursiv*

Typ	Ausstattung			
	einfach	mittel	gehoben	stark gehoben
1.01	**580** *672*	**660** *766*	**760** *882*	**1 040** *1 206*
1.02	**475** *551*	**540** *626*	**625** *725*	**830** *962*
1.03	**595** *690*	**670** *777*	**750** *870*	**975** *1 131*
1.11	**625** *725*	**720** *835*	**865** *1 003*	**1 100** *1 276*
1.12	**565** *655*	**650** *754*	**780** *904*	**990** *1 148*
1.13	**615** *713*	**705** *817*	**850** *986*	**1 075** *1 247*
1.21	**690** *800*	**780** *904*	**940** *1 090*	**1 275** *1 479*
1.22	**530** *614*	**610** *708*	**730** *846*	**960** *1 114*
1.23	**870** *1 009*	**995** *1 154*	**1 175** *1 363*	**1 505** *1 745*
1.31	**670** *777*	**765** *887*	**920** *1 067*	**1 170** *1 357*
1.32	**585** *679*	**675** *783*	**810** *940*	**1 025** *1 189*
1.33	**695** *806*	**800** *920*	**960** *1 114*	**1 215** *1 409*

Berücksichtigung der Gebäudebaujahrsklasse	
Baujahr ggf. fiktiv	Gebäude- baujahrsfaktor näherungsweise
vor 1925	0,70 – 0,74
1925 – 1945	0,74 – 0,76
1946 – 1959	0,76 – 0,82
1960 – 1969	0,82 – 0,87
1970 – 1984	0,87 – 0,92
1985 – 2000	0,92 – 1,00

Berechnung der objekt- bezogenen NHK 2000

BGF/m² = _____ €/m²
× (1 + Baunebenkosten [%])
_____ = _____ €/m²
× Gebäudebaujahrsfaktor
_____ = _____ €/m²
× (Regionalfaktor × Ortsfaktor)
_____ = _____ €/m²

NHK 2000
gem. WertR

Quelle: Kleiber/Rölver 2002

b) Einfamilien-Reihenhäuser

entsprechend Kostengruppe 300 und 400 DIN 276/1993 einschließlich 16 % MwSt.
Gebäudebaujahrsklasse 2000 / Preisstand 2000 / Gesamtnutzungsdauer 60 – 100 Jahre
Angaben in €/m² je Brutto-Grundfläche DIN 277/1987/ohne Baunebenkosten (BNK)
fett / mit 14 % BNK *kursiv*

Typ	Ausstattung				Baujahr ggf. fiktiv	Gebäude-baujahrsfaktor näherungsweise
	Kopfhaus		Mittelhaus		**Berücksichtigung der Gebäudebaujahrsklasse**	
	einfach	mittel	einfach	mittel		
2.01	**635** / *724*	**675** / *770*	**625** / *712*	**665** / *758*	**vor 1925**	**0,70 – 0,74**
2.02	**580** / *621*	**620** / *707*	**570** / *650*	**615** / *701*	1925 – 1945	**0,74 – 0,76**
2.03	**650** / *741*	**685** / *781*	**645** / *735*	**680** / *775*	1946 – 1959	**0,76 – 0,82**
					1960 – 1969	**0,82 – 0,86**
2.11	**725** / *826*	**760** / *866*	**720** / *821*	**755** / *861*	1970 – 1984	**0,86 – 0,92**
2.12	**675** / *770*	**700** / *798*	**670** / *764*	**695** / *792*	1985 – 2000	**0,92 – 1,00**
2.13	**735** / *838*	**770** / *878*	**730** / *832*	**765** / *872*		
2.21	**785** / *895*	**840** / *958*	**770** / *878*	**825** / *940*		
2.22	**725** / *826*	**790** / *901*	**715** / *804*	**775** / *884*		
2.23	**825** / *940*	**880** / *1 003*	**810** / *923*	**870** / *992*		
2.31	**775** / *884*	**820** / *935*	**765** / *872*	**810** / *923*		
2.32	**695** / *792*	**725** / *826*	**685** / *781*	**715** / *815*		
2.33	**835** / *952*	**870** / *992*	**825** / *940*	**860** / *980*		

Berechnung der objekt-bezogenen NHK 2000

$$\text{BGF/m}^2 \quad = \quad \underline{\hspace{2cm}} \quad \text{€/m}^2$$

$$\times \ (1 + \text{Baunebenkosten [\%]})$$

$$\underline{\hspace{2cm}} = \underline{\hspace{2cm}} \ \text{€/m}^2$$

$$\times \ \text{Gebäudebaujahrsfaktor}$$

$$\underline{\hspace{2cm}} = \underline{\hspace{2cm}} \ \text{€/m}^2$$

$$\times \ (\text{Regionalfaktor} \times \text{Ortsfaktor})$$

$$\underline{\hspace{2cm}} = \underline{\hspace{2cm}} \ \text{€/m}^2$$

NHK 2000
gem. WertR

Quelle: Kleiber/Rölver 2002

c) Mehrfamilien-Wohnhäuser

entsprechend Kostengruppe 300 und 400 DIN 276/1993 einschließlich 16 % MwSt.
für Zweispänner mit einer durchschnittlichen Wohnungsgröße von 70 m² BGF/WE =
50 m² WF/WE

Gebäudebaujahrsklasse 2000 / Preisstand 2000 / Gesamtnutzungsdauer 60 – 80 Jahre
Angaben in €/m² je Brutto-Grundfläche DIN 277/1987/ohne Baunebenkosten (BNK)
fett / mit 14 % BNK *kursiv*

Typ	Ausstattung								
---	Freistehend			Kopfhaus			Mittelhaus		
	einfach	mittel	gehoben	einfach	mittel	gehoben	einfach	mittel	gehoben
3.11	**720**	**745**	**815**	**705**	**730**	**800**	**700**	**725**	**795**
	820	*849*	*929*	*804*	*832*	*912*	*790*	*826*	*906*
3.12	**655**	**680**	**745**	**645**	**665**	**735**	**635**	**660**	**725**
	747	*775*	*849*	*735*	*758*	*738*	*724*	*752*	*826*
3.13	**730**	**755**	**825**	**715**	**740**	**815**	**710**	**735**	**805**
	832	*861*	*940*	*815*	*844*	*929*	*809*	*838*	*918*
3.21	**745**	**780**	**845**	**730**	**765**	**830**	**725**	**760**	**820**
	849	*889*	*963*	*832*	*872*	*946*	*826*	*866*	*934*
3.22	**680**	**715**	**775**	**665**	**700**	**760**	**660**	**690**	**750**
	775	*815*	*883*	*758*	*790*	*866*	*752*	*787*	*855*
3.23	**755**	**795**	**860**	**740**	**780**	**845**	**735**	**770**	**835**
	861	*906*	*980*	*843*	*889*	*963*	*838*	*877*	*952*
3.32	**700**	**730**	**795**	**685**	**720**	**780**	**675**	**710**	**775**
	790	*832*	*906*	*781*	*820*	*889*	*770*	*809*	*884*
3.33	**760**	**800**	**865**	**750**	**785**	**850**	**740**	**780**	**840**
	866	*912*	*986*	*855*	*895*	*869*	*844*	*889*	*958*
3.42	**710**	**745**	**810**	**700**	**735**	**795**	**690**	**725**	**790**
	809	*849*	*923*	*790*	*838*	*906*	*787*	*826*	*901*
3.53	**770**	**810**	**875**	**755**	**795**	**860**	**750**	**785**	**850**
	878	*923*	*998*	*861*	*906*	*980*	*855*	*895*	*969*
3.73	**800**	**840**	**910**	**785**	**825**	**895**	**780**	**820**	**885**
	912	*957*	*1037*	*895*	*940*	*889*	*889*	*934*	*1009*

Korrekturfaktoren C und D für Mehrfamilien-Wohnhäuser

C Grundrissart

Einspänner	1,05
Zweispänner	1,00
Dreispänner	0,97
Vierspänner	0,95

D Wohnungsgröße

von 50 m² BGF/WE = 35 m² WF/WE	1,10
von 70 m² BGF/WE = 50 m² WF/WE	1,00
von 135 m² BGF/WE = 100 m² WF/WE	0,85

Berücksichtigung der Gebäudebaujahrsklasse

Baujahr ggf. fiktiv	Gebäude- baujahrsfaktor näherungsweise
vor 1925	**0,70 – 0,74**
1925 – 1945	**0,74 – 0,76**
1946 – 1959	**0,76 – 0,82**
1960 – 1969	**0,82 – 0,86**
1970 – 1984	**0,86 – 0,92**
1985 – 2000	**0,92 – 1,00**

NHK 2000
gem. WertR

Quelle: Kleiber/Rölver 2000

69   Die Umstellung von einer Volumeneinheit auf eine Flächeneinheit als Bezugsgrundlage der Normalherstellungskosten, wie sie mit den NHK 2000 gegenüber den sog. 13er-Werten vollzogen wurde, führt zu einer Vereinfachung in den Fällen, in denen bei Verwendung von Raummeterpreisen eine Wertminderung wegen **überhoher und unwirtschaftlicher Geschosshöhen** angebracht werden musste, weil einerseits die größere Kubatur in den Sachwert einging und andererseits dies auf dem Grundstücksmarkt schon im Hinblick auf die Heizkosten eher als wertmindernder Umstand angesehen wurde[12]. Diese Problematik stellt sich bei flächenbezogenen Normalherstellungskosten nicht mehr. Andererseits sind aber auch Fälle denkbar, wo sich große Geschosshöhen werterhöhend auswirken, z. B. bei Altbauwohnungen mit großem Ambiente. In solchen Fällen kann es angezeigt sein, bei Verwendung der NHK 2000 Wertzuschläge anzubringen.

70   In den Tabellenwerken der NHK 2000 werden für einige wenige Objekte die **Normalher-stellungskosten bezogen auf den Brutto-Rauminhalt** (BRI) angegeben. Dies betrifft

– Industriegebäude und Werkstätten,

– Lagergebäude

71   Entgegen weit verbreiteter Auffassung ist der angegebene Raummeterpreis innerhalb der üblichen Raumhöhen (bis 12 m) nicht von der Geschosshöhe abhängig, denn was mit zunehmender Höhe „innerhalb" der baulichen Anlage „eingespart" wird, gleicht sich kostenmäßig durch erhöhte – statisch bedingte – Aufwendungen der Außenwände im Hinblick auf den erhöhten Winddruck aus. Dies ist jedenfalls das Ergebnis der empirischen Kostenanalysen im Zusammenhang mit dem Jahressteuergesetz 1997.

2.3.4   Wertminderung wegen Alters (§ 23 WertV)

2.3.4.1   Allgemeines

▶ *Hierzu Näheres bei § 23 WertV Rn. 29 ff.*

72   Ausgehend von dem als Ersatzbeschaffungswert definierten und ermittelten Herstellungs-wert des Gebäudes – bezogen auf die Preisverhältnisse am Wertermittlungsstichtag – muss zur Ermittlung des Gebäudewerts u. a. berücksichtigt werden, dass das **Gebäude am Wert-ermittlungsstichtag – im Vergleich zum Neubau – regelmäßig eine gegenüber der üblichen Gesamtnutzungsdauer verminderte Restnutzungsdauer aufweist.** Die des-halb anzubringende Wertminderung wird in § 23 WertV missverständlich als „Wertminde-rung wegen Alters" bezeichnet. Tatsächlich aber kommt es auf das Alter der baulichen Anlage nicht an. Vielmehr bestimmt sich die deshalb anzubringende Wertminderung allein nach der Restnutzungsdauer im Vergleich zur üblichen Gesamtnutzungsdauer des Gebäu-des. Das Gebäudealter stellt allenfalls eine Hilfsgröße zur Ermittlung der Restnutzungs-dauer in den Fällen dar, in denen die Gesamtnutzungsdauer nicht durch unterlassene Instandhaltung verkürzt oder durch Modernisierungsmaßnahmen oder durchgreifende Instandsetzungen verlängert wurde.

73   Die **Restnutzungsdauer** (RND) **ergibt sich dann aus der üblichen Gesamtnutzungs-dauer** (GND) **unter Abzug des Alters**.

$$RND = GND - Alter$$

a) Haben hingegen *durchgreifende Instandsetzungs- und Modernisierungsmaßnahmen* zu einer Verlängerung der üblichen Gesamtnutzungsdauer geführt, so ist zur Ermittlung der „Wertminderung wegen Alters" gleichwohl von der üblichen Gesamtnutzungsdauer und der sich daraus ergebenden (verlängerten) Restnutzungsdauer auszugehen; im Ergebnis entspricht dies einer (rechnerischen) Verjüngung des Gebäudes.

b) Haben indessen *unterlassene Instandhaltungsmaßnahmen* zu einer Verkürzung der üblichen Gesamtnutzungsdauer geführt, so ist auch in diesem Fall bei der Ermittlung der „Wertminderung wegen Alters" von der üblichen Gesamtnutzungsdauer und der sich daraus ergebenden (verkürzten) Restnutzungsdauer auszugehen. Im Ergebnis entspricht diese Vorgehensweise einer (rechnerischen) Alterung des Gebäudes.

c) Entsprechen die baulichen Anlagen nicht den *allgemeinen Anforderungen an gesunde Wohn- und Arbeitsverhältnisse oder an die Sicherheit der auf dem betroffenen Grundstück wohnenden oder arbeitenden Menschen,* ist dies ebenfalls bei der Ermittlung der Restnutzungsdauer zu berücksichtigen (§ 16 Abs. 4 Satz 2 WertV).

In dem zuletzt genannten Fall handelt es sich um eine **Verzahnung der Verkehrswerter-**   **74**
mittlung mit den planungsschadensrechtlichen Regelungen des § 43 Abs. 4 Nr. 1
BauGB, nach denen die genannten Umstände bereits bei der Ermittlung des Bodenwerts in der Weise zu berücksichtigen sind, dass Nutzungen bei der Bodenwertermittlung unberücksichtigt bleiben, soweit sie darauf beruhen, dass sie den allgemeinen Anforderungen an gesunde Wohn- und Arbeitsverhältnisse oder an die Sicherheit der auf dem Grundstück oder im umliegenden Gebiet wohnenden oder arbeitenden Menschen nicht entsprechen; Gleiches gilt für städtebauliche Missstände i. S. d. § 136 Abs. 2 und 3 BauGB. Was für die Bodenwertermittlung gilt, soll nach § 16 Abs. 4 Satz 2 WertV auch für die Gebäudesach- und -ertragswertermittlung gelten. Dem kann durch eine entsprechende Verkürzung der Restnutzungsdauer Rechnung getragen werden.

2.3.4.2   Gesamt- und Restnutzungsdauer

▸ *Allgemeines vgl. Vorbem. zu den §§ 15 bis 20 WertV Rn. 121, § 16 WertV Rn. 88 ff. sowie § 23 WertV Rn. 14.*

Nach den vorstehenden Ausführungen muss im Rahmen des Sachwertverfahrens zwischen   **75**
der Gesamtnutzungsdauer und der Restnutzungsdauer einer baulichen Anlage unterschieden werden. Die WertV definiert dabei lediglich die **Restnutzungsdauer** im Kontext mit dem Ertragswertverfahren als „die Anzahl der Jahre, in denen die baulichen Anlagen bei ordnungsgemäßer Unterhaltung und Bewirtschaftung voraussichtlich noch wirtschaftlich genutzt werden können." Die Restnutzungsdauer ist danach im Wege der Prognose nach wirtschaftlichen Kriterien festzustellen. Auf die technische Rest*lebens*dauer kommt es insoweit nur an, wie diese der wirtschaftlichen Rest*nutzungs*dauer Grenzen setzt. Des Weiteren sind – wie bereits ausgeführt – nach § 16 Abs. 4 Satz 1 2. Halbsatz und Satz 2 WertV durchgeführte Instandsetzungen und Modernisierungen, unterlassene Instandhaltungen und städtebauliche Missstände bei der Ermittlung der Restnutzungsdauer zu berücksichtigen.

Die im Zusammenhang mit den Regelungen zum Ertragswertverfahren vorgegebene **Defi-**   **76**
nition der Restnutzungsdauer (in § 16 Abs. 4 WertV) findet im Rahmen des in derselben Verordnung geregelten **Sachwertverfahrens entsprechende Anwendung.**

Wie bei der Anwendung des Ertragswertverfahrens kommt es bei alledem wie ausgeführt   **77**
allein auf die **wirtschaftliche Restnutzungsdauer und nicht auf die technische Rest***le-*
***bens*dauer** an, denn wirtschaftlich „lebt" ein Gebäude nur so lange, wie es wirtschaftlich nutzbar ist. Die bauphysikalische (technische) Restlebensdauer kann der wirtschaftlichen Restnutzungsdauer allenfalls Grenzen setzen.

Sofern die Restnutzungsdauer (RND) nicht unabhängig vom Alter der baulichen Anlage   **78**
geschätzt werden kann, wird sie – wie bereits angesprochen – in der Praxis regelmäßig durch Abzug des Alters der baulichen Anlage von der üblichen (wirtschaftlichen) Gesamtnutzungsdauer ermittelt:

Restnutzungsdauer = Gesamtnutzungsdauer – Alter

---

12 Hierzu FG Berlin, Urt. vom 18. 9. 1999 – 4 K 4404/97 –, EFG 1999, 1269

79   Die **Gesamtnutzungsdauer** wird in der WertV weder im Zusammenhang mit dem Ertragswertverfahren noch im Zusammenhang mit dem Sachwertverfahren ausdrücklich definiert.
Im Rahmen des Ertragswertverfahrens bedarf es einer solchen Definition auch gar nicht,
weil es dort im Zusammenhang mit der Ermittlung des Vervielfältigers nur auf die Restnutzungsdauer ankommt und die Gesamtnutzungsdauer grundsätzlich unbeachtlich bleiben
kann. Anders verhält es sich bei der Ermittlung des Sachwerts. Hier bestimmt sich die
Wertminderung wegen Alters nach dem „Verhältnis der Restnutzungsdauer zur Gesamtnutzungsdauer der baulichen Anlagen" (§ 23 Abs. 1 Satz 1 WertV).

80   Im Rahmen des Sachwertverfahrens stellt sich die Frage, ob sich die Gesamtnutzungsdauer
nach der objektüblichen Gesamtnutzungsdauer oder der individuellen Gesamtnutzungsdauer bemisst, die – wie die Restnutzungsdauer – durch unterlassene Instandhaltungen
oder durchgeführte Modernisierungen verkürzt oder verlängert sein kann. § 23 Abs. 2
WertV bestimmt hierzu, dass sich die Alterswertminderung nach dem Verhältnis der Restnutzungsdauer zur **üblichen Gesamtnutzungsdauer** bemisst. Ist die bei ordnungsgemäßem Gebrauch „übliche" Gesamtnutzungsdauer der baulichen Anlagen durch
Instandsetzungen oder Modernisierungen verlängert worden oder haben unterlassene
Instandhaltungen oder andere Gegebenheiten zu einer Verkürzung der Restnutzungsdauer
geführt, so ist dies außer Betracht zu lassen. Zusammenfassend ist also festzustellen, dass
es im Rahmen der Ermittlung der Alterswertminderung stets auf die übliche und nicht auf
die individuelle (ggf. verkürzte oder verlängerte) Gesamtnutzungsdauer ankommt. Die
individuelle (ggf. verkürzte oder verlängerte) Gesamtnutzungsdauer ist damit für die Sachwertermittlung ohne Bedeutung.

81   Da in der Praxis vielfach von einer unrealistisch langen Gesamtnutzungsdauer der baulichen Anlage ausgegangen wurde, die unter den maßgeblichen wirtschaftlichen Gesichtspunkten üblicherweise nicht erreicht wird, sind hierzu vom Bundesministerium für
Raumordnung, Bauwesen und Städtebau[13] **Empfehlungen** ausgesprochen worden, die in
der nachfolgenden Tabelle abgedruckt sind (Abb. 5).

2.3.4.3   Verlängerung und Verkürzung der Restnutzungsdauer

82   Dass auch im Falle einer Verlängerung der üblichen Gesamtnutzungsdauer durch überdurchschnittliche Instandsetzungen oder Modernisierung **der Ermittlung der Alterswertminderung stets die sonst übliche Gesamtnutzungsdauer zu Grunde zu legen** ist, wird
aus der Abb. 6 deutlich.

83   In dem Beispielsfall betrage die Restnutzungsdauer 20 Jahre unabhängig davon, dass die
Gesamtnutzungsdauer des Gebäudes durch Modernisierungen auf (hoch gegriffene) 100, 200
oder 300 Jahre verlängert wurde. Es sei die lineare Alterswertminderung maßgebend. Die
Abbildung verdeutlicht, dass eine Alterswertminderungsberechnung bei einer 20-jährigen
Restnutzungsdauer (fälschlicherweise) desto geringer ausfällt, je größer die Gesamtnutzungs-
dauer auf Grund von Modernisierungen wird. Tatsächlich besteht in allen drei betrachteten
Fällen die Restnutzungsdauer 20 Jahre, so dass sich **in allen betrachteten Fällen dieselbe
Wertminderung ergeben muss.** Ein Gebäude ist nämlich nicht deshalb wertvoller, weil die
Gesamtnutzungsdauer in der Vergangenheit auf 300 Jahre verlängert wurde, wenn es, wie ein
Haus mit einer Gesamtnutzungsdauer von 100 Jahren, nur noch eine Restnutzungsdauer von
20 Jahren aufweist.

---

13   Erl. des BMBau vom 12. 10. 1993 (BAnz Nr. 199; 1993, 9630), vgl. auch Kleiber, WertR 76/96, 6. Aufl. Bundesanzeiger Verlag Köln 1998

Abb. 5: Durchschnittliche wirtschaftliche Gesamtnutzungsdauer

Durchschnittliche wirtschaftliche Gesamtnutzungsdauer (GND)	
Es handelt sich hierbei um die durchschnittliche wirtschaftliche Gesamtnutzungsdauer bei ordnungsgemäßer Instandhaltung (ohne Modernisierung).	
Gebäudeart	Gesamtnutzungsdauer
Einfamilienhäuser (entsprechend ihrer Qualität)	
Einfamilienhaus auch mit Einliegerwohnung	60 – 100 Jahre
Zwei- und Dreifamilienhaus	
Reihenhaus (bei leichter Bauweise kürzer)	
Fertighaus in Massivbauweise	60 – 80 Jahre
Fertighaus in Fachwerk- und Tafelbauweise	60 – 70 Jahre
Siedlungshaus	50 – 60 Jahre
Holzhaus	
Schlichthaus (massiv)	50 – 60 Jahre
Mietwohngebäude	
(freifinanziert)	60 – 80 Jahre
(sozialer Wohnungsbau)	50 – 70 Jahre
Gemischt genutzte Häuser mit einem gewerblichen Mietertragsanteil bis 80 %	50 – 70 Jahre
Dienstleistungsimmobilien	
Verwaltungs- und Bürogebäude	
Schulen, Kindergärten	50 – 70 Jahre
Gewerbe- und Industriegebäude	
bei flexibler und zukunftsgerechter Ausführung	40 – 60 Jahre
Stallgebäude	15 – 25 Jahre
Tankstellen	10 – 20 Jahre
Einkaufszentrum/SB-Märkte	30 – 50 Jahre
Hotels/Sanatorien/Kliniken	40 – 60 Jahre
Außenmauern	
Außenwände Stahlfachwerk mit Ziegelsteinen ausgefacht	50 – 60 Jahre
Stahlkonstruktion mit ungeschützten Außenflächen	30 – 40 Jahre
Außenverkleidung mit Trapezblechen auf Stahlstielen und Riegeln	30 – 40 Jahre
Außenverkleidung mit verzinktem Wellblech auf Stahlstielen und Riegeln	25 – 30 Jahre

Abb. 6: Restnutzungsdauer bei Modernisierung und unterlassener Instandhaltung

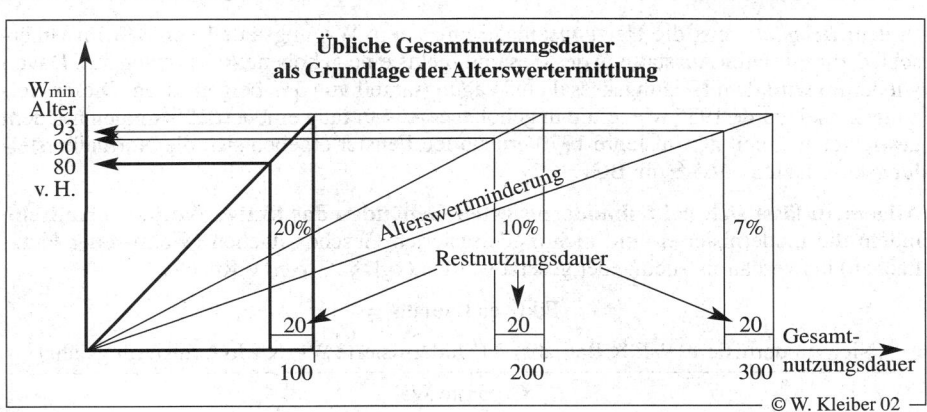

© W. Kleiber 02

84 Dass es bei Anwendung des Sachwertverfahrens wie bei Anwendung des Ertragswertverfahrens allein auf die wirtschaftliche Restnutzungsdauer und nicht mehr auf die technische Restlebensdauer ankommt, geht auf eine Änderung der WertV im Jahre 1988 zurück. Die Praxis mag dies zwar registriert haben, ohne jedoch die notwendigen Konsequenzen in durchgreifender Weise hieraus zu ziehen. Einerseits finden nämlich nach wie vor in breitem Umfang die schon in der Vergangenheit herangezogenen Tabellen der Alterswertabschreibung (insbesondere die sog. „Rosskur" nach Ross) leider immer noch breite Anwendung; andererseits wird von vielen Sachverständigen quasi naturgesetzlich unterstellt, dass bei Anwendung des Sachwertverfahrens Marktanpassungsabschläge zur Ermittlung des Verkehrswerts anzubringen sind. Dies ist indessen in erster Linie darauf zurückzuführen, dass wirtschaftliche Gesichtspunkte, die auch in die Sachwertermittlung eingehen müssen, nicht schon bei der – wirtschaftlich auszurichtenden – Alterswertminderung in einem Schritt berücksichtigt werden. Die weit verbreitete Praxis, bei Anwendung des Sachwertverfahrens auf der Grundlage von Vergleichspreisen Marktanpassungsabschläge an das Ergebnis des Verfahrens anzubringen (§ 25), stellt bei alledem eine Korrektur einer schematisch und unbedacht angesetzten „Wertminderung wegen Alters" dar, die wirtschaftlichen auf den Verkehrswert durchschlagenden Gesichtspunkten ebenso wenig wie inflationären Erwartungen („Sachwertdenken") Rechnung trägt. Von den Gutachterausschüssen für Grundstückswerte ist deshalb zu fordern, dass sie auf der Grundlage der ausgewerteten Kaufpreissammlung marktorientierte Alterswertminderungsfaktoren ableiten. Stattdessen wird in der Praxis zumeist auf überkommene Zahlenwerke der Alterswertminderung zurückgegriffen, die zwangsläufig zu teilweise erheblichen Disparitäten zwischen Sach- und Verkehrswert führen (müssen), obwohl die ihnen zu Grunde liegenden Annahmen durch empirische Untersuchungen nicht begründbar sind.

▶ *Vgl. zu alledem § 16 WertV Rn. 88 ff., 116 ff.*

85 Wie ausgeführt, sind die Normalherstellungskosten vom Baujahr der baulichen Anlage abhängig. Die Tabellenwerke weisen deshalb **baujahrsabhängige Normalherstellungskosten** auf. Im Falle einer Verlängerung der Gesamt- und Restnutzungsdauer durch Modernisierung der baulichen Anlage oder einer Verkürzung der Gesamt- und Restnutzungsdauer durch unterlassene Instandhaltung ist das fiktive Baujahr maßgebend (vgl. § 16 WertV Rn. 116 ff.).

86 Nicht immer führen Modernisierungsmaßnahmen jedoch zu einer Verlängerung der Gesamt- und Restnutzungsdauer, insbesondere dann nicht, wenn **Bauteile modernisiert wurden, deren Nutzungsdauer kürzer als die Gesamtnutzungsdauer der baulichen Anlage** (insgesamt) ist. Der Gutachterausschuss von *Aachen* bedient sich in solchen Fällen eines Verfahrens, bei dem die Normalherstellungskosten entsprechend dem Wägungsanteil gewichtet aus verschiedenen Baujahrsgruppen zum Ansatz kommen.

87 *Beispiel:*

Gebäudetyp 1.11

Baujahr 1950, mittlere Ausstattung

Modernisierungsmaßnahmen:

– 1970 Einbau von Fenstern aus Kunststoff mit Isolierverglasung

– 1985 Erneuerung des Heizkessels; die übrige Heizungsanlage war 1950 bereits im gehobenen Ausstattungsstandard

Ermittlung der Normalherstellungskosten (Abb. 7).

88 In dem *Beispiel* weist die Heizungsanlage mit einem Wägungsanteil von 8 % im Unterschied zur mittleren Ausstattung des Gesamtobjekts eine gehobene Ausstattung auf. Davon wiederum wird dem Heizungskessel ein Wägungsanteil von 3 % beigemessen. Dieser Heizungskessel wurde 1985 wiederum in gehobener Ausstattung erneuert. Zusammen mit dem gewichteten Anteil der im Jahre 1970 erneuerten Fenster ergeben sich die Normalherstellungskosten zu rd. 565 €/m² BGF.

89 **Allgemein lässt sich bei teilmodernisierten Gebäuden das fiktive Baujahr ermitteln,** indem die modernisierten und nichtmodernisierten Geschossflächen (Wohn- oder Nutzflächen) ins Verhältnis zueinander gesetzt werden (vgl. § 23 WertV Rn. 62).

$$\text{Fiktives Baujahr} = \frac{(\text{Nichtmodernisierte WF} \times \text{Baujahr}) + (\text{Modernisierte WF} \times \text{Modernisierungsjahr})}{\text{Gesamte WF}}$$

Abb. 7: Berechnungsschema

Normalherstellungskosten unter Berücksichtigung der Modernisierung								
Baujahr	1950		1950		1970		1985	
	Wert 1		**Wert 2**		**Wert 3**		**Wert 4**	
NHK 2000-Wert in €/m²	550		655		630		700	
Wägungsanteile:	in %	€/m²	in %	€/m²	in %	€/m²	in %	€/m²
Fassade: 4,0 %	4,0							
Fenster: 7,0 %	–				7,0	44,1		
Dächer: 10,0 %	10,0							
Sanitär: 6,0 %	6,0							
Bodenbeläge: 5,0 %	5,0							
Innentüren: 5,0 %	5,0							
Heizung: 8,0 %	–		5,0	32,8			3,0	21,0
Elektroinst.: 3,0 %	3,0							
Restanteil: 52,0 %	52,0							
Spaltensumme:	85,0	467,5	5,0	32,8	7,0	44,1	3,0	21,0
Gesamtsumme:	100,0	565,4						

▶ *Vgl. hierzu § 16 WertV Rn. 127 ff.*

Beispiel:

a) Sachverhalt

Wohngebäude

Baujahr 1960
Gesamte Wohnfläche .... 1 000 m²
Modernisierung 1980
Modernisierte Wohnfläche .... 400 m²

b) Fiktives Baujahr

$$\frac{(600\ \text{m}^2 \times 1960) + (400\ \text{m}^2 \times 1980)}{1\ 000\ \text{m}^2} = 1968$$

Bei dieser wohl einfachsten Methode wird allerdings eine durchgreifende Modernisierung **90** unterstellt, mit der die modernisierte Fläche quasi auf den Stand eines Neubaus gebracht wird (hier von 1980). Ist dies nicht der Fall, so muss ein **entsprechend älteres Modernisierungsjahr** in die Berechnung eingeführt werden.

2.3.4.4 Alterswertminderungskurven

Die Wertminderung wegen Alters bestimmt sich im Rahmen des Sachwertverfahrens **91** gemäß § 23 WertV nach dem **Vomhundertsatz der Restnutzungsdauer zur Gesamtnutzungsdauer** der baulichen Anlagen; sie ist in einem Vomhundertsatz des Herstellungswerts auszudrücken. Bei der Bestimmung der Wertminderung wegen Alters kann gemäß § 23 Abs. 1 Satz 2 WertV je nach Art und Nutzung der baulichen Anlagen von einer gleichmäßigen oder von einer mit zunehmendem Alter sich verändernden Wertminderung ausgegangen werden. In der nachfolgenden Abb. 8 ist der Verlauf der Alterswertminderung nach den unterschiedlichsten Abschreibungsmodellen dargestellt.

Abb. 8: Wertminderung wegen Alters

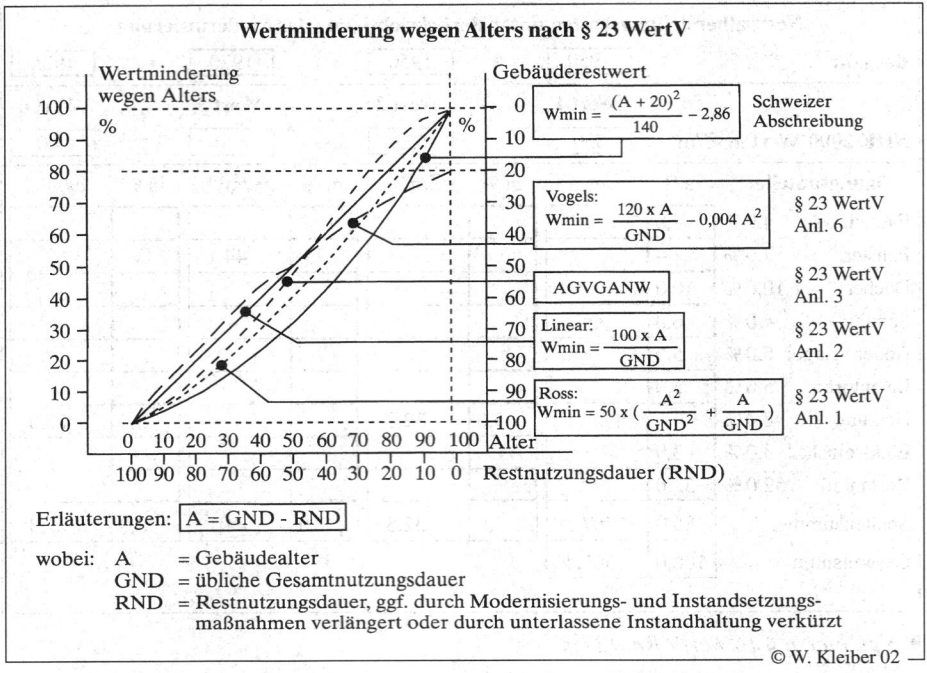

Wertminderung wegen Alters nach § 23 WertV

$$W_{min} = \frac{(A + 20)^2}{140} - 2{,}86 \qquad \text{Schweizer Abschreibung}$$

Vogels: $W_{min} = \frac{120 \times A}{GND} - 0{,}004\,A^2$ — § 23 WertV Anl. 6

AGVGANW — § 23 WertV Anl. 3

Linear: $W_{min} = \frac{100 \times A}{GND}$ — § 23 WertV Anl. 2

Ross: $W_{min} = 50 \times \left(\frac{A^2}{GND^2} + \frac{A}{GND}\right)$ — § 23 WertV Anl. 1

Erläuterungen: $A = GND - RND$

wobei: A   = Gebäudealter
       GND = übliche Gesamtnutzungsdauer
       RND = Restnutzungsdauer, ggf. durch Modernisierungs- und Instandsetzungs-
             maßnahmen verlängert oder durch unterlassene Instandhaltung verkürzt

© W. Kleiber 02

92 Für *Sachsen-Anhalt* hat das FM[14] zusätzlich bestimmt, dass die **Wertminderung wegen Alters von Außenanlagen sowie von besonderen Betriebseinrichtungen** und Gerät grundsätzlich linear vorzunehmen ist.

93 Für *Baden-Württemberg* hat das FM[15] den Hinweis gegeben, dass bei Anwendung der WertR nicht von der technischen, sondern von der wirtschaftlichen Restnutzungsdauer auszugehen ist; ansonsten wird gesondert auf § 23 Abs. 2 WertV hingewiesen.

94 In welcher Weise eine bauliche Anlage durch Alterung, Abnutzung und wirtschaftlichem Wertverzehr sich in ihrem Lebenszyklus wertmäßig vermindert, muss weitgehend theoretisch beantwortet werden, denn die hierzu durchgeführten empirischen Untersuchungen widersprechen sich nicht unerheblich und ergeben keine eindeutigen Erkenntnisse. Die Auffassungen reichen von einem sich unmittelbar an die Errichtung einer baulichen Anlage sofort einstellenden deutlichen Wertverzehr – ähnlich dem eines Neuwagenkaufs – bis zu einer parabelförmigen Wertabschreibung entsprechend der Flugbahn einer Granate; so die sog. **Ross'sche Abschreibungskurve** nach der Formel:

$$\text{Wertminderung } [\%] \;=\; 50 \;\times\; \left(\frac{\text{Alter}^2}{GND^2} + \frac{\text{Alter}}{GND}\right)$$

95 In Anl. 6 zu den WertR (abgedruckt als Anl. 1 zu § 23 WertV) sind die sich danach ergebenden Wertminderungen in Abhängigkeit von der Rest- und Gesamtnutzungsdauer der baulichen Anlage tabelliert.

96 In Anbetracht der Ungewissheit über den tatsächlichen Verlauf der Alterswertminderung geht die Praxis insbesondere bei der **Sachwertermittlung für gewerbliche Objekte** dazu über, eine **lineare Wertminderung** zu unterstellen. Die Wertminderung in einem Vomhundertsatz des Herstellungswerts der baulichen Anlage bestimmt sich dann nach der Formel:

$$\text{Wertminderung } [\%] = \frac{100 \times \text{Alter}}{\text{GND}} = \frac{100\,(\text{GND} - \text{RND})}{\text{GND}}$$

Die sich danach ergebende Wertminderung ist abgedruckt als Anl. 2 zu § 23 WertV.

Rechentechnisch einfacher ist es, an Stelle der Ermittlung des Abzugsbetrags für die **97** Alterswertminderung gleich den **Alterswertminderungsfaktor** zu ermitteln, der multipliziert mit dem Herstellungswert in einem Schritt zum alterswertgeminderten Herstellungswert führt. Der Alterswertminderungsfaktor bei linearer Alterswertminderung ergibt sich aus dem Quotienten:

$$\frac{\text{Restnutzungsdauer}}{\text{Gesamtnutzungsdauer}} = \text{Alterswertminderungsfaktor}$$

Beispiel: **98**

Herstellungswert (Neubau)	=	800 000 €
Gesamtnutzungsdauer	=	60 Jahre
Restnutzungsdauer	=	44 Jahre
Alter der baulichen Anlage	=	16 Jahre

$$\textbf{Alterswertminderungsfaktor} = \frac{44}{60} = 0{,}733333$$

Alterswertgeminderter Herstellungswert:

800 000 € × 0,733333	=	**586 666 €**
Abgerundet	=	587 000 €

2.3.5   Wertminderung wegen Baumängeln und Bauschäden (§ 24 WertV)

▶ *Vgl. § 24 WertV Rn. 13 ff.*

Mit der Ermittlung des Herstellungswerts baulicher Anlagen auf der Grundlage gewöhn- **99** licher Herstellungskosten (Normalherstellungskosten) werden die im Einzelfall vorliegenden Baumängel und Bauschäden i. d. R. nicht berücksichtigt. Die darin begründeten Wertminderungen müssen deshalb **gesondert Berücksichtigung** finden. Dies kann dadurch geschehen, dass

– eine entsprechend verminderte Restnutzungsdauer angesetzt wird,

– die gewöhnlichen Herstellungskosten entsprechend vermindert werden,

– ein entsprechender Abschlag nach Erfahrungssätzen angebracht wird oder

– ein entsprechender Abschlag auf der Grundlage der Schadensbeseitigungskosten angebracht wird.

In der Praxis wird vornehmlich auf die zuletzt genannte Methode zurückgegriffen. Hierfür **100** schreibt § 24 WertV vor, dass sich die **Wertminderung** nicht nach den Schadensbeseitigungskosten selbst, sondern **auf der Grundlage der Schadensbeseitigungskosten bemisst**. Die durchzuführenden Schadensbeseitigungsmaßnahmen teilen nämlich das Schicksal der baulichen Anlage und müssen deshalb grundsätzlich der Alterswertminderung unterworfen werden.

Etwas anderes gilt nur in den Fällen, in denen die **Durchführung der Maßnahmen aus** **101** **rechtlichen oder wirtschaftlichen Gründen zwingend erforderlich** ist und deshalb in voller Höhe in die Preiskalkulation des gewöhnlichen Geschäftsverkehrs eingehen. Dieser Fall ist beispielsweise gegeben, wenn ein Orkan das Dach eines Hauses abgetragen hat und

---

14   RdErl. vom 6. 7. 1992 (MBl. LSA 1992, 1100 = GuG 1993, 42)
15   Schreiben vom 22. 4. 1992 (VV 2030 – 19 –, GuG 1992, 278)

das Dach zwecks Werterhalts erneuert werden muss. Solange dieser Defekt besteht, sind die vollen Schadensbeseitigungskosten ein verkehrswertmindernder Faktor. Anders stellt sich aber auch in diesem Fall die Situation dar, wenn der Verkehrswert des Grundstücks bezogen auf den Zeitpunkt *nach* Wiederherstellung des Daches ermittelt wird. Die das Dach einschließenden Normalherstellungskosten sind dann wiederum (vollständig) der Alterswertminderung unterworfen. Im Hinblick auf das erneuerte Bauteil eines ansonsten älteren und damit keinesfalls automatisch auch eine längere Restnutzungsdauer aufweisenden Gebäudes kann dann allerdings ein entsprechender Wertzuschlag in Betracht kommen, z. B. wegen verminderter Reparaturanfälligkeit oder der erhöhten Ansehnlichkeit. Auch soweit z. B. ein zu erneuernder Teil des Gebäudes über die verbleibende Restnutzungsdauer wirtschaftlich ,voll abgenutzt' werden kann, wird ebenfalls von einer Alterswertminderung abzusehen sein.

2.3.6   Sonstige wertbeeinflussende Umstände (§ 25 WertV)

102 Sonstige wertbeeinflussende Umstände sind bei der Ermittlung des Werts der baulichen und der sonstigen Anlagen zusätzlich und gesondert zu berücksichtigen, soweit mit dem ermittelten Herstellungswert und der hieran angebrachten Wertminderung wegen Alters sowie wegen Baumängeln und Bauschäden besondere Umstände des Wertermittlungsobjekts nicht erfasst sind oder die Lage auf dem Grundstücksmarkt nicht hinreichend in das Wertermittlungsverfahren Eingang gefunden hat. Es kann sich hierbei sowohl um **werterhöhende aber auch um wertmindernde Faktoren** handeln, jedoch sollte die Lage auf dem Grundstücksmarkt möglichst schon bei den angesetzten Normalherstellungskosten und bei der Wertminderung wegen Alters sowie wegen Baumängeln und Bauschäden Berücksichtigung finden; sie kann im Übrigen auch nach § 7 Abs. 2 Satz 2 WertV bei der Ableitung des Verkehrswerts aus dem Sachwert Berücksichtigung finden. In jedem Fall ist zu fordern, dass **entsprechende Ab- oder Zuschläge begründet werden.**

2.4   Sachwert der sonstigen Anlagen

2.4.1   Allgemeines

103 Nach § 21 Abs. 1 und Abs. 5 WertV setzt sich der Sachwert aus
a) dem Wert der baulichen Anlagen,
b) dem Wert der sonstigen Anlagen und
c) dem Bodenwert
zusammen, wobei sich der **Wert der baulichen Anlagen** wiederum aus
a) dem Wert der Gebäude,
b) dem Wert der (baulichen) Außenanlagen und
c) dem Wert der besonderen Betriebseinrichtungen
zusammensetzt.

104 Bei der Ermittlung des Sachwerts der baulichen Anlagen auf der Grundlage von Normalherstellungskosten wird man in aller Regel zunächst nur den Wert der baulichen Anlagen im engeren Sinne, z. B. den Gebäudesachwert, ohne bauliche oder sonstige Außenanlagen und ohne den besonderen Betriebseinrichtungen ableiten. Demzufolge bedarf es einer **besonderen Erfassung**
– des Werts **der baulichen und sonstigen Außenanlagen** sowie
– des Werts der **besonderen Betriebseinrichtungen.**

105 Der Wert der Außenanlagen wird nach § 21 Abs. 4 WertV nach Erfahrungssätzen oder – wie der Gebäudesachwert – **nach gewöhnlichen Herstellungskosten** ermittelt, soweit die Außenanlagen nicht bereits mit dem Bodenwert berücksichtigt worden sind.

2.4.2 Bauliche Außenanlagen

▶ *Näheres hierzu bei § 2 WertV Rn. 18 ff. sowie § 21 WertV Rn. 28 ff.*

Nach der DIN 276 gehören zu den Außenanlagen u. a. die baulichen Anlagen außerhalb des **106**
Gebäudes wie **Hofbefestigungen, Wege, Einfriedungen** und dgl., die nicht mit dem
Gebäude verbundenen Freitreppen und Stützmauern (bauliche Außenanlagen) sowie die
Gartenanlagen und sonstige Bepflanzungen (nicht bauliche Außenanlagen).

Der **Wert der baulichen Außenanlagen muss** – anders als bei nicht baulichen Außenanla- **107**
gen (Anpflanzungen) – i. d. R. **eigenständig ermittelt werden.** Bauliche Außenanlagen
werden nämlich wertmäßig mit dem aus Vergleichspreisen nach § 15 Abs. 2 WertV abgeleiteten Bodenwert in aller Regel nicht berücksichtigt, weil es sich zumeist um grundstücks-
spezifische Außenanlagen handelt, wie sie auf den Vergleichsgrundstücken nicht vorhanden sind.

Der Wert der baulichen Außenanlagen kann nach § 21 Abs. 4 WertV unter „entsprechender **108**
Anwendung" der §§ 22 bis 25 WertV, d. h. nach gewöhnlichen Herstellungskosten der
Außenanlagen, nach Einzelkosten oder nach Erfahrungswerten ermittelt werden. Die
Ermittlung des Wertanteils der baulichen Außenanlagen auf der Grundlage von gewöhnlichen Herstellungskosten, für die Tabellenwerke vorliegen (vgl. § 21 WertV Rn. 40), lässt
sich zumeist durch den damit verbundenen Rechenaufwand nicht rechtfertigen, zumal sich
die Neubaukosten durch erhebliche Alterwertabschreibungen und Marktanpassungen zu
Pauschalgrößen reduzieren. In der Praxis werden **Außenanlagen** deshalb vielfach **in einer
nicht zu beanstandenden Weise durch Pauschalzuschläge von 2 bis 12 % zum Gebäudesachwert berücksichtigt** (im Mittel 3 bis 5 %). Die Pauschalzuschläge sind umso
größer, je aufwendiger und neuer die Bebauung ist.

2.4.3 Sonstige Außenanlagen (Anpflanzungen)

▶ *Näheres hierzu bei § 2 WertV Rn. 18 ff. und § 21 WertV Rn. 28 ff.*

Der Wert der sonstigen Anlagen, insbesondere Gartenanlagen, Anpflanzungen und Parks, **109**
ist gemäß § 21 Abs. 4 WertV nach **Erfahrungssätzen** zu ermitteln, sofern nicht die für die
Ermittlung des Werts der baulichen Anlagen geltenden Grundsätze entsprechend Anwendung finden. Dem Ansatz von Erfahrungssätzen wird in der Praxis der Vorzug eingeräumt,
weil es entscheidend auf die Funktion der Außenanlagen ankommt, die Ermittlung über
gewöhnliche Herstellungskosten dagegen einen erheblichen Rechenaufwand verursacht
und das Ergebnis entsprechend der Bedeutung der Außenanlagen teilweise mit erheblichen
Zu- oder Abschlägen nach § 25 WertV korrigiert werden muss. Unverhältnismäßig hohe
Zu- und Abschläge sprechen aber gegen die Sachgerechtigkeit dieser Vorgehensweise.

Bei alledem muss vorher geprüft werden, ob und inwieweit der **Wertanteil von Außenan- 110
lagen bereits mit dem Bodenwert erfasst** ist. Diese mit § 24 Abs. 4 Satz 1 WertV vorgeschriebene Prüfung soll sicherstellen, dass insbesondere ein vorhandener Aufwuchs bei der
Verkehrswertermittlung nicht doppelt berücksichtigt wird.

2.5 Sachwert der besonderen Betriebseinrichtungen

Nach der DIN 276 kann es sich bei den besonderen Betriebseinrichtungen um Anlagen **111**
handeln, die sich innerhalb eines Gebäudes (z. B. **Aufzüge, Tresoranlagen, Kühlanlagen**
usw.) oder außerhalb eines Gebäudes befinden (**Gleisanlagen, Kräne und Förderanlagen**); hierzu § 21 WertV Rn. 6, 18, 22. Der Wertanteil der besonderen Betriebseinrichtungen muss eigenständig ermittelt werden, soweit er nicht bereits bei der Ermittlung des
Gebäudesachwerts mit den Normalherstellungskosten erfasst worden ist oder nach dem
Wertermittlungsauftrag ausgenommen bleiben soll.

112   Für die **Ermittlung des Herstellungswerts der besonderen Betriebseinrichtungen** gelten nach § 21 Abs. 3 Satz 2 WertV die §§ 22 bis 25 WertV entsprechend. Der Wert der besonderen Betriebseinrichtungen kann demzufolge auf der Grundlage der gewöhnlichen Herstellungskosten (auch Einzelkosten) sowie der tatsächlichen Kosten abgeleitet werden, wenn sie den gewöhnlichen Kosten entsprechen. Im Verhältnis zu der Alterswertminderung von Gebäuden sind die besonderen Betriebseinrichtungen – je nach Art – i. d. R. einem sehr viel kürzeren Abschreibungszeitraum unterworfen.

2.6   Sachwert

113   Die Summe aus Bodenwert, Wert der baulichen Anlagen (einschließlich dem Wert der baulichen Außenanlagen und ggf. dem Wert der besonderen Betriebseinrichtungen) und der Wert der sonstigen (nicht baulichen) Anlagen (Anpflanzungen) ergeben zusammen den Sachwert des Grundstücks (§ 21 Abs. 5 WertV). Es handelt sich hierbei um einen Sachwert, der wirtschaftliche Gegebenheiten berücksichtigt, gleichwohl aber nicht mit dem Verkehrswert gleichzusetzen ist. Der **Sachwert ist i. d. R. lediglich Ausgangsgröße für die Ermittlung des Verkehrswerts** (§ 7 Abs. 1 WertV).

2.7   Verkehrswert (Marktwert)

▸ *Näheres hierzu bei § 7 WertV Rn. 196 ff. und § 25 WertV Rn. 48 ff.*

114   Der Verkehrswert ist aus dem Sachwert nach Maßgabe des § 7 Abs. 1 WertV unter Berücksichtigung der Lage auf dem Grundstücksmarkt und der **Ergebnisse weiterer angewandter Verfahren** abzuleiten.

115   Zur **Berücksichtigung der „Lage auf dem Grundstücksmarkt"** kann von dem Erfahrungssatz ausgegangen werden, dass bei einem ermittelten Sachwert von

–   *unter* 150 000 bis 250 000 € Zuschläge und

–   *über* 150 000 bis 250 000 € Abschläge

an das Ergebnis der Sachwertermittlung angebracht werden müssen, um vom Sachwert zum Verkehrswert zu gelangen. Diese Marktanpassungszu- und -abschläge fallen u. a. in Abhängigkeit von der Entfernung des Objektes zur Ortsmitte aus und sind zeitlichen Veränderungen unterworfen.

116   Mit der Einführung der neuen NHK 95/2000 kann erwartet werden, dass die Gutachterausschüsse für Grundstückswerte solche **Marktanpassungszu- und -abschläge** unter Angabe der Normalherstellungskosten neu ermitteln und veröffentlichen, zumal solche Daten ohnehin **einem ständigen Wandel unterworfen** sind **und aktualisiert werden müssen.** Die noch auf den 13er-Werten beruhenden Veröffentlichungen und Erfahrungssätze sind bei alledem nur anhaltsweise auf die Sachwertermittlung unter Zugrundelegung der NHK 2000 anwendbar.

117   Die bislang veröffentlichten Marktanpassungsfaktoren lassen häufig nicht erkennen, auf welcher Grundlage der Sachwert jeweils ermittelt wurde. Dies ist ein großer Mangel, weil mit solchen Marktanpassungsab- und -zuschlägen zugleich ein Korrektiv insbesondere im Hinblick auf

–   die zu Grunde gelegten Normalherstellungskosten und

–   die angewandte „Abschreibungskurve" (Wertminderung wegen Alters: linear, Ross'-Abschreibung usw.; vgl. § 23 WertV Rn. 29)

mit ihnen verbunden ist. Von daher ist zu fordern, dass **Veröffentlichungen von Markt-anpassungsab- und -zuschlägen zwangsläufig mindestens mit der Angabe der zu Grunde gelegten Normalherstellungskosten und der Abschreibungskurve verbunden sein müssen.**

▶ *Näheres hierzu bei § 25 WertV Rn. 48 ff.*

Soweit sich die Praxis der Sachwertermittlung noch an den 13er-Werten orientiert, muss man – von Berlin abgesehen – davon ausgehen, dass mit den Marktanpassungszu- und -abschlägen auch **regionale und örtliche Baupreisunterschiede** berücksichtigt werden. Hierfür spricht auch die Erkenntnis, dass die in der Vergangenheit empirisch abgeleiteten Marktanpassungsabschläge in strukturschwachen Räumen deutlich höher als in struktur-starken Räumen ausfielen. Mit der Umstellung auf die NHK 95/2000 kann deshalb erwar-tet werden, dass sich die Marktanpassungsfaktoren künftig deutlich aneinander angleichen, weil solche örtlichen Besonderheiten bereits mit den Korrekturfaktoren A und B berück-sichtigt werden. Dies bestätigen auch die ersten Erfahrungen. Insgesamt stellt dies eine erfreuliche Entwicklung dar, weil damit das Ansehen des Sachwertverfahrens und schlechthin des Sachverständigenwesens gestärkt wird. **118**

In der Gesamtschau lässt sich der Sachwert (formularmäßig) nach dem beigefügten Schema ermitteln. **119**

Abb. 9: Sachwertverfahren in Formeln

Sachwertverfahren in Formeln

$$SW = \left[(F/R \times NHK_{F/R} + AA_{baul} + BB) \, \frac{I_{WSt}}{I_0} - SBK \right] \times \frac{RND}{GND} + AA_{sonst} + BW$$

wobei

SW	Sachwert
F/R	Fläche bzw. Rauminhalt der baulichen Anlage (BGF bzw. BRI)
$NHK_{F/R}$	Normalherstellungskosten bezogen auf Brutto-Grundfläche (BGF) oder Brutto-Rauminhalt (BRI) und Baupreisverhältnisse zu ihrem Bezugsstichtag ein-schließlich Baunebenkosten
AA_{baul}	Gewöhnliche Herstellungskosten der baulichen Außenanlagen zu ihrem Bezugsstichtag
BB	Gewöhnliche Herstellungskosten der besonderen Betriebseinrichtungen zu ihrem Bezugsstichtag
I_{WSt}	Baupreisindexzahl zum Zeitpunkt Wertermittlungsstichtag
I_0	Baupreisindexzahl zum Zeitpunkt des Bezugsstichtags der herangezogenen Normalherstellungskosten
SBK	Schadensbeseitigungskosten für Baumängel und Bauschäden zum Zeitpunkt Wertermittlungsstichtag
RND	Restnutzungsdauer der baulichen Anlage am Wertermittlungsstichtag
GND	Übliche Gesamtnutzungsdauer
AA_{sonst}	Wert der sonstigen Außenanlagen am Wertermittlungsstichtag
BW	Bodenwert am Wertermittlungsstichtag (= Fläche × BW/m²)

Soweit keine Baumängel und Bauschäden vorhanden sind und der Wert von baulichen und sonstigen Außenanlagen oder besonderen Betriebseinrichtungen außer Ansatz bleiben:

$$SW = F/R \times NHK_{F/R} \times \frac{I_{WSt}}{I_0} \times \frac{RND}{GND} + BW$$

Erläuterungen zu Abb. 9:

a) Die Formel geht von einer linearen Alterswertminderung aus.

b) Bei durchgeführten Modernisierungsmaßnahmen oder unterlassener Instandhaltung ist – gemessen am Alter der baulichen Anlage – eine entsprechend verlängerte oder verkürzte Restnutzungsdauer (RND) in Ansatz zu bringen, ohne dass die übliche Gesamtnutzungsdauer (GND) verändert wird.

c) Die Formel geht davon aus, dass die im Falle von Baumängeln oder Bauschäden zu deren Behebung angesetzten Schadensbeseitigungskosten solche Bauteile betreffen, die das Schicksal der baulichen Anlage teilen und insoweit der Alterswertminderung unterworfen sind.

d) Die für das Wertermittlungsobjekt ermittelte Gesamtfläche bzw. dessen gesamter umbauter Raum wird nach den selben Regeln ermittelt, die den angesetzten Normalherstellungskosten zu Grunde liegen.

2.8   Beispiele zum Sachwertverfahren

120 *Beispiel 1: Vereinfachte Sachwertermittlung*

1 $^1/_2$-geschossiges im Jahre 1975 in massiver Bauweise erstelltes Einfamilienhaus, voll unterkellert, mit ausgebautem Dachgeschoss; Holzsatteldach mit Ziegeleindeckung; Stahlbetondecken mit schwimmendem Estrich; mittlere Ausstattung; Wertermittlungsstichtag: 1. 6. 2001

Brutto-Grundfläche – BGF – nach DIN 277 (1987):

– Gebäude   300 m²
– Garage   20 m²

Normalherstellungskosten 2000 (ohne Baunebenkosten):

– Gebäude Typ 1.01   600 €/m² Baunebenkosten: 16 %
– Garage   240 €/m² Baunebenkosten: 10 %

a) Berechnung der Normalherstellungskosten 2000:

   Gebäude
   300 m² × 600 €/m² = 180 000 € × 1,16   = 208 800 €
   Garage
   20 m² × 240 €/m² =   4 800 € × 1,10   =   5 280 €
   Summe   = 214 080 €

b) Berechnung des Herstellungswerts der baulichen Anlagen:

– Baupreisindex hier von Nordrh.-Westf. 2000: 104,4
                                     2001: 105,2 (am Wertermittlungsstichtag)

$$\frac{214\,080\ € \times 105{,}2}{104{,}4} = 215\,720\ €$$

c) Berechnung der Wertminderung wegen Baumängel und Bauschäden

– Schadensbeseitigungskosten 30 000 €

d) Berechnung der Wertminderung wegen Alters (= 15 Jahre); linear

– Baumangelgeminderter Herstellungswert
   215 720 € – 30 000 € = 185 720 €
– Gesamtnutzungsdauer GND = 80 Jahre
– Restnutzungsdauer   RND = 54 Jahre (= 80–26)

$$\frac{185\,720\ € \times 26}{80} = 60\,359\ €$$

e) **Sachwertermittlung**

	Herstellungswert der baulichen Anlage	: 215 720 €
./.	Schadensbeseitigungskosten	: – 30 000 €
=	Summe	: 185 720 €
./.	Wertminderung wegen Alters	: – 60 359 €
=	Summe	: 125 361 €
+/–	Zu- oder Abschläge nach § 25 WertV	: 0 €
=	Wert der baulichen Anlagen	: 125 361 €
+	Bodenwert	: 100 000 €
=	**Sachwert**	: **225 361 €**

Es handelt sich um eine vereinfachte Sachwertermittlung ohne Berücksichtigung der Regional- und Ortsfaktoren (vgl. Rn. 52 ff.) und der Außenanlagen. Nachfolgend wird ein umfassenderes Beispiel vorgestellt.

Beispiel 2: Umfassende Sachwertermittlung (Formular)   **121**

a) Ermittlung ohne Formular

1 $\frac{1}{2}$ geschossiges im Jahre 1993 in massiver Bauweise erstelltes Einfamilienwohnhaus, voll unterkellert mit ausgebautem Dachgeschoss und Garage im „Speckgürtel" einer nord-rhein-westfälischen Stadt von 350 000 Einwohnern (E):

Abb. 10: Ansicht

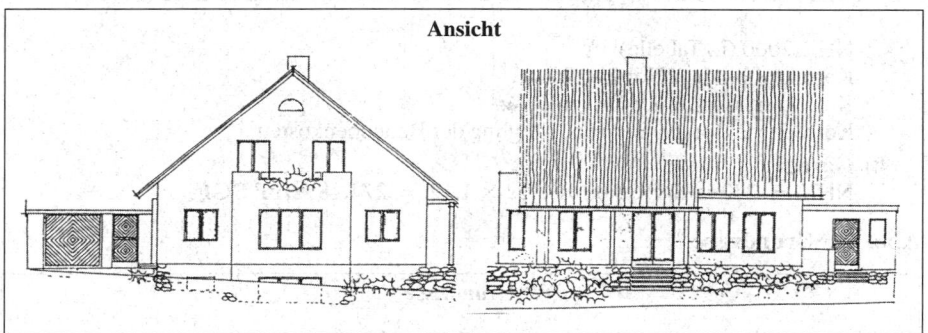

Ansicht

Wertermittlungsstichtag 1. 6. 2001

a) Gebäudetyp gemäß NHK 2000 . . . . 1.01

b) Ausstattungsstandard

Fassade:	Mauerwerk mit Putz Hoher Wärmedämmstandard
Fenster:	Holz; elektrische Rollläden; Wärmeschutzverglasung
Dach:	Holzsatteldach mit Betondachpfannen
Sanitär:	Drei Bäder und Gäste-WC Raumhoch verfliest
Bodenbeläge:	Fliesen und Parkett überwiegend
Türen:	Edelholzfurniert mit Holzzargen; teilweise verglast
Heizung:	Zentrale Heizung und Warmwasserversorgung
Elektroinst.:	Aufwendige Installation mit zentralen Steuereinrichtungen

Ausstattungsstandard unter Berücksichtigung der Wertanteile gemäß Tabelle des Ausstattungsstandards des Gebäudetyps 1.01 . . . . „gehoben".

c) Bodenwert = 200 €/m²

I Ermittlung der Brutto-Grundfläche nach DIN 277 (1987)

Grundrisse (vgl. nachfolgende Seite)

II Ermittlung der orts- und objektbezogenen Normalherstellungskosten 2000 (NHK 2000)

Gebäudetyp 1.01 (Einfamilienhaus, freistehend mit Keller- und Erdgeschoss sowie ausgebautem Dachgeschoss)

Ausstattungsstandard: gehoben

Korrekturfaktor für Nordrhein-Westfalen: 1,00

Korrekturfaktor für Ortsgröße bei 350 000 E: 1,02

Baunebenkosten (lt. Gebäudetypenblätter)

für Einfamilienhaus 16 %: Korrekturfaktor 1,16

für Garage 12 %: Korrekturfaktor 1,12

Gebäudebaujahrsklasse (Baujahr 1993): 1985 bis 2000

NHK 2000 (aus Tabellen 1.01 und 30) für

– Einfamilien-Wohnhaus (gehoben) . . . . 760 €/m² BGF

– Garage (mittel) . . . . 240 €/m² BGF

Ortsspezifische NHK 2000 unter Berücksichtigung der Baunebenkosten:

a) **Einfamilien-Wohnhaus:**

NHK = 760 €/m² × 1,00 × 1,02 × 1,16 = **899,23 €/m² BGF**

NHK 2000 (lt. Tabelle)
Korrekturfaktor A Nordrh.-Westf.
Korrekturfaktor B der Ortsgröße
Korrekturfaktor zur Berücksichtigung der Baunebenkosten

b) **Garage:**

NHK = 240 €/m² × 1,00 × 1,02 × 1,12 = **274,18 €/m² BGF**

Abb. 11: Grundrisse

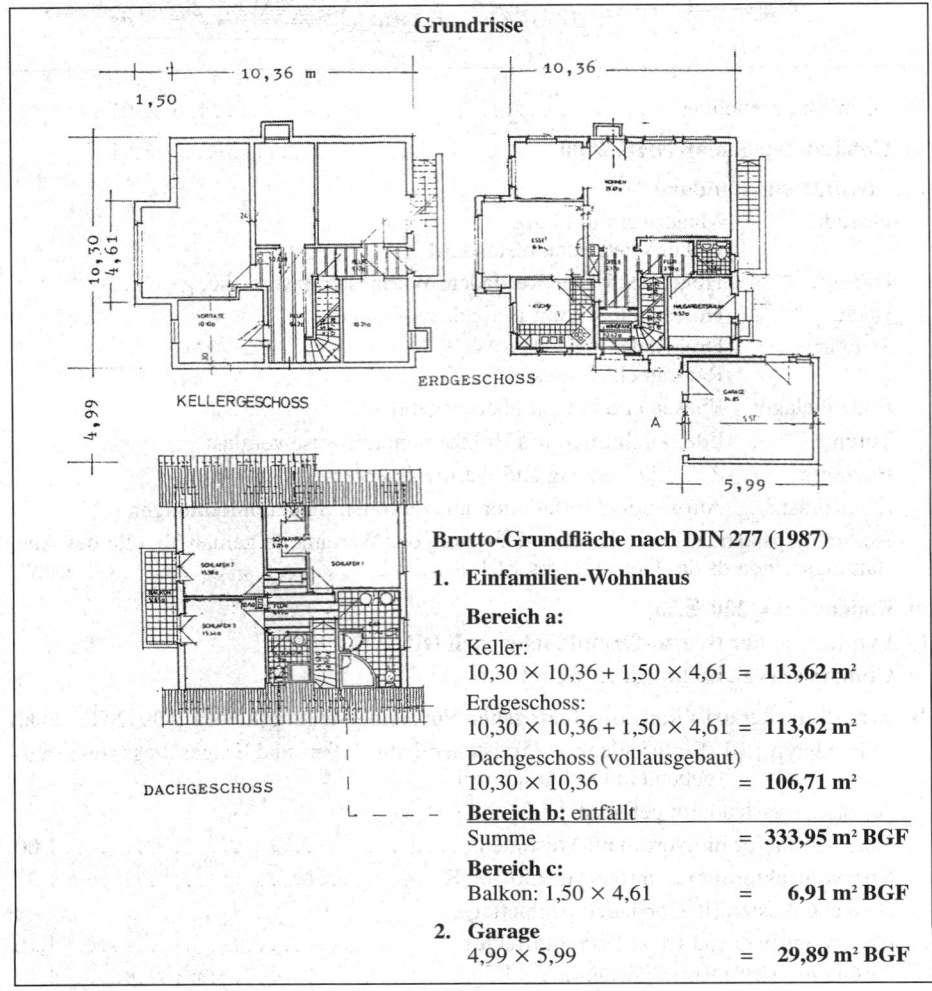

Grundrisse

KELLERGESCHOSS

ERDGESCHOSS

DACHGESCHOSS

Brutto-Grundfläche nach DIN 277 (1987)

1. **Einfamilien-Wohnhaus**

Bereich a:

Keller:
10,30 × 10,36 + 1,50 × 4,61 = **113,62 m²**

Erdgeschoss:
10,30 × 10,36 + 1,50 × 4,61 = **113,62 m²**

Dachgeschoss (vollausgebaut)
10,30 × 10,36 = **106,71 m²**

Bereich b: entfällt

Summe = **333,95 m² BGF**

Bereich c:
Balkon: 1,50 × 4,61 = **6,91 m² BGF**

2. **Garage**
4,99 × 5,99 = **29,89 m² BGF**

III   Umrechnung vom Bezugsjahr der NHK auf Wertermittlungsstichtag mittels Baupreisindexzahlen

Baupreisindexzahlen für Nordrhein-Westfalen:

2000: 104,4

2001: 105,2

Baupreissteigerungsfaktor: $\dfrac{105,2}{104,4} = 1,00766$

Abb. 12: Schnitt

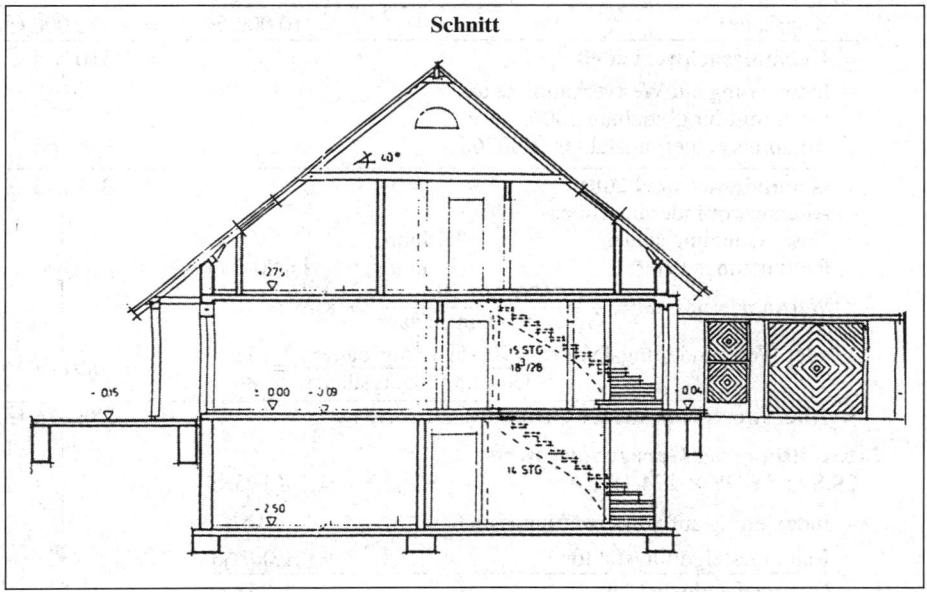

Schnitt

IV Ermittlung des Sachwerts

1. Ermittlung des Gebäudesachwerts

333,95 m² BGF × 899,23 €/m² BGF   =   300 298 €

Besonders zu veranschlagende Bauteile

a) **1 Kelleraußentreppe:**
Stützmauer und Treppe: Stahlbeton
Stufen: Zementbetonbelag
Gitter: Holzbretter auf Stahlkonstruktion   5 000 €   (+)

b) **1 Balkon:**
Mauerwerk mit Putz, Zinkblechabdeckung,
feuerverzinktes Stahlgeländer, Holzbretterbelag   3 500 €

c) 3 Kellerlichtschächte   1 500 €

insgesamt: 10 000 €   = + 10 000 €

= Gebäudesachwert 2000   =   310 298 €

– Indexierung auf Wertverhältnisse am   (×)
Wertermittlungsstichtag 2001
(Baupreissteigerungsfaktor: 1,00766)   1,00766

= Gebäudesachwert 2001   =   312 675 €

– Alterswertminderung (linear)
Gesamtnutzungsdauer   80 Jahre
Restnutzungsdauer   73 Jahre   (= 80 – 7)   (×)

$$\text{Wertminderung \%} = \frac{100 \times \text{Alter}}{\text{Gesamtnutzungsdauer}} = 8{,}75\,\%$$

oder Wertminderungsfaktor: $\dfrac{\text{Restnutzungsdauer}}{\text{Gesamtnutzungsdauer}} = \dfrac{73}{80}$ =   0,9125

= Alterswertgeminderter Gebäudesachwert   =   **285 316 €**

2. Ermittlung des Garagensachwerts

29,89 m² BGF × 274,18 €/m²   =   8 195 €

– Indexierung auf Wertermittlungsstichtag   (×)

Baupreissteigerungsfaktor   =   1,00766   (+)

Garagensachwert 2001   8 258 €

– Alterswertminderung (linear)
• Gesamtnutzungsdauer 80 Jahre
• Restnutzungsdauer   73 Jahre   (×)

$$\frac{\text{Restnutzungsdauer}}{\text{Gesamtnutzungsdauer}} = \frac{73}{80} = 0{,}9125$$

= Alterswertgeminderte Garage   = 7 535 €   =   **7 535 €**

3. Wert der Außenanlagen (am Wertermittlungsstichtag)

2 gepflasterte Kfz-Stellplätze, 50 m² Betonterrassenplatte   (+)
mit Holzbelag (aufwendige Verlegung), Geländeauffüllung
ca. 80 cm, rd. 30 m L-Steine, Aufwuchs
rd. 8 % des Gebäudesachwerts: =   24 000 €
                                                                   (+)

4. Bodenwert: 600 m² × 200 €/m²   =   120 000 €

5. Sachwert (Summe aus 1 bis 4) gerundet   ≈   **436 851 €**

6. Marktanpassungsabschlag   (−)

15 v. H. des ermittelten Sachwerts   = – 65 528 €

7. = Verkehrswert   =   **371 323 €**

                                                              rd. **370 000 €**

Auszug aus dem Tabellenwerk der NHK 2000:

Einfamilien-Wohnhäuser, freistehend Typ 1.01

Normalherstellungskosten (ohne Baunebenkosten) entsprechend Kostengruppen
300 und 400 DIN 276/1993 einschließlich 16% Mehrwertsteuer, Preisstand 2000

Austattungsstandard, Baunebenkosten, Gesamtnutzungsdauer sowie
durchschnittliche Geschosshöhen für diese Gebäudetypen siehe Seite 1774

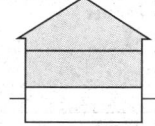

Typ 1.01 Keller-, Erdgeschoss, vollausgebautes Dachgeschoss

Kosten der Brutto-Grundfläche in €/m²							
Ausstattungs-standard	vor 1925	1925 bis 1945	1946 bis 1959	1960 bis 1969	1970 bis 1984	1985 bis 1999	2000
einfach	410–425	430–440	440–475	475–500	505–530	535–580	580
mittel	470–485	490–500	500–540	540–575	575–605	610–660	660
gehoben	540–555	565–580	580–625	625–660	665–700	700–760	760
stark gehoben	740–765	770–785	790–850	855–900	905–955	955–1 035	1 040

2. Baunebenkosten
entsprechend Kostengruppe 700 DIN 276 + 16 %

3. Gesamtnutzungsdauer
60 bis 100 Jahre

KFZ-Stellplätze   Typ 28

1. Normalherstellungskosten
(ohne Baunebenkosten) entsprechend Kostengruppe 300 und 400 DIN 276
einschl. 16% Mehrwertsteuer

        Kleingaragen, freistehend   230 – 250 €/m² BGF
        Kellergarage   430 – 450 €/m² BGF
        Carports   130 – 160 €/m² BGF

Abb. 13: Ausstattungsstandards gemäß NHK 2000

Ausstattungsstandard (NHK 2000)				
Kostengruppe	**einfach**	**mittel**	**gehoben**	**stark gehoben**
Fassade	Mauerwerk mit Putz oder Fugenglattstrich und Anstrich	Wärmedämmputz, Wärmedämmverbund-system, Sichtmauer-werk mit Fugenglatt-strich, mittlerer Wärme-dämmstandard	Verblendmauerwerk, Metallbekleidung, Vorhangfassade, hoher Wärmedämm-standard	Naturstein
Fenster	Holz, Einfachverglasung	Kunststoff, Rollladen, Isolierverglasung	Aluminium, Sprossenfenster Sonnenschutzvorrich-tung, Wärmeschutzver-glasung	raumhohe Verglasung, große Schiebeelemente, elektr. Rollladen, Schallschutzverglasung
Dächer	Betondachpfannen (untere Preisklasse), Bitumen-, Kunststofffolien-abdichtung keine Wärmedämmung	Betondachpfannen (gehobene Preisklasse), mittlerer Wärmedämm-standard	Tondachpfannen, Schiefer-, Metallein-deckung, hoher Wärmedämmstandard	große Anzahl von Ober-lichtern, Dachaus- und Dachaufbauten mit hohem Schwierigkeits-grad, Dachausschnitte in Glas
Sanitär	1 Bad mit WC Installation auf Putz	1 Bad mit Dusche und Badewanne, Gäste-WC Installation unter Putz	1–2 Bäder Gäste-WC	mehrere großzügige Bäder, tlw. Bidet, Whirlpool, Gäste-WC
Innenwand-bekleidung der Nassräume	Ölfarbanstrich, Fliesen-sockel (1,50 m)	Fliesen (2,00 m)	Fliesen raumhoch, großformatige Fliesen	Naturstein, aufwendige Verlegung
Bodenbeläge	Holzdielen, Nadelfilz, Linoleum, PVC (untere Preisklasse) **Nassräume:** PVC, Fliesen	Teppich, PVC, Fliesen, Linoleum (mittlere Preisklasse) **Nassräume:** Fliesen	Fliesen, Parkett, Betonwerkstein **Nassräume:** großformatige Fliesen	Naturstein, aufwendige Verlegung **Nassräume:** Naturstein
Innentüren	Füllungstüren, Türblätter und Zargen gestrichen, Stahlzargen	Kunststoff-/Holztür-blätter, Holzzargen, Glastürausschnitte	Edelholz-furnierte Türblätter, Glastüren, Holzzargen	massive Ausführung, Einbruchschutz
Heizung	Einzelöfen, elektr. Speicherheizung, Boiler für Warmwasser	Mehrraum-Warmluft-kachelofen, Zentralheizung mit Radiatoren (Schwer-kraftheizung)	Zentralheizung/Pum-penheizung mit Flach-heizkörpern oder Fuß-bodenheizung, Warm-wasserbereitung zentral	Zentralheizung und Fußbodenheizung, Klimaanlagen, Solaranlagen
Elektroinstallation	je Raum 1 Lichtauslass und 1–2 Steckdosen Installation tlw. auf Putz	je Raum 1–2 Lichtauslässe und 2–3 Steckdosen Installation unter Putz	je Raum mehrere Licht-auslässe und Steck-dosen, informations-technische Anlagen	aufwendige Installation, Sicherheitsein-richtungen

b) Ermittlung des Sachwerts (vorstehendes Beispiel) auf der Grundlage eines Formulars:　122

ERMITTLUNG DES SACHWERTS　　　(auf der Grundlage der NHK 2000)

Bauliche Anlagen: *Einfamilienhaus unter kellert ausgeb. Dach* .... | GeschZ:

PLZ *5* ...Ort: *Himmelreich* .... Straße: *Andreasstr.* .... Land: *Nordrh.-Westf.* ....

Gebäudetyp gemäß NHK 2000　　　　　　　　**TYP** *1,01*

Ausstattungsstandard gemäß NHK 2000:　☐ einfach　　☐ mittel　☒ gehoben　　☐ stark gehoben

Baujahr: *1993* Gebäudebaujahrsklassen ☐ vor 1925 ☐ 1925-1945; ☐ 1946-1969; ☐ 1970-1984; ☒ 1985-2000; ☐ ab 2000
Gesamtnutzungsdauer (GND) lt. Tabelle ..... *80* .... Jahre
Restnutzungsdauer (RND) ggf. fiktiv .... Jahre
Wertermittlungsstichtag .... *1.6.2001* ....

Brutto-Grundflächenpreis (gemäß Tabelle)		*760,-*	€/m² BGF

Korrekturfaktor für Land *Nordrh.-Westf.* ......　=　..... *1,00* .....　⊗

Korrekturfaktor für Ort mit *350.000* ...... E　=　..... *1,02* .....　⊗
　　　　　　　　(Speckgürtel)

Nur für Mehrfamilien-Wohnhäuser:

Korrekturfaktor für Grundrissart:　　　　　=　......... — ....　⊗
☐ Ein-:1,05; ☐ Zwei-:1,00; ☐ Drei-: 0,97 ☐ Vierspänner: 0,95

Korrekturfaktor für Wohnungsgröße mit:　　=　......... — ....　⊗
☐ 35 m² WF: 1,10; ☐ 50 m² WF: 1,00; ☐ 100 m² WF: 0,85

Baunebenkostenberücksichtigungsfaktor　　=　1, *16* ....　⊗
(= 1 + Baunebenkosten in v. H.)

Indizierungsfaktor (auf Wertermittlungsstichtag)
Landesbaupreisindexzahl *2001* = *105,2*　　=　..... *1,00766* .....　⊗
Landesbaupreisindexzahl　2000　*104,4* ....

Alterswertminderungsfaktor　　　(linear oder nach ‚Ross')
Restnutzungsdauer　　=　..... *73* ...**Jahre**　=　..... *0,9125* .....　⊗
Gesamtnutzungsdauer　　　..... *80* ... Jahre

Brutto-Grundfläche des Wertermittlungsobjekts		*333,95*	m² BGF

Gebäudesachwert (vorläufig)　　　=　..... *276.121,-* .....€
Baumängel/Bauschäden
(nach aktuellen Schadensbeseitigungskosten)　..... / .....€　⊖
oder alterswertgemindert: ....€

Alterswertminderungsfaktor:　⊗ ....　=　..... / .....€　⊖

Besonders zu veranschlagende Bauteile
(nach Zeitwert)
Kelleraußentreppe .... *5.000,-* €
3 Kellerlichtschächte ..... *1.500,-* € ⊕

Ggf. Bereich c der BGF ... *5000* .... € ⊕ Summe　=　~ *10.000,-* .....€　⊕
Bauliche und nichtbauliche Außenanlagen　=　..... *24.000,-* .....€　⊕
(nach aktuellem Zeitwert)

Bodenwert
Grundstücksgröße ... *600* .... m²
Bodenwert ⊗ .... *200* .... €/m²　=　..... *120.000,-* .....€　⊕
Sachwert　　　　　　　　　　　　　　=　..... *430.121,-* .....€
Marktanpassungszu- oder -abschlagsfaktor　=　..... *0,85* .....　⊗
(1 + Zu- oder Abschlag in v. H.)

VERKEHRSWERT　　　　　　　　　=　..... *365.603,- ohne Garage* ..€　⊖

W. Kleiber 01

123   c) Formular

ERMITTLUNG DES SACHWERTS   (auf der Grundlage der NHK 2000)

Bauliche Anlagen: .... |GeschZ: _____

PLZ........ Ort: .... Straße: ....   Land: ....

Gebäudetyp gemäß NHK 2000 | **TYP** |

Ausstattungsstandard gemäß NHK 2000:   ☐ einfach   ☐ mittel   ☐ gehoben   ☐ stark gehoben

Baujahr: .... Gebäudebaujahrsklassen ☐ vor 1925 ☐ 1925-1945; ☐ 1946-1969; ☐ 1970-1984; ☐ 1985-2000; ☐ ab 2000
Gesamtnutzungsdauer (GND) lt. Tabelle ....Jahre
Restnutzungsdauer (RND) ggf. fiktiv   ....Jahre
Wertermittlungsstichtag ....

Brutto-Grundflächenpreis (gemäß Tabelle)   ....€/m² BGF

Korrekturfaktor für Land ....   = ... ⊗

Korrekturfaktor für Ort mit .... E   = ... ⊗

Nur für Mehrfamilien-Wohnhäuser:

Korrekturfaktor für Grundrissart: = ... ⊗   ☐ Ein-:1,05; ☐ Zwei-:1,00; ☐ Drei-: 0,97 ☐ Vierspänner: 0,95   **Korrekturfaktor für Wohnungsgröße mit:**   = ... ⊗   ☐ 35 m² WF: 1,10; ☐ 50 m² WF: 1,00; ☐ 100 m² WF: 0,85

Baunebenkostenberücksichtigungsfaktor   =   1,...................... ⊗
(= 1 + Baunebenkosten in v. H.)

Indizierungsfaktor (auf Wertermittlungsstichtag)
  Landesbaupreisindexzahl .... = ...   = ... ⊗
  Landesbaupreisindexzahl 2000   ....

Alterswertminderungsfaktor   (linear oder nach ‚Ross')
  Restnutzungsdauer   = ...**Jahre**   = ... ⊗
  Gesamtnutzungsdauer   .... Jahre

Brutto-Grundfläche des Wertermittlungsobjekts   ....m² BGF

Gebäudesachwert (vorläufig)   = ...€
Baumängel/Bauschäden
(nach aktuellen Schadensbeseitigungskosten)   = ...€   ⊖
oder alterswertgemindert:...€

Alterswertminderungsfaktor: ⊗................................   = ...€   ⊖

Besonders zu veranschlagende Bauteile
(nach Zeitwert)
....€
....€ ⊕

Ggf. Bereich c der BGF ....€ ⊕ Summe   = ...€   ⊕
Bauliche und nichtbauliche Außenanlagen   = ...€   ⊕
(nach Zeitwert)

Bodenwert
Grundstücksgröße ....m²
Bodenwert ⊗ ....€/m²   = ...€   ⊕
Sachwert   = ...€
Marktanpassungszu- oder -abschlagsfaktor   = ... ⊗
(1 + Zu- oder Abschlag in v.H.)

VERKEHRSWERT   = ...€   ⊖

Beispiel 3: Doppelhausgrundstück (Gebäudemix)   **124**

Der Normalherstellungswert eines freistehenden **Doppelhauses** (zweigeschossig **mit Keller- und Dachgeschoss,** Brutto-Grundfläche 600 m², Baujahr 2000, mittlere Ausstattung) ist zu ermitteln. Das Dachgeschoss der einen Doppelhaushälfte ist ausgebaut; das Dachgeschoss der anderen Doppelhaushälfte ist nicht ausgebaut. Das Gebäude befindet sich in einer Stadt mit 30 000 Einwohnern in Niedersachsen (Abb. 14).

Abb. 14: Doppelhaus mit je zur Hälfte ausgebautem Dachgeschoss

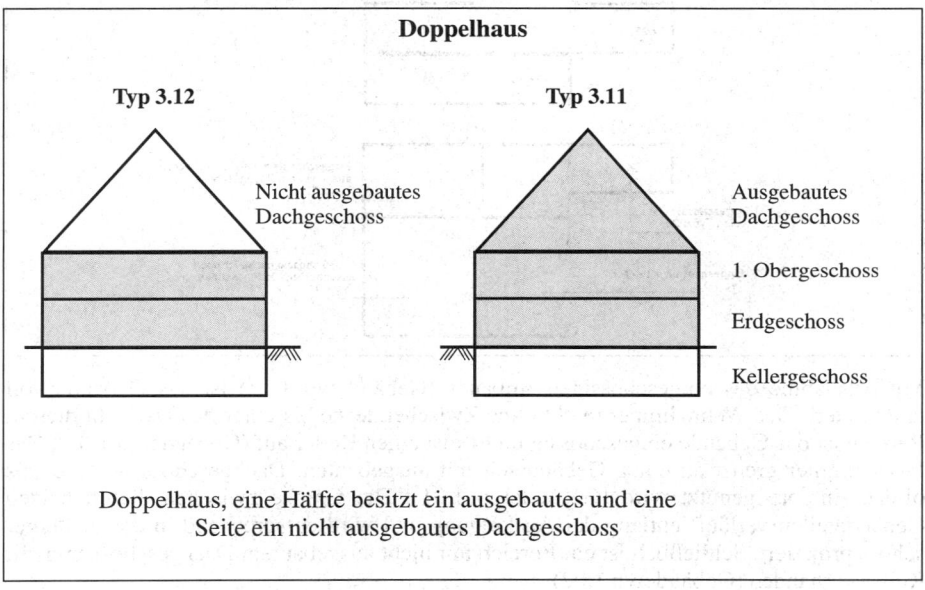

Normalherstellungskosten:

Typ 3.11 zweigeschossig mit Keller und ausgebautem Dachgeschoss
Quadratmeterpreis: 730 €/m²

Typ 3.12 zweigeschossig mit Keller und nicht ausgebautem Dachgeschoss
Quadratmeterpreis: 665 €/m²

Ansetzbarer Quadratmeterpreis:
(730 €/m² + 665 €/m²) : 2 = 697,50 €/m²

Ausgangswert: 697,50 €/m² × 600 m² BGF	= 418 500 €
+ 14 % Baunebenkosten	+ 58 590 €
	477 090 €

Korrekturfaktor für Niedersachsen (0,75 – 0,90):	0,80
Korrekturfaktor für Gemeindegröße unter 50 000 Einwohner (0,90 – 0,95):	0,80

(Nach Ortskenntnis des Sachverständigen reicht die angegebene Minderung für die örtlichen Preisverhältnisse nicht aus.)

Normalherstellungswert (einschließlich MwSt.):

477 090 € × 0,8 × 0,8	= 305 338 €
	rd. 310 000 €

In dem Beispiel ist das Dachgeschoss je zur Hälfte ausgebaut und nicht ausgebaut (Doppelhaus). Bei unterschiedlichen Flächenanteilen empfiehlt sich die unter § 22 WertV Rn. 108 vorgestellte Berechnungsweise.

125 *Beispiel 4: Einfamilienhausgrundstück (Gebäudemix)*

Der Normalherstellungswert eines **freistehenden Einfamilienhauses** (Baujahr 1981, gehobene Ausstattung) ist zu ermitteln. Das Gebäude befindet sich in einer Stadt mit 40 000 Einwohnern in Niedersachsen (Abb. 15).

Abb. 15: Schnitt

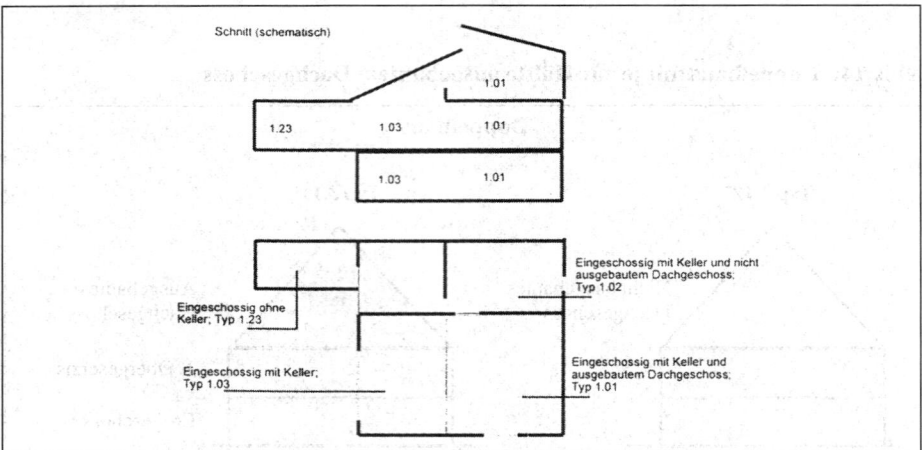

Mit Ausnahme des eingeschossigen Anbaues (Gebäudetyp 1.23) ist das Gebäude voll unterkellert. Das Wohnzimmer reicht ohne Zwischendecke bis unter das Dach. In diesem Bereich ist das Gebäude eingeschossig und weist einen Keller auf (Gebäudetyp 1.03). Das Wohnzimmer grenzt an einen Gebäudeteil mit ausgebautem Dachgeschoss, welches als offene Empore genutzt wird (Gebäudetyp 1.01). Die Grenze zwischen diesen beiden Gebäudeteilen verläuft entlang der Auskragung und wird entsprechend in das Kellerge- schoss projiziert. Schließlich ist ein Bereich mit nicht ausgebautem Dachgeschoss und mit Keller vorhanden (Gebäudetyp 1.02).

Abb. 16: Berechnung

Typ	Beschreibung	Ausstattung	Preis lt. NHK 2000 €/m² BGF	modifizierter Preis €/m²/ BGF	Fläche m² BGF	Normal- herstellungs- wert in €
1.01	eingeschossig mit Keller und ausgebautem DG	gehoben	700		180	126 000
1.02	eingeschossig mit Keller und nicht ausge- bautem DG	gehoben	570		165	94 050
1.03	eingeschossig mit Keller	gehoben	670		90	60 300
1.23	eingeschossig ohne Keller	sehr einfach		450	15	6 750
	Summen				450	**287 100**

Der Ort liegt im Umland einer Großstadt mit ca. 500 000 Einwohnern. Auf Grund der Ortskenntnisse des Sachver- ständigen wird jeweils der zahlenmäßig höchste Korrekturfaktor gewählt.

Berücksichtigung von Bundesland und Ortsgröße (Regionalisierung):

Land Niedersachsen:	Korrekturfaktor 0,90
Ortsgröße 40 000 Einwohner:	Korrekturfaktor 0,95

287 100 € × 0,90 × 0,95   245 470 €
+ Baunebenkosten 16 %   +   39 275 €
                                                          = **284 745 €**
Gebäudenormalherstellungswert   **rd. 280 000 €**
Durchschnittlicher Preis pro m² BGF = 284 745 € : 450 m² BGF   = 632 €/m² BGF

Die einfache Mittelung der Quadratmeterpreise für die beiden Hauptbereiche (Typ 1.01 und 1.02) ergibt einen durchschnittlichen Preis von [(700 €/m² + 570 €/m²) : 2 = 635 €/m²] und nach Regionalisierung und Hinzurechnung der Baunebenkosten 630 €/m². Dieser Preis ist ausreichend genau.

Beispiel 5: Gemischt genutztes Geschäftshaus   **126**

Der Normalherstellungswert eines 1994 errichteten, **7-geschossigen gemischt genutzten Gebäudes mit gehobener Ausstattung** ist für das Jahr 2000 zu ermitteln. Das Gebäude verfügt über zwei Tiefgaragen, ein Ladengeschoss sowie 6 Bürogeschosse. Es steht in einer Großstadt (> 500 000 Einwohner) in Hessen (Abb. 17).

Abb. 17: Gemischt genutztes Geschäftshaus

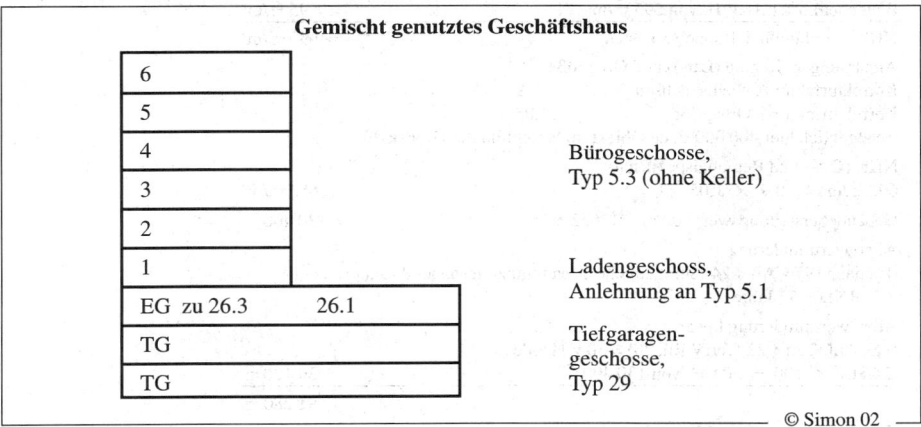

Erläuterungen:

1. Der siebengeschossige Gebäudeteil (EG – 6. OG) entspricht dem Typ 5.3. Der entsprechende Preis/m² BGF kann auf die Flächen dieses Gebäudeteils angewendet werden. Weicht die unter den Obergeschossen liegende Ladengeschossfläche hinsichtlich der baulichen Ausstattung von der Ausstattung der Obergeschosse deutlich ab, so ist der Flächenpreis sachverständig zu korrigieren. Darüber hinaus ist bei der Preisbildung zu beachten, dass der Typ 5.3 unterkellert ist. Im vorliegenden Fall ruhen die Geschosse jedoch auf den gesondert bewerteten Tiefgaragengeschossen.

2. Der Preis für die nicht überbaute Ladengeschossfläche kann in Anlehnung an Typ 5.1 (eingeschossig ohne Keller) angesetzt werden. Es entfällt jedoch der Preisanteil für die Gründung, da das Geschoss auf den Tiefgaragengeschossen ruht. Insoweit ist der anzusetzende Preis sachverständig zu korrigieren.

3. Die Tiefgaragengeschosse entsprechen dem Typ 29.

▶ *Weiteres Beispiel vgl. § 22 WertV Rn. 101.*

127   *Beispiel 6: Wertermittlung eines Einfamilienhausgrundstücks*

a) **Sachverhalt**

Wertermittlungsobjekt: Freistehendes, unterkellertes Einfamilienhausgrundstück mit ausgebautem Dachgeschoss in mittlerer Ausstattung, Baujahr 1976, Bruttorauminhalt (BRI – DIN 277/1997) 700 m³, Brutto-Grundfläche BGF 200 m², Wohnfläche 150 m², Grundstücksgröße 700 m², GFZ 0,2. Es liegt folgender Mangelfolgeschaden vor: Der Außenputz ist infolge Verwendung mangelhaften Materials bei der Erstellung des Gebäudes erneuerungsbedürftig. Die Kosten der Mängelbeseitigung betragen am Stichtag der Wertermittlung 10 000 €.

Wertermittlungsstichtag 1. 12. 2000

Lage des Objekts:
Ortsgröße 30 000 Einwohner im direkten Umland einer Stadt mit 400 000 Einwohnern in Niedersachsen.

b) **Wertermittlung**

– *Bodenwertermittlung*

  – Bodenrichtwert gemäß Bodenrichtwertkarte:
    150 €/m² Grund und Boden für erschließungsbeitragsfreies baureifes Land

  – Bodenwert des Grundstücks:

700 m² × 150 €/m²	= 105 000 €

– *Ermittlung des Werts der baulichen Anlagen*

Brutto-Grundfläche (DIN 277 [1987]): = 200 m²

Normalherstellungskosten (NHK) (Wertverhältnisse 2000):
Typ 1.01 (Baujahrgruppe 1970 bis 1984)

bei mittlerer Ausstattung	= 595 €/m²
(ohne Baunebenkosten)	
Baunebenkosten 16 v. H. von 595 €/m²	= 95 €/m²
NHK einschließlich Baunebenkosten	= 690 €/m²

Anpassung an Region (Land) und Ortsgröße
Korrekturfaktor A Niedersachsen   0,9
Korrekturfaktor B Ortsgröße   1,05
(maßgeblich hier 400 000 E, da Objekt im Weichbild der Großstadt)

NHK (Orts- und Regionalspezifisch):

690 €/m² × 0,9 × 1,05	= 652 €/m²
Gebäudeherstellungswert 200 m² × 652 €/m²	= 130 400 €

Alterswertminderung
(Baujahr 1976, Alter 24 Jahre, übliche Gesamtnutzungsdauer 80 Jahre),
d. h. RND = 56 Jahre

Alterswertminderung linear
(vgl. Anl. 2 zu § 23 WertV Rn. 78) = 30 v. H. oder

(24/80) × 100 = 30 v.H. von 130 400 €	–	39 120 €
		91 280 €

Wertminderung wegen Mangelfolgeschadens
(alterswertgemindert)

10 000 € × 0,7	rd. –	7 000 €		
	= 84 280 €		→	+ 84 280 €

Wert der Außenanlagen
(pauschal 5 v. H. einschließlich Alterswertminderung)   + 8 000 €

Grundstückssachwert	= 197 280 €
	rd. 200 000 €

c) **Anpassung des Grundstückssachwerts an die Marktlage**

– *Anpassung über Marktdaten*

Nach dem Marktbericht des Gutachterausschusses der Stadt H. wurden im Jahr 2000 Einfamilienhausgrundstücke um 10 bis 40 v. H. unter ihren Grundstückssachwerten gehandelt. Die Abschläge waren bei aufwendigen Objekten am größten. Bei einfach ausgestatteten, kleinen Grundstücken mit niedrigen Sachwerten wurden die Grundstückssachwerte am Markt realisiert. Das Wertermittlungsobjekt gehört zu den seiner Bauzeit entsprechenden üblichen Grundstücken mit mittlerer Ausstattung. Es besitzt dazu einen guten Lagewert. Der Marktanpassungsabschlag liegt hier zwischen 10 und 15 v. H. des Sachwerts. Das führt zu einem aus dem Sachwert abgeleiteten Verkehrswert von rd. 180 000 €.

– *Anpassung über eigene Unterlagen*

Hinsichtlich Kaufzeitpunkt, Lage, Gebäudeart und Nutzung liegen folgende Vergleichsgrundstücke vor:

Nr.	Kaufpreis (€)	Grundstücks-sachwert (€)	Quotient Kaufpreis/ Sachwert
1	225 000	252 500	0,89
2	235 000	260 000	0,90
3	215 000	245 000	0,88
4	222 500	245 000	0,91
5	220 000	250 000	0,88
6	215 000	235 000	0,91
7	217 500	245 000	0,89
8	195 000	230 000	0,85
arithmetischer Mittelwert			0,89

Der durchschnittliche Kaufpreis vergleichbarer Objekte beträgt 89 v. H. des Grundstückssachwerts.

d) Ermittlung des Verkehrswerts

Der Grundstückssachwert beträgt rd. 180 000 €. Im Jahr 2000 wurden am örtlichen Grundstücksmarkt vergleichbare Einfamilienhausgrundstücke mit 10 bis 15 v. H. unter ihren Grundstückssachwerten gehandelt. Nach einer detaillierten Untersuchung über Grundstücke in unmittelbarer Nähe des Wertermittlungsobjekts beträgt der Marktanpassungsabschlag 11 v. H. des Grundstückssachwerts (Sachwert × 0,89). Der Verkehrswert des Wertermittlungsobjekts beträgt am Wertermittlungsstichtag

$$200\,000\ € \ \times\ 0,89\ =\ \text{rd. } \textbf{180 000 €}.$$

Beispiel 7: Wertermittlung eines Einfamilienhausgrundstücks (Gebäudemix)   **128**

a) Sachverhalt

– Das Grundstück liegt am Rande der Stadt A und wird von der Bebauungsplangrenze durchschnitten (Abb. 18). Das aufstehende Mauerwerksmassivgebäude ist eingeschossig mit ausgebautem Dachgeschoss und besitzt keinen Keller (Abb. 20). Es wurde 1968 gebaut. Die bauliche Ausstattung ist gehoben. Jedoch ist die Flachdachhaut des Anbaus defekt und muss vollständig erneuert werden (Kosten 2000: 10 000 €). Weitere bauliche Schäden oder Mängel sind nicht vorhanden.

– Der Verkehrswert des Grundstücks ist für das Jahr 2000 zu ermitteln. Auf dem Grundstücksmarkt überstieg zu dieser Zeit das Angebot geringfügig die Nachfrage nach Einfamilienhausgrundstücken.

– Ergänzende Daten
Preis des baureifen Lands: Die Bodenrichtwertkarte aus dem Jahr 2000 weist einen Bodenpreis von 100 €/m² für erschlossenes baureifes Land aus. Der Gartenlandpreis betrug 5 €/m² und der Ackerlandpreis 2,50 €/m².

– Brutto-Rauminhalt (BRI): Unterlagen über die ursprüngliche Berechnung des Brutto-Rauminhalts sind nicht mehr vorhanden. Nach Angabe des Eigentümers wurde der Brutto-Rauminhalt 1984 von einem Architekten auf 768 m³ berechnet.

– Die Ermittlung der Brutto-Grundfläche führte zu folgenden Ergebnissen

I:	(8,00 m × 14,00 m) × 2	=	224 m² (Bauteil mit Dachgeschoss)
II:	(8,00 m × 6,00 m)	=	48 m² (Flachdachbauteil)
insgesamt		=	272 m² BGF

– Normalherstellungskosten (NHK 2000)

Bauteil I (Typ 1.21); gehobene Ausstattung;
Baujahrsgruppe 1960 bis 1969; Baujahr 1968 .... 810 €/m² BGF

Bauteil II (Typ 1.23); gehobene Ausstattung;
Baujahrsgruppe 1960 bis 1969; Baujahr 1968 .... 1 020 €/m² BGF

– Indizes: hier nicht erforderlich, da wertermittlungsstichtagsbezogene Normalherstellungskosten herangezogen werden können.

– Übliche Gesamtnutzungsdauer: Die übliche Gesamtnutzungsdauer für in Art und Bauweise vergleichbare Gebäude beträgt 80 Jahre. Baujahr 1968. Restnutzungsdauer RND = 48 Jahre

– Lage des Objektes: Großstadt von 400 000 Einwohnern in Niedersachsen.

– Wertermittlungsstichtag 1. 1. 2000.

Abb. 18: Ausschnitt aus der Bodenrichtwertkarte

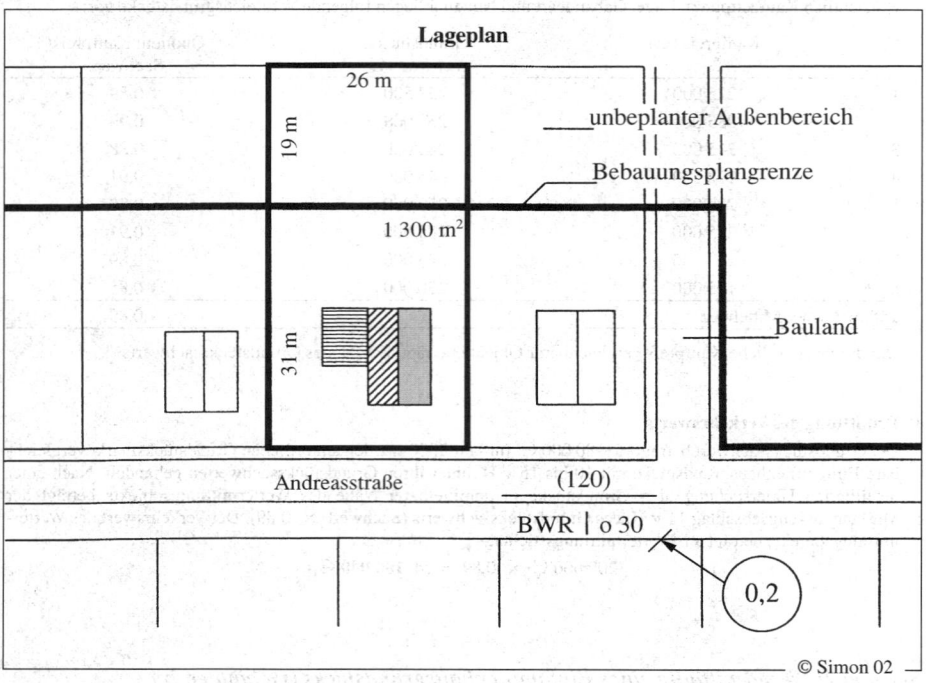

Abb. 19: Grundriss und Schnitt B – B (ohne Maßstab)

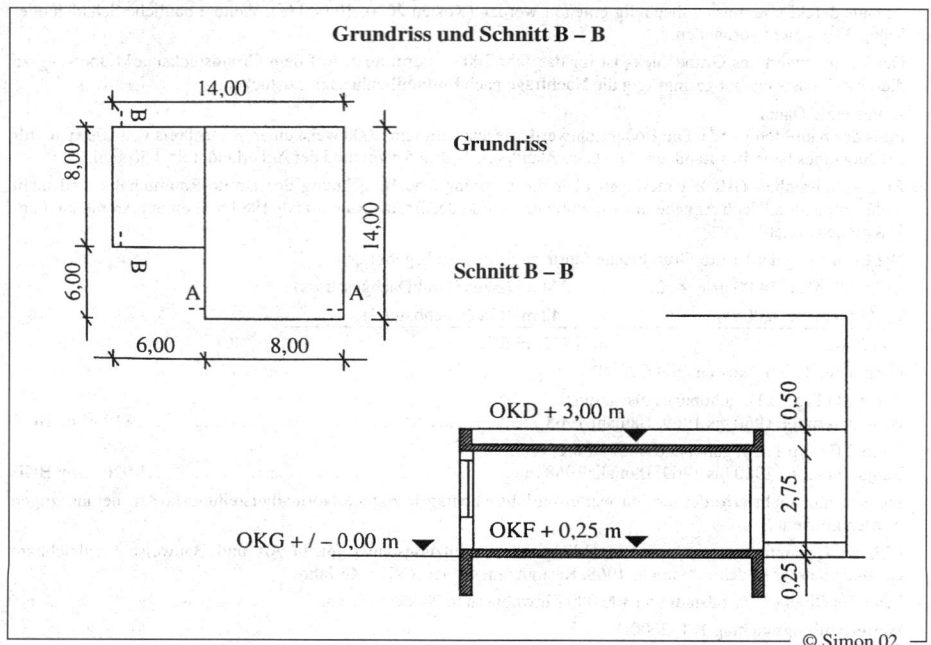

Abb. 20: Schnitt A – A (ohne Maßstab)

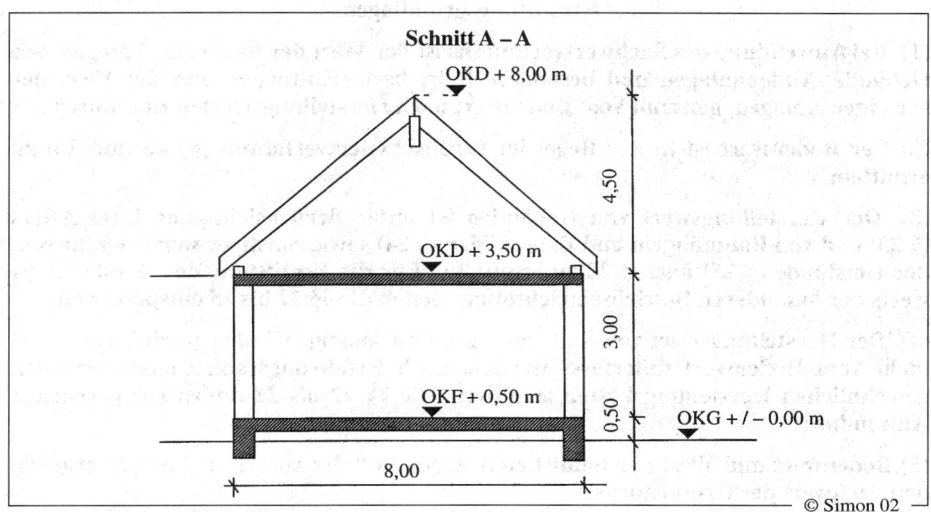

© Simon 02

b) **Wertermittlung**

Bodenwertermittlung

Bodenrichtwert 100 €/m² für erschlossenes baureifes Land;
Überprüfung der baulichen Ausnutzung des Grundstücks (GFZ):
31 m × 26 m × 0,2 = 161,20 m² = 160 m²

Das Grundstück ist entsprechend der Festsetzungen im Bebauungsplan ausgenutzt.

26 m × 31 m × 100 €/m²	=	80 600 €	
19 m × 26 m × 5 €/m²	+	2 470 €	
Bodenwert	=	83 070 €	≈ 83 000 €

Ermittlung des Werts der baulichen Anlagen

Bauteil I

Brutto-Grundfläche (BGF)	=	224 m²
Normalherstellungskosten 2000	=	810 €/m² (ohne Baunebenkosten)
– Korrekturfaktor A: Niedersachsen	=	0,90
– Korrekturfaktor B: 400 000 E	=	1,05
– Baunebenkosten 16 %; dies entspricht einem Faktor (vgl. § 22 WertV Rn. 17 ff.) von	=	1,16

Normalherstellungskosten von Bauteil I
224 m² × 810 €/m² × 0,90 × 1,05 × 1,16   = 198 895 €

Alterswertminderung
Alter 32 Jahre (2000 – 1968); Restnutzungsdauer 48 Jahre (80 – 32)

32/80 = 40 v. H. (linear); vgl. § 23 WertV Rn. 78)	= – 79 558 €	
Gebäudesachwert (Bauteil I)	= 119 337 €	= 119 337 €

Bauteil II

Brutto-Grundfläche (BGF)	= 48 m²
Normalherstellungskosten 2 000	= 1 020 €/m²
(ohne Baunebenkosten)	

Normalherstellungskosten von Bauteil II 48 m² × 1 020 €/m² × 0,90 × 1,05 × 1,16	= 53 670 €	
Abschlag wegen Schadensbeseitigungskosten	= – 10 000 €	
Schadensgeminderter Gebäudesachwert	= 43 670 €	
Alterswertminderung 40 v. H. (linear)	= – 17 468 €	
Gebäudesachwert (Bauteil II)	= 26 202 €	= + 26 202 €
Grundstückssachwert		= 228 539 €
Anpassung an Marktlage: – 5 %		= – 11 427 €
ergibt		= 217 112 €
c) **Verkehrswert des Grundstücks**		= **220 000 €**

§ 21 WertV
Ermittlungsgrundlagen

(1) Bei Anwendung des Sachwertverfahrens ist der Wert der baulichen Anlagen, wie Gebäude, Außenanlagen und besondere Betriebseinrichtungen, und der Wert der sonstigen Anlagen, getrennt vom Bodenwert nach Herstellungswerten zu ermitteln.

(2) Der Bodenwert ist in der Regel im Vergleichswertverfahren (§§ 13 und 14) zu ermitteln.

(3) ¹**Der Herstellungswert von Gebäuden ist unter Berücksichtigung ihres Alters (§ 23) und von Baumängeln und Bauschäden (§ 24) sowie sonstiger wertbeeinflussender Umstände (§ 25) nach § 22 zu ermitteln.** ²**Für die Ermittlung des Herstellungswerts der besonderen Betriebseinrichtungen gelten die §§ 22 bis 25 entsprechend.**

(4) ¹**Der Herstellungswert von Außenanlagen und sonstigen Anlagen wird, soweit sie nicht vom Bodenwert miterfasst werden, nach Erfahrungssätzen oder nach den gewöhnlichen Herstellungskosten ermittelt.** ²**Die §§ 22 bis 25 finden entsprechende Anwendung.**

(5) Bodenwert und Wert der baulichen Anlagen und der sonstigen Anlagen ergeben den Sachwert des Grundstücks.

---

1   Allgemeines (Abs. 1)

▶ *Zur Verfahrenswahl vgl. § 7 WertV Rn. 70 ff. sowie Vorbem. zu den §§ 21 ff. WertV Rn. 1 ff.*

1   Nach Abs. 1 sind bei Anwendung des Sachwertverfahrens der **Wert des Grund und Bodens, der baulichen Anlagen und der sonstigen Anlagen getrennt zu ermitteln und zum Sachwert des Grundstücks** (§ 21 Abs. 5) **zusammenzufassen.** Zu den baulichen Anlagen gehören nach § 21 Abs. 1 die Gebäude, die baulichen Außenanlagen (Wege- und

Platzbefestigungen, Stützmauern, Einfriedungen, Grundleitungen usw.) und die besonderen Betriebseinrichtungen (vgl. 2.4 der DIN 276 [1954] bzw. Teile der Kostengruppe 3.0 der DIN 276 Teil 2 Blatt 2 [Ausgabe 1981]). **Schutz- und Gestaltungsgrün,** wie z. B. übliche Anpflanzungen, übliche Nutz- oder Ziergärten werden im Allgemeinen mit dem Bodenwert erfasst, wenn sie bei entsprechenden Vergleichspreisen nicht vorher herausgerechnet wurden. Nur ungewöhnliche und besondere nicht bauliche Anlagen, wie Parks, Gärten und Anpflanzungen, sind den „sonstigen Anlagen" zuzuordnen[1].

Ein besonderes **Wertermittlungsverfahren zur Ermittlung des Werts der sonstigen** **2** **Anlagen** ist nicht vorgeschrieben. Es können Erfahrungswerte herangezogen werden und die Werte können auch auf der Grundlage von Herstellungskosten errechnet werden. Dabei ist zu berücksichtigen, dass die reinen Anpflanzkosten zu einem unangemessenen Wertansatz führen (vgl. Rn. 9).

▸ *Zu den Begriffen vgl. § 2 Rn. 18 ff.*

Abs. 2 regelt die **Bodenwertermittlung.** Sie erfolgt im Allgemeinen im Vergleichswert- **3** verfahren (vgl. Vorbem. zu §§ 13, 14 WertV Rn. 11 ff.).

Abs. 3 Satz 1 behandelt die Ermittlung des **Herstellungswerts von Gebäuden;** zum **4** Begriff vgl. § 2 WertV Rn. 13. Im Verordnungstext ist hier zwar von der „Ermittlung des Herstellungswerts" die Rede. Allerdings ergibt sich nicht der Herstellungswert unter Berücksichtigung des Alters und von Baumängeln und Bauschäden sowie sonstiger wertbeeinflussender Umstände (Abs. 3 Satz 1), sondern der Wert des Gebäudes. Der Herstellungswert ist lediglich ein von den vorgenannten Einflüssen freier Wert in Anlehnung an übliche Herstellungskosten von Gebäuden oder baulichen Anlagen vergleichbarer Nutzung, Art und Ausstattung (vgl. § 22 WertV Rn. 2 ff.).

Für die Ermittlung des **Herstellungswerts der besonderen Betriebseinrichtungen,** die **5** nach Abs. 1 dem „Wert der baulichen Anlagen" zugerechnet werden, gelten – nach **Abs. 3** **Satz 2** im Unterschied zur Ermittlung des „Herstellungswerts von Gebäuden" – die §§ 22 bis 25 nur entsprechend (§ 2 WertV Rn. 33).

Der **Begriff der besonderen Betriebseinrichtungen** ist der DIN 276 (vom März 1954) **6** entliehen; in Anlehnung hieran wurden nach Anl. 2 zur WertV 72 hierzu gerechnet:

a) bei Wohngebäuden: Personen- und Lastenaufzüge, Müllbeseitigungsanlagen, Hausfernsprecher, Uhrenanlagen, gemeinschaftliche Wasch- und Badeeinrichtungen usw.;

b) bei öffentlichen Bauten, Anstalten und Gebäuden für Sonderzwecke: Anlagen und Einrichtungen, die für die Zweckbestimmung des Gebäudes notwendig sind, z. B. Einrichtungen für Lehr- und Hörsäle, Meldeanlagen, Einrichtungen für Archive und Büchereien, Einrichtungen für Kassen- und Tresoranlagen, Tankanlagen;

c) bei gewerblich genutzten Gebäuden usw.: Anlagen und Einrichtungen, die für die Zweckbestimmung des Gebäudes notwendig sind, z. B. Schankanlagen, Back-, Koch-, Kühlanlagen, Hebevorrichtungen, Gleisanlagen, Förderanlagen.

Die Anl. 2 der WertV 72 ist zwar nicht mehr ausdrücklicher Bestandteil der geltenden WertV. Gleichwohl kann an dieser Definition festgehalten werden. Die Begründung zu § 21 Abs. 1 WertV 88 nennt jedenfalls hierzu korrespondierend Tankanlagen, Aufzüge und Tresoranlagen[2].

---

1 BR-Drucks. 352/88, S. 60 f.
2 BR-Drucks. 352/88, S. 61

7   Das Festhalten an der Position „besondere Betriebseinrichtungen" in der geltenden WertV kann im Einzelfall zu einer Verkomplizierung führen, weil bei dieser Position **Überschnei-dungen mit den Außenanlagen** auftreten können (z. B. Gleisanlagen)[3]. Soweit erkennbar, werden die besonderen Betriebseinrichtungen als Kostengruppe nur unter Nr. 4 der Anl. 1 zur II BV genannt; dort werden als „Kosten der besonderen Betriebseinrichtungen" z. B. die Kosten für „Personen- und Lastaufzüge, Müllbeseitigungsanlagen, Hausfernsprecher, Uhrenanlagen, gemeinschaftliche Wasch- und Badeeinrichtungen usw." aufgeführt. In der neuen **DIN 276** (vom **Juni 1993**) sind die besonderen Betriebseinrichtungen als Bestand-teile der „Kosten des Bauwerks" (Kostengruppe 400 ff.) aufgegangen.

8   Hinweise zur **technischen Lebensdauer der besonderen Betriebseinrichtungen** enthält Anl. 8 zur WertR.

9   In **Abs. 4** wird die Wertermittlung der Außenanlagen und der sonstigen Anlagen erläutert. Hier kann der Bezug auf den Begriff „Außenanlagen" Anlass zu Fehlinterpretationen geben. In Abs. 1 werden die Außenanlagen als „bauliche Anlagen" bezeichnet, in Abs. 4 werden sie in Abgrenzung zu den (nicht baulichen) **sonstigen Anlagen, wie Schutz-, Gestaltungsgrün und Nutzgärten,** genannt, die nach der amtlichen Begründung zu § 21 Abs. 4[4] im gewöhnlichen Geschäftsverkehr vom Bodenwert allgemein miterfasst werden und daher nicht gesondert zu werten sind. Eine klare Trennung der Begriffe „bauliche Außenanlagen", wie z. B. Wege- und Platzbefestigungen sowie Einfriedungen, von „sons-tigen Anlagen", wie Zier- und Nutzgärten, parkartige Gärten und wertvolle Anpflanzungen, könnte in diesem Punkt Missverständnisse vermeiden (vgl. hierzu Rn. 1 f. und § 2 WertV Rn. 28 ff.).

10 Der Verordnungsgeber geht davon aus, dass im Regelfall die sonstigen Anlagen **(nicht bauliche Anlagen wie z. B. Zier- und Nutzgärten)** im gewöhnlichen Geschäftsverkehr im Bodenwert mit abgegolten sind (vgl. § 2 WertV Rn. 28; § 13 WertV Rn. 56). Sie sind des-halb nicht besonders zu werten. Im Ausnahmefall können aber parkartig gestaltete Gärten oder wertvolle Anpflanzungen den Wert eines Grundstücks mitprägen. Sie sind in diesem Fall als sonstige Anlagen zu berücksichtigen. Ihr Wert ergibt sich nach Erfahrungssätzen oder aus gewöhnlichen Herstellungskosten. Dabei ist zu berücksichtigen, dass der Wert dieser Anlagen nicht allein den reinen Anpflanzkosten entspricht, sondern dass sich ihr Wert durch das Aufwachsen erhöht. Eine Berechnungsmethode ist nicht vorgegeben. Es wird jedoch davon ausgegangen, dass die §§ 22 bis 25 entsprechend Anwendung finden können.

11 In **Abs. 5** wird lediglich bestimmt, dass der Bodenwert, der Wert der baulichen Anlagen und der Wert der sonstigen Anlagen den **Sachwert des Grundstücks** ergeben.

12 Die in Abschnitt II Abs. 1 der amtlichen Begründung zur WertV 88 angestrebte übersichtli-che Gliederung und verfahrenstechnische Vereinfachung ist zumindest für das Sachwert-verfahren nicht klar erkennbar. Der in § 21 dargestellte Aufbau des Verfahrens lässt manche Frage offen. So ist die Anwendung der Begriffe „Außenanlagen" und „Herstellungswert" nicht überzeugend geregelt. Auch geht man bei der Ermittlung des Werts der Gebäude von technischen Grundlagen aus, bei der Wertermittlung des Werts der sonstigen Anlagen wer-den dagegen Markteinflüsse herangezogen[5], die eine „Sachwertermittlung" nur im Regel-fall ausschließen. Es wäre sachgerechter gewesen, entweder die Wertermittlung sonstiger Anlagen ganz außer Acht zu lassen und deren nur im Einzelfall wirksamen Einfluss bei der Anpassung an die Marktlage zu berücksichtigen, oder aber den Wert der sonstigen Anlagen grundsätzlich entsprechend dem Wert der baulichen Anlagen zu berücksichtigen. Die hier vorgenommene **Vermischung von technischen Wertkomponenten und Markteinfluss** führt nicht zu der von den Gerichten geforderten klaren Nachvollziehbarkeit der Wertansätze, sondern zu einer nicht mehr nachvollziehbaren Marktanpassung (vgl. § 7 Abs. 1), deren Größenordnung individuell von der Berücksichtigung der Marktkomponen-ten bei der rechnerischen Sachwertermittlung abhängt.

2 Ermittlung des Bodenwerts (Abs. 2)

Der **Bodenwert ist nach Abs. 2 i. d. R. durch Preisvergleich** zu ermitteln (vgl. § 13 **13** WertV Rn. 6 ff.). Dabei ist die Tatsache, dass das Grundstück bebaut ist, nicht zu berücksichtigen. Der Bodenwert ist vielmehr so zu ermitteln, als ob das Grundstück unbebaut wäre.

Für die Bodenwertermittlung bieten sich **zwei Verfahren** an: **14**
– Der *unmittelbare* Preisvergleich durch Kaufpreise von Vergleichsgrundstücken (vgl. § 13 Abs. 1);
– der *mittelbare* Preisvergleich durch geeignete Bodenrichtwerte (vgl § 13 Abs. 2).

▶ *Vgl. hierzu Vorbem. zu den §§ 13 f. WertV Rn. 188 ff.*

Eine Besonderheit kann sich für die Ermittlung des Bodenwerts in den Fällen ergeben, in **15** denen die **tatsächliche Art oder das tatsächliche Maß der auf dem Grundstück befindlichen Bebauung von der bauplanungsrechtlich zulässigen bzw. lagetypischen Nutzung abweicht.** Soweit dies nach den unter Rn. 24 ff. der Vorbem. zu den §§ 21 ff. WertV, § 25 WertV Rn. 34 ff. sowie § 13 WertV Rn. 122 ff. dargelegten Grundsätzen bereits bei der Ermittlung des Bodenwerts berücksichtigt wird, hat es damit sein Bewenden. § 25 lässt es aber – abweichend vom Ertragswertverfahren – bei Anwendung des Sachwertverfahrens ausdrücklich zu, Abweichungen der tatsächlichen von der bauplanungsrechtlich zulässigen bzw. lagetypischen Nutzung bei der Ermittlung des Werts der baulichen Anlage zu berücksichtigen. Wird davon Gebrauch gemacht, muss dieser Umstand zur Vermeidung von Doppelberücksichtigungen bei der Ermittlung des Bodenwerts nach Abs. 2 außer Betracht bleiben.

Ein weiterer Unterschied betrifft die **Erfassung der Außenanlagen.** Der Verordnungsgeber **16** hat nicht ausschließen wollen, dass **mit dem Bodenwert** auch ein entsprechender Wertanteil insbesondere für die „üblichen Zier- und Nutzgärten" miterfasst wird (vgl. Rn. 1 f., 9 f., 23 ff.).

3 Ermittlung des Werts baulicher Anlagen (Abs. 3)

3.1 Gebäudesachwert (Abs. 3 Satz 1)

Abs. 1 bestimmt, dass der „Wert der baulichen Anlagen", wie Gebäude, (bauliche) Außen- **17** anlagen und besondere Betriebseinrichtungen „nach Herstellungswerten zu ermitteln" ist. Der sich **nach Maßgabe des § 22 bemessende Herstellungswert ist für die Ermittlung des Werts der baulichen und sonstigen Anlagen aber nur die Ausgangsgröße.** Der Herstellungswert nach § 22 bestimmt sich nämlich nach den auf den Wertermittlungsstichtag bezogenen gewöhnlichen Herstellungskosten (Normalherstellungskosten eines Neubaus) und berücksichtigt noch nicht die Wertminderung wegen Alters (§ 23), Baumängeln oder Bauschäden (§ 24) sowie sonstige wertbeeinflussende Umstände (§ 25).

Dabei gilt es zu beachten, dass bei der mit Abs. 1 und 5 vorgegebenen Aufteilung in den **18** Wert der baulichen Anlagen (einschließlich baulicher Außenanlagen) und den Wert der sonstigen Anlagen (Anpflanzungen als nicht bauliche Außenanlagen) für die weitere Ermittlung der Wertanteile nach Maßgabe der Abs. 2 und 3 differenziert werden muss:

---

3 Rössler/Troll/Langner, BewG und VStG, 12. Aufl., § 68 Rn. 32
4 BR-Drucks. 352/88, S. 60 f.
5 BR-Drucks. 352/88, S. 61

a) Von den baulichen Anlagen ist nach Abs. 3 nur die **Ermittlung des Werts der Gebäude und der besonderen Betriebseinrichtungen auf der Grundlage gewöhnlicher Herstellungskosten** (Normalherstellungskosten) in (entsprechender) Anwendung der §§ 22 bis 25 verbindlich vorgeschrieben. Die Ermittlung der baulichen Außenanlagen soll nach Abs. 4 im Zusammenhang mit der Ermittlung des Werts der „sonstigen Anlagen" (Anpflanzungen) erfolgen.

b) Die **Ermittlung des Wertanteils der Gesamtheit aller Außenanlagen,** d. h. der baulichen Außenanlagen und der nichtbaulichen (sonstigen) Anlagen wird mit Abs. 4 nicht auf der Grundlage gewöhnlicher Herstellungskosten verbindlich vorgeschrieben, weil dies eher ausnahmsweise den Usancen des Grundstücksmarktes entspricht und im Regelfall zu einem unangemessen hohen wertermittlungstechnischen Aufwand führen würde. Abs. 4 schließt das Verfahren für die Fälle, in denen es sachgerecht ist, aber auch nicht aus.

c) Für die **Ermittlung des Wertanteils der sonstigen baulichen Anlagen,** die weder als Gebäude noch als (bauliche) Außenanlagen (vgl. § 2 Rn. 13 ff.) einzustufen sind, enthält die WertV keine besonderen Regelungen, so dass jede geeignete Methode zur Anwendung kommen kann (vgl. Rn. 23 ff.).

19 Die **Ermittlung des Werts der baulichen Anlagen** vollzieht sich – getrennt für Gebäude, (bauliche) Außenanlagen und besondere Betriebseinrichtungen, soweit sie wegen untergeordneter Bedeutung nicht zu vernachlässigen sind – **in folgenden Schritten:**

> Herstellungswert des Gebäudes (und ggf. der besonderen Betriebseinrichtungen) nach § 22
> – Wertminderung wegen Alters nach § 23
> – Wertminderung wegen Baumängeln oder Bauschäden nach § 24
> +/– Berücksichtigung sonstiger wertbeeinflussender Umstände nach § 25
>
> = **Wert des Gebäudes (Gebäudesachwert)** und ggf. der besonderen Betriebseinrichtungen

20 Die **Reihenfolge der Berücksichtigung der Wertminderung wegen Alters nach § 23** und **wegen Baumängeln und Bauschäden** ist in vielen Fällen zweckmäßigerweise umzudrehen (vgl. § 23 WertV Rn. 3 ff., § 24 WertV Rn. 25 ff.).

> **Schema**
>
> Herstellungswert des Gebäudes (und ggf. der besonderen Betriebseinrichtungen) nach § 22
> – Wertminderung wegen Baumängeln oder Bauschäden nach § 24
> – Wertminderung wegen Alters nach § 23
> +/– Berücksichtigung sonstiger wertbeeinflussender Umstände nach § 25
>
> = **Wert des Gebäudes (Gebäudesachwert)** und ggf. der besonderen Betriebseinrichtungen

Die Terminologie des Abs. 3 ist im Übrigen missverständlich, denn die **Vorschrift regelt entgegen ihrem Wortlaut nicht die Ermittlung des Herstellungswerts,** der mit § 22 als der Ersatzbeschaffungswert des Gebäudes definiert ist; die Vorschrift regelt **vielmehr die Ermittlung des Werts, den das Gebäude am Wertermittlungsstichtag noch hat (Gebäudesachwert; § 23 WertV Rn. 1).** Dieser Wert wird auf der Grundlage des Herstellungswerts des Gebäudes abgeleitet, dessen Ermittlung in § 22 geregelt ist. Ausgehend von dem sich danach ergebenden Herstellungswert ergibt sich der Wert des Gebäudes (Gebäudesachwert) unter Berücksichtigung der bis zum Wertermittlungsstichtag eingetretenen Wertverluste durch Alterung (§ 23), auf Grund von Baumängeln und Bauschäden (§ 24) sowie auf Grund sonstiger wertbeeinflussender Umstände (§ 25). Im Ergebnis regelt die Vorschrift damit nicht die Ermittlung des Herstellungswerts, sondern die Ermittlung des Werts des Gebäudes (Gebäudesachwert).

Bei der Ermittlung des Gebäudesachwerts ist auf Folgendes zu achten: Der Herstellungs- **21**
wert nach § 22 ist zunächst um die Wertminderung wegen Alters zu kürzen. Er entspricht
dann dem durch üblichen Verschleiß entsprechend geminderten Zeitwert. Werden weitere
Minderungen nach § 24 (bauliche Mängel und Schäden) und § 25 (sonstige wertbeeinflussende Umstände) vorgenommen, sollten sie möglichst in einem Vomhundertsatz ausgedrückt werden. Diese Vorgehensweise entspricht dem Grad der Genauigkeit, mit der die
Sachwertermittlung üblicherweise vorgenommen wird. Werden Abschläge in einem am
Stichtag der Wertermittlung für die Beseitigung der Minderung aufzuwendenden €-Betrag
ausgedrückt, ergibt sich das **Problem des Abzugs „neu für alt"** (vgl. § 24 WertV
Rn. 13 ff.), was in Extremfällen zu einem negativen Wert der baulichen Anlagen führen
kann.

3.2 Wert der besonderen Betriebseinrichtung (Abs. 3 Satz 2)

▶ *Zur Definition der besonderen Betriebseinrichtungen vgl. Rn. 6, 18*

Abs. 3 Satz 2 bestimmt, dass die für die Ermittlung des Gebäudewerts geltenden Grund- **22**
sätze der §§ 22 bis 25 für die Ermittlung des Werts der besonderen Betriebseinrichtungen
(und nicht für deren Herstellungswert, vgl. Rn. 18) „entsprechend" gelten. Dies gilt nur
insoweit, wie diese nicht bereits mit den nach § 22 angesetzten Normalherstellungskosten
berücksichtigt worden sind. Im Unterschied zum früheren Recht (vgl. § 16 Abs. 5 Satz 2
WertV 72) wird die **Ermittlung des Werts der besonderen Betriebseinrichtungen nach
Erfahrungssätzen** nicht mehr ausdrücklich zugelassen. Andernfalls hätte der Verordnungsgeber dies im Zusammenhang mit § 21 Abs. 4 regeln können. Gleichwohl wird auch
diesbezüglich in der Praxis von Erfahrungswerten ausgegangen, sofern es sich nicht um
besonders bedeutsame Betriebseinrichtungen handelt.

4 Wertanteil der Außenanlagen einschließlich der sonstigen Anlagen (Abs. 4)

4.1 Allgemeines

▶ *Zur Definition der Außenanlagen vgl. § 2 WertV Rn. 22 ff.*

Abs. 4 enthält für die Ermittlung des Werts der Außenanlagen eine von den Grundsätzen **23**
des Abs. 3 für die Ermittlung des Gebäudewerts abweichende Regelung. Die Vorschrift ist
namentlich auf „Außenanlagen" *und* die „sonstigen Anlagen" anzuwenden, wobei nach der
Systematik der WertV unter den „sonstigen Anlagen" Anpflanzungen zu verstehen sind,
während unter den daneben noch ausdrücklich genannten „Außenanlagen" nur die baulichen Außenanlagen zu verstehen sind. Zusammengefasst regelt Abs. 4 die **Ermittlung des
Werts der Außenanlagen in ihrer Gesamtheit,** wie es dem Begriff der Außenanlagen im
herkömmlichen Sinne entspricht.

Der **Begriff der Außenanlagen** wird in der DIN 276 Teil 2 Nr. 5 (April 1991) wie folgt **24**
definiert:

„Hierzu gehören die Kosten für die Herstellung aller Anlagen außerhalb des Bauwerkes, einschließlich der Verbindung mit den öffentlichen oder nichtöffentlichen Erschließungsanlagen, ferner die Kosten, die durch die Erschließung (siehe Abschnitt 2.2. Absatz 3) und die Oberflächengestaltung des Baugrundstückes entstehen.

Es sind dies in der Regel Kosten für: Einfriedungen, Geländebearbeitung, Versorgungs- und Abwasseranlagen, Wirt-
schaftsvorrichtungen, Straßen, Wege, Plätze, Treppen, Grünflächen, ferner Außenanlagen für besondere Zweckbe-
stimmungen.

Bei größeren baulichen Anlagen können die jeweiligen Kosten der Außenanlagen auch einzelnen Bauwerken bzw.
Baukörpern zugeordnet werden.

Beim Umbau von Außenanlagen gehören hierzu auch die Kosten von Teilabbruch-, Sicherungs- und Demontagearbeiten.

Der Wert wiederverwendeter Bauteile ist gesondert auszuweisen. Werden Eigenleistungen erbracht, so sind dafür die Kosten einzusetzen, die für die entsprechenden Auftragnehmerleistungen entstehen würden."

25 Die **DIN 276** nach dem Stand Juni 1993 hat diese Definition erheblich erweitert und die Außenanlagen unter der Kostengruppe 500 aufgegliedert nach den Positionen

510 Geländeflächen
520 Befestigte Flächen
530 Baukonstruktionen in Außenanlagen
540 Technische Anlagen in Außenanlagen
550 Einbauten in Außenanlagen sowie
590 Sonstige Maßnahmen für Außenanlagen

26 ▶ *Vgl. Abdruck der DIN 276 (Juni 1993) als Anl. 1 zu Teil III Rn. 588*

27 Die **DIN 276 (Stand Juni 1993) ist für die Belange der Verkehrswertermittlung** in ihrer Detailliertheit **unpraktikabel,** wenngleich sie in Zweifelsfällen herangezogen werden kann. Praktikabel ist hier schon die **Anl. 1** zu § 5 Abs. 5 **II BV.** Dort sind als Kosten der Außenanlage sämtliche Bauleistungen definiert, die für die Herstellung der Außenanlagen erforderlich sind:

„Hierzu gehören

a) die Kosten der Entwässerungs- und Versorgungsanlagen vom Hausanschluss ab bis an das öffentliche Netz oder an nichtöffentliche Anlagen, die Daueranlagen sind (13 d), außerdem alle anderen Entwässerungs- und Versorgungsanlagen außerhalb der Gebäude, Kleinkläranlagen, Sammelgruben, Brunnen, Zapfstellen usw.,

b) die Kosten für das Anlegen von Höfen, Wegen und Einfriedungen, nichtöffentlichen Spielplätzen usw.,

c) die Kosten der Gartenanlagen und Pflanzungen, die nicht zu den besonderen Betriebseinrichtungen gehören, der nicht mit einem Gebäude verbundenen Freitreppen, Stützmauern, fest eingebauten Flaggenmaste, Teppichklopfstangen, Wäschepfähle usw.,

d) die Kosten sonstiger Außenanlagen, z. B. Luftschutzaußenanlagen, Kosten für Testabbrüche außerhalb der Gebäude, soweit sie nicht zu den Kosten für das Herrichten des Baugrundstücks gehören.

Zu den Kosten der Außenanlagen gehören auch

a) die Kosten aller eingebauten oder mit den Außenanlagen fest verbundenen Sachen,

b) die Kosten aller vom Bauherrn erstmalig zu beschaffenden, nicht eingebauten oder nicht fest verbundenen Sachen an und in den Außenanlagen, z. B. Aufsteckschlüssel für äußere Leitungshähne und -ventile, Feuerlöschanlagen (Schläuche, Stand- und Strahlrohre für äußere Feuerlöschanlagen)."

4.2   Berücksichtigung des Wertanteils bei der Bodenwertermittlung

28 **Aufwuchs** (vgl. Vorbem. zu den §§ 21 ff. WertV Rn. 33) **kann im Einzelfall bereits mit dem Bodenwert erfasst werden,** wenn der Bodenwert aus Vergleichspreisen gleichartig bepflanzter Grundstücke mit vergleichbarer Funktion abgeleitet wird. Liegen diese Voraussetzungen vor, so kann zur Vermeidung unnötiger Rechenoperationen darauf verzichtet werden, bei den in Betracht kommenden Vergleichspreisen den „reinen" Bodenwert durch Abzug des Wertanteils für den Aufwuchs abzuleiten, um bei Verwendung dieser Vergleichspreise zur Verkehrswertermittlung eines gleichartig bepflanzten Grundstücks diesen Wertanteil wieder gesondert zuzuschlagen. § 21 schließt diese Vorgehensweise nicht aus. Dafür könnten im Einzelfall sogar Gründe der besseren Transparenz sprechen (§ 13 WertV Rn. 56).

29 Nach dem Aufbau der Vorschrift muss deshalb zunächst geprüft werden, ob es überhaupt einer eigenständigen Ermittlung des Werts der Außenanlagen bedarf. Der Wortlaut der Bestimmung geht davon aus, dass ein entsprechender **Wertanteil für Anpflanzungen** bereits **mit dem** nach § 21 Abs. 2 angesetzten **Bodenwert miterfasst sein kann** (vgl. § 13 WertV Rn. 56 sowie § 2 WertV Rn. 28). Nach der Begründung zu dieser Vorschrift betrifft dies in erster Linie „die üblichen Zier- und Nutzgärten"[6]; weiter heißt es dort, dass diese „im gewöhnlichen Geschäftsverkehr vom Bodenwert mitumfasst" werden und sich damit einer eigenen Wertermittlung" entziehen. „**Lediglich außergewöhnliche Anlagen, wie parkartige Gärten und besonders wertvolle Anpflanzungen, werden in der Regel vom Bodenwert nicht umfasst** und sind daher gesondert zu bewerten. Ihr Herstellungswert ergibt sich nach Erfahrungssätzen oder notfalls aus den gewöhnlichen Herstellungskosten[7].

▸ *Zu Anpflanzungen bei Kleingärten vgl. 3. Aufl. zu diesem Werk, S. 2247 ff.*

Mitunter kann es sinnvoll sein, auch **bauliche Außenanlagen mit dem Bodenwert** zu 30 erfassen. Sind z. B. für eine wirtschaftliche Nutzung des Grundstücks aufwendige Stützmauern erforderlich und wurde der Bodenwert auf der Grundlage von Vergleichspreisen von Grundstücken ermittelt, die solcher Stützmauern nicht bedürfen, so wird der Wert dieser Stützmauern bereits mit dem Bodenwert erfasst. In solchen Fällen können eher noch Abschläge notwendig werden, wenn die Stützmauer Unterhaltungskosten verursacht.

Bauliche Außenanlagen und Anpflanzungen müssen nach Abs. 4 bei der Ermittlung des 31 Sachwerts in jedem Fall berücksichtigt werden, wenn sie die Höhe des Verkehrswerts beeinflussen; die Vorschrift schließt dies nicht aus. Dass nach Abs. 4 ein Wertanteil für Außenanlagen und dabei insbesondere für Anpflanzungen nur zu berücksichtigen ist, *„soweit* sie nicht vom Bodenwert miterfasst werden", darf deshalb nicht dahingehend missverstanden werden, die Berücksichtigung einer tatsächlich vorhandenen Beeinflussung des Verkehrswerts durch Anpflanzungen werde dadurch ausgeschlossen. Dies wäre eine Verkennung der Regelung. Nach Sinn und Zweck dieser Vorschrift soll mit Abs. 4 lediglich verhindert werden, dass in den Fällen, in denen nach Abs. 2 als Bodenwert ein Wert in das Sachwertverfahren eingeführt wird, der einen Wertanteil für den auf dem Grundstück befindlichen Aufwuchs bereits enthält, nicht noch zusätzlich nach Abs. 4 angesetzt wird. Die Vorschrift dient damit der **Vermeidung einer Doppelberücksichtigung des Aufwuchses.**

4.3 Ermittlung des Wertanteils von Außenanlagen

Ist für vorhandene Außenanlagen noch ein Wertanteil zu berücksichtigen, so wird er nach 32 Abs. 4

a) nach Erfahrungssätzen oder

b) nach den gewöhnlichen Herstellungskosten in entsprechender Anwendung der §§ 22 bis 25

ermittelt. Die Vorschrift führt an erster Stelle die **Ermittlung nach Erfahrungssätzen,** ansonsten die Verfahren gleichrangig auf. Hieran anknüpfend stellt die Begründung zu der Vorschrift heraus, dass sich selbst der Wert außergewöhnlicher Anpflanzungen nach Erfahrungssätzen „oder notfalls aus den gewöhnlichen Herstellungskosten" ergibt.

a) Pauschale Ermittlung nach Erfahrungssätzen

Sachverständige berücksichtigen den Wert der Außenanlagen in einer zumindest vom 33 Ergebnis her durchaus zu akzeptierenden Weise vielfach mit einem **pauschalen Zuschlag von 3 bis 5 v. H. des Gebäudesachwerts.** Dem liegt der Gedanke zu Grunde, dass der Wert

---

6 BR-Drucks. 352/88, S. 61
7 OLG Frankfurt am Main, Urt. vom 14. 3. 1983 – 1 U 6/81 –, EzGuG 2.31 unter Bezugnahme auf OLG Hamburg, Urt. vom 6. 12. 1978 – 5 U 237/77 –, EzGuG 2.22; das OLG Frankfurt am Main bestätigend: BGH, Beschl. vom 29. 9. 1983 – III ZR 66/83 –, EzGuG 2.34; BGH, Urt. vom 12. 7. 1965 – III ZR 214/64 –, EzGuG 2.8

der Außenanlagen in einem dementsprechenden Verhältnis zum Gebäudesachwert steht. Dieser Erfahrungssatz hat sich, von den angesprochenen Sonderfällen abgesehen, immer wieder bestätigt.

34   **Bei Neubauten können die Pauschalsätze höhere Größenordnungen bis zu 10 % einnehmen.** *Vogels*[8] nennt wohl mit Blick auf Altbauten folgende Vomhundertsätze für den Anteil der Außenanlagen an baulichen Anlagen:

2 – 4 v. H. bei einfachen Anlagen,

5 – 7 v. H. bei durchschnittlichen Anlagen und

8 – 12 v. H. bei aufwendigen Anlagen.

b) Ermittlung nach gewöhnlichen Herstellungskosten

35   Für den Fall der Ermittlung des Wertanteils von Aufwuchs nach gewöhnlichen Herstellungskosten ist die **„entsprechende Anwendung" der §§ 22 bis 25** vorgeschrieben. Des Weiteren ist auf die vom Bundesministerium der Finanzen herausgegebenen **Ziergehölzhinweise**[9] und auf die fachlich umstrittene **Methode Koch** hinzuweisen (vgl. § 2 WertV Rn. 28 ff.).

36   Die Ermittlung des Wertanteils von Außenanlagen auf der Grundlage von Normalherstellungskosten kann sich damit recht „rechenaufwendig" gestalten. Dieser **Rechenaufwand steht** dabei **oftmals in keinem Verhältnis zum Wertanteil der Außenanlagen,** zumal man i. d. R. auch noch sehr hohe **Marktanpassungsabschläge** berücksichtigen muss. Von daher ist es vielfach „ehrlicher", den Wertanteil von Außenanlagen mit pauschalen Zeitwerten zu schätzen. Dies zeugt von einem höheren Sachverstand als das „bloße" Aufrechnen der individuell ermittelten Sachwerte der einzelnen Außenanlagen.

37   Zu diesem Zweck wird nachstehend unter Rn. 40 eine in der Praxis anerkannte Tabelle des Gutachterausschusses im Bereich Köln erarbeitete Tabelle von Normalherstellungskosten für Außenanlagen abgedruckt. Im Falle ihrer Heranziehung auf aktuelle Wertermittlungen müssen diese Normalherstellungskosten mittels des Baupreisindexes für Außenanlagen (vgl. Anh. 3.88) auf den Wertermittlungsstichtag indiziert und einer Alterswertminderung unterworfen werden.

38   Daneben sind etwaige Baumängel und Bauschäden zusätzlich zu berücksichtigen. Dabei muss bedacht werden, dass

    a) die **Alterswertminderung von Außenanlagen** einerseits gegenüber dem Alterswertminderungsverlauf eines Gebäudes abweicht und für die einzelnen Außenanlagen unterschiedlich ausfallen kann und

    b) darüber hinaus auch die **Gesamt- und Restnutzungsdauer** von vorhandenen Außenanlagen wiederum von der des Gebäudes abweicht und für einzelne Außenanlagen unterschiedlich ausfallen kann.

39   Weist ein **Grundstück besonders viele Außenanlagen** auf, so kann die vorstehend erläuterte Vorgehensweise angezeigt sein. Allerdings kann in solchen Fällen vielfach beobachtet werden, dass es der Grundstücksmarkt in seiner Preisgestaltung nicht „honoriert", wenn der Grundstückseigentümer persönlichen Neigungen folgend sein Grundstück mit vielen Außenanlagen „bepflastert" hat; die Marktanpassungsabschläge fallen dann i. d. R. besonders hoch aus. Auch können solche Außenanlagen wertmindernd sein, wenn es sich um eher verunstaltend wirkende Außenanlagen handelt.

Abb. 1: Normalherstellungskosten 1995 für Außenanlagen[10]

Die angegebenen Werte enthalten 15 % Mehrwertsteuer; Änderungen des Mehrwertsteuersatzes werden mit der Baupreisindexreihe für Außenanlagen erfasst (vgl. § 22 WertV Rn. 17).

Die aufgeführten m²- bzw. m³-Sätze sind auf Außenanlagen abgestellt, die i. d. R. keine größeren Gewerke sind. Bei größeren Anlagen können die angegebenen Werte wegen rationellerer Arbeitstechniken geringer sein.

Die Wertansätze für Bodenaushub beziehen sich nur auf nichtbelastete Materialien (Erdreich).

I Erdaushub

1.	Mutterbodenabtrag (30 cm) (einschl. Abtransport und Lagerung)	ca. 5,00 €/m² bis	7,50 €/m²
2.	Fundamentaushub (einschl. Abtransport und Lagerung) je nach Bodenverhältnissen		
2.1	Streifenfundament	45,00 €/m³ bis	80,00 €/m³
2.2	Flächenhafter Abhub bei großer Hoffläche (30 cm tief)	15,00 €/m³ bis	20,00 €/m³
3.	Kiesverfüllung und Verdichtung	20,00 €/m³ bis	30,00 €/m³
4.	Fundament (frostfrei) zzgl. Schalung (mittlere Dicke 30 cm)	125,00 €/m³ bis 45,00 €/m³	150,00 €/m³
5.	Betonsockel (einschließlich Schalung)	225,00 €/m³ bis	375,00 €/m³

II Mauerwerk: (unverfugt und unverputzt)

1.	Klinker	275,00 €/m³ bis	375,00 €/m³
2.	Ziegel (Sichtmauerwerk)	250,00 €/m³ bis	275,00 €/m³
3.	Kalksandstein (Sichtmauerwerk)	225,00 €/m³ bis	250,00 €/m³
4.	Bimsstein	225,00 €/m³ bis	250,00 €/m³
5.	Waschbeton (ab 10 cm stark) oder Stahlbeton mit Strukturschalung	90,00 €/m² bis	115,00 €/m²
6.	gebrochener Beton (ab 10 cm stark) (z. B. Betonwaben)	110,00 €/m² bis	140,00 €/m²
7.	Bruchstein		
7.1	unbearbeitet (ab 12 cm stark)	ab 190,00 €/m²	
7.2	bearbeitet	ab 290,00 €/m²	
8.	Betonplatten (8 cm stark) oder Stegzementdielen bzw. Pfeiler	65,00 €/m² bis	70,00 €/m²
9.	Nebenleistungen		
9.1	Verfugen	8,00 €/m² bis	13,00 €/m²
9.2	Verputzen (nur für Außenanlagen) mit Gerüst je nach Struktur, Höhe und Qualität	30,00 €/m² bis	45,00 €/m²
10.	Mauerabdeckung (für mindestens 24er Mauerwerk und Überstand)	45,00 €/m	

8 Vogels, M., Grundstücksbewertung marktgerecht, Bauverlag 5. Aufl. 1996, S. 131
9 BAnz Nr. 94 vom 18. 5. 2000 (GuG 2000, 155)
10 Quelle: Gutachterausschuss für Grundstückswerte im Bereich der Stadt Köln

III   Einfriedungen

Jägerzaun ohne Betonsockel	h = 0,6 m	25,00 €/m – 40,00 €/m*
	h = 1,0 m	35,00 €/m – 45,00 €/m*

* je nach Bodenverhältnissen und Größe der Anlage

Jägerzaun auf Betonsockel	h = 0,6 m	90,00 €/m – 100,00 €/m
	h = 1,0 m	100,00 €/m – 110,00 €/m
Holzgeflechtzaun ohne Betonsockel	h = 2,0 m	75,00 €/m
Holzgeflechtzaun mit Betonsockel	h = 2,0 m	140,00 €/m
Maschendrahtzaun zwischen T-Eisen-Pfosten	h = 1,0 m	25,00 €/m – 35,00 €/m
in Betonklotz, Zaun kunststoffummantelt	h = 1,5 m	30,00 €/m – 40,00 €/m
	h = 2,0 m	40,00 €/m – 50,00 €/m
Maschendrahtzaun wie vorstehend	h = 1,0 m	85,00 €/m – 95,00 €/m
mit Betonsockel	h = 1,5 m	90,00 €/m – 100,00 €/m
	h = 2,0 m	100,00 €/m – 110,00 €/m
Schmiedeeisernes Gitter einfach		
(runde/eckige Stäbe)	h = 0,90 m	ab 150,00 €/m
– wie vorstehend auf Betonsockel		ab 250,00 €/m
– wie vorstehend ohne Betonsockel, aber verzinkt		ab 175,00 €/m
Stahlgitter (runde/eckige Stäbe)	h = 1,0 m	ab 175,00 €/m
Eisengitter auf Betonsockel (verzinkt)		ab 290,00 €/m
Ziegelsteinmauer auf Fundament,		
Abdeckung (inkl. Aushub und Schalung) 0,12	h = 1,0 m	ab 115,00 €/m
	h = 1,5 m	ab 135,00 €/m
	h = 2,0 m	ab 165,00 €/m
wie vorstehend 0,24 verfugt	h = 1,0 m	ab 170,00 €/m
	h = 1,5 m	ab 215,00 €/m
	h = 2,0 m	ab 265,00 €/m
KS-Mauer auf Fundament,		
Abdeckung 0,12	h = 1,0 m	ab 160,00 €/m
	h = 1,5 m	ab 205,00 €/m
	h = 2,0 m	ab 235,00 €/m
Wie vorstehend verputzt 0,24	h = 1,0 m	ab 215,00 €/m
	h = 1,5 m	ab 270,00 €/m
	h = 2,0 m	ab 325,00 €/m
KS-Sichtmauer auf Fundament,		
Abdeckung 0,12	h = 1,0 m	ab 115,00 €/m
	h = 1,5 m	ab 135,00 €/m
	h = 2,0 m	ab 165,00 €/m
Wie vorstehend verfugt 0,24	h = 1,0 m	ab 170,00 €/m
	h = 1,5 m	ab 215,00 €/m
	h = 2,0 m	ab 265,00 €/m
Bims-Mauer auf Fundament,		
Abdeckung 0,12	h = 1,0 m	ab 150,00 €/m
	h = 1,5 m	ab 185,00 €/m
	h = 2,0 m	ab 225,00 €/m
Wie vorstehend verputzt 0,24	h = 1,0 m	ab 180,00 €/m
	h = 1,5 m	ab 245,00 €/m
	h = 2,0 m	ab 300,00 €/m

Klinkermauer auf Fundament, Abdeckung 0,12	h = 1,0 m	ab 135,00 €/m
	h = 1,5 m	ab 165,00 €/m
	h = 2,0 m	ab 200,00 €/m
Wie vorstehend verfugt 0,24	h = 1,0 m	ab 185,00 €/m
	h = 1,5 m	ab 265,00 €/m
	h = 2,0 m	ab 320,00 €/m
Waschbetonplatten zwischen Beton- pfählen incl. Fundament	h = 1,0 m	125,00 €/m – 155,00 €/m
	h = 1,5 m	165,00 €/m – 205,00 €/m
	h = 2,0 m	215,00 €/m – 255,00 €/m
gebrochener Beton incl. Fundament	h = 1,0 m	145,00 €/m – 175,00 €/m
	h = 1,5 m	180,00 €/m – 240,00 €/m
	h = 2,0 m	240,00 €/m – 320,00 €/m
Betonplatten incl. Fundament und Abdeckung	h = 1,0 m	ab 120,00 €/m
	h = 1,5 m	ab 160,00 €/m
	h = 2,0 m	ab 180,00 €/m
Bruchsteinmauer (Plattenstärke 0,12) auf Betonsockel mit Abdeckung und verfugen	h = 1,0 m	ab 255,00 €/m
	h = 1,5 m	ab 375,00 €/m
	h = 2,0 m	ab 470,00 €/m

IV   Tore:

Vorgarteneingangstür

Stahlrohrrahmen mit Wellengitterfüllung (Maschen- weite 4 cm x 4 cm), einflügelig, rund 1 m x 1 m	h = 1,0 m	210,00 €/m²
einflügelig, schmiedeeisern, einfach rund 1 m x 1 m	h = 1,0 m	ab 300,00 €/m²
	h = 1,5 m	ab 400,00 €/m²
– wie vorstehend als Eisengitter, verzinkt	h = 1,0 m	ab 350,00 €/m²
	h = 1,5 m	ab 450,00 €/m²
– wie vorstehend in Holz	h = 1,0 m	200,00 €/m²
	h = 1,5 m	275,00 €/m²

Einfahrtstore

doppelflügelig, schmiedeeisern, einfach	h = 1,0 m	ab 300,00 €/m²
	h = 1,5 m	ab 400,00 €/m²
	h = 2,0 m	ab 500,00 €/m²
– wie vorstehend als Eisengitter	h = 1,0 m	ab 350,00 €/m²
	h = 1,5 m	ab 450,00 €/m²
	h = 2,0 m	ab 600,00 €/m²
– wie vorstehend in Holz	h = 1,0 m	ab 200,00 €/m²
	h = 1,5 m	ab 275,00 €/m²
	h = 2,0 m	ab 350,00 €/m²
– wie vorstehend Stahlgitter verzinkt		ab 350,00 €/m²

Der Preis für ein Holztor beträgt ca. $^2/_3$ des Preises eines Stahltores.

V   Terrassenbefestigung, Wegebefestigung:

1.	Waschbetonplatten (40 x 40 cm) (Plattenbelag einschließlich Verlegen in Mörtel oder Sand)	50,00 €/m²
2.	Betonplatten (40 x 40 cm)	45,00 €/m²

3.	Kunststeinplatten (Betonwerkstein)	ab 55,00 €/m²
4.	Keramische Beläge (einschl. Betonunterbau)	ab 90,00 €/m²
5.	Bitumen (Grob- und Feinasphalt 10 + 4 cm stark)	
5.1	z. B. einfache Garagenhofbefestigung	ab 45,00 €/m²
5.2	Bitumen einschließlich Unterbau	ab 60,00 €/m²
5.3	Befestigung für Schwerlastverkehr (z. B. große Flächen bei Industriegrundstücken) incl. Unterbau und Entwässerung	80,00 €/m²
6.	Verbundsteine (ohne Unterbau)	ab 35,00 €/m²
7.	Betonierte Hoffläche	
7.1	ab 12 cm stark (mit Fugenteilung)	45,00 €/m²
7.2	ab 15 cm stark (mit Fugenteilung)	50,00 €/m²
8.	Unterbau	15,00 bis 20,00 €/m²
9.	Verbundstein einschließlich Unterbau	ab 50,00 €/m²
10.	Beton incl. Unterbau (ab 15 cm stark)	50,00 €/m²
	Beton incl. Unterbau, mit Fugenteilung	65,00 €/m²
11.	Mutterbodenantrag (30 cm)	5,00 bis 8,00 €/m²
12.	Kiesverfüllung und Verdichtung	20,00 bis 30,00 €/m²
13.	Begrenzungssteine (inkl. Rückenstütze)	
13.1	Rasenkantensteine (6 × 25 cm)	15,00 €/m
13.2	Bordsteine (8 × 25 cm)	25,00 €/m

Anmerkung:
Für den Unterbau sind zusätzlich 15,00 €/m² bis 20,00 €/m² in Ansatz zu bringen.

VI   Hausanschlüsse (ohne Kostenbeitrag des Versorgungsunternehmers soweit nicht mit dem Bodenwert bereits erfasst):

Kanal:	im Straßenbereich (500,00 – 625,00 €/m, je nach Lage des Kanals)	ab 3 250,00 €
	auf dem Grundstück von 125,00 – 500,00 €/m*	rd. 300,00 €/m
	* je nach Bodenverhältnissen und Lage des Kanals	
Stromanschluss:	bei EFH	1 750,00 € – 3 000,00 €
	bei MFH	2 750,00 € – 5 250,00 €
Gasanschluss:	bei EFH (Einzelanschluss)	1 500,00 €
	bei MFH	2 000,00 €
Fernwärmeanschluss:	bei MFH mit 10 Wohnungseinheiten	2 250,00 €
(ohne Übergabestation)	bei MFH mit 15 Wohnungseinheiten	2 750,00 €
Wasseranschluss:		2 500,00 € bis 4 250,00 €

Anmerkung:
Die Angaben beziehen sich nur auf Neuanschlüsse an vorhandene Kanäle oder Leitungen. In Gebieten, die neu erschlossen werden, können die Wertansätze höher liegen.

VII   Besondere Bauteile

– Betonaußentreppe	zwischen Mauerwerk/pro Stufe (Breite 1m) (Stufenmaß 0,17 × 0,29 m)	175,00 €
– Balkonplatte	mit keramischem Belag ohne Brüstung einschl. Abdichtung	ab 250,00 €
– Rampen	Garagenabfahrt	100,00 €/m²
	gewerbliche Rampe (mit Unterbau und Entwässerung)	ca. 150,00 €/m²
Stützmauer:	Beton (ohne Erdarbeiten)	350,00 €/m³ bis 400,00 €/m³

VIII   Örtliche Entwässerung (soweit nicht mit dem Bodenwert bereits erfasst):

Kläranlagen	(3–4-Kammersystem) für 4 Personen	ab 3 500,00 €
	für 6 Personen	ab 5 000,00 €
	für 8 Personen	ab 7 000,00 €
Sickerbrunnen: + Einlaufschacht	i. D. 1,50 m pro m/Tiefe	rd. 300,00 €

IX   Carport und Fertiggaragen

Carport: ab **1 750 €** ohne Bodenplatten bzw. Bodenbefestigung
Fertiggaragen: ab **5 000 €** incl. Bodenplatten bzw. Fundament

Anmerkung:
Der Kostenansatz der Stützmauer gilt für das Bauwerk **ohne** Oberflächenbehandlung
– wie z. B. mit Putz –. Die Kosten der Schalung sind im m³-Satz enthalten.

Die technische Abschreibung ist auf die in der WertR 76/96 angegebene Lebensdauer abzustellen.

4.4   Steuerliche Bewertung

Zur Ermittlung des **Wertanteils von Außenanlagen in der steuerlichen Bewertung** führt   **41**
Abschn. 45 der BewGr[11] folgende Grundsätze an:

„(1) Zu den Außenanlagen gehören insbesondere die Einfriedungen, Tore, Stützmauern, Brücken, Unterführungen, Wegebefestigungen, Platzbefestigungen, Schwimmbecken, Tennisplätze, Gartenanlagen sowie die außerhalb des Gebäudes gelegenen Versorgungsanlagen und Abwasseranlagen innerhalb der Grundstücksgrenzen.

(2) Der Wert der Außenanlagen wird neben dem Gebäudewert gesondert erfasst (§ 83 BewG). Bei Geschäftsgrundstücken wird im Allgemeinen bei der Bewertung der Außenanlagen von ins Einzelne gehenden Ermittlungen abgesehen werden können. In vielen Fällen wird es genügen, als Wert der Außenanlagen 2 bis 8 v. H. des gesamten Gebäudewerts anzusetzen. Andernfalls muss auf Erfahrungswerte zurückgegriffen werden. Solche Erfahrungswerte können für oft vorkommende Außenanlagen aus der Anlage 17[12] entnommen werden. Die angegebenen Preise sind bereits unter Berücksichtigung eines Baupreisindex von 135 (1958 = 100) auf die Baupreisverhältnisse im Hauptfeststellungszeitpunkt (1. Januar 1964) umgerechnet worden. Von dem Normalherstellungswert ist die Wertminderung wegen Alters abzuziehen. Sie bestimmt sich nach dem Alter der einzelnen Außenanlagen im Hauptfeststellungszeitpunkt und ihrer Lebensdauer.

(3) Auch bei jeder einzelnen Außenanlage ist in der Regel ein Restwert von 30 v. H. des Normalherstellungswerts anzusetzen.

Neben der Wertminderung wegen Alters kommen noch Abschläge wegen etwaiger baulicher Mängel und Schäden in Betracht. Darüber hinaus können in Einzelfällen weitere Abschläge vorzunehmen sein."

Zur **steuerlichen Betrachtungsweise** vgl. BFH, Urt. vom 15. 10. 1965 – VI 181/65 U –,   **42**
EzGuG 20.41.

---

11   Richtlinien für die Bewertung des Grundvermögens vom 19. 9. 1966 (BAnz Nr. 183 vom 29. 9. 1966); VV TH FM vom 19. 6. 1996 – S 3219b A – 3 – 201.5, GuG 2000, 107
12   abgedruckt unter Rn. 43

43 Abb. 2: Durchschnittspreise für einzelne Außenanlagen der Einheitsbewertung
BewR Gr Anl. 17) bezogen auf den Hauptfeststellungszeitpunkt 1. Januar
1964 (Anl. 17 zu den BewR Gr) – Preisbasis 1. 1. 1964 –

Einfriedungen		Höhe bis		
		1 m DM	2 m DM	3 m DM
Waldlattenzaun	je lfdm	9,00	–	–
Maschendrahtzaun mit Beton- oder Stahlpfosten	je lfdm	6,50 bis 12,00	10,00 bis 16,00	13,00 bis 19,00
Wellendrahtgitter mit Beton- oder Stahlpfosten	je lfdm	16,00 bis 20,00	19,00 bis 22,00	21,00 bis 27,00
Zaun aus gehobelten Brettern	je lfdm	10,00 bis 13,00	12,00 bis 16,00	14,50 bis 19,00
Plattenwände, geputzt	je lfdm	16,50	24,00	32,00
Einfriedungsmauer aus Ziegelstein, 11,5 cm stark	je lfdm	28,00	44,50	56,50
Einfriedungsmauer aus Ziegelstein, 24 cm stark	je lfdm	40,00	60,00	70,00
Einfriedungsmauer aus Ziegelstein, 36,5 cm stark	je lfdm	56,50	85,00	115,00
Holzzaun auf massivem Sockel	je lfdm	29,50	37,50	43,00
Stahlgitter auf massivem Sockel	je lfdm	37,50	48,50	55,00
Einfriedungsmauer aus Beton, Kunststein und dgl.	je lfdm	30,00	55,00	65,00
Einfriedungsmauer aus Naturstein mit Abdeckplatten	je lfdm	80,00	105,00	130,00
Tore, Türen				
aus Holz	je m²		30 bis 80	
aus Stahl	je m²		55 bis 120	

	DM
Wege- und Platzbefestigungen	
Wassergebundene, leichte Decke auf leichter Packlage	je m² 6,00 bis 10,00
Zementplattenbelag	je m² 13,00 bis 24,00
sonstiger Plattenbelag	je m² 16,00 bis 27,00
Asphalt-, Teereinstreu-, Beton- oder ähnliche Decke auf Pack- oder Kieslage	je m² 13,00 bis 19,00
Kopfstein- oder Kleinsteinpflaster	je m² 21,00 bis 27,00
Wege mit Bruchsteinplattenbelag mit Unterbeton	je m² 20,00 bis 24,00
Freitreppen je lfdm Stufe	20,00 bis 40,00
Be- und Entwässerungsanlagen (nur Anhaltspunkte)	
Wasseranschluss ohne Gräben	je lfdm 9,00 bis 17,00
Wasseranschluss mit Gräben	je lfdm 30,00 bis 65,00
Entwässerungsleitungen	je lfdm 40,00 bis 80,00
Rampen	
(freistehend, ohne bauliche Verbindung mit einem Gebäude,	je lfdm
sofern sie zum Grundstück rechnen)	Grundfläche 40,00
Stützmauern	
je m² vordere Ansichtsfläche (die Kosten der Fundamente sind eingerechnet)	
aus Beton	40,00
aus Bruchstein in Mörtel oder als Trockenmauerwerk	55,00
aus Werkstein in Schichtenmauerwerk	105,00
Schwimmbecken	
je m² und je nach der Ausführung	80,00 bis 350,00

5 Sachwert des Grundstücks (Abs. 5)

Unter dem Sachwert des Grundstücks ist nach Abs. 5 die **Zusammenfassung der Werte** 44
der baulichen Anlagen, der sonstigen Anlagen und des Bodenwerts zu verstehen. Der
Sachwert des Grundstücks ist demnach ein Zeitwert der Grundstückssubstanz am Stichtag
der Wertermittlung einschließlich des Bodenwerts.

Im Überblick setzt sich also der Sachwert wie folgt zusammen (Abb. 3): 45

Abb. 3: Zusammensetzung des Sachwerts im Überblick

	Wert des Gebäudes (§ 21 Abs. 3)
+	Wert der besonderen Betriebseinrichtungen (§ 21 Abs. 3)
+	Wert der baulichen Außenanlagen (§ 21 Abs. 4)
=	Wert der baulichen Anlagen
+	Wert der nichtbaulichen (sonstigen) Anlagen – Anpflanzungen – (§ 21 Abs. 4)
+/–	Sonstige wertbeeinflussende Umstände nach § 25
+	Bodenwert (§ 21 Abs. 2)
=	**Sachwert (§ 21 Abs. 5)**

Viele Sachverständige übersehen, dass mit dem Sachwert u. a. auch eine **wirtschaftliche** 46
Wertminderung oder ein sonstiger (auch werterhöhender) wertbeeinflussender
Umstand nach § 25 berücksichtigt werden muss und der Sachwert insoweit nicht als
„bloßer Substanzwert" losgelöst von seiner wirtschaftlichen Verwendungsfähigkeit zu verstehen ist (vgl. hierzu die Erläuterungen zu § 25 WertV).

Der ermittelte **Sachwert entspricht** auch unter Berücksichtigung „sonstiger" wertbeeinflussender Umstände i. d. R. (noch) **nicht dem Verkehrswert.** Hierzu bedarf es noch einer
Anpassung an die Lage auf dem Grundstücksmarkt. Dies erfolgt mit Hilfe von Marktan-
passungszu- oder -abschlägen (sog. **Marktanpassungsfaktoren**).

▷ *Näheres hierzu bei § 7 WertV Rn. 196 ff. sowie bei § 25 WertV Rn. 48 ff.* 47

§ 22 WertV
Ermittlung des Herstellungswerts

(1) ¹Zur Ermittlung des Herstellungswerts der Gebäude sind die gewöhnlichen Herstellungskosten je Raum- oder Flächeneinheit (Normalherstellungskosten) mit der Anzahl der entsprechenden Raum-, Flächen- oder sonstigen Bezugseinheiten der Gebäude zu vervielfachen. ²Einzelne Bauteile, Einrichtungen oder sonstige Vorrichtungen, die insoweit nicht erfasst werden, sind durch Zu- oder Abschläge zu berücksichtigen.

(2) Zu den Normalherstellungskosten gehören auch die üblicherweise entstehenden Baunebenkosten, insbesondere Kosten für Planung, Baudurchführung, behördliche Prüfungen und Genehmigungen sowie für die in unmittelbarem Zusammenhang mit der Herstellung der baulichen Anlagen erforderliche Finanzierung.

(3) ¹Die Normalherstellungskosten sind nach Erfahrungssätzen anzusetzen. ²Sie sind erforderlichenfalls mit Hilfe geeigneter Baupreisindexreihen auf die Preisverhältnisse am Wertermittlungsstichtag umzurechnen.

(4) Ausnahmsweise kann der Herstellungswert der Gebäude ganz oder teilweise nach den gewöhnlichen Herstellungskosten einzelner Bauleistungen (Einzelkosten) ermittelt werden.

(5) Zur Ermittlung des Herstellungswerts der Gebäude kann von den tatsächlich entstandenen Herstellungskosten ausgegangen werden, wenn sie den gewöhnlichen Herstellungskosten entsprechen.

1 Allgemeines (Abs. 1)

▸ *Hierzu bereits Vorbem. zu den §§ 21ff. Rn. 34ff.*

Für die Ermittlung des Herstellungswerts von Gebäuden ist nach § 21 Abs. 3 die Anwendung der §§ 22 ff. vorgeschrieben. Tatsächlich ergibt sich aus der Anwendung des § 22 i.V.m. den §§ 23 ff. der Gebäudesachwert bzw. der Wert der baulichen Anlagen (vgl. zur **missverständlichen Terminologie** der WertV: § 21 WertV Rn. 20). Die Ermittlung des Herstellungswerts **von Gebäuden** erfolgt dagegen abschließend nach § 22 Abs. 1. Die Ermittlung des Herstellungswerts von (baulichen) Außenanlagen und von sonstigen Anlagen erfolgt gemäß § 21 Abs. 2 nach Erfahrungssätzen *oder* gewöhnlichen Herstellungskosten, wobei auch die gewöhnlichen Herstellungskosten letztlich auf „Erfahrungssätzen" beruhen.

1

Der **Begriff Herstellungswert** wird in § 22 Abs. 1 und 2 definiert (vgl. Abb. 1):

2

Abb. 1: Begriff des Herstellungswerts (§ 22)

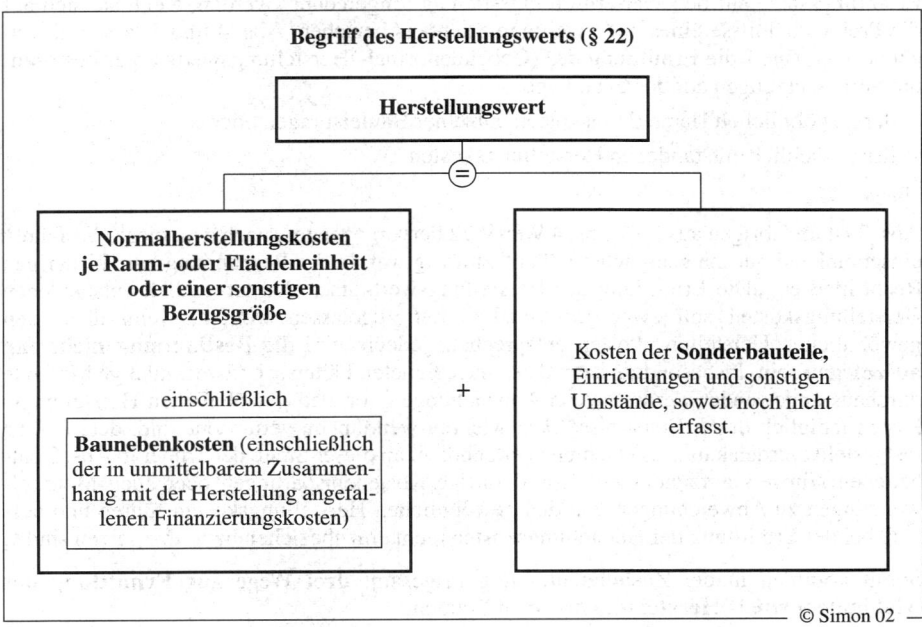

© Simon 02

Der (Gebäudenormal-)**Herstellungswert ist der sich nach den am Wertermittlungs-stichtag für die Errichtung des Gebäudes aufzubringenden gewöhnlichen Herstel-lungskosten** (Normalherstellungskosten) **bemessende technische Ersatzbeschaffungs-wert des Gebäudes, d. h. eines Neubaus.** Der „Herstellungswert" des Gebäudes ist nur Ausgangsgröße für die Ermittlung des „Werts des Gebäudes" (Gebäudesachwert). Nach § 21 Abs. 3 ergibt sich der „Wert des Gebäudes" aus seinem „Herstellungswert" unter Berücksichtigung von Gebäudealter (§ 23), Baumängeln und Bauschäden (§ 24) sowie sonstiger wertbeeinflussender Umstände (§ 25).

3 Der (Gebäudenormal-)Herstellungswert bemisst sich gemäß Abs. 1 auf der Grundlage von gewöhnlichen Herstellungskosten (Normalherstellungskosten), wobei einzelne dabei nicht erfasste Bauteile besonders berücksichtigt werden müssen. Abs. 2 stellt klar, dass **zu den Normalherstellungskosten auch die üblicherweise entstehenden Baunebenkosten ge-hören.** Tatsächlich enthalten die im Schrifttum angegebenen Erfahrungssätze und auch die vom Bundesministerium für Raumordnung, Bauwesen und Städtebau veröffentlichten Normalherstellungskosten (NHK 2000) nicht die Baunebenkosten, so dass in diesem Fall im strengen Sinne eigentlich nicht von Normalherstellungskosten gesprochen werden darf. Wendet man solche Erfahrungssätze an, so sind die Baunebenkosten zusätzlich zu berück-sichtigen. Dies muss vor der Verwendung der im Schrifttum angegebenen Erfahrungssätze für Normalherstellungskosten geprüft werden.

4 Des Weiteren muss auch geprüft werden, was in die Erfahrungssätze eingegangen ist, denn nach Satz 2 der Vorschrift sind **einzelne Bauteile, Einrichtungen oder sonstige Vorrich-tungen,** die mit den Erfahrungssätzen der Normalherstellungskosten nicht erfasst werden, durch Zu- oder Abschläge zu berücksichtigen. Auch für die gewöhnlichen Herstellungs-kosten einzelner Bauteile werden im Schrifttum Erfahrungssätze angegeben. Schließlich bleibt auch zu prüfen, ob die heranzuziehenden Normalherstellungskosten dem örtlichen Baupreisniveau entsprechen, denn es bestehen nicht nur sektorale, sondern auch regionale Preisunterschiede (vgl. Rn. 67 ff.).

5 Dass die **Normalherstellungskosten nach Erfahrungssätzen** anzusetzen sind, ergibt sich aus Abs. 3. Entsprechend der Definition des Herstellungswerts müssen die angesetzten Erfahrungssätze auf den Wertermittlungsstichtag umgerechnet werden, wenn sie sich auf die Preisverhältnisse eines anderweitigen Stichtags beziehen. Abs. 4 und 5 lassen abwei-chend von Abs. 1 die Ermittlung des (Gebäudenormal-)Herstellungswerts unter bestimm-ten Voraussetzungen auf der Grundlage

– der gewöhnlichen Herstellungskosten einzelner Bauleistungen oder

– der tatsächlich entstandenen Herstellungskosten

zu.

6 Abs. 3 ist im Übrigen aus § 16 Abs. 4 WertV 72 hervorgegangen, nach dem dieses Verfahren einschränkend nur „in geeigneten Fällen" zulässig war. In der Begründung zum bisherigen Recht hieß es: „Die Ermittlung des Herstellungswerts nach den tatsächlich entstandenen Herstellungskosten soll zwar grundsätzlich nur zugelassen werden, wenn diese den gewöhnlichen Herstellungskosten entsprechen, jedoch wird die **Bestimmung nicht eng auszulegen** sein. Insbesondere kann diese in geeigneten Fällen sehr zweckmäßige Methode durchaus angewendet werden, wenn Abweichungen von den gewöhnlichen Herstellungs-kosten lediglich durch Ersparnisse oder Mehraufwendungen verursacht sind, deren Höhe festgestellt werden kann. Es erschien aber geboten, an dieser Stelle den früher in Abs. 3 ent-haltenen Hinweis aufzunehmen, dass derartige Kosteneinsparungen oder auch Mehrauf-wendungen zu Abweichungen von den gewöhnlichen Herstellungskosten führen und des-halb bei der Ermittlung der Herstellungskosten nicht einzubeziehen bzw. abzusetzen sind"[1].

7 Somit kommen in der Zusammenfassung insgesamt **drei Wege zur Ermittlung des (Gebäudenormal-)Herstellungswerts** in Betracht:

a) Ermittlung nach Erfahrungssätzen, bezogen auf eine geeignete Bezugseinheit, insbesondere Raum- oder Flächeneinheit (Abs. 1);

b) Ermittlung nach gewöhnlichen Herstellungskosten für einzelne Bauleistungen (Einzelkosten für Gewerke) gemäß Abs. 4;

c) Ermittlung nach tatsächlich entstandenen Herstellungskosten (Abs. 5).

Der **erste Verfahrensweg hat für die Ermittlung des Herstellungswerts von Gebäuden Vorrang**. Die Ermittlung des Herstellungswerts nach den tatsächlich entstandenen Herstellungskosten ist nach Abs. 5 nur zulässig, wenn diese den gewöhnlichen Herstellungskosten entsprechen. Die Prüfung dieser Voraussetzung führt im Ergebnis wieder zum ersten Verfahrensweg. Die Ermittlung des Herstellungswerts nach den gewöhnlichen Herstellungskosten für einzelne Bauleistungen ist gemäß Abs. 4 nur in Ausnahmefällen zulässig. Dieser Verfahrensweg kommt insbesondere zur Ermittlung des Herstellungswerts der besonderen Betriebseinrichtungen gemäß § 21 Abs. 3 Satz 2 und der Außenanlagen gemäß § 21 Abs. 4 in Betracht.

Materiell sind die Hinweise zu § 16 Abs. 4 Satz 3 WertV 72 (vgl. Rn. 6) bei Anwendung der **8** Nachfolgeregelung weiterhin zu beachten. Dies ergibt sich aus § 6 WertV.

2   Ermittlung des Herstellungswerts von Gebäuden nach Normalherstellungskosten (Abs. 2 und 3)

2.1   Allgemeines

▶ *Zur Raum- und Flächenermittlung vgl. Teil III Rn. 497 sowie Anh. 1 bis 8 bei Rn. 588 ff.; die angesprochenen Normen sind im Teil III abgedruckt.*

Unter dem Herstellungswert versteht man die **durchschnittlichen Herstellungskosten,** **9** die für das Gebäude hätten aufgewendet werden müssen, wenn es am Wertermittlungsstichtag neu erstellt worden wäre. Für die Ermittlung des Herstellungswerts bieten sich – wie dargelegt – mehrere Verfahren an (vgl. Abb. 2):

Abb. 2: Verfahren zur Ermittlung des Herstellungswerts

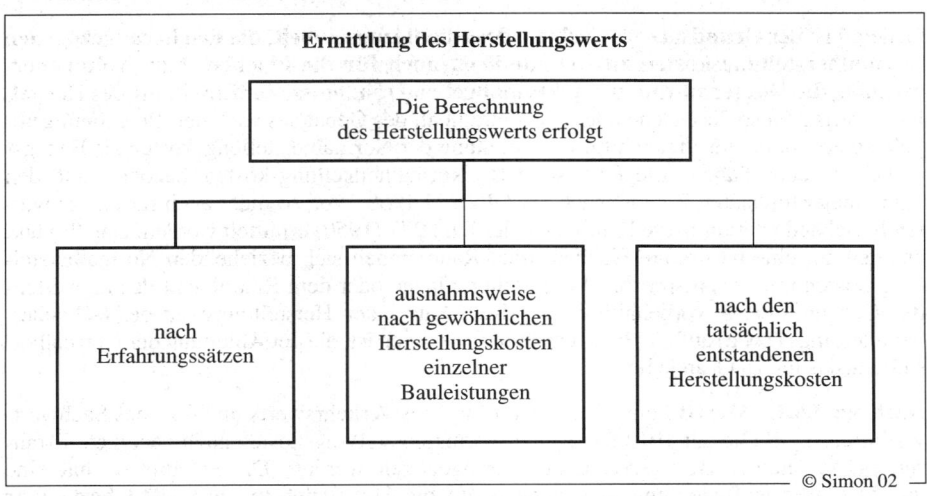

© Simon 02

---

1   BR-Drucks. 265/72, S. 20

10 Der mit Abs. 1 geregelten Ermittlung des (Gebäudenormal-)Herstellungswerts auf der Grundlage gewöhnlicher Herstellungskosten (Normalherstellungskosten) räumt die WertV nach den vorangegangenen Ausführungen Vorrang ein. Für die Anwendung dieses Verfahrens bedarf es aber vertrauenswürdiger Erfahrungssätze für die Normalherstellungskosten (Abs. 3 Satz 1). Solche Erfahrungssätze müssen sich auf Gebäude beziehen, die dem zu wertenden Gebäude vor allem bezüglich der Gebäudeart, Bauweise, Bauausführung und Ausstattung entsprechen. Nach Satz 1 der Vorschrift können sich die **Erfahrungssätze für die Normalherstellungskosten grundsätzlich auf jede geeignete Bezugseinheit beziehen,** wobei die Vorschrift eine Raum- oder Flächeneinheit besonders hervorhebt.

11 **Als Raum- oder Flächeneinheit kommen** insbesondere **in Betracht:**

a) der *umbaute Raum* nach DIN 277 (November 1950; vgl. Teil III Rn. 589); der umbaute Raum nach der DIN 277 (1950) ist auch nach der II. Berechnungsverordnung – BV – maßgebend und wird in Anl. 2 zu dieser Verordnung definiert; die WertV 98 enthält im Unterschied zur WertV 72 keine Definition des umbauten Raums;

b) Der *Rauminhalt* oder die *Brutto-Grundfläche* nach der DIN 277 (1973/1987, vgl. Teil III Rn. 590); auf Grund der Neufassung der DIN 277 können sich (rechnerisch) für ein und dasselbe Gebäude erhebliche Differenzen des Rauminhalts (nach DIN 277 von 1973/1987) gegenüber dem umbauten Raum (nach DIN 277 von 1950) ergeben, wobei sich eine allgemein gültige Umrechnungsformel nicht angeben lässt. Da die Ermittlung des Rauminhalts einen erheblichen Rechenaufwand erfordert und bis zur Bekanntgabe der NHK 95 kaum Erfahrungssätze für Normalherstellungskosten vorliegen, die auf der Grundlage des Rauminhalts nach der DIN 277 (1973/1987) abgeleitet worden sind, hat diese Bezugseinheit bis dahin keine Bedeutung erlangen können (zu den Unterschieden vgl. Teil III Rn. 582 ff.);

c) der *Geschossfläche* nach § 20 Abs. 2 BauNVO (vgl. Teil III Rn. 502), wonach die Geschossfläche als die nach den Außenmaßen der Gebäude sich über alle Vollgeschosse ergebende Fläche definiert ist; die Flächen von Aufenthaltsräumen in anderen Geschossen einschließlich der zu ihnen gehörenden Treppenräume und einschließlich ihrer Umfassungswände sind mitzurechnen;

d) der *Wohn/Nutzfläche* nach DIN 283 (1983; vgl. Teil III Rn. 591), die sich überschlägig aus der Geschossfläche abzüglich eines Mauerwerksanteils und eines Anteils für nicht anrechnungsfähige Nebenräume ergibt (im Schnitt zwischen 20 bis 30 %);

e) die *Wohnfläche* nach den §§ 42 bis 44 II BV (vgl. Teil III Rn. 589 ff.).

12 Gegenüber früheren Fassungen der WertV stellt § 22 Abs. 1 dem Sachverständigen grundsätzlich frei, auf welche Weise er den Herstellungswert des zu wertenden Gebäudes ermittelt. Dabei können – wie ausgeführt – gewöhnliche Herstellungskosten (Normalherstellungskosten) je Raum- oder Flächeneinheit mit dem Rauminhalt bzw. der (Wohn-/Nutz-)Fläche des zu wertenden Gebäudes vervielfacht werden. Es können aber auch **andere Bezugsgrößen** gewählt werden. Sie müssen nur zum Herstellungswert führen.

13 Generell ist der **Grundsatz** zu beachten, **dass die Bezugseinheit, die den herangezogenen Normalherstellungskosten zu Grunde liegt, auch für die Flächen- bzw. Volumenermittlung des Wertermittlungsobjekts maßgebend sein muss.** Zur Ermittlung des Herstellungswerts ist also die Fläche oder der Rauminhalt des Gebäudes nach den Berechnungsregeln zu ermitteln, die zugleich für die Ableitung der Normalherstellungskosten als Bezugseinheit gedient haben. Liegen also z. B. Normalherstellungskosten bezogen auf den Kubikmeter umbauten Raums (nach der DIN 277 1950)[2] vor, so muss auch für das zu wertende Gebäude der umbaute Raum nach der DIN 277 (1950) ermittelt werden. Das Produkt aus den auf eine bestimmte Flächen- oder Raumeinheit sich beziehenden Normalherstellungskosten mit der entsprechend ermittelten Fläche oder dem Rauminhalt des zu wertenden Gebäudes ergibt vorbehaltlich des Abs. 1 Satz 2 den Herstellungswert des Gebäudes, der allerdings (noch) auf die Preisverhältnisse bezogen ist, die der Ableitung der Normalherstellungskosten zu Grunde liegen.

14 Nach **Nr. 3.6.1.1 WertR** können zur Ermittlung des Verkehrswerts im Wege des Sachwertverfahrens an Stelle auf 1913 bezogener Normalherstellungskosten auch geeignete Erfahrungssätze anderer Bezugszeitpunkte herangezogen werden. Dieser Hinweis hat eine durchschlagende Bedeutung gewonnen, denn die **Heranziehung auf 1913 bezogener Normalherstellungskosten ist fachlich nicht mehr vertretbar.**[3]

Einen praktikablen Ausweg aus diesem Dilemma bieten die auf der Grundlage der DIN 277 **15** von 1973/87 abgeleiteten und auf die **Brutto-Grundfläche bezogenen** Normalherstellungskosten (ohne Baunebenkosten), wie sie im Auftrag des Bundesministeriums für Raumordnung, Bauwesen und Städtebau abgeleitet wurden und vom Bundesanzeiger Verlag im Jahre 1996 veröffentlicht wurden; sie sind u. a. mit VV 5334 des Bundesministeriums der Finanzen von 17. 7. 1998 in dessen Geschäftsbereich eingeführt worden.[4]

Normalherstellungskosten können weiterhin entnommen werden: **16**

– BMVBW, Normalherstellungskosten der Wertermittlungs-Richtlinien des Bundes – NHK 2000 – (vgl. Anhang 4)
– Metzmacher/Krikler, Gebäudeschätzung über die Brutto-Geschossfläche, Bundesanzeiger Verlag Köln 1996
– Simon/Kleiber, Schätzung und Ermittlung von Grundstückswerten, 7. Aufl., Neuwied 1996, Rn. 5.86 ff.
– Ernst/Zinkahn/Bielenberg, BauGB, Komm. zu § 22 WertV Anh. 1
– Kleiber/Simon/Weyers, Verkehrswertermittlung von Grundstücken, 2. Aufl., S. 131; Normalherstellungskosten auf Preisbasis 1985
– Baukostenberatungsdienst (BKB) Architektenkammer Baden-Württemberg
– Kosteninformationsdienst Architektenkammer Nordrhein-Westfalen
– Bauschätzpreise für Eigenheime
  Bauschätzpreise für gewerbliche Bauten
– Marshall & Swift, Neuss
  LAG-Datei + Kostenflächenarten
– Zentrale Sammlung und Auswertung der Planungs- und Kostendaten von Hochbaumaßnahmen der Länder bei der IWB
  ARGE BAU Hochbauausschuss (LAG), Freiburg i. Breisgau BBD-Datei
– Zentrale Sammlung + Auswertung der Planungs- und Kostendaten von Hochbaumaßnahmen des Bundes bei der BBD
  Bundesbaudirektion Berlin
– Handbuch Baukostenplanung NRW
– Landesinstitut für Bauwesen und angewandte Bauschadensforschung, Aachen
– Planungs- und Kostendaten (Hessen)
– Hessisches Ministerium der Finanzen, Wiesbaden
– Planungs- und Kostendaten (Niedersachsen)
– Niedersächsisches Ministerium der Finanzen, Hannover
– Schulbaukosten (mehrere Veröffentlichungen)
  Schulbauinstitut der Länder, Berlin
– Schieweg: Bauwerkspreise
  Verlag für Wirtschaft und Verwaltung, Hubert Wingen, Essen
– Baukosten-Daten, Kennwerte für Gebäudekosten
  CRB Schweizerische Zentralstelle für Baurationalisierung, Zürich
– BCIS The Building Cost Information Service
  The Royal Institution of Chartered Surveyors
  Kingston upon Thames, Surrey
– SPON'S Architects' and Builders' Price Book 1996
  E & FN SPON, Chapman & Hall, London/Weinheim
– Lohrmann, G., Bewertung von **Kirchengebäuden** und ihren Einrichtungen, Hess. Brandversicherungsanstalt, Kassel 1989

---

2 Zur Berechnung auf dieser Grundlage vgl. Stürmer in Baumeister 1952, 727
3 Gerade in den letzten Jahren konnte zwar beobachtet werden, dass die Verwendung 13er-Werte nicht mehr öffentlich eingestanden wurde. Aus der Tätigkeit der TLG ist aber bekannt, dass die Anwendung der 13er-Werte immer noch verbreitet ist. Diese Praxis kann – im Prinzip – mit der Bodenwertermittlung unter Heranziehung von Vergleichspreisen aus dem Jahre 1913 und ihrer Hochindizierung auf aktuelle Verhältnisse verglichen werden und im Streitfall kaum Billigung erwarten, wenn erst einmal die Gerichte eine solche Praxis „durchschauen". Erstmals angesprochen wurde diese Problematik vom FG Düsseldorf, Urt. vom 10. 9. 1993 – 14 K 255/88 F –, GuG 1994, 253; EzGuG 20.148
4 Vollständige Wiedergabe in Kleiber, WertR 76/96, 7. Aufl. Bundesanzeiger Verlag Köln

– Normalherstellungskosten für **Lauben und Wochenendhäuser** (hsg. Richtlinien des Landesverbandes Rheinland der Kleingärtner e.V.; abgedruckt im Anh. 4.3)

– Durchschnittspreise für Grundstücke und Behelfsbauten bezogen auf den Hauptfeststellungszeitpunkt 1. 1. 1964 (Anl. zu Abschn. 16 Abs. 9 BewGr) Erl. des brem. FM vom 26. 9. 1967 – S 3208-A 1 St. 51; abgedruckt bei Kleiber/Simon/Weyers, 3. Aufl. zu diesem Werk, S. 2112

– Normalherstellungskosten nach dem Entwurf der BReg für die steuerliche Grundbesitzbewertung (BT-Drucks. 13/5359 Preisbasis 1. 6. 1996, abgedruckt bei Kleiber/Simon/Weyers, 3. Aufl. zu diesem Werk, S. 2113.

2.2   Baunebenkosten (Abs. 2)

17   **Zu den gewöhnlichen Herstellungskosten** (Normalherstellungskosten)[5] **gehören auch die Baunebenkosten** (vgl. § 22 Abs. 2). Sie müssen den gebräuchlichen Normalherstellungskosten allerdings hinzugerechnet werden, da sie i. d. R. darin **nicht** enthalten sind. Nach der DIN 276 (Juni 1993) gehören zu den Baunebenkosten die Kosten, „die bei der Planung und Durchführung auf der Grundlage von Honorarordnungen, Gebührenordnungen oder nach weiteren vertraglichen Vereinbarungen entstehen". Unter der Kostengruppe 700 ff. werden folgende Positionen aufgeführt:

– 710 Bauherrenaufgaben,

– 720 Vorbereitung der Objektplanung,

– 730 Architekten- und Ingenieurleistungen,

– 740 Gutachten und Beratung,

– 750 Kunst,

– 760 Finanzierung,

– 770 Allgemeine Baunebenkosten und

– 790 Sonstige Baunebenkosten

18   Demgegenüber definiert Abs. 2 in einer praktikableren Weise die Baunebenkosten als die **Kosten für Planung, Baudurchführung, behördliche Prüfungen und Genehmigungen sowie für die in unmittelbarem Zusammenhang mit der Herstellung der baulichen Anlagen erforderliche Finanzierung** (Abb. 3).

19   **Diese Definition entspricht** weitgehend der Definition der **Anl. 1** zu § 5 Abs. 5 **II BV**, die die Baunebenkosten (entsprechend DIN 1954/81, abgedruckt in der 3. Aufl. zu diesem Werk auf S. 2100), wie folgt definiert:

„a) Kosten der Architekten- und Ingenieurleistungen; diese Leistungen umfassen namentlich Planungen, Ausschreibungen, Bauleitung, Bauführung und Bauabrechnung,

b) Kosten der dem Bauherrn obliegenden Verwaltungsleistungen bei Vorbereitung und Durchführung des Bauvorhabens,

c) Kosten der Behördenleistungen; hierzu gehören die Kosten der Prüfungen und Genehmigungen der Behörden oder Beauftragten der Behörden,

d) folgende Kosten:

aa) Kosten der Beschaffung der Finanzierungsmittel, z. B. Maklerprovisionen, Gerichts- und Notarkosten, einmalige Geldbeschaffungskosten (Hypothekendisagio, Kreditprovisionen und Spesen, Wertberechnungs- und Bearbeitungsgebühren, Bereitstellungskosten usw.),

bb) Kapitalkosten und Erbbauzinsen, die auf die Bauzeit entfallen,

cc) Kosten der Beschaffung und Verzinsung der Zwischenfinanzierungsmittel einschließlich der gestundeten Geldbeschaffungskosten (Disagiodarlehen),

dd) Steuerbelastungen des Baugrundstücks, die auf die Bauzeit entfallen,

ee) Kosten der Beschaffung von Darlehen und Zuschüsse zur Deckung von laufenden Aufwendungen, Fremdkapitalkosten, Annuitäten und Bewirtschaftungskosten,

e) sonstige Nebenkosten, z. B. die Kosten der Bauversicherungen während der Bauzeit, der Bauwache, der Baustoffprüfungen des Bauherrn, der Grundsteinlegungs- und Richtfeier."

Abb. 3: Zusammensetzung der Baunebenkosten

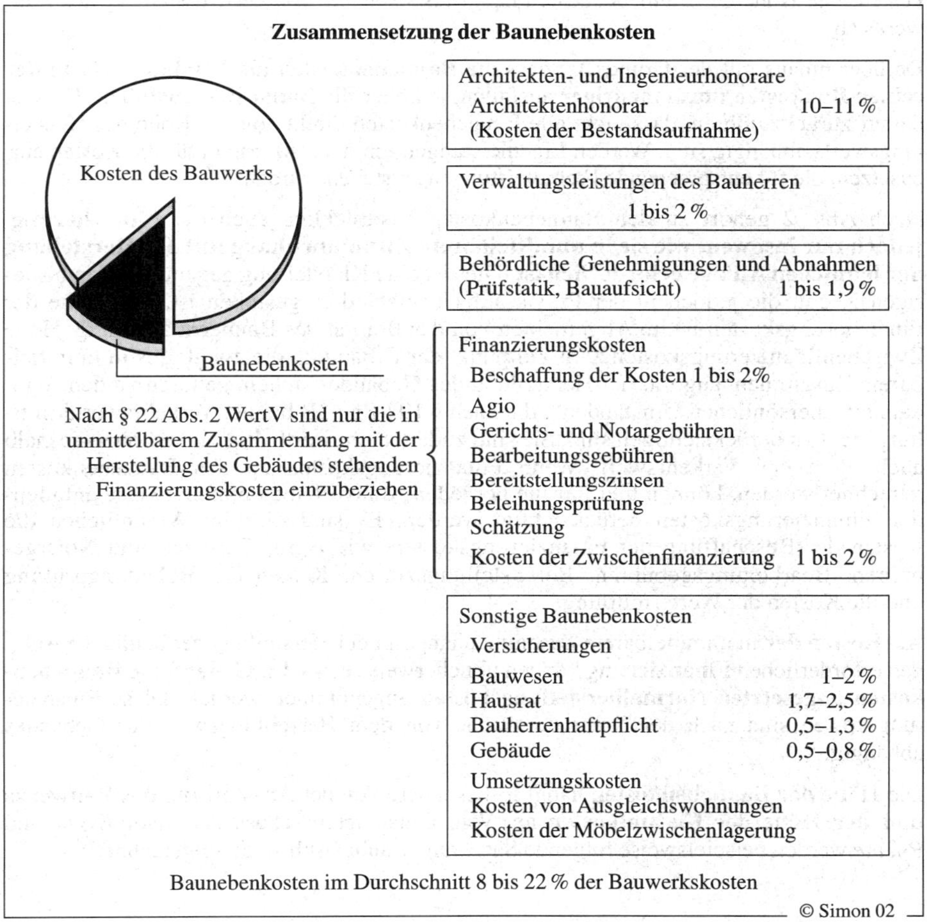

Zusammensetzung der Baunebenkosten

Kosten des Bauwerks

Baunebenkosten

Nach § 22 Abs. 2 WertV sind nur die in unmittelbarem Zusammenhang mit der Herstellung des Gebäudes stehenden Finanzierungskosten einzubeziehen

Architekten- und Ingenieurhonorare

Architektenhonorar   10–11 %
(Kosten der Bestandsaufnahme)

Verwaltungsleistungen des Bauherren
1 bis 2 %

Behördliche Genehmigungen und Abnahmen
(Prüfstatik, Bauaufsicht)   1 bis 1,9 %

Finanzierungskosten
Beschaffung der Kosten 1 bis 2 %
Agio
Gerichts- und Notargebühren
Bearbeitungsgebühren
Bereitstellungszinsen
Beleihungsprüfung
Schätzung
Kosten der Zwischenfinanzierung   1 bis 2 %

Sonstige Baunebenkosten
Versicherungen
Bauwesen   1–2 %
Hausrat   1,7–2,5 %
Bauherrenhaftpflicht   0,5–1,3 %
Gebäude   0,5–0,8 %
Umsetzungskosten
Kosten von Ausgleichswohnungen
Kosten der Möbelzwischenlagerung

Baunebenkosten im Durchschnitt 8 bis 22 % der Bauwerkskosten

© Simon 02

Die **Kosten der Architekten- und Ingenieurleistungen lassen** sich auf der Grundlage der **20** HOAI ermitteln. Nach § 8 Abs. 2 II BV ist nämlich für die Berechnung der Architekten- und Ingenieurleistungen die HOAI zu Grunde zu legen. Als Kosten für die *Verwaltungsleistungen* dürfen im Bereich der sozialen Wohnraumförderung höchstens die Beträge angesetzt werden, die sich nach § 8 Abs. 3 bis 5 II BV ergeben; die Sätze können auch sonsthin als Anhalt dienen. An Kosten für *Behördenleistungen* fallen insbesondere Gebühren für Baugenehmigungen, Genehmigungen des Gewerbeaufsichtsamts, Abwassergenehmigungen, Gebühren für die Prüfung der Statik, die Abnahme des Rohbaus und die Bauabnahme, Gutachten und dgl. an.

Die **Baunebenkosten** sind **nur insoweit** gesondert anzusetzen, **wie die herangezogenen** **21** Erfahrungssätze der **Normalherstellungskosten** unvollständig sind, d.h. die **Baunebenkosten diese nicht einschließen**. Dies ist aber regelmäßig der Fall.

---

5   Brachmann, a.a.O., S. 151; Messenhöller, a.a.O., S. 116; Güter, Bewertung landwirtschaftlicher Wirtschaftsgebäude und baulicher Anlagen. Diss. 1991 Göttingen, S. 72 ff.

22 Die Baunebenkosten betragen je nach Gebäudegüte 8 bis 22 v. H. der reinen Bauwerkskosten. Die Höhe der Baunebenkosten hängt insbesondere von der Ausstattung des Bauwerks ab.

23 Darüber hinaus gilt der Grundsatz, dass die **Baunebenkosten als Vomhundertsatz der reinen Baukosten umso niedriger** ausfallen, je höher **die Baukosten ausfallen.** Dies ist darauf zurückzuführen, dass nicht alle Baunebenkosten direkt von der Höhe des Herstellungswerts abhängig sind. Werden Eigenleistungen erbracht, so sind dafür die Kosten einzusetzen, die für entsprechende Fremdleistungen entstehen würden.

24 Nach Abs. 2 gehört zu den Baunebenkosten ausdrücklich auch die **Finanzierung, jedoch nur insoweit, wie sie in unmittelbarem Zusammenhang mit der Herstellung der baulichen Anlage erforderlich ist.** Dies ist eine Klarstellung gegenüber dem bisherigen Recht, die jedoch in der Praxis auf Unverständnis gestoßen ist. Die Höhe der Finanzierungskosten ist im Allgemeinen von der Bonität des Bauherrn abhängig. Hohe Zwischenfinanzierungskosten zum Zeitpunkt der Erbauung, die zweifellos in unmittelbarem Zusammenhang mit der Herstellung des Gebäudes stehen, gehören zu den sogenannten „persönlichen Umständen", die nach § 194 BauGB bei der Verkehrswertermittlung nicht zu berücksichtigen sind. Sie sind zudem nicht werthaltig und erhöhen deshalb auch nicht den Verkehrswert. Wenn Finanzierungskosten zu den Baunebenkosten gerechnet werden, können hier nur die bei jedem Bauvorhaben üblicherweise anfallenden Finanzierungskosten berücksichtigt werden. Es sind dies im Wesentlichen die Kosten der Beschaffung der Finanzierungskosten, wie Agio, Gerichts- und Notargebühren, Bearbeitungsgebühren, Bereitstellungszinsen, Kosten der Beleihungprüfung und die Kosten der Wertermittlung.

25 **Als Kosten der** in unmittelbarem Zusammenhang mit der Herstellung der baulichen Anlagen erforderlichen **Finanzierung** können üblicherweise **etwa 2 v. H. der ohne Baunebenkosten angesetzten Normalherstellungskosten** angenommen werden. Diese Finanzierungskosten sind nach der Natur der Sache von dem Herstellungswert des Gebäudes abhängig.

26 Die **Höhe der Baunebenkosten** hängt insbesondere von der **Ausstattung des Bauwerks und der Höhe der Gesamtkosten** ab. Vom Gutachterausschuss der Stadt *Essen* und *Rheine* werden beispielsweise folgende Sätze angewandt (Abb. 4, 5; umgerechnet):

Abb. 4: Baunebenkosten für Wohngebäude (Rheine)

Baunebenkosten Herstellungskosten €	einfache Ausstattung	mittlere-gehobene Ausstattung	aufwändige Ausstattung
50 000	16,5	20,0	24,0
100 000	16,0	19,0	22,5
150 000	15,5	18,0	21,0
200 000	15,0	17,5	20,0
300 000	14,5	16,5	19,0
500 000	13,5	16,0	18,0

Quelle: Grundstücksmarktbericht Rheine 2000

Abb. 5: Baunebenkosten (Essen)

bei einem Herstellungs-wert des Gesamtge-bäudes und der sonstigen baulichen Anlagen (i. S. d. § 22 WertV, jedoch ohneBaunebenkosten) amStichtag der Wertermittlung	für Gebäudeart (nach § 12 HOAI)				
	I Baracken, Behelfsbauten, offene Hallen, Tribünen u. a. m.	II einfach ausgestattete	III normal ausgestattete (auch modernisierte)	IV aufwändig ausgestattete	V Sondergebäude
			Wohn-, Geschäfts- und Bürogebäude		
	einfache sonstige Gebäude	typische für Gewerbe, Industrie	spez. gestaltete	Sondergebäude mit hochwertiger Zweckbestimmung	
€	v. H.	v. H.	v. H.	v. H.	v. H.
50 000	15,0	17,0	20,0	–	–
100 000	14,0	16,0	19,0	22,0	–
200 000	13,5	15,5	18,0	20,0	22,5
300 000	13,0	15,0	17,0	19,0	21,0
500 000	12,0	14,0	16,0	18,0	20,0
750 000	11,0	13,0	15,0	17,0	19,0
1 250 000	10,5	12,5	14,5	16,5	18,5
2 500 000	10,0	12,0	14,0	16,0	18,0
5 000 000	–	11,5	13,5	15,5	17,5
25 000 000	–	11,0	13,0	15,0	17,0

Die in einem Vomhundertsatz angegebenen Baunebenkosten können bei der Ermittlung des Gebäudesachwerts rechentechnisch berücksichtigt werden, in dem die Normalherstellungskosten (ohne Baunebenkosten) mit dem um 1,0 aufsummierten Vomhundertsatz der Baunebenkosten multipliziert werden.

Beispiel:
Normalherstellungskosten (ohne Baunebenkosten) . . . . .500 €/m²
Baunebenkosten in v. H. . . . . 16 v. H.
Normalherstellungskosten (einschließlich Baunebenkosten):

NHK (ohne BNK)	= 500 €/m²	NHK (ohne BNK)	= 500 €/m²
BNK 16 % von 500 €/m²	= 80 €/m²		
NHK (einschließlich BNK)	= **580 €/m²**	× 1,16	= **580 €/m²**

Der Multiplikator (1 + Baunebenkosten in v.H.) wird als Baunebenkostenberücksichtigungsfaktor bezeichnet.

2.3 Mehrwertsteuer (MwSt.)

Über die Frage, ob bei der Wertermittlung im Sachwertverfahren die **Mehrwertsteuer** 27 berücksichtigt werden muss oder nicht, bestehen in der Fachwelt unterschiedliche Auffassungen. Ein Teil der Sachverständigen ist der Meinung, dass es zwei Teilmärkte gibt, nämlich einerseits den **Teilmarkt der optierenden Personen**, für die die MwSt. nur ein Durchlaufposten darstellt und für die das „Wertniveau" nicht brutto (einschließlich MwSt.), sondern netto (ohne MwSt.) zu sehen ist, und andererseits den **Teilmarkt der Endverbraucher,** für die alle Preise Bruttopreise (einschließlich MwSt.) sind und für die das Wertniveau „brutto" besteht.

Kauft ein **Gewerbetreibender** z. B. eine schlüsselfertige Lagerhalle, dann erwirbt er sie 28 eigentlich zum Nettopreis, da er die gezahlte MwSt. seiner geschäftlich eingenommenen Umsatzsteuer gegenrechnen kann. Die MwSt. ist für ihn also kostenneutral. Das Wertniveau bewegt sich für ihn demnach auf der Basis von Nettopreisen. Dieses Gedankenmodell scheitert jedoch bei Verkauf oder Kauf von optierenden und nicht optierenden Personen untereinander. Bezogen auf die Verkehrswertermittlung spielt das MwSt.-Problem keine besondere Rolle. Im Verkehrswert ist die Mehrwertsteuer rechnerisch nicht enthalten. Sie ist auch nicht aus dem Kaufpreis abzugsfähig. Geht man z. B. bei der Wertermittlung im Sachwertverfahren von Herstellungskosten zuzüglich MwSt. aus, erhält man einen höheren Grundstückssachwert als bei Nichtberücksichtigung der MwSt. Letztlich ist aber als Verkehrswert der „übliche" Kaufpreis zu ermitteln. Er lässt sich bekanntlich nur durch Preisvergleich am Markt ableiten. Ist das „übliche" Preisniveau bekannt, reduziert sich das MwSt.-Problem lediglich auf die Marktanpassung. Wird normalerweise ein Marktanpassungsabschlag vom Grundstückssachwert vorgenommen, wäre er bei Ansatz von Herstellungskosten einschließlich MwSt. lediglich höher anzurechnen, als bei Ansatz der Herstellungskosten ohne MwSt.

29 Anders stellt sich die Situation dar, wenn ein **Gewerbetreibender ein Objekt erwirbt, um es dann** – z. B. nach einer Entwicklung des Objekts – wieder an einen privaten Erwerber **weiter zu veräußern**. In diesem Fall fällt die Mehrwertsteuer an und muss berücksichtigt werden.

2.4 Raummeterpreise

2.4.1 Allgemeines

30 Der **Raummeterpreis** im Kubikmeterverfahren **ergibt sich durch Division der gewöhnlichen Herstellungskosten** eines Objektes **durch den umbauten Raum** (bzw. Rauminhalt) des Objektes. Die gewöhnlichen Herstellungskosten sind so genannte „standardisierte Normalherstellungskosten", die bei Gebäuden der jeweiligen Nutzung, Bauart und Ausstattung durchschnittlich anfallen. Sie setzen sich aus den reinen Baukosten (ohne Kosten der Sonderbauteile nach DIN 277 [1950], Nr. 1.4) und den Baunebenkosten (Kosten der Architekten-, Ingenieur-, Verwaltungs- und Behördenleistungen und sonstigen Nebenkosten nach DIN 276 Nr. 2.35) zusammen.

31 Der durchschnittliche Raummeterpreis ergibt sich dann durch Division der jeweiligen Herstellungskosten der Objekte durch den umbauten Raum (bzw. Rauminhalt) und anschließender Mittelwertberechnung[6]. Dazu müssen aber die zur Preisbildung herangezogenen Herstellungskosten den **gewöhnlichen Baukosten** entsprechen. Das ist z. B. nicht der Fall, wenn

– das Bauwerk teilweise in Eigenleistung erstellt wurde;

– zwischen Bauherrn und Unternehmer besondere Beziehungen bestehen;

– der Bauherr selbst Unternehmer ist;

– das Bauwerk aus betriebswirtschaftlichen Erwägungen in besonders kurzer Zeit erstellt wurde;

– Bauart und Bauausstattung des Bauwerks nicht dem nutzungstypischen Gebäude entsprechen;

– besondere Baumaßnahmen (z. B. Tiefgründung) erforderlich waren, deren Kosten nicht befriedigend abgespalten werden können.

32 Bei den Normalherstellungskosten muss es sich also um standardisierte „gewöhnliche" Herstellungskosten handeln. Ungewöhnliche Mehr- oder Minderkosten, z. B. auf Grund im Einzelfall in Kauf genommener Verteuerungen oder gewährter Verbilligungen oder sonstiger Kosteneinsparungen (Nachbarschaftshilfen) müssen außer Betracht bleiben. Dies ergibt sich im Übrigen bereits aus § 6 (vgl. § 6 Rn. 1 ff.).

33 Werden die vorstehend genannten Punkte berücksichtigt, gestaltet sich die Ermittlung durchschnittlicher Herstellungskosten zeitaufwendig. Die freien Sachverständigen übernehmen deshalb überwiegend **Erfahrungssätze aus der Literatur**[7]. Bei dieser Methode ist jedoch Vorsicht geboten. Über die sachgerechte Anwendung der Raummeterpreise aus der Literatur bestehen häufig falsche Vorstellungen. Die Preise können nicht ohne Überlegung übernommen werden, da sie dem örtlichen Baupreisniveau oft nicht entsprechen. Jeder Grundstückssachverständige muss deshalb wissen, inwieweit die in den einzelnen Fachbüchern mitgeteilten Raummeterpreise vom üblichen Preisniveau in seinem Tätigkeitsbereich abweichen und welche Zu- oder Abschläge er vornehmen muss.

In der Praxis ist der **Ansatz über Erfahrungswerte, zumeist in €/m³ umbauten Raums** **34** **noch üblich,** muss aber abgelehnt werden, wenn die auf 1913 bezogenen Normalherstellungskosten pro m³ umbauten Raums herangezogen werden (vgl. unter Rn. 41 ff.).

▶ *Zur Ermittlung des umbauten Raums – berechnet nach der DIN 277 von 1950 (abge-* **35** *druckt Teil III Rn. 539, 579 ff.) – vgl. die Erläuterungen im Teil III Rn. 569 ff.*

Der sich nach der DIN 277, 1950 ergebende umbaute Raum des zu wertenden Objektes **36** muss zunehmend für die Belange der Wertermittlung jeweils erst noch ermittelt werden, weil bei neueren Bauanträgen das Bauvolumen nach der DIN 277 von 1973/87 als Brutto-Rauminhalt berechnet wird. Dies bereitet zwar keine besonderen Schwierigkeiten, weil die DIN 277 von 1950 gerade im Verhältnis zur DIN 277 von 1973/87 eine besonders einfache Berechnungsweise vorgibt, jedoch darf unter keinen Umständen der sich aus einem neueren **Bauantrag** ergebende Rauminhalt, der nach der DIN 277 von 1973/87 ermittelt wurde, mit dem Umbauten Raum i. S. d. DIN 277 von 1950 gleichgesetzt werden (zu den Unterschieden vgl. Teil III Rn. 581 ff.). Der umbaute Raum nach DIN 277 (1950) ist also nicht identisch mit dem Brutto-Rauminhalt nach DIN 277 (1973/87). Die Raummeterpreise in der Literatur sind jedoch fast ausschließlich auf den umbauten Raum abgestellt. Deshalb ist die Volumenberechnung nach DIN 277 (1950) überwiegend Grundlage für die Ermittlung des Gebäudeherstellungswerts. Die Multiplikaten des Raummeterpreises auf der Grundlage der DIN 277 (1950) mit dem Brutto-Rauminhalt nach DIN 277 (1973/87) führt i. d. R. zu einem unzutreffenden Herstellungswert; zu den Unterschieden vgl. Teil III Rn. 581 ff.

Einen praktikablen Ausweg aus diesem Dilemma bieten die auf der Grundlage der DIN 277 **37** von 1973/87 abgeleiteten und auf die **Brutto-Grundfläche bezogenen Normalherstellungskosten** (ohne Baunebenkosten), wie sie im Auftrag vom Bundesministerium für Raumordnung, Bauwesen und Städtebau abgeleitet wurden (vgl. Rn. 15, 52 ff.).

Zu den Normalherstellungskosten gehören nach Abs. 2 begrifflich auch die üblicherweise **38** entstehenden **Baunebenkosten.** Tatsächlich enthalten die im Schrifttum angegebenen Erfahrungssätze häufig nicht die Baunebenkosten, so dass in diesem Fall im strengen Sinne eigentlich nicht von Normalherstellungskosten gesprochen werden darf. Wendet man solche Erfahrungssätze an, so sind die Baunebenkosten zusätzlich zu berücksichtigen. Dies muss vor der Verwendung von den im Schrifttum angegebenen Erfahrungssätzen für Normalherstellungskosten geprüft werden. Des Weiteren muss auch geprüft werden, was in die Erfahrungssätze eingegangen ist, denn nach Satz 2 der Vorschrift sind nur **einzelne Bauteile, Einrichtungen oder sonstige Vorrichtungen,** die mit den Erfahrungssätzen der Normalherstellungskosten nicht erfasst werden, durch Zu- oder Abschläge zu berücksichtigen. Auch für die gewöhnlichen Herstellungskosten einzelner Bauteile werden im Schrifttum Erfahrungssätze angegeben. Schließlich bleibt auch zu prüfen, ob die heranzuziehenden Normalherstellungskosten dem örtlichen Baupreisniveau entsprechen, denn es bestehen nicht nur sektorale sondern auch regionale Preisunterschiede.

---

6 Arithmetischer Mittelwert $\bar{x} = \sum x/n$
7 Mesenhöller, a. a. O., S. 182 ff.; Simon/Kleiber, a. a. O., Rn. 5.86 ff.; Vogels, a. a. O., S. 117 ff.

2.4.2   13er-Werte

39   Breite Anwendung finden in der Praxis leider immer noch die auf das Jahr 1913/14 bezogenen Normalherstellungskosten, die noch heute im „modernen Antiquariat" publiziert und
in einer Reihe von Veröffentlichungen mittels der Baupreisindexreihe des Statistischen
Bundesamtes auch auf neuere Zeitpunkte umgerechnet worden sind. Die Heranziehung
dieser Normalherstellungskosten ist in der Rechtsprechung bislang nicht beanstandet worden; dies muss verwundern, denn diese Praxis kann einer sachverständigen Würdigung
nicht standhalten. Wie bei Anwendung des Vergleichswertverfahrens muss nämlich auch
bei Anwendung des Sachwertverfahrens gefordert werden, dass zur Ermittlung des Herstellungswerts von Gebäuden von Vergleichspreisen für die gewöhnlichen Herstellungskosten (Normalherstellungskosten) ausgegangen wird, die in zeitlicher Nähe zum Wertermittlungsstichtag zustande gekommen sind. So wie die Eignung von Vergleichspreisen mit
zunehmendem Alter für einen Preisvergleich schwindet, können auch die auf weit zurückliegende Stichtage bezogenen Normalherstellungskosten ihre Eignung für eine sachgerechte Sachwertermittlung verlieren. Dies gilt sogar für das Sachwertverfahren mehr noch
als bei Anwendung des Vergleichswertverfahrens. Denn während bei Anwendung des Vergleichswertverfahrens i. d. R. Bodenpreisindexreihen zur Verfügung stehen, die mit einer
vergleichsweise hohen Genauigkeit aus der ausgewerteten Kaufpreissammlung unter
Berücksichtigung der Lage auf dem örtlichen Grundstücksmarkt abgeleitet worden sind,
werden bei Anwendung des Sachwertverfahrens die auf 1913 bezogenen Normalherstellungskosten nunmehr bereits über einen Zeitraum von fast 90 Jahren(!) mit einer äußerst
fragwürdigen **Baupreisindexreihe** umgerechnet. Seit 1913 ist nämlich nicht nur der der
Ermittlung der Baupreisindexreihe zu Grunde liegende „Warenkorb" mehrfach geändert
worden, auch die der Ermittlung des umbauten Raums zu Grunde liegenden Normen waren
einem steten Wandel unterworfen. Bei einer Baupreisindexzahl von 2150 für 2000
(gegenüber 100 für das Jahr 1913) werden kleinste Fehler beim Ansatz der auf 1913 bezogenen Normalherstellungskosten in einem Maße aufgebläht, das die Anwendung des Sachwertverfahrens verbietet. Mit der gleichen Gedankenlosigkeit, mit der viele Sachverständige auf solche Normalherstellungskosten zurückgreifen und sie mittels einer fragwürdigen Baupreisindexreihe über nahezu 88 Jahre hochindizieren, wird der so ermittelte
Herstellungswert anschließend einer Alterswertminderung in einer „Rosskur" nach der
über 100 Jahre alten Methode „Ross" (1. 5. 1883 bis 4. 10. 1901) unterzogen, die bislang
von keiner empirischen Untersuchung bestätigt werden konnte und der die theoretisch
ungenügend unterbaute Annahme zu Grunde liegt, die Alterswertminderung folge den
physikalischen Gesetzen einer ballistischen Flugbahn. Diese Werte wurden in Anl. 6 zur
WertR 91 – völlig realitätsfremd – zudem noch mit einer Dezimalstelle angegeben!

40   Begründet wird das unverständliche **Festhalten an den „13er"-Preisen** mit der Notwendigkeit, eine einheitliche Bezugsbasis zu wahren und damit, dass die Kreditinstitute und
Feuerversicherer mit diesen Basispreisen arbeiten. Allerdings spricht für die Abkehr von
der „13er"-Preisbasis die Tatsache, dass sich die tatsächlichen Baukosten anders verhalten
als die im Baupreisindex erfasste Entwicklung[8]. Deck/Böser[9] weisen nach, dass die **Kubikmeterpreise von 1913** nach ihrer Umindizierung im Jahr 1958 um etwa 30 v. H. zu niedrig
liegen; neuere Untersuchungen zeigen dagegen, dass die Werte eher zu hoch liegen. Nach
einer Untersuchung der Wirtschaftsvereinigung Bauindustrie e.V. Nordrhein-Westfalen
stiegen in den Jahren 1970 bis 1980 die Baukosten je Wohnung von rd. 30 000 € um
173 v. H. auf rd. 95 000 €. Demgegenüber stieg im gleichen Zeitraum der Preisindex für
Wohngebäude um nur 92 v. H. Der Grund für den Unterschied liegt in der Ermittlungsmethodik des Baupreisindexes. Der Index ergibt sich aus dem gewogenen Mittel der Preisveränderungen einer repräsentativen Auswahl von Bauleistungen. Es werden also nicht alle
am Bauwerk beteiligten Leistungen erfasst. Das verdeutlicht, dass der Index nur eine Preisentwicklung beschreibt, aber keine Auskunft über die Höhe der Preise gibt. Aus den
Ermittlungsgrundlagen ergibt sich weiter, dass sich der Baupreisindex immer auf die für

das jeweilige Basisjahr charakteristischen Marktverhältnisse bezieht. Das würde bei langen Indexreihen zu irrealen Ergebnissen führen. Deshalb werden von Zeit zu Zeit neue Basisjahre bestimmt, in denen die **Regel(bau)leistungen, die Bauwerkstypen und das Wägungsschema** den neuen Anforderungen angepasst werden[10]. Dies geschah in den Jahren 1914, 1938, 1950, 1958, 1962, 1970, 1976, 1980, 1985 und 1991.

Zutreffenderweise stellen *Metzmachen/Krikler* bei alledem fest, dass eine Wertanpassung **41** von Neubauwerten aus dem Jahre 1913 bzw. 1914 an heutige Verhältnisse mithilfe der Baupreisindexreihe auf Grund

– der Verkettung verschiedenartiger Indexreihen,

– der unterschiedlichen Erfassungsmethoden und

– der sich stetig ändernden Regelbauleistungen

nicht möglich ist. Eine **Hoch- und Herunterindizierung wird danach gerade einmal innerhalb eines 10-Jahres-Zeitraums noch unbedenklich.**

Der Mangel der 13er-Werte wurde auch in einer von der *Stiftung Warentest* im Jahre 1996 **42** durchgeführten Felduntersuchung deutlich[11]. Sechs Gutachter wurden mit der Erstellung eines Gutachtens über ein in Berlin Zehlendorf gelegenes denkmalgeschütztes Einfamilienhaus beauftragt, ohne dabei voneinander zu wissen. In dem Praxistest hat sich gezeigt, dass alle Gutachter in ihrer Praxis recht unbekümmert auf die 13er-Werte zurückgegriffen haben und dabei in einem Maße voneinander abweichen, wie man es in Kenntnis aktueller Normalherstellungskosten dem „Verbraucher" gar nicht mehr verständlich machen kann. Namhafte Gutachter der deutschen Sachverständigenszene sind in diesem Praxistest bezüglich der von ihnen angesetzten Normalherstellungskosten 1913 in einer Spannbreite von 20,70 DM/m³ bis 27,60 DM/m³ voneinander abgewichen, wobei sich das eigentliche Ausmaß dieser Abweichung erst unter Anwendung des Baupreisindexes mit seinem Lupeneffekt ergibt; es ergab dabei eine Gesamtspreizung von 673,00 bis 896,00 DM/m³.

Lakonisch heißt es in diesem Praxistest, dass bei außenstehenden Betrachtern – allein im **43** Hinblick auf den Gebäudesachwert – Zweifel aufkommen mussten, ob die beauftragten Sachverständigen überhaupt dasselbe Haus besichtigt hätten. Eindrucksvoller könnte man kaum nachweisen, welche Mängel sich aus der Verwendung der 13er-Werte ergeben (Abb. 6).

Bezeichnend ist hier, dass der Gutachter, der den höchsten Normalherstellungskostenansatz bezogen auf 1913 gewählt hat, am Ende seines Rechenwerks auch mit den höchsten **44** Marktanpassungsabschlag versah[12].

Die Ergebnisse des Praxistests können außenstehenden Betrachtern wohl kaum einen ver- **45** trauenserweckenden Eindruck vermitteln und sind für das gesamte Sachverständigenwesen abträglich. Nun mag man die Unterschiede zum Teil darauf zurückführen, dass in der Tat unterschiedliche Lösungswege auch zu unterschiedlichen Einzelansätzen führen müssen

---

8   Klocke in DAB 1983, 384
9   Deck/Böser in AVN 1885, 145
10   Klocke, a. a. O., S. 383; Netzmacher/Krikler, Gebäudeschätzung über die Bruttogeschossfläche, 1. Aufl. Bundesanzeiger Verlag Köln 1996, S. 13 f.
11   Stiftung Warentest: Finanztest 1996, 24, „Pi mal Daumen"
12   Die Lebenslüge von der Beherrschbarkeit der 13er-Werte ist letztlich nur darin begründet, dass sich die Sachverständigen hier in einem weitgehend nicht überprüfbaren Freiraum bewegen können und sich insoweit auch einem Begründungszwang entziehen. Dies wäre für das Sachverständigenwesen ein Armutszeugnis. Es kann zwar nicht angehen, dass der Sachverständige jede in seinem Gutachten zum Ansatz gekommene Mark begründen muss, jedoch wird man für die besonders bedeutsamen Ansätze einer Verkehrswertermittlung erwarten müssen, dass der Sachverständige sie auch begründen kann. Fragwürdig wird das Sachverständigenwesen zumindest dann, wenn unterschiedliche Sachverständige unter Berufung ihrer jeweiligen Sachkunde für dieselben Sachverhalte zu völlig unterschiedlichen Ansätzen kommen und die Ergebnisse kaum noch miteinander vergleichbar sind.

Abb. 6: Zusammenstellung der Gebäudesachwerte auf der Grundlage der Normal-herstellungskosten 1913/14 für ein und dasselbe Objekt, ermittelt durch sechs voneinander unabhängig tätige Gutachter

	Gutachter						NHK 95
	A	B	C	D	E	F	
Umbauter Raum [m³]	1 047	1 045	970	1 089	997	983	361 m² BGF
NHK 1913 M/m³	20,00	22,00	18,00	24,00	21,00	23,00	
einschließlich BNK	23,00	24,20	**20,70**	24,00(!)	24,15	**27,60**	1 875 DM/m²
Index [%]	32,25(!)	32,52	32,51	32,51	32,51	32,48	
Hochindizierte NHK 13 Brandbreite von **673 DM/m³** bis **896 DM/m³**							
GND [Jahre]	100	100	100	80	100	100	100
Alterswert-minderung rd.	Ross 57 %	Linear 69 %	Pauschal 50 %	Ross 80 %	Ross 57 %	Ross 37,5 %	Ross 57 %
+ Zeitwert: Bes. Bauteile						35 000	
Zwischenwert (DM)	334 000	255 000	326 000	170 000	337 000	586 000	291 000
				↑ = 350 % ↑			
Instandhaltungs-abschlag	– 40 000	—	– 50 000	—	– 147 000	– 125 000	
zuschlag	—	+ 180 000	—				
Gebäudesachwert (DM)	**294 000**	**435 000**	**276 000**	**170 000**	**190 000**	**461 000**	**291 000**
				↑ = 275 % ↑			
Gebäudesachwert	294 000	435 000	276 000	170 000	190 000	461 000	291 000
Bodenwert	628 000	573 804	650 000	627 900	628 000	531 000	628 000
Außenanlagen	—	—	+ 16 000	—	+ 16 700	—	+ 16 000
Sachwert (rd.)	**922 900**	**1 008 804**	**942 000**	**797 900**	**834 700**	**992 000**	**935 000**
Marktanpassungs-abschlag	– 10 %	– 5 %	—	—	—	– 15 %	
zuschlag	—	—		+ 14 %	+ 20 %	—	
Ermittelter Verkehrswert	830 000	958 000	950 000	906 000	1 000 000	840 000	

Quelle: Gutachtertest der Stiftung Warentest; veröffentlicht in Finanztest 1996, 25 „Pi mal Daumen"

und es entscheidend auf die „Schlüssigkeit" des Gesamtverfahrens ankommt. Festzuhalten bleibt aber gleichwohl, dass sich der höchste und niedrigste Gebäudesachwert um immer noch 275 % unterscheidet. In der Gesamtschau muss also Nachdenklichkeit aufkommen, wenn einerseits die Gesamtergebnisse verhältnismäßig stimmig sind und andererseits die Einzelergebnisse drastisch auseinanderlaufen.

46   In der Gesamtschau muss festgestellt werden, dass Sachverständige bereits bei der Verkehrswertermittlung eines marktgängigen und überschaubaren Einfamilienhauses unter Anwendung des Sachwertverfahrens, zwar – wohl mehr gefühlsmäßig – zu marktüblichen Ergebnissen gelangen, jedoch bezüglich der Ermittlung des Gebäudesachwerts überraschend stark und für ihr Ansehen in abträglicher Weise voneinander divergieren.

Bei kritischer Würdigung muss eine auf **Normalherstellungskosten von 1913/14** basie-   **47**
rende Sachwertermittlung deshalb **abgelehnt** werden[13]. Bei Anwendung des Vergleichswertverfahrens würde jedenfalls die Heranziehung von Vergleichspreisen aus den Jahren
1913/14 kaum ernsthaft erwogen werden und nicht von der gebotenen Sachkunde zeugen.
Dies ist in der Rechtsprechung zu Recht beanstandet worden[14].

Für die Heranziehung der 13er-Werte besteht kein Raum mehr. Ihre Anwendung ist   **48**
mit den an eine fundierte Verkehrswertermittlung zu stellenden Ansprüchen fachlich nicht
vereinbar. Sie gehen vermutlich auf Aufzeichnungen von Ross (1838-1901) zurück; ihre
Ableitung liegt in der Finsternis der Historie. Selbst wenn sich der Sachverständige damit
zu entschuldigen trachtet, dass er bei Heranziehung der 13er-Werte das Ergebnis mit seinen
Markterfahrungen über aktuelle Normalherstellungskosten überprüft habe, ist allein die
Aufstellung eines solchen „Rechenwerks" Beleg dafür, dass er die Unsinnigkeit solcher
Rechenwerke nicht zu erkennen vermag. Solche Rechenwerke müssen verworfen werden,
weil

– die Normalherstellungskosten 1913 aus Erfahrungswerten des Reichsgebiets von 1913
  (einschließlich Memelland und Allenstein) abgeleitet wurden,
– die der Ermittlung des Umbauten Raums zu Grunde liegende DIN sowie das Wägungsschema seither unzählige Mal geändert wurde und sich der Warenkorb der Bauleistungen erheblich gewandelt hat,
– es keine geeignete Baupreisindexreihe gibt, die eine den zu stellenden Ansprüchen genügende Umrechnung über eine derart lange Zeitspanne (88 Jahre!) auf heutige Preisverhältnisse zulässt, denn die vom Statistischen Bundesamt veröffentlichte Baupreisindexreihe geht in einer nicht vertretbaren Weise über zwei Weltkriege, eine Inflation
  sowie über die verschiedensten Währungen recht „unbekümmert" hinweg (Reichsmark,
  Rentenmark, Goldmark, Mark der deutschen Notenbanken, Mark der DDR und Deutsche Mark). Darüber hinaus wird auch mit dieser Baupreisindexreihe der wechselvolle
  Gebietsstand miterfasst,
– die auf 1913 bezogenen Normalherstellungskosten keine regionalen Differenzierungen
  ausweisen, die nach den neuen Erkenntnissen erheblich sein können und allenfalls mit
  regionalen Baupreisindizes, die aber nur in Einzelfällen (Berlin) zur Verfügung stehen,
  erfasst werden können und
– noch nicht einmal Klarheit besteht, ob sich die 13er-Werte auf die Preisverhältnisse von
  1913 oder 1914 beziehen (der Unterschied macht allein schon 7% aus).

Derzeit halten wohl nur noch Teile der Versicherungswirtschaft aus erkennbaren Gründen
hieran verbissen fest.

Zu den nachfolgend behandelten Normalherstellungskosten 2000 (NHK 2000) beste-   **49**
hen mithin keine praktischen Alternativen, denn selbst die im Schrifttum veröffentlichten – auf empirische Erhebungen zur Einheitswertsteuerreform beruhenden – Normalherstellungskosten sind dagegen überholt, während die NHK 2000 mit neueren empirischen
Erhebungen zum Jahressteuergesetz 97 abgeglichen wurden. Von daher gibt es auch keinen
Sinn, die „Güte" der NHK 2000 mit Hilfe der 13er-Werte zu prüfen. Eine solche Prüfung
könnte allenfalls die Mängel der 13er-Werte belegen[15].

Mit der Umstellung auf die neuen flächenbezogenen Normalherstellungskosten 2000 ist   **50**
die **Berechnung des Umbauten Raums bedeutungslos** geworden. Ein Vergleich des
Umbauten Raums zum Rauminhalt (BRI) ist ebenfalls bedeutungslos, zumal es zwischen

---

13 Kleiber in Dieterich/Kleiber, Ermittlung von Grundstückswerten; Schriftenreihe des VHW, 2. Aufl., Bonn 1998
14 FG Düsseldorf, Urt. vom 10. 9. 1993 – 14 K 255/88 F –, EzGuG 20.148 = GuG 1994, 253; Kleiner in Immobi-
    lien Manager 1993, 92
15 Petersen (Marktorientierte Immobilienbewertung, 4. Aufl., S. 37) stellt fest, dass die Verwendung der NHK 95
    dazu führe, dass die ermittelten Sachwerte „erheblich näher" an den Verkehrswert „heranrücken", als es bei
    Rechnung mit 13er-Werten der Fall war und das Verfahren praxisnäher ist.

beiden Bezugseinheiten ohnehin kein festes Wertverhältnis geben kann. Insgesamt ist mit der Umstellung der Normalherstellungskosten auf die Bezugseinheit „Brutto-Grundfläche" (BGF) eine erhebliche Vereinfachung einhergegangen, zumal die Brutto-Grundfläche des zu wertenden Objekts schon seit langem Bauanträgen entnommen werden kann.

51 **Fazit:** Auf die uneingeschränkte Verwendung von Raummeterpreisen der Jahre 1913, 1914 oder 1913/14 sollte verzichtet werden. Es ist für die Standardpreise des Jahres 1913 wenig vertrauenserweckend, wenn für Gebäude mit lohnintensiven Gewerken ein Zuschlag zum Baupreisindex von 1913 in Höhe von 25 bis 30 v. H. hinzugeschätzt werden muss[16]. Es ist in jedem Fall sicherer, solche Kubikmeterpreise anzusetzen, die den Bauzeitpunkten der Gebäude möglichst nahe kommen.

2.4.3   2000er-Werte (NHK 2000); BRI

52 Den bereits angesprochenen Normalherstellungskosten 2000 (NHK 2000) liegt als Bezugseinheit grundsätzlich als Flächeneinheit der Quadratmeter Brutto-Grundfläche gemäß DIN 277 zu Grunde. **Lediglich für** einige **voluminöse Gebäudearten werden auf den Kubikmeter Rauminhalt (gemäß DIN 277) bezogene Normalherstellungskosten angegeben (Industriegebäude, Werkstätten, Lagergebäude sowie landwirtschaftliche Betriebsgebäude).** Dies ist in der unterschiedlichen Geschosshöhe dieser Gebäude begründet.

53 Bei Verwendung von Kubikmeterpreisen für großvolumige Gebäudearten wird die Frage aufgeworfen, ob sich mit zunehmender **Geschosshöhe** der **Kubikmeterpreis** verringert, da vor allem im Niveau des Erdgeschosses sowie des Dachs kostenintensive Bauleistungen enthalten sind und ansonsten mit zunehmender Geschosshöhe der Luftraum erfasst wird. Dafür sprechen auch die von *Schieweg* veröffentlichten Untersuchungen (Abb. 7):

Abb. 7: Preise von Hallengebäuden in Abhängigkeit von der Geschosshöhe

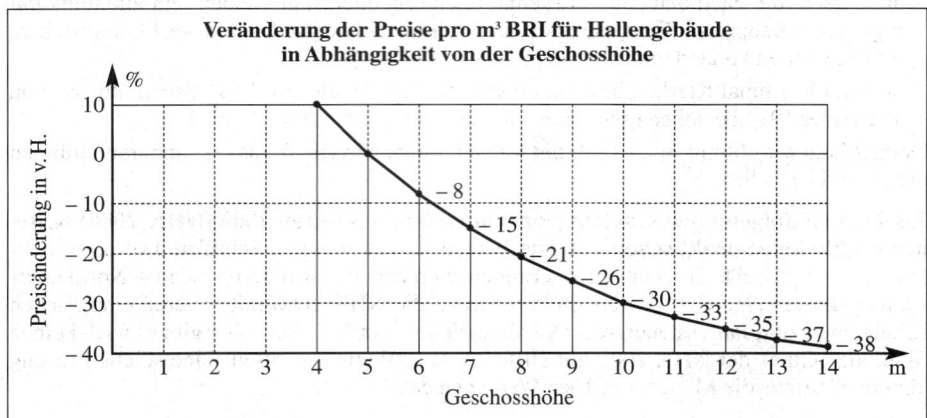

Quelle: Schieweg, Bauwerkspreise; Verlag für Wirtschaft und Verwaltung; Hubert Wingen, Essen; 1993

54 Neuere Untersuchungen im Bereich der Bundesfinanzverwaltung haben indessen ergeben, dass sich mit zunehmender Geschosshöhe die Kubikmeterpreise keinesfalls signifikant vermindern, da mit höheren Geschosshöhen **Mehrkosten bei den Außenwänden insbesondere im Hinblick auf den nicht unerheblich zunehmenden Winddruck einhergehen** (Abb. 8):

Abb. 8: Preise von Hallengebäuden in Abhängigkeit von der Geschosshöhe

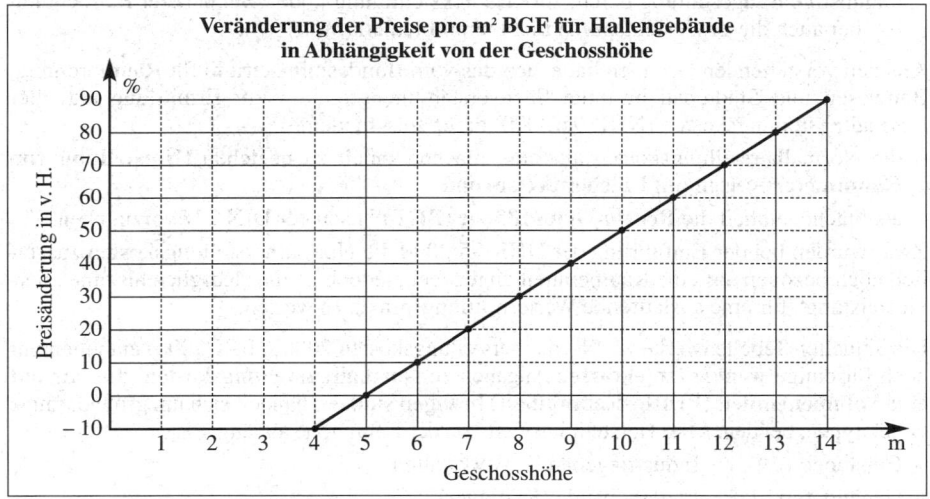

2.5   Flächenpreise

2.5.1 Allgemeines

In der Bauindustrie und Immobilienwirtschaft haben sich heute weitgehend flächenbezo-   **55**
gene Erfahrungssätze über die gewöhnlichen Herstellungskosten von baulichen Anlagen
weitgehend durchgesetzt. Eine Ausnahme machen dabei allenfalls noch gewerbliche und
hier insbesondere **industrielle Gebäude mit überdurchschnittlichen Raumhöhen (Hallen usw.).** Die Praxis der Verkehrswertermittlung stellt sich dementsprechend auf flächenbezogene Normalherstellungskosten um.

Als Flächeneinheit kommen nach den einleitenden Ausführungen die Wohn- und Nutz-   **56**
flächen (nach der DIN 283 bzw. der II BV), die Geschossfläche nach § 20 Abs. 2 BauNVO
oder die Brutto-Grundfläche (BGF) nach der DIN 277 in Betracht. Von allen genannten
Flächenberechnungsmethoden ist die **Brutto-Grundfläche für die Ermittlung des
Gebäudesachwerts besonders geeignet.** Der besondere Vorzug der Brutto-Grundfläche
besteht darin, dass die kostenverursachenden Gebäudeebenen vollständiger erfasst werden,
als im Falle der Ermittlung von Wohn- bzw. Nutzflächen oder Geschossflächen.

– Da sich nach § 20 Abs. 3 BauNVO die Geschossfläche nur nach den Grundrissebenen
  der *Voll*geschosse bemisst, werden mit der Geschossfläche z. B. **Dach- und Kellergeschosse nicht erfasst,** auch wenn mit diesen Flächen der entsprechende Sachwert „verkörpert" wird und die Geometrie dieser Ebene zum Zwecke einer höheren bauplanungsrechtlichen Ausnutzung darauf angelegt worden ist, dass die Fläche mit wenigen Zenti-
  metern in ihrer Abmessung die Eigenschaft eines **Vollgeschosses verfehlt. Zudem sind
  die Vollgeschosse in den Ländern unterschiedlich definiert,** so dass schon von daher
  die Geschossfläche ungeeignet ist.

– Auch mit der Wohn- und Nutzfläche werden die kostenverursachenden Grundrissebenen
  unvollständig erfasst. Es kommt hinzu, dass es diesbezüglich keine für alle Gebäudearten geltende Berechnungsnorm gibt. Umgekehrt könnte der Vorteil von wohn- bzw.
  nutzflächenbezogenen Normalherstellungskosten darin gesehen werden, dass nur die

---

16 Brachmann, a. a. O., S. 220

wirtschaftlich nutzbaren Flächen a priori erfasst werden und insoweit eine wirtschaftlich ungünstige Baugestaltung bereits ihre Berücksichtigung findet. Bei näherer Betrachtung ist aber auch dieser Gesichtspunkt nicht unproblematisch.

57 Aus den vorstehenden Gründen hatte sich das vom Bundesministerium für Raumordnung, Bauwesen und Städtebau bestellte Sachverständigengremium zur Ermittlung aktueller Normalherstellungskosten (NHK 95/2000) dafür entschieden,

– die Normalherstellungskosten auf eine Flächeneinheit zu beziehen (**Umstellung von Raummeterpreisen auf Flächenpreise**) und

– als Flächeneinheit die **Brutto-Grundfläche (BGF)**[17] nach der DIN 277 vorzugeben.

Zwar wurden bei der Einführung der NHK 95/2000 die Normalherstellungskosten zusätzlich noch bezogen auf eine Raumeinheit angegeben, jedoch ist dies lediglich als eine „Serviceleistung" für eine auslaufende Wertermittlungspraxis zu werten.

58 Die aktuellen Tabellenwerke für Normalherstellungskosten 2000 (NHK 2000) enthalten nur noch für einige **wenige Objektarten** Angaben zu **Normalherstellungskosten, die nur auf eine Volumeneinheit (Brutto-Rauminhalt) bezogen sind**. Es handelt sich um großvolumige Objekttypen, bei denen der Herstellungswert von der Raumhöhe abhängig ist:

– Gebäudetyp 30: Industriegebäude, Werkstätten,

– Gebäudetyp 31.1: Lagergebäude (Kaltlager),

– Gebäudetyp 31.2: Lagergebäude (Warmlager),

– Gebäudetyp 31.3: Lagergebäude (Warmlager mit Büro- und Sozialtrakt).

▸ *Zur Ermittlung der Brutto-Grundfläche (BGF) vgl. Teil III Rn. 525 ff. BRI Teil III Rn. 578 ff.*

2.5.2 Normalherstellungskosten 2000 (NHK 2000)

59 Die Verwendung der sich noch auf die Wertverhältnisse von 1913 beziehenden Normalherstellungskosten pro m³ umbauten Raums hat sich nach den vorstehenden Ausführungen für die Praxis zunehmend als untragbar erwiesen. Deshalb wurden in einer vom Bundesministerium für Raumordnung, Bauwesen und Städtebau in Auftrag gegebenen Untersuchung aktuelle Normalherstellungskosten neu abgeleitet.[18] Diese **Normalherstellungskosten wurden als Bundes-Mittelwerte ohne Baunebenkosten, jedoch einschließlich einer 16%igen Umsatzsteuer, bezogen auf die Wertverhältnisse des Jahres 2000** ermittelt (NHK 2000) und veröffentlicht. Sie wurden mit Erlass des Bundesministeriums für Raumordnung, Bauwesen und Städtebau vom 1. 8. 1997 bekannt gemacht.

60 Für die nachfolgenden Grundstücksarten liegen aktuelle auf 2000 bezogene Normalherstellungskosten vor:

61 **Gebäudekatalog der Normalherstellungskosten 2000 (NHK 2000)**

1 **Einfamilien-Wohnhäuser, freistehend**
1.01 Keller-, Erd-, voll ausgebautes Dachgeschoss
1.02 Keller-, Erd-, nicht ausgebautes Dachgeschoss
1.03 Keller-, Erdgeschoss, Flachdach
1.11 Keller-, Erd-, Obergeschoss, voll ausgebautes Dachgeschoss
1.12 Keller-, Erd-, Obergeschoss, nicht ausgebautes Dachgeschoss
1.13 Keller-, Erd-, Obergeschoss, Flachdach
1.21 Erd-, voll ausgebautes Dachgeschoss, nicht unterkellert
1.22 Erd-, nicht ausgebautes Dachgeschoss, nicht unterkellert
1.23 Erdgeschoss, Flachdach, nicht unterkellert
1.31 Erd-, Obergeschoss, voll ausgebautes Dachgeschoss, nicht unterkellert
1.32 Erd-, Obergeschoss, nicht ausgebautes Dachgeschoß, nicht unterkellert
1.33 Erd-, Obergeschoss, Flachdach, nicht unterkellert

2	**Einfamilien-, Reihenhaus, jeweils unterteilt in Kopfhaus und Mittelhaus**
2.01	Keller-, Erdgeschoss, voll ausgebautes Dachgeschoss
2.02	Keller-, Erdgeschoss, nicht ausgebautes Dachgeschoss
2.03	Keller-, Erdgeschoss, Flachdach
2.11	Keller-, Erdgeschoss, Obergeschoss, voll ausgebautes Dachgeschoss
2.12	Keller-, Erdgeschoss, Obergeschoss, nicht ausgebautes Dachgeschoss
2.13	Keller-, Erdgeschoss, Obergeschoss, Flachdach
2.21	Erdgeschoss, voll ausgebautes Dachgeschoss, nicht unterkellert
2.22	Erdgeschoss, nicht ausgebautes Dachgeschoss, nicht unterkellert
2.23	Erdgeschoss, Flachdach, nicht unterkellert
2.31	Erd-, Obergeschoss, voll ausgebautes Dachgeschoss, nicht unterkellert
2.32	Erd-, Obergeschoss, nicht ausgebautes Dachgeschoss, nicht unterkellert
2.33	Erd-, Obergeschoss, Flachdach, nicht unterkellert
3	**Mehrfamilien-, Wohnhäuser, jeweils unterteilt in Kopf-, Mittelhaus und freistehend**
3.11	Keller-, Erd-, Obergeschoss, voll ausgebautes Dachgeschoss
3.12	Keller-, Erd-, Obergeschoss, nicht ausgebautes Dachgeschoss
3.13	Keller-, Erd-, Obergeschoss, Flachdach
3.21	Keller-, Erdgeschoss, 2 Obergeschosse, voll ausgebautes Dachgeschoss
3.22	Keller-, Erdgeschoss, 2 Obergeschosse, nicht ausgebautes Dachgeschoss
3.23	Keller-, Erdgeschoss, 2 Obergeschosse, Flachdach
3.32	Keller-, Erdgeschoss, 3 Obergeschosse, nicht ausgebautes Dachgeschoss
3.33	Keller-, Erdgeschoss, 3 Obergeschosse, Flachdach
3.42	Keller-, Erdgeschoss, 4 bis 5 Obergeschosse, nicht ausgebautes Dachgeschoss
3.53	Keller-, Erdgeschoss, 5 Obergeschosse, Flachdach
3.73	Keller-, Erdgeschoss, 7 bis 10 Obergeschosse, Flachdach
4	**gemischt genutzte Wohn- und Geschäftshäuser**
5	**Verwaltungsgebäude**
5.1	1 bis 2 Geschosse, nicht unterkellert, Dach geneigt oder Flachdach
5.2	2 bis 5 Geschosse, unterkellert, Dach geneigt oder Flachdach
5.3	6- und mehrgeschossig, Flachdach
6	**Bankgebäude**
7	**Gerichtsgebäude**
8	**Gemeindezentren, Bürgerhäuser**
9	**Saalbauten, Veranstaltungszentren**
10	**Vereins- und Jugendheime, Tagesstätten**
11	**Kindergärten, Kindertagesstätten**
12	**Schulen**
13	**Berufsschulen**
14	**Hochschulen, Universitäten**
15	**Personalwohnheime, Schwesternwohnheime**
16	**Altenwohnheime**
17	**Allgemeine Krankenhäuser**
18	**Hotels**
19	**Tennishallen**
20	**Turn- und Sporthallen**
21	**Funktionsgebäude für Sportanlagen**
22	**Hallenbäder**
23	**Kur- und Heilbäder**
24	**Kirchen, Stadt-/Dorfkirchen, Kapellen**
25	**Einkaufsmärkte**
26	**Kauf- und Warenhäuser**

---

17 In verhängnisvoller Weise falsch ist die irrige Auffassung von Petersen (marktgerechte Immobilienbewertung 4. Aufl., S. 37), die NHK 95 bezögen sich auf die Bruttogeschossfläche, bei deren Ermittlung das Keller- und Dachgeschoss nach den Vorschriften der LBO nur unter bestimmten Voraussetzungen Eingang in die Flächenberechnung findet.

18 Ermittlung von zeitgemäßen Normalherstellungskosten für die Belange der Verkehrswertermittlung; Bundesanzeiger Verlag Köln 1997; Schaar in GuG 1997, 230; Kleiber WertR 96, 8. Aufl., Köln 2001

Die Normalherstellungskosten 2000 sind abgedruckt bei Kleiber WertV 98/WertR 2000, 8. Aufl. Bundesanzeiger Verlag Köln 2001.

62   Die in den Gebäudetypenblättern ausgewiesenen Normalherstellungskosten differenzieren u. a. nach Gebäuden mit und ohne ausgebautem Dachgeschoss. Ist ein **Dachgeschoss oder ein Spitzboden nur teilweise ausgebaut,** werden Zu- und Abschläge von den Normalherstellungskosten (NHK 2000) erforderlich oder eine Berechnung im Gebäudemix erforderlich.

63   **Die vorliegenden Normalherstellungskosten – NHK 2000 –**

a) beziehen sich auf einen **Quadratmeter (m²) Brutto-Grundfläche (BGF),** ermittelt nach DIN 277 i. d. F. von 1987.

Die Normalherstellungskosten (NHK 2000) wurden zwar mit den NHK 95 noch als Raummeterpreise in DM/m³ Brutto-Rauminhalt (BRI) angegeben, wobei die Berechnung wiederum auf der Grundlage der DIN 277 i. d. F. von 1987 erfolgte. Schon im Interesse einer einheitlichen Anwendung empfiehlt es sich, die Normalherstellungskosten (NHK 2000) dabei vorzugsweise auf der Grundlage der Brutto-Grundfläche (BGF) heranzuziehen.

b) geben **Bundesmittelwerte** nach dem **Preisstand 2000** ohne Baunebenkosten **einschließlich einer 16 %igen Mehrwertsteuer** wieder. Die durchschnittlichen Baunebenkosten sind in einem Vomhundertsatz auf den Gebäudetypenblättern angegeben. Baunebenkosten in Höhe von z. B. 14 % entspricht ein (multiplikativer) Korrekturfaktor von 1.14.

Eine **Erhöhung der Mehrwertsteuer kann unbeachtlich** bleiben, weil sie über den Baupreisindex, mit dem die auf 2000 bezogenen Normalherstellungskosten auf die Herstellungskosten eines aktuellen Wertermittlungsstichtags angepasst werden, miterfasst wird.

c) differenzieren u. a. nach Gebäuden mit und ohne ausgebautem Dachgeschoss. Sollte z. B. ein **Dachgeschoss nur teilweise ausgebaut** sein, ist ein Zu- oder Abschlag von den Normalherstellungskosten (NHK 2000) oder eine Berechnung im Gebäude-Mix erforderlich.

Die vorliegenden Normalherstellungskosten können gemäß Nr. 3.6.1.1 WertR unmittelbar **64** Anwendung finden. Ergänzend wird darauf hingewiesen, dass bei Anwendung der Normalherstellungskosten 2000 (NHK 2000) nicht auszuschließen ist, dass insbesondere die sich auf die bisher verwendeten Normalherstellungskosten beziehenden örtlichen Erfahrungssätze für sog. **Marktanpassungsab- und -zuschläge** den **neuen Normalherstellungskosten angepasst werden müssen** (§ 7 Abs. 1 Satz 2 WertV). Dies wiederum muss sich in der Praxis „automatisch" vollziehen, da empirisch ermittelte Marktanpassungsfaktoren ohnehin nicht statisch sind und der Entwicklung angepasst werden müssen.

Der Gutachterausschuss für Grundstückswerte für den Bereich der Stadt **Rheine** hat sich – **65** soweit erkennbar – am intensivsten mit der Umstellung seiner Marktanpassungsfaktoren befasst:

Für frei stehende eingeschossige Einfamilienhäuser mit voll ausgebautem Dachge- **66** **schoss, voll unterkellert und einer mittleren bis gehobenen Ausstattung** kommt er – ausweislich des Grundstücksmarktberichts 1999 – zu dem Ergebnis, dass sich die **Marktanpassungsabschläge** um bis 10 % bei Verwendung der NHK 95/2000 gegenüber der Verwendung von 13er-Werten verringert und zwar abhängig vom Boden- bzw. Gebäudewertanteil am Sachwert.

Gebäudewertanteil am Sachwert	Bodenwertanteil am Sachwert	Reduktion des herkömmlichen Marktanpassungsabschlags
50 %	50 %	– 5 %
> 70 %	< 30 %	– 7 %

Je höher der Gebäudewertanteil am Sachwert ist, desto größer ist die Reduktion des herkömmlichen Marktanpassungsabschlags. Das Ergebnis entspricht Untersuchungen im Bundesministerium für Raumordnung, Bauwesen und Städtebau.

▸ *Näheres hierzu bei § 25 WertV Rn. 125 ff.*

2.6 Ermittlung des Neubauwerts auf der Grundlage der NHK 2000

2.6.1 Allgemeines

Zur Ermittlung des aktuellen Neubauwerts müssen **67**

a) die Brutto-Grundfläche (BGF) des Gegenstandes der Wertermittlung – ohne Bereich c (vgl. Teil III Rn. 540) – korrespondierend mit den auf der Grundlage dieser Norm abgeleiteten und in den Gebäudetypenblättern der NHK 2000 für das jeweilige Baujahr und Ausstattung ausgewiesenen Normalherstellungskosten (NHK 2000) vervielfältigt,

b) die mit dem herangezogenen Brutto-Grundflächenpreis nicht erfassten besonderen Bauteile (einschließlich die des Bereichs c) wertmäßig hinzugerechnet,

c) der sich daraus ergebende Neubauwert des Jahres 2000 mit Hilfe geeigneter Baupreisindexreihen auf die Wertverhältnisse des Wertermittlungsstichtags indiziert,

d) regionale sowie ortsspezifische Besonderheiten, soweit sie mit der herangezogenen Baupreisindexreihe nicht berücksichtigt worden sind, durch Anwendung eines regional- und ortsspezifischen Korrekturfaktors zusätzlich berücksichtigt (vgl. Übersicht über regionalspezifische Multiplikatoren bei Rn. 79 ff.) und

e) die zum jeweiligen Wertermittlungsstichtag geltende Mehrwertsteuer ggf. abgezogen werden (vgl. Rn. 27 ff.).

68 Die einzelnen Normalherstellungskosten (NHK 2000) sind in den jeweiligen **Gebäudetypenblättern** differenziert nach

– Gebäudebaujahrsklassen und

– Ausstattungsstandards

nachgewiesen.

69 Mitunter werden für denselben Gebäudetypus jeweils gesondert Gebäudetypenblätter für eine **frei stehende oder in Reihe angeordnete** und dann nach **Kopf- und Mittelhaus** aufgeteilte **Bebauung** abgedruckt.

70 Eine Kurzbeschreibung der **Ausstattungsstandards** ist den Gebäudetypenblättern zugeordnet (vgl. Vorbem. zu den §§ 21 ff. WertV Rn. 121). Der Gegenstand der Wertermittlung ist auf der Grundlage dieser Ausstattungsmerkmale zu qualifizieren. Dabei ist zu beachten, dass die in der Ausstattungstabelle angegebenen Kostengruppen ungleichgewichtig sind und im Einzelfall das zu wertende Objekt sachverständig zugeordnet werden muss. Eine einfache Interpolation ist wegen der unterschiedlichen Kostenanteile einzelner Ausstattungsmerkmale nicht zulässig.

Des Weiteren ist zu beachten, dass die angegebenen Normalherstellungskosten auch jeweils nur für die angegebenen Ausstattungsstandards gelten, d. h., bei **besonders exklusivem oder zurückgebliebenem Ausstattungsstandard** müssen die angegebenen Normalherstellungskosten erhöht bzw. vermindert werden. Dies kann insbesondere für die neuen Bundesländer von Bedeutung sein, die mitunter (z. B. bei Hallen) einen Ausstattungsstandard aufweisen, dem die angegebenen Normalherstellungskosten nicht gerecht werden.

71 Zur Erleichterung der Anwendung der NHK 95 waren auf jedem Gebäudetypenblatt im Übrigen die *jeweiligen* nach Gebäudearten unterschiedlichen **Umrechnungskoeffizienten für überschlägige nicht dem Einzelfall genügende Umrechnungen** angegeben, z. B.:

1 m² BGF (DIN 277/1987) erfordert im Mittel 2,85 m³ BRI (DIN 277/1987).

Die im damaligen Einführungserlass ausdrücklich nur für überschlägige Berechnungen ausgewiesenen Umrechnungskoeffizienten ließen erkennen, welche Geschosshöhe die Grundgesamtheit des zur Ableitung der Normalherstellungskosten herangezogenen Datenmaterials hatte. Die Umrechnungskoeffizienten sind nicht **für eine** dem Einzelfall genügende **Umrechnung von BGF in BRI** und umgekehrt geeignet, da es **eine Universalformel dafür nicht geben kann.** Bei der Veröffentlichung der NHK 2000 werden diese Angaben deshalb nicht mehr gemacht.

72 Auch die in der erstmaligen Veröffentlichung der Normalherstellungskosten angegebenen **Umrechnungskoeffizienten für eine Umrechnung der Wohnfläche (WF) in die BGF und umgekehrt sind für den Einzelfall ungeeignet,** so dass bei bekannter Wohnfläche WF nicht mit Hilfe der angegebenen Formel die BGF ermittelt werden kann. Aus diesem Grunde wird auf eine Wiedergabe verzichtet. Der Sachverständige muss vielmehr die individuelle BGF ermitteln, sofern sie ihm nicht zuverlässig aus den Bauakten zur Verfügung steht.

73 Das Gebäudetypenblatt enthält schließlich noch

– Hinweise zu den **Baunebenkosten** entsprechend der Kostengruppe 700 DIN 276/1993. Hierzu gehören insbesondere die Kosten, die bei der Planung und Durchführung auf der Grundlage von Honorarordnungen, Gebührenordnungen oder nach weiteren vertraglichen Vereinbarungen entstehen, die Bauherrenaufgaben, die Vorbereitung der Objektplanung, Architekten- und Ingenieurleistungen, Gutachten und Beratungen, Kunst, Finanzierung sowie die allgemeinen und sonstigen Baunebenkosten,

– sowie die jeweilige Spanne der **üblichen Gesamtnutzungsdauer (GND)**.

▶ *Zu überhohen und unwirtschaftlichen Geschosshöhen vgl. Vorbem. zu den §§ 21ff. WertV Rn. 69*

2.6.2 Gebäudebaujahrsklasse

Im Einführungserlass werden die Normalherstellungskosten gestaffelt nach Baujahrsklassen angegeben. **74**

Grundsätzlich ist für den Ansatz der Normalherstellungskosten das Baujahr der zu wertenden baulichen Anlage maßgebend, wobei der Ansatz ggf. durch Interpolation zu ermitteln ist. Bezogen auf das Bezugsjahr 2000 können auch folgende Umrechnungskoeffizienten herangezogen werden: **75**

Berücksichtigung der Gebäudebaujahrsklasse	
Baujahr ggf. fiktiv	Gebäudebaujahrsfaktor näherungsweise
vor 1925	0,70 – 0,74
1925–1945	0,74 – 0,76
1946–1959	0,76 – 0,82
1960–1969	0,82 – 0,86
1970–1984	0,86 – 0,92
1985–2000	0,92 – 1,00

Für die **Bestimmung der Gebäudebaujahrsklasse** für Gebäude, die überdurchschnittlich instand gesetzt oder modernisiert wurden, kann von einer entsprechend verjüngten Gebäudebaujahrsklasse ausgegangen werden, wenn dem nicht bereits durch Zuschläge Rechnung getragen wurde. Bei durchgreifend modernisierten Gebäuden ist fiktiv die Gebäudebaujahrsklasse zu Grunde zu legen, die dem Standard der Gebäudebaujahrsklasse entspricht, der durch die Modernisierung herbeigeführt wurde. **76**

Das **fiktive Baujahr** lässt sich mit Hilfe des modernisierten Gebäudeanteils am Gesamtgebäude ermitteln, wobei diese jeweils auf das Modernisierungsjahr bzw. Gebäudeherstellungsjahr zu beziehen sind: **77**

Beispiel:

Einfamilienhaus   Baujahr   1958
Modernisierungsjahr   1990
Wertermittlungsstichtag   1998

Im Jahre 1990 wurden 40 % des Gesamtgebäudes durchgreifend modernisiert, d. h. der Altbestand beträgt 60 % (Summe: 100 %).

Fiktives Baujahr

$$\frac{(1958 \times 60) + (1990 \times 40)}{100} = \mathbf{1971}$$

▶ *Vgl. hierzu auch die Ermittlung des fiktiven Baujahrs nach durchgeführten Modernisierungsmaßnahmen bei § 16 WertV Rn. 129ff.*

2.6.3 Regionale und örtliche Einflüsse

78   Bei den in den Tafelwerken ausgewiesenen Normalherstellungskosten 2000 (NHK 2000) handelt es sich um **Bundesmittelwerte.** Auf Grund der regionalen Verhältnisse und den besonderen Verhältnissen vor Ort können sich nicht unerhebliche Abweichungen ergeben. Diese Einflüsse wurden in der bisherigen Wertermittlungspraxis auf der Grundlage der 13er-Werte i. d. R. mit dem Marktanpassungsfaktor nach § 7 Abs. 1 Satz 2 WertV berücksichtigt. Der Sachverständige hatte hier seinen örtlich gewachsenen Erfahrungsschatz einzubringen. Dieser Grundsatz gilt auch bei Verwendung der NHK 2000.

79   Bei Verwendung der NHK 2000 sollen jedoch regionale und ortsbedingte Abweichungen in der Höhe der Normalherstellungskosten von den Bundesmittelwerten in transparenter Weise durch einen

– Regionalen Korrekturfaktor (A) und einen

– Ortsspezifischen Korrekturfaktor (B)

berücksichtigt werden. Diese **Faktoren** können **nicht verbindlich** vorgegeben werden, zumal sie zeitlichen Veränderungen unterworfen sind. Der Einführungserlass enthält hierzu lediglich allgemeine Empfehlungen, die vom örtlich tätigen Sachverständigen eigenverantwortlich übernommen werden können.

80   Die angegebenen Normalherstellungskosten stellen Bundesmittelwerte dar. Das Problem besteht aber in der richtigen Erfassung des örtlichen Baupreisniveaus im Verhältnis zu den Bundesmittelwerten. Die Unterschiede lassen sich mit Hilfe der nachfolgend abgedruckten **Korrekturfaktoren** ermitteln, wobei sich – bezogen auf die Verhältnisse im Jahre 2000 – die Niveauunterschiede als Querschnittswerte für den Wohnungs-, Gewerbe- und Kommunalbau ergeben. Im Rahmen der allgemeinen Schätzgenauigkeit können diese vielfach noch vernachlässigt werden. Soweit sich die Baupreise regional deutlich unterschiedlich entwickeln, kann es mit zunehmendem Zeitablauf zweckmäßig werden, den landesspezifischen Index heranzuziehen, wobei in den Grenzzonen nicht schematisch nach der Belegenheit des zu wertenden Objektes vorgegangen werden darf. Hier muss der Sachverständige nach seinen Ortskenntnissen entscheiden, ob er den Baupreisindex des benachbarten Bundeslandes (mit-) berücksichtigt.

81   **Regionaleinfluss nach Bundesländern gegenüber Bundesmittelwert (1,00) – 2000 –**
vorläufig:
– Baden-Württemberg .... 1,00 bis 1,10
– Bayern .... 1,05 bis 1,10
– Berlin .... 1,25 bis 1,45
– Brandenburg .... 0,95 bis 1,10
– Bremen .... 0,90 bis 1,00
– Hamburg .... 1,25 bis 1,30
– Hessen .... 0,95 bis 1,00
– Mecklenburg-Vorpommern .... 0,95 bis 1,10
– Niedersachsen .... 0,75 bis 0,90
– Nordrhein-Westfalen .... 0,90 bis 1,00
– Rheinland-Pfalz .... 0,95 bis 1,00
– Saarland .... 0,85 bis 1,00
– Sachsen .... 1,00 bis 1,10
– Sachsen-Anhalt .... 0,90 bis 0,95
– Schleswig-Holstein .... 0,90 bis 0,95
– Thüringen .... 1,00 bis 1,05

Abb. 9: Regionale Differenzierung der Baupreise (Normalherstellungskosten)

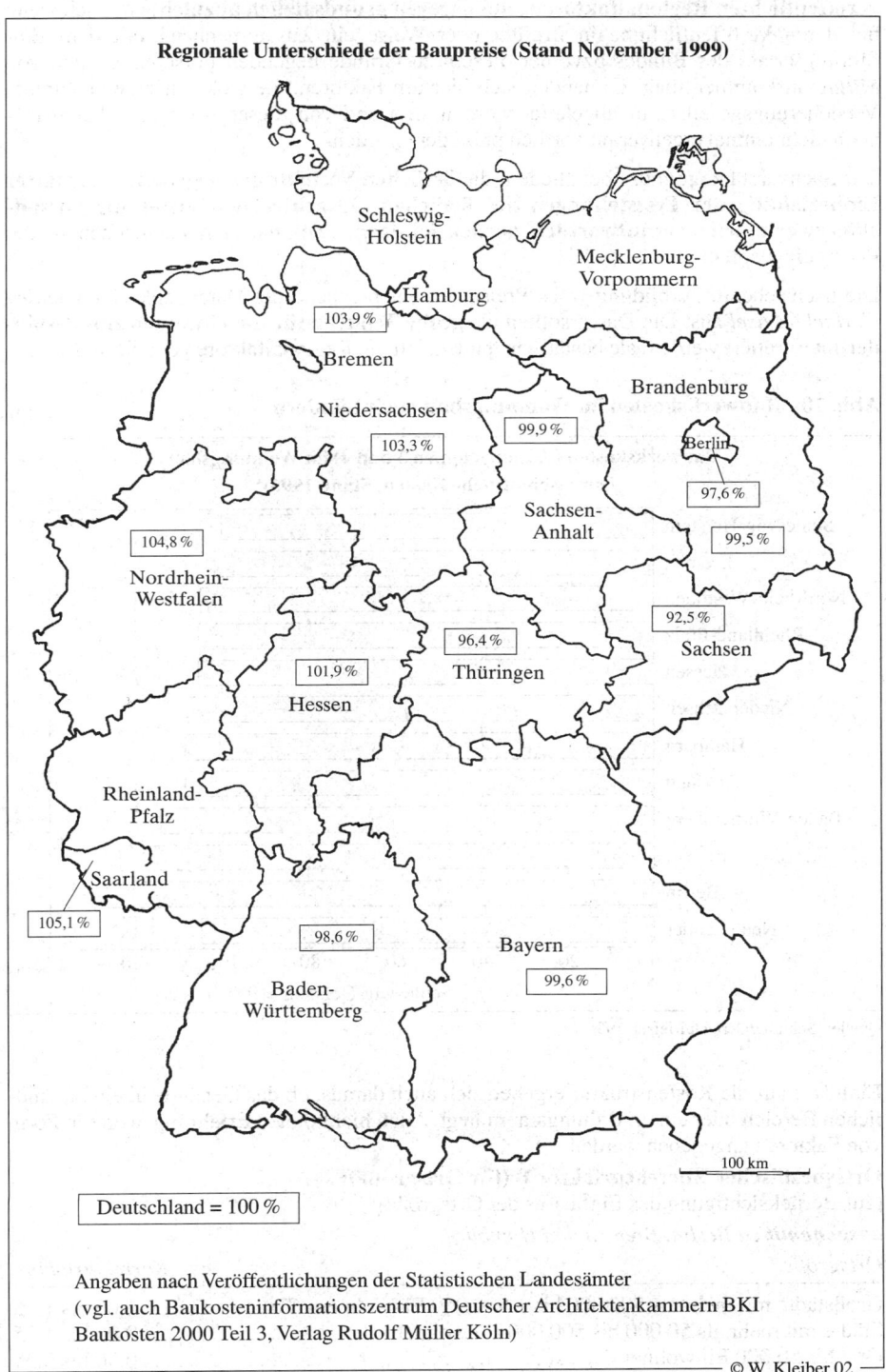

Regionale Unterschiede der Baupreise (Stand November 1999)

Schleswig-Holstein

Mecklenburg-Vorpommern

Hamburg

103,9 %

Bremen

Niedersachsen

Brandenburg

103,3 %

99,9 %

Berlin

97,6 %

Sachsen-Anhalt

99,5 %

104,8 %

92,5 %

Nordrhein-Westfalen

Sachsen

96,4 %

101,9 %

Thüringen

Hessen

Rheinland-Pfalz

Saarland

105,1 %

98,6 %

Bayern

99,6 %

Baden-Württemberg

100 km

Deutschland = 100 %

Angaben nach Veröffentlichungen der Statistischen Landesämter
(vgl. auch Baukosteninformationszentrum Deutscher Architektenkammern BKI
Baukosten 2000 Teil 3, Verlag Rudolf Müller Köln)

© W. Kleiber 02

82   Die vom Sächsischen Bauinstitut[19] bis **auf die Ebene von Postleitzahlen abgeleiteten und veröffentlichten Regionalfaktoren sind** dagegen **grundsätzlich abzulehnen,** auch wenn bei deren Veröffentlichung in irreführender Weise ein Zusammenhang mit dem Einführungserlass des Bundes bzw. der diesem zu Grunde liegenden Forschungsarbeit von *Mittag* aufkommen mag. Es handelt sich hier um Faktoren, die wohl für eine bestimmte Versicherungsgesellschaft abgeleitet worden sind und von dieser – soweit erkennbar – noch nicht einmal eigenverantwortlich publiziert wurden.

83   Der Sachverständige muss bei alledem die **örtlichen Verhältnisse gegebenenfalls unter Einbeziehung der Feststellungen des örtlichen Gutachterausschusses für Grundstückswerte selbstverantwortlich berücksichtigen.** Dies hat sich inzwischen in der Praxis eingespielt.

84   Die nachstehende Abbildung weist Preisdaten entsprechend der Datenbank von *Schmitz/Gerlach/Meisel* aus. Die Daten sollten als **grobe Tendenz für die einzelnen Bundesländer** interpretiert werden; sie bestätigen tendenziell die Regionalfaktoren der NHK 2000:

Abb. 10: Bauwerkskosten im Wohnungsbau nach Ländern

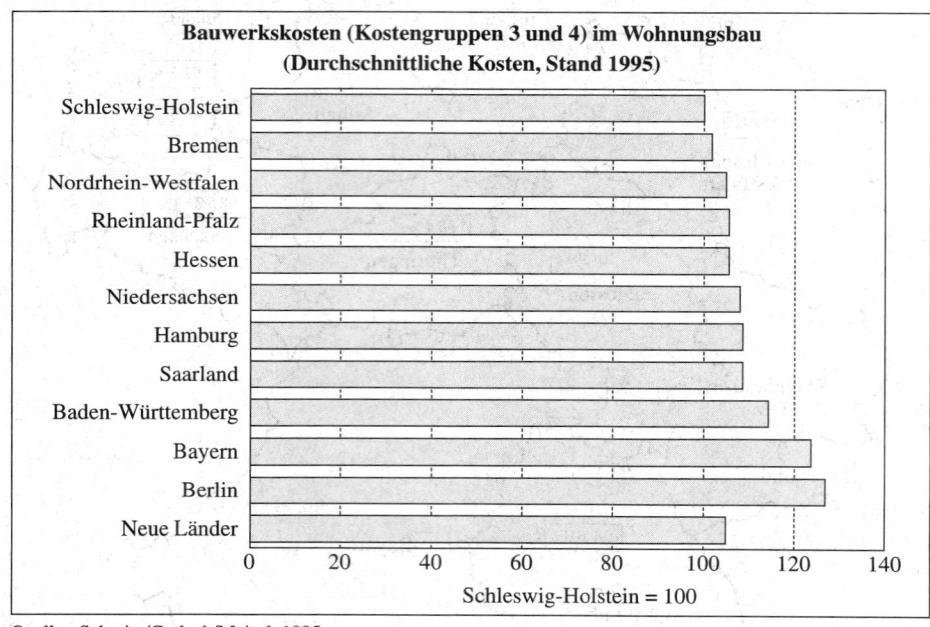

Quelle: Schmitz/Gerlach/Meisel, 1995

85   Einflüsse auf die Kostenstruktur ergeben sich auch daraus, ob das Gebäude in einem ländlichen Bereich oder einem Ballungsraum liegt. Auch hier können Erfahrungswerte in Form von Faktoren angegeben werden:

86   **Ortsspezifischer Korrekturfaktor B (für Ortsgröße):**
(zur Berücksichtigung des Einflusses der Ortsgröße)

***ausgenommen** Berlin, Bremen und Hamburg*

Ortsgröße:	Korrekturfaktor:
Großstädte mit mehr als 500 000 bis 1 500 000 Einwohnern (E)	1,05 bis 1,15
Städte mit mehr als 50 000 bis 500 000 Einwohnern (E)	0,95 bis 1,05
Orte bis 50 000 Einwohner (E)	0,90 bis 0,95

Diese Faktoren gelten nicht für die Großstädte, die gleichzeitig Bundesländer sind (Berlin, Bremen, Hamburg). Hier ist der Einfluss der Ortsgröße schon in den oben angegebenen Faktoren (regionale Unterschiede) eingearbeitet.

Die angegebenen **Korrekturfaktoren** sollen nur **als Anhalt** dienen, von denen der Sachverständige auf Grund seiner örtlichen Marktkenntnisse abweichen kann. Abweichungen von den Korrekturfaktoren, die auch „über" und „unter" dem gesetzten Rahmen liegen können, sind also nicht nur zulässig, sondern auch geboten, wenn es die Marktverhältnisse erfordern. Bei Zusammentreffen mehrerer Korrekturfaktoren sind diese miteinander zu multiplizieren. **87**

Der örtlich tätige Sachverständige wird es damit jeweils nur mit einem einzigen **(kombinierten) Korrekturfaktor** (A × B) zu tun haben, um die örtliche Lage bei der Ermittlung der Normalherstellungskosten zu berücksichtigen. **88**

Im **Grenzbereich eines Bundeslandes sowie** insbesondere **in kleineren Gemeinden im Umland größerer Städte und Gemeinden** kommt es bei der Wahl der Korrekturfaktoren nicht allein auf die geographische Lage des zu wertenden Grundstücks an; vielmehr muss das wirtschaftliche Beziehungsgeflecht berücksichtigt werden. Der Korrekturfaktor B kleinerer Gemeinden im Umland größerer Städte und Gemeinden (im sog. Speckgürtel) bestimmt sich mithin i. d. R. nach dem Korrekturfaktor der größeren Stadt. **89**

Die Gutachterausschüsse für Grundstückswerte sind aufgerufen, entsprechende Korrekturfaktoren für ihren Bereich zu veröffentlichen; dies steht im Interesse einer Vergleichbarkeit der örtlichen Wertermittlungspraxis. Qualifizierte Gutachterausschüsse veröffentlichen inzwischen alljährlich die ortsspezifischen Regional- und Ortsfaktoren in ihren **Marktberichten.** Diese Veröffentlichungen sind heranzuziehen. **90**

2.6.4 Konjunkturelle Einflüsse

▶ *Hierzu auch § 25 WertV Rn. 124 ff.*

Keine besondere Erwähnung im Einführungserlass des Bundesministeriums für Raumordnung, Bauwesen und Städtebau zu den NHK 95/2000 finden **konjunkturelle Schwankungen,** die noch hinzutreten können. Je nach der Beschäftigungslage in der Bauwirtschaft können sich hieraus weitere Preisabweichungen ergeben, die sich erfahrungsgemäß im Bereich von +/- 10 % bewegen. Im Einzelfall muss jedoch beachtet werden, dass solche örtlichen konjunkturellen Schwankungen bereits mit dem Ortsfaktor erfasst sein können: **91**

Konjunkturelle Lage	Faktor
für sehr gute konjunkturelle Lage	1,10
für gute konjunkturelle Lage	1,05
für mittlere konjunkturelle Lage	1,00
für schlechte konjunkturelle Lage	0,95
für sehr schlechte konjunkturelle Lage	0,90

Mit diesen Faktoren können auch **konjunkturelle Einflüsse** berücksichtigt werden, und zwar **92**
– sowohl allgemeine konjunkturelle Einflüsse
– als auch örtliche konjunkturelle Einflüsse.

Nach Untersuchungen der *Gewos* ist die **örtliche konjunkturelle Lage** von **93**
– der Konkurrenzintensität und
– dem Auslastungsgrad
der örtlichen Bauwirtschaft abhängig (Abb. 11):

19 Rödenbeck in Nachr. der nds. Kat.- und VerVw 1999, 157

Abb. 11: Konkurrenzintensität und Preiskalkulation

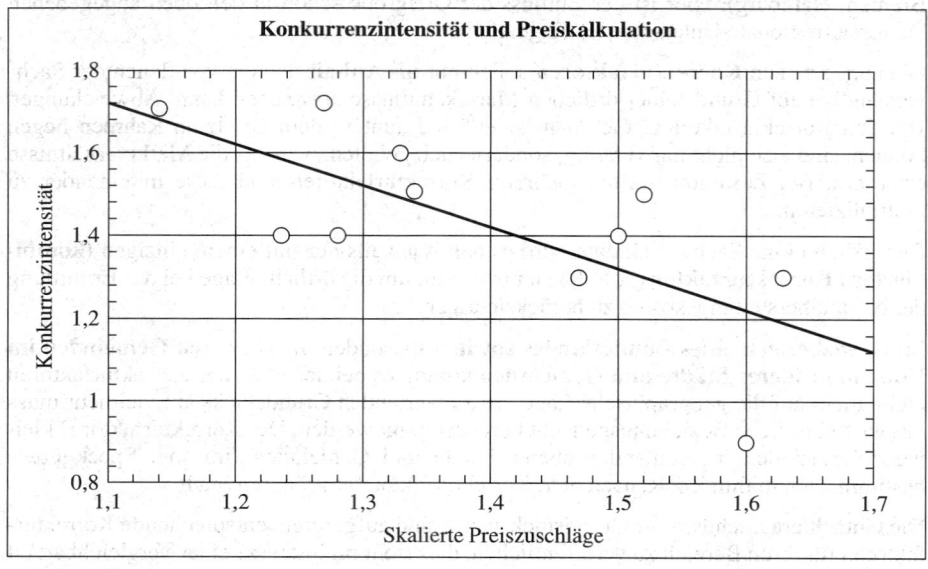

94 In der folgenden Abbildung ist die Auslastung, gemessen an der Zahl der Fertigstellungen je Beschäftigten, dem regionalen Preisniveau gegenübergestellt (Abb. 12):

Abb. 12: Auslastungsgrad

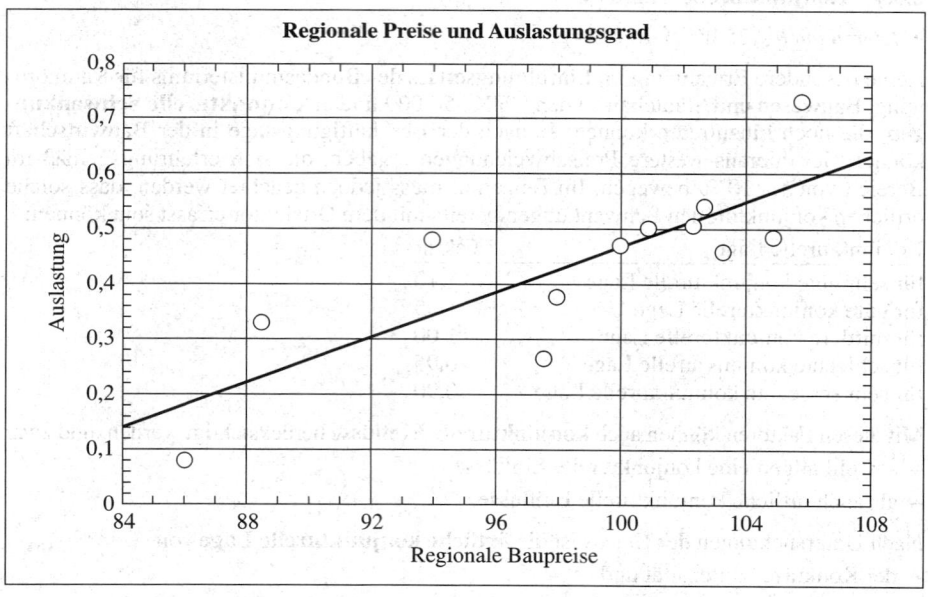

95 Es zeigt sich eindeutig ein positiver Zusammenhang zwischen den beiden Variablen. **Demnach reagieren die Preise vergleichsweise flexibel auf die Nachfragesituation:** Erlaubt die Nachfrage nach Bauleistungen in einer bestimmten Region Preiserhöhungen, so werden diese auch wahrgenommen. In Regionen, die sich demgegenüber in einer vergleichsweise ungünstigen Nachfragesituation befinden, werden demgegenüber tendenziell Preiszugeständnisse hingenommen.

Zur Frage, ob zusätzlich zu dem Regional- und ortsspezifischen Korrekturfaktor die konjunkturelle Lage berücksichtigt werden muss, ist entscheidend **darauf abzustellen, ob die aktuelle Konjunkturlage bereits mit dem regional- und ortsspezifischen Korrekturfaktor hinreichend berücksichtigt wird.** Dies ist grundsätzlich anzustreben, so dass für einen Konjunkturfaktor nur noch dann Raum ist, wenn und soweit die konjunkturellen Entwicklungen nicht bereits mit einem aktuellen regional- und ortsspezifischen Korrekturfaktor berücksichtigt werden konnten. **96**

2.6.5   Besonderheiten für Mehrfamilien-Wohnhäuser

Die ausgewiesenen Bundes-Mittelwerte für **Mehrfamilien-Wohnhäuser** gelten für: **97**
– eine durchschnittliche Wohnfläche von 70 m² BGF je Wohneinheit (50 m² WF/WE) sowie
– einen Grundriss mit 2 Wohneinheiten (WE) je Geschoss (Zweispänner)

Abweichungen von der Grundrissart bzw. von der durchschnittlichen Wohnfläche **98** können mit folgenden Korrekturfaktoren – die auf jedem Gebäudetypenblatt ausgewiesen sind – berücksichtigt werden:

Korrekturfaktor C für Grundrissart[20]:

– Einspänner	(eine Wohneinheit je Geschoss)	1,05
– Zweispänner	(zwei Wohneinheiten je Geschoss)	1,00
– Dreispänner	(drei Wohneinheiten je Geschoss)	0,97
– Vierspänner	(vier Wohneinheiten je Geschoss)	0,95

Korrekturfaktor D für Wohnungsgröße:

– durchschnittliche Wohnungsgröße von	50 m² BGF/WE (= 35 m² WF/WE)	1,10
– durchschnittliche Wohnungsgröße von	70 m² BGF/WE (= 50 m² WF/WE)	1,00
– durchschnittliche Wohnungsgröße von	135 m² BGF/WE (= 100 m² WF/WE)	0,85

Die **Korrekturfaktoren C und D** kommen also **nur bei Mehrfamilien-Wohnhäusern** **99** zur Anwendung, deren Verkehrswert im Übrigen aber ohnehin nur in Ausnahmefällen nach dem Sachwertverfahren ermittelt wird.

2.6.6   Baunebenkosten

Schließlich lassen sich (zur Vereinfachung) auch die Baunebenkosten, die üblicherweise in **100** einem Vomhundertsatz der (ohne Baunebenkosten) tabulierten Normalherstellungskosten ermittelt werden, in einem Zuge mitberücksichtigen, indem als weiterer Multiplikator der **Baunebenkostenberücksichtigungsfaktor**

$$1 \ + \ \text{Vomhundertsatz der Baunebenkosten}$$

eingeführt wird:

Beispiel:
Baunebenkosten = 14 % der tabulierten NHK 2000
Baunebenkostenberücksichtigungsfaktor: 1,14

---

20   Hierzu auch FG Berlin, Urt. vom 19. 8. 1999 – 4 K 4404/97 –, EFG 1999, 1269

2.6.7 Beispiel:

101

a) Sachverhalt

Mehrfamilien-Wohnhaus	Typ 3.11
Bauart:	Kopfhaus unterkellert
Baujahr:	1970
Ausstattungsstandard:	gehoben
Grundrissart:	Einspänner (Korrekturfaktor = 1,05)
Durchschnittliche WF:	135 m² BGF (Korrekturfaktor = 0,85)
Lage (Ort/Land):	Großstadt mit 600 000 Einwohnern in Nordrhein-Westfalen

Die Korrekturen sind auf der Grundlage des örtlichen Grundstücksmarktes sachverständig in angemessener Höhe zu schätzen. Abweichungen sind zulässig.

Korrekturfaktor für Ortsgröße (hier rd. 600 000 E)	1,15
Korrekturfaktor für Land (hier Nordrhein-Westfalen)	1,00

b) Berechnung der NHK 2000 je m² BGF:

Aus der Tabelle des Gebäudetypenblatts 3.11 ergibt sich unter Berücksichtigung der Grundrissart und der durchschnittlichen Wohnfläche für 1 m² BGF:

$$\text{NHK 2000} = 800 \text{ €/m}^2 \text{ BGF (ohne Baunebenkosten)}$$

mit folgenden Eigenschaften:
- Zweispänner
- durchschnittliche Wohnungsgröße von 70 m² BGF (= ca. 50 m² WF)
- ohne Baunebenkosten (von 14 %)

Die dem Gebäudetypenblatt entnommenen 800 €/m² BGF werden auf die Eigenschaften des Wertermittlungsobjektes unter Einbeziehung der **Baunebenkosten** auf der Grundlage von Korrekturfaktoren für

– die Grundrissart	(hier: Einspänner)	Korrekturfaktor 1,05
– die Wohnungsgröße	(hier: 135 m² BGF)	Korrekturfaktor 0,85
– die Baunebenkosten	(hier: 14 %)	Korrekturfaktor 1,14

wie folgt ermittelt:

$$\text{NHK 2000} = 800 \text{ €/m}^2 \text{ BGF} \times 1,05 \times 0,85 \times 1,14 = \textbf{814 €/m}^2 \textbf{ BGF}$$

Die **Regionalisierung** der ermittelten NHK 2000 ergibt auf der Grundlage der Korrekturfaktoren für

– die Ortsgröße	(hier: rd. 600 000 E)	Korrekturfaktor 1,05
– das Land	(hier: Nordrhein-Westfalen)	Korrekturfaktor 1,00

$$814 \text{ €/m}^2 \text{ BGF} \times 1,05 \times 1,00 = 854,70 \text{ €/m}^2 \text{ BGF}$$
$$\textbf{rd. 855 €/m}^2 \textbf{ BGF}$$

Die überschlägige **Umrechnung** der auf 1 m² BGF bezogenen NHK 2000 **auf 1 m² Wohnfläche** (WF) ergibt überschlägig bei einem NFF von 0,80:

$$855 \text{ €/m}^2 : 0,80 = \textbf{1 068 €/m}^2 \textbf{ WF}$$

Das Ergebnis bedarf ggf. der Indizierung auf den Wertermittlungsstichtag!

Gesamtbeispiel:

102

Für ein frei stehendes Einfamilien-Wohnhaus mit mittlerer Ausstattung, bestehend aus Keller-, Erd- und Obergeschoss sowie einem nicht ausgebauten Dachgeschoss (Baujahr 1972) wurden die Normalherstellungskosten, bezogen auf die Preisverhältnisse 2000, aus Gebäudetypenblatt 1.12 der Normalherstellungskostentabelle entnommen mit

$$650 \text{ €/m}^2 \text{ Brutto-Grundfläche}$$

Das Objekt befindet sich in einer kleineren saarländischen Gemeinde mit 40 000 Einwohnern.

Wertermittlungsstichtag 2001

Berechnung:

a) *Korrigierte NHK 2000*

Korrekturfaktoren:

Regionaleinfluss für das Saarland	0,88	(vgl. Rn. 79)
Einfluss des Ortes	0,93	(vgl. Rn. 86)

Kombinierter Korrekturfaktor:

$$0,88 \times 0,93 = 0,8184$$

Korrigierte Normalherstellungskosten 2000 (NHK 2000 Korr):

$$650 \text{ €/m}^2 \times 0,8184 = \text{rd. } 532 \text{ €/m}^2$$

einschließlich Baunebenkosten:

$$16 / 100 \times 532 \text{ €/m}^2 = 85 \text{ €/m}^2 + 532 \text{ €/m}^2 = \textbf{617 €/m}^2$$

b) *Indizierung auf 2001*

Index 2000 103,8
Index 2001 (angenommen) 104,5

Normalherstellungskosten 2001

$$617 \,€/m^2 \ \times \ \frac{104,5}{103,8} = \textbf{rd. 620 €/m² BGF}$$

Bei Abweichungen der **durchschnittlichen Wohnungsgröße** des Wertermittlungsobjekts von der angegebenen Normgröße der Wohneinheiten von 70 m² BGF kann in einem Zuge auch dieses Merkmal mit dem auf den Gebäudetypenblättern angegebenen Korrekturfaktor berücksichtigt werden.

Im Beispielsfall betrage die durchschnittliche Wohnungsfläche 135 m² BGF; hieraus folgt ein Korrekturfaktor von 0,85 (vgl. Rn. 98).

Gesamtrechnung:

$$NHK_{2001} = 650 \,€/m^2 \times 0,85 \times 0,88 \times 0,93 = 452,16 \,€/m^2 \times \frac{104,5}{103,8} = 455,21 \,€/m^2 \times 1,16 = \textbf{527 €/m² BGF}$$

Entsprechendes gilt für **Abweichungen des Grundrisses** von den Eigenschaften des Gebäudes, die den Normalherstellungskosten zu Grunde liegen.

▶ *Weitere Hinweise vgl. Vorbem. zum Anh. 4.1.1*

3 Geschossebenenbezogene Normalherstellungskosten 2000

Die Tabellen der Normalherstellungskosten können auch zur Ermittlung von Normalher- **103**
stellungskosten für einzelne Geschossebenen herangezogen werden, indem man entsprechende „Pärchen" vergleicht. Dabei gilt es zu beachten, dass man einerseits **möglichst gleichartige Gebäude** (Flachdachgebäude, Satteldachgebäude) miteinander **in Beziehung setzt** und andererseits beachtet, dass sowohl das Kellergeschoss als auch das Dachgeschoss – unabhängig davon, dass es aus- oder nicht ausgebaut ist – in die Brutto-Grundfläche eingeht. Durch Vergleichsrechnungen lassen sich unter Beachtung dieser Grundsätze Normalherstellungskosten für Keller- und Vollgeschosse sowie der Unterschied zwischen einem ausgebauten und nicht ausgebautem Dachgeschoss ableiten.

Beispiel 1:

NHK für ein Kellergeschoss eines Einfamilien-Reihenhauses (Kopfhaus, einfache Ausstat- **104**
tung, Flachdach):

Typ	Ausstattung			
	einfach	mittel	einfach	mittel
	Kopfhaus		Mittelhaus	
▱ 2.03	690	685	645	660
▱ 2.23	825	880	810	870

$$
\begin{aligned}
& 2\,m^2 \ \times \ 650\,€/m^2 && = 1\,300\,€ \\
& \text{(Typ 2.03)} && \\
-\ & 1\,m^2 \ \times \ 825\,€/m^2 && = -825\,€ \\
& \text{(Typ 2.23)} && \\
\hline
=\ & 1\,m^2 && = \textbf{475 €}
\end{aligned}
$$

Die Normalherstellungskosten pro 1 m² Kellergeschoss eines eingeschossigen Reihenhauses betragen 475 €/m².

Die so ermittelten NHK pro 1 m² Kellergeschoss können nicht verallgemeinernd auf andere Gebäudetypen übertragen werden. Sie sind insbesondere von der Anzahl der Geschosse und dem Dachtypus abhängig, wie folgender Vergleich zwischen dem Gebäudetyp 2.11 und 2.31 (Kopfhaus, einfache Ausstattung) zeigt:

Typ	Ausstattung			
	einfach	mittel	einfach	mittel
	Kopfhaus		Mittelhaus	
2.11	725	760	720	755
2.31	775	820	765	810

$$4\ \text{m}^2 \times 725\ \text{€/m}^2 \qquad = \quad 2\,900\ \text{€}$$
(Typ 2.11)
$$-\ 3\ \text{m}^2 \times 775\ \text{€/m}^2 \qquad = \quad 2\,325\ \text{€}$$
(Typ 2.31)
$$=\ 1\ \text{m}^2 \qquad\qquad\qquad\qquad = \quad \mathbf{575\ €}$$

Die Normalherstellungskosten pro 1 m² Kellergeschoss eines zweigeschossigen Einfamilien-Wohnhauses betragen 575 €/m².

105   *Beispiel 2:*

NHK für ein Vollgeschoss eines Einfamilien-Wohnhauses (einfache Ausstattung, Satteldach), Typen 1.01 und 1.11:

Typ	Ausstattung			
	einfach	mittel	gehoben	stark gehoben
1.01	580	660	760	1 040
1.11	625	720	865	1 100

$$4\ \text{m}^2 \times 625\ \text{€/m}^2 \qquad = \quad 2\,500\ \text{€}$$
(Typ 1.11)
$$-\ 3\ \text{m}^2 \times 580\ \text{€/m}^2 \qquad = \ -1\,740\ \text{€}$$
(Typ 1.01)
$$=\ 1\ \text{m}^2 \qquad\qquad\qquad\qquad = \quad \mathbf{760\ €}$$

Die Normalherstellungskosten pro 1 m² Vollgeschoss eines zweigeschossigen Einfamilien-Wohnhauses mit Satteldach betragen 760 €/m² BGF

106   Der Vergleich zweier Gebäudetypen mit und ohne ausgebautem Dachgeschoss ergibt lediglich den Unterschied der Normalherstellungskosten pro m² Dachgeschossfläche und nicht die Normalherstellungskosten der Dachgeschossfläche insgesamt.

107   *Beispiel 3:*

Unterschied der NHK zwischen ausgebautem und nicht ausgebautem Dachgeschoss eines nicht unterkellerten Einfamilien-Wohnhauses (zweistöckig, einfache Ausstattung), Typen 1.31 und 1.32:

Typ	Ausstattung			
	einfach	mittel	gehoben	stark gehoben
1.31	670	765	920	1 170
1.32	585	675	810	1 025

$$3\ \text{m}^2 \times 670\ \text{€/m}^2 \qquad = \quad 2\,010\ \text{€}$$
(Typ 1.31)
$$-\ 3\ \text{m}^2 \times 585\ \text{€/m}^2 \qquad = \ -1\,755\ \text{€}$$
(Typ 1.32)
$$=\ 1\ \text{m}^2 \qquad\qquad\qquad\qquad = \quad \mathbf{255\ €}$$

Die Normalherstellungskosten für den Ausbau einer nutzbaren Dachgeschossfläche betragen 255 €/m² BGF

Anwendungsfall Spitzboden

Abb. 13: Berücksichtigung von Spitzböden

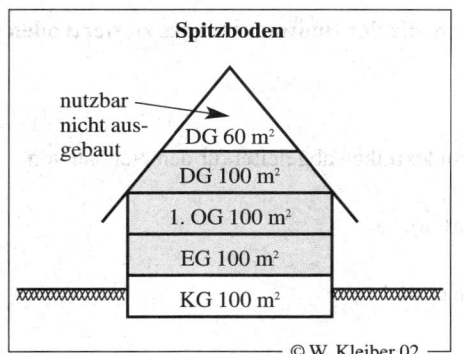

Einfamilien-Wohnhaus frei stehend

Typ 1.11   BGF = 460 m²

Baujahr 2000   mittlere Ausführung

Spitzboden: nutzbar i. S. der DIN, nicht ausgebaut, ausreichende Höhe

1. Normalherstellungskosten für Dachausbau:

Typ 1.11:	4 m² × 720 €/m²	= 2 880 €
Typ 1.12: − 4 m² × 650 €/m²		= 2 600 €
Differenz		= **280 €/m²**

2. Normalherstellungskosten des Wertermittlungsobjekts:

460 m² × 650 €/m²		= 299 000 €	(nicht ausgebautes DG)
+ 100 m² × 280 €/m²		= + 28 000 €	(Dachausbau)
= Gesamtobjekt		= **327 000 €**	

4 Umrechnung von Normalherstellungskosten auf die Baupreisverhältnisse am Wertermittlungsstichtag (Abs. 3)

4.1 Allgemeines

109 Der Herstellungswert i. S. d. Vorschrift ist der auf den Wertermittlungsstichtag bezogene Ersatzbeschaffungswert des Gebäudes. Da Erfahrungssätze für Normalherstellungskosten i. d. R. nur bezogen auf die Preisverhältnisse der Vergangenheit vorliegen, bedarf es ihrer **Umrechnung auf die Preisverhältnisse des Wertermittlungsstichtags** mittels geeigneter Baupreisindexreihen. Entsprechendes gilt auch bei Heranziehung tatsächlicher Herstellungskosten aus der Vergangenheit. Abs. 3 a. F. schrieb dies ausdrücklich vor, ohne die Anwendung einer bestimmten Baupreisindexreihe verbindlich festzulegen. Die Gutachter sollen bei der Ermittlung des Herstellungswerts nämlich nicht an bestimmte (amtliche) Baupreisindexreihen gebunden sein, die im „örtlichen" Einzelfall problematisch sein können. Vielmehr sollen sie auf bekannte, allgemein zugängliche Erfahrungssätze zurückgreifen können, wie sie teilweise örtlich oder regional vorliegen. Im bisherigen Recht war dagegen noch die Verwendung geeigneter *amtlicher* Baupreisindexreihen vorgeschrieben.

110 Bei alledem wird **in der Praxis** dennoch **auf amtliche Baupreisindexreihen zurückgegriffen**, wobei denen des Statistischen Landesamtes der Vorzug gegenüber den Baupreisindexreihen des Statistischen Bundesamtes zu geben ist. Die Verwendung nichtamtlicher

Baupreisindexreihen muss trotz der an sich zu begrüßenden Flexibilität der Nachfolgeregelung auf grundsätzliche Bedenken stoßen, insbesondere wenn deren Ableitung nicht überprüfbar ist.

111 Es sind die **Baupreisindexreihen** heranzuziehen, **die der Bauwerksart des zu wertenden
Objekts entsprechen.** Dabei wird zwischen

– Wohngebäuden und

– Nichtwohngebäuden

unterschieden. Im Einzelnen werden Baupreisindexreihen abgeleitet für den Neubau von

– Wohn- und Mehrfamiliengebäuden,

– Einfamilienhäusern (in verschiedenen Bauarten),

– gemischt genutzten Gebäuden,

– Betriebsgebäuden (in verschiedenen Bauarten) und

– Bürogebäuden.

112 Daneben werden insbesondere **Baupreisindexreihen für die Instandhaltung von Wohngebäuden sowie für Außenanlagen abgeleitet.** Die Indexreihen werden auf verschiedene
Basisjahre bezogen und teilweise mit und ohne Umsatzsteuer ausgeworfen.

113 Die **Baupreisindizes** des Statistischen Bundesamtes bezogen auf unterschiedliche Gebäudearten und Basiszeitpunkte ergeben sich aus Anh. 3.8.1. Zur Anwendung der Indexreihen **des
Statistischen Bundesamtes**[21] führt dieses aus:

„Baupreisindizes geben Auskunft über Stand und Entwicklung der Neubauwerte, nicht aber der Verkehrs-, Ertrags-
oder Mietwerte von Bauwerken.

Die Tatsache, dass aus den Indexzahlen der Effekt von Qualitätsänderungen und anderen Änderungen in den preisbestimmenden Merkmalen der beobachteten Bauleistungen herausgerechnet wurde, kann von besonderer Bedeutung
sein, wenn die Indizes zur Ermittlung von Wiederbeschaffungswerten verwendet werden. Werden Bauwerke in der
ursprünglichen Qualität nicht mehr angeboten, weil sich bei der betreffenden Bauwerksart die Ausführung durchweg
verbessert hat, dann können sich bei der Verwendung der Preisindizes Wiederbeschaffungswerte ergeben, die unter
den Beträgen liegen, die bei der Wiederbeschaffung tatsächlich aufgewendet werden müssen.

Soweit Grundstückswerte nach dem Baugesetzbuch (BauGB) zu ermitteln sind, wird in der „Wertermittlungsverordnung" vom 6. 12. 1988 (BGBl. I 1988, 2209) vorgeschrieben, den Bauwert von Gebäuden in der Weise zu bestimmen, dass die Baukosten eines bekannten Bezugszeitpunktes mit Hilfe geeigneter amtlicher Baupreisindizes auf die
Preisverhältnisse am Wertermittlungsstichtag umgerechnet werden.

Das Statistische Bundesamt ist nicht zuständig für die Festsetzung von Prämien-Richtzahlen bzw. gleitenden Neu-
wertfaktoren der Gebäudeversicherer."

114 Bei Heranziehung der regionalisierten Normalherstellungskosten 2000 (NHK) können sie
zur Anwendung kommen, obwohl **grundsätzlich landesspezifischen Indexreihen** der Vorzug zu geben ist. Die Abweichungen sind derzeit nämlich noch unerheblich.

115 Zur **Anwendung der Indexreihen** werden folgende Erläuterungen gegeben:

Beispiel 1:

Raummeterpreis 1980 = 160 €/m³. Die Wertermittlung ist auf das Jahr 2000 durchzuführen. Der Baupreisindex auf
der Basis 1995 = 100 beträgt für 2000 = 98,7 und für 1980 = 60,0.

Der Raummeterpreis ist wie folgt umzurechnen:

$$\frac{160\ €/m³ \times \text{Index 2000}}{\text{Index 1980}} = 160 \times \frac{98,7}{60,0} = 263,2 \text{ oder } \textbf{rd. 260 €/m³}$$

(vgl. hierzu Anh. 3.8.1)

Beispiel 2:

Als Raummeterpreis 1984 für ein gewerbliches Lagergebäude wurden 40 €/m³ festgestellt. Er ist auf das Jahr der
Wertermittlung 2000 umzurechnen.

Baupreisindex 1984 (vgl. Anh. 3.8.4)	69,0
Baupreisindex 2000 (vgl. Anh. 3.8.4)	100,3

Raummeterpreis 2000: $\dfrac{40\ €/m³ \times 100,3}{69,0} = \text{rd. } \textbf{58 €/m³}$

Entsprechend wäre auch zu verfahren, wenn der Raummeterpreis aus den tatsächlichen, zu einem früheren Zeitpunkt angefallenen Herstellungskosten abgeleitet und auf das Jahr der Wertermittlung umgerechnet werden soll.

Grundsätzlich ist das **Indizieren von Normalherstellungskosten um so fehlerträchtiger, je größer die Zeiträume sind, die mit Baupreisindexreihen überbrückt werden.** Dies ist u. a. auf die Verknüpfung verschiedener Rechnungsmethoden (Warenkörbe) zurückzuführen.

Ein Hoch- und Herunterindizieren über einen Zeitraum von mehr als zehn Jahren ist fachlich abzulehnen, weil die dafür zwar zur Verfügung stehenden Indexreihen aus der Verkettung von Indexreihen mit unterschiedlichen Erfassungsmethoden und sich stetig ändernden Regelbauleistungen hervorgegangen sind[22]. **116**

Schon aus diesem Grunde, aber vor allem aus grundsätzlichen Erwägungen, sollte daher die Heranziehung aktueller Erfahrungswerte für Normalherstellungskosten mit dem Ziel angestrebt werden, die „Überbrückung" der sich mit der Zeit ändernden Baupreisverhältnisse möglichst klein zu halten. Es kommt hinzu, dass sich die Normalherstellungskosten auf die Baugestaltung und Bauausführung beziehen, wie sie zum Zeitpunkt üblich waren, als die zur Ermittlung der Normalherstellungskosten herangezogenen Daten anfielen. Zwischenzeitlich eingetretene Änderungen in Baugestaltung und Bauausführung können deshalb bei Zugrundelegung überholter und veralteter Normalherstellungskosten, wie z. B. die **13er-Werte,** insbesondere für später errichtete Gebäude das Ergebnis verfälschen, wenn diese nicht anderweitig berücksichtigt werden. **117**

Das Indizieren von Normalherstellungskosten über größere Zeiträume wird auch problematisch, wenn sich die **Preisentwicklung in den verschiedenen Teilräumen** unterschiedlich entwickelt. Dies macht insbesondere der Vergleich der Preisentwicklung in Berlin mit dem übrigen Bundesgebiet deutlich[23]. Derzeit bestehen diesbezüglich allenfalls geringfügige Probleme, wenn die auf 2000 bezogenen Normalherstellungskosten herangezogen werden. Diese stellen Bundesmittelwerte dar. **118**

Das Problem besteht aber in der richtigen Erfassung des örtlichen Baupreisniveaus im Verhältnis zu den Bundesmittelwerten. Die Unterschiede lassen sich mit Hilfe der unter Rn. 80 abgedruckten **Korrekturfaktoren** ermitteln, wobei sich – bezogen auf die Verhältnisse im Jahre 2000 – die dargestellten Niveauunterschiede als Querschnittswerte für den Wohnungs-, Gewerbe- und Kommunalbau ergeben. Im Rahmen der allgemeinen Schätzgenauigkeit können diese vielfach noch vernachlässigt werden. Soweit sich die Baupreise regional deutlich unterschiedlich entwickeln, kann es mit zunehmendem Zeitablauf zweckmäßig werden, den landesspezifischen Index heranzuziehen, wobei in den Grenzzonen nicht schematisch nach der Belegenheit des zu wertenden Objektes vorgegangen werden darf. Hier muss der Sachverständige nach seinen Ortskenntnissen entscheiden, ob er den Baupreisindex des benachbarten Bundeslandes (mit-) berücksichtigt. **119**

---

21   Statistisches Bundesamt in GWW 1967, 152; Brüdgam in Bauwirtschaft 1977, 474; Wirtschaft und Statistik 1959, 588

22   Metzmacher/Krikler, Gebäudeschätzung über die Bruttogeschossfläche, 1. Aufl. Bundesanzeiger Verlag Köln 1996, S. 13 f.

23   Vgl. die Indexreihen im Anh 3.8 ff.; zur Geschichte vgl. Pfarr in BW-Feuilleton 1994, 48

4.2   Besonderheiten bei Verwendung der NHK 2000

120 Nach den vorstehenden Ausführungen kann es bei einem **Auseinanderdriften der Bau-preisentwicklung in den verschiedenen Bundesländern** zweckmäßig werden, wenn die Normalherstellungskosten 2000 (NHK), die als Bundesmittelwerte abgeleitet wurden, zur Sachwertermittlung herangezogen werden, folgendermaßen vorzugehen (Abb. 14):

Abb. 14: Indizierung mit Hilfe des Bundes- bzw. Landesindexes

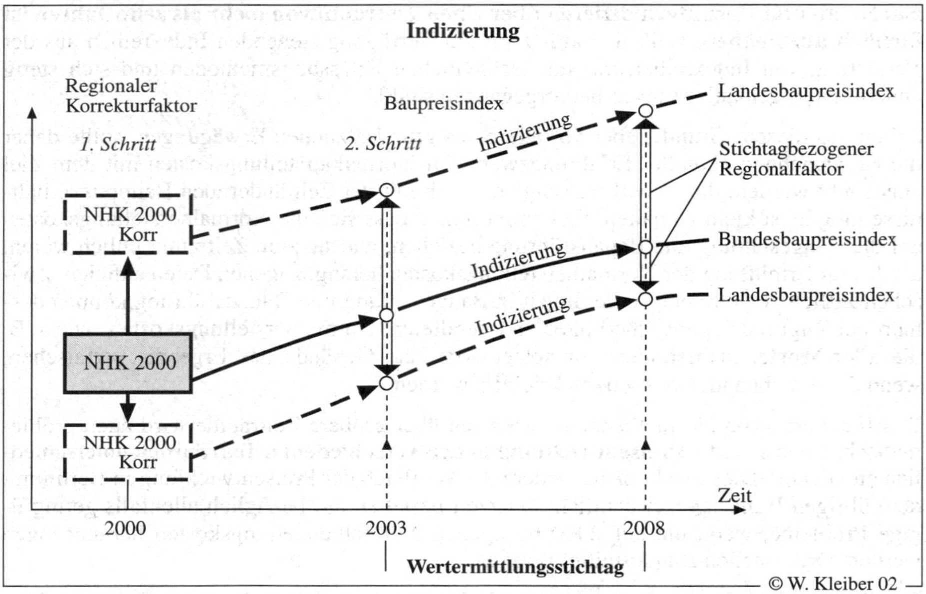

a) Normalherstellungskosten 2000 (NHK 2000)

b) Berücksichtigung des Regionaleinflusses durch Anwendung des jeweiligen Korrektur-faktors:
ggf. zusätzliche Berücksichtigung des Einflusses des Ortes durch zusätzliche Anwen-dung des örtlichen Korrekturfaktors.

c) Indizierung mit landesspezifischem Baupreisindex

5   Sonstige Methoden zur Ermittlung von Herstellungswerten

5.1   Ermittlung nach Einzelkosten (Abs. 4)

121 Die Ausnahmevorschrift des Abs. 4 eröffnet dem Gutachter für die Fälle, in denen der Her-stellungswert eines Gebäudes „mangels anderer Wege" nicht auf der Grundlage gewöhnli-cher Herstellungskosten i. S. d. Abs. 1 i.V. m. Abs. 3 ermittelt werden kann, die Möglich-keit, den Herstellungswert mittels „gewöhnlicher Herstellungskosten einzelner Bauleistun-gen (Einzelkosten)" zu ermitteln. Dies betrifft insbesondere die **Ermittlung des Herstellungswerts besonderer Bauteile,** wie Spezialgründungen und Kranbahnen (so die amtliche Begründung)[24]. Die in der Begründung angesprochenen Beispiele entsprechen allerdings nicht dem Regelungsgehalt der Vorschrift, der die Ermittlung des Herstellungs-werts der *Gebäude* und nicht der mit den Erfahrungssätzen i. S. d. Abs. 1 nicht berücksich-tigten einzelnen Bauteile oder anderer baulicher Anlagen zum Gegenstand hat (vgl. aber Abs. 1 Satz 2).

Nach dem Wortlaut des Abs. 4 soll vielmehr die Ermittlung des Herstellungswerts eines **122** Gebäudes auf der Grundlage der Summe der Herstellungskosten der einzelnen Bauleistungen **ausnahmsweise zulässig** sein. Dies bedeutet, dass alle wertrelevanten Bauleistungen erfasst werden und hierfür gewöhnliche Herstellungskosten bekannt sein müssen. Diese Voraussetzungen liegen allenfalls in Ausnahmefällen für besonders einfache Gebäude vor. Die Vorschrift ist für die Ermittlung des Herstellungswerts von Gebäuden deshalb bedeutungslos. Sie findet in erster Linie deshalb nur „entsprechende" Anwendung auf die Ermittlung von **besonderen Betriebseinrichtungen** (vgl. zum Begriff: § 2 WertV Rn. 33 und § 21 WertV Rn. 22, 6) gemäß § 21 Abs. 3 Satz 2 sowie auf die Ermittlung des Herstellungswerts von (baulichen und nichtbaulichen) Außenanlagen gemäß § 21 Abs. 4 Satz 2 (vgl. § 21 WertV Rn. 7 f., 23 ff. sowie § 2 WertV Rn. 22 ff.). Diesbezüglich ist die Anwendung dieses Verfahrens eher sogar das Regelverfahren als die Ausnahme. Soweit es zur Anwendung kommt, müssen die angesetzten Einzelkosten wiederum auf den Wertermittlungsstichtag hochindiziert werden, wenn sie sich auf überholte Wertverhältnisse beziehen.

5.2 Ermittlung nach tatsächlichen Herstellungskosten (Abs. 5)

5.2.1 Allgemeines

Die Ermittlung des Herstellungswerts nach den tatsächlichen Herstellungskosten ist nach **123** Abs. 5 zulässig, wenn sie den gewöhnlichen Herstellungskosten i. S. d. Abs. 1 entsprechen. Dies bedeutet, dass die **tatsächlich entstandenen Kosten** grundsätzlich auf der Grundlage gewöhnlicher Herstellungskosten **auf Angemessenheit zu überprüfen** sind, so dass die Anwendung der Vorschrift letztlich auf die Heranziehung der Normalherstellungskosten i. S. d. Abs. 1 i. V. m. Abs. 3 hinausläuft.

Wird der Herstellungswert nach den tatsächlich entstandenen Herstellungskosten abgeleitet, so müssen auch diese auf die **Preisverhältnisse am Wertermittlungsstichtag mittels geeigneter Baupreisindexreihen umgerechnet** werden, wenn sich zwischenzeitlich die Preisverhältnisse geändert haben; hiervon ist regelmäßig selbst bei den in jüngster Zeit errichteten Gebäuden auszugehen. **124**

5.2.2 Steuerliche Bewertung

In der steuerlichen Bewertung ist der Rückgriff auf tatsächliche Herstellungskosten schon **125** im Hinblick darauf verworfen worden, dass das Gebäude zu besonders günstigen oder außergewöhnlich hohen Kosten errichtet worden sein kann und es bei der Ermittlung des Verkehrswerts im Übrigen entscheidend darauf ankomme, welcher Veräußerungspreis allgemein zu erzielen wäre[25]. Nach einer Entscheidung des RFH[26] können die **tatsächlich entstandenen Herstellungskosten allenfalls „hilfsweise als Anhaltspunkt" zugelassen werden, wenn geeignete Schätzungsgrundlagen nicht zur Verfügung stehen.** Stehen dem Sachverständigen aber Normalherstellungskosten zur Verfügung, so stellen diese eben eine „geeignetere Schätzungsgrundlage" dar, die die Heranziehung der tatsächlichen Herstellungskosten verbieten.

Zur Ermittlung von sog. **Lärmschutzdämmen** und sonstigen Bauteilen, die dem Umwelt- **126** schutz dienen, in der steuerlichen Bewertung nach Durchschnittspreisen aus den tatsächlichen Herstellungskosten vgl. OFD Frankfurt am Main[27].

---

24 Amtliche Begründung, BR-Drucks. 352/88, S. 63
25 BFH, Urt. vom 28. 10. 1998 – II R 37/97 –, EzGuG 20.156
26 RFH, Urt. vom 22. 11. 1934 – III A 247/33 –, RStBl. 1935, 107
27 OFD, Frankfurt am Main, Vfg. vom 13. 11. 1987 – S 3211 A-1-St III 40, in Planen und Bauen 1988, 8

§ 23 WertV
Wertminderung wegen Alters

(1) ¹Die Wertminderung wegen Alters bestimmt sich nach dem Verhältnis der Restnutzungsdauer zur Gesamtnutzungsdauer der baulichen Anlagen; sie ist in einem Vomhundertsatz des Herstellungswerts auszudrücken. ²Bei der Bestimmung der Wertminderung kann je nach Art und Nutzung der baulichen Anlagen von einer gleichmäßigen oder von einer mit zunehmendem Alter sich verändernden Wertminderung ausgegangen werden.

(2) Ist die bei ordnungsgemäßem Gebrauch übliche Gesamtnutzungsdauer der baulichen Anlagen durch Instandsetzungen oder Modernisierungen verlängert worden oder haben unterlassene Instandhaltung oder andere Gegebenheiten zu einer Verkürzung der Restnutzungsdauer geführt, soll der Bestimmung der Wertminderung wegen Alters die geänderte Restnutzungsdauer und die für die baulichen Anlagen übliche Gesamtnutzungsdauer zu Grunde gelegt werden.

1   Allgemeines

1   Der sich nach § 22 ergebende **Herstellungswert** der Gebäude – vielfach auch als Gebäudenormalherstellungswert bezeichnet – **ist der auf den Wertermittlungsstichtag bezogene** (vgl. § 22 Abs. 3) **Gebäudesachwert eines neu errichteten Gebäudes.** Im konkreten Fall handelt es sich jedoch – wiederum bezogen auf den Wertermittlungsstichtag – i. d. R. um ein älteres Gebäude. Deshalb muss der (Gebäudenormal-)Herstellungswert entsprechend dem Alter des Gebäudes gemindert werden, denn das Gebäude unterliegt einem altersbedingten Wertverzehr. Dieser ist nicht allein technisch, sondern auch und vor allem wirtschaftlich bedingt.

§ 23 regelt die Wertminderung wegen Alters an Gebäuden. Jedes Gebäude unterliegt auch **2** bei sorgfältigster Unterhaltung nicht nur einem **Wertverzehr durch Alterung und Abnutzung,** sondern auch einem **wirtschaftlichen Wertverzehr,** weil mit dem Wandel der Ansprüche an Gebäude die wirtschaftliche Nutzungsfähigkeit eines Gebäudes oftmals und mitunter sogar in kurzer Zeit schwindet. Zusammenfassend lässt sich die **Wertminderung wegen Alters** deshalb **als die Minderung des Herstellungswerts**

– **infolge abnutzungsbedingter Alterung und des Verschleißes von Bauteilen und Baustoffen und**

– **der infolge zunehmenden Alters verminderten wirtschaftlichen Nutzbarkeit** des **Gebäudes** definieren.

Neben der Alterswertminderung sind nach § 21 Abs. 3 **3**
– Wertminderungen wegen Baumängeln und Bauschäden nach § 24 sowie
– sonstige wertbeeinflussende Umstände nach § 25

zu berücksichtigen. Das Ergebnis ist der **Zeitwert des Gebäudes** oder – bezogen auf die Gesamtheit der baulichen Anlagen – der **„Wert der baulichen Anlagen"** i. S. d. **§ 21 Abs. 1 und 5.**

Schematisch stellt sich die Ermittlung wie folgt dar: **4**

Schema 1	
	Herstellungswert nach § 22
–	Wertminderung wegen Alters nach § 23
–	Wertminderung wegen Baumängeln und Bauschäden nach § 24
+/–	Zu- oder Abschläge wegen sonstiger wertbeeinflussender Umstände nach § 25
=	**Wert der baulichen Anlagen** i. S. d. § 21 Abs. 3 **(Gebäudesachwert)**

Soweit vorhandene **Baumängel oder Bauschäden** nach den am Wertermittlungsstichtag **5** erforderlichen **Schadensbeseitigungskosten** berücksichtigt werden und diese zudem einer Alterswertminderung zu unterwerfen sind, empfiehlt es sich, den Herstellungswert vorab um die Schadensbeseitigungskosten zu vermindern, weil damit ein weiterer Rechengang vermieden werden kann (Alternative 2). Folgendes Rechenschema ergibt sich dann:

Schema 2	
	Herstellungswert nach § 22
–	Wertminderung wegen Baumängeln und Bauschäden nach § 24
–	Wertminderung wegen Alters nach § 23
+/–	Zu- oder Abschläge wegen sonstiger wertbeeinflussender Umstände nach § 25
=	**Wert der baulichen Anlagen** i. S. d. § 21 Abs. 3 **(Gebäudesachwert)**

§ 23 findet nach § 21 Abs. 3 Satz 2 entsprechende Anwendung auf die **Ermittlung des 6 Werts der besonderen Betriebseinrichtungen** (zum Begriff vgl. § 2 WertV Rn. 33). Des Weiteren ist die Vorschrift auf die **Ermittlung des Werts der (baulichen) Außenanlagen und der sonstigen Anlagen** nach § 21 Abs. 4 entsprechend anzuwenden.

Die **Alterswertminderung** bemisst sich **gemäß Abs. 1** nach

– der geschätzten Restnutzungsdauer (RND) des Gebäudes am Wertermittlungsstichtag und

– der üblichen Gesamtnutzungsdauer (GND) des Gebäudes (vgl. § 23 Abs. 1 Satz 1).

7   Zu dem im Zusammenhang mit dem Sachwertverfahren benutzten Begriff der „Restnutzungsdauer" ist darauf hingewiesen, dass es bei Anwendung des Sachwertverfahrens eigentlich nicht auf das Alter des Gebäudes, sondern auf die am Wertermittlungsstichtag noch zu erwartende restliche Nutzungsdauer ankommt. Sie hängt nicht primär vom Erhaltungszustand ab, sondern davon, inwieweit das Gebäude den jeweiligen **Anforderungen an seine wirtschaftliche Nutzungsfähigkeit** im Allgemeinen entspricht. Entscheidend ist, wie lange die bauliche Anlage wirtschaftlich noch funktionsfähig und damit verwendungsfähig ist.

8   Die früher in § 17 WertV 72 geregelte „technische Wertminderung", mit der zusammenfassend die Wertminderung wegen Alters sowie wegen Baumängeln und Bauschäden in einer Vorschrift geregelt war, ist mit den §§ 23 und 24 in zwei Vorschriften aufgegliedert worden. Der Begriff „technische Wertminderung" ist aufgegeben worden, da jede Wertminderung im Rahmen der Verkehrswertermittlung letztlich eine wirtschaftliche Wertminderung darstellt. § 23 regelt nur noch die Wertminderung wegen Alters, wobei in Angleichung an das Ertragswertverfahren der Begriff der Restlebensdauer durch den der **Restnutzungsdauer** ersetzt wurde (vgl. § 16 WertV Rn. 90 ff.). Denn auch im Sachwertverfahren kommt es entscheidend darauf an, wie lange eine bauliche Anlage wirtschaftlich genutzt werden kann. Der physischen Existenz einer baulichen Anlage sind nämlich bei ordnungsgemäßer Instandhaltung kaum Grenzen gesetzt. Soweit eine technisch zwar noch langfristig verwendungsfähige bauliche Anlage wirtschaftlich verbraucht ist, kann bei vernünftiger wirtschaftlicher Betrachtungsweise eine Restnutzungsdauer nicht mehr angesetzt werden[1]. Umgekehrt ist eine wirtschaftliche Nutzung nur so lange möglich, wie es die technisch bedingte Lebensdauer der baulichen Anlage zulässt. **§ 16 Abs. 4 findet deshalb auch bei der Verkehrswertermittlung nach dem Sachwertverfahren Anwendung.** Im Übrigen kann nach Abs. 1 wie nach bisherigem Recht bei der Bemessung der Alterswertminderung nach Art und Nutzung der baulichen Anlage von einer gleichmäßigen oder einer mit zunehmendem Alter sich verändernden Wertminderung ausgegangen werden, d. h., grundsätzlich bleibt alles erlaubt (vgl. Rn. 29). Die Wertminderung wegen Baumängeln und Bauschäden, die nach bisherigem Recht ebenfalls der „technischen Wertminderung" zuzurechnen war, ist nunmehr jedoch Gegenstand der Regelung des § 24.

9   Unter **Nr. 3.6.2** der **WertR** wird unverständlicherweise noch der Begriff **„Technische Wertminderung"** als Oberbegriff für die Wertminderung wegen Alters und die Wertminderung wegen baulicher Mängel und Schäden verwendet. Unter Nr. 3.6.3.1 wird aber erläutert, dass sich die Wertminderung wegen Alters aus der Restnutzungsdauer und der üblichen Gesamtnutzungsdauer (also nicht aus der technischen Lebensdauer) ergibt. Als Anhalt für die Bestimmung der üblichen Gesamtnutzungsdauer wird auf die Anl. 5, 7 und 8 WertR 96 (Technische Lebensdauer von baulichen Anlagen und Bauteilen, Außenanlagen und besonderen Betriebsvorrichtungen) verwiesen. Dabei wird weiter ausgeführt, dass die in den Anl. 5, 7 und 8 angegebenen Jahre technischer Lebensdauer nicht identisch mit der wirtschaftlichen Lebensdauer sind, sondern Grenzwerte für die wirtschaftliche Gesamtnutzungsdauer darstellen.

10   Die **Alterswertminderung** wird im Allgemeinen **in einem Vomhundertsatz des Gebäudeherstellungswerts** ausgedrückt. Dabei wird je nach Art des Gebäudes von einer gleichmäßigen (linearen) oder einer mit zunehmendem Alter sich verändernden Minderung ausgegangen (vgl. § 23 Abs. 1 Satz 2).

11   Trotz Ausrichtung der im Sachwertverfahren zur Anwendung kommenden Alterswertminderung auf die wirtschaftliche Restnutzungsdauer enthält **§ 25 ergänzende, die „wirtschaftliche Überalterung"** (vgl. § 25 WertV Rn. 17 ff.) **und einen „überdurchschnittlichen Erhaltungszustand"** der baulichen Anlagen **betreffende Regelungen.** Im Verhältnis zu der Sollvorschrift des § 23 Satz 2 kommen die Vorschriften nur insoweit zur Anwendung, wie diesen Umständen nicht bereits nach § 23 Rechnung getragen werden soll. Die Abgrenzung kann im Einzelfall Schwierigkeiten aufwerfen.

Der **Wertminderung wegen Alters kommt** bei Anwendung des Sachwertverfahrens **eine**   **12**
andere Funktion zu als der Abschreibung bei Anwendung des Ertragswertverfahrens
(vgl. hierzu § 18 WertV Rn. 35 ff.). Dies ist in der Natur der grundsätzlich unterschiedlichen Verfahren begründet. Während nämlich das Ertragswertverfahren von der Bildung
einer Erneuerungsrücklage ausgeht und dabei dahingestellt bleiben kann, ob und wie die
Erneuerungsrücklage angelegt wird, geht es bei der Bemessung der Wertminderung wegen
Alters um die Berücksichtigung des bis zum Wertermittlungsstichtag tatsächlich eingetretenen altersbedingten Wertverzehrs der baulichen Anlagen.

Die Wertminderung wegen Alters bei Gebäuden, deren Restnutzungsdauer wegen durch-   **13**
greifender Instandsetzung oder Modernisierungen verlängert, und bei Gebäuden, deren
Restnutzungsdauer durch unterlassene Instandhaltung oder unbehebbare Baumängel oder
Bauschäden verkürzt worden ist, regelt § 23 Abs. 2. Dabei ist die **übliche Gesamtnut-**
zungsdauer zur konkreten Restnutzungsdauer ins Verhältnis zu setzen (Abb. 1).

Abb. 1: Übersicht über die Fallgruppen der Wertminderung wegen Alters

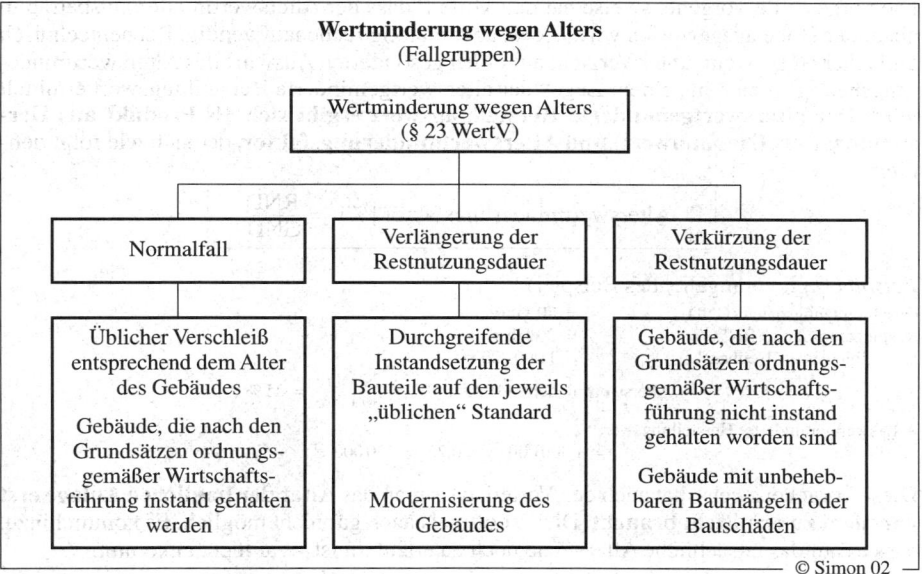

© Simon 02

2   Ermittlung der Alterswertminderung bei ordnungsgemäßer Instandhaltung (Abs. 1)

2.1   Allgemeines

Nach dem Wortlaut des Abs. 1 Satz 1 bestimmt sich die Wertminderung wegen Alters   **14**
unscharf „nach" dem Verhältnis der Restnutzungsdauer zur Gesamtnutzungsdauer der baulichen Anlagen. Sie wird in einem Vomhundertsatz des Herstellungswerts ausgedrückt.
Tatsächlich bestimmt sich die (lineare) Wertminderung wegen Alters aus dem **Verhältnis**
des Alters zur üblichen **Gesamtnutzungsdauer** (§ 16 WertV Rn. 88 und Vorbem. zu den
§§ 21 ff. Rn. 72 ff.) nach folgender Formel:

$$\text{Wertminderung [\%]} = \frac{\text{Alter}}{\text{Gesamtnutzungsdauer}} \times 100$$

---

1   BR-Drucks. 265/72, S. 2

15 *Beispiel:*

Gesamtnutzungsdauer (GND)   = 80 Jahre
Alter   = 60 Jahre

$$\text{Wertminderung wegen Alters } \% = \frac{60 \text{ Jahre}}{80 \text{ Jahre}} = 75\%$$

16 Die sich so ergebende Wertminderung wegen Alters ist der **Vomhundertsatz des Herstellungswerts, mit dem sich der Absolutbetrag der Wertminderung errechnen lässt:**

17 *Beispiel:*

Herstellungswert (Neubauwert)		=	1 000 000 €		
Alterswertminderung	in v. H.	=	75 %		
	absolut	=	1 000 000 × 0,75	=	750 000 €

Alterswertgeminderter Herstellungswert:

Herstellungswert (Neubau)	=	1 000 000 €
− *Alterswertminderung*	=	− 750 000 €
= **Herstellungswert (alterswertgemindert)**	=	**250 000 €**

18 Die vorgestellte Vorgehensweise hat den Vorteil, dass der Alterswertminderungsbetrag in absoluter Höhe ausgeworfen wird; sie ist aber unnötig rechenaufwendig. Rechentechnisch einfacher ist es, wenn unter Verzicht auf einen gesonderten Auswurf des Alterswertminderungsbetrags gleich in „einem Zuge" der alterswertgeminderte Herstellungswert ermittelt wird. **Der alterswertgeminderte Herstellungswert ergibt sich als Produkt aus Herstellungswert (Neubauwert) und Alterswertminderungsfaktor,** der sich wie folgt definiert:

$$\text{Alterswertminderungsfaktor [\%]} = \frac{\text{RND}}{\text{GND}}$$

19 *Beispiel* (vgl. vorangehendes Beispiel):

Gesamtnutzungsdauer (GND)   = 80 Jahre
Restnutzungsdauer (RND)   = 20 Jahre
Herstellungswert (Neubau)   = 1 000 000 €

$$\text{Alterswertminderungsfaktor [\%]} = \frac{20 \text{ Jahre}}{80 \text{ Jahre}} = 25\%$$

Alterswertgeminderter Herstellungswert

$$= 1\,000\,000\,€ \times 0,25 = 250\,000\,€$$

20 Diese Vorgehensweise hat auch den Vorteil, dass man das **Alter der baulichen Anlage erst gar nicht zu ermitteln braucht.** Dies ist oftmals auch gar nicht möglich. Es kommt hinzu, dass es auf das tatsächliche Alter – wie noch zu erläutern ist – gar nicht ankommt.

21 Das **Alter der baulichen Anlage dient** in der Praxis **lediglich hilfsweise der Ermittlung** der **Restnutzungsdauer,** auf die es nach dem Wortlaut der Vorschrift entscheidend ankommt; sie wird nach der Beziehung

Restnutzungsdauer (RND) = Gesamtnutzungsdauer (GND) − Alter

ermittelt. Umgekehrt lässt sich nach dieser Beziehung auch das Alter der baulichen Anlage ermitteln, wenn die Restnutzungsdauer z. B. im Wege der Schätzung ermittelt worden ist:

Alter = Gesamtnutzungsdauer (GND) − Restnutzungsdauer (RND)

22 **Die Formel ergibt ein fiktives Alter, wenn**

– die Restnutzungsdauer auf Grund durchgeführter Modernisierungsmaßnahmen verlängert und damit das Gebäude künstlich verjüngt worden ist oder

– die Restnutzungsdauer auf Grund unterlassener Instandhaltung verkürzt und damit das Gebäude künstlich einer Alterung unterworfen worden ist.

Eine sachverständige Schätzung der Restnutzungsdauer nach dem Zustand des Gebäudes ohne Blick auf dessen Alter kann oft zu angemesseneren Ergebnissen führen.

Unter der **Gesamtnutzungsdauer** (GND) **ist** dabei **stets die übliche Gesamtnutzungs-** **dauer zu verstehen, die einer baulichen Anlage bei ordnungsgemäßer Unterhaltung und Bewirtschaftung beizumessen ist.** Dabei geht es – wie auch bezüglich der Restnutzungsdauer (RND) – stets nur um die *wirtschaftliche* Gesamtnutzungsdauer. Auf die technische Lebensdauer eines Gebäudes kommt es also nicht an. Die technische Lebensdauer kann allenfalls die wirtschaftliche Gesamtnutzungsdauer begrenzen. I. d. R. ist die wirtschaftliche Gesamtnutzungsdauer aber länger als die technische Lebensdauer. **23**

Der **Begriff der „Nutzungsdauer"** bzw. der (üblichen) Gesamtnutzungsdauer hat den früher gebräuchlichen Begriff der „Lebensdauer" bzw. „technischen Lebensdauer" damit ersetzt. Der Grund war die in der Praxis unterschiedliche Auslegung des Begriffs „Lebensdauer" und die sich dadurch ergebenden Unstimmigkeiten. Einige Sachverständige sehen darin die rein bautechnische Standdauer eines Gebäudes, wobei die Haltbarkeitsgrenze der tragenden Bauteile die Obergrenze der Gesamtlebensdauer ist. Die **technische Lebensdauer** der tragenden Bauteile liegt im Allgemeinen bei 200 und mehr Jahren. Deshalb kann die streng bautechnisch ausgerichtete Auffassung nicht mit der bei der Wertermittlung üblicherweise bei 80 bis 100 Jahren begrenzten Nutzungsdauer in Einklang gebracht werden. Nach herrschender Auffassung ist die wirtschaftliche Lebensdauer anzunehmen. Unter ihr wird der Zeitraum verstanden, in dem ein Gebäude entsprechend seiner Zweckbestimmung allgemein wirtschaftlich nutzbar ist. Dieser Zeitraum ist nur schwer zu bestimmen, da die künftige wirtschaftliche Entwicklung einbezogen werden muss. Die reine **wirtschaftliche Lebensdauer** eines Gebäudes liegt nach allgemeinen Erfahrungen oft unter 50 Jahren (vgl. Vorbem. zu den §§ 21 ff. WertV Rn. 9). **24**

Die rein bautechnische Betrachtungsweise ist bei der Ermittlung von Feuerversicherungswerten üblich und wegen der besonderen Anforderungen an diesen Wert in diesem Zusammenhang auch richtig.

Bei der Alterswertminderung nach § 23 geht man von der üblichen Gesamtnut- **zungsdauer aus.** Sie ist von Bauart, Bauweise und Nutzung abhängig. In ihr sind sowohl die technischen als auch die wirtschaftlichen Aspekte der Standdauer von Gebäuden berücksichtigt. Die übliche Gesamtnutzungsdauer wird nach empirisch ermittelten Erfahrungssätzen bemessen. Danach erreichen Massivgebäude je nach Ausführung und Nutzung eine übliche Gesamtnutzungsdauer zwischen 60 und 100 Jahren. Die Nutzungsdauer von leichteren Konstruktionen beträgt je nach Bauart und Nutzung 20 bis 70 Jahre (Abb. 2). **25**

▶ *Zur üblichen Gesamtnutzungsdauer (GND) vgl. § 16 WertV Rn. 99 ff. sowie Vorbem. zu den §§ 21 ff. WertV Rn. 72 ff.*

Abb. 2: Wertminderung wegen Alters bei einer üblichen Gesamtnutzungsdauer von 100 Jahren

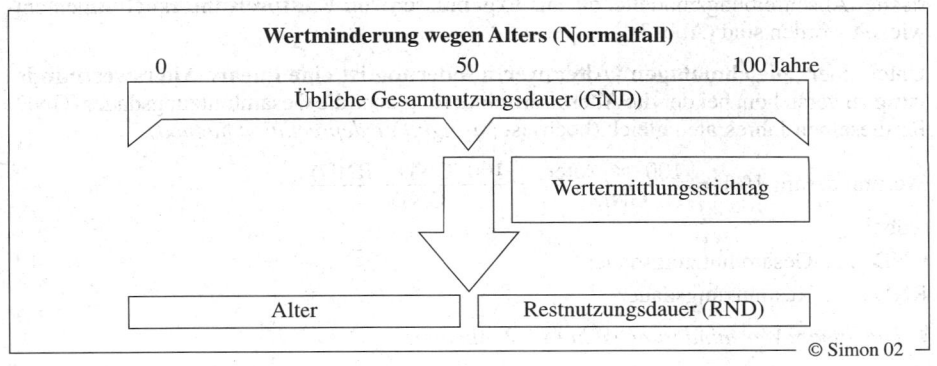

© Simon 02

26   *Beispiel:*

Restnutzungsdauer 60 Jahre, übliche Gesamtnutzungsdauer (GND) 100 Jahre.

Alterswertminderung (linear): $40 \times \dfrac{100}{100} = 40$ v. H.

(bei üblicher Gesamtnutzungsdauer von 80 Jahren:)

Alterswertminderung (linear): $20 \times \dfrac{100}{80} = 25$ v. H.

27   **Wird die Gesamtnutzungsdauer durch Modernisierungsmaßnahmen verlängert oder wird sie durch unterlassene Instandhaltung verkürzt, so bleibt im Rahmen der Ermittlung der Alterswertminderung die übliche Gesamtnutzungsdauer (GND) unverändert** (Abs. 2). In diesen Fällen verschiebt sich nur – wie vorstehend dargestellt – der Anteil des Alters und der Restnutzungsdauer an der Gesamtnutzungsdauer entsprechend (vgl. hierzu auch die Begründung bei Rn. 82 ff. der Vorbem. zu den §§ 21 ff. WertV).

28   **Erfahrungssätze der üblichen Gesamtnutzungsdauer (GND)** sind unter Rn. 118 der Vorbem. zu den §§ 15 ff. WertV sowie bei § 16 WertV Rn. 99 abgedruckt.

▸ *Zur Verlängerung der Rest- und Gesamtnutzungsdauer durch Modernisierungen vgl. § 18 WertV Rn. 80 und § 16 WertV Rn. 127 ff.*

2.2   Alterswertminderung

▸ *Hierzu Rn. 8 sowie Vorbem. zu den §§ 21 ff. WertV Rn. 72 ff.*

29   Nach Abs. 1 Satz 2 kann bei der Bestimmung der Wertminderung wegen Alters von

– einer gleichmäßigen oder

– einer mit zunehmendem Alter sich verändernden Wertminderung *(declining balance method)*

ausgegangen werden. Damit ist praktisch **jede sachgerechte Form der Alterswertminderung vom Grundsatz her zulässig**. Der Vorschrift kommt insoweit nur klarstellende Bedeutung zu. Die Verordnung verzichtet wie bisher darauf, eine bestimmte Methode der Alterswertminderung vorzuschreiben. In der Begründung wird darauf verwiesen, dass der Gesetzgeber wegen der in Wissenschaft und Praxis unterschiedlichen Methoden keinem Verfahren den Vorzug geben könne, sondern alle sachgerechten Abschreibungsverfahren gleichermaßen möglich sein müssen[2].

30   Man kennt die „theoretisch-mathematischen" Abschreibungsmodelle (z. B. die lineare Abschreibung, die Abschreibung nach Ross, die parabolische Abschreibung usw.) und „empirische" Abschreibungsmodelle, die aus **Ergebnissen von Kaufpreisuntersuchungen** entwickelt worden sind (Abb. 3)[3].

31   Unter einer **„gleichmäßigen" Alterswertminderung ist eine lineare Alterswertminderung** zu verstehen, bei der die Alterswertminderung über die Gesamtnutzungsdauer (GND) für dieselben Jahresraten gleich (hoch) ist *(straightline depreciation method)*.

$$\text{Wertminderung [\%]} = \frac{100 \times \text{Alter}}{\text{GND}} = \frac{100\,(\text{GND} - \text{RND})}{\text{GND}}$$

wobei

GND . . . Gesamtnutzungsdauer

RND . . . . Restnutzungsdauer

▸ *Die lineare Wertminderung ist in Anl. 2 tabelliert.*

Abb. 3: Abschreibungsmodelle

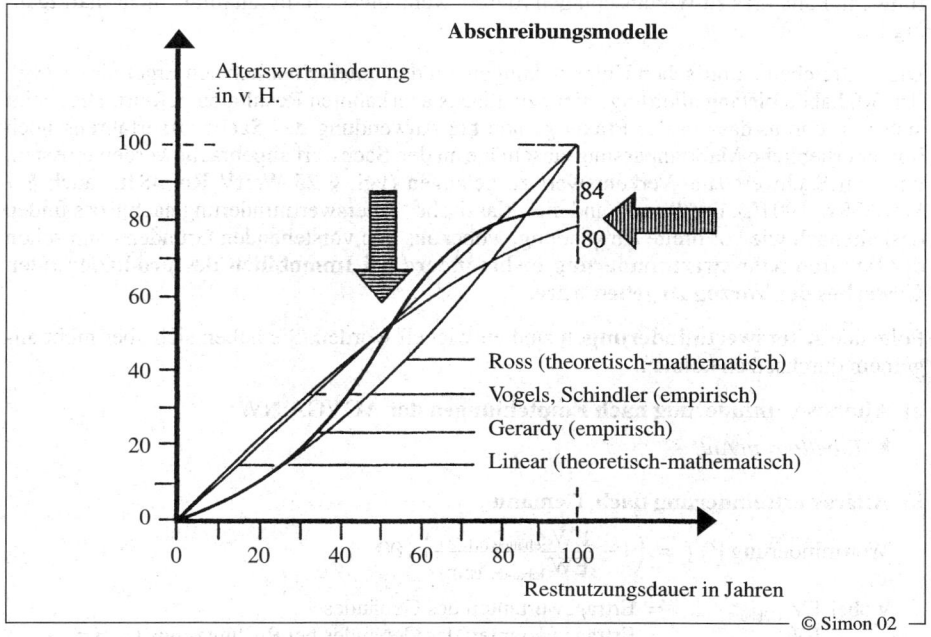

Breite Anwendung findet noch immer die vor über 100 Jahren von Ross (1838–1901) vor-   **32**
geschlagene Alterswertminderung, die von einem mit zunehmendem Alter sich ver-
größernden Wertverzehr ausgeht (progressive Alterswertminderung). Die **Ross'sche**
Alterswertminderung ist in Anl. 1 tabelliert. Die Werte ergeben sich aus der Formel:

$$\text{Wertminderung } [\%] = \left[\frac{1}{2} \times \left(\frac{\text{Alter}^2}{\text{GND}^2} + \frac{\text{Alter}}{\text{GND}} \right) \right] \times 100$$

wobei GND = Gesamtnutzungsdauer

Der **Ross'schen Alterswertminderung** liegt die theoretisch ungenügend unterbaute   **33**
Annahme zu Grunde, die Alterswertminderung folge den physikalischen Gesetzen einer
ballistischen Flugbahn mit einer angenommenen Soll- und Habenverzinsung von etwa
1 v. H. Die Formel ist jedenfalls dieser Annahme nachgebildet, während empirische Untersuchungen für eine andersartig abnehmende Alterswertminderung bei baulichen Anlagen
mit (nur noch) kurzer Restnutzungsdauer (RND) sprechen. Im Gegensatz zu diesem „Aus-
schleifen" ist die Alterswertminderung nach Ross gegen Ende der Nutzungsdauer eines
Gebäudes besonders steil. Tatsächlich muss aber ein degressiver Verlauf der Alterswertminderung erwartet werden, insbesondere wenn die Wertminderung wegen Alters nicht
allein nach technischen, sondern unter Einschluss wirtschaftlicher Gesichtspunkte nach der
Lage auf dem Grundstücksmarkt beurteilt wird.

Unter Einbeziehung dieser wirtschaftlichen Gesichtspunkte sind dabei auch die **steuer-**   **34**
lichen Rahmenbedingungen, die sich ändernden Ansprüche an Wohn- und Arbeitsverhältnisse und der Umstand von Belang, dass mit der Errichtung eines Gebäudes i. d. R. die

---

2   BR-Drucks. 352/88, S. 63
3   Abschreibungsmodelle nach Tiemann, Gerardy, Schindler, Vogels u. a.; ausführliche Beschreibung in: Simon/
    Kleiber, a. a. O., Rz. 5.116 ff.

individuellen Bedürfnisse des Bauherrn vorrangig berücksichtigt werden. Im Veräußerungsfall kann dies zu Wertabschlägen führen, wenn diese „Individualität" nicht marktgängig ist.

35   Die zahlreichen empirischen Untersuchungen mit den unterschiedlichsten Ergebnissen (vgl.
Rn. 30) haben bislang allerdings nicht zu allseits anerkannten Resultaten geführt. Dies zeigt
sich u. a. daran, dass in der Praxis gerade bei Anwendung des Sachwertverfahrens noch
immer erhebliche Marktanpassungsabschläge an den Sachwert angebracht werden mussten,
um vom Sachwert zum Verkehrswert zu gelangen (vgl. § 25 WertV Rn. 48 ff.; auch § 7
WertV Rn. 190 ff.). Die lineare und die „klassische" Alterswertminderung nach Ross finden
deshalb nach wie vor breite Anwendung, wobei aus den vorstehenden Gründen dann schon
der **linearen Alterswertminderung insbesondere bei Immobilien des produzierenden
Gewerbes der Vorzug zu geben wäre.**

36   Folgende **Alterswertminderungen** sind entwickelt worden. Sie haben sich aber nicht allgemein durchsetzen können:

   a) Alterswertminderung nach Empfehlungen der AGVGA NW

      ▶ *Tabelliert in Anl. 3.*

   b) Alterswertminderung nach Tiemann

$$\text{Wertminderung [\%]} = \left(1 - \frac{EW_{\text{Gebäude (n)}}}{EW_{\text{Gebäude (GND)}}}\right) 100$$

   wobei $EW_{\text{Gebäude}}$ = Ertragswertanteil des Gebäudes
            $EW_{\text{Gebäude (n)}}$ = Ertragswertanteil des Gebäudes bei Restnutzungsdauer n
            $EW_{\text{Gebäude (GND)}}$ = Ertragswertanteil des Gebäudes bei Gesamtnutzungsdauer GND
            GND   = Gesamtnutzungsdauer
      ▶ *Tabelliert und erläutert in Anl. 4.*

   c) Alterswertminderung nach Gerardy

$$\text{Wertminderung [\%]} = \frac{\sin^2}{2}\left(\frac{A}{100}\right)^{0,874} + 0,16\left(\frac{A}{100}\right)$$

   wobei A   = Alter = GND – RND
      ▶ *Tabelliert und erläutert in Anl. 5.*

   d) Alterswertminderung nach Vogels (vgl. Rn. 42):

$$\text{Wertminderung [\%]} = 40\left(\frac{3A}{GND} - \frac{A^2}{GND^2}\right)$$

   wobei A   = Alter = GND – RND
        GND   = Gesamtnutzungsdauer
      ▶ *Tabelliert und erläutert in Anl. 6.*

   e) Alterswertminderung nach TEGOVOFA

      ▶ *Tabelliert in Anl. 8.*

37   Interessant ist, dass bei den „empirischen" Modellen **nach der Hälfte der üblichen
Gesamtnutzungsdauer die Wertminderung 50 v. H. erreicht** wird und dass nach Ablauf
der üblichen Gesamtnutzungsdauer noch ein Restwert von ca. 20 v. H. verbleibt. Dies deckt
sich mit Untersuchungen der Finanzverwaltung, wonach die Restwerte nach Ablauf der
üblichen Gesamtnutzungsdauer noch bei etwa 30 v. H. der Gebäudenormalherstellungs-
werte liegen.

In der **Wahl der Abschreibungstabellen** ist der Sachverständige grundsätzlich frei (vgl. 38
§ 23 Abs. 1 Satz 2). Die lineare Abschreibung wird im Allgemeinen bei den starkem Verschleiß unterliegenden **Verwaltungs- und Fabrikgebäuden** angenommen. Im Übrigen wird unverständlicherweise die „theoretisch-mathematische" Abschreibungstabelle nach Ross herangezogen.

Die **Wahl der Abschreibungskurve steht in engem Zusammenhang mit der Höhe der** 39
Marktanpassungszu- oder -abschläge (Marktanpassungsfaktoren). Greift man auf empirisch ermittelte Marktanpassungsfaktoren der Gutachterausschüsse für Grundstückswerte oder auf eigene Erfahrungswerte zurück, so ist nach dem Grundsatz der Modellkonformität grundsätzlich die Alterswertabschreibungskurve heranzuziehen, die der Ableitung der Marktanpassungsfaktoren zu Grunde lag (Abb. 4).

**Abb. 4: Marktanpassungsabschläge bei Anwendung unterschiedlicher Alterswertab-
schreibungskurven**

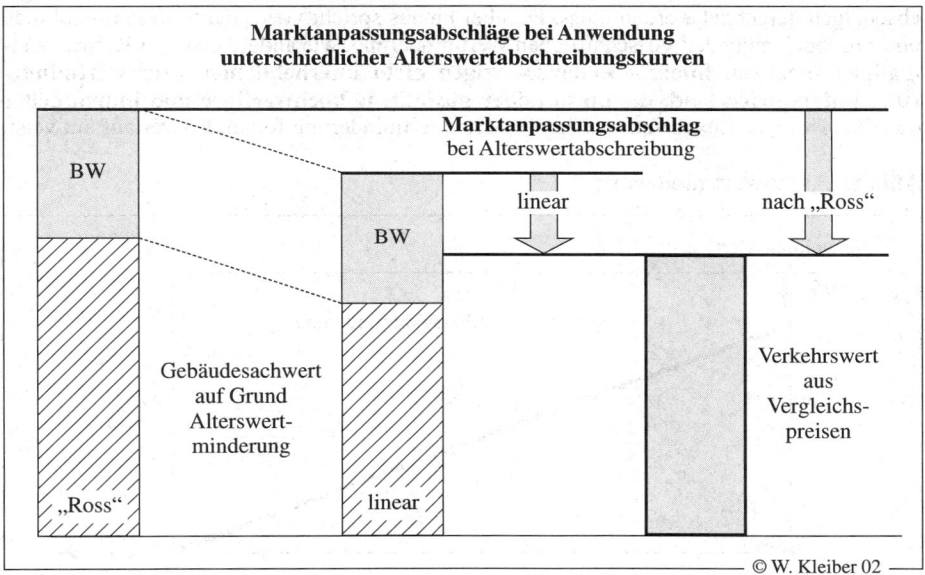

In der Praxis ergeben sich erhebliche Probleme mit der Anwendung der schematischen 40
Alterswertminderungstabellen. Die Probleme tauchen jedoch nicht direkt bei der Sachwertermittlung auf, sondern erst bei der Anpassung des ermittelten Grundstückssachwerts an die Marktlage. Die oft **über 40 %igen Anpassungsabschläge dürften bei einem marktkonformen Wertermittlungsverfahren nicht auftreten.** Sie sind auch nicht allein durch die jeweilige Situation am Grundstücksmarkt zu erklären, sondern weisen auch auf eine überdenkenswerte Behandlung des theoretisch-mathematischen Alterswertminderungsverfahrens hin.

Mit der **Einbeziehung der wirtschaftlichen Alterung,** wie sie der Verordnungsgeber mit 41
der Umstellung von der technischen Restlebensdauer auf die wirtschaftliche Restnutzungsdauer vorgegeben hat (vgl. Rn. 24), muss bei alledem konsequenterweise danach getrachtet werden, die bei Anwendung des Sachwertverfahrens in der Praxis verhältnismäßig „hoch" ausfallende Anpassung an den Verkehrswert (§ 7 Abs. 1 Satz 2) zu minimieren und möglichst bereits mit der Alterswertminderung zu erfassen. Viele Gutachter sind allerdings noch darin behaftet, dass es sich hier um einen rein technischen Abschreibungsvorgang handelt und lassen die Lage auf dem Grundstücksmarkt unberücksichtigt.

42 Ansätze hierzu hat **Vogels** zur Ermittlung der Wertminderung des Ausbaus bereits geliefert, indem er ausgehend von dem schadensfreien Objekt, die nach dem jeweiligen bautechnischen Zustand am Wertermittlungsstichtag erforderlichen Instandhaltungsrückstellungen (Alterswertminderung) zum Ansatz bringt. Durch Kombination der Ausbauwertminderung mit der Alterswertminderung des Rohbaus ließe sich trotz gewisser Pauschalierungen eine marktkonforme und wesentlich differenziertere Behandlung der Alterswertminderung erreichen (vgl. § 24 WertV Rn. 23 ff.).

43 Es liegen derzeit keine umfassenden und befriedigenden Untersuchungen über den tatsächlichen Verlauf der Alterswertminderung vor. **Am wenigsten kann die Alterswertabschreibungsmethodik** befriedigen, die noch immer die breiteste Anwendung findet, nämlich die Abschreibung **nach Ross** (Rosskur).

44 Von verschiedenen Gutachterausschüssen für Grundstückswerte wird auf Grund ihrer Erfahrungen herausgestellt, dass sich ihre empirisch abgeleiteten Marktanpassungsfaktoren auf **Erstverkäufe** beziehen und bei Mehrfachverkäufen mit höheren Marktanpassungsabschlägen gerechnet werden muss. Darüber hinaus spricht vieles dafür, dass Immobilien unter Einbeziehung der wirtschaftlichen Wertminderung, wie andere Güter, **mit ihrer erstmaligen Ingebrauchnahme einer sofortigen nicht unerheblichen Alterswertminderung unterworfen sind, die umso höher ausfällt, je hochwertiger und individueller das Gut ist** (z. B. Luxusautos), d. h. die Alterswertminderung folgenden Verlauf aufweist:

Abb. 5: Alterswertminderung

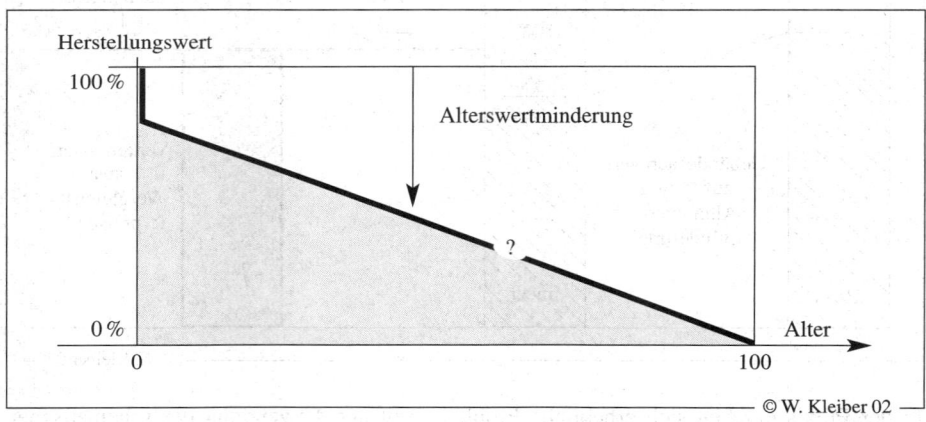

© W. Kleiber 02

Von daher stellt sich die Frage, ob das, was wir im Falle eines Marktanpassungsabschlags bezeichnen, bezüglich des Gebäudeanteils im Grunde genommen eine mit dem Erstgebrauch verbundene Alterswertminderung darstellt, wie wir sie vom Handel mit anderen Gütern kennen.

3   Alterswertminderung bei nicht ordnungsgemäßer Instandhaltung (Abs. 2)

3.1   Allgemeines

▶ *Zur Berücksichtigung einer geänderten Restnutzungsdauer bei Anwendung des Ertragswertverfahrens vgl. § 16 WertV Rn. 88 ff.*

Die der Ermittlung der **Wertminderung wegen Alters** zu Grunde zu legende übliche **45**
Gesamtnutzungsdauer (vgl. Rn. 25) setzt eine **ordnungsgemäße Bewirtschaftung** voraus
(vgl. § 18 WertV Rn. 9; § 16 WertV Rn. 21 ff.). Hierzu gehört insbesondere eine ordnungsgemäße Instandhaltung, nicht dagegen eine Modernisierung der baulichen Anlage.

Eine unterlassene Instandhaltung und nicht auch eine unterlassene Modernisierung **46**
kann zu einer Verkürzung der Restnutzungsdauer (RND) führen. Umgekehrt können
aber aufwendige Instandsetzungen, die über das übliche Maß hinausgehen, sowie Modernisierungen zu einer Verlängerung der Restnutzungsdauer führen. Eine Verkürzung sowie
eine Verlängerung der Restnutzungsdauer (RND) führt zugleich zu einer entsprechend
geänderten Gesamtnutzungsdauer (GND) der baulichen Anlage.

Gleichwohl schreibt Abs. 2 vor, dass es bei der **Ermittlung der Wertminderung wegen** **47**
Alters auch **für den Fall einer Verkürzung oder Verlängerung der Restnutzungsdauer**
und damit der Gesamtnutzungsdauer der baulichen Anlage

a) bei der ansonsten „üblichen" Gesamtnutzungsdauer verbleiben soll und

b) der geänderten Restnutzungsdauer durch Berechnung eines fiktiven Alters der baulichen Anlage Rechnung getragen wird (vgl. Rn. 19 ff. sowie Rn. 66 ff. der Vorbem. zu
   den §§ 21 ff. WertV).

Bei beiden Fallgruppen geht man nach § 23 Abs. 2 also einheitlich von der **Bildung eines** **48**
fiktiven Baujahrs aus, welches bei modernisierten Gebäuden und bei den durch unbehebbare Baumängel oder Bauschäden betroffenen Gebäuden vor bzw. nach dem tatsächlichen
Baujahr angenommen wird. Die übliche Gesamtnutzungsdauer bleibt davon unberührt.
Damit wird gleichzeitig eine Harmonisierung von Ertrags- und Sachwertverfahren erreicht.

Die Alterswertminderung kann infolgedessen nach der unter Rn. 14 angegebenen Formel **49**
bestimmt werden, wobei **an Stelle des tatsächlichen Alters das fiktive Alter** anzusetzen ist:

$$\text{Wertminderung [\%]} = \frac{\text{fiktives Alter}}{\text{übliche Gesamtnutzungsdauer}} \times 100$$

Ein weiterer Vorteil des mit Abs. 2 vorgeschriebenen Verfahrens liegt in der **verfahrens-** **50**
technischen Vereinfachung, denn die Praxis kommt infolgedessen mit Alterswertminderungstabellen aus, die allein auf die übliche Gesamtnutzungsdauer (GND) bezogen
sind. Sie können sowohl im „Normalfall" als auch in den in Abs. 2 geregelten Fällen
Anwendung finden, wobei – wie erläutert – lediglich mit einem fiktiven Alter der baulichen
Anlage in die Tabelle eingegangen werden muss. Das fiktive Alter ergibt sich aus der
(üblichen) Gesamtnutzungsdauer (GND) abzüglich der entsprechend verlängerten oder
verkürzten Restnutzungsdauer (RND).

Dies lässt sich auch damit begründen, dass durchgreifend instand gesetzte oder moderni- **51**
sierte Gebäude zu einem erheblichen Anteil mehr neuwertige Bauteile als vergleichsweise
nicht modernisierte Objekte aufweisen und sich ein **derartiges Objekt am Wertermitt-**
lungsstichtag jünger darstellt, **als es seinem tatsächlichen Baujahr entspricht.** Die Verlängerung der Restnutzungsdauer durch Instandsetzungen oder Modernisierungen stellt
also eine künstliche Verjüngung der baulichen Anlage dar.

3.2 Instandsetzung und Modernisierung

Im Falle einer Verlängerung der Restnutzungsdauer auf Grund von Instandsetzungen oder **52**
Modernisierungen ergibt sich das **fiktive Alter der baulichen Anlage aus ihrem tatsäch-**
lichen Alter abzüglich der Anzahl von Jahren, um die die Gesamtnutzungsdauer
durch die durchgeführten Instandsetzungs- oder Modernisierungsarbeiten verlän-
gert wurde.

Fiktives Alter = GND – Verlängerte RND
wobei   GND = (übliche) Gesamtnutzungsdauer
RND = Restnutzungsdauer

Die Wertminderung wegen Alters ermittelt sich anhand des so zu ermittelnden fiktiven Alters nach der unter Rn. 49 ff. angegebenen Formel.

53 *Beispiel A* (lineare Wertminderung):

Gesamtnutzungsdauer   = 80 Jahre

Restnutzungsdauer   = 20 Jahre (tatsächliches Alter = 60 Jahre)

Durch umfangreiche Modernisierungsmaßnahmen wurde die Restnutzungsdauer (RND) um 20 Jahre verlängert.

Fiktives Alter   = 80 – (20 + 20) = 40

Wertminderung   = $\frac{40}{80}$ × 100 = 50 %

Beispiel B (Wertminderung nach Ross):

Baujahr 1920

Gesamtnutzungsdauer 100 Jahre

Durchgreifende Modernisierung im Jahre 1990 bewirkt eine Verlängerung der Restnutzungsdauer um 20 auf 50 Jahre.

Alterswertminderung nach „Ross"

Ohne Modernisierung (Alter 70 Jahre):   59,5 v. H.

Nach Modernisierung (Fiktives Alter 50 Jahre): 37,5 v. H.

Abb. 6: **Wertminderung wegen Alters bei Verlängerung der Restnutzungsdauer wegen durchgreifender Instandsetzung oder Modernisierung**

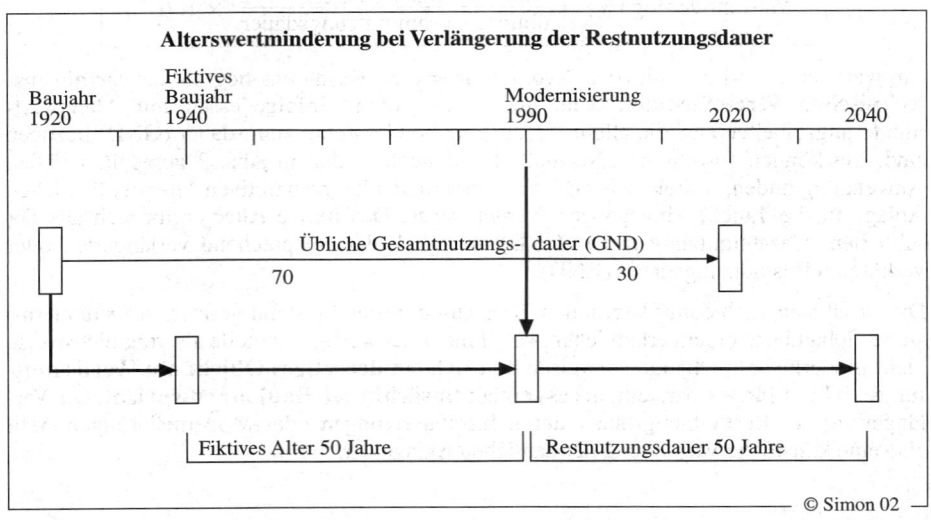

54 Die der geltenden WertV vorangegangenen Fassungen der Verordnung gingen entgegen vorstehenden Ausführungen davon aus, dass eine **durchgreifende Instandsetzung oder Modernisierung die Restnutzungsdauer des Gebäudes verlängere.** Dabei wurde gleichzeitig die Gesamtlebensdauer des Gebäudes verlängert (Abb. 7).

Abb. 7: Wertminderung wegen Alters bei Verlängerung der Restnutzungsdauer

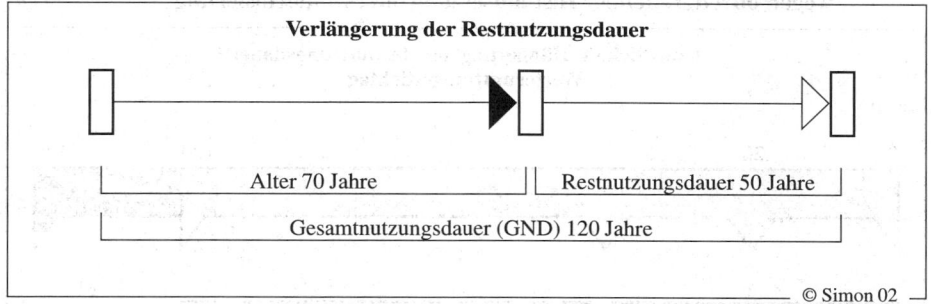

Dieses **Verfahren enthielt** jedoch **einen Systemfehler.** Je länger die Gesamtlebensdauer   **55**
des Gebäudes ist, umso höher werden bei gleich bleibender Restnutzungsdauer die Alterswertminderungssätze. Diese Steigerung darf aber nicht eintreten. Beträgt beispielsweise
die Restnutzungsdauer 40 Jahre, kann es keine Rolle spielen, ob das Gebäude 1940 oder
1950 erbaut wurde. Außerdem würden nach dieser Regelung die bei der Modernisierung
eingebrachten neuwertigen Bauteile sofort das Alter der bestehenden Bauteile teilen. Im
Vergleich zum Ertragswertverfahren würde Folgendes eintreten: Der Ertragswert des
Objektes bleibt bei unterschiedlichen Baujahren und gleicher Restnutzungsdauer immer
unverändert, da die Alterswertminderung indirekt im Vervielfältiger berücksichtigt wird
(§ 18 Abs. 1 WertV). Im Sachwertverfahren bewertet, würde dasselbe Objekt bei steigender Gesamtlebensdauer und gleich bleibender Restlebensdauer immer mehr an Wert verlieren.

Die Ermittlung der Wertminderung wegen Alters im Falle einer Verkürzung oder Verlänge   **56**
rung der Restnutzungsdauer (RND) und damit auch der Gesamtnutzungsdauer (GND) auf
der Grundlage der unter Rn. 14 angegebenen Formel und einer entsprechend geänderten
Gesamtnutzungsdauer (GND) würde – wie vorstehend dargelegt – zu dem Ergebnis führen,
dass für eine bestimmte Restnutzungsdauer die Alterswertminderung mit der Verlängerung
der Gesamtnutzungsdauer ansteigt und umgekehrt. Dies wäre eine **Disparität gegenüber
dem Ertragswertverfahren,** denn die Höhe des Ertragswerts ist von der Gesamtnutzungsdauer der baulichen Anlage unabhängig; der Vervielfältiger nach § 16 Abs. 3 i.V. m. der
Anl. zur WertV ist allein eine Funktion der Restnutzungsdauer und des Liegenschaftszinssatzes.

Um diesbezüglich Unterschiede zwischen Sach- und Ertragswertverfahren zu vermeiden,   **57**
schreibt Abs. 2 vor, dass es bei der **Ermittlung der Wertminderung wegen Alters** auch
für den Fall einer **Verkürzung oder Verlängerung der Restnutzungsdauer** und damit der
Gesamtnutzungsdauer der baulichen Anlage

a) bei der ansonsten „üblichen" Gesamtnutzungsdauer verbleiben soll und

b) der geänderten Restnutzungsdauer durch Berechnung eines fiktiven Alters der baulichen Anlage Rechnung getragen wird (vgl. Rn. 47).

Die Alterswertminderung kann infolgedessen nach der unter Rn. 14 angegebenen Formel   **58**
bestimmt werden, wobei **an Stelle des tatsächlichen Alters das fiktive Alter** anzusetzen ist:

$$\text{Wertminderung [\%]} = \frac{\text{fiktives Alter}}{\text{übliche Gesamtnutzungsdauer}} \times 100$$

▶ *Hierzu die Begründung bei Rn. 50 f.*   **59**

60 Abb. 8: Berechnungsprinzip bei Verlängerung der üblichen Gesamtnutzungsdauer wegen durchgreifender Instandsetzung oder Modernisierung

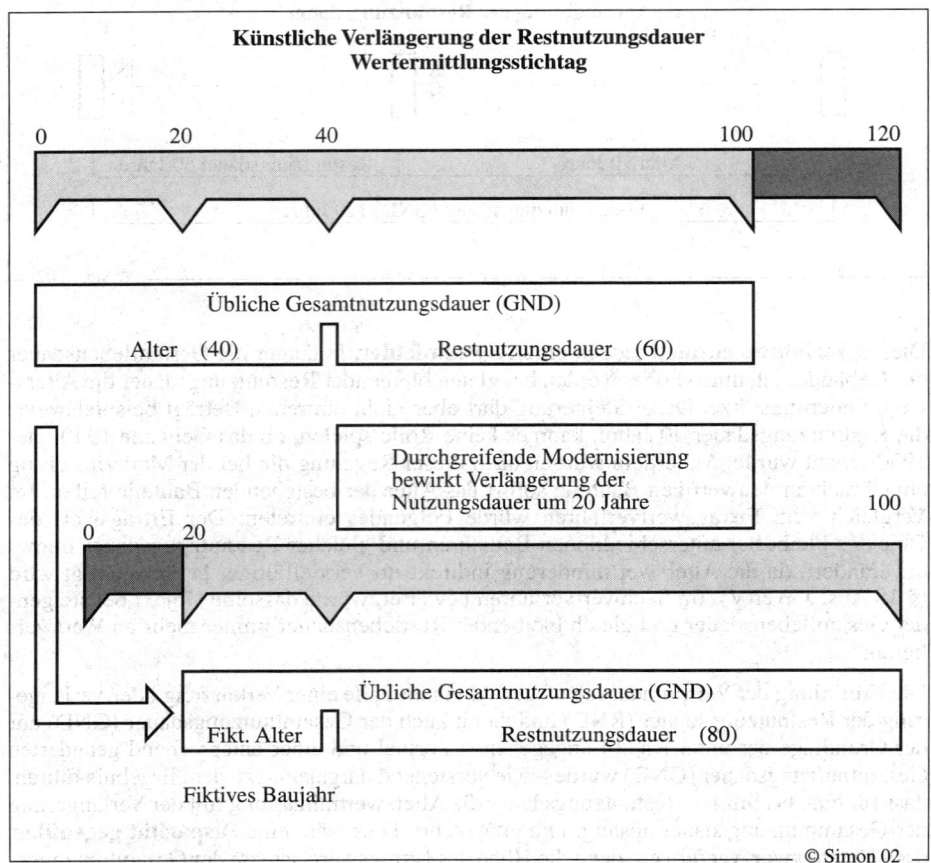

Künstliche Verlängerung der Restnutzungsdauer
Wertermittlungsstichtag

© Simon 02

61 Problematisch kann die Ermittlung des jeweils anzusetzenden **fiktiven Baujahrs** werden, **wenn nur ein Teil des Gebäudes modernisiert wurde.** Eine **freie Schätzung des fiktiven Baujahrs** wird nur in wenigen Fällen überzeugen können.

62 Es besteht aber die Möglichkeit, das angemessene fiktive Baujahr durch folgende Verhältnisrechnung plausibel zu ermitteln:

$$\frac{\text{Baujahr (alt)} \times \text{UR (alt)} + \text{Baujahr (neu)} \times \text{UR (neu)}}{\text{UR insgesamt}} = \text{Fiktives Baujahr}$$

$$\frac{\text{Baujahr (alt)} \times \text{WF (alt)} + \text{Baujahr (neu)} \times \text{WF (neu)}}{\text{WF insgesamt}} = \text{Fiktives Baujahr}$$

$$\frac{\text{Baujahr (alt)} \times \text{\% alte Bausubst.} + \text{Baujahr (neu)} \times \text{\% neue Bausub.}}{100} = \text{Fiktives Baujahr}$$

wobei UR = Umbauter Raum
       WF = Wohnfläche

Beispiel: **63**

Wohngebäude Baujahr 1905, umbauter Raum 1 500 m³, davon im Jahre 1996 800 m³ durchgreifend modernisiert:

$$\frac{1905 \times 700 + 1996 \times 800}{1\,500} = 1954 \text{ (fiktives Baujahr)}$$

Eine differenzierte Abschätzung der Restnutzungsdauerverlängerung lässt sich über die **64** Feststellung des jeweiligen **Modernisierungsgrades** von Gebäuden vornehmen (vgl. Vorbem. zu den §§ 21 ff. WertV Rn. 85 ff. und § 16 WertV Rn. 127 ff.). Dabei werden die bei dem Wertermittlungsobjekt in den letzten 20 Jahren erfolgten Modernisierungen berücksichtigt. Entsprechend dem festgestellten Modernisierungsgrad kann die zu erwartende Restnutzungsdauer in Abhängigkeit vom Ursprungsalter des Gebäudes nach der unter § 16 WertV Rn. 130 ff. dargestellten Methode ermittelt werden.

Beispiel: **65**

Bei einem Mietwohngebäude Baujahr 1930 wurde die Fassade modernisiert (wärmegedämmte Außenhaut, 2 Punkte), es wurden die Fenster erneuert (Fenster mit Isolierverglasung, 2 Punkte), die Bäder modernisiert (2 Punkte) sowie der gesamte Innenausbau weitgehend modernisiert (3 Punkte). Es ergibt sich ein mittlerer Modernisierungsgrad (insgesamt 9 Punkte). Das Gebäude ist bereits 70 Jahre alt. Die Restnutzungsdauer kann danach mit 38 Jahren angegeben werden (vgl. § 16 WertV Rn. 132 ff.). Bei einer üblichen Gesamtnutzungsdauer von 100 Jahren beträgt das „fiktive" Baujahr (2000 + 38 − 100 =) 1938.

3.3 Unterlassene Instandhaltung und unbehebbare Baumängel oder Bauschäden

Liegen unbehebbare Bauschäden oder Baumängel oder liegt eine unterlassene Instand- **66** haltung vor, kann man davon ausgehen, dass das Gebäude schneller als ein vergleichbares schadenfreies Bauwerk altert. Es ist am Wertermittlungsstichtag in einem schlechteren Zustand, als es sich durch Berücksichtigung der normalen Alterswertminderung ergeben würde. Dieser Umstand ist nach § 23 Abs. 2 durch einen entsprechend höheren Alterswertminderungsabschlag zu berücksichtigen und nicht durch einen Abschlag wegen baulicher Mängel oder Schäden. Dabei ist aber klarzustellen, dass **nur eine unterlassene Instandhaltung, nicht etwa eine unterlassene Modernisierung zu einer Nutzungsdauerverkürzung führen kann**[4]. Für die Bemessung des Abschlags wird dieselbe Systematik zu Grunde gelegt, wie bei Verlängerung der Restnutzungsdauer (Abb. 9).

Im Falle einer Verkürzung der Restnutzungsdauer auf Grund unterlassener Instandhaltun- **67** gen oder anderer Gegebenheiten ergibt sich das **fiktive Alter der baulichen Anlage aus der (üblichen) Gesamtnutzungsdauer abzüglich der um die Anzahl der Jahre verkürzten Restnutzungsdauer,** die sich auf Grund unterlassener Instandhaltung oder anderer Gegebenheiten ergibt:

Fiktives Alter = GND − Verkürzte RND

wobei GND = (übliche) Gesamtnutzungsdauer
RND = Restnutzungsdauer

Die Wertminderung wegen Alters ermittelt sich wiederum anhand des so zu ermittelnden fiktiven Alters nach der unter Rn. 58 ff. angegebenen Formel.

---

4 BR-Drucks. 352/88, S. 64

Abb. 9: Verkürzung der Restnutzungsdauer wegen unterlassener Instandhaltung oder unbehebbarer baulicher Mängel oder Schäden

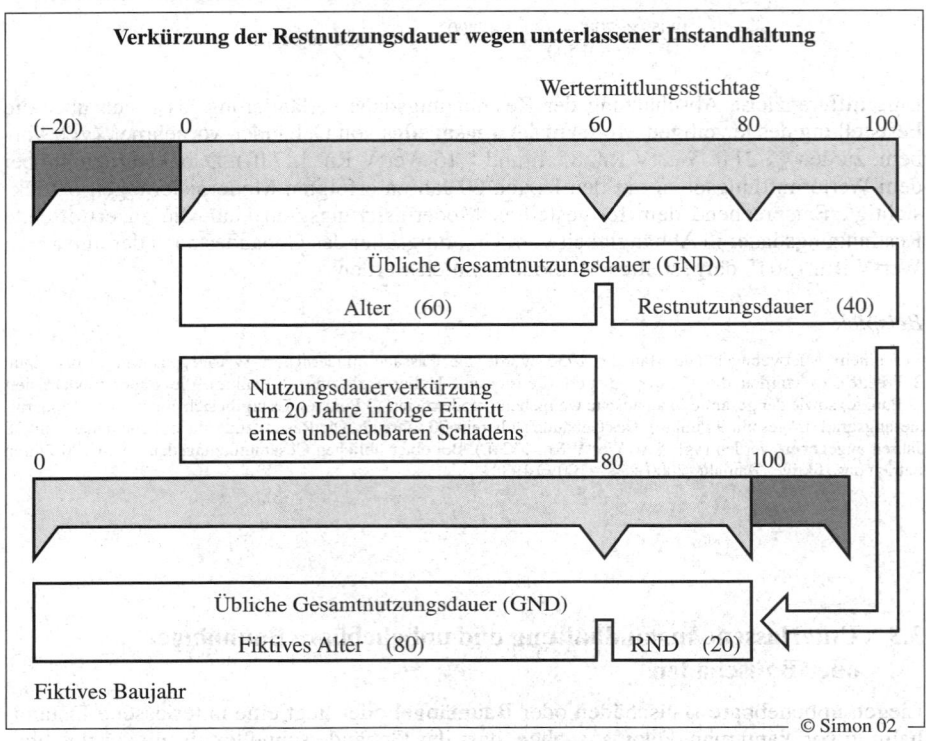

© Simon 02

68   *Beispiel A:*

Gesamtnutzungsdauer = 80 Jahre
Restnutzungsdauer = 20 Jahre (Tatsächliches Alter = 60 Jahre)
Durch unterlassene Instandhaltungen hat sich die Restnutzungsdauer (RND) um 10 Jahre verkürzt.
Fiktives Alter = 80 − (20 − 10) = 70 Jahre

Wertminderung $= \dfrac{70}{80} \times 100 = \mathbf{88\,\%}$

Beispiel B:

Baujahr 1940

übliche Gesamtnutzungsdauer 80 Jahre

Ein im Jahre 1990 eingetretener Schaden begrenzt die Restnutzungsdauer auf 10 Jahre.
Alterswertminderung 1990 (ohne Schaden): 50 × 1,25 = 62,5 v. H.
Alterswertminderung 1990 (nach Schaden): 70 × 1,25 = 87,5 v. H.

69   Die Regelung in § 23 Abs. 2 hat im Schrifttum wiederholt zu Widerspruch geführt[5]. Eine Reihe von Fachleuten hält den einfachen Abzug der am Wertermittlungsstichtag aufzuwendenden Instandsetzungskosten von dem um die Alterswertminderung gekürzten Herstellungswert des Gebäudes für sach- und marktgerecht[6]. Sie behandeln damit die unterlassene Instandhaltung wie einen Abschlag nach § 24 (Abschlag wegen baulicher Mängel oder Schäden). Neben dem dabei entstehenden **Problem des Abzugs „neu für alt"** (vgl. § 24 WertV Rn. 20 ff.) führt diese einfach zu handhabende Verfahrensweise zu einer unkontrollierbaren Mischung zwischen reiner Schadensaufwandberechnung und Marktverhalten. Im Interesse der Nachprüfbarkeit der Wertermittlungsansätze ist deshalb die in § 23 Abs. 2 vorgeschriebene Regelung vorzuziehen.

Abb. 10: Berechnung der Wertminderung bei Verkürzung der Restnutzungsdauer

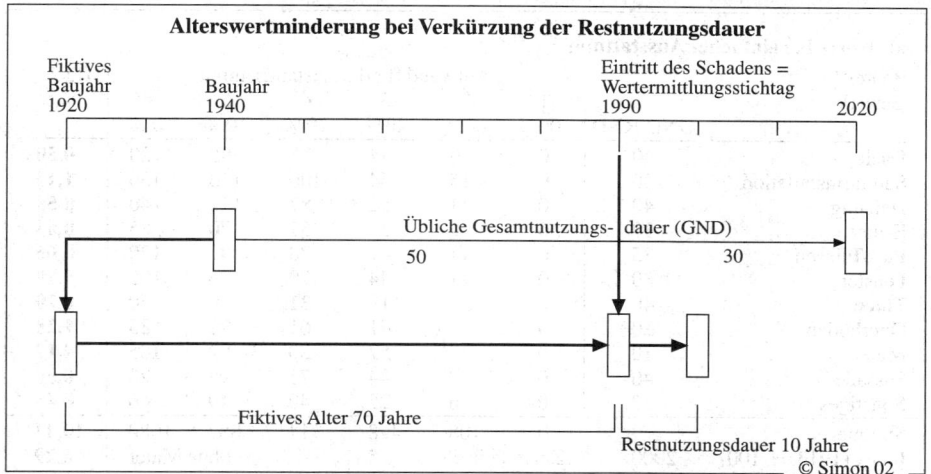

Alterswertminderung bei Verkürzung der Restnutzungsdauer

Fiktives Baujahr 1920 — Baujahr 1940 — Eintritt des Schadens = Wertermittlungsstichtag 1990 — 2020

Übliche Gesamtnutzungs- dauer (GND) 50 / 30

Fiktives Alter 70 Jahre

Restnutzungsdauer 10 Jahre

© Simon 02

Annex: Einen davon abweichenden Weg zur Ermittlung der Reparatur- und Instandset- **70** zungskosten schlägt *Vogels* vor. Er geht von einem reparaturfreien Ausgangswert aus, von dem die auf den Wertermittlungsstichtag bezogenen künftigen Reparaturkosten (Barwerte) oder anders ausgedrückt die am Stichtag erforderlichen Instandsetzungsrückstellungen abgezogen werden. Grundlage zur Ermittlung der Instandsetzungsrückstellungen bilden dazu die **Kosten, die zur Erneuerung oder Reparatur erforderlich sind.**

Die nachstehenden **Tabellen** (Abb. 11) gelten **für Wohngebäude mit einfachem, mittlerem und gutem Ausbau.** Sie enthalten die technische Lebensdauer der (Ausbau-)Bauteile/Gewerke sowie die Kosten, die im jeweiligen baulichen Zustand als erforderliche Rücklagen in €/m² WF/NF anzusetzen sind. Der jeweilige bauliche Zustand wird nach einem „Schulnotensystem" von 1 bis 6 bewertet:

1 sehr guter Zustand, Restnutzungsdauer 100 %, Kosten fallen nicht an
2 guter Zustand, Restnutzungsdauer 80 %
3 befriedigender Zustand, Restnutzungsdauer 40 %
4 ausreichender Zustand, Restnutzungsdauer 20 %
5 mangelhafter Zustand, Restnutzungsdauer 10 %
6 ungenügender Zustand, Restnutzungsdauer 0 %,
   die Reparaturkosten fallen sofort in voller Höhe an.

In den letzten Spalten werden die erforderlichen **jährlichen Rücklagenbeträge in € je m² WF/NF** angegeben. Sie wurden auf der Basis der Kosten in der Zustandsstufe 6 und der dazugehörenden Gesamtnutzungsdauer ermittelt.

Die Anwendung der Tabellen wird jedoch erschwert, da die **errechneten Abzüge** in €/m² **71** WF/NF **nicht von dem um die Alterswertminderung nach WertV geminderten Wert angewendet werden** dürfen (Doppelberücksichtigung). Auch kann der Abzug nicht vom Normalherstellungswert erfolgen, da die Alterung des Rohbauanteils nicht berücksichtigt werden würde. Da die Alterswertminderung des Rohbauanteils relativ gering ist (technische Lebensdauer üblicherweise mehrere Jahrhunderte), fällt dieser Gesichtspunkt jedoch nicht stark ins Gewicht.

Auf dieser Basis wäre die globale Berücksichtigung der Wertminderung im Sachwertverfahren wegen Alters, wegen wirtschaftlicher Veraltung und wegen baulicher Mängel und Schäden denkbar.

---

5   Petersen in AIZ 1989, 24 ff.
6   Kummer in Nachr. der nds. Kat.- und VermVw 1989, 72

Abb. 11: Instandhaltungsrückstellung, erforderliche Rücklage

a) Werte bei einfacher Ausstattung

Bauteil/ Gewerk	GND/RND	1 100%	2 80%	3 40%	4 20%	5 10%	6 0%	Rück- lage €
Dach	40	0	9	44	75	95	120	0,50
Sanitärinstallation	30	0	15	64	100	123	150	1,13
Heizung	40	0	11	52	87	111	140	0,58
E-Inst.	30	0	9	36	57	70	85	0,64
Putz/Fliesen	35	0	11	47	78	97	120	0,66
Fenster	30	0	11	44	70	86	105	0,79
Türen	40	0	4	18	31	40	50	0,20
Oberböden	20	0	11	41	61	72	85	1,28
Maler	10	0	17	57	80	92	105	4,17
Fassade	40	0	9	44	75	95	120	0,50
Sonstiges	30	0	6	25	40	49	60	0,45
Summe		0	108	448	714	882	1080	10,47
Index (1913 = 100)	2000	Zinssatz in %	5			ohne Maler		6,29

Aufwand für die Zustandsstufen

b) Werte bei durchschnittlicher Ausstattung

Bauteil/ Gewerk	GND/RND	1 100%	2 80%	3 40%	4 20%	5 10%	6 0%	Rück- lage €
Dach	40	0	11	52	87	111	140	0,58
Sanitärinstallation	30	0	20	85	134	165	200	1,50
Heizung	40	0	14	66	112	143	180	0,74
E-Inst.	30	0	11	47	74	91	110	0,83
Putz/Fliesen	35	0	14	63	103	129	160	0,88
Fenster	30	0	14	59	94	115	140	1,05
Türen	40	0	6	26	44	56	70	0,29
Oberböden	20	0	14	53	79	94	110	1,16
Maler	10	0	23	76	106	123	140	5,56
Fassade	40	0	13	59	100	127	160	0,66
Sonstiges	30	0	8	34	54	66	80	0,60
Summe		0	141	585	933	1152	1410	13,77
Index (1913 = 100)	2000	Zinssatz in %	5			ohne Maler		8,21

Aufwand für die Zustandsstufen

c) Werte bei gehobener Ausstattung

Bauteil/ Gewerk	GND/RND	1 100%	2 80%	3 40%	4 20%	5 10%	6 0%	Rück- lage €
Dach	40	0	13	59	100	127	160	0,61
Sanitärinstallation	30	0	26	106	167	206	250	1,88
Heizung	40	0	19	88	150	190	240	1,00
E-Inst.	30	0	14	59	94	115	140	1,05
Putz/Fliesen	35	0	18	79	129	162	200	1,10
Fenster	30	0	18	76	121	148	180	1,35
Türen	40	0	7	33	56	71	90	0,37
Oberböden	20	0	20	72	107	128	150	2,27
Maler	10	0	29	97	137	158	180	7,15
Fassade	40	0	16	74	125	159	200	0,83
Sonstiges	30	0	10	42	67	82	100	0,75
Summe		0	180	744	1185	1464	1790	17,67
Index (1913 = 100)	2000	Zinssatz in %	5			ohne Maler		10,52

Aufwand für die Zustandsstufen

4 Wertminderung wegen der Notwendigkeit eines vorzeitigen Abbruchs

Ein Abschlag wegen vorzeitigen Abbruchs ist dann anzunehmen, wenn am Wertermitt- **72** lungsstichtag feststeht, dass die bauliche Anlage aus objektiven Gründen vor Ablauf der üblichen Gesamtnutzungsdauer abgebrochen werden muss. Dabei kann es sich z. B. um eine vertragliche oder um eine aus städtebaulichen Gründen erforderliche **Abbruchver-pflichtung** handeln. In beiden Fällen liegt eine über die normale Alterswertminderung nach § 22 hinausgehende Beeinträchtigung vor, die nach § 25 berücksichtigt werden kann.

Soweit hier ein **Rückbaugebot i. S. d. § 179 BauGB** zur Anwendung kommt, muss der **73** Entschädigungsanspruch berücksichtigt werden.

Bei der Bemessung der Alterswertminderung geht man im Regelfall von der üblichen **74** **Gesamtnutzungsdauer aus.** Im Falle des vorzeitigen Abbruchs stimmt jedoch die übliche Gesamtnutzungsdauer nicht mehr mit der tatsächlich erreichbaren Nutzungsdauer überein. Die Höhe des Abschlags kann aus der Differenz der üblichen Gesamtnutzungsdauer und der tatsächlich erreichbaren Nutzungsdauer des Gebäudes ermittelt werden (vgl. Abb. 12).

Abb. 12: Abschlag wegen der Notwendigkeit des vorzeitigen Abbruchs des Gebäudes

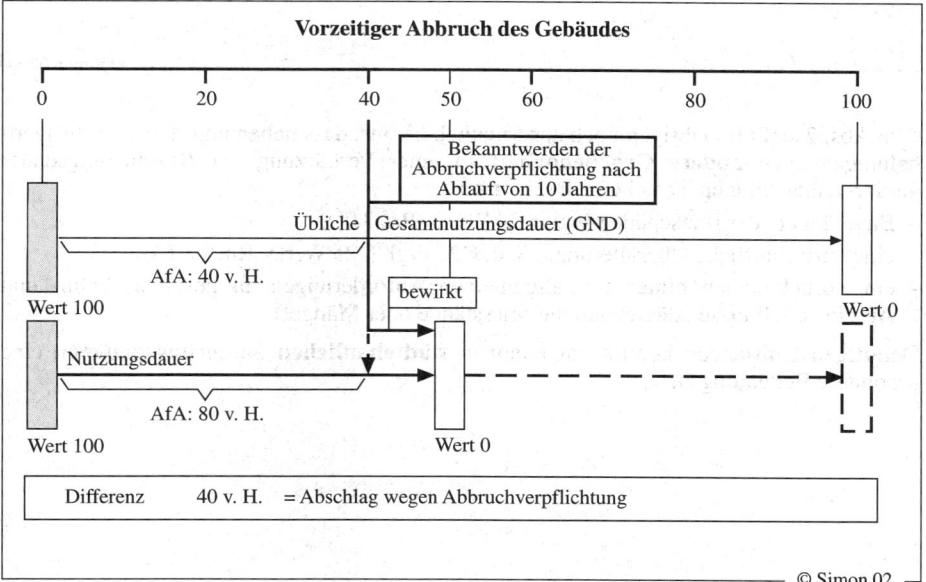

Normalherstellungswert der baulichen Anlage		100 000 €
Alterswertminderung	40 × 100/100 = 40 v. H.	40 000 €
Sachwert der baulichen Anlage		60 000 €
Wertminderung wegen der Abbruchverpflichtung	40 × 100/50 = 80 v. H.	
Differenz	= 40 v. H.	
Abschlag wegen Abbruchverpflichtung beträgt 40 v. H. des Normalherstellungswerts		40 000 €
Sachwert der baulichen Anlage		**20 000 €**

75   *Beispiel:*

Abb. 13: Vorzeitiger Abbruch des Gebäudes

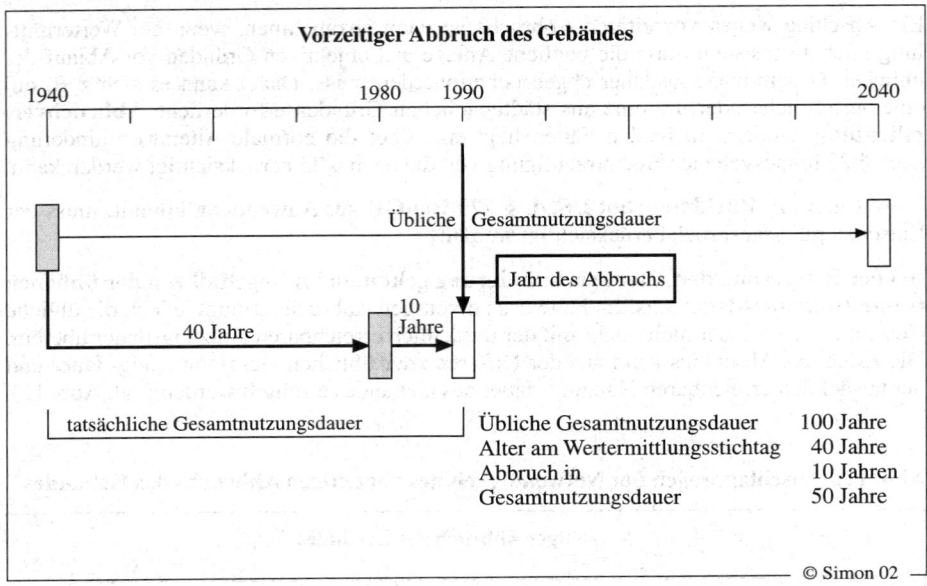

76   § 23 Abs. 2 stellt im Übrigen noch ausdrücklich heraus, dass neben unterlassenen Instand-haltungen auch **andere Gegebenheiten** zu einer Verkürzung der Restnutzungsdauer geführt haben können. Dies können sein u. a.:

– Baumängel oder Bauschäden (vgl. § 24 WertV Rn. 3 ff.),

– eine wirtschaftliche Überalterung i. S. d. § 25 (vgl. § 25 WertV Rn. 17 ff.),

– ein Zurückbleiben hinter den allgemeinen Anforderungen an gesunde Wohn- und Arbeitsverhältnisse (städtebauliche Missstände oder Mängel).

Derartigen Umständen kommt vor allem in **städtebaulichen Sanierungsgebieten** eine besondere Bedeutung zu.

**Anlage 1: Wertminderung wegen Alters nach „Ross" (1838–1901) in v. H. des Her-   77
stellungswerts** (Anl. 6 WertR)

$$\text{Wertminderung } [\%] = 50 \times \left(\frac{\text{Alter}^2}{\text{GND}^2} + \frac{\text{Alter}}{\text{GND}} \right)$$

wobei GND = Gesamtnutzungsdauer
RND = GND – Alter

Restnutzungs-dauer	Übliche Gesamtnutzungsdauer (GND) in Jahren									
Jahre	10	20	30	40	50	60	70	80	90	100
0	100	100	100	100	100	100	100	100	100	100
1	86	93	95	96	97	98	98	98	98	99
2	72	86	90	93	94	95	96	96	97	97
3	60	79	86	89	91	93	94	94	95	96
4	48	72	81	86	88	90	92	93	93	94
5	38	66	76	82	86	88	90	91	92	93
6	28	60	72	79	83	86	88	89	90	91
7	20	54	68	75	80	83	86	87	89	90
8	12	48	64	72	77	81	84	86	87	88
9	6	43	60	69	75	79	82	84	86	87
10	0	38	56	66	72	76	80	82	84	86
11		33	52	63	69	74	78	80	82	84
12		28	48	60	67	72	76	79	81	83
13		24	44	57	64	70	74	77	79	81
14		20	41	54	62	68	72	75	78	80
15		16	38	51	60	66	70	74	76	79
16		12	34	48	57	64	68	72	75	77
17		9	31	45	55	62	67	70	73	76
18		6	28	43	52	60	65	69	72	75
19		3	25	40	50	58	63	67	71	73
20		0	22	38	48	56	61	66	69	72
21			20	35	46	54	60	64	68	71
22			17	33	44	52	58	63	66	69
23			14	30	42	50	56	61	65	68
24			12	28	40	48	54	60	64	67
25			10	26	38	46	53	58	62	66
26			8	24	36	44	51	57	61	64
27			6	22	34	43	50	55	60	63
28			4	20	32	41	48	54	58	62
29			2	18	30	39	46	52	57	61
30			0	16	28	38	45	51	56	60
31				14	26	36	43	49	54	58
32				12	24	34	42	48	53	57
33				10	23	33	40	47	52	56
34				9	21	31	39	45	50	55
35				7	20	30	38	44	49	54
36				6	18	28	36	43	48	52
37				4	16	26	35	41	47	51
38				3	15	25	33	40	46	50
39				1	13	24	32	39	44	49
40				0	12	22	31	38	43	48
41					11	21	29	36	42	47
42					9	20	28	35	41	46
43					8	18	27	34	40	45
44					7	17	25	33	39	44
45					6	16	24	31	38	43

Restnutzungs-dauer	Übliche Gesamtnutzungsdauer (GND) in Jahren									
Jahre	10	20	30	40	50	60	70	80	90	100
46					4	14	23	30	36	42
47					3	13	22	29	35	41
48					2	12	21	28	34	40
49					1	11	20	27	33	39
50					0	10	18	26	32	38
51						9	17	25	31	37
52						8	16	24	30	36
53						7	15	23	29	35
54						6	14	22	28	34
55						5	13	21	27	33
56						4	12	20	26	32
57						3	11	19	25	31
58						2	10	18	24	30
59						1	9	17	23	29
60						0	8	16	22	28
61							7	15	21	27
62							6	14	20	26
63							6	13	20	25
64							5	12	19	24
65							4	11	18	24
66							3	10	17	23
67							2	9	16	22
68							1	9	15	21
69							1	8	14	20
70							0	7	14	20
71								6	13	19
72								6	12	18
73								5	11	17
74								4	10	16
75								3	10	16
76								3	9	15
77								2	8	14
78								1	8	13
79								1	7	13
80								0	6	12
81									6	11
82									5	11
83									4	10
84									4	9
85									3	9
86									2	8
87									2	7
88									1	7
89									1	6
90									0	6
91										5
92										4
93										4
94										3
95										3
96										2
97										2
98										1
99										1
100										0

Anlage 2: Wertminderung wegen Alters bei linearer Abschreibung in v. H. des Herstellungswerts 78

$$\text{Wertminderung } [\%] = \frac{100 \times \text{Alter}}{\text{GND}} = \frac{100\,(\text{GND} - \text{RND})}{\text{GND}}$$

wobei GND = Gesamtnutzungsdauer
RND = Restnutzungsdauer

Restnutzungs-dauer	Übliche Gesamtnutzungsdauer (GND) in Jahren								
Jahre	20	30	40	50	60	70	80	90	100
1	95	97	98	98	98	99	99	99	99
2	90	93	95	96	97	97	98	98	98
3	85	90	93	94	95	96	96	97	97
4	80	87	90	92	93	94	95	96	96
5	75	83	88	90	92	93	94	94	95
6	70	80	85	88	90	91	93	93	94
7	65	77	83	86	88	90	91	92	93
8	60	73	80	84	87	89	90	91	92
9	55	70	78	82	85	87	89	90	91
10	50	67	75	80	83	86	88	89	90
11	45	63	73	78	82	84	86	88	89
12	40	60	70	76	80	83	85	87	88
13	35	57	68	74	78	81	84	86	87
14	30	53	65	72	77	80	83	84	86
15	25	50	63	70	75	79	81	83	85
16	20	47	60	68	73	77	80	82	84
17	15	43	58	66	72	76	79	81	83
18	10	40	55	64	70	74	78	80	82
19	5	37	53	62	68	73	76	79	81
20	0	33	50	60	67	71	75	78	80
21		30	48	58	65	70	74	77	79
22		27	45	56	63	69	73	76	78
23		23	43	54	62	67	71	74	77
24		20	40	52	60	66	70	73	76
25		17	38	50	58	64	69	72	75
26		13	35	48	57	63	68	71	74
27		10	33	46	55	61	66	70	73
28		7	30	44	53	60	65	69	72
29		3	28	42	52	59	64	68	71
30		0	25	40	50	57	63	67	70
31			23	38	48	56	61	66	69
32			20	36	47	54	60	64	68
33			18	34	45	53	59	63	67
34			15	32	43	51	58	62	66
35			13	30	42	50	56	61	65
36			10	28	40	49	55	60	64
37			8	26	38	47	54	59	63
38			5	24	37	46	53	58	62
39			3	22	35	44	51	57	61
40			0	20	33	43	50	56	60
41				18	32	41	49	54	59
42				16	30	40	48	53	58
43				14	28	39	46	52	57
44				12	27	37	45	51	56
45				10	25	36	44	50	55

Restnutzungs-dauer Jahre	Übliche Gesamtnutzungsdauer (GND) in Jahren								
	20	30	40	50	60	70	80	90	100
46				8	23	34	43	49	54
47				6	22	33	41	48	53
48				4	20	31	40	47	52
49				2	18	30	39	46	51
50				0	17	29	38	44	50
51					15	27	36	43	49
52					13	26	35	42	48
53					12	24	34	41	47
54					10	23	33	40	46
55					8	21	31	39	45
56					7	20	30	38	44
57					5	19	29	37	43
58					3	17	28	36	42
59					2	16	26	34	41
60					0	14	25	33	40
61						13	24	32	39
62						11	23	31	38
63						10	21	30	37
64						9	20	29	36
65						7	19	28	35
66						6	18	27	34
67						4	16	26	33
68						3	15	24	32
69						1	14	23	31
70						0	13	22	30
71							11	21	29
72							10	20	28
73							9	19	27
74							8	18	26
75							6	17	25
76							5	16	24
77							4	14	23
78							3	13	22
79							1	12	21
80							0	11	20
81								10	19
82								9	18
83								8	17
84								7	16
85								6	15
86								4	14
87								3	13
88								2	12
89								1	11
90								0	10
91									9
92									8
93									7
94									6
95									5
96									4
97									3
98									2
99									1
100									0

Anlage 3: Wertminderung wegen Alters nach Empfehlungen der AGVGA NW in v. H. 79 des Herstellungswerts

Arbeitsgemeinschaft der Vorsitzenden der Gutachterausschüsse für Grundstückswerte in Nordrhein-Westfalen – AGVGA NW – (vgl. ABl. der Stadt Essen 1981 Nr. 20 = Grundstücksmarktbericht Essen 1999)

Das von der Arbeitsgemeinschaft der Vorsitzenden der Gutachterausschüsse in Nordrhein-Westfalen zur Anwendung empfohlene Verfahren basiert auf folgenden Überlegungen:

– Dem (Normal-)Herstellungswert eines Gebäudes stehen so viel „jährliche Gebrauchswerte" gegenüber, wie dem Gebäude bei der Gesamtnutzungsdauer GND zugemessen wird (= Ertragswert des Gebäudes bei GND)

– Bei einem Gebäude mit dem Alter i (= Gesamtnutzungsdauer GND abzüglich Restnutzungsdauer RND) bemisst sich das „Verhältnis Restwert zu Neubauwert" nach dem Verhältnis der Summe der diskontierten Gebrauchswerte der abgelaufenen Zeit zur Summe aller diskontierten Gebrauchswerte für die Gesamtnutzungsdauer des Gebäudes.

– Die prozentuale Wertminderung Wmin [%] stellt den Ergänzungswert zu dem in [%] ausgedrückten Restwert dar.

Formelmäßig entspricht das Verfahren dem nachfolgend abgedruckten Verfahren Tiemann auf der Grundlage eines Liegenschaftszinssatzes von 4,5 %.

Restnutzungs-dauer Jahre	Übliche Gesamtnutzungsdauer (GND) in Jahren								
	20	30	40	50	60	70	80	90	100
1	99,1	99,5	99,7	99,8	99,8	99,9	99,9	99,9	99,9
2	97,2	90,6	99,1	99,3	99,5	99,6	99,6	99,7	99,7
3	94,7	97,2	98,2	98,7	99,0	99,2	99,3	99,4	99,5
4	91,4	95,4	97,0	97,8	98,3	98,6	98,8	99,0	99,1
5	87,5	93,3	95,6	96,8	97,5	98,0	98,3	98,5	98,7
6	83,1	90,9	94,0	95,6	96,6	97,2	97,6	97,9	98,2
7	78,2	88,2	92,2	94,3	95,5	96,3	96,9	97,3	97,6
8	73,0	85,3	90,3	92,8	94,4	95,4	96,1	96,6	97,0
9	67,4	82,1	88,1	91,2	93,1	94,3	95,2	95,8	96,3
10	61,5	78,7	85,8	89,5	91,7	93,2	94,2	95,0	95,6
11	55,4	75,1	83,4	87,7	90,3	92,0	93,2	94,1	94,8
12	49,2	71,3	80,8	85,8	88,8	90,7	92,1	93,1	93,9
13	42,8	67,5	78,1	83,7	87,1	89,4	91,0	92,1	93,0
14	36,5	63,5	75,3	81,6	85,5	88,0	89,8	91,1	92,1
15	30,1	59,4	72,5	79,5	83,7	86,5	88,5	90,0	91,1
16	23,8	55,3	69,5	77,2	81,9	85,0	87,2	88,8	90,1
17	17,6	51,1	66,5	74,9	80,0	83,4	85,9	87,7	89,0
18	11,5	46,9	63,5	72,5	78,1	81,8	84,5	86,4	87,9
19	5,6	42,7	60,4	70,1	76,2	80,2	83,1	85,2	86,8
20	0,0	38,5	57,3	67,7	74,2	78,5	81,6	83,9	85,7
21		34,3	54,1	65,2	72,1	76,8	80,1	82,6	84,5
22		30,1	50,9	62,7	70,1	75,1	78,6	81,3	83,3
23		26,0	47,8	60,2	68,0	73,3	77,1	79,9	82,1
24		22,0	44,6	57,7	65,9	71,5	75,5	78,5	80,9
25		18,1	41,5	55,1	63,8	69,7	73,9	77,1	79,6
26		14,2	38,3	52,6	61,7	67,9	72,3	75,7	78,3
27		10,5	35,2	50,0	59,5	66,0	70,7	74,3	77,1
28		6,8	28,0	47,5	57,4	64,2	69,1	72,8	75,7
29		3,4	29,1	44,9	55,2	62,3	67,5	71,4	74,4
30		0,0	26,1	42,4	53,1	60,5	65,8	69,9	73,1
31			23,2	39,9	50,9	58,6	64,2	68,5	71,8
32			20,3	37,4	48,8	56,7	62,6	67,0	70,4
33			17,5	35,0	46,7	54,9	60,9	65,5	69,1
34			14,8	32,5	44,5	53,0	59,2	64,0	67,7
35			12,1	30,1	42,4	51,2	57,6	62,5	66,4
36			9,5	27,8	40,4	49,3	55,9	61,0	65,0
37			7,0	25,5	38,3	47,5	54,3	59,5	63,7
38			4,6	23,2	36,2	45,6	52,6	58,0	62,3

Restnutzungs- dauer Jahre	Übliche Gesamtnutzungsdauer (GND) in Jahren								
	20	30	40	50	60	70	80	90	100
39			2,2	20,9	34,2	43,8	51,0	56,5	60,9
40			0,0	18,8	32,2	42,0	49,4	55,1	59,6
41				16,6	30,2	41,0	47,7	53,6	58,2
42				14,5	28,3	38,5	46,1	52,1	56,9
43				12,2	26,4	36,7	44,5	50,6	55,5
44				10,5	24,5	35,0	42,9	49,2	54,2
45				8,6	22,7	33,3	41,4	47,7	52,8
46				6,8	20,9	31,6	39,8	46,3	51,5
47				5,0	19,1	29,9	38,3	44,8	50,2
48				3,2	17,4	28,3	36,7	43,4	48,8
49				1,6	15,7	26,6	35,2	42,0	47,5
50				0,0	14,0	25,0	33,7	40,6	46,2
51					12,4	23,5	32,2	39,2	44,9
52					10,8	21,9	30,8	37,9	43,6
53					9,3	20,4	29,3	36,5	42,3
54					7,8	19,0	27,9	35,2	41,1
55					6,4	17,5	26,5	33,8	39,8
56					5,0	16,1	25,1	32,5	38,6
57					3,7	14,7	23,8	31,2	37,4
58					3,4	13,4	22,5	29,9	36,1
59					1,2	12,1	21,2	28,7	34,9
60					0,0	10,8	19,9	27,2	33,7
61						9,5	18,6	26,2	32,6
62						8,3	17,4	25,0	31,4
63						7,2	16,2	23,8	30,2
64						6,0	15,0	22,6	29,1
65						4,9	13,9	21,5	28,0
66						3,9	12,7	20,4	26,9
67						2,8	11,6	19,3	25,8
68						1,9	10,6	18,2	24,7
69						0,9	9,5	17,1	23,7
70						0,0	8,5	16,1	22,6
71							7,5	15,0	21,6
72							6,6	14,0	20,6
73							5,6	13,1	19,6
74							4,7	12,1	18,6
75							3,9	11,2	17,7
76							3,0	10,3	16,8
77							2,2	9,4	15,8
78							1,5	8,5	14,9
79							0,7	7,7	14,1
80							0,0	6,8	13,2
81								6,0	12,3
82								5,3	11,5
83								4,5	10,7
84								3,8	9,9
85								3,1	9,2
86								2,4	8,4
87								1,8	7,7
88								1,2	7,0
89								0,6	6,3
90								0,0	5,6
91									5,0
92									4,3
93									3,7
94									3,1
95									2,5
96									2,0
97									1,5
98									1,0
99									0,5
100									0,0

Anlage 4: **Wertminderung wegen Alters bei einer Gesamtnutzungsdauer (GND) von 80 bzw. 100 Jahren nach Tiemann in v. H. des Herstellungswerts** **80**

$$W\text{min } [\%] = \left(1 - \frac{EW_{\text{Gebäude(n)}}}{EW_{\text{Gebäude (GND)}}} \right) 100$$

wobei:

$W\text{min}$	....	Wertminderung wegen Alters in [%]
$EW_{\text{Gebäude}}$	....	Ertragswertanteil des Gebäudes
$EW_{\text{Gebäude(n)}}$	....	Ertragswertanteil des Gebäudes bei Restnutzungsdauer n
$EW_{\text{Gebäude(GND)}}$	......	Ertragswertanteil des Gebäudes bei Gesamtnutzungsdauer GND
n	....	Restnutzungsdauer
GND	....	Übliche Gesamtnutzungsdauer
A	....	Alter
RE	....	Reinertragsanteil des Gebäudes
q	....	Zinsfaktor = 1 + Liegenschaftszinssatz/100 = 1 + p
p	....	Liegenschaftszinssatz/100 = q −1
1/q	....	Abzinsungsfaktor

$$EW_{\text{Gebäude (n)}} = RE_{(A+1)} \frac{1}{q} + RE_{(A+2)} (\frac{1}{q})^2 + .. + RE_{(A+n)} (\frac{1}{q})^n$$

wobei:

$$RE_{(A+1)} = RE_1 (1 - \frac{A^2}{GND^2})$$

$$RE_{(A+2)} = RE_1 (1 - \frac{(A+1)^2}{GND^2})$$

$$RE_{(A+n)} = RE_1 (1 - \frac{(A+n-1)^2}{GND^2})$$

Restnutzungs-dauer RND	bei 4 v. H. Verzinsung übliche Gesamt-nutzungsdauer Jahre		bei 5 v. H. Verzinsung übliche Gesamt-nutzungsdauer Jahre		bei 6 v. H. Verzinsung übliche Gesamt-nutzungsdauer Jahre	
Jahre	80	100	80	100	80	100
5	98,4	98,8	98,2	98,6	97,9	98,4
10	94,6	95,9	93,8	95,2	93,1	94,6
15	89,2	91,7	87,8	90,5	86,6	89,4
20	82,6	86,6	80,6	84,8	78,9	83,3
25	75,2	80,7	72,8	78,5	70,6	76,6
30	67,3	74,5	64,5	71,8	62,0	69,6
35	59,2	67,9	56,2	65,0	53,5	62,5
40	51,0	61,2	47,9	58,1	45,2	55,4
45	43,0	54,5	39,9	51,3	37,3	48,6
50	35,2	47,9	32,3	44,7	30,0	42,0
55	27,9	41,5	25,3	38,3	23,2	35,8
60	21,1	35,3	18,8	32,3	17,0	30,0
65	14,8	29,5	13,0	26,7	11,6	24,5
70	9,2	24,0	7,9	21,5	7,0	19,6
75	4,2	18,9	3,6	16,7	3,1	15,1
80	0,0	14,1	0,0	12,4	0,0	11,0
85		9,9		8,5		7,5
90		6,1		5,2		4,5
95		2,8		2,3		2,0
100		0,0		0,0		0,0

81 Anlage 5: **Wertminderung wegen Alters bei einer Gesamtnutzungsdauer (GND) von 80 bzw. 100 Jahren nach Gerardy[*] in v. H. des Herstellungswerts**

$$\text{Wmin } [\%] = \sin^2 \frac{\pi}{2} \left(\frac{A}{100}\right)^{0,874} + 0,16 \left(\frac{A}{100}\right)$$

wobei: Wmin .... Wertminderung wegen Alters in [%]
        A .... Alter

Alter	übliche Gesamtnutzungsdauer		Alter	übliche Gesamtnutzungsdauer	
Jahre	100	80	Jahre	100	80
5	2	3	55	57	72
10	5	7	60	63	77
15	8	11	65	69	81
20	12	17	70	72	82
25	16	24	75	76	83
30	21	32	80	80	84
35	26	40	85	82	
40	34	50	90	83	
45	42	59	100	84	
50	50	66			

82 Anlage 6: **Wertminderung wegen Alters bei einer Gesamtnutzungsdauer (GND) von 10–100 Jahren nach Vogels in v. H. des Herstellungswerts**

Allgemein:

$$\text{Wmin } [\%] = 40 \left(\frac{3A}{GND} - \frac{A^2}{GND^2}\right)$$

$\text{Wmin } [\%] = 1,2\,A - 0,004\,A^2$	bei GND = 100 Jahre

$\text{Wmin } [\%] = 1,5\,A - 0,00625\,A^2$	bei GND = 80 Jahre
$\text{Wmin } [\%] = 2,0\,A - 0,01111\,A^2$	bei GND = 60 Jahre
$\text{Wmin } [\%] = 3,0\,A - 0,025\,A^2$	bei GND = 40 Jahre
$\text{Wmin } [\%] = 6,0\,A - 0,1\,A^2$	bei GND = 20 Jahre
$\text{Wmin } [\%] = 12,0\,A - 0,4\,A^2$	bei GND = 10 Jahre

wobei: Wmin .... Wertminderung wegen Alters in [%]
        A .... Alter (in Jahren)
        GND ..... Übliche Gesamtnutzungsdauer (in Jahren)
        RND ..... Restnutzungsdauer (in Jahren)

---

[*] Gerardy/Möckel, a. a. O. Ziff. 4.4.5, S. 13; sowie Tscheließnigg in DBZ 1981, 251

Rest-nutzungs-dauer	Wmin	Rest-nutzungs-dauer	Wmin	Rest-nutzungs-dauer	Wmin
Jahre	%	Jahre	%	Jahre	%
99	1,2	63	38,9	29	65,0
98	2,4	62	39,8	28	65,7
97	3,6	61	40,7	27	66,3
96	4,7	60	41,6	26	66,9
95	5,9	59	42,5	25	67,5
94	7,1	58	43,3	24	68,1
93	8,2	57	44,2	23	68,7
92	9,3	56	45,1	22	69,3
91	10,5	55	45,9	21	69,8
90	11,6	54	46,7	20	70,4
89	12,7	53	47,6	19	71,0
88	13,8	52	48,4	18	71,5
87	14,9	51	49,2	17	72,0
86	16,0	50	50,0	16	72,6
85	17,1	49	50,8	15	73,1
84	18,2	48	51,6	14	73,6
83	19,2	47	52,4	13	74,1
82	20,3	46	53,1	12	74,6
81	21,4	45	53,9	11	75,1
80	22,4	44	54,7	10	75,6
79	23,4	43	55,4	9	76,1
78	24,5	42	56,1	8	76,5
77	25,5	41	56,9	7	77,0
76	26,5	40	57,6	6	77,5
75	27,5	39	58,3	5	77,9
74	28,5	38	59,0	4	78,3
73	29,5	37	59,7	3	78,8
72	30,5	36	60,4	2	79,2
71	31,4	35	61,1	1	79,6
70	32,4	34	61,8	0	80,0
69	33,4	33	62,4		
68	34,3	32	63,1		
67	35,2	31	63,8		
66	36,2	30	64,4		
65	37,1				
64	38,0				

83   Anlage 7: Wertminderung wegen Alters nach TEGOVOFA in v. H.
                 des Herstellungswerts

Rest-nutzungsdauer Jahre	Wertminderung [%]	Rest-nutzungsdauer Jahre	Wertminderung [%]
79	1,2	39	46,7
78	2,5	38	47,7
77	3,7	37	48,7
76	5,0	36	49,7
75	6,2	35	50,7
74	7,4	34	51,7
73	8,6	33	52,6
72	9,9	32	53,6
71	11,1	31	54,5
70	12,3	30	55,5
69	13,5	29	56,4
68	14,7	28	57,3
67	15,9	27	58,2
66	17,1	26	59,1
65	18,2	25	60,0
64	19,4	24	60,9
63	20,6	23	61,8
62	21,8	22	62,7
61	22,8	21	63,6
60	24,1	20	64,4
59	25,2	19	65,3
58	26,3	18	66,1
57	27,5	17	67,0
56	28,6	16	67,8
55	29,7	15	68,6
54	30,8	14	69,4
53	31,9	13	70,2
52	33,0	12	71,0
51	34,1	11	71,8
50	35,2	10	72,6
49	36,3	9	73,4
48	37,4	8	74,2
47	38,4	7	74,9
46	39,5	6	75,7
45	40,6	5	76,4
44	41,6	4	77,1
43	42,6	3	77,9
42	43,7	2	78,6
41	44,7	1	79,3
40	45,7	0	80,0

Anlage 8: Abschreibungssätze der Einheitsbewertung   84
1. Lebensdauer* und jährliche Wertminderung von Außenanlagen
(gemäß Nr. 45 der BewR Gr)

Bauart	Lebensdauer in Jahren	jährliche Wert- minderung in v. H.
1. Einfriedungen		
Holz- und Drahtzäune	10 bis 20	10 bis 5
Plattenwände und Einfriedungsmauern	20 bis 50	5 bis 2
2. Wege und Platzbefestigungen		
Leichte Decken und Plattenwege	10 bis 20	10 bis 5
Sonstige Bodenbefestigungen	20 bis 50	5 bis 2
3. Rampen und Stützmauern	20 bis 50	5 bis 2
4. Schwimmbecken	10 bis 20	10 bis 5
5. Entwässerungs- und Versorgungsleitungen	20 bis 50	5 bis 2

* Für die sachgerechte Verkehrswertermittlung kommt es entscheidend auf die wirtschaftliche *Restnutzungsdauer* an, die durch die technische Lebensdauer begrenzt wird.

2. Lebensdauer* und jährliche Wertminderung für Fabrikgebäude, Lagergebäude, Kühlhäuser, Trockenhäuser, Molkereigebäude, Tankstellengebäude, Transformatorenhäuser, Hallenbäder und Badehäuser (nach Nr. 41 der BewR Gr)

Bauart	Lebensdauer und jährliche Wertminderung für			
	Fabrikgebäude, Werkstattgebäude, Lagergebäude, Kühlhäuser, Trockenhäuser, Molkereigebäude, Tankstellengebäude, Transformatorenhäuser, Hallenbäder, Badehäuser		die übrigen Gebäude	
	in Jahren	in v. H.	in Jahren	in v. H.
1. Massivgebäude und Gebäude in Stahl- oder Stahlbetonskelettkonstruktion	80	1,25	100	1,00
2. Holzfachwerkgebäude mit Ziegelsteinausmauerung	60	1,67	70	1,43
3. Holzgebäude und Holzfachwerkgebäude mit Lehmausfachung oder mit Verschalung, Massivgebäude aus großformatigen Betonplatten (Fertigteile)	50	2,00	60	1,67
4. Massivschuppen, Stahlfachwerkgebäude mit Plattenverkleidung, Gebäude in leichter Bauart, bei denen die Außenmauern – ohne Putz gemessen – weniger als 20 cm stark sind (ausgenommen Skelettbauten und Rahmenbauten), Fertigteilbauten aus Holz	40	2,50	40	2,50
5. Holzgebäude in Tafelbauart mit massiven Fundamenten	30	3,33	30	3,33
6. Wellblechschuppen, Holzschuppen, Holzgebäude in Tafelbauart ohne massive Fundamente	20	5	20	5

* Für eine sachgerechte Verkehrswertermittlung kommt es entscheidend auf die wirtschaftliche *Restnutzungsdauer* an, die durch die technische Lebensdauer begrenzt wird.

§ 24 WertV
Wertminderung wegen Baumängeln und Bauschäden

Die Wertminderung wegen Baumängeln und Bauschäden ist nach Erfahrungssätzen oder auf der Grundlage der für ihre Beseitigung am Wertermittlungsstichtag erforderlichen Kosten zu bestimmen, soweit sie nicht nach den §§ 22 und 23 bereits berücksichtigt wurde.

---

1   Allgemeines

1   Die **Vorschrift** regelt die Berücksichtigung der Wertminderung wegen Baumängeln oder Bauschäden. Sie **steht in einem engen Zusammenhang mit** § 23 WertV, **der die Wertminderung wegen Alters** regelt.

2   Eine **unterlassene Instandhaltung, die einem Bauschaden gleichkommt**, ist nach § 23 Abs. 2 bereits durch eine entsprechend reduzierte Restnutzungsdauer bei der Bemessung der Alterswertminderung zu berücksichtigen. Insoweit wäre diesbezüglich der Ansatz einer zusätzlichen Wertminderung wegen Bauschaden nicht mehr zulässig, weil dies auf eine Doppelberücksichtigung hinausliefe. Dabei ist nicht von Bedeutung, dass die unterlassene Instandhaltung die Ursache eines Bauschadens sein kann. Wie in solchen Fällen diesem Umstand bei der Sachwertermittlung Rechnung zu tragen ist, nämlich

– nach § 23 Abs. 2 durch eine entsprechend verminderte Restnutzungsdauer oder

– nach Maßgabe des § 24,

ist allein nach sachlichen Gesichtspunkten zu entscheiden. Generell kann aber hierzu festgestellt werden, **dass der Verfahrensweise der Vorzug zu geben ist, die zu einer möglichst geringen Wertminderung führt**, denn dahin gehend würde sich nach den Usancen der Immobilienwirtschaft der betroffene Grundstückseigentümer regelmäßig entscheiden.

2   Begriffe

2.1   Baumängel und Bauschäden

Über die Begriffsdefinition „Bauschaden" und „Baumangel" bestehen unterschiedliche   **3** Auslegungen. Das hat zur Folge, dass beide Begriffe miteinander verwechselt werden. Die Fachsprache im Baurecht kennt nur den Begriff **Baumangel**. Die Auswirkung des **Baumangels wird als Mangelfolgeschaden** bezeichnet (z. B. Rissbildung im Bereich des Auflagers einer ungenügend wärmegedämmten Stahlbetondachdecke durch Wärmedehnungsspannungen; vgl. Abb. 1).

Abb. 1: Erläuterung der Begriffe Baumangel und Bauschaden

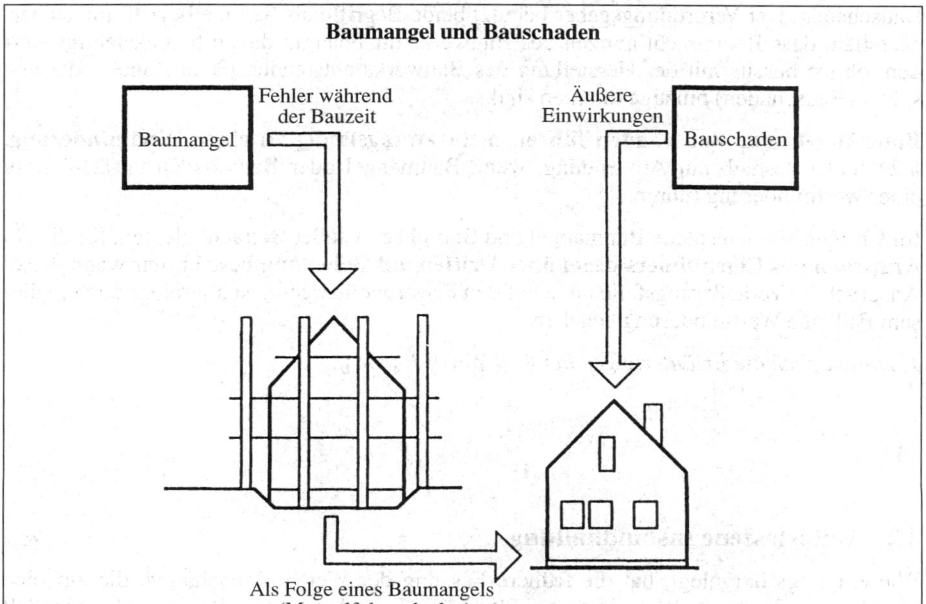

© Simon 02

4   Unter einem **Baumangel** kann in Anlehnung an § 633 Abs. 1 BGB (vgl. auch § 13 Abs. 1 VOB/B) ein Fehler angesehen werden, der bei der Herstellung eines Bauwerks infolge **fehlerhafter Planung oder Bauausführung einschließlich der Verwendung mangelhafter Baustoffe entstanden ist** (z. B. Einbau ungenügender Wärmedämmung auf einer Stahlbetondachdecke). Hierzu gehören insbesondere Mängel der Isolierung gegen Schall, Wärme und Feuchtigkeit, Mängel der Belichtung, Belüftung und der Statik (Belastbarkeit) sowie eine mangelhafte Bauausführung. Maßstab hierfür können die allgemein anerkannten Regeln der Technik, aber auch vertraglich zugesicherte Eigenschaften sein.

5   Als **Bauschäden** werden dagegen Beeinträchtigungen eines Bauwerks als Folge
   – eines Baumangels (Mangelfolgeschäden) oder
   – äußerer (gewaltsamer) Einwirkungen (wie z. B. durch Sturm, Regen oder Feuer) oder
   – unterlassener oder nicht ordnungsgemäß ausgeführter Instandhaltung
   definiert.

6   Hierzu gehören insbesondere **Gründungsschäden** (Setzrisse) sowie Schäden infolge **mangelhafter** (Dach-)**Isolierung, Schubrisse, Schwammbefall, Putzschäden, Schäden an Dachrinnen, Formveränderungen von Bauteilen,** Schäden infolge von Holzerkrankungen (Mängel der Imprägnierung), Rauch-, Wasser-, Erschütterungs-, Bergbau-, Sturm- und Kriegsschäden.

7   Während der Bauschaden meistens durch Reparatur oder Ersatz des schadhaften Bauteils behoben werden kann, ist eine dauerhafte **Abhilfe von Mangelfolgeschäden erst nach Beseitigung des Baumangels** möglich (z. B. zunächst Verstärkung der Wärmedämmung der Stahlbetondecke als Mängelbeseitigung und anschließend Verschließen der Risse im Bereich der Auflager als Mangelfolgeschadenbeseitigung). Das wirkt sich auf die Höhe der Schadenbeseitigungskosten aus.

8   Die kumulatorische Aufzählung der Baumängel *und* Bauschäden in § 24 ist im Übrigen bedeutungslos; auch bedarf es in der Praxis nicht der Abgrenzung der Baumängel von den Bauschäden. Der Verordnungsgeber benutzt beide Begriffe als Sammelbegriff, um sicherzustellen, dass Beeinträchtigungen des Bauwerks unabhängig davon berücksichtigt werden, ob sie bereits mit der Herstellung des Bauwerks entstanden (Baumängel) oder erst später (Bauschaden) hinzugekommen sind.

   Baumängel oder Bauschäden führen nicht zwangsläufig zu einer Wertminderung. § 24 findet deshalb nur Anwendung, wenn Baumängel oder Bauschäden tatsächlich zu einer Wertminderung führen.

9   Im Übrigen können solche Baumängel und Bauschäden außer Betracht bleiben, für die ein **Anspruch des Eigentümers gegenüber Dritten auf Behebung** besteht; nur wenn dieser Anspruch im Veräußerungsfalle nicht auf den Erwerber übergeht, ist allerdings auch in diesem Fall eine Wertminderung gegeben.

   ▶ *Hierzu auch die Erläuterungen bei § 14 WertV Rn. 38 ff.*

2.2   Unterlassene Instandhaltung

10 Wie eingangs dargelegt, hat die frühere Fassung der WertV Bauschäden, die auf eine unterlassene Instandhaltung zurückzuführen sind, in den materiellen Regelungsgehalt des § 24 WertV einbezogen (§ 17 Abs. 3 WertV 72). Nach der geltenden Fassung der WertV ist eine **unterlassene Instandhaltung** als Wertminderung wegen Alters nach

§ 23 zu berücksichtigen, da sie **zu einer Verkürzung der Restnutzungsdauer** führt (vgl. § 23 WertV Rn. 66 ff.). Das Sachwertverfahren geht in seiner Grundstruktur nämlich davon aus, dass ein Bauwerk während seiner Nutzungsdauer ordnungsgemäß unterhalten wird. Während bei Anwendung des Ertragswertverfahrens die zur Erhaltung des bestimmungsgemäßen Gebrauchs einer baulichen Anlage aufzunehmenden Instandhaltungskosten (vgl. § 18 WertV Rn. 80 ff.) als Bewirtschaftungskosten besonders anzusetzen sind, bedarf es bei Anwendung des Sachwertverfahrens einer derartigen Regelung nicht.

Die **durchschnittliche eine ordnungsgemäße Unterhaltung voraussetzende Abnut-** **11** **zung** führt zu einer Wertminderung, der bei Anwendung des Sachwertverfahrens **mit der Wertminderung wegen Alters** nach § 23 Abs. 1 Rechnung getragen wird. Darüber hinaus werden nach § 23 Abs. 2 auch unterlassene Instandhaltungen bereits durch eine verkürzte Restnutzungsdauer berücksichtigt. Insoweit sind Sach- und Ertragswertverfahren kongruent, denn auch bei Anwendung des Ertragswertverfahrens ist nach § 16 Abs. 4 zu berücksichtigen, dass eine unterlassene Instandhaltung zu einer Verkürzung der Restnutzungsdauer führen kann (vgl. § 16 WertV Rn. 102 ff.). Darüber hinaus ist bei Anwendung des Ertragswertverfahrens in § 19 ausdrücklich geregelt, dass ein Abweichen des tatsächlichen Zustands einer baulichen Anlage vom „normalen baulichen Zustand" durch Zu- oder Abschläge oder in anderer geeigneter Weise (zusätzlich) zu berücksichtigen ist (vgl. § 19 WertV Rn. 45 f.).

Dies betrifft insbesondere leichtere Schäden, die nicht zu einer Verkürzung der Restnut- **12** zungsdauer führen (Reparaturstau). Bei Anwendung des Sachwertverfahrens lassen sich **aufgestaute Instandhaltungskosten** im Rahmen des § 24 berücksichtigen. Bei einem größeren Reparaturstau, der zu einer Verkürzung der Restnutzungsdauer geführt hat, muss aber beachtet werden, dass dieser sachgerecht und vor allem nicht doppelt berücksichtigt wird. Da die unterlassene Instandhaltung entweder im Rahmen der Alterswertminderung nach § 23 oder nach § 24 als Wertminderung wegen Bauschäden (notfalls auch nach § 25) angemessen berücksichtigt werden kann, hat der Verordnungsgeber dies nicht ausdrücklich regeln brauchen. Die WertV i. d. F. von 1972 enthielt noch eine dahingehende (klarstellende) Regelung[1].

3 Ermittlung der Wertminderung

3.1 Allgemeines

Für die Wertminderung baulicher Anlagen wegen Baumängeln und Bauschäden sind **13** grundsätzlich **drei Ermittlungsmethoden** zur Berechnung des Abschlags vorgesehen (Abb. 2).

---

1 Der klarstellende Hinweis auf die **„unterlassene Instandhaltung"** in § 17 Abs. 3 der WertV i. d. F. von 1972 (vgl. BR-Drucks. 265/72, S. 7) wurde zur Vermeidung einer doppelten Berücksichtigung auf Vorschlag des Bundesrates durch eine Begrenzungsklausel ergänzt, wonach unterlassene Instandhaltungen als Wertminderung wegen Baumängeln und Bauschäden nur berücksichtigt werden dürfen, *„soweit sie nicht nach Absatz 2 (Alterswertminderung)* berücksichtigt ist" (vgl. BR-Drucks. 265/72, Beschl., S. 4). Diese Maßgabe gilt weiterhin, auch wenn der Verordnungsgeber mit der WertV 88 den klarstellenden Hinweis auf die „unterlassene Instandhaltung" wieder gestrichen hat. Mit § 24 letzter Halbsatz wird die seinerzeit auf Vorschlag des Bundesrates eingeführte Begrenzungsklausel der neuen Systematik der WertV angepasst und ergänzt: Baumängel und Bauschäden können nicht nur bei der Wertminderung wegen Alters, sondern bereits bei der Ermittlung des Herstellungswerts berücksichtigt werden. Die Vorschrift verweist deshalb auf die §§ 23 *und* 22.

Abb. 2: Ermittlungsmethoden zur Wertminderung wegen Baumängeln und Bauschäden

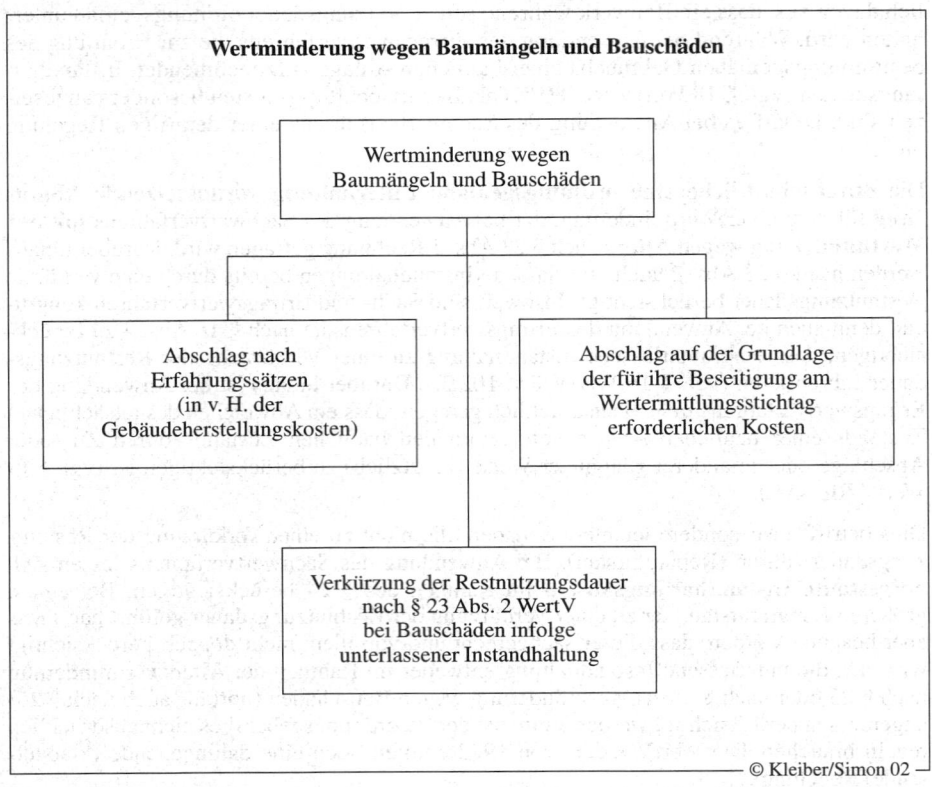

Wertminderung wegen Baumängeln und Bauschäden

Wertminderung wegen Baumängeln und Bauschäden

Abschlag nach Erfahrungssätzen (in v. H. der Gebäudeherstellungskosten)

Abschlag auf der Grundlage der für ihre Beseitigung am Wertermittlungsstichtag erforderlichen Kosten

Verkürzung der Restnutzungsdauer nach § 23 Abs. 2 WertV bei Bauschäden infolge unterlassener Instandhaltung

© Kleiber/Simon 02

14 Neben dem Alter einer baulichen Anlage bestimmt sich ihr Wert vor allem nach dem baulichen Zustand. Während ein überdurchschnittlicher Erhaltungszustand nach § 25 zu berücksichtigen ist, soweit dieser nicht zu einer Verlängerung der Restnutzungsdauer geführt hat (vgl. § 23 Abs. 2), kommen zur Berücksichtigung von Wertminderungen wegen Baumängeln oder Bauschäden folgende **Verfahrenswege** in Betracht: Baumängel oder Bauschäden werden

a) bereits bei der Ermittlung des Herstellungswerts in Abzug gebracht,

b) bereits durch eine entsprechend geminderte Restnutzungsdauer nach Maßgabe des § 23 Abs. 2 berücksichtigt,

c) gesondert nach Erfahrungssätzen in Abzug gebracht oder

d) „auf der Grundlage der für die Beseitigung am Wertermittlungsstichtag erforderlichen Kosten" berücksichtigt (Schadensbeseitigungskosten).

15 Die unter c) und d) genannten Verfahrenswege sind nach dem vorher Gesagten nur insoweit zulässig, wie Baumängel oder Bauschäden nicht bereits nach den unter a) oder b) genannten Vorgehensweisen berücksichtigt worden sind. Bei **unbehebbaren Baumängeln oder Bauschäden** scheidet die Ermittlung auf der Grundlage der Schadenbeseitigungskosten von vornherein aus. In diesem Fall muss von der geminderten Restnutzungsdauer ausgegangen werden. Soweit damit den Beeinträchtigungen nicht hinreichend Rechnung getragen werden kann, müssen zusätzlich Abschläge nach Erfahrungssätzen angebracht werden.

Welches **Verfahren** herangezogen wird, stellt die Verordnung in das **sachverständige**   **16 Ermessen.** Lediglich in den Fällen, in denen eine unterlassene Instandhaltung zu Bauschäden geführt hat, die mit einer Verkürzung der Restnutzungsdauer verbunden sind, wird durch die Sollvorschrift des § 23 Abs. 2 der Berücksichtigung des Schadens nach Maßgabe dieser Vorschrift Vorrang eingeräumt. Soweit damit die Minderung des Verkehrswerts nicht vollständig erfasst wird, ist der darüber hinausgehenden Wertminderung gemäß § 24 Rechnung zu tragen. Dieser Fall ist z. B. gegeben, wenn die unterlassene Instandhaltung zwar zu einem erheblichen den Verkehrswert beeinflussenden Bauschaden geführt hat, die Restnutzungsdauer jedoch nur unwesentlich verkürzt wurde. Dem Umstand, dass die infolge eines Baumangels oder Bauschadens verkürzte Restnutzungsdauer nicht zwangsläufig zu einer Verminderung des Gebäudesachwerts führt, die dem Bauschaden entspricht, muss über § 24 Rechnung getragen werden.

Welcher Verfahrensweg zur Berücksichtigung von Baumängeln oder Bauschäden sachgerecht ist, muss bei alledem unter Berücksichtigung des Einzelfalls und eines wirtschaftlich   **17** **vernünftig handelnden Eigentümers** beurteilt werden. Dabei ist von folgenden Grundüberlegungen auszugehen: Liegen Baumängel oder Bauschäden vor, für deren Behebung kein rechtliches oder wirtschaftliches Erfordernis besteht, so hat der Eigentümer die Wahl zwischen der Behebung der Mängel und der Inkaufnahme, dass sich die Restnutzungsdauer der baulichen Anlage und damit zugleich der Verkehrswert des Grundstücks vermindert. Ein wirtschaftlich handelnder Eigentümer wird den für ihn vermögensmäßig günstigeren Weg beschreiten[2]. Ausgehend von diesen Grundüberlegungen, werden nachfolgend die unterschiedlichen Möglichkeiten zur Ermittlung der Wertminderung wegen Baumängeln und Bauschäden erläutert[3]. Zunächst sollen aber die allgemeinen Ermittlungsmethoden dargelegt werden.

3.2 Abschlag nach Erfahrungssätzen

Die Wertminderung wegen Baumängeln und Bauschäden kann nach Erfahrungssätzen   **18** bestimmt werden. Hierbei wird aus Praktikabilitätsgründen von **Prozentsätzen der Gebäudeherstellungskosten** ausgegangen. Zur Bestimmung der Höhe des Abschlags nach Erfahrungssätzen sind daher Bauanteilstabellen erforderlich. Dabei kann zumeist nur auf überalterte Richtwerte zurückgegriffen werden:

a) Richtzahlen für die Wertanteile in v. H. der Bauteile bei Geschossbauten gemäß Erl. des nordrh.-westf. Ministers für Wiederaufbau vom 24. 6. 1948 – IA/225, MinBl. 1948 Nr. 12 (abgedruckt bei Anl. 2)[4],

b) Richtzahlen der Bundesfinanzverwaltung gemäß Verfügung der OFD Kiel (BStBl. I 1991, 969); abgedruckt in Anl. 1,

---

2   BGH, Urt. vom 24. 1. 1963 – III ZR 149/61 –, EzGuG 20.34
3   Allgemeines zu alledem: Aurnhammer in BauR 1978, 356
4   Die Aufstellung ist auch Bestandteil des Erl. der FM der neuen Bundesländer betr. Bewertung von Einfamilienhäusern im Beitrittsgebiet (BStBl. I 1991, 968 = GuG 1992, 78)

c) Richtzahlen für die Wertanteile in v. H. der Bauteile bei Geschossbauten gemäß VO des Magistrats der Stadt Berlin (abgedruckt in Anl. 3),

d) Wertanteil-Tabelle zur Feststellung des Zerstörungsgrades an Gebäuden gemäß bay. Staatsministerium der Finanzen, ABl. 1950 Nr. 2 (abgedruckt in Anl. 7),

e) Tabelle zur Ermittlung des Beschädigungsgrades von Wohngebäuden des Bauausschusses des Deutschen Städtetages in der ehem. brit. Zone (abgedruckt in Anl. 6),

f) Baukostenanteile bei Wohngebäuden und Kosteneinsparungen durch Eigenleistung nach Baier (abgedruckt in Anl. 4).

19 *Beispiel:*

Stahlbetonskelettgebäude in einfacher Ausstattung (ohne Wärmedämmung), Gebäudenormalherstellungskosten 500 000 €, 40 v. H. der Dacheindeckung und 20 v. H. der Fassade sind durch äußere Einwirkungen zerstört worden.

Berechnung:

Anteil Dachdeckung insgesamt 16 v. H., schadhaft 40 v. H.	=	6,4 v. H.
Anteil Fassade insgesamt 13 v. H., schadhaft 20 v. H.	=	2,6 v. H.
Anteil der schadhaften Bauteile am Gesamtgebäude		9,0 v. H.

Abschlag wegen Bauschadens: 9 v. H. von 500 000 € = **45 000 €**

Abb. 3: Berechnung der Wertminderung wegen baulicher Mängel oder Schäden nach Erfahrungssätzen

Bauanteile im Vomhundertsatz

Stahlbetonskeletthalle
einfache Ausführung mit
Wärmedämmung und Heizung

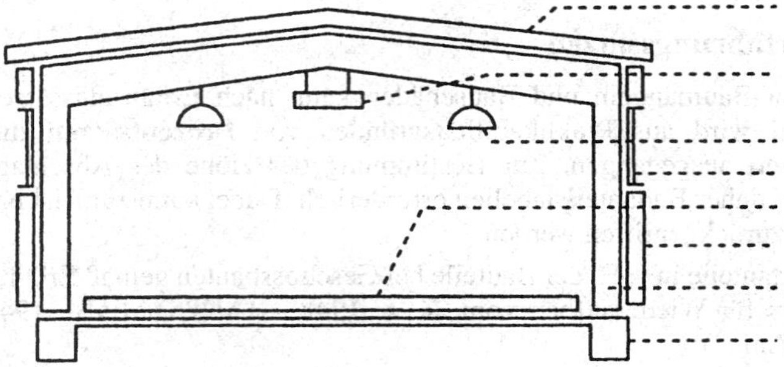

Bauteil	Anteil in v. H. der Herstellungskosten
Dacheindeckung	16
Heizanlage	5
Elektr.-Installation	4
Fenster	5
Fußboden	4
Wandbekleidung	13
Tragkonstruktion	24
Gründung und Bodenplatte	21
Tore	2
Sonstiges	6
	100

Geschossfläche ~ 2 000 bis 5 000 m²
Spannweite ~ 15 m
Traufhöhe ~ 6,50 m

© Simon 00

3.3 Abschlag nach Schadensbeseitigungskosten

3.3.1 Allgemeines

▶ *Hierzu auch Vorbem. zu den §§ 15 ff. WertV Rn. 329, 345 ff.; § 19 WertV Rn. 46.*

Die Ermittlung der Wertminderung wegen Baumängeln oder Bauschäden nach den am **20** Wertermittlungsstichtag dafür aufzubringenden Kosten ist eine von der Rechtsprechung anerkannte Methode[5]. Die Anwendung dieses Verfahrens wirft die Frage auf, ob es sachgerecht ist, den bereits um die Wertminderung wegen Alters gemäß § 23 reduzierten Herstellungswert um die sich nach den Preisverhältnissen des Wertermittlungsstichtags bemessenden Kosten der Beseitigung des Bauschadens oder Baumangels in „voller" Höhe zu vermindern. Im Schrifttum werden hierzu unterschiedliche Auffassungen vertreten. Auf der einen Seite kann der Abzug der **Schadensbeseitigungskosten in voller Höhe** von dem um die Alterswertminderung gekürzten Gebäudeherstellungswert bei konsequenter Anwendung dazu führen, dass bei einem älteren Gebäude die Schadensbeseitigungskosten den Gebäudesachwert übersteigen, obwohl das Objekt am Grundstücksmarkt durchaus noch über dem Wert des Grund und Bodens gehandelt wird[6].

Dies kann sich bei voller Anrechnung der Schadensbeseitigungskosten in der Tat ergeben, **21** selbst wenn man berücksichtigt, dass sich ggf. der Gebäudesachwert durch eine sich auf Grund der Schadensbeseitigung verlängernde Restnutzungsdauer erhöht. Diesem Ergebnis steht entgegen, dass die Wertminderung wegen Baumängeln oder Bauschäden grundsätzlich nicht höher sein kann als der Wertanteil des beschädigten Bauteils am Gebäudesachwert insgesamt. **Anl. 2 zur WertR** geht indessen ungeachtet davon aus, dass die Beseitigungskosten in voller Höhe von dem um die Alterswertminderung gekürzten Herstellungswert abzuziehen sind.

Eine grundsätzlich andere Auffassung lässt sich dagegen rechtfertigen, wenn von einer **22** **unbegrenzten Gesamtnutzungsdauer** ausgegangen wird, weil – zumindest theoretisch – jedes Gebäude auf Dauer erhalten werden kann[7]. Dann sind die Schadensbeseitigungskosten in voller Höhe wirtschaftlich „nutzbar" und können sich amortisieren. Diese Auffassung geht allerdings von einem anderen Wertermittlungsmodell aus, als es der WertV zu Grunde liegt und stellt deren Verfahren vom Grundsatz her in Frage.

Sicherlich spricht für diese Anschauung die nicht zu bestreitende Tatsache, dass eine Vielzahl **23** von Immobilien – ohne dass es sich hierbei um Denkmäler handeln muss – auf Dauer erhalten werden. Man denke hier nur an Gründerzeithäuser. Jedoch müsste dann das Wertermittlungsverfahren in seiner Gesamtheit, insbesondere was die ordnungsgemäße Instandhaltung anbelangt, dementsprechend ausgerichtet sein. Indessen darf bei der Ausrichtung des in der WertV geregelten Sachwertverfahrens auf eine endliche Restnutzungsdauer nicht unberücksichtigt bleiben, dass sich die „vollen" Schadensbeseitigungskosten nicht amortisieren, wenn die Restnutzungsdauer des Gebäudes „beschnitten" wird. Dieser Fall kann insbesondere bei älteren Gebäuden auftreten, deren Restnutzungsdauer durch die Maßnahmen der Schadensbeseitigung nicht oder allenfalls nur zum Teil verlängert wird. Ist dies der Fall, so müsste nach dem von *Vogels* vorgeschlagenen **Modell**, nach dem die „vollen" Schadensbeseitigungskosten anzusetzen sind, weil von **einer unbegrenzten Gesamtnutzungsdauer** ausgegangen wird, auch eine höhere Instandhaltung sowie ggf. eine zusätzliche Modernisierung zum Ansatz gebracht werden (vgl. § 24 WertV Rn. 42 ff.).

---

5   BGH, Urt. vom 28. 6. 1961 – V ZR 201/60 –, EzGuG 19.6; vgl. grundlegend hierzu Vorbem. zu den §§ 15 bis 19 WertV Rn. 94 a und § 19 WertV Rn. 34
6   Simon in Kleiber/Simon/Weyers, WertV 88, 2. Aufl. Rn. 248 f.
7   Vogels in GuG 1991, 132 ff.

Bei Anwendung des Ertragswertverfahrens wäre dies im Rahmen der dann anzusetzenden höheren Bewirtschaftungskosten i.V.m. einer verlängerten Restnutzungsdauer vom Prinzip her unproblematisch. Bei Anwendung des Sachwertverfahrens müssten dann spiegelbildlich die zusätzlichen Instandhaltungs- und ggf. Modernisierungskosten durch eine entsprechend verlängerte Restnutzungsdauer, d.h. durch eine geringere Alterswertabschreibung „aufgefangen" werden.

24 Nach der hier vertretenen Auffassung zu dem in der WertV geregelten Sachwertverfahren muss bei der Bemessung der **Wertminderung wegen Baumängeln und Bauschäden nach Schadensbeseitigungskosten** und bezüglich der Frage ihrer Alterswertminderung **danach unterschieden werden**,

a) ob die Beseitigung der Baumängel oder Bauschäden im Belieben des Eigentümers steht oder unabweisbar durchzuführen ist und

b) ob die Lebensdauer des erneuerten Bauteils auf Grund seiner Schicksalsgemeinschaft mit dem Gebäude durch dessen ggf. verlängerte Restnutzungsdauer „beschnitten" wird oder nicht.

3.3.2 Unabweisbare Schadensbeseitigungskosten

25 Die **Beseitigung vorhandener Baumängel und Bauschäden** steht oftmals nicht in der freien Entscheidung des Eigentümers. Sie kann **aus rechtlichen Gründen** geboten sein. Dies betrifft z.B. denkmalgeschützte Anlagen. Auch kann die Beseitigung **aus wirtschaftlichen Gründen geboten** sein:

26 *Beispiel:*

Für ein zweigeschossiges Einfamilienhaus mit einer Restnutzungsdauer von 30 Jahren ergibt sich ohne Berücksichtigung von Baumängeln oder Bauschäden ein Gebäudesachwert von 200 000 €. Dachstuhl und Dachhaut weisen aber einen erheblichen Bauschaden auf, dessen Beseitigung 50 000 € kostet. Würde man diesen Schaden nicht beheben, wäre das Gebäude in wenigen Jahren unbenutzbar und abbruchreif. Ein wirtschaftlich vernünftiger Eigentümer muss im Interesse des Werterhalts des Gebäudes die Schadensbeseitigungskosten aufbringen; er hat keine andere Wahl.

27 Wo die Beseitigung eines Baumangels oder Bauschadens für den Eigentümer oder einem Erwerber des Grundstücks unabweisbar ist, muss bei der Verkehrswertermittlung danach unterschieden werden, ob der Baumangel oder Bauschaden am Wertermittlungsstichtag noch besteht oder bereits behoben worden ist; der Zeitpunkt ist von ausschlaggebender Bedeutung.

28 Im ersten Fall müssen **Baumängel oder Bauschäden nämlich „auf der Grundlage" der vollen Schadensbeseitigungskosten** berücksichtigt werden, denn die Kosten müssen vom Eigentümer oder einem potenziellen Erwerber der Immobilie aufgebracht werden, auch wenn das **erneuerte Bauteil in eine Schicksalsgemeinschaft mit der baulichen Anlage tritt** und – wenn es erst einmal erneuert ist – entsprechend der Restnutzungsdauer dieser baulichen Anlage sofort „abgeschrieben" werden muss. Dies aber muss der Eigentümer auf Grund der Umstände zur Vermeidung größerer Vermögenseinbußen hinnehmen, so dass eine Alterswertminderung so lange nicht an die Schadensbeseitigungskosten angebracht werden darf, wie der Baumangel oder Bauschäden noch beseitigt werden müssen.

29 Sobald die **Beeinträchtigungen beseitigt** sind (zweiter Fall), hat also das Gebäude für einen potenziellen Erwerber einen Wert, der sich an vergleichbaren ordnungsgemäß instand gehaltenen Objekten orientiert. Ein Erwerber würde für ein Objekt, in das erhebliche Schadensbeseitigungskosten vom Voreigentümer investiert werden mussten, einen entsprechend „aufgestockten" Kaufpreis nur insoweit entrichten, wie sich dadurch die Restnutzungsdauer des Gesamtobjektes verlängert. Ist dies nicht der Fall, würde er allenfalls – in Grenzen – einen Zuschlag hinnehmen, wenn sich durch die Maßnahme die Ästhetik des Gebäudes verbessert hat und bezüglich des erneuerten Bauteiles mit geringeren Reparaturkosten gerechnet werden kann.

In derartigen Fällen kommt es also entscheidend **auf den Wertermittlungsstichtag an** **30**
(Abb. 4).

Abb. 4: Beseitigung von Baumängeln zwingend geboten

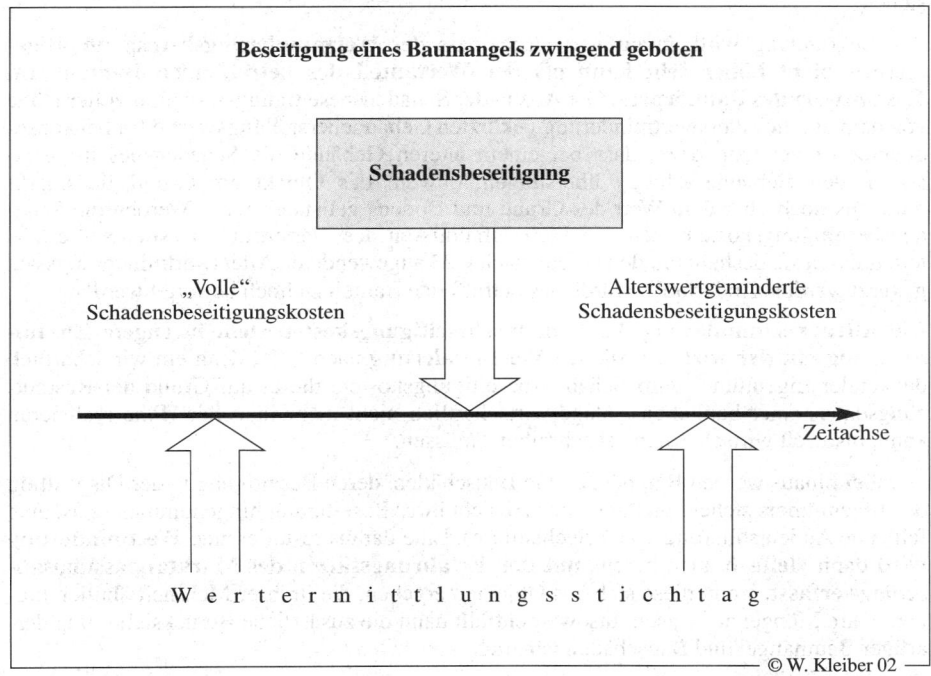

Die dargelegte Problematik „entschärft" sich vielfach bei Bauschäden, die dem Gebäude **31**
durch ein versichertes Ereignis zugefügt worden sind, denn dann werden die **Schadensbeseitigungskosten von der Versicherung aufgefangen.** Als abschließendes Beispiel sei auf den „Schürmann-Bau" hingewiesen, bei dem sich die Schadensbeseitigungskosten auf 75 Mio. € beliefen und dessen Sachwert sich nach Fertigstellung um nicht einen einzigen Euro auf Grund der erheblichen Schadensbeseitigungskosten erhöhen wird, die aber vor Ausführung der Schadensbeseitigung von potenziellen Erwerbern in „voller Höhe" im Hinblick auf einen zweifelhaften Versicherungsschutz wertmindernd geltend gemacht wurden.

▶ *Hierzu ausführlich auch Vorbem. zu den §§ 15 ff. WertV Rn. 329 ff.*

Für den zweiten Fall ist die als Schema 2 unter § 23 WertV bei Rn. 5 vorgestellte Berech- **32**
nungsweise **vorzuziehen.** Die Systematik der WertV scheint dieser gegenüber Schema 1 eleganteren Vorgehensweise zwar insofern entgegen zu stehen, da hiernach

– zunächst der Herstellungswert (§ 22) gemäß § 23 einer Alterswertermittlung zu unterwerfen ist und im Anschluss daran das Ergebnis

– nach § 24 um die Schadensbeseitigungskosten zu vermindern ist, jedoch lässt § 24 allerdings offen, ob die „vollen" oder die alterswertgeminderten Schadensbeseitigungskosten anzusetzen sind (vgl. Rn. 40).

33 Der **Ansatz der vollen Schadensbeseitigungskosten** ist insbesondere **bei älteren Gebäuden**, bei denen sich die aufgebrachten Kosten nicht amortisieren können, abzulehnen[8]. Besonders in diesen Fällen besteht die Notwendigkeit, die schadensbereinigten Bauteile mit dem ihrem Alter entsprechenden Zeitwert anzusetzen. Dieser ergibt sich durch Abzug der Alterswertminderung von den Gebäudeherstellungskosten. In diesem Verhältnis müssen auch die anrechenbaren Kosten für die Beseitigung von Bauschäden und Baumängeln stehen.

34 Zur Begründung wird darauf verwiesen, dass der **Wertminderungsbetrag im Allgemeinen nicht höher sein kann als der Wertanteil des betreffenden Bauteils am Gesamtwert des Baukörpers.** Der Abzug der Schadensbeseitigungskosten in voller Höhe von dem um die Alterswertminderung gekürzten Gebäudeherstellungswert führt bei konsequenter Anwendung dazu, dass bei einem älteren Gebäude die Schadensbeseitigungskosten den Gebäudesachwert übersteigen, obwohl das Objekt am Grundstücksmarkt durchaus noch über dem Wert des Grund und Bodens gehandelt wird. Werden die Schadensbeseitigungskosten nach den Wertverhältnissen des Wertermittlungsstichtags ermittelt, müssen sie deshalb um den bereits nach § 23 angewendeten Alterswertminderungssatz gekürzt werden. Andernfalls würde das betreffende Bauteil zu hoch bewertet werden.

35 Die **Alterswertminderung der Schadensbeseitigungskosten steht in engem Zusammenhang mit der wirtschaftlichen Wertminderung** nach § 25, denn ein wirtschaftlich denkender Eigentümer wird Schadensbeseitigungskosten, die er auf Grund der Restnutzungsdauer einer baulichen Anlage wirtschaftlich nicht mehr in voller Höhe realisieren kann, insoweit wirtschaftlich „abschreiben" müssen.

36 Darüber hinaus werden Baumängel und Bauschäden, deren Beseitigung in der Disposition des Eigentümers stehen, vielfach ohne Absicht ihrer Beseitigung hingenommen (z. B. eine fehlende Außenisolierung von Kriechkellern). Eine daraus resultierende **Wertminderung wird** dann **vielfach** auch bereits **mit den Erfahrungssätzen des Marktanpassungsabschlags erfasst,** wenn diese sich aus Objekten ergeben, die in ihrer Mehrheit ähnlich hinnehmbare Mängel aufweisen. Insoweit entfällt dann die zusätzliche Berücksichtigung derartiger Baumängel und Bauschäden gänzlich.

3.3.3 Disponible Schadensbeseitigungskosten

37 Steht es in der freien Entscheidung des Eigentümers, ob er Baumängel oder Bauschäden beseitigt, so wird er sich – wirtschaftlich vernünftiges Handeln vorausgesetzt – i. d. R. dafür entscheiden, wenn sich der Sachwert des Grundstücks dadurch gleichermaßen erhöht. Allein unter diesen Voraussetzungen können die Schadensbeseitigungskosten in voller Höhe angesetzt werden, soweit die Baumängel oder Bauschäden nicht bereits mit einer verkürzten Restnutzungsdauer nach § 23 Abs. 2 berücksichtigt worden sind. Diese Voraussetzungen sind allenfalls in seltenen Ausnahmefällen gegeben, denn die einzelnen **Bauteile dieses Gebäudes stehen in einer Schicksalsgemeinschaft mit dem Gebäude.** Bauteile, die im Zuge der Behebung von Baumängeln oder Bauschäden erneuert werden, unterliegen damit der Alterswertminderung, die sich für das Gebäude insgesamt ergibt.

38 Ausnahmen können sich deshalb nur für die **Erneuerung kurzlebiger Bauteile ergeben, die über die verbleibende Restnutzungsdauer abgelebt werden oder solche, die nach Ablauf der Restnutzungsdauer Weiterverwendung finden können.** Dies betrifft Bauteile, deren technische Lebensdauer kürzer als die Restnutzungsdauer des Gebäudes nach Beseitigung der Beeinträchtigungen ist. In den übrigen Fällen müssen die Schadensbeseitigungskosten auf Grund der Schicksalsgemeinschaft der erneuerten Bauteile mit dem Gebäude entsprechend dessen Alterswertminderung als abgeschrieben gelten (Abb. 5).

Abb. 5: Lebensdauer von Gewerken

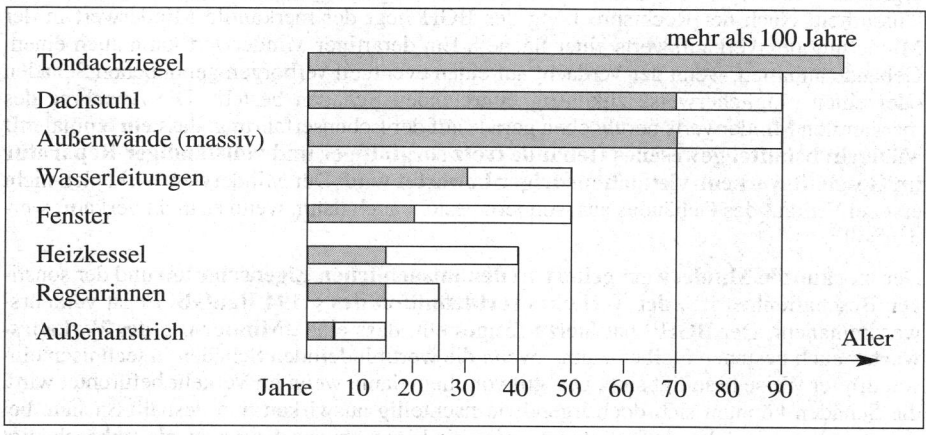

Quelle: TU Braunschweig

Aus den vorstehenden Gründen sind die nach den **für die Beseitigung von Baumängeln**   **39** **oder Bauschäden am Wertermittlungsstichtag erforderlichen Schadensbeseitigungskosten** i. d. R. **derselben Alterswertminderung zu unterwerfen, die für die Ermittlung des Gebäudesachwerts maßgeblich ist.** Wertermittlungstechnisch kommen hierfür zwei Verfahrenswege in Betracht (vgl. § 23 WertV Rn. 5).

Beispiel: **40**

Herstellungswert am Wertermittlungsstichtag	300 000 €
Schadensbeseitigungskosten zu diesem Zeitpunkt	75 000 €
Gesamtnutzungsdauer	100 Jahre
Restnutzungsdauer	70 Jahre
Alterswertminderung (§ 23)	19,5 v. H.

Zwei Berechnungsweisen bieten sich hier an:

Alternative 1:

Herstellungswert	300 000 €	
– Alterswertminderung	– 58 500 €	(≙ 19,5 v. H.)
Zwischenwert	= 241 500 €	
Schadensbeseitigungskosten	75 000 €	
– Alterswertminderung (= 19,5 v. H.)	– 14 625 €	
	= – 60 375 €	
Gebäudesachwert	**= 181 125 €**	

Alternative 2:

Herstellungswert	300 000 €
– Schadensbeseitigungskosten	– 75 000 €
= Zwischenwert	= 225 000 €
– Alterswertminderung (= 19,5 v. H.)	= – 43 875 €
Gebäudesachwert	**= 181 125 €**

8   Stannigel/Kremer/Weyers; Beleihungsgrundsätze für Sparkassen, Sparkassenverlag Stuttgart 1984, S. 132

4   Merkantiler Minderwert

41 ▶ *Allgemeines hierzu § 194 BauGB Rn. 144 ff. und § 29 WertV Rn. 73.*

42 Auch nach vollständiger Mängelbeseitigung kann ein **verkehrsmäßiger Minderwert**[9] bestehen[10], der im allgemeinen Sprachgebrauch als merkantiler Minderwert (auch psychologischer Minderwert) bezeichnet wird. Über die Bedeutung dieses Begriffs besteht häufig Unklarheit. Nach der Rechtsprechung des BGH liegt der merkantile Minderwert in der Minderung des Verkaufswerts einer Sache[11]. Ein derartiger Minderwert kann auch einem Gebäude anhaften, wenn der Verdacht auf einen eventuell verborgen gebliebenen Schaden oder einen möglicherweise zukünftig eintretenden Schaden besteht. Die Annahme des merkantilen Minderwerts beruht eben gerade auf der Lebenserfahrung, dass **ein** einmal **mit Mängeln behaftet gewesenes Gebäude trotz sorgfältiger und vollständiger Reparatur im Geschäftsverkehr vielfach niedriger bewertet** wird. Der Minderwert wirkt sich nicht erst bei Verkauf des Gebäudes aus, sondern besteht auch dann, wenn es nicht verkauft werden soll[12].

43 Der **merkantile Minderwert gehört zu den tatsächlichen Eigenschaften** und der sonstigen Beschaffenheit **i. S. der Verkehrswertdefinition des § 194 BauGB.** Er ist verkehrswertimmanent. Der BGH[13] hat hierzu festgestellt, dass eine **„Minderung des Verkehrswerts"** auch bestehen bleiben kann, „wenn die wertmindernden Schäden in technisch einwandfreier Weise beseitigt sind. Das gilt vor allem dann, wenn im Verkehr befürchtet wird, die Schäden könnten sich doch irgendwie nachteilig auswirken und deshalb Sachen, bei denen solche Schäden aufgetreten waren, niedriger bewertet werden als unbeschädigt gebliebene, selbst wenn im Einzelfall die Befürchtung eines Folgeschadens in Wahrheit unbegründet ist". Im Einzelfall muss deshalb geprüft werden, ob eine entsprechende Wertminderung ggf. nach § 194 BauGB bereits berücksichtigt ist oder im Entschädigungsfall nach § 96 BauGB noch zusätzlich berücksichtigt werden muss.

44 Eine **Minderung wegen merkantilen Minderwerts** kommt demnach auch dann in Betracht, wenn das Objekt einen Schaden hatte und dieser Schaden beseitigt worden ist. Er ist **nicht nach technischen Gesichtspunkten zu berechnen.** Es sind ausschließlich die Auswirkungen auf den gemeinen Verkaufswert zu berücksichtigen[14]. Maßgebend ist der Verkaufswert am Immobilienmarkt. Es gilt also im Gutachten überzeugend klarzustellen, aus welchen nicht bautechnischen Gründen der Verkaufswert für „jedermann" gemindert ist.

45 Gesicherte Ergebnisse über die Höhe des Abschlags wegen merkantilen Minderwerts können deshalb nur nach umfangreichen Marktuntersuchungen gewonnen werden (Kaufpreisvergleiche!). Da Kaufpreise im Allgemeinen von zahlreichen Marktumständen beeinflusst werden, ist der auf den merkantilen Minderwert entfallende Anteil äußerst schwer festzustellen. Er wird nur bei erheblicher Minderung nachweisbar sein (z. B. **Hausschwamm, Bergschadensgefahr** usw.). Das bedeutet, es müssen konkrete Umstände vorliegen, dass der gesunde Grundstücksverkehr über die schon zuerkannte Wertminderung hinaus einen weiteren Abzug macht.

46 Wenn eine **technische Wertminderung durch einen Bauschaden und eine merkantile Wertminderung** durch einen nicht ausräumbaren Verdacht auf Schaden **nebeneinander** bestehen, bereitet die klare Trennung der Bauschadensabschläge von den Abschlägen wegen merkantilen Minderwerts Probleme, denn je nachdem, ob ein Bauschaden oder ein merkantiler Minderwert vorliegt, gelten bei der Bemessung der Abschläge unterschiedliche Grundsätze. *Kamphausen*[15] hat dazu die Rechtsprechung durchforstet und die jeweiligen Fallarten tabellarisch dargestellt (vgl. Abb. 6).

47 Für die **Ermittlung des (merkantilen) Minderwerts** ist zu Recht darauf hingewiesen worden, dass sich die letztlich **auf eine Vertrauenserschütterung zurückzuführende Wertminderung** nicht nach mathematischen Formeln ermitteln lässt und **im Wege der Schätzung** beurteilt werden muss[16].

Abb. 6: Zusammenstellung der Fallarten bei der Wertminderung wegen Baumängeln und Bauschäden und merkantilen Minderwerts in Anlehnung an Kamphausen

Beeinträchtigung durch Baumängel und Bauschäden	Verkehrswertminderung wegen	
	baulicher Mängel oder Schäden	merkantiler Umstände
unerheblich	nein	nein
erheblich, nicht reparabel	ja (Verkürzung der Restnutzungsdauer)	nein, wenn durch Abschlag wegen baulicher Mängel oder Schäden abgedeckt
erheblich, teilweise reparabel	ja	ja, wenn Anhaltspunkte für einen darüber hinausgehenden Marktabschlag bestehen
erheblich, aber vollständig beseitigt	nein	ja, wenn Anhaltspunkte für Marktabschlag bestehen

Ein **merkantiler Minderwert** darf **bei** *Anwendung des Sachwertverfahrens* **nur insoweit berücksichtigt werden, wie er nicht bereits mit der Berücksichtigung der Wertminderung auf Grund von Baumängeln oder Bauschäden erfasst wird,** d. h., insoweit geht es darum, eine **doppelte Berücksichtigung zu vermeiden**[17].   **48**

Entsprechendes gilt im Übrigen auch bei *Anwendung des Ertragswertverfahrens.* **Ein merkantiler Minderwert kann sich** nämlich auch **auf die Ertragsverhältnisse auswirken** und wird ggf. insoweit bereits entsprechend berücksichtigt[18].   **49**

Darüber hinaus mindert ein merkantiler Minderwert i. d. R. auch den **Beleihungswert** des Grundstücks[19].   **50**

---

9   Krell/Krell, Zeitabhängige Einflüsse bei der Ermittlung merkantiler Minderwerte, GuG 1998, 133; Vogel, R., Merkantiler Minderwert, GuG 1997, 151

10   BGH, Urt. vom 24. 2. 1972 – VII ZR 177/70 –, EzGuG 3.38 b

11   BGH, Urt. vom 8. 12. 1977 – VII ZR 60/76 –, EzGuG 19.33 a; BGH, Urt. vom 2. 4. 1981 – III ZR 186/79 –, EzGuG 4.75 = EzGuG 19.38

12   BGH, Urt. vom 5. 10. 1961 – VII ZR 146/60 –, EzGuG 19.6 b; vgl. Bindhardt in BauR 1982, 442

13   BGH, Urt. vom 20. 6. 1968 – III ZR 32/66 –, EzGuG 19.13; BGH, Urt. vom 13. 11. 1970 – V ZR 6/70 –, EzGuG 19.23

14   BGH, Urt. vom 25. 2. 1953 – II ZR 172/52 –, EzGuG 20.13

15   Kamphausen in DS 1985, 280

16   OLG Saarbrücken, Urt. vom 20. 5. 1960 – 3 U 45/95 –, EzGuG 4.14; OVG Münster, Urt. vom 23. 1. 1984 – 10 A 23 66/79 –, EzGuG 4.95

17   Zu alledem BGH, Urt. vom 28. 2. 1980 – VII ZR 183/79 –, EzGuG 11.117

18   BGH, Urt. vom 25. 2. 1953 – II ZR 172/52 –, EzGuG 20.15; BGH, Urt. vom 5. 10. 1961 – VII ZR 146/60 –, EzGuG 19.6 b; BGH, Urt. vom 26. 10. 1972 – VII ZR 181/71 –, EzGuG 11.86 b; OLG Düsseldorf, Urt. vom 13. 7. 1972 – 5 U 100 u. 199/71 –, EzGuG 6.156 a

19   BGH, Urt. vom 14. 1. 1971 – VII ZR 3/69 –, EzGuG 3.34 a

Anlagen: Wertanteile einzelner Bauwerke am Gesamtbauwerk

51   **Anlage 1:   Wertanteile einzelner Bauwerke am Gesamtbauwerk***
nach der Bundesfinanzverwaltung

Verfügung betr. Schätzung von Abschlägen
wegen behebbarer Baumängel und Bauschäden vom 24. 4. 1968
(BStBl. I 1991, 968 = OFD Kiel S. 3204 A – St 21/211)

Bauteil Gewerk	\multicolumn{18}{c}{Anzahl der Vollgeschosse}																	
	\multicolumn{3}{c}{1}			\multicolumn{3}{c}{2}			\multicolumn{3}{c}{3}			\multicolumn{3}{c}{4}			\multicolumn{3}{c}{5}			\multicolumn{3}{c}{6}		
	ausgebaute Dachgeschosse nein	ja	Flachdach	ausgebaute Dachgeschosse nein	ja	Flachdach	ausgebaute Dachgeschosse nein	ja	Flachdach	ausgebaute Dachgeschosse nein	ja	Flachdach	ausgebaute Dachgeschosse nein	ja	Flachdach	ausgebaute Dachgeschosse nein	ja	Flachdach
Keller insgesamt	24,9	23,5	24,0	21,2	20,2	21,2	17,7	16,8	18,6	14,6	13,9	15,9	12,2	11,6	12,9	10,7	10,1	9,5
Mauerwerk	17,4	16,8	17,1	15,1	14,4	15,2	12,6	12,0	13,3	10,4	9,9	11,4	8,7	8,3	9,3	7,7	7,2	6,8
Erd- u. Isolierarbeiten	2,5	2,5	2,6	2,2	2,2	2,2	1,9	1,8	2,0	1,6	1,5	1,7	1,3	1,2	1,4	1,1	1,1	1,0
Kellerboden	5,0	4,2	4,3	3,8	3,6	3,8	3,2	3,0	3,3	2,6	2,5	2,8	2,2	2,1	2,2	1,9	1,8	1,7
Decken insgesamt	14,0	13,1	15,8	13,6	13,1	15,9	13,4	13,2	15,8	13,3	13,1	15,7	13,1	12,9	15,5	13,0	12,7	15,3
Decke über Keller	5,3	4,5	4,6	4,1	3,8	4,2	3,4	3,2	3,6	2,8	2,6	3,0	2,3	2,2	2,4	2,1	1,9	1,8
übrige Decken	5,4	5,4	6,9	5,9	5,8	7,3	6,2	6,2	7,6	6,5	6,5	7,9	6,7	6,6	8,1	6,8	6,7	8,4
Deckenputz	3,3	3,2	4,3	3,6	3,5	4,4	3,8	3,8	4,6	4,0	4,0	4,8	4,1	4,1	5,0	4,1	4,1	5,1
Umfassungswände insgesamt	10,3	10,0	13,0	11,2	11,0	14,0	12,4	12,0	15,0	13,6	13,5	16,0	14,7	14,7	17,0	15,2	15,2	18,0
Mauerwerk	8,6	8,3	10,8	9,3	9,2	11,7	10,3	10,0	12,5	11,3	11,2	13,3	12,3	12,2	14,2	12,7	12,7	15,0
Außenputzverkleidung	1,7	1,7	2,2	1,9	1,8	2,3	2,1	2,0	2,5	2,3	2,3	2,7	2,4	2,5	2,8	2,5	2,5	3,0
Innenwände unverputzt	10,7	11,0	6,0	11,8	12,0	7,4	12,8	13,0	8,8	13,5	13,7	10,2	14,1	14,1	11,6	14,3	14,3	13,0
Tragend	5,9	6,1	3,5	6,5	6,7	4,1	7,1	7,2	4,9	7,2	7,6	5,6	7,3	7,8	6,4	7,4	7,9	7,2
Nichttragend	4,8	4,9	2,7	5,3	5,3	3,3	5,7	5,8	3,9	6,3	6,1	4,6	6,8	6,3	5,2	6,9	6,4	5,8
Dach insgesamt	15,3	17,8	7,5	13,5	15,5	6,2	11,8	13,5	5,0	10,7	11,5	4,1	10,0	10,5	3,7	9,9	10,3	3,5
Dachstuhl	10,4	12,2	–	9,2	10,6	–	8,0	9,3	–	7,3	7,9	–	6,8	7,2	–	6,7	7,1	–
Dachhaut	3,9	4,5	6,5	3,5	3,9	4,9	3,0	3,4	3,9	2,7	2,9	3,1	2,6	2,6	2,9	2,6	2,6	2,8
Dachrinnen, Rohre	1,0	1,1	1,5	0,8	1,0	1,3	0,8	0,8	1,1	0,7	0,7	1,0	0,6	0,7	0,8	0,6	0,6	0,7
Treppen insgesamt	2,2	2,0	3,4	3,1	2,9	4,2	3,8	3,7	5,0	4,5	4,4	5,8	5,0	5,0	6,4	5,3	5,2	7,2
Innerer Ausbau insgesamt	22,6	22,6	30,3	25,7	25,5	31,1	28,1	27,8	31,8	29,8	29,9	32,3	30,9	31,2	32,9	31,6	32,2	33,5
Wandputz	5,9	6,0	6,8	6,7	6,7	8,2	7,4	7,4	8,3	7,9	7,9	8,4	8,3	8,4	8,5	8,5	8,6	8,6
Bodenbelag	4,2	4,1	5,3	4,5	4,5	5,6	4,8	4,8	5,9	5,0	5,0	6,1	5,1	5,1	6,3	5,2	5,2	6,5
Installation	4,4	4,4	6,0	5,1	5,0	6,1	5,6	5,5	6,2	6,0	6,0	6,3	6,2	6,2	6,4	6,3	6,5	6,5
Fenster	3,7	3,7	5,0	4,2	4,2	5,1	4,7	4,6	5,2	4,9	5,0	5,2	5,2	5,2	5,3	5,3	5,4	5,4
Verglasung	1,1	1,1	1,5	1,3	1,2	1,5	1,4	1,4	1,6	1,5	1,5	1,6	1,5	1,6	1,6	1,6	1,6	1,6
Türen	3,3	3,3	4,5	3,8	3,7	4,6	4,2	4,1	4,6	4,5	4,5	4,7	4,6	4,7	4,8	4,7	4,9	4,9

Erläuterungen

I.   Die Tabelle enthält keine Angaben über nichtunterkellerte Gebäude. Bei solchen Gebäuden ist die Wertigkeit des schadhaften Bauteils in Anlehnung an die Wertigkeit des Bauteils bei einem entsprechenden unterkellerten Gebäude zu schätzen. Dabei werden die Wertanteile bei nichtunterkellerten Gebäuden regelmäßig etwas höher liegen, weil die Baukosten für den Keller entfallen. Es ist jedoch zu beachten, dass für die Fundamente erhebliche Kosten entstehen und dass die Baukosten für den Fußboden im Erdgeschoss wegen der zusätzlichen Isolierung und Wärmedämmung höher liegen als die Kosten der „Decke über dem Keller" bei unterkellerten Gebäuden. In besonders schwierigen Fällen ist ein Bausachverständiger hinzuzuziehen.

II.   Vor Anwendung der Tabelle ist festzustellen, wie hoch der Wert des Schadens im Verhältnis zum Gesamtwert des betreffenden Bauteils ist. In diesem Verhältnis ist dann aus der Wertigkeitsziffer der Tabelle der auf den Schaden entfallende Anteil zu errechnen. Bei mehreren Baumängeln oder Bauschäden ergibt die Summe der so ermittelten Schäden an den einzelnen Bauteilen den Gesamtschaden am Gebäude. Der Vomhundertsatz, der sich bei dieser Berechnung für das einzelne Gebäude ergibt, ist auf volle Zahlen aufzurunden.

Zu beachten ist, dass vielfach nur die Auswirkungen von Baumängeln und Bauschäden erkennbar sind, während der Schaden selbst verborgen bleibt. So haben beispielsweise feuchte Wände ihre Ursache in mangelhafter oder fehlender Isolierung. Die schadhafte Isolierung rechtfertigt einen Abschlag. Sofern die Feuchtigkeit an den Wänden zu keinen weiteren Schäden geführt hat (z. B. Schwamm), ist bei diesem Bauteil ein Abschlag nicht gerechtfertigt.

III. Die Tabelle gilt nicht für die im Sachwertverfahren zu bewertenden Geschäftsgrundstücke und die sonstigen bebauten Grundstücke.

---

* Vgl. Erl. des Ministers für Wiederaufbau im Lande Nordrhein-Westfalen vom 24. 6. 1948 (GeschZ. I A/225); auch Erl. der FM der neuen Bundesländer betr. Bewertung von Einfamilienhäusern im Beitrittsgebiet (BStBl. I 1991, 968 = GuG 1992, 78)

Anlage 2: Wertanteile (in v. H.) der Bauteile bei Geschosswohnbauten (Richtzahlen)

(Erl. des Ministers für Wiederaufbau im Lande Nordrhein-Westfalen vom 24. 6. 1948 – IA/225; MinBl. 1948 Nr. 12 = Weil, Grundstücksschätzung, 5. Aufl. 1958, S. 112).

(Die nachstehende Tabelle ist im Original um 90° gedreht abgedruckt; die linke Spaltengruppe betrifft Geschosswohnbauten, die rechte „Wohnbauten mit Flachdach".)

Bauteil	1 ohne	1 mit	2 ohne	2 mit	3 ohne	3 mit	4 ohne	4 mit	5 ohne	5 mit	6 ohne	6 mit	Flachd. 1	Flachd. 2	Flachd. 3	Flachd. 4	Flachd. 5	Flachd. 6
Umfassungswände: Außenputzverkleidung	1,7	1,7	1,9	1,8	2,1	2,0	2,3	2,3	2,4	2,5	2,5	2,5	2,2	2,3	2,5	2,7	2,8	3,0
Umfassungswände	8,6	8,3	9,3	9,2	10,3	10,0	11,3	11,2	12,3	12,2	12,7	12,7	10,8	11,7	12,5	13,3	14,2	15,0
Insgesamt %	10,3	10,0	11,2	11,0	12,4	12,0	13,6	13,5	14,7	14,7	15,2	15,2	13,0	14,0	15,0	16,0	17,0	18,0
Keller: Boden	5,0	4,2	3,8	3,6	3,2	3,0	2,6	2,5	2,2	1,9	1,8	1,8	4,3	3,8	3,3	2,8	2,2	1,7
Erd- und Isolierarbeiten	2,5	2,5	2,2	1,9	1,8	1,6	1,5	1,3	1,2	1,1	1,1	1,1	2,6	2,2	2,0	1,7	1,4	1,0
Mauerwerk	17,4	16,8	15,1	14,4	12,6	12,0	10,4	9,9	8,7	8,3	7,7	7,2	17,1	15,2	13,3	11,4	9,3	6,8
Insgesamt %	24,9	23,5	21,2	20,2	17,7	16,8	14,6	13,9	12,2	11,6	10,7	10,1	24,0	21,2	18,6	15,9	12,9	9,5
Treppen: Kellertreppe und Geschosstreppe	2,2	2,1	3,0	2,9	3,8	3,7	4,5	4,4	5,0	5,2	5,3	5,2	3,4	4,2	5,0	5,6	6,4	7,2
Innenwände: Nichttragend	4,8	4,9	5,3	5,7	5,8	6,3	6,1	6,8	6,3	6,9	6,4	6,4	2,5	3,3	3,9	4,6	5,2	5,8
Tragend	5,9	6,1	6,5	6,7	7,1	7,2	7,6	7,3	7,8	7,4	7,9	7,9	3,5	4,1	4,9	5,6	6,4	7,2
Insgesamt %	10,7	11,0	11,8	12,0	12,8	13,0	13,5	13,7	14,1	14,3	14,3	14,3	6,0	7,4	8,8	10,2	11,6	13,0
Innerer Ausbau: Installation	4,4	4,4	5,1	5,0	5,6	5,5	6,0	6,0	6,2	6,3	6,5	6,5	6,0	6,1	6,2	6,3	6,4	6,5
Wandputz	5,9	6,0	6,4	6,7	7,4	7,4	7,9	7,9	8,3	8,5	8,6	8,6	8,0	8,2	8,3	8,4	8,5	8,6
Verglasung	1,1	1,1	1,3	1,2	1,4	1,4	1,5	1,5	1,5	1,6	1,6	1,6	1,5	1,5	1,6	1,6	1,6	1,6
Fenster	3,7	3,7	4,2	4,2	4,7	4,6	4,9	5,0	5,2	5,3	5,4	5,4	5,0	5,1	5,2	5,2	5,4	5,4
Türen	3,3	3,3	3,8	3,7	4,2	4,1	4,5	4,5	4,6	4,7	4,9	4,9	4,5	4,6	4,6	4,7	4,8	4,9
Bodenbelag	4,2	4,1	4,5	4,5	4,8	4,8	5,0	5,0	5,1	5,1	5,2	5,2	5,3	5,6	5,9	6,1	6,3	6,5
Insgesamt %	22,6	22,6	25,7	25,5	28,1	27,8	29,8	29,9	30,9	31,2	31,6	32,2	30,3	31,1	31,8	32,3	32,9	33,5
Decken: Decke über Kellergeschoss	5,3	4,5	4,1	3,4	3,2	2,8	2,6	2,3	2,1	1,9	1,9	1,8	4,6	4,2	3,6	3,0	2,4	1,8
Deckenputz	3,3	3,2	3,6	3,5	3,8	3,8	4,0	4,0	4,1	4,1	4,1	4,1	4,3	4,4	4,6	4,8	5,0	5,1
Balkenträger	3,3	3,3	3,6	3,8	3,8	4,0	4,0	4,1	4,1	4,2	4,2	4,2	4,3	4,5	4,7	4,8	5,0	5,2
Füllung	2,1	2,1	2,3	2,2	2,4	2,4	2,5	2,5	2,6	2,5	2,5	2,5	2,6	2,8	2,9	3,1	3,1	3,2
Insgesamt %	14,0	13,1	13,6	13,1	13,4	13,2	13,3	13,1	13,1	13,0	12,7	12,7	15,8	15,9	15,8	15,7	15,5	15,3
Dach: Dachrinne, Rohre	1,0	1,1	0,8	0,8	0,8	0,7	0,7	0,6	0,7	0,6	0,6	0,6	1,0	1,3	1,1	1,0	0,8	0,7
Dachstuhl	10,4	12,2	9,2	10,6	8,0	9,3	7,3	7,9	6,8	7,2	6,7	7,1	–	–	–	–	–	–
Dachhaut	3,9	4,5	3,5	3,9	3,0	3,4	2,7	2,9	2,6	2,6	2,6	2,6	6,5	4,9	3,9	3,1	2,9	2,8
insgesamt %	15,3	17,8	13,5	15,5	11,8	13,5	10,7	11,5	10,0	10,5	9,9	10,3	7,5	6,2	5,0	4,1	3,7	3,5
Ausgebaute Dachgeschosse	ohne	mit	ohne	mit	ohne	mit	ohne	mit	ohne	mit	ohne	mit	ohne	mit	ohne	mit	ohne	mit
Vollgeschosse	1	1	2	2	3	3	4	4	5	5	6	6	1	2	3	4	5	6

53 Anlage 3: Wertanteile nach MagistratsVO

Wertanteile (in v. H.) einzelner Bauteile am Gesamtbauwerk bei Geschossbauten (Richtzahlen) (Verordnung des Magistrats der Stadt Berlin)

Spaltengliederung der Kopfzeile:
- **Spalte 2 — Wohn- und Bürogebäude, ohne ausgebautes Dachgeschoss** (Zahl der Geschosse 1–6)
- **Spalte 3 — Wohn- und Bürogebäude, mit zur Hälfte ausgebautem Dachgeschoss** (Zahl der Geschosse 1–6)
- **Spalte 4 — Gewerbliche Bauten, ohne Traggerippe** (Zahl der Geschosse 1–6)
- **Spalte 4 — Gewerbliche Bauten, mit Traggerippe aus Stahl oder Stahlbeton** (Zahl der Geschosse 1–6)

Nr.	Bauteil	[2] 1	2	3	4	5	6	[3] 1	2	3	4	5	6	[4 ohne] 1	2	3	4	5	6	[4 mit] 1	2	3	4	5	6
1	Dach[1]	11,4	7,4	5,7	4,5	3,6	3,1	9,9	6,8	5,3	4,2	3,5	3,1	8,6	6,6	5,4	4,5	3,8	3,4	7,5	5,4	5,1	4,2	3,4	3,0
2	Decken	13,4	12,8	12,8	13,3	12,6	12,4	12,5	12,2	12,4	12,7	12,3	12,5	13,0	15,6	17,4	18,2	19,3	19,7	22,8	20,5	20,1	20,2	20,6	21,0
3	Wände	19,2	20,2	20,0	20,1	21,8	22,0	17,6	18,7	18,8	18,9	20,7	20,9	31,4	28,7	27,9	27,3	26,8	26,5	22,3	23,3	23,8	24,2	24,3	24,1
4	Leichte Trennwände	2,3	2,5	3,0	2,7	2,7	2,8	1,9	2,4	2,9	2,8	3,0	3,1	–	–	–	–	–	–	–	–	–	–	–	–
5	Traggerippe, Stahl, Stahlbeton gusseiserne Säulen	–	–	–	–	–	–	–	–	–	–	–	–	–	–	–	–	–	–	11,3	13,7	14,6	15,3	15,9	16,3
6	Gründung	3,9	2,5	2,1	1,7	1,6	1,5	3,4	2,3	2,0	1,6	1,3	1,2	9,8	7,5	6,1	5,7	4,8	4,3	14,8	11,9	10,1	8,7	7,7	6,7
7	Fußboden	6,1	5,8	5,9	5,7	5,5	5,5	5,8	5,6	5,7	5,6	5,4	5,4	4,4	5,3	5,8	6,1	6,4	6,6	3,5	3,8	3,9	3,9	3,9	3,8
8	Putz und andere Oberflächenbehandlung[2]	8,4	9,0	7,5	8,1	8,6	8,7	8,2	8,8	7,4	8,0	8,3	8,5	4,5	5,7	6,6	7,1	7,3	7,8	3,3	4,7	5,3	5,7	6,0	6,2
9	Treppen[3]	3,5	3,7	3,9	4,2	4,1	3,4	3,4	3,6	3,8	4,1	4,0	3,8	1,4	1,6	1,8	1,9	2,0	2,1	0,7	0,8	0,8	0,8	0,9	0,9
10	Fenster[4]	4,6	5,5	6,2	6,4	6,4	6,6	5,7	6,2	6,7	6,8	6,9	6,8	6,8	7,5	7,8	8,0	8,2	8,4	2,8	3,7	4,1	4,4	4,6	4,8
11	Türen	5,9	5,9	6,1	6,1	5,6	5,4	6,1	6,1	6,2	6,2	5,8	5,5	2,8	2,8	2,8	2,8	2,8	2,8	0,6	0,8	0,9	1,0	1,0	1,1
12	Keller- und Dachverschläge	0,3	0,3	0,3	0,2	0,2	0,2	0,2	0,2	0,2	0,2	0,2	0,2	–	–	–	–	–	–	–	–	–	–	–	–
13	Maler-, Tapezierarbeiten	4,1	4,9	5,5	5,6	5,7	5,8	4,8	5,3	5,8	5,9	5,9	5,9	2,4	2,8	2,9	3,1	3,2	3,2	1,3	1,9	2,2	2,3	2,5	2,6
1	Be- und Entwässerung	5,6	6,8	7,3	7,6	7,8	7,9	6,6	7,4	7,8	8,0	8,0	8,2	3,7	3,9	3,9	3,8	3,8	3,8	2,0	1,8	1,6	1,6	1,5	1,1
2	Gas- und Stromversorgung	1,4	1,7	1,9	2,0	2,0	2,0	1,7	1,9	2,0	2,1	2,1	2,1	3,4	3,1	3,0	2,8	2,7	2,7	0,9	1,0	1,0	1,0	1,0	1,4
3	Heizung[5]	4,4	5,5	6,3	6,5	6,8	6,8	5,6	6,3	6,8	6,9	6,9	7,0	7,0	7,3	7,4	7,5	7,6	7,6	4,3	3,9	3,5	3,1	3,1	3,3
4	Sonstige Einrichtungen	5,5	5,5	5,5	5,3	5,3	5,3	6,6	6,2	6,2	6,0	5,7	5,5	1,5	1,3	1,2	1,2	1,1	1,1	1,9	2,8	3,1	3,4	3,6	3,7

1 Von den Richtzahlen für das Dach entfallen auf:
a) Dachdeckung .... rd. 22 v. H.
b) Lattung und Schalung .... rd. 14 v. H.
c) den Dachstuhl .... rd. 43 v. H.
d) Klempnerarbeiten .... rd. 21 v. H.

2 Von den Richtzahlen für den Putz entfallen bei Reihenhäusern auf:

Putzart	Wohn- und Bürogebäude vor 1918	nach 1918
Außenputz	rd. 30 v. H.	35 v. H.
Innenputz	rd. 50 v. H.	45 v. H.
Deckenputz	rd. 20 v. H.	20 v. H.

3 Von den Richtzahlen für Treppen (VI 9) entfallen bei Massivtreppen auf:
Tragwerk und Stufenaufmauerung .... rd. 40 v. H.
Tritt- und Setzstufen .... rd. 45 v. H.
Geländer .... rd. 15 v. H.

4 Von den Richtzahlen für das Fenster entfallen auf:
a) Tischlerarbeiten .... rd. 83 v. H.
b) Glaserarbeiten .... rd. 17 v. H.

5 Von den Richtzahlen für Heizung (VII 3) entfallen bei Sammelheizung rd. 20 v. H. auf die Kesselanlage.

Quelle: Runge, Grundstücksbewertung, 3. Aufl. Bln 1955, S. 138 f., Weil Grundstücksschätzung, 5. Aufl. 1958, S. 113

Anlage 4:   Baukostenanteile bei Wohngebäuden und Einsparpotenziale   54

Baukostenanteile bei Wohngebäuden und Kosteneinsparungen durch Eigenleistungen (Tabellen von Baier in DBZ 1986, 645)					
	Baukostenanteile in v. H.			mögl. Eigen-leistungs-anteil in v. H.	Kosten-einsparung durch Eigenl. in v. H.
Gewerk	insgesamt	Material-aufwand	Arbeits-aufwand		
Baustelleneinrichtung	1,8	1,0	0,8	50 – 100	0,6
Erdarbeiten	2,2	0,0	2,2	50 – 100	1,6
Entwässerung, Drainagearbeiten	0,5	0,3	0,2	30 – 80	0,1
Beton- u. Stahlbetonarbeiten	26,5	15,9	10,6	20 – 60	4,3
Maurerarbeiten	14,5	8,7	5,8	20 – 50	2,1
Isolier- u. Dämmarbeiten	1,4	0,8	0,6	40 – 60	0,3
Zimmerer- u. Holzarbeiten	9,6	6,6	3,0	10 – 20	0,5
Klempnerarbeiten	1,0	0,6	0,4	30 – 40	0,2
Dachdeckerarbeiten	2,4	1,4	1,0	30 – 50	0,4
Schlosser- u. Metallbauarbeiten	0,7	0,5	0,2	10 – 20	0,1
Schreiner- u. Beschlagsarbeiten	8,5	5,1	3,4	20 – 90	1,9
Glaserarbeiten	1,5	1,2	0,3	10 – 20	0,1
Estricharbeiten	2,3	0,6	1,7	50 – 60	1,0
Sanitäre Installation	4,3	2,6	1,7	10 – 20	0,3
Heizungsinstallation	8,0	6,1	1,9	10 – 20	0,3
Elektroinstallation	3,8	1,9	1,9	30 – 40	0,7
Boden- u. Wandbeläge, Putzarbeiten	7,5	4,9	2,6	20 – 70	1,2
Maler- u. Tapezierarbeiten	2,5	0,7	1,8	50 – 90	1,3
Sonstige Arbeiten	1,0	0,5	0,5	– 100	0,3
	100,0	59,4	40,6		17,3

Die Einsparung durch Eigenleistungen kann im Allgemeinen zwischen 10 und 24 v. H. der gesamten Herstellungskosten betragen.

Anlage 5:   Wägungsanteile nach Statistischen Ämtern   55
            Wägungsanteile für Wohngebäude in Nordrhein-Westfalen

Preisindizes für Wohn- und Nichtwohngebäude, Instandhaltung und Straßenbau in Nordrhein-Westfalen, August 1995			
Leistungsart	Wägungsanteil (Bezugsgröße: Wohngebäude insgesamt) ‰	Leistungsart	Wägungsanteil (Bezugsgröße: Bauleistungen am Bauwerk) ‰
Wohngebäude	1 000,00		
Bauleistungen am Bauwerk	820,52	**Bauleistungen am Bauwerk**	1 000,00
Rohbauarbeiten	494,21	Rohbauarbeiten	602,30
Ausbauarbeiten	326,31	Ausbauarbeiten	397,70
Gerät	6,14		
Außenanlage	45,69		
Baunebenleistungen	127,65		
Architektenleistungen	73,91		
Ingenieurleistungen	28,01		
Verwaltungsleistungen	25,72		

Quelle: Landesamt für Datenverarbeitung und Statistik Nordrhein-Westfalen

56 Anlage 6: Beschädigungsgrad bei Wohngebäuden

Beschädigungsgrad von Wohngebäuden
(bearbeitet vom Bauausschuss des Deutschen Städtetages i. d. ehem. britischen Zone)

Anzahl der Geschosse	Keller[1]	Kellerdecke	Umfassungswände[2]				Geschossdeck.[3]			Innenwände			Treppen[4]	Dach[5]	Innerer Ausbau			insgesamt
			Mauerwerk ohne Putz	Außenputz	Innenputz	zusammen	ohne Putz	Deckenputz	zusammen	Mauerwerk ohne Putz	Innenputz	zusammen			Tür	Fenster[7]	Sonst. Ausb.[8]	
1 Dach nicht ausgebaut	23	7	6,5	2,5	1	10	5	1	6	7,8	4,2	12	2	22	3	4	11	100
Dach ausgebaut	19	6	5,2	2	0,8	8	4,1	0,9	5	6,5	3,5	10	2	37	2	3	8	100
2 Dach nicht ausgebaut	20	6	10,1	3,8	1,6	15,5	8,7	1,8	10,5	7,8	4,2	12	3	14	4,5	3,5	11	100
Dach ausgebaut	19	5	9,8	3,7	1,5	15	8,3	1,7	10	6,5	3,5	10	3	22	4	3	9	100
3 Dach nicht ausgebaut	16	4,5	11,4	4,4	1,7	17,5	9,1	1,9	11	8,5	4,5	13	4	12	5	3,5	13,5	100
Dach ausgebaut	15	4	10,7	4,2	1,6	16,5	8,3	1,7	10	7,8	4,2	12	4	18	5	3	12,5	100
4 Dach nicht ausgebaut	12	3,5	12,4	4,7	1,9	19	9,1	1,9	11	9,9	5,2	15	5	11	5	3,5	15	100
Dach ausgebaut	12	3	11,7	4,5	1,8	18	8,3	1,7	10	9,1	4,9	14	5	16	5	3	14	100
5 Dach nicht ausgebaut	11	3,5	13	5	2	20	9,1	1,9	11	10,5	5,5	16	6	9	5	3,5	15	100
Dach ausgebaut	11	3	12,4	4,7	1,9	19	8,3	1,7	10	9,8	5,2	15	6	14	5	3	14	100
6 Dach nicht ausgebaut	11	3	13,7	5,2	2,1	21	9,5	2	11,5	10,7	5,8	16,5	6,5	7	5	3,5	15	100
Dach ausgebaut	11	2,5	13	5	2	20	8,7	1,8	10,5	10,1	5,4	15,5	6,5	12	5	3	14	100
7 Dach nicht ausgebaut	10,5	3	14,3	5,5	2,2	22	10	2	12	11	6	17	7	5	5	3,5	15	100
Dach ausgebaut	10,5	2,5	13,7	5,2	2,1	21	9,1	1,9	11	10,4	5,6	16	7	10	5	3	14	100

1 vollständig
2 vom Erdgeschoss ab
3 einschl. Balkone
4 einschl. Podeste in Beton, Belag und Geländer
5 vollständig
6 ohne Ausbau in Dach und Keller, dieser ist in den Wertzahlen für Keller und Dach bereits enthalten
7 einschl. Verglasung
8 sanitäre Installation, elektr. Installation, Fußböden, Maler- und Schlosserarbeiten

57 Anlage 7: Wertanteilstabelle zur Feststellung des Zerstörungsgrads

Wertanteilstabelle zur Feststellung des Zerstörungsgrades an Gebäuden
(außer Fabrik-, Hotel- und Warenhausgrundstücken)
veröffentlicht im ABl. des Bayer. Staatsministeriums der Finanzen 1950 Nr. 2

Gebäudetyp (nach der Anzahl der Stockwerke)	1	2	3	4	5	6
	Stockwerke					
	v. H.	v. H.	v. H.	v. H.	v. H.	v. H.
Dach (einschl. Spenglerarbeiten und Deckung)	16	11	9	8	7	5
Decken (einschl. Öfen und Herde)	9	11	12	12	13	14
Mauerwerk (einschl. Be- und Entwässerungsanlagen)	19	22	24	26	26	27
Verputz (einschl. Anstricharbeiten und Elektroinstallation)	11	13	14	15	15	16
Fenster, Türen (einschl. Beschläge, Glas, Anstrich)	13	15	16	17	17	18
Fußböden (einschl. Blindböden)	4	5	6	6	7	7
Treppen	2	3	4	4	5	5
Summe	74	80	85	88	90	92
Kellergeschoss (einschl. Decken, Fußböden, Treppen)	26	20	15	12	10	8
	100	100	100	100	100	100

Anlage 8: Grobgliederung nach Roh- und Ausbau 58

Grobgliederung der Wertanteile

Im Rohbau	in %
Erdarbeiten	5
Maurer- und Betonarbeiten	35
Zimmerarbeiten	4
Dachdecker- und Klempnerarbeiten	4
Rohbau-Anteil	48
Im Ausbau	**in %**
Putzarbeiten	6
Estrich-, Bodenbelag-, Werkstein-, Fliesenarbeiten	7
Schreiner- und Glaserarbeiten	9
Sanitärarbeiten	8
Elektroarbeiten	3
Heizungsmontage	7
Treppenbau	4
Maler- und Anstricharbeiten	3
Sonstige (Schlosser u. a.)	5
Ausbau-Anteil	52
zusammen:	100

Quelle: Architektenkammer Nordrhein-Westfalen

Anlage 9: Wertanteile für nicht unterkellerte Tennishallen 59

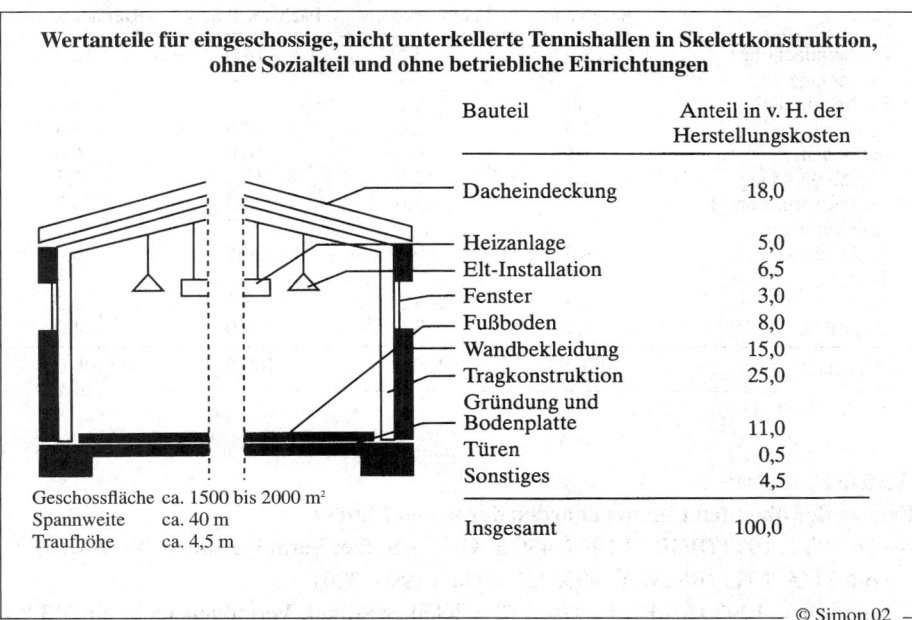

Wertanteile für eingeschossige, nicht unterkellerte Tennishallen in Skelettkonstruktion, ohne Sozialteil und ohne betriebliche Einrichtungen

Bauteil	Anteil in v. H. der Herstellungskosten
Dacheindeckung	18,0
Heizanlage	5,0
Elt-Installation	6,5
Fenster	3,0
Fußboden	8,0
Wandbekleidung	15,0
Tragkonstruktion	25,0
Gründung und Bodenplatte	11,0
Türen	0,5
Sonstiges	4,5
Insgesamt	100,0

Geschossfläche ca. 1500 bis 2000 m²
Spannweite ca. 40 m
Traufhöhe ca. 4,5 m

© Simon 02

Prozentsätze sind wegen zu geringer Anzahl auswertbarer Objekte nicht gesichert.

60   Anlage 10: Wertanteile für Lagerhallen

Wertanteile für eingeschossige, nicht unterkellerte Lagerhallen

Wertanteile für eingeschossige, nicht unterkellerte Lagerhallen		
a) in besserer Bauausführung, mit Wärmedämmung und mit Heizung		
Bauteil/ Gewerk	durchschnittlicher Anteil in v. H. der Herstellungskosten (ohne Baunebenkosten nach DIN 276 Blatt 3 Nr. 7)	
	Stahlskelett-, Rahmen- oder Fachwerkbauw.	Stahlbeton- skelett- oder Rahmenbauw.
Dacheindeckung	17,5	19,0
Heizanlage	4,5	4,0
Elt-Installation	3,5	4,0
Fenster	3,0	4,0
Fußboden	4,0	4,0
Wandbekleidung	13,5	10,0
Tragkonstruktion	19,0	18,0
Gründung und Bodenplatte	18,0	17,0
Türen	2,0	2,0
Tore	3,5	3,0
Erdarbeiten	2,5	3,5
Insgesamt	100,0	100,0

b) in einfacher Bauausführung, ohne Wärmedämmung und ohne Heizung				
Bauteil/ Gewerk	durchschnittlicher Anteil in v. H. der Herstellungskosten (ohne Baunebenkosten nach DIN 276 Blatt 3 Nr. 7)			
	Mauerwerks- massivbau	Holzskelett-, Rahmen- oder Fachwerkbauw.	Stahlskelett-, Rahmen- oder Fachwerkbauw.	Stahlbeton- skelett- oder Rahmenbauw.
Dacheindeckung	13,0	13,5	14,0	13,5
Heizanlage	–	–	–	–
Elt-Installation	8,0	2,5	2,5	3,0
Fenster	3,0	2,0	3,5	1,5
Fußboden	4,5	4,5	6,0	6,0
Wandbekleidung	50,0	12,0	12,5	15,5
Tragkonstruktion		24,0	23,5	24,0
Gründung und Bodenplatte	19,0	20,0	20,5	20,0
Türen	–	–	1,0	–
Tore	5,0	4,5	3,0	2,5
Erdarbeiten	2,5	3,5	4,0	4,0
Insgesamt	100,0	100,0	100,0	100,0

© Simon 02

Weitere Hinweise:

Erlasse der obersten Finanzbehörden der neuen Länder

– vom 21. 7. 1994 (BGBl. I 1994, 480 = Kleiber/Söfker Vermögensrecht Nr. 7.3.16)
– vom 21. 5. 1993 (BStBl. I 1993, 467 = GuG 1994, 226)
– vom 19. 1. 1993 (BStBl. I 1993, 173 = Kleiber/Söfker, Vermögensrecht Nr. 7.3.8 = Anh. 11.3 in der 2. Auflage dieses Werkes).

Anlage 11: Instandsetzungs- und Modernisierungskosten (einschließlich MwSt.) 61

1. Konventionelle Bauweise

Es handelt sich um überschlägige Kalkulationspreise einschließlich Materialkosten und aller Nebenkosten, auch soweit sie nicht detailliert beschrieben sind.*

Preisbasis 2000

Gewerk/Bauteil	Einheit	Preisspanne je Einheit in €
I Keller		
Vertikale Dichtung		
Horizontalsperre, Aufstemmen und Dichtungsbahn vermauern	lfdm	60
Blechverfahren	lfdm	40
Bohrlochverfahren (Verpressen)	lfdm	30
Senkrechtsperre (außen) mit Freischachten, Sperrputz 2-lagig	m²	20
Dichtungsschlämme 2-lagig	m²	20
Dichtungsbahn 1-lagig	m²	20
Senkrechte Sperre (innen), Ausgleichsputz/Bitumenanstriche	m²	30
Sperrputz 2-lagig/Spritzbewurf ohne Freischachtung	m²	30
Ausgleichsputz/Dichtungsschlämme 2-lagig	m²	30
Ausgleichsputz/Dichtungsbahnen 2-lagig	m²	30
Sohle		
Betonplatte/schwimmender Estrich	m²	20
Neue Sohle/Fußbodenheizung	m²	30
Drainage, Aushub erweitern, mittelschwerer Boden	lfdm	20
Tonrohr verlegen und verfüllen, Kiessickerschicht	lfdm	50
II Heizung		
Einbau einer kompletten zentralen Heizungsanlage einschließlich Heizkörper, Leitungen, Wärmeerzeuger und Regelung	m² WF	90
Heizkörper 1 000 Watt Heizleistung (Vorlauf 70 Grad und Rücklauf 55 Grad):		
– Stahlradiator 105 × 60 × 11cm	Stück	110
– Gussradiator 99 × 58 × 11 cm	Stück	220
– Säulenradiator 117 × 60 × 64 cm	Stück	180
– Plattenheizkörper 180 × 60 × 1,6 cm	Stück	140
– Plattenheizkörper 75 × 60 × 10 cm, Stahl mit zwei Konvektorblechen	Stück	180
– Konvektor, Schachthöhe 60 cm, Länge 150 cm	Stück	180
Ölzentralheizung	m² WF	100
– Gasetagenheizung bis 50 m² WF	m² WF	120
– Gasetagenheizung bis 80 m² WF	m² WF	100
Thermostatventil für Heizkörper an Stelle Einheitsventil	Stück	70
Fußbodenheizung, Trockensystem	m² WF	80
Heizkessel 19 bis 44 kW		
– Gaskessel	Stück	4 000
– Ölkessel	Stück	4 800
– Wechselbrand mit Warmwasser	Stück	6 300
Brenner erneuern	Stück	1 200
Heizungsregelung witterungsgeführt, nachträgliche Montage mit Zentralgerät und Außenfühler	Stück	900

---

* In Anlehnung an Simon/Kleiber, Schätzung und Ermittlung von Grundstückswerten, a. a. O., 7. Aufl., S. 633; Schmitz/Böhning/Krings, Altbaumodernisierung im Detail, Konstruktionsempfehlungen (GuG 1994, 295); eigene Ermittlungen.

Gewerk/Bauteil	Einheit	Preisspanne je Einheit in €
Heizungsleitung, Kupfer für Zentralheizung		
– auf Putz	m² WF	20
– unter Putz	m² WF	30
Luftheizung, Wärmetauscher, Wärmerückgewinnung	m² WF	170
Warmwasser		
Warmwasser, Standboiler zentral 200 ltr		
– Öl	Stück	1 100
– Gas	Stück	680
Wärmezähler		
– mechanisch	Stück	450
– statisch	Stück	850
Öltank		
Öl-Erdtank doppelwandig		
– 5 000 ltr	Stück	6 300
– 10 000 ltr	Stück	8 300
III Gas-, Wasser-, Abwasser- und Sanitärinstallation		
Einbau sanitärer Installationen für ein Bad/WC einschließlich Vorarbeiten, anteiliger Abwasser- und Wasserleitungen, Sanitärobjekten und Armaturen		
– WC und Handwaschbecken, einfache Ausführung	Anlage	1 200
– Dusche, Badewanne, WC, Waschtisch, einfache Ausführung	Anlage	2 000–2 400
Warmwasserbereiter einschließlich Vorarbeiten, Anschlüsse und Energieversorgung		
– Durchlauferhitzer 21 kW, dezentrale Bereitung	Stück	370–430
– Elektro-Kochendwassergerät 51 kW	Stück	190–220
– Elektroboiler zentral	Stück	3 000
– Gasdurchlauferhitzer	Stück	930
– Ölboiler, dezentrale Bereitung	Stück	3 350
Badausstattung, einfache Ausführung, weiß		
– Waschbecken	Stück	230
– Handwaschbecken	Stück	170
– Standklosett, Spülkasten aufgesetzt	Stück	270
– Wandklosett, Spülkasten aufgesetzt	Stück	320
– Bidet	Stück	440
– Duschwanne	Stück	270
– Duschabtrennung	Stück	800
– Liegewanne	Stück	340
Anschluss Waschmaschine komplett	Stück	160
– Badmodernisierung in gehobener Ausführung	WE	400
– Kompletterneuerung der Lüftungsanlage für die Bäder	WE	1 650
– Regelungstechnik (Thermostat- und Strangventile, Heizkostenvert.)	WE	300
Kanalisation		
Kanalisation im Haus		
– Kellerablauf mit Geruchs- und Rückstauverschluss, Nennweite 100 mm	Stück	220
– Heizölsperre mit doppeltem Rückstauverschluss, Nennweite 100 mm	Stück	530
– Kanalanschluss	Stück	1 050
– Abflussleitung PVC-hart, Nennweite 100 mm	lfdm	30
IV Elektroinstallationsarbeiten		
Stromversorgung einschließlich aller Installationen und zentralen Anlagen		
– Wohnungen bis 40 m² Wohnfläche	m²	90
– Wohnungen mit 40 bis 60 m² Wohnfläche	m²	70
Elektroinstallationen		
– Türklingel und Türöffner	Stück	90–110
– Türsprechanlage	Stück	350

Gewerk/Bauteil	Einheit	Preisspanne je Einheit in €
– Antennenanlage mit Antennensteckdose und Leitungen montiert	Stück	1 200
– Verteilerkasten unter Putz, 2-reihig, 24 Einheiten, 12 Automaten	Stück	170
– Zählerschrank komplett, 2 Felder für Zähler und Tarifgerät, verdrahtet	Stück	530
– Kabelkanäle für Elektroleitungen, 30 × 40 mm, Montage auf Putz	lfdm	10
– Elektronetz erneuern bei WF > 100 m²	m²	50

V Treppenarbeiten

Instandsetzen alter Holztreppen bis 1,10 m Breite als Wangentreppe einschließlich Ausbauarbeiten, Schuttabtransport, Beiputz und Oberflächenbehandlung

	Stufe	80–90
– Kiefernholztreppe, gerade	Stufe	240
– Wendeltreppe, Stahlkonstruktion	Stufe	270
– Verschrauben loser Stufen/Verdübeln, Schraubenköpfe zuspachteln	Stufe	15
– Anstriche abbeizen, 2-fach abziehen, Anstrich	Stufe	25
– Neue Setzstufe	Stufe	25
– Trittstufen ausbessern, Dellen mit Zementspachtel ebnen/Teppich auf Tritt- und Setzstufe	Stufe	45
– Tritt- und Setzstufen erneuern/Oberflächenbehandlung	Stufe	240
Geländerstäbe profilieren und einsetzen	Stab	50

Geländer aus Stahl mit Holzhandlauf

– gerade	lfdm	170
– gewendelt	lfdm	200

Spindeltreppe, 75 cm breit

– Holzstufe auf Stahlkonstruktion	Stufe	240
– Holzstufe, Holzstufenkonstruktion	Stufe	270
Betontreppe, 110 cm breit, gerade, mit Gitterrost-Auftritt	Stufe	170

Einschubtreppen, Geschosshöhe bis 3 m mit Rahmen/Klappe

– aus Holz	Stück	430–550
– aus Aluminium	Stück	950
– aus Aluminium, feuerhemmend (F 30)	Stück	1 250

Beläge

Terazzo-Beläge, Tritt- und Setzstufe	Stufe	130
Natursteinbeläge, Trittstufe/Kantenschutz	Stufe	70

VI Tischlerarbeiten

Fenster

Einbau von Holzfenstern mit Isolierverglasung, Ausbau alter Fenster, Schuttabtransport, Verglasung, Beschläge, Beiputz, Oberflächenbehand-lung mit Fugenabdichtung

– einflügelig bis 0,50 m²	m²	580
– einflügelig 0,50 bis 1,00 m²	m²	420
– mehrflügelig 1,00 bis 1,75 m²	m²	390
– mehrflügelig 1,75 bis 2,50 m²	m²	360

Wie zuvor, jedoch Kunststoff-Fenster

– einflügelig 0,50 bis 1,00 m²	m²	600
– mehrflügelig 1,00 bis 1,75 m²	m²	550

Wie zuvor, jedoch Aluminium-Fenster

– einflügelig 0,50 bis 1,00 m²	m²	600
Verbundfenster, Holzsprossenverbundfenster	m²	800

Türen

Wohnungsinnentür Holz/Kunststoff, einfache Ausführung	Stück	425
Hauseingangstür	Stück	310
Wohnungseingangstür	Stück	725
Kellertür Stahl, einfache Ausführung	Stück	265

Gewerk/Bauteil	Einheit	Preisspanne je Einheit in €
Einbau einer Hauseingangstür, 2,00 bis 3,00 m² einschließlich Ausbau und Abtransport alter Tür, Beschläge, Oberflächenbehandlung, Fugenabdichtung und Beiputz		
– Holz, einfache Ausführung	Stück	1 300–1 600
– Aluminium, einfache Ausführung	Stück	1 350–1 750
Erneuern von Innentüren einschließlich Zarge	Stück	230–430
Sonstiges		
Holzvertäfelung, einfache Qualität	m²	100

VII Zimmerarbeiten

Instandsetzen von Holzbalkendecken einschließlich Freilegung der Balken, Schuttabtransport, einem Spanplattenbelag, Beiputzen und Ergänzen der Fußleisten	m²	130–140
Anlaschen von Stahlschuhen und Balkenköpfen	Stück	360–380
Sanierung der Balkenköpfe mit Kunstharz	Stück	380–400
Holzbalkendecke feuerhemmend verkleiden (F 30)	m²	80
Bekleidung von Decke	m²	120
– Holzvertäfelung	m²	120
– Nut- und Federbretter für 20 €/m²	m²	70
– Abgehängte Decke	m²	50

VIII Estrich- und Bodenarbeiten

Neue Massivdecke einschließlich Schalung und Einstemmen der Auflager	m²	100
Verlegen von Spanplatten auf Rohdecke oder vorhandener Unterkonstruktion einschließlich Vorarbeiten und Randabschlüsse bis 16 mm Dicke einschließlich Lagerhölzer und Dämmung	m²	30–35
Verlegen von Fußbodenbelägen auf Estrich oder vorhandener Unterkonstruktion einschließlich Vorarbeiten und Randabschlüsse		
– Parkett, einfache Ausführung	m²	30–40
– Teppichboden (Materialpreis 20 €/m²)	m²	40
– Bodenfliesen (Materialpreis 15 €/m²)	m²	60
– Fußbodenbelag	m²	60
Estrich auf Massivdecke		
– Zementestrich, schwimmend	m²	25
– Trockenestrich	m²	35
– Fließestrich	m²	30
Holzdielen reparieren	m²	30
Spanplatten auf Dämmung	m²	40
Sockelleisten, Holz, 6 cm hoch, glatt	lfdm	20

IX Maurer- und Putzarbeiten

Mauerwerk, Bruchstein	m²	340
Mauerwerk, 11,5 cm		
– Ziegel für Putz vorbereiten	m²	50
– Ziegel Sichtmauerwerk	m²	120
– Kalksandstein	m²	50
Plattenwände massiv, innen		
– Vollgipsplatten	m²	70
– Gasbetonplatten	m²	65
– Bimsplatten	m²	50
Leichtbauwand		
– Holz, Gipskarton, 10 cm dick	m²	75
– Metall, Gipskarton, 10 cm dick	m²	85

Gewerk/Bauteil	Einheit	Preisspanne je Einheit in €
Instandsetzung von Mauerwerkswänden; aufmauern und verfugen, Wanddicke 24,0 cm; Putzen zusätzlich 10 Prozent	m²	160–170
Herstellung horizontaler Abdichtung gegen aufsteigende Feuchtigkeit durch Bohrlochinjektionsverfahren oder Einschlagen von Edelstahlblechen in 36,5 cm dickes Mauerwerk	m²	130–170
Verkleidungskästen aus Gipskartonplatten, 12,5 cm mit Unterkonstruktion	m²	50
Brandschutz Unterkonstruktion vorhanden Gipskarton-Feuerschutzplatte, 15 mm dick	m²	40
Dämmung		
Mineralfaserplatte 50 mm, Gipsbauplatten 12,5 mm	m²	50
Heizkörpernische dämmen mit Verbundplatte	m²	120
Kellerdecke Unterseite, gewölbt	m²	35
Wärmedämmverbundsystem ohne Unterkonstruktion	m²	70
mit Unterkonstruktion	m²	100
Putzarbeiten		
Aufbringen von Glattputz auf altem Untergrund einschließlich Vorarbeiten (Kalkzementputz auf Mauerwerk)	m²	50
Herstellung einer Faserzement-Plattenverkleidung, einformatige Einfachdeckung einschließlich Unterkonstruktion, Wärmedämmung, Randabschluss und Fugenabdichtung	m²	90–100
Herstellung einer Thermohaut (Wärmedämmverbundsystem) auf 5–6 cm dicken Hartschaumplatten, armiert, mit Kunstharz oder Mineralputz einschließlich Randabschlussprofilen und Fugenabdichtung auf neuem Mauerwerk	m²	60–80
Reinigen alter Wandflächen, Dampf- oder Sandstrahl	m²	15–20
Kunststoffputz	m²	20
Trockenputz Gipsbauplatten, 12,5 mm in Ansetzerbinder	m²	30
Putzanstrich, einfache Qualität	m²	10
X Anstrich- und Tapezierarbeiten		
Anstrich und Beschichtung auf neuem Außenputz einschließlich Vorarbeiten, Abdeckung, Überspannung kleiner Risse	m²	10–25
Tapezieren von Wandflächen einschließlich Vorarbeiten, Abdeckung, Entfernen alter Anstriche oder Tapeten (ohne Putzausbesserung)		
– Raufasertapete mit Anstrich	m²	10–15
– Tapete (Rollenpreis 7,50 €)	m²	25–50
Beidseitiger Anstrich von Innentüren einschließlich Zarge	Stück	60–75
XI Loggia		
Erneuerung der Balkonbrüstung	Stück	1 100
Loggiakomplettsanierung einschl. Betoninstandsetzung	Stück	2 200
Herstellen eines Gefälles zur Entwässerung der Loggiadecke	Stück	250
Sanierung der Kragbalken	Stück	280
XII Fassadenarbeiten		
Gerüst	m²	5–10
Reinigen mit Gerüst		
– Abwaschen	m²	20
Putz ausbessern mit Gerüst	m²	50

Gewerk/Bauteil	Einheit	Preisspanne je Einheit in €
Putz anbringen mit Gerüst		
– Kalkzementreibeputz	m²	50
– Edel- oder Kunststoffputz	m²	50
– Dämmputz ohne Altputz abschlagen	m²	90
Sichtmauerwerk aus Ziegel		
– neu verfugen mit Gerüst	m²	40
– Ausbessern der Ziegelflächen ohne Gerüst	m²	90
Fassadenbekleidung mit Gerüst		
– Holzschindeln/Dämmung	m²	200
– Profilbretter	m²	100
– Faserzementplatten/Dämmung	m²	120
Vormauerung aus Mauernziegel, Dämmung, Luftschicht	m²	200
Anstrich		
– mehrfarbig gegliedert mit Gerüst	m²	25
– 2–3-fach einfarbig mit Gerüst	m²	25
Betoninstandsetzung mit Oberflächenschutzsystem	m²	25

XIII Dachdeckungsarbeiten (ohne Entsorgung alter Ziegel)		
Eindeckung geneigter Dächer einschließlich Vorarbeiten, Aufnehmen und Abtransport alter Pfannen und der Unterkonstruktion, neuer Lattung, Unterspannbahn und Dachziegel sowie Formteile, Betondachsteine oder Tonziegel	m²	50–80
Instandsetzen von geneigten Dachdeckungen einschließlich Vorarbeiten, Umdeckung einschließlich neuer Lassung und Unterspannbahn	m²	45–55
Ziegeldach		
– reparieren	m²	20
– umdecken	m²	35
Umdeckung neuer Lattung/Folie	m²	50
Neudeckung		
– Betondachsteine	m²	60
– Ziegelpfannen	m²	60
Wärmedämmung im Dach		
– zwischen Sparren/Gipskartonbekleidung	m²	80
– auf Sparren	m²	60
– unter Sparren/Sperrholzbekleidung	m²	90
Flachdachsanierung mit kompletter Dachhauterneuerung	m²	70
Verstärkung der Wärmedämmung oberste Geschossdecke	m²	25
Schrägen bekleiden		
– Dämmung 12 cm Gipskarton, Feuerschutzplatten 15 mm (F 30)	m²	90
– Dämmung Feuerschutzplatten 2 × 20 mm (F 90)	m²	140
Pappdach überkleben/Kiesschicht	m²	35
Dachstuhl verstärken durch Bohlen	lfdm	100
Verstärkung der Pfetten	lfdm	200
Erneuern von Stützen und Streben	lfdm	160
Imprägnierung von Holzschutz	m²	25
Dachfenster und Dachgauben		
Dachflächenfenster Wohnräume	Stück	800
Innenjalousien für Dachflächenfenster	Stück	190
Dachfenster, 4-pannig	Stück	90
Dachgaube, einfache Höhe, bis 1,20 ohne Fenster	lfdm	650

Gewerk/Bauteil	Einheit	Preisspanne je Einheit in €
Klempnerarbeiten		
Herstellen von Dachanschlüssen an Traufen, Gesimsen und aufgehenden Wänden einschließlich Ausbau und Abtransport alter Anschlüsse (Material Zinkblech)	m²	35–45
Dachrinnen aus Zinkblech	lfdm	40
Fallrohr aus Zinkblech (Strang je Geschoss)	Stück	90
Dachrinne aus Zinkblech reparieren	lfdm	20
Dachrinnen aus Kupfer	lfdm	60
Schornsteinarbeiten		
Kaminkopf Höhe 0,75 m abtragen und erneuern	Zug	120
Auskleiden von Schornsteinen mit Edelstahlrohr	m²	210
Ausbessern eines zweizügigen Schornsteinkopfes	Stück	360–410

2. Plattenbauweise

Preisbasis 1993

Bauweise	Baujahr	Instandsetzungskosten €		Modernisierungskosten €	
		pro m²	pro WE	pro m²	pro WE
Blockbauweise 1	1959	240	10 700	1 000	45 000
Blockbauweise 2		225	12 750	870	50 000
Streifenbauweise QX		Instandsetzung und Modernisierung			32 000–35 000
Streifenbauweise QP	1977	91	4 375	580	22 500
QP	64–71				16 500–35 000
Q3A					30 000–35 000
Plattenbauweise P2	1973	180	22 050	485	
5 P2/10 P2/11					23 500–32 500
WBS 70	1972	130	8 000	700	10 000–43 500
– fünfgeschossig	1976	170	11 000	850	53 000
– elfgeschossig	1990	150	9 000	500	31 000
WHH SK	1976	280	18 250	800	22 000–52 000
	1985	330	41 050	875	22 000–56 500
WHH GT	1979	Instandsetzung und Modernisierung			24 000–37 500
WHH GT 85	1985	Instandsetzung und Modernisierung			7 000–24 500
	1987	Instandsetzung und Modernisierung			23 500
SK-Scheibe	1978	Instandsetzung und Modernisierung			45 000
	1982	Instandsetzung und Modernisierung			50 000

Quelle: Hauptverband der Deutschen Bauindustrie

▶ *Zu den Bewirtschaftungskosten vgl. § 18 WertV Rn. 80 ff.*

Gesamtübersicht zu den bautechnischen Instandsetzungskosten 1992 (ohne Haustechnik) bei Plattenbauten

Fertigteilsystem		Schäden im Fertigteilbau Bau-jahr	ΣWE	Instandsetzungskosten – Übersicht (ohne Instandsetzungskosten der Haustechnik)						
				DM/WE				Hochrechnung Mio. DM		
				min.	max.	Mittelw.	Vertrauensbereich von – bis	Gesamt	Vertrauensbereich von– bis	
Block	8kN Bb/Mk	1964–70	401 500	2 030	39 320	13 286	12 862–13 710	5 334,33	5 164,09–5 504,57	
	8kN Bb/Mk	1971–80	152 900	1 040	22 800	9 110	8 690–9 530	1 392,92	1 328,70–1 457,14	
	8kN Bb/Mk	1981–90	39 400	5 960	9 470	7 433	7 118–7 716	292,86	280,45–305,27	
	8kN Q 3 A	1958–65	28 600	6 180	18 100	9 188	8 776–9 600	262,78	250,99–274,56	
	11 kN	1977–90	47 100	940	24 240	8 442	7 526–5 257	397,62	354,47–440,71	
Streifen	MgdB. 20 k	1964–89	43 000	1 360	14 880	9 135	8 440–9 820	392,81	362,92–422,65	
Platte	35 kN	1973–90	86 000	440	14 880	5 221	4 649–3 992	449,01	399,81–515,31	
	P 1	1958–70	12 500	6 000	13 390	8 325	2 279–2 875	404,06	97,23–110,91	
	P 2	1964–70	64 800	760	15 230	8 211	7 198–8 651	452,72	504,79–560,58	
	P 2	1971–80	219 600	2 330	27 570	545	8 857–8 962	1 873,19	1 778,10–1 968,06	
	P 2	1981–90	79 200	1 730	7 060	3 778	3 600–3 956	299,22	285,12–313,32	
	P Halle	1964–86	148 100	830	13 370	8 218	7 988–8 449	1 217,09	1 183,02–1 251,30	
	Q P	1958–85	42 600	5 300	13 370	7 685	7 378–7 992	327,38	314,30–340,46	
	WBS 70	1972–80	145 900	140	12 320	5 518	5 304–5 731	805,08	773,85–836,15	
	WBS 70	1981–85	258 200	610	14 680	6 220	6 001–6 438	1 606,00	1 549,46–1 662,29	
	WBS 70	1986–90	240 800	–	11 940	2 267	2 099–2 435	545,89	505,44–586,35	
	Sonstige	1958–90	161 800	480	10 420	4 326	4 153–4 499	699,95	671,96–727,94	
			2 172 000	Gesamtsumme:				16 532,89	15 804,72–17 277,56	
				Mittelwert DM/WE:				7 610,88	7 276,57–7 954,68	

Quelle: Oswald in DAB 1993, 1513

Anhang: Wichtigste Mängel der Plattenbauten

QX

– mangelhafte Wärmedämmung
– Fenster-Risse im Sturz- und Brüstungsbereich
– Korrosionserscheinungen an Loggiadeckenplatten
– Schäden an der Dachkonstruktion

QP

– starke Rissbildung an den Längsfassadenelementen
– starke Rissbildung an Balkonen
– Betonabsprengungen durch unzureichende Abdeckung
– schlechter Zustand der Fugen

Q 3a

– Mängel an Betonbalkonen infolge Karbonatisierung
– Schäden an Dachkonstruktionen/Durchfeuchtungen

P 2

– verstärkte Rissbildung in den Fassadenelementen
– verstärkte Rissbildung in den Kelleraußenwänden
– schlechte Betonqualität; Schäden an Balkonen, Loggien und Fenstern
– schwache Wärmedämmung der Längs- und Giebelseiten

SK Scheibe

– Rissbildungen und Verwölbungen an den Außenwandelementen (Querwandscheiben und Längswand)
– Schwachpunkte sind vor allem: Balkone, Elementfugen, Wärmedämmung, Dachkonstruktion

WBS 70

(insbesondere bei älteren Serien 5/6/11)
– Risse in Außenwandelementen, unzureichende Betonabdeckung
– Risse und Betonabplatzungen an Loggiakonstruktionen
– schlechter Zustand der Auflagekonsolen der Loggiabrüstungen
– ausgeprägte Wärmebrücken in Kreuzungsbereichen der Vertikal- und der
– Horizontalfugen; unzureichende Dachabdichtung

WHH SK

– Plattenwölbungen und Trennrisse an Loggiaaußenwänden
– mangelhafte Fugen
– Betonabsprengungen in den Vorhangfassaden
– schlechter Zustand der Dachaufbauten

§ 25 WertV
Berücksichtigung sonstiger wertbeeinflussender Umstände

Sonstige nach den §§ 22 bis 24 bisher noch nicht erfasste, den Wert beeinflussende Umstände, insbesondere eine wirtschaftliche Überalterung, ein überdurchschnittlicher Erhaltungszustand und ein erhebliches Abweichen der tatsächlichen von der nach § 5 Abs. 1 maßgeblichen Nutzung, sind durch Zu- oder Abschläge oder in anderer geeigneter Weise zu berücksichtigen.

---

1   Allgemeines

1   § 25 ist eine **Auffangklausel,** nach der **alle „sonstigen"** nach den **§§ 22 bis 24 noch nicht erfassten** und den **„(Sach-)*Wert"* beeinflussenden Umstände** berücksichtigt werden sollen. Eine derartige Auffangklausel weist im Übrigen auch das im Zweiten Abschnitt geregelte Ertragswertverfahren auf (§ 19 WertV).

2   Die Anpassung des ermittelten Sachwerts an die Lage auf dem Grundstücksmarkt, d. h. der **Übergang vom Sachwert auf den Verkehrswert** bleibt jedoch der Regelung des § 7 Abs. 1 WertV vorbehalten (vgl. § 7 WertV Rn. 196 ff.).

3   Die Vorschrift ist aus den §§ 18 und 19 WertV 72 hervorgegangen. Im früheren Recht war die sog. **„Wirtschaftliche Wertminderung"** (§ 18 WertV 72) und die Berücksichtigung „sonstiger" werterhöhender oder wertmindernder Umstände noch getrennt geregelt. Dies hat sich als unzweckmäßig erwiesen. Die Nachfolgeregelung fasst deshalb beide Regelungsbereiche zusammen. Des Weiteren wird der Katalog wertmindernder Umstände mit dem neuen Recht zusammengefasst und auf werterhöhende Umstände erweitert.

Der **Begriff der „wirtschaftlichen Wertminderung"** wird mit der Nachfolgeregelung auf- **4** gegeben. Die wirtschaftliche Wertminderung war erst mit der WertV-Novelle 72 in die Rechtsverordnung aufgenommen worden. Unter anderem sollte damit in der Verordnung herausgestellt werden, dass ein **Zurückbleiben hinter den Anforderungen an gesunde Wohn- und Arbeitsverhältnisse** sanierungsbedürftige Mängel begründet[1].

Nach der Vorschrift sollen **alle „sonstigen" nach den §§ 22 bis 24 noch nicht erfasste, den** **5** **„***Wert* **beeinflussenden Umstände"** berücksichtigt werden; mit dem Wort „sonstige" soll herausgestellt werden, dass „*alle* den Wert tatsächlich beeinflussenden Umstände grundsätzlich erfasst werden „müssen" und nicht etwa nur besondere Umstände[2]. Die in der Vorschrift genannten Beispiele stellen damit keine abschließende Aufzählung dar. Eine derartige Auffangklausel weist im Übrigen auch das im Zweiten Abschnitt geregelte Ertragswertverfahren auf. Nach § 19 sind dabei ebenfalls alle sonstigen „den *Verkehrswert* beeinflussende Umstände" zu berücksichtigen. Obwohl § 25 im Unterschied hierzu nicht ausdrücklich vom Verkehrswert spricht, müssen nach dem Wortlaut zumindest alle übrigen dem Bodenwert nicht zurechenbaren Umstände nach dieser Vorschrift berücksichtigt werden.

Nach § 25 sind insbesondere die in Abb. 1 angeführten **wertmindernden und wert-** **6** **erhöhenden Umstände** zu berücksichtigen.

Abb. 1: Zu- und Abschläge nach § 25 WertV

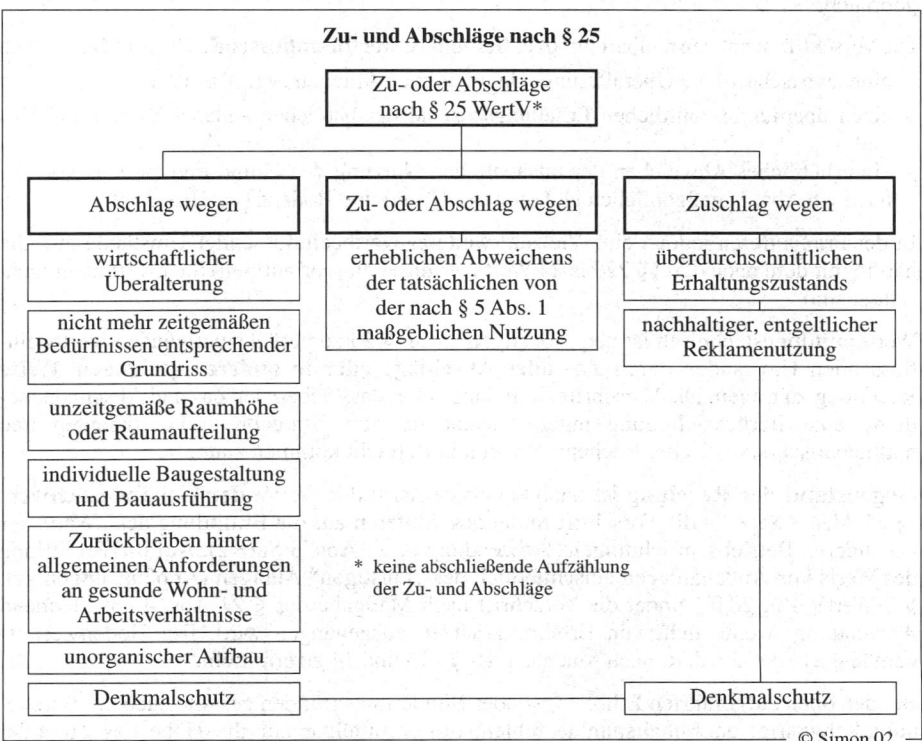

© Simon 02

---

1. BR-Drucks. 265/72, S. 21 f.
2. Die Vorgängerregelung der WertV 72 sah im Gegensatz zur geltenden Vorschrift ausdrücklich nur die Berücksichtigung „wirtschaftlicher Wertminderungen" vor und vielfach wird noch immer nicht registriert, dass die Vorschrift auf alle (werterhöhende und wertmindernde) Umstände erweitert worden ist.

7 Die **Anwendung der Vorschrift** auf „sonstige" nach den §§ 22 bis 24 noch **nicht erfasste Umstände erfordert zunächst eine Prüfung,** ob diese Umstände ganz oder teilweise nicht bereits mit

- den angesetzten Herstellungskosten nach § 22,
- der Alterswertminderung auf Grund einer entsprechend geänderten Restnutzungsdauer (vgl. § 16 Abs. 4 Satz 2 und § 23),
- der Berücksichtigung von Baumängeln oder Bauschäden nach § 24 oder
- dem ermittelten und angesetzten Bodenwert

erfasst worden sind. Im Falle der Ermittlung des „Werts von Außenanlagen" einschließlich „sonstiger Anlagen" (Anpflanzungen) nach Erfahrungssätzen (§ 21 Abs. 4) können die in Betracht kommenden Umstände bereits mit diesen Erfahrungssätzen erfasst sein.

8 Die vorgegebene Berücksichtigung aller sonstigen „den Wert beeinflussenden Umstände" betrifft alle **Elemente des Sachwerts,** nämlich

- den Herstellungswert der baulichen Anlagen,
- den Wert der sonstigen Anlagen und
- den Bodenwert.

9 **Es kann sich dabei um werterhöhende und wertmindernde Umstände** handeln. Insoweit trifft die Auffassung nicht zu, dass die Vorschrift die *„wirtschaftliche Wertminderung"* regele[2]; dieser Begriff wird in der geltenden Verordnung expressis verbis nicht mehr gebraucht.

10 Die Vorschrift nennt beispielhaft nur **drei besondere wertbeeinflussende Umstände,** nämlich

- eine „wirtschaftliche Überalterung" der baulichen Anlagen (vgl. Rn. 17 ff.),
- einen überdurchschnittlichen Erhaltungszustand der baulichen Anlagen (vgl. Rn. 30 ff.) und
- ein erhebliches Abweichen der tatsächlichen Nutzung des Grund und Bodens von der nach § 5 Abs. 1 maßgeblichen Nutzung des Grund und Bodens (vgl. Rn. 34 ff.).

In der Praxis treten jedoch eine Vielzahl weiterer wertbeeinflussender Umstände auf, die häufig mit dem nach den §§ 22 bis 24 WertV ermittelten (vorläufigen) Sachwert noch nicht erfasst sind.

11 Wertermittlungstechnisch ist den „sonstigen" nach § 25 zu berücksichtigenden wertbeeinflussenden Umständen durch **Zu- oder Abschläge oder in anderer geeigneter Weise** Rechnung zu tragen. Die Vorschrift stellt damit klar, dass neben der Zu- und Abschlagsmethode eine Berücksichtigung unter Anwendung von Umrechnungskoeffizienten und mathematisch-statistischer Rechenmethoden in Betracht kommen kann.

12 **Gegenstand der Regelung ist** nach der Systematik der WertV **der Gebäudesachwert** (§ 21 Abs. 3 Satz 1); die Vorschrift findet des Weiteren auf die Ermittlung des „Werts der besonderen Betriebseinrichtungen" Anwendung (§ 21 Abs. 3 Satz 2). Auf die Ermittlung des Werts von Außenanlagen einschließlich der „sonstigen" Anlagen (Anpflanzungen vgl. § 2 WertV Rn. 28 ff.) findet die Vorschrift nach Maßgabe des § 21 Abs. 4 entsprechend Anwendung, wenn nicht von Erfahrungssätzen ausgegangen wird. Der Bodenwert ist gemäß § 21 Abs. 2 i. d. R. nach Maßgabe der §§ 13 und 14 zu ermitteln.

13 Bei den oben aufgeführten Erhöhungs- oder Minderungsgründen gestaltet sich die Berechnung schwierig, da Anhaltspunkte fehlen, die unmittelbar auf die Höhe des Zu- oder Abschlags schließen lassen. Allerdings liegen auch hier konkrete und messbare Sachverhalte zu Grunde, deren **wertmäßige Auswirkungen** (z. B. die Kosten zur Beseitigung der Missstände oder der Reinertrag aus einer Reklamenutzung) plausibel dargestellt werden können.

Erfahrungsgemäß werden **Zweitverkäufe von Grundstücken mit bestehenden Gebäu-** 14
den unter ihren Sachwerten gehandelt. Darüber hinaus ist die Tendenz erkennbar, dass
die Differenz zwischen Grundstückssachwerten und Kaufpreisen bei älteren Objekten
ansteigt. Dies gilt z. B. auch für Eigentumswohnungen und zwar unabhängig vom angewandten Wertermittlungsverfahren.

▸ *Näheres hierzu in den Vorbem. zu den §§ 13 f. WertV Rn. 100.*

Darüber hinaus bedarf es noch einer **Marktanpassung nach § 7 Abs. 2 WertV**, um aus 15
dem Sachwert den Verkehrswert abzuleiten. Diese Marktanpassung wird mitunter mit der
Berücksichtigung sonstiger wertbeeinflussender Umstände nach § 25 unzulässigerweise
vermischt. Es empfiehlt sich, dies zu beachten.

2 Sonstige wertbeeinflussende Umstände

2.1 Allgemeine Kriterien der wirtschaftlichen Baugestaltung und Raumaufteilung

Eine **unwirtschaftliche Struktur und Raumaufteilung** wird mit der Gebäudesachwerter- 16
mittlung i. d. R. nicht berücksichtigt. Das Gleiche gilt umgekehrt für eine besonders vorteilhafte Gebäudegestaltung. Als Kriterium der unwirtschaftlichen Baugestaltung kann insbesondere gelten

a) das **Ausbauverhältnis**; es definiert sich als

$$\text{Ausbauverhältnis [m]} = \frac{\text{Umbauter Raum bzw. Brutto-Rauminhalt [m}^3\text{]}}{\text{Wohn- bzw. Nutzfläche [m}^2\text{]}}$$

Bei vollunterkellerten Mehrfamilienhäusern hat sich das Ausbauverhältnis von rd. 6,0
im Jahre 1900 (ungünstig) auf etwa 4,2 im Jahre 1995 (günstig) reduziert (vgl. Teil III
Rn. 584 ff.).

b) der **Nutzflächenfaktor**; er definiert sich als

$$\text{Nutzflächenfaktor NFF [\%]} = \frac{\text{Nutzfläche}}{\text{Geschossfläche}}$$

Auch der Nutzflächenfaktor hat sich mit der Zeit für Gebäude jüngeren Baujahrs verbessert (Abb. 2).

Abb. 2: Nutzflächenfaktoren

Nutzflächenfaktoren NFF für			
Wohngebäude		Büro- und Verwaltungsgebäude	
ungünstig	0,70	0,65	Jahrhundert-wende
günstig	0,80	0,80	heute

Je größer der Nutzflächenfaktor ausfällt, desto wirtschaftlicher ist die räumliche Baugestaltung.

c) **das Verhältnis der Hauptnutzfläche (HNF) zur**
   – **Brutto-Grundfläche (BGF) bzw.**
   – **Nebennutzfläche (NNF)**

Zu den Begriffen vgl. Teil III Rn. 525 ff. und 584 ff.

Je größer das Verhältnis (in %) ausfällt, desto wirtschaftlicher ist die räumliche Bauge-staltung.

2.2 Wirtschaftliche Überalterung

2.2.1 Allgemeines

17 Die Entwicklung in Technik und Wirtschaft bewirkt insbesondere bei **Geschäfts- und Fabrikgrundstücken eine schnellere wirtschaftliche Abnutzung der Gebäude**, als sie durch den Ansatz der normalen Alterswertminderung bei relativ hoher (üblicher) Gesamt-nutzungsdauer ausgedrückt wird. Trägt man dem nicht mit einer verkürzten Restnutzungs-dauer Rechnung, ist in diesen Fällen ein über die normale Alterswertminderung hinausge-hender Abschlag wegen wirtschaftlicher Überalterung vorzunehmen. Für die Höhe des Abschlags wegen wirtschaftlicher Überalterung ist entscheidend, ob nach der bis zum Wertermittlungsstichtag eingetretenen Entwicklung mit einiger Sicherheit angenommen werden kann, dass der **Zeitraum der tatsächlichen Verwendung des Gebäudes gegenü-ber der üblichen Gesamtnutzungsdauer für jeden Eigentümer verkürzt ist.** Das Objekt muss also auch bei anderweitiger Verwendung seine volle wirtschaftliche Verwend-barkeit verloren haben.

18 Die in § 25 angeführte **„wirtschaftliche Überalterung" ist ein Sammelbegriff**, der u. a.
   – einen zeitgemäßen Bedürfnissen nicht mehr entsprechenden und damit i. d. R. auch unwirtschaftlichen *Aufbau* (Grundriss, Geschosshöhe, Raumtiefe, Konstruktion),
   – eine zeitbedingte neueren Anforderungen nicht entsprechende *Baugestaltung und Funk-tionserfüllung* sowie
   – ein *Zurückbleiben hinter den allgemeinen Anforderungen an gesunde Wohn- und Arbeitsverhältnisse* (vgl. § 16 Abs. 4 Satz 2)
   erfasst.

19 Die **Raumaufteilung** beurteilt sich insbesondere nach der wirtschaftlichen Gestaltung des Grundrisses, wobei i. d. R. eine verschachtelte und verwinkelte Raumaufteilung (ggf. mit gefangenen Zimmern, langen und dunklen Fluren und dgl.) zu Wertminderungen führt. Bei gewerblichen Objekten ist die Raumaufteilung u. a. nach ihrer Eignung für die Betriebs-führung bzw. den Produktionsprozess zu beurteilen.

20 Eine wirtschaftliche Überalterung tritt im gewerblichen Bereich vor allem dann ein, wenn Bauweise und **Ausstattung einem schnellen Wandel unterworfen sind, Produktionsab-läufe beeinträchtigt werden und die bauliche Anlage** den **geänderten Anforderungen nicht angepasst werden kann.** Auch landwirtschaftliche Betriebsgebäude sind wie andere Gebäude dem Strukturwandel ausgesetzt.

21 Die **wirtschaftliche Überalterung steht** mitunter **in einer Wechselbeziehung zur Markt-anpassung** nach § 7 Abs. 1 WertV und ist oftmals schwer davon abzugrenzen. Während nach § 7 Abs. 1 allgemeine das Marktgeschehen bestimmende Zu- und Abschläge zum Sachwert zu verstehen sind, um daraus den Verkehrswert abzuleiten, soll es hier um beson-dere objektbezogene Umstände gehen.

22 Die Höhe des Abschlags ergibt sich aus dem **Unterschied, der sich für die Abschreibung des Herstellungswerts ergibt,** je nachdem, ob man die übliche oder die verkürzte Gesamt-nutzungsdauer zu Grunde legt. Dabei kann prinzipiell nach derselben Systematik verfahren werden wie bei der Verkürzung oder Verlängerung der Restnutzungsdauer (vgl. Abb. 3).

Abb. 3: Berechnung des Abschlags wegen wirtschaftlicher Überalterung

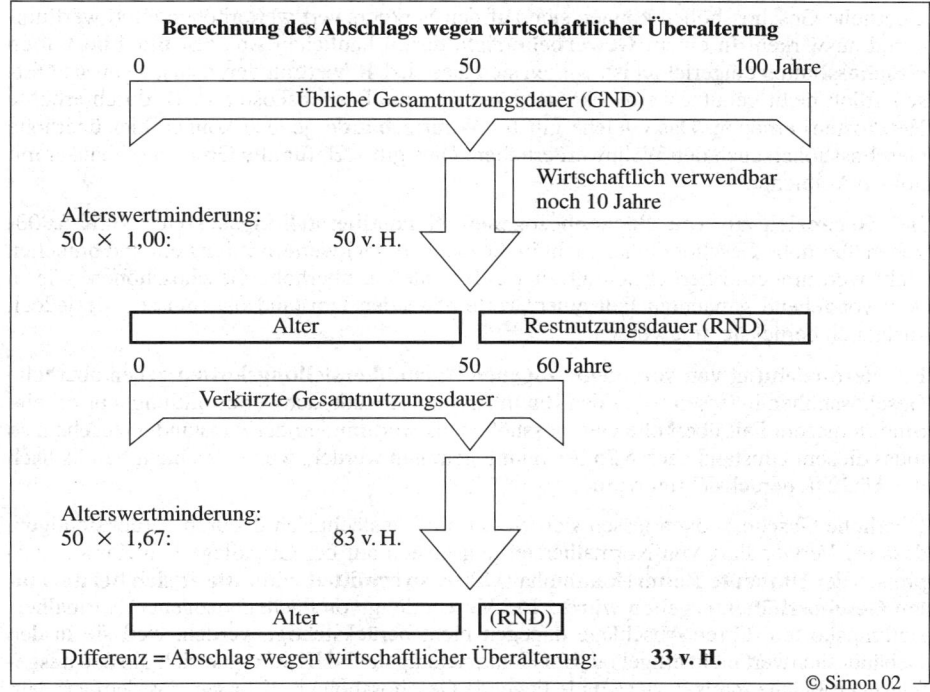

Berechnung des Abschlags wegen wirtschaftlicher Überalterung

© Simon 02

Beispiel A: **23**

Übliche Gesamtnutzungsdauer	100 Jahre
Alter im Feststellungszeitpunkt	50 Jahre
Restnutzungsdauer	10 Jahre
Verkürzte Gesamtnutzungsdauer	60 Jahre

Berechnung:

Abschreibung bei normaler Alterswertminderung: $\dfrac{50 \times 100}{100} = 50$ v. H.

Abschreibung bei verkürzter Gesamtnutzungsdauer: $\dfrac{50 \times 100}{60} = $ **83 v. H.**

Differenz: $= 33$ v. H.

Der um die normale Alterswertminderung gekürzte Gebäudesachwert ist um 33 v. H. des Herstellungswerts zu kürzen.

Beispiel B: **24**

Ein Produktionsgebäude einer alten Textilfabrik (übliche Gesamtnutzungsdauer 60 Jahre) ist wegen Veränderung der Produktionsmethoden wirtschaftlich überaltert (zu geringe Stützweiten, zu geringe Raumgrößen). Es hat nicht nur für den gegenwärtigen Betrieb, sondern auch für mögliche Folgenutzungen seine volle wirtschaftliche Verwendbarkeit verloren. Die Restnutzungsdauer wird mit noch 10 Jahren veranschlagt. Das Gebäude ist am Wertermittlungsstichtag 25 Jahre alt.

Übliche Gesamtnutzungsdauer	60 Jahre
Restnutzungsdauer ohne Berücksichtigung der wirtschaftlichen Überalterung	35 Jahre
Alterswertminderung (lineare AfA): 25 × 100/60	42 %
Verkürzung der Restnutzungsdauer am Wertermittlungsstichtag 25 Jahre + 10 Jahre = 35 Jahre 25 × 100/35	71 %
Differenz = Abschlag wegen wirtschaftlicher Überalterung	29 %

2.2.2 Geschosshöhe

25   Überhohe Geschosshöhen können sich auf den Verkehrswert werterhöhend und wertmindernd auswirken. In einem **Gewerbebetrieb,** der in baulichen Anlagen **mit überhohen Geschosshöhen** eingerichtet ist, wirken sich diese i. d. R. wertmindernd aus, wenn sie wirtschaftlich nicht genutzt werden können und sich die Betriebskosten (z. B. durch erhöhte Heizkosten) erhöhen. Das Gleiche gilt für **Wohngebäude,** jedoch können hier überhohe Geschosshöhen auch den Wohnwert erhöhen. Dies gilt z. B. für alte Gründerzeithäuser mit hohem Ambiente.

26   Bei **Heranziehung von flächenbezogenen Normalherstellungskosten** (NHK 2000) gehen überhohe Geschosshöhen nicht in die Gebäudesachwertermittlung ein und brauchen nicht wertmindernd berücksichtigt zu werden. Stellen überhohe Geschosshöhen, wie in dem vorstehend genannten Fall einen werterhöhenden Umstand dar, müssen sie jedoch zusätzlich berücksichtigt werden.

27   Bei **Heranziehung von volumenbezogenen Normalherstellungskosten** gehen überhohe Geschosshöhen indessen „über den Raum" in die Gebäudesachwertermittlung a priori ein. Sind in diesem Fall überhohe Geschosshöhen als wertmindernder Umstand anzusehen, so muss diesem Umstand nach § 25 Rechnung getragen werden, wenn dies nicht bereits nach den §§ 22 ff. berücksichtigt wurde.

28   Überhohe Geschosshöhen lassen sich wertermittlungstechnisch dadurch berücksichtigen, dass bei Verwendung von Normalherstellungskosten auf der Grundlage von Raummeterpreisen der **Umbaute Raum** (Rauminhalt) **fiktiv so ermittelt** wird, **wie er sich bei normalen Geschosshöhen ergeben würde.** Bei Verwendung von flächenbezogenen Normalherstellungskosten dürfen Abschläge dagegen nicht berücksichtigt werden, weil sie in den Gebäudesachwert nicht eingehen. Bei Heranziehung der NHK 95 ergab sich die den ausgewiesenen Flächenpreisen zu Grunde liegende Geschosshöhe im Übrigen aus dem auf dem jeweiligen Gebäudetypenblatt unter Nr. 1 angegebenen Umrechnungskoeffizienten.

2.2.3 Baugestaltung

29   Insbesondere bei älteren Gebäuden entspricht die Baugestaltung nicht mehr neuzeitlichen Anforderungen. Bei gewerblichen Geschossbauten sind hier **unzureichende Ver- und Entsorgungsanlagen, mangelhafte Anfahrmöglichkeiten, überalterte Heizungs- und Lüftungsanlagen, eine unzureichende Belastungsfähigkeit der Decken, fehlende Möglichkeiten bei der Ausstattung mit telekommunikativen Einrichtungen sowie fehlende Fahrstuhlanlagen** zu nennen. Zur Berücksichtigung der verminderten wirtschaftlichen Verwendbarkeit können Abschläge in Anlehnung an den Investitionsbedarf in freier Schätzung angebracht werden.

2.3 Überdurchschnittlicher Erhaltungsaufwand

30   In § 25 wird auf das werterhöhende Merkmal des überdurchschnittlichen Erhaltungsaufwands hingewiesen. Die Feststellung eines derartigen Zustands ist nicht einfach. Ein Gebäude, welches sich durch Einbau neuen Baumaterials erheblich jünger darstellt, als es seinem tatsächlichen Baujahr entspricht, ist ein *modernisiertes* Gebäude. Die dadurch eintretende **Werterhöhung wird bereits nach § 23 Abs. 2 durch Verlängerung der Restnutzungsdauer zu berücksichtigen sein.** Ebenso soll bei einem Gebäude verfahren werden, welches so *durchgreifend instand gesetzt* wurde, dass die Restnutzungsdauer verlängert wird.

Der überdurchschnittliche Erhaltungsaufwand kann nur angenommen werden, wenn das **31** Gebäude über den üblichen Instandhaltungszustand hinaus besonders umfassend und sorgfältig instand gehalten oder modernisiert wird, ohne dass durch wertverbessernde Maßnahmen (Modernisierungen) die Restnutzungsdauer des Gebäudes beeinflusst wird. Dieser Fall wird selten vorliegen, da es jeder wirtschaftlich denkende Eigentümer bei notwendigen Reparaturen oder erforderlichem Ersatz eines durch Verschleiß gealterten Bauteils vorzieht, es durch ein höherwertiges Bauteil zu ersetzen, anstatt das alte Bauteil zu oft nicht geringeren Kosten reparieren zu lassen. Durch die im Zeitablauf entstehende Summierung neuer (modernerer) Bauteile ergibt sich i. d. R. das Erscheinungsbild eines Gebäudes, welches sich jünger darstellt, als es seinem tatsächlichen Alter entspricht.

Nicht alle Instandsetzungs- und Modernisierungsmaßnahmen können jedoch die **32** **Restnutzungsdauer verlängern**, insbesondere dann nicht, wenn sich die durchgeführten Arbeiten nicht auch auf wesentliche Bauteile erstrecken. Soweit sich trotz überdurchschnittlicher Instandsetzungs- oder Modernisierungsmaßnahmen die Restnutzungsdauer nicht verlängert hat, muss gleichwohl dem erhöhten Gebrauchswert auf Grund eines überdurchschnittlichen Erhaltungszustands Rechnung getragen werden. Solche Fälle sollen durch die Regelung des § 25 offensichtlich miterfasst werden.

Sollte im Einzelfall ein **Zuschlag wegen überdurchschnittlichen Erhaltungsaufwands** **33** erforderlich sein, ist er allerdings folgerichtig bei § 25 vorzunehmen und nicht – wie in der Praxis verbreitet – bei der Anpassung des Sachwerts an die Marktlage nach § 7 Abs. 1, da dieser Zuschlag nicht nur auf den Wert des Gebäudes, sondern auf den Wert des Gesamtgrundstücks abstellt.

2.4 Abweichung der tatsächlichen von der zulässigen Nutzung

Nach § 25 ist über die vorstehend behandelten wertbeeinflussenden Umstände hinaus „ein **34** **erhebliches Abweichen der tatsächlichen von der nach § 5 Abs. 1 maßgeblichen Nutzung"** im Rahmen der Gebäudesachwertermittlung zu berücksichtigen (§ 5 WertV Rn. 76 ff.; § 13 WertV Rn. 122 und Vorbem. zu den §§ 21 ff. WertV Rn. 25). Diese Vorschrift ist sowohl in materieller Hinsicht als auch im Hinblick auf die Systematik der WertV nicht unproblematisch. Eine sachgemäße Anwendung dieser Regelung erfordert i. d. R. eine eingehende Befassung mit dem konkreten Sachverhalt.

Die Vorschrift stellt einen **Bruch in der Systematik des Sachwertverfahrens** dar. Gegen- **35** stand der Regelungen der §§ 22 bis 25 ist nämlich allein die Ermittlung des Gebäudewerts (so ausdrücklich § 21 Abs. 3 Satz 1) bzw. des Werts der besonderen Betriebseinrichtungen (so § 21 Abs. 3 Satz 2). Der Bodenwert wird dagegen gesondert als additiver Bestandteil des Sachwerts gemäß § 21 Abs. 2 i. d. R. im Vergleichswertverfahren (§§ 13 und 14) ermittelt. Abweichungen der auf einem Grundstück realisierten baulichen Nutzung von der nach § 5 Abs. 1 maßgeblichen Nutzung – seien sie werterhöhend oder wertmindernd – sollen nach dem Wortlaut dieser Regelung dem Gebäudesachwert „angelastet" werden. Dies ist ungewöhnlich, da solche Abweichungen der Natur der Sache nach eher dem Bodenwert „anzulasten" sind.

Materiell muss bezüglich der auf einem Grundstück realisierten Bebauung bei genauerer **36** Betrachtung zunächst geprüft werden, ob Abweichungen zwischen der realisierten Bebauung und der zulässigen Nutzbarkeit bestehen. Die **zulässige Nutzbarkeit**, z. B. die zulässige **GFZ**, bestimmt sich insbesondere nach den §§ 30, 33 und 34 BauGB. Daneben sind aber auch sonstige öffentlich-rechtliche Vorschriften zu beachten, die die bauliche Nutzbarkeit mitbestimmen (vgl. § 5 Abs. 1 WertV). Im Allgemeinen und insbesondere bei gewerblichen Objekten wird ein Grundstückseigentümer danach trachten, das Maß der rechtlich zulässigen Nutzbarkeit voll auszuschöpfen. Für die Anwendung der Vorschrift des § 25 ist dann kein Raum (in der nachfolgenden Abb. 4 Fall 1).

Abb. 4: Abweichungen der realisierten Bebauung von der zulässigen/lagetypischen Nutzbarkeit

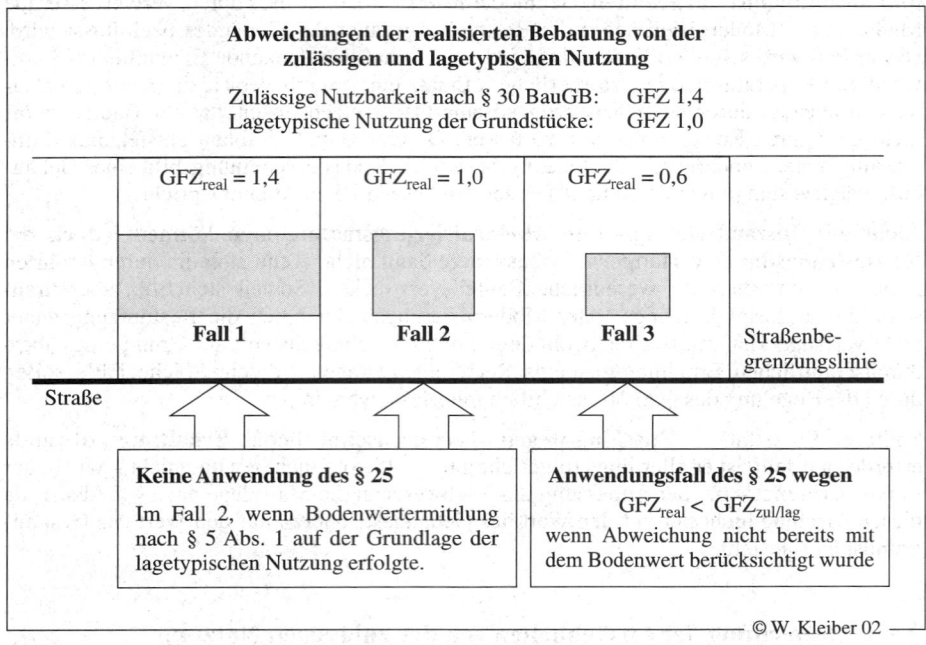

Abweichungen der realisierten Bebauung von der zulässigen und lagetypischen Nutzung

Zulässige Nutzbarkeit nach § 30 BauGB: GFZ 1,4
Lagetypische Nutzung der Grundstücke: GFZ 1,0

$GFZ_{real} = 1,4$ $GFZ_{real} = 1,0$ $GFZ_{real} = 0,6$

Fall 1   Fall 2   Fall 3   Straßenbegrenzungslinie

Straße

Keine Anwendung des § 25

Im Fall 2, wenn Bodenwertermittlung nach § 5 Abs. 1 auf der Grundlage der lagetypischen Nutzung erfolgte.

Anwendungsfall des § 25 wegen
$GFZ_{real} < GFZ_{zul/lag}$
wenn Abweichung nicht bereits mit dem Bodenwert berücksichtigt wurde

© W. Kleiber 02

37 Insbesondere in Gebieten, die dem Ein- und Zweifamilienwohnungsbau vorbehalten sind, wird das rechtlich zulässige Maß der baulichen Nutzung häufig nicht ausgeschöpft, wenn die Nutzer Wert auf einen erhöhten Freiflächenanteil legen. In solchen Gebieten können über die vorstehende Fallgestaltung hinaus **Abweichungen zwischen der rechtlich zulässigen Nutzbarkeit und der lagetypischen Nutzung** auftreten. Dieser Fall ist Gegenstand der Regelung des § 5 Abs. 1, auf den § 25 WertV Bezug nimmt. § 5 Abs. 1 bestimmt hierzu, dass in derartigen Fällen, in denen am Wertermittlungsstichtag vom (rechtlich) zulässigen (Höchst-)Maß der baulichen Nutzung in der Umgebung des zu wertenden Grundstücks nach oben abgewichen oder die (rechtlich) zulässige Nutzung nicht voll ausgeschöpft wird, die Nutzung maßgebend ist, die im gewöhnlichen Grundstücksverkehr zu Grunde gelegt wird. Diese wird auch als lagetypische Nutzung bezeichnet. § 5 Abs. 1 findet nun aber bereits direkt bei der Ermittlung des Bodenwerts nach den §§ 13 und 14 Anwendung, d. h., die Bodenwertermittlung, die sich nach § 21 Abs. 1 auch bei Anwendung des Sachwertverfahrens nach § 13 und § 14 vollziehen soll, muss bereits einem solchen Umstand Rechnung tragen. Für eine Anwendung der diesbezüglichen Regelung des § 25 wäre dann kein Raum mehr (in der Abb. 4, Fall 2).

▶ *Vgl. hierzu Vorbem. zu den §§ 21 ff. WertV Rn. 25 ff.; ; § 13 WertV Rn. 122; § 14 WertV Rn. 53.*

38 Als **Zwischenfazit** ist deshalb festzustellen, dass Abweichungen der realisierten Bebauung von der nach § 5 Abs. 1 maßgeblichen lagetypischen Nutzung bereits generell bei der Bodenwertermittlung zu erfassen sind. Dies ist auch sachgerecht, denn die Bodenpreisbildung wird in solchen Gebieten von dem bestimmt, was üblicherweise in solchen Gebieten realisiert wird und nicht nach dem, was der Planer als höchstzulässiges Maß der baulichen Nutzung zulassen wollte.

Über diese genannten Fälle hinaus gilt es aber noch einen weiteren Fall zu berücksichtigen, **39** der mit § 25 nicht expressis verbis angesprochen wird, nämlich eine **Abweichung der realisierten Bebauung sowohl von der zulässigen Nutzbarkeit als auch von der** nach § 5 Abs. 1 bereits zu berücksichtigenden **lagetypischen Nutzung**. Es handelt sich also um den Fall, in dem die Bebauung von der zulässigen bzw. lagetypischen Nutzung abweicht (vgl. Abb. 4, Fall 3).

Im konkreten Fall kann es sich bei derartigen Abweichungen um eine **Unternutzung** (wie **40** in der Abb. 4, Fall 3) oder auch um eine **Übernutzung** handeln, die unter den Bestandsschutz fällt.

Die **Wertermittlungs-Richtlinien** sind bezüglich dieses Falles präziser als § 25. In **41** Nr. 3.6.5.2 der WertR heißt es nämlich wörtlich:

„Besteht ein offensichtliches Missverhältnis zwischen der tatsächlichen Nutzung und der rechtlich zulässigen bzw. lagetypischen Nutzung und wird dadurch die Nutzungsmöglichkeit des Grundstücks tatsächlich eingeschränkt oder überschritten, so kann hierdurch eine Minderung oder Erhöhung des Gesamtwerts des Grundstücks begründet sein, ohne dass der Anteil des Bodenwerts am Verkehrswert zu verändern ist. Dieser durch die vorhandene Bebauung bedingten Wertminderung oder -erhöhung ist durch einen entsprechenden Wertabschlag oder -zuschlag (entsprechend § 16 WertV) Rechnung zu tragen. Die Höhe der Wertminderung oder -erhöhung ist von dem Ausmaß des Missverhältnisses und von der Restnutzungsdauer der vorhandenen Bebauung abhängig."

Im Unterschied zur WertV stellen die **WertR** auf den **Unterschied zwischen der tatsäch-** **42** **lichen** (realisierten) Nutzung **und der zulässigen bzw. lagetypischen Nutzung** ab, während der Wortlaut des § 25 allein den Unterschied zwischen der tatsächlichen und der – wie ausgeführt – ohnehin bei der Bodenwertermittlung zu berücksichtigenden lagetypischen Nutzung anspricht. Darüber hinaus wird in den WertR richtigerweise davon gesprochen, dass solche Unterschiede zu einer Minderung des Verkehrswerts führen „können". Die **Kann-Bestimmung** ist **darin begründet, dass** eine Minderung **nur in solchen Fällen** eintreten kann, **in denen die bauliche Anlage nicht durch Anbau bzw. Aufbau der zulässigen bzw. lagetypischen Nutzung angepasst werden kann** und ein vorzeitiger Abriss nicht in Betracht kommt.

Wie bei **systemkonformer Ermittlung des lagetypischen Bodenwerts,** der nach § 5 **43** Abs. 1 maßgebend ist, ein Unterschied zwischen der realisierten baulichen Nutzung von dem Bodenwert auf der Grundlage der lagetypischen Nutzung zu berücksichtigen ist, lässt die Vorschrift des § 25 offen. Sie bestimmt lediglich (in systematisch bedenklicher Weise), dass diesem Umstand im Rahmen der Gebäudesachwertermittlung Rechnung zu tragen ist (vgl. § 13 WertV Rn. 122).

Die **Wertminderung** (im Falle einer Unternutzung) **und die Werterhöhung** (im Falle einer **44** Übernutzung) kann in sachgerechter Weise nur im Rahmen der Bodenwertermittlung berücksichtigt werden. Dies **kann nach dem unter § 13 WertV bei Rn. 122 ff. beschriebenen Verfahren erfolgen**, indem man den Bodenwert zunächst auf der Grundlage des realisierten Maßes der baulichen Nutzung ggf. unter Heranziehung der Umrechnungskoeffizienten der Anl. 23 der WertR (§ 14 WertV Rn. 46 ff.) ermittelt. Dieser Ausgangswert ist

– im Falle einer **Unternutzung** um die diskontierte Werterhöhung „aufzustocken", die nach Ablauf der Restnutzungsdauer im Hinblick auf die zulässige Nutzbarkeit bzw. lagetypische Nutzung dann realisiert werden kann, bzw.

– im Falle einer **Übernutzung** um die diskontierte Wertminderung „abzusenken", die nach Ablauf der Restnutzungsdauer im Hinblick auf die zulässige Nutzbarkeit bzw. lagetypische Nutzung im Neubaufall realisierbar wäre.

In Formeln: **45**

$$BW = BW_{real} + (BW_{zul./lag} - BW_{real}) \times 1/q^n$$

wobei BW_{real} = Bodenwert auf Grund realisierter Nutzung

      $BW_{zul./lag}$ = Bodenwert auf Grund zulässiger bzw. lagetypischer Nutzung

      q   = Zinsfaktor = 1 + Zinssatz/100 = 1 + p

      n   = Restnutzungsdauer in Jahren

46 *Beispiel:*

Der Bodenwert betrage bei einer lagetypischen Nutzung mit einer GFZ von $1,0 = 400 \, €/m^2$.

Im Fall 3 des vorangegangenen Beispiels (Abb. 4) sei auf einem Grundstück eine GFZ von 0,6 realisiert worden.

Die Restnutzungsdauer des Gebäudes liegt bei 40 Jahren.

Berechnung:

Bodenwert bei einer GFZ von 0,6:

Umrechnungskoeffizienten gemäß Anl. 23 WertR bei einer

GFZ von 0,6 = 0,78

GFZ von 1,0 = 1,00

$$BW_{GFZ = 0,6} = 400 \, €/m^2 \times \frac{0,78}{1,00} = 312 \, €/m^2$$

Bodenwertdifferenz $(BW_{zul/lag} - BW_{real}) = 400 - 312 = 88 \, €/m^2$

Bodenwert:

BW $= 312 + 88 \times 1,06^{-40} \approx$ **330 €/m²**

bei einem Zinssatz von 6 %

3   Berücksichtigung von Nutzungspotenzialen

47 In allen Fällen sind auch Überlegungen über die potenzielle Nutzungsfähigkeit der baulichen Anlagen und deren Einwirkung auf den Wert anzustellen. Es ist denkbar, dass eine bauliche Anlage am Wertermittlungsstichtag nicht in der Weise genutzt wird, die üblicherweise ein Eigentümer oder ein Erwerber anstreben würde. Dies entspricht auch den für das Ertragswertverfahren maßgeblichen Grundsätzen (vgl. § 194 BauGB Rn. 74 ff.). Soweit keine tatsächlichen oder rechtlichen Hindernisse entgegenstehen, ist dann bei der Wertermittlung die **nach den Gepflogenheiten des Marktes wirtschaftlich sinnvolle Nutzung** zu berücksichtigen und der unter Ansatz der tatsächlich wirtschaftlich schlechteren Nutzung sich ergebende Wert durch einen Zuschlag zu erhöhen. Diese Verfahrensweise ist mit § 194 BauGB vereinbar. Der Verkehrswert ist ein Wert, der üblicherweise am Markt erzielt wird. Wenn Erwerbswillige bei Kaufpreisüberlegungen nicht von der tatsächlich schlechteren Nutzung, sondern von der wirtschaftlich sinnvollen Nutzung ausgehen, muss diese Marktgepflogenheit auch bei der Wertermittlung nachvollzogen werden.

4   Marktanpassung

4.1   Allgemeines

▶ *Hierzu bereits die Ausführungen bei § 7 WertV Rn.196ff. sowie in den Vorbem. zu den §§ 21ff. WertV Rn. 114ff.*

48 Nach § 21 Abs. 5 ergibt der Bodenwert zusammen mit dem Wert der baulichen Anlage und der sonstigen Anlagen den Sachwert des Grundstücks. Der **Sachwert ist i. d. R. nicht mit dem Verkehrswert des Grundstücks identisch.** Es handelt sich um einen Zwischenwert, aus dem nach § 7 Abs. 1 der Verkehrswert unter **Berücksichtigung der Lage auf dem Grundstücksmarkt** abzuleiten ist. Die in § 7 Abs. 1 vorgeschriebene Berücksichtigung der Lage auf dem Grundstücksmarkt darf nicht mit der Berücksichtigung „sonstiger wertbeeinflussender Umstände" gleichgesetzt werden.

Ausgehend davon, dass der Sachwert nur ein Zwischenwert auf dem Weg zum Verkehrs- **49** wert ist, bestimmt sich der **Marktanpassungszu- und -abschlag aus der Beziehung** (Abb. 5):

> Marktanpassungszu- und -abschlag = Verkehrswert – Sachwert

Abb. 5: Empirische Ermittlung von Marktanpassungsfaktoren

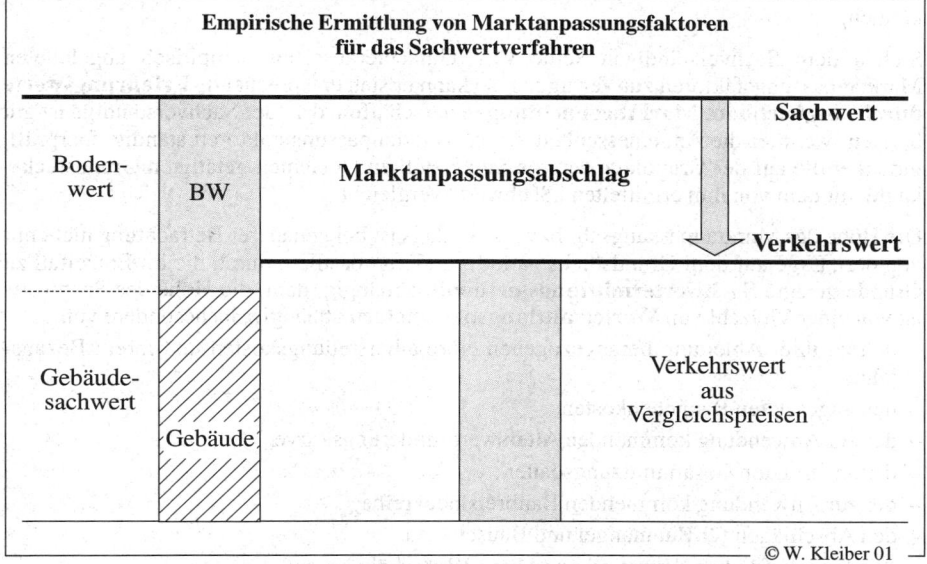

Die mit § 7 Abs. 1 Satz 2 WertV vorgeschriebene Berücksichtigung der Lage auf dem **50** Grundstücksmarkt – kurz **Marktanpassung** genannt – vollzieht sich in der Praxis auf der Grundlage

a) der bereits angesprochenen Marktanpassungszu- oder -abschläge bzw.

b) von sog. Marktanpassungsfaktoren.

Marktanpassungsfaktoren können insbesondere auf der Grundlage der von den Gutach- **51** terausschüssen geführten Kaufpreissammlung empirisch abgeleitet werden, indem die für bestimmte Objekte ermittelten Sachwerte ins Verhältnis zu den dafür bekannten Kaufpreisen gesetzt werden. Der einzelne Kaufpreis steht dabei als Repräsentant für den Verkehrswert des Objekts:

$$\text{Marktanpassungsfaktor} = \frac{\text{Kaufpreis (Verkehrswert)}}{\text{Sachwert}}$$

Führt man nun solche Untersuchungen auf der Grundlage einer hinreichenden Anzahl von **52** Kauffällen durch, so kann mit dem sich ergebenden **mittleren Marktanpassungsfaktor** für ein im Sachwertverfahren zu wertendes Objekt der Verkehrswert abgeleitet werden:

$$\text{Verkehrswert} = \text{Sachwert} \times \text{Marktanpassungsfaktor}$$

Marktanpassungsfaktoren können auch auf den Sachwert der baulichen Anlage bezogen **53** werden, indem der „**Sachwert der baulichen Anlage**" mit dem „**Kaufpreis der baulichen Anlage**" verglichen wird. Dazu müssten zunächst die Kaufpreise in einen Boden-

und einen Gebäudewertanteil aufgespalten werden. Diese Aufteilung kann jedoch nicht objektiv vorgenommen werden, da selbst einem Käufer nicht bekannt ist, welchen Anteil des Kaufpreises er für den Grund und Boden und welchen er für das aufstehende Gebäude aufgewendet hat.

$$\text{Marktanpassungsfaktor}_{\text{Gebäude}} = \frac{\text{Kaufpreis} - \text{Bodenwert}}{\text{Gebäudesachwert}}$$

54   Derartige Marktanpassungsfaktoren sind in der Praxis nicht gebräuchlich und auch nicht zu empfehlen, weil **mit der Abspaltung des Bodenwerts** Verfälschungen einhergehen können.

55   Stehen dem Sachverständigen keine vom Gutachterausschuss empirisch abgeleiteten Marktanpassungsfaktoren zur Verfügung, so kann er sich entsprechende **Erfahrungswerte durch vergleichbare Marktbeobachtungen** verschaffen, d. h. der Sachverständige ist gut beraten, wenn er die Angemessenheit seiner Marktanpassungsfaktoren ständig überprüft, indem er die auf der Grundlage der von ihm erstellten Gutachten getätigten Grundstückskäufe mit dem von ihm ermittelten „Sachwert" vergleicht.

56   Die Höhe des Marktanpassungsab- bzw. -zuschlags ist bei genauerer Betrachtung nicht nur von der „Lage auf dem Grundstücksmarkt", sondern vor allem durch die im Einzelfall zu Grunde gelegte **Sachwertermittlungsmethodik** abhängig, denn die Höhe des Sachwerts ist von einer Vielzahl von **Wertermittlungsparametern** abhängig, insbesondere von

– den zu ihrer Ableitung herangezogenen Normalherstellungskosten und ihrem Bezugsjahr,

– den angesetzten Baunebenkosten,

– der zur Anwendung kommenden Alterswertminderungskurve,

– der angesetzten Gesamtnutzungsdauer,

– der zur Anwendung kommenden Baupreisindexreihe,

– den Abschlägen für Baumängel und Bauschäden,

– der wirtschaftlichen Wertminderung bzw. Werterhöhung und

– schließlich dem angesetzten Bodenwert.

57   Obwohl mit den Marktanpassungszu- und -abschlägen nur die allgemeine Lage auf dem Grundstücksmarkt ihre Berücksichtigung finden soll, stehen die in der Praxis zur Anwendung kommenden **Marktanpassungsfaktoren damit in einem engen Beziehungsgeflecht zum Verfahren der Sachwertermittlung nach den §§ 21 ff. WertV.** Werden individuelle Marktkomponenten bereits bei der Ermittlung des Grundstückssachwerts berücksichtigt, so ist insoweit kein Raum mehr für eine Marktanpassung gegeben.

58   Nach der **amtlichen Begründung zu § 7 Abs. 2 WertV 88**[3] geht der Gesetzgeber davon aus, dass die wertbeeinflussenden Größen im jeweiligen Wertermittlungsverfahren in einer dem Markt angemessenen Weise zu berücksichtigen sind. Damit soll gerade beim Sachwertverfahren eine zu große Abweichung des Verkehrswerts vom Sachwert vermieden und eine gegebenenfalls erforderliche Korrektur nach § 7 Abs. 2 möglichst gering gehalten werden. Für die Berücksichtigung von Marktkorrekturen bietet sich unter anderem § 25 an.

59   Dies ist der Wertermittlungspraxis bislang aber (noch) nicht gelungen. Vielmehr ist die Praxis des Sachwertverfahrens noch immer durch verhältnismäßig hohe Marktanpassungszu- und -abschläge gekennzeichnet. Festzuhalten ist aber zunächst, dass der **Marktanpassungsfaktor** nicht unerheblich **von der angewandten Sachwertermittlungsmethodik und den dabei angesetzten Sachwertparametern abhängig ist.** Der Begriff „Marktanpassungsfaktor" ist insoweit irreführend. Mit dem nach vorstehenden Grundsätzen abgeleiteten Marktanpassungsfaktoren werden sogar Mängel der angewandten Sachwertmethodik korrigiert.

Die angewandte **Methodik der Sachwertermittlung kann falsch oder richtig sein.** Eine **60** falsche Sachwertermittlung kann gleichwohl zum „richtigen" Verkehrswert führen, wenn der Marktanpassungsfaktor das „falsche" Sachwertergebnis „richtet", d. h. an den Verkehrswert justiert:

Beispiel:

Verkehrswert = 800 000 €
Sachwert (falsch) = 1 100 000 €
Sachwert (richtig) = 1 000 000 €

Aus falschen Sachwerten ermittelter Marktanpassungsfaktor: 0,73 (= 800 000 € : 1 100 000 €)
Verkehrswert = 1 100 000 € × 0,73 = 800 000 €

Was methodisch der „richtige" und der „falsche" Sachwert ist, kann – überspitzt formuliert – unbeantwortet bleiben, wenn man nur in demselben System bleibt **(Grundsatz der Modell- bzw. Systemkonformität).**

Als „richtige" Marktanpassungsfaktoren können solche gelten, die zum „richtigen" Ver- **61** kehrswert führen, auch wenn die angewandte Sachwertermittlungsmethodik fehlerhaft war. Hieraus folgt:

a) Der Marktanpassungsfaktor darf nicht nur im engen Sinne als ein Faktor angesehen werden, der den ermittelten Sachwert an die den Verkehrswert bestimmende Marktlage heranführt, sondern stellt zugleich auch einen **Modell- bzw. Systemkorrekturfaktor** dar, wenn die angewandte Methodik der Sachwertermittlung mängelbehaftet ist.

b) Bei Heranziehung von Marktanpassungsfaktoren muss dem Grundsatz der Modellkonformität Genüge geleistet werden, d. h., **bei Heranziehung von empirisch abgeleiteten Marktanpassungsfaktoren muss der Sachverständige seiner Sachwertermittlung dieselbe Methodik zu Grunde legen, die der Ableitung dieser Marktanpassungsfaktoren zu Grunde lag.**

Dabei macht es keinen Unterschied, ob der Sachverständige eigene Erfahrungssätze über **62** Marktanpassungsfaktoren oder die von Gutachterausschüssen für Grundstückswerte abgeleiteten und veröffentlichten Marktanpassungsfaktoren zu Grunde legt. Ob die Methodik „richtig" oder „falsch" ist, kann dabei grundsätzlich dahinstehen. **Fehlerhaft ist in jedem Fall die Vorgehensweise, bei der eine bestimmte Methodik der Sachwertermittlung mit Marktanpassungsfaktoren kombiniert wird, die nach einer anderen Sachwertermittlungsmethodik abgeleitet wurden.**

Diese **Korrektivfunktion kann ein** empirisch ermittelter **Marktanpassungsfaktor nur** **63** **erfüllen, wenn der Sachwert mit der gleichen Methodik unter Verwendung der Wertermittlungsparameter ermittelt wurde, die bei der Ableitung der Marktanpassungsfaktoren maßgeblich waren.**

Marktanpassungsfaktoren sind in erster Linie **abhängig von** **64**

– der Gebäudeart,
– dem Gebäudealter,
– der Höhe des Sachwerts,
– der Lage in der Gemeinde und im Einzugsbereich größerer Gemeinden und Städte,
– den Besonderheiten des Gebäudes.

Vor allem die zuletzt genannten **„Besonderheiten des Gebäudes"** können der Praxis **65** große Schwierigkeiten bereiten, da es hier vielfach um sehr individuelle Besonderheiten geht, deren Einfluss letztlich nur mit viel Einfühlungsvermögen geschätzt werden kann.

---

3 BR-Drucks. 352/88, S. 47

66   **Allgemein gilt,** dass bei Objekten mit einem Sachwert
– unter 150 000 € bis 250 000 € Sachwertzuschläge und bei Objekten
– über 150 000 € bis 250 000 € Sachwertabschläge

angebracht werden müssen. In strukturschwachen Gemeinden können sich Sachwertzuschläge schon bei geringerer Höhe des Sachwerts ergeben und umgekehrt.

67   **Marktanpassungszu- oder -abschläge müssen begründet werden.** Die Bezugnahme auf empirisch abgeleitete Marktanpassungsfaktoren stellt eine hinreichende Begründung dar. Allerdings muss dabei sichergestellt sein, dass die Sachwertermittlungsmethodik, die der empirischen Ableitung der Marktanpassungsfaktoren zu Grunde gelegt worden ist, auch dem Anwender dieser Faktoren sehr genau bekannt ist, damit es nicht zu „Modellbrüchen" kommt (Grundsatz der Modellkonformität)! Deshalb ist zu fordern, dass die Gutachterausschüsse für Grundstückswerte bei der Veröffentlichung ihrer Marktanpassungsfaktoren die angewandte Sachwertermittlungsmethodik transparent machen.

68   Der Sachwert ergäbe das, was die Sache nicht wert sei, heißt es mit Blick auf die i. d. R. sehr hoch ausfallenden **Marktanpassungsabschläge, die insbesondere bei hochwertigen Immobilien regelmäßig an die Sachwertermittlung anzubringen sind.** Im Kern geht es um die Frage, ob die angewandte Methodik der Sachwertermittlung
– mehr oder minder rein *bautechnisch und bauwirtschaftlich* oder
– unter Einbeziehung *wirtschaftlicher Komponenten*

ausgelegt ist.

69   Darüber hinaus ist die Höhe der **Marktanpassungsfaktoren** zeitlichen Veränderungen unterworfen. Sie sind nicht statisch und müssen stets aktualisiert werden, weil sie erfahrungsgemäß **erheblichen zeitlichen Veränderungen unterworfen** sind. Dies wird auch aus einer Untersuchung des Gutachterausschusses in *Rheine* deutlich:

Abb. 6: Durchschnittliche Marktanpassungsabschläge in Rheine (Entwicklung in den Jahren 1981 bis 1998)

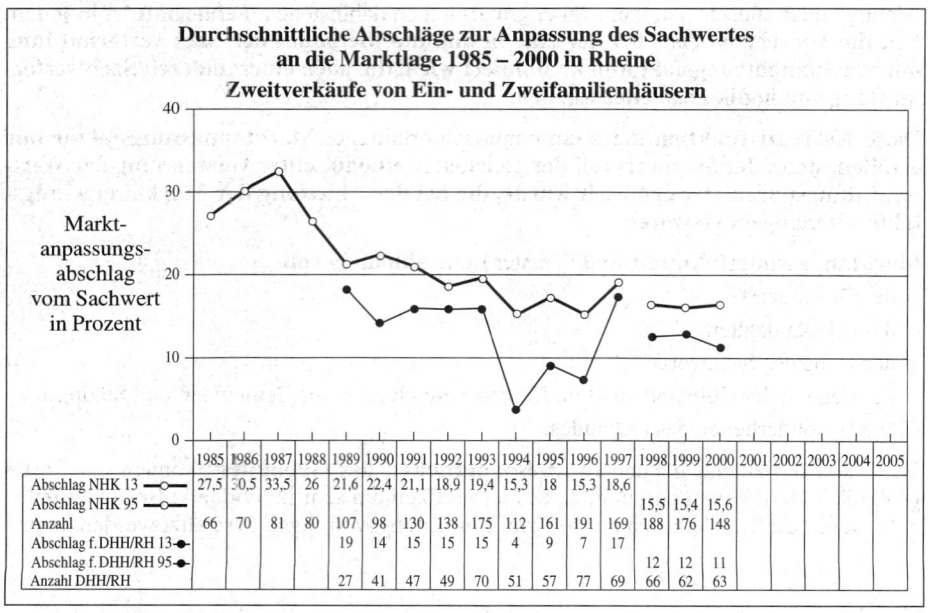

	1985	1986	1987	1988	1989	1990	1991	1992	1993	1994	1995	1996	1997	1998	1999	2000	2001	2002	2003	2004	2005
Abschlag NHK 13 —○—	27,5	30,5	33,5	26	21,6	22,4	21,1	18,9	19,4	15,3	18	15,3	18,6								
Abschlag NHK 95 —○—														15,5	15,4	15,6					
Anzahl	66	70	81	80	107	98	130	138	175	112	161	191	169	188	176	148					
Abschlag f. DHH/RH 13 —●—					19	14	15	15	15	4	9	7	17								
Abschlag f. DHH/RH 95 —●—														12	12	11					
Anzahl DHH/RH					27	41	47	49	70	51	57	77	69	66	62	63					

Quelle: Grundstücksmarktbericht Rheine 2000

Abschließend sei noch auf eine weitere Besonderheit bei Verwendung von Marktanpas- **70**
sungsfaktoren hingewiesen, die dem Sachverständigen vom Gutachterausschuss für
Grundstückswerte angeboten werden. Er muss im Allgemeinen davon ausgehen, dass sich
die **Marktanpassungsfaktoren i.d. R. auf ordnungsgemäß unterhaltene instandsetzungsrückstaufreie Objekte** beziehen, wenn diesbezüglich in der Veröffentlichung dieser
Faktoren keine anderen Hinweise gegeben werden.

Entsprechend dem Grundsatz der Modellkonformität können die in einem Vomhundersatz **71**
angegebenen Marktanpassungsfaktoren auch nur auf den instandsetzungsrückstaufreien
Sachwert zur Anwendung kommen. Weist das **im Einzelfall** konkret zu wertende Grundstück indessen einen nicht unbedeutsamen **Instandsetzungsrückstau** auf, so können sich
Fehler in die Verkehrswertermittlung „einschleichen", wenn diese Marktanpassungsfaktoren auf den um die Instandsetzungskosten verminderten Sachwert zur Anwendung kommen.

Beispiel: **72**

Der Sachwert eines instandsetzungsfrei bebauten Grundstücks wurde ermittelt zu .... 1 000 000 €

Die Kosten der Beseitigung eines Instandsetzungsrückstaus belaufen sich auf den Betrag von ...... 400 000 €

Der Marktanpassungsabschlag belaufe sich auf Grund von Erfahrungssätzen
für den instandsetzungsfrei ermittelten Sachwert auf .... – 30 v. H.

Verkehrswertermittlung:

FALSCH:		RICHTIG:	
Sachwert	1 000 000 €	Sachwert	1 000 000 €
– Instandsetzung	– 400 000 €	Marktanpassung	
= Sachwert (vermindert)	600 000 €	30 v.H. von	
Marktanpassung		1 000 000 €	– 300 000 €
30 v. H. von 600 000 €	– 180 000 €	– Instandsetzung	– 400 000 €
Verkehrswert	= **420 000 €**	Verkehrswert	= **300 000 €**

Fehler: ⌐Δ = 120 000 €
420 000 € – 300 000 € = 120 000 €

Zur Vermeidung von Missverständnissen empfiehlt es sich bei der Veröffentlichung empi- **73**
risch abgeleiteter Marktanpassungsfaktoren ausdrücklich darauf hinzuweisen, dass die
Faktoren sich auf ein **instandsetzungsrückstaufreies Gebäude** beziehen bzw. es sind entsprechend dem in die Ableitung der Marktanpassungsfaktoren eingehenden Gebäude die
durchschnittlichen Instandsetzungskosten anzugeben.

Entsprechendes gilt im Übrigen auch bei **Verwendung eigener Erfahrungssätze.** Der **74**
Sachverständige muss sich darüber Klarheit verschaffen, ob sich seine Erfahrungssätze auf
instandsetzungsrückstaufreie Gebäude beziehen oder ggf. in welcher durchschnittlichen
Höhe üblicherweise die Gebäude, auf die sich sein Erfahrungswert bezieht, Instandsetzungskosten anfallen.

Beispiel: **75**

Ausgangsdaten wie vorher, jedoch soll sich der Erfahrungswert des Marktanpassungsfaktors in Höhe von 30 v. H. auf
Gebäude beziehen, die einen durchschnittlichen Instandsetzungsrückstau von 200 000 € aufweisen.

Verkehrswertermittlung:

Sachwert	1 000 000 €
– Durchschnittliche Instandsetzungskosten	200 000 €
verbleibt	800 000 €
– Marktanpassung (30 v.H. von 800 000 €)	– 240 000 €
verbleibt	560 000 €
– Restliche Instandsetzungskosten	
400 000 € – 200 000 € = ...	– 200 000 €
= Verkehrswert	**360 000 €**

4.2 Einflussgrößen von Marktanpassungsfaktoren

4.2.1 Übersicht

76 Die Begriffe „Marktanpassungsfaktor", „Marktanpassungszu- und -abschlag" vermitteln den Eindruck, als ginge es darum, mithilfe dieser Größen die „Lage auf dem Grundstücks- markt" in die Sachwertermittlung einzubringen. Bei genauerer Betrachtung stellen **Markt- anpassungsfaktoren zugleich Korrekturfaktoren** dar, mit denen – wie bereits angespro- chen – teilweise erhebliche System- oder Modellfehler der Sachwertermittlung ausgeglichen werden und bei nüchterner Betrachtung oftmals der Gefühlslage des Sach- verständigen entsprochen wird (vgl. § 22 WertV Rn. 45).

77 Die Höhe des Marktanpassungsfaktors bestimmt sich nach **zwei Hauptgruppen von Ein- flussfaktoren,** nämlich

a) nach der *Methodik des angewandten Sachwertverfahrens* einschließlich dabei unterlau- fener Fehler (!) und

b) nach der *„Lage auf dem Grundstücksmarkt"* im genuinen Sinne.

78 **Marktanpassungsfaktoren sind** darüber hinaus **zeitabhängige Größen** (Abb. 6).

Abb. 7: Einflussgrößen von Marktanpassungsfaktoren

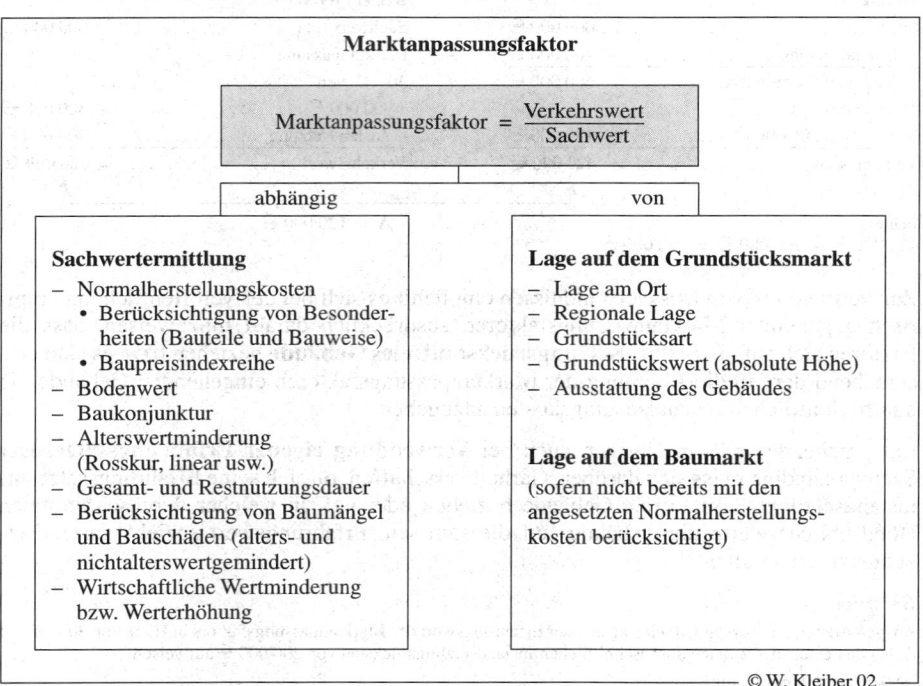

79 Eine Schlüsselrolle spielen im Rahmen der Methodik der Sachwertermittlung dabei

– die herangezogenen **Normalherstellungskosten;**

– die **Wertminderung wegen Alters** nach § 23;

– die **Wertminderung wegen Baumängeln und Bauschäden** nach § 24 und

– die **Berücksichtigung sonstiger wertbeeinflussender Umstände nach § 25.**

Dies hat folgende **Gründe:** **80**

a) Bei der **Berücksichtigung der Wertminderung wegen Alters** hat sich die Praxis zwar dahin gehend orientiert, dass diese nach der wirtschaftlichen Restnutzungsdauer und nicht (mehr) nach der technischen Restlebensdauer ermittelt wird; gleichwohl bedient sich die Praxis – nunmehr „gestaucht" auf die wirtschaftliche Gesamtnutzungsdauer vornehmlich noch der Alterswertminderung nach Ross, die – weil man es nicht besser weiß – auf einen technischen Wertverzehr – wenn auch über einen längeren Zeitraum – ausgelegt ist. Ob allein mit der „Stauchung" auf die wirtschaftliche Gesamt- und Restnutzungsdauer auch die wirtschaftliche Abschreibung realitätsnah berücksichtigt wird, muss bezweifelt werden. Allein die immer noch hohen Marktanpassungsabschläge sprechen dagegen. Darüber hinaus ist, wie man es vom Gebrauchmarkt mit Kraftfahrzeugen kennt, die wirtschaftliche Abschreibung auch von der Höhe des Investitionswerts abhängig.

b) Bei der Berücksichtigung der **Wertminderung wegen Baumängeln und Bauschäden** werden in der Praxis solche vornehmlich durch unkritischen Abzug der Schadensbeseitigungskosten berücksichtigt, obwohl der Verordnungsgeber hierzu in § 24 mit eindeutigem Signal bestimmt hat, dass sie *„auf der Grundlage"* (und damit keinesfalls direkt) *„der für die Beseitigung am Wertermittlungsstichtag erforderlichen Kosten"* zu berücksichtigen sind. Die sehr deutliche Rechtsprechung des BGH zu dieser Problematik blieb weitgehend unbeachtet[4].

▶ *Näheres hierzu bei § 24 WertV Rn. 20 ff.*

c) Mit der **Berücksichtigung sonstiger wertbeeinflussender Umstände nach § 25** ist die Einbeziehung wirtschaftlicher Betrachtungsweisen, mit denen der Sachwert an den Verkehrswert heranzuführen ist, noch am deutlichsten angesprochen. In der WertV von 1972 lautete die Überschrift dieser Vorschrift noch „Wirtschaftliche Wertminderung". Diese Überschrift wurde insbesondere deshalb aufgegeben, weil auch wirtschaftliche Werterhöhungen denkbar sind (z. B. bei kostensparenden Reihenhäusern). Mit der neutralisierten Überschrift des § 25 ist leider auch das Signal verloren gegangen, das dem gewollten Regelungsgehalt entspricht.

Bei alledem sind die von den Gutachterausschüssen für Grundstückswerte empirisch **81** abgeleiteten und veröffentlichten Marktanpassungsfaktoren (Marktanpassungszu- und -abschläge) für außenstehende Sachverständige nur dann von Aussagekraft, wenn gleichzeitig bei der **Veröffentlichung offen gelegt** wird, **auf welche Objektgruppen sie sich beziehen und welcher Wertermittlungsmethodik und welcher Wertermittlungsparameter sich der Gutachterausschuss bedient hat.**

Diesbezüglich sind **Defizite in der Veröffentlichungspraxis der Gutachterausschüsse** **82** zu beklagen, wenngleich einige (wenige) Gutachterausschüsse sich erfreulicherweise dieser Aufgabe stellen. Aus alledem folgt, dass empirisch abgeleitete Marktanpassungsfaktoren (Marktanpassungszu- und -abschläge)

a) in der Praxis der Verkehrswertermittlung nur dann Verwendung finden können, wenn alle wesentlichen Wertermittlungsparameter bekannt sind, die ihrer Ableitung zu Grunde lagen, und

b) im Falle der Heranziehung solcher Marktanpassungsfaktoren die Sachwertermittlung nach derselben Methodik und auf der Grundlage derselben Wertermittlungsparameter vorgenommen werden muss, die wiederum der Ableitung der Marktanpassungsfaktoren zu Grunde lag.

---

4 BGH, Urt. vom 24. 1. 1963 – III ZR 149/61 –, EzGuG 20.34; BGH, Urt. vom 13. 5. 1955 – V ZR 36/54 –, EzGuG 3.5; BGH, Urt. vom 10. 7. 1953 – V ZR 22/52 –, EzGuG 20.16.

83   *Beispiel 1:*

Auszug aus dem Grundstücksmarktbericht des Gutachterausschusses für den Bereich der Landeshauptstadt *Schwerin:*

„Bei der Verkehrswertermittlung nach dem Sachwertverfahren gemäß §§ 7 und 21 bis 25 der Wertermittlungsverordnung ist der Verkehrswert aus dem Ergebnis des Verfahrens unter Berücksichtigung der Lage auf dem Grundstücksmarkt zu bemessen. Diese Anpassung an die Marktlage wurde anhand von 64 ausgewerteten Verkäufen in Schwerin aus den Jahren 1996 und 1997 in Form von Anpassungsfaktoren (Verhältnis Kaufpreis/Sachwert) abgeleitet. Der Sachwert des Objektes wurde hierbei auf folgender Grundlage ermittelt:

– Brutto-Rauminhalt nach DIN 277 (1950)
– Normalherstellungskosten auf der Basis 1913 nach Ross/Brachmann
– Baupreisindex zum Zeitpunkt des Kaufvertrags
– Bodenrichtwerte als Grundlage zur Bodenwertermittlung

Die angeführten Anpassungsfaktoren können zur Verkehrswertermittlung nur angewendet werden, wenn der Sachwert nach dem gleichen Modell ermittelt wurde.

Die Analyse ergab insbesondere Abhängigkeiten von der Höhe des Sachwerts und des Baujahres des Objektes. Die Anpassungsfaktoren sind nachstehender Tabelle zu entnehmen. Angabe der Fallzahl in Klammern."

Abb. 8: Marktanpassungsfaktoren

Sachwert in Tausend €	Anpassungsfaktor		
	Baujahr bis 1945	Baujahr ab 1946 bis 1990	Baujahr ab 1990
bis 100 T€	0,93 (8)	–	–
101 bis 150 T€	0,93 (13)	0,97 (3)	1,48 (3)
151 bis 200 T€	0,86 (7)	0,88 (5)	1,15 (12)
201 bis 250 T€	0,83 (1)	–	1,11 (4)
ab 251 T€	0,77 (5)	0,66 (2)	1,07 (1)

Quelle: Gutachterausschuss für den Bereich Schwerin (umgerechnet)

4.2.2   Normalherstellungskosten

a) Allgemeines

84   Wie im vorherigen Kapitel ausgeführt, sind die gewöhnlichen Herstellungskosten (eines Neubaus) nur die Ausgangsgrößen für die Ermittlung des Sachwerts, während wirtschaftliche (und sich am Markt orientierende) Gesichtspunkte erst mit den weiteren Schritten in die Sachwertermittlung Eingang finden sollen.

85   § 22 Abs. 1 bestimmt zunächst, dass zur Ermittlung des Herstellungswerts der Gebäude die „gewöhnlichen Herstellungskosten" (Normalherstellungskosten) heranzuziehen sind und „einzelne Bauteile, Einrichtungen oder sonstige Vorrichtungen, die insoweit nicht erfasst werden, ... durch Zu- und Abschläge zu berücksichtigen" sind (§ 22 Abs. 1 Satz 2).

Aus dieser Vorschrift könnte gefolgert werden, dass – überspitzt ausgedrückt – jedes einzelne (noch nicht berücksichtigte) Bauteil bis hin zur letzten Schraube zusätzlich erfasst und berücksichtigt werden muss, wie dies vielleicht für die Ermittlung eines Versicherungswerts gelten mag. Im Kern geht es hier um die Frage nach der „**Schärfe" des Sach-wertverfahrens,** wie sie sich auch bei der Erarbeitung der Normalherstellungskosten 2000 (NHK 2000) gestellt hat.

Hierzu wird die Auffassung vertreten, dass **wirtschaftliche,** sich am Grundstücksmarkt orientierende **Gesichtspunkte** bereits bei der Ermittlung des Herstellungswerts Eingang in die Sachwertermittlung finden können. **Es ist nicht notwendig jedes einzelne Bauteil oder jede besondere Bauweise in die Ermittlung des Herstellungswerts einfließen zu lassen,** soweit solche letztlich nicht in den Verkehrswert Eingang finden und deshalb über die §§ 23 ff. oder den Marktanpassungsabschlag wieder „herausgerechnet" werden müss-ten. Diese Vorgehensweise ist vergleichbar mit den durch Umlagen gedeckten Bewirtschaf-tungskosten, die man bei Anwendung des Ertragswertverfahrens auch nicht mit dem Rohertrag berücksichtigt, um sie später wieder herauszurechnen.

Die Höhe der Marktanpassungsfaktoren ist mithin davon abhängig, ob und inwieweit man mit den ermittelten Herstellungswerten auch **vom Grundstücksmarkt „nicht hono-rierte" Bauteile und Bauweisen** miterfasst hat.

Die Normalherstellungskosten 2000 (NHK 2000) definieren sich als Ersatzbeschaffungs-kosten. Im Unterschied zu den 13er-Werten insbesondere für den **Ein- und Zweifamilien-hausbereich** – dem klassischen Anwendungsbereich des Sachwertverfahrens – werden die Normalherstellungskosten weitaus differenzierter ausgewiesen. **Es wird unterschieden nach Objekten**

– in sieben Altersklassen mit vier Ausstattungsstandards,
– mit Flach- und Satteldach,
– mit ausgebautem und nicht ausgebautem Dachgeschoss,
– unterkellert und nicht unterkellert,
– frei- und in Reihe stehend,
– als Kopf- und Mittelhaus sowie
– nach Anzahl der Geschosse.

Für Mehrfamilienhäuser werden darüber hinaus **Korrekturfaktoren zur Berücksichti-gung von Ein-, Zwei- und Dreispännern** sowie unterschiedliche Wohnflächen angege-ben. Mit diesen Normalherstellungskosten werden „Besonderheiten" erfasst, die der Sach-verständige bei Verwendung der überkommenen 13er-Werte mit Marktanpassungszu- oder -abschlägen i. d. R. vernachlässigte. Die 13er-Werte haben diesbezüglich noch nicht einmal zu erkennen gegeben, auf welche Beschaffenheit sie sich beziehen.

Beispiel:
Die Sachwertermittlung auf der Grundlage der Normalherstellungskosten 2000 (NHK 2000) führt erfahrungsgemäß zu einem geringeren Sachwert als im Falle der Sachwertermittlung auf der Grund-lage der 13er-Werte. Demzufolge müssen auf der Grundlage der 13er-Werte empirisch abgeleitete
– Marktanpassungsabschläge höher (Abb. 9) und
– Marktanpassungszuschläge geringer (Abb. 10)
ausfallen als solche, die sich auf der Grundlage der NHK 2000 ergeben.

Dies ist Ausfluss des **Grundsatzes der Modellkonformität.** Dieser Grundsatz ist bei Her-anziehung der von den Gutachterausschüssen ermittelten und veröffentlichten Marktanpas-sungsfaktoren gleichermaßen beachtlich, wie im Falle des Rückgriffs auf eigene Erfah-rungssätze, die ebenfalls auf der Grundlage eines bestimmten Wertermittlungsmodells gewonnen wurden. Von besonderer Bedeutung ist in diesem Zusammenhang die Regionali-sierung der NHK 2000.

Abb. 9: Marktanpassungsabschläge bei unterschiedlichem Ansatz von Normalherstellungskosten

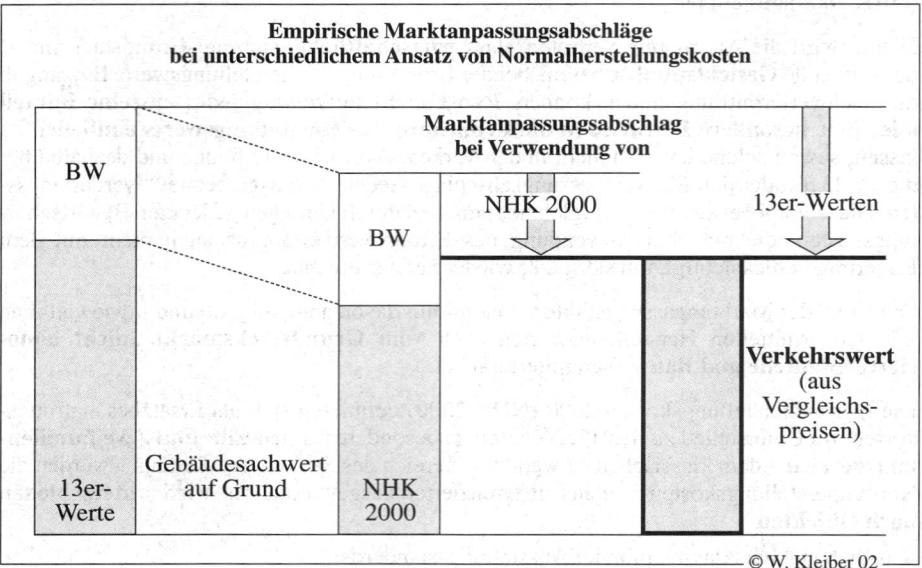

Abb. 10: Marktanpassungszuschläge bei unterschiedlichem Ansatz von Normalherstellungskosten

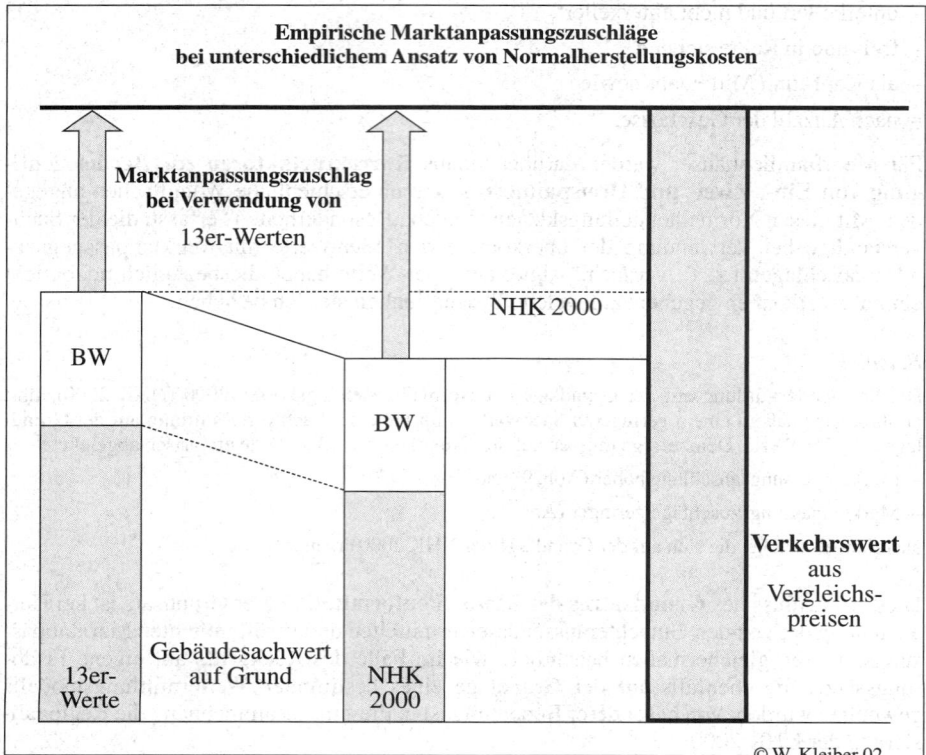

Für den Anwender der vom Gutachterausschuss abgeleiteten Marktanpassungsfak- **91**
toren ist es daher unabdingbar zu wissen, auf welcher Grundlage der Herstellungswert des Gebäudes ermittelt wurde:

b) Regionalisierung der Normalherstellungskosten

Untersuchungen zu den Normalherstellungskosten 2000 (NHK 2000) haben gezeigt, dass **92**
Normalherstellungskosten nicht nur nach Regionen und Ortsgrößen, sondern auch nach
Gebäudearten nicht unerheblich voneinander abweichen. **Bundeseinheitliche Normalherstellungskosten kann es** deshalb **nicht geben** und vielen Sachverständigen wird dies
erst heute bewusst. Die neuen auf 2000 bezogenen Normalherstellungskosten sehen deshalb entsprechende Korrekturfaktoren vor.

Bei Heranziehung der sog. 13er-Werte („Wie zu Kaisers Zeiten") blieb diese Erkenntnis **93**
weitgehend unbemerkt, wenngleich vereinzelt im Schrifttum darauf hingewiesen wurde.
Diesem Umstand wurde auch mit der Heranziehung des Bundesbaupreisindexes nicht Rechnung getragen. Lediglich bei Heranziehung des Berliner Baupreisindexes und seiner Anwendung auf die 13er-Werte wurden diese Normalherstellungskosten über die Indexreihe regionalisiert. Eine Regionalisierung erfolgte ansonsten mit den Marktanpassungsfaktoren, wenn
von den 13er-Werten ausgegangen wurde.

Eine qualitative Beurteilung veröffentlichter Marktanpassungsfaktoren ist auch von daher **94**
wiederum nur möglich, wenn bei der Veröffentlichung empirisch abgeleiteter Marktanpassungsfaktoren die Grundlagen der der Ableitung der Marktanpassungsfaktoren zu Grunde
liegenden Gebäudesachwerte mitveröffentlicht werden.
– Wurden die Marktanpassungsfaktoren auf der **Grundlage regional üblicher und aktueller Normalherstellungskosten** abgeleitet, so können die daraus abgeleiteten Marktanpassungsfaktoren als *„echte* Marktanpassungsfaktoren" gelten.
– Wurden die Marktanpassungsfaktoren dagegen auf der Grundlage der bundeseinheit-
  lichen **13er-Werte** abgeleitet, so werden mit den sich hieraus ergebenden Markt-
  passungsfaktoren die Normalherstellungskosten von 1913 **zugleich regionalisiert.** Das
  Gleiche gilt für im Schrifttum veröffentlichte (bundeseinheitliche) Normalherstellungskosten, die sich auf aktuelle Bezugsstichtage beziehen.

Hieraus folgt:
– Zieht ein Sachverständiger die vom Gutachterausschuss für Grundstückswerte empirisch auf der Grundlage der NHK 2000 abgeleiteten Normalherstellungskosten unter
  Berücksichtigung von Regional- und Ortsgrößenkorrekturfaktoren heran, so wird mit
  dem Marktanpassungsfaktor lediglich noch die *sonstige Lage* auf dem Grundstücksmarkt berücksichtigt.
– Zieht ein Sachverständiger dagegen die vom Gutachterausschuss für Grundstückswerte
  empirisch ermittelten Marktanpassungsfaktoren heran, die auf der Grundlage der
  reichseinheitlichen 13er-Werte oder anderer bundeseinheitlicher Normalherstellungskosten abgeleitet wurden, so schließen solche Marktanpassungsfaktoren auch eine
  Regionalisierung der Normalherstellungskosten ein.

Zur Erläuterung sei das Ergebnis der Ermittlungen von Marktanpassungsfaktoren im **95**
Bereich des Oberen Gutachterausschusses des *RegBez Lüneburg* vorgestellt (Abb. 11).

Der Obere Gutachterausschuss für den RegBez hat für Ein- und Zweifamilienhäuser Marktanpassungsfaktoren in **Abhängigkeit vom Umbauten Raum** ermittelt und folgende
Abhängigkeiten herausgestellt:
a) **Je zentraler der Ort ist, desto geringer fällt der Marktanpassungsabschlag aus.**
b) **Mit steigendem Umbautem Raum wächst der Marktanpassungsabschlag; umgekehrt:**
c) **je geringer der Sachwert seiner Höhe nach ist, desto geringer der Marktanpassungsabschlag.**
d) **Je jünger das Gebäude ist, desto geringer der Marktanpassungsabschlag.**

Abb. 11: Marktanpassungsfaktor in Abhängigkeit von der Höhe des Sachwerts im RegBez. Lüneburg (1996)

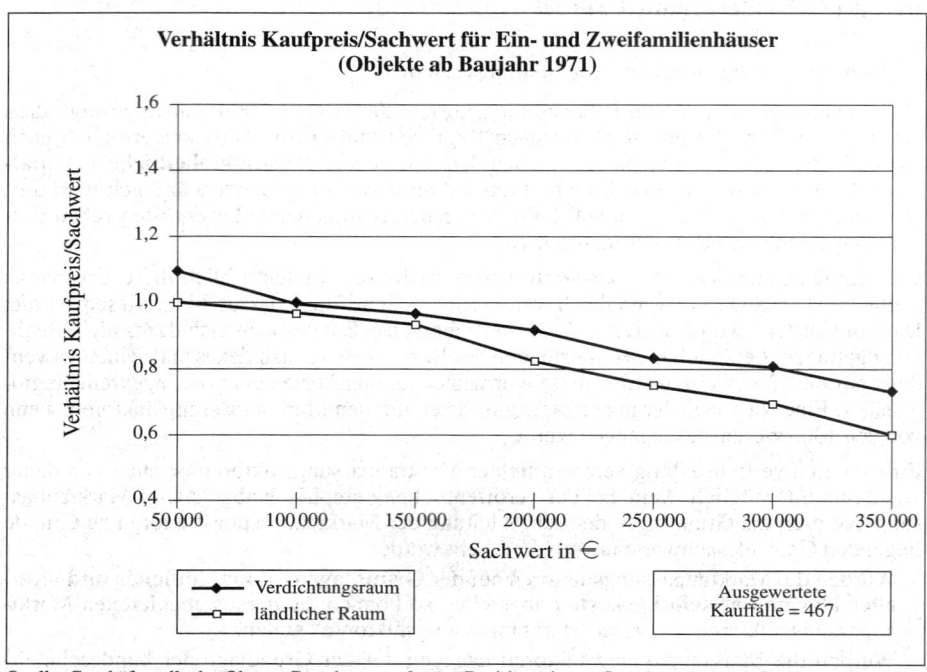

Quelle: Geschäftsstelle des Oberen Gutachterausschusses Bezirksregierung Lüneburg (umgerechnet)

Abb. 12: Marktanpassungsfaktor in Abhängigkeit von dem Umbauten Raum

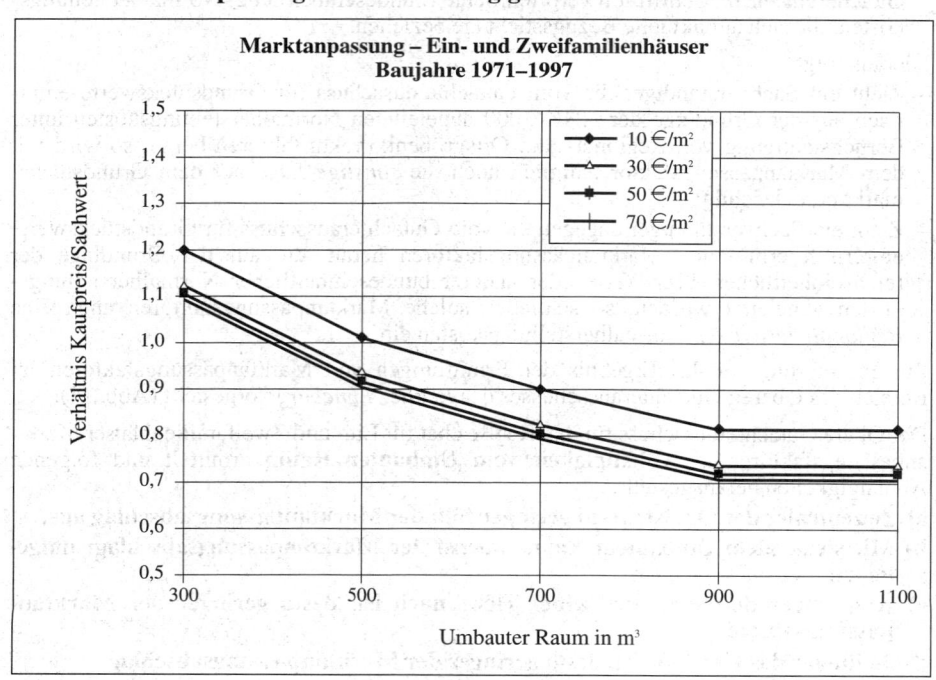

Bezüglich dieser Ergebnisse kann erwartet werden, dass sich die **abgeleiteten Unterschiede nach der Zentralität des Ortes nivellieren, wenn von regionalisierten Normalherstellungskosten ausgegangen wird,** denn die festgestellten Unterschiede entsprechen dem, was über die örtlichen Korrekturfaktoren entsprechend dem Einführungserlass des BMBau zu den NHK 2000 Eingang in die Sachwertermittlung findet.

Darüber hinaus sind die **Ergebnisse korreliert,** denn regelmäßig steigt z. B. mit der Zunahme des Umbauten Raums (Rauminhalts) auch die Höhe des Sachwerts. **96**

4.2.3 Bodenwert

Bei Anwendung des Sachwertverfahrens wird der **Bodenwert i. d. R. mit dem Wert eines unbebaut gedachten Grundstücks ermittelt** und in die Verkehrswertermittlung eingeführt (§ 15 Abs. 2 WertV). Von einer Reihe von Gutachterausschüssen für Grundstückswerte wird dagegen die These vertreten, der Bodenwert eines bebauten Grundstücks sei und müsse gedämpft werden. **97**

Dämpfung des Bodenwerts bedeutet eine Minderung des Bodenwerts auf Grund der bloßen Tatsache, dass das Grundstück bebaut ist. Sie wird vielfach allein damit begründet, dass der Grund und Boden selbst bei baurechtkonformer Bebauung schlichtweg „verbraucht" und infolge der wegfallenden Disponierbarkeit im Wert gesunken sei (§ 13 WertV Rn. 122 und Rn. 146 ff.). **98**

Diese Dämpfung der Bodenwerte darf nicht verwechselt werden mit einer nicht durch Um- oder Anbauten korrigierbaren Abweichung der tatsächlichen Bebauung eines Grundstücks von der rechtlich zulässigen bzw. lagetypischen Bebauung. **99**

Die **Bodenwertdämpfung,** soweit sie von einzelnen Gutachterausschüssen für Grundstückswerte postuliert wurde, **kann im Rahmen des Sachwertverfahrens zu einer „Aufblähung", aber auch „Schrumpfung" des vom Gutachterausschuss für Grundstückswerte ermittelten Marktanpassungsfaktors führen,** je nachdem, ob im Einzelfall ein Marktanpassungsab- oder -zuschlag erforderlich wird. Hieraus wiederum folgt, dass bei der **Veröffentlichung** solcher **Marktanpassungsfaktoren für außenstehende Sachverständige die Dämpfungsmethodik des Gutachterausschusses bekannt gemacht werden muss,** weil sonst die Veröffentlichung solcher Marktanpassungsfaktoren für den Sachverständigen praktisch wertlos wäre. Die „Bodenwertdämpfung" des Gutachterausschusses für Grundstückswerte, so er sie für unvermeidlich hält, muss dann also transparent gemacht werden, wenn sie schadlos bleiben soll (vgl. § 13 WertV; Abb. 10). **100**

Wenn also von einzelnen Gutachterausschüssen für Grundstückswerte Bodenwerte nach jeweils eigenen **Theorien gedämpft und dementsprechend Marktanpassungsfaktoren** abgeleitet werden, wird dies spätestens dann problematisch, wenn sie ihre „Dämpfungsmethodik" nicht offen legen und die abgeleiteten Marktanpassungsfaktoren auf „ungedämpfte" Bodenwerte zur Anwendung kommen. **101**

Als **Beispiel** hierzu werden die Marktanpassungsfaktoren des Gutachterausschusses in *Stuttgart* vorgestellt. Der Gutachterausschuss hat für folgende Grundstücksarten Marktanpassungsfaktoren abgeleitet: **102**

- Reihenheime,
- Kleinwohnhäuser,
- Einfamilienhäuser mit Einliegerwohnungen,
- Zwei- und Dreifamilienhäuser.

103   Danach treten **in *Stuttgart* keine Marktanpassungsabschläge auf** (vgl. § 13 WertV Rn. 130). **Man kennt nur Marktanpassungszuschläge, und zwar selbst bei hochwertigen Objekten.** Dies findet seine Erklärung darin, dass bei der Ermittlung des Sachwerts vom Bodenwert des unbebaut gedachten Grundstücks ausgegangen wird, dann aber der *Bodenwert durch Abschläge von Null (bei einem Neubau) bis 30 % (Baujahre vor 1965)* gedämpft wird.

104   Für *Stuttgart* ergibt sich im Ergebnis das skurile Bild, dass selbst bei Einfamilienhäusern mit einem Sachwert von 0,9 Mio. € Marktanpassungszuschläge erforderlich werden, um über den Sachwert zum Verkehrswert zu kommen, wobei dies aber letztlich auf das vorherige Dämpfen des Bodenwerts zurückzuführen ist.

105   Zweifel an der Bodenwertdämpfung sind in Stuttgart trotzdem bislang nicht aufgekommen.

4.2.4 Alterswertminderung

106   Über den Verlauf der Alterswertminderung gehen die Auffassungen weit auseinander. Diese reichen von der Annahme, dass der Gebäudesachwert mit der Errichtung der Bebauung – quasi wie im Falle der Weiterveräußerung eines Neuwagens – schlagartig absinke, über die lineare Wertminderung bis hin zur sog. Rosskur. Die Wahl der Alterswertminderungskurve kann sich erheblich auf den Gebäudesachwert und damit ggf. auf empirisch abgeleitete Marktanpassungsfaktoren auswirken. Aus diesem Grunde muss des Weiteren gefordert werden, dass **mit der Veröffentlichung von Marktanpassungsfaktoren die zur Anwendung gekommene Alterswertabschreibungskurve mitveröffentlicht wird,** damit sich der Anwender bei Heranziehung solcher Faktoren wiederum in demselben Modell bewegen kann (Abb. 13).

Abb. 13: Marktanpassungsabschläge bei Anwendung unterschiedlicher Alterswertabschreibungskurven

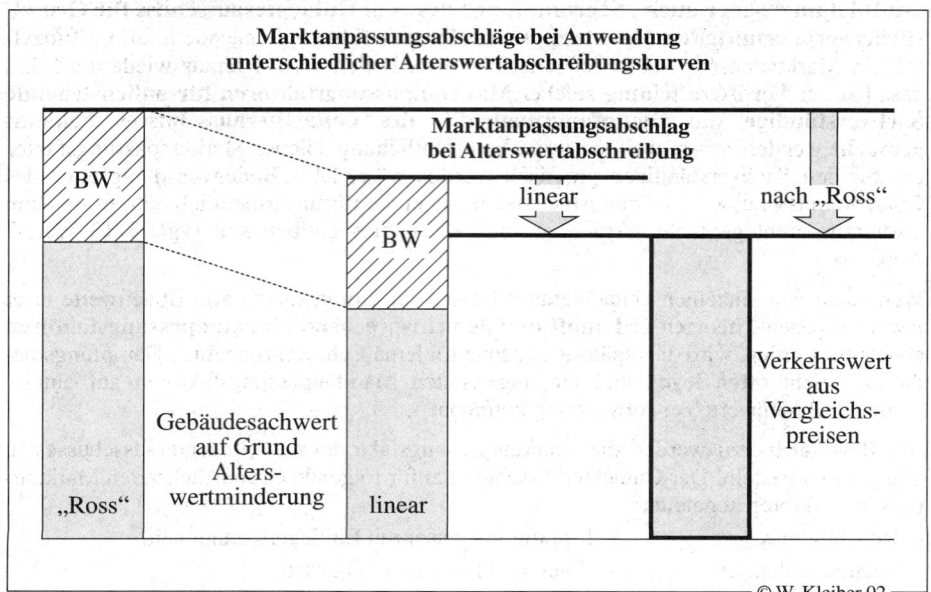

Allein aus der Wahl der Alterswertabschreibungskurve können sich Unterschiede im ermittelten Gebäudesachwert von 20 % und sogar mehr ergeben, d. h. in einer Größenordnung, die vielfach dem Marktanpassungsfaktor entspricht.   **107**

Beispiel: **108**

Sachwertobjekt mit einer Gesamtnutzungsdauer von 100 Jahren
Restnutzungsdauer von 35 Jahren

Ermittelter Herstellungswert zum Wertermittlungsstichtag 1 Mio. €

	Alterswertminderung nach				
	Ross	**linear**	**Tiemann**	**TEGOVA**	**Vogels**
Herstellungswert in T€	1 000	1 000	1 000	1 000	1 000
Alterswertminderung	540	650	664	507	611
Gebäudesachwert in T€	460	350	336	493	389

$$\Delta = 124\ 000\ €$$

Die Verhältnisse verdeutlichen sich am nachfolgenden Kurvenvergleich:

Abb. 14: Abschreibungskurven und ihre Unterschiede (vgl. § 23 WertV Rn. 77 ff.)

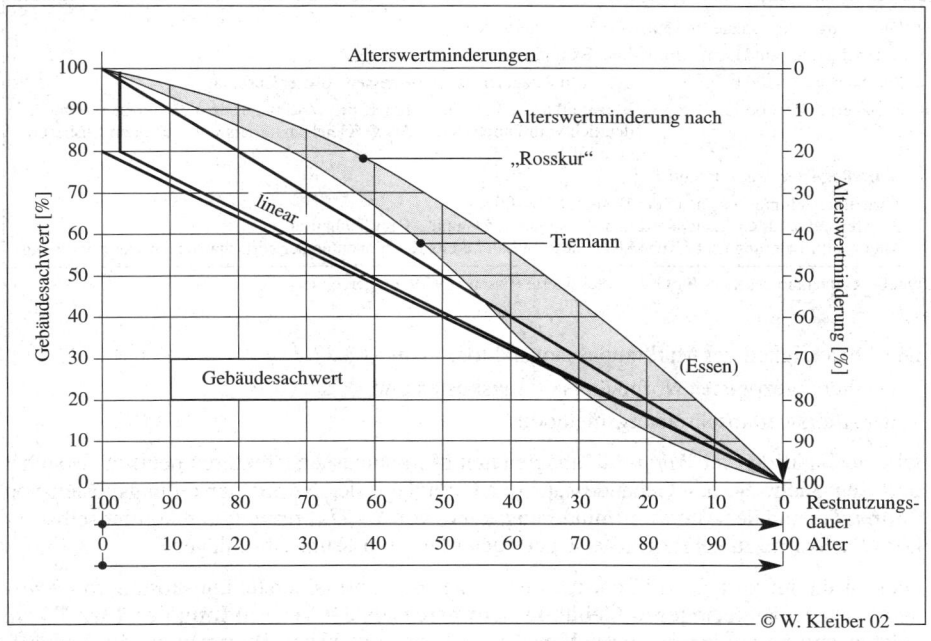

Der Unterschied, der sich aus dem voranstehenden *Beispiel* zwischen der Alterswertminde-   **109**
rung nach *Ross* und *Tiemann* (an die sich die in *Nordrhein-Westfalen* vielfach angewandte
Alterswertabschreibung der AGVGA NW anlehnt) ergibt, kann seine Begründung darin
finden, dass die Tiemannsche Alterswertminderung eine **wirtschaftliche Alterswertminderung** erklärtermaßen einschließt!

110 *Beispiel:*

Marktanpassungsfaktoren in *Essen:*

Nach Untersuchungen des Gutachterausschusses für Grundstückswerte in Essen wurden für **Ein- und Zweifamilienhäuser** auf folgender Grundlage der Sachwertermittlung:

– Normalherstellungskosten auf der Basis 1980 = 100,

– Baupreisindex für das Land Nordrhein-Westfalen für 1- und 2-Familienhäuser

– Alterswertminderung nach TIEMANN, die bereits Komponenten der wirtschaftlichen Wertminderung enthält,

folgende Marktanpassungsfaktoren abgeleitet (Abb. 15):

Abb. 15: Abweichung der Kaufpreise vom ermittelten Sachwert (Kaufpreisaus-wertung 1997) für Ein- und Zweifamilienhausgrundstücke in Essen

Sachwert in €	Zu-/Abschlag (v. H.)	Sachwert in €	Zu-/Abschlag (v. H.)
87 500	+ 16	200 000	– 5
100 000	+ 11	225 000	– 7
112 500	+ 8	250 000	– 8
125 000	+ 5	300 000	– 10
137 500	+ 2	350 000	– 12
150 000	0	400 000	– 13
175 000	– 3	450 000	– 14

Die Zu- bzw. Abschläge sind auf volle 250 € zu runden.

Interpolationen sind nicht erforderlich, Extrapolationen nicht zulässig.

Sachwert < 87 500 €:   ggf. nach gutachterlichem Ermessen höherer Zuschlag

Sachwert > 450 000 €:   Einzelfallbeurteilung hinsichtlich der Marktlage, da sich derartige Objekte deutlich vom Durchschnitt des Vergleichsmaterials unterscheiden (insbesondere Villen)

Grundlage der Auswertung:

Normalherstellungskosten auf der Basis 1980 = 100
Baupreisindex für das Land Nordrhein-Westfalen für 1- und 2-Familienhäuser
Alterswertminderung nach TIEMANN, diese enthält bereits Komponenten der wirtschaftlichen Wertminderung

Quelle: Gutachterausschuss für Grundstückswerte (Essen 1997/9, umgerechnet)

111 Die Abhängigkeit der Marktanpassungsfaktoren von

– den herangezogenen Normalherstellungskosten und

– der Alterswertabschreibungsmethodik

wird auch aus den für *Wuppertal* abgeleiteten Marktanpassungsfaktoren deutlich. Man hat dort den Sachwert des Gebäudes auf der Grundlage der Normalherstellungskosten von *Thormälen* und der Alterswertminderungskurve von *Vogels* ermittelt und kommt selbst für hohe Sachwerte zu vergleichsweise geringen Marktanpassungsabschlägen.

112 Dies ist darauf zurückzuführen, dass man über die Normalherstellungskosten von *Thormälen* i. d. R. zu **geringeren Gebäudesachwerten als bei Verwendung der 13er-Werte gelangt und darüber hinaus die Vogelsche Alterswertabschreibungskurve im Verhältnis zur Rosskur zu einer verhältnismäßig hohen Alterswertminderung führt.**

113 Des Weiteren hat man bei dieser Untersuchung die Marktanpassungsfaktoren in Abhängigkeit vom Alter der baulichen Anlage mit dem Ergebnis abgeleitet, dass **Marktanpassungsabschläge umso geringer ausfallen, je älter das Objekt ist.** Dies entspricht der mit zunehmendem Alter anwachsenden Alterswertminderung nach *Vogels,* die den Marktanpassungsabschlag zusammenschmelzen lässt.

Beispiel: **114**

Auszug aus dem Grundstücksmarktbericht 1998 des Gutachterausschusses für den Bereich der Stadt *Wuppertal:*

„Aus 93 Kauffällen wurden Anpassungsfaktoren nach mathematisch-statistischen Methoden ausgewertet. Hierbei wurde festgestellt, dass das Verhältnis Kaufpreis/Sachwert in eindeutigem Zusammenhang mit dem Sachwert und dem Baujahr steht. Das Ergebnis ist in der unten stehenden Tabelle dargestellt.

Das Sachwertverfahren basiert auf den folgenden Grundlagen:

- Umbauter Raum nach DIN 277 Nov. 1950
- Normalherstellungskosten mit Basis 1913 nach *Thormählen*
- durchschnittliche Gebäudegesamtnutzungsdauer: 80 Jahre
- pauschalierte Abschreibungsformel nach *Vogels*

Zu berücksichtigen sind:

- Zeitwert der baulichen Außenanlagen
- Zeitwert der besonderen Bauteile
- Baunebenkosten

Die Anpassungsfaktoren können nur angewendet werden, wenn die o. a. grundlegenden Ansätze im Sachwertverfahren berücksichtigt werden. Je nach Besonderheit und Lage des Objektes sind Abweichungen möglich. Innerhalb der Tabelle kann interpoliert werden" (Abb. 16).

Abb. 16: Marktanpassung in Wuppertal (2000, auf € umgerechnet)

Baujahr	Sachwert in €							
	125 000	150 000	175 000	200 000	225 000	250 000	275 000	300 000
1930	1,27	1,21	1,16					
1940	1,26	1,20	1,15					
1950	1,25	1,19	1,14	1,09	1,05	1,02		
1960			1,13	1,08	1,04	1,01	0,98	0,95
1970			1,12	1,07	1,03	**1,00**	0,96	0,93
1980			1,10	1,06	1,02	0,98	0,95	0,92
1990				1,05	1,01	0,97	0,94	0,91
1995				1,04	**1,00**	0,97	0,94	0,91

Für Reihen- und Doppelhaushälften weist der Grundstücksmarktbericht 2000 allerdings nur baujahrsunabhängige Marktanpassungsfaktoren aus.

Sachwert €	125 000	150 000	175 000	200 000	225 000	250 000	275 000	300 000
UK	1,21	1,17	1,14	1,10	1,06	1,03	0,99	0,95

Im Unterschied zu den unter Rn. 113 vorgestellten Ergebnissen kommen Untersuchungen **115** auf der Grundlage der 13er-Werte und der Abschreibung nach *Ross* zu der Erkenntnis, dass **Marktanpassungsabschläge desto größer sind, je älter das Gebäude ist.** Dies wird deutlich aus den Untersuchungen verschiedener Landkreise in *Niedersachsen* (Abb. 17).

Abb. 17: Marktanpassungsabschläge in Abhängigkeit vom Baujahr

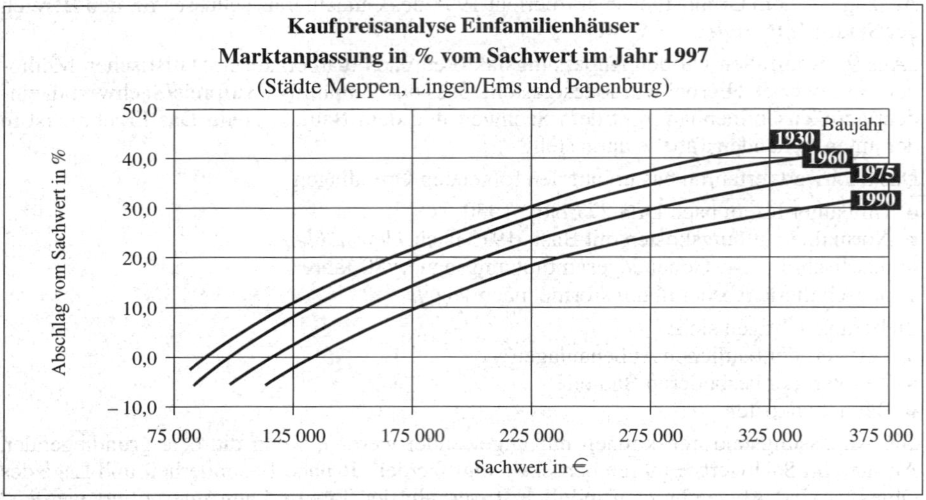

Kaufpreisanalyse Einfamilienhäuser
Marktanpassung in % vom Sachwert im Jahr 1997
(Städte Meppen, Lingen/Ems und Papenburg)

Quelle: Grundstücksmarktbericht Weser-Ems 1997 (umgerechnet)

116   Wenn bei alledem ein signifikanter **Einfluss der Restnutzungsdauer** (bzw. des Baualters) auf den Marktanpassungsfaktor festgestellt wurde[5], so kann dies allein als Beleg für eine unstimmige Alterswertabschreibung gelten.

4.2.5   Lage auf dem Grundstücksmarkt

117   Nach den vorangegangenen Ausführungen sind Marktanpassungsfaktoren zu einem bedeutenden Anteil von der Methodik des angewandten Sachwertverfahrens abhängig und können insoweit auch als Korrekturfaktoren angesehen werden. Die **verbleibende Komponente** des Marktanpassungsfaktors stellt die eigentliche „Anpassung des ermittelten Sachwerts an die Lage auf dem Grundstücksmarkt" dar.

118   Der **Begriff „Lage auf dem Grundstücksmarkt"** ist bekanntlich schillernd, und es lässt sich vieles darunter subsumieren:

a) die Lage des Grundstücks i. S. d. § 5 Abs. 6 WertV, d. h. die lagemäßig unterschiedlichen **Teilmärkte (Wohn- und Gewerbelage)** mit ihren unterschiedlichen Lagekriterien wie

   – die Wohnlage,
   – die Gesellschaftslage,
   – die Verkehrslage,
   – die Nachbarschaftslage und
   – die Immissionslage.

Im Rahmen der notwendigen Generalisierung der Ableitung von Marktanpassungsfaktoren wird vornehmlich zwischen Wohn- und Gewerbelagen unterschieden; darüber hinaus sind zwei Hauptunterscheidungen zu nennen:

   – Die Beurteilung im Rahmen einer Wertigkeitsskala nach guten bis schlechten Lagen sowie
   – die Beurteilung nach der Entfernungslage (zum Ort),

wobei die Beurteilung für die unterschiedlichen Grundstücksteilmärkte (Wohn- und Gewerbegrundstücke) unterschiedlichen Kriterien folgt;

b) des Weiteren wird die „Lage auf dem Grundstücksmarkt" nach **allgemeinen wirtschaftlichen Kriterien unter Berücksichtigung der immobilienwirtschaftlichen Rahmenbedingungen** bestimmt (Konjunkturelle Bestimmungsgründe); und

c) schließlich gibt es **objektspezifische Besonderheiten,** die die Lage auf dem Grundstücksmarkt bestimmen (Angebot- und Nachfragesituation), insbesondere auch auf Grund allgemeiner „Marktgesetze der Verkehrswertbildung" und auf Grund allgemeiner Anschauungen bis hin zu sich wandelnden Präferenzen der Marktteilnehmer (z. B. Wertschätzungen für Denkmalobjekte).

Die örtliche Lagegunst, d. h. die Unterscheidung nach guten und schlechten Lagen, ist für **119** die Höhe des Marktanpassungsfaktors erheblich.

Allgemein gilt, dass

– **Marktanpassungszuschläge in guten Lagen höher und**

– **Marktanpassungsabschläge in guten Lagen geringer ausfallen**

und umgekehrt.

Dies bestätigt die fundierte Untersuchung des Gutachterausschusses in *Bergisch Gladbach.* **120** Den dort abgeleiteten Marktanpassungsfaktoren liegen folgende Ansätze des Sachwertverfahrens zu Grunde:

– Bodenwert in Anlehnung an die Bodenrichtwerte, bis rd. 35 m Grundstückstiefe Baulandwert, Grundstücksflächen über 35 m Grundstückstiefe mit 15–35 % des Baulandwerts

– pauschalierte Normalherstellungskosten NHK 95 mit Basis 1995 in DM/m³ BRI.

– zusätzlich 14 bis 16 % Baunebenkosten, Zeitwert der Außenanlagen und der besonderen Bauteile

– Brutto-Rauminhalt nach DIN 277 (1987)

– wirtschaftliche Gebäudenutzungsdauer von 90 Jahren

– Ermittlung der Wertminderung wegen Alters nach Anl. 6 WertR

– Baupreisindex NW

Die Analyse der Verhältnisse Kaufpreis/Sachwert ergab insbesondere eine statistische **Abhängigkeit von der Höhe des Sachwerts und der Lage** (vgl. Abb 18).

Die abgeleiteten **Marktanpassungsfaktoren dürfen nur für die Verkehrswertermitt-** **121** **lung nach dem Sachwertverfahren angewendet werden, bei denen das der Ableitung zu Grunde gelegte Modell verwendet wird,** d. h.

– gleiche Normalherstellungskosten,

– gleiche Ansätze der Restnutzungsdauer,

– gleiche Alterswertabschreibungsformel,

– gleiche Einschätzung der Lagequalität
usw.

Es erscheint bei alledem zweckmäßiger die **Abhängigkeit des Marktanpassungszu- oder** **122** **-abschlags von der Wertigkeit der Lage** dadurch zu berücksichtigen, dass diese in Abhängigkeit vom Bodenrichtwert abgeleitet werden (vgl. *Beispiel* der Abb. 19 des Gutachterausschusses von *Karlsruhe*).

Allgemein gilt also, dass **123**

– **Marktanpassungsabschläge größer und**

– **Marktanpassungszuschläge kleiner**

werden, je schlechter die Lage des Objektes am Ort ist, insbesondere auch, was die Entfernungslage zum Zentrum anbelangt (die Villa, 10 km vom Ortsrand entfernt, hat einen höheren Marktanpassungsabschlag als die am Ortsrand).

---

5 Becker, W./Burkhard, H.-J./Müller, B., in Nachr. der rh.-pf. Kat- und VermVw 1991, 173

Abb. 18: Marktanpassungsfaktoren zum Sachwert nach NHK 95

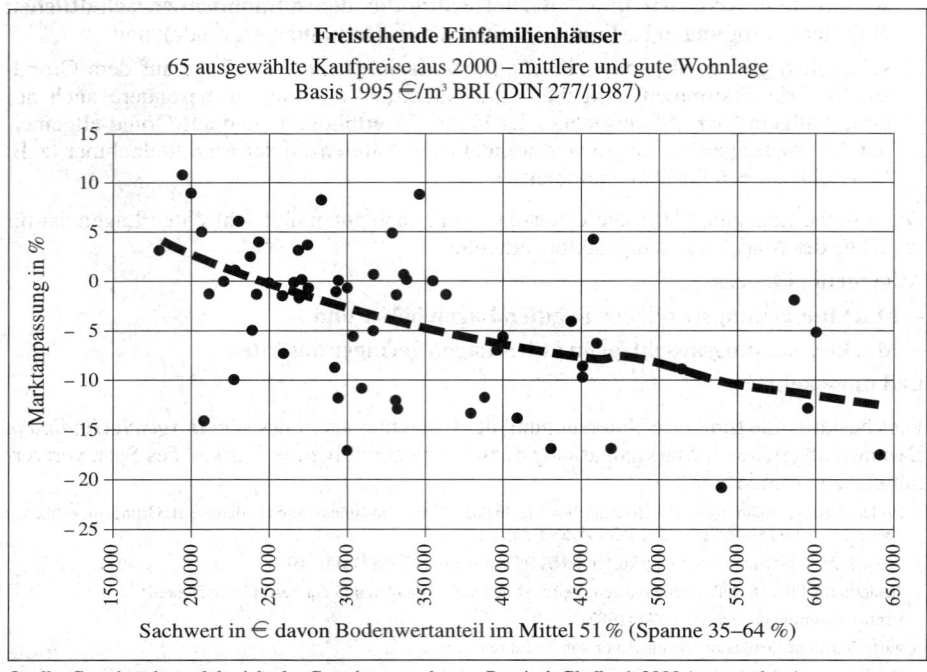

Quelle: Grundstücksmarktbericht des Gutachterausschusses Bergisch Gladbach 2000 (umgerechnet)

Abb. 19: Marktanpassungszu- und -abschläge in Abhängigkeit von der Lage (Bodenrichtwerte)

Sachwert	Marktanpassungsfaktoren für mit Ein- und Zweifamilienhäusern bebaute Grundstücke		
		Bodenrichtwert	
€	225–300 €/m²	301–375 €/m²	376–435 €/m²
150 000	1,16		
200 000	1,10		
250 000	1,04	1,19	
300 000	0,99	1,08	
350 000	0,95	1,00	1,14
400 000	0,91	0,95	1,07
450 000	0,87	0,91	1,02
500 000	0,84	0,87	0,97
550 000		0,85	0,92
600 000		0,82	0,89
650 000		0,80	0,85
700 000			0,82
750 000			0,79
800 000			0,77
850 000			0,75
900 000			0,73
950 000			0,71

Quelle: Grundstücksmarktbericht Karlsruhe 2000 (umgerechnet)

4.2.6   Lage auf dem Baumarkt

Allgemeine **Konjunkturschwankungen im Bereich der Bauwirtschaft** und deren regionale Besonderheiten werden bei Verwendung der NHK 2000 bereits mit den regionalisierten Normalherstellungskosten berücksichtigt.   **124**

▸ *Näheres hierzu vgl. § 22 WertV Rn. 91 ff.*

Der nach NHK 2000 vorgesehene Korrekturfaktor für unterschiedliche Ortsgrößen liegt im *ostfriesischen Raum* bei 1,0. Auf den Inseln sind folgende Ortsfaktoren zu berücksichtigen:

Insel	Ortsfaktor
Juist	1,9
Norderney	1,6
Baltrum	1,7

Insel	Ortsfaktor
Langeoog	1,6
Spiekeroog	1,7

Die **Herstellungskosten für Gebäude auf den ostfriesischen Inseln** liegen erheblich höher als die Herstellungskosten auf dem Festland. Dies ist bedingt durch deutlich höhere Aufwendungen für den Transport von Material und Gerät, durch höhere Personalkosten und durch Bausperren während der Saison. Aber auch die Wettbewerbssituation im Baugewerbe weicht auf den Inseln erheblich von der Situation auf dem Festland ab und ist auch zwischen den Inseln unterschiedlich.

Die Mehrkosten können in Abhängigkeit vom Gebäudetyp, von der Gebäudegröße, von der Art des Materials, vom Lohnkostenanteil am Gesamtaufwand und von anderen Kostenfaktoren im Einzelfall von den genannten Faktoren abweichen.

4.2.7   Absolute Höhe des Sachwerts

Der Immobilienmarkt für Sachwertobjekte (Ein- und Zweifamilienhäuser) weist eine große Spannungsbreite auf: Dies beginnt bei **kosten- und flächensparend errichteten Reihenhäusern** und mündet in luxuriösen Villen auf hochwertigem Grund. Je hochwertiger das Sachwertobjekt ist, desto größer ist der Marktanpassungsfaktor (MF).   **125**

Der Sachwert mit dem Marktanpassungsfaktor 1,0 ist also der Sachwert, bei dem der Sachwert dem Verkehrswert entspricht und die Marktanpassungsfaktorenkurve bei grafischer Darstellung der Abhängigkeit des Verkehrswerts vom Sachwert (Abb. 20) die „Nulllinie" durchstößt. Sachwert ist hier mit dem Verkehrswert identisch (d. h. Gleichgewichtswert).   **126**

– Bei *kleineren Sachwerten* muss ein Marktanpassungszuschlag an den Sachwerten angebracht werden, um zum Verkehrswert zu kommen.

– Bei *größeren Sachwerten* muss ein Marktanpassungsabschlag an den Sachwert angebracht werden, um zum Verkehrswert zu kommen.

Die Höhe des Sachwerts mit dem Marktanpassungsfaktor 1,0 (Gleichgewichtswert) ist in erster Linie abhängig von der Wirtschafts- und Kaufkraft in der jeweiligen Region und damit nicht einheitlich.

Generell gilt: Je höher die Wirtschafts- und Kaufkraft in der Region ist, desto höher ist der Isowert (mit dem Marktanpassungsfaktor 1,0) und umgekehrt.   **127**

Abb. 20: Gleichgewichtswerte

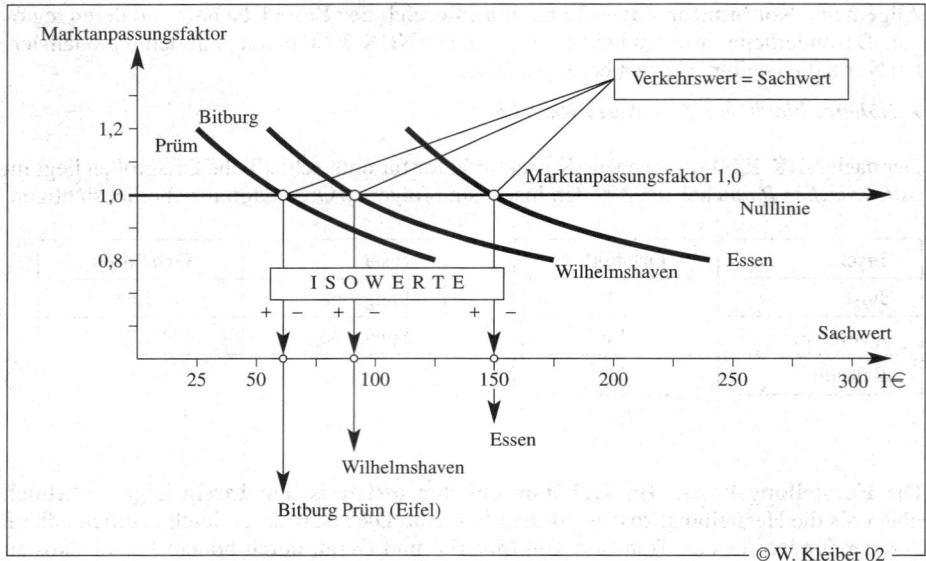

128   Allgemein und insbesondere für **Ein- und Zweifamilienhäuser,** auf die sich die Bedeutung des Sachwertverfahrens im Wesentlichen beschränkt, gilt, dass der Sachwert
 – einerseits umso mehr hinter den Verkehrswert zurückfällt, je aufwendiger das Objekt
   bebaut ist und
 – andererseits wiederum umso mehr hinter den Verkehrswert zurückfällt, je größer das
   Missverhältnis zwischen der baulichen Qualität und der Lage ist; bei hochwertigen Ein-
   und Zweifamilienhäusern in schlechter einschließlich einer ungünstigen Entfernungslage öffnet sich die Schere zwischen Sach- und Verkehrswert.

Demgegenüber liegt bei besonders „kleinen“ Objekten der Verkehrswert häufig über dem
Sachwert.

129   Die aufgeführten Zusammenhänge kommen auch in den **empirischen Untersuchungen
der Gutachterausschüsse für Grundstückswerte** zum Ausdruck (Abb. 21).

130   Die **Gleichgewichtswerte** sind im Übrigen auch für die Bauwirtschaft von Bedeutung,
denn in dem Marktsegment bis zur Höhe des Gleichgewichtswerts kann man damit rechnen, eine mit gewöhnlichen Herstellungskosten errichtete Immobilie noch mit Gewinn zu
verkaufen.

131   Für den Sachverständigen ist es also wichtig, den örtlichen Gleichgewichtswert zu kennen,
weil hiervon ausgehend die Marktzu- oder -abschläge entsprechend dem Kurvenverlauf
und der Höhe des Sachwerts im Einzelfall anzubringen sind.

132   In einer Reihe von Grundstücksmarktberichten werden **Marktanpassungsfaktoren in
Abhängigkeit vom Kubikmeter Brutto-Rauminhalt (umbauten Raum)** angegeben,
wobei die Marktanpassungsfaktoren umso höher ausfallen, je größer der Kubikmeter
Brutto-Rauminhalt (umbauter Raum) ist. Diese Art der Ableitung entspricht im Wesentli-
chen der Ableitung der Marktanpassungsfaktoren in Abhängigkeit von der Höhe des Sach-
werts, weil diese naturgemäß mit der Größe des Objektes anwächst. Allerdings wird mit
Marktanpassungsfaktoren als Funktion des Sachwerts gleichzeitig die Ausstattung und die
Lage des Grundstücks (Bodenwert) miterfasst und ist insoweit vorzuziehen.

**Abb. 21: Wertverhältnis Verkehrswert/Sachwert für Einfamilienhäuser in ausge-
wählten Gemeinden und Landkreisen 1999/2000**

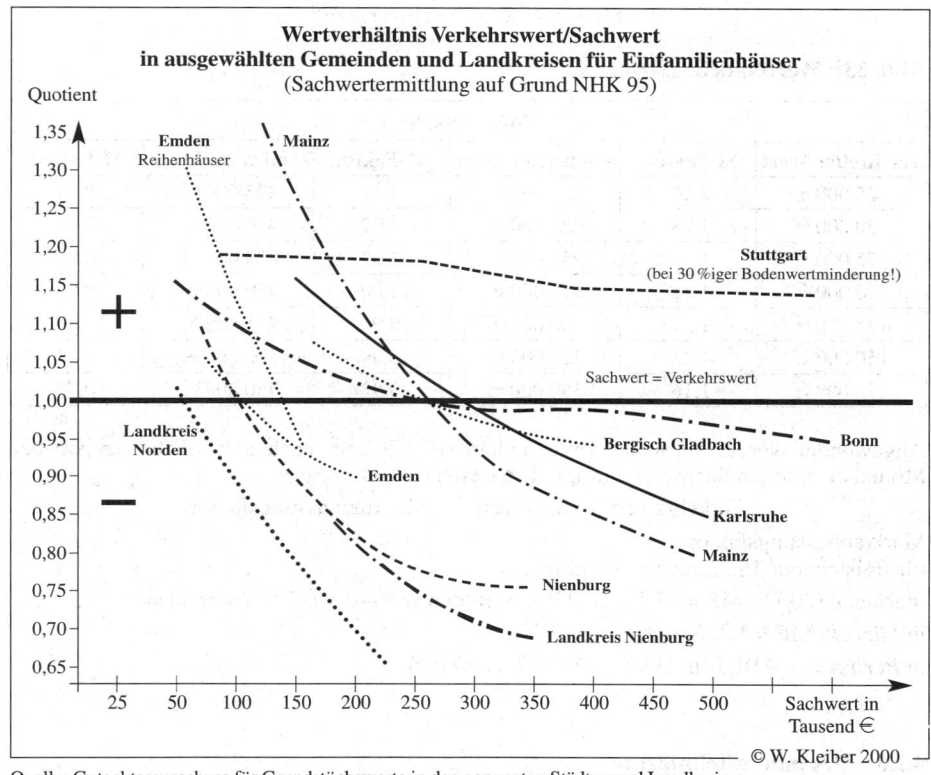

Quelle: Gutachterausschuss für Grundstückswerte in den genannten Städten und Landkreisen

Die Marktanpassungsfaktoren in *Bonn* (1997) auf der Grundlage der Sachwertermittlung   **133**
nach 13er-Werten und einer Abschreibung nach *Ross* zeigen den nachfolgenden Verlauf:

Abb. 22: Zu- und Abschläge bei Ein- und Zweifamilienhäusern in Bonn

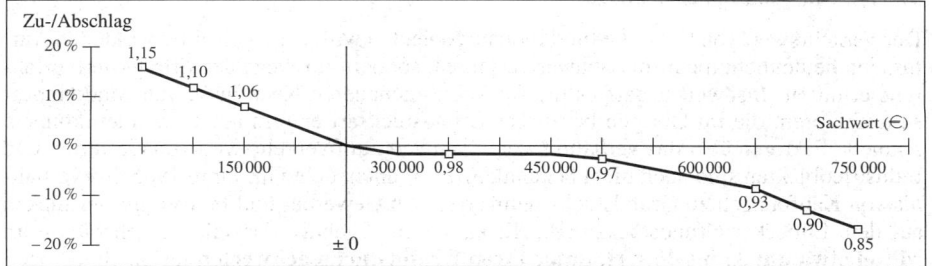

Quelle: Grundstücksmarktbericht 1999 Bonn (umgerechnet)

134   In *Mainz* wurden – bezogen auf NHK 95 – folgende Marktanpassungsfaktoren in Abhängigkeit vom Sachwert nach der Formel ermittelt oder in Tabellenform (Abb. 23):

$$MF = 89{,}38 \ \times \ Sachwert^{-0{,}34}$$

Abb. 23: Wertetabelle (2000)

Wertetabelle					
ermittelter Wert	M-Faktor	ermittelter Wert	M-Faktor	ermittelter Wert	M-Faktor
25 000 €	2,26	200 000 €	1,11	375 000 €	0,90
50 000 €	1,78	225 000 €	1,07	400 000 €	0,88
75 000 €	1,55	250 000 €	1,03	425 000 €	0,86
100 000 €	1,41	275 000 €	1,00	450 000 €	0,84
125 000 €	1,31	300 000 €	0,97	475 000 €	0,83
150 000 €	1,23	325 000 €	0,94	500 000 €	0,82
175 000 €	1,16	350 000 €	0,92	750 000 €	0,71

Angewendet werden diese Faktoren, indem sie mit dem nach dem oben angegebenen Modell ermittelten Sachwert multipliziert werden:

Verkehrswert = Sachwert × Marktanpassungsfaktor

Marktanpassungsfaktor
für freistehende Ein- und Zweifamilienhäuser
in *Rheine* (2000): MF = 77,1 + 0,12378 × Bodenwert – 0,1587 × Wohnfläche,
in *Lübeck:* MF = 3,816 × Sachwert $^{-0{,}249}$
in *Berlin:* vgl. ABl. Bln. 1999, 5004 = GuG 2001/6

4.2.8   Besondere Teilmärkte

a) Teilmarkt Erbbaugrundstücke

135   Eine Besonderheit weist der Grundstücksmarktbericht 2000 des Gutachterausschusses für Grundstückswerte in *Bergisch-Gladbach* auf. Dort hat man Marktanpassungsfaktoren für Erbbaugrundstücke für folgende Teilmärkte abgeleitet:

– Doppelhaushälfte- und Reihenhausbebauung sowie

– Freistehende Einfamilienhausbebauung.

Es ergaben sich bei einem Weiterverkauf des Eigenheims durch den Erbbauberechtigten folgende Ergebnisse (Abb. 24 und 25).

b) Gewerbe- und Industrieobjekte

136   Der Verkehrswert von Gewerbe- und Industrieobjekten wird entgegen einer veralteten Auffassung heute nicht mehr im Sachwertverfahren, sondern im Wege des Ertragswertverfahrens ermittelt. Insoweit bedarf es hierfür keiner genaueren Kenntnisse von Marktanpassungsfaktoren, die im Übrigen bei dieser Grundstücksart extrem hoch ausfallen können. Aktuelle Faktoren über das Verhältnis vom Sachwert zum Verkehrswert von Gewerbe- und Industrieobjekten sind auch nicht bekannt. *Streich*[6] untersuchte im Jahre 1985 das Verhältnis von Kaufpreisen zu Grundstückssachwerten von Gewerbe- und Industriegrundstücken auf dem Lübecker Grundstücksmarkt. Er kam zum Ergebnis, dass die Verkehrswerte im **Mittel etwa um 35 bis 40 v. H. unter ihren Grundstückssachwerten** lagen. Tendenziell stiegen die Abschläge vom Grundstückssachwert mit steigenden Sachwerten an.

Bei Gewerbe- und Industriegrundstücken (ohne städtische Geschäftsgrundstücke) beträgt **137**
der **durchschnittliche Anpassungsabschlag etwa 25 v. H.** (± 10 v. H.) des Grundstückssachwerts. Bei älteren Objekten kann sich der Anpassungsabschlag **bis auf 35 bis 65 v. H.**
(± 15 v. H.) erhöhen. Die recht hohen Abschläge deuten darauf hin, dass der Grundstückssachwert keine geeignete Grundlage für die Wertermittlung älterer Gewerbe- und Industriegrundstücke bietet.

Abb. 24: Abweichungen der Kaufpreise vom Sachwert im Vomhundertsatz

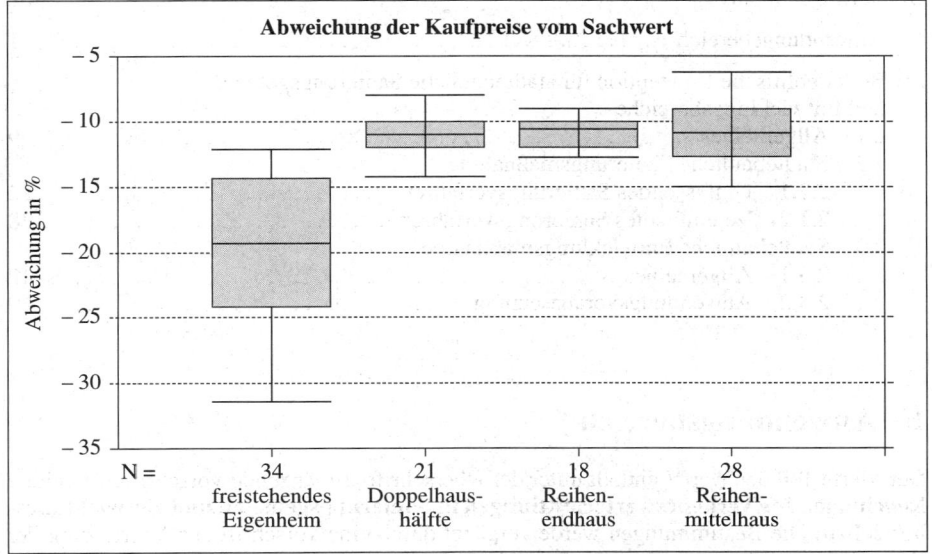

Abb. 25: Abweichungen der Kaufpreise vom Sachwert

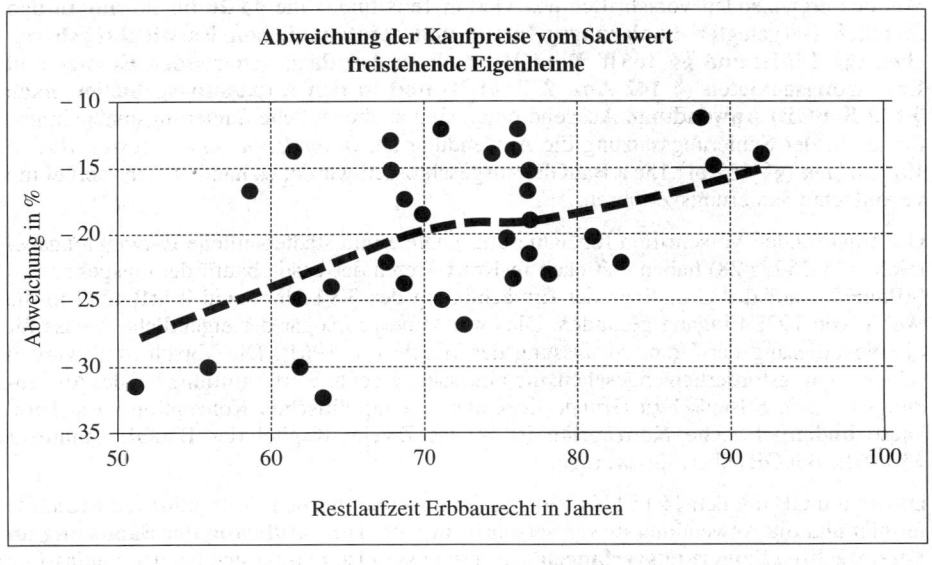

---

6   Streich: Ableitung des Verkehrswerts aus dem Sachwert, VBN-Info 1987, 22

Vierter Teil WertV:
Ergänzende Vorschriften

Vorbemerkungen zu den §§ 26 bis 28 WertV

---

1   Anwendungsbereich

1   Der Vierte Teil der WertV enthält unter der Überschrift „Ergänzende Vorschriften" weitere **Regelungen für Verkehrswertermittlungen in Sanierungsgebieten und Entwicklungsbereichen.** Die Bestimmungen werden ergänzt durch eine Vorschrift zur Abgrenzung der Entschädigung für den Rechtsverlust von Entschädigungen für andere Vermögensnachteile unter Berücksichtigung von Vermögensvorteilen (§ 29).

2   Von den ergänzenden Vorschriften des Vierten Teils finden die **§§ 26 bis 28 nur in den förmlich festgelegten Sanierungsgebieten und städtebaulichen Entwicklungsbereichen (§§ 136 ff. und §§ 165 ff. BauGB) sowie in den dazu gehörenden Ersatz- und Ergänzungsgebieten (§ 142 Abs. 2 BauGB) und in den Anpassungsgebieten (nach § 170 BauGB) Anwendung.** Ausgenommen sind städtebauliche Sanierungsmaßnahmen, für die in der Sanierungssatzung die Anwendung der *besonderen sanierungsrechtlichen Vorschriften* (§§ 152 bis 156 a BauGB) ausgeschlossen wurde; es handelt sich hierbei um vereinfachte Sanierungsverfahren.

3   Die ergänzenden Vorschriften für Sanierungsgebiete und städtebauliche Entwicklungsbereiche (§§ 26 bis 28) haben erst nach In-Kraft-Treten des Städtebauförderungsgesetzes – StBauFG – auf der Grundlage der Ermächtigung des § 91 Nr. 1 und 2 StBauFG in die WertV von 1972 Eingang gefunden. Dies war seinerzeit sogar der eigentliche Anlass für die Novellierung der Ursprungsfassung der WertV von 1961[1]. Die Vorschriften wurden seinerzeit als erforderlich angesehen, um eine sachgerechte Wertermittlung bei der Anwendung der dem StBauFG zu Grunde liegenden bodenpolitischen Konzeption zu sichern. Diese **bodenpolitische Konzeption** ist in das Zweite Kapitel des BauGB (nunmehr §§ 136 ff. BauGB) überführt worden.

4   Da das BauGB mit den §§ 152 bis 156 a an der bodenpolitischen Konzeption des StBauFG festhält und die Anwendung dieser Vorschrift **nur bei Durchführung der Sanierung im Vereinfachten Sanierungsverfahren**[2] ausgeschlossen ist, musste sich bei der Neufassung der WertV die Frage einer Übernahme der Regelungen der §§ 21 ff. WertV 72 stellen. Im

Vordergrund stand dabei die Frage, für welche der bisherigen Regelungen nach wie vor ein unabweisbares Erfordernis bestand bzw. welche Regelungen auf Grund der gewachsenen Erfahrungen, insbesondere der Gemeinden und der Gutachterausschüsse, und mit Blick auf die gewachsene Verwaltungskraft entfallen konnten. Hinzu kam, dass es **auch bei den einschlägigen Wertermittlungen für die im Sanierungsgebiet oder städtebaulichen Entwicklungsbereich belegenen Grundstücke um die im Ersten bis Dritten Teil der WertV bereits geregelte Ermittlung von Verkehrswerten geht.** Aus diesem Grunde wurde schon im Zusammenhang mit der WertV-Novelle 1972 darauf hingewiesen, dass es der ergänzenden Vorschriften für Sanierungsgebiete und Entwicklungsbereiche eigentlich gar nicht bedürfe und der Teil V der WertV 72 weitgehend die gesetzlichen Vorschriften wiederhole und zumindest von daher zu umfänglich gewesen sei.

Dass es sich **bei den nach Maßgabe der sanierungs- und entwicklungsrechtlichen Vorschriften zu ermittelnden Werte in ihrem substanziellen Kern jeweils um Verkehrswerte handelt,** wurde schon im Gesetzgebungsverfahren zu diesen Bestimmungen gesehen. Der Ausschussbericht sprach in diesem Zusammenhang von „nach Maßgabe des … modifizierten Verkehrswerten"[3]. Tatsächlich handelt es sich allenfalls um einen durch besondere rechtliche Vorschriften beeinflussten Verkehrswert, wobei namentlich die Regelungen der §§ 153 ff., ggf. i. V. m. § 169 Abs. 1 Nr. 6 und 7 sowie § 169 Abs. 4 bis 8 BauGB hervorzuheben sind. Nun liegt es im Wesen des gewöhnlichen Geschäftsverkehrs neben den tatsächlichen Grundstückseigenschaften auch die rechtlichen Gegebenheiten zu berücksichtigen, seien es Vorschriften miet- oder steuerlicher Art oder auch privatrechtliche Vereinbarungen. Dies gilt gleichermaßen für bodenrechtliche Vorschriften. Insofern ist es sogar eher irreführend in diesem Zusammenhang von „modifizierten" Verkehrswerten zu sprechen. Es geht auch hier im Kern um eine Verkehrswertermittlung[4].   **5**

Der Verweis auf einen „modifizierten Verkehrswert" ist rechtshistorisch dadurch erklärbar, dass mit dem Erlass des StBauFG im Jahre 1971, aus dem das besondere Städtebaurecht des BauGB (§§ 136 ff. BauGB) hervorgegangen ist, die besonderen sanierungs- und entwicklungsrechtlichen Vorschriften einen **bodenpolitisch gravierenden Einschnitt in die bis dahin geltenden bodenrechtlichen Vorschriften bedeuteten** und insoweit die rechtlichen Rahmenbedingungen „modifiziert" wurden.   **6**

▶ *Hierzu auch § 199 BauGB Rn. 18 ff.*

Von modifizierten Verkehrswerten im Rahmen von Wertermittlungen in Sanierungsgebieten und Entwicklungsbereichen kann im Hinblick auf die besonderen Rechtsvorschriften schon deshalb nicht gesprochen werden, weil die Definition des Verkehrswerts ausdrücklich auf die **Berücksichtigung „rechtlicher Gegebenheiten"** abhebt und diese damit verkehrswertimmanent sind. Noch deutlicher wurde dies in der Vorgängerregelung zu § 194 BauGB herausgestellt. § 142 Abs. 1 Satz 2 BBauG 1975 stellte fest, dass bei der Ermittlung des Verkehrswerts „insbesondere Vorschriften über die Berücksichtigung oder Nichtberücksichtigung bestimmter Umstände zu beachten" sind[5]. Dieser ausdrückliche und   **7**

---

1 BR-Drucks. 265/72, Begründung S. 2 ff.

2 Zur Entwicklung: Kleiber im BBauBl. 1984, 817 sowie Kleiber in Bielenberg/Koopmann/Krautzberger, Städtebauförderungsrecht Bd. I, § 154 BauGB Rn. 1

3 BT-Drucks. VI/2204, zu § 57 StBauFG

4 Auch im Rahmen der steuerlichen Bewertung ist der BFH in seinem Urt. vom 29. 8. 1996 – VIII R 15/93 –, EzGuG 15.86 a davon ausgegangen, dass der Anfangswert dem gemeinen Wert (materiell = Verkehrswert) entspreche.

5 In der Begründung wurde herausgestellt, dass diese Regelung nur deklaratorischen Charakter habe und bereits im Verkehrswertprinzip begründet sei. Nur eine Minderheit des damals federführenden Bt-Ausschusses befürchtete ein Abgehen vom Verkehrswertprinzip (BT-Drucks. 7/4792, S. 53). Bereits der BFH hat aber mit Urt. vom 3. 4. 1964 – III 293/61 – beispielsweise festgestellt, dass eine gesetzeswidrige Umgehung von Preisvorschriften, auch wenn sie einen größeren Umfang annähme, auf die Verkehrswertermittlung keinen Einfluss haben dürfe.

klarstellende Hinweis ist später mit der Zusammenführung von BBauG und StBauFG im Jahre 1987 ersatzlos fortgefallen, da es sich dabei letztlich um Selbstverständliches handelt[6].

8   **Die §§ 26 bis 28 WertV** kommen diesen Gesichtspunkten entgegen. Sie wurden ohne materielle Änderungen gegenüber dem früheren Recht mit der WertV 88 erheblich **gestrafft und neu strukturiert.** Dem kommt entgegen, dass

– die Vorschriften der geltenden WertV eine Reihe von Bestimmungen enthalten, die bisher – beschränkt auf förmlich festgelegte Sanierungsgebiete und städtebauliche Entwicklungsbereiche – im Teil V der WertV 72 enthalten waren (z. B. § 22 WertV 72 nunmehr § 4 Abs. 1 WertV) und

– die bisher in § 24 Abs. 1 WertV 72 i.V. m. § 2 Abs. 1 AusgleichsbetragV[7] geregelte Bemessung von Ausgleichsbeträgen sich bereits weitgehend aus § 154 Abs. 2 BauGB ergibt.

2   Bodenpolitische Konzeption für städtebauliche Sanierungsgebiete und Entwicklungsbereiche

2.1   Allgemeines

9   Die bodenpolitische Konzeption des Sanierungs- und Entwicklungsmaßnahmenrechts ist (von den vereinfachten Sanierungsverfahren abgesehen) darauf gerichtet, sanierungs- bzw. entwicklungsbedingte Bodenwerterhöhungen, die erst durch die gemeindlichen Sanierungs- bzw. Entwicklungsmaßnahme herbeigeführt werden,

– zur **Finanzierung der Sanierung bzw. Entwicklung** (§ 154 Abs. 1 Satz 1 BauGB) und

– zur **Vermeidung von Erschwernissen bei der Durchführung der Sanierung bzw. Entwicklung** (§ 142 Abs. 4 Satz 1 BauGB)

der Gemeinde und somit der Allgemeinheit zu erhalten.

10   Für diesen Zweck wird von demjenigen Eigentümer, der im Verlauf einer Sanierungs- oder Entwicklungsmaßnahme sein Grundstück behalten hat, nach Abschluss der Maßnahme an Stelle des Erschließungsbeitrags und eines naturschutzrechtlichen Kostenerstattungsbetrags ein **Ausgleichsbetrag in Höhe der sanierungs- bzw. entwicklungsbedingten Bodenwerterhöhungen** erhoben (§§ 154 f., 159 Abs. 5 und § 166 Abs. 3 Satz 4 BauGB). Für diejenigen, die im Verlauf der Maßnahme ihr Grundstück freihändig bzw. im Wege der Enteignung „hergegeben" haben, sind – gleichsam spiegelbildlich hierzu – bei der Bemessung von Ausgleichs- und Entschädigungsleistungen die sanierungs- bzw. entwicklungsbedingten Werterhöhungen „auszuklammern", d. h. die entschädigungsrechtlich zu berücksichtigende Qualität bestimmt sich – in Anwendung des Grundsatzes, der § 153 Abs. 1 BauGB zu Grunde liegt, – nach dem Zustand des Grundstücks ohne Aussicht auf die Sanierung bzw. Entwicklung, ihre Vorbereitung und Durchführung. Dieser Grundstückswert wird auch als „sanierungs- bzw. entwicklungsunbeeinflusster Grundstückswert" bezeichnet. Mit der sog. Preisprüfung nach § 144 i.V. m. § 153 Abs. 2 BauGB hat der Gesetzgeber sichergestellt, dass dieser Grundstückswert bei freihändiger Veräußerung grundsätzlich nicht überschritten wird.

11   Die bodenpolitische Konzeption liegt auch der **städtebaulichen Entwicklungsmaßnahme** zu Grunde, bei der nach § 166 Abs. 3 BauGB die entwicklungsbedingte Bodenwerterhöhung im Regelfall im Wege des sog. Durchgangserwerbs und in Ausnahmefällen durch die Erhebung von Ausgleichsbeträgen „abgeschöpft" wird. Der Grunderwerb erfolgt hier zum „entwicklungsunbeeinflussten Grundstückswert".

Das BauGB hat – wie bereits erwähnt – mit den „Besonderen sanierungsrechtlichen Vor- **12**
schriften" der §§ 153 bis 156 a BauGB über die „Abschöpfung" sanierungs- und entwicklungsbedingter Werterhöhungen **die bereits dem StBauFG zu Grunde liegende bodenpolitische Konzeption in ihren Grundzügen unverändert übernommen.** Mit dieser
Konzeption ist der Rechtsgedanke fortentwickelt worden, der auch der „Abschöpfung"
umlegungsbedingter Bodenwerterhöhungen nach den §§ 45 ff. BauGB zu Grunde liegt[8]. In
der Literatur besteht hierzu im Wesentlichen Übereinstimmung, dass die bodenrechtliche
Ausgestaltung des Sanierungs- und Entwicklungsrechts, soweit sie Art. 14 GG berührt,
ihre verfassungsrechtliche Grundlage in Art. 14 Abs. 1 Satz 2 und Abs. 2 GG findet. Im
Übrigen ist die sanierungs- und entwicklungsrechtliche Konzeption auch im Hinblick auf
die unterschiedliche Behandlung der Eigentümer innerhalb und außerhalb förmlich festgelegter Sanierungsgebiete bzw. städtebaulichem Entwicklungsbereich in der höchstrichterlichen Rechtsprechung gebilligt worden (vgl. Rn. 21).

Der **Ausgleichsbetrag** nach den §§ 154 f. BauGB **ist nicht mit dem sog. Planungswert- **13**
ausgleich**[9] **gleichzusetzen,** da er sich zur Finanzierung der Maßnahme nach der Gesamtheit der maßnahmenbedingten (ggf. unter Einbeziehung planungsbedingter Werterhöhungen) und ersatzweise für die sonst zu erhebenden Erschließungsbeiträge und
Kostenerstattungsbeträge bemisst und durch die aufgewandten Kosten „gekappt" wird
(§ 156 a BauGB 98; vgl. § 27 WertV Rn. 15 ff.).

Der sog. Planungswertausgleich, der abgabenrechtlich von der sog. **Wertzuwachssteuer**[10] unterschieden werden **14**
muss, war nie unumstritten. Eine Steuer auf den nichtrealisierten Wertzuwachs, so Tipke/Lang[11] in ihrem Steuerkom-
mentar, wäre mit Substanzsteuermängeln behaftet und hat sich deshalb nicht in die Rechtswirklichkeit durchgesetzt;

---

6 In der Begründung wurde die Regelung des § 142 Abs. 1 BBauG 1975 als „überflüssig" bezeichnet (BR-Drucks.
   675/85 S. 150)
7 Der Regelungsgehalt der „Verordnung über die Erhebung von Ausgleichsbeträgen nach den §§ 41 und 42
   StBauFG" (AusgleichsbetragV) wurde – soweit nicht ersatzlos aufgehoben – mit den einschlägigen besonderen sanierungsrechtlichen Vorschriften der §§ 152 ff. BauGB verschmolzen (vgl. Kleiber in ZfBR 1986, 263)
8 BVerfG, Beschl. vom 17. 12. 1964 – 1 BvL 2/62 –, EzGuG 17.24
9 Historische Vorläufer sind z. B. das „Betterment-System" der napoleonischen Gesetzgebung vom 16. 6. 1807 (Art.
   30; vgl. Weber, A., über Bodenrente und Bodenspekulation in der modernen Stadt, Leipzig, S. 183) und hierauf
   aufbauend die „Betterment-Abgabe" des Magistrats der Stadt Breslau (Jahrbuch der Bodenreform 1906, 44, 131);
   die Bettermentabgabe der Stadt Frankfurt a. M. (Jahrbuch der Bodenreform 1905, 209), der Planungswertausgleich im Reichsland Elsaß (Colbert, Jahrbuch der Bodenreform 1908, 177); Gesetz vom 16. 9. 1807 (Art. 30 f.),
   Le pricipé des plus values. Einen „delikaten" Vorläufer enthält der Referentenentwurf eines Deutschen Baugeset-
   buchs vom 21. 3. 1942 (Referate für Aufbau und Allgemeines), der Abgaben für Wertsteigerungen bei der Überführung von Rohland zu Bauland (Baulandabgabe) und Abgaben für Wertsteigerungen bei städtebaulichen Maßnahmen (Wertsteigerungsabgaben) in den §§ 96 und 97 vorsah. Die Abgabe sollte 80 v. H. der Werterhöhung entsprechen. Nach dem 2. Weltkrieg: Bielenberg, W., Empfehlen sich weitere bodenrechtliche Vorschriften im
   städtebaulichen Bereich, Gutachten zum 49. Deutschen Juristentag München 1972; Schmidt-Assmann, Grundfragen des Städtebaurechts, Göttingen 1972 S. 261 ff.; Gaentzsch, Die Bodenwertabschöpfung im StBauFG, Siegburg 1975; Janning, Bodenwert und Städtebaurecht, Berlin 1976; Leisner, Wertzuwachsbesteuerung und Eigentum, Schriften zum Steuerrecht Bd. 19, Berlin 1973, S. 83 ff.; Wissenschaftlicher Beirat beim BMF: Probleme und
   Lösungsmöglichkeiten einer Bodenwertzuwachsbesteuerung; Schriftenreihe des BMF Bd. 22 Bonn 1976; Troll,
   Grund und Boden, Politik und Steuern, Heidelberg 1972, S. 56 ff.; Friauf, Der Beitrag steuerlicher Maßnahmen
   zur Lösung der Bodenfrage, Schriftenreihe des BMBau 03.064, Bonn 1978, S. 90 ff.; Halstenberg/Lenort/Rößler,
   Vorteils- und Schadensausgleich im Planungsrecht, Schriften des Deutschen Verbandes für Wohnungswesen,
   Städtebau und Raumplanung Köln 1958; GuG 1997, 47, 106 ff. und 234 ff.; Groth/Streck, Abschöpfung leistungs-
   loser Bodenwertsteigerungen, Kritische Justiz 1998, 318; Huber, P., Rechtliche Grenzen von Planungswertausgleich und städtebaulichen Verträgen, DÖV 1999, 173; Diehr, U., BauR 2000, 1
10 S. Kumpmann, Wertzuwachssteuer, Tübingen 1907; Müthling, Wertzuwachssteurrecht, Berlin 1943; Tuntke,
   Die Behandlung der Bodenwertsteigerungen im englischen Recht, Diss. Köln 1969; Sachse, DB 1971, 1179;
   v. Schalburg, BB 1971, 695; Zink/Liedschulte, StuW 1971, 45; K.-H. Peters, Die Bodenreform, Hamburg 1971;
   Ostendorf, Einführung in die Bodenwertzuwachssteuer, FR 1971, 137; Troll, Grund und Boden, Politik und
   Steuer, Heidelberg 1972; K. H. Friauf, Steuergesetzgebung als Instrument der Bodenordnung (Bodenwertzu-
   wachssteuer), DVBl. 1972, 652; Zink, Die Probleme einer Wertzuwachsbesteuerung, StuW 1973, 150; v. Nell-
   Breuning, Handbuch der Finanzwissenschaft, Bd. 2, Tübingen 1956, 557 ff. (s. auch 521 ff.); Friedr. Klein,
   Bodenwertzuwachssteuer und Art. 14 GG, DÖV 1973, 433; Liedschulte/Zink, Die Erfassung von Wertzuwächsen im Rahmen der Einkommens- und Ertragsbesteuerung, Opladen 1973
11 Tipke/Lang, Steuerrecht § 4 Rn. 107, S. 86

„in Gestalt einer kommunalen Steuer auf Bodenwertsteigerungen, auch Planungswertausgleich genannt, wird sie immer wieder einmal von steuerunwissenden Ideologen ins Spiel gebracht."

15 Ein Planungswertausgleich ist entgegen weit verbreiteter Auffassung auch nicht in den **Niederlanden** eingeführt worden[12].

16 Im Vorfeld der Beratungen zum StBauFG, dem Vorläufer des besonderen Städtebaurechts, wurde als bodenpolitische Lösung zur Finanzierung der Maßnahme die sog. Kostenlösung und die sog. Wertlösung diskutiert:

– Nach der sog. *Kostenlösung* (Infrastrukturabgabe) werden die betroffenen Eigentümer – vergleichbar mit der Erhebung von Erschließungsbeiträgen – mit den maßnahmenbedingten Infrastrukturkosten belastet. Dieser Lösungsansatz wurde im Hinblick auf das ungelöste Zurechnungsproblem, d. h. der Zuordnung von Infrastrukturkosten zu den von den Infrastrukturmaßnahmen begünstigten Grundstücken verworfen[13]. Diese Zurechnung ist nicht eindeutig lösbar und damit äußerst streitbefangen; sie würde im Übrigen die betroffenen Eigentümer regelmäßig mit einem höheren Betrag belasten, als ihre Grundstücke im Wert steigen.

– Nach der sog. *Wertlösung* werden die betroffenen Eigentümer lediglich mit dem Betrag belastet, der der maßnahmenbedingten Werterhöhung ihrer Grundstücke entspricht.

17 Der Gesetzgeber hat sich schließlich zu einer **kombinierten Wert-Kostenlösung** entschieden, mit der die „Abschöpfung" maßnahmenbedingter Bodenwerterhöhungen zunächst nach der maßnahmenbedingten Erhöhung der Verkehrswerte der betroffenen Grundstücke bemisst und nur in den Fällen, in denen die aufsummierten maßnahmenbedingten Bodenwerterhöhungen die Kosten übersteigen, eine Verteilung des Überschusses erfolgt (vgl. § 156a BauGB sowie § 171 BauGB).

18 Im Ergebnis wird die Abschöpfung der maßnahmebedingten Bodenwerterhöhung des einzelnen Grundstücks durch den auf dieses Grundstück entfallenden Kostenanteil der Gesamtmaßnahme in den Fällen gekappt, in denen die Gesamteinnahmen aus der Abschöpfung maßnahmenbedingter Bodenwerterhöhungen die Gesamtkosten der Maßnahme übersteigen. Dies kann allerdings erst nach Abschluss der Maßnahme und dem Verfahren zur Erhebung von Ausgleichsbeträgen auf der Grundlage einer Abrechnung der Maßnahme festgestellt werden. Das Gesetzbuch geht für einen solchen Ausnahmefall von einer nachträglichen Überschussausschüttung aus (vgl. § 27 WertV Rn. 13 ff.). Insoweit sieht das bodenpolitische System des Besonderen Städtebaurechts **zwei Kappungsgrenzen** vor (vgl. Abb. 1).

a) eine Kappung der Abschöpfung der maßnahmenbedingten Gesamtkosten durch den maßnahmenbedingten Bodenwertzuwachs des einzelnen Grundstücks sowie

b) eine Kappung der Abschöpfung der maßnahmenbedingten Bodenwerterhöhung des einzelnen Grundstücks durch die auf dieses Grundstück entfallenden Anteile der Gesamtkosten, wobei dieser Fall allerdings nur dann eintritt, wenn die Gesamteinnahmen die Gesamtkosten übersteigen. In diesem Fall vollzieht sich diese „Kappung" durch eine nachträgliche Ausschüttung des Überschusses nach § 156a BauGB.

19 Die Ausgleichsbetragsregelung des Besonderen Städtebaurechts ist damit vom **Äquivalenzprinzip** beherrscht und kann nicht mit der klassischen Forderung nach einem Planungswertausgleich gleichgesetzt werden, da dann auch erhebliche Abgaben im Verhältnis zu geringen gemeindlichen Aufwendungen entstehen können.

20 Die Erhebung von Ausgleichsbeträgen war rechtspolitisch nie unumstritten[14]. Die Bundesregierung hat jedoch schon anlässlich der Beratungen zum StBauFG 1984 im Bundesrat angekündigt, dass die besondere bodenpolitische Konzeption des StBauFG in das BauGB übernommen werde[15]. Demgegenüber hatte die zur Vorbereitung des BauGB eingesetzte Arbeitsgruppe noch mehrheitlich die Aufhebung des Ausgleichsbetragsrechts empfohlen[16]. Hierzu wurde in der Stellungnahme des Bundesministers für Raumordnung, Bauwesen und Städtebau zu bedenken gegeben, dass das Ausgleichsbetragsrecht für sich habe, dass die **Eigentümer nach gleichen Maßstäben und mit einer an der tatsächlichen Werterhöhung ihrer Grundstücke orientierten Belastungsgrenze an den Kosten der Sanierungsmaßnahme beteiligt** werden, während die Erhebung eines an Kosten orientierten Erschließungsbeitrags sowie eines Beitrags nach dem Kommunalabgabengesetz (KAG)

Abb. 1: Kappung der Kosten und des Bodenwertzuwachses

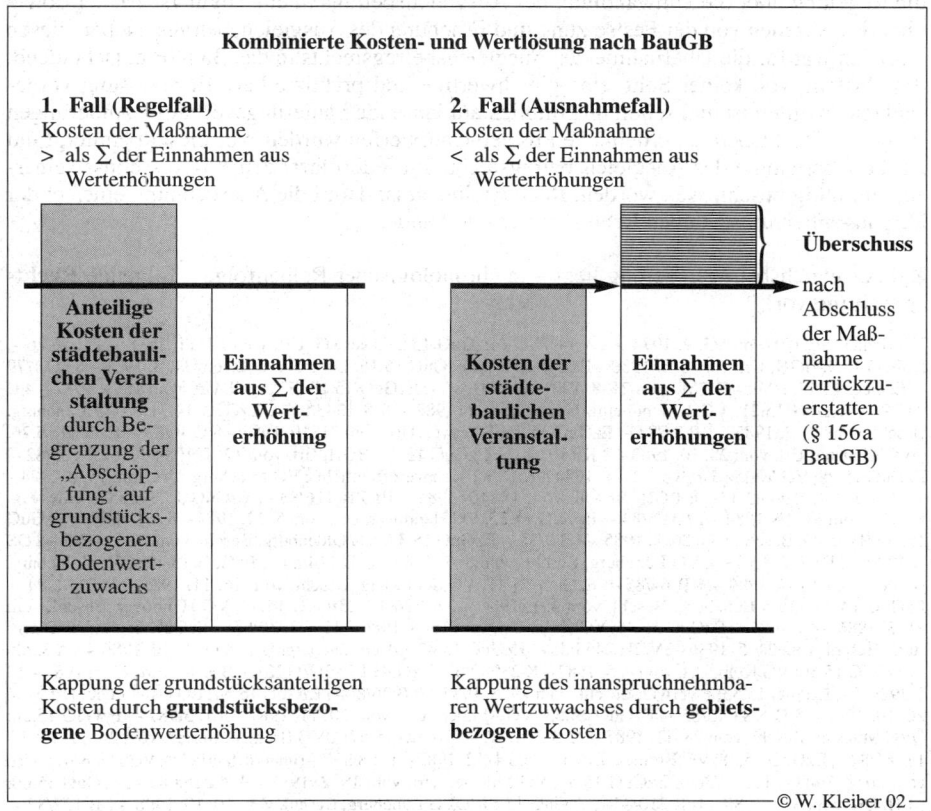

Kombinierte Kosten- und Wertlösung nach BauGB

1. Fall (Regelfall)
Kosten der Maßnahme
> als ∑ der Einnahmen aus
  Werterhöhungen

2. Fall (Ausnahmefall)
Kosten der Maßnahme
< als ∑ der Einnahmen aus
  Werterhöhungen

Überschuss

nach
Abschluss
der Maß-
nahme
zurückzu-
erstatten
(§ 156a
BauGB)

Anteilige Kosten der städtebauli-chen Veran-staltung durch Be-grenzung der „Abschöp-fung" auf grundstücks-bezogenen Bodenwert-zuwachs

Einnahmen aus ∑ der Wert-erhöhung

Kosten der städte-baulichen Veranstal-tung

Einnahmen aus ∑ der Wert-erhöhungen

Kappung der grundstücksanteiligen Kosten durch **grundstücksbezo-gene** Bodenwerterhöhung

Kappung des inanspruchnehmba-ren Wertzuwachses durch **gebiets-bezogene** Kosten

© W. Kleiber 02

bei geringen Bodenwerterhöhungen in Gebieten mit geringer Wirtschaftskraft zu höheren Belastungen der Eigentümer führen könne[17].

Die **Schutzfunktion des Ausgleichsbetrags** ist – ähnlich der Ausgleichsleistung im Umlegungsverfahren – von entscheidender Bedeutung für die Akzeptanz der abgaben-rechtlichen Vorschriften. Eine über den Wertzuwachs des Grundstücks hinausgehende Belastung der Eigentümer müsste dagegen deren Mitwirkungsbereitschaft mindern und die Durchführung der Sanierung erschweren. Darüber hinaus weist das Ausgleichsbetragsrecht **21**

12 Schmidt-Eichstaedt, GuG 1999, 65; Needham/Koenders/Kruijt, The Netherlands, UCL Press London 1993, S. 69; Jans, Planungs- und Bodenrecht in den Niederlanden, Archiv für Kommunalwissenschaft 1968, 318

13 OVG Lüneburg, Urt. vom 27. 7. 1972 – 1 A 118/71 –, EzEuG 1.11; BVerwG, Urt. vom 30. 11. 1973 – 7 C 78/72 –, EzEuG 1.14; BVerfG, Beschl. vom 12. 10. 1978 – 2 BvR 154/74 –, EzEuG 1.18

14 Glier in BIGBW 1975, 24; Bielenberg in BIGBW 1974, 1; Göb in BIGBW 1972, 41; Müller in BIGBW 1955, 145; Risse in FWW 1975, 365; ders. in FWW 1976, 59; Holzheu, F., in Stadtbauwelt 1974, 17; Hintzsche in Stadtbauwelt 1970; Janning, Bodenwert und Städtebaurecht, Köln 1976; Haman, Bodenwert und Stadtplanung, Köln 1969; Risse in GWW 1976, 112; Peters in GWW 1971, 420; Kuttler/Zangg in WuR, Zürich 1972, S. 251, Angelini, ibidem 1972 S. 269; Materialien zum BauGB, BMBau Schriftenreihe 03.108 Bonn 1984, S. 124 f.

15 BR-PlenProt Nr. 452 der BR-Sitzung vom 26. 10. 1984; DVBl. 1984, 580

16 Materialien zum BauGB, Schriftenreihe des BMBau 03.108, S. 96, 124

17 So auch BT-Ausschuss anlässlich der Beratungen der StBauFG 84; vgl. BT-Drucks. 10/2039, S. 5 sowie Schäfer/difu, Erfahrungen mit der Stadterneuerung nach dem StBauFG, Schriftenreihe des BMBau 02.036 Bonn 1986, S. 231

mehr als das Erschließungsbeitragsrecht eine Reihe sozialer Komponenten auf, wie z. B. die Regelung über die Umwandlung des Ausgleichsbetrags in ein Tilgungsdarlehen sowie über das Absehen von der Festsetzung und Erhebung des Ausgleichsbetrags. Neben diesen Gründen war für die Übernahme des Ausgleichsbetragsrechts in das BauGB entscheidend, dass bislang von keiner Seite eine gleichwertige und praktizierbare Ersatzlösung vorgeschlagen worden ist und schon im Hinblick auf laufende Sanierungsverfahren Änderungen in diesem Rechtsbereich erhebliche Probleme aufwerfen würden. Vor diesem Hintergrund ist die Übernahme des Ausgleichsbetragsrechts im federführenden BT-Ausschuss seinerzeit einmütig beschlossen worden. Rechtspolitisch ist damit die Anerkennung eines in der Vergangenheit umstrittenen Rechtsbereichs verbunden.

Zur Ausgleichsbetragsregelung liegt – in chronologischer Reihenfolge – folgende **Rechtsprechung** vor:

VG Schleswig, Urt. vom 25. 9. 1974 – 2 A 141/74 –, EzGuG 15.2; BVerwG, Urt. vom 24. 11. 1978 – 4 C 56/76 –, EzGuG 15.9; BGH, Urt. vom 8. 5. 1980 – III ZR 27/77 –, EzGuG 15.16; LG Köln, Urt. vom 31. 3. 1981 – 65 O 1/79 –, EzGuG 15.17; BVerwG, Urt. vom 21. 8. 1981 – 4 C 16/87 –, EzGuG 15.18; BVerwG, Urt. vom 15. 1. 1982 – 4 C 94/79 –, EzGuG 15.21; VGH Mannheim, Urt. vom 9. 2. 1982 – 8 S 1343/81 –, EzGuG 14.71; OVG Lüneburg, Beschl. vom 28. 7. 1983 – 1 B 34/83 –, EzGuG 15.25; BVerwG, Urt. vom 21. 10. 1983 – 8 C 40/83 –, EzGuG 15.26; OVG Münster, Urt. vom 28. 10. 1983 – 3 K 1102/81 –, EzGuG 15.27; BGH, Urt. vom 12. 1. 1984 – III ZR 103/82 –, EzGuG 15.28; VG Mainz, Urt. vom 31. 1. 1984 – K 18/82 –, (unveröffentlicht); VG Lüneburg, Urt. vom 15. 8. 1984 – 11 A 70/83 –, EzGuG 15.30; BGH, Beschl. vom 18. 10. 1984 – III ZR 116/83 –, EzGuG 15.34; VG Schleswig, Beschl. vom 31. 10. 1984 – 12D 95/84 –, EzGuG 15.35; VG Hannover, Urt. vom 5. 12. 1984 – 8 A 174/84 –, EzGuG 15.36; BVerwG, Beschl. vom 26. 3. 1985 – 4 B 9/85 –, EzGuG 15.37; VG Oldenburg, Beschl. vom 27. 3. 1985 – 2 OS D 13/85 –, EzGuG 15.38; OVG Lüneburg, Beschl. vom 8. 7. 1985 – 1 B 114/84 –, EzGuG 15.40; OVG Lüneburg, Beschl. vom 10. 7. 1985 – 6 B 64/85 –, EzGuG 15.41; VG Schleswig, Beschl. vom 26. 11. 1985 – 12 D 96/84 –, EzGuG 14.43; OVG Lüneburg, Beschl. vom 3. 1. 1986 – 1 A 22/84 –, EzGuG 15.44; VG Hannover, Beschl. vom 21. 3. 1986 – 4 D 4/86 –, EzGuG 15.45; VG Köln, Urt. vom 16. 5. 1986 – 13 K 3039/85 –, EzGuG 15.46; VG Darmstadt, Beschl. vom 21. 5. 1986 – IV/2H 2455/85 –, EzGuG 15.47; OVG Lüneburg, Urt. vom 30. 10. 1986 – 6 A 32/85 –, EzGuG 15.50; VG Köln, Urt. vom 8. 5. 1987 – K 2398/86 –, EzGuG 15.52; VG Köln, Beschl. vom 22. 5. 1987 – 13 L 292/87 –, EzGuG 15.53; BVerwG, Beschl. vom 29. 6. 1987 – 8 B 36/87 –, EzGuG 15.54; LG Osnabrück, Urt. vom 26. 10. 1987 – 5 O 5/85-15/85 –, EzGuG 15.55; VG Minden, Urt. vom 20. 11. 1987 – 1 L 58/87 –, EzGuG 15.56; OVG Münster, Beschl. vom 23. 11. 1987 – 22 B 2787/87 –, EzGuG 15.57; OVG Bremen, Beschl. vom 26. 11. 1987 – 1 B 84/87 –, EzGuG 15.58; VG Bremen, Beschl. vom 4. 12. 1987 – 1 B 84/87 – (unveröffentlicht); VG Hannover, Urt. vom 20. 1. 1988 – 4 A 13/86 –, EzGuG 15.59; VG Münster, Urt. vom 18. 2. 1988 – 3 K 2268/85 –, EzGuG 15.60; BFH, Urt. vom 3. 8. 1988 – II R 210/85 –, EzGuG 15.61; OVG Lüneburg, Beschl. vom 10. 10. 1988 – 1 B 102/88 –, EzGuG 15.62; VG Oldenburg, Beschl. vom 7. 8. 1989 – 2 B 36/89 –, EzGuG 15.63; LG Kiel, Urt. vom 3. 11. 1989 – 19 O 4/83 –, EzGuG 15.64; LG Kiel, Urt. vom 3. 11. 1989 – 19 O 3/83 –, GuG 1990, 103 = EzGuG 15.64; BayVGH, Urt. vom 16. 11. 1989 – 2 B 89.1217 –, GuG 1990, 103 = EzGuG 15.65; OVG Hamburg, Beschl. vom 7. 3. 1990 – Bs VI 98/89 –, EzGuG 15.66; OVG Münster, Urt. vom 9. 4. 1990 – 22 A 1185/89 –, EzGuG 15.67; LG Darmstadt, Urt. vom 22. 8. 1990 – 9 O (B) 7/88 –, EzGuG 15.67a; VG Koblenz, Beschl. vom 20. 3. 1991 – 8 L 4420/90 –, EzGuG 15.69; OLG Frankfurt am Main, Urt. vom 24. 6. 1991 – 1 U (B) 2/90 –, GuG 1997, 54 = EzGuG 15.69a –; VGH Kassel, Beschl. vom 29. 10. 1991 – 4 N 1815/85 –, EzGuG 15.70; OVG Lüneburg, Urt. vom 24. 1. 1992 – 1 L 46.47/90 –, EzGuG 15.71; OVG Hamburg, Beschl. vom 24. 9. 1992 – Bs. VI 65/92 –, EzGuG 15.72; FG Saarland, Urt. vom 15. 12. 1992 – 1 K 406/91 –, EzGuG 15.73; BVerwG, Beschl. vom 17. 12. 1992 – 4 C 30/90 –, GuG 1993, 180 = EzGuG 15.74; VG Schleswig, Urt. vom 15. 2. 1993 – 8 A 200/89 –, GuG 1993, 316 = EzGuG 15.75; VG Bremen, Urt. vom 19. 5. 1993 – 1 A 153/89 –, GuG 1994, 59 = EzGuG 15.77; BGH, Beschl. vom 28. 9. 1993 – III ZR 91/92 –, EzGuG 15.76; BFH, Urt. vom 27. 10. 1993 – I R 65/92 –, EzGuG 15.78; VG Bremen, Urt. vom 14. 12. 1993 – 1 A 573/91 –, EzGuG 15.80; BVerwG, Beschl. vom 16. 1. 1996 – 4 B 69/95 –, EzGuG 15.83 = GuG 1996, 111; VG Kassel, Gerichtsentscheid vom 25. 3. 1996 – 6 E 2049/92 –, GuG 1996, 316 = EzGuG 15.84; VG Mainz, Beschl. vom 14. 6. 1996 – 2 L 259/95 –, GuG 1996, 317 = EzGuG 15.85; LG Darmstadt, Urt. vom 31. 7. 1996 – 9 O (B) 12/93 –, GuG 1997, 56 = EzGuG 15.86; VGH Mannheim, Beschl. vom 1. 10. 1996 – 3 S 1904/96 –, GuG 1997, 61 = EzGuG 15.87; OVG Münster, Urt. vom 5. 12. 1996 – 22 A 1755/93 –, GuG 1998, 58 = EzGuG 15.88; OVG Lüneburg, Urt. vom 17. 1. 1997 – 1 L 1218/95 –, GuG 2000, 179 = EzGuG 15.87a; OVG Lüneburg, Urt. vom 29. 5. 1997 – 1 K 5/96 –, GuG 1998, 185 = EzGuG 15; OVG Bremen, Urt. vom 19. 8. 1997 – 1 BA 59/96 –, GuG 1998, 313 = EzGuG 15.88a; VG Freiburg, Beschl. vom 10. 9. 1997 – 3 K 1389/95 –, GuG 1998, 121 = EzGuG 15.89; BVerwG, Beschl. vom 19. 11. 1997 – 4 B 182/97 –, GuG 1998, 179 = EzGuG 15.90; BVerwG, Beschl. vom 8. 1. 1998 – 4 B 221/97 –, GuG 1998, 180 = EzGuG 15.91; OVG Koblenz, Urt. vom 27. 1. 1998 – 6 A 12252/97 –, GuG 1998, 181 = EzGuG 15.92; VG Berlin, Beschl. vom 11. 11. 1998 – 19 A 86/98 –, GuG 1999, 186 = EzGuG 15.93; BVerwG, Urt. vom 3. 12. 1998 – 4 C 14/97 –, GuG 1999, 112 = EzGuG 15.94; OVG Magdeburg, Urt. vom 20. 1. 1999 – A 2 S 130/97 –, GuG 2000, 318 = EzGuG 15.95a; VG Frankfurt am Main, Beschl. vom 25. 8. 1999 – 8 G 3502/98 –, GuG 2000, 190 = EzGuG 15.96; VGH Mannheim, Urt. vom 25. 10. 1999 – 8 S 593/99 –, GuG 2000, 178 = EzGuG 15.97; VGH Mannheim, Urt. vom 15. 3. 2000 – 8 S 1810/99 –, GuG 2000, 315 = EzGuG 15.98; BGH, Urt. vom 1. 2. 2001 – III ZR 193/99 –, GuG 2001, 247

2.2   Städtebauliche Sanierungsmaßnahme

2.2.1   Umfassendes Sanierungsverfahren

Städtebauliche Sanierungsmaßnahmen werden in § 136 Abs. 2 BauGB als Maßnahmen **22**
definiert, durch die ein Gebiet zur Behebung **städtebaulicher Missstände** wesentlich verbessert oder umgestaltet wird.

Was als städtebaulicher Missstand anzusehen ist, wird in § 136 Abs. 2 und 3 BauGB defi- **23**
niert. Danach ist bei den städtebaulichen Missständen zwischen Substanz- und Funktionsschwächen und dementsprechend zwischen **Substanz- und Funktionsschwächensanie-**
rungen zu unterscheiden; in der Praxis treten regelmäßig Mischformen auf.

Eine **Substanzschwäche** liegt nach § 136 Abs. 2 Nr. 1 i.V. m. Abs. 3 BauGB vor, wenn das **24**
Gebiet nach seiner vorhandenen Bebauung oder nach seiner sonstigen Beschaffenheit den
allgemeinen Anforderungen an gesunde Wohn- und Arbeitsverhältnisse oder an die Sicherheit der in ihm wohnenden oder arbeitenden Menschen nicht entspricht, insbesondere in
Bezug auf

a) die Belichtung, Besonnung und Belüftung der Wohnungen und Arbeitsstätten,

b) die bauliche Beschaffenheit von Gebäuden, Wohnungen und Arbeitsstätten,

c) die Zugänglichkeit der Grundstücke,

d) die Auswirkungen einer vorhandenen Mischung von Wohn- und Arbeitsstätten,

e) die Nutzung von bebauten und unbebauten Flächen nach Art, Maß und Zustand,

f) die Einwirkungen, die von Grundstücken, Betrieben, Einrichtungen und Verkehrsanlagen ausgehen, insbesondere durch Lärm, Verunreinigungen und Erschütterungen, sowie

g) die vorhandene Erschließung (vgl. § 28 WertV Rn. 136 ff.).

Eine **Funktionsschwäche** liegt nach § 136 Abs. 2 Nr. 2 i.V. m. Abs. 3 BauGB vor, wenn **25**
das Gebiet in der Erfüllung der Aufgaben erheblich beeinträchtigt ist, die ihm nach seiner
Lage und Funktion obliegen, insbesondere in Bezug auf

a) den fließenden und ruhenden Verkehr,

b) die wirtschaftliche Situation und Entwicklungsfähigkeit des Gebiets unter Berücksichtigung seiner Versorgungsfunktion im Verflechtungsbereich und

c) die infrastrukturelle Erschließung des Gebiets, seine Ausstattung mit Grünflächen,
Spiel- und Sportplätzen und mit Anlagen des Gemeinbedarfs, insbesondere unter
Berücksichtigung der sozialen und kulturellen Aufgaben dieses Gebiets im Verflech-
tungsbereich (vgl. § 28 WertV Rn. 137).

Bei den städtebaulichen Sanierungsmaßnahmen handelt es sich um gebietsbezogene Maß- **26**
nahmen in Stadt und Land, deren **einheitliche Vorbereitung und zügige Durchführung**
im öffentlichen Interesse liegen (§ 136 Abs. 1 BauGB) und die dem Wohl der Allgemeinheit dienen (§ 136 Abs. 4 BauGB). Sie sollen dazu beitragen, dass

a) die bauliche Struktur in allen Teilen des Bundesgebiets nach den sozialen, hygieni-
schen, wirtschaftlichen und kulturellen Erfordernissen entwickelt wird,

b) die Verbesserung der Wirtschafts- und Agrarstruktur unterstützt wird,

c) die Siedlungsstruktur den Erfordernissen des Umweltschutzes, den Anforderungen an
gesunde Lebens- und Arbeitsbedingungen der Bevölkerung und der Bevölkerungsentwicklung entspricht oder

d) die vorhandenen Ortsteile erhalten, erneuert und fortentwickelt werden, die Gestaltung
des Orts- und Landschaftsbilds verbessert und den Erfordernissen des Denkmalschutzes Rechnung getragen wird.

27   Das **Sanierungsrecht stellt ein räumlich und zeitlich** auf das förmlich festgelegte Sanierungsgebiet **beschränktes Sonderrecht dar,** das zusätzlich zu dem in Teilen modifizierten
allgemeinen Städtebaurecht des BauGB, soweit es nicht ausgeschlossen ist, zur Anwendung kommt.

28   Der förmlichen Festlegung des Sanierungsgebiets gehen nach § 141 BauGB **vorbereitende Untersuchungen** voraus. Gegenstand der vorbereitenden Untersuchungen sind

a) die Erfassung der Notwendigkeit der Sanierung,

b) die Erfassung der sozialen, strukturellen und städtebaulichen Verhältnisse sowie Zusammenhänge,

c) die Erarbeitung der anzustrebenden allgemeinen Ziele und Zwecke der Sanierung,

d) die Durchführbarkeit der Sanierung im Allgemeinen sowie

e) die Erfassung nachteiliger Auswirkungen, die sich für die von der beabsichtigten Sanierung unmittelbar Betroffenen in ihren persönlichen Lebensumständen im wirtschaftlichen und sozialen Bereich voraussichtlich ergeben.

Von der Erfassung dahin gehender Beurteilungsunterlagen kann nach § 141 Abs. 2 BauGB
abgesehen werden, wenn hinreichende Beurteilungsunterlagen bereits vorliegen.

29   Der **Beginn der vorbereitenden Untersuchungen wird** von der Gemeinde **durch einen
ortsüblich bekannt zu machenden Beschluss** eingeleitet; im Verkehrswertgutachten ist
dieser Beschluss i. d. R. wegen seiner Bedeutung für die Vorwirkung, die es bei der Ermittlung sanierungsunbeeinflusster Grundstückswerte und des Anfangswerts zu beachten gilt,
zu konkretisieren. Das mit dem Beschluss festgelegte Untersuchungsgebiet ist regelmäßig
weiträumiger als das spätere Sanierungsgebiet ausgelegt. Die vorbereitende Untersuchung
dient auch der Feststellung einer zweckmäßigen Abgrenzung des künftigen Sanierungsgebiets; einzelne Grundstücke, die von der Sanierung nicht betroffen werden, können aus
dem Sanierungsgebiet ganz oder teilweise ausgenommen werden (§ 142 Abs. 1 Satz 3
BauGB).

30   Auf der Grundlage der vorbereitenden Untersuchungen beschließt die Gemeinde die
Sanierung als Satzung. Für die weitere Vorbereitung und Durchführung der Sanierung
hält das Sanierungsrecht neben einer Reihe sog. organisationsrechtlicher Regelungen
(§§ 137 ff. BauGB) vor allem **besondere bodenrechtliche Vorschriften** bereit, die zur
Vorbereitung und Durchführung der Maßnahmen erforderlich sein müssen. Dies sind insbesondere:

a) ein *allgemeines Vorkaufsrecht* für die im städtebaulichen Sanierungsgebiet gelegenen
   Grundstücke (§ 24 Abs. 1 Nr. 3 BauGB),

b) die Möglichkeit einer *Enteignung aus zwingenden städtebaulichen Gründen* nach § 88
   BauGB,

c) eine *umfassende Verfügungs- und Veränderungssperre* nach den §§ 144 f. BauGB,

d) die gemeindliche *Pflicht zur Aufstellung eines Sozialplans* nach Maßgabe des § 180
   BauGB *und* seine *Fortschreibung* (§ 140 Nr. 6 BauGB),

e) besondere *Regelungen über Miet- und Pachtverhältnisse* nach den §§ 185 ff. BauGB,

f) die *Aussetzung der Vorschriften über den Verkehr mit land- und forstwirtschaftlichen
   Grundstücken* (§ 191 BauGB)

und schließlich:

g) die Anwendung der **abgabenrechtlichen Vorschriften der §§ 152 bis 156a BauGB**
   („Besondere sanierungsrechtliche Vorschriften"), die die Inanspruchnahme der sanierungsbedingten Bodenwerterhöhungen (sog. Abschöpfung sanierungsbedingter Bodenwerterhöhungen) zum Gegenstand haben.

Bei der **Durchführung der Sanierung** (§ 26 WertV Rn. 47) unterscheidet das Gesetzbuch   **31**
zwischen der Durchführung von Ordnungs- und Baumaßnahmen, die nach den Zielen und
Zwecken der Sanierung erforderlich sind (§ 146 BauGB):

Als **Ordnungsmaßnahmen** definiert das Gesetz in § 147 BauGB die der Gemeinde oblie-   **32**
gende

- Bodenordnung einschließlich des Erwerbs von Grundstücken,
- den Umzug von Bewohnern und Betrieben,
- die Freilegung von Grundstücken,
- die Herstellung und Änderung von Erschließungsanlagen
- die Bereitstellung von Flächen und die Durchführung von Maßnahmen zum Ausgleich i. S. d. § 1a Abs. 3 BauGB, soweit sie gemäß § 9 Abs. 1a BauGB an anderer
  Stelle den Grundstücken, auf denen Eingriffe in Natur und Landschaft zu erwarten
  sind, ganz oder teilweise zugeordnet sind, sowie
- sonstige Maßnahmen, die notwendig sind, damit die Baumaßnahmen durchgeführt
  werden können (§ 147 BauGB).

Erschließungsanlagen einschließlich Ersatzanlagen können auch außerhalb des Sanierungsgebiets liegen.

Als **Baumaßnahmen** (§ 148 BauGB) definiert das Gesetzbuch die dem jeweiligen   **33**
Eigentümer eines Grundstücks obliegende

- Modernisierung und Instandsetzung,
- die Neubebauung und die Ersatzbauten,
- die Maßnahmen zum naturschutzrechtlichen Ausgleich i. S. d. § 1a Abs. 3 BauGB auf
  dem „Eingriffsgrundstück" sowie
- die Verlagerung oder Änderung von Betrieben.

Der Gemeinde obliegt von den Baumaßnahmen

- die Errichtung und Änderung der Gemeinbedarfs- und Folgeeinrichtungen und
- die Durchführung sonstiger Baumaßnahmen, soweit sie selbst Eigentümerin des Grundstücks ist oder nicht gewährleistet ist, dass diese vom einzelnen Eigentümer zügig und
  zweckmäßig durchgeführt werden.

Nach § 162 BauGB ist die **Sanierungssatzung durch Beschluss aufzuheben, wenn**   **34**
1. die Sanierung durchgeführt ist oder
2. die Sanierung sich als undurchführbar erweist oder
3. die Sanierungsabsicht aus anderen Gründen aufgegeben wird.
Der Beschluss der Aufhebung der Sanierungssatzung – ganz oder teilweise – ergeht als Satzung.

Die Gemeinde kann die **Sanierung für einzelne Grundstücke** nach § 163 BauGB als   **35**
abgeschlossen erklären, wenn entsprechend den Zielen und Zwecken der Sanierung
1. das Grundstück bebaut ist oder in sonstiger Weise genutzt wird oder
2. das Grundstück modernisiert oder instand gesetzt ist.

Unter die **Abwicklung der Sanierungsmaßnahme** fallen insbesondere   **36**
- die Löschung der Sanierungsvermerke,
- die Erhebung von Ausgleichsbeträgen,
- die Verwertung von Grundstücken und Rückerstattung,
- die Abrechnung von Sanierungsmaßnahmen,
- die Verteilung eines Überschusses nach § 156 a BauGB.

Der **Ablauf eines Sanierungsverfahrens** ist in Abb. 2 dargestellt.   **37**

Abb. 2: Ablauf einer Sanierungsmaßnahme

Ablauf einer Sanierungsmaßnahme

Vorbereitung (§§ 140 ff. BauGB)
(Aufgabe der Gemeinde)

• vorbereitende Untersuchungen
• **förmliche Festlegung des Sanie-**
  rungsgebiets
• Bestimmungen der Ziele und
  Zwecke der Sanierung
• Städtebauliche Planung; Bauleitpla-
  nung oder Rahmenplanung, soweit
  für die Sanierung erforderlich
• Erörterung und Fortschreibung des
  Sozialplans
• Einzelne Ordnungs- und Baumaß-
  nahmen, die vor einer förmlichen
  Festlegung des Sanierungsgebiets
  durchgeführt werden

Durchführung (§ 146 BauGB)

• Ordnungsmaßnahmen
• Baumaßnahmen
• Fortlaufende Aufgaben aus der Vor-
  bereitung

Ordnungsmaßnahmen (§ 147 BauGB)
(Aufgabe der Gemeinde)

• Bodenordnung einschließlich des
  Erwerbs von Grundstücken
• Umzug von Bewohnern und Betrieben
• Freilegung von Grundstücken
• Herstellung und Änderung von
  Erschließungsanlagen
• Bereitstellung von Flächen und Durch-
  führung von Maßnahmen für den
  „zugeordneten" naturschutzrechtlichen
  Ausgleich
• Maßnahmen, die notwendig sind, damit
  die Baumaßnahmen durchgeführt wer-
  den können

Baumaßnahmen (§ 148 BauGB)
(grundsätzlich Aufgabe der Eigen-
tümer, bei Gemeinbedarfs- und Folge-
einrichtungen der Gemeinde)

• Modernisierung und Instandsetzung
• Neubebauung und Ersatzbauten
• Errichtung und Änderung von Gemein-
  bedarfs- und Folgeeinrichtungen
• Verlagerung oder Änderung von Betrieben
• Maßnahmen des naturschutzrechtlichen Ausgleichs auf dem „Eingriffsgrundstück"

Abschluss (§§ 162 f. BauGB)

• **Aufhebung der Satzung zur Gebietsfestlegung**
• Förderungs- und beitragsrechtliche Abrechnung
• Erhebung von Ausgleichsbeträgen
• Überschussverteilung

Abwicklung

© W. Kleiber 02

2.2.2 Vereinfachtes Sanierungsverfahren

Nach § 142 Abs. 4 BauGB kann in der Sanierungssatzung die Anwendung der besonderen **38** sanierungsrechtlichen Vorschriften (§§ 152 bis 156a BauGB) über die Inanspruchnahme sanierungsbedingter Bodenwerterhöhungen ausgeschlossen werden, wenn die Anwendung

– für die Durchführung der Sanierung nicht erforderlich ist
  und
– die Durchführung der Maßnahme hierdurch voraussichtlich nicht erschwert wird.

Werden diese Vorschriften in der Sanierungssatzung ausgeschlossen, wird die Sanierung im vereinfachten Sanierungsverfahren durchgeführt. Damit gelten für das Sanierungsgebiet keine besonderen bei der Verkehrswertermittlung zu berücksichtigenden Vorschriften i. S. d. §§ 152 ff. BauGB. Die **Regelungen der §§ 26 bis 28 WertV kommen** mithin auch **nicht zur Anwendung.**

Abb. 3: Übersicht über Sanierungsverfahren

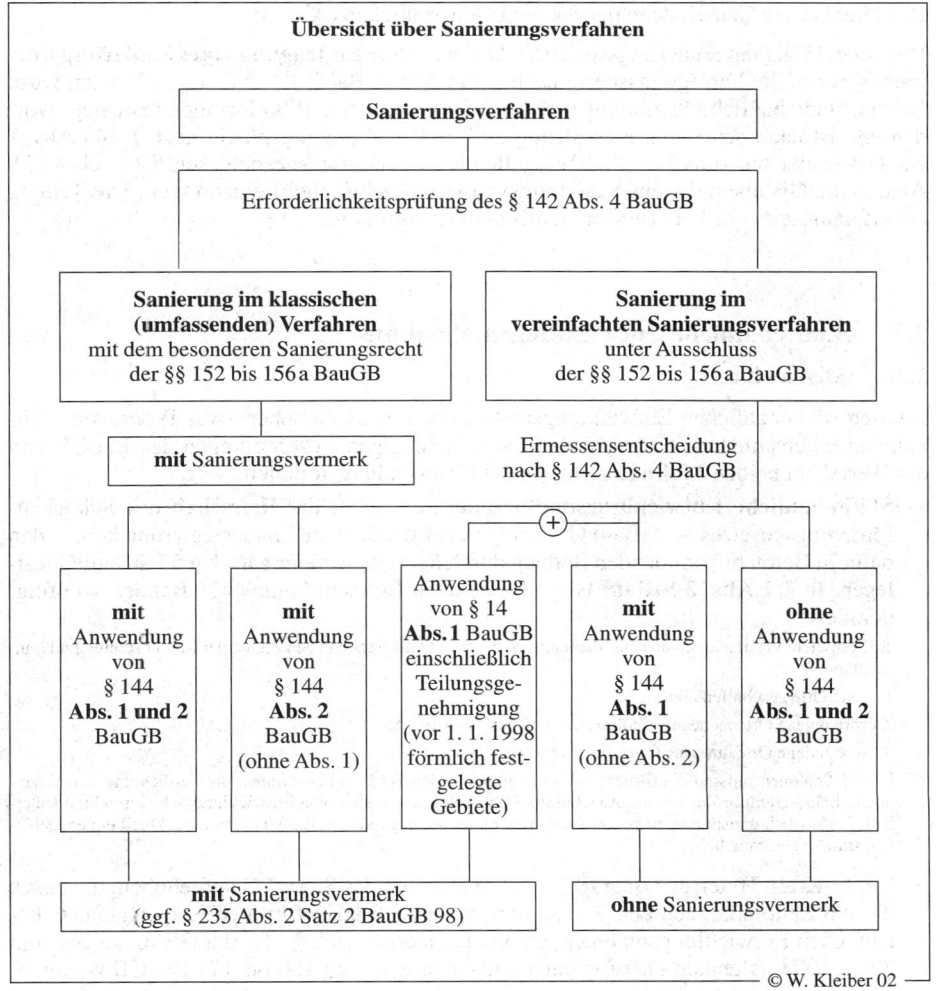

© W. Kleiber 02

39 Grundsätzlich finden im Falle der **Sanierung im vereinfachten Sanierungsverfahren** die Vorschriften über die **umfassende Verfügungs- und Veränderungssperre nach den §§ 144 f. BauGB** jedoch Anwendung, denn diese Vorschriften sind nicht Bestandteil der besonderen sanierungsrechtlichen Vorschriften der §§ 152 bis 156 a BauGB. Allerdings kommt im Rahmen der Verfügungssperre bei Anwendung des vereinfachten Sanierungsverfahrens nicht die Preisprüfung nach §§ 144 f. i. V. m. § 153 Abs. 2 BauGB zur Anwendung, denn § 153 Abs. 2 BauGB ist Bestandteil der besonderen sanierungsrechtlichen Vorschriften.

40 Für den Fall der **Anwendung des vereinfachten Sanierungsverfahrens** sieht § 142 Abs. 4 BauGB darüber hinaus vor, dass

– die Verfügungs- und Veränderungssperre des § 144 Abs. 1 und 2 BauGB insgesamt zur Anwendung kommen kann,

– die Verfügungs- und Veränderungssperre des § 144 Abs. 1 und 2 BauGB insgesamt ausgeschlossen werden kann,

– allein die Veränderungssperre des § 144 Abs. 1 BauGB zur Anwendung kommen kann oder

– allein die Verfügungssperre des § 144 Abs. 2 BauGB zur Anwendung kommen kann.

Hierüber hat die Gemeinde in der Satzung zu beschließen (Abb. 3).

41 Beim vereinfachten Sanierungsverfahren kommt es zur **Eintragung eines Sanierungsvermerks,** wenn die Verfügungssperre nach § 144 Abs. 2 BauGB nicht ausgeschlossen wird. Ist eine städtebauliche Sanierungsmaßnahme vor dem 1. 1. 1998 förmlich festgelegt worden und ist nach der Sanierungssatzung nur die Genehmigungspflicht nach § 144 Abs. 2 BauGB in der bis zum 31. 12. 1997 geltenden Fassung ausgeschlossen, ist nach § 235 Abs. 2 BauGB ebenfalls ein Sanierungsvermerk (nachträglich) einzutragen. Die Teilung bedarf dann seit dem 1. 1. 1998 ebenfalls der Genehmigung.

2.3 Städtebauliche Entwicklungsmaßnahme

2.3.1 Allgemeines

42 Bei den städtebaulichen Entwicklungsmaßnahmen muss zwischen zwei Typen von Maßnahmen unterschieden werden, wobei die einschlägigen Bestimmungen des BauGB und der WertV bei beiden **Maßnahmentypen** zur Anwendung kommen.

43 a) **Städtebauliche Entwicklungsmaßnahmen,** die unter der Herrschaft des Städtebauförderungsgesetzes – StBauFG – eingeleitet wurden; die Landesregierung konnte den dafür in Betracht kommenden Bereich durch *Rechtsverordnung* nach § 53 StBauFG festlegen. In **§ 1 Abs. 3 StBauFG** ist der dafür in Betracht kommende Bereich wie folgt definiert:

„(3) Entwicklungsmaßnahmen sind Maßnahmen, durch die entsprechend den Zielen der Raumordnung und Landesplanung

1. neue Orte geschaffen oder

2. vorhandene Orte zu neuen Siedlungseinheiten entwickelt oder

3. vorhandene Orte um neue Ortsteile erweitert werden.

Die Maßnahmen müssen die Strukturverbesserungen in den Verdichtungsräumen, die Verdichtung von Wohn- und Arbeitsstätten im Zuge von Entwicklungsachsen oder den Ausbau von Entwicklungsschwerpunkten außerhalb der Verdichtungsräume, insbesondere in den hinter der allgemeinen Entwicklung zurückbleibenden Gebieten, zum Gegenstand haben."

44 Mit In-Kraft-Treten des BauGB (1. 7. 1987) wurde das StBauFG aufgehoben; die bis zu diesem Zeitpunkt nach den Bestimmungen des StBauFG förmlich festgelegten städtebaulichen Entwicklungsmaßnahmen werden jedoch nach § 165 BauGB in der bis zum 30. 4. 1993 geltenden Fassung unter Anwendung der §§ 166 bis 171 BauGB weitergeführt. Die Einleitung neuer städtebaulicher Entwicklungsmaßnahmen war nach diesen Vorschriften indessen nicht möglich; nach Maßgabe des § 245 Abs. 9 BauGB konnte jedoch der **Geltungsbereich der Entwicklungsmaßnahmenverordnung** geändert werden. Die Vorschriften des BauGB 87 zu städtebaulichen Entwicklungsmaßnahmen stellten somit eine mit Abschluss der unter der Herrschaft des StBauFG eingeleiteten Entwicklungsmaßnahmen auslaufende Rechtsmaterie dar. Dieser Rechtskonstruktion lag die Annahme zu Grunde, dass die städtebauliche Entwicklungsmaßnahme in Zukunft nur noch eine geringe praktische Bedeutung haben werde, da die Zeit der Trabantenstädte und der großflächigen Entwicklung ganzer neuer Stadtteile vorbei sei.

Diese Annahme hat sich bereits in der darauffolgenden Legislaturperiode als falsch erwiesen. Insbesondere die Engpässe in der Wohnungsversorgung[18] haben die Erforderlichkeit eines besonderen Instrumentariums deutlich gemacht, um in Gemeinden mit einem erhöhten Bedarf an Wohn- und Arbeitsstätten städtebaulich integrierte Gesamtmaßnahmen entwickeln zu können und größere innerstädtische Brachflächen einer Nutzung für Wohn- und Arbeitsstätten wieder zuzuführen. Der Gesetzgeber hat dem zunächst mit dem BauGB-MaßnahmenG von 1990 und anschließend mit dem BauGB in der seit 1. 5. 1993 geltenden Fassung entsprochen:

b) **Kommunale städtebauliche Entwicklungsmaßnahmen:** Nach § 6 Abs. 3 i. V. m. Abs. 5 BauGB-MaßnahmenG 90 (BGBl. I 1990, 926) konnte die Gemeinde (bislang die Landesregierung) seit dem 1. Juni 1990 und befristet bis zum 31. Mai 1995 einen Bereich, in dem eine städtebauliche Entwicklungsmaßnahme durchgeführt werden soll, durch *Satzung* (Entwicklungssatzung) beschließen (bisher: Rechtsverordnung).

Mit In-Kraft-Treten des Investitionserleichterungs- und Wohnungsbaugesetzes 93 (1. 5. 1993) ist diese Möglichkeit als Dauerrecht in das BauGB überführt worden. Wortgleich mit § 6 Abs. 3 BauGB-MaßnahmenG 90 heißt es nunmehr in **§ 165 Abs. 2 BauGB:**

> „(2) Mit städtebaulichen Entwicklungsmaßnahmen nach Absatz 1 sollen Ortsteile und andere Teile des Gemeindegebiets entsprechend ihrer besonderen Bedeutung für die städtebauliche Entwicklung und Ordnung der Gemeinde oder entsprechend der angestrebten Entwicklung des Landesgebiets oder der Region erstmalig entwickelt oder im Rahmen einer städtebaulichen Neuordnung einer neuen Entwicklung zugeführt werden."

Die Vorschriften finden in den alten und jungen Bundesländern Anwendung; trotz einer Vielzahl von Änderungen entsprechen die geltenden Regelungen dem auf das StBauFG zurückgehenden Entwicklungsrecht von 1971.   **45**

Die **den städtebaulichen Entwicklungsmaßnahmen** (beider Typen) **zu Grunde liegende bodenpolitische Konzeption** lehnt sich an die besonderen sanierungsrechtlichen Vorschriften der §§ 152 bis 156 a BauGB an. Grundsätzlich soll jedoch die Gemeinde die im städtebaulichen Entwicklungsbereich gelegenen Grundstücke erwerben und zwar zu dem Wert, der sich in entsprechender Anwendung des § 153 Abs. 1 BauGB (≙ § 26 Abs. 1 WertV) ergibt (vgl. § 166 Abs. 3, § 169 Abs. 1 Nr. 6 BauGB). Erwirbt die Gemeinde ein Grundstück nicht, so ist der Eigentümer nach Maßgabe der sanierungsrechtlichen Vorschriften (§§ 154 f. BauGB), wie in Sanierungsgebieten verpflichtet, einen Ausgleichsbetrag an die Gemeinde zu entrichten, der der durch die Entwicklungsmaßnahme bedingten Bodenwerterhöhung entspricht.   **46**

Bei entsprechender Anwendung des § 153 Abs. 1 BauGB im städtebaulichen Entwicklungsbereich spricht man an Stelle von dem sanierungsunbeeinflussten Grundstückswert vom **entwicklungsunbeeinflussten Grundstückswert.** Er bemisst sich nach den gleichen Grundsätzen, wobei allerdings unter besonderen Voraussetzungen die Sonderregelung des § 169 Abs. 4 BauGB Anwendung findet (lex specialis); § 26 Abs. 2 WertV enthält hierzu Ausführungsrecht.   **47**

Der **Ablauf einer Entwicklungsmaßnahme** ist in Abb. 4 dargestellt.   **48**

---

18   BT-Drucks. 11/6880, S. 1 ff. und 11 ff.

Abb. 4: Ablaufschema einer Entwicklungsmaßnahme

Ablaufschema einer Entwicklungsmaßnahme (vereinfacht)

Einleitung der Vorbereitung der Entwicklung durch den **Beschluss über den Beginn der vorbereitenden Untersuchungen** ggf. mit Beschluss
– einer Vorkaufsrechtssatzung nach § 25 Abs. 1 BauGB
– über Auftrag an Planer und/oder Entwicklungsträger
– über Bereitstellung kommunaler Mittel im Haushalt

Vorbereitende Untersuchung

Grunderwerb	Verwaltungsintern	erste Vorgespräche mit	wenn möglich, Anmel-
– freihändig oder	– grobe städtebauliche	den Eigentümern, den	dung für ein Städtebau-
– über besonderes Vor-	Untersuchungen und	Trägern öffentlicher	förderungsprogramm
kaufsrecht	Rahmenplanung mit	Belange und der	
	Abgrenzung Entwick-	Aufsichtsbehörde	
	lungsbereich		
	– Überlegungen zu Kos-		
	ten und Finanzierung		
	– Wertermittlung der		
	Grundstücke, entwick-		
	lungsunbeeinflusster		
	Grundstückswert und		
	Neuordnungswert je		
	nach Planungsstand		
	– Auftrag an Planer		
	und/oder Entwick-		
	lungsträger		

Bericht über Ergebnis der vorbereitenden Untersuchungen mit insbesondere
– Gründen für förmliche Festlegung des Entwicklungsbereichs (Ziele und Zwecke der Entwicklungsmaßnahme und Erforderlichkeit des Einsatzes des Entwicklungsmaßnahmenrechts)
– zügige Durchführbarkeit der Entwicklungsmaßnahme, insbesondere Finanzierbarkeit (Kosten- und Finanzierungsübersicht)

Beschluss der förmlichen Festlegung des Entwicklungsbereichs (Entwicklungssatzung), Genehmigung, Bekanntmachung
(= Rechtsverbindlichkeit) und Mitteilung an das Grundbuchamt (Entwicklungsvermerk)
ggf. mit Beschluss
– zur Aufstellung des Bebauungsplans (oder mehrerer)
– zur Änderung des Flächennutzungsplans, soweit erforderlich

Durchführung

Grunderwerb	Bebauungsplanverfahren,	Anwendung der **Geneh-**	– **Kosten- und Finanzie-**
– freihändig oder	ggf. auch	**migungsvorbehalte nach**	**rungsübersicht** in
– über Vorkaufsrecht	– mit städtebaulicher	**den §§ 144 und 145**	Abstimmung mit
oder	Rahmenplanung als	**BauGB**	Planung und Stand
– nach Übernahmever-	Vorentwurf		der Maßnahmenab-
langen oder	– Wettbewerb		wicklung
– mit Enteignung zum	– Änderung des Flächen-		– jährliche Programman-
entwicklungsunbeein-	nutzungsplans		meldung, wenn in
flussten Grundstücks-			einem StBauF-Pro-
wert			gramm
			– Mittelbewirtschaftung

– Rückveräußerung der Grundstücke (Reprivatisierung) an
Bauwillige zum Neuordnungswert
– Erschließung des Entwicklungsgebiets
– Bebauung durch die privaten Eigentümer und/oder den
Entwicklungsträger nach Bebauungsplan
(ab § 33 BauGB)
– ggf. vorzeitige Erhebung von Ausgleichsbeträgen,
Ablösungen, Vorauszahlungen

Beschluss über die Aufhebung der Entwicklungssatzung (Aufhebungssatzung), Bekanntmachung und Mitteilung an das Grundbuchamt Löschung des Entwicklungsvermerks	Gesamtverwendungs- nachweis für die Städte- bauförderung
Erhebung der Ausgleichsbeträge	Überschussverteilung

© W. Kleiber 02

2.3.2   Anwendungsvoraussetzung

Zu den Anwendungsvoraussetzungen heißt es im **Einführungserlass der Argebau**[19]:   **49**

„Eine Gemeinde kann einen städtebaulichen Entwicklungsbereich nur dann förmlich festlegen, wenn als Ergebnis der gemeindlichen *vorbereitenden Untersuchungen* feststeht, dass u. a. das Wohl der Allgemeinheit die Durchführung der Maßnahme und damit verbunden den Einsatz des besonderen rechtlichen Instrumentariums erfordert. Dieses besondere rechtliche Instrumentarium des Entwicklungsmaßnahme ist vor allem dadurch gekennzeichnet, dass bodenrechtlich zur Unterstützung der Grunderwerbspflicht der Gemeinde die Enteignung auch ohne Vorliegen eines Bebauungsplans zulässig ist und finanzierungsrechtlich die Unterschiedsbeträge zwischen entwicklungsunbeeinflusstem Grundstückswert und Neuordnungswert der Grundstücke zur Finanzierung der Maßnahme herangezogen werden. Es bedarf in jedem Einzelfall einer sorgfältigen Prüfung, ob dieses Instrumentarium des Entwicklungsmaßnahmerechts zur zügigen Durchführung der Maßnahme erforderlich ist. Nach den bisherigen Erfahrungen konnten wichtige Stadtentwicklungen mit den herkömmlichen städtebaulichen Instrumenten nicht in der erforderlichen Zügigkeit verwirklicht werden. Die Gemeinde darf das Entwicklungsmaßnahmerecht daher nur dann anwenden, wenn es zur Verwirklichung ihrer städtebaulichen Ziele und Zwecke erforderlich ist und sie diese Ziele auf Grund ihrer Prognose mit den anderen Instrumenten des Städtebaurechts nicht erreichen kann.“

Als Maßnahme mit enteignungsrechtlicher Vorwirkung unterliegt die Entwicklungsmaß-   **50**
nahme als Eingriff der öffentlichen Hand in verfassungsmäßig geschützte Rechte dem **Verhältnismäßigkeitsgrundsatz.** Sie kann daher nur zur Anwendung kommen, wenn nicht ein milderes Mittel zur Verfügung steht, welches den Einzelnen weniger belastet, um das angestrebte Ziel zu verwirklichen. Die Gemeinde muss also im Wege einer Prognose im Einzelfall prüfen, ob die von ihr beabsichtigte städtebauliche Entwicklung nicht ebenfalls mit anderen Mitteln bewirkt werden kann[20].

Im Rahmen der Überprüfung, ob die Verwirklichung der von der Gemeinde verfolgten   **51**
Ziele und Zwecke nicht mit anderen Mitteln des Städtebaurechts erreicht werden kann, hat die Gemeinde insbesondere zu untersuchen, ob nicht die Mittel des allgemeinen Baurechts, Bauleitplanung und die Schaffung von Baurecht etwa gemeinsam mit einer Umlegung nach den §§ 45 ff. BauGB oder einer Grenzregelung gemäß den §§ 80 ff. BauGB genügen. Dies wird z. B. dann zu bejahen sein, wenn erkennbar die betroffenen Eigentümer der in Rede stehenden Fläche das ihnen tatsächlich und rechtlich zu eröffnende Baurecht verwirklichen werden. Es ist auch zu untersuchen, ob nicht die Gemeinde in Zusammenarbeit mit einem Investor durch einen **Vorhaben- und Erschließungsplan** (nach § 12 BauGB) die angestrebten Ziele und Zwecke erreichen kann. Im Zusammenhang mit der Frage, ob die Entwicklungsmaßnahme tatsächlich erforderlich ist, sind also auch die Möglichkeiten eines städtebaulichen Vertrags nach § 11 BauGB zu beachten, etwa zur Sicherstellung einer bestimmten baulichen Nutzung eines Grundstücks oder der alsbaldigen Bebauung (z. B. soziale Wohnraumförderung). Auch die Möglichkeit eines Erschließungsvertrags nach § 124 BauGB ist in Erwägung zu ziehen (vgl. § 165 Abs. 3 Nr. 3 BauGB). Besonders in den Fällen, in denen die Entwicklungsmaßnahme der Neuordnung einer Fläche dienen soll, wird eine umfassende Prüfung angezeigt sein, ob nicht etwa die Anwendung des Sanierungsrechts (z. B. in Form einer so genannten Funktionsschwächensanierung nach § 136 Abs. 2 Satz 2 Nr. 2 BauGB) ausreichend ist und die Anwendung des Instruments der städtebaulichen Entwicklungsmaßnahme entbehrlich macht. Die Funktionsschwächensanierung wird allerdings i. d. R. dann nicht ausreichen, wenn die Grundstücke nur im Wege der städtebaulichen Entwicklungsmaßnahme verfügbar gemacht werden können.

---

19 Argebau: Mustereinführungserlass zur städtebaulichen Entwicklungsmaßnahme vom 7. 6. 1990; abgedruckt in Bielenberg/Koopmann/Krautzberger, Städtebauförderungsrecht Bd. I Teil E Nr. 4 = Infodienst Kommunal Nr. 88 vom 4. 2. 1994 (vgl. § 26 WertV Rn. 86)
20 Arbeitshilfe der Fachkommission „Städtebauliche Erneuerung“ der Argebau für städtebauliche Entwicklungsmaßnahmen nach den §§ 165 ff. BauGB (Januar 1994)

52   Städtebauliche Entwicklungsmaßnahmen dürfen nach alledem – wie im Übrigen auch Sanierungsmaßnahmen – nach dem Grundsatz der Verhältnismäßigkeit der Mittel und des Übermaßverbotes[21] nur dann zur Anwendung kommen, wenn sich die Ziele und Zwecke eines derartigen „Unternehmens" in absehbarer Zeit nur unter Einsatz des Besonderen Städtebaurechts zügig realisieren lassen, das Wohl der Allgemeinheit und ein qualifiziertes öffentliches Interesse die Vorbereitung und Durchführung der Maßnahme es erfordern. Mithin kann das **Besondere Städtebaurecht des Zweiten Kapitels des BauGB nur dann zur Anwendung kommen, wenn die Instrumente des Allgemeinen Städtebaurechts (Bauleitplanung, Vorhaben- und Erschließungsplan, städtebauliche Verträge, Umlegungsverfahren, Erschließung, freihändiger Erwerb) versagen würden,** um die städtebaulichen Zielvorstellungen mit der gleichen Zügigkeit herbeizuführen. Es handelt sich also um Maßnahmen, wo insbesondere mit der Aufstellung eines Bebauungsplans zusammen mit einem Umlegungsverfahren und der Erschließung nach den §§ 127 ff. BauGB keine Aussicht auf zügige Realisierung der angestrebten Zielvorstellungen besteht. In der Rechtsprechung sind dabei sehr hohe Anforderungen gestellt worden. So wird in der Entscheidung des BayVGH vom 23. 10. 1995[22] gefordert, dass Erwerbsverhandlungen gescheitert sein müssen; des Weiteren wird darin auch bemängelt, dass angebotene einvernehmliche Lösungen nicht verfolgt wurden.

---

21   BVerfG, Beschl. vom 18. 12. 1968 – 1 BvR 638, 673/64 –, EzGuG 6.118
22   BayVGH, Beschl. vom 23. 10. 1995 – 15 N 94.1693 –, GuG 1996, 114 = Bay VBl. 1996, 217; Bay VGH, Urt. vom 16. 6. 1997 – 14 N 94.2157 –, GuG 1997, 313, 382; OVG Lüneburg, Urt. vom 3. 2. 1997 – 1 K 6799/95 –, GuG 1997, 640

§ 26 WertV
Wertermittlung nach § 153 Abs. 1, § 169 Abs. 1 Nr. 6
und Abs. 4 des Baugesetzbuchs

(1) ¹Zur Wertermittlung nach § 153 Abs. 1 des Baugesetzbuchs sind Vergleichsgrundstücke und Ertragsverhältnisse möglichst aus Gebieten heranzuziehen, die neben den allgemeinen wertbeeinflussenden Umständen (§§ 4 und 5) auch hinsichtlich ihrer städtebaulichen Missstände mit dem förmlich festgelegten Sanierungsgebiet vergleichbar sind, für die jedoch in absehbarer Zeit eine Sanierung nicht erwartet wird. ²Aus dem förmlich festgelegten Sanierungsgebiet oder aus Gebieten mit Aussicht auf Sanierung dürfen Vergleichsgrundstücke und Ertragsverhältnisse nur herangezogen werden, wenn die entsprechenden Kaufpreise oder Ertragsverhältnisse nicht von sanierungsbedingten Umständen beeinflusst sind oder ihr Einfluss erfasst werden kann.

(2) ¹Absatz 1 ist entsprechend auf städtebauliche Entwicklungsbereiche anzuwenden. ²In Gebieten, in denen sich kein vom Verkehrswert für Flächen im Sinne von § 4 Abs. 1 Nr. 1 abweichender Verkehrswert gebildet hat, ist der Verkehrswert aus Gebieten maßgebend, die insbesondere hinsichtlich der Siedlungs- und Wirtschaftsstruktur sowie der Landschaft und der Verkehrslage mit dem städtebaulichen Entwicklungsbereich vergleichbar sind, in denen jedoch keine Entwicklungsmaßnahmen vorgesehen sind.

---

1   Anwendungsbereich der Vorschrift

1.1   Allgemeines

1   Abs. 1 regelt für förmlich festgelegte Sanierungsgebiete die Ermittlung des für die Bemessung von Ausgleichs- und Entschädigungsleistungen nach § 153 Abs. 1 BauGB maßgeblichen **sanierungsunbeeinflussten Grundstückswerts**. § 153 Abs. 1 BauGB hat folgenden Wortlaut:

„(1) Sind auf Grund von Maßnahmen, die der Vorbereitung oder Durchführung der Sanierung im förmlich festgelegten Sanierungsgebiet dienen, nach den Vorschriften dieses Gesetzbuchs Ausgleichs- und Entschädigungsleistungen zu gewähren, werden bei deren Bemessung Werterhöhungen, die lediglich durch die Aussicht auf die Sanierung, durch ihre Vorbereitung oder ihre Durchführung eingetreten sind, nur insoweit berücksichtigt, als der Betroffene diese Werterhöhungen durch eigene Aufwendungen zulässigerweise bewirkt hat. Änderungen in den allgemeinen Wertverhältnissen auf dem Grundstücksmarkt sind zu berücksichtigen."

2   Nach § 169 Abs. 1 Nr. 6 BauGB ist die Vorschrift entsprechend bei der **Ermittlung des entwicklungsunbeeinflussten Grundstückswerts** anzuwenden.

3   Im Rahmen des bodenpolitischen Systems des Sanierungs- und Entwicklungsrechts, das die Abschöpfung sanierungs- und entwicklungsbedingter *Boden*werterhöhungen zum Gegenstand hat (§§ 152 bis 156a BauGB), darf die Bedeutung der Vorschrift nicht dahin gehend verkannt werden, dass sie nur die Ermittlung des sanierungs- bzw. entwicklungsunbeeinflussten *Bodenwerts* (Anfangswert) regelt. **Die Vorschrift regelt vielmehr die Ermittlung sanierungs- und entwicklungsunbeeinflusster Grundstückswerte in ihrer Gesamtheit. Hierzu gehören auch vorhandene bauliche Anlagen und sonstige Einrichtungen.**

4   **Begrifflich und inhaltlich unterscheidet sich der Anfangswert** i.S.d. § 154 Abs. 1 BauGB i.V.m. § 28 WertV **vom sanierungs- und entwicklungsunbeeinflussten Grundstückswert**. Der sanierungs- bzw. entwicklungsunbeeinflusste Grundstückswert weist zwar eine enge Verwandtschaft zu dem

– für die Bemessung von Ausgleichsbeträgen nach § 154 Abs. 2 BauGB maßgeblichen Anfangswert und

– dem Einwurfswert in Umlegungsverfahren nach den §§ 45 ff. BauGB i.V.m. § 153 Abs. 5 Nr. 1 BauGB

auf. Dennoch empfiehlt sich begrifflich zwischen beiden Werten zu unterscheiden.

5   Während es sich bei dem sanierungs- bzw. entwicklungsunbeeinflussten Grundstückswert i.S.d. § 153 Abs. 1 BauGB um den (Gesamt-)**Verkehrswert des Grundstücks** – also **einschließlich einer aufstehenden Bebauung** – handelt, geht es bei dem Anfangs- und Einwurfswert lediglich um den *Bodenwert*. Auch ist im Unterschied zum sanierungs- bzw. entwicklungsunbeeinflussten Grundstückswert für die Ermittlung des Anfangs- und Einwurfswerts ein *bestimmter Wertermittlungsstichtag* vorgegeben (vgl. § 28 Abs. 2 WertV sowie § 57 Satz 2 BauGB). Zudem ist darauf hinzuweisen, dass die sog. „vom Eigentümer selbst bewirkten Werterhöhungen" in die Ermittlung des sanierungs- bzw. entwicklungsunbeeinflussten Grundstückswerts eingehen, während sie bei der Ausgleichsbetragserhebung gemäß § 155 Abs. 1 BauGB als Anrechnungsfall behandelt werden und demzufolge bei der Ermittlung des Anfangswerts unberücksichtigt bleiben.

§ 26 trägt dem dadurch Rechnung, dass die Vorschrift nicht nur an das bei der Wertermittlung unbebauter Grundstücke regelmäßig zur Anwendung kommende Vergleichswertverfahren, sondern auch an das für die Wertermittlung bebauter Grundstücke angewandte Ertragswertverfahren anknüpft. Dennoch handelt es sich bei den nach § 153 Abs. 1 BauGB zu berücksichtigenden **Maßgaben** um solche, **die nur bei der Bodenwertermittlung zu berücksichtigen sind.** **6**

Die Vorschrift ist rechtsdogmatisch als **eine § 95 Abs. 2 BauGB ergänzende Reduktionsklausel** einzuordnen, die grundsätzlich auf alle im förmlich festgelegten Sanierungsgebiet bzw. städtebaulichen Entwicklungsbereich gelegene Grundstücke Anwendung findet. Insoweit ist die Verkehrswertermittlung naturschutzrechtlicher Ausgleichsflächen i. S. d. § 1a BauGB in Sanierungsgebieten und Entwicklungsbereichen im Übrigen unproblematisch. **7**

Die Vorschrift kommt – wie § 153 Abs. 1 BauGB – nur zur Anwendung, wenn in der Sanierungssatzung die besonderen sanierungsrechtlichen Vorschriften der §§ 152 bis 156a BauGB nicht ausgeschlossen wurden. **Abs. 1 kommt wie die §§ 27 und 28** mithin **nicht beim vereinfachten Sanierungsverfahren zur Anwendung** (vgl. § 142 Abs. 4 ggf. i. V. m. § 170 Satz 4 BauGB). **8**

Abs. 2 enthält eine § 26 Abs. 1 entsprechende Regelung für städtebauliche Entwicklungsbereiche nach den §§ 165 ff. BauGB. Die Vorschrift regelt die Ermittlung des **entwicklungsunbeeinflussten Grundstückswerts.** Der entwicklungsunbeeinflusste Grundstückswert ermittelt sich grundsätzlich nach § 26 Abs. 2 Satz 1 WertV in entsprechender Anwendung des Abs. 1. **9**

§ 26 Abs. 2 Satz 2 WertV trägt der Sonderregelung des § 169 Abs. 4 BauGB für die Fälle Rechnung, in denen die Entwicklungsmaßnahme in besonders strukturschwachen Räumen durchgeführt wird, wo sich für landwirtschaftliche Flächen noch nicht einmal ein Wert i. S. d. § 4 Abs. 1 Nr. 2 gebildet hat (vgl. hierzu Rn. 113 ff.). **10**

§ 169 Abs. 4 BauGB hat folgende Fassung:

„(4) Auf land- oder forstwirtschaftlich genutzte Grundstücke ist § 153 Abs. 1 mit der Maßgabe entsprechend anzuwenden, dass in den Gebieten, in denen sich kein von dem innerlandwirtschaftlichen Verkehrswert abweichender Verkehrswert gebildet hat, der Wert maßgebend ist, der in vergleichbaren Fällen im gewöhnlichen Geschäftsverkehr auf dem allgemeinen Grundstücksmarkt dort zu erzielen wäre, wo keine Entwicklungsmaßnahmen vorgesehen sind."

Dem **Grundstückswert i. S. d. § 153 Abs. 1 BauGB kommt** in förmlich festgelegten Sanierungsgebieten und städtebaulichen Entwicklungsbereichen eine **Schlüsselrolle zu**; er ist nicht nur Bemessungsgrundlage für Ausgleichs- und Entschädigungsleistungen: **11**

a) Der sanierungs- bzw. entwicklungsunbeeinflusste Grundstückswert ist grundsätzlich auch für den freihändigen Grundstücksverkehr in Sanierungs-, Ersatz-, Ergänzungs- und Anpassungsgebieten (§ 142 Abs. 1 und 2 sowie § 170 BauGB) sowie in städtebaulichen Entwicklungsbereichen maßgebend; an ihm orientiert sich die Preisprüfung nach § 145 Abs. 2 i. V. m. § 153 Abs. 2 BauGB.

b) § 153 Abs. 3 BauGB verpflichtet die Gemeinde sowie Sanierungs-, Entwicklungs- und Bedarfsträger bei freihändigem Grundstückserwerb keinen höheren Preis zu vereinbaren, als es dem sanierungs- bzw. entwicklungsunbeeinflussten Grundstückswert entspricht.

c) Bezogen auf den Grund und Boden findet die Vorschrift auch bei der Ermittlung des Anfangswerts nach § 154 Abs. 2 BauGB (vgl. § 28 WertV Rn. 54 ff.) sowie des Einwurfswerts in der Sanierungsumlegung nach § 153 Abs. 5 Nr. 1 BauGB Anwendung.

d) Der sanierungs- bzw. entwicklungsunbeeinflusste Grundstückswert ist schließlich auch bei der Überführung von Grundstücken eines Sanierungs- bzw. Entwicklungsträgers in das Treuhandvermögen nach § 160 Abs. 5 BauGB maßgebend.

e) Die Möglichkeit des freihändigen Erwerbs zum entwicklungsunbeeinflussten Grundstückswert ist nach § 165 Abs. 3 Nr. 3 BauGB auch ein Kriterium für die Zulässigkeit einer Entwicklungsmaßnahme.

1.2   Preisprüfung

12   Im förmlich festgelegten Sanierungsgebiet bzw. Entwicklungsbereich ist der Grundstücksverkehr einer Preisprüfung dergestalt unterworfen, dass u. a. die Genehmigung von Veräußerungsgeschäften zu versagen ist, wenn der vereinbarte Kaufpreis den sanierungs- bzw. entwicklungsunbeeinflussten Grundstückswert übersteigt. Die dafür maßgebliche Vorschrift des **§ 153 Abs. 2 BauGB** hat folgenden Wortlaut[1]:

„(2) Liegt bei der rechtsgeschäftlichen Veräußerung eines Grundstücks sowie bei der Bestellung oder Veräußerung eines Erbbaurechts der vereinbarte Gegenwert für das Grundstück oder das Recht über dem Wert, der sich in Anwendung des Absatzes 1 ergibt, liegt auch hierin eine wesentliche Erschwerung der Sanierung im Sinne des § 145 Abs. 2.“

13   Eine **gesetzeswidrige Umgehung von Preisvorschriften** hat der BFH in seiner früheren Rechtsprechung als ein Umstand erkannt, der bei der Verkehrswertermittlung unberücksichtigt bleiben müsse, weil dies dem gewöhnlichen Geschäftsverkehr selbst dann nicht zuzurechnen sei, wenn solche Umgehungen größere Ausmaße annähmen[2].

14   Auf Grund der unwiderlegbaren Vermutungsregel des § 153 Abs. 2 BauGB[3] liegt eine **wesentliche Erschwerung der Sanierung bzw. Entwicklung** vor, wenn bei der rechtsgeschäftlichen Veräußerung eines Grundstücks der vereinbarte Gegenwert für das Grundstück über dem Wert liegt, der sich nach § 153 Abs. 1 BauGB als sanierungsunbeeinflusster Grundstückswert ergibt[4]. Diese „wesentliche Erschwerung“ kann auch nicht dadurch ausgeräumt werden, dass die Beteiligten für sich und ihre Rechtsnachfolger gemäß § 145 Abs. 3 BauGB eine Verzichtserklärung dahin gehend abgeben, dass sie z. B. im Falle der späteren Ausgleichsbetragserhebung auf Entschädigungsansprüche dafür verzichten, dass dann der „überhöhte“ aber genehmigte Betrag der Ausgleichsbetragserhebung unterworfen bleibt[5]. § 145 Abs. 3 BauGB ist nach seinem eindeutigen Wortlaut dafür nicht einschlägig.

15   Die **Preisprüfungsvorschrift des § 153 Abs. 2 BauGB darf** nach der Rechtsprechung des BVerwG allerdings **nicht mit dem Anspruch einer „Pfenniggenauigkeit“**[6] dahin gehend **ausgelegt werden**, dass bereits geringste Überschreitungen des sanierungsunbeeinflussten Grundstückswerts i. S. d. § 153 Abs. 1 BauGB i. V. m. § 26 WertV als „wesentliche Erschwerung der Sanierung“ zu einer Versagung der Genehmigung einer rechtgeschäftlichen Veräußerung führen. Bei unwesentlicher Überschreitung des „spitz“ ermittelten Verkehrswerts kann die rechtsgeschäftliche Veräußerung eines Grundstücks nach § 145 Abs. 2 i. V. m. § 153 Abs. 2 BauGB nicht versagt werden[7].

16   Fraglich bleibt, bis zu welcher Grenze eine Überschreitung des sanierungsunbeeinflussten Grundstückswerts als „unwesentlich“ bezeichnet werden kann. Das BVerwG (a. a. O.) hat hierzu lediglich ausgeführt, dass **der vereinbarte Gegenwert** i. S. d. § 153 Abs. 2 BauGB solange nicht über dem gemäß § 153 Abs. 1 BauGB ermittelten sanierungsunbeeinflussten Grundstückswert liegt, wie nicht Werte vereinbart wurden, die **in einer für den Rechtsverkehr erkennbaren Weise deutlich verfehlten, was auch sonst, nämlich im gewöhnlichen Geschäftsverkehr, ohne Rücksicht auf ungewöhnliche oder persönliche Verhältnisse zu erzielen wäre.** Feste Margen sind auch hier nicht bestimmbar, da es wesentlich auf das allgemeine (absolute) Bodenwertniveau sowie auf die Homogenität des örtlichen Grundstücksmarktes ankommt[8].

Wann im Rahmen der Preisprüfung der vereinbarte Gegenwert i. S. d. § 153 Abs. 2 BauGB den sanierungsunbeeinflussten Grundstückswert i. S. d. Abs. 1 (i. S. d. Rechtsprechung BVerwG) in einer dem Rechtsverkehr erkennbaren Weise deutlich verfehlt, muss **unter Berücksichtigung der subjektiven Beurteilungsmöglichkeiten der Vertragsparteien einschließlich ihrer Möglichkeiten, sich in einer zumutbaren Weise sachkundig zu machen, beurteilt werden.** Bedenkt man, dass bei der Verkehrswertermittlung unter Normalverhältnissen auch von Sachkundigen Unsicherheiten von bis zu +/– 20–30 % hingenommen werden müssen, wird man die Anforderungen nicht so hoch stellen können. Der genannte Unsicherheitsbereich wird jedoch allenfalls dann die Obergrenze darstellen, wenn sich die Betroffenen z. B. unter Zuhilfenahme einschlägiger Bodenrichtwertveröffentlichungen oder auf Grund ihres Auskunftsrechts nach § 195 Abs. 3 BauGB keine Möglichkeiten haben, sich über die tatsächlichen Wertverhältnisse ein objektives Bild zu verschaffen. Auch wird man fordern können, dass sich die Beteiligten vor Abschluss des Veräußerungsgeschäftes mit der Gemeinde in Verbindung setzen, um sich mit den zur Verfügung stehenden Erkenntnismöglichkeiten ein Bild zu verschaffen. Dies können z. B. bereits genehmigte Kaufpreise aber auch die im Rahmen von Ablösevereinbarungen und vorzeitigen Festsetzungen von Ausgleichsbeträgen ermittelten Anfangswerte sein. Mit fortschreitender Sanierung wird man von daher die Toleranzgrenzen enger ziehen müssen. Die in der Rechtsprechung als unwesentliche Überschreitung des sanierungsunbeeinflussten Grundstückswerts qualifizierten Kaufpreisüberschreitungen stellen bei alledem Einzelfallentscheidungen[9] dar, mit denen die Grenze der unwesentlichen Überschreitung zumindest für die Fälle noch nicht gezogen worden ist, in denen sich die Wertverhältnisse auf dem Grundstücksmarkt für den Rechtsverkehr unsicher darstellen (vgl. § 194 BauGB Rn. 122 ff.).

Die vorstehende **Rechtsprechung** des BVerwG (a. a. O.) **rechtfertigt es nicht, vom Verkehrswertprinzip** bei der Ausgleichsbetragserhebung **abzurücken**, denn die Besonderheit, die es bei der Preisprüfung zu berücksichtigen gilt, besteht darin, dass es im Geschäftsverkehr weder dem Erwerber noch dem Veräußerer angesichts der bestehenden Unsicherheiten bei der Verkehrswertermittlung zugemutet werden kann, sich an den „spitz" ermittelten Verkehrswert heranzutasten oder von vornherein „Sicherheitsabschläge" in Kauf zu nehmen, damit der Kaufpreis genehmigungsfähig ist. In der „Nötigung" zur Inkaufnahme einer „freiwilligen Vermögenseinbuße" sah das Gericht eine Verletzung des Eigentums nach Art. 14 GG. Eine derartige „Nötigung" besteht bei der Ausgleichsbetragserhebung ebenso wie bei der Bemessung von Enteignungsentschädigungen deshalb nicht, weil hier den Betroffenen der Rechtsweg offen steht. Von daher wäre es rechtspolitisch bedenklich, wenn im Anschluss an die Rechtsprechung des BVerwG vom Verkehrswertprinzip abgerückt würde[10].

17

---

1 Die Preisprüfung ist eine zulässige Inhaltsbestimmung i. S. d. Art. 14 Abs. 1 Satz 2 GG: BVerwG, Beschl. vom 8. 1. 1998 – 4 B 221/97 –, GuG 1998, 180
2 BFH, Urt. vom 3. 9. 1964 – III 293/61 –, HFR 1964, 453 = EzGuG 19.7.a
3 BVerwG, Beschl. vom 8. 1. 1998 – 4 B 221/97 –, EzGuG 15.91; BVerwG, Urt. vom 21. 8. 1981 – 4 C 16/78 –, EzGuG 15.48; BVerwG, Urt. vom 24. 11. 1978 – 4 C 56/76 –, EzGuG 15.9; vgl. RG, Urt. vom 16. 5. 1916 – II 100/16 –, HFR 1964, 453; BayObLG, Beschl. vom 9. 7. 1998 – 3 ZBR 8/98 –, GuG 1999, 119
4 Zur Preisprüfung bei isolierter Auflassung vgl. Schmidt-Eichstaedt in BauR 1995, 798 ff.
5 Fieseler, H. G., in LKV 1998, 12
6 BVerwG, Urt. vom 24. 11. 1978 – 4 C 56/76 –, EzGuG 15.9; vgl. auch zur Kostenermittlung im Erschließungsbeitragsrecht BVerwG, Urt. vom 16. 8. 1985 – 8 C 120-122/83 –, EzGuG 9.59; BGH, Beschl. vom 28. 9. 1993 – III ZR 91/92 –, EzGuG 15.77
7 So noch OVG Lüneburg, Urt. vom 15. 12. 1977 – 1 A 311/74 –, EzGuG 15.7
8 Ähnlich stellt sich diese Frage bei Anwendung der sog. Bagatellklausel des § 155 Abs. 3 BauGB: hierzu Kleiber in Ernst/Zinkahn/Bielenberg, BauGB, § 155, Rn. 92 ff.
9 OLG Köln, Urt. vom 4. 6. 1992 – 7 U 106/91 –, EzGuG 15.71a: **10 %**; BayVGH, Urt. vom 16. 11. 1989 – 2 B 89.1217 –, GuG 1991, 102 = EzGuG 15.65: **5 %**; VG Bremen, Urt. vom 27. 10. 1982 – 1 A 503/82 –, EzGuG 15.23: **7 %** = absolut 10 000 DM; vgl. auch LG Darmstadt, Urt. vom 28. 4. 1993 – 9 O 17/92 –, GuG 1994, 62 = EzGuG 20.144
10 So aber VG Münster, Urt. vom 18. 2. 1988 – 3 K 2268/85 –, EzGuG 15.60

18 Auch wenn der Verkehrswert keine mathematisch exakt ermittelbare Größe (vgl. § 194 BauGB Rn. 118 ff.) sein kann, ist es im Wirtschafts- und Rechtsleben unumgänglich, **Entscheidungen auf der Grundlage eines** „spitz" ermittelten **Verkehrswerts** zu treffen. Irgendwie geartete Verkehrswert*spannen* wären für den Grundstücksverkehr gemeinhin völlig unbrauchbar. Auch bei der Bemessung von Enteignungsentschädigungen kann man sich im Übrigen letztlich nur auf einen bestimmten Wert und nicht auf Wertspannen einigen. § 194 BauGB definiert deshalb den Verkehrswert als einen bestimmten Preis und nicht als Preisspanne. Dessen ungeachtet ist für den Grundstücksmarkt dennoch der „wahre" Verkehrswert schwer erkennbar. Dies gilt insbesondere für den in förmlich festgelegten Sanierungsgebieten bzw. Entwicklungsbereichen maßgeblichen sanierungs- bzw. entwicklungsunbeeinflussten Grundstückswert i. S. d. § 153 Abs.1 BauGB, weil nach dieser Vorschrift sanierungs- bzw. entwicklungsbedingte Werterhöhungen außer Betracht bleiben müssen.

19 **Mit der Genehmigung eines den sanierungs- bzw. entwicklungsunbeeinflussten Grundstückswert** i. S. d. § 153 Abs. 1 BauGB „**unwesentlich" überschreitenden Kaufpreises gehen für die Gemeinde grundsätzlich keine Bindungen für die Bemessung einer später** möglicherweise **zu gewährenden Enteignungsentschädigung bzw. des Ausgleichsbetrags einher**[11]. Dies muss auch für die spätere Erhebung von Ausgleichsbeträgen nach den §§ 154 f. BauGB gelten. Die Preisprüfung nach § 153 Abs. 2 BauGB hat in diesem Zusammenhang die Funktion, den **Erwerber eines Grundstücks davor zu schützen, die sanierungs- bzw. entwicklungsbedingte Werterhöhung** insoweit **doppelt aufzubringen**, wie mit dem Erwerbspreis der sanierungs- bzw. entwicklungsunbeeinflusste Grundstückswert überschritten wird. Denn die sanierungs- bzw. entwicklungsbedingte Werterhöhung ist auch Gegenstand der späteren Ausgleichsbetragserhebung nach den §§ 154 f. BauGB.

20 Nach der bis zum 1. 7. 1987 geltenden Rechtslage musste auch eine genehmigte Überschreitung des sanierungs- bzw. entwicklungsunbeeinflussten Grundstückswerts auf den Ausgleichsbetrag angerechnet werden[12]. Die dem früher entgegenstehende Regelung des § 5 Abs. 2 der Ausgleichsbetrag V ist ersatzlos gestrichen worden, so dass sich von daher der Erwerber eines Grundstücks im förmlich festgelegten Sanierungsgebiet bzw. Entwicklungsbereich nach dem Grundsatz caveat emptor vor einer **Überschreitung des sanierungs- bzw. entwicklungsunbeeinflussten Grundstückswerts** hüten sollte, auch wenn sie zu genehmigen ist. Die nds. Verwaltungsvorschriften zum BauGB[13] führen hierzu aus: „Bei nur geringfügiger Überschreitung hat die Gemeinde die rechtsgeschäftliche Veräußerung des Grundstücks und die Bestellung des Erbbaurechts, nicht aber den Kaufpreis als solchen in dem Bescheid zu genehmigen. In dem Bescheid ist darauf hinzuweisen, dass das Grundstück insoweit der Ausgleichsbetragspflicht nach § 154 noch unterliegt." Dies sollte gängige Praxis sein!

21 **Gegenstand der Preisprüfung** nach § 145 Abs. 2 i.V. m. § 153 Abs. 2 BauGB **ist** – wie bereits ausgeführt – **der Verkehrswert des (gesamten) Grundstücks**, d. h. einschließlich einer aufstehenden Bebauung. § 153 Abs. 2 BauGB spricht ausdrücklich den Grundstückswert und nicht den Bodenwert an. Zwar ist die bodenpolitische Konzeption des besonderen Sanierungs- und Entwicklungsrechts allein auf die Abschöpfung sanierungs- bzw. entwicklungsbedingter *Boden*werterhöhungen ausgerichtet, jedoch würde ein „Ausklammern" des Gebäudewertanteils aus der Preisprüfung dem Grundstücksmarkt die Möglichkeit eröffnen, zur Umgehung der Preisprüfung auf den Gebäudewert auszuweichen. Hierzu bräuchte in dem Kaufvertrag lediglich ein entsprechend geringerer Bodenwert ausgewiesen zu werden. Dies wiederum kann nicht Sinn und Zweck der Preisprüfung sein[14].

1.3 Grunderwerb der Gemeinde, Sanierungs-, Entwicklungs- und Bedarfsträger

Nach § 153 Abs. 3 BauGB ggf. i. V. m. § 169 Abs. 1 Nr. 6 BauGB ist der sanierungs- bzw. **22** entwicklungsunbeeinflusste Grundstückswert **die Obergrenze für den genehmigungsfreien Grunderwerb der Gemeinde, der Sanierungs- und Entwicklungsträger sowie bestimmter Bedarfsträger.**

Die Vorschrift hat folgenden Wortlaut:

„(3) Die Gemeinde oder der Sanierungsträger darf beim Erwerb eines Grundstücks keinen höheren Kaufpreis vereinbaren, als er sich in entsprechender Anwendung des Absatzes 1 ergibt. In den Fällen des § 144 Abs. 4 Nr. 4 und 5 darf der Bedarfsträger keinen höheren Kaufpreis vereinbaren als er sich in entsprechender Anwendung des Absatzes 1 ergibt."

Diese Bestimmung erstreckt sich auch auf die **Bestellung und Veräußerung von Erbbau- 23 rechten** sowie auf die Ausübung des Vorkaufsrechts nach § 24 Abs. 1 Nr. 3 i. V. m. § 27 a Abs. 2 und § 28 Abs. 3 BauGB, nicht dagegen auf den Erwerb im Wege der **Zwangsversteigerung.**

Die **Frage, ob die Vereinbarung eines über dem sanierungs- bzw. entwicklungsunbe- 24 einflussten Grundstückswert** nach § 153 Abs. 1 BauGB liegenden Kaufpreises ein Rechtsgeschäft ist, das nach § 134 BGB **nichtig ist,** muss ggf. im Zusammenhang mit § 139 BGB gesehen werden. Bejaht man die Nichtigkeit eines Vertrags, der gegen die Höchstpreisvorschrift des § 153 Abs. 3 BauGB verstößt, so kann nach Sinn und Zweck dieser Vorschrift zunächst von einer Teilnichtigkeit des Vertrags ausgegangen werden. Eine Gesamtnichtigkeit ist dagegen i. d. R. dann anzunehmen, wenn der Vertrag wegen der übermäßigen Höhe einer der beiden Leistungen gegen ein gesetzliches Verbot verstößt, weil anderenfalls ein Eingriff in das von den Parteien zu bestimmende Äquivalenzverhältnis vorgenommen werden müsste. Da es nach § 139 BGB vom mutmaßlichen Willen der Vertragsparteien abhängt, ob sie den Vertrag auch in Kenntnis der Teilnichtigkeit zu den angegebenen Konditionen abgeschlossen hätten, kann die Frage nach der Gesamtnichtigkeit nur auf Grund der besonderen Umstände des Einzelfalls beurteilt werden.

1.4 Überführung in das Treuhandvermögen

§ 160 Abs. 5 BauGB schreibt vor, dass Grundstücke mit dem sanierungs- bzw. entwick- **25** lungsunbeeinflussten Grundstückswert i. S. d. § 153 Abs. 1 BauGB in das Treuhandvermögen überführt werden. Die Vorschrift hat folgenden Inhalt:

„(5) Grundstücke im förmlich festgelegten Sanierungsgebiet, die der Sanierungsträger vor oder nach Übertragung der Aufgabe mit Mitteln, die nicht zum Treuhandvermögen gehören, oder unter Hergabe von eigenem Austauschland erworben hat, hat er auf Verlangen der Gemeinde gegen Ersatz seiner Aufwendungen in das Treuhandvermögen zu überführen. Dabei sind als Grundstückswerte die Werte zu berücksichtigen, die sich in Anwendung des § 153 Abs. 1 ergeben."

---

11   BVerwG, Urt. vom 24. 11. 1978 – 4 C 56/76 –, EzGuG 15.9; BVerwG, Urt. vom 21. 8. 1981 – 4 C 16/78 –, EzGuG 15.18; auch BGH, Urt. vom 28. 9. 1993 – III ZR 91/92 –, GuG 1994, 311 = EzGuG 15.78
12   § 5 Abs. 2 Ausgleichsbetragsverordnung
13   RdErl. d. MS vom 2. 5. 1988 – 301-21012 – GültL 392/17 (Nds. MBl. 1988, 547), geändert durch RdErl. des MS vom 6. 3. 1991 (Nds MBl. 1991, 470); abgedruckt bei Bielenberg/Koopmann/Krautzberger, Städtebauförderungsrecht Bd. I, 2 E
14   Kleiber in Bielenberg/Koopmann/Krautzberger, Städtebauförderungsrecht, Bd. I § 153 BauGB, Rn. 61; a. A. nach DNotI-Report 1996, 121 nun mehr aber der hier vertretenen Auffassung folgend DNotI-Report 1997, 145

2 Verhältnis zum Planungsschadensrecht

26 ▶ *Allgemeines zum Planungsschadensrecht vgl. § 29 WertV Rn. 14 ff.; zum Anfangswert § 28 WertV Rn. 195 ff.*

27 Soweit es im Zuge der Sanierung zu Planungsschäden kommt, geht das Sanierungsrecht des BauGB im Grundsatz von einer **Trennung des Ausgleichsbetrags- und Planungsschadensrechts** aus.

Hieraus folgt für die Ermittlung des sanierungsunbeeinflussten Grundstückswerts:

– Hat sich für das Grundstück ein **Planungsschaden** ergeben, so ist der „herabgezonte" Grundstückszustand mit dem entsprechend geringeren Grundstückswert maßgebend. Hier ist vor allem auch die Regelung des **§ 42 Abs. 3 BauGB über die entschädigungslose Herabzonung nach Ablauf der Siebenjahresfrist** zu nennen (vgl. § 29 WertV Rn. 34 ff., 136). Dies gilt unabhängig davon, ob dafür eine gesonderte Entschädigung bereits geleistet worden ist, noch zu leisten ist oder gar nicht beansprucht werden kann.

– Es besteht kein Entschädigungsanspruch für eine **Änderung oder Aufhebung einer zulässigen Nutzung in den Fällen des § 43 Abs. 4 BauGB**; die Vorschrift hat folgenden Wortlaut:

  „(4) Bodenwerte sind nicht zu entschädigen, soweit sie darauf beruhen, dass

  1. die zulässige Nutzung auf dem Grundstück den allgemeinen Anforderungen an gesunde Wohn- und Arbeitsverhältnisse oder an die Sicherheit der auf dem Grundstück oder im umliegenden Gebiet wohnenden oder arbeitenden Menschen nicht entspricht oder

  2. in einem Gebiet städtebauliche Missstände im Sinne des § 136 Abs. 2 und 3 bestehen und die Nutzung des Grundstücks zu diesen Missständen wesentlich beiträgt."

28 Würde man nämlich die außerhalb von Sanierungsgebieten nach dieser Vorschrift entschädigungslos hinzunehmenden Änderungen eines Bebauungsplans bei der Ermittlung des sanierungsunbeeinflussten Grundstückswerts nicht wertmindernd berücksichtigen, so liefe dies im Ergebnis auf eine Entschädigung hinaus, weil sich dann der Ausgleichsbetrag für das Grundstück entsprechend vermindern würde. § 21 Abs. 5 Satz 1 WertV 72 sah deshalb ausdrücklich vor, dass derartige Herabzonungen bei der Ermittlung des sanierungsunbeeinflussten Grundstückswerts dazu führen, dass die herabgezonte Nutzung maßgebend sein soll. Diese klarstellende Regelung konnte entfallen, weil dies bereits aus dem BauGB hergeleitet werden muss[15].

29 Vorstehenden Grundsätzen ist bei der Entstehung der **Vorgängervorschrift zu § 153 Abs. 1 BauGB** große Bedeutung beigemessen worden:

Im RegE zum StBauFG war hierfür die Regelung des § 20 Abs. 3 vorgesehen, der wie folgt lautete: „Bei der Ermittlung des Wertes von Gebäuden und Gebäudeteilen sind alle besonderen, den Wert beeinflussenden Umstände, insbesondere auch Wertminderungen, zu berücksichtigen." § 20 Abs. 3 des RegE zum StBauFG sollte nach der Begründung zum RegE (zu BT-Drucks. VI/510, zu § 20 Abs. 3) klarstellen, wie bei Ausgleichs- und Entschädigungsleistungen nach der Verordnung über die Grundsätze für die Ermittlung des Verkehrswertes von Grundstücken – WertV – der Wert von Gebäuden und Gebäudeteilen zu bestimmen sei. Durch die Vorschrift sollte sichergestellt werden, dass eine an sich vorhandene Wertminderung baulicher Anlagen, die sich jedoch in den Forderungen der Verkäufer nicht immer widerspiegelt, bei Ausgleichs- und Entschädigungsleistungen zu berücksichtigen ist. Solche Wertminderungen können sich namentlich dadurch ergeben, dass Instandhaltungen oder Instandsetzungen unterblieben sind oder dass Gebäude oder Gebäudeteile hinter den allgemeinen Anforderungen an gesunde Wohn- oder Arbeitsverhältnisse oder an die Sicherheit der auf dem Grundstück oder den umliegenden Grundstücken wohnenden oder arbeitenden Menschen zurückgeblieben sind. Gerade in Sanierungsgebieten sind häufige Gebäude vorhanden, die wegen ihrer vermeintlich hohen Rendite unangemessen hoch von den Verkäufern eingeschätzt werden, obwohl dies von der Beschaffenheit der Bausubstanz her nicht gerechtfertigt ist.

§ 20 Abs. 3 RegE zum StBauFG ist im Gesetzgebungsverfahren zum StBauFG gestrichen worden. Der seinerzeit federführende 14. BT-A. hielt eine solche Vorschrift für entbehrlich, da bereits auf Grund der WertV besondere den Verkehrswert beeinflussende Umstände, wie Abweichungen vom normalen baulichen Bestand, bei der Wertermittlung zu berücksichtigen seien. In dem Planspiel der Arbeitsgruppe Städtebauförderungsgesetz der Stadt Stuttgart wurde zudem angeregt, dem § 20 Abs. 3 der RegE zum StBauFG einen Satz anzufügen, nach dem bei der Bemessung von Ausgleichs- und Entschädigungsleistungen Werte für Gebäude und Gebäudeteile insoweit unberücksichtigt bleiben, als die Gebäude oder Gebäudeteile hinter den allgemeinen Anforderungen an gesunde Wohn- und Arbeitsverhältnisse oder an die Sicherheit der auf dem betroffenen Grundstück oder dem umliegenden Gebiet wohnenden oder arbeitenden Menschen zurückbleiben (vgl. hierzu oben die Begründung zum RegE). Der Ausschuss hielt es nicht für erforderlich, eine entsprechende Bestimmung in das Gesetz aufzunehmen. Dass diese Umstände bei der Bemessung von Ausgleichs- und Entschädigungsleistungen zu berücksichtigen seien, ergebe sich ebenfalls bereits aus der WertV. Der Ausschuss ging seinerzeit jedoch davon aus, dass bei der beabsichtigten Novellierung dieser Verordnung eingehender als bisher geregelt wird, welche wertbeeinflussenden Umstände bei der Ermittlung des Werts von Grundstücken und Gebäuden zu berücksichtigen sind[16].

Besteht für die Änderung oder Aufhebung einer zulässigen Nutzung ein **Entschädigungsanspruch**, so **bleibt dieser** zur Vermeidung von Doppelentschädigungen **bei der Bemessung des sanierungsunbeeinflussten Grundstückswerts außer Betracht.** Eine Verrechnung des Planungsschadens im Rahmen des Ausgleichsbetragsrechts sieht das Baugesetzbuch im Hinblick auf die unterschiedlichen Rechtsgrundlagen nicht vor. Deshalb bestimmte § 21 Abs. 5 Satz 2 WertV 72 klarstellend, dass bei der Ermittlung des sanierungsunbeeinflussten Grundstückswerts der herabgezonte Grundstückszustand maßgebend sein soll, wenn für die dadurch eingetretene Wertminderung „eine gesonderte Entschädigung geleistet worden ist oder beansprucht werden kann."   **30**

Für die **Ermittlung entwicklungsunbeeinflusster Grundstückswerte** gelten vorstehende Ausführungen entsprechend.   **31**

3 Ermittlung des sanierungsunbeeinflussten Grundstückswerts (Abs. 1)

3.1 Allgemeines

▶ *Zum Unterschied des sanierungsunbeeinflussten Grundstückswerts vom Anfangswert vgl. Rn. 4 ff.*

Wie ausgeführt, dürfen nach § 153 Abs. 1 BauGB bei der Bemessung von Ausgleichs- und Entschädigungsleistungen Werterhöhungen, die lediglich durch Aussicht auf die Sanierung, durch ihre Vorbereitung oder ihre Durchführung eingetreten sind, nur insoweit berücksichtigt werden, als der Betroffene die Werterhöhungen durch eigene Aufwendungen zulässigerweise bewirkt hat. Ergänzend zu dieser Vorschrift enthält § **26 Abs. 1 Hinweise über**   **32**

– die **Heranziehung von Vergleichsgrundstücken** bei Anwendung des Vergleichswertverfahrens sowie

– die **ansetzbaren Daten über die Ertragsverhältnisse** (z.B. Rein- bzw. Rohertrag, Bewirtschaftungskosten, Restnutzungsdauer, Liegenschaftszinssatz) bei Anwendung des Ertragswertverfahrens.

Danach müssen sich die **Vergleichs- und Ertragsverhältnisse** auf Grundstücke beziehen, die auch **hinsichtlich ihrer städtebaulichen Missstände mit dem förmlich festgelegten Sanierungsgebiet vergleichbar** sind, insbesondere dürfen sie nicht von einer in absehbarer Zeit zu erwartenden Sanierung beeinflusst worden sein.   **33**

---

15 So auch Schmidt-Aßmann in Ernst/Zinkahn/Bielenberg, § 95 BauGB, 37 Lfg. Rn. 101 f. unter Hinweis auf Battis/Krautzberger/Löhr, BauGB § 95 Rn. 10; Söfker in DVBl. 1979, 107; Pohl in Kohlh. Komm. § 95 Rn. 4 b; Buchs. a. a. O., S. 384

16 Zu der Entschädigung für Gebäude und Gebäudeteile vgl. das Gewos-Gutachten „Städtebau-Verfassung-Bodenrecht" Hamburg 1969, Rn. 157 bis 165, hier auch zu der im Vergleich zum RegE der 6. Legislaturperiode (§ 20 Abs. 3 StBauFG) ausführlicheren Vorschrift des RegE der 6. Legislaturperiode (§ 15 Abs. 2 StBauFG). Der 14. BT-A. hat in § 15 Abs. 2 des RegE sowie in § 20 Abs. 3 des RegE zum StBauFG 6. Legislaturperiode ersichtlich ein Wertermittlungsproblem gesehen, das keine besonderen regelungsbedürftigen Fragen aufwirft.

34 Die Vorschrift regelt die **Heranziehung von Vergleichsgrundstücken und Ertragsverhältnissen** in folgender Reihenfolge:

a) Nach **Satz 1** sind Vergleichsgrundstücke und Ertragsverhältnisse möglichst aus mit dem Sanierungsgebiet vergleichbaren Gebieten heranzuziehen. Die Vergleichsgrundstücke sollen hinsichtlich der Struktur des Gebiets und Lage des Grundstücks, Entwicklungsstufe, Art und Maß der baulichen Nutzung, Grundstücksgestalt und Erschließungszustand mit dem Wertermittlungsobjekt vergleichbar sein. Dies ergibt sich auf Grund der Neugliederung der WertV aus § 3 Abs. 2 i. V. m. den §§ 4 und 5.

b) Nach **Satz 2** dürfen aus dem förmlich festgelegten Sanierungsgebiet selbst oder aus Gebieten mit Aussicht auf eine Sanierung Vergleichsgrundstücke und Ertragsverhältnisse nur herangezogen werden, wenn die entsprechenden Kaufpreise oder Ertragsverhältnisse nicht von sanierungsbedingten Umständen beeinflusst sind oder ihr Einfluss erfasst werden kann.

35 Die in der Praxis der Ermittlung des sanierungsunbeeinflussten Grundstückswerts

– unbebauter Grundstücke (Bodenwert) und

– bebauter Grundstücke

zur Anwendung kommenden Verfahren lassen sich grob nach

a) der Methode des mittelbaren bzw. unmittelbaren Preisvergleichs (Vergleichswertverfahren) sowie

b) der Methode der Rückrechnung aus einem Neuordnungswert (deduktives Verfahren) unterscheiden.

36 Grundsätzlich ist dem **Vergleichswertverfahren der Vorzug** zu geben. Dies gilt insbesondere im Falle der Ermittlung des sanierungsunbeeinflussten Bodenwerts. Im frühen Sanierungsstadium ist eine Ableitung des sanierungsunbeeinflussten Grundstückswerts durch Rückrechnung aus dem Neuordnungswert vielfach schon deshalb gar nicht möglich, weil sich der Neuordnungszustand infolge der noch ausstehenden Konkretisierung der Sanierungsziele noch nicht hinreichend bestimmen lässt. Im frühen Sanierungsstadium wird man bei Anwendung des Vergleichswertverfahrens auch Vergleichspreise aus dem Sanierungsgebiet heranziehen können, jedoch sollten die Vergleichspreise möglichst zu einem Zeitpunkt vereinbart worden sein, als noch keine Aussicht auf die Sanierung bestand. Die Vergleichspreise sollten demzufolge mindestens noch vor dem Beschluss über den Beginn der vorbereitenden Untersuchungen nach § 141 Abs. 4 BauGB vereinbart worden sein. In jedem Fall ist in diesem Zusammenhang der nach § 141 Abs. 3 BauGB **ortsüblich bekannt zu machende Beschluss der Gemeinde über den Beginn der vorbereitenden Untersuchungen im Gutachten anzugeben.** Darüber hinaus muss geprüft werden, ob nicht bereits zu einem früheren Zeitpunkt die Sanierung in Aussicht stand, um ggf. auf noch weiter zurückliegende Vergleichspreise zurückzugreifen. Die nach diesen Maßgaben aus dem späteren Sanierungsgebiet herangezogenen Vergleichspreise müssen dann auf die allgemeinen Wertverhältnisse am Wertermittlungsstichtag umgerechnet werden.

Vergleichspreise, die im Sanierungsgebiet zu einem späteren Zeitpunkt vereinbart worden sind, dürfen nach Abs. 1 Satz 2 nur herangezogen werden, wenn sich der Sanierungseinfluss erfassen lässt. Die Vergleichspreise sind dann entsprechend zu vermindern.

37 Mit fortschreitender Sanierung wird das Zurückgehen auf Vergleichspreise, die vor dem Beschluss über vorbereitende Untersuchungen vereinbart worden sind, angesichts der sehr langen Verfahrensdauer von Sanierungsmaßnahmen problematisch. Es hat sich gezeigt, dass das **Hochindizieren von Vergleichspreisen** spätestens über einen Zeitraum von zehn Jahren zu einer Verfälschung des Ergebnisses führt. Das Vergleichswertverfahren wird dann nur noch unter Heranziehung von wertermittlungsstichtagsnahen Vergleichspreisen aus Gebieten zur Anwendung kommen können, die hinsichtlich der städtebaulichen Missstände mit dem Sanierungsgebiet vergleichbar sind, wobei wiederum eine Aussicht auf die

Sanierung für die Vergleichsgebiete nicht bestehen darf (Abs. 1 Satz 1). Aus der unter Einfluss der Sanierungsmaßnahme stehenden Nachbarschaft sowie aus entsprechenden Nachbarschaftsgemeinden dürfen grundsätzlich auch keine Vergleichspreise herangezogen werden (vgl. § 13 WertV Rn. 38).

Hat der Eigentümer zulässigerweise zu einer Erhöhung der Bodenwerte beigetragen, so sind diese Werterhöhungen – im Unterschied zu der Ermittlung des Anfangswerts nach § 154 Abs. 2 – gemäß § 153 Abs. 1 zu berücksichtigen. Dies gilt entsprechend für sog. externe Effekte (vgl. Rn. 63 ff.). **38**

Zur Ermittlung des sanierungsunbeeinflussten Bodenwerts wird man vielfach auch auf entsprechende Bodenrichtwerte nach § 196 Abs. 1 Satz 5 BauGB zurückgreifen können, die fälschlicherweise vielfach auch als **Anfangswert-Bodenrichtwerte** bezeichnet werden und in aller Regel die zulässigerweise selbst bewirkten Bodenwerterhöhungen nicht berücksichtigen (vgl. Rn. 5, § 196 BauGB Rn. 35). Dem Bodenrichtwertverfahren zuzuordnen ist auch die Methode der Ableitung des sanierungsunbeeinflussten Bodenwerts auf der Grundlage von sog. Lagewerten, die an Stelle der besonderen Bodenrichtwerte abgeleitet werden (Lagewertverfahren). **39**

Im fortgeschrittenen Stadium der Sanierung geht die Wertermittlungspraxis zunehmend dazu über, den sanierungsunbeeinflussten Grundstückswert deduktiv durch **Rückrechnung aus dem Neuordnungswert** abzuleiten. Voraussetzung dafür ist, dass sich die Sanierungsziele soweit verdichtet haben, dass der Neuordnungswert ermittelbar ist. Dieses Verfahren gewinnt im fortgeschrittenen Stadium der Sanierungsmaßnahme schon deshalb an Bedeutung, weil **40**

– einerseits in zunehmendem Maße Vergleichspreise von Grundstücken im Neuordnungszustand verfügbar sind und

– andererseits die sanierungsbedingte Werterhöhung ihrem Umfang und ihrer Höhe nach im Rahmen der Gesamtmaßnahme aus Vergleichsfällen „ablesbar" geworden ist, so z. B. wenn im Sanierungsgebiet der Ausgleichsbetrag gemäß § 154 Abs. 3 Satz 2 und 3 BauGB abgelöst oder vorzeitig festgesetzt wurde.

In der Wertermittlungspraxis haben sich hierfür **verschiedene Methoden** entwickelt: **41**

a) Ermittlung der sanierungsbedingten Werterhöhungen auf der Grundlage der werterhöhenden Komponenten der durchgeführten Sanierungsmaßnahmen (Komponentenlösung) zur Behebung oder Minderung der städtebaulichen Missstände. Mit der Kritik des VG Minden[17] an diesem Verfahren wird übersehen, dass diese Methode z. B. bei der durchaus vergleichbaren Ermittlung von Einwurfs- und Zuteilungswerten in Umlegungsverfahren nach den §§ 45 ff. BauGB auf eine gewachsene Tradition zurückblicken kann, die bislang in der Rechtsprechung nicht beanstandet wurde. Das LG Kiel[18] hat die Anwendung des Verfahrens anerkannt, wobei zur Ermittlung des Verkehrswerts eines entwicklungsunbeeinflussten Grundstücks im Außenbereich vom Verkehrswert für baureifes Land ausgegangen wurde und die Aufschließung unter Berücksichtigung der Wartezeit bis zur Baureife als entwicklungsbedingte Werterhöhung ermittelt worden ist[19].

b) Ermittlung der sanierungsbedingten Werterhöhung auf der Grundlage differenzieller Änderungen der Ertragsverhältnisse, wobei dieses Verfahren nur bei ertragsorientierten Grundstücken Anwendung findet (vgl. § 28 WertV Rn. 111 ff.). **42**

c) Ermittlung der sanierungsbedingten Werterhöhung mittels mathematisch-statistischer Verfahren in Abhängigkeit von den vorhandenen städtebaulichen Missständen und den durchgeführten sowie in Aussicht stehenden Sanierungsmaßnahmen; es handelt sich hierbei lediglich um mathematisch operationalisierte Verfahren vorstehender Art. **43**

---

17 VG Minden, Beschl. vom 20. 11. 1987 – 1 L 58/87 –, EzGuG 15.56
18 LG Kiel, Urt. vom 3. 11. 1989 – 19 O 4/83 –, GuG 1990, 103 = EzGuG 15.64
19 LG Osnabrück, Urt. vom 28. 10. 1987 – 5 O 5/85 – 15/85 –, EzGuG 15.55; VG Hannover, Urt. vom 20. 1. 1988 – 4 VG 13/86 –, EzGuG 15.59

3.2   Qualifizierung des sanierungsunbeeinflussten Grundstückszustands

3.2.1   Allgemeines

44 Auf Grund des dargelegten Sachverhalts steht am Beginn der Ermittlung des sanierungsunbeeinflussten Grundstückswerts die **Qualifizierung des nach § 153 Abs. 1 Satz 1 BauGB maßgeblichen Grundstückszustands.** Dies gestaltet sich mit fortschreitender Sanierung schwieriger, weil nach und nach der sanierungsbedürftige Zustand des Grundstücks und seiner Umgebung durch den Neuordnungszustand ersetzt wird. Es empfiehlt sich deshalb, den Zustand eines Sanierungsgebiets vor Beginn der Sanierungsmaßnahme zu dokumentieren. Maßgebend ist der Zustand zum **Zeitpunkt des beginnenden Sanierungseinflusses,** jedoch sind nichtsanierungsbedingte Werterhöhungen insbesondere auf Grund *externer Maßnahmen* zu berücksichtigen. Es handelt sich hierbei um den Zeitpunkt, von dem ab eine Sanierungsmaßnahme i. S. d. Sanierungsrechts mit hinreichender Wahrscheinlichkeit in Aussicht stand[20] und der Grundstücksmarkt darauf zu reagieren begann.

45 Der Zeitpunkt des beginnenden Sanierungseinflusses lässt sich feststellen, indem die Preisentwicklung im Sanierungsgebiet mit der ähnlich sanierungsbedürftiger Gebiete verglichen wird. Sobald die Preisentwicklungen nachweisbar auseinander zu laufen beginnen, kann ein Sanierungseinfluss unterstellt werden[21]. Es wäre indessen unzulässig, wenn man davon ausgehen würde, eine qualitative Werterhöhung würde sich unter Anwendung des allgemeinen Städtebaurechts ergeben. Denn nach dem Verhältnismäßigkeitsgrundsatz sind die Anwendungsvoraussetzungen des besonderen Städtebaurechts so gefasst, dass es erst zur Anwendung gelangen darf, wenn das allgemeine Städtebaurecht des Ersten Kapitels des BauGB keine Chance bietet, dass die vorgesehenen Maßnahmen in absehbarer Zeit zur Realisierung kommen könnten. Erst die Anwendung des besonderen städtebaurechtlichen Instrumentariums, das i. d. R. den Einsatz erheblicher Förderungsmittel des Bundes, der Länder und der Gemeinden erfordert, ist die **condicio sine qua non, die eine Realisierung der Maßnahmen durchführbar erscheinen lässt**. Was aber sonst keine Aussicht auf Realisierung hätte, kann sich im gewöhnlichen Geschäftsverkehr nämlich nicht werterhöhend auswirken.

46 Damit sind auch Werterhöhungen ausgeschlossen, die auf die Vorbereitung und Durchführung der Sanierung zurückgehen. Was dabei unter „Vorbereitung" und „Durchführung" zu verstehen ist, ergibt sich aus den §§ 140 und 146 BauGB. Die **Vorbereitung der Sanierung** umfasst danach

1. die vorbereitenden Untersuchungen (vgl. § 141 BauGB),

2. die förmliche Festlegung des Sanierungsgebiets (vgl. § 142 BauGB),

3. die Bestimmung der Ziele und Zwecke der Sanierung,

4. die städtebauliche Planung; hierzu gehört auch die Bauleitplanung, ein Vorhaben- und Erschließungsplan oder eine Rahmenplanung, soweit sie für die Sanierung erforderlich ist,

5. die Erörterung der beabsichtigten Sanierung,

6. die Erarbeitung und Fortschreibung des Sozialplans (vgl. § 180 BauGB),

7. einzelne Ordnungs- und Baumaßnahmen (§§ 147 und 148 BauGB), die vor einer förmlichen Festlegung des Sanierungsgebiets durchgeführt werden (§ 140 Nr. 7 BauGB).

47 Die **Durchführung der Sanierung** umfasst nach § 146 BauGB

– die Ordnungsmaßnahmen (§ 147 BauGB) und

– die Baumaßnahmen (§ 148 BauGB)

innerhalb des förmlich festgelegten Sanierungsgebiets, die nach den Zielen und Zwecken der Sanierung erforderlich sind.

Die Qualifizierung des maßgeblichen Grundstückszustands nach dem Zeitpunkt des beginnenden Sanierungseinflusses stellt eine Hilfskonstruktion dar, die das BauGB nicht zwingend vorschreibt. Nach dem Gesetzbuch ist es auch zulässig, den **sanierungsunbeeinflussten Grundstückszustand deskriptiv zu qualifizieren**, um auf dieser Grundlage den sanierungsunbeeinflussten Grundstückswert zu ermitteln. Im Gesetzgebungsverfahren sind dieser Methode sogar Vorzüge zugesprochen worden. **48**

Bei der Bestimmung des Zeitpunkts des beginnenden Sanierungseinflusses wird in aller Regel – vorbehaltlich einer zeitlich weiter zurückgehenden Kausalität – mindestens auf den **Zeitpunkt der ortsüblichen Bekanntmachung des Beginns der vorbereitenden Untersuchung** abzustellen sein (§ 141 Abs. 3 BauGB)[22]. **49**

Mit dem BauGB 93 ist die Regelung des § 141 BauGB über die vorbereitenden Untersuchungen durch einen neuen § 165 Abs. 4 BauGB ergänzt worden, mit dem die bis zum In-Kraft-Treten des BauGB 93 nur in den neuen Ländern bestehende Möglichkeit, Baugesuche und Anträge auf Erteilung von Teilungsgenehmigungen zurückzustellen, auf das gesamte Bundesgebiet unter Verkürzungen der Zurückstellungsfristen erstreckt wird. Mit dieser Regelung wird kein Stichtag für die Ermittlung des sanierungsunbeeinflussten Grundstückswerts vorgegeben[23]. **50**

Die Gemeinde hat – soweit nicht bereits hinreichende Beurteilungsunterlagen vorliegen – auch vor der förmlichen Festlegung des städtebaulichen Entwicklungsbereichs nach § 165 Abs. 4 BauGB **vorbereitende Untersuchungen** (früher: Voruntersuchungen) durchzuführen. Der Beschluss über den Beginn der vorbereitenden Untersuchungen (Voruntersuchungen) ist ebenfalls ortsüblich bekannt zu machen. Der Beschluss ist weder eine Satzung noch ein Verwaltungsakt in Form einer Allgemeinverfügung, d. h. es handelt sich um eine schlichte gemeindliche Verwaltungsmaßnahme[24]. Neben den sich aus § 165 Abs. 4 Satz 6 BauGB ergebenden Wirkungen kann die Bekanntmachung zugleich auch als **Vermutungstatbestand dafür angesehen werden, dass eine über die allgemeine Wertentwicklung hinausgehende Werterhöhung der Grundstücke spätestens von diesem Zeitpunkt ab ursächlich in Aussicht auf die Vorbereitung und Durchführung der Entwicklungsmaßnahme eingetreten** ist. Soweit auf Grund konkreter Anhaltspunkte eine entwicklungsbedingte Werterhöhung schon zu einem früheren Zeitpunkt nachweisbar ist, muss diese nach Maßgabe des § 169 Abs. 1 Nr. 6 i.V.m. § 153 Abs. 1 BauGB bei der Ermittlung des entwicklungsunbeeinflussten Grundstückswerts bzw. des Anfangswerts unberücksichtigt bleiben[25] (Abb. 1). **51**

Der Ausschluss sanierungsbedingter Werterhöhungen nach Maßgabe des § 153 Abs. 1 BauGB bedingt, dass der Ermittlung des sanierungsunbeeinflussten Grundstückswerts ein Zustand des Grundstücks zu Grunde zu legen ist, den das Grundstück einst ohne Aussicht auf die Sanierung quasi im **„historischen" Zustand** hatte. Wertermittlungsstichtag und der für die Qualifizierung des Grundstückszustands maßgebliche Zeitpunkt fallen damit auseinander. Da nach § 153 Abs. 1 Satz 2 BauGB Änderungen in den allgemeinen Wertverhältnissen auf dem Grundstücksmarkt (= konjunkturelle Wertänderungen) zu berücksichtigen sind, ist als sanierungsunbeeinflusster Grundstückswert grundsätzlich ein auf den Wertermittlungsstichtag bezogener (fiktiver) Verkehrswert des Grundstücks mit den (histori- **52**

---

20   BGH, Urt. vom 12. 1. 1984 – III ZR 103/82 –, EzGuG 15.28
21   OVG Lüneburg, Urt. vom 30. 10. 1986 – 6 A 32/85 und 8 174/84 –, EzGuG 15.50
22   So auch Köhler in Schrödter, BauGB-Komm. § 153 Rn. 16; Freise im Kohlhammer-Komm. BauGB § 153 Rn. 10; Schmalgemeier in VR 1978, 146
23   BT-Drucks. 12/3944 S. 30
24   Arbeitshilfe der Fachkommission „Städtebauliche Erneuerung" der Argebau; Bielenberg/Koopmann/Krautzberger, Städtebauförderungsrecht
25   A.A.: Hinweise des bad.-württ. MWi vom 29. 6. 1994 – VI 2516/5 – (GABl. 1994, 570 = GuG 1995, 41) Ziff. 2.3

Abb. 1: Ermittlung des sanierungsunbeeinflussten Grundstückswerts (Zustand)

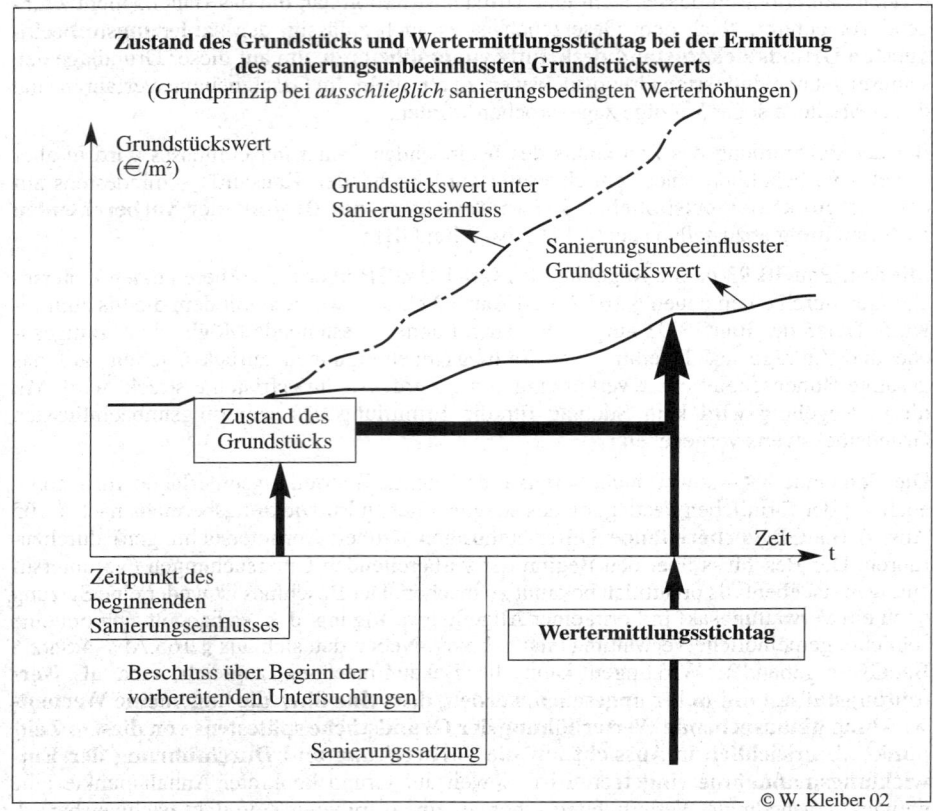

© W. Kleiber 02

schen) Zustandsmerkmalen zum **Zeitpunkt des beginnenden Sanierungseinflusses** zu ermitteln[26]. Der damalige Grundstückszustand wird gewissermaßen auf den Wertermittlungsstichtag transponiert; allerdings sind ggf. externe nichtsanierungsbedingte Werterhöhungen zu berücksichtigen.

53   § 26 Abs. 1 Satz 2 schreibt zu alledem ausdrücklich vor, dass Kaufpreise (oder Ertragsverhältnisse) aus dem förmlich festgelegten Sanierungsgebiet oder aus Gebieten mit Aussicht auf die Sanierung „nur" herangezogen werden dürfen, wenn sie nicht von sanierungsbedingten Umständen beeinflusst sind oder ihr Einfluss sicher erfasst werden kann. Besondere Vorsicht ist bezüglich der Preise geboten, die nach dem Zeitpunkt des beginnenden Sanierungseinflusses, aber noch vor förmlicher Festlegung des Sanierungsgebiets vereinbart worden sind, weil zu dieser Zeit die Preisprüfung nach § 145 Abs. 2 i.V.m. § 153 Abs. 2 BauGB noch nicht zur Anwendung kommt und insoweit die Vereinbarung „spekulativer" Kaufpreise nicht verhindert werden kann (vgl. aber § 165 Abs. 3 Nr. 3 BauGB).

54   *Einer dazu vertretenen **Mindermeinung von einer „dynamisierten" Ermittlung des sanierungs- bzw. entwicklungsunbeeinflussten Bodenwerts,** die im Regelfall zu einer zusätzlichen Belastung der Grundeigentümer führen würde, steht das Sanierungs- und Entwicklungsmaßnahmenrecht i.V.m. verfassungsrechtlichen Grundsätzen diametral entgegen. Die Anwendung dieser Mindermeinung kann den Sachverständigen Haftungsansprüchen wegen Fahrlässigkeit aussetzen, wenn er sich damit leichtfertig über die herrschende Auf-*

fassung hinweggesetzt[27]*. Im Übrigen kann der Sachverständige in seiner Unabhängigkeit diesbezüglich auch nicht durch Verwaltungserlasse dazu angehalten werden, Rechtsauffassungen seinem Gutachten zu Grunde zu legen, die mit dem Sanierungs- und Entwicklungsmaßnahmenrecht unvereinbar sind (vgl. Rn. 63).*

Bei der **Qualifizierung des sanierungsunbeeinflussten Grundstückszustands** ist es **55** zweckmäßig, nach

a) den rechtlichen Gegebenheiten und

b) den tatsächlichen Eigenschaften und der Beschaffenheit

des Grundstücks und seiner Umgebung zu unterscheiden.

Bei werdendem Bauland ist, wie auch außerhalb von Sanierungsgebieten und Entwick- **56** lungsbereichen, insbesondere eine **allgemeine Bodenwertminderung** zu berücksichtigen, die sich **im Hinblick auf die gesetzlichen Regelungen über Ausgleichsflächen i. S. d. § 1 a BauGB i. V. m. § 9 BauGB** im gewöhnlichen Geschäftsverkehr ergibt.

3.2.2 Rechtliche Gegebenheiten

Der sanierungsunbeeinflusste Grundstückszustand beurteilt sich in rechtlicher Hinsicht in **57** erster Linie nach dem Planungsrecht, wie es ohne Aussicht auf die Sanierung bestand. Ist • **vor förmlicher Festlegung des Sanierungsgebiets ein Bebauungsplan** aufgestellt worden, **der nicht als Sanierungsbebauungsplan anzusehen ist**, so sind dessen Festsetzungen der Ermittlung des sanierungsunbeeinflussten Grundstückswerts zu Grunde zu legen. Er kann allerdings nicht unbeachtlich bleiben, wenn er wegen Funktionslosigkeit außer Kraft getreten ist (obsolete Bebauungspläne). Ein Bebauungsplan tritt aber nicht allein schon deshalb außer Kraft, dass er im Zusammenhang mit der Sanierung steht, weil die plangebende Gemeinde oder eine andere Stelle nicht auf eine baldige Verwirklichung seiner Festsetzung gedrängt hat[28]. Wo vor der förmlichen Festlegung des Sanierungsgebiets (noch) kein rechtsgültiger Bebauungsplan besteht, beurteilen sich Art und Maß der baulichen Nutzung regelmäßig nach § 34 BauGB.

Planungsschäden, die vor der Sanierungsmaßnahme oder im Zuge der Sanierungsmaß- **58** nahme auf Grund des Sanierungsbebauungsplans geltend gemacht werden können, bleiben einer vom Ausgleichsbetragsrecht abzugrenzenden Planungsschadensregelung vorbehalten. Bei der Ermittlung des sanierungsunbeeinflussten ist ebenso wie bei der Ermittlung des Neuordnungswerts vom planungsgeschädigten Grundstückszustand auszugehen (vgl. Rn. 26).

---

26 Köhler in Schrödter, BauGB-Komm. § 153 Rn. 16; Seitz, J., Planungshoheit und Grundeigentum, Diss. Köln 1999; Kleiber in Ernst/Zinkahn/Bielenberg, BauGB, Komm. zu § 153 Abs. 1 und zu § 26 WertV; Freise im Kohlhammer-Komm. BauGB § 153 Rn. 10; Friedrich im Kohlhammer-Komm. zum § 153 Rn. 6; Dieterich in GuG 1996, 1; Lemmen in HLBS-report 3/96 S. 15; Kleiber in ZfBR 1996, 131; Schmalgemeier in VR 1978; RdErl. Brandenburg Nr. 23/1/1997 vom 20. 5. 1997 (ABl. 1997, 476 unter Nr. 7); RdErl. Niedersachsen vom 2. 5. 1988 (MBl. 1988, 547), geändert durch RdErl. vom 6. 3. 1991 (MBl. 1991, 477 dort unter Nr. 228.3.3); Bielenberg in Bielenberg/Koopmann/Krautzberger, Städtebauförderungsrecht Bd. I Einl. B Rn. 225; So auch Mustereinführungs-Erl. der FK „Städtebauliche Erneuerung" der Argebau und deren Arbeitshilfe (Stand 1. 10. 1993, abgedr. in Bielenberg/Koopmann/Krautzberger, Städtebauförderungsrecht, Bd. I, 4 E; vgl. auch Rn. 68 f. und die Rspr: Bay VGH, Urt. vom 23. 10. 1995 – 15 N 94.1693 –, GuG 1996, 114 = EzGuG; OLG Frankfurt am Main, Urt. vom 24. 6. 1991 – 1 U 2/90 –, GuG 1997, 54 = EzGuG 15.69 a; BGH, Beschl. vom 9. 7. 1992 – III ZR 167/91 –; BVerfG, Beschl. vom 9. 3. 1998 – 1 BvR 1041/92 –, GuG 1999, 244; LG Darmstadt, Urt. vom 31. 7. 1996 – 90 (B) 12/93 –, GuG 1996, 56 = EzGuG 15.84; VGH Mannheim, Beschl. vom 1. 10. 1996 – 3 S 1904/96 –, GuG 1997, 61 = EzGuG 15.85 (a. A. LG Kiel, Urt. vom 3. 11. 1989 – 190 4/83 –, GuG 1990 103 = EzGuG 15.64 m. krit. Anm. von Dieterich in GuG 1996, 1) und Bielenberg in Bielenberg/Koopmann/Krautzberger, Städtebauförderungsrecht, Bd. I Einl. B Rn. 225.

27 Strotkamp in Nachr. der rh.-pf. Kat.- und VermVw 1983, 17

28 BVerwG, Beschl. vom 31. 8. 1989 – 4 B 161/88 –, BRS Bd. 49 Nr. 16 = NVwZ–RR 1990, 121 = ZfBR 1990, 40 = BayVBl. 1990, 90 = UPR 1990, 27

---

59   **Beitragspflichten für Erschließungsanlagen** i. S. d. § 127 Abs. 2 BauGB, **die vor der förmlichen Festlegung des Sanierungsgebiets entstanden sind**, bleiben nach § 156 Abs. 1 BauGB von der förmlichen Festlegung unberührt. Entsprechendes gilt für Kostenerstattungsbeträge. Bezüglich Erschließungsmaßnahmen, die vor förmlicher Festlegung des Sanierungsgebiets endgültig hergestellt worden sind, ist deshalb von einem erschlossenen und erschließungsbeitragsfreien Grundstückszustand bei der Ermittlung des sanierungsunbeeinflussten Bodenwerts auszugehen; umgekehrt muss bei der Ermittlung des Neuordnungswerts bzw. bei der Ermittlung des Endwerts von einem insoweit erschließungsbeitragspflichtigen bzw. kostenerstattungsbetragspflichtigen Grundstückszustand ausgegangen werden, um Doppelbelastungen zu vermeiden.

3.2.3   Tatsächliche Eigenschaften und Beschaffenheit

60   Ausgangspunkt für die Qualifizierung der maßgeblichen und tatsächlichen Eigenschaften und Beschaffenheit des sanierungsunbeeinflussten Grundstückszustands sind die **Verhältnisse, die vor dem Zeitpunkt des beginnenden Sanierungseinflusses bestanden.** Dabei sind die Reduktionsklauseln des § 95 Abs. 2 BauGB grundsätzlich zu berücksichtigen. Das bedeutet, dass insbesondere Maßnahmen der Vorbereitung und Durchführung der Sanierung außer Betracht bleiben müssen.

61   **Zusätzlich zu berücksichtigen** sind jedoch

– Werterhöhungen, die der Betroffene *durch eigene „Aufwendungen"* zulässigerweise *bewirkt* hat, wobei es sich dabei um selbst durchgeführte Maßnahmen oder vom Betroffenen durch finanzielle Aufwendungen bewirkte Maßnahmen handeln kann (vgl. Rn. 66 ff. und § 28 WertV Rn. 239);

– Werterhöhungen, die nicht ursächlich auf die Aussicht auf die Sanierung, ihre Vorbereitung oder Durchführung zurückführbar sind, insbesondere solche, die durch nichtsanierungsbedingte Maßnahmen außerhalb des Sanierungsgebiets eingetreten sind (sog. *externe Effekte*).

62   **Maßnahmen, z. B. Nutzungsänderungen,** die **im Hinblick auf die bevorstehenden Änderungen** durchgeführt wurden, bleiben grundsätzlich unberücksichtigt.

3.2.4   Externe Effekte

63   Da sich der sanierungsunbeeinflusste Grundstückswert nach § 153 Abs. 1 BauGB unter Ausschluss von Werterhöhungen bestimmt, die „lediglich" auf die Aussicht der Sanierung, ihre Vorbereitung und Durchführung eingetreten sind, müssen umgekehrt **Werterhöhungen berücksichtigt** werden, **die auf außerhalb der Sanierung stehende Maßnahmen zurückführbar sind,** womit in erster Linie die „von außen" in das Sanierungsgebiet hereingetragenen Werterhöhungen angesprochen sind („externe Effekte"). Dies kann z. B. eine Werterhöhung sein, die auf eine am Sanierungsgebiet vorbeigeführte neue U-Bahn-Linie oder eine in der Nachbarschaft neu errichtete Flussbrücke zurückgeht, wenn der Bau in keinerlei kausalem Zusammenhang mit der Sanierungsmaßnahme steht. Entsprechendes gilt z. B. für Erschließungsvorteile eines Gewerbegebiets durch eine neue Autobahn oder eine Verbesserung der Geschäftslage durch Maßnahmen in angrenzenden Gebieten (vgl. Rn. 63, 90, 109).

64   An die Berücksichtigung solcher externen Effekte sind strenge Anforderungen zu stellen. Hierzu zählen nämlich nicht solche Maßnahmen, die in irgendeinem Zusammenhang mit der Vorbereitung und Durchführung der Sanierung stehen (condicio sine qua non). Deshalb empfiehlt es sich, zur Qualifizierung des sanierungsunbeeinflussten Grundstückszustands alle werterhöhenden Maßnahmen festzustellen, die nicht ursächlich auf die Vorbereitung und Durchführung der Sanierung zurückzuführen sind (vgl. Abb. 2).

Abb. 2: Entwicklung des sanierungsunbeeinflussten Grundstückswerts unter dem Einfluss nichtsanierungsbedingter (externer) Maßnahmen

Etwas anderes gilt für die **Veräußerung von Grundstücken** nach § 153 Abs. 4 BauGB ggf. i.V. m. § 169 Abs. 8 BauGB, nach dem Werterhöhungen auf Grund externer Effekte bei dem Erwerb von Grundstücken berücksichtigt werden müssen, obwohl sie ursächlich nicht auf die Sanierungs- bzw. Entwicklungsmaßnahme zurückführbar sind. Die Vorschrift soll nämlich nicht verhindern, dass die Gemeinde bei der Veräußerung von Grundstücken entsprechend den kommunalhaushaltsrechtlichen Vorschriften den „vollen Wert" (Verkehrswert) realisiert[29].

65

---

29 BGH, Beschl. vom 13. 7. 1993 – III ZR 86/92 –, EzGuG 15.76 a; zur Frage der verbilligten Grundstücksabgabe vgl. Kleiber in Bielenberg/Koopmann/Krautzberger, Städtebauförderungsrecht Bd. II Nr. 15

3.2.5 Eigene Bodenwerterhöhungen

66 Nach § 153 Abs. 1 BauGB sind **Werterhöhungen** zu berücksichtigen, wenn sie vom Eigentümer **durch eigene Aufwendungen in zulässiger Weise bewirkt** worden sind. Werterhöhungen sind zulässigerweise bewirkt, wenn die mit eigenen Aufwendungen bewirkten Maßnahmen öffentlich-rechtliche Vorschriften nicht verletzen. Es kommt dabei nicht darauf an, ob eine Befreiung von den verletzten öffentlich-rechtlichen Vorschriften hätte gewährt werden können. Ein Verstoß gegen Privatrecht ist im Übrigen unerheblich. Zu den zulässigerweise bewirkten Maßnahmen gehören solche,

– die nach förmlicher Festlegung des Sanierungsgebiets gemäß den §§ 144 f. BauGB genehmigt worden sind, soweit von dem Betroffenen Ordnungsmaßnahmen i. S. d. § 147 BauGB durchgeführt worden sind, gelten die dadurch bewirkten Werterhöhungen nur dann als vom Betroffenen durch eigene Aufwendungen selbst bewirkt, wenn sie gemäß § 146 Abs. 3 Satz 1 BauGB auf der Grundlage eines Vertrags mit der Gemeinde durchgeführt worden sind. In entsprechender Anwendung des § 155 Abs. 1 Nr. 2 Halbsatz 2 BauGB sind als Werterhöhung die dem Eigentümer entstandenen Kosten zu berücksichtigen;

– die vor förmlicher Festlegung des Sanierungsgebiets durchgeführten Maßnahmen i. S. d. § 144 BauGB, soweit sie nicht genehmigungspflichtig waren.

67 **Werterhöhungen sind zulässigerweise vom Eigentümer bewirkt**, wie sie auf genehmigungspflichtige und genehmigte Maßnahmen zurückzuführen sind, unabhängig davon, ob sie vor oder nach förmlicher Festlegung des Sanierungsgebiets durchgeführt wurden. Dabei ist insbesondere auf die Genehmigungstatbestände der §§ 14 ff. und des § 51 BauGB hinzuweisen (vgl. § 28 WertV Rn. 61, 239).

68 Zu den vom Eigentümer zulässigerweise bewirkten **Werterhöhungen** gehören auch solche, **die vom Voreigentümer erbracht** und in zulässiger Weise mit dem Erwerb des Grundstücks durch Entrichtung eines entsprechenden höheren Kaufpreises „bezahlt" wurden. Des Weiteren gehören auch solche **Vorteile und Werterhöhungen** dazu, **die in einem anderen Verfahren**, insbesondere in einem Enteignungsverfahren, **berücksichtigt worden sind**.

69 Die für die Berücksichtigung von Anrechnungen auf den Ausgleichsbetrag maßgebliche Bestimmung des **§ 155 Abs. 1 BauGB** ist entsprechend anzuwenden. Die Vorschrift hat folgende Fassung:

„(1) Auf den Ausgleichsbetrag sind anzurechnen

1. die durch die Sanierung entstandenen Vorteile oder Bodenwerterhöhungen des Grundstücks, die bereits in einem anderen Verfahren, insbesondere in einem Enteignungsverfahren berücksichtigt worden sind; für Umlegungsverfahren bleibt Absatz 2 unberührt.

2. die Bodenwerterhöhungen des Grundstücks, die der Eigentümer zulässigerweise durch eigene Aufwendungen bewirkt hat; soweit der Eigentümer gemäß § 146 Abs. 3 Ordnungsmaßnahmen durchgeführt oder Gemeinbedarfs- und Folgeeinrichtungen im Sinne des § 148 Abs. 2 Satz 1 Nr. 3 errichtet oder geändert hat, sind jedoch die ihm entstandenen Kosten anzurechnen;

3. die Bodenwerterhöhungen des Grundstücks, die der Eigentümer beim Erwerb des Grundstücks als Teil des Kaufpreises in einem den Vorschriften der Nummern 1 und 2 sowie des § 154 entsprechenden Betrag zulässigerweise bereits entrichtet hat."

70 **Anders als bei der Ermittlung des Anfangswerts** nach § 154 Abs. 2 BauGB, nach dem dieser ohne Berücksichtigung der durch eigene Aufwendungen bewirkten Bodenwerterhöhungen zu ermitteln ist, **sind solche Bodenwerterhöhungen** nach § 153 Abs. 1 BauGB **bereits bei der Ermittlung des sanierungsunbeeinflussten Grundstückswerts zu berücksichtigen**. Bei der Ermittlung von Ausgleichsbeträgen sind die durch eigene Aufwendungen bewirkten Bodenwerterhöhungen in einem besonderen Schritt nach Maßgabe vorstehender Vorschrift (§ 155 Abs. 1 Nr. 2 BauGB) anzurechnen.

71 Die anzurechnenden Beträge sind mit dem **Wert** anzurechnen, **der sich bezogen auf die allgemeinen Wertverhältnisse am Wertermittlungsstichtag ergibt**.

In der **Gesamtschau** ergibt sich damit der sanierungsunbeeinflusste Grundstückswert, wie **72**
aus Abb. 3 ersichtlich.

Abb. 3: Qualifizierung des sanierungsunbeeinflussten Grundstückszustands

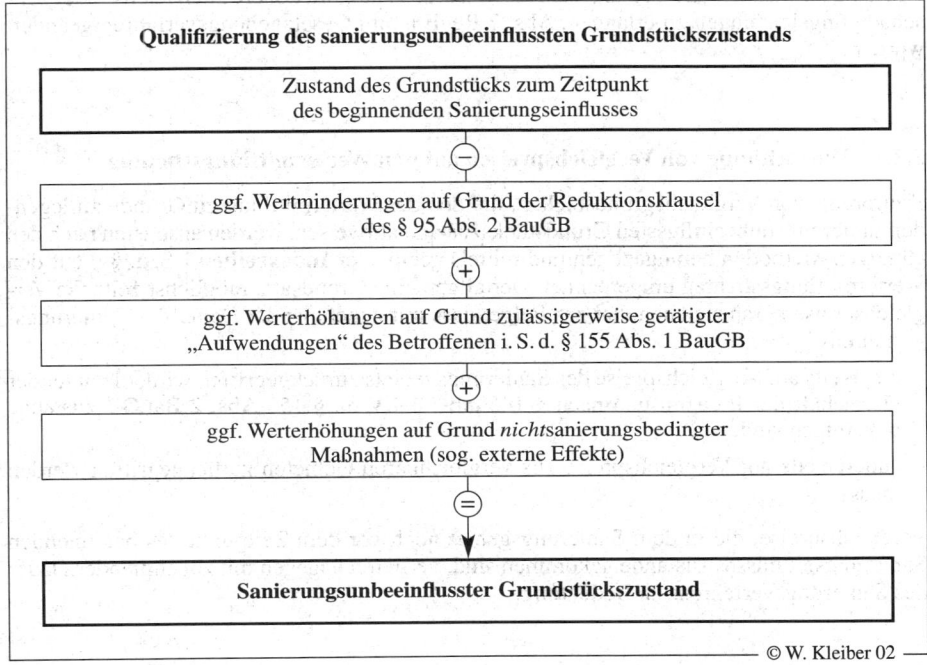

Qualifizierung des sanierungsunbeeinflussten Grundstückszustands

Zustand des Grundstücks zum Zeitpunkt
des beginnenden Sanierungseinflusses

(−)

ggf. Wertminderungen auf Grund der Reduktionsklausel
des § 95 Abs. 2 BauGB

(+)

ggf. Werterhöhungen auf Grund zulässigerweise getätigter
„Aufwendungen" des Betroffenen i. S. d. § 155 Abs. 1 BauGB

(+)

ggf. Werterhöhungen auf Grund *nicht*sanierungsbedingter
Maßnahmen (sog. externe Effekte)

(=)

Sanierungsunbeeinflusster Grundstückszustand

© W. Kleiber 02

▶ *Zu der bei der Ermittlung des sanierungs- bzw. entwicklungsunbeeinflussten Grundstückswerts zu berücksichtigenden Anrechnung vgl. § 28 WertV Rn. 239 ff.*

3.2.6 Langfristige Miet- und Pachtverträge

In Gebieten, für die Sanierungsabsichten in der Öffentlichkeit bekannt werden, ist, wie die **73**
Erfahrungen zeigen, mit Vereinbarungen zu rechnen, die das Ziel haben, im Falle der
Sanierung höhere Ausgleichs- oder Entschädigungsleistungen zu erlangen. Dies kann z. B.
dadurch geschehen, dass **Miet- oder Pachtverträge mit einer Laufzeit** abgeschlossen
werden, die in anderen vergleichbaren Gebieten nicht üblich ist. Um dem vorzubeugen war
in § 23 Abs. 4 des mit In-Kraft-Treten des BauGB aufgehobenen StBauFG ausdrücklich
vorgeschrieben, dass bei der Bemessung von Ausgleichs- und Entschädigungsleistungen
eine Vereinbarung insoweit unberücksichtigt bleibt, „als sie von den üblichen Vereinbarungen in vergleichbaren Gebieten, die nicht förmlich festgelegte Sanierungsgebiete sind, auffällig abweicht, und Tatsachen die Annahme rechtfertigen, dass sie getroffen worden ist,
um eine Ausgleichs- oder Entschädigungsleistung zu erlangen."

Die Vorschrift ging auf eine Empfehlung des federführenden BT-A. im Gesetzgebungsver- **74**
fahren zum StBauFG zurück. Es sollte damit sichergestellt werden, dass nur in den Fällen
Vereinbarungen bei der Bemessung von Ausgleichs- und Entschädigungsleistungen nicht
zu berücksichtigen sind, in denen **konkrete Unterlagen vorliegen, dass solche Verträge**

allein zur Erzielung höherer Entschädigungen getroffen worden sind[30]. Der RegE zum StBauFG sah dagegen eine Nichtberücksichtigung von Vereinbarungen (in Abs. 7 des RegE) lediglich für die Fälle vor, in denen sie von üblichen Vereinbarungen in vergleichbaren Gebieten, die nicht förmlich festgelegte Sanierungsgebiete sind, auffällig abweichen und anzunehmen ist, dass sie abgeschlossen worden sind, um höhere Ausgleichs- oder Entschädigungsleistungen zu erlangen. Abs. 7 RegE ist im Gesetzgebungsverfahren geändert worden.

3.2.7 Umrechnung von Vergleichspreisen auf den Wertermittlungsstichtag

75   Kaufpreise von Vergleichsgrundstücken, die den der Wertermittlung zu Grunde zu legenden sanierungsunbeeinflussten Grundstückszustand aufweisen, werden ansonsten nach den gängigen Methoden herangezogen und mittels geeigneter **Indexreihen** i. S. d. § 9 auf den Wertermittlungsstichtag umgerechnet. Der allgemeine Grundsatz, möglichst zeitnahe Vergleichspreise heranzuziehen, hat zur Folge, dass mit zunehmender Dauer des Sanierungsverfahrens

– einerseits auf Vergleichspreise des Sanierungsgebiets zurückgegriffen wird, die unter der Herrschaft der Preisprüfung nach § 145 Abs. 2 i.V. m. § 153 Abs. 2 BauGB zustande gekommen sind, und

– andererseits auf Vergleichspreise aus vergleichbaren Gebieten zurückgegriffen werden muss.

Vergleichspreise, die in dem Sanierungsgebiet noch vor dem Zeitpunkt des beginnenden Sanierungseinflusses zustande gekommen sind, verlieren dagegen mit zunehmender Dauer des Sanierungsverfahrens an Bedeutung.

4   Besonderheiten bei der Ermittlung des entwicklungsunbeeinflussten Grundstückswerts (Abs. 2)

4.1   Allgemeines

76   Der städtebaulichen Entwicklungsmaßnahme liegt die **bodenpolitische Konzeption** zu Grunde, die nach den vorstehenden Ausführungen für Gebiete maßgebend ist, die unter Anwendung der besonderen sanierungsrechtlichen Vorschriften der §§ 152 bis 156 BauGB saniert werden (vgl. Vorbem. zu den §§ 26 ff. WertV Rn. 9).

77   Auf drei wesentliche Unterschiede soll hier **im Zusammenhang mit den sich stellenden Wertermittlungsaufgaben** hingewiesen werden:

a) Anders als für Sanierungsgebiete kann nach dem Entwicklungsrecht die Anwendung der besonderen entwicklungsrechtlichen Vorschriften (= entsprechen den besonderen sanierungsrechtlichen Vorschriften der §§ 152 bis 156 a BauGB) nicht ausgeschlossen werden (ausgenommen die Anpassungsgebiete nach § 170 BauGB); sie finden nach Maßgabe der Bestimmungen des § 169 BauGB entsprechende Anwendung.

b) Die Gemeinde soll die Grundstücke im Entwicklungsbereich nach § 166 Abs. 3 BauGB grundsätzlich erwerben und nur in bestimmten Fällen vom Erwerb absehen.

c) Die Regelung des § 153 Abs. 1 BauGB über die Ermittlung des sanierungsunbeeinflussten Grundstückswerts ist auf land- oder forstwirtschaftlich *genutzte* Grundstücke nach Maßgabe des § 169 Abs. 4 BauGB anzuwenden.

Nach § 169 Abs. 1 Nr. 6 BauGB gilt § 153 Abs. 1 BauGB in städtebaulichen Entwicklungs- **78**
bereichen i. S. d. §§ 165 ff. BauGB entsprechend. Demzufolge schreibt § 26 Abs. 2 Satz 1
vor, dass die Wertermittlungsgrundsätze des § 26 Abs. 1 auch bei der **Ermittlung des entwicklungsunbeeinflussten Grundstückswerts** entsprechende Anwendung finden (vgl.
§ 4 WertV Rn. 126 ff.).

Bei der **Ermittlung des entwicklungsunbeeinflussten Grundstückswerts** bleiben in entsprechender Anwendung des § 153 Abs. 1 BauGB Werterhöhungen unberücksichtigt, die
lediglich durch die **Aussicht auf die städtebauliche Entwicklung, ihre Vorbereitung
oder ihre Durchführung** eingetreten sind. Nur die vom Betroffenen durch eigene Aufwendungen zulässigerweise herbeigeführten Werterhöhungen sind bei der Ermittlung des
entwicklungsunbeeinflussten Grundstückswerts zu berücksichtigen.

Wie bei der Ermittlung des sanierungsunbeeinflussten Grundstücks (vgl. Rn. 32 ff.) muss **79**
zur Ermittlung des entwicklungsunbeeinflussten Grundstückswerts zunächst der **Zustand
des Grundstücks** qualifiziert werden, der ohne Aussicht auf die Entwicklung, ihre Vorbereitung und Durchführung für das Grundstück bestand (im Einzelnen wird dies unter
Rn. 80 ff. behandelt).

4.2 Qualifizierung des entwicklungsunbeeinflussten Grundstückszustands

4.2.1 Allgemeines

Auf einem freien Grundstücksmarkt, auf dem sich die Preisbildung nach Angebot und **80**
Nachfrage vollzieht, steigen die Grundstückspreise und damit auch die Grundstückswerte
bereits im Vorfeld städtebaulicher Absichten und Maßnahmen, die auf eine Entwicklung
der Grundstücke ausgerichtet sind. Dies gilt insbesondere für land- oder forstwirtschaftliche Flächen sowie für Bauerwartungsland. Wenn darüber hinaus auch noch die Entwicklung eines Gebiets durch den gezielten Einsatz nicht unerheblicher **Städtebauförderungs-
mittel sowie der Verwaltungskraft der Gemeinde** bzw. eines von ihr beauftragten Entwicklungsträgers vorangetrieben wird, muss mit Werterhöhungen bereits im Vorfeld der
Maßnahme gerechnet werden, wenn diese nicht durch das „Abschöpfungssystem" des
Entwicklungsrechts „abgeschnitten" würden.

Ausgleichs- und Entschädigungsleistungen sollen sich deshalb in förmlich festgelegten **81**
Entwicklungsbereichen gemäß § 169 Abs. 1 Nr. 6 BauGB nach dem (Verkehrs-) Wert des
Grundstücks bemessen, der sich zum jeweiligen Wertermittlungsstichtag ohne Aussicht auf
die Entwicklungsmaßnahme, ihre Vorbereitung und Durchführung ergeben hätte (§ 153
Abs. 1 BauGB). Dies bedeutet, dass der Wertermittlung der **Zustand des Grundstücks
(Qualität)** zu Grunde zu legen ist, der sich für das Grundstück nach dieser Maßgabe erge-
ben hätte, wobei jedoch die *allgemeinen Wertverhältnisse* zum Wertermittlungsstichtag
maßgebend sind.

Wertermittlungstechnisch muss deshalb zunächst der entwicklungsunbeeinflusste Grund- **82**
stückszustand qualifiziert werden. Zu diesem Zweck geht die Praxis auf den Zeitpunkt
zurück, als eine Aussicht auf eine Entwicklung i. S. d. Entwicklungsmaßnahmenrechts
nicht bestand. Im Schrifttum wird dieser Stichtag auch als Zeitpunkt des „beginnenden
Entwicklungseinflusses" bezeichnet[31]. *Köhler*[32] spricht in diesem Zusammenhang (unter

---

30 BT-Drucks. VI/2204 zu § 23; Bericht des 14. BT-Ausschuss
31 So auch Schmalgemeier in VR 1978, 146 und Dieterich in GuG 1996, 1; Freise im Kohlhammer-Komm.,
    BauGB § 153 Rn. 10; Seitz, J., Planungshoheit und Grundeigentum, Kölner Schriften zu Recht und Staat,
    Frankfurt am Main 1999, S. 253 f.; Lemmen in HLBS-report 1996, 15, Groth, Kolloquium am 17. 5. 1999 in
    Potsdam; entgegen Mindermeinung von Strotkamp in Nachr. der rh.-pf. Kat.- und VermVw 1983, 17 sowie
    Möckel in Gerary/Möckel Praxis der Grundstücksbewertung
32 In Schrödter, BauGB, Komm. 6. Aufl. § 153 Rn. 16

Bezugnahme auf *Friedrich* im Kohlhammer-Komm. zum BauGB, § 153 Rn. 6) von der **Grundstücksqualität „vor Bekanntwerden der Aussicht auf die Sanierung bzw. Entwicklung".** Es handelt sich um den Stichtag, von dem

– die Wertentwicklung im Entwicklungsbereich unter dem Einfluss der Aussicht auf die Entwicklung im Verhältnis zu

– der Wertentwicklung in damit vergleichbaren entwicklungsfähigen Gebieten (ohne formelle Entwicklungsmaßnahme)

auseinander zu laufen beginnt.

83   Die **Nachbarschaftsgemeinde** muss nach der Rechtsprechung (vgl. § 13 Rn. 39) **als Vergleichsgebiet** jedoch dabei unberücksichtigt bleiben, wenn diese wertmäßig von der Entwicklungsmaßnahme profitiert.

84   Diese Vorgehensweise entspricht der Praxis, die auch bei der Bemessung von Enteignungsentschädigungen gängig ist. Auch hier gilt es, zunächst die Vorwirkungsqualität stichtagsmäßig zu fixieren. Hiergegen kann auch nicht eingewandt werden, dass das Sanierungs- und Entwicklungsmaßnahmenrecht keinen Qualitätsstichtag vorgibt, denn das **Entschädigungsrecht der §§ 93 ff. BauGB sieht ebenfalls** dafür nur materielle Grundsätze und **keinen gesetzlich fixierten Stichtag vor**. Dieser Vorgehensweise steht die Heranziehung aktueller Vergleichspreise für Grundstücke vergleichbaren Zustands sowohl zur Bemessung der Enteignungsentschädigung, als auch zur Qualifizierung des sanierungs- bzw. entwicklungsunbeeinflussten Grundstückszustands nicht entgegen.

85   Die Praxis zieht auch zur Qualifizierung des entwicklungsunbeeinflussten Grundstückszustands hilfsweise den **„historischen" Zustand des Grundstücks** zu einem Zeitpunkt heran, als eine Entwicklung nicht in Aussicht stand. Auf dieser „historischen" Grundlage werden sanierungs- und entwicklungsunbeeinflusste Grundstückswerte im weiteren Verlauf der Sanierungs- und Entwicklungsmaßnahme bis hin zur Ermittlung des Anfangswerts zur Bemessung von Ausgleichsbeträgen nach Abschluss einer Sanierungs- oder Entwicklungsmaßnahme ermittelt (vgl. Rn. 52 ff.).

86   Der **Mustereinführungserlass der FK Städtebauliche Erneuerung der ARGEBAU** (a. a. O. Fn. 24 sowie Vorbem. zu den §§ 26 ff. WertV Rn. 49) vermerkt bezüglich Entwicklungsmaßnahmen unter Ziff. 3.1 hierzu, dass die öffentliche Bekanntmachung des Beschlusses über den *Beginn der Voruntersuchungen (vorbereitenden Untersuchungen)*, sofern kein früherer Zeitpunkt der Bekanntmachung der gemeindlichen Entwicklungsabsicht in Betracht kommt, *als sog. „Stichtag" für die Ermittlung des entwicklungsunbeeinflussten Grundstückswerts* i. S. d. § 169 Abs. 1 Nr. 6 i.V. m. § 153 Abs. 1 BauGB *herangezogen werden kann.*

87   Der **BayVGH**[33] hat diesen Zeitpunkt zwar als „klare Stichtagsregelung für die spätere Festsetzung der Entschädigung im Enteignungsverfahren" unter Hinweis auf BT-Drucks. 12/3944, S. 32 bezeichnet. Tatsächlich kommt diesem Stichtag nur die Bedeutung eines Vermutungstatbestandes in der Weise zu, dass *spätestens* von diesem Zeitpunkt ab von einer Aussicht auf die Entwicklung (Sanierung) ausgegangen werden muss, ohne dass damit ausgeschlossen werden kann, dass schon zu einem früheren Zeitpunkt mit einer Entwicklungsmaßnahme zu rechnen war (vgl. Rn. 51).

88   Die Festschreibung der für den entwicklungsunbeeinflussten Grundstückswert maßgeblichen Qualität ist Ausfluss des enteignungsrechtlichen Vorwirkungsgedankens, an den § 153 Abs. 1 BauGB anknüpft. Die Vorschrift stellt damit insbesondere **eine die Entschädigungsvorschrift des § 95 BauGB ergänzende Reduktionsklausel** dar, die grundsätzlich auf alle im förmlich festgelegten Veranstaltungsgebiet gelegenen Grundstücke insoweit anzuwenden ist, wie sanierungs- bzw. entwicklungsbedingte Bodenwerterhöhungen nicht bereits beim Erwerb des Grundstücks zum Neuordnungswert nach § 153 Abs. 4 oder § 169 Abs. 8 BauGB „abgeschöpft" wurden oder der Abschöpfung nicht (mehr) unterworfen sind, weil der Ausgleichsbetrag nach § 154 BauGB abgelöst oder vorzeitig festgesetzt worden ist (§ 154 Abs. 3 Satz 2 und 3 BauGB). Dass mit § 153 Abs. 1 BauGB an den enteignungsrechtlichen Vorwirkungsgedanken angeknüpft wird, kam deutlicher noch aus der Vorgängerregelung (§ 23 StBauFG) zum Ausdruck, die noch ausdrücklich auf die §§ 95 f. BauGB Bezug nahm.

Auch die „Einbettung" des § 153 Abs. 1 BauGB in die sich an den Grundsätzen der **89** Vorwirkung ausrichtenden Entschädigungsbestimmungen des § 95 BauGB verbietet es, den sich danach – bezogen auf den Zeitpunkt, als noch keine Aussicht auf eine Sanierung oder Entwicklung, ihre Vorbereitung und Durchführung bestand – ergebenden **Grundstückszustand** im Verlauf der Maßnahme qualitäts- und insoweit auch wertmäßig unter der Annahme **„fortzuschreiben"**, dass sich ohne die städtebauliche Maßnahme die Grundstücke in irgendeiner Weise qualitätsmäßig zurück- oder weiterentwickelt hätten[34]. Die durch § 153 Abs. 1 BauGB vorgegebene Beschränkung der Abschöpfung sanierungs- und entwicklungsbedingter Werterhöhungen gebietet es, nur die im Verlauf der Maßnahme eingetretenen Werterhöhungen, die ursächlich nicht auf die städtebauliche Veranstaltung zurückgehen, zu berücksichtigen. Dies können beispielsweise Werterhöhungen sein, die auf Maßnahmen zurückführbar sind, die außerhalb des Veranstaltungsgebiets durchgeführt wurden und in keinem kausalen Zusammenhang mit der städtebaulichen Veranstaltung stehen. Konjunkturelle Wertentwicklungen sind dagegen stets zu berücksichtigen.

Soweit vor der förmlichen Festlegung des Entwicklungsbereichs oder im Verlauf des Ver- **90** fahrens werterhöhende Maßnahmen durchgeführt werden, die ursächlich nicht auf die Entwicklungsmaßnahme zurückzuführen sind und sich dennoch auf die Wertigkeit der im Veranstaltungsgebiet gelegenen Grundstücke auswirken, muss der der Ermittlung des entwicklungsunbeeinflussten Grundstückswerts zu Grunde zu legende Grundstückszustand fortgeschrieben werden. Ein solcher seltener Ausnahmefall kann – wie bereits ausgeführt – z. B. gegeben sein, wenn außerhalb des Veranstaltungsgebiets eine für das Gebiet bedeutsame U-Bahn-Linie oder eine Flussbrücke gebaut wird, die nicht durch die städtebauliche Veranstaltung verursacht ist und zu Werterhöhungen im Gebiet führt. Diese sog. **externen Effekte** müssen in solchen Einzelfällen bei der Ermittlung des entwicklungsunbeeinflussten Grundstückswerts berücksichtigt werden (vgl. Rn. 63, 109).

Die Bemessung des entwicklungsunbeeinflussten Grundstückswerts nach dem Zustand des **91** Grundstücks, den es ohne Aussicht auf die Entwicklungsmaßnahme, ihre Vorbereitung und Durchführung hatte, ist begründet. Nach dem Verhältnismäßigkeitsgrundsatz darf das Entwicklungsmaßnahmenrecht nämlich nur als *condicio sine qua non* zum Einsatz kommen, d. h. nur dann, wenn es erforderlich ist und die städtebauliche Zielsetzung unter Anwendung des Allgemeinen Städtebaurechts (des Ersten Kapitels des BauGB) nicht zügig herbeigeführt werden kann. Insoweit stellt das Entwicklungsmaßnahmenrecht, von der Enteignung abgesehen, die *ultima ratio* dar.

Als **zügige Durchführung der Maßnahme** muss in Anbetracht der für städtebauliche Ent- **92** wicklungsmaßnahmen charakteristischen Ausgangssituation trotz des häufig massiven Einsatzes von Städtebauförderungsmitteln und der „geballten" Verwaltungskraft der Gemeinde bzw. eines von ihr beauftragten Entwicklungsträgers und trotz des Einsatzes des Besonderen Städtebaurechts mit allen seinen Eingriffsmöglichkeiten immer noch ein Zeitraum von 10 bis 15 Jahren als realistisch angesehen werden[35]. Hieraus kann umgekehrt geschlossen

---

33 BayVGH, Urt. vom 23. 10. 1995 – 15 N 94.1693 –, GuG 1996, 114; OLG Frankfurt am Main, Urt. vom 24. 6. 1991 – 1 U 2/90 –, GuG 1997, 54 = EzGuG 15.69a; LG Darmstadt, Urt. vom 31. 7. 1996 – 90 (B) 12/93 –, GuG 1996, 56 = EzGuG 15.84; VGH Mannheim, Beschl. vom 1. 10. 1996 – 3 S 1904/96 –, GuG 1997, 61 = EzGuG 15.85

34 Ausführlich Dieterich in GuG 1996, 1; Lemmen in HLBS-report 3/96, S. 15; Kleiber in ZfBR 1996, 131

35 Portz in Stadt und Gemeinde 1994, 424

werden, dass ohne Einsatz des Entwicklungsmaßnahmenrechts und einer gezielten Förderung eine Entwicklung des Gebiets nahezu ausgeschlossen wäre, und in der Tat entwickeln sich potenzielle Gebiete wertmäßig häufig zurück, wenn erst einmal der Grundstücksmarkt erkannt hat, dass eine Eigenentwicklung nicht stattfinden kann.

4.2.2 Mindermeinung

93   Von einer Mindermeinung[36] wird die Auffassung vertreten, dass bei der Ermittlung sanierungs- und entwicklungsunbeeinflusster Grundstückswerte darüber hinaus eine **fiktive qualitative Weiterentwicklung der in eine Sanierungs- oder Entwicklungsmaßnahme einbezogenen Grundstücke** berücksichtigt werden, **wie sie ohne Einleitung des Verfahrens nach dem Besonderen Städtebaurecht unterstellt** wird. Dieser Auffassung ist im Schrifttum mit Nachdruck widersprochen worden[37]. Die Berücksichtigung einer „Würde-wenn-Entwicklung" ist bei Einleitung der Maßnahmen zwar bedeutungslos, jedoch würde sie mit Fortschreiten der Sanierung oder Entwicklung dazu führen, dass bei der Ermittlung des sanierungs- oder entwicklungsunbeeinflussten Grundstückswerts eine fiktiv unterstellt qualitative Weiter- bzw. Rückentwicklung neben den Änderungen der allgemeinen Wertverhältnisse auf dem Grundstücksmarkt (§ 153 Abs. 1 Satz 2 BauGB) zusätzlich zu berücksichtigen wäre; im Ergebnis wird damit der Regelung des § 153 Abs. 1 BauGB insoweit eine Vorwirkung abgesprochen. Die sanierungs- und entwicklungsunbeeinflussten Grundstückswerte würden sich vielmehr mit fortschreitender Sanierung bzw. Entwicklung bei einer fiktiv unterstellten Entwicklung dem Neuordnungswert annähern.

94   Zur Verdeutlichung der Mindermeinung sei das *Beispiel* angeführt, dass für ein in eine Sanierungsmaßnahme einbezogenes Grundstück zu Beginn der Maßnahme ohne Aussicht auf eine Sanierungsmaßnahme mit einer Wartezeit bis zu einer baulichen Nutzung von 30 Jahren gerechnet wurde und nach einer Gesamtverfahrensdauer von 15 Jahren der Sanierungsmaßnahme bei der Ermittlung des sanierungsunbeeinflussten Grundstückswerts eine apokryphe Wartezeit von nur 15 Jahren zu Grunde gelegt wird, während nach herrschender Auffassung die maßgebliche Grundstücksqualität mit einer Wartezeit von 30 Jahren fixiert bleibt.

95   Im Falle einer hypothetisch unterstellten Eigenentwicklung (qualitative Weiterentwicklung) wäre der sanierungsunbeeinflusste Bodenwert von 600 €/m² zum Zeitpunkt des Beginns der Maßnahme qualitativ wie folgt „fortzuschreiben":

a) **Jährliche Wertentwicklung ohne Sanierungs- bzw. Entwicklungsmaßnahmen** in 30 Jahren:

$$p \% = 100 \left(\sqrt[n]{\frac{BW_n}{BW_o}} - 1 \right) = 100 \left(\sqrt[30]{\frac{800}{600}} - 1 \right) = \mathbf{0{,}964\,\%}$$

b) **„Würde-wenn"-Wertentwicklung in 15 Jahren:**

$BW_n = BW_o \times q^n = 600 \times 1{,}00964^{15} = 692$ €/m²

Ausgleichsbetrag (AB)		FALSCH	
BW_n	= 800 €/m²	BW_n	= 800 €/m²
BW_o	= 600 €/m²	BW_{dyn}	= 692 €/m²
AB	= **200 €/m²**	AB	= 108 €/m² (falsch)

Wie das vorstehende Beispiel zeigt, **führt die Mindermeinung zu einer erheblichen „Schrumpfung" des Ausgleichsbetrags,** wenn unterstellt wird, dass sich die Grundstücke in ihrem Zustand auch ohne Sanierungs- bzw. Entwicklungsmaßnahme qualitätsmäßig verbessert hätten:

Abb. 4: Ausgleichsbetrag bei dynamisierter Anfangswertermittlung

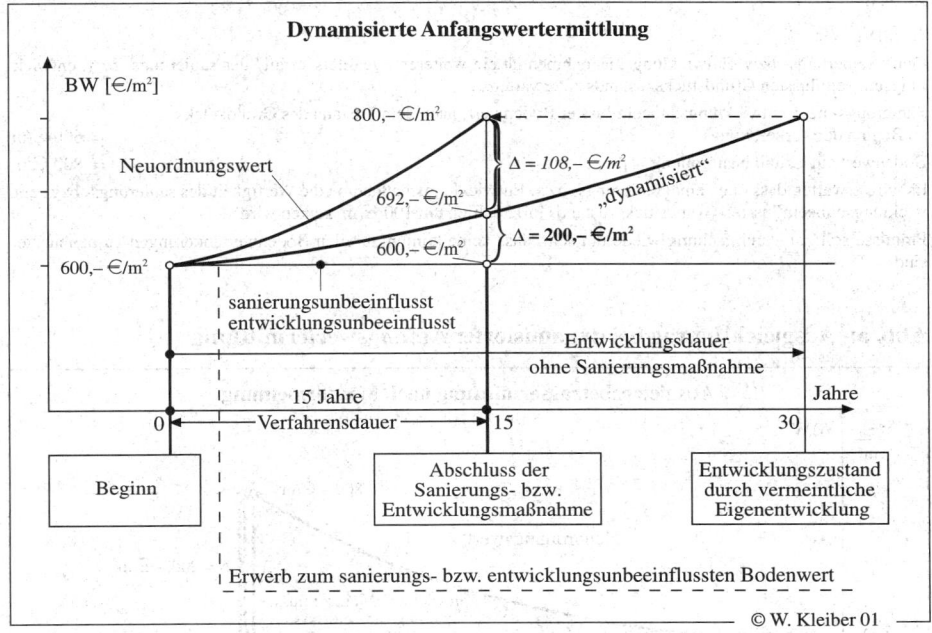

Dynamisierte Anfangswertermittlung

© W. Kleiber 01

Beispiel A: **96**

Bodenwerte bezogen auf die allgemeinen Wertverhältnisse zum Abschluss der Maßnahme:
– Sanierungs- bzw. entwicklungsunbeeinflusster Bodenwert (nach dem Zustand des Grundstücks
  zu Beginn der Vorbereitung) $= 600 \, €/m^2$
– Bodenwert auf Grund Neuordnung $= 800 \, €/m^2$
Prämisse soll zur Vereinfachung sein, dass keine konjunkturelle Bodenwertentwicklung zu beobachten ist.
– Dauer der städtebaulichen Sanierungs- bzw. Entwicklungsmaßnahme $= 15$ Jahre
– Geschätzte Dauer einer Eigenentwicklung $= 30$ Jahre

Das Berechnungsbeispiel macht deutlich, dass der Ablösungs- bzw. Ausgleichsbetrag mit fortschreitender Durchführung der Maßnahmen im Falle einer hypothetisch unterstellten Eigenentwicklung zusammenschmilzt.

Zu einer deutlichen **„Aufblähung" des Ausgleichsbetrags** führt dagegen die Mindermei- **97**
nung, wenn – wie tatsächlich zu beobachten ist – unterstellt werden müsste, dass die Qualität der in die Sanierungs- bzw. Entwicklungsmaßnahme einbezogenen Grundstücke ohne Einleitung der Sanierungs- oder Entwicklungsmaßnahme weiter abfällt. Konsequenterweise müsste die Mindermeinung dazu führen, dass sich die Anfangswerte dann nach dem wertmäßig abgesunkenen Grundstückszustand bemessen, den die Grundstücke ohne Einleitung der Sanierungs- bzw. Entwicklungsmaßnahme zum Zeitpunkt ihres Abschlusses haben würden. Diesem Fall kommt sogar die höhere Wahrscheinlichkeit zu, denn nach den Anwendungsvoraussetzungen für das Besondere Städtebaurecht sind die Entwicklungschancen für ein solches Gebiet auf der Grundlage des Allgemeinen Städtebaurechts gering und potenzielle Investoren ziehen sich zurück.

---

36 Strotkamp in Nachr. der rh.-pf. Kat.- und VermVw 1983, 17
37 Bielenberg in Bielenberg/Koopmann/Krautzberger, Städtebauförderungsrecht, Bd. I Einl. B Rn. 225; Dieterich
    in GuG 1996, 1; Lemmen in HLBS report 3/96, S. 15; Kleiber in ZfBR 1996, 131; auch bdb. RdErl.
    Nr. 23/1/1997 vom 20. 5. 1997 (ABl. 1997, 476) unter Nr. 7; nds RdErl. vom 2. 5. 1988 (MBl. 1988, 547), geän-
    dert durch RdErl. vom 6. 3. 1991 (MBl. 1991, 470) Nr. 228.3.3

Das nachfolgende **Fallbeispiel** soll die **Auswirkungen der Mindermeinung** verdeutlichen:

98   *Beispiel B:*

Ohne Sanierungs- bzw. Entwicklungsmaßnahmen ist ein weiterer „Qualitätsverfall" des sanierungs- bzw. entwicklungsunbeeinflussten Grundstückszustands zu erwarten.

Sanierungs- bzw. entwicklungsunbeeinflusster Bodenwert (nach dem Zustand des Grundstücks
zu Beginn der Vorbereitung)   = 600 €/m²

Bodenwert auf Grund Neuordnung   = 800 €/m²

Es wird erwartet, dass ohne eine Sanierungs- bzw. Entwicklungsmaßnahme die Wertigkeit des sanierungs- bzw. entwicklungsunbeeinflussten Grundstückszustands in 15 Jahren um 100 €/m² sinken wird.

Prämisse soll zur Vereinfachung wiederum sein, dass keine konjunkturellen Bodenwertänderungen zu beobachten sind.

Abb. 5: Ausgleichsbetrag bei dynamisierter Anfangswertermittlung

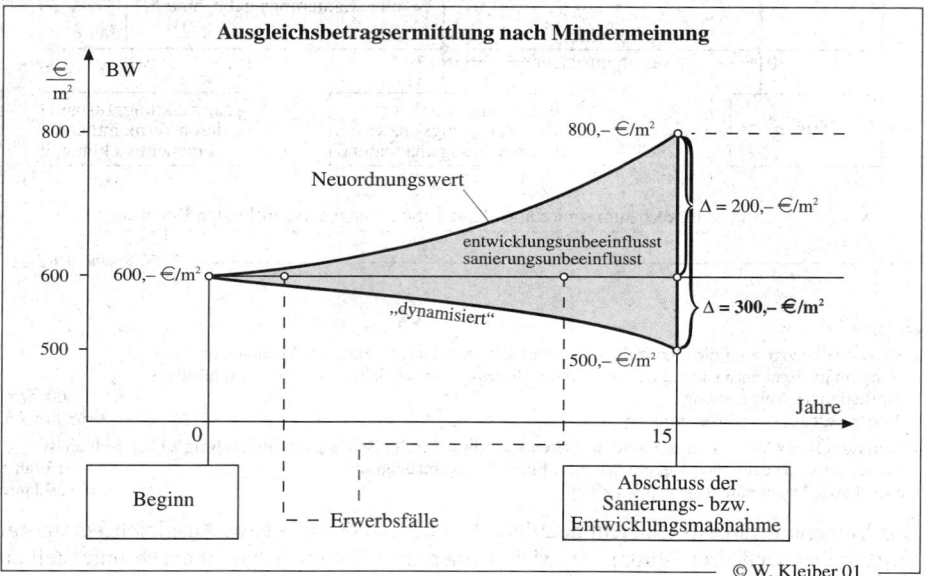

Ausgleichsbetragsermittlung nach Mindermeinung

© W. Kleiber 01

Ausgleichsbetrag (AB)		FALSCH	
BW_n	= 800 €/m²	BW_n	= 800 €/m²
BW_o	= 600 €/m²	BW_o	= 500 €/m²
AB	= **200 €/m²**	AB	= 300 €/m² (falsch)

Im Übrigen darf dieser Fall nicht mit der unter § 28 WertV bei Rn. 8 behandelten Fallgestaltung verwechselt werden.

99   Verhängnisvoll wird die Mindermeinung, wenn im Verlauf der Sanierungs- bzw. Entwicklungsmaßnahme der **Ausgleichsbetrag vorzeitig abgelöst** werden soll und in Anwendung des § 27 Abs. 2 der Endwert unter Berücksichtigung der Wartezeit (bis zum Abschluss der Maßnahme) in der Weise ermittelt wird, dass der Endwert mit Hilfe des Diskontierungssatzes abgezinst wird.

100   Im nachfolgenden **Beispiel** soll anknüpfend an die vorangegangenen Beispiele unterstellt werden, dass eine Ablösung des Ausgleichsbetrags fünf Jahre vor Abschluss der Sanierung bzw. Entwicklung begehrt und gleichzeitig von einem dynamisierten Anfangswert ausgegangen wird:

Beispiel C: **101**

Der Eigentümer begehrt die vorzeitige Ablösung des Ausgleichsbetrags nach 10 Jahren, d. h. 5 Jahre vor Abschluss der Sanierungs- bzw. Entwicklungsmaßnahme.

a) Endwert

- Bodenwert auf Grund Neuordnung (Endwert) = 800 €/m²
- Bodenwert unter Berücksichtigung der tatsächlichen und rechtlichen Neuordnung zum Zeitpunkt der Ablösung (§ 27 Abs. 2 WertV) bei einer Wartezeit von 5 Jahren

$$BW_{10} = BW_{Neuordnung} \times q^{-n}$$

$$n = 5 \text{ Jahre}$$

Bei einem Diskontierungszinssatz von 6 %:
$$BW_{10} = 800 \times 1{,}06^{-5} \approx 600 \text{ €/m}^2 \text{ (falsch)}$$

b) Anfangswert:

- Sanierungs- bzw. entwicklungsunbeeinflusster Bodenwert (Anfangswert) = 600 €/m²
- „Dynamisierter" Anfangswert zum Zeitpunkt der Ablösung (10 Jahre nach Einleitung):

$$BW_{10} = BW_0 \times q^n \qquad \text{wobei hier p} = 0{,}964\,\% \text{ (vgl. Beispiel A)}$$
$$= 600 \times 1{,}00964^{10} = \textbf{660 €/m}^2 \text{ (falsch)}$$

c) Ablösungsbetrag = 600 €/m² − 660 €/m² = − 60 €/m² (unsinniges Ergebnis!)

Mit der Dynamisierung des Anfangswerts und der Abzinsung des Endwerts gerät der **102**
Ablösungsbetrag in eine „Zange", die zu Negativwerten führen kann.

Das *Beispiel* macht aber auch deutlich, dass die **Ermittlung des Endwerts vor Abschluss** **103**
der Sanierungsmaßnahme nach § 27 Abs. 2 WertV **nur durch Abzinsung des Endwerts**
mit Hilfe des internen Zinsfußes erfolgen darf, wenn eine allein auf die Wartezeit zurückführbare Wertentwicklung zu berücksichtigen ist (vgl. § 13 WertV Rn. 294 ff.). Bei einer
Werterhöhung von 600 €/m² auf 800 €/m² und einer Verfahrensdauer von 15 Jahren ergibt
sich der Zinsfuß wie folgt:

$$p\,\% = 100\,(\sqrt[n]{\frac{BW_n}{BW_0}} - 1) = 100\,(\sqrt[15]{\frac{800}{600}} - 1) = \textbf{1{,}93\,\%}$$

Daraus ergibt sich dann nach einer 10-jährigen Verfahrensdauer ein abgezinster Neuordnungswert – 5 Jahre vor Abschluss der Maßnahme – von:

Neuordnungswert BW_{10} = 800 × 1,0193^{-5}	= **727 €/m²**
Anfangswert (nicht dynamisiert)	= 600 €/m²

und ein Ablösungsbetrag von:

Ablösungsbetrag = 727 €/m² − 600 €/m²	= **127 €/m²**

Wie ausgeführt, kann in der Weise nur vorgegangen werden, wenn eine gleichmäßige qua- **104**
litative Wertverbesserung im Sanierungsgebiet bzw. Entwicklungsbereich stattfindet und
nicht, wenn im Einzelfall die qualitative Wertverbesserung beispielsweise schon zu einem
früheren Zeitpunkt stattgefunden hat. In einem solchen Fall würde die gleichmäßige
Abzinsung der tatsächlichen Wertentwicklung nicht gerecht werden, weil die Sanierung
bzw. Entwicklung insoweit für das Grundstück abgeschlossen ist und nur noch Wertverbesserungen aus den Sanierungs- bzw. Entwicklungsmaßnahmen in der Nachbarschaft dem
Grundstück erwachsen. Es kommt also entscheidend auf die qualitative Wertverbesserung
des einzelnen Grundstücks und seiner Nachbarschaft an.

Fazit: Die **Mindermeinung** ist aus den dargelegten rechtlichen, aber auch aus praktischen **105**
Erwägungen **abzulehnen:** Der Gesetzgeber hat, wie ausgeführt, die maßgebliche Entschä-
digungsqualität mit § 153 Abs. 1 BauGB in Fortentwicklung des Vorwirkungsgrundsatzes,

der § 93 Abs. 4 i.V. m. § 95 Abs. 2 BauGB zu Grunde liegt, fixieren wollen. Sie muss auch schon deshalb fixiert bleiben, weil nach den Anwendungsvoraussetzungen des Besonderen Städtebaurechts ohne eine städtebauliche Sanierungs- und Entwicklungsmaßnahme gerade nicht mit einer selbstständigen (qualitativen) Weiterentwicklung gerechnet werden konnte (condicio sine qua non). Die im Veranstaltungsgebiet vorbereiteten und durchgeführten Maßnahmen brauchen – und darin ist *Janning* zuzustimmen – „nur **eine nicht hinwegdenkbare Bedingung für den Erfolgseintritt,** d. h. für die Werterhöhung zu sein, nicht aber deren alleinige Ursache". Diesen Kausalitätsanforderungen wird genügt, wenn ohne das Sanierungs- bzw. Entwicklungsunternehmen die städtebauliche Sanierung bzw. Entwicklung in absehbarer Zeit nicht erwartet werden kann. Als solche nicht „hinwegdenkbaren Bedingungen" nennt *Janning*[38] die Bauleitplanung, Bodenordnung, Erschließungs- und Folgeeinrichtungen, also Maßnahmen, die nach den §§ 147 f. BauGB Grundelemente städtebaulicher Sanierungs- und Entwicklungsmaßnahmen sind. Die Mindermeinung hat deshalb keine Anerkennung gefunden.

106   **Die Mindermeinung findet in der Rechtsprechung und im Schrifttum[39] keine Stütze.** Als „abwegig" hat *Bielenberg*[40] die Entscheidung des LG Kiel[41] bezeichnet, die auf der Grundlage eines Gutachtens von *Seele* die Qualität des entwicklungsunbeeinflussten Grundstückszustands fortschreiben wollte. Das OLG Frankfurt[42] hat darüber hinaus selbst für den Fall den Tatbestand der Vorwirkung einer Entwicklungsmaßnahme nicht verneint, wenn in benachbarten Gemeinden die Preisverhältnisse im weiteren Verlauf der Entwicklungsmaßnahme – mittelbar entwicklungsbedingt – auch ohne förmlich festgelegte Entwicklungsmaßnahme ansteigen. Im Übrigen wird in der bereits angeführten Rechtsprechung bei der Ermittlung des entwicklungsbedingten Grundstückswerts grundsätzlich auf den nach den jeweiligen Verhältnissen zu bestimmenden Zeitpunkt des beginnenden Entwicklungseinflusses „abgestellt".

107   ▶ *Weitere Hinweise bei § 13 WertV Rn. 38 ff.*

108   **Wo städtebauliche Planungen selbst in Verbindung mit den Vollzugsinstrumenten** öffentlich-rechtlicher (Umlegung, Erschließung, städtebaulicher Vertrag) oder privatrechtlicher Art **keine Realisierungschancen hätten, können sie im gewöhnlichen Geschäftsverkehr eine werterhöhende Wirkung eigentlich ohnehin nur spekulativ entfalten.** Insoweit ist – wie ausgeführt – erst der Einsatz des Besonderen Städtebaurechts die condicio sine qua non, die eine Realisierung der städtebaulichen Zielvorstellungen absehbar werden und die damit einhergehenden Werterhöhungen tatsächlich eintreten lässt. *Köhler*[43] hat hinsichtlich dieser Kausalität zwischen Entwicklungsmaßnahme und grundstücksbezogenen Werterhöhungen zurecht festgestellt, dass *alle* eingetretenen Werterhöhungen, soweit sie nicht durch eigene Aufwendungen des Eigentümers zulässigerweise bewirkt wurden oder durch Änderungen der allgemeinen Wertverhältnisse auf dem Grundstücksmarkt eingetreten sind, der städtebaulichen Entwicklungsmaßnahme zuzurechnen sind[44]. Wenn im Einzelfall dies nicht bei der Festlegung von Sanierungsgebieten oder Entwicklungsbereichen hinreichend beachtet worden ist, kann dies nicht einer sachgerechten Auslegung der maßgeblichen Rechtsvorschriften entgegengehalten werden.

109   Bei alledem ist bei der Ermittlung des entwicklungsunbeeinflussten Grundstückswerts im Verlauf der Maßnahme die Frage unbeachtlich, welche qualitative Weiterentwicklung für das Grundstück bis zum Wertmittlungsstichtag eingetreten wäre, wenn das Grundstück nicht in die (formelle) Entwicklungsmaßnahme einbezogen worden wäre. Diese rein hypothetische Frage ist ohne praktische Bedeutung, weil nach den vorstehenden Ausführungen schon auf Grund der Anwendungsvoraussetzungen für das Entwicklungsmaßnahmenrecht eine Eigenentwicklung nicht erwartet werden kann. **Allgemeine gesamtgemeindliche sowie regionale Entwicklungen** finden dagegen in die Wertermittlung Eingang (z. B. durch den Bodenpreisindex), weil sie die nach § 153 Abs. 1 Satz 2 BauGB zu berücksichtigenden allgemeinen Wertverhältnisse mitbeeinflussen; dies wird häufig unzureichend beachtet. Zu berücksichtigen sind daneben noch die sog. externen Effekte (vgl. Rn. 63 ff.), die allerdings recht selten auftreten.

Aus den dargelegten Gründen ist es **unzulässig, bei der Ermittlung des entwicklungs-unbeeinflussten Grundstückswerts werterhöhend zu berücksichtigen, dass auch ohne Einleitung der Entwicklungsmaßnahme – allein auf der Grundlage des Allgemeinen Städtebaurechts – eine Werterhöhung im Veranstaltungsgebiet eintreten würde,** denn das Besondere Städtebaurecht darf – wie ausgeführt – erst dort zur Anwendung kommen, wo das Allgemeine Städtebaurecht versagt. Eine andere Auffassung liefe auf eine „Honorierung" spekulativer Werterhöhungen hinaus, die das BauGB jedoch abschneiden will.   **110**

Bei der Ermittlung des entwicklungsunbeeinflussten Grundstückswerts auf der Grundlage des Zustands, den das Grundstück ohne Aussicht auf die Entwicklungsmaßnahme, ihre Vorbereitung und Durchführung hatte, sind die **zum Zeitpunkt des beginnenden Entwicklungseinflusses bereits bestehenden rechtlichen und tatsächlichen Gegebenheiten** zu berücksichtigen. Planungsrechtliche Gegebenheiten sind dabei mit den vor diesem Zeitpunkt bestehenden Realisierungschancen zu berücksichtigen. Eine landesplanerisch vorgezeichnete Entwicklung darf z. B. nur mit den Realisierungschancen berücksichtigt werden, die sie ohne Einsatz des Entwicklungsmaßnahmenrechts gehabt hätte.   **111**

▶ *Zur Ermittlung des entwicklungsunbeeinflussten Grundstückswerts wird auf die entsprechenden Ausführungen zur Ermittlung des sanierungsunbeeinflussten Grundstückswerts bei Rn. 32 ff. sowie auf § 13 Rn. 1 ff. hingewiesen.*   **112**

4.2.3   Bewertungsprivileg für land- oder forstwirtschaftlich genutzte Grundstücke nach § 169 Abs. 4 BauGB (Abs. 2 Satz 2)

▶ *Hierzu auch § 4 WertV Rn. 126 ff.*

Abs. 2 Satz 2 trägt der für städtebauliche Entwicklungsbereiche nach den §§ 165 ff. BauGB geltenden **Sonderregelung des § 169 Abs. 4 BauGB** Rechnung und findet nur auf land- oder forstwirtschaftlich *genutzte* Grundstücke Anwendung, für die sich nach dem allgemeinen Vorwirkungsgrundsatz des § 153 Abs. 1 BauGB nur der sog. „innerlandwirtschaftliche Verkehrswert" i. S. d. § 4 Abs. 1 Nr. 1 WertV gebildet hat[45]. In diesen besonderen Ausnahmefällen soll als „entwicklungsunbeeinflusster Grundstückswert der Wert maßgebend sein, der in vergleichbaren Fällen im gewöhnlichen Geschäftsverkehr auf dem allgemeinen Grundstücksmarkt dort zu erzielen wäre, wo keine Entwicklungsmaßnahmen vorgesehen sind. **Satz 2 ist** insoweit **im Verhältnis zu § 169 Abs. 4 BauGB offensichtlich fehlerhaft,** als diese Sondervorschrift (lex specialis) nur in den Fällen zur Anwendung kommen darf,   **113**

---

38   Janning, Bodenwert und Städtebaurecht, Kohlhammer 1976, S. 95; Söfker in DVBl. 1975, 468; Dieterich in BBauBl. 1975, 323

39   Seitz, J., Planungshoheit und Grundeigentum, a. a. O., S. 253 f.; Freise im Kohlhammer Komm., BauGB § 153 Rn. 10; Groth hat mit Recht auf dem Kolloquium am 17. 5. 1999 in Potsdam darauf hingewiesen, dass die Weiterentwicklung der Bauerwartung kein Eigentumsinhalt gemäß Art. 14 GG ist.

40   Bielenberg in Bielenberg/ Koopmann/Krautzberger, Städtebauförderungsrecht Bd I Einl. B Rn. 225

41   LG Kiel vom 3. 11. 1989 – 19 O 4/83 –, GuG 1990, 103 = EzGuG 15.64

42   OLG Frankfurt am Main, Urt. vom 24. 6. 1991 – 1 U 2/90 –, GuG 1997, 54 = EzGuG 15.69a; BGH, Beschl. vom 9. 7. 1992 – III ZR 167/91 –; BVerfG, Beschl. vom 9. 3. 1998 – 1 BvR 1041/92 –, GuG 1999, 244; LG Darmstadt, Urt. vom 31. 7. 1996 – 90 (B) 12/93 –, GuG 1997, 56 = EzGuG 15.84

43   Köhler in Schrödter, Baugesetzbuch, Vahlen Verlag § 153 Rn. 14

44   Auch Dieterich in WuV 1993, 122

45   Insoweit enthalten die Hinweise des bad.-württ. MW vom 29. 6. 1994 – VI 2516/5 (GABl. 1994, 570 = GuG 1995, 41) unter Ziff. 2.1.1 eine zumindest missverständliche Erläuterung, als dort der Eindruck erweckt wird, § 169 Abs. 4 BauGB fände immer Anwendung; tatsächlich findet die Vorschrift keine Anwendung, wenn sich nach § 153 Abs. 1 BauGB bereits der Wert i. S. d. § 4 Abs. 1 Nr. 2 WertV oder ein „höherer Wert" gebildet hat.

in denen sich für land- oder forstwirtschaftlich *genutzte* Grundstücke nur der innerlandwirtschaftliche Verkehrswert i. S. d. § 4 Abs. 1 Nr. 1 gebildet hat, i. S. eines Bewertungsprivilegs der sog. außerlandwirtschaftliche Verkehrswert (= Wert des begünstigten Agrarlands) i. S. d. § 4 Abs. 1 Nr. 2 maßgeblich sein soll. Der Wortlaut des Abs. 2 sieht eine dahin
gehende Einschränkung nicht vor. § 169 Abs. 4 BauGB findet indessen nicht auf land- oder
forstwirtschaftlich *nutzbare aber ungenutzte* Grundstücke Anwendung.

114   Der Regelungsgehalt des Abs. 2 Satz 2 erschließt sich erst aus der Entstehungsgeschichte
des § 169 Abs. 4 BauGB. Diese Vorschrift war in der bis zum 30. 4. 1993 geltenden Fassung
(wortgleich mit § 57 Abs. 4 StBauFG) **ausdrücklich nur auf Gebiete anzuwenden, „in
denen sich kein vom innerlandwirtschaftlichen Verkehrswert abweichender Verkehrswert gebildet hat.“** Die ausdrückliche Bezugnahme auf diese Gebiete ist mit der ab 1. 5.
1993 geltenden Fassung des § 169 Abs. 4 BauGB vorübergehend ersatzlos entfallen[46]. Hieraus konnte gefolgert werden, dass die Rechtsfolgen dieser Vorschrift stets bei land- oder
forstwirtschaftlich genutzten (nicht dagegen nutzbaren) Grundstücken Anwendung finden
sollen und nicht nur in Gebieten, in denen sich kein vom „innerlandwirtschaftlichen Verkehrswert“ abweichender Wert gebildet hat. Mit dem Gesetz zur Bewertung eines land- oder
forstwirtschaftlichen Betriebs beim Zugewinnausgleich vom 14. 9. 1994 (BGBl. I 1994,
2324 Art. 3) ist die Regelung des § 169 Abs. 4 BauGB i. d. F. von 1986 wieder hergestellt
worden[47].

115   § 26 Abs. 2 Satz 2 WertV zielt in Anlehnung an § 169 Abs. 4 BauGB darauf ab, die Ermittlung des danach maßgeblichen Verkehrswerts für die Fälle zu regeln, in denen sich im
jeweiligen Gebiet kein vom „innerlandwirtschaftlichen Verkehrswert“ abweichender Wert
gebildet hat. Mit der Bezugnahme auf § 4 Abs. 1 Satz 1 Nr. 1 an Stelle der „namentlichen
Anknüpfung an den innerlandwirtschaftlichen Verkehrswert“ stellt § 26 Abs. 2 heraus, dass
die **Voraussetzungen für die Anwendung des § 169 Abs. 4 BauGB** nur (sic!) gegeben
sein sollen, wenn sich im städtebaulichen Entwicklungsbereich keine Verkehrswerte i. S.
der in § 4 Abs. 1 Nr. 1 definierten Flächen der Land- oder Forstwirtschaft gebildet haben; es
handelt sich dabei um entsprechend genutzte oder nutzbare Flächen, von denen nach § 4
Abs. 2 Nr. 1 anzunehmen ist, dass sie nach ihren Eigenschaften, der sonstigen Beschaffenheit und Lage, nach ihren Verwertungsmöglichkeiten oder den sonstigen Umständen in
absehbarer Zeit nur land- oder forstwirtschaftlichen Zwecken dienen.

116   Der so definierte Entwicklungszustand entspricht dem Zustand, der mit dem in § 169 Abs. 4
BauGB verwandten **Begriff des innerlandwirtschaftlichen Verkehrswerts** beschrieben
wird. Obwohl § 26 Abs. 2 sprachlich unverkennbar an diese Vorschrift anlehnt und den
Begriff des „innerlandwirtschaftlichen Verkehrswerts“ durch die Bezugnahme auf Flächen
„im Sinne von § 4 Abs. 1 Nr. 1“ ersetzt, hat es der Verordnungsgeber trotz der augenschein-
lichen Identität versäumt, diesen Begriff der Definition des § 4 Abs. 1 Nr. 1 namentlich
zuzuordnen. In der Begründung zu § 4 Abs. 1 Nr. 1 wird die Begriffsidentität aber herausgestellt.

117   In der Praxis wird an Stelle des **innerlandwirtschaftlichen Verkehrswerts** auch vom „reinen Agrarland“ gesprochen, wenn dessen Preisbildung im gewöhnlichen Geschäftsverkehr
– wie nach § 4 Abs. 1 Nr. 1 – ausschließlich von der dauernden land- oder forstwirtschaftlichen Nutzung bestimmt wird[48]. Nach dem Wortlaut der WertV 72 wird dieser
zudem durch den Preis bestimmt, der im gewöhnlichen Geschäftsverkehr „zwischen Landwirten“ nach dem Zustand des Grundstücks zu erzielen wäre. Da die den Grund und Boden
handelnden Vertragsparteien allenfalls nur ein Indiz für einen bestimmten Entwicklungszustand sein können, wird im geltenden Recht an diesem Merkmal nicht mehr festgehalten.

118   Die durch § 169 Abs. 4 BauGB vorgegebenen Rechtsfolgen für die im städtebaulichen Entwicklungsbereich gelegenen land- oder forstwirtschaftlich *genutzten* Grundstücke sind
unter Heranziehung unbestimmter Rechtsbegriffe (allgemeiner Grundstücksmarkt) unklar
formuliert und nur als politischer Kompromiss erklärbar[49]. Sie werden auch nicht durch die

abweichende Regelung des § 26 Abs. 2 Satz 2 WertV klarer, die – konsequent ausgelegt – zu dem widersinnigen Ergebnis führen muss, dass in Gebieten, in denen sich kein vom „innerlandwirtschaftlichen Verkehrswert" i. S. d. § 4 Abs. 1 Nr. 1 WertV abweichender Verkehrswert gebildet hat, ein damit vergleichbarer „innerlandwirtschaftlicher Verkehrswert" maßgeblich sein soll. Tatsächlich hat aber der Gesetzgeber von 1971, auf den die Vorschrift zurückgeht (§ 57 Abs. 4 StBauFG), mit dem nach § 169 Abs. 4 BauGB maßgeblichen Wert eine **Mindestentschädigung** vorgeben wollen, **die über dem innerlandwirtschaftlichen Verkehrswert i. S. d. § 4 Abs. 1 Nr. 1 WertV liegen soll.** Dies wäre dann der Verkehrswert der besonderen Flächen der Land- oder Forstwirtschaft i. S. d. § 4 Abs. 1 Nr. 2 WertV, der auch als außerland- oder außerforstwirtschaftlicher Verkehrswert (= begünstigtes Agrarland) bezeichnet worden ist.

Ergänzend werden hierzu folgende Erläuterungen gegeben: **Flächen der Land- oder Forst-** **119** **wirtschaft können** dadurch **begünstigt sein,** dass sie sich über ihre land- oder forstwirtschaftliche Nutzbarkeit hinaus nach objektiven Gegebenheiten auch für eine anderweitige **außerlandwirtschaftliche oder außerforstwirtschaftliche Nutzung eignen,** wobei vor allem eine Nutzung für Erholungszwecke in Betracht kommt. § 4 Abs. 1 Nr. 2 nennt insbesondere die landschaftliche oder verkehrliche Lage, ihre Funktion oder die Nähe zu Siedlungsgebieten, ohne dass es sich dabei ausdrücklich um einen Siedlungsschwerpunkt handeln muss. Die besondere Lage kann sich danach aus der besonderen Beziehung dieser Flächen im Umland der städtebaulich genutzten oder zur städtebaulichen Nutzung anstehenden Grundstücke (Ausstrahlungsbereich)[50] oder aus der besonderen Anziehungkraft der Umgebung, insbesondere einer landschaftlich schönen Gegend mit guten Verkehrsverhältnissen (Erreichbarkeit), ergeben. Darüber hinaus hängt die Eignung der Grundstücke für anderweitige Nutzungen auch von der besonderen Beschaffenheit des Grundstücks selbst, z. B. von der Geländeform und der Besonnung, ab. In Betracht kommen Nutzungen für Freizeit- und Erholungszwecke, als Ausflugsziel für Ausflügler[51], für eine Hobbypferdehaltung sowie zulässige und befristete Nutzungen aus besonderen Anlässen, z. B. als Versammlungsstätte, Jahrmärkte, Dorf-, Bürger- und Schützenfeste, aber auch als befristete Park- und Abstellplätze.

Besteht für derart „begünstigte" Flächen der Land- oder Forstwirtschaft im gewöhnlichen **120** Geschäftsverkehr eine entsprechende Nachfrage und besteht auf absehbare Zeit keine Entwicklung zu einer Bauerwartung, so handelt es sich nach § 4 Abs. 1 Nr. 2 um **(besondere)** **Flächen der Land- oder Forstwirtschaft.** Nach der Systematik der WertV soll dieser Wert in den Fällen des § 169 Abs. 4 BauGB maßgebend sein, denn § 26 Abs. 2 WertV schließt ausdrücklich aus, dass ein Verkehrswert zu Grunde gelegt wird, der sich in Gebieten bildet, in denen eine Bauerwartung begründende Entwicklungsmaßnahmen vorgesehen sind[52]. Die Vorschrift gibt stattdessen den Hinweis, dass der Verkehrswert aus Gebieten maßgebend sein soll, die insbesondere hinsichtlich der Siedlungs- und Wirtschaftsstruktur, der Landschaft und der Verkehrslage mit dem städtebaulichen Entwicklungsbereich vergleichbar sind.

---

46 BT-Drucks. 12/4340, S. 25
47 Kleiber in DVBl. 1994, 726; ausführlich zu der Streitfrage Ernst/Zinkahn/Bielenberg, BauGB § 26 WertV Rn. 43 ff.
48 BR-Drucks. 265/72. Begründung zu § 18b Abs. 1 und 2; der Begriff „begünstigtes Agrarland" hat sich nicht durchsetzen können
49 Kleiber in Ernst/Zinkahn/Bielenberg, BauGB Komm. zu § 4 WertV Rn. 21 ff.
50 Hierzu und zum Begriff: OLG München, Beschl. vom 23. 11. 1967 – X XV 2/66 –, EzGuG 8.23
51 BR-Drucks. 325/88, S. 36 f.
52 VGH Mannheim, Urt. vom 4. 7. 1985 – 8 S 1923/83 –, EzGuG 15.39; zur Anwendung des § 169 Abs. 4 BauGB (bisher § 57 Abs. 4 StBauFG): OVG Lüneburg, Urt. vom 15. 12. 1977 – 1 A 311/74 –, EzGuG 15.7; Revision: BVerwG, Urt. vom 24. 11. 1978 – 4 C 56/76 –, EzGuG 15.9; vgl. auch Reisnecker in BayVBl. 1977, 655

121 Das **Bewertungsprivileg** des § 169 Abs. 4 BauGB ist wie bereits nach altem Recht im Übrigen weiterhin **auf land- oder forstwirtschaftlich genutzte Grundstücke beschränkt**, d. h. es ist nach dem Wortlaut des § 169 Abs. 4 BauGB (nicht hingegen nach dem insoweit fehlerhaften Wortlaut des § 26 Abs. 2 Satz 2 WertV) nicht auf land- oder forstwirtschaftlich *nutzbare, jedoch nicht entsprechend genutzte* Grundstücke oder auf sonstige Flächen (Ödland, Unland, ökologische Freiflächen, Brachflächen) anwendbar. Dieser enge Anwendungsbereich des Bewertungsprivilegs kann darauf zurückgeführt werden, dass allein die „aktive" Land- oder Forstwirtschaft vor dem Hintergrund des Gleichbehandlungsgrundsatzes des Art. 3 GG in den „Genuss" des Bewertungsprivilegs kommen sollte[53].

122 **Fazit:** Als entwicklungsunbeeinflusster Grundstückswert ist nach der Sonderregelung des § 169 Abs. 4 BauGB i. V. m. § 26 Abs. 2 WertV als Mindestwert der Verkehrswert einer besonderen Land- oder Forstwirtschaft i. S. d. § 4 Abs. 1 Nr. 2 WertV maßgeblich (außerlandwirtschaftlicher Verkehrswert = Wert des begünstigten Agrarlands). Dieses Bewertungsprivileg kann aber tatsächlich in der Praxis kaum Bedeutung erlangen, weil nach den rechtlichen Voraussetzungen für die Einleitung von städtebaulichen Entwicklungsmaßnahmen (§ 165 BauGB) regelmäßig mindestens ein Entwicklungszustand i. S. d. § 4 Abs. 1 Nr. 2 WertV und in vielen, wenn nicht sogar in den meisten Fällen auch unter Anwendung des ansonsten maßgeblichen § 153 Abs. 1 BauGB bereits eine höhere Grundstücksqualität vorliegt.

5   Besonderheiten der Ermittlung sanierungs- oder entwicklungsunbeeinflusster Grundstückswerte für bebaute Grundstücke

5.1   Allgemeines

▶ *Vgl. hierzu § 27 WertV Rn. 50 ff.*

123 § 26 regelt die **Ermittlung des sanierungs- und entwicklungsunbeeinflussten Grundstückswerts in seiner Gesamtheit,** d. h. einschließlich vorhandener baulicher Anlagen und sonstiger Einrichtungen.

124 Für die **Wahl des Wertermittlungsverfahrens** gibt die Regelung keine besonderen Maßgaben vor. Es gelten vielmehr die Grundsätze des § 7, nach denen sich die Wahl des Wertermittlungsverfahrens nach den Gepflogenheiten des Geschäftsverkehrs und den Umständen des Einzelfalls bestimmt. Danach kommen bei bebauten Grundstücken das Vergleichs-, Ertrags- und das Sachwertverfahren in Betracht, wobei, von Ein- und Zweifamilienhäusern abgesehen, regelmäßig **das Ertragswertverfahren im Vordergrund** steht.

5.2   Sachwertverfahren

125 Der Sachwert eines Grundstücks setzt sich nach den Grundsätzen der §§ 21 ff. aus dem Bodenwert und dem Wert der baulichen und sonstigen Anlagen zusammen. Als **Bodenwert ist der sanierungs- bzw. entwicklungsbeeinflusste Bodenwert** entsprechend den vorstehenden Ausführungen anzusetzen. Der Gebäudesachwert ermittelt sich nach den Vorschriften der §§ 21 ff., wobei es insbesondere in Gebieten mit Substanzschwächen Baumängel, Bauschäden sowie ggf. einen Instandsetzungsrückstau zu berücksichtigen gilt. Auf die Ausführungen zu den §§ 21 ff. wird verwiesen.

5.3 Ertragswertverfahren

Der **Ertragswert** ermittelt sich nach den Vorschriften der §§ 15 ff. **nach folgender For-** | **126**
mel:

$$EW = (RE - BW \times p) \times V + BW$$

wobei: EW ... Ertragswert

RE ... Reinertrag

BW. ... Bodenwert

p ... Liegenschaftszinssatz

V ... Vervielfältiger

Das **erste Glied** dieser Formel ergibt den Wertanteil des Gebäudes am Ertragswert, den | **127**
sog. **Gebäudeertragswert:**

$$Gebäudeertragswert = (RE - BW \times p) \times V$$

Mit dem **zweiten Glied** der Formel wird der **Bodenwert BW** dem Ertragswert „zugeschla- | **128**
gen". Der Bodenwert BW findet dabei gleich zweimal Eingang in die Ertragswertermittlung, nämlich einmal in voller Höhe (zweites Glied der Formel) und zum anderen in Höhe
des sog. Bodenwertverzinsungsbetrags (BW × p), um den der Reinertrag vermindert werden muss, um so den Gebäudeertragswert durch Kapitalisierung des um den Bodenwertverzinsungsbetrag verminderten Reinertrags zu ermitteln. Kapitalisiert wird der verminderte Reinertrag durch Anwendung des Vervielfältigers V.

Ausgangspunkt für die Ermittlung des sanierungsunbeeinflussten Grundstückswerts im | **129**
Wege des Ertragswertverfahrens ist die **Ermittlung des Roh- und Reinertrags** nach § 16
Abs. 1 i.V.m. § 17. Da der Ertragswert entsprechend der Vorgabe des § 153 Abs. 1 BauGB
wertmäßig nicht durch die Aussicht auf die Sanierung bzw. Entwicklung, ihre Vorbereitung
oder Durchführung beeinflusst worden sein darf, schreibt § 26 Abs. 1 klarstellend hierzu
vor, dass

– die in die Wertermittlung einzuführenden Ertragsverhältnisse möglichst aus Gebieten
  heranzuziehen sind, die neben den allgemeinen wertbeeinflussenden Umständen (§§ 4
  und 5) auch hinsichtlich ihrer städtebaulichen Missstände mit dem förmlich festgelegten
  Sanierungsgebiet vergleichbar sind, für die jedoch in absehbarer Zeit eine Sanierung
  nicht erwartet wird;

– aus dem förmlich festgelegten Sanierungsgebiet bzw. Entwicklungsbereich selbst oder
  aus Gebieten mit Aussicht auf Sanierung bzw. Entwicklung die in die Wertermittlung
  einzuführenden Ertragsverhältnisse nur herangezogen werden dürfen, wenn sie nicht
  von sanierungs- bzw. entwicklungsbedingten Umständen beeinflusst sind oder ihr Einfluss erfasst werden kann.

Vergleichspreise aus benachbarten Gebieten, die selbst keine Aussicht auf Vorbereitung
und Durchführung einer Sanierungs- bzw. Entwicklungsmaßnahme haben, die aber
wertmäßig von Sanierungs- und Entwicklungsmaßnahmen in ihrer Nachbarschaft bzw.
in Nachbargemeinden „profitieren", sind nach Auffassung des OLG Frankfurt am Main
(vgl. Rn. 106)[54] ebenfalls als Grundlage für die Ermittlung des (sanierungs- bzw.) entwicklungsunbeeinflussten Grundstückswerts ungeeignet.

---

53 Kleiber in Ernst/Zinkahn/Bielenberg, BauGB Komm. zu § 4 WertV Rn. 25; zur Neufassung des § 169 Abs. 4
    BauGB vgl. Kleiber in Ernst/Zinkahn/Bielenberg, BauGB, Komm zu § 26 WertV Rn. 50 ff.; Begründung hierzu
    BT-Drucks. 12/4340 = GuG 1993, 308

54 OLG Frankfurt, Urt. vom 24. 6. 1991 – 1 U (B) 2/90 –, GuG 1997, 54 = EzGuG 15.69 a; vgl. LG Darmstadt, Urt.
    vom 31. 7. 1996 – 9 O (B) 12/93 –, GuG 1997, 56 = EzGuG 15.84

130   Bezüglich der **ertragswirtschaftlichen Situation** sind bei der Qualifizierung des sanierungsunbeeinflussten Grundstückswerts

- erhöhte Preise und Nutzungsentgelte, die sich auf dem Grundstücksmarkt in Erwartung der durch die Sanierung oder Entwicklung in Aussicht stehenden Änderung gebildet haben, sowie

- Maßnahmen, z. B. Nutzungsänderungen, die im Hinblick auf die bevorstehenden Änderungen durch Sanierungs- oder Entwicklungsmaßnahmen durchgeführt worden sind,

nicht zu berücksichtigen[55]. Dies betrifft auch Vereinbarungen i. S. d. § 144 Abs. 1 Nr. 3 BauGB, durch die ein schuldrechtliches Vertragsverhältnis über den Gebrauch oder die Nutzung eines Grundstücks, Gebäudes oder Gebäudeteils eingegangen oder verlängert wird, die auffällig von den üblichen Vereinbarungen in vergleichbaren Gebieten abweichen, und Tatsachen die Annahme rechtfertigen, dass die Vereinbarungen getroffen wurden, um eine höhere Ausgleichs- und Entschädigungsleistung zu erlangen. Die Nichtberücksichtigung derartiger Vereinbarungen, die nach dem bis zum 1. 7. 1987 geltenden Recht in § 23 Abs. 4 StBauFG ausdrücklich geregelt war, ergibt sich aus § 95 Abs. 2 Nr. 6 BauGB[56].

131   In den Fällen des **§ 43 Abs. 4 BauGB** sind die Ertragsverhältnisse maßgebend, die auf der Grundlage der geänderten Nutzung nachhaltig erzielbar sind.

132   Die besondere Situation bezüglich der Ertragsverhältnisse der in einem förmlich festgelegten Sanierungsgebieten gelegenen Grundstücke betrifft im Wesentlichen vier **Bereiche:**

133   a) Die Höhe der in die Wertermittlung einzuführenden **Mieten, Pachten und sonstigen Nutzungsentgelte** muss den vorhandenen städtebaulichen Missständen entsprechen und darf nicht durch die Aussicht auf die Sanierung bzw. Entwicklung beeinflusst sein. Dabei kann grundsätzlich zwischen ertragserhöhenden Momenten unterschieden werden, die sich

-    einerseits aus der Lage des Grundstücks im Veranstaltungsgebiet ergeben,

und

-    andererseits solchen objektspezifischen ertragserhöhenden Momenten, die sich aus der Nutzung des Grundstücks selbst ergeben.

Zum Ausschluss sanierungs- bzw. entwicklungsbedingter Werterhöhungen auf Grund der Lage des Grundstücks im Sanierungsgebiet bzw. Entwicklungsbereich werden mit Abs. 1 die vorstehend bereits angesprochenen Hinweise zu den Gebieten gegeben, aus denen die Ertragsverhältnisse auf das förmlich festgelegte Sanierungsgebiet bzw. auf den Entwicklungsbereich übertragen werden sollen.

134   b) Bezüglich des objektspezifischen Ausschlusses sanierungs- bzw. entwicklungsbedingter Werterhöhungen muss daneben vor allem aber beachtet werden, dass sich der Ertragswert nur zuverlässig ermitteln lässt, wenn von dem bei ordnungsgemäßer Bewirtschaftung *nachhaltig erzielbaren* Ertrag ausgegangen wird, wie dies § 16 Abs. 1 und § 17 ausdrücklich vorschreibt[57]. Es darf also in einem sanierungsbedürftigen Gebiet, in dem der Substanzwert der Häuser dadurch verwohnt worden ist, dass zwar **hohe Mieten z. B. durch Vermietung an Gastarbeiter** erzielt werden, aber keinerlei Ausbesserungen an den instandsetzungsbedürftigen Häusern vorgenommen wurden, bei der Ermittlung des Ertragswerts nicht auf die tatsächlich erzielten Erträge abgestellt werden. Dies wäre mit den Grundsätzen der WertV unvereinbar. Ein Zurückbleiben hinter den **allgemeinen Anforderungen an gesunde Arbeits- und Wohnverhältnisse,** das sich nicht immer nur in unterlassener Instandsetzung und Erhaltung zeigt, sondern auch auf die bauliche innere und äußere Beschaffenheit beruhen kann, d. h. eine Beschaffenheit, die in früheren Zeiten durchaus dem allgemeinen – inzwischen aber weit überholten – Standard entsprochen haben mag, ist bereits bei den anzusetzenden Mieten, Pachten und Nutzungsentgelten wertmindernd zu berücksichtigen.

c) Der Gebäudebestand ist zumindest in Gebieten, in denen eine Substanzschwächensa- **135** nierung durchgeführt wird, regelmäßig durch Baumängel oder Bauschäden geprägt, insbesondere auf Grund unterlassener Instandhaltungen. Im Rahmen des Ertragswertverfahrens kann dies berücksichtigt werden durch

— entsprechend verminderte Erträge,

— eine entsprechend geänderte **Restnutzungsdauer** nach § 16 Abs. 4 oder

— Abschläge nach Maßgabe des § 19.

Abschläge nach § 19 sind zur Vermeidung einer doppelten Berücksichtigung von Baumängeln und Bauschäden nur insoweit zulässig, wie diese nicht bereits durch einen entsprechend verminderten Ertrag oder durch die Restnutzungsdauer erfasst sind. Demgegenüber war nach früherem Recht verbindlich vorgeschrieben, dass die Restnutzungsdauer ohne Berücksichtigung besonderer Einflüsse, die sich aus der Sanierungs- oder Entwicklungsmaßnahme ergeben, zu bestimmen war[58]. Diese Regelung war missverständlich und stand einer flexiblen Handhabung der WertV entgegen.

d) Nicht nur die in die Ertragswertermittlung einzuführenden Mieten, Pachten und sons- **136** tige Nutzungsentgelte, sondern auch die **Bewirtschaftungskosten nach § 16** müssen zur Ermittlung des sanierungsunbeeinflussten Grundstückswerts so angesetzt werden, dass sanierungsbedingte Werterhöhungen keinen Eingang in Wertermittlungsverfahren finden. Da sich der Reinertrag gemäß § 16 Abs. 1 Satz 2 aus dem Rohertrag (Jahresnettokaltmiete) abzüglich der Bewirtschaftungskosten ergibt, muss sich der Ertragswert erhöhen, je geringer die Bewirtschaftungskosten sind. Grundsätzlich sind daher nach § 18 Abs. 1 die Bewirtschaftungskosten in das Wertermittlungsverfahren einzuführen, die bei „gewöhnlicher Bewirtschaftung nachhaltig" entstehen. Soweit daran gemessen die Bewirtschaftungskosten niedrig ausfallen, weil der Eigentümer im Hinblick auf die Sanierung eine ordnungsgemäße Bewirtschaftung unterlässt, sind die nicht einer ordnungsgemäßen Bewirtschaftung entsprechenden Kosten bereits nach den allgemeinen Grundsätzen des § 18 unbeachtlich. Ein derartiges Verhalten hat der Verordnungsgeber offensichtlich als sanierungstypisch angesehen, denn auch die zu den „Ertragsverhältnissen" zählenden Bewirtschaftungskosten sollen nach Maßgabe des § 26 Abs. 2 aus Vergleichsgebieten abgeleitet werden, für die eine Sanierung nicht in Aussicht steht.

Verminderte Bewirtschaftungskosten sind zur Ermittlung des sanierungsbedingten Grundstückswerts allerdings dann in das Wertermittlungsverfahren einzuführen, wenn das **Gebäude** ohnehin, d. h. auch ohne Sanierungsverfahren, **zum Rückbau ansteht.** Es handelt sich dabei um den Fall, in dem das sog. Liquidationswertverfahren nach § 20 Abs. 2 zur Anwendung kommt und jeder ökonomisch denkende Eigentümer nur noch in dem Maße in die bauliche Anlage investiert, wie dies noch sinnvoll ist.

Bei Anwendung des Ertragswertverfahrens in Sanierungsgebieten und Entwicklungsberei- **137** chen muss darauf geachtet werden, dass Bodenwert und Reinertrag korrespondieren. Diesbezüglich können sich in den genannten Veranstaltungsgebieten Disparitäten vor allem im fortgeschrittenen Stadium der Maßnahme ergeben. Nach der bodenpolitischen Konzeption des Sanierungs- und Entwicklungsmaßnahmenrechts ist nämlich bis zum Abschluss der Maßnahme der sanierungs- und entwicklungsunbeeinflusste Bodenwert maßgebend, während sich die Ertragsverhältnisse unter dem Einfluss der Sanierungs- oder Entwicklungsmaßnahme schon vor Abschluss der Veranstaltung verbessern können. Umgekehrt können sich aber auch Disparitäten dadurch ergeben, dass im Verlauf der Maßnahme der

---

55 In § 21 Abs. 4 WertV 72 war dies ausdrücklich bestimmt; die Vorschrift konnte entfallen, da ihr Regelungsgehalt ohnehin nur klarstellender Natur war.

56 BT-Drucks. zu VI/2204, S. 12; BT-Drucks. 10/4630, S. 128 sowie Kleiber in Bielenberg/Koopmann/Krautzberger, Städtebauförderungsrecht, Bd. 1 § 153 BauGB, Rn. 38 ff.

57 Gewos Gutachten „Städtebau-Verfassung-Bodenrecht", Hamburg 1969 Rn. 157 ff. m. w. N.

58 BR-Drucks. 265/72 S. 27

Ausgleichsbetrag abgelöst oder die sanierungs- bzw. entwicklungsbedingte Bodenwert-erhöhung im Wege des Durchgangserwerbs abgeschöpft worden ist und insoweit sich für diese Grundstücke ein Bodenwert unter Berücksichtigung der tatsächlichen und rechtlichen Neuordnung einstellt. Gleichwohl können die Reinerträge noch in der Höhe „verharrt" geblieben sein, wie sie für das sanierungträchtige Gebiet ortsüblich waren. Bei Anwendung des Ertragswertverfahrens müssen in beiden Fällen **Bodenwert und Reinertrag korrespondieren.** Dies ist darin begründet, dass sich der Gebäudeertragswert durch Kapitalisierung des um den Bodenwertverzinsungsbetrag verminderten Reinertrags des Grundstücks ergibt (korrespondierende Bodenwerte).

a) Ertragswert auf der Grundlage des sanierungsunbeeinflussten Bodenwerts

138 Zur Ermittlung des Bodenwertverzinsungsbetrags (BW × p) wird als Bodenwert für das ausgleichsbetragspflichtige Grundstück nach dem vorher Gesagten grundsätzlich der sanierungs- bzw. entwicklungsunbeeinflusste Bodenwert nach § 153 Abs. 1 BauGB i. V. m. § 27 WertV angesetzt, denn dem Eigentümer des Grundstücks kann wertmäßig so lange nicht die sanierungs- bzw. entwicklungsbedingte Bodenwerterhöhung zugerechnet werden, wie er noch keinen Ausgleichsbetrag entrichtet hat oder beim Erwerb des Grundstücks zum Neuordnungswert noch nicht dafür aufgekommen ist (vgl. Vorbem. zu den §§ 15 ff. WertV Rn. 76 ff.).

139 Die Entwicklung der Mieten kann sich dagegen der tatsächlichen Neuordnung schon während des Verfahrens angleichen, d. h. mit Fortschreiten der Sanierung bzw. Entwicklung kann eine **Disparität zwischen Ertrag und dem gesetzlich maßgeblichen Bodenwert** eintreten. Dem muss bei der Ermittlung des Gebäudeertragswerts dadurch Rechnung getragen werden, dass nach Maßgabe des Abs. 1 Satz 1 die Reinerträge in der Höhe angesetzt werden, wie sie ohne Aussicht auf die Sanierung ortsüblich und nachhaltig wären. Andererseits läuft der Sachverständige Gefahr überhöhte Ertragswerte zu ermitteln, wenn er einerseits bei der Ermittlung des Bodenwertverzinsungsbetrags vom sanierungs- bzw. entwicklungsunbeeinflussten Bodenwert und andererseits von den gestiegenen Mieten ausgeht.

140 *Beispiel:*

a) Sachverhalt

– Sanierungs- bzw. entwicklungsunbeeinflusster Bodenwert	= 200 000 €
– Wohnfläche	= 500 m²
– Reinertrag vor der Sanierung bzw. Entwicklung	= 7 €/m²
unter Sanierungs- bzw. Entwicklungseinfluss	= 8 €/m²

Der Unterschied im Reinertrag ergebe sich ausschließlich auf Grund der Lageverbesserung im Zuge der bereits durchgeführten Sanierungs- bzw. Entwicklungsmaßnahmen.

– Liegenschaftszinssatz p	= 5 %
– Restnutzungsdauer n	= 40 Jahre
– Vervielfältiger V	= 17,16

b) Ertragswertermittlung

RICHTIG:		FALSCH:	
RE = 500 m² ×		RE = 500 m² ×	
7 €/m² × 12	= 42 000 €	8 €/m² × 12	= 48 000 €
– Bodenwertverzinsungsbetrag		– Bodenwertverzinsungsbetrag	
200 000 € × 0,05	= – 10 000 €	200 000 € × 0,05	= – 10 000 €
= RE – BW × p	= 32 000 €	= RE – BW × p	= 38 000 €
(RE – BW × p) × V	= 549 120 €	(RE – BW × p) × V	= 652 080 €
+ BW	= 200 000 €	+ BW	= 200 000 €
= EW	= **749 120 €**	= EW	= **852 080 €**

Der Fehler ist erheblich, weil hier die bereits infolge der Durchführung von Sanierungs- **141** bzw. Entwicklungsmaßnahmen gestiegenen Reinerträge mit dem sanierungs- bzw. entwicklungsunbeeinflussten Bodenwert in unzulässiger Weise kombiniert wurden. Der **sanierungs- bzw. entwicklungsunbeeinflusste Bodenwert korrespondiert also nicht mit dem angesetzten Reinertrag.** In solchen Fällen kann auch nicht mit gespaltenen Bodenwerten gearbeitet werden; vielmehr ist der sanierungs- bzw. entwicklungsunbeeinflusste Bodenwert sowohl der Ermittlung des Bodenwertverzinsungsbetrags, als auch dem Bodenwert selbst zu Grunde zu legen:

$$EW = (RE - p \times BW) \times V + BW$$

sanierungs- bzw. entwicklungsunbeeinflusster Bodenwert

RE vor der Sanierung bzw. Entwicklung

b) Ertragswert auf der Grundlage des Bodenwerts unter Berücksichtigung der rechtlichen und tatsächlichen Neuordnung

Haben sich im Sanierungsgebiet bzw. Entwicklungsbereich z. B. vor Abschluss der Maß- **142** nahme die **Reinerträge bereits in der Weise entwickelt, wie es dem Neuordnungszustand des Veranstaltungsgebiets entspricht,** kann es sinnvoll sein, abweichend von Abs. 1 Satz 1 von diesen Erträgen auszugehen, auch wenn die sanierungs- bzw. entwicklungsbedingte Bodenwerterhöhung noch nicht „abgeschöpft" worden ist. In diesem Fall muss der Bodenwertverzinsungsbetrag auf der Grundlage des Neuordnungszustands des Grundstücks ermittelt werden, während es ansonsten bei dem sanierungsunbeeinflussten Bodenwert verbleibt (gespaltener Bodenwert):

$$EW = (RE - p \times BW) \times V + BW$$

sanierungs- bzw. entwicklungsunbeeinflusster Bodenwert

Bodenwert unter Berücksichtigung des Neuordnungszustands

RE unter Berücksichtigung des Neuordnungszustands

Beispiel: **143**

a) Sachverhalt

Bodenwert (sanierungs- bzw. entwicklungsunbeeinflusst)	200 000 €
Bodenwert unter Berücksichtigung des Neuordnungszustands	250 000 €
Reinertrag unter Sanierungs- bzw. Entwicklungseinfluss	8 €/m²
Wohnfläche	= 500 m²
Liegenschaftszinssatz p	= 5 %
Restnutzungsdauer n	= 40 Jahre
Vervielfältiger V	= 17,16

b) Ertragswertermittlung

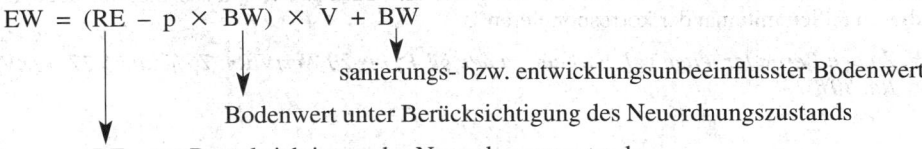

RICHTIG		FALSCH	
RE = 500 m² × 8 €/m² × 12 =	48 000 €	RE = 500 m² × 8 €/m² × 12 =	48 000 €
− Bodenwertverzinsungsbetrag		− Bodenwertverzinsungsbetrag	
250 000 € × 0,5	= − 12 500 €	*200 000 € × 0,5*	= − 10 000 €
= RE − BW × p =	35 500 €	= RE − BW × p =	38 000 €
(RE − BW × p) × V =	609 180 €	(RE − BW × p) × V =	652 080 €
+ BW =	200 000 €	+ BW =	200 000 €
= EW =	**809 180 €**	= EW =	**852 080 €**

Auch hier führt der nicht korrespondierende Ansatz von Bodenwert und Reinertrag zu einem erheblichen Fehler.

144   Die vorgestellte Vorgehensweise kommt insbesondere auch in solchen Sonderfällen zur Anwendung, in denen der Wertanteil einer baulichen Anlage im Wege des Ertragswertverfahrens ermittelt werden soll und mit der Sanierungs- bzw. Entwicklungsmaßnahme das betrachtete Grundstück erstmalig Baulandqualität erlangt. Trotz der Bebauung des Grundstücks kann im Zuge des Erwerbs dieser Flächen nach Nr. 6.3.5.2 WertR nicht vom Bodenwert des bebauten Landes ausgegangen werden (z. B. eine abgehende Gemeinbedarfsfläche)[59].

145   *Beispiel:*

Ein auf einem bisher militärisch genutzten Gelände gelegenes Mannschaftsgebäude soll im Rahmen einer städtebaulichen Entwicklungsmaßnahme für Wohnzwecke umgenutzt werden. Das Grundstück ist dem Außenbereich mit einem sehr niedrigen entwicklungsunbeeinflussten Bodenwert (z. B. Bauerwartungsland) zuzurechnen. Der Wert des Gebäudes soll im Wege des Ertragswertverfahrens ermittelt werden (Gebäudeertragswert). Der Gebäudeertragswert ergibt sich nach den vorstehenden Ausführungen wie folgt:

$$\text{Gebäudeertragswert} = (\text{RE} - \text{BW} \times \text{p}) \times \text{V}$$

146   Wenn es bei derartigen Fallkonstellationen angezeigt ist, den Ertragswert auf der Grundlage der Erträge zu ermitteln, die nur auf einem baureifen Grundstück erwirtschaftet werden können, wäre es verhängnisvoll, wenn dabei der Bodenwertverzinsungsbetrag (BW × p) auf der Grundlage des sanierungs- bzw. entwicklungsunbeeinflussten Bodenwerts (z. B. für Bauerwartungsland) abgeleitet werden würde. Die der Ermittlung des Gebäudeertragswerts zu Grunde gelegten Reinerträge können nämlich nur erzielt werden, wenn eine Baureife gegeben ist. Bei der **Ermittlung des Bodenwertverzinsungsbetrags** muss in diesen Sonderfällen deshalb mindestens vom Bodenwert des baureifen Landes im sanierungs- bzw. entwicklungsbedürftigen Zustand ausgegangen werden. Entsprechendes gilt für die anzusetzenden Ertragsverhältnisse. Bodenwert und Ertragsverhältnisse müssen auch in diesen Fällen miteinander korrespondieren[59].

▶ *Zu den Besonderheiten vgl. Vorbem. zu den §§ 15 bis 20 WertV Rn. 76 ff. und § 27 WertV Rn. 50 ff.*

---

59   RdErl. des BMBau vom 1. 8. 1996 (BAnz Nr. 150 vom 13. 8. 1996, S. 9133 = GuG 1996, 298)

§ 27 WertV
Wertermittlung nach § 153 Abs. 4 und § 169 Abs. 8 des Baugesetzbuchs

(1) Zur Ermittlung des Verkehrswerts nach § 153 Abs. 4 und § 169 Abs. 8 des Baugesetzbuchs ist der Zustand des Gebiets nach Abschluss der Sanierungs- oder Entwicklungsmaßnahmen zu Grunde zu legen.

(2) Soweit die nach § 153 Abs. 4 und § 169 Abs. 8 des Baugesetzbuchs zu berücksichtigende rechtliche und tatsächliche Neuordnung noch nicht abgeschlossen ist, ist die Wartezeit bis zum Abschluss der vorgesehenen Maßnahmen zu berücksichtigen.

---

1 Anwendungsbereich der Vorschrift

1.1 Allgemeines zum Neuordnungswert

§ 27 regelt für förmlich festgelegte Sanierungsgebiete und Entwicklungsbereiche die **1** **Ermittlung des Neuordnungswerts.** Es handelt sich hierbei um den Verkehrswert des Grundstücks, der sich unter Berücksichtigung der

– tatsächlichen und

– rechtlichen

Neuordnung des förmlich festgelegten Sanierungsgebiets bzw. Entwicklungsbereichs ergibt. Im Unterschied zu dem für die Bemessung des Ausgleichsbetrags nach § 154 Abs. 2 BauGB maßgeblichen Endwert geht es bei der **Ermittlung des Neuordnungswerts** um den **Gesamtwert des Grundstücks einschließlich des Wertanteils einer vorhandenen Bebauung**.

2   **Materielle Rechtsgrundlage des Neuordnungswerts** ist **§ 153 Abs. 4 BauGB**, der folgende Fassung hat:

„(4) Bei der Veräußerung nach den §§ 89 und 159 Abs. 3 ist das Grundstück zu dem Verkehrswert zu veräußern, der sich durch die rechtliche und tatsächliche Neuordnung des förmlich festgelegten Sanierungsgebiets ergibt. § 154 Abs. 5 ist dabei auf den Teil des Kaufpreises entsprechend anzuwenden, der der durch die Sanierung bedingten Werterhöhung des Grundstücks entspricht."

Für städtebauliche Entwicklungsbereiche wird der Neuordnungswert mit **§ 169 Abs. 8 BauGB** materiell entsprechend geregelt. Die Vorschrift lautet:

„(8) Zur Finanzierung der Entwicklung ist das Grundstück oder das Recht zu dem Verkehrswert zu veräußern, der sich durch die rechtliche und tatsächliche Neuordnung des städtebaulichen Entwicklungsbereichs ergibt. § 154 Abs. 5 ist auf den Teil des Kaufpreises entsprechend anzuwenden, der der durch die Entwicklung bedingten Werterhöhung des Grundstücks entspricht."

3   **Beim Ankauf eines Grundstücks zum Neuordnungswert hat der Käufer keinen Anspruch, Auskunft über den sanierungsbedingten Anteil am Gesamtkaufpreis zu verlangen**[1].

4   Zum **Unterschied zwischen Neuordnungswert und Endwert** vgl. § 28 WertV Rn. 54 ff.

1.2   Neuordnungswert im förmlich festgelegten Sanierungsgebiet

5   Der Neuordnungswert ist Bemessungsgrundlage für die Veräußerung von Grundstücken, zu der die Gemeinde und der Sanierungsträger verpflichtet sind. Die **Veräußerungspflicht** betrifft Grundstücke, die die Gemeinde und der Sanierungsträger zur Durchführung der Sanierung freihändig, durch Ausübung des Vorkaufsrechts oder im Wege der Enteignung erworben haben.

6   In den genannten Fällen ist die Gemeinde nach § 153 Abs. 4 BauGB zur **Veräußerung zum Neuordnungswert** verpflichtet. Die Veräußerung zum Neuordnungswert in **Sanierungsgebieten bedeutet keine Freistellung von der Ausgleichsbetragserhebung**, jedoch sind dann die mit dem Erwerb zum Neuordnungswert bereits entgoltenen Bodenwerterhöhungen nach § 155 Abs. 1 BauGB auf den Ausgleichsbetrag anzurechnen. Nur wenn der Erwerb zum Neuordnungswert mit einer Ablösungsvereinbarung verbunden wird, entfällt eine Ausgleichsbetragserhebung.

7   Hat die Gemeinde dagegen nach In-Kraft-Treten des BauGB (1. 7. 1987) ein Grundstück freihändig erworben, so kann sie es auch zum sanierungsunbeeinflussten Grundstückswert i. S. d. § 153 Abs. 1 BauGB (§ 26 WertV) veräußern, wobei der Erwerber dann grundsätzlich der Ausgleichsbetragserhebung nach den §§ 154 f. BauGB in vollem Umfang unterliegt. Gleichwohl wird die Gemeinde auch bei der Veräußerung der freihändig erworbenen Grundstücke i. d. R. danach trachten, die **Grundstücke zum Neuordnungswert** möglichst **in Verbindung mit einer Ablösungsvereinbarung** i. S. d. § 154 Abs. 3 Satz 2 BauGB zu **veräußern**, weil damit zugleich die spätere Erhebung von Ausgleichsbeträgen entfällt[2]. Einer Veräußerung zum sanierungsunbeeinflussten Grundstückswert mit späterer Ausgleichsbetragserhebung ist nur dann der Vorzug zu geben, wenn die Ermittlung des Neuordnungswerts besondere Schwierigkeiten aufweist, insbesondere weil die Sanierung noch nicht weit gediehen ist und die rechtliche und tatsächliche Neuordnung noch nicht hinreichend abgeschätzt werden kann. In diesem Fall wird eine Veräußerung aber auch nicht in Betracht zu ziehen sein, weil zu diesem Zeitpunkt (noch) unklar ist, ob das Grundstück nicht auch für die Gemeinde oder einem Bedarfsträger selbst gebraucht wird.

Im Übrigen ist in diesem Zusammenhang darauf hinzuweisen, dass schon das Kommunal-   **8** recht den Gemeinden gebietet, gemeindeeigene **Vermögensgegenstände nicht unter ihrem vollen Wert zu veräußern**; dies ist nur ausnahmsweise aus Gründen eines besonderen öffentlichen Interesses zulässig (vgl. Rn. 59 ff.)[3].

Die Gemeinde soll nach § 89 Abs. 2 BauGB ihrer Veräußerungspflicht nachkommen, wenn   **9** der mit dem Erwerb verfolgte Zweck verwirklicht werden kann. An wen und wie der Veräußerungspflicht nachgekommen werden kann, ergibt sich aus § 89 Abs. 3 und 4 BauGB. Gemäß § 153 Abs. 4 Satz 2 BauGB hat die Gemeinde dabei auf Antrag des Erwerbers den Teil des Neuordnungswerts, der der sanierungsbedingten Werterhöhung entspricht, nach Maßgabe des § 154 Abs. 5 BauGB in ein **Tilgungsdarlehen** umzuwandeln. Damit soll der Erwerber einem Ausgleichsbetragspflichtigen gleichgestellt werden.

Mit der Veräußerung eines Grundstücks, das die Gemeinde bzw. der Sanierungs- oder Ent-   **10** wicklungsträger zum sanierungs- bzw. entwicklungsunbeeinflussten Grundstückswert erworben hat, erfolgt zugleich die Abschöpfung der sanierungs- bzw. entwicklungsbedingten Bodenwerterhöhung. Es handelt sich dabei um die **Abschöpfung im Wege des Durchgangserwerbs** (vgl. Abb. 1).

Abb. 1: Abschöpfung im Wege des sog. Durchgangserwerbs

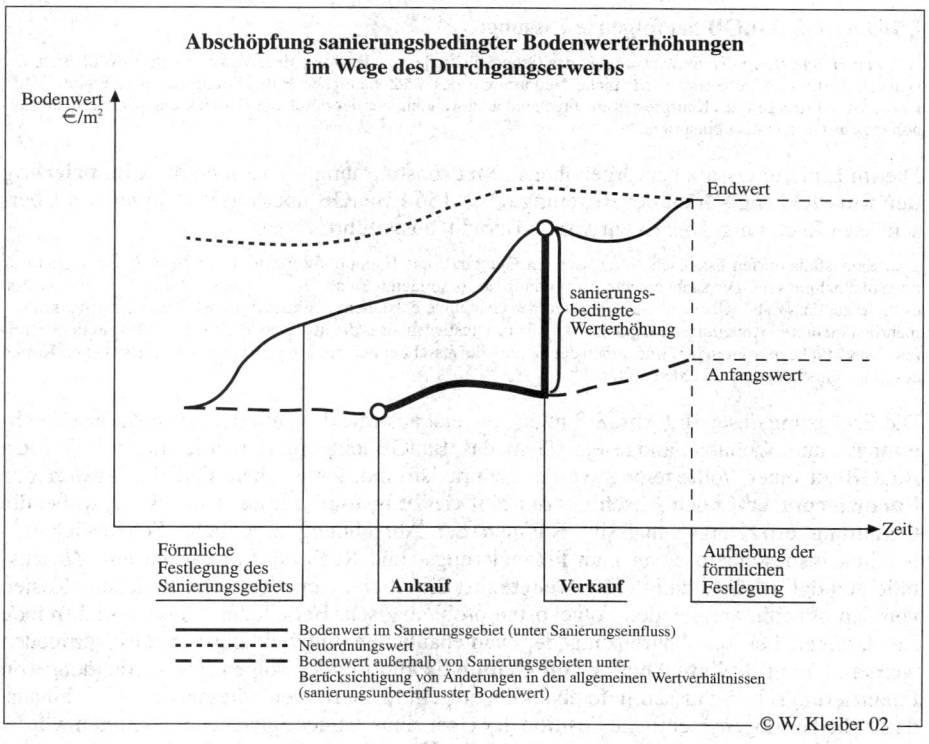

---

1   BVerwG, Beschl. vom 19. 11. 1997 – 4 B 182/97 –, GuG 1998, 179 = EzGuG 15.90; Vorinstanz: OVG Bremen, Urt. vom 19. 8. 1997 – 1 BA 59/96 –, GuG 1998, 313 = EzGuG 15.88 a

2   Kleiber in Ernst/Zinkahn/Bielenberg, BauGB, § 153 Rn. 36 ff.

3   BGH, Beschl. vom 13. 7. 1993 – III ZR 86/93 – EzGuG 15.76 a; Zusammenstellung über die verbilligte Abgabe von Grundstücken bei Kleiber in Bielenberg/Koopmann/Krautzberger, Städtebauförderungsrecht Bd. II, Teil I Nr. 15

1.3 Neuordnungswert im städtebaulichen Entwicklungsbereich

11   Nach § 166 Abs. 3 Satz 1 BauGB soll die Gemeinde grundsätzlich die im städtebaulichen Entwicklungsbereich gelegenen Grundstücke erwerben. Ausnahmen regelt § 166 Abs. 3 Satz 3 und 4 BauGB. Auf der anderen Seite ist die Gemeinde nach § 169 Abs. 5 BauGB verpflichtet, alle zur Durchführung der Entwicklungsmaßnahme freihändig oder nach den Vorschriften des BauGB, des BauGB-MaßnahmenG, des BBauG oder des StBauFG erworbenen Grundstücke nach Maßgabe des § 169 Abs. 6 bis 8 BauGB zum Neuordnungswert zu veräußern. Ausgenommen sind nur die Flächen, die als Baugrundstücke für den Gemeinbedarf oder als Verkehrs-, Versorgungs- oder Grünflächen in einem Bebauungsplan festgesetzt sind oder für sonstige öffentliche Zwecke, als Austauschland oder zur Entschädigung in Land benötigt werden. Die Veräußerungspflicht ist damit umfassender als in Sanierungsgebieten. **Bemessungsgrundlage für die Veräußerung ist wiederum der Neuordnungswert**. Eine Ausgleichsbetragserhebung findet dann nicht statt.

12   Das Entwicklungsmaßnahmenrecht des BauBG sieht für die Veräußerung im Übrigen vor, dass der **Teil des Neuordnungswerts, der der entwicklungsbedingten Bodenwerterhöhung entspricht,** nach Maßgabe des § 154 Abs. 5 BauGB **in ein Tilgungsdarlehen umzuwandeln** ist. Die zum Neuordnungswert veräußerten Grundstücke unterliegen nicht der Ausgleichsbetragserhebung.

§ 169 Abs. 8 BauGB hat folgende Fassung:

„(8) *Zur Finanzierung der Entwicklung* ist das Grundstück oder das Recht zu dem Verkehrswert zu veräußern, der sich durch die rechtliche und tatsächliche Neuordnung des städtebaulichen Entwicklungsbereichs ergibt. § 154 Abs. 5 ist auf den Teil des Kaufpreises entsprechend anzuwenden, der der durch die Entwicklung bedingten Werterhöhung des Grundstücks entspricht."

13   Die im Einleitungssatz hervorgehobene Zweckbestimmung – nämlich die **Finanzierung der Entwicklung** – trägt der Regelung des § 156 a BauGB über die Verteilung von Überschüssen Rechnung. Hierzu wird im A-Bericht[4] ausgeführt:

„ ... Keinesfalls dürfen fiskalische Interessen der Gemeinde das Hauptmotiv für die Durchführung einer Entwicklungsmaßnahme sein. Die sachgerechte Anwendung des besonderen Finanzierungssystems dieses Instruments lässt es nicht zu, dass dabei Überschüsse zugunsten der Gemeinde entstehen. Um dies klarzustellen, ist die Ausschussmehrheit mehreren Änderungsanträgen gefolgt, die u. a. festlegen, dass die insbesondere aus dem Verkauf der baureifen Grundstücke herrührenden Einnahmen der Gemeinde ausschließlich zur Finanzierung der erforderlichen Kosten der Maßnahme eingesetzt werden dürfen ..."

14   Die Ergänzung des § 169 Abs. 8 BauGB, die erst ausdrücklich mit dem Investitionserleichterungs- und Wohnbaulandgesetz 93 in das BauGB eingeführt wurde und mit § 156 a BauGB zu einer Vollregelung wurde, ist praxisfremd. Zum einen sind die **Kosten der Finanzierung erst nach Abschluss der Entwicklungsmaßnahme ermittelbar**, wobei die Ermittlung erfahrungsgemäß im Rahmen der Abrechnung erhebliche Schwierigkeiten bereitet, insbesondere wenn man Finanzierungs- und Rechtsverfolgungskosten, Zinsausfälle und dgl. berücksichtigt. Des Weiteren ist die Abgrenzung der „erforderlichen" Kosten von den ohnehin anfallenden Folgekosten problematisch. Bei alledem müssen sachfremde Erwägungen bei der Abgrenzung des städtebaulichen Entwicklungsbereichs vermieden werden. Die **verbilligte Abgabe von Grundstücken** mit der Folge einer Vermeidung von Finanzierungsüberschüssen liefe ebenfalls auf ein „Unterlaufen" dieser Vorschrift hinaus, da sie die vermögensrechtliche Position der Überschussberechtigten beeinträchtigen würde. Nicht zu folgen ist der Auffassung, nach der der Neuordnungswert um den Überschussanteil zu vermindern ist, denn es bestehen grundsätzlich keine überzeugenden Gründe, den Erwerber eines im Entwicklungsbereich gelegenen Grundstücks an Stelle des „Alteigentümers", der sein Grundstück zum entwicklungsunbeeinflussten Grundstückswert „hergegeben" hat, am Überschuss partizipieren zu lassen. Auf der anderen Seite sind Überschüsse regelmäßig nicht zu erwarten, insbesondere wenn man die entwicklungsbedingten Folgekosten bei der Überschussermittlung vollständig berücksichtigt (vgl. § 27 WertV Rn. 59).

Abzulehnen ist deshalb die Auffassung von *Leisner*[5] und *Degenhart*[6], die *Grziwotz*[7] folgend **15** die volle Abschöpfung des „Planungsgewinns" (gemeint ist die maßnahmebedingte Bodenwerterhöhung) mit der Veräußerung zum Neuordnungswert für den Fall für unzulässig halten, dass die **Kosten der Maßnahme deutlich unter den Bodenwerterhöhungen** bleiben. Leisner geht sogar so weit, dass sich der Neuordnungswert nach dem Anfangswert (gemeint ist der entwicklungsunbeeinflusste Grundstückswert, vgl. § 26 WertV Rn. 4 ff.), zu dem die Gemeinde die Fläche erworben hat, zuzüglich der von ihr oder in ihrem Auftrag tatsächlich aufgewendeten Erschließungskosten und -aufwendungen einschließlich der jeweils angemessenen Verzinsung bemesse[8].

Hiergegen sprechen gleich mehrere Gründe: **16**

a) Da im Regelfall die Kosten einer Entwicklungsmaßnahme die damit bewirkten Werterhöhungen übersteigen, ergäbe sich bei Anwendung dieser Berechnungsweise ein Neuordnungswert, der den Verkehrswert des neugeordneten Grundstücks übersteigt. Indessen hat der Gesetzgeber mit der dem Sanierungs- und Entwicklungsmaßnahmenrecht zu Grunde liegenden bodenpolitischen Konzeption dies gerade eben vermeiden wollen und hat sich deshalb nicht für die sog. Kostenlösung, sondern für die durch die Kosten der Maßnahme „gekappte" Wertlösung entschieden (vgl. Vorbem. zu den §§ 26 ff. Rn. 16). Die Abschöpfung ist danach auf den sich im Neuordnungswert (i. S. des Verkehrswerts unter Berücksichtigung der tatsächlichen und rechtlichen Neuordnung) verkörpernden Vermögenszuwachs des Eigentümers begrenzt, d. h., alle Eigentümer werden **nach einer sich an der tatsächlichen Werterhöhung ihrer Grundstücke orientierenden Belastungsgrenze an den Kosten der Maßnahme beteiligt.** Nur dann, wenn die Werterhöhung die dafür aufgebrachten Kosten überschreitet, soll die Belastungsgrenze durch die Ergänzung der Regelung des § 169 Abs. 8 BauGB um die Worte „zur Finanzierung" sowie des § 156 a BauGB – wie im Sanierungsrecht (vgl. § 154 Abs. 1 BauGB) – auf die Kosten der Maßnahme begrenzt werden. Im Hinblick auf das ungelöste Zurechnungsproblem der Gesamtkosten zum individuellen Vorteil, bedarf es hierzu lediglich einer sachgerechten Verteilung des Überschusses nach Abschluss der Maßnahme, denn erst dann lassen sich schon im Hinblick auf unvorhersehbare, aber erfahrungsgemäß nicht unerhebliche Einnahmeausfälle die Kosten ermitteln. Der einzelne „Urbesitzer" kann dabei an einem Überschuss nur anteilig in dem Verhältnis partizipieren, den sein Grundstück, gemessen am entwicklungsunbeeinflussten Bodenwert, im Verhältnis zur Gesamtheit der entwicklungsunbeeinflussten Bodenwerte hatte.

b) Die von *Leisner* vorgegebene Berechnungsmethode für die Ermittlung des Neuordnungswerts nach § 169 Abs. 8 BauGB (entwicklungsunbeeinflusster Grundstückswert zuzüglich Erschließungskosten und -aufwendungen[9]) widerspricht nicht nur dem eindeutigen Wortlaut des § 169 Abs. 8 BauGB, sondern auch der von ihm gegebenen Begründung. Wenn es schon dem Gesetzgeber als Ausfluss der verfassungsrechtlichen Eigentumsfreiheit verwehrt ist, entwicklungsbedingte Werterhöhungen über das hinaus abzuschöpfen, was zur Finanzierung der Maßnahme erforderlich ist, so wird dadurch zunächst der „Urbesitzer" geschützt, der sein Grundstück grundsätzlich zum entwicklungsunbeeinflussten Grundstückswert abgibt. **Für einen sich in den Entwicklungsbereich „einkaufenden" Erwerber würde eine Absenkung des Neuordnungswerts**

4 BT-Drucks. 12/4340
5 Leisner in NVwZ 1993, 935, 939
6 Degenhart in DVBl. 1994, 1041
7 Grziwotz, Baulanderschließung München 1993 S. 419
8 A. A. VG Koblenz, Beschl. vom 20. 3. 1991 – 8 L 4420/90 –, EzGuG 15.69: Das Gericht weist darauf hin, dass der Finanzierungshinweis keine konstitutive Wirkung hinsichtlich eines Ausgleichsbetrags hat.
9 Die Berechnungsmethode wäre praktisch auch kaum möglich, da die Ermittlung des Neuordnungswerts bereits im Verlauf der städtebaulichen Veranstaltung aus den vielfältigsten Anlässen erforderlich wird, während die Kosten der Maßnahme erst Jahre nach Abschluss der Maßnahme feststehen, wobei auch im Hinblick auf die Ausgleichsbetragserhebung mit Einnahmeausfällen gerechnet werden muss.

um den anteiligen Überschuss einem „Geschenk" gleichkommen. Demgegenüber ist der Neuordnungswert in § 169 Abs. 8 BauGB als der marktübliche Verkehrswert definiert, der für ein gleichartiges Grundstück außerhalb des städtebaulichen Entwicklungsbereichs aufzubringen wäre, so dass eine Absenkung des Neuordnungswerts um den anteiligen Überschuss auf eine Verbilligung hinausliefe. Umgekehrt sprechen die von Leisner genannten Gründe dafür, den von einer städtebaulichen Entwicklungsmaßnahme freiwillig oder unfreiwillig betroffenen „Urbesitzer" nur in dem Maße vermögensmäßig zu belasten, wie dies auch aus dem der Abschöpfung u. a. zu Grunde liegenden Motiv (Finanzierung der Maßnahme) erforderlich wird. Dies sind gewichtige Gründe, den „Urbesitzer" an der Verteilung eines Überschusses, sofern es jemals dazu kommt, zu beteiligen. Dieser Auffassung folgt auch die Verteilungsregelung des § 156a BauGB.

▶ *Zu den grundlegenden Fragen vgl. Vorbem. zu den §§ 26 ff. WertV Rn. 9 ff. und zu den bodenpolitischen Folgen § 27 WertV Rn. 59.*

17   **Fazit:** Ein nach dem Einleitungssatz des § 169 Abs. 8 BauGB zu berücksichtigender Überschuss bleibt zunächst sowohl bei der Ermittlung des entwicklungsunbeeinflussten Grundstückswerts nach § 153 Abs. 1 ggf. i. V. m. § 169 Abs. 4 BauGB als auch bei der Ermittlung des entwicklungsbeeinflussten Neuordnungswerts ebenso wie bei der Ermittlung des entwicklungsunbeeinflussten Anfangswerts und des entwicklungsbeeinflussten Endwerts i. S. d. § 154 Abs. 1 BauBG außer Betracht. Diese Vorgehensweise ist schon im Hinblick auf die Ermittelbarkeit eines etwaigen Überschusses geboten.

18   Zur **Ermittlung eines Überschusses** ist also grundsätzlich vom „vollen" Neuordnungswert bzw. Endwert auszugehen, damit eine etwaige verbilligte Abgabe nicht zu Lasten der Überschussberechtigten geht. Sollten sich auf dieser Grundlage tatsächlich im Einzelfall Überschüsse ergeben, bestehen gute Gründe dafür, sie auf die Eigentümer der im Entwicklungsbereich gelegenen Grundstücke zu verteilen. Maßgebend sind dabei die Eigentumsverhältnisse bei Bekanntmachung des Beschlusses über die förmliche Festlegung des städtebaulichen Entwicklungsbereichs, soweit nicht ein Erwerber ausgleichsbetragspflichtig wird. Den Alteigentümer in den Genuss des Überschusses kommen zu lassen, ist wohl grundsätzlich deshalb geboten, weil die Abschöpfung entwicklungsbedingter Werterhöhung als Teil der bodenpolitischen Konzeption, die nur insoweit zur Anwendung kommt, als sie erforderlich ist, auch nur insoweit in die Eigentumsverhältnisse eingreifen darf, als sie tatsächlich erforderlich ist. Soweit sie – gemessen am Überschuss – also nicht erforderlich ist, verbleibt die maßnahmenbedingte Werterhöhung dem „Urbesitzer", der wohl am stärksten durch die Regelung „belastet" ist.

2   Ermittlung des Neuordnungswerts

2.1   Qualifizierung des Neuordnungszustands (Abs. 1)

2.1.1   Allgemeines

19   Spiegelbildlich zur Ermittlung des sanierungs- bzw. entwicklungsunbeeinflussten Grundstückswerts sind bei der Ermittlung des Neuordnungswerts alle sanierungs- bzw. entwicklungsbedingten Werterhöhungen einschließlich externer Effekte (vgl. § 26 WertV Rn. 63) zu berücksichtigen, d. h. Werterhöhungen auf Grund

– der Aussicht auf die Sanierung bzw. Entwicklung,

– ihrer Vorbereitung und

– Durchführung.

Nach der materiellen Definition des § 153 Abs. 4 und des § 169 Abs. 8 BauGB bestimmt sich der maßgebliche Zustand nach der *rechtlichen und tatsächlichen Neuordnung* (Neuordnungszustand), d. h. **nach vollständigem Abschluss der Sanierungs- bzw. Entwicklungsmaßnahme.**

▶ *Zum Zeitpunkt des Abschlusses vgl. § 28 Rn. 47 ff.*

Unter Abschluss der Sanierungs- oder Entwicklungsmaßnahme i. S. d. Abs. 1 ist die Aufhebung der Sanierungs- bzw. Entwicklungssatzung nach § 162 BauGB (ggf. i. V. mit § 169 Abs. 1 Nr. 8 BauGB) zu verstehen. **Auf die Erklärung des Abschlusses der Sanierung oder Entwicklung für ein einzelnes Grundstück** nach § 163 BauGB (ggf. i. V. m. § 169 Abs. 1 Nr. 8 BauGB) **kann es** ebenso wie auf die Aufhebung der Satzung für einen Teilbereich nach § 162 Abs. 1 Satz 2 BauGB **hier nicht ankommen,** wenn zu erwarten ist, dass die weitere Vorbereitung und Durchführung der Sanierungs- oder Entwicklungsmaßnahme im übrigen Sanierungsgebiet oder Entwicklungsbereich zu weiteren sanierungs- oder entwicklungsbedingten Werterhöhungen führen. Dies folgt aus der bodenpolitischen Konzeption des Sanierungs- und Entwicklungsmaßnahmenrechts, die auf die Abschöpfung der Gesamtheit der sanierungs- und entwicklungsbedingten Werterhöhungen abzielt. Demzufolge bestimmt auch § 153 Abs. 4 und § 169 Abs. 8 BauGB, dass sich der Neuordnungswert auf der Grundlage der (gesamten) rechtlichen und tatsächlichen Neuordnung ergibt, die zum Zeitpunkt der Wertermittlung allerdings noch nicht vollständig durchgeführt worden sein müssen.

20

Wie bei der Ermittlung des sanierungs- bzw. entwicklungsunbeeinflussten Grundstückswerts i. S. d. § 153 Abs. 1 BauGB sind bei der Ermittlung des Neuordnungswerts auch

21

– die vom früheren Eigentümer bewirkten Werterhöhungen sowie

– „die *nicht*sanierungs- bzw. *nicht*entwicklungsbedingten Werterhöhungen (externe Effekte)

zu berücksichtigen. Eine andere Auffassung liefe darauf hinaus, dass die Gemeinde ein Grundstück „unter Verkehrswert" veräußert, nur weil die Werterhöhungen zum Teil von einem anderen Eigentümer oder z. B. durch Maßnahmen außerhalb des Sanierungsgebiets bzw. Entwicklungsbereichs bewirkt worden sind. Bei der Qualifizierung des Neuordnungszustands kommt es auf die **Gesamtheit aller werterhöhenden Maßnahmen** an. Eine Aufspaltung bezüglich einzelner wertbeeinflussender Sanierungs- bzw. Entwicklungsmaßnahmen kann wertermittlungstechnisch sachgerecht sein; sie ist aber entbehrlich, wenn die Werterhöhung insgesamt ermittelt werden kann. In diesem Fall könnte ein dahin gehendes Verlangen sachlich sogar zu verwerfen sein und wäre nicht zu rechtfertigen (vgl. § 28 WertV Rn. 45).

2.1.2 Rechtliche Neuordnung

Die **rechtliche Neuordnung ergibt sich aus**

– **den Zielen und Zwecken der Sanierung bzw. Entwicklung und ihrer Konkretisierung durch eine städtebauliche Planung.** An erster Stelle ist hier der Sanierungs- bzw. Entwicklungsbebauungsplan[10] zu nennen und dessen Festsetzungen über Art und Maß der baulichen Nutzung (Grund- und Geschossflächenzahl, Baumassenzahl, Zahl der Vollgeschosse und Höhe der baulichen Anlagen gemäß den §§ 16 ff. BauNVO; vgl. § 5 Rn. 35 ff.), Festsetzungen über die Bauweise (§ 22 BauNVO, vgl. § 5 Rn. 55) und die überbaubare Grundstücksfläche (§ 23 BauNVO). Soweit die Aufstellung eines Sanierungsbebauungsplans für die städtebauliche Entwicklung und Ordnung nicht erforder-

22

---

10 BGH, Urt. vom 22. 4. 1982 – III ZR 131/80 –, EzGuG 17.44

lich ist (vgl. § 1 Abs. 3 BauGB), kann dies auch eine städtebauliche Rahmenplanung, ein Struktur- oder Gestaltplan (informelle Planungen) sein: Bei informellen Planungen ist zu fordern, dass es sich hierbei um qualifizierte Planungen handelt, die vom Gemeinderat festgestellt oder zustimmend zur Kenntnis genommen worden sind. Auf private, jederzeit abänderbare Planungen kann es indessen nicht ankommen (sog. Schubladenpläne). Vorhandene Bebauungspläne, die nicht den Zielen und Zwecken der Sanierung oder Entwicklung entsprechen und deshalb geändert werden müssen, sind unbeachtlich[11];

– **der Bodenordnung** (einschließlich des Erwerbs von Grundstücken) **und allen rechtlichen Maßnahmen, die für die Realisierung der Ziele und Zwecke der Sanierung bzw. Entwicklung erforderlich sind**. Welche Maßnahmen erforderlich sind, bestimmt sich in erster Linie wiederum nach der städtebaulichen Planung. In Bezug auf die Herstellung, Erweiterung und Verbesserung von Erschließungsmaßnahmen i. S. d. § 127 Abs. 2 BauGB ist zu berücksichtigen, dass für diese Maßnahmen auf Grundstücke im Sanierungsgebiet bzw. Entwicklungsbereich nach § 154 Abs. 1 Satz 2 BauGB die Vorschriften über die Erhebung von Erschließungsbeiträgen nicht anzuwenden sind. Insoweit ist der Ermittlung des Neuordnungswerts ein (auch nach Landesrecht; KAG) **erschließungsbeitragsfreier Grundstückszustand** zu Grunde zu legen. Entsprechendes gilt nach § 154 Abs. 1 Satz 3 BauGB auch für die Erhebung von Kostenerstattungsbeträgen i. S. d. § 135a Abs. 3 BauGB, d. h. es ist ein **kostenerstattungsbetragsfreier Grundstückszustand** zu Grunde zu legen (vgl. § 4 WertV Rn. 258 und § 28 WertV Rn. 84).

23 Grundsätzlich unterliegen im Sanierungsgebiet auch die zum Neuordnungswert veräußerten Grundstücke der Ausgleichsbetragserhebung, wobei nach § 155 Abs. 1 Nr. 3 BauGB die Bodenwerterhöhungen des Grundstücks auf den Ausgleichsbetrag anzurechnen sind, die der Eigentümer beim Erwerb des Grundstücks als Teil des Kaufpreises in einem den Vorschriften des § 154 und des § 155 Abs. 1 Nr. 1 und 2 BauGB entsprechenden Betrag zulässigerweise bereits entrichtet hat. Zwar zielt die Veräußerung eines Grundstücks zum Neuordnungswert darauf ab, **die abzuschöpfende Bodenwerterhöhung möglichst vollständig mit dem Veräußerungspreis zu erfassen**, jedoch kann nicht ausgeschlossen werden, dass die sanierungsbedingten Bodenwerterhöhungen nicht vollständig erfasst werden konnten und im weiteren Verlauf des Sanierungsverfahrens infolge der weiteren Durchführung zusätzliche Bodenwerterhöhungen eintreten[12]. Lediglich für Entwicklungsbereiche wird mit § 169 Abs. 8 BauGB die Gemeinde verpflichtet, die Grundstücke zum Neuordnungswert zu veräußern. Die Erhebung von Ausgleichsbeträgen entfällt in diesen Fällen. In Sanierungsgebieten sind dagegen nur die zum Neuordnungswert i. V. m. einer Ablösungsvereinbarung i. S. d. § 154 Abs. 3 Satz 2 BauGB veräußerten Grundstücke von der Ausgleichsbetragserhebung nach den §§ 154 f. BauGB ausgenommen.

2.1.3 Tatsächliche Neuordnung

24 Die tatsächliche Neuordnung bestimmt sich nach den durchgeführten **Ordnungs- und Baumaßnahmen** (§§ 147 f. BauGB), wobei allerdings die vom Eigentümer zulässigerweise bewirkten Werterhöhungen und sog. externe Effekte (vgl. § 26 WertV Rn. 63 ff.) mitberücksichtigt werden. In erster Linie fallen hierunter

– die Errichtung und Änderung der Gemeinbedarfs- und Folgeeinrichtungen (§ 148 Abs. 1 Nr. 1 BauGB),
– die Bodenordnung sowie die Herstellung und Änderung von Erschließungsanlagen,
– die Bereitstellung von Flächen und die Durchführung von Maßnahmen zum Ausgleich von Eingriffen in Natur und Landschaft i. S. d. § 1a Abs. 3 BauGB; Baumaßnahmen zum Ausgleich von solchen Eingriffen, die auf dem Grundstück durchgeführt werden (§ 148

Abs. 2 Satz 2 BauGB) gehören zur tatsächlichen Neuordnung; die dadurch bewirkte Bodenwerterhöhung ist auf den Ausgleichsbetrag anzurechnen;
– sonstige von der Gemeinde oder einem Bedarfsträger durchgeführte Ordnungsmaßnahmen.

Zur **Qualifizierung des Neuordnungszustands** empfiehlt es sich, 25
– neben einer Beschreibung des rechtlichen und tatsächlichen Neuordnungszustands nach Abschluss der Sanierung bzw. Entwicklung
– alle werterhöhenden Maßnahmen

im Gutachten darzulegen. **Es kann** indessen **nicht gefordert werden, dass bei der Ermittlung des Neuordnungswerts die partielle Werterhöhung einzelner Sanierungs- bzw. Entwicklungsmaßnahmen in jedem Fall nachgewiesen werden muss.** Dies mag bezüglich einzelner Wertkomponenten, wie z. B. bezüglich
– des Werteinflusses von Änderungen in der Art und im Maß der baulichen Nutzung,
– des Erschließungsvorteils und
– der Lageverbesserungen

der Wertermittlungspraxis entgegenkommen und zweckmäßig sein. Es entspricht aber auch den Gepflogenheiten des Geschäftsverkehrs, wertbeeinflussende Umstände „global" in die Preisbemessung einzustellen. Dem wird mit der Wertermittlungspraxis entsprochen, wenn die werterhöhenden Maßnahmen aggregiert in die Verkehrswertermittlung eingehen. Es kommt nicht darauf an, in einem Gutachten aufgeschlüsselt darzulegen, aus welchen rechnerischen Einzelpositionen sich die Werterhöhungen gegenüber dem sanierungs- bzw. entwicklungsunbeeinflussten Grundstückswert bestimmen[13].

2.2 Qualifizierung des Neuordnungszustands in den Fällen, in denen die rechtliche und tatsächliche Neuordnung noch nicht abgeschlossen ist (Abs. 2)

Während in städtebaulichen Entwicklungsbereichen die Gemeinde nach Maßgabe des 26 § 169 Abs. 5 bis 8 BauGB zur **Veräußerung der Grundstücke zum Neuordnungswert** verpflichtet ist, besteht eine solche Verpflichtung **in Sanierungsgebieten** nach § 154 Abs. 4 BauGB ausdrücklich **nur für Veräußerungen nach den §§ 89 und 159 Abs. 3 BauGB.** Gleichwohl ist die Gemeinde auch bei der Durchführung von Sanierungsmaßnahmen in aller Regel bestrebt, die neugeordneten Grundstücke zum Zwecke der Erzielung von Einnahmen zum Neuordnungswert zu veräußern und zwar schon zu einem möglichst frühen Zeitpunkt, d. h. vor Abschluss der Sanierungsmaßnahme.

Bei der Ermittlung des Neuordnungswerts nach Maßgabe des **§ 153 Abs. 4 bzw. § 169** 27 **Abs. 5 BauGB i.V. m. § 27 WertV** ist deshalb regelmäßig der Fall gegeben, dass die rechtliche und tatsächliche Neuordnung noch nicht abgeschlossen ist. Es kommt hinzu, dass die Gemeinde
– nach Maßgabe des § 163 ggf. i.V. m. § 169 Abs. 1 Nr. 8 BauGB die Sanierungs- oder Entwicklungsmaßnahme für *einzelne Grundstücke* vorzeitig als abgeschlossen erklären kann und
– nach Maßgabe des § 163 Abs. 1 Satz 2 ggf. i.V. m. § 169 Abs. 1 Nr. 8 BauGB die Sanierungs- oder Entwicklungsmaßnahme für einen *Teil des Veranstaltungsgebiets* vorzeitig aufzuheben hat.

---

11 OVG Münster, Urt. vom 8. 4. 1976 – 10 A 1011/75 –, EzGuG 15.4
12 Möglicherweise ist dabei ein Anwendungsfall der sog. Bagatellklausel (§ 155 Abs. 3 BauGB) gegeben, wenn dabei nur geringfügige Bodenwerterhöhungen zusätzlich hinzukommen; vgl. Kleiber in Ernst/Zinkahn/Bielenberg, BauGB § 155 Rn. 92 ff.
13 LG Osnabrück, Urt. vom 28. 10. 1987 – 5 O 5/85 – 15/85 –, EzGuG 15.55

28 Der **vorzeitige Abschluss der Sanierung für einzelne Grundstücke und für einen Teil des Veranstaltungsgebiets** lässt für die davon betroffenen Grundstücke die Ausgleichsbetragspflicht zu einem Zeitpunkt entstehen, zu dem die Gesamtmaßnahme noch nicht abgeschlossen ist. In diesem Fall stellt sich ebenso wie im Falle der Grundstücksveräußerung zum Neuordnungswert während des Sanierungs- oder Entwicklungsverfahrens die Aufgabe, den Neuordnungswert bzw. den Endwert zu einem Zeitpunkt zu ermitteln, zu dem die rechtliche und tatsächliche Neuordnung für das gesamte Veranstaltungsgebiet (noch) nicht abgeschlossen ist. In diesen Fällen ist bei der Ermittlung des Neuordnungswerts die sog. Wartezeit bis zum Abschluss der Maßnahme zu berücksichtigen.

29 Dass **bei der Qualifizierung des Zustands eines Wertermittlungsobjekts die Wartezeit zu berücksichtigen** ist, ergibt sich bereits aus § 3 Abs. 2. § 5 Abs. 4 enthält hierzu weitere Bestimmungen. Rechtlich ist § 27 Abs. 2 im Verhältnis zu diesen Vorschriften nicht als klarstellende Regelung, sondern als eine aus dem besonderen Sanierungs- bzw. Entwicklungsrecht des BauGB folgende Sonderregelung einzuordnen. Denn bei der Ermittlung des sanierungs- bzw. entwicklungsunbeeinflussten Grundstückswerts i.S.d. § 153 Abs. 1 BauGB i.V.m. § 26 WertV ist die Wartezeit bis zum Abschluss der Sanierung bzw. Entwicklung unbeachtlich. Dies folgt daraus, dass bei der Ermittlung des sanierungs- bzw. entwicklungsunbeeinflussten Grundstückswerts die „Aussicht" auf die Sanierung bzw. Entwicklung, ihre Vorbereitung und Durchführung außer Betracht bleiben muss; spiegelbildlich hierzu muss die „Aussicht" auf die Sanierung bzw. Entwicklung in die Ermittlung des Neuordnungswerts eingehen. Deshalb schrieb § 23 Satz 5 WertV 72 ausdrücklich vor, dass „die *Aussicht* **auf die in der Planung vorgesehenen Änderungen und sonstige durch die Sanierungs- oder Entwicklungsmaßnahme bedingte Wertverbesserungen** zu berücksichtigen" ist. Die Nachfolgeregelung konkretisiert den Begriff der „Aussicht" durch die Wartezeit bis zum Abschluss der Sanierung bzw. der Entwicklung.

30 In der Wertermittlungspraxis wurde der durch § 23 Satz 5 WertV 72 vorgeschriebenen Berücksichtigung der **Aussicht auf die in der Planung vorgesehenen Änderungen** dadurch Rechnung getragen, dass

– einerseits die **Wartezeit bis zum Abschluss der von der Gemeinde geplanten Ordnungs- und Baumaßnahmen** und

– andererseits das für die Durchführung dieser Einzelmaßnahmen bestehende **Wagnis**

in Abschlag gebracht wurden[14]. Mit der Nachfolgeregelung, die ausdrücklich nur auf die Wartezeit abhebt, hat der Verordnungsgeber einen dem gewöhnlichen Geschäftsverkehr entsprechenden Wagnisabschlag offensichtlich bei der Abschätzung der Wartezeit berücksichtigt sehen wollen[15].

31 Die Auswirkung dieser Umstände auf den jeweiligen Wert muss unter Berücksichtigung der ortsüblichen Gegebenheiten und der besonderen Verhältnisse des Grundstücks und seiner Umgebung qualifiziert werden. Das Wagnis besteht vor allem darin, dass die erwartete **Rentabilität von Investitionen – zumindest vorübergehend in einer gewissen Anlaufzeit – mit Unsicherheiten behaftet** ist. Soweit sich dies im gewöhnlichen Geschäftsverkehr auf die Preisgestaltung auswirkt, muss es bei der Wertermittlung berücksichtigt werden. Von dem zunächst auf den fiktiven Endzustand bezogenen Ausgangswert müssen daher entsprechend der Wartezeit für die Durchführung der von der Gemeinde geplanten Einzelmaßnahmen im Rahmen der Sanierung einschließlich dem dafür bestehenden Wagnis Abschläge angebracht werden.

32 Als Grundsatz muss auch hier gelten, dass **für einen gesonderten Risikoabschlag umso weniger Raum ist, je „großzügiger" die Wartezeit** angesetzt wird. Umgekehrt lässt sich ein Risikoabschlag nur dann vertreten, wenn die Wartezeit nach „engen" Maßstäben kalkuliert wurde, zumal Sanierungs- und Entwicklungsmaßnahmen unter dem Gebot der zügigen Durchführung stehen. Die Forderung nach einem gesonderten *Ansatz eines Risikoabschlags* wird bezeichnenderweise häufig von Käuferseite erhoben und zielt letztlich auf eine Preisdämpfung beim Ankauf hinaus, da sich das Ergebnis durch eine Vielzahl kleinerer prozentualer Abschläge stärker „dämpfen" lässt als durch eine das Risiko von vornherein – uno actu – miteinbeziehende „Dimensionierung" der Wartezeit. Im Übrigen stehen jedem Risiko i. d. R. auch überdurchschnittliche „Gewinnerwartungen" gegenüber.

Die Ermittlung des Neuordnungswerts vor Abschluss der Gesamtmaßnahme ist in **Abs. 2** geregelt. Die Vorschrift ergänzt Abs. 1, so dass sich **folgende Systematik** ergibt:　　**33**

a) Nach Abs. 1 ist von einem Grundstückszustand auszugehen, wie er sich in einer absehbaren Zeit, nämlich mit Abschluss der Sanierungs- oder Entwicklungsmaßnahme erst noch (tatsächlich) einstellt. Insoweit handelt es sich um einen fiktiven Wert. Im gewöhnlichen Geschäftsverkehr findet erfahrungsgemäß die zu erwartende künftige Entwicklung Eingang in die Preisbemessung, insbesondere, wenn der Vollzug gesichert ist. Dies gilt in besonderem Maße für die unter dem Gebot der zügigen Durchführung stehenden Sanierung (§ 136 Abs. 1 Satz 1 BauGB) gleichermaßen wie für Entwicklungsmaßnahmen. § 23 Satz 5 WertV 72 schrieb deshalb vor, dass die Aussicht auf die in der Planung vorgesehenen Änderungen und sonstige durch die Sanierungs- und Entwicklungsmaßnahme bedingte Wertverbesserungen bei der Ermittlung des Neuordnungswerts zu berücksichtigen sind, soweit die Maßnahmen noch nicht abgeschlossen sind. Die Nachfolgeregelung enthält hierzu eine wertermittlungstechnische Konkretisierung, wie die Aussicht auf den Neuordnungszustand zu berücksichtigen ist.

b) Ausgehend vom Verkehrswert des Grundstücks, wie er sich nach Abs. 1 unter der Fiktion des Abschlusses der Sanierungs- oder Entwicklungsmaßnahme ergibt, soll nach Abs. 2 die **Wartezeit bis zum Abschluss der vorgesehenen Maßnahmen** wertmindernd berücksichtigt werden. Mit Fortschreiten der Sanierungs- bzw. Entwicklungsmaßnahme schwindet allerdings die Bedeutung der Vorschrift, weil sich die Wartezeit entsprechend verkürzt.

Die **Wartezeit** bestimmt sich nach dem Zeitraum, der　　**34**
– einerseits vom Wertermittlungsstichtag und
– andererseits von dem voraussichtlichen Zeitpunkt der Aufhebung der Sanierungssatzung nach § 162 BauGB

begrenzt wird, weil – wie schon erwähnt – die Sanierungs- bzw. Entwicklungssatzung aufzuheben ist, wenn die Sanierung bzw. Entwicklung durchgeführt ist, sofern nicht Aufhebungsgründe i. S. d. § 162 Abs. 1 Nr. 2 oder 3 BauGB vorliegen. Auf der Grundlage der konkreten Verhältnisse des Einzelfalls ist die Wartezeit letztlich im Wege einer Schätzung zu ermitteln, wobei die Schätzung naturgemäß umso unsicherer ist, je länger die Wartezeit geschätzt werden muss. Je länger der Abschluss der Sanierungs- oder Entwicklungsmaßnahme aussteht, umso weniger kann ausgeschlossen werden, dass die zu Grunde gelegten Ziele und Zwecke der Veranstaltung abgeändert werden. In der Wertermittlungspraxis spricht man diesbezüglich von dem damit verbundenen Wagnis.

Allgemein hat es sich in der Wertermittlungspraxis nicht bewährt, einzelne wertbeeinflussende Umstände, die miteinander „verwoben" sind und vom Sachverständigen ohnehin nur im Wege der Schätzung berücksichtigt werden können, in eine Vielzahl kleinerer prozentualer Abschläge zu „sezieren". Dies gilt auch für die Wartezeit und das Wagnis. Ein **komplexer Gesamtansatz**, in dem solche Einflüsse vollständig in einem Schritt erfasst werden, ist hier grundsätzlich vorzuziehen. In jedem Fall muss eine Doppelberücksichtigung vermieden werden. Wenn also mit der angesetzten Wartezeit bereits berücksichtigt wird, dass eine Entwicklung auf Grund unsi-　　**35**

14　Nds. RdErl. vom 2. 5. 1988 – 301-21013 –, nds. MBl. 1988, 547, geändert durch RdErl. vom 6. 3. 1991 (Nds. MBl. 1991, 470) Nr. 228.3.4; abgedruckt bei Bielenberg/Koopmann/Krautzberger, Städtebauförderungsrecht, Bd. I E2

15　So auch AK Wertermittlung der FK, „Kommunales Vermessungs- und Liegenschaftswesen" des Deutschen Städtetags; Prot. der Sitzung am 17./18. 10. 1996; L 5307

cherer Verhältnisse möglicherweise erst zu einem späteren als dem bei zügiger Durchführung zu erwartenden Zeitraum durchgeführt wird, ist insoweit kein Raum mehr für den gesonderten Ansatz eines Risikos.

36   **Finanzmathematisch kann** die **Wartezeit** dadurch **berücksichtigt werden**, indem der Unterschied aus

a) dem auf den Wertermittlungsstichtag bezogenen Verkehrswert des Grundstücks unter Berücksichtigung der rechtlichen und tatsächlichen Neuordnung des Sanierungsgebiets bzw. Entwicklungsbereichs nach Abschluss der Maßnahme und

b) dem auf den Wertermittlungsstichtag bezogenen Verkehrswert des Grundstücks unter Berücksichtigung der bis zu diesem Zeitpunkt durchgeführten Sanierungs- bzw. Entwicklungsmaßnahmen

über die Wartezeit bis zum voraussichtlichen Abschluss der Sanierung bzw. Entwicklung diskontiert wird.

Beispiel:

– Verkehrswert unter Berücksichtigung der rechtlichen und tatsächlichen Neuordnung des Sanierungsgebiets gemäß § 27 Abs. 1 (ggf. des Entwicklungsbereichs)   350 €/m²
– Verkehrswert unter Berücksichtigung der bis zum Wertermittlungsstichtag durchgeführten Sanierungs- bzw. Entwicklungsmaßnahmen ohne Aussicht auf weitere Maßnahmen   – 300 €/m²
– Unterschied   = 50 €/m²
– Bei einer Wartezeit von 5 Jahren und einem Diskontierungszinssatz von 5 % ergibt sich:

$$\text{Neuordnungswert} = 300 + 50 \times \frac{1}{(1{,}05)^5} = 340 \text{ €/m}^2 \qquad (1/q^n \text{ ist tabelliert im Anh. 2.2})$$

37   Die Berücksichtigung der Aussicht auf die Sanierung bzw. Entwicklung entspricht anerkannten Grundsätzen der Verkehrswertermittlung, denn der Verkehrswert ist ein die Zukunftserwartungen eskomptierender Wert. Dies muss vor allem dann gelten, wenn die **Realisierung der erwarteten Entwicklung** sicher und **abschätzbar** ist. Diese Voraussetzungen sind in Sanierungsgebieten und Entwicklungsbereichen gegeben, denn diese Veranstaltungen stehen unter dem Gebot der zügigen Durchführung (§ 136 Abs. 1 BauGB).

38   Darüber hinaus ist es mitunter angezeigt, sog. **Pionierabschläge** an den Neuordnungswert anzubringen, wenn dieser auf der Grundlage einer (fiktiv) abgeschlossenen Entwicklungsmaßnahme ermittelt wurde. Damit soll der Erkenntnis Rechnung getragen werden, dass der Verkehrswert eines in einem Gebiet gelegenen Grundstücks, in dem z. B. die infrastrukturelle Ausstattung gegenüber dem Verkehrswert eines Grundstücks in einem „fertigen" Gebiet im Wert gemindert ist. Der Nutzer solcher Grundstücke hat nämlich bis zum Abschluss der Maßnahme zahlreiche Unannehmlichkeiten hinzunehmen. Solche **Pionierabschläge** (im Wertermittlungsjargon auch „Gummistiefelabschlag" genannt) **sind** mithin **nicht mit dem Wagnisabschlag**, der allerdings ohnehin regelmäßig mit der Wartezeit Berücksichtigung finden kann, **gleichzusetzen** (vgl. § 28 WertV Rn. 70).

2.3   Wertermittlungsverfahren

2.3.1   Allgemeines

39   Die allgemeinen Grundsätze der Verkehrswertermittlung gelten auch für die Ermittlung des Neuordnungswerts[16]. Grundsätzlich können also zur Ermittlung des Neuordnungswerts die im Dritten Teil der WertV geregelten **Vergleichs-, Ertrags- und Sachwertverfahren** Anwendung finden, wobei der Wertermittlung der durch § 27 WertV vorgegebene Neuordnungszustand zu Grunde zu legen ist. Da dieser Neuordnungszustand mit fortschreitender Sanierung bzw. Entwicklung dem am Wertermittlungsstichtag tatsächlich vorhandenen Grundstückszustand entspricht, gehen Wertermittlungsstichtag und der für die Qualifizierung des Neuordnungszustands maßgebliche Stichtag zunehmend ineinander über. Problematisch ist die Ermittlung des Neuordnungswerts deshalb vor allem im Anfangsstadium der Sanierung bzw. Entwicklung.

Schwierigkeiten treten in der Wertermittlungspraxis zudem deshalb auf, weil es sich bei **40** den Sanierungsgebieten innerhalb der Gemeinde zumeist um **qualitativ singuläre Gebiete** handelt und kaum Vergleichspreise zur Verfügung stehen. Auch diesbezüglich verbessert sich die Situation mit fortschreitender Sanierung bzw. Entwicklung, weil zunehmend im Veranstaltungsgebiet selbst ein **Grundstücksverkehr auf der Grundlage des Neuordnungszustands** stattfindet. Es handelt sich dabei um die Grundstücke,

– die zum Neuordnungswert von der Gemeinde veräußert wurden oder
– für die der Eigentümer den Ausgleichsbetrag nach § 154 Abs. 3 Satz 2 BauGB abgelöst hat oder
– für die der Ausgleichsbetrag nach § 154 Abs. 3 Satz 2 vorzeitig festgesetzt wurde oder
– für die bei vorzeitiger Entlassung nach § 163 BauGB der Ausgleichsbetrag bereits erhoben wurde.

Von den vorstehenden Kauffällen sind möglichst die zeitnahen Vergleichspreise heranzu- **41** ziehen, denn erfahrungsgemäß werden in der Anfangsphase der Sanierung bzw. Entwicklung die Grundstücke aus allgemeiner Unsicherheit zu verhältnismäßig niedrigen Neuordnungspreisen veräußert. Häufig werden schon nach kurzer Zeit bei der Wiederveräußerung solcher Grundstücke nicht unwesentlich höhere Kaufpreise vereinbart. In diesen Preisen manifestiert sich die Wertschätzung des Grundstücksmarktes für die durchgeführten Sanierungs- bzw. Entwicklungsmaßnahmen. Liegen Veräußerungspreise aus dem fortgeschrittenen Stadium der Sanierungs- bzw. Entwicklungsmaßnahme vor, muss Vergleichspreisen aus der Anfangszeit eine eingeschränkte Bedeutung beigemessen werden. Vor allem aber muss die **verkürzte Wartezeit** berücksichtigt werden. Im Übrigen gilt auch für die Ermittlung des Neuordnungswerts, dass auf Vergleichsgebiete zurückgegriffen werden kann, wenn aus dem Gebiet selbst keine ausreichende Zahl von Vergleichspreisen herangezogen werden kann (§ 13 Abs. 1 Satz 2).

2.3.2   Komponentenverfahren

▶ *Weitere Ausführungen bei § 28 WertV Rn. 132 ff.*

Gegenstand der Regelungen der WertV sind allgemeine Grundsätze der Wertermittlung. **42** Die normierten Grundsätze schließen damit nicht aus, den Neuordnungswert ausgehend vom sanierungs- bzw. entwicklungsunbeeinflussten Grundstückswert i. S. d. § 153 Abs. 1 BauGB i. V. m. § 26 WertV dadurch zu ermitteln, dass die Werterhöhungen auf Grund der Sanierungs- bzw. Entwicklungsmaßnahmen diesem zugeschlagen werden. In Betracht kommen vor allem **Werterhöhungen durch Verbesserung**

– der Nutzbarkeit des Grundstücks, insbesondere auf Grund der Festsetzungen des Sanierungsbebauungsplans,
– der Erschließung und
– der Gebietsstruktur (Lageverbesserungen)[17].

Dieses (differenzielle) Verfahren lässt sich zudem operationalisieren.

---

16   BR-Drucks. 265/72, S. 31
17   Kleiber in Ernst/Zinkahn/Bielenberg, BauGB, § 154 BauGB Rn. 126 ff.; Kleiber, Der Neuordnungswert
nach … in: Abschluss und Abrechnung von Sanierungsmaßnahmen. Institut für Städtebau und Siedlungswesen,
München 1982, Arbeitsbl. 1/1982

2.3.3 Ertragswirtschaftliches Verfahren

▸ *Weitere Ausführungen bei § 28 WertV Rn. 84 ff. sowie §13 WertV Rn. 322 ff.*

43 Bei der Ermittlung des Neuordnungswerts von Ertragsobjekten (vgl. § 7 WertV Rn. 62 ff.) lässt sich der Neuordnungswert auf der Grundlage der durch die Sanierungsmaßnahme verbesserten Ertragsverhältnisse des Grundstücks ableiten. Das OVG Bremen[18] hat diese Methode im Beschluss vom 26. 11. 1987 vor allem für geschäftlich genutzte Grundstücke anerkannt. Es kann dabei nicht darauf ankommen, dass die werterhöhenden Maßnahmen bereits am Wertermittlungsstichtag zu einer Verbesserung der Ertragsverhältnisse geführt haben. Erfahrungsgemäß werden nämlich erst mit der Zeit Nutzungsentgelte den geänderten städtebaulichen Verhältnissen angepasst, zumal die mietrechtlichen Bestimmungen beachtet werden müssen. Problematisch bleibt bei dieser Vorgehensweise gleichwohl die Ermittlung des bei Anwendung des Ertragswertverfahrens gemäß § 15 Abs. 2 anzusetzenden Bodenwerts. Wie bereits unter § 13 WertV Rn. 322 ff. ausgeführt, ist nämlich die **Ableitung des Bodenwerts aus fiktiven Erträgen** äußerst fehlerträchtig. Dies gilt auch für die differenzielle Ableitung von Bodenwerterhöhung auf der Grundlage von Ertragssteigerungen, die auf das Grundstück und seine Umgebung zurückzuführen sind.

2.3.4 Vergleichs- und Bodenrichtwertverfahren

▸ *Hierzu Näheres bei § 13 WertV Rn. 188 ff. und § 28 WertV Rn. 101 ff.*

44 **Auf der Grundlage des für die Ermittlung des Neuordnungswerts maßgeblichen Grundstückszustands** (vgl. Rn. 22 ff.) **kann bei Heranziehung des Vergleichswertverfahrens auf die allgemeinen Verfahrensgrundsätze der §§ 13 f. BauGB verwiesen werden.** Soweit es um die Ermittlung des Bodenwerts des neugeordneten Grundstücks geht, können auch die allgemeinen Grundsätze des Bodenrichtwertverfahrens zur Anwendung kommen. Vielfach liegen sogar besondere Bodenrichtwerte für den Endwert vor (vgl. § 28 WertV Rn. 101 ff.), die dann zweckmäßigerweise heranzuziehen sind.

45 Soweit zum Zeitpunkt, auf den sich die Wertermittlung bezieht (Wertermittlungsstichtag), die **tatsächliche und rechtliche Neuordnung nicht abgeschlossen** und zumindest teilweise **noch in Aussicht** ist, muss die Wartezeit berücksichtigt werden, wenn Vergleichspreise von Grundstücken im „fertigen" Zustand herangezogen worden sind. Bei Heranziehung von Bodenrichtwertkarten (§ 28 WertV Rn. 101 ff.), die sog. Bodenrichtwert-Endwerte schon vor Abschluss der Maßnahme ausweisen (§ 28 WertV Rn. 47), ist zudem zu beachten, ob sich der ausgewiesene Endwert auf den „fertigen" Grundstückszustand unter Berücksichtigung der rechtlichen und tatsächlichen Neuordnung – bezogen auf den in der Bodenrichtwertkarte ausgewiesenen Stichtag – bezieht, oder ob es sich um den „Wert" handelt, der sich zu diesem Zeitpunkt in Aussicht auf den Endwert bzw. den Neuordnungszustand ergibt.

46 Kann zur Ermittlung des Neuordnungswerts nicht direkt von Vergleichspreisen für Grundstücke in einem vergleichbaren neugeordneten Zustand bzw. unter Berücksichtigung der Aussicht auf die rechtliche und tatsächliche Neuordnung ausgegangen werden, lässt sich der **Neuordnungswert auch auf der Grundlage des sanierungs- bzw. entwicklungsunbeeinflussten Grundstückswerts** ermitteln.

47 In diesem Fall sind die sich

– auf Grund der bereits durchgeführten Sanierungs- bzw. Entwicklungsmaßnahmen sowie
– auf Grund der Aussicht auf die noch ausstehenden Sanierungs- bzw. Entwicklungsmaßnahmen

ergebenden Werterhöhungen zusätzlich zu berücksichtigen.

Schema: 48

  Sanierungs- bzw. entwicklungsunbeeinflusster Grundstückswert
+ Werterhöhung auf Grund durchgeführter Maßnahmen
+ Werterhöhung auf Grund der noch in Aussicht stehenden Maßnahmen

= **Neuordnungswert**

Die beiden letztgenannten Positionen gehen mit fortschreitender Sanierungs- und Entwick-   49
lungsmaßnahme ineinander über. In der Wertermittlungspraxis wird bei dieser Vorgehensweise nach den einzelnen Komponenten der Maßnahmen vorgegangen.

▸ *Im Übrigen wird bezüglich des Bodenwertanteils am Neuordnungswert auf die entspre-*
chend anwendbaren Grundsätze für die Ermittlung des Endwerts bei § 28 WertV
Rn. 67 ff. verwiesen.

3   Besonderheiten der Ermittlung des Neuordnungswerts bebauter Grundstücke

3.1 Allgemeines

▸ *Vgl. hierzu § 26 WertV Rn. 123 ff.*

§ 27 regelt die **Ermittlung des Neuordnungswerts des Grundstücks** in seiner Gesamt-   50
heit, d. h. einschließlich vorhandener baulicher Anlagen und Einrichtungen.

Für die **Wahl des Wertermittlungsverfahrens** gelten wiederum die allgemeinen   51
Grundsätze des § 7 WertV. Neben dem Vergleichs- und Sachwertverfahren kommt insbesondere das Ertragswertverfahren in Betracht.

3.2 Sachwertverfahren

Bei Anwendung des Sachwertverfahrens setzt sich der Neuordnungswert zusammen aus dem   52
– Bodenwert des neugeordneten Grundstücks, d. h., unter Berücksichtigung der tatsächlichen und rechtlichen Neuordnung,
– dem Gebäudesachwert und
– dem Wert der sonstigen Anlagen.

Soweit die Sanierungs- oder Entwicklungsmaßnahmen noch nicht abgeschlossen sind, fin-   53
den die Ausführungen unter Rn. 26 ff. entsprechende Anwendung.

3.3 Ertragswertverfahren

Der Ertragswert ermittelt sich nach der Formel   54

$$EW = \underbrace{(RE - BW \times p) \times V}_{\text{Gebäudeertragswert}} + \underbrace{BW}_{\text{Bodenwert}} = \underbrace{RE \times V + BW \times q^{-n}}_{\text{Gesamtwert}}$$

wobei EW ...... Ertragswert
RE ...... Reinertrag
BW ...... Bodenwert
p ...... Liegenschaftszinssatz
n ...... Restnutzungsdauer
V ...... Vervielfältiger

---

18 OVG Bremen, Beschl. vom 26. 11. 1987 – B 84/87 –, EzGuG 15.58

55   Grundsätzlich können beide Formeln herangezogen werden, wobei die zweite Formel den Vorteil hat, dass es auf eine genaue **Bodenwertermittlung** nicht ankommt, wenn die Restnutzungsdauer der baulichen Anlage entsprechend lang ist (n > 50 Jahre).

▶ *Zur Ermittlung des Bodenwerts der neugeordneten Grundstücke vgl. die vorstehenden Ausführungen bei Rn. 19 ff.*

56   Anders als die Regelung des § 26 WertV über den sanierungs- bzw. entwicklungsunbeeinflussten Grundstückswert enthält die Vorschrift des § 27 WertV keine besonderen Maßgaben zu den anzusetzenden Reinerträgen. Abs. 1 schreibt lediglich vor, dass der **Zustand des Grundstücks einschließlich des Gebiets „nach" Abschluss der Sanierungs- bzw. Entwicklungsmaßnahme** zu Grunde zu legen ist. Dies betrifft die Boden- und Gebäudesituation.

57   Da nach Maßgabe des Abs. 1 der Bodenwert unter Berücksichtigung der Neuordnung in die Ertragswertermittlung eingeht, müssen dementsprechend auch die **Ertragsverhältnisse** in einer Größenordnung zum Ansatz kommen, **wie es der Neuordnung entspricht, d.h. in einer zum Bodenwert korrespondierenden Höhe.** Dies gilt auch dann, wenn die tatsächlich erzielten Erträge (noch) nicht dem Neuordnungszustand angeglichen wurden. Andernfalls würde der Gebäudeertragswertanteil zu niedrig ausfallen, weil ein dem Neuordnungszustand noch nicht angepasster Reinertrag mit dem Bodenwert des neugeordneten Gebiets unzulässigerweise kombiniert würde (vgl. umgekehrt die Ausführungen bei § 26 WertV Rn. 126 ff.).

58   Eine weitere Besonderheit kann sich in den Fällen ergeben, in denen im Zuge der städtebaulichen Veranstaltung **Art und Maß der zulässigen Nutzbarkeit verbessert** worden sind, **ohne dass die vorhandene Bausubstanz diesen Nutzungspotenzialen durch An- und Aufbauten angeglichen werden kann,** d.h. in den Fällen, in denen es bei wirtschaftlicher Betrachtungsweise mit Rücksicht auf die vorhandene Bebauung geboten erscheint, das Grundstück in der bisherigen Weise zu nutzen (vgl. § 28 Abs. 3 WertV). In diesen Fällen kommen die Ausführungen unter § 28 WertV Rn. 182 ff. zur Anwendung.

4   Verbilligte Grundstücksveräußerung

59   In der kommunalen Praxis ist immer wieder die Frage aufgeworfen worden, ob bei der Veräußerung von Grundstücken **Preisnachlässe** gewährt werden dürfen, wenn dies den ausdrücklichen Zielen und Zwecken der Sanierungs- oder Entwicklungsmaßnahme entspricht (vgl. zum Grundsätzlichen § 194 BauGB Rn. 166 ff.; § 27 WertV Rn. 14). Als derartige Ziele kommen z.B. Maßnahmen im Bereich der sozialen Wohnraumförderung oder die verbilligte Veräußerung von Grundstücken an einkommenschwächere Bevölkerungskreise zum Zwecke der Eigentumsbildung in Betracht.

60   Das BauGB sieht für derartige Fälle eine Reihe von Möglichkeiten zur finanziellen Entlastung der Betroffenen vor, ohne der Gemeinde dabei jedoch das Recht ausdrücklich einzuräumen, nach eigenem Ermessen Grundstücke unter Verzicht auf die „Abschöpfung" sanierungs- bzw. entwicklungsbedingter Werterhöhungen verbilligt, d.h. „unter" dem Neuordnungswert abzugeben. Dies folgt einerseits aus dem **eindeutigen Befehl** des § 154 Abs. 1 BauGB, **nach dem der Eigentümer die sanierungs- bzw. entwicklungsbedingte Werterhöhung in Form des Ausgleichsbetrags zu entrichten „hat",** sofern er nicht bereits beim Erwerb des Grundstücks für die sanierungs- bzw. entwicklungsbedingte Bodenwerterhöhung aufgekommen ist[19]. Ebenso eindeutig ist die für städtebauliche Entwicklungsmaßnahmen geltende Regelung des § 169 Abs. 8 BauGB, nach der das Grundstück zum Neuordnungswert zu veräußern „ist", wobei das Gesetzbuch die Veräußerung an

„weite Kreise der Bevölkerung" vorgibt (§ 169 Abs. 6 Satz 1 BauGB). Darüber hinaus steht die dem Sanierungs- und Entwicklungsrecht zu Grunde liegende bodenpolitische Konzeption der Rückgabe eines Überschusses nach § 156a BauGB sowie nach § 171 BauGB einer verbilligten Abgabe entgegen, denn dies würde zu Lasten der Überschussberechtigten gehen (vgl. Vorbem. zu den §§ 26 bis 28 Rn. 16 ff.). Die Rechtsprechung hat dem folgend die Veräußerung zum Neuordnungswert nach § 153 Abs. 4 BauGB (früher § 25 Abs. 6 StBauFG) als „zwingende Vorschrift" angesehen und gemeindliche Zusagen, einem Interessenten ein Grundstück zu einem Preis zu verkaufen, der den nach Durchführung der Sanierung gültigen Verkehrswert deutlich unterschreitet, wegen Verstoßes gegen § 153 Abs. 4 BauGB als unwirksam angesehen[20].

Nicht nur der eindeutige Gesetzesauftrag zur Abschöpfung der „vollen" sanierungs- bzw. **61** entwicklungsbedingten Werterhöhung i.V.m. der bodenpolitischen Konzeption des Besonderen Städtebaurechts, sondern auch die besonderen Regelungen des Gesetzes zur **finanziellen Entlastung von Erwerbern in besonderen Einzelfällen** stehen einer darüber hinaus gehenden verbilligten Abgabe von Grundstücken entgegen[21]. Folgende Regelungen sind dabei von Bedeutung:

a) Durch **Festsetzungen** nach § 9 Abs. 1 Nr. 8 BauGB **(Flächen, auf denen ganz oder** **62** **teilweise nur Wohngebäude errichtet werden dürfen, die für Personengruppen mit besonderem Wohnbedarf bestimmt sind)** kann der Neuordnungswert „gedrückt", aber auch „angehoben" werden (vgl. § 5 WertV Rn. 87). Eine Beeinflussung dürfte sich allerdings nur dann einstellen, wenn solche Festsetzungen in einem Umfang vorgenommen werden, dass sich infolgedessen die allgemeinen Lagemerkmale verschlechtern oder verbessern. In der Wertermittlung wird hier von der sog. Nachbarschaftslage bzw. Gesellschaftslage gesprochen. Im Übrigen kann diesbezüglich u.U. eine Entschädigung auf Grund fremdnütziger Festsetzungen nach § 40 Abs. 1 Nr. 2 BauGB geltend gemacht werden.

Festsetzungen i.S.d. § 9 Abs. 1 Nr. 7 BauGB **(Soziale Wohnraumförderung)** führen i.d.R. allerdings nicht zu entsprechend geminderten Neuordnungswerten, weil derartige Festsetzungen lediglich die bauliche Gestaltung, Ausstattung und dergleichen von Gebäuden betreffen und nicht zwangsläufig auch mit der Inanspruchnahme von Mitteln der sozialen Wohnraumförderung verbunden sein müssen. Im Übrigen kann sich mit der Gewährung entsprechender Darlehen die Ertragslage gegenüber dem freifinanzierten Wohnungsbau (mit Kostenmieten von 15–25 €/m² WF) im Gesamtergebnis sogar noch verbessern (vgl. § 5 WertV Rn. 88 ff.; § 19 WertV Rn. 23 ff.).

Ob und in welchem Maße sich solche Festsetzungen wertmindernd oder werterhöhend auswirken, muss im Einzelfall im Wege einer qualifizierten Wertermittlung untersucht werden. Allgemein gültige Regeln lassen sich hierfür nicht vorgeben, jedoch wird man Wertminderungen schon im Hinblick auf die mit der Durchführung städtebaulicher Veranstaltungen verfolgten Aufwertungen i.d.R. nicht erwarten können. Wenn tatsächlich ein derartiger Fall eintritt, stellt eine solche Wertminderung keine Abweichung gegenüber dem Neuordnungswert (Verkehrswert) dar, sondern ist dem Verkehrswert immanent. Insoweit geht damit auch keine „Herabsetzung" eines ansonsten höheren Verkehrswerts einher.

---

19 BVerwG, Urt. vom 3. 7. 1998 – 4 CN 5/97 –, GuG 1998, 369; BGH, Beschl. vom 13. 7. 1993 – III ZR 86/92 –, EzGuG 15.77a; BGH, Urt. vom 30. 1. 1967 – III ZR 33/65 –, EzGuG 1.6; OVG Münster, Urt. vom 5. 8. 1982 – 15 A 1634/81 –, EzGuG 1.21; BayObLG, Beschl. vom 22. 6. 1995 – 2 Z BR 42/95 –, GuG 1996, 184 = EzGuG 1.62

20 BGH, Beschl. vom 13. 7. 1993 – III ZR 86/92 –, EzGuG 15.77a; a. A. Dieterich im Gutachten über Handlungsspielräume bei der Veräußerung von Grundstücken nach § 169 Abs. 6 und 8 BauGB (Dortmund 1996), der seine Auffassung maßgeblich darauf stützt, dass das Gesetzbuch keine Überschussverteilung vorsehe; a. A. Grziwotz in BauR 1997, 956

21 Gaßner in BayVBl. 1998, 577 (583); Brenner in DVBl. 1993, 291 (299); Grziwotz, Baulanderschließung S. 418 f.; Battis/Krautzberger/Löhr, BauGB § 169 Rn. 23 und § 171 Rn. 2; Seitz, Planungshoheit und Grundeigentum, Kölner Schriften zu Recht und Städtebau Bd. 7 1999, S. 245 f.

63   b) § 154 Abs. 5 BauGB eröffnet den Gemeinden die Möglichkeit, unter bestimmten Voraussetzungen die sanierungsbedingte Werterhöhung in ein **Tilgungsdarlehen** umzuwandeln, wobei das **Darlehen niedrig verzinslich oder zinsfrei** gestellt werden kann, wenn dies im öffentlichen Interesse oder zur Vermeidung unbilliger Härten geboten ist. Das öffentliche Interesse kommt insbesondere aus der Sicht des Sanierungs- bzw. Entwicklungszwecks zum Tragen. Der vom Gesetzgeber aufgezeigte Weg zur finanziellen Entlastung von Erwerbern ist also der Weg der Zinsverbilligung in den vom Gesetzbuch genannten Fällen. Dies gilt für Ausgleichsbeträge in Sanierungsgebieten und Entwicklungsbereichen.

Der Regelung des § 154 Abs. 5 BauGB kommt in **städtebaulichen Entwicklungsbereichen** insoweit eine besondere Bedeutung zu, als nach § 169 Abs. 8 Satz 2 BauGB diese Regelung auf den Teil des Kaufpreises entsprechend anzuwenden ist, der der entwicklungsbedingten Bodenwerterhöhung entspricht. Da 70 bis 80 % aller städtebaulichen Entwicklungsmaßnahmen mit zum Teil erheblichen entwicklungsbedingten Werterhöhungen im Außenbereich durchgeführt werden, kann nach dieser Vorschrift der Gesamtkaufpreis unter den gesetzlichen Voraussetzungen zu seinem überwiegenden Teil in ein zinsbegünstigtes Tilgungsdarlehen umgewandelt werden. Insbesondere in Hochpreisregionen, wo eine verbilligte Abgabe von Grundstücken besonders gefordert wird, kann damit eine erheblich verbilligte Baulandbereitstellung einhergehen. Die Vorschrift stellt damit ein recht wirkungsvolles Instrument zur finanziellen „Entlastung breiter Schichten" der Bevölkerung dar und stützt die Auffassung, dass der Gesetzgeber für entsprechende Zielsetzungen abschließende Regelungen vorgesehen hat.

64   c) Um die Schaffung neuen Wohnraums im Zuge städtebaulicher Sanierungs- oder Entwicklungsmaßnahmen finanziell zu unterstützen, kommt neben den genannten Tilgungsdarlehen auch die **indirekte und direkte Förderung der Bebauung** in Betracht. Eine Förderung kann insbesondere über die §§ 164 a und b BauGB gewährt werden, ohne dass zugleich am Neuordnungswert Abschläge angebracht werden. Im wirtschaftlichen Ergebnis kommt dies für den Begünstigten ebenfalls einer erheblichen finanziellen Entlastung gleich. Diese Möglichkeit ist nicht an das Vorliegen eines öffentlichen Interesses gebunden oder nur zur Vermeidung unbilliger Härten zulässig, so dass damit eine breit wirksame finanzielle Entlastung auch einkommensschwächerer Bevölkerungskreise möglich ist.

65   d) Der Neuordnungswert, der maßgeblich durch die künftige Ertragsfähigkeit des Grundstücks bestimmt wird, kann schließlich nicht nur durch öffentlich-rechtliche Vorschriften, sondern auch durch **privatrechtliche Gegebenheiten** beeinflusst werden. Für eine Minderung des Neuordnungswerts auf Grund privatrechtlicher Gegebenheiten kommt es entscheidend darauf an, dass diese Minderung nachhaltig und auf Dauer gesichert ist. Die Auswirkungen solcher Vertragsgestaltungen auf den Verkehrswert sind bei § 28 WertV Rn. 222 ff. behandelt.

66   Insbesondere die **Umwandlung des entwicklungsbedingten Kaufpreisanteils in ein Tilgungsdarlehen** sowie die Förderung der Bebauung bieten hinreichende, im Gesetz vorgesehene Möglichkeiten, die Gesamtgestehungskosten (Boden und Bebauung) für besondere Bevölkerungsgruppen preisgünstig zu gestalten. Schon von daher stellt sich nicht die Notwendigkeit, bei der Veräußerung von Grundstücken vom Neuordnungswert abzuweichen. Im Übrigen haben die aufgeführten Möglichkeiten den Vorteil der höheren Transparenz der finanziellen Förderung, ohne dabei mehr oder minder ermessensfrei das Verkehrswertgefüge zu stören.

67   Der verbilligten Abgabe steht im Übrigen auch das **Kommunalrecht** entgegen, nach dem gemeindeeigene Vermögensgegenstände nur ausnahmsweise, aus Gründen eines besonderen öffentlichen Interesses, unter ihrem vollen Wert veräußert werden dürfen (vgl. § 194 BauGB Rn. 166 ff.). Lässt im Einzelfall das Kommunalrecht eine verbilligte Abgabe zu

und macht die Gemeinde hiervon im Rahmen einer Sanierungs- und Entwicklungsmaßnahme Gebrauch, so sind die daraus resultierenden **Einnahmeausfälle von der Gemeinde
zuzuschießen,** da dies nicht zu Lasten der Finanzierung der Sanierungs- oder Entwicklungsmaßnahme und einem etwaigen Überschuss i. S. d. § 156 a BauGB gehen darf (vgl.
Rn. 15 f.).

▶ *Zur Wertermittlung im Verbilligungsfall vgl. Vorbem. zu den §§ 15 ff. WertV Rn. 82.*

Innerhalb der dem BauGB zu Grunde liegenden bodenpolitischen Konzeption werden mit **68**
dem Erwerb von Grundstücken zum sanierungs- bzw. entwicklungsunbeeinflussten Verkehrswert und ihrer Veräußerung zum Neuordnungswert die sanierungs- bzw. entwicklungsbedingten Werterhöhungen im Wege des sog. **Durchgangserwerbs** abgeschöpft.
Spiegelbildlich hierzu werden die Eigentümer, die ihre Grundstücke im Verlauf des Sanie-
rungs- bzw. Entwicklungsverfahrens nicht verloren oder gemäß § 153 Abs. 2 BauGB zum
sanierungs- bzw. entwicklungsunbeeinflussten Verkehrswert erworben haben, zu Ausgleichsbeträgen in entsprechender Höhe herangezogen; Entsprechendes gilt nach § 153
Abs. 5 BauGB für die von einer Umlegung betroffenen Eigentümer.

Die Veräußerung eines Grundstücks zum Neuordnungswert nach § 153 Abs. 4 BauGB ist **69**
für den Erwerber ausgleichsbetragsrechtlich abschließend, wenn der **Erwerb mit einer
Ablösung** nach § 154 Abs. 3 Satz 2 BauGB verbunden wird. Wird hiervon kein Gebrauch
gemacht, kommt die Erhebung eines Ausgleichsbetrags nach § 154 i.V. m. § 155 Abs. 1
Nr. 3 nur noch insoweit in Betracht, wie die dem Erwerbspreis zu Grunde liegenden maßgebenden, wertbeeinflussenden Umstände infolge der weiteren Durchführung der Sanierung
Änderungen erfahren haben und hierdurch weitere Bodenwerterhöhungen eingetreten sind.

§ 153 Abs. 4 BauGB ist in förmlich festgelegten **Sanierungs-, Ersatz- und Ergänzungs-** **70**
gebieten anzuwenden. Auf städtebauliche Entwicklungsbereiche ist die Vorschrift gemäß
§ 169 Abs. 1 Nr. 4 BauGB nicht anzuwenden. Diesbezüglich wird die Veräußerungspflicht in
§ 169 Abs. 5 bis 8 BauGB geregelt. Nicht ausgeschlossen ist die Anwendung des § 153
Abs. 4 BauGB indessen in den **im Zusammenhang bebauten Anpassungsgebieten**
(§ 170 Satz 4 BauGB). Im Übrigen findet die Vorschrift nach ihrem Sinn und Zweck auch
auf die Bestellung und Veräußerung von Erbbaurechten Anwendung (vgl. § 144 Abs. 2
Nr. 2 i.V. m. § 154 Abs. 2 sowie § 200 BauGB).

5   Grunderwerbsteuer

▶ *Zur steuerlichen Behandlung von Ausgleichsbeträgen vgl. § 28 WertV Rn. 276 ff.*

Zur **steuerlichen Behandlung des Erwerbs eines Grundstücks zum Neuordnungswert** **71**
ist darauf hinzuweisen, dass der **volle Kaufpreis auch dann Besteuerungsgrundlage für
die Grunderwerbsteuer ist, wenn als Teil des Kaufpreises der Betrag gesondert ausgewiesen wird,** der nach § 159 Abs. 4 BauGB an die Gemeinde abzuführen oder mit ihr zu
verrechnen ist[22].

Im Übrigen sieht das GrEStG **keine Grunderwerbsteuerbefreiung** für Erwerbsvorgänge **72**
zum Zwecke der Grundstücksneuordnung entsprechend den Zielen und Zwecken einer
Sanierungs- oder Entwicklungsmaßnahme vor.

---

22   BFH, Urt. vom 3. 8. 1988 – II R 210/85 –, EzGuG 15.61

73 **Grunderwerbsteuerliche Bemessungsgrundlage** ist nach ständiger Rechtsprechung des BFH der tatsächliche Zustand des Grundstücks, das Gegenstand des Erwerbsvorgangs ist[23]. Je nach Vertragsgestaltung können damit – neben dem Grundstückskaufpreis – auch die Kosten für die Bebauung zur Gegenleistung gehören.

74 Ein **sanierungs- bzw. entwicklungsbedingter Zwischenerwerb eines Grundstücks** löst nach § 1 Abs. 1 GrStG eine Grunderwerbsteuer in Höhe von 3,5 % des Werts der Gegenleistung aus. Dies ist nach § 8 Abs. 1 und § 9 GrEStG i. d. R. der Kaufpreis. Davon betroffen ist der gemeindliche Grunderwerb ebenso wie die Übertragung von Grundstücken in das Treuhandvermögen eines Sanierungs- oder Entwicklungsträgers, dessen sich die Gemeinde bedient. Der Grunderwerbsteuer unterliegen darüber hinaus Rechtsvorgänge, die es einem anderen ermöglichen, ein inländisches Grundstück auf eigene Rechnung zu verwerten (§ 1 Abs. 2 GrEStG).

75 Beim Erwerb eines Grundstücks im Auftrag der Gemeinde durch einen Sanierungs- oder Entwicklungsträger (Auftragserwerb) unterliegt nach bisheriger und vorherrschender Auffassung

– zum einen der Erwerb durch den Beauftragten (Treuhänder) nach § 1 Abs. 1 GrEStG und

– zum anderen der damit einhergehende Erwerb der Verwertungsbefugnis durch die Gemeinde als die Auftraggeberin (Treugeberin) wegen des ihr zustehenden Anspruchs auf Herausgabe des in Durchführung des Auftrags Erlangten nach § 1 Abs. 2 GrEStG

der Grunderwerbsteuer. Diese **Doppelbesteuerung** besteht unabhängig davon, ob z. B. ein Entwicklungsträger (§ 167 BauGB) den Erwerb als Treuhänder im eigenen Namen mit gleichzeitiger Verwertungsbefugnis der Gemeinde oder er im eigenen Namen für Rechnung der Gemeinde handelt (z. B. Sanierungsträger nach § 159 Abs. 1 Satz 1, 1 Alt. BauGB). Überträgt der treuhänderische Entwicklungsträger das von einem Dritten erworbene Grundstück später zu Eigentum auf die Gemeinde, so unterliegt im Übrigen auch dieser Vorgang mit der Einschränkung der Grunderwerbsteuer, dass sich die Bemessungsgrundlage nach dem Betrag bemisst, der den vorausgegangenen Rechtsvorgang übersteigt (§ 3 Nr. 8 GrEStG, § 16 Abs. 2 GrEStG)[24].

76 Das Bundesministerium der Finanzen hat mit Schreiben vom 19. 2. 1985 an den Bundesminister für Raumordnung, Bauwesen und Städtebau die zweifache Grunderwerbsteuerpflicht bei Erwerb von Grundstücken durch den Sanierungsträger für das Treuhandvermögen bejaht. Danach lägen **grunderwerbsteuerrechtlich zwei Rechtsvorgänge** vor, bei denen die Steuer nach dem Wert der Gegenleistung zu berechnen ist. Für den Erwerb durch den Treugeber seien die Gegenleistung die Leistungen, die der Treugeber über den Treuhänder nach § 670 BGB aus der Ausführung des Grundstücksbeschaffungsauftrags oblägen, nämlich des Erwerbspreises und der Erwerbskosten. Diese Auffassung des Bundesministeriums der Finanzen ist inzwischen vom BFH[25] mit Urteil vom 28. 9. 1988 hinsichtlich des Grunderwerbs durch einen Entwicklungsträger für das Treuhandvermögen bestätigt worden. Der BFH stellt ausdrücklich fest: Erwirbt ein Entwicklungsträger als Treuhänder einer Gemeinde ein Grundstück, so erhält die Gemeinde als Treugeber gleichzeitig an dem Grundstück die Verwertungsmacht i. S. d. § 1 Abs. 2 GrEStG 1983. Der BFH bezeichnete es als unerheblich, dass der Treuhänder die Grundstücke für die Entwicklungsmaßnahme verwenden musste und die Klägerin, die Gemeinde, daher nicht frei über das Grundstück verfügen konnte. Mit dieser Entscheidung des BFH dürfte auch für den Erwerb durch den Sanierungstreuhänder die Rechtslage vorerst i. S. d. doppelten Grunderwerbsteuerpflicht entschieden sein.

77 Die Grunderwerbsteuerpflicht tritt allerdings nur dann ein, wenn es dem Auftraggeber effektiv möglich ist, das **Grundstück auf eigene Rechnung zu verwerten**[26].

78 Darüber hinaus wirkt sich auch die **Grunderwerbsteuerpflicht bei Rückübertragung von Grundstücken auf die Gemeinde** nach § 160 Abs. 6 Satz 2 kostensteigernd auf die

Sanierung aus, wenn dieser Erwerb nicht nach § 4 Nr. 1 GrEStG von der Besteuerung ausgenommen ist. Nach § 4 Nr. 1 GrEStG ist der Erwerb eines Grundstücks durch eine Körperschaft des öffentlichen Rechts von der Grunderwerbsteuer befreit, wenn das Grundstück aus Anlass des Übergangs von öffentlichen Aufgaben oder aus Anlass von Grenzänderungen (z. B. Übergang der Straßenbaulast von einer Gemeinde auf eine andere Gemeinde) von der einen auf die andere Körperschaft des öffentlichen Rechts übergeht. Diese Voraussetzung ist allerdings nicht gegeben, wenn ein Grundstück im Falle eines Konkurses des Sanierungsträgers auf die Gemeinde übertragen wird.

Beim Kauf eines in einem Sanierungsgebiet gelegenen unbebauten Grundstücks von einem Sanierungsträger gegen einen Kaufpreis, der dem Verkehrswert entspricht, der sich durch die rechtliche und tatsächliche Neuordnung ergibt (Neuordnungswert), ist der **volle Kaufpreis** nach der Rechtsprechung des BFH auch dann **Besteuerungsgrundlage für die Grunderwerbsteuer,** wenn als Teil des Kaufpreises der Betrag gesondert ausgewiesen wird, der nach § 159 Abs. 4 BauGB an die Gemeinde abzuführen oder mit ihr zu verrechnen ist[27].

79

23 BFH, Urt. vom 5. 2. 1992 – II R 110/88 –, BStBl. II 1992, 357; BFH, Urt. vom 19. 1. 1994 – II R 52/90 –, BStBl. II 1994, 409

24 Bielenberg/Koopmann/Krautzberger, Städtebauförderungsrecht § 160 Rn. 31 f.; Erl. der obersten Finanzbehörden der Länder betr. Grunderwerbsteuer bei Treuhandgeschäften, die ein inländisches Grundstück zum Gegenstand haben vom 20. 3. 1978 – S 4500 – 100 – 32 2 (BStBl. I 1978, 214), betr. Erwerbsvorgänge i. S. d. § 1 Abs. 3 GrEStG vom 20. 3. 1978 – S 4301 – 8 32 2 (BStBl. I 1978, 217); FMS vom 29. 3. 1978 – S 4500 – 34/9 – 10 976; FMS vom 25. 5. 1984 – 37 – S 4500 – 34/18 – 31 771 –, OFD Nürnberg, Vfg. vom 2. 7. 1984 – S 4500 – 128/St 24 –; OFD München, Vfg. vom 5. 7. 1984 – S 4500 – 35/2 St 331 –, GrESt Kartei 2/3 B; Schreiben des bad.-württ. IM vom 1. 4. 1985 – V 6825 – § 38/3 (BWGZ 1985, 424)

25 BFH, Urt. vom 28. 9. 1988 – I R 31/86 –, BFHE 156, 166 = BStBl. II 1989, 85; BFH, Urt. vom 8. 2. 1995 – II R 19/95 –, BFH/NV 1995, 823; FG Köln, Beschl. vom 21. 4. 1988 – 1 K 637/87 –, EFG 1988, 647

26 BFH, Urt. vom 17. 9. 1986 – II R 105/85 –, BFH/NV 1987, 808; BFH, Urt. vom 25.11.1992 – II R 67/89 –, BFH/NV 1993, 670 = EzGuG 1.58 und BFH, Urt. vom 9. 11. 1994 –, II B 95/94 – BFH/NV 1995, 544

27 BFH, Urt. vom 3. 8. 1988 – II R 210/85 –, EzGuG 15.61; BFH, Urt. vom 28. 9. 1988 – II R 244/85 –, EzGuG 1.40 a

§ 28 WertV
Wertermittlung für die Bemessung der Ausgleichsbeträge nach § 154 Abs. 1 und § 166 Abs. 3 des Baugesetzbuchs

(1) Für die zur Bemessung der Ausgleichsbeträge nach § 154 Abs. 1 und § 166 Abs. 3 Satz 4 des Baugesetzbuchs zu ermittelnden Anfangs- und Endwerte sind die §§ 26 und 27 entsprechend anzuwenden.

(2) ¹Die nach Absatz 1 maßgebenden Anfangs- und Endwerte des Grundstücks sind auf denselben Zeitpunkt zu ermitteln. ²In den Fällen des § 162 des Baugesetzbuchs ist der Zeitpunkt des In-Kraft-Tretens der Satzung, mit der die Sanierungssatzung aufgehoben wird, in den Fällen des § 169 Abs. 1 Nr. 8 in Verbindung mit § 162 des Baugesetzbuchs ist der Zeitpunkt des In-Kraft-Tretens der Satzung, mit der die Entwicklungssatzung aufgehoben wird, und in den Fällen des § 163 Abs. 1 und 2 sowie des § 169 Abs. 1 Nr. 8 in Verbindung mit § 163 Abs. 1 und 2 des Baugesetzbuchs ist der Zeitpunkt der Abschlusserklärung maßgebend.

(3) ¹Bei der Ermittlung des Anfangs- und Endwerts ist der Wert des Bodens ohne Bebauung durch Vergleich mit dem Wert vergleichbarer unbebauter Grundstücke zu ermitteln. ²Beeinträchtigungen der zulässigen Nutzbarkeit, die sich aus einer bestehen bleibenden Bebauung auf dem Grundstück ergeben, sind zu berücksichtigen, wenn es bei wirtschaftlicher Betrachtungsweise oder aus sonstigen Gründen geboten erscheint, das Grundstück in der bisherigen Weise zu nutzen.

---

1   Erhebung von Ausgleichsbeträgen

1.1   Allgemeines

▶ *Zuvor bereits die Ausführungen in den Vorbem. zur WertV Rn. 37; § 4 WertV Rn. 155 ff.;
Vorbem. zu den §§ 21–25 WertV Rn. 13 ff.*

1   Nach den §§ 154 f. **BauGB** ist die Gemeinde grundsätzlich verpflichtet, für alle in einem
förmlich festgelegten Sanierungs-, Ersatz- und Ergänzungsgebiet gelegene Grundstücke
nach Maßgabe dieser Vorschriften Ausgleichsbeträge zu erheben. Dies gilt entsprechend
für städtebauliche Entwicklungsbereiche in den Fällen, in denen die Gemeinde oder ein
Entwicklungsträger ein Grundstück nicht erwirbt (§ 166 Abs. 3 Satz 3 bis 5 BauGB) sowie
in Anpassungsgebieten nach § 170 BauGB.

2   Die Ausgleichsbetragspflicht entsteht mit Abschluss der Sanierungs- oder Entwicklungsmaßnahme nach den §§ 162 f. ggf. i.V. m. § 169 Abs. 1 Nr. 8 BauGB. Die Ausgleichsbetragspflicht entsteht auch, wenn

– die **Sanierungs- oder Entwicklungsmaßnahme vorzeitig abgeschlossen** worden ist,
weil sie sich als *undurchführbar* erwiesen hat[1], oder die Sanierungsabsicht aus anderen
Gründen aufgegeben worden ist (§ 162 Abs. 1 Nr. 2 und 3 BauGB) oder

– eine bisher unter Anwendung der abgaberechtlichen Vorschriften (§§ 152 ff. BauGB)
durchgeführte Sanierungsmaßnahme *in ein vereinfachtes Sanierungsverfahren übergeleitet* worden ist[2].

3   **Ausgleichsbetragspflichtig ist der Eigentümer des Grundstücks im Zeitpunkt der Entstehung des Ausgleichsbetrags**, d.h. im Zeitpunkt des rechtsförmigen Abschlusses der
Sanierungsmaßnahme nach den §§ 162 f. BauGB (§ 154 Abs. 3 Satz 1 BauGB). Anders als
im Erschließungsbeitragsrecht kommt es auf den Zeitpunkt der Bekanntgabe des Ausgleichs-
betragsbescheids nicht an. Der Entstehungszeit ist zugleich der für die Ermittlung der
Anfangs- und Endwerte – Bemessungsgrundlage des Ausgleichsbetrags – maßgebliche
Wertermittlungsstichtag (vgl. Rn 47 ff.). § 28 Abs. 2 enthält diesbezüglich eine klarstellende
Regelung über den Wertermittlungsstichtag für die unterschiedlichen Abschlusstatbestände.

4   Das Ausgleichsbetragsrecht der §§ 152 bis 156a BauGB ist für die Höhe des Verkehrswerts
der im förmlich festgelegten Sanierungsgebiet gelegenen Grundstücke von ausschlaggebender Bedeutung. Der **Gutachter muss sich** deshalb zunächst **Klarheit über die im Einzelfall
vorliegenden rechtlichen Gegebenheiten verschaffen**. Diese werden nachstehend erläutert.

5   **Von der Ausgleichsbetragserhebung ausgenommen** sind lediglich

1. die in einem Umlegungsverfahren nach Maßgabe des § 153 Abs. 5 BauGB neugeordneten Grundstücke (§ 155 Abs. 2 BauGB),

2. Grundstücke, für die nach Maßgabe des § 154 Abs. 3 Satz 2 und 3 BauGB der Ausgleichsbetrag im Verlauf des Sanierungsverfahrens abgelöst wurde (einschließlich der
Fälle einer vorzeitigen Festsetzung des Ausgleichsbetrags).

6   Darüber hinaus „*kann*" die Gemeinde nach § 155 Abs. 3 bis 5 BauGB unter bestimmten
Voraussetzungen **von der Festsetzung des Ausgleichsbetrags absehen.**

1.2   Sanierungsgebiete

7   Der vom Eigentümer eines im förmlich festgelegten Sanierungsgebiet gelegenen Grundstücks zu erhebende Ausgleichsbetrag wird materiell mit **§ 154 Abs. 1 und 2 BauGB**
bestimmt:

„(1) ¹Der Eigentümer eines im förmlich festgelegten Sanierungsgebiet gelegenen Grundstücks hat zur Finanzierung
der Sanierung an die Gemeinde einen Ausgleichsbetrag in Geld zu entrichten, der der durch die Sanierung bedingten
Erhöhung des Bodenwerts seines Grundstücks entspricht; Miteigentümer sind im Verhältnis ihrer Anteile an dem

gemeinschaftlichen Eigentum heranzuziehen[2]. Werden im förmlich festgelegten Sanierungsgebiet Erschließungsanlagen im Sinne des § 127 Abs. 2 hergestellt, erweitert oder verbessert, sind Vorschriften über die Erhebung von Beiträgen für diese Maßnahmen auf Grundstücke im förmlich festgelegten Sanierungsgebiet nicht anzuwenden. [3]Satz 2 gilt entsprechend für die Anwendung der Vorschrift über die Erhebung von Kostenerstattungsbeträgen im Sinne des § 135a Abs. 3.

(2) Die durch die Sanierung bedingte Erhöhung des Bodenwerts des Grundstücks besteht aus dem Unterschied zwischen dem Bodenwert, der sich für das Grundstück ergeben würde, wenn eine Sanierung weder beabsichtigt noch durchgeführt worden wäre (Anfangswert), und dem Bodenwert, der sich für das Grundstück durch die rechtliche und tatsächliche Neuordnung des förmlich festgelegten Sanierungsgebiets ergibt (Endwert)."

Nach § 154 Abs. 1 Satz 1 BauGB bemisst sich der Ausgleichsbetrag nach der „durch die Sanierung bedingten Erhöhung des Bodenwerts"; § 154 Abs. 2 BauGB enthält die notwendige Konkretisierung zu dieser Vorschrift. Danach ergibt sich der Ausgleichsbetrag aus dem Unterschied zwischen Anfangs- und Endwert. Beide Werte werden materiell in Abs. 2 definiert: **8**

– **Anfangswert** ist danach der Bodenwert, der sich für das Grundstück ergeben würde, wenn eine Sanierung weder beabsichtigt, vorbereitet noch durchgeführt worden wäre;

– **Endwert** ist der Bodenwert, der sich für das Grundstück durch die rechtliche und tatsächliche Neuordnung des Sanierungsgebiets ergibt.

Beide Werte (Anfangs- und Endwerte) **bemessen sich nach den Wertverhältnissen zum Zeitpunkt des Abschlusses der Sanierungs- bzw. Entwicklungsmaßnahme.** Damit wird die „Abschöpfung" konjunkturell bedingter Bodenwertänderungen ausgeschlossen (vgl. Abb. 1). **9**

Abb. 1: Bemessung sanierungsbedingter Bodenwerterhöhungen

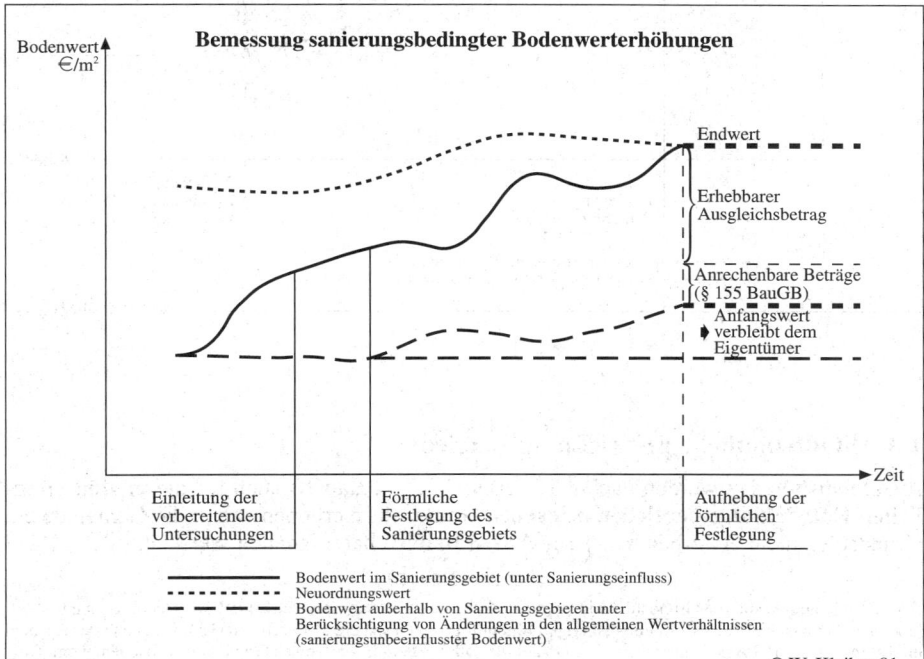

© W. Kleiber 01

---

1 BayVGH, Urt. vom 30. 12. 1998 – 6 B 95.1365 –, GuG 1999, 246 = EzGuG 15.94
2 Dies folgt aus der ratio legis des § 164 Abs. 4 BauGB, nach dem bei vorzeitigem Abschluss (§ 162 Abs. 1 Nr. 2 und 3 BauGB) der rückübertragungsberechtigte Eigentümer als Kaufpreis den Verkehrswert zu zahlen hat, den das Grundstück im Zeitpunkt der Rückübertragung hat, d. h. unter Einbeziehung von Werterhöhungen, die das Grundstück auf Grund der durchgeführten Sanierungs- bzw. Entwicklungsmaßnahmen erfahren hat (vgl. Battis/Krautzberger/Löhr, BauGB § 162 Rn. 17).

10 Entsprechend ist auch zu verfahren, wenn im Verlauf der Sanierungs- bzw. Entwicklungsmaßnahme die Bodenwerte unter dem Einfluss einer allgemeinen **Konjunkturab-
schwächung auf dem Baulandmarkt** sinken. Es ist dabei auch nicht ausgeschlossen, dass
sich der Endwert im Verlauf der Maßnahme nominell sogar „unter" den sanierungs- bzw.
entwicklungsunbeeinflussten Bodenwert absinkt, der bezogen auf den Beginn der Maßnahme ermittelt wurde. In solchen Fällen wird dann aber auch der zu Beginn der Sanie-
rungs- bzw. Entwicklungsmaßnahme ermittelte Bodenwert unter dem Einfluss der Kon-
junkturschwäche auf dem Bodenmarkt absinken, so dass sich auch dann noch ein Ausgleichsbetrag ergibt (Abb. 2).

**Abb. 2: Bemessung sanierungsbedingter Bodenwerterhöhungen bei konjustureller
Abschwächung des Bodenmarktes**

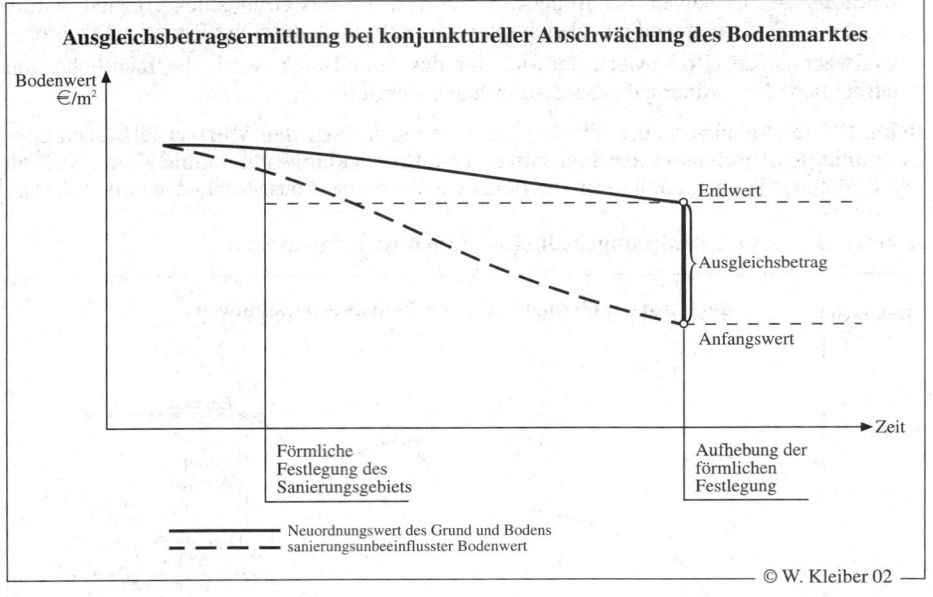

1.3 Städtebauliche Entwicklungsbereiche

11 **Ausgleichsbeträge** werden nach § 166 Abs. 3 Satz 4 BauGB auch für die **in städtebaulichen Entwicklungsbereichen** belegenen Grundstücke erhoben, wenn die Gemeinde ein
Grundstück nicht erworben hat. **§ 166 Abs. 3 BauGB** hat folgenden Wortlaut:

§ 166 Abs. 3 BauGB

„(3) [1]Die Gemeinde soll die Grundstücke im städtebaulichen Entwicklungsbereich erwerben. [2]Dabei soll sie feststellen, ob und in welcher Rechtsform die bisherigen Eigentümer einen späteren Erwerb von Grundstücken oder Rechten
im Rahmen des § 169 Abs. 6 anstreben. [3]Die Gemeinde soll von dem Erwerb eines Grundstücks absehen, wenn

1. bei einem baulich genutzten Grundstück die Art und das Maß der baulichen Nutzung bei der Durchführung der
   Entwicklungsmaßnahme nicht geändert werden sollen oder

2. der Eigentümer eines Grundstücks, dessen Verwendung nach den Zielen und Zwecken der städtebaulichen Entwicklungsmaßnahmen bestimmt oder mit ausreichender Sicherheit bestimmbar ist, in der Lage ist, das Grundstück binnen angemessener Frist dementsprechend zu nutzen, und er sich hierzu verpflichtet.

[4]Erwirbt die Gemeinde ein Grundstück nicht, ist der Eigentümer verpflichtet, einen Ausgleichsbetrag an die Gemeinde zu
entrichten, der der durch die Entwicklungsmaßnahme bedingten Erhöhung des Bodenwerts seines Grundstücks entspricht."

Auf die Bemessung der Ausgleichsbeträge für städtebauliche Entwicklungsbereiche **12** **sind die Vorschriften für Sanierungsgebiete entsprechend anzuwenden**, wobei sich

– der Anfangswert unter Ausschluss der entwicklungsbedingten Bodenwerterhöhung und

– der Endwert unter Berücksichtigung der rechtlichen und tatsächlichen Neuordnung des Entwicklungsbereichs

ergibt (§ 169 Abs. 1 Nr. 7 BauGB). In den Fällen des § 26 Abs. 2 Satz 2 ist für land- oder forstwirtschaftlich genutzte Grundstücke auch bei der Ermittlung des entwicklungsunbeeinflussten Anfangswerts dem Bewertungsprivileg des § 169 Abs. 4 BauGB Rechnung zu tragen.

▶ *Bezüglich des Anfangswerts und Endwerts wird auf die Ausführungen bei § 27 WertV Rn. 19 ff., § 26 Rn. 32 ff. verwiesen.*

1.4 Entstehung des Ausgleichsbetrags

Die Ausgleichsbetragspflicht entsteht nach § 154 Abs. 3 Satz 1 BauGB mit Abschluss der **13** Sanierung; der **Entstehungszeitpunkt ist zugleich der für die Ermittlung der Anfangs- und Endwerte maßgebliche Wertermittlungsstichtag** (vgl. Rn. 47).

Mit der Entstehung der Ausgleichsbetragspflicht liegen die Voraussetzungen für seine **14** **Erhebung dem Grunde nach vor.** Die Voraussetzungen für die Erhebung von Ausgleichsbeträgen liegen der Höhe nach vor, wenn sich nach Maßgabe des § 154 Abs. 2 BauGB und unter Berücksichtigung der nach § 155 Abs. 1 BauGB anzurechnenden Beiträge eine Geldforderung ergibt.

1.5 Fälligstellung des Ausgleichsbetrags

1.5.1 Allgemeines

Um die Fälligkeit der Forderung herbeizuführen, bedarf es der Geltendmachung des **15** **entstandenen Ausgleichsbetrags durch Bescheid** nach § 154 Abs. 4 Satz 1 BauGB. Mit der Festsetzung (Erhebung) des Ausgleichsbetrags stellt dieser für den Ausgleichsbetragspflichtigen eine Schuld dar. Der Schuldbetrag wird einen Monat nach Bekanntgabe des Ausgleichsbetragsbescheids grundsätzlich in einem Geldbetrag fällig.

1.5.2 Ausgleichsbetragsbescheid

Der **Ausgleichsbetragsbescheid muss insbesondere enthalten:** **16**

a) die Höhe des Ausgleichsbetrags, den für seine Bemessung maßgebenden Anfangs- und Endwert sowie die sich daraus ergebende Bodenwerterhöhung einschließlich einer Begründung,

b) die nach § 155 Abs. 1 BauGB zu berücksichtigenden Beträge,

c) die Feststellung, dass der Ausgleichsbetrag einen Monat nach Bekanntgabe/Zustellung des Bescheids zu zahlen ist,

d) den Hinweis, dass der Ausgleichsbetragspflichtige den Antrag stellen kann, den Ausgleichsbetrag in ein Tilgungsdarlehen umzuwandeln, sofern ihm nicht zugemutet werden kann, die Verpflichtung bei Fälligkeit mit eigenen oder fremden Mitteln zu erfüllen, und dass beantragt werden kann, den zur Finanzierung der Neubebauung oder Modernisierung erforderlichen Grundpfandrechten den Vorrang vor einem zur Sicherung des Tilgungsdarlehens bestellten Grundpfandrecht einzuräumen.

1.5.3   Begründung

17   Der **Ausgleichsbetragsbescheid muss einer** den Anforderungen des Art. 19 Abs. 4 GG gerecht werdenden **gerichtlichen Überprüfung zugänglich sein**[3]. Dies betrifft insbesondere die ihm zu Grunde liegenden Ermittlungen der Anfangs- und Endwerte sowie der anzurechnenden Beträge nach § 155 Abs. 1 BauGB. Mit pauschalen und floskelhaften Begründungen kann diesen Anforderungen nicht entsprochen werden. Vielmehr müssen die Anforderungen gestellt werden, die auch an ein Gutachten zu stellen sind.

1.5.4   Anfechtung

18   Der **Ausgleichsbetragsbescheid ist ein anfechtbarer Verwaltungsakt.** Die Anfechtbarkeit des Bescheids tritt mit Bekanntgabe, nicht erst mit Eintritt der Fälligkeit ein. Als Rechtsmittel stehen dem Ausgleichsbetragspflichtigen der Widerspruch und im Falle eines erfolglosen Widerspruchs die Anfechtungsklage beim Verwaltungsgericht zur Verfügung. Im Widerspruchsverfahren werden Recht- und Zweckmäßigkeit des Erhebungsbescheids geprüft. Da der Ausgleichsbetrag nicht als öffentliche Last auf dem Grundstück ruht (§ 154 Abs. 4 Satz 3 BauGB), ist bei mehreren auf das Ganze haftenden Ausgleichsbetragspflichtigen im Übrigen nur derjenige anfechtungsberechtigt, gegen den der Bescheid ergangen ist.

19   Der Ausgleichsbetrag, den die Eigentümer der im förmlich festgelegten Sanierungsgebiet belegenen Grundstücke nach § 154 Abs. 1 BauGB zu entrichten haben, stellt eine öffentliche Abgabe i. S. d. § 80 Abs. 2 Nr. 1 VwGO mit der Folge dar, dass der **Widerspruch gegen den Heranziehungsbescheid keine aufschiebende Wirkung** (Suspensiveffekt) hat[4]. Mit § 212 a Abs. 2 der am 1. 1. 1998 in Kraft getretenen Fassung des BauGB wird dies ausdrücklich auch in Bezug auf Anfechtungsklage geregelt, wobei der Wortlaut der Vorschrift, anders als § 212 Abs. 2 Satz 2 BauGB, nicht ausdrücklich die entsprechende Anwendung von § 80 Abs. 4 und 5 VwGO vorgibt.

20   Zur **Anfechtung eines Ausgleichsbetragsbescheids** hat das OVG Münster[5] ausgeführt:

„Für die Beurteilung der Rechtmäßigkeit des Ausgleichsbetragsbescheides kommt es auf den Zeitpunkt der letzten Behördenentscheidung (hier: des Widerspruchsbescheids) an. Das folgt allerdings nicht aus prozessrechtlichen Grundsätzen, sondern aus dem materiellen Recht. Denn während das Prozessrecht regelt, dass der Verwaltungsakt aufzuheben ist, wenn er (gegebenenfalls in Gestalt des Widerspruchsbescheides) rechtswidrig ist, beantwortet sich nach materiellem Recht die Frage, ob der Verwaltungsakt rechtswidrig ist. Das ist zu verneinen, wenn er im Zeitpunkt der letzten Verwaltungsentscheidung mit dem dann maßgeblichen Recht übereinstimmt. Soll insoweit etwas anderes gelten, der einmal rechtmäßig erlassene Verwaltungsakt also von einer späteren Änderung der Sach- oder Rechtslage noch in dem Sinne betroffen werden können, dass er im Hinblick auf seine Unvereinbarkeit mit erst nachträglich geänderten Verhältnissen im gerichtlichen Verfahren der Aufhebung unterliegt, so bedarf es dafür nicht weniger einer entsprechenden Regelung des materiellen Rechts, als sie für den Erlass des Verwaltungsakts seinerseits vorausgesetzt und tatsächlich gegeben war. Unter diesem Gesichtspunkt ist daher – und zwar insoweit vom Zeitpunkt der Gerichtsentscheidung aus – jeweils gesondert zu prüfen, ob das zwischen Verwaltungsentscheidung und gerichtlicher Entscheidung etwa in Kraft getretene neue Recht seine Berücksichtigung auch bei der Beurteilung bereits früher erlassener Verwaltungsakte fordert. (Vgl. BVerwG, Urt. vom 14. 2. 1975 – 4 C 21/74 –, EzGuG 13.24; BVerwG, Urt. vom 28. 7. 1989 – 7 C 39/87 –, EzGuG 6.246 a; siehe auch Schenke, Die Bedeutung einer nach Abschluss des Verwaltungsverfahrens eintretenden Veränderung der Rechts- oder Sachlage für die Anfechtung eines Verwaltungsakts, NVwZ 1986, S. 522 ff.) …

Da es sich bei dem Gutachten des Gutachterausschusses um mit besonderer Sachkunde, Fachwissen und Erfahrung begründete Stellungnahmen handelt, bestehen verfahrensmäßig keine Bedenken, wenn die Gemeinde die nachvollziehbare und an den gesetzlichen Bestimmungen orientierte Berechnung der Anfangs- und Endwerte durch den Gutachterausschuss (oder eines anderen Sachverständigen) als eigene Beurteilung übernimmt und zur Grundlage ihrer Heranziehungsbescheide macht. (Vgl. BVerwG, Beschl. vom 18. 1. 1982 – 7 B 254/81 –, NVwZ 1982, 309 f.; BVerwG, Urt. vom 15. 4. 1964 – 5 C 45/63 –, BVerwGE 18, 216 ff. [218].)

Bei der Bewertung der für den Anfangs- und Endwert maßgeblichen Faktoren steht der Gemeinde ein Schätzungsspielraum hinsichtlich des Umfangs, der durch diese Faktoren bewirkten Erhöhung oder Minderung des Bodenwertes zur Verfügung. Das gilt unabhängig davon, ob sie sich hierbei auf ein Sachverständigengutachten stützt oder die Entscheidungsgrundlage selbst ermittelt. Denn Anfangs- und Endwert lassen sich nicht einfach „ausrechnen" oder in ihrer Höhe einer Tabelle entnehmen, sondern gehen aus einem Ermittlungsverfahren hervor, das zumindest praktisch vielfältig Gelegenheit bietet, so oder anders vorzugehen …

Die Gemeinde hat allerdings keinen (Einschätzungs-)Spielraum hinsichtlich der Frage, ob sich die Sanierung in Bezug auf die maßgeblichen Elemente des Bodenwerts überhaupt erhöhend oder senkend auswirkt. Die diesbezüglichen Fragen beantworten sich in aller Regel aus den durch die Rechtsordnung vorgegebenen Wertungen und sind einer Schätzung i. S. d. § 162 AO nicht zugänglich.

Die gesetzliche Einräumung eines (begrenzten) Schätzungsspielraumes hat Auswirkungen auf die gerichtliche Kontrolldichte. Denn die gerichtlichen Beurteilungsmaßstäbe und die administrativen, sich aus dem materiellen Recht ergebenden Handlungsmaßstäbe entsprechen einander in der Weise, dass die gerichtliche Kontrolle umfassend ist, wo die Rechtsbindung der Verwaltung eng ist, und dass die gerichtliche Kontrolle in dem Maße zurückgenommen ist, in dem das Recht der Verwaltung Freiräume zur letztverantwortlichen und damit auch für den Richter verbindlichen Ausgestaltung zugewiesen hat. Deshalb folgt aus dem der Gemeinde materiell-rechtlich zugestandenen Spielraum zunächst eine Begrenzung richterlicher Kontrolle. Macht die Gemeinde bei der Bewertung einzelner Faktoren für die Bestimmung des Anfangs- oder Endwerts von ihrer Schätzungsbefugnis Gebrauch, so hat das Gericht lediglich nachzuprüfen, ob sich die Entscheidung der Exekutive im Rahmen dessen hält, was der Schätzungsspielraum als rechtlich vertretbar zulässt. Erst wenn diese Grenze überschritten ist, kann das Gericht auf der Grundlage des Prozessrechts gemäß § 173 VwGO i. V. m. § 287 Abs. 2 ZPO nach den hierfür entwickelten Grundsätzen die von der Behörde (fehlerhaft) vorgenommene Schätzung durch eine eigene Schätzung ersetzen. (Vgl. hierzu BFH, Urt. vom 2. 2. 1982 – VIII R 65/80 –, *EzGuG 20.93 a*; OVG Münster, Urt. vom 17. 3. 1977 – 13 A 424/76 –, DGStZ 1978, 59 ff., und OVG Münster, Urt. vom 14. 12. 1989 – 22 A 401/87 ; a. A. VG Münster, Urt. vom 18. 2. 1988 – 3 K 2268/85 –, *EzGuG 15.60*, das offenbar von einer generellen gerichtlichen Schätzungsbefugnis ausgeht).

Die Entscheidung, von der Möglichkeit des § 287 Abs. 2 ZPO Gebrauch zu machen oder aber – wie in anderen Rechtsbereichen, in denen im Gesetzestatbestand der Exekutive die Kompetenz zur administrativen Letztentscheidung zuweist – den angefochtenen Verwaltungsakt aufzuheben, steht im Ermessen des Gerichts. Ersetzt das Gericht in Anwendung des § 287 Abs. 2 ZPO die behördliche durch eine eigene Schätzung, kann es sich hierbei, soweit ihm die eigene Sachkunde fehlt, eines Sachverständigengutachtens bedienen.

Es spricht allerdings manches dagegen, eine unter diesen Voraussetzungen zulässige gerichtliche Schätzung dergestalt vorzunehmen, dass die von der Gemeinde fehlerhaft ermittelte sanierungsbedingte Bodenwerterhöhung durch einen generellen Abschlag in einer nicht an gesetzliche Kriterien anknüpfende Höhe gemindert wird. Dies widerspricht bereits dem Wesen der für den jeweiligen Einzelfall vorzunehmenden Schätzung und würde sich letztlich wie ein ungeschriebenes Tatbestandsmerkmal des § 154 Abs. 2 BauGB auswirken. Die Schätzung des Gerichts hat vielmehr an die Bewertung der einzelnen, bei der Ermittlung des Anfangs- und Endwerts maßgeblichen Faktoren anzuknüpfen und ist nur in dem Maße zulässig, in dem die Gemeinde ihrerseits den ihr zustehenden Schätzungsspielraum verlassen hat. Hat die Gemeinde hingegen fehlerfrei (durch Schätzung) die sanierungsbedingte Bodenwerterhöhung ermittelt, so gibt es für eine Reduzierung des gesetzlichen Parameters für den zu erhebenden Ausgleichsbetrag keine rechtliche Handhabe."

1.6 Absehen und Freistellung vom Ausgleichsbetrag

1.6.1 Allgemeines

Von der Erhebung des Ausgleichsbetrags kann abgesehen werden **21**

a) in sog. *Bagatellfällen* nach § 155 Abs. 3 BauGB; das Absehen kann auch vor Entstehung des Ausgleichsbetrags erklärt werden;

b) *zur Vermeidung unbilliger Härten* nach § 155 Abs. 4 BauGB;

c) *im öffentlichen Interesse* nach § 155 Abs. 4 BauGB;

d) nach Maßgabe landesrechtlicher Vorschriften für kommunale Beiträge durch *Erlass oder Niederschlagung* (§ 155 Abs. 5 BauGB).

Darüber hinaus entfällt die Erhebung von Ausgleichsbeträgen, wenn ein Grundstück nach **22** Maßgabe des § 153 Abs. 5 BauGB in ein **Umlegungsverfahren** einbezogen worden ist.

1.6.2 Bagatellfall

Rechtsgrundlage für ein Absehen von der Erhebung des Ausgleichsbetrags in sog. Baga- **23** tellfällen **ist § 155 Abs. 3 BauGB,** der folgende Fassung hat:

---

3 VG Köln, Urt vom 8. 5. 1987 – 13 K 2398/86 –, EzGuG 15.52; OVG Lüneburg, Urt. vom 30. 10. 1986 – 6 A 32/85 –, EzGuG 15.50

4 BVerwG, Urt. vom 17. 12. 1992 – 4 C 30/90 –, GuG 1993, 180 = EzGuG 15.73

5 OVG Münster, Urt. vom 9. 4. 1990 – 22 A 1185/89 –, EzGuG 15.67 = GuG 1991, 31

„(3) Die Gemeinde kann für das förmlich festgelegte Sanierungsgebiet oder für zu bezeichnende Teile des Sanierungsgebiets von der Festsetzung des Ausgleichsbetrags absehen, wenn

1. eine geringfügige Bodenwerterhöhung gutachtlich ermittelt worden ist und

2. der Verwaltungsaufwand für die Erhebung des Ausgleichsbetrags in keinem Verhältnis zu den möglichen Einnahmen steht.

Die Entscheidung nach Satz 1 kann auch getroffen werden, bevor die Sanierung abgeschlossen ist."

24   Die **Anwendungsvoraussetzungen für die Bagatellklausel sind** äußerst **restriktiv** gefasst.

Die Anwendung der Vorschrift kommt i. d. R. allenfalls in Betracht, wenn

– das Sanierungsgebiet aus einer Vielzahl kleiner Grundstücke besteht,

– das vorhandene Bodenwertniveau sowie die sanierungsbedingten Bodenwerterhöhungen verhältnismäßig niedrig sind und

– der Verwaltungsaufwand verhältnismäßig hoch ist, weil sich die notwendigen Wertermittlungen auf ein kleines Gebiet beziehen[6].

25   Obwohl beide der in § 155 Abs. 3 BauGB genannten **Voraussetzungen** (Nr. 1 und 2) **kumulativ erfüllt** sein müssen, ist zunächst nach der Höhe des Verwaltungsaufwands für die Ausgleichsbetragserhebung zu fragen. Denn selbst bei „geringfügigen" Bodenwerterhöhungen kann von der Bagatellklausel nicht Gebrauch gemacht werden, wenn der Verwaltungsaufwand noch kleiner ist. Umgekehrt kann bei einer nicht mehr geringfügigen Bodenwerterhöhung selbst dann nicht von der Festsetzung des Ausgleichsbetrags abgesehen werden, wenn der Verwaltungsaufwand größer als die erzielbaren Einnahmen ist.

26   Der **Verwaltungsaufwand** besteht aus den Personal- und Sachkosten, wobei zwischen

a) den **festen Kosten für die Ermittlung der abschöpfungsfähigen sanierungs- bzw. entwicklungsbedingten Bodenwerterhöhung,** bestehend aus den

   – Kosten der Ermittlung des Anfangs- und Endwerts i. S. d. § 154 Abs. 2 BauGB,

   – Kosten der Ermittlung der nach § 155 Abs. 1 BauGB auf den Ausgleichsbetrag anzurechnenden Beträge,

b) den **Kosten der Erhebung des Ausgleichsbetrags,** bestehend aus den

   – Kosten der Beteiligung des Ausgleichsbetragspflichtigen nach § 154 Abs. 4 Satz 2 BauGB,

   – Kosten der Ausfertigung und Bekanntgabe (Zustellung) des Ausgleichsbetragsbescheids nach § 154 Abs. 4 Satz 1 BauGB,

   – Kosten einer ggf. nach Maßgabe des § 154 Abs. 5 BauGB vorzunehmenden Umwandlung des Ausgleichsbetrags in ein Tilgungsdarlehen und der Vorrangeinräumung,

   – Kosten der Beitreibung des Ausgleichsbetrags (nach pauschalierten Durchschnittssätzen),

zu unterscheiden ist.

27   Neuere Untersuchungen[7] haben die von *Schäfer* (1974) gemachten Angaben bestätigt, während sich die von *Seele* und *Hagedorn* veröffentlichten Angaben als weit übersetzt erwiesen haben. *Schmidt*[8] kommt auf Grund von Untersuchungen in 9 Gemeinden mit 10 Sanierungsmaßnahmen zu einem berücksichtigungsfähigen Verwaltungsaufwand, der zwischen 465 € und 710 € liegt, und hält für die praktische Anwendung der Bagatellklausel einen **Mittelwert von 600 €** je ausgleichsbetragspflichtiges **Grundstück** für gerechtfertigt. Des Weiteren verweist Schmidt auf eine Schätzung der Gemeindeprüfungsanstalt *Baden-Württemberg*[9], nach der der Verwaltungsaufwand zwischen 180 und 270 € liege.

28   Die sog. **festen Kosten der Ermittlung der sanierungs- bzw. entwicklungsbedingten Bodenwerterhöhung lassen** bei alledem **keinerlei Rückschlüsse** zur Beantwortung der Frage **zu, ob sich die Erhebung des Ausgleichsbetrags „lohnt",** d. h., ob die Einnahmen mindestens die mit der Erhebung des Ausgleichsbetrags anfallenden Kosten decken. Diese (festen) Kosten fallen zwangsläufig an, um zunächst die abschöpfbare Bodenwerterhöhung festzustellen, wobei sich die Erhebung des Ausgleichsbetrags für die Gemeinde erst dann „rechnet", wenn die ermittelte Bodenwerterhöhung die Kosten der Erhebung des Ausgleichsbetrags (ausschließlich der Ermittlung der sanierungs- bzw. entwicklungsbedingten Bodenwerterhöhung und der anzurechnenden Beträge) übersteigt.

Im Ergebnis ist also festzustellen, dass die Gemeinde – unabhängig von der Höhe des **29** erhebbaren Ausgleichsbetrags – stets auf den Kosten seiner Ermittlung „sitzen bleibt" und es entscheidend auf die **Höhe des erhebbaren Ausgleichsbetrags im Verhältnis zu seinen Erhebungskosten ankommt.** Von daher empfiehlt es sich, die Höhe des erhebbaren Ausgleichsbetrags mit möglichst geringem Aufwand zu prüfen, wenn eine nur „geringfügige" Bodenwerterhöhung erwartet werden kann, deren Geltendmachung durch Erhebung des Ausgleichsbetrags noch nicht einmal die Erhebungskosten deckt (Abb. 3).

Abb. 3: Anwendung der Bagatellklausel

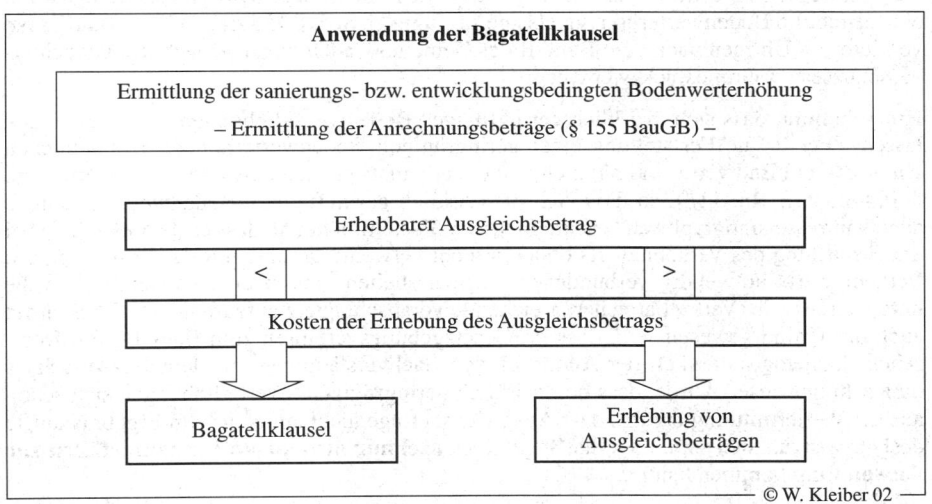

Im Hinblick auf die mit dem Absehen von der Erhebung von Ausgleichsbeträgen verbunde- **30** nen Einnahmeausfälle und die daraus resultierenden Folgen für die Überschussverteilung nach § 156a BauGB besteht die besondere Problematik bei der Anwendung der Bagatellklausel darin, dass **der Gemeinde bereits mit der gutachterlichen Ermittlung einer geringfügigen Bodenwerterhöhung nach Abs. 3 Nr. 1 nicht unerhebliche Kosten entstehen,** die im Falle des Absehens zu einer Verminderung des Überschusses führen. Verwaltungsökonomisch aber auch im Hinblick auf einen etwaigen Überschuss ist ein Absehen von der Festsetzung des Ausgleichsbetrags deshalb erst dann geboten, wenn allein die Kosten für die Erstellung und Zustellung des Ausgleichsbetrags einschließlich etwaiger Anwalts- und Gerichtskosten im Falle eines Widerspruchverfahrens (Beitreibungskosten) den erhebbaren Ausgleichsbetrag überschreiten. Demzufolge kann von der Erhebung des

---

6   Zu diesen Zusammenhängen Kleiber in ZfV 1986, 105 und Kleiber in Ernst/Zinkahn/Bielenberg, BauGB § 155 Rn. 92 ff.
7   Der Verwaltungsaufwand war Gegenstand verschiedener (älterer) Untersuchungen: Sten, BT-Prot. der 31. Sitzung des BT-Ausschusses vom 5. 11. 1974; Dt. Institut für Urbanistik, Planspiel zur Novellierung des BBauG, Berlin 1975; Hagedorn, Aufwands- und Ertragsanalyse (unveröffentlicht), 1985 Dörentrup
8   Schmidt in GuG 1999, 340
9   GPA Baden-Württemberg, Geschäftsbericht 1997/98, S. 70 ff.

Ausgleichsbetrags nach dem Wortlaut des Abs. 3 Nr. 2 nur abgesehen werden, wenn der Verwaltungsaufwand für die „Erhebung des Ausgleichsbetrags" in keinem Verhältnis zu der geringfügigen Bodenwerterhöhung steht, wobei die „Erhebung" nicht den Verwaltungsaufwand für die „Ermittlung" des Ausgleichsbetrags umfasst.

31   In der **Verwaltungspraxis der Stadt München** macht man von der Bagatellklausel demzufolge erst Gebrauch, wenn der zu erhebende Ausgleichsbetrag die Kosten der Ausfertigung und Zustellung des Ausgleichsbetrags einschließlich eines Zuschlags für ein etwaiges Widerspruchsverfahren (Beitreibungskosten) – unabhängig von dem sonstigen Verwaltungsaufwand – unterschreitet. Dies ist darin begründet, dass die Kosten für die Ermittlung des Ausgleichsbetrags in jedem Falle anfallen und sich von daher die Erhebung des Ausgleichsbetrags „lohnt", wenn mindestens die Beitreibungskosten gedeckt werden.

32   Das Gesetz fordert zwar eine **„gutachtliche" Ermittlung der geringfügigen Bodenwerterhöhung,** die jedoch nicht vom Gutachterausschuss für Grundstückswerte vorgenommen zu werden braucht; die Ermittlung muss nur fundiert sein. Die Entscheidung, wann eine ermittelte Bodenwerterhöhung als „geringfügig" i. S. d. § 155 Abs. 3 Nr. 1 BauGB ist, verbleibt im Übrigen nach dem BauGB der Gemeinde, auch wenn sie sich des Gutachterausschusses für Grundstückswerte bedient.

33   Hinzu kommt, dass sich „wirklich geringfügige" Bodenwerterhöhungen kaum feststellen lassen. Die für die Feststellung einer geringfügigen Bodenwerterhöhung maßgeblichen Anfangs- und Endwerte sind nämlich keine mathematisch exakt ermittelbaren Werte (vgl. § 194 BauGB Rn. 118), so dass sich die wirklich geringfügigen Bodenwerterhöhungen auch kaum „seismographisch" ermitteln lassen. Es kommt hinzu, dass es der Gemeinde bei der Ermittlung des Verkehrswerts ohnehin nicht verwehrt ist, „die mit der Ermittlung des Verkehrswerts notwendig verbundenen Ungewissheiten[10] durch eine vorsichtige, an die untere Grenze des Vertretbaren heranreichende Veranschlagung aufzufangen"[11]. Dies dürfte auch der Grund gewesen sein, dass im Gesetzgebungsverfahren zum BauGB vom Deutschen Städtetag anlässlich der Anhörung von Sachverständigen vor dem BT-Ausschuss darauf hingewiesen wurde, dass bei „wirklich geringfügigen" Werterhöhungen sich schon aus der Wertermittlung ergäbe, dass Ausgleichsbeträge nicht anfielen[12]. Im Ergebnis dürfte deshalb festzuhalten sein, dass die **Bagatellklausel nur in wenigen Ausnahmefällen zur Anwendung** kommen kann[13].

1.6.3   Unbillige Härte und öffentliches Interesse

34   Nach § 155 Abs. 4 BauGB kann die Gemeinde im Einzelfall ganz oder teilweise von der Ausgleichsbetragserhebung absehen, wenn dies

– im öffentlichen Interesse oder

– zur Vermeidung unbilliger Härte

geboten ist. Die **Freistellung** kann **auch** für den Fall vorgesehen werden, dass die Ausgleichsbetragspflicht noch nicht entstanden ist, d. h. **vor Abschluss des Sanierungsverfahrens** nach den §§ 162 f. BauGB. Es handelt sich hierbei um den Erlass des Ausgleichsbetrags, der grundsätzlich im Ermessen der Gemeinde steht. Das Ermessen ist hinsichtlich Ermessensüberschreitung und Ermessensfehlgebrauch gerichtlich nachprüfbar (§ 114 VwGO)[14]. Der Erlass steht in engem Zusammenhang mit den Bestimmungen des § 154 Abs. 5 Satz 1 bis 3 BauGB, nach denen ein festgesetzter Ausgleichsbetrag bei Unzumutbarkeit in ein Tilgungsdarlehen umzuwandeln ist, wenn dies aus den vorgenannten Gründen oder zur Vermeidung einer vom Ausgleichsbetragspflichtigen nicht zu vertretenden Unwirtschaftlichkeit der Grundstücksnutzung geboten ist. Ein Erlass wird von daher erst in Betracht gezogen werden können, wenn Billigkeitsgründe oder ein öffentliches Interesse eine völlige Freistellung durch Erlass des Ausgleichsbetrags erforderlich machen[15].

1.6.4 Erlass und Niederschlagung

Nach § 155 Abs. 5 BauGB finden die **landesrechtlichen Vorschriften über kommunale**   35
Beiträge einschließlich der Bestimmungen über die Stundung und den Erlass auf die
Erhebung von Ausgleichsbeträgen entsprechend Anwendung. Dies bedeutet, dass im Ein-
zelfall

– die Bestimmungen des Kommunalabgabengesetzes über den *Erlass* (§ 227 AO),
– die Bestimmungen über die *Niederschlagung* (§ 261 AO) und
– die Bestimmungen über die *Stundung*

zur Anwendung kommen können. Des Weiteren sind zu nennen die einschlägigen Vorschriften[16] über

– die Festsetzung von Säumniszuschlägen (§ 240 AO),
– die Festsetzungsverjährung (§§ 169 bis 171 AO),
– die Zahlungsverjährung (§§ 228 bis 232 AO),
– die Zahlung von Aussetzungszinsen (§ 236 AO) und
– die Zahlung von Erstattungszinsen (§ 236 AO).

1.6.5 Entfallen des Ausgleichsbetrags bei Sanierungsumlegungen nach Maßgabe des § 153 Abs. 5 BauGB (Abs. 2)

Nach § 155 Abs. 2 BauGB entfällt die Erhebung eines Ausgleichsbetrags, wenn eine Umle-   36
gung nach Maßgabe des § 153 Abs. 5 BauGB (Sanierungsumlegung) durchgeführt worden
ist. In diesen Fällen werden in Gebieten, die durch eine Sanierungsumlegung neu geordnet
wurden, die sanierungsbedingten Bodenwerterhöhungen nicht durch Ausgleichsbeträge,
sondern durch entsprechend „aufgestockte" Ausgleichsleistungen (§ 64 BauGB) abgeschöpft. Die Regelung ist darin begründet, dass mit der Durchführung einer Sanierungsumlegung neben den umlegungsbedingten auch die sonstigen sanierungsbedingten Werterhöhungen i. d. R. umfassend abgeschöpft werden. Die Umlegungsbeteiligten sollen deshalb darauf vertrauen können, dass es damit sein Bewenden hat und sie nicht nach
Abschluss der Sanierungsmaßnahme möglicherweise erneut zu weiteren zwischenzeitlich
eingetretenen Bodenwerterhöhungen herangezogen werden. Die Voraussetzungen wären
dafür ohnehin nur gegeben, wenn der **Sanierungsbebauungsplan nach Eintritt der**
Unanfechtbarkeit des Umlegungsplans, aber vor Abschluss der Sanierung geändert
wurde.

2 Ausgleichsbetragsermittlung (Abs. 1)

2.1 Allgemeines

Nach den vorstehenden Ausführungen bemisst sich der **Ausgleichsbetrag aus dem Unter-**   37
schied zwischen End- und Anfangswert, wobei es sich hierbei jeweils um den Bodenwert
des Grundstücks handelt.

---

10   BVerwG, Urt. vom 24. 11. 1978 – 4 C 56/76 –, EzGuG 15.9
11   OVG Lüneburg, Urt. vom 30. 10. 1986 – 6 A 32/85 –, EzGuG 15.50
12   MittDST Nr. 611/84 vom 23. 7. 1984
13   Hierzu: Kleiber in Ernst/Zinkahn/Bielenberg, BauGB § 155 Rn. 92 ff.
14   BVerwG, Urt. vom 10. 9. 1971 – 4 C 22/70 –, EzGuG 9.14
15   Kleiber. a. a. O. § 155 BauGB Rn. 146 ff.
16   Kleiber, a. a. O. § 155 BauGB Rn. 160 ff.

Abb. 4: **Ermittlung von Ausgleichsbeträgen nach den §§ 154 f. BauGB**

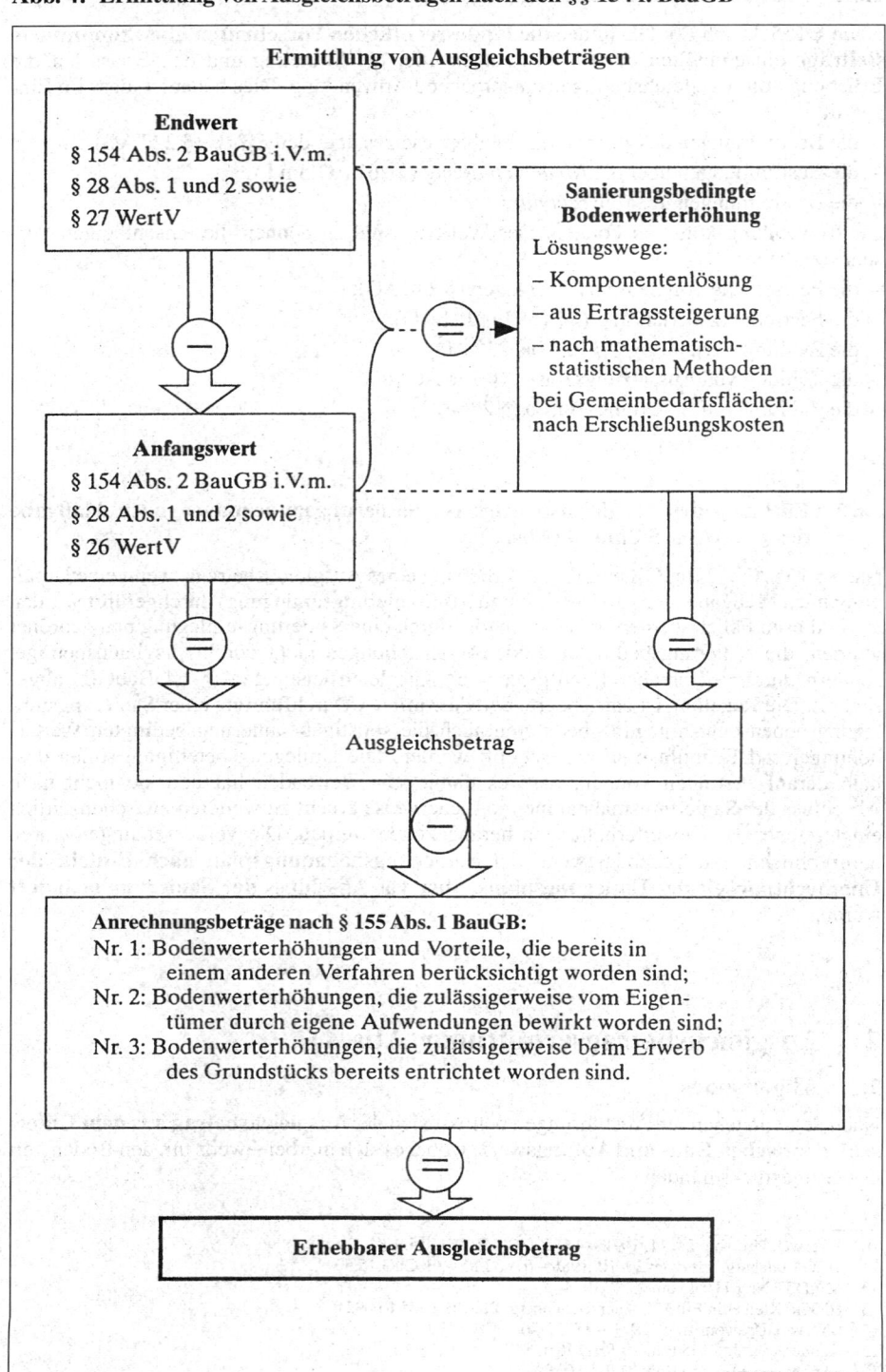

Ausgleichsbetrag AB = Endwert (EW) – Anfangswert (AW)

End- und Anfangswert sind jeweils auf den Zeitpunkt des Abschlusses der Sanierungs- oder Entwicklungsmaßnahme zu beziehen.

Wie bereits erläutert, definieren sich End- und Anfangswert (nach § 154 Abs. 2 BauGB) wie folgt: **38**

– **Anfangswert** ist der Bodenwert, der sich für das Grundstück ergeben würde, wenn eine Sanierung bzw. Entwicklung weder beabsichtigt, vorbereitet noch durchgeführt worden wäre.

– **Endwert** ist der Bodenwert, der sich für das Grundstück durch die rechtliche und tatsächliche Neuordnung des Sanierungsgebiets bzw. städtebaulichen Entwicklungsbereichs ergeben würde.

Zur **Unterscheidung des Anfangswerts von dem sanierungs- bzw. entwicklungsunbeeinflussten Bodenwert** wird nochmals auf § 26 Rn. 4 verwiesen. **39**

Der sich aus dem Unterschied zwischen End- und Anfangswert ergebende Ausgleichsbetrag ist um die sich nach Maßgabe des § 155 Abs. 1 BauGB bemessenden **Anrechnungsbeträge** zu vermindern (Abb. 4). **40**

Anfangs- und Endwert sind nach dem Vorhergesagten jeweils die Bodenwerte des Grundstücks. Soweit es sich hierbei um ein bebautes Grundstück handelt, beantwortet sich die Frage, wie der Bodenwert zu ermitteln ist, nach Abs. 3 Satz 1. Generell ist danach als Anfangs- und Endwert jeweils der **Wert des Bodens ohne Bebauung durch Vergleich mit dem Wert unbebauter Grundstücke** zu ermitteln. Dieser Grundsatz entspricht den Vorschriften des BauGB und der Systematik der WertV: **41**

– Nach § 196 Abs. 1 Satz 2 BauGB sind Bodenrichtwerte in bebauten Gebieten mit dem Wert zu ermitteln, der sich ergeben würde, wenn das Grundstück unbebaut wäre.

– Nach § 9 Abs. 3 WertV sind Bodenpreisindexreihen aus Kaufpreisen unbebauter Grundstücke abzuleiten.

– Das Ertragswertverfahren geht in seinem Aufbau von einem wertbeständigen Grund und Boden aus und sieht nur für besondere Fälle eine davon abweichende Bodenwertermittlung vor.

Dass als Anfangs- und Endwert jeweils nur der Bodenwert zu ermitteln ist, bedeutet nicht, dass die **Bebauung des Sanierungsgebiets bzw. Entwicklungsbereichs** unberücksichtigt bleibt. Als lagebestimmende Zustandsmerkmale ist die Bebauung vielmehr sowohl bei der Ermittlung des Anfangswerts als auch der des Endwerts in allerdings unterschiedlicher Weise zu berücksichtigen: **42**

– Die Bebauung des Sanierungsgebiets bzw. Entwicklungsbereichs im sanierungs- bzw. entwicklungsbedürftigen Zustand ist der Ermittlung des Anfangswerts zu Grunde zu legen.

– Die Bebauung des Sanierungsgebiets bzw. Entwicklungsbereichs auf Grund der rechtlichen und tatsächlichen Neuordnung ist dagegen der Ermittlung des Endwerts zu Grunde zu legen.

Nach § 154 Abs. 2 BauGB bemisst sich der Ausgleichsbetrag aus dem **Unterschied zweier unabhängig zu ermittelnder Bodenwerte** des Grundstücks, nämlich dem Endwert und dem Anfangswert. Anfangs- und Endwert unterscheiden sich um die sanierungs- bzw. entwicklungsbedingte Bodenwerterhöhung, die Gegenstand der Ausgleichsbetragserhebung ist. In vielen Fällen kann die sanierungsbedingte Bodenwerterhöhung auf direktem Wege sicherer abgeleitet werden als aus dem Unterschied zwischen End- und Anfangswert. **43**

Grundsätzlich lassen sich damit **zwei methodisch unterschiedliche Verfahrenswege** zur Bemessung des Ausgleichsbetrags unterscheiden (Abb. 5). **44**

Abb. 5: Verfahrenswege der Ermittlung von Ausgleichsbeträgen (Grundsätzliches)

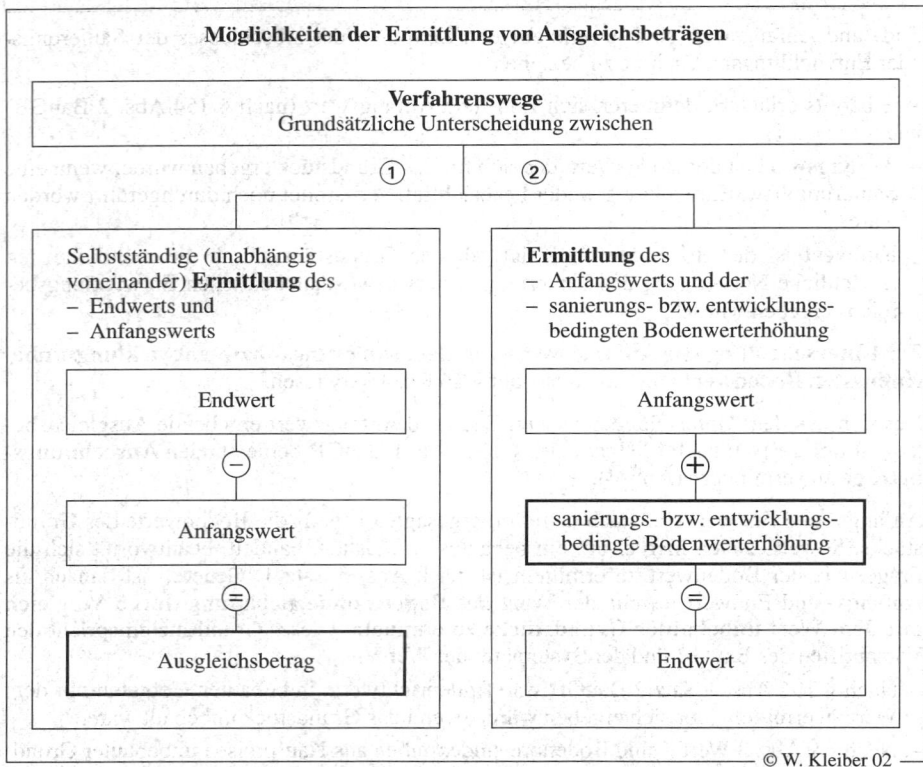

1. Ermittlung des Ausgleichsbetrags aus dem Unterschied zwischen dem *unabhängig von-einander ermittelten End- und Anfangswert* entsprechend der Verfahrensvorgabe des § 154 Abs. 2 BauGB
2. Ermittlung des Ausgleichsbetrags auf direktem Weg aus der *sanierungs- bzw. entwick-lungsbedingten Bodenwerterhöhung,* wobei sich damit auch Anfangs- oder Endwert ableiten lassen, wenn einer dieser Werte bekannt ist:

    Anfangswert
  + Sanierungs- bzw. entwicklungsbedingte Bodenwerterhöhung
  ───
  = Endwert

45   Bei enger Auslegung des § 154 Abs. 2 BauGB wäre der zuletzt genannte Verfahrensweg nicht zulässig, selbst dann nicht, wenn von ihm eine höhere Ermittlungsgenauigkeit erwartet werden kann. Dies aber kann nicht dem gesetzgeberischen Willen entsprechen. Deshalb wird nach der hier vertretenen Auffassung auch der zweite Verfahrensweg als zulässig angesehen. **Es kann auch nicht gefordert werden, dass die sanierungs- bzw. entwicklungsbedingte Werterhöhung aufgeschlüsselt** nach den einzelnen werterhöhenden Sanierungs- und Entwicklungsmaßnahmen nachgewiesen **wird,** wenn eine gesamtheitliche Wertermittlungsmethode sachgerechter ist (vgl. § 27 WertV Rn. 21)[17].

46   Der **Ausgleichsbetrag bemisst sich nicht nach den Kosten der Sanierung oder Entwicklung,** sondern nach der Bodenwerterhöhung des Grundstücks[18].

2.2 Wertermittlungsstichtag (Abs. 2)

Der maßgebliche Wertermittlungsstichtag für die Ermittlung des End- und Anfangswerts **47**
ergibt sich aus Abs. 2[19]. Danach sind **Anfangs- und Endwert** aber auch die nach § 155
Abs. 1 BauGB anzurechnenden Beträge **bezogen auf denselben Zeitpunkt zu ermitteln.**
Wertermittlungsstichtag ist der Zeitpunkt des Abschlusses der städtebaulichen Sanie-
rungs- oder Entwicklungsmaßnahme nach § 162 und § 163 BauGB (ggf. i. V. m. § 169
Abs. 1 Nr. 8 BauGB). Entsprechendes gilt auch für Anpassungsgebiete i. S. d. § 170
BauGB. Wertermittlungsstichtag ist danach

a) in den Fällen einer *Aufhebung der Sanierungs- bzw. Entwicklungssatzung* nach § 162
   BauGB der Zeitpunkt des In-Kraft-Tretens der Satzung, mit der die Sanierungs- bzw.
   Entwicklungssatzung aufgehoben wird (§ 162 Abs. 2 Satz 5 BauGB);

b) in den Fällen einer *Abgeschlossenheitserklärung für einzelne Grundstücke* nach § 163
   Abs. 1 und 2 BauGB der Zeitpunkt der Abschlusserklärung.

Die zitierten Vorschriften haben folgende Fassung: **48**

„§ 162 BauGB
Aufhebung der Sanierungssatzung

(1) Die Sanierungssatzung ist aufzuheben, wenn

1. die Sanierung durchgeführt ist oder

2. die Sanierung sich als undurchführbar erweist oder

3. die Sanierungsabsicht aus anderen Gründen aufgegeben wird.

Sind diese Voraussetzungen nur für einen Teil des förmlich festgelegten Sanierungsgebiets gegeben, ist die Satzung
für diesen Teil aufzuheben.

(2) Der Beschluss der Gemeinde, durch den die förmliche Festlegung des Sanierungsgebiets ganz oder teilweise aufgehoben wird, ergeht als Satzung. Die Satzung ist ortsüblich bekannt zu machen. Die Gemeinde kann auch ortsüblich
bekannt machen, dass eine Satzung zur Aufhebung der förmlichen Festlegung des Sanierungsgebiets beschlossen
worden ist; § 10 Abs. 3 Satz 2 bis 5 ist entsprechend anzuwenden. Mit der Bekanntmachung wird die Satzung rechtsverbindlich.

(3) Die Gemeinde ersucht das Grundbuchamt, die Sanierungsvermerke zu löschen.

§ 163 BauGB
Fortfall von Rechtswirkungen für einzelne Grundstücke

(1) Die Gemeinde kann die Sanierung für ein Grundstück als abgeschlossen erklären, wenn entsprechend den Zielen
und Zwecken der Sanierung

1. das Grundstück bebaut ist oder in sonstiger Weise genutzt wird oder

2. das Gebäude modernisiert oder instand gesetzt ist.

Auf Antrag des Eigentümers hat die Gemeinde die Sanierung für das Grundstück als abgeschlossen zu erklären.

(2) Die Gemeinde kann bereits vor dem in Absatz 1 bezeichneten Zeitpunkt die Durchführung der Sanierung für einzelne Grundstücke durch Bescheid an die Eigentümer für abgeschlossen erklären, wenn die den Zielen und Zwecken
der Sanierung entsprechende Bebauung oder sonstige Nutzung oder die Modernisierung oder Instandsetzung auch
ohne Gefährdung der Ziele und Zwecke der Sanierung zu einem späteren Zeitpunkt möglich ist. Ein Rechtsanspruch
auf Abgabe der Erklärung besteht in diesem Fall nicht.

(3)…"

Ist der Ausgleichsbetragsermittlung ein **falscher Wertermittlungsstichtag** zu Grunde   **49**
gelegt worden, ohne dass sich dies auf das Ergebnis auswirkt, verbleibt es im Übrigen bei
der Bestandskraft des Ausgleichsbetragsbescheids[20].

---

17 VG Hannover, Urt. vom 20. 1. 1988 – 4 A 13/86 –, EzGuG 15.59; LG Osnabrück, Urt. vom 18. 10. 1987 – 50
    5/85 und 15/85 –, EzGuG 15.55; VG Bremen, Urt. vom 19. 5. 1993 – 1 A 153/84 –, GuG 1994, 59 = EzGuG
    15.76.

18 OVG Münster, Beschl. vom 23. 11. 1987 – 22 B 2787/87 –, EzGuG 15.57

19 Die Vorschrift entspricht § 2 Abs. 2 und § 10 Abs. 2 der mit In-Kraft-Treten des BauGB aufgehobenen Aus-
    gleichsbetragsverordnung vom 6. 2. 1976 (BGBl. I 1976, 273).

20 VG Lüneburg, Urt. vom 15. 8. 1984 – 11 A 70/83 –, Die Gemeinde 1984, 326 = EzGuG 15.3

50   Der Zeitpunkt des Abschlusses der Sanierungsmaßnahme ist auch dann Wertermitt-lungsstichtag, wenn die Sanierungsarbeiten schon zu einem früheren Zeitpunkt abge-schlossen sind[21].

2.3   Ermittlung des End- und Anfangswerts

2.3.1   Übersicht

51   § 28 Abs. 1 WertV enthält eine § 154 Abs. 2 BauGB ergänzende Vorschrift zur Ermittlung des Anfangs- und Endwerts. Danach sind die Bestimmungen

– des § 26 über die Ermittlung des sanierungs- bzw. entwicklungsunbeeinflussten Grund-stückswerts i. S. d. § 153 Abs. 1 BauGB auf die Ermittlung des Anfangswerts und

– des § 27 über die Ermittlung des Neuordnungswerts i. S. d. § 153 Abs. 4 BauGB auf die Ermittlung des Endwerts

anzuwenden. Auf die **Erläuterungen zu § 26 und § 27** kann verwiesen werden.

52   Die Vorschriften finden allerdings nur „entsprechend" Anwendung, weil es bei der Ermitt-lung des Anfangs- und Endwerts jeweils um die Ermittlung des Bodenwerts geht, während der sanierungs- bzw. entwicklungsunbeeinflusste Grundstückswert und der Neuordnungs-wert das gesamte Grundstück einschließlich einer vorhandenen Bebauung betrifft. Zudem sind bei der Ermittlung des sanierungs- bzw. entwicklungsunbeeinflussten Grundstücks-werts die vom Eigentümer **durch eigene Aufwendungen selbst bewirkten Werter-höhungen** mitzuberücksichtigen, während sie bei der Ermittlung des Ausgleichsbetrags gemäß § 155 Abs. 1 BauGB auf den Unterschiedsbetrag aus End- und Anfangswert **anzu-rechnen** sind – mithin **bei der Ermittlung des Anfangswerts unberücksichtigt** bleiben müssen.

53   Das OVG Münster hat im Urt. vom 9. 4. 1990[22] festgestellt, dass der Gemeinde bei der Ermittlung der für die Anfangs- und Endwerte maßgeblichen Faktoren ein **„Schätzungs-spielraum hinsichtlich des Umfangs der durch diese Faktoren bewirkten Erhöhung oder Minderung des Bodenwerts zur Verfügung"** stehe, unabhängig davon, ob sie sich hierbei auf ein Sachverständigengutachten stützt oder die Entscheidungsgrundlagen selbst ermittelt. Denn Anfangs- und Endwert ließen sich nicht einfach „ausrechnen" oder in ihrer Höhe einer Tabelle entnehmen, sondern gingen aus einem Ermittlungsverfahren hervor, das zumindest praktisch vielfältig Gelegenheit biete, so oder anders vorzugehen[23]. Dies muss auch für den Gutachterausschuss oder einen sonstigen Sachverständigen gelten, denn Anfangs- und Endwerte sind wie andere Verkehrswerte keine mathematisch exakt ermittel-baren Größen, wie in der höchstrichterlichen Rechtsprechung wiederholt festgestellt wurde. Aus diesem Grunde darf bei einer unwesentlichen Überschreitung des sanierungs-unbeeinflussten Grundstückswerts die sanierungsrechtliche Preisprüfung nach § 145 i. V. m. § 153 Abs. 2 BauGB nicht zur Versagung der Genehmigung führen. Im Anschluss an die hierzu ergangene Rechtsprechung hat das OVG Lüneburg[24] hierzu festgestellt, dass es der Gemeinde nicht verwehrt werden könne, im Rahmen der Ermittlung des Ausgleichs-betrags die mit der Ermittlung des Verkehrswerts verbundenen Ungewissheiten durch eine vorsichtige, an die untere Grenze des Vertretbaren heranreichende Veranschlagung aufzu-fangen. Rechtlich und rechtspolitisch bedenklich wäre es indessen, wenn im Hinblick auf eine „unsichere" Wertermittlung deshalb – quasi automatisch – der Anfangswert durch einen Wertzuschlag „aufgestockt" und der Endwert mit einem Wertabschlag versehen wird[25].

54   **Fazit:** Die Vorschriften der **§§ 26 und 27 WertV finden entsprechend auf die Ermittlung des Anfangs- und Endwerts Anwendung, wobei folgende Unterschiede zu beachten sind:**

a) Anfangs- und Endwerte sind lediglich die Bodenwerte des Grundstücks, d. h., die Bebauung des Grundstücks bleibt außer Betracht.

b) Anfangs- und Endwerte sind auf die durch § 28 Abs. 2 vorgegebenen Wertermittlungsstichtage (vgl. Rn. 47) zu beziehen.

c) Bei der Ermittlung des Anfangswerts bleiben die nach § 155 Abs. 1 BauGB anzurechnenden Beträge (vgl. Rn. 9) unberücksichtigt; die sog. externen Effekte (vgl. § 26 WertV Rn. 63 ff.) gehen indessen in den Anfangswert ein, weil die darauf zurückgehenden Bodenwerterhöhungen nicht abschöpfungsfähig sind.

d) Bei der Ermittlung des Endwerts kann die rechtliche und tatsächliche Neuordnung des Sanierungsgebiets „voll" berücksichtigt werden; die Berücksichtigung einer Wartezeit bis zum Abschluss der Sanierungsmaßnahmen im gesamten Sanierungsgebiet ist nur in den Fällen

 – der vorzeitigen Festsetzung des Ausgleichsbetrags nach § 154 Abs. 3 Satz 3 BauGB (wie im Falle einer Ablösung nach § 154 Abs. 3 Satz 2 BauGB) und

 – der vorzeitigen Entlassung aus der Sanierungsmaßnahme nach § 163 BauGB

 erforderlich. Externe Effekte sind in die Ermittlung des Endwerts einzubeziehen, wenn sie auch bei der Ermittlung des Anfangswerts berücksichtigt worden sind.

e) Die nach § 155 Abs. 1 BauGB anzurechnenden Bodenwerterhöhungen bedürfen der Anpassung an den Wertermittlungsstichtag nach § 28 Abs. 2 WertV.

2.3.2 Anfangswert

2.3.2.1 Allgemeines

▸ *Vgl. die entsprechend anwendbaren Erläuterungen zu § 26 WertV Rn. 44 ff. und 63 ff. und zu Vergleichspreisen aus der Nachbargemeinde § 13 WertV Rn. 39* **55**

Der maßgebliche Grundstückszustand unter Ausschluss der sanierungsbedingten Bodenwerterhöhungen muss zunächst deskriptiv nach den Verhältnissen qualifiziert werden, als noch keine Aussicht auf die Vorbereitung und Durchführung der Sanierungs- bzw. Entwicklungsmaßnahme bestand. Entsprechendes gilt für die Ermittlung des Anfangswerts in städtebaulichen Entwicklungsbereichen. In der Praxis wird hierfür der **Zeitpunkt des beginnenden Sanierungs- bzw. Entwicklungseinflusses** festgestellt werden (vgl. § 26 Rn. 44 ff.). **56**

Im Verlauf der Sanierungs- oder Entwicklungsmaßnahmen eingetretene qualitative Verbesserungen, die zu Bodenwerterhöhungen geführt haben, sind bei der Qualifizierung des Anfangswertzustands nur zu berücksichtigen, wenn sie nicht in kausalem Zusammenhang mit der Sanierungs- oder Entwicklungsmaßnahme gestanden haben. Dies betrifft Maßnahmen außerhalb des Sanierungsgebiets oder Entwicklungsbereichs, wobei an die Berücksichtigung solcher **externen Effekte** enge Anforderungen zu stellen sind. Denn grundsätzlich kann davon ausgegangen werden, dass alle im Sanierungsgebiet oder im städtebaulichen Entwicklungsbereich durchgeführten Maßnahmen erst durch die städtebauliche Veranstaltung ermöglicht und ausgelöst worden sind (condicio sine qua non). **57**

---

21 OVG Lüneburg, Urt. vom 28. 9. 1995 – 1 L 159/94 –, Revision: BVerwG, Urt. vom 12. 12. 1995 – 4 B 281/95 –, GuG 1996, 109 = NVwZ-RR 1996, 629 = BRS Bd. 57 Nr. 258 = BBauBl. 1996, 321 = ZfBR 1996, 114 = BauR 1999, 219 = UPR 1996, 113; vgl. VG Schleswig, Urt. vom 15. 2. 1993 – 8 A 200/89 –, GuG 1993, 316 = EzGuG 15.75

22 OVG Münster, Urt. vom 9. 4. 1990 – 22 A 1185/89 –, GuG 1991, 31 = EzGuG 15.67

23 So schon VG Münster, Urt. vom 18. 2. 1988 – 3 K 2268/85 –, EzGuG 15.60, dem allerdings nicht gefolgt werden kann (vgl. Ernst/Zinkahn/Bielenberg, BauGB, Komm. zu Vorbem. WertV Rn. 23 f.)

24 OVG Lüneburg, Urt. vom 30. 10. 1986 – 6 A 32/85 –, EzGuG 15.50

25 VG Münster, Urt. vom 18. 2. 1988 – 3 K 2268/58 –, GuG 1991, 31 = EzGuG 15.60

58   Ist der für die Ermittlung des Anfangswerts maßgebliche Zustand des Grund und Bodens nach den vorstehenden Grundsätzen qualifiziert, lässt sich der Anfangswert bei **Anwendung des Vergleichswertverfahrens** ermitteln, indem gemäß

- § 13 Abs. 1 und 2 eine genügende Anzahl von Vergleichspreisen für hinreichend übereinstimmende Vergleichsgrundstücke herangezogen werden und
- Abweichungen hinsichtlich des Zustands des Grund und Bodens sowie der allgemeinen Wertverhältnisse auf dem Grundstücksmarkt nach Maßgabe des § 14 berücksichtigt werden.

59   Zur Frage der **Eignung von Vergleichspreisen** bestimmt § 26 Abs. 1 Satz 1 ergänzend, dass diese möglichst **von Grundstücken aus Gebieten** heranzuziehen sind, **die** neben den allgemeinen wertbeeinflussenden Umständen (§§ 4 und 5) auch **hinsichtlich ihrer städtebaulichen Missstände mit dem förmlich festgelegten Sanierungsgebiet oder städtebaulichen Entwicklungsbereich vergleichbar sind,** für die jedoch in absehbarer Zeit eine Sanierung oder Entwicklung nicht erwartet wird. Was dabei als städtebauliche Missstände anzusehen ist, ergibt sich aus § 136 Abs. 2 und 3 BauGB.

60   Bezüglich der **Heranziehung von Vergleichspreisen aus dem Gebiet, in dem das Grundstück liegt,** für das der Anfangswert ermittelt werden soll (Belegenheitsgebiet), erfährt der „entsprechend" anzuwendende § 26 Abs. 1 Satz 2 eine Umkehrung des nach § 13 Abs. 1 Satz 2 allgemein geltenden Regel-Ausnahme-Verhältnisses: Sucht man danach bei der Verkehrswertermittlung Vergleichspreise möglichst aus dem Belegenheitsgebiet heranzuziehen, so ist dies bei der Ermittlung des Anfangswerts nur zulässig, wenn die Kaufpreise oder Ertragsverhältnisse nicht von sanierungs- oder entwicklungsbedingten Umständen beeinflusst sind oder ihr Einfluss erfasst werden kann. Diese Vorgabe ist darin begründet, dass die in einem Sanierungsgebiet oder städtebaulichen Entwicklungsbereiche gelegenen Grundstücke unter dem Einfluss der städtebaulichen Maßnahme stehen.

2.3.2.2   Eigene Bodenwerterhöhungen

▸ *Zur Anrechnung auf den Ausgleichsbetrag vgl. § 28 WertV Rn. 231 ff.; zur Berücksichtigung nach § 153 Abs. 1 BauGB vgl. § 26 WertV Rn. 66 ff.*

61   Im Unterschied zu der Ermittlung des sanierungs- oder entwicklungsunbeeinflussten Grundstückswerts nach § 153 Abs. 1 BauGB i.V.m. § 26 WertV bleiben bei der **Ermittlung des Anfangswerts** unberücksichtigt:

1. die durch die Sanierung entstandenen Vorteile oder Bodenwerterhöhungen, die bereits in einem anderen Verfahren, insbesondere in einem Enteignungsverfahren berücksichtigt worden sind,

2. die vom Eigentümer zulässigerweise selbst durch eigene Aufwendungen bewirkten Bodenwerterhöhungen sowie die auf Grund eines städtebaulichen Vertrags nach § 146 Abs. 3 BauGB ihm zu erstattenden Kosten,

3. Bodenwerterhöhungen, die der Eigentümer beim Erwerb des Grundstücks als Teil des Kaufpreises zulässigerweise bereits entrichtet hat.

62   Es handelt sich hierbei um **Anrechnungsbeträge i.S.d. § 155 Abs. 1 BauGB,** die an Stelle ihrer Berücksichtigung „im" Anfangswert auf den Ausgleichsbetrag anzurechnen sind. Diese zumeist bereits zu einem zurückliegenden Zeitpunkt erbrachten Leistungen, mit denen die sanierungs- bzw. entwicklungsbedingte Bodenwerterhöhung teilweise abgegolten worden ist, müssen in diesem Fall zum Zwecke ihrer Anrechnung auf den Ausgleichsbetrag ggf. auf die allgemeinen Wertverhältnisse auf dem Grundstücksmarkt umgerechnet werden, die der Bemessung des Ausgleichsbetrags zu Grunde zu legen sind (vgl. Rn. 231 ff.).

2.3.2.3   Planungsschaden

▶ *Hierzu bereits § 26 WertV Rn. 26 ff. sowie Rn. 195 ff. und Grundsätzliches bei § 29 Rn. 14 ff.*

Eine Besonderheit bei der Qualifizierung des für den Anfangswert maßgeblichen Grund-   **63**
stückszustands kann sich in den Fällen ergeben, in denen das **Grundstück Gegenstand
einer Planung war, die einen Planungsschaden i. S. d. §§ 39 ff. BauGB ausgelöst hat.**
Es kann sich hierbei um einen Planungsschaden handeln,

– der seine Ursachen noch vor förmlicher Festlegung des Veranstaltungsgebiets und sogar
  noch vor dem Zeitpunkt hatte, als eine Aussicht auf die Sanierung bzw. Entwicklung
  bestand und die bislang (noch) nicht zu einer Entschädigung geführt hatte, oder
– der auf den im Verlauf der Sanierungs- bzw. Entwicklungsmaßnahme aufgestellten
  Bebauungsplan zurückzuführen ist.

In beiden Fällen ist bei **Ermittlung des Anfangswerts der „herabgezonte" Grund-   64
stückszustand** zu Grunde zu legen, unabhängig davon, ob der Planungsschaden geltend
gemacht worden ist oder noch geltend gemacht werden kann. Das Ausgleichsbetragsrecht
geht diesbezüglich von einer Trennung des Ausgleichsbetrags- und Planungsschadensrechts aus (vgl. § 26 WertV Rn. 26 ff.) Von einem „herabgezonten" Grundstückszustand ist
bei der Ermittlung des Anfangswerts auch auszugehen, wenn eine zulässige Nutzung geändert oder aufgehoben wurde, weil sie

a) den allgemeinen Anforderungen an gesunde Wohn- und Arbeitsverhältnisse oder an die
   Sicherheit der auf dem Grundstück oder im umliegenden Gebiet wohnenden oder arbeitenden Menschen nicht entsprach, oder
b) in dem Gebiet städtebauliche Missstände i. S. d. § 136 Abs. 2 und 3 BauGB bestanden
   und die Nutzung des Grundstücks zu diesen Missständen wesentlich beigetragen hat.

Dies ergibt sich aus **§ 43 Abs. 4 BauGB, nach dem** darauf zurückzuführende **Bodenwert-   65
minderungen entschädigungslos hinzunehmen sind.** Würde man nämlich diese Bodenwertminderung bei der Ermittlung des Anfangswerts außer Betracht lassen, so würde sich
der Anfangswert erhöhen und der Ausgleichsbetrag entsprechend vermindern, was einer
Entschädigung gleichkäme.

Die unter Buchstabe b genannte Voraussetzung für eine **entschädigungslos hinzuneh-   66
mende Änderung oder Aufhebung einer zulässigen Nutzung** ist für die im Sanierungsgebiet gelegenen Grundstücke regelmäßig gegeben, denn städtebauliche Missstände sind
zugleich Voraussetzung für die förmliche Festlegung. Insoweit kann ein zu entschädigender Planungsschaden i. d. R. nicht auftreten; lediglich wenn die Nutzung des einzelnen
Grundstücks nicht „wesentlich" zu den städtebaulichen Missständen beigetragen hat, verbleibt es bei einem Entschädigungsanspruch.

2.3.3   Endwert

2.3.3.1   Allgemeines

Nach den vorstehenden Erläuterungen definiert sich der Endwert als der **Bodenwert unter   67
Berücksichtigung der rechtlichen und tatsächlichen Neuordnung des Sanierungsgebiets bzw. Entwicklungsbereichs**, bezogen auf die allgemeinen Wertverhältnisse **zum Zeitpunkt des Abschlusses der Sanierungs- bzw. Entwicklungsmaßnahme** (vgl. Rn. 47).

Der **Wertermittlungsstichtag,** d. h. der Zeitpunkt, auf den sich die Ermittlung des End-   68
werts bezieht, ergibt sich wiederum aus Abs. 2 Satz 2. Es handelt sich hierbei um denselben
Wertermittlungsstichtag, der auch für die Ermittlung des Anfangswerts maßgebend ist. Da
die rechtliche und tatsächliche Neuordnung nach den gesetzlichen Voraussetzungen für den
Abschluss der Sanierungs- und Entwicklungsmaßnahme durchgeführt sein muss, besteht

für die Ermittlung des Endwerts grundsätzlich Identität bezüglich des Zeitpunkts, der hier für die Feststellung des Zustands und der allgemeinen Wertverhältnisse auf dem Grundstücksmarkt anzuhalten ist.

69   Auf die Ermittlung des Endwerts kommen ansonsten die allgemeinen Wertermittlungsgrundsätze zur Anwendung. Die Ermittlung ist i. d. R. unproblematisch, weil die Ermittlung des Endwerts zum Zwecke der Erhebung von Ausgleichsbeträgen – anders als bei vorzeitiger Festsetzung oder zum Zwecke der Ablösung – zu einem Zeitpunkt vorgenommen wird, in dem die tatsächliche und rechtliche Neuordnung (zumindest weitgehend) bereits realisiert ist und sich die Ermittlung sowohl hinsichtlich des maßgeblichen Grundstückszustands als auch der allgemeinen Wertverhältnisse den tatsächlichen Gegebenheiten eines gegenwartsnahen Wertermittlungsstichtags entspricht. Insofern handelt es sich hier um **Normalfälle der Wertermittlungspraxis**. Besonderheiten können sich dagegen insofern ergeben, als es sich bei den sanierten oder neuentwickelten Grundstücken möglicherweise um singuläre Bereiche im Gemeindegebiet handelt, wobei Unterschiede zu den dem am nächsten kommenden Vergleichsgrundstück – wie sonst auch – durch Zu- und Abschläge zu berücksichtigen sind.

70   Bei der Ermittlung von Endwerten für städtebauliche Entwicklungsbereiche kann hinzukommen, dass das neu entwickelte Gebiet noch nicht die gewachsene Struktur der Vergleichsgebiete aufweist. Die Gemeinde hat zwar nach § 166 BauGB die Bebauung zu sichern. Gleichwohl kann ein solches Gebiet zum Zeitpunkt des Abschlusses noch viele **Baulücken** aufweisen und demzufolge auch noch unter einer zwar im Entstehen begriffenen, aber zu diesem Zeitpunkt noch nicht vorhandenen infrastrukturellen Versorgung „leiden". In der Wertermittlungspraxis ist anerkannt, in solchen Fällen sog. **Pionierabschläge** anzubringen, wenn von Vergleichspreisen aus gewachsenen Gebieten ausgegangen wird (vgl. § 27 Rn. 38).

71   **Grundsätzlich ist bei der Ermittlung des Endwerts auch bei bebauten Grundstücken vom Bodenwert des unbebaut gedachten Grundstücks auszugehen** (vgl. Rn. 98, 182).

72   Ausgangspunkt der Ermittlung des Endwerts ist die **Qualifizierung des Grund und Bodens im Neuordnungszustand**, wie er mit § 154 Abs. 2 BauGB i. V. m. § 27 WertV vorgegeben ist. Die Ausführungen bei § 27 Rn. 19 ff. gelten hierfür entsprechend, wobei es hier lediglich um den Bodenwert geht. Die vom Eigentümer oder Voreigentümer zulässigerweise bewirkten Bodenwerterhöhungen sind bei der Ermittlung des Endwerts zunächst zu berücksichtigen; sie werden später gemäß § 155 Abs. 1 BauGB auf den Ausgleichsbetrag angerechnet.

73   Bei der Ermittlung des Endwerts bestimmen sich – wie bereits ausgeführt wurde – sowohl der **Zustand des Grundstücks** wie auch die maßgeblichen allgemeinen Wertverhältnisse auf dem Grundstücksmarkt nach dem Zeitpunkt des Abschlusses der Sanierung. Die Wertermittlung kann sich an den **zu diesem Zeitpunkt vorhandenen tatsächlichen Verhältnissen** orientieren, wenn die Sanierungsmaßnahme durch Aufhebung der förmlichen Festlegung des Sanierungs*gebiets* nach § 162 BauGB abgeschlossen ist. Werterhöhungen, die auf Maßnahmen zurückzuführen sind, die aus allgemeinen städtebaulichen Gründen außerhalb des Sanierungsgebiets durchgeführt worden sind und zu einer Werterhöhung der Grundstücke im Sanierungsgebiet beigetragen haben, z. B. der Bau einer U-Bahn am Rande des Sanierungsgebiets, dürfen bei der Ermittlung des Endwerts nur berücksichtigt werden, wenn sie auch in den Anfangswert eingegangen sind (§ 26 WertV Rn. 48). Dies betrifft jedoch nur solche Maßnahmen, die auch durchgeführt worden wären, wenn keine Sanierungsmaßnahme stattgefunden hätte. Solche sog. externen Effekte sind nach der Gesamtkonzeption des Gesetzes nicht abschöpfungsfähig, wenn sie nicht sanierungsbegingt sind. Externe Effekte müssen ebenso wie aus allgemeinen städtebauliche Entwicklungen – anders als bei der Bemessung des Neuordnungswerts nach § 27 – außer Betracht bleiben, denn die Abschöpfung sanierungsbedingter Bodenwerterhöhungen ist nach der bodenpolitischen Konzeption auf solche bodenwerterhöhenden Maßnahmen beschränkt, die ursächlich aus der Sanierung oder Entwicklung resultieren; das Gleiche gilt für die sog. **konjunkturellen Werterhöhungen,** die allein aus Änderungen in den allgemeinen Wertverhältnissen auf dem Grundstücksmarkt resultieren.

Für die **Ermittlung des Endwerts** kommt, wie für die Ermittlung des Anfangswerts, vor **74** allem das **Vergleichswertverfahren** (§§ 13 f. WertV) in Betracht. Der Endwert wird dabei aus **Kaufpreisen (bzw. Bodenrichtwerten i. S. d. § 196 Abs. 1 Satz 5 BauGB) vergleichbarer unbebauter Grundstücke** abgeleitet (§ 13 Abs.1). Die Grundstücke sollen hinsichtlich der durch die Sanierungs- bzw. Entwicklungsmaßnahme herbeigeführten Aufwertungen des Sanierungsgebiets bzw. Entwicklungsbereichs, sowie der grundstücksspezifischen Besonderheiten mit dem zu wertenden Grundstück möglichst übereinstimmen, insbesondere hinsichtlich der Festsetzungen über die zulässige bauliche oder sonstige Nutzung (Art und Maß der Nutzung), der Lage und Erschließung des Grundstücks innerhalb des neugestalteten Gebiets, der rechtlichen Beschränkungen sowie der Form und Größe. Soweit die herangezogenen Vergleichsgrundstücke hinsichtlich der ihren Wert beeinflussenden Umstände von dem zu wertenden Grundstück abweichen, ist dies wiederum nach § 14 durch angemessene Zu- oder Abschläge zu den Vergleichspreisen zu berücksichtigen (qualifizierender Quervergleich). Vergleichspreise aus zurückliegender Zeit sind – um zwischenzeitlich eingetretene Änderungen in den allgemeinen Wertverhältnissen (sog. „konjunkturbedingte" Bodenwertänderungen) zu „neutralisieren" – auf die Wertverhältnisse zum Wertermittlungsstichtag ggf. mit Hilfe von Bodenpreisindexreihen umzurechnen (intertemporärer Preisvergleich).

Zum Vergleich können auch geeignete **Kaufpreise** herangezogen werden, **die sich auf im** **75** **Sanierungsgebiet bzw. Entwicklungsbereich belegene Grundstücke beziehen,** denn zum Zeitpunkt des Abschlusses einer Sanierungsmaßnahme können bereits Umlegungsverfahren abgeschlossen und Grundstücke zum Verkehrswert nach § 153 Abs. 4 oder § 169 Abs. 8 BauGB veräußert worden sein. Bei Heranziehung solcher Kaufpreise muss allerdings beachtet werden, dass sie i. d. R. zu in einem Zeitpunkt vereinbart worden sind, zu dem die Maßnahmen noch nicht abgeschlossen waren und bei der Veräußerung nur die jeweils zu diesem Bezugspunkt bestehende Aussicht auf die Neuordnung berücksichtigt werden konnte. Zwischenzeitlich eingetretene qualitative Veränderungen müssen daher ebenso berücksichtigt werden wie zwischenzeitlich eingetretene Änderungen der allgemeinen Wertverhältnisse auf dem Grundstücksmarkt (vgl. § 13 WertV Rn. 39).

2.3.3.2 Rechtliche und tatsächliche Neuordnung

Wie der Ermittlung des Anfangswerts geht auch der Ermittlung des Endwerts zunächst eine **76** qualifizierende Feststellung des Neuordnungszustands ggf. der Einzelfaktoren voraus, die auf Grund der rechtlichen und tatsächlichen Neuordnung im Sanierungsgebiet wertbeeinflussend sind. Die rechtlichen Gegebenheiten und tatsächlichen Eigenschaften sind ausschlaggebend für die **Nutzbarkeit des Grundstücks,** insbesondere

– die Festsetzungen über Art und Maß der zulässigen baulichen Nutzung (Grund- und Geschossflächenzahl, Baumassenzahl und Zahl der Vollgeschosse und Höhe der baulichen Anlagen gemäß den §§ 16 ff. BauNVO), Festsetzungen über die Bauweise (§ 22 BauNVO) und die überbaubare Grundstücksfläche (§ 23 BauNVO),

– der Erschließungszustand (die Sicherung der Erschließung ist eine wesentliche Voraussetzung für die Baulandqualität) und

– der Zuschnitt des Grundstücks.

Unter **rechtlicher und tatsächlicher Neuordnung ist die Gesamtheit der Sanierungs-** **77** **maßnahmen** zu verstehen; sie ist nicht auf die durchgeführten Ordnungsmaßnahmen beschränkt. Wenngleich als Endwert der Bodenwert zu ermitteln ist, so sind grundsätzlich auch die nach den Zielen und Zwecken der Sanierung durchgeführten Baumaßnahmen mit ihrem lageprägenden Einfluss zu berücksichtigen. Der Endwert entsteht unmittelbar durch die einzelnen und die Gesamtheit der Maßnahmen (Sanierung als Gesamtmaßnahme), wenn der Markt das Gebiet und die einzelnen Grundstücke, bedingt durch die Verbesserung der insoweit relevanten Verhältnisse und Merkmale, wertvoller einschätzt. Auf die Ermittlung des Endwerts sind „spiegelbildlich" die Qualitätskriterien der Sanierung berücksichtigungsfähig, die bei der Ermittlung des Anfangswerts bzw. des sanierungsunbeeinflussten Grundstückswerts i. S. § 153 Abs. 1 BauGB unberücksichtigt zu bleiben haben.

78 Die **rechtliche Neuordnung** kann dabei am sichersten **auf der Grundlage eines rechtsverbindlichen Bebauungsplans** i. S. d. § 30 BauGB ermittelt werden. Der Sanierungsbebauungsplan stellt nämlich das „Instrument der rechtlichen Neuordnung des Sanierungsgebiets" dar[26]. Ein vorhandener rechtsverbindlicher (nicht sanierungsgemäßer) Bebauungsplan ist indessen unbeachtlich, soweit davon auszugehen ist, dass seine Ausweisungen der Sanierung nicht zu Grunde gelegt werden[27]. Darüber hinaus kann sich die rechtliche Neuordnung auch aus einem Vorhaben- und Erschließungsplan ergeben.

79 Die Planungen werden regelmäßig rechtsverbindlich sein. Erforderlich ist dies jedoch nicht. Ausreichend ist, dass sie genügend konkret sind und mit der gebotenen Sicherheit als beständig angesehen werden können. Maßgebend sind auch insoweit die Gepflogenheiten des Verkehrs. Soweit die Aufstellung eines Bebauungsplans nicht erforderlich und auch nicht beabsichtigt ist, weil die Gemeinde es in einem Gebiet nach § 34 BauGB grundsätzlich bei dem vorhandenen planungsrechtlichen Zustand belassen will, beurteilt sich die Nutzbarkeit vor allem nach der **gemeindlichen Sanierungskonzeption unter Berücksichtigung der §§ 34 ff. BauGB.**

80 Zur **Qualifizierung des Bodenwerts des neugeordneten Grundstücks (Endwert)** wird ansonsten auf die Ausführungen unter § 27 WertV Rn. 19 ff. verwiesen. Sie können entsprechend zur Anwendung kommen. Die bei der Ermittlung des Endwerts zu Grunde zu legenden Zustandsmerkmale werden des Weiteren insbesondere im Rahmen der Behandlung sog. Komponentenlösungen (additive Verfahren) bei Rn. 132 ff. behandelt.

2.3.3.3 Abgabenrechtlicher Zustand

a) Erschließungsbeitrag

81 Zu der rechtlichen und tatsächlichen Neuordnung gehören auch die im (d. h. auch im Verlauf der Maßnahme) Sanierungsgebiet bzw. im städtebaulichen Entwicklungsbereich hergestellten oder erweiterten Erschließungsanlagen, für die die Gemeinde jedoch keinen gesonderten Erschließungsbeitrag nach § 154 Abs. 1 Satz 2 BauGB erhebt. Bei der Ermittlung des Endwerts ist deshalb insoweit nicht nur von einem ausgleichsbetragsfreien, sondern auch von einem **erschließungsbeitragsfreien (ebf) Grundstück** auszugehen.

82 **Beitragspflichten, die vor der förmlichen Festlegung entstanden sind, bleiben allerdings nach § 156 Abs. 1 BauGB unberührt**; soweit sie ausnahmsweise bestehen sollten und noch fällig gestellt werden können, muss die Beitragspflichtigkeit durch eine entsprechende Minderung des Endwerts berücksichtigt werden. Umgekehrt muss dann von einem insoweit erschließungsbeitragsfreien Anfangswert ausgegangen werden, um Doppelbelastungen zu vermeiden.

83 § 154 Abs. 1 Satz 2 BauGB lässt die Erhebung von **Beiträgen für Anlagen i. S. d. § 127 Abs. 4 BauGB** unberührt. Obwohl die Länder eine dem Regelungszweck des § 154 Abs. 1 Satz 2 BauGB entsprechende Änderung des Kommunalabgabenrechts nicht herbeigeführt haben, ist die mit In-Kraft-Treten des BauGB aufgehobene AusgleichsbetragV davon ausgegangen, dass als Endwert ein in Bezug auf **Beiträge für Anlagen nach § 127 Abs. 4**

BauGB beitragsfreies Grundstück ermittelt wird. § 5 Abs. 2 Nr. 1 der mit In-Kraft-Treten des BauGB aufgehobenen AusgleichsbetragV sah nämlich ausdrücklich vor, dass zulässigerweise erbrachte Leistungen für Erschließungsmaßnahmen i. S. von § 127 Abs. 4 BauGB zur Vermeidung von Doppelbelastungen auf den Ausgleichsbetrag anzurechnen sind. Eine Anrechnung findet indessen nicht statt, wenn auf Grund landesrechtlicher Vorschriften für die im Sanierungsgebiet oder Entwicklungsbereich gelegenen Grundstücke keine besonderen Abgaben für Maßnahmen i. S. d. § 127 Abs. 4 BauGB erhoben werden.

b) Kostenerstattungsbetrag

▶ *Hierzu allgemeine Ausführungen bei § 4 WertV Rn. 258 ff. und § 14 WertV Rn. 158.*

Im Rahmen von Sanierungs- und Entwicklungsmaßnahmen als den wohl umfassend- 84
sten Instrumenten für eine städtebauliche Neuordnung muss die **naturschutzrechtliche
Ausgleichsregelung** i. S. d. § 1a BauGB auch **bodenordnerisch bewältigt werden**. Dies
betrifft insbesondere Entwicklungsmaßnahmen, während Sanierungsmaßnahmen i. d. R. in
bereits bebauten Gebieten durchgeführt werden. Die Bewältigung der naturschutzrechtlichen Ausgleichsregelung ist unter dem Begriff der Durchführung (§§ 146 ff. BauGB) zu
subsumieren.

Ausgleichsmaßnahmen sind primär **Maßnahmen städtebaulichen Charakters**, die im 85
Ergebnis als privatnützig anzusehen sind. „Städtebauliche" und „naturschutzrechtliche"
Gründe sind nämlich nicht Gegensatz; sie sind vielmehr miteinander verwoben und voneinander nicht abgrenzbar. Die Bereitstellung von Ausgleichsflächen ist deshalb ein im Rahmen der Abwägung zu berücksichtigender Annex, der bodenordnerisch zu bewältigen ist[28].

Die Durchführung von Ausgleichsmaßnahmen als **wesentlicher Bestandteil der Durch- 86
führung von Sanierungs- und Entwicklungsmaßnahmen muss bei der Gebietsabgrenzung berücksichtigt werden**, wobei möglicherweise auch Ersatz- und Ergänzungsgebiete in Betracht kommen.

Bezüglich der **Einordnung von naturschutzrechtlichen Ausgleichsmaßnahmen als Ord- 87
nungs- oder Baumaßnahmen** erscheinen folgende Unterscheidungskriterien zweckmäßig:

– Die *Bereitstellung von Ausgleichsflächen*, die den Eingriffsgrundstücken zugeordnet
  sind, und die Bereitstellung entsprechend größerer Eingriffsgrundstücke erfordern
  Bodenordnungsmaßnahmen, die als **von der Gemeinde durchzuführende Ordnungsmaßnahmen i. S. d. § 147 BauGB** zu klassifizieren sind.
– Demgegenüber sind *Ausgleichsmaßnahmen*, wie *Bepflanzungen* und dgl. auf einem vorhandenen Eingriffsgrundstück den **vom Eigentümer durchzuführenden Baumaßnahmen (i. S. d. § 148 BauGB)** zuzuordnen (Landschaftsbau).

Kann der Eigentümer eines Grundstücks die im Bebauungsplan festgelegten Maßnahmen 88
und Flächenbereitstellungen zum Ausgleich für Eingriffe in Natur und Landschaft auf seinem Grundstück nicht durchführen und werden diese **Maßnahmen an anderer Stelle als
am Ort der Beeinträchtigung** seinem Grundstück zugeordnet, **soll** die Gemeinde

– die Maßnahmen auf Kosten der Vorhabenträger oder der Eigentümer der Grundstücke
  durchführen und
– die – falls notwendig – auch hierfür erforderlichen Flächen im Zuge der Ordnungsmaßnahmen bereitstellen. Der Durchführung solcher Maßnahmen kommt im Rahmen von
  Sanierungsmaßnahmen im Übrigen keine besondere Bedeutung zu, da es sich hier
  zumeist bereits um baulich genutzte Grundstücke handelt und Ausgleichsflächen und
  -maßnahmen deswegen nicht anfallen.

---

26 BGH, Urt. vom 8. 5. 1980 – III ZR 27/77 –, EzGuG 4.73
27 OVG Münster, Urt. vom 8. 4. 1976 – 10 A 1011/75 –, EzGuG 15.4
28 BayVGH, Urt. vom 16. 6. 1997 – 14 N 94.2157 –, GuG 1997, 313

89 Für die **von der Gemeinde durchgeführten Maßnahmen und Flächenbereitstellungen** entsteht mit der Herstellung der Maßnahmen für den Eigentümer außerhalb der Veranstaltungsgebiete eine Kostenerstattungspflicht.

90 **Fragen der Grundstückswertermittlung** sind mit der naturschutzrechtlichen Eingriffsregelung im Zusammenhang mit der Ermittlung des Neuordnungswerts des Grund und Bodens (Endwert) aufgeworfen. Dies ist verhältnismäßig unproblematisch[29]. Nach § 154 Abs. 1 Satz 3 BauGB ist bei der Ermittlung des Endwerts von einem **kostenerstattungsbetragsfreien Grundstückszustand** auszugehen (§ 135 a BauGB).

91 **Ausgehend von Vergleichspreisen für Grundstücke im kostenerstattungsbetragsfreien Neuordnungszustand** muss unterstellt werden, dass im Falle der Ermittlung eines kostenerstattungsbetragspflichtigen Neuordnungswerts dieser um den üblicherweise zu erwartenden Kostenerstattungsbetrag zu vermindern wäre (Modellfall: erschließungsbeitragsfreie und erschließungsbeitragspflichtige Bodenwerte). Von einer zusätzlichen Überwälzbarkeit des Kostenerstattungsbetrags bei einem kostenerstattungsbetragsfrei ermittelten Neuordnungswert kann in aller Regel nämlich nicht ausgegangen werden, da dies im Gesamtergebnis zu einem Grundstückswert führen würde, der auf dem Grundstücksmarkt nicht „absatzfähig" wäre, denn kein Käufer ist bereit, zum kostenerstattungsbetragsfreien Verkehrswert ein Grundstück zu erwerben, um anschließend einen Kostenerstattungsbetrag zusätzlich aufzubringen, wenn also die Summe aus Erwerbspreis und Kostenerstattungsbetrag höher ausfällt, als er für ein vergleichbares kostenerstattungsbetragsfreies Grundstück aufzubringen hätte. Insoweit sind Einnahmeausfälle seitens der Gemeinde nicht hinzunehmen. Es kommt hinzu, dass sich bereits der Anfangswert unter dem Einfluss der naturschutzrechtlichen Ausgleichsregelung gegenüber den bisherigen Preismechanismen auf dem Grundstücksmarkt vermindert. Es muss allerdings erwartet werden, dass die Minderung des Anfangswerts gerade bei Entwicklungsmaßnahmen mit geringen Anfangswerten kaum die naturschutzrechtliche Kostenbelastung aufzuwägen vermag. Darauf zurückzuführende Einnahmeausfälle müssen allerdings originär der naturschutzrechtlichen Ausgleichsregelung „angelastet" werden.

92 Sind **für das Neuordnungsgrundstück (Eingriffsgrundstück)** lediglich bestimmte **Bepflanzungen zum Ausgleich für Eingriffe in Natur und Landschaft festgesetzt** und sind diese Maßnahmen nach § 148 BauGB vom Eigentümer selbst durchzuführen, müssen die Kosten – wiederum von kostenerstattungsbetragsfreien Vergleichspreisen ausgehend – wertmindernd in der Größenordnung in Abzug gebracht werden, wie dies den Gepflogenheiten des Grundstücksmarktes entspricht. Soweit der Eigentümer diese Leistung während des Verfahrens selbst erbracht hat, wäre sie als selbstbewirkte Werterhöhung anzurechnen (§ 155 Abs. 1 BauGB).

93 Demgegenüber wäre eine gesonderte Erhebung des Kostenerstattungsbetrags nach § 135 a BauGB in Sanierungsgebieten und Entwicklungsbereichen verwaltungsmäßig aufwendig und würde bei dem Betroffenen auf wenig Verständnis stoßen. Deshalb erschien es angezeigt, die **abgabenrechtlichen Regelungen des Sanierungs- und Entwicklungsmaßnahmenrechts** (Ausgleichsbetrag) **mit der Erhebung des Kostenerstattungsbetrags** im Interesse der Verwaltungsvereinfachung zu **bündeln**, d. h., an Stelle von zwei gesondert zu erhebenden Abgaben ist die Erhebung des Kostenerstattungsbetrags in den ohnehin zu erhebenden Ausgleichsbetrag integriert worden, und zwar bezüglich

– Maßnahmen zum Ausgleich und

– die Bereitstellung von Ausgleichsflächen,

die an anderer Stelle als am Ort der Beeinträchtigung erfolgen und die einem im Sanierungsgebiet bzw. Entwicklungsbereich belegenen Grundstück zugeordnet sind, wenn die Maßnahmen von der Gemeinde an Stelle des Eigentümers durchgeführt worden sind.

94 **Dem Eigentümer entstehen** dadurch **keine Mehrbelastungen**; vielmehr wird mit dem Ausgleichsbetrag auch die Werterhöhung erfasst, die das Grundstück auf Grund der durchgeführten Ausgleichsmaßnahmen und bereitgestellten Ausgleichsflächen erfährt und für die die Gemeinde ansonsten einen separaten Kostenerstattungsbetrag zu erheben hätte.

Beispiel: **95**

Erhebung eines Ausgleichsbetrags

> Ausgleichsbetrag = Endwert – Anfangswert

Ausgangsdaten		
Anfangswert	=	70 000 €
Endwert (kostenerstattungsbetragsfrei)	=	100 000 €
Endwert (kostenerstattungsbetragspflichtig)	=	90 000 €
Kostenerstattungsbetrag	=	10 000 €

Kostenbelastung des Eigentümers

a) bei kostenerstattungsbetrags**freiem** Endwert

Endwert (kostenerstattungsbetragsfrei)	=	100 000 €
– Anfangswert	=	70 000 €
= Ausgleichsbetrag	=	**30 000 €**

b) bei kostenerstattungsbetrags**pflichtigem** Endwert

Endwert (kostenerstattungsbetragspflichtig)	=	90 000 €
– Anfangswert	=	70 000 €
= Ausgleichsbetrag	=	20 000 €
+ Kostenerstattungsbetrag	=	10 000 € (gesondert zu erheben)
= Gesamtbetrag	=	**30 000 €**

Diese Vorgehensweise führt also nach dem Vorbild der entsprechenden Regelung für Erschließungsbeiträge (§ 154 Abs. 1 Satz 1 BauGB) zu einer Bündelung des Erhebungsverfahrens ohne kostenmäßige Mehrbelastung der Eigentümer.

Anders ist vorzugehen, wenn auf dem Neuordnungsgrundstück (Eingriffsgrundstück) **vom Eigentümer die im Bebauungsplan festgesetzten Ausgleichsmaßnahmen (z. B. Bepflanzungen) selbst durchgeführt** werden können. **96**

– Soweit sie vom Eigentümer bereits durchgeführt worden sind und zur Ermittlung des Endwerts wiederum erschließungsbeitrags- und kostenerstattungsbetragsfreie Vergleichspreise herangezogen wurden, sind die Maßnahmen als zulässigerweise selbst bewirkte Werterhöhungen nach § 155 Abs. 1 Nr. 2 BauGB auf den Ausgleichsbetrag anzurechnen.

– Soweit die festgesetzten Maßnahmen zum Zeitpunkt des Abschlusses der Sanierungs- oder Entwicklungsmaßnahme (Wertermittlungsstichtag) noch nicht durchgeführt worden sind und wiederum von Vergleichspreisen für kostenerstattungsbetragsfreie Grundstücke ausgegangen wurde, sind die ausstehenden Maßnahmen wertmäßig in Abzug zu bringen.

Beispiel: **97**

Für das ausgleichsbetragspflichtige Grundstück sind Ausgleichsmaßnahmen festgesetzt, die der Eigentümer in eigener Regie durchführen kann. Die Maßnahmen sind bei Abschluss der Entwicklungsmaßnahme (noch) nicht durchgeführt.

Endwert (kostenerstattungsbetragsfrei)	=	100 000 €
Wertanteil (festgesetzter Maßnahmen)	= –	5 000 €
Endwert	=	95 000 €

Ausgleichsbetrag

Endwert	=	95 000 €
– Anfangswert	= –	70 000 €
Ausgleichsbetrag	=	25 000 €
noch in eigener Regie durchzuführende Maßnahmen im Wert von	= +	5 000 €
Gesamtbetrag	=	**30 000 €** = 100 000 – 70 000

---

29 Deutsches Institut für Urbanistik, Planspiel „BauGB-Novelle" 1997, Berlin 1997

c) Tatsächlicher Zustand

98 Grundsätzlich ist bei der Ermittlung des **Endwerts auch bei bebauten Grundstücken vom Bodenwert des unbebaut gedachten Grundstücks auszugehen**. Soweit sich dabei Beeinträchtigungen der zulässigen Nutzbarkeit aus einer bestehenden Bebauung ergeben und es bei wirtschaftlicher Betrachtungsweise geboten erscheint, das Grundstück in der bisherigen Weise zu nutzen, sind solche Besonderheiten zu berücksichtigen (vgl. Rn. 182 ff.).

99 Der Zustand (die Qualität) des Grundstücks bestimmt sich des Weiteren nach seiner sonstigen Beschaffenheit (z. B. **Größe, Form, Baugrund, Geländeform, Zustand der ausgeübten Nutzung** einschließlich der rechtlichen Beschränkungen, wie öffentliche Lasten und Dienstbarkeiten). Insbesondere bei Grundstücken für Ein- und Zweifamilienhäuser fällt die Abhängigkeit des Bodenwerts von der Grundstücksgröße ins Gewicht, wobei der auf den Quadratmeter Grundstücksfläche bezogene Bodenwert i. d. R. umso höher ist, je kleiner das Grundstück ist.

d) Weitere wertbeeinflussende Umstände

100 Zur **Qualifizierung des Bodenwerts des neugeordneten Grundstücks (Endwert)** wird ansonsten auf die Ausführungen unter § 27 WertV Rn. 19 ff. verwiesen. Sie können entsprechend zur Anwendung kommen. Die bei der Ermittlung des Endwerts zu Grunde zu legenden Zustandsmerkmale werden des Weiteren insbesondere im Rahmen der Behandlung sog. **Komponentenlösungen (additive Verfahren)** bei Rn. 132 ff. behandelt.

2.4 Besondere Ermittlungsverfahren

2.4.1 Bodenrichtwertverfahren

▶ *Hierzu bereits § 27 WertV Rn. 44 ff. und Grundsätzliches bei § 13 WertV Rn. 188 ff.*

101 Nach § 13 Abs. 2 WertV können im Rahmen des anzuwendenden Vergleichswertverfahrens neben oder an Stelle von Vergleichspreisen auch geeignete Bodenrichtwerte zur Ermittlung der Anfangs- und Endwerte herangezogen werden. Die besondere Bedeutung dieses Bodenrichtwertverfahrens[30] besteht darin, dass mit der gebietsweisen Ermittlung von Anfangs- und Endwerten auf der Grundlage von Bodenrichtwerten eine für die Akzeptanz der Ausgleichsbeträge hohe **Nachbarschaftsstimmigkeit** erreicht wird. Deshalb hat der Gesetzgeber den Gutachterausschuss für Grundstückswerte mit § 196 Abs. 1 Satz 5 BauGB verpflichtet, auf Antrag einer für den Vollzug des Baugesetzbuchs zuständigen Behörde neben den allgemeinen Bodenrichtwerten i. S. d. § 196 Abs. 1 Satz 1 bis 3 BauGB besondere Bodenrichtwerte bezogen auf einen geeigneten Zeitpunkt zu ermitteln (vgl. § 196 BauGB Rn. 33 ff.).

102 Für die Ableitung von Anfangs- und Endwerten besonders geeignet sind Bodenrichtwerte, die für das Veranstaltungsgebiet bezogen auf den Abschluss der Sanierung oder Entwicklung (§ 162 f. und § 171 BauGB) abgeleitet worden sind. Der für die Ermittlung von Bodenrichtwerten maßgebliche Grundsatz, nach dem diese in bebauten Gebieten mit dem Wert abzuleiten sind, der sich ergeben würde, wenn der **Boden unbebaut** wäre (vgl. § 196 Abs. 1 Satz 2 BauGB), **entspricht im Übrigen der für die Ableitung von Anfangs- und Endwerten vorgegebenen Wertermittlungsregel des § 28 Abs. 3 Satz 1.**

103 Da grundsätzlich für alle im förmlich festgelegten Sanierungsgebiet gelegenen Grundstücke Ausgleichsbeträge zu erheben sind und diese sich gemeinsam aus dem Unterschiedsbetrag zweier auf denselben Wertermittlungsstichtag bezogener Bodenwerte (End- und Anfangswerte) bemessen, ist das sog. Bodenrichtwertverfahren eine besonders geeignete Methode. Der Gesetzgeber ist dem dadurch entgegengekommen, dass er den Gutachterausschuss für Grundstückswerte mit § 196 Abs. 1 Satz 5 BauGB verpflichtet hat, auf Antrag der für den Vollzug des BauGB zuständigen Behörde **besondere Bodenrichtwerte**

– für einzelne Gebiete (z. B. Sanierungsgebiete und städtebauliche Entwicklungsbereiche)
– bezogen auf einen vom üblichen Zeitpunkt der Bodenrichtwertermittlung (nämlich dem Ende eines jeden Kalenderjahres) abweichenden Zeitpunkt (z. B. Abschluss der Sanierungs- und Entwicklungsmaßnahme)

zu ermitteln. Antragsberechtigt ist demnach die Gemeinde.

In einer Reihe von **Gutachterausschussverordnungen der Länder** wird der Regelung des § 196 Abs. 1 Satz 5 BauGB durch ergänzende Vorschriften Rechnung getragen. Darin wird ausdrücklich vorgeschrieben, dass bei der Ableitung besonderer Bodenrichtwerte für förmlich festgelegte Sanierungsgebiete der jeweilige Zustand, auf den sie sich beziehen, zu kennzeichnen ist. In diesem Zusammenhang wird auch von **Anfangs-Bodenrichtwerten** und **End-Bodenrichtwerten** gesprochen. Der Begriff ist in diesem Zusammenhang unpräzise, da zwischen Anfangs- und Endwert einerseits und dem Neuordnungswert sowie dem sanierungs- und entwicklungsunbeeinflussten Bodenwert andererseits zu unterscheiden ist (vgl. § 26 WertV Rn. 4 sowie § 28 WertV Rn. 54). **104**

– *Berlin:* § 18 Abs. 4 der Verordnung zur Durchführung des Baugesetzbuchs (DVO-BauGB);
– *Brandenburg:* § 11 Abs. 3 der Gutachterausschussverordnung schreibt lediglich vor, dass der Zustand zu kennzeichnen ist, auf den sich der Bodenrichtwert bezieht;
– *Bremen:* § 13 Abs. 4 der Verordnung über die Gutachterausschüsse für Grundstückswerte nach dem Baugesetzbuch;
– *Hamburg:* § 11 Abs. 3 der Verordnung über den Gutachterausschuss für Grundstückswerte;
– *Hessen:* § 13 Abs. 2 der Verordnung zur Durchführung des Baugesetzbuchs;
– *Niedersachsen:* § 22 Abs. 2 sowie Abs. 4 Satz 2 der Verordnung zur Durchführung des Baugesetzbuchs (DVBauGB);
– *Nordrhein-Westfalen:* § 11 Abs. 3 der Verordnung über die Gutachterausschüsse für Grundstückswerte (Gutachterausschussverordnung NW – GAVO NW);
– *Rheinland-Pfalz:* § 13 Abs. 8 der Verordnung über Gutachterausschüsse, Kaufpreissammlungen und Bodenrichtwerte (Gutachterausschussverordnung);
– *Sachsen-Anhalt:* § 11 Abs. 3 der Gutachterausschussverordnung sieht eine Kennzeichnungspflicht wie in Brandenburg vor;
– *Schleswig-Holstein:* § 14 Abs. 3 der Verordnung über die Bildung von Gutachterausschüssen und die Ermittlung von Grundstückswerten;
– *Thüringen:* § 13 Abs. 8 der Gutachterausschussverordnung sieht wie in Brandenburg eine Kennzeichnungspflicht vor.

Die vom Gutachterausschuss für Zwecke der Ausgleichsbetragserhebung ermittelten besonderen Bodenrichtwerte haben keine bindende Wirkung. Bezüglich ihrer Publizität macht § 196 BauGB keinen Unterschied zwischen den besonderen Bodenrichtwerten i. S. d. § 196 Abs. 1 Satz 5 BauGB und den allgemeinen Bodenrichtwerten. Die Landesregierungen, die nach § 199 Abs. 2 Nr. 4 BauGB ermächtigt sind, die **Veröffentlichung der Bodenrichtwerte** durch Rechtsverordnung zu regeln, können jedoch – im Rahmen des **105**

---

30 Näheres zum Bodenrichtwertverfahren in Sanierungsgebieten vgl. § 13 Rn. 188 ff.; zur Veröffentlichung der besonderen Bodenrichtwerte i. S. d. § 196 Abs. 1 Satz 5 BauGB vgl. Ernst/Zinkahn/Bielenberg, BauGB Komm. § 196 BauGB Rn. 123 ff.; BVerwG, Beschl. vom 29. 6. 1987 – 8 B 38/87 –, EzGuG 15.54 sowie OVG Münster, Urt. vom 9. 4. 1990 – 22 A 1185/89 –, GuG 1991, 31 = EzGuG 15.67 = EzGuG 15.60; VG Münster, Urt. vom 18. 2. 1988 – 3 K 2268/85 –, EzGuG 15.60; OVG Münster, Urt. vom 28. 10. 1983 – 3 K 1102/81 –, EzGuG 15.27; VG Bremen, Urt. vom 19. 5. 1993 – 1 A 153/89 –, GuG 1994, 59 = EzGuG 15.77

Zulässigen – den besonderen Verhältnissen bei der Veröffentlichung der besonderen für bestimmte Zwecke zu ermittelnden Bodenrichtwerten Rechnung tragen. Diese können darin gesehen werden, dass sich in datenschutzrechtlich bedenklicher Weise aus den besonderen Bodenrichtwerten Aufschlüsse über die von den Eigentümern zu erhebenden Ausgleichsbeträge ergeben können. Da es sich bei den Bodenrichtwerten nicht um individuelle Verkehrswerte, sondern lediglich um durchschnittliche Lagewerte des Grund und Bodens handelt, ist aus den Bodenrichtwerten die Höhe des vom einzelnen Eigentümer zu erhebenden Ausgleichsbetrags allerdings nicht direkt ablesbar. Andererseits kann die Veröffentlichung dieser Bodenrichtwerte im Hinblick auf die Preisprüfung nach § 153 Abs. 2 BauGB zweckmäßig sein, wenn solche Bodenrichtwerte schon im Verlauf der Sanierungsmaßnahme für die Ermittlung sanierungsunbeeinflusster Grundstückswerte und der Neuordnungswerte i. S. d. § 153 Abs. 1 und 4 BauGB abgeleitet worden sind. Etwas anderes kann für die auf den Zeitpunkt des Abschlusses der Sanierungsmaßnahme bezogenen Bodenrichtwerte gelten (vgl. § 195 Rn. 38 ff.).

106 Da die besonderen Bodenrichtwerte i. d. R. in einer größeren „Dichte" als sonst üblich ermittelt werden, kann im Einzelfall der Unterschiedsbetrag zwischen dem für die Ermittlung der Anfangs- und Endwerte jeweils ermittelten Bodenrichtwert dem Ausgleichsbetrag sehr nahe kommen. Dies tangiert das verfassungsrechtlich geschützte Recht auf informationelle Selbstbestimmung und steht ggf. einer Veröffentlichung der besonderen Bodenrichtwerte entgegen. In bestimmten Gutachterausschussverordnungen ist deshalb vorgesehen, dass die **besonderen Bodenrichtwerte in besondere Bodenrichtwertkarten** eingetragen werden, die nicht unter die öffentliche Auslegung fallen[31].

107 Die als sog. **Lagewertverfahren** praktizierte Methode ist ihrem Charakter nach dem Bodenrichtwertverfahren zuzuordnen, auch wenn der Begriff den Eindruck eines andersartigen Verfahrens erwecken mag. Es geht auch bei diesem Verfahren lediglich um eine operationalisierte Ermittlung der Lagewertigkeit in den unterschiedlichen Zonen des Sanierungsgebiets unter besonderer Berücksichtigung des Nachbarschaftsprinzips. Dies betrifft insbesondere die Erfassung der unterschiedlichen Verkehrs-, Gesellschafts-, Geschäfts-, Wohn- und Stadtlage. Zur Anwendung kommen dabei die in der Wertermittlung auch ansonsten gebräuchlichen Methoden:

a) Die unterschiedliche Lagewertigkeit wird ermittelt im Wege einer Regressionsanalyse unter Einbeziehung von Kaufpreisen aus dem weiteren Stadtgebiet. Entscheidende Bedeutung kommt dabei wiederum dem Modellansatz zu:

$$\text{Kaufpreis} = f(\text{Lage, GFZ, ...})$$

Der Gleichungsansatz lässt sich dabei „harmonisieren", indem als Zielgröße nicht Kaufpreise, sondern jeweils der Kaufpreis je Quadratmeter Wohn- oder Nutzfläche in die Auswertung eingeführt wird.

b) Die unterschiedliche Lagewertigkeit wird durch ein den einzelnen Lagefaktoren Rechnung tragendes Punktesystem berücksichtigt, wobei andere Einflüsse auf den Verkehrswert konventionell durch Umrechnungskoeffizienten, Bodenpreisindexreihen und dgl. zuvor eliminiert werden. Praktisch handelt es sich dabei um die Anwendung des indirekten Vergleichswertverfahrens, wobei die Zu- und Abschläge zur Berücksichtigung unterschiedlicher Lageverhältnisse an eine vorgegebene „Null- oder Basislage" mit bestimmten Eigenschaften und einem ihr zugeordneten Bodenwertniveau anzubringen sind.

108 Diese Verfahren stellen insoweit kein Neuland, sondern eine auf die umfangreiche Aufgabenstellung bei gebietsweiser Erhebung von Ausgleichsbeträgen ausgerichtete Operationalisierung des Vergleichswertverfahrens dar. Problematisch bleibt dabei die **Vorgabe eines Punkte- oder Gewichtungsrahmens** für unterschiedliche Lageverhältnisse und eine objektiv sichere Einschätzung der einzelnen Grundstücke. Bei Einschaltung des Gutachterausschusses kann es hierbei als Vorteil gelten, dass eine möglichst große Anzahl von Gutachtern herangezogen werden kann, um subjektive Einschätzungen auszuschalten[32].

▸ *Weitere Ausführungen zum Bodenrichtwertverfahren § 13 WertV Rn. 188 ff. und zur Veröffentlichung der besonderen Bodenrichtwerte § 196 BauGB Rn. 33 ff., 38.*

2.4.2   Delphi-Verfahren

Bei der gebietsweisen Ermittlung von Grundstückswerten kommt es im hohen Maße auf die **Nachbarschaftsstimmigkeit der Werte** untereinander an. Dies ist nicht nur für die Akzeptanz der Werte bedeutsam. Der Vergleich der Werte untereinander öffnet dem Gutachter zugleich den Blick für die sachgerechte Berücksichtigung der wertbeeinflussenden Umstände. Insbesondere unterschiedliche Lagefaktoren können dabei häufig nur in einem abwägenden Gedankenprozess des Gutachters erfasst werden, wobei subjektive Einflüsse nicht immer ausgeschaltet werden können. Dies gilt vor allem dann, wenn nur wenige Vergleichspreise für die flächendeckende Ermittlung eines Veranstaltungsgebiets herangezogen werden können. Der Einfluss subjektiver Betrachtungsweisen lässt sich durch Einschaltung mehrerer Gutachter reduzieren. So ist z. B. die **Begutachtung durch ein Gremium,** wie dem Gutachterausschuss für Grundstückswerte in der Regelbesetzung von drei Gutachtern, **weniger anfällig für subjektive Betrachtungsweisen** als bei einer Einzelbegutachtung. Allerdings ist auch dabei eine Beeinflussung untereinander und damit auch eine Dominanz einzelner Gutachter nicht auszuschließen.

109

Im Rahmen der Praxis der Gutachterausschüsse für Grundstückswerte kann dem mit einer einfachen, aber gleichwohl sehr effektiven Verfahrensweise begegnet werden: Das Verfahren – hier als Delphi-Methode bezeichnet – besteht darin, dass man zum Zwecke der flächendeckenden Ermittlung der Anfangs- oder Endwerte allen Mitgliedern des Gutachterausschusses eine Karte des Veranstaltungsgebiets mit der Aufforderung zukommen lässt, in die Karte – unabhängig voneinander nach Art des Schulnotensystems – z. B. durch Vorgabe einer Wertigkeitsskala von eins bis zehn – Wertigkeits*zonen* zusammen mit ihrer Benotung einzutragen. Die Auswertung der Angaben einer Vielzahl von Sachverständigen ergibt ein **auf** eine **breite Basis gestelltes Wertgefüge des Veranstaltungsgebiets** und es hat sich gezeigt, dass hierbei überraschend gut übereinstimmende Ergebnisse erzielt werden können. Der Übergang von einem „schulnotenmäßig" bewerteten Wertgefüge zu absoluten Bodenwerten in €/m² lässt sich hieran anschließend so vollziehen, dass die vorhandenen Vergleichspreise in einem zweiten Schritt den Wertzonen zugeordnet werden, denen sie insbesondere lagemäßig entsprechen. Die mit Vergleichspreisen nicht „belegbaren" Zwischenwerte lassen sich dann im Wege der Interpolation ableiten. Um bei alledem Extrapolationen zu vermeiden, ist es von Vorteil, wenn für die besonders hoch- und minderwertigen Zonen Vergleichspreise in die Auswertung eingebracht werden können. Dass bei alledem individuelle Besonderheiten, die mit den so gewonnenen Lagewerten nicht erfasst sind, zusätzlich berücksichtigt werden müssen, soll nicht unerwähnt bleiben. Insgesamt stellt diese Vorgehensweise eine sehr einfache und auch überzeugende Methode dar, die vielfach sogar „mathematisch ausgefeilten" Methoden überlegen ist.

110

2.4.3   Ertragsdifferenzialverfahren

2.4.3.1   Allgemeines

Allgemein kommt eine Ableitung von Bodenwerterhöhungen auf der Grundlage ertragswirtschaftlicher Verhältnisse nur für die Ausgleichsbetragsermittlung auf einem ertragswertorientierten Grundstücksteilmarkt in Betracht. Die gegen die Ableitung des

111

---

31   § 13 Abs. 6 bis 9 GutachterausschussVO Rh.-Pf., a. a. O.
32   Zu den Verfahren insbesondere Lucht in ZfV 1982, 232; ders. in DS 1985, 81; Lappe in VR 1984, 348

Bodenwerts aus dem Ertrag bestehenden Bedenken müssen dabei grundsätzlich auch gegen die Ermittlung von Bodenwerterhöhungen (aus Ertragserhöhungen) sprechen. Auf der anderen Seite eröffnet sich hier die Möglichkeit, ohne Kenntnis des absoluten Bodenwertniveaus des Anfangs- oder Endwerts die sanierungsbedingte Bodenwert*erhöhung* (differenziell) allein auf der Grundlage der **sanierungsbedingten Ertragserhöhung** zu ermitteln. Dies sind Ertragsänderungen, die auf eine Werterhöhung des Grund und Bodens zurückzuführen sind. Die Methode ist in bebauten Gebieten von besonderem Vorteil, denn dort ist die Ermittlung der Bodenwerte (bebauter Grundstücke) besonders schwierig.

112   Zur Ermittlung von Bodenwerterhöhungen auf der Grundlage von Ertragssteigerungen wird auf die **klassische Grundrentenformel** zurückgegriffen. Danach ergibt sich der Ertragswert als Barwert einer ewigen Rente:

$$\text{Ertragswert} = \frac{\text{Reinertrag}}{\text{Liegenschaftszinssatz}}$$

113   Die Anwendung dieser Formel führt bei hinreichend **langer Restnutzungsdauer n des** Gebäudes (i. d. R. n > etwa 50 Jahre) zu demselben Ertragswert, der sich nach den Grundsätzen des in den §§ 15 ff. geregelten Ertragswertverfahrens unter besonderer Berücksichtigung des Bodenwertanteils ergibt. Dies ist darauf zurückzuführen, dass mit dem „gespaltenen" Ertragswertverfahren der WertV der unterschiedlichen Nutzungsdauer des Bodens einerseits und des Gebäudes andererseits Rechnung getragen werden soll und sich dies bei sehr langer Restnutzungsdauer des Gebäudes kaum noch auswirkt. Infolgedessen kann der Ertragswert eines Grundstücks (vorbehaltlich des in § 16 Abs. 2 Satz 3 geregelten Falles) allein aus dem Reinertrag ohne Kenntnis des Bodenwerts abgeleitet werden (vgl. Vorbem. zu den §§ 15 ff. WertV). Führt man nun in die vorstehende Grundrentenformel an Stelle des Reinertrags des Grundstücks die allein auf die sanierungsbedingte Bodenwerterhöhung zurückführbare Ertragserhöhung ein, so ergibt sich aus der Differenzialformel die Erhöhung des Ertragswerts, der wiederum ursächlich allein auf die Erhöhung des Bodenwerts zurückführbar ist:

Differenzialform der Grundrentenformel:

$$\triangle \text{ Ertragswert} = \triangle \text{ Bodenwert} = \frac{\triangle \text{ Jahresreinertrag}_{\text{Boden}}}{\text{Liegenschaftszinssatz}} \times 100$$

114   Um allein die Bodenwerterhöhung mit Hilfe dieser Formel abzuleiten, ist Voraussetzung, dass als differenzieller Jahresreinertrag nur die **Mietwerterhöhung** eingeführt wird, **die auf eine Lageverbesserung zurückzuführen ist**, die infolge der Sanierung herbeigeführt wurde. Substanzverbesserungen, die ebenfalls zu Mieterhöhungen führen können, müssen außer Betracht bleiben.

Beispiel:

Baugrundstücksgröße	:	1 000 m²
Nettogeschossfläche (NGF)	:	500 m²
Miete	:	8,00 €/m² NGF
Sanierungsbedingte Mieterhöhung	:	0,50 €/m² NGF
Liegenschaftszinssatz p	:	4 %

Jährliche Mieterhöhung des Grundstücks auf Grund von Lageverbesserungen:
0,50 €/m² × 500 m² × 12 = 3 000 €/Jahr

Erhöhung des Ertragswerts (Bodenwerts) des Grundstücks auf Grund von Lageverbesserungen:

Bodenwerterhöhung $= \dfrac{3\,000\,€}{4} \times 100 = 75\,000\,€$

Bodenwerterhöhung pro Quadratmeter Grundstücksfläche:
75 000 € : 1 000 m² = **75 €/m²**

Die vorgestellte Berechnungsweise führt nur zu der **Bodenwerterhöhung der dem**   **115**
Gebäude zurechenbaren Fläche (Umgriffsfläche). Für selbstständig nutzbare Teilflächen i. S. d. § 16 Abs. 2 Satz 3 WertV ist gegebenenfalls die sanierungsbedingte Bodenwerterhöhung eigenständig zu ermitteln, sofern die Ergebnisse sich nicht hierauf übertragen lassen.

Bei dieser Vorgehensweise ist – wie ausgeführt – zu beachten, dass als **sanierungsbe-**   **116**
dingte Mieterhöhungen nur solche in die Berechnung eingeführt werden dürfen, die
ursächlich auf eine Erhöhung des Bodenwerts zurückzuführen sind. Dies können insbesondere folgende lageverbessernde Sanierungsmaßnahmen sein:

– Wohnumfeldmaßnahmen;

– Anlegung von Fußgängerzonen, Grünflächen;

– Maßnahmen der Verkehrsberuhigung; Verbesserung der Parksituation;

– Infrastrukturmaßnahmen;

– Verminderung der Immission, z. B. durch Betriebsverlagerungen.

Mieterhöhungen auf Grund baulicher Maßnahmen müssen hingegen außer Betracht   **117**
bleiben, da sie i. d. R. dem Gebäude zuzurechnen sind und damit nicht zu sanierungsbedingten *Boden*werterhöhungen führen. Vor allem aber sind sie im Wesentlichen den vom
Eigentümer selbst bewirkten Werterhöhungen zuzurechnen, die nicht Gegenstand der
„Abschöpfung" sind.

Zur Ermittlung der lagebezogenen und damit dem Grund und Boden zurechenbaren Miet-   **118**
erhöhung kann auch auf die **Mietspiegel** zurückgegriffen werden, aus denen sich für
Objekte gleicher baulicher Ausstattung, aber unterschiedlicher Lage Mietwertdifferenzen
ableiten lassen.

Beispiel: **119**

Abb. 6: Auszug aus einem Mietspiegel

Mietwerttabelle [€/m²]		
Ausstattungs- und Lageklasse	bis 1948	bis 1948 modernisiert
Ausstattungsklasse II		
sehr gute Wohnlage		3,35 – 4,40 → △
gute Wohnlage		2,80 – 4,10 → △
normale Wohnlage	2,05 – 2,85	2,30 – 3,40 → △
einfache Wohnlage		–
Ausstattungsklasse III		
sehr gute Wohnlage		
gute Wohnlage	2,65 – 3,85	2,75 – 3,90 → △
normale Wohnlage	2,20 – 3,40	2,35 – 3,50 → △
einfache Wohnlage	2,10 – 3,05	2,15 – 3,20 → △

Ertragsdifferenziale auf Grund sanierungsbedingter Lageverbesserung des Grund und Bodens

Wendet man das vorgestellte Verfahren zur Ermittlung der sanierungsbedingten Boden-   **120**
werterhöhung an, gilt es zu beachten, dass

a) als Ausgangsmiete die **nach Art, Größe, Ausstattung, Beschaffenheit und Lage**
gebietstypische Miete herangezogen wird, wie sie sich ohne Aussicht auf die Sanierung, ihre Vorbereitung und Durchführung nachhaltig ergibt und

b) unabhängig vom Alter bzw. der Restnutzungsdauer der baulichen Anlage der sich infolge der Sanierung allein auf Grund der Lageverbesserung ergebende **Mietwertzuwachs auf ewig kapitalisiert wird.**

Deshalb ist in dem vorgestellten *Beispiel* der Mietwertzuwachs durch Division mit dem Liegenschaftszinssatz kapitalisiert worden. Alternativ kann dieser auch mit dem jeweiligen Vervielfältiger für eine Restnutzungsdauer von 100 Jahren multipliziert werden. Dies ist darin begründet, dass mit diesem Verfahren die Bodenwerterhöhung ermittelt wird und sich Bodenwerte auf Grund der Nutzungsfähigkeit des Grund und Bodens bilden. So wie sich mit der Baureife eines Grundstücks unabhängig von der Bebauung i. d. R. höhere Bodenwerte einstellen, ergeben sich auch infolge einer durch Sanierungsmaßnahmen herbeigeführten Lageverbesserung auch von der Restnutzungsdauer der baulichen Anlage unabhängige Bodenwerterhöhungen, zumal sie auch bei einer bestehen bleibenden Bebauung mit einer entsprechenden Mieterhöhung „realisiert" werden kann, wenn man einmal von dem ohnehin problematischen Fall einer Mietpreisbegrenzung absieht.

2.4.3.2 Beispiel

121 Entsprechend dem vorgestellten Grundgedanken hat man in *München* das Ertragsdifferenzialverfahren unter dem Begriff **Mietspiegelmethode** in der nachfolgend beschriebenen Weise modifiziert.

a) Im **ersten Schritt** stellt man aus der absoluten Differenz der Zu- und Abschläge der im Mietspiegel z. B. für „einfache" und „gehobene" Wohnlagen gegenüber der Durchschnittsmiete die ausgewiesenen Mietdifferenzen fest, um hieraus die relative Bandbreite der (wohn-)lagebedingten Mietdifferenzen zu ermitteln. Bei Abschlägen von -10% und Zuschlägen von $+5\%$ ergibt sich z. B. eine Bandbreite von insgesamt 15 %.

b) Im **zweiten Schritt** wird über diese Bandbreiten ein Feinraster in Gestalt einer nachvollziehbaren Nutzwertanalyse der Einflussfaktoren gelegt. Die Einflussfaktoren werden nach Lagekriterien mit den nachstehenden Gewichtsanteilen gewichtet (Abb. 7).

Abb. 7: Gewichtsanteile

Nr.	Lagekriterien	Gewichtsanteil
1.	Ortsteilinteresse	15 %
2.	Infrastruktur	15 %
3.	Immissionen	15 %
4.	Öffentliche Verkehrsmittel	15 %
5.	Grünausstattung	10 %
6.	Helligkeit/Verschattung	5 %
7.	Parkplatzangebot	10 %
8.	Sonstige Kriterien der Mikrolage	15 %
		Summe: 100 %

c) Im **dritten Schritt** werden sodann für das einzelne Objekt die relativen Abweichungen der *vor* der Sanierung erzielbaren Miete gegenüber der Durchschnittsmiete nach den Eigenschaften des Objekts auf der Grundlage einer Notenskala festgestellt (Abb. 8).

Abb. 8: Grad der Abweichung

Abweichung vom durchschnittlichen Wohnbezirk		
Beschreibung	**Grad**	**%**
Extrem schlechter	− 4	− 100 %
Grundlegend schlechter	− 3	− 50 %
Deutlich schlechter	− 2	− 25 %
Gering, aber noch spürbar schlechter	− 1	− 10 %
Unverändert	0	0 %
Gering, aber noch spürbar besser	+ 1	+ 10 %
Deutlich besser	+ 2	+ 25 %
Grundlegend besser	+ 3	+ 50 %
Extrem besser	+ 4	+ 100 %

In diesem Zusammenhang wird von einer „Gewichtung" der individuellen Abweichung gegenüber dem der Durchschnittsmiete zu Grunde gelegten Zustand gesprochen, wobei die Lagekriterien *vor* der Sanierung i. d. R. negativer Art sind.

d) Im **vierten Schritt** wird die gewichtete Abweichung in die Spannbreite der Abschläge „gestaucht". Bei einer Gesamtspannbreite der Abschläge von 10 % wird dazu die gewichtete relative Abweichung gegenüber der Durchschnittsmiete mit dem Faktor 0,10 multipliziert.

Abb. 9: Vor Sanierung

Lagekriterien		Gewichtung des Kriteriums	relative Abweichung vom durchschnittlichen Wohnbezirk			Anpassungs-faktor an Mietspiegel	Verän-derung
Nr.	Bezeichnung	%	Grad	%	gewichtet		%
1	2	3	4	5	6	7	8
1	Ortsteilinteresse	15 %	− 2	− 25 %	− 3,75 %	− 0,10	− 0,38 %
2	Infrastruktur	15 %	− 1	− 10 %	− 1,50 %	0,10	− 0,15 %
3	Immissionen	15 %	− 2	− 25 %	− 3,75 %	0,10	− 0,38 %
4	Öffentliche Verkehrsmittel	15 %	0	0 %	0,00 %	0,00	0,00 %
5	Grünausstattung	10 %	− 2	− 25 %	− 2,50 %	0,10	− 0,25 %
6	Helligkeit, Verschattung	5 %	− 2	− 25 %	− 1,25 %	0,10	− 0,13 %
7	Parkplatzangebot	10 %	− 2	− 25 %	− 2,50 %	− 0,10	− 0,25 %
8	sonstige Kriterien der Mikrolage	15 %	− 2	− 25 %	− 3,75 %	− 0,10	0,38 %
	Summen	**100 %**			**− 19,00 %**		**− 1,90 %**

e) Im **fünften Schritt** werden nach der vorgestellten Vorgehensweise wiederum die individuellen Abweichungen desselben Objekts gegenüber dem der Durchschnittsmiete zu Grunde gelegten Zustand *nach* der Sanierung auf der Grundlage der verbesserten Lagekriterien abgeleitet. Diese werden wiederum entsprechend der Spannbreite der Zuschläge (im Beispiel + 5 %) mit dem Faktor 0,5 „gestaucht".

Abb. 10: Nach Sanierung

Lagekriterien		Gewichtung des Kriteriums	relative Abweichung vom durchschnittlichen Wohnbezirk			Anpassungs-faktor an Mietspiegel	Verän-derung
Nr.	Bezeichnung	%	Grad	%	gewichtet		%
1	2	3	4	5	6	7	8
1	Ortsteilinteresse	15 %	3	50 %	7,50 %	– 0,05	0,38 %
2	Infrastruktur	15 %	0	0 %	0,00 %	– 0,00	0,00 %
3	Immissionen	15 %	1	10 %	1,50 %	– 0,05	0,08 %
4	Öffentliche Verkehrsmittel	15 %	0	0 %	0,00 %	– 0,00	0,00 %
5	Grünausstattung	10 %	1	10 %	1,00 %	– 0,05	0,05 %
6	Helligkeit, Verschattung	5 %	1	10 %	0,50 %	– 0,05	0,03 %
7	Parkplatzangebot	– 10 %	– 2	– 25 %	– 2,50 %	– 0,10	– 0,25 %
8	sonstige Kriterien der Mikrolage	15 %	1	10 %	1,50 %	– 0,05	0,08 %
	Summen	**100 %**			**9,50 %**		**0,35 %**

g) Aus der Differenz der relativen Abweichungen *vor* und *nach* der Sanierung ergibt sich im Beispiel eine **Gesamtverbesserung** von

$$- 1,90 \% \text{ bis } + 0,35 \% = 2,25 \%$$

Als Ergebnis erhält man den Vomhundertsatz der durch die Sanierungsmaßnahmen herbeigeführten Lageverbesserungen des Grund und Bodens, aus dem nun der **Absolutbetrag der Mietwerterhöhung** abzuleiten ist. Bei einer nach Art, Größe, Ausstattung, Beschaffenheit und Lage gebietstypischen Ausgangsmiete *vor* der Sanierung in Höhe von 5,78 €/m² WF (nicht umgelegte Betriebskosten bzw. Nebenkosten müssen ggf. hinzugerechnet werden) ergibt sich als Absolutbetrag der sanierungsbedingten Mieterhöhung:

$$5,78 \text{ €/m}^2 \text{ WF} \times 2,25 \% = \text{rd. } 0,13 \text{ €/m}^2 \text{ WF monatlich}$$

h) Mithilfe dieser sanierungsbedingten Mieterhöhung lässt sich nun die **sanierungsbedingte Bodenwerterhöhung** ermitteln:

Bei einem Objekt mit

– einer Wohnfläche (WF) von   400 m²
– einer Grundstücksfläche von   200 m²
  (ohne selbständig nutzbare Freiflächen)
– einem Liegenschaftszinssatz von   4,5 %

ergibt sich damit eine sanierungsbedingte Bodenwerterhöhung von

$$\frac{400 \text{ m}^2 \text{ WF} \times 0,13 \text{ €/m}^2 \times 12}{0,045 \times 200 \text{ m}^2} = 69,33 \text{ €/m}^2$$

122 In der *Münchener Sanierungspraxis* geht man **abweichend von der vorgestellten Berechnungsweise** jedoch wie folgt vor:

a) Der Absolutbetrag der sanierungsbedingten Mietwerterhöhung wird nicht auf der Grundlage der nach Art, Größe, Ausstattung, Beschaffenheit und Lage gebietstypischen Miete, sondern auf der Grundlage der individuellen Miete, d. h., unter Berücksichtigung der individuellen Besonderheiten des Mietobjekts ermittelt.

b) Als *objektspezifische Besonderheiten* kommen dabei entsprechend dem Münchener Mietspiegel die Abhängigkeiten der Miete von

– der Wohnfläche,   – der Baugestaltung,

– dem Baualter,   – der Wohnungsausstattung

entsprechend nachfolgenden Tabellen zum Ansatz.

Abb. 11: Basismiete einer statistisch durchschnittlichen Wohnung in Abhängigkeit von der Wohnfläche.

Die Abbildung enthält die Durchschnittsmieten in €/m² (Basismiete) ohne Berücksichtigung von Baualter, Lage, Wohnungstyp und Wohnungsausstattung. Wohnungen mit Wohnflächen unter 22 m² und über 160 m² werden durch den Mietspiegel nicht erfasst (umgerechnet)

Wohnfläche m²	Basismiete/€/m²	Wohnfläche m²	Basismiete/€/m²
65	6,05 €/m²	75	5,86 €/m²
66	6,03 €/m²	76	5,84 €/m²
67	6,01 €/m²	77	5,83 €/m²
68	6,00 €/m²	78	5,82 €/m²
69	5,98 €/m²	79	5,80 €/m²
70	5,96 €/m²	80	5,78 €/m²
71	5,94 €/m²	81	5,77 €/m²
72	5,92 €/m²	82	5,76 €/m²
73	5,90 €/m²	83	5,75 €/m²
74	5,88 €/m²		

Abb. 12: Vom Baujahr abhängige Zu- und Abschläge in Prozent der Basismiete je nach Zimmerzahl der Wohnung und für großen Balkon, große Terrasse o. Ä.

Die Tabelle beinhaltet vom Baujahr abhängige Zu- und Abschläge in Prozent der Basismiete je nach Zimmeranzahl der Wohnung und je nach Vorhandensein eines großen Balkons/Terrasse o. Ä.

Baujahr	1 Zimmer	2 oder 3 Zimmer	mindestens 4 Zimmer	großer Balkon/ große Terrasse o. Ä.
bis 1918	– 7,0 %	– 11,0 %	– 14,0 %	+ 2,0 %
1919 – 1948	– 6,5 %	– 9,0 %	– 9,0 %	+ 2,5 %
1949 – 1965	– 6,0 %	– 8,0 %	– 6,0 %	+ 3,0 %
1966 – 1977	– 3,5 %	– 2,0 %	– 3,0 %	+ 4,5 %
1978 – 1983	+ 2,0 %	+ 10,0 %	+ 3,0 %	+ 4,5 %
1984 – 1986	+ 6,0 %	+ 18,0 %	+ 7,0 %	+ 10,0 %
1987 – 1988	+ 8,0 %	+ 24,0 %	+ 9,0 %	+ 11,0 %
1989 – 1990	+ 10,0 %	+ 28,0 %	+ 11,0 %	+ 12,0 %
1991 – 1992	+ 10,0 %	+ 31,0 %	+ 11,0 %	+ 13,0 %

Hinweis: Wegen der geringen Anzahl von Wohnungen mit Baujahr 1991 – 1992 in der Stichprobe ist bei Ein- und mindestens Vierzimmerwohnungen die Berücksichtigung einer Bandbreite zu empfehlen.

Begriffsbestimmung: Großer Balkon ab etwa 8 m² Fläche.

Abb. 13: Zu- und Abschläge in Prozent der Basismiete nach Haus- und Wohnungstyp

Die Tabelle enthält Zu- und Abschläge in Prozent der Basismiete je nach Haus- bzw. Wohnungstyp.

Über 7 Stockwerke (Erdgeschoss und 6. Obergeschoss)	− 8,0 %
Einfaches Haus (ab 1949 gebaut)	− 8,5 %
Einfacher Altbau (vor 1949 gebaut)	− 9,0 %
Vor 1949 gebautes Hinterhaus*	− 13,0 %
Einfache Fenster	− 6,0 %
Gehobene Gestaltung des Hauses	+ 10,0 %
Ein- bis Dreizimmerwohnungen mit gehobenem Grundriss	+ 10,0 %
Grundlegende Renovierung der Wohnung nach 1977	+ 10,0 %

* Kein Abschlag, falls sich das Haus bereits in besonders schlechter Lage befindet.

Hierzu werden folgende **Begriffsbestimmungen** gegeben:

Einfaches Haus (ab 1949) gebaut:
Es fehlen die für einen neueren und teilsanierten Haustyp charakteristischen Merkmale, wie Sprechanlage, Aufzug, Müllschlucker o. Ä.

Einfacher Altbau (vor 1949 gebaut):
Nicht oder nur wenig renovierter Altbau, enthält keinen Aufzug, keinen Müllschlucker, gelegentlich aber eine Sprechanlage. Maximal 6 Stockwerke (einschließlich Erdgeschoss). Gemeinsame Waschküche oder Speicher alten Stils. Keine Wäschetrockner, Waschmaschine, Trockenräume zur Alleinbenutzung. Dieser Haustyp tritt überwiegend in den alten Stadtvierteln, wie Haydhausen, Lehe, Schwabing bis zum mittleren Ring, Au, Isar-Vorstadt, Max-Vorstadt, altes Giesing und altes Neuhausen auf.

Einfache Fenster:
Keine Isolierverglasung und keine modernen Doppelfenster.

Gehobene Gestaltung des Hauses:
Architektonisch anspruchsvoll gestaltetes Haus. Indikatoren hierfür sind besonders gestaltete Fenster (Rundbogen, Sprossen etc.), auch Erker, sehr schöne Fassade, o. Ä.

Normale Größe Ein- bis Dreizimmerwohnung mit gehobenem Grundriss:
In der Regel mindestens ein Wohnraum ab etwa 25 m².

Grundlegende Renovierung der Wohnung:
Es handelt sich dabei um wesentliche Renovierungsmaßnahmen nach 1977, die nicht bereits durch andere Ausstattungsmerkmale erfasst werden. Dazu gehören insbesondere Veränderungen im Zuschnitt der Wohnungen und grundlegende sanitäre Modernisierungsmaßnahmen.

Abb. 14: Zu- und Abschläge in Prozent der Basismiete nach Wohnungsausstattung

Die Tabelle enthält Zu- und Abschläge in Prozent der Basismiete je nach Wohnungsausstattung.

Keine Zentralheizung	− 15,0 %
Keine zentrale Warmwasserversorgung	− 11,5 %
Kein Badezimmer	− 5,5 %
Besondere Zusatzausstattung und Zusatzeinrichtung	+ 6,0 %
Gehobene Ausstattung der Küche[1]	+ 15,0 %
Gehobene Ausstattung des Bades[2]	+ 7,0 %
Besondere Zusatzausstattung des Bades[2]	+ 8,0 %
Zusätzliche sanitäre Räume[2]	+ 4,0 %

[1] Der Gesamtzuschlag für Küche- und Badausstattung sowie Sanitärräume darf 19 % nicht übersteigen.
[2] Der Gesamtzuschlag für Badausstattung und Sanitärräume darf 13 % nicht übersteigen.

Hierzu werden folgende **Begriffsbestimmungen** gegeben:

Zentralheizung:
Neben der üblichen Zentral- und Etagenheizung gehören hierzu auch Gaseinzelöfen, falls alle Wohnräume einschließlich Küche und Bad damit ausgestattet sind.

Badezimmer:
Ein Badezimmer ist ein abgeschlossener Raum der Wohnung mit Badewanne oder Dusche.

Besondere Zusatzausstattung oder Zusatzeinrichtung:
Dazu gehört wenigstens eines der folgenden Merkmale: Offener Kamin, Kachelofen, überwiegend hochwertiger Marmorfußboden, Fußbodenheizung, Einbauschränke, elektrisch betriebene Rollläden, Sauna oder Schwimmbad.

Gehobene Ausstattung der Küche:
Mindestens vier der folgenden Merkmale müssen vorhanden sein (vom Vermieter zur Verfügung gestellt: Spüle, Elektro-/Gasherd, Kühlschrank, moderne Einbauschränke, Mikrowellenherd, Glaskeramik-Kochmulde, Dunstabzugshaube, Geschirrspülmaschine, Gefrierschrank).

Gehobene Ausstattung des Bades:
Überdurchschnittliche Ausstattung; ein typischer Indikator ist eine hohe (in der Regel mindestens 180 cm) Umkachelung an allen vier Wänden.

Besondere Zusatzausstattung des Bades:
Zumindest eines der folgenden Zusatzausstattungen ist vorhanden: zweites Waschbecken, Dusche und Badewanne getrennt oder zumindest feste Duschabtrennung.

Zusätzliche Sanitärräume:
2. Bad oder Toilette vorhanden.

Beispiel:

123

Für eine Mietwohnung mit folgenden Merkmalen soll die ortsübliche Vergleichsmiete berechnet werden:

3-Zimmer-Wohnung mit 80 m² Wohnfläche, Baujahr 1980, gehobener Wohnbezirk (aber keine Spitzenlage), Hochhaus mit über 7 Stockwerken, gehobener Grundriss, Zentralheizung und zentrale Warmwasserversorgung sowie gehobene Ausstattung des Bades:

1. Abb. 11: 80 m² Wohnfläche	5,78 €/m²	
2. Abb. 12: Baualterszuschlag 3 Zimmer	+ 10 %	
3. Hier nicht abgedruckt: (Wohnbezirk) gehobener Wohnbezirk	+ 5 %	
4. Abb. 13: über 7 Stockwerke	− 8 %	
3-Zimmer-Wohnung mit gehobenem Grundriss	+ 10 %	
5. Abb. 14: gehobene Ausstattung des Bades	+ 7 %	

Die Summe aller Zu-/Abschläge beträgt + 24 %
Die durchschnittliche Nettomiete in €/m² beträgt damit insgesamt

$$5,78 \text{ €/m}^2 + 24\,\% \text{ von } 5,78 = 7,17 \text{ €/m}^2.$$

Für die Wohnfläche von 80 m² ergibt dies 573,60 €. Zu dieser so errechneten Nettomiete ist noch die Summe der nicht umgelegten Betriebs- bzw. Nebenkosten – soweit zutreffend – hinzuzurechnen.

In dem *Beispiel* ergibt sich also eine Miete von 7,17 €/m² WF vor der Sanierung und eine sanierungsbedingte Mieterhöhung (bei einer lagebedingten Gesamtverbesserung von 2,25 %; vgl. Rn. 121) von

$$7,17 \text{ €/m}^2 \text{ WF } \times 2,25\,\% = \text{ rd. } 0,16 \text{ €/m}^2 \text{ WF monatlich.}$$

Bei einem Objekt mit einer Wohnfläche von 400 m², einer Grundstücksfläche von 200 m² sowie einem Liegenschaftszinssatz von 4,5 % ergibt sich damit bei einer Restnutzungsdauer des Gebäudes von 40 Jahren eine **sanierungsbedingte Bodenwerterhöhung von**

$$\frac{400 \text{ m}^2 \text{ WF } \times 0,16 \text{ €/m}^2 \times 12 \times 18,40}{200 \text{ m}^2} = \textbf{rd. 70,65 €/m}^2$$

Vervielfältiger V: bei p = 4,5 % und = 40 Jahre = 18,40

Zum Vergleich: Vorstehend wurde (unter Rn. 121) eine sanierungsbedingte Bodenwerterhöhung in Höhe von 69,33 €/m² ermittelt.

Rechnerisch fällt in diesem Beispiel der Unterschied zu der vorangegangenen Berechnungsweise gering aus. Dies ist in dem Beispiel darauf zurückzuführen, dass die sanierungsbedingte Mietwerterhöhung nur über 40 Jahre kapitalisiert worden ist, während im vorangegangenen Beispiel – entsprechend der dem Grund und Boden auf Dauer anhaftenden höheren Nutzungsmöglichkeiten die sanierungsbedingte Mieterhöhung *auf ewig* kapitalisiert wurde. Dies würde zu einer sanierungsbedingten Bodenwerterhöhung von

$$\frac{400 \text{ m}^2 \text{ WF} \times 0{,}16 \text{ €/m}^2 \text{ WF} \times 12}{0{,}045 \times 200 \text{ m}^2} = \textbf{rd. 85,33 €/m}^2$$

führen.

124   **Die Münchener Berechnungsweise ist abzulehnen.** Sie muss in Abhängigkeit von

– der Restnutzungsdauer des Gebäudes und

– der individuellen Beschaffenheit einschließlich der Größe der Wohnung

zu extrem unterschiedlichen sanierungsbedingten Bodenwerterhöhungen für ansonsten völlig gleichartige Grundstücke führen. Dies ist in Ansehung von Art. 3 GG und auch aus sachlichen Gesichtspunkten nicht zu rechtfertigen (Abb. 15).

Beispiel:

Abb. 15: Lageplan gebietstypischer Wohnungen

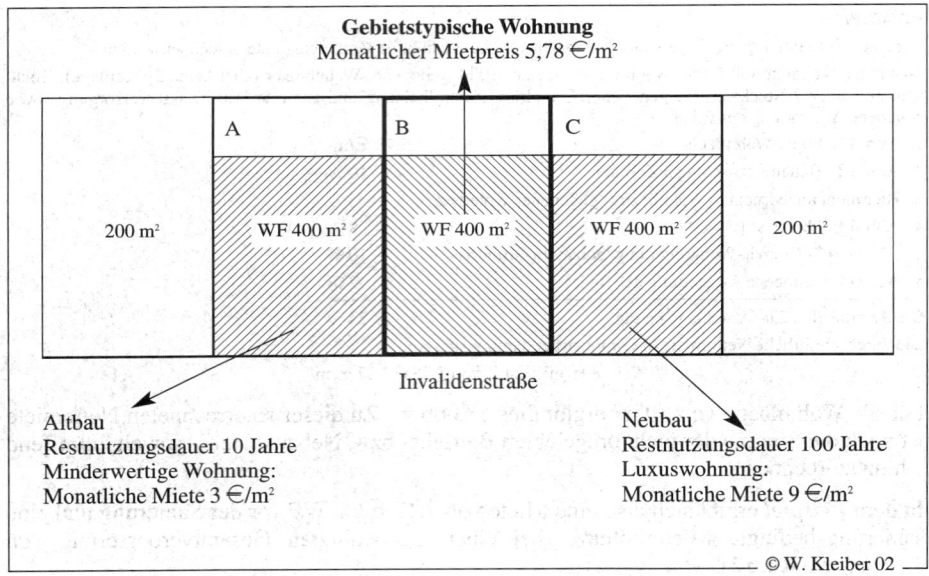

125   Bei einer sanierungsbedingten Mietwerterhöhung von 2,25 % (entsprechend dem vorgestellten *Beispiel*) würden sich für die im Lageplan dargestellten Grundstücke folgende sanierungsbedingten Bodenwerterhöhungen ergeben:

Grundstück A   12,82 €/m² Bodenfläche

Grundstück B   **63,34 €/m² Bodenfläche**

Grundstück C   106,68 €/m² Bodenfläche

Wobei im Falle des Grundstücks B die sanierungsbedingte Mietwerterhöhung auf ewig kapitalisiert wurde.

Es müssen sich hier **extrem unterschiedliche sanierungsbedingte Bodenwerterhöhungen je nach Beschaffenheit der Wohnungen und der Restnutzungsdauer der Gebäude** zeigen (Abb. 16).

Abb. 16: Sanierungsbedingte Bodenwerterhöhungen in Abhängigkeit von der Wohnungsbeschaffenheit und der Restnutzungsdauer des Gebäudes

Monatlicher Mietpreis vor der Sanierung [€/m² WF]	Sanierungsbe-dingte Miet-preiserhöhung bei 2,25 %	Sanierungsbedingte Bodenwerterhöhung bei Restnutzungsdauer [Jahre] (bei WF = 400 m², Grundstücksfläche = 200 m²)				
		10	**30**	**50**	**100**	∞
		Vervielfältiger V bei p = 4,5 %				
		7,91	16,29	19,76	21,95	**22,22**
		Sanierungsbedingte Bodenwerterhöhung in €/m²				
3,00 €/m²	**0,068 €/m²**	A =12,91 •	26,59	32,25	35,82	36,26
5,00 €/m²	**0,112 €/m²**	21,26	43,79	53,11	59,00	59,73
5,78 €/m²	**0,130 €/m²**	24,68	50,82	61,65	68,48	B = 69,33
9,00 €/m²	**0,202 €/m²**	38,35	79,97	95,80	C = 106,41 •	107,72

Δ = 94 €/m²

Allein aus der **auf ewig kapitalisierten sanierungsbedingten Mietsteigerung** (Grund-   **126** stück B), wie sie sich für den gebietstypischen Wohnungsbestand ergibt und der repräsentativ für das der Preisbildung auf dem Bodenmarkt zu Grunde liegende Investitionsverhalten vor der Sanierung war, lässt sich die sanierungsbedingte Bodenwerterhöhung ableiten. Dabei kann es – vorbehaltlich des in § 28 Abs. 3 Satz 2 geregelten Falls – keinen Unterschied machen, ob die bauliche Anlage eine Restnutzungsdauer von 10, 20, 50 oder 100 Jahren aufweist.

Dies ist darin begründet, dass sich Bodenwerte und auch der Wert des baureifen Landes   **127** ökonomisch stets als Barwerte aller künftig erzielbaren Erträge bilden, d. h., nach der **Nutzungsfähigkeit und nicht nach der tatsächlich ausgeübten Nutzung**[33]. Auch das tägliche Marktgeschehen steht dafür, denn sonst könnte sich für baureifes (unbebautes) Land nicht das hohe Bodenwertniveau einstellen. Dem kann auch nicht entgegengehalten werden, dass auf Grund der bestehenden Bebauung das durch die Sanierung herbeigeführte Nutzungspotenzial auf Grund der bestehenden Bebauung nicht „realisiert" werden kann, denn es geht hier lediglich um die Kapitalisierung der Mieterhöhung, die auf eine Verbesserung der Lagemerkmale zurückzuführen ist, die grundsätzlich auch bei bestehenden Gebäuden im Wege eines Mieterhöhungsverlangens geltend gemacht werden können[34].

Etwas anderes kann gelten, wenn zum Zwecke des „Schutzes für die angestammte Wohn-   **128** bevölkerung" **Mietobergrenzen** für das Sanierungsgebiet festgesetzt worden sind. Diese Praxis ist rechtlich allerdings nicht unproblematisch, da damit möglicherweise gegen das Abwägungsgebot verstoßen wird. Ein Abwägungsmangel kann z. B. vorliegen, wenn auf der einen Seite die Verbesserung des Sanierungsgebiets (Behebung städtebaulicher Missstände) Ziel und Zweck der Sanierung ist und es andererseits mit den Vorgaben von Mietobergrenzen den Grundstückseigentümern verwehrt sein soll, bauliche Missstände zu beheben. In diesem Fall muss mit einer erhöhten Förderung ein Ausgleich herbeigeführt werden, denn dem Eigentümer kann nicht zugemutet werden, die Bausubstanz auf eigene Kosten zu sanieren.

---

33   BGH, Urt. vom 8. 11. 1962 – III ZR 86/61 –, EzGuG 8.5; BGH, Urt. vom 13. 12. 1964 – III ZR 164/61 –, EzGuG 6.67
34   So auch Dieterich, Baulandumlegung, 3. Aufl. München 1996, S. 255, der in der 4. Aufl. (München 2000 S. 281) auf die Bedenken von Möckel nicht mehr eingeht.

129 Es kommt hinzu, dass solche **Mietobergrenzen kaum auf Dauer Bestand** haben können. Wertermittlungstechnisch könnte ggf. dem dadurch Rechnung getragen werden, dass die sanierungsbedingte Bodenwerterhöhung in der vorgestellten Berechnungsweise (auf der Grundlage der langfristig zu erwartenden Mietwertsteigerung) abgeleitet wird und dann der kapitalisierte Minderertrag kapitalisiert über die erwartete Dauer der Mietpreisbegrenzung in Abzug gebracht wird.

2.4.4 Erdgeschossmietenverfahren

130 Sanierungsbedingte Bodenwerterhöhungen lassen sich auch mittels **Regressionsanalysen** ableiten, wobei vom Bodenwert als Funktion des Ertrags (vor und nach Durchführung der Sanierung) ausgegangen wird[35]. Für Geschäftslagen ist dabei eine enge **Beziehung zwischen** den **Erdgeschossmieten und dem Bodenwert** festgestellt worden. Dort nämlich werden die höchsten Mieten erzielt, wobei zunehmend aber auch, insbesondere in Großstädten, die Obergeschossmieten einzubeziehen sind.

131 Die Ermittlung von Bodenwerten und die **Ermittlung von sanierungsbedingten Bodenwerterhöhungen auf der Grundlage von Korrelationen zwischen Erdgeschossmieten und Bodenwert** muss nach den vorliegenden praktischen Erfahrungen (vgl. Rn. 139 und § 13 WertV Rn. 394 ff.) als problematisch und fehleranfällig angesehen werden. Sie muss demzufolge als Grundlage der Ausgleichsbetragserhebung äußerst streitbefangen sein.

2.4.5 Komponentenverfahren (Additives Verfahren)

a) Allgemeines

132 Kann die Bodenwerterhöhung auf Grund von Sanierungsmaßnahmen auf Änderungen einzelner wertbeeinflussender Umstände zurückgeführt werden, so bietet sich auch für die Ermittlung von Ausgleichsbeträgen die unter § 27 WertV Rn. 42 bereits angesprochene Komponentenlösung an. **Ausgehend vom Anfangswert** des Grundstücks **bemisst sich der Ausgleichsbetrag nach den** in einzelnen Komponenten ermittelten **Werterhöhungen, die aufsaldiert zum Endwert führen**[36]. Das Verfahren ist für die Betroffenen plausibel und nachvollziehbar; es setzt die Kenntnis des Anfangswerts voraus. Auch bei der Ermittlung von Grundstückswerten in Umlegungsverfahren wird in entsprechender Weise vorgegangen. Vom Prinzip her entspricht es im Übrigen der gängigen Wertermittlungspraxis zur Berücksichtigung von Abweichungen bei Anwendung des Vergleichswertverfahrens nach § 14 WertV.

b) Änderung der baulichen Nutzbarkeit (GFZ)

133 Mit Hilfe von Umrechnungskoeffizienten lassen sich **Bodenwerterhöhungen** ermitteln, die durch Änderung des Maßes der baulichen Nutzung im **Rahmen einer Sanierungsmaßnahme nach dem Sanierungsrecht** des BauGB bewirkt worden und der Abschöpfung unterworfen sind (vgl. § 14 WertV Rn. 43):

Beispiel:

Sachverhalt

– Zulässige Nutzung ohne Aussicht auf die Sanierung sei eine GFZ von 0,8; der Bodenwert betrage 300 €/m²
– Zulässige Nutzung auf Grund des Sanierungsbebauungsplans sei eine GFZ von 1,6
– Gesucht: sanierungsbedingte Bodenwerterhöhung auf Grund der geänderten GFZ

Rechengang (auf der Grundlage der Umrechnungskoeffizienten für die Stadt Köln):

– Umrechnungskoeffizient für GFZ = 0,8 : 0,93
– Umrechnungskoeffizient für GFZ = 1,6 : 1,25

$$300 \text{ €/m}^2 \times \frac{1,25}{0,93} = 400 \text{ €/m}^2$$

Bodenwerterhöhung: 400 €/m² – 300 €/m² = **100 €/m²**

c) Erschließungsvorteil

Mit Hilfe der durchschnittlichen Erschließungskosten unter Berücksichtigung der örtlichen und individuellen Gegebenheiten lässt sich der **Erschließungsvorteil** erfassen (vgl. § 13 WertV Rn. 133): **134**

Beispiel:

– Erschließungsaus*bau*kosten (einschließlich Vermessungskosten, Notariatsgebühren, Gebühren sonst erforderlicher Teilungsgenehmigungen) .... 40 €/m²
– Erschließungs*flächen*kosten .... 30 €/m²
  (soweit sie anfallen und im vorstehenden Durchschnittssatz nicht enthalten sind)
  Erschließungsvorteil .... 70 €/m²

Hinweis: Entsprechend der Praxis in der Umlegung lässt sich der Erschließungsflächenanteil auch über den Flächenabzug bemessen; ein Flächenabzug von 20 % ist in der Rechtsprechung als realistisch erkannt worden[37].

d) Lage- und Strukturverbesserungen

Lage- und Strukturverbesserungen können nur durch eine sorgfältige qualifizierende Analyse erfasst werden. Vor der schematischen Anwendung von Tabellenwerken muss gewarnt werden, da diese i. d. R. sich auf bestimmte regionale Bodenmärkte und siedlungsstrukturelle Kreistypen beziehen. Erst auf Grund einer sorgfältigen **Qualifizierung der Lage- und Strukturverbesserung** können die daraus resultierenden Wertänderungen (i. d. R. Werterhöhungen) abgeleitet werden. Dabei ist es unabdingbar, ausgehend von den festgestellten städtebaulichen Missständen i. S. d. § 136 Abs. 2 und 3 BauGB die im Zuge der Sanierung durchgeführten städtebaulichen Maßnahmen eingehend festzustellen und in ihrer wertmäßigen Auswirkung zu analysieren: Bezüglich der städtebaulichen Missstände wird zwischen *Substanz- und Funktionsschwächen* unterschieden, wobei es i. d. R. Mischformen solcher Missstände zu sanieren gilt (vgl. § 13 WertV Rn. 171 ff., § 14 WertV Rn. 178). **135**

● **Substanzschwächen** (vgl. Vorbem. zu den §§ 26 ff. WertV Rn. 24) treten auf hinsichtlich **136**

– Immissionen, Einwirkungen durch Lärm, Verunreinigungen und Erschütterungen,

– Belichtung, Belüftung und Besonnung der Wohn- und Arbeitsstätten,

– Zugänglichkeit der Grundstücke,

– bauliche Beschaffenheit der Wohn- und Arbeitsstätten,

– Auswirkungen sog. Gemengelagen (Mischung von Wohn- und Arbeitsstätten).

Der dafür geprägte Begriff der „ungesunden Wohn- und Arbeitsverhältnisse" ist nicht statisch, sondern allgemeinen Anschauungen und zeitgemäßen Anforderungen unterworfen[38].

● **Funktionsschwächen** (vgl. Vorbem. zu den §§ 26 ff. WertV Rn. 25) liegen vor, wenn das Gebiet in der Erfüllung der ihm (vom Planer) zugedachten Aufgaben erheblich beeinträchtigt ist, d. h. der Aufgaben, die ihm nach seiner Lage und Funktion obliegen[39], z. B. in Bezug auf **137**

---

35 Hierzu § 13 WertV Rn. 394 ff.; Schmalgemeier in VR 1983, 149; Brandt/Wehner in VR 1985, 422: Paul in VR 1983, 141; Hannen in VR 1987, 165

36 Der Kritik des VG Minden, Beschl. vom 20. 11. 1987 – 1 L 58/87 –, EzGuG 15.56, kann diesbezüglich nicht gefolgt werden.

37 LG Kiel, Urt. vom 3. 11. 1989 – 19 O 4/83 –, EzGuG 15.64 = GuG 1990, 103

38 BGH, Urt. vom 13. 7. 1967 – III ZR 1/65 –, EzGuG 6.104: Der „Missstandsbegriff ist gegenüber sich ändernden sozialen Vorstellungen des gesunden Wohnens offen."

39 BVerwG, Urt. vom 6. 7. 1984 – 4 C 14/81 –, EzGuG 15.31; OVG Lüneburg, Urt. vom 19. 9. 1979 – 6 C 12/19 –, EzGuG 15.12 a

– den fließenden und ruhenden Verkehr,

– die Ausstattung mit Grünflächen, Spiel- und Sportplätzen,

– die innergemeindliche Zentrumsbildung,

– den Verflechtungsbereich,

– die wirtschaftliche Situation und Entwicklungsfähigkeit und

– die infrastrukturelle Ausstattung und Erschließung des Gebiets.

138 Zur **Ermittlung des wertmäßigen Einflusses durchgeführter Sanierungsmaßnahmen** sind den Missständen die Maßnahmen zur Behebung bzw. Minderung der Missstände gegenüberzustellen. Die Werterhöhung lässt sich dann ermitteln durch

– Vergleich von Bodenrichtwerten entsprechend unterschiedlich geprägter Bodenrichtwertzonen,

– empirische Untersuchungen von Lageeinflüssen,

– ertragswirtschaftliche Vergleichsbetrachtungen.

e) Beispiel (vgl. § 13 WertV Rn. 394 ff.):

139 Für die Innenstadtlagen ist eine hohe Signifikanz zwischen Bodenwert und Erdgeschossmiete festgestellt worden.

Für das Gemeindegebiet sei festgestellt worden, dass die Bodenwerte das 35fache des monatlichen Rohertrags der Nutzfläche des Erdgeschosses ausmachen:

– Vor der Sanierung betrage der Rohertrag 30 €/m² NF Monat

　　　　Anfangswert: 1 050 €/m² (= 35 × 30 €/m²)

– Auf Grund der Sanierung erhöhe sich der Rohertrag um 3 €/m² NF Monat

　　　　Sanierungsbedingte Bodenwerterhöhung: 105 €/m² (= 3 €/m² × 35)
　　　　Endwert: 1 155 €/m² (= 1 050 €/m² + 105 €/m²)

140 Als Komponentenlösung können im Übrigen auch solche Verfahren bezeichnet werden, mit denen der Ausgleichsbetrag – wiederum vom Anfangswert ausgehend – auf **mathematisch statistischem Wege** komponentenweise oder insgesamt abgeleitet wird. Hierzu hat es eine Reihe von überregional angelegten Untersuchungen gegeben[40]. Ursächlich für die Höhe des Ausgleichsbetrags sind danach

a) einerseits die vorhandenen *städtebaulichen Missstände* i. S. d. § 136 BauGB und – komplementär hierzu –

b) andererseits die *durchgeführten Maßnahmen* zur Behebung oder zumindest zur Minderung dieser Missstände,

wobei sowohl die städtebaulichen Missstände als auch die durchgeführten Maßnahmen in folgenden Bereichen (differenziert nach Klassen)

– Bebauung,

– Struktur (Eigentumsverhältnisse, Erschließung),

– Grundstücksnutzung (Verdichtung/Gemengelage),

– Umfeld (Verkehr/Infrastruktur)

zu untersuchen sind.

141 Vom Ansatz her darf bei dieser Vorgehensweise der **örtliche Bezug** nicht vernachlässigt werden, denn in der Grundstückswertermittlung sind nur wenige Parameter überregional identisch. Darüber hinaus müssen die jeweiligen Parameter eindeutig voneinander abgrenzbar sein, wobei sich gewisse Überschneidungen (Struktur/Umfeld/Gemengelage) niemals ganz vermeiden lassen. In jedem Fall aber dürfen nur solche wertbeeinflussenden Umstände zur Bemessung des erhebbaren Ausgleichsbetrags herangezogen werden, die nach Maßgabe der §§ 154 f. BauGB zu abschöpfbaren Bodenwerterhöhungen führen, d. h. in kausalem Zusammenhang mit der Sanierung stehen und zudem nicht als zulässigerweise bewirkte Bodenwerterhöhung auf den Ausgleichsbetrag anzurechnen sind. Hierzu können u. a. die vom Eigentümer durchgeführten **Modernisierungs- und Instandsetzungsmaßnahmen** gehören.

2.4.6 Niedersachsen-Verfahren

a) Allgemeines

Ausgehend von der Erkenntnis, dass die sanierungsbedingte Bodenwerterhöhung eine **142** Funktion

– der vor der Vorbereitung, d. h. am Beginn der Sanierungsmaßnahme bestehenden städtebaulichen *Missstände* i. S. d. § 136 Abs. 3 BauGB und

– der durchgeführten städtebaulichen *Maßnahmen* (Vorbereitung nach den §§ 140 ff. BauGB und Durchführung [Ordnungs- und Baumaßnahmen] i. S. d. §§ 146 bis 148 BauGB)

ist, wurden in *Niedersachsen* seit den 80er Jahren empirische Untersuchungen über die sanierungsbedingten Bodenwerterhöhungen durchgeführt. Mit Hilfe des daraus entwickelten Verfahrens lassen sich die sanierungsbedingten Bodenwerterhöhungen ausgehend vom Anfangswert in einem Vomhundertsatz in Abhängigkeit von den vorhandenen Missständen und den durchgeführten Maßnahmen „tabellarisch" ableiten. **Voraussetzung für die Anwendung** des Verfahrens **ist** also, **dass der Anfangswert ermittelt worden** und dem Gutachter bekannt **ist.** Die Untersuchungen haben nämlich ergeben, dass die sanierungsbedingte Bodenwerterhöhung einerseits von den vorhandenen städtebaulichen Missständen und den durchgeführten Sanierungsmaßnahmen und andererseits von der *absoluten Höhe des Anfangswerts* abhängig ist.

Die Anwendung des Verfahrens vollzieht sich nach einem geradezu bestechend einfachen **143** Schema, wobei hierin zugleich auch eine Gefahr liegt, denn **vor einer allzu schematischen Ableitung der sanierungsbedingten Bodenwerterhöhung muss gewarnt werden.** Vor allem muss geprüft werden, ob die für Hamburg, Hessen, Niedersachsen, *Nordrhein-Westfalen* und *Rheinland-Pfalz* ermittelten Werte auch für den einschlägigen Bodenmarkt gelten. Zumindest ist zu fordern, dass die siedlungsstrukturellen Kreistypen vergleichbar sind.

b) Verfahrensgang

Das Verfahren wird ausführlich im Schrifttum[41] beschrieben. Es **vollzieht sich wie folgt**:

1. Schritt

Es werden zunächst die städtebaulichen Missstände qualifiziert, wie sie vor Einleitung der **144** städtebaulichen Sanierungsmaßnahme bestanden haben. Auf der Grundlage der festgestellten städtebaulichen Missstände wird mit Hilfe eines Klassifikationsrahmens die **Kenngröße der städtebaulichen Missstände** ermittelt (Abb. 17).

Der **Klassifikationsrahmen für städtebauliche Missstände** unterscheidet nach vier Parametern:

Gebietsbezogene Parameter: a) Bebauung,
                                    b) Struktur (Eigentumsverhältnisse und Erschließung)

Grundstücksbezogene Parameter: c) Nutzung (Verdichtung, Gemengelage),
                                      d) Umfeld (Verkehr, Infrastruktur)

Beispiel: **145**

In dem zu sanierenden Gebiet wurden folgende städtebaulichen Missstände festgestellt:

a) Bebauung: instandsetzungs- und modernisierungsbedürftig

b) Struktur: Erschließungssituation unzureichend

c) Nutzung: störende Gemengelage

d) Umfeld: in Teilen ergänzungsbedürftig

---

40 Kanngieser/Bodenstein in GuG 1990, 147

41 Bodenstein, in Nachr. der nds. Kat.- und VermVw 1988, 199; Brill, in Nachr. der nds. Kat.- und VermVw 1984, 252; ders. in Nachr. der nds. Kat.- und VermVw 1986, 170; Kanngieser/Bodenstein in ZfV 1985, 233; dies. in ZfV 1985, 410; dies. in ZfV 1986, 445; dies. in ZfV 1989, 529; dies. in GuG 1990, 147; dies. in ZfV 1994, 113; Oelfke in VR 1983, 309; Stege in Nachr. der nds. Kat.- und VermVw 1993, 54; Seifert in VR 1999, 237

Abb. 17: Klassifikationsrahmen für städtebauliche Missstände

Komplex	Klasse									
	1	2	3	4	5	6	7	8	9	10
1 Bebauung	überwiegend intakt	geringe Mängel	einzelne Mängel (z. B. Heizung, Fenster)	gering instandsetzungs- und modernisierungsbedürftig (z. B. äußere Beschaffenheit)	instandsetzungs- und modernisierungsbedürftig (z. B. innere Beschaffenheit)	im Wesentlichen instandsetzungs- und modernisierungsbedürftig	grundlegend instandsetzungs- und modernisierungsbedürftig	zeitgemäße Wohn- und Arbeitsverhältnisse nicht gewährleistet	gesunde Wohn- und Arbeitsverhältnisse nicht gewährleistet	verfallen
2 Struktur Eigentumsverhältnisse, Erschließung	überwiegend günstig	vorhandene Erschließung in Teilen ergänzungsbedürftig	Zugänglichkeit der Grundstücke ungünstig	unzweckmäßig	Grundstückszuschnitt ungünstig	Erschließungssituation unzureichend	stark zersplitterte Grundstücksstruktur	Erschließung wie Ver- und Entsorgungseinrichtungen unzureichend	mangelhafte Gesamtsituation	unzumutbare Gesamtsituation
3 Nutzung Verdichtung, Gemengelage	überwiegend funktionsgerecht	geringe Beeinträchtigungen im Wohnbereich	geringe Beeinträchtigungen im Gewerbebereich, störende bauliche Nebenanlagen	Gemengelage mit geringen Beeinträchtigungen	hohe Verdichtung	übermäßige Verdichtung	störende Gemengelage	hohe Verdichtung und störende Gemengelage, Beeinträchtigung durch Altbausubstanz	übermäßige Verdichtung und störende Gemengelage	unzumutbare Verhältnisse
4 Umfeld Verkehr, Infrastruktur	überwiegend gut	in Teilen ergänzungsbedürftig	einige Infrastruktureinrichtungen fehlen	Verkehrssituation verbesserungsbedürftig	Infrastruktur insgesamt ergänzungsbedürftig	Verkehrsanbindungen mangelhaft, Parkmöglichkeiten nicht in ausreichendem Umfang	Behinderungen durch den Verkehr, Infrastruktur unzureichend	keine Parkmöglichkeiten, fließender Verkehr überlastet, Infrastruktur im Prinzip nicht vorhanden	ungenügende Gesamtsituation	keine funktionsgerechte Ausstattung

Abb. 18: Klassifikationsrahmen für städtebauliche Maßnahmen

Komplex	1	2	3	4	5	6	7	8	9	10
						Klasse				
1 Bebauung	einzelne Maßnahmen	gezielte Behebung der Mängel	einzelne Modernisierungs- und Instandsetzungsmaßnahmen	einfache Modernisierung und Instandsetzung	Mittlere Modernisierung und Instandsetzung	umfassende Modernisierung und Instandsetzung	durchgreifende Modernisierung und Instandsetzung	wie Klasse 7 und Neubebauung einzelner Grundstücke	überwiegend Neubebauung oder aufwendige Modernisierung	Neubebauung
2 Struktur Eigentumsverhältnisse, Erschließung	einzelne Maßnahmen	gezielte Ergänzung vorhandener Erschließungsanlagen	Verbesserung der Zugänglichkeit von Grundstücken	Verbesserung der Erschließungssituation	Grenzausgleich (Grenzregelung, Umlegung)	Ergänzung der Erschließungsanlagen	Neuaufteilung (Umlegung)	durchgreifende Maßnahmen	grundlegende Umstrukturierung (Umlegung)	umfassende Neuordnung und Erschließung (Umlegung)
3 Nutzung Verdichtung, Gemengelage	einzelne Maßnahmen	gemeinsame Hofgestaltung mehrerer Grundstücke u. a.	Verbesserung der Nutzung, Beseitigung baulicher Nebenanlagen	Maßnahmen mit einem geringen Aufwand	Reduzierung des Maßes der baulichen Nutzung	Entkernung	Maßnahmen zur Beseitigung oder Verringerung von Emissionen	Anpassung hinsichtlich Art und Maß der baulichen Nutzung und Maßnahmen zur Beseitigung oder Verringerung von Emissionen, Freilegung von Grundstücken	Anpassung hinsichtlich Art und Maß der baulichen Nutzung und Umsetzung von Betrieben	Auflockerung und Umnutzung
4 Umfeld Verkehr, Infrastruktur	einzelne Maßnahmen	geringfügige Ergänzung der Infrastruktur, geringfügige Verbesserungen für den ruhenden Verkehr	gezielte Ergänzung der Infrastruktur	Ausbau von Rad- und Fußwegen, Verbesserungen für den ruhenden Verkehr	Ergänzung und Verbesserung der Infrastruktur	Erweiterung des öffentlichen Verkehrsnetzes und Verbesserung der Anschlussmöglichkeiten für den Individualverkehr, Schaffung von weiteren Parkmöglichkeiten	Umlenkung des fließenden Verkehrs, Ausstattung mit Infrastruktureinrichtungen	Schaffung von Parkplätzen, Parkhäusern, Verkehrsumleitungen, Ausstattung mit Infrastruktureinrichtungen	Anlage verkehrsberuhigter Zonen, auch Fußgängerzonen, und Ergänzung der Infrastruktur	umfassende Verbesserung der Verkehrssituation und Neuausstattung mit Infrastruktureinrichtungen

Auf Grund der festgestellten städtebaulichen Missstände lässt sich durch Bildung des arithmetischen Mittels der aus dem Klassifikationsrahmen (Abb. 17) entnommenen **Kennziffern für** die einzelnen **Missstände die mittlere Kennzahl** ableiten:

Mittlere Kennzahl der städtebaulichen Missstände (MI) $= \frac{1}{4}$ (5+6+7+2) $= 5,00$

2. Schritt

146   Es werden nunmehr die im Zuge der Vorbereitung und Durchführung der Sanierung bereits tatsächlich durchgeführten sowie zur Durchführung anstehenden Maßnahmen insbesondere auf der Grundlage des Sanierungsbebauungsplans oder der sonstigen Planungskonzeptionen (Ziele und Zwecke der Sanierung; Rahmenplan) qualifiziert. Auf der Grundlage dieser Feststellungen wird wiederum mit Hilfe eines Klassifikationsrahmens nunmehr die **Kenngröße der städtebaulichen Maßnahmen** abgeleitet (vgl. Abb. 18).

Der **Klassifikationsrahmen für städtebauliche Maßnahmen** unterscheidet wiederum nach den Parametern, die auch für die Feststellung der städtebaulichen Missstände maßgebend sind: Bebauung, Struktur, Nutzung und Umfeld.

147   *Beispiel:*

Im Sanierungsgebiet wurden bzw. werden folgende städtebauliche Maßnahmen durchgeführt:

a) Bebauung: umfassende Modernisierung und Instandsetzung,

b) Struktur: Verbesserung der Erschließungssituation,

c) Nutzung: Entkernung,

d) Umfeld: einzelne Maßnahmen.

Mit Hilfe dieser Feststellungen lässt sich wiederum durch Bildung des arithmetischen Mittels der aus dem Klassifikationsrahmen für städtebauliche Maßnahmen (Abb. 19) entnommenen Kennziffern für die einzelnen Maßnahmen die **mittlere Kennzahl** ableiten.

Mittlere Kennzahl der städtebaulichen Maßnahmen (MA) $= \frac{1}{4}(6 + 4 + 6 + 1) = 4,25$

3. Schritt

148   Mit Hilfe der ermittelten mittleren Kennzahlen für

– die städtebaulichen Missstände und

– die städtebaulichen Maßnahmen

lässt sich nun der **Vomhundertsatz der sanierungsbedingten Bodenwerterhöhung** aus Tabellen ablesen (Abb. 19). Im Hinblick auf die Abhängigkeit der sanierungsbedingten Bodenwerterhöhung vom Wertniveau des Anfangswerts stehen dafür insgesamt vier Tabellen zur Verfügung:

– Matrix A: für Anfangswerte bis 100 DM/m^2 (rd. 50 €/m^2)

– Matrix B: für Anfangswerte von 100 DM/m^2 (rd. 50 €/m^2) bis 200 DM/m^2 (rd. 100 €/m^2)

– Matrix C: für Anfangswerte von 200 DM/m^2 (rd. 100 €/m^2) bis 400 DM/m^2 (rd. 200 €/m^2)

– Matrix D: für Anfangswerte über 400 DM/m^2 (rd. 200 €/m^2)

149   *Beispiel:*

Bei einem Anfangswert von 175 €/m^2 und einer zuvor ermittelten

– mittleren Kennzahl der städtebaulichen Missstände (MI) von 5,00 und

– mittleren Kennzahl der städtebaulichen Maßnahmen (MA) von 4,25

ergibt sich aus der Matrix C eine sanierungsbedingte Bodenwerterhöhung von 17 %; mithin

Sanierungsbedingte Bodenwerterhöhung $= \frac{17}{100} \times 175$ €/m^2 $=$ **30 €/m^2**

Neuordnungswert $= 175$ €/m^2 $+ 30$ €/m^2 $=$ **205 €/m^2**

Abb. 19: Sanierungsbedingte Bodenwerterhöhung in Abhängigkeit von den mittleren Kennzahlen für städtebauliche Missstände und Maßnahmen

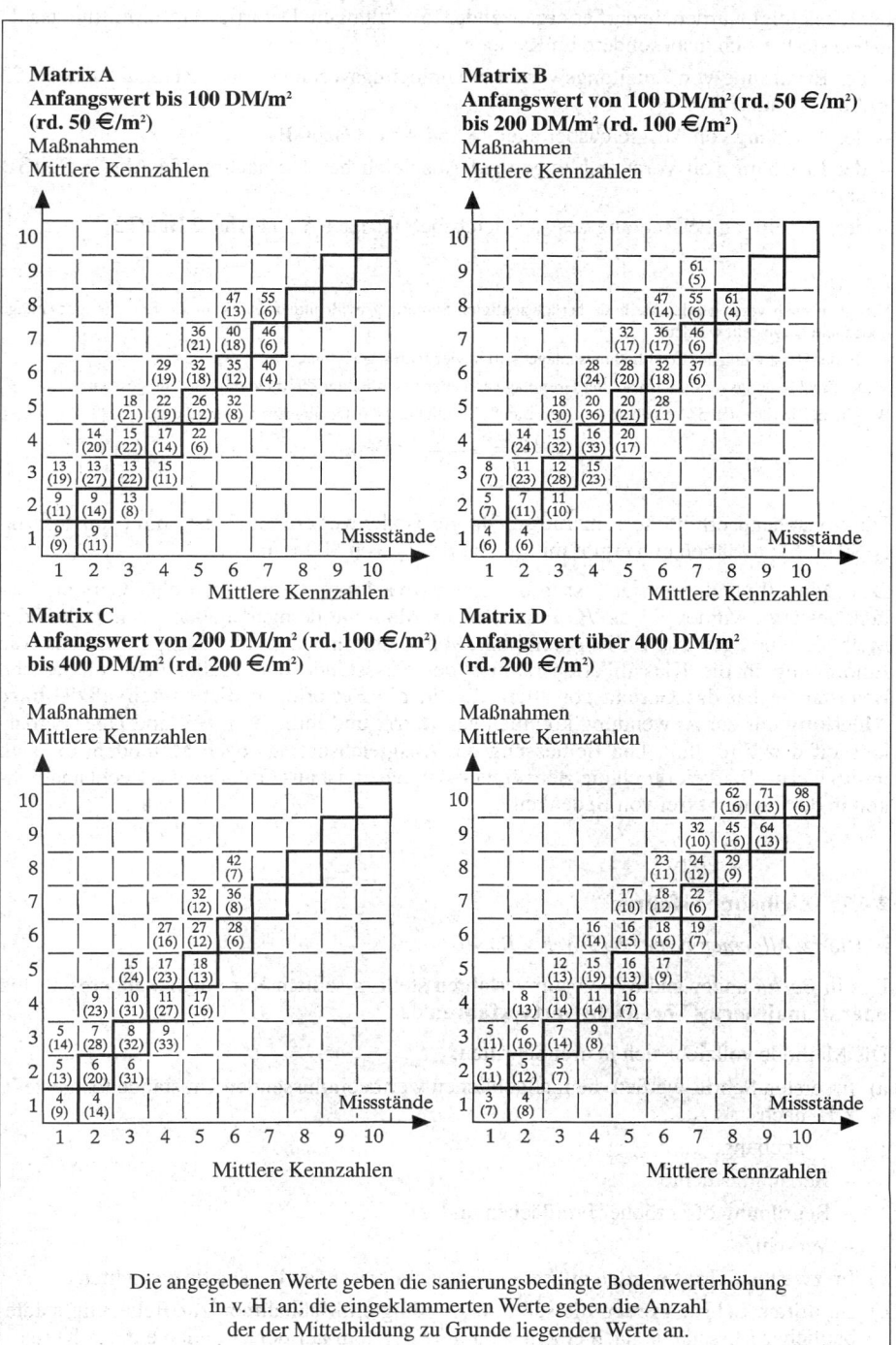

Die angegebenen Werte geben die sanierungsbedingte Bodenwerterhöhung in v. H. an; die eingeklammerten Werte geben die Anzahl der der Mittelbildung zu Grunde liegenden Werte an.

150   Soweit bestimmte **Sanierungsmaßnahmen** im Zuge der Sanierung **noch nicht durchgeführt** worden sind, jedoch bei Anwendung der vorstehenden Methode bereits wertmäßig berücksichtigt wurden, bedarf es ergänzender Ermittlungen. Derartige Wertermittlungsaufgaben stellen sich insbesondere im Rahmen

- der Ermittlung von Zuteilungswerten in Umlegungsverfahren nach Maßgabe des § 153 Abs. 5 BauGB,
- der Ablösung von Ausgleichsbeträgen (§ 154 Abs. 3 BauGB),
- der Erhebung von Vorauszahlungen auf Ausgleichsbeträge nach § 154 Abs. 6 BauGB und
- der vorzeitigen Festsetzung des Ausgleichsbetrags nach § 154 Abs. 2 BauGB.

151   *Beispiel:*

Von allen nach vorstehender Methode berücksichtigten Sanierungsmaßnahmen ist allein die Erschließungsanlage noch nicht hergestellt worden.

- Mit der Herstellung der Erschließungsanlage wird in vier Jahren gerechnet.
- Der Erschließungsvorteil wird auf der Grundlage ersparter Erschließungsbeiträge mit 30 €/m² geschätzt.

Bei einem Zinssatz von 5 % ergeben die „gesparten" Erschließungskosten abgezinst über 4 Jahre:

$$\frac{30 \ \text{€/m}^2}{(1+\frac{p}{100})^4} = \frac{30}{1{,}05^4} = 25 \ \text{€/m}^2$$

152   Die vorstehend ermittelte sanierungsbedingte Bodenwerterhöhung ist somit um 5 €/m² (= 30 – 25) zu kürzen und ergibt mithin den Betrag von 400 €/m².

Das „Modell Niedersachsen" ist in der **Rechtsprechung** niedersächsischer Gerichte bislang bestätigt worden[42]. Das VG Frankfurt am Main hat demgegenüber erkannt, dass der Methode eine „gewisse Beliebigkeit" innewohne und dies darauf zurückgeführt, dass die Einordnung in die Klassifikationsrahmen der Missstände und Maßnahmen unklar sei. Beanstandet hat das Gericht vor allem die für die Betroffenen **nicht nachvollziehbare Ableitung** der zur Anwendung kommenden Matrix und ihre Gültigkeit und Übertragbarkeit auf den Einzelfall. Die Bemessung des Ausgleichsbetrags nach Methoden, die sich ihrer Überprüfbarkeit durch die Betroffenen entziehen, ist aus Gründen der Rechtstaatlichkeit in der Tat nicht frei von Bedenken[43].

2.4.7   Zielbaumverfahren

▶ *Hierzu Allgemeines bei § 13 WertV Rn. 401.*

153   Das in *Berlin* angewandte Zielbaumverfahren stellt in seinem Kern nichts anderes als ein **operationalisiertes Vergleichswertverfahren** dar.

Die Methode vollzieht sich in drei Schritten:

a) Im ersten Schritt werden die maßgeblichen wertbeeinflussenden Umstände festgestellt, z. B. nach

- Umgebung,
- Bebauungsdichte,
- Begrünung öffentlicher Freiflächen und
- Verkehr.

b) Im zweiten Schritt werden die bodenwertbeeinflussenden Umstände gewichtet.

c) Im dritten Schritt werden die sanierungsbedingten Maßnahmen zur Behebung städtebaulicher Missstände nach einem Schulnotensystem auf der Grundlage eines Klassifikationsrahmens „bewertet".

Auf dieser Grundlage wird

– der Zustand des Grund und Bodens des Grundstücks „vor" der Sanierung, d. h. ohne Aussicht auf die Sanierung, ihre Vorbereitung und Durchführung,

– der Zustand des Grund und Bodens des Grundstücks „nach" der Sanierung, d. h. unter Berücksichtigung der tatsächlichen und rechtlichen Neuordnung, und

– ein „Verbesserungsfaktor" abgeleitet.

Durch Anwendung des Verbesserungsfaktors auf den individuell ermittelten Endwert ergibt **154** sich quasi **durch Rückrechnung der Anfangswert.** Der Unterschied aus dem Anfangswert und dem so ermittelten Endwert ergibt dann wiederum den Ausgleichsbetrag[44].

Abb. 20: Zielbaum sanierungsbedingter Bodenwerterhöhungen

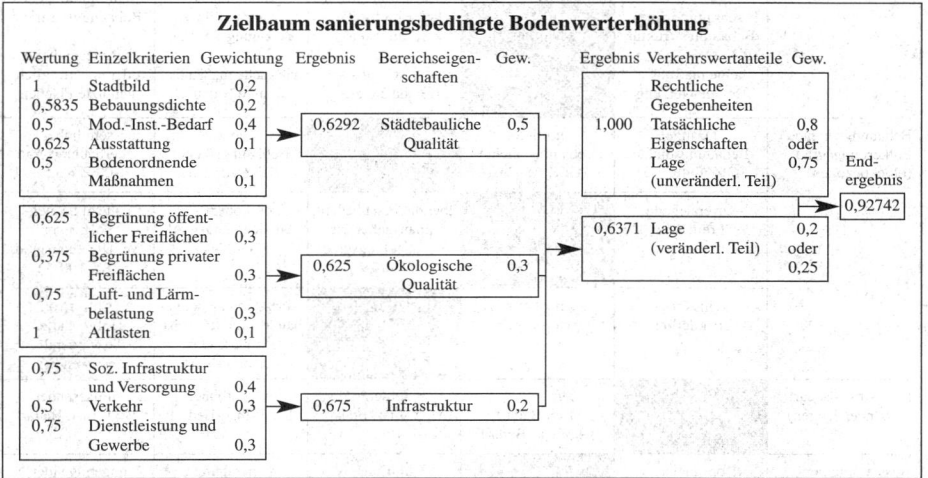

Quelle: Anlage zum Schreiben des Vermessungsamtes Tiergarten vom 21. 11. 1997, Betr.: Alt-Moabit 129 Ecke Werftstraße 21, GEBln 1999

---

42   OVG Lüneburg, Urt. vom 24. 1. 1992 – 1 L 46, 47/90 –, EzGuG 15.71; OVG Lüneburg, Beschl. vom 26. 9. 1994 – 1 M 3029/94 –; LG Oldenburg, Urt. vom 7. 11. 1995 – 7 O 1543/92 –, OVG Lüneburg, Urt. vom 17. 4. 1997 – 1 L 6618/95 –; OVG Lüneburg, Urt. vom 17. 1. 1997 – 1 L 1218/95 –, GuG 2000, 179 = EzGuG 15.87 a; OVG Lüneburg, Beschl. vom 21. 10. 1996 – 6 M 4534/96 –; VG Osnabrück, Urt. vom 23. 10. 1998 – 2 A 200/96 –

43   VG Frankfurt am Main, Beschl. vom 25. 8. 1999 – 8 G 3502/98 –, EzGuG 15.96 = GuG 2000, 190

44   Die Methode ist durch das VG Berlin, Beschl. vom 11. 11. 1998 – 19 A 89/98 –, GuG 1999, 186 = EzGuG 15.93 bestätigt worden. Berechtigte Kritiker hierzu bei Seldeneck/Dyroff in BlnGE 1999, 89

Abb. 21: Bewertungskriterien

	Qualität Neuordnungs-wert		Gleiche Qualität Anfangs- und Endwert		Qualität Anfangswert
Bewertungskriterien zur Ermittlung der sanierungsbedingten Bodenwerterhöhung bei Wohn- und Mischnutzung **Sanierungsgebiet Tiergarten-Turmstraße, Grundstück Werftstraße 21, Ecke Alt-Moabit 129**					
Kategorie	1	2	3	4	5
Stadtbild (blockbezogen)	städtebaulich geordnete, repräsentative Urbanität	städtebaulich geordnete Stadtstruktur	teilweise Typik der geordneten Struktur noch vorhanden	überwiegend atypische Bebauungsformen	desolates, orientie-rungserschwerendes Erscheinungsbild
	sehr homogene Bebauungsstruktur	homogene, intakte Bebauungsstruktur und Stadtreparatur	teilweise städtebau-lich Bruchstellen (Baulücken)	inhomogene stadträumliche Bebauungsstruktur	sehr inhomogene Bebauungsstruktur
	keine maßstabs-fremde Nutzung	kaum maßstabs-fremde Nutzung	teilweise maßstabs-fremde Nutzung	vielfache maßstabs-fremde Nutzung	überwiegend unter oder unverträglich genutzte Flächen
Bebauungsdichte, Entkernungsgrad (blockbezogen)	geringe Bebauungsdichte (GFZ unter 1,5)	mittlere Bebauungsdichte (GFZ 1,5–2,0)	noch zumutbare Bebauungs-dichte (GFZ 2,0–2,5)	hohe Bebauungsdichte (GFZ 2,5–3,5)	sehr hoher Überbauungsgrad (GFZ > 3,5)
	unversiegelte Freifläche	teilversiegelte Freifläche (Erschließung)	über die Erschließung hinausgehender Versiegelungsgrad (50–70 %)	hoher Versiegelungsgrad (70–85 %)	nahezu flächen-deckender Versiegelungsgrad (85–100 %)
	kein Abriss erforderlich	kein Abriss erforderlich	Abriss von Nebengebäuden (Schuppen, Garagen) evtl. erforderlich	Abriss von Nebenge-bäuden und teilweise Hofgebäuden erforderlich	Abriss von Hofgebäuden zwingend notwendig
Mod.-Inst.-Bedarf (gebäudebezogen)	kein Mod.-Inst.-Bedarf	geringer Mod.-Bedarf, kein Inst.-Bedarf	mittlerer Mod.-Inst.-Bedarf	wesentlicher Mod.-Inst.-Bedarf	umfassender Mod.-Inst.-Bedarf
Ausstattung der Wohnungen (gebäudebezogen)	optimaler, umweltfreundlicher Standard	guter, umweltfreundlicher Standard	mittlerer Standard	mangelhafter, ökologisch unver-träglicher Standard	ungenügender, ökologisch unver-träglicher Standard
	moderne, effektive Heizsysteme und Sanitärinstallationen, ZH/Bad	ZH/Bad	überwiegend OH/Bad, teilweise ZH, Gas-Außenwandöfen	überwiegend OH/IT oder PT	überwiegend OH/PT oder IT
Bodenordnende Maßnahmen (blockbezogen)	keine Maßnahmen erforderlich	in geringem Umfang boden-ordnende Maßnah-men, z. B. Grenz-regelung erforderlich	in mittlerem Umfang bodenordnende Maß-nahmen erforderlich, z. B. für grundstücks-übergreifende Freiflächengestaltung	umfangreiche bodenordnende Maßnahmen ohne Änderung der Erschließung	umfassende bodenordnende Maßnahmen (Erschließungs-umlegung)
Begrünung öffentlicher Freiflächen (gebietsbezogen)	optimale Versorgung mit zusammen-hängenden, wohnungsnahen Grünflächen	gute Versorgung mit zusammen-hängenden wohnungsnahen Grünflächen	keine zusammen-hängende Grünver-bindung, mäßig gestaltete wohnungsnahe Grünflächen	mangelhafte Gestaltung der wohnungsnahen Grünflächen	einzelne begrünte Splitterflächen in verwahrlostem Zustand
	optimale Begrünung im Straßenraum	homogene Begrünung im Straßenraum	inhomogene Begrünung im Straßenraum	unzureichende Begrünung im Straßenraum	keine Begrünung im Straßenraum

	Qualität Neuordnungswert		Gleiche Qualität Anfangs- und Endwert		Qualität Anfangswert
Kategorie	1	2	3	4	5
Begrünung privater Freiflächen (blockbezogen)	grundstücksübergreifende Gestaltung des zusammenhängenden Grünflächenbestands im Blockinnenbereich mit hoher Aufenthaltsqualität	teilweise grundstücksübergreifende Gestaltung der Grünflächen im Blockinnenbereich mit Aufenthaltsqualität	grundstücksbezogene, durch Versiegelung der Erschließungsbereiche reduzierte, gestaltete Grünflächen mit geringer Aufenthaltsqualität	grundstücksbezogene, begrünte Splitterflächen mit sehr geringer Nutzungs- und Aufenthaltsqualität	sehr große Grünflächendefizite durch stark verdichtete Bebauungsstrukturen
	optimale Ausschöpfung vorhandener Begrünungspotenziale (Dach- und Vertikalbegrünung), hoher Biotopflächenfaktor	gute Ausschöpfung vorhandener Begrünungspotenziale	mäßige Ausschöpfung des Begrünungspotenzials	unzureichende Ausschöpfung des Begrünungspotenzials	ohne Dach- und Vertikalbegrünung, sehr geringer Biotopflächenfaktor
Luft- und Lärmbelastung durch Verkehr, Gewerbe, Heizung (gebietsbezogen)	keine Beeinträchtigung der Aufenthaltsqualität	geringe, vertretbare Beeinträchtigung der Aufenthaltsqualität	mittlere Beeinträchtigung der Aufenthaltsqualität	erhebliche Beeinträchtigung der Aufenthaltsqualität	unzumutbare Beeinträchtigung der Aufenthaltsqualität
Altlasten (grundstücksbezogen)			Eintrag im Altlastenverdachtsflächenkataster		Kontaminierung nachgewiesen
Soziale Infrastruktur und wohnortbezogene Versorgung (gebietsbezogen)	optimale Versorgung mit Gemeinbedarfs- und Versorgungseinrichtungen für den täglichen Bedarf	gute, bedarfsgerechte Versorgung mit Gemeinbedarfs- und Versorgungseinrichtungen	mittlere Versorgung mit Gemeinbedarfs- und Versorgungseinrichtungen	unzureichende Versorgung mit Gemeinbedarfs- und Versorgungseinrichtungen	erhebliche Unterversorgung in allen Bereichen
Technische Infrastruktur	nicht wirksam				
Verkehr (blockbezogen)	überwiegende Verkehrsberuhigung		punktuelle Verkehrsberuhigung vor Schulen, Kitas und den Kreuzungsbereichen		sehr hoher Durchgangsverkehr
	Stellflächen für alle Anlieger vorhanden		Stellflächen begrenzt vorhanden		starkes Defizit an Stellflächen
Gewerbe und Dienstleistung (gebietsbezogen)	reichhaltiges Angebot an Dienstleistungsflächen sehr guten Standards	gutes Angebot an Dienstleistungsflächen guten Standards	mittleres Angebot an Dienstleistungsflächen	unzureichendes Angebot an zeitgemäßen Dienstleistungsflächen	unzeitgemäße und desolate Dienstleistungsflächen
	gute Durchmischung mit nicht störenden Gewerbe- und Handwerksbetrieben	gute Durchmischung	mittleres Angebot an Gewerbeflächen für Handwerker und Kleinunternehmer im nahen Umfeld	unzureichendes Angebot an Gewerbeflächen	keine Gewerbeflächen

2.4.8 Hagedorn-Verfahren

155 Eine Außenseiterrolle in der Grundstückswertermittlung spielt die Methode *Hagedorn,* die in ihrer Anwendung zunächst durch ihre Einfachheit verblüfft. Hier liegen jedoch auch ihre gravierenden Mängel. Im Kern stellt diese Methode lediglich ein **Interpolationsverfahren** auf der Grundlage vorgegebener Gesetzmäßigkeiten dar, die einerseits nicht nachvollziehbar sind und andererseits kaum dem Einzelfall genügen können. Es müssen deshalb Bedenken aufkommen, ob die Methode dem Begründungserfordernis genügt, das an die Erhebung von Ausgleichsbeträgen rechtsstaatlicherseits erhoben werden muss.

156 Die Methode ist in ihren Grundlagen bislang nicht umfassend und in nachvollziehbarer Weise dargestellt worden, obwohl sie sich auf empirische Grundlagen beruft[45]. Da nicht ausgeschlossen werden kann, dass ein Sachverständiger mit dieser Methode konfrontiert wird, soll hier der Versuch unternommen werden, die **Methode in ihren Grundzügen** zunächst vorzustellen.

157 Es handelt sich, wie bereits angesprochen, um eine Interpolationsmethode. **Anfangs- und Endwert** des einzelnen ausgleichsbetragspflichtigen Grundstücks **werden durch Interpolation zwischen dem auf den Zeitpunkt des Abschlusses der Sanierung** (Wertermittlungsstichtag) nach klassischer Vorgehensweise **abgeleiteten**

– **niedrigsten Bodenwert** (= sog. minimaler Bodenwert) und dem

– **höchsten Bodenwert** (= sog. maximaler Bodenwert) ermittelt.

158 Dem niedrigsten Bodenwert (= minimaler Bodenwert [BW_{min}]) und dem höchsten Bodenwert (= maximaler Bodenwert [BW_{max}]) werden nach einem vorgegebenen Schema Bewertungspunkte (P_{min} und P_{max}) zugeordnet. Aus dem **Quotienten der Bodenwertdifferenz** zwischen dem höchsten Bodenwert (BW_{max}) und dem niedrigsten Bodenwert (BW_{min}) zur Differenz der jeweiligen Bewertungspunkte ($P_{max} - P_{min}$) lässt sich dann die Bodenwerterhöhung in €/m² pro Bewertungspunkt ableiten:

159 *Beispiel:*

Maximaler Bodenwert	BW_{max} =	8000 €/m²
Minimaler Bodenwert	BW_{min} =	500 €/m²
	Differenz △ BW =	300 €/m²

Bewertungspunkte von	BW_{max} = P_{max} =	55
Bewertungspunkte von	BW_{min} = P_{min} =	35
	Differenz ΔP =	20

Bodenwerterhöhung pro Bewertungspunkt (Faktor):

$$\text{Faktor} = \frac{BW_{max} - BW_{min}}{P_{max} - P_{min}}$$

$$\textbf{Faktor} = \frac{800 - 500}{55 - 35} = \textbf{15 €/m}^2\,\textbf{P}$$

160 Anfangs- und Endwerte lassen sich dann in der Weise ableiten, dass nach dem vorgegebenen Schema der Anfangs- und Endwertqualität zunächst eine **Bewertungspunktezahl** zugeordnet wird. Die Differenz der jeweiligen Bewertungspunktezahl zur Bewertungspunktezahl des niedrigsten Bodenwerts (= BW_{min}) ergibt

– multipliziert mit dem vorstehenden Faktor und

– saldiert mit dem niedrigsten Bodenwert (BW_{min})

den jeweiligen Anfangs- bzw. Endwert des einzelnen Grundstücks.

Beispiel (vgl. Erhebungsbogen bei Rn. 174):

Niedrigster Bodenwert (BW_{min})	:	500 €/m²
Bewertungspunkte des niedrigsten Bodenwerts P_{min}	:	35 Punkte
Bewertungspunktezahl des zu wertenden Grundstücks P_i	:	50 Punkte
Faktor (siehe vorstehendes Beispiel)	:	15 €/m² P

$$\boxed{\text{Bodenwert} \; = \; \text{Faktor} \times (P_i - P_{min}) + BW_{min}}$$

$$\text{Bodenwert} \; = \; 15\,(50 - 35) + 500$$

$$\textbf{Bodenwert} \; = \; \textbf{725 €/m}^2$$

Eine **entscheidende Bedeutung kommt** bei dieser Methode **der „richtigen" Auswahl**   **161** **und Bewertung des maximalen und minimalen Bodenwerts zu,** denn diese bestimmen das Ergebnis der Interpolation; in der nachfolgenden Abbildung am Anstieg der Interpolationsgeraden erkennbar (Abb. 22).

Abb. 22: Interpolationsgeraden

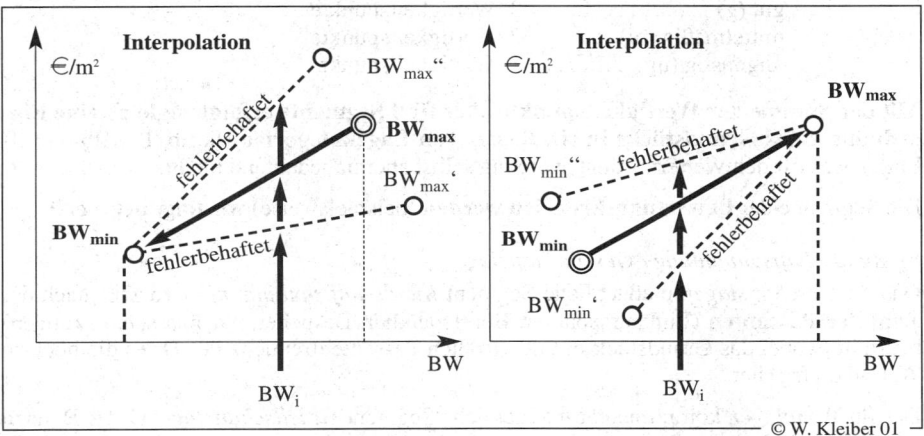

© W. Kleiber 01

Fehler bei der Ermittlung des minimalen und maximalen Bodenwerts können sich tendenziell ausgleichen, aber auch erheblich „aufschaukeln", wobei die Interpolation an die fehlerträchtigsten Bodenwerte anknüpft.

Weitere gravierende Mängel des Verfahrens liegen in der vorgegebenen *linearen* Interpolati-   **162** onsgeraden zusammen mit den vorgegebenen **Gewichten** für insgesamt fünf Segmente, deren Wertigkeit mit einem bis vier Punkte belegt werden soll. Dabei wird lediglich zwischen zwei Lagen unterschieden, nämlich zwischen der Geschäfts- und Wohnlage (Abb. 23).

Abb. 23: Gewichte

Segment Bewertungskriterien		Wohnlagen Gewicht	Punkte* max	min	Geschäftslagen Gewicht	Punkte* max	min
A	Gesellschaftslage Kundschaftslage	4	16	4	4	16	4
B	Verkehrsanbindung	1	4	1	3	12	3
C	Ausstattung	2	8	2	1	4	1
D	Beeinträchtigung	4	16	4	1	4	1
E	Nutzung	3	12	3	2	8	2
Punktespanne:			56 bis 14			44 bis 11	

* 1 Punkt: ungünstig; 2 Punkte: mittelmäßig; 3 Punkte: gut; 4 Punkte: sehr gut

---

45   Die Veröffentlichung von Hagedorn „Ausgleichsbeträge nach Standortverbesserung im Sanierungsgebiet" in Städte- und Gemeindebund 1984, 624 kann die fachlichen Grundlagen der Methode nicht erhellen; Kanngieser/Dorn/Focht in GuG 2000, 17

163 Die Einordnung eines Grundstücks in die Segmente „Bewertungskriterien" und die Beurteilung ihrer Wertigkeit erfolgt nach einem groben Schema:

Die **fünf Segmente der Bewertungskriterien:**
- Gesellschaftslage / Kundschaftslage,
- Verkehrsanbindung,
- Ausstattung,
- Beeinträchtigung und
- Nutzung

werden nach einer **Wertigkeitsskala** beurteilt:

sehr gut (sg)	4	Wertigkeitspunkte
gut (g)	3	Wertigkeitspunkte
mittelmäßig (m)	2	Wertigkeitspunkte
ungünstig (ug)	1	Wertigkeitspunkt

164 **Mit der Summe der Wertigkeitspunkte aller fünf Segmente erfolgt zugleich eine Einordnung eines Grundstücks in ein Raster von Lagekategorien** (Ia, Ib, IIa, IIb und III
Lage), was für den Wertermittlungsvorgang selbst aber unbedeutend bleibt.

Die Segmente der **Bewertungskriterien werden** (beispielsweise) **wie folgt definiert:**

a) Kundschaftsanbindung / Gesellschaftslage

165 Das für *Geschäftslagen* maßgebliche Segment *Kundschaftsanbindung* wird z. B. nach der
Zahl der Passanten (Einkaufspendler, Berufspendler, Besucher, Nachbarschaftskunden)
beurteilt, wobei das Grundstück mit der größten Passantenfrequenz des Ortes die höchste
Wertigkeit (sg) hat.

Das für *Wohnlagen* komplimentär maßgebliche Segment *Gesellschaftslage* wird z. B. nach
der **soziologischen Struktur der Belegenheitsbewohner** beurteilt, wobei der „am meisten
bevorzugte" Grundstücksbereich des Ortes wiederum die höchste Wertigkeit (sg) hat.

b) Verkehrsanbindung

166 Das Segment *Verkehrsanbindung* wird für Geschäfts- und Wohnlagen nach der **Entfernung zu den Einrichtungen des öffentlichen Verkehrswesens** (Personennahverkehr,
Individualverkehr, ruhender Verkehr) beurteilt, wobei wiederum den in dieser Beziehung
„am optimalsten liegenden Grundstücken" des Ortes (!) die höchste Wertigkeit (sg) zugeordnet wird; bei Geschäftslagen wird zusätzlich der Anlieferverkehr berücksichtigt.

c) Ausstattung

167 Das Segment *Ausstattung* wird nach der **Entfernung zu öffentlichen und privaten Infra-
strukturen** beurteilt:

Entfernung zur	Geschäftslage	Wohnlage
a) **öffentlichen Infrastruktur**		
	Fußgängerzone	Grünanlagen/Naherholungs-möglichkeiten
	Publikumswirksame öffentliche Verwaltungs-einrichtungen (Post, Bank, Rathaus)	Freizeiteinrichtungen (Sport, Schwimmbad)
	Verkehrsberuhigte Zonen	Grundschule/Kindergarten
	Verkehrsfördernder Zustand der Gehwege	Spielplätze
		Kulturelle Einrichtungen

b) **privaten Infrastruktur**

Attraktive Nachbarschaftsgeschäfte*	Gute Gebäudesubstanz
	Attraktives Stadtbild
Verdichtete Wohnnachbarschaft	Versorgungsmöglichkeiten des täglichen Bedarfs
Filialen von größeren Schaufensterzeilen unterbrechenden Verwaltungs- oder Wohngebäuden	Private Grünanlagen, Gärten

* Mit dem höchsten Gewicht

d) *Beeinträchtigungen*

Das Segment *Beeinträchtigungen* wird nach dem **Vorhandensein von Immissionsquellen**   **168**
beurteilt:

Immissionsquelle	
Geschäftslage	**Wohnlage**
Fließender und ruhender Kraftfahrzeugverkehr	Kraftfahrzeugverkehr
Lieferverkehr benachbarter Gewerbebetriebe	Benachbarte Gewerbebetriebe
Immissionen von benachbarten Gewerbebetrieben	Nächtliche Störung durch Anlieferverkehr/ benachbarte Gewerbebetriebe
Verschmutzungen durch Verkehr im Zusammenhang mit einem schlechten Ausbau der Verkehrswege	Nächtliche Störung durch Vergnügungsbetriebe
	Luftverkehr

e) *Nutzung*

Das Segment *Nutzung* wird anhand des **überwiegend vorhandenen Maßes der Nutzung**   **169**
beurteilt. In Geschäftslagen bestimmt sich die Wertigkeit nach der Geschosszahl (und nicht
nach der GFZ oder GRZ!). In **Wohnlagen** bestimmt sich die Wertigkeit nach allgemeinen
Lagekriterien, wie „exklusive", „gute", „mittlere" und „einfache" Wohnlage:

Wohnlage	
einfache Wohnlage	Behinderungen der Wohnlagen schlechte Bausubstanz schlechte Ausstattung Siedlungsgebiet für Randgruppen
mittlere Wohnlage	überwiegend Mietwohnungsbau Mischbebauung (Eigenheim-/Mietwohnungen) mittlere Ausstattung
gute Wohnlage	stärkerer Anteil von Eigenheimbebauung gute Ausstattung Einfamilienhäuser/Stadthäuser
exklusive Wohnlage	ausgesprochene Prestigelagen villenartige Bebauung

170   Die entsprechenden Lagekriterien für **Geschäftslagen** sind wie folgt definiert:

Geschäftslage		
Ia	beste Geschäftslage	führende Spezialgeschäfte; überwiegend Kaufhäuser und Warenhäuser Geschäftsschwerpunkt
Ib	sehr gute Geschäftslage	Läden im Erdgeschoss und Büros bis zu 30 % Wohnnutzungen bis zu 200 m vom Geschäftsschwerpunkt
IIa	gute Geschäftslage in Nebenzentren	überwiegend Läden im Erdgeschoss gemischte und wohnliche Nutzungen Nebenzentrengeschäftsschwerpunkt
IIb	Geschäfte in Nebenstraße	überwiegend Läden im Erdgeschoss Gaststätten / auch Wohnnutzung bis 150 m vom Nebenzentrengeschäftsschwerpunkt
III	überwiegend Wohnnutzung	Geschäfte in Ecklagen standortunabhängige Gewerbebetriebe außerhalb der Innenstadt

171   Die vorgegebenen **Segmente und ihre Wertigkeitsskala sind miteinander hoch korreliert** und entsprechen vielfach nicht allgemeinen Erkenntnissen der Verkehrswertermittlung von Grundstücken. Sie können eine individuelle Betrachtung nicht ersetzen.

172   **Das Ergebnis wird** weitgehend **durch das vorgegebene Gewicht der einzelnen Segmente vorgezeichnet.** Von daher ist es für den Anwender ein sehr „bequemes" Verfahren. Ein weiterer Vorteil des Verfahrens besteht darin, dass sich systembedingte Fehler, die sich durch eine unzutreffende Auswahl und eine fehlerhafte Ermittlung des minimalen und maximalen Bodenwerts, der unterstellten linearen Bodenwertabhängigkeit und den vorgegebenen Gewichten in extremer Kumulation einschleichen können, systematisch gleichmäßig auf alle Anwendungsfälle verteilen.

173   Die für den Laien bestechenden Vorteile der „Methode Hagedorn" sind zugleich deren Schwächen. Dies sind zum einen die **Beschränkung der Bewertungskriterien auf vier Segmente** und deren Bewertung nach einfachsten Parametern. Allein mit der „Entfernung" zum „öffentlichen Personennahverkehr, Individualverkehr und zum ruhenden Verkehr" kann die Verkehrslage nicht vollständig erfasst werden. Gleiches gilt für das Kriterium „Vorhandensein von Immissionsquellen", wenn nicht damit auch eine qualitative Beurteilung einhergeht. Passantenfrequenzen ohne Berücksichtigung der Passantenqualität geben die Geschäftslage nur unzureichend wieder. Vieles mehr ließe sich in gleichem Sinne als Schwachpunkt des Verfahrens anführen.

174   Sicherlich kann der Anwender dieser Methode weitere – von *Hagedorn* nicht expressis verbis angeführte – wertbeeinflussende Merkmale zusätzlich berücksichtigen; jedoch kann man in diesem Fall dann aber auch gleich auf die klassischen Wertermittlungsverfahren „zurückfallen". Das von *Hagedorn* angebotene Verfahren verführt indessen zu der kaum jemals erfüllbaren Erwartung, dass mit dem vorgegebenen Schema die wertbeeinflussenden Umstände vollständig und treffsicher erfasst werden und die **Methode auf Grund ihrer starken Vereinfachung auch von Laien zur Anwendung** kommen kann. Wie einfach sich das Verfahren in seiner Anwendung darstellt, wird am nachstehenden *Beispiel* demonstriert (Abb. 24).

Abb. 24: Erhebungsbogen

Ort: _____ Straße: _____ Sanierungsgebiet: _____

Eigentümer: _____

Flur: _____ Flurstück: _____ Größe: _____ m²

Bemerkungen: _____

Geschäftslagen	Wertigkeit ►	sg		g		m		ug		Quer-	
	Punkte ►	4		3		2		1		summe	
	Gewichte ▼	A	E	A	E	A	E	A	E	A	E
A Kundschaftskontakte	4										
B Verkehrsanbindung	3										
C Ausstattung	1										
D Beeinträchtigungen	1										
E Nutzung	2										
Erläuterungen: Punkte zus.											

A = Berechnung für Anfangswerte   Anfangswert (_____ Punkte) = _____ €/m²

E = Berechnung für Endwerte   Endwert   (_____ Punkte) = _____ €/m²

Differenz = _____ €/m²

× _____ m² Grundstücksgröße = _____ €

Gutachterausschuss für Grundstückswerte   Wertermittlungsstichtag: _____

in

Gutachten über die Erhöhung des Grundstückswerts gemäß § 154 BauGB
– Ermittlung der Anfangs- und Endwerte –

Ort: *Wolkenhausen* Straße: *Kurweg 7* Sanierungsgebiet: *Hoffnungsthal*

Eigentümer: *Anton Seelig*

Flur: *12* Flurstück: *7/13* Größe: *500* m²

Bemerkungen: _____

Wohnlagen	Wertigkeit ►	sg		g		m		e		Quer-	
	Punkte ►	4		3		2		1		summe	
	Gewichte ▼	A	E	A	E	A	E	A	E	A	E
A Gesellschaftslage	4	✗				✗				8	16
B Verkehrsanbindung	1				✗			✗		1	3
C Ausstattung	2				✗			✗		2	6
D Beeinträchtigungen	4	✗				✗				8	16
E Nutzung	3				✗			✗		3	9
Erläuterungen: Punkte zus.		32		18	16			6		22	50

A = Berechnung für Anfangswerte   Anfangswert (*22* Punkte) = *600* €/m²

E = Berechnung für Endwerte   Endwert   (*50* Punkte) = *725* €/m²

Differenz = *125* €/m²

× *500* m² Grundstücksgröße = *62 500* €

Zur Berechnung vgl. Rn. 159 ff. ◄

3   Ausgleichsbetragsermittlung vor Abschluss der Gesamtmaßnahme

3.1   Allgemeines

175 Nach § 162 Abs. 1 Satz 1 Nr. 2 und 3 BauGB ist die **Sanierungssatzung aufzuheben,** wenn
- die Sanierung sich als undurchführbar erweist oder
- die Sanierungsabsicht aus anderen Gründen aufgegeben wird.

176 Darüber hinaus kann die Gemeinde nach § 163 BauGB die **Sanierung für einzelne Grundstücke vorzeitig als abgeschlossen erklären,** wenn
- das Grundstück bebaut ist oder in sonstiger Weise genutzt wird oder
- das Gebäude modernisiert oder instand gesetzt ist.

Entsprechendes gilt nach § 169 Abs. 1 Nr. 8 BauGB für Entwicklungsmaßnahmen.

177 In den Fällen des § 162 BauGB können bis zum Zeitpunkt der vorzeitigen Aufhebung der Sanierungs- oder Entwicklungsmaßnahme bereits eine Reihe von städtebaulichen Maßnahmen durchgeführt worden sein, die zu Bodenwerterhöhungen geführt haben. In jedem Fall entsteht auch im Falle einer **vorzeitigen Aufhebung der Sanierungs- bzw. Entwicklungssatzung** die Ausgleichsbetragspflicht dem Grunde nach. Ob sich eine Ausgleichsbetragspflicht der Höhe nach ergibt, ist von den bis zum Zeitpunkt der Aufhebung der Sanierungs- bzw. Entwicklungssatzung durchgeführten Maßnahmen abhängig (vgl. Rn. 2).

178 In den Fällen des **§ 163 BauGB** verhält es sich ähnlich. Nach den Anwendungsvoraussetzungen dieser Vorschrift kann i. d. R. davon ausgegangen werden, dass die Sanierungs- bzw. Entwicklungsmaßnahmen auf den betreffenden Grundstücken als durchgeführt gelten, jedoch noch nicht im gesamten Sanierungsgebiet bzw. Entwicklungsbereich. Soweit zu erwarten ist, dass die ausstehenden Maßnahmen im Veranstaltungsgebiet noch zu weiteren Bodenwerterhöhungen der betroffenen Grundstücke führen, können sie in entsprechender Anwendung des § 27 Abs. 2 WertV nicht in den Endwert eingehen.

179 Materiell stellt sich in beiden Fällen die Aufgabe, den **Endwert auf der Grundlage der durchgeführten Maßnahmen** zu ermitteln. Wird zur Ermittlung dieses Endwerts von dem Endwert ausgegangen, der sich nach vollständigem Abschluss der Gesamtmaßnahme ergibt, müssen umgekehrt die noch ausstehenden Maßnahmen berücksichtigt werden.

3.2   Methodik

180 Wertermittlungstechnisch können die unter § 27 WertV Rn. 26 ff. dargelegten Grundsätze Anwendung finden, wobei es hier allerdings allein um die Bodenwertermittlung geht. Dies bedeutet, dass einerseits die bis zu diesem Zeitpunkt verwirklichte rechtliche und tatsächliche Neuordnung und andererseits auch die **Aussicht auf die vorgesehenen und noch ausstehenden Änderungen sowie sonstige durch die Sanierungsmaßnahme bedingte Bodenwerterhöhungen zu berücksichtigen sind** (§ 27). Das ist insbesondere die Aussicht auf Änderungen der Struktur des Gebiets und der Lage des Grundstücks, des Entwicklungszustands, der Art und des Maßes der baulichen Nutzung, der Grundstücksgestalt und des Erschließungszustands sowie auf Änderungen in den Ertragsverhältnissen. Dies stellt keine Besonderheit der Wertermittlungen dar. Im gewöhnlichen Grundstücksverkehr werden nämlich Qualitäten (Zustände), die sich aus Planungen ergeben, berücksichtigt. Als Beispiele sind zu nennen: geplante Gemeinbedarfs- und Folgeeinrichtungen, Verkehrsanlagen, Einrichtungen und Anlagen, die der privaten Versorgung dienen, Freizeit- und Erholungsanlagen und dgl. Bei Wohnnutzung handelt es sich zumeist um Einrichtungen und Anlagen, die den Wohnwert erhöhen. Hier ist eine auf das einzelne Grundstück bezogene

Prüfung der Auswirkungen geboten, es sei denn, die Verbesserungen wirken sich für alle Grundstücke – auch im Hinblick auf deren maßgebende Zustände – gleich aus.

Für die Wertermittlung empfiehlt es sich, die ausstehenden Maßnahmen aufzulisten. In einer Entscheidung des OVG Bremen[46] heißt es hierzu: **181**

„Bei der Erfassung der Unterschiede haben sie *(die Gutachter)* zutreffend auch berücksichtigt, was 1982 an Sanierungsmaßnahmen noch nicht abgeschlossen war, aber gesichert bevorstand. Sie haben die Sanierungsveränderungen aufgelistet (S. 6 des Gutachtens): Platzartig erweiterte Fußgängerzone vorn, fertig gestellte Straße für Kraftfahrzeuge hinten, Vermehrung der gewerblich zu nutzenden Flächen, Hebung des Umfeldes durch Sanierungsneubauten und Verkehrsberuhigung, Steigerung der Zentralfunktion der G.-R.-Straße, Verbesserung der Erschließungslage ohne Belastung mit Erschließungskosten (vgl. § 154 Abs. 1 Satz 2 BauGB = § 6 Abs. 7 Satz 1 StBauFG), deutliche Lagequalitätsverbesserung für gewerbliche Flächen und dementsprechend Mieterlöse. Sie haben daraus ein Wertsteigerungsvolumen für die Bodenwerte von bis zu 15 % abgeleitet.

Dem beschließenden Senat erscheinen die aufgelisteten Gesichtspunkte zutreffend, sie machen auch deutliche Wertsteigerungen gegenüber dem gedachten unveränderten Zustand – bei im Übrigen gleicher allgemeiner Marktlage – ohne weiteres plausibel. **Fußgängerzonen wirken sich in städtischen Zentralbereichen allgemein für den Einzelhandel vorteilhaft aus;** das muss erst recht gelten, wenn die Erreichbarkeit der Geschäftsflächen mit Kraftfahrzeugen dadurch nicht eingeschränkt wird, die Grundstücke vielmehr die Vorteile der den Fußgängern vorbehaltenen Einkaufszonen und der ungehinderten Anbindung an das Fahrstraßennetz kombinieren. Eine solche Erschließungslage, wenn ihr nicht Beitragspflichten gegenüberstehen, wird sich in der Tendenz preissteigernd auf den Bodenwert auswirken, ähnlich wie das sonst in Preisunterschieden zwischen erschlossenen und nicht (voll) erschlossenen Grundstücken zu beobachten ist. Es leuchtet auch ein, dass die – auch gerichtsbekannte – Hebung des Zentralcharakters durch Sanierungsneubauten (etwa der Sparkasse) das Geschäftsviertel attraktiver macht mit entsprechenden Auswirkungen auf den Bodenwert."

4 Sonderregelung für die Endwertermittlung bebauter Grundstücke (Abs. 3)

4.1 Allgemeines

Mit § 28 Abs. 3 Satz 1 wird vorgeschrieben, dass sowohl bei der Ermittlung des Anfangswerts als auch bei der Ermittlung des Endwerts i. S. d. § 154 Abs. 2 BauGB der **Bodenwert (ohne Bebauung) durch Vergleich mit dem Wert vergleichbarer unbebauter Grundstücke zu ermitteln ist**, d. h. als sog. ungedämpfter Bodenwert (vgl. § 13 WertV Rn. 86 ff.)[47]. **182**

Satz 1 stellt insoweit eine klarstellende Regelung dar, die aber im Hinblick auf den **Meinungsstreit zur Ermittlung von Bodenwerten bebauter Grundstücke** von großer Bedeutung ist[48]. In der allgemeinen Wertermittlungslehre ist nämlich strittig, ob der durch Vergleich mit Kaufpreisen unbebauter Grundstücke unmittelbar abgeleitete Bodenwert bebauter Grundstücke die zurechenbare Aufteilung des Gesamtwerts eines bebauten Grundstücks auf Boden und bauliche Anlage „richtig" wiedergibt. Für die Praxis stellt sich damit die Frage, ob als Bodenwert bebauter Grundstücke der Wert zu ermitteln ist, der sich für das Grundstück in unbebautem Zustand ergeben würde, oder ein entsprechend der Beeinträchtigung des Grundstücks durch die Bebauung gedämpfter Bodenwert maßgeblich ist. Wie für die Umlegung gilt auch für die Bemessung von Ausgleichsbeträgen, dass als Anfangs- und Endwert bebauter Grundstücke grundsätzlich der Bodenwert zu ermitteln ist, der sich für das unbebaute Grundstück ergeben würde (zu den Ausnahmen vgl. Rn. 200 ff.). Diese Aus- **183**

---

46 OVG Bremen, Urt. vom 26. 11. 1987 – 1 B 84/87 –, EzGuG 15.58

47 Seele, W., Stellungnahme vor dem Ausschuss für Raumordnung, Bauwesen und Städtebau des Deutschen Bundestages: 7. Wahlperiode, 40. Sitzung am 22. 1. 1975: vgl. StenProt S. 5

48 Lucht, ZfV 1982, 232

legung wird durch die bodenpolitische Konzeption des Gesetzbuchs begründet, nach der nur sanierungsbedingte Bodenwerterhöhungen dem Ausgleichsbetrag unterliegen. Sie lässt sich indessen nicht zwingend aus § 154 Abs. 2 BauGB herleiten, nach der jeweils die Bodenwerte der Grundstücke zu ermitteln sind; diese Bestimmung könnte nämlich auch dahin gehend ausgelegt werden, dass gleichwohl eine unterstellte Beeinträchtigung des Bodenwerts infolge der Bebauung berücksichtigt werden müsse. Folgte man dieser Auffassung bei der **Ermittlung des Anfangswerts,** würde sich für ein Grundstück, dessen Bebauung schon vor Einleitung der Sanierungsmaßnahme erheblich unter der damals zulässigen Nutzung lag und deren Abriss wirtschaftlich unvertretbar war, eine damit begründete Minderung des als Wert eines unbebauten Grundstücks ermittelten Anfangswerts ergeben. Dies hätte zur Folge, dass sich der (aus dem Unterschied zwischen End- und Anfangswert ergebende) Ausgleichsbetrag entsprechend der Minderung des Anfangswerts erhöhen würde. Das wiederum würde darauf hinauslaufen, dass ein bereits vor Einleitung der Sanierung verliehenes Baurecht – nur weil es in der Vergangenheit nicht „voll" ausgenutzt worden ist – in die Abschöpfung einbezogen wäre. Nach dem BauGB unterliegen jedoch nur solche Werterhöhungen der Abschöpfung, die *lediglich* durch die Aussicht auf die Sanierung, ihre Vorbereitung und Durchführung eingetreten sind (vgl. Rn. 190).

184   Dass als Anfangs- und Endwert jeweils nur der Bodenwert zu ermitteln ist, bedeutet im Übrigen nicht, dass die **Bebauung des Sanierungsgebiets** unberücksichtigt bleibt.

185   Nach der Sonderregelung des Satz 2 sind Beeinträchtigungen der zulässigen Nutzbarkeit, die sich aus einer bestehen bleibenden Bebauung auf dem Grundstück ergeben, zu berücksichtigen, wenn es bei wirtschaftlicher Betrachtungsweise oder aus sonstigen Gründen geboten erscheint, das Grundstück in der bisherigen Weise zu nutzen. Mit dieser Maßgabe ist die **Ermittlung des Endwerts in den Fällen** angesprochen, **in denen sich die zulässige Nutzbarkeit auf Grund des Sanierungsbebauungsplans erhöht hat, deren Realisierung jedoch zum Zeitpunkt des Abschlusses der Sanierung** – Wertermittlungsstichtag für die Ermittlung des Anfangs- und Endwerts – **wirtschaftlich unsinnig ist,** weil das Grundstück bebaut ist und die Realisierung der künftigen Nutzung die Liquidierung der Bebauung erfordern würde. Es wäre nämlich in solchen Fällen wirtschaftlich unvernünftig, allein zum Zwecke der Realisierung der höheren Nutzbarkeit die bestehende Bebauung mit ihrem möglicherweise noch erheblichen Restwert zu beseitigen. Ist die Beseitigung nicht erforderlich und bleibt daher das Gebäude auch nach der Sanierung oder der Entwicklungsmaßnahme erhalten, so steht die Bebauung der Verwirklichung einer rechtlich zulässigen, höheren Nutzung für einen möglicherweise längeren Zeitraum entgegen. Das hat nicht nur Auswirkungen auf den Verkehrswert des Grundstücks einschließlich des Gebäudes, sondern führt mittelbar auch zu einer **Minderung des realisierbaren Bodenertrags**[49]; d.h., dies wirkt sich auf den Bodenwert des neu geordneten Grundstücks (Endwert) aus.

186   Die Erhebung eines Ausgleichsbetrags, der sich nach dem Bodenwert bemisst, der sich erst im freigelegten Zustand realisieren ließe, wäre umgekehrt unbillig. Infolgedessen soll dies bei der **Ermittlung des Endwerts** berücksichtigt werden.

187   Wie bei der Ermittlung des Endwerts dieser Umstand seine Berücksichtigung findet, lässt die Vorschrift offen. Diesbezüglich ist bei der Ermittlung des Endwerts zunächst von dem Bodenwert auszugehen, der sich nach der realisierten Nutzung bemisst. Ist das Grundstück z. B. mit einer Geschossflächenzahl (GFZ) von 2,0 bebaut, ist der sich dafür ergebende Bodenwert Ausgangswert für die Ermittlung des Endwerts. Sieht dagegen der Sanierungsbebauungsplan eine GFZ von 2,4 vor, so besteht die daraus resultierende Bodenwerterhöhung aus dem Unterschied der Bodenwerte, die sich für eine GFZ von 2,0 und 2,4 ergeben. Dieser **Bodenwertunterschied ist** dann allerdings **über die Nutzungsdauer zu diskontieren,** die das bestehende Gebäude wirtschaftlich aufweist. In Formeln:

$$BW = BW_{real} + (BW_{zul} - BW_{real}) \times q^{-n}$$

Beispiel: **188**

Bodenwert nach realisierter Nutzung	BW_{real}	=	200 €/m²
Bodenwert nach zulässiger Nutzung	BW_{zul}	=	222 €/m²
= Bodenwertunterschied	$BW_{zul} - BW_{real}$	=	22 €/m²

Wirtschaftliche Restnutzungsdauer 20 Jahre
Diskontierungsfaktor bei p = 5 % : $1,05^{-20}$ =   0,37689
BW = 200 €/m² + 8,30 €/m² (= 22 €/m² × 0,37689)   ≈   208 €/m²

§ 28 Abs. 3 Satz 2 BauGB schreibt eine Berücksichtigung der Bebauung nur für die   **189**
Ermittlung des Endwerts vor, wobei die Vorschrift an die Regelung des § 5 Abs. 1 Satz 2
WertV anknüpft. Die Vorschrift enthält dagegen keinerlei Vorgaben, die eine Dämpfung
des Anfangswerts allein auf Grund der Tatsache, dass das Grundstück bebaut ist, vorsieht.
Diese Art von Bodenwertdämpfung, die deutlich von dem in § 5 Abs. 1 WertV geregelten
Fall zu unterscheiden ist, würde sich im Falle der Erhebung von Ausgleichsbeträgen gera-
dezu verhängnisvoll auswirken, weil sie zu einer Abschöpfung von Wertsteigerungen führt,
die ursächlich in keinem Zusammenhang mit der bodenpolitischen Konzeption der §§ 152
bis 156 a BauGB steht und allein auf einer ohnehin zweifelhaften Auffassung zur Frage des
Bodenwerts bebauter Grundstücke beruht (vgl. Rn. 183).

Dies ist im Kern keine Frage der Wertermittlungslehre, sondern **eine Rechtsfrage**. Aus   **190**
rechtlicher Sicht muss festgestellt werden, dass der Gesetzgeber mit den §§ 152 ff. BauGB
selbst für den Fall, dass der Bodenwert eines bebauten Grundstücks gegenüber dem eines
unbebauten Grundstücks tatsächlich gemindert wäre, die sich daraus ergebende Wertminderung nicht der Abschöpfung unterwerfen wollte, denn § 153 Abs. 1 BauGB will nur die
Werterhöhung dem Grundstückseigentümer vorenthalten, die „lediglich" aus der Aussicht
auf die Sanierung, ihre Vorbereitung und Durchführung resultiert. Werterhöhungen und
„Werterhöhungspotenziale", die der Eigentümer bereits „vor" der Sanierung bzw. Entwicklung „innehatte", müssen dagegen von der Ausgleichsbetragserhebung ausgenommen
bleiben. Von daher verbietet es sich bodenrechtlich den Anfangswert allein auf Grund einer
Bebauung in irgendeiner Weise zu dämpfen. Dies führt zwangsläufig zu einer unzulässigen
Erhöhung des Ausgleichsbetrags (Abb. 25).

Abb. 25: Unzulässige Dämpfung des Anfangswerts

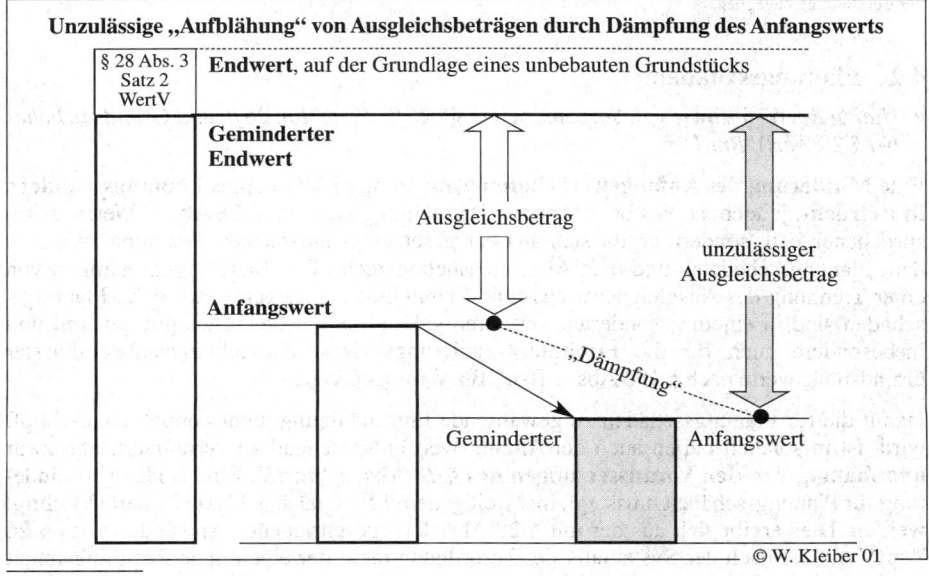

191   Abzulehnen ist deshalb der AusführungsErl des SenBauWohn *Berlin*[50], in dem apodiktisch auch eine Minderung des Anfangswerts sachwidrig angeordnet wird und willkürlich unterschiedliche Fallgruppen (vom Denkmalschutz bis zur Zweckentfremdungsverbotsverordnung) durcheinander geworfen werden, obwohl gerade letztere angesichts der Rspr. des BVerwG und BVerfG mit Befreiungsvorbehalt ausgestaltet ist[51]. Diese kaum nachvollziehbaren Vorgaben können nicht dem Gebot der Entscheidungstransparenz genügen (§ 39 VwVfG) und den unabhängigen Gutachter auch nicht binden.

192   § 28 Abs. 3 schreibt – wie dargelegt – für die Ermittlung des Anfangs- und Endwerts vor, dass diese durch den Vergleich mit dem Wert vergleichbarer unbebauter Grundstücke ermittelt werden; die Beeinträchtigung der tatsächlichen Nutzung gegenüber der rechtlich zulässigen Nutzung nur bei der Endwertermittlung durch entsprechende Abschläge zu berücksichtigen ist. Die Vorschrift konkretisiert diesbezüglich, dass **Beeinträchtigungen der zulässigen Nutzbarkeit, die sich aus einer bestehen bleibenden Bebauung ergeben**, zu berücksichtigen sind, **wenn es bei wirtschaftlicher Betrachtungsweise oder aus sonstigen Gründen geboten erscheint, das Grundstück in der bisherigen Weise zu nutzen**.

193   Der Wortlaut der Regelung schließt zwar nicht ausdrücklich aus, dass die Regelung des Satz 2 auch für die Anfangswertermittlung gilt. In der **amtlichen Begründung** wird hierzu jedoch klarstellend festgestellt, dass Satz 2 „nur den Endwert" betrifft, „denn als zulässige Nutzbarkeit im Sanierungs- und Entwicklungsgebiet kann nach dem Sinn der Bestimmung – Einschränkung der Nutzbarkeit durch bestehen bleibende Bebauung – nur der Zustand des Grundstücks nach Abschluss der Sanierungs- und Entwicklungsmaßnahme gemeint sein". Im Schrifttum ist hierzu bereits darauf hingewiesen worden, dass eine andere Auslegung zur Abschöpfung nicht sanierungsbedingter Bodenwerterhöhungen führen kann, die nach den ausgleichsbetragsrechtlichen Bestimmungen der §§ 153 ff. BauGB nicht zulässig wäre[52].

194   In der **Vorgängerregelung** (§ 24 Abs. 2 Satz 1 WertV 72) war dies als Grundsatz ausdrücklich nur für die Ermittlung des Endwerts vorgeschrieben, jedoch sollte der Endwert in den Fällen zu dämpfen sein, in denen eine zulässige Nutzungsmöglichkeit durch eine bestehen bleibende Bebauung beeinträchtigt wird. Eine solche Bewertungsregel für die Ermittlung des Anfangswerts, die zu einer Dämpfung, d. h. Absenkung des Anfangswerts führen würde, müsste nämlich umgekehrt den Ausgleichsbetrag (= Endwert – Anfangswert) erhöhen. Mit dem Ausgleichsbetrag würden damit Werterhöhungen erfasst, die nach § 154 BauGB nicht als sanierungsbedingte Bodenwerterhöhungen anzusehen sind und die deshalb nicht abschöpfungsfähig sind. Die nach ihrem Wortlaut Missverständnisse nicht ausschließende Regelung ist während des Verordnungsgebungsverfahrens erkannt worden und man wollte ihr mit dem Hinweis in der Begründung begegnen.

4.2   Planungsschaden

▶ *Hierzu Rn. 63 ff. sowie vgl. Vorbem. zu den §§ 26 ff. WertV Rn. 26 ff. und Grundsätzliches bei § 29 WertV Rn. 14 ff.*

195   Eine **Minderung des Anfangswerts kommt nur in den Fällen eines Planungsschadens in Betracht**, jedoch ist dies bei genauerer Betrachtung kein mit § 28 Abs. 2 WertV angesprochener Fall, sondern ergibt sich aus der gesetzessystematischen Trennung zwischen dem Planungsschadens- und dem Ausgleichsbetragsrecht. Das BauGB geht nämlich von einer Trennung des Ausgleichsbetrags- und Planungsschadensrechts aus, d. h., Planungsschäden sind in einem gesonderten Verfahren geltend zu machen. Dies gilt generell und insbesondere auch für die Ermittlung sanierungs- bzw. entwicklungsunbeeinflusster Grundstückswerte nach § 153 Abs. 1 BauGB i. V. m. § 26 WertV.

196   Damit die für Planungsschäden zu gewährende Entschädigung nicht doppelt abgeschöpft wird, ist in solchen Fällen auch der Anfangswert entsprechend zu vermindern und zwar **unabhängig von den Voraussetzungen des § 28 Abs. 2 WertV**. Eine Bodenwertminderung für Planungsschäden muss ggf. insoweit generell auch nach § 28 Abs. 1 berücksichtigt werden. Dies ergibt sich aus der mit § 28 Abs. 1 vorgeschriebenen Anwendung des § 26 WertV und ist nach der Systematik der Verordnung nicht der eigentliche Regelungsinhalt des § 28 Abs. 3 Satz 2.

Beispiel: **197**

Ein mit einer GFZ von 1,5 bebautes Grundstück wird in eine förmliche Sanierung einbezogen. Die realisierte Bebauung entsprach der *vor* der Sanierung nach § 34 BauGB zulässigen Bebauung (Mietwohnungsbau). Die Restnutzungsdauer des Gebäudes betrage 20 Jahre.

Der Sanierungsbebauungsplan zont für das Grundstück die GFZ auf 1,0 herab (Planungsschaden). Die Durchführung der Sanierung erfordert nicht die sofortige Freilegung. Es ist absehbar, dass die Bebauung bis zum Ablauf der Restnutzungsdauer des Gebäudes bestehen bleiben kann; dies ist auch aus wirtschaftlichen Gründen geboten.

– Der Bodenwert bei einer GFZ von 1,5 betrage 500 €/m²
– Der Bodenwert bei einer GFZ von 1,0 betrage 400 €/m².

Lageplan
Nach § 34 BauGB zulässige GFZ vor der Sanierung = 1,5

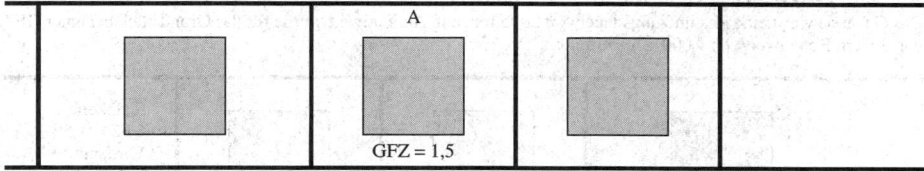

Andreasstr.

Nach dem **Planungsschadensrecht** (vgl. § 29 WertV Rn. 14 ff.) kann nicht der „volle" auf die Herabzonung von einer GFZ von 1,5 auf eine GFZ von 1,0 zurückführbare Bodenwertunterschied in Höhe von 100 €/m² geltend gemacht werden, weil im Hinblick auf die bestehen bleibende Bebauung nur der über die Restnutzungsdauer des Gebäudes abgezinste Bodenwertunterschied „spürbar" wird.

Mithin beläuft sich der Anfangswert auf (vgl. § 13 WertV Rn. 122 ff.):

$$\text{Anfangswert} = 500\ \text{€/m}^2 + (400 - 500) \times 1{,}05^{-20}$$
$$= 500\ \text{€/m}^2 - 100 \times 0{,}376889$$
$$= 462\ \text{€/m}^2$$

Mithin kann ein **Planungsschaden** von 38 €/m² (= 500 €/m² – 462 €/m²) geltend gemacht werden.

Ausgleichsbetrag:

Ausgleichsbetrag = Endwert – Anfangswert.

Die **Ermittlung des Endwerts** erfolgt nach § 28 Abs. 3 Satz 2 im Hinblick auf die bestehen bleibende Bebauung in gleicher Weise, wobei wiederum von dem Bodenwert der realisierten GFZ auszugehen ist. Mithin entspricht der Endwert dem Anfangswert (= 462 €/m²)

Ausgleichsbetrag = 462 €/m² – 462 €/m² = 0 €/m².

4.3 Sonstige Gründe

Des Weiteren findet § 28 Abs. 3 Satz 2 nunmehr auch Anwendung, wenn es **aus sonstigen** **198** **Gründen** geboten ist, ein **bebautes Grundstück in der bisherigen Weise** zu nutzen und Beeinträchtigungen der zulässigen Nutzbarkeit hierauf zurückzuführen sind.

Als „sonstige Gründe" kommen neben den in der Vorschrift ausdrücklich genannten wirt- **199** schaftlichen Gründen vor allem rechtliche und soziale Gründe in Betracht, insbesondere wenn zur **Erhaltung der Wohnbevölkerung** vom Abbruch eines Gebäudes (vorüberge-hend) Abstand genommen wird. Zur Vermeidung einer missbräuchlichen Anwendung dieser sich auf die Höhe des Ausgleichsbetrags direkt auswirkenden Vorschrift solle aber die Erhaltung rechtlich gesichert werden.

50 Nr. 3 Abs. 2 der Ausführungsvorschriften zur Ermittlung der sanierungsbedingten Bodenwerterhöhung und zur Festsetzung von Ausgleichsbeträgen nach §§ 152 bis 155 des Baugesetzbuches (AV Ausgleichsbeträge) des Senators für Bau- und Wohnungswesen von Berlin vom 26. 5. 1994 (IV C 33/V A 3) – ABl. 1994, 1964 – zuletzt verlängert bis 31. 12. 1999 (ABl. Berlin 1999, 2)
51 BVerwG, Urt. vom 17. 10. 1997 – 8 C 18/96 –, GuG aktuell 1998, 15 (LS) ZfBR 1998, 55
52 Kleiber in Ernst/Zinkahn/Bielenberg, BauGB, Komm. zu § 28 WertV Rn. 91; gleicher Auffassung Tabbe in VR 1990, 4; vgl. auch Nds. RdErl. vom 2. 5. 1988 – 301-21013 –, nds. MBl. 1988, 547, geändert durch RdErl. vom 6. 3. 1991 (nds. MBl. 1991, 470) Nr. 226.4.2; VG Berlin, Beschl. vom 11. 11. 1998 – 19 A 86/98 –, GE Bln 1999, 51 = GuG 1999, 186 = EzGuG 15.93

4.4 Beeinträchtigung der zulässigen Nutzbarkeit

200 Die **Berücksichtigung einer Beeinträchtigung der zulässigen Nutzbarkeit auf Grund einer bestehen bleibenden** (realisierten) **Bebauung bei der Ermittlung des Endwerts** kann nach den allgemeinen unter § 13 WertV Rn. 122 ff. vorgestellten Grundsätzen erfolgen. Voraussetzung ist allerdings, dass es bei wirtschaftlicher Betrachtungsweise geboten erscheint, das Grundstück in der bisherigen Weise weiterzunutzen.

201 *Beispiel:*

Ein im Sanierungsgebiet belegenes Grundstück (Mietwohnungsbau) ist nach § 34 BauGB mit einer GFZ von 1,5 bebaut. Der Sanierungsbebauungsplan erlaubt nunmehr eine Bebauung mit einer GFZ von 2,4, die jedoch nicht realisierbar ist, weil das Gebäude nicht „aufstockbar" ist und auch nicht angebaut werden kann.

Das Gebäude weist eine Restnutzungsdauer von 20 Jahren auf. Als Endwert wurde für das Grundstück bei einer GFZ von 2,4 ein Bodenwert von 1 000 €/m² ermittelt.

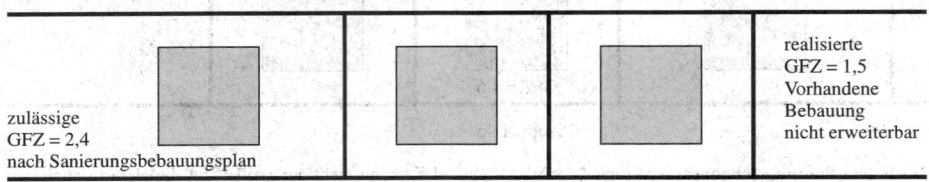

zulässige
GFZ = 2,4
nach Sanierungsbebauungsplan

realisierte
GFZ = 1,5
Vorhandene
Bebauung
nicht erweiterbar

Andreasstraße

Als Ergebnis der Sanierung erhält der Grundstückseigentümer ein höheres Maß der baulichen Nutzung, das er allerdings infolge der Bebauung seines Grundstücks erst in 20 Jahren nach Ablauf der Restnutzungsdauer des Gebäudes realisieren kann. Die sanierungsbedingte Bodenwerterhöhung „schlummert" quasi auf seinem Grundstück.

Sie ergibt sich wie folgt:

$$\text{Bodenwert}_{GFZ = 1,5} = 1\,000\,€ \times \frac{UK_{GFZ} = 1,5}{UK_{GFZ} = 2,4} = 1\,000\,€/m^2 \frac{1,24}{1,61} = 770\,€/m^2$$

wobei:
aus Anl. 23 zur WertR

$UK_{GFZ = 1,5} = 1,24$
$UK_{GFZ = 2,4} = 1,61$

Bodenwert$_{GFZ = 2,4}$ = 1 000 €/m²
Bodenwert$_{GFZ = 1,5}$ = 770 €/m²
= Bodenwertdifferenz = 230 €/m²

Dem Eigentümer erwächst zusätzlich zu dem auf Grund der tatsächlichen Bebauung sich ergebenden Bodenwert von 770 €/m² ein Bodenwertzuwachs von 230 €/m², der ihm jedoch nur in einer über die Restnutzungsdauer abgezinsten Höhe zufällt (Diskontierungszinssatz = 5 %).

Der Endwert ergibt sich mithin wie folgt:

Endwert = 770 €/m² + 230 €/m² $\times$ 1,05^{-20} = **857 €/m²**.

Abgezinst wurde in dem vorstehenden Beispiel nur die auf die nicht sofort realisierbare Erhöhung des Maßes der baulichen Nutzung zurückgehende Bodenwerterhöhung (230 €/m²).

202 **Falsch wäre es,** wie es mitunter im Schrifttum dargestellt wird, pauschal und schematisch **die *gesamte* sanierungsbedingte Bodenwerterhöhung abzuzinsen,** nämlich

$$(\text{Endwert} - \text{Anfangswert}) \times q^{-n}$$

$$\text{wobei } q = 1 + \frac{p}{100}$$

denn abweichend von dem vorgestellten Beispiel können auch sonstige sanierungsbedingte Bodenwerterhöhungen eingetreten sein, die sofort „realisierbar" sind. So kann z. B. eine allgemeine Lageverbesserung zu einer Erhöhung der Mieteinnahmen in dem bestehen bleibenden Gebäude führen. Deshalb muss der **Grundsatz** beachtet werden, **dass nur die *nicht sofort realisierbaren* Bodenwerterhöhungen zu einer Minderung des Endwerts führen. Eine generelle Abzinsung des Gesamtunterschiedes zwischen End- und Anfangswert ist dagegen schon vom Grundansatz her falsch.**

Nach den vorstehenden Ausführungen sind **Beeinträchtigungen der zulässigen Nutzbar-** **203**
keit, die sich aus einer bestehen bleibenden Bebauung auf dem Grundstück ergeben, **ledig-**
lich bei der Ermittlung des Endwerts wertmindernd zu berücksichtigen, wenn es bei
wirtschaftlicher Betrachtungsweise oder aus sonstigen Gründen geboten erscheint, das
Grundstück in der bisherigen Weise zu nutzen. Der Verordnungsgeber hat mit dieser Regelung auf den sanierungstypischen Fall abgehoben, dass in der Sanierungsmaßnahme die
zulässige Nutzbarkeit erhöht wird. Es handelt sich hierbei um eine sanierungsspezifische
Regelung, die nach der Gesamtsystematik der WertV zusätzlich zu den übrigen Vorschriften der WertV Anwendung findet, ohne diese zu ersetzen. Dies kann in Ausnahmefällen
von Bedeutung sein.

Beispiel: **204**

Ein förmliches Sanierungsverfahren wird in einem unbeplanten Innenbereich durchgeführt. Als zulässiges Maß der
baulichen Nutzung ergibt sich nach Maßgabe des § 34 BauGB „ vor der Sanierung" wiederum eine GFZ von 1,5.

Es soll die sanierungsbedingte Bodenwerterhöhung für drei atypisch bebaute Grundstücke ermittelt werden, wobei
lediglich durch die Festsetzungen des Sanierungsbebauungsplans über das Maß der baulichen Nutzung sanierungsbedingte Bodenwerterhöhungen bewirkt werden. Der Sanierungsbebauungsplan sieht (künftig) eine GFZ von 2,0
vor.

Lageplan:

Zulässige GFZ *vor* der Sanierung auf Grund Umgebungsbebauung = 1,5

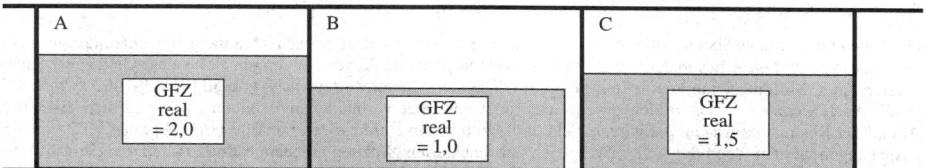

Andreasstraße

Als **Anfangswert** wurde für ein unbebautes Grundstück der im Innenbereich gelegenen Grundstücke mit einer vor
der Sanierung zulässigen Nutzung GFZ von 1,5 ein Bodenwert von 500 €/m² ermittelt.

Gesucht ist der Ausgleichsbetrag für die Grundstücke A, B und C, wobei eine sanierungsbedingte Bodenwerterhöhung allein auf Grund des Sanierungsbebauungsplans zu erwarten ist.

Die Abhängigkeit des Bodenwerts vom Maß der baulichen Nutzung (GFZ : GFZ) soll sich nach Anl. 23 der WertR
bestimmen.

Die Grundstücke der Eigentümer A, B und C sind alle mit Gebäuden bebaut, die eine 20-jährige Restnutzungsdauer
aufweisen.

Der Diskontierungszinssatz ist mit 5 % anzusetzen.

a) Ausgleichsbetrag für Grundstück A   **205**

Das **Grundstück A** wies bereits vor der Sanierung **eine Übernutzung** auf, die über die Restnutzungsdauer des
Gebäudes Bestandsschutz genoss.

Bodenwert bei einer GFZ von 1,5   = 500 €/m²
Bodenwert bei einer GFZ von 2,0 (realisiert):

$$BW_{GFZ=2,0} = 500 \text{ €/m}^2 \times \frac{1,45}{1,24}$$
$$= 585 \text{ €/m}^2$$
Bodenwertunterschied $= 85 \text{ €/m}^2$

Bei der **Ermittlung des Anfangswerts** ist zu berücksichtigen, dass sich der Eigentümer zumindest über die verbleibende Restnutzungsdauer des Gebäudes einer GFZ von 2,0 auf Grund der realisierten Bebauung i.V.m. dem
Bestandsschutz „erfreuen" konnte. Dies ist nach § 5 Abs. 1 WertV zu berücksichtigen, denn nach dieser Vorschrift
bestimmt sich das Maß der baulichen Nutzung nach § 34 BauGB unter Berücksichtigung der sonstigen öffentlich-
rechtlichen und privatrechtlichen Vorschriften (vgl. § 13 WertV Rn.122). Ohne Aussicht auf den Sanierungsbebauungsplan musste der Eigentümer davon ausgehen, dass er von dem realisierten Bodenwert in Höhe von 585 €/m²
nach Ablauf der Restnutzungsdauer auf einen Bodenwert von 500 €/m² zurückfällt, mithin in 20 Jahren eines Betrags
von 85 €/m² „verlustig" wird.

Anfangswert = 585 €/m² – 85 €/m² × 1/1,05²⁰ = 553 €/m²

Für die **Ermittlung des Endwerts** unter Berücksichtigung des Sanierungsbebauungsplans mit einer künftigen GFZ von 2,0 findet § 28 Abs. 3 WertV keine Anwendung, da die vorhandene Bebauung die künftige Nutzung nicht beeinträchtigt.

Ausgleichsbetrag = Endwert – Anfangswert

Ausgleichsbetrag = 585 €/m² – 553 €/m² = **32 €/m²**

Nach den allgemeinen Regeln der WertV über das der Wertermittlung zu Grunde zu legende Maß der baulichen Nutzung bei Abweichungen zwischen dem realisierten und zulässigen Maß der baulichen Nutzung ist also in diesem Sonderfall nach der allgemeinen Regelung des § 5 WertV – und nicht nach § 28 Abs. 3 – der Anfangswert gegenüber dem nach § 34 BauGB im Gebiet vor der Sanierung zulässigem Maß der baulichen Nutzung zu erhöhen.

206 *b) Ausgleichsbetrag für Grundstück B*

Das **Grundstück B** war bereits *vor* der Sanierung im Verhältnis zu dem nach § 34 BauGB im Gebiet zulässigen Maß der baulichen Nutzung **untergenutzt**. Das Ausmaß der Unternutzung wird sich infolge der Sanierung mit der Heraufsetzung des zulässigen Maßes der baulichen Nutzung auf eine GFZ von 2,0 noch erhöhen.

Anfangswert:

Bodenwert bei einer GFZ von 1,5 $\quad = \quad$ 500 €/m²
Bodenwert bei einer GFZ von 1,0 (realisiert):

$$BW_{GFZ\,=\,1,0} = 500\ €/m² \times \frac{1,00}{1,24} \qquad = -\,403\ €/m²$$

wobei aus Anl. 23 WertR $UK_{GFZ\,=\,1,5} = 1,24$
$UK_{GFZ\,=\,1,0} = 1,00$

Bodenwertunterschied $\qquad\qquad = \quad$ 97 €/m²

Der Eigentümer konnte aber schon vor der Sanierung damit rechnen, dass er nach Ablauf der Restnutzungsdauer des Gebäudes von 20 Jahren das in der Umgebung zulässige Maß der baulichen Nutzung in Höhe einer GFZ von 1,5 realisieren kann. Mithin „schlummerte" auf dem Grundstück ein Bodenwertzuwachs von 500 €/m² – 403 €/m² = 97 €/m². Auch wenn er diesen Bodenwertzuwachs auf Grund der vorhandenen Bebauung wirtschaftlich erst nach Ablauf der Restnutzungsdauer realisieren kann, muss von einem Anfangswert von 500 €/m² bei einer GFZ von 1,5 ausgegangen werden, denn der sich im Vergleich zur realisierten Nutzung ergebende **Bodenwertzuwachs ist nicht auf die Sanierung zurückführbar und damit nach § 154 Abs. 2 BauGB auch nicht abschöpfbar,** weder in voller noch in diskontierter Höhe.

Endwert:

Die vorhandene Bebauung „blockiert" zusätzlich zu der bereits mit dem Anfangswert in Höhe von 500 €/m² berücksichtigten und zulässigen GFZ von 1,5 vor der Sanierung, die Realisierung der Bodenwerterhöhung infolge der zusätzlichen Erhöhung des Maßes der baulichen Nutzung mit einer GFZ von 1,5 auf eine GFZ von 2,0. Diese auf dem Grundstück „schlafende" Bodenwerterhöhung beträgt 85 €/m² (vgl. Rn. 205) und ist in 20 Jahren „realisierbar":

Endwert $\qquad\qquad = \quad$ 500 €/m² + 85 €/m² × 1/1,05²⁰ = 532 €/m²

Ausgleichsbetrag $\qquad = \quad$ Endwert – Anfangswert

$\qquad\qquad\qquad\qquad = \quad$ 532 €/m² – 500 €/m² = **32 €/m²**

207 *c) Ausgleichsbetrag für Grundstück C*

Anfangswert $\qquad\qquad = \quad$ 500 €/m²
Endwert $\qquad\qquad\quad = \quad$ 532 €/m² (vgl. Grundstück B)
Ausgleichsbetrag $\qquad = \quad$ Endwert – Anfangswert
Ausgleichsbetrag $\qquad = \quad$ 532 €/m² – 500 €/m² = **32 €/m²**

5   Sonderfälle

5.1   Gemeinbedarfsflächen

208 Das BauGB nimmt **Flächen, die öffentlichen Zwecken gewidmet sind**[53], von der Ausgleichsbetragspflicht nicht aus. Besteht für die Flächen eine dauerhafte Zweckbindung für öffentliche Zwecke, insbesondere auf Grund entsprechender Festsetzungen in einem Bebauungsplan, so sind diese Flächen dem allgemeinen Grundstücksverkehr entzogen (§ 4 WertV Rn. 525; § 7 WertV Rn. 138)[54]. Im Falle ihres erstmaligen Erwerbs durch die Gemeinde bemisst sich der Wert derartiger Gemeinbedarfsflächen nach dem Institut der enteignungsrechtlichen Vorwirkung (vgl. §4 WertV Rn. 537 ff.). Es kann dahinstehen, welcher Wert sich danach für diese Flächen ergibt; mit der dauerhaften Zweckbindung bleiben diese Flächen dem gewöhnlichen Geschäftsverkehr und damit auch einer konjunkturellen (= qualitativen) Weiterentwicklung entzogen. Abschöpfbare Vorteile ergeben sich für diese Grundstücke deshalb nur insoweit, wie Sanierungsmaßnahmen zur Ersparnis eigener Aufwendungen bei der Nutzung öffentlicher Flächen führen. Dies sind in erster Linie ersparte Erschließungsbeiträge für durchgeführte Erschließungsmaßnahmen[55]. Etwas anderes mag nur gelten, wenn zwischen der Gemeinde und dem Bedarfsträger davon abweichende Vereinbarungen getroffen wurden.

Die obigen Regeln sind, wie ausgeführt, auf **Prinzipien der enteignungsrechtlichen Vorwirkung** zurückzuführen: **209**

Gemeinbedarfsflächen werden im Falle ihres erstmaligen Erwerbs duch die öffentliche Hand qualitäts- und wertmäßig über das Institut der enteignungsrechtlichen Vorwirkung (§ 95 BauGB) eingestuft; Wertänderungen, die infolge der bevorstehenden Enteignung eingetreten sind, bleiben unberücksichtigt. Grundstücke, die vor der Umwidmung in Gemeinbedarfsflächen z.B. Bauerwartungsland waren, werden demnach als Bauerwartungsland eingestuft und als Bauerwartungsland entschädigt. Da für die im Eigentum der öffentlichen Hand befindlichen Gemeinbedarfsflächen ein freier Markt nicht besteht, werden für ihre Wertermittlung die Grundsätze angewendet, wie sie für den erstmaligen Erwerb seitens der öffentlichen Hand nach ihrer Widmung zu Gemeinbedarfsflächen gelten. Das Institut der enteignungsrechtlichen Vorwirkung findet in Sanierungsgebieten nach Maßgabe des § 153 Abs. 1 BauGB Anwendung. Die danach zu bemessende Entschädigungsleistung für den Grund und Boden entspricht grundsätzlich dem in § 153 Abs. 2 BauGB normierten sog. Anfangswert. Welcher Wert sich nun für die im Sanierungsbebauungsplan festgesetzten Gemeinbedarfsflächen in Anwendung des § 153 Abs. 1 BauGB als Anfangswert auch immer ergeben mag, so kann sich für die Flächen – von den oben genannten Vorteilen einmal abgesehen – keine weitere Bodenwerterhöhung ergeben, denn sie sind auf Grund ihrer Zweckbindung von einer qualitativen und somit auch von einer wertmäßigen Weiterentwicklung ausgeschlossen. Erst die Zulässigkeit einer privatwirtschaftlichen Nutzung würde die Fläche wieder dem allgemeinen Grundstücksmarkt zuführen und eine qualitative Weiterentwicklung ermöglichen. Da diese jedoch nach den Festsetzungen des Bebauungsplans auf absehbare Zeit ausgeschlossen werden muss, kann die Höhe des Endwerts die des Anfangswerts grundsätzlich nicht übersteigen (vgl. § 95 Abs. 2 Nr. 1 BauGB).

Damit ergibt sich für Gemeinbedarfsflächen ein Endwert i. S. von § 153 Abs. 2 BauGB, der **210** dem **Betrag** entspricht, **den die öffentliche Hand im Falle ihres erstmaligen Erwerbs nach entschädigungsrechtlichen Grundsätzen dafür aufzubringen hätte.** Etwas anderes könnte unter Umständen dann gelten, wenn beim erstmaligen Erwerb künftiger Gemeinbedarfsflächen entgegen enteignungsrechtlichen Grundsätzen von der öffentlichen Hand regelmäßig höhere Preise mit der Folge entrichtet worden sind, dass sich ein gewöhnlicher Geschäftsverkehr sui generis eingestellt hat. Dann könnte unter Umständen in Betracht kommen, Gemeinbedarfsflächen, die sich bereits im Eigentum der öffentlichen Hand befinden, auch diesen Wert beizumessen. In beiden Fällen kann entsprechend den obigen Ausführungen die Höhe des Endwerts die des Anfangswerts nicht übersteigen[56].

---

53 Dies sind Gemeinbedarfsflächen (vgl. § 4 WertV Rn. 401 ff.)
54 OLG Hamm, Urt. vom 3. 12. 1954 – 9 U 222/52 –, EzGuG 18.2; LG Hamburg, Urt. vom 5. 8. 1960 – 10 O 36/59 –, EzGuG 4.15; VG Freiburg, Urt. vom 1. 10. 1969 – VS I 186/68 –, EzGuG 18.45; OLG Bremen, Urt . vom 11. 1. 1970 – UB 13/68 –, EzGuG 18.47; KG Berlin, Urt. vom 21. 7. 1978 – U 178/78 –; a. A.; OLG Hamm, Urt. vom 27. 6. 1965 – 16 U 1/64 –, EzGuG 18.29; vgl. auch BGH, Urt. vom 11. 6. 1970 – III ZR 7/69 –, EzGuG 18.51
55 Kleiber, a. a. O. § 154 Rn.99 ff., Gaentzsch, Die Bodenwertabschöpfung nach dem StBauFG, Siegburg, S. 106 f.
56 Gaentzsch, Bodenwertabschöpfung, S. 106 f. unter Hinweis auf die Praxis der Umlegung nach §§ 45 ff.; RdErl. des nds. MS vom 2. 5. 1988 – 301 – 21013 – GültL 392/17; Nds. MBl. 1988, 547 Tz. 226.3.4, geändert durch RdErl. des MS vom 6. 3. 1991 – 301 – 21013 – GültL 392/19; (Nds. MBl. Nr. 13/1991, S. 470).

211 Grundsätzlich anders ist die Rechtslage, wenn zwischen Gemeinde und Bedarfsträger eine **Vereinbarung** i. S. von § 153 Abs. 3 Satz 2 BauGB getroffen worden ist. Mit dieser Vorschrift stellt der Gesetzgeber zur Vermeidung von Zweifeln klar, dass Vereinbarungen über einen höheren als dem aus der Wertentwicklung resultierenden Ausgleichsbetrag zulässig sind. In diesem Fall bemisst sich die Höhe des Ausgleichsbetrags nicht nach den Ergebnissen einer Wertermittlung, sondern nach der freien Vereinbarung.

212 Die Frage einer Ausgleichsbetragspflicht beantwortet sich in den vorstehenden Fällen im Übrigen nach den zum Zeitpunkt der **Entstehung des Ausgleichsbetrags** (vgl. Rn. 2) maßgeblichen bauplanungsrechtlichen Verhältnissen.

213 Auch für **privat nutzbare Grundstücke im Eigentum der öffentlichen Hand** und mithin auch von der Gemeinde sind grundsätzlich Ausgleichsbeträge zu erheben; jedoch entfällt die Ausgleichsbetragspflicht so lange, wie zwischen Gläubiger und Schuldner Identität besteht[57].

5.2 Soziale Wohnraumförderung

214 Auch **Grundstücke, auf denen** nach den Festsetzungen eines Bebauungsplans „ganz oder teilweise **nur Wohngebäude" errichtet werden dürfen, „die mit Mitteln der sozialen Wohnraumförderung gefördert werden könnten"** (§ 9 Abs.1 Nr. 7 BauGB; vgl. § 5 WertV Rn. 87 ff.), sind von der Ausgleichsbetragserhebung nicht ausgenommen.

215 Für die Ermittlung des **Verkehrswerts von Grundstücken der sozialen Wohnraumförderung** und somit auch für die Ermittlung sanierungsbedingter Bodenwerterhöhung sind zunächst
– die einschlägigen Festsetzungen im Bebauungsplan und
– die tatsächliche Nutzung einschließlich der ihr zu Grunde liegenden wohnungs- und mietrechtlichen Bindungen (§ 19) festzustellen.

▸ *Hierzu § 19 WertV Rn. 23 ff.*[58]

216 Die Festsetzung nach § 9 Abs. 1 Nr. 7 BauGB begründet keinen Anspruch auf Bereitstellung von Wohnungsbauförderungsmitteln; sie hat für das unbebaute Grundstück regelmäßig nur insoweit Auswirkungen auf den Bodenwert, als die **baulichen Gestaltungsmöglichkeiten gegenüber vergleichbaren Grundstücken eingeschränkt** sind. Diese Auswirkungen sind – sofern solche überhaupt festgestellt werden können – i. d. R. unerheblich, da Art und Maß der baulichen Nutzung nicht eingeschränkt sind und kein Zwang besteht, die Flächen mit Mitteln der sozialen Wohnraumförderung zu bebauen.

217 Ist das Grundstück indessen unter **Inanspruchnahme von Förderungsmitteln** bebaut worden, so steht der Grund und Boden – zumindest vorübergehend – in einer Schicksalsgemeinschaft mit den rechtlichen Bindungen, die mit der Inanspruchnahme der Förderung eingegangen wurden. Die rechtlichen Bindungen bestehen selbst bei vorzeitiger Rückzahlung der öffentlichen Mittel für den Nachbindungszeitraum von 10 Jahren (vgl. § 16 WoBindG) – oder für die ursprüngliche Restlaufzeit des vertraglichen Darlehns. Ob und in welcher Weise sich die vorstehende Zweckbindung auf den Bodenwert auswirkt, ist das eigentliche Wertermittlungsproblem, denn die mit der öffentlichen Förderung einhergehenden rechtlichen Bindungen sind nur im bebauten Grundstückszustand gegeben, so dass Vergleichspreise unbebauter Grundstücke für diese Objektart nicht zur Verfügung stehen können.

218 Für die Ausgleichsbetragserhebung stellt sich dabei die Frage, ob und inwieweit dies auf den Bodenwert durchschlägt. Hier wird man, wie bei einem mit einem Baudenkmal bebauten Grundstück, davon ausgehen müssen, dass hier (wie dort) die **eingeschränkte Nutz-**

barkeit aus der Bebauung resultiert (vgl. § 13 WertV Rn. 122). Denn gerade für Grundstücke, die zur Bebauung mit einem Ertragswertobjekt anstehen, muss berücksichtigt werden, dass die erwarteten Erträge sich im Bodenwert niederschlagen. Es kommt also darauf an, die **mit der Inanspruchnahme von Förderungsmitteln verbundenen Vor- und Nachteile auf Boden und Gebäude sachbezogen zu verteilen.** Dies sind:

– einerseits wohnungs- und mietrechtliche Bindungen (Wohnungsbesetzungsrechte) und

– andererseits die wirtschaftlichen Vorteile auf Grund gewährter Aufwendungsdarlehen, Zinsersparnisse und dgl., die als ein wirtschaftliches Äquivalent für die mietpreisrechtlichen Bindungen betrachtet werden müssen.

Die **Inanspruchnahme öffentlicher Mittel kann** bei den Wertermittlungen **außer**   **219**
Betracht bleiben, wenn sich die Zweckbindung auf den für den Ausgleichsbetrag maßgeblichen End- und Anfangswert gleichermaßen auswirkt. Die als Bodenwerte zu ermittelnden End- und Anfangswerte können in diesem Fall aus Vergleichspreisen unbebauter Grundstücke abgeleitet werden. Etwaige Auswirkungen, die den so ermittelten Bodenwerten infolge der Inanspruchnahme öffentlicher Mittel zugerechnet werden könnten, eliminieren sich rechnerisch dadurch, dass sich der Ausgleichsbetrag aus dem Unterschied zwischen End- und Anfangswert ergibt. In anderen Fällen können die mit der Inanspruchnahme öffentlicher Förderungen einhergehenden Auswirkungen auf den Grundstückswert ermittelt werden, indem die damit verbundenen **Vor- und Nachteile wertmäßig** berücksichtigt **und sachbezogen auf Boden und Gebäude verteilt** werden.

In den **Förderungsrichtlinien** von *Schleswig-Holstein*[59] heißt es hierzu: **220**

„Soweit die Grundsätze des Ertragswertverfahrens nach §§ 8 bis 14 WertV (§§ 15 bis 20 WertV) Anwendung finden, sind mit der Gewährung öffentlicher Baudarlehen verbundene Nachteile, wie aber auch Vorteile zu berücksichtigen. Mietpreisbindungen und Wohnungsbesetzungsrecht stellen nach der gesetzgeberischen Absicht eine ‚Gegenleistung‘ für die Gewährung des Darlehens' dar, so dass Aufwendungsdarlehen, Zinsersparnisse und dergleichen im öffentlich geförderten Wohnungsbau als ein wirtschaftliches Äquivalent für mietpreisrechtliche und sonstige Bindungen betrachtet werden müssen. Für den Bauherrn sind diese Vorteile im wirtschaftlichen Ergebnis Erträge; sie sind entsprechend den gesetzlichen und vertraglichen Regelungen unter Berücksichtigung der im Einzelfall gegebenen Verhältnisse mehr oder minder nachhaltig. Im Übrigen werden Aufwendungsbeihilfen für Miethausbesitz auch einkommensteuerlich den Einnahmen aus Vermietung und Verpachtung zugerechnet. Nach der Wertermittlungsverordnung sind die Beeinflussung der Ertragsverhältnisse durch Förderungen sowie wohnungs- und mietrechtliche Bindungen grundsätzlich im Rahmen der §§ 15 bis 18 WertV oder nach § 19 WertV zu erfassen. Hierbei kann man nicht mehr allgemein annehmen, dass der Verkehrswert von Grundstücken mit öffentlich geförderter Wohnbebauung geringer als der vergleichbarer im freifinanzierten Wohnungsbau bebauter Grundstücke ist; dies gilt insbesondere für „jüngere" Objekte. Die mit öffentlichen Wohnungsbaudarlehen verbundene Mietpreis- und Belegungsbindung (oder ein kommunales Wohnungsbesetzungsrecht) kann angesichts des allgemeinen Mietrechtsschutzes und der wirtschaftlichen Gegebenheiten auf dem Wohnungsmarkt nicht mehr als wirtschaftlicher Nachteil angesehen werden."

Hiernach kann man nicht mehr allgemein annehmen, dass der **Verkehrswert von Grund-**   **221**
stücken mit öffentlich geförderter Wohnbebauung geringer als der vergleichbarer im freifinanzierten Wohnungsbau bebauter Grundstücke ist; dies gilt insbesondere für ‚jüngere' Objekte." Soweit hiervon abweichend im Einzelfall im Rahmen des Ertragswertverfahrens die vorgesehene Nutzung für den öffentlich geförderten Wohnungsbau als wirtschaftlicher Nachteil bewertet wird, bedarf es nach dem o. a. Erlass einer eingehenden Begründung.

Soweit sich für ein mit öffentlichen Förderungsmitteln bebautes Grundstück danach   **222**
abschöpfbare **Bodenwerterhöhungen** ergeben, **können** sie nach den Bestimmungen der II. Berechnungsverordnung i. d. R. auch **auf die Bewilligungsmiete durchschlagen**[60]. Soll

---

57 BVerwG, Urt. vom 21. 10. 1983 – 8 C 29/82 –, EzGuG 9.49; BayVGH, Beschl vom 7. 8. 1985 – 23 CS 84 A, 3129 –, EzGuG 9.58; BGH, Urt. vom 1. 6. 1967 – II ZR 150/66 –, BGHZ, 48, 214

58 Zu Fragen der Wertermittlung Simon/Kleiber, Schätzung und Ermittlung von Grundstückswerten, 7. Aufl. 1990, S. 209 ff.; Vogels, Grundstücks- und Gebäudebewertung – marktgerecht, 5. Aufl. 1996, S. 319 ff.

59 Förderungsrichtlinien vom 10. 9. 1984 – IV 540 a – 513.035 -18.Tn.D.5.2.2.f.

60 Kleiber, a. a. O. § 154 BauGB Rn. 58 ff.; weiteres Schrifttum zur Verkehrswertermittlung von Objekten des sozialen Wohnungsbaus; Simon/Kleiber, Schätzung und Ermittlung von Grundstückswerten, 7. Aufl. 1996, S. 209 ff.; Vogels, Grundstücks- und Gebäudebewertung – marktgerecht –, 5. Aufl. 1996, S. 270 ff.

dies vermieden werden, könnte mit dem Eigentümer eine Vereinbarung getroffen werden, die entsprechend der Höhe des Ausgleichsbetrags zumindest vorübergehend die Mietanpassung begrenzt. Gegenstand der Vereinbarung wäre also

– die Höhe der zu unterbleibenden Mieterhöhung und

– die Dauer der zu unterbleibenden Mieterhöhung.

223 Im Ergebnis entspricht eine derartige **Vereinbarung der Entrichtung des Ausgleichsbetrags durch Ratenzahlungen:**

$$\text{Ausgleichsbetrag} = \text{Unterbliebene Jahresmieterhöhung} \times \frac{q^n - 1}{q^n(q-1)}$$

wobei: q = Zinsfaktor = $1 + p$

            p = Zinssatz

            n = Dauer der unterbliebenen Mieterhöhung in Jahren

$\dfrac{q^n - 1}{q^n(q-1)}$ = Vervielfältiger (tabelliert in der Anl. zur WertV)

224 *Beispiel:*

a) Für ein mit Mitteln der sozialen Wohnraumförderung bebautes Grundstück wurde ein Ausgleichsbetrag in Höhe von 50 000 € ermittelt.

Die vermietete Wohnfläche beträgt insgesamt 2 000 m².

b) Berechnung der *Dauer der zu unterbleibenden Mieterhöhung* bei vorgegebener Begrenzung einer monatlichen Mieterhöhung um 0,50 €/m²

Unterbliebene Mieterhöhung des Grundstücks im Jahr:

2 000 m² × 0,50 €/m² × 12 = 12 000 €

Dauer n der unterbliebenen Mieterhöhung bei einem Zinssatz von p = 6 %:

$$50\,000\,€ = 12\,000\,€ \times \frac{q^n - 1}{q^n(q-1)} \qquad \text{wobei } q = 1 + p$$

$$n = 5 \text{ Jahre}$$

c) Berechnung *der Höhe der zu unterbleibenden Mieterhöhung* bei einer auf 10 Jahre befristeten Mietbegrenzung und einem Zinssatz von p = 6 %

50 000 € = Unterbliebene Jahresmieterhöhung × 7,36

wobei V bei n = 10 und p = 6 %: 7,36 (vgl. Anh. zur WertV)

$$\text{Unterbliebene Jahresmietbegrenzung} = \frac{50\,000\,€}{7,36} = 6\,793\,€$$

Monatliche Mietbegrenzung pro Quadratmeter Wohnfläche (WF):

6 793 € : 2 000 m² : 12 = **0,28 €/m² WF**

5.3   Erbbaurechtbelastete Grundstücke

5.3.1   Allgemeines

▶ *Allgemeines zu Erbbaurechten vgl. Teil VII Rn. 40 ff.*

225 Anders als im Erschließungsbeitragsrecht (vgl. § 134 Abs. 1 BauGB) ist nach § 154 Abs. 1 Satz 1 BauGB bei einem mit einem Erbbaurecht belasteten Grundstück nicht der Erbbauberechtigte, sondern der Eigentümer ausgleichsbetragspflichtig[61]. Bei der Ermittlung der für die Höhe der Ausgleichsbeträge maßgeblichen Anfangs- und Endwerte ist die Belastung des Grundstücks als eine rechtliche Gegebenheit i. S. d. § 194 BauGB zu berücksichtigen. Der Verkehrswert des belasteten Grundstücks bestimmt sich dabei insbesondere nach

– der Höhe des Erbbauzinses,

– den Möglichkeiten einer Anpassung des Erbbauzinses,

– der Dauer des Erbbaurechts und

– der nach Zeitablauf ggf. zu zahlenden Entschädigung.

Eine entscheidende Bedeutung für die Höhe des Ausgleichsbetrags kommt dabei der Frage zu, ob der Erbbauzins den durch die Sanierungsmaßnahmen bewirkten Verbesserungen des Grundstücks und des Gebiets angepasst werden kann.

5.3.2 Anpassung des Erbbauzinses nicht möglich

Ist der Eigentümer nicht in der Lage, durch einen entsprechend erhöhten Erbbauzins wirtschaftliche Vorteile aus den durchgeführten Sanierungsmaßnahmen zu ziehen, so können die Maßnahmen insoweit nicht zu einer Erhöhung des Verkehrswerts des erbbaurechtbelasteten Grundstücks führen. Für den Eigentümer eines derart mit einem Erbbaurecht belasteten Grundstücks stellt sich eine Werterhöhung erst nach Ablauf des Erbbaurechts ein. Finanzmathematisch ergibt sich damit die **Werterhöhung des Grundstücks durch Abzinsung der nach Ablauf des Erbbaurechts wirtschaftlich realisierbaren Werterhöhung.** Dieser Wert bemisst sich nach dem am Wertermittlungsstichtag für das unbelastete Grundstück ergebenden Ausgleichsbetrag, der über die Restlaufzeit des Erbbaurechts unter Anwendung des Faktors $1/q^n$ (tabelliert im Anh. 5.2) abgezinst wird. Bei langer Laufzeit des Erbbaurechts ergeben sich damit für ein derart mit einem Erbbaurecht belastetes Grundstück geringfügige Ausgleichsbeträge, während den eigentlichen Vorteil der nicht ausgleichsbetragspflichtige Erbbauberechtigte hat. Dieses Ergebnis ist aus bodenpolitischer Sicht unbefriedigend. Auf der anderen Seite treten aber für den Eigentümer des Grundstücks keine Ungerechtigkeiten ein.

226

Im Falle der Bestellung eines Erbbaurechts zur Errichtung eines Miethauses im **sozialen Wohnungsbau (soziale Wohnraumförderung)** darf im Hinblick auf eine Anpassung des Erbbauzinses nicht unberücksichtigt bleiben, dass die Mieten auf Dauer hinter der Kostenmiete zurückbleiben[62].

5.3.3 Anpassung des Erbbauzinses möglich

Soweit auf Grund einer **vertraglichen Anpassungsklausel** oder sonstwie eine Anpassung des Erbbauzinses beansprucht werden kann, stellen sich für das mit einem Erbbaurecht belastete Grundstück **Werterhöhungen** ein, und zwar **in dem Maße, wie die Anpassungsklausel eine der sanierungsbedingten Werterhöhung des unbelasteten Grundstücks entsprechende Anpassung es zulässt.** Des Weiteren muss im Falle einer Anpassungsklausel der sich daraus ergebende Anspruch unter Berücksichtigung der durch § 9 a Abs. 1 ErbbauVO (abgedruckt im Teil VII Rn. 99) gezogenen Billigkeitsschwelle ermittelt werden, d. h., es muss zunächst festgestellt werden, ob und ggf. in welchem Umfang auf Grund der vertraglichen Vereinbarung ein Erhöhungsanspruch überhaupt gegeben ist.

227

Nach ständiger Rechtsprechung wird **durch die vertragliche Regelung in jedem Fall die oberste Anspruchsgrenze gezogen.** Hieran schließt sich eine Billigkeitsprüfung nach § 9 a Abs. 1 ErbbauVO erst an, wenn ein Erhöhungsanspruch nach der vertraglichen Regelung zu bejahen ist[63]. Grundsätzlich ist bei der Billigkeitsprüfung an die Vereinbarung anzuschließen, die die Anpassungsklausel enthält. Bei späteren grundlegenden Änderungen der Anpassungsklausel sowie bei unwesentlichen, aber den Erbbauzins betreffenden Änderungen sind jedoch die späteren Vereinbarungen maßgebend[64].

228

---

61 OVG Lüneburg, Beschl. vom 24. 9. 1993 – 1 M 2991/93 –, EzGuG 15.75 a; Kleiber, a. a. O., § 154 BauGB Rn. 58 ff.; BR-Drucks. 641/75, S.15 f.; nds.RdErl. des MS vom 2. 5. 1988 – 301–21013 –, GültL 392/17 (Nds. MBl. 1988, 547) Nr. 226.3.1

62 BGH, Urt. vom 19. 1. 2001 – V ZR 217/00 –, MDR 2001, 559 = GuG 2001/5

63 BGH, Urt. vom 26. 2. 1988 – V ZR 155/86 –, EzGuG 7.104; BGH, Urt. vom 18. 5. 1979 – V ZR 237/77 –, EzGuG 7.68

64 BGH, Urt. vom 3. 12. 1976 – V ZR 60/76 –, EzGuG 7.55; BGH, Urt. vom 28. 9. 1979 – V ZR 18/78 –, EzGuG 7.71, BGH, Urt. vom 27. 5. 1981 – V ZR 20/80 –, EzGuG 7.82

229   Enthält der **Erbbauvertrag keine Anpassungsklausel,** so ist ein Anpassungsverlangen erst bei einer sog. **Äquivalenzstörung** gerechtfertigt. Diese Voraussetzungen liegen vor, wenn das Gleichgewicht zwischen Leistung und Gegenleistung so stark gestört ist, dass die Grenze des übernommenen Risikos überschritten wird und die benachteiligte Partei in der getroffenen Vereinbarung ihr Interesse auch nicht mehr annähernd gewahrt sehen kann[65]. Beurteilungsgrundlage hierfür ist die Entwicklung der Lebenshaltungskosten (Anh. 3.5) als Spiegel des Kaufkraftschwunds und der Einkommensverhältnisse.

230   ▶ *Weitere Ausführungen zum Erbbaurecht vgl. Teil VII Rn. 40 ff.*

6   Anrechnungen nach § 155 Abs. 1 BauGB

6.1   Allgemeines

▶ *Zur Anrechnung auf den Ausgleichsbetrag vgl. § 26 WertV Rn. 61 und 66 ff.*

231   Der sich aus dem Unterschied zwischen End- und Anfangswert ergebende Ausgleichsbetrag entspricht immer dann nicht gleichzeitig dem vom Eigentümer zu *erhebenden* Ausgleichsbetrag, wenn auf den Unterschied **nach Maßgabe des § 155 Abs. 1 BauGB** anzurechnen sind:

„1. die durch die Sanierung entstandenen Vorteile oder Bodenwerterhöhungen des Grundstücks, die bereits in einem anderen Verfahren, insbesondere in einem Enteignungsverfahren berücksichtigt worden sind; für Umlegungsverfahren bleibt Absatz 2 unberührt,

2. die Bodenwerterhöhungen des Grundstücks, die der Eigentümer zulässigerweise durch eigene Aufwendungen bewirkt hat; soweit der Eigentümer gemäß § 146 Abs. 3 Ordnungsmaßnahmen durchgeführt oder Gemeinbedarfs- und Folgeeinrichtungen im Sinne des § 148 Abs. 2 Satz 1 Nr. 3 errichtet oder geändert hat, sind jedoch die ihm entstandenen Kosten anzurechnen;

3. die Bodenwerterhöhungen des Grundstücks, die der Eigentümer beim Erwerb des Grundstücks als Teil des Kaufpreises in einem den Vorschriften der Nummern 1 und 2 sowie des § 154 BauGB entsprechenden Betrag zulässigerweise bereits entrichtet hat."

232   In diesem Fall ist der Unterschiedsbetrag zwischen End- und Anfangswert zu mindern, um den zu erhebenden Ausgleichsbetrag zu ermitteln.

233   § 155 Abs. 1 BauGB ergänzt die Bestimmungen des § 154 Abs. 1 Satz 1 i.V.m. Abs. 2 BauGB. Danach bestimmt sich die Höhe des Ausgleichsbetrags aus dem Unterschied zwischen dem Bodenwert, der sich für das Grundstück ergeben würde, wenn eine Sanierung weder beabsichtigt noch durchgeführt worden wäre (Anfangswert), und dem Bodenwert, der sich durch die rechtliche und tatsächliche Neuordnung des Sanierungsgebiets ergibt (Endwert). Hieran anknüpfend ordnet § 155 Abs. 1 BauGB die Anrechnung bestimmter Vorteile, Bodenwerterhöhungen sowie ausnahmsweise auch Kosten auf den Ausgleichsbetrag an. Mit der Anrechnung sollen zur Vermeidung von Doppelbelastungen des Eigentümers solche sanierungsbedingten Werterhöhungen erfasst werden, die der Eigentümer oder sein Rechtsvorgänger zulässigerweise selbst bewirkt oder der Gemeinde bereits entgolten hat. Wurden im Rahmen der Anrechnungstatbestände des § 155 Abs. 1 BauGB die sanierungsbedingten Bodenwerterhöhungen bereits vollständig erbracht, so kann als Ergebnis der Anrechnung kein Ausgleichsbetrag mehr erhoben werden. **Liegen die Voraussetzungen für eine Anrechnung** derartiger Beträge **dem Grunde und der Höhe nach vor, so ist die Gemeinde** deshalb **zur Anrechnung verpflichtet.** Nach § 154 Abs. 4 Satz 2 BauGB ist sie zu diesem Zweck gehalten, dem Ausgleichsbetragspflichtigen vor Festsetzung des Ausgleichsbetrags Gelegenheit zur Stellungnahme und Erörterung auch in Bezug auf die anzurechnenden Beträge innerhalb angemessener Frist zu geben.

234   Die **anzurechnenden Bodenwerterhöhungen bedürfen der Aktualisierung an die zum Wertermittlungsstichtag vorherrschenden allgemeinen Wertverhältnisse auf dem**

Grundstücksmarkt (§ 3 Abs. 3). Da Gegenstand der Ausgleichsbetragserhebung allein die sanierungsbedingten Bodenwerterhöhungen und nicht auch die durch allgemeine (konjunkturelle) Wertsteigerungen eingetretenen Bodenwerterhöhungen sein dürfen, müssen die anzurechnenden Bodenwerterhöhungen, soweit es sich dabei um in der Vergangenheit erbrachte Vorausleistungen auf den Ausgleichsbetrag handelt, zum Zwecke der Anrechnung durch Fortschreibung aktualisiert werden. Die Abschöpfung konjunkturbedingter Wertänderungen kann nämlich nur dadurch vermieden werden, dass Anfangs- und Endwert auf denselben (Wertermittlungs-)Stichtag bezogen werden; dies gilt auch für die Anrechnungsbeträge[66].

6.2 Vorteile und Bodenwerterhöhungen (§ 155 Abs. 1 Nr. 1 BauGB)

§ 155 Abs. 1 Nr. 1 BauGB verpflichtet die Gemeinde zur Anrechnung von Vorteilen und Bodenwerterhöhungen, die bereits in einem anderen Verfahren berücksichtigt worden sind. Mit Ausnahme des Verfahrens zur Erhebung von Ausgleichsbeträgen und vorbehaltlich des § 155 Abs. 2 BauGB sind damit umfassend **alle Verfahren angesprochen, die vor Abschluss der Sanierungsmaßnahme bereits zur Abschöpfung sanierungsbedingter Vorteile oder Bodenwerterhöhungen geführt haben.** Enteignungsverfahren werden in der Vorschrift nur beispielhaft hervorgehoben. Die Vorschrift ist nach Sinn und Wortlaut im Übrigen auch auf Vorteile und Bodenwerterhöhungen anzuwenden, die in einem Verfahren berücksichtigt wurden, das bereits vor der förmlichen Festlegung des Sanierungsgebiets durchgeführt worden ist. Denn Gegenstand der Erhebung von Ausgleichsbeträgen sind auch die in Aussicht auf die Sanierung oder durch ihre Vorbereitung noch vor förmlicher Festlegung des Sanierungsgebiets eingetretenen Bodenwerterhöhungen (vgl. § 154 i.V.m. § 153 BauGB). **235**

In der Hauptsache können folgende Anrechnungsfälle dem § 155 Abs. 1 Nr. 1 BauGB zugeordnet werden: **236**

a) Bei der Bemessung der **Entschädigung für eine** zur Vorbereitung oder Durchführung der Sanierung **enteignete Grundstücksteilfläche** wurden die sich für das Restgrundstück ergebenden Vermögensvorteile nach § 93 Abs. 3 BauGB berücksichtigt. Die Nichtanrechnung der Vermögensvorteile würde nachträglich die Entschädigung schmälern.

b) Ein Enteigneter ist nach § 100 BauGB **(Entschädigung in Land)** mit einem Grundstück im Sanierungsgebiet entschädigt worden, wobei sanierungsbedingte Werterhöhungen in die Ermittlung des Ersatzlandwerts einbezogen wurden.

c) Im Rahmen eines **Grenzregelungsverfahrens** nach den §§ 80 bis 84 BauGB wurden mit der Geldleistung für grenzregelungsbedingte Werterhöhungen zugleich auch sanierungsbedingte Werterhöhungen von der Gemeinde erhoben.

d) In einem Verfahren nach § 154 Abs. 6 BauGB wurden **Vorauszahlungen auf den Ausgleichsbetrag** erhoben.

Umlegungsverfahren fallen grundsätzlich nicht unter den Anrechnungstatbestand des § 155 Abs. 1 Nr. 1 BauGB. § 153 Abs. 5 BauGB modifiziert die umlegungsrechtlichen Bestimmungen derart, dass sanierungsbedingte Bodenwerterhöhungen i. d. R. bereits in der Sanierungsumlegung vollständig „abgeschöpft" werden. Daher entfällt nach § 155 Abs. 2 BauGB die Erhebung von Ausgleichsbeträgen, wenn eine Umlegung nach Maßgabe des **237**

---

65 BGH, Urt. vom 24. 2. 1984 – V ZR 222/82 –, EzGuG 7.92; BGH, Urt. vom 23. 5. 1980 – V ZR 129/76 –; BGH, Urt. vom 27. 3. 1981 – V ZR 19/80 –, EzGuG 7.81; BGH, Urt. vom 17. 12. 1982 – V ZR 306/81 –, EzGuG 7.88; BGH, Urt. vom 23. 1. 1976 – V ZR 76/74 –, EzGuG 7.46

66 Kleiber in Ernst/Zinkahn/Bielenberg, BauGB § 155 Rn. 24, 80 ff.

§ 153 Abs. 5 BauGB (Sanierungsumlegung) durchgeführt worden ist. Eine Anrechnung kann somit nur bei den nach § 156 Abs. 2 BauGB **übergeleiteten Umlegungsverfahren** in Betracht kommen, und zwar in Bezug auf Grundstücke, die der Ausgleichsbetragspflicht unterliegen, weil für diese Grundstücke vor der förmlichen Festlegung des Sanierungsgebiets der Umlegungsplan nach § 66 Abs. 1 BauGB aufgestellt oder eine Vorwegentscheidung nach § 76 BauGB getroffen worden ist.

238 Die in einem anderen Verfahren berücksichtigten sanierungsbedingten Vorteile oder Bodenwerterhöhungen können als im Voraus erbrachte Leistungen auf den Ausgleichsbetrag angesehen werden. Gegenstand der Ausgleichsbetragserhebung können im Anschluss an die in einem anderen Verfahren erbrachten Vorausleistungen nur noch solche sanierungsbedingten Bodenwerterhöhungen sein, die nicht bereits mit der Vorausleistung abgeschöpft worden sind, insbesondere Bodenwerterhöhungen, die erst infolge der weiteren Durchführung der Sanierung bewirkt wurden. Sind die Vorausleistungen in einem früheren Stadium der Sanierung erbracht worden und haben sich bis zum Abschluss der Sanierung die allgemeinen Wertverhältnisse auf dem Grundstücksmarkt geändert, kann die Anrechnung der in einem anderen Verfahren erbrachten Vorausleistungen in ihrer nominellen Höhe zur Abschöpfung sog. konjunkturbedingter Bodenwerterhöhungen führen. Die bodenpolitische Konzeption des besonderen Sanierungsrechts verbietet dies jedoch. Deshalb kann es erforderlich werden, im Voraus **erbrachte Leistungen** auf den Ausgleichsbetrag **zum Zwecke ihrer Anrechnung** wertmäßig durch Fortschreibung **zu aktualisieren.** Entsprechendes gilt schließlich, wenn der Ausgleichsbetragspflichtige sein Grundstück von der Gemeinde zum Neuordnungswert erworben hat. Die Anrechnungsvarianten des § 155 Abs. 1 BauGB müssen diesbezüglich gleich behandelt werden[67].

6.3 Eigene Bodenwerterhöhungen (§ 155 Abs. 1 Nr. 2 BauGB)

239 Während bei der Bemessung von Ausgleichs- und Entschädigungsleistungen die **vom Eigentümer zulässigerweise durch eigene Aufwendungen bewirkten sanierungsbedingten Werterhöhungen** nach § 153 Abs. 1 BauGB zu berücksichtigen sind, bleiben diese Werterhöhungen nach den Bestimmungen des § 154 Abs. 2 BauGB bei der Bemessung des Anfangswerts zunächst außer Betracht (vgl. § 26 WertV Rn. 66).. Der Gesetzgeber hat im Interesse einer besseren Vergleichbarkeit aller Anfangswerte die Berücksichtigung der vom Eigentümer zulässigerweise bewirkten Werterhöhungen mit § 155 Abs. 1 Nr. 2 BauGB als Anrechnungsfall behandelt sehen wollen. Auch wenn die Vorschrift nicht ausdrücklich auf die vom Eigentümer bewirkten „sanierungsbedingten" Bodenwerterhöhungen Bezug nimmt, kann nur insoweit eine Anrechnung in Betracht kommen. Andere nicht sanierungsbedingte Werterhöhungen sind nämlich bereits bei der Ermittlung des Anfangswerts zu berücksichtigen.

240 Grundsätzlich sind nur die vom Eigentümer bewirkten sanierungsbedingten Bodenwerterhöhungen anzurechnen und nicht die Aufwendungen selbst. **Auf die Kosten der** Maßnahme bzw. die **erbrachten Arbeits- und Kapitalleistungen kommt es also nicht an,** wie hoch auch immer sie gewesen sein mögen. Ob und in welchem Umfang eine Anrechnung vorzunehmen ist, beurteilt sich nach den Grundsätzen der Verkehrswertermittlung. Wertermittlungsstichtag ist wie für die Ermittlung der Anfangs- und Endwerte der Zeitpunkt des Abschlusses der Sanierung (§ 162 oder § 163 BauGB).

241 **Zulässigerweise bewirkte Bodenwerterhöhungen** können insbesondere angenommen werden, wenn mit den einschlägigen Maßnahmen öffentlich-rechtliche Vorschriften nicht verletzt worden sind.

Zur Durchführung der Sanierung gehören neben den Ordnungsmaßnahmen auch die Bau- **242** maßnahmen (§ 146 BauGB). Grundsätzlich sind deshalb auch die dadurch bewirkten Bodenwerterhöhungen Gegenstand der Ausgleichsbetragserhebung. Dies betrifft insbesondere die Errichtung und Änderung von Gemein- und Folgebedarfseinrichtungen. Auch die **vom Eigentümer privat durchgeführten Baumaßnahmen** können z.B. zur Verbesserung der Lagequalität im Sanierungsgebiet beigetragen haben. Die Maßnahmen eines einzelnen Eigentümers werden dies allerdings kaum bewirken können. Erst eine Vielzahl aufeinander abgestimmter privater Baumaßnahmen könnte z.B. zu einer Lageverbesserung beitragen. Voraussetzung für eine Anrechnung entsprechender Bodenwerterhöhungen wäre in diesem Fall, dass die Maßnahmen allein durch Initiative der Eigentümer und ohne Inanspruchnahme der öffentlichen Hand durchgeführt worden sind. Diese Voraussetzungen werden selten vorliegen, denn für Sanierungsmaßnahmen ist kennzeichnend, dass die notwendigen Maßnahmen erst unter der Regie der Gemeinde und mit Unterstützung der öffentlichen Hand durchgeführt werden können.

Unter bestimmten Voraussetzungen sind auch Bodenwerterhöhungen auf den Ausgleichs- **243** betrag anzurechnen, die durch die **Herstellung von Erschließungsanlagen i.S.d. § 127 Abs. 4 BauGB** bewirkt wurden, insbesondere durch Anlagen zur Ableitung von Abwasser sowie zur Versorgung mit Elektrizität, Gas, Wärme und Wasser. Diese Erschließungsanlagen fallen nicht unter das Erhebungsverbot des § 154 Abs. 1 Satz 2 BauGB. Werden für diese Anlagen landesrechtliche Beiträge erhoben und wurde der Endwert unter Berücksichtigung der dadurch bewirkten Bodenwerterhöhung ermittelt, so ist diese zur Vermeidung von Doppelbelastungen ebenfalls auf den Ausgleichsbetrag anzurechnen. Nicht anrechenbar ist eine derartige Bodenwerterhöhung, wenn sie bei der Ermittlung des Endwerts unberücksichtigt geblieben ist oder landesrechtliche Beiträge im Hinblick auf die Erhebung von Ausgleichsbeträgen nicht erhoben werden.

Eine Anrechnung von Kosten an Stelle von Bodenwerterhöhungen sieht das Gesetzbuch **244** nur in § 155 Abs. 1 Nr. 2 Halbsatz 2 BauGB in Bezug auf **Kosten** vor, **die dem Eigentümer bei der Durchführung von Ordnungsmaßnahmen i.S.d. § 147 Abs. 1 BauGB entstanden** sind. Die Vorschrift ist lex specialis im Verhältnis zu Halbsatz 1 und darin begründet, dass die Durchführung von Ordnungsmaßnahmen Aufgabe der Gemeinde ist (vgl. § 147 Abs. 1 BauGB). Das BauGB verleiht der Gemeinde mit § 147 Abs. 2 Satz 1 BauGB aber das Recht, diese Aufgabe ganz oder teilweise dem Eigentümer vertraglich zu überlassen. Dabei kann auch vereinbart werden, dass die dem Eigentümer entstehenden Kosten der Ordnungsmaßnahme auf den Ausgleichsbetrag angerechnet und – soweit dadurch die Kosten nicht gedeckt werden – nach Maßgabe des § 155 Abs. 6 BauGB erstattet werden. Eine Anrechnung nach § 155 Abs. 1 Nr. 2 Halbsatz 2 BauGB kann demzufolge nur in Betracht kommen, wenn zur Deckung der Kosten für vertraglich überlassene Ordnungsmaßnahmen i.S.d. § 147 Abs. 1 BauGB keine oder nicht ausreichende Vorauszahlungen geleistet wurden. Dass dabei nur die Kosten für die auf Grund eines Vertrags durchgeführten Ordnungsmaßnahmen anzurechnen sind, hat der Gesetzgeber gegenüber dem bisherigen Recht (§ 41 Abs. 6a Nr. 3 StBauFG) dadurch verdeutlicht, dass die Nachfolgeregelung ausdrücklich auf § 147 Abs. 2 BauGB Bezug nimmt.

6.4 Teile des Kaufpreises nach § 155 Abs. 1 Nr. 3 BauGB

§ 155 Abs. 1 Nr. 3 BauGB ist Nachfolgeregelung zu § 41 Abs. 7 Nr. 1 StBauFG. Gegenüber **245** dem bisherigen Recht stellt die Nachfolgeregelung eindeutig klar, dass **auch die unter Berücksichtigung einer sanierungsbedingten Bodenwerterhöhung erworbenen**

---

67   Näheres zu den Anrechnungstatbeständen und zur Anrechnung vgl. Bielenberg/Koopmann/Krautzberger, Städtebauförderungsrecht, Bd. I § 155 Rn. 28 ff.

Grundstücke grundsätzlich der Ausgleichsbetragspflicht unterliegen. Dabei ist der als Teil des Kaufpreises entrichtete Betrag, der ganz oder teilweise der sanierungsbedingten Bodenwerterhöhung entspricht, auf den Ausgleichsbetrag anzurechnen. Konnte bei der Bemessung des Veräußerungspreises die rechtliche und tatsächliche Neuordnung gemäß § 154 Abs. 4 BauGB in vollem Umfang berücksichtigt werden, so kommt als Ergebnis der Anrechnung nach § 155 Abs. 1 Nr. 3 BauGB die Erhebung eines Ausgleichsbetrags von dem Erwerber nicht mehr in Betracht. Die Anrechnung muss nämlich unter diesen Voraussetzungen zwangsläufig dazu führen, dass sich der nach § 154 Abs. 2 BauGB bemessende Ausgleichsbetrag zu „Null" reduziert. Hierin liegt die eigentliche Bedeutung dieser Anrechnungsbestimmung. Etwas anderes muss jedoch gelten, wenn als Teil des Kaufpreises ein Betrag entrichtet wurde, der nur teilweise der sanierungsbedingten Bodenwerterhöhung entspricht. Zwar zielen § 153 Abs. 4 BauGB und § 159 Abs. 3 BauGB darauf ab, die nach Abschluss einer Sanierungsmaßnahme abzuschöpfende Bodenwerterhöhung des Grundstücks möglichst vollständig schon mit dem Veräußerungspreis zu erfassen, jedoch konnte der Gesetzgeber auch nicht ausschließen, dass die sanierungsbedingten Werterhöhungen bei der Bemessung des Neuordnungswerts nicht vollständig berücksichtigt werden konnten oder bis zum Abschluss der Maßnahme infolge der weiteren Durchführung zusätzliche Bodenwerterhöhungen i. S. d. § 154 Abs. 2 BauGB eintreten. In diesen Fällen kommt eine Nacherhebung in Betracht. Dies war bis zum 1. 7. 1987 klarstellend in § 5 Abs. 4 und 5 AusgleichsbetragV geregelt. Die Vorschriften konnten im Hinblick auf die nunmehr eindeutige Anrechnungsbestimmung des § 155 Abs. 1 Nr. 3 BauGB ersatzlos entfallen.

246 § 155 Abs. 1 Nr. 3 BauGB findet indessen **keine Anwendung, wenn der Erwerb eines Grundstücks mit einer Ablösung nach § 154 Abs. 3 Satz 2 BauGB verbunden** worden ist. Die Ablösung schließt das Entstehen eines Ausgleichsbetrags aus.

247 Anzurechnen sind alle in einem Kaufpreis enthaltenen sanierungsbedingten Bestandteile, unabhängig davon, ob das Grundstück von der Gemeinde, einem Sanierungsträger oder einer Privatperson erworben wurde. Auf die Höhe der einzelnen im Kaufpreis enthaltenen sanierungsbedingten Bestandteile kommt es nach Sinn und Wortlaut der Vorschrift nicht an. Für die Anrechnung ist lediglich **Voraussetzung, dass der Kaufpreis zulässigerweise entrichtet wurde.** Die Vorschrift findet demzufolge auch Anwendung, wenn das Grundstück zum sanierungsunbeeinflussten Grundstückswert i. S. d. § 153 Abs. 1 BauGB erworben wurde und mit dem Kaufpreis die vom Voreigentümer durch eigene Aufwendungen selbst bewirkten sanierungsbedingten Bodenwerterhöhungen entgolten wurden. Diesbezüglich sind die im Kaufpreis enthaltenen sanierungsbedingten Bestandteile zulässigerweise erbracht worden, weil der Kaufpreis insoweit genehmigt werden musste.

248 Eine andere Frage ist, ob bei einem Erwerb eines Grundstücks zum sanierungsunbeeinflussten Grundstückswert auch der **Teil des Kaufpreises** auf den Ausgleichsbetrag anzurechnen ist, **der nur geringfügig den sanierungsunbeeinflussten Grundstückswert überschreitet** und deshalb nach dem Grundsatzurteil des BVerwG vom 24. 11. 1978 – 4 C 56/76 –, EzGuG 15.9 genehmigt werden musste. Hierfür sprach der Wortlaut des § 5 Abs. 2 AusgleichsbetragV, nach dem der Teil des Kaufpreises auf den Ausgleichsbetrag anzurechnen war, „der den Anfangswert übersteigt, wenn die Veräußerung nach § 15 des Städtebauförderungsgesetzes (nunmehr § 145 i. V. m. § 153 Abs. 2 BauGB) genehmigt worden ist und der Eigentümer den Kaufpreis hiernach in zulässiger Weise entrichtet hat." Den Regelungsgehalt dieser Vorschrift hat der Gesetzgeber nicht in das BauGB übernommen. Hierfür war maßgebend, dass mit der Vorschrift – wie sich aus ihrer Begründung ergibt[68] – nur der Erwerber geschützt werden sollte, dem auf Grund eines Fehlers der Gemeinde bei der Preisprüfung ein höherer Erwerbspreis genehmigt wurde, als es „pfenniggenau" dem sanierungsunbeeinflussten Grundstückswert entsprochen hätte. Nachdem das BVerwG in seinem Grundsatzurteil (a. a. O.) erkannt hatte, dass die Genehmigung nach § 15 Abs. 3 Satz 2 StBauFG (entspricht § 153 Abs. 2 BauGB) jedoch nur versagt werden kann, wenn der „vereinbarte Gegenwert" den Verkehrswert, der sich in Anwendung des § 23 StBauFG (§ 153 Abs. 1 BauGB) ergibt, „in einer dem Rechtsverkehr erkennbaren Weise deutlich verfehlt", hatte § 5 Abs. 2 AusgleichsbetragV eine vom Verordnungsgeber nicht gewollte Wirkung erlangt. Ein Schutzbedürfnis besteht für den Erwerber zumindest dann nicht, wenn der Erwerber bei der Genehmigung auf die Überschreitung des nach § 153 Abs. 1 BauGB maßgeblichen Werts hingewiesen wurde, mit der Folge, dass der insoweit im Kaufpreis enthaltene Sanierungsmehrwert später mit dem Ausgleichsbetrag noch einmal an die Gemeinde abgeführt werden muss. Die Anrechenbarkeit derartiger Kaufpreisüberschreitungen hatte schon vor In-Kraft-Treten des BauGB durch die Rechtsprechung des BVerwG zu § 15 Abs. 3 Satz 2 StBauFG weitgehende Klärung erfahren. Das Gericht hat im Urt. vom 21. 8. 1981 – 4 C 16/78 –, EzGuG 15.18, zur Frage der Bindung der Entscheidung über die Preisprüfung in einem späteren Enteignungsverfahren Stellung genommen. In der Entscheidung wird die Bindung der preisrechtlichen Genehmigung im Sanierungsverfahren für die Entschädigung in einem späteren Enteignungsverfahren verneint, so dass insoweit auch die Preisprüfung ihre Schutzfunktion verliert. Auf Grund des Sachzusammenhangs zwischen dem Entschädigungs- und dem Ausgleichsbetragsrecht muss dies auch in Bezug auf § 155 Abs. 1 Nr. 3 BauGB gelten (vgl. § 26 WertV Rn. 12 ff.).[69]

6.5 Anrechnung von Freilegungskosten

6.5.1 Allgemeines

Problematisch kann die **Anrechnung von Freilegungskosten** auf den Ausgleichsbetrag sein. **Nach § 147 Nr. 3 BauGB gehört die Freilegung von Grundstücken grundsätzlich zu den der Gemeinde obliegenden Ordnungsmaßnahmen.** Dies betrifft in erster Linie aber nur die Freilegung der Grundstücke, die für Gemeinbedarfszwecke von der Gemeinde oder dem von ihr beauftragten Träger aufbereitet werden. Soweit auf einem privatwirtschaftlich genutzten Grundstück zum Zwecke der Durchführung anstehender Baumaßnahmen die Freilegung eines Grundstücks erforderlich wird, stellt sich daneben die Frage, wie entschädigungsrechtlich die abgehende Bausubstanz zu behandeln ist. **249**

Soweit der Eigentümer darüber mit der Gemeinde einen Vertrag nach § 147 Abs. 2 BauGB abgeschlossen hat, sind die darin getroffenen Vereinbarungen maßgebend. Andernfalls können die Grundsätze zur Anwendung kommen, die im Falle eines Rückbaugebots nach § 179 BauGB maßgebend sind. Danach ist eine Entschädigung für den Substanzverlust einschließlich der Freilegungskosten sowie für sonstige Vermögensnachteile zu leisten; gleichzeitig sind aber **auch Vermögensvorteile** dabei **zu berücksichtigen.** Vermögensvorteile können sich dabei auch in Bezug auf die Freilegung des Grundstücks ergeben, insbesondere wenn eine Bausubstanz im Zuge der Sanierungs- oder Entwicklungsmaßnahme zum Abbruch kommt, die auch ohne Einleitung der Sanierungs- oder Entwicklungsmaßnahme auf Grund ihres Alters zu beseitigen wäre, wenn das Grundstück weiterhin wirtschaftlich genutzt werden soll. **250**

Insofern muss **zwischen sanierungs- und nichtsanierungsbedingten Freilegungskosten unterschieden** werden. **251**

a) *Nichtsanierungsbedingte* Freilegungskosten können immer dann unterstellt werden, wenn eine bauliche Anlage auch ohne Durchführung der Sanierung wirtschaftlich abgängig ist.

---

68 BR-Drucks. 641/75, zu § 5
69 Im Ergebnis ebenso Gaentzsch in NJW 1985, 881, 885, der eine geringfügige aber nach der Rechtsprechung zu genehmigende Kaufpreisüberschreitung nicht als eine „zulässigerweise" entrichtete sanierungsbedingte Bodenwerterhöhung ansieht, sowie die Erläut. in Ernst/Zinkahn/Bielenberg, BauGB § 155 Rn. 77 ff. und § 153 Rn. 124; auch Battis/Krautzberger/Löhr, BauGB § 155 Rn. 10

b) *Sanierungsbedingte* Freilegungskosten entstehen dagegen dann, wenn eine bestehende und wirtschaftlich nicht abgängige bauliche Anlage erst auf Grund der Ziele und Zwecke der Sanierung, insbesondere durch zwingende Festsetzungen eines Sanierungs-bebauungsplans zum Rückbau „bestimmt" wird. In diesem Fall werden Freilegungs-kosten und sonstige Maßnahmen zur Herbeiführung der Baureife erst durch die Sanie-rung ausgelöst; z.B. durch die Festlegung neuer Baulinien oder Baugrenzen ohne Berücksichtigung der vorhandenen baulichen Anlagen. Etwas anderes könnte gelten, wenn in den Sanierungszielen oder der Begründung zum Sanierungsbebauungsplan den baulichen Anlagen bis zu deren Abgang der **Bestandsschutz** zuerkannt wird.

Entsprechendes gilt auch für entwicklungs- und nichtentwicklungsbedingte Freilegungs-kosten.

252   Sofern **mit der Freilegung des Grundstücks eine Bodenwerterhöhung einhergeht**, weil die abgehende Bausubstanz die Realisierung einer zulässigen, aber schon vor Einleitung der Sanierungs- bzw. Entwicklungsmaßnahme zulässigen Nutzung „blockiert" hat, sind die damit verbundenen Werterhöhungen nicht in der Weise abschöpfungsfähig, dass von einem um die Freilegungskosten geminderten Anfangswert ausgegangen wird (Rn. 182 ff.). Die durch die Freilegung eintretende Bodenwerterhöhung ist deshalb – wie im Ürigen bei der Einwurfsbewertung im Umlegungsverfahren – bereits bei der Ermittlung des Anfangswerts zu berücksichtigen.

253   Zusammenfassend sind bei der Anrechnung von Freilegungskosten auf den Ausgleichsbe-trag folgende **Grundsätze** zu beachten, wobei zwischen sanierungsbedingten und nicht-sanierungsbedingten Freilegungskosten unterschieden werden muss:.

6.5.2   Nichtsanierungsbedingte Freilegungskosten

254   Nach den vorstehenden Ausführungen ist die mit der nichtsanierungsbedingten Freilegung eines Grundstücks einhergehende Bodenwerterhöhung nicht abschöpfungsfähig. Bei der Ermittlung des Ausgleichsbetrags nach § 154 BauGB i.V. m. der Wertermittlungsregel des § 28 Abs. 3 Satz 1 WertV finden die **Bodenwerterhöhungen,** die sich im Hinblick auf ein schon vor der Sanierungs- bzw. Entwicklungsmaßnahme bestehendes Baurecht ergeben – wie ausgeführt – **keinen Eingang in den Ausgleichsbetrag.** Nach der genannten Werter-mittlungsregel ermittelt sich sowohl der Anfangswert als auch der Endwert (direkt) nach dem Wert des Grund und Bodens ohne Bebauung durch Vergleich mit dem Wert vergleich-barer unbebauter Grundstücke, d. h., der Anfangswert wird im Hinblick auf rückzubauende Gebäude bei konsequenter Anwendung dieser Vorgabe (anders als nach den für das Ertragswertverfahren vorgegebenen Grundsätzen des § 20 Abs. 1 WertV) im Wert nicht gemindert; d. h., die **mit der Freilegung einhergehende Bodenwerterhöhung wird bereits mit dem Anfangswert berücksichtigt.**

255   Infolgedessen ist unter der genannten Voraussetzung ein Vertrag nach § 147 Abs. 2 BauGB so zu gestalten, dass der Eigentümer die Freilegungskosten selbst trägt und die mit der Freilegung tatsächlich bewirkte Bodenwerterhöhung umgekehrt auch nicht nach § 155 Abs. 1 Nr. 2 BauGB auf den Ausgleichsbetrag angerechnet werden darf. Im Ergebnis bedeutet dies, dass die **Kosten der nichtsanierungsbedingten Freilegung eines Grund-stücks nicht zur Anrechnung nach § 155 Abs. 1 BauGB** und auch nicht unter den Voraus-setzungen des § 155 Abs. 6 BauGB zur Erstattung nach dieser Vorschrift **kommen können,** da bereits bei der Ermittlung des Anfangswerts nach Maßgabe des § 28 Abs. 3 Satz 1 WertV vom Zustand eines unbebauten, d. h. freigelegten Grundstücks auszugehen ist.

6.5.3   Sanierungsbedingte Freilegungskosten

256   Die durch eine Sanierungs- oder Entwicklungsmaßnahme (zwingend) veranlasste Freile-gung eines bebauten Grundstücks führt in mehrfacher Hinsicht zu Vermögensverlusten des Eigentümers. Einerseits sind bezüglich der abgehenden Bausubstanz Restwerte zu entschädigen. Andererseits entstehen Freilegungskosten, die der Eigentümer erst nach Ablauf der wirtschaftlichen Restnutzungsdauer bei Fortführung der bestehenden Nutzung zu tragen hätte. Diesbezüglich wird der **Zeitpunkt der Freilegung des Grundstücks vorverlegt,** nämlich um die Zeitspanne, die die vorhandene Bebauung bei Fortführung der Nutzung noch stehen würde. Nur die über die Restnutzungsdauer der baulichen Anlage bei Fortführung der bisherigen Nutzung diskontierten Freilegungskosten hätte der Eigentümer ohne Durchführung der Sanierungs- oder Entwicklungsmaßnahme selbst zu tragen, während der Differenzbetrag zur vollen Höhe der Freilegungskosten von der Gemeinde zu tragen wäre.

Mit der Ermittlung des Anfangswerts nach Maßgabe des § 28 Abs. 3 Satz 1 WertV als Wert des unbebaut gedachten Grundstücks bleibt dieser Umstand bei Objekten, deren Bausubstanz noch nicht wirtschaftlich verbraucht ist (Restnutzungsdauer noch nicht Null), unberücksichtigt. Die Anrechnung der Freilegungskosten in voller Höhe würde andererseits nicht dem Umstand Rechnung tragen, dass entsprechend dem Alter der baulichen Anlage **Freilegungskosten auch ohne Durchführung der Sanierungs- oder Entwicklungsmaßnahmen auf den Eigentümer** (zu einem späteren Zeitpunkt) **zukommen.** Insbesondere bei dem sanierungsbedingten Rückbau einer baulichen Anlage, die ohnehin nur noch wenige Jahre zur Nutzung ansteht, wird besonders deutlich, dass der Eigentümer bei Anrechnung der vollen Freilegungskosten gegenüber dem sanierungsbedingten Rückbau eines sehr jungen Gebäudes mit langer Restnutzungsdauer begünstigt wäre.   **257**

Diesem Gesichtspunkt kann bei der Gestaltung des Vertrags nach § 147 Abs. 2 BauGB dadurch Rechnung getragen werden, dass **nur** der **Differenzbetrag aus den vollen Freilegungskosten zu den über die Restnutzungsdauer diskontierten Freilegungskosten auf den Ausgleichsbetrag angerechnet bzw. nach § 155 Abs. 6 BauGB erstattet wird.**   **258**

Beispiel: **259**

Die Freilegungskosten betragen 500 000 €. Bei einer baulichen Anlage, die nach Alter und Unterhaltungszustand ohne Durchführung einer Sanierungs- oder Entwicklungsmaßnahme noch eine wirtschaftliche Restnutzungsdauer von 30 Jahren hätte, sind die Freilegungskosten vom Eigentümer in diskontierter Höhe zu tragen. Bei einem Zinssatz von 8 v. H. ergäbe dies

$$\text{Diskontierte Freilegungskosten} = \frac{\text{Freilegungskosten}}{q^n}$$

wobei $q = 1 + p$
$\qquad\quad p = \text{Zinssatz}/100$
$\qquad\quad n = \text{Restnutzungsdauer}$

$$\text{Diskontierte Freilegungskosten} = \frac{500\,000\,€}{1{,}08^{30}} = 50\,000\,€$$

Freilegungskosten insgesamt	= 500 000 €
./. vom Eigentümer zu tragen	= 50 000 €
= Anrechnung/Erstattung	= 450 000 €

Bei der gegebenen Ausgangslage ist im Vertrag nach § 147 Abs. 2 BauGB eine Regelung vorzusehen, die eine Anrechnung bzw. Erstattung von 450 000 € enthält, d. h., der Eigentümer hat von den Freilegungskosten in Höhe von 500 000 € (insgesamt) den Betrag von 50 000 € selbst zu tragen, da dieser von ihm ohnehin insoweit nach Ablauf der Restnutzungsdauer zu tragen wäre.   **260**

Bei dieser Vorgehensweise erhöht sich der **vom Eigentümer selbst zu tragende Anteil mit kürzer werdender Restnutzungsdauer,** wie sich aus folgender Zusammenstellung ergibt: **261**

Anrechnungsbetrag in Abhängigkeit von der Restnutzungsdauer bei einem Zinssatz von 8 v. H.   **262**

	Restnutzungsdauer			
	30 Jahre	20 Jahre	10 Jahre	1 Jahr
Freilegungskosten (€)	500 000	500 000	500 000	500 000
Eigentümeranteil (€)	49 689	107 275	231 597	462 962
Anrechnung (€)	450 311	392 725	268 403	37 038

263 Wie die Zusammenstellung zeigt, schmilzt der **Betrag,** der auf den Ausgleichsbetrag anzurechnen bzw. nach § 155 Abs. 6 BauGB zu erstatten ist, mit **kürzer werdender Restnutzungsdauer zusammen.** Bei einer baulichen Anlage, die wirtschaftlich überaltert und ohnehin rückzubauen wäre (Restnutzungsdauer = Null), verbleibt kein anzurechnender Betrag. Eine entsprechend vorstehenden Grundsätzen vereinbarte Kostenerstattungsregel (§ 147 Abs. 2 BauGB) trägt der durch die Sanierung oder Entwicklung bedingten Belastung des Eigentümers in angemessener Weise Rechnung.

7   Steuerliche Behandlung des Ausgleichsbetrags

7.1   Ertragsteuer

264 Zur **ertragsteuerlichen Behandlung des Ausgleichsbetrags** hat der BFH[70] entschieden, dass der Ausgleichsbetrag je nach den **Umständen des Einzelfalls**

a) den *nachträglichen Anschaffungskosten* mit der Folge zuzurechnen ist, dass er steuerlich nicht abzugsfähig ist, oder

b) als *Erhaltungsaufwand* mit der Folge anzusehen ist, dass gewerbetreibende Steuerpflichtige den Ausgleichsbetrag als Betriebsausgaben sofort von der Steuer abziehen können, bzw. im Falle der Vermietung oder Verpachtung des Grundstücks der Ausgleichsbetrag als abzugsfähige Werbungskosten anzusehen ist[71].

265 Der BFH[72] will für die ertragsteuerliche Behandlung des Ausgleichsbetrags die für die Behandlung von Erschließungsbeiträgen entwickelten Grundsätze gelten lassen. Danach kommt es nunmehr entscheidend darauf an, ob der Erschließungsbeitrag bzw. der Ausgleichsbetrag der Finanzierung der **erstmaligen Erschließungsanlage** dient, um ihn den nachträglichen Anschaffungskosten zuzurechnen[73].

266 Dient hingegen der Erschließungsbeitrag bzw. der Ausgleichsbetrag der **Finanzierung des Ersatzes oder der Modernisierung einer Erschließungsanlage,** so ist er insoweit den Betriebsausgaben bzw. Werbungskosten zuzurechnen[74]. In Mischfällen muss der Ausgleichsbetrag in einen abzugsfähigen und nichtabzugsfähigen Anteil aufgeteilt werden.

267 Demnach dürfte der Ausgleichsbetrag, der nach § 166 Abs. 3 Satz 4 BauGB in städtebaulichen Entwicklungsbereichen erhoben wird, in **erster Linie den Anschaffungskosten** zuzurechnen sein, während der in Sanierungsgebieten erhobene Ausgleichsbetrag vornehmlich als Erhaltungsaufwand anzusehen ist. Ob die Rechtsprechung des BFH im engen Sinne allein nach dem Kriterium der erstmaligen Herstellung oder des Ersatzes vorhandener Erschließungsanlagen auszulegen ist, bleibt allerdings weiterhin fraglich.

268 Der BFH hat nicht zu der Frage Stellung genommen, ob der für ein in der Innenstadt gelegenes Grundstück nach Abschluss der Sanierung erhobene Ausgleichsbetrag, der sich maßgeblich nach der durch den Sanierungsbebauungsplan gewährten höheren baulichen Nutzbarkeit (z. B. Heraufzonung des Maßes der baulichen Nutzung [GFZ]) bemisst, nicht doch den Anschaffungskosten zuzuordnen ist. Dafür spricht, dass dieser Ausgleichsbetrag im wirtschaftlichen Ergebnis dem **Zuerwerb eines Grundstücks** entspricht.

7.2   Umsatzsteuer

269 Für die **umsatzsteuerliche Behandlung der erstatteten Kosten** bestimmt **Nr. 1 Abs. 9 bis 11 der Umsatzsteuer-Richtlinien 2000 – UStR 2000 –** vom 7. 12. 1995 (BStBl. Sondernr. 4/1995, zu § 1 UStG) Folgendes:

„(9) ¹Werden auf Grund des Baugesetzbuchs (BauGB) **Betriebsverlagerungen** vorgenommen, so handelt es sich dabei um umsatzsteuerbare Leistungen des betreffenden Unternehmers an die Gemeinde oder den Sanierungsträger; das Entgelt für diese Leistungen besteht in den Entschädigungsleistungen. ²Reichen die normalen Entschädigungsleistungen nach dem BauGB nicht aus und werden zur anderweitigen Unterbringung eines von der städtebaulichen

Sanierungsmaßnahme betroffenen gewerblichen Betriebs zusätzliche Sanierungsförderungsmittel in Form von Zuschüssen eingesetzt, sind sie als Teil des Entgelts für die oben bezeichnete Leistung des Unternehmers anzusehen.

(9) ¹Nach § 181 BauGB soll die Gemeinde bei der Durchführung des BauGB zur Vermeidung oder zum Ausgleich wirtschaftlicher Nachteile, die für den Betroffenen in seinen persönlichen Lebensumständen eine besondere Härte bedeuten, auf Antrag einen Geldausgleich im Billigkeitswege gewähren. ²Ein solcher **Härteausgleich** ist, wenn er einem Unternehmer gezahlt wird, nicht als Entgelt für eine steuerbare Leistung des Unternehmers gegenüber der Gemeinde anzusehen; es handelt sich vielmehr um eine nicht steuerbare Zuwendung. ³Das Gleiche gilt, wenn dem Eigentümer eines Gebäudes ein Zuschuss gewährt wird

1. für Modernisierungs- und Instandsetzungsmaßnahmen nach § 177 BauGB,

2. für Modernisierungs- und Instandsetzungsmaßnahmen im Sinne des § 177 BauGB, zu deren Durchführung sich der Eigentümer gegenüber der Gemeinde vertraglich verpflichtet hat,

3. für andere der Erhaltung, Erneuerung und funktionsgerechten Verwendung dienende Maßnahmen an einem Gebäude, das wegen seiner geschichtlichen, künstlerischen oder städtebaulichen Bedeutung erhalten bleiben soll, zu deren Durchführung sich der Eigentümer gegenüber der Gemeinde vertraglich verpflichtet hat.

⁴Voraussetzung ist, dass in den Fällen der Nummern 2 und 3 der Zuschuss aus Sanierungsförderungsmitteln zur Deckung der Kosten der Modernisierung und Instandsetzung nur insoweit gewährt wird, als diese Kosten nicht vom Eigentümer zu tragen sind.

(10) ¹Überlässt eine Gemeinde nach § 146 Abs. 3 BauGB einem Grundstückseigentümer (Unternehmer) die Durchführung einer Ordnungsmaßnahme und zahlt sie ihm auf Grund eines Vertrags entsprechend § 155 Abs. 6 BauGB für die Freimachung des Grundstücks mit aufstehendem Gebäude die **Abbruchkosten** sowie eine Gebäude-Restwertentschädigung, so stellen diese Beträge das Entgelt für eine steuerbare und steuerpflichtige Leistung des Grundstückseigentümers an die Gemeinde dar. ²Führt die Gemeinde die Abbrucharbeiten selbst durch und zahlt dem Grundstückseigentümer eine Gebäude-Restwertentschädigung, so ist die Restwertentschädigung ebenfalls Entgelt für eine steuerbare Leistung (Duldung des Gebäudeabbruchs im Rahmen der Ordnungsmaßnahmen) des Grundstückseigentümers an die Gemeinde. ³Gemeinden ermöglichen den Bauherren, die große Bauvorhaben durchführen sollen, eine frühzeitige bauliche Nutzung ihrer Grundstücke, indem sie sich mit bestimmten Erschließungsmaßnahmen durch die Bauherren selbst einverstanden erklären. ⁴Übertragen die Bauherren von ihnen erstellte Anlagen im Sinne des § 127 BauGB auf die Gemeinden liegt regelmäßig mangels Gegenleistung der Gemeinde ein Leistungsaustausch vor.“

Der **BMF** hat des Weiteren in seinem Schreiben vom 14. 5. 1987, IV A 2 – S 7 100 – 19/87, zur **umsatzsteuerlichen Behandlung der Sanierungsträger,** die bei der Durchführung von Sanierungsaufgaben nach dem Städtebauförderungsgesetz (StBauFG) – jetzt Baugesetzbuch (BauGB) – eingeschaltet werden, im Einvernehmen mit den obersten Finanzbehörden der Länder folgende Auffassung vertreten (DB 1987, 1278): **270**

„Nach dem Wortlaut des § 35 Abs. 1 StBauFG (jetzt § 159 Abs. 1 BauGB) erfüllt der Sanierungsträger die ihm von der Gemeinde übertragenen Aufgaben entweder im eigenen Namen für Rechnung der Gemeinde als deren Treuhänder oder im eigenen Namen und für eigene Rechnung. Wird der Sanierungsträger im eigenen Namen für Rechnung der Gemeinde als Treuhänder tätig, so kann er gleichwohl umsatzsteuerlich als Vermittler angesehen werden, wenn er entsprechend der Vorschrift des § 36 Abs. 1 StBauFG (jetzt § 160 Abs. 1 BauGB) in den Verträgen, Rechnungen und dgl. klar und eindeutig zum Ausdruck bringt, dass er als Treuhänder der Gemeinde handelt. Unter dieser Voraussetzung kann der Sanierungsträger die ihm zur Verfügung gestellten Sanierungsförderungsmittel als durchlaufende Posten (§ 10 Abs. 1 Satz 4 UStG) behandeln.

Ist der Sanierungsträger danach als Vermittler anzusehen, so folgt daraus, dass die Leistungen der von ihm beauftragten Unternehmer unmittelbar an die Gemeinde ausgeführt werden, auch wenn formal der Sanierungsträger Leistungsempfänger aus diesen Vertragsverhältnissen ist. Der Sanierungsträger kann deshalb die auf diese Leistungen in Rechnung gestellte USt. nicht als Vorsteuer abziehen. Entsprechend sind die auf den Sanierungsträger lautenden Rechnungen als Rechnungen der Gemeinde zu behandeln.

Soweit der Sanierungsträger im eigenen Namen und für eigene Rechnung tätig wird, kann er umsatzsteuerlich nicht als Vermittler angesehen werden.“

---

70 BFH, Urt. vom 27. 10. 1993 – I R 65/92 –, GuG 1994, 376 = EzGuG 15.79; FG Niedersachsen, Urt. vom 4. 8. 1994 – XII 409/91 –, EFG 1995, 66 = WPg 1995, 17

71 So bislang Schindhelm/Wilde in DB 1991, 727

72 BFH, Urt. vom 20. 5. 1957 – VI 138/55 U –, EzGuG 7.2a; BFH, Urt vom 18. 9. 1964 – VI 100/63 S –, EzGuG 9.2; BFH, Urt. vom 24. 11. 1967 – VI R 302/66 –, EzGuG 9.3; BFH, Urt. vom 18. 9. 1964 – X R 97/92 –

73 BFH, Urt. vom 14. 3. 1989 – IX R 168/88 –, BFH/NV 1989, 633; BFH, Urt. vom 27. 9. 1991 – III R 76/89 –, BFH/NV 1992, 488; BFH, Urt. vom 15. 2. 1989 – X R 6/86 –, BFH/NV 1989, 494; BFH, Urt. vom 16. 11. 1982 – VIII R 167/79 –, BFHE 137,55 = BStBl. II 1983, 111; BFH, Urt. vom 26. 1. 1984 – IV R 30/80 –, EzGuG 12.37 a; BFH, Urt. vom 12. 4. 1984 – IV R 137/80 –, EzGuG 12.38 a

74 BFH, Urt. vom 2. 5. 1990 – VIII R 198/85 –, EzGuG 9.37a; BFH, Urt. vom 13. 9. 1984 – IV R 101/82 –, BFHE 142, 247 = BStBl. II 1985, 49 = BB 1985, 1243 = DB 1985, 313; BFH, Urt. vom 4. 11. 1986 – VIII R 322/83 –, BFHE 148, 513 = BStBl. II 1987, 333 = DB 1987, 1019

271   Mit der Steuerpflicht des Grundstückseigentümers (Unternehmer) für die durchgeführten Ordnungsmaßnahmen erhöhen sich auch die von der Gemeinde an den Unternehmer zu zahlenden Entgelte und damit auch die förderungsfähigen Kosten der Sanierung. Um dies zu vermeiden, haben Gemeinden in diesen Fällen Grundstücke angekauft und nach Durchführung der Maßnahme wieder an den Voreigentümer zurückübertragen. Hierin ist vereinzelt ein Missbrauch der rechtlichen Gestaltungsmöglichkeiten nach § 42 AO mit der Begründung erblickt worden, dass der **zweimalige Wechsel des Grundstückseigentums** allein zur Umgehung der Umsatzsteuer gewählt worden sei.

272   Zu dieser Problematik haben die **obersten Finanzbehörden des Bundes und der Länder** folgende im Schreiben des bad.-württemb. IM vom 1. 4. 1985 – V 8625 – § 39/3 (vgl. BWGZ 1985, 424) wiedergegebene Klärung herbeigeführt:

273   „Die obersten Finanzbehörden des Bundes und der Länder haben im Zusammenhang mit der Durchführung von Ordnungsmaßnahmen zur Umsatzsteuerpflicht nunmehr eine weitere Entscheidung getroffen, die im Folgenden wiedergegeben ist:

1. Es ist nicht als Missbrauch im Sinne des § 42 AO anzusehen, wenn eine Gemeinde zur Durchführung von Ordnungsmaßnahmen nach § 13 StBauFG (entspricht § 147 BauBG) ein Grundstück ankauft und dieses nach Abbruch des Gebäudes wieder an den früheren Eigentümer veräußert.

2. Führt die Gemeinde – ohne das Grundstück zu erwerben – die Abbrucharbeiten selbst durch und erhält der Grundstückseigentümer eine Gebäuderestwertentschädigung, stellt diese das Entgelt für eine umsatzsteuerbare Leistung des Grundstückseigentümers an die Gemeinde dar (Duldung des Gebäudeabbruchs im Rahmen von Ordnungsmaßnahmen).

Ergänzend weisen wir darauf hin, dass die obersten Finanzbehörden des Bundes und der Länder sich bereits Anfang 1983 zur umsatzsteuerlichen Behandlung der Erstattung von Abbruchkosten und der Gebäuderestwertentschädigung in den Fällen geäußert hatten (Schreiben des BMF vom 28. 2. 1983 – IV A 2 S.7 100 – 13/84), in denen der Gebäudeabbruch durch den Grundstückseigentümer erfolgt. Danach stellt die Durchführung der Ordnungsmaßnahme durch den Grundstückseigentümer eine steuerbare und steuerpflichtige Leistung an die Gemeinde dar. Entgelte sind die erstatteten Abbruchkosten sowie die Restwertentschädigung, da diese ebenfalls einen Teil der Aufwendungen der Gemeinde für die vertraglich vereinbarte Leistung des Grundstückseigentümers darstellt."

274   Der hierin vertretenen Auffassung ist beizupflichten. Nach dem BauGB hat die Gemeinde für die Vorbereitung und Durchführung zu sorgen (§§ 140 und 147 sowie § 148 Abs. 1 Satz 1 Halbs. 2 BauGB). Die Durchführung der Sanierung umfasst nach § 146 BauGB u. a. die Ordnungsmaßnahme. Hierzu gehören alle **Maßnahmen, die notwendig sind, damit Baumaßnahmen durchgeführt werden können.** Die Ordnungsmaßnahmen werden von der Gemeinde durchgeführt, sofern sie dies nicht auf Grund eines Vertrags ganz oder teilweise dem Eigentümer überlässt. Die Gemeinde, der die Durchführung der Ordnungsmaßnahmen obliegt (§ 147 Abs. 1 BauGB), hat nach Abs. 6 dem Eigentümer auch die Kosten der Ordnungsmaßnahmen zu erstatten, wenn dieser die Maßnahmen auf Grund eines Vertrags nach § 146 Abs. 3 Satz 1 BauGB durchführt.

275   Aus alledem folgt, dass der gemeindliche Erwerb eines Grundstücks zur Durchführung von Ordnungsmaßnahmen dem gesetzlichen Normalfall entspricht und daher **nicht als steuerlicher Umgehungstatbestand** angesehen werden kann.

7.3 Grunderwerbsteuer

276   Zur **grunderwerbsteuerlichen Behandlung des Ausgleichsbetrags** vgl. BFH, Urt. vom 3. 8. 1988 – II R 210/85 –, EzGuG 15.61; BFH, Urt. vom 28. 9. 1988 – II R 244/85 –, EzGuG 1.40 a; FG Koblenz, Urt. vom 24. 8. 1984 – 4 K 193/82 –, EFG 1985, 138 = Planen und Bauen 1985, 56.

▸ *Weitere Hinweise bei § 27 WertV Rn. 71 ff.*

8 Beispiel eines Wertgutachtens zur Bemessung des Ausgleichsbetrags

Der Gutachterausschuss für Grundstückswerte   Ort, Datum **277**

in ....

Die Stadt ...... – Amt ...... – hat mit Schreiben vom ...... beantragt, ein Wertgutachten gem. § 193 Abs. 1 BauGB zu erstatten, über die Bodenwerte i.S.d. § 154 Abs. 2 BauGB des im Entwicklungsbereich „Bürostadt" gelegenen Grundstücks

Andreasstr. 11

Der Gutachterausschuss in der Besetzung

1. ......   – Vorsitzender –

2. ......

3. ......

erstattet auf Grund von Unterlagen der Stadt ...... – soweit sie am Beschlusstag vorgelegen haben – sowie der Ortsbesichtigung und der Beratung am ...... das folgende

Gutachten.

Wertermittlungsstichtag: ...... 200...   (gemäß Antrag vom ......)

1. Allgemeine Grundstücksbeschreibung

   Andreasstr. 11;

   ...... Stadt

   Gemarkung ......

   Flur ......

   Flurstück Nr. ......

   Größe 1269 m²

   Liegenschaftsbuch-Nr. ......

   Der Grundbesitz ist eingetragen im Grundbuch vom ......, Blatt ......

   auf den Eigentümer ......

1 Gesetzliche Vorschriften

Gesetzliche Grundlagen für die Wertermittlung der Anfangs- und Endwerte sowie die Ermittlung der Ausgleichsbeträge sind die Rechtsvorschriften des Baugesetzbuchs (BauGB) und die Wertermittlungsverordnung (WertV).

2 Allgemeines

Nach § 166 Abs. 3 Satz 4 i.V.m. § 169 Abs. 1 Nr. 7 sowie § 154 Abs. 1 BauGB haben die Eigentümer der im förmlich festgelegten Entwicklungsbereich gelegenen Grundstücke an die Gemeinde Ausgleichsbeträge zu entrichten, die der durch die Entwicklungsmaßnahme bedingten Werterhöhung ihrer Grundstücke entsprechen.

Gemäß § 169 Abs. 1 Nr. 7 i.V.m. § 154 Abs. 2 BauGB bemisst sich die durch die Entwicklungsmaßnahme bedingte Werterhöhung der Grundstücke aus dem Unterschied zwischen dem Wert, der sich für die Grundstücke ergeben würde, wenn die Entwicklungsmaßnahme weder beabsichtigt noch durchgeführt worden wäre (Anfangswert) und dem Bodenwert, der sich für das Grundstück durch die rechtliche und tatsächliche Neuordnung des förmlich festgelegten Entwicklungsbereichs ergibt (Endwert).

Die Anfangs- und Endwerte für die Grundstücke sind zum gleichen Wertermittlungsstichtag zu ermitteln.

Der sich aus dem Unterschied zwischen Endwert und Anfangswert ergebende Betrag entspricht der maßnahmebedingten Erhöhung des Bodenwerts.

In der vorliegenden Wertermittlung ist nach § 28 Abs. 2 WertV Wertermittlungsstichtag der ...... 200...

Durch die 4. Verordnung zur teilweisen Aufhebung des städtebaulichen Entwicklungsbereichs Bürostadt vom 5. 3. 1991 – veröffentlicht im Gesetz- und Verordnungsblatt für das Land Nordrhein-Westfalen, Nr. 16 vom 28. 3. 1991 (GV NW 1991, 185) – ist die förmliche Festlegung des städtebaulichen Entwicklungsbereichs Bürostadt für Ihr Grundstück mit Wirkung ab 29. 3. 2001 aufgehoben worden.

Somit ist für Ihr Grundstück in der Gemarkung ...... Flur ...... Flurstück-Nr.: ......und ...... gem. § 166 Abs. 3 i.V. m. § 154 Abs. 3 Baugesetzbuch (BauGB) die Ausgleichsbetragspflicht entstanden.

Nach Maßgabe des § 169 Abs. 1 Nr. 7 i.V. m. § 155 Abs. 1 Nr. 2 BauGB werden auf den Ausgleichsbetrag Werterhöhungen des Grundstücks, die der Eigentümer zulässigerweise durch eigene Aufwendungen bewirkt hat, angerechnet.

3   Anfangswert

3.1   Lagebeschreibung

Bei dem i. R. stehenden Grundstück handelt es sich um ein gleichmäßig geschnittenes, rd. 54 m tiefes und rd. 23 m breites Grundstück an der Westseite der Straße (vormals: Der C-Damm). Das Grundstück war zu Beginn der Maßnahme nicht bebaut.

Die Straße liegt im nordöstlichen Bereich des Entwicklungsbereichs. Zu Beginn der Maßnahme bestanden die umliegenden Flächen aus großparzelligen, landwirtschaftlich genutzten Ackerlandflächen, durchzogen von einzelnen Feldwegen.

Die verkehrsmäßige Anbindung erfolgte seinerzeit über den ehemalig befestigten Wirtschaftsweg. Über die K-Straße bis hin zum Ortsteil.

Die überörtliche Verkehrsanbindung erfolgte über die vorhandene B ......

Das zu wertende Grundstück liegt nach Einsicht in den Gruben- und Haldenplan der Stadt .... nicht in einem gekennzeichneten Bereich. Die Karte der Altstandorte weist für den i. R. stehenden Bereich keine Eintragung über den Verdachtsstandort für mögliche Altlasten auf.

3.2   Planungsrechtliche Ausweisung

Zu Beginn der Entwicklungsmaßnahme existierte für das zu wertende Grundstück kein Bebauungsplan. Im Flächennutzungsplan von 1975 war das Grundstück als Grünfläche dargestellt. Gemäß Negativplan lag das Grundstück im Außenbereich.

3.3   Bodenwert i. S. d. § 169 Abs. 1 Nr. 6 i.V. m. § 153 Abs. 1 bis 3 BauGB

Zu Beginn der Maßnahme wurden vom Gutachterausschuss im Entwicklungsbereich Bürostadt besondere Bodenrichtwerte für den entwicklungsunbeeinflussten Zustand der Grundstücke i. S. § 153 Abs. 1–3 BauGB (früher: zonale Grundwerte) ermittelt. Diese werden jährlich fortgeschrieben. Dem Bereich der W-Straße, mit Ausnahme des bereits vor Beginn der Maßnahme bebauten Bereichs, hat der Gutachterausschuss vor Beginn der Maßnahme den Entwicklungszustand Bauerwartungsland zugeordnet (Wertzone 27). Der Bodenwert für die Wertzone 27 für die Qualität Bauerwartungsland wurde vom Gutachterausschuss zum 1. 1. 2001 mit 75 €/m² ermittelt.

Auf dieser Grundlage wird der Anfangswert i. S. d. § 169 Abs. 1 Nr. 7 i.V. m. § 154 Abs. 1 und 2 BauGB für das hier zu wertende Grundstück mit

$$75 \, €/m^2$$

ermittelt.

4   Endwert

4.1   Lagebeschreibung

Während der Maßnahme wurde der Bebauungsplan „Bürostadt" aufgestellt. Dieser Bebauungsplan sieht eine Bebauungsmöglichkeit des i. R. stehenden Grundstücks vor. Bis heute ist das Grundstück jedoch noch unbebaut. Durch die Entwicklungsmaßnahme ist eine Qualitätssteigerung von Bauerwartungsland zu Bauland eingetreten. Für die Ermittlung des Endwerts ist somit die Qualität baureifes Land anzuhalten.

Im Zuge der Entwicklungsmaßnahme „Bürostadt" wurden in der unmittelbaren Nähe des Grundstücks verschiedene infrastrukturelle Verbesserungen vorgenommen. Durch den Bau des Kr-Dammes und des B.-Dammes wurde die gute verkehrsmäßige Anbindung, sowohl zum Einkaufszentrum B-Berg mit seiner ausreichend ausgestatteten Fußgängerzone, Marktplatz und Kirche, als auch zu den erweiterten Ortszentren A-dorf und B-dorf, geschaffen.

Im Verlaufe der Maßnahme wurden mit der Neuansiedlung von rd. 23 000 Einwohnern zahlreiche Infrastruktureinrichtungen geschaffen. So wurden öffentliche kommunale Einrichtungen, wie Schulen, Kindergärten sowie ein Altenzentrum erstellt.

Durch die Maßnahme ist im Bereich der Andreasstraße ein infrastrukturell gut ausgestattetes und verkehrsmäßig sehr gut angebundenes Wohnquartier entstanden, dem ein gehobener Wohnwert zukommt.

4.2   Planungsrechtliche Festsetzungen und Erschließung

Der maßnahmebedingte Bebauungsplan Nr. I vom 9. 11. 1989 trifft für das Wertermittlungsobjekt folgende Festsetzungen:

Reines Wohngebiet mit offener, I-geschossiger Bebauung mit Satteldach und einer Dachneigung von max. 38° bei einer GRZ von 0,3 und einer GFZ von 0,4.

Im förmlich festgelegten Entwicklungsbereich werden Beitragspflichten i. S. von § 127 BauGB nicht mehr begründet. Im Endwert ist das Grundstück daher erschließungsbeitragsfrei (ebf) und kostenerstattungsfrei.

4.3 Bodenwert i. S. v. § 169 Abs. 1 Nr. 7 i. V. m. § 154 Abs. 1 und 2 BauGB

Der Bodenwert i. S. § 169 Abs. 1 Nr. 7 i. V. m. § 154 Abs. 1 und 2 BauGB wird auf der Grundlage des vom Gutachterausschuss für den Bereich ...... beschlossenen Endwerts ermittelt. Für Einfamilienhausgrundstücke einer mittleren Größe wurde sowohl zum ..... 200..., als auch zum ...... 200... der Endwert mit 295 €/m² erschließungsbeitragsfrei ermittelt. Entsprechend dem Endwert des Gutachterausschusses erfolgte seinerzeit die Vermarktung der Grundstücke im B-Berg.

Der vom Gutachterausschuss ermittelte Endwert wurde für Grundstücke einer mittleren Größe ermittelt. Bei dem hier zu wertenden Grundstück handelt es sich dagegen insgesamt um ein sehr großes Grundstück (Größe: 1 269 m²). Im Hinblick auf die Bebauungsmöglichkeit des Grundstücks ist davon auszugehen, dass sich der Zuschnitt des Grundstücks noch ändern wird. Für die Wertermittlung wird unterstellt, dass zunächst zur Realisierung der Bebauung eine Vereinigung der Flurstücke x und y zu einem Flurstück herbeigeführt wird. Zwar wäre dann eine weitere Aufteilung in mehrere Bauparzellen grundsätzlich möglich, jedoch setzt dies bei getrennter Vermarktungsabsicht eine kostenpflichtige Teilungsvermessung voraus.

Auf Grund der obigen Ausführungen wird in der hiesigen Wertermittlung der Endwert für ein bebaubares Grundstück mit 1 269 m² Größe ermittelt.

Der vom Gutachterausschuss mit 295 €/m² ermittelte Endwert für den B-Berg bezieht sich – wie bereits oben erwähnt – auf Grundstücke einer mittleren Größe. Bei dem Wertermittlungsobjekt handelt es sich um ein sehr großes Grundstück. Große Grundstücke werden, wie eine Kaufpreisanalyse des Gutachterausschusses gezeigt hat, auf dem Markt zu niedrigeren Preisen gehandelt. Nach der Analyse sowie unter Berücksichtigung des der städtischen Bewertungsabteilung bekannt gewordenen Einflusses der Grundstücksgröße auf den Kaufpreis von Ein- und Zweifamilienhausgrundstücken ist zur Ermittlung des Endwerts für ein Grundstück der hier zu wertenden Größe ein Abschlag in Höhe von rd. 3–10 % auf den vom Gutachterausschuss ermittelten Endwert anzubringen.

Auf Grund der Neuerschließung des gesamten Bereichs B-Berg beinhaltete der genannte Endwert des Gutachterausschusses noch einen Abschlag (so genannter Pionierabschlag) in Höhe von rd. 10–12 %. Da an der Ostseite der Straße jedoch bereits Altbebauung vorhanden war, ist die Berücksichtigung eines Pionierabschlags für das zu wertende Grundstück nicht gerechtfertigt. Zur Bodenwertermittlung ist somit für das zu wertende Grundstück noch ein Zuschlag in Höhe von 10 bis 12 % zu berücksichtigen.

Unter Berücksichtigung der o. g. Größenabschlags sowie eines Zuschlags für den Pioniereffekt ergibt sich für das i. R. stehende Grundstück ein Vergleichswert von rd. 305 €/m².

Bei dem Wertermittlungsobjekt muss ferner noch die unmittelbare Nähe zum K-Damm und B-Damm berücksichtigt werden. Im Bereich der zu wertenden Grundstücke führt dies zu Lärmbelästigungen.

Im vorliegenden Fall ist es sachgerecht, einen Lärmabschlag in Höhe von 15 €/m² vom Vergleichswert vorzunehmen.

Auf der Grundlage des vom Gutachterausschuss für den Bereich B-Berg ermittelten Endwerts sowie unter Berücksichtigung der genannten Zu- und Abschläge wird der Wert i. S. § 169 Abs. 1 Nr. 7 i. V. m. § 154 Abs. 1 und 2 BauGB (erschließungsbeitragsfrei) mit

$$290 \text{ €/m}^2 \text{ (ebf)}$$

ermittelt.

5 Entwicklungsbedingte Werterhöhung

Die entwicklungsbedingte Werterhöhung ergibt sich aus der Differenz zwischen Endwert i. S. § 154 Abs. 1 und 2 BauGB und Anfangswert i. S. § 154 Abs. 1 und 2 BauGB.

a) Endwert	290 €/m²
b) Anfangswert	75 €/m²
Werterhöhung	215 €/m²
Gesamtbetrag: 1.269 m² × 215 €/m² =	**272 835 €**

Selbst bewirkte Wertsteigerungen, die i. S. § 155 Abs. 1 BauGB auf die Werterhöhung anzurechnen wären, liegen nach hiesigem Kenntnisstand nicht vor.

6 Ergebnis der Erörterung

Mit meinem Schreiben vom ...... hatte ich Ihnen Gelegenheit zur Stellungnahme und Erörterung gem. § 154 Abs. 4 Satz 2 BauGB gegeben.

Zu den von Ihnen vorgetragenen Einwendungen nehme ich wie folgt Stellung:

In Ihrem Schreiben führen Sie an, dass der vom Gutachterausschuss zum 1. 1. 2001 ermittelte Anfangswert für Ihr Grundstück in Höhe von 75 €/m² zu niedrig sei.

Nach § 153 Absätze 1 bis 3 Baugesetzbuch (BauGB) ist der Anfangswert der Bodenwert, der sich für ein Grundstück ergeben würde, wenn die Entwicklungsmaßnahme weder beabsichtigt noch durchgeführt worden wäre. Somit ist die Qualifizierung der Entwicklung von Grund und Boden (gemäß § 4 Wertermittlungsverordnung [WertV]) auf die planungsrechtliche Ausweisung vor Einleitung der Entwicklungsmaßnahme abzustellen. Zu dieser Zeit lag Ihr Grundstück im Außenbereich und war im Flächennutzungsplan als Grünfläche dargestellt. Auf Grund dieser Bauleitplanung wurde bei der Ermittlung der besonderen Bodenrichtwerte im Anfangswertniveau vom Gutachterausschuss nach hiesiger Auffassung zu Recht der unbebaute Bereich der W-Straße dem Entwicklungszustand Bauerwartungsland zugeordnet.

Bei der Ermittlung des Endwerts wurde die Übergröße des Grundstücks berücksichtigt. Große Grundstücke werden, wie eine Kaufpreisanalyse des Gutachterausschusses gezeigt hat, auf dem Markt zu niedrigeren Preisen gehandelt. Unter Berücksichtigung dieser Analyse erfolgte die Ermittlung des Endwerts für das in Rede stehende Grundstück. Ausgehend von dem vom Gutachterausschuss für den Bereich B-Berg ermittelten Endwert wurde ein Größenabschlag in Höhe von rund 5–10 % berücksichtigt. Der so ermittelte Bodenwert im Sinne des § 169 Abs. 8 BauGB ist, da er unter Berücksichtigung der Grundstücksgröße ermittelt wurde, für das Gesamtgrundstück anzuhalten.

Sie führen weiter Lärm- und Abgasimmissionen an, denen Ihr Grundstück ausgesetzt ist. Hierzu ist darauf hinzuweisen, dass die städtische Bewertungsabteilung auf Grund dieser Belästigungen bereits einen Abschlag vom Vergleichswert in Höhe von 15 €/m² (entsprechend ca. 5 %) vorgenommen hat.

Sie erwähnen die geringe Preissteigerung Ihres Grundstücks innerhalb von 20 Jahren. Die Preissteigerung der Anfangswerte im Entwicklungsbereich H-Berg ist anhand der vom Gutachterausschuss jährlich fortgeschriebenen besonderen Bodenrichtwerte ableitbar. Diese Wertfortschreibungen erfolgen jährlich auf Grund der festgestellten Preissteigerungen auf dem allgemeinen Grundstücksmarkt. Nach den Untersuchungen des Gutachterausschusses blieb die Preisentwicklung für das hier in Rede stehende Bauerwartungsland deutlich hinter der Preisentwicklung für baureifes Land zurück.

Ihres Erachtens nach ist durch die Entwicklungsmaßnahme kein besonderer Nutzungs-, Erschließungs- oder Infrastrukturvorteil entstanden. Die im Zuge der Maßnahme im Bereich Bürostadt geschaffenen Infrastruktureinrichtungen, aus denen der Infrastrukturvorteil resultiert, wurde in der Ihnen am ...... 2000 zugesandten Wertermittlung dargestellt.

Der Nutzungsvorteil resultiert aus der maßnahmebedingten Steigerung der Grundstücksqualität i. S. von § 4 WertV von Bauerwartungsland in baureifes Land.

In Ihrem Schreiben weisen Sie darauf hin, dass in der ...... Broschüre zu Ausgleichsbeträgen eine Werterhöhung in Höhe von 215 € nicht ausgewiesen sei. In dieser Broschüre ist auf Seite 8 für 3 typische Grundstücke beispielhaft die entwicklungsbedingte Werterhöhung dargestellt. Die Darstellung erhebt, da sie lediglich beispielhaft ist, keinen Anspruch auf Vollständigkeit. So ist besonders das Beispiel 3, in dem die Nutzungskomponente aus der maßnahmebedingten Erhöhung des Maßes der baulichen Nutzung resultiert, auf Ihr Grundstück nicht anwendbar.

7 Fälligkeit des Ausgleichsbetrags

Der Ausgleichsbetrag in Höhe von **272 835** € ist einen Monat nach Bekanntgabe dieses Bescheides fällig und bis spätestens zum ...... 2001 auf das Konto der Stadtkasse B, Konto-Nr.: 11312 bei der Sparkasse B (BLZ 380 500 00) zu überweisen. Geben Sie bitte bei der Überweisung das Kassenzeichen ...... an.

Erfolgt die Zahlung nicht rechtzeitig, so ist mit Ablauf des Fälligkeitstags für den rückständigen Betrag ein Säumniszuschlag zu zahlen. Der Säumniszuschlag beträgt 1 v. H. des rückständigen Betrags für jeden angefangenen Monat. Außerdem sind die entstehenden Kosten für ein mögliches Mahnverfahren zu tragen.

Sofern Ihnen nicht zuzumuten ist, die Verpflichtung bei Fälligkeit mit eigenen oder fremden Mitteln zu erfüllen, können Sie nach § 154 Abs. 5 BauGB beantragen, den Ausgleichsbetrag in ein Tilgungsdarlehen umzuwandeln. Die Darlehensschuld ist mit 6 v. H. jährlich zu verzinsen und mit 5 v. H. zuzüglich der ersparten Zinsen jährlich zu tilgen.

Den zur Finanzierung der Neubebauung oder Modernisierung erforderlichen Grundpfandrechten kann der Vorrang vor einem zur Sicherung des Tilgungsdarlehens bestellten Grundpfandrecht eingeräumt werden.

Des Weiteren besteht die Möglichkeit, gem. § 155 Abs. 5 BauGB i. V. m. § 222 der Abgabenordnung die Stundung des festgesetzten Ausgleichsbetrages zu beantragen. Eine Stundung kann nach Prüfung der wirtschaftlichen Verhältnisse und gegen Sicherheitsleistung gewährt werden.

Für die Gewährung der Stundung werden Zinsen in Höhe von 0,5 v. H. im Monat von der jeweiligen Restschuld erhoben.

Sofern Sie von einer der vorgenannten Möglichkeiten Gebrauch machen wollen, stelle ich Ihnen anheim, einen entsprechend begründeten Antrag innerhalb der Zahlungsfrist einzureichen.

Belehrung über den Rechtsbehelf:

Gegen diesen Bescheid kann innerhalb eines Monats nach Bekanntgabe Widerspruch erhoben werden. Der Widerspruch ist schriftlich oder zur Niederschrift bei der Oberbürgermeisterin der Stadt B, Berliner Platz 2, XXXXX B oder bei der im Briefkopf angegebenen Dienststelle einzulegen.

Falls die Frist durch das Verschulden eines von Ihnen Bevollmächtigten versäumt werden sollte, so würde dessen Verschulden Ihnen zugerechnet werden.

Der Widerspruch hat hinsichtlich der Zahlungspflicht keine aufschiebende Wirkung.

Mit freundlichen Grüßen

Im Auftrag

§ 29 WertV
Berücksichtigung sonstiger Vermögensnachteile bei der Wertermittlung

[1]Wird bei einer Enteignung, im Falle von Übernahmeansprüchen oder bei Nutzungsbeschränkungen auf Grund gesetzlicher Vorschriften oder bei freihändigem Erwerb zur Vermeidung einer Enteignung neben dem Rechtsverlust (§ 95 des Baugesetzbuchs) auch die Höhe der Entschädigung für andere Vermögensnachteile (§ 96 des Baugesetzbuchs) ermittelt, sollen beide voneinander abgegrenzt werden. [2]Vermögensvorteile sind zu berücksichtigen.

---

1   Regelungsinhalt

1.1   Übersicht

1   Gegenstand der Regelung des § 29 WertV sind Rechtsvorgänge, bei denen **neben der Entschädigung für den Rechtsverlust des Grundstücks (Verkehrswert) auch eine Entschädigung für sonstige Vermögensnachteile** zu ermitteln ist. Die Vorschrift nennt ausdrücklich folgende Vorgänge

a) die Enteignung eines Grundstücks (oder eines Rechts an einem Grundstück),

b) den Übernahmeanspruch eines Eigentümers,

c) die Nutzungsbeeinträchtigung eines Grundstücks auf Grund gesetzlicher Vorschriften sowie

d) den freihändigen Erwerb zur Vermeidung einer Enteignung.

2   Von besonderer Bedeutung davon ist die Enteignung und damit im Zusammenhang der freihändige **Erwerb zur Vermeidung einer Enteignung.**

3   § 29 regelt, dass bei der **Ermittlung von Entschädigungen** nach den entschädigungsrechtlichen Grundsätzen der §§ 93 ff. BauGB die sich nach dem Verkehrswert des Grundstücks bemessende Entschädigung für den Rechtsverlust (§ 95 BauGB) von der Entschädigung für andere Vermögensnachteile (§ 96 BauGB) unter Berücksichtigung von Vermögensvorteilen voneinander abzugrenzen ist. Zweck dieser Regelung ist die **Vermeidung von Doppelentschädigungen.** Die Vorschrift findet auch bei Wertermittlungen zur Vermeidung einer Enteignung entsprechend Anwendung.

4   § 29 trägt dem mit § 136 BBauG 76 erstmals erweiterten Aufgabenbereich des Gutachterausschusses Rechnung: danach konnte der Gutachterausschuss außer über die Höhe der Entschädigung für den Rechtsverlust (§ 95 BauGB) auch Gutachten über die Höhe der Entschädigung für andere Vermögensnachteile (§ 96 BauGB) erstatten. Hieran hält das BauGB mit § 193 Abs. 2 fest. Die praktischen Bedürfnissen entsprechende Ergänzung des Aufgabenbereichs der Gutachterausschüsse erschien insbesondere im Hinblick auf die **wechselseitigen Beziehungen zwischen der Entschädigung für den Rechtsverlust sowie für andere Vermögensnachteile unter Berücksichtigung von Vermögensvorteilen** geboten. Da die Abgrenzung der einzelnen Teile der Enteignungsentschädigung oft schwierig ist, sollen mit der Ermittlung der Gesamtentschädigung durch den Gutachterausschuss Doppelentschädigungen vermieden werden. Dieser Gedanke liegt auch § 29 zu Grunde, nach dem die Entschädigung für den Rechtsverlust von der Entschädigung für andere Vermögensnachteile „voneinander abgegrenzt" werden soll, wenn

– bei einer Enteignung, im Falle von Übernahmeansprüchen oder bei Nutzungsbeschränkungen auf Grund gesetzlicher Vorschriften, oder

– bei freihändigem Erwerb zur Vermeidung einer Enteignung

neben dem Rechtsverlust auch die Entschädigung für andere Vermögensnachteile ermittelt wird.

1.2 Enteignung

Rechtsgrundlage für das gesamte Enteignungsrecht ist Art. 14 GG. Der wesentliche 5
Inhalt[1] dieser Verfassungsnorm lässt sich wie folgt zusammenfassen:

a) Institutsgarantie (Art. 14 Abs. 1 Satz 1 GG): „*Das Eigentum und das Erbrecht werden gewährleistet.*"

b) Inhaltsbestimmung des Eigentums (Art. 14 Abs. 1 Satz 2 GG): „*Inhalt und Schranken werden durch Gesetz bestimmt.*"

c) Sozialbindung des Eigentums und Gemeinwohlprinzip (Art. 14 Abs. 2 GG): „*Eigentum verpflichtet. Sein Gebrauch soll zugleich dem Wohl der Allgemeinheit dienen.*"

d) Zulässigkeit der Enteignung (Art. 14. Abs. 3 GG) unter Bedingungen:

– Gemeinwohlprinzip: „*Eine Enteignung ist nur zum Wohle der Allgemeinheit zulässig*" (Satz 1),

– Legalenteignung und Junktimsklausel: „*Sie darf nur durch Gesetz oder auf Grund eines Gesetzes erfolgen, das Art und Ausmaß der Entschädigung regelt*" (Satz 2),

– Abwägungsklausel: „*Die Entschädigung ist unter gerechter Abwägung der Interessen der Allgemeinheit und der Beteiligten zu bestimmen*" (Satz 3),

– Rechtsweggarantie: „*Wegen der Höhe der Entschädigung steht im Streitfall der Rechtsweg vor den ordentlichen Gerichten offen*" (Satz 4).

Entsprechend der Junktimsklausel enthalten eine **Vielzahl bundes- und landesrechtlicher** 6
Gesetze Enteignungs- und Entschädigungsvorschriften. Von den zahlreichen bundes- und landesrechtlichen Regelungen, die fachspezifische Enteignungen vorsehen, seien hier nur genannt:

– Bundesfernstraßengesetz (§ 19 BFernStrG)

– Verkehrswegeplanbeschleunigungsgesetz (§ 9)

– Versuchsanlagengesetz für spurgeführten Verkehr (§ 10)

– Flurbereinigungsgesetz (§ 87 FlurbG)

– Landbeschaffungsgesetz (§ 1 LBG)

– Energiewirtschaftsgesetz (§ 11 EngWG)

– Bundeskleingartengesetz (15 BKleingG)

– Bundeswasserstraßengesetz (44 BWasG)

– Allgemeines Eisenbahngesetz (§ 22 AEG)

---

1 Bielenberg in GuG 1995, 193

– Magnetschwebebahngesetz (§ 7 MagschwG)

– Luftverkehrsgesetz (§ 28 LuftVG)

– Reichssiedlungsgesetz (§ 15 RSG)

– Wasserverbandsgesetz (§ 40 WasVG)

– Personenbeförderungsgesetz (§ 30 PersBG)

– Postverfassungsgesetz (§ 56 PVerfG)

7   Landesenteignungsgesetze

Baden-Württemberg
Landesenteignungsgesetz (LEntG) vom 6. 4. 1992 (BW GBl, 1982, 97), zuletzt geändert durch Art. 3 des Gesetzes vom 25. 2. 1992 (BW GBl. 1992, 145).

Bayern
Bayerisches Gesetz über die entschädigungspflichtige Enteignung (BayEG) i. d. F. der Bek. vom 25. 7. 1978 (GVBl. 1978, 625 = Bay RS 2141-1).

Berlin
Berliner Enteignungsgesetz vom 14. 7. 1964 (GVBl. 1964, 737), geändert durch Gesetz vom 30. 11. 1984 (GVBl. 1984, 1664).

Brandenburg
Enteignungsgesetz des Landes Brandenburg (EntGBbg) vom 19. 10. 1992 (GVBl. I 1992, 430), geändert durch Gesetz vom 14. 6. 1993 (GVBl. I 1993, 202).

Bremen
Enteignungsgesetz für die Freie Hansestadt Bremen vom 5. 10. 1965 (GVBl. 1965, 129), geändert durch Gesetz vom 12. 7. 1973 (GVBl. 1973, 127).

Hamburg
Hamburgisches Enteignungsgesetz i. d. F. vom 11. 11. 1980 (GVBl. 1980, 305), zuletzt geändert durch Art. 12 des Gesetzes vom 1. 7. 1993 (GVBl. 1993, 149, 151).

Hessen
Hessisches Enteignungsgesetz (HEG) vom 4. 4. 1973 (GVBl. 1973, 107).

Mecklenburg-Vorpommern
Enteignungsgesetz für das Land Mecklenburg-Vorpommern vom 2. 3. 1993 (GVBl. 1993, 178).

Niedersachsen
Niedersächsisches Enteignungsgesetz i. d. F. der Bek. vom 6. 4. 1981 (GVBl. 1981, 83), geändert durch Gesetz vom 19. 9. 1989 (GVBl. 1989, 345).

Nordrhein-Westfalen
Gesetz über Enteignung und Entschädigung für das Land Nordrhein-Westfalen (Landesenteignungs- und Entschädigungsgesetz – EEGNW –) vom 20. 6. 1989 (GVBl. 1989, 366, ber. GVBl. 1989, 570).

Rheinland-Pfalz
Landesenteignungsgesetz (LEnteigG) vom 22. 4. 1966 (GVBl. 1966, 103), geändert durch Gesetz vom 27. 6. 1974 (GVBl. 1974, 290).

Saarland
Gesetz über die Enteignung von Grundeigentum vom 11. 6. 1874 (Pr.GS, 1874, 221) und Gesetz über das vereinfachte Enteignungsverfahren vom 26. 7. 1922 (Pr.GS 1922, 211).

Schleswig-Holstein
Enteignungsgesetz vom 11. 6. 1874 (Pr.GS 1874, 221), zuletzt geändert durch Gesetz vom 8. 2. 1994 (GVOBl. 1994, 124).

**8   Die wohl umfassendste Kodifizierung des Enteignungsrechts enthält der Fünfte Teil
des BauGB** (§§ 85 bis 122 BauGB), der sich in die Abschnitte

– Zulässigkeit der Enteignung (Erster Abschnitt),

– Entschädigung (Zweiter Abschnitt) und

– Enteignungsverfahren (Dritter Abschnitt)

gliedert. An ihm orientieren sich die übrigen enteignungsrechtlichen Vorschriften, insbesondere auch die landesrechtlichen Enteignungsgesetze. Die maßgeblichen Entschädigungsgrundsätze sollen deshalb am Beispiel des Enteignungsrechts des BauGB nachfolgend erläutert werden.

Das **Rechtsinstitut des enteignungsgleichen Eingriffs** begründet einen Entschädigungs-   **9**
anspruch für die Fälle, die nicht unter die klassische Enteignung, sondern unter den Aufop-
ferungsgedanken der §§ 74 und 75 Einl. Pr.ALR fallen. Im Übrigen findet § 254 BGB, nach
dem der Betroffene keine Entschädigung für diejenigen Nachteile verlangen kann, die er
durch eine ihm zumutbare oder schuldhaft unterlassene Einlegung des Rechtsmittels hätte
vermeiden können[2], entsprechend Anwendung.

1.3   Übernahmeanspruch eines Eigentümers

Der Übernahmeanspruch ist ein **gesetzliches Recht des Eigentümers, die Übernahme**   **10**
eines Grundstücks (Vollenteignung) zu verlangen, insbesondere

– wenn und soweit es ihm mit Rücksicht auf die Festsetzung oder Durchführung eines
  Bebauungsplans wirtschaftlich nicht mehr zuzumuten ist, das Grundstück zu behalten
  oder es in der bisherigen oder einer anderen zulässigen Art zu nutzen,
– wenn Vorhaben nach § 32 BauGB nicht ausgeführt werden dürfen und dadurch die bisherige Nutzung einer baulichen Anlage aufgehoben oder wesentlich herabgesetzt wird.

Ein **Übernahmeanspruch besteht insbesondere im Rahmen** des *Planungsschadens-*   **11**
rechts (§§ 38 bis 44 BauGB), der Vorbereitung und Durchführung *städtebaulicher Maß-*
nahmen, auch soweit sich diese auf nicht unmittelbar betroffene Restflächen beziehen
(§ 22 Abs. 8, § 145 Abs. 5, ggf. i.V.m. § 169 Abs. 1 Nr. 3, § 169, § 173 Abs. 2, § 176
Abs. 4, § 179 Abs. 3 BauGB), sowie bei sonstigen nutzungsbeschränkenden Maßnahmen
(z.B. im Interesse des *Denkmalschutzes*)[3].

▸ *Weitere Hinweise vgl. Rn. 24f., 32, 57ff., 85, 124; § 14 WertV Rn. 41; § 4 WertV*
  Rn. 271; § 19 WertV Rn. 61, 85, 228ff.

1.4   Nutzungsbeeinträchtigung auf Grund gesetzlicher Vorschriften

Eine **Nutzungsbeeinträchtigung auf Grund gesetzlicher Vorschriften tritt insbeson-**   **12**
dere im Zusammenhang mit der Sicherung der Bauleitplanung auf. Dies betrifft Entschädigungen bei Veränderungssperren nach § 18 BauGB und der Versagung von Teilungsgenehmigungen nach § 20 BauGB. Des Weiteren sind Nutzungsbeschränkungen im Zuge
städtebaulicher Maßnahmen zu nennen (§§ 60ff. BauGB, § 150 BauGB, § 185 BauGB).
Schließlich ist auch der Entschädigungsanspruch aus **enteignendem Eingriff** und der
zivilrechtliche Ausgleichsanspruch unter Nachbarn nach § 906 Abs. 2 Satz 2 BGB zu nennen.

Der **BGH unterscheidet** diesbezüglich zwischen   **13**

a) der rechtmäßigen Enteignung nach Art. 14 Abs. 3 GG,

b) dem rechtswidrigen (enteignungsgleichen) Eingriff (vgl. oben Rn. 9) und

c) dem enteignenden Eingriff, der die unzumutbaren Nebenfolgen eines an sich rechtmäßigen Eingriffs zum Gegenstand hat[4].

---

2 BGH, Urt. vom 26. 1. 1984 – III ZR 216/92 –, EzGuG 6.223; BGH, Urt. vom 28. 6. 1984 – III ZR 35/85 –,
   EzGuG 13.80; BGH, Urt. vom 23. 6. 1988 – III ZR 8/87 –, EzGuG 5.33; BGH, Urt. vom 21. 12. 1989 – III ZR
   132/88 –, EzGuG 5.38
3 BGH, Urt. vom 17. 12. 1992 – III ZR 112/91 –, EzGuG 5.48
4 BGH, Urt. vom 9. 10. 1986 – III ZR 2/85 –, EzGuG 5.23; BGH,Urt. vom 29. 3. 1984 – III ZR 11/83 –, EzGuG
   13.78

2   Planungsschaden

2.1   Allgemeines

14 Maßnahmen, die eine nach § 29 BauGB zulässige Nutzung einschränken, müssen die Frage nach der Entschädigung aufwerfen. Konkret ist danach zu fragen, wie weit die **Sozialbindung des Eigentums** geht und ab wann eine entschädigungspflichtige Enteignung vorliegt. Allgemein gilt der Grundsatz, dass die Befugnisse des Gesetzgebers, die Inhaltsbestimmung und Sozialpflichtigkeit auszugestalten, umso weiter gehen, je bedeutender der soziale Bezug und die soziale Funktion des Eigentums ist. Auf dem Gebiet der Entschädigung für Planungsmaßnahmen hat der Gesetzgeber der Sozialpflichtigkeit einen gewachsenen Stellenwert innerhalb der Entschädigungsbestimmungen eingeräumt. Dies sind im BauGB die planungsschadensrechtlichen Bestimmungen des Zweiten Abschnitts des Dritten Teils (§§ 39 bis 44 BauGB), die sich in Anlehnung an eine Darstellung von *Hoppe*[5] wie folgt gliedern (Abb. 1).

Abb. 1: System des Planungsschadensrechts

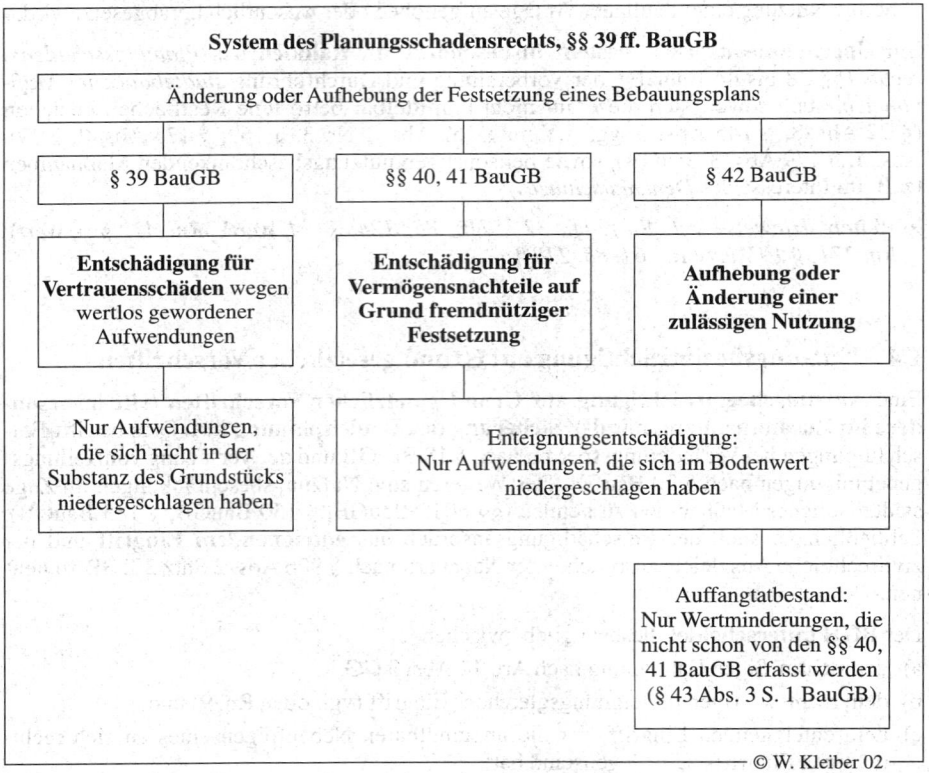

© W. Kleiber 02

15 Rechtssystematisch ist dabei zu unterscheiden zwischen

– den **Sondertatbeständen der §§ 40 und 41 BauGB** (Entschädigungen für nachteilige – fremdnützige – Festsetzungen im Bebauungsplan und für Leitungsrechte bzw. Bindungen für Bepflanzungen) und

– der **Regelung des § 42 Abs. 1 BauGB,** nach der für eine „**nicht nur unwesentliche Wertminderung**" des Grundstücks bei Aufhebung oder Änderung der zulässigen Nutzung eine angemessene Entschädigung zu gewähren ist.

Liegen die Voraussetzungen der §§ 40 und 41 Abs. 1 BauGB vor, so ist nämlich nach **16** § 43 Abs. 3 Satz 1 BauGB allein nach diesen Vorschriften eine Entschädigung zu gewähren[6]. Die Entschädigungsregeln dieser Vorschrift werden jedoch durch § 43 Abs. 3 Satz 2 BauGB dahin gehend „gekappt", dass solche Wertminderungen nicht zu berücksichtigen sind, die bei Anwendung des § 42 BauGB nicht zu entschädigen wären.

Soweit die §§ 40 und 41 BauGB für Planungseingriffe keine Entschädigung vorsehen, **17** kann der Eigentümer nach der **Auffangvorschrift des § 42 Abs. 1 BauGB** eine Entschädigung in Geld verlangen. Voraussetzung hierfür ist zusammenfassend:

a) die Aufhebung oder Änderung der zulässigen Nutzung eines Grundstücks mit der Folge einer „nicht nur unwesentlichen Wertminderung des Grundstücks";

b) das Nichtbestehen eines Entschädigungsanspruchs nach den §§ 40 und 41 BauGB.

Die übrigen Regelungen des § 42 BauGB finden ansonsten allgemeine Anwendung unter den dort genannten Voraussetzungen.

2.2 Vertrauensschaden (§ 39 BauGB)

Eigentümer sowie in Ausübung ihrer Nutzungsrechte sonstige Nutzungsberechtigte kön- **18** nen für die im berechtigten Vertrauen auf den Bestand eines rechtsverbindlichen Bebauungsplans gemachten Aufwendungen zur Verwirklichung von Nutzungsmöglichkeiten eine Geldentschädigung nach § 39 BauGB verlangen, soweit die Aufwendungen durch eine Änderung, Ergänzung oder Aufhebung des Bebauungsplans an Wert verlieren. **Gegenstand der Entschädigung sind also wertlos gewordene Aufwendungen und nicht eine Wertminderung des Grundstücks**, z. B. Vermessungs-, Architekten-, Ingenieur-, Bau- und Finanzierungskosten.

> „§ 39 BauGB
> **Vertrauensschaden**
>
> Haben Eigentümer oder in Ausübung ihrer Nutzungsrechte sonstige Nutzungsberechtigte im berechtigten Vertrauen auf den Bestand eines rechtsverbindlichen Bebauungsplans Vorbereitungen für die Verwirklichung von Nutzungsmöglichkeiten getroffen, die sich aus dem Bebauungsplan ergeben, können sie angemessene Entschädigung in Geld verlangen, soweit die Aufwendungen durch die Änderung, Ergänzung oder Aufhebung des Bebauungsplans an Wert verlieren. Dies gilt auch für Abgaben nach bundes- oder landesrechtlichen Vorschriften, die für die Erschließung des Grundstücks erhoben wurden."

Ein **nichtiger Bebauungsplan** löst keine Ersatzansprüche nach Amtshaftungsgrundsätzen **19** (gegen die Gemeinde) aus[7].

Ob und in welcher Höhe eine Entschädigung für die Wertminderung des Grund- 20 stücks zu gewähren ist, bestimmt sich nach den §§ 40 ff. BauGB. Es handelt sich insoweit um eine ergänzende Entschädigungsregelung für die im Vertrauen auf den Bestand des Bebauungsplans gemachten Aufwendungen, die sich nicht im Bodenwert niedergeschlagen haben und deshalb nicht von den Planungsschadensregelungen der §§ 40 ff. BauGB erfasst sind.

Für den Vertrauensschaden kann der Entschädigungsberechtigte eine **Entschädigung** nach **21** § 44 Abs. 3 Satz 1 BauGB **erst** verlangen, **wenn die Vertrauensschäden eingetreten sind.** Der Anspruch kann danach durch schriftlichen Antrag auf Entschädigung bei dem Entschädigungspflichtigen fällig gestellt werden.

Von besonderer Bedeutung ist dabei die **Verjährungsfrist nach § 44 Abs. 4 BauGB.** **22** Danach erlischt ein Entschädigungsanspruch, wenn er nicht **innerhalb von drei Jahren**

---

5 Hoppe, Öffentliches Baurecht, 1. Aufl. München 1995, S. 422
6 BGH, Urt. vom 18. 12. 1986 – III ZR 174/85 –, EzGuG 6.232
7 BGH, Urt. vom 24. 6. 1982 – III ZR 169/80 –, EzGuG 6.216

nach Ablauf des Kalenderjahres, in dem die in den §§ 39 bis 42 BauGB bezeichneten Vermögensnachteile eingetreten sind, durch schriftliche Antragstellung fällig gestellt wird. In den Fällen des § 145 BauGB (Sanierungsgebiete und Entwicklungsbereiche) gilt im Übrigen die allgemeine Verjährungsfrist.

23 Weitere Regelungen über Vertrauensschäden enthalten die Vorschriften des § 42 Abs. 5 bis 10 BauGB. Es handelt sich hierbei um Tatbestände, bei denen der **Eigentümer im Vertrauen auf den Bestand der Festsetzungen eines Bebauungsplans Maßnahmen zur Vorbereitung einer baulichen Nutzung getroffen hat,** die er aber nicht realisieren kann, weil nach Ablauf der siebenjährigen Schutzfrist nach § 42 Abs. 2 BauGB die zulässige Nutzung aufgehoben oder geändert wurde und er nur noch eine Entschädigung in Höhe der Differenz

– des Grundstückswerts auf Grund der ausgeübten Nutzung
  abzüglich
– des Grundstückswerts nach Aufhebung oder Änderung der zulässigen Nutzung

gemäß § 42 Abs. 3 BauGB verlangen kann. Auch in diesem Fall sind die Verjährungsfristen nach § 44 Abs. 3 und 4 BauGB zu beachten (vgl. Abb. 2).

▶ *Weitere Hinweise hierzu vgl. Rn. 38.*

Abb. 2: Vertrauensschaden

Systematik für die Gewährung von Entschädigungen für Vertrauensschäden nach den §§ 39 bis 44 BauGB

Voraussetzung: Vertrauensschaden entstanden und eingetreten
  a) nach § 39 BauGB
  b) nach § 42 Abs. 5 bis 10 BauGB

Fälligstellung:
Vertrauensschaden durch schriftlichen Antrag nach § 44 Abs. 3 BauGB fällig gestellt

Verjährung:
Vertrauensschaden darf nicht nach § 44 Abs. 4 BauGB verjährt sein
(Dreijährige Verjährungsfrist)

Kappung:
Keine Entschädigung für Vertrauensschäden, soweit sie bereits mit der Entschädigung
für Grundstückswertminderungen nach den §§ 40 ff. BauGB einschließlich
der Regelungen des § 42 Abs. 1 bis 4 BauGB erfasst sind.

© W. Kleiber 02

2.3 Entschädigung für nachteilige fremdnützige Festsetzungen im Bebauungsplan (§§ 40 und 41 BauGB)

24 § 40 BauGB gewährt dem Eigentümer eines Grundstücks eine Entschädigung in Geld oder durch Übernahme (Übernahmeanspruch) für Vermögensnachteile, soweit diese durch folgende **fremdnützige Festsetzungen,** z. B. als anderen Grundstücken zugeordnete **naturschutzrechtliche Ausgleichsfläche** (vgl. § 4 WertV Rn. 258 ff.), entstehen:

1. Flächen für den Gemeinbedarf sowie für Sport- und Spielanlagen,
2. Flächen für Personengruppen mit besonderem Wohnbedarf,
3. Flächen mit besonderem Nutzungszweck,
4. von der Bebauung freizuhaltende Schutzflächen und Flächen für besondere Anlagen und Vorkehrungen zum Schutz vor Einwirkungen,
5. Verkehrsflächen,
6. Versorgungsflächen,
7. Flächen für die Abfall- und Abwasserbeseitigung einschließlich der Rückhaltung und Versickerung von Niederschlagswasser sowie für Ablagerungen,
8. Grünflächen,
9. Flächen für Aufschüttungen, Abgrabungen oder für die Gewinnung von Steinen, Erden und anderen Bodenschätzen,
10. Flächen für Gemeinschaftsstellplätze und Gemeinschaftsgaragen,
11. Flächen für Gemeinschaftsanlagen,
12. von der Bebauung freizuhaltende Flächen,
13. Wasserflächen, Flächen für die Wasserwirtschaft, Flächen für Hochwasserschutzanlagen und Flächen für die Regelung des Wasserabflusses,
14. Flächen zum Schutz, zur Pflege und zur Entwicklung von Boden, Natur und Landschaft.

Im Kern handelt es sich bei der Entschädigung nach § 40 BauGB um eine **Entschädi-** **25**
gungsbestimmung für Vermögensnachteile, denn nach der Grundnorm des § 40 Abs. 1
Satz 1 BauGB wird eine Entschädigung erst durch eintretende Vermögensnachteile ausgelöst. Die Entschädigung selbst kann, wie ausgeführt, erfolgen durch

a) Übernahme des Grundstücks,
b) Begründung von Miteigentum, wenn die Verwirklichung des Bebauungsplans nicht den Eigentumsentzug erfordert,
c) Geldentschädigung (vgl. Abb. 3).

Abb. 3: **Entschädigung von Vermögensnachteilen für fremdnützige Festsetzungen nach § 40 BauGB (Systematik)**

Systematik des § 40 BauGB
Vermögensnachteile für fremdnützige Festsetzungen im Bebauungsplan i. S. d. § 40 Abs. 1 BauGB

Übernahmeverlangen nach Abs. 2 und Abs. 3 Satz 2 und 3 Entschädigung für Rechtsverlust und Vermögensnachteile	**Geldentschädigung** (§ 40 Abs. 3 Satz 1 BauGB), wenn bei überbauten Grundstücken wertsteigernde Änderungen nicht zulässig und wirtschaftliche Erschwerung für Vermögensnachteile

wenn Entziehung des Eigentums
zur Verwirklichung des Bebauungsplans
nicht erforderlich:

Begründung von Miteigentum
Begründung eines anderen
geeigneten Rechts

© W. Kleiber 02

26   In den genannten Fällen besteht **bei wirtschaftlicher Unzumutbarkeit ein Übernahme-anspruch** bzw. ein Anspruch auf die Begründung von Miteigentum oder eines gesicherten Rechts, wenn die Verwirklichung des Bebauungsplans nicht den Eigentumsentzug erfordert; ansonsten ist Entschädigung in Geld zu leisten (§ 40 Abs. 3 Satz 1 BauGB).

27   **Auslöser für eine Entschädigung nach § 40 BauGB sind** also **die durch die Festsetzungen im Bebauungsplan eingetretenen Vermögensnachteile.** Im Falle des Übernahmeanspruchs wird die Entschädigung im Ergebnis nach der sich in Anwendung der §§ 93 ff. BauGB bemessenden Entschädigung für den Rechtsverlust sowie für eingetretene Vermögensnachteile ermittelt, wobei Wertminderungen unberücksichtigt bleiben, die bei Anwendung des § 42 BauGB nicht zu entschädigen wären (§ 43 Abs. 3 BauGB). Das gilt entsprechend auch für eine Entschädigung in Form von Miteigentum oder anderer „geeigneter" Rechte, denn wertmäßig kann sich diese Form der Entschädigung nur in Höhe des Entschädigungsanspruchs bewegen.

28   Die **bloße Festsetzung eines Geh-, Fahr- und Leitungsrechts** zugunsten der Allgemeinheit, eines Erschließungsträgers oder eines beschränkten Personenkreises **begründet regelmäßig (noch) keinen schweren Nachteil** i. S. d. § 47 Abs. 8 VwGO, denn diese Festsetzung bedarf noch ihres Vollzugs entweder durch einvernehmliche Willenserklärung des Begünstigten und des Belasteten oder durch eine Entscheidung der Enteignungsbehörde.

29   „Diese Festsetzung ist lediglich – öffentlich-rechtliche – Grundlage, um das Grundstück zur Begründung eines solchen Rechts notfalls im Enteignungswege in Anspruch zu nehmen (vgl. § 86 Abs. 1 Nr. 1 und 4 BauGB). Der betreffende Eigentümer hat unter den Voraussetzungen des § 40 Abs. 2 BauGB und im Verfahren nach § 41 BauGB einen Anspruch darauf, dass das Recht gegen Entschädigung begründet wird. Der Bebauungsplan selbst hindert ihn nur, das Grundstück in einer Weise, z. B. durch Errichtung von baulichen Anlagen, zu nutzen, die die geplante Ausübung des noch zu begründenden Rechts behindern oder unmöglich machen würde. Das Recht selbst ist bei seiner Begründung, z. B. durch Bestellung und Eintragung einer (öffentlich-rechtlichen) Baulast oder (privatrechtlichen) Dienstbarkeit, im Einzelnen genau zu bestimmen. Dies gilt auch, soweit es den genauen Umfang der Inanspruchnahme des Grundstücks betrifft. Das bedeutet für den Bebauungsplan noch nicht, dass er eine Festsetzung nach § 9 Abs. 1 Nr. 21 BauGB mit detaillierten Angaben treffen müsse; denn diese **Festsetzung bedarf noch des Vollzugs entweder durch einvernehmliche Willenserklärungen des Begünstigten und des Belasteten** – möglicherweise erst im Enteignungsverfahren gemäß §§ 110, 111 BauGB – oder durch Entscheidung der Enteignungsbehörde gemäß § 112 BauGB"[8].

30   Zur **Festsetzung naturschutzrechtlicher Ausgleichsflächen** vgl. § 14 WertV Rn. 89 ff. und § 4 WertV Rn. 258 ff.

31   Eine Entschädigung allein für Vermögensnachteile wird regelmäßig nur in den Fällen des § 40 Abs. 3 Satz 1 BauGB auftreten, d. h. für bebaute Grundstücke, für die im Bebauungsplan eine Nutzung für den **„Gemeinbedarf oder als Verkehrs-, Versorgungs- oder Grünflächen"** festgesetzt wurde und die infolgedessen einer **Nutzungsbeschränkung nach § 32 BauGB** unterworfen sind. Die Vorschrift lautet:

„§ 32 BauGB
Nutzungsbeschränkungen auf künftigen Gemeinbedarfs-, Verkehrs-, Versorgungs- und Grünflächen

Sind überbaute Flächen in dem Bebauungsplan als Baugrundstücke für den Gemeinbedarf oder als Verkehrs-, Versorgungs- oder Grünflächen festgesetzt, dürfen auf ihnen Vorhaben, die eine wertsteigernde Änderung baulicher Anlagen zur Folge haben, nur zugelassen und für sie Befreiungen von den Festsetzungen des Bebauungsplans nur erteilt werden, wenn der Bedarfs- oder Erschließungsträger zustimmt oder der Eigentümer für sich und seine Rechtsnachfolger auf Ersatz der Werterhöhung für den Fall schriftlich verzichtet, dass der Bebauungsplan durchgeführt wird. Dies gilt auch für die dem Bebauungsplan nicht widersprechenden Teile einer baulichen Anlage, wenn sie für sich allein nicht wirtschaftlich verwertbar sind oder wenn bei der Enteignung die Übernahme der restlichen überbauten Flächen verlangt werden kann."

2.4 Entschädigung für Geh-, Fahr- und Leitungsrechte sowie bei Bindungen für Bepflanzungen (§ 41 BauGB)

Soweit Leitungsrechte nicht der Erschließung und Versorgung des Grundstücks dienen, **32** kann der Eigentümer nach § 41 Abs. 1 BauGB für die nach § 9 Abs. 1 Nr. 21 BauGB mit einem Leitungsrecht belasteten Flächen **unter den Voraussetzungen des § 40 Abs. 2 BauGB** einen **Übernahmeanspruch** geltend machen. Nach § 41 Abs. 1 Satz 3 BauGB bleiben jedoch weitergehende Rechtsvorschriften unberührt. Bei grünordnerischen Festsetzungen ist eine Entschädigung in Geld vorgesehen.

§ 41 Abs. 2 BauGB begründet einen Rechtsanspruch auf Entschädigung für Festsetzungen **33** im Bebauungsplan i. S. d. § 9 Abs. 1 Nr. 25 BauGB **(Anpflanzungen/Bindungen für Bepflanzungen),** wenn und soweit infolge dieser Festsetzungen

– besondere Aufwendungen notwendig sind, die über das bei ordnungsgemäßer Bewirtschaftung erforderliche Maß hinausgehen, oder

– eine wesentliche Wertminderung des Grundstücks eintritt.

2.5 Entschädigung bei Aufhebung oder Änderung einer zulässigen Nutzung: Herabzonung (§ 42 BauGB)

2.5.1 Allgemeines

§ 42 BauGB ist das Herzstück des Planungsschadensrechts. Eine Entschädigung für die **34** **Aufhebung oder Änderung einer zulässigen Nutzung** nach dieser Vorschrift ist gemäß § 43 Abs. 3 Satz 1 BauGB zwar nicht in den Fällen zu gewähren, in denen die Voraussetzungen der §§ 40 und 41 Abs. 1 BauGB vorliegen und sich die Entschädigung nach diesen Vorschriften bemisst, jedoch müssen selbst dann solche Wertminderungen unberücksichtigt bleiben, die bei Anwendung des § 42 BauGB nicht zu entschädigen wären.

Eine Entschädigung nach § 42 BauGB ist grundsätzlich zu gewähren bei Aufhebung oder **35** Änderung der baulichen Nutzung, die eine **nicht nur unwesentliche Wertminderung des Grundstücks** zur Folge hat.

– Als *„zulässige Nutzung"* ist eine Nutzung anzusehen, für die ein Rechtsanspruch auf Erteilung der Genehmigung besteht, gleichgültig ob sich dieser Rechtsanspruch auf § 30 Abs. 1 oder 2, § 34 oder § 35 BauGB stützt.

– Die *„Aufhebung und Änderung"* der zulässigen Nutzung hat nur bebauungsplanrechtliche und planersetzende Maßnahmen, nicht dagegen Maßnahmen des Fachplanungsrechts zum Inhalt.

– Als *„nicht nur unwesentliche Wertminderung"* gilt nur eine solche, die kausal auf den das jeweilige Grundstück und nicht die Nachbargrundstücke sich beziehenden Eingriff zurückzuführen ist[9].

– Nach dem Wortlaut der Vorschrift sind Wertminderungen „des Grundstücks" zu entschädigen, d. h., die Entschädigung ist nicht nur für eine Bodenwertminderung zu gewähren, sondern schließt bei bebauten Grundstücken **auch** eine **Wertminderung der Bausubstanz** ein: Maßgeblich ist die Wertminderung des (Gesamt-)Grundstücks einschließlich der baulichen und sonstigen Anlagen, wobei auf Grund des *Bestandsschutzes* eine Bodenwertminderung dadurch gedämpft wird, als sie nur in der über die Restnutzungsdauer der baulichen Anlage diskontierten Höhe durchschlägt, wenn ein Rückbau (Abriss) nicht geboten ist.

---

8 OVG Münster, Urt. vom 30. 1. 1996 – 11 a D 127/92 –, RdL 1996, 220 = GuG-aktuell 1996, 47 (LS); OVG Münster, Beschl. vom 30. 10. 1996 – 11 a B 2211/96 –, GuG-aktuell 1997, 15 (LS); BVerwG, Beschl. vom 18. 12. 1987 – 4 NB 2/87 –, NVwZ 1988, 822 = UPR 1988, 186 = ZfBR 1988, 90

9 BGH, Urt. vom 18. 12. 1986 – III ZR 174/85 –, EzGuG 6.232; BGH, Urt. vom 25. 11. 1993 – III ZR 16/93 –, UPR 1994, 101

36 Unwesentliche Wertminderungen sind mithin nicht zu entschädigen. Der Entschädigungsanspruch wird erst im Falle einer Überschreitung der Opfergrenze ausgelöst, wobei der
Begriff der **„nicht nur unwesentlichen Wertminderung"** in der Gewichtung nicht als
identisch mit der „wesentlichen Wertminderung" angesehen wird[10].

Das juristische Schrifttum hat sich bislang noch nicht zu allgemein anerkannten Prozentsätzen durchringen können, mit denen sich die Opfergrenze markieren ließe; genannt werden **Sätze in Höhe von 10 %.**[11]

37 Die **Änderung oder Aufhebung der zulässigen Nutzung kann sowohl die Art als auch
das Maß der baulichen Nutzung betreffen.** Soweit es um die Ermittlung der Wertminderung des Grund und Bodens geht, lässt sich die Wertminderung auf Grund eines unterschiedlichen Maßes der baulichen Nutzung mit Hilfe entsprechender Umrechnungskoeffizienten ermitteln (vgl. § 14 WertV).

38 Unter der Grundvoraussetzung des § 42 Abs. 1 BauGB ist nach den übrigen Regelungen
dieser Vorschrift zwischen **drei Entschädigungstatbeständen** zu unterscheiden:

a) Abs. 2: *Entschädigung für Herabzonungen innerhalb einer siebenjährigen Schutzfrist,*

b) Abs. 3 und 4: *Entschädigung für Herabzonungen nach Ablauf einer siebenjährigen
Schutzfrist* sowie

c) Abs. 5 bis 7: *Entschädigung von Vertrauensschäden für nicht innerhalb der siebenjährigen Schutzfrist realisierte Nutzungsmöglichkeiten,* wenn

– eine Veränderungssperre oder eine befristete Zurückstellung eines Baugesuchs die
Verwirklichung der zulässigen Nutzung innerhalb der Schutzfrist verhindert hat,

Abb. 4: Planungsschaden nach § 42 BauGB

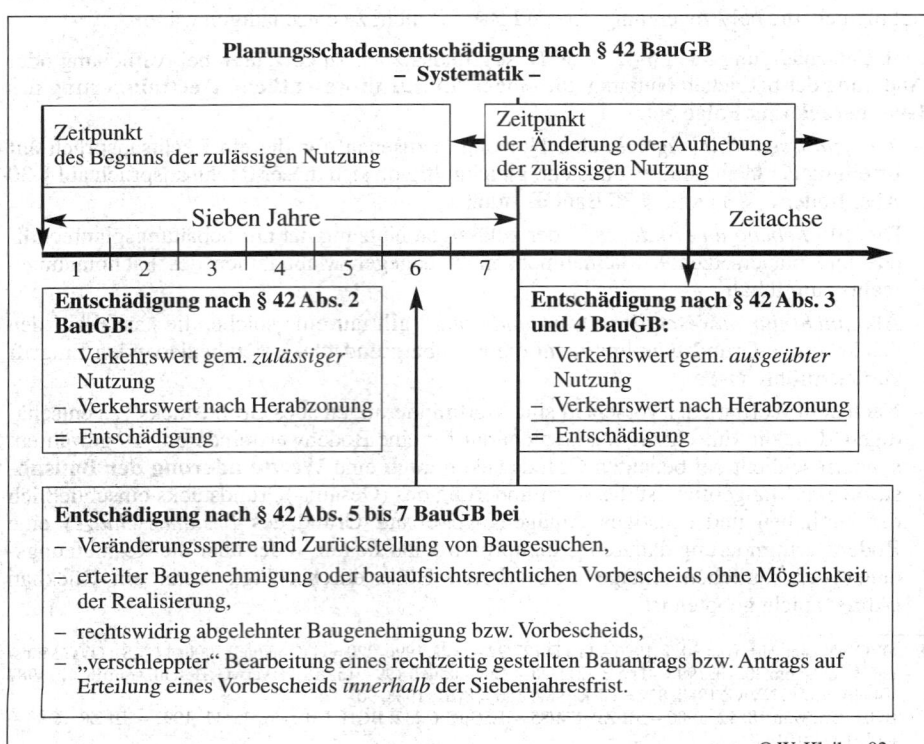

– eine Baugenehmigung oder ein bauaufsichtsrechtlicher Vorbescheid zwar erteilt worden ist und der Eigentümer nach Ablauf der siebenjährigen Schutzfrist gehindert ist, das Vorhaben zu verwirklichen,

– ein Antrag auf Erteilung einer Baugenehmigung oder eines Vorbescheides rechtswidrig abgelehnt worden ist und

– über einen vom Eigentümer rechtzeitig gestellten Bauantrag bzw. einen Antrag auf Erteilung eines Vorbescheids nicht so rechtzeitig innerhalb der siebenjährigen Schutzfrist entschieden wurde, dass eine Genehmigung innerhalb der Frist hätte erteilt werden können.

Im **zeitlichen Zusammenspiel** ist, wie in Abb. 4 dargestellt, zu unterscheiden. **39**

Innerhalb der Planungsschadensregelung des § 42 BauGB sind die Regelungen des § 42 **40** Abs. 2 sowie des § 42 Abs. 3 und 4 von zentraler Bedeutung. **Danach ist zu unterscheiden, ob die zulässige Nutzung innerhalb einer siebenjährigen Schutzfrist oder nach Ablauf dieser Schutzfrist aufgehoben oder geändert wurde.**

2.5.2 Entschädigung für planerische Eingriffe innerhalb der siebenjährigen Schutzfrist nach § 42 Abs. 2 BauGB

Grundsätzlich ist nach § 42 Abs. 2 BauGB im Falle einer Aufhebung oder Änderung der **41** zulässigen Nutzung **innerhalb der siebenjährigen Schutzfrist die „volle" Wertminderung des Grundstücks zu entschädigen.** Auf die ausgeübte Nutzung soll es nach dieser Vorschrift nicht ankommen. Die Vorschrift lautet:

„(2) Wird die zulässige Nutzung eines Grundstücks innerhalb einer Frist von sieben Jahren ab Zulässigkeit aufgehoben oder geändert, bemisst sich die Entschädigung nach dem Unterschied zwischen dem Wert des Grundstücks aufgrund der zulässigen Nutzung und seinem Wert, der sich infolge Aufhebung oder Änderung ergibt."

Für die Bemessung der Entschädigung ist die ausgeübte Nutzung gleichwohl von Bedeu- **42** tung. Dies soll an **zwei Beispielen** verdeutlicht werden:

Beispiel 1:
– Unbebautes Grundstück in Innenstadtlage.
– Der Bebauungsplan weist für das Grundstück eine GFZ von 3,0 aus. Der Bodenrichtwert für ein vergleichbares Grundstück mit einer GFZ von 3,0 betrage € 1 000 pro m².
– *Innerhalb einer Frist von sieben Jahren* wird das Maß der baulichen Nutzung auf eine GFZ von 1,5 herabgezont.
– Der Bodenwert für das herabgezonte Grundstück wird mit Hilfe von Umrechnungskoeffizienten für unterschiedliche Maße der baulichen Nutzung (GFZ : GFZ) abgeleitet (vgl. Anl. 23 zur WertR). Der Umrechnungskoeffizient (UK) für eine GFZ von 3,0 beträgt danach 1,84; der Umrechnungskoeffizient für eine GFZ von 1,5 beträgt 1,24.

$$\text{Bodenwert}_{\text{GFZ}=1,5} = \text{Bodenwert}_{\text{GFZ}=3,0} \times \frac{\text{UK}_{\text{GFZ}=1,5}}{\text{UK}_{\text{GFZ}=3,0}}$$

$$= 1\,000 \; \text{€/m}^2 \times \frac{1,24}{1,84} = 674 \; \text{€/m}^2$$

$$\textbf{Planungsschaden} = 1\,000 \; \text{€/m}^2 - 674 \; \text{€/m}^2 = \textbf{326 €/m}^2$$

Beispiel 2:
a) Sachverhalt **43**
– Bebautes Grundstück in Innenstadtlage (Miethaus)
– Der Bebauungsplan weist – wie im vorangegangenen Beispiel – für das Grundstück eine GFZ von 3,0 aus. Der Bodenrichtwert für ein vergleichbares (unbebautes) Grundstück mit einer GFZ von 3,0 betrage wiederum 1 000 €/m².
– Auf dem Grundstück befindet sich ein Mietwohnhaus, mit dem eine GFZ von 2,5 „ausgeübt" wird, während ansonsten die „volle" Ausnutzung der zulässigen GFZ (von 3,0) lagetypisch ist. *Das Grundstück war mithin (bislang) untergenutzt;* es weist keine selbstständig nutzbaren Teilflächen auf.

---

10 Gewos, Der Entschädigungsausschluss nach § 44 Abs. 1 Satz 2 BauGB Hamburg 1965, Schriftenreihe der Gewos
11 Pohl im Kohlhammer-Komm.

– Die wirtschaftliche Restnutzungsdauer des Gebäudes betrage 20 Jahre.

– *Innerhalb einer Frist von sieben Jahren* wird das Maß der baulichen Nutzung wiederum auf eine GFZ von 1,5 herabgezont.

b) Bodenwert auf Grund der bisher rechtlich zulässigen Nutzung unter Berücksichtigung der ausgeübten Nutzung

Bodenwert auf Grund bisheriger zulässiger Nutzung: 1 000 €/m²

Mit der aufstehenden Bebauung ist die zulässige Nutzung nicht „voll ausgeschöpft" worden. Nach allgemeinen sich aus § 5 Abs. 1 WertV ergebenden Grundsätzen ist bei Abweichungen der tatsächlichen Bebauung von der zulässigen Bebauung dies bei der Bodenwertermittlung zu berücksichtigen (vgl. § 13 WertV Rn. 122 ff.). Im vorliegenden Beispiel liegt der Fall einer Unternutzung vor, d. h., die bislang zulässige Nutzung von einer GFZ = 3,0 wäre wirtschaftlich erst nach Abgang des Gebäudes zu realisieren gewesen. Der Bodenwert bemisst sich in diesem Fall nach ausgeübter (realisierter) Nutzung zuzüglich des über die Restnutzungsdauer des Gebäudes diskontierten „Wertsprungs" zwischen einer GFZ von 2,5 und 3,0.

Bei einem Umrechnungskoeffizienten von 1,65 für eine GFZ von 2,5 (vgl. Anl. 23 zur WertR) und von 1,84 für eine GFZ von 3,0 ergibt sich als Bodenwert für ein Grundstück mit einer GFZ von 2,5:

$$\text{Bodenwert}_{\text{GFZ}=2,5} = \text{Bodenwert}_{\text{GFZ}=3,0} \times \frac{\text{UK}_{\text{GFZ}=2,5}}{\text{UK}_{\text{GFZ}=3,0}}$$

$$= 1\,000\ \text{€/m}^2 \times \frac{1,65}{1,84} = 897\ \text{€/m}^2$$

Der Unterschied des Bodenwerts eines unbebauten Grundstücks mit einer GFZ von 3,0 zum Bodenwert mit einer GFZ von 2,5 beträgt mithin

$$\textbf{Bodenwert} = 1\,000\ \text{€/m}^2 - 897\ \text{€/m}^2 = \textbf{103 €/m}^2$$

Dieser „Wertsprung" kann erst nach Ablauf der 20-jährigen wirtschaftlichen Restnutzungsdauer des Gebäudes „realisiert" werden und „wächst" dem Eigentümer deshalb nur in diskontierter Höhe zu.

Der Bodenwert auf Grund der ausgeübten (realisierten) Nutzung ergibt sich mithin zu

$$\text{Bodenwert} = 897\ \text{€/m}^2 + 103\ \text{€/m}^2 \times \left(1 + \frac{p}{100}\right)^{-n}$$

wobei   p = Diskontierungszinssatz
        n = Restnutzungsdauer des Gebäudes

Bei einem Diskontierungszinssatz von 5 % ergibt sich

$$\textbf{Bodenwert} = 897\ \text{€/m}^2 + 103\ \text{€/m}^2 \times 0,37688 = \textbf{936 €/m}^2$$

Ergänzender Hinweis:

In dem Beispiel war davon auszugehen, dass auf Grund der tatsächlichen Bebauung des Grundstücks weder durch Aufstockung des Gebäudes noch durch eine bauliche Ergänzung eine Realisierung der zulässigen Nutzung möglich war. Wäre dies der Fall gewesen, wäre vom „vollen" Bodenwert in Höhe von 1 000 €/m² auszugehen. Bei untergenutzten Grundstücken ist deshalb zu prüfen, ob mit der vorhandenen, das zulässige Maß der baulichen Nutzung nicht ausschöpfenden Nutzung, tatsächlich eine Wertminderung einhergeht. Im Falle einer Bebauung des Grundstücks mit ergänzungsfähiger Bausubstanz (vgl. Lageplan) ist bei der Bemessung der Entschädigung vom „vollen" Bodenwert (für eine GFZ von 3,0) auszugehen.

Abb. 5: Lageplan

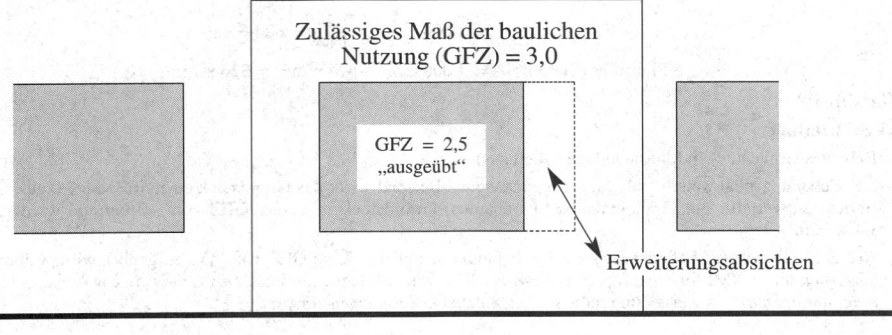

c) Bodenwert auf Grund der (herabgezonten) künftig rechtlich zulässigen Nutzung unter Berücksichtigung der ausgeübten Nutzung

Als Bodenwert auf Grund der künftigen zulässigen Nutzung mit einer GFZ von 1,5 ergibt sich (vgl. Beispiel 1, Rn. 42): 674 €/m²

Ein Abbruch des das künftig zulässige Maß der baulichen Nutzung (mit einer GFZ von 1,5) überschreitenden Gebäudes mit einer GFZ von 2,5 ist nicht vorgesehen; es kann erwartet werden, dass das Gebäude auf Grund seines Bestandsschutzes in bisheriger Weise bis zum Ablauf der Restnutzungsdauer genutzt werden wird.

Der bisherige Bodenwert unter Berücksichtigung der ausgeübten (realisierten) Nutzung sowie der Möglichkeit, nach Ablauf der Restnutzungsdauer eine höhere Nutzung realisieren zu können, wurde zuvor ermittelt mit **936 €/m²**.

Die Wertminderung in Höhe von:

$$936 \text{ €/m}^2 - 674 \text{ €/m}^2 = 261 \text{ €/m}^2$$

„schlägt" auf den Bodenwert des Grundstücks wiederum auf Grund des Bestandsschutzes des Gebäudes nur in einer über die Restnutzungsdauer diskontierten Höhe durch. Mithin ermittelt sich der Bodenwert wie folgt:

$$\text{Bodenwert} = 936 \text{ €/m}^2 - 261 \text{ €/m}^2 \times \left(1 + \frac{p}{100}\right)^{-n}$$

wobei p = Diskontierungszinssatz
       n = Restnutzungsdauer

Bei einem Diskontierungszinssatz von 5 % ergibt sich:

$$\textbf{Bodenwert} = 936 \text{ €/m}^2 - 261 \text{ €/m}^2 \times 0,37688 = \textbf{838 €/m}^2$$

d) Planungsschaden = Bodenwert vor planungsrechtlichem Eingriff
                        abzüglich Bodenwert nach planungsrechtlichem Eingriff

Planungsschaden: $936 \text{ €/m}^2 - 838 \text{ €/m}^2 \approx \textbf{100 €/m}^2$

Fazit: Die ausgeübte Bebauung dämpft den Planungsschaden, wenn sie **Bestandsschutz** **44** genießt, weil der Planungsschaden erst mit einer erheblichen Zeitverzögerung wertmäßig „zu Buche schlägt".

2.5.3 Entschädigung für planerische Eingriffe nach Ablauf der siebenjährigen Schutzfrist nach § 42 Abs. 3 und 4 BauGB

2.5.3.1 Allgemeines

Die Regelung des § 42 Abs. 3 BauGB geht von dem Grundgedanken aus, dass der **45** **Anspruch auf eine zulässige Nutzung, soweit sie nicht ausgeübt wird, nach Ablauf einer siebenjährigen Schutzfrist, gemessen ab dem Zeitpunkt der Zulässigkeit, „verwirkt"** ist und die Gemeinde insoweit die zulässige Nutzung entschädigungslos aufheben oder ändern kann. Geschützt bleibt demzufolge nur die ausgeübte Nutzung.

§ 42 Abs. 3 und 4 BauGB haben folgende Fassung: **46**

„(3) Wird die zulässige Nutzung eines Grundstücks nach Ablauf der in Absatz 2 bezeichneten Frist aufgehoben oder geändert, kann der Eigentümer nur eine Entschädigung für Eingriffe in die ausgeübte Nutzung verlangen, insbesondere wenn infolge der Aufhebung oder Änderung der zulässigen Nutzung die Ausübung der verwirklichten Nutzung oder die sonstigen Möglichkeiten der wirtschaftlichen Verwertung des Grundstücks, die sich aus der verwirklichten Nutzung ergeben, unmöglich gemacht oder wesentlich erschwert werden. Die Höhe der Entschädigung hinsichtlich der Beeinträchtigung des Grundstückswerts bemisst sich nach dem Unterschied zwischen dem Wert des Grundstücks auf Grund der ausgeübten Nutzung und seinem Wert, der sich infolge der in Satz 1 bezeichneten Beschränkungen ergibt.

(4) Entschädigungen für Eingriffe in ausgeübte Nutzungen bleiben unberührt."

In welchem Maße die Vorschrift den Entschädigungsanspruch einschränkt, hängt also von der Grundstücksnutzung ab.

Beispiel 3: **47**
– Bebautes Grundstück in Innenstadtlage (Mietshaus)
– Der Bebauungsplan weist – wie im vergangenen Beispiel – für das Grundstück eine GFZ von 3,0 aus.
   Der Bodenrichtwert für ein vergleichbares (unbebautes) Grundstück mit einer GFZ von 3,0 betrage wiederum 1 000 €/m².

- Auf dem Grundstück befinde sich wiederum ein Mietwohnhaus, mit dem eine GFZ von 2,5 „ausgeübt" wird.
- Unter der Herrschaft des § 42 Abs. 3 BauGB entfällt die Möglichkeit, nach Ablauf der Restnutzungsdauer eine „bauliche Nutzung" mit einer GFZ von 3,0 realisieren zu können. Ausgangspunkt für die Bemessung der Entschädigung ist mithin der Bodenwert, der sich für die ausgeübte Nutzung mit einer GFZ von 2,5 ergibt. Dieser beläuft sich nach Beispiel 2 auf 897 €/m² (vgl. Rn. 43); mithin
- Bodenwert auf Grund der ausgeübten Nutzung (GFZ = 2,5) = **897 €/m²**
- Der Bodenwert auf Grund der künftig zulässigen Nutzung (GFZ = 1,5) wurde im Beispiel 1 (vgl. Rn. 42) ermittelt mit 674 €/m²

Die Wertminderung in Höhe von

$$897 \text{ €/m}^2 - 674 \text{ €/m}^2 = \textbf{223 €/m}^2$$

„schlägt" auf den Bodenwert des Grundstücks wiederum auf Grund des Bestandsschutzes des Gebäudes nur in einer über die Restnutzungsdauer diskontierten Höhe durch. Mithin ermittelt sich der Bodenwert wie folgt:

$$\text{Bodenwert} = 897 \text{ €/m}^2 - 223 \text{ €/m}^2 \times \left(1 + \frac{p}{100}\right)^{-n}$$

wobei p = Diskontierungszinssatz
          n = Restnutzungsdauer

Bei einem Diskontierungszinssatz von 5 % ergibt sich:

$$\text{Bodenwert} = 897 \text{ €/m}^2 - 223 \text{ €/m}^2 \times 0,37688 = \textbf{813 €/m}^2$$

Der **Planungsschaden** beträgt damit:

$$896 \text{ €/m}^2 - 813 \text{ €/m}^2 = \textbf{83 €/m}^2$$

48 **Fazit:** Der Unterschied in der Höhe das Planungsschadens fällt bei Anwendung des § 42 Abs. 2 BauGB und des § 42 Abs. 3 BauGB weitaus geringer aus, als gemeinhin angenommen wird. Dies ist auf den **Bestandsschutz** zurückzuführen, der den Planungsschaden „abfedert".

2.5.3.2 Eigentumsverdrängende Herabzonung

49 Bei der Ermittlung des Entschädigungswerts bleiben nach **§ 95 Abs. 2 Nr. 7 BauGB** Bodenwerte unberücksichtigt, die nicht zu berücksichtigen wären, wenn der Eigentümer eine Entschädigung nach den planungsschadensrechtlichen Bestimmungen der §§ 40 bis 42 BauGB geltend machen würde.

▶ *Zu den §§ 40 bis 42 BauGB vgl. Rn. 20 ff.*

50 Die Beschränkung der Entschädigung nach den Grundsätzen des § 42 Abs. 3 BauGB, nach denen der **Eigentümer nur für Eingriffe in die ausgeübte Nutzung zu entschädigen ist,** wenn die zulässige Nutzung eines Grundstücks nach Ablauf von sieben Jahren aufgehoben oder geändert worden ist, gilt nach § 43 Abs. 3 Satz 2 und § 95 Abs. 2 Nr. 7 BauGB auch für den Übernahmeanspruch nach § 40 BauGB.

51 Eine Besonderheit gilt für sog. **eigentumsverdrängende Planungsmaßnahmen.** Hierunter sind Planungsmaßnahmen zu verstehen, die für ein einzelnes Grundstück zum vollständigen Eigentumsentzug führen, z. B. durch Festsetzung einer Nutzung für öffentliche Zwecke.

52 Abweichend von den vorstehenden Ausführungen und im Einklang mit der enteignungsrechtlichen Fachliteratur findet § 42 Abs. 2 BauGB keine Anwendung, wenn eine **Enteignungsentschädigung** (z. B. auf Grund eines begründeten Übernahmeverlangens) **im Anschluss an eine ausschließlich fremdnützige und damit eigentumsverdrängende Planung zu gewähren ist**[12]. Ein solcher Fall liegt z. B. vor, wenn das Maß einer bisher privatwirtschaftlichen baulichen Nutzung (GFZ) nicht nur „herabgezont", sondern durch Festsetzung einer Gemeinbedarfsnutzung ersetzt wird. Von dieser Festsetzung geht die Vorwirkung einer späteren Entziehung des Eigentums an dem Grundstück aus (eigentumsverdrängende Festsetzung). Insoweit kommt die sog. Harmonisierungsklausel des § 95 Abs. 1 Nr. 7 BauGB, nach der Bodenwerte, die nicht zu berücksichtigen wären, wenn der

Eigentümer eine Entschädigung in den Fällen der §§ 40 bis 42 BauGB geltend machen würde, bei der Festsetzung der Entschädigung für den Rechtsverlust nicht zur Anwendung. Bei sog. eigentumsverdrängenden Festsetzungen wäre es mit der Eigentumsgarantie und dem in Art. 14 Abs. 1 und 3 i.V.m. Art 3 GG verankerten Grundsatz der Lastengleichheit unvereinbar, einzelne Eigentümer, die in einem Plangebiet von eigentumsverdrängenden Festsetzungen betroffen sind, im Falle der Enteignung mit einem (weiteren) Sonderopfer und im Verhältnis zu den übrigen Planbetroffenen, denen möglicherweise daraus sogar noch Werterhöhungen erwachsen, ungleich und unzumutbar zu belasten[13].

Der BGH hat (ebenso wie vorangehend das KG) unter Hinweis auf das Schrifttum festge-   **53**
stellt, dass abweichend zu den Planungseingriffen, bei denen nicht ausgeübte Bodennutzbarkeiten nach Ablauf der Planungsgewährleistungspflicht inhaltlich gemindert werden, jedoch privatnützig bleiben, bei eigentumsverdrängenden Planungsmaßnahmen (§ 40 Abs. 1 BauGB) insoweit eine andere Interessenlage besteht, als ein einziger Eigentümer es hinnehmen muss, aus dem Plangebiet herausgedrängt zu werden und den von der Planungsmaßnahme nicht betroffenen Eigentümern darüberhinaus noch die Vorteile der Gemeinbedarfseinrichtung zugute kommen. Die **planungsschadensrechtlichen Vorschriften finden deshalb in diesen Fällen keine Anwendung.**

Die Enteignungsentschädigung bemisst sich in den Fällen eigentumsverdrängender Pla-   **54**
nungsmaßnahmen mithin nach dem allgemeinen Vorwirkungsgrundsatz, d.h., **nach den Zustandsmerkmalen,** die das Grundstück in dem Zeitpunkt innehatte, **als** auf Grund der eigentumsverdrängenden Festsetzung **mit hinreichender Sicherheit und Bestimmtheit die spätere Enteignung erwartet werden musste;** § 42 Abs. 2 BauGB findet indessen keine Anwendung.

2.6   Entschädigungsausschluss nach § 43 Abs. 4 und 5 BauGB

Im Rahmen der Sozialpflichtigkeit des Grund und Bodens sind **Bodenwerte nicht zu ent-**   **55**
schädigen, soweit sie darauf beruhen, dass

„1. die zulässige Nutzung auf dem Grundstück den allgemeinen Anforderungen an gesunde Wohn- und Arbeitsverhältnisse oder an die Sicherheit der auf dem Grundstück oder im umliegenden Gebiet wohnenden oder arbeitenden Menschen nicht entspricht oder

2. in einem Gebiet städtebauliche Missstände im Sinne des § 136 Abs. 2 und 3 bestehen und die Nutzung des Grundstücks zu diesen Missständen wesentlich beiträgt."

Des Weiteren ist die **Reduktionsklausel des § 43 Abs. 5 BauGB** zu beachten: **56**

„(5) Nach Vorliegen der Entschädigungsvoraussetzungen bleiben Werterhöhungen unberücksichtigt, die eingetreten sind, nachdem der Entschädigungsberechtigte in der Lage war, den Antrag auf Festsetzung der Entschädigung in Geld zu stellen, oder ein Angebot des Entschädigungspflichtigen, die Entschädigung in Geld in angemessener Höhe zu leisten, abgelehnt hat. Hat der Entschädigungsberechtigte den Antrag auf Übernahme des Grundstücks oder Begründung eines geeigneten Rechts gestellt und hat der Entschädigungspflichtige daraufhin ein Angebot auf Übernahme des Grundstücks oder Begründung des Rechts zu angemessenen Bedingungen gemacht, gilt § 95 Abs. 2 Nr. 3 entsprechend."

---

12   Battis in Battis/Krautzberger/Löhr, BauGB, 7. Aufl. § 95 Rn. 10; Krohn im BerlKomm zum BauGB, 2. Aufl.
§ 42 Rn. 2 ff.; ders. Festschrift für Schlichter (1995) S. 439 ff., 452 ff.; Reisnecker in Brügelmann, BauGB § 95
Rn. 175 ff., 181; Bielenberg/Söfker in Ernst/Zinkahn/Bielenberg, BauGB § 42 Rn. 105 a; Bielenberg, a.a.O.,
§ 43 Rn. 36; Schmidt-Assmann, a.a.O., § 95 Rn. 101 g; Breuer in Schrödter, BauGB 6. Aufl. § 95 Rn. 46 ff.

13   BGH, Urt. vom 6. 5. 1999 – III ZR 174/98 –, GuG 1999, 376 = UPR 1999, 306 = EzGuG 6.289; vorangehend:
KG, Urt. vom 6. 3. 1998 – U 985/97 –, GuG 1998, 312 = EzGuG 6.285; OLG München, Urt. vom 25. 6. 1998
– U 2/91 –, GuG 1999, 378

3 Übernahmeanspruch

3.1 Allgemeines

▶ *Allgemeines zum Übernahmeanspruch vgl. oben Rn. 10 f.*

57 Der Übernahmeanspruch steht in enger Verwandtschaft mit der Enteignung, und zwar sowohl was den verfahrensmäßigen Vollzug als auch die Höhe der Entschädigung betrifft. Grob gesagt läuft der **Übernahmeanspruch auf ein vom Betroffenen in Gang gesetztes Enteignungsverfahren** hinaus, das es zunächst durch einen freihändigen Erwerb auf der Grundlage eines angemessenen Angebots zu vermeiden gilt.

3.2 Verfahren

58 Im Städtebaurecht ist der **verfahrensmäßige Vollzug** am umfassendsten in **§ 43 Abs. 1, 4 und 5 sowie § 44 Abs. 3 und 4 BauGB** im Zusammenhang mit dem Planungsschaden **geregelt** (vgl. Abb. 6). Die Voraussetzungen ergeben sich dabei aus § 40 Abs. 2 BauGB (im Falle eines Planungsschadens oder zur Sicherung von Gebieten mit Fremdenverkehrsfunktion nach § 22 BauGB, bei der Begründung von Leitungsrechten und bei Bindungen für Bepflanzungen im Geltungsbereich nach § 41 Abs. 1 BauGB; im Falle einer Erhaltungssatzung nach § 173 Abs. 2 oder nach besonderen Vorschriften; vgl. § 145 Abs. 5 ggf. i.V. m. § 169 Abs. 1 Nr. 3 oder § 168 BauGB sowie nach § 179 Abs. 3 Satz 2 bei einem Rückbaugebot). Die genannten verfahrensrechtlichen Vorschriften sind entsprechend anzuwenden, wo sie im BauGB nicht ausdrücklich genannt sind (vgl. §§ 145 Abs. 5 und 168 BauGB)[14].

3.3 Entschädigung

59 Die **Entschädigung bemisst sich nach den enteignungsrechtlichen Vorschriften des BauGB (Fünfter Teil).** Hierauf wird in den Vorschriften über das Übernahmeverlangen (§ 145 Abs. 5 Satz 2, § 168 Abs. 2 Satz 2 und § 173 Abs. 2 BauGB) hingewiesen. Andere Vorschriften verweisen (auch) auf die Regelungen des § 43 Abs. 1, 4 und 5 sowie § 44 Abs. 3 und 4 BauGB (§ 145 Abs. 5 Satz 4, § 22 Abs. 7 und § 173 Abs. 2 BauGB) bzw. auf § 43 Abs. 1, 2, 4 und 5 sowie § 44 Abs. 3 und 4 BauGB (§ 179 Abs. 3 BauGB); § 43 Abs. 1 BauGB verweist dabei (indirekt) wiederum auf die enteignungsrechtlichen Vorschriften des Fünften Teils des BauGB.

60 Die **materiellen** Entschädigungsvorschriften für den Übernahmeanspruch bedürfen der Harmonisierung. Folgende **Grundsätze** sind im Wege der Auslegung zu beachten:

– In den Fällen, wo sich die Entschädigung nach den Enteignungsvorschriften bemisst (so ausdrücklich § 145 Abs. 5 und § 168 BauGB), finden gemäß § 95 Abs. 2 Nr. 7 BauGB die Regelungen der §§ 40 bis 42 BauGB Anwendung. Des Weiteren sind die Regelungen des **§ 43 Abs. 4 BauGB** über die Nichtberücksichtigung von Bodenwerten anzuwenden[15].

– Die Regelungen des **§ 44 Abs. 3 und 4 BauGB über die Fälligstellung und Verjährung** von Ansprüchen aus Vermögensnachteilen nach den §§ 39 bis 42 BauGB kommen im Falle des **Übernahmeanspruchs nach den §§ 145 und 168 BauGB** (Sanierungsgebiete und Entwicklungsbereiche) seit In-Kraft-Treten des BauROG am 1. 1. 1998 auch in Sanierungsgebieten und städtebaulichen Entwicklungsbereichen zur Anwendung (vgl. § 145 Abs. 5 Satz 5 und § 168 Abs. 1 Satz 2 BauGB). Dies betrifft insbesondere die Verjährungsregelung des § 44 Abs. 4 BauGB, nach der ein Entschädigungsanspruch erlischt, wenn nicht innerhalb von drei Jahren nach Ablauf des Kalenderjahres, in dem die Vermögensnachteile nach den §§ 39 bis 42 BauGB eingetreten sind, der Betroffene die Fälligkeit des Anspruchs herbeigeführt hat[16].

Abb. 6: Übernahmeanspruch

Übernahmeanspruch
Verfahren
Vorverfahren

Voraussetzung (§ 44 Abs. 3 Satz 1 BauGB):
Vermögensnachteile nach den §§ 39 bis 42 BauGB eingetreten

Fälligkeitsstellung (§ 44 Abs. 3 Satz 2 BauGB)
Schriftlicher Antrag auf Entschädigungsleistung bei Entschädigungspflichtigen

---

Rechtsfolge
a) Verzinsung der Entschädigungsleistungen ab Fälligkeit mit 2 % über dem Basiszinssatz (§ 44 Abs. 3 Satz 3 BauGB).
b) Verzinsung bei Übernahme des Grundstücks mit 2 % über dem Basiszinssatz ab Entscheidung über Enteignungsantrag (§ 44 Abs. 3 Satz 4 BBauGB)

Verjährung (§ 44 Abs. 4 BauGB)
Nach Ablauf von drei Jahren, gerechnet ab Ende des Kalenderjahrs, in dem Vermögensnachteile nach den §§ 39 bis 42 BauGB eingetreten sind, wenn nicht vorher Fälligkeit herbeigeführt

---

Übernahmeverfahren

Bei keiner Einigung über Entschädigung durch
– Übernahme des Grundstücks oder
– Begründung eines Rechts

Schriftlicher Antrag (§ 43 Abs. 1 BauGB) auf
– Entziehung des Eigentums oder
– Begründung eines Rechts bei der Enteignungsbehörde

Vorwirkung (§ 43 Abs. 4 und 5 BauGB)
a) Ausschluss von Werterhöhungen bei
   – Möglichkeit der Antragstellung auf Festsetzung einer Geldentschädigung
   – Ablehnung einer angemessenen Entschädigung
b) Vorwirkung nach § 95 Abs. 2 Nr. 3 BauGB (§ 43 Abs. 5 BauGB)
c) Ausschluss von Bodenwerten, soweit
   – sie auf städtebaulichen Missständen i. S. d. § 136 Abs. 2 BauGB beruhen
   – zulässige Nutzung gesunden Wohn- und Arbeitsverhältnissen widerspricht.

---

14 Bielenberg in Ernst/Zinkahn/Bielenberg, BauGB § 145 Rn. 27
15 Schmidt-Aßmann in Ernst/Zinkahn/Bielenberg, BauGB, Komm. zu § 95, 37. Lfg. unter Hinweis auf Battis/Krautzberger/Löhr, BauGB, Komm. zu § 95 Rn. 10; Büchs S. 384; Pohl in Kohlh.-Komm. § 95 BauGB Rn. IV 4 b; Söfker in DVBl. 1979, 107; Bielenberg in Ernst/Zinkahn/Bielenberg, BauGB Komm. zu § 43 BauGB
16 Bielenberg in Ernst/Zinkahn/Bielenberg, BauGB Komm. zu § 145 Rn. 27 sowie § 18 Rn. 44, § 43 Rn. 2, § 44 Rn. 1 und 30 sowie Vorb. §§ 182 bis 186 Rn. 15

4   Enteignung

4.1   Allgemeines

4.1.1   Gegenstand und Zweck der Enteignung

61   Nach **§ 86 BauGB** können durch Enteignung

1. das Eigentum an Grundstücken entzogen oder belastet werden;
2. andere Rechte an Grundstücken entzogen oder belastet werden;
3. Rechte entzogen werden, die zum Erwerb, zum Besitz oder zur Nutzung von Grundstücken berechtigen oder die den Verpflichteten in der Benutzung von Grundstücken beschränken;
4. Rechtsverhältnisse begründet werden, die Rechte der in Nummer 3 bezeichneten Art gewähren, soweit es in den Vorschriften des Fünften Teils des Ersten Kapitels des BauGB vorgesehen ist.

62   Der **Enteignungszweck ist im BauGB planakzessorisch** geregelt, d. h., die Enteignung ist im Geltungsbereich eines qualifizierten, vorhabenbezogenen und nicht qualifizierten Bebauungsplanes zulässig, um ein Grundstück entsprechend den Festsetzungen des Bebauungsplans zu nutzen oder der ausgewiesenen Nutzung zuzuführen (§ 85 Abs. 1 Nr. 1 BauGB)[17].

63   Weitere **Enteignungszwecke ergeben sich aus § 85 Abs. 1 BauGB:**

„**§ 85 BauGB**
Enteignungszweck

(1) Nach diesem Gesetzbuch kann nur enteignet werden, um

1. entsprechend den Festsetzungen des Bebauungsplans ein Grundstück zu nutzen oder eine solche Nutzung vorzubereiten,
2. unbebaute oder geringfügig bebaute Grundstücke, die nicht im Bereich eines Bebauungsplans, aber innerhalb im Zusammenhang bebauter Ortsteile liegen, insbesondere zur Schließung von Baulücken, entsprechend den baurechtlichen Vorschriften zu nutzen oder einer baulichen Nutzung zuzuführen,
3. Grundstücke für die Entschädigung in Land zu beschaffen,
4. durch Enteignung entzogene Rechte durch neue Rechte zu ersetzen,
5. Grundstücke einer baulichen Nutzung zuzuführen, wenn ein Eigentümer die Verpflichtung nach § 176 Abs. 1 oder 2 nicht erfüllt, oder
6. im Geltungsbereich einer Erhaltungssatzung eine bauliche Anlage aus den in § 172 Abs. 3 bis 5 bezeichneten Gründen zu erhalten.

(2) Unberührt bleiben

1. die Vorschriften über die Enteignung zu anderen als den in Absatz 1 genannten Zwecken,
2. landesrechtliche Vorschriften über die Enteignung zu den in Absatz 1 Nr. 6 genannten Zwecken."

64   In **städtebaulichen Entwicklungsbereichen findet § 85 BauGB neben den §§ 87, 88 und 89 Abs. 1 bis 3 BauGB keine Anwendung** (§ 169 Abs. 3 Satz 3 BauGB); die Zulässigkeit der Enteignung ergibt sich für diese Bereiche aus § 169 Abs. 3 BauGB. Danach ist die Enteignung im städtebaulichen Entwicklungsbereich „ohne Bebauungsplan" zugunsten der Gemeinde oder des Entwicklungsträgers zur Erfüllung ihrer Aufgaben (§ 166 BauGB) zulässig und setzt voraus, dass sich der Antragsteller ernsthaft um den freihändigen Erwerb des Grundstücks zu angemessenen Bedingungen bemüht hat. Unberührt bleibt davon die Vorschrift des § 166 Abs. 1 Satz 2 BauGB, nach der die Gemeinde für den städtebaulichen Entwicklungsbereich ohne Verzug Bebauungspläne aufzustellen hat.

65   Weitere Zulässigkeitsvoraussetzungen ergeben sich aus den §§ 87 ff. BauGB und vor allem aus Art. 14 Abs. 1 Satz 1 GG. Danach ist eine Enteignung nur zum **Wohle der Allgemeinheit** (Gemeinwohlprinzip) zulässig (vgl. § 87 Abs. 1 BauGB). Es handelt sich hierbei um einen unbestimmten Rechtsbegriff, der eine Abwägung des Gesamtwohls mit der geschützten Rechtsstellung des Eigentümers verlangt[18]. Damit kommt es nicht allein auf das Einzelinteresse der öffentlichen Hand an; infolgedessen geht das Wohl der Allgemeinheit weiter als das öffentliche Interesse oder öffentliche Belange. Des Weiteren muss die **Enteignung nach allgemeinen Verfassungsgrundsätzen in qualifizierter Weise geeignet, erforderlich[19] und verhältnismäßig sein, um dem Zweck der Maßnahme zu genügen.**

4.1.2 Enteignungsverfahren (Kurzer Überblick)

Das Enteignungsverfahren ist von nicht untergeordneter Bedeutung für die Bemessung der Entschädigung und soll deshalb in den Grundzügen kurz skizziert werden. **Verfahrensmäßig** ist es in aller Regel in dem jeweils zur Anwendung kommenden Enteignungsgesetz geregelt. **Im Baugesetzbuch** sind dies **die §§ 104 bis 122 BauGB,** an denen sich die verfahrensrechtlichen Vorschriften anderer Rechtsgrundlagen orientieren.   **66**

Voraussetzung für eine Enteignung ist zunächst, dass sich der (spätere) Antragsteller   **67**

a) ernsthaft um den freihändigen Erwerb zu angemessenen Bedingungen bemüht und hierzu ein angemessenes Angebot unterbreitet und

b) glaubhaft macht, dass das Grundstück innerhalb angemessener Frist zu dem vorgesehenen Zweck verwendet wird[20].

Unter **angemessenen Bedingungen** ist unter den Voraussetzungen des § 100 Abs. 1 und Abs. 3 BauGB ein Angebot von geeignetem Ersatzland zu verstehen. Für einen durch eine städtebauliche Maßnahme (Sanierungs- und Entwicklungsmaßnahme) betroffenen land- oder forstwirtschaftlichen Betrieb ist die Regelung des § 189 BauGB zusätzlich zu beachten.   **68**

▸ *Weitere Ausführungen hierzu bei Rn. 90 ff.*

Bei **Enteignungen aus zwingenden städtebaulichen Gründen** braucht die Verwendung des Grundstücks in angemessener Frist nicht nachgewiesen zu werden, und es genügt der Nachweis des Erwerbsbemühens zu angemessenen Bedingungen. Dies gilt insbesondere für Enteignungen in förmlich festgelegten Sanierungsgebieten und städtebaulichen Entwicklungsbereichen (§ 88 BauGB).   **69**

Für den Fall, dass der Enteignungszweck in angemessener Frist nicht erreicht wird, begründet § 102 BauGB ein **Rückenteignungsrecht** des Enteigneten.

Das Enteignungsverfahren wird erst im Falle einer Ablehnung des angemessenen Angebots mit der Stellung eines Enteignungsantrags nach § 105 BauGB eröffnet. Die **Einleitung des Enteignungsverfahrens erfolgt** indessen erst **mit der Anberaumung eines Termins zu einer mündlichen Verhandlung** nach § 108 BauGB. Im Einzelnen ist der Ablauf des Enteignungsverfahrens in Abb. 7 dargestellt.   **70**

---

17 BGH, Urt. vom 16. 12. 1982 – III ZR 141/81 –, EzGuG 1.22; BGH, Urt. vom 11. 11. 1976 – III ZR 114/75 –, EzGuG 6.188 a; BGH, Urt. vom 27. 1. 1977 – III ZR 153/74 –, EzGuG 6.189; OLG München, Urt. vom 28. 9. 1989 – U 8/88 –, EzGuG 6.246b (nicht rechtskräftig)

18 BVerwG, Urt. vom 6. 3. 1987 – 4 C 11/83 –, EzGuG 6.234

19 Das BVerfG, Beschl. vom 24. 3. 1987 – 1 BvR 1046/85 –, EzGuG 6.236 fordert ein „besonders schwerwiegendes dringendes öffentliches Interesse"

20 BGH, Urt. vom 19. 12. 1966 – III ZR 62/66 –, EzGuG 6.94

Abb. 7: Enteignungsverfahren nach BauGB

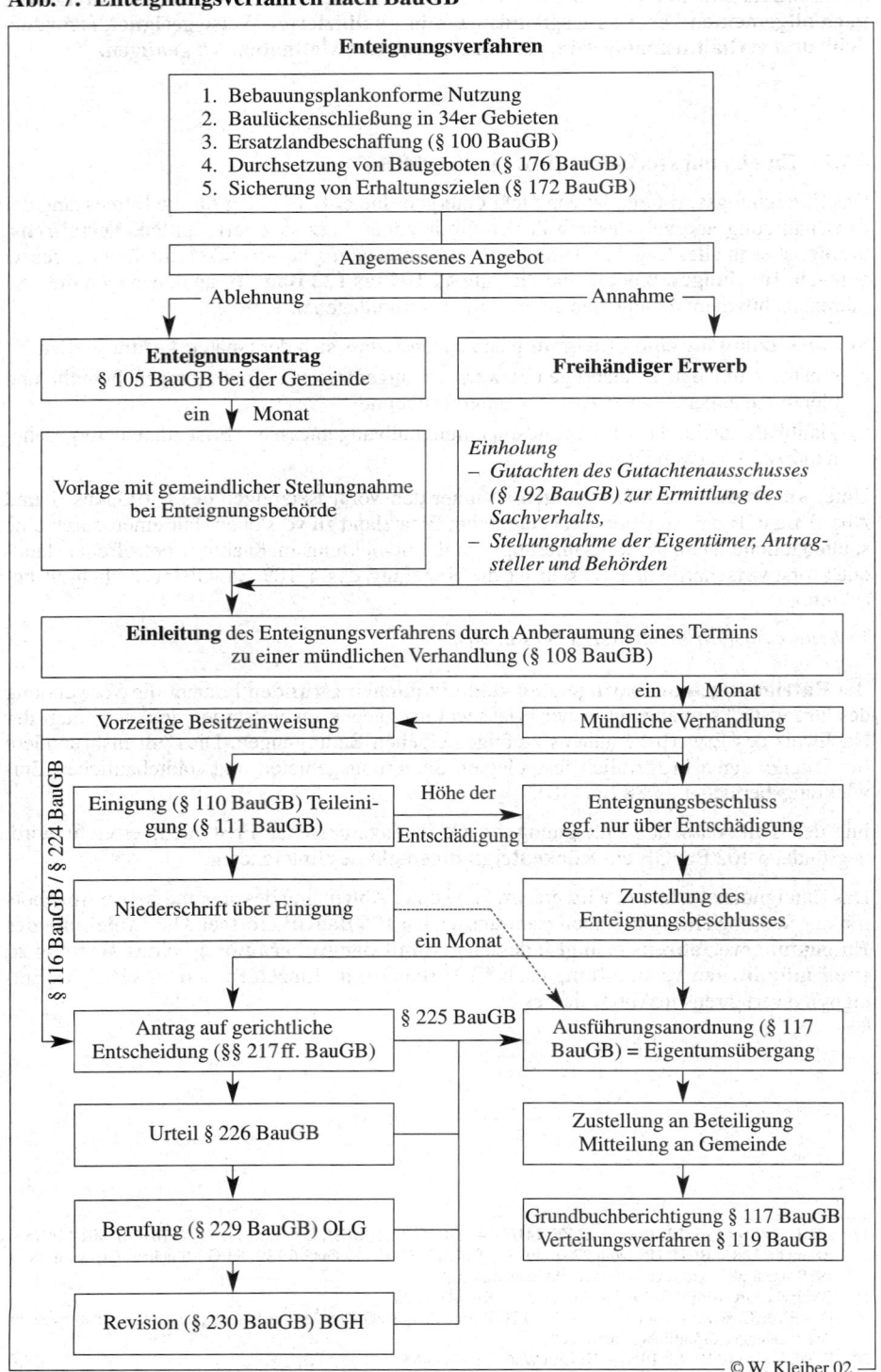

4.1.3 Enteignungsentschädigung

Das **BauGB regelt in den §§ 93 bis 103 die Bemessung der Entschädigung bei Enteig-** **71**
nungen. Materiell entsprechen ihnen die landesrechtlichen Entschädigungsbestimmungen.
Nach dem BauGB finden die Vorschriften (entsprechend) Anwendung auch bei

- Entschädigungen für *Veränderungssperren* nach § 18 Abs. 1 Satz 2 BauGB[21];
- der Bestimmung des zu zahlenden Betrags bei *Ausübung des Vorkaufrechts* beim Kauf
  von Grundstücken im Geltungsbereich eines Bebauungsplans, für die eine Nutzung für
  öffentliche Zwecke festgesetzt ist (§ 28 Abs. 4 Satz 1 BauGB);
- Entschädigungen nach den §§ 39 ff. BauGB für *Vertrauens- und Planungsschäden* (§ 43
  Abs. 2 Satz 2 BauGB);
- Abfindungen und Geldausgleichen (§ 59 Abs. 2 Satz 2, Abs. 5 Satz 2, Abs. 6 Satz 2, § 60
  Satz 2 BauGB) sowie für die Aufhebung, Änderung oder Begründung von Rechten oder
  Baulasten nach § 61 Abs. 2 Satz 2 BauGB in *Umlegungsverfahren*;
- Entschädigungen für die *Aufhebung von Miet- und Pachtverhältnissen* nach § 185 Abs. 1
  Satz 2 BauGB.

Bei der Bemessung der Entschädigung ist nach dem Vorhergesagten (Rn. 1 ff.) gemäß § 93 **72**
BauGB zwischen folgenden **drei Positionen** zu unterscheiden:

a) der **Entschädigung für den** durch die Enteignung eintretenden **Rechtsverlust,** der sich
   nach § 95 Abs. 1 BauGB nach dem Verkehrswert (§ 194 BauGB)[22] des Grundstücks
   (oder sonstigen Gegenstands der Enteignung) bemisst;

b) der **Entschädigung für „andere" durch die Enteignung eintretende Vermögens-**
   nachteile (Folgeschäden), wenn und soweit diese Vermögensnachteile nicht bereits bei
   der Bemessung der Entschädigung für den Rechtsverlust berücksichtigt worden sind
   (§ 96 BauGB); vereinfacht wird in diesem Zusammenhang auch von sog. Folgeschäden
   gesprochen;

c) den **Vermögensvorteilen,** die dem Entschädigungsberechtigten (§ 94 BauGB) infolge
   der Enteignung entstehen; sie „sind" bei der Festsetzung der Entschädigung **nach § 93**
   Abs. 3 Satz 1 BauGB zu berücksichtigen, d. h. sie mindern damit den Umfang des Entschädigungsanspruchs der Höhe nach.

Im Übrigen sind bei der Bemessung der Entschädigung für einen **enteignenden Eingriff** **73**
(vgl. Rn. 6) in ein Grundstück, wie im Schadensersatzrecht (vgl. § 22 WertV Rn. 2), auch
der **merkantile Minderwert** (vgl. § 194 Rn. 144; § 24 WertV Rn. 41 ff.)[23] und ein **schuld-**
haftes Mitwirken (vgl. § 29 WertV Rn. 78 ff.) zu berücksichtigen.

Darüber hinaus kann ein **Härteausgleich** in Betracht kommen, wenn dem Betroffenen **74**
durch hoheitliche Maßnahmen **erhebliche Nachteile** zugefügt wurden, **ohne dass dabei in**
eigentumsrechtlich geschützte Rechtspositionen eingegriffen wurde und insoweit eine
Entschädigung nicht gewährt werden kann (vgl. § 181 BauGB).

Materielle Rechtsgrundlage des Städtebaurechts **sind** insbesondere **die §§ 95 f. BauGB,** **75**
auf die § 29 WertV Bezug nimmt. Die Vorschriften haben folgenden Wortlaut:

---

21 Zur Entschädigung bei vorübergehenden Bausperren: BGH, Urt. vom 15. 12. 1988 – III ZR 110/87 –, EzGuG
    6.243; BGH, Urt. vom 8. 11. 1979 – III ZR 51/78 –, EzGuG 6.203; BGH, Urt. vom 14. 12. 78 – III ZR 77/76 –,
    EzGuG 6.202; BGH, Urt. vom 12. 7. 1973 – III ZR 111/71 –, EzGuG 6.160; BGH, Urt. vom 3. 7. 1972 – III ZR
    134/71 –, EzGuG 6.156; BGH, Urt. vom 26. 6. 1972 – III ZR 203/68 –, EzGuG 6.155; BGH, Urt. vom 19. 6.
    1972 – III ZR 106/70 –, EzGuG 6.154; BGH, Urt. vom 8. 6. 1972 – III ZR 179/69 –, EzGuG 6.153; BGH, Urt.
    vom 29. 5. 1972 – III ZR 188/70 –, EzGuG 6.152; BGH, Urt. vom 10. 2. 1972 – III ZR 188/69 –, EzGuG 6.149;
    BGH, Urt. vom l4. 12. 1970 – III ZR 77/70 –, EzGuG 6.130
22 Verfassungsrechtlich ist bei gerechter Abwägung der Betroffenen auch eine andere gesetzgeberische Entschädi-
    gungsnorm zulässig; vgl. Maunz/Dürig/Herzog/Scholz, GG Art. 14 Rn. 518 ff.
23 BGH, Urt. vom 2. 4. 1981 – III ZR l86/79 –, EzGuG 4.75 = EzGuG 19.38

„§ 95 BauGB
Entschädigung für den Rechtsverlust

(1) Die Entschädigung für den durch die Enteignung eintretenden Rechtsverlust bemisst sich nach dem Verkehrswert (§ 194) des zu enteignenden Grundstücks oder sonstigen Gegenstands der Enteignung. Maßgebend ist der Verkehrswert in dem Zeitpunkt, in dem die Enteignungsbehörde über den Enteignungsantrag entscheidet.

(2) Bei der Festsetzung der Entschädigung bleiben unberücksichtigt

1. Wertsteigerungen eines Grundstücks, die in der Aussicht auf eine Änderung der zulässigen Nutzung eingetreten sind, wenn die Änderung nicht in absehbarer Zeit zu erwarten ist;

2. Wertänderungen, die infolge der bevorstehenden Enteignung eingetreten sind;

3. Werterhöhungen, die nach dem Zeitpunkt eingetreten sind, in dem der Eigentümer zur Vermeidung der Enteignung ein Kauf- oder Tauschangebot des Antragstellers mit angemessenen Bedingungen (§ 87 Abs. 2 Satz 1 und § 88) hätte annehmen können, es sei denn, dass der Eigentümer Kapital oder Arbeit für sie aufgewendet hat;

4. wertsteigernde Veränderungen, die während einer Veränderungssperre ohne Genehmigung der Baugenehmigungsbehörde vorgenommen worden sind;

5. wertsteigernde Veränderungen, die nach Einleitung des Enteignungsverfahrens ohne behördliche Anordnung oder Zustimmung der Enteignungsbehörde vorgenommen worden sind;

6. Vereinbarungen, soweit sie von üblichen Vereinbarungen auffällig abweichen und Tatsachen die Annahme rechtfertigen, dass sie getroffen worden sind, um eine höhere Entschädigungsleistung zu erlangen;

7. Bodenwerte, die nicht zu berücksichtigen wären, wenn der Eigentümer eine Entschädigung in den Fällen der §§ 40 bis 42 geltend machen würde.

(3) Für bauliche Anlagen, deren Rückbau jederzeit auf Grund öffentlich-rechtlicher Vorschriften entschädigungslos gefordert werden kann, ist eine Entschädigung nur zu gewähren, wenn es aus Gründen der Billigkeit geboten ist. Kann der Rückbau entschädigungslos erst nach Ablauf einer Frist gefordert werden, so ist die Entschädigung nach dem Verhältnis der restlichen zu der gesamten Frist zu bemessen.

(4) Wird der Wert des Eigentums an dem Grundstück durch Rechte Dritter gemindert, die an dem Grundstück aufrechterhalten, an einem anderen Grundstück neu begründet oder gesondert entschädigt werden, so ist dies bei der Festsetzung für den Rechtsverlust zu berücksichtigen.

§ 96 BauGB
Entschädigung für andere Vermögensnachteile

(1) Wegen anderer durch die Enteignung eintretender Vermögensnachteile ist eine Entschädigung nur zu gewähren, wenn und soweit diese Vermögensnachteile nicht bei der Bemessung der Entschädigung für den Rechtsverlust berücksichtigt sind. Die Entschädigung ist unter gerechter Abwägung der Interessen der Allgemeinheit und der Beteiligten festzusetzen, insbesondere für

1. den vorübergehenden oder dauernden Verlust, den der bisherige Eigentümer in seiner Berufstätigkeit, seiner Erwerbstätigkeit oder in Erfüllung der ihm wesensgemäß obliegenden Arbeiten erleidet, jedoch nur bis zu dem Betrag des Aufwands, der erforderlich ist, um ein anderes Grundstück in der gleichen Weise wie das zu enteignende Grundstück zu nutzen;

2. die Wertminderung, die durch die Enteignung eines Grundstücksteils oder eines Teils eines räumlich oder wirtschaftlich zusammenhängenden Grundbesitzes bei dem anderen Teil oder durch Enteignung des Rechts an einem Grundstück bei einem anderen Grundstück entsteht, soweit die Wertminderung nicht schon bei der Festsetzung der Entschädigung nach Nummer 1 berücksichtigt ist;

3. die notwendigen Aufwendungen für einen durch die Enteignung erforderlich werdenden Umzug.

(2) Im Falle des Absatzes 1 Nr. 2 ist § 95 Abs. 2 Nr. 3 anzuwenden.“

76 **Die Entschädigung ist darauf angelegt, einen angemessenen Ausgleich für das Genommene zu gewähren**[24]. Dies ist allerdings nur „bildhaft" zu verstehen, denn es kommt nicht darauf an, dass sich der Enteignete tatsächlich ein gleichartiges oder gleichwertiges Ersatzobjekt beschaffen kann oder will. Die Höhe der Entschädigung ist damit von der Art und Weise ihrer Verwendung unabhängig.

77 Dem Grundgedanken, dass die Enteignungsentschädigung den Betroffenen „bildhaft" in die Lage versetzen soll, sich einen **gleichartigen und gleichwertigen Ersatz** zu verschaffen, trägt das BauGB damit Rechnung, dass neben der Substanzentschädigung auch die als unmittelbare Folge der Enteignung entstehenden Nachteile entschädigt werden[25].

4.1.4 Schadensersatz

78 Von der Entschädigung bei Enteignungen ist der **Schadensersatzanspruch nach den §§ 249 ff. BGB** zu unterscheiden. Nach § 249 BGB hat der zum Schadensersatz Verpflichtete „den Zustand herzustellen, der bestehen würde, wenn der zum Ersatz verpflichtende Umstand nicht eingetreten wäre. Ist wegen Verletzung einer Person oder wegen Beschädigung einer Sache Schadensersatz zu leisten, so kann der Gläubiger statt der Herstellung den dazu erforderlichen Geldbetrag verlangen." Zwar steht der bürgerlich-rechtliche Schadensersatzanspruch der Enteignungsentschädigung in den wesentlichen Zügen „fast" gleich[26], jedoch geht er im Einzelfall weiter. Dies hat der BGH[27] in seinem Urt. vom 29. 11. 1965 wie folgt ausgeführt:

„ ... Hierin unterscheidet sich die Enteignungsentschädigung grundsätzlich vom Schadensersatzanspruch. Während bei diesem die Fragestellung dahingeht, wie sich die Vermögenslage des Geschädigten ohne das schädigende Ereignis künftig entwickelt hätte, also der von der Revision angeführte hypothetische Vermögenswert zu entschädigen wäre, ersetzt die Enteignungsentschädigung nur den wirtschaftlichen Wert, den das entzogene Grundstück tatsächlich in dem Augenblick hatte, in dem es von der Enteignung oder den ihr möglicherweise schon vorausgehenden Vorwirkungen betroffen wurde. Bei der Enteignungsentschädigung haben also, anders als beim Schadensersatzanspruch, in der Zukunft liegende Wertsteigerungen, die ohne die Enteignung und die ihr zu Grunde liegenden Planungen eingetreten wären, unberücksichtigt zu bleiben. Solche, wenn man so sagen will, Zukunftshoffnungen oder Gewinnchancen können bei der Enteignungsentschädigung nur dann Berücksichtigung finden, wenn ihre Verwirklichung im Zeitpunkt der Enteignung oder deren Vorwirkung so sicher unmittelbar bevorstand, dass sie sich bereits als wertbildende Faktoren auswirkten, der allgemeine Grundstücksmarkt ihnen also schon Rechnung trug."

Auch im Schadensersatzrecht findet der **Grundsatz des Vorteilsausgleichs** Anwendung, d. h. dem Geschädigten sind grundsätzlich diejenigen Vorteile zuzurechnen, die ihm im adäquaten Zusammenhang mit dem Schadensereignis zufließen (vgl. Rn. 194).[28]   **79**

Bei der Bemessung des Schadensersatzes für die Beschädigung oder Zerstörung einer durch Gebrauch oder Zeitdauer im Wert gesunkenen und schon vorher schadhaften Sache ist im Übrigen grundsätzlich ein Abzug zwecks **Berücksichtigung des Unterschiedes zwischen neu und alt** zu machen (vgl. Rn. 105). Auch stellt die Vorteilsausgleichung einen Faktor der Schadensberechnung dar. Dabei ist es nicht erforderlich, dass die schädigende Handlung unmittelbar auch den Vorteil zur Entstehung gebracht hat. Es genügt, dass Schaden und Vorteil aus mehreren der äußeren Erscheinung nach selbstständigen Ereignissen fließen, sofern nur nach dem natürlichen Ablauf der Dinge das schädigende Ereignis allgemein geeignet war, derartige Vorteile mit sich zu bringen, und dass der Zusammenhang nicht so lose ist, dass er nach vernünftiger Lebensauffassung keine Berücksichtigung mehr verdient.[29]   **80**

Ein Schadensersatzanspruch besteht im Übrigen auch, wenn die **Einleitung oder Durchführung eines** vom Betroffenen beantragten **Enteignungsverfahrens von der zuständigen Behörde schuldhaft oder ungerechtfertigt verzögert** wird[30].   **81**

Fazit: Im Unterschied zum Schadensersatz bleiben bei der Bemessung von Enteignungsentschädigungen hypothetische Wertentwicklungen außer Betracht, die ohne die Enteignung eingetreten wären[31].   **82**

---

24   BGH, Urt. vom 10. 3. 1977 – III ZR 195/74 –, EzGuG 18.22; BGH, Urt. vom 29. 3. 1976 – III ZR 92/74 –, EzGuG 6.185; BGH, Urt. vom 13. 11. 1975 – III ZR 162/72 –, EzGuG 6.182; BGH, Urt. vom 1. 4. 1968 – III ZR 218/65 –, EzGuG 8.24

25   BGH, Urt. vom 26. 5. 1977 – III ZR 93/75 –, EzGuG 6.193; BGH, Urt. vom 26. 5. 1977 – III ZR 109/75 –; BGH, Urt. vom 8. 2. 1971 – III ZR 65/70 –, EzGuG 6.133; BGH, Urt. vom 17. 10. 1974 – III ZR 53/72 –, EzGuG 6.171

26   BGH, Urt. vom 16. 11. 1953 – GSZ 5/53 –, EzGuG 6.7, auch LG Hamburg, Urt. vom 8. 2. 1965 – 10 O 15/63 –, EzGuG 6.79 unter Bezugnahme auf RGZ 32, 288

27   BGH, Urt. vom 29. 11. 1965 – III ZR 34/64 –, EzGuG 6.82; BGH, Urt. vom 9. 1. 1969 – III ZR 51/68 –, EzGuG 6.120; BGH, Urt. vom 28. 9. 1972 – III ZR 44/70 –, EzGuG 14.47

28   BGH, Urt. vom 17. 5. 1984 – VII ZR 169/82 –, EzGuG 11.142l; BGH, Urt. vom 16. 4. 1973 – VII ZR 140/71 –, BGHZ 60, 353 = BauR 1973, 260; BGH, Urt. vom 16. 5. 1980 – V ZR 91/79 –, BGHZ 77, 151 = WM 1980, 1033 = NJW 1980, 2187; BGH, Urt. vom 19. 12. 1978 – VI ZR 218/76 –, BGHZ 73, 109 = NJW 1979, 760 = VersR 1979, 323

29   BGH, Urt. vom 10. 7. 1984 – VI ZR 262/82 –, EzGuG 6.225; BGH, Urt. vom 15. 12. 1988 – III ZR 110/87 –, EzGuG 6.243; BGH, Urt. vom 4. 7. 1980 – V ZR 240/77 –, EzGuG 6.207; BGH, Urt. vom 24. 3. 1959 – VI ZR 90/58 –, EzGuG 6.39; BGH, Urt. vom 20. 1. 1972 – VII ZR 148/70 –, EzGuG 6.146; ferner BGH, Urt. vom 28. 2. 1980 – VII ZR 183/79 –, EzGuG 11.117; OLG Celle, Urt. vom 30. 7. 1959 – 7 U 23/58 –, EzGuG 6.44; zum Schadensersatz für im Vertrauen auf die Gültigkeit eines Bebauungsplanes gemachte Aufwendungen: BGH, Urt. vom 24. 6. 1982 – III ZR 169/80 –, EzGuG 6.216

30   BGH, Urt. vom 27. 11. 1969 – III ZR 25/69 –, EzGuG 6.127

31   BGH, Urt. vom 11. 3. 1976 – II ZR 154/73 –, EzGuG 13.28; BGH, Urt. vom 20. 12. 1971 – III ZR 79/69 –, EzGuG 13.19; zur **Verjährung**: vgl. BGH, Urt. vom 31. 10. 1980 – V ZR 140/79 –, EzGuG 6.209

4.2   Verbot der Doppelentschädigung

83 Die aus dem Rechtsverlust und anderen Vermögensnachteilen resultierenden Einbußen des Betroffenen sind häufig miteinander eng verzahnt, so dass auch bei der Bemessung der Entschädigung eine klare Abgrenzung schwierig wird. Die Entschädigung für „andere" Vermögensnachteile kann ganz oder teilweise bereits mit der Entschädigung für den Rechtsverlust, d. h. mit der Entschädigung für das entzogene Grundstück berücksichtigt sein. Deshalb bestimmt § 96 Abs. 1 Satz 1 BauGB ausdrücklich, dass **für andere durch die Enteignung eintretende Vermögensnachteile eine Entschädigung „nur zu gewähren" ist, „wenn und soweit diese Vermögensnachteile nicht bei der Entschädigung für den Rechtsverlust berücksichtigt sind".** Das Verbot der **Doppelentschädigung** ist damit im Städtebaurecht verankert[32]. Hieran schließt § 29 WertV an; die Vorschrift bestimmt, dass bei der Ermittlung von Entschädigungen nach den entschädigungsrechtlichen Grundsätzen der §§ 93 ff. BauGB die sich nach dem Verkehrswert des Grundstücks bemessende Entschädigung für den Rechtsverlust (§ 95 BauGB) von der Entschädigung für andere Vermögensnachteile (§ 96 BauGB) unter Berücksichtigung von Vermögensvorteilen voneinander abzugrenzen ist.

84 Zweck dieser Regelung, die auch bei entsprechenden Wertermittlungen zur Vermeidung einer Enteignung Anwendung findet, ist die im BauGB bereits angesprochene **Vermeidung von Doppelentschädigungen.**

85 **§ 29 Satz 1** knüpft an das gesetzliche Verbot der Doppelentschädigung an und bestimmt, dass
– bei einer Enteignung
– im Falle von Übernahmeansprüchen (Rn. 10, 24 ff., 32 ff., 57 ff.) oder
– bei Nutzungsbeschränkungen

die sich nach dem Verkehrswert bemessende **Entschädigung für den Rechtsverlust von der Entschädigung für andere Vermögensnachteile** unter Berücksichtigung von Vermögensvorteilen **voneinander abgegrenzt werden soll.** Der Befehl betrifft nach dem Einleitungssatz nur die Fälle, in denen beide Positionen – Entschädigung für den Rechtsverlust und für andere Vermögensnachteile (Folgeschäden) – Gegenstand der Wertermittlung sind. Auf Grund der gegenseitigen Abhängigkeit beider Positionen ist in der Rechtsprechung darauf hingewiesen worden, dass im Streitfalle bei der Bemessung der Entschädigung für den Entzug einer Teilfläche nicht durch Teilurteil nur über den Ausgleich für die unter dem einen oder anderen Gesichtspunkt eingetretene Wertminderung entschieden werden kann[33]. Grundsätzlich gilt dies auch für die Wertermittlung. Von der Einschaltung unterschiedlicher Gutachter für die Ermittlung der Entschädigung für den Rechtsverlust einerseits und für die Ermittlung der Entschädigung für sonstige Vermögensnachteile (Folgeschäden) andererseits muss deshalb abgeraten werden, denn die schematische Aufsummierung beider Positionen trägt die Gefahr einer Doppelentschädigung in sich.

86 Deshalb ist mit § 136 BBauG 76 der Aufgabenbereich der Gutachterausschüsse erstmals dahin gehend erweitert worden, dass er außer Gutachten über die Höhe der Entschädigung für den Rechtsverlust auch Gutachten über die Höhe der Entschädigung für andere Vermögensnachteile erstatten „kann". Das BauGB hat mit § 193 Abs. 2 an dieser „Kann-Bestimmung" festgehalten. Die den praktischen Bedürfnissen entsprechende **Ergänzung des Aufgabenbereichs der Gutachterausschüsse** erschien insbesondere im Hinblick auf die angesprochenen wechselseitigen Beziehungen zwischen der Entschädigung für den Rechtsverlust sowie für andere Vermögensnachteile unter Berücksichtigung von Vermögensvorteilen geboten. Da die Abgrenzung der einzelnen Teile der Enteignungsentschädigung oft schwierig ist, sollen mit der Ermittlung der Gesamtentschädigung durch den Gutachterausschuss Doppelentschädigungen vermieden werden.

§ 29 ist eine Soll-Vorschrift, denn die Unterscheidung zwischen der Entschädigung für den **87** Rechtsverlust und andere Vermögensnachteile kann im Einzelfall recht schwierig sein und ist nicht immer eindeutig möglich[34]. Es wird folglich auch nicht immer erforderlich sein, die Entschädigungen voneinander in Geldbeträgen abzugrenzen. Vielfach wird es genügen, wenn **bei der Ermittlung der Gesamtentschädigungen beide Positionen qualitativ sorgfältig voneinander abgegrenzt** werden. So kann es im Einzelfall zweckmäßig sein, dass mit der Entschädigung für den Rechtsverlust auch andere Vermögensteile abgegolten werden, ohne dass diese der Höhe nach aus der Entschädigung für den Rechtsverlust aus-gegrenzt werden; bei der Ermittlung der Entschädigung für andere Vermögensnachteile müssen diese dann insoweit unberücksichtigt bleiben.

Bei der **Entschädigung für ein landwirtschaftliches Grundstück** muss sich der Eigen- **88** tümer auf Grund des Verbots der Doppelentschädigung auf die Entschädigung für Nach-teile im landwirtschaftlichen Betrieb den Teil der Entschädigung für das Grundstück anrechnen lassen, der auf eine über die allgemeine landwirtschaftliche Nutzbarkeit des Grundstücks hinausreichende Qualität entfällt, wenn für die Bemessung der Entschädi-gung für den Rechtsverlust eine höhere Qualität, z. B. baureifes Land, Rohbauland oder Bauerwartungsland zu Grunde gelegt wurde.

Der **BGH**[35] hat hierzu ausgeführt: **89**

„Die Entschädigung bemisst sich nach den Nutzungsmöglichkeiten des Enteignungsobjektes, hier also eines land-wirtschaftlich genutzten Grundstücks, das als Bauland oder Bauerwartungsland anzusehen ist. Seine Nutzungsmög-lichkeiten als Bau- oder Bauerwartungsland werden ihm in der Regel einen höheren Wert verleihen, als es der Nutz-barkeit für landwirtschaftliche Zwecke entspricht. Im Einzelfall kann jedoch der Wert eines solchen Grundstücks für den konkreten landwirtschaftlichen *Betrieb* den Wert als Bau- oder Bauerwartungsland übersteigen. Das ist der Fall, wenn das Grundstück, etwa wegen der Qualität des Bodens oder wegen bestimmter Bewirtschaftungsvorzüge, den Wert des Betriebs mehr als den anderer Betriebsgrundstücke steigert. Die Herausstrennung eines solchen Grundstücks aus dem Betrieb kann zu Nachteilen führen, die über den – gesondert festgestellten –Baulandwert des Grundstücks hinausgehen. In einem solchen Fall würde der Eigentümer als Betriebsinhaber allerdings nicht voll entschädigt, wenn er nur den – niedrigeren – Baulandwert erhielte.

Das Verbot der Doppelentschädigung erleidet keine Ausnahme in dem Fall, dass eine Entschädigung, die dem Ver-kehrswert für gleichartiges und gleichwertiges landwirtschaftlich genutztes Land entspricht und darüber hinaus betriebliche Folgeschäden abgilt, höher ist als die nach Baulandpreisen bemessene Entschädigung für das Grund-stück. In diesem Fall gebührt dem Eigentümer der – aber auch nur der – höhere Entschädigungsbetrag.

Die Entschädigungspositionen, die Nachteile im landwirtschaftlichen Betrieb oder den besonderen „Mehrwert" eines Grundstücks für den Betrieb ausgleichen sollen, können daher der Entschädigung für das Grundstück ohne Verstoß gegen das Verbot der Doppelentschädigung nur insoweit *hinzugerechnet* werden, als diese den *allgemeinen landwirt-schaftlichen Wert* das Grundstücks abgilt. Ein solcher Wert entspricht der allgemeinen Wertschätzung eines Grund-stücks dieser Qualitätsstufe ohne Beziehung zu einem *bestimmten* Betrieb.

Der Eigentümer, der für das Grundstück eine Entschädigung erhält, die eine über die allgemeine landwirtschaftliche Nutzbarkeit genutzten Grundstücks hinausreichende Qualität (Bauland, Bauerwartungsland) berücksichtigt, kann in *diesem* Umfang einen zusätzlichen Ausgleich für solche Nachteile nicht beanspruchen, die darin bestehen, dass ihm eine gesteigerte (besondere) landwirtschaftliche Nutzbarkeit des Grundstücks unmöglich gemacht worden ist.

Der Eigentümer erhält deshalb in diesem Fall grundsätzlich mindestens die nach Baulandpreisen berechnete Entschä-digung. **Er kann aber daneben nicht** *zusätzlich* **für dieselbe Fläche (Teilfläche) eine Entschädigung für land-wirtschaftliche Betriebs- und Grundstücksnachteile erhalten, wenn und soweit die landwirtschaftliche Nut-zung und die Baulandnutzung miteinander unvereinbar sind.**

---

32 BGH, Urt. vom 16. 12. 1974 – III ZR 39/72 –, EzGuG 19.26; Verbot der Doppelentschädigung: BGH, Urt. vom 7. 10. 1976 – III ZR 60/73 –, EzGuG 6.188; BGH Urt. vom 8. 2. 1971 – III ZR 200/69 –, EzGuG 6.134; BGH, Urt. vom 8. 2. 1971 – III ZR 65/70 –, EzGuG 6.133; BGH, Urt. vom 26. 5. 1977 – III ZR 93/74 –, EzGuG 6.193; BGH, Urt. vom 12. 1. 1978 – III ZR 57/76 –, EzGuG 6.195; BGH, Urt. vom 14. 7. 1983 – III ZR 215/83 –, EzGuG 4.92

33 BGH, Urt. vom 6. 12. 1962 – III ZR 161/61 –, EzGuG 18.18; auf die einheitliche Feststellung von Entschädi-gungsansprüchen weist der BGH auch in seinem Urt. vom 14. 3. 1968 – III ZR 200/65 –, EzGuG 4.27 a hin

34 BGH, Urt. vom 12. 1. 1978 – III ZR 57/76 –, EzGuG 6.195

35 BGH, Urt. vom 7. 10. 1976 – III ZR 60/73 –, EzGuG 6.188; vgl. auch BGH, Urt. vom 27. 1. 1977 – III ZR 153/74 –, EzGuG 6.189; BGH, Urt. vom 26. 5. 1977 – III ZR 93/75 –, EzGuG 6.193; BGH, Urt. vom 26. 5. 1977 – III ZR 149/74 –, EzGuG 18.75

Der Eigentümer und Betriebsinhaber, der eine freiwillige Verwertung eines bisher landwirtschaftlich genutzten Grundstücks als Bauland erwägt, würde gleichfalls berücksichtigen müssen, ob die Nutzung zu betrieblichen Zwecken (Landwirtschaft) oder die Verwertung als (betriebsfremdes) Bauland für ihn vorteilhafter ist. Bei einer Vergleichsrechnung könnte sich ergeben, dass der besondere Wert des Grundstücks für den Betrieb – z. B. wegen seiner günstigen Lage – den Baulandwert erreicht oder ihn sogar übersteigt. Er muss sich jedoch für eine dieser Möglichkeiten entscheiden. Beides kann er nicht zugleich verwirklichen. Auch der von einer Enteignung Betroffene kann deshalb nicht so gestellt werden, als habe er einander ausschließende Nutzungsmöglichkeiten zugleich auf derselben Fläche verwirklicht."

▸ *Zum merkantilen Minderwert vgl. Rn. 73, § 194 BauGB Rn. 144 ff.; § 24 WertV Rn. 41.*

4.3 Angemessenes Angebot

90 § 29 ist nicht nur bei formellen Enteignungsverfahren, sondern auch bei freihändigem Erwerb zur Vermeidung einer Enteignung von Bedeutung. Nach § 87 Abs. 2 BauGB setzt nämlich die Enteignung voraus, dass der Antragsteller sich ernsthaft um den freihändigen Erwerb des zu enteignenden Grundstücks zu angemessenen Bedingungen bemüht hat (angemessenes Angebot). Die **Wirksamkeitsvoraussetzungen für eine Enteignung** liegen infolgedessen erst vor, wenn die Kaufverhandlungen gescheitert sind. Auf der anderen Seite kann ein die konjunkturelle Weiterentwicklung ausschließendes angemessenes Angebot erst abgegeben werden, wenn die materiellen und formellen Voraussetzungen für die Enteignung vorliegen[36].

91 Die genannten Rechtsfolgen eines angemessenen Angebots können nur eintreten, wenn **im Zeitpunkt der Abgabe des Angebots die Voraussetzungen für die Zulässigkeit der Enteignung vorliegen.** Es reicht nicht aus, wenn die Voraussetzungen geschaffen werden können[37].

92 Im Falle einer **Enteignung aus zwingenden städtebaulichen Gründen** ist es nach § 88 BauGB nicht erforderlich, dass die vorgesehene Verwendung des Grundstücks innerhalb einer angemessenen Frist glaubhaft gemacht wird.

93 Ein **Kauf- oder Tauschangebot ist nur dann entbehrlich, wenn der Betroffene von vornherein deutlich gemacht hat, dass er jedes Angebot ablehnen werde**[38]. Ansonsten ist das angemessene Angebot für die Bemessung der Entschädigung von wesentlicher Bedeutung[39].

94 Das **angemessene Angebot ist in doppelter Hinsicht von Bedeutung:**

a) Es ist die *formelle Voraussetzung* für die Zulässigkeit der Enteignung und signalisiert dem Betroffenen ein ernsthaftes Bemühen um einen freihändigen Erwerb.

b) Zum anderen löst das angemessene Angebot insofern für die Höhe der Entschädigung eine *Sperrwirkung* mit der Folge aus, dass die nach Abgabe des Angebots eintretenden Werterhöhungen bei der Entschädigungsfestsetzung unberücksichtigt bleiben. Dies betrifft sowohl Werterhöhungen auf Grund von Qualitätssteigerungen (Zustandsmerkmale), als auch Werterhöhungen auf Grund allgemeiner (konjunktureller) Preissteigerungen.

95 Nach der Reduktionsklausel des § 95 Abs. 2 Nr. 3 BauGB führt ein angemessenes Angebot zu einem **Einfrieren der Entschädigung.** Nach dieser Vorschrift bleiben nämlich bei der Festsetzung der Entschädigung Werterhöhungen unberücksichtigt, die nach dem Zeitpunkt eingetreten sind, in dem der Eigentümer zur Vermeidung der Enteignung ein Kauf- oder Tauschangebot des Antragstellers zu angemessenen Bedingungen (§ 87 Abs. 2 Satz 1 und § 88 BauGB) hätte annehmen können. Nachfolgende Werterhöhungen müssen demnach außer Betracht bleiben, es sei denn, dass der Eigentümer Kapital oder Arbeit für sie aufgewendet hat.

Der **BGH**[40] führt hierzu aus: **96**

„Ein Angebot des Enteignungsbegünstigten zum freihändigen Erwerb der benötigten Sache zu angemessenen Bedingungen kann die Preisverhältnisse für den Zeitpunkt festschreiben, indem der Betroffene ein solches Angebot hätte annehmen können; denn mit dem ernstlichen Zahlungsangebot steht dem Betroffenen der Ausgleich insoweit zur Verfügung. Der Betroffene, der ein solches Zahlungsangebot ablehnt, kann sich daher auf spätere Preissteigerungen insoweit nicht berufen, als die abgelehnte Zahlung die in jenem Zeitpunkt geschuldete Entschädigung abgegolten haben würde ...

... Dieser Grundsatz trägt dem Gedanken Rechnung, dass ein Eigentümer, der ein Objekt, dessen Enteignung zulässig ist, der öffentlichen Hand auf Grund eines angemessenen Erwerbsangebots freiwillig überlässt, nicht schlechter gestellt sein darf als derjenige Eigentümer, der sich gegenüber dem Angebot weigerlich verhält; insoweit soll ein ‚Verzögerungsgewinn' ausgeschlossen sein."

Dieser allgemeine Entschädigungsgrundsatz dient also dem **Ausschluss von Verzöge-** **97** **rungsgewinnen,** wobei dieser Grundsatz vor allem bezüglich allgemeiner (konjunktureller) Werterhöhungen Wirkung entfaltet, da die qualitative Weiterentwicklung i.d.R. ohnehin durch den Vorwirkungsgrundsatz gebremst ist. § 95 Abs. 2 Nr. 3 BauGB kommt indessen dem Antragsteller nicht zugute, wenn er von einem unterbreiteten angemessenen Angebot dadurch abgerückt ist, dass er mit einem Antrag auf gerichtliche Entscheidung verlangt hat, die behördlich festgesetzte Entschädigung auf einen unter dem Angebot liegenden Betrag herabzusetzen. Es fehlt in diesen Fällen an einem Stichtag für die allgemeinen Wertverhältnisse auf dem Grundstücksmarkt, so dass Änderungen in den allgemeinen Wertverhältnissen, die in dem Zeitraum zwischen dem Zugang des Angebots und seiner Rücknahme oder Einschränkung eingetreten sind, bei der Bemessung der Entschädigung zu berücksichtigen sind[41]. Im Übrigen ist es auch nach Einleitung des Enteignungsverfahrens zulässig, ein angemessenes Angebot zu unterbreiten, das die stichtagsfixierende Funktion des § 95 Abs. 2 Nr. 2 BauGB auslöst.

Ein angemessenes Angebot muss grundsätzlich den **Betrag für den enteignungsbeding-** **98** **ten Rechtsverlust sowie für entschädigungspflichtige Vermögensnachteile** (Folgeschäden; vgl. Rn. 147 ff.) umfassen. Dabei genügt es, wenn die Höhe der einzelnen Entschädigungspositionen nur in etwa der Enteignungsentschädigung entspricht[42].

Bei einem den Rechtsverlust und sonstige Vermögensnachteile abdeckenden Angebot **99** kommt es entscheidend auf die **Angemessenheit des Gesamtangebots** an, d. h. eine unangemessen zu niedrig angesetzte Position kann durch eine überhöht angesetzte Position ausgeglichen werden[43]. Ansonsten muss das angemessene Angebot nach Positionen aufgeschlüsselt werden, wenn es sich aus mehreren Positionen zusammensetzt.

Angemessen ist ein Angebot, das dem Entschädigungsberechtigten **eine wirtschaftlich** **100** **sinnvolle Anlage in Grundstücken oder anderen Werten erlaubt.** Der Unterschied zwischen dem angebotenen und zu entschädigenden Betrag muss deshalb „verhältnismäßig gering" sein, d. h. er muss innerhalb einer Toleranzspanne liegen[44]. Nur dann tritt die Sperrwirkung ein[45], und zwar insgesamt.

---

36   BGH, Urt. vom 24. 1. 1980 – III ZR 26/78 –, EzGuG 6.206; BGH, Urt. vom 17. 10. 1974 – III ZR 53/72 –, EzGuG 6.17
37   BGH, Urt. vom 24. 3. 1977 – III ZR 32/75 –, EzGuG 6.190
38   BGH, Urt. vom 16. 12. 1982 – III ZR 123/81 –, EzGuG 6.218, BGH, Urt. vom 27. 6. 1966 – III ZR 302/65 –, EzGuG 6/89; BVerwG, Urt. vom 19. 10. 1966 – 4 C 57/65 –, EzGuG 6.93 a
39   BT-Drucks. III/zu 1794, S. 21
40   BGH, Urt. vom 22. 9. 1988 – III ZR 161/85 –, EzGuG 6.241 a
41   BGH, Urt. vom 18. 9. 1986 – III ZR 83/85 –, EzGuG 4.111; BGH, Urt. vom 27. 1. 1977 – III ZR 153/74 –, EzGuG 6.189; BGH, Urt. vom 26. 2. 1976 – III ZR 164/73 –, EzGuG 6.184; BGH, Urt. vom 27. 9. 1973 – III ZR 131/71 –, EzGuG 6.163; BGH, Urt. vom 29. 4. 1971 – III ZR 144/70 –, EzGuG 6.183
42   BGH, Urt. vom 27. 6. 1966 – III ZR 202/65 –, EzGuG 6.89; BGH, Beschl. vom 22. 9. 1988 – III ZR 161/85 –, EzGuG 6.241a; BGH, Urt. vom 19. 6. 1986 – III ZR 22/85 –, EzGuG 6.231; BGH, Urt. vom 16. 12. 1982 – III ZR 123/81 –, EzGuG 6.218
43   BGH, Urt. vom 18. 9. 1986 – III ZR 83/85 –, EzGuG 4.111
44   BGH, Urt. vom 17. 10. 1974 – III ZR 53/72 –, EzGuG 6.171
45   BGH, Urt. vom 24. 1. 1980 – III ZR 26/76 –, EzGuG 6.206; BGH, Urt. vom 19. 6. 1986 – III ZR 22/85 –, EzGuG 6.231; BGH, Urt. vom 27. 9. 1973 – III ZR 131/71 –, EzGuG 6.163

101   Eine **Abschlagzahlung von 80 % stellt noch kein angemessenes Angebot dar**[46]. Auch liegt ein angemessenes Angebot nicht vor, wenn im Hinblick auf eine noch durchzuführende Vermessung ein Sicherheitsabschlag angebracht wurde[47]. Unter einem Rückzahlungsvorbehalt geleistete Abschlagszahlungen auf die noch festzusetzende Enteignungsentschädigung und hinterlegte Teilleistungen sind dagegen grundsätzlich geeignet, den Wertermittlungsstichtag, d. h. den Zeitpunkt, der im Hinblick auf die allgemeinen Wertverhältnisse auf dem Grundstücksmarkt (§ 3 Abs. 3 WertV) der Bemessung der Enteignungsentschädigung zu Grunde zu legen ist, zu fixieren[48].

102   Ein sich an einem **Gutachten des Gutachterausschusses für Grundstückswerte** orientierendes Angebot ist nach Auffassung des BVerwG[49] angemessen, sofern es nicht offensichtlich fehlerhaft ist. Im Übrigen muss, um ein angemessenes Angebot zu unterbreiten, ein Gutachten des Gutachterausschusses für Grundstückswerte nicht eingeholt werden.

103   Angemessen ist stets **ein zu hohes Angebot, wenn davon nicht abgerückt wurde.**

104   Ein **angemessenes Angebot zum freihändigen Erwerb einer für öffentliche Zwecke benötigten Grundfläche erfordert i. d. R. nicht das Angebot geeigneten Ersatzlandes**[50]. Vielmehr gilt der Grundsatz, dass das Angebot auch nach der Art der Entschädigung angemessen sein muss und diese bestimmt sich nach den gesetzlichen Bestimmungen. Nach § 100 BauGB ist so z. B. auf Antrag des Eigentümers die Entschädigung in geeignetem Ersatzland festzusetzen, wenn es zur Sicherung der Berufstätigkeit oder zur Erfüllung der ihm „wesensgemäß obliegenden Aufgaben auf Ersatzland angewiesen ist". Ist umgekehrt Ersatzland angeboten worden, obwohl nur eine Geldentschädigung zu leisten ist, so ist ein solches Angebot nicht angemessen[51].

105   Es ist **nicht erforderlich, ein angemessenes Angebot zu unterbreiten, wenn der Eigentümer** für sein enteignetes Grundstück nach pflichtgemäßem Ermessen der Enteignungsbehörde gemäß § 100 Abs. 4 BauGB **nur eine Entschädigung in Ersatzland erhalten kann** (vgl. Rn. 151)[52].

106   Nicht von der Sperrwirkung des angemessenen Angebots erfasst sind Werterhöhungen, die nach Abgabe des Angebots auf den **Einsatz von Kapital oder Arbeit des Eigentümers** zurückzuführen sind. Die Maßnahmen müssen allerdings rechtlich zulässig gewesen sein und tatsächlich zu Werterhöhungen geführt haben. Auf die Kosten selbst kommt es nicht an. Als solche Maßnahmen kommen die Errichtung baulicher Anlagen, Bodenverbesserungen, Anpflanzungen und Einfriedungen in Betracht.

107   **Zwischenfazit:** Bei Vorliegen eines angemessenen Angebots wird auf der Grundlage der Reduktionsklausel des § 95 Abs. 2 Nr. 3 BauGB der Wertermittlungsstichtag auf den Stichtag eines hypothetischen Annahmetags, d. h. auf den Tag vorverlagert, in dem der Eigentümer das angemessene Angebot hätte annehmen können. Etwas anderes gilt, wenn der Eigentümer dies abgelehnt hat, das Angebot nicht angemessen war oder der Antragsteller von seinem Angebot abgerückt ist.

108   **Verhandlungsgrundsätze für die Abgabe eines angemessenen Angebots** sind in der Vorschriftensammlung der Bundesfinanzverwaltung unter VV 4240 veröffentlicht.

4.4   Verzinsung der Entschädigung

109   Die **Entschädigung ist regelmäßig** vom
    – Tag der Entscheidung über den Enteignungsantrag bis zum
    – Tag der Unanfechtbarkeit der Entschädigungsfestsetzung
zu verzinsen. Im Falle einer vorzeitigen Besitzeinweisung bemisst sich der Verzinsungszeitraum bereits ab dem Zeitpunkt der vorzeitigen Besitzeinweisung.

Soweit **Teilzahlungen** geleistet worden sind, müssen diese bei der Verzinsung berücksich- **110**
tigt werden, wobei es zusätzlich die Steigerungsrechtsprechung des BGH zu berücksichtigen gilt.

Folgende **Grundsätze** sind hierfür entwickelt worden: **111**

a) Bei einer zu gering angesetzten Entschädigung beginnt die Verzinsung mit dem Zeitpunkt des Eingriffs, wobei nur der (ursprünglich) zu diesem Zeitpunkt geschuldete
Mehrbetrag der Verzinsung unterworfen ist.

b) Ein darüber hinausgehender Mehrbetrag, der sich erst zu einem späteren Zeitpunkt auf
Grund von Werterhöhungen auf dem Grundstücksmarkt ergibt, kann nicht von dem
Zeitpunkt des Eingriffs verzinst werden, weil er zu diesem Tag noch gar nicht entstan-
den ist.

Zur Lösung dieses Problems wird in der Rechtsprechung des BGH die **Zinsberechnung** **112**
nach gestaffelten Mittelwerten[53] anerkannt.

Ist durch **Hinterlegung der Entschädigungsanspruch** bereits zu einem Teil erfüllt, so ist **113**
eine Verschiebung des Wertermittlungsstichtages nur hinsichtlich des nicht erfüllten Restes
denkbar und es kann sich nur noch die Frage stellen, welcher Teil des Grundstückswerts
unabgegolten blieb[54].

Teilzahlungen sind immer nur mit dem Prozentsatz auf die endgültig festgestellte **114**
Entschädigungssumme anzurechnen, der jeweils dem prozentualem Anteil der Teil-
zahlung an der Entschädigung zum Zeitpunkt der Teilzahlung entsprach. Dabei ist
von der endgültigen (richtigen) Entschädigung auszugehen, wie sie im rechtskräftigen
Urteil festgestellt wurde. Diese muss dann auf die jeweiligen Zeitpunkte der Teilzahlungen
sowie auf den Zeitpunkt des Besitzentzugs zurückgerechnet werden. Der zum jeweiligen
Zeitpunkt entrichtete Teilzahlungsbetrag kann dann ins Verhältnis zu der auf denselben
Zeitpunkt bezogenen (richtigen) Entschädigung gesetzt werden, um daraus den Vomhundertsatz der Teilzahlung an der (richtigen) Entschädigung zu ermitteln. Die Differenz
gegenüber 100 % ergibt dann den prozentualen Fehlbetrag, dessen absolute Höhe in
Abhängigkeit von der sich mit der Zeit ändernden Entschädigung dadurch ermittelt werden
kann, dass er auf den jeweiligen Entschädigungsbetrag angewandt wird (vgl. Abb. 8).

Beispiel: **115**
Die Gesamtentschädigung im Zeitpunkt des Urteils beläuft sich in dem Beispiel auf:
Gesamtentschädigung = 500 000 € + 50 000 € + 42 700 € = **592 700 €**
abzüglich des gezahlten Betrags in Höhe von 550 000 € verbleiben = **42 700 €.**
Hinzu kommt die Verzinsung, die ab dem Zeitpunkt des Besitzentzugs zu gewähren ist; sie bemisst sich nach der
angesprochenen Methode der gestaffelten Mittelwerte:

---

46 BGH, Urt. vom 17. 10. 1974 – III ZR 53/72 –, EzGuG 6.171
47 BGH, Urt. vom 12. 6. 1975 – III ZR 127/72 –, EzGuG 18.65
48 BGH, Urt. vom 29. 3. 1976 – III ZR 92/74 –, EzGuG 6.185; BGH, Urt. vom 22. 5. 1967 – III ZR 145/66 –,
    EzGuG 6.99; BGH, Urt. vom 21. 6. 1965 – III ZR 8/64 –, EzGuG 6.81; BGH, Urt. vom 27. 6. 1966 – III ZR
    191/65 –; BGH, Urt. vom 28. 4. 1966 – III ZR 24/65 –, EzGuG 19.9
49 BVerwG, Beschl. vom 27. 2. 1969 – 4 B 248/68 –, EzGuG 11.68
50 BGH, Urt. vom 24. 3. 1977 – III ZR 32/75 –, EzGuG 6.190
51 BGH, Urt. vom 13. 7. 1978 – III ZR 112/75 –, EzGuG 6.200
52 BGH, Urt. vom 1. 3. 1984 – III ZR 197/82 –, EzGuG 6.224
53 BGH, Urt. vom 27. 9. 1973 – III ZR 110/71 –, EzGuG 6.162; BGH, Beschl. vom 27.11.1986 – III ZR 243/85 –,
    EzGuG 6.231
54 BGH, Urt. vom 24. 4. 1978 – III ZR 105/75 –, EzGuG 4.56; BGH, Urt. vom 24. 3. 1977 – III ZR 32/75 –,
    EzGuG 6.190; BGH, Urt. vom 29. 3. 1976 – III ZR 92/74 –, EzGuG 6.185; BGH, Urt. vom 9. 12. 1968 – III ZR
    114/66 –, EzGuG 4.28; BGH, Urt. vom 22. 5. 1967 – III ZR 145/66 –, EzGuG 6.99, bezüglich eines Rechts-
    streits auf Rückzahlung einer zuviel gezahlten Entschädigung: BGH, Urt. vom 9. 5. 1960 – III ZR 32/59 –,
    EzGuG 6.48

Abb. 8: Verrechnung von Teilzahlungen

Vorgang	Zeitpunkt	Entschädigung (endgültig) €	1. Teilzahlung € bzw. %	Restschuld % bzw. €	2. Teilzahlung	Restschuld € bzw. %
Besitzentzug	1. 1. 1996	500 000	500 000 € ≙ 86,21 % (von 580 000)	→ 13,79 % (100 – 86,21)		
1. Teilzahlung auf Grund Entschädigungsfeststellungsbeschluss	1. 5. 1998	580 000 ↑ zurück-indiziert				
Rechtsweg 2. Teilzahlung	1. 5. 2001	650 000	× 13,79 % =	89 635 € –	50 000 €	= 39 635 € = 6,1 % (von 650 000)
Rechtskräftiges Urteil Entschädigung	1. 12. 2001	700 000			× 6,1 % =	**42 700 €**

a) *Zeitraum ab Besitzentzug (1. 1. 1996) bis zur 1. Teilzahlung am 1. 5. 1998*

1. Teilzahlung	= 500 000 €
zuzüglich hälftigen Mehrwert:	
(580 000 € – 500 000 €) = 80 000 € : 2	= + 40 000 €
= insgesamt	= **540 000 €**

b) *Zeitraum zwischen 1. Teilzahlung (1. 5. 1998) und*

2. Teilzahlung (1. 5. 1998)   580 000 €

zuzüglich hälftigen Erhöhung des Entschädigungsanspruchs am 1. 5. 1998:

Dieser beträgt	500 000 €	
+ 13,79 von 650 000 €	= 89 635 €	
= insgesamt	= 589 635 €	
– Entschädigungsanspruch	= 580 000 €	
= Differenz	= 9 635 € : 2	= + 4 818 €
abzüglich des 1. Teilzahlungsbetrags		= – 500 000 €
= insgesamt		= **84 818 €**

c) *Zeitraum zwischen 2. Teilzahlung (1. 5. 1998) und rechtskräftigem Urteil*

Entschädigungsanspruch ab 1. 5. 1998		= 589 635 €
zuzüglich hälftigen Erhöhung des Entschädigungsanspruchs lt. Urteil		
– Gesamtentschädigung	= 592 700 €	
– Entschädigung (ab 1. 5. 1998)	= 589 635 €	
= Differenz	= 3 065 € : 2	= + 1 532 €
abzüglich erhaltenen Teilzahlungen		= – 550 000 €
= insgesamt:		= **41 167 €**

Die **Gesamtentschädigung** einschließlich Verzinsung setzt sich dann wie folgt zusammen:

Gesamtentschädigung	592 700 €	
abzüglich:		
bereits erhaltener	– 550 000 €	→ = **42 700 €**

zuzüglich

a) Zinsen aus 540 000 €   für den Zeitraum 1. 1. 1996 bis 1. 5. 1998

b) Zinsen aus 84 818 €   für den Zeitraum 1. 5. 1998 bis 1. 5. 2001

c) Zinsen auf 41 167 €   für den Zeitraum 1. 5. 2001 bis 1. 12. 2001

Die Höhe der Zinsen beträgt gemäß § 99 Abs. 3 BauGB 2 % über dem Basissatz nach § 1 Diskontsatz-Überleitungsgesetz vom 9. 6. 1998 (BGBl. I 1998, 1241), geändert durch Gesetz vom 27. 6. 2000 (BGBl. I 2000, 897).

4.5 Zeitpunkt der Qualitätsermittlung (Zustand) und Wertermittlungs- stichtag bei der Bemessung der Enteignungsentschädigung

Für die Bemessung der Entschädigung ist nach § 93 Abs. 4 BauGB (auch § 17 Abs. 3 LBG) **116** grundsätzlich der Zustand des Grundstücks in dem Zeitpunkt maßgebend, in dem die Ent- eignungsbehörde über den Enteignungsantrag entscheidet (**Zeitpunkt der Qualitätser- mittlung**). Maßgebend ist der Tag der Zustellung des Bescheids. Nach § 95 Abs. 1 Satz 2 BauGB ist dieser Zeitpunkt **zugleich Wertermittlungsstichtag.**

Der Zeitpunkt der Qualitätsermittlung ist in bestimmten Fällen vorzuverlegen: **117**
– Nach § 93 Abs. 4 Satz 3 BauGB ist in Fällen der *vorzeitigen Besitzeinweisung*[55] der Zustand in dem Zeitpunkt maßgebend, in dem diese wirksam wird;
– nach § 95 Abs. 2 BauGB (ggf. i.V.m. § 95 Abs. 1 BauGB) ist in Fällen der sog. *Vorwir- kung der Enteignung* der Zustand in dem Zeitpunkt maßgebend, in dem das Grundstück von der konjunkturellen Weiterentwicklung ausgeschlossen wurde.

In sog. **Zeiten schwankender Preise** kann sich – wie bereits angesprochen – nach der **118** vom BGH[56] unter Berufung auf Art. 14 Abs. 3 GG entwickelten **Steigerungsrechtspre- chung** der Wertermittlungsstichtag verschieben, nämlich wenn
– die Entschädigung nicht unwesentlich unrichtig festgesetzt oder
– die Entschädigung nicht oder unangemessen verzögert gezahlt worden ist.

Soweit in derartigen Fällen die Entschädigung nicht rechtzeitig hinterlegt, ausgezahlt oder **119** ernsthaft und angemessen angeboten worden ist, verschiebt sich der Wertermittlungsstich- tag auf den **Zeitpunkt der letzten gerichtlichen Tatsachenverhandlung**[57]. Die Steige- rungsrechtsprechung ist allerdings nicht auf Folgeschäden i. S. d. § 96 BauGB anzuwen- den. Preissteigerungen, die seit Rechtskraft der Enteignung bis zum Tage der Hinterlegung der Entschädigung eingetreten sind, können zu Lasten des Entschädigungspflichtigen gehen; dabei sind allerdings Preissteigerungen, die zwischen Enteignungsbeschluss und seinem Rechtskräftigwerden eingetreten sind, nicht zu berücksichtigen[58].

Ficht der Eigentümer die Zulässigkeit der Enteignung durch Klage **erfolglos an,** so **120** bleiben auch in diesem Fall die Grundstückswerterhöhungen grundsätzlich unberücksich- tigt, die bis zum Abschluss des Rechtsstreits eingetreten sind[59]. Das Gleiche gilt, wenn der Eigentümer das Bundesverfassungsgericht erfolglos anruft[60].

Beispiel: **121**
– Kein Entschädigungsanspruch bei *Überschwemmung* eines Grundstücks, wenn das Grundstück auf Grund eines nicht ordnungsgemäßen Zustands eine unzureichende Vor- flut aufweist[61].
– Weigerung des Eigentümers, auf seinem Grundstück kostenlos einen *Schutzdeich* auf- schütten zu lassen[62].

---

55 BGH, Urt. vom 19. 6. 1986 – III ZR 22/85 –, EzGuG 6.231; BGH, Urt. vom 27. 9. 1973 – III ZR 131/71 –, EzGuG 6.163; BGH, Urt. vom 28. 1. 1974 – III ZR 196/71 –, EzGuG 6.164
56 BGH, Urt.vom 19. 12. 1966 – III ZR 212/65 –, EzGuG 6.95; BGH, Urt. vom 21. 6. 1965 – III ZR 8/64 –, EzGuG 6.81; BGH, Urt. vom 27. 6. 1963 – III ZR 166/61 –, EzGuG 6.70; BGH, Urt. vom 27. 6. 1963 – III ZR 165/61 –, EzGuG 6.69
57 BGH, Urt. vom 15. 11. 1973 – III ZR 113/71 –, EzGuG 4.24; BGH, Urt. vom 9. 9. 1978 – III ZR 91/77 –; BGH, Urt. vom 8. 6. 1959 – III ZR 66/58 –, EzGuG 6.41; BGH, Urt. vom 7. 7. 1966 – III ZR 108/65 –, EzGuG 6.91; BGH, Urt. vom 22. 1. 1959 – III ZR 186/57 –, EzGuG 6.38; BGH, Urt. vom 24. 2. 1958 – III ZR 181/56 –, EzGuG 6.29
58 BGH, Urt. vom 15. 11. 1971 – III ZR 171/69 –, EzGuG 6.142
59 BGH, Urt. vom 18. 5. 1972 – III ZR 182/70 –, EzGuG 6.151
60 BGH, Urt. vom 22. 2. 1990 – III ZR 196/87 –, EzGuG 6.253
61 BGH, Urt. vom 22. 2. 1971 – III ZR 221/67 –, EzGuG 6.135
62 BGH, Urt. vom 26. 2. 1976 – III ZR 183/73 –, EzGuG 18.67

4.6 Schuldhaftes Mitwirken

122 Schließlich ist auch **§ 254 BGB**[63] **zu beachten** (vgl. § 93 Abs. 3 Satz 2 BauGB, § 13 Abs. 2 SchutzbereichsG, § 8 a Abs. 8 FStrG), der folgenden Wortlaut hat:

„(1) Hat bei der Entstehung des Schadens ein Verschulden des Geschädigten mitgewirkt, so hängt die Verpflichtung zum Ersatze sowie der Umfang des zu leistenden Ersatzes von den Umständen, insbesondere davon ab, inwieweit der Schaden vorwiegend von dem einen oder anderen Teile verursacht worden ist.

(2) Dies gilt auch dann, wenn sich das Verschulden des Geschädigten darauf beschränkt, dass er unterlassen hat, den Schuldner auf die Gefahr eines ungewöhnlich hohen Schadens aufmerksam zu machen, die der Schuldner weder kann noch kennen musste, oder dass er unterlassen hat, den Schaden abzuwenden oder zu mindern. Die Vorschrift des § 278 (BGB) findet entsprechende Anwendung."

123 Die Anwendung dieser Vorschrift kann zum Ausschluss von Entschädigungsansprüchen führen, nämlich dann, wenn es der Betroffene schuldhaft unterlässt, einen rechtswidrigen hoheitlichen Eingriff in sein Eigentum mit den zulässigen Rechtsmitteln abzuwehren. Er kann dann in entsprechender Anwendung des § 254 BGB regelmäßig eine **Entschädigung für solche Nachteile nicht verlangen, die er durch Gebrauch der Rechtsmittel hätte vermeiden können** (vgl. zum Denkmalschutzrecht § 19 WertV Rn. 52 ff.)[64].

124 Die sinngemäße Anwendung dieser Vorschrift rechtfertigt es nach der Rechtsprechung des BGH[65] nicht, bei einem auf Grund eines Planungsschadens gestellten **Übernahmeverlangens** den Eigentümer auf einen späteren Zeitpunkt der Übernahme der Fläche mit der Begründung zu verweisen, dass er das Grundstück vor dem Wirksamwerden des Bebauungsplans als Bauerwartungsland erworben hat.

4.7 Institut der Vorwirkung

4.7.1 Allgemeines zum maßgeblichen Grundstückszustand (Qualität) bei Ausschluss von der konjunkturellen Weiterentwicklung

125 Nach § 95 Abs. 2 Nr. 2 BauGB bleiben bei der Festsetzung der Entschädigung **Wertänderungen** unberücksichtigt, **die infolge einer bevorstehenden Enteignung eingetreten sind.** Die Vorschrift lautet:

„(2) Bei der Festsetzung der Entschädigung bleiben unberücksichtigt

1. Wertsteigerungen eines Grundstücks, die in der Aussicht auf eine Änderung der zulässigen Nutzung eingetreten sind, wenn die Änderung nicht in absehbarer Zeit zu erwarten ist;

2. Wertänderungen, die infolge der bevorstehenden Enteignung eingetreten sind;

3. Werterhöhungen, die nach dem Zeitpunkt eingetreten sind, in dem der Eigentümer zur Vermeidung der Enteignung ein Kauf- oder Tauschangebot des Antragstellers mit angemessenen Bedingungen (§ 87 Abs. 2 Satz 1 und § 88) hätte annehmen können, es sei denn, dass der Eigentümer Kapital oder Arbeit für sie aufgewendet hat;

4. wertsteigernde Änderungen, die während einer Veränderungssperre ohne Genehmigung der Baugenehmigungsbehörde vorgenommen worden sind;

5. wertsteigernde Veränderungen, die nach Einleitung des Enteignungsverfahrens ohne behördliche Anordnung oder Zustimmung der Enteignungsbehörde vorgenommen worden sind;

6. Vereinbarungen, soweit sie von üblichen Vereinbarungen auffällig abweichen und Tatsachen die Annahme rechtfertigen, dass sie getroffen worden sind, um eine höhere Entschädigungsleistung zu erlangen;

7. Bodenwerte, die nicht zu berücksichtigen wären, wenn der Eigentümer eine Entschädigung in den Fällen der §§ 40 bis 42 geltend machen würde.

126 Unberücksichtigt bleiben danach sowohl **Werterhöhungen als auch Wertminderungen, die in einem ursächlichen Zusammenhang mit der Enteignung stehen.** Die Vorschrift betrifft qualitative, d. h. die Zustandsmerkmale des zur Enteignung anstehenden Grundstücks, denn die allgemeinen Wertänderungen auf dem Grundstücksmarkt können von der Entschädigung nicht ausgeschlossen werden, wenn der Entschädigte „bildhaft" in die Lage versetzt werden soll, sich gleichartigen Ersatz mit der Entschädigung zu beschaffen.

127 Die Anwendung der Vorschrift führt wertermittlungstechnisch zu einer Zurückverlegung des Zeitpunkts, der für die Qualifizierung des Grundstückszustands maßgeblich ist. **Wert-**

ermittlungsstichtag bleibt nach § 95 Abs. 1 Satz 2 BauGB dagegen grundsätzlich der Zeit-punkt, in dem die Enteignungsbehörde über den Enteignungsantrag entscheidet. Bei freihändigem Erwerb zur Vermeidung einer Enteignung ist dagegen i. d. R. der Zeitpunkt des Kaufvertrags anzuhalten. Im Ergebnis fallen damit Wertermittlungsstichtag und der für die Qualifizierung des Grundstückszustands maßgebliche Zeitpunkt auseinander (vgl. § 3 WertV Rn. 27 ff.).

Die Regelung des § 95 Abs. 2 Nr. 1 BauGB, nach der Wertänderungen eines Grundstücks, **128** die in der Aussicht auf eine Änderung in der zulässigen Nutzung eingetreten sind, unberücksichtigt bleiben müssen, wenn die Änderung nicht in absehbarer Zeit zu erwarten ist, **bedeutet, dass Wertänderungen,** die infolge der bevorstehenden Enteignung eingetre-ten sind, **bei der Zustandsbestimmung nicht zu berücksichtigen sind.** Der BGH hat des-halb in dieser Bestimmung die Kodifizierung des Instituts der Vorwirkung gesehen[66].

Wie ausgeführt, ist also bei der Festsetzung der Entschädigung von dem Grundstückszu- **129** stand (Qualität) auszugehen, den das Grundstück in dem Zeitpunkt aufwies, als es endgül-tig von jeder konjunkturellen (besser: qualitativen) Weiterentwicklung ausgeschlossen wurde. Anwendung findet dieser Vorwirkungsgrundsatz insbesondere bei der **Ermittlung der sich nach dem Verkehrswert bemessenden Enteignungsentschädigung für Gemeinbedarfsflächen, z. B. für Straßenland** (vgl. § 4 WertV Rn. 475 ff.).

4.7.2 Vorwirkende Planung

Vorwirkende Planungen können Ausweisungen in Bauleitplänen nach dem BauGB/BBauG **130** ebenso wie rechtsverbindliche **Festsetzungen nach vorkonstitutionellem Recht**, z. B. bei altrechtlichen Verkehrsflächen nach dem preußischen Fluchtliniengesetz vom 2. 7. 1875 (GS 1875, 561) sein. Auch für derartige Festsetzungen bemisst sich die Entschädigung, wenn es **auch später** erst zur Enteignung kommt, nach dem Vorwirkungsgrundsatz (§ 13 Abs. 1 Nr. 1 FLG[67]). Hat das Eigentum zwischenzeitlich gewechselt, kann der neue Eigentümer die Entschädigung verlangen, wenn der beim früheren Eigentümer entstan-dene Entschädigungsanspruch im Wege der Rechtsnachfolge auf ihn übergegangen ist.

Nach der Rechtsprechung muss eine enge **Kausalität zwischen der eingetretenen Wert-** **131** **änderung und der bevorstehenden Enteignung** bestehen, d. h., es muss ein so ursächli-cher Zusammenhang zwischen einer vorwirkenden Maßnahme und der späteren mit Sicherheit und hinreichender Bestimmtheit zu erwartenden Enteignung bestehen, dass hierin ein einheitlicher Enteignungsvorgang zu sehen ist[68]. Die Beantwortung der Frage nach der Kausalität kann im Einzelfall äußerst problematisch sein, insbesondere bei **Grundstücken, die Gegenstand eines sich über einen längeren Zeitraum hinziehen-den Enteignungsprozesses** waren (vgl. Rn. 138 und § 4 WertV Rn. 541). Klassischer Fall ist die Bemessung der Entschädigung für Gemeinbedarfsflächen. Das Institut der Vorwir-kung kann in derartigen Fällen dazu führen, dass sich die Entschädigung für den Rechts-

63   BGH, Urt. vom 8. 6. 1972 – III ZR 178/69 –, EzGuG 6.153
64   BGH, Urt. vom 26. 1. 1984 – III ZR 216/82 –, EzGuG 6.223; BGH, Urt. vom 26. 2. 1976 – III ZR 183/73 –, EzGuG 6.257
65   BGH, Urt. vom 25. 11. 1974 – III ZR 42/73 –, EzGuG 6.174; BGH, Urt. vom 8. 11. 1990 – III ZR 364/89 –, GuG 1991, 99 = EzGuG 6.25; BGH, Beschl. vom 27. 9. 1990 – III ZR 322/89 –, GuG 1991, 30 = EzGuG 4.134
66   BGH, Urt. vom 17. 1. 1972 – III ZR 3/71 –, EzGuG 6.145
67   RGZ 63, 300; RGZ 128, 18
68   BGH, Urt. vom 17. 1. 1972 – III ZR 3/71 –, EzGuG 6.145; BayObLG, Urt. vom 27. 1. 1987 – RReg I Z 167/86 –, EzGuG 6.233

verlust nach dem Zustand des Grundstücks als Flächen der Land- und Forstwirtschaft i. S. d. § 4 Abs. 1 bemisst. Im Leitsatz der Entscheidung des BGH[69] vom 25. 9. 1958 zur Bemessung der Entschädigung für eine im Bebauungsplan als Waldfriedhof ausgewiesene Fläche heißt es: „Bei Grundstücken, die Gegenstand eines sich über einen längeren Zeitraum hinziehenden Enteignungsprozesses (vorbereitende Pläne – verbindlicher Bebauungsplan mit Bauverboten für bestimmte Grundstücke – Enteignung der von dem Bauverbot betroffenen Grundstücke) waren, ist bei der Festsetzung der Enteignungsentschädigung i. d. R. von der Grundstücksqualität (Ödland, Ackerland, Bauland pp. in bestimmter Lage) auszugehen, als sie endgültig von jeder konjunkturellen Weiterentwicklung ausgeschlossen wurden. Davon unabhängig ist die Frage, welcher Zeitpunkt für die Wertbemessung maßgebend ist."

132 **Unverbindliche, die Bebauung ausschließende Vorplanungen nach Art des Flächennutzungsplans** schließen das Hineinwachsen eines landwirtschaftlich genutzten Grundstücks in die Baulandschaft nicht aus, mindern diese Aussicht allerdings häufig. Unter Umständen können sich unverbindliche Planungen sogar in der Weise auswirken, dass die davon betroffenen Grundstücke im allgemeinen Grundstücksverkehr überhaupt nicht mehr verkäuflich sind[70].

133 Die auf **vorbereitende Planungen** (ohne unmittelbare Rechtswirkungen) **beruhenden Enteignungsvorwirkungen** werden in der Rechtsprechung unter bestimmten Voraussetzungen anerkannt, weil der verbindliche Bebauungsplan aus dem Flächennutzungsplan zu entwickeln ist und die Zwangsläufigkeit der Enteignung bei Festsetzungen für öffentliche Zwecke im Regelfall zu bejahen ist[71]. In einer weiteren Entscheidung des BGH heißt es hierzu: „Eine vorbereitende Planung, die für sich allein noch nicht als Eingriff i. S. des Enteignungsrechts zu werten ist, kann den **Beginn eines einheitlichen Enteignungsvorgangs** darstellen. Sie ist als Vorwirkung der Enteignung (hier der Veräußerung zur Abwendung der Enteignung) anzusehen, wenn sie mit der späteren Entziehung des Eigentums in ursächlichem Zusammenhang stand, eine hinreichende Bestimmtheit hatte und die spätere Planung, die dann zur Enteignung führte, mit Sicherheit erwarten ließ."

134 Da der Flächennutzungsplan die für öffentliche Zwecke bestimmte Nutzung meist durch Planzeichen ohne geometrisch genaue Lagebezeichnung darstellt, bleibt die Baurechtslage des einzelnen Grundstücks weitgehend in der Schwebe. Die **von der Rechtsprechung geforderte Sicherheit und hinreichende Bestimmtheit** wird umso eher gegeben sein, je klarer und eindeutiger die vorbereitende Planung (nach Art des Flächennutzungsplans) die Flächen für eine zukünftige öffentliche Nutzung darstellt und die natürlichen städtebaulichen Bedürfnisse und Entwicklungen berücksichtigt sind. In Betracht kommen vor allem die **mit festen Begrenzungslinien im Flächennutzungsplan dargestellten Flächen für den überörtlichen Verkehr** und für die örtlichen Hauptverkehrszüge.

135 Im Übrigen ist darauf hinzuweisen, dass der BGH stets nur von vorbereitenden Planungen spricht und nicht unbedingt auf das In-Kraft-Treten des Flächennutzungsplanes abstellt. Der BGH lässt auch das **bloße Bekanntwerden vorbereitender Planungen** für einen Ausschluss von der konjunkturellen Weiterentwicklung genügen, wenn die vorbereitende Planung nur hinreichend bestimmt ist[72].

136 Das Institut der Vorwirkung greift auf Grund von **Festsetzungen eines Bebauungsplans** regelmäßig dann, wenn es sich um Nutzungen handelt, die nur von einem öffentlichen Bedarfsträger verwirklicht werden können, insbesondere bei Festsetzungen von Gemeinbedarfsflächen (Verkehrs-, Ver- und Entsorgungsflächen). In diesem Fall greift die Vorwirkung regelmäßig selbst bei längeren Zeiträumen zwischen verbindlicher Planung und Enteignung[73]. Sofern mit der verbindlichen Festsetzung einer Fläche für Gemeinbedarfszwecke Entschädigungsansprüche in Betracht kommen, bleiben sie in folgenden Fällen unberücksichtigt:

a) bei Ausschluss von Entschädigungsansprüchen auf Grund altrechtlicher Planfestsetzungen nach
   - der Münchener Bauordnung (Gesetz vom 17. 11. 1837 betr. die Zwangsabtretung von Grundeigentum für öffentliche Zwecke – ZAG – (GBl. 1837, 109), i. d. F. des Gesetzes vom 19. 5. 1918 (GVBl. 1918, 289))[74] und
   - der 2. Verordnung zur Sicherung von Wirtschaft und Finanzen vom 5. 6. 1931 – Zweite NotVO – (RGBl. I 1931, 278, 309; Kap. III §§ 1 ff., unbefristet verlängert durch Gesetz vom 31. 5. 1939, RGBl. I 1939, 649)[75];
b) bei der Übertragung des Eigentums am Grundstück nicht übergegangene Entschädigungsansprüche[76],
c) bei sonsthin erloschenen Entschädigungsansprüchen, z. B. nach den §§ 42 und 44 BauGB (vgl. § 26 WertV Rn. 26) oder durch Verjährung[77].

Nicht erloschen sind dagegen Entschädigungsansprüche bei Herabstufungen nach den Vorschriften des Preußischen Fluchtliniengesetzes vom 2. 7. 1875 (GS 1875, 651[78]; vgl. § 4 WertV Rn. 542 ff.). Die danach geltende und bereits auf dem Vorwirkungsgrundsatz sich gründende Entschädigungsregelung ist in der reichsgerichtlichen Rechtsprechung (RGZ 128, 18, 31 f.) anerkannt worden und wurde später in den Schutzbereich des GG übernommen[79]. Ausgenommen auf Grund der oben genannten Zweiten Notverordnung sind lediglich Fluchtlinienfestsetzungen nach In-Kraft-Treten der Weimarer Reichsverfassung am 14. 8. 1919[80].   **137**

Im Falle einer Änderung des Gemeinbedarfszwecks bei einem **sich über einen längeren Zeitraum hinziehenden Enteignungsverfahren** bleibt die Änderung des Gemeinbedarfszwecks im Hinblick auf die Vorwirkung grundsätzlich unschädlich, wenn zwischenzeitlich mit einer Aufhebung der öffentlichen Zweckbindung im gewöhnlichen Geschäftsverkehr nicht gerechnet werden konnte (**Verkettung der Vorwirkung**), jedoch können Abweichungen von diesem Gundsatz in bestimmten Fällen billig sein (§ 95 Abs. 3 BauGB; vgl. § 4 WertV Rn. 541 ff.)[81].   **138**

---

69   BGH, Urt. vom 25. 9. 1958 – III ZR 82/57 –, EzGuG 6.35
70   BGH, Urt. vom 25. 9. 1958 – III ZR 82/57 –, EzGuG 6.35; Kröner: Die Eigentumsgarantie in der Rechtsprechung des BGH, 2. Aufl., S. 115
71   BGH, Urt. vom 26. 1. 1978 – III ZR 184/75 –, EzGuG 6.196; BGH, Urt. vom 23. 6. 1975 – III ZR 55/73 –, WM 1975, 1059 = DÖV 1976, 209 = BRS Bd. 34 Nr. 30 (LS) = DB 1975, 2128; BGH, Urt. vom 12. 6. 1975 – III ZR 25/73 –, EzGuG 4.44; BGH, Urt. vom 25. 11. 1974 – III ZR 42/73 –, EzGuG 6.174; BGH, Urt. vom 15. 11. 1971 – III ZR 162/69 –; BGH, Urt. vom 29. 1. 1968 – III ZR 2/67 –, EzGuG 6.112; OLG Hamm, Urt. vom 28. 5. 1974 – 10 U 14/74 –, EzGuG 6.169
72   BGH, Urt. vom 29. 11. 1965 – III ZR 34/64 –, EzGuG 6.82
73   BGH, Urt. vom 2. 2. 1978 – III ZR 90/76 –, EzGuG 18.81
74   OLG München, Urt. vom 21. 6. 1990 – 1 U 6509/88 –, EzGuG 6.254 a
75   BGH, Urt. vom 3. 3. 1988 – III ZR 162/85 –, EzGuG 6.240; BGH, Urt. vom 6. 12. 1977 – III ZR 163/75 –, EzGuG 18.82; RG, Urt. vom 10. 3. 1933 – VII 335/32 –, EzGuG 6.1 b
76   RG, Urt. vom 10. 3. 1933 – VII 535/32 –, EzGuG 6.1 b; RG, Urt. vom 15. 11. 1904 (PrVerwBl. Bd. 26 S. 525)
77   BGH, Urt. vom 18. 9. 1958 – III ZR 48/5 –, EzGuG 6.34; LG Duisburg, Urt. vom 18. 5. 1955 – 8 O 180/54 –; OLG Bamberg, Beschl. vom 6. 4. 1957 – 2 W 185/56 –
78   BGH, Urt. vom 14. 1. 1982 – III ZR 134/80 –, EzGuG 6.2l4; BGH, Urt. vom 2. 2. 1978 – III ZR 90/76 –, EzGuG 18.81; BayObLG, Urt. vom 29. 4. 1974 – 2 Z 152/72 –, EzGuG 6.167; zu AGBGB Bay. Art. 125 a. F.: zu enteignenden Maßnahmen nach dem (Reichs-)Naturschutzgesetz vgl. BGH, Urt. vom 20. 9. 1984 – III ZR 198/82 –, EzGuG 6.226; BGH, Urt. vom 26. 1. 1984 – III ZR 179/82 –, EzGuG 4.97
79   BGH, Urt. vom 28. 10. 1971 – III ZR 142/69 –, EzGuG 16.16
80   BGH, Urt. vom 2. 2. 1978 – III ZR 90/67 –, EzGuG 18.81; BGH, Urt. vom 14. 1. 1982 – III ZR 134/80 –, EzGuG 6.214; vorangehend KG Berlin, Urt. vom 6. 4. 1976 und LG Berlin, Urt. vom 12. 3. 1975; nach Zurückverweisung: KG Berlin, Urt. vom 25. 9. 1979
81   BGH, Urt. vom 13. 12. 1962 – III ZR 164/61 –, EzGuG 6.67; OLG München, Urt. vom 21. 6. 1990 – 1 U 6509/88 –, EzGuG 6.254 a; gleicher Ansicht: Reisnecker/Baur-Büechl. Die entschädigungsrechtliche Qualitätsbestimmung von Grundstücken, Boorberg Verlag München 1982, S. 17 Ziff. 4.2.7.

4.7.3 Ausschluss wertsteigernder Veränderungen

139 Wertsteigernde Veränderungen, die

- während einer *Veränderungssperre* (§§ 14 ff. BauGB) ohne Genehmigung der Baugenehmigungsbehörde vorgenommen worden sind und
- nach *Einleitung des Enteignungsverfahrens* ohne behördliche Anordnung oder Zustimmung der Enteignungsbehörde vorgenommen worden sind, bzw.
- nach einer *vorzeitigen Besitzeinweisung* oder der Zurückstellung eines Baugesuchs vorgenommen werden,

bleiben bei der Bemessung der Entschädigung für den Rechtsverlust nach § 95 Abs. 2 Nr. 4 und 5 BauGB unberücksichtigt. Dies betrifft insbesondere die nach Erlass einer **Veränderungssperre** nach den §§ 14 ff. BauGB sowie nach der Einleitung des Enteignungsverfahrens durch Anberaumung eines Termins nach § 108 Abs. 1 BauGB vorgenommenen Veränderungen. Nicht ausgeschlossen ist die Berücksichtigung einer Veränderung, die mit Genehmigung nach § 109 i.V. m. § 51 BauGB im Einzelfall vorgenommen wurde.

140 Als Tatbestand, der die Vorwirkung auslöst, ist somit auch der Erlass einer **Veränderungssperre** nach § 14 BBauG bzw. einer Zurückstellungsverfügung nach § 15 BBauG zu sehen, da ein ursächlicher Zusammenhang zwischen der „vorwirkenden" Maßnahme und der späteren förmlichen Enteignung besteht und hierin ein „einheitlicher Enteignungsvorgang" gesehen werden kann (vorhergehendes endgültiges Bauverbot)[82]. Voraussetzung ist, dass es dabei um den Fall einer endgültigen Vorwirkung der späteren völligen Entziehung des Eigentums und um einen endgültigen zumindest „teilweisen Entzug der aus dem Eigentum fließenden Befugnisse geht" und nicht um einen lediglich vorübergehenden und später in seinen Wirkungen wieder aufgehobenen Eingriff in die Rechte des Eigentümers[83].

141 Der **Ausschluss von Werterhöhungen** auf Grund wertsteigernder Veränderungen **betrifft nur die qualitativen Zustandsmerkmale** eines Grundstücks und nicht allgemeine konjunkturelle Änderungen.

142 Bei **vorzeitiger Besitzeinweisung** ist nach § 93 Abs. 4 Satz 2 BauGB – sofern nicht einer der vorstehenden Tatbestände maßgebend ist – der Zustand des Grundstücks in dem Zeitpunkt maßgebend, in dem diese wirksam wird, d. h. der Zeitpunkt des Besitzübergangs[84]. Dies gilt auch bei freiwilliger Besitzüberlassung[85].

4.7.4 Besonderheiten für städtebauliche Sanierungsgebiete und Entwicklungsbereiche

143 In förmlich festgelegten Sanierungsgebieten, für die die Anwendung der besonderen sanierungsrechtlichen Vorschriften der §§ 152 ff. BauGB in der Sanierungssatzung nach § 142 Abs. 4 BauGB nicht ausgeschlossen wurde, sowie in städtebaulichen Entwicklungsbereichen (§§ 165 ff. BauGB) ist die Reduktionsklausel des § 95 Abs. 2 BauGB ergänzt durch § 153 Abs. 1 BauGB anzuwenden. Der Ermittlung des sanierungs- bzw. entwicklungsunbeeinflussten Verkehrswerts i. S. d. § 153 Abs. 1 und des § 169 Abs. 1 Nr. 6 BauGB ist danach der Zustand des Grundstücks zu Grunde zu legen, den es ohne Aussicht auf die Sanierung oder Entwicklung, ihre Vorbereitung und Durchführung hatte. In der Praxis wird zur Qualifizierung des maßgeblichen Grundstückszustands zunächst der **Zeitpunkt des beginnenden Sanierungs- bzw. Entwicklungseinflusses** ermittelt, ohne dass das Gesetz dies zwingend erforderlich macht (vgl. § 26 WertV Rn. 88 ff.)[86].

144 Die **Anwendung des § 153 Abs. 1 BauGB wirkt dabei vom Grundsatz her unbefristet zurück,** wobei jedoch nur solche Werterhöhungen ausgeschlossen sind, die ursächlich auf die Sanierung oder Entwicklung zurückzuführen sind. Dass dabei auch Werterhöhungen unberücksichtigt bleiben, die auf Grund der Aussicht auf die Sanierung oder Entwicklung eingetreten sind, bedeutet, dass grundsätzlich auch solche Werterhöhungen außer Betracht bleiben müssen, die vor förmlicher Festlegung des Sanierungsgebiets bzw. Entwicklungsbereichs und selbst vor Beginn der vorbereitenden Untersuchungen eingetreten sind. Darüber hinaus bleiben auch die vor In-Kraft-Treten des StBauFG im Jahre 1971 entstandenen sanierungs- bzw. entwicklungsbedingten Werterhöhungen unter bestimmten Voraussetzungen unberücksichtigt. In Anlehnung an die Rechtsprechung zur enteignungsrechtlichen Vorwirkung ist dafür Voraussetzung, dass die vorbereitenden Planungen

– für eine spätere Enteignung im städtebaulichen Entwicklungsbereich ursächlich waren,

– eine hinreichende Bestimmtheit hatten und

– die förmliche Erklärung der betroffenen Flächen zum Entwicklungsbereich, die dann die Enteignung gestattet, mit Sicherheit erwarten ließen[87].

Die **Anwendung der Reduktionsklausel des § 153 Abs. 1 BauGB erstreckt sich** **145** **grundsätzlich auf alle im förmlich festgelegten Sanierungsgebiet oder Entwicklungsbereich gelegenen Grundstücke** und ist *nicht* auf besondere Grundstücke wie Gemeinbedarfsflächen beschränkt.

Die **Ermittlung des sanierungs- oder entwicklungsunbeeinflussten Grundstückswerts** **146** ist in § 26 geregelt (§ 26 WertV Rn. 1 ff.)[88].

4.8 Andere Vermögensnachteile (Folgeschäden)

4.8.1 Allgemeines

▶ *Hierzu ein Beispiel bei Vorderlandabtretungen vgl. § 4 WertV Rn. 555 ff.*

Nach **§ 96 Abs. 1 BauGB** (vgl. § 19 LBG, § 20 Abs. 1 WHG) ist für „andere Vermögens- **147** nachteile" eine Entschädigung vorzusehen, insbesondere für

„1. den vorübergehenden oder dauernden Verlust, den der bisherige Eigentümer in seiner Berufstätigkeit, seiner Erwerbstätigkeit oder in Erfüllung der ihm wesensgemäß obliegenden Aufgaben erleidet, jedoch nur bis zu dem Betrag des Aufwands, der erforderlich ist, um ein anderes Grundstück in der gleichen Weise wie das zu enteignende Grundstück zu nutzen;

2. die Werminderung, die durch die Enteignung eines Grundstücksteils oder eines Teils eines räumlich oder wirtschaftlich zusammenhängenden Grundbesitzes bei dem anderen Teil oder durch Enteignung des Rechts an einem Grundstück entsteht, soweit die Wertminderung nicht schon bei der Festsetzung der Entschädigung nach Nummer 1 berücksichtigt ist;

3. die notwendigen Aufwendungen für einen durch die Enteignung erforderlich werdenden Umzug."

Nach Abs. 2 der Vorschrift sind im Falle des § 96 Abs. 1 Nr. 2 BauGB wiederum **Werter-** **148** **höhungen, die nach einer angemessenen Kaufofferte** (vgl. Rn. 90 ff.) **eingetreten sind, nicht berücksichtigungsfähig.**

Die Entschädigung für andere Vermögensnachteile ist Ausfluss der verfassungsrechtlich **149** gesicherten Eigentumsgarantie (Art. 14 Abs. 3 Satz 2 GG)[89].

---

82 Zur Vorwirkung des Bauverbots vgl. § 4 WertV Rn. 222 ff.
83 BGH, Urt. vom 18. 11. 1982 – III ZR 24/82 – EzGuG 6.217; BGH, Urt. vom 25. 9. 1980 – III ZR 18/79 –, EzGuG 6.208; BGH, Urt. vom 20. 3. 1975 – III ZR 16/72 –, EzGuG 6.178; BGH, Urt. vom 27. 6. 1966 – III ZR 202/65 –, EzGuG 6.89; BGH, Urt. vom 4. 6. 1962 – III ZR 163/61 – EzGuG 6.57
84 BGH, Urt. vom 3. 3. 1988 – III ZR 162/85 –, EzGuG 6.241; BGH, Urt. vom 28. 6. 1971 – III ZR 139/68 –, EzGuG 6.140; BGH, Urt. vom 8. 12. 1977 – III ZR 163/75 –, EzGuG l8.82
85 BGH, Urt. vom 23. 11. 1972 – III ZR 77/70 –, EzGuG 4.3
86 BGH, Urt. vom 12. 1. 1984 – III ZR 103/82 –, EzGuG 4.3
87 BVerwG, Urt. vom 21. 8. 1981 – 4 C 16/78 –, EzGuG 15.18; BGH, Urt. vom 12. 1. 1984 – III ZR 103/82 –, EzGuG 15.28
88 Kleiber in Ernst/Zinkahn/Bielenberg, BauGB § 153 Rn. 36 ff.
89 BGH, Urt. vom 30. 9. 1976 – III ZR 149/75 –, EzGuG 20.64

Es handelt sich hierbei um eine äußerst komplexe Rechtsmaterie, zumal die Berücksichtigung anderer Vermögensnachteile sowohl dem Grunde wie auch der Höhe nach einer abwägenden Wertung unterstellt ist (**Gebot der Doppelabwägung**). Nachstehend wird deshalb nur ein kurzer Überblick über allgemeine Grundsätze und die wesentlichen in Betracht kommenden Tatbestandsvarianten gegeben; im Übrigen wird auf das weiterführende Schrifttum verwiesen.[90]

150 **Andere Vermögensnachteile** werden grundsätzlich **nur insoweit entschädigt**, wie sie auch entstanden wären, wenn der Betroffene alle diejenigen Maßnahmen ergriffen hätte, die **ein verständiger Eigentümer** in der gegebenen Lage **vernünftigerweise getroffen hätte**[91]. Der Konstruktion des verständigen Eigentümers muss eine überragende Bedeutung beigemessen werden.

151 Ist der zu enteignende Eigentümer eines Grundstücks zur Sicherung seiner Berufstätigkeit, seiner Erwerbstätigkeit oder zur Erfüllung der ihm wesensmäßig obliegenden Aufgaben auf Ersatzland angewiesen, so ist auf Antrag dieses Eigentümers die **Entschädigung in geeignetem Ersatzland** festzusetzen (vgl. Rn. 105). Besteht ein derartiger Anspruch nicht, so besteht i. d. R. auch kein Anspruch auf Entschädigung für die Wiederbeschaffungskosten (vgl. § 100 Abs. 9 BauGB)[92].

152 Nicht entschädigungsfähig ist die **Einkommensteuer,** die insbesondere bei Aufdeckung stiller Reserven infolge der Enteignung anfällt, da auch diesbezüglich die Enteignungsentschädigung nicht auf die Wiederbeschaffung eines gleichartigen Gegenstands angelegt ist. Das Gleiche gilt für die **Kirchensteuer.** Des Weiteren sind *Erschließungskosten* und *Baukosten für Ersatzbauten* nicht entschädigungsfähig, da diese bereits mit der Substanzentschädigung abgegolten sind[93]. Entsprechendes gilt schließlich auch für zwischenzeitlich gestiegene Baupreise *(Baumehrkosten)*[94], für anfallende *Fremdkapitalkosten*[95] sowie für Ausgleichszahlungen nach § 13 der Höfeordnung[96].

153 **Folgende Entschädigungsansprüche kommen in Betracht:**

a) Die Entschädigung für einen **vorübergehenden oder dauernden Erwerbsverlust** i. S. d. § 96 Abs. 1 Nr. 1 BauGB, die sich

  – im ersten Fall nach dem entgangenen Gewinn ohne Berücksichtigung von hypothetischen Zuwachsraten[97] und begrenzt auf den sich aus § 96 Abs. 1 Nr. 1 BauGB ergebenden Betrag (Obergrenze vgl. Rn. 75) ergibt, und

  – im zweiten Fall nach dem Betriebswert bemisst[98]; der Wertermittlungsstichtag bestimmt sich dabei nach § 93 Abs. 4 und § 95 Abs. 1 Satz 2 BauGB.

Dabei besteht – wie erläutert – **kein Anspruch auf Ersatz des entgangenen Gewinns,** den der Betroffene in aller Zukunft möglicherweise aus dem Grundstück hätte ziehen können. Des Weiteren ist bei der Entschädigung für Folgeschäden zu berücksichtigen, dass die Nutzung des dem Eigentümer für den Rechtsverlust zugeflossenen Entschädigungskapitals Erträge einbringt und möglicherweise sogar höhere Erträge, als das enteignete Grundstück bisher erbracht hatte. Der BGH[99] hat hierzu ausgeführt: „Bei der Gegenüberstellung wird der Ertrag der Kapitalnutzung ebenso ,abstrakt' zu berechnen sein wie der in § 96 Abs. 1 Nr. 1 BBauG *(BauGB)* gedachte Aufwand (vgl. BGH, Urt. vom 8. 4. 1965 – III ZR 60/64 –, *EzGuG 6.80;* BGH, Urt. vom 6. 12. 1965 – III ZR 172/64 –, *EzGuG 6.83*), nämlich danach, wie verständlicherweise ein derartiges Kapital sachgerecht genutzt wird, d. h., man wird von einem angemessenen Zinsertrag des Entschädigungskapitals auszugehen haben ohne Rücksicht darauf, wie der Betroffene das Kapital tatsächlich genutzt hat. ... Ferner wird in Rücksicht zu ziehen sein, dass der Kläger bei einer Betriebsfortführung seine Arbeitskraft anderweit verwenden kann. Dieser Umstand könnte nur insoweit außer Betracht bleiben, als dem Eigentümer eine anderweitige Verwendung seiner Arbeitskraft nicht möglich oder nicht zuzumuten wäre (vgl. dazu BGH, Urt. vom 27. 4. 1964 – III ZR 136/63 –, *EzGuG 6.75*)"[100].

b) Die Entschädigung für die **Herrichtung eines Ersatzgrundstücks,** soweit dies zu einer **154** mit dem enteigneten Grundstück vergleichbaren Nutzung erforderlich ist. Dabei kommt es auf den Aufwand an, der einem verständigen und vernünftigen Eigentümer[101] entsteht, z. B. um ein Ersatzgrundstück „in gleicher Weise mit Wasserleitungen, Kraft- und Lichtanlagen sowie einer Einfriedung zu versehen, wie die früheren Grundstücke sie aufgewiesen haben. Diese – fiktiven – Einrichtungskosten sind alsdann um die Beiträge, die bereits im Rahmen der Entschädigung für den Rechtsverlust gemäß § 95 BBauG/*BauGB* Berücksichtigung gefunden haben, zu kürzen. Insbesondere ist aber auch … ein **Abzug „neu für alt"** zu machen, weil andernfalls der Betroffene über seinen tatsächlichen Verlust hinaus eine Entschädigung erlangen würde" (vgl. Rn. 80).

c) Die Entschädigung für die **Kosten einer Verlagerung, soweit sie bei vernünftiger** **155** **wirtschaftlicher Betrachtungsweise erforderlich sind.** Die fiktiven Verlagerungskosten sind zugleich **Obergrenze** für die Entschädigung von Erwerbsverlusten; hierzu hat der BGH[102] ausgeführt: „Es ist zu beachten, dass hier mangels einer tatsächlichen Betriebsverlagerung, deren Kosten lediglich als fiktiver Aufwand in Ansatz zu bringen sind, um die Grenze zu ermitteln, bis zu der dem Eigentümer eine Entschädigung wegen des Verlustes, den er in seiner Erwerbstätigkeit erfahren hat, höchstens gewährt werden kann. Der Eigentümer hat mithin zunächst diesen Verlust nach Art und Höhe darzulegen und ggf. zu beweisen. Erst danach ist der Aufwand zu ermitteln, den eine Betriebsverlegung auf ein Ersatzgrundstück erforderlich machen würde, sofern überhaupt von vornherein ersichtlich ist, dass der zu entschädigende Verlust – soweit er nicht ohnehin durch die Substanzentschädigung aus § 95 *BBauG* oder sonstige Enteignungsvorteile ausgeglichen wird – hinter dem Aufwand für eine Betriebsverlegung zurückbleibt.

Sofern eine Verlagerung nicht erforderlich wird, müssen im Ergebnis die **fiktiven Verlagerungskosten** mit den Erwerbsverlusten verglichen werden, weil nach der durch § 96 Abs. 1 Nr. 1 BauGB normierten Obergrenze nur auf den niedrigeren Betrag ein Entschädigungsanspruch besteht. Verlagerungskosten können indessen nicht gewährt werden, wenn ein Betrieb über längere Zeit hinweg seine Kosten nicht erwirtschaftet hat und dies auf absehbare Zeit nicht erwartet werden kann; es verbleibt dann bei der Entschädigung für den Rechtsverlust.

---

90 Schmidt-Aßmann in Ernst/Zinkahn/Bielenberg, BauGB Komm. zu § 96; Reisnecker in Kohlhammer Komm., BauGB § 96; Nüßgens/Boujong, Eigentum, Sozialbindung, Enteignung, München 1987; Aust/Jacobs, Die Enteignungsentschädigung, 2. Aufl. 1984; Gelzer/Busse, Der Umfang des Enteignungsentschädigungsanspruchs aus Enteignung und enteignungsgleichem Eingriff, 2. Aufl. 1980; Krohn/Löwisch, Eigentumsgarantie

91 BGH, Urt. vom 13. 11. 1975 – III ZR 162/72 –, EzGuG 6.182

92 BGH, Urt. vom 26. 5. 1977 – III ZR 93/75 –, EzGuG 6.193; BGH, Urt. vom 26. 5. 1977 – III ZR 109/75 –; BGH, Urt. vom 24. 1. 1966 – III ZR 15/65 –, EzGuG 6.85; BGH, Urt. vom 6. 12. 1965 – III ZR 172/64 –, EzGuG 6.83; BGH, Urt. vom 12. 3. 1964 – III ZR 209/62 –, EzGuG 6.74

93 BGH, Urt. vom 6. 12. 1965 – III ZR 172/64 –, EzGuG 6.83

94 BGH, Urt. vom 31. 1. 1972 – III ZR 133/69 –, EzGuG 18.57; BGH, Urt. vom 18. 6. 1970 – III ZR 15/67 –, EzGuG 6.128; BGH, Urt. vom 20. 11. 1967 – III ZR 161/65 –, EzGuG 6.110

95 BGH, Urt. vom 4. 5. 1972 – III ZR 111/70 –, WM 1972, 890

96 BGH, Urt. vom 14. 12. 1970 – III ZR 102/70 –, EzGuG 6.131

97 BGH, Urt. vom 14. 7. 1975 – III ZR 141/72 –, EzGuG 6.181; BGH, Urt. vom 26. 6. 1972 – III ZR 203/68 –, EzGuG 6.155; BGH, Urt. vom 10. 1. 1972 – III ZR 139/70 –, EzGuG 6.144a; BGH, Urt. vom 20. 12. 1971 – III ZR 79/69 –, EzGuG 13.19; BGH, Urt. vom 29. 4. 1968 – III ZR 160/67 –, EzGuG 6.115; BGH, Urt. vom 6. 12. 1965 – III ZR 172/64 –, EzGuG 6.83; BGH, Urt. vom 16. 3. 1959 – III ZR 5/58 –, EzGuG 6.42

98 BGH, Urt. vom 20. 12. 1971 – III ZR 79/69 –, EzGuG 13.91; BGH, Urt. vom 27. 4. 1964 – III ZR 136/63 –, EzGuG 6.75

99 BGH, Urt. vom 8. 2. 1971 – III ZR 65/70 –, EzGuG 6.133

100 Auch BGH, Urt. vom 6. 12. 1965 – III ZR 172/64 –, EzGuG 6.83

101 BGH, Urt. vom 8. 4. 1965 – III ZR 60/64 –, EzGuG 6.80; BGH, Urt. vom 6. 12. 1965 – III ZR 172/64 –, EzGuG 6.83

102 BGH, Urt. vom 8. 2. 1971 – III ZR 65/70 –, EzGuG 6.133

Zu den **Verlagerungskosten** gehören

- Reisekosten aus Anlass der Verlagerung[103];
- Verdienstausfälle[104], Stillstandszeiten, Betriebsunterbrechungszeiten, Umsatzausfall-volumen (2,5 % des Jahresumsatzes);
- Gutachten- und Rechtsanwaltkosten[105] sind nunmehr nach Maßgabe des § 121 BauGB zu erstatten; nach bisheriger Rechtsprechung (bis zur BBauG-Novelle 1976) waren sie generell erstattungsfähig;
- Anlaufkosten[106] für Gewinnausfall, Verlust des Kundenkreises, Minderung des Firmenwerts, Inseratkosten; zusätzliche Werbekosten am neuen Standort;
- Umsatzsteuern, die durch die Zahlung der Enteignungsentschädigung entstehen[107];
- Umbaukosten können bei Betriebsverlagerungen erstattungsfähig sein[108].

156 d) Die notwendigen Aufwendungen für einen **durch** die **Enteignung erforderlich werdenden Umzug** umfassen

- Transportkosten,
- Lagerkosten,
- Transportversicherung (0,2 % des umsetzungsfähigen Inventars),
- Beschädigungsrisiko,
- Kosten der Suche nach Ersatz,
- Kosten der Anpassung von Einrichtungen.

157 Eine hoheitliche Einwirkung auf ein **betrieblich genutztes Grundstück** stellt nach gefestigter Rechtsprechung erst dann einen enteignungsrechtlich relevanten Eingriff in den Gewerbebetrieb dar, wenn das Grundstück in die Betriebsorganisation einbezogen ist; d. h. nur der „eingerichtete und ausgeübte Gewerbebetrieb" genießt den Schutz des Art. 14 Abs. 1 Satz 1 GG[109]. Auch insoweit folgt aus dem Verbot der Doppelentschädigung, dass Erwerbsverluste nach § 96 BauGB nur zu entschädigen sind, wenn sie nicht bereits im Rahmen der Entschädigung für den Rechtsverlust mitberücksichtigt wurden[110]. Es ist aber eine Erfahrungssache, dass gewerbliche Unternehmen vielfach einen „inneren Wert" haben, der sich darin äußert, dass der Erwerber eines solchen Unternehmens bereit ist, einen höheren Kaufpreis zu zahlen, als es dem reinen Sachwert entspricht[111]. Dies kann z. B. darin seine Ursache haben, dass ein Grundstück nach seiner Lage, Beschaffenheit, Einrichtung und Bebauung „auf Dauer" für einen bestimmten Gewerbebetrieb besonders geeignet ist. In diesem Fall ist nach der Rechtsprechung das BGH[112] bei der sich nach dem Verkehrswert bemessenden Entschädigung für den Rechtsverlust von einem Kaufpreis auszugehen, der für die Beschaffung eines gleichartig gelegenen und eingerichteten Grundstücks erforderlich wäre oder den ein Kaufbewerber, der ebenfalls einen solchen Betrieb betreiben wollte, dafür aufwenden würde.

158 Etwas anderes gilt, wenn auf einem Grundstück ohne besondere Vorzüge ein **Gewerbe** ausgeübt wird, **das ohne wesentliche Unterschiede auch an anderen vergleichbaren Orten fortgesetzt** oder durch andere gewerbliche Nutzungen ersetzt **werden kann.** In diesem Fall ist der Gewerbebetrieb nur „äußerlich" mit dem Grundstück verbunden[113].

159 *Beispiel:*
Zusammenfassung der Folgekosten

1. Aufwendungen und Kosten bei der Suche und Auswahl eines geeigneten neuen Betriebsgrundstücks	€	150 000
2. Verluste in der technischen und kaufmännischen Betriebseinrichtung infolge Nichtverwendbarkeit eines Teils an dem neuen Standort	€	47 485 790
3. Demontage-, Transport- und Remontagekosten der verlagerungsfähigen Betriebs- und Geschäftseinrichtung, Verlagerungskosten des Warenbestands sowie Kosten der Umzugsplanung	€	574 812
4. Durch die Verlagerung bedingte Verluste im Vorrätebestand	€	40 000

5. Betriebsunterbrechungsschaden – entgehender Gewinn und fortlaufende ungedeckte Bereitschaftskosten – infolge Betriebsstillstands während der Verlagerung	€	216 389
6. Wiederanlaufschwierigkeiten am neuen Standort und Auswirkungen der Verlagerung und der Betriebsunter- brechung auf den Firmenwert	€	365 800
7. Zusätzliche Werbekosten am neuen Standort	€	20 000
	€	48 852 791
Gesamtbetrag aller Folgekosten	€	**48 850 000**

i.W.: achtundvierzigmillionenachthundertfünfzigtausend Euro

Für den **Entzug landwirtschaftlicher Flächen** sieht Nr. 4.2 und 4.3 LandR besondere **160**
Hinweise zur Berücksichtigung des Ernteausfalls und von Vorratsdüngungen sowie zur
Entschädigung von Inventar vor, die nachfolgend abgedruckt sind:
„**4.2   Ernteausfall und Vorratsdüngung**   **161**
4.2.1   Ernteausfall
Für eine entzogene Fläche ist ggf. entweder eine Entschädigung für Aufwuchs oder für den variablen Bestellungsauf-
wand zuzüglich Deckungsbeitragsverlust im laufenden Wirtschaftsjahr zu vergüten. Bei den Ermittlungen ist immer
vom Rohertrag der entzogenen Fläche auszugehen. Lassen Stand und Entwicklung der aufstehenden Früchte den
Ernteertrag dieser Fläche vorausschätzen, so ist die zu erwartende Ernte als Rohertrag anzusehen. Kann dagegen der
tatsächliche Ertrag der auf dieser Fläche angebauten Früchte nicht abgeschätzt werden, so ist als Rohertrag der auf
der Fläche nachhaltig erzielbare Durchschnittsertrag anzusetzen. Bei landwirtschaftlich nicht genutzten Flächen
kommt eine Entschädigung nicht in Betracht.

Von dem Rohertrag sind jeweils die ersparten Aufwendungen (Bestellungs-, Pflege-, Erntebergungs- und Verwertungskosten) sowie der Betrag einer angemessenen Verzinsung aus der Kapitalanlage des Verkehrswerts der Fläche
für die Zeit von der Auszahlung bis zu der zu erwartenden Ernte abzusetzen. Der sich aus Nummer 4.1.4 (LandR)
ergebende Zinssatz ist anzuwenden.

Die Entschädigung für den Ernteausfall stellt einen Ausgleich für die entgangene Nutzung der in Anspruch genommenen Fläche dar. Um Doppelentschädigungen zu vermeiden, ist sie daher auf die etwa vereinbarten oder von der
Enteignungsbehörde festgesetzten Zinsen oder eine für die gleiche Zeit gezahlte Besitzeinweisungs- oder Nutzungsentschädigung anzurechnen.

4.2.2   Vorratsdüngung
Ist kurz vor dem Entzug einer Fläche eine Vorratsdüngung gegeben worden, so sind die über eine normale Düngung
hinausgehenden Mehrkosten zu erstatten.

103   BGH, Urt. vom 20. 11. 1967 – III ZR 161/65 –, EzGuG 6.110; BGH, Urt. vom 27. 4. 1964 – III ZR 136/63 –,
      EzGuG 6.75; BGH, Urt. vom 27. 6. 1963 – III ZR 228/61 –, EzGuG 6.71; BGH, Urt. vom 6. 12. 1965 – III ZR
      172/64 –, EzGuG 6.83; BFH, Urt. vom 17. 10. 1990 – II R 58/88 –, BFHE 162, 482 = BStBl. II 1991, 146 =
      DB 1991, 228
104   BGH, Urt. vom 20. 11. 1967 – III ZR 161/65 –, EzGuG 6.110a; BGH, Urt. vom 27. 4. 1964 – III ZR 136/
      63 –, EzGuG 6.75; BGH, Urt. vom 27. 6. 1963 – III ZR 228/61 –, EzGuG 6.71; BGH, Urt. vom 6. 12. 1965
      – III ZR 172/64 –, EzGuG 6.83
105   BGH, Urt. vom 19. 9. 1974 – III ZR 12/73 –, EzGuG 6.170; BGH, Urt. vom 14. 2. 1974 – III ZR 12/72 –,
      EzGuG 6.165; BGH, Urt. vom 27. 5. 1971 – III ZR 154/70 –, EzGuG 6.139; BGH, Urt. vom 27. 9. 1973 – III
      ZR 131/71 –, EzGuG 6.131; BGH, Urt. vom 29./31. 10. 1968 – III ZR 183/67 –, EzGuG 6.115 b; BGH, Urt.
      vom 6. 12. 1965 – III ZR 172/64 –, EzGuG 6.83; BGH, Urt. vom 8. 4. 1965 – III ZR 60/64 –, EzGuG 6.80;
      OLG Hamm, Urt. vom 4. 3. 1971 – 10 U 60/70 –, EzGuG 6.136
106   BGH, Urt. vom 8. 2. 1971 – III ZR 65/70 –, EzGuG 6.133; BGH, Urt. vom 27. 4. 1964 – III ZR 136/63 –,
      EzGuG 6.75; BGH, Urt. vom 20. 11. 1967 – III ZR 161/65 –, EzGuG 6.110
107   BGH, Urt. vom 13. 11. 1975 – III ZR 162/72 –, EzGuG 6.184
108   BGH, Urt. vom 6. 12. 1965 – III ZR 172/64 –, EzGuG 6.83
109   BGH, Urt. vom 18. 9. 1986 – III ZR 83/85 –, EzGuG 4.111 (Denkmalschutz); zur Bemessung der Enteig-
      nungsentschädigung für ein Grundstück, dessen Wert auch durch seine wirtschaftliche Bedeutung für benach-
      barte Betriebsstätten mitbestimmt wird, vgl. BGH, Urt. vom 31. 1. 1972 – III ZR 133/69 –, EzGuG 18.57
110   BGH, Urt. vom 19. 9. 1966 – III ZR 216/63 –, EzGuG 6.92; BGH, Urt. vom 29. 5. 1967 – III ZR 143/66 –,
      EzGuG 18.36
111   BGH, Urt. vom 23. 11. 1977 – IV ZR 131/76 –, EzGuG 20.69; BGH, Urt. vom 9. 3. 1977 – IV ZR 166/75 –,
      EzGuG 20.66
112   BGH, Urt. vom 16. 12. 1974 – III ZR 39/72 –, EzGuG 19.26; BGH, Urt. vom 26. 5. 1977 – III ZR 93/75 –,
      EzGuG 6.193; BGH, Urt. vom 13. 7. 1978 – III ZR 112/75 –, EzGuG 6.200 –, EzGuG 19.34
113   BGH, Urt. vom 27. 4. 1964 – III ZR 136/63 –, EzGuG 6.75

4.3   Inventar

Die Übernahme des lebenden oder toten Inventars kommt in der Regel nicht in Betracht. Beim Entzug von Betrieben ist die Differenz zwischen Verkehrswert und Veräußerungserlös des Inventars zu entschädigen.

Etwaige Nachteile wegen Inventarüberhangs, die beim Entzug von Teilflächen entstehen, werden in der Regel bei der Restbetriebsbelastung erfasst.“

4.8.2   Wertminderung des Restgrundstücks (Resthofschaden)

4.8.2.1   Allgemeines

162   Grundsätzlich stellt bei einem landwirtschaftlichen Betrieb die Entschädigung für den Rechtsverlust die Mindestentschädigung dar, soweit nicht der Gesetzgeber eine unter dem vollen Ersatz liegende Entschädigung bestimmt hat[114]. **Nachteile für das Restgrundstück** infolge des Wegfalls von Teilflächen als Betriebsbestandteile sind Ausdruck einer Substanzminderung des landwirtschaftlichen Betriebs und als Folgeschaden zu entschädigen[115].

163   Der Entzug einer Teilfläche, sei es im Wege einer Enteignung oder durch freihändige Veräußerung, kann zu einer Wertminderung des Restgrundstücks führen. Dies ist insbesondere bei gewerblichen Betrieben zu beachten, wenn in eine wirtschaftliche Einheit[116] eingegriffen wird. Im Falle einer Enteignung sind solche Wertminderungen als Folgeschaden nach § 96 Abs. 1 Satz 2 Nr. 1 und 2 BauGB zu entschädigen. Im Einzelnen geht es dabei nicht nur um Wertminderungen des Restgrundstücks, sondern ganz allgemein um **Nebenschäden.**

164   Als **Nebenschäden** kommen in Betracht
– An-, Durch- und Zerschneidungsschäden,
– Um- bzw. Mehrwegeschäden,
– Trennungsschäden,
– Arrondierungsschäden sowie
– Restbetriebsbelastungen.

Die genannten Schäden stehen mehr oder minder in Beziehung zueinander und lassen sich oftmals schwerlich voneinander auseinander halten. Dies ist i. d. R. auch gar nicht erforderlich. Eine besondere Schadensgruppe bildet lediglich der sog. Resthofschaden.

165   Ein **Resthofschaden** liegt vor, wenn sich trotz Verkleinerung des Betriebs und der dadurch eingetretenen Ertragsminderung die Betriebsaufwendungen nicht verringern[117]. Der Resthofschaden wird auch *Restbetriebsbelastung* genannt.

Gegenstand der **Aufwendungen, die auf eine abgetretene Teilfläche entfallen** und vom Restbetrieb mitgetragen werden müssen, sind u. a. die Kosten für einen Personalüberhang, Wirtschaftsgebäude und Betriebsmittel.

166   **Zur Ermittlung der Restbetriebsbelastung wird nach Nr. 4.1.1 LandR vom so genannten Deckungsbeitrag ausgegangen:**

„Der Deckungsbeitrag ergibt sich, wenn vom Rohertrag eines Wirtschaftsjahres je Flächeneinheit alle sofort, d. h. in dem der Inanspruchnahme nachfolgenden Wirtschaftsjahr, einsparbaren Aufwendungen abgezogen werden. Er dient bis zum Entzug der Teilfläche zur Deckung der festen Kosten und als Einkommen für den Betriebsinhaber (Roheinkommen). Die auf die Entzugsfläche entfallenden festen Kosten sind nach dem Entzug der Teilfläche vom Restbetrieb mitzutragen, daher Restbetriebsbelastung/Überhangkosten. Infolge des Entzugs einer Teilfläche eines Betriebs verliert der Betroffene den auf die Entzugsfläche entfallenden Deckungsbeitrag.

4.1.2   Bei der Ermittlung des Deckungsbeitragsverlustes der betroffenen Fläche sind unter Berücksichtigung der Schadensminderungspflicht die Fruchtart (Nutzungsart) oder Fruchtarten zu Grunde zu legen, die nach dem Entzug entfallen oder eingeschränkt werden können.

Kosten, die im Falle einer notwendigen Umstellung des Anbau- oder Kulturartenverhältnisses entstehen, können insoweit zusätzlich entschädigt werden, als diese nicht bereits durch den entgangenen Deckungsbeitrag erfasst sind.

4.1.3 Soweit für die Ermittlung des Deckungsbeitrags der Verlustfläche keine betriebseigenen Unterlagen zur Verfügung stehen, können hilfsweise vor allem die von den obersten Landwirtschaftsbehörden der Länder oder Landwirtschaftskammern bekannt gegebenen Richtwerte herangezogen werden. Diese sind erforderlichenfalls den Ertragsverhältnissen der betroffenen Fläche anzupassen und in den Fällen zu kürzen, in denen Arbeitskräfte und Maschinen überzählig werden.

4.1.4 Eine Entschädigung für den entgangenen Deckungsbeitrag ist dann zu leisten, wenn der Deckungsbeitragsverlust den Betrag einer angemessenen Verzinsung aus der Kapitalanlage des Grundstücksverkehrswerts übersteigt. In diesen Fällen ist der verbleibende jährliche Deckungsbeitragsverlust entsprechend der mutmaßlichen Schadensdauer zu kapitalisieren. Bei der Ermittlung der Schadensdauer ist die Pflicht des Betroffenen zu berücksichtigen, die entsprechenden Nachteile durch betriebliche Umstellungsmaßnahmen oder durch Zukäufe/Zupacht von Ersatzflächen zu mindern (vgl. Nr. 1.2.5 LandR).

Der anzuwendende Zinssatz beträgt in der Regel 4 v. H. Er ist abhängig von der voraussichtlichen Schadensdauer. Bei der Anrechnung der Verzinsung aus der Kapitalanlage des Grundstücksverkehrswerts auf den Deckungsbeitragsverlust und bei der Kapitalisierung des verbleibenden Deckungsbeitragsverlustes ist jeweils der gleiche Zinssatz anzuwenden.

4.1.5 Beim Entzug von Betrieben beschränkt sich die Entschädigung für den Erwerbsverlust auf die Kosten und Nachteile, die entstehen würden, wenn der Betrieb verlegt würde."

Der von der Teilabtretung betroffene Eigentümer ist demnach im Rahmen seiner **Schadensminderungspflicht** gehalten, Restbetriebsbelastungen möglichst gering zu halten. Infolgedessen sind Restbetriebsbelastungen nicht anzusetzen, soweit die Ersatzlandbeschaffung zu zumutbaren Bedingungen möglich ist, Ersatzland gestellt bzw. zugeteilt wird. Soweit auf Grund des Ersatzlandes längere Wege im Verhältnis zu der abgetretenen Fläche in Kauf genommen werden müssen, ist dies zu berücksichtigen. **167**

Nach Nr 8.2.3 WaldR ist eine **Restbetriebsbelastung** auch dann **nicht anzusetzen, wenn, soweit und sobald die Beeinträchtigung durch betriebliche Umstellung behoben werden kann,** z. B. durch anderweitige Verwendung oder Veräußerung eines Überbestandes an Gebäuden oder Betriebsmitteln, durch Intensivierung der Wirtschaft auf der Restfläche, durch andere Verwendung, Umschulung oder Entlassung nicht mehr benötigten Personals. Die Anwendung der dort aufgestellten Grundsätze ist nicht auf forstwirtschaftliche Betriebe beschränkt. Es heißt dort weiter: „Ist die Umstellung wirtschaftlich sinnvoll, so ist die Belastung entsprechend den Kosten der erforderlichen Maßnahmen festzustellen. Kann die Beeinträchtigung durch Umstellungsmaßnahmen nicht oder nicht vollständig behoben werden, so ist festzustellen, welche Mehrkosten den Restbetrieb bei wirtschaftlicher Betriebsführung jährlich belasten. Soweit die Mehrkosten innerhalb eines bestimmten Zeitraums einsparbar sind, ist die Belastung nach der Dauer des Anfalls der Mehrkosten unter Anwendung eines Zinssatzes von 4 % *(mit Hilfe des sich auch aus der Vervielfältigertabelle ergebenden Vervielfältigers)* zu ermitteln. Die Vermögensnachteile, die durch die nicht einsparbaren – zeitlich nicht begrenzten – Mehrkosten bedingt sind, sind unter Anwendung eines Kapitalisierungsfaktors von 25 festzustellen. Auf die Restbetriebsbelastung ist der Zinsertrag aus der Nutzung der Entschädigung für den Verkehrswert der Waldflächen anzurechnen. Der anzuwendende Zinssatz beträgt 4 %." **168**

114 BVerfG, Beschl. vom 28. 12. 1968 – 1 BvR 673/64 –, EzGuG 6.118; BGH, Urt. vom 28. 9. 1972 – III ZR 44/70 –, EzGuG 14.47

115 BGH, Urt. vom 30. 9. 1976 – III ZR 149/75 –, EzGuG 20.64; BGH, Urt. vom 3. 5. 1979 – III ZR 114/77 –, EzGuG 8.54; BayObLG, Urt. vom 18. 5. 1977 – RReg 2 Z 108/76 –, EzGuG 8.51

116 Zum Begriff: BFH, Urt. vom 12. 12. 1973 – I R 163/69 –, EzGuG 3.42; BGH, Urt. vom 7. 5. 1981 – III ZR 67/80 –, EzGuG 18.91; BFH, Urt. vom 23. 1. 1985 – II R 35/82 –, EzGuG 3.69; BFH, Urt. vom 1. 8. 1990 – II R 46/88 –, EzGuG 3.86; BFH, Urt. vom 13. 11. 1981 – III R 69/80 –, EzGuG 7.84; BayVGH, Urt. vom 11. 1. 1985 – 23 B 83 A 1017 –, EzGuG 9.54; BFH, Urt. vom 10. 12. 1968 – II B 24/68 –, EzGuG 12.46; BFH, Urt. vom 24. 7. 1991 – II R 81/88 –, EzGuG 14.102; BFH, Urt. vom 12. 7. 1968 – III 181/64 –, EzGuG 20.43 b; BGH, Urt. vom 17. 1. 1973 – IV ZR 142/70 –, EzGuG 20.53 a; BFH, Urt. vom 16. 11. 1979 – III R 76/77 –, EzGuG 20.81 b; BFH, Urt. vom 14. 11. 1990 – II R 126/87 –, EzGuG 20.143; BFH, Urt. vom 1. 4. 1987 – II R 79/86 –, EzGuG 12.46

117 BGH, Urt. vom 30. 9. 1976 – III ZR 149/75 –, EzGuG 20.64; OLG Köln, Urt. vom 7. 12. 1981 – 7 U 76/81 –; OLG Düsseldorf, Urt. vom 16. 6. 1977 – 18 U 35/77 –, AgrarR 1977, 270 = NJW 1978, 211

169 Unter dem Grundsatz des **Verbots der Doppelentschädigung** sind Nebenschäden nur insoweit zu entschädigen, wie sie nicht bereits mit der Entschädigung für den Rechtsverlust erfasst sind. Ein Verstoß gegen das Verbot der Doppelentschädigung kann sich ferner leicht einschleichen, wenn die genannten Nebenschäden jeweils für sich eigenständig ermittelt und aufsaldiert werden, denn diese stehen oftmals in enger Beziehung zueinander. So wird z. B. ein Arrondierungsschaden in aller Regel nach den selben Grundsätzen wie ein Umwegeschaden ermittelt.

170 Die im Rahmen der Teilenteignung landwirtschaftlicher Grundstücke entwickelten **Entschädigungsgrundsätze können** im Übrigen **auf nicht landwirtschaftlich genutzte Grundstücke übertragen** werden[118].

171 Eine **entschädigungspflichtige Wertminderung für die Zerschneidung eines gewerblichen Grundstücks** liegt nur dann vor, wenn

– eine für das ursprüngliche Grundstück zulässige und der Sache nach vernünftige Nutzungsmöglichkeit durch die Zerschneidung für die Restfläche nur noch eingeschränkt oder gar nicht mehr gegeben ist,

– der gesunde Grundstücksverkehr (gewöhnlicher Geschäftsverkehr) dem auch Rechnung trägt (die Bemessung dieser Entschädigung muss sich demnach an einem „allgemeinen gewerblichen Betrieb" ohne Beziehung zu einem bestimmten Betrieb ausrichten[119]) und

– die Wertminderung spürbar ist[120].

172 Des Weiteren sind solche **Schäden** auch **nur insoweit zu entschädigen, wie die Beeinträchtigung den Eigentümer in seiner gefestigten Rechtsposition trifft**[121]. Ein Entschädigungsanspruch besteht auch nur, wenn der Eigentümer nach Umfang und Inhalt seiner Rechtsposition die Möglichkeit hatte, die auf Grund der Inanspruchnahme der Teilfläche entstehenden Auswirkungen kraft seiner Rechtsposition zu verhindern oder zu bekämpfen, ohne dass ihm eine entschädigungslose Duldungspflicht nach § 906 BGB entgegengehalten werden könnte[122].

173 Grundsätzlich kann zur Ermittlung des Resthofschadens das **Differenzwertverfahren** zur Anwendung kommen (vgl. § 4 WertV Rn. 556 sowie § 7 WertV Rn. 152 ff.)[123]. Bei Anwendung dieses Verfahrens ist der Wert des Grundstücks vor und nach Inanspruchnahme der Teilfläche gegenüberzustellen. Das Verfahren setzt voraus, dass genügend und hinreichend sicher erfassbare Betriebsdaten in marktüblicher Höhe zur Verfügung stehen (vgl Nr. 3.7 LandR).

174 Des Weiteren lässt sich die Wertminderung im Wege der **Kapitalisierung eines Gewinnverlustes** ermitteln. So trifft z. B. der **Verlust von Parkplatzflächen,** die für den Betrieb eines Supermarktes, einer Gaststätte oder einer ähnlichen Betriebsstätte notwendig sind, den Eigentümer in einer durch Art. 14 GG geschützten Rechtsposition. Die Wertminderung kann in solchen Fällen sachgerecht durch Kapitalisierung der Gewinnverluste ermittelt werden. Diese Gewinnverluste lassen sich auf der Grundlage der Umsatzeinbußen ermitteln.

175 Ein (voller) Ausgleich in Höhe des kapitalisierten Gewinnverlustes würde den Betroffenen allerdings so stellen, als wenn die enteignete Fläche ihm weiterhin diente. Deshalb sind **Erträge aus der Kapitalnutzung der Entschädigung für den Rechtsverlust** (Verkehrswert der in Anspruch genommenen Teilfläche) **gegenzurechnen**[124].

4.8.2.2   An-, Durch- und Zerschneidungsschaden

176 Zur Ermittlung von An-, Durch- und Zerschneidungsschäden[125] ist nach Nr. 3.2 LandR von den **auf der Restfläche entstehenden Mehrkosten und Mindererträgen** auszugehen (vgl. Rn. 171). Des Weiteren wird in den LandR hierzu ausgeführt:

„Die auf der Beeinträchtigung einer Rechtsposition beruhende Wertminderung kann – insbesondere in schwierigen Fällen – individuell ermittelt werden. Dabei sind der Bewirtschaftungsaufwand und die Erträge vor und nach der Inanspruchnahme gegenüberzustellen. Die sich daraus ergebende Differenz ist unter Zugrundelegung eines Zinssatzes von 4 v. H. zu kapitalisieren und zu entschädigen."

An-, Durch- und Zerschneidungsschäden sind danach im Wege einer ertragswirtschaftlichen Betrachtung zu ermitteln. Hierzu können die in der Anl. 2 zur LandR angegebenen Schadensbeträge herangezogen werden, die ggf. mit den ebenfalls dort angegebenen Korrekturfaktoren modifiziert werden. Es handelt sich hierbei um bereits kapitalisierte Anschneidungsschäden je m² abgetrennter Fläche. Den Richtwerten liegt ein rechteckig geformtes Ausgangsgrundstück zu Grunde. Abweichungen müssen deshalb ggf. berücksichtigt werden. Im Übrigen können die Richtwerte auch auf **Durchschneidungsschäden** zur Anwendung kommen, indem dieser Fall als beiderseitiger Anschneidungsfall behandelt wird. **177**

Für die **Maschinenkosten** werden in einem zweijährigen Turnus Fortschreibungsfaktoren veröffentlicht[126]. **178**

Im Zusammenhang mit **Grundstücksabtretungen im Zuge von Straßenbaumaßnahmen** treten folgende Fälle auf: **179**

a) Die durch den Bau einer Fernstraße **„abgeschnittene" Chance** eines im Außenbereich gelegenen landwirtschaftlichen Grundstücks, **Bauland zu werden,** stellt keine Rechtsposition dar, die zu entschädigen wäre[127].

b) Für Schallschutzmaßnahmen ist eine Entschädigung zu leisten, wenn sie für eine wirksame Abhilfe erforderlich sind. Eigenart und Zweckbestimmung des Grundstücks entscheiden darüber, was wirksame Abhilfe ist. **Erst wenn Schallschutzmaßnahmen nicht möglich oder die für sie erforderlichen Aufwendungen unverhältnismäßig hoch sind, ist eine Entschädigung für die Grundstückswertminderung zu gewähren**[128].

c) **Kosten für Schallschutzmaßnahmen** auf dem Restgrundstück infolge der Inanspruchnahme einer Teilfläche für die Errichtung einer Bundesstraße, wobei solche Nachteile nicht geltend gemacht werden können, die den Eigentümer getroffen hätten, falls ihm nichts „weggenommen" worden wäre, wenn die Verkehrseinrichtung statt über die abgetretene Fläche an der Grenze seines ungeteilten Grundstücks entlang geführt worden wäre[129].

118 BGH, Urt. vom 28. 10. 1982 – III ZR 48/81 –, EzGuG 18.92; BGH, Urt. vom 28. 10. 1982 – III ZR 71/81 –, EzGuG 13.58; BGH, Urt. vom 18. 9. 1986 – III ZR 83/85 –, EzGuG 4.111
119 BGH, Urt. vom 8. 11. 1978 – III ZR 91/77 –, EzGuG 20.78
120 BGH, Urt. vom 30. 5. 1983 – III ZR 22/82 –, EzGuG 18.93
121 BGH, Urt. vom 28. 1. 1975 – III ZR 11/72 –, EzGuG 8.42
122 BGH, Urt. vom 6. 3. 1986 – III ZR 146/84 –, EzGuG 13.76; BGH, Urt. vom 14. 7. 1977 – III ZR 41/75 –, EzGuG 18.77
123 BGH, Urt. vom 25. 6. 1981 – III ZR 12/80 –, EzGuG 4.77
124 BGH, Urt. vom 28. 10. 1982 – III ZR 48/81 –, EzGuG 18.92
125 Beckmann/Huth, Schriftenreihe des HLBS Heft 95; Aust/Jacobs, Die Enteignungsentschädigung, 3. Aufl. 1997
126 Köhne, Landwirtschaftliche Taxationslehre, 2. Aufl. S. 85 ff.
127 BGH, Urt. vom 12. 6. 1975 – III ZR 25/73 –, EzGuG 4.44; BGH, Urt. vom 10. 3. 1977 – III ZR 195/74 –, EzGuG 18.72; BGH, Urt. vom 8. 5. 1980 – III ZR 27/78 –, EzGuG 15.16; BGH, Urt. vom 25. 6. 1981 – III ZR 12/80 –, EzGuG 4.77; BayObLG, Urt. vom 27. 1. 1987 – RReg 1 Z 167/86 –, EzGuG 6.233
128 BGH, Urt. vom 25. 6. 1981 – III ZR 12/80 –, EzGuG 4.77
129 BGH, Urt. vom 3. 6. 1986 – III ZR 146/84 –, EzGuG 13.76; BGH, Urt. vom 25. 6. 1981 – III ZR 12/80 –, EzGuG 4.77; BGH, Urt. vom 7. 5. 1981 – III ZR 67/80 –, EzGuG 18.91; BGH, Urt. vom 8. 2. 1972 – III ZR 86/77 –, EzGuG 4.65

d) Wertminderungen auf Grund eines **Lärmschutzwalls einer Bundesautobahn** für ein benachbartes Wohngebiet mit Auswirkungen auf die Wohnqualität; eine Entschädigung kann wiederum nur insoweit beansprucht werden, wie die infolge der Teilabtretung eintretenden Nachteile größer als diejenigen sind, die auch ohne Abtretung der Teilfläche entstanden wären[130].

4.8.2.3 Um- bzw. Mehrwegeschaden

180 Eine Umwegeentschädigung kommt nach Nr. 3.3 LandR in Betracht, wenn Umwege erforderlich werden

– als Folge der Durchschneidung einer bisher räumlich zusammenhängenden Fläche eines Eigentümers, um die jenseits gelegenen Flächen nutzen zu können;

– als Folge der Unterbrechung eines Privatwegs, der dem Betroffenen gehört oder an dem ihm ein Nutzungsrecht zusteht.

Der Umwegeschaden ergibt sich aus dem ermittelten **Mehrweg multipliziert mit** dem sich aus Anl. 3 der LandR ergebenden **Richtwert und multipliziert mit der vom Umweg betroffenen Fläche in ha:**

Umwegschaden = Mehrwegentfernung × Richtwert × umwegbetroffene Fläche

181 Bei der **Ermittlung der Entschädigung** ist nach Nr 3.3 LandR ebenfalls von einem Zinssatz von 4 v. H. auszugehen.

182 Die sich aus der Anl. 3 der LandR ergebenden **Richtwerte** umfassen nicht

– betriebsbezogene Nachteile, die sich infolge Wegfalls der besonders günstigen Lage einer Entzugsfläche zur Hofstelle ergeben;

– bei Milchviehwiesen die Mehrwege zum Melken und für Viehbetrieb.

Diese Nachteile sind gesondert zu ermitteln und zu entschädigen, wenn sie nicht bereits durch den Verkehrswert (z. B. Lagezuschlag) ausgeglichen worden sind.

183 Des Weiteren führen **Nrn. 3.3 ff. LandR** hierzu aus:

„**3.4** Bei einer Veränderung des öffentlichen Wegenetzes kann eine Entschädigung grundsätzlich nicht gewährt werden, weil der Fortbestand einer bestimmten Verbindung mit dem öffentlichen Wegenetz in der Regel keine Rechtsposition darstellt.

Für die Entschädigung bei Unterbrechung oder erheblicher Erschwernis von Zufahrten zum öffentlichen Wegenetz sind die Bestimmungen der Straßengesetze des Bundes (z. B. § 8 Abs. 4 Bundesfernstraßengesetz) und der Länder maßgebend. Auf Nr. 29 bis 33 der ‚Zufahrten-Richtlinien‘ des Bundesministeriums für Verkehr in der Fassung vom 8. April 1976 (VBl. 1976, 347) wird ergänzend Bezug genommen (Abl. 1 Nr. 3 LandR).

3.5 Wenn feststeht, dass die Nachteile (Nr. 3.2 und 3.3) nicht von Dauer sind, sondern an einem absehbaren Zeitpunkt entfallen (z. B. durch Flurbereinigungs- oder Umlegungsverfahren), sind die Richtwerte in den Anl. 2 und 3 entsprechend zu kürzen.

3.6 Die Entschädigung für die ermittelten Wirtschaftserschwernisse darf den Verkehrswert der Restfläche nicht übersteigen. Restgrundstücke, deren Bewirtschaftung infolge des Entzugs einer Teilfläche derart erschwert wird, dass eine Weiterbewirtschaftung in der bisherigen Weise nicht mehr zumutbar ist, müssen auf Verlangen des Eigentümers angekauft werden.“

184 Folgende **Fallgestaltungen** haben eine rechtliche Klärung erfahren:

a) Zusätzliche Wegekosten (Arbeitszeitverluste, Schlepper- und Gespannkosten), die sich auf den Ertrag eines landwirtschaftlichen Betriebs auswirken (Umwegschaden Nr. 8 LandR)[131].

b) Als Folgeschaden ist der betriebliche Mehraufwand infolge **längeren Weges von der Hofstelle zu den Feldern und eine größere Entfernung vom Ort** zu entschädigen. Weist die Hofstelle eine über den landwirtschaftlichen Entwicklungszustand hinausgehende Baulandqualität auf (z. B. Bauerwartungsland), so ist dieser Folgeschaden auch zu entschädigen, wenn neben dem Verkehrswert für ein gleichartiges und gleichwertiges landwirtschaftlich genutztes Grundstück ein betrieblicher Folgeschaden eintritt, der zusammen höher ausfällt, als eine sich nach Baulandpreisen bemessende Entschädigung. In diesem Fall – aber auch nur dann – gebührt dem Eigentümer eine höhere Entschädigung[132].

4.8.2.4   Hofnähe und Hofanschluss

▸ *Allgemeines hierzu bei § 4 WertV Rn. 40 ff.*

Eine landwirtschaftliche Fläche weist einen Hofanschluss auf, wenn die Fläche unmittelbar mit dem Hof verbunden ist; sie kann also ohne Benutzung von Flächen und Wegen, die im Eigentum anderer stehen, erreicht werden. Die Fläche ist insoweit nicht für jedermann wertvoller, wohl aber für den Eigentümer der Hofstelle.   **185**

Hofstelle[133] ist diejenige Stelle, von der aus land- und forstwirtschaftliche Flächen ordnungsgemäß nachhaltig bewirtschaftet werden. Umfang und Ausstattung der Hofstelle richten sich grundsätzlich nach den Erfordernissen und der Größe der von dieser Stelle aus bewirtschafteten Fläche. Eine Hofstelle umfasst die Wirtschaftsgebäude und die dazugehörigen Nebenflächen (ErbStR 130 Abs. 4 und 5). Hecken, Gräben, Grenzraine und dergleichen gehören nur dann zur Hofstelle, wenn sie in räumlicher Verbindung mit den Wirtschaftsgebäuden stehen.

Im Unterschied zu einer Hofanschlussfläche weist eine **hofnahe Fläche** keinen unmittelbaren Anschluss an den Hof auf; sie ist aber vom Hof aus auf kurzem Weg erreichbar. Auch solche Flächen sind nicht für jedermann deshalb wertvoller, wohl aber wiederum für den Eigentümer des Hofes. Im Falle des Entzugs hofnaher Flächen wird nach der Rechtsprechung des BGH ein **Hofnähezuschlag** nicht anerkannt[134]. Der betroffene Eigentümer hat nämlich keinen Rechtsanspruch auf Erhalt einer günstigen Wegeverbindung. Im Übrigen ist der Verlust der Hofnähe weitgehend mit der Inkaufnahme von Mehrwegen identisch.   **186**

Folgende **Fallgestaltungen** haben eine rechtliche Klärung erfahren: **187**

a) Der **Gemeingebrauch eines öffentlichen Wegs, der eine günstige Verbindung zwischen zwei zu demselben landwirtschaftlichen Betrieb gehörenden Grundstücken gewährleistet,** begründet kein verfassungsrechtlich geschütztes Vertrauen darauf, dass eine solche dem Betrieb nützliche Linienführung erhalten bleibt. Geschützt ist dagegen die Zugänglichkeit eines Betriebs nach außen[135].

b) **Zusätzliche Straßenüberquerungen** eines Altwagenverschrottungsbetriebs infolge Zerschneidung des Grundstücks durch eine Straße[136].

4.8.2.5   Arrondierungsschaden

▸ *Hierzu § 14 WertV Rn. 120 ff.*

Unter der Arrondierung wird eine räumlich, wirtschaftlich und rechlich geschlossene Lage eines Grundbesitzes verstanden (räumliche und wirtschaftliche Einheit). Sie ist insbesondere im landwirtschaftlichen aber auch ganz allgemein im gewerblichen Bereich immer   **188**

---

130   BGH, Urt. vom 7. 5. 1981 – III ZR 67/80 –, EzGuG 18.91; BGH, Urt. vom 8. 11. 1979 – III ZR 87/78 –, EzGuG 18.89; BGH, Urt. vom 4. 10. 1973 – III ZR 138/81 – EzGuG 15.59; BGH, Urt. vom 16. 3. 1972 – III ZR 26/71 –, EzGuG 6.150; BGH, Urt. vom 14. 7. 1977 – III ZR 41/75 –, EzGuG 18.77; BGH, Urt. vom 1. 12. 1977 – III ZR 130/75 –, EzGuG 18.78

131   BGH, Urt. vom 30. 9. 1976 – III ZR 149/75 –, EzGuG 20.64

132   BGH, Urt. vom 7. 10. 1976 – III ZR 60/73 –, EzGuG 6.188; BayObLG, Urt. vom 18. 5. 1977 – 2 Z 108/75 –, EzGuG 8.51

133   § 157 Abs. 2 ErbStR

134   BGH, Urt. vom 6. 3. 1986 – III ZR 146/84 –, EzGuG 13.76; BGH, Urt. vom 28. 7. 1988 und OLG Oldenburg, Urt. vom 30. 4. 1987; Köhne, Landwirtschaftliche Taxationslehre, 2. Aufl. 1993, S. 83 f.

135   BGH, Urt. vom 13. 3. 1975 – III ZR 152/72 –, EzGuG 4.43; BGH, Urt. vom 29. 5. 1967 – III ZR 126/66 –, EzGuG 18.35; BGH, Urt. vom 8. 2. 1971 – III ZR 33/68 –, EzGuG 18.54

136   BGH, Urt. vom 9. 11. 1978 – III ZR 91/77 –, EzGuG 20.78

dann von Bedeutung, wenn das Eigentum einen möglichst geschlossenen und leicht zu bewirtschaftenden Block ohne Zerschneidung durch öffentliche Wege, Eisenbahnlinien oder Wasserläufe erfordert. Ein Arrondierungsschaden kann dadurch eintreten, dass *rechtlich gesicherte* Nutzungsmöglichkeiten als Vorteil der Arrondierung (wie z. B. eine **kostengünstige Bewirtschaftung** und das **Fernhalten von Immissionsquellen**) wegfallen oder gemindert werden, wenn diese im gesunden Grundstücksverkehr (gewöhnlicher Geschäftsverkehr) werthaltig sind[137]. Die Arrondierungsvorteile müssen eine eigentumsmäßig geschützte Rechtsposition des Eigentümers bilden. Nur insoweit ist ihr Wegfall entschädigungspflichtig. Außerökonomische Gesichtspunkte, wie z. B. die Ansehnlichkeit und Ungestörtheit lösen keinen entschädigungspflichtigen Arrondierungsschaden aus, auch wenn sie zu einer Wertminderung des Grundstücks führen[138].

4.8.2.6   Pachtaufhebungsentschädigung

189   Neben der Aufhebung eines Mietrechts sind auch Pachtrechte (z. B. nach § 86 Abs. 1 Nr. 3 BauGB) zu entschädigen[139]. Art. 14 GG schützt allerdings nur **konkrete subjektive Rechtspositionen** und nicht bloße Chancen ohne rechtlich gesicherten Anspruch[140].

190   Bei der **Enteignung eines Pachtrechts,** das nach dem Pachtvertrag jeweils zum Jahresende kündbar war, ist Entschädigung wegen anderer Nachteile der Enteignung (§ 96 BauGB) wiederum nur insoweit zu leisten, als in die rechtlich gesicherte Erwartung des Pächters auf Fortsetzung des Vertrags eingegriffen worden ist. Außer Betracht bleibt die mehr oder minder sichere tatsächliche Erwartung, dass das Pachtverhältnis ohne die Enteignung noch über Jahre fortgesetzt worden wäre[141]. Die wirtschaftlich nachteiligen Auswirkungen des Entzugs eines nach der tatsächlichen Einschätzung längerfristigen Pachtrechts können ansonsten nur durch Gewährung des Härteausgleichs unter den in § 181 BauGB bestimmten Voraussetzungen ausgeglichen werden.

191   **Nr 5.1 ff. LandR** schreiben hierfür vor:

„Wird eine Pachtaufhebungsentschädigung an einen Pächter bezahlt, ist zu prüfen, ob das Pachtrecht als Minderung des Bodenwerts angesehen und deshalb zu einer Minderung der an den Eigentümer zu zahlenden Entschädigung führen muss. Nummer 2.4.2 LandR ist anzuwenden.

5.2   Ermittlung des Werts des Pachtrechts
Der Wert des Pachtrechts wird durch den Geldbetrag bestimmt, der zum Erwerb eines gleichartigen und gleichwertigen Pachtrechts aufzuwenden ist. Entspricht die vereinbarte Pacht der marktüblichen, so wird in aller Regel dem Pachtrecht ein eigener Wert nicht zukommen.
Ist die vereinbarte Pacht niedriger als die marktübliche, dann ist die Differenz für die Restpachtdauer gleich bleibend zu kapitalisieren und zu entschädigen. Bei Pachtbetrieben ist die gegendübliche, bei Teilflächen die ortsübliche Pacht als marktübliche Pacht zu bezeichnen. Sie ist der vereinbarten Pacht gegenüberzustellen. Ist die vereinbarte Pacht höher als die marktübliche, dann ist die kapitalisierte Differenz bei der Ermittlung der sonstigen Vermögensnachteile mindernd zu berücksichtigen[142].
Der anzuwendende Zinssatz beträgt in der Regel 4 v. H. Er ist abhängig von der voraussichtlichen Schadensdauer.

5.3   Entzug von Pachtgrundstücken
5.3.1   Wertminderung des Restgrundstücks oder des Restbetriebs
Die Entschädigung für Wertminderung des Restbesitzes wegen An- und Durchschneidungen sowie Umwegen (vgl. Nummern 3.2 und 3.3 LandR) steht in der Regel dem Eigentümer zu. Bei **längerfristiger Restpachtzeit** kann sie zwischen dem Eigentümer und Pächter aufgeteilt werden. Dem Pächter wird dann der Anteil zugerechnet, der auf die Restpachtzeit entfällt. Es ist sicherzustellen, dass die Entschädigung insgesamt nur einmal geleistet wird".

192   **Marktüblich ist bei Pachtbetrieben die gegendübliche, bei Einzelflächen die ortsübliche Pacht.**

193   Eine darüber hinausgehende **Entschädigung für die Pachtaufhebung** steht dem Pächter nach Nr. 5.3.2 LandR 78 zu:

„**5.3.2   Restbetriebsbelastung und Erwerbsverlust des Pächters**
Infolge des Entzugs einer Teilfläche eines Betriebs verliert der Pächter den auf die entzogene Pachtfläche entfallenden Deckungsbeitrag abzüglich der marktüblichen Pacht (einschließlich sonstiger Nebenleistungen des Pächters). Die Nummern 4.1.1 bis 4.1.3 LandR gelten sinngemäß.

Der Deckungsbeitragsverlust kann nur begrenzt entschädigt werden (z. B. § 96 Abs. 1 Nr. 1 BauGB, § 19 Nr. 1 LBG). Auch sind die Möglichkeiten, durch betriebliche Umstellungsmaßnahmen den Deckungsbeitragsverlust zu mindern, zu berücksichtigen. Bei Anwendung der sich aus nachstehender Tabelle ergebenden, nach der Dauer der Restpachtzeit gestaffelten v.-H.-Sätzen ist diesen Gesichtspunkten Rechnung getragen. Danach wird ein umso höherer Anteil des Deckungsbeitragsverlustes entschädigt, je kürzer die Restpachtzeit ist.

Der anzuwendende Zinssatz beträgt in der Regel 4 v. H. Er ist abhängig von der voraussichtlichen Schadensdauer. Den Kapitalisierungsfaktoren der Spalte 3 der nachstehenden Tabelle liegt ein Zinssatz von 4 v. H. zu Grunde.

Eine kürzere Schadensdauer als die Restpachtzeit ist anzunehmen, wenn der Deckungsbeitragsverlust durch Zupacht von Ersatzland oder durch andere Umstände vor Ablauf der Restpachtzeit gemindert werden kann."

Beispiel: **194**

für die Ermittlung der Pachtaufhebungsentschädigung (Nr 5.2 und 5.3 LandR)

Deckungsbeitrag der Entzugsfläche	800 €/ha,
ortsübliche Pacht	200 €/ha
vereinbarte Pacht	150 €/ha
keine sonstigen Nebenleistungen des Pächters	
Restpachtzeit	5 Jahre

a) Entschädigung für den Wert des Pachtrechts (Nr 5.2 LandR)
(200 €/ha – 150 €/ha) = 50 €/ha × 4,45 (Kapitalisierungsfaktor) = 222,50 €/ha

b) Entschädigung für die Restbetriebsbelastung und den Erwerbsverlust des Pächters (Nr 5.3 LandR)
(800 €/ha – 200 €/ha) = 600 €/ha × 4,43 (Kapitalisierungsfaktor) = 2058 €/ha

Die Pachtaufhebungsentschädigung beträgt insgesamt:

a)	222,50 €/ha
b)	2 058,00 €/ha
Summe	2 280,50 €/ha

Abb 9: Tabelle zur Ermittlung der Entschädigung für Restbetriebsbelastungen und Erwerbsverluste des Pächters

Restpachtzeit in Jahren	v.-H.-Satz des entgangenen Deckungsbeitrags abzüglich marktüblicher Pacht (Nr 5.3.2 Abs. 1)	Kapitalisierungsfaktor bei Verwendung eines Zinssatzes von 4 v. H.
1	2	3
1	100	0,96
2	93	1,75
3	87	2,41
4	82	2,98
5	77	3,43
6	73	3,83
7	69	4,14
8	65	4,38
9	62	4,61
10	59	4,79
11	56	4,91
12	54	5,07
13	52	5,19
14	50	5,28
15	49	5,45
16	49	5,59
17	47	5,72
18	46	5,82
19	45	5,91
20	44	5,98

137 BGH, Urt. vom 3. 12. 1981 – III ZR 55/80 –, EzGuG 20.93; BGH, Urt. vom 9. 11. 1978 – III ZR 91/77 –, EzGuG 20.78; BGH, Urt. vom 8. 10. 1981 – III ZR 46/80 –, EzGuG 4.79
138 BGH, Urt. vom 12. 6. 1975 – III ZR 25/73 –, EzGuG 4.44
139 BGH, Urt. vom 7. 1. 1982 – III ZR 141/80 –, EzGuG 14.68; Kreft in DRiZ 1973, 355
140 Krohn/Löwisch, Eigentumsgarantie, Enteignung, Entschädigung, 3. Aufl. 1984 Rn. 279 ff.; Engelhardt in NVwZ 1989, 1026; BGH, Urt. vom 8. 7. 1993 – III ZR 146/92 –, BGHZ 123, 166 = NJW 1993, 3131
141 BGH, Urt. vom 7. 1. 1982 – III ZR 141/80 –, EzGuG 14.68; a. A. BGH, Urt. vom 20. 1. 1958 – III ZR 40/57 –, EzGuG 14.5 b
142 Gelzer/Busse, Der Umfang der Entschädigung aus Enteignung und enteignungsgleichem Eingriff; NJW-Schriftenreihe Heft 2; 2. Aufl. 1980 Rn. 607

4.9   Vorteilsausgleich

195   Ein Vorteilsausgleich i. S. d. § 93 Abs. 3 BauGB (vgl. § 17 Abs. 2 LBschG, § 13 Abs. 1 SchutzbereichsG)[143] ist bei der Enteignungsentschädigung nur zu berücksichtigen, wenn der Vorteil ohne die Enteignung nicht entstanden wäre und zwischen der Enteignung als der schädigenden Maßnahme und dem Umstand, der den Vorteil gebracht hat, ein adäquater Zusammenhang besteht (vgl. Rn. 79)[144]. Ergibt sich der Vorteil aus einem im Zusammenhang mit der Enteignung stehenden Planungsgewinn, so kann das Vorliegen eines ansonsten auch eingetretenen Vermögensnachteils grundsätzlich nicht im Hinblick auf einen erheblichen Planungsgewinn verneint werden; vielmehr dürfen in derartigen Fällen nur solche **Vorteile** berücksichtigt werden, **die sich unmittelbar im Sinne einer besonderen Zuordnung zum Restbesitz ergeben.** Soweit allgemeine „Gruppenvorteile" auch anderen zufließen, läuft die Anrechnung von Vorteilen auf ein „Sonderopfer" des Betroffenen hinaus. Dies wäre unzulässig, wie das *Beispiel* in Abb. 10 verdeutlicht.

Abb. 10: Entschädigung ohne Vorteilsausgleich

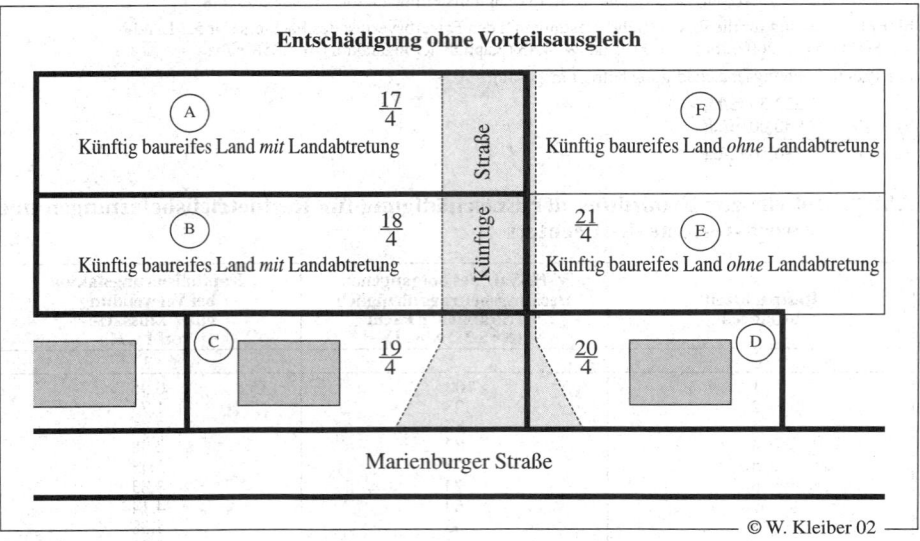

196   Grundstücke A und B, die im Falle entsprechender Festsetzungen im Bebauungsplan als Rohbauland einzustufen wären, werden in diesem Beispiel als Folge der Landabtretung baureif. Dies gilt aber gleichermaßen für die Grundstücke E und F, ohne dass diese allerdings Land abtreten müssen. Ein Vorteilsausgleich bei der Bemessung der Entschädigung für die abzutretenden Flächen der Grundstücke A und B liefe gegenüber den Grundstücken E und F auf ein **Sonderopfer** hinaus und wäre **mit dem Gleichheitssatz des Art. 3 Abs. 1 GG unvereinbar.**

197   Der **BGH** hat hierzu festgestellt:

„Die Berücksichtigung von planungsbedingten Wertsteigerungen eines in räumlicher Verbindung mit dem Enteignungsobjekt stehenden Grundstücks bei der Bemessung der Entschädigung für einen Eingriff in die Eigentumssubstanz ... stellt sich bei wirtschaftlicher Betrachtung als (teilweise) ,Abschöpfung' dieses Wertzuwachses dar. Dient die Enteignung einem Unternehmen, dessen Vorteil zumindest einer begrenzten Öffentlichkeit zufällt, ... so muss der auf die Verfassung zurückführende und vom BBauG verwirklichte Grundsatz möglichst gleichmäßiger Belastung aller durch Erschließungsmaßnahmen begünstigten Eigentümer auch bei einer etwaigen Vorteilsausgleichung beachtet werden. Die Vorenthaltung der Entschädigung ... für eine Enteignung infolge Anrechnung von planungsbedingten Wertsteigerungen legt dem betroffenen Eigentümer in dem Maße ein ,Sonderopfer' auf, als diese Vorteile auch anderen zufließen, bei denen eine ,Abschöpfung' der Wertgewinne nicht erfolgt[145]. Dies wäre mit Art. 3 GG unvereinbar, denn eine ,Abschöpfung' planungsbedingter Mehrwerte ist dem Allgemeinen Städtebaurecht fremd."

Die Rechtsprechung des BGH hat bei dieser Ausgangslage eine Reihe von **Kriterien zur**   **198**
Anrechenbarkeit von Vorteilen aufgestellt:

a) ein Verstoß gegen den Gleichheitssatz nach Art. 3 Abs. 1 GG liegt bei der Anrechnung
   von Vorteilen nicht vor, wenn das Merkmal der „Überschaubarkeit" des begünstigten
   Personenkreises erfüllt ist, ohne dass eine bestimmte Personenzahl vorgegeben werden
   könnte[146].

b) Ein besonderer ausgleichspflichtiger Erschließungsvorteil kann auch dann vorliegen,
   wenn anderen nicht zu einer Landabtretung gezwungenen Grundeigentümern Erschließungsvorteile zufließen[147].

c) Eine Anrechnung kann sowohl bei Ersterschließungen als auch bei Straßenverbreiterun-
   gen (z. B., um eine höhere bauliche Ausnutzbarkeit der anliegenden Grundstücke zu
   ermöglichen) in Betracht kommen[148]. Entsprechendes gilt für den Ausbau einer öffentlichen Grünfläche"[149].

d) Die Anrechnung von Planungs- und Erschließungsvorteilen bei der Grundabtretung auf
   das Restgrundstück muss zumutbar sein und „darf nicht dazu führen, dass der Eigentümer im Ergebnis ohne angemessene Entschädigung bleibt für einen Landabzug, der
   über die vorteilhafte Erschließung des eigenen Geländes hinaus auch die Erschließung
   anderer (fremder) Grundstücke ermöglicht"[150]. Der BGH weist in seiner Rechtsprechung auf die Umlegungsgrundsätze nach den §§ 45 ff. BauGB hin.

e) Auch bezüglich nichtplanungs- und erschließungsbedingter Vorteile (Standortverbesse-
   rungen und Lagevorteile) sind diese stets nur dann auf die Entschädigung für den Landabzug anrechenbar, wenn es sich um Sondervorteile handelt, die dem Grundeigentümer
   oder zumindest einem überschaubaren Personenkreis zufließen[151].

Die **Anrechnung von Planungs- und Erschließungsvorteilen für das Restgrundstück**   **199**
auf Grund von Straßenlandabtretungen hat der BGH in seiner Rechtsprechung anknüpfend
an die Vorwirkungsrechtsprechung **zeitlich nicht begrenzt,** d. h., der erforderliche innere
Zusammenhang zwischen dem Vorteil der Baulandausweisung und -erschließung und dem
Nachteil der Grundflächenabtretung soll auch durch einen erheblichen Zeitablauf nicht
unterbrochen werden[152]. Dies wirft die Frage auf nach dem sich tatsächlich ergebenden Vorteil für ein schon seit geraumer Zeit in einem Bebauungsplan als Bauland ausgewiesenen
Restgrundstück, das durch Grundabtretung erstmals erschlossen wurde. I. d. R. kann ein
solches Grundstück, soweit es im Bebauungsplan als Bauland festgesetzt ist, bereits als

---

143   BGH, Urt. vom 15. 11. 1973 – III ZR 113/71 –, EzGuG 4.42
144   BGH, Urt. vom 26. 5. 1977 – III ZR 149/74 –, EzGuG 18.75; BGH, Urt. vom 29. 3. 1971 – III ZR 108/67 –,
      EzGuG 18.53; BGH, Urt. vom 28. 2. 1966 – III ZR 159/66 –, EzGuG 6.88; BGH, Urt. vom 12. 7. 1965 – III
      ZR 214/64 –, EzGuG 2.8; zum Vorteilsausgleich bei **rechtswidriger faktischer Bausperre:** BGH, Urt.
      vom 15. 12. 1988 – III ZR 110/87 –, EzGuG 6.243
145   BGH, Urt. vom 22. 6. 1978 – III ZR 92/75 –, EzGuG 17.35; BGH, Urt. vom 2. 2. 1978 – III ZR 90/76 –,
      EzGuG 18.81; BGH, Urt. vom 26. 3. 1977 – III ZR 149/74 –, EzGuG 18.75; BGH, Urt. vom 25. 11. 1974 – III
      ZR 59/73 –, EzGuG 6.174; BGH, Urt. vom 13. 5. 1974 – III ZR 7/72 –, EzGuG 6.168; OLG Hamburg, Urt.
      vom 19. 3. 1965 – 1 U 41/63 –, EzGuG 18.28; OLG Hamm, Urt. vom 8. 2. 1967 – 16 U 9/66 –, 14 O 21/65 –,
      EzGuG 18.34; vgl. Küppers in DVBl. 1978
146   BGH, Urt. vom 13. 5. 1975 – III ZR 7/72 –, EzGuG 6.168
147   BGH, Urt. vom 26. 5. 1977 – III ZR 149/74 –, EzGuG 18.75; BGH, Urt. vom 2. 2. 1978 – III ZR 90/76 –,
      EzGuG 18.81; jedoch BGH, Urt. vom 7. 2. 1980 – III ZR 153/78 –, EzGuG 4.71
148   BGH, Urt. vom 27. 1. 1977 – III ZR 153/74 –, EzGuG 6.189
149   BGH, Urt. vom 25. 11. 1974 – III ZR 59/73 –, EzGuG 6.174; BGH, Urt. vom 11. 3. 1976 – III 154/73 –,
      EzGuG 13.28
150   BGH, Urt. vom 11. 11. 1976 – III ZR 114/75 –, EzGuG 6.188 a.
151   BGH, Urt. vom 7. 7. 1980 – III ZR 32/79 –, EzGuG 13.54; BGH, Urt. vom 5. 7. 1979 – III ZR 64/78 –,
      EzGuG 4.68; BGH, Urt. vom 10. 11. 1977 – III ZR 157/75 –, EzGuG 13.44; BGH, Urt. vom 3. 3. 1977 – III
      ZR 181/74 –, EzGuG 13.36; BGH, Urt. vom 11. 3. 1976 – III ZR 154/73 –, EzGuG 13.28; BGH, Urt. vom
      2. 10. 1967 – III ZR 89/65 –, EzGuG 18.40
152   Hierzu Reisnecker im Kohlhammer-Komm. BauGB § 93 Rn. 34 ff.

Rohbauland i. S. d. § 4 Abs. 3 qualifiziert werden, und nur der für öffentliche Zwecke festgesetzte Grundstücksteil wurde durch die Festsetzungen des Bebauungsplans vom
gewöhnlichen Geschäftsverkehr ausgeschlossen.

200 Das für eine privatwirtschaftliche Nutzung ausgewiesene Rohbauland wird dagegen i. d. R.
unter Berücksichtigung des Planungsmehrwerts gehandelt, der selbst im Falle einer Einbeziehung des Grundstücks in ein **Umlegungsverfahren** nach den §§ 45 ff. BauGB bei der
Einwurfsbewertung berücksichtigt wird. In diesem Falle kommen im Hinblick auf die Solidargemeinschaft der Umlegungsbeteiligten selbst die künftigen Gemeindebedarfsflächen
in diesen Genuss. Ein kombinierter Planungs- und Umlegungswertausgleich wird nach dem
Beschluss des BVerfG[153] indessen nur insoweit zugelassen, wie Planungs- und Umlegungsvorteil in untrennbarem Zusammenhang stehen, was aber entgegen der Beschlussbegrün-
dung des BVerfG in der Umlegung die Regel ist und vom BGH gefordert wird[154]. Wenn deshalb als Ausgangsgröße für die Bemessung des auf ein Restgrundstück infolge der Straßenlandabtretung entfallenden Vorteils bereits der Entwicklungszustand Rohbauland zu
Grunde gelegt wird, können sich infolge der Straßenlandabtretung auch keine Planungsvorteile ergeben. Der Vorteil, der sich für das Restgrundstück dann ergibt, liegt in der Verkürzung der Wartezeit auf Baureife, d. h., Rohbauland, das noch der Erschließung bedarf,
um Baureife zu erlangen, kann sich im Wert erhöhen, wenn mit der Straßenlandabtretung
früher, als vom allgemeinen Grundstücksmarkt erwartet, die Baulanderschließung eingeleitet wird (vgl. Teil VI Rn. 71).

---

153 BVerfG, Beschl. vom 17. 12. 1964 – 1 BvL 2/62 –, EzGuG 17.25
154 BGH, Urt. vom 22. 6. 1978 – III ZR 92/75 –, EzGuG 17.35

Fünfter Teil:
Schlussvorschriften

§30 WertV
In-Kraft-Treten und abgelöste Vorschriften

[1]**Diese Verordnung tritt im einzelnen Bundesland zugleich mit dessen nach §199 Abs. 2 des Baugesetzbuchs erlassener Verordnung, spätestens jedoch am 1. Januar 1990 in Kraft. [2]Gleichzeitig tritt dort jeweils die Verordnung über Grundsätze für die Ermittlung des Verkehrswerts von Grundstücken (Wertermittlungsverordnung – WertV) in der Fassung der Bekanntmachung vom 15. August 1972 (BGBl. I S. 1416) außer Kraft. Der Bundesrat hat zugestimmt.**

Erläuterungen:

§30 regelt das In-Kraft-Treten der Verordnung über Grundsätze für die Ermittlung des Verkehrswerts von Grundstücken (Wertermittlungsverordnung – WertV) vom 6. 12. 1988 (BGBl. I 1988, 2209). Diese Verordnung wurde auf Grund der Ermächtigung des §199 Abs. 1 BauGB erlassen und ist **nach §31 WertV 88 in den einzelnen Bundesländern erst zusammen mit der von der jeweiligen Landesregierung auf Grund der Ermächtigung des §199 Abs. 2 BauGB erlassenen Gutachterausschussverordnung bzw. Durchführungsverordnung zum BauGB, spätestens jedoch am 1. Januar 1990 in Kraft getreten.**   **1**

In den Ländern **Brandenburg, Mecklenburg-Vorpommern, Sachsen, Sachsen-Anhalt und Thüringen** sowie im **Ostteil Berlins** ist die **WertV 88 am 3. Oktober 1990 in Kraft getreten.**   **2**

Der Verordnungsgeber hat – wie vorstehend bereits erwähnt – die Überleitungsregelung zeitlich begrenzt. §31 WertV 88 bestimmt weiterhin, dass die **WertV 88 spätestens am 1. Januar 1990 in Kraft tritt**, auch wenn die Landesverordnung nach §199 Abs. 2 BauGB nicht bis dahin in Kraft getreten ist. Diese Regelung betraf die Länder Bayern, Bremen, Hamburg, Nordrhein-Westfalen und das Saarland. Dort ist die WertV mithin am 1. Januar 1990 in Kraft getreten, so dass seither die WertV im gesamten Bundesgebiet (alte und junge Bundesländer) einheitlich zur Anwendung kommt.

Mit In-Kraft-Treten der WertV 88 ist die Wertermittlungsverordnung i. d. F. der Bekanntmachung vom 15. August 1972 (BGBl. I. 1972, 1416) – WertV 1972 – außer Kraft getreten, d. h., die **WertV 72 fand bis zum Zeitpunkt des In-Kraft-Tretens der WertV 88** nach Maßgabe des §31 WertV 88 **spätestens bis 1. Januar 1990 in dem jeweiligen („alten") Bundesland noch weiterhin Anwendung.**   **3**

Die **Überleitungsregelung** war darin begründet, dass auch nach dem Überleitungsrecht des BauGB die bisherigen Vorschriften des BBauG 76 über die Ermittlung von Grundstückswerten (§§136 bis 144 BBauG 76) durch die Nachfolgeregelungen der §§192 bis 199 BauGB erst abgelöst werden sollten, wenn die WertV des Bundes und die Ausführungsverordnung des jeweiligen Landes nach §199 Abs. 2 BauGB in Kraft getreten sind. Dabei sieht auch die Überleitungsvorschrift zum BauGB (§243 BauGB) als spätesten Zeitpunkt für das Außer-Kraft-Treten der §§136 ff. BBauG 76 den 1. Januar 1990 vor; **sie sind mithin ebenfalls seit dem 1. Januar 1990 im gesamten Bundesgebiet durch die §§192 bis 199 BauGB abgelöst.** Mit dieser Regelung haben der Gesetz- und Verordnungsgeber sicherstellen wollen, dass die Überleitung zum neuen Recht so geregelt werden konnte, dass die Wertermittlung keine Unterbrechung erfährt[1].   **4**

---

1 OVG Münster, Urt. vom 9. 4. 1990 – 22 A 1185/89 –, EzGuG 15.67 = GuG 1992, 31; BVerwG, Urt. vom 14. 2. 1975 – 4 C 21/74 –, EzGuG 13.24; BVerwG, Urt. vom 28. 7. 1989 – 7 C 39/87 –, EzGuG 6.246 a; Schenke in NVwZ 1986, 525, sowie Vorbem. §§192 ff. BauGB Rn. 20 ff.

5 In den der Bundesrepublik Deutschland beigetretenen Gebieten (Beitrittsgebiet) finden die
Vorschriften der §§ 192 bis 199 BauGB nach Maßgabe des § 246 a Abs. 1 Nr. 16 BauGB 90
im Übrigen ebenfalls seit dem 3. Oktober 1990 auf Grund des Einigungsvertrags i.V. m.
dem Gesetz vom 23. 9. 1990 (BGBl. II 1990, 885) Anwendung.

6 Die **mit dem BauROG 98 geänderte Fassung der WertV ist** nach Art. 11 Abs. 1 BauROG
am 1. 1. 1998 in Kraft getreten.

Teil VI

Verkehrswertermittlung aus besonderen Anlässen

Verkehrswertermittlung aus besonderen Anlässen

1   Wertermittlung in Umlegungsgebieten

1.1   Übersicht

Die (städtebauliche) **Umlegung** ist in den §§ 45 bis 79 BauGB als ein **Grundstücks-** **1**
tauschverfahren mit der Zielsetzung ausgestaltet, unbebaute und bebaute Grundstücke
in der Weise neu zu ordnen, dass nach **Lage, Form und Größe für die bauliche und sons-**
tige Nutzung zweckmäßig gestaltete Grundstücke entstehen (Umlegungszweck).
Unter bestimmten sich aus § 80 BauGB ergebenden eingrenzenden Voraussetzungen kann

– zur Herbeiführung einer ordnungsgemäßen Bebauung einschließlich Erschließung
  oder

– zur Beseitigung baurechtswidriger Zustände

die Bodenordnung im Rahmen eines **Grenzregelungsverfahrens** nach den §§ 80 bis 85
BauGB herbeigeführt werden; das Grenzregelungsverfahren gilt als „kleine Schwester"
der Umlegung. Umlegung und Grenzregelung werden im BauGB unter dem Begriff
Bodenordnung zusammengefasst.

Zum **Ablauf eines Umlegungsverfahrens** vgl. Abb. 1.

Abb. 1: Ablauf eines Umlegungsverfahrens

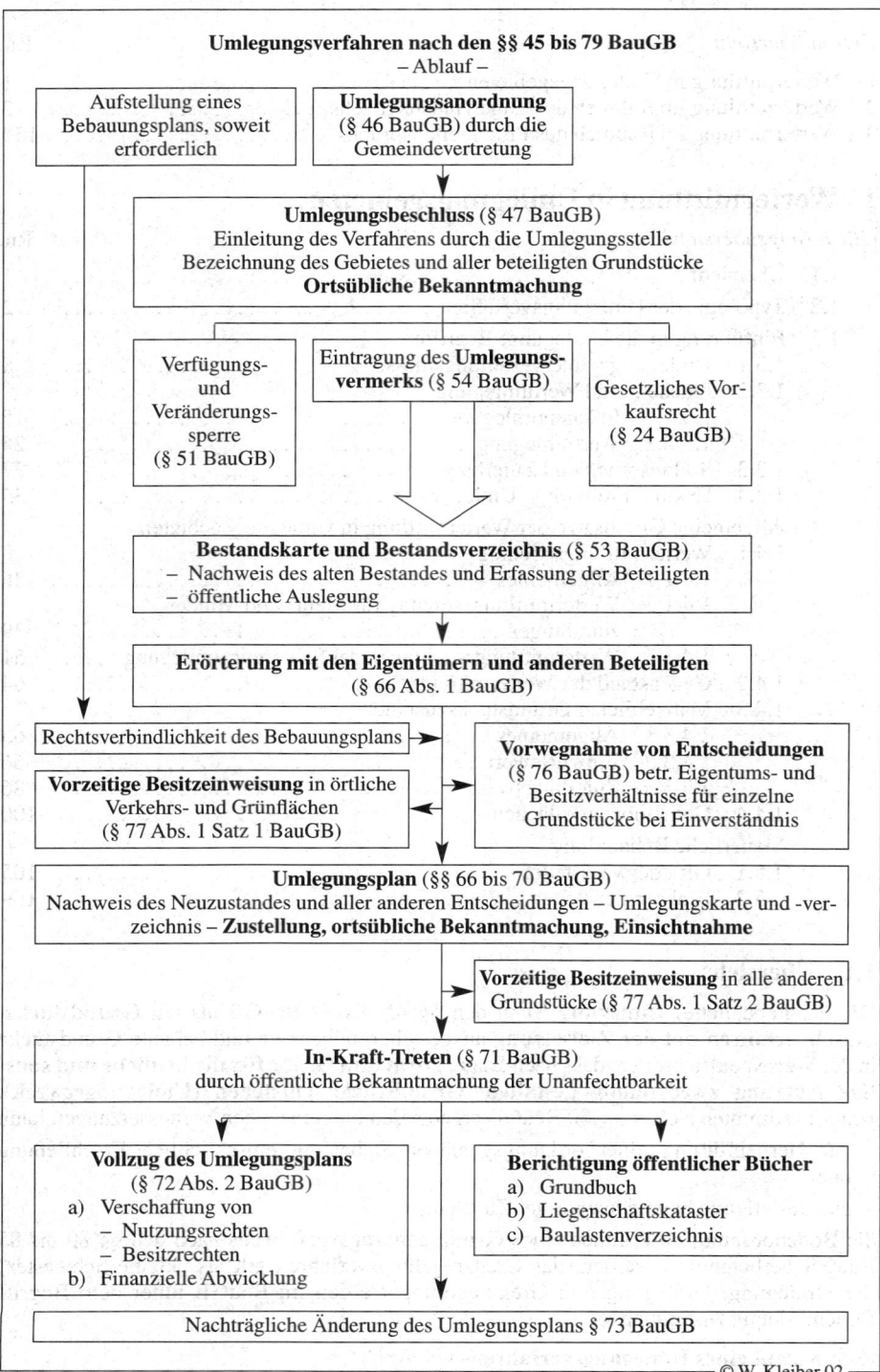

1.2　Typologie der Umlegungsverfahren

Typologisch lassen sich Umlegungsverfahren untergliedern nach　　　　　　2

a) **Neuerschließungsumlegungen** (zur erstmaligen Aufschließung) einschließlich Ergänzungsumlegungen zur erstmaligen Aufschließung des „Außenbereichs im Innenbereich" und

b) **Neuordnungsumlegungen** bereits bebauter Gebiete einschließlich der Sanierungsumlegung, d.h. Umlegungsverfahren in förmlich festgelegten Sanierungsgebieten nach den §§ 136 ff. BauGB.

Die Umlegung ist geprägt vom **Grundsatz der Eigentumserhaltung** (Bestandsgarantie),　3
der Sozialnützigkeit und der dinglichen Surrogation. Rechtsänderungen treten in erster Linie nicht in der Person des Eigentümers und der sonstigen Inhaber von Rechten, sondern im Eigentumsobjekt ein; d.h., im Zuge des Grundstückstauschverfahrens tritt ein neues Grundstück an die Stelle des alten Grundstücks. Die Umlegung stellt deshalb keine Enteignung dar; sie ist vielmehr Ausfluss der Inhaltsbestimmung des Eigentums.

Umlegungsverfahren lassen sich des Weiteren untergliedern nach　　　　　　4

– den sog. **amtlichen Umlegungen,** die nach den Vorschriften der §§ 45 ff. BauGB unter der Regie der Gemeinde (Umlegungsstelle, Umlegungsausschuss) durchgeführt werden, und

– den sog. **freiwilligen Umlegungen** (Rn. 35 f.), die privatrechtlich (An- und Verkauf), aber auch in einem öffentlich-rechtlichen Vertrag (sog. städtebaulicher Vertrag) vollzogen werden können; diesbezüglich haben sich recht unterschiedliche „Spielformen" entwickelt[1].

Das BauGB unterscheidet in § 56 BauGB verfahrenstechnisch zwischen den Verteilungs-　5
modalitäten für die in der Umlegung an die beteiligten Grundeigentümer zu verteilenden Grundstücke (sog. Verteilungsmasse) nach

a) der sog. **Flächenumlegung,** d.h. der Verteilung nach dem Verhältnis der Flächen (-anteile) der eingeworfenen Grundstücke (§ 58 BauGB), und

b) der sog. **Wertumlegung,** d.h. der Verteilung nach dem Verhältnis der Werte(-anteile) der eingeworfenen Grundstücke (§ 57 BauGB).

Mit Einverständnis der Beteiligten kann auch ein anderer Verteilungsmaßstab zur Anwen-　6
dung kommen (§ 56 Abs. 2 BauGB)[2].

Die Flächenumlegung findet Anwendung, wenn jeweils die Verkehrswerte der eingeworfenen Grundstücke und die Verkehrswerte der zuzuteilenden Grundstücke untereinander gleich (homogen) sind; andernfalls wird regelmäßig die Wertumlegung den Zuteilungs- und Abfindungsgrundsätzen des Umlegungsrechts (§ 59 BauGB) gerechter. Diese schreiben vor, dass den beteiligten Eigentümern **aus der Verteilungsmasse** „dem Umlegungszweck entsprechend nach Möglichkeit **Grundstücke in gleicher und gleichwertiger Lage** wie die eingeworfenen Grundstücke und entsprechend den nach den §§ 57 und 58 (BauGB) errechneten Anteilen" **zuzuteilen** sind. Soweit dem nicht Rechnung getragen werden kann, findet ein Ausgleich in Geld statt.

1　BVerfG, Beschl. vom 22. 5. 2001 – 1 BvR 1512/97 –, GuG 2001/4; Ernst/Zinkahn/Bielenberg, BauGB, Vorbem.
　　§§ 45 Rn. 1 ff.; Dieterich, Baulandumlegung, 4. Aufl. München 2000, Rn. 465 ff.; Baur, Festschrift für Otto Mühl,
　　Private Umlegung Stuttgart 1981; Suderow, Entwurf eines Grundstücksneuordnungsverfahrens unter Berücksichtigung seiner Bezüge zu den geltenden Bodenordnungsverfahren, Beiträge zum Siedlungs- und Wohnungswesen und zur Raumplanung, Bd. 11 Münster 1973; Steger in BWGZ 1982, 661 ff.; Glück, Mehr Bauland ist
　　möglich, München 1981; ders. Wege zum Bauland, München 1994; Hils, A in MittBl. des BDVI 1970, 208 ff.;
　　Tesmer in ZfV 1971,161; Mayer-Steudte in Bauwelt 1973, 57; Grziwotz, H., Baulanderschließung, München
　　1993, S. 61 ff.; v. d. Heide in BWGZ 1999, 650; ders. BWGZ 1996, 187; ders. BWGZ 1993, 583
2　Tesmer in VR 1970, 372; Dieterich in VerwPraxis 1968, 125; ders. in ZfBR 1982, 195

7   Unter den nach den §§ 57 und 58 BauGB errechneten Anteilen ist der sog. **Sollanspruch** zu verstehen (Sollzuteilung). Darunter ist der den beteiligten Grundeigentümern theoretisch unter dem Verfassungsgrundsatz der Bestandsgarantie zustehende Anteil an der Verteilungsmasse zu verstehen (vgl. Rn. 27). Zur Berechnung des Sollanspruchs ist es erforderlich, die einzelnen Begriffe (mathematisch) zu definieren und die Funktionsweise der Umlegung zu erläutern.

1.3   Einführung in die Umlegung; Begriffe

1.3.1   Umlegungs- und Verteilungsmasse

8   Unter der **Umlegungsmasse** ist die rechnerische Gesamtheit der im Umlegungsgebiet gelegenen Grundstücke zu verstehen (§ 55 Abs. 1 BauGB). Sie ergibt sich aus dem Umlegungsbeschluss nach § 47 BauGB, in dem die im Umlegungsgebiet gelegenen Grundstücke einzeln aufzuführen sind. Die Umlegungsmasse umfasst demzufolge die eingeworfenen privatwirtschaftlich nutzbaren Grundstücke (Einwurfsmasse) ebenso wie die eingeworfenen (alten) Verkehrs- und Grünflächen (Gemeinbedarfsflächen). Die Umlegungsmasse kann als Flächengröße (m²) und in Wert (Gesamtwert der eingeworfenen Grundstücke) berechnet werden; in Formeln ausgedrückt:

$$U_{m^2} = \Sigma E_{m^2} + \Sigma A_{m^2}$$

$$U_{\in} = \Sigma E_{\in} + \Sigma A_{\in} = \Sigma E_{\in} \quad (\text{weil } \Sigma A_{\in} = 0)$$

wobei U_{m^2} bzw. $U_{\in}$ = Umlegungsmasse in m² oder $\in$

        ΣE_{m^2} = $E_1 + E_2 + \ldots E_n$ = Einwurfsmasse in m²
                             = Fläche der (privatwirtschaftlichen) Einwurfsgrundstücke in m²

        $\Sigma E_{\in}$ = $E_1 + E_2 + \ldots E_n$ = Einwurfsmasse in $\in$
                             = Wert der (privatwirtschaftlichen) Einwurfsgrundstücke in $\in$

        ΣA_{m^2} = $A_1 + A_2 + \ldots A_n$
                             alte Verkehrs- und Grünfläche in m²

        $\Sigma A_{\in}$ = $A_1 + A_2 + \ldots A_n$
                             = Wert der alten Verkehrs- und Grünflächen
                             = 0 (weil Wert = 0)

In dem in Abb. 2 abgedruckten *Beispiel* besteht Σ E aus den Flurstücken 122 bis 127 und Σ A aus den Flurstücken 59 und 121.

9   Unter der **Verteilungsmasse** ist nach § 55 Abs. 4 BauGB die Gesamtheit der für private Zwecke nutzbaren Zuteilungsgrundstücke zu verstehen. Hierzu sind (vorweg) aus der Umlegungsmasse die Verkehrs- und Grünflächen auszuscheiden, die nach dem Bebauungsplan innerhalb des Umlegungsgebiets (überwiegend) für die Bedürfnisse der Bewohner des Umlegungsgebiets ausgewiesen sind. Diese Flächen werden auch als Flächenabzug (f) bezeichnet.

10   Als **Flächenabzug** f definiert § 55 Abs. 2 BauGB

    1. die örtlichen Verkehrsflächen für Straßen, Wege einschließlich Fuß- und Wohnwege und für Plätze sowie für Sammelstraßen,

    2. die Flächen für Parkplätze, Grünanlagen einschließlich Kinderspielplätze und Anlagen zum Schutz gegen schädliche Umwelteinwirkungen i. S. d. BImSchG, soweit sie nicht schon Bestandteil der unter Nr. 1 genannten Verkehrsanlagen sind, sowie für Regenklär-

Abb. 2: Karte der eingeworfenen Grundstücke (Bestandskarte)

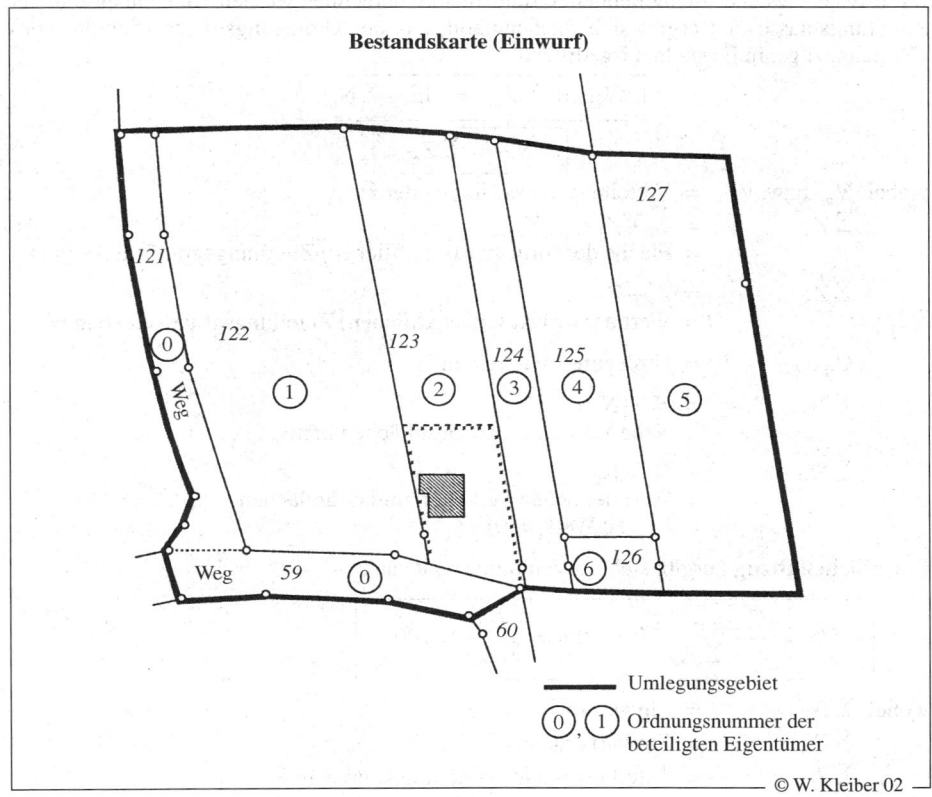

Bestandskarte (Einwurf)

© W. Kleiber 02

und Regenüberlaufbecken, wenn die Flächen überwiegend den Bedürfnissen der Bewohner des Umlegungsgebiets dienen sollen.

Zu den vorweg auszuscheidenden Flächen gehören auch die Flächen zum Ausgleich i. S. des § 1 a Abs. 3 BauGB für die unter Nr. 1 genannten Anlagen. Grünflächen nach Nr. 2 können auch bauflächenbedingte Flächen zum Ausgleich i. S. von § 1 a Abs. 3 BauGB umfassen.

Diese Flächen sind vorweg aus der Umlegungsmasse auszuscheiden („Vorwegabzug") und der Gemeinde oder dem sonstigen Erschließungsträger zuzuteilen.

11 Die gesetzliche Bezeichnung **Flächenabzug** ist missverständlich, weil sich die Verteilungsmasse gegenüber der Einwurfsmasse nur um die vorstehend definierten neuen Verkehrs- und Grünflächen **abzüglich** der alten Verkehrs- und Grünflächen vermindert, d. h., $f_{m^2} = \Sigma\,N_{m^2} - \Sigma\,A_{m^2}$ bei $N_{m^2} > A_{m^2}$.

12 Die Verteilungsmasse bestimmt sich entsprechend der Definition des Flächenabzugs bei Anwendung einer **Umlegung mit Verteilung nach Werten (Wertumlegung)** nach den Festsetzungen des Bebauungsplans oder nach Maßgabe des § 34 BauGB (vgl. § 45 Abs. 1 Satz 2 BauGB); bei Anwendung der Umlegung mit Verteilung nach Flächen (Flächenumlegung) gelten die unter Rn. 15 ff. erläuterten Besonderheiten. In dem in Abb. 2 abgedruckten *Beispiel* besteht die Verteilungsmasse aus den innerhalb der Straßenbegrenzungslinien gelegenen Grundstücken, d. h. also ohne Straßenland, abzüglich der Fläche für den Kindergarten (1 130 m²).

13 Die **Verteilungsmasse** kann wiederum als Flächengröße (m²) und in Wert (Gesamtwert der für private Zwecke zuzuteilenden Grundstücke) berechnet werden. Sie entspricht der Zuteilungsmasse und ergibt sich flächenmäßig aus der Umlegungsmasse abzüglich des Flächenabzugs; in Formeln ausgedrückt:

$$V_{m^2} = \sum Z_{m^2} = U_{m^2} - \sum N_{m^2}$$

$$V_{\in} = \sum Z_{\in}$$

wobei V_{m^2} bzw. $V_{\in}$ $=$ Verteilungsmasse in m² oder $\in$

$\sum Z_{m^2}$ $= Z_1 + Z_2 + \ldots Z_n$
$=$ Fläche der (privatwirtschaftlichen) Zuteilungsgrundstücke in m²

$\sum Z_{\in}$ $= Z_1 + Z_2 \ldots Z_n$
$=$ Wert der (privatwirtschaftlichen) Zuteilungsgrundstücke in $\in$

U_{m^2} $=$ Umlegungsmasse in m²

$\sum N_{m^2}$ $= N_1 + N_2 + \ldots N_n$
Neue Verkehrs- und Grünflächen in m²

$\sum N_{\in}$ $= N_1 + N_2 + \ldots N_n$
$=$ Wert der neuen Verkehrs- und Grünflächen
$= 0$ (weil Wert $= 0$)

14 Der **Flächenabzug** f ergibt sich als Vomhundertsatz aus:

$$f\,\% = \frac{\sum E_{\in} - \sum Z_{\in}}{\sum E_{\in}} \times 100 = \frac{f_{m^2}}{\sum E_{m^2}} \times 100$$

wobei $\sum E_{\in}$ $=$ Einwurfsmasse in $\in$
$\sum E_{m^2}$ $=$ Einwurfsmasse in m²
$\sum Z_{\in}$ $=$ Zuteilungs- oder Verteilungsmasse in $\in$
f_{m^2} $=$ Über die alten Verkehrs- und Grünflächen hinausgehender
Flächenabzug in m² $= \sum N_{m^2} - \sum A_{m^2}$

1.3.2 Flächen- und Wertumlegung

1.3.2.1 Flächenumlegung

15 Geht die Umlegungsstelle bei der Verteilung gemäß § 58 Abs. 1 BauGB von dem Verhältnis der Flächen aus (vgl. Rn. 6), so hat sie unter Anrechnung des Flächenabzugs f (nach § 55 Abs. 2 BauGB) einen **Flächenbeitrag in einem** solchen **Umfang** abzuziehen, **dass die Vorteile ausgeglichen werden, die durch die Umlegung erwachsen;** dies sind die sog. umlegungsbedingten Werterhöhungen.

16 Für die Umlegung mit **Verteilung nach Flächen (Flächenumlegung)** gilt es zu beachten, dass sich die Verteilungsmasse aus der Umlegungsmasse abzüglich des sog. Flächen*beitrags* F ergibt, wenn der Flächenbeitrag den vorstehend definierten Flächen*abzug* übersteigt (F > f); zur sog. Wertumlegung vgl. Rn. 12 f.

17 Der **Flächenbeitrag** ist nach § 58 Abs. 1 Satz 1 BauGB als die Gesamtfläche zu definieren, die dem Umlegungsvorteil entspricht. Der Umlegungsvorteil wiederum ergibt sich aus der umlegungsbedingten Bodenwerterhöhung. Der Umlegungsvorteil wird in einem Vomhundertsatz ermittelt:

$$\frac{\text{Werterhöhung in } \in}{\text{Einwurfswert in } \in} = \frac{\text{Werterhöhung in \%}}{100}$$

Abb. 3: Bebauungsplan als Grundlage für die Berechnung der Verteilungsmasse

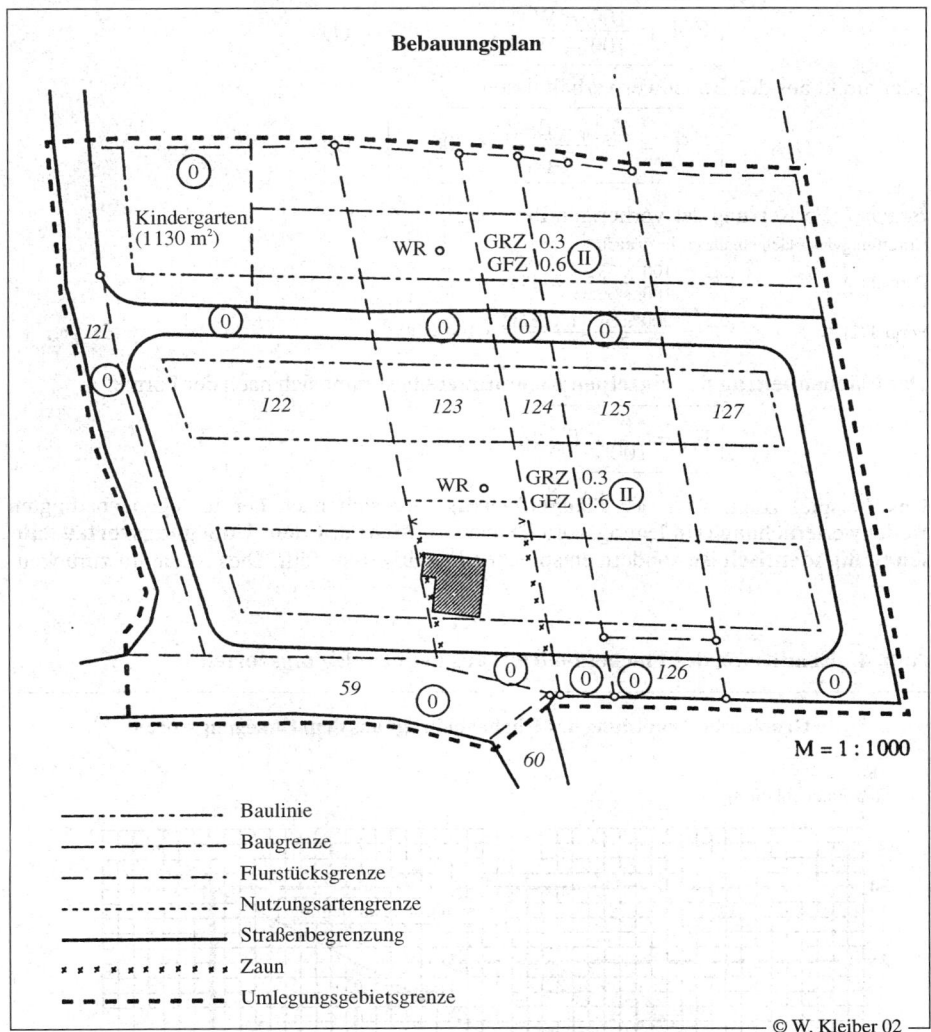

Bebauungsplan

M = 1 : 1000

© W. Kleiber 02

————·—··——·— Baulinie

——·———·——·— Baugrenze

— — — — — — · Flurstücksgrenze

················· Nutzungsartengrenze

—————————— Straßenbegrenzung

✗ ✗ ✗ ✗ ✗ ✗ ✗ ✗ ✗ ✗ Zaun

— — — — — — — Umlegungsgebietsgrenze

Hieraus folgt:

$$\text{Werterhöhung W \%} = \frac{Z_{\text{€/m}^2} - E_{\text{€/m}^2}}{E_{\text{€/m}^2}}$$

wobei W %   = Werterhöhung in % $\triangleq$ Umlegungsvorteil

$Z_{\text{€/m}^2}$ = Bodenwert der Zuteilungsgrundstücke

$E_{\text{€/m}^2}$ = Bodenwert der Einwurfsgrundstücke

Beispiel:

– Einwurfswert   = 150 €/m^2

– Zuteilungswert   = 200 €/m^2

– Werterhöhung %   = $\dfrac{200\ € - 150\ €}{150\ €}$ = 33,33 %   (= Umlegungsvorteil)

– Werterhöhung in €= 200 € – 150 € = 50 €/m^2

18   Der **Flächenbeitrag F %** berechnet sich daraus wie folgt (vgl. Abb. 4):

$$F\% = \frac{100 \times W\%}{100 + W\%} \qquad\qquad (1)$$

oder direkt aus den Bodenwertverhältnissen

$$F\% = \frac{Z_{\text{€}/m^2} - E_{\text{€}/m^2}}{Z_{\text{€}/m^2}} \times 100 \qquad\qquad (2)$$

19   *Beispiel* (Fortsetzung des vorherigen Beispiels):

Ermittlung des Flächenbeitrags in % nach

Formel (1) $F\% = \dfrac{100 \times 33,33}{100 + 33,33} = 25\%$

Formel (2) $F\% = \dfrac{200\ \text{€}/m^2 - 150\ \text{€}/m^2}{200\ \text{€}/m^2} \times 100 = 25\%$

20   Der **Flächenbeitrag des einzelnen Eigentümers** bestimmt sich nach der Formel

$$F_{m^2} = \frac{F}{100} \times E_{m^2}$$

21   Das Beispiel zeigt, dass der **Flächenbeitrag,** der sich nach der umlegungsbedingten Bodenwerterhöhung (Umlegungsvorteil) bemisst, **nicht mit dem Umlegungsvorteil zahlenmäßig identisch** ist, sondern entsprechend niedriger ausfällt. Dies ist darauf zurückzu-

Abb. 4: Ermittlung des Flächenbeitrags aus dem Umlegungsvorteil

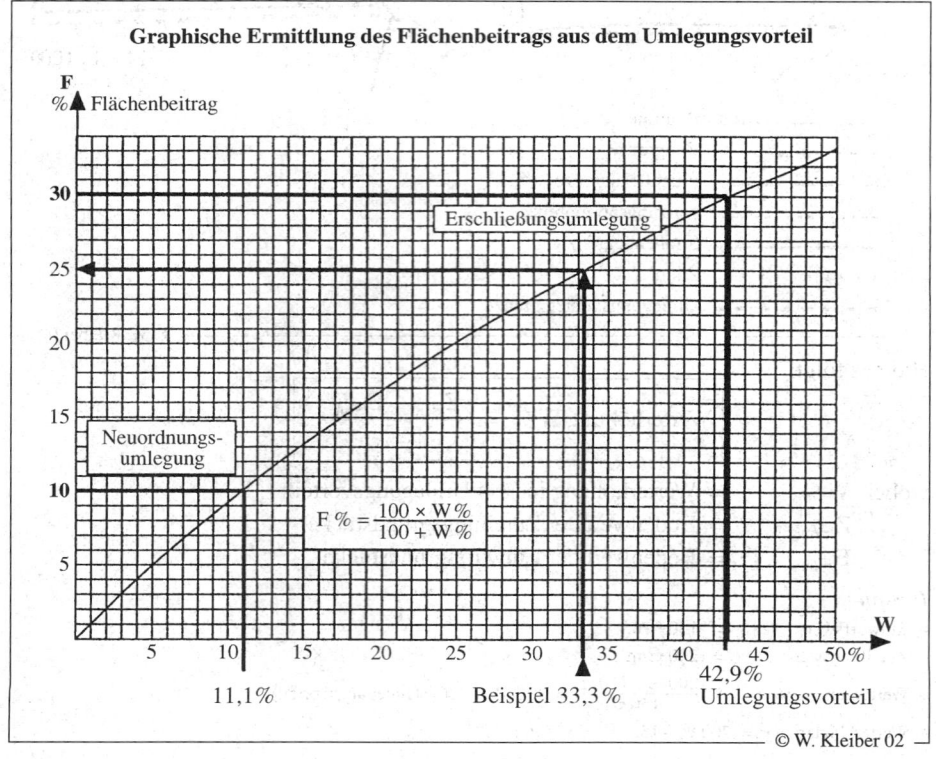

führen, dass sich der Umlegungsvorteil auf Grund der Verminderung der Umlegungsmasse um den Flächenbeitrag auf die *Verteilungs*masse bezieht, während der Flächenbeitrag (in %) den Flächenanteil an der *Umlegungs*masse angibt.

§ 58 Abs. 1 Satz 2 BauGB begrenzt den Flächenbeitrag   **22**

– in Gebieten, die erstmalig erschlossen werden, auf 30 % und

– in anderen Gebieten, d. h. solche, die neu geordnet werden, auf 10 %.

Umlegungsvorteile (umlegungsbedingte Bodenwerterhöhungen) können deshalb **bei**   **23** **Anwendung der Flächenumlegung** (Verteilung nach Flächen) im Unterschied zur sog. Wertumlegung nur begrenzt **abgeschöpft** werden (vgl. Rn. 26); dies wird allerdings nur bei erheblichen Umlegungsvorteilen relevant. Durch Umkehrung der unter Rn. 18 angegebenen Formel (1) lässt sich der Grenzwert ermitteln; aus (1) folgt

$$W\% = \frac{100 \times F\%}{100 - F\%}$$

Abb. 5: Flächenbeitrag in Abhängigkeit vom Einwurfswert und der umlegungsbedingten Bodenwerterhöhung

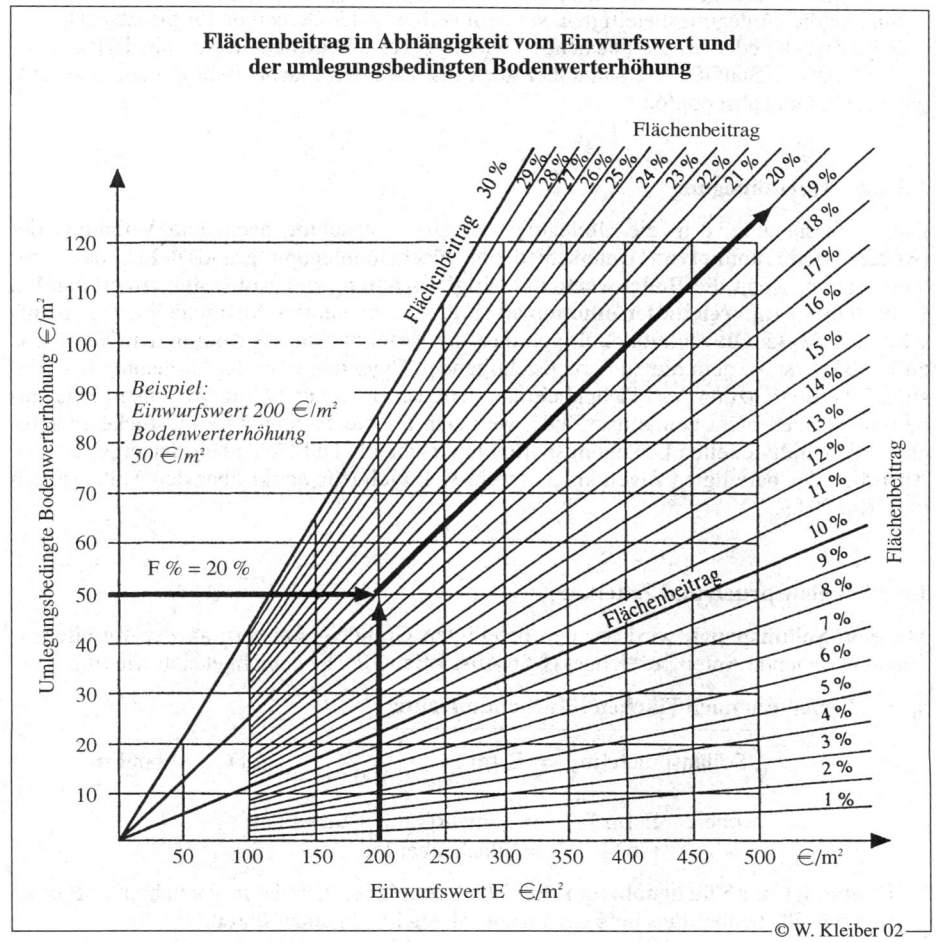

© W. Kleiber 02

24 Es ergeben sich folgende **Grenzwerte:**

a) bei einem maximalen Flächenbeitrag von 10 %:

$$W_{max}\,\% \;=\; \frac{100 \times 10}{100 - 10} \;=\; 11,11\,\%\ \ \text{(Neuordnungsumlegung)}$$

b) bei einem maximalen Flächenbeitrag von 30 %:

$$W_{max}\,\% \;=\; \frac{100 \times 30}{100 - 30} \;=\; 42,86\,\%\ \ \text{(Erschließungsumlegung)}$$

25 Der Flächen*beitrag* dient in erster Linie dazu, die Flächen (kostenlos) bereitzustellen, die für Maßnahmen erforderlich sind, die Gegenstand des Flächen*abzugs* sind. § 58 Abs. 1 Satz 1 stellt die **Anrechnung des Flächenabzugs auf den Flächenbeitrag** ausdrücklich heraus. Der aus dem Umlegungsvorteil resultierende Flächenbeitrag in m² entspricht aber allenfalls in Ausnahmefällen exakt dem Flächenabzug (m²);

– übersteigt der Flächenabzug f den Flächenbeitrag F, findet ein Ausgleich in Geld nicht statt[3] (anders noch § 58 Abs. 2 BauGB a. F.); der Flächenabzug wird im Übrigen nicht durch die gesetzlichen Obergrenzen des Flächenbeitrags begrenzt;

– übersteigt der Flächenbeitrag F den Flächenabzug f, so wird der Umlegungsvorteil in der Praxis in Land abgeschöpft, d. h., die Differenz aus ($F_{m²} - f_{m²}$) kommt nicht zur Verteilung an die Umlegungsbeteiligten, sondern verbleibt der Gemeinde für privatwirtschaftliche Zwecke oder für die Flächenbereitstellung für überörtliche Gemeinbedarfszwecke (§ 55 Abs. 5 BauGB); sie kann aber auch insoweit den Flächenbeitrag ganz oder teilweise in Geld abschöpfen.

1.3.2.2 Wertumlegung

26 Die Wertumlegung, d. h. die Umlegung mit einer Verteilung nach dem Verhältnis der (Boden-)Werte kommt im Unterschied zur Flächenumlegung grundsätzlich dann zur Anwendung, wenn die **Bodenwerte der eingeworfenen oder (und) der zuzuteilenden Grundstücke untereinander inhomogen sind,** d. h. eine unterschiedliche Wertigkeit aufweisen. § 57 BauGB schreibt dafür vor, dass die Verteilungsmasse dann in dem Verhältnis zu verteilen ist, in dem die zu berücksichtigenden Eigentümer an der Umlegung beteiligt sind. Eine Begrenzung des Flächenbeitrags sieht das Gesetz nicht vor. Von einem Flächenbeitrag ist noch nicht einmal die Rede, weil sich für die einzelnen Grundstücke entsprechend dem individuellen Umlegungsvorteil unterschiedliche Flächenbeiträge ergeben. Der Anspruch des beteiligten Eigentümers ergibt sich vielmehr direkt über den Sollanspruch (vgl. Rn. 29 f.).

1.3.3 Sollanspruch und Zuteilung

27 Mit dem **Sollanspruch** wird der den beteiligten Grundeigentümern an der Verteilungsmasse zustehende Anteil bezeichnet (§ 56 Abs. 1 BauGB). Er berechnet sich wie folgt:

a) bei **Verteilung nach Flächen (Flächenumlegung)**

$$\boxed{\text{Sollanspruch [m}^2\text{]} \;=\; E_i\,[\text{m}^2]\,(1 - \frac{F\,[\%]}{100})}\qquad\text{(1)}\qquad\text{bei } F > f$$

wobei E_i [m²]   = Einwurfsgrundstück in m²
       F [%]   = Flächenbeitrag in %

Übersteigt der Flächenabzug f den Flächenbeitrag F, so ist in vorstehender Formel statt des Flächenbeitrags in % der Flächenabzug in [%] einzuführen,

$$\text{Sollanspruch } [m^2] = E_i \, [m^2] \, (1 - \frac{f\,[\%]}{100}) \qquad (2) \qquad \text{bei } f > F$$

wobei die Wertdifferenz zwischen dem Flächenabzug und dem Flächenbeitrag in Geld auszugleichen war (vgl. Rn. 25).

Die Ermittlung kann auch erfolgen nach

$$\text{Sollanspruch } [m^2] = E_i \, [m^2] \times \frac{\sum V[m^2]}{\sum E\,[m^2]} \qquad (3)$$

wobei $\sum V \, [m^2]$ = Verteilungsmasse in m^2
           $\sum E \, [m^2]$ = Einwurfsmasse in m^2

Der Quotient aus der Summe der Verteilungsmasse zur Summe der Einwurfsmasse in €   **28** (statt in Fläche) ergibt zugleich den Verteilungsschlüssel für die Wertumlegung und wird als **Verteilungsfaktor q** bezeichnet.

$$\text{Verteilungsfaktor } q = \frac{\sum V\,[\text{€}]}{\sum E\,[\text{€}]} \qquad (4)$$

Der **Verteilungsfaktor q** gibt das **Wertverhältnis zwischen der Verteilungsmasse zur Einwurfmasse** an und ist regelmäßig > 1; nur bei äußerst ungünstigen Verhältnissen, insbesondere bei sehr hohem Flächenabzug, kann es vorkommen, dass die Verteilungsmasse die Einwurfmasse wertmäßig unterschreitet und zu einem Verteilungsfaktor $q < 1$ führt.

b) bei **Verteilung nach Werten (Wertumlegung)**   **29**

$$\text{Sollanspruch } [\text{€}] = E_i \, [\text{€}] \times q$$

wobei $E_i \, [\text{€}]$ = Einwurfsgrundstück in €

           q = Verteilungsfaktor $= \dfrac{\sum V\,[\text{€}]}{\sum E\,[\text{€}]}$

           $\sum V \, [\text{€}]$ = Verteilungsmasse in €
           $\sum E \, [\text{€}]$ = Einwurfsmasse in €

Daneben lässt sich auch sogleich die sog. **Wertgleichheitsbedingung** ableiten. Danach ist: **30**

$$E_{\text{€}/m^2} \times E_{m^2} = Z_{\text{€}/m^2} \times Z_{m^2}$$

wobei $Z_{m^2} = E_{m^2} - f_{m^2}$

In Bezug auf die Zuteilung handelt es sich hierbei lediglich um eine *Mindestbedingung,* die aus § 57 Satz 2 und § 58 Abs. 1 Satz 1 BauGB folgt; eine Unterschreitung bedarf einer besonderen Rechtfertigung[4].

Vom Sollanspruch zu unterscheiden ist die **tatsächliche Ist-Zuteilung,** denn der Sollan-   **31** spruch stellt nur eine Orientierungsgröße für die Zuteilung dar, die aber tatsächlich kaum jemals auf den m^2 bzw. auf „Euro und Cent" nach der Lage der Grundstücke im Umlegungsgebiet erfüllt werden kann. Die Zuteilungsgrundstücke ergeben sich aus der Umlegungskarte (vgl. Abb. 6), die zusammen mit dem Umlegungsverzeichnis den Umlegungsplan bildet (§§ 66 ff. BauGB). Der Umlegungsplan gibt den in Aussicht genommenen Neuzustand mit allen rechtlichen und tatsächlichen Änderungen wieder und muss nach Form und Inhalt zur Übernahme in das Liegenschaftskataster geeignet sein.

---

3   Ernst/Zinkahn/Bielenberg, BauGB § 58 Rn. 13, § 55 Rn. 10; BT-Drucks. 10/4630, S. 100; ein Geldausgleich wäre nicht gerechtfertigt, soweit der Flächenabzug nicht durch den Umlegungsvorteil gedeckt ist. Die Abschöpfung des Umlegungsvorteils ist aber durch die Obergrenze des Flächenbeitrags (10 % und 30 %) gekappt.
4   BGH, Urt. vom 14. 7. 1977 – III ZR 139/74 –, EzGuG 17.74

Abb. 6: Umlegungskarte (Zuteilungsgrundstücke)

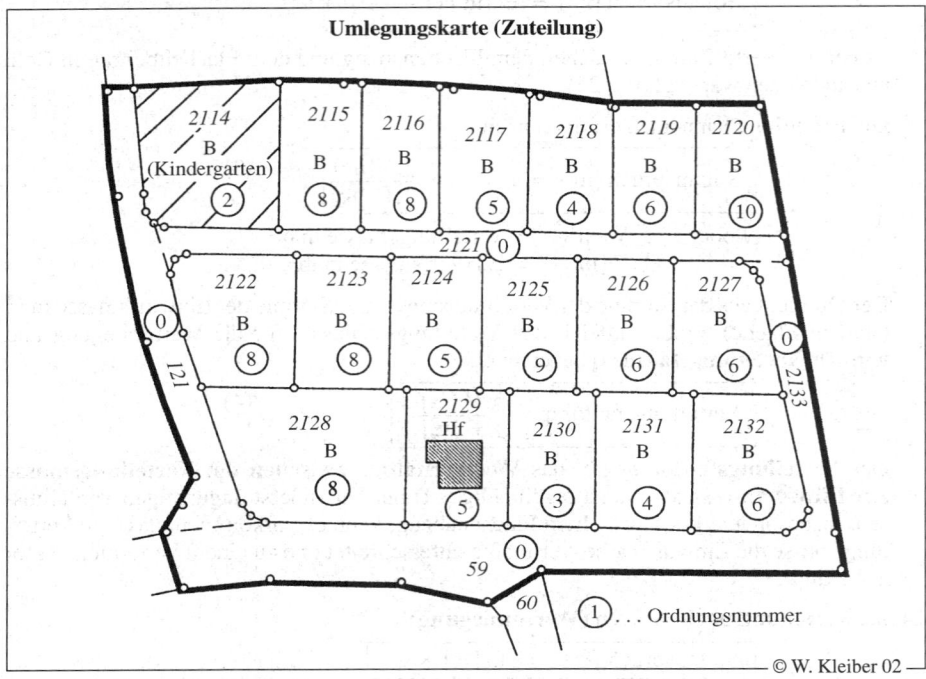

32   Damit den Umlegungsbeteiligten keine Vor- oder Nachteile aus der Umlegung erwachsen, haben sie nach § 64 BauGB eine **Ausgleichsleistung** in Geld zu entrichten, die sich nach dem Unterschied zwischen Einwurfs- und Zuteilungswert bemisst; in Formeln ausgedrückt:

$$\text{Ausgleichsleistung} = Z_{\epsilon} - E_{\epsilon}$$

wobei Z_{ϵ} = Wert des Zuteilungsgrundstücks (vgl. Rn. 86 ff.)

              E_{ϵ} = Wert des Einwurfsgrundstücks (vgl. Rn. 66 ff.)

Dies stellt den sog. **Spitzenausgleich** dar.

▶ *Näheres vgl. Rn. 39 ff.*

33   Die **Zuteilungsgrundsätze** sind im Übrigen in § 59 BauGB geregelt. Dies sind:

– Anspruch auf Landzuteilung (§§ 45 Abs. 1 und 59 Abs. 1 BauGB) in Form zweckmäßig gestalteter Grundstücke;

– verhältnismäßige Zuteilung unter Berücksichtigung der nach den §§ 57 und 58 BauGB errechneten Anteile (§ 59 Abs. 1 BauGB);

– Geldausgleich zur Herbeiführung einer wertgleichen Abfindung (§ 59 Abs. 2 BauGB);

– Zuteilung in gleicher oder gleichwertiger Lage;

– optimale Bauplatzgestaltung.

34   Eine besondere Problematik bereitet die „Abarbeitung" der **naturschutzrechtlichen Ausgleichsregelung** im Rahmen von Umlegungsverfahren; hierzu wird auf das weiterführende Schrifttum verwiesen[5].

▶ *Weitere Ausführungen hierzu: vgl. Rn. 81 ff., 89 ff.*

1.3.4 Exkurs: Freiwillige Umlegungen

Mit dem Verständnis der sog. amtlichen Umlegung erschließt sich auch die Funktionsweise der sog. freiwilligen **35** Umlegung (vgl. Rn. 4), die kurz am Beispiel der Stadt Stuttgart erläutert werden soll:

In Stuttgart wurden bereits in den ersten 10 Jahren nach In-Kraft-Treten des BBauG im Jahr 1960 zur Regelung der Eigentumsverhältnisse sehr häufig freiwillige Umlegungsverfahren durchgeführt, bei denen die Stadt nur die im Bebauungsplan ausgewiesenen örtlichen Verkehrs- und Grünflächen (§ 55 Abs. 2 BauGB) übertragen bekam, wobei die bereits bestehenden öffentlichen Flächen (meist Feldwege) vom Verkehrsflächenbedarf abgezogen wurden. Sonstige Flächen der Gemeinde wurden umlegungsgemäß wie private Grundstücke in das Bodenordnungsverfahren einbezogen. Daraus ergibt sich ein sehr viel niedrigerer Flächenabzug – im Schrifttum wird z. B. 15 bis 18 % der Einwurfsfläche genannt –, als über den Flächenbeitrag von 30 % in erstmalig erschlossenen Gebieten bei einer amtlichen Umlegung abzuziehen wäre. Am 24. 5. 1967 fassten der Technische Ausschuss und der Wirtschaftsausschuss des Gemeinderats der Stadt Stuttgart einen Beschluss, einer freiwilligen Umlegung nur noch unter Abschöpfung der Hälfte des den Verkehrsflächenabzug übersteigenden Umlegungsvorteils zuzustimmen.

In Formeln errechnet sich der Abzug bei einem freiwilligen Stuttgarter Verfahren:

$$\text{Abzug bei freiwilligen Verfahren} = f_{m^2} + \frac{F_{m^2} - f_{m^2}}{2}$$

wobei $F_{m^2} \ldots$ Flächenbeitrag (§ 58 Satz 2 BBauG = BauGB)
         $f_{m^2} \ldots$ Flächenabzug (§ 55 Abs. 2 BBauG = BauGB)

Der sich damit ergebende Abzug ($\frac{F + f}{2}$) bewegt sich im Schrifttum für Stuttgart im Normalfall

zwischen 22,5 bis 24 %, woraus sich für die Grundeigentümer gegenüber einem amtlichen Verfahren ein Vorteil von 6 bis 7,5 % ergibt.

Das Stuttgarter Modell wurde als Bodenordnungsverfahren in mehreren anderen Städten und Gemeinden angewandt. Der freiwillige Abzug wird unterschiedlich behandelt:

Verfahren/Ort	Eigentümer	unentgeltlicher Abzug
Stuttgart/Pfaffenäcker	160	25 %
Böblingen – Diezenhalde	395	25 %
Neckarsulm – Neuberg III	170	24 %
Holzgerlingen – Stock	120	30 %
Heilbronn – Fleischbeil		23 %
Bonlanden – Kreuzäcker		16 %
Herrenberg – Ehbühl		24 %

Bereits 1966 wurde bei einer freiwilligen Bodenordnung in Stuttgart-Neugereut, im Rückblick oft als Vorläufer des Stuttgarter Modells bezeichnet, die teilweise Zweckbindung von Grundstücken zu Zwecken des öffentlich geforderten Wohnungsbaues in das Verfahren einbezogen. Die dafür benötigten Flächen wurden für 25 €/m² angekauft!

Die Flächenverwendung ergab sich damit wie folgt:

unentgeltlicher Flächenbeitrag	22,5 %
Sozialabzug (zu 25 €/m²)	35,0 %
Zuteilungsanspruch	42,5 %
zusammen:	100 %

Im Dezember 1969 wurde durch Beschluss des Technischen Ausschusses und des Wirtschaftsausschusses des Gemeinderats der Stadt Stuttgart zusätzlich gefordert, dass neben dem genannten Abzug grundsätzlich von den beteiligten Grundstückseigentümern ein zusätzlicher zu entschädigender Sozialabzug von 20 % für den öffentlich geforderten Wohnungsbau aufzubringen ist. Die Abfindung für den zusätzlichen Flächenabzug ist dabei so zu bemessen, dass der öffentlich geförderte Wohnungsbau auf diesen Flächen noch möglich ist.

Der für den öffentlich geforderten Wohnungsbau noch mögliche Bauplatzpreis wird für 1970 in Stuttgart mit 32,50 bis 40 €/m² angegeben und beträgt damit noch nicht einmal 30 % des Verkehrswerts. Damit liegt der gesamte Flächenabzug über dem Maximalbetrag nach § 58 BBauG/BauGB. Damit ist das Verfahren nicht ganz unbedenklich und erfordert große Einsicht der Eigentümer und Überzeugungskraft der bodenordnenden Verwaltung. Das Verfahren kann indes Planung und Vollzug fruchtbar verbinden.

---

5   Dieterich in GuG 1991, 301; Sandmann in GuG 1995, 1; Letzner in GuG 1995, 206; Bielenberg/Sandmann in GuG 1996, 193; Reinhardt in GuG 1993, 289 und GuG 1997, 266

1.4 Allgemeine Grundsätze der Wertermittlung in Umlegungsgebieten

1.4.1 Wertermittlungsstichtag

1.4.1.1 Allgemeines

36 Wertermittlungsstichtag, und zwar sowohl für die Ermittlung der Einwurfswerte als auch der Zuteilungswerte, ist der **Zeitpunkt des Umlegungsbeschlusses** nach § 47 BauGB (vgl. § 57 Satz 2 BauGB); dies gilt grundsätzlich auch für die Durchführung einer Sanierungsumlegung unter Anwendung des § 153 Abs. 5 BauGB[6]. Der BGH hat den Wertermittlungsstichtag auf den **Tag der Bekanntmachung des Einleitungsbeschlusses (im Amtsblatt)** präzisiert[7]. Wird von der Bekanntmachung nach § 50 Abs. 1 Satz 2 BauGB abgesehen, ist der Eingang der letzten Einverständniserklärung der Beteiligten der Wertermittlungsstichtag. Für förmlich festgelegte Sanierungsgebiete sind eine Reihe von Besonderheiten maßgebend (vgl. Rn. 51 ff.).

37 Abweichend vom Grundsatz des § 57 Satz 2 und 3 BauGB, nach dem für die Ermittlung des Einwurfs- und Zuteilungswerts die allgemeinen Wertverhältnisse zum Zeitpunkt des Umlegungsbeschlusses maßgebend sind, ist **in besonderen Fällen nach entschädigungsrechtlichen Grundsätzen ein aktueller Wertermittlungsstichtag maßgebend;** dabei kommt in Betracht

– der Zeitpunkt des Beschlusses über die Aufstellung des Umlegungsplans (§ 66 BauGB),

– der Zeitpunkt der Vorwegnahme der Entscheidung nach § 76 BauGB oder

– der Zeitpunkt der Entscheidung über die vorzeitige Besitzeinweisung nach § 77 i. V. m. den §§ 116 bis 122 BauGB.

38 **Im Einzelnen betrifft** dies

– den Geldausgleich für eine Zuteilung unter dem Einwurfswert (Minderzuteilung nach § 59 Abs. 2 Satz 2 BauGB),

– den Geldausgleich für eine Zuteilung, die „mehr als nur unwesentlich" den Sollanspruch unterschreitet (Minderzuteilung nach § 59 Abs. 2 Satz 2 BauGB),

– den Geldausgleich für eine Zuteilung, die „mehr als nur unwesentlich" den Sollanspruch überschreitet *und* dadurch die bebauungsplanmäßige Nutzung ermöglicht wird (Mehrzuteilung nach § 59 Abs. 2 Satz 3 BauGB),

– die Geldabfindung nach § 59 Abs. 4 und 5 BauGB,

– die Geldabfindung bzw. den Geldausgleich für bauliche Anlagen, Anpflanzungen und sonstige Einrichtungen nach § 60 BauGB sowie

– den Geldausgleich für Vermögensnachteile und Vermögensvorteile nach § 61 BauGB, die durch die Aufhebung, Änderung oder Begründung von Rechten oder Baulasten entstehen.

1.4.1.2 Wertermittlungsstichtag für Mehr- und Minderzuteilungen

39 **Minderzuteilungen** unter dem Einwurfswert[8], aber auch *mehr als nur unwesentliche Unterschreitungen des Sollanspruchs* sind nach den Grundsätzen des Entschädigungsrechts auszugleichen (vgl. § 59 Abs. 2 Satz 2 BauGB). Der Umlegungsbeschluss als Bemessungsgrundlage für derartige Minderzuteilungen würde den Betroffenen nicht in die Lage versetzen, bildhaft gesprochen, sich gleichwertigen Ersatz zu verschaffen, da zwischen Umlegungsbeschluss und Umlegungsplan i. d. R. eine geraume Zeit verstreicht und bei steigenden Bodenwerten ein gleichwertiger Ersatz nicht möglich wäre. In diesen Fällen ist deshalb die **Minderzuteilung auf den Zeitpunkt des Umlegungsplans zu beziehen,** d. h., es ist eine zeitnahe Entschädigung zu gewähren[9].

Nach der Rechtsprechung des BGH[10] sind **Abweichungen von 10 % als „nicht mehr**   **40** **geringfügig"** einzustufen, jedoch ist allein mit prozentualen Abweichungen eine abschließende Beurteilung kaum möglich; auch die tatsächliche (absolute) Höhe der Abweichung muss in die Betrachtung einbezogen werden.

Des Weiteren ist nach § 59 Abs. 2 Satz 3 BauGB auch eine **Mehrzuteilung** auf den Zeit-   **41** punkt des Umlegungsplans zu beziehen, soweit die Zuteilung den Sollanspruch mehr als nur unwesentlich überschreitet und dadurch die bebauungsplanmäßige Nutzung ermöglicht wird. Die vom Gesetz vorgegebenen Kauteln:

– „mehr als unwesentliche Überschreitung" und

– „Ermöglichung der bebauungsplanmäßigen Nutzung"

sind darin begründet, dass erst in diesem Fall für den Umlegungsbeteiligten ein besonderer Vorteil liegt, der über die Bestandsgarantie hinausgeht; d. h., der Eigentümer kann nicht zum Erwerb der „überschießenden" Flächen zum aktualisierten Zuteilungswert gezwungen werden, wenn er diese nicht begehrt.

Der Umlegungsplan ist schließlich auch Wertermittlungsstichtag, wenn der **Eigentümer**   **42** nach § 59 Abs. 5 oder 6 BauGB **völlig in Geld abgefunden** wird.

Unter dem **Zeitpunkt des Umlegungsplans** ist der Zeitpunkt der Bekanntgabe des Verwal-   **43** tungsaktes „Umlegungsplan" durch Zustellung nach § 70 Abs. 1 BauGB zu verstehen. Aus praktischen Erwägungen wird jedoch die öffentliche Bekanntmachung der Beschlussfassung über die Aufstellung des Umlegungsplans vorzuziehen sein, wobei der Unterschied regelmäßig ohne praktische Bedeutung sein dürfte.

Nachstehend werden **Berechnungsbeispiele zu den vorstehenden Ausführungen** vorge-   **44** stellt; dabei betrage die Bodenwerterhöhung 10 % in der Zeit zwischen Umlegungsbeschluss und Umlegungsplan.

I. Überschreitung des Sollanspruchs

Fall 1: Zuteilungswert > Sollanspruch (unwesentlich) > Einwurfswert

a) Sachverhalt

Bezugszeitpunkt: Umlegungsbeschluss

Einwurfswert	$E_\in$ =	50 000 €
Einwurfsmasse [€]	$\Sigma E_\in$ =	1 000 000 €
Verteilungsmasse [€]	$\Sigma V_\in$ =	1 300 000 €
Sollanspruch [€] $= E_\in \times \dfrac{\Sigma V_\in}{\Sigma E_\in} = \dfrac{1{,}3}{1{,}0} \times 50\,000\ \text{€} =$	$S_\in$ =	**65 000 €**
Zuteilungswert	$Z_\in$ =	70 000 €
Überschreitung des Sollanspruchs ($Z_\in - S_\in$)	=	5 000 €

Überschreitung < 10 % des Sollanspruchs (unwesentlich)

b) **Geldausgleich bei Bodenwerterhöhung** um 10 % bis zum Bezugszeitpunkt Umlegungsplan

Zuteilungswert	$Z_\in$ =	70 000 €
Einwurfswert	$E_\in$ =	– 50 000 €
Geldausgleich (zu zahlen):	=	**20 000 €**

c) **Geldausgleich bei Bodenwertminderung** um 10 % bis zum Bezugszeitpunkt Umlegungsplan
   – wie bei b) –

---

6   Ernst/Zinkahn/Bielenberg, BauGB, § 154 BauGB Rn. 53 ff.
7   BGH, Urt. vom 21. 2. 1980 – III ZR 84/78 –, EzGuG 17.37
8   Stets eine Enteignung, vgl. BGH, Urt. vom 21. 2. 1980 – III ZR 84/78 –, EzGuG 17.37; BGH, Urt. vom 6. 12. 1984 – III ZR 174/83 –, EzGuG 17.52
9   BVerfG, Urt. vom 15. 7. 1981 – 1 BvL 77/78 –, EzGuG 4.78
10 Mehrzuteilungen von über 10 % werden nicht mehr als geringfügige Spitze gewertet; BGH, Urt. vom 6. 12. 1984 – III ZR 174/83 –, EzGuG 17.52

45   Fall 2: Zuteilungswert ≫ Sollanspruch (wesentlich) > Einwurfswert

a) Sachverhalt
Bezugzeitpunkt: Umlegungsbeschluss

Einwurfswert	$E_\in$ =	50 000 €
Einwurfsmasse [€]	$\Sigma E_\in$ =	1 000 000 €
Verteilungsmasse [€]	$\Sigma V_\in$ =	1 300 000 €

$$\text{Sollanspruch [€]} = E_\in \times \frac{\Sigma V_\in}{\Sigma E_\in} = \frac{1{,}3}{1{,}0} \times 50\,000\ € = \qquad S_\in = \quad \mathbf{65\,000\ €}$$

Zuteilungswert	$Z_\in$ =	75 000 €
Überschreitung des Sollanspruchs ($Z_\in - S_\in$)	=	10 000 €
(Überschreitung > 10 % des Sollanspruchs = wesentlich)		

b) **Geldausgleich bei Bodenwerterhöhung** um 10 % bis zum Bezugzeitpunkt Umlegungsplan

10 000 € × 1,1	=	11 000 €
+ Vorteilsausgleich: (65 000 € – 50 000 €)	=	+ 15 000 €
Geldausgleich (zu zahlen):	=	**26 000 €**

c) **Geldausgleich bei Bodenwertminderung** um 10 % bis zum Bezugzeitpunkt Umlegungsplan

10 000 € × 0,9	=	9 000 €
+ Vorteilsausgleich (wie b)	=	+ 15 000 €
Geldausgleich (zu zahlen):	=	**24 000 €**

II. Unterschreitung des Sollanspruchs

46   Fall 3: Zuteilungswert < Sollanspruch (unwesentlich) > Einwurfswert

a) Sachverhalt
Bezugzeitpunkt: Umlegungsbeschluss

Einwurfswert	$E_\in$ =	50 000 €
Einwurfsmasse [€]	$\Sigma E_\in$ =	1 000 000 €
Verteilungsmasse [€]	$\Sigma V_\in$ =	1 300 000 €

$$\text{Sollanspruch [€]} = E_\in \times \frac{\Sigma V_\in}{\Sigma E_\in} = \frac{1{,}3}{1{,}0} \times 50\,000\ € = \qquad S_\in = \quad \mathbf{65\,000\ €}$$

Zuteilungswert	$Z_\in$ =	60 000 €
Unterschreitung des Sollanspruchs	=	5 000 €
(Unterschreitung < 10 % des Sollanspruchs = unwesentlich)		

b) **Geldausgleich bei Bodenwerterhöhung** um 10 % bis zum Bezugzeitpunkt Umlegungsplan

Zuteilungswert	$Z_\in$ =	60 000 €
Einwurfswert	$E_\in$ =	– 50 000 €
Geldausgleich (zu zahlen):	=	**10 000 €**

c) **Geldausgleich bei Bodenwertminderung** um 10 % bis zum Bezugzeitpunkt Umlegungsplan
– wie bei b) –

47   Fall 4: Zuteilungswert ≪ Sollanspruch (wesentlich) > Einwurfswert

a) Sachverhalt
Bezugzeitpunkt: Umlegungsbeschluss

Einwurfswert	$E_\in$ =	50 000 €
Einwurfsmasse [€]	$\Sigma E_\in$ =	1 000 000 €
Verteilungsmasse [€]	$\Sigma V_\in$ =	1 300 000 €

$$\text{Sollanspruch [€]} = E_\in \times \frac{\Sigma V_\in}{\Sigma E_\in} = \frac{1{,}3}{1{,}0} \times 50\,000\ € = \qquad S_\in = \quad \mathbf{65\,000\ €}$$

Zuteilungswert	$\Sigma_\in$ =	57 500 €
Unterschreitung des Sollanspruchs	=	7 500 €
(Unterschreitung > 10 % des Sollanspruchs = wesentlich)		

b) **Geldausgleich bei Bodenwerterhöhung** um 10 % bis zum Bezugzeitpunkt Umlegungsplan

7 500 € × 1,1	=	– 8 250 €
./. Vorteilsausgleich: (65 000 € – 50 000 €)	=	+ 15 000 €
Geldausgleich (zu zahlen):	=	**6 750 €**

c) **Geldausgleich bei Bodenwertminderung** um 10 % bis zum Bezugzeitpunkt Umlegungsplan

7 500 € × 0,9	=	– 6 750 €
./. Vorteilsausgleich (65 000 € – 50 000 €) =	=	+ 15 000 €
Geldausgleich (zu zahlen):	=	**8 250 €**

III. Unterschreitung des Einwurfswerts

Fall 5: Zuteilungswert ≳ Sollanspruch < Einwurfswert   **48**

a) Sachverhalt
   Bezugszeitpunkt: Umlegungsbeschluss

Einwurfswert	E€ =	50 000 €
Einwurfsmasse [€]	Σ E€ =	1 000 000 €
Verteilungsmasse [€]	ΣV€ =	900 000 €

$$\textbf{Sollanspruch [€]} = E_€ \times \frac{\sum V_€}{\sum V_€} = \frac{0,9}{1,0} \times 50\,000\,€ = \qquad S_€ = \qquad \mathbf{45\,000\,€}$$

Zuteilungswert	Z€ =	48 000 €
Unterschreitung des Einwurfswerts (50 000 € – 48 000 €)	=	2 000 €
(Unterschreitung < 10 % des Einwurfswerts)		

b) **Geldausgleich bei Bodenwerterhöhung** um 10 % bis zum Bezugszeitpunkt Umlegungsplan
   2 000 € × 1,1   =   **2 200 €**

c) **Geldausgleich bei Bodenwertminderung** um 10 % bis zum Bezugszeitpunkt Umlegungsplan
   2 000 € × 0,9   =   **1 800 €**

IV. Unterschreitung des Einwurfwerts und des Sollanspruchs   **49**

Fall 6: Zuteilungswert ≪ Einwurfswert (unwesentlich) ≪ Sollanspruch

a) Sachverhalt
   Bezugszeitpunkt: Umlegungsbeschluss

Einwurfswert	E€ =	50 000 €
Einwurfsmasse [€]	Σ E€ =	1 000 000 €
Verteilungsmasse [€]	Σ V€ =	1 300 000 €

$$\textbf{Sollanspruch [€]} = E_€ \times \frac{\sum V_€}{\sum E_€} = \frac{1,3}{1,0} \times 50\,000 = \qquad S_€ = \qquad \mathbf{65\,000\,€}$$

Zuteilungswert	Z€ =	40 000 €
Unterschreitung des Sollanspruchs	=	25 000 €

b) **Geldausgleich bei Bodenwerterhöhungen** um 10 % bis zum Bezugszeitpunkt Umlegungsplan

25 000 € × 1,1	=	27 500 €
./. Vorteilsausgleich: (65 000 € – 50 000 €)	=	– 15 000 €
Geldausgleich (zu erhalten):	=	**12 500 €**

c) **Geldausgleich bei Bodenwertminderung** um 10 % bis zum Bezugszeitpunkt Umlegungsplan

25 000 € × 0,9	=	22 500 €
./. Vorteilsausgleich (65 000 € – 50 000 €)	=	– 15 000 €
Geldausgleich (zu erhalten):	=	**7 500 €**

Für **bauliche Anlagen, Anpflanzungen und sonstige Einrichtungen**[11] wird nach § 60   **50**
BauGB eine Geldabfindung gewährt; die Geldabfindung bemisst sich nach entschädigungsrechtlichen Maßstäben (vgl. § 29 WertV Rn. 1 ff.; vgl. auch unter Rn. 63). Soweit solche Anlagen, Anpflanzungen und Einrichtungen zugeteilt werden, findet ebenfalls ein
Geldausgleich statt und zwar ausdrücklich nur insoweit, wie das Grundstück „wegen dieser
Einrichtungen einen über den Bodenwert hinausgehenden Verkehrswert hat". Die Formulierung geht auf das BauGB 87 zurück und will erklärtermaßen überzogenen Preisvorstel-
lungen bei der Aufwuchsentschädigung entgegenwirken. In der Begründung zum RegE[12]
heißt es hierzu:

„... Die vorgesehene Neufassung stellt zugleich klar, dass die Werte baulicher Anlagen, Anpflanzungen und sonstiger Einrichtungen nicht am Naturalverteilungsverfahren teilnehmen und dass eine Abfindung nicht isoliert für diese
Werte erfolgt, sondern nur im Rahmen der Ermittlung der Grundstückswerte. Diese gehen in der Regel als Rohbaulandwerte in die Umlegung ein. Für diese Werte sind – im Gegensatz zu bisherigen Agrarlandwerten – bauliche Anlagen, Anpflanzungen und sonstige Einrichtungen landwirtschaftlicher Art regelmäßig keine wertbildenden Faktoren.
Diese Einrichtungen haben nämlich für das Rohbauland im Hinblick auf die zukünftige bauliche Nutzung wertmäßig
allenfalls eine geringe, meist aber keine Bedeutung. Das Grundstück hat also in der Regel auf Grund der genannten
Einrichtungen keinen über den Bodenwert hinausgehenden Verkehrswert."

---

11   OLG Stuttgart, Urt. vom 7. 3. 1962 – 1 U 1/62 –, EzGuG 2.5
12   BT-Drucks. 10/5630

1.4.1.3 Wertermittlungsstichtag in der Sanierungsumlegung

51   Nach allgemeinem Umlegungsrecht ist der **Zeitpunkt des Umlegungsbeschlusses** auch für die Ermittlung des Einwurfs- und Zuteilungswerts in förmlich festgelegten Sanierungsgebieten maßgebend. § 154 Abs. 5 BauGB enthält keine den Wertermittlungsstichtag expressis verbis ändernde Regelung. Der Zeitpunkt des Umlegungsbeschlusses hat als Wertermittlungsstichtag für sich, dass die Einwurfswerte in ihrer endgültigen Höhe schon frühzeitig für die Ermittlung des Sollanspruchs (§ 56 Abs. 1 BauGB), die Aufstellung des Umlegungsplans und seine Erörterung (§ 66 Abs. 1 BauGB) sowie für Entscheidungen nach § 76 BauGB zur Verfügung stehen. Dies gilt für die Ermittlung der Zuteilungswerte entsprechend. Der Ermittlung des Zuteilungswerts muss dabei allerdings die fiktive Grundstücksqualität nach Abschluss der Sanierung unter Berücksichtigung der rechtlichen und tatsächlichen Neuordnung des Sanierungsgebiets zu Grunde gelegt werden.

52   Gegenüber den aufgezeigten Gründen der Praktikabilität kann jedoch das Gebot der Gleichbehandlung aller Eigentümer im Sanierungsgebiet vorrangig sein und den **Zeitpunkt des Umlegungsplans als maßgeblichen Wertermittlungsstichtag** für den Einwurfs- und Zuteilungswert erforderlich machen. Denn die Sanierungsumlegung ist eine in die Sanierung eingebundene Ordnungsmaßnahme (§ 147 Abs. 1 Nr. 1 BauGB). Innerhalb der bodenpolitischen Gesamtkonzeption des besonderen Sanierungsrechts ersetzt die nach Maßgabe des § 154 Abs. 5 Nr. 1 und 2 BauGB bemessene Ausgleichsleistung in der Sanierungsumlegung inhaltsgleich den im übrigen Sanierungsgebiet zu erhebenden Ausgleichsbetrag (vgl. § 154 Abs. 1 und § 155 Abs. 2 BauGB). Nach der bodenpolitischen Gesamtkonzeption, die der verfassungskonformen Interpretation bedarf[13], dürfen die Eigentümer der in eine Umlegung nach Maßgabe des Abs. 5 einbezogenen Grundstücke nicht schlechter gestellt werden als die Eigentümer der im übrigen Sanierungsgebiet gelegenen Grundstücke. Dies führt zu folgender Auslegung:

53   Die umlegungsrechtliche **Ausgleichsleistung und** der sanierungsrechtliche **Ausgleichsbetrag entstehen i. d. R. zu unterschiedlichen Zeiten:** Der Ausgleichsbetrag entsteht mit Abschluss der Sanierung nach § 162 oder § 163 BauGB; der für ihn maßgebliche Anfangs- und Endwert bemisst sich jeweils nach den zu diesem Zeitpunkt bestehenden allgemeinen Wertverhältnissen auf dem Grundstücksmarkt. Die Sanierungsumlegung wird demgegenüber regelmäßig zu einem früheren Zeitpunkt abgeschlossen, denn die Bodenordnung ist Voraussetzung für öffentliche und private Baumaßnahmen. Nach § 64 Abs. 2 Satz 1 BauGB wird die Ausgleichsleistung bereits mit dem Zeitpunkt der Bekanntmachung der Unanfechtbarkeit des Umlegungsplans nach § 71 BauGB fällig.

54   Die **unterschiedlichen Entstehungszeitpunkte des Ausgleichsbetrags und der Ausgleichsleistung** sind in Ansehung des Art. 3 GG grundsätzlich unbedenklich, denn die ausgleichsbetrags- und ausgleichsleistungspflichtigen Eigentümer werden gleichwohl zu denselben Sanierungsvorteilen herangezogen; für die (qualitative) Ermittlung der Vorteile sind jeweils die Verhältnisse maßgebend, die zum Zeitpunkt des Entstehens der Schuld berücksichtigungsfähig sind. Unterschiedliche Entstehungszeitpunkte sind im Übrigen auch dem „engeren" Ausgleichsbetragssystem nicht fremd.

55   Eine Ungleichbehandlung geht mit dem Entstehen der Ausgleichsleistung vor Abschluss der Sanierungsmaßnahme selbst dann nicht einher, wenn die Umlegungsbeteiligten im Verhältnis zu Ausgleichsbetragspflichtigen zu nominell geringeren Beträgen herangezogen werden, weil die sonstigen Sanierungsmaßnahmen noch nicht abgeschlossen sind und mit dem vor Abschluss der Sanierung ermittelten Zuteilungswert insoweit nur die Aussicht auf die in der Planung vorgesehenen Änderungen und auf sonstige noch ausstehende Sanierungsmaßnahmen berücksichtigt werden können. Das findet seine zusätzliche Rechtfertigung in der **früheren Fälligkeit der Ausgleichsleistung.** Im Übrigen gilt dies auch für einen den Ausgleichsbetrag nach § 154 Abs. 3 Satz 2 BauGB ablösenden Eigentümer oder bei vorzeitiger Festsetzung des Ausgleichsbetrags; die ausgleichsleistungspflichtigen Eigentümer werden in der Umlegung also nicht anders behandelt als im Falle der Ablösung des Ausgleichsbetrags.

Eine gegen den Gleichheitsgrundsatz verstoßende Benachteiligung kann sich für die Umle- **56** gungsbeteiligten allerdings dadurch ergeben, dass nach allgemeinem Umlegungsrecht die Einwurfs- und Zuteilungswerte nicht auf die allgemeinen Wertverhältnisse auf dem Grundstücksmarkt zum Zeitpunkt des Entstehens der Ausgleichsleistung bezogen werden, sondern bezogen auf den Zeitpunkt der Einleitung des Umlegungsverfahrens (Umlegungsbeschluss) zu ermitteln sind. **Im Verlauf des Umlegungsverfahrens kann sich** nämlich die **Kaufkraft** erfahrungsgemäß **in nicht unerheblichem Maße ändern.** Grundstückswerte können infolgedessen steigen, aber auch fallen. Aus diesem Grunde bemisst sich die Ausgleichsleistung in der Umlegung – im Gegensatz zu dem Ausgleichsbetrag – damit nach Werten, die zum Zeitpunkt ihrer Fälligkeit entsprechend der Entwicklung der allgemeinen Wertverhältnisse auf dem Grundstücksmarkt im Verlauf des Umlegungsverfahrens i. d. R. bereits überholt sein können. Dies kann ggf. nur so lange unbeachtlich bleiben, wie sich das allgemeine Bodenwertniveau sowohl von Grundstücken der Einwurfsqualität als auch der Zuteilungsqualität jeweils um etwa denselben Betrag fortentwickelt hat. In diesem Fall kann der Zeitpunkt des Umlegungsbeschlusses Wertermittlungsstichtag für die Ermittlung von Ausgleichsleistungen bleiben. Denn diese ergeben sich aus dem Unterschied zwischen Zuteilungs- und Einwurfswert, so dass sich konjunkturelle Änderungen des allgemeinen Wertniveaus auf dem Grundstücksmarkt rechnerisch eliminieren.

Etwas anderes muss aber ausnahmsweise gelten, wenn sich Einwurfs- und Zuteilungswerte **57** im Verlauf des Sanierungsverfahrens in einem solchen Maße unterschiedlich fortentwickelt haben, dass sich eine erheblich geringere Ausgleichsleistung ergibt, wenn Einwurfs- und Zuteilungswerte – statt auf den Zeitpunkt des Umlegungsbeschlusses – auf den Zeitpunkt des Umlegungsplans bezogen werden. **Aus Gründen der Gleichbehandlung des ausgleichsbetrags- und ausgleichsleistungspflichtigen Eigentümers dürfte es dann geboten sein, Einwurfs- und Zuteilungswerte auf den Zeitpunkt des Umlegungsplans zu beziehen.** Andernfalls wären die Eigentümer der in eine Sanierungsumlegung einbezogenen Grundstücke gegenüber den Eigentümern der übrigen in die Sanierung einbezogenen Grundstücke benachteiligt. Die Ungleichbehandlung wird insbesondere offenkundig, wenn mit Abschluss der Umlegung gleichzeitig Ausgleichsbeträge nach § 154 Abs. 3 Satz 2 BauGB abgelöst oder gar schon entstehen würden. Unterschiedliche Wertermittlungsstichtage innerhalb und außerhalb des Umlegungsgebiets würden dann nämlich unter den vorstehenden Voraussetzungen – ceteris paribus – zu erheblich unterschiedlichen Beträgen führen.

Ist eine **Verlegung des Wertermittlungsstichtags auf den Zeitpunkt des Umlegungs- 58 plans** *ausnahmsweise* geboten, so gilt dies sowohl für die Ermittlung des Einwurfswerts als auch des Zuteilungswerts. Unterschiedliche Wertermittlungsstichtage für den Einwurfswert einerseits und dem Zuteilungswert andererseits verbieten sich grundsätzlich, weil damit Änderungen der Kaufkraft auf dem Grundstücksmarkt erfasst würden[14].

Nach § 153 Abs 5 Nr. 1 BauGB ist der Verkehrswert unter Ausschluss sanierungsbedingter **59** Werterhöhungen für die Bemessung des Geldausgleichs maßgebend, soweit es unter Berücksichtigung des Bebauungsplans, sonstiger baurechtlicher Vorschriften und unter dem Primat des Grundsatzes der Zweckmäßigkeit (§ 59 Abs. 1 BauGB) nicht möglich ist, den nach § 57 BauGB errechneten Anteil (Sollanspruch) tatsächlich zuzuteilen. Dies ergibt sich bereits daraus, dass § 153 Abs. 1 BauGB auf die Ermittlung der Einwurfswerte nach § 57 Satz 2 BauGB entsprechend anzuwenden ist. § 153 Abs. 5 Nr. 1 BauGB, in dem aus-

---

13 BVerwG, Urt. vom 21. 8. 1981 – 4 C 16/78 –, EzGuG 15.18 sowie BGH, Urt. vom 8. 5. 1980 – III ZR 27/77 –, EzGuG 4.73

14 BGH, Urt. vom 6. 12. 1984 – III ZR 174/83 –, EzGuG 17.52

drücklich auch auf § 59 Abs. 2 Satz 2 BauGB Bezug genommen wird, hat insoweit nur klarstellende Bedeutung. Die Bezugnahme auf § 59 Abs. 2 hat vor allem Bedeutung für den maßgeblichen Wertbemessungszeitpunkt[15]. Der in Anwendung des § 153 Abs. 1 BauGB ermittelte **Geldausgleich für eine Minderzuteilung** ist danach unter bestimmten Voraussetzungen nach entschädigungsrechtlichen Grundsätzen auf den Zeitpunkt der Aufstellung des Umlegungsplans zu beziehen. Die Voraussetzungen sind einerseits gegeben, wenn die Zuteilung den Einwurfswert oder andererseits die Zuteilung mehr als nur unwesentlich den Sollanspruch unterschreitet.

60   § 153 Abs.1 BauGB findet auch entsprechende Anwendung, wenn in den Fällen des § 59 Abs. 4 Nr. 1, Abs. 5 und 6 BauGB der Eigentümer an Stelle von Land eine **Geldabfindung** erhält. Auch wenn § 153 Abs. 5 Nr. 1 BauGB nur auf den Fall einer Geldabfindung Bezug nimmt, muss die Vorschrift nach ihrem Sinngehalt des Weiteren Anwendung finden, wenn der Eigentümer nach § 59 Abs. 4 Nr. 2 und Abs. 5 BauGB mit außerhalb des Umlegungsgebiets, aber noch innerhalb des Sanierungsgebiets gelegenen Grundstücken abgefunden wird. In diesen Fällen sollte dem Betroffenen aber die Möglichkeit eröffnet werden, sich seiner Ausgleichsbetragspflicht gleichzeitig dadurch zu entledigen, dass er den Ausgleichsbetrag nach § 154 Abs. 3 Satz 2 BauGB ablöst. Entsprechendes muss ferner gelten, wenn gemäß § 59 Abs.4 Nr. 3 BauGB als Abfindung die **Begründung von Miteigentum an einem Grundstück, die Gewährung von grundstücksgleichen Rechten, Rechten nach dem Wohnungseigentumsgesetz oder sonstigen dinglichen Rechten** nach § 59 Abs. 4 Nr. 3 BauGB außerhalb des Umlegungsgebiets, jedoch wiederum innerhalb des Sanierungsgebiets vorgesehen wird.

61   Auch eine **Geldabfindung nach § 60 BauGB** bemisst sich in entsprechender Anwendung des § 153 Abs. 1 BauGB, d. h., eine Geldabfindung für *nicht wieder zugeteilte* bauliche Anlagen, Anpflanzungen und sonstige Einrichtungen ist nur insoweit zu gewähren, wie sich dadurch der in Anwendung des § 153 Abs. 1 BauGB ergebende Verkehrswert des Grundstücks gegenüber dessen Bodenwert erhöht[16]. Schließlich bemisst sich nach § 154 Abs. 5 Nr. 1 BauGB auch die **Geldabfindung für andere Vermögensnachteile** infolge der Aufhebung, Änderung und Begründung von grundstücksgleichen Rechten und anderen Rechten (§ 61 Abs. 2 BauGB) entsprechender Anwendung des § 153 Abs. 1 BauGB. Vermögensvorteile sind nach allgemeinen entschädigungsrechtlichen Grundsätzen dabei zu berücksichtigen.

62   Des Weiteren ist der Neuordnungswert auch bei der Bemessung des Geldausgleichs für *zugeteilte* **bauliche Anlagen, Anpflanzungen und sonstige Einrichtungen** nach § 60 BauGB anzuhalten, d. h., ein Geldausgleich ist in diesen Fällen nur insoweit zu gewähren, als sich der Verkehrswert des Grundstücks (einschließlich der genannten Einrichtungen) unter Berücksichtigung der rechtlichen und tatsächlichen Neuordnung des Sanierungsgebiets gegenüber dessen Bodenwert dadurch erhöht[17]. Schließlich bemisst sich auch der **Geldausgleich für Vorteile** infolge der Aufhebung, Änderung und Begründung von Rechten nach § 61 Abs. 2 BauGB unter Berücksichtigung der Neuordnung des Sanierungsgebiets (vgl. Rn. 50).

63   Der **Geldausgleich für Mehrzuteilungen** bemisst sich, wie der Zuteilungswert, nach § 153 Abs. 5 Nr. 2 BauGB unter Berücksichtigung der rechtlichen und tatsächlichen Neuordnung des Sanierungsgebiets. Dies ergibt sich wiederum bereits daraus, dass die Vorschrift bezüglich der Zuteilungswerte umfassend auf § 57 Satz 3 und 4 BauGB verweist, in denen die maßgebliche Qualität geregelt wird. Dass die Vorschrift auch auf § 59 Abs. 2 BauGB verweist, ist darüber hinaus für den maßgeblichen Wertbemessungszeitpunkt von Bedeutung. Der Neuordnungswert ist nämlich nach § 59 Abs. 2 Satz 3 BauGB bezogen auf den Zeitpunkt der Aufstellung des Umlegungsplans zu ermitteln, soweit die Zuteilung den Sollanspruch mehr als nur unwesentlich überschreitet und erst dadurch die bebauungsplanmäßige Nutzung ermöglicht wird. Die rechtliche und tatsächliche Neuordnung des Sanierungsgebiets ist auch zu berücksichtigen, wenn nach Maßgabe des § 59 Abs. 4 Nr. 3 BauGB als Abfindung die Begründung der dort genannten **Rechte** innerhalb des Umlegungsgebietes vorgesehen ist. Zwar nimmt § 153 Abs. 5 Nr. 2 BauGB auch diesbezüglich nicht ausdrücklich auf § 59 Abs. 4 Nr. 3 BauGB Bezug, jedoch gilt es auch hier, die Vorschrift nach ihrem Sinngehalt auszulegen.

1.4.2   Gegenstand der Wertermittlung

Bei den Einwurfs- und Zuteilungswerten handelt es sich jeweils um die **Bodenwerte** der   **64** Grundstücke, d. h., eine etwaig vorhandene Bebauung bleibt außer Betracht. Der unter § 13 WertV Rn. 83 ff. aufgestellte Grundsatz der Ermittlung des Bodenwerts bebauter Grundstücke mit dem Wert des unbebaut gedachten Grundstücks ist im Rahmen der Umlegung geradezu zwangsnotwendig, um den ausgewiesenen Sollanspruch zu sichern.

▶ *Zur Behandlung von Erbbaurechtgrundstücken vgl. § 14 WertV Rn. 153 und Teil VII Rn. 49 ff., 205 ff.*

1.4.3   Maßgeblicher Grundstückszustand

1.4.3.1   Allgemeines

Wertermittlungen in Umlegungsgebieten sind dadurch bestimmt, dass Wertermittlungs-   **65** stichtag und Stichtag des maßgeblichen Grundstückszustands i. d. R. auseinanderfallen (vgl. § 3 WertV Rn. 23 ff.). Sowohl der **Einwurfs- als auch der Zuteilungswert sind bezogen auf den Zeitpunkt der Bekanntmachung des Umlegungsbeschlusses** zu ermitteln, wobei die zu diesem Zeitpunkt tatsächlich vorhandene Qualität von dem der Wertermittlung zu Grunde zu legenden Zustand abweicht. Dies ist darin begründet, dass konjunkturelle Änderungen, die bei unterschiedlichen Wertermittlungsstichtagen in die Ermittlung der umlegungsbedingten Ausgleichsleistungen Eingang finden würden, ausgeschaltet werden müssen; dies entspricht dem die Ermittlung von Ausgleichsbeträgen nach den §§ 154 ff. BauGB tragenden Prinzip.

1.4.3.2   Einwurfswert

Im Unterschied zur Ausgleichsbetragserhebung werden **bei der Durchführung von**   **66** **Umlegungsverfahren lediglich die umlegungsbedingten Bodenwerterhöhungen „abgeschöpft".** Das Umlegungsrecht ist hierauf angelegt, weil dem Städtebaurecht – von Sanierungs- und Entwicklungsmaßnahmen abgesehen – die „Abschöpfung" maßnahmenbedingter und insbesondere planungsbedingter Werterhöhungen fremd ist. Sie sind deshalb grundsätzlich auch im Rahmen von Umlegungsverfahren nicht abschöpfungsfähig. Das BVerfG[18] hat in seinem Beschl. vom 17. 12. 1964 zwar ausdrücklich bestätigt, dass regelmäßig davon auszugehen sei, dass „Planungsvorteil und Umlegungsvorteil in untrennbarem Zusammenhang stehen und einheitlich in den Umlegungswertausgleich einfließen müssen, weil die auf der Planung beruhende Wertänderung gerade und erst durch die Umlegung verwirklicht wird", jedoch andererseits folgenden Grundsatz aufgestellt:

---

15   Begründung in BT-Drucks. 10/4630, S. 100
16   BT-Drucks. 10/4630, S. 101
17   BT-Drucks. 10/4630, S. 101
18   BVerfG, Beschl. vom 17. 12. 1964 – 1 BvL 2/62 –, EzGuG 17.25; BGH. Urt. vom 22. 6. 1978 – III ZR 92/75 –, EzGuG 17.35; BGH. Urt. vom 19. 1. 1984 – III ZR 185/82 –, EzGuG 17.50; BGH. Urt. vom 15. 11. 1979 – III ZR 78/78 –, EzGuG 17.36

„Die Bodenwertsteigerungen, die allein durch die Nutzungsfestsetzungen im Bebauungsplan (hier die ‚Aufstufung‘ von Bauerwartungsland zu Rohbauland für ein-, mehr- und vielgeschossige Bebauung) verursacht worden sind und der Eigentümerin schon von der Umlegung zugeflossen sind, dürfen nicht in den Wertausgleich einbezogen werden … Im Rahmen der hier vorliegenden Erschließungsumlegung ist es sachgerecht, bei der Berechnung des Wertausgleichs den planungsbedingten Wertzuwachs dadurch auszuklammern, dass die von der Eigentümerin eingeworfenen Grundstücke als Rohbauland bewertet werden … Dabei wird jedoch nach dem unterschiedlichen Grad der Nutzbarkeit der einzelnen Flächen zu differenzieren sein, sofern der Grundstücksverkehr den verschiedenartigen planungsrechtlich zulässigen Ausnutzungsmöglichkeiten der einzelnen Geländezonen bei der Preisbemessung Rechnung trug.“

67 Nach § 45 Abs. 2 BauGB ist **für die Einleitung eines Umlegungsverfahrens nicht Voraussetzung, dass ein Bebauungsplan aufgestellt oder ein Beschluss über die Aufstellung eines Bebauungsplans gefasst worden ist.** Der Bebauungsplan muss jedoch vor dem Beschluss über die Aufstellung des Umlegungsplans (§ 66 Abs. 1 BauGB) in Kraft getreten sein (§ 45 Abs. 2 Satz 2 BauGB). Wird im Außenbereich zum Zwecke der erstmaligen Erschließung ein Umlegungsverfahren eingeleitet, so ergibt sich daraus die Notwendigkeit der Aufstellung eines Bebauungsplans im weiteren Verlauf des Umlegungsverfahrens. Das Gleiche gilt für eine Umlegung in einem 34er Gebiet, wenn die Umlegung der Neuordnung der Grundstücke entsprechend einer beabsichtigten Bebauungsplanung dient. Auch wenn demzufolge zum Zeitpunkt des Umlegungsbeschlusses, d. h. am Wertermittlungsstichtag noch nicht einmal ein Beschluss über die Aufstellung eines Bebauungsplans gefasst sein muss, sind bei der Ermittlung des Einwurfswerts der vorstehenden Rechtsprechung folgend die mit dem zu einem späteren Zeitpunkt mit der Aufstellung des Bebauungsplans einhergehenden planungsbedingten Werterhöhungen zu berücksichtigen.

a) Erschließungsumlegung

68 Der vorstehend genannten Rechtsprechung folgend werden zum Zwecke der Ermittlung der Einwurfswerte die **in eine Erschließungsumlegung einbezogenen Grundstücke mindestens als Rohbauland eingestuft,** selbst wenn der Beschluss zur Aufstellung eines Bebauungsplans noch nicht gefasst worden ist[19]. Dieser Grundsatz findet auch auf die von privaten Eigentümern eingeworfenen Flächen Anwendung, die nach den Darstellungen eines Flächennutzungsplans für Gemeinbedarfszwecke vorgesehen sind. Dies folgt, wie noch später erläutert wird, aus den besonderen Verhältnissen der Solidargemeinschaft im Umlegungsgebiet (vgl. Rn. 104 f.).

Die qualitätsmäßige Zuordnung der Einwurfsgrundstücke als Rohbauland ist mithin darin begründet, dass mit Einleitung des Umlegungsverfahrens selbst in den Fällen, wo ein **Bebauungsplan** zur Begründung eines noch Baurechts erforderlich ist, **mit** seiner **Aufstellung fest gerechnet werden kann** und sich die Erschließungslast zu einem einklagbaren Anspruch verdichtet.

69 Die Besonderheit, *alle* in ein Umlegungsverfahren einbezogenen Grundstücke **unabhängig davon, ob sie für eine bauliche oder sonstige Nutzung bestimmt** sind, **grundsätzlich als Rohbauland zu bewerten,** folgt aus

– dem in der Umlegung maßgeblichen Solidaritätsprinzip und
– der vom Grundsatz her ausgeschlossenen Abschöpfbarkeit planungsbedingter Werterhöhungen (vgl. Rn. 98 f.).

Die Verfügungs- und Veränderungssperre nach § 51 BauGB führt deshalb i. d. R. auch nicht zum Ausschluss von der konjunkturellen Weiterentwicklung[20].

70 Des Weiteren stellt sich die Frage, ob die sich nach dem Rohbaulandwert (§ 4 Abs. 3 WertV) bemessenden Einwurfswerte darüber hinaus wertmäßig **nach den künftigen Festsetzungen des Bebauungsplans zu differenzieren** sind. Konkret geht es z. B. um die Frage, ob für ein Einwurfsgrundstück, für das der Bebauungsplan eine GFZ von 2,0 festsetzt, ein höherer Rohbaulandwert zu ermitteln ist, als für ein Grundstück, für das eine GFZ von 1,0 vorgesehen ist. Die oben zitierte Rechtsprechung (vgl. Rn. 69) fordert dies.

Hierauf geht die heutige Praxis zurück, bei Erschließungsumlegungen die Einwurfsgrund- **71**
stücke mit dem Entwicklungszustand **Rohbauland** i. S. d. § 4 Abs. 3 **unter Berücksichtigung des unterschiedlichen Maßes und der Art der baulichen Nutzung zu werten** (vgl.
§ 4 WertV Rn. 186 f.). Dies mag mitunter allzu schematisch geschehen, denn immerhin hat
das BVerfG anerkannt, dass eine Berücksichtigung von Planungsvorteilen zumindest in
den Ausnahmefällen unvermeidbar ist, wo Planungs- und Umlegungsvorteile nicht voneinander trennbar sind. Ein derartiger Fall kann vorliegen, wenn die Realisierung einer Bebauungsplanung in einem Maße mit der Bodenordnung verwoben ist, dass sich im gewöhnlichen Geschäftsverkehr eine Bodenwerterhöhung ohne Aussicht auf die Bodenordnung
nicht einstellt und – wie das BVerfG ausgeführt hat – Umlegungs- und Planungsvorteile
nicht voneinander trennen lassen (§ 29 WertV Rn. 199). Umgekehrt müssen aber Art und
Maß der (künftigen) baulichen Nutzung bei der Ermittlung der Einwurfswerte berücksichtigt werden, wenn der Grundstücksverkehr dem Rechnung trägt.

Eine **weitere Differenzierung der Rohbaulandwerte** kann sich aus der Lage des Grund- **72**
stücks, topographischen Besonderheiten einschließlich des Baugrundes ergeben:

– eingeworfene Grundstücke, deren Bebauung z. B. auf Grund schlechten Baugrunds oder
eines Geländeeinschnitts höhere Kosten verursachen würde oder

– die auf Grund ihrer Entfernung zum Innenbereich eine längere Aufschließungsdauer
erwarten lassen

weisen auch im Einwurf einen geringeren Wert im Verhältnis zu den übrigen Grundstücken
auf.

In besonderen **Einzelfällen** kann jedoch im Rahmen einer Erschließungsumlegung eine **73**
vom Rohbauland abweichende Wertermittlung geboten sein, nämlich dann, wenn ein
Grundstück nach seiner besonderen Situation schon bisher keinerlei bauliche Nutzung
erwarten ließ und z. B. als **öffentliche Grünfläche** in Vorbereitung war und deshalb vom
gesunden Grundstücksverkehr entsprechend niedriger bewertet wurde (vgl. Rn. 99)[21].

Eine weitere Besonderheit ist schließlich bei kontaminierten Grundstücken gegeben. Die **74**
Berücksichtigung der Altlast bei der Ermittlung des Einwurfswerts könnte dazu führen,
dass sich der Sollanspruch entsprechend vermindert und gar zu Null geht. Die Berücksichtigung der Altlast bei der Ermittlung des Einwurfswerts würde dann „über den entsprechend
verminderten Sollanspruch" auf eine Verletzung der Bestandsgarantie hinauslaufen. Deshalb
sind Altlasten insoweit nicht zu berücksichtigen und in entsprechender Anwendung des § 60
BauGB durch einen entsprechenden Geldausgleich zu berücksichtigen[22].

b) Deduktive Ermittlung des Einwurfswerts

Obwohl sich der Einwurfswert als der Verkehrswert definiert, der sich für das unbebaute **75**
Grundstück (Bodenwert) grundsätzlich unter Berücksichtigung planungsbedingter Werterhöhungen (Ausnahme: Einwurfswert bei Sanierungsumlegungen nach § 153 Abs. 5
BauGB), jedoch ohne Berücksichtigung umlegungsbedingter Werterhöhungen definiert,
und somit einer eigenständigen Verkehrswertermittlung unter Heranziehung entsprechender Vergleichspreise – zumindest vom Prinzip her – zugänglich ist, bedient sich die Praxis
sog. **deduktiver Verfahren.** Dabei werden Vergleichspreise für baureifes Land herangezo-

---

19 BGH, Urt vom 22. 6. 1978 – III ZR 92/75 –, EzGuG 17.35; BVerfG, Urt. vom 17. 12. 1964 – I BvL 2/62 –,
    EzGuG 17.25
20 BGH, Urt. vom 22. 4. 1982 – III ZR 131/80 –, EzGuG 17.44
21 BGH, Urt. vom 15. 11. 1979 – III ZR 28/78 –, EzGuG 17.36
22 Auler, Baulandumlegung und Bodenwirtschaft, Institut für Städtebau Berlin 1983 S. 21; Dieterich, Baulandum-
    legung, 4. Aufl. München 2000, S. 178; zu Haftungsfragen im Rahmen des § 4 Abs. 6 BBodSchG Mohr in UPR
    2000

gen und die ausstehenden Umlegungsvorteile in Abzug gebracht (vgl. § 13 WertV Rn. 216 ff.).

76 In der **Gesamtschau** können sich **folgende Umlegungsvorteile** ergeben:

– Verkürzung der Aufschließungsdauer (vgl. § 4 WertV Rn. 245 ff.; § 13 WertV Rn. 284)[23],

– Erschließungsvorteil (Verbesserung der Grundstücksgrenzen; Grunderwerb für den Gemeinbedarf),

– Vorteile bezüglich der Bereitstellung von Ausgleichsflächen sowie durchgeführter Ausgleichsmaßnahmen i. S. von § 1 a Abs. 3 BauGB für die diesen zugeordneten Grundstücke,

– Lage- und Gestaltungsvorteil,

– Ersparte Aufwendungen im Verhältnis zu einer privatrechtlichen Bodenordnung (Vermessungskosten, Notarkosten, Grundbuchgebühren, Teilungsgenehmigung, Grunderwerbsteuer),

– Verbesserung der rechtlichen Gegebenheiten auf Grund Neuregelungen von Rechten und Lasten.

Abb. 7: Kalkulationsmodell

Ermittlung des Einwurfswerts (Kalkulationsmodell)	
Auszugehen ist von der Qualitätsstufe **baureifes Land, erschließungsbeitragsfrei** davon ist abzuziehen der voraussichtliche Erschließungsbeitragsanteil für die Herstellung der Erschließungsanlagen	175 €/m² 25 €/m²
ergibt **erschließungsflächenbeitragsfreies Bauland** (= *Zuteilungswert*) abzüglich des Erschließungsbeitragsanteils für die Flächenbereitstellung (lässt sich im Umlegungsverfahren – ggf. iterativ – kalkulieren als Wert des Flächenabzugs, vermindert um den Gemeindeanteil von mindestens 10 % (§ 129 BauGB)	150 €/m² 40 €/m²
ergibt **Bauland, voll erschließungsbeitragspflichtig** vermindert um die Einsparung der Vermessungs-, Notar- und Grundbuchkosten	110 €/m² 5 €/m²
ergibt abgezinst um die Verkürzung der Wartezeit durch Umlegung (z. B. 4 Jahre, 4 %) => Abzinsungsfaktor $1/q^n = 0{,}855$ ergibt die Qualität **Rohbauland** (= *Einwurfswert*)	105 €/m² 90 €/m²
Hinweis: Das Beispiel berücksichtigt keine Ausgleichsflächen und -maßnahmen i. S. von § 1 a Abs. 3 BauGB.	

Quelle: difu Arbeitshilfe zur Baulandumlegung 1993

77 In einer **Arbeitshilfe des Deutschen Instituts für Urbanistik** (difu) wird das vorstehende Kalkulationsmodell vorgestellt (vgl. Abb. 7).

78 Eine Präzisierung dieses Verfahrensgangs führt zu folgendem **Kalkulationsmodell:**

Beispiel:

a) Sachverhalt: Umlegungsmasse U_{m^2} = 200 000 m²
   Verteilungsmasse V_{m^2} = 150 000 m²
   Verkehrs- und Grünflächen nach § 55 Abs. 2 BauGB $\sum N_{m^2}$ = 50 000 m²
   Verkehrswert für baureifes Land (ebf) = 200 €/m²

b) *Es soll der Einwurfswert ermittelt werden*, wobei von einer erschließungs*ausbau*pflichtigen, aber ansonsten erschließungs*flächen*beitragsfreien Zuteilung auszugehen ist.

c) Der *Erschließungsbeitrag* wird erhoben für die
– Herstellung der Erschließungsanlagen sowie für den
– Grunderwerb für die Erschließungsflächen einschließlich Freilegung

Der Grunderwerb erfolgt im Rahmen der Umlegung über die kostenlose Bereitstellung der Erschließungsflächen, so dass im Rahmen des deduktiven Verfahrens vom Verkehrswert des erschließungs*ausbau*pflichtigen aber ansonsten erschließungs*flächen*beitragsfreien Wert des baureifen Landes auszugehen ist:

Der Erschließungsausbaubeitragsanteil betrage 30 €/m². Hieraus folgt:

Baureifes Land (erschließungsbeitragsfrei)	= 200 €/m²
abzüglich Erschließungsausbaubeitragsanteil – 10 % Gemeindeanteil	= 27 €/m²
= Baureifes Land (erschließungsflächenfrei)	= 173 €/m²

d) *Ermittlung des Rohbaulandwerts der Einwurfsgrundstücke:*

Baureifes Land BW (erschließungsflächenfrei)	=	173,00 €/m²
abzüglich Zinsverlust für den Zeitraum vom Abschluss der Umlegung bis Erschließung bei 5 % und 1 Jahr		
Diskontierungsfaktor: 0,9523809	BW' =	164,76 €/m²

abzüglich Umlegungsvorteil (vgl. Rn. 76) bestehend aus
– Erschließungsvorteil,
– Verkürzung der Aufschließungsdauer und
– ersparte Kosten (Grundbuch, Vermessung, Notar)

Erschließungsvorteil

Da bezüglich der Erschließungsflächen der Umlegungsbeteiligte 90 % des erschließungsflächenbeitragsfähigen Grunderwerbs aufbringt, und sich der Wert nach dem noch zu ermittelnden Rohbaulandwert bemisst, ergibt sich sein Vorteil aus der Beziehung

$$\frac{\sum N}{V} \times 0{,}9 \times \text{Rohbaulandwert}$$

Der Rohbaulandwert (Einwurfswert) sei ermittelt worden mit 91,56 €/m²

Somit $\dfrac{50\,000\ \text{m}^2}{150\,000\ \text{m}^2} \times 0{,}9 \times 91{,}56\ \text{€/m}^2$		= – 27,47 €/m²
Verkürzung der Aufschließungsdauer		
bei einem Zinssatz von 5 % und einem Zeitraum von 3 Jahren		
3 Jahre × 0,05 × 91,56		= – 13,73 €/m²
Ersparte Kosten (vgl. Rn. 76)		
Vermessungs-, Notar- und Grundbuchkosten betragen 32 €/m²		= – 32,00 €/m²
= Einwurfswert	=	91,56 €/m²
	≈	**90 €/m²**

Der vorstehend ermittelte Einwurfswert (Rohbauland in Höhe von 91,56 €/m²) ist in die **79** Ermittlung dieses Werts bereits bei der Ermittlung des Erschließungsvorteils zum Ansatz gekommen, d. h. er musste bereits bekannt sein. Diese Problematik wird vielfach iterativ gelöst; das Problem lässt sich im Hinblick auf die kurze Zeitspanne bis zur Erschließung auch formelmäßig lösen, und zwar nach folgender Beziehung:

Ermittlung des Einwurfswerts aus dem Verkehrswert für erschließungsbeitragsfreies Baureifes Land (vgl. § 13 WertV Rn. 270):

$$\text{Einwurfswert} = \frac{\text{BW (ebf)} - \text{Erschließungs}ausbau\text{beitrag} \times 0{,}9 - \text{Ersparte Kosten}}{1 + \dfrac{n \times p}{100} + \dfrac{\sum N\ \text{m}^2}{V\,\text{m}^2} \times 0{,}9}$$

wobei
n	=	Verkürzung der Aufschließungsdauer in Jahren
p	=	Zinssatz
V	=	Verteilungsmasse in m²
$\sum N$	=	Örtliche Verkehrs- und Grünfläche in m²
Ersparte Kosten	=	Vermessungs-, Grundbuch- und Notarkosten in €/m² ggf. auch Freilegungskosten
BW	=	erschließungsbeitragsfreies Baureifes Land in €/m²

---

23   BGH, Urt. vom 22. 6. 1978 – III ZR 92/75 –, EzGuG 17.35

80 Auf der Grundlage vorstehender (vgl. § 13 WertV Rn. 270 ff.) abgeleiteter Formel soll das
unter Rn. 78 behandelte *Beispiel* noch einmal dargestellt werden:

a) **Ausgangsdaten**	BW (ebf)	=	200 €/m²
	Erschließungsausbau	=	30 €/m²
	Ersparte Kosten	=	32 €/m²
	Zinssatz	=	5 %
	Verkürzung der Aufschließungsdauer	=	3 Jahre
	Verteilungsmasse	=	150 000 m²
	Verkehrs- und Grünfläche	=	50 000 m²

b) **Ermittlung des Einwurfswerts:**

BW' = BW (ebf) – Erschließungsausbaubeitrag × 0,9

= 200 €/m² – 30 €/m² × 0,9 = 173 €/m²

Im vorstehenden Beispiel kam als Besonderheit hinzu, dass zusätzlich ein Zinsverlust für den Zeitraum vom Abschluss der Umlegung bis zur Erschließung von einem Jahr zu berücksichtigen war. Dies ergab bei einem Diskontierungsfaktor von 0,9523809 einen Ausgangswert von 164,76 €/m². Eingesetzt in vorstehende Formel ergibt sich:

$$\text{Einwurfswert} = \frac{164{,}76\ €/m^2 \ - \ 32\ €/m^2}{1 + \dfrac{3 \times 5}{100} + \dfrac{50\ 000}{150\ 000} \times 0{,}9} = \frac{132{,}76}{1{,}45} = \mathbf{91{,}56\ €/m^2}$$

81 Bei der Ermittlung des Einwurfswerts ist darüber hinaus die **naturschutzrechtliche Ausgleichsregelung i. S. d. § 1 a BauGB** wertmindernd zu berücksichtigen, wenn von Vergleichspreisen für Grundstücke ausgegangen wird, die nicht unter der Herrschaft der naturschutzrechtlichen Ausgleichsregelung zustande gekommen sind und demzufolge auch
nicht in ihrer Wertigkeit „gedrückt" sind. Dies entspricht allgemeinen Grundsätzen der
Bodenpreisbildung, denn es entspricht dem gewöhnlichen Geschäftsverkehr, dass sich ein
im Hinblick auf die Bereitstellung von Ausgleichsflächen i. S. d. § 1 a Abs. 3 BauGB über
die bereitzustellenden Erschließungsflächen hinausgehender Flächenbedarf bereits auf den
Verkehrswert des warteständigen Baulands wertmindernd auswirkt. Die Wertminderung ist
bei alledem umso deutlicher, je höher der zu erwartende Flächenbedarf für den naturschutzrechtlichen Ausgleich ausfällt. In § 57 BauGB ist ein entsprechender Hinweis i. S.
einer Klarstellung mit dem BauGB 98 ausdrücklich aufgenommen worden[24]. Im Schrifttum
wird in diesem Zusammenhang von einem gedämpften Rohbaulandwert gesprochen,
wobei damit nur verdeutlicht werden soll, dass eine solche Dämpfung lediglich im Vergleich zu der Bodenpreisbildung eintritt, wie sie vor In-Kraft-Treten der naturschutzrechtlichen Ausgleichsregelung vorherrschte. Ansonsten handelt es sich um eine allgemeine und
nicht auf Umlegungsgebiete beschränkte Dämpfung des Bodenwertgefüges (für Bauerwar-
tungs- und Rohbauland), die schlechthin auf die naturschutzrechtliche Ausgleichsregelung
zurückzuführen und nicht umlegungsspezifisch ist. Von daher hätte es der Ergänzung des
§ 57 BauGB um einen Hinweis darauf nicht bedurft. Das Ausgleichsbetragsrecht der
§§ 152 ff. BauGB sieht infolgedessen eine solche Klarstellung nicht vor, obwohl dieser
Hinweis auch dort für die Ermittlung des sanierungs- bzw. entwicklungsunbeeinflussten
Bodenwerts bzw. des Anfangswerts beachtlich ist.

82 Bei Anwendung der unter Rn. 79 vorgestellten Formel kann der naturschutzrechtlichen
Ausgleichsregelung dadurch Rechnung getragen werden, dass der **Anteil der örtlichen
Verkehrs- und Grünflächen entsprechend „aufgestockt"** wird.

83 **Umlegungsbedingte Werterhöhungen** können sich für ein Grundstück im Übrigen auch
ergeben, wenn dessen **Grenzen nicht verändert werden**. Dies sind dann i. d. R. Lageverbesserungen, die durch die Bodenordnung (z. B. auch des Erschließungssystems) im Umlegungsgebiet herbeigeführt werden[25].

Umgekehrt wurde in der Rechtsprechung der durch die Bodenordnung herbeigeführte bessere Zuschnitt und die Straßenlandbeitragsfreiheit als umlegungsbedingte Werterhöhung
besonders hervorgehoben.

c) Neuordnungsumlegung

Bei **Neuordnungsumlegungen in bebauten Gebieten** ist der Ermittlung der Einwurfs-   **84**
werte in Anlehnung an diese Rechtsprechung der Entwicklungszustand i. d. R. baureifes
Land i. S. d. § 4 Abs. 4 WertV unter Berücksichtigung des Bebauungsplans zu Grunde zu
legen. Wird die Umlegung ohne Aufstellung eines Bebauungsplans durchgeführt, so ist die
vorhandene Qualität nach § 34 BauGB unter Ausschluss der umlegungsbedingten Werterhöhung maßgebend. Die erst durch die Umlegung realisierbaren Vorteile des Bebauungsplans sind umlegungsbedingte Werterhöhungen.

d) Sanierungsumlegung

Bei Sanierungsumlegungen in förmlich festgelegten Sanierungsgebieten bestimmt sich der   **85**
Einwurfswert abweichend von den vorstehenden Grundsätzen **nach Maßgabe des
§ 153 Abs. 1 BauGB i.V. m. § 153 Abs. 5 Nr. 1 BauGB** (vgl. § 26 WertV Rn. 1 ff.), wenn in
der Sanierungssatzung die Anwendung der besonderen sanierungsrechtlichen Vorschriften
der §§ 152 ff. BauGB nicht ausgeschlossen wurde. Bodenwerterhöhungen, die lediglich
durch die Aussicht auf die Sanierung, durch ihre Vorbereitung oder ihre Durchführung eingetreten sind, dürfen danach nur insoweit berücksichtigt werden, als der Betroffene diese
Bodenwerterhöhungen durch eigene Aufwendungen zulässigerweise bewirkt hat. Maßgebend ist hier der Zustand des Grundstücks ohne Sanierung; auch die Aussicht auf die Vorbereitung und Durchführung der Sanierung bleibt unberücksichtigt. Da es sich bei dem
Einwurfswert ebenso wie bei dem für die Bemessung des Ausgleichsbetrags maßgeblichen
Anfangswert um den sanierungsunbeeinflussten Bodenwert des Grundstücks handelt, können die dafür geltenden Wertermittlungsgrundsätze entsprechende Anwendung finden.

1.4.3.3   Zuteilungswert

a) Erschließungs- und Neuordnungsumlegung

Der Zuteilungswert ist in § 57 Satz 3 BauGB als der **Bodenwert des Grundstücks unter   86
Berücksichtigung der „durch die Umlegung bewirkten" Wertänderungen** definiert
(vgl. Rn. 32). Die „durch die Umlegung bewirkten Wertänderungen – umlegungsbedingte
Werterhöhungen – sind inhaltlich mit dem Vorteil gleichzusetzen, der „durch die Umlegung" erwächst (so § 58 Abs. 1 Satz 1 BauGB). Der Bodenwert ist – wie der Einwurfswert
– bezogen auf die allgemeinen Wertverhältnisse zum Zeitpunkt des Umlegungsbeschlusses
zu ermitteln. Hieraus folgt, dass als Zuteilungswert der Bodenwert der Entwicklungsstufe
„baureifes Land" zu Grunde zu legen ist, denn die Umlegung ist auf eine Neuordnung der
Grundstücke in der Weise angelegt, dass „nach Lage, Form und Größe für die bauliche
Nutzung zweckmäßig gestaltete Grundstücke entstehen." Etwas anderes gilt für die im
Bebauungsplan als Gemeinbedarfsflächen oder für nichtbauliche Zwecke festgesetzte Nut-
zungen. Form und Größe sowie Lage der Grundstücke ergeben sich im Einzelnen aus der
Umlegungskarte (Zuteilungsplan) und dem Umlegungsverzeichnis. Die baurechtlichen
Festsetzungen sind dagegen dem Bebauungsplan zu entnehmen bzw. nach Maßgabe des
§ 34 BauGB zu bestimmen.

Als Zuteilungswert ist der **Bodenwert eines erschlossenen (baureifen) Grundstücks** zu   **87**
ermitteln, denn sofern nicht bereits mit der Erschließung begonnen worden ist, hat sich mit
der Umlegung ein Erschließungsanspruch verfestigt. Hiervon zu unterscheiden ist die
Frage nach der abgabenrechtlichen Situation bezüglich der Erschließungsbeiträge. Es
bestehen hier folgende Möglichkeiten:

---

24   BT-Drucks. 13/6392, S. 62
25   BVerfG, Beschl. vom 17. 12. 1964 – 1 BvL 2/62 –, EzGuG 17.25; BGH, Urt. vom 22. 6. 1978 – III ZR 92/75 –,
      EzGuG 17.35; BGH, Urt. vom 6. 12. 1984 – III ZR 174/83 –, EzGuG 17.52

- erschließungsbeitragsfreie Zuteilung,

- erschließungsbeitragpflichtige Zuteilung und

- erschließungs*flächen*beitragsfreie, aber ansonsten erschließungsbeitragspflichtige Zuteilung.

88 Da die Bereitstellung der Erschließungsflächen begrifflich der Bodenordnung zuzurechnen ist, wird eine **erschließungsflächenbeitragsfreie Zuteilung anzustreben** sein; dem Erschließungsbeitragsrecht unterliegt dann nur noch die Erhebung von Erschließungsbeiträgen für den Bau der Erschließungsanlagen. § 57 Satz 4 Halbsatz 2 BauGB lässt aber ebenso wie § 58 Abs. 1 Satz 1 und § 68 Abs. 1 Nr. 4 BauGB die erschließungsbeitragspflichtige Zuteilung zu (vgl. § 128 Abs. 1 BauGB). Dies muss bei der Ermittlung der Zuteilungswerte wertmindernd berücksichtigt werden, wenn von Vergleichspreisen für erschließungsbeitragsfreie Grundstücke ausgegangen wird.

Wird ein Grundstück, das an einer vorhandenen Straße liegt, in ein Umlegungsverfahren einbezogen, das der Verwirklichung eines Bebauungsplans dient, der eine abzweigende Straße festsetzt und damit das Grundstück zu einem **Eckgrundstück** macht, hat der Eigentümer einen Anspruch auf Ausgleich der Wertminderung, die durch die Erschließungsbeitragspflicht für die zweite Erschließungsanlage begründet wird[26].

89 Bezüglich der im Rahmen des Umlegungsverfahrens „abgearbeiteten" **naturschutzrechtlichen Ausgleichsregelung** i. S. d. § 1 a BauGB sind bei der Ermittlung des Zuteilungswerts folgende Grundsätze zu beachten:

- Beschränkt sich der naturschutzrechtliche Ausgleich auf die **Durchführung von Ausgleichsmaßnahmen (Bepflanzungen)** auf dem Zuteilungsgrundstück, kann eine Minderung des Zuteilungswerts geboten sein, wenn von Vergleichspreisen ausgegangen wurde, die solchen Vorgaben nicht unterliegen und es sich um Maßnahmen handelt, die nach Art und Umfang über das hinausgehen, was der Eigentümer sonst auf seinem Grundstück anpflanzen würde.

- Werden dem Eigentümer des Eingriffsgrundstücks zusätzliche **private Ausgleichsflächen** zugeordnet und zugeteilt, die insgesamt zu einer Vergrößerung seiner Zuteilungsfläche führen, als sonsthin üblich gewesen wäre, so kann nicht ausgeschlossen werden, dass sich der auf den Quadratmeter Grundstücksfläche bezogene Zuteilungswert insoweit mindert, wenn wiederum von Vergleichspreisen ausgegangen wurde, die sich für entsprechend kleinere Grundstücke (nicht unter der Herrschaft der naturschutzrechtlichen Ausgleichsregelung) gebildet haben. Es entspricht nämlich einem Erfahrungssatz, dass sich der auf den Quadratmeter bezogene Bodenwert mit der Vergrößerung der Grundstücksfläche mindert (vgl. § 14 WertV Rn. 92 ff.).

Die **Begründung** zu der entsprechenden Regelung des § 59 Abs. 1 BauGB 98 (BT-Drucks. 13/6392) führt hierzu aus:

„Die Zuteilung von Flächen zum Ausgleich gemäß § 59 stellt sich umlegungsrechtlich als „natürlicher Annex" zu den Bauflächen dar. Bauflächen und Flächen zum Ausgleich stehen in einem engen funktionalen Zusammenhang. Flächen zum Ausgleich sind die Voraussetzung für die Schaffung von Bauflächen. Dieser funktionale Zusammenhang verdeutlicht auch, dass Maßnahmen, die zur Aufbringung von Flächen zum Ausgleich im Rahmen der Umlegung vorgenommen werden, grundsätzlich als privatnützige Maßnahmen anzusehen sind."

Für den Eigentümer des Zuteilungsgrundstücks wird bei alledem eine wertmäßige Unterscheidung von den „eigentlichen" Bauflächen und den Ausgleichsflächen theoretisch bleiben. Er ist an einem bebaubaren Grundstück interessiert und fragt nach dem Gesamtpreis des Zuteilungsgrundstücks, den er mit alternativen Grundstücksangeboten vergleicht, für die zusätzliche Ausgleichsflächen nicht erforderlich sind. Bei ausgleichsbedingt übergroßen Grundstücken wird er deshalb Abschläge am Quadratmeterwert begehren.

90 - Werden **öffentliche Ausgleichsflächen** ggf. i. V. m. Ausgleichsmaßnahmen (Bepflanzungen) bereitgestellt und den Eingriffsgrundstücken zugeordnet, so ist der dafür nach

§ 135 a BauGB gesondert zu erhebende Kostenerstattungsbetrag wertmindernd bei der Ermittlung des Zuteilungswerts zu berücksichtigen, wenn wiederum insoweit von kostenerstattungsbetragsfreien Vergleichspreisen ausgegangen wurde.

▶ *Zur Behandlung von Erbbaurechten vgl. Teil VII Rn. 49 ff., 205 ff.*

b) Besonderheiten bei erschließungsbeitragspflichtiger Zuteilung

Grundsätzlich sollte eine erschließungsbeitragsfreie Zuteilung angestrebt werden. In diesem Falle stellt sich nach den vorangegangenen Ausführungen nicht die Aufgabe, den Wert der Gemeinbedarfsflächen zu ermitteln. Das **Gesetz lässt aber auch eine erschließungsbeitragspflichtige Zuteilung zu.** In diesem Falle ist nach § 68 Abs. 1 Nr. 4 BauGB der Wert der nach § 55 Abs. 2 BauGB vorweg auszuscheidenden Flächen im Umlegungsverzeichnis aufzuführen, um einerseits die Beteiligten auf den Erschließungsbeitrag hinzuweisen und andererseits die Ermittlung des Erschließungsaufwands zu erleichtern (vgl. § 128 Abs. 1 Satz 3 BauGB); nicht zu erfassen sind dabei die Wertanteile für Kinderspielplätze und Regenklär- und -überlaufbecken. Der Wert der im Umlegungsverzeichnis ausgewiesenen Flächen bemisst sich nach dem Wert, der sich nach den unter Rn. 100 ff. dargestellten Grundsätzen ergibt.

Werden der Gemeinde in der Umlegung die örtlichen Verkehrs- und Grünflächen zugeteilt und bleibt das zugeteilte Grundstück ansonsten erschließungsbeitragspflichtig (sog. **straßenlandbeitragsfreie Zuteilung),** so muss bei der späteren Heranziehung zu Erschließungsbeiträgen berücksichtigt werden, dass für den Erwerb von Straßenland keine Kosten entstehen[27].

Soweit nach dem Vorhergesagten ein für das Umlegungsgebiet aufgestellter Bebauungsplan **Vorwirkungen** (§ 29 WertV Rn. 136 ff.) entwickelt hat, bleiben sie in Umlegungsgebieten im Hinblick auf die Solidargemeinschaft der Beteiligten also unberücksichtigt; d.h. die betroffenen Flächen sind ebenfalls als Rohbauland zu bewerten. Etwas anderes gilt nur in solchen Ausnahmefällen, wenn auf Grund einer besonderen Situation (z. B. unbebaubare Geländeeinschnitte) ein Grundstück im gewöhnlichen Geschäftsverkehr von jeglicher Weiterentwicklung ausgenommen worden ist[28]. Auch überörtliche Grünflächen und der unbebaubare Schutzstreifen einer am Umlegungsgebiet vorbeilaufenden Autobahn können hier eine weitreichende Vorwirkung entfalten (vgl. Rn. 73).

Die aus der Umlegung herauskommenden **Gemeinbedarfsflächen, die dem Bedarfsträger als solche zugeteilt werden,** unterliegen ebenfalls nicht der Bewertung, weil auch sie zum „Nullwert" zugeteilt werden. Dies betrifft insbesondere die künftigen örtlichen Verkehrs- und Grünflächen. Für die übrigen Gemeinbedarfsflächen gilt dies aber gleichermaßen. Dabei muss jedoch bedacht werden, dass sie insofern nicht dem Bedarfsträger kostenlos zufallen, dass dieser gemäß § 55 Abs. 5 BauGB dafür Ersatzland eingebracht haben muss, das er ggf. vorher erworben haben muss.

Bei konsequenter Anwendung des Prinzips der Solidargemeinschaft müsste als Wert dieser Flächen im Falle von Erschließungsumlegungen **grundsätzlich der Wert des Rohbaulandes** und nicht der Wert zum Ansatz kommen, der sich sonst unter Anwendung des Vorwirkungsgrundsatzes ergibt. Anderenseits käme man nämlich zu einer unterschiedlichen Bewertung je nachdem, ob die Grundstücke erschließungsbeitragsfrei oder -pflichtig zugeteilt werden[29].

91

92

93

94

95

---

26   OLG Köln, Urt. vom 18. 10. 1990 – 7 U 24/90 –, EzGuG 17.36
27   LG Koblenz, Urt. vom 10. 6. 1996 – 108/95 –, EzGuG 17.77
28   BGH, Urt. vom 15. 11. 1979 – III ZR 78/78 –, EzGuG 17.36
29   Kohlhammer-Komm. § 57 Rn. 78 und § 55 Rn. 44; Dieterich Baulandumlegung, 4. Aufl. München Rn. 232 i

c) Sanierungsumlegung

96 Für die **Ermittlung des Zuteilungswerts** in förmlich festgelegten Sanierungsgebieten bestimmt § 153 Abs. 5 Nr. 2 BauGB ergänzend zu § 57 Satz 3 und 4 BauGB, dass bei der Ermittlung des Zuteilungswerts umfassend Wertänderungen zu berücksichtigen sind, die durch die rechtliche und tatsächliche Neuordnung des Sanierungsgebiets eingetreten sind, d. h., es ist die Qualität des Grundstücks durch oder auf Grund der Sanierung maßgebend. Dies gilt im Übrigen auch, wenn für den Eigentümer als Abfindung die Begründung von Miteigentum an einem Grundstück, die Gewährung von grundstücksgleichen Rechten, Rechten nach dem Wohnungseigentumsgesetz oder sonstigen dinglichen Rechten nach § 59 Abs. 4 Nr. 3 BauGB innerhalb des Umlegungsgebiets vorgesehen ist.

97 Die Ermittlung von Zuteilungswerten nach Maßgabe des § 153 Abs. 5 Nr. 2 BauGB ist nicht immer unproblematisch, denn Sanierungsumlegungen werden i. d. R. bereits zu einem Zeitpunkt abgeschlossen, in dem die **Sanierungsmaßnahmen noch nicht vollständig durchgeführt** worden sind. Um dennoch die rechtliche und tatsächliche Neuordnung des Sanierungsgebiets mit dem Zuteilungswert möglichst abschließend zu erfassen, müssen nach § 23 Satz 4 WertV die Aussicht auf die noch ausstehenden Maßnahmen entsprechend der in der Planung vorgesehenen Änderungen und sonstige durch die Sanierungsmaßnahme bedingte Wertverbesserungen berücksichtigt werden. Dies gilt sinngemäß für die Ermittlung des für die Veräußerung nach § 153 Abs. 4, § 159 Abs. 3 und § 169 Abs. 8 BauGB maßgeblichen Verkehrswerts ebenso wie bei vorzeitiger Ablösung des Ausgleichsbetrags nach § 154 Abs. 3 Satz 2 BauGB.

98 Für die **Qualifizierung des Neuordnungszustands** ist hierbei vor allem bedeutsam, dass der Bebauungsplan vor dem Beschluss über die Aufstellung des Umlegungsplans (§ 66 Abs. 1) in Kraft getreten sein muss (§ 45 Abs. 2). Der Zuteilungswert kann daher auf der Grundlage einer im Sanierungsbebauungsplan rechtsverbindlich ausgewiesenen Nutzung ermittelt werden. Der rechtliche und tatsächliche Neuordnungszustand ist damit für die Ermittlung des Zuteilungswerts inhaltlich und zeitlich „vorprogrammiert"[30] und somit zusammen mit den sonstigen Sanierungsmaßnahmen wertmäßig „fassbar". Für die Ermittlung des Zuteilungswerts ist weiterhin von Bedeutung, dass die für die Nutzung der Grundstücke wesentlichen Ordnungsmaßnahmen, insbesondere die Bodenordnung, mit Abschluss der Umlegung durchgeführt sind; soweit mit der Erschließung noch nicht begonnen ist, steht ihre Durchführung zumindest an (vgl. hierzu §§ 27 und 28 WertV).

99 Im Übrigen gilt für die Umlegung, dass die zuzuteilenden **Grundstücke erschließungsbeitragsfrei zu werten** sind, da die Erschließung zu den Ordnungsmaßnahmen gehört (§ 147 Abs. 1 Nr. 4 BauGB) und nach § 154 Abs. 1 Satz 2 BauGB für Erschließungsanlagen i. S. d. § 127 Abs. 2 BauGB keine Erschließungsbeiträge erhoben werden. Die Regelung des § 57 Satz 4 Halbsatz 2 BauGB, nach der in der Umlegung Grundstücke in Bezug auf Flächen nach § 55 Abs. 2 BauGB erschließungsbeitragspflichtig zugeteilt werden können, hat von daher für die Sanierungsumlegung keine Bedeutung[31].

1.4.4 Gemeinbedarfsflächen

100 Die allgemeinen Grundsätze der Bewertung von Gemeinbedarfsflächen sind bei § 4 WertV Rn. 475 ff. behandelt. Danach muss **grundsätzlich unterschieden** werden, zwischen

a) Gemeinbedarfsflächen, die sich in dieser Eigenschaft (noch) nicht im Eigentum der öffentlichen Hand (Bedarfsträger) befinden und ggf. im Wege der Enteignung erworben werden können,

b) Gemeinbedarfsflächen, die bereits im Eigentum der öffentlichen Hand (Bedarfsträger) stehen und auf absehbare Zeit einer öffentlichen Nutzung vorbehalten bleiben, und

c) Gemeinbedarfsflächen, die sich zwar (noch) im Eigentum der öffentlichen Hand befinden, die jedoch zur Veräußerung anstehen, weil deren öffentliche Zweckbindung aufgegeben wird oder bereits ist.

Bei der Bewertung von Gemeinbedarfsflächen in Umlegungsgebieten gilt es eine Reihe von **Besonderheiten** zu beachten:

a) Gemeinbedarfsflächen, die sich als solche bereits vor der Umlegung im Eigentum der   **101**
öffentlichen Hand (Bedarfsträger) befinden, gehen zwar in die Umlegungsmasse
flächenmäßig, jedoch nicht wertmäßig ein, d. h. sie gehen mit einem „**Nullwert**" in die
Umlegung ein. Dies betrifft z. B. alte Wege und Straßen. Eine Bewertung ist deshalb
nicht erforderlich (vgl. Rn. 8). Im Übrigen gilt dies auch für solche „alten" Gemeinbedarfsflächen, die am bisherigen Ort untergehen, weil sie im Rahmen des Umlegungsverfahrens an anderer Stelle neu geschaffen werden. Die alten Gemeinbedarfsflächen
werden, soweit sie zu den örtlichen Verkehrs- und Grünflächen zählen, bei der Ermittlung des Flächenabzuges für die künftigen örtlichen Verkehrs- und Grünflächen angerechnet (vgl. Rn. 8 ff.).

b) **Gemeinbedarfsflächen, die bereits als solche in die Umlegung eingeworfen worden**   **102**
sind, unterliegen somit grundsätzlich nicht der Wertermittlung, da sie hier keinen eigenständigen Wert besitzen; ihr Wert geht in die entsprechend höheren Werte der durch sie
erschlossenen Zuteilungsgrundstücke ein[32]. Gleichwohl können baulich nutzbare
Gemeinbedarfsflächen, wie Sonderflächen für Verwaltungen, insoweit an der Umlegung partizipieren, wie sie Vorteile aus Erschließungsmaßnahmen ziehen, so bei
erschließungsflächenbeitragsfreier Zuteilung. Ihre Werterhöhung bemisst sich demzufolge nach dem Wert der anteiligen Erschließungsfläche.

c) **Grundstücksflächen,** die in einem möglicherweise bereits vor Einleitung einer   **103**
Erschließungsumlegung oder im Verlauf des Umlegungsverfahrens aufgestellten
Bebauungsplan für Gemeinbedarfszwecke ausgewiesen wurden und **die bislang im**
privaten Eigentum standen, werden grundsätzlich als Rohbauland i. S. d. § 4 Abs. 3
bewertet; von diesem Grundsatz kann in besonderen Fällen abzuweichen sein (vgl.
Rn. 73). Dies kann zu Disparitäten gegenüber den sonsthin zur Anwendung kommenden Bewertungsgrundsätzen führen. Nach den allgemeinen Grundsätzen werden künftige Gemeinbedarfsflächen nämlich über das Institut der enteignungsrechtlichen Vorwirkung bewertet (vgl. § 29 WertV Rn. 125 ff.). Prinzipiell kann der mit dem Vorwirkungsgrundsatz angesprochene Ausschluss von der konjunkturellen Weiterentwicklung
zu einer qualitätsmäßigen Einstufung der künftigen Gemeinbedarfsflächen bis auf eine
Ackerlandqualität durchschlagen (Flächen der Land- oder Forstwirtschaft i. S. d. § 4
Abs. 1).

Die **Praxis,** die *künftigen* Gemeinbedarfsflächen grundsätzlich in der Umlegung als Roh-   **104**
bauland zu qualifizieren, **ist** in erster Linie wiederum **im Solidaritätsprinzip begründet**
(vgl. Rn. 69). Die Planung verteilt unter den Voraussetzungen, die das Umlegungsverfahren prägen, keine „schwarzen und weißen Lose", weil erst durch das Umlegungsverfahren
„weiße Lose", d. h. privat bebaubare Grundstücke entstehen können. Dies führt zu Disparitäten[33] bei der Bewertung von Gemeinbedarfsflächen innerhalb und außerhalb von Umlegungsgebieten und ist letztlich darin begründet, dass das Baurecht einen allgemeinen Planungswertausgleich nicht kennt (vgl. Rn. 66 ff.).

---

30 BGH, Urt. vom 22. 6. 1978 – III ZR 92/75 – , EzGuG 17.35
31 BT-Drucks. 10/4630, S. 99
32 BVerwG, Urt. vom 4. 2. 1981 – 8 C 13/81 –, EzGuG 17.39
33 Hierauf ist ungehört schon vor 30 Jahren hingewiesen worden: vgl. Wilsing in AVN 1968, 113 und AVN 1961,
    209; zu Abweichungen vgl. BGH, Urt. vom 15. 11. 1979 – III ZR 28/78 –, EzGuG 17.36

1.5 Steuerliche Behandlung

1.5.1 Grunderwerbsteuer

105 **Alle in einem förmlichen (amtlichen) Umlegungsverfahren nach den §§ 45 ff. BauGB durch Ausspruch einer Behörde erfolgenden Eigentumsänderungen an Grundstücken sind von der Grunderwerbsteuer befreit, wenn der neue Eigentümer in diesem Verfahren als Eigentümer eines im Umlegungsgebiet gelegenen Grundstücks Beteiligter ist[34].** Die Eigentumsänderung vollzieht sich dabei außerhalb des Grundbuchs. Die Rechtsänderung kann durch In-Kraft-Treten des Umlegungsplans oder auf Grund einer Vorausregelung für einzelne Grundstücke eintreten[35].

106 Von einer Besteuerung ausgenommen sind stets und in vollem Umfang Zuteilungen an die Gemeinde oder den sonstigen Erschließungsträger für die in § 55 Abs. 2 BauGB genannten Zwecke (u. a. **Straßenflächen, Wege, Plätze und Grünanlagen**).

107 Mit der **Rechtsprechung vom 28. 7. 1999** hat der BFH seine bisherige Auffassung aufgegeben, dass nur dann kein der Grunderwerbsteuer unterliegender Erwerbsvorgang vorliegt, wenn die im Umlegungsverfahren zugeteilten Grundstücke mit den bisher dem Beteiligten gehörenden Grundstücksflächen identisch (Flächen- und Deckungsgleichheit) sind. Grunderwerbsteuerbefreiung ist vielmehr bei Unter- und Überschreitung des Sollanspruchs zu gewähren. Die dem entgegenstehende Rechtsprechung sowie entsprechende Verwaltungsvorschriften sind damit nicht mehr anzuwenden[36].

108 Für **Grundstücksübergänge im Rahmen freiwilliger Umlegungen gibt es keine grunderwerbsteuerlichen Befreiungen.** Rechtsänderungen, die im Rahmen eines Umlegungsverfahrens auf freiwilliger Basis erfolgen, unterliegen der Grunderwerbsteuer; die Nichtsteuerbarkeit nach § 1 Abs. 1 Nr. 3 Buchst. b GrEStG findet keine Anwendung. Da es sich hier um einen Tausch von Grundstücken handelt, unterliegt sowohl die Vereinbarung über die Leistung des einen als auch die Vereinbarung über die Leistung des anderen Vertragsteils der Grunderwerbsteuer (§ 1 Abs. 5 GrEStG)[37].

1.5.2 Einkommensteuer

109 Mit der Mehrzuteilung eines Grundstücks in einem Umlegungsverfahren nach den §§ 45 ff. BauGB gegen Zuzahlung nach § 59 Abs. 2 BauGB liegt ein **Anschaffungsgeschäft** i. S. d. § 23 EStG **nur dann** vor, **wenn sie den Sollanspruch i. S. d.** § 56 Abs. 1 Satz 1 BauGB **nicht nur unwesentlich übersteigt**[38].

110 Werden im Zusammenhang mit der Baulandumlegung **andere Wirtschaftsgüter** als Grund und Boden übertragen oder zugeteilt (z. B. bauliche Anlagen, Anpflanzungen und sonstige Einrichtungen i. S. d. § 60 BauGB), liegt eine Veräußerung oder Anschaffung vor. Veräußerungspreis oder Anschaffungskosten sind die insoweit im Umlegungsverzeichnis (§ 68 BauGB) aufgeführten Abfindungs- oder Ausgleichsleistungen. Ein Veräußerungsgewinn ist nach den §§ 6b und c EStG begünstigt, wenn deren Voraussetzungen vorliegen.

111 Auszugleichende umlegungsbedingte Wertsteigerungen berühren nicht die wirtschaftliche Identität des eingebrachten und des zugeteilten Grundstücks. Für die **Berechnung der Veräußerungsfrist** i. S. des § 23 EStG ist daher das der Anschaffung des eingeworfenen Grundstücks zu Grunde liegende obligatorische Geschäft maßgebend. Geldleistungen, die der Zuteilungsberechtigte zum Ausgleich umlegungsbedingter Wertsteigerungen leistet, sind nachträgliche Anschaffungskosten des eingeworfenen Grundstücks. Wird die Wertsteigerung durch Zuteilung von weniger Fläche ausgeglichen, sind für die Ermittlung des Veräußerungsgewinns weiterhin die Anschaffungskosten des eingeworfenen Grundstücks anzusetzen.

a) **Mehrzuteilung:** Im Umfang der in Geld auszugleichenden Mehrzuteilung liegt ein Anschaffungsgeschäft i. S. des § 23 EStG vor. Für die Berechnung der Veräußerungsfrist ist der Zeitpunkt maßgebend, zu dem die Unanfechtbarkeit des Umlegungsplanes bekannt gemacht wird (§ 71 Abs. 1 Satz 1 BauGB).

b) **Minderzuteilung:** Ausgleichsleistungen, die der Grundstückseigentümer wegen Minderzuteilung erhält, sind nach § 23 Abs. 1 Satz 1 Nr. 1 EStG steuerpflichtig, wenn der Zeitraum zwischen dem der Anschaffung des eingeworfenen Grundstücks zu Grunde liegenden obligatorischen Geschäft und dem Zeitpunkt, zu dem die Unanfechtbarkeit des Umlegungsplans bekannt gemacht wird (§ 71 Abs. 1 Satz 1 BauGB), nicht mehr als zehn Jahre beträgt.

---

34   BFH, Urt. vom 28. 7. 1999 – II R 25/98 –, Hess. Städte- und GemeindeZ 1999, 439

35   BFH, Urt. vom 1. 8. 1990 – II R 6/88 –, EzGuG 17.61 a, BFH, Urt. vom 29. 10. 1997 – II R 36/95 –, GuG 1998, 116 = EzGuG 17.79; bei sog. **freiwilligen Baulandumlegungen** vgl. Vfg der OFD Freiburg, Karlsruhe und Stuttgart zur Anwendung des § 7 Abs. 2 GrEStG auf den Erwerb eines in einer sog. freiwilligen Baulandumlegung gebildeten Grundstücks (GrESt-Kartei lfd. Nr. 346 und 354); Erl. des bad.-württ. FM vom 10. 5. 1990 – S 4400 – 7a/79 – und vom 13. 5. 1983 – S 4400 – 7/79 –; Erl. des saarl. FM zur Behandlung von Landzuteilungen im Umlegungsverfahren nach dem BauGB (§ 1 Abs. 1 Nr. 3 Buchst. b GrEStG) vom 17. 4. 2000 (GuG 2001/5).

36   FG Hessen, Urt. vom 17. 3. 1997 – 5 K 621/95 –, EFG 1998, 1428 = UVR 1998, 443; FG Münster, Urt. vom 3. 12. 1990 – VIII 6135/88 GrE –; BFH, Urt. vom 1. 8. 1990 – II R 6/88 –, EzGuG 17.61a; MfF Rh.-Pf. vom 14. 4. 1983 – S 4400 A-442 –, Deutsche Verkehrs-Rundschau 1983, 130; Erl. des bln FM vom 23. 1. 1997 – III E S 4400 – 2/82 –, DStR 1997, 454; Erl. des nordrh.-westf. FM vom 15. 12. 1992 (S 4500-17-VA 2, abgedruckt in GuG 1993, 360; hierzu OFD Düsseldorf, Erl. vom 19. 4. 1994 – S 4500 – 2 St 223 –, GuG 1998, 299; Erl. des bad.-württ. FM vom 30. 9. 1997 – S 4400/5 –, GuG 1998, 298

37   BFH, Urt. vom 6. 12. 1988 – II B 98/88 –, BStBl. II 1988, 1008

38   BFH, Urt. vom 29. 3. 1995 – X R 3/92 –, GuG 1995, 375 = EzGuG 17.74

2 Wertermittlung im Rahmen des Zugewinnausgleichs

2.1 Allgemeines

112 Die vermögensrechtlichen Beziehungen von Ehegatten sind in den §§ 1363 bis 1563 BGB geregelt. Soweit nichts anderes vereinbart ist, leben Ehegatten nach § 1363 BGB im Güterstand der Zugewinngemeinschaft (§§ 1363 bis 1390 BGB). Die Eheleute können aber auch **durch Ehevertrag Gütertrennung** (§ 1414 BGB) **oder Gütergemeinschaft** (§§ 1415 bis 1563 BGB) **vereinbaren.**

113 Nach § 1363 Abs. 2 BGB werden weder die vor noch die nach der Eheschließung erworbenen Gegenstände gemeinschaftliches Eigentum. Bei Beendigung des Güterstandes verbleibt es bei dieser Vermögenszuordnung, jedoch wird der **Zugewinn, den die Ehegatten in der Ehe erzielen, ausgeglichen, wenn die Zugewinngemeinschaft endet.**

114 Die **Zugewinngemeinschaft endet**
– beim Tod eines Ehegatten (§ 1371 BGB),
– bei Auflösung der Ehe einschließlich der Ehescheidung und der Feststellung der Ehenichtigkeit,
– bei nachträglicher Vereinbarung eines anderen Güterstandes (§ 1414 BGB) oder
– bei Rechtskraft eines Urteils, das auf vorzeitigen Ausgleich des Zugewinns erkennt (§ 1388 BGB).

115 **Rechtsgrundlage für den Zugewinnausgleich** sind
– im Falle des Todes eines Ehegatten § 1371 BGB und
– in anderen Fällen die §§ 1373 bis 1390 BGB (§ 1372 BGB).

116 Als **Zugewinn** ist in § 1373 BGB der Betrag definiert, um den das Endvermögen eines Ehegatten das Anfangsvermögen übersteigt.

117 – **Anfangsvermögen** ist nach § 1374 BGB das Vermögen, das einem Ehegatten nach Abzug der Verbindlichkeiten beim Eintritt des Güterstandes gehört; die Verbindlichkeiten können nur bis zur Höhe des Vermögens abgezogen werden. Vermögen, das ein Ehegatte nach Eintritt des Güterstandes von Todes wegen oder mit Rücksicht auf ein künftiges Erbrecht, durch Schenkung oder als Ausstattung erwirbt, wird nach Abzug der Verbindlichkeiten dem Anfangsvermögen hinzugerechnet, soweit es nicht den Umständen nach zu den Einkünften zu rechnen ist. Um das Anfangsvermögen mit dem Endvermögen vergleichen zu können, muss zunächst der Kaufkraftschwund ausgeglichen werden[1]. Der Ausgleich erfolgt auf der Grundlage von Indexzahlen[2]. **Verbindlichkeiten** sind vorher zum Abzug zu bringen (Rn. 121 ff.).

118 – **Endvermögen** ist nach § 1375 BGB das Vermögen, das einem Ehegatten nach Abzug der Verbindlichkeiten bei der Beendigung des Güterstandes gehört. Die Verbindlichkeiten werden, wenn Dritte gemäß § 1390 BGB in Anspruch genommen werden können, auch insoweit abgezogen, als sie die Höhe des Vermögens übersteigen. Dem Endvermögen eines Ehegatten wird der Betrag hinzugerechnet, um den dieses Vermögen dadurch vermindert ist, dass ein Ehegatte nach Eintritt des Güterstands

a) unentgeltliche Zuwendungen gemacht hat, durch die er nicht einer sittlichen Pflicht oder einer auf den Anstand zu nehmenden Rücksicht entsprochen hat,

b) Vermögen verschwendet hat oder

c) Handlungen in der Absicht vorgenommen hat, den anderen Ehegatten zu benachteiligen.

Der Betrag der Vermögensminderung wird dem Endvermögen nicht hinzugerechnet, wenn sie mindestens zehn Jahre vor Beendigung des Güterstandes eingetreten ist oder wenn der andere Ehegatte mit der unentgeltlichen Zuwendung oder der Verschwendung einverstanden gewesen ist.

Maßgebend ist der Zeitpunkt der Zustellung des Scheidungsantrags.

– **Zugewinn** ist der Betrag, um den der Wertbetrag des Endvermögens das hochindizierte Anfangsvermögen übersteigt.

Übersteigt der Zugewinn des einen Ehegatten den Zugewinn des anderen, so steht   **119** nach § 1378 BGB die **Hälfte des Überschusses dem anderen Ehegatten als Ausgleichsforderung** zu (vgl. Abb. 1).

Abb. 1: Ausgleichsforderung beim Zugewinnausgleich

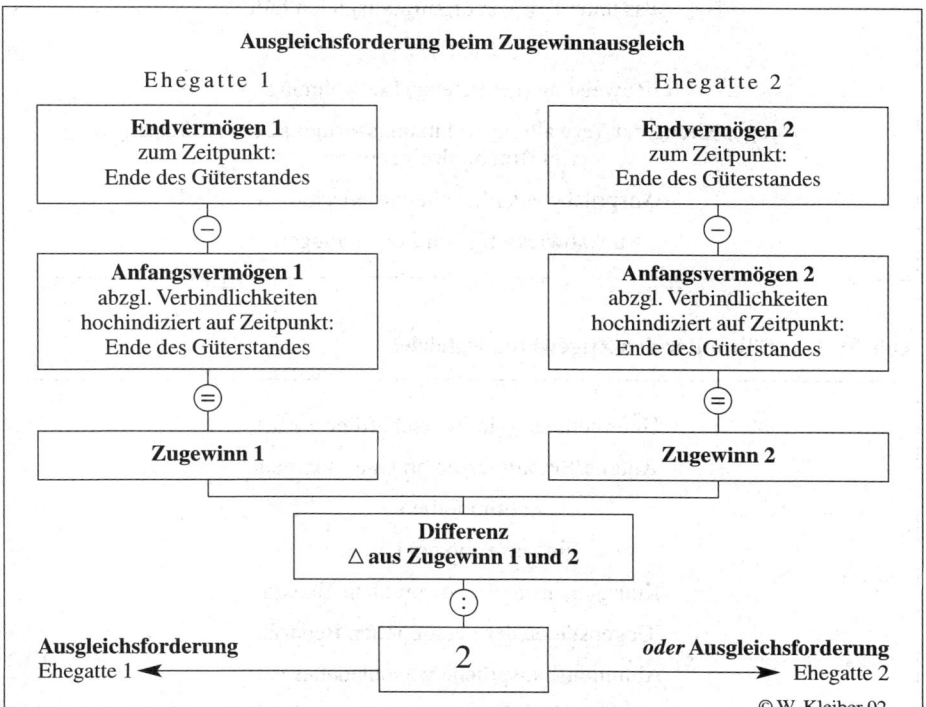

Er entsteht mit Beendigung des Güterstands.

---

1   BGH, Urt. vom 13. 10. 1983 – IX ZR 106/82 –, FamRZ 1984, 31 = WM 1983, 1415 = NJW 1984, 434 = MDR 1984, 225 = DNotZ 1984, 494

2   Palandt/Diederichsen § 1376 Rn. 13; BGH, Urt. vom 1. 7. 1982 – IX ZR 32/81 –, FamRZ 1982, 991 = BGHZ 84, 339 = NJW 1982, 1373 = MDR 1982, 1013

120 Ein **Kaufkraftschwund** ist mit Hilfe des Lebenshaltungskostenindexes zu berücksichtigen (Rn. 13)[3]; das Anfangsvermögen ist hierzu nach Abzug der Verbindlichkeiten auf den Zeitpunkt der Beendigung des Güterstands hoch zu indizieren.

121 Neben einem Auskunftsrecht steht im Übrigen jedem Ehegatten nach § 1379 Abs. 1 Satz 2 Halbsatz 2 BGB ein **Anspruch auf die Wertermittlung** der Vermögensgegenstände und der Verbindlichkeiten zu[4]. Der auf Wertermittlung in Anspruch genommene Ehegatte muss
– die erforderlichen Unterlagen vorlegen, die der auskunftsberechtigte Ehegatte für eine eigene Wertermittlung benötigt[5], und
– den Wert ggf. unter Einholung von Auskünften oder Einschaltung von Hilfskräften zuverlässig ermitteln und mitteilen.

122 Die Kosten trägt der Schuldner, d. h. der Sachverständige braucht vom Verpflichteten nicht beauftragt worden zu sein. Soweit der Berechtigte unabhängig davon eine Wertermittlung auf eigene Kosten in Auftrag gibt, trägt dieser die Kosten. **Der Verpflichtete hat in diesem Fall die Begutachtung zu dulden.**

Köhne[6] hat zum Zugewinnausgleich folgende Untergliederung angegeben (Abb. 2 und 3).

Abb. 2: Was wird außerhalb des Zugewinnausgleichsverfahrens abgewickelt?

Was unter den Versorgungsausgleich fällt
Hausrat
Zuweisung (gemieteter) Ehewohnung
Neugestaltung der Verwaltungs-/Nutzungsbefugnis oder Auflösung von Bruchteilseigentum
Ansprüche aus Ehegattengesellschaften
Rückabwicklung von Zuwendungen

Abb. 3: Was fällt unter den Zugewinnausgleich?

Unternehmen (landwirtschaftliche u. a.)
Anteile/Beteiligungen an Unternehmen
Immobilien
Finanzvermögen i. w. S.
Kunstgegenstände, soweit nicht Hausrat
Gegenstände des persönlichen Bedarfs
Abfindungsansprüche verschiedener Art
weitere Vermögensposten
Verbindlichkeiten i. V. m. den hier berücksichtigten Vermögensarten
Besonderheit: Ausgleichsanspruch bzw. Verbindlichkeit aus einer Gesamtschuldnerschaft der Eheleute

2.2 Ermittlung des Anfangsvermögens

Der Berechnung des Anfangsvermögens wird nach § 1376 Abs. 1 BGB der Wert zu Grunde **123**
gelegt, den das **beim Eintritt des Güterstandes vorhandene Vermögen in diesem Zeitpunkt hatte.** Vermögen, das ein Ehegatte nach Eintritt des Güterstandes von Todes wegen
oder mit Rücksicht auf ein künftiges Erbrecht, durch Schenkung oder als Ausstattung
erwirbt, wird dem Anfangsvermögen nach § 1374 Abs. 2 BGB hinzugerechnet und zwar
mit dem Wert, den das Vermögen im Zeitpunkt des Erwerbs hatte. Zu dem § 1374 Abs. 2
BGB hinzuzurechnende Vermögen gehören nicht Schenkungen, die ein Ehegatte dem
anderen gemacht hat[7]. Ansonsten gehören zum Anfangsvermögen grundsätzlich alle
Gegenstände und Rechtspositionen mit einem Vermögenswert, insbesondere Grundstücke,
bewegliche Sachen, Konten- und Wertpapierguthaben, Forderungen, Anwartschaften,
Patente, Urheberrechte und Unternehmenswerte *(good will)*[8].

Ein **inflationsbedingter Kaufkraftschwund** des Anfangsvermögens ist nach ständiger **124**
Rechtsprechung des BGH mit Hilfe Preisindexes für die Lebenshaltung eines 4-Personen-
Arbeitnehmerhaushalts mit mittlerem Einkommen nach folgender Formel zu berücksichti-
gen[9]:

$$\frac{\begin{array}{c}\text{Wert des Anfangsvermögens}\\ \text{bei Begründung}\\ \text{des Güterstands}\end{array} \times \begin{array}{c}\text{Lebenshaltungs-}\\ \text{index bei Beendigung}\\ \text{des Güterstands}\end{array}}{\begin{array}{c}\text{Lebenshaltungskostenindex}\\ \text{bei Beginn des Güterstands}\end{array}} = \begin{array}{l}\text{Einsatzbetrag}\\ \text{des Anfangs-}\\ \text{vermögens}\end{array}$$

Der **Wert nachträglich erworbener und nach § 1374 Abs. 2 BGB dem Anfangsvermö-** **125**
gen hinzuzurechnender Vermögen ist entsprechend hoch zu indizieren, wobei insoweit
nicht der Stichtag der Begründung des Güterstands, sondern der Zeitpunkt des Erwerbs
maßgebend ist (Abb. 4)[10].

2.3 Ermittlung des Endvermögens

Der Berechnung des Endvermögens wird nach § 1376 Abs. 2 BGB der **Wert** zu Grunde **126**
gelegt, **den das bei Beendigung des Güterstands vorhandene Vermögen in diesem
Zeitpunkt hatte.** Eine dem Endvermögen nach § 1375 Abs. 2 BGB hinzuzurechnende Vermögensminderung bemisst sich nach dem Zeitpunkt, in dem sie eingetreten ist.

Im Falle einer Beendigung des Güterstandes durch Ehescheidung ist der **Zeitpunkt maß-** **127**
gebend, in dem der Scheidungsantrag rechtsanhängig geworden ist (§ 1384 BGB). Für
einen vorzeitigen Zugewinnausgleich ist § 1387 BGB maßgebend.

---

3   BGH, Urt. vom 14. 11. 1973 – IV ZR 147/72 –, EzGuG 20.55 a
4   BGH, Urt. vom 6. 5. 1982 – IX ZR 36/81 –, EzGuG 11.130
5   BGH, Urt. vom 4. 10. 1990 – XII ZB 37/90 –, FamRZ 1991, 316 = NJW-RR 1991, 325
6   Köhne in GuG 1998, 68; Fischer/Biederbeck in GuG 2001, 147
7   BGH, Urt. vom 20. 5. 1987 – IVb ZR 62/86 –, EzGuG 20.120 a
8   BGH, Urt. vom 27. 10. 1976 – IV ZR 136/75 –, NJW 1977, 101; BGH, Urt. vom 14. 1. 1981 – IVb ZR 525/80 –,
    NJW 1981, 1036; BGH, Urt. vom 1. 12. 1983 – IX ZR 41/83 –, BGHZ 89, 137
9   BayObLG, Urt. vom 7. 12. 1973 – BReg 1 Z 81/73 –, FamRZ 1974, 137 = NJW 1974, 420 = MDR 1974, 137
10   BGH, Urt. vom 20. 5. 1987 – IVb ZR 62/86 –, EzGuG 20.120 a; KG, Urt. vom 12. 8. 1987 – 18 UF 6287/86 –,
    EzGuG 14.81b; OLG Frankfurt am Main, Urt. vom 4. 8. 1986 – 5 UF 296/85 –, FamRZ 1987, 62

Abb. 4: Schema zur Ermittlung des echten Wertzuwachses bei der Auseinandersetzung einer Gütergemeinschaft[11]

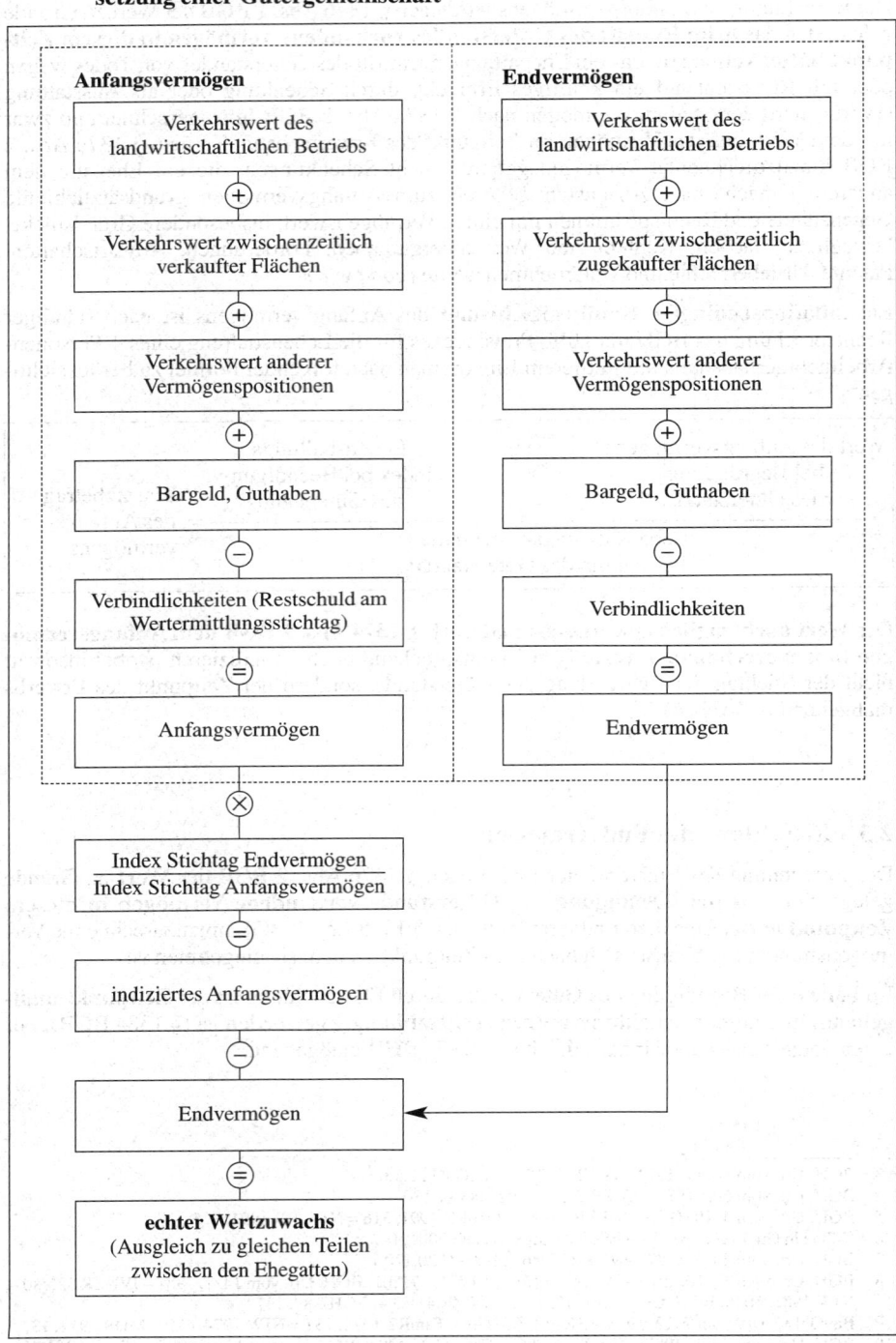

Fischer/Biederbeck GuG 2001, 147

2.4 Wertermittlungsgrundsätze

2.4.1 Allgemeines

Maßgeblich ist grundsätzlich der Verkehrswert i. S. d. § 194 BauGB (= wirklicher Wert)[12]. **128**
Die Wahl der geeigneten Wertermittlungsmethode steht im billigen Ermessen des Sachverständigen und ist Sache des Tatrichters. In mehreren Entscheidungen hat sich die Rechtsprechung an den **Grundsätzen** orientiert, **die sich für die Ermittlung des Verkehrswerts herausgebildet** haben[13].

Eine Reihe von Besonderheiten sind in der Rechtsprechung zum Zugewinnausgleich **129**
bezüglich des **Wertermittlungsstichtags** herausgestellt worden, die aber bei genauerer
Betrachtung durchaus im Verkehrswertprinzip begründet sind. In Zeiten ungünstiger
Marktverhältnisse (sog. **Flaute auf dem Immobilienmarkt**), d. h. wenn für einen durchschnittlich besonnenen, nüchternen Betrachter erkennbar sein kann, dass der Grundstücksmarkt durch kurzfristige und vorübergehende Ausschläge „nach oben oder unten" geprägt
ist, dann soll nicht der *aktuelle* Verkehrswert sondern der *wirkliche Wert*[14] maßgebend sein,
d. h. der Verkehrswert, der sich bei einer Nichtberücksichtigung solcher Ausschläge (z. B.
kurzfristig vorübergehende „Flaute auf dem Grundstücksmarkt") ergibt. Tatsächlich kann
eine solche Differenzierung nur notwendig werden, wenn bei der Verkehrswertermittlung
das *Stichtagsprinzip missverstanden* wurde[15]. Etwas anderes mag gelten, wenn als Folge
des Zugewinnausgleichs unverzüglich verkauft werden muss (Notverkauf), jedoch ist
begrifflich der sich dann ergebende Verkaufspreis eigentlich nicht mehr als Verkehrswert
anzusehen (vgl. § 194 BauGB Rn. 53, 57 ff., 95).

Der BGH[16] hatte schon im Urt. vom 23. 10. 1985 u. a. dargelegt, dass der für die Berech- **130**
nung des Zugewinns maßgebende wirkliche Wert eines Grundstücks nicht stets mit dem
hypothetischen Verkaufswert am Stichtag übereinstimmen muss, sondern dass der wirkliche Wert höher sein kann als der aktuelle Veräußerungswert. Insbesondere ist bei der Wertermittlung ein **vorübergehender Preisrückgang** nicht zu berücksichtigen, wenn er bei
nüchterner Beurteilung schon am Stichtag als vorübergehend erkennbar war. Eine strengere Orientierung an dem tatsächlich erzielbaren Verkaufserlös ist nur dann geboten, wenn
das Grundstück zur Veräußerung bestimmt ist oder als Folge des Zugewinnausgleichs veräußert werden muss[17]. Der BGH[18] bekräftigt, dass nur dann, wenn im Rahmen des Zugewinnausgleichs der Ausgleichspflichtige gezwungen ist, Gegenstände seines Endvermögens unwirtschaftlich zu liquidieren, dieser Umstand im Rahmen einer sachverhaltsspezifischen Wertermittlung zu berücksichtigen ist. Dabei ist vorab zu prüfen, ob eine
unwirtschaftliche Liquidierung durch eine Stundung gemäß § 1382 BGB vermieden werden kann.

In einer weiteren **Entscheidung des BGH**[19] wird zu alledem ausgeführt: **131**

„Der Zugewinnausgleich soll beide Ehegatten gleichermaßen an den während der Ehe geschaffenen Werten beteiligen.
Würde insbesondere ein Familienheim, bei dem es sich vielfach um das Hauptvermögensstück handelt, nur mit einem
Wert angesetzt, der durch eine **vorübergehende ungünstige Marktlage** beeinflusst ist, erlangte der ausgleichsberechtigte Ehegatte keinen angemessenen Anteil an dessen wirklichem, bleibenden Wert, während der andere Ehe-

---

11 Fischer/Biederbeck, Bewertung landwirtschaftlicher Betriebe bei Auseinandersetzungen einer Gütergemeinschaft GuG 2001, 147
12 BGH, Urt. vom 23. 10. 1985 – IVb ZR 62/84 –, EzGuG 20.110 b
13 BGH, Urt. vom 10. 3. 1956 – IV ZR 99/55 –; BGH, Urt. vom 7. 7. 1993 – XII ZR 35/92 –, EzGuG 20.147
14 BGH, Urt. vom 1. 4. 1992 – XII ZR 142/91 –, EzGuG 20.139 a; BGH, Urt. vom 23. 10. 1985 – IVb ZR 62/84 –, EzGuG 20.110 b
15 BGH, Urt. vom 31. 5. 1965 – III ZR 214/63 –, EzGuG 19.8; BGH, Urt. vom 1. 4. 1992 – XII ZR 142/91 –, EzGuG 20.139 a; hierzu Kleiber in GuG – aktuell 1995, 1
16 BGH, Urt. vom 23. 10. 1985 – IVb ZR 62/84 –, EzGuG 20.110 b
17 Schwab, Hdb des ScheidungsR 2. Aufl. Teil VII Rn. 72
18 BGH, Urt. vom 15. 1. 1992 – XII ZR 247/90 –, BGHZ 117, 70
19 BGH, Urt. vom 1. 4. 1992 – XII ZR 146/91 –, EzGuG 20.139 b

gatte, der im Besitz des Objekts bleiben will und kann, aus eher zufälligen Umständen Nutzen zöge. Entgegen der Auffassung des BG kommt es deswegen auch nicht darauf an, ob eine ungünstige Marktlage auf örtlich begrenzte Umstände zurückzuführen ist oder auf eine gesamtwirtschaftliche Entwicklung. Entscheidend ist, ob sie aus der Sicht eines nüchternen Betrachters am Bewertungsstichtag als temporär einzuschätzen war und deswegen einen wirtschaftlich Denkenden veranlasst hätte, eine Veräußerung zurückzustellen, soweit nicht besondere Umstände dazu zwangen."

2.4.2 Zugewinnausgleich bei land- oder forstwirtschaftlichen Betrieben

132 Für land- oder forstwirtschaftliche Betriebe gilt für die Berechnung des Anfangs- und Endvermögens im System des Zugewinnausgleichs das **Bewertungsprivileg des § 1376 Abs. 4 BGB:**

„(4) Ein land- oder forstwirtschaftlicher Betrieb, der bei der Berechnung des Anfangsvermögens und des Endvermögens zu berücksichtigen ist, ist mit dem Ertragswert anzusetzen, wenn der Eigentümer nach § 1378 Abs. 1 *(BGB)* in Anspruch genommen wird und die Weiterführung oder Wiederaufnahme des Betriebes durch den Eigentümer oder einen Abkömmling erwartet werden kann; die Vorschrift des § 2049 Abs. 2 *(BGB)* ist anzuwenden."

Der **Ertragswert** wird in § 2049 Abs. 2 BGB wie folgt definiert:

„(2) Der Ertragswert bestimmt sich nach dem Reinertrag, den das Landgut nach seiner bisherigen wirtschaftlichen Bestimmung bei ordnungsgemäßer Bewirtschaftung nachhaltig gewähren kann."

133 Der **Ertragswert land- oder fortwirtschaftlicher Betriebe (Landgüter)**[20] **fällt in aller Regel (weitaus) niedriger aus als der volle Wert (= Verkehrswert).** Ein Zugewinnausgleich auf der Grundlage des Verkehrswerts müsste den Erhalt des land- oder forstwirtschaftlichen Betriebs gefährden. Deshalb soll der sich an der Ertragsfähigkeit des Grundbesitzes orientierende Ertragswert maßgebend sein.

134 Obwohl in der Rechtsprechung des BGH die Anwendung der WertV für die Wertermittlung grundsätzliche Anerkennung gefunden hat, darf nach Sinn und Zweck der Regelung **bei der Ermittlung des Ertragswerts i. S. d. § 2049 Abs. 2 BGB nicht** im strengen Sinne **vom Ertragswert i. S. d. §§ 15 bis 20 WertV ausgegangen werden,** da die Ermittlung dieses Werts möglichst direkt zum Verkehrswert führen soll und mit Marktanpassungsab- oder -zuschlägen nur noch das berücksichtigt werden soll, was mit verkehrswertorientierten Wertermittlungsparametern nicht erreicht werden konnte (vgl. Vorbem. zur WertV Rn. 27 ff.). Der nach den Grundsätzen der WertV ermittelte Ertragswert soll also möglichst dem Verkehrswert direkt entsprechen. Der Übergang vom Ertragswert i. S. d. WertV an den Verkehrswert nach Maßgabe des § 7 Abs. 2 WertV kann nur noch die Berücksichtigung der Lage auf dem Grundstücksmarkt insoweit zum Gegenstand haben, wie diese nicht bereits innerhalb des Wertermittlungsverfahrens berücksichtigt wurde[21].

135 Nach Art. 137 EGBGB i. V. m. § 1376 Abs. 4 und § 2049 BGB sind **landesrechtliche Vorschriften zur Ermittlung des Ertragswerts** maßgebend. Entsprechendes gilt im Übrigen in den Fällen des

– § 1515 Abs. 2 und 3 BGB (Übernahmerecht an einem Landgut),
– § 2049 BGB (Übernahmerecht an einem Landgut durch Miterben),
– § 2312 BGB (Berechnung des Pflichtteils bei Übernahmerechten)[22].

136 Das BVerfG[23] hat zu § 1376 Abs. 4 BGB a. F. festgestellt, dass mit Art. 137 EGBGB i. V. m. §§ 1376 Abs. 4 und § 2049 BGB **statisch auf das Landesrecht zur Ermittlung des Ertragswerts verwiesen werde,** d. h. dasjenige Landesrecht maßgebend sein soll, das bei Verkündung des § 1376 Abs. 4 BGB am 18. 6. 1957 galt, nicht jedoch späteres Landesrecht. In einer weiteren Entscheidung vom 26. 4. 1988 hat das BVerfG[24] klargestellt, dass die statische Verweisung **nur für die Bewertung von Landgütern beim Zugewinnausgleich** gegolten habe und nicht in den Fällen des § 1500 Abs. 2 und 3 sowie in den Fällen der §§ 2049 und 2312 BGB. Den Ländern sei es danach vorbehalten, für den Anwendungsbereich des § 1515 Abs. 2 und 3 BGB sowie der §§ 2049 und 2312 BGB innerhalb einer im Übrigen erschöpfenden bundesrechtlichen Regelung Vorschriften über den Ertragswert zu erlassen. Länder, die von diesem Vorbehalt Gebrauch machten, hätten die Bewertungsregelung des § 2049 Abs. 2 BGB zu beachten. Mit der (geltenden) Neufassung des § 1376 Abs. 4 BGB i. d. F. des Gesetzes zur Bewertung eines land- oder forstwirtschaftlichen Betriebes beim Zugewinnausgleich vom 14. 9. 1994 (BGBl. I 1994, 2324) und der ausdrücklichen Bezugnahme des § 137 EGBGB auf § 1376 Abs. 4 BGB wurde der Vorbehalt zugunsten der Landesgesetzgebung auch auf diese Vorschrift ausgedehnt. **Damit eröffnet der neu gefasste § 137 EGBGB den Ländern die Möglichkeit, neue Vorschriften zu erlassen,** die sich allerdings an den in § 2049 Abs. 2 BGB beschriebenen Kriterien für die Festsetzung eines Ertragswerts ausrichten müssen.

Des Weiteren hat das BVerfG in seiner Entscheidung vom 16. 10. 1984 (a. a. O.) die Inhaber solcher land- oder forstwirtschaftlichen Betriebe gesehen, bei denen die Anwendung des Ertragswerts als Bewertungsmaßstab zu einer „unverhältnismäßigen Verschiebung der Opfergrenze zu Lasten des anderen Ehegatten führt", da „ausnahmslos der Ertragswert den Bewertungsmaßstab bildet", auch wenn dies nicht zur Erhaltung leistungsfähiger Höfe in bäuerlichen Familien begründet ist. Als Beispiel führt das Gericht den Fall an, „dass das landwirtschaftliche Vermögen im Wesentlichen nur noch aus dem Grund und Boden besteht, der im Wege der Verpachtung wirtschaftlich genutzt wird, und wenn bei realistischer Betrachtungsweise keine Anhaltspunkte dafür gegeben sind, dass der Eigentümer oder seine Abkömmlinge den Hof in Zukunft wieder bewirtschaften könnten." In einem solchen Fall hält das Gericht die allgemeinen Bestimmungen der §§ 1381 und 1382 BGB für ausreichend, um Härten zu vermeiden. Das BVerfG hat in einem weiteren Beschl. die von ihm genannte **Opfergrenze** dort gezogen, wo „es darum geht, die Zerschlagung des Betriebs im Interesse des Ehepartners oder der Kinder zu vermeiden. Die Berücksichtigung entfernterer Verwandter überschreite dagegen die Opfergrenze[25]. **137**

Mit der (geltenden) Neufassung des § 1376 Abs. 4 BGB soll das eigentliche Ziel des § 1376 Abs. 4. BGB, die **Erhaltung funktionsfähiger Betriebe, verdeutlicht werden.** Für das Bewertungsprivileg, nämlich die Anwendung des Ertragswerts, sieht die geltende Regelung eine mehrfache Einschränkung vor[26]: **138**

a) Der Eigentümer eines land- oder forstwirtschaftlichen Betriebs muss auf Zugewinnausgleich in Anspruch genommen werden; denn nur in diesem Fall besteht die Gefahr einer Betriebszerschlagung durch die Ausgleichsforderung. Ist der Eigentümer selbst Gläubiger der Ausgleichsforderung, besteht kein Grund, seinen land- oder forstwirtschaftlichen Betrieb anders zu behandeln als sonstiges Vermögen. **139**

b) Die künftige land- und forstwirtschaftliche Nutzung des Betriebs muss erwartet werden können. **140**

c) Die Weiterführung oder Wiederaufnahme des land- oder forstwirtschaftlichen Betriebs muss nicht nur — an sich — gesichert, sondern gerade von dem derzeitigen Eigentümer oder seinen Abkömmlingen erwartet werden können. **141**

---

20 Zum Begriff: BGH, Urt. vom 11. 3. 1992 – IV ZR 62/91 –, EzGuG 20.139 a
21 Vgl. im Übrigen Köhne, M., Ehescheidungen in der Landwirtschaft: Versorgungsausgleich und Vermögensauseinandersetzung, GuG 1998, 65; Fischer, R./Biederbeck, M., Bewertung landwirtschaftlicher Betriebe in der Auseinandersetzung einer Gütergemeinschaft, GuG 2001, 147; Köhne in Landwirtschaftliche Taxationslehre, 3. Aufl.
22 BGH, Beschl. vom 14. 12. 1994 – IV ZR 113/94 –, EzGuG 20.154; BGH, Urt. vom 9. 10. 1991 – IV ZR 259/90 –, EzGuG 20.135; BGH, Urt. vom 22. 10. 1986 – IVa ZR 143/85 –, EzGuG 20.117 a
23 BVerfG, Beschl. vom 16. 10. 1984 – 1 BvL 17/80 –, EzGuG 20.107 b; Leitfaden für die Ermittlung landwirtschaftlicher Betriebe, AgrarR 1994, 5; Köhne in AgrarR 1991, 27; Kronthaler, L., Landgut, Ertragswert und Bewertung im bürgerlichen Recht, Schriftenreihe des Instituts für Landwirtschaftsrecht an der Universität Göttingen Bd. 40, 1991
24 BVerfG, Beschl. vom 26. 4. 1988 – 2 BvL 13,14/86 –, BVerfGE 78, 132
25 BVerfG, Beschl. vom 6. 6. 1989 – 1 BvR 803/86 –, EzGuG 20.125 d
26 BT-Drucks. 12/7134 S. 5; BT-Drucks. 12/8140

142 Mit diesen Einschränkungen erfasst die Vorschrift nicht alle denkbaren Fälle, in denen die verfassungsrechtlich zulässige Opfergrenze überschritten werden könnte. Weitere notwendige **Beschränkungen des Bewertungsprivilegs** haben denn auch bereits seit längerem Eingang in die Rechtsprechung gefunden. Eine vollständige Erfassung dieser und ähnlicher Konstellationen, in denen die Umstände des Einzelfalles eine Eingrenzung des § 1376 Abs. 4 BGB erfordern, ist in einem Gesetzeskatalog nicht möglich; sie ließe sich allenfalls mit Hilfe neuer unbestimmter Rechtsbegriffe erreichen. Die Vorschrift sieht von einer solchen Lösung ab. Die geltenden Regelungen zum Zugewinnausgleich sind im Interesse der Rechtssicherheit eher schematisch ausgestaltet und helfen, Abgrenzungs- und Berechnungsschwierigkeiten zu vermeiden[27]. An dieser Konzeption soll grundsätzlich festgehalten werden, denn auch die Vorhersehbarkeit gerichtlicher Entscheidungen dient der Gerechtigkeit im Einzelfall.

143 Der Verzicht auf eine Generalklausel darf freilich nicht missverstanden werden. Die Vorschrift will die **Voraussetzungen des Bewertungsprivilegs** präzisieren. Damit wird der Rechtsanwendung nicht nur eine im Interesse der Rechtssicherheit wünschenswerte generelle Handlungsanweisung an die Hand gegeben; vielmehr wird zugleich das gesetzgeberische Ziel des Bewertungsprivilegs verdeutlicht. Beide Ziele schließen allerdings einen Rekurs auf besondere Umstände des Einzelfalls nicht aus. Die vorgeschlagene Neufassung verbietet zwar, die vom Bewertungsprivileg gezogene Opfergrenze weiter zu Lasten des Zugewinnausgleichsgläubigers zu verschieben. Eine über den Wortlaut des § 1376 Abs. 4 BGB hinausgehende, am Sinn dieser Regelung orientierte Einschränkung des Bewertungsprivilegs hindert sie jedoch nicht. Eine solche teleologische Reduktion wird durch die empfohlene gesetzgeberische Klarstellung des Regelungszwecks sogar in besonderer Weise erleichtert.

144 Diese **Beschränkung des Bewertungsprivilegs auf den Schuldner der Ausgleichsforderung** hat zur Folge, dass der **Zugewinnausgleich unter Umständen in einem zweistufigen Verfahren ermittelt werden muss, wenn ein land- oder forstwirtschaftlicher Betrieb zum Anfangs- und Endvermögen eines Ehegatten gehört.**

– In einem ersten Schritt wird dabei der land- oder forstwirtschaftliche Betrieb mit seinem Verkehrswert in die Ausgleichsbilanz eingestellt. Erweist sich danach der Eigentümer des land- oder forstwirtschaflichen Betriebs als ausgleichsberechtigt, ist das gefundene Ergebnis endgültig; die Ausgleichsforderung des Betriebseigentümers wird also nicht durch eine zusätzliche niedrige Ertragswertberechnung des land- oder forstwirtschaftlichen Betriebs aufgestockt.

– Ergibt der verkehrswertbezogene Vergleich der von den Ehegatten erzielten Zugewinne dagegen umgekehrt einen auszugleichenden Saldo zugunsten des Eigentümers des land- oder forstwirtschaftlichen Betriebs, muss nunmehr in einem zweiten Rechenschritt der Ertragswert dieses Betriebs ermittelt und in eine erneute Ausgleichsbilanz eingestellt werden. Da die Reinerträge von landwirtschaftlichen Betrieben oft gegen Null tendieren oder sogar negativ sind, wird die Ertragswertberechnung bei landwirtschaftlichen Betrieben oft dazu führen, dass ein Zugewinnausgleichsanspruch gegen den Hofeigentümer entfällt. Dies gilt jedenfalls dann, wenn außer in dem landwirtschaftlichen Betrieb ansonsten während der Ehe keine nennenswerten Vermögenswerte erwirtschaftet wurden. Der zweite Rechenschritt kann allerdings nicht dazu führen, dass der nach der verkehrswertbezogenen Ausgleichsbilanz ausgleichspflichtige Ehegatte auf Grund des nunmehr angesetzten niedrigen Ertragswerts seines land- oder forstwirtschaftlichen Betriebs seinerseits ausgleichsberechtigt wird. Die Ertragswertberechnung kann – nach dem auf Hoferhaltung ausgerichteten Sinn und Zweck des Bewertungsprivilegs – nur Zugewinnausgleichsforderungen abwehren; begründen kann sie solche Forderungen dagegen nicht.

145 **Etwas Besonderes gilt in den Fällen, in denen keine Fortführung des land- oder forstwirtschaftlichen Betriebs angenommen werden kann.** In diesem Fall ist das Ertragswertverfahren in der Ausgestaltung des Liquidationswertverfahrens anzuwenden, weil sonst eine unzumutbare Beeinträchtigung des Ausgleichsberechtigten eintreten würde, die sich sonst bei Ansatz eines niedrigen Ertragswerts ergeben würde. Dies galt nach der höchstrichterlichen Rechtsprechung im Übrigen bereits vor der Neufassung des § 1276 Abs. 4 BGB im Jahre 1994.

Die **Darlegungs- und Beweislast** für die künftige Fortführung einer landwirtschaftlichen **146** Bewirtschaftung eines Grundstücks, das im Ertragswertverfahren bewertet werden soll, verbleibt im Übrigen dem Eigentümer des Anwesens[28].

Bei der **Ermittlung des Liquidationswerts,** der sich im Falle der Veräußerung eines **147** Betriebs ergibt, müssen wertmindernd die nach den §§ 14 ff. EStG anfallenden Steuern ebenso wie sonstige Kosten, die den Veräußerungserlös mindern, berücksichtigt werden[29]. Der insoweit anzusetzende Minderwert ist notfalls im Wege der Schätzung zu ermitteln[30].

Zur **Berücksichtigung einer latenten Steuerlast** vgl. BGH, Urt. vom 22. 10. 1986 – IVa **148** ZR 143/85 –, EzGuG 20.117b.

2.4.3 Zugewinnausgleich bei Unternehmen

Der Wert eines Betriebs, z. B. eines Handwerksbetriebs, wird vielfach nicht unwesentlich **149** durch den Unternehmenswert *(good will)* geprägt. Es handelt sich dabei um den Teil des Unternehmenswerts, der den reinen Substanzwert (Sachwert) übersteigt. Der sog. „innere Unternehmenswert" einschließlich des den reinen Sachwert übersteigenden **Firmenwerts ist auch für die Ermittlung des Zugewinnausgleichs maßgebend,** und zwar sowohl bei der Ermittlung des Anfangs- als auch des Endvermögens[31]. Etwas anderes gilt nur dann, wenn der Unternehmenswert ausschließlich subjektbezogen ist und im Falle der Veräußerung oder im Erbfall erlischt, wie z. B. bei einem Handelsvertretervertrag[32].

27   siehe schon die Begründung zu dem RegE (BT-Drucks. II/224, S. 3 zu § 1385 E II)
28   BGH, Urt. vom 27. 9. 1989 – IVb ZR 75/88 –, EzGuG 20.129; dort auch zu Fragen der Verkehrswertermittlung
29   BGH Urt. vom 27. 9. 1989 – IVb ZR 75/88 –, EzGuG 20.129; BGH, Urt. vom 7. 5. 1986 – IVb ZR 42/85 –, NJW-RR 1986, 1066 = FamRZ 1986, 776
30   BGH, Urt. vom 26. 4. 1972 – IV ZR 114/70 –, EzGuG 20.51a; BGH, Urt. vom 17. 3. 1982 – IVa ZR 27/81 –, EzGuG 20.94a; BGH, Urt. vom 22. 10. 1986 – IVa ZR 143/85 –, EzGuG 20.117a; BGH, Urt. vom 11. 3. 1992 – IV ZR 62/91 –, EzGuG 20.139a; BGH, Urt. vom 27. 9. 1989 – IVb ZR 75/88 –, EzGuG 20.129
31   BGH, Urt. vom 23. 11. 1977 – IV ZR 131/76 –, EzGuG 20.69
32   BGH, Urt. vom 9. 3. 1977 – IV ZR 166/75 –, EzGuG 20.66

3 Wertermittlung im Rahmen des Pflichtteilsanspruchs

3.1 Allgemeines

150   **Der dem Pflichtteilsanspruch zu Grunde zu legende Nachlasswert ist gemäß § 2311 BGB zu ermitteln.** Die Vorschrift lautet:

> § 2311 BGB (Nachlass als Grundlage): „(1) Der Berechnung des Pflichtteils wird der Bestand und der Wert des Nachlasses zur Zeit des Erbfalls zu Grunde gelegt. Bei der Berechnung des Pflichtteils eines Abkömmlings und der Eltern des Erblassers bleibt der dem überlebenden Ehegatten gebührende Voraus außer Ansatz.
>
> (2) Der Wert ist, soweit erforderlich, durch Schätzung zu ermitteln. Eine vom Erblasser getroffene Wertbestimmung ist nicht maßgebend."

151   **Für Landgüter gilt die Besonderheit des § 2312 BGB[1];** die Vorschrift lautet:

> § 2312 BGB (Landgut): „(1) Hat der Erblasser angeordnet oder ist nach § 2049 *(BGB)* anzunehmen, dass einer von mehreren Erben das Recht haben soll, ein zum Nachlasse gehörendes Landgut zu dem Ertragswert zu übernehmen, so ist, wenn von dem Rechte Gebrauch gemacht wird, der Ertragswert auch für die Berechnung des Pflichtteils maßgebend. Hat der Erblasser einen anderen Übernahmepreis bestimmt, so ist dieser maßgebend, wenn er den Ertragswert erreicht und den Schätzwert nicht übersteigt.
>
> (2) Hinterlässt der Erblasser nur einen Erben, so kann er anordnen, dass der Berechnung des Pflichtteils der Ertragswert oder ein nach Absatz 1 Satz 2 bestimmter Wert zu Grunde gelegt werden soll.
>
> (3) Diese Vorschriften finden nur Anwendung, wenn der Erbe, der das Landgut erwirbt, zu den im § 2303 *(BGB)* bezeichneten pflichtteilsberechtigten Personen gehört."

152   **Von den Landgütern abgesehen, wird als Wert i. S. d. § 2311 Abs. 2 BGB der Verkehrswert i. S. d. § 194 BauGB geschätzt,** wobei ungewöhnliche oder persönliche Verhältnisse i. S. d. § 6 WertV unberücksichtigt bleiben. Ein bestimmtes Wertermittlungsverfahren wird durch das BGB ebenso wenig wie die Beauftragung bestimmter Sachverständiger oder gar des Gutachterausschusses für Grundstückswerte nach den §§ 192 ff. BauGB vorgeschrieben[2].

153   Bei der **Ermittlung von Grundstückswerten für die Bemessung von Pflichtteilsansprüchen** kann nicht einfach der volle Wert (= Verkehrswert) auf der Grundlage eines *missverstandenen Stichtagsprinzips* ermittelt werden, den das Grundstück im Zeitpunkt des Erbfalls hatte. Dies könnte im Einzelfall wiederum dazu führen, dass vorübergehende Schwankungen mit ihren Zufälligkeiten zu unbilligen Ergebnissen führen. Der sich im Zeitpunkt des Erbfalls ergebende Verkehrswert stellt demzufolge in derartigen Fällen lediglich einen Anhaltspunkt dar[3].

154   ▶ *Hierzu die Ausführungen bei Rn. 132 ff.*

155   Bei der Ermittlung des Werts i. S. d. § 2311 Abs. 2 BGB kann es nach dem vorher Gesagten erforderlich sein, von dem sich im Zeitpunkt des Erbfalls mutmaßlich ergebenden Wert abzuweichen, wenn z. B. in diesem Zeitpunkt ein **kurzfristiger und vorübergehender Preisverfall** festgestellt werden muss und wenige Monate vor dem Tod des Erblassers oder z. B. ein Jahr später ein höherer Verkehrswert sich ergibt[4].

156   Darüber hinaus hat der BGH in seiner Rechtsprechung den tatsächlich erzielten Verkaufserlösen, die im Anschluss an den Erbfall erzielt werden konnten, einen hohen Stellenwert beigemessen. So hat der BGH ausgesprochen, dass sich die „Bewertung von Nachlassgegenständen, die bald nach dem Erbfall veräußert worden sind, von außergewöhnlichen Verhältnissen abgesehen, grundsätzlich an dem tatsächlich erzielten Verkaufspreis orientieren muss. Dafür war einmal die Erwägung maßgebend, dass es nicht gerechtfertigt sei, im erbrechtlichen Bewertungsrecht die (relativ) gesicherte Ebene tatsächlich erzielter Verkaufserlöse zu verlassen. Weiter hat der Senat auch keinen Grund gesehen, den Pflichtteilsberechtigten von dem Vorteil auszuschließen, der durch einen tatsächlich erfolgten Verkauf den Grundstückserben zugefallen ist. Eine **Bewertung, die an einem konkreten Verkauf des betreffenden Gegenstandes anknüpfen kann, verdient den Vorzug vor einer Schätzung,** die sich nur an allgemeinen Erfahrungswerten orientiert."[5] Dies gilt selbst dann, wenn z. B. ein Nachlassgrundstück fünf Jahre nach dem Erbfall erheblich teurer als vom Sachverständigen geschätzt, veräußert wurde und der Pflichtteilsberechtigte im Wesentlichen unveränderte Marktverhältnisse nachweist und die Erben keine wesentlichen Veränderungen der Bausubstanz in der Zwischenzeit darlegen können. Der Verkehrswert ist dann grundsätzlich aus den tatsächlich erzielten Preisen unter Berücksichtigung der allgemeinen Preisentwicklung rückschließend zu bestimmen[6].

▸ *Zum Erbbaurecht bei Erbauseinandersetzungen vgl. Teil VII Rn. 213.*

3.2 Pflichtteilsanspruch bei land- oder forstwirtschaftlichen Betrieben

Für die Ermittlung des Pflichtteilsanspruchs an land- oder forstwirtschaftlichen Betrieben **157** sieht das BGB in **§ 2312 BGB** eine die Regelung des § 1376 Abs. 4 BGB für die Ermittlung des Zugewinnausgleichs entsprechende Regelung vor (vgl. Ziff. 2 Rn. 21 ff.). Für die Anwendung der Vorschrift kommt es auf die Verhältnisse zum Zeitpunkt des Erbfalls an[7].

Der **Ertragswert eines land- oder forstwirtschaftlichen Betriebs fällt in aller Regel** **158** **weitaus niedriger aus als dessen Verkehrswert (= Verkaufswert).** Sinn und Zweck der besonderen Regelung für land- oder forstwirtschaftliche Betriebe bestehen darin, mit dem niedrigeren Ertragswert dem Übernehmer des Landguts die Übernahme zu erleichtern und ihn vor übermäßigen Belastungen zu schützen; sie soll dem Erhalt des familiären Grundbesitzes dienen. § 2312 BGB kommt deshalb weder unmittelbar noch entsprechend zur Anwendung, wenn der Erblasser nur zu einem Bruchteil Eigentümer war; der Miteigentumsanteil ist dann mit seinem „vollen Wert" (= Verkehrswert) anzusetzen[8]. Das Gleiche gilt, wenn aufgrund eines Übergabevertrags oder einer testamentarischen Anordnung das Landgut auf mehrere Erben übergehen soll[9].

▸ *Weitere Hinweise bei Ziff. 2 Rn. 21 ff.*

---

1 BGH, Urt. vom 21. 3. 1973 – IV ZR 157/71 –, EzGuG 20.54 a; BGH, Urt. vom 15. 12. 1976 – IV ZR 27/75 –, EzGuG 20.64 a; BGH, Urt. vom 12. 7. 1974 – IV ZR 19/73 –; BGH, Urt. vom 14. 2. 1975 – IV ZR 28/73, NJW 1975, 1123 = MDR 1975, 562; BGH, Urt. vom 25. 3. 1954 – IV ZR 146/53 –, EzGuG 20.17; BGH, Urt. vom 4. 7. 1975 – IV ZR 3/74 –, BGHZ 65, 75 = WM 1975, 860 = NJW 1975, 1831

2 BGH, Urt. vom 13. 7. 1970 – VII ZR 176/68 –, BGHZ 54, 244 = NJW 1970, 2018 = WM 1975, 860; BGH, Urt. vom 8. 4. 1992 – IV ZR 2/91 –, EzGuG 14.112; BGH, Urt. vom 29. 4. 1992 – IV ZR 252/91 –, EzGuG 20.140; BGH, Teil-Urt. vom 14. 10. 1992 – IV ZR 211/91 –, EzGuG 20.143; vgl. zu alledem Schopp in ZMR 1994, 552 und Replik von Bißmaier in ZMR 1995, 106

3 BGH, Urt. vom 14. 2. 1975 – IV ZR 28/73 –, NJW 1975, 1123 = MDR 1975, 562

4 BGH, Urt. vom 14. 2. 1975 – IV ZR 28/73 –, NJW 1975, 1123 = MDR 1975, 562

5 BGH, Urt. vom 17. 3. 1982 – IVa ZR 27/81 –, EzGuG 20.94 a

6 BGH, Urt. vom 14. 10. 1992 – IV ZR 211/91 –, EzGuG 20.143; BGH, Urt. vom 13. 3. 1991 – IV ZR 52/90 –, EzGuG 20.134 b

7 BGH, Beschl. vom 14. 12. 1994 – IV ZR 113/94 –, EzGuG 20.154; OLG Köln, Urt. vom 26. 9. 1992 – 18 U 123/91 –, EzGuG 12.106b

8 BGH, Urt. vom 21. 3. 1973 – IV ZR 157/71 –, EzGuG 20.54 a

9 BGH, Urt. vom 15. 12. 1976 – IV ZR 27/75 –, EzGuG 20.64 a

3.3 Pflichtteilsanspruch bei Unternehmen

159 Auch bei der Bemessung des Pflichtteilsanspruchs an Unternehmen kommt dem Anteil des sog. **Firmenwerts** *(good will)* am Unternehmenswert eine besondere Bedeutung zu. Maßgeblich ist wiederum der Gesamtwert, wobei ein Firmenwert *(good will)* nur dann **unberücksichtigt** bleibt, **wenn er ausschließlich in der Person des Erblassers begründet war.**

160 Bei der Unternehmensbewertung auf der Grundlage des sog. Zukunftserfolgswerts ist nach Auffassung des BGH auch die **während des Wertermittlungszeitraums erkennbare Entwicklung zu berücksichtigen,** während spätere Entwicklungen, „deren Wurzeln in der Zeit nach dem Wertermittlungsstichtag liegen", unberücksichtigt bleiben müssen (**Wurzeltheorie**)[10].

161 Der Liquidationswert eines Unternehmens stellt i. d. R. den untersten Wert eines Unternehmens dar; etwas anderes kann gelten, **wenn ein Unternehmen fortgeführt wird, obwohl es ständig mit Verlusten arbeitet.** Für diesen Fall hat der BGH entschieden, dass dann nicht der Liquidationswert, sondern der in diesem Falle noch niedrigere Gesamtwert maßgebend sein soll, weil der Pflichtteilsberechtigte keinen Anspruch auf Auflösung des Unternehmens habe.

▶ *Weitere Hinweise bei Ziff. 2 Rn. 38 ff.*

---

10   BGH, Urt. vom 17. 1. 1973 – IV ZR 142/70 –, EzGuG 20.53 a

Teil VII

Verkehrswertermittlung von Rechten und Belastungen an Grundstücken

Verkehrswertermittlung von Rechten und Belastungen an Grundstücken

1   Vorbemerkungen

1.1   Übersicht

▶ *Vgl. Übersicht im Teil V § 1 WertV Rn. 20 ff.*

Grundstücksrechte werden im 3. Buch (Teil Sachenrecht) des BGB behandelt. In diesem **1**
Teil sind die Regelungen über das Eigentum an Grundstücken und über Rechte und Belastungen an Grundstücken enthalten. Die dort geregelten **Grundstücksrechte sind dingliche Rechte.** Sie erfassen das Grundstück unmittelbar; sie sind also mit dem Grundstück
verbunden, unabhängig davon, wer der jeweilige Eigentümer des Grundstücks ist.

Im Allgemeinen wird der Sachverständige mit der Wertermittlung von Rechten und Be- **2**
lastungen betraut, wenn das mit einem Recht belastete Grundstück beliehen, versteigert
oder veräußert werden soll, oder wenn Rechte an Grundstücken aufgehoben oder geändert
werden sollen[1], wie beispielsweise im Zuge von Enteignungs-, Umlegungs- oder Sanierungsmaßnahmen nach dem BauGB. Dabei treten regelmäßig folgende **Fragen** auf:
– Ist das Recht zeitlich begrenzt oder kann der Ablaufzeitpunkt zumindest plausibel ermittelt werden?
– Kann das Recht in einem Geldwert ausgedrückt werden?
– Wird für die Ausübung des Rechts eine Entschädigung in Form einer Rente gezahlt, und
  ist die Rente an eine Gleitklausel gekoppelt?
– Welche Rangstelle hat das Recht im Grundbuch?

Rechte und Belastungen ergeben sich insbesondere aus dem Grundbuch (vgl. Teil III **3**
Rn. 468 ff.). Man kann jedoch nicht in jedem Fall davon ausgehen, dass alle wesentlichen
Beschränkungen des Grundeigentums aus Abt. II des Grundbuchs erkennbar sind. Dem
Grundbuch können nur die dinglich gesicherten Rechte entnommen werden. Gesetzliche Beschränkungen sind dagegen nicht eintragungsfähig. Damit entsteht bei der Wertermittlung zunächst das Problem der Feststellung, ob ein Recht auf dem Wertermittlungsobjekt lastet. Zur Klärung ist zumindest aber in das Grundbuch, das Baulastenverzeichnis und
in die Denkmalschutzliste (Denkmalbuch) einzusehen (Abb. 1).

Rechte und Belastungen können sich auf den Verkehrswert sehr unterschiedlich aus- **4**
wirken (vgl. Teil V § 1 WertV Rn. 26 ff.; Abb. 2).

Können die vorstehenden Fragen eindeutig (ggf. unter Heranziehung des Grundbuchs und **5**
der notariellen Bestellungsurkunden aus der Grundakte) beantwortet werden, wird die
Wertermittlung erleichtert. Es ist aber immer zu beachten, dass der **Wert des Rechts für
den Eigentümer des herrschenden Grundstücks nicht immer der Wertminderung des
Grundstückswerts des dienenden Grundstücks entspricht.**

---

1 Nach § 4 Abs. 3 WertV i. d. F. von 1972 stellen die wertbeeinflussenden Rechte und Belastungen ungewöhnliche
   Verhältnisse dar, die bei der Wertermittlung nicht zu berücksichtigen waren (vgl. auch § 142 Abs. 2 BBauG 76).
   Nach § 5 Abs. 2 der geltenden WertV werden sie nun ausdrücklich als Zustandsmerkmale hervorgehoben, die bei
   der Verkehrswertermittlung zu berücksichtigen sind (vgl. auch RFH, Urt. vom 18. 1. 1935 – II A 390/34 –, RStBl.
   1935, 604).

Abb. 1: Belastungen des Grundstücks

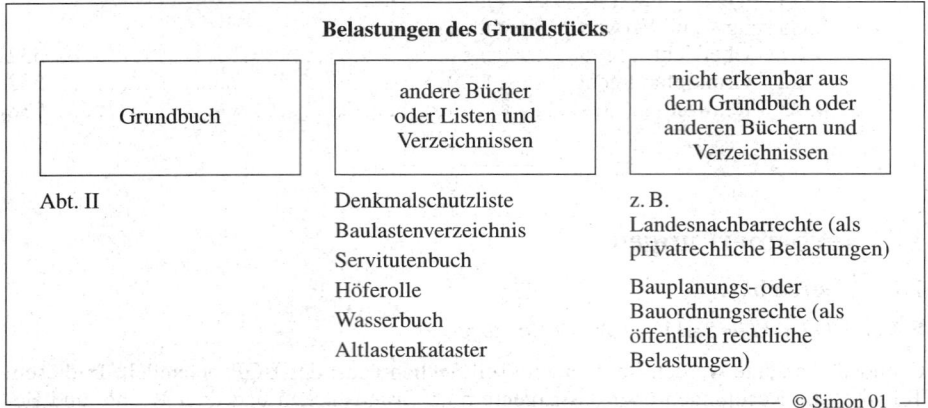

Abb. 1: (siehe Darstellung)

© Simon 01

Abb. 2: Auswirkungen der Rechte und Belastungen auf den Grundstückswert

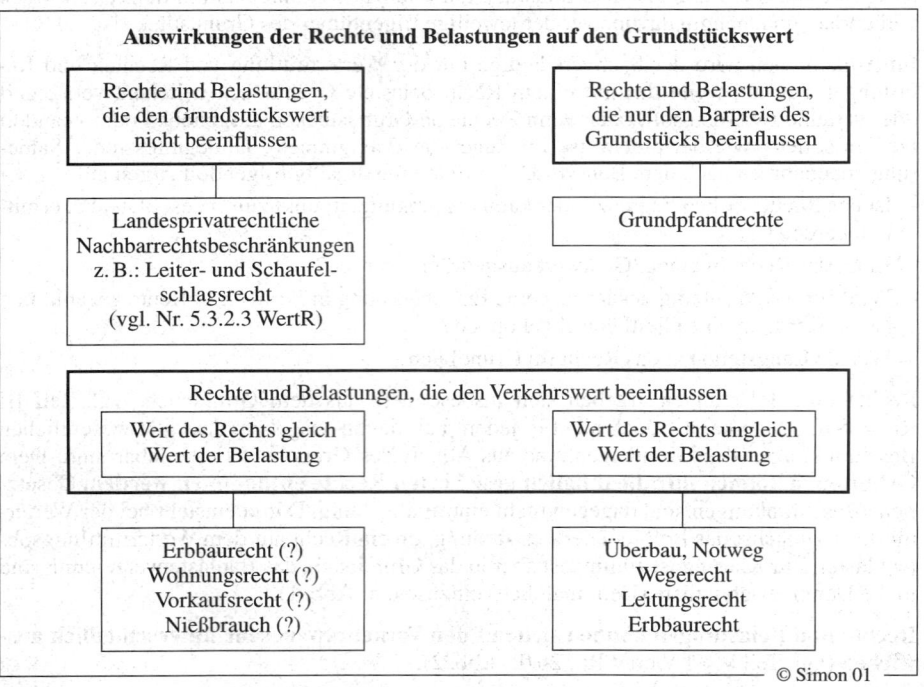

© Simon 01

6   Der Sachverständige ist bei einer komplizierten Ausgestaltung der Rechte gut beraten, wenn er sich bezüglich der rechtlichen Würdigung der einzelnen Sachverhalte Zurückhaltung auferlegt und ggf. eine **juristische Klärung** herbeiführt. Dies gilt insbesondere bei Vertragsauslegungen (z. B. Miet- und Erbbaurechtsverträgen).

7   Folgende **Grundsätze** sind bei der **Wertermittlung von Rechten oder Belastungen** an Grundstücken zu beachten:

– Die Werte für das begünstigte und das belastete Grundstück sind nach Inhalt und *wirtschaftlichen Auswirkungen des Rechts* zu bemessen. Der Begriff des Rechts ist für die Wertbemessung nicht ausschlaggebend.

– Wird für das Recht eine *wiederkehrende, angemessene Gegenleistung* erbracht, wirkt sich die Belastung im Allgemeinen nicht wertmindernd auf den Grundstücksverkehrswert aus.

– Für die Wertbemessung ist regelmäßig *zunächst der Verkehrswert des Grundstücks im unbelasteten Zustand,* d. h. ohne Berücksichtigung des Rechts (der Belastung) zu ermitteln. Danach ist die Wertsteigerung (die Wertminderung), die durch das Recht (die Belastung) eintreten kann, zu bemessen und der Wert des unbelasteten Grundstücks entsprechend zu korrigieren.

Rechte und Belastungen können aus zahlreichen sehr unterschiedlichen Gründen entstehen. Sie können ganz **erhebliche Auswirkungen auf den Grundstückswert haben.** Deshalb sind für den Sachverständigen die Kenntnis und die wertmäßigen Auswirkungen der Rechte und Belastungen von Bedeutung.   **8**

Das **Eigentum an einem Grundstück stellt das volle dingliche** (Grundstücks-)**Recht,**   **9** d. h. das unbeschränkte Recht **an der „Sache" Grundstück dar.** Die übrigen Grundstücksrechte sind grundstücksgleiche Rechte und beschränkt dingliche Rechte oder Rechte Dritter[2]. Diese Rechte sind Belastungen des Eigentums durch Nutzungs- (z. B. Wegerecht) oder Verwertungsrechte (z. B. Hypothek). Grundstücksrechte und Belastungen lassen sich wie folgt grob gliedern (Abb. 3).

Abb. 3: Rechte und Beschränkungen an Grundstücken

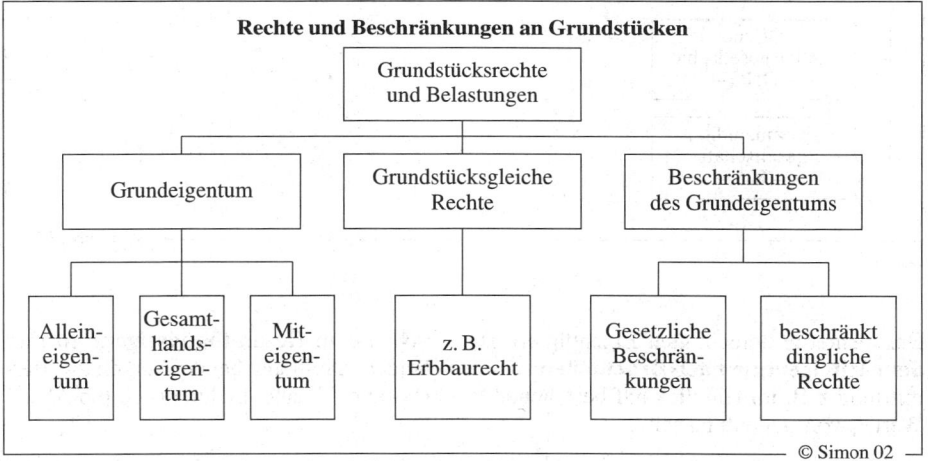

1.2   Eigentum

1.2.1   Allgemeines

Das Eigentum am Grundstück i. S. d. Vollrechts muss nicht einem einzigen Eigentümer   **10** zustehen. **Eine Sache kann auch mehreren Eigentümern gehören.** Allgemein kann unterschieden werden nach:

a) Alleineigentum,

b) Berechtigung mehrerer Eigentümer (Miteigentum nach Bruchteilen) und

c) Grundstücksgleichen (eigentumsähnlichen) Rechten (Abb. 4).

---

2   Das Erbbaurecht gilt als „grundstücksgleiches Recht".

Abb. 4: Übersicht über Eigentumsarten

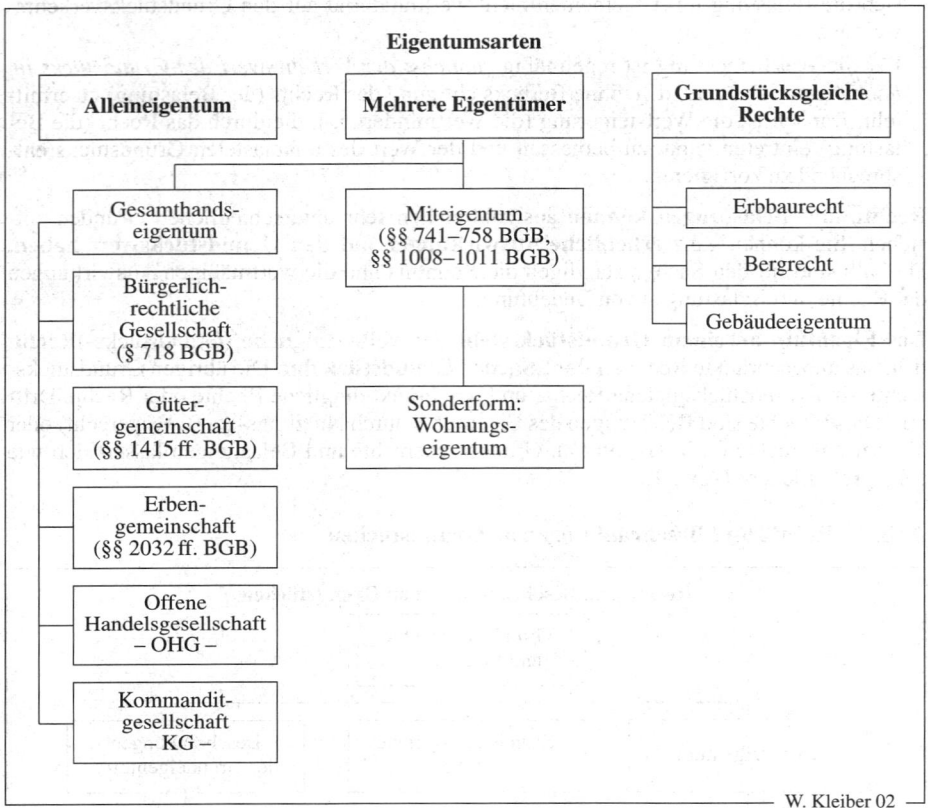

W. Kleiber 02

11 Bei mehreren berechtigten Eigentümern ist zwischen dem **Gesamthandseigentum und dem Miteigentum nach Bruchteilen** zu unterscheiden. Dies kann bei der Verkehrswertermittlung z. B. im Hinblick auf bestehende Beitrags- und Abgabepflichten (vgl. § 5 Abs. 3 WertV) von Bedeutung sein[3].

a) **Gesamthandseigentum** steht mehreren Eigentümern zur gesamten Hand zu, ohne dass der Anteil des einzelnen Gesamthänders an den einzelnen zum Gesamthandsvermögen gehörenden Gegenständen sachenrechtlich fassbar ist, so dass über ihn auch nicht verfügbar ist[4]. Hierzu gehören

  – die *bürgerlich-rechtliche Gesellschaft* (GbR) nach § 718 BGB,

  – die *ehevertragliche Gütergemeinschaft* (§§ 1415 ff. BGB),

  – die *Erbengemeinschaft* (§§ 2032 ff. BGB),

  – die *Offene Handelsgesellschaft* (OHG) und

  – die *Kommanditgesellschaft* (KG) nach den §§ 105 ff. und 161 ff. HGB[5].

b) **Miteigentum** (nach Bruchteilen), bei dem jedem Miteigentümer ein bestimmter Anteil an der Sache zusteht, wobei es sich um einen ideellen Anteil handelt (§§ 741 bis 758 BGB und die §§ 1008 bis 1011 BGB). Jeder Miteigentümer kann dabei über seinen Miteigentumsanteil wie über Alleineigentum frei verfügen, d. h. veräußern und belasten, und zwar in derselben Form, die für Alleineigentum vorgesehen ist.

1.2.2 Wohnungs- und Teileigentum

Eine besondere Form des Miteigentums nach Bruchteilen an einem Grundstück ist das **12**
Wohnungseigentum (vgl. Teil III Rn. 472). Das Wohnungseigentum ist das Sondereigentum an einer Wohnung in Verbindung mit dem Miteigentum (nach Bruchteilen und nicht als Gesamthandseigentum) am gemeinschaftlichen Grundstück (§ 1 Abs. 2 WEG)[6]. Es ist belastbar, kann vermietet und verpachtet werden (§ 13 Abs. 1 WEG), Gegenstand der Zwangsversteigerung sein und ist vererbbar.

Teileigentum ist das Sondereigentum an nicht zu Wohnzwecken dienenden Räumen eines **13**
Gebäudes i.V. m. dem Miteigentumsanteil an dem gemeinschaftlichen Eigentum, zu dem es gehört (§ 1 Abs. 3 WEG). Es kommt jede beliebige Nutzung in Betracht, insbesondere für gewerbliche und geschäftliche Zwecke, wie Läden, Werkstätten, Bildungseinrichtungen usw. Maßgebend ist nicht die tatsächlich ausgeübte Nutzung, sondern die bauliche Ausgestaltung und die sich hieraus ergebende Zweckbestimmung. Die Umwandlung von Wohnungs- in Teileigentum und umgekehrt stellt eine Änderung der Zweckbestimmung dar und bedarf der Zustimmung aller Miteigentümer.

Sondereigentum ist der mit dem Bruchteilseigentum verbundene Bereich des Allein- **14**
eigentümers sowohl an Wohnungen als auch an sonstigen Räumen (§ 5 WEG).

Zum **gemeinschaftlichen Eigentum** gehört nach § 1 Abs. 5 WEG der gesamte Grund und **15**
Boden, d. h. die bebaute und die unbebaute Fläche.

▶ *Zur grundbuchlichen Behandlung vgl. Teil III Rn. 266; zur Verkehrswertermittlung vgl.*
Teil V Vorbem. Rn. 82 ff.

Nach § 13 Abs. 2 WEG ist jeder Miteigentümer zum Mitgebrauch des gemeinschaftlichen **16**
Eigentums im Rahmen des § 14 und des § 15 WEG berechtigt, jedoch kann dieses Recht dahin gehend mit einem **Sondernutzungsrecht** eingeschränkt werden, dass das Recht zum Gebrauch des gemeinschaftlichen Eigentums einem Miteigentümer unter Ausschluss des Mitbenutzungsrechts der anderen Wohnungseigentümer eingeräumt wird. Die Bewilligung eines solchen Sondernutzungsrechts stellt eine Gebrauchsregelung i. S. d. § 15 WEG dar.

Das Sondernutzungsrecht wird **17**
– in der **Teilungserklärung** oder
– durch **Vereinbarung nach § 10 Abs. 2 WEG**
begründet. Das Sondernutzungsrecht kann indessen nicht begründet werden durch
– Mehrheitsbeschluss nach § 15 Abs. 2 WEG,
– öffentlich-rechtliche Erlaubnis (z. B. Gaststättenkonzession, Baugenehmigung),
– Eintragung in das Baulastenverzeichnis,
– Ersitzung bzw. langanhaltenden Gebrauch oder
– schuldrechtlichen Vertrag.

Das Sondernutzungsrecht entsteht erst mit der Eintragung im Grundbuch (§ 10 Abs. 2 WEG); bis dahin hat es allenfalls schuldrechtliche Wirkung.

---

3   Kleiber in Bielenberg/Koopmann/Krautzberger, Städtebauförderungsrecht Bd. I § 154 BauGB Rn. 34 ff.
4   Baur, Lehrbuch des Sachenrechts, München 1983, S. 13 ff.; Bengel/Simmerding, Grundbuch, Grundstück, Grenze, 3. Aufl. 1989, S. 269
5   Bengel/Simmerding, a. a. O. S. 269
6   Fritz, Gewerberaummietrecht, Beck-Verlag München, 2. Aufl. 1995, Rn. 460 ff.

18 Das **Sondernutzungsrecht beschränkt sich auf bestimmte Nutzungen,** wobei bauliche Veränderungen ausgeschlossen sind, z. B.

– Kfz-Stellplätze oder Gemeinschaftsgaragen,

– Gartenterrassen oder Gartenflächen,

– Dachboden oder Kellerräume, soweit nicht Teileigentum,

– Stockwerksflure, soweit sie zu Wohnungen führen.

19 Der **Begriff der Wohnung** (vgl. Teil III Rn. 518) erschließt sich dabei aus Nr. 4 der Allgemeinen Verwaltungsvorschrift für die Aufstellung von Bescheinigungen (AVA) gemäß § 7 Abs. 4 Nr. 2 und § 32 Abs. 2 Nr. 2 WEG. Eine Wohnung ist danach die „Summe der Räume, welche die Führung eines Haushalts ermöglichen; dazu gehören stets eine Küche oder ein Raum mit Kochgelegenheit sowie Wasserversorgung, Ausguss und WC". Maßgeblich ist die bauliche Ausgestaltung der Wohnung und nicht die tatsächlich ausgeübte Nutzung. Nach Nr. 4 AVA geht die Eigenschaft als Wohnung auch nicht dadurch verloren, dass einzelne Räume vorübergehend oder dauernd zu beruflichen oder gewerblichen Zwecken benutzt werden. Die Wohnung muss auch nicht mehrere Räume umfassen; auch müssen, wenn mehrere Räume vorhanden sind, diese nicht auf der gleichen Etage liegen. Die Räume können auch übereinander liegen, wenn sie mit einer Treppe verbunden sind.

20 Nach § 2 Abs. 2 WEG soll Sondereigentum nur eingeräumt werden, wenn die Wohnung oder sonstigen Räume in sich abgeschlossen sind. Nach Nr. 5 a AVA sind Räume abgeschlossen, wenn sie **„baulich vollkommen von fremden Wohnungen und Räumen abgeschlossen sind, z. B. durch Wände und Decken, die den Anforderungen der Bauaufsichtsbehörden an Wohnungstrennwänden und Wohnungstrenndecken entsprechen und einen eigenen abschließbaren Zugang, unmittelbar vom Freien, von einem Treppenhaus oder einem Vorraum haben."** Soweit zur Wohnung außerhalb liegende Räume gehören, müssen auch diese abschließbar sein. Die Voraussetzungen der Abgeschlossenheit sind nach § 7 Abs. 4 WEG durch Vorlage einer Bescheinigung dem Grundbuchamt nachzuweisen. Für Garagenplätze gilt die Besonderheit, dass diese als „abgeschlossen" gelten, wenn ihre Flächen durch dauerhafte Markierungen ersichtlich sind.

21 Wohnungseigentum wird begründet durch

a) **Teilungserklärung** des oder der Eigentümer bzw. eines Verfügungsberechtigten (§ 8 WEG) bzw.

b) **Einräumungsvertrag** mehrerer Miteigentümer eines Grundstücks (§ 3 WEG).

22 Die **Teilungserklärung** stellt die dem Grundbuchamt gegenüber abgegebene Erklärung dar, mit der das Eigentum am Grundstück in Miteigentumsanteile verbunden mit einem Sondereigentum an einer Wohnung aufgeteilt wird. Sie bedarf der notariellen Beglaubigung (beglaubigte Urkunde). Aus der Urkunde (§ 29 GBO) muss hervorgehen, dass das Alleineigentum in bestimmte Miteigentumsanteile aufgelöst wird und dass mit jedem Anteil das Sondereigentum an einer bestimmten Wohnung oder an sonstigen Räumen verbunden ist.

23 § 8 WEG ermöglicht einem Alleineigentümer eine Teilung seines Vollrechts in mit Sondereigentum verbundene Miteigentumsanteile ohne vorherige Veräußerung **(Vorratsteilung).** Damit kann er bereits vor Baubeginn die in seiner Hand vereinigten Miteigentumsanteile verbunden mit Sondereigentum an Dritte (einzeln) veräußern.

24 Mit dem **Einräumungsvertrag** räumen sich mehrere Miteigentümer eines Grundstücks das Sondereigentum an einer Wohnung ein und beschränken damit ihre Miteigentumsanteile; er bedarf der notariellen Beurkundung.

25 Wohnungs- und Teileigentum bedürfen der Eintragung in das Grundbuch, wobei für jeden Miteigentumsanteil ein besonderes Grundbuchblatt angelegt wird **(Wohnungsgrundbuch/Teileigentumsgrundbuch).** Dafür ist nicht Voraussetzung, dass das Gebäude bereits errichtet ist (§ 3 Abs. 1 WEG). Das bisher geführte Grundbuch wird dagegen geschlossen und bestehende Belastungen werden als Gesamtbelastung in die Wohnungsgrundbücher übertragen. Der Eintragungsbewilligung sind beizufügen

– der **Aufteilungsplan** (als Teil des Einräumungsvertrags bzw. der Teilungserklärung); er stellt die i. d. R. auf der Grundlage von Bauzeichnungen erstellte zeichnerische Aufteilung unter nummernmäßiger Bezeichnung der zu Sondereigentum erklärten und im gemeinschaftlichen Eigentum stehenden Räume bzw. Gebäudeteile dar (§ 27 Abs. 4 Nr. 2 und § 32 WEG);

– die **Abgeschlossenheitserklärung** der Baubehörde, mit der die Abgeschlossenheit der Wohnung oder sonstigen Räume bestätigt wird; für Wohnungen wird sie erteilt, wenn sie eine Küche oder Kochgelegenheit, ein WC und eine Wasserver- und -entsorgung aufweist; darüber hinaus muss die Wohnung einen abschließbaren Zugang haben und durch feste Wände und Decken vom übrigen Gebäude getrennt sein;

– die im Einzelfall nach § 172 Abs. 1 BauGB erforderliche **Genehmigung der Begründung von Wohnungs- oder Teileigentum bzw. eines Negativattestes** (vgl. § 19 WertV Rn. 212).

Unter welchen Voraussetzungen die Abgeschlossenheitserklärung[7] nach § 7 Abs. 4 Nr. 2   **26** und 3 sowie Abs. 2 WEG erteilt werden darf, ist bislang nicht gesetzlich geregelt. Nach der neuen **Rechtsprechung des Gemeinsamen Senats der Obersten Gerichtshöfe des Bundes** darf die Erteilung jedoch nicht mehr von Brand- und Schallschutzbestimmungen abhängig gemacht werden.

Wohnungs- und Teileigentum kann auch an Erbbaurechten begründet werden (**Wohnungs-   27 erbbaurecht**). Das Wohnungserbbaurecht kann – wie das Wohnungseigentum – durch Teilungserklärung oder durch Einräumungsvertrag begründet werden. Bei der Begründung von Wohnungserbbaurechten werden – wie bei der Begründung von Wohnungseigentum – grundsätzlich für jedes Erbbaurecht von Amts wegen ein eigenes Grundbuch

– das Wohnungserbbaugrundbuch und

– das Teilerbbaugrundbuch

angelegt.

1.3   Grundstücksgleiches Recht

Unter grundstücksgleichen Rechten sind solche zu verstehen, die   **28**

– ihrer Ausgestaltung nach dem Eigentum am Grundstück nahe kommen, also dinglichen Charakter haben,

– eine möglichst unbeschränkte Herrschaftsbefugnis verleihen und

– in das Grundbuch oder ein entsprechendes öffentliches Buch eingetragen werden.

Zu den grundstücksgleichen Rechten, die rechtlich wie Grundstücke behandelt werden,   **29** zählen das **Erbbaurecht** mit den Unterabteilungen Wohnungs- und Teilerbbaurecht, das **Jagd- und Fischereirecht, das Bergrecht,** das Schiffseigentum und eingetragene Luftfahrzeuge (Flugzeuge); vgl. Abb. 5.

---

7   BGH, Beschl. vom 30. 6. 1992 – GemS 1/91 –, BGHZ 119, 42 = WM 1992, 671 = NJW 1992, 3280 = GE 1992, 1262

Abb. 5: Grundstücksrechte und Belastungen

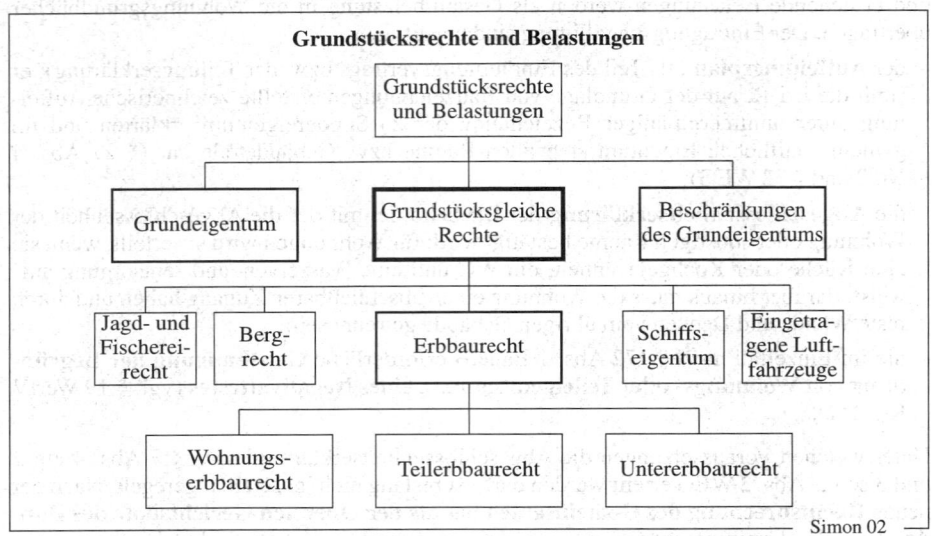

▶ *Hierzu die Ausführungen bei § 28 WertV Rn. 225 ff.*

1.4   Baulast

1.4.1 Allgemeines

30 Die Baulast ist eine freiwillig übernommene **öffentlich-rechtliche Verpflichtung, die den Grundstückseigentümer zu einem sein Grundstück betreffendes Tun, Dulden oder Überlassen verpflichtet,** das sich nicht bereits aus dem öffentlichen Baurecht ergibt (vgl. Teil V § 4 WertV Rn. 232 f.; § 92 BauO Nds sowie § 79 MBO)[8].

31 Eine Baulast ist kein Recht am Grundstück i. S. d. § 434 BGB und auch keine öffentliche Last i. S. d. § 54 GBO. Baulasten stellen **Grundstücksbelastungen sui generis** dar, die der Systematik des Sachenrechts des BGB fremd sind. Inhaltlich können Baulasten nach ihrer konkreten Ausgestaltung mit der zivilrechtlichen Grunddienstbarkeit (§§ 1018 f. BGB) und der beschränkt persönlichen Dienstbarkeit (§ 1090 BGB) übereinstimmen, jedoch besteht das wesentliche Merkmal darin, dass mit einer Baulast eine nach öffentlich-rechtlichen Vorschriften nicht bestehende Verpflichtung des Grundeigentümers gegenüber der öffentlichen Verwaltung und zwar der Bauaufsichtsverwaltung begründet wird. Mit der Baulast entstehen deswegen keine Rechte Dritter i. S. d. § 434 BGB an einem Grundstück.

32 Die Einhaltung einer durch eine Baulast öffentlich-rechtlich gesicherten Verpflichtung kann mit bauaufsichtsrechtlichen Mitteln, d. h. durch **Erlass einer mit Zwangsmittel** bewehrten Bauordnungsverfügung durchgesetzt werden[9].

33 Die Baulast wird durch Erklärung des Grundstückseigentümers gegenüber der Bauaufsichtsbehörde begründet[10]. Sie wird konstitutiv wirksam mit der Eintragung in dem von der Baubehörde eingerichteten und geführten **Baulastenverzeichnis,** in das für Zwecke der Verkehrswertermittlung stets einzusehen ist. Ein Einsichtsrecht besteht bei berechtigtem Interesse.

34 **Baulasten genießen keinen öffentlichen Glauben.** Es besteht allerdings eine gesetzliche Vermutung für den Bestand der im Baulastenverzeichnis eingetragenen Baulasten. Umgekehrt besteht jedoch keine Vermutung für die Vollständigkeit des Baulastenverzeichnisses.

Gegen **unrichtige Eintragungen im Baulastenverzeichnis** kann im Übrigen derjenige,   **35** dessen Rechte durch die Eintragung verletzt werden, die Löschung bzw. Berichtigung der Eintragung verlangen und ggf. vor den Verwaltungsgerichten geltend machen.

Die Baulast geht i. d. R. durch schriftlichen Verzicht der Bauaufsichtsbehörde unter.   **36** Der Verzicht wird erst ausgesprochen, wenn ein öffentliches Interesse an der Baulast nicht mehr besteht.

Die Baulast kommt insbesondere in den Fällen zur Anwendung, in denen eine rechtliche   **37** Sicherung einer bestimmten Voraussetzung für die **Erteilung einer Baugenehmigung** gefordert ist, insbesondere bezüglich der Erschließung oder der Nichtbebauung eines Grundstücks(-teils); Abb. 6.

Abb. 6: Rechtliche Verhältnisse bei Vorliegen einer Baulast

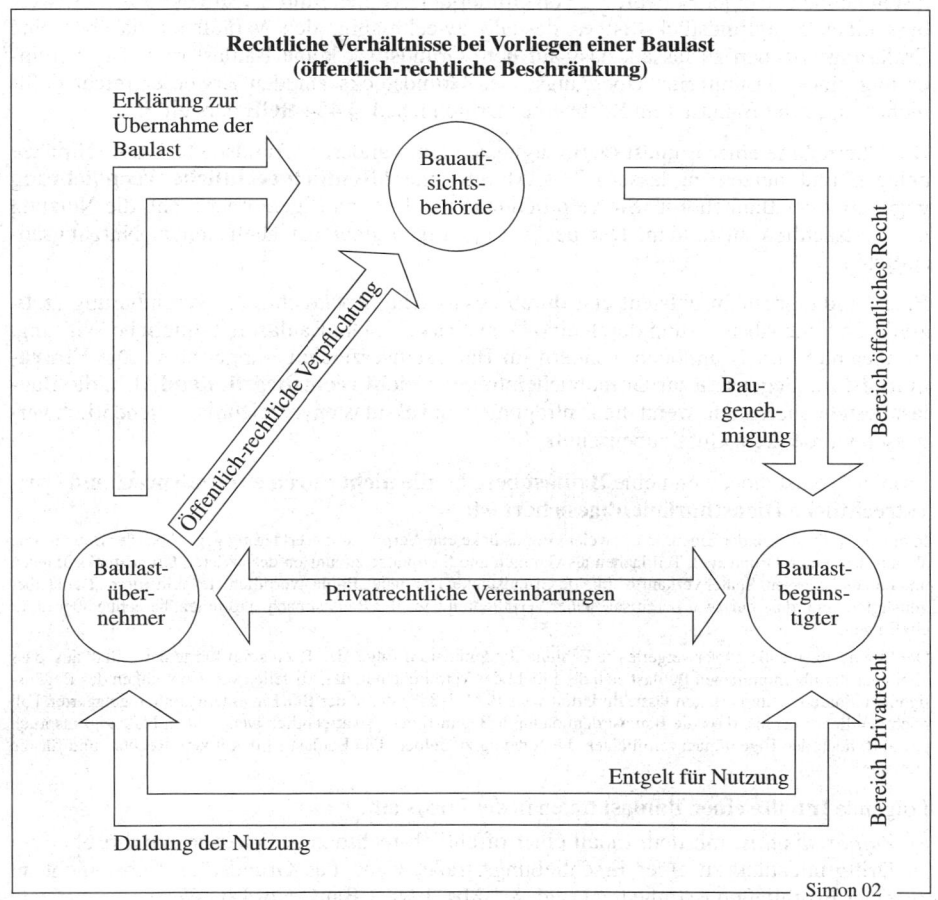

Duldung der Nutzung

Simon 02

---

8   Nds BauO i. d. F. vom 6. 6. 1986 (Nds GVBl. 1996, 158); VV des rh.-pf. MF und MIS vom 1. 12. 1989 –
     FM 2015-456 –, rh.-pf MBl. 1990, 6
9   Gädtke/Böckenförde/Temme/Heintz, BauO Nordrh.-Westf. § 83 Rn. 47
10 Im Saarland ist eine Beteiligung der am Grundstück dinglich Berechtigten an der Begründung einer Baulast
     erforderlich (§ 109 a der saarl BauO). In Nordrhein-Westfalen (§ 78 Abs. 1 Satz 2 LBauO) und in Bremen
     (§ 107 a brem LBauO) wird die Erklärung erst mit der Eintragung in das Baulastenverzeichnis rechtswirksam.

38   **Mit der Baulast wird die Genehmigungsfähigkeit eines Vorhabens geschaffen,** das ansonsten nicht genehmigungsfähig wäre, d.h., sie ermöglicht der Bauaufsichtsbehörde die Genehmigung eines Bauvorhabens, das ohne eine Baulast unzulässig wäre (z.B. auf Grund einer unzureichenden Abstandsfläche); sie ermöglicht einen GFZ-Ausgleich zwischen zwei Grundstücken durch Verpflichtung des Grundeigentümers, bestimmte Flächen seines Grundstücks nicht zu überbauen und bei der GFZ-Berechnung auf ein Nachbargrundstück anrechnen zu lassen[11]. Die Baulast ist mit der Grunddienstbarkeit nach § 1018 BGB vergleichbar, begründet jedoch kein Recht, welches gegenüber Dritten geltend gemacht werden könnte. Das bedeutet, dass ein Käufer keine Gewährleistungsansprüche hat, es sei denn, dass der Verkäufer das Nichtbestehen einer Baulast zugesichert hat.

39   Art und Ausgestaltung der Baulast bedeuten in der Praxis eine Entwertung der **Warn- und Schutzfunktion des Grundbuchs.** Dies wird insbesondere von Banken, Bausparkassen, Sparkassen und Versicherungsinstituten bedauert, denn nachträglich übernommene Baulasten können zu einer Entwertung von Grundpfandrechten führen. Zum Schutz des Erwerbers eines Baugrundstücks ist es deshalb zweckmäßig, den Veräußerer darüber eine Erklärung abgeben zu lassen, dass auf dem Grundstück keine Baulast ruht. Die Vereinbarung eines „lastenfreien Übergangs" des Grundstücks auf den Erwerber reicht dafür nicht aus, da die Baulast kein Recht eines Dritten i.S.d. § 434 BGB darstellt[12].

40   Die Übernahme einer Baulast (z.B. zugunsten eines anderen Grundstücks Kfz-Stellplätze anlegen und nutzen zu lassen) bewirkt nur eine **öffentlich-rechtliche Verpflichtung** gegenüber der Baubehörde. Sie verpflichtet den belasteten Eigentümer nicht, die Nutzung auch tatsächlich zu dulden. Der begünstigte Eigentümer hat auch keinen Nutzungsanspruch[13].

41   Eine Duldungspflicht entsteht erst durch zusätzliche privatrechtliche Vereinbarung (z.B. zivilrechtliche Absicherung durch eine Dienstbarkeit). Die Baulast hat dingliche Wirkung, ist aber nicht im Grundbuch, sondern im Baulastenverzeichnis eingetragen. Die **Eintragung ist** im Gegensatz zur Grundbucheintragung **nicht rechtsbegründend,** d.h. die Baulast besteht auch dann, wenn die Eintragung in das Baulastenverzeichnis versehentlich vergessen wurde (kein Gutglaubensschutz).

42   Probleme entstehen, wenn eine **Baulast** besteht, **die nicht durch eine entsprechende privatrechtliche Dienstbarkeit abgesichert ist.**

In einem Streitfall gab der Eigentümer zweier Grundstücke eine Verpflichtungserklärung gegenüber der Baubehörde ab, auf dem einen Grundstück Teilflächen als Garagen und Stellplätze zugunsten des anderen Grundstücks anlegen und nutzen zu lassen. Später verkaufte er beide Grundstücke. Der neue „Baulastverpflichtete" teilte dem „Baulastbegünstigten" mit, dass er zwar bereit sei, seiner Verpflichtung aus der Baulast nachzukommen, berechne aber dafür ein Entgelt.

Der „Baulastbegünstigte" verweigerte die Zahlung. In dem darauf folgenden Rechtsstreit führte der BGH[14] aus, dass allein aus der übernommenen Baulast sich die Pflicht des Verpflichteten, das Abstellen von Fahrzeugen des Begünstigten zu dulden, nicht herleiten lässt. Im Urteil vom 19.4.1985[15], stellte der BGH in einem ähnlich gelagerten Fall noch deutlicher heraus, dass die Baulast dem dadurch Begünstigten privatrechtlich weder einen Nutzungsanspruch gewährt, noch den Eigentümer verpflichtet, die Nutzung zu dulden. Die Baulast ist damit kein Rechtsgrund für die Nutzung.

43   Folgende **Inhalte einer Baulast** treten in der Praxis auf:

a) *Zufahrtsbaulast* mit dem Inhalt einer öffentlich-rechtlich gesicherten Zufahrt über ein Drittgrundstück zu einer Erschließungsstraße, wenn das Grundstück selbst nicht an einer Erschließungsstraße liegt (vgl. § 4 Abs. 1 Nr. 1 BauO Nordrh.-Westf.),

b) *Abstandsflächenbaulast* mit dem Inhalt der öffentlich-rechtlich gesicherten Übernahme einer Abstandsfläche auf einem anderen Grundstück (vgl. § 7 Abs. 1 und 2 BauO Nordrh.-Westf.),

c) *Vereinigungsbaulast* mit dem Inhalt einer öffentlich-rechtlich gesicherten Zusammenfassung von Baugrundstücken zu einem Baugrundstück (vgl. § 4 Abs. 2 BauO Nordrh.-Westf.),

d) *Stellplatzpflichtbaulast* mit dem Inhalt der öffentlich-rechtlich gesicherten Herstellung der notwendigen Stellplätze auf einem anderen geeigneten und in der Nähe liegenden Grundstück (vgl. § 51 Abs. 3 Satz 1 BauO Nordrh.-Westf.),

e) *Grenzbebauungsverpflichtung* mit dem Inhalt einer öffentlich-rechtlich gesicherten Verpflichtung ein Gebäude ohne Grenzabstand zu errichten (vgl. § 6 Abs. 1 Satz 2b BauO Nordrh.-Westf.),

f) *Spielflächenbaulast* mit dem Inhalt eines öffentlich-rechtlich gesicherten „Hausspiel-platzes" auf einem anderen in unmittelbarer Nähe befindlichen Grundstück (vgl. § 9 Abs. 2 Satz 2 a BauO Nordrh.-Westf.),

g) *Bauteilerhaltungsverpflichtung* mit dem Inhalt einer öffentlich-rechtlich gesicherten Verwendung gemeinsamer Bauteile für mehrere Anlagen (z. B. Gebäudeabschluss-wände, vgl. § 15 Abs. 2 BauO Nordrh.-Westf.),

h) *Leitungsbaulast* mit dem Inhalt einer öffentlich-rechtlich gesicherten Leitung über ein Fremdgrundstück (vgl. § 4 Abs. 1 und 2 i. V. m. den §§ 44 und 45 BauO Nordrh.-Westf.),

i) *Flächenbaulast* mit dem Inhalt einer öffentlich-rechtlich gesicherten Verpflichtung des Eigentümers, ein Grundstück nicht oder nur teilweise zugunsten einer höheren Nutzung auf einem Nachbargrundstück zu bebauen (vgl. § 19 Abs. 3 BauO Nordrh.-Westf.),

j) *Festsetzungsanerkenntnisbaulast* mit dem Inhalt einer öffentlich-rechtlich gesicherten Unterwerfung unter künftige Bebauungsplanfestsetzungen (vgl. § 33 Abs. 1 Nr. 3 BauGB)[16].

1.4.2   Wertermittlungsgrundsätze

§ 1 Abs. 2 WertV hebt die Baulast zwar nicht ausdrücklich als Gegenstand der Wertermitt-   **44** lung hervor, jedoch kann sie gleichwohl im Zusammenhang mit einem belasteten und einem begünstigten Grundstück Gegenstand der Wertermittlung sein. Als rechtliche Gege-benheit i. S. d. § 194 BauGB ist sie zu berücksichtigen. Für sich allein **als eigenständiger Gegenstand der Wertermittlung haben Baulasten indessen keine Bedeutung,** da sie wie Grunddienstbarkeiten allenfalls nur eingeschränkt „verkehrsgängig" sind. § 5 Abs. 2 WertV führt wohl auch deshalb Baulasten nicht ausdrücklich auf.

A: Für den Verpflichteten: Die Baulast wirkt sich wie eine dingliche Nutzungsbeschrän-kung (z. B. Grunddienstbarkeit) aus. Sie ist bei der Wertermittlung entsprechend zu berücksichtigen.

B: Für den Begünstigten: Die Baulast gibt dem Begünstigten kein Recht am Grundstück und kann deshalb auch nicht selbstständig bewertet werden. Es kann nur der Wert der zumeist im Zusammenhang mit der Baulast im Allgemeinen bestehenden privatrechtli-chen Nutzungsvereinbarung (z. B. eine Dienstbarkeit) ermittelt werden.

Der Wert entspricht der baulastbedingten Wertänderung, die sich als **Differenz zum Wert**   **45** **des fiktiv unbelasteten Grundstücks** ergeben würde. Einen Anhalt kann dabei der Preis geben, der bei Ankauf der belasteten Fläche hätte aufgewendet werden müssen.

---

11   BGH, Urt. vom 18. 3. 1994 – V ZR 159/92 –, EzGuG 14.120 a
12   Lauer in MDR 1988, 915; Sachse in NJW 1979, 195
13   BGH, Urt. vom 8. 7. 1983 – V ZR 204/82 –, EzGuG 14.74
14   BGH, Urt. vom 8. 7. 1983 – V ZR 204/82 –, EzGuG 14.74
15   BGH, Urt. vom 19. 4. 1985 – V ZR 152/83 –, EzGuG 14.77 a
16   Gädtke/Böckenförde/Temme/Heintz, Landesbauordnung Nordrhein-Westfalen, 9. Aufl. 1998 § 83 Rn. 12 ff.

1.4.3   Abstandsflächenbaulast

46   **Wichtigster Anwendungsfall ist die Abstandsflächenbaulast.**

Beispiel:

Der Eigentümer des Grundstücks A beabsichtigt sein Gebäude an der Grundstücksgrenze zu Grundstück B zu errichten. Das hat zur Folge, dass der gesetzlich vorgeschriebene Bauwich (seitlicher Grenzabstand) von 3 m zur Grundstücksgrenze vom Nachbarn B übernommen werden müsste (Abstandsflächenbaulast). Der Eigentümer B könnte danach sein Gebäude nur noch mit einem Grenzabstand von (3 m + 3 m =) 6 m von der Grenze zu A bauen. Im vorliegenden Fall übernimmt der Eigentümer B die Abstandsflächenbaulast zugunsten A (vgl. Abb. 7).

Abb. 7:   Abstandsflächenbaulast

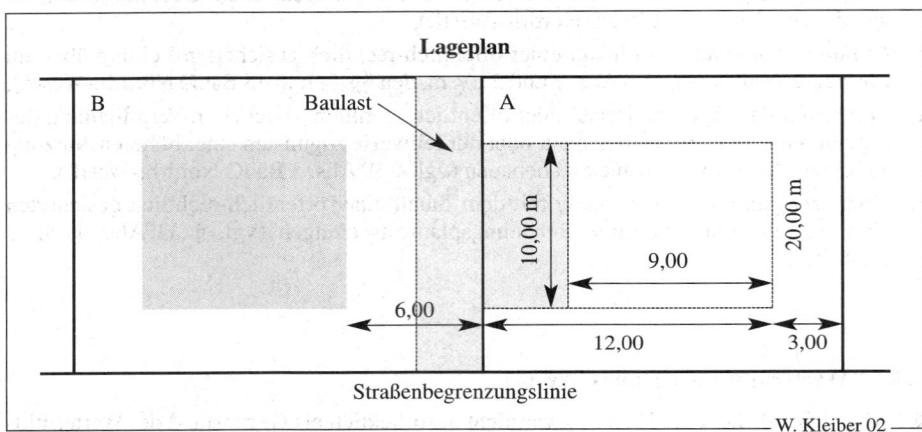

Lageplan

W. Kleiber 02

Verkehrswert des herrschenden Grundstücks A

a) *ohne Baulast*

Grundstücksgröße	20,00 m × 15,00 m	= 300 m²
Bebaubare Fläche	10,00 m × 9,00 m	= 90 m²
$GFZ_{tats.\ ausnutzbar}$	90 m² : 300 m²	= 0,3
$GFZ_{zulässig}$		= 0,5

Die Baulast berechtigt den Eigentümer des Grundstücks A zusammen mit einer Grunddienstbarkeit bis zur Grenze zu bauen:

Bebaubare Fläche:	12,00 m × 10,00 m	= 120 m²
$GFZ_{realisierbar}$	120 m² : 300 m²	= 0,4

Bodenwert des 300 m² großen Grundstücks bei einem Bodenwert von 200 €/m² und einer GFZ von 0,3:

300 m² × 200 €/m²   = 60 000 €

Bei einem Bodenwert von 220 €/m² (gemäß örtlichem Umrechnungskoeffizienten für GFZ : GFZ) für eine bauliche Ausnutzbarkeit von GFZ = 0,4:

300 m² × 220 €/m²	= 66 000 €
Wertvorteil (A)	= 66 000 € – 60 000 € = **6 000 €**

Verkehrswert des dienenden Grundstücks B

Wertminderung 5 bis 15 % der Abstandsfläche (keine 100 %, da Fläche zumindest als Gartenland nutzbar)

Abstandsfläche 3 m × 20 m	= 60 m²
Wert der Abstandsfläche 60 m² × 200 €/m²	= 12 000 €
Wertminderung 12 000 €/m² × 0,10	= **1 200 €**

Mittelwert aus Wertvor- und -nachteil:

Wertvorteil (A)	= 6 000 €
Wertnachteil (B)	= 1 200 €

$$\text{Mittelwert} = \textbf{3 600 €} = \frac{(6\,000\,€ + 1\,200\,€)}{2}$$

Dieser Vorgehensweise liegt das „Modell" zu Grunde, dass sich die Eigentümer des herrschenden und dienenden Grundstücks die Werterhöhung (des herrschenden) Grundstücks und die (volle) Wertminderung des dienenden Grundstücks (Spanne) teilen.

1.4.4 Zwangsversteigerung

Probleme mit der Wertermittlung der Baulast ergaben sich bisher bei der Zwangsversteige-   **47**
rung (vgl. Rn. 207). Die in der Praxis bestehende Unsicherheit, ob eine Baulast ebenso wie
die nicht durch Zahlung gedeckten nachrangigen Grundstücksrechte erlischt, ergab sich
aus der unterschiedlichen Auslegung des Begriffs „Rechtsnachfolger". Ein Ersteigerer
erhält in der Zwangsversteigerung ein Grundstück durch **Zuschlag** und ist **nicht Rechtsnachfolger** des vorherigen Eigentümers. Daraus wurde im einschlägigen Schrifttum abgeleitet, dass eine Baulast in der Zwangsversteigerung – sofern sie nicht als besondere Versteigerungsbedingung geltend gemacht wird – erlischt. Das OVG Hamburg[17] legt den
Begriff „Rechtsnachfolger" dahin gehend aus, dass als Rechtsnachfolger jeder spätere
Inhaber des Grundeigentums gemeint ist und nicht auf die Fälle des von einem Rechtsnachfolger abgeleiteten Rechtserwerb bezogen ist.

Darüber hinaus stellte das BVerwG[18] klar, dass die **öffentliche Baulast ein eigenständiges**   **48**
Rechtsinstitut des Landesrechts ist. Das Landesrecht kann daher auch bestimmen, unter
welchen formellen und materiellen Voraussetzungen eine öffentliche Baulast erlischt. Das
Bundesrecht ergibt jedenfalls nicht, dass eine öffentliche Baulast im Zwangsversteigerungsverfahren auf Grund des erteilten Zuschlags erlischt[19]. Daraus ist abzuleiten, dass eine
öffentliche Baulast nur dann erlöschen kann, wenn kein öffentliches Interesse an der Aufrechterhaltung der Baulast mehr besteht.

2   Erbbaurecht

2.1   Allgemeines

Zu den grundstücksgleichen Rechten (vgl. Rn. 28) **gehört das Erbbaurecht**[20] (super-   **49**
ficies) einschließlich dem Wohnungserbbaurecht (§ 30 WEG) und dem Teilerbbaurecht.
Das nach der Verordnung über das Erbbaurecht (ErbbauVO) bestellte Erbbaurecht ist das
veräußerliche und vererbliche (dingliche) Recht an einem Grundstück, das dem Erbbauberechtigten die Befugnis verleiht, auf oder unter der Oberfläche des Grundstücks ein Bauwerk zu haben (§ 1 Abs. 1 ErbbauVO). Auf das Erbbaurecht finden grundsätzlich die Vorschriften über Grundstücke und über Ansprüche aus dem Eigentum entsprechend Anwendung (§ 11 Abs. 1 ErbbauVO)[21].

Als **Bauwerk i. S. d. § 1 Abs. 1 ErbbauVO**[22] ist eine unter Verwendung von Material und   **50**
Arbeit i. V. m. dem Erdboden hergestellte Sache zu verstehen. Es muss sich dabei nicht um
ein Gebäude handeln; vielmehr fallen auch Brücken, Gleisanlagen, Kanalisationsanlagen,
befestigte Straßen, Leitungsmasten, Golf- und Sportplätze sowie Campingplätze und dgl.
darunter. Das auf Grund eines Erbbaurechts errichtete Bauwerk ist nach § 12 Abs. 1 ErbbauVO wesentlicher Bestandteil des Erbbaurechts und nicht des mit einem Erbbaurecht
belasteten Grundstücks. Eigentümer des Bauwerks ist mithin der Erbbauberechtigte.

---

17   OVG Hamburg, Urt. vom 12. 11. 1992 – Bf II 29/91 –, EzGuG 14.116 a
18   BVerwG, Beschl. vom 29. 10. 1992 – 4 B 218/92 –, EzGuG 14.116
19   BVerwG, Urt. vom 29. 10. 1992 – 4 B 218/92 –, EzGuG 14.116; OVG Münster, Urt. vom 26. 4. 1994 – 11 A
     2345/92 –, GuG 1995, 185
20   Zu den Perspektiven des Erbbaurechts vgl. Parl Anfrage im Deutschen Bundestag (BT-Drucks. 13/8932 = GuG
     1998, 102); zum Wesen des Erbbaurechts: Bengel/Simmerding, Grundbuch, Grundstücksgrenze, 3. Aufl.,
     Schweitzer Verlag, Frankfurt am Main 1989, S. 168; Hartmann in NJW 1976, 403; Nordalm in NJW 1977,
     1956; Linde/Richter, Erbbaurecht und Erbbauzins, 3. Aufl. Köln 2001; Winkler in NJW 1992, 2514; Butzer in
     DStZ 1992, 265; Oefele/Winkler, Handbuch des Erbbaurechts; Czerlinsky in NJW 1977, 1228; Holtzmann in
     NJW 1967, 915; Macke in NJW 1969, 24; Geißel, Der Erbbauzins in der Zwangsversteigerung, Berlin 1992;
     Groß in GuG 1996, 224; Reinhold in GuG 1998, 222
21   BVerfG, Beschl. vom 19. 6. 1985 – 1 BvL 57/79 –, EzGuG 14.77c; BVerfG, Beschl. vom 8. 3. 1988 – 1 BvR
     1092/84 –, BVerfGE 78, 58 = NJW 1988, 2594 = MDR 1988, 750 = JZ 1988, 870 = DVBl. 1988, 781
22   v. Oefele, MittBayNot 1992, 29; Ripfel DNotZ 1958, 455

51 Das Erbbaurecht wird i. d. R. über einen längeren Zeitraum (75 bis 99 Jahre) bestellt. Der Erbbauberechtigte erwirbt **Eigentum auf Zeit,** was bei den angegebenen Laufzeiten praktisch die gleichen Vorteile wie für ein über Kauf erworbenes Grundstück bedeutet. Die ErbbauVO enthält jedoch keine Regelung zur Befristung des Erbbaurechts, so dass auch ein Erbbaurecht auf ewiger Dauer denkbar ist.

52 Vom Erbbaurecht zu unterscheiden ist das Zeiteigentum *(time-sharing property)* nach dem **Gesetz über die Veräußerung von Teilnutzungsrechten an Wohngebäuden** (Teilzeit-Wohnrechte-Gesetz – TzWrG).

53 Hinsichtlich des Kapitaleinsatzes unterscheidet sich ein Grundstückskauf und ein Erbbaurecht darin, dass der Erbbauberechtigte den Kaufpreis spart und stattdessen ein jährliches Nutzungsentgelt (Erbbauzins) zahlt. Dabei ergibt sich für ihn immer dann ein Vorteil, wenn der **Erbbauzins unter dem Kapitalmarktzins** liegt, was üblicherweise der Fall ist. Wird der Kapitalmarktzins für langfristige Hypothekarkredite mit 8 % und der Erbbauzins mit 5 % angenommen, liegt der Vorteil bei 3 % p. a. Bei einem Grundstückswert von 300 000 € sind das rd. 750 € im Monat. Allerdings wächst dem Erbbauberechtigten dabei kein Eigentum zu.

54 Andererseits hat auch der Erbbaurechtsgeber den Vorteil, dass ihm ohne eigene wirtschaftliche Aktivität laufend Einnahmen zufließen. Zudem bleibt ihm der **Wertzuwachs des Grundstücks,** das er nach Ablauf des Erbbaurechtsvertrags zurückerhält. So ist die Vergabe von Erbbaurechten vor allem für Institutionen, die über erhebliche Ländereien verfügen und die sie nicht selbst nutzen können, durchaus interessant.

55 Inhaber eines Erbbaurechts **(Erbbauberechtigter)** kann jede natürliche und juristische Person sein, wobei es sich sowohl um eine einzelne Person, als auch um mehrere Personen handeln kann.

56 Das **Erbbaurecht entsteht durch die Einigung** zwischen dem Grundstückseigentümer und dem Erbbauberechtigten sowie der Eintragung des Erbbaurechts in Abt. II des Grundbuchs des belasteten Grundstücks und gleichzeitiger Anlegung eines Erbbaugrundbuchs. Die Eintragung bedarf nach § 29 GBO der notariellen Beurkundung (Abb. 8). **Belastungen und Verkäufe** des Erbbaurechts bedürfen der Zustimmung des Grundstückseigentümers.

57 **Das Erbbaurecht kann** nach § 10 Abs. 1 Satz 1 ErbbauVO ausschließlich **nur zur ersten Rangstelle bestellt werden.** Dieser Rang kann nicht geändert werden (zu den Ausnahmen vgl. § 10 Abs. 1 Satz 2 ErbbauVO). Damit ist gewährleistet, dass das Erbbaurecht in der *Zwangsversteigerung* des Erbbaurechtgrundstücks nicht erlischt.

58 Die **Veräußerlichkeit eines Erbbaurechts** kann grundsätzlich nicht abgedungen, wohl aber nach Maßgabe der §§ 5 bis 8 ErbbauVO eingeschränkt werden. Die Parteiautonomie findet ihre Grenzen im generellen Verbot eines Verstoßes gegen die guten Sitten (§ 138 Abs. 1 BGB) und dem Grundsatz von Treu und Glauben (§ 241 BGB). Im Falle eines Vertragsverstoßes kommen die Regelungen des BGB und das Institut der positiven Vertragsverletzung zur Anwendung. Darüber hinaus regelt § 2 Nr. 6 ErbbauVO die Vertragsstrafen. Sie ermöglichen es dem Eigentümer den Erbbauberechtigten nach Maßgabe der §§ 339 bis 345 BGB zur ordnungsgemäßen Erfüllung der im Erbbauvertrag übernommenen Verpflichtungen anzuhalten.

59 Als **Veräußerung eines Erbbaurechts** gelten alle rechtsgeschäftlichen Übertragungen des Erbbaurechts unter Lebenden und der Erwerb des Erbbaurechts auf Grund Zuschlags in der *Zwangsversteigerung* (§ 8 ErbbauVO). Nicht zur Veräußerung gehören

– die Veräußerung eines Erbteils,

– die Aufteilung des Erbbaurechts in Wohnungs- und Teilerbbaurechte und

– die Bestellung eines dinglichen Vorkaufsrechts zugunsten Dritter (§ 1103 BGB).

Abb. 8: Situation beim Erbbaugrundbuch

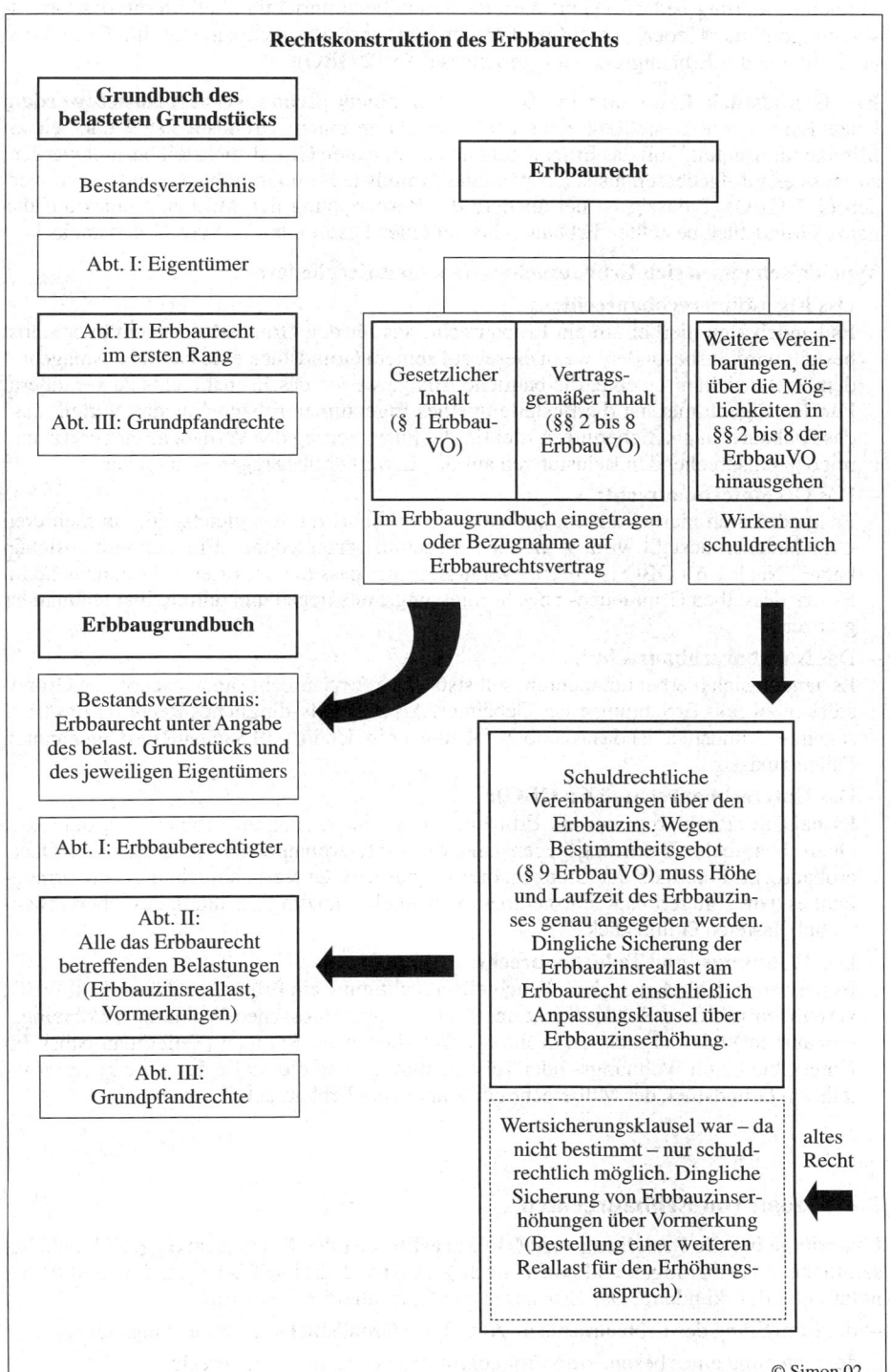

Rechtskonstruktion des Erbbaurechts

Grundbuch des belasteten Grundstücks

Bestandsverzeichnis

Abt. I: Eigentümer

Abt. II: Erbbaurecht im ersten Rang

Abt. III: Grundpfandrechte

Erbbaurecht

Gesetzlicher Inhalt (§ 1 Erbbau-VO)

Vertragsgemäßer Inhalt (§§ 2 bis 8 ErbbauVO)

Im Erbbaugrundbuch eingetragen oder Bezugnahme auf Erbbaurechtsvertrag

Weitere Vereinbarungen, die über die Möglichkeiten in §§ 2 bis 8 der ErbbauVO hinausgehen

Wirken nur schuldrechtlich

Erbbaugrundbuch

Bestandsverzeichnis: Erbbaurecht unter Angabe des belast. Grundstücks und des jeweiligen Eigentümers

Abt. I: Erbbauberechtigter

Abt. II: Alle das Erbbaurecht betreffenden Belastungen (Erbbauzinsreallast, Vormerkungen)

Abt. III: Grundpfandrechte

Schuldrechtliche Vereinbarungen über den Erbbauzins. Wegen Bestimmtheitsgebot (§ 9 ErbbauVO) muss Höhe und Laufzeit des Erbbauzinses genau angegeben werden. Dingliche Sicherung der Erbbauzinsreallast am Erbbaurecht einschließlich Anpassungsklausel über Erbbauzinserhöhung.

Wertsicherungsklausel war – da nicht bestimmt – nur schuldrechtlich möglich. Dingliche Sicherung von Erbbauzinserhöhungen über Vormerkung (Bestellung einer weiteren Reallast für den Erhöhungsanspruch).

altes Recht

© Simon 02

60 Das **Erbbaurecht erlischt durch Zeitablauf**, ohne dass es einer Aufhebung oder Verzichtserklärung bedarf. Damit wird das Grundbuch unrichtig. Auf Antrag des Grundstückseigentümers oder des Erbbauberechtigten wird das Erbbaurecht im Grundbuch gelöscht und das Erbbaugrundbuch geschlossen (§ 12 GBO).

61 **Ein Grundstück kann nur im Ganzen mit einem Erbbaurecht belastet werden.** Unzulässig ist die Bestellung eines Erbbaurechts an einem Grundstücksteil oder einem Miteigentumsanteil. Soll das Erbbaurecht an einem realen Grundstücksteil bestellt werden, so muss es infolgedessen als selbstständiges Grundstück im Grundbuch eingetragen werden (§ 7 GBO). Zulässig ist bei alledem die Beschreibung der Ausübung eines auf das ganze Grundstück bestellten Erbbaurechts auf einen bestimmten Teil des Grundstücks.

62 **Typologisch lassen sich Erbbaurechte wie folgt untergliedern:**
– Das **Eigentümererbbaurecht:**
    Es handelt sich hierbei um ein Erbbaurecht, das für den Grundstückseigentümer selbst bestellt wird, insbesondere wenn dieser auf seinem Grundstück eine bauliche Anlage mit dem Ziel errichten möchte, die bauliche Anlage wegen des Erbbaurechts zu veräußern. Für den Eigentümer hat die Bestellung eines Eigentümererbbaurechts den Vorteil, dass das Erbbaurecht als Sicherungsmittel für die Finanzierung des Vorhabens eingesetzt und mit den entsprechenden Belastungen auf den Erwerber übertragen werden kann.
– Das **Gesamterbbaurecht:**
    Es handelt sich hierbei um ein einheitliches Erbbaurecht, das gleichzeitig an mehreren Grundstücken bestellt wird, wobei das Eigentum verschiedenen Eigentümern zustehen kann[23]. Nach § 6 a GBO ist hierfür Voraussetzung, dass die betroffenen Grundstücke im Bezirk desselben Grundbuch- bzw. Vermessungsamts liegen und unmittelbar aneinander grenzen.
– Das **Nachbarerbbaurecht**[24]**:**
    Es handelt sich hierbei um mehrere selbstständige Erbbaurechte an benachbarten Grundstücken zwecks Errichtung eines Gebäudes. Als subjektiv-dingliches Recht für das herrschende Grundstück ist das Nachbarerbbaurecht in den in § 39 SachenRBerG genannten Fällen zulässig.
– Das **Untererbbaurecht (§ 6 a GBO):**
    Es handelt sich hierbei um ein Erbbaurecht an einem anderen Erbbaurecht, dem sog. Obererbbaurecht. Belastungsgegenstand des Untererbbaurechts ist mithin das Obererbbaurecht. Innerhalb der Grenzen, die sich aus dem Obererbbaurecht ergeben, ermöglicht es dem Untererbbaurechtsnehmer die bauliche Nutzung des durch das Obererbbaurecht belasteten Grundstücks[25].
– Das **Wohnungs- und Teilerbbaurecht:**
    Es handelt sich hierbei um eine Bruchteilsberechtigung am Erbbaurecht nach § 30 WEG, verbunden mit dem Sondereigentum an einer abgeschlossenen Wohnung (Wohnungserbbaurecht) oder an nicht zu Wohnzwecken dienenden Räumen (Teilerbbaurecht). Im Unterschied zum Wohnungs- oder Teileigentum tritt an die Stelle des Miteigentumsanteils am Grundstück der Mitberechtigungsanteil am Erbbaurecht[26].

2.2   Inhalt von Erbbaurechten

63 **Grundlage für die Bestellung von Erbbaurechten ist der Erbbauvertrag.** Er beinhaltet sämtliche Vereinbarungen und bedarf nach § 11 Abs. 2 ErbbauVO i.V.m. § 313 BGB der notariellen Beurkundung. Das Erbbaurecht entsteht allerdings erst mit
– der Eintragung des Erbbaurechts in Abt. II des Grundstücks an erster Rangstelle und
– der Anlegung eines besonderen Erbbaugrundbuchs für das Erbbaurecht.

Der **gesetzliche Mindestinhalt des Erbbaurechts** ergibt sich aus den §§ 1, 3 und 12 Erb-   **64**
bauVO. Die Vorschriften regeln, welche Voraussetzungen mindestens erfüllt werden müssen, damit ein Erbbaurecht rechtswirksam entstehen kann. Hierzu gehört, dass

- das Erbbaurecht nur die *bauliche Nutzung* eines fremden Grundstücks zum Inhalt haben
  kann,
- das Erbbaurecht *nur für bestimmte natürliche oder juristische Personen* bestellt werden
  kann (also nicht für den jeweiligen Eigentümer eines anderen Grundstücks),
- die *Art des Bauwerks* zu konkretisieren ist,
- die *Beschränkung des Erbbaurechts auf einen Teil des Gebäudes* (Stockwerk) unzulässig ist (möglich aber Wohnungs- und Teilerbbaurecht nach dem WEG),
- das Erbbaurecht *veräußerlich und vererblich* ist (der Ausschluss führt zum Unwirksam-
  werden des Erbbaurechtsvertrags) und
- die *Laufzeit des Rechts* angegeben wird.

Die **durchschnittlichen Laufzeiten von Erbbaurechten** in Abhängigkeit von der Grund-   **65**
stücksnutzung betragen:

	Einfamilienhaus-grundstücke	Mietwohn-grundstücke	Gewerblich genutzte Grundstücke	Sonstige Grundstücke
Laufzeit in Jahren	99	99	50 bis 75	50 bis 75

Anmerkung: Nach Umfrage des Deutschen Städtetags in 73 Städten der Bundesrepublik Deutschland

Da der gesetzliche Inhalt des Erbbaurechts nicht ausreicht, um die Beziehungen zwischen   **66**
Erbbauberechtigten und Erbbaurechtsausgeber vollständig zu regeln, haben die Beteiligten
die Möglichkeit, im Erbbaurechtsvertrag bestimmte weitere Vereinbarungen zu treffen und
sie zum vertragsgemäßen Inhalt des Erbbaurechts zu machen. Im Normalfall gelten vertragliche Regelungen nur schuldrechtlich. Das Gesetz gewährt aber bestimmten Vereinbarungen dinglichen Status, die als **vertragsgemäßer Inhalt des Erbbaurechts** bezeichnet
werden (§§ 2 bis 8 ErbbauVO). Sie brauchen nicht im Grundbuch eingetragen zu werden,
es genügt die Bezugnahme im Grundbuch auf den Erbbaurechtsvertrag.

Diese Regelungen sind insbesondere   **67**

a) **Vereinbarung über die Errichtung, Instandhaltung und Verwendung des Bau-**
   werks (§ 2 Nr. 1 ErbbauVO),
   z. B. die ausdrückliche Bauverpflichtung innerhalb eines festgelegten Zeitraums; Konkretisierung der Art und Größe des Bauwerks; Verpflichtung des Erbbauberechtigten
   zur turnusmäßigen Durchführung von Schönheitsreparaturen; Verpflichtung des Erbbauberechtigten, nur an bestimmte Personenkreise zu vermieten u. a. m.,

b) **Vereinbarung über die Versicherung des Bauwerks und seinen Wiederaufbau im**
   Falle der Zerstörung (§ 2 Nr. 2 ErbbauVO),
   z. B. für welche Schadensfälle Versicherungen abgeschlossen werden sollen und welche
   Mindestversicherungssummen zu vereinbaren sind (z. B. zum gleitenden Neuwert);
   Verpflichtung des Erbbauberechtigten zum Wiederaufbau des Gebäudes im Falle der
   Zerstörung u. a. m.,

---

23 BGH, Urt. vom 21. 11. 1975 – V ZR 21/74 –, NJW 1976, 519 sowie OLG Stuttgart, Beschl. vom 17. 1. 1975
    – 8 W 281/73 –, EzGuG 7.40
24 Linde/Richter, Erbbaurecht und Erbbauzins, 3. Aufl. 2001, S. 18
25 BGH, Urt. vom 22. 2. 1974 – V ZR 67/72 –, EzGuG 7.36
26 Weber in GuG 2001, 88

c) **Vereinbarung über die Tragung öffentlicher Lasten und Abgaben (§ 2 Nr. 3 Erb-bauVO),**

z. B. Verpflichtung des Erbbauberechtigten zur Tragung der Lasten, die auf dem Grund-stück selbst ruhen (Erschließungskosten lasten auf dem Erbbaurecht und nicht auf dem belasteten Grundstück) u. a. m. (vgl. Rn. 202 ff. sowie § 14 WertV Rn. 133),

d) **Vereinbarung über die Verpflichtung des Erbbauberechtigten, das Erbbaurecht beim Eintreten bestimmter Voraussetzungen auf den Grundstückseigentümer zu übertragen (Heimfall; § 2 Nr. 4 ErbbauVO),**

z. B. bei Eintritt bestimmter Umstände (z. B. Zahlungsverzug des Erbbauberechtigten bei Zahlung des Erbbauzinses gemäß § 9 Abs. 3 ErbbauVO; Nutzungsänderung des auf-stehenden Gebäudes, die vertraglich ausgeschlossen war) kann der Erbbauverpflichtete vom Erbbauberechtigten verlangen, das Erbbaurecht vor Zeitablauf auf ihn zu übertra-gen (Heimfallanspruch); auch in diesem Fall ist das Gebäude angemessen (zum Zeit-wert) zu entschädigen (vgl. Rn. 180),

e) **Vereinbarung über die Verpflichtung des Erbbauberechtigten zur Zahlung von Vertragsstrafen (§ 2 Nr. 5 ErbbauVO),**

z. B. Vereinbarung, dass bei bestimmten Vertragsverletzungen der Erbbauberechtigte einen erhöhten Erbbauzins zu zahlen hat,

f) **Vereinbarung über die Einräumung eines Vorrechts für den Erbbauberechtigten auf Erneuerung des Erbbaurechts nach dessen Ablauf (§ 2 Nr. 6 ErbbauVO);**

diese Vereinbarung ist keine Verlängerung, sondern ein Neuabschluss, etwa vergleich-bar mit dem dinglichen Vorkaufsrecht,

g) **Vereinbarung über die Verpflichtung des Grundstückseigentümers, das Grund-stück an den jeweiligen Erbbauberechtigten zu veräußern (§ 2 Nr. 7 ErbbauVO),**

Anspruch des Erbbauberechtigten, dass ihm der Grundstückseigentümer das Grund-stück verkauft: bei Inanspruchnahme entsteht ein Eigentümererbbaurecht (vgl. Rn. 214).

Im Gegensatz dazu können beide Beteiligten auch eine Ankaufsverpflichtung des Erb-bauberechtigten zu bestimmten Bedingungen (Kaufzwangklausel) vereinbaren. Diese Verpflichtung kann jedoch nur schuldrechtlich vereinbart werden. Für die Wertermitt-lung des Erbbaurechts ergeben sich hier Besonderheiten.

h) **Vereinbarung über die Zustimmung des Grundstückseigentümers zur Veräuße-rung und zur Belastung des Erbbaurechts (§§ 5 bis 8 ErbbauVO),**

i) **Vereinbarung über die Entschädigung für das Bauwerk bei Erlöschen des Erb-baurechts durch Zeitablauf (§ 27 Abs. 1 Satz 2 ErbbauVO),**

bei Erlöschen des Rechts durch Zeitablauf fällt das aufstehende Gebäude in das Eigen-tum des Grundstückseigentümers. Es ist angemessen zu entschädigen. Die Höhe der Entschädigung hängt von den Vereinbarungen des Erbbaurechtsvertrags ab.

Zu den weiteren über die §§ 2 bis 8 ErbbauVO hinausgehenden Vereinbarungen gehören **Vereinbarungen über den Erbbauzins** (vgl. Rn. 85 ff.).

68   Ist dem Erbbauberechtigten nach § 2 Nr. 6 ErbbauVO ein **Vorrecht auf Erneuerung des Erbbaurechts nach dessen Ablauf** eingeräumt worden, so stellt dieses einen dem Vor-kaufsrecht entsprechenden Anspruch für den Fall dar, dass der Grundstückseigentümer nach Ablauf der Erbbaurechtszeit innerhalb der folgenden drei Jahre an demselben Grund-stück einem Dritten wiederum ein Erbbaurecht bestellt (§ 31 ErbbauVO).

69   Ein nach § 2 Nr. 7 ErbbauVO ausdrücklich zum Inhalt des Erbbaurechts vereinbartes **Ankaufsrecht** wirkt während der Dauer des Bestehens des Erbbaurechts zugunsten des jeweiligen Erbbauberechtigten und zu Lasten des jeweiligen Grundstückseigentümers. Ansonsten sind die Parteien hinsichtlich der vertraglichen Ausgestaltung des Ankaufs-rechts frei.

Bei **Erlöschen des Erbbaurechts durch Zeitablauf** fällt das aufstehende Gebäude in das **70** Eigentum des Grundstückseigentümers. Der Grundstückseigentümer hat nach § 27 Abs. 1 Satz 2 ErbbauVO dem Erbbauberechtigten eine **angemessene Entschädigung für das Bauwerk** zu leisten. Als Inhalt des Erbbaurechts können Vereinbarungen über die Höhe der Entschädigung und die Art ihrer Zahlung sowie über ihre Ausschließung getroffen werden. Bei Erbbaurechten zur Befriedigung der Wohnbedürfnisse minderbemittelter Bevölkerungskreise muss die Entschädigung mindestens zwei Dritteile des gemeinen Werts (= Verkehrswert, vgl. Rn. 184, 200) betragen, den das Bauwerk bei Ablauf des Erbbaurechts hat.

2.3 Erbbauzins

2.3.1 Allgemeines

Gegenleistung für das Erbbaurecht ist der Erbbauzins (solarium). Der **Erbbauzins ist das** **71** **wiederkehrende Entgelt,** das der Erbbauberechtigte an den Grundstückseigentümer entrichtet. Die Verpflichtung des Erbbauberechtigten zu einer Gegenleistung gehört nicht zum Inhalt des Erbbaurechts, sondern stellt eine dem Recht auferlegte dingliche Belastung dar. Der Erbbauzins ist also die dingliche Belastung des Erbbaurechts, die im Grundbuch eingetragen sein muss. Nach § 9 Abs. 1 Satz 1 ErbbauVO finden auf den Erbbauzins die Vorschriften des BGB über die Reallast entsprechend Anwendung (§ 1105 ff. BGB).

Fälschlicherweise wird der Erbbauzins häufig auch als Erbpachtzins bezeichnet und von einer Erbpacht gesprochen, auch wenn es um Erbbaurechte geht. Bei der Erbpacht handelt es sich jedoch um ein dingliches Nutzungsrecht an einem ländlichen Grundstück, während beim Erbbaurecht das Halten eines Bauwerks bestimmend ist. Art. 63 EGBGB ließ allerdings landesrechtliche Vorschriften über das Erbpachtrecht unberührt. Die Erbpacht wurde durch das Kontrollratsgesetz 45 Art. X 2 verboten. Auch das Erbpachtrecht ist im Übrigen ein grundstücksgleiches Recht[27].

Abb. 9: Typische Erbbauzinssätze

Nutzung des Erbbaurechtsgrundstücks	Erbbauzinssatz (%)	Spanne (%)
Ein- und Zweifamilienhausgrundstücke	2,5	2,0 bis 3,0
Mehrfamilienhausgrundstücke	3,5	3,0 bis 4,0
Gemischt genutzte Grundstücke	5,0	4,5 bis 5,5
Gewerblich genutzte Grundstücke	6,0	5,5 bis 6,5*
Büro- und Geschäftshausgrundstücke	6,5	6,0 bis 7,0**

 * Mitunter sind hier niedrigere Erbbauzinssätze, etwa 2 bis 4 % der marktgerechten Bodenwerte, zutreffend. Diese ergeben sich auf der Grundlage von Umsatzpachten (meist 3 bis 8 % der Gesamterlöse – Mieten ohne MwSt. – aus dem Erbbaugrundstück), worauf ein günstiger „Basis-Erbbauzins" angerechnet wird, oder durch Gewinnbeteiligungen (z. B. 20 bis 25 % des Handelsbilanzgewinns nach Steuern) und geringere Erbbauzinsen. Für eine Gewinnbeteiligung ist regelmäßig ein Mindestbetrag zu zahlen.
** Im Einzelfall auch bis 10 %

Im Grundstücksmarktbericht 1998 des Oberen Gutachterausschusses im *Land Branden-* **72** *burg* wird herausgestellt, dass sich aus den vorliegenden Erkenntnissen noch keine Schlussfolgerungen über die angemessenen Erbbauzinsen ziehen lassen. Der Obere Gutachterausschuss empfiehlt im Bedarfsfalle für Ein- und Zweifamilienhäuser einen Erbbauzins von 4 % anzusetzen (Abb. 11).

---

27 Bengel/Simmerding, a. a. O. S. 138

Abb. 10: Erbbauzinsen bei Neubestellungen und marktübliche Liegenschaftszinsen

Stadt	Erbbauzins			Liegenschaftszins				Bemerkungen
	EFH	Geschoss-bau	Gewerbe	EFH	Geschossbau	Gewerbe	Büro- und Geschäftsbau	
Bonn	4%	4%	4%	3%		6%		
Darmstadt	4%		8,75%					
Duisburg	4%	5%	7%		5%	7%		nur 2 Fälle bei Gewerbe Erbbauzins
Erlangen			6%					
Essen	3,5–4%		5–7%		2,5–6,0%	6,0–8,5%		nach Altersgruppen steigend (Neubau 6%)
Frankfurt a.M.	2,50%	2%	3–6%		3,2–4,7%		4,40%	nach Altersgruppen steigend (Neubau 6%)
Hamburg	5%	5%	7%		5%	6–7%	3–6%	Zentrumslagen
Ingolstadt	4%		5%					
Kaiserslautern	4%	4%	5,5–6,5%	3,50%	5%	6%		
Mannheim	4%	4%	5%					
Regensburg	5%	5%	5%					
Stuttgart	4%	4%	>6%		2,5–4,5%	6%	4,5–4,8%	je nach gewerblichen Anteil
Kath. Kirche	4–5%							
Evang. Kirche	4–5%		6%					
Bahn AG	4,5–5%		7%					
im Mittel	**4,04%**	**4,33%**	**4,95%**	**– 3,00%**	**– 4,50%**	**– 6,5%**	**– 4,5%**	

Quelle: Umfrage des Deutschen Städtetags bei den Geschäftsstellen der Gutachterausschüsse im Dezember 1993 (GuG 1994, 303)

73 **Erbbaurechte können auch unentgeltlich oder gegen eine einmalige Zahlung bestellt werden** (vgl. Rn. 127).

74 In rechtlicher Hinsicht ist zwischen **zwei Erscheinungsformen des Erbbauzinses** zu unterscheiden:
 – dem *dinglichen Erbbauzins* (Erbbauzinsreallast) und
 – dem *schuldrechtlichen Erbbauzins.*

75 Neben aber auch an Stelle des in § 9 ErbbauVO geregelten dinglichen Erbbauzinses kann im Erbbaurechtsvertrag **schuldrechtlich** etwas anderes vereinbart werden[28]. Hauptanwendungsfall ist eine schuldrechtlich vereinbarte Anpassung des Erbbauzinses an sich verändernde Verhältnisse. Darüber hinaus kann schuldrechtlich vereinbart werden, eine weitere Erbbauzinsreallast für den jeweils geänderten Erbbauzins eintragen bzw. die Erbbauzinsreallast entsprechend zu ändern. Der Anspruch kann durch eine Vormerkung gesichert werden. Im Übrigen ermöglicht der schuldrechtliche Erbbauzins im Unterschied zur Erbbauzinsreallast keine Vollstreckung in das Erbbaurecht.

76 Zum **dinglichen Erbbauzins** bestimmt § 9 Abs. 1 Satz 1 ErbbauVO, dass auf den Erbbauzins die Vorschriften des BGB über die Reallasten entsprechend anzuwenden sind. Gläubiger des Erbbauzinses ist danach derjenige, der bei Fälligkeit des Erbbauzinses Eigentümer des Erbbaugrundstücks ist.

---

28   BGH, Urt. vom 28. 11. 1956 – V ZR 40/56 –, EzGuG 7.2; BGH, Urt. vom 20. 3. 1964 – V ZR 46/63 –, EzGuG 7.9; Ingenstau, Komm zur ErbbauVO 7. Aufl. 1994, § 9 Rn. 4

Abb. 11: Erbbauzinssätze und marktübliche Liegenschaftszinsen in Brandenburg

Stadt/Landkreis	Erbbauzins	Liegenschaftszins
Landkreis Barnim		3,08 – 5,67 % (Bernau, Ebers-walde, Zeperniele, Finowfurt, Hirschfelde)
Wohnen	4,0 – 5,0 %	
Erholung	4,0 %	
Gewerbe	4,0 – 6,0 %	
Landkreis Dahme-Spreewald		
Wohnen	2,4 – 5,0 %	
Landkreis Havelland		
Wohnen	4,0 – 4,5 %	
Erholung	4,0 %	
Stadt Frankfurt (Oder)		
Wohnen	4,5 – 5,75 %	
Schulung/Bildung	5,0 %	
Soziale Zwecke	4,0 %	
Ein- und Zweifamilienhäuser	4,0 %	3,5 %
Gewerbe	6,0 %	6,75 %
Mehrfamilienhäuser	4,5 %	
Mischnutzung	5,5 %	
Büro/Geschäft	6,0 %	
Potsdam-Mittelmark		
Wohnen	4,0 – 4,5 %	
Gewerbe	4,0 – 10,0 %	
Märkisch-Oderland		
Ein- und Zweifamilienhäuser	3,0 – 5,0 %	
Gewerbe	5,0 – 8,0 %	
Oder-Spree		
Unbebaute Bauflächen		
Wohnen	3,2 – 4,5 % (Mehrzahl 4 – 4,5 %)	
Gewerbe	4,8 – 6,0 %	2,9 – 4,6 %
Bebaute Grundstücke		
Verschiedene Nutzungen	2,0 – 6,5 %	
Ein- und Zweifamilienhäuser	4,0 – 4,5 %	2,9 – 4,6 %
Gewerbe	4,8 – 6,0 %	
Spree-Neiße		
Wohnen	4,0 – 5,0 %	
Landkreis Oberhavel		
Ein- und Zweifamilienhäuser	3,0 – 4,0 %	2,0 – 3,5 %
Gewerbe	6,0 %	6,0 – 8,0 %
Uckermark		
Unbebaute Bauflächen		
Wohnen	1,8 – 5,0 %	
Gewerbe	3,0 – 6,0 %	
Bebaute Grundstücke		
Wohnen	2,3 – 4,0 %	
Gewerbe	3,4 – 6,0 %	
Landkreis Prignitz		
Einfamilienhäuser	4,0 %	3,1 %
Sonstige Bebauung (Kranken-häuser, Motel …)	4,8 %	

77   Der **Bestimmtheitsgrundsatz,** nach dem die Erbbauzinsreallast nach Zeit und Höhe für die gesamte Erbbauzeit im Voraus bestimmt sein muss (§ 9 Abs. 1 Satz 2 ErbbauVO) – dies schließt eine Staffelung nicht aus – bezieht sich nur auf den dinglichen Erbbauzins. Es ist der freien Parteivereinbarung überlassen, an welcher Rangstelle der Erbbauzins dinglich gesichert wird.

a) Bis zum 30. 9. 1994 geltende Rechtslage

78   Bei der Vereinbarung von Wertsicherungsklauseln war bisher auf folgende rechtliche Problematik zu achten: Die dingliche Sicherung des Erbbauzinses erfolgte durch Bestellung einer in Abt. II des Grundbuchs möglichst erstrangig einzutragenen **Erbbauzinsreallast am Erbbaurecht.** Der Erbbauzins musste über die gesamte Laufzeit des Rechts im Voraus bestimmt werden; eine Gleitzinsvereinbarung war unwirksam (vgl. gesetzlicher Inhalt des Erbbaurechts; Grundsätze zur Bestellung einer Reallast nach §§ 1105 bis 1109 BGB). **Wurde eine Wertsicherungsklausel über den Erbbauzins vereinbart, konnte sie nur Inhalt einer schuldrechtlichen Anpassungsklausel sein.** War danach eine Erhöhung des Erbbauzinses zulässig, konnte der Erbbaurechtsgeber vom Erbbauberechtigten die Bestellung einer weiteren Reallast für den Erhöhungsbetrag verlangen. Diese Erbbauzinserhöhung war dem Wesen nach eine Bestellung einer neuen Erbbauzinsreallast und keine Inhaltsänderung des bestehenden Rechts. Der schuldrechtliche Anspruch auf wiederholte Erhöhung des Erbbauzinses wurde durch Vormerkung nach § 883 BGB gesichert. Damit war gewährleistet, dass die Erhöhungsreallast den gleichen Rang wie die Vormerkung[29] besaß.

79   Die Rechtskonstruktion, nach der der Erbbauzins Reallast am Erbbaurecht und nicht Inhalt des Erbbaurechts ist und der Erbbauzins nach Zeit und Höhe für die ganze Erbbauzeit im Voraus bestimmt sein muss **(Bestimmtheitsgrundsatz),** wurde im Jahre 1919 gewählt, weil man die Beleihungsfähigkeit gewährleisten wollte. Für Hypothekenbanken bestand früher die obligatorische Verpflichtung des Vorrangs der Hypothek vor allen anderen Grundstückslasten. Wäre der Erbbauzins Inhalt des Erbbaurechts geworden, wäre damit eine Beleihung ausgeschlossen gewesen.

80   Da die Erbbauzinsforderung lediglich eine in Abt. II des Grundbuchs eingetragene Reallast am Erbbaurecht ist, kann sie gegenüber der Forderung der Hypothekenbank im Rang zurücktreten und so die volle Beleihung des Rechts ermöglichen. Allerdings hatte der **Rangrücktritt Folgen für den Erbbaurechtsausgeber.** Betrieb die erstrangig abgesicherte Bank die *Zwangsversteigerung,* konnte die Erbbauzinsforderung als nachrangig abgesichertes Recht unter Umständen erlöschen. Dann wäre der Ersteigerer Erbbauberechtigter ohne die Verpflichtung zur Zahlung des Erbbauzinses geworden, und der Erbbaurechtsgeber hätte bis zum Ablauf des Erbbaurechts auf den Erbbauzins verzichten müssen. Aus diesen Gründen war die Bereitschaft des Erbbaurechtsgebers, mit seiner Erbbauzinsforderung gegenüber der Bank zurückzutreten, gering.

81   Um die Beleihung doch zu gewährleisten, boten sich andere Möglichkeiten an. Der Erbbaurechtsausgeber konnte mit seiner Erbbauzinsforderung gegenüber der Bank zurücktreten, wenn die Bank gleichzeitig eine **Stillhalteerklärung** für den Erbbauzins abgab[30]. Diese Regelung barg allerdings noch Restrisiken für den Erbbaurechtsausgeber, da die Erklärung nur schuldrechtlich wirkte, also nur zwischen beiden Beteiligten, nicht hingegen gegenüber einem Rechtsnachfolger[31]. Eine andere Möglichkeit bestand darin, dass der Erbbaurechtsausgeber nicht zurücktrat, aber gegenüber der Bank erklärte, dass er im Falle der Zwangsversteigerung auf die Kapitalisierung der Erbbauzinsforderung verzichtete und weiterhin der Erbbauzins wie bisher in Raten entgegennahm; in diesem Fall hatte die Hypothekenbank gemäß § 19 Abs. 2 der ErbbauVO den im Rang vorgehenden Erbbauzins zu kapitalisieren und vom Wert des Erbbaurechts in Abzug zu bringen, was die Beleihungsmöglichkeit zwangsläufig einschränkte. Hinzu kam das Problem der Wertsicherung des Erbbauzinses, die – da die Wertsicherung der Höhe nach im Voraus nicht bestimmbar war – nicht über eine weitere Reallast (Bestimmtheitsgebot!), sondern nur über eine Vormerkung nach § 833 BGB an der Erbbauzinsreallast möglich war.

b) Geltende Rechtslage

Die vorstehend beschriebene grundbuchlich komplizierte Situation ist mit Art. 2 § 1 des SachenRBerG vom 21. 9. 1994 (BGBl. I 1994, 2457, 2489) wesentlich vereinfacht worden[32]. Inhalt der Erbbauzinsreallast können nunmehr auch **Bestehenbleibensvereinbarungen für den Fall der Zwangsversteigerung** sein. § 9 Abs. 3 ErbbauVO lässt nunmehr zu, dass die Erbbauzinsreallast abweichend von § 52 Abs. 1 des Gesetzes über die Zwangsversteigerung und die Zwangsverwaltung mit ihrem Hauptanspruch bestehen bleiben kann, wenn der Grundstückseigentümer aus der Reallast oder der Inhaber eines im Range vorstehenden oder gleichgestellten dinglichen Rechts die Zwangsversteigerung des Erbbaurechts betreibt. Im Rahmen der *Zwangsversteigerung* findet in diesem Fall keine Kapitalisierung des Erbbauzinses statt, d. h., der Erbbauzins bleibt bestehen, auch wenn er bei Feststellung des geringsten Gebots nicht berücksichtigt ist, und es bedarf weder eines Rangrücktritts noch der Abgabe einer Stillhalteerklärung. Bei zuvor bestellten Erbbaurechten können beide Vertragsparteien eine **nachträgliche Änderung** vereinbaren. Sie bedarf jedoch wiederum der Zustimmung der der Erbbauzinsreallast vorgehenden oder gleichstehenden dinglichen Rechte.

82

Auszug aus Art. 2 Sachenrechtsänderungsgesetz (Änderung anderer Vorschriften)

§ 1 Änderung der Verordnung über das Erbbaurecht

1. § 9 wird wie folgt geändert:

a) Absatz 2 wird wie folgt geändert:
  aa) Satz 1 wird wie folgt gefasst:
    „Der Erbbauzins kann nach Zeit und Höhe für die gesamte Erbbauzeit im Voraus bestimmt werden."
  bb) Nach Satz 1 werden folgende Sätze 2 und 3 eingefügt:
    „Inhalt des Erbbauzinses kann auch eine Verpflichtung zu seiner Anpassung an veränderte Verhältnisse sein, wenn die Anpassung nach Zeit und Wertmaßstab bestimmbar ist. Für die Vereinbarung über die Anpassung des Erbbauzinses ist die Zustimmung der Inhaber dinglicher Rechte am Erbbaurecht erforderlich; § 880 Abs. 2 Satz 3 des Bürgerlichen Gesetzbuchs ist entsprechend anzuwenden."

b) Nach Absatz 2 wird folgender Absatz 3 eingefügt:
  „(3) Als Inhalt des Erbbauzinses kann vereinbart werden, dass

    1. die Reallast abweichend von § 52 Abs. 1 des Gesetzes über die Zwangsversteigerung und die Zwangsverwaltung mit ihrem Hauptanspruch bestehen bleibt, wenn der Grundstückseigentümer aus der Reallast oder der Inhaber eines im Range vorgehenden oder gleichstehenden dinglichen Rechts die Zwangsversteigerung des Erbbaurechts betreibt, und

    2. der jeweilige Erbbauberechtigte dem jeweiligen Inhaber der Reallast gegenüber berechtigt ist, das Erbbaurecht in einem bestimmten Umfang mit einer der Reallast im Rang vorgehenden Grundschuld, Hypothek oder Rentenschuld im Erbbaugrundbuch zu belasten."

Die Bestimmung in § 9 Abs. 2 ErbbauVO[33], dass der Erbbauzins über die gesamte Laufzeit im Voraus bestimmt sein muss, ist seit Juli 1998 weggefallen. Ebenso die Regelung, dass der Inhalt des Erbbauzinses auch eine Verpflichtung zu seiner Anpassung an veränderte Verhältnisse sein kann, wenn die Anpassung nach Zeit und Wertmaßstab bestimmbar ist.

83

---

29 Die Vormerkung sichert den schuldrechtlichen Anspruch auf Einräumung der Erhöhungsreallast. Sie bewirkt, dass der durch sie eingetragene Anspruch nicht durch nachfolgende Verfügungen beeinträchtigt wird.

30 Werth. Verkaufswertermittlung nach § 21 ErbbauVO, DLK 1989, 74

31 Linde/Richter, Erbbaurecht und Erbbauzins, 3. Aufl. 2001

32 Mohrbutter in ZIP 1995, 806; Maaß in NotBZ 1997, 44; Maaß/Holthausen-Dux in DStR 1995, 1230, 1273; v. Oefele in DNotZ 1995, 643; Panz in BWNotZ 1996, 5; Wilke in DNotZ 1995, 654; Schmidt-Räntsch in NJW 1998, 3166

33 Neu gefasst mit Wirkung vom 1. 10. 1994; nach bisherigem Recht musste der Erbbauzins für die gesamte Dauer des Rechts im Voraus bestimmt und nicht nur bestimmbar sein (§ 9 Abs. 2 Satz 1 ErbbauVO a. F.)

Ersetzt worden sind diese Kann-Bestimmungen durch Erweiterung des § 1105 BGB, wonach als **Inhalt der (Erbbauzins-) Reallast auch vereinbart werden kann, dass die zu entrichtenden Leistungen sich ohne weiteres an veränderte Verhältnisse anpassen können,** wenn anhand der in der Vereinbarung festgelegten Voraussetzungen Art und Umfang der Belastung des Grundstücks bestimmt werden können. Wegen der Einschränkungen des § 9a ErbbauVO, bedarf die Anpassungsvereinbarung – soweit sie eine Automatikklausel darstellt – der Genehmigung des Wirtschaftsministeriums.

84   Für die Vereinbarung über die Anpassung des Erbbauzinses ist die **Zustimmung der Inhaber der der Erbbauzinsreallast im Rang vorgehender oder gleichstehender dinglicher Rechte am Erbbaurecht erforderlich[34].** Die Zustimmung ist unwiderruflich und dem Grundbuchamt oder einem Beteiligten gegenüber zu erklären (§ 880 Abs. 2 Satz 3 BGB).

2.3.2   Anpassung des Erbbauzinses

2.3.2.1   Verträge mit Anpassungsklausel

a) Allgemeines

85   Anpassungsklauseln sollen insbesondere den Erbbaurechtsgeber angesichts der langen Dauer des Erbbaurechts gegen Wertverluste des Erbbauzinses schützen. Sie sind grundsätzlich zulässig, insbesondere wenn gravierenden **Störungen im Verhältnis von Leistung und Gegenleistung** entgegen gewirkt werden soll[35]. Lediglich für Wohnerbbaurechte wird jedwedes Erhöhungsverlangen durch die Billigkeitsregelung des § 9a ErbbauVO eingeschränkt (vgl. Rn. 99).

86   *Beispiel:*

„Der Erbbauzins wird, beginnend am 1. 1. 1998, an den Lebenshaltungskostenindex für 4-Personen-Arbeitnehmerhaushalte mit mittlerem Einkommen (1991 = 100), wie er vom Statistischen Bundesamt Wiesbaden ermittelt wird, gebunden. Erhöht oder vermindert sich dieser Lebenshaltungskostenindex gegenüber dem Stand vom 1. 1. 1998 um mehr als 10 Punkte, so verändert sich der Erbbauzins im gleichen Verhältnis, und zwar errechnet sich der Prozentsatz aus dem Verhältnis der Punkteveränderung zur zuvor zu Grunde gelegten Indexzahl. Treten weitere Veränderungen des Lebenshaltungkostenindexes um mehr als 10 Punkte ein, so wird der Erbbauzins jeweils in dem gleichen Verhältnis geändert."

87   **Voraussetzung für die Anpassung des Erbbauzinses ist, dass der Berechtigte die Erhöhung oder Senkung des Erbbauzinses geltend macht.** Die Fälligkeit der Erhöhung ist der freien Vereinbarung der Parteien im Zeitpunkt der Einigung über die Erhöhung des Erbbauzinses überlassen.

88   Wertsicherungsklauseln können zum Teil **erheblichen Einfluss auf den Wert** des Erbbaurechts haben. Sie sind deshalb in die Wertermittlung mit einzubeziehen. Können die Klauseln nicht eindeutig ausgelegt werden, ist juristischer Beistand erforderlich.

89   Die Möglichkeiten schuldrechtlicher Verpflichtungen zur Anpassung des Erbbauzinses an die sich verändernden wirtschaftlichen Verhältnisse sind vielfältig. **Generell sind folgende Punkte zu regeln:**

a) Bestimmung der Voraussetzungen, die den Erhöhungsanspruch auslösen,

b) Regelung des Bewertungsmaßstabs (die Vergleichs- oder Bezugsgröße) für die Änderung,

c) Bestimmung des Anpassungszeitpunktes.

Enthalten die Bestimmungen Unklarheiten, ist allein der durch **Auslegung** zu ermittelnde **Sinn und Zweck der Anpassungsklausel** maßgebend.

90   Nachfolgendes Schaubild zeigt die verschiedenen Arten von **Anpassungsklauseln** (Abb. 12).

Abb. 12: Anpassungsklauseln

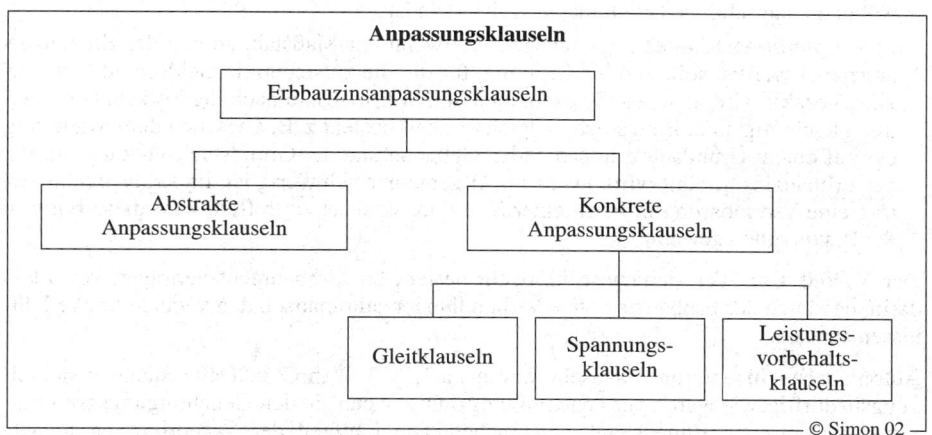

© Simon 02

Bei der **abstrakten Anpassungsklausel** erfolgt die Anpassung, wenn nach allgemeinen   **91**
wirtschaftlichen Gesichtspunkten oder bei wesentlichen Änderungen im Wirtschafts- und
Währungsbereich der vereinbarte Erbbauzins nicht mehr als angemessenes Entgelt angesehen werden kann. Damit wird überwiegend auf die Kaufkraft abgestellt. Nach der Rechtsprechung ist eine wesentliche Änderung bei Steigerung des Lebenshaltungskostenindex
von 10 v. H. und mehr gegeben.

Bei den **konkreten Anpassungsklauseln** wird in Gleitklauseln, Spannungsklauseln und   **92**
Leistungsvorbehaltsklauseln unterschieden.

– **Gleitklauseln** weisen eine Automatik auf und waren – im Unterschied zu Leistungsvor-
   behalten und Spannungsklauseln[36] – bisher nach § 3 WährG und nun nach dem Preisan-
   gaben- und Preisklauselgesetz (PaPkG) genehmigungspflichtig. Üblicherweise wird bei
   Gleitklauseln als Bewertungsmaßstab der Lebenshaltungskostenindex vereinbart. Gleitklauseln haben den Vorteil, dass bei den Parteien über die jeweiligen Erhöhungen des
   Erbbauzinses in der Regel kein Streit entstehen kann. Dies gilt jedoch nur für den Fall,
   dass keine unvorhergesehene und daher auch nicht irgendwie im Erbbaurechtsvertrag
   berücksichtigte völlige Veränderung dieser für seinen Fortbestand notwendigen Verhältnisse eintritt.

– Unter einem **Leistungsvorbehalt** versteht man die Vereinbarung, nach der im Falle
   einer Änderung von Preisen oder Werten bestimmter Güter oder Leistungen die Vertragspartner oder ein Dritter den Schuldbetrag neu festsetzen sollen, ohne dass das Ausmaß der Änderung bindend festgelegt ist. So liegt z. B. ein Leistungsvorbehalt vor, wenn
   eine Veränderung des gewählten Anpassungsmaßstabs (z. B. Lebenshaltungskostenindex) nicht automatisch zu einer bestimmten Änderung des Erbbauzinses führt und den
   Parteien oder dem zur Festlegung der Anpassung aufgeforderten Dritten noch ein gewisser Ermessensspielraum verbleibt. Ein solcher Ermessensspielraum besteht z. B., wenn
   bei einer bestimmten Indexänderung eine „angemessene Änderung des Erbbauzinses"
   verlangt werden kann. Bei Leistungsvorbehaltsklauseln stellt die Änderung bestimmter
   Preise oder Indizes nur die Voraussetzung für eine Anpassung des Erbbauzinses dar. Für

---

34   BT-Drucks. 12/7425, S. 261
35   BT-Drucks. 12 /5992, S. 80
36   Dürkes in BB 1990, 1608; Holtzmann in NJW 1967, 915; Holtzmann/Münzberg in NJW 1969, 407; Czerlinsky
      in NJW 1977, 1228

Kleiber   2231

die Erhöhung des Erbbauzinses lässt diese Klausel einen Beurteilungsspielraum zu, wobei die tatsächliche Erhöhung zu verhandeln ist.

– Eine **Spannungsklausel** liegt dagegen vor, wenn der Maßstab, an den der Erbbauzins angepasst werden soll, und die Leistung, für die die zu sichernde Geldschuld (Erbbauzins) gezahlt wird, d. h. als Geldschulden und Wertmaßstab nach der Verkehrsanschauung gleichartig sind. Eine solche Gleichartigkeit besteht z. B. zwischen dem Mietertrag der auf einem Grundstück aufstehenden Gebäude und der Grundstücksnutzung, für die der Erbbauzins gezahlt wird. Da es im Allgemeinen schwierig ist, im Erbbaurechtsvertrag eine Vereinbarung in Form einer Spannungsklausel zu treffen, wird diese Form in der Praxis selten gewählt.

93   Der **Vorteil von Wertsicherungsklauseln** besteht bei Erbbaurechtsverträgen vor allem darin, dass sich der Erbbauzins ohne Verhandlungen automatisch den veränderten Verhältnissen anpasst.

94   Automatische Indexierungsklauseln waren nach § 3 WährG in Deutschland genehmigungsbedürftig. Sie waren nur genehmigungsfähig, wenn sie den Genehmigungsgrundsätzen der Deutschen Bundesbank entsprachen. Die Laufzeit der **Vereinbarung musste dabei mindestens 10 Jahre betragen.** In den anderen Teilnehmerstaaten der europäischen Währungsunion galt jedoch kein derartiges Verbot. Insoweit wurde der § 3 WährG mit Einführung des Euroeinführungsgesetzes vom 9. 6. 1998 ersatzlos gestrichen, was in Deutschland aber auf Widerstände stieß. Da man in Deutschland auf dieses zum Schutz der Wirtschaft und ihrer Stabilität erforderliche Verbot nicht verzichten wollte, wird es nun im **Preisangaben- und Preisklauselgesetz** (PaPkG) mit nahezu der selben Formulierung eingestellt. Dabei ist zu beachten, dass Indexklauseln nur dann verboten sind, wenn sie zu einer „unmittelbar und selbstständigen" Bestimmung von Geldschulden durch deren Preis oder Wert von anderen Leistungen bestimmt werden, also dann, wenn die Klauseln ohne Zutun der Parteien wirken. Setzt dagegen die Änderung der Geldschuld neben der Änderung der Bezugsgröße noch irgendein Zutun eines oder der Beteiligten voraus, wirkt sie nicht mehr selbstständig und automatisch. Anders ausgedrückt: wird zur Wertsicherung eine Anpassungsverpflichtung oder ein Anpassungsgebot vereinbart, stellt das Indexierungsverbot kein Hindernis mehr für die Wertsicherung dar.

95   Bei **Erbbaurechten zu Wohnzwecken** in den alten Bundesländern gilt weiterhin § 9 a ErbbauVO. Daneben gilt § 2 PaPkG, wonach nur die Form einer nicht automatisch wirkenden Anpassungsklausel verabredet werden kann. Automatisch wirkende Anpassungsklauseln müssen per Ausnahmegenehmigung entsprechend § 2 Abs. 1 Satz 2 PaPkG erteilt werden.

96   Bei **Erbbaurechten auf Grund Sachenrechtsbereinigungsgesetz** gilt das Indexierungsverbot nicht, da § 46 SachenRBerG die Indexierung und die Anpassung sowie die Bezugsgrößen ohnehin vorschreibt.

97   Nach dem 1974 in die Verordnung neu eingeführten § 9 a ErbbauVO (abgedruckt bei Rn. 99) ist eine **Anpassung des Erbbauzinses für Wohnzwecke** eingeschränkt. Der Erhöhungsanspruch ist jedoch bei Änderung der allgemeinen wirtschaftlichen Verhältnisse nicht unbillig. So ist eine Koppelung des Erbbauzinses an einen Bodenpreisindex unzulässig, da die Bodenpreisentwicklung nicht der Entwicklung der allgemeinen Wertverhältnisse entspricht (vgl. den Abdruck des § 9 a ErbbauVO bei Rn. 99).

c)   Wohnzwecken dienende Grundstücke

98   Bei **Grundstücken, die Wohnzwecken dienen,** darf eine Anpassung gemäß § 9 a ErbbauVO nicht über die allgemeinen wirtschaftlichen Verhältnisse hinausgehen. Nach der Rechtsprechung des BGH ist hierunter der Mittelwert aus der Lebenshaltungskosten- und

Abb. 13: Möglichkeiten der Wertsicherung des Erbbauzinses

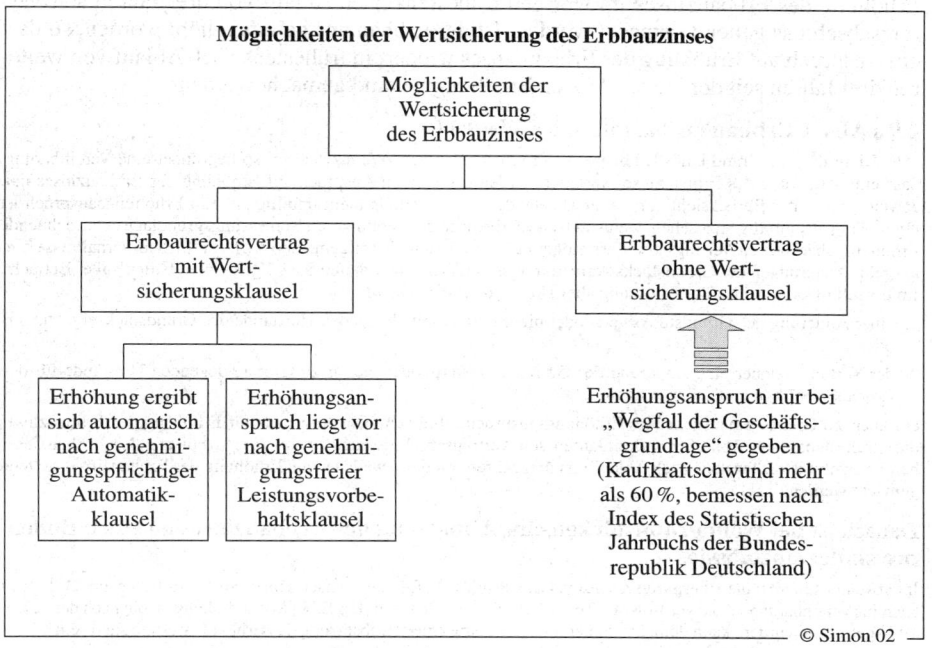

Abb. 14: Wertsicherungsklauseln

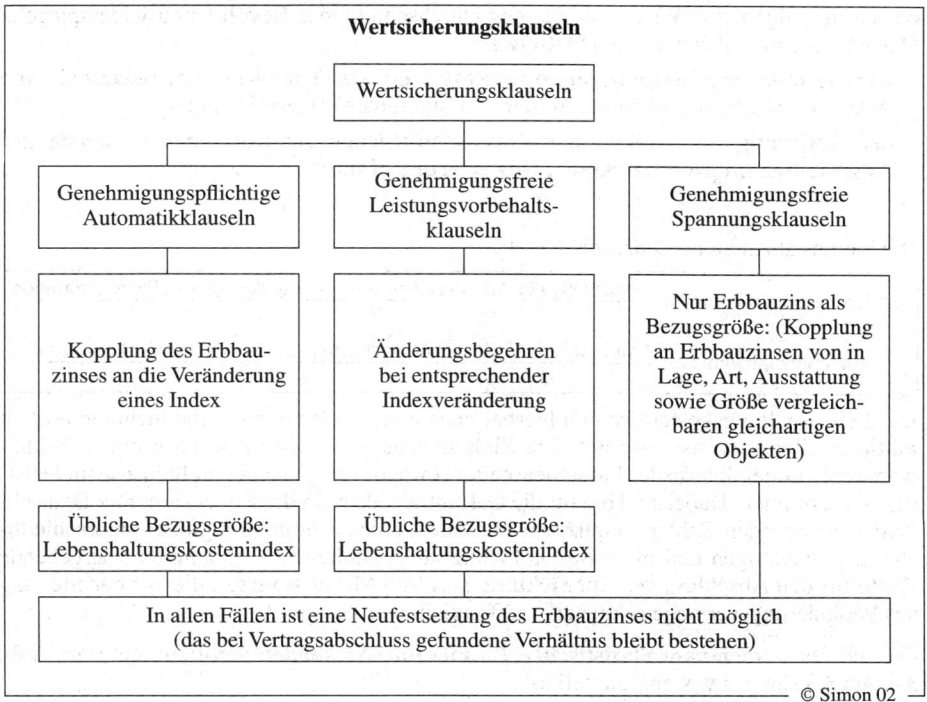

Einkommensentwicklung zu verstehen. Nach § 9a ErbbauVO darf ein Anspruch auf Erhöhung des Erbbauzinses im Übrigen frühestens nach Ablauf von drei Jahren seit Vertragsabschluss geltend gemacht werden. Ist der Erbbauzins bereits erhöht worden, so darf ein Anspruch auf Erhöhung des Erbbauzinses wiederum frühestens nach Ablauf von weiteren drei Jahren seit der jeweils letzten Erhöhung geltend gemacht werden.

99   **§ 9a Abs. 1 ErbbauVO** hat folgenden Wortlaut:

„(1) Dient das auf Grund eines Erbbaurechts errichtete Bauwerk Wohnzwecken, so begründet eine Vereinbarung, dass eine Änderung des Erbbauzinses verlangt werden kann, einen Anspruch auf Erhöhung des Erbbauzinses nur, soweit diese unter Berücksichtigung aller Umstände des Einzelfalls nicht unbillig ist. Ein Erhöhungsanspruch ist regelmäßig als unbillig anzusehen, wenn und soweit die nach der vereinbarten Bemessungsgrundlage zu errechnende Erhöhung über die seit Vertragsabschluss eingetretene Änderung der allgemeinen wirtschaftlichen Verhältnisse hinausgeht. Änderungen der Grundstückswertverhältnisse bleiben außer den in Satz 3 genannten Fällen außer Betracht. Im Einzelfall kann bei Berücksichtigung aller Umstände insbesondere

1. einer Änderung des Grundstückswerts oder die ihr zu Grunde liegenden Umstände des Grundstückseigentümers oder

2. der Vorteil, welcher eine Änderung des Grundstückswerts oder die ihr zu Grunde liegenden Umstände für den Erbbauberechtigten mit sich bringen,

ein über die Grenze hinausgehender Erhöhungsanspruch billig sein. Ein Anspruch auf Erhöhung des Erbbauzinses darf frühestens nach Ablauf von drei Jahren seit Vertragsabschluss und, wenn eine Erhöhung des Erbbauzinses bereits erfolgt ist, frühestens nach Ablauf von drei Jahren seit der jeweils letzten Erhöhung des Erbbauzinses geltend gemacht werden."

100   Danach ist **bei Wohngrundstücken eine Anpassung des Erbbauzinses an einen Bodenpreisindex unzulässig.**

Interessant ist hierbei die **Übergangsregelung.** Danach gilt § 9a ErbbauVO nach seinem In-Kraft-Treten am 23. 1. 1974 auch für Vereinbarungen, die vor In-Kraft-Treten getroffen worden sind. Bei Erbbauzinserhöhungen, die nach dem 23. 1. 1974 getroffen wurden, kann demnach bei besonderer Härte eine Herabsetzung des Erbbauzinses möglich sein.

101   Der BGH hat bei der Auslegung des Begriffs der Änderung der allgemeinen wirtschaftlichen Verhältnisse (§ 9a Abs. 1 Satz 2 ErbbauVO) in ständiger Rechtsprechung entschieden, dass entsprechend der sozialen Zielsetzung an die Daten anzuknüpfen ist, die am besten die allgemeine Wirtschaftlage des Durchschnitts der Bevölkerung widerspiegeln. Danach kommt es daher auf den **Mittelwert**

– **der Veränderung des Lebenshaltungskostenindexes** (eines 4-Personen-Haushalts von Arbeitern und Angestellten mit mittlerem Einkommen) einerseits und

– der **Änderung der Indizes der durchschnittlichen Bruttowochenverdienste der Angestellten im produzierenden Gewerbe und Handel** andererseits

an[37].

102   Die hieraus abzuleitende **Formel**[38] lautet:

$$\text{Änderung der Einkommen} = \frac{\text{Änderung der Arbeiterlöhne} + \text{Änderung der Angestellteneinkommen}}{2}$$

$$\text{Änderungsprozentsatz} = \frac{\text{Änderung der Lebenshaltungskosten} + \text{Änderung der Einkommen}}{2}$$

103   Die Lebenshaltungskosten werden hierbei nach einem 4-Personen-Arbeitnehmerhaushalt mittleren Einkommens bestimmt. Die Einkommensverhältnisse sind nach einem Mittelwert der Bruttoeinkünfte der Industriearbeiter sowie der Angestellten in Industrie und Handel zu bestimmen. Dabei sind die für die Gesamtbevölkerung der Bundesrepublik Deutschland maßgebenden Zahlen heranzuziehen ohne Berücksichtigung regional unterschiedlicher Entwicklungen und ohne Beschränkung auf männliche Arbeitnehmer. Maßgebende Werte für den Abschluss der **Entwicklung sind die Monatsindizes,** die vor der Stellung des Veränderungsverlangens zuletzt veröffentlicht worden sind[39].

104   Die Indizes werden vom **Statistischen Bundesamt Wiesbaden** veröffentlicht (vgl. Anh. 3.4 und 3.5 sowie www.gug-aktuell.de).

Die **Berechnung der Erbbauzinserhöhung** bei Änderung der allgemeinen wirtschaftli-   **105**
chen Verhältnisse ist nachfolgend beispielhaft dargestellt[40].

Beispiel: **106**

Berechnung zur Erhöhung des Erbbauzinses

Erbbauzins bei Vertragsabschluss im August 1957: 1 500 DM/Jahr, Anpassungsklausel war vereinbart, jedoch nicht
angewendet worden. Erstmalige Erbbauzinserhöhung im Januar 1980. Sofern im Erbbaurechtsvertrag keine anderweitigen Vereinbarungen getroffen wurden, ist die Berechnung der Erbbauzinserhöhung wie folgt vorzunehmen:

Ermittlung der Änderung der allgemeinen wirtschaftlichen Verhältnisse zwischen August 1957 und Januar 1980:

a) *Lebenshaltungskostenindex, 1991 = 100*

August 1957	34,5 Punkte	
Januar 1980	72,8 Punkte	
Steigerung	111,0 %	entspricht Faktor 2,11

b) *Einkommensverhältnisse der Arbeiter*
Bruttowochenverdienste der Arbeiter
im produzierenden Gewerbe (Basis 1995 = 100)

August 1957	10,7 Punkte	
Januar 1980	54,2 Punkte	
Steigerung	406,5 %	entspricht Faktor 5,07

c) *Einkommensverhältnisse der Angestellten*
Bruttomonatsverdienste der Angestellten
im produzierenden Gewerbe und Handel
(Basis 1995 = 100)

August 1957	10,7 Punkte	
Januar 1980	53,3 Punkte	
Steigerung	rund 400 %	entspricht Faktor 5,0

Erbbauzinserhöhung:

$$\frac{(111,0 + (406,5 + 400,0 / 2)}{2} = 257,13\,\%$$

dies entspricht einer Erhöhung des Erbbauzinses von 1 500 DM + 257,13 % auf:
(1 500 DM × 257,13/100 =) 3856,95 DM + 1500,00 DM = 5356,95 DM oder 2 738,97 €.

Häufig werden die **Anpassungsklauseln nicht eindeutig formuliert,** so dass sich später   **107**
Auslegungsprobleme ergeben, die oft nur durch Gerichtsentscheidungen geklärt werden
können.

Beispiel A: Wohngrundstück   **108**

Der Erbbauzins ist alle drei Jahre zum Jahresende zu überprüfen. Dabei ist er mit den allgemeinen wirtschaftlichen
Verhältnissen in Einklang zu bringen, stets soll er aber mindestens 6 % des Verkehrswerts betragen.

Beispiel B: teilerschlossenes Gewerbegrundstück: **109**

Der Erbbauzins ist unter Berücksichtigung der allgemeinen wirtschaftlichen Verhältnisse dem veränderten Nutzungs-
wert des Erbbaurechts durch entsprechende Erhöhung oder Herabsetzung anzupassen. Von dem hiernach ermittelten
Erbbauzins wird bis zum Wegfall der Erschließungskostenzuschüsse 1,70 €/m² abgezogen. Bei Wegfall der
Erschließungskostenzuschüsse wird der Erbbauzins auf den ortsüblichen Satz für Erbbauzinsen erschlossener
Grundstücke festgesetzt.

Beide Klauseln enthalten je zwei Maßstäbe. Im **ersten Fall (A)** ist nur der erste Maßstab   **110**
(Änderung der allgemeinen wirtschaftlichen Verhältnisse) mit § 9a ErbbauVO vereinbar;
der zweite Maßstab ist zumindest nach In-Kraft-Treten des § 9a ErbbauVO gegenstandslos. Ob gar die ganze Klausel und nicht nur die „Mindestklausel" nichtig ist, ist ein juristi-
sches Problem[41].

---

37   BGH, Urt. vom 4. 7. 1980 – V ZR 49/79 –, EzGuG 7.77; BGH, Urt. vom 27. 5. 1981 – V ZR 20/80 –, EzGuG
     7.82; BGH, Urt. vom 20. 12. 1985 – V ZR 96/84 –, EzGuG 7.95a
38   Erman/Hagen, BGB § 9a ErbbauVO Rn. 6; Staudinger/Ring, BGB § 9a ErbbauVO Rn. 7; MünchKomm/
     v. Oefele § 9 ErbbauVO Rn. 6
39   BGH, Urt. vom 15. 4. 1983 – V ZR 9/82 –, EzGuG 7.89; BGH, Urt. vom 3. 5. 1985 – V ZR 23/84 –, EzGuG 7.94
40   Dürkes, Die Wertsicherung von Erbbauzinsen, BB 1980, 1614
41   Petersen, Anpassung des Erbbauzinses, Infodienst für Sachverständige, 1990, 7

111   Im **zweiten Fall (B)** werden noch mehr Fragen aufgeworfen. Der zweite Teil der Klausel bestimmt zwar eindeutig den Zeitpunkt über Neufestsetzung des Erbbauzinses; der weitere Text kann aber zu einer völligen Neufestsetzung des Erbbauzinses unter Nichtbeachtung des ursprünglich vereinbarten Maßstabs ausgelegt werden. Darüber hinaus ist nicht klar, welcher ortsübliche Satz für Erbbauzinsen gemeint ist (Durchschnittssatz für alle Nutzungsarten?) und es bleibt ungeregelt, ob bei Wegfall der Erschließungskostenzuschüsse das Grundstück auch tatsächlich voll erschlossen ist, denn nach der Auslegung könnte der Grundstückseigentümer theoretisch einen Erbbauzins für einen Grundstückszustand verlangen, der gar nicht besteht. Auch dieser Fall gehört zur Klärung in die Hände der Juristen.

2.3.2.2   Verträge ohne Anpassungsklausel

112   Bei Erbbaurechtsverträgen ohne Anpassungsklausel kann nach dem Grundsatz von Treu und Glauben (§ 242 BGB) über das Rechtsinstitut „Wegfall der Geschäftsgrundlage" bei einem **Missverhältnis zwischen Leistung und Gegenleistung** im Wege der ergänzenden Vertragsauslegung der im Wesentlichen gewollte Zweck herbeigeführt werden[42]. Liegen also Erbbaurechtsverträge ohne Gleitklausel vor, kann u. U. eine Veränderung in Frage kommen[43], wenn sich das Gleichgewicht zwischen Leistung und Gegenleistung im Laufe der Zeit derart verschoben hat, dass dem dadurch benachteiligten Vertragspartner ein weiteres Festhalten an der ursprünglichen Vereinbarung billigerweise nicht mehr zuzumuten ist. Unabhängig davon, ob es sich um ein Wohn- oder Gewerbegrundstück handelt, kann der Erbbauzins bei einem Kaufkraftschwund von mehr als 60 v. H. – bemessen nach den im Statistischen Jahrbuch der Bundesrepublik Deutschland veröffentlichten Indizes – wegen Wegfalls der Geschäftsgrundlage angepasst werden[44].

113   *Beispiel:*

Es besteht ein Erbbaurecht an einem Einfamilienhausgrundstück. Der Erbbauzins betrug bei Vertragsabschluss im Juni 1950: 412 DM/Jahr. Eine Anpassungsklausel war im Erbbaurechtsvertrag nicht vereinbart worden. Im Oktober 1997 verlangt der Erbbaurechtsgeber unter Hinweis auf die vorstehend erwähnte BGH-Rechtsprechung eine Erbbauzinserhöhung wegen **Wegfalls der Geschäftsgrundlage.** Sofern im Erbbaurechtsvertrag keine anderweitigen Vereinbarungen getroffen wurden, kann die Berechnung wie folgt vorgenommen werden:

a) **Ermittlung der Änderung der allgemeinen wirtschaftlichen Verhältnisse zwischen Juni 1950 und Oktober 1997**

	1950	1997	Anpassungs-faktoren Steigerung in %
a) Preisindizes für die Lebenshaltung für 4-Personen-Haushalte von Arbeitern und Angestellten mit mittlerem Einkommen, 1991 = 100	29,4	117,1	3,983 298,3
b) Index der durchschnittlichen Bruttowochenverdienste der Arbeiter im produzierenden Gewerbe, Oktober 1995 = 100	6,4	102,2	15,969 1 496,9
c) Index der durchschnittlichen Bruttomonatsverdienste der Angestellten im produzierenden Gewerbe und Handel, Oktober 1995 = 100	6,4[45]	103,5	16,172 1 517,2
Gewogenes Mittel $\left(\frac{b+c}{2}+a\right):2$ (Anpassungsfaktoren)			10,027
Gewogenes Mittel $\left(\frac{b+c}{2}+a\right):2$ (Steigerung in %)			902,7

b) Ermittlung des Geldwert- oder Kaufkraftschwundes

(60-%-Grenze, bezogen auf den Preisindex für die Lebenshaltung)

$[(100 - 1/3,983) \times 100] = 74,9\% > 60\%$

c) Ermittlung der Erbbauzinserhöhung

Erbbauzins lt. Vertrag in 1950	412,00 DM
Erbbauzinserhöhung in 1997	
412,00 DM × 902,7/100	3 719,12 DM
Neuer Erbbauzins ab 1997	4 131,12 DM
	(2.112,21 €)

2.3.2.3 Anpassung nach billigem Ermessen

Für die Firma A wurde ein Erbbaurecht an einem Bürogrundstück bestellt. Im Erbbau- **114**
rechtsvertrag wurde vereinbart, dass der festgelegte Erbbauzins auf der Grundlage der
Lebenshaltungskosten angepasst werden soll. Grundlage sollte der Lebenshaltungskostenindex für alle private Haushalte (1985 = 100) sein. Es handelt sich um eine bislang nach § 3
WährG genehmigungspflichtige Anpassungsklausel, nach der sich der Erbbauzins entsprechend der Änderung des Lebenshaltungskostenindexes im gleichen Verhältnis ändert (ausgelöst wird die Änderung des Erbbauzinses bei einer Veränderung des Lebenshaltungskostenindexes um mehr als 5 %).

Es war weiter vereinbart, dass bei wesentlicher Änderung der wirtschaftlichen Verhältnisse **115**
(wenn der Erbbauzins nach Treu und Glauben kein angemessenes Entgelt mehr darstellt)
eine Anpassung nach „billigem Ermessen" verlangt werden kann. Dabei sollten der jeweilige Bodenwert und ein Erbbauzins von 6 % des jeweiligen Bodenwerts Grundlage einer
freien, die Interessen beider Vertragsparteien wahrender Vereinbarung sein.

Das Wertsichern des Erbbauzinses über den Lebenshaltungsindex gehört zu den **116**
üblichen Vereinbarungen bei Erbbaurechtsverträgen. Diese Verfahrensweise führte in der
Vergangenheit sowohl für den Erbbauberechtigten als auch für den Erbbaurechtsgeber
überwiegend zu akzeptablen Anpassungen. Dabei wurde zumindest bei gewerblich genutzten Objekten stillschweigend unterstellt, dass die Steigerung des Lebenshaltungskostenindexes mit einer entsprechenden Mietsteigerung einhergeht. Bei der derzeitigen wirtschaftlichen Situation (sinkende Gewerberaummieten, steigende Inflationsrate) kann diese Automatikklausel jedoch zu erheblichen Nachteilen für den Erbbauberechtigten führen.

Eine Vereinbarung, nach der bei wesentlicher Änderung der wirtschaftlichen Verhältnisse **117**
eine Anpassung nach billigem Ermessen (gemäß § 315 Abs. 1 BGB) verlangt werden kann,
ist dahin gehend auszulegen, dass **alle Umstände unter Einbeziehung vergleichbarer
Fälle in sachlich begründeter und persönlich zumutbarer Weise berücksichtigt werden**[46]. Die Auslegung des Begriffs des billigen Ermessens bietet gleichwohl einen breiten
Verhandlungsspielraum. Allerdings ist gleichzeitig der Maßstab für die Beurteilung des
„billigen Ermessens" dargelegt. Danach sollen 6 % des Bodenwerts des Erbbaurechts-
grundstücks Grundlage der freien, die Interessen beider Vertragsparteien wahrenden Vereinbarung sein. Dieser Passus ist wenig überzeugend, da er in seinen Auswirkungen nicht
die „Interessen beider Vertragsparteien", sondern völlig einseitig die Interessen des Erbbaurechtsgebers wahrt. In Fachkreisen ist bekannt, dass die über einen längeren Zeitraum
betrachtete Bodenwertsteigerung bei weitem die im gleichen Zeitraum sich ergebende

---

42 BGH, Urt. vom 23. 5. 1980 – V ZR 129/76 –, EzGuG 7.76
43 BGH, Urt. vom 23. 5. 1980 – V ZR 20/78 –, EzGuG 7.75
44 BGH, Urt. vom 21. 2. 1986 – V ZR 195/84 –, EzGuG 7.96
45 Der Index wurde erstmals für Februar 1957 festgestellt. Für davor liegende Zeiten werden die Indizes der durchschnittlichen Bruttowochenverdienste der Arbeiter im produzierenden Gewerbe verwendet.
46 Larenz, Schuldrecht Bd. I § 6 II a

Steigung des Lebenshaltungskostenindexes übersteigt. Das bedeutet, dass bei Verschlechterung der allgemeinen wirtschaftlichen Lage, sofern sie mit massivem Rückgang der erzielbaren Mieten verbunden ist und der Erbbauberechtigte eine Erhöhung des Erbbauzinses gerade wegen sinkender Erträge wirtschaftlich nicht mehr tragen kann, nach dieser Klausel einen noch höheren Erbbauzins zahlen müsste. Dies wirkt sich umso gravierender aus, je höher die Lagequalität des Erbbaugrundstücks einzuschätzen ist. Andererseits ist zu fragen, ob den Parteien wirklich bewusst war, welche Auswirkungen die Formulierung der zusätzlichen Abrede haben könnte. Denn wenn schon eine über die im Regelfall moderate Wertsicherung auf der Grundlage des Lebenshaltungskostenindexes hinaus wesentliche Veränderung der wirtschaftlichen Verhältnisse zu einer Erbbauzinsanpassung nach billigem Ermessen vereinbart wurde, dann war es vermutlich nicht der Wille beider Parteien, dass dies zu einer absolut einseitigen Bevorteilung des Erbbaurechtsgebers führen sollte, denn die Auslegung des Begriffs „billiges Ermessen" bedeutet eigentlich etwas anderes:

118 **Eine Bestimmung ist billig, wenn sie sich im Rahmen des in vergleichbaren Fällen Üblichen hält** und nach Lage der besonderen Umstände des Falles als angemessen, sachlich begründet und persönlich zumutbar erscheint. Hieraus ergibt sich, dass es sich bei einer Bestimmung nach der Billigkeit, bei der die Interessen sowohl des Gläubigers als auch des Schuldners zu berücksichtigen sind, um eine Entscheidung handelt, die einen gewissen Spielraum voraussetzt.

119 **Billig und angemessen** bedeutet auch, dass zwischen Leistung und Gegenleistung ein ausgewogenes Verhältnis im Sinne der §§ 315 ff. BGB besteht. Es stellt sich also die Frage, welches Risiko mit der Zusatzabrede abgedeckt werden sollte.

Risiko des Erbbaurechtsgebers:

120 Bei langjähriger Stagnation des Lebenshaltungskostenindexes und gleichzeitiger überproportionaler Bodenwertsteigerung würde sich für den Erbbaurechtsgeber ein Nachteil ergeben. Dieser Nachteil ist aber nicht gleichbedeutend mit einem entsprechenden Vorteil des Erbbauberechtigten. Der Vorteil würde sich nur einstellen, wenn mit der Bodenwertsteigerung gleichzeitig auch die Mieten steigen würden. Für diesen Fall wäre der Erbbauzins nach billigem Ermessen über die Lebenshaltungskostenindexänderung hinaus anzupassen.

Risiko des Erbbauberechtigten:

121 Für den Erbbauberechtigten ergibt sich in jedem Fall ein Nachteil bei Anwendung der Zusatzabrede. Lediglich für das unwahrscheinliche Szenario, dass der Lebenshaltungskostenindex drastisch ansteigt und dabei der Bodenwert in ebenso massivem Maße sinken würde, ergäbe sich ein Vorteil für den Erbbauberechtigten der eine Anpassung rechtfertigen würde. Für diese rein „fiktive" Situation ergibt sich jedoch kein Anhaltspunkt.

Insoweit ist die gesamte Anpassungsklausel unglücklich formuliert. Eine Anpassung nach billigem Ermessen ergibt sich dadurch nur einseitig zugunsten des Erbbaurechtsgebers.

122 Bei dem hier angesprochenen gewerblichen Erbbaurechtsvertrag gelten nicht die Vorschriften des § 9a ErbbauVO. Somit entfällt auch die Billigkeitsgrenze nach § 9a Abs. 1 Satz 1 und 3. Hier könnte allenfalls mit den §§ 157 und 242 BGB argumentiert werden. Wenn eine **von keinem vorhersehbare und damit auch nicht im Vertrag berücksichtigte völlige Veränderung der für den Fortbestand notwendigen Verhältnisse eintritt,** dann wäre es mit „Treu und Glauben" nicht zu vereinbaren, den dadurch unverhältnismäßig benachteiligten Teil unverändert an dem unter anderen Voraussetzungen geschlossenen Vertrag festzuhalten. Es könnte dann ggf. im Wege einer korrigierenden Vertragsauslegung der Vertrag so umgestaltet werden, dass er seinen ursprünglichen Sinn wieder erfüllt.

123 Im angesprochenen Fall kann man von einer **Äquivalenzstörung** sprechen. Das Ansteigen des Lebenshaltungskostenindexes und die gleichzeitige längerfristige Stagnation oder der Rückgang der Mieten war bei Abschluss des Erbbaurechtsvertrags nicht vorhergesehen worden, da sich in der Vergangenheit vor Abschluss des Erbbaurechtsvertrags eine derartige Situation bislang nicht eingestellt hatte. Insoweit ist die bei Vertragsabschluss gegebene oder zumindest angenommene Gleichwertigkeit von Leistung und Gegenleistung durch die Änderung der wirtschaftlichen Verhältnisse über die Grenze des normalerweise zumutbaren Risikos hinaus aufgehoben. Ob dieser Argumentation angesichts der Tatsache, dass „Vollkaufleute" den Erbbaurechtsvertrag abgesichert haben, im Streitfall gefolgt wird, bleibt dahingestellt.

Wäre im Wege der korrigierenden Vertragsauslegung eine Vertragsumgestaltung möglich, **124** sollte besser eine Formulierung gewählt werden, die einer Spannungsklausel nahe kommt. Dabei sollte der Erbbauzins in einer Spannung zu einer bestimmten Leistung stehen. Als **Wertmesser** könnten die vom Erbbauberechtigten erzielten Mieten oder generell der Mietzins für bestimmte Objekte gleicher Lagequalität, Bauart, baulicher Ausstattung und gleichen Alters sein. Die erste Formulierung könnte auf Ablehnung stoßen, da der Erbbaurechtsgeber die Folgen von ggf. mangelnder baulicher Unterhaltung und versäumten Modernisierungen, die zur Erzielung eines nachhaltigen Mietzinses auf hohem Niveau erforderlich sind, ungerechtfertigterweise und zu seinem Nachteil mittragen müsste. Bei der zweiten Formulierung ist zur Vermeidung von Streitigkeiten eine Schiedsgutachterabrede zu empfehlen. Auch wenn dieser Weg zunächst aufwendig und auch streitbefragter erscheint, so sichert eine Spannungsklausel oder eine daran anknüpfende Vertragsgestaltung, dass das ursprünglich gewählte Verhältnis zwischen Leistung und Gegenleistung gewahrt bleibt.

Dem Grundstückssachverständigen sollte jedoch bewusst sein, dass es sich bei der Ausle- **125** gung von Wertsicherungsklauseln im Kern um **juristische Auslegungen** handelt. Ist bei der Wertermittlung eines Erbbaurechts die Formulierung der Wertsicherungsklausel unklar, sollte grundsätzlich ein Jurist zu Rate gezogen werden.

2.3.3   Außergewöhnlich hoher Erbbauzins in städtischen Bereichen

In innerstädtischen Bereichen kann es vorkommen, dass ein außergewöhnlich hoher Erb- **126** bauzins gezahlt wird, der bei weitem nicht der üblichen Verzinsung des Bodenwerts vergleichbarer Grundstücke entspricht. Diese ungewöhnliche Situation hat im Allgemeinen steuerliche Gründe, da der Erbbauberechtigte einen Teil seiner Steuern auf den Erbbaurechtsgeber abwälzt, der seinerseits seine Dienste durch einen entsprechend hohen Erbbauzins entgelten lässt. Für ein großes Unternehmen (z. B. eine Kaufhauskette) ist es günstiger, ein Erbbaurecht zu erwerben als den Grund und Boden zu kaufen. Der **jährliche Erbbauzins kann als Betriebsausgabe abgesetzt werden.** Damit wird ebenfalls Gewerbe- und Körperschaftsteuer (früher auch Vermögensteuer) gespart. Im Allgemeinen liegt die Ersparnis bei rd. 2/3 des Erbbauzinses. Würde ein Unternehmen das Grundstück kaufen, wäre der Kaufpreis nicht abschreibungsfähig. Der Erbbaurechtsgeber muss allerdings den Kapitalwert des Erbbauzinses versteuern. Dafür lässt er sich einen entsprechend hohen Erbbauzins zahlen. Der überhöhte Erbbauzins lässt keine Rückschlüsse auf den ortsüblichen Bodenwert zu. In diesen Fällen liegen **ungewöhnliche Verhältnisse** vor.

2.3.4   Erbbauzins in einer Summe bei Bestellung des Erbbaurechts

Der Erbbauzins kann auch in einer Summe bei Bestellung des Erbbaurechts im Voraus **127** bezahlt werden (vgl. Rn. 73).

Beispiel:

1978 wurde an einem Grundstück ein Erbbaurecht mit einer Laufzeit von 50 Jahren bestellt, dessen Verkehrswert 1998 zu ermitteln ist. Der Erbbauberechtigte hat 1978 den gesamten Erbbauzins (jährlich 6 % vom Bodenwert von 800 000 €) für 50 Jahre im Voraus bezahlt. Der Bodenwert beträgt am Wertermittlungsstichtag 1 200 000 €. Es wird ein Jahresreinertrag von 800 000 € erzielt. Der Liegenschaftszinssatz beträgt 6 %. Die Restnutzungsdauer des Gebäudes entspricht der Restlaufzeit des Erbbaurechts.

Grundstücksreinertrag	800 000 €	
Bodenwertverzinsung 6 % von 1 200 000 €	– 72 000 €	
	728 000 €	
Vervielfältiger bei 6 % und		
30 Jahren Restnutzungsdauer 13,76		
Gebäudeertragswert 728 000 € × 13,76	**10 017 280 €**	10 017 280 €

Bodenwert des Erbbaurechts

Der Bodenwert beträgt am Stichtag 1,2 Mio. €. Der angemessene Erbbauzins würde demnach 72 000 € betragen. Da er dem Erbbauberechtigten nicht „ewig", sondern nur noch für 30 Jahre zur Verfügung steht, ist er entsprechend zu mindern. Der Vervielfältiger beträgt bei 30 Jahren und 6 % 13,76 und der ansetzbare Bodenwert somit

72 000 € × 13,76	+ 990 720 €
Ertragswert des Erbbaurechts	11 008 000 €

Variante:		
Gebäudeertragswert		10 017 280 €
Vorteil des Erbbauberechtigten aus der Bodennutzung:		
Im Kaufpreis zu Grunde gelegter Zins		
6 % von 800 000 €	48 000 €	
ortsüblicher Zins am Stichtag		
6 % von 1 200 000 €	72 000 €	
Vorteil aus Bodennutzung	24 000 €	
Vorteil über die Restlaufzeit des Rechts		
24 000 € × 13,76		330 240 €
Kapitalisierung des Erbbauzinses		
48 000 € × 13,76	610 480 €	990 720 €
Ertragswert des Erbbaurechts		11 008 000 €

2.4   Verkehrswertermittlung von Erbbaurechten und erbbaurechtbelasteten Grundstücken

2.4.1   Allgemeines

128   **Grundsätzlich ist bei der Verkehrswertermittlung[47] zu unterscheiden** zwischen

a) dem Verkehrswert des Erbbaurechts und

b) dem Verkehrswert des mit einem Erbbaurecht belasteten Grundstücks.

129   Der Umstand, dass die zur Anpassung des Erbbauzinses verwendbaren Indizes nicht der Entwicklung der Bodenpreise entsprechen, führt zu einem **zentralen Problem bei der Verkehrswertermittlung von Erbbaurechten.** Der Erbbaurechtsausgeber wird mit Zeitablauf des Rechts immer schlechter gestellt, weil die Spanne zwischen der ortsüblichen Bodenwertverzinsung und dem auf Grund der Wertsicherungsklauseln zulässigen Erbbauzins immer größer wird.

130   Bei der Wertermittlung des Erbbaurechts stellt sich die zentrale Frage, welcher **Bodenwertanteil** dem Erbbauberechtigten und welcher dem Grundstückseigentümer zugeordnet wird. Da mit einem Erbbaurecht belastete Grundstücke kaum frei gehandelt werden (Verkäufe an Dritte treten sehr selten auf), ist diese Frage nicht eindeutig zu beantworten (Abb. 15).

131   Die Wertermittlung bereitet keine Schwierigkeiten, wenn der Erbbauberechtigte einen **angemessenen Erbbauzins** zahlt, der der ortsüblichen Bodenwertverzinsung entspricht. In diesem Fall entspricht der Kapitalwert des Erbbauzinses der Belastung des Grundstücks mit dem Erbbaurecht. Der Bodenwert wird deshalb voll dem Erbbauverpflichteten (Grundstückseigentümer) zugerechnet. Allerdings muss beachtet werden, dass Grundstücke, die in Abt. II des Grundbuchs an erster Rangstelle mit einem Erbbaurecht belastet sind, nicht beliehen werden dürfen. Das führt in der Praxis zu einer erheblichen Wertminderung.

Abb. 15:　Zentrales Problem bei der Wertermittlung von Erbbaurechten

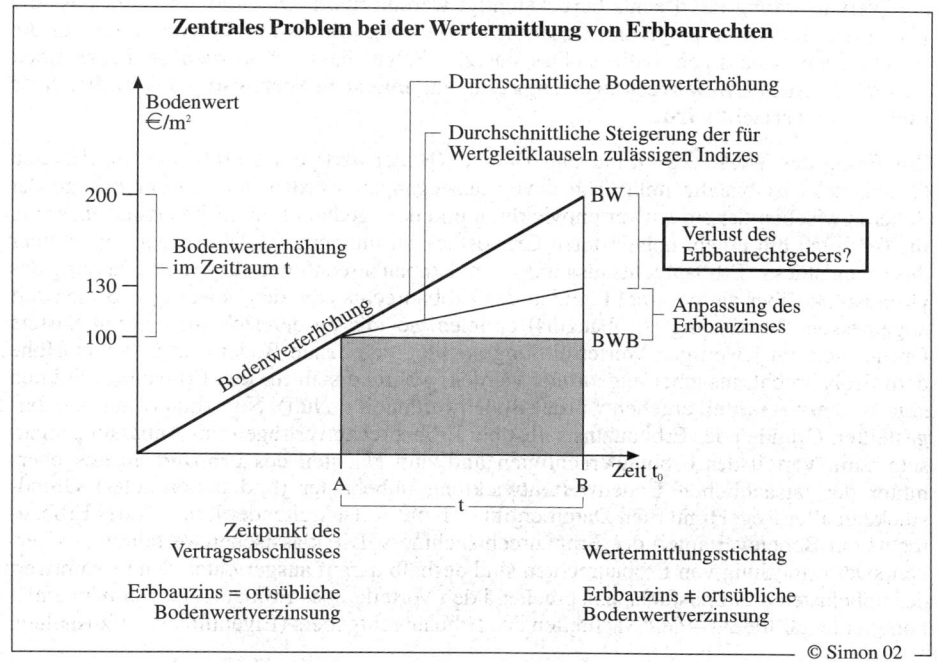

Zentrales Problem bei der Wertermittlung von Erbbaurechten

© Simon 02

Beispiel:　　　　　　　　　　　　　　　　　　　　　　　　　　　　　　　　　　**132**

Restlaufzeit des Erbbaurechts größer oder gleich der Lebensdauer des aufstehenden Gebäudes. Bodenwert 50 000 €.
Restlaufzeit des Erbbaurechts 50 Jahre. Vereinbarter Erbbauzins = angemessener Erbbauzins.

Bodenwertanteil des Erbbaurechts			Wert des mit dem Erbbaurecht belasteten Grundstücks	
Angemessener Zins			Wert das unbelasteten Grundstücks	50 000 €
6 v. H. von 50 000 €	=	3 000 €	Erbbauzins	
Gezahlter Zins	−	3 000 €	kapitalisiert[48]	
Differenz	=	0 €	3 000 € × 15,76	47 280 €
			zuzüglich abgezinster Bodenwert[49]	
			50 000 € × 0,0543	+ 2 714 €
				49 994 €
			Wert des mit dem Erbbaurecht	
Bodenwertanteil des Erbbaurechts	**0 €**		belasteten Grundstücks　　rd.	**50 000 €**[50]

47　Pinkwart in ZfV 1929, 388; Ziegenbein/Meyer in ZfV 1988, 381; Vollmar in ZfV 1967, 165; ders in BuG 1965,
382; Beiderwieden in AVN 1965, 93; ders in AVN 1967, 463; Müller in BuG 1963, 463; Lehmann in ZfV 1978,
104; Neisecke in AVN 1975, 362; Vogel in AVN 1969, 263; Engelbert in Nachr. Der nds Kat- und VermVw
1963, 74; Gerardy in BlGBW 1974, 121; Gerardy in GWW 1966, 35; Glaser in DB 1978, 175; Simon in GuG
1991, 69; Räfle, Erbbaurechtsverordnung, Sonderausgabe aus BGB-RGRK 12. Aufl. 1986 § 32 En 3; Wang,
Wertermittlung eines mit einem Erbbaurecht belasteten Grundstücks, Peter Lang, Europäischer Verlag der Wissenschaften 1994; Morgan/Kögeböhn in GuG 2000, 270; Werth in GuG 1999, 193; Lehmann, Wertermittlung
von Erbbaurechten, Diss. Sonderdruck aus der Schriftenreihe des nds. Landesvermessungsamtes
48　Rentenbarwertfaktor bei 50 Jahren und 6 v. H. Zins
49　Diskontierungsfaktor bei 50 Jahren und 6 v. H. Zins
50　Diese Betrachtung ist allerdings nur theoretisch richtig. In der Praxis ist folgender Sachverhalt wertbeeinflussend: Da ein mit einem Erbbaurecht belastetes Grundstück nach § 10 Abs.1 ErbbauVO nur erstrangig (in Abt. II
des Grundbuchs) belastet werden darf und das Recht bei der Zwangsversteigerung nach § 25 ErbbauVO stets
bestehen bleibt, ist die Beleihung eines solchen Grundstücks durch die Kreditinstitute in aller Regel ausgeschlossen (vgl. Stannigel/Kremer/Weyers a. a. O. S. 45).

133 Zahlt der Erbbauberechtigte jedoch einen geringeren Zins, so hat er einen Vorteil, der bei der Wertermittlung des Rechts berücksichtigt werden muss. Die Abb. 15 zeigt, dass die Kurve der Bodenwertsteigerung wesentlich steiler verläuft als die Steigerung der für die Gleitklauseln zulässigen Indizes. Das hat zur Folge, dass schon **wenige Jahre nach Abschluss eines Erbbaurechtsvertrags eine angemessene Verzinsung des Bodenwerts nicht mehr erreicht wird.**

134 Zur Frage des Werts des Grund und Bodens (Bodenwert) eines erbbaurechtsbelasteten Grundstücks ist bislang unkritisch davon ausgegangen worden, dass dieser infolge der Schere zwischen der Bodenwertentwicklung und der „gedämpften" Erbbauzinsanpassung im Vergleich mit einem unbelasteten Grundstück zu mindern sei. Würde der Eigentümer des Grundstücks (Erbbaurechtsausgeber) vom Erbbauberechtigten für die Überlassung des Grundstücks über die gesamte Laufzeit des Erbbaurechts eine dem jeweiligen Bodenwert angemessene Verzinsung (Erbbauzins) erzielen, so müsste der sich für das unbelastete Grundstück am jeweiligen Wertermittlungsstichtag ergebende Bodenwert in voller Höhe dem Erbbaurechtsausgeber zugeordnet werden, während sich für den Erbbauberechtigten kein **Bodenwertanteil** ergeben würde (Bodenwertanteil = Null). Nun „hinkt" aus den dargestellten Gründen der Erbbauzins selbst bei Erbbaurechtsverträgen mit Anpassungsklauseln, zum Vorteil des Erbbauberechtigten und zum Nachteil des Erbbaurechtsausgebers hinter der tatsächlichen Bodenwertentwicklung unbebauter (und unbelasteter) Grundstücke in aller Regel hinterher. Damit ergibt sich mit fortschreitender Laufzeit des Erbbaurechts ein Bodenwertanteil des Erbbaurechtsnehmers. Die klassischen Verfahren zur Verkehrswertermittlung von Erbbaurechten sind deshalb darauf ausgerichtet, den Gesamtwert des unbelasteten Grundstücks entsprechend den Vorteilen des Erbbaurechtsnehmers und – komplementär hierzu – den Nachteilen des Erbbaurechtgebers (Eigentümer) aufzuspalten.

135 Grundsätzlich kann dabei zwischen drei Auffassungen unterschieden werden:

a) Auf der einen Seite wird die Auffassung vertreten, dass der Vorteil des Erbbauberechtigten, der einen – gemessen an der Bodenwertentwicklung – unangemessenen niedrigen Erbbauzins entrichtet, dem Nachteil des Eigentümers entspricht, der umgekehrt keine angemessene Rendite für seinen Grund und Boden erzielt. Im Gesamtergebnis muss also der Bodenwertanteil des Erbbaurechtsausgebers zusammen mit dem Bodenwertanteil des Erbbauberechtigten exakt dem Bodenwert des unbelasteten Grundstücks entsprechen.

b) Auf der anderen Seite wird die Auffassung vertreten, dass die Summe aus dem Bodenwertanteil des Eigentümers und des Erbbauberechtigten nicht dem Gesamtwert des unbelasteten Grundstücks entsprechen muss, d. h., sie kann niedriger oder höher ausfallen, wobei insbesondere der zuletzt genannte Fall weitere Fragen aufwirft.

c) Darüber hinaus lässt sich nun auch die Auffassung vertreten, dass der Bodenwert des erbbaurechtsbelasteten Grundstücks stets dem Bodenwert des unbelasteten Grundstücks entspricht.

136 Die zuletzt genannte Auffassung entspricht sogar der herrschenden Rechtsprechung in den Fällen, in denen eine entsprechende **Ankaufsverpflichtung zum „vollen Verkehrswert"** vereinbart worden ist (vgl. unten Rn.180 ff.). Darüber hinaus entspricht diese Auffassung zunehmend auch dem Verwaltungshandeln in den Fällen, in denen sich z. B. eine Gemeinde (aber auch die Kirche) als Erbbaurechtsausgeber ohne Veräußerungspflicht oder Ankaufsverpflichtung des Erbbauberechtigten bereit erklärt, ein erbbaurechtsbelastetes Grundstück an den Erbbauberechtigten zu veräußern.

137 **Erbbauberechtigte sind erfahrungsgemäß** nämlich bei dem Erwerb ihres mit einem Erbbaurecht belasteten Grundstücks zum Zwecke der Vereinigung von Erbbaurecht und Grundeigentum **bereit, einen Kaufpreis zu akzeptieren, der sich am „vollen" Bodenwert orientiert** und nicht am Bodenwert z. B. im Sinne des Bodenanteils der WertR (vgl.

Rn. 166 und Teil IV § 194 BauGB Rn. 33). Dementsprechend hat z. B. der Magistrat der Stadt *Frankfurt am Main* am 10. 4. 1995 folgenden Beschluss gefasst:

„Der Magistrat ist bereit, Erbbauberechtigten auf ihrem Wunsch hin den Grund und Boden zu veräußern (und damit das bestehende Erbbaurecht aufzulösen). Dies soll grundsätzlich für alle bestehenden Vertragsverhältnisse gelten. Eine abweichende Entscheidung in Einzelfällen würde allenfalls beim Vorliegen konkret sachlicher Gründe (beispielsweise stadtplanerischer Art) denkbar sein.

Kaufpreis soll der Verkehrswert des Grundstücks sein, wie er ohne das bestehende Erbbaurecht Geltung hätte. In der Regel wird sich der Verkehrswert am amtlichen (Boden-)Richtwert orientieren, wobei als Mindesthöhe eines Kaufpreises aber 600 DM/m² vorgesehen sind. Vereinzelt liegen die amtlichen Richtwerte in Siedlungsgebieten noch unter dieser Marge. Der Mindestansatz von 600 DM/m² rechtfertigt sich dadurch, dass vornehmlich in geschlossenen Erbbaubereichen die Richtwerte hinter den Verkehrswerten für vergleichbare Grundstücke zurückbleiben, weil Grundstücksverkehr nicht in einem Maße stattfindet, das die Ableitung der Richtwerte aus tatsächlich abgeschlossenen Verträgen erlaubt."

Ähnlich verfährt die Stadt *Kaiserslautern:* Auf Grund eines politischen Beschlusses des   **138** Haupt- und Finanzausschusses des Stadtrats Kaiserslautern vom 18. 5. 1981 besteht für Erbbauberechtigte, deren Grundstücke zum Kauf freigegeben wurden, nur die Möglichkeit, das Erbbaugrundstück zum jeweiligen Bodenrichtwert zu erwerben. Hierbei kommen nur die vom Erbbauberechtigten ehemals gezahlten Erschließungskosten zum Abzug.

Bei alledem muss man erkennen, dass nur der Erbbauberechtigte den „vollen" Bodenwert   **139** für das erbbaubelastete Grundstück akzeptiert (vgl. dagegen Rn. 164), während ein Dritter im Hinblick auf den im Verhältnis zum vollen Bodenwert niedrigen Erbbauzins kaum bereit sein kann, für das erbbaurechtbelastete Grundstück den „vollen" Bodenwert zu akzeptieren. Der **Verkauf von erbbaurechtsbelasteten Grundstücken zu einem im Verhältnis zu Verkäufen an Dritte höheren Wert bzw. zum „vollen" Verkehrswert des unbelasteten Grundstücks an den Erbbauberechtigten stellt geradezu den gewöhnlichen Geschäftsverkehr mit erbbaurechtsbelasteten Grundstücken dar.** Verkäufe an Dritte finden dagegen kaum oder nur als Notverkäufe statt. Die im Verkauf an Dritte erzielbaren Kaufpreise können von daher nicht zum Maßstab der Verkehrswertermittlung gemacht werden. Es kommt hinzu, dass der Grundstückseigentümer mit der Bestellung des Erbbaurechts erkennen lässt, dass er an einem Grundstücksverkauf nicht interessiert war und einen dem Bodenwert nicht angemessenen Erbbauzins nur deshalb hinzunehmen bereit war, weil das Grundstück zum „vollen" Bodenwert nach Ablauf des Erbbaurechts auf ihn zurückfällt. Allein der Verkauf zum „vollen" Bodenwert kann in solchen Fällen zur Aufgabe der Einstellung führen und kann von daher für die Verkehrswertermittlung maßgebend sein. Die damit aufgeworfene Grundsatzfrage hat in der Wertermittlungspraxis und -lehre noch keine befriedigende Antwort gefunden (vgl. Teilmarktlehre).

Darüber hinaus haben sich auch sonsthin unterschiedliche **Verfahren der Verkehrswert-**   **140** **ermittlung von Erbbaurechten und erbbaurechtsbelasteter Grundstücke** entwickelt. Die beiden bekanntesten Verfahren werden nachfolgend erläutert (Abb. 16):

– theoretisch-mathematische Methode (vgl. Rn. 141 ff.),

– Verfahren nach WertR (vgl. Rn. 144 ff.).

2.4.2 Theoretisch-mathematische Methode

Das Verfahren geht davon aus, dass der **Nachteil des Erbbauverpflichteten gleich dem**   **141** **Vorteil des Erbbauberechtigten** sein muss. Der Bodenwertanteil des Erbbaurechts und der Bodenwert des belasteten Grundstücks ergeben zusammen immer den Wert des vergleichbaren unbelasteten Grundstücks.

Beispiel:

Restlaufzeit des Erbbaurechts größer oder gleich der Restnutzungsdauer des aufstehenden Gebäudes.
Bodenwert 100 000 €.
Restlaufzeit des Erbbaurechts 30 Jahre. Vereinbarter Erbbauzins wie vorstehend 3000 €.

Bodenwertanteil des Erbbaurechts		Wert des mit dem Erbbaurecht belasteten Grundstücks	
Angemessener Zins	6 000 €	Wert des unbelasteten Grundstücks	100 000 €
Gezahlter Zins	– 3 000 €		
Differenz (Zinsvorteil/Jahr)	= 3 000 €		
Kapitalisierung des Zinsvorteils 3 000 € × 13,76[51]	= 41 280 €	Zinsverlust ∕	– 41 280 €
Bodenwertanteil des Erbbaurechts	= **41 280 €**	Wert des mit dem Erbbaurecht belasteten Grundstücks	= **58 720 €**

Beispiel:

Beispiel wie vor, Restlaufzeit des Erbbaurechts 5 Jahre

Bodenwertanteil des Erbbaurechts		Wert des mit dem Erbbaurecht belasteten Grundstücks	
	12 630 €		**87 370 €**

142   Die Wertermittlung im vorstehenden Beispiel erscheint logisch, denn der Erbbauausgeber würde bei Abschluss eines neuen Vertrags den zu diesem Zeitpunkt angemessenen Zins von 6 000 € fordern. **Der kapitalisierte Zinsverlust des Erbbaurechtausgebers (41 280 €) entspricht daher dem kapitalisierten Zinsgewinn des Erbbauberechtigten.** Die Auswirkungen auf den Wert des belasteten Grundstücks und den Bodenwertanteil des Erbbaurechts im Zeitablauf sind aus obiger Berechnung zu ersehen. Dieses mathematische Modell beachtet jedoch nicht die Marktgepflogenheiten. Die nach § 7 WertV zu berücksichtigende Anpassung an die Marktlage ist kaum nachvollziehbar. Außerdem ist die Wertermittlung wegen des bei langen Laufzeiten heranzuziehenden hohen Kapitalisierungsfaktors fehlertheoretisch ungünstig.

143   *Gerardy/Möckel*[52] und *Vogels*[53] versuchen den Wert des Erbbaurechts ebenfalls auf mathematischem Wege zu bestimmen und haben die erforderlichen Rechengänge in allgemeine Formeln gefasst. Ob die Formeln zutreffen, kann nicht nachgewiesen werden.

2.4.3   Verfahren nach WertR

2.4.3.1   Allgemeines

144   Die Wertermittlung der Erbbaurechtsgrundstücke nach den WertR ist im Prinzip gleich aufgebaut (vgl. Abb. 16 ff.).

145   Bei Anwendung des Verfahrens nach den WertR ist zunächst vom Wert des unbelasteten Grundstücks auszugehen. Die **Differenz zwischen dem angemessenen und dem tatsächlich gezahlten Erbbauzins** ist ebenfalls über die Restlaufzeit der Rente zu kapitalisieren. Der sich danach ergebende Betrag ist dann jedoch mit einem Wertfaktor zu multiplizieren, der je nach Beeinträchtigung durch die Erbbaurechtsgestaltung im Vertrag (vgl. Rn. 150 ff.) mit 0,3 bis 0,8 – in Einzelfällen bis 0,9 – anzunehmen ist.

146   Hier liegt die **Schwachstelle im Verfahren nach der WertR (vgl. unten Rn. 161)**[54]. Zwar ist die Korrektur durch einen Wertfaktor berechtigt, da in Marktuntersuchungen eindeutig nachgewiesen wurde, dass die Kaufpreise für den Grund und Boden z. T. erheblich über den rein rechnerisch ermittelten Bodenwerten lagen. Allerdings ist die Höhe des Wertfaktors kaum plausibel zu begründen. Das zeigt sich auch aus einer Untersuchung des Deutschen Städtetags in 73 Städten in der ehemaligen Bundesrepublik aus dem Jahre 1989 über die von städtischen Stellen bei der Wertermittlung von Erbbaurechten herangezogenen Wertfaktoren.

Abb. 16: Wertermittlung des Bodenwertanteils des Erbbaurechts (unbebautes Grundstück)

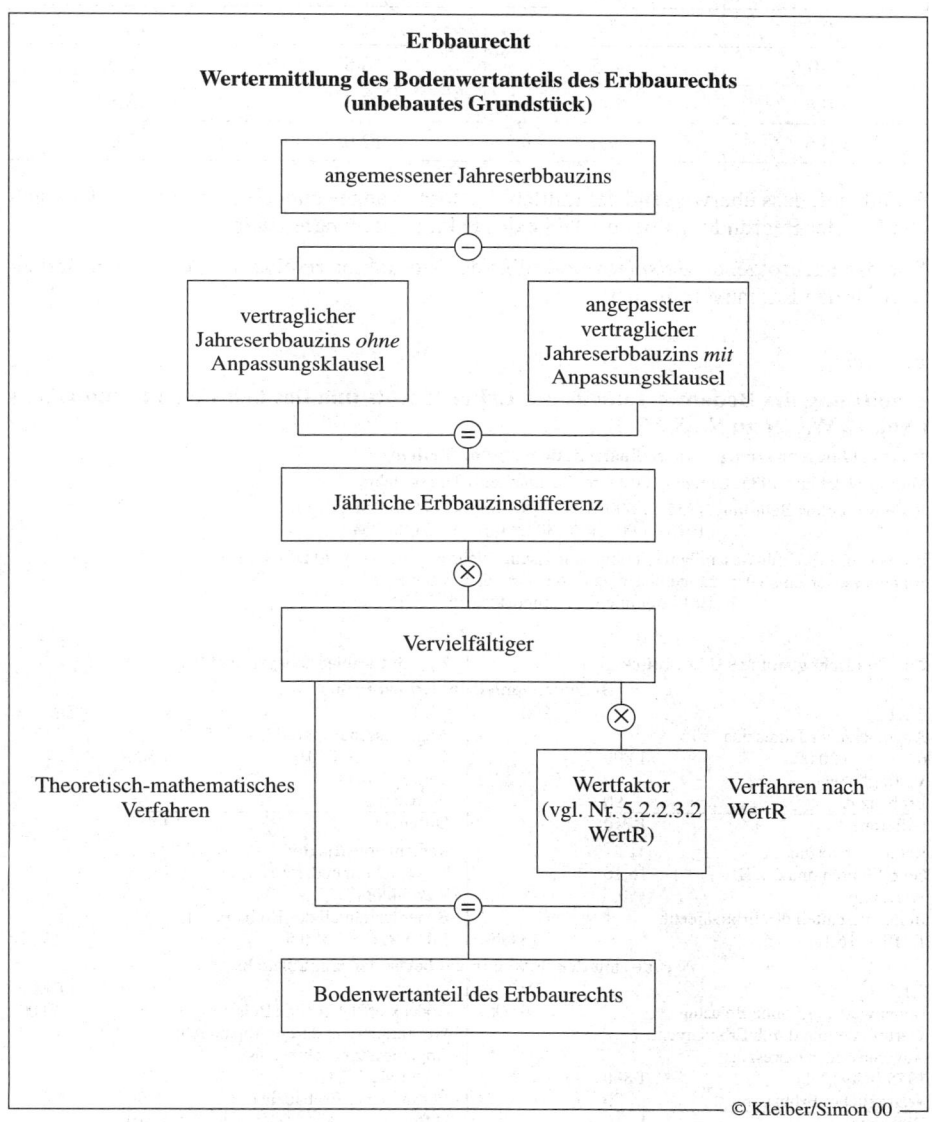

© Kleiber/Simon 00

---

51   Rentenbarwertfaktor bei 30 Jahren und 6 v. H. Zins
52   Gerardy/Möckel, Praxis der Grundstücksbewertung, Verlag moderne Industrie, Landsberg Lech V.D.a.7
53   Vogels, Grundstücks- und Gebäudebewertung marktgerecht, 5. Aufl. 1996, S. 311 ff.
54   Eine Überarbeitung der WertR wurde gleichwohl vom Deutschen Städtetag nicht für erforderlich gehalten (vgl. Teil V Vorbem. zur WertV Rn. 42).

Zur Wertermittlung von Erbbaurechten herangezogene Wertfaktoren

Wert-faktor	bei kurzer Lauf-zeit (< 10 Jahre)	bei mittlerer Lauf-zeit (> 10 < 30 J.)	bei langer Lauf-zeit (> 30 Jahre)
> 0,4	28,5	–	–
0,4	14,5	8,5	–
0,5	33,5	62,5	72,5
0,5–0,6	4,5	8,5	7,0
0,6	–	8,5	3,5
< 0,6	19,0	12,0	17,0

Es fällt auf, dass überwiegend der mittlere Faktor 0,5 angewendet wurde, was bei der Unsicherheit der Begründung über die Höhe des Faktors zu erwarten war.

147 Wie das nachfolgende *Beispiel* zeigt, führt der Wertfaktor zu einem relativ hohen Bodenwert für den Erbbauverpflichteten.

148 *Beispiel:*

Ermittlung des Bodenwertanteils des Erbbaurechts und des belasteten Grundstücks (Anl. 12 WertR zu Nr. 5.2.2.3)

Vertrag ohne Anpassungsklausel (finanzmathematische Methode)

Vertragsabschluss 1935: Laufzeit 100 Jahre; Restlaufzeit 1975: 60 Jahre
Bodenwert ohne Belastung 1935: $1\,000\,m^2 \times 3\,RM/m^2 = 3\,000\,RM$
$\qquad\qquad\qquad\qquad\quad 1975: 1\,000\,m^2 \times 30\,DM/m^2 = 30\,000\,DM$

Erbbauzins (1935 für Gesamtlaufzeit ohne Anpassungsklausel vereinbart): 90 DM = 3 v. H.
Angemessener Zins 1975: für gemischt genutztes Grundstück 6 v. H.
$\qquad\qquad\qquad\qquad$ für Einfamilienhausgrundstück 5 v. H.

2.1 Gemischt genutztes Grundstück | **2.2 Einfamilienhausgrundstück**

Bodenwertanteil des Erbbaurechts

2.1.1	DM	2.2.1	DM
Angemessener Jahreszins 1975		Angemessener Jahreszins 1975	
6 v. H. von 30 000	1 800	5 v. H. von 30 000	1 500
Vertraglicher Erbbauzins	– 90	Vertraglicher Erbbauzins	– 90
Differenz	1 710	Differenz	1 410
Rentenbarwertfaktor bei 60 Jahren und 6 v. H.	16,16	Rentenbarwertfaktor bei 60 Jahren und 5 v. H.	18,93
Wertfaktor	0,5	Wertfaktor	0,5
Bodenwertanteil des Erbbaurechts 1 710 × 16,16 × 0,5	**13 800**	Bodenwertanteil des Erbbaurechts 1 410 × 18,93 × 0,5	**13 350**

Wert des mit dem Erbbaurecht belasteten Grundstücks

2.1.2	DM	2.2.2	DM
Bodenwert 1975 ohne Belastung	30 000	Bodenwert 1975 ohne Belastung	30 000
Wertminderung durch Erbbaurecht: Angemessener Jahreszins 1975 (wie 2.1.1)	1 800	Wertminderung durch Erbbaurecht: Angemessener Jahreszins 1975 (wie 2.2.1)	1 500
Vertraglicher Erbbauzins	– 90	Vertraglicher Erbbauzins	– 90
Differenz	1 710	Differenz	1 410
Rentenbarwertfaktor bei 60 Jahren und 6 v. H.	16,16	Rentenbarwertfaktor bei 60 Jahren und 5 v. H.	18,93
Wertfaktor	0,6	Wertfaktor	0,6
Wertminderung 1 710 × 16,16 × 0,6	– 16 580	Wertminderung 1 410 × 18,93 × 0,6	– 16 015
Wert des mit dem Erbbaurecht belasteten Grundstücks	**13 420**	Wert des mit dem Erbbaurecht belasteten Grundstücks	**13 985**

Abb. 17: Wertermittlung eines mit einem Erbbaurecht belasteten unbebauten Grundstücks

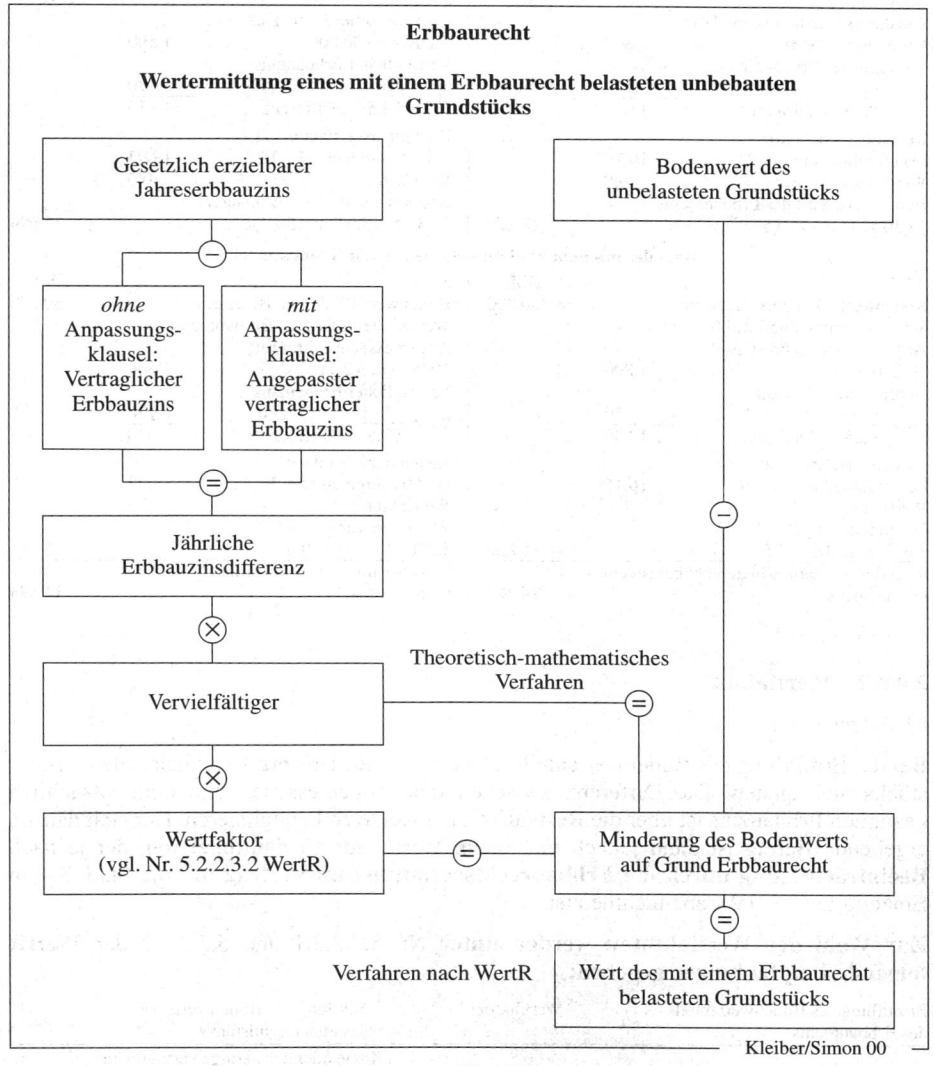

Kleiber/Simon 00

Beispiel: **149**

Verkehrswertermittlung des Bodenwertanteils des Erbbaurechts und des belasteten Grundstücks (Anl. 13 WertR zu Nr 5.2.2.3)

Vertrag mit ursprünglich vereinbarter Anpassungsklausel (finanzmathematische Methode)

Vertragsabschluss 1955; Laufzeit 80 Jahre; Restlaufzeit 1975: 60 Jahre

Bodenwert ohne Belastung 1955: 1 000 m² ×   3 DM/m² =   3 000 DM
                                1975: 1 000 m² × 30 DM/m² = 30 000 DM

Erbbauzins (1955 für Gesamtlaufzeit mit Anpassungsklausel nach Lebenshaltungskostenindex vereinbart):
90 DM = 3 v. H.

Angemessener Zins 1975: für gemischt genutztes Grundstück 6 v. H.
                                 für Einfamilienhausgrundstück   5 v. H.

Lebenshaltungskostenindex: 1958 = 100; 1955 = 93,5; 1975 = 176,1.

3.1 Gemischt genutztes Grundstück | 3.2 Einfamilienhausgrundstück

Bodenwertanteil des Erbbaurechts

3.1.1	DM	3.2.1	DM
Angemessener Jahreszins 1975		Angemessener Jahreszins 1975	
6 v. H. von 30 000	1 800	5 v. H. von 30 000	1 500
Vertraglicher Erbbauzins		Vertraglicher Erbbauzins	
$90 \times \dfrac{176,1}{93,5}$ Differenz	$\dfrac{-\ 170}{1\ 630}$	$90 \times \dfrac{176,1}{93,5}$ Differenz	$\dfrac{-\ 170}{1\ 330}$
Rentenbarwertfaktor		Rentenbarwertfaktor	
bei 60 Jahren und 6 v. H.	16,16	bei 60 Jahren und 5 v. H.	18,93
Wertfaktor	0,5	Wertfaktor	0,5
Bodenwertanteil des Erbbaurechts		Bodenwertanteil des Erbbaurechts	
$1\ 630 \times 16{,}16 \times 0{,}5$	**13 170**	$1\ 330 \times 18{,}93 \times 0{,}5$	**12 590**

Wert des mit dem Erbbaurecht belasteten Grundstücks

3.1.2	DM	3.2.2	DM
Bodenwert 1975 ohne Belastung	30 000	Bodenwert 1975 ohne Belastung	30 000
Wertminderung durch Erbbaurecht		Wertminderung durch Erbbaurecht;	
Angemessener Jahreszins		Angemessener Jahreszins	
1975 (wie 3.1.1)	1 800	1975 (wie 3.2.1)	1 500
Vertraglicher Erbbauzins		Vertraglicher Erbbauzins	
$90 \times \dfrac{176,1}{93,5}$ Differenz	$\dfrac{-\ 170}{1\ 630}$	$90 \times \dfrac{176,1}{93,5}$ Differenz	$\dfrac{-\ 170}{1\ 330}$
Rentenbarwertfaktor		Rentenbarwertfaktor	
bei 60 Jahren und 6 v. H.	16,16	bei 60 Jahren und 5 v. H.	18,93
Wertfaktor	0,6	Wertfaktor	0,6
Wertminderung		Wertminderung	
$1\ 630 \times 16{,}16 \times 0{,}6$	− 15 800	$1\ 330 \times 18{,}93 \times 0{,}6$	− 15 110
Wert des mit dem Erbbaurecht belasteten Grundstücks	**14 200**	Wert des mit dem Erbbaurecht belasteten Grundstücks	**14 890**

2.4.3.2   Wertfaktor

a) Allgemeines

150 Bei der Ermittlung des Bodenwertanteils ist stets vom Bodenwert des unbelasteten Grundstücks auszugehen. Die Differenz zwischen dem angemessenen und dem tatsächlich gezahlten Erbbauzins ist über die Restlaufzeit der Rente zu kapitalisieren. Der sich danach ergebende Betrag ist dann jedoch mit einem Wertfaktor zu multiplizieren, der je nach **Beeinträchtigung durch die Erbbaurechtsgestaltung im Vertrag** mit 0,3 bis 0,8 – in Einzelfällen bis 0,9 – anzunehmen ist.

151 **Zur Wahl der Wertfaktoren werden unter** Nr. 5.2.2.3.1 und 5.2.2.3.2 der **WertR folgende Empfehlungen gegeben:**

Ermittlung des Bodenwertanteils des Erbbaurechts	Wertfaktor	Ermittlung des Bodenwerts des belasteten Grundstücks
	0,3	Keine oder nur geringe vertragliche Einschränkungen für den Erbbauverpflichteten
Große vertragliche Einschränkungen für den Erbbauberechtigten	0,4	
Fehlen jeglicher Wertsicherungsklauseln	0,5	Fehlen jeglicher Wertsicherungsklauseln
Keine oder nur geringe vertragliche Einschränkungen für den Erbbauberechtigten	0,8	Große vertragliche Einschränkungen für den Erbbauverpflichteten

152 Die **Wertfaktoren müssen nicht unbedingt gleich groß** sein. Ihre Wahl hängt allein von der Stärke der jeweiligen Beschränkungen für den Erbbauberechtigten und den Erbbaurechtsgeber ab. Der bei der Wertermittlung des belasteten Grundstücks angesetzte Wertfaktor soll den bei der Ermittlung des Bodenwertanteils des Erbbaurechts angesetzten Wertfaktor nicht unterschreiten (vgl. Nr. 5.2.2.3.3 WertR).

Es gilt also der **Grundsatz, dass der Wertfaktor umso größer ist, je geringer die Ein-** **153**
schränkungen für den Erbbauberechtigten sind, also umso größer, je größer die Einschränkungen für den Grundstückseigentümer sind.

Zu den **Einschränkungen, die aus dem Erbbaurechtsvertrag** resultieren, vgl. Rn. 67 ff. **154**

Die **Wahl des Wertfaktors** ist in jedem Fall **zu begründen.** Hier liegt, wie vorstehend **155**
unter Rn. 146 ff. und 161 bereits angesprochen, die Schwachstelle im Verfahren nach der
WertR. Wie das nachfolgende *Beispiel* zeigt, führt der Wertfaktor zu einem relativ hohen
Bodenwert für den Erbbauverpflichteten.

Beispiel: **156**

Restlaufzeit des Erbbaurechts größer oder gleich der Lebensdauer des aufstehenden Gebäudes. Bodenwert 100 000 €.
Restlaufzeit des Erbbaurechts 30 Jahre. Vereinbarter Erbbauzins wie vorstehend 3 000 €, Wertfaktor 0,5 (0,6)

Bodenwertanteil des Erbbaurechts		Wert des mit dem Erbbaurecht belasteten Grundstücks	
$3\,000\, € \times 13,76^{[55]} \times 0,5 =$	20 640 €	Bodenwert des unbelasteten Grundstücks	100 000 €
		Minderung: $3\,000\, € \times 13,76^{[56]} \times 0,6 =$	− 24 768 €
	20 640 €		**75 232 €**

Die Berücksichtigung der Wertfaktoren bei der Wertermittlung nach den WertR geht auf
eine Untersuchung von *Lehmann*[57] zurück, der Verkäufe von Grundstücken, die mit einem
Erbbaurecht belastet waren, mittels mathematisch-statistischer Methoden untersucht hat.
Allerdings standen Lehmann **nur Verkäufe des Erbbauverpflichteten an den Erbbaube-**
rechtigten zur Verfügung. Es ist davon auszugehen, dass wegen der einseitigen Interessenlage überhöhte Bodenwertanteile für den Verpflichteten ermittelt wurden. In seiner Untersuchung hat Lehmann eigentlich nur festgestellt, dass die Kaufpreise für belastete Grundstücke immer unter den Kaufpreisen für unbelastete Grundstücke liegen und dass der
Faktor von der Höhe des Erbbauzinses (Rendite) abhängt. Allerdings erklären die von ihm
ermittelten Korrelationskoeffizienten letzteres Ergebnis nur ungenügend (bei Verträgen
ohne Anpassungsklausel 0,35, bei Verträgen mit Anpassungsklausel 0,52)[58]. Das darauf
aufbauende Verfahren nach WertR ist nur geringfügig modifiziert. Die Übernahme und
Interpretation der Ergebnisse der Untersuchung von Lehmann führt in Sonderfällen zu teilweise grotesken Situationen (z. B. bei der *Zwangsversteigerung* oder im Erbfall, vgl. Rn.
123, 170, 201 und 213 ff.).

b) Weiterführende Überlegungen

Der Wert des Erbbaurechts und des belasteten Grundstücks wird von folgenden drei Ein- **157**
flussfaktoren geprägt:

a) dem Erbbauzins,

b) der Wertsicherungsklausel und

c) den Beschränkungen, die sich aus dem Erbbaurechtsvertrag ergeben und in den Wertfaktoren ihren Niederschlag finden sollen (Abb. 18).

---

55 Rentenbarwertfaktor bei 30 Jahren und 6 % Zins
56 Rentenbarwertfaktor bei 30 Jahren und 6 % Zins
57 Lehmann, Zur Ermittlung von Erbbaurechtsgrundstücken, Hannover 1984
58 Lehmann: Der Einfluss des Erbbaurechts auf den Wert des Grundstücks. DS IX, 70 ff.

Abb. 18: Einflussfaktoren auf das Erbbaurecht

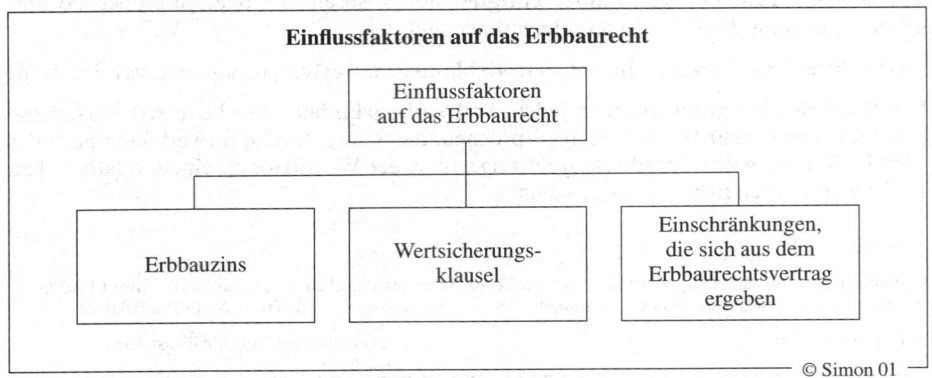

© Simon 01

158   Nach Nr 5.2.2 der WertR sind diese drei **Einflussgrößen voneinander abhängig.** Das ergibt sich aus der zur Ermittlung des Bodenwertanteils des Erbbaurechts anzuwendenden Formel:

Bodenwertanteil des Erbbaurechts = kapitalisierter Vorteil der Bodennutzung $\times$ Wertfaktor

und aus der zur Ermittlung des Bodenwerts des belasteten Grundstücks anzuwendenden Formel

Bodenwertanteil des belasteten Grundstücks = kapitalisierter Nachteil aus Bodenverzinsung $\times$ Wertfaktor

159   Der kapitalisierte Zinsvorteil aus der Bodennutzung für den Erbbauberechtigten, der von der Höhe des Erbbauzinses und der Art der Wertsicherungsklausel abhängt, wird mit einem Faktor < 1 multipliziert, dessen Höhe von den Einschränkungen bestimmt wird, die sich für den Erbbauberechtigten aus dem Erbbaurechtsvertrag (vgl. §§ 2 bis 8 ErbbauVO) ergeben (vgl. Nr. 5.2.1.6 i. V. m. Nr. 5.2.2.3.1 und 5.2.2.3.2 WertR).

160   Eine **Abhängigkeit von Erbbauzins und Wertsicherungsklausel** ist gegeben, denn die Wertsicherungsklausel kann zu einer guten oder schlechten Anpassung des Erbbauzinses an den Bodenwert führen. Entsprechend wäre denkbar, bei guter Anpassung für die Kapitalisierung des Vorteils des Erbbauberechtigten mit einem Zinssatz zu kapitalisieren, der dem Liegenschaftszinssatz nahe kommt und bei schlechter Anpassung einen Liegenschaftszinssatz, der dem Kapitalmarktzins angenähert ist[59].

161   In Fachkreisen wird aber die Abhängigkeit des Erbbauzinses oder der Wertsicherungsklausel von den Einschränkungen, die sich aus dem Erbbaurechtsvertrag ergeben (im Wesentlichen Zustimmungsvorbehalte des Erbbaurechtsausgebers), angezweifelt[60]:

Es liegen zwei identische Erbbaurechtsverträge vor. Bei einem Vertrag beträgt der jährliche Vorteil des Erbbauberechtigten aus der Bodennutzung 16 000 €, bei dem anderen Vertrag hingegen 88 000 €.

Vorteil des Erbbauberechtigten aus der Bodennutzung (ortsüblicher Bodenzins – Erbbauzins) $\times$ Vervielfältiger	16 000 €	88 000 €
Beeinträchtigungen aus dem Erbbaurechtsvertrag ergeben bei Faktor 0,3 folgende Bodenwertanteile für das Erbbaurecht	4 800 €	26 400 €
Abschlag wegen der Beeinträchtigungen, die sich aus dem Erbbaurechtsvertrag ergeben, folglich	**11 200 €**	**61 600 €**

Bei großen Einschränkungen für den Erbbauberechtigten, die sich aus dem Erbbaurechtsvertrag ergeben, ist – unabhängig von der Höhe des Erbbauzinses – nach den WertR der Faktor 0,3 anzunehmen. Im Beispiel sind die Einschränkungen für beide Objekte gleich groß. Der Ansatz des Wertfaktors führt je nach Höhe des Erbbauzinses aber zu sehr unterschiedlichen Abschlägen (11 200 € bzw. 61 000 €).

Für diesen Umstand wird sich schwerlich eine plausible Begründung finden lassen. Die   **162**
Beeinträchtigungen aus dem Erbbaurechtsvertrag sind eindeutig bestimmt, da sie nach
den §§ 2 bis 8 ErbbauVO zum vertragsgemäßen Inhalt des Erbbaurechts gehören. Sie liegen auch von Anfang an vor, also zu einem Zeitpunkt, in dem die übliche Bodenverzinsung
der durch Erbbaurechtsvertrag vereinbarten Bodenverzinsung i. d. R. entspricht, also zu
einem Zeitpunkt, in dem kein Vorteil des Erbbauberechtigten aus der Bodennutzung
besteht[61]. Sie bleiben auch über die Gesamtlaufzeit des Erbbaurechts, unabhängig von der
jeweiligen Höhe des Erbbauzinses, bestehen und sollten als feste Größe in die Wertermittlung eingehen und nicht wie nach den WertR vom Vorteil des Erbbauberechtigten aus der
Nutzung des Grund und Bodens (bzw. von der Höhe des Erbbauzinses oder der Art der
Wertsicherungsklausel) abhängen. Insoweit ist das Verfahren zur Ermittlung des Bodenwertanteils des Erbbaurechts und zur Bodenwertermittlung des belasteten Grundstücks
nach den WertR nicht nachvollziehbar. So führt das Verfahren nach den WertR auch bei
einigen Fallkonstellationen zu objektiv unbefriedigenden Ergebnissen (vgl. Rn. 146 ff.).

Eine Untersuchung des Gutachterausschusses für den Bereich der Stadt *Hamburg* aus dem   **163**
Jahr 1990 scheint die in Fachkreisen geäußerte Vermutung zu bestätigen, dass die nach dem
Faktorenverfahren der WertR ermittelten Bodenwerte der belasteten Grundstücke überhöht
sind. Als Ergebnis der Untersuchung wurde eine starke Abhängigkeit des Werts des belasteten Grundstücks nur von der Erbbauzinsrendite (PR = tatsächlicher Erbbauzins/un-
belasteter Bodenwert) festgestellt, die nach der Formel

$$\text{Wertfaktor} = 0{,}630512 \times PR\,(\%)^{-0{,}106} \text{ zu folgender \textbf{Wertfaktorentabelle} führt:}$$

$$\text{Wertfaktor} = 0{,}630512 \times PR\,(\%)^{-0{,}106}$$

Erbbauzinsrendite (PR)	Wertfaktor
0,03	0,91
0,05	0,86
0,1	0,80
0,2	0,75
0,3	0,72
0,5	0,68
1,0	0,63
2,0	0,58
3,0	0,56

Das Verfahren führt im Allgemeinen zu geringeren Werten der belasteten Grund-   **164**
stücke und zu höheren Bodenwertanteilen der Erbbaurechte. Je näher die Erbbauzinsrendite jedoch an der ortsüblichen Bodenverzinsung liegt, umso höher werden die Werte
der belasteten Grundstücke. Das ist aus der Tabelle der Wertfaktoren leicht ablesbar.
Beträgt die Erbbauzinsrendite (tatsächlicher Erbbauzins/unbelasteter Bodenwert) beispielsweise 0,2 %, ist der Wertfaktor 0,75, beträgt die Erbbauzinsrendite 3 %, ist der Faktor
dagegen 0,56.

Bodenwert 100 000 €
Laufzeit 50 Jahre
Zinssatz 6 %

Bei Erbbauzinsrendite von 0,2 % = 200 € p. a.
Abzugsbetrag vom unbelasteten Bodenwert:
(6 000 € – 200 €) × 15,76 × 0,75   68 556 €

Bei Erbbauzinsrendite von 3 % = 3 000 € p. a.
Abzugsbetrag vom unbelasteten Bodenwert:
(6 000 € – 3 000 €) × 15,76 × 0,56   26 477 €

---

59   Nach Nr. 5.2.2.3.1 WertR ist der Zinssatz allerdings nach der Nutzungsart des Grundstücks oder nach der Lage
      auf dem Grundstücksmarkt zu bestimmen.
60   Vgl. Werth: Gedanken zur Änderung des § 21 ErbbauVO aus der Sicht der Hypothekenbanken, DLK 1989, 72
61   In diesem Fall führt die Einschränkung aus dem Erbbaurechtsvertrag zu keiner Wertveränderung, da der Wert-
      faktor mit 0 zu multiplizieren wäre.

165 Die vom Gutachterausschuss *Hamburg* angewendete Formel bedarf jedoch noch der Überprüfung auf Allgemeingültigkeit. Eine wirklich befriedigende Lösung des Problems liegt derzeit noch nicht vor.

166 In der Wertermittlungspraxis deutet sich eine andere – eingangs bereits herausgestellte – Betrachtungsweise des Problems an. Der Eigentümer kann sein mit dem Erbbaurecht belastetes Grundstück praktisch nur an den Erbbauberechtigten veräußern, denn für jeden Dritten wäre es wegen der mangelnden Renditefähigkeit uninteressant. Damit wird aber der Tatbestand der „ungewöhnlichen oder persönlichen Verhältnisse" zum „gewöhnlichen Geschäftsverkehr". Es besteht nur ein so genannter „bipolarer Grundstücksteilmarkt" zwischen Erbbaurechtsgeber und Erbbauberechtigten. Der äußerst seltene Verkaufsfall an einen fremden Dritten wird dagegen zum ungewöhnlichen Fall. Nach einer Untersuchung des Gutachterausschusses *Bergisch Gladbach* ergaben sich bei **Kauf der belasteten Grundstücke durch die Erbbauberechtigten folgende Preisspannen bezogen auf den „vollen" Bodenwert** (vgl. Rn. 137 und Teil IV § 194 BauGB Rn. 33 ff.).:

Bebauung	Kauffälle	Spanne (Bodenwert = 100 %)	Mittelwert (Bodenwert = 100%)
Eigenheime	15	63 % – 99 %	85 %
Wohn- und Geschäftshäuser	6	93 % –120 %	105 %

167 Danach kann angenommen werden, dass die **Erbbauberechtigten, die durch Kauf der belasteten Grundstücke Volleigentum erwerben, bereit sind, nahezu den „vollen" Bodenwert (Bodenwert unbelastet) zu zahlen.** Das haben auch bereits einige Kommunen erkannt und veräußern ihre belasteten Grundstücke nur noch zum „vollen Bodenwert".

168 Trotz seiner Schwächen greift die **Praxis** bei der Wertermittlung von Erbbaurechten im Normalfall zunächst noch auf das **Verfahren nach den WertR** zurück[62]. Das mathematische Modell nimmt keine Rücksicht auf die Marktgepflogenheiten; das Verfahren nach *Lehmann* gilt – streng genommen – nur für den norddeutschen Raum (empirische Ermittlungen). Die Parameter dürften auch heute überholt sein. Ein von *Streich*[63] vorgestelltes Verfahren vollzieht zwar in plausibler Weise die Überlegungen eines Kaufinteressenten für das Erbbaugrundstück, ist aber auch auf einen speziellen (norddeutschen) Markt ausgerichtet.

Es bleibt jedoch abzuwarten, ob nicht künftig das gesteigerte Interesse des Erbbauberechtigten bei der Wertermittlung mehr in den Vordergrund rückt.

169 Darüber hinaus ist vor allem aber festzustellen, dass die aufgekommene Kritik an den Wertfaktoren an den Grundgedanken des Verfahrens bislang vorbeigegangen ist. Die Wertfaktoren stellen im Kern nichts anderes als Marktanpassungsfaktoren dar, mit denen der finanzmathematisch ermittelte Wert des Erbbaurechts und des erbbaurechtbelasteten Grundstücks unter Berücksichtigung der jeweiligen vertraglichen Besonderheiten (Einschränkungen) an den Verkehrswert „justiert" werden sollen. Diese Besonderheiten sind dabei in dem Umfang gesondert zu berücksichtigen, wie sie nicht bereits mit dem herangezogenen angemessenen Erbbauzins erfasst worden sind. Deswegen muss zu allererst danach gefragt werden, welche **vertragliche Ausgestaltung die Erbbaurechtsverträge haben, auf die sich der angesetzte angemessene Erbbauzins bezieht.** Ob und welche Einschränkungen und vor allem in welchem Maße solche Einschränkungen entsprechend dem jeweiligen Erbbaurechtsvertrag berücksichtigt werden müssen, kann damit letztlich nur beurteilt werden, wenn die jeweiligen dem angesetzten Erbbauzins zuzuordnenden Vertragsgestaltungen bekannt sind.

Ein weiterer Schwachpunkt der Anwendungspraxis muss darin erblickt werden, dass die **170** Wertfaktoren allzu schematisch zum Ansatz gebracht werden. Wie unter Rn. 67 herausgestellt wurde, können die Einschränkungen vielfältiger Natur sein und sich unterschiedlichst auswirken. Die Einschränkungen müssen von daher einzeln substantiiert werden und vor allem unter Berücksichtigung der Restlaufzeit analysiert werden. So fällt z. B. die Übernahme und Kostentragung einmaliger öffentlicher Lasten durch den Erbbauberechtigten bei nur noch kurzer Laufzeit des Erbbaurechts sehr viel stärker ins Gewicht, als bei langer Laufzeit. Dem kann mit pauschalen Betrachtungen über die erbbaurechtsvertraglichen Einschränkungen nicht hinreichend Rechnung getragen werden und es empfiehlt sich dann, die jeweiligen **wirtschaftlichen Auswirkungen der Einschränkungen gesondert festzustellen und entsprechend der verbleibenden Laufzeit zu kapitalisieren.**

2.4.4   Bebaute Grundstücke

2.4.4.1   Erbbaurecht an bebauten Grundstücken

Bei der Wertermittlung von Erbbaurechten kann der Fall auftreten, dass nach Ablauf des **171** Rechts noch ein funktionstüchtiges Gebäude vorhanden ist. Sieht der Erbbaurechtsvertrag keine Regelung vor, geht das Gebäude mit Ablauf des Rechts gegen angemessene Entschädigung in das Eigentum des Erbbauverpflichteten über. Folgende andere Regelungen können aber vereinbart werden:

a) Das Gebäude ist abzubrechen. In diesem Fall ist die Lebensdauer des Gebäudes auf das Ablaufjahr des Rechts zu begrenzen.

b) Das Gebäude geht gegen teilweise oder ohne eine Entschädigung in das Eigentum des Erbbauverpflichteten über. Wegen der Auswirkungen vgl. nachfolgendes Beispiel.

Beispiel: **172**

Restlaufzeit des Erbbaurechts geringer als Restnutzungsdauer des aufstehenden Gebäudes; entschädigungsloser Übergang ist vereinbart.
Bodenwert 100 000 €.
Angemessener Erbbauzins 6 v. H., vereinbarter Erbbauzins 3 v. H. Restlaufzeit des Erbbaurechts 30 Jahre.
Gebäudenormalherstellungswert 375 000 €. Übliche Gesamtnutzungsdauer 100 Jahre.
Restnutzungsdauer 80 Jahre.

Wertermittlung für das bebaute Erbbaurecht

Anteiliger Bodenwert (wie Beispiel Rn. 141)		41 280 €
Gebäudenormalherstellungswert	375 000 €	
Alterswertminderung 20 v. H. ./.	− 75 000 €	
Gebäudewert =	300 000 €	
Gebäuderestwert bei Vertragsablauf	375 000 €	
AfA ./. 50 v. H. −	187 500 €	
=	187 500 €	
Abgezinster Gebäudewert auf den Wertermittlungsstichtag		
187 500 € × 0,1741 ./.	32 466 €	
Gebäudewert unter Berücksichtigung		
des entschädigungslosen Übergangs	267 354 €	+ 267 354 €
		= 308 634 €
Verkehrswert des bebauten Erbbaurechts		**310 000 €**
Wertermittlung des belasteten Grundstücks		
Bodenwertanteil (wie vor)	58 720 €	
zuzüglich abgezinster Gebäudewert	32 644 €	
	91 364 €	91 364 €
Wert des mit dem Erbbaurecht belasteten Grundstücks		**90 000 €**

Anmerkung: Beispiel ohne Berücksichtigung der Wertfaktoren nach der WertR

---

62   Hierzu Teil V Vorbem. zur WertV Rn. 41
63   Streich, Erbbaurecht, VBN Seminar Hamburg

Nachstehend werden die **Beispiele der WertR** nachrichtlich wiedergegeben:

173 *Beispiel:*

Verkehrswertermittlung eines bebauten Erbbaurechts und belasteten Grundstücks (Anl. 14 WertR zu Nr. 5.2.3.1)

Restlaufzeit des Vertrags = Restnutzungsdauer (finanzmathematische Methode)

Vertrag ohne Anpassungsklausel

Vertragsabschluss 1935; Laufzeit 100 Jahre

Restlaufzeit des Vertrags und Restnutzungsdauer des Gebäudes 1975: 60 Jahre

Bodenwert ohne Belastung 1935: 1 000 m² × 3 RM/m² = 3 000 RM
                    1975: 1 000 m² × 30 DM/m² = 30 000 DM

Erbbauzins (1935 für Gesamtlaufzeit mit Anpassungsklausel vereinbart): 90 DM = 3 v. H.

Angemessener Zins 1975: für gemischt genutztes Grundstück 6 v. H.
                       für Einfamilienhausgrundstück   5 v. H.

4.1 Gemischt genutztes Grundstück | **4.2 Einfamilienhausgrundstück**

Wert des bebauten Erbbaurechts

4.1.1		DM	4.2.1		DM
Bodenwertanteil			*Bodenwertanteil*		
Angemessener Jahreszins 1975			Angemessener Jahreszins 1975		
6 v. H. von 30 000	1 800		5 v. H. von 30 000	1 500	
Vertraglicher Erbbauzins	− 90		Vertraglicher Erbbauzins	− 90	
Differenz	1 710		Differenz	1 410	
Rentenbarwertfaktor			Rentenbarwertfaktor		
bei 60 Jahren und 6 v. H. 16,16			bei 60 Jahren und 5 v. H. 18,93		
Wertfaktor 0,5			Wertfaktor 0,5		
Bodenwertanteil			Bodenwertanteil		
1 710 × 16,16 × 0,5		13 800	1 410 × 18,93 × 0,5		13 350
Gebäudewertanteil			*Gebäudewertanteil*		
(Ertragswertverfahren)			(Sachwertverfahren)		
Jahresmiete 1975	12 000		Herstellungswert 1975	120 000	
Bewirtschaftungskosten	− 4 000		./. Wertminderung		
Reinertrag	8 000		wegen Alters bei		
			40 Jahren Alter		
./. Anteil des Bodenwerts			28 + 5 = 33 v. H. rd.	− 40 000	
6 v. H. v. 30 000	− 1 800		Anteil des Gebäudes	= 80 000	
Anteil des Gebäudes	= 6 200				
Vervielfältiger bei 60 Jahren					
und 6 v. H. 16,16					
Gebäudewertanteil					
6 200 × 16,16		+ 100 192	Gebäudewertanteil		80 000
Wert des bebauten Erbbaurechts		113 992	Wert des bebauten Erbbaurechts		**93 350**
		rd. 114 000			

Wert des mit dem Erbbaurecht belasteten Grundstücks

4.1.2		DM	4.2.2		DM
Bodenwert 1975 ohne Belastung		30 000	Bodenwert 1975 ohne Belastung		30 000
Wertminderung durch			Wertminderung durch		
Erbbaurecht:			Erbbaurecht:		
Angemessener Jahreszins			Angemessener Jahreszins		
1975 (wie 4.1.1)	1 800		1975 (wie 4.2.1)	1 500	
Vertraglicher Erbbauzins	− 90		Vertraglicher Erbbauzins	− 90	
Differenz	1 710		Differenz	1 410	
Rentenbarwertfaktor			Rentenbarwertfaktor		
bei 60 Jahren und 6 v. H. 16,16			bei 60 Jahren und 5 v. H. 18,93		
Wertfaktor 0,6			Wertfaktor 0,6		
Wertminderung			Wertminderung		
1 710 × 16,16 × 0,6		− 16 580	1 410 × 18,93 × 0,6		− 16 015
Wert des mit dem Erbbaurecht			Wert des mit dem Erbbaurecht		
belasteten Grundstücks		**13 420**	belasteten Grundstücks		**13 985**

Abb. 19: Wertermittlung eines mit einem Erbbaurecht belasteten bebauten Grundstücks

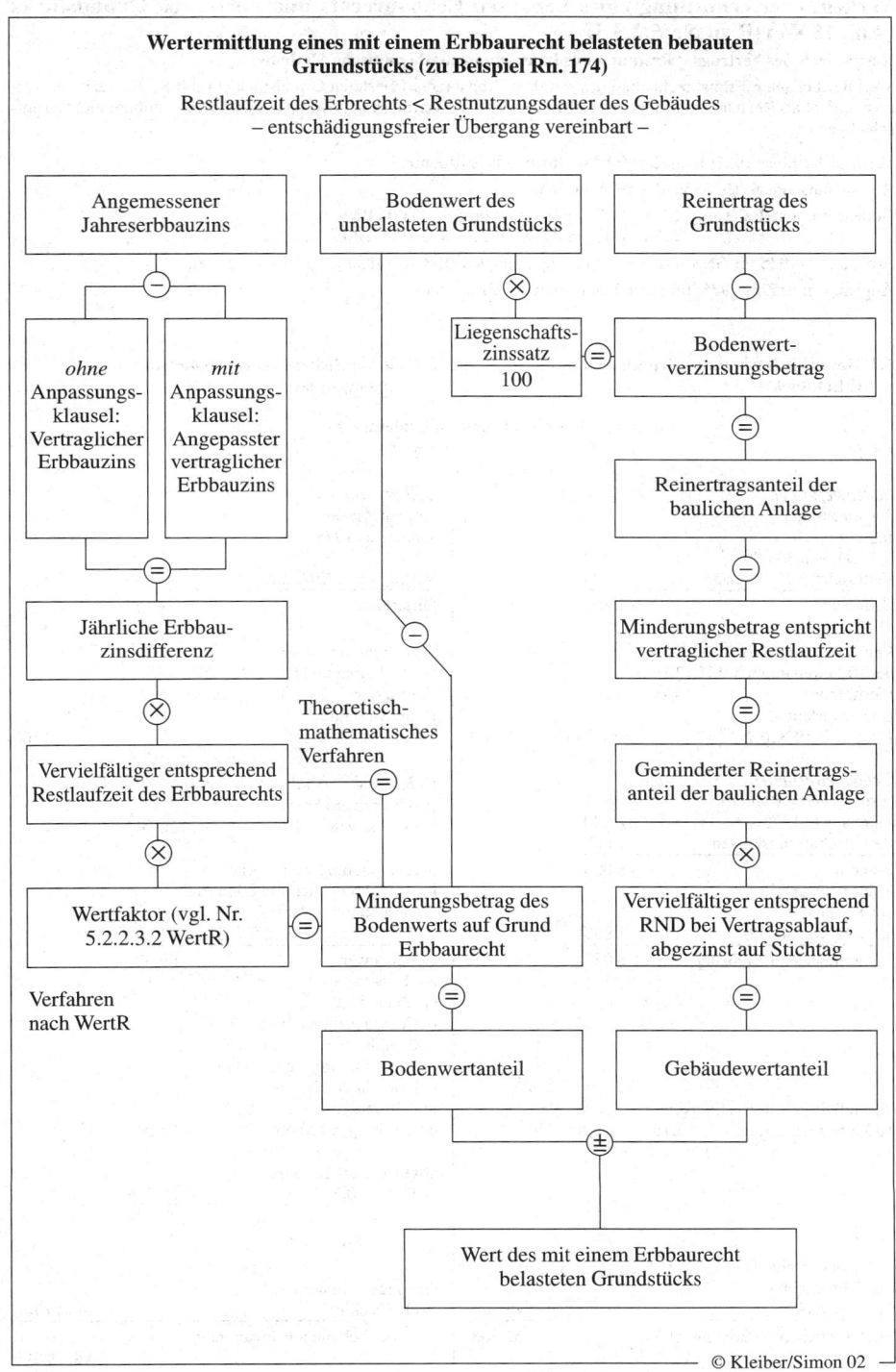

Wertermittlung eines mit einem Erbbaurecht belasteten bebauten Grundstücks (zu Beispiel Rn. 174)

Restlaufzeit des Erbrechts < Restnutzungsdauer des Gebäudes
– entschädigungsfreier Übergang vereinbart –

Angemessener Jahreserbbauzins

Bodenwert des unbelasteten Grundstücks

Reinertrag des Grundstücks

(−)

(×)

(−)

ohne Anpassungsklausel: Vertraglicher Erbbauzins

mit Anpassungsklausel: Angepasster vertraglicher Erbbauzins

$\dfrac{\text{Liegenschaftszinssatz}}{100}$

(=)

Bodenwertverzinsungsbetrag

(=)

Reinertragsanteil der baulichen Anlage

(=)

(−)

Jährliche Erbbauzinsdifferenz

Minderungsbetrag entspricht vertraglicher Restlaufzeit

(×)

(=)

Theoretisch-mathematisches Verfahren

Geminderter Reinertragsanteil der baulichen Anlage

Vervielfältiger entsprechend Restlaufzeit des Erbbaurechts

(−)

(=)

(×)

(×)

Wertfaktor (vgl. Nr. 5.2.2.3.2 WertR)

(=)

Minderungsbetrag des Bodenwerts auf Grund Erbbaurecht

Vervielfältiger entsprechend RND bei Vertragsablauf, abgezinst auf Stichtag

Verfahren nach WertR

(=)

(=)

Bodenwertanteil

Gebäudewertanteil

(±)

Wert des mit einem Erbbaurecht belasteten Grundstücks

© Kleiber/Simon 02

174   *Beispiel:*

Verkehrswertermittlung eines bebauten Erbbaurechts und belasteten Grundstücks (Anl. 15 WertR zu Nr. 5.2.3.3)

Restlaufzeit des Vertrags < Restnutzungsdauer (finanzmathematische Methode)

Wert des bebauten Erbbaurechts und des mit dem Erbbaurecht belasteten Grundstücks, wenn Restlaufzeit des Vertrags kürzer als Restnutzungsdauer des Gebäudes, das nach Vertragsablauf vom Grundstückseigentümer nicht zu entschädigen ist.

Vertragsabschluss 1935; Laufzeit 50 Jahre; Restlaufzeit 10 Jahre

Restnutzungsdauer des Gebäudes 1975: 40 Jahre

Bodenwert ohne Belastung 1935: 1 000 m² ×   3 RM/m² =   3 000 RM
                             1975: 1 000 m² × 30 DM/m² = 30 000 DM

Erbbauzins (1935 für Gesamtlaufzeit ohne Anpassungsklausel vereinbart): 90 DM =   3 v. H.

Angemessener Zins 1975: für gewerblich genutztes Grundstück   6,5 v. H.

5.1 Gewerblich genutztes Grundstück (Mietobjekt)	5.2 Gewerblich genutztes Grundstück (eigengenutzt)

Wert des bebauten Erbbaurechts

5.1.1		5.2.1	
	DM		DM
Bodenwertanteil		*Bodenwertanteil*	
Angemessener		Angemessener	
Jahreszins 1975		Jahreszins 1975	
6,5 v. H. von 30 000	1 950	6,5 v. H. von 30 000	1 950
Vertraglicher Erbbauzins −	90	Vertraglicher Erbbauzins −	90
Differenz	1 860	Differenz	1 860
Rentenbarwertfaktor		Rentenbarwertfaktor	
bei 10 Jahren und 6,5 v. H. 7,19		bei 10 Jahren und 6,5 v. H. 7,19	
Wertfaktor 0,7		Wertfaktor 0,7	
Bodenwertanteil		Bodenwertanteil	
1 860 × 7,19 × 0,7	9 360	1 860 × 7,19 × 0,7	9 360
Gebäudewertanteil		*Gebäudewertanteil*	
(Ertragswertverfahren)		(Sachwertverfahren)	
Jahresmiete 1975	12 000	Herstellungswert 1975	120 000
Bewirtschaftungskosten −	4 000		
Reinertrag	8 000	Wertminderung wegen Alters	
Reinertragsanteil		bei 40 Jahren Alter und 80 Jahren	
des Bodens		Gesamtnutzungsdauer	
6,5 v. H. von 30 000 −	1 950	37,5 v. H. + 5 v. H. = 42,5 v. H. − 51 000	
Reinertragsanteil Gebäude	6 050	Gebäudewert	69 000
		auf Stichtag abgezinster	
		Gebäudewert	
		bei Vertragsablauf 1985	
		100−50,8	
		(Wertminderung wegen Alters	
		bei 80 Jahre GND	
		und 30 Jahren GND) − 5	
Vervielfältiger für Restlaufzeit		44,2 v. H. von 120 000 = 53 040	
10 Jahre bei 6,5 v. H. 7,19			
		abgezinst auf 10 Jahre	
		(1975): × 0,5327 =	− 28 254
			40 746
Gebäudewertanteil			
des Erbbaurechts		Gebäudewertanteil des	
6 050 × 7,19	43 500	Erbbaurechts	+ 40 746
Wert des bebauten Erbbaurechts	**52 860**	Wert des bebauten Erbbaurechts	50 106
			rd. 50 100

Wert des mit dem Erbbaurecht belasteten Grundstücks

5.1.2		DM	5.2.2		DM
Bodenwertanteil			*Bodenwertanteil*		
Bodenwert 1975 ohne Belastung		30 000	Bodenwert 1975 ohne Belastung		30 000
Wertminderung durch Erbbaurecht:			Wertminderung durch Erbbaurecht:		
Angemessener Jahreszins 1975			Angemessener Jahreszins 1975		
6,5 v. H. von 30 000	1 950		6,5 v. H. von 30 000	1 950	
Vertraglicher			Vertraglicher		
Erbbauzins	– 90		Erbbauzins	– 90	
Differenz	1 860		Differenz	1 860	
Rentenbarwertfaktor			Rentenbarwertfaktor		
bei 10 Jahren und 6,5 v. H. 7,19			bei 10 Jahren und 6,5 v. H. 7,19		
Wertfaktor 0,7			Wertfaktor 0,7		
Wertminderung			Wertminderung		
1 860 × 7,19 × 0,7		– 9 360	1 860 × 7,19 × 0,7		– 9 360
Bodenwertanteil		20 640	Bodenwertanteil		20 640
Gebäudewertanteil			*Gebäudewertanteil*		
(Ertragswertverfahren)			(Sachwertverfahren)		
Reinertragsanteil Gebäude bei			Herstellungswert bei		
Vertragsablauf,			Vertragsablauf (1985),		
jedoch bei Preisverhältnissen des			jedoch bei Preisverhältnissen		
Stichtages (1975), mithin wie 5.1			des Stichtags (1975) 120 000		
abzüglich 8 v. H.,					
da es sich um ein 10 Jahre älteres					
Gebäude mit entsprechend geringerem					
Mietwert handelt					
92 v. H. von 6 050 =	5 566		Auf Stichtag		
Vervielfältiger für 1985 bei			abgezinster Restwert		
30 Jahren und 6,5 v. H.			bei Vertragsablauf		
abgezinst auf Stichtag			(100 – 50,8 – 5 = 44,2 v. H.)		
(f. 10 Jahre bei 6,5 v. H.)			abgezinst auf 10 Jahre:		
13,06 × 0,5327 = 6,96			(wie 5.2.1)		
Gebäudewertanteil			*Gebäudewertanteil*		
5 566 × 6,96		38 739	53 040 × 0,5327		28 254
Wert des mit dem Erbbaurecht			Wert des mit dem Erbbaurecht		
belasteten Grundstücks		59 379	belasteten Grundstücks		48 894
		rd. 59 400			**rd. 48 900**

▶ *Zur Entschädigung von Bauwerken bei Heimfall vgl. Rn. 170.*

2.4.4.2 Erbbaurechtsbestellung an bereits bebaute Grundstücke

Nachstehend wird das Beispiel der WertR zur Verkehrswertermittlung eines bei der Bestellung des Erbbaurechts bereits bebauten Grundstücks vorgestellt. **175**

Beispiel:

Verkehrswertermittlung bei Bestellung eines bereits bebauten Erbbaurechts und des belasteten Grundstücks (Anl. 16 WertR zu Nr. 5.2.3.4)

(Finanzmathematische Methode)

Wert des bebauten Erbbaurechts und des mit dem Erbbaurecht belasteten Grundstücks, wenn Gebäude, Außenanlagen und besondere Betriebseinrichtungen vor Vertragsbeginn bereits vorhanden waren
– Vertrag ohne Anpassungsklausel –

Vertragsabschluss 1935; Laufzeit 80 Jahre; Restlaufzeit 1975: 40 Jahre
Restnutzungsdauer der Gebäude 1975: 40 Jahre
Bodenwert ohne Belastung 1935: 1 000 m² × 3 RM/m² = 3 000 RM
                                                    1975: 1 000 m² × 30 DM/m² = 30 000 DM
Erbbauzins:
  Bodenanteil
  (1935 für Gesamtlaufzeit ohne Anpassungsklausel vereinbart): 90 DM = 3 v. H.
  Gebäudeanteil (1935 für Gesamtlaufzeit ohne Anpassungsklausel vereinbart): 900 DM
Angemessener Zins 1975: für gemischt genutztes Grundstück 6 v. H.
                                für Einfamilienhausgrundstück 5 v. H.

6.1 Gemischt genutztes Grundstück (Mietobjekt)

6.2 Gewerblich genutztes Grundstück (eigengenutzt)

Wert des bebauten Erbbaurechts

6.1.1		DM
Bodenwertanteil		
Angemessener Jahreszins 1975		
6 v. H. von 30 000	1 800	
Vertraglicher Erbbauzins		
(Bodenanteil)	– 90	
Differenz	1 710	
Rentenbarwertfaktor		
bei 40 Jahren und 6 v. H. 15,05		
Wertfaktor 0,5		
Bodenwertanteil		
1 710 × 15,05 × 0,5		12 870
Gebäudewertanteil		
(Ertragswertverfahren)		
Anteil des Gebäudes am		
Reinertrag (wie Beispiel 4)		
Jahresmiete 1975	12 000	
Bewirtschaftungskosten	– 4 000	
Reinertrag	= 8 000	
./. Anteil des Bodenwerts		
6 v. H. von 30 000	– 1 800	
	6 200	
Vertraglicher Erbbauzins		
(Gebäudeanteil)	– 900	
Differenz	= 5 300	
Vervielfältiger bei		
40 Jahren und 6 v. H. 15,05		
Wertfaktor 0,6		
Gebäudewertanteil		
5 300 × 15,05 × 0,6		+ 47 860
Wert des bebauten Erbbaurechts		**60 730**

6.2.1		DM
Bodenwertanteil		
Angemessener Jahreszins 1975		
5 v. H. von 30 000	1 500	
Vertraglicher Erbbauzins		
(Bodenanteil)	– 90	
Differenz	1 410	
Rentenbarwertfaktor		
bei 40 Jahren und 5 v. H. 17,16		
Wertfaktor 0,5		
Bodenwertanteil		
1 410 × 17,16 × 0,5		= 12 100
Gebäudewertanteil		
(Sachwertverfahren)		
Bauwert 1975 ohne Belastung		
ermittelt nach Nr. 3.5		
Teil I	90 000	
Vervielfältiger bei 40 Jahren		
und 5 v. H.	17,16	
Angemessener Erbbauzins		
(Gebäudeanteil)		
90 000 : 17,16	5 245	
Tatsächlicher Gebäudeanteil		
am Erbbauzins	– 900	
Differenz	4 345	
Wertfaktor 0,6		
Gebäudewertanteil bei 40 Jahren und 5 v. H.		
4 345 × 17,16 × 0,6		+ 44 740
Wert des bebauten Erbbaurechts		**56 840**

Wert des mit dem Erbbaurecht belasteten Grundstücks

6.1.2		DM
Bodenwertanteil		
Bodenwert 1975 ohne Belastung		30 000
Wertminderung durch		
Erbbaurecht:		
Angemessener Jahreszins 1975		
6 v. H. von 30 000	1 800	
Vertraglicher Erbbauzins		
(Bodenanteil)	– 90	
Differenz	1 710	
Rentenbarwertfaktor		
bei 40 Jahren und 6 v. H. 15,05		
Wertfaktor 0,6		
Wertminderung		
1 710 × 15,05 × 0,6		– 15 440
Bodenwertanteil		= 14 560
Gebäudewertanteil		
(Ertragswertverfahren)		
Gebäudewert 1975 ohne Belastung		
Jahresmiete 1975	12 000	
Bewirtschaftungskosten	– 4 000	
Reinertrag	8 000	
Anteil des Bodenwerts		
6 v. H. von 30 000	– 1 800	
Anteil des Gebäudes	6 200	
Vervielfältiger bei 40 Jahren		
und 6 v. H. 15,05		
Gebäudeertragswert	93 310	
6 200 × 15,05		

6.2.2		DM
Bodenwertanteil		
Bodenwert 1975 ohne Belastung		30 000
Wertminderung durch		
Erbbaurecht:		
Angemessener Jahreszins 1975		
5 v. H. von 30 000	1 500	
Vertraglicher		
Erbbauzins	– 90	
Differenz	1 410	
Rentenbarwertfaktor		
bei 40 Jahren und 5 v. H. 17,16		
Wertfaktor 0,6		
Wertminderung		
1 410 × 17,16 × 0,6		– 14 520
Bodenwertanteil		= 15 480
Gebäudewertanteil		
(Sachwertverfahren)		
Gebäudewert 1975 ohne		
Belastung, ermittelt nach		
Nr. 3.5 Teil I		90 000
Wertminderung durch		
Erbbaurecht,		
Vervielfältiger bei		
40 Jahren und 5 v. H. : 17,16		
Angemessener Erbbauzins-		
gebäudeanteil		
90 000 : 17,16	5 245	
Tatsächlicher Gebäudeanteil		

Wertminderung durch Erbbaurecht			am Erbbauzins	– 900
Anteil des Gebäudes			Differenz	= 4 345
am Reinertrag (s. o.)	6 200			
Vertraglicher Erbbauzins				
(Gebäudeanteil)	– 900			
Differenz	= 5 300			
Rentenbarwertfaktor			Rentenbarwertfaktor	
bei 40 Jahren und 6 v. H. 15,05			bei 40 Jahren und 5 v. H. 17,16	
Wertfaktor	0,8		Wertfaktor	0,8
Wertminderung			Wertminderung	
$5\,300 \times 15{,}05 \times 0{,}8$	rd.– 63 810		$4\,345 \times 17{,}16 \times 0{,}8$	rd. – 59 650
Gebäudewertanteil	29 500		Gebäudewertanteil	30 350
Wert des mit dem Erbbaurecht			Wert des mit dem Erbbaurecht	
belasteten Grundstücks	**44 060**		belasteten Grundstücks	**45 830**

2.4.5   Vergleichswertverfahren

Soweit ein unmittelbarer Preisvergleich nicht möglich ist, kann ggf. ein mittelbarer Preis- **176** vergleich in Betracht kommen. Bei einer ausreichenden Anzahl geeigneter Kaufpreise lässt sich der Einfluss von Merkmalen des Grundstücks und des Erbbaurechtsvertrags auf den Verkehrswert des Erbbaurechts bzw. des mit einem Erbbaurecht belasteten Grundstücks grundsätzlich analytisch feststellen.

Werden derartige Untersuchungen durchgeführt oder liegen solche vor, können die Ergeb- **177** nisse zur Wertermittlung unmittelbar verwendet werden, wenn die sich aus der Gesamtheit der untersuchten Kaufpreise ergebenden **sachlichen und regionalen Beschränkungen** beachtet werden.

Über ihren sachlichen und räumlichen Geltungsbereich hinaus können die jeweiligen **178** Untersuchungsergebnisse verwendet werden, wenn zuvor ihre Gültigkeit an mehreren geeigneten Kaufpreisen von Objekten, die sachlich und räumlich dem zu wertenden Objekt entsprechen, überprüft wurde.

Anlage 11 der WertR (zu Nr. 5.2.2.2) enthält folgendes Beispiel zur Verkehrswerter- **179** **mittlung eines mit einem Erbbaurecht belasteten Grundstücks im Wege des Vergleichswertverfahrens:**

Bodenwert des mit einem Erbbaurecht belasteten Grundstücks

Vertragsabschluss 1935: Laufzeit 100 Jahre; Restlaufzeit 1975: 60 Jahre
Bodenwert ohne Belastung 1935: $1000\ m^2 \times 3\ RM/m^2 = 3\,000\ RM$
$1975: 1000\ m^2 \times 30\ DM/m^2 = 30\,000\ DM$

Erbbauzins (1935 ohne Anpassungsklausel vereinbart) 3 v. H.

1.1   Kaufpreisanalyse[64]

1.1.1   Verfahren der Auswertung

Untersuchung der möglichen wertbeeinflussenden Merkmale mit Hilfe mathematisch-statistischer Methoden (Regressionsanalyse)
Zielgröße FE der Analyse:
Verkehrswert (Kaufpreis) des belasteten Grundstücks dividiert durch den Bodenwert des unbelasteten Grundstücks.

1.1.2   Datenmaterial

Es wurden Kaufpreise für rd. 700 voneinander unabhängigen Verkäufen von Erbbaurechtsgrundstücken ausgewertet, bei denen es sich jedoch nur um Veräußerungen an die jeweiligen Erbbauberechtigten handelt.
Zeitraum der Verkäufe: 1960–1972
Grundstücke
Lage: norddeutscher Raum (Nds., Schl.-Hol., Hbg., Bremen)
Nutzung: Wohnzwecke (überwiegend Ein- und Zweifamilienhausgrundstücke)
Grundstücksgrößen 150 bis 5000 m^2
Bodenwert vergleichbarer unbelasteter Grundstücke 2,50 bis 100 DM/m^2

---

64   Lehmann, Wertermittlung von Erbbaurechtsgrundstücken, Diss Hannover 1974, Sonderdruck aus der Schriftenreihe des Niedersächsischen Landesvermessungsamtes – Hannover Warmbüchenkamp 2

Erbbaurechtsverträge
Erbbaurechtsausgeber: alle Gruppen
Anpassungsklausel: verschiedene Klauseln und ohne Klauseln
Entschädigungsregelung
bei Heimfall und Zeitablauf: alle Arten
Restlaufzeit: 25 bis 99 Jahre
Rendite für Erbbaurechtsausgeber: 0 bis 5 v. H. des jeweiligen Bodenwerts eines unbelasteten Grundstücks
bei Verträgen
            ohne Anpassungsklausel
im Zeitpunkt des Verkaufs (P_R): 0 bis 6 v. H. des jeweiligen Bodenwerts eines unbelasteten Grundstücks bei Verträgen
            mit Anpassungsklausel
Sonstige Vertragsbedingungen: verschiedene (vgl. 5.2.1.6 WertR)

1.1.3 **Untersuchungsergebnisse**
Beträgt die Restlaufzeit des Erbbaurechts mehr als 25 Jahre, so ist bei im Übrigen durchschnittlichen Verhältnissen der Verkehrswert des Erbbaugrundstücks im Wesentlichen abhängig von der Rendite P_R und dem Bodenwert des unbelasteten Grundstücks. Hierbei ist jedoch zu unterscheiden, ob eine Anpassungsklausel vorhanden oder nicht vorhanden ist.

Wert des mit dem   Bodenwert des
Erbbaurecht belasteten $F_E = \times$ unbelasteten
Grundstücks   Grundstücks

Tabelle 1		Tabelle 2	
Verträge *mit* Anpassungsklausel		Verträge *ohne* Anpassungsklausel	
P_R	F_E	P_R	F_E
0,100	0,619	0,100	0,448
0,200	0,628	0,200	0,505
0,300	0,637	0,300	0,545
0,400	0,646	0,400	0,578
0,500	0,655	0,500	0,605
0,600	0,664	0,600	0,638
0,700	0,673	0,700	0,649
0,800	0,682	0,800	0,667
0,900	0,691	0,900	0,684
1,000	0,700	1,000	0,699
1,500	0,745	1,500	0,757
2,000	0,790	2,000	0,798
2,500	0,835	2,500	0,826
3,000	0,879	3,000	0,846
3,500	0,924	3,500	0,860
4,000	0,969	4,000	0,869

1.2 **Anwendung**
Einfamilienhausgrundstück im regionalen Geltungsbereich der Analyse
Vertraglicher Erbbauzins (ohne Anpassungsklausel vereinbart)
(3 v. H. von 3 000 DM) = 90 DM
Rendite P_R (in v. H. des Bodenwerts 1975)
$$\frac{90 \times 100}{30\,000} = 0{,}3 \text{ v. H.}$$
Faktor F_E aus Tabelle 2 : $F_E = 0{,}545$
Wert des mit dem Erbbaurecht belasteten Grundstücks 30 000 DM $\times$ 0,545 = 16 350 DM

2.4.6   Sonderfälle

2.4.6.1   Bauwerksentschädigung und -vergütung bei Heimfall und Erlöschen des Erbbaurechts durch Zeitablauf

▶ *Zur Verkehrswertermittlung von Erbbaurechten bebauter Grundstücke vgl. Rn. 171 ff.*

a) Vergütung für das Bauwerk bei Heimfall

Als **Heimfall** definiert § 2 Nr. 4 ErbbauVO eine *„Verpflichtung des Erbbauberechtigten,*   **180**
das Erbbaurecht beim Eintreten bestimmter Voraussetzungen auf den Grundstückseigen-
tümer zu übertragen (Heimfall);" des Weiteren bestimmt § 3 ErbbauVO:

„Der Heimfallanspruch des Grundstückseigentümers kann nicht von dem Eigentum an dem Grundstück getrennt
werden; der Eigentümer kann verlangen, dass das Erbbaurecht einen von ihm zu bezeichnenden Dritten übertragen
wird."

Eine Vereinbarung, die den Erbbauberechtigten verpflichtet, beim Eintreten bestimmter   **181**
Voraussetzungen das Erbbaurecht auf den Grundstückseigentümer zu übertragen, gehört
damit grundsätzlich zum vertragsgemäßen Inhalt des Erbbaurechts. Der Eigentümer hat
danach einen **vertraglichen Anspruch auf Übertragung des Erbbaurechts.** Nach § 3
ErbbauVO kann der Eigentümer verlangen, das Erbbaurecht auf einen von ihm zu bezeichnenden Dritten zu übertragen[65].

Für die Übertragung bedarf es der **Einigung in notariell beurkundeter Form** (§ 313   **182**
BGB) und der Eintragung in das Grundbuch (§ 873 BGB). Insoweit ist der Begriff „Heim-
fall" irreführend, denn das Erbbaurecht fällt bei Vertragsverletzung nicht automatisch in
das Eigentum des Grundstückseigentümers. Ohne eine vertragliche Vereinbarung über den
Heimfall kann der Grundstückseigentümer auch nicht unter Berufung auf § 242 BGB einen
Heimfall beanspruchen.

Macht der Grundstückseigentümer von seinem Heimfallanspruch Gebrauch, so hat er nach   **183**
§ 32 Abs. 1 ErbbauVO grundsätzlich eine **angemessene Vergütung für das Erbbaurecht**
zu gewähren. Als Inhalt des Erbbaurechts können Vereinbarungen über die Höhe der Vergütung und die Art der Zahlung sowie ihre Ausschließung getroffen werden, jedoch darf
die Zahlung einer angemessenen Vergütung nicht ausgeschlossen werden, wenn das Erbbaurecht zur Befriedigung des Wohnbedürfnisses minderbemittelter Bevölkerungskreise
bestellt wurde (§ 32 Abs. 2 Satz 1 ErbbauVO; vgl. Rn. 70).

Zu den **minderbemittelten Bevölkerungskreisen** wird allgemein die Auffassung vertre-   **184**
ten, dass sich dieser Begriff mit dem „sozialen Wohnungsbau" (soziale Wohnraumförderung) decke[66]. Die Tatsache, dass ein Bauwerk im steuerbegünstigten Wohnungsbau errichtet worden ist, soll dagegen nicht ausreichen. Das KG Berlin hat im Übrigen zu diesem
Begriff die Auffassung vertreten, dass nicht jeder, der mit seiner Familie die Einkommens-
höchstgrenzen des II. WoBauG nicht überschreitet und daher Förderungsmaßnahmen in
Anspruch nehmen kann, zu den minderbemittelten Bevölkerungskreisen gehört[67].

Anders als bei der Beendigung des Erbbaurechts bleiben die im Zeitpunkt des Heimfalls   **185**
auf dem Erbbaurecht **ruhenden Hypotheken-, Grund- und Rentenschulden sowie Real-**
lasten bestehen, soweit sie nicht dem Erbbauberechtigten selbst zustehen. Bestehen bleiben auch Dauerwohn- und Dauernutzungsrechte (§ 31 sowie § 41 Abs. 2 WEG) sowie Vormerkungen eines gesetzlichen Anspruchs auf Eintragung einer Sicherungshypothek.

---

65   Weichhaus in Rpfleger 1979, 329; Scharen in Rpfleger 1983, 342
66   Ingenstau, Komm. zum Erbbaurecht, 5. Aufl. § 27 Rn. 10 unter Hinweis auf LG Frankfurt am Main in DNotZ
     1969, 222; a. A. Staudinger/Ring, BGB § 27 ErbbauVO Rn. 12
67   KG Berlin, Beschl. vom 17. 10. 1980 – 1 W 3363/80 –, OLGZ 1981, 266 = Rpfleger 1981, 108 = BlGBW 1981,
     134

186   Der **Wertermittlungsstichtag** bestimmt sich im Übrigen nach den Vereinbarungen im Erbbaurechtsvertrag[68].

b) Entschädigung für das Bauwerk bei Erlöschen des Erbbaurechts durch Zeitablauf

187   Von der dem Erbbauberechtigten nach § 32 ErbbauVO zu gewährenden angemessenen Vergütung für das Erbbaurecht im Falle einer Geltendmachung des Heimfallanspruchs zu unterscheiden ist die nach § 27 ErbbauVO zu leistende **Entschädigung für das Bauwerk** bei Erlöschen des Erbbaurechts durch Zeitablauf. § 27 ErbbauVO sieht hierfür folgende Regelung vor:

„**§ 27 b Zeitablauf:** Erlischt das Erbbaurecht durch Zeitablauf, so hat der Grundstückseigentümer dem Erbbauberechtigten eine Entschädigung für das Bauwerk zu leisten. Als Inhalt des Erbbaurechts können Vereinbarungen über die Höhe der Entschädigung und die Art der Zahlung sowie über die Ausschließung getroffen werden.

Ist das Erbbaurecht zur Befriedigung des Wohnbedürfnisses minderbemittelter Bevölkerungskreise bestellt, so muss die Entschädigung mindestens zwei Drittteile des gemeinen Werts betragen, den das Bauwerk bei Ablauf des Erbbaurechts hat. Auf eine abweichende Vereinbarung kann sich der Grundstückseigentümer nicht berufen ...“

188   Hieraus folgt, dass

a) grundsätzlich eine angemessene Entschädigung für das Bauwerk zu leisten ist. Diese bemisst sich nach dem gemeinen Wert des Bauwerks zum Zeitpunkt des Ablaufs des Erbbaurechts. Gemeiner Wert i. S. d. ErbbauVO ist dabei der Verkehrswert (-anteil) des Bauwerks[69].

b) Abweichende Vereinbarungen über die Entschädigung sind ggf. zu berücksichtigen; deshalb muss insoweit stets in den Erbbaurechtsvertrag eingesehen werden.

c) Im Falle der Bestellung des Erbbaurechts zur Befriedigung der Wohnbedürfnisse minderbemittelter Bevölkerungskreise sind mindestens zwei Drittteile des gemeinen Werts (Verkehrswertanteils) des Bauwerks zu entschädigen.

189   **Grundlage der Entschädigung ist also der Verkehrswert (-anteil) des Gebäudes zum Zeitpunkt des Ablaufs des Erbbaurechts (Zeitwert).** Die Wahl des Wertermittlungsverfahrens bestimmt sich nach allgemeinen Grundsätzen (vgl. § 7 WertV). Da sich die Entschädigung – wie dargelegt – nach dem Verkehrswert (-anteil) des Gebäudes bemisst, müssen ggf. Marktanpassungszu- und -abschläge berücksichtigt werden[70].

190   *Beispiel:*

Es ist die Entschädigung für ein Einfamilienhaus bei Ablauf des Erbbaurechts zu ermitteln. Der Gebäudewertanteil wurde im Wege des Sachwertverfahrens auf der Grundlage von Normalherstellungskosten (ohne Marktanpassung) mit 200 000 € ermittelt.

Der Bodenwert des unbelasteten Grundstücks betrage ebenfalls 200 000 €.

Der auf den Sachwert vergleichbarer unbelasteter Grundstücke (Boden und Gebäude) bezogene Marktanpassungsabschlag betrage minus 20 % des Sachwerts.

191   Der BGH[71] hat unter Hinweis auf den Begriff des gemeinen Werts (= Verkehrswert) klargestellt, dass bei der **Bemessung der Entschädigung die Lage auf dem Grundstücksmarkt berücksichtigt werden müsse** (Abb. 20).

Berechnungsweise des BGH:

Gebäudesachwert (ohne Marktanpassung)	= 200 000 €
./. 20 % Marktanpassung	= – 40 000 €
= Entschädigung	= 160 000 €

192   Der BGH hat also den Marktanpassungsabschlag anteilig auf den Boden- und Gebäudesachwert verteilt. Es muss davon ausgegangen werden, dass die damit verbundene Problematik nicht erkannt wurde; in der Urteilsbegründung ist jedenfalls die damit verbundene Problematik nicht angesprochen worden.

Abb. 20: Marktanpassung bei der Gebäudesachwertermittlung

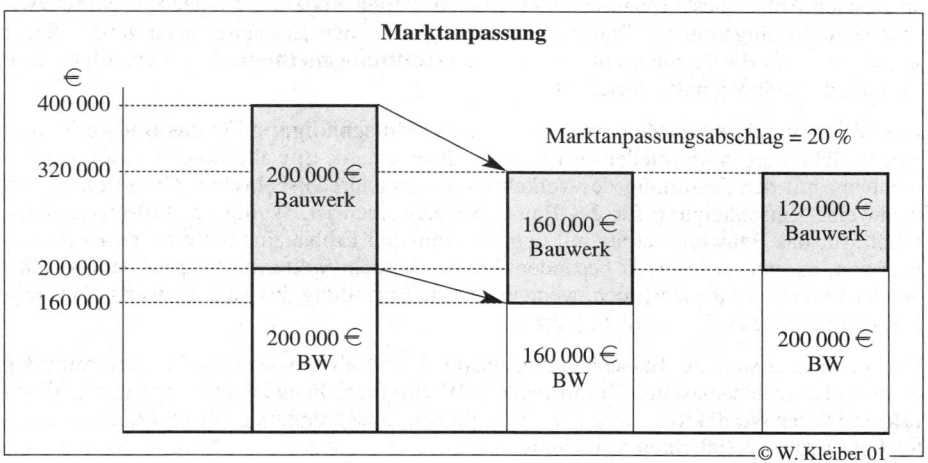

Diese besteht im Kern darin, dass   **193**

a) der sog. Marktanpassungsabschlag nicht nur die Anpassung des Sachwerts an den Verkehrswert bewirkt, sondern zugleich ein Korrekturfaktor für

   – marktgerechte Normalherstellungskosten,

   – eine möglicherweise nicht marktgerechte Alterswertminderung und vieles mehr zum
     Inhalt hat.

b) sich der Marktanpassungsabschlag auf den (Gesamt-)Sachwert bezieht, der sich aus
   Bodenwert, Wert der baulichen und der sonstigen Anlagen zusammensetzt (§ 21 Abs. 5
   WertV). Die Entschädigung bemisst sich dagegen (nur) nach dem Verkehrswert(-anteil)
   des Gebäudes am Verkehrswert des Grundstücks.

Die oben vorgestellte Berechnungsweise führt im Ergebnis dazu, dass sich der Marktanpassungsabschlag anteilig auf   **194**
den Boden- und Bauwert verteilt, d. h. gegenüber einem Bauwertanteil von 120 000 €, der sich als Restgröße
gegenüber dem Wert des unbebauten Grundstücks (200 000 €) ergibt, erhöht sich damit die Entschädigung in dem
Beispiel um 40 000 €.

Der Grundstückseigentümer könnte nun geltend machen, dass   **195**

a) ihm der **„volle" Bodenwert** (200 000 €) nach Ablauf des Erbbaurechts vermögensmäßig zuzurechnen sei und bei der vorgestellten Berechnungsweise zu Lasten des
   „vollen Bodenwerts" eine zu hohe Entschädigung für das Bauwerk zu leisten hätte;

b) wie ausgeführt, mit dem Marktanpassungsabschlag auch „Modellkorrekturen" im Rahmen des angewandten Sachwertverfahrens verbunden sind und solche Korrekturen
   nicht zu einer Erhöhung der Entschädigungsleistungen führen dürfen[72].

c) bei **Anwendung des Ertragswertverfahrens** mit marktkonformen Liegenschaftszinssätzen sich als Entschädigung ein Gebäudeertragswert von 120 000 € ergeben hätte.
   Sach- und Ertragswertverfahren sollen aber zu identischen Ergebnissen führen, zumindest was die Entschädigungshöhe anbelangt.

---

68 Wie der BGH, Urt. vom 22. 11. 1991 V ZR 187/90, NJW 1992, 1454 festgestellt hat, ist eine Formulierung, nach
    der sich die Vergütung nach dem gemeinen Wert des Erbbaurechts „zur Zeit des Heimfalls" bemisst, dahin
    gehend auszulegen, dass dann nicht der Tag der Geltendmachung des Heimfallanspruchs, sondern der Tag der
    Vollziehung des Heimfallanspruchs im Grundbuch maßgebend ist.
69 BGH, Urt. vom 6. 12. 1974 – V ZR 95/73 –, WM 1975, 256 = ZMR 1977, 282; BGH, Urt. vom 6. 2. 1976 – V
    ZR 191/74 –, EzGuG 7.47
70 BGH, Urt. vom 6. 12. 1974 – V ZR 95/73 –, EzGuG 11.95
71 BGH, Urt. vom 6. 12. 1974 – V ZR 95/73 –, EzGuG 11.95
72 Kleiber/Simon, WertV 98, 5. Aufl., S. 598 ff.

196   Vor allem wird ein Erbbaurecht regelmäßig mit der Absicht ausgegeben, dass das Grundstück nach Ablauf des Erbbaurechts mit seinem vollen Bodenwert unter Einschluss zwischenzeitlich eingetretener Bodenwerterhöhungen an den Erbbaurechtsausgeber wieder zurückfällt und dieser nicht auf Grund **wertermittlungsmethodischer Besonderheiten** Vermögenseinbußen unterworfen ist.

197   Des Weiteren müssen im Zusammenhang mit der **Entschädigung für das Bauwerk** Doppelentschädigungen vermieden werden: Die Problematik tritt allerdings nur im Zusammenhang mit der Ermittlung des Verkehrswerts erbbaurechtsbelasteter Grundstücke auf, wenn eine Entschädigung für das Bauwerk vorgesehen ist. Wurde der Entschädigungspflicht für das Bauwerk bereits mit dem vereinbarten Erbbauzins hinreichend Rechnung getragen, so entfällt insoweit besonders bei der Verkehrswertermittlung zu berücksichtigender Entschädigungsanspruch, wenn es um die Ermittlung des Verkehrswerts eines erbbaurechtsbelasteten Grundstücks geht[73].

198   Darüber hinaus steht der Entschädigungsanspruch im Rahmen der Verkehrswertermittlung eines erbbaurechtsbelasteten Grundstücks in Wechselbeziehung zu dem angesetzten **Wertfaktor.** Dieser Wertfaktor ist von den vertraglichen Einschränkungen des Erbbauberechtigten bzw. Erbbauverpflichteten abhängig.

199   Wird dem Entschädigungsanspruch bereits mit einer Höhe des Wertfaktors Rechnung getragen, so würde ein gesonderter Ansatz für den Entschädigungsanspruch bei der Ermittlung des Verkehrswerts des erbbaurechtsbelasteten Grundstücks wiederum auf eine unzulässige **Doppelentschädigung** hinauslaufen.

200   Vorbehaltlich der Sonderregelung für die Bestellung von Erbbaurechten zur Befriedigung der Wohnbedürfnisse minderbemittelter Bevölkerungskreise, können – wie ausgeführt – Vereinbarungen über die Entschädigung und die Art der Zahlung sowie über ihre Ausschließung getroffen werden. Folgende andere Regelungen können u. a. vereinbart werden (vgl. Rn. 67):
  – Das Gebäude ist abzubrechen. In diesem Fall ist die Lebensdauer des Gebäudes auf das Ablaufjahr des Rechts zu begrenzen.
  – Das Gebäude geht gegen teilweise oder ohne eine Entschädigung in das Eigentum des Erbbauverpflichteten über. Wegen der Auswirkungen vgl. nachfolgendes Beispiel.

201   *Beispiel:*

Restlaufzeit des Erbbaurechts geringer als Restnutzungsdauer des aufstehenden Gebäudes; entschädigungsloser Übergang ist vereinbart, Bodenwert 50 000 €. Angemessener Erbbauzins 6 v. H., vereinbarter Erbbauzins 1 v. H. Restlaufzeit des Erbbaurechts 50 Jahre, Gebäudenormalherstellungswert 375 000 €. Gewöhnliche Gebäudenutzungsdauer 100 Jahre, Restnutzungsdauer 80 Jahre.

A Wertermittlung für das bebaute Erbbaurecht

Anteiliger Bodenwert (zum Beispiel)		39 400 €
Gebäudenormalherstellungswert	375 000 €	
– Alterswertminderung 20 v. H.	– 75 000 €	
Gebäudewert	= 300 000 €	= 300 000 €
Gebäuderestwert bei Vertragsablauf	375 000 €	
Alterswertminderung 70 v. H.	– 262 500 €	
	= 112 500 €	
Abgezinster Gebäudewert auf den Wertermittlungsstichtag		
112 500 € × 0,0543		– 6 082 €
		= 293 918 €
Gebäudewert unter Berücksichtigung des entschädigungslosen Übergangs		+ 293 918 €
		= 333 318 €
Verkehrswert des bebauten Erbbaurechts		**333 000 €**

B Wertermittlung des belasteten Grundstücks

Bodenwertanteil (zum Beispiel)		10 600 €
zuzüglich abgezinster Gebäudewert	+	6 082 €
	=	16 682 €
Wert des mit dem Erbbaurecht belasteten Grundstücks		**17 000 €**

2.4.6.2 Erschließungsbeitrag

▶ *Allgemeines vgl. § 5 WertV Rn. 100 und § 14 WertV Rn. 125 ff.*

Grundsätzlich hat der Grundstückseigentümer alle auf einem *Grundstück* und der Erbbau-   **202**
berechtigte alle **auf dem *Bauwerk* ruhenden Lasten und Abgaben** zu tragen. Etwas
anderes kann sich

a) kraft besonderer gesetzlicher Regelungen oder

b) auf Grund besonderer vertraglicher Vereinbarungen (§ 2 Nr. 3 ErbbauVO)

ergeben. Für den Erschließungsbeitrag nach den §§ 127 ff. BauGB sieht so § 134 Abs. 1
Satz 2 BauGB die Beitragspflicht des Erbbauberechtigten ausdrücklich vor.

Zahlt der Erbbauberechtigte die Erschließungskosten (vgl. § 134 BauGB), ist bei der   **203**
Wertermittlung der Bodenwertanteile am belasteten Grundstück und am Erbbau-
recht vom Wert des erschließungsbeitragspflichtigen Bodenwerts auszugehen. Anderenfalls wäre der Grundstückseigentümer bei Ablauf des Erbbaurechts um den
Erschließungskostenbeitrag bereichert[74].

Beispiel: **204**

Restlaufzeit des Erbbaurechts 80 Jahre,
Üblicher Erbbauzins 4,5 %,
Grundstücksgröße 600 m²,
Bodenrichtwert (ebp) 50 €/m², Bodenrichtwert (ebf) 80 €/m².
Der Erbbauberechtigte bezahlt sämtliche Erschließungskosten. Tatsächlich gezahlter Erbbauzins 1,00 €/m².

Erbbaurecht			Belastetes Grundstück	
Üblicher Erbbauzins			Bodenwert des unbelasteten	
4,5 % von (600 m² × 50 €/m²)	=	1 350 €	Grundstücks	30 000 €
Tatsächlich gezahlter Erbbauzins	–	600 €		
Differenz	=	750 €		
Vervielfältiger bei 80 Jahren				
und 4,5 % Zins	= 21,57			
Wertfaktor	0,5			
Bodenwertanteil des Erbbaurechts				
750 € × 21,57 × 0,5	=	8 089 €	Bodenwertanteil des Erbbaurechts	./. 8 089 €
Erschließungskosten				
30 €/m² × 600 m²	+	18 000 €		
Bodenwertanteil des Erbbau-			Bodenwertanteil des	
rechts insgesamt		**26 089 €**	belasteten Grundstücks	**21 911 €**

2.4.6.3 Umlegung

▶ *Allgemeines zur Umlegung vgl. Teil VI Rn. 1 ff.*

Auch bei der Wertermittlung im Falle der **Umlegung nach den §§ 45 ff. BauGB** ergeben   **205**
sich Schwierigkeiten. Die Zuteilungsgrundstücke haben im Allgemeinen höhere Werte als
die Einwurfsgrundstücke. Der Eigentümer eines Erbbaugrundstücks ist im Allgemeinen

---

73 Erl. des bad.-württ. FM vom 27. 11. 1998 – 3 – S 3014/17 –, GuG 1999, 100
74 Just/Brückner, Wertermittlung von Grundstücken, Werner-Verlag Düsseldorf, 5. Aufl. 1977, S. 270; Büchs,
    Grunderwerb und Entschädigung beim Straßenbau, Boorberg-Verlag, S. 616; Beiderwieden in AVN 1972, 114

verpflichtet, einen umlegungsbedingten Mehrwertausgleich zu zahlen, ohne dass er gegenüber dem Erbbauberechtigten einen höheren Erbbauzins geltend machen kann. Das hätte nur bei Wegfall der Geschäftsgrundlage[75] Aussicht auf Erfolg. Der Erbbauberechtigte kann hingegen den vollen Nutzen aus dem höheren Bodenwert ziehen (z. B. höhere Miete). Eine nach § 61 BauGB mögliche Änderung von grundstücksgleichen Rechten in der Umlegung und damit eine Änderung des Erbbauzinses ist in der Rechtsprechung[76] bislang aus allerdings nicht überzeugenden Gründen abgelehnt worden.

2.4.6.4   Sanierungs- und Entwicklungsmaßnahme

▶ *Allgemeines vgl. oben Rn. 123, 170, Vorbem. zu den §§ 26 bis 28 WertV sowie § 28 WertV Rn. 225 ff., 81 ff.*

206   Gleiche Probleme stellen sich auch in **förmlich festgelegten Sanierungsgebieten** nach den §§ 136 ff. BauGB und **städtebaulichen Entwicklungsbereichen** (vgl. § 28 WertV Rn. 214 ff.), ohne dass – abgesehen von Sanierungsumlegungen (§ 153 Abs. 5 BauGB) – dafür eine mit § 61 BauGB vergleichbare Regelung besteht.

2.4.6.5   Zwangsversteigerung

▶ *Allgemeines vgl. oben Rn. 47 ff., 57 ff., 82, 123, 170, 213 sowie § 194 BauGB Rn. 176 ff.*

207   Die Zwangsvollstreckung wegen Geldforderungen richtet sich nach den §§ 864 bis 871 ZPO. Da das **Erbbaurecht nach § 10 Abs. 1 ErbbauVO ggf. nach § 25 ErbbauVO grundsätzlich an erster Rangstelle** im Grundbuch eingetragen ist, fällt es i. d. R. in das geringste Gebot.

208   Bei der **Zwangsversteigerung** des Erbbaurechts sind nach § 9 Abs. 1 ErbbauVO hinsichtlich des Erbbauzinses die Vorschriften über die Reallast entsprechend anzuwenden. Lehnt der Grundstückseigentümer einen Rücktritt hinter ein Grundpfandrecht mit seinem Erbbauzins ab, so erhält das Grundpfandrecht Rang nach dem Erbbauzins. Geht der Erbbauzins somit den betreibenden Gläubigern vor, so fällt er unter die Rechte des § 10 Abs. 1 Nr. 4 ZVG und bleibt als Teil des geringsten Gebots bestehen (§§ 44, 52 ZVG).

209   Räumt der Grundstückseigentümer dagegen dem Grundpfandgläubiger den Vorrang ein, so geht der Erbbauzins den Rechten des betreibenden Gläubigers nach und fällt nicht in das geringste Gebot, sondern erlischt vielmehr nach § 91 ZVG, so dass der **Ersteher das Erbbaurecht insoweit lastenfrei erwirbt**[77], d. h., der Erbbauzins erlischt bei einer Zwangsversteigerung des Erbbaurechts, wenn aus einem im Rang vorgehenden Recht die Versteigerung betrieben wird. Infolgedessen kann nicht ausgeschlossen werden, dass der Grundstückseigentümer seinen Erbbauzins für die Restlaufzeit (90 Jahre und mehr sind denkbar) verliert.

210   Grundstückseigentümer werden im Hinblick auf diese von der Rechtsprechung wiederholt bestätigte Rechtslage[78] **Rangrücktritte von Erbbauzinsreallasten und Anpassungsvormerkungen** hinter Grundpfandrechten ablehnen, so dass in Zwangsversteigerungsverfahren aus einem nachrangigen Grundpfandrecht Erbbauzinsreallast und Vormerkung bestehen bleiben. Dies schränkt jedoch die Beleihungsmöglichkeit des Erbbaurechts ein, da die Beleihung von Erbbaurechten unter Berücksichtigung des Werts im Rang vorhergehender Rechte erfolgt und die vorrangigen Belastungen von der Beleihungsgrenze abgezogen werden[79].

211   Eine ebenfalls besondere Situation ergibt sich bei der Wertermittlung des Erbbaurechts in der Zwangsversteigerung. Hier ist Vorsicht geboten. Das einschlägige Verfahren nach den Anl. 11 bis 16 WertR führt zu einer Benachteiligung des Erbbauberechtigten, da ihm der

Nachteil der Verpflichtung zur Zahlung des Erbbauzinses zu hoch angerechnet wird. Bei dem o. g. Verfahren erfolgt die Anrechnung durch Ansatz des Wertfaktors, der die schuldrechtlichen Vor- und Nachteile berücksichtigen soll, die sich aus der Bindung des Erbbauberechtigten auf Grund des Erbbaurechtsvertrags ergeben. Im Zwangsversteigerungsverfahren wird der Nachteil der Verpflichtung zur Zahlung des Erbbauzinses bei vorrangigem Erbbaurecht zusätzlich durch den so genannten Ersatzwert berücksichtigt, um den das 7/10-Gebot gemindert wird. Das führt im Ergebnis zu einer **Unterbewertung des Erbbaurechts und damit zu einer Benachteiligung des Erbbauberechtigten.** Als Ausgleich wurde vorgeschlagen, dem Erbbauberechtigten grundsätzlich einen Bodenwertanteil in v. H. des Bodenwerts zuzurechnen, dessen Höhe der Restlaufzeit des Erbbaurechts entsprechen soll. Dies ist allerdings nur eine grobe Überschlagsrechnung, deren Parameter wohl kaum begründet werden kann und die zudem verkennt, dass für die Höhe des Bodenwertanteils des Erbbaurechts es ganz wesentlich darauf ankommt, inwieweit der gezahlte Erbbauzins dem angemessenen Erbbauzins entspricht.

Für die Wertermittlung des Erbbaurechts im Zwangsversteigerungsverfahren sollte die einfache **finanzmathematische Berechnung** angewendet werden, bei der nicht die Verpflichtung des Berechtigten zur Zahlung des Erbbauzinses berücksichtigt wird. Berücksichtigt wird hingegen der in den meisten Fällen gegebene Vorteil des Erbbauberechtigten, einen entsprechend dem Wert des Grund und Bodens geringen Erbbauzins zu zahlen. Die Erbbauzinsreallast, die Vormerkung zur Erhöhung des Erbbauzinses und das Vorkaufsrecht können danach vom Amtsgericht zur Ermittlung des Ersatzwerts in Ansatz gebracht werden.　**212**

2.4.6.6　Erbauseinandersetzung

Ähnlich unbefriedigend ist das Verfahren nach den WertR bei Wertermittlungen anlässlich Erbauseinandersetzungen. In einem konkreten Fall musste sich der Eigentümer eines mit einem Erbbaurecht belasteten größeren Gewerbegrundstücks mit seinen Miterben auseinandersetzen. Der nach den WertR ermittelte Bodenwert des belasteten Grundstücks war sehr hoch und rein hypothetisch. Er hätte nicht einmal entfernt als Verhandlungsgrundlage für den Verkauf an den – in diesem Fall nicht interessierten – Erbbauberechtigten dienen können. Der Eigentümer war somit nicht in der Lage, die Miterben zu befriedigen. In diesem oder ähnlich gelagerten Fällen ist zu überlegen, ob nicht das rein mathematische Modell zu gerechteren und letztlich plausibleren Ergebnissen führt.　**213**

2.4.6.7　Ankaufsverpflichtung (Kaufzwangklausel)

Im Unterschied zum Ankaufsrecht (vgl. Rn. 228, 497 ff.) können die Beteiligten auch vereinbaren, dass auf Verlangen des einen Vertragspartners der andere verpflichtet ist, das belastete Grundstück bzw. das Erbbaurecht zu bestimmten Bedingungen käuflich zu erwerben (Kaufzwangklausel). Dabei wird als Ankaufsverpflichtung z. B. formuliert: „Der Erbbauberechtigte hat den Kaufpreis in einer Höhe zu zahlen, wie dieser zur Zeit der Ausübung des Ankaufsrechts für das mit dem Erbbaurecht belastete Grundstück gezahlt wird" (Abb. 21).　**214**

75　BGH, Urt. vom 21. 2. 1986 – V ZR 195/84 –, EzGuG 7.96
76　OLG Hamm, Urt. vom 30. 9. 1969 – 16 U 6/69 –, EzGuG 17.31; Dieterich, Baulandumlegung, 4. Aufl. 2000 Rn. 293
77　Winkler in NJW 1992, 2514; Geißel, Der Erbbauzins in der Zwangsversteigerung, Berlin 1992; Helwich in Rpfleger 1989, 389; Winkler in DNotZ 1970, 390 und NJW 1985, 940; Pöschl in BWNotZ 1956, 41; Pöschl in BB 1961, 581; Ruland in NJW 1983, 96; Tradt in DNotZ 1984, 370
78　BGH, Urt. vom 25. 9. 1981 – V ZR 244/80 –, BGHZ 81, 358 = NJW 1982, 234; BGH, Urt. vom 26. 2. 1987 – V ZB 10/86 –, EzGuG 101 a
79　Götz in DNotZ 1980, 3, 20

215   **Ankaufsverpflichtungen (Kaufzwangklauseln)** sind nach der Rechtsprechung entgegen der im Schrifttum geltend gemachten Bedenken[80] unter bestimmten Voraussetzungen zulässig.

a) Eine Verknüpfung des Erbbaurechts mit einer schuldrechtlichen Ankaufsverpflichtung ist mindestens dann als unbedenklich anzusehen, wenn ein finanzstarker Vertragspartner diese Verpflichtung eingeht, zumal die ErbbauVO nach Inhalt und Normzweck nicht auf bestimmte einkommensschwache Bevölkerungskreise oder auf bestimmte soziale Bedürfnisse angelegt ist[81].

b) Eine Ankaufsverpflichtung kann zwar im Einzelfall sittenwidrig sein, jedoch nicht schlechthin[82]. Vertragliche Kaufzwangklauseln verstoßen deshalb nicht schlechthin gegen gute Sitten i. S. d. § 138 Abs. 1 BGB.

c) Eine „spekulative" Erwartung des Grundstückseigentümers, mit einer Ankaufsverpflichtung auf der Grundlage des Verkehrswerts des Grundstücks zum Zeitpunkt der Veräußerung Wertsteigerungen für sich in Anspruch zu nehmen, die in der Zeit zwischen Abschluss des Erbbaurechtsvertrags und der Geltendmachung der Ankaufspflicht eingetreten sind, kann den Vorwurf der Sittenwidrigkeit nicht begründen.

216   Der BGH hat in seiner **Rechtsprechung** darauf hingewiesen, dass Bedenken bestehen

– einerseits gegen eine übermäßig lange Bindung, insbesondere im Falle einer Koppelung der Ankaufsverpflichtung an die häufig 99-jährige Laufzeit des Erbbaurechts und

– andererseits gegen eine Geltendmachung der Ankaufsverpflichtung schon in der ersten Phase des Erbbaurechts, in der der Erbbauberechtigte finanziell besonders in Anspruch genommen ist. Die Wahrung einer zehnjährigen „Schonfrist" hält sich dabei im Rahmen, während die Ausübung des Optionsrechts nach Ablauf von 22 Jahren als unzumutbar erkannt wurde.

217   Zwischen der Geltendmachung der Ankaufspflicht und deren Abwicklung fordert der BGH eine Ankündigungsfrist, die es dem Durchschnittsbürger erlaubt, die für den Grundstückskauf erforderlichen Mittel verfügbar zu machen.

218   **Übermäßig lange und unbegrenzte Bindungsfristen führen grundsätzlich nicht zur Unwirksamkeit der Ankaufsverpflichtung** insgesamt, sondern lediglich zu einer Reduktion auf ein angemessenes Zeitmaß. Im Falle von Ankaufsverpflichtungen aus Formularverträgen will der BGH indessen die geltungserhaltende Reduktion nicht zulassen. Entsprechendes gilt für das Erfordernis, dem Erbbauberechtigten im Falle der Ausübung der Ankaufsverpflichtung eine angemessene Frist zur Mittelbeschaffung zu sichern.

219   **Die grundsätzliche Anerkennung der Wirksamkeit von Kaufzwangklauseln ist herrschende Meinung[83].**

220   Es ist grundsätzlich **zulässig, dass sich der Grundstückseigentümer** als Erbbaurechtsgeber die Möglichkeit des Verkaufs seines Grundstücks an den Erbbauberechtigten **in Höhe des Verkehrswerts** des vergleichsweise unbelasteten Grundstücks sichert[84].

221   Die Vereinbarung dieser Ankaufsverpflichtung kann allerdings nicht dinglich gesichert werden[85]; gleichwohl gehört sie aber zum dinglichen Inhalt des Erbbaurechts[86]. Die ErbbauVO sieht in § 2 Nr. 7 nur den Vorbehalt einer Verkaufspflicht, nicht aber eine vom gesetzlichen Leitbild des Erbbaurechts abweichende Verpflichtung. Ein Rechtsunkundiger muss demnach nicht mit einer solchen Klausel rechnen.

222   Eine **schuldrechtliche Ankaufsverpflichtung ist** aber nicht **grundsätzlich unzulässig** und dann unbedenklich, wenn ein finanzstarker Partner diese Verpflichtung eingeht[87].

223   In der Wertermittlungspraxis stellt sich im Falle einer Ankaufsverpflichtung die **Frage, wie sich ein vertraglich ausbedungener Verkehrswert des mit einem Erbbaurecht belasteten Grundstücks zum Zeitpunkt des Verlangens bemisst.** Konkret geht es um die Frage, ob der Verkehrswert des unbelasteten Grundstücks oder der Verkehrswert des mit einem Erbbaurecht belasteten Grundstücks maßgebend ist. Auf Grund der rechtlichen Ausgestaltung des Erbbaurechts und den beschränkten Möglichkeiten, den Erbbauzins an die Grundstückswertentwicklung anzupassen, wirkt sich ein Erbbaurecht entsprechend den vorgestellten Wertermittlungsverfahren nämlich grundsätzlich wertmindernd aus. Bei der Veräußerung erbbaurechtbelasteter Grundstücke an Dritte (Drittverkauf) ist in aller Regel im gewöhnlichen Geschäftsverkehr ein geringerer Kaufpreis erzielbar, als für ein unbelastetes Grundstück.

Als Verkehrswert eines Grundstücks kann, so wird geltend gemacht, nur das gelten, was im **224** gewöhnlichen Geschäftsverkehr „von jedermann" erzielt werden kann. Des Weiteren wird darauf hingewiesen, dass persönliche Verhältnisse unberücksichtigt bleiben müssen (vgl. § 194 BauGB und § 6 WertV). Der BGH[88] hat nun für den Fall einer Ankaufsverpflichtung „zum Verkehrswert" eindeutig entschieden, dass bei der Bemessung des Verkehrswerts **keine Differenzierung zwischen Dritterwerbern und Erbbauberechtigten** vorgenommen werden darf, weil „der Erbbauberechtigte ein Interesse am Erwerb des Grundstücks zum (vollen) Verkehrswert hat". Er hat nämlich nach dem Erwerb dieses juristisch zwar mit dem Eigentümererbbaurecht belastet erworben, wirtschaftlich gesehen jedoch lastenfrei. Es sei gerade der Sinn der vertraglich zu Lasten des Erbbauberechtigten vereinbarten Ankaufsverpflichtung, dem Grundstückseigentümer im Falle des Verkaufs einen Erlös zu sichern, den er auf dem allgemeinen Grundstücksmarkt im Hinblick auf die bestehende Erbbaurechtsbelastung nicht erzielen könnte.

Der BGH spricht in diesem Zusammenhang von einer **vertragstypischen Interessen-** **225** **lage.** Anknüpfend an diese Rechtsprechung stellt sich darüber hinaus die Frage, ob sich diese vertragstypische Interessenlage so nur im Falle einer vertraglichen Ankaufsverpflichtung stellt, oder eine solche vertragstypische Interessenlage gemeinhin bereits aus dem Erbbaurechtsvertrag ergibt, ohne dass eine Ankaufsverpflichtung vereinbart worden ist (Abb. 21).

---

80   Kollhoser in NJW 1974, 1302; Macke in NJW 1977, 2233; Nordalm in NJW 1974, 1936; Demmer in NJW 1983, 1636; Kibel in NJW 1979, 24; Richter in BWNotZ 1978, 61
81   BGH, Urt. vom 8. 6. 1979 – V ZR 191/76 –, EzGuG 7.70
82   BGH, Urt. vom 1. 10. 1976 – V ZR 10/76 –, EzGuG 7.52; BGH, Urt. vom 22. 2. 1980 – V ZR 135/76 –, EzGuG 7.74; BGH, Urt. vom 17. 5. 1991 – V ZR 140/90 –, GuG 1992, 115 = EzGuG 12.91; BGH, Urt. vom 14. 10. 1988 – V ZR 157/87 –, EzGuG 7.107
83   Palandt/Bassenge, ErbbauVO § 2 Rn. 6; Soergel/Stürmer, ErbbauVO § 2 Rn. 9; Staudinger/Ring, ErbbauVO § 2 Rn. 36; MüKo-v. Oefele, ErbbauVO § 2 Rn. 40 f.; Ingenstau, Komm. zum Erbbaurecht § 2 Rn. 78 ff.; v. Oefele/Winkler, Handbuch des Erbbaurechts 1978, S. 116; Macke in NJW 1977, 2233
84   Demmer (NJW 1983, 1626) hat hierzu unter Hinweis auf das OLG Hamm (Beschl. vom 4. 11. 1976 – 22 U 14/76 –, EzGuG 7.54) die Auffassung vertreten, dass sich im Falle unvorhersehbarer Steigerung des Verkehrswerts der Erbbauberechtigte auf den Wegfall der Geschäftsgrundlage berufen könne (vgl. Macke in NJW 1977, 24). Dem hat Buchner (Festschrift für Helmut Schippel, Bundesnotarkammer 1996, S. 123) mit dem Hinweis widersprochen, dass keine Äquivalenzstörung vorliege, weil der Erbbauberechtigte den „vollen Gegenwert" erhalte; vgl. Uibel in NJW 1979, 24
85   BGB, MünchenerKomm., § 2 ErbbauVO Rn. 37 ff.; Schulte in BWNotZ 1961, 315; BGH, Urt. vom 8. 6. 1979 – V ZR 191/76 –, EzGuG 7.70; OLG Hamm, Urt. vom 5. 2. 1974 – 15 Wx 14/74 –, NJW 1974, 865
86   Palandt/Bassenge § 2 ErbbauVO Rn. 5; Ingenstau, Komm. zum Erbbaurecht Rn. 72; Staudinger/Ring, ErbbauVO § 2 Rn. 32
87   BGH, Urt. vom 22. 2. 1980 – V ZR 135/76 –, EzGuG 7.74
88   BGH, Urt. vom 19. 5. 1989 – V ZR 103/88 –, EzGuG 7.104 b; BGH, Urt. vom 14. 10. 1988 – V ZR 175/87 –, EzGuG 7.107; BGH, Urt. vom 19. 5. 1989 – V ZR 103/88 –, EzGuG 7.104 b; BGH, Urt. vom 23. 5. 1980 – V ZR 129/76 –, EzGuG 7.76; BGH, Urt. vom 4. 6. 1954 – V ZR 18/53 –, EzGuG 14.3 a; BGH, Urt. vom 11. 5. 1973 – V ZR 129/71 –, DB 1973, 1594 = BB 1973, 1140

Abb. 21: Vertragstypische Interessenlage

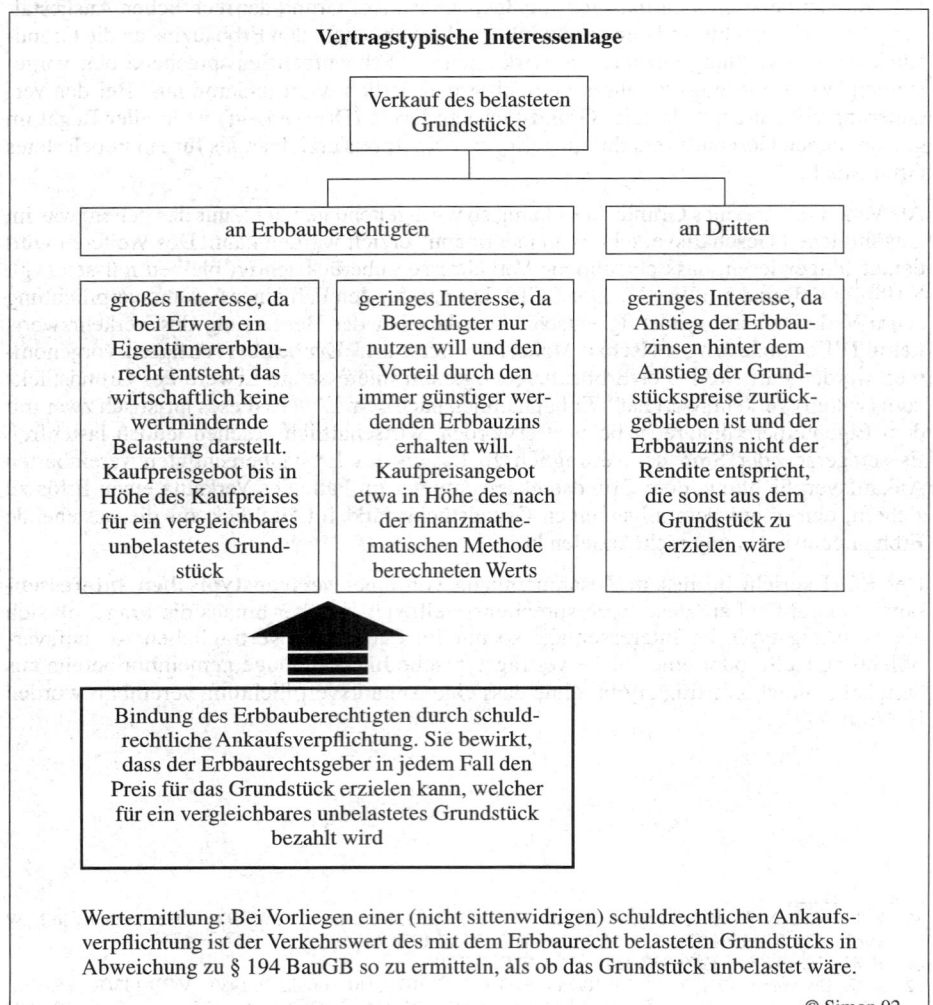

226   Allgemein kann nämlich davon ausgegangen werden, dass Erbbaurechte stets nur von Grundeigentümern ausgegeben werden, die Eigentümer ihres Grundstücks bleiben wollen. Hierauf ist auch zurückzuführen, dass Erbbaurechte vornehmlich von Kirchen, Fürstenhäusern und staatlichen Institutionen ausgegeben werden, die „ewig" disponieren. Wer auf die „Realisierung" des Verkehrswerts eines unbelasteten Grundstücks mit der Möglichkeit, den Verkaufspreis bankenüblich anzulegen, verzichtet und stattdessen mit der Bestellung eines Erbbaurechts einhergehend mit beschränkten Möglichkeiten der Anpassung des Erbbauzinses an die Bodenwertentwicklung auf eine angemessene Rendite verzichtet, war am Erhalt seines Eigentums und nicht an dem Verkauf an Dritte interessiert. Dies schließt nicht aus, dass er zu einem späteren Zeitpunkt verkaufsbereit ist. Nun kann aber beobachtet werden, dass Erbbaurechtsausgeber ohne vertragliche Regelung i. d. R. sich nur verkaufswillig zeigen, wenn sie dann auch den „vollen" Verkehrswert realisieren können. Umgekehrt hat sich auch gezeigt, dass nur die Erbbauberechtigten zum Erwerb des Grundstücks zum

„vollen" Verkehrswert bereit sind und zwar aus denselben Gründen, wie sie der BGH in Bezug auf Ankaufsverpflichtungen herausgestellt hat. Im Ergebnis ist es geradezu **objekt-typisch und nicht nur vertragstypisch, dass Erbbaurechte im gewöhnlichen Geschäftsverkehr (nur) an Erbbauberechtigte verkauft werden und zwar zu dem nur vom Erbbauberechtigten erzielbaren „vollen" Verkehrswert.** Dritterwerbsfälle stellen mithin geradezu einen ungewöhnlichen Geschäftsverkehr dar.

Hierauf ist im Übrigen auch zurückzuführen, dass sich die der Anl. 11 zu den WertR zu Grunde liegende Untersuchung vornehmlich auf Kauffälle gründet, die im gewöhnlichen Geschäftsverkehr zwischen Eigentümer und Erbbauberechtigten zustande gekommen sind[89]. Der gewöhnliche Geschäftsverkehr mit erbbaurechtbelasteten Grundstücken schmilzt also auf einen bipolaren Teilmarkt zusammen. Aus diesem Grunde ist es durchaus vertretbar, dass sich generell der Bodenwert erbbaurechtbelasteter Grundstücke – entgegen den Hinweisen der WertR – nach dem Verkehrswert des unbelasteten Grundstücks bemisst (vgl. Teil II Einl. Rn. 27; Teil III § 194 BauGB Rn. 27 ff.). **227**

2.4.6.8 Ankaufsberechtigung

Die Parteien können vereinbaren, dass der Erbbauberechtigte unter bestimmten Voraussetzungen das Recht hat, das Erbbaugrundstück käuflich zu erwerben[90]. Bezüglich des Kaufpreises gilt grundsätzlich die Vertragsfreiheit, d. h., es kommt auch hier auf den Willen der Vertragsparteien an. Sofern dafür der **Verkehrswert als Kaufpreis** vereinbart wird, empfiehlt sich eine Klarstellung, wenn das Erbbaurecht wertmindernd berücksichtigt werden soll. Allgemein können hier die Grundsätze gelten, die im Falle einer Ankaufsverpflichtung zur Anwendung kommen[91]. **228**

Die Kaufberechtigung eines Erbbauberechtigten und **Vorkaufsrecht** unterscheiden sich formal darin voneinander, dass die Kaufberechtigung als Inhalt des Erbbaurechts im Erbbaugrundbuch (selbst oder durch Bezugnahme auf die Eintragungsbewilligung) vermerkt ist, während das Vorkaufsrecht als Belastung in Abt. II des Grundstücksgrundbuchs eingetragen wird. **229**

2.4.6.9 Beleihungspraxis

Der Erbbauberechtigte zahlt den Erbbauzins und hat dafür das (befristete) Besitzrecht am Grundstück. Die zu erbringende Leistung entspricht somit einem Vermögenswert, der als **Wert des Besitzrechts am Boden** bezeichnet wird. Er ist definiert als Barwert der angemessenen Bodenwertverzinsung unter Berücksichtigung des Wertfaktors. **230**

Wert des Besitzrechts am Boden: **231**

$$BW_{Erb} = Bodenwert \times \frac{Liegenschaftszinssatz}{100} \times Vervielfältiger \times Wertfaktor$$

Der Wert des Besitzrechts ist ein Beleihungswertelement und berücksichtigt nicht den gezahlten Erbbauzins. Der Wert ist immer positiv. Der kapitalisierte gezahlte Erbbauzins ist, sofern kein Rangrücktritt erfolgt, als **Vorlast** (ohne Anwendung des Wertfaktors) beim Beleihungsauslauf anzusetzen (vgl. Teil VIII Rn. 394 ff.). **232**

---

89   Lehmann, Wertermittlung von Erbbaurechten, Sonderdruck aus der Schriftenreihe der Niedersächsischen Landesverwaltung, Hannover, Warmbüchenkamp 2
90   OLG Hamm, Urt. vom 22. 11. 1973 – 15 W 138/73 –, EzGuG 7.34a = NJW 1974, 863 = DNotZ 1974, 178
91   So Linde/Richter, Erbbaurecht und Erbbauzins, 3. Aufl. 2001, S. 65; a. A. BayStMin des Innern im MittBayNot 1989, 285

233   Der **Beleihungswert** ist abzuleiten

entweder vom

Beleihungswert = Gebäudesachwert – Sicherheitsabschlag + Wert des Besitzrechts am Boden
(+ eventuell gezahlte Erschließungsbeiträge)

oder vom

Beleihungswert = Gebäudeertragswert – Sicherheitsabschlag + Wert des Besitzrechts am Boden
(+ eventuell gezahlte Erschließungsbeiträge)

Maßgebend ist jeweils der **Wert, dem im konkreten Einzelfall das größere Gewicht beizumessen ist** (Sachwert- bzw. Ertragswertobjekt).

234   Die **Höhe der Sicherheitsabschläge** auf die Gebäudewerte sollten sich am jeweiligen Risiko orientieren. Wenn durch das Bestehen eines Erbbaurechts ein höheres Verwertungsrisiko zu erwarten ist, sollten die üblichen Abschläge in angemessener Weise erhöht werden. Dies gilt besonders für Gewerbeobjekte (vgl. Teil VIII Rn. 309 ff.).

235   Der **Beleihungswert darf nach den Beleihungsgrundsätzen den Verkehrswert nicht übersteigen;** beim Erbbaurecht wäre dies möglich, wenn der Bodenwertanteil des Erbbaurechts Null oder negativ, der Wert des Besitzrechts dagegen relativ hoch ist, und wenn zudem geringe Sicherheitsabschläge angesetzt werden, könnte ein solcher Fall eintreten. Dann bildet, obwohl es sich um strukturell verschiedene Berechnungen handelt, der Verkehrswert die Obergrenze (vgl. Teil VIII Rn. 360 ff.).

236   **Erbbaurechte dürfen nur beliehen werden, wenn für den Kredit eine planmäßige Tilgung** (§ 20 ErbbauVO) **vereinbart wird.** Diese muss

– spätestens mit dem Anfang des vierten auf die Kreditgewährung folgenden Kalenderjahres beginnen,

– spätestens zehn Jahre vor Ablauf des Erbbaurechts enden und darf

– nicht länger dauern, als zur buchmäßigen Abschreibung des Bauwerks nach wirtschaftlichen Grundsätzen erforderlich ist.

237   Abschließend wird noch auf einige **Besonderheiten** eingegangen:

In Abt. II des Erbbaugrundbuchs sind i. d. R. u. a. folgende Rechte eingetragen:

– Erbbauzinsreallast von … € für den jeweiligen Eigentümer des Grundstücks,

– Vorkaufsrecht für alle Verkaufsfälle für den jeweiligen Eigentümer des Grundstücks,

– Vormerkung zur Sicherung des Anspruchs auf Inhaltsänderung der Reallast bei Erhöhung des Erbbauzinses.

238   Da **Kreditinstitute** bei Erbbaurechten – schon im Hinblick auf größtmögliche Ausschöpfung des Beleihungsraums – zur Sicherstellung ihrer Darlehen **regelmäßig Rang vor den obigen Grundbucheintragungen begehren,** kommt es zwischen Erbbauberechtigten und Grundstückseigentümer mitunter zu Meinungsverschiedenheiten. Das Interesse der Institute besteht an einer ungeminderten Werthaltigkeit des Erbbaurechts. Auch die Änderungen 1994 und/oder 1998 von § 9 Abs. 2 ErbbauVO und § 1105 Abs. 1 BGB (es wurde folgender Satz eingefügt: „Als Inhalt der Reallast kann auch vereinbart werden, dass die zu entrichtenden Leistungen sich ohne weiteres an veränderte Verhältnisse anpassen, wenn anhand der in der Vereinbarung festgelegten Voraussetzungen Art und Umfang der Belastung des Grundstücks bestimmt werden können.") haben diesem Verlangen entsprochen.

239   Insbesondere Geschäftsbanken gehen daher zunehmend dazu über, bei entsprechenden notariell beglaubigten Erklärungen des Grundstückseigentümers mit ihrem Grundpfandrecht hinter den Erbbauzins zu treten.

240   Hierzu ein *Beispiel* mit **Vorkaufsrechtsverzichtserklärung,** Zustimmungserklärung zur Belastung und Veräußerung und Erklärung zur Belastung anlässlich des Verkaufs von Erbbaurechten.

Vorkaufsrechtsverzichtserklärung

Wir, die unterzeichneten

1 ...

2 ...

haben von der Urkunde, UR.Nr. ... für 20... des Notars ... vom 12. 11. 20..., Kenntnis genommen und stimmen der Veräußerung des Erbbaurechts hiermit als Grundstückseigentümer zu.

Gleichzeitig verzichten wir auf die Ausübung unseres Vorkaufsrechts.

Zustimmungserklärung zur Belastung und Veräußerung

Im Erbbaugrundbuch von... des Amtsgerichts ... Blatt ... ist bei dem dort verzeichneten Grundstück ... – nachstehend Erbbauberechtigter genannt – als Erbbauberechtigter eingetragen. Grundstückseigentümer ist ... – nachstehend Grundstückseigentümer genannt.

Auf Grund des abgeschlossenen Erbbaurechtsvertrags ist zur Belastung und Veräußerung des Erbbaurechts die Zustimmung des Grundstückseigentümers erforderlich.

Der Grundstückseigentümer erteilt hiermit die Zustimmung zur Belastung des Erbbaurechts mit einer Gesamtgrundschuld in Höhe von 100 000 € nebst Zinsen und Nebenleistungen für das Kreditinstitut in ... sowie zur Veräußerung des Erbbaurechts durch den Konkursverwalter oder im Wege der Zwangsversteigerung und für den Fall, dass das Kreditinstitut das Erbbaurecht im Wege der Zwangsversteigerung erwirbt, auch zu einer freihändigen Veräußerung.

Ferner übernimmt der Grundstückseigentümer hiermit gegenüber dem Erbbauberechtigten die Verpflichtung, dass er seinen Rechtsnachfolger im Grundbuch zur Abgabe einer Zustimmungserklärung gleichen Inhalts verpflichten wird. Dieselbe Verpflichtung übernimmt er auch gegenüber dem Kreditinstitut.

Erklärung zur Belastung des Erbbaurechts

Im Erbbaugrundbuch von ..., Blatt ...

Erbbauberechtigter

ist für den Grundstückseigentümer ... in Abt. II ein Erbbauzins von 175 € monatlich eingetragen.

Das Erbbaurecht soll im Rang nach dem Erbbauzins mit einem Grundpfandrecht von 100 000 € für das Kreditinstitut in ... belastet werden. Der Grundstückseigentümer sichert dem jeweiligen Gläubiger des o. g. Grundpfandrechts und – wenn dieses durch Teilabtretung mehreren Gläubigern zustehen sollte – jedem dieser Gläubiger zu, im Falle einer Zwangsversteigerung des Erbbaurechts, den Erbbauzins hinsichtlich der künftig fällig werdenden Raten stehen zu lassen. Dieses Stehenbleiben soll zur Vermeidung einer eventuellen Kapitalisierung des Erbbauzinses entweder über § 59 ZVG oder – sofern Ersteher damit einverstanden sind – über § 91 ZVG erreicht werden. Hinsichtlich der laufenden und rückständigen Erbbauzinsraten soll der Grundstückseigentümer nach den Bestimmungen des Zwangsversteigerungsgesetzes befriedigt werden. Der Grundstückseigentümer ist verpflichtet, diese Vereinbarung jedem Rechtsnachfolger im Grundbuch aufzuerlegen.

Ein weiteres *Beispiel* befasst sich mit einer **„Stillhalteerklärung für den Erbbauzins**   **241** **durch den Grundstückseigentümer",** wie sie von der Familienheim Karlsruhe eG, einer kirchlichen Baubewegung des Erzbistums Freiburg, verwandt wird.

Stillhalteerklärung für den Erbbauzins

Für den unterzeichneten Grundstückseigentümer ist auf dem Erbbaurecht an dem Grundstück Flurst. Nr. ... der Gemarkung ...

ein Erbbauzins als Reallast im Grundbuch eingetragen.

Das Erbbaurecht wird im Rang danach mit einem Grundpfandrecht der Landeskreditbank Baden-Württemberg von € ... belastet.

Wir verpflichten uns im Falle der Zwangsversteigerung des Erbbaurechts die vorbezeichnete Reallast sowie etwaige weitere Reallasten für erhöhten Erbbauzins auf Verlangen der Landeskreditbank Baden-Württemberg bestehen zu lassen.

Wir versichern, dass wir einem Recht, welches dem Grundpfandrecht der Landeskreditbank Baden-Württemberg im Rang nachgeht oder gleichstellt, den Vorrang bzw. den Gleichrang mit dem Erbbauzins nicht eingeräumt haben und in Zukunft nicht einräumen werden.

Um einen förmlichen Rangrücktritt zu vermeiden, verpflichten wir uns, ein vorrangig eingetragenes Vorkaufsrecht gegenüber dem Grundpfandrecht der Landeskreditbank Baden-Württemberg nachrangig zu behandeln.

..., den ...

...

(Grundstückseigentümer)[92].

---

92   Deutscher Städtetag – Beiträge zur Stadtentwicklung und zum Umweltschutz, Reihe E, Heft 32, S. 27 (Erbbaurechte und Kommunales Bodenmanagement)

242   Es kommt in der **Beleihungspraxis ein weiteres Problem** hinzu:

a) Nach § 19 Abs. 2 ErbbauVO schmälert eine der Hypothek vorgehende Erbbauzinsreallast den Beleihungsraum, d. h., der über die Laufzeit kapitalisierte Erbbauzins führt zu verminderter Beleihungsmöglichkeit.

b) Bei der Ermittlung des Verkehrswerts von Erbbaurechten (Ausgangsgröße für die Ermittlung des Beleihungswerts) ermittelt sich der Bodenwertanteil durch Kapitalisierung des marktüblichen angemessenen Erbbauzinses nach Abzug des zu zahlenden Erbbauzinses ($BW_{Erb.}$ = (Bodenwert × p – gezahlter Erbbauzins) × V × Wertfaktor). Mithin ist der Verkehrswert kein *belastungsfreier* Wert.

Dies führt zu dem Ergebnis, dass ein vorrangig als Reallast im Erbbaugrundbuch eingetragener Erbbauzins in kapitalisierter Form doppelt in Abzug gebracht wird, nämlich einmal bereits bei der Ermittlung des Verkehrswerts und zum anderen bei der Ermittlung des Beleihungswerts. Dies ist weniger ein Problem der Verkehrswertermittlung als der Ermittlung des Beleihungswerts. Der Verkehrswert des Erbbaurechts erhöht sich durch den dem Erbbauberechtigten verbleibenden kapitalisierten Differenzbetrag aus dem marktüblichen (angemessenen) Erbbauzins gegenüber dem zu zahlenden Erbbauzins. Indessen werden mit dem nach § 19 Abs. 2 ErbbauVO vorgeschriebenen Abzug des kapitalisierten Erbbauzinses die Beleihungsmöglichkeiten eingeschränkt.

243   Dem kann dadurch Rechnung getragen werden, dass als Anfangswert für die Ermittlung des Beleihungswerts neben dem Gebäudewertanteil des Erbbaurechts ein Bodenwertanteil durch Kapitalisierung des marktüblichen (angemessenen) Erbbauzinses ermittelt wird. Soweit dieser den nach § 19 Abs. 2 ErbbauVO von der Beleihungsgrenze in Abzug zu bringenden kapitalisierten Erbbauzins übersteigt, ist dies durch den wirtschaftlichen Vorteil gerechtfertigt. Diese Verfahrensweise trägt im Übrigen auch einer im *Zwangsversteigerungsverfahren* erlöschenden nachrangigen Erbbauzinsreallast Rechnung, die im Versteigerungsfall zu einem erbbauzinslosen Erbbaurecht führt und dieser wirtschaftliche Vorteil zugleich die Beleihungsgrenze „heraufschraubt". Das entspricht dem tragenden Motiv für die nachrangige Sicherung der Erbbauzinsreallast und von daher ist es auch nicht unbillig, wenn die Erbbauzinsreallast im Verwendungsfalle erlischt. Der Grundstückseigentümer muss dies bei seinem Rangrücktritt eben nur rechtzeitig erkennen.

244   *Beispiel:*

a) Objektdaten

Randlage einer westdeutschen Mittelstadt auf 1 200 m² großem Erbbaugrundstück

Offenes Parkhaus mit 240 Stellplätzen auf 7 Ebenen

Das Parkhaus ist derzeit für 15 600 € mtl. (= 65 €/Stellplatz) fest an einen professionellen Betreiber vermietet. Der Mieter trägt alle Bewirtschaftungskosten i. S. d. II BV.

– Erbbaurecht für die Dauer von 50 Jahren (1. 5. 1979 bis 30. 4. 2029)

– Gemäß NHK 95 kann mit einer Gesamtnutzungsdauer des Gebäudes von 50 Jahren gerechnet werden. Nach der Vfg der OFD Frankfurt am Main (S 2196 A – 9 St II/32) bestehen seitens der Finanzverwaltung keine Bedenken, bei einem Parkhaus von einer betriebsgewöhnlichen Nutzungsdauer von 30 Jahren auszugehen.

– Bodenwert (BW) 2001= 375 €/m² ebf	450 000 €
– Gezahlter Erbbauzins (z) 3,75 %	16 875 €
– Angemessener Erbbauzins (p) 6,50 %	29 250 €
– Vervielfältiger bei RND 29 Jahre und p = 6,50 %	12,91
– Baujahr	1980
– Umbauter Raum (DIN 277/1950)	21 000 m³
– auf einen Stellplatz entfallen (bei Bandbreite 80 bis 120 m³ je Stellplatz)	87,5 m³
– Barwert gezahlter Erbbauzinsen 16 875 € × 12,91 = 217 856 €	rd. 220 000 €

– Der Erbbauberechtigte hat das Bauwerk nebst Zubehör sowie das gesamte Erbbaugrundstück im ordnungsgemäßen und zweckentsprechenden Zustand zu erhalten und die hierfür erforderlichen Instandhaltungen und Erneuerungen unverzüglich vorzunehmen. Er haftet somit bei Ablauf des Erbbaurechtsvertrags dem Grundstückseigentümer für Schäden infolge unterlassener Instandhaltungsmaßnahmen am Bauwerk[93].

b) Verkehrs- und Beleihungswert

1. Verkehrswert

$$VW_{Erb} = G + (BW \times p - z) \times V \times WF$$

wobei

VW_{Erb}	...	Gebäudeertragswert + Bodenwertanteil des Erbbaurechts
VW_{Erb}	...	Wert des Erbbaurechts (Wertanteil des Erbbauberechtigten)
G	...	Gebäudeertragswert
BW	...	Bodenwert des unbelasteten Grundstücks
p	...	Liegenschaftszinssatz (6,50 %)
z	...	tatsächlich gezahlter Erbbauzins
V	...	Vervielfältiger (Anl. zu § 16 Abs. 3 WertV) bei RND von 29 Jahren und p = 6,50 % = 12,91
WF	...	Wertfaktor (Regelfaktor 0,5)

G = 187 200 € × 0,80 – 29 250 € × 12,91 = 1 555 784 €

VW_{Erb} = 1 555 784 € + 450 000 € × 0,065 – 16 875 €) × 12,91 × 0,5 = 1 635 665 € = **rd. 1 650 000 €**

2. Beleihungswert

Grundlagen: Wert des Besitzrechts am Boden und Bauwert i. S. der BelGr oder Wert des Besitzrechts + Gebäudeertragswert i. S. der BelGr.

Wert des Besitzrechts am Boden:

Bodenwert × p × Vervielfältiger × Wertfaktor (Regelfaktor)

450 000 € × 0,065 × 12,91 × 0,5 = 188 809 €		190 000 €
+ *Gebäudeertragswert*		
Jahresnettokaltmiete (Grundmiete)	187 200 €	
– Bewirtschaftungskosten 20 %	– 37 440 €	
= Gebäude- und Bodenreinertrag	149 760 €	
– Gewerbeabschlag 20 % (§ 18 Abs. 1 a BelGr)	– 29 952 €	
= Mietreinertrag nach Gewerbeabschlag	119 808 €	
– Bodenwertverzinsungsbetrag (6,50 % von 450 000 €)	– 29 250 €	
= Gebäudeertragsanteil	90 558 €	
Vervielfältiger bei RND von 29 Jahren und p = 6,50 %: 12,91		
Kapitalisierter Gebäudeertragsanteil: 90 558 € × 12,91	1 169 104 €	rd. 1 170 000 €
Ergibt		1 360 000 €
Beleihungswertvorschlag		**1 400 000 €**
Zur Kontrolle Sachwertermittlung		
Bauzeitwert (2001); dies sind rd. 8 350 € je Stellplatz		2 000 000 €
– Risikoabschlag (Abschlagsverfahren)		– 400 000 €
= Zwischenwert		1 600 000 €
– Gewerbeabschlag Bauwert i. S. der BelGr (§ 18 Abs. 1 b)		– 320 000 €
= ergibt		1 280 000 €
+ Wert des Besitzrechts am Boden		+ 190 000 €
ergibt		1 470 000 €
Sachwert bei Beleihung durch Sparkasse		**rd. 1 500 000 €**

Die folgende Einnahmen-/Überschussrechnung zeigt, dass aus der Parkhausmiete das beantragte nachrangige Darlehen bedient werden kann:

630 000 € (6,50 % Zinsen; 2,50 % Tilgung)	=	56 700 €
300 000 € (6,00 % Zinsen; 2,00 % Tilgung)	=	24 000 €
Erbbauzinsen	=	16 875 €
Zusammen	=	97 575 €
Jahresnettokaltmiete (Grundmiete) – BewK	=	149 760 €
Liquiditätsüberschuss mithin	=	52 185 €

---

93   LG Dortmund, Urt. vom 2. 9. 1999 – 3 O 372/98 –, NZM 2000, 1192

Der Barwert des gezahlten Erbbauzinses beträgt:
16 875 € × 12,91 = 217 856 € = rd. 220 000 €

Bei einem Kreditantrag von beispielsweise 300 000 € für Sanierungsarbeiten und Vorlasten von insgesamt 850 000 € (= 630 000 € + 220 000 €/Barwert Erbbauzins) müsste die Kreditvorlage für das Bewilligungsorgan wie folgt aussehen:

Sicherheiten: 300 000 € Grundschuld nach Grundschuld von 630 000 € und dem Barwert der Erbbauzinsen (Abt. II/1) in Höhe von 220 000 € auf dem Parkhausgrundstück (Erbbaurecht).

Beleihungswert	1 400 000 €
Beleihungsgrenze (80 % Personalkredit)	1 120 000 €
Satzungssicherheit	270 000 €
Sonstige Sicherheit Kreditantrag	30 000 €
Beleihungsauslauf (1 150 000 € : 1 400 000 €)	82,1 %

Das beantragte Darlehen muss wegen der Art des Pfandobjekts in den Büchern der Sparkasse als *Personalkredit* geführt werden.

Für das Bauwerk steht dem Erbbauberechtigten bei Ablauf des Erbbaurechtsvertrags eine Entschädigung in Höhe von 75 % des Verkehrswerts i. S. von § 194 BauGB zu (§ 27 Abs. 1 ErbbauVO).

2.4.6.10   Entschädigung für Leitungsüberspannung

245 Ein weiteres Problem kann entstehen, wenn ein Stromversorgungsunternehmen das belastete Grundstück mit einer 220-KV-Freilandleitung überspannt. Üblicherweise wird dem betroffenen Eigentümer eine **Entschädigung in Höhe von etwa 10 v. H. des Werts der von der in Anspruch genommenen Fläche gewährt.** Da bei Vorliegen eines Erbbaurechts aber der Erbbauberechtigte in der Nutzung des Grundstücks behindert ist, erhält der Erbbaurechtsgeber im Allgemeinen nur 10 v. H. und der Erbbauberechtigte 90 v. H. des Entschädigungsbetrags. Nachfolgend wird untersucht, ob dieser allgemein übliche Aufteilungsmodul gerechtfertigt ist.

246 Solange das Erbbaurecht läuft, ist der Nutzer des Grundstücks, also der Erbbauberechtigte in der Nutzung des Grundstücks eingeschränkt. Der Erbbaurechtsgeber ist nicht belastet, da das Leitungsrecht keine Auswirkungen auf den Erbbauzins hat. Da eine **Kopplung des Erbbauzinses an den sich durch das Leitungsrecht mindernden Bodenwert nicht zulässig** ist, kann auch bei Anpassung des Erbbauzinses an die gestiegenen wirtschaftlichen Verhältnisse kein Nachteil entstehen.

247 Bei **Verkauf des Erbbaurechts an einen Dritten** wird ebenfalls nur der Erbbauberechtigte benachteiligt, da die Überspannung sich negativ auf die Nutzung des Grund und Bodens auswirkt. Da der Erbbauberechtigte jedoch eine Abfindung (90 % der Entschädigung) erhalten hat, erfolgte dafür ein Ausgleich.

248 Der Verkauf des belasteten Grundstücks an einen Dritten ist normalerweise ausgeschlossen, da der Erbbauzins selten der angemessenen Rendite für den Grund und Boden entspricht. Bei Gewerbegrundstücken kann das ausnahmsweise dann der Fall sein, wenn die Bodenwertsteigerung für Gewerbegrundstücke der Steigerung der allgemeinen wirtschaftlichen Verhältnisse entspricht oder sogar darunter liegt. Da der Käufer aber die unveränderte Erbbauzinsforderung übernimmt, hat er zumindest während der Laufzeit des Rechts keinen Nachteil aus dem Leitungsrecht.

249 **Bei Ablauf des Rechts entsteht ein Eigentümererbbaurecht.** Wird lt. Vertrag das Erbbaurecht entschädigt, wirkt sich die Nutzungsbeeinträchtigung durch das Leitungsrecht wertmindernd aus, d. h. die Entschädigung wird geringer ausfallen als bei einem vergleichsweise unbelasteten Erbbaurecht.

Insgesamt gesehen ist demnach die übliche Regelung, wonach die Entschädigung für ein Leitungsrecht für den Erbbauberechtigten und den Eigentümer des belasteten Grundstücks im Verhältnis 9 : 1 erfolgt, nicht ungerechtfertigt.

3   Gesetzliche Beschränkungen

3.1   Übersicht

Neben den Rechten Dritter oder den beschränkt dinglichen Rechten gibt es auch gesetzli-   **250**
che Beschränkungen des Eigentums. Sie untergliedern sich in **privatrechtliche und die
öffentlich-rechtlichen Beschränkungen**[94]. Es sind im Wesentlichen öffentlich-rechtliche
Beschränkungen (Normen zur Konkretisierung der Sozialpflichtigkeit des Eigentums) und
privatrechtliche Beschränkungen (Abgrenzung der Grenzen des Eigentums gegenüber
Nachbarn und private Normen). Bei den privatrechtlichen Beschränkungen ist nach den
nachbarrechtlichen Beschränkungen des BGB (Immissionen, Überfall, Überbau, Notweg
und Grenzscheidung) und den Beschränkungen des landesrechtlichen Nachbarrechts zu
unterscheiden (vgl. Abb. 22).

Abb. 22: Gesetzliche Beschränkungen des Grundeigentums   **251**

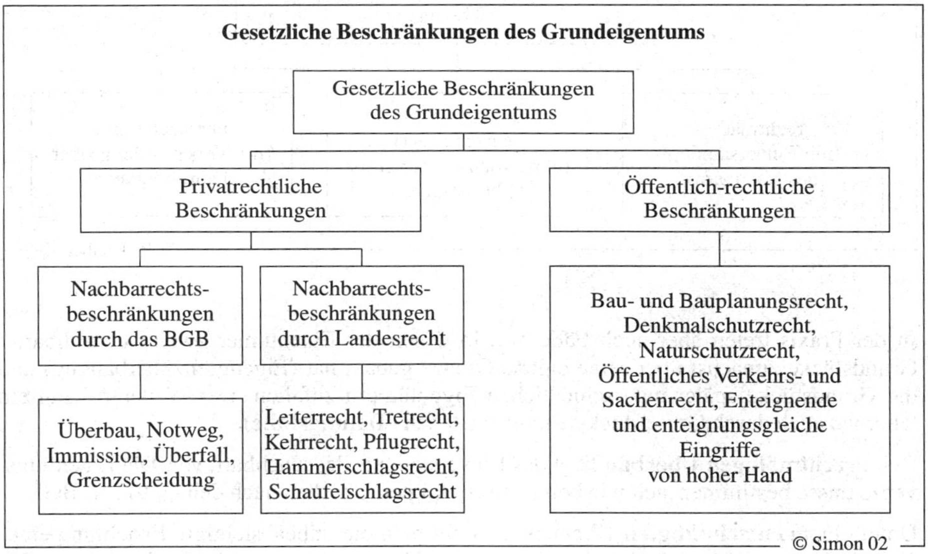

Der durch die gesetzlichen Beschränkungen belastete Nachbar hat die Beschränkungen   **252**
seines Grundeigentums zu dulden. Er ist dafür durch eine angemessene Rente zu entschädigen. Die unter die gesetzlichen Beschränkungen fallenden Rechte sind nicht im Grundbuch eintragungsfähig. Die Höhe der angemessenen Entschädigung (Rente) ist aber
meistens im Grundbuch des mit der Rente belasteten Grundstücks vermerkt (dingliche
Sicherung des Rentenanspruchs). **Bei den privatrechtlichen Nachbarrechtsbeschrän-
kungen ist eine Wertminderung des belasteten Grundstücks lediglich beim Überbau
oder beim Notwegrecht anzunehmen.** Die übrigen nachbarrechtlichen Beschränkungen
haben keinen oder nur unwesentlichen Einfluss auf den Grundstückswert.

---

94 Rebmann/Säcker, BGB MünchenerKomm, München 1986, S. 529; Soergel, BGB Komm., Stuttgart 1984,
    S. 183 ff.

3.2   Überbau

3.2.1   Allgemeines

253   Von einem Überbau[95] spricht man, wenn ein Bauwerk zu einem Teil auf dem benachbarten Grundstück errichtet wurde. Dabei ist nach **drei Formen des Überbaus** zu unterscheiden;

a)   dem *rechtmäßigen Überbau* mit Einverständnis des Nachbarn,

b)   dem *unbeabsichtigten (und entschuldigten) Überbau* (ohne Vorsatz und grober Fahrlässigkeit) und

c)   dem *unentschuldigten Überbau* auf Grund von Vorsatz oder grober Fahrlässigkeit (Abb. 23).

Abb. 23: Überbau

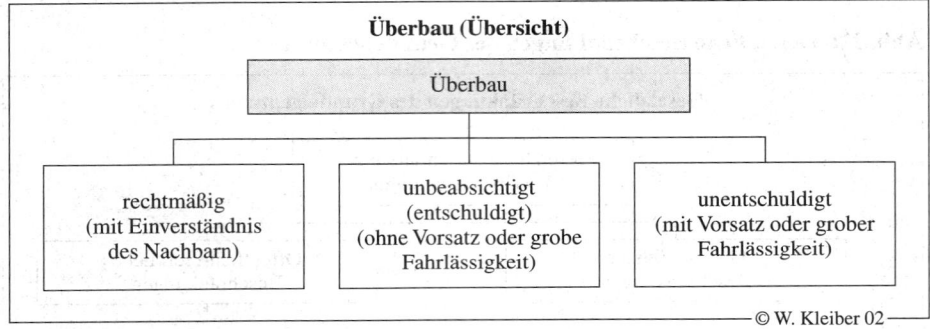

254   In der Praxis treten aber auch Fälle auf, in denen der Eigentümer zweier benachbarter Grundstücke zunächst über seine eigene Grenze gebaut hat (Eigengrenzüberbauung) und die Grundstücke später unterschiedlichen Eigentümern zufallen. Des Weiteren kann ein Überbau auch durch Grundstücksteilung entstehen **(Teilungsfälle).**

255   Beim **rechtmäßigen Überbau** liegt das Einverständnis des Nachbarn vor. Die Eigentumsverhältnisse bestimmen sich wie beim entschuldigten Überbau nach den §§ 912 ff. BGB.

256   Unter einem **entschuldigten Überbau** versteht man die unbeabsichtigte Errichtung eines Gebäudes über die Grundstücksgrenze ohne Vorsatz oder grobe Fahrlässigkeit. Der Eigentümer des Grundstücks, das überbaut worden ist, muss den Überbau dulden, wenn er nicht „vor oder sofort nach der Grenzüberschreitung (Überbau) Widerspruch erhoben hat (§ 912 Abs. 1 BGB). Der Überbau wird jedoch nicht wesentlicher Bestandteil des überbauten Grundstücks, sondern des Grundstücks, von dem aus die Grenze baulich überschritten wurde. Der Überbau bleibt im Eigentum des Überbauers (§ 95 Abs. 1 Satz 2 BGB). Als Ausgleich für die Duldungspflicht ist der Eigentümer des überbauten Grundstücks durch eine Geldrente zu entschädigen (§ 912 Abs. 2 BGB).

257   Die Überbaurente wird im Grundbuch des anderen Grundstücks als Reallast abgesichert.

258   Beim unentschuldigten Überbau liegt Vorsatz oder grobe Fahrlässigkeit vor. Einen Widerspruch hat der Nachbar vor oder sofort nach der Grenzüberschreitung zu erheben.

259   Ein **gegen geltendes Baurecht oder gegen die allgemein geltenden Regeln der Baukunst verstoßender Überbau** muss nicht geduldet werden.

260   Der Überbau gehört zu den privatrechtlichen Beschränkungen des Grundeigentums und ist in den §§ 912 bis 916 BGB geregelt (Abb. 24).

Abb. 24: Privatrechtliche Beschränkungen

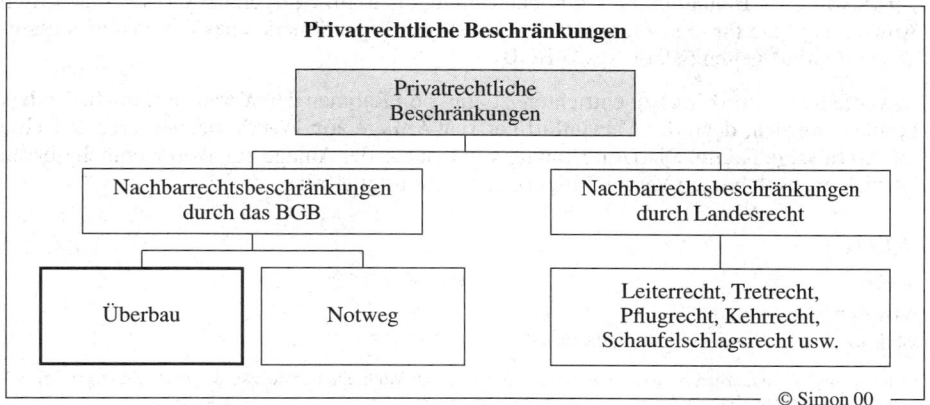

"**§ 912 BGB (Überbau; Duldungspflicht)** (1) Hat der Eigentümer eines Grundstücks bei der Errichtung eines Gebäudes über die Grenze gebaut, ohne dass ihm Vorsatz oder grobe Fahrlässigkeit zur Last fällt, so hat der Nachbar den Überbau zu dulden, es sei denn, dass er vor oder sofort nach der Grenzüberschreitung Widerspruch erhoben hat.

(2) Der Nachbar ist durch eine Geldrente zu entschädigen. Für die Höhe der Rente ist die Zeit der Grenzüberschreitung maßgebend.

§ 913 BGB (Zahlung der Überbaurente) (1) Die Rente für den Überbau ist dem jeweiligen Eigentümer des Nachbargrundstücks von dem jeweiligen Eigentümer des anderen Grundstücks zu entrichten.

(2) Die Rente ist jährlich im Voraus zu entrichten."

In den *neuen Bundesländern* galt vom **1. 1. 1976 bis zum 3. 10. 1990** die Regelung des   **261**
§ 320 ZGB, der folgende Fassung hat:

"**§ 320 ZGB (Überbau):** (1) Hat der Nutzungsberechtigte eines Grundstücks ohne Einverständnis des Grundstücksnachbars über die Grundstücksgrenze gebaut, kann der Grundstücksnachbar verlangen, dass der Überbau beseitigt wird, soweit das nicht gesellschaftlichen Interessen widerspricht.

(2) Kann die Beseitigung des Überbaus nicht verlangt werden, hat der Grundstückseigentümer Anspruch auf angemessene Entschädigung in dem Umfang, in dem sein Nutzungsrecht beeinträchtigt ist."

Im **Kommentar zum ZGB**[96] heißt es hierzu   **262**

"2. Maßgeblich für den Anspruch auf **angemessene Entschädigung** und dessen Höhe ist nicht die Tatsache des Überbaus selbst, sondern der dadurch hervorgerufene **Umfang der Beeinträchtigung** der Grundstücksnutzung. Folglich ist kein Entschädigungsanspruch gegeben, wenn der Überbau keine Beeinträchtigung hervorgerufen hat, jedoch führt bereits eine unwesentliche Beeinträchtigung zum Entstehen eines Entschädigungsanspruchs. Für die Beurteilung des Umfangs der Beeinträchtigung sind Größe, Lage und Art der Nutzung des Grundstücks von Bedeutung. Wird ein mit einem Wohngebäude bebautes Grundstück überbaut und kommt es dadurch zu einem besonders engen Nebeneinander von Gebäuden, liegt eine erhebliche Beeinträchtigung des Nutzungsrechts vor. Eine Beeinträchtigung muss nicht erheblich sein, wenn ein Grundstück überbaut wurde, das lediglich an Wochenenden ausschließlich für Erholungszwecke genutzt wird (vgl. auch 1.2 zu § 319).

Für die Entscheidung über den Anspruch und auch die Höhe der Entschädigung, die nicht als einmalige Zahlung, sondern in bestimmten Zeitabständen zu erbringen ist, sind die Gerichte zuständig (vgl. OG, Urt. vom 11. 3. 1977 – 2 OZK 31/76 –, NJ 1977, 424)."

3.2.2   Überbaurente und Abkauf

Nach § 912 Abs. 2 BGB ist der Nachbar, dessen Grundstück überbaut worden ist, durch   **263**
eine Geldrente (Überbaurente) zu entschädigen. Die **Rente ist nach § 913 Abs. 1 BGB von dem „jeweiligen Eigentümer des anderen Grundstücks", von dem übergebaut worden ist, zu entrichten.** Die Rente ist nach § 913 Abs. 2 BGB jährlich im *Voraus* zu entrich-

---

95   Zum Begriff des Überbaus: BGH, Urt. vom 22. 5. 1981 – V ZR 102/80 –, EzGuG 3.64
96   Ministerium der Justiz der DDR: Kommentar zum ZGB, Staatsverlag der DDR, Berlin 1993

ten. Das Rentenrecht geht allen übrigen Rechten vor (§ 914 Abs. 1 BGB) und wird gemäß § 914 Abs. 2 BGB nicht in das Grundbuch eingetragen. Im Übrigen finden die Vorschriften Anwendung, die für eine zugunsten des jeweiligen Eigentümers eines Grundstücks bestehende Reallast gelten (§ 914 Abs. 3 BGB).

264   Dass die Rente im *Voraus* zu entrichten ist, muss im Rahmen der Wertermittlung besonders beachtet werden, denn der **Vervielfältiger der Anlage zur WertV bezieht sich auf eine nachschüssige Rente.** Die Umrechnung von den aus der Anlage zur WertV entnehmbaren jährlich nachschüssigen Vervielfältigern kann wie folgt erfolgen.

265   *Beispiel:*

Laufzeit	20 Jahre
Ansetzbarer Zinssatz	4 %
Jährlich *nachschüssiger* Vervielfältiger der WertV	13,59

Umrechnung in den jährlich *vorschüssigen* Vervielfältiger durch Multiplikation des jährlich nachschüssigen Vervielfältigers mit dem angesetzten Zinssatz in Dezimalschreibweise:

$$13,59 \times 1,04 = \mathbf{14,13} \text{ oder}$$

Heranziehung des Vervielfältigers für n – 1 Jahre zuzüglich 1:

$$13,13 + 1,00 = \mathbf{14,13}$$

Ansprüche gegen den Bauunternehmer, der einen Überbau verursacht hat, als Drittschädiger, werden im Übrigen durch § 912 BGB nicht ausgeschlossen[97].

266   Das **Rentenrecht ist Bestandteil des überbauten Grundstücks** (§ 96 BGB).

267   **Für die Höhe der Überbaurente ist** nach § 912 Abs. 2 Satz 2 BGB „**die Zeit der Grenzüberschreitung maßgebend.**" Durch die Überbaurente soll nämlich der Nutzungsverlust ausgeglichen werden, den der Eigentümer des überbauten Grundstücks zum Zeitpunkt des Überbaus erleidet[98]. Dies gilt auch dann, wenn der Überbau zu einem späteren Zeitpunkt entdeckt wurde. Für die Bemessung der Überbaurente gelten auch in diesem Falle die allgemeinen Wertverhältnisse zum Zeitpunkt des Überbaus.

268   Aus § 912 Abs. 2 Satz 2 BGB folgt auch, dass die Überbaurente nicht der Entwicklung auf dem Grundstücksmarkt angeglichen werden darf. Das bedeutet, dass in den meisten Fällen die Überbaurente wegen der stark angestiegenen Bodenpreise bereits nach wenigen Jahren ihre praktische Bedeutung verliert (Abb. 25).[99]

269   Abb. 25 zeigt, dass die Bodenpreisentwicklung wesentlich steiler verläuft als die Entwicklung der für Gleitklauseln zulässigen Indizes (z. B. Lebenshaltungskostenindex und Index der Bruttoverdienste der Angestellten in Industrie und Handel). Dies führt insbesondere bei Erbbaurechten zu erheblichen Nachteilen für den Erbbauverpflichteten. Ebenso wirkt sich diese Entwicklung bei der Entschädigung für die gesetzlichen Beschränkungen aus, da hier keine **Angleichungsmöglichkeiten für die Renten** (Überbau- und Notwegrente) vorgesehen sind.

270   Maßgebliche Grundlage für die Bemessung der Überbaurente ist der **Verkehrswert der überbauten Grundstücksfläche** zum Zeitpunkt des Überbaus[100].

271   Zur Berechnung der Höhe der Überbaurente kann bei Ertragsobjekten vom Ertragswert ausgegangen werden. Während bei der Verkehrswertermittlung des überbauberechtigten Grundstücks der Überbau in der Weise berücksichtigt wird, dass die über die Dauer des (künftigen) Bestands der Überbaurente kapitalisierte Geldrente vom Gesamtwert abgezogen wird, gleicht nach der Rechtsprechung des BGH[101] bei dem überbaubelasteten Grundstück die Überbaurente den Nutzungsausfall „neutralisierend" aus. Dem wird man allerdings aus der Sicht der Verkehrswertermittlung im Hinblick auf die der Überbaurente zu Grunde liegenden überholten Wertverhältnisse nicht uneingeschränkt folgen können.

Abb. 25: Entwicklung verschiedener Indizes seit 1963

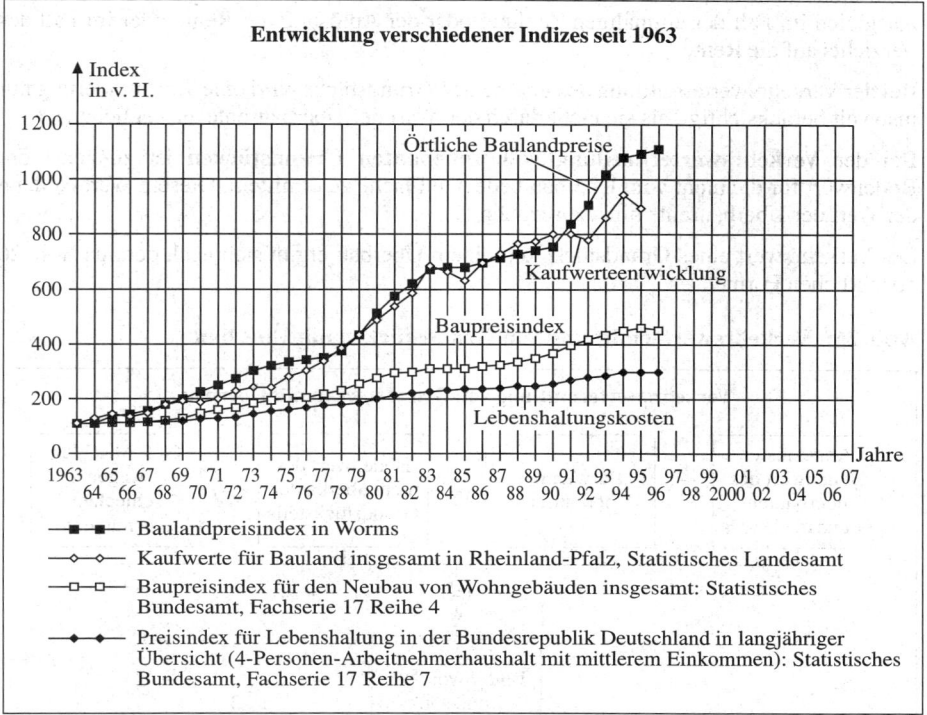

Quelle: Gutachterausschuss in Worms

3.2.3   Verkehrswertermittlung

a) Verkehrswert des überbauten Grundstücks

Die Ermittlung des Verkehrswerts vollzieht sich nach den Methoden des Rentenrechts (vgl.
§ 68 Abs. 1 Nr. 1 BewG[102]). **Im Zeitpunkt der Grenzüberschreitung dürfte der Wert der
Überbaurente im Allgemeinen dem Verlust der Nutzung des überbauten Teils des
belasteten Grundstücks entsprechen.** Eine sich aus dem Nutzungsverlust ergebende
Wertminderung wird demnach in diesem Zeitpunkt auch den Wert der Überbaurente im

272

---

97 BGB, Urt. vom 21. 5. 1958 – V ZR 225/56 –, EzGuG 3.11

98 BGB, Urt. vom 10. 12. 1993 – V ZR 168/92 –, EzGuG 6.272; BGH, Urt. vom 23. 2. 1990 – V ZR 231/88 –,
BGHZ 110, 298 = WM 1990, 718 = NJW 1990, 1791 = BauR 1990, 373; OLG Köln, Beschl. vom 27. 9. 1995
– 16 W 49/95 –, EzGuG 14.128

99 BGH, Urt. vom 10. 12. 1976 – V ZR 235/75 –, EzGuG 3.58; BGH, Urt. vom 19. 12. 1975 – V ZR 25/74 –,
EzGuG 3.57; BGH, Urt. vom 22. 2. 1974 – V ZR 103/73 –, EzGuG 3.43; BGH, Urt. vom 18. 12. 1970 – V ZR
73/68 –, EuGuG 3.34; BGH, Urt. vom 10. 10. 1969 – V ZR 131/66 –, EzGuG 3.32; BGH, Urt. vom 14. 11.
1962 – V ZR 183/60 –, EzGuG 3.21; BGH, Urt. vom 13. 2. 1981 – V ZR 25/80 –, EzGuG 14.65 a; BGH, Urt.
vom 26. 11. 1971 – V ZR 11/70 –, EzGuG 3.37; BGH, Urt. vom 26. 2. 1964 – V ZR 105/61 –, EzGuG 3.21;
OLG Nürnberg, Urt. vom 23. 11. 1962 – 4 U 91/62 –, EzGuG 3.22; LG Bochum, Urt. vom 23. 9. 1958 – 5 S
256/58 –, EzGuG 3.13

100 OLG Celle, Urt. vom 30. 10. 1962 – 1 U 13/62 –, EzGuG 14.14 e = EzGuG 3.20; BGH, Urt. vom 26. 11. 1971
– V ZR 11/70 –, EzGuG 3.37

101 BGH, Urt. vom 21. 5. 1958 – V ZR 225/56 –, EzGuG 3.11

102 In der steuerlichen Bewertung ist der Wert der Überbaurente in Anlehnung an die Regelung in Abschn. 32
Abs. 5 Satz 7 BewR Gr mit dem Neunfachen des Jahresbetrags anzusetzen.

Allgemeinen ausgeglichen. Der vollständige Ausgleich einer Wertminderung tritt jedoch dann nicht mehr ein, wenn der Wert des überbauten Grundstücks steigt. Ebenso fehlt ein Ausgleich im Fall der einmaligen Zahlung oder der Ablösung der Rente oder im Fall des Verzichts auf die Rente.

273   Bei der Verkehrswertermittlung des überbauten Grundstücks wird eine Wertminderung nur insoweit berücksichtigt, als sie nicht durch den Wert der Überbaurente ausgeglichen ist.

274   Bei der **Verkehrswertermittlung von unbebauten Grundstücken** ist zunächst der Bodenwert für die nicht vom Überbau bedeckte Fläche zu ermitteln. Diesem Wert ist dann der Wert der Überbaurente hinzuzurechnen[103].

Der Verkehrswert eines Grundstücks mit einem Überbau ergibt sich nach der aus Abb. 26 ersichtlichen Formel.

Abb. 26:   Verkehrswertermittlung von Grundstücken mit Überbau

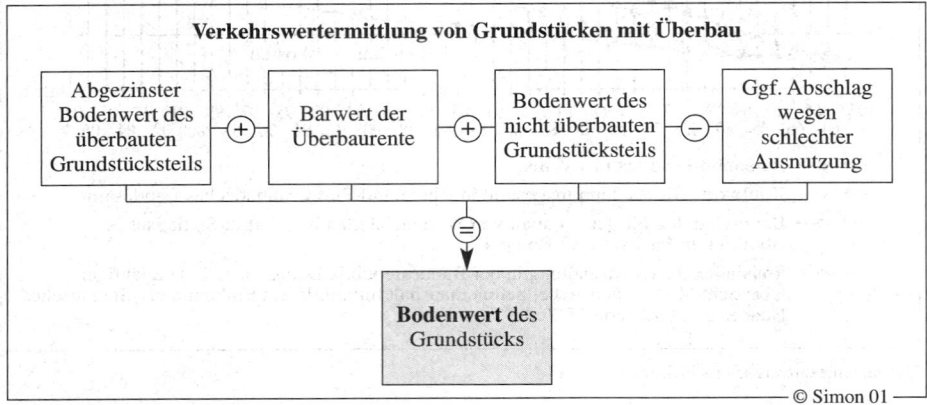

Dabei ergibt sich i. d. R. ein geringerer Wert als für ein vergleichbares unbelastetes Grundstück, da zumeist der Barwert der Überbaurente wegen der rechtlichen Hindernisse zu gering bemessen ist.

   b) Verkehrswert des Grundstücks, von dem aus überbaut worden ist

275   Der Überbau gehört zur **wirtschaftlichen Einheit** des Grundstücks, von dem aus überbaut worden ist[104].

276   In den Fällen der Verkehrswertermittlung bebauter Grundstücke im Ertragswertverfahren wirkt sich der Wert des Überbaus im Allgemeinen in einer höheren Jahresrohmiete aus[105].

277   Der **Verkehrswert eines Grundstücks, von dem aus überbaut wurde,** ergibt sich aus der aus Abb. 27 ersichtlichen Formel.

Abb. 27:   Verkehrswertermittlung für das Grundstück, von dem aus überbaut wurde

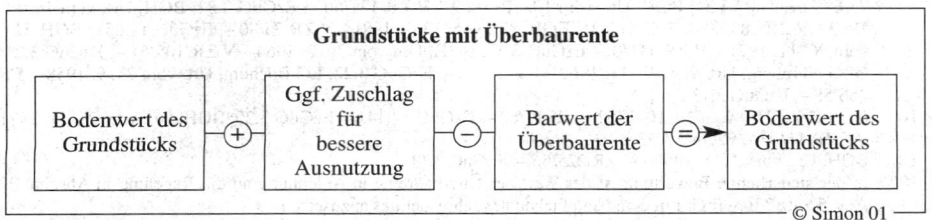

Abgesehen vom Gebäudewert, ist der Bodenwert des Grundstücks, von dem aus überbaut wurde, dann höher als der Wert eines vergleichbaren unbebauten Grundstücks einzuschätzen, wenn das Maß der baulichen Nutzung durch den Überbau größer ist, als das Maß der baurechtlich zulässigen Nutzung. Als wertmindernd ist die Bodenwertrente zu berücksichtigen.

Beispiel:

278

Abb. 28: Lageplan

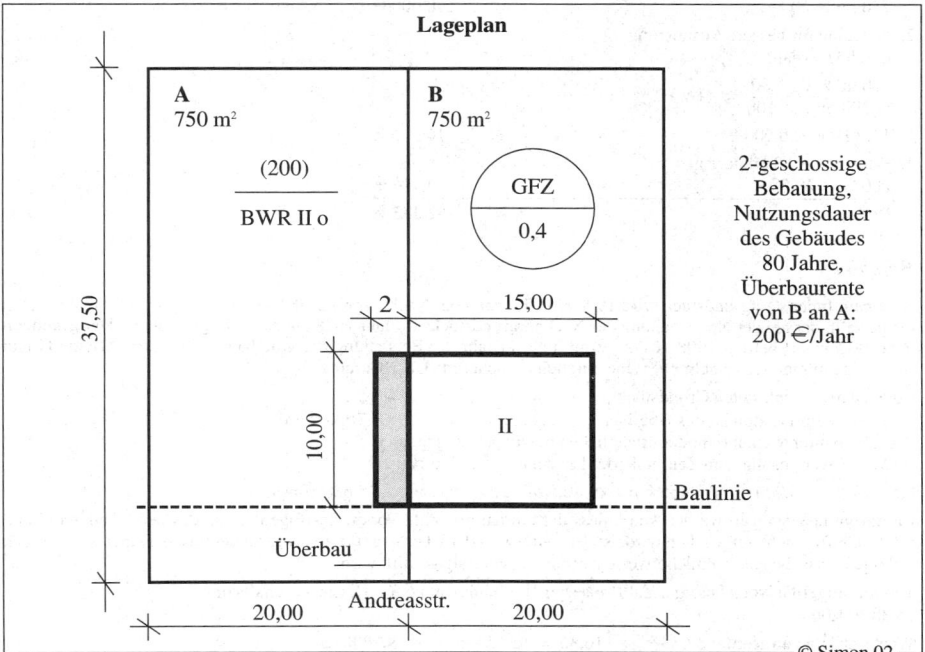

Wertermittlung Grundstück A

1. Bodenwert überbauter Teil:
   20 m² × 200 € = 4 000 €
   4 000 € × 0,0202[106]   =   81 €

2. Barwert der Überbaurente:
   200 € × 20,58[107]   +   4 115 €

3. Bodenwert nicht überbauter Teil:
   750 m² – 20 m² × 200 €/m²   +   146 000 €

   Bodenwert   rd.   **150 000 €**

---

103   In den Fällen der steuerlichen Bewertung der bebauten Grundstücke im Ertragswertverfahren kommt eine Wertminderung nach § 82 Abs. 1 BewG nur insoweit in Betracht, als sie nicht bereits in der Höhe der Jahresrohmiete berücksichtigt ist. Bei der Berechnung des Zuschlags nach § 82 Abs. 2 Nr. 1 BewG ist die vom Überbau bedeckte Fläche als unbebaute Fläche anzusehen. Bei der Bewertung eines bebauten Grundstücks im Sachwertverfahren wirkt sich eine Wertminderung im Bodenwert aus. Dieser ist wie bei einem unbebauten Grundstück zu ermitteln.

104   In der steuerlichen Bewertung ist eine Werterhöhung nach § 82 Abs. 2 BewG ausgeschlossen. Die Verpflichtung zur Zahlung der Überbaurente ist als Reallast (§ 914 Abs. 3 BGB) nach § 82 Abs. 1 BewG mit dem Neunfachen des Jahreswerts wertmindernd zu berücksichtigen.

105   In den Fällen der steuerlichen Bewertung bebauter Grundstücke im Sachwertverfahren wirkt sich der Wert des Überbaus sowohl im Gebäudenormalherstellungswert und damit im Gebäudewert (§ 85 BewG) als auch in einem höheren Bodenwert aus. Der Bodenwert ist in Anlehnung an die Regelung in Abschn. 35 Abs. 4 Nr. 2 BewR Gr zu ermitteln. Dabei ist jedoch die Verpflichtung zur Zahlung der Überbaurente als Reallast mit dem Neunfachen des Jahreswerts wertmindernd zu berücksichtigen.

106   Diskontierungsfaktor bei 5 v. H. und 80 Jahren Nutzungsdauer

107   Vorschüssiger Rentenbarwertfaktor bei 5 v. H. und 80 Jahren Restnutzungsdauer

Im vorliegenden Fall entsprechen der Bodenwert des überbauten Teils (1) und der Barwert der Rente (2) dem tatsächlichen Bodenwert (20 m² × 200 €/m² = 4 000 €). Bei älteren Überbaurenten ist dies nicht mehr der Fall, da zwischen dem tatsächlichen Bodenwert im Zeitpunkt der Wertermittlung und dem der Rente zu Grunde gelegten Bodenwert eine Differenz besteht[108].

Anmerkung: In der Fachliteratur wird bei der Berechnung der Renten- und Abzinsfaktoren auch die so genannte „ewige Rente" – also die unbegrenzte Laufzeit der Überbaurente – unterstellt[109].

Wertermittlung Grundstück B

1. Bodenwert
   750 m² × 200 €   =   150 000 €

2. Zuschlag für bessere Ausnutzung
   durch Überbau:

   $$\frac{20\ m^2 \times 2}{300\ m^2} \times \frac{80}{100} = 11\ v.H.^{110}$$

   11 v. H. v. 150 000 €   +   16 500 €

3. Barwert der Überbaurente:
   200 € × 20,58   –   4 115 €

   Bodenwert   =   **162 385 €**

279   *Beispiel:*

An einem Innenstadtgrundstück wird 1998 ein Überbau vom Nachbargrundstück von (0,50 m × 25,00 m =) 12,5 m² festgestellt, der bei der Neubebauung des Nachbargrundstücks im Jahr 1988 unbeabsichtigt entstand. Der gegendübliche Bodenwert beträgt 1998 10 000 €/m² und im Jahr der Entstehung des Überbaus 7 000 €/m² . Beide Grundstückseigentümer verhandeln über eine dinglich zu sichernde Überbaurente.

Bodenwert des belasteten Grundstücks
Bodenwert zum Zeitpunkt des Überbaus . . . . 7 000 €/m²
Die Überbaurente entspricht der ortsüblichen nutzungsbezogenen
Bodenwertverzinsung zum Zeitpunkt des Entstehens des Überbaus.
6,5 v. H.[111] von 7 000 €/m² = 455 €/m² × 12,5 m² . . . . 5 688 € p. a.

Da davon ausgegangen werden kann, dass der einmal erreichte Vorteil des Eigentümers des herrschenden Grundstücks künftig nicht aufgegeben wird, ist der Jahreswert der Überbaurente auf ewig zu verzinsen. Dabei ist zu berücksichtigen, dass die Rente üblicherweise jährlich vorschüssig gezahlt wird.

Vervielfältiger bei vorschüssiger Zahlweise bei 100 Jahren und 6,5 v. H. Liegenschaftszins:
15,38 × 1,065 = 16,36
Wert der Überbaurente: 5 688 € × 16,36 = 93 055 € = rd. **95 000 €**

280   Der Rentenberechtigte kann nach § 915 BGB jederzeit verlangen, dass der Rentenpflichtige ihm den **überbauten Teil seines Grundstücks abkauft.** § 915 BGB hat folgende Fassung:

„**§ 915 BGB, Abkauf:** (1) Der Rentenberechtigte kann jederzeit verlangen, dass der Rentenpflichtige ihm gegen Übertragung des Eigentums an dem überbauten Teil seines Grundstücks den Wert ersetzt, den dieser Teil zur Zeit der Grenzüberschreitung gehabt hat. Macht er von dieser Befugnis Gebrauch, so bestimmen sich die Rechte und Verpflichtungen beider Teile nach den Vorschriften über den Kauf.

(2) Für die Zeit bis zur Übertragung des Eigentums ist die Rente fortzuentrichten."

281   Diese Regelung hat in der Wertermittlungspraxis wenig Beachtung gefunden:

– In Bezug auf die *Verkehrswertermittlung des mit einem Überbau belasteten Grundstücks* könnte sich danach auch folgende Berechnungsweise ergeben:

    Bodenwert des nicht überbauten Grundstücksteils zum Wertermittlungsstichtag

  + Bodenwert des überbauten Grundstücksteils zum Zeitpunkt der Grenzüberschreitung

  = Bodenwert des Grundstücks

Auf Grund dieser Betrachtungsweise ergibt sich im Verhältnis zu der vorgestellten Berechnungsweise ein geringerer Verkehrswert. Der Eigentümer des mit einem Überbau belasteten Grundstücks wird von der Möglichkeit des § 915 BGB allenfalls Gebrauch machen, wenn die Bodenwerte seit dem Zeitpunkt der Grenzüberschreitung stabil geblieben oder sogar gefallen sind. Ansonsten würde sich ein vernünftig handelnder Grundstückseigentümer hierauf nicht oder allenfalls in Notfällen einlassen, was nicht dem gewöhnlichen

Geschäftsverkehr zuzurechnen wäre. Diese Vorgehensweise muss insofern verworfen werden. **Bei** (gegenüber dem Zeitpunkt der Grenzüberschreitung) **gesunkenen Bodenpreisen** muss diese Ermittlungsmethode indessen in Betracht gezogen werden.

– In Bezug auf die *Verkehrswertermittlung des überbaurentenpflichtigen Grundstücks* ergibt sich umgekehrt folgende Betrachtungsweise:

> Bodenwert des Grundstücks zum Wertermittlungsstichtag
>
> + Unterschiedsbetrag aus dem Bodenwert des überbauten Grundstücksteils zum Wertermittlungsstichtag abzüglich des Bodenwerts dieser Teilfläche zum Zeitpunkt der Grenzüberschreitung
>
> ―――――――――――――――――――――――――――――――――――――――
>
> Bodenwert des Grundstücks

Auch diese Betrachtungsweise ist bei gestiegenen Bodenwerten zu verwerfen, weil der Rentenberechtigte in solchen Fällen von seinem Ankaufsrecht nach § 915 BGB keinen Gebrauch machen würde. **Bei** (gegenüber dem Zeitpunkt der Grenzüberschreitung) **gesunkenen Bodenpreisen** kann umgekehrt diese Ermittlungsmethodik in Betracht kommen.

282

c) Zusammenfassung

Bei der Wertermittlung von Überbaurechten sind demnach folgende Punkte zu klären und zu beachten.

283

– Ermittlung des Bodenwerts zum Zeitpunkt des Entstehens des Überbaus,
– Ermittlung der Laufzeit der Überbaurente und
– Wahl des Zinssatzes.

Die Bodenwertermittlung zum Zeitpunkt des Entstehens des Überbaus bereitet im Regelfall keine Probleme. Bei der Ermittlung der Laufzeit des Rechts wird in vielen Fällen von einer unendlichen Zeitdauer (100/Zinssatz) ausgegangen, in anderen Fällen von der Restnutzungsdauer des aufstehenden Gebäudes. In der Praxis wird beobachtet, dass in den Fällen, in denen der Eigentümer des Grundstücks, von dem überbaut wurde, den Vorteil hat, den auf fremdem Grund und Boden stehenden Gebäudeteil auch bei durchgreifender Sanierung nicht abbricht, so dass durchaus von einer unendlichen Laufzeit des Überbaurechts ausgegangen werden kann. Ebenso stellt sich die Frage nach dem anzusetzenden Zinssatz. Nach überwiegender Auffassung ist der nutzungsbezogene Liegenschaftszinssatz heranzuziehen.

284

3.2.4 Annex: Überhang

Von dem Überbau zu unterscheiden sind sog. Überhänge, wie **Balkone, Erker und Loggien, aber auch Arkaden,** die in den öffentlichen Straßenraum auskragen. Hierzu gehören auch Brücken und sog. Deckel. Die Nutzung erfolgt i.d.R. auf Grund eines Gestattungsvertrags nach bürgerlichem Recht. Für die Inanspruchnahme des öffentlichen Straßenraums (Luftraums) wird i.d.R. ein einmaliges Nutzungsentgelt vereinbart (Nutzungsentschädigung).

285

---

108 Vogels, a.a.O. S. 329

109 Pohnert: Kreditwirtschaftliche Wertermittlungen, 5. Aufl. Wiesbaden, 1997, S. 223

110 $\dfrac{\text{Zusätzliche GF durch Überbau}}{\text{max. mögliche GF ohne Überbau}} \times \dfrac{\text{Restnutzungsdauer}}{\text{übliche Gesamtnutzungsdauer}} = \text{Vorteil durch Überbau}$

111 Ansatz eines nutzungsbezogenen Liegenschaftszinssatzes unter Abwägung der langfristigen Risikoeinschätzung des Objekts

286   **Rechtsgrundlagen** sind

a) die Straßen- und Wegegesetze der Länder (vgl. § 3 Abs. 5 sowie § 23 Abs. 1 StrWG Nordrh.-Westf.),

b) § 8 des Bundesfernstraßengesetzes,

c) gemeindliche Satzungen (insbesondere bei Ortsdurchfahrten im Zuge von Bundes- und Landesstraßen; vgl. Satzung der Stadt Köln vom 13. 2. 1998 – ABl. 1998, 74 – sowie die Satzung des Landschaftsverbandes Rheinland über die Erhebung von Sondernutzungsgebühren für Sondernutzungen an Landstraßen vom 11. 9. 1997 – GVBl. Nordrh.-Westf. 1997, 375 –).

287   In allen Fällen richtet sich die Einräumung von Rechten zur Benutzung des Luftraums nach bürgerlichem Recht, wobei allerdings die gesetzlichen Regelungen bezüglich der **technischen Anforderungen** an den Überhang zu beachten sind (vgl. z. B. § 18 StrWG Nordrh.-Westf.).

288   Zur **Bemessung des Nutzungsentgelts** für ein oberes Stockwerk (Überhang), das in den Luftraum einer öffentlichen Straße hineinreicht, hat der BGH[112] im Übrigen festgestellt, dass die Ermittlung nach dem Verkehrswert versagen müsse und als Anhalt das Entgelt herangezogen werden könne, das von dem Eigentümer des Straßenlands üblicherweise für die Überbauung des Straßengeländes verlangt wird, wenn dieses Entgelt der Billigkeit entspricht.

289   Das i. d. R. einmalige Nutzungsentgelt bemisst sich nach dem wirtschaftlichen Vorteil und erstreckt sich – sofern nichts anderes vereinbart worden ist – auf den **Zeitraum** bis zum Rückbau (Abriss) der baulichen Anlage. Vielfach wird aber auch eine bestimmte Vertragsdauer (z. B. 99 Jahre) vereinbart. Sofern aus städtebaulichen Gründen ein Überhang erwünscht ist, werden auch Abschläge vom Nutzungsentgelt gewährt. Grundlage für die **Ermittlung des wirtschaftlichen Vorteils** ist die zusätzliche Nutzfläche (NF bzw. WF), die sich aus dem Überhang ergibt. Wird zur Ermittlung der Wohn- oder Nutzfläche von der Geschossfläche (GF) ausgegangen, so ist diese im Hinblick auf Mauerwerk, Treppenaufgänge, Aufzugsschächte usw. um etwa 20 % zu vermindern. Des Weiteren ist für den statisch bedingten Mehraufwand des Überhangs ein Abschlag von etwa 30 % anzubringen, um zum wirtschaftlichen Vorteil zu gelangen[113].

290   *Beispiel:*

Mit einem Büroneubau sollen insgesamt 8 Erker mit einer Gesamtgeschossfläche von 50 m² errichtet werden. Der durchschnittliche Bodenwert betrage bezogen auf 1 m² NF 1 000 €. Wirtschaftlicher Vorteil (Wertzuwachs) bei 99-jähriger Vertragsdauer:

Bodenwert pro 1 m² NF . . . . 1 000 €/m²
× 0,80 zwecks Umrechnung auf 1 m² Geschossfläche (GF) . . . . = 800 €/m² GF
× 0,70 zur Berücksichtigung statisch bedingter Mehrkosten . . . . = 560 €/m² GF

Bei einer Gesamtgeschossfläche von 50 m² ergibt sich als wirtschaftlicher Vorteil (Wertzuwachs):

560 €/m² GF × 50 m² GF = **28 000 €**

Der Verkehrswert des Grundstücks erhöht sich um diesen Betrag.

291   In dem vorgestellten Beispiel wurde von einem einheitlichen Bodenwert pro Quadratmeter Nutzfläche ausgegangen. Dies ist nicht immer sachgerecht, wenn der Überhang in den einzelnen Geschossebenen unterschiedlich ausfällt und diese **Geschossebenen eine stark voneinander abweichende Ertragssituation aufweisen** (z. B. in Innenstadtlagen). In derartigen Fällen kann auch direkt vom Bodenwert (Bodenrichtwert) ausgegangen werden, der dann nach dem Mietsäulenverfahren aufgespalten wird.

292   *Beispiel:*

Gemisch genutztes Grundstück in der Innenstadt mit einem Bodenwert von 5 000 €. Der Bodenwertanteil der einzelnen Geschossebenen wird auf der Grundlage der jeweiligen Erträge wie folgt aufgespalten:

Lage – Nutzung	Reinertrag €/m²	Bodenwertanteil in % (5 000 €/m²)	absolut (€/m²)	Überhängende Fläche (m²)	Wert (€)
V OG Wohnen	8,00	5,44	272,00	10,00	2 720,00
IV OG Wohnen	9,00	6,12	306,00	8,00	2 448,00
III OG Büro	10,00	6,81	340,50	8,00	2 724,00
II OG Büro	12,00	8,16	408,00	8,00	3 264,00
I OG Laden	25,00	17,01	850,50	–	–
EG Laden	50,00	34,01	1 700,50	–	–
UG Laden	30,00	20,41	1 020,50	–	–
TG Garage	3,00	2,04	102,00	–	–
Summen	147,00	100,00	5 000,00	34,00	11 156,00

Berücksichtigung statisch bedingter Mehrkosten: × 0,7 …   **7 809,20 €**

3.2.5 Annex: Nachbarwand

In den Landesnachbarrechtsgesetzen sind die Möglichkeiten der Grenzbebauung geregelt. **293** Dabei ist i. d. R. der Bau einer Nachbarwand zulässig. Die **Nachbarwand ist eine auf der Grenze zweier Grundstücke errichtete Wand, die mit einem Teil ihrer Wandstärke auf dem Nachbargrundstück steht.** Sie darf nur im Einvernehmen mit dem Nachbarn errichtet werden. Liegt diese Genehmigung nicht vor, entsteht ein Überbauanspruch nach § 912 BGB. Bei zulässiger Errichtung der Nachbarwand entsteht jedoch kein Anspruch auf Zahlung einer Vergütung oder Abkauf des überbauten Grundstücksteils (vgl. § 912, 916 BGB). Der später bauende Nachbar hat vielmehr bei Anbau an die bestehende Nachbarwand den halben Wert der Nachbarwand zu vergüten. Eine Erhöhung der Nachbarwand ist nur möglich, wenn der Nachbar einwilligt; eine Verstärkung der Wand ist nur auf dem eigenen Grundstück möglich[114].

Daneben gibt es den Begriff der **Grenzwand.** Sie ist eine an der Grenze zweier Grund- **294** stücke auf eigenem Grundstück stehende Wand. Der Bau ist gegenüber dem Nachbarn anzeigepflichtig. Ein Anbau an die Grenzwand durch den Nachbarn ist nur bei dessen Einwilligung möglich.

3.3 Notweg

3.3.1 Allgemeines

▶ *Zum Wegerecht vgl. Rn. 370 ff.*

§ 917 BGB definiert als Notweg den **Weg, den der Eigentümer eines Grundstücks zu** **295** **dulden hat, weil es einem Nachbargrundstück an der zur ordnungsgemäßen Benutzung notwendigen Verbindung mit einem öffentlichen Weg mangelt**[115]. Der Notweg gehört zu den gesetzlichen (privatrechtlichen) Beschränkungen; er ist nicht im Grundbuch eingetragen (Abb. 29):

---

112   BGH, Urt. vom 19. 12. 1975 – V ZR 25/74 –, EzGuG 3.57
113   Weyers, Nutzungsentgelt bei Inanspruchnahme öffentlichen Straßenlandes, GuG 1998, 296
114   Rechtliche Situation bei Vorliegen einer Nachbarwand: Erstbauer ist alleiniger Eigentümer der Nachbarwand, wenn der Nachbar der Errichtung zugestimmt hat (BGH, Urt. vom 20. 4. 1958 – V ZR 178/56 –, EzGuG 3.8). Wenn der Nachbar nicht zugestimmt hat, entsteht ein entschädigungspflichtiger Überbau. Wenn die Nachbarwand abgerissen wird, bevor der Nachbar anbaut, entsteht ein nachträglicher Überbau. Nach Anbau des Nachbarn erfolgt Realteilung der Nachbarwand oder Miteigentum in ideellen Bruchteilen (vgl. BGH, a. a. O.).
115   Zur Prüfung, ob die zur ordnungsgemäßen Benutzung notwendige Verbindung fehlt: BGH, Urt. vom 15. 4. 1964 – V ZR 134/62 –, EzGuG 14.19; BGH, Urt. vom 4. 11. 1959 – V ZR 49/58 –, EzGuG 14.10a; weitere Rspr BGH, Urt. vom 26. 5. 1978 – V ZR 72/77 –, MDR 1979, 127 NJW 1979, 104 (LS) = DNotZ 1979 24 = JuS 1979, 369 = ZMR 1979, 119

Abb. 29: Privatrechtliche Beschränkungen

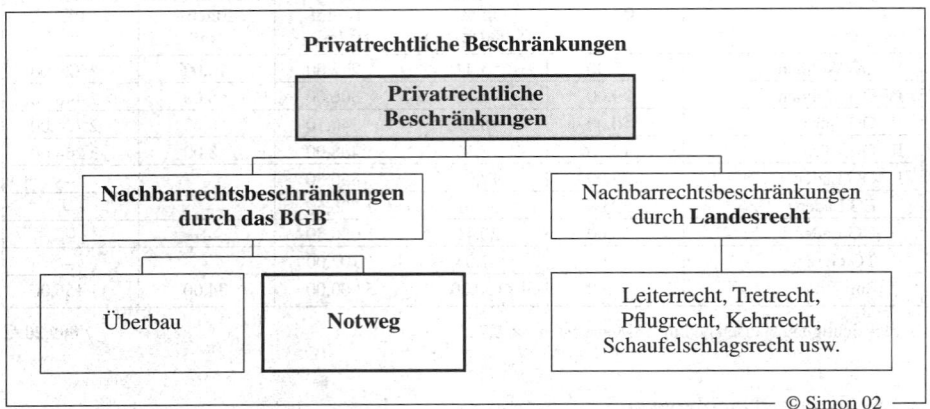

© Simon 02

296   Das Notwegerecht beschränkt sich nicht nur auf das Begehen und Befahren, sondern kann ebenfalls die Duldung von **Versorgungsleitungen** (Elektrizität, Wasser, Gas) zum Gegenstand haben[116]. Es beinhaltet jedoch nicht das Recht auf Zufahrtsmöglichkeiten zu einer Garage[117].

297   **Anlage und Unterhaltung des Notwegs** obliegt dem, der ihn beansprucht.

298   Die **Duldungspflicht** entsteht unter folgenden Voraussetzungen:

– Die notwendige Verbindung mit einem öffentlichen Weg zur ordnungsgemäßen Nutzung des Grundstücks fehlt,

– ein entsprechendes Fahrrecht oder Gehrecht über ein fremdes Grundstück ist nicht vorhanden bzw. durch eine Dienstbarkeit (z. B durch ein Wegerecht) nicht gesichert,

– der Eigentümer hat eine bestehende Verbindung zu einem öffentlichen Weg nicht willkürlich unterbrochen.

Ein Notwegerecht ist hingegen nicht gegeben, wenn der Rechtsvorgänger des Eigentümers die Verbindung zu einem öffentlichen Weg durch Verzicht auf ein Wegerecht herbeigeführt hat[118].

299   Der **Notweg ist gesetzlich wie folgt geregelt:**

„**§ 917 BGB (Notweg)** (1) Fehlt einem Grundstück die zur ordnungsmäßigen Benutzung notwendige Verbindung mit einem öffentlichen Wege, so kann der Eigentümer von den Nachbarn verlangen, dass sie bis zur Hebung des Mangels die Benutzung ihrer Grundstücke zur Herstellung der erforderlichen Verbindung dulden. Die Richtung des Notwegs und der Umfang des Benutzungsrechts werden erforderlichen Falles durch Urteil bestimmt.

(2) Die Nachbarn, über deren Grundstücke der Notweg führt, sind durch eine Geldrente zu entschädigen. Die Vorschriften des § 912 Abs. 2 Satz 2 und der §§ 913, 914, 916 finden entsprechende Anwendung (§§ 912, 913 BGB, *abgedruckt bei Rn. 260).*

§ 918 BGB (Ausschluss des Notwegrechts) (1) Die Verpflichtung zur Duldung des Notwegs tritt nicht ein, wenn die bisherige Verbindung des Grundstücks mit dem öffentlichen Wege durch eine willkürliche Handlung des Eigentümers aufgehoben wird.

(2) Wird infolge der Veräußerung eines Teiles des Grundstücks der veräußerte oder der zurückbehaltene Teil von der Verbindung mit dem öffentlichen Wege abgeschnitten, so hat der Eigentümer desjenigen Teiles, über welchen die Verbindung bisher stattgefunden hat, den Notweg zu dulden. Der Veräußerung eines Teiles steht die Veräußerung eines von mehreren demselben Eigentümer gehörenden Grundstücken gleich."

300   Hervorzuheben ist, dass § 917 Abs. 2 BGB die Vorschrift des § 915 BGB über den **Abkauf einer überbauten Grundstücksfläche** nicht für entsprechend anwendbar erklärt.

301   Für *württembergische Landesteile* gelten bezüglich der **Überfahrts- und Treppenrechte** besondere Vorschriften (vgl. Art. 234 bis 242 EGBGB).

3.3.2 Notwegerente

Nach § 917 Abs. 2 BGB ist der Eigentümer, dessen Grundstück beansprucht wird und der **302** den Notweg zu dulden hat, durch eine der Überbaurente (vgl. § 912 BGB) entsprechende Geldrente zu entschädigen. Das Recht auf die Notwegerente ist wesentlicher Bestandteil des belasteten Grundstücks. Die Notwegerente hat – wie auch die Überbaurente – unabhängig vom Zeitpunkt ihrer Entstehung nach § 917 Abs. 2 i.V.m. § 914 BGB Vorrang vor allen anderen Grundstückslasten.

Bei der **Zwangsversteigerung** bleibt diese Last auch dann bestehen, wenn sie bei der Fest- **303** stellung des geringsten Gebots nicht berücksichtigt wurde (§ 52 Abs. 2 ZVG). Schuldner der Notwegerente ist der Eigentümer des zuweglosen Grundstücks und nicht etwa ein den Weg benutzender Mieter oder Pächter.

Der Anspruch auf Entschädigung (Notwegerente) entsteht gleichzeitig mit der Pflicht des **304** Grundeigentümers zur Duldung des Notwegs, d.h., in dem das berechtigte **Verlangen auf Einräumung eines Notwegs** gestellt wird[119]. Auf den Zeitpunkt, zu dem die gesetzlichen Voraussetzungen vorliegen, kommt es nicht an. Auch kommt es nicht darauf an, dass der Notweg in Benutzung genommen wird.

Das Rentenrecht erlischt, sobald die **Voraussetzungen für die Duldung des Notwegs in** **305** **Wegfall gekommen** sind. Ansonsten verfällt die Rente nach § 913 BGB jährlich, wobei Ansprüche auf Rückstände in vier Jahren verjähren (§ 917 BGB).

Die **Höhe der Notwegerente** nach § 917 Abs. 2 BGB richtet sich allein nach der durch das **306** Notwegerecht bedingten Wertminderung des belasteten Grundstücks und zwar in dem Zeitpunkt, in dem die Duldungspflicht entstanden ist, und nicht nach dem Vorteil, der sich durch den Notweg für das nicht angeschlossene Grundstück ergibt[120]. Spätere Veränderungen der Umstände, insbesondere der derzeitigen Grundstückspreise, haben für die Höhe der Rente keine Bedeutung.

Im Schrifttum wird allerdings auch die Auffassung vertreten, dass der **Vorteil des Berech-** **307** **tigten** mit zu berücksichtigen sei[121]. Dem ist jedoch widersprochen worden[122].

Renken hat allgemein als Faustregel vorgeschlagen, ein Zehntel des Werts der benutzten **308** Fläche als Jahresrente anzusetzen[123].

Eine **Beeinträchtigung des dienenden Grundstücks** ist per se bereits dann gegeben, **309** wenn das Grundstück in Anspruch genommen wird, ohne dass es sich direkt auf die Nutzung auswirkt, so z. B. im Falle einer Verlegung einer Wasserleitung in 1 m Tiefe[124].

Nach § 917 Abs. 2 BGB soll sich die **Entschädigung nach dem Bodenwert in dem Zeit-** **310** **punkt bemessen, zu dem die Duldungspflicht entstanden ist.** Eine einmalige Kapitalabfindung statt einer laufenden Rente ist möglich, kann aber vom Eigentümer des belasteten

---

116 BGH, Urt. vom 15. 4. 1964 – V ZR 134/62 –, EzGuG 14.19
117 BGH, Urt. vom 9. 11. 1979 – V ZR 86/78 –, EzGuG 14.63 a; vgl. hierzu BGH, Urt. vom 6. 4. 1995 – III ZR 27/94 –, GuG 1995, 310 = EzGuG
118 LG Bielefeld, Urt. vom 10. 10. 1962 – 2 S 149/62 –, EzGuG 14.14 d
119 BGH, Urt. vom 19. 4. 1985 – V ZR 152/83 –, EzGuG 14.77a; RGZ 87, 424; Staudinger, Komm zum BGB § 917 Rn. 44; a. A. Säcker in MünchenerKomm BGB § 917 Rn. 19, 39
120 BGH, Urt. vom 16.11.1990 – V ZR 297/89 –, GuG 1991, 155 = EzGuG 14.96; BGH, Urt. vom 6. 4. 1995 – III ZR 27/94 –, GuG 1995, 310 = EzGuG 18.117; BGH, Urt. vom 14.2.1963 – II ZR 19/61 –, BB 1964, 104; OLG Nürnberg, Urt. vom 19. 12. 1967 – 7 U 132/67 –, EzGuG 14.31a; RG WarnRspr 14 Nr. 290; LG Köln, Beschl. vom 23. 7. 1959 – 11 T 58/59 –, EzGuG 14.10
121 Süßheim in Braters Blätter für Administrative Praxis in BayeRn. (BIAdmPR) 1952, 360; LG Mosbach, Urt. vom 20. 9. 1960 – S 56/59 –, EzGuG 14.13a
122 Staudinger, Komm. BGB § 917 Rn. 43; RG WaRn. 1914 Nr. 290; KG in JW 1914, 529
123 Renken in GEBln 1964, 299; LG Verden, Urt. vom 2. 7. 1957 – 1 S 53, 61/57 –, MDR 1957, 547
124 A.A. AG Wiehl in HGBR Rspr. 1959 Nr. 50

Grundstücks nicht gefordert werden. Wie bei der Überbaurente ist auch bei der Notwegerente eine Wertgleitklausel zur Anpassung an den steigenden Bodenwert ausgeschlossen[125].
Nach Ablauf weniger Jahre entspricht die Notwegerente damit nicht mehr der angemessenen Verzinsung des Bodenwerts.

3.3.3 Verkehrswertermittlung

a) Verkehrswert des dienenden Grundstücks

311 Grundsätzlich bestimmt sich der Verkehrswert wie in den Fällen der Überbaubelastung.
Eine **Wertminderung kommt demnach nur in Betracht, als sie nicht durch den Wert
der Rente ausgeglichen wird**[126] (Abb. 30):

Abb. 30: Bodenwert des Grundstücks, über das der Notweg führt

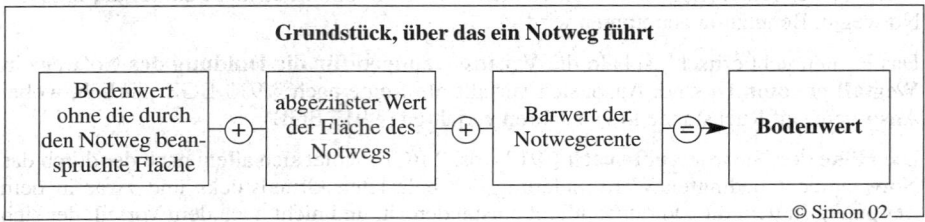

b) Verkehrswertermittlung des herrschenden Grundstücks

312 Das herrschende Grundstück ist zunächst wie ein normal zugängliches Grundstück zu werten. Eine Minderung des Bodenwerts kommt wegen der fehlenden Verbindung zu einem
öffentlichen Weg nicht in Betracht. Die **Verpflichtung zur Zahlung der Rente ist** jedoch
sowohl in den Fällen der Verkehrswertermittlung der unbebauten Grundstücke als auch in
den Fällen der Verkehrswertermittlung bebauter Grundstücke im Ertragswertverfahren und
im Sachwertverfahren **wertmindernd zu berücksichtigen** (Abb. 31):

Abb. 31: Bodenwert des Grundstücks, das den Notweg beansprucht

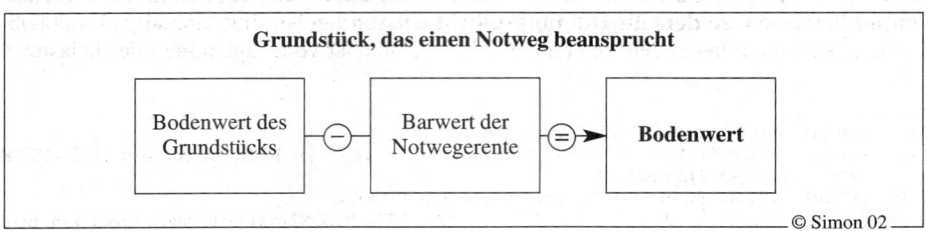

Bei der Ermittlung der Entschädigung für einen **Verbindungsweg,** der schon seit mehreren
Jahren **für eine neue Siedlung zum allgemeinen Wegenetz** hergerichtet und verwendet
worden ist, bei dem aber die förmliche Widmung zur öffentlichen Straße und die vorgesehene Übereignung an die Gemeinde unterblieb, hat der BGH[127] in seiner Rechtsprechung
auf den Betrag abgestellt, den der Grundstückseigentümer als Notwegerente erhalten
könnte.

Beispiel:

Restnutzungsdauer des Gebäudes auf dem Grundstück B 80 Jahre. Notwegerente von B an E 200 €/Jahr.   **313**

Abb. 32: Lageplan

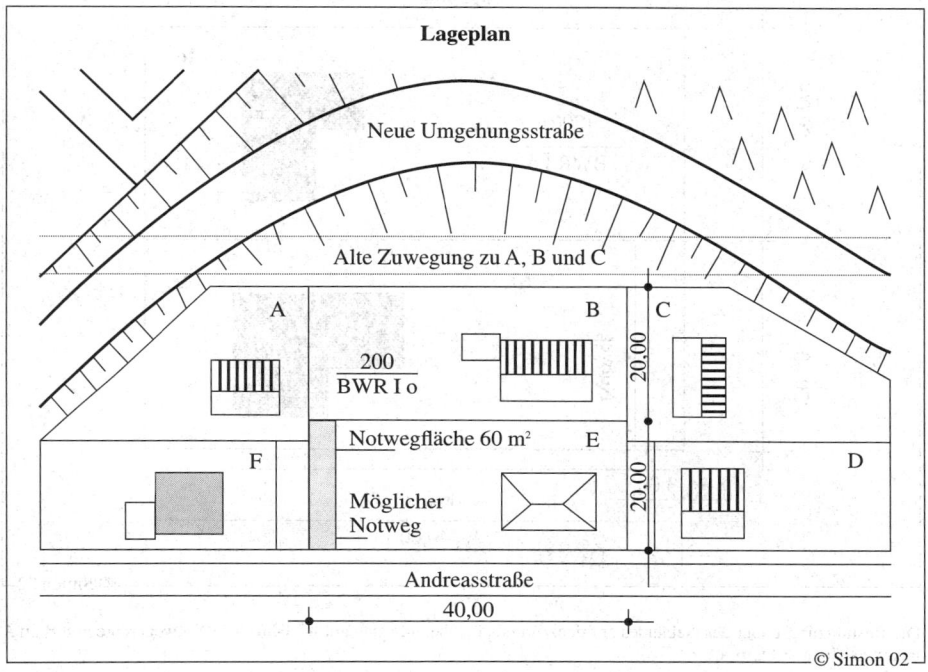

Verkehrswertermittlung des (dienenden) Grundstücks E

$((20 \text{ m} \times 40 \text{ m}) - (3 \text{ m} \times 20 \text{ m})) \times 200 €/m^2$	=	148 000 €

Bodenwert des Notwegs:
$60 \text{ m}^2 \times 200 €/m^2 = 12\,000 €$
diskontiert mit 5 % über 80 Jahre Laufzeit (Diskontierungsfaktor 0,0202)

12 000 € × 0,0202	+	242 €
Barwert der Notwegerente:		
200 € × 20,58[128]	=	4 116 €
= Bodenwert	+	**152 358 €**

Verkehrswertermittlung des (herrschenden) Grundstücks B

800 m² × 200 €/m²	=	160 000 €
Barwert der Notwegerente		
200 € × 29,58	–	4 116 €
= Bodenwert	=	**155 884 €**

---

125 Soergel, a. a. O
126 In den Fällen der steuerlichen Bewertung bebauter Grundstücke im Ertragswertverfahren ist der Abschlag nach
     § 82 Abs. 1 BewG vom gesamten Grundstückswert zu machen. Bei der Bewertung bebauter Grundstücke im
     Sachwertverfahren wirkt sich eine Wertminderung zunächst im Bodenwert aus. Beeinträchtigt der Notweg
     auch die Gebäude, so kann eine Ermäßigung des Gebäudesachwerts nach § 88 BewG in Betracht kommen.
127 BGH, Urt. vom 11.6.1970 – III ZR 7/69 –, EzGuG 18.51
128 Vorschüssiger Rentenbarwertfaktor bei 5 % und 80 Jahren Nutzungsdauer

314   *Beispiel:*

Abb. 33: Lageplan

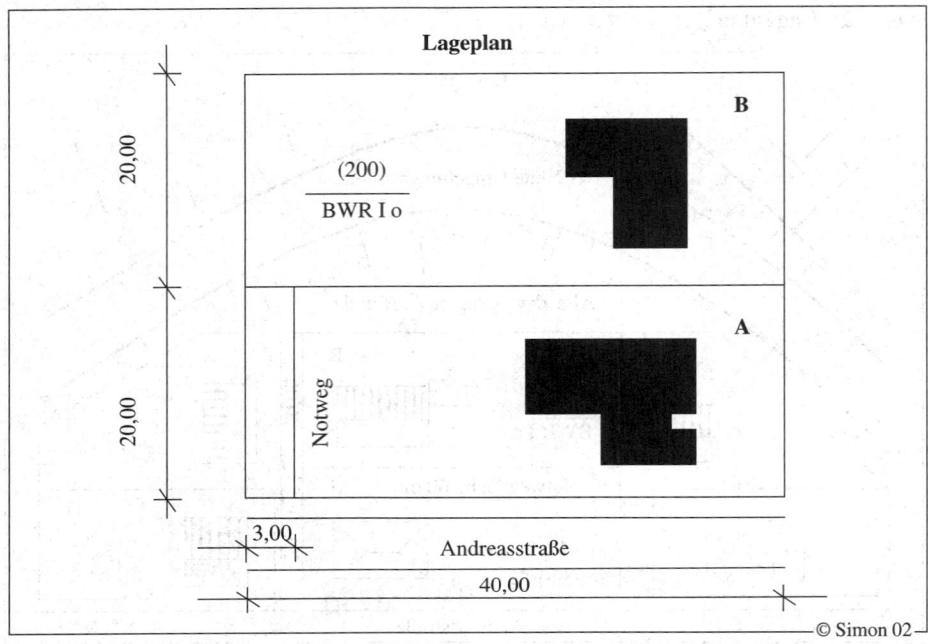

Die Restnutzungsdauer des Gebäudes auf dem Grundstück belaufe sich auf 80 Jahre. Die Notwegerente von B an A belaufe sich auf 80 € p. a.

Wertermittlung Grundstück A

1. $(20 \text{ m} \times 40 \text{ m}) - (3 \text{ m} \times 20 \text{ m})$ $\times 200 \text{ €/m}^2$	=	148 000 €
2. Bodenwert Notweg: $60 \text{ m}^2 \times 200 \text{ €/m}^2 = 12\,000$ € $12\,000 \text{ €} \times 0{,}0202^{[129]}$	+	242 €
3. Barwert der Notwegerente: $80 \text{ €} \times 20{,}58^{[130]}$	+	1 646 €
Bodenwert	=	149 888 €

Wertermittlung Grundstück B

1. $800 \text{ m}^2 \times 200 \text{ €/m}^2$	=	160 000 €
2. Barwert der Notwegerente: $80 \text{ €} \times 20{,}58$	–	1 646 €
Bodenwert	=	**158 354 €**

3.4   Wassernutzungsrecht

3.4.1   Allgemeines

315   Quellen, Brunnen und Zisternen standen nach landesrechtlichen Vorschriften mit dem Eigentum am Grundstück in enger Verbindung, d. h., das **Eigentum an** diesen **Gewässern folgte dem Grundstück,** auf dem sie sich befinden[131]. Spätestens mit Erlass des Wasserhaushaltsgesetzes (WHG) und der hierzu ergangenen Rechtsprechung ist das Verhältnis des Grundstückseigentümers zum Grundwasser neu geregelt.

Das **Grundwasser** wird durch § 1 a Abs. 3 WHG gleichsam dem Grundeigentum ausgegliedert. Demzufolge ist dem Eigentümer auch der Abbau von Bodenvorkommen verwehrt, wenn wasserwirtschaftliche Belange wegen der Bedeutung des Grundwassers für die allgemeine Wasserversorgung dadurch beeinträchtigt werden.[132]   **316**

3.4.2 Brunnenrecht

Ein Brunnenrecht kann sich nach dem vorher Gesagten nur insoweit werterhöhend auswirken, wie mit seiner Nutzung wasserrechtlich dem Umfang und der Zeit nach noch gerechnet werden kann. Der BGH[133] hat hierzu entschieden, dass eine auf einem Grundstück tatsächlich ausgeübte **Wasserförderung nicht zu der durch Art 14 GG geschützten Eigentümerposition gehört** und ihr Verlust damit auch keine Entschädigungsansprüche auslöst.   **317**

Hieraus folgt, dass bei der Verkehrswertermittlung eines Brunnens, dessen Gebrauch wasserwirtschaftliche Belange nicht entgegenstehen, berücksichtigt werden muss, dass die **Nutzung entschädigungslos entzogen** werden kann. Die (stillschweigende) Aufhebung von sog. (Kauf-)Brunnenrechten, die zum ewigen unentgeltlichen Wasserbezug berechtigen, stellt nämlich grundsätzlich weder eine Enteignung, noch einen enteignungsgleichen Eingriff dar. Das VG Freiburg[134] hat bereits 1976 hierzu entschieden, dass der Eigentumsschutz inhaltlich bereits erloschen sei und nur noch formal bis zu einer anderweitigen dem Allgemeinwohl dienenden Regelung bestehe.   **318**

Umgekehrt kann eine Wasserbehörde im Rahmen der Gewässeraufsicht auch nicht die **Anlegung von Brunnen zur Überwachung des Grundwassers** verlangen[135].   **319**

In der Praxis wird der werterhöhende Einfluss eines Brunnenrechts in der Weise ermittelt, dass man zunächst die **jährliche Wasserleistung** eines Brunnens ermittelt und **mit dem Preis multipliziert, der bei Abnahme dieser Wasserleistung aus dem öffentlichen Netz zu bezahlen wäre.** Dieser Betrag ist dann um die jährlichen Aufwendungen einschließlich etwaiger Konzessionsabgaben zu vermindern. Der sich so ergebende Reinertrag wird dann über die absehbare wirtschaftliche Restnutzungsdauer kapitalisiert[136].   **320**

Eine Reihe von Besonderheiten gilt für ausgewiesene **Wasser- und Heilquellenschutzgebiete.** Die für diese Gebiete geltenden (Wasser-)Schutzauflagen beschränken die Grundstücksnutzung.   **321**

Zur Sicherung einer Planung für die räumlich und sachliche Ausweisung eines Wasserschutzgebiets ohne Veränderung einer Wassergewinnungsanlage kann auch eine **Veränderungssperre nach § 36 a WHG** festgelegt werden[137].   **322**

---

129   Diskontierungsfaktor bei 5 % und 80 Jahren Laufzeit
130   Vorschüssiger Rentenbarwertfaktor bei 5 % und 80 Jahren Nutzungsdauer
131   So z. B. im Badischen Wassergesetz vom 12. 4. 1913 (GVBl. 1913, 250 § 4); Art. 16 des Bay Wassergesetzes vom 23. 3. 1907 (GVBl. 1907, 157); § 3 Wassergesetz für das Herzogtum Braunschweig vom 20.6.1876 (GuVO Slg., S 285); Art 3 des württembergischen Wassergesetzes vom 1. 12. 1900 (RegBl 1900, 921); § 196 des Pr Wassergesetzes vom 7. 4. 1913 (GS 1913, 53)
132   BVerfG, Beschl. vom 15.7.1981 – 1 BvL 77/78 –, EzGuG 4.78
133   BGH, Urt. vom 26. 4. 1990 – III ZR 260/89 –, EzGuG 14.90; Vorinstanz: OLG Koblenz, Urt. vom 26. 7. 1989 – 1 U 1831/87 –, EzGuG 14.86; vorher BGH, Urt. vom 23. 6. 1983 – III ZR 79/82 –, BGHZ 88, 34; BGH, Urt. vom 22. 12. 1976 – III ZR 62/74 –, EzGuG 4.47; BGH, Urt. vom 29. 3. 1976 – III ZR 98/73 –, EzGuG 8.47
134   VG Freiburg, Urt. vom 27. 2. 1976 – VS II 155/74 –, EzGuG 14.54
135   OVG Lüneburg, Beschl. vom 2.8.1986 – 3 B 101/86 –, EzGuG 4.110
136   Pohnert, Kreditwirtschaftliche Wertermittlungen, 5. Aufl. Neuwied 1997, S. 288
137   BVerwG, Beschl. vom 26. 8. 1993 – 7 NB 1/93 –, EzGuG 4.153; BVerwG, Beschl. vom 28. 3. 1989 – 4 NB 39/98 –, EzGuG 6.244; BVerwG, Urt. vom 10. 2. 1978 – 4 C 71/75 –, EzGuG 4.55; OVG Lüneburg, Beschl. vom 8. 11. 1990 – 3 K 2/89 –, EzGuG 16.33; OLG Düsseldorf, Beschl. vom 25. 8. 1986 – 5 Ss 291/86 –, EzGuG 16.31; VGH Mannheim, Beschl. vom 24. 3. 1986 – 5 S 2831/84 –, EzGuG 16.29; OVG Koblenz, Urt. vom 2. 12. 1985 – 10 c 26/85 –, EzGuG 16.28; OLG Düsseldorf, Urt. vom 28. 10. 1979 – 18 U 78/79 –, EzGuG 16.24; BGH, Urt. vom 25. 1. 1973 – III ZR 118/70 –, EzGuG 16.19; BGH, Urt. vom 25. 1. 1973 – III ZR 113/70 –, EzGuG 4.39; OLG Köln, Urt. vom 16. 8. 1973 – 7 U 18/73 –, EzGuG 19.25 a; LG Kiel, Urt. vom 3. 11. 1989 – 19 O 3/83 –, EzGuG 15.64

323 **Wasserschutzgebiete** werden in verschiedene Zonen mit unterschiedlichen Schutz-auflagen untergliedert (vgl. Abb. 34):

Abb. 34: Wasserschutzzonen

Zone I	Zone II	Zone III A	Zone III B
Unmittelbare Brunnenanlage	Einzugsbereich des Wassers mit 50-tägiger Fließzeit zum Brunnen (durch-schnittlich 250 000 m³)	Bereich bis 2 km Radius um Brunnen	Bei größeren Wasser-schutzgebieten:
Grundsätzlich eingezäunt			Bereich über 2 km Radius
Jedwede Benutzung ausgeschlossen			
Eigentum Wasserver-sorgungsunternehmen			

324 An **bodenbezogenen Wasserschutzauflagen** sind hier zu nennen:
– Verbot landwirtschaftlicher Nutzung ab Gewässerrändern und um Brunnenanlage,
– Anbaubeschränkung für Ackerland,
– Verbot intensiver Grünlandnutzung,
– Umwandlungs- und Umbruchsverbot,
– Rückumwandlungsgebot für Ackerland,
– Erosionsschutzmaßnahmengebot,
– Ernterückständebeseitigungsgebot,
– Bodenuntersuchungsgebot bzw. Duldungspflicht,
– Abbauverbot für Bodenschätze (Kies, Torf usw),
– Errichtungs- und Erweiterungsverbot für bauliche Anlagen,
– Verbot bzw. Beschränkung des Einsatzes von Produktionsmitteln (Gülle, Jauche, Pflan-zenschutzmittel, Dünger, Klärschlamm, Beregnung).

4   Beschränkt dingliches Recht (Rechte Dritter)

4.1 Übersicht

325 Neben den bereits vorgestellten Rechten können sich für den Eigentümer weitere Beschränkungen aus beschränkt dinglichen Rechten ergeben.

326 Die beschränkt dinglichen Rechte sind Belastungen des Grundeigentums **durch Nut-zungs-, Sicherungs- und Verwertungsrechte und Erwerbsrechte.** Einen Überblick über die verschiedenen Formen gibt Abb. 35.

4.2 Dienstbarkeit

4.2.1 Allgemeines

327 Das Bürgerliche Gesetzbuch unterscheidet im Fünften Abschnitt (§§ 1018 bis 1093 BGB) zwischen **drei Arten von Dienstbarkeiten,** ohne sie zu definieren:

Abb. 35: Beschränkt dingliche Rechte des Grundeigentums

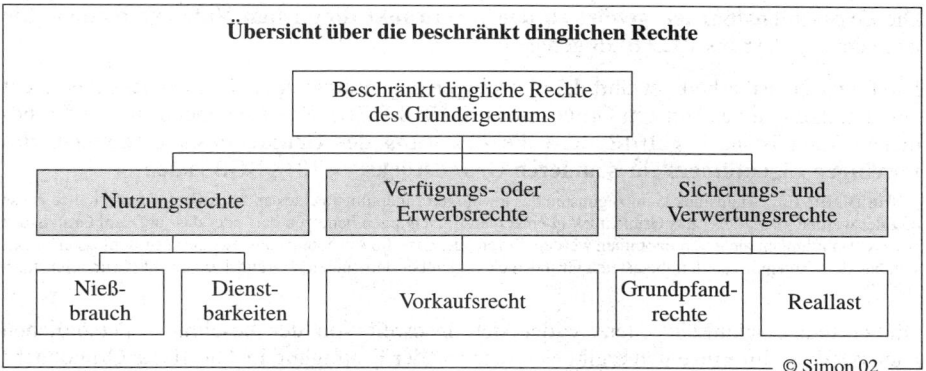

Übersicht über die beschränkt dinglichen Rechte

Beschränkt dingliche Rechte des Grundeigentums

Nutzungsrechte | Verfügungs- oder Erwerbsrechte | Sicherungs- und Verwertungsrechte

Nießbrauch | Dienstbarkeiten | Vorkaufsrecht | Grundpfandrechte | Reallast

© Simon 02

1. die Grunddienstbarkeit (§§ 1018 bis 1029 BGB),

2. den Nießbrauch (§§ 1030 bis 1089 BGB) und

3. die beschränkt persönliche Dienstbarkeit (§§ 1090 bis 1093 BGB).

Es handelt sich hierbei um Nutzungsrechte, wobei der **Nießbrauch** entsprechend dem Oberbegriff des Fünften Abschnitts des BGB den Dienstbarkeiten zuzurechnen ist[138] (Abb. 36).

Abb. 36: Nutzungsrechte

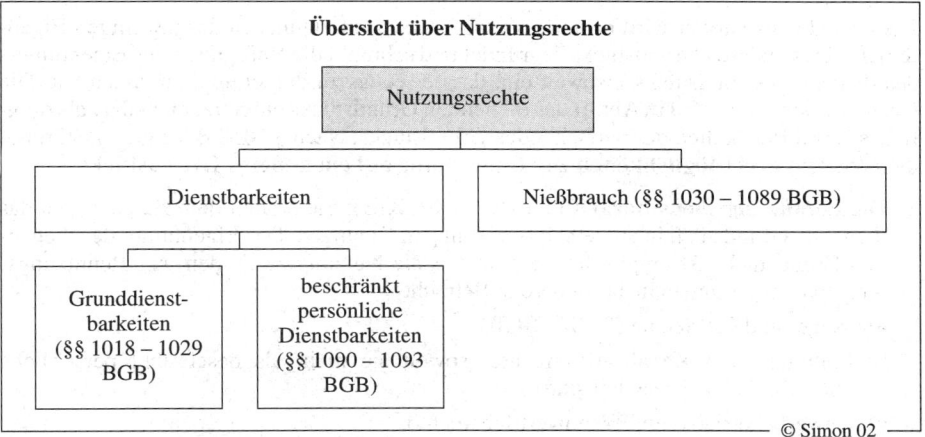

Übersicht über Nutzungsrechte

Nutzungsrechte

Dienstbarkeiten | Nießbrauch (§§ 1030 – 1089 BGB)

Grunddienstbarkeiten (§§ 1018 – 1029 BGB) | beschränkt persönliche Dienstbarkeiten (§§ 1090 – 1093 BGB)

© Simon 02

Dienstbarkeiten sind dingliche Nutzungsrechte. Sie unterscheiden sich durch ihre ding-   **328** liche Natur von inhaltlich ähnlichen Rechtsverhältnissen, wie die Miete und die Pacht. Gemeinsames Merkmal aller drei Formen der Dienstbarkeiten ist ihre Ausrichtung auf ein

– Dulden der Nutzung eines Grundstücks (Benutzung bzw. Nutzentziehung) oder

– Unterlassen der Nutzung eines Grundstücks (Rechtsausübung).

Demgegenüber ist die **Reallast** umgekehrt auf eine aktive Handlung ausgerichtet (§ 1105   **329** BGB).

---

138 Im Zusammenhang mit den Dienstbarkeiten wird im 5. Abschnitt „Sachenrecht" des BGB auch das Nießbrauchsrecht (§§ 1030 bis 1089 BGB) genannt. Es unterscheidet sich jedoch deutlich von den übrigen Dienstbarkeiten und ist deshalb bei der Eingruppierung unter den Rechten Dritter gesondert aufgeführt (vgl. Weirich Grundstücksrecht München 1984, S. 235).

4.2.2   Grunddienstbarkeit

330   Die **Grunddienstbarkeit gehört zu den beschränkt dinglichen Nutzungsrechten.** Sie ist in den §§ 1018 bis 1029 BGB geregelt.

331   Die Grunddienstbarkeit gewährt dem jeweiligen Eigentümer eines Grundstücks das Recht zur Benutzung eines anderen Grundstücks (§ 1018 BGB). Kennzeichnend für die Grunddienstbarkeit ist nach § 1018 BGB die **Belastung des Grundstücks „zugunsten des jeweiligen Eigentümers eines anderen Grundstücks".** § 1018 BGB lautet:

> **§ 1018 BGB:** „Ein Grundstück kann zugunsten des jeweiligen Eigentümers eines anderen Grundstücks in der Weise belastet werden, dass dieser das Grundstück in einzelnen Beziehungen benutzen darf oder dass auf dem Grundstück gewisse Handlungen nicht vorgenommen werden dürfen oder dass die Ausübung eines Rechts ausgeschlossen ist, das sich aus dem Eigentum an dem belasteten Grundstück gegenüber dem anderen Grundstück ergibt (Grunddienstbarkeit)."

Die Grunddienstbarkeit unterscheidet sich insoweit von der beschränkt persönlichen Dienstbarkeit. Im Einzelnen ergibt sich dies aus der Eintragung in Abt. II des Grundbuchs des belasteten bzw. dienenden Grundstücks[139].

332   Gegenstand einer Grunddienstbarkeit kann mithin auch ein **Anspruch auf Nutzungsunterlassung** sein, d. h., auf dem belasteten Grundstück dürfen bestimmte Handlungen, die der Eigentümer ansonsten kraft seines Eigentums vornehmen dürfte, nicht vorgenommen werden (z. B. Aussichtsrecht). Auch kann die Ausübung eines Rechts ausgeschlossen werden, das sich sonst aus dem Recht am dienenden Grundstück gegenüber dem herrschenden Grundstück ergeben würde (z. B. Ausübung nachbarrechtlicher Befugnisse). Die Grunddienstbarkeit kann indessen nicht auf ein positives Handeln des Eigentümers des belasteten Grundstücks gerichtet sein[140].

333   Die Grunddienstbarkeit wird nach dem vorher Gesagten zugunsten des jeweiligen Eigentümers eines anderen Grundstücks begründet und schränkt die Befugnisse des Eigentümers des dienenden Grundstücks insoweit ein, dass er etwas zu dulden und zu lassen hat. Die Grunddienstbarkeit wird in Abt. II des dienenden Grundstücks eingetragen und ist als dingliches Recht Bestandteil des herrschenden Grundstücks. Nach § 1018 BGB gibt die Grunddienstbarkeit **drei Möglichkeiten zur Einwirkung auf ein anderes Grundstück:**

1. Die **Benutzungsdienstbarkeit** (§ 1018 1. Alt BGB): Sie erlaubt dem Berechtigten das dienende Grundstück in einzelnen Beziehungen zu nutzen. Der Eigentümer des dienenden Grundstücks ist umgekehrt verpflichtet, die Nutzung zu dulden. Als Benutzungsdienstbarkeit kommen insbesondere in Betracht

   a) Wege- und Fahrrechte (§ 1023 BGB),

   b) Leitungs- und Kanalisationsrechte (soweit sie nicht als beschränkt persönliche Dienstbarkeit ausgestaltet sind),

   c) Gewerbebetriebs- und Warenvertriebsrechte,

   d) Ausbeutungs- und Entnahmerechte (von Bodenbestandteilen) und

   e) Errichtung und Nutzung von Bauwerken oder gewerblichen Anlagen.

2. Die **Unterlassungsdienstbarkeit** (§ 1018 2. Alt BGB): Sie verbietet die Vornahme bestimmter Handlungen auf dem dienenden Grundstück. Als Unterlassungsdienstbarkeit kommen insbesondere in Betracht

   a) Bau- und Benutzungsbeschränkungen, Bauverbote (Freihalten von Abstandsflächen, Sicherung eines Aussichtsrechts und dgl.),

   b) Wettbewerbs- und Verkaufsbeschränkungen (Gewerbebetriebsdienstbarkeit) einschließlich Bezugs- und Vertriebsverbote,

   c) Wärme- und Energiebezugsdienstbarkeit,

   d) Wohnungsbelegungsrechte und

e) Verbot von Immissionen, wie Geruch, Lärm oder Rauch, soweit sie gesetzlich an sich zu dulden wären.

3. Die **Ausschlussdienstbarkeit** (§ 1018 3. Alt BGB): Sie verbietet dem Eigentümer des belasteten (dienenden) Grundstücks die Ausübung eines Rechts, das sich aus dem Eigentum am dienenden Grundstück ergibt. Als Ausschlussdienstbarkeit kommen in Betracht:

a) der Ausschluss von Einwirkungsrechten, wie z. B. der
   - Verzicht auf gemäß § 906 BGB zulässige Immissionen,
   - Verzicht auf einen gemäß § 912 BGB entschuldigten Überbau,
   - Verzicht auf einen gemäß § 917 BGB zu duldenden Notweg.

b) der Ausschluss von Abwehrrechten, z. B.
   - Verzicht auf Einhaltung nachbarschützender Bauvorschriften,
   - Verzicht auf Abwehr übermäßiger nach § 906 BGB
     nicht zu duldender Immissionen,
   - Verzicht auf Beseitigung eines unentschuldigten Überbaus (§ 912 BGB),
   - Verzicht auf Beseitigung der nach § 907 BGB nicht hinzunehmenden
     gefährlichen Anlagen und
   - Verzicht auf Beseitigung nachbarrechtlich nicht hinzunehmender Grenzbäume.

c) der Ausschluss von Ausgleichsansprüchen, z. B.
   - Verzicht auf künftige Entschädigungsansprüche (§ 1004 BGB),
   - Verzicht auf Entschädigungsansprüche wegen Bergschäden
     gemäß § 112 BBergG (Bergschadensverzicht),
   - Verzicht auf Schadensersatz aus § 906 Abs. 2 Satz 2 BGB,
   - Verzicht auf Ansprüche aus § 14 BImSchG und
   - Verzicht auf gesetzliche Überbau- oder Notwegerente
     nach § 914 Abs. 2 Satz 2 sowie § 917 Abs. 2 BGB.

Bei der Wertermittlung von Grunddienstbarkeiten nach den Grundsätzen der WertV muss **334** zwischen dem aus der Grunddienstbarkeit resultierenden Vorteil für das herrschende Grundstück und dem Nachteil für das dienende Grundstück unterschieden werden. Vor- und Nachteile können um ein Vielfaches auseinanderfallen[141].

Grunddienstbarkeiten werden nach § 873 BGB **durch Rechtsgeschäft,** d. h. durch Eini- **335** gung und Eintragung im Grundbuch, in Ausnahmefällen durch Tabularersitzung nach § 900 Abs. 2 BGB oder durch hoheitlichen Akt, z. B. auf Grund des Energiewirtschaftsgesetzes **begründet.** Die Grunddienstbarkeit ist im Grundbuch in Abt. II des dienenden Grundstücks eingetragen. Sie ist als dingliches Recht Bestandteil des herrschenden Grundstücks.

Die Einigung muss sich auf das herrschende „Wirtschaftsgrundstück" erstrecken. Das obli- **336** gatorische Rechtsgeschäft, welches auch über eine mögliche Gegenleistung bestimmt, ist formfrei.

Die Bestandseigenschaften einer Grunddienstbarkeit (§ 96 BGB) schließt eine selbststän- **337** dige Übertragung aus. Die **Grunddienstbarkeit erlischt mit der Aufhebung** nach den §§ 875 f. BGB oder durch Staatsakt (§ 71 ZVG).

---

139   Palandt, BGB § 1018 Rn. 29
140   Jauering, BGB München, S. 1092
141   BGH, Beschl. vom 30. 1. 1957 – V ZR 263/56 –, EzGuG 14.5

Abb. 37: Grunddienstbarkeiten

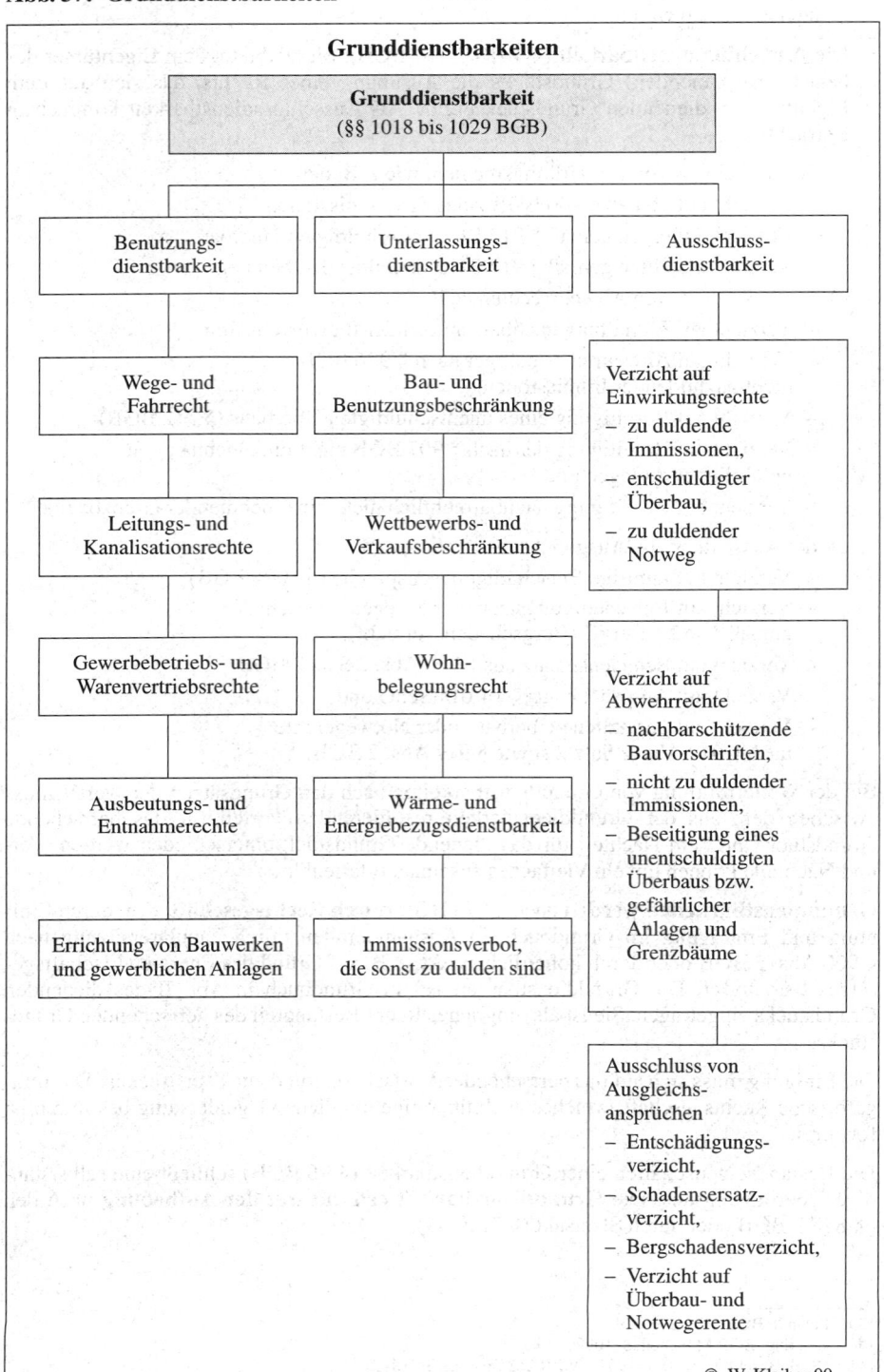

Grunddienstbarkeiten

Grunddienstbarkeit
(§§ 1018 bis 1029 BGB)

Benutzungs-dienstbarkeit

Unterlassungs-dienstbarkeit

Ausschluss-dienstbarkeit

Wege- und Fahrrecht

Bau- und Benutzungsbeschränkung

Verzicht auf Einwirkungsrechte
– zu duldende Immissionen,
– entschuldigter Überbau,
– zu duldender Notweg

Leitungs- und Kanalisationsrechte

Wettbewerbs- und Verkaufsbeschränkung

Gewerbebetriebs- und Warenvertriebsrechte

Wohn-belegungsrecht

Verzicht auf Abwehrrechte
– nachbarschützende Bauvorschriften,
– nicht zu duldender Immissionen,
– Beseitigung eines unentschuldigten Überbaus bzw. gefährlicher Anlagen und Grenzbäume

Ausbeutungs- und Entnahmerechte

Wärme- und Energiebezugsdienstbarkeit

Errichtung von Bauwerken und gewerblichen Anlagen

Immissionsverbot, die sonst zu dulden sind

Ausschluss von Ausgleichs-ansprüchen
– Entschädigungs-verzicht,
– Schadensersatz-verzicht,
– Bergschadensverzicht,
– Verzicht auf Überbau- und Notwegerente

© W. Kleiber 00

4.2.3   Beschränkt persönliche Dienstbarkeit

Die beschränkt persönliche Dienstbarkeit (§§ 1090 bis 1093 BGB) entspricht der Grund- **338** dienstbarkeit. Im Unterschied zur Grunddienstbarkeit ist jedoch eine bestimmte Person Berechtigter und nicht der jeweilige Eigentümer eines bestimmten Grundstücks. Die **beschränkt persönliche Dienstbarkeit berechtigt denjenigen, zu dessen Gunsten die Belastung erfolgt ist, das Grundstück zu nutzen** bzw. befugt ihn zu dem, was auch den Inhalt der Grunddienstbarkeit bilden kann. Im Gegensatz zum Nießbrauch darf dem Berechtigten allerdings kein umfassendes Nutzungsrecht an dem belasteten Grundstück eingeräumt werden.

Die häufigste Form der beschränkt persönlichen Dienstbarkeit bildet das **Wohnungsrecht.**   **339**

Bestellung und Löschung einer beschränkt persönlichen Dienstbarkeit erfolgen wie bei **340** der Grunddienstbarkeit. Sie ist nicht übertragbar, nicht vererblich und erlischt spätestens mit dem Tode des Berechtigten.

Berechtigter der beschränkt persönlichen Dienstbarkeit kann auch der Eigentümer (Mit- **341** eigentümer) des belasteten Grundstücks sein. Man spricht dann von einer **Eigentümerdienstbarkeit**[142].

Das BGB regelt die beschränkt persönliche Dienstbarkeit in den **§§ 1090 bis 1092 BGB:**   **342**

„**§ 1090 BGB Begriff:** (1) Ein Grundstück kann in der Weise belastet werden, dass derjenige, zu dessen Gunsten die Belastung erfolgt, berechtigt ist, das Grundstück in einzelnen Beziehungen zu benutzen, oder dass ihm eine sonstige Befugnis zusteht, die den Inhalt einer Grunddienstbarkeit bilden kann (beschränkt persönliche Dienstbarkeit).

(2) Die Vorschriften der §§ 1020 bis 1024, 1026 bis 1029, 1061 finden entsprechende Anwendung.

§ 1091 BGB Umfang: Der Umfang einer beschränkt persönlichen Dienstbarkeit bestimmt sich im Zweifel nach dem persönlichen Bedürfnis des Berechtigten.

§ 1092 BGB Übertragbarkeit; Überlassung und Ausübung: (1) Eine beschränkt persönliche Dienstbarkeit ist nicht übertragbar. Die Ausübung der Dienstbarkeit kann einem anderen nur überlassen werden, wenn die Überlassung gestattet ist.

(2) Steht eine beschränkt persönliche Dienstbarkeit oder der Anspruch auf Einräumung einer beschränkt persönlichen Dienstbarkeit einer juristischen Person zu, so gelten die Vorschriften der §§ 1059 a bis 1059 d entsprechend.“

Zu den beschränkt persönlichen Dienstbarkeiten gehören: **343**

– Wohnungsbesetzungsrechte,

– Benutzungsrechte und Unterlassungsansprüche,

– Wohnungsrechte (§ 1093 BGB), die als besondere Form der beschränkt persönlichen Dienstbarkeit das Recht verleihen, ein Gebäude oder einen Teil des Gebäudes unter Ausschluss des Eigentümers als Wohnung zu benutzen,

– Wettbewerbsbeschränkungen, sofern nicht als Grunddienstbarkeit begründet (Konkurrenzklauseln),

– Aussichtsrechte,

– Leitungsrechte, wenn sie z. B. für einen Versorgungs- oder Verkehrsträger in dieser Form begründet sind.

4.2.4   Nießbrauch

4.2.4.1   Allgemeines

Der Nießbrauch (§§ 1030 bis 1089 BGB) gewährt dem Nießbraucher das **nicht veräußer-**   **344** **liche und nicht vererbliche Recht, die Nutzung aus einer Sache** (§ 1030 BGB), **einem Recht** (§ 1068 BGB) **oder einem Vermögen** (§ 1085 BGB) – ganz oder teilweise – zu **ziehen.** Es ist das umfassendste Nutzungsrecht, das den Eigentümer von der Nutzung der

---

142   BGH, Urt. vom 11. 3. 1964 – V ZR 78/62 –, BGHZ 41, 209 = MDR 1964, 584 = NJW 1964, 1226 = DNotZ 1964, 493 = Rpfleger 1964, 310

Sache ausschließt, wobei aber Entgeltlichkeit vereinbart werden kann. Der Nießbrauch erlischt im Allgemeinen mit dem Tode des Berechtigten.

345 Der Nießbrauch unterscheidet sich vom Eigentum am Grundstück nur insoweit, dass es dem Nießbraucher kein Recht zur Einwirkung auf die Substanz des Grundstücks gibt (er darf z. B. nicht aus einem Ackergrundstück eine Kiesgrube machen). **Dem Nießbraucher stehen alle Einnahmen aus dem Grundstück zu; er hat dafür alle durch die ordnungs-gemäße Bewirtschaftung des Grundstücks entstehenden Kosten und Lasten zu tra-gen.** Der Nießbrauch wird häufig bei der Erbfolge eingeräumt.

346 Der Nießbrauch ist u. a. wie folgt im **BGB** geregelt:

„**§ 1030 BGB (Begriff):** (1) Eine Sache kann in der Weise belastet werden, dass derjenige, zu dessen Gunsten die Belastung erfolgt, berechtigt ist, die Nutzungen der Sache zu ziehen (Nießbrauch).

(2) Der Nießbrauch kann durch den Ausschluss einzelner Nutzungen beschränkt werden.

§ 1036 BGB (Besitzrecht; Ausübung des Nießbrauchs): (1) Der Nießbraucher ist zum Besitze der Sache berechtigt.

(2) Er hat bei der Ausübung des Nutzungsrechts die bisherige wirtschaftliche Bestimmung der Sache aufrechtzuer-halten und nach den Regeln einer ordnungsgemäßen Wirtschaft zu verfahren.

§ 1037 BGB (Umgestaltung): (1) Der Nießbraucher ist nicht berechtigt, die Sache umzugestalten oder wesentlich zu verändern.

(2) Der Nießbraucher eines Grundstücks darf neue Anlagen zur Gewinnung von Steinen, Kies, Sand, Lehm, Ton, Mergel, Torf und sonstigen Bodenbestandteilen errichten, sofern nicht die wirtschaftliche Bestimmung des Grund-stücks dadurch wesentlich verändert wird."

347 Die **Nutzung des Nießbrauchs umfasst** gemäß § 100 BGB **die Gebrauchsvorteile** und die „Früchte einer Sache" oder eines Rechts, insbesondere

– die Sachnutzung mit seinen Gebrauchsmöglichkeiten,

– die Gewinnung von Erzeugnissen der Sache (§ 99 Abs. 1 sowie § 100 BGB) und den Eigentumserwerb daran,

– die Erträge, die die Sache auf Grund des Rechtsverhältnisses erwirtschaftet.

Demzufolge gehören dem Nießbraucher eines Miet- und Pachtverhältnisses die Miet-. und Pachtzinseinnahmen auch wenn das Grundstück vor der Bestellung des Nießbrauchs bereits vermietet war. Der Nießbraucher ist nach Entstehung des Rechts auch berechtigt, einen Miet- und Pachtvertrag selbst abzuschließen. Im Übrigen stellen Miete und Pacht keine Überlassung der Ausübung nach § 1059 Abs. 2 BGB dar.

348 **Nießbraucher sind im Baurecht als Nachbarn den Grundstückseigentümern gleich-gestellt**[143].

349 Die **Bestellung eines Nießbrauchs** erfolgt wie bei anderen dinglichen Grundstücksbelas-tungen durch Einigung und Eintragung in das Grundbuch nach § 873 BGB. Dabei wird gemäß den §§ 926 und 1031 BGB vermutet, dass sich der Nießbrauch auch auf das Grund-stückszubehör erstreckt. Der Nießbrauch an beweglichen Sachen wird gemäß § 1032 Abs. 1 BGB durch Einigung und Übergabe begründet. An Rechten an Grundstücken wird der Nießbrauch nach § 1069 Abs. 1 BGB durch Übertragung des Rechts begründet. An beweglichen Sachen kann der Nießbrauch im Übrigen unter den Voraussetzungen des § 1033 BGB durch Ersitzung begründet werden.

350 Der Nießbrauch ist, wie bereits dargelegt, nicht übertragbar. Dies gilt jedoch nicht für juri-stische Personen. Für die **Übertragbarkeit** bei juristischen Personen gelten die §§ 1059 a ff. BGB. Der Nießbrauch endet

– mit dem Tod des Nießbrauchers und

– bei juristischen Personen mit dem Erlöschen (§ 1061 BGB).

351 Wenngleich das Nießbrauchsrecht bei juristischen Personen nicht übertragbar ist, kann die Ausübung einem anderen übertragen werden (Vermietung und Verpachtung). Die **Überlas-sung der Ausübung des Nießbrauchs** kann jedoch vertraglich ausgeschlossen werden, wobei dies durch Eintragung in das Grundbuch auch dinglich gesichert werden kann.

Dem Nießbraucher obliegt grundsätzlich die ordnungsgemäße Bewirtschaftung, d. h. die Instandhaltung auf eigene Kosten. Öffentliche und privatrechtliche Lasten (Grundsteuer, Gebäudeversicherung usw.) sind von ihm nach § 1036 BGB zu tragen, soweit vertraglich nicht anderes vereinbart worden ist. Dies gilt auch dann, wenn ein unentgeltlicher Nießbrauch an einem Grundstück eingetragen ist[144]. 352

Man kennt folgende **Ausgestaltungen des Nießbrauchs**[145]: 353

– **Quotennießbrauch:** Dem Nießbraucher steht dabei ein bestimmter Anteil (Quote) an den Einkünften des Grundstücks zu.
– **Bruchteilsnießbrauch:** Der Nießbrauch ist dabei lediglich an einem Bruchteil des Grundstücks bestellt.
– **Sicherungsnießbrauch:** Die Vereinbarung des dinglichen Nutzungsrechts dient dabei der dinglichen Absicherung der dem Berechtigten versprochenen Leistung, ohne dass der Berechtigte Art und Umfang beeinflussen kann.
– **Zuwendungsnießbrauch:** Ein Zuwendungsnießbrauch liegt vor, wenn der Nießbrauch vom Grundstückseigentümer dem Berechtigten (Nießbraucher) bestellt (zugewendet) wird. Dabei wird unterschieden zwischen
 • einem entgeltlichen Zuwendungsnießbrauch,
 • einem teilweise entgeltlichen Zuwendungsnießbrauch und
 • einem unentgeltlich bestellten Nießbrauch.
– **Vermächtnisnießbrauch:** Ein Vermächtnisnießbrauch liegt vor, wenn auf Grund einer letztwilligen Verfügung des Grundstückseigentümers durch dessen Erben einem Dritten der Nießbrauch an einem Grundstück eingeräumt wird.
– **Vorbehaltsnießbrauch:** Ein Vorbehaltsnießbrauch liegt vor, wenn bei der Übertragung eines Grundstücks gleichzeitig ein Nießbrauchsrecht für den bisherigen Eigentümer an dem übertragenen Grundstück bestellt wird[146].

Für die Wertermittlung[147] eines mit einem Nießbrauch belasteten Grundstücks sind der Geldwert der zustehenden Nutzung und das **Alter des Nießbrauchers von entscheidender Bedeutung.** Auch hier besteht wie beim Wohn- und Altenteilsrecht die Unsicherheit der Laufzeit des Rechts. Verkäufe derartig belasteter Grundstücke sind deshalb äußerst selten, zumal der Käufer aus dem Grundstück keine Erträge ziehen kann, solange der Nießbraucher lebt. Abschläge vom rein rechnerisch ermittelten Wert bis zu 50 v. H. sind deshalb keine Seltenheit. 354

4.2.4.2 Verkehrswertermittlung

Für die Wertermittlung ist die Frage der Lastentragung nach § 1047 BGB von Bedeutung. **Dem Nießbraucher stehen grundsätzlich alle Einnahmen aus dem Grundstück zu;** er ist aber gegenüber dem Eigentümer verpflichtet, alle durch die ordnungsgemäße Bewirtschaftung des Grundstücks entstehenden Kosten und öffentlichen und privatrechtlichen Lasten zu tragen (also auch Zinsen der Hypothekenforderungen und Grundschulden sowie 355

143 BayVGH, Urt. vom 25. 4. 1969 – 28 I 69 –, BRS Bd. 22 Nr. 170
144 BGH, Urt. vom 21. 12. 1973 – V ZR 157/72 –, EzGuG 14.48 c
145 Zur einkommensteuerrechtlichen Behandlung vgl. Schreiben des BMF vom 24.7.1998 (BStBl. I 1998, 914)
146 BFH, Urt. vom 15.5.1990 – IX R 21/86 –, BStBl. II 1992, 67 = NJW 1991, 591
147 Zur Wertermittlung vgl. BGH, Urt. vom 13. 6. 1958 – V ZR 268/56 –, EzGuG 14.8; BGH, Urt. vom 5. 2. 1971 – V ZR 91/68 –, EzGuG 14.43; BGH, Urt. vom 24. 11. 1975 – III ZR 113/73 –, EzGuG 14.51; BFH, Urt. vom 18. 10. 1990 – IV R 36/90 –, EzGuG 14.94 = GuG 1991, 153; BFH, Urt. vom 11. 8. 1976 – II R 144/76 –, EzGuG 14.55 b; BFH, Urt. vom 20. 1. 1978 – III R 120/75 –, EzGuG 14.58 b; BFH, Urt. vom 21. 11. 1969 – III R 14/66 –, EzGuG 14.38 b; BFH, Urt. vom 29. 7. 1960 – III 206/57 –, EzGuG 14.13; RFH, Urt. vom 5. 5. 1931; OLG Frankfurt am Main, Urt. vom 6. 5. 1986 – 8 U 164/85 –, EzGuG 14.79; OLG Schleswig, Beschl. vom 13. 12. 1956 – 2 W 147/56 –, EzGuG 14.4 b; Nüse in NÖV 1986, 15

auf Grund einer Rentenschuld zu entrichtenden Leistungen), soweit sie zur Zeit der Bestellung des Nießbrauchsrechts auf dem Grundstück ruhten. Hat der Nießbraucher beispielsweise derartige Zahlungen zu leisten, mindern sie den Rohertrag. Trägt abweichend davon der Nießbrauchsverpflichtete derartige Kosten, erhöht sich der Wert für den Nießbraucher nicht. Für ihn besteht die gleiche Situation, als wenn Abt. III des Grundbuchs nicht belastet ist.

356   Für Wertermittlungen eines mit einem Nießbrauch belasteten Grundstücks sind der **jährliche Geldwert der zustehenden Nutzung und das Alter des Nießbrauchers und der angenommene Liegenschaftszinssatz von entscheidender Bedeutung.** Auch hier besteht wie bei den beschränkt persönlichen Dienstbarkeiten (z. B. Wohn- und Altenteilsrecht) die Unsicherheit hinsichtlich der Laufzeit des Rechts. Verkäufe derartig belasteter Grundstücke sind deshalb äußerst selten, zumal der Käufer aus dem Grundstück keine Erträge ziehen kann, solange der Nießbraucher lebt. Abschläge vom rein rechnerisch ermittelten Wert bis zu 50 v. H. sind deshalb keine Seltenheit.

357   Die **ausschlaggebenden Wertparameter** bei der Verkehrswertermittlung von Nießbrauchsrechten sind also

– der Jahresertrag des Rechts,

– die Lebenserwartung des Berechtigten und

– der angesetzte Liegenschaftszinssatz

Reinertrag p. a.	Zinssatz %	Lebenserwartung des Berechtigten	Barwert des Rechts	Differenz in %
50 000 €	5,0	30 Jahre	768 500 €	+/– 0
50 000 €	5,0	35 Jahre	818 500 €	+ 6,5
50 000 €	5,0	25 Jahre	704 500 €	– 8,4
55 000 €	5,0	30 Jahre	845 350 €	+ 10
45 000 €	5,0	30 Jahre	691 000 €	– 10
50 000 €	3,5	30 Jahre	919 000 €	+ 19
50 000 €	6,5	30 Jahre	653 000 €	– 15

358   Schon bei **geringen Änderungen der Ausgangsgrößen** ergeben sich merklich voneinander abweichende Barwerte. Bei ungünstigen Konstellationen (Lebenserwartung 35 Jahre, Reinertrag 55 000 €, Zinssatz 3,5 %) ergibt sich bereits eine Differenz von rd. 43,1 % von der Ausgangsrechnung der Zeile 1 des Beispiels. Die Erhöhung des Jahreswerts des Rechts als auch die Erhöhung der Lebenserwartung wirkt sich werterhöhend auf das Nießbrauchsrecht aus und umgekehrt wertmindernd auf den Wert des mit dem Nießbrauch belasteten Grundstücks. Insoweit ist zu beachten, dass die vorstehenden drei Parameter bei der Wertermittlung plausibel und nachvollziehbar angesetzt werden.

359   Der Ansatz des jährlichen Reinertrags ist wenig problematisch. Liegen bei einem Mietwohngrundstück die Mieten und die Bewirtschaftungskosten im üblichen Bereich, können sie ohne weiteres angesetzt werden. Generell ist hierbei genauso zu verfahren, wie bei der Ertragswertermittlung nicht belasteter Grundstücke. Bei einem Nießbrauch an einem Einfamilienhausgrundstück stellt sich die Frage, ob zur Ermittlung des Werts des Rechts von der nachhaltig erzielbaren Miete oder von der Kostenmiete auszugehen ist. Da der Nießbraucher nicht Eigentümer des Grundstücks ist, kann er es lediglich nutzen und unter Beachtung der ordnungsgemäßen Bewirtschaftung die Erträge ziehen. Er könnte das Einfamilienhaus auch vermieten. Insoweit ist **bei der Wertermittlung des Nießbrauchsrechts an einem Einfamilienhausgrundstück lediglich von der nachhaltig erzielbaren Miete auszugehen.** Bei der Wertermittlung des belasteten Grundstücks ist jedoch so wie bei der Wertermittlung eines mit einem Wohnungsrecht belasteten Einfamilienhausgrundstück zu verfahren.

Ein weiteres Problem liegt in der **Wahl des zutreffenden Zinssatzes**[148] zur Kapitalisierung **360**
des Jahreswerts des Rechts. In der Praxis bestehen unterschiedliche Auffassungen darüber,
ob bei der Kapitalisierung der aus Rechten und Belastungen resultierenden jährlichen Vor-
und Nachteile generell der entsprechend der Nutzung des Objekts maßgebende Liegenschaftszinssatz anzuwenden ist, oder ob ein anderer Zinssatz (Kapitalmarktzinssatz, Zinssatz für festverzinsliche Wertpapiere usw.) sachgerechter ist.

Ebenfalls in der Diskussion steht der Ansatz der zutreffenden **Lebenserwartung des** **361**
Nießbrauchers. Üblicherweise wird zu dieser Einschätzung die jeweils aktuelle allgemeine oder abgekürzte Sterbetafel des Statischen Bundesamtes herangezogen. Diese Sterbetafeln stellen lediglich eine „Absterbeordnung" dar, bei der nicht berücksichtigt wird,
dass der Berechtigte seine durchschnittliche Lebenserwartung überlebt, also länger lebt, als
in der Sterbetafel vorgesehen. In der Versicherungswirtschaft werden bei Lebensversicherungen, Anwartschaftsfaktoren verwendet, die diese Überlebenswahrscheinlichkeit mit
berücksichtigen[149]. Gegen ihre Anwendung bei der Verkehrswertermittlung bestehen
jedoch Bedenken (vgl. Rn. 440 ff.).

Eine weitere Schwierigkeit besteht in der Beachtung des **Stichtagsprinzips.** Der Sachver- **362**
ständige darf bei Wertermittlungen auf zeitlich zurückliegende Stichtage nur das verwenden, was am Stichtag bekannt war. Ist der Wert des Nießbrauchsrechts beispielsweise auf
den 1. 1. 1971 zu ermitteln, wäre zur Einschätzung der Lebenserwartung des Berechtigten
die Sterbetafel 1968/70 heranzuziehen.

Beispiel: **363**

Nießbrauch an einem Einfamilienhaus

Nießbrauch zugunsten einer 55 Jahre alten männlichen Person an einem Einfamilienhausgrundstück. Der Berechtigte
trägt die Bewirtschaftungskosten. Durchschnittliche Lebenserwartung 1998 nach der abgekürzten Sterbetafel
1992/94 bei einem Alter von 55 Jahren rd. 22 Jahre. Hypotheken-, Grund- oder Rentenschulden im Zeitpunkt der
Bestellung des Nießbrauchs liegen nicht vor. Die Restnutzungsdauer des Gebäudes 1998 40 Jahre, Alter 40 Jahre.
Angemessener Liegenschaftszinssatz 4 %.

Bodenwert		50 000 €
Gebäudeherstellungswert	175 000 €	
Alterswertminderung bei		
einem Alter von 40 Jahren		
und einer Restnutzungsdauer		
von 40 Jahren: 37,5 v. H.	− 62 625 €	
Gebäudesachwert		109 375 €
Verkehrswert (= Grundstückssachwert)		159 375 €
		rd. 160 000 €

Wert des Nießbrauchs

Jährlicher Nutzwert Anteil des	
Bodens: 4 % von 50 000 €	2 000 €
Anteil des Gebäudes: Vervielfältiger	
Bei 40 Jahren und 4 %: 19,79	
109 375 € : 19,79	5 500 €
Nettonutzwert	7 500 €

Vervielfältiger bei 29 Jahren und	
4 % Liegenschaftszinssatz: 14,45	
Wert des Nießbrauchsrechts	
7 500 € × 14,45	108 375 €
	rd. 110 000 €

---

148 Petersen in GuG 1997, 91; auch diesbezüglich wird vom Deutschen Städtetag allerdings keine Notwendigkeit
    zur Änderung des Verfahrens gesehen
149 DAV Sterbetafel 1994 R für Rentenversicherungen (Quelle DAV Sterbetafel 1994 R, Blätter der Deutschen
    Gesellschaft für Versicherungsmathematik (DGVM) 1995, 29; vgl. Anh. 3.6.2

Verkehrswert des belasteten Grundstücks

Verkehrswert des unbelasteten Grundstücks	160 000 €
Wert des Nießbrauchsrechts	– 110 000 €
	50 000 €
Abschlag wegen Unsicherheit der statistischen Annahme 10 v. H.	– 5 000 €
Verkehrswert des belasteten Grundstücks	**45 000 €**

364   *Beispiel:*

Nießbrauch an einem Mietwohnobjekt

Nießbrauch zugunsten einer 55 Jahre alten männlichen Person an einem Mietwohngrundstück. Der Berechtigte trägt die Bewirtschaftungskosten. Durchschnittliche Lebenserwartung 1998 nach der abgekürzten Sterbetafel 1992/94 bei einem Alter von 55 Jahren rd. 22 Jahre. Hypotheken-, Grund- oder Rentenschulden im Zeitpunkt der Bestellung des Nießbrauchs liegen nicht vor. Die Restnutzungsdauer des Gebäudes 1998 40 Jahre, Alter 40 Jahre, angemessener Liegenschaftszinssatz 5 %.

Bodenwert		50 000 €
Gebäudeertragswert:		
Jahresnettokaltmiete/Grundmiete	20 000 €	
Bewirtschaftungskosten	– 5 600 €	
Grundstücksreinertrag	14 400 €	
Bodenertragsanteil		
5 v. H. von 50 000 €	– 2 500 €	
Gebäudeertragsanteil	11 900 €	
Vervielfältiger bei 40 Jahren und		
5 v. H. Liegenschaftszinssatz: 17,16		
Gebäudeertragswert		
11 900 € × 17,16		204 204 €
Verkehrswert (Ertragswert) des unbelasteten Grundstücks		254 204 €
		rd. 255 000 €

Wert des Nießbrauchs

Grundstücksreinertrag	14 400 €	
Vervielfältiger bei 5 v. H. und		
22 Jahren Lebenserwartung des		
Berechtigten: 13,16		
Wert des Nießbrauchs für den		
Berechtigten		
14 400 € × 13,16		189 504 €
		rd. 190 000 €

Verkehrswert des belasteten Grundstücks

Verkehrswert des unbelasteten Grundstücks	255 000 €
Wert des Nießbrauchsrechts	– 190 000 €
	65 000 €
Abschlag wegen der Unsicherheit der statistischen Annahme	– 6 500 €
Verkehrswert des belasteten Grundstücks	**58 500 €**

365   *Beispiel:*

Nießbrauch (Anl. 19 WertR zu 5.3.3.7)

Wert des Nießbrauchs an einem Grundstück und Einfluss dieses Rechts auf den Grundstückswert

Ausgangsdaten

Nießbrauch zugunsten einer 55 Jahre alten männlichen Person an einem

9.1 Mietwohngrundstück	**9.2 Einfamilienhausgrundstück**

Der Berechtigte trägt die Bewirtschaftungskosten.

Durchschnittliche Lebenserwartung 1975 gem. Anlage 22: 19,0 Jahre

Hypotheken, Grund- oder Rentenschulden im Zeitpunkt der Bestellung des Nießbrauches: keine

Restnutzungsdauer der Gebäude 1975 (Baujahr 1935): 60 Jahre

Angemessener Zins (gem. 3.5.5 Teil I): für Mietwohngrundstück 5 v. H.

für Einfamilienhausgrundstück 4 v. H.

Verkehrswert des unbelasteten Grundstücks

9.1.1		DM	9.2.1		DM
Bodenwert		30 000	Bodenwert		30 000
Gebäudewert			Gebäudewert		
(Ertragswertverfahren)			(Sachwertverfahren)		
Jahresmiete 1975	12 000		Herstellungswert 1975	133 000	
Bewirtschaftungskosten	− 4 000		technische und wirtschaftliche		
Reinertrag	= 8 000		Wertminderung		
Reinertragsanteil			bei 40 Jahre Alter und 100 J.		
d. Bodens			Gesamtnutzungsdauer		
5 v. H. v. 30 000 DM	− 1 500		28,0 + 12,0 = 40 v. H.	− 53 000	
Reinertragsanteil			Gebäudewert	= 80 000	
des Gebäudes	= 6 500				
Vervielfältiger					
bei 60 Jahre u. 5 v. H.: 18,93					
Gebäudewert					
6 500 DM × 18,93		123 050	Gebäudewert		80 000
Verkehrswert des unbelasteten			Verkehrswert des unbelasteten		
Grundstücks		= **153 050**	Grundstücks		= **110 000**

Wert des Nießbrauchs

9.1.2			9.2.2		
Reinertrag (wie 9.1.1)	8 000		Jährlicher Nutzungswert		
Vervielfältiger bei			Anteil des Bodens:		
19,0 Jahre Lebenserwartung des			4 v. H. von 30 000 DM	1 200	
Berechtigten und 5 v. H. 12,09			Anteil des Gebäudes:		
Wert des Nießbrauchs:			Vervielfältiger		
8 000 DM × 12,09 =		**96 720**	bei 60 Jahre und 4 v. H. 22,62		
			80 000 : 22,62	3 537	
			Netto-Nutzungswert	4 737	
			Vervielfältiger bei 19,0 Jahren		
			Lebenserwartung des		
			Berechtigten und		
			4 v. H. 13,13		
			Wert des Nießbrauchs:		
			4 737 DM × 13,13		**62 200**

Verkehrswert des belasteten Grundstücks

9.1.3			9.2.3		
Verkehrswert des unbelasteten			Verkehrswert des unbelasteten		
Grundstücks (wie 9.1.1)		153 050	Grundstücks (wie 9.2.1)		110 000
Wert des Nießbrauchs (wie 9.1.2)		− 96 720	Wert des Nießbrauchs (wie 9.1.2)		− 62 200
Verkehrswert des belasteten			Verkehrswert des belasteten		
Grundstücks		= **56 330**	Grundstücks		= **47 800**

4.2.4.3   Steuerliche Behandlung

Die **steuerliche Bewertung von Renten-, Nießbrauchs- und Nutzungsrechten nach**   **366** den **Vermögensteuer-Richtlinien**[150]:

Vermögensteuer-Richtlinien 95 (Auszug) – BStBl. I 1995 Sondernr. 2 –

20. Bewertung von Renten-, Nießbrauchs- und Nutzungsrechten; Allgemeines

(1) Der Kapitalwert von Renten oder anderen wiederkehrenden Nutzungen und Leistungen richtet sich nach der am Bewertungsstichtag noch laufenden Bezugsberechtigung (BFH, Urt. vom 31. 10. 1969 – III R 45/66 –, BStBl. 1970 II 1970, 196). Bei der Ermittlung des Kapitalwerts können später eintretende Umstände nur dann berücksichtigt wer-den, wenn sie am Bewertungsstichtag bereits voraussehbar waren (BFH, Urt. vom 9. 10. 1960 – III 277/57 U –, BStBl. III 1961, 18).

---

150   BFH, Urt. vom 21. 11. 1969 – III R 14,15/66 –, EzGuG 14.38 d

(2) Bei Nutzungen oder Leistungen, deren Jahreswert ungewiß ist oder schwankt, ist nach § 15 Abs. 3 BewG als Jahreswert der Betrag anzusetzen, der im Durchschnitt der Jahre voraussichtlich erzielt wird. Bei der Schätzung des Durchschnittswerts können ausnahmsweise Ereignisse berücksichtigt werden, die in nicht allzu langer Zeit nach dem Stichtag eingetreten sind.

(3) Der Kapitalwert einer wiederkehrenden, zeitlich begrenzten Nutzung oder Leistung wird nach Anl. 9 a zum BewG als Mittelwert zwischen dem Kapitalwert für jährlich vorschüssige und jährlich nachschüssige Zahlungsweise errechnet. Der Vervielfältiger in Anl. 9 a zum BewG ist deshalb unabhängig davon anzusetzen, ob die Zahlungen vorschüssig oder nachschüssig, jährlich oder unterjährig entrichtet werden."

Beispiel:

Der Empfänger einer Zeitrente kann am Bewertungsstichtag Zahlungen von jährlich 6 000 DM über einen Zeitraum von 10 Jahren beanspruchen. Unabhängig davon, ob die Zahlungen in vorschüssiger oder nachschüssiger Zahlungsweise, jährlich, halbjährlich, vierteljährlich oder monatlich geleistet werden, ist der Kapitalwert wie folgt zu berechnen:

6 000 DM × 7,745 = 46 470 DM.

Beträgt am Bewertungsstichtag die Restlaufzeit der Rente nicht volle Jahre, ist zwischen dem Vervielfältiger für die vollen Jahre der Restlaufzeit und dem nächsthöheren Vervielfältiger für volle Jahre linear zu interpolieren.

(4) Der Kapitalwert einer lebenslänglichen Nutzung oder Leistung (Leibrente) wird nach Anl. 9 a zu § 14 Abs. 1 BewG errechnet.

(5) Bei sog. Höchstzeitrenten (abgekürzten Leibrenten) ist der nach § 13 Abs. 1 BewG ermittelte Kapitalwert durch den Kapitalwert nach § 14 BewG begrenzt, wenn neben der zeitlichen Begrenzung eine zusätzliche Begrenzung durch das Leben einer oder mehrerer Personen steht (§ 13 Abs. 1 Satz 2 BewG). Diese Begrenzung gilt nicht bei einer auf die Lebenszeit des Berechtigten abgeschlossenen Rente mit garantierter Mindestlaufzeit, während der die Rentenleistungen nicht durch den vorzeitigen Tod des Berechtigten enden (verlängerte Leibrenten). In diesem Fall ist nach einem Vergleich der Vervielfältiger nach Anlage 9 a und Anlage 9 zum BewG der jeweils höhere Vervielfältiger anzuwenden.

(6) Stehen einem Ehepaar zu Lebzeiten beider Ehegatten Ansprüche auf Renten oder andere wiederkehrende Nutzungen und Leistungen zu und vermindern sich diese nach dem Tod des Erstversterbenden, sind die Ansprüche mit den Vervielfältigern nach Anl. 9 zum BewG zu bewerten. Solange beide Ehegatten leben, ist davon auszugehen, dass jedem Ehegatten die Hälfte der gemeinsamen Rente zusteht, es sei denn, aus der Entstehung des Rentenanspruchs ergibt sich ein anderer Aufteilungsmaßstab. Auf diese Jahreswerte ist der niedrigere der beiden Vervielfältiger für die Ehegatten anzuwenden. Die dem überlebenden Ehegatten allein zustehende geminderte Rente ist mit der Differenz der Vervielfältiger anzusetzen."

Beispiel:

Alter	*58 Jahre*
des Ehemannes	*(Vervielfältiger 10,987)*
Alter der Ehefrau	*50 Jahre*
	(Vervielfältiger 14,316)
Jahreswert der Rente zu Lebzeiten	
beider Ehegatten	*20 000 DM*
Rente nach dem Tod des Erstversterbenden	*15 000 DM*

Es ist zu rechnen:

a) Rentenanspruch des Ehemannes	
10 000 DM × 10,987 =	*109 870 DM*
b) Rentenanspruch der Ehefrau	
10 000 DM × 10,987 =	*109 870 DM*
15 000 DM × (14,316 – 10,987 =) 3,329 =	*49 935 DM*
insgesamt	***159 805 DM***

(7) Bezieht eine Person eine Rente auf Lebenszeit und ist festgelegt, dass der Ehegatte nur im Fall des Längerlebens eine Rente erhält, ist diese weitere Rente aufschiebend bedingt und nach § 4 BewG nicht zu berücksichtigen (BFH, Urt. vom 31. 1. 1964 – III 169/61 U –, BStBl. III 1964, 179).

Beispiel:

Alter des Ehemannes wie in Absatz 6	
Rente des Ehemannes	*20 000 DM*
Rente der Ehefrau für die Zeit nach dem Tod des Ehemannes	*15 000 DM*

Es ist zu rechnen:

20 000 DM × 10,987 =	*219 740 DM*

Die Rente der Ehefrau bleibt außer Betracht.

Wegen der Bewertung dieser Renten bei nichtbilanzierenden Gewerbetreibenden und freiberuflich Tätigen vgl. Abschn. 54 Abs. 4.

(8) Eine Rente, die einer verwitweten Person auf Lebenszeit, längstens aber bis zur Wiederverheiratung zusteht, ist mit dem nach § 14 Abs. 1 BewG errechneten Kapitalwert anzusetzen. (BFH, Urt. vom 15. 10. 1965 – III 152/62 U –, BStBl. III 1966, 2). Ebenso ist bei Renten zu verfahren, die von unbestimmter Dauer, gleichzeitig aber auch von der Lebenszeit einer Person abhängig sind (BFH, Urt. vom 28. 11. 1969 – III R 61/66 – BStBl. II 1970, 171).

(9) Immer während Nutzungen und Leistungen sind mit dem 18,6fachen des Jahreswerts zu bewerten. Als immer während gelten Nutzungen und Leistungen, wenn ihr Ende von Ereignissen abhängt, von denen ungewiß ist, ob und wann sie in absehbarer Zeit eintreten (BFH, Urt. vom 11. 12. 1970 – III R 1/69 –, BStBl. II 1971, 386).

(10) Der gemeine Wert eines Rechts auf Renten oder andere wiederkehrende Nutzungen und Leistungen ist nur dann nachweislich geringer oder höher als der Kapitalwert (§ 13 Abs. 3 und § 14 Abs. 4 BewG), wenn die Abweichung vom Kapitalwert bei dem im Einzelfall festgestellten Sachverhalt auf Grund von Erfahrungssätzen oder nach den Denkgesetzen zwingend ist (BFH, Urt. vom 24. 4. 1970 – III R 54/67 –, BStBl. II 1970, 715). Der Ansatz eines geringeren oder höheren Werts kann nicht darauf gestützt werden, dass mit einem anderen Zinssatz als 5,5 v. H., mit einer anderen als der mittelschüssigen Zahlungsweise oder – bei lebenslänglichen Nutzungen und Leistungen – mit einer kürzeren oder längeren Lebensdauer zu rechnen ist.

(11) Wegen der Berechnung des Kapitalwerts von wiederkehrenden Nutzungen und Leistungen vgl. gleichlautende Erlasse der obersten Finanzbehörden der Länder vom 12. 10. 1994 (BStBl. I 1994, 775).

21. Bewertung von Nießbrauchs- und Nutzungsrechten

(1) Nießbrauchs- und Nutzungsrechte sind mit dem nach den §§ 13 ff. BewG ermittelten Kapitalwert anzusetzen. Bei der Ermittlung des Kapitalwerts darf der Jahreswert der Nutzungen nach § 16 BewG höchstens mit dem Wert angesetzt werden, der sich ergibt, wenn der für das genutzte Wirtschaftsgut nach den Vorschriften des Bewertungsgesetzes anzusetzende Wert durch 18,6 geteilt wird. Bei Grundstücken und den wie Grundvermögen bewerteten Betriebsgrundstücken (§ 99 Abs. 1 Nr. 1 BewG) ist Ausgangswert der nach § 121 a bzw. § 133 BewG erhöhte Einheitswert, und zwar vor Abzug von Schulden und Lasten (BFH, Urt. vom 23. 7. 1980 – II R 62/77 –, BStBl. II 1980, 748).

(2) Beim Nießbrauch an einer Vermögensmasse ist der Ertrag des gesamten Vermögens maßgebend. Von den Einnahmen der ertragbringenden Wirtschaftsgüter sind die Aufwendungen für ertraglose Wirtschaftsgüter abzuziehen (BFH, Urt. vom 21. 11. 1969 – III R 14, 15/66 –, BStBl. II 1970, 368). Ist die Nutzung auf einen Teil der Gesamtnutzung beschränkt, ist der Höchstbetrag des Jahreswerts nur zu einem entsprechenden Teil anzusetzen. Ist dagegen das Nutzungsrecht auf einen abgrenzbaren Teil des Wirtschaftsguts beschränkt, ist bei der Ermittlung des Höchstbetrags darauf abzustellen, welcher Anteil des Steuerwerts des ganzen Wirtschaftsguts auf den Teil entfällt, auf den sich das Nutzungsrecht bezieht. Bei Wirtschaftsgütern, für die ein Einheitswert festgestellt worden ist, ist dieser Anteil nach den Merkmalen zu bestimmen, die für die Feststellung des Einheitswerts maßgebend sind, z. B. nach dem Verhältnis der Jahresrohmieten. Für obligatorische Nutzungsrechte gilt das nur dann, wenn der Anspruch auf die Nutzung des Wirtschaftsguts beschränkt ist, wenn es sich also um eine sachbezogene Nutzung des Wirtschaftsguts selbst handelt und darüber hinausgehende Ansprüche gegen den Nutzungsverpflichteten ausgeschlossen sind (BFH, Urt. vom 24. 4. 1970 – III R 36/67 –, BFHE 99, 208 = BStBl. II 1970, 591).

(3) Nutzungen und Leistungen, die nicht in Geld bestehen, z. B. Wohnung, Kost, Waren und sonstige Sachbezüge, sind nach § 15 Abs. 2 BewG mit den üblichen Mittelpreisen des Verbrauchsorts anzusetzen. Dabei kann z. B. von den Sätzen ausgegangen werden, die am Bewertungsstichtag beim Steuerabzug vom Arbeitslohn und bei der Sozialversicherung für Deputate in der Land- und Forstwirtschaft gelten. Bei nichtbuchführenden Land- und Forstwirten können Pauschsätze für Altenteilsleistungen, die von den Finanzbehörden aufgestellt worden sind, übernommen werden. Vertraglich vereinbarte Barbezüge oder sonstige Sachleistungen sind nur zu berücksichtigen, wenn sie in den Pauschsätzen nicht mit abgegolten sind und wenn nachgewiesen wird, dass sie tatsächlich geleistet werden.

(4) Eine lebenslängliche Rente, die bei einer Grundstücksveräußerung als Gegenleistung ausbedungen wird, stellt kein Nutzungsrecht am Grundstück dar. Die Rente ist ohne Anwendung des § 16 BewG zu bewerten (BFH, Urt. vom 2. 12. 1971 – II 62/65 –, BStBl. II 1972, 473). Das gilt auch bei der Ermittlung des Kapitalwerts eines Erbbauzinsanspruchs, weil die Erbbauzinsen keine Nutzungen des Grundstücks darstellen (BFH, Urt. vom 26. 11. 1986 – II R 32/83 –, BStBl. II 1987, 101 = DB 1987, 618).

(5) Bei der Bewertung von wiederkehrenden Nutzungen und Leistungen beim Verpflichteten ist entsprechend zu verfahren. Das gilt auch für die Begrenzung des Jahreswerts der Nutzungslast nach § 16 BewG.

Zur steuerlichen Behandlung des Nießbrauchs und anderen Nutzungsrechten bei Einkünften aus Vermietung und Verpachtung vgl. im Übrigen das Schreiben des BMF vom 24. 7. 1998 – IV B 3 S 2253-59 – BStBl. 1998, 914[151].

      367

---

[151] NZM 1998, 751; hierzu Eisult in NZM 1998, 802

4.2.5   Annex: Miet- und Pachtrecht

368   Auch das Mietrecht wird als ein zumindest „stark" den beschränkten dinglichen Nutzungsrechten angenähertes Recht angesehen[152]. Miet- und Pachtrechte beeinflussen den Verkehrswert eines Grundstücks solange nicht, wie ortsübliche Mieten und Pachten erzielt werden. Nur wenn **Mieten und Pachten auf Grund rechtlicher Bindungen nachhaltig von
den ortsüblich erzielbaren Mieten und Pachten abweichen,** können sie sich wertmindernd bzw. werterhöhend auswirken. Bei Anwendung des Ertragswertverfahrens sind woh-
nungs- und mietrechtliche Bindungen nach § 19 WertV zu erfassen, soweit sie nicht bereits
nach den §§ 16 bis 18 WertV erfasst wurden.

369   Im Einzelfall ist zu prüfen, ob sich ein Miet- und Pachtverhältnis durch Gewährung einer
Abstandszahlung auflösen lässt. Die Höhe der Abstandzahlung ergibt dann zugleich die
aus dem Miet- und Pachtverhältnis resultierende Wertminderung.

4.2.6   Wegerecht

4.2.6.1   Allgemeines

▶ *Zum Notwegerecht vgl. Rn. 295 ff.*

370   Wegerechte können entweder als öffentlich-rechtliche Beschränkungen (tatsächlich öffentliche Wege[153], rechtlich öffentliche Wege[154]) oder als privatrechtliche Beschränkungen auftreten (vgl. Abb. 38):

Abb. 38: Wege-, Fahr- und Straßenrechte

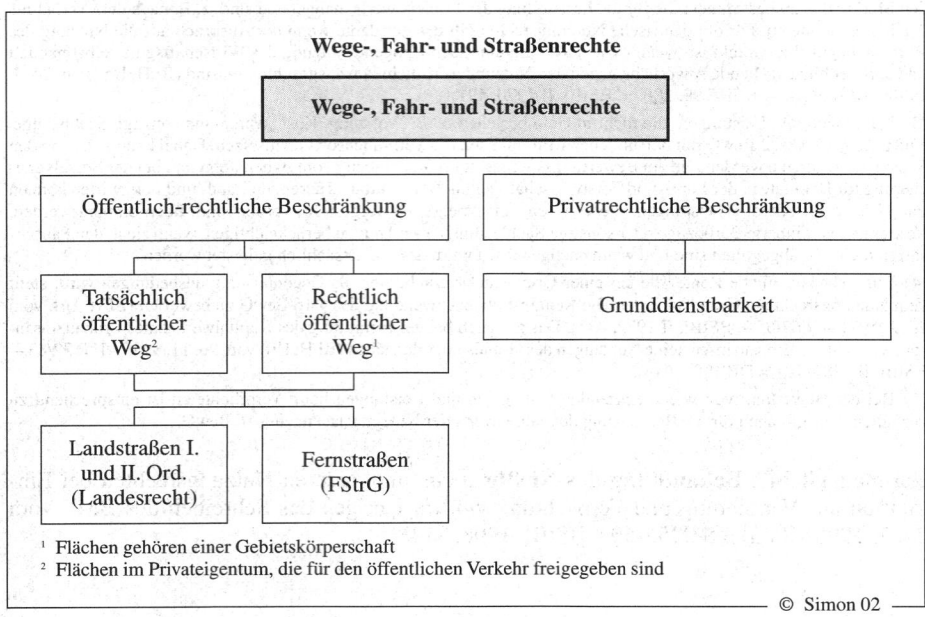

¹ Flächen gehören einer Gebietskörperschaft
² Flächen im Privateigentum, die für den öffentlichen Verkehr freigegeben sind

© Simon 02

371   Das bei Wertermittlungsfragen überwiegend zu beurteilende Wegerecht gehört zur Unter-
gruppe der Grunddienstbarkeiten und ist ein Benutzungsrecht. Der **Unterschied zum Notwegerecht** liegt darin, dass das Notwegerecht nur bis zur Erstellung der notwendigen Verbindung mit einem öffentlichen Weg gesetzlich zu gewähren ist (vgl. Rn. 295 ff.).

Abb. 39: Ausgestaltungsformen von Wege-, Fahr- und Gehrechten

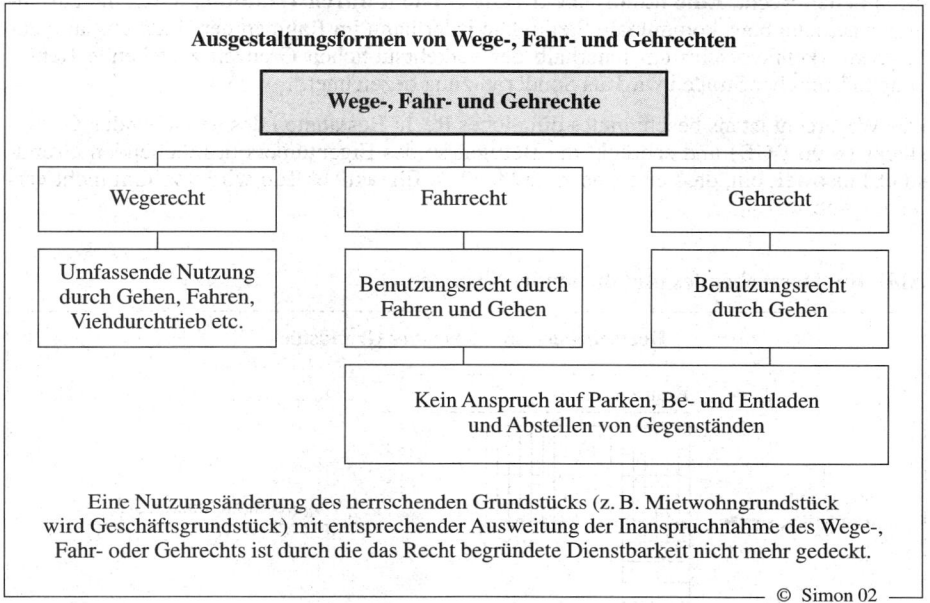

Eine Nutzungsänderung des herrschenden Grundstücks (z. B. Mietwohngrundstück wird Geschäftsgrundstück) mit entsprechender Ausweitung der Inanspruchnahme des Wege-, Fahr- oder Gehrechts ist durch die das Recht begründete Dienstbarkeit nicht mehr gedeckt.

           © Simon 02

Inhalt solcher (Grund-)Dienstbarkeiten können insbesondere **Geh-, Fahr- und Triebgerechtigkeiten** sein. Soweit es sich bei dem Wegerecht nicht um eine nicht im Grundbuch eingetragene *altrechtliche Dienstbarkeit* handelt, ergeben sich Inhalt und Umfang des Wegerechts aus den Bestimmungen bei der Bestellung der Dienstbarkeit bzw. aus dem Grundbucheintrag[155].   **372**

Beispiel:

Ein altrechtliches Fahrrecht wurde 1862 in einem Kaufvertrag begründet, wobei dem Berechtigten das recht eingeräumt wurde, den Hofraum des Nachbargrundstücks der Länge nach zu befahren. Das Fahrrecht wurde danach auch in Anspruch genommen. Dieses vor In-Kraft-Treten des BGB bestehende Recht bleibt in Inhalt und Rang bestehen, auch wenn es nicht in das Grundbuch eingetragen wurde.

Ist ein Wegerecht nicht bindend begründet worden, liegt lediglich ein „Leihverhältnis" vor, welches jederzeit gekündigt werden kann.

---

152   Baur, a. a. O. S. 296; zur **Wertermittlung von Mietrechten:** BVerfG, Beschl. vom 12. 6. 1979 – 1 BvL 19/76 –, EzGuG 14.62; BGH, Urt. vom 15. 11. 1971 – III ZR 162/69 –, EzGuG 14.44; OLG Bremen, Urt. vom 11. 1. 1970 – U B 13/68 –, EzGuG 18.47; LG Berlin, Urt. vom 9. 2. 1970 – O 5/67 –, EzGuG 14.39; zur Entschädigung bei Aufhebung von Miet- und Pachtrechten: BGH, Urt. vom 11. 5. 1967 – III ZR 21/66 –, EzGuG 14.29; BGH, Urt. vom 19. 9. 1966 – III ZR 216/63 –, EzGuG 6.92; abweichend BGH, Urt. vom 20. 1. 1958 – III ZR 40/57 –, EzGuG 14.5; BGH, Urt. vom 7. 1. 1982 – III ZR 114/88 –, EzGuG 6.213 a; BGH, Urt. vom 7. 1. 1982 – III ZR 141/80 –, EzGuG 14.68; BGH, Urt. vom 27. 1. 1969 – III ZR 73/68 –, EzGuG 14.36; BGH, Urt. vom 1. 7. 1968 – III ZR 214/55 –, EzGuG 14.34; BGH, Urt. vom 21. 12. 1965 – V ZR 45/63 –, EzGuG 14.24; KG, Urt. vom 16. 7. 1985 – U 6417/83 –, EzGuG 14,78; zur **Wertermittlung von Pachtrechten:** BGH, Urt. vom 7. 1. 1982 – III ZR 141/80 –, EzGuG 14.68; BGH, Urt. vom 28. 9. 1972 – III ZR 44/70 –, EzGuG 14.47; OLG Stuttgart, Beschl. vom 10. 10. 1977 – 10 Wlw 18/77 –, EzGuG 14.48; OLG Bremen, Urt. vom 14. 1. 1970 – U B 13/68 –, EzGuG 18.47; OVG Münster, Urt. vom 18. 1. 1967 – 3 A 101/66 –, AVN 1968, 237 = DVBl. 1967, 583; LG Berlin, Urt. vom 9. 2. 1970 – O 5/67 – AVN 1970, 441

153   „Tatsächlich öffentliche Wege" sind Grundflächen im Privateigentum, die durch ausdrückliche Erklärung oder schlüssiges Verhalten für den öffentlichen Verkehr freigegeben sind.

154   „Rechtlich öffentliche Wege" stehen im Eigentum einer Gebietskörperschaft, die die privatrechtliche Verfügungsmacht hat. Die Wege stehen durch Widmung dem öffentlichen Verkehr offen.

155   KG, Urt. vom 25. 6. 1984 – 12 U 4853/83 –, EzGuG 14.76

373 Die Befugnis zur Benutzung öffentlicher Straßen und Wege ergibt sich direkt aus dem öffentlichen Recht. **Eine öffentliche Straße entsteht durch Widmung** durch die zuständige staatliche bzw. kommunale Stelle. Die jedermann im Rahmen der Widmung und der Straßenverkehrsvorschriften innerhalb der verkehrsüblichen Grenzen zustehende Benutzung öffentlicher Straßen wird als Sondernutzung bezeichnet.

374 Das Wegerecht ist als beschränktes dingliches Recht Bestandteil des herrschenden Grundstücks (§ 96 BGB) und schränkt die Befugnisse des Eigentümers des dienenden Grundstücks insoweit ein, dass er etwas zu dulden hat. Ein aktives Tun wird von ihm nicht verlangt (Abb. 40):

Abb. 40: Herrschendes und dienendes Grundstück

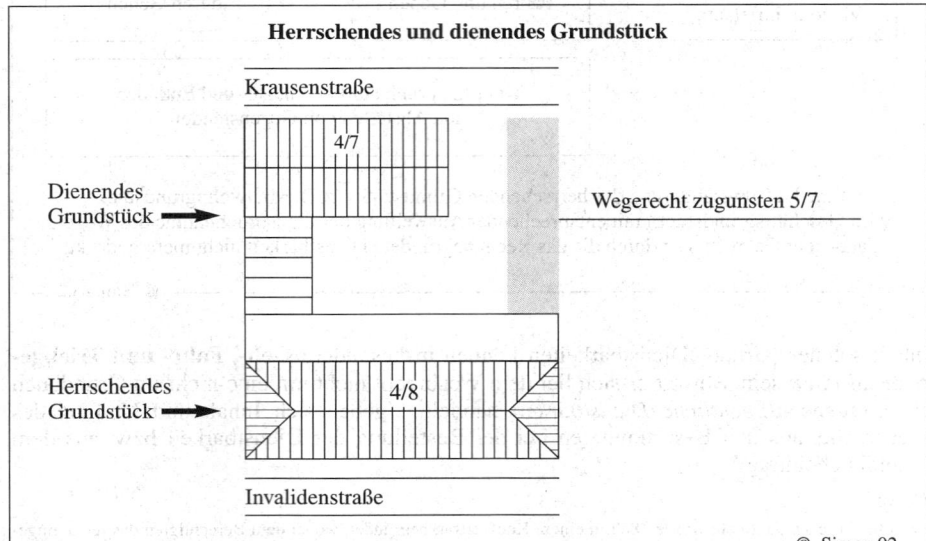

375 Die dingliche Belastung geht aus Abt. II des Grundbuchs hervor. Dabei wird die Grunddienstbarkeit im Allgemeinen zu Lasten des gesamten dienenden Grundstücks eingetragen. Da aus der Eintragung nicht ohne weiteres der Umfang der Belastung durch das Wegerecht hervorgeht, sollte in jedem Fall in die den Grundakten beiliegende Eintragungsbewilligung eingesehen werden, **in der die Lage der Wegerechtsfläche auf dem belasteten Grundstück meistens eindeutig bestimmt ist.**

376 Probleme können sich ergeben, wenn alte Wegerechte bestehen, deren Benutzung vom Grundstückseigentümer des belasteten Grundstücks plötzlich bestritten werden. In diesem Fall könnte eine Duldungspflicht unter dem Gesichtspunkt der **„unvordenklichen Verjährung"** oder aus dem Tatbestand der Ersitzung abgeleitet werden. Die unvordenkliche Verjährung kann jedoch nur auf die Einräumung eines Wegerechts vor Einführung des BGB angewendet werden und auch nur dann, wenn in dem Gebiet das Allgemeine Preussische Landrecht nicht galt, was das Rechtsinstitut der unvordenklichen Verjährung nicht kannte. In den Gebieten, in denen das Allgemeine Preussische Landrecht galt, war der Tatbestand der Ersitzung nach 30 Jahren erfüllt, wenn also der Wegenutzer den Weg länger als 30 Jahre in Anspruch genommen und die Nutzung ununterbrochen ausgeführt hatte. Voraussetzung ist allerdings, dass der Benutzer ausdrücklich ein Wegerecht geltend gemacht hatte und kein Widerspruch seitens des Eigentümers des Wegs erhoben worden ist. Die

Annahme eines Gewohnheitsrechts, aus dem die Duldungspflicht abgeleitet werden könnte, scheidet aus, da das Gewohnheitsrecht nicht auf die Rechtsbeziehung zwischen zwei Personen abstellt.

Der Wertausgleich für das Wegerecht ist in Form einer Rente üblich. Die **Höhe der Rente** richtet sich im Allgemeinen nach der für die entzogene Fläche ortsüblichen Bodenwertverzinsung. Eine Anpassung der Rente an die sich ändernden wirtschaftlichen Verhältnisse ist möglich. Die Bodenwertsteigerungen dürfen jedoch nicht in die Gleitklausel mit einbezogen werden. Damit besteht auch beim Wegerecht nach wenigen Jahren eine Diskrepanz zwischen einer angemessenen Bodenwertverzinsung und dem tatsächlich gezahlten Bodenzins[156]. | **377**

Der **Wertvorteil für das herrschende Grundstück** besteht im Allgemeinen in der Erhöhung der baulichen Ausnutzung und damit in der Steigerung der Ertragslage. Dieser Vorteil entspricht i. d. R. nicht dem Nachteil, den das dienende Grundstück erleidet (z. B. durch Mitbenutzung der ohnehin erforderlichen eigenen Hofzufahrt durch den Berechtigten); vgl. Abb. 41: | **378**

Abb. 41: Wegerecht (Schematische Darstellung)

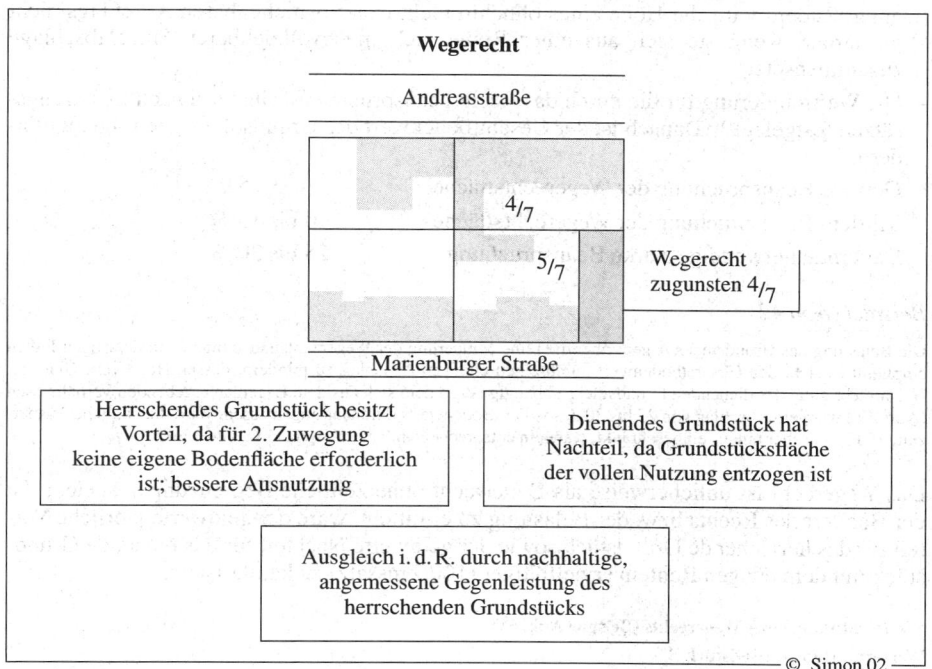

Wegerecht

Andreasstraße

4/7

5/7

Wegerecht
zugunsten 4/7

Marienburger Straße

Herrschendes Grundstück besitzt Vorteil, da für 2. Zuwegung keine eigene Bodenfläche erforderlich ist; bessere Ausnutzung

Dienendes Grundstück hat Nachteil, da Grundstücksfläche der vollen Nutzung entzogen ist

Ausgleich i. d. R. durch nachhaltige, angemessene Gegenleistung des herrschenden Grundstücks

© Simon 02

4.2.6.2 Wertermittlungsgrundsätze

a) Wertermittlung für das herrschende Grundstück:

Der Verkehrswert ergibt sich auf der Grundlage einer Wertermittlung *ohne* Berücksichtigung des Wegerechts, zuzüglich des **Geldwerts des Vorteils,** der sich aus dem Wegerecht ergibt. | **379**

---

156   BGH, Urt. vom 5. 10. 1965 – V ZR 73/63 –, EzGuG 14.23; PrOVG, Urt. vom 10. 6. 1932 – VII C 183/37 –, EzGuG 14.2

b) Wertermittlung für das dienende Grundstück

380   Der Verkehrswert ergibt sich wiederum auf der Grundlage einer Wertermittlung *ohne* Berücksichtigung des Wegerechts, abzüglich des **Geldwerts der Einschränkung** (Nutzbarkeit, Planungsfreiheit usw.) durch das Wegerecht.

Dabei können zwei Wege beschritten werden:

– Als Parameter für die Wertsteigerung des herrschenden Grundstücks wird die durch das Recht verbesserte Ertragssituation (vgl. nachfolgendes Beispiel) herangezogen. Die Wertminderung des dienenden Grundstücks wird man nur frei schätzen können. Sie beruht auf dem fehlenden Grundstücksanschluss, dem Fehlen von Stellflächen im Hof und ggf. in einer verstärkten Lärm- und Geruchsimmission. Daneben ist zu beachten, dass aus der Sicht des Eigentümers das Grundbuch mit der Eintragung der Belastung in Abt. II „beschmutzt" wird. Üblicherweise wird die Wertminderung insgesamt mit einem 50 %igen Abschlag des Bodenwerts der betroffenen Wegerechtsfläche gewürdigt.

Nicht empfehlenswert ist das zuweilen angewandte Verfahren, bei dem vom hälftigen Wert der Wegerechtsfläche ein Abschlag entsprechend der Intensität der Nutzung des Wegs konstruiert wird und gleichzeitig der Bodenwert des Gesamtgrundstücks (ohne Wegerechtsfläche) gemindert wird. Hier besteht die Gefahr der Doppelberücksichtigung. Zudem wird die Höhe eines ohnehin nicht exakt berechenbaren Abschlags nicht plausibler, wenn sie sich aus einer Reihe nicht nachvollziehbarer Einzelabschläge zusammensetzt.

– Die Wertminderung für die durch das Recht beanspruchte Fläche wird nach Erfahrungssätzen festgelegt[157]. Danach ist der Gesamtbodenwert des Grundstücks wie folgt zu mindern:

Geringe Beanspruchung der Wegerechtsfläche	5 %
Mittlere Beanspruchung der Wegerechtsfläche	10 bis 15 %
Dauernde notwendige starke Beanspruchung	25 bis 30 %

381   *Beispiel (Abb 42):*

Die Belastung des Grundstücks A geht über die reine Minderung der Wegerechtsfläche hinaus. In derartigen Fällen empfiehlt es sich, den Gesamtbodenwert durch einen einzigen Abschlag zu mindern, dessen Höhe vom Grad der Beeinträchtigung des dienenden Grundstücks abhängig ist. In dem sich aus dem Lageplan ergebenden Verhältnissen (Abb. 42) wäre ein Abschlag von 25 bis 30 des vollen Bodenwerts durchaus angemessen. Wird die bauliche Ausnutzung (GFZ) darüber hinaus eingeschränkt, wäre ein entsprechend höherer Abschlag vorzunehmen.

382   Das Wegerecht ist üblicherweise als Dauerrecht ohne zeitliche Begrenzung ausgelegt. Ist der Barwert des Rechts bzw. der Belastung zu ermitteln, wäre der geldwerte jährliche Vorteil für das herrschende Grundstück sowie der geldwerte Nachteil für das dienende Grundstück mit dem ewigen Rentenvervielfältiger (100/Zinssatz) zu kapitalisieren.

383   **Wertermittlung eines Wegerechts (Beispiel Abb. 43)**

Wertermittlung Grundstück B

1. Bodenwert		
(40 m × 30 m) × 150 €/m²		= 180 000 €
2. Vorteil durch Wegerecht (Erhöhung der WF, da eigene Durchfahrt entfällt):		
ca. 40 m² WF × 6 €/m² × 12	= 2 880 €	
abzüglich 30 v. H. Bewirtschaftungskosten	– 864 €	
abzüglich jährliche Instandhaltungskosten für Weg	– 100 €	
abzüglich jährliches Nutzungsentgelt	– 300 €	
Verbleibender Vorteil	= 1 616 €	
Verzinsung mit 6 v. H.		
$\dfrac{1\,616\ € \times 100}{6} = 26\,933\ €$		+ 26 933 €
Bodenwert Grundstück B		**rd. 207 000 €**

Abb. 42: Lageplan

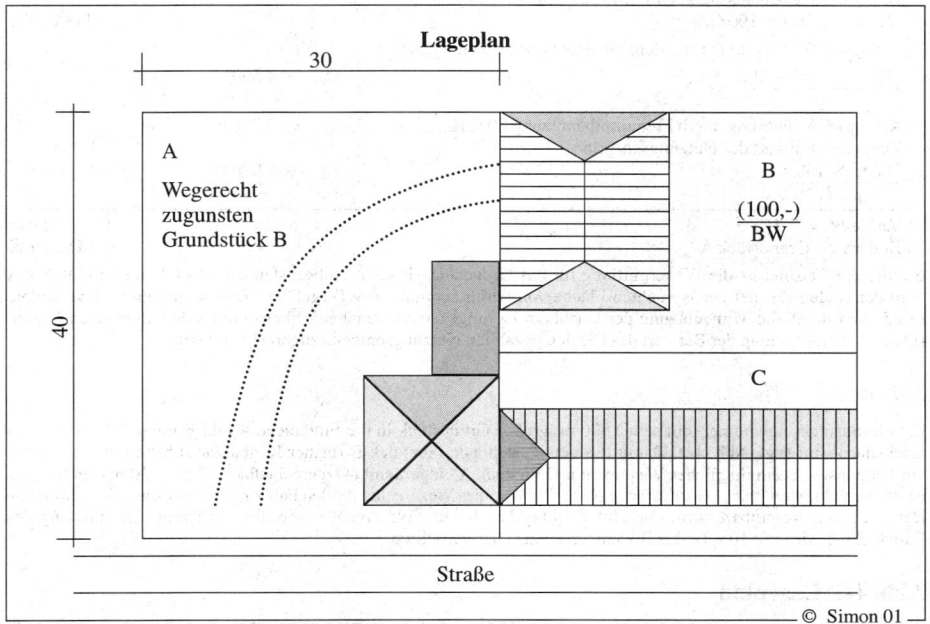

Abb. 43: Lageplan

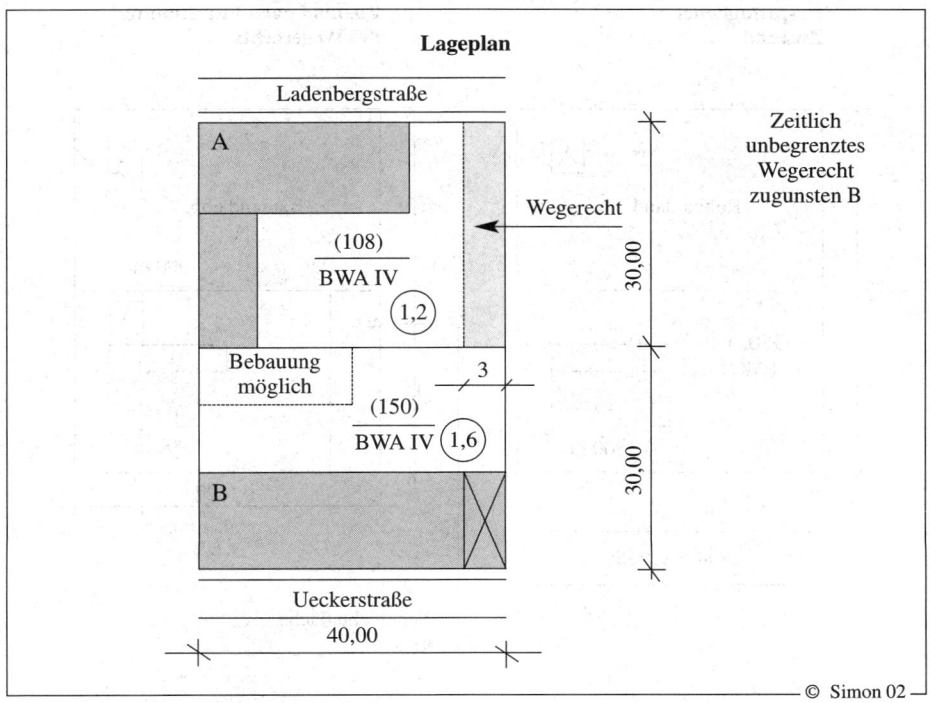

---

157   Stannigel/Kremer/Weyers, a. a. O., S. 202; Vogels, a. a. O., S. 325

Wertermittlung für Grundstück A

1. Bodenwert der unbelasteten Grundstücksfläche
   (30 m × 37 m) × 100 €/m²   = 111 000 €

2. Zuzüglich Bodenwert der mit dem Wegerecht belasteten Fläche

   $$\frac{(30 \text{ m} \times 3 \text{ m}) \times 100}{2}$$ + 4 500 €

   Abzüglich Minderung durch Fremdmitbenutzung 50 v. H.   − 2 250 €
   Zuzüglich Barwert des Nutzungsentgelts

   $$\frac{300 \text{ € } \times 100}{6}$$ + 5 000 €

   _____

   Verbleibt = 7 250 €   +   7 250 €
   Bodenwert Grundstück A   = **118 250 €**

Bei diesem Beispiel ist die Wertermittlung für das Grundstück B nicht zu beanstanden. Doch beim Grundstück A wird der Bodenwert der beanspruchten Fläche von vornherein um 50 v. H. gekürzt. Das ist unlogisch. Die weitere Minderung durch die Mitbenutzung des Nachbarn ist hingegen einleuchtend. Ebenso muss dem dienenden Grundstück als Werterhöhung der Barwert des jährlich gezahlten Nutzungsentgelts zugerechnet werden.

384   *Beispiel:*

Ein Grundstückseigentümer teilt sein 1 800 m² großes Grundstück in die Flurstücke A und B mit je 900 m² Grundstücksfläche auf (vgl. Abb. 44). Damit das neu entstehende Flurstück B (bisher Rohbauland) bebaut werden kann, wird zugunsten B ein dingliches Wegerecht an Flurstück A eingeräumt (Wegerechtsfläche 3 m × 30 m = 90 m²). Es ist der Verkehrswert beider Grundstücke sowie der Wert des Wegerechts für den Fall zu ermitteln, dass eine einmalige Entschädigung vereinbart wird. Die Unterhaltungslast für das Wegerecht sowie die erschwerte Erschließung des Flurstücks B wird mit 10 v. H. des Bodenwerts von B berücksichtigt.

Abb. 44: Lageplan

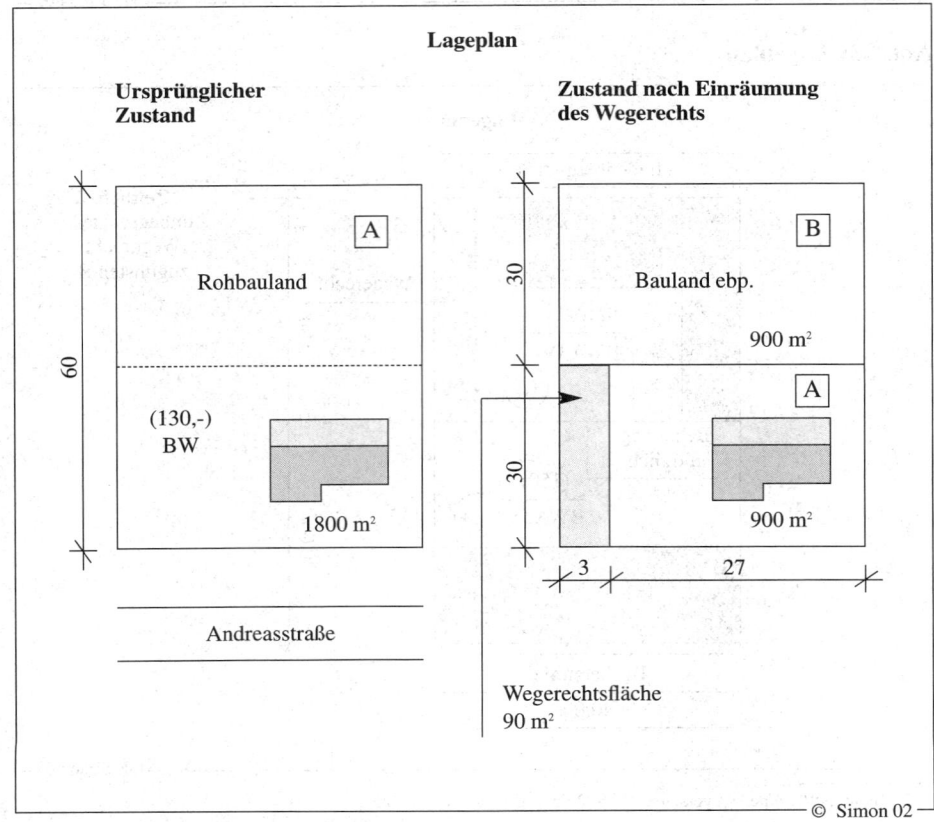

Wertermittlung eines Wegerechts

Wertermittlung Grundstück B (herrschendes Grundstück)

Grundstücksgröße 900 m²

Bodenrichtwert (ebf.) 130 €/m²

Bodenwert unbelastet 130 €/m² × 900 m²	117 000 €

Zuschlag wegen ruhigerer Lage 5 %
Abschlag wegen erschwerter Erschließung sowie der
Unterhaltungslast der Wegerechtsfläche 10 %

Minderung insgesamt − 5%	− 5 850 €
Bodenwert Grundstück B	**111 150 €**

Wertermittlung Grundstück A (dienendes Grundstück)

Bodenwert unbelastete Fläche

130 €/m² × 810 m²	105 300 €

Bodenwert der mit dem Wegerecht belasteten Fläche
Minderung von ca. 50 %, da Fläche für den
Eigentümer des Grundstücks nicht nutzbar ist,
sowie für Immissionsbelastung durch Fahrverkehr

90 m² × 65 €	+ 5 580 €
Bodenwert Grundstück A	**111 150 €**

Wurde zwischen den Eigentümern A und B eine Wegerechtsrente vereinbart, wäre deren Barwert bei B vom Bodenwert abzuziehen und bei A hinzuzurechnen. Wird bei Teilung des Ursprungsgrundstücks A in die Baugrundstücke A und B für den Eigentümer A eine einmalige Entschädigung für die Einräumung des Wegerechts zugunsten B vereinbart, kann folgende Berechnung einen Anhalt bieten:

Baugrundstück B war ursprünglich Hinterland
des Grundstücks A und besaß Rohbaulandqualität.
Bodenwert Grundstück B

60 % von 110 €/m² (Baulandpreis ebp.) × 900 m²	= 59 400 €

Nach Aufteilung in A und B und der damit
verbundenen Einräumung des Wegerechts zugunsten
B wird Grundstück B baureifes Land

110 €/m² × 900 m²	− 99 000 €
Differenz	**rd. 39 600 €**

Dieser Betrag bildet die Höchstgrenze der einmaligen Entschädigung für das Wegerecht. Allerdings ist im Normalfall ein Interessenausgleich zu berücksichtigen. Der ursprüngliche Eigentümer A erfährt durch die Teilung und Einräumung des Wegerechts einen erheblichen Vorteil, da er das ehemals geringerwertige Rohbauland zum Baulandpreis veräußern kann. Der Interessenausgleich kann mit 50% angenommen werden. Einmalige Entschädigung für die Gewährung des Wegerechts zugunsten des Eigentümers A 19 800 €[158].

Beispiel: **385**

A ist Eigentümer eines innerstädtischen Grundstücks, welches in geschlossener Bauweise viergeschossig bebaut ist. Zur sinnvollen Nutzung des rückwärtigen Grundstücksteils mit 4 Garagen müsste er eine Durchfahrt schaffen oder ein Wege- und Fahrrecht mit dem Eigentümer B des seinem Grundstück gegenüberliegenden Grundstücks vereinbaren. B hat bereits Zustimmung signalisiert und fordert als Wegerechtsrente eine 5 %ige Verzinsung des hälftigen Bodenwerts der Wegerechtsfläche p. a. sowie einen Unterhaltungsbeitrag für die Wegefläche von jährlich 300 €.

A beauftragt einen Sachverständigen zu untersuchen, welche Lösung für ihn wirtschaftlich am günstigsten ist. Die Baukosten je m² BGF betragen rd. 280 €. Die Garagenmiete wird mit 50 €/Monat angenommen. Die Nettokaltmieten/Grundmieten im Mehrfamilienhaus des A liegen bei 8 €/m² im Monat.

---

158 Es ist zu beachten, dass dieser Betrag lediglich die Entschädigung für die Gewährung des Wegerechts darstellt. Der Eigentümer A hat zudem den Vorteil, dass er das Teilgrundstück zum „vollen Baulandpreis" veräußern kann.

Abb. 45: Lageplan

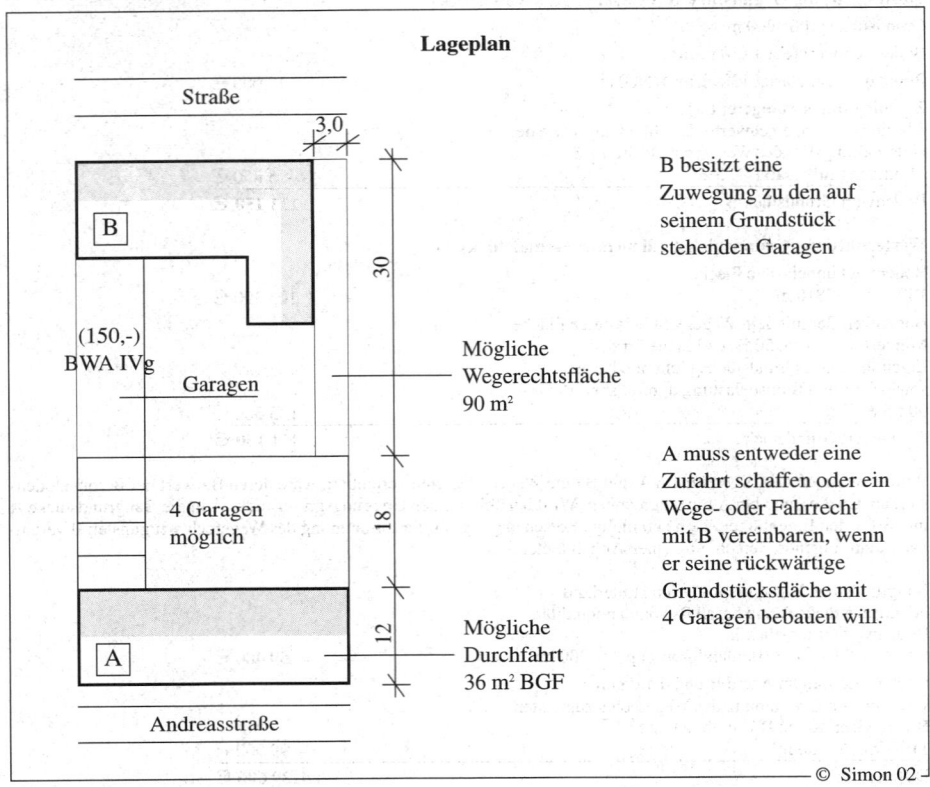

Lageplan

Straße

3,0

B

30

(150,-)
BWA IVg
Garagen

B besitzt eine
Zuwegung zu den auf
seinem Grundstück
stehenden Garagen

Mögliche
Wegerechtsfläche
90 m²

4 Garagen
möglich

18

A muss entweder eine
Zufahrt schaffen oder ein
Wege- oder Fahrrecht
mit B vereinbaren, wenn
er seine rückwärtige
Grundstücksfläche mit
4 Garagen bebauen will.

A

12

Mögliche
Durchfahrt
36 m² BGF

Andreasstraße

© Simon 02

1 Ermittlung der Belastung durch die Wegerechtsrente

Wegerechtsfläche: 30 m × 3 m = 90 m²
Bodenwert der Wegerechtsfläche: 90 m² × 150 €   13 500 €

Die Wegerechtsrente beträgt danach p. a.
5 % von 13 500 €/m²   337,50 €

Die Unterhaltungsverpflichtung p. a.
für die Wegerechtsfläche beträgt   + 300,00 €

Die Gesamtbelastung aus dem Wegerecht beträgt p. a.   637,50 €

Der Barwert der Belastung wird bei einem
Liegenschaftszinssatz von 5 % errechnet auf   12 750 €

2 Ermittlung des Gewinns aus der Garagenvermietung

Die Gebäudenormalherstellungskosten der Garagen
betragen 72 m² BGF × 280 €/m²   20 160 €
Baunebenkosten 12 %   + 2 400 €

Zusammen   22 560 €

Der Reinertrag aus der Garagenvermietung beträgt
4 Garagen × 50 €/Garage × 12 Monate   2 400 €
− Bewirtschaftungskosten 15 %   − 360 €

= Jahresreinertrag   2 040 €

Verzinsung der aufgewendeten Baukosten bei 5 % Zins
5 % von 22 560 €   − 1 130 €

Gewinn p. a.   910 €
Barwert des Gewinns durch Vermietung der Garagen bei 5 % Liegenschaftszins   **18 200 €**

3 Ermittlung des Verlustes durch Herstellung der Durchfahrt auf dem eigenen Grundstück

36 m^2 BGF $\times$ 0,8 = $28,8 \text{ m}^2$ WF

$28,8 \text{ m}^2$ WF $\times$ 8 €/m^2 $\times$ 12 Monate	2 765 €
– Bewirtschaftungskosten 20 %	– 553 €
= Jahresreinertrag	2 212 €
Zuzüglich der Verzinsung der Umbaukosten	
(Hier angenommen mit 10 000 €)	
5 % von 10 000 €	+ 500 €
ergibt	2 712 €

Barwert des Verlustes durch Bau der Durchfahrt 2 712 € $\times$ 20 =   **54 240 €**

Dem Gewinn aus der Vermietung der Garagen mit 18 200 € steht ein Verlust von 54 200 € durch die baulichen Aufwendungen und dem Wegfall der Wohnfläche gegenüber. Daraus folgt, dass die Erstellung der Durchfahrt zur Nutzung des rückwärtigen Grundstücksteils mit Garagen wirtschaftlich nicht sinnvoll ist.

Wirtschaftlich sinnvoll ist der Bau der Garagen nur, wenn mit dem Nachbar B ein dingliches Wege- oder Fahrrecht vereinbart werden kann und der Barwert der Wegerechtsrente unter dem Barwert des Gewinns aus der Garagenvermietung liegt. Das ist durch die hier vorliegenden Konditionen für die Wegerechtsrente der Fall. Der Vorteil für Eigentümer A liegt unter Einbeziehung der Rentenzahlungen bei (18 200 € – 12 750 € =) rd. 5 500 €.

Wie die Beispiele zeigen, sind bei der Ermittlung des Werts eines Wegerechts die individuellen Gegebenheiten des Einzelfalls ausschlaggebend. Eine generell anwendbare Berechnungsformel kann deshalb nicht aufgestellt werden.   **386**

Beispiel: **387**

Wertermittlung eines Wegerechts in Anlehnung an Anl. 17 der WertR (zu Nr 5.3.3.4)[159]

Auswirkung eines Wegerechts auf die Verkehrswerte des begünstigten Grundstücks (A) und des belasteten Grundstücks (B)

Zugunsten des bisher unbebauten Grundstücks (A) besteht ein unbefristetes Wegerecht zu Lasten des bisher unbebauten Grundstücks (B) derart, dass an der östlichen Grundstücksgrenze eine Überfahrt in 3 m Breite zu gewährleisten ist. Dadurch ist die auf dem Grundstück (A) ohne das Wegerecht notwendige Durchfahrt nicht erforderlich; die gewonnene Nutzfläche kann dann zusätzlichen Ertrag bringen. Die Ausbaukosten zur Schaffung der zusätzlichen Nutzfläche können den ohne Wegerecht aufzuwendenden unrentierlichen Kosten der Durchfahrt gleichgesetzt werden.

---

159 Bei dem Beispiel der Anl. 17 zu den WertR (abgedruckt bei Kleiber/Simon, WertV 98, 5. Aufl., S. 694) ergeben sich Zweifel an der Plausibilität einzelner Verfahrensschritte. Es ergibt sich zwar durch die Steigerung der Nutzfläche gegenüber einem vergleichbaren Grundstück ohne Wegerecht zutreffend ein höherer Wert, jedoch ist der Wert für das belastete Grundstück geringer als der Wert des vergleichbaren unbelasteten Grundstücks. Ein Grundstückseigentümer würde eine derartige Wertminderung seines Grundstücks nicht hinnehmen, sondern im Verhandlungswege versuchen, den Wert seines Grundstücks ebenfalls zu steigern, indem er an der Werterhöhung des herrschenden Grundstücks zu profitieren trachtet. Dieser Ausgleich wird i. d. R. durch eine Wegerechtsrente getroffen, deren Höhe sich aus der – wertgesicherten – ortsüblichen Bodenwertverzinsung der belasteten Grundstücksfläche orientiert. Da der Eigentümer des dienenden Grundstücks die Wegerechtsfläche ebenfalls mitbenutzt, kann ein angemessener Interessenausgleich bei der hälftigen Bodenwertverzinsung liegen. Im Beispiel der Anl. 17 der WertR ist die vorweggenommene Minderung der Wegerechtsfläche um 50 % von der Systematik her nicht schlüssig, da diese unbebaute Teilfläche wie auch die anderen unbebauten Teilflächen des Grundstücks auf die GFZ angerechnet werden können und deshalb zunächst mit dem vollen Bodenwert anzusetzen sind. Ausgangspunkt bei dem Berechnungsbeispiel in Anl. 17 der WertR ist der – unzulässige um 50 % geminderte Bodenwert, der wiederum um 65 % wegen starker Immissionsbelastung gemindert wird. Der sich ergebende Restwert wird als Minderung durch das Wegerecht vom Wert des unbelasteten Grundstücks abgezogen. Im Ergebnis des systematisch falschen Berechnungsansatzes wird der Bodenwert des belasteten Grundstücksteils lediglich um 32 % gegenüber dem vollen Bodenwert (80 €/m^2) gemindert. Dies erscheint zu wenig, da die Wegerechtsfläche zwar vom Grundstückseigentümer mitbenutzt werden kann, aber ständig freizuhalten ist und deshalb vom Grundstückseigentümer auch nur als Zuwegung genutzt werden kann.

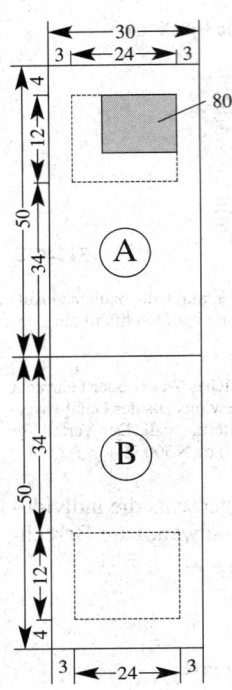

Bodenwert des herrschenden Grundstücks (A)

Bodenwert ohne Berücksichtigung des Wegerechts:
1 500 m² × 250 €/m²   375 000 €
Wertvorteil durch Wegerecht:
Vergrößerung der Nutzfläche
3 m × 15 m × 0,9[160] = rd. 40 m²
Netto-Mehrertrag jährlich[161]
40 m² × 13 €/m² NF × 12 Monate =   6 240 €
Abschlag für Unterhaltung, Verzinsung
und Tilgung der Kosten des anteiligen
Wegs auf Grundstück B   – 510 €

Wegerechtsrente an Eigentümer
des Grundstücks B
5,5 % vom Bodenwert der hälftigen
Wegerechtsfläche: 5,5 % von 7 500 €   – 413 €
zusammen   5 317 €

Wertvorteil bei 5,5 v. H. Zins
5 317 € × 100/5,5[162]   96 673 €
Bodenwert des begünstigten Grundstücks   470 000 €

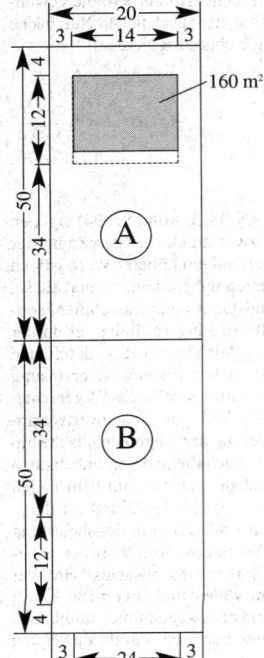

Bodenwert des dienenden Grundstücks (B)

Bodenwert ohne Berücksichtigung des Wegerechts:
1 500 m² × 100 €/m²   150 000 €

Wertnachteil durch Wegerecht:
Anrechenbarer Wert der unbelasteten, für Wegerecht
erforderlichen Fläche

50 v. H.[163] von 100 €/m² = 50 €/m² × 150 m²   – 7 500 €

Vorteil aus der Wegerechtsrente
413 € p. a. × 100/5,5   + 7 500 €
ergibt   0 €   0 €
Bodenwert des belasteten Grundstücks   **150 100 €**

---

160   Verhältnis Nutzfläche zu Grundfläche
161   Einzelhandelsnutzung im Erdgeschoss möglich
162   Da dinglich gesichertes Dauerrecht, wird die Verzinsung auf unendlich aus-
        gelegt
163   Vgl. Nr. 6.4 Teil II WertR

4.2.7   Leitungsrecht

4.2.7.1   Allgemeines

Versorgungsleitungen sind rechtstechnisch als bewegliche Sachen anzusehen, die fest   **388** verbunden mit dem Grundstück **wesentliche Bestandteile** desselben darstellen, sofern sie nicht zu einem vorübergehenden Zweck mit dem Grund und Boden verbunden sind (Scheinbestandteile nach § 95 Abs. 1 BGB).

Liegt indessen nicht eine Verbindung zu vorübergehendem Zweck vor, so ist regelmäßig   **389** eine **Leitungssicherung durch eine Dienstbarkeit** erforderlich.

Leitungsrechte (auch Überleitungs-, Unterführungs- und Untertunnelungsrechte) können   **390** als Grunddienstbarkeit zugunsten des Eigentümers eines anderen Grundstücks nach § 1018 BGB oder als beschränkt persönliche Dienstbarkeit i. S. d. §§ 1090 ff. BGB z. B. zugunsten einer Versorgungs- oder Verkehrsgesellschaft begründet werden.

Der Berechtigte (meistens ein Energieversorgungsunternehmen) kann danach zur Siche-   **391** rung der Ver- und Entsorgungsleitungen über ein fremdes Grundstück eine Versorgungslei- tung verlegen[164], wobei das Grundstück jederzeit zum Zwecke der Unterhaltung oder ggf. Erweiterung der Leitung betreten werden darf. Dabei kann die Leitung oberirdisch (Frei- landleitung) oder unterirdisch verlegt sein. Leitungsrechte sind im Allgemeinen mit Bau- oder Nutzungsbeschränkungen verbunden. Für oberirdische und unterirdische Leitungen werden Schutzstreifen unterschiedlicher Größe festgelegt, die i. d. R. nicht überbaut wer- den dürfen. Ein Entschädigungsanspruch (für den Eintrag eines derartigen Rechts in das Grundbuch) für das dienende Grundstück wird grundsätzlich anerkannt[165]. Für die Höhe der Entschädigung ist entscheidend, in welchem Umfang der Verkehrswert des Grundstücks beeinträchtigt wird.

Dass im Falle der **Überspannung reinen Agrarlandes** mit einer Freileitung eine Wertmin-   **392** derung nicht eintrete, hat der BGH nur in besonderen Ausnahmefällen gelten lassen wol- len, wenn etwa Ertrags- und Verkehrswert sich ausnahmsweise decken und auch der gesunde Grundstücksverkehr tatsächlich dem Vorhandensein der Freileitung keine wert- mindernde Bedeutung beimisst[166].

Im Allgemeinen ist die **Höhe der Wertminderung nach dem jeweiligen Schutzstreifen**   **393** **zu bemessen.** Der Schutzstreifen ist bei unterirdisch verlegten Leitungen i. d. R 10 m breit, bei Freilandleitungen u. U. erheblich breiter (bis 100 m). Empirisch ermittelte Abschläge geben *Vogels* und *Stannigel/Kremer/Weyers* an[167].

Minderung der vom Schutzstreifen bedeckten Grundstücksfläche in v. H. des örtlichen   **394** Bodenpreises:

	Wohngrundstücke	Gewerbegrundstücke
Unwesentliche Beeinträchtigung	10–30	10–20
Teilweise eingeschränkte Nutzungsmöglichkeit	30–70	20–55
Stark eingeschränkte Nutzungsmöglichkeit	70–80	55–80

---

164   Das Energiewirtschaftsgesetz aus dem Jahre 1935 erlaubt gegebenenfalls eine Enteignung der für die Ver- und Entsorgungsleitungen erforderlichen Grundstücksflächen.
165   BGH, Urt. vom 8. 5. 1967 – III ZR 148/65 –, EzGuG 14.28; BGH, Urt. vom 1. 2. 1982 – III ZR 100/80 –, EzGuG 14.70; BGH, Urt. vom 31. 3. 1977 – III ZR 10/75 –, EzGuG 14.56; BGH, Urt. vom 31. 5. 1965 – III ZR 48/64 ; BGH, Urt. vom 8. 2. 1965 – III ZR 174/63 –, EzGuG 14.22; BGH, Urt. vom 20. 12. 1963 – III ZR 112/63 –, EzGuG 14.18; BGH, Urt. vom 13. 12. 1962 – III ZR 97/61 –, EzGuG 14.15
166   BGH, Urt. vom 20. 12. 1963 – III ZR 60/63 –, EzGuG 14.17
167   Stannigel/Kremer/Weyers, a. a. O. S. 202; Vogels a. a. O., S. 328; Kleiber in Ernst/Zinkahn/Bielenberg, BauGB Komm. zu § 5 WertV Rn. 26 ff.; Clemens, H., Verkehrswertermittlung von Leitungsrechten, GuG 1993, 221

395   **Pauschalierte Entschädigungen** bis zu 20 % des Verkehrswerts **pro Quadratmeter beanspruchter** Schutzstreifenfläche wurden im Schrifttum unter Berufung auf den BGH[168] als problematisch beurteilt, wenn es um Unternehmen der öffentlichen Hand ging. *Börner*[169] hat solche Fälle als entschädigungslos hinzunehmende Inhaltsbestimmung des Eigentums bezeichnet. In einer Reihe gerichtlicher Entscheidungen wurde dieser Auffassung gefolgt, wenn mit der Leitung keine unzumutbaren Beeinträchtigungen verbunden sind[170].

396   Umgekehrt kann festgestellt werden, dass die vielgenannte **20 % Pauschale als Extremwert** bei besonders unzumutbaren Verhältnissen angesehen wird. Andere Gerichte sind deshalb von einer 10 %igen Wertminderung ausgegangen[171]. Bei land- oder forstwirtschaftlich genutzten bzw. nutzbaren Grundstücken wird man deshalb eine eher geringere Wertminderung zu Grunde legen müssen.

397   Wird indessen ein Grundstück durch ungünstige Lage des Schutzstreifens unbebaubar, ist die Wertminderung auf das gesamte Grundstück zu beziehen (vgl. Abb. 49). Führt die Nutzungsbeschränkung durch ein Leitungsrecht zu nachhaltigen wirtschaftlichen Einbußen, kann der Abschlag auch durch **Kapitalisierung der Mindereinnahmen** mit dem Barwertfaktor für die ewige Rente ermittelt werden.

398   Das **Überspannen landwirtschaftlich genutzter Grundstücke mit einer Freilandleitung** führt ebenfalls zu einer Wertminderung. Mit dem OLG Hamm[172] ist zunächst die Auffassung abzulehnen, der Wert eines landwirtschaftlich nutzbaren Grundstücks sinke auf den Ertragswert ab. Nach einem Urteil des BGH[173] beträgt die Wertminderung etwa 15 bis 20 v. H. des Verkehrswerts des vergleichsweise unbelasteten Grundstücks. Das OLG Hamm[174] weicht von dieser Auffassung ab. Es bemisst die Entschädigung nicht nach dem Verkehrswert des betroffenen Grundstücks, sondern nach dem durchschnittlichen Ackerlandwert, der am niedrigeren Ertragswert orientiert ist. Dabei wird eine Wertminderung in Höhe von 10 v. H. des Ackerlandpreises für ausreichend erachtet. Diese Entscheidung dürfte aber im Falle der Überspannung der sog. besonderen Flächen der Land- oder Forstwirtschaft (vgl. § 4 Abs. 1 Nr. 2 WertV) oder gar des Bauerwartungslands nicht haltbar sein.

399   **Weitere Rechtsprechung**

- Die Wertminderung des durch eine Leitung schlecht belasteten Grundstücks bemisst sich nach objektiven Nachteilen, die ein derartiges Grundstück infolge des Rechts erleidet. Dabei braucht es nicht darauf anzukommen, ob tatsächlich eine Ertragseinbuße vorliegt oder nicht[175].

- Die Wertminderung von landwirtschaftlich genutzten Grundstücken ist bei Wasserleitungen und unterirdischen Leitungen mit 20 % anzunehmen[176].

- Die Wertminderung kann im Durchschnitt mit 20 bis 25 % des Verkehrswerts angesetzt werden[177].

- Es ergibt sich keine Minderung des Ertrags landwirtschaftlicher Grundstücke und ihrer Beleihbarkeit infolge Überspannung[178].

- Der Minderwert eines mit einem Leitungsrecht belasteten landwirtschaftlichen Grundstücks beträgt etwa 20 % des Verkehrswerts. Er erhöht sich, wenn durch die verlegte Leitung außerdem die Nutzbarkeit des Grundstücks eingeschränkt wird[179].

- Die Entschädigung bei Verlegung einer zweiten unterirdischen Leitung innerhalb des Schutzstreifens beträgt 10 % des Bodenwerts, den die doppelt belastete Fläche nach ihrer ersten Belastung hatte[180].

- Die Enteignungsentschädigung für die Überspannung eines forstwirtschaftlich genutzten Grundstücks durch eine Hochspannungsleitung wird mit 20 % des Bodenwerts von 1,50 €/m² berechnet[181].

– Die wertmindernde Belastung eines landwirtschaftlichen Grundstücks auf Grund eines Leitungsrechts wird auf 10 % des durchschnittlichen Ackerlandwerts geschätzt (= 0,25 €/m²)[182].

– Die Wertminderung eines Grundstücks auf Grund einer Überspannung beträgt rd. 15 %[183].

– Die Wertminderung eines Grundstücks für eine unterirdische Ferngasleitung beträgt 15 %[184].

– Die Wertminderung eines Grundstücks für eine Überspannung beträgt 10 %[185].

– Unterirdische Leitungen beeinträchtigen den Wert eines Grundstücks bei weitem nicht wie Hochspannungsleitungen[186].

– Die Durchschneidung eines arrondierten Forstguts mittels einer Hochspannungsleitung bewirkt eine Minderung des Verkehrswerts des Gesamtbesitzes[187].

– Wird durch die Verlegung von Versorgungsleitungen der Verkehrswert des betroffenen Grundstücks gemindert, kann dies nur dann zur Unzumutbarkeit der unentgeltlichen Duldungspflicht führen, wenn die Minderung erheblich ist[188].

– Die durch eine zweite Leitung eintretende Wertminderung ist allenfalls geringfügig ein-zuschätzen. In Misch- und Gewerbegebieten, die so hoch überspannt werden, dass die typische bauliche Nutzung nicht beeinträchtigt wird, erscheint ein Entschädigungssatz nicht unangemessen, der sich am Prozentsatz des Bodenwerts ergibt, der bei landwirt-schaftlich genutzten Grundstücken als Überspannungsentschädigung zugebilligt wird[189].

– Magnetische Felder einer Hochspannungsfreileitung, die am Einwirkungsort eine magnetische Flussdichte von maximal vier Mikrotesla aufweisen, sind nach derzeitigem Erkenntnisstand nicht geeignet, Gefahren für die Gesundheit der Trassenanwohner her-beizuführen[190].

168   BGH, Urt. vom 25. 1. 1973 – III ZR 118/70 –, EzGuG 16.19
169   Börner in BayVBl. 1976, 36; Fischerhof in Energiewirtschaftliche Tagesfragen (ET) 1964, 201 sowie 1965, 483 = Rechtsfragen der Energiewirtschaft Bd. II, S. 155, 165
170   OLG Oldenburg, ET-Rechtsbeilage 1975, 45; OLG Nürnberg, Urt. vom 20. 9. 1973 – 2 U 22/73 –, EzGuG; LG Koblenz, ET-Rechtsbeilage 1954, 106; LG Düsseldorf ET-Rechtsbeilage 1961, 82; LG Aachen ET-Rechtsbei-lage 1962, 3; OLG Hamm, Urt. vom 27. 6. 1968
171   OLG Düsseldorf, Beschl. vom 24. 5. 1965, zit. bei Fischerhof in NJW 1970, 37; LG Heilbronn in ET-Rechts-beilage 1970, 37
172   OLG Hamm, Urt. vom 14. 3. 1961 – 10 U 3/60 –, EzGuG 14.13 c
173   BGH, Urt. vom 1. 2. 1982 – III ZR 100/80 –, EzGuG 14.70
174   OLG Hamm, Urt. vom 28. 11. 1983 – 22 U 23/83 –, EzGuG 14.75
175   BGH, Urt. vom 9. 11. 1959 – III ZR 149/58 –, EzGuG 14.11
176   OLG Hamm, Urt. vom 28. 6. 1968 – 10 U 133/67 –, EzGuG 14.33 a
177   OLG Hamm, Urt. vom 3. 10. 1961 – 10 U 5/61 –, EzGuG 14.1
178   OLG Celle, Urt. vom 1. 2. 1963 – 4 U 211/60 –, EzGUG 8.6
179   OLG Nürnberg, Urt. vom 24. 9. 1969 – 4 U 40/69 –, EzGuG 14.38
180   OLG Hamm, Urt. vom 17. 2. 1970 – 10 U 118/69 –, EzGuG 14.40
181   OLG Celle, Urt. vom 1. 9. 1978 – 4 U 58/76 –, EzGuG 14.60
182   OLG Hamm, Urt. vom 11. 3. 1982 – 22 U 81/81 –, EzGuG 14.72
183   OLG Köln, Urt. vom 9. 4. 1963 – 9 U 2/63 –, EzGuG 14.15 a
184   OLG Düsseldorf, Urt. vom 24. 5. 1965
185   OLG Celle, Urt. vom 22. 7. 1966
186   OLG Köln, Urt. vom 12. 7. 1963 – 9 U 21/63 –, EzGuG 14.16
187   OLG Hamm, Urt. vom 20. 9. 1977 – 10 U 76/77 –, EzGuG 4.53
188   BGH, Urt. vom 13. 3. 1991 – VIII ZR 373/89 –, EzGuG 14.98
189   OLG Celle, Urt. vom 12. 10. 1979 – 4 U 82/79 –, EzGuG 14.63 a
190   VGH Mannheim, Urt. vom 14. 5. 1996 – 10 S 1/96 –, EzGuG 14.126

400   *Beispiel:*

Eine unterirdische Erdgasleitung überquert das Grundstück im rückwärtigen Teil. Der 10 m breite Schutzstreifen darf nicht überbaut werden. Das Grundstück ist 1 008 m² groß und Bauland. Die bauliche Ausnutzung wird nicht beeinträchtigt.

Abb. 46: Lageplan

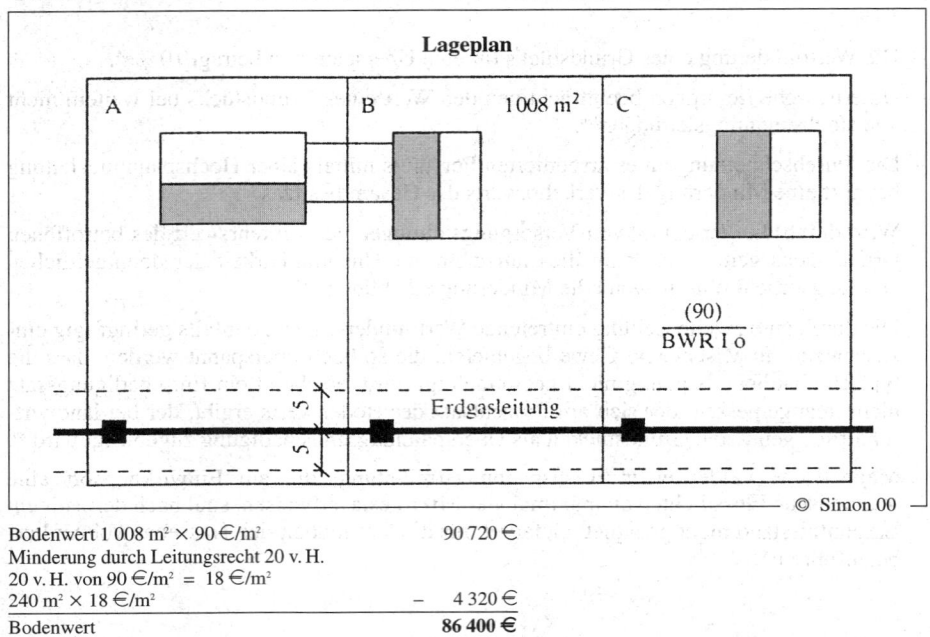

Bodenwert 1 008 m² × 90 €/m²   90 720 €
Minderung durch Leitungsrecht 20 v. H.
20 v. H. von 90 €/m² = 18 €/m²
240 m² × 18 €/m²   − 4 320 €
Bodenwert   **86 400 €**

401   Die nachfolgenden Abbildungen geben einen Anhalt über den Grad der Nutzungsbeeinträchtigungen, die durch Leitungsrechte entstehen können.

Abb. 47: Geringe Beeinträchtigung

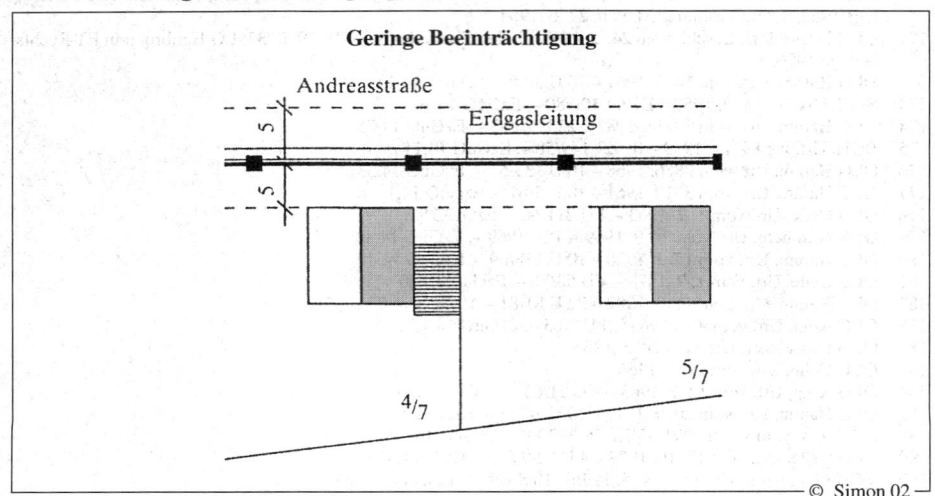

Abb. 48: Erhebliche Beeinträchtigung

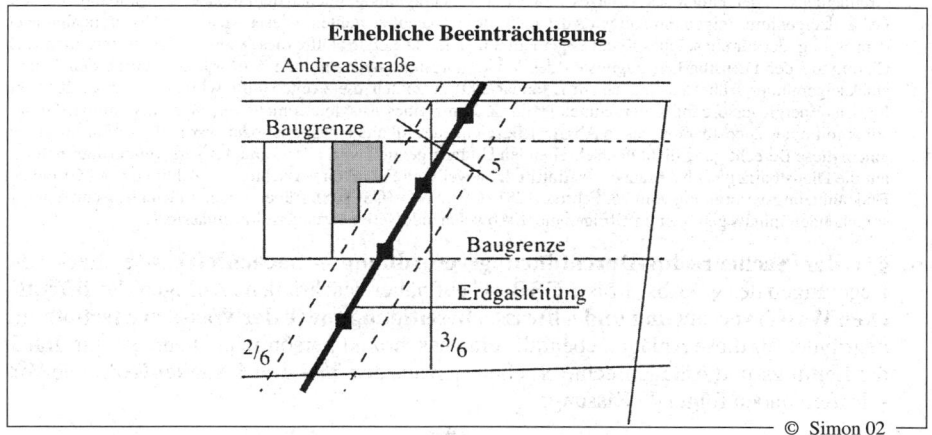

Erhebliche Beeinträchtigung

© Simon 02

Abb. 49: Starke Beeinträchtigung

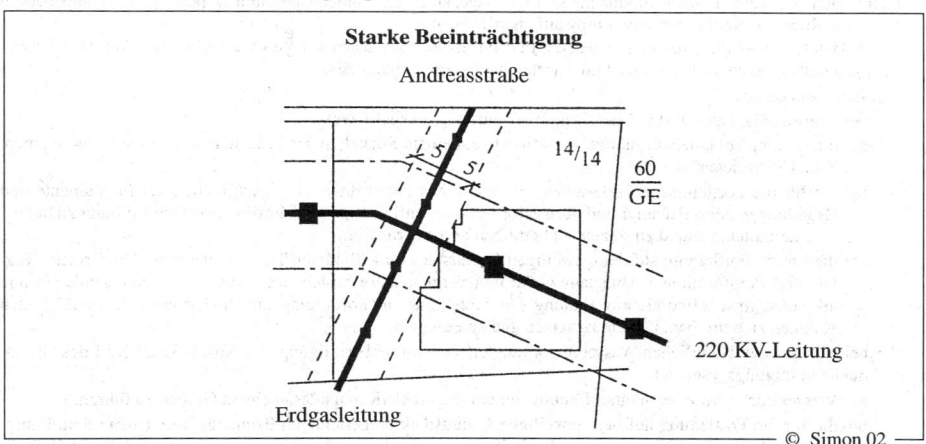

Starke Beeinträchtigung

© Simon 02

4.2.7.2   Besonderheiten für die neuen Bundesländer

▸ *Allgemeines vgl. § 1 WertV Rn. 36*

Zur rechtlichen Sicherung von Leitungsrechten in den neuen Bundesländern gelten eine **402**
Reihe von **Besonderheiten:**

a) **§ 9 des Grundbuchbereinigungsgesetzes – GBBerG – begründet** zur Absicherung **403**
der Energieanlagen in den neuen Bundesländern **beschränkt persönliche Dienstbarkeiten zugunsten des jeweiligen Versorgungsunternehmens.** Um die Eintragung dieser *gesetzlich begründeten* Dienstbarkeiten in das Grundbuch zu ermöglichen, sieht das
GBBerG ein Bescheinigungsverfahren vor. Das Versorgungsunternehmen kann danach
die Grundbuchberichtigung beantragen und muss hierfür entweder dem Grundbuchamt
durch eine öffentliche oder eine öffentlich beglaubigte Urkunde den Verlauf der Leitung
auf den betreffenden Grundstücken nachweisen oder aber eine Bewilligung des Grundstückseigentümers vorlegen. Die Entschädigung ist in § 9 Abs. 3 GBBerG wie folgt
geregelt:

„(3) Das Versorgungsunternehmen ist verpflichtet, dem Eigentümer des nach Absatz 1 mit dem Recht belasteten Grundstücks, in den Fällen des Absatzes 1 Satz 1 als Gesamtgläubiger neben dem Inhaber des Erbbaurechts oder Gebäudeeigentums, einen einmaligen Ausgleich für das Recht zu zahlen. Dieser Ausgleich bestimmt sich nach dem Betrag, der für ein solches Recht allgemein üblich ist. Die erste Hälfte dieses Betrags ist unverzüglich nach Eintragung der Dienstbarkeit zugunsten des Versorgungsunternehmens und Aufforderung durch den Grundstückseigentümer, frühestens jedoch am 1. Januar 2001 zu zahlen, die zweite Hälfte wird am 1. Januar 2011 fällig. Das Energieversorgungsunternehmen ist zur Zahlung eines Ausgleichs nicht verpflichtet, wenn das Grundstück mit einer Dienstbarkeit des in Absatz 1 bezeichneten Inhalts belastet ist oder war und das Grundstück in einem diese Berechtigung nicht überschreitenden Umfang genutzt wird oder wenn das Versorgungsunternehmen auf die Dienstbarkeit nach Absatz 6 vor Eintritt der jeweiligen Fälligkeit verzichtet hat. Zahlungen auf Grund der Bodennutzungsverordnung vom 26. Februar 1981 (GBl. I Nr. 10, S. 105), früherer oder anderer Vorschriften entsprechenden Inhalts genügen im Übrigen nicht. Abweichende Vereinbarungen sind zulässig."

404   b) § 1 der Sachenrechts-Durchführungsverordnung – SachenRDV – erstreckt die Regelungen des § 9 Abs. 1 bis 7 GBBerG auf näher beschriebene **Anlagen der öffentlichen Wasserversorgung und Abwasserbeseitigung sowie der Wasserwirtschaft** und begründet für diese Anlagen ebenfalls eine beschränkt persönliche Dienstbarkeit. Inhalt der Leitungs-und Anlagenrechte ergeben sich aus den **§§ 4 und 5 SachenRDV.** Die Vorschriften haben folgende Fassung:

„§ 4
Inhalt der Leitungs- und Anlagenrechte

(1) Die nach § 9 Abs. 1 des Grundbuchbereinigungsgesetzes entstandene beschränkt persönliche Dienstbarkeit umfasst das Recht, in eigener Verantwortung auf eigenes Risiko

1. das belastete Grundstück für den Betrieb, die Instandsetzung und Erneuerung einschließlich Neubau von Energieanlagen und Anlagen nach § 1 Satz 1 zu betreten oder sonst zu benutzen,

2. auf dem Grundstück

   a) bei Energieanlagen (§ 9 Abs. 1 des Grundbuchbereinigungsgesetzes)

      aa) die Leitung auf einem Gestänge, auf Masten, auf einem Sockel, in der Erde, in einem Tunnel oder in einem Kanal zu verlegen,

      bb) die für die Fortleitung erforderlichen Einrichtungen (Buchstabe aa) einschließlich der Fundamente und Gründungen nebst Zubehör und dazu erforderliche Einrichtungen zur Informationsübermittlung zu halten, zu unterhalten, instand zu setzen, zu betreiben und zu erneuern,

      cc) die für die Fortleitung auf dem jeweiligen Grundstück eingerichteten Transformatoren-, Umformer-, Regler- und Pumpstationen, Umspannwerke und vergleichbare bestehende Sonder- und Nebenanlagen und alle sonstigen für Energieumwandlung, Druckregelung und Fortleitung auf dem Grundstück eingerichteten Anlagen zu betreiben, instand zu setzen und zu erneuern,

   b) bei Anlagen der öffentlichen Wasserversorgung oder Abwasserbeseitigung (§ 9 Abs. 9 Satz 1 Nr 1 des Grundbuchbereinigungsgesetzes)

      aa) Wasser oder Abwasser in einer Leitung, einem (Sammel-)Kanal oder in einem Graben zu führen,

      bb) die für die Fortleitung auf dem jeweiligen Grundstück eingerichteten Brunnen, Brunnengalerien, Pumpwerke, Wassertürme, Regenwasserrückhaltebecken, Absturzwerke, öffentliche Sammelbecken und ähnliche Sonder- und Nebenanlagen zu betreiben, zu unterhalten, instand zu setzen und zu erneuern,

   c) bei Hochwasserrückhaltebecken (§ 9 Abs. 9 Satz 1 Nr 2 des Grundbuchbereinigungsgesetzes) diese einschließlich der zu ihrer Anlage errichteten Dämme und Deiche und der erforderlichen Entwässerungsgräben und ähnliche Nebenanlagen zu betreiben, zu unterhalten, zu bepflanzen, soweit dies zum Schutz der Anlage geboten ist, und bei Hochwasser vollständig oder teilweise zu überfluten,

   d) bei Schöpfwerken und gewässerkundlichen Messanlagen (§ 9 Abs. 9 Satz 1 Nr. 2 und 3 des Grundbuchbereinigungsgesetzes) das Schöpfwerk und die gewässerkundliche Messanlage einschließlich dafür erforderlicher Leitungen und Datenübertragungsanlagen zu betreiben, zu unterhalten oder zu erneuern.

Die Fortleitung schließt die Förderung und Sammlung mit ein. Für den Inhalt der beschränkt persönlichen Dienstbarkeit sind Art und Umfang der gesicherten Anlage am 3. Oktober 1990 maßgeblich.

(2) Absatz 1 gilt entsprechend gegenüber einem Erbbauberechtigten oder Gebäudeeigentümer.

(3) Die Dienstbarkeit umfasst ferner das Recht, von dem Grundstückseigentümer, Gebäudeeigentümer und Erbbauberechtigten zu verlangen, dass er keine baulichen oder sonstigen Anlagen errichtet oder errichten lässt und keine Einwirkungen oder Maßnahmen vornimmt, die den ordnungsgemäßen Bestand oder Betrieb der in Absatz 1 genannten Anlagen beeinträchtigen oder gefährden. Bei Energieanlagen umfasst die Dienstbarkeit insbesondere das Recht, von dem Grundstückseigentümer, Erbbauberechtigten und Gebäudeeigentümer zu verlangen, dass er in einem in der Bescheinigung (§ 7 Abs. 2) zu bezeichnenden Schutzstreifen

1. keine leitungsgefährdenden Stoffe anhäuft,

2. duldet, dass Anpflanzungen und Bewuchs, auch soweit sie nicht in den Schutzstreifen hineinreichen, so gehalten werden, dass sie den Bestand und den Betrieb der Anlage nicht gefährden, und, soweit dies der Fall ist, entfernt werden,

3. das Gelände im Schutzstreifen nicht erhöht oder abträgt und

4. einen auf dem Grundstück befindlichen Wald so bewirtschaftet, dass Betrieb und Nutzung der Anlage nicht gestört werden.

Das Freischneiden von Leitungstrassen kann nicht verlangt werden. Breite und Anordnung des Schutzstreifens bestimmen sich nach den für die Anlage am 3. Oktober 1990 geltenden technischen Normen, wenn solche nicht bestehen, nach sachverständiger Beurteilung. Maßgeblich ist der jeweils bestimmte Mindestumfang. Soweit der Schutzstreifen nach dem 2. Oktober 1990 schmaler sein kann, beschränkt er sich auf diesen Umfang. Ist das Recht bereits im Grundbuch eingetragen, können alle Beteiligten wechselseitig die Anpassung des Schutzstreifens verlangen.

(4) Abweichend von Absatz 3 Satz 1 kann auf Grund der Dienstbarkeit die Beseitigung bestehender baulicher Anlagen nicht verlangt werden, die

1. nach der Energieverordnung vom 1. Juni 1988 (GBl. I Nr. 10, S. 89) sowie den dazu ergangenen Durchführungsbestimmungen,

2. nach dem Wassergesetz vom 2. Juli 1982 (GBl. I Nr. 26, S. 467) insbesondere seinen §§ 30 und 40,

3. der Ersten Durchführungsverordnung zum Wassergesetz vom 2. Juli 1982 (GBl. I Nr. 26, S. 477), die durch die Vierte Durchführungsverordnung zum Wassergesetz vom 25. April 1989 (GBl. I Nr. 11, S. 151) geändert worden ist,

4. der Dritten Durchführungsverordnung zum Wassergesetz (Schutzgebiete und Vorbehaltsgebiete) vom 2. Juli 1982 (GBl. I Nr. 26 S. 487),

5. den Abwassereinleitungsbedingungen vom 22. Dezember 1987 (GBl. I Nr. 3, S. 27) oder

6. den Wasserversorgungsbedingungen vom 26. Januar 1978 (GBl. I Nr. 6, S. 89), geändert durch die Anordnung zur Änderung der Wasserversorgungsbedingungen vom 15. Januar 1979 (GBl. I Nr. 6, S. 60)

zulässig waren. Der Grundstückseigentümer, Gebäudeeigentümer oder Erbbauberechtigte darf ein ihm gehörendes Gebäude oder eine ihm gehörende Anlage weiterhin in dem am 3. Oktober 1990 zulässigen Rahmen nutzen, instandsetzen und erneuern, soweit eine Leitungsgefährdung nicht zu befürchten ist.

(5) Die Ausübung der Dienstbarkeit richtet sich nach den örtlichen Verhältnissen und kann einem Dritten überlassen werden.

(6) Die Bescheinigung nach § 7 ersetzt die Bescheinigung nach § 1059 a Nr. 2 Satz 2 in Verbindung mit § 1092 Abs. 2 des Bürgerlichen Gesetzbuchs.

§ 5
Bestandsschutz

Wenn nach dem 24. Dezember 1993 die Voraussetzungen für eine Verpflichtung zur Duldung von Energieanlagen nach den in § 9 Abs. 2 des Grundbuchbereinigungsgesetzes genannten Bestimmungen eintreten, bleibt die zuvor begründete Dienstbarkeit bestehen. Soweit die Allgemeinen Versorgungsbedingungen dem Versorgungsunternehmen weitergehende Rechte einräumen, sind diese maßgeblich. Die Sätze 1 und 2 gelten für die in § 9 Abs. 9 Satz 1 des genannten Gesetzes bezeichneten Anlagen entsprechend."

4.2.7.3   Verzinsung der Entschädigung

Die **Entschädigung bemisst sich nach dem Grundstückswert in dem Zeitpunkt, zu**   **405**
dem der Grundstückseigentümer die Dienstbarkeit eingeräumt hat. Er kann dann aus der Entschädigung Zinsen ziehen. „Rückwirkende Enteignungszinsen" über einen möglicherweise weit zurückreichenden Zeitraum, über den die Inanspruchnahme des Grundstücks entschädigungslos hingenommen wurde, liefen auf eine Doppelentschädigung hinaus, weil der Grundstückseigentümer damit an der Bodenwertsteigerung zusätzlich partizipieren würde[191].

4.2.7.4   Bahnunterfahrung

Die für die Entschädigung von Leitungsdienstbarkeiten entwickelten **Grundsätze** sind für   **406**
entsprechend gesicherte Bahnunterfahrungen übertragen worden[192]. Dabei gilt es jedoch eine Reihe von Besonderheiten zu berücksichtigen:

---

191 Edelmann, G., Dienstbarkeiten für Versorgungsleitungen – zur Höhe und Verzinsung der Entschädigung, Energiewirtschaftliche Tagesfragen (ET) 1978, 24 f.; OLG Hamm, Urt. vom 29. 8. 1964 – 10 U 133/63 –, EzGuG 14.21

192 BGH, Urt. vom 1. 2. 1982 – III ZR 93/80 –, EzGuG 14.69

a) Im Gegensatz zu Leitungsdienstbarkeiten, die i. d. R. so gestaltet sind, dass im Bereich einer Schutzzone das Anpflanzen tief wurzelnder Bäume und die Errichtung von Gebäuden ausgeschlossen wird, werden z. B. U-Bahnröhren so verlegt, dass die **bauliche Nutzung des Grundstücks** nicht eingeschränkt wird. Allerdings wird der Eigentümer vielfach auch hier gehindert sein, z. B. ein zweites Kellergeschoss (Tiefgarage) anzulegen.

b) Im Gegensatz zu „ruhenden" Versorgungsleitungen muss mit **Erschütterungen** infolge des Bahnbetriebs einhergehend mit der Gefahr von Bauschäden und Nutzungsbelästigungen gerechnet werden. Selbst wenn solche Einwirkungen auszuschließen sind, kann eine Wertminderung i. S. eines **merkantilen Minderwerts** nicht ausgeschlossen werden[193].

407   *Debus*[194] kommt auf Grund einer Rundfrage unter 13 deutschen Großstädten mit Bahnunterfahrungen zum Ergebnis, dass eine Entschädigung von 1,25 % bis 30 % des Bodenwerts der Schutzstreifenfläche üblich ist. Bei einem Abstand von ca. 15 m der Geländeoberkante bis zur Oberkante der Schutzzone werde zumeist eine Entschädigung von **5 % des Bodenwerts der Schutzzone** gewährt.

408   In der bisher ergangenen **Rechtsprechung** sind folgende **Grundsätze** entwickelt worden:

a) Das mit dem U-Bahn-Betrieb verbundene „gewisse Prozessrisiko" wird als sehr gering eingeschätzt und rechtfertige eine Wertminderung[195].

b) Die betriebsnotwendige Lärmeinwirkung und Erschütterung schlägt in aller Regel auf den Verkehrswert des belasteten Grundstücks durch.

c) Bedeutsam für die Wertminderung ist die Größe der untertunnelten Fläche[196].

d) Der Wert der Gebäude auf dem Grundstück muss bei der Entschädigungsbemessung unberücksichtigt bleiben, wenn die Gebäude in ihrer Substanz vom U-Bahn-Bau und ihrem Betrieb nicht betroffen sind.

e) Die Ermittlung der Entschädigungshöhe allein nach dem Bodenwert widerspricht nicht der Rechtsprechung des BGH (Urt. vom 1. 2. 1982, a. a. O.), in der es für zulässig befunden wurde, die Entschädigung vom Gesamtwert des Grundstücks her zu ermitteln, jedoch nicht für rechtlich geboten erachtet wurde[197].

4.2.8   Wettbewerbsbeschränkende Dienstbarkeit (Konkurrenz- und Sortimentsklauseln)

▶ *Allgemeines vgl. § 17 WertV Rn. 103 ff.*

409   Bei dem durch eine Grunddienstbarkeit abgesicherten **Bierbezugsvertrag** liegt eine Sonderform der Dienstbarkeit vor. Sie wird in diesem speziellen Fall dazu benutzt, eine Bezugsbindung des jeweiligen Grundstückseigentümers an einer Brauerei abzusichern.

410   Eine **positive Leistungspflicht kann nicht Inhalt einer Dienstbarkeit sein.** Die Pflicht zum ausschließlichen Ausschank und Verkauf von Bier einer bestimmten Brauerei oder eines Bierverlegers ist daher ein unzulässiger Inhalt einer Dienstbarkeit[198]. Das Verbot zum Ausschank oder Verkauf von Bier ist hingegen als **Inhalt einer Dienstbarkeit** zulässig (Unterlassungsdienstbarkeit)[199].

411   Brauereien und Bierverleger umgehen die §§ 1018 und 1090 BGB (Dienstbarkeiten), indem sie die Untersagung jeglichen **Bierausschanks und Verkaufs als Grunddienstbarkeit dinglich absichern lassen** und zugleich einen schuldrechtlichen Ausschließlichkeitsvertrag abschließen, der den Grundstückseigentümer zwingt, ausschließlich Bier ihrer Brauerei bzw. ihres Vertriebs abzunehmen, auszuschenken und zu verkaufen. Diese Rechtskonstruktion ist möglich[200]. Es wird praktisch ein dingliches Recht (Unterlassungsdienstbarkeit) bestellt, auf dessen Ausübung schuldrechtlich verzichtet wird (vgl. Abb. 50). Der Eigentümer des Grundstücks soll nicht etwa kein Bier ausschenken und verkaufen, sondern dies gerade im Verhältnis zum dinglich Berechtigten tun.

Abb. 50: Wettbewerbsbeschränkende Dienstbarkeiten

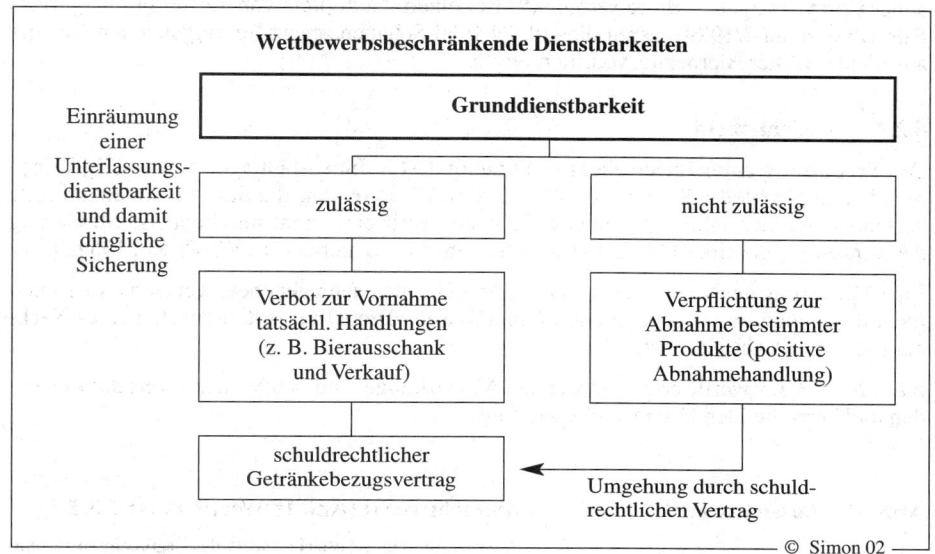

Vor Jahren waren **Laufzeiten von Bierlieferungsverträgen** von mehr als 30 Jahren üblich. **412** Nach einer Entscheidung des BGH[201] liegt nun die Grenze für die Bindung eines Wirtes an eine Brauerei oder einen Bierverleger bei höchstens 20 Jahren. Nach der neueren Rechtsprechung besteht die Tendenz, die höchstzulässige Bindungsdauer in Ansehung des § 138 Abs. 1 BGB noch weiter herabzusetzen[202].

Für die Wertermittlung gilt: Es liegt eine **Unterlassungsdienstbarkeit** vor, die eine Grund- **413** stücksbelastung darstellt und das Eigentumsrecht einschränkt. Die Höhe der Wertminderung ist schwer einschätzbar. Sie wird vom Standort des Objekts, des möglichen Hektoliterumsatzes und dem Bekanntheitsgrad und dem „Ruf" des Berechtigten abhängen.

Bei Verstößen gegen die Bierbezugsverpflichtung werden derzeit üblicherweise 40 bis **414** 50 DM je Hektoliter fremdbezogenes Bier (Fass- und Flaschenbier) als pauschalisierter Schadensersatz berechnet[203].

---

193   BGH, Urt. vom 2. 4. 1981 – III ZR 186/79 –, EzGuG 4.75
194   Debus in GuG 1994, 7
195   BGH, Urt. vom 1. 2. 1982 – III ZR 93/80 –, EzGuG 14.69; OLG Hamm, Urt. vom 3. 7. 1989 – 22 U 185/88 –, EzGuG 14.85 a; OLG Frankfurt am Main, Urt. vom 31. 3. 1988 – 1 U 15/85 –, EzGuG 14.82 a
196   BGH, Beschl. vom 28. 6. 1984 – III ZR 187/83 –, EzGuG 14.77
197   LG Bielefeld, Urt. vom 16. 4. 1990 – 5 O 356/87 –, GuG 1993, 190 = EzGuG
198   BGH, Beschl. vom 30. 1. 1959 – V ZB 31/58 –, EzGuG 14.9; für die dingliche Absicherung einer positiven Leistungspflicht kennt das BGB das Rechtsinstitut der Reallast (vgl. § 1105 BGB). Es ist ein Verwertungsrecht, ähnlich dem Grundpfandrecht. Der Berechtigte hat die Befugnis, das belastete Grundstück im Wege der Zwangsversteigerung zu verwerten und sich durch den Erlös in Geld zu befriedigen. Ein Bierbezugsvertrag bedeutet jedoch lediglich eine Gegenleistung in Geld für das gelieferte Bier. Diese Gegenleistung kann nicht Inhalt einer Reallast sein (vgl. Joost in JZ 1979, 467).
199   Baur in Soergel, a. a. O., § 1090 Rn. 16
200   BGH, Urt. vom 18. 5. 1979 – V ZR 70/78 –, EzGuG 14.61; BGH, Urt. vom 13. 7. 1979 – V ZR 122/77 –, EzGuG 14.63; BGH, Urt. vom 16. 10. 1956 – I ZR 2/56 –, EzGuG 14.1 a; BGH, Urt. vom 23. 11. 1951 – I ZR 24/51 –, EzGuG 14.2 a; BGH, Urt. vom 17. 10. 1971 – VIII ZR 91/72 –, EzGuG 14.48 b; BGH, Urt. vom 2. 10. 1969 – V ZR 10/68 –, EzGuG 14.38 a
201   BGH, Urt. vom 21. 3. 1990 – VIII ZR 49/89 –, GuG 1990, 102 = EzGuG 14.88
202   BGH, Urt. vom 21. 3. 1990 – VIII ZR 49/89 –, GuG 1990, 102 = EzGuG 14.88
203   BGH, Urt. vom 22. 2. 1989 – VIII ZR 45/88 –, EzGuG 14.84 c

415   Als Entschädigung werden auch 20 % des jeweils gültigen Brauereibezugspreises für alle anderweitig bezogenen Biere vereinbart. Bei einem Nettopreis von 120 €/hl obergäriges Bier (Preisstand 7/1989) wären dies rd. 24 €/hl Schadensersatz für entgangenen Gewinn aus nicht erfüllter Bierbezugsverpflichtung[204].

4.2.9   Aussichtsrecht

416   Die **Verbauung einer freien Sicht** stellt zumindest in Innenstadtlagen regelmäßig keinen rechtlichen Nachteil i. S. von § 47 Abs. 2 Satz 1 VwGO dar, die durch Normenkontrolle verhindert werden könnte[205]; gleichwohl kann damit eine nicht unerhebliche Minderung des Verkehrswerts eines Grundstücks einhergehen (vgl. hierzu § 14 WertV Rn. 195 ff.).

417   Eine Minderung des Verkehrswerts ist regelmäßig auch dann gegeben, wenn das Aussichtsrecht durch eine **beschränkt persönliche (Grund-)Dienstbarkeit** zugunsten eines Nachbargrundstücks gesichert ist.

418   Nach Nr. 5.3.3.5 WertR ermitteln sich die Auswirkungen auf den Verkehrswert des dienenden und herrschenden Grundstücks wie folgt:

Abb. 51: Aussichtsrecht

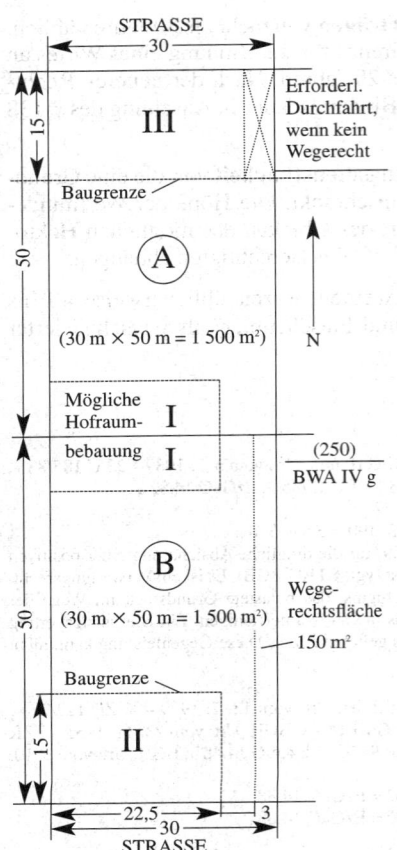

Aussichtsrecht (Anl. 18 WertR zu Nr 5.3.3.5)

Auswirkung eines Aussichtsrechts des begünstigten Grundstücks (A) und des belasteten Grundstücks (B)

Infolge des Aussichtsrechts zugunsten des jeweiligen Eigentümers des Grundstücks (A) darf das unbebaute Grundstück (B) nur eingeschossig bebaut werden. Nach den baurechtlichen Vorschriften wären zwei Geschosse zulässig. Der Bauwich hat eine Breite von 3 m, die vordere Baulinie liegt 4 m, die hintere Baulinie 16 m hinter der straßenseitigen Grundstücksgrenze.

Beispiel 8.1
baurechtlich zulässige. GFZ: 0,2
Bodenrichtwert: 50 DM/m²

W e r t   d e s   b e g ü n s t i g t e n   G r u n d s t ü c k s (A)
Die Lagewertsteigerung des begünstigten Grundstücks wird auf der Grundlage der durch das Aussichtsrecht gesteigerten Nutzungsmöglichkeit bzw. Rentierlichkeit bei der gegebenen landschaftlichen Situation zu 20 v. H. des Bodenwerts veranschlagt.
50 DM/m² + 20 v. H. = 60 DM/m²

W e r t   d e s   b e l a s t e t e n   G r u n d s t ü c k s   (B)
Das Grundstück wird nur hinsichtlich der Gestaltung des Gebäudes, insbesondere der Geschosszahl, nicht jedoch bezüglich des zulässigen Maßes der baulichen Nutzung beeinträchtigt. Dieser Nachteil wird mit 10 v. H. veranschlagt.
50 DM/m² – 10 v. H. = 45 DM/m²

Beispiel 8.2
Baurechtlich zulässige GFZ: 0,4
Bodenrichtwert: 65 DM/m²

W e r t   d e s   b e g ü n s t i g t e n   G r u n d s t ü c k s (A)
Die Lagewertsteigerung des begünstigten Grundstücks wird auf der Grundlage der durch das Aussichtsrecht gesteigerten Nutzungsmöglichkeit bzw. Rentierlichkeit bei der besonderen landschaftlichen Situation zu 35 v. H. des Bodenwerts veranschlagt.
65 DM/m² + 35 v. H. = 88 DM/m²

W e r t   d e s   b e l a s t e t e n   G r u n d s t ü c k s   (B)
Das öffentlich-rechtliche zulässige Maß der baulichen Nutzung des durch das Aussichtsrecht belasteten Grundstücks wird auf rd. die Hälfte eingeschränkt (Abschlag rd. 20 v. H.). Zusätzlich wird die Planungsfreiheit beschränkt (Abschlag wie bei 8.1 (B) rd. 10 v. H.).
65 DM/m² – 30 v. H. = 46 DM/m²

4.2.10 Belegungsrecht

Von einem Belegungsrecht (Besetzungsrecht) spricht man, wenn ein **Dritter die Befugnis** **419** **hat, dem Vermieter z. B. einen Wohnungssuchenden zu benennen, mit dem dieser dann einen Mietvertrag abzuschließen hat** (vgl. §§ 26 ff. Wohnraumförderungsgesetz – WoFG-). Für Angehörige des öffentlichen Dienstes regelt § 4 Abs. 5 WoBindG das Belegungsrecht der Wohnungsfürsorgebehörden. Es stellt ein vertraglich begründetes Belegungsrecht, wie auch in anderen Bereichen (z. B. Werkförderungsverträge) dar. Benennungs- und Belegungsrechte können durch beschränkt persönliche Dienstbarkeiten grundbuchlich gesichert werden (§ 27 WoBindG).

Das Belegungsrecht schränkt die Befugnisse des Eigentümers ein und entfaltet damit wert- **420** mindernde Wirkung. Eine Wertminderung kann bereits eintreten, wenn das Belegungsrecht darauf angelegt ist, bestimmten Bevölkerungskreisen zu einer Wohnung auf der Grundlage des allgemeinen Mietpreisniveaus zu verhelfen, die die freie Vermietbarkeit eines Gebäudes in der allgemeinen Anschauung beeinträchtigen. Diese Wertminderung fällt i. d. R. allerdings so gering aus, dass sie kaum nachgewiesen werden kann. Ist das **Besetzungsrecht dagegen mit einer Mietpreisbindung gekoppelt,** so geht damit eine spürbare Wertminderung einher. Sie ist abhängig von
– dem Unterschied zwischen der ortsüblich erzielbaren Miete und der preisgebundenen Miete sowie
– der Dauer der Mietpreisbindung.

Die Wertminderung bemisst sich dann nach dem Barwert der sich aus dem Minderertrag bemessenen Zeitrente, wobei in der Praxis hier der interne Zins der Immobilie zur Anwendung gebracht wird. Da es sich hierbei um eine finanzmathematische Einschränkung der Nutzung des Objektes handelt, kann allerdings auch die Auffassung vertreten werden, dass der allgemeine langfristige Kapitalmarktzinssatz zu Grunde gelegt wird.

Zum Wert eines Besetzungsrechts hat das LG Münster im Urt. vom 21. 6. 1966 aus Anlass **421** eines solchen in einem Versteigerungstermin erloschenen Rechts Stellung genommen: Anhaltspunkt für seinen Wert ist danach der Mietwert der Wohnung und die Restlaufzeit des Besetzungsrechts. Hieran anknüpfend hatte das nordrh.-westf. Ministerium für Wohnungsbau und öffentliche Arbeiten im Erlass vom 4. 10. 1967 (III A 5-4.15-4384/67) als Berechnungsformel für den Wert einer durch Zuschlag im Zwangsversteigerungsverfahren erloschenen beschränkt persönlichen Dienstbarkeit vorgegeben:

$$\text{Wert} = \frac{\text{Jahresmietwert} \times \text{Restlaufzeit des Besetzungsrechts}}{10}$$

4.2.11 Wohnungsrecht

4.2.11.1 Allgemeines

Das Wohnungsrecht nach § 1093 BGB ist eine beschränkt persönliche Dienstbarkeit, durch **422** die der Berechtigte ein Gebäude oder ein Gebäudeteil unter Ausschluss des Eigentümers als Wohnung nutzen darf.

Das **Wohnungsrecht ist in § 1093 BGB** wie folgt definiert: **423**

„**§ 1093 BGB [Wohnungsrecht]** (1) Als beschränkte persönliche Dienstbarkeit kann auch das Recht bestellt werden, ein Gebäude oder einen Teil eines Gebäudes unter Ausschluss des Eigentümers als Wohnung zu benutzen. Auf dieses Recht finden die für den Nießbrauch geltenden Vorschriften der §§ 1031, 1034, 1036, des § 1037 Abs. 1 und der §§ 1041, 1042, 1044, 1049, 1050, 1057, 1062 entsprechende Anwendung.

---

204 BGH, Urt. vom 22. 2. 1989 – VIII ZR 45/88 –, EzGuG 14.84 c
205 VGH Mannheim, Normenkontrollbeschl. vom 14. 3. 1990 – 8 S 2599/89 –, UPR 1990, 280; BVerwG, Beschl. vom 9. 2. 1995 – 4 NB 17/94 –, EzGuG 4.159

(2) Der Berechtigte ist befugt, seine Familie sowie die zur standesmäßigen Bedienung und zur Pflege erforderlichen Personen in die Wohnung aufzunehmen.

(3) Ist das Recht auf einen Teil des Gebäudes beschränkt, so kann der Berechtigte die zum gemeinschaftlichen Gebrauche der Bewohner bestimmten Anlagen und Einrichtungen mitbenutzen."

424   Der **Inhalt des Wohnungsrechts** bestimmt sich nach den §§ 1090 bis 1092 BGB sowie auf Grund der Verweisung in § 1093 Abs. 1 BGB nach den dort genannten Vorschriften des Nießbrauchs, nämlich den §§ 1031[206], 1034[207] und 1036 BGB, § 1037 Abs. 1 BGB und den §§ 1041, 1042, 1044, 1049, 1050, 1057 und 1062 BGB. Abweichende und nicht gegen zwingendes Recht verstoßende Vereinbarungen sind zulässig.

425   Das Wohnungsrecht umfasst auch die **Befugnis zur Benutzung von Anlagen und Einrichtungen außerhalb des Gebäudes, wenn dies wesensmäßig zum Wohnen dazugehört**[208]. Der Wohnungsberechtigte ist (nur) zum Besitz der Wohnung befugt und hat die bisherige wirtschaftliche Bestimmung aufrechtzuerhalten und nach den Regeln der ordnungsgemäßen Wirtschaft zu verfahren; der Wohnungsberechtigte ist nicht berechtigt, die Wohnung umzugestalten und wesentlich zu verändern.

426   Umgangssprachlich wird auch der **Begriff „Wohnrecht"** verwendet, der zumeist das Recht auf ausschließliche Nutzung von Teilen einer Wohnung (z. B. ein Zimmer mit Mitbenutzung des Bades und der Küche) bezeichnet (§§ 1090, 1093 Abs. 3 BGB).

427   Im Unterschied zur beschränkt persönlichen Dienstbarkeit muss das Wohnen der Hauptzweck des Wohnungsrechts sein, jedoch kann eine anderweitige Nutzung vereinbart werden, wenn sie nur Nebenzweck ist. **Unabdingbares Wesensmerkmal ist der Ausschluss des Eigentümers von der Benutzung des Gebäudes oder Gebäudeteils;** Gebäude und Gebäudeteile müssen mithin Gegenstand des Rechts ein. Ob Miete oder Wohnungsrecht gewollt sind, ist in Zweifelsfällen durch Auslegung des Parteiwillens zu ermitteln.

428   Im **Unterschied zum Nießbrauch** gemäß § 1030 BGB, bei dem der Berechtigte *alle* Nutzungen aus dem Grundstück ziehen darf, gewährt das Wohnungsrecht die ausschließliche Nutzung des Grundstücks zum Wohnen (bei Wohnungsrechten an Einfamilienhäuser) oder an einer Wohnung (z. B. bei Wohnungsrechten an einer Wohnung in einem Zweifamilienhaus oder in einem Mietwohngrundstück). Der Nießbraucher kann hingegen alle Nutzungen aus dem Grundstück ziehen.

Bestellung, Übertragung und Löschung eines Wohnungsrechts erfolgen nach den für beschränkt persönliche Dienstbarkeiten geltenden Regeln. Das Wohnungsrecht ist demzufolge auch unveräußerlich (§§ 1092 Abs. 1 Satz 1, § 1093 Abs. 1 BGB) und unvererblich (§§ 1090 Abs. 2, § 1061 Satz 1, § 1093 Abs. 1 Satz 1 BGB).

429   Das Wohnungsrecht ist im **Grundbuch in Abt. II** eingetragen.

430   Da das Wohnungsrecht als eine beschränkt persönliche Dienstbarkeit nicht übertragbar ist, kann sich durch Veräußerung solcher Rechte ein **Verkehrswert im gewöhnlichen Geschäftsverkehr** nicht herausbilden. Allenfalls aus Grundstücksverkäufen, bei denen zugleich ein Wohnungsrecht begründet wird, könnte der Wert des Wohnungsrechts durch Vergleich mit dem Verkehrswert des unbelasteten Grundstücks abgeleitet werden. Aus diesem Grunde verbleibt nur die Möglichkeit, den Wert eines Wohnungsrechts nach den Maßstäben abzuleiten, den ein hypothetischer Erwerber zu zahlen bereit wäre.

4.2.11.2   Wertbildende Parameter

431   Die **wesentlichen wertbeeinflussenden Umstände** sind

– die Nutzungsart,

– die vertragliche Ausgestaltung des Wohnungsrechtsvertrags insbesondere zu den Bewirtschaftungskosten,

– die Lebenserwartung des Berechtigten,
– der Nutzwert und
– der Zinssatz (Abb. 52):

Abb. 52: Wertbildende Parameter

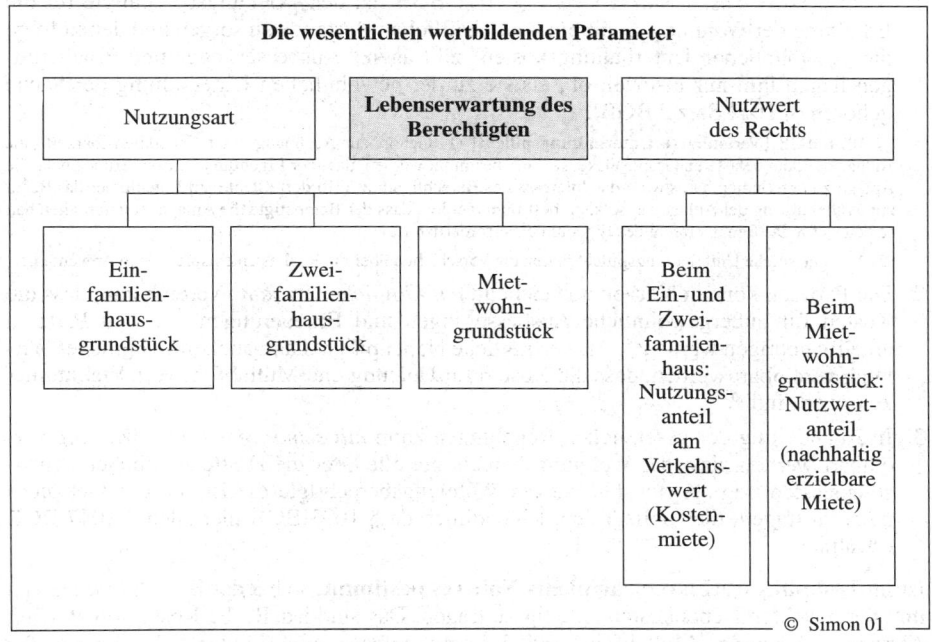

© Simon 01

a) Nutzungart

Von wesentlicher Bedeutung ist zunächst, ob es sich um ein Wohnungsrecht   **432**
– an einem Einfamilienhaus,
– an einer Wohnung in einem Zweifamilienhaus oder
– an einer Wohnung in einem Mietwohnobjekt

handelt. Je nach Nutzungsart ergeben sich unterschiedliche Belastungen für den verpflichteten Eigentümer.

b) Vertragliche Ausgestaltung des Wohnungsrechtsvertrags insbesondere zu den Bewirtschaftungskosten

Von besonderer Bedeutung für die Verkehrswertermittlung sind die **gesetzlichen und ver-**   **433**
traglichen Regelungen zur Ausgestaltung des Wohnungsrechtsvertrags und insbesondere
zu den Bewirtschaftungskosten: Es kann sich um ein entgeltliches oder um ein unentgeltliches Wohnungsrecht handeln.

---

206   Das Wohnungsrecht umfasst auch das Zubehör nach den für den Erwerb des Eigentums geltenden Vorschriften.
207   Der Wohnungsberechtigte kann ebenso wie der Eigentümer den Zustand der Wohnung auf seine Kosten durch einen Sachverständigen feststellen lassen.
208   BGH, Urt. vom 20. 6. 1984 – IVa ZR 34/83 –, EzGuG 14.75 a; RFH, Urt. vom 21. 12. 1928; BayObLG, Urt. vom 17. 1. 1985 – BReg 2 Z 132/84 –, WuM 1988, 164 = BayObLGZ 1985, 31

434   Bei dem **entgeltlichen Wohnungsrecht** hat der Berechtigte die wirtschaftliche Bestimmung aufrechtzuerhalten und nach den Regeln einer ordnungsgemäßen Wirtschaft zu verfahren. Er hat demnach zwar das Recht im Gebäude zu wohnen, muss dafür aber ein Entgelt zahlen, welches sich aber nicht immer mit der marktüblichen Miete deckt. Dabei ist zu klären, welche Bewirtschaftungskosten der Berechtigte trägt.

1. Nach § 1093 Abs. 1 Satz 1 i.V.m. § 1041 BGB hat der Wohnungsberechtigte für die Erhaltung der Wohnung „in ihrem wirtschaftlichen Bestande zu sorgen und demzufolge die „gewöhnlichen Unterhaltungskosten" zu tragen." Ausbesserungen und Erneuerungen liegen ihm nur insoweit ob, als sie zu der gewöhnlichen Unterhaltung der Sache gehören (§ 1041 Satz 2 BGB).

   „**§ 1021 BGB [Vereinbarte Unterhaltungspflicht]** (1) Gehört zur Ausübung einer Grunddienstbarkeit eine Anlage auf dem belasteten Grundstücke, so kann bestimmt werden, dass der Eigentümer dieses Grundstücks die Anlage zu unterhalten hat, soweit das Interesse des Berechtigten es erfordert. Steht dem Eigentümer das Recht zur Mitbenutzung der Anlage zu, so kann bestimmt werden, dass der Berechtigte die Anlage zu unterhalten hat, soweit es für das Benutzerrecht des Eigentümers erforderlich ist.

   (2) Auf eine solche Unterhaltungspflicht finden die Vorschriften über die Reallasten entsprechende Anwendung."

2. Die Parteien können hiervon abweichend *mit dinglicher Wirkung* vereinbaren, dass die Kosten für außergewöhnliche Ausbesserungen und Erneuerungen von den Parteien anteilig getragen werden[209]. Als vertragliche Nebenpflicht kann auch mit dinglicher Wirkung vereinbart werden, dass die Kosten für Heizung und Müllabfuhr vom Eigentümer zu tragen sind[210].

3. In Abänderung der gesetzlichen Regelungen kann *mit schuldrechtlicher Wirkung* vereinbart werden, dass der Wohnungsberechtigte alle oder die Hälfte sämtlicher Grundstückslasten trägt. Ansonsten hat der Wohnungsberechtigte die Lasten des Gebäudes nicht zu tragen; dies obliegt dem Eigentümer, da § 1093 BGB nicht den § 1047 BGB erwähnt.

435   Ist **im Wohnungsrechtsvertrag nichts Näheres bestimmt,** so hat der Berechtigte die von ihm verursachten Nebenkosten anteilig zu tragen. Das sind i.d.R. die Kosten für Wasser, Abwasser, Heizung, Müllabfuhr und Schornsteinfeger, nicht jedoch die Kosten für Straßenreinigung und Gebäudeversicherung[211].

436   Einen **Überblick über die Auswirkungen eines Wohnungsrechts auf den Verkehrswert** gibt Abb. 53.

437   Bei **unentgeltlichen Wohnungsrechten** wird normalerweise unterstellt, dass der Berechtigte nur die Nettokaltmiete (Grundmiete) einspart und alle umlagefähigen Bewirtschaftungskosten zahlt. Das sind üblicherweise alle mit der Bewirtschaftung zusammenhängenden Kosten außer den Verwaltungs- und Instandhaltungskosten. Übernimmt der Eigentümer diese Kosten, einen Teil oder alle umlagefähigen Bewirtschaftungskosten, entsteht dem Berechtigten ein über die reine Ersparnis der Nettokaltmiete hinausgehender Vorteil, der bei der Wertermittlung des Rechts ebenso wie bei der Wertermittlung der Belastung des Verpflichteten zu berücksichtigen ist.

c) Lebenserwartung des Berechtigten

438   Die ein Grundstück belastenden beschränkt persönlichen Dienstbarkeiten gehören zu den rechtlichen Gegebenheiten i.S.d. § 194 BauGB, die bei der Verkehrswertermittlung berücksichtigt werden müssen. Hieraus folgt, dass der Verkehrswert derartig belasteter Grundstücke von der Lebenserwartung des dinglich Berechtigten abhängig ist. Im Falle des Ankaufs derartiger Grundstücke muss deshalb bei dem Käufer ein hohes Interesse bestehen, diese Lebenserwartung möglichst genau einzuschätzen. Generell wird dafür in Deutschland die zum jeweiligen Wertermittlungsstichtag letztmalig vom Statistischen Bundesamt Wiesbaden veröffentlichte Allgemeine Sterbetafel bzw. die Abgekürzte Sterbe-

Abb. 53: Wirtschaftliche Auswirkungen des Wohnungsrechts

Wirtschaftliche Auswirkungen des Wohnungsrechts
auf den Verkehrswert von Wohngrundstücken

Grundstücksart	Einfamilienhaus-grundstück	Zweifamilienhaus-grundstück	Mietwohn-grundstück
unentgeltliches Wohnungsrecht			
entgeltliches Wohnungsrecht			

Erheblich wertmindernd

Nicht oder nur geringfügig wertmindernd

© Simon 02

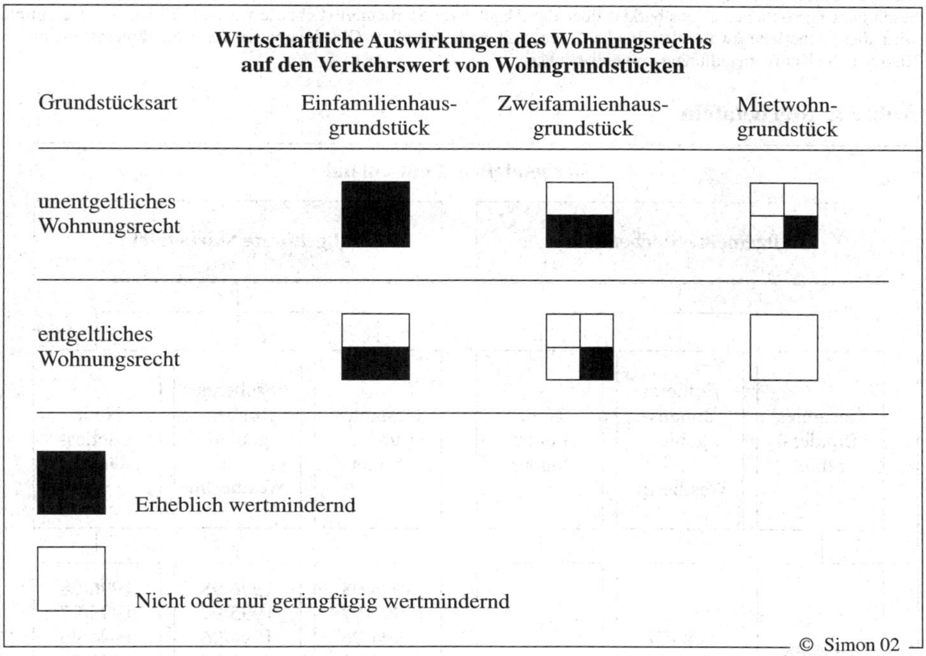

tafel herangezogen[212]. Die Grundlage der Allgemeinen Sterbetafel sind die statistisch gut abgesicherten Volkszählungen. Die Abgekürzten Sterbetafeln beruhen dagegen auf weniger gut abgesicherten Bevölkerungsfortschreibungen. In der Sterbetafel 1994/96 ist z. B. die durchschnittliche Lebenserwartung für eine 65 Jahre alte männliche Person mit ca. 15 Jahren angegeben (Abb. 54).

Legt man diese statistische Größe der Berechnung des Wohnungsrechts zu Grunde, gilt **439** Folgendes:

– Stirbt der Berechtigte vor Ablauf der 15 Jahre, hat der Verpflichtete einen Vorteil.
– Stirbt der Berechtigte genau nach 15 Jahren, entsteht weder für den Berechtigten noch für den Verpflichteten ein Vor- oder Nachteil.
– Stirbt der Berechtigte später als nach 15 Jahren, erleidet der Verpflichtete u. U. einen erheblichen Nachteil.

Die **Sterbetafeln stellen lediglich eine „Absterbeordnung"** dar, bei der nicht berücksich- **440** tigt wird, dass der Berechtigte seine durchschnittliche Lebenserwartung „überlebt", also länger lebt, als nach der Sterbetafel „vorgesehen" (vgl. Rn. 361). Das ist bei Anwendung der Allgemeinen Sterbetafel leicht erkennbar:

Eine 50 Jahre alte Person hat 1998 nach der veröffentlichten Sterbetafel 1994/96 noch eine Lebenserwartung von 26,36 Jahren. Statistisch gesehen muss also im Jahr 2024 mit seinem Ableben bei einem Alter von 76 Jahren gerechnet werden. Ist er aber bereits 76 Jahre alt geworden, wird ihm nach der Sterbetafel noch eine Restlebenserwartung

209   Joost im MünchenerKomm BGB, § 1093 Rn. 8; Soergel/Stürmer, BGB 12. Aufl. 1989, § 1093 Rn. 11; LG Gießen, Urt. vom 10. 1. 1986 7 T 6/86-, Rpfleger 1986, 174
210   Haegele/Schöber/Stöber, Grundbuchrecht, 11. Aufl. 1997 Rn. 1253
211   LG Duisburg, Urt. vom 8. 12. 1987 – 75 434/86 –, EzGuG 14.81b
212   Kleiber in GuG 1999, 217

von 8,36 Jahren eingeräumt. Hätte er auch das Alter von (76 + 8 Jahre =) 84 Jahre erreicht, würde er wiederum noch eine Restlebenserwartung von 5,08 Jahren haben. Wird nun für die 50 Jahre alte Person im Jahr 1998 der Wert einer beschränkt persönlichen Dienstbarkeit über die Abgekürzte Sterbetafel (Lebenserwartung 26,36 Jahre) ermittelt, wird diese Überlebenswahrscheinlichkeit nicht mit berücksichtigt. Gleichwohl wird ein Kaufinteressent dieses Risiko in die Kaufverhandlungen mit einbeziehen.

Abb. 54: Sterbetafeln

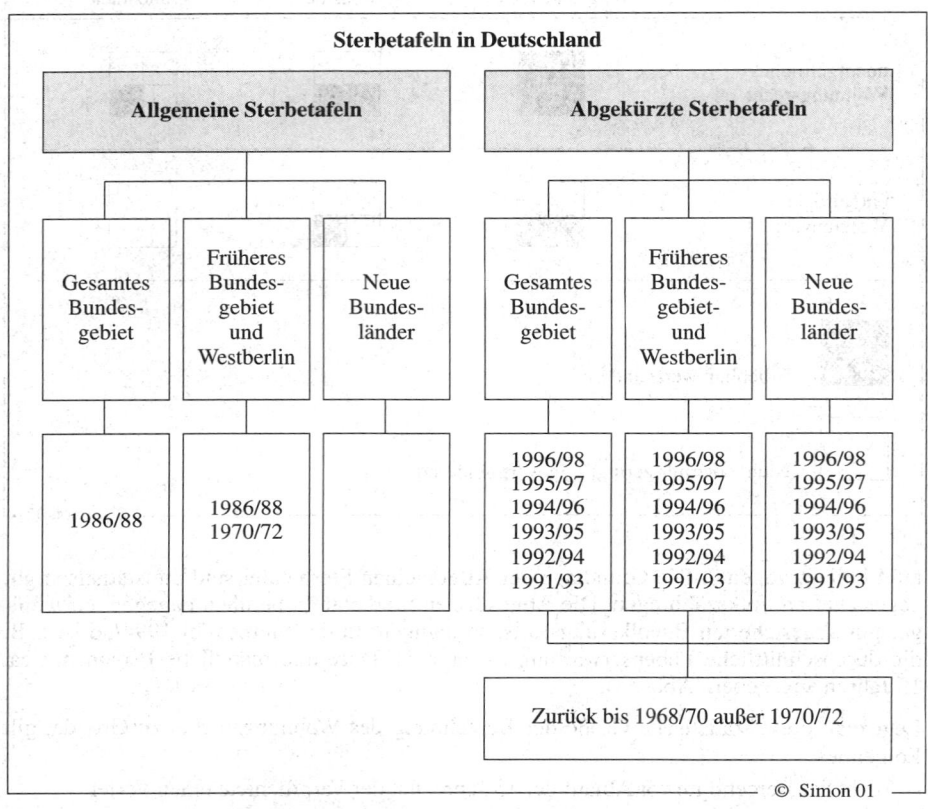

© Simon 01

441   Verkäufe von Objekten, die mit einer beschränkt persönlichen Dienstbarkeit belastet sind, lassen erkennen, dass die Kaufpreise deutlich geringer sind als die Verkehrswerte, die im Standardwertermittlungsverfahren auf der Grundlage der Sterbetafeln ermittelt werden. Diesem Umstand wird in der Praxis der Wertermittlung in Abweichung zum Beispiel der Anl. 20 zur WertR im Allgemeinen durch einen zusätzlichen **Abschlag von 10 bis 15 v. H.**[213] des Werts des belasteten Grundstücks Rechnung getragen. Der Abschlag berücksichtigt im Kern die Unsicherheit der bei der Barwertermittlung vorgenommenen Annahme, dass der Berechtigte nicht länger lebt, als nach der Sterbetafel des Statistischen Bundesamtes ausgewiesen. Die Bestimmung der Höhe des Abschlags ist schwierig, da er praktisch nur aus der persönlichen Erfahrung des Sachverständigen hergeleitet werden kann. Zu dem vorstehenden Ergebnis gelangt man im Übrigen auch, wenn man entsprechend der Rechtsprechung des OLG Bremen[214] einen Zuschlag an den Nutzwert anbringt

442   Zuweilen werden bei der Wertermittlung von beschränkt persönlichen Dienstbarkeiten die in der Versicherungswirtschaft bei Lebensversicherungen angewendeten Anwartschaftsfaktoren herangezogen. Die das angesprochene Problem durch entsprechende Sicherheitszuschläge zu vermeiden suchen. Grundlage ist die Tabelle der Sterblichkeiten, die bei

Lebensversicherern für Rententarife eingesetzt werden. Der Sterbetafel liegt die Kalkulation von Rentenversicherungen auf Anordnung des Bundesaufsichtsamtes für Versicherungswesen seit 1989 zu Grunde (**DAV Sterbetafel 1994 R** für Rentenversicherungen – für Wertermittlungszwecke aufbereitet; vgl. Anh. 3.6.2 [215]). Da die Tabelle nicht jedes Jahr aktualisiert wird, ist bei der Ermittlung der Lebenserwartung auf der Grundlage dieser Tabelle eine sog Altersverschiebung zu berücksichtigen. Sie trägt dem Umstand Rechnung, dass die Lebenserwartung eines Menschen von seinem Geburtsjahr abhängig ist. Das bedeutet, dass ein 60-jähriger, der 1940 geboren wurde, eine andere Lebenserwartung hat, als ein 60-jähriger, der 1930 geboren wurde. Um dies zu berücksichtigen, wird ausgehend von der Basistafel eine Alterverschiebung vorgenommen (Abb. 55):

Abb. 55: Anwendung der DAV Sterbetafel

Alter am Stichtag	65 Jahre
Altersverschiebung Geburtsjahr zwischen 1921 und 1934	+ 3 Jahre
Lebenswahrscheinlichkeit nach der DAV-Sterbetafel bei anrechenbarem Alter von 68 Jahren	19,9 oder rd. 20 Jahre

Gegenüber der Abgekürzten Sterbetafel von 1994/96 des Statistischen Bundesamtes ergibt sich bei einer 65 Jahre alten männlichen Person demnach eine 5 Jahre höhere Lebenserwartung mit entsprechenden Folgen für den Wert des Rechts und des belasteten Grundstücks.   **443**

Gegen die generelle Anwendung der DAV Sterbetafel bei der Verkehrswertermittlung bestehen erhebliche Bedenken. **Gegen die Verwendung der von der Versicherungswirtschaft erarbeiteten Sterbetafel** wird die nicht unbegründete Vermutung vorgebracht, dass mit der dort ausgewiesenen längeren Lebenserwartung Unternehmergewinne sicher angestrebt werden[216]. Umgekehrt kann gegen die Heranziehung der Sterbetafeln des Statistischen Bundesamtes eingewandt worden, dass sie die Lebenserwartung der Gesamtbevölkerung wiedergebe, während die Inhaber von Wohnungsrechten vornehmlich solchen „gehobenen" Bevölkerungskreisen zuzurechnen seien, die eine längere Lebenserwartung als die Durchschnittsbevölkerung aufweise. Will man bezüglich der anzusetzenden Lebenserwartung auf die gruppenspezifische Lebenserwartung abstellen, wäre es konsequent, in einem weiteren Schritt gleich auf die **individuelle Lebenserwartung** überzugehen. Dafür spricht auch der Umstand, dass bei dem Erwerb eines mit einem Wohnungsrecht belasteten Grundstücks im gewöhnlichen Geschäftsverkehr klammheimlich die individuelle gesundheitliche Verfassung des Berechtigten Beachtung findet. Das konkrete Sterbealter könnte praktisch aber nicht anders als durch ärztliche Auskunft in nachvollziehbarer Weise festgestellt werden, was ohne Einwilligung des Betroffenen nicht möglich ist. Die Intimsphäre müsste dabei zurücktreten[217].   **444**

---

213   Simon/Cors/Troll, a. a. O.
214   OLG Bremen, Urt. vom 29. 11. 1967 – U B c 5/67 –, EzGuG 14.3; a. A. Korinthenberg/Wenz/Ackermann, KostO, 6. Aufl. § 24 Anm. II 1
215   DAV Sterbetafel 1994 R; Blätter der Deutschen Gesellschaft für Versicherungsmathematik (DGVM) 1995, 29 ff.; abgedruckt auch in Kleiber/Simon, WertV 98, 5. Aufl. S. 723
216   Kleiber/Simon, WertV 98, a. a. O. S. 723
217   Rechtsstaatlich wäre dies nur unter Wahrung des Verhältnismäßigkeitsgrundsatzes möglich (BVerfG, Urt. vom 8. 3. 1972 – 2 BvR 28/71 –, BVerfGE 32, 379). Bei der Frage, ob dadurch die Würde des Menschen durch Offenbarung ärztlicher Zeugnisse über den Gesundheitszustand verletzt würde, kommt es im Übrigen nicht auf die Art des bescheinigten Befindens als vielmehr auf die Missachtung des Willens an, höchst persönliche Dinge aus der Intimsphäre, wie die gesundheitliche Verfassung, vor fremdem Einblick zu bewahren (BGH, Urt. vom 2. 4. 1957 – VII ZR 9/56 –, BGHZ 24, 72).

445   Bei alledem kann die Heranziehung der DAV Sterbetafel dazu beitragen, dass das Ergebnis der Wertermittlung unter Anwendung dieser Tabelle gewissermaßen die absolute **Obergrenze des oben angesprochenen Abschlags** darstellt, sofern keine anderen plausibel darstellbaren Marktkorrekturen in Betracht kommen.

446   Es ist die jeweils **am Wertermittlungsstichtag geltende Sterbetafel** heranzuziehen[218]. Bei Wertermittlungen auf einen zurückliegenden Stichtag ist sicherzustellen, dass die Sterbetafel herangezogen wird, die am jeweiligen Wertermittlungsstichtag veröffentlicht war. Andernfalls läge ein Verstoß gegen das Stichtagsprinzip vor.

d) Nutzwert

447   **Bei der Ermittlung des Nutzwerts des Rechts muss unterschieden werden, ob das Wohnungsrecht an einem Sachwertobjekt** (z. B. Einfamilienhausgrundstück) **oder an einem Ertragsobjekt** (z. B. Mietwohnung in einem Zweifamilienhaus oder einem Mietwohnobjekt) **besteht.** Bei einem Wohnungsrecht an einem Sachwertobjekt ist der Nutzwert aus dem Verkehrswert des Grundstücks und bei einem Ertragsobjekt aus dem Mietwert der belasteten Wohnung zu ermitteln.

448   Auch Nr 5.3.3.8 i. V. m. Anl. 20 WertR unterscheidet zwischen Sach- und Ertragswertobjekten. Dem liegt die Auffassung zu Grunde, dass der Wert eines Wohnungsrechts aus dem Nutzanteil am Sachwert zu ermitteln ist, wenn das Wohnungsrecht an einer Wohnung in einem Gebäude besteht, dessen Verkehrswert marktkonform nach dem Sachwert ermittelt wird und entsprechend nach dem Ertragswertverfahren (Abb. 56):

Abb. 56: Wertermittlungsverfahren nach WertR

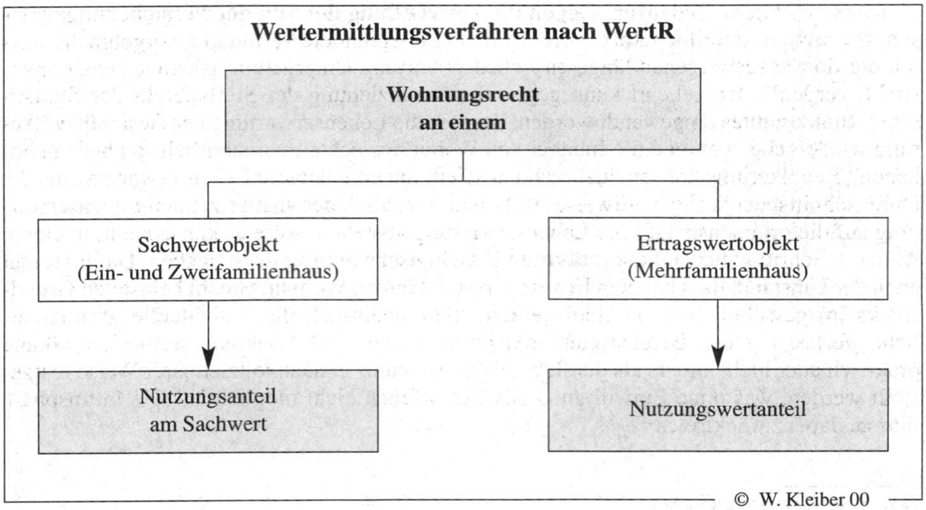

Ermittlung des Nutzwerts bei einem Sachwertobjekt.

449   Bei Sachwertobjekten wird der **Verkehrswert des (fiktiv) unbelasteten Grundstücks in einem Bodenwertanteil und einen Gebäudewertanteil aufgespaltet.** Aus dem Gebäudewertanteil wird der Jahresreinertrag des Gebäudes abgeleitet, indem der Gebäudewertanteil durch den Vervielfältiger geteilt wird, der sich aus der Restnutzungsdauer und dem maßgeblichen Zins ergibt. Zusammen mit dem Verzinsungsbetrag des Bodenwertanteils (Bodenwertverzinsungsbetrag) ergibt sich der Nutzwert p. a. des Rechts:

$$\text{Gebäudewert} = (\text{RE} - p \times \text{BW}) \times \text{V}$$

Ermittelt als
Gebäudesachwert

Nutzwert

Löst man nun die Formel nach dem Reinertrag (RE) auf, der hier als Nutzwert bezeichnet wird, ergibt sich dieser als: **450**

$$\text{Nutzwert p. a.} = \frac{\text{Gebäudewertanteil am Verkehrswert} \times p \times \text{Bodenwert}}{\text{Vervielfältiger}}$$

wobei p = Liegenschaftszinssatz

Sind Grundstückssachwert und Verkehrswert identisch, entspricht der Gebäudesachwert dem Gebäudewertanteil und der Bodenwert dem Bodenwertanteil am Verkehrswert. Da bei Sachwertobjekten der Grundstückssachwert üblicherweise über dem Gebäudewertanteil am Verkehrswert liegt, ist der Gebäudewertanteil am Verkehrswert zu ermitteln. Dazu ist der Verkehrswert im Verhältnis Gebäudesachwert zu Bodenwert aufzuteilen.

Beispiel: **451**

Gebäudesachwert	200 000 € =	71,5 %
Bodenwert	80 000 € =	28,5 %
Grundstückssachwert	280 000 € =	100,0 %
Verkehrswert	250 000 €	
Gebäudewertanteil am Verkehrswert	71,5 % von 250 000 € =	178.750 €
Bodenwertanteil am Verkehrswert	28,5 % von 250 000 € =	71.250 €

Da sich der Reinertrag als Rohertrag (Nettokaltmiete/Grundmiete) abzüglich der Bewirtschaftungskosten definiert, ist der ermittelte **Nutzwertanteil p. a. ggf. um die jährlichen Bewirtschaftungskosten zu erhöhen, soweit sie vom Berechtigten *nicht* getragen werden.** Die ersparten Bewirtschaftungskosten stellen nämlich für ihn insoweit einen weiteren Vermögensvorteil dar. **452**

Verfahrensmäßig vollzieht sich die Ermittlung des Wohnungsrechts hieran anschließend auch bei Sachwertobjekten im Kern nach den **Grundsätzen des Ertragswertverfahrens,** denn der Nutzwert wird letztlich durch Umkehrung des dem Ertragswertverfahren zu Grunde liegenden Verfahrens: **453**

$$\text{EW} = (\text{RE} - p \times \text{BW}) \times \text{V} + \text{BW}$$

Gebäudewertanteil   Bodenwert

wobei
EW ... Ertragswert
BW ... Bodenwert
RE ... Reinertrag
V ... Vervielfältiger des Gebäudes
p ... Liegenschaftszinssatz

In der **Gesamtschau** vollzieht sich die **Ermittlung des Verkehrswerts eines Wohnungsrechts** nach den Verfahrensdiagrammen der Abb. 57 und 58: **454**

---

218 Zur Anwendung im Rahmen von Zugewinnausgleichsverfahren: OLG Koblenz, Urt. vom 13. 7. 1987 – 13 UF 10170/86 –, FamRZ 1988, 64; OLG Naumburg, Urt. vom 2. 3. 2000 – 11 U 142/99, GuG 2001, 59 = EzGuG

Abb. 57: Wert des mit einem Wohnungsrecht belasteten Grundstücks am Sachwertobjekt

Abb. 58: Wert des Wohnungsberechtigten an einem Sachwertobjekt

Wert des Wohnungsberechtigten an einem Sachwertobjekt
Nachhaltig erzielbare Nettokaltmiete p. a.
(+)
Bewirtschaftungskosten, soweit üblicherweise umlagefähig, aber vom Eigentümer getragen
(=)
Bruttonutzwert p. a.
(×)
Vervielfältiger entsprechend Lebenserwartung des Berechtigten
(+)
Zuschlag wegen besserer Position des Berechtigten gegenüber Mieter
(=)
Wert des Wohnungsrechts für den Berechtigten

© Simon 02

Beispiel (vgl. Rn. 472):   **455**

Grundstückssachwert (Verkehrswert)	400 000 €	400 000 €
Bodenwert	– 100 000 €	
Gebäudesachwert	= 300 000 €	

Restnutzungsdauer des Gebäudes 50 Jahre;
Zinssatz 4,5 v. H.; Vervielfältiger 19,76 (vgl. Anl. zur WertV)

300 000 € : 19,76	= 15 182 €	
Zuzüglich Bodenwertanteil		
4,5 v. H. von 100 000 € =	+ 4 500 €	
= Brutto Nutzwert	= 19 682 €	
Zuzüglich Bewirtschaftungskosten 25 v. H.	+ 4 920 €	
= Netto-Nutzwert	24 602 €	
Grundstücksrohertrag	rd. 24 600 €	

Der Rohertrag entspricht einer Monatsmiete von
(24 600 € : 12 =) 2 050 €

Wert des Wohnungsrechts für den Verpflichteten: 24 600 × 4,39[219] = 106 518 €	107 994 €	
	= 293 482 €	
Wert des mit dem Wohnungsrecht belasteten Grundstücks	**rd. 295 000 €**	

Der Wert des Wohnungsrechts für den Berechtigten beträgt jedoch nach wie vor 43 900 € (vgl. Rn. 457), da er zur gleichen Marktmiete (833,33 €/Monat) in einem anderen Einfamilienhaus wohnen könnte. Es ist jedoch ein Zuschlag für den Umstand vorzunehmen, dass der Berechtigte durch das Recht eine stärkere Position besitzt als der Mieter.

Der Verkehrswert des unbelasteten Grundstücks ist in diesem Fall nicht identisch mit der Summe der Teilwerte für den Berechtigten und den Verpflichteten. Dies steht im Einklang mit Beispiel 10 der WertR.

Nach den vorstehenden Ausführungen sollte die Wertermittlung für den Wert des Woh-   **456**
nungsrechts für den Belasteten und für den Berechtigten getrennt erfolgen. Aus Sicht des
Belasteten kann der jährliche Nutzwert des Rechts nicht mit dem Jahresmietwert, d. h. mit
der jährlich erzielbaren Miete gleichgesetzt werden, wie folgendes Beispiel zeigt:

Beispiel: **457**

Wertermittlung eines Einfamilienhausgrundstücks unter Berücksichtigung eines Wohnungsrechts
Jahreswert der üblichen Miete (833,33 € × 12 =) rd. 10 000 €. Die statistische Lebenserwartung des Berechtigten
beträgt 5 Jahre; Zinssatz 4,5 v. H.

Verkehrswert des Grundstücks ohne Berücksichtigung des Wohnungsrechts	400 000 €
Wert des Wohnungsrechts	
Vervielfältiger bei 5 Jahren und 4,5 v. H. Zins: 4,39	
10 000 € × 4,39	– 43 900 €
Wert des belasteten Grundstücks	**rd. 356 000 €**

Das Objekt würde zu diesem Kaufpreis keinen Käufer finden, es sei denn, die angesetzte   **458**
Miete entspräche der Kostenmiete. Das ist bei Einfamilienhausgrundstücken aber nur in
Ausnahmefällen gegeben. Im Allgemeinen bestehen zwischen der angemessenen Kosten-
miete und der erzielbaren üblichen Miete erhebliche Unterschiede. Deshalb muss **ein mit
einem Wohnungsrecht belastetes Einfamilienhaus für die voraussichtliche Dauer des
Rechts wie ein Anlageobjekt behandelt werden.** Dabei ist anstatt der Marktmiete die aus
dem Gebäudewertanteil am Verkehrswert errechnete (Kosten-)Miete zu Grunde zu legen.
Dies kann damit begründet werden, dass eigengenutzte Ein- und in Ausnahmefällen auch
Zweifamilienhäuser nicht unter Renditegesichtspunkten errichtet und genutzt werden, sondern dass bei diesen Objekten die Annehmlichkeit des ungestörten Wohnens „in den eigenen vier Wänden" im Vordergrund steht.

Für den Berechtigten bietet sich dagegen die Möglichkeit, zur Marktmiete in einem ver-   **459**
gleichbaren Einfamilienhaus zu wohnen. Der Wert des Rechts ist für ihn deshalb auf der

---

219 Vervielfältiger bei 5 Jahren und 5 % Zins

Grundlage der Marktmiete abzuleiten. Allerdings hat der Berechtigte gegenüber einem Mieter einen erheblichen Vorteil. Ihm kann nicht gekündigt werden und er ist – soweit es sich um ein unentgeltliches Wohnungsrecht handelt – vor Mieterhöhungen sicher. So ist das OLG Bremen (a. a. O.) bei der Ermittlung des Nutzwerts faktisch von der Kostenmiete ausgegangen und hat diese im Hinblick auf den höheren Schutz, den ein Wohnungsrecht gegenüber einem mietvertraglichen Recht bietet, um 25 % erhöht. Die Erhöhung wurde damit begründet, dass ein Wohnungsrecht den Berechtigten vor Kündigung und Mietpreiserhöhung schützt und das Risiko eines Währungsverfalls auf den Eigentümer überwälzt[220]. Soweit das OLG die Kostenmiete aus dem Grundstückssachwert abgeleitet hat, erscheint diese Verfahrensweise allerdings überzogen.

460   Im Ergebnis ist der aus der Marktmiete abgeleitete Wert des Wohnungsrechts für den Berechtigten um einen erheblichen Zuschlag zu erhöhen.

Ermittlung des Nutzwerts bei Ertragswertobjekten

461   Der Nutzwert des Rechts wird unabhängig vom Verkehrswert des (fiktiv) unbelasteten Grundstücks allein aus dem Mietwert der belasteten Wohnung ermittelt. Der **Mietwert wird aus der ortsüblichen Nettokaltmiete/Grundmiete** abgeleitet. Der Mietwert wird sodann um die vom Berechtigten übernommenen Bewirtschaftungskosten vermindert und ergibt kapitalisiert über die Lebenserwartung des Berechtigten den Wert des Rechts. Soweit keine besonderen Vereinbarungen im Wohnungsrechtsvertrag getroffen worden sind, hat der Eigentümer lediglich die nicht umlagefähigen Bewirtschaftungskosten zu tragen. Übernimmt er darüber hinaus sonst umlagefähige Nebenkosten, wie Grundsteuer und Gebäudeversicherungen, erhöhen diese Kosten den Nutzwert des Rechts (vgl. Anl. 20 WertR).

462   **Nicht umlagefähige Bewirtschaftungskosten** sind
– die Instandhaltungskosten,
– die Verwaltungskosten und
– das Mietausfallwagnis.

Allerdings sind diese Kosten nur in anteiliger Höhe in Abzug zu bringen, wobei ein Mietausfallwagnis für den Berechtigten i. d. R. nicht besteht (vgl. Abb. 59):

Abb. 59: Nettokaltmiete/Grundmiete und Rohertrag

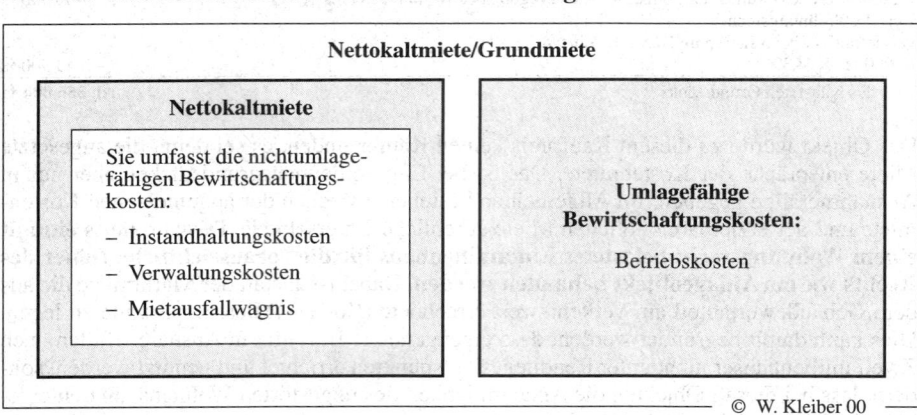

© W. Kleiber 00

463   Werden hingegen auch die umlagefähigen **Betriebskosten** vom Grundeigentümer und nicht vom Berechtigten getragen, so erhöht sich der aus der ortsüblichen Nettokaltmiete/Grundmiete abgeleitete Mietwert um die durchschnittlichen objektspezifischen Betriebskosten (Abb. 60):

Abb. 60: Verkehrswertermittlung eines mit einem Wohnungsrecht belasteten Grundstücks am Ertragswertobjekt

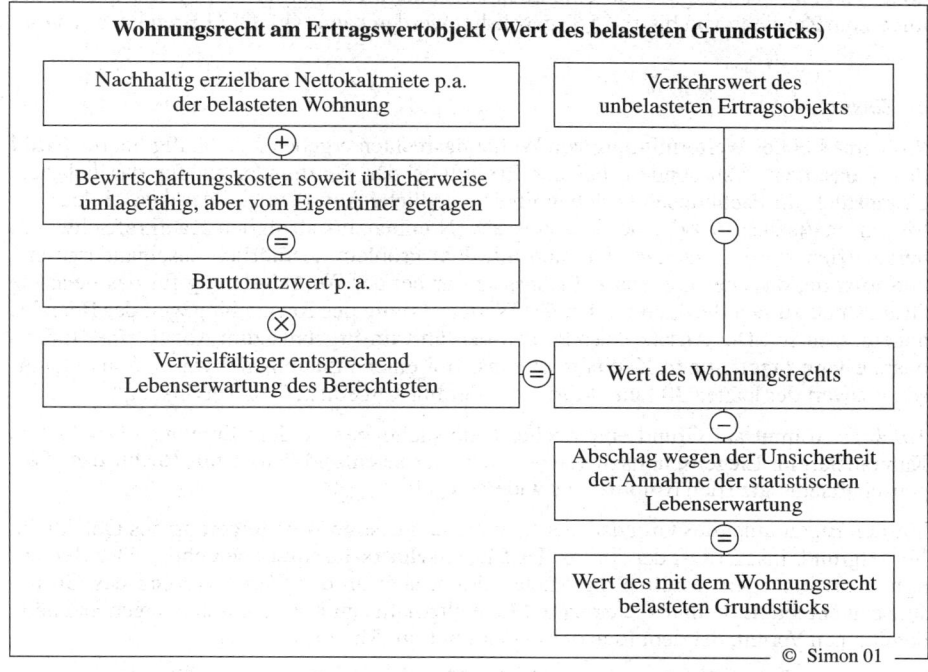

© Simon 01

Abb. 61: Wert des Wohnungsrechts an einem Ertragswertobjekt

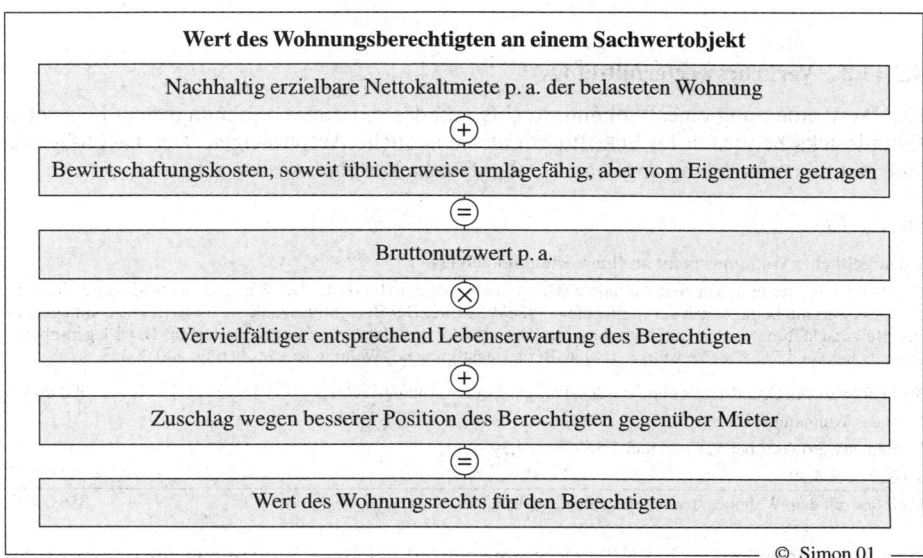

© Simon 01

220   Ebenso Gelzer/Busse, Der Umfang des Entschädigungsanspruchs aus Enteignung und enteignungsgleichem Eingriff, NJW-Schriftenreihe 1980, 2. Aufl. Rn. 619; Schmidt-Aßmann in Ernst/Zinkahn/Bielenberg, BauGB § 94 Rn. 47; Aust/Jacobs, Die Enteignungsentschädigung, 4. Aufl. 1997, S. 105. Der BGH hat in seinem Urt. vom 30. 5. 1990 – XII ZR 75/89 –, EzGuG 14.91 bei der Ermittlung eines Zugewinnausgleichs den Mietwert zur Grundlage der Ermittlung des Wohnrechts gemacht.

464   Bei der Wertermittlung des Wohnungsrechts für den Berechtigten ist wiederum noch zu berücksichtigen, dass der Berechtigte wegen des Schutzes vor Kündigung Mietpreiserhöhungen und Währungsverfall eine deutlich stärkere Position als ein Mieter besitzt, der mit einem Zuschlag von bis zu 25 % gewürdigt werden kann (vgl. OLG Bremen, a. a. O.).

e) Zinssatz

465   Probleme bei der Wertermittlung von Wohnungsrechten ergeben sich häufig bei der **Wahl des Zinssatzes,** insbesondere bei der Ermittlung der Wertminderung für das belastete Grundstück. In Fachkreisen bestehen unterschiedliche Auffassungen darüber, ob hier der Liegenschaftszinssatz oder der Realzinssatz (Nominalzins abzüglich Kaufkraftschwund) heranzuziehen sei. *Petersen*[221] hat sich mit dem Problem ausführlich auseinandergesetzt und folgerte, dass der Liegenschaftszinssatz nur bei der Wertminderung für das belastete Grundstück zu rechtfertigen ist, bei der Wertermittlung des Rechts hingegen der Realzins angemessen sei. Der Ansatz eines Realzinses führt im Ergebnis zum Abzug einer Inflationsrate vom langfristigen Kapitalmarktzins. Bei einer Inflationsrate von 3 % als Durchschnittswert der letzten 30 Jahre führt dies allerdings zu einer „0-%-Verzinsung".

466   *Möckel*[222] kommt auf Grund empirischer Untersuchungen zu dem Ergebnis, dass für die Kapitalisierung Liegenschaftszinssätze geeignet seien und betont mit Recht, dass Liegenschaftszinssätze den Nominalzins widerspiegeln.

467   Für den Eigentümer des Grundstücks steht die langfristige Wertsteigerung des Objekts im Vordergrund. Insofern ist der Ansatz des **Liegenschaftszinssatzes** berechtigt. Der Berechtigte spart hingegen lediglich die Miete, nimmt aber an der Wertsteigerung des Grundstücks nicht teil. Er könnte die ersparte Miete alternativ am Kapitalmarkt anlegen und hätte damit einen Vorteil, der dem Realzins entspricht (vgl. Rn. 495).

468   In der **steuerlichen Bewertungspraxis der Finanzverwaltung** ist im Übrigen ein Zinssatz von 5,5 % praxisüblich[223].

4.2.11.3   Verkehrswertermittlung

469   Zur Wertbemessung eines Wohnungsrechts und des mit einem Wohnungsrecht belasteten Grundstücks herrschen im Schrifttum unterschiedliche Auffassungen. Das nachfolgende Beispiel führt eine häufig angewandte, aber falsche Verfahrensweise auf.

470   *Beispiel 1:*

Unentgeltliches Wohnungsrecht an einem Einfamilienhaus

Der Jahreswert der üblichen Nettokaltmiete (Grundmiete) beträgt 10 000 €. Der Berechtigte ist 83 Jahre alt, seine Lebenserwartung beträgt nach der Sterbetafel 1992/94 5 Jahre. Der Berechtigte zahlt die üblicherweise umlagefähigen Bewirtschaftungskosten mit Ausnahme der Grundsteuer und der Gebäudeversicherungen. Der Liegenschaftszinssatz beträgt 4,5 %. Der Verkehrswert ohne Berücksichtigung des Wohnungsrechts beträgt 400 000 €.

Verkehrswert des Grundstücks ohne Berücksichtigung des Wohnungsrechts	400 000 €
Wert des Wohnungsrechts:	
Rentenbarwertfaktor bei 5 Jahren und 4,5 % Zins: 4,39	
10 000 € × 4,39	– 43 900 €
Wert des mit dem Wohnungsrecht belasteten Grundstücks	356 000 €

471   Abgesehen von dem nicht berücksichtigten Vorteil des Berechtigten aus der Ersparnis der nicht umgelegten Kosten der Grundsteuer und der Gebäudeversicherungen würde das Objekt auch zu dem entsprechend geminderten Kaufpreis keinen Käufer finden, es sei denn, die angesetzte Miete entspräche der Kostenmiete. Das ist bei Einfamilienhausgrundstücken aber nur in Ausnahmefällen gegeben. Im Allgemeinen bestehen zwischen der angemessenen Kostenmiete und der erzielbaren üblichen Miete erhebliche Unterschiede. Deshalb meinen Kritiker dieses Wertermittlungsverfahrens[224], dass ein mit einem Wohnungsrecht belastetes Einfamilienhaus für die voraussichtliche Dauer des Rechts wie ein Anlageobjekt behandelt werden muss. Dabei ist anstatt der Marktmiete, die aus dem Sachwert des Objekts errechnete angemessene Kostenmiete zu Grunde zu legen. Dieser grundsätzlich richtige Ansatz ist dahin gehend zu präzisieren, dass der Nutzwertanteil nicht am Gebäudesachwert sondern am Verkehrswert zu Grunde zu legen ist (vgl. Rn. 447 ff.).

Beispiel 2:   **472**

Unentgeltliches Wohnungsrecht an einem Einfamilienhaus

Der Jahreswert der nachhaltig erzielbaren Nettokaltmiete (Grundmiete) beträgt 10 000 €. Der Berechtigte zahlt die üblicherweise umlagefähigen Kosten mit Ausnahme der Grundsteuer und der Gebäudeversicherungen. Seine Lebenserwartung beträgt nach der Abgekürzten Sterbetafel 1994/96 ca. 5 Jahre (Alter 83 Jahre). Der Verkehrswert des Grundstücks ohne Berücksichtigung des Wohnungsrechts beträgt 400 000 €. Die Restnutzungsdauer des Gebäudes beträgt 50 Jahre. Wertermittlungsstichtag ist Mai 2001.

Wert des belasteten Grundstücks

Verkehrswert	400 000 €
Gebäudewertanteil aus Verkehrswert	300 000 €
Restnutzungsdauer des Gebäudes	50 Jahre
Liegenschaftszinssatz	4,5 %
Vervielfältiger	19,76
Ermittlung der Kostenmiete: 300 000 € : 19,76	15 182 €
Bodenwertverzinsungsbetrag (4,5 % von 100 000 €)	+ 4 500 €
Zuzüglich Bewirtschaftungskosten des Verpflichteten einschließlich Kosten der Grundsteuer und Gebäudeversicherungen rd. 30 %	+ 5 905 €
Grundstücksnettokaltmiete (Grundmiete) p. a.	rd. 25 590 €
Die Grundstücksnettokaltmiete (Grundmiete p. a. entspricht einer Kostenmiete von 2 132 €/Monat	
Wert des Wohnungsrechts für den Verpflichteten: 25 590 € × 4,39	**112 340 €**

Wert des mit dem Wohnungsrecht belasteten Grundstücks

400 000 € (Verkehrswert unbelastet) − 112 340 €	287 660 €
Abzüglich Abschlag wegen der Unsicherheit der statistischen Annahme der Lebenserwartung: 15 %	− 43 149 €
Verkehrswert des belasteten Grundstücks	**rd. 245 000 €**

Bei der nicht unbedenklichen Anwendung der DAV Sterbetafel ergibt sich eine Lebenserwartung des Berechtigten von (anrechenbares Alter bei 83 Jahren + 4 Jahre Altersverschiebung) rd. 9 Jahren, was zu einem Wert des Rechts von (25 590 € × 7,77 =) rd. 185 000 € und zu einem Verkehrswert des belasteten Grundstücks von 215 000 € führen würde.

Der Ausgangswert des Wohnungsrechts für den Berechtigten entspricht nur der Marktmiete (10 000 € × 4,39 =) 43 900 € (zuzüglich der Ersparnis der sonst umlagefähigen Bewirtschaftungskosten), da er zu diesem Mietzins in einem vergleichbaren Einfamilienhaus wohnen könnte. Wegen der stärkeren Position gegenüber einem Mieter ist dieser Wert durch einen Zuschlag von rd. 20 % zu erhöhen. Der Wert des Wohnungsrechts für den Berechtigten beträgt danach rd. 55 000 €.

Die Addition des Werts des Rechts und des Werts des belasteten Grundstücks ergibt nicht den Verkehrswert des unbelasteten Grundstücks.

---

221   Petersen, Liegenschafts- oder Leibrentenzins? RDM-Info Sachverständige 1993, 9 ff.; Im Übrigen hat aber auch bezüglich der Verfahrensregelung der WertR der Deutsche Städtetag keinen Änderungsbedarf gesehen (vgl. Teil V Vorbem. zur WertV Rn. 42).

222   Möckel, R., Ableitung von Zinssätzen zur Verrentung und zur Kapitalisierung aus Rentenvereinbarungen, GuG 1995, 140

223   Abschn. 139 Abs. 9 zu § 16 EStG der EStR; vgl. auch BFH, Urt. vom 20. 11. 1969 – IV R 22/68 –, EzGuG 19.19

224   Thomas in DAB 1986, 1080

473   *Beispiel 3:*

Entgeltliches Wohnungsrecht an einem Einfamilienhaus

Der Berechtigte zahlt eine nachhaltig erzielbare Jahresnettokaltmiete (Grundmiete) von 10 000 € und die üblicherweise umlagefähigen Nebenkosten. Seine Lebenserwartung beträgt nach der Abgekürzten Sterbetafel 5 Jahre (Alter 83 Jahre). Der Verkehrswert des Grundstücks ohne Berücksichtigung des Wohnungsrechts beträgt 400 000 €. Die Restnutzungsdauer des Gebäudes beträgt 50 Jahre. Wertermittlungsstichtag Mai 2001.

Wert des belasteten Grundstücks

Verkehrswert	400 000 €
Gebäudewertanteil aus Verkehrswert	300 000 €
Restnutzungsdauer des Gebäudes	50 Jahre
Liegenschaftszinssatz	4,5 %
Vervielfältiger	19,76
Ermittlung der Kostenmiete: 300 000 € : 19,76	15 182 €
Bodenwertverzinsungsbetrag (4,5 % von 100 000 € =)	+ 4 500 €
Zuzüglich Bewirtschaftungskosten des Verpflichteten 25 %	+ 4 921 €
Zusammen	rd. 24 600 €
Abzüglich gezahlter Jahresnettokaltmiete (Grundmiete)	– 10 000 €
Jahresnettokaltmiete	14 600 €
Wert des Wohnungsrechts für den Verpflichteten: 14 227 € × 4,39	**rd. 64 100 €**

Wert des mit dem Wohnungsrecht belasteten Grundstücks

400 000 € (Verkehrswert unbelastet) – 64 100 €	335 900 €
Abzüglich Abschlag wegen der Unsicherheit der statistischen Annahme der Lebenserwartung: 15 %	– 50 000 €
Verkehrswert des belasteten Grundstücks	**rd. 290 000 €**

Der Wert des Wohnungsrechts für den Berechtigten besteht lediglich in dem Vorteil, dass ihm nicht gekündigt werden kann. Dieser Vorteil kann ihm mit rd. 20 % der nachhaltig erzielbaren Jahresnettokaltmiete (Grundmiete) p. a. (2 000 € × 4,39 =) 9 000 € angerechnet werden.

Die Addition des Werts des Rechts und des Werts des belasteten Grundstücks ergibt nicht den Wert des unbelasteten Grundstücks.

474   *Beispiel 4:*

Unentgeltliches Wohnungsrecht an einer Wohnung in einem Mietwohnobjekt

Unentgeltliches persönliches Wohnungsrecht auf Lebenszeit zugunsten einer 65 Jahre alten männlichen Person an einer 80 m² großen Wohnung auf einem Mietwohngrundstück mit insgesamt 6 Wohnungen und 500 m² Wohnfläche. Die Lebenserwartung beläuft sich auf 15 Jahre. Die nachhaltig erzielbare Miete beträgt 6 €/m² im Monat. Die Restnutzungsdauer des Gebäudes 50 Jahre. Der Berechtigte trägt die üblichen Umlagen mit Ausnahme der Grundsteuer und der Gebäudeversicherungen (anteilige Grundsteuer 210 € p. a., anteilige Versicherungen 150 € p. a. Der nutzungsbezogene Liegenschaftszinssatz beträgt 5,0 %.

Ertragswert des nicht belasteten Grundstücks

Bodenwert		150 000 €
Nettokaltmiete/Grundmiete 500 m² zu 6 €/m² × 12 Monate	= 36 000 €	
– Bewirtschaftungskosten 15 % von 36 000 €	= – 5 400 €	
= Jahresreinertrag des Grundstücks	= 30 600 €	
– Bodenwertverzinsungsbetrag 5 % von 150 000 €	= – 7 500 €	
= Reinertragsanteil der baulichen Anlagen	= 23 100 €	
Vervielfältiger bei Liegenschaftszinssatz 5,0 % und 50 Jahren Restnutzungsdauer: 18,26		
Ertragswert der baulichen Anlagen (23 100 € × 18,26 =)		421 806 €
Ertragswert des nicht mit einem Wohnungsrecht belasteten Grundstücks		**570 000 €**

Wertminderung durch das Wohnungsrecht

Ertragswert des nicht mit einem Wohnungsrecht belasteten Grundstücks		**570 000 €**
Marktübliche Nettokaltmiete/Grundmiete der belasteten Wohnung: 80 m² zu 6 €/m² × 12 Monate	=	5 760 €
Bewirtschaftungskosten, somit nicht vom Berechtigten zu tragen	=	– 864 €
Nicht umgelegte Kosten für Grundsteuer und Versicherungen	=	+ 360 €
= Jährlicher Minderertrag	=	5 256 €
Vervielfältiger bei Liegenschaftszinssatz 5,0 v. H. und 15 Jahre Lebenserwartung des Berechtigten nach Sterbetafel 1994/96 = 10,38		
Kapitalisierter Minderertrag (5 256 € × 10,38)		rd. – 54 600 €
Ausgangswert		rd. 514 400 €
Zuzüglich Abschlag wegen der Unsicherheit der statistischen Annahme der Lebenserwartung : 20 % von 54 600 €		– 10 900 €
Ertragswert des mit dem Wohnungsrecht belasteten Grundstücks		**rd. 505 000 €**

Zu beachten ist, dass sich der Abschlag wegen der Unsicherheit der statistischen Annahme der Lebenserwartung des Berechtigten nur auf den Minderertrag und nicht auf den Grundstücksertragswert des Objekts bezieht, da von der Minderung lediglich eine Wohnung betroffen ist.,

Wert des Wohnungsrechts für den Berechtigten

Wirtschaftlicher Vorteil durch ersparte Miete entsprechend marktüblicher Nettokaltmiete/Grundmiete der belasteten Wohnung: 80 m² zu 6 €/m² × 12 Monate	=	5 760 €
Zuzüglich 360 € auf Grund ersparter Bewirtschaftungskosten	=	+ 360 €
Zusammen	=	6 120 €
Vervielfältiger bei Liegenschaftszinssatz 5,0 v. H. und 15 Jahren Lebenserwartung des Berechtigten = 10,38		
Wert des Wohnungsrechts für den Berechtigten (6 120 € × 10,38)	=	63 526 €
Zuzüglich Vorteil der Unkündbarkeit des Mietverhältnisses: 15 %	= rd.	9 500 €
Wert des Wohnungsrechts für den Berechtigten	=	**rd. 73 000 €**

Entgeltliches Wohnungsrecht an einer Wohnung im Mietwohnobjekt   **475**

Entgeltliches persönliches Wohnungsrecht auf Lebenszeit zugunsten einer 65 Jahre alten männlichen Person an einer 80 m² großen Wohnung in einem Mietwohnobjekt mit insgesamt 6 Wohnungen und 500 m² Wohnfläche. Die nachhaltig erzielbare Miete beträgt 6 €/m² im Monat. Der Berechtigte zahlt eine Nettokaltmiete (Grundmiete) von 4 €/m² im Monat. Die Restnutzungsdauer des Gebäudes beläuft sich auf 50 Jahre. Der Berechtigte trägt die üblichen Umlagen. Der nutzungsbezogene Liegenschaftszinssatz beträgt 5,0 %.

Ertragswert des nicht mit einem Wohnungsrecht belasteten Grundstücks

Bodenwert		150 000 €
Marktübliche Nettokaltmiete/Grundmiete der belasteten Wohnung: 80 m² zu 6 €/m² × 12 Monate	=	36 000 €
– Bewirtschaftungskosten 15 % von 36 000 €	=	– 5 400 €
= Marktüblicher Jahresreinertrag der belasteten Wohnung	=	30 600 €
– Bodenwertverzinsungsbetrag 5 % von 150 000 €	=	– 7 500 €
= Gebäudeertragsanteil	=	23 100 €
Vervielfältiger bei einem Liegenschaftszinssatz von 5,0 v. H. und bei 50 Jahren: 18,26		
Ertragswert der baulichen Anlage 23 100 € × 18,26		421 806 €
Ertragswert des mit dem Wohnungsrecht nicht belasteten Grundstücks		**570 000 €**

Wertminderung durch das Wohnungsrecht

Ertragswert des unbelasteten Grundstücks		570 000 €
Marktübliche Nettokaltmiete/Grundmiete der belasteten Wohnung: 80 m² zu 6 €/m² × 12 Monate	5 760 €	
Bewirtschaftungskosten, soweit nicht vom Berechtigten zu zahlen:	– 864 €	
Vom Berechtigten gezahlte Miete 80 m² × 4 €/m² × 12 Monate	– 3 840 €	
Jährlicher Minderertrag	1 056 €	

Vervielfältiger bei einem Liegenschaftszinssatz von 5,0 v. H
und rd. 15 Jahren Lebenserwartung des Berechtigten nach
Sterbetafel 1994/96: 10,38

Kapitalisierter Minderertrag 1 056 € × 10,38	rd.	– 11 000 €
Ausgangswert	rd.	550 000 €
Zuzüglich Abschlag wegen der Unsicherheit der statistischen Annahme der Lebenserwartung 20 % von 11 000 €		– 2 200 €
Wert des belasteten Grundstücks	**rd.**	**550 000 €**

Wert des Wohnungsrechts für den Berechtigten

Wirtschaftlicher Vorteil durch ersparte Miete 80 m² × 2 €/m² × 12 Monate		1 920 €
Wert des Rechts für den Berechtigten: 1 920 € × 10,38		19 930 €
Zuzüglich Vorteil der Unkündbarkeit des Mietverhältnisses rd. 10 %	rd.	2 000 €
Wert des Wohnungsrechts für den Berechtigten	**rd.**	**22 000 €**

476   Nachfolgend wird zur Vervollständigung die **Anl. 20 WertR über die Verkehrswertermittlung von Wohnungsrechten** nachrichtlich vorgestellt; das Berechnungsverfahren muss aber nach den vorstehenden Ausführungen als überholt angesehen werden.

Wert eines Wohnungsrechts (Anl. 20 WertR zu Nr. 5.3.3.8)

Wert eines Wohnungsrechts und Einfluss dieses Rechtes auf den Grundstückswert

Ausgangsdaten

Unentgeltliches, persönliches Wohnungsrecht auf Lebenszeit zugunsten einer 55 Jahre alten männlichen Person an

10.1	10.2
einer Wohnung auf einem Mietwohngrundstück	**einem Einfamilienhausgrundstück**
Der Berechtigte trägt die Instandhaltung der Wohnung (ohne Gemeinschaftsanlagen) sowie die ortsüblichen Umlagen	Der Berechtigte trägt die gesamten Instandhaltungskosten sowie die Nebenkosten z. B. für Heizung, Wasser, Strom usw.

Durchschnittliche Lebenserwartung 1975 gem. Anl. 22: 19,0 Jahre
Restnutzungsdauer der Gebäude 1975 (Baujahr: 1935): 60 Jahre
Angemessener Zins gemäß Nr. 3.5.5 Teil I: für Mietwohngrundstück 5 v. H.
für Einfamilienhausgrundstück 4 v. H.

Verkehrswert des unbelasteten Grundstücks

10.1.1	DM		10.2.1	DM
Bodenwert	30 000		*Bodenwert*	30 000
Gebäudewert			Gebäudewert	
(Ertragswertverfahren)			(Sachwertverfahren)	
Jahresmiete 1975	12 000		Herstellungswert 1975	133 000
Bewirtschaftungskosten	− 4 000		Wertminderung wegen Alters	
Reinertrag	8 000		bei 40 Jahre Alter	
Reinertragsanteil des Bodens			und 100 Jahre Gesamtnutzungsdauer	
5 v. H. von 30 000	− 1 500		28,0 + 12,0 = 40 v. H.	− 53 000
Reinertragsanteil d. Gebäudes	6 500			80 000
Vervielfältiger				
bei 60 Jahre und 5 v. H. 18,93				
Gebäudewert 6 500 DM × 18,93	+ 123 050		*Gebäudewert*	80 000
Verkehrswert des			Verkehrswert des	
unbelasteten Grundstücks	**153 050**		unbelasteten Grundstücks	**110 000**

Wert des Wohnungsrechts

10.1.2	DM		10.2.2	DM
Mietwert der belasteten			Jährlicher Nutzungswert	
Wohnung	3 300		Anteil des Bodens:	
Abschlag für vom Berechtigten			4 v. H. 30 000 DM	1 200
zu tragende anteilige			Anteil des Gebäudes:	
Bewirtschaftungskosten	− 100		Vervielfältiger	
	3 200		bei 60 Jahre und 4 v. H. 22,62	
			80 000 : 22,62	+ 3 537
			Netto-Nutzungswert	4 737
			Bewirtschaftungskosten,	
			soweit nicht vom Berechtigten	
			zu tragen	+ 1 200
			Jährlicher Nutzungswert (brutto)	5 937
Vervielfältiger bei 19,0 Jahre Lebenserwartung			Vervielfältiger	
des Berechtigten und 5 v. H. 12,09			bei 19,0 Jahre u. 4 v. H.[225] 13,13	
Wert des Wohnungsrechts			Wert des Wohnungsrechts	
3 200 × 12,09	**38 690**		5 937 DM × 13,13	**77 950**

Verkehrswert des belasteten Grundstücks

10.1.3	DM		10.2.3	DM
Verkehrswert des unbelasteten			Verkehrswert des unbelasteten	
Grundstücks (wie 10.1.1)	153 050		Grundstücks (wie 10.2.1)	110 000
Wert des Wohnungsrechts (wie 10.1.2)	− 38 690		Wert des Wohnungsrechts (wie 10.2.2)	− 77 950
Verkehrswert des			Verkehrswert des	
belasteten Grundstücks	**114 360**		belasteten Grundstücks	**32 050**

---

225 Die Kapitalisierung des Jahreswerts des Wohnungsrechts erfolgt auf der Grundlage der Sterbetafel 1970/72

4.2.11.4   Annex: Dauerwohnrecht

478   Von dem Wohnungsrecht zu unterscheiden ist das Dauerwohnrecht nach den §§ 31ff. WEG. Nach § 311 WEG kann ein Grundstück in der Weise belastet werden, dass derjenige, zu dessen Gunsten die Belastung erfolgt, berechtigt ist, unter Ausschluss des Eigentümers eine bestimmte Wohnung in einem auf dem Grundstück errichteten oder zu errichtenden Gebäudes zu bewohnen oder in anderer Weise zu nutzen (Dauerwohnrecht). Daneben können auch „nicht zu Wohnzwecken ... bestimmte Räume" entsprechend belastet werden **(Dauernutzungsrechte; § 31 Abs. 2 WEG).**

479   Das Dauerwohnrecht ist dem dinglichen Wohnrecht nach § 1093 BGB nachgebildet und verleiht ein **in das Grundbuch einzutragendes dingliches Recht auf Überlassung und Nutzung einer Wohnung.**

480   Das Dauerwohnrecht unterscheidet sich von dem Wohnungsrecht des BGB dadurch, dass es veräußerlich und vererblich ist (§ 31 Abs. 1 WEG). Es berechtigt insbesondere auch zur **Vermietung und Verpachtung.** Es kann verpfändet und gepfändet, nicht aber mit Grundpfandrechten belastet werden.

481   Als Inhalt des Dauerwohnrechts können **Vereinbarungen** getroffen werden über
 – Art und Umfang der Nutzungen,
 – Instandhaltung und Instandsetzung der dem Dauerwohnrecht unterliegenden Gebäudeteile,
 – die Pflicht des Berechtigten zur Tragung öffentlicher oder privatrechtlicher Lasten des Grundstücks,
 – die Versicherung des Gebäudes und seinen Wiederaufbau im Falle der Zerstörung und
 – das Recht des Eigentümers, bei Vorliegen bestimmter Voraussetzungen Sicherheitsleistungen zu verlangen.

482   Die rechtsgeschäftliche **Bestellung eines Dauerwohnrechts** erfolgt durch Einigung und Eintragung in Abt. II des Grundbuchs. Das Dauerwohnrecht endet bei Befristung durch Zeitablauf (§ 158 Abs. 2 und § 163 BGB) oder durch Löschung auf Antrag gemäß § 22 GBO. Im Falle der **Zwangsversteigerung** erlischt das Dauerwohnrecht, wenn es nicht in das geringste Gebot aufgenommen wird (§ 91 ZVG).

4.2.12   Altenteil

4.2.12.1   Allgemeines

483   Unter einem Altenteil (Auszug, Leibgeding, Leibzucht) sind **dingliche Nutzungen** und Leistungen zu verstehen, **die aus und auf einem Grundstück zu gewähren sind und der allgemeinen leiblichen und persönlichen Versorgung des Berechtigten dienen** und eine regelmäßig lebenslängliche Verknüpfung des Berechtigten mit dem belasteten Grundstück bezwecken[226]. Rechtsgrundlage sind die früheren landesrechtlichen Vorschriften, die mit In-Kraft-Treten des BGB unberührt geblieben sind (§ 96 EGBGB)[227]. Das Altenteil ist ein nicht übertragbares höchstpersönliches Recht, das insbesondere die beschränkt persönliche Dienstbarkeit (z. B. Wohnungsrecht und Reallasten) aber auch den Nießbrauch vereint[228].

484   § 49 der Grundbuchordnung erlaubt, dass auch mehrere Einzelrechte mit einem zusammenfassenden Vermerk in das Grundbuch eingetragen werden können. Insbesondere bei der bäuerlichen Hofübergabe wird von dieser Möglichkeit häufig Gebrauch gemacht. Der Übergabevertrag ist unter dem Begriff Altenteilsrecht (Leibgedinge, Leibzucht, Ausgedinge, Auszug) bekannt. Er ist im BGB nicht definiert. **Das typische Altenteilsrecht besteht aus einer beschränkt persönlichen Dienstbarkeit in Form eines Wohnungsrechts** (§ 1093 BGB) **und einer Reallast** (§ 1105 BGB), die (zumeist unentgeltliche)

Pflege- und Sachleistungen (z. B. Hege und Pflege in alten und in kranken Tagen) oder eine Verpflichtung zu monatlichen Rentenzahlungen zum Inhalt hat. Die dingliche Sicherung der Nutzung und der Leistungen dient der leiblichen und persönlichen Versorgung des Altenteilers (Berechtigten) und sichert seine lebenslange Verknüpfung mit dem Grundstück.

Der Grundstückssachverständige steht bei der Wertermittlung eines mit einem Altenteilsrecht belasteten Grundstücks vor einer Reihe von Problemen. Er hat die **Wertminderung des Grundstücks, die sich wesentlich durch die mit dem Wohnungsrecht verbundene Reallast ergibt,** plausibel darzustellen. Die dabei vorliegende Situation würde nicht ausreichend gewürdigt werden, wenn die Pflege- und Sachleistungen mit einem in der Praxis üblichen monatlichen Pauschalansatz von 150 bis 200 € angenommen werden. Das würde voraussetzen, dass der Berechtigte sich bis zu seinem Ableben bei guter Gesundheit befände und den Fall außer Acht lassen, dass er möglicherweise pflegebedürftig wird, was zu ganz erheblichen Mehrkosten führen würde.   **485**

Ein **Pflegefall** liegt vor, wenn die berechtigte Person pflegebedürftig wird, d. h. wenn sie bei den gewöhnlichen und täglich wiederkehrenden Verrichtungen im Ablauf des täglichen Lebens in erheblichem Umfang die Hilfe einer anderen Person benötigt. Der Grad der Pflegebedürftigkeit wird im Allgemeinen daran gemessen, ob die betreffende Person sämtliche oder einige der folgenden Verrichtungen selbst nicht ausführen kann: **486**

1. Aufstehen und Zubettgehen,
2. An- und Auskleiden,
3. Waschen, Kämmen, Rasieren,
4. Einnehmen von Mahlzeiten und Getränken,
5. Stuhlgang,
6. Wasserlassen.

Jede Verrichtung, die die Pflegeperson nicht selbstständig auszuführen in der Lage ist, kann mit einem Punkt bewertet werden. Je höher die Punktzahl ist, umso größer ist der erforderliche finanzielle Pflegeaufwand (vgl. Abb. 62):   **487**

Abb. 62: Pflegestufen und Pflegeaufwand

Stufe	Anzahl der Punkte	Finanzieller Pflegeaufwand in v. H. des Pflegesatzes der Stufe 3*
Pflegestufe 1	3	40
Pflegestufe 2	4–5	70
Pflegestufe 3	5	100

* Entspricht den Kosten der stationären Pflege in einem Heim (im Durchschnitt 1 250 € bis 1 750 €/Monat; Preisstand 1988)

Abb. 63: Allgemeine Pflegesätze (in €)

Pfleger(in) Art der Pflege	Std./Tag Pfleger(in)	Stundensatz	Betrag
Stufe 1	3	4–5	12
Stufe 2	4	4–5	18
Stufe 3	8	4–5	36

226 RG, Urt. vom 30. 10. 1939 in RGZ 162, 52; OLG Hamm, Urt. vom 12.8.1969 – 14 W 39/69 –, EzGuG 14.37 a; BayObLG, Urt. vom 25. 3. 1975 – 2 Z 8/75 –, Rpfleger 1975, 314

227 Z. B. Art 5-23 AGBGB (BayRS 400-1-1)

228 OLG Hamm, Beschl. vom 30.1.1969 – 15 W 415/68 –, EzGuG 14.36 a; ferner LG Bremen, Beschl. vom 10. 10. 1969 – 5 T 562/69 –, EzGuG 14.38 a

488   Bei der **Ermittlung der Wahrscheinlichkeit des Eintritts der Pflegebedürftigkeit** ergeben sich Schwierigkeiten. Die Wahrscheinlichkeit lässt sich nur aus empirischen Untersuchungen ableiten. Sie liegen für den Bereich der Bundesrepublik Deutschland nicht vor. Die Lebensversicherer greifen im Allgemeinen auf eine Repräsentativerhebung des *National Center For Health Statistics* (NCHS) aus den USA zurück. Diese Untersuchung aus den Jahren 1979/80 fußt auf der Befragung von rd. 213 000 Personen zur Pflegebedürftigkeit. Die daraus abgeleiteten Pflegefallwahrscheinlichkeiten sind aus der nachstehenden Abb. 64 zu entnehmen.

Abb. 64: Pflegefallwahrscheinlichkeit in Abhängigkeit von Geschlecht und Alter

	Männer				Frauen		
Alter	Pflegefallwahrscheinlichkeit in ‰	Alter	Pflegefallwahrscheinlichkeit in ‰	Alter	Pflegefallwahrscheinlichkeit in ‰	Alter	Pflegefallwahrscheinlichkeit in ‰
15	0,09	66	3,17	15	0,13	66	4,01
20	0,19	67	3,48	20	0,24	67	4,51
25	0,30	68	3,86	25	0,28	68	5,12
30	0,36	69	4,35	30	0,30	69	5,87
35	0,41	70	4,93	35	0,41	70	6,77
40	0,62	71	5,62	40	0,78	71	7,85
45	1,05	72	6,45	45	1,35	72	9,13
50	1,58	73	7,41	50	1,95	73	10,59
55	2,03	74	8,51	55	2,38	74	12,28
56	2,09	75	9,75	56	2,45	75	14,21
57	2,16	76	11,14	57	2,51	76	16,34
58	2,22	77	12,73	58	2,56	77	18,76
59	2,27	78	14,44	59	2,62	78	21,41
60	2,32	79	16,35	60	2,69	79	24,34
61	2,39	80	18,42	61	2,79	80	27,51
62	2,47	81	20,68	62	2,92	81	30,96
63	2,60	82	23,13	63	3,10	82	34,68
64	2,73	83	25,75	64	3,33	83	38,65
65	2,92	84	28,55	65	3,62	84	42,94

Quelle: Blätter der deutschen Gesellschaft für Versicherungsmathematik (DGVM) Bd. XVII, Heft 2, S. 173

Hinweis: Die Tabelle wurde gegenüber der 2. Aufl. auf Promillesätze umgestellt. Die Auswirkungen für die Wertermittlungspraxis dürften jedoch nur gering sein. Der Unterschied im Faktor 10 erscheint zunächst gravierend. Er relativiert sich jedoch wegen der ohnehin geringen €- Ansätze und wird durch den im nachfolgenden Beispiel empfohlenen Abschlag wegen der Unsicherheit der in der Berechnung vorgenommenen statistischen Annahmen (Restlebenserwartung, Pflegefallwahrscheinlichkeit) in einer Größenordnung von 10 bis 15% des um um den Wert des Rechts geminderten Ausgangsverkehrswerts weitgehend kompensiert. Nach dem nachfolgenden Beispiel ergibt sich bei falschem Prozentansatz ein Verkehrswert von 84 112,50 € oder rd. 85 000 € und bei richtigem Promillesatz 86 225 € ebenfalls rd. 85 000 €.

489   In der Zwischenzeit liegen auch Studien aus *Japan* vor, die im fortgeschrittenen Alter von einer deutlich höheren **Pflegwahrscheinlichkeit** ausgehen. In Deutschland wurden Sterblichkeitswahrscheinlichkeiten für Pflegebedürftige abgeleitet.

490   In der Fachliteratur werden zur Wertermittlung der Reallast verschiedene Ansätze vorgestellt, die angesichts der geringen Pflegewahrscheinlichkeit überdacht werden sollten. Generell wird unterschieden nach dem eingetretenen Pflegefall und nach der Möglichkeit des Eintritts des Pflegefalls. Bei einem bereits eingetretenen Pflegefall wird häufig – unabhängig von der Zuzahlung der Pflegeversicherung von 900 €/Monat ausgegangen, Besteht lediglich die (normale) Wahrscheinlichkeit des Pflegeeintritts, werden zuweilen die Kosten der privaten Pflegegeldtagesversicherung (etwa 15 €/Monat) zu Grunde gelegt. Dieser Ansatz kann aber nur bei jüngeren Personen erfolgen, da eine derartige Versicherung beispielsweise für

65-jährige und ältere Personen nicht mehr abgeschlossen werden kann. Andererseits wird die Auffassung vertreten, dass der Verpflichtete sich von der Reallast freikaufen könne. Nach einem Beschluss des OVG Lüneburg[229] läge der Ansatz bei rd. 430 €/Monat.

Auch über die Frage, ob die Regeln des **Gesetzes zur sozialen Absicherung des Risikos der Pflegebedürftigkeit (PflegeG)** bei der Wertermittlung zu berücksichtigen seien, ist in Fachkreisen streitbefangen.   **491**

Generell sollte bei der Wertermittlung von Pflegeverpflichtungen mit Augenmaß vorgegangen werden. Die Pflegeverpflichtung ist eine Reallast, für die das Grundstück und darüber hinaus der Verpflichtete persönlich haftet. Letztlich handelt es sich überwiegend um ein höchstpersönliches Verhältnis zwischen Eltern und Kindern. Für die **Fiktion des „wirtschaftlich denkenden Marktteilnehmers"** ist schon deshalb kein Raum, da derartig belastete Grundstücke nicht am freien Grundstücksmarkt gehandelt werden und deshalb auch keine Markterfahrungen vorliegen, in welcher Größenordnung das Vorliegen der dinglichen Pflegeverpflichtung den Verkehrswert eines belasteten Grundstücks mindert.   **492**

Die zu diesem Thema vorliegenden wissenschaftlich anmutenden Berechnungen führen hier nicht weiter. Maßgebend und zu berücksichtigen ist allein, wie die Verpflichteten höchstpersönlich das Risiko des Pflegeeintritts bewerten. Dabei könnte ein Zuschlag in der Größenordnung des halben normalen Aufwands für Versorgungs- und Sachleistungen, also rd. 100 €/Monat einen Anhalt bieten.   **493**

Beispiel: **494**

Herr A (65 Jahre alt) überträgt sein Zweifamilienhaus an seinen Bruder und lässt sich im Grundbuch ein Altenteilsrecht eintragen. Es beinhaltet eine beschränkt persönliche Dienstbarkeit in Form eines unentgeltlichen Wohnungsrechts an der von ihm bewohnten Wohnung und eine Reallast, die den Bruder verpflichtet, Herrn A in angemessenem Umfang Mahlzeiten und Kleidung zur Verfügung zu stellen und auch im Falle von Krankheit und Pflegebedürftigkeit zu versorgen und zu pflegen. Sämtliche Leistungen sind unentgeltlich zu erbringen.

Ermittlung des mit dem Altenteilsrecht belasteten Grundstücks

a) **Ermittlung des Werts des unbelasteten Grundstücks**

Jahresrohertrag: 2 × 800 € × 12 Monate:	=	19 200 €	
– Bewirtschaftungskosten 15%	=	– 2 880 €	
= Jahresreinertrag		16 320 €	
– Bodenverzinsung 4 v. H. von 85 000 €	=	– 3 400 €	
= Gebäudereinertrag	=	12 920 €	
Vervielfältiger bei einem Liegenschaftszinsatz von 4 v. H. und 65 Jahren Restnutzungsdauer 23,05			
Gebäudeertragswert 12 920 € × 23,05	=	297 806 €	
+ Bodenwert	=	+ 85 000 €	
= Grundstücksertragswert	=	382 806 €	
Anpassungsabschlag an die Marktlage 10 v. H.	=	38 281 €	
= Verkehrswert	=	350 000 €	**350 000 €**

b) **Ermittlung des Werts des unentgeltlichen Wohnungsrechts**

Alter des Herrn A. 65 Jahre			
Lebenserwartung (nach Sterbetafel 1992/94) 14,5 Jahre			
Mietwert der Wohnung des Berechtigten/Jahr			
800 € × 12	=	9 600 €	
Vom Verpflichteten zu tragende Bewirtschaftungskosten (Instandhaltungs-, Verwaltungs- und Betriebskosten) (28 v. H. – 15 v. H.)			
der Nettokaltmiete/Grundmiete	=	+ 1 248 €	
= Jahresrohmiete	=	10 848 €	
Vervielfältiger bei 5 v. H. und 14 Jahren Laufzeit 9,90			
Kapitalisierter Mietwert 10 848 € × 9,90	=	107 395 €	– **107 000 €**
Wert unter Berücksichtigung des Wohnungsrechts	=		**243 000 €**

---

229   OVG Lüneburg, Beschl. vom 5.6.1996 – 4 M 2452/96 –, NdsRpflege 1996, 257 = FEVS 47, 89; zur Pflegeversicherung Schmidt in GuG 1999, 352

a) **Ermittlung des Werts der Reallast**

▶ *normaler Aufwand für Versorgungs- und Sachleistungen*

200 €/Monat oder 2 400 €/Jahr
Kapitalisierter Aufwand 2 400 € × 9,90   =   **23 760 €**

▶ *erhöhter Aufwand bei Eintritt des Pflegefalles*

V a r i a n t e l I

Eintrittswahrscheinlichkeit des Pflegefalls
(vgl. Abb. 64) bei 65 Jahren: 2,92 Promille
Üblicher Pflegesatz bei Stufe 3: 1 626 €/Monat
Zu Grunde gelegt wird mittlere Pflegebedürftigkeit: 1 626 × 0,7 =   1 138 €/Monat
abzüglich normaler Aufwand   −   200 €/Monat
Erhöhter Aufwand   =   938 €/Monat
Jährliche Plegekosten 938 € × 12 Monate   =   11 256 €
Anrechenbarer Jahresbetrag
$$\frac{2,92 \ \times \ 11 \ 256 \ €}{1\,000}$$ =   33 €/Jahr
Kapitalisierter anteiliger Pflegeaufwand bei 5 v. H. und
14 Jahren Laufzeit 33 € × 9,90   =   **327 €**

b) **Ermittlung des Werts der Reallast aus a) und b)**

aus a)	23 760 €	
aus b)	327 €	
zusammen	24 087 €	− **24 087 €**
Ausgangswert des mit dem Altenteilsrecht belasteten Grundstücks		= **218 913 €**

Nach Marktbeobachtungen wird vom ermittelten Ausgangswert (Grundstückssachwert, Grundstücksertragswert) wegen der Unsicherheit bei der Ermittlung der eingestellten statistischen Daten ein zusätzlicher Abschlag von 10 bis 15 v. H. vorgenommen:

15 v. H. von 218 913 € und zur Rundung		− 24 087 €
Verkehrswert des mit dem Altenteilsrecht belasteten Grundstücks		rd. **190 000 €**

V a r i a n t e l II

Normaler Aufwand für Versorgungs- und Sachleistungen p. a.	2 400 €
Zuschlag für möglichen Pflegeeintritt	100 €
Zusammen	2 500 €
Kapitalisierter Aufwand 3 500 € × 9,90	24 750 €
Ausgangswert des mit dem Altenteil belasteten Grundstücks	218 250 €

Nach Marktbeobachtungen wird vom ermittelten Ausgangswert (Grundstückssachwert; Grundstücksertragswert) wegen der Unsicherheit der in die Ermittlung eingestellten statistischen Daten ein zusätzlicher Abschlag von 10 bis 15 v. H.

vorgenommen: 15 v. H. von 218 250 € und zur Rundung		− 28 913 €
Verkehrswert des mit dem Altenteilsrecht belasteten Grundstücks		rd. **190 000 €**

495   Bei der **Wahl des „zutreffenden" Liegenschaftszinssatzes**[230] herrschen in der Fachwelt unterschiedliche Auffassungen. Der Liegenschaftszinssatz für ein Zweifamilienhaus dürfte bei ausgeglichenem Markt mit 4 % ansetzbar sein. Ein Teil der Sachverständigen ist der Meinung, dass dieser Zinssatz ebenfalls für die Wertberechnung der grundstücksbezogenen Rechte herangezogen werden muss, da nur auf diese Weise ein angemessenes Verhältnis zwischen Grundstückswert und dem Wert solcher aus dem Ertrag des Grundstücks errechneter Rechte herzustellen ist. Dagegen ist einzuwenden, dass bei Anwendung dieser Systematik der Wert des Rechts von der Nutzungsart des Grundstücks abhängt. Andererseits werden Leibrenten üblicherweise mit 5,5 % verzinst[231]. Wird also ein Haus auf Rentenbasis veräußert, wird die Rente i. d. R. mit 5,5 % kapitalisiert. Ebenso würde man verfahren, wenn der Barwert einer schon bestehenden Leibrente ermittelt werden müsste. Der im Beispiel herangezogene Zinssatz von 5 % ist ein Kompromiss zwischen beiden Auffassungen, denn das Wohnungsrecht ist eigentlich die modifizierte Form eines wertgesicherten Restkaufgelds, dessen Raten (fiktive Miete) weder mit dem Kapitalmarktzins noch mit dem Hypothekenzins, sondern allenfalls mit dem Realzinssatz kapitalisiert werden können (vgl. Rn. 465).

▶ *Zur Verkehrswertermittlung von Seniorenimmobilien vgl. Weyers in GuG 1997, 1; von Kurkliniken in GuG 1997, 218*

4.2.12.2   Zwangsversteigerung

Für das Altenteilsrecht gibt es in der Zwangsversteigerung eine **Sonderregelung,** die ihm   **496** einen besseren Schutz geben soll. Es bleibt in der Zwangsversteigerung unberührt, auch wenn es bei der Feststellung des geringsten Gebots nicht berücksichtigt wird, d. h., wenn es dem betreibenden Gläubiger im Range nachgeht. Da ein vorrangiger Gläubiger jedoch das Recht hat, das Erlöschen des Altenteilsrechts als abweichende Versteigerungsbedingung zu beantragen, ist die Schutzwirkung nur gering. Das Altenteilsrecht bleibt praktisch nur bestehen, wenn durch die abgegebenen Angebote alle vor- und gleichrangigen Gläubiger voll befriedigt werden können. Durch das Zunehmen der durchschnittlichen Lebenserwartung, der damit verbundenen Überalterung der Bevölkerung und der Lockerung der Familienstrukturen kommt dieser Vertragsgestaltung heute eine nicht unerhebliche Bedeutung zu. Für den Verpflichteten bedeutet das Altenteilsrecht ein nur schwer einschätzbares finanzielles Risiko, da die Laufzeit des Rechts und die finanziellen Auswirkungen unbestimmt sind. Zwar ist die Belastung durch das Wohnungsrecht noch grob eingrenzbar, bei der damit verbundenen Reallast, die Pflege- und Sachleistungen zum Inhalt hat, sind die finanziellen Auswirkungen jedoch kaum vorauszusehen.

4.3   Verfügungs- und Erwerbsrecht

4.3.1   Übersicht

Unter die Erwerbsrechte fallen insbesondere

a) das *Vorkaufsrecht,* d. h. die gesetzlich oder vertraglich eingeräumte Befugnis, in einen   **497** Kaufvertrag an Stelle des Käufers einzutreten (§§ 504 ff., 1094 ff. BGB; §§ 24 ff. BauGB);

b) die *Vormerkung* (§§ 883 ff. BGB), soweit damit ein schuldrechtlicher Anspruch auf Einräumung oder Aufhebung eines Rechts an einem Grundstück auch Dritten gegenüber gesichert wird[232];

c) das *Aneignungsrecht*[233] (z. B. Jagdrecht vgl. Rn. 531),

d) das *Anwartschaftsrecht,* insbesondere

   – das *Wiederkaufsrecht* (z. B. nach § 10 Abs. 1 Satz 2 i.V. m. § 4 Abs. 2 des Reichsiedlungsgesetzes oder auf Grund einer Vereinbarung),

   – das *Ankaufsrecht* (Option) und

   – die *Vorhand.*

Unter der **Vorhand** versteht man die Verpflichtung eines Eigentümers im Falle des Ver-   **498** kaufs sein Grundstück zuerst einer anderen Person anzubieten. Der die Vorhand einräumende Vertrag bedarf der Schriftform nach § 313 BGB[234].

Die **unterschiedlichen Verfügungs- und Erwerbsrechte** sind aus der folgenden Abb. 65   **499** zu ersehen.

---

230   OVG Koblenz, Urt. vom 18. 11. 1985 – 12 A 55/58 –, EzGuG 14.78 a
231   BFH, Urt. vom 20. 11. 1969 – IV F 22/68 –, EzGuG 14.38 c
232   Baur, a. a. O., S. 195, 26
233   Baur, a. a. O., S. 23, 275
234   RG, Urt. vom 21. 4. 1937 – V 297/36 –, RGZ 169, 65 (71)

Abb. 65: Übersicht über die Erwerbsrechte

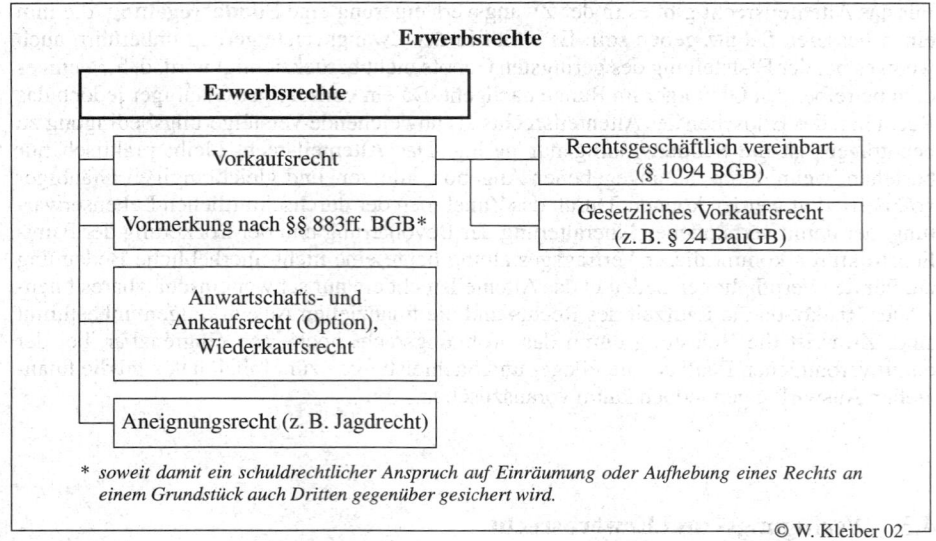

* *soweit damit ein schuldrechtlicher Anspruch auf Einräumung oder Aufhebung eines Rechts an einem Grundstück auch Dritten gegenüber gesichert wird.*

© W. Kleiber 02

4.3.2   Vorkaufsrecht

4.3.2.1   Allgemeines

500 Ein Vorkaufsrecht räumt dem Berechtigten die **Befugnis** ein, **eine bestimmte Sache zu denselben Bedingungen zu erwerben, die der Verkäufer in einem Kaufvertrag mit einem Dritten rechtswirksam vereinbart hat**[235]. Im Falle des Verkaufs der Sache – z. B. eines Grundstücks – kann der Berechtigte durch einseitige Erklärung gegenüber dem Verpflichteten einen Kauf mit diesem zustande bringen. Mit der Ausübung des Vorkaufsrechts kommt ein neuer Kaufvertrag zwischen dem Berechtigten und dem Verpflichteten zustande. Das Vorkaufsrecht ist jedoch bei Schenkung, Tausch und Erbfolge nicht wirksam.

501 Das **Vorkaufsrecht** kann auch **zugunsten des jeweiligen Eigentümers eines anderen Grundstücks** (subjektiv dinglich) bestellt werden (§ 1094 Abs. 2 BGB). Ferner kann es auch für einen, für mehrere oder für alle Verkaufsfälle eingetragen werden (§ 1097 BGB).

502 Darüber hinaus ist es i. d. R. sinnvoll, zwischen den **vertraglichen** Vorkaufsrechten einerseits **und den gesetzlichen,** insbesondere öffentlich-rechtlichen **Vorkaufsrechten** andererseits **zu unterscheiden** (Abb. 66).

503 Das **vertragliche Vorkaufsrecht** kann nach Maßgabe

a) der §§ 504 bis 514 BGB als *(schuldrechtliches) obligatorisches Vorkaufsrecht* oder

b) der §§ 1094 ff. BGB als *dingliches Vorkaufsrecht* ausgestaltet sein.

504 Nur **das dingliche Vorkaufsrecht ist grundbuchfähig und -bedürftig.** Das dingliche Vorkaufsrecht ist abgrenzungsbedürftig gegenüber

– dem Wiederkaufsrecht,

– dem Ankaufsrecht und

– der Vorhand.

In der neueren Rechtslehre wird das vertragliche, dingliche Vorkaufsrecht entweder als dingliche Anwartschaft auf ein Grundstück, vergleichbar etwa mit der Auflassungsvormerkung im Grundbuch, oder als Gestaltungsrecht angesehen.

Abb. 66: Vorkaufsrechte

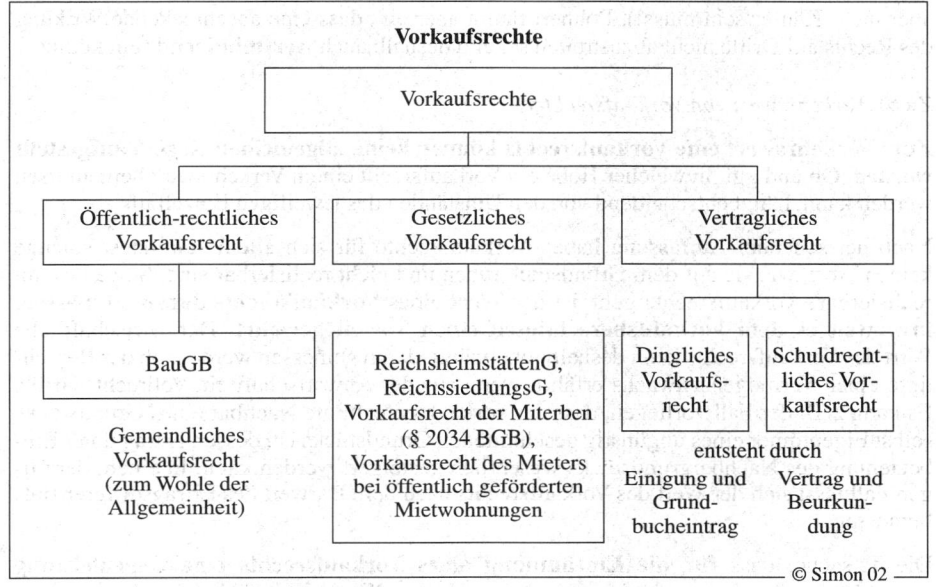

© Simon 02

4.3.2.2   Verkehrswertermittlung

Im Rahmen der Verkehrswertermittlung muss **unterschieden werden zwischen**   **505**

a) dem Verkehrswert eines Grundstücks, das mit einem Vorkaufsrecht belastet ist; im Falle der Ermittlung des Verkehrswerts eines vorkaufsrechtsbelasteten Grundstücks geht es um die Frage, ob und ggf. in welchem Maße ein Vorkaufsrecht den Verkehrswert eines Grundstücks beeinflusst, wobei wiederum die Minderung des Verkehrswerts nicht mit dem Wert des Vorkaufsrechts (für sich allein) identisch sein muss, und

b) dem Wert eines Vorkaufsrechts (für sich allein).

Zu a)   Verkehrswert vorkaufsrechtsbelasteter Grundstücke

Der **RFH**[236] hat in einer Entscheidung aus dem Jahre 1926 festgestellt, dass ein Vorkaufs-   **506** recht den Grundstückswert nicht beeinflusse. In den Entscheidungen wird ausgeführt:

„Beizutreten ist dem FG auch dahin, dass das auf dem Grundstück lastende Vorkaufsrecht nicht als wertmindernd zu behandeln ist. Der RFH hat schon in seinem Urt. vom 24. 3. 1925 ausgesprochen, dass sich der Verkäufer eines Grundstücks ein durch Vormerkung gesichertes persönliches Wiedererwerbsrecht vorbehalten hat. Vorliegend handelt es sich um ein *dingliches* Vorkaufsrecht. Bei diesem gilt aber nichts anderes als in jenem Falle. Welcher Art das Vorkaufsrecht ist, steht nicht fest. Aber auch wenn es sich – was der ungünstigste Fall ist – nicht auf den Verkauf beschränkt hat, der dem besteuerten Eigentumsübergang zu Grunde lag, sondern auch für alle späteren Verkaufsfälle gilt (vgl. § 1097 BGB), so wirkt es doch nicht wertmindernd. Es mag sein, dass mancher Kauflustige durch das Bestehen des Vorkaufsrechts abgeschreckt wird. Wenn er sich aber zum Kaufe entschließt, so liegt ihm kein Anlass vor, mit Rücksicht auf das Bestehen des Vorkaufsrechts einen geringeren Preis zu bewilligen, als er ohne das Vorkaufsrecht tun würde. Im Gegenteil, wenn ihm besonders viel am Erwerb liegt, so wird er, um die Ausübung des Vorkaufsrechts zu verhindern, eher zur Anlegung eines höheren Preises geneigt sein. Durch das Bestehen eines Vorkaufsrechts wird die Zahl der Kauflustigen nicht beschränkt. Allerdings ist es möglich, dass das Zustandekommen von Kaufverträgen verhindert wird, wenn die Beteiligten glauben oder wissen, dass der Vorkaufsberechtigte sein Recht ausüben werde. Die Erschwerung des Abschlusses von Kaufverträgen kann hier aber nicht preis- und damit wertmindernd wirken."

235   BGH, Urt. vom 19. 12. 1962 – V ZR 259/60 –, MDR 1963, 396; BayObLG, Beschl. vom 19. 1. 1982 – BReg 2 Z 37/81 –, BayObLGZ 1982, 15 = EzGuG 14.68 a; BayObLG, Urt. vom 10. 2. 1971 – BReg 2 Z 10/71 –, NJW 1971, 809 = MDR 1971, 488 = BayObLGZ 1971, 28; in Sanierungsgebieten: VGH Mannheim, Urt. vom 25. 9. 1997 – 8 S 665/97 –, NJW 1998, 1089.

236   RFH, Urt. vom 8. 10. 1926 – II A 429/76 –, EzGuG 14.1 a; RFH, Urt. vom 24. 3. 1925 – II A 91/25 –, RFHE 16, 56.

Auch nach *Pohnert*[237] soll sich ein Vorkaufsrecht eher werterhöhend als wertmindernd auf das belastete Grundstück auswirken, da zumindest ein Käufer vorhanden ist (wobei dieser aber nicht Käufer sein muss!). Pohnert räumt aber ein, dass eine abschreckende Wirkung des Rechts auf Dritte nicht abzustreiten sei und deshalb auch **wertmindernd** sein könne.

507 *Zu b) Verkehrswert von Vorkaufsrechten*

Zum Verkehrswert eine Vorkaufsrechts können keine allgemeinen Regeln aufgestellt werden. Ob und ggf. in welcher Höhe ein Vorkaufsrecht einem Verkehrswert beigemessen werden kann, hängt entscheidend von den Umständen des jeweiligen Einzelfalls ab.

508 Nach herrschender Auffassung haben Vorkaufsrechte für sich allein zumindest solange keinen Wert, wie sie auf dem Grundstück ruhen und nicht realisierbar sind. Soweit es um realisierbare Vorkaufsrechte geht, ist der **Wert eines Vorkaufsrechts daran zu messen, inwieweit es dem Vorkaufsberechtigten einen Vorteil gewährt.** Der wirtschaftliche Wert des Vorkaufsrechts kann deshalb regelmäßig daran gemessen werden, ob der Berechtigte einen Vermögenszuwachs erfährt, wenn aus der Anwartschaft ein Vollrecht wird[238]. Es kann z. B. der Fall vorliegen, dass der vorkaufsberechtigte Nachbar eines Grundstücks selbst Eigentümer eines ungünstig geschnittenen Grundstücks ist, dessen Ertrag unter Einbeziehung des Nachbargrundstücks wesentlich gesteigert werden kann. In einem derartigen Fall lässt sich der Wert des Vorkaufsrechts nach dem Barwert des Ertragsdifferenzials bemessen.

509 Die Tatsache, dass **für die Einräumung eines Vorkaufsrechts eine Gegenleistung erbracht** worden ist, dürfte in aller Regel für den Wert eines Vorkaufsrechts dagegen bedeutungslos, wenngleich nicht unbeachtlich sein.

510 Aus der Praxis des **Vorkaufsrechts nach den §§ 4ff. RSG** wird berichtet, dass Landgesellschaften für die Nichtausübung ihres Vorkaufsrechts Abstandszahlungen vereinbart hätten. Das RG hat dieses Verhalten als sittenwidrig erkannt[239]. Im Grundbuch gesicherte Vorkaufsrechte unterliegen nicht der Verjährung.

511 Der Wert eines Vorkaufsrecht an einem Grundstück ist im vorstehendem Sinne nach Auffassung des **OLG Kiel**[240] gering zu veranschlagen, wenn ein besonderes Interesse an dem Erwerb eines gerade zum Verkauf gelangten Grundstücks nicht ersichtlich ist; in derartigen Fällen ließe er sich nur durch freie Schätzung ermitteln. Das Gericht hatte den Wert des Vorkaufsrechts mit 2 % des Verkehrswerts des belasteten Grundstücks angesetzt.

512 Anhaltspunkte für den Wert eines Vorkaufsrechts bietet auch die Entscheidung des Obergerichts der Freien Stadt Danzig vom 20. 12. 1933[241]. Das Gericht hat 2,15 % des Versteigerungserlöses als Wert des Vorkaufsrechts in dem von ihm entschiedenen Fall festgesetzt. Im Anschluss an diese bei *Sichtermann*[242] zitierten Entscheidungen empfiehlt *Michaelis*[243] für ein Vorkaufsrecht 2% des gemeinen Werts (Verkehrswert) des Grundstücks anzusetzen, wenn nicht besondere Gründe im Einzelfall eine Abweichung rechtfertigen.

513 *Aust/Jakobs*[244] geben als Wert eines Vorkaufsrechts den Betrag von 5 bis 15 % eines Grundstückswerts an. Dies wiederum erscheint im Hinblick auf die Verkäuflichkeit eines solchen Rechts nach den Grundsätzen der Verkehrswertermittlung zu hoch, zumal dieser „Satz" allenfalls der individuellen Wertschätzung des Vorkaufsberechtigten entspricht.

514 In einer Entscheidung des OLG Frankfurt am Main[245] wurde im Zuge einer Vorgartenenteignung der Entschädigungswert für den Fortfall eines Vorkaufsrechts in „freier Schätzung" mit 5 v. H. des Werts der von der Enteignung betroffenen Fläche festgesetzt. Auch dieser Prozentsatz kann nur einen groben Anhalt bieten.

515 Wird ein Vorkaufsrecht nur für eine **Teilfläche** ausgeübt, so ist im Übrigen der Teil des Kaufpreises zu ermitteln, der auf die Teilfläche entfällt. Der Wert der Teilfläche kann dabei nicht nach dem durchschnittlichen Quadratmeterpreis bemessen werden, wenn die weniger wertvolle oder wertvollere Fläche vom Vorkaufsrecht betroffen ist[246].

Für die gesetzlichen **Vorkaufsrechte nach § 24 und § 25 BauGB** gelten einige Besonderheiten. Es handelt sich dabei um sog. **preislimitierende Vorkaufsrechte,** wobei grundsätzlich zwischen zwei Fällen zu unterscheiden ist: **516**

1. Überschreitet der vereinbarte Kaufpreis den Verkehrswert in einer für den Rechtsverkehr „deutlich" erkennbaren Weise, so kann die Gemeinde die Ausübung ihres Vorkaufsrechts nach § 28 Abs. 4 Satz 1 BauGB zum „Verkehrswert" geltend machen (§ 194 BauGB Rn. 44). Der Verkäufer ist in diesem Falle berechtigt, bis zum Ablauf eines Monats nach Unanfechtbarkeit des Verwaltungsaktes über die Ausübung des Vorkaufsrechts vom Vertrag zurückzutreten, wobei dann die Kosten des Vertrags auf der Grundlage des Verkehrswerts von der Gemeinde getragen werden.

2. Soweit es sich um den Erwerb von **Flächen handelt, die nach dem Bebauungsplan einer Nutzung für öffentliche Zwecke oder für Maßnahmen zum Ausgleich für Eingriffe in Natur und Landschaft** nach § 1 Abs. 3 BauGB handelt, bestimmt sich der bei Ausübung des Vorkaufsrechts zu zahlende Betrag gemäß § 28 Abs. 4 BauGB nach den entschädigungsrechtlichen Vorschriften der §§ 93 ff. BauGB, d. h. ebenfalls nach dem Verkehrswert des Grundstücks (ggf. unter Berücksichtigung einer Entschädigung für Vermögensnachteile). Bei der Ermittlung dieses Verkehrswerts sind insbesondere die Reduktionsvorschriften des § 95 BauGB beachtlich. Der Verkäufer hat in diesen Fällen kein Rücktrittsrecht.

Diese Besonderheit ist damit begründet, dass es sich hierbei um Flächen handelt, die auch enteignet werden könnten, wobei sich dann die Enteignungsentschädigung nach den genannten Vorschriften bemessen würde. Der Gesetzgeber wollte damit zum **Schutze des Erwerbers** vermeiden, dass im Falle einer überhöhten Kaufpreisgestaltung die Gemeinde auf die Ausübung ihres Vorkaufsrechts mit der Folge verzichtet, dass sie im Anschluss an den Verkaufsfall den Erwerber zu einem entsprechend niedrigeren Entschädigungswert enteignet.   **517**

In dem zuletzt genannten Fall eines preislimitierten Vorkaufsrechts für Gemeinbedarfsflächen und für naturschutzrechtliche Ausgleichsflächen kann nicht erwartet werden, dass von diesem Vorkaufsrecht eine wertmindernde Wirkung auf die davon betroffenen Grundstücke ausgeht, denn die **Grundstücke können** – wie dargelegt – **ohnehin zu dem entsprechenden Entschädigungswert** enteignet werden. Das Gleiche kann aber auch für den erstgenannten Fall gelten, auch wenn hier der Grundstücksverkehr dies als Eingriff in die freie Preisgestaltung betrachten mag. Zum einen wird aber auch in diesem Fall das Vorkaufsrecht zum Verkehrswert ausgeübt, so dass schon von daher ein wertmindernder Einfluss vom Vorkaufsrecht nicht ausgeht. Zum anderen ist in diesem Fall der Grundstücksverkehr insgesamt davon betroffen, so dass eine möglicherweise preisdämpfende Wirkung in aller Regel bereits Eingang in die herangezogenen Vergleichspreise finden musste und schon von daher nicht noch zusätzlich berücksichtigt werden darf.   **518**

---

237   Pohnert, Kreditwirtschaftliche Wertermittlung, 5. Aufl., Neuwied 1997, S. 247; vgl. im Übrigen Meiß in ZfV 1980, 83
238   BGH, Urt. vom 23. 3. 1975 – 5 StR 82/76 –, NJW 1977, 156 = EzGuG 14.54 a.
239   RG, Urt. vom 9. 2. 1928 – 128/28 –, HRR 1929, 1098 (Archiv für innere Kolonisation XXI, S. 272 und XX, S. 492) ; Posick/Wenzel, Reichssiedlungsgesetz, Komm. Berlin 1930 S. 124
240   OLG Kiel, Urt. vom 20.11.1931 – 2 U – 238/31 –, SchlHAnz 1931, 202 = EzGuG 14.1b
241   OG der Freien Stadt Danzig, Urt. vom 20.12.1933 – 2 II U 320/33 –, Seufferts Archiv 88 Nr. 62 =EzGuG
242   Sichtermann, Bedeutung und Behandlung der Eintragungen in Abt. II des Grundbuchs, 8. Aufl.
243   Michaelis, Beleihungsgrundsätze für Sparkassen, 7. Aufl., S. 123
244   Aust/Jacobs, Die Enteignungsentschädigung, 4. Aufl. 1997, S. 148
245   OLG Frankfurt am Main, Urt. vom 11.5.1964 – U 210/63 –, EzGuG 14.20
246   BGH, Urt. vom 10. 10. 1969 – V ZR 155/60 –, EzGuG 18.46; BGH, Urt. vom 15. 1. 1971 – V ZR 164/68 –, EzGuG 14.42

4.3.2.3   Beleihungspraxis und Zwangsversteigerung

519   Das dingliche Vorkaufsrecht hat Dritten gegenüber die Wirkung einer Vormerkung zur Sicherung des durch die Ausübung des Rechts entstehenden Anspruchs auf Übertragung des Eigentums (§ 1098 Abs. 2 BGB). Schließt also der Eigentümer einen **Kaufvertrag mit einem Dritten ab,** *bevor* **die Grundschuld der Bank entsteht,** so ist die Grundschuld dem Vorkaufsberechtigten gegenüber unwirksam (§ 1098 Abs. 2 BGB, § 883 Abs. 2 Satz 1 BGB). Wenn das Vorkaufsrecht mit der Grundschuld einer Bank im Range vorgeht, empfiehlt es sich deshalb, durch Rückfrage bei dem Eigentümer *und* dem Vorkaufsberechtigten sich zu vergewissern, dass der Eigentümer *vor* Entstehung der Grundschuld keinen Kaufvertrag über das Grundstück mit einem Dritten abgeschlossen hat. Ist hingegen ein solcher Kaufvertrag abgeschlossen, so empfiehlt es sich dann von dem Vorkaufsberechtigten die Erklärung zu verlangen, dass er der Bestellung der Grundschuld zustimmt bzw. in diesem Fall auf die Ausübung seines Vorkaufsrechts verzichtet. Tritt der Vorkaufsberechtigte mit dem Vorkaufsrecht im Range hinter die Grundschuld der Bank zurück, so liegt darin die evtl. erforderliche Zustimmung des Vorkaufsberechtigten zur Bestellung der Grundschuld. Bei Rangrücktritt des Vorkaufsrechts erübrigt sich also die vorgenannte Anfrage bei dem Eigentümer und dem Vorkaufsberechtigten.

520   **Das Vorkaufsrecht kann inhaltlich auch so gestaltet sein, dass es nur unter bestimmten Bedingungen oder nur innerhalb einer bestimmten Frist ausgeübt werden kann** und diese Bedingungen in dem vorliegenden Verkaufsfall nicht gegeben sind, bzw. die Frist abgelaufen ist. Da der Vorkaufsberechtigte in diesem Fall das Vorkaufsrecht nicht ausüben kann, bedarf es auch nicht seiner Zustimmung, bzw. seines Verzichts auf das Vorkaufsrecht. Die genannten Bedingungen bzw. die genannte Befristung müssen nach herrschender Auffassung im Grundbuch selbst eingetragen sein. Die Eintragung kann nicht durch Bezugnahme auf die Eintragungsbewilligung ersetzt werden[247]. Ist das Vorkaufsrecht gemäß der Grundbucheintragung bedingt oder befristet, so wäre also anhand der Grundbucheintragung und ggf. unter Zuhilfenahme der Eintragungsbewilligung ergänzend zu prüfen, ob dieser Verkaufsfall überhaupt vom Vorkaufsrecht erfasst wird. Ist dieses nicht der Fall erübrigt sich die Zustimmung des Vorkaufsberechtigten zur Grundschuldbestellung bzw. dessen Verzicht auf die Geltendmachung des Vorkaufsrechts.

521   Das Vorkaufsrecht vermindert aus der Sicht des Kreditgebers i. d. R. den Wert des Grundstücks, da der Eigentümer schwerer einen Käufer finden wird als ohne das Vorkaufsrecht. Jedoch wird die Wertminderung oft nicht als so bedeutend anzusehen sein, dass unbedingt ein Rangrücktritt des Vorkaufsrechts erforderlich ist. Es wird im Allgemeinen genügen, die Wertminderung bei der Feststellung des Beleihungswerts zu berücksichtigen. Dabei wird das **Vorkaufsrecht für mehrere oder alle Verkaufsfälle** als eine schwerere Belastung anzusehen sein, als das Vorkaufsrecht für nur einen Fall.

522   Mit welchem Wert das der Grundschuld der Bank im Range vorgehende Vorkaufsrecht anzusetzen ist, richtet sich aus der Sicht des Kreditgebers vor allen Dingen nach dem **Schicksal des Vorkaufsrechts in der Zwangsversteigerung.** Das Vorkaufsrecht für nur einen Fall des Verkaufs erlischt in der Zwangsversteigerung (§ 1098 i. V. m. § 512 BGB). Für dieses ist also in der Zwangsversteigerung kein Ersatzwert anzusetzen[248]. Das Vorkaufsrecht für nur einen Fall kann daher bei der Beleihung unberücksichtigt bleiben.

523   Demgegenüber erlischt das Vorkaufsrecht für mehrere oder alle Verkaufsfälle in der Zwangsversteigerung nicht. Es kann zwar nicht in der Zwangsversteigerung gegen den Ersteher ausgeübt werden (§ 1098 i. V. m. § 512 BGB), jedoch

– bleibt es entweder, wenn es ins geringste Gebot fällt, bestehen (§ 52 ZVG) und
– verpflichtet dann den Ersteher
– oder es erlischt gemäß § 91 ZVG durch den Zuschlag. In diesem Fall wird dann gemäß § 92 Abs. 1 ZVG für das Vorkaufsrecht für mehrere oder alle Verkaufsfälle ein Ersatzwert festgesetzt.

Diesen Ersatzwert meldet der Vorkaufsberechtigte an. Widerspricht ein nachfolgender Gläubiger gem. § 115 ZVG den Anspruch des Vorkaufsberechtigten, so entscheidet das Gericht im ordentlichen Prozessverfahren. Hierbei wird die Höhe des Ersatzwerts geschätzt.

Der **Wert des Vorkaufsrechts** kann dann nach vorstehenden Ausführungen regelmäßig **524** nur **nach dem Vermögenszuwachs bemessen werden, der dem Berechtigten erwächst,** wenn sich aus seiner Anwartschaft aus dem Vorkaufsrecht ein Vollrecht ergibt. Ergibt sich bei einem Wertvergleich der aus dem Kaufvertrag entstehenden gegenseitigen Ansprüche, dass der Anspruch auf Übereignung des Kaufgegenstands wertvoller ist, als Ansprüche auf den Kaufpreis, hat die Stellung als Käufer einen selbstständigen wirtschaftlichen Wert[249]. Im Zeitpunkt der Zwangsversteigerung wird dieser wirtschaftliche Wert häufig schwer feststellbar sein. Anhaltspunkte bieten die oben genannten Entscheidungen des OLG Kiel und des Obergerichts der Freien Stadt Danzig (Rn. 511f.).

Vorstehende Ausführungen gelten sinngemäß auch für Vorkaufsrechte, welche an einem **525** **Erbbaurecht, Wohnungseigentum, Teileigentum, Wohnungserbbaurecht oder Teil-erbbaurecht** bestehen[250].

4.3.3 Wiederkaufsrecht

Das BGB enthält keine gesetzlichen Vorschriften über ein dingliches Wiederkaufsrecht.[251] **526** **Ein im Grundbuch eintragungsfähiges dingliches Wiederkaufsrecht gibt es** insoweit **nicht.** Lediglich in den §§ 20 und 21 RSG ist für die betreffenden Siedlungsunternehmen bundesrechtlich ein eintragungspflichtiges Wiederkaufsrecht[252] vorgesehen, dem damit eine dingliche Wirkung beizumessen ist.

Ansonsten ist der **Wiederkauf in den §§ 497 bis 503 BGB geregelt.** Als schuldrechtliches **527** Institut kann ein Wiederkaufsrecht durch Vormerkung nach den §§ 479ff. BGB gesichert werden.

Bei **Grundstücken kann ein Wiederkaufsrecht nach § 503 BGB nur bis zum Ablauf 528 von dreißig Jahren nach der Vereinbarung des Vorbehalts ausgeübt werden,** sofern nicht für die Ausübung eine Frist bestimmt ist. Ist als Wiederkaufspreis der „Schätzwert" vereinbart, den der gekaufte Gegenstand zur Zeit des Wiederkaufs hat, so ist nach § 501 BGB der Wiederverkäufer für eine Verschlechterung, den Untergang oder die aus einem anderen Grunde eingetretene Unmöglichkeit der Herausgabe des Gegenstands nicht verantwortlich, der Wiederkäufer zum Ersatze von Verwendungen nicht verpflichtet.

---

247 Staudinger, Rn. 2 zu § 1097; RGRK Anm. 3 zu § 1097; a. A. RGZ 108, 356.
248 Zeller, Rn. 19 zu § 92 ZVG
249 BGH, Urt. vom 23. 3. 1976 – 5 StR 82/70 –, NJW 1977, 155.
250 Zur Berücksichtigung von Vorkaufsrecht bei **Heimstätten** nach nicht mehr geltendem Recht: § 10 Abs. 1 Aus-führungsVO zum RHeimstG i. d. F. vom 25. 11. 1937 (RGBl. I 1937, 685); BGH, Urt. vom 24. 5. 1972 – IV ZR 71/71 –, EzGuG 14.45 und zur steuerlichen Bewertung: BFH, Urt. vom 28. 10. 1955 – III 92, 106/55 S –, EzGuG 14.4; zur **kostenrechtlichen Berücksichtigung von Vorkaufsrechten:** KG Berlin, Urt. vom 24. 10. 1997 – 25 W 5064/96 –, GuG-aktuell 1999, 47 (LS) = KG-Rp Berlin 1998, 127 = EzGuG 14.130; BayObLG, Urt. vom 10. 8. 1995 3 Z BR 145/95 –; EzGuG 14.125 a; OLG Zweibrücken, Urt. vom 13. 7. 1990 – 3 W 67/90 –, JurBüro 1991, 54 = Rpfleger 1991, 54; BayObLG, Urt. vom 16. 12. 1975 – BReg 3 Z 108/74 –, Rpfleger 1986, 31; OLG Magdeburg, Urt. vom 19. 1. 1999 – 13 W 12/98 –, GuG-aktuell 1999, 46 (LS); OLG Schleswig, Beschl. vom 19. 2. 1960 – 7 W 311/59 –, Rpfleger 1962, 495; OLG Schleswig, Beschl. vom 15. 1. 1959 – 7 W 251/58 –, Rpfleger 1962, 395
251 BGH, Urt. vom 30. 11. 1990 – V ZR 272/89 –, EzGuG 14.96 a; BGH, Urt. vom 15. 11. 1974 – V ZR 78/73 –, EzGuG 14.48 e; OLG Karlsruhe, Urt. vom 20. 2. 1992 – 9 U 294/91 –, EzGuG 14.108
252 Zum Wiederkaufsrecht bei Einheimischenmodellen: OLG München, Urt. vom 20. 1. 1998 – 25 U 4623/97 –, GuG 1999,125 = EzGuG 14.131; OLG München, Urt. vom 27.6.1994 – 30 U 974/93 –, EzGuG 12.117a; OLG Karlsruhe, Urt. vom 14. 3. 1991 – 9 U 260/89 –, EzGuG 14 98 a

529 Der **Verkehrswert eines Grundstücks kann durch ein Wiederkaufsrecht** nur beeinflusst werden, wenn das Wiederkaufsrecht (durch Eintragung einer Vormerkung oder nach dem RSG) dingliche Wirkung entfaltet, weil nur in diesem Fall ein Erwerber davon betroffen sein könnte. Der Einfluss des Wiederkaufsrechts auf den Verkehrswert (i. d. R. eine Wertminderung) bestimmt sich dann nach den näheren Vereinbarungen über die Ausübung des Wiederkaufsrechts (z. B. Ausübung zu einem besonderen vom Verkehrswert am Wertermittlungsstichtag abweichender Wert)[253].

530 Der **Wert eines (im Grundbuch eingetragenen) siedlungsrechtlichen Wiederkaufsrechts** (nach § 20 Abs. 1 Satz 2 i.V. m. § 4 Abs. 2 RSG) ist in der Rechtsprechung nach dem Interesse der Berechtigten festgesetzt worden. Der BGH hat in seinem Urteil vom 23. 6. 1972[254] als Wert eines in einem Zwangsversteigerungsverfahren erloschenen Wiederkaufsrechts bei einem Grundstückswert von 120 000 € den Betrag von 1 500 € anerkannt. Entscheidend für den Wert eines Wiederkaufsrechts ist im Einzelfall vor allem der Preis zu dem das Wiederkaufsrecht ausgeübt werden kann (zur Vereinbarung eines Wiederkaufsrechts[255]).

4.3.4 Aneignungsrecht

531 Das Jagd- bzw. Fischereirecht[256] verleiht dem Jagdberechtigten ein Aneignungsrecht auf „wildlebende jagdbare Tiere" bzw. Fische (§ 1 BJagdG). Es ist zu unterscheiden vom **Jagdausübungsrecht,** das die Ausübung des Jagdrechts von einer bestimmten zusammenhängenden Grundfläche abhängig macht (vgl. die §§ 7 ff. BJagdG).

4.4   Sicherungs- und Verwertungsrecht

4.4.1 Übersicht

532 Bei den Verwertungsrechten (Abb. 67) unterscheidet man zwischen

a) den *Pfandrechten,* wobei das Bürgerliche Gesetzbuch im Achten Abschnitt (§§ 1113 bis 1203 BGB) die Pfandrechte an Grundstücken untergliedert in:

– die Hypothek (§§ 1113 ff. BGB),
– die Grundschuld (§§ 1191 ff. BGB),
– die Rentenschuld (§§ 11199 ff. BGB).

b) der *Reallast.*

Abb. 67: Übersicht über die Sicherungs- und Verwertungsrechte

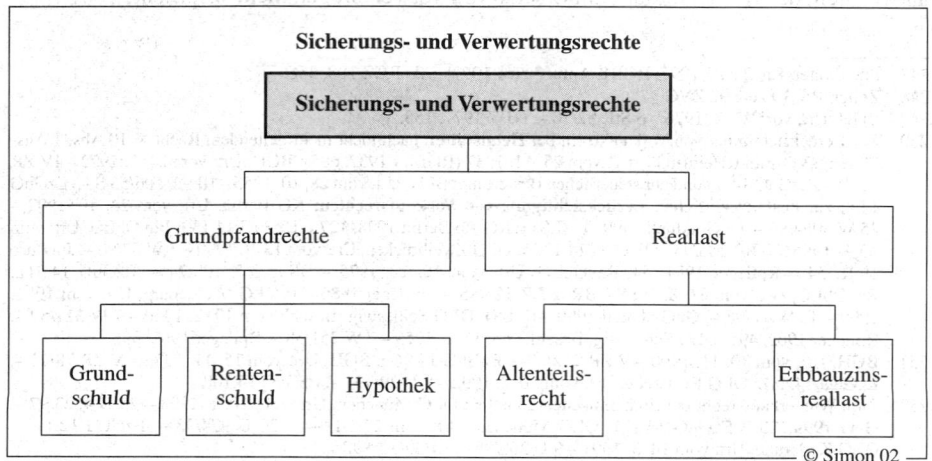

© Simon 02

4.4.2 Grundpfandrecht

Das BGB kennt den **Begriff „Grundpfandrechte"** nicht. Er hat sich aber im allgemeinen Sprachgebrauch eingebürgert und bezeichnet zusammenfassend die sogenannten Verwertungsrechte wie Hypotheken (§§ 1133–1190 BGB), Grundschulden (§§ 1191–1198 BGB) und Rentenschulden (§§ 1199–1203 BGB). Sie geben dem Berechtigten ein dingliches Verwertungsrecht am belasteten Grundstück und sind zur Sicherung von Krediten in Abteilung III des Grundbuchs eingetragen. **533**

Die in Abt. III eingetragenen **Pfandrechte wirken sich regelmäßig nicht auf den Verkehrswert des Grundstücks** aus, da sie im Verkaufsfall lediglich zur Verrechnung kommen[257]. Dies entspricht der in der Wertermittlungslehre vorherrschende Auffassung. Sie trägt dem Umstand Rechnung, dass Finanzierungskosten die Höhe des Verkehrswerts nicht beeinflussen[258]. In der Rechtsprechung wird diesem Grundsatz nicht immer konsequent gefolgt[259]. Zumindest können die auf einem Grundstück dinglichen Belastungen z. B. einen höheren Kaufpreis nicht aber Verkehrswert rechtfertigen, wenn sie besonders günstig sind und vom Erwerber übernommen werden. **534**

Derartig beeinflusste Kaufpreise mögen zwar grundsätzlich dem gewöhnlichen Geschäftsverkehr zuzurechnen sein, sie können gleichwohl nicht ohne weiteres als Vergleichspreise herangezogen werden. Eine **Verkehrswertbeeinflussung kann sich aber ergeben, wenn z. B. die auf einem bestimmten Objekt üblicherweise ruhenden Belastungen vergleichsweise besonders günstig und von jedem Erwerber zu übernehmen sind.** Im Rahmen der *Verkehrswertermittlung von Grundstücken im Bereich der sozialen Wohnraumförderung* ist die Berücksichtigung günstiger Kredite sogar üblich, denn – wirtschaftlich betrachtet – stellen zinsgünstige öffentliche Darlehen ein Äquivalent für mietpreisrechtliche Bindungen dar[260]. **535**

253 Zum Wert eines Wiederkaufsrechts nach KostO: BayObLG, Beschl. vom 16.12.1975 – BReg 3 Z 108/74 –, EzGuG 14.51a; OLG Schleswig, Beschl. vom 14.1.1960 – 7 W 289/59 –, Rpfleger 1962, 395; zum Widerkaufsrecht beim Zugewinnausgleich: BGH, Urt. vom 23.10.1985 – IVb ZR 26/84 –, EzGuG 20.110 b

254 BGH, Urt. vom 23. 6. 1972 – V ZR 95/70 –, EzGuG 14.46; BGH, Urt. vom 7. 7. 1993 – XII ZR 35/92 –, GuG 1994, 115 = EzGuG 20.146

255 BGH, Urt. vom 29. 1. 1988 – V ZR 156/86 –, EzGuG 14.82; ferner KG Berlin, Urt. vom 9. 9. 1986 – U 212/85 –, EzGuG 18.102; BMWo, Erl. vom 28. 3. 1956, BBauBl. 1956, 242

256 Zur Ermittlung von Jagdminderungen vgl. Aust/Jacobs, Die Enteignungsentschädigung, 4. Aufl. 1997, S. 454 ff., 475 ff.; Zur **Verkehrswertermittlung von Jagdausübungsrechten:** BGH, Urt. vom 12. 3. 1992 – III ZR 216/90 –, EzGuG 14.110; BGH, Urt. vom 15. 2. 1996 – III ZR 143/94 –, EzGuG 6.281; BGH, Urt. vom 14. 6. 1982 – III ZR 175/80 –, EzGuG 14.73; BGH, Urt. vom 5. 5. 1988 – III ZR 116/87 –, EzGuG 14.84; BVerwG, Urt. vom 4. 3. 1983 – 4 C 74/80 –, NVwZ 1983, 672; OLG Bamberg, Urt. vom 21. 10. 1996 – 4 U 49/94 –, EzGuG 14.128; OLG Hamm, Urt. vom 23. 11. 1992 – 22 U 283/90 –, EzGuG 14.117; BayObLG, Beschl. vom 29. 10. 1991 – RReg 2 St 127/91 –, EzGuG 14.105; VG Arnsberg, Urt. vom 21. 1. 1992 – 4 K 3400/91 –, EzGuG 14.107a; Urt. Recken in AgrarR 1977, 250; Schopp in MDR 1968, 808; zur **Wertermittlung von Fischereirechten** vgl. BVerfG, Beschl. vom 19. 6. 1984 – 1 BvL 57/79 –, EzGuG 14.77c; BayVGH, Urt. vom 3. 3. 1994 – 13 A 92.2234 –, EzGuG 17.71; BayObLG, Beschl. vom 1. 8. 1981 – BREg 2 Z 82/91 –, EzGuG 14.103; BGH, Urt. vom 5. 4. 1968 – V ZR 228/64 –, EzGuG 14.33; BGH, Urt. vom 3. 1. 1968 – V ZR 219/64 –, EzGuG 14.32

257 BGH, Urt. vom 2. 4. 1954 – V ZR 132/52 –, EzGuG 19.3b; BGH, Beschl. vom 13. 6. 1958 – V ZR 268/56 –, EzGuG 14.8; OLG Köln, Beschl. vom 18. 10. 1958 – 9 W 20/58 –, EzGuG 20.23; OLG München, Urt. vom 13. 1. 1981 – 5 W 2607/80 –, EzGuG 19.35c; OLG Köln, Urt. vom 16. 9. 1960 – 4 U 152/59 –, EzGuG 20.27

258 Einen gewissen „Einbruch" in diese Auffassung stellt die erstmals mit § 22 Abs. 2 WertV 88 in das Wertermittlungsrecht eingeführte Ergänzung der Baunebenkosten um die „in unmittelbarem Zusammenhang mit den Herstellungskosten einer baulichen Anlage" anfallenden Finanzierungskosten (vgl. auch Beschl. 1 Ziff 3 zu § 5 Abs. 5 II BV sowie DIN 276). Im Rahmen der Anwendung des Residualwertverfahrens werden abweichend von dem hier vorgestellten Grundsatz die Finanzierungskosten zum Ansatz gebracht.

259 BFH, Urt. vom 14. 8. 1953 – III 33/53 –; RFH, Urt. vom 8. 10. 1926 – II A 429/26 –, EzGuG 14.1a; LG Köln, Beschl. vom 21. 7. 1976 – 70 O 40/76 –, EzGuG 19.30

260 Kleiber in Ernst/Zinkahn/Bielenberg, BauGB, Komm. § 28 WertV Rn. 57 ff.; Simon/Kleiber, Schätzung und Ermittlung von Grundstückswerten 7. Aufl., S. 232 ff.; BFH, Urt. vom 18. 12. 1985 – II R 229/83 –, EzGuG 29.111. Der Hinweis von Zimmermann/Heller (Der Verkehrswert von Grundstücken, München 1995, S. 196), nach dem dies zu einer in der Praxis nicht handhabbaren Kasuistik führe, ist nicht überzeugend. Wer sich bei der Verkehrswertermittlung von Grundstücken nicht der Kasuistik des Einzelfalls stellt, sollte sich dieser Aufgabe dann nämlich gar nicht erst annehmen.

536   Im Unterschied zur Grundschuld ist die **Hypothek** – streng akzessorisch – forderungsabhängig, d. h., derjenige, zu dessen Gunsten die Belastung in der Weise erfolgt, dass eine bestimmte Geldsumme zur Befriedigung einer ihm zustehenden Forderung aus dem Grundstück zu zahlen ist, kann sie nur in der jeweiligen Höhe der Forderung geltend machen. Eine auf 100 000 € eingetragene Darlehensforderung, die bereits um 20 000 € getilgt wurde, besteht nur noch in Höhe der Restforderung von 80 000 €. Die Grundschuld kann hingegen trotz getätigter Tilgung in voller Höhe vom Gläubiger geltend gemacht werden (§§ 1191 ff. BGB).

537   **Fazit:** Allgemein lässt sich am vorstehenden Beispiel erkennen, dass Pfandrechte bei Verkehrswertermittlungen allgemein nicht berücksichtigungsfähig sind. Pfandrechte, die mit dem Eigentum derart eng verbunden sind, dass sie für jeden vernünftig handelnden Erwerber im gewöhnlichen Geschäftsverkehr zwangsläufig ein zu berücksichtigender Umstand sind, müssen dagegen als verkehrswertbeeinflussend angesehen werden. Andernfalls wäre dies als ein ungewöhnlicher Geschäftsverkehr zu klassifizieren, wenn wirtschaftliche Vorteile nicht in das Preisgeschehen Eingang fänden.

4.4.3   Reallast

538   Die Reallast[261] ist die Belastung eines Grundstücks derart, dass an den Berechtigten **wiederkehrende Leistungen aus dem Grundstück** zu entrichten sind (§ 1105 BGB). Reallasten lassen sich nach privatrechtlichen und öffentlich-rechtlichen Reallasten unterscheiden. Die Reallast nimmt eine Mittelstellung zwischen den Nutzungs- und Sicherungsrechten ein; ihrem Charakter nach ist sie den Nutzungsrechten zuzuordnen, wenn es um Leistungen geht, die aus dem Grundstück kommen, während bei den „auf Geld gerichteten Reallasten" der Sicherungszweck im Vordergrund steht.

539   Die Reallast unterscheidet sich von der **Rentenschuld** (§ 1199 BGB) insbesondere darin, dass sie außer Geldbeträgen auch andere Leistungen zum Gegenstand haben kann. Hierzu gehören

– Sicherung von Erbbauzinsen,
– Altenteile (Leibgeding, Auszug, Leibzug; vgl. Rn. 483), d. h., Ansprüche auf Sach- und Dienstleistungen, die aus einem Grundstück dem Berechtigten ganz oder teilweise für eine bestimmte Zeit oder dauernd Versorgung gewähren.

540   Nach herrschender Auffassung[262] verleiht sie kein unmittelbares Nutzungsrecht. Das Grundstück haftet nur für die Entrichtung der Leistungen durch den Eigentümer. Bei dieser Betrachtungsweise nähert sich die Reallast den Grundpfandrechten, insbesondere der Rentenschuld. Sie gehört daher wie diese zu den Verwertungsrechten. Da bei der Verkehrswertermittlung nur solche Beschränkungen zu berücksichtigen sind, die nach Inhalt und Entstehung mit der Beschaffenheit des Grundstücks zusammenhängen, werden **Reallasten im Allgemeinen nicht den Verkehrswert beeinflussen.**

541   Die **Reallast** kann im Übrigen auch **zugunsten des jeweiligen Eigentümers eines anderen Grundstücks** bestellt werden (§ 1105 Abs. 2 BGB).

542   Reallasten werden nach § 873 BGB durch **Einigung und Eintragung im Grundbuch** begründet. Dies gilt entsprechend für die Übertragung von Reallasten. Die Reallast erlischt als Ganzes durch Aufhebung gemäß § 875 BGB, durch Ablösung oder durch Zuschlag des Grundstücks in der Zwangsversteigerung.

543   Die Reallast lastet als Ganzes auf dem Grundstück. Die Haftung für einzelne Leistungen wird – wie bei Hypothekenzinsen – im Wege der **Zwangsvollstreckung** durchgesetzt (§ 1107 BGB), wobei sich die Haftung auf alle Gegenstände erstreckt, für die die Hypothek eingeräumt wurde. Die dingliche Haftung trifft den jeweiligen Eigentümer ohne Rücksicht darauf, ob die Leistungen während seines Eigentums fällig werden oder es sich um Rückstände aus vorangegangen Eigentums handelt.

---

261   Baur, Lehrbuch des Sachenrechts, München 1983, S. 22, 314
262   Staudinger, BGB, 11. Aufl., Anm. I 2 zu § 1105 BGB

Teil VIII

**Beleihungswertermittlung in der
Kredit- und Versicherungswirtschaft**

Beleihungswertermittlung
in der Kredit- und Versicherungswirtschaft

1   Banken und Institutsgruppen

1.1   Allgemeines

1   Bei der Gewährung von Krediten ist zwischen gesicherten und ungesicherten Darlehen/Krediten, den sog. Blanko-Krediten, zu unterscheiden. Während bei den ungesicherten Krediten die persönliche Bonität des Kreditnehmers im Vordergrund steht, sind es bei den gesicherten Krediten die Sicherheiten. Dies können beispielsweise Abtretungen von Forderungen, Verpfändungen von Sparguthaben und Wertpapierdepots oder Grundpfandrechte sein. Ist nämlich der Gegenwert des Darlehens, der Verkehrswert des Grundstücks, korrekt ermittelt, so sind die Risiken einer Beleihung überschaubar. Im Folgenden wird näher auf die **Immobilie als Kreditsicherheit** (vgl. Rn. 69 ff.) eingegangen. Zu unterscheiden ist zwischen Krediten, die den Anforderungen der §§ 11 und 12 Abs. 1 und 2 HBG entsprechen (realkreditfähige Ausleihungen) und den grundpfandrechtlich gesicherten Personalkrediten. Neben dem Personalkreditgeschäft ist das Baufinanzierungsgeschäft eine der tragenden Säulen der Kredit- und Versicherungswirtschaft. Darlehensmittel werden nachgefragt zum Kauf von bebauten und unbebauten Grundstücken, für geplante Neubauvorhaben, Modernisierungen, Instandsetzungen, bei Darlehensablösungen und Umschuldungen sowie z. Z. verstärkt für Erbschaftsregelungen.

Von der „beleihungsfähigen" **Gesamtbodenfläche der Bundesrepublik Deutschland** **2** entfielen 1997

rd. 16 % auf bebaute Flächen,

    29,4 % auf forstwirtschaftlich genutzte Flächen,

    54,1 % auf landwirtschaftlich genutzte Flächen (vgl. Teil II Rn. 40).

Das **Immobilien-Vermögen der privaten Haushalte in der Bundesrepublik Deutschland** **3** hat 1997 insgesamt über 3,5 Billionen € betragen (= 50 % des Gesamtvermögens der Bundesbürger). Bis zum Jahr 2003 werden schätzungsweise Immobilien im Gesamtwert von rd. 500 Mrd. € vererbt. Partizipieren hiervon werden mit Sicherheit die Kreditwirtschaft und damit ebenso die Sachverständigen für Immobilienbewertung. Bausparverträge, Immobilien und Immobilienfonds sind zudem als private Altersvorsorge gefragt.

Den „grundpfandrechtlich besicherten Kreditmarkt" in der Bundesrepublik Deutschland **4** land teilen sich die folgenden Banken bzw. Institutsgruppen:

– Bausparkassen (vgl. Rn. 15),

– Genossenschaftsbanken (vgl. Rn. 22),

– Geschäfts- und Kreditbanken, Auto-Banken (vgl. Rn. 31),

– Hypothekenbanken (vgl. Rn. 35),

– Landesbanken und öffentlich-rechtliche Spezialinstitute (vgl. Rn. 45),

– Sparkassen (vgl. Rn. 52),

– Versicherungen (vgl. Rn. 59),

– Leasinggesellschaften (als Sonderfall: Immobilien-Leasing); (vgl. Rn. 63).

Bei der **Refinanzierung von Immobilien-Leasinggeschäften durch Kreditinstitute** **5** (diese sind oft Gesellschafter von Leasing-Gesellschaften) handelt es sich meist um die volle Bereitstellung des Investitionsaufwandes durch Darlehen. Die Beleihung von Schiffen und Schiffsbauwerken (Schiffskredit) ist meist Fachbanken für langfristige Schiffsfinanzierungen vorbehalten.

Dominierend in der Bundesrepublik Deutschland sind **drei Bankengruppen, nämlich die** **6** **privaten Geschäftsbanken, die Genossenschaftsbanken und die öffentlich-rechtliche Finanzgruppe Deutscher Sparkassen- und Giroverband.** Mit rd. 650 Mrd. € hat der Anteil „Kredite für Immobilienfinanzierungen" 1999 rd. 75 % des Gesamtvolumens der laufenden Kredite an Privatpersonen betragen. Gemessen am Geschäftsvolumen sind die Sparkassen und die anderen öffentlich-rechtlichen Institute Marktführer in der Bundesrepublik Deutschland. Ihr Anteil hat zuletzt (im Jahre 2000) rd. 37 % betragen; 60 % hiervon entfielen auf die Sparkassen. Im Vergleich zum Vorjahr waren die Inland-Umsätze 2000 im wohnwirtschaftlichen und gewerblichen Kreditgeschäft in allen Banken und Institutsgruppen deutlich geringer (Abb. 1):

Abb. 1: Geschäftsvolumina der deutschen Kreditwirtschaft (ohne Auslandbanken) 1970 bis 2000

Bankengruppen	Marktanteile in % jeweils Dezember*								Steigerungs-rate Geschäfts-volumen	Durch-schnittliche jährliche Stei-gerungsrate
	1970	1975	1980	1985	1990	1995	1999	2000	1970–2000 in %	2000 in %
Genossenschaftsbanken	11,5	13,8	15,2	15,9	16,2	15,2	13,4	12,6	1 476,7	9,6
Genoss. Zentralbanken	3,8	4,4	4,3	4,5	4,1	3,5	3,8	3,8	1 216,3	9,2
Kreditgenossenschaften	7,7	9,4	10,9	11,4	12,1	11,7	9,6	8,8	1 556,6	9,8
Öffentliche Banken	45,8	43,6	43,5	42,9	40,6	40,1	37,9	36,9	1 059,1	8,5
Sparkassen	23,0	22,1	22,1	21,8	21,0	20,1	16,5	15,8	888,2	7,9
Landesbanken/Girozentralen	15,3	16,9	16,3	15,8	16,3	18,2	20,5	20,2	1 796,4	10,3
Öffentlich-rechtliche Grundkreditanstalten**	7,5	4,6	5,1	5,3	3,3	1,8	0,9***	0,9	79,8	2,0
Private Banken	31,3	32,4	32,1	31,6	34,8	35,2	39,8	42,9	1 873,5	10.5
Kreditbanken	24,8	24,5	23,6	22,6	25,0	42,2	25,9	28,2	1 537,3	9,8
Großbanken	(10,2)	(9,9)	(9,6)	(8,6)	(9,9)	(9,3)	(14,7)	(16,0)	2 168,8	11,0
Private Hypothekenbanken***	6,5	7,9	8,5	9,0	9,8	11,0	13,9	14,7	3 148,1	12,3
Kreditinstitute mit Sonderaufgaben	8,4	7,1	6,4	6,8	6,9	9,5	8,9	7,6	1 206,2	8,9
Gesamte Kreditwirtschaft									1 339,6	9,3

*   Ab 1991 einschließlich neue Bundesländer; bis 1991 ohne Postbank (Anteil 1990 = 1,5 %), ab 1992 den Kreditinstituten mit Sonderaufgaben zugeordnet; bis 1995 ohne Teilzahlungsbanken (Anteil 1985 = 1,2 %), diese ab 1986 den einzelnen Bankengruppen zugeordnet.
**   Unterteilung der Realkreditinstitute in Private Hypothekenbanken und öffentlich-rechtliche Grundkreditanstalten von der Deutschen Bundesbank per Ende 1992 eingestellt. Deshalb Berechnung des Verbandes deutscher Hypothekenbanken und des VÖB
*** Ursache des Rückgangs ist die Fusion eines Teils der L-Bank mit der Südwestdeutschen Landesbank und der Landesgiro-kasse Stuttgart zur Landesbank Baden-Württemberg

Quelle: Deutsche Bundesbank, Bankenstatistik nach Bankengruppen

7 Eine Neuheit sind die **virtuellen Kreditmarktplätze.** Der Markt für Baufinanzierung *online* steht jedoch noch am Anfang seiner Entwicklung. Für die Bauherren bestehen nun mehr objektive Vergleichsmöglichkeiten auf der Suche nach den günstigsten Konditionen. Problemlos abzuwickeln sind derzeit nur sog. Standardfälle. Komplexe Prozesse wie die Baufinanzierung erfordern umfassende Beratungsgespräche, deren Qualität noch verbesserungsbedürftig ist.

8 Nach Angabe der Argetra GmbH, Ratingen wurden z. B. **im Jahr 2000** in der Bundesrepublik Deutschland insgesamt rd. 57 600 **Immobilien mit einem Verkehrswert von rd. 12,7 Mrd. € zwangsversteigert.** Auf hohem Niveau halten sich auch, wie die folgende Übersicht zeigt, die Firmen-Insolvenzen (Abb. 2).

9 Dem **Jahresbericht 2000 des Bundesaufsichtsamtes für das Kreditwesen** (BAKred) ist zu entnehmen, dass insgesamt 3 006 Kreditinstitute (1970 waren dies noch rd. 13 000 und 1992 mehr als 4 000 Institute) mit rd. 55 600 Geschäfts- bzw. Zweigstellen und rd. 1 100 Finanzdienstleistungs-Unternehmen zu beaufsichtigen waren. Infolge von Fusionen, insbesondere bei den Genossenschaftsbanken und Sparkassen, wird die Anzahl der Institute noch drastisch abnehmen. Der Bundesverband deutscher Banken (BdB) hält es gar für möglich, dass in den nächsten 10 Jahren rund die Hälfte der Filialen – insbesondere in der Fläche – aufgegeben werden. Als Begründung werden u. a. angeführt: Rückgang von Zins-

Abb. 2: Firmeninsolvenzen

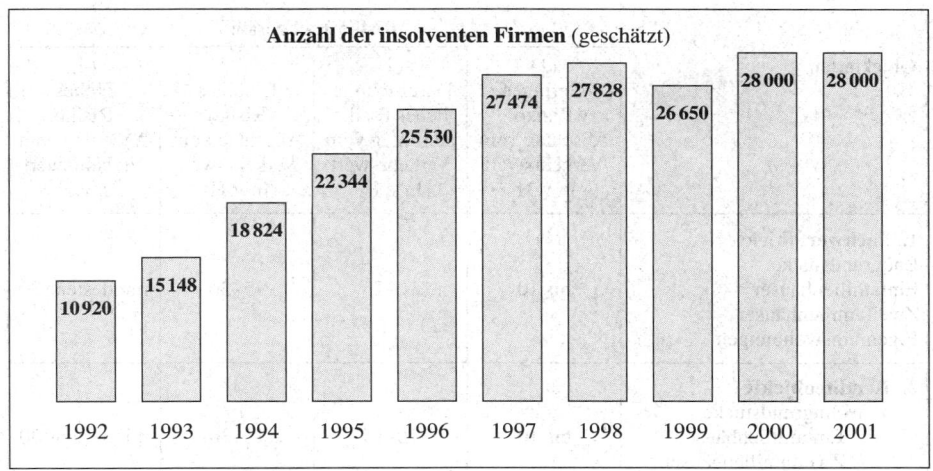

Anzahl der insolventen Firmen (geschätzt)

Quelle: Hermes Kreditversicherung

einnahmen aus dem konservativen Kreditgeschäft, an diese Stelle treten gute Erträge aus Provisionsgeschäften sowie aus der Begebung von Anleihen und Börseneinführungen für die jedoch die großen Filialnetze entbehrlich sind.

Die Aufsichtsbehörden sind zudem verpflichtet, sich intensiv mit der speziellen Risikosi- **10** tuation der Institute zu beschäftigen. Sie müssen u. a. beurteilen, ob das Eigenkapital dem eingegangenen Risiko entspricht. Die Bundesregierung beabsichtigt hierfür eine **Bundesanstalt für Finanzmarktaufsicht** (Finanzdienstleistungsaufsicht) zu gründen, die die Bundesaufsichtsämter für das Kreditwesen, für das Versicherungswesen und den Wertpapierhandel zusammenführen soll. Die neue Behörde soll zudem ein Gütesiegel für Finanzdienstleister vergeben, welches für die um die Gunst der Kunden bemühenden Institute von Vorteil wäre. Zunächst wurde am 3. 11. 2000 unter Einbeziehung der Deutschen Bundesbank ein Forum für Finanzmarktaufsicht[1] gegründet. Zum 1. 1. 2002 soll hierzu ein Gesetz erlassen werden.

Bewertungsfragen ergeben sich zukünftig im Rahmen der **internationalen Rechnungsle-** **11** **gung**[2]. Kritisch hinterfragt werden zunehmend „stille Reserven" in den Unternehmensbilanzen. Dies hat zur Folge, dass Börsenanalysen und die globalen Kapitalmärkte im Hinblick auf Risikobetrachtung und Transparenz in der Rechnungslegung Einfluss auf die Immobilienbewertung nehmen. Mit Sicherheit wird sich dies aus Sicht der Bankenaufsicht und der internationalen Konzernrechnungslegungsstandards *(International Accounting Standards – IAS)* auch auf die Immobilienwirtschaft auswirken.

Immobilien- oder Objektrating wird generell begleitend zur klassischen (konservativen) **12** Verkehrswert- und Beleihungswertermittlung einzusetzen sein (vgl. auch Abb. 3 Risikokategorien und Abb. 4 Beurteilungskriterien für Risikokategorien/Einflussfaktoren). Der **Wert des Grundbesitzes** hat schließlich nicht unerheblichen Einfluss auf die Bonität des Darlehensnehmers.

---

1 Abgedruckt ist die Vereinbarung zur Zusammenarbeit in „Veröffentlichungen des Bundesaufsichtsamts für das Versicherungswesen" VerBVA 2000, 258
2 Kleiber, Die europäischen Bewertungsstandards des Blauen Buchs, GuG 2000, 323

Abb. 3: Risikokategorien

Objektarten	Risiko-Kategorien			
	(1) Geringes Risiko Abschlag vom Verkehrswert In v. H.	(2) Durchschnitt- liches Risiko Abschlag vom Verkehrswert In v. H.	(3) Erhöhtes Risiko Abschlag vom Verkehrswert In v. H.	(4) Hohes Risiko Abschlag vom Verkehrswert In v. H.
1. Sachwertobjekte Baugrundstücke Einfamilienhäuser* Zweifamilienhäuser Eigentumswohnungen	bis 10	10–15	15–30	mindestens 30
2. Renditeobjekte a) Wohngrundstücke – Einfamilienhäuser** – Zweifamilienhäuser – Mehrfamilienhäuser – Eigentums- wohnungen**	bis 10	10–15	15–30	mindestens 30
b) gemisch genutzte Grundstücke	bis 10	10–20	20–35	mindestens 35
c) gewerblich genutzte Grundstücke	bis 15	15–25	25–40	mindestens 40
d) land- oder forstwirtschaft- lich genutzte Grundstücke	bis 15	15–25	24–40	mindestens 40

 *   auch derzeit vermietete Objekte, die jedoch nach Art und Standort zur Selbstnutzung vorgesehen sind.
** Vermietete Einfamilienhäuser und Eigentumswohnungen, die nicht für eine Selbstnutzung in Betracht
    kommen.

Abb. 4: Beurteilungskriterien für Risikokategorien/ Einflussfaktoren

Objektarten	Bei der Einordnung der Objekte in eine der vier Risikokategorien sind zu beachten
Sachwertobjekte: Ein- und Zweifamilienhäuser Eigentumnswohnungen, soweit die Objekte zur Eigennutzung geeignet sind Baugrundstücke	Region, wirtschaftliche Bedeutung der Region, Standort, Infrastruktur, Nachbarbebauung, Umweltfaktoren, Alt- lastenprobleme (Sanierung, merkantiler Minderwert, Imageverlust), Baurecht, Erschließung, Objektgröße, Bau- art (konventionell, Fertighaus, Bausatzhaus), Ausstattung, Bauzustand (Instandhaltung, Mängel, Schäden), Gebäude- konzept, Grundrissgestaltung, Gebäudealter/Restnut- zungsdauer, Liebhaberobjekt, Erbbaurecht, Teilerbbau- recht, Denkmalschutz, Bergsenkungsgebiet, Sanierungs- gebiet, Verkäuflichkeit/Marktfähigkeit, den Verkehrswert beeinflussende Eintragungen im Grundbuch (Rechte/ Abt. II), Baulasten
Renditeobjekte: *Wohngrundstücke* Vermietete Ein- und Zweifamilien- häuser, Eigentumswohnungen als Mietwohnungen, Mehrfamilienhäuser	Wie bei Sachwertobjekten, zusätzlich: Soziales Umfeld, Mieterstruktur, Image, Objektgröße (Anzahl der Geschosse, Hochhaus, Anzahl der WE, Woh- nungsgröße), Garagen, Finanzierungsart/-förderung, Miet- höhe, Umlagen, Wohngeld, Härteausgleich, Modellart (Bauherren-, Bauträger-, Erwerbermodell), Fluktuation, Mietausfallwagnis, Vermietbarkeit, Verkäuflichkeit

Gemischt genutzte Grundstücke, z. B. Mehrfamilien- und Geschäftshäuser, Wohnhäuser mit Büro- und Praxisräumen, kleinere Gewerbeobjekte mit Wohnungen	Wie bei Sachwertobjekten, zusätzlich: Geschäftslage, Branche, Konkurrenzsituation, Höhe der Gewerbemiete, bau- bzw. planungsrechtlicher Bestandsschutz, Drittverwendungsmöglichkeit, Vermietbarkeit, Verkäuflichkeit
Gewerblich genutzte Grundstücke, z. B. Produzierende und lagernde Betriebe, Werkstätten, Bürogebäude, Altenheime, Hotels, Kliniken, SB-Märkte/ Warenhäuser, Kaufhäuser, Sammelgaragen, Teileigentum, Freizeitanlagen, Tankstellen, Hochregalläger, Brauereien, Mälzereien, Kühlhäuser, Schlachthöfe, Ziegeleien, Abgrabungsgrundstücke usw.	Region, Bedeutung der Region (Ballungsraum/strukturschwaches Gebiet), Standort, Infrastruktur, Verkehrsanbindung, Einzugsbereich, Grundstückszuschnitt, Fläche, wirtschaftliche Einheit, Erweiterungsmöglichkeiten (ohne/mit Zukauf), Baurecht (bau- und gewerberechtlicher bzw. planungsrechtlicher Bestandsschutz), Erschließung, Nachbarbebauung und Nutzung, Konkurrenzsituation, branchen- und funktionsgerechte Konzeption der baulichen Anlagen/ unorganisch gewachsener Altbauzustand, baulicher Zustand, Unwirtschaftlichkeit, ältere mehrgeschossige Produktionsgebäude, Objektgröße, Umweltverträglichkeit, schadstoffbelastete Böden (Kontaminationen, z.B. bei Industriebrachen), Auflagen der Staatlichen Gewerbeaufsichtsämter, Nachhaltigkeit von Mieten und Pachten, Mieterstruktur, Vermietbarkeit, Verkäuflichkeit, Drittverwendungsmöglichkeiten, den Verkehrswert beeinflussende Eintragungen im Grundbuch (Rechte/Abt. II) und Baulasten

Bis Ende 2001 sind alle börsenorientierten EU-Unternehmen verpflichtet, konkrete Maßnahmen zu ergreifen, um die konsolidierten Abschlüsse bis spätestens 2005 nach IAS aufstellen zu können. Der konzerneigene Grundbesitz ist danach zum *„fair value"* (fairen Wert) periodisch (jährlich) neu zu bewerten. **13**

Beim **Firmen-*Rating*** orientieren sich viele Agenturen z. B. am angelsächsischen Schulnotensystem. Von A für beste Note bis D für durchgefallen. Eine Verdopplung oder Verdreifachung der Buchstaben bedeutet eine Verbesserung der Bonitätszensur. **14**

AAA   Beste Bonität, geringstes Ausfallrisiko
AA   Hohe Qualität des Schuldners, geringes Insolvenzrisiko
A   Angemessene Deckung von Zins und Tilgung, mittleres Risiko
BBB   Stark befriedigende Bonität, mittleres Insolvenzrisiko
BB   Sehr mäßige Deckung von Zins und Tilgung, höheres Risiko
B   Ausreichende Bonität, hohes Ausfallrisiko
CCC   Geringe Sicherung von Zins und Tilgung, hohes Ausfallrisiko
CC   Niedrigste Qualität, kaum ausreichende Bonität
D   In Zahlungsverzug, ungenügende Bonität

1.1.1 Bausparkassen

In Deutschland gibt es (seit 1924/25) private und (seit 1929) öffentliche Bausparkassen. Es sind Spezialinstitute des nachstelligen Hypothekarkredits. Beide Gruppen unterliegen der einheitlichen Fachaufsicht durch das Bundesaufsichtsamt für das Kreditwesen (BAKred). Für die öffentlichen Bausparkassen besteht außerdem die Anstaltsaufsicht durch die Bundesländer. Ordnungsrahmen der Bausparkassen ist das **Bausparkassengesetz (BSpkG)** vom 16. 11. 1972 (BGBl. I 1972, 2097) i. d. F. d. Bekanntm. vom 15. 2. 1991 (BGBl. I 1991, 454), zuletzt geändert durch Art. 21 des Gesetzes zur weiteren Fortentwicklung des Finanzplatzes Deutschland (Drittes Finanzmarkt-Förderungsgesetz) vom 24. 3. 1998 (BGBl. I 1998, 529, 574). **15**

16   **Bauspardarlehen werden i. d. R. an zweiter Rangstelle im Grundbuch gesichert,** wobei das Darlehen zusammen mit den von der Bausparkasse zugelassenen vor- und gleichrangigen Belastungen bis zu 80 % des Beleihungswerts reichen kann. Der Beleihungswert, der den Verkehrswert (§ 194 BauGB) des zu beleihenden Objekts nicht übersteigen darf (§ 7, Abs. 1, Satz 3 und Abs. 7 BSpkG) wird von der Bausparkasse in eigener Verantwortung festgesetzt. Bei Verbundfinanzierungen kann z. B. eine Landesbank, eine Bank oder Sparkasse auf der Grundlage von getroffenen Vereinbarungen den Beleihungswert ermitteln und festsetzen. Dabei sind das Bausparkassengesetz, die Allgemeinen Bedingungen für Bausparverträge und die Beleihungsrichtlinien der Bausparkasse zu beachten.

17   Durch **Bürgschaftsabkommen** der Bausparkassen mit Kreditinstituten ist es im Einzelfall möglich, Beleihungen bis zu 90 % der angemessenen Gesamtherstellungskosten bzw. des Verkehrswerts des Objekts auszudehnen. Zudem können Darlehen bis zu 10 000 € gegen Abgabe einer Verpflichtungserklärung ohne grundpfandliche Sicherung gewährt werden. Seit dem 1. 1. 1991 besteht für Bausparkassen die Möglichkeit, Kleindarlehen bis zu 5000 € blanko – gestützt auf die Bonität des Bausparers/Darlehensnehmers – zu vergeben. Anzumerken ist, dass Bausparkassen seit Januar 1996 auch erstrangig gesicherte Hypotheken ausleihen und Schuldverschreibungen ohne Laufzeitbegrenzung begeben dürfen.

18   Der **Bausparmarkt der Bundesrepublik Deutschland** wird zu etwa zwei Drittel durch die 20 privaten Bausparkassen und zu etwa einem Drittel durch die Gruppe der 12 Landesbausparkassen abgedeckt (Marktanteil 2000 = 34,3 % gemessen an der Anzahl der Bausparverträge). In letzter Zeit wurde der Bausparmarkt durch Neugründungen und Fusionen belebt.

19   Die Marktdurchdringung im Bausparbereich ist sehr hoch. Rd. 23 Millionen Bundesbürger haben mindestens einen Bausparvertrag. Aktuell, im Jahr 2000, beläuft sich der Bestand an Bausparverträgen auf über 32 Millionen mit einer **Bausparsumme von mehr als 600 Mrd. €.** An etwa zwei Drittel aller Wohnungsbaufinanzierungen in der Bundesrepublik Deutschland ist eine Bausparkasse beteiligt. Bausparer können zudem den Anspruch auf zinsgünstige Bauspardarlehen auf Angehörige i. S. von § 15 Abgabenordnung (z. B. Ehegatten, Verlobte, Kinder) übertragen.

20   Seit 1991 können Grundpfandrechte in den Mitgliedstaaten der EU als Sicherheiten für Darlehen der Bausparkassen eingetragen werden. Inzwischen ist die Möglichkeit auf die Vertragsstaaten des EWR-Abkommens ausgedehnt worden. Von Anfang an haben die LBS diese Möglichkeit genutzt. Um möglichst zügig und kostengünstig das notwendige *Knowhow* für die Durchführung von Auslandsfinanzierungen aufzubauen, haben die Landesbausparkassen bereits frühzeitig jeder LBS eine Länderzuständigkeit in der EU übertragen. Sie stellt die Finanzierung im jeweiligen Zielland sicher und wickelt im Wege der Geschäftsbesorgung Finanzierungen auch für Kunden anderer LBS ab. Der LBS-Gruppe ist es so gelungen, ein europaweit flächendeckendes Finanzierungsangebot für ihre Kunden zu schaffen, welches von einem einzelnen Institut nicht erbracht werden könnte. Der Kunde wendet sich jeweils an die für seinen Geschäftsbereich regional zuständige LBS. Die **LBS-Gruppe** hat auf Grund der arbeitsteiligen Vorgehensweise bei grenzüberschreitenden Finanzierungen Kontakte u. a. zu Kooperationspartnern, Rechtsanwälten, Notaren, Schätzern und Behörden in sämtlichen Zielländern geknüpft und umfassendes Know-how aufgebaut. Auf diese Weise wird eine optimale Betreuung der LBS-Kunden bei der Finanzierung in sämtlichen EU-Mitgliedstaaten sowie in Norwegen und der Schweiz gewährleistet.

21   Bei den Bausparkassen handelt es sich um Spezialinstitute, die auf Grund der im **Bausparkassengesetz** geregelten Geschäftskreisbeschränkung im Wesentlichen nur die Wohnungsbaufinanzierung betreiben. Seit 1991 können Bausparkassen auch gewerbliche Bauvorhaben in Gebieten finanzieren, die dem Wohnen dienen, selbst wenn dabei keine Wohnungen errichtet oder modernisiert werden (§ 1 Abs. 3 S. 2 Änderungsgesetz von 1990). Private

Bausparkassen werden in der Rechtsform von Aktiengesellschaften betrieben. Landes-bausparkassen sind öffentlich-rechtliche Institute[3]. Die **Allgemeinen Bedingungen für Bausparverträge** (ABB) wurden hier im Hinblick auf die Euro-Einführung ab 1. 1. 2002 geändert.

1.1.2   Genossenschaftsbanken (Volks-, Raiffeisen-, Spar- und Darlehnsbanken)

Mit der Verbreitung des Allfinanzkonzepts in der Kreditwirtschaft wuchs der **Immobilien-**   22
finanzierung auch bei den Genossenschaftsbanken eine Schlüsselrolle zu. Ein Bankkunde, der ein Investment in einer Immobilie beabsichtigt, benötigt meist ein ganzes Bündel von Finanzdienstleistungen, das aus einem langfristigen Hypothekendarlehen, Bauspardarlehen, Vor- oder Zwischenfinanzierung sowie Kapital- und Risiko-Versicherung bestehen kann.

Hypotheken- und Bauspardarlehen werden an Grundstücken abgesichert. Die **Beleihungs-**   23
höhe ergibt sich hierbei **aus dem Beleihungswert.** Notwendig ist eine Wertermittlung für das Pfandobjekt. Ausgangswert für den Beleihungswert im grundpfandrechtlich gesicher-ten Personal-Kreditgeschäft ist der Verkehrswert des Grundstücks (§ 194 BauGB), der ent-weder nach dem Vergleichswert-, Ertragswert- oder Sachwertverfahren zu ermitteln ist. Zuständig für die Wertermittlung sind (externe) Sachverständige oder entsprechend ausge-bildete Bankmitarbeiter (vgl. Rn. 248 ff.).

Das Sachwertverfahren ist bei eigengenutzten Immobilien anzuwenden, die nicht der   24
Gewinnerzielung dienen. Der **Bodenwertermittlung** von unbebauten und bebauten Grund-stücken sind aktuelle Preise zu Grunde zu legen, die für Grundstücke gleicher Qualität zu erzielen sind. Die bei den Geschäftsstellen der Gutachterausschüsse für Grundstückswerte einsehbaren Bodenrichtwertkarten und -listen geben hierüber Auskunft. Wichtig sind die Eigenschaften der Bodenrichtwertgrundstücke (Lage, Zuschnitt, Nutzungs- und Erschlie-ßungseigenschaften), damit auf das Wertermittlungsgrundstück abgestellt werden kann.

Die Bauwertermittlung muss entweder nach dem **Index- oder Abschlagsverfahr**en erfol-   25
gen. Das Abschlagsverfahren kann bei höchstens 10 Jahre alten Neubauten auf der Basis bekannter und angemessener Herstellungskosten angewendet werden.

Wird ein Darlehen im Rahmen der Vorschriften für den Organkredit (§ 15 KWG) des § 18   26
KWG oder der **Solvabilitätsregelungen** als Realkredit eingestuft, so muss der Beleihungs-wert in eigenständiger Weise, das heißt ohne unmittelbare Abschläge vom Verkehrswert, ermittelt werden. Mit Hilfe des „halben" Verkehrswerts lässt sich jedoch die Beleihungs-grenze (60 % des Beleihungswerts) kontrollieren.

Seit dem 8. 11. 2000 gibt es die vom BAKred akzeptierte einheitliche **Wertermittlungsan-**   27
weisung des genossenschaftlichen FinanzVerbundes für das Realkreditgeschäft nach §§ 11, 12 HBG. Daneben gibt es neuerdings **Beleihungsrichtlinien,** mit deren Hilfe die Beachtung aufsichtsrechtlicher Vorgaben gesichert und ein einheitliches Qualitätsniveau bei Wertermittlungen für das Realkreditgeschäft gewährleistet ist. Wird eine genossen-schaftliche Hypothekenbank an der Immobilienfinanzierung beteiligt, empfiehlt sich eine **Briefgrundschuld.** Sofern die Grundschuldbedingungen den Erfordernissen der Hypothe-kenbank entsprechen, kann das Grundpfandrecht außerhalb des Grundbuchs kostensparend an die Hypothekenbank abgetreten und später wieder – wenn der Hypothekarkredit getilgt ist – an die Genossenschaftsbank zurückabgetreten werden.

Die Grundschuld als gemeinsames Sicherungsmittel für Genossenschaftsbank und der   28
Bausparkasse Schwäbisch Hall AG bzw. der R+V Lebensversicherung AG ist ein Modell, nach dem ein vereinfachtes Verfahren **(Verbundfinanzierung bzw. Rahmenvertrag)** praktiziert wird.

---

3 Bausparkassen-Fachbuch 2000, der Bundesgeschäftsstelle Landesbausparkassen, Deutscher Sparkassen Verlag, Stuttgart

29 Insgesamt 1 794 **Genossenschaftsbanken** waren noch Ende 2000 **als Volksbanken, Raiffeisenbanken oder Spar- und Darlehenskassen** eng in das Wirtschaftsleben einer Region eingebunden. Bis zum Jahr 2008 soll die Anzahl der Genossenschaftsbanken durch Fusionen auf 800 bis 1 000 Institute schrumpfen. Wie schon bei den Sparkassen in Deutschland, so spielt die örtliche Begrenzung der Geschäftstätigkeit auch für die Genossenschaftsbanken eine wesentliche Rolle. In den Jahren 1999 und 2000 hatte die Bankengruppe einen Marktanteil von rd. 13 % (vgl Abb. 1). Unterstützt vor Ort werden die Institute (mit rd. 17 150 Bankstellen) durch das *Know-how* und die Finanzkraft ihrer regionalen Zentralbanken. Dies sind die DG Bank AG, Frankfurt/Main, die WGZ-Bank, Westdeutsche Genossenschafts-Zentralbank eG, Düsseldorf und die Genossenschaftliche Zentralbank (GZ-Bank), Stuttgart/Frankfurt/Main. Die WGZ-Bank ist z. B. das genossenschaftliche Spitzeninstitut von derzeit 326 Instituten im Rheinland und in Westfalen. DG-Bank AG und GZ-Bank wollen nun in einem ersten Schritt fusionieren.

30 Weiter gehören noch zum **genossenschaftlichen Finanz Verbund** die folgenden Institute/ Unternehmen:
- DG HYP-Gruppe, Frankfurt/Main
- Münchener Hypothekenbank eG
- Union-Investment-Gruppe
- DIFA Deutsche Immobilien Fonds AG, Hamburg
- VR-LEASING AG, Eschborn
- DG DISKONTBANK GmbH, Frankfurt/Main
- DG ANLAGE Gesellschaft mbH, Frankfurt am Main
- DG CAPITAL Management GmbH, Frankfurt am Main

Jahresberichte werden vom Bundesverband der Deutschen Volksbanken und Raiffeisenbanken – BVR, Heussallee 5, 53113 Bonn, Tel. (02 28) 509-0; Fax (02 28) 50 92 01 veröffentlicht. Seit 1. 7. 2001 befindet sich der BVR in 10785 Berlin, Schellingstraße 4, Tel. (0 30) 2 02 10, Fax (0 30) 2 02 11-9 00.

1.1.3 Geschäfts- und Kreditbanken sowie Auto-Banken

31 **Schwerpunkte der Geschäfts- bzw. Kreditbanken sind die private Immobilienfinanzierung** und seit Mitte der 60er Jahre die gewerbliche Immobilienfinanzierung. Bis dahin dominierte der grundpfandrechtlich gesicherte Unternehmens-(Personal-)Kredit.

32 Das „persönliche Hypothekendarlehen" ist vielseitig verwendbar. Als Sicherheit dient eine auch nachrangig einzutragende Grundschuld auf dem vorhandenen Grundbesitz. Nicht nur der Wert des Beleihungsobjekts spielt bei der Darlehensvergabe eine Rolle, sondern vor allem die **persönlichen, nachhaltigen Einkommensverhältnisse des Kreditnehmers und sein sonstiges Vermögen.** Mit der Baufinanzierung aus einer Hand setzten die Geschäftsbanken hinsichtlich der Servicequalität im Hypothekarkreditgeschäft neue Maßstäbe. Abgewichen wurde hierbei von der rein objektorientierten Beleihungspraxis. Die Kreditvergabe richtet sich vor allem bei „Vollfinanzierungen" nach der Person des Kreditnehmers und seiner nachhaltigen Leistungsfähigkeit (u. a. als grundpfandrechtlich gesicherter Personalkredit).

33 Auf eine **Objektbewertung (Wertschätzung)** vor Kreditvergabe darf jedoch **nicht verzichtet werden.** Bei Ausleihungen der Geschäftsbanken bestehen hinsichtlich des Beleihungsumfangs (Beleihungsauslauf) keinerlei rechtliche Einschränkungen, wie dies beim reinen Realkredit durch die gesetzliche Bestimmung des § 11 HBG der Fall ist. Schon immer war jedoch der Wert zu ermitteln, der normalerweise bei einem Verkauf zu erzielen wäre, also der Handels- oder Verkaufswert (Verkehrswert) der Immobilie[4].

Derzeit gibt es noch 315 Geschäftsbanken mit rd. 6 800 Filialen mit abnehmender Tendenz. **34**
Der Marktanteil der Bankengruppe liegt gegenwärtig bei rd. 24 %. Auch die Banken der
Automobilhersteller gewähren zunehmend Baufinanzierungskredite.

1.1.4 Hypothekenbanken

Bei den Hypothekenbanken handelt es sich um die traditionsreichste Gruppe der Grund- **35**
stücksfinanzierer. Sie zählen zur Gruppe der Spezialkreditinstitute, die langfristige Kredite
zur Finanzierung von privaten und gewerblichen Immobilien vergeben. Darüber hinaus
sind sie im Kommunalkreditgeschäft tätig. Die **Ursprünge des organisierten Hypothe-
karkredites** gehen zurück auf eine „Kabinettsordre" Friedrichs des Großen aus dem Jahre
1769, auf deren Grundlage öffentlich-rechtliche Zwangsvereinigungen adliger Großgrundbesitzer, sogenannte Landschaften, Pfandbriefe ausgeben konnten. Privatrechtliche Hypothekenbanken in der heutigen Form bestehen seit über 130 Jahren (vgl. Teil II Einf.
Rn. 149 ff.).

Im Verband deutscher Hypothekenbanken (VdH) sind derzeit 21 private Institute zusam- **36**
mengeschlossen[5]. Die Anzahl der Institute wird infolge von Verschmelzungen noch weiter
abnehmen. Aus Eurohypo, Deutsche Hyp und Rheinhyp entsteht mit dem Status eines
gemischten Instituts die neue Eurohypo AG als größte Hypothekenbank in Deutschland.

Der **Schwerpunkt des Hypothekarkreditgeschäftes** liegt bei der Vergabe erstrangiger **37**
realkreditfähiger Darlehen, die nach § 11 HBG 60 % des Beleihungswerts nicht überschreiten dürfen. Diese Vorschrift ist nicht so zu verstehen, dass Hypothekenbanken keine Kredite oberhalb der 60-Prozent-Grenze vergeben dürfen. Sie können – die Bonität des Darlehensnehmers vorausgesetzt – einen Kredit bis zur Höhe des gesamten Grundstückswerts
ausreichen. Darlehensmittel dürfen aber nur bis zu 60 % des Beleihungswerts bzw. bis zu
50 % des Verkehrswerts zur Deckung von Pfandbriefen verwendet werden, soweit der
Beleihungsgegenstand dieses zulässt. Die Gesamtsumme nachrangiger Beleihungen ist auf
20 % des Hypothekenbestands beschränkt.

Nach § 12 HBG darf der für die Beleihung angenommene Wert des Grundstücks, der **38**
Beleihungswert, den durch sorgfältige Ermittlung festgestellten Verkaufswert nicht
übersteigen. Bei der Feststellung des Verkaufswerts sind nur die dauernden Eigenschaften
des Grundstücks und sein nachhaltiger Ertrag zu berücksichtigen, d. h. eine Drittverwendungsmöglichkeit muss in jedem Fall gewährleistet sein.

Bei der **Ermittlung des Beleihungswerts** werden Bodenwert und Wert der baulichen **39**
Anlagen (Sachwert) und Ertragswert ermittelt. Dabei wird bei selbstgenutzten Objekten
mehr auf den Sachwert, bei vermieteten Objekten mehr auf den Ertragswert abgestellt.
Jede Hypothekenbank muss nach § 13 HBG für die einzelnen Grundstücksarten eine **Wertermittlungsanweisung** erlassen, die der Genehmigung der Aufsichtsbehörde (BAKred)
bedarf.

Gutachten können sowohl durch eigene als auch durch externe Gutachter erstellt werden. **40**
Der VdH hat in 1996 eine Initiative eingeleitet, mit der die Aus- und Weiterbildung der
Sachverständigen für die Wertermittlung von unbebauten und bebauten Grundstücken verbessert werden soll. Durch die Einhaltung der maßgeblichen Euronorm DIN EN 45013 ist
ein hoher Qualitätsstandard bei Ausbildung und Prüfung gewährleistet. International anerkannt ist diese Initiative durch ein *Agreement* mit der britischen *Royal Institution of Chartered Surveyors*. Die HypZert GmbH in Frankfurt am Main vermittelt die Eigenständigkeit

---

4   Auch Rozumek, P. in: Das Kreditgeschäft im Bankbetriebe, 3. Aufl. Berlin 1921, S. 370
5   Vgl. Faltblatt VdH; Profil, Aufgaben und Struktur der Hypothekenbanken, Stand: 30. 9. 2001

des Beleihungswerts, seine Ermittlungsmethodik und zertifiziert die Immobiliensachverständigen. Inzwischen gilt dies auch für den Verkehrswert (Marktwert).

41   Schwerpunkt bei den Hypothekenbanken war über Jahrzehnte hinweg die Beleihung von
Wohnimmobilien. Gewerbliche Beleihungen bildeten über längere Zeiträume eher die Aus-
nahme. Vom gesamten **Darlehensbestand** (Staatskredite und Hypothekendarlehen) in
Höhe von 794,7 Mrd. € (Ende 1999) entfielen 468,4 Mrd. € (= 58,9 %) auf Staatskredite
(Kredite an Bund, Länder und Gemeinden) und 326,3 Mrd. € (= 41,1 %) auf Hypotheken-
darlehen. Traditionsgemäß entfiel der größere Anteil der Hypothekendarlehen (66 %) auf
Wohngrundstücke. Auf gewerblich genutzte Grundstücke im Inland entfielen mit 110,7
Mrd. € 34 % der Hypothekendarlehen; bestätigt wird hiermit hinsichtlich des Gewerbean-
teils ein seit 1991 bestehender Trend. Innerhalb des gewerblichen Darlehensbestandes
kommt den Büro- und Verwaltungsgebäuden sowie den Handelsimmobilien die größere
Bedeutung zu. Bei Zusagen auf Bestands- und Neubauobjekte in 1999 entfielen 84 % auf
diese Objektgruppen. Deutlich geringer waren 2000 die Zusagen für Hypothekarkredite
(./. 15,5 % gegenüber 1999). Gewerbliche Beleihungen hatten hieran einen Anteil von 54 %.

42   Der **Marktanteil der Hypothekenbanken** am Bestand aller Kredite der deutschen Kreditwirtschaft belief sich Ende 2000 auf über 14,7 % (vgl. Abb. 1). In den Kerngeschäftsfeldern
Wohnungskredite und gewerbliche Ausleihungen lagen die Marktanteile bei 22,6 % und
50,4 %.

43   **Beleihungen außerhalb der Bundesrepublik Deutschland** sind seit 1988 zulässig. Allerdings werden sie durch § 5 Abs 1 und 2 HBG auf die Mitgliedstaaten der Europäischen
Union, des Europäischen Wirtschaftsraumes und die Schweiz begrenzt. Das Europa-
Geschäft der Hypo-Banken hatte 1999 ein Volumen von insgesamt 33,6 Mrd. € (Wohngrundstücke, gewerbliche Grundstücke, Staatskredite). Auf Staatskredite entfielen mit
23,3 Mrd. € 69,3 %. Den inländischen Körperschaften und Anstalten des öffentlichen Rechtes gleichgestellt sind die Europäische Gemeinschaft und die Europäische Investitionsbank.
Das *„Europageschäft"* brachte 2000 gegenüber 1999 – insbesondere durch die gewerblichen
Ausleihungen – eine Steigerung von 36,6 %. Die **Refinanzierung** der Hypothekenbanken
erfolgt ganz überwiegend durch Hypothekenpfandbriefe und Öffentliche Pfandbriefe, die auf
der Grundlage der erworbenen Hypotheken bzw. der gegen öffentlich-rechtliche Institutionen erworbenen Forderungen ausgegeben werden. In geringerem Umfang werden unge-
deckte Schuldverschreibungen oder andere Refinanzierungsinstrumente benutzt. Außer den
Hypothekenbanken dürfen nur noch einige wenige öffentlich-rechtliche Kreditinstitute, u. a.
die Landesbanken, Pfandbriefe emittieren. Mit einem Marktvolumen Ende 1999 von rd.
1,1 Billionen € (0,236 Bill. € HypoPfandbriefe einschl. Schiffspfandbriefe und 0,821 Bill.
€ öffentliche Pfandbriefe) verfügt der deutsche Pfandbrief über einen Anteil von rd. 17 %
aller umlaufenden Anleihen am Euroland-Rentenmarkt. Sein Anteil am deutschen Markt der
festverzinslichen Wertpapiere hat zu diesem Zeitpunkt rd. 40 % betragen.

44   Die erste Ausgabe eines **Riesenpfandbriefes (Jumbo)** ist im Mai 1995 erfolgt. Die Anteile
solcher Briefe müssen einen Gesamtwert von mindestens 500 Mio. € haben. Für jeden Brief
muss es zudem drei verantwortliche Kreditinstitute geben, die sich verpflichten, zu den bör-
senüblichen Handelszeiten An- und Verkaufskurse für die Wertpapiere anzugeben. Nach
Angaben des VdH wurden bisher Jumbos mit einem Volumen von mehr als 320 Mrd. € in
Umlauf gebracht[6]. Zum 30. 6. 2001 waren Pfandbriefe der Hypothekenbanken mit 1,1 Bill.
€ in Umlauf. Verbindlich ist derzeit das HBG in der Fassung der Bekanntmachung vom
9. 9. 1998 (BGBl I 1998, 2675).

1.1.5   Landesbanken und öffentlich-rechtliche Spezialinstitute

45   **Eigentümer der öffentlich-rechtlichen Institute sind,** mit Ausnahme der Bankgesell-
schaft Berlin, i. d. R. **die Länder und/oder die Sparkassen- und Giroverbände.**

Ende 2000 gab es in Deutschland **zwölf Landesbanken/Girozentralen und deren 46 Spitzeninstitut, die Anfang 1999 aus der Fusion von Deutsche Girozentrale – Deutsche Kommunalbank und DekaBank GmbH hervorgegangene DGZ DekaBank sowie fünf der Gruppe der öffentlich-rechtlichen Kreditinstitute zuzurechnende Banken,** die das Hypothekarkreditgeschäft betreiben. Zu den letzten zählen zwei Bundesinstitute – die Deutsche Postbank AG (Fusion mit der DSL Bank AG zum 1. 1. 2000) und die DG Bank Deutsche Genossenschaftsbank, zwei Landschaften – der Calenberger Kreditverein und das Ritterschaftliche Kreditinstitut Stade –, ein Landesinstitut – die Landeskreditbank Baden-Württemberg, Förderbank – sowie die mit Wirkung zum 1. 1. 1995 errichtete Westdeutsche Immobilien-Bank.

Allein die beiden Landschaften sind als reine Hypothekenbanken in öffentlicher Rechts- 47 form zu bezeichnen, die DG Bank ist das Spitzenkreditinstitut der deutschen Genossenschaftsorganisation und betreibt als universell arbeitende Geschäftsbank mit Emissionsrecht Bankgeschäfte aller Art. Auch bei der Post Bank AG, der Landeskreditbank BW und der Westdeutschen Immobilienbank kommen zu dem Hypothekarkreditgeschäft als wesentlicher Geschäftszweig weitere Geschäftsfelder hinzu.

Für die **Landesbanken/Girozentralen** sind folgende Hauptaufgaben von Bedeutung: 48

– Sparkassenzentralbanken u. a. für Zahlungs- und Wertpapierabwicklungssysteme,
– Hausbanken der Bundesländer, Förderbanken,
– Universal- (Geschäfts-)banken (Dieser Bereich wird wohl zukünftig die Rechtsform Aktiengesellschaft haben).

Landesbanken/Girozentralen praktizieren u. a. klassische Hypothekenbankgeschäfte, d. h. die Vergabe von im Grundbuch gesicherten langfristigen Hypothekendarlehen und die Ausgabe von (öffentlichen) Pfandbriefen. Aufgaben, Verwaltung, Rechtsform, **Anstaltslast und Gewährträgerschaft** sind in den Sparkassengesetzen der Bundesländer geregelt.

Zu den Rechtsgrundlagen ist auch das **„Gesetz über die Pfandbriefe und verwandte 49 Schuldverschreibungen öffentlich-rechtlicher Kreditanstalten" (ÖPG)** vom 21. 12. 1927 zu zählen. Das Gesetz beschäftigt sich im Gegensatz zum Hypothekenbankgesetz (allumfassende Regelung des Geschäftsbetriebs der Hypothekenbanken) nur mit einem Teilbereich der Geschäftstätigkeit der öffentlich-rechtlichen Kreditanstalten, nämlich der Ausgabe von Pfandbriefen und ihrer Deckung. Dabei stellt das ÖPG nicht die Anforderungen an die Qualität der Deckungswerte, wie sie für den Realkredit in den §§ 11 und 12 HBG festgelegt sind, z. B. Beleihungsgrenze, Beleihungswert. Es überlässt diese Regelungen dem Satzungsrecht der einzelnen Institute. So beschließen i. d. R. die Verwaltungsräte Richtlinien (Kreditrichtlinien) für das Personal- und Realkreditgeschäft (einschl. Bausparkassen). Die Vorstände erlassen die notwendigen **Ausführungsbestimmungen** zu diesen Kreditrichtlinien, so auch die Grundsätze für die Beleihung von Grundstücken (Beleihungsgrundsätze – BelG). Seit 1984 sind die §§ 11 und 12 HBG für alle Institutsgruppen verbindlich.

Die Landesbanken orientieren sich dabei i. d. R. an den vom Arbeitskreis der Länder-Spar- 50 kassen, Girozentralen, öffentliche Bausparkassen (Fachaufsicht) im Jahre 1977 verabschiedeten **Musterbeleihungsgrundsätzen.** Im Mai 2001 stand eine Überarbeitung und Aktualisierung der Beleihungsgrundsätze für Landesbanken und Sparkassen an. Hierbei muss insbesondere gewährleistet sein, dass die landesrechtlichen Vorschriften mit den Vorgaben des BAKred bezüglich der privilegierten Immobilien übereinstimmen[7].

---

6 Jahresberichte veröffentlicht der Verband deutscher Hypothekenbanken Georgenstraße 21, 10117 Berlin, Tel. (030) 2 09 15-1 00; Fax (030) 2 09 15-1 01

7 Jahresberichte, u. a. zum Geschäftsvolumen der deutschen Kreditwirtschaft und der Wohnungsbaufinanzierung veröffentlicht der Bundesverband Öffentlicher Banken Deutschlands (VÖB) e.V., Lennéstraße 17; 10785 Berlin; Tel. (030) 81 92-0; Fax (030) 81 92-2 22

51   Wegen einer Ende 1999 bei der EU-Kommission eingereichten Beschwerde der europäischen Privatbanken gegen die Regelungen von **Anstaltslast** (Finanzielle Ausstattung der Institute durch die öffentliche Hand) und **Gewährträgerhaftung** (Schutz vor Konkurs) droht den Landesbanken die Aufspaltung in eine privatwirtschaftliche Aktiengesellschaft und Staats- und Kommunalbank. Einem Vorschlag der WestLB-Eigentümer zur Folge, soll die Aufspaltung der Bank in eine öffentlich-rechtliche Dachgesellschaft und eine kommerzielle Tochtergesellschaft erfolgen (Abb. 5). Aus Sicht der EU-Kommission könnte dieser Vorschlag Modellcharakter für andere Landesbanken haben.

Abb. 5: Eigentümer der WestLB

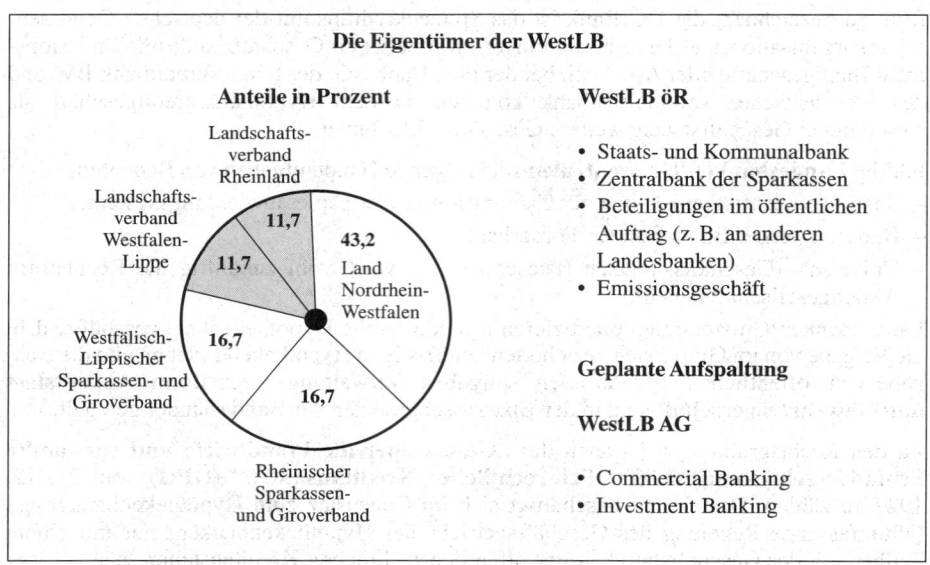

1.1.6   Sparkassen

52   Es gibt öffentlich-rechtliche und freie Sparkassen. Während die öffentlich-rechtlichen Sparkassen **Anstaltslast, Gewährträgerhaftung** und damit kommunale Bindung besitzen, agieren die freien Sparkassen als Stiftungen oder Vereine des privaten Rechts. Die Geschäftsziele der Sparkassen sind gleich. Die Sparkassen sind Mitglieder in den jeweiligen regionalen Sparkassen- und Giroverbänden. In der Regel hat jedes Bundesland einen Sparkassen- und Giroverband. Lediglich in Nordrhein-Westfalen bestehen zwei regionale Sparkassen- und Giroverbände. Die Sparkassen der ostdeutschen Bundesländer, mit Ausnahme von Thüringen, sind im Ostdeutschen Sparkassen- und Giroverband organisiert. Thüringen hat mit Hessen einen Staatsvertrag über die Bildung einer gemeinsamen Sparkassenorganisation geschlossen und ist aus dem OSGV ausgeschieden.

Bezüglich Anstaltslast und Gewährträgerhaftung haben Bundesregierung und EU-Wettbewerbskommission eine Vereinbarung getroffen, nach der die Anstaltslast an den EU-Wettbewerbsregeln zu orientieren ist, d. h. Kapitalzuführungen müssen nunmehr als Beihilfen von der EU genehmigt werden. **Grundlagen für die Geschäftstätigkeit der Sparkassen** sind das KWG, die Sparkassengesetze, Rechtsverordnungen und die Satzungen.

Der Beleihungswert wird von der Sparkasse festgesetzt. **Als Beleihungsgrenze ist beim**   **53**
Realkredit – unter Berücksichtigung von im Rang vorgehenden Rechten – **eine Grenze**
von 60 % des Beleihungswerts festgesetzt. Diese Grenze kann überschritten werden,
wenn die öffentliche Hand dafür die Gewährleistung übernimmt. Ohne eine solche
Gewährleistung handelt es sich bei Überschreitung der Beleihungsgrenze bis zu einem
Beleihungsauslauf von 80 % (100 % in *Baden-Württemberg*) um einen Personalkredit i. S.
des Sparkassenrechts. Die Sparkasse soll Darlehen gegen Hypothek, Grundschuld oder
Rentenschuld i. d. R. zur ersten Rangstelle geben.

Grundsätze zur Beleihung ausländischer Objekte besagen, dass Grundstücke und   **54**
grundstücksgleiche Rechte in einem anderen Mitgliedsland der Europäischen Gemeinschaft und in der Schweiz beliehen werden können, wenn die zu bestellenden Grundpfandrechte einer Hypothek oder Grundschuld gleichwertig sind; die Grundsätze für die Beleihung von Grundstücken sind sinngemäß anzuwenden.

Ausländische Sicherheiten müssen in ihrer rechtlichen Ausgestaltung inländischen   **55**
Sicherheiten gleichwertig sein. Andererseits müssen sie den Sicherheiten entsprechen,
die von Kreditinstituten in diesem Land üblicherweise zur Sicherung von Krediten vereinbart werden. Außerdem müssen der rechtliche Bestand und die Verwertbarkeit der Sicherheit sowie die Transferierbarkeit eines etwaigen Verwertungserlöses ausreichend gesichert
sein. Ein eventuelles Währungsrisiko (z. B. Schweiz) ist für die Sparkasse in banküblicher
Weise auszuschließen.

In der **Sparkassenorganisation** (alte und junge Bundesländer) waren Ende 2000 insge-   **56**
samt 562 Sparkassen mit 18 342 Zweigstellen zusammengeschlossen. Diese Zahl ist wegen
des notwendigen Zusammenschlusses kleinerer Sparkassen zu leistungsfähigeren Einheiten noch abnehmend. Aufgrund ihres weit verzweigten Zweigstellensystems nehmen die
Sparkassen in der Bankenlandschaft eine bedeutende Stelle ein. Insgesamt konnten Sparkassen und Landesbanken ihren Marktanteil von rd. 37 % in 2000, gemessen am Geschäftsvolumen behaupten[8].

Das **Regionalprinzip** gehört zu den wichtigsten Ordnungsprinzipien des Sparkassenwe-   **57**
sens. Es besagt im Grundsatz, dass sich Geschäftsbereich einer Sparkasse und Gebiet ihres
Gewährträgers decken. Gemeinsam mit ihren Verbundpartnern, den Landesbanken/Giro-
zentralen, Landesbausparkassen, öffentlichen Versicherungen, Leasinggesellschaften und
einer Investmentgesellschaft bilden die Sparkassen – gemessen am gesamten Geschäftsvolumen – die größte Bankengruppe in der Bundesrepublik Deutschland. Die Landesbanken
sind die sog. Dachinstitute der Sparkassen; die WestLB z. B. für derzeit 157 Sparkassen in
Nordrhein-Westfalen.

Der **Finanzgruppe Deutscher Sparkassen- und Giroverband (DSGV)**[9] gehörten 2000   **58**
folgende Institute/Gesellschaften an:
562 Sparkassen mit 18 342 Zweigstellen
 13 Landesbanken
 12 Landesbausparkassen
 37 öffentliche Versicherungen
  2 Factoringgesellschaften
  8 Leasinggesellschaften
 75 Kapitalbeteiligungsgesellschaften
Aus dem Fortfall der Gewährträgerhaftung dürfte sich ein weiterer Fusionsdruck ergeben.

---

8 Vgl. ebenso die Handelsblatt-Dokumentation 2000 „Die 578 Sparkassen in Deutschland.“
9 Vgl. die jährlichen Berichte der DSGV, Behrenstraße 31; 10117 Berlin; Tel. (0 30) 2 02 25-0; Fax (0 30)
    2 02 25-2 50 und Bonn, Simrockstraße 4; 53113 Bonn; Tel. (02 28) 2 04-0; Fax (02 28) 2 04-2 50

1.1.7   Versicherungen

59   Zentrale Rechtsgrundlage für die **Hypothekenvergabe durch Versicherungsunternehmen** ist § 54 Abs. 1 des Versicherungsaufsichtsgesetzes (VAG) von 1901. Hiernach ist das Vermögen einer Versicherungsunternehmung unter Berücksichtigung der Art der betriebenen Versicherungsgeschäfte sowie der Unternehmensstruktur so anzulegen, dass möglichst große Sicherheit und Rentabilität bei jederzeitiger Liquidität der Versicherungsunternehmung unter Wahrung angemessener Mischung (Objektart) und Streuung (Lage) erreicht wird.

60   Das Bundesaufsichtsamt für das Versicherungswesen (BAV) hat 1955 **Beleihungsrichtlinien für Grundstücke** erlassen. Mit der VAG-Novelle 1974 wurde die Hypothekenvergabe durch Versicherungsunternehmen in § 54a Abs. 2 Nr. 1 neu geregelt. Danach können Versicherungsunternehmen Darlehen gegen Hypothek oder Grundschuld an einem inländischen Grundstück oder grundstücksgleichen Recht vergeben, wenn diese Grundpfandrechte den Anforderungen der §§ 11 und 12 des HBG entsprechen oder eine inländische Körperschaft oder Anstalt des öffentlichen Rechts (z. B. Landesbank) die volle Gewährleistung übernimmt. Nach dem Willen des Gesetzgebers sind die Hypotheken der Versicherungsunternehmen dem Realkredit der Hypothekenbanken gleichgestellt.

61   **Jedes Versicherungsunternehmen hat Beleihungs- und Wertermittlungsgrundsätze aufgestellt.** Diese Grundsätze sind gegenüber dem BAV weder genehmigungs- noch anzeigepflichtig. Auch ist die Beleihung von Grundstücken in den Ländern der Europäischen Union (EU) nunmehr möglich.

62   Für Versicherungsunternehmen als Darlehensgeber ist die **Kombination von Kapitalanlage (Hypothek) und Lebensversicherung** eine interessante Geschäftsverbindung. Seit 1992 beeinflussen neue steuerliche Bestimmungen dieses Geschäft. Dennoch gilt ganz allgemein, dass infolge der Kombination Darlehen/Lebensversicherung (deren Auszahlung die Hypothek tilgt) die Konditionen günstiger sind als bei einem Kreditinstitut. Die Beleihung von überwiegend oder ausschließlich gewerblich genutzten Objekten ist unter erhöhten Sicherheitsvorkehrungen erlaubt. Das aktuelle Darlehensgeschäft der Versicherungsunternehmen kann der Übersicht „**Kapitalanlagen 2000**" entnommen werden (Abb. 6):

Abb. 6:   Kapitalanlagen 2000

Kapitalanlagen aller Versicherungsunternehmen	Kapitalanlagen 2000							
	Anfangsbestand Zum 1. Januar 2000		Zugänge Im 1. Halbjahr 2000		Endbestand Zum 30. Juni 2000		Veränderungen Im 1. Halbjahr 2000	
	In Mio. DM	In %	In Mio. DM	In %	In Mio. DM	In %	In Mio. DM	In %
Grundstücke, grundstücksgleiche Rechte und Bauten	54 055	3,4	1 289	0,6	54 424	3,3	+ 369	+ 0,7
Anteile an verbundenen Unternehmen	122 717	7,7	6 773	3,0	127 828	7,7	+ 5 110	+ 4,2
Ausleihungen an verbundenen Unternehmen	9 399	0,6	6 386	2,8	12 155	0,7	2 756	+ 29,3
Beteiligungen	17 870	1,1	1 646	0,7	18 772	1,1	903	+ 5,1
Ausleihungen an Unternehmen, mit denen ein Beteiligungsverhältnis besteht	6 583	0,4	1 503	0,7	6 190	0,4	− 393	− 6,0
Aktien	61 162	3,8	24 780	10,8	70 262	4,2	+ 9 100	+ 14,9
Investmentanteile	321 650	20,2	38 389	16,8	345 126	20,7	+ 23 476	+ 7,3
Andere nicht festverzinsliche Wertpapiere	10 991	0,7	1 238	0,5	11 337	0,7	+ 346	+ 3,1
Inhaberschuldverschreibungen und andere festverzinsliche Wertpapiere	163 401	10,2	58 471	25,5	161 506	9,7	− 1 895	− 1,2
Hypotheken-, Grundschuld- und Rentenschuldforderungen	*129 682*	*8,1*	*6 537*	*2,9*	*130 906*	*7,9*	*+ 1 225*	*+ 0,9*
Namensschuldverschreibungen	408 253	25,6	32 499	14,2	422 282	25,4	14 029	3,4

Schuldscheinforderungen und Darlehen	245 483	15,4	27 458	12,0	256 561	15,4	+ 11 077	+ 4,5
Darlehen und Vorauszahlungen auf Versicherungsscheine	9 574	0,6	1 447	0,6	9 800	0,6	+ 225	+ 2,4
Übrige Ausleihungen	9 503	0,6	1 833	0,8	11 905	0,7	+ 2 402	+25,3
Einlagen bei Kreditinstituten	17 956	1,1	18 191	7,9	20 177	1,2	+ 2 221	+12,4
Andere Kapitalanlagen	5 884	0,4	289	0,1	5 575	0,3	− 309	− 5,3
Summe der Kapitalanlagen	**1 594 164**	**100,0**	**229 150**	**100,0**	**1 664 807**	**100,0**	**+ 70 641**	**+ 4,4**
Lebens-VU	987 080	61,9	129 894	56,7	1 028 625	61,8	+ 41 545	+ 4,2
Pensionskassen	127 674	8,0	18 470	8,1	130 666	7,8	+ 2 992	+ 2,3
Sterbekassen	2 345	0,1	216	0,1	2 402	0,1	+ 57	+ 2,4
Kranken-VU	127 488	8,0	14 917	6,5	135 514	8,1	+ 8 026	+ 6,3
Schaden-Unfall-VU	183 928	11,5	31 877	13,9	192 439	11,6	+ 8 511	+ 4,6
Rück UV	165 651	10,4	33 776	14,7	175 161	10,5	+ 9 511	+ 5,7
Alle VU	**1 594 165**	**100,0**	**229 150**	**100,0**	**1 664 807**	**100,0**	**+ 70 641**	**+ 4,4**

Quelle: Veröffentlichungen des VerBAV in 2000, 263

1.1.8 Leasinggesellschaften (Immobilien-Leasing)

Die Gründung der ersten Leasinggesellschaften in der Bundesrepublik Deutschland **63** erfolgte im Jahre 1962. Derzeit (Stand: August 2000) gibt es 121 Gesellschaften, die dem Bundesverband Deutscher Leasing-Gesellschaften e.V. (BDL), Heilsbachstraße 32, 53123 Bonn (Tel. 02 28 – 6 48 80-0) angehören. Hiervon betreiben etwa 15 % das **Immobilien-Leasing-Geschäft.** Zur Sparkassen-Finanzgruppe gehören 9 Leasing-Gesellschaften mit 38 Geschäftsstellen und rd. 1.400 Mitarbeitern.

Von den bilanzierten Leasing-Investitionen des Jahres 1999 in Höhe von 42,2 Mrd. € (Vor- **64** jahr 39,4 Mrd. €) entfielen, wie schon 1998, **6,6 Mrd. € (= 15,6 %) auf das Immobilien-Leasing** (Handelsobjekte, Geschäfts- und Bürogebäude, Produktions- und Lagergebäude, sonstige Bauten).

Der **Leasing-Anteil bzw. die Leasing-Quote (Mobilien- und Immobilien-Leasing)** an **65** den gesamtwirtschaftlichen Bauinvestitionen (ohne Wohnungsbau) hat 1999 in der Bundesrepublik Deutschland 14,8 % (Vorjahr 14,5 %) betragen.

Dem Jahresbericht 1999 des Bundesverbandes Deutscher Leasing-Gesellschaften sind die **66** folgenden **Übersichten** entnommen (Abb. 7 und 8):

Abb. 7: Leasing-Objekte

Mobilien-Leasing	84,4 %	Fahrzeuge	58,5 %
		davon	
		Straßenfahrzeuge	51,2 %
		sonstige Fahrzeuge	7,3 %
		Büromaschinen	10,6 %
		Produktionsmaschinen	8,7 %
		Nachrichtentechnik	6,6 %
Immobilien-Leasing	15,6 %	*Handelsobjekte, Geschäfts- und Bürogebäude*	9,1 %
		Produktions-/Lagergebäude, sonstige Bauten	6,5 %

Abb. 8: Leasing-Kunden

Land- und Forstwirtschaft	0,5 %
Produzierendes Gewerbe *	27,1 %
Handel und Verkehr **	32,9 %
Dienstleistungssektor ***	25,4 %
Staat	3,2 %
Private Haushalte	10,9 %

    * Verarbeitendes Gewerbe, Energieversorgung und Bergbau, Baugewerbe
  ** einschließlich Nachrichtenübermittlung
*** Kreditinstitute, Versicherungen, Sonstige Dienstleistungen

67   Immobilien-Leasing-Objekte können auch Bestandteile von **Leasing-Fonds** sein. Hierbei handelt es sich regelmäßig um größere Finanzierungsvolumen. Eine Fondslösung ermöglicht zudem die Aufteilung des notwendigen Kapitals in mehrere Anteile und so die Streuung des Risikos auf eine größere Anzahl von Kapitalgebern.

68   Ganz allgemein und im Besonderen ist, auch infolge der Auswirkungen des neuen § 2 b EStG, eine Abschwächung der Zuwachsraten beim Immobilien-Leasing in den folgenden Jahren nicht auszuschließen. Bezüglich der Fragen, die sich bei der Beleihung von **Immobilien-Leasing-Objekten** ergeben, wird auf die Kommentierung unter Abschn. 4.6.5 verwiesen.

2   Immobilien als Kreditsicherheit

2.1 Historische Entwicklung und aktueller Stand

69   Angestrebt wird eine **Harmonisierung der Immobilienbewertung im Euroraum.** Auf die historische Entwicklung des Schätzungswesens in Deutschland und den Stand der kreditwirtschaftlichen Immobilienbewertungen wird daher im Folgenden näher eingegangen. Von jeher waren aktuelle Grundstückswerte bei Beschlagnahmen, Enteignungen, Besteuerung, Feuerversicherung und Beleihung von großem Interesse. Probleme hat es allerdings immer bei der Wertfindung gegeben. Gesetzlich definiert wurde zunächst der „gemeine Wert" (heutiger Verkehrswert i. S. von § 194 BauGB). Im Allgemeines Landrecht für die Preußischen Staaten von 1794 erfolgte dies wie im Teil II unter Rn. 161 dargestellt.

70   Eng verbunden mit der Entstehung des (wohnungswirtschaftlichen) Immobilienkredits ist die Schätzungslehre. Der Literatur ist zu entnehmen, dass noch vor etwa 230 Jahren nahezu ausschließlich **Sachwertschätzungen** erstellt worden sind. Es wurden hierbei Vergleiche der in verschiedenen Objekten investierten Beträge oder der erzielten Verkaufpreise vorgenommen und daraus der Wert der zu schätzenden Immobilie abgeleitet.

71   Als Justizminister Schlesiens ordnete 1770 Johann Heinrich Graf von Carmer das **landwirtschaftliche Kreditwesen,** nachdem Friedrich der Große zur Unterstützung des adligen Grundbesitzes durch Kabinettsordre vom 29. 6. 1769 die Einrichtung des „organisierten Bodenkredits" veranlasst hatte. Auf die Landwirtschaft entfielen noch im 19. Jahrhundert rd. 62 % der Erwerbstätigen.

72   Zuerst in der Landwirtschaft, die eine Vorreiterrolle in der Beleihung von Grundstücken einnahm und auf die damals der überwiegende Teil des Immobilienbesitzes entfiel, begann man wegen der intensiven Nutzung des Bodens mit ertragsbezogenen Werten zu rechnen. Bei der Bemessung der hypothekarischen Beleihung landwirtschaftlich genutzter Grundstücke in Preußen wurde mit **Einführung** der Grundsteuer Mitte des 19. Jahrhunderts der Grundsteuerreinertrag, der sich unter Berücksichtigung der unterschiedlichen Erträge der verschiedenen Bodenklassen je ha ergab, herangezogen. Neben der Beleihung landwirtschaftlich genutzter Grundstücke gewann etwas später auch die Beleihung von wohnwirtschaftlich genutzten Grundstücken zunehmende Bedeutung. Hierbei diente der Gebäudesteuernutzungswert als Grundlage[10].

In den Satzungen fast aller Gesellschaften und Institute, die regelmäßig Hypothekengelder   **73** ausliehen, war damals eine **Beleihungsgrenze** auf der Grundlage des **Grundsteuerreinertrags** festgesetzt. Die preußischen öffentlichen Sparkassen z. B. durften nach ihrer Satzung, die auf dem Sparkassenreglement von 1838 beruhte, landwirtschaftlich genutzte Grundstücke bis zum 30-fachen Grundsteuerreinertrag beleihen. Die Provinzialhilfskasse für die Provinz Schlesien ging in der Beleihung bis zu zwei Drittel des durch den 36-fachen Grundsteuerreinertrag festgestellten Grundstückswerts, wobei die mit 5 % kapitalisierten Lasten und Abgaben als Vorlasten, etwa vom möglichen Darlehenshöchstbetrag, in Abzug zu bringen waren[11].

Auf der Grundlage von Erträgen ergab sich bis zur Mitte des 19. Jahrhunderts keine Möglichkeit, den Wert der Immobilien in den Städten zu ermitteln. Es fehlten Erträge, weil die Grundstückseigentümer meist ihre Häuser selbst bewohnten und ihrem Gesinde (die Gesindeordnung wurde übrigens erst durch die Weimarer Verfassung von 1919 aufgehoben) neben Verpflegung auch Unterkunft (= geldwerter Vorteil als Sachbezug zum Arbeitslohn) gewährten. So musste auch hier mit Vergleichswerten (Verkaufspreisen) oder Neubaupreisen gerechnet werden. Basis für Beleihungen war regelmäßig die **Versicherungssumme** (Neuwert) der Provinzialfeuersozietät bzw. öffentlicher Feuerversicherungsanstalten, wobei maximal 50 % als Beleihungsauslauf akzeptiert wurden. Die Schätzungen erfolgten durch die mit der Wahrnehmung des örtlichen Gebäudegeschäfts betrauten Bürgermeister bzw. Geschäftsführer der genannten Versicherungen.

Die zunehmende Industrialisierung gegen **Ende des 19. Jahrhunderts** führte in den   **75** größeren Städten verstärkt zum **Neubau von Mietwohnungshäusern,** um die Arbeiterschaft und ihre Familien mit Wohnraum zu versorgen. Nunmehr konnte neben dem Sachwert auch ein **Ertragswert** errechnet werden. Auch damals wurde von den tatsächlich erzielten oder bei ordnungsmäßiger Bewirtschaftung von jedem Eigentümer dauernd erzielbaren Mieten ausgegangen. Die Bewirtschaftungskosten wurden vor dem Ersten Weltkrieg mit 15–20 %, bei Gebäuden mit Zentralheizungen mit über 25 % der Rohmiete veranschlagt. Der verbleibende Reinertrag war mit 4–5 % zu kapitalisieren, so dass sich oft ein 13- bis 15-facher Rohertrag als Wert des Grundstücks ergab[12].

Neue Impulse erhielt das Schätzungswesen durch die **Miquelsche Finanzreform** im Jahre   **76** 1893. Die bis dahin staatliche Grund- und Gebäudesteuer wurde den Kommunen überlassen mit der Folge, dass für die Erhebung der Steuern von allen unbebauten und bebauten Grundstücken die gemeinen Werte (Verkehrswerte) zu ermitteln waren (vgl. Teil II Einf. Rn. 128).

Hierzu wurde im Vorgriff auf die gesetzliche Regelung des Schätzungswesens durch Verfügung des Oberbürgermeisters der Stadt Köln vom 26. 6. 1918 bei der Liegenschaftsverwaltung ein **Schätzungsamt** eingerichtet, dem auch die Schätzungen für die städtische Sparkasse und Hypothekenanstalt übertragen wurden. Damit hatte Köln als erste preußische Stadt (neben Kassel) ein öffentliches Schätzungsamt[13].

---

10   Rozumek, P., Das Kreditgeschäft im Bankbetriebe, 3. Aufl., Berlin, 1921, S. 376 ff.
11   Rozumek, P., a. a. O., S. 384 ff.
12   Vgl. Rozumek, P., a. a. O., S. 375 f.
13   Denkschrift betreffend die Errichtung eines Schätzungsamtes für den Stadtkreis Köln aus Mai 1920, S. 8

78   Als Stütze für die Bewertung von Immobilien im städtischen Bereich diente auch der **Gebäudesteuernutzungswert,** der bis 1941 im Bestandsverzeichnis des Grundbuches ausgewiesen wurde[14]. Bei nach 1910 errichteten Gebäuden erfolgte daneben die Angabe des Baujahres. Es war üblich, den Gebäudesteuernutzungswert im Hypothekenbrief zu vermerken. Sparkassen beliehen seinerzeit städtische Wohn-Immobilien bis zum 12,5-fachen Betrage des Gebäudesteuernutzungswerts. Demgegenüber richtete sich der Bauwert eines solchen Hauses nach den Taxen der öffentlichen Feuerversicherungsanstalten. Der Sachwert ergab sich durch Addition mit dem durch Vergleiche ermittelten Bodenwert. Der gemeine Wert (Markt- bzw. Verkehrswert) war damals das arithmetische Mittel aus Sach- und Ertragswert[15].

79   Bedeutsam für die Entwicklung der Grundstücksbewertung nach dem Ersten Weltkrieg war das **Preußische Schätzungsamtgesetz** (vgl. Teil II Einf. Rn. 191). Ziele des Gesetzes waren die Vereinheitlichung der Wertermittlung, die Schaffung einer ausreichenden statistischen Basis und die Beseitigung der Überbewertung von Liegenschaften, insbesondere im Bereich des Hypothekenwesens[16]. Anstelle des Begriffs „Verkaufswert" verwendete die Schätzungslehre seiner Zeit den Begriff „gemeiner Wert". So hat § 4 Schätzungsamtgesetz folgenden Wortlaut: „Die Schätzung des Grundstücks geschieht nach dem gemeinen Wert. Als gemeiner Wert ist der Wert anzusehen, den das Grundstück für jeden Besitzer hat"[17].

80   Infolge (ständiger) gesetzlicher Eingriffe in das Wohnungsmietrecht, der Erhöhung von Grundbesitz-Steuern und -Abgaben sowie der hohen Arbeitslosigkeit nach dem Ersten Weltkrieg wurde der Abstand zwischen Sach- und Ertragswert, insbesondere bei städtischen Wohnhaus-Grundstücken auf Grund von sog. Krisenmieten in den Jahren 1929–1932 immer größer. Man erkannte an, dass der Mittelwert einen untauglichen Kompromiss darstellt, der weder von der dem Ertragswert zu Grunde gelegten Rendite noch von den Vergleichswerten, auf die sich der Sachwert gründet, zu rechtfertigen ist[18]. Der Ertragswert für die Schätzung von sog. Renten-Objekten gewann jedoch steigende Bedeutung.

81   Dem Urteil bzw. der Entscheidung des Preußischen Oberverwaltungsgerichts (Pr. OVG) vom 10. 6. 1910[19] und 14. 1. 1928[20] ist zu entnehmen, dass der gemeine Wert eines Grundstücks der Verkaufswert ist. Der BGH stellt in seinem Urt. vom 25. 6. 1964 abermals fest: **Der gemeine Wert ist ein Wert für jedermann**[21]. Gemäß einem Beschluss des LG Darmstadt ist unter dem Grundstückswert (Verkehrswert) der Wert zu verstehen, der den regulären Verkaufswert des Grundstücks – der dafür bei der freihändigen Veräußerung normalerweise zu erzielen wäre – verkörpert[22]. Die Bewertung von **Erbbaurechten** fand in § 19 ErbbauVO vom 15. 1. 1919 eine für die Anlegung von Mündelgeld in einer Erbbaurechtshypothek verbindliche Regelung.

82   Die Praxis der Ermittlung des Verkehrswerts von Grundstücken ist mit der **Legaldefinition des Verkehrswerts im BBauG/BauGB**[23] und den hierzu erlassenen Rechtsvorschriften und Richtlinien des Bundes (BauNVO, II BV, WertV[24]; WertR[25] einschließlich der Erlasse des BMBau[26], den NHK 95[27], WaldR 2000[28], LandR 78, BauNVO, II BV) begrifflich und verfahrensmäßig weiter gefestigt worden, nachdem die aus dem Jahre 1936 stammende Preisstoppregelung für Grundstücke mit Wirkung vom 30. 10. 1960 für das Gebiet der alten Bundesländer (mit der deutschen Einheit später auch für die neuen Bundesländer) aufgehoben wurde[29].

83   Für ganze Institutsgruppen bzw. Finanzverbünde (Bausparkassen, Geschäftsbanken, Hypothekenbanken, Sparkassen, Versicherungsunternehmen sowie Volks- und Raiffeisenbanken, Spar- und Darlehenskassen) gibt es inzwischen einheitliche Beleihungs- bzw. **Sicherungsgrundsätze oder Wertermittlungsanweisungen,** gewissermaßen als Rechtsgrundlagen für die Beleihungswertermittlung im real- und grundpfandrechtlich gesicherten Personalkreditgeschäft. Gefordert werden in beiden Fällen vorsichtige Schätzungen, um die Sicherheit der Darlehen/Kredite nicht zu gefährden. Die Praxis der kreditwirtschaftlichen Immobilienbewertung stützt sich hierbei auf die Vorschriften in den Kredit- bzw.

Organisationshandbüchern oder Arbeitsanweisungen der Institute. Es versteht sich von selbst, dass solche Arbeitshilfen – die ebenso der Aus- und Fortbildung dienen – der regelmäßigen Pflege bedürfen.

So entwickelten sich bei kreditwirtschaftlichen Immobilienbewertungen nach und nach **84** **besondere Anforderungen an den Beleihungsgegenstand.** Hierzu zählen hauptsächlich:

– Der Beleihungsgegenstand muss eine **rechtlich selbstständige wirtschaftliche Einheit** bilden, deren Wert und Verwertbarkeit nicht von weiteren, dem Pfandverband nicht zugehörigen Grundstücken abhängt.

– Um die Verkehrsfähigkeit einer Immobilie zu gewährleisten, müssen Rechte (z. B. aus einem Gestattungsvertrag zur Nutzung öffentlichen Straßenlandes[30] auf Erben, Käufer und Ersteher übertragbar sein.

– Grundstückszugang bzw. -zufahrt sowie die Ver- und Entsorgung müssen dauernd und uneingeschränkt gesichert sein (Erschließung des Grundstücks).

– Bauliche Anlagen dürfen bei der Wertermittlung nur berücksichtigt werden, wenn sie im Eigentum des Grundstückseigentümers stehen, in technisch einwandfreier Bauweise ausgeführt und in allen Teilen baurechtlich genehmigt und mängelfrei abgenommen sind. Von dieser Regelung kann abgewichen werden, wenn für ein geplantes Objekt eine Baugenehmigung noch nicht vorliegt, die Planung sich jedoch auf die Festsetzungen eines rechtsverbindlichen Bebauungsplans oder eines Bauvorbescheids[31] bezieht und die Erschließung des Grundstücks gesichert ist.

– Die ausgeübte und beabsichtigte Grundstücksnutzung muss planungsrechtlich ausreichend gesichert sein; es sei denn, dass auf Grund der Umstände des Einzelfalles davon auszugehen ist, dass auch durch eine etwaige anderweitige Nutzung der Wert des Grundstücks erhalten werden kann.

– Die Beleihungsgegenstände müssen in ausreichender Höhe gegen sämtliche spezifischen Risiken, insbesondere gegen Feuerschäden, versichert sein[32].

– Bei **Realkrediten** muss die **Drittverwendungsmöglichkeit** der baulichen Anlagen gewährleistet sein.

Eine schlüssige Objektbeurteilung mit Risikoeinstufung sollte den Abschluss einer kreditwirtschaftlichen Immobilienbewertung bilden[33].

---

14   Ufer, W., Anteile an ungetrennten Hofräumen und Hausgärten, GuG 1995, 149
15   Rozumek, P., a. a. O., S. 373
16   Romunde, W.. Die Grundstücksbewertung in Köln (von 1893–1973), S. 114
17   Ähnlich schon in § 112 Allgemeines Landrecht für die Preußischen Staaten von 1794: „Der Nutzen, welchen die Sache einem jeden Besitzer gewähren kann, ist ihr gemeiner Werth.“
18   Der BGH hält eine schematische Wertbestimmung auf der Grundlage des arithmetischen Mittels von Sach- und Ertragswert für nicht fachgerecht, BGH, Urt. vom 13. 7. 1970 – VIII ZR 189/68 –; EzGuG 20.49
19   PrOVG, Urt vom 10. 6. 1910 – VIII C 99/09 –; EzGuG 20.8
20   PrOVG, Entsch vom 14. 1. 1928 – VI D 10/27 –, EzGuG 20.12
21   BGH, Urt vom 25. 6. 1964 – III ZR 111/64 –; EzGuG 20.37
22   LG Darmstadt, Beschl. vom 16. 10. 1958 – 5 T 18/58 – EzGuG 19.4
23   Zunächst BBauG vom 23. 6. 1960 (§ 142 Abs. 2), später BauGB (§ 194)
24   Zunächst WertV 61 vom 7. 8. 1961; später vom 10. 8. 1972, vom 6. 12. 1988 und 1998 (WertV 98); vgl. Teil V Vorbem. zur WertV
25   Hierzu Teil V Vorbem. zur WertV Rn. 40 ff.
26   Vgl. die Zusammenstellung im Teil V Vorbem. zur WertV Rn. 43 insbesondere Erl. vom 1. 8. 1996 und 1. 8. 1997 (RS I 3 630504-4)
27   Normalherstellungskosten – NHK 95 – abgedruckt in der 3. Aufl. zu diesem Werk 1998, Bundesanzeiger Verlag Köln, BAnz Nr. 168 vom 6. 9. 2000, S. 1887 ff.
28   Vgl. Teil V Vorbem zur WertV Rn. 50
29   Vgl. hierzu Teil II (Einf.) Rn. 99 ff.
30   Vgl. hierzu GuG 1998, 296
31   Bauvorbescheide bieten Vertrauensschutz; BGH, Urt vom 23. 9. 1993 – III ZR 139/92 –, NJW 1994, 130; BGH, Urt. vom 6. 5. 1993 – III ZR 2/92 –, NJW 1993, 2302
32   Vgl. hierzu „Versicherungen rd. um die Immobilie“ in der 3. Aufl. zu diesem Werk., Teil XI, S. 1619 ff.
33   Hierzu Abb. 498 und 499 in der 3. Aufl. zu diesem Werk sowie Weyers, GuG 2000, 37

85   **Langfristige Beleihungen** i. S. d. Realkredits hielten sich schon immer meist im Rahmen der Hälfte der ermittelten Grundstückswerte (Marktwerte). Heute ist jedoch die Baufinanzierung zunehmend ein Mischsystem aus Real- und Personalkredit. Dies bedeutet, dass in solchen Fällen die Beurteilung der Bonität des Kreditnehmers von entscheidender Bedeutung ist (vgl. z. B. § 18 KWG).

86   Wie bereits erwähnt, war es früher üblich, für die Schätzung des gemeinen Werts (Verkehrswerts) sowohl den Ertragswert als auch den Sachwert zu ermitteln und aus dem kumulierten Betrag die Hälfte als Verkehrswert anzunehmen. Diese Methode erwies sich jedoch als nicht sachgerecht (vgl. Nr. 3.6 WertR). Richtig ist die Überlegung, dass durch gesonderte Ermittlungen eine **gewisse Kontrolle von Sach- und Ertragswert** erreicht werden kann. So prüft man über den Sachwert die Investitionssumme und über den Ertragswert die Rendite des Objektes. Seit vielen Jahren wird jedoch – ausgehend von der Objektart – dem Ertragswert oder dem Sachwert Vorrang eingeräumt.

87   Die Beleihung gewerblich genutzter Grundstücke nahm **nach dem Zweiten Weltkrieg** wiederaufbaubedingt zu. Bei der Bewertung solcher Pfandobjekte ergaben sich schon damals bedeutende Wertermittlungsprobleme. Während bei Grundstücken mit Büro- und Geschäftshäusern die Werte sich am Ertragswert orientierten, hing z. B. bei Fabrikgrundstücken der für die Ermittlung des Ertragswerts nachhaltige Ertrag von der Aufrechterhaltung des Betriebes (oft branchenbedingt), der Beschaffenheit und dem Unterhaltungszustand der baulichen Anlagen sowie von Konjunkturschwankungen ab. Deshalb waren Fabrikgrundstücke insbesondere für Hypothekenbanken regelmäßig von der Beleihung ausgeschlossen.

88   Ein z. B. zum Zwecke des An- und Verkaufs eines Grundstückes oder der Entschädigung für Landabgaben durch die hoheitlich tätigen Gutachterausschüsse für Grundstückswerte ermittelter **Verkehrswert eines gewerblich genutzten Grundstücks** ist wohl meist nicht identisch mit dem Dauerwert (Beleihungswert), den Kreditinstitute für Beleihungen zu Grunde legen müssen. In vielen Fragen der Wertermittlung bestehen jedoch inzwischen einheitliche Auffassungen, so dass aus einem nach WertV ermittelten Verkehrswert durch geeignete Korrekturen und Berücksichtigung der besonderen Sicherungsanforderungen an den Beleihungsgegenstand auch ein zukunftsorientierter Beleihungswert abgeleitet werden kann. Es fällt in der Praxis schwer, einem fachgerecht zustande gekommenen Verkehrswert nur die Bedeutung eines Hilfewerts zu geben[34], wie dies aus Sicht der BAKred für das Realkreditgeschäft angemerkt wird[35].

89   Zu unterscheiden ist schließlich zwischen Realkrediten und grundpfandrechtlich gesicherten Personalkrediten. Im Zuge der im Jahre 1984 erfolgten Novellierung des Gesetzes über das Kreditwesen (KWG)[36] wurde der **Realkreditbegriff** für alle Kredit- und Versicherungsinstitute durch Bezugnahme auf die Bestimmungen des Hypothekenbankgesetzes (HBG) verbindlich[37].

90   Als **Realkredite** gelten somit Kredite, wenn eine den Erfordernissen der §§ 11 HBG (Beleihungsgrenze) und 12 HBG (Beleihungswert) entsprechende Sicherheit an Grundstücken für die Forderungen der Institute bestellt ist; d. h. Verzinsung und Rückzahlung (Annuität bzw. Leistungssatz) der Kredite müssen unabhängig von der Person des Kreditnehmers allein durch den Beleihungsgegenstand gewährleistet sein (Kapitaldienstgrenze). Dies würde z. B. bedeuten, dass bei einem Grundstücksreinertrag von 75 000 €, 6,5 % Zinsen und 1,5 % Tilgung ein Darlehen in Höhe von 937 500 € (75 000 €: 0,8) zu bedienen wäre (= objektgebundene Kapitaldienstfähigkeit).

91   Zu prüfen ist vorweg die **Realkreditfähigkeit** des Pfandobjektes. Abgrabungsgrundstücke sind beispielsweise nicht realkreditfähig, weil sie einen dauernden Ertrag nicht gewähren. Bei speziellen Produktionsstätten (z. B. Raffinerien, Brauereien oder Ziegeleien) ist eine Drittverwendungsmöglichkeit regelmäßig nicht gegeben; folglich scheidet auch hier eine

Realkreditfähigkeit aus. Als **Beleihungsgrenze** für den Realkredit gilt heute allgemein, dass die Beleihung die ersten drei Fünftel bzw. 60 % des Beleihungswerts[38] nicht übersteigen darf; einschränkend wird auf § 20 Abs. 3 Satz 2 Nr. 5 KWG hingewiesen (Überschreitung der 50 %-Grenze des Verkehrswerts)[39]. **Bei gesicherten Personalkrediten**[40] darf die Beleihung im Sparkassenbereich 80 % bzw. in einigen Bundesländern 100 % des Beleihungswerts nicht übersteigen.

Abschließend wird auf die **Praxis der Schweizer Banken** hingewiesen. Gemäß einem Beschluss des Nationalrates vom 20. 9. 1989 müssen die Banken bei der Vergabe von Hypotheken darauf achten, dass bei nach dem 13. 10. 1989 bewilligten Darlehen eine Vier-Fünftel-Grenze des Grundstückverkehrswerts nicht überschritten wird. Der Verkehrswert muss zudem von einem amtlichen Schätzer bestimmt werden[41]. 92

2.2 Kreditbesicherung durch Grundeigentum

Weiterführendes, kreditwirtschaftlich relevantes Schrifttum: *Weyers,* Verkehrswert und Beleihungswert – Gegensatz oder Synthese?, DLK1981, 44; *Stannigel/Kremer/Weyers,* Beleihungsgrundsätze für Sparkassen, Kommentar und Handbuch für die Beleihungspraxis, Deutscher Sparkassenverlag Stuttgart 1984; *Weyers,* Entwicklung und Praxis bei gewerblich genutzten Grundstücken im (Real-) Kreditgeschäft, DLK 1984, 445; *Weyers,* Grundlagen der Wertermittlung für Hotel- und sonstige gastwirtschaftlich genutzte Grundstücke, in Sparkasse 1986, 104; *Weyers,* Altlasten und ihre Auswirkungen auf den Grundstückswert (1) und (2), DLK 1987, 588 und 1987, 630; Hypothekenverband bei der Europäischen Wirtschaftsgemeinschaft, Die Bewertung von Immobilien in den EG-Ländern, Grenz-Echo Verlag Eupen/Belgien 1989; *Weyers,* Neue Grundsätze zur Ableitung des Beleihungswerts von Grundstücken bei Kredit- und Versicherungsinstituten, GuG 1990, 74; *Stannigel,* Beleihungswert und Beleihungsgrenze für Immobilien, GuG 1991, 241, 325; *Schilling,* Neues Mietrecht 1993, Bundesanzeiger Köln 1993; *Rüchardt,* Handbuch des Hypothekarkredits, Immobilien-Finanzierung in Deutschland und Europa, 3. Aufl., Fritz Knapp Verlag Frankfurt/Main 1993; *Weyers,* Gesamtnutzungsdauer von Hotelgebäuden, GuG 1993, 41; *Weiland,* Zur Beleihung des Erbbaurechts im Realkredit – Fragen und Vorschläge, GuG 1993, 257; *Müller,* Die Bedeutung des Kapitalisierungszinssatzes bei der Bewertung von Renditeliegenschaften in der Schweiz, GuG 1993, 348; *Welter,* Der Realkredit in den Ländern der EG, Sparkassen Verlag Stuttgart 1994; *Weyers,* Verkehrs- und Beleihungswert von Grundstücken mit Parkierungsanlagen, GuG 1994, 70, 156; *Vogels,* Erbbaurecht und Beleihungswert, GuG 1994, 92; *Weyers,* Überprüfung externer Wertermittlungen, GuG 1994, 352; *Weyers,* Bau- und werberechtliche Bestimmungen im Blickfeld von Grundstücksbeleihungen, Sparkasse 1994, 586; *Bellinger/Kerl,* Hypothekenbankgesetz, 4., völlig neu bearbeitete Aufl., C. H. Beck Verlag 1995; *Obermüller,* Die Auswirkungen der InsO auf die Banken – Erhebliche Einschränkungen der Verwertungsrechte, Kreditpraxis 1995, 30; *Feinen,* Immobilien-Leasing Objekte, ihre Bewertung und Beleihungsmöglichkeiten, GuG 1995, 25; *Weyers,* Bodenwert von mit Erbbaurechten belasteten Grundstücken, die mit Parkierungsanlagen bebaut sind, GuG 1995, 352; *Weyers,* Verkehrs- und Beleihungswertermittlung von Abbauland (Abgrabungsgrundstücke) in HLBS – Report Nr. 1995, 2; *Vogels,* Grundstücks- und Gebäudebewertung marktgerecht, 5. überarbeitete Aufl., Bauverlag Wiesbaden/Berlin 1996; *Reifner,* Risiko Baufinanzierung, 2. Aufl., Luchterhand, Neuwied 1996; *Kleiber,* Babylon ist überall – Verkaufswert versus Verkehrswert, DLK 1996, 200; *Kerl,* Aktuelle Anforderungen an den Hypothekarkredit, GuG 1996, 37; *Sturm,* Mehrwertsteuer in der Grundstückswertermittlung, GuG 1996, 75; *Weyers,* Grundstücksverkehr und Grundstückspreisentwicklung im Blickfeld der Immobilienfinanzierung, GuG 1996, 94; *Pohnert,* Kreditwirtschaftliche Wertermittlung, 5. Aufl. Luchterhand Neuwied 1997; *Keidel,* Ökologische Risiken im Kreditgeschäft, Gabler Verlag Wiesbaden 1997; *Schwebler/Knauth/Simmert,* Das Realkreditgeschäft der Versicherungsunternehmen, VVW Karlsruhe 1997; *Weyers,* Verkehrswert und Beleihungs-

---

34 Vgl. hierzu Stannigel, H., Beleihungswert und Beleihungsgrenze von Immobilien im Blickfeld des Kreditprüfers, GuG 1991, 241 ff. und 325 ff. insbesondere S. 245
35 Schreiben des BAKred vom 4. 8. 1980 – CMBS Nr. 933; Kerl, V. in: „Die deutschen Hypothekenbanken", 3. Aufl. 1990, S. 79
36 Neufassung des Gesetzes über das Kreditwesen vom 30. 6. 1993, BGBl. 1993, 1082
37 Vgl. z. B. § 20 Abs. 3 Satz 2 Nr. 5 KWG; erläutert durch die Schreiben des BAKred vom 20. 9. 1996 und 30. 12. 1996, abgedruckt bei Consbruch/Möller/Bähre/Schneider – CMBS Nr. 4.289 und CMBS Nr. 4.290
38 Unzutreffend ist jedoch die Definition in „Anerkannte Europäische Standards für die Immobilienbewertung" von Champness P., Estates Gazette, London 1997, nach der der Beleihungswert in Übereinstimmung mit der EG-Richtlinie nicht höher als 60 % des vorsichtig ermittelten Marktwerts sein darf (S. 104, Ziffer 10.02.5).
39 Hingewiesen in diesem Zusammenhang wird auf die 7/10- bzw. 5/10-Grenze des Grundstückswerts (Verkehrswerts) bei der Zwangsversteigerung von Grundstücken (§§ 74 a und 85 a ZVG).
40 Vgl. hierzu Stannigel/Kremer/Weyers: „Begriff und grundsätzliche Erfordernisse für den Personalkredit" a. a. O., S. 557
41 Dringlicher Bundesbeschluss des Nationalrats zum Bodenrecht in „Blick durch die Wirtschaft (FAZ)" Nr. 198 vom 12. 10. 1989

wert von Seniorenimmobilien GuG 1997, 1; *Petersen,* Zinssätze bei der Ermittlung von Verkehrswerten in Verbindung mit grundstücksbezogenen Rechten, GuG 1997, 91; *Weyers,* Verkehrswert und Beleihungswert von Grundstücken mit Kurkliniken, GuG 1997, 218; Grundsatzpapier des Verbandes der deutschen Hypothekenbanken zum Beleihungswert von Immobilien, GuG 1997, 239; RdSchr 16/96 vom 30. 12. 1996 des BAKred bezüglich Verkehrswert, Freibetragsregelung und Bewertungsvorschriften GuG 1997, 242; *Stinner,* Neue Herausforderungen an die Banken – die Umbrüche auf den Immobilienmärkten, GuG 1997, 261; *Weyers,* Ermittlung des Rohertrags (§ 17 WertV) mit Hilfe des Betriebsergebnisses einer Parkierungsanlage, GuG 1997, 298; *Lux,* Zertifizierung nach Euronorm, Kreditpraxis 1998, 24; *Lux,* Bewertung von Immobilien zum Zweck der Immobilienfinanzierung, BIS 2001, 47; *Reif,* Fortschritte in der Methodik der Beleihungswertermittlung, DLK 1998, 562; *Hammel,* Die Bedeutung des Verkehrswerts für Hypothekenbanken, GuG 1998, 37; *Kamphausen,* Der Immobiliensachverständige und seine Wertgutachten in der aktuellen Rechtsentwicklung GuG 1998, 210; *Werth,* Vom Verkehrswert unabhängige Beleihungswerte im Blickfeld der Europäischen Union, GuG 1998, 25; *Schmidt,* Die Bewertung von Pflegeeinrichtungen GuG 1998, 284; *Weyers,* Nutzungsentgelt bei Inanspruchnahme öffentlichen Straßenlandes, GuG 1998, 296; *Simon,* Verkehrswertermittlung offener Immobilienfonds, GuG 1999, 129; *Ostermann,* Die Verkehrswertermittlung von Hotels, GuG 1999, 143, 282; *Werth,* Zinssätze und Wertfaktoren bei Erbbaurechten, GuG 1999, 193; *Kölschbach,* Offenlegung des Zeitwerts von Immobilien im Jahresabschluss von Versicherungsunternehmen, GuG 1999, 200; *Weyers,* Der Verkehrswert von Verbrauchermärkten, GuG 1999, 207; *Janßen/Schaar,* Bilanzierungsbewertung – eine neue Aufgabe für die kommunalen Bewertungsstellen, GuG 1999, 298; *Simon,* Auswirkungen des EURO auf Wertsicherungsklauseln, GuG 1999, 305; *Billion,* Der Verkehrswert von Golfanlagen, GuG 1999, 331; *Kinzer,* Betriebskosten von Shopping Centern, GuG 1999, 348; *Hardegen,* Betreibsimmobilien aus Sicht eines Kreditinstituts, GuG 2000, 65; *Simon,* Europäische Standards für die Immobilienbewertung, GuG 2000, 134; *Weyers,* Kreditwirtschaftliche Immobilienbewertungen in Deutschland, GuG 2000, 257; *Kleiber,* Die europäischen Bewertungsstandards des Blauen Buchs, GuG 2000, 321; *Lux,* Bewertung von Immobilien zum Zwecke der Immobilienfinanzierung, BIS 2001, 47; Verwiesen wird zudem auf das 10-Jahresregister (1990–1999) der Zeitschrift – *Grundstücksmarkt und Grundstückswert* – Zeitschrift für Immobilienwirtschaft, Bodenpolitik und Wertermittlung, Luchterhand Verlag GmbH, Neuwied 2000, mit Autorenverzeichnis, Entscheidungsregister und Stichwortverzeichnis; *Simon/Reinhold,* Wertermittlung von Grundstücken – Aufgaben und Lösungen, 4. Aufl. 2001, Luchterhand Verlag.

93   Die rechtlichen Vorzüge der **Kreditbesicherung durch Grundeigentum** sind gekennzeichnet durch ein beständiges Vertrags- und Bodenrecht mit starkem Rechtsschutz der Partner bei einer relativ einfachen, wenngleich mitunter zeitaufwendigen Realisierung der Gläubigeransprüche. Übersicht und Publizität über Eigentums-, Besitz- und Haftungsverhältnisse an Grundstücken tragen wesentlich zur Rechtssicherheit bei. In wertmäßiger Hinsicht verdienen die folgenden Vorzüge eine besondere Hervorhebung:

– Die Immobilie ist i. d. R. eines der langlebigsten Wirtschaftsgüter;

– Grund und Boden ist nicht durch andere Wirtschaftsgüter ersetzbar;

– Grundstücke behalten ihren Wert aus der zunehmenden Knappheit, sie bleiben oft Jahrzehnte im Eigentum einer Person bzw. Institution;

– Grundstücke sind in der Nutzung im Allgemeinen fungibel;

– Grundstücke sind auf der Grundlage bestehender Vorschriften handelbar und belastungsfähig.

Als Nachteil wird die Wertermittlungsproblematik für Immobilien angesehen; von Vorteil ist dagegen die Möglichkeit einer Grundschuldbestellung (vgl. Abb. 9)[42].

94   Kreditinstitute und Versicherungsunternehmen sehen grundsätzlich Immobilien als die klassische Sicherheit für ihr Kreditgeschäft an. So ist der wohl überwiegende Teil der Darlehen und Kredite von Banken, Sparkassen, Bausparkassen und Versicherungsunternehmen an Private und Wirtschaftsunternehmen durch **Pfandrechte an inländischen Grundstücken** (Hypotheken und Grundschulden) sichergestellt. Das gilt ebenso für Hypothekenbanken sowie im Realkreditgeschäft anderer Institute, etwa staatlichen Kreditanstalten, Landesbanken und genossenschaftlichen Banken. Ausländische Sicherheiten müssen in ihrer rechtlichen Ausgestaltung inländischen Sicherheiten gleichwertig sein. Andererseits müssen sie den Sicherheiten entsprechen, die Kreditinstitute eines anderen Landes üblicherweise zur Sicherung von Krediten vereinbaren. Die am 1. 1. 1999 in Kraft getretenen Änderungen der Insolvenzordnung (InsO) i. d. F. vom 5. 10. 1994 (BGBl. I 1994, 2866) verursachen u. a. Eingriffe in die Kreditsicherheiten. Betroffen sind auch Immobiliarsicherungsrechte (§ 49 InsO). Aus Sicht der Spitzen der Kreditwirtschaftsverbände haben sich die durch die InsO ergebenden Nachteile bisher in Grenzen gehalten. Dennoch bleibt abzuwarten, wie sich dies auf die Geschäftspolitik der Kreditwirtschaft in Zukunft auswirken wird.

Abb. 9: Bankgängige Kreditbesicherung

Bankgängige grundbuchliche Kreditbesicherung (Grundstück und grundstücksgleiches Recht)				
Art	Voraussetzungen	Vorteile	Nachteile	Durchschnittliche Beleihungsgrenze/-raum
Grundschuld	– Notarielle Beurkundung – Eintragung ins Grundbuch – Eventuelle Übergabe des Grundschuldbriefs	– Sehr wertbeständig (Sachwerte) – Wiederholt für Kredite verwendbar – Wenig überwachungsbedürftig – Verwertung ist ohne juristische Probleme möglich	– Relativ hohe Notarkosten – Eventuelle Probleme bei der Verkehrswertermittlung, insbesondere von gewerblich genutzten Objekten, – Sicherheitsverwaltung	60 % bei Realkrediten und 80 % bzw. für die Sparkassen in Baden-Württemberg 100 % vom Beleihungswert bei Personalkrediten, 80 % für Bausparkassen

Die Wertfindung und Wertfestsetzung für Immobilien als Grundlage für die Sicherstellung **95** von Darlehen und Krediten der einzelnen Institute war zu keiner Zeit einfach, denn einerseits müssen zu **optimistische Wertansätze** möglichst ausgeschlossen und andererseits gilt es den Finanzierungsabsichten der Bauherren weitgehend entgegenzukommen.

Die Immobilie rangiert bei Kapitalanlegern nach wie vor in der Gunst ganz oben. In den **96** Ländern der Europäischen Union (EU) sowie in der Schweiz belegene Grundstücke können nun uneingeschränkt zur Sicherung von Ausleihungen der Kredit- und Versicherungsinstitute herangezogen werden. Die Hypothekarkreditvergabe in Europa hat laut Jahresbericht des VdH 1999 ca. 16 % des Gesamtvolumens (Zusagen Ausland im Verhältnis zu Zusagen insgesamt) betragen. Die Beleihung von im sonstigen Ausland belegenen Grundstücken beschränkt sich bei allen Instituten derzeit noch auf Ausnahmen. Um eine im Prinzip **einheitliche Wertermittlung für alle inländischen Pfandobjekte** zu gewährleisten und Risiken sinnvoll zu begrenzen, bestehen, wie bereits ausgeführt, bei allen Institutsgruppen verbindlich festgelegte Beleihungsgrundsätze, Beleihungsrichtlinien, Wertermittlungsanweisungen oder Sicherungsgrundsätze, die ebenso beim Immobilien-Leasing anzuwenden sind.

Andererseits zählt die **Immobilienfinanzierung** zu den besonders erklärungsbedürftigen **97** Bankprodukten; sie stellt somit hohe Anforderungen an Ausbildung und Beratungsqualität der Mitarbeiter im Bau- und Privatkundengeschäft der Institute. Allerdings besteht bei der Baufinanzierungsberatung noch Handlungsbedarf, wie eine Untersuchung der Stiftung Warentest ergeben hat. Jeder dritte Bankberater hatte im Test schlecht abgeschnitten[43]. Finanzierungskonzepte für z. B. einen Hauserwerb können auch heute noch riskant sein, so ein Stichprobentest der Verbraucherzentrale NRW und des ZDF-Wirtschaftsmagazins WISO im Januar 2001. Nur eines von acht Kreditinstituten hat bei dem Test ein schlüssiges auf den Einzelfall abgestelltes Konzept vorgelegt. Bekannt ist ebenso, dass durch unprofessionelle Beratungen später Insolvenzen möglich sind.

Wertvolle Hilfen für die Sachbearbeitung ergeben sich aus speziellen Orga-Handbüchern **98** für das Baufinanzierungs- und Kreditgeschäft sowie geeigneter Fachliteratur. Eine Analyse der **Gründe, weshalb Eigenheim-Bauvorhaben gescheitert sind,** hat zu folgenden Ergebnissen geführt:

---

42 Stannigel, H., Beleihungswert und Beleihungsgrenze im Blickfeld des Kreditprüfers, GuG 1991, 241 und 325
43 Finanztest Nr. 3. Mai/Juni 1996, 22; zu gleichem Ergebnis kommt die Verbraucherzentrale Baden-Württemberg bei der Baufinanzierung-online, Kölner Stadt-Anzeiger vom 16. 8. 2001

– das eingesetzte Eigenkapital lag unter der notwendigen Mindestrate von 20 bis 30 % der Herstellungskosten,

– die monatliche Belastung hat mehr als 40 % des Familien-Nettoeinkommens betragen,

– die mögliche Eigenleistung am Bau, die Höhe der sog. Muskelhypothek, wurde überschätzt.

99   Erfahrene Sachverständige für Immobilienbewertung haben sich mit der „Hilfswert-Definition" des Verkehrswerts durch das BAKred nie identifizieren können. Das **RdSchr 16/96[44] des Bundesaufsichtsamtes für das Kreditwesen vom 30. 12. 1996** an alle Kreditinstitute in der Bundesrepublik Deutschland zu § 20 Abs. 3 Satz 2 Nr. 4 des Gesetzes über das Kreditwesen (KWG) befasst sich u. a. mit **Bewertungsvorschriften für die Ermittlung des Verkehrswerts.** Gemäß § 4 Abs. 1 der Bewertungsvorschriften ist der Verkehrswert (wie hätte es auch anders sein können) auf der Grundlage eines Gutachtens nach den Vorschriften der WertV in der jeweils geltenden Fassung von erfahrenen Gutachtern zu ermitteln. Bei Krediten, die den Anforderungen der §§ 11 und 12 Abs. 1 und 2 HBG entsprechen, wird vermutet, dass 50 v. H. des Verkehrswerts nicht überschritten wird; ein Verkehrswert ist nicht zu ermitteln (§ 5 Abs. 1 Bewertungsvorschriften). Aus Sicherheitsüberlegungen heraus sollte im Grunde ein Grundstück nur beliehen werden können, wenn auch sein Verkehrswert bekannt ist. Sich auf „Vermutungen" zu stützen, wäre dann nicht notwendig. Ein nach WertV/WertR ermittelter Verkehrswert stellt grundsätzlich, wie bereits dargestellt, (wenn die Wertermittlung nicht länger als zwei Jahre zurückliegt) eine verlässliche Ausgangsbasis für die Ableitung des Beleihungswerts bei den Instituten dar. Die Ableitung ist jedenfalls aus fachlicher Sicht stets akzeptabel, wenn die zur weiteren Erhöhung der Sicherheit direkt vom Verkehrswert im Einzelfall vorgenommenen objektspezifischen Abschläge generell festgelegt, ausreichend und begründet sind. Das Ergebnis einer solchen Berechnung stellt den auch Marktchancen berücksichtigenden Dauerwert, den Beleihungswert dar.

100   Die so gefundenen **Beleihungswerte müssen den jeweiligen Grundsätzen (Beleihungsvorschriften) entsprechen,** wie dies vom Bundesaufsichtsamt für das Kreditwesen (BAKred), den obersten Sparkassen-Aufsichtsbehörden, vom Verband öffentlicher Banken, den Sparkassenverbänden (z. B. i. S. d. Sparkassengeschäftsverordnung vom 12. 2. 1992 für *Baden-Württemberg)* oder vom Gesamtverband der Deutschen Versicherungswirtschaft und vom Verband der Lebensversicherungs-Unternehmen gefordert wird. Auf die bankenaufsichtsrechtlichen Neuregelungen des Jahres 1999 zum Realkredit wird in diesem Zusammenhang hingewiesen[45]. Ganz allgemein gilt, dass der Beleihungswert nicht über dem Verkehrswert liegen soll. Um dies beurteilen zu können, muss der Verkehrswert allerdings bekannt sein.

101   Es muss noch auf **Zahlungen und Aufwendungen** aufmerksam gemacht werden, **die auf den Wert der Immobilie ohne Einfluss sind.** Zu erwähnen sind Bauherren- und Erwerbermodelle[46] sowie Objekte von Immobilienfonds und Objekte mit größeren Umbau- und Modernisierungsmaßnahmen[47]. Im Einzelnen sind zu erwähnen:

– Maklercourtage)
– Grunderwerbsteuer)   } = Anschaffungskosten
– Notar- und Gerichtskosten

– Bauplanungs-, finanztechnische, betriebswirtschaftliche und vertragliche Gestaltung für einen Immobilienfonds (z. B. Mittelherkunfts- und -verwendungsplan, Garantie der Anlegereinzahlungen, Finanzierungsbürgschaft, Höchstpreisgarantie)
– Treuhandgebühren
– Steuerberatung
– Marketing/Prospektkosten/Werbung
– Vermittlung des Mietvertrags/Mietgarantie

- Beschaffungsgebühr für das Eigenkapital sowie langfristiger Bankdarlehen
- Wirtschaftliche Betreuung
- Finanzierungskosten
- Zinsvorauszahlung
- Fondsverwaltung.

Die **Ansätze für Treuhandgebühren, Steuerberatung, Marketing, Beschaffung der 102 langfristigen Finanzierungsmittel, wirtschaftliche Betreuung und Fondsverwaltung** (sog. weiche Kosten) sollten 25 % des Gesamtinvestments nicht überschreiten. Ausgaben, der vorgenannten Art, können allenfalls durch einen zukünftigen Wertzuwachs der Immobilie belegt werden, wenn z. B. der Standort eine nachhaltige Vollvermietung garantiert.

Im Übrigen gilt, dass es bei **„überfinanzierten"** Immobilienobjekten unabdingbar ist, den 103 Anleger vor seiner Anlageentscheidung über den in solchen Fällen regelmäßig hohen Personalkreditanteil zu informieren[48]. Die für Umbau- und Modernisierungsmaßnahmen aufgewendeten Kosten **heben den Wert der Immobilie nicht in gleicher Höhe an;** wertrelevant sind i. d. R. nur etwa 60 bis 70 % dieser Kosten[49].

In diesem Zusammenhang ist auf das **Gesetz über die Sicherung von Bauforderungen 104 (GSB)** zuletzt geändert am 5. 10. 1994 (BGBl. I 1994, 2911)[50] hinzuweisen, durch welches die Rechte von Kreditinstituten bei **Bauträgerkrediten** eingeschränkt werden können[51].

Der Empfänger von **Baugeld** ist verpflichtet, dieses Geld nur zur Befriedung der Personen 105 zu verwenden, die an der Herstellung des Baues auf Grund eines Werk-, Dienst- oder Lieferungsvertrages beteiligt sind (§ 1 GBS). Unter **Baugeld** sind ausschließlich Fremdmittel (durch Hypothek oder Grundschuld am Finanzierungsobjekt abgesichert) zu verstehen. Diese Mittel sind zwingend nur für die Herstellung des Baues zu verwenden. Bevor Zahlungen geleistet werden, müssen demnach Verwendungszweck und Bautenstand überprüft werden. Gewinnvorwegentnahmen durch den Bauträger sind nicht zulässig.

Gelder, die für den Grundstückserwerb eingesetzt werden und/oder die Erschließungs-, 106 Planungs-, Vertriebs- und Finanzierungskosten abdecken, sind kein Baugeld im Sinne des GBS. Demnach müssen die Gesamtkosten aufgeschlüsselt werden, da nur so beim **Bauträgerkredit** die Anwendbarkeit des GBS auf die Baukosten erfolgen kann.

2.3 Bankaufsichtsrechtlicher Realkredit (Neuregelung)

2.3.1 Allgemeines

Als Realkredit i. S. des § 20 Abs. 2 Nr. 1 KWG galten bislang alle **Kredite, wenn eine den 107 Erfordernissen des Hypothekenbankgesetzes entsprechende Sicherheit** (§§ 11 und 12) **bestellt und eine Drittverwendungsmöglichkeit gegeben** (Realkreditfähigkeit) **war** (privilegierte Kredite). Hierbei ist die regelmäßige Tilgung so festzusetzen, dass keine Beein-

44 GuG 1997, 238
45 U. a. RdSchr des BAKred Nr. 14 vom 28. 8. 1998 und Nr. 2/99 vom 21. 1. 1999 sowie Vorschlag des Baseler Ausschuss für Bankenaufsicht zur Behandlung von gewerblichen Immobilienkrediten (Stand: 5. 7. 2000).
46 Stannigel/Kremer/Weyers a. a. O., S. 986; Schmitz, W., Der neue Bauherrenmodell-Erlass in der Praxis, GuG 1991, 121
47 Stannigel/Kremer/Weyers a. a. O., S. 983
48 von Heymann, Bankenhaftung bei Immobilienanlagen, 8. überarbeitete und erweiterte Aufl., Frankfurt am Main 1994
49 Stannigel/Kremer/Weyers, a. a. O., S. 756, Praxisbeispiel Nr. 5
50 Leinemann/Maibaum, Die VOB 2000 und das neue BGB-Bauvertragsrecht, 1. Aufl. 2000, BAnz., Köln
51 Buchmann, P., Bauträgerkredite und das Gesetz über die Sicherung von Bauforderungen in Kreditpraxis 2000, 26

trächtigung der Sicherheit zu erwarten ist; sie muss in ihrer Höhe mindestens der voraussichtlich eintretenden Wertminderung durch Abnutzung und Alterung entsprechen. Festdarlehen oder Tilgungsaussetzungen sind nur in geeigneten Fällen zulässig (z. B. geringe Ausnutzung der Beleihungsgrenze, indirekte planmäßige Tilgung über Bausparvertrag oder Lebensversicherung bei Abtretung der Forderungen).

108   Als Grundsatz gilt, dass **Verzinsung und Rückzahlung des Realkredits während seiner Laufzeit und unabhängig von der Person des Kreditnehmers aus dem durch Grundpfandrecht belasteten Beleihungsgegenstand jederzeit gewährleistet sein müssen** oder (notfalls) aus der Verwertung des Substanzwerts erbracht werden können. Erbbaurechte dürfen nur beliehen werden, wenn für den Kredit eine planmäßige Tilgung (§ 20 ErbbauVO) vereinbart wird.

109   Diese muss
– spätestens mit dem Anfang des vierten auf die Kreditgewährung folgenden Kalenderjahres beginnen,
– spätestens zehn Jahre vor Ablauf des Erbbaurechts enden und darf
– nicht länger dauern, als zur buchmäßigen Abschreibung der baulichen Anlagen nach wirtschaftlichen Grundsätzen erforderlich ist.

110   Mit der **Richtlinie 98/32/EG des Europäischen Parlaments** und des Rates vom 22. 6. 1998 (Hypothekardarlehensrichtlinie) zur Änderung der Richtlinie 89/647 EWG des Rates über einen Solvabilitätskoeffizienten für Kreditinstitute, die am 21. 7. 1998 in Kraft getreten ist, hat die EU rechtliche Regeln für die Gewichtung des gewerblichen Realkredits im Grundsatz I (§ 13 Bonitätsgewichte) mit 50 % geschaffen. Hierfür wurde Art. 11 Abs. 4 der Solvabilitätsrichtlinie geändert (Richtlinie 89/647/EWG).

111   Änderungen haben sich ebenso bei den Anrechnungserleichterungen für Realkredite (Beleihungswert, Freibetragsregelung, Beschränkung auf inländische Beleihungen) im Sinne von § 20 Abs. 3 Satz 2 Nr. 5 KWG ergeben. Darlehen an Bauträger und Projektentwickler (besondere Risikogruppe) sowie die Beleihung land- und forstwirtschaftlich genutzter Flächen sind von der Anwendung der Anrechnungserleichterung ausgeschlossen.

112   Zu unterscheiden ist zwischen **Realkredite im Grundsatz I** und **Realkredite bei Anwendung der Großkreditvorschriften.**

Abgesehen von der Laufzeit, die bei einem Realkredit stets mindestens vier Jahre betragen muss, fehlten bisher verbindliche Unterscheidungsmerkmale zwischen Personal- und Realkredit. Durch die Neuregelung des bankaufsichtsrechtlichen Realkreditbegriffs wurde dieser Zustand beseitigt.

113   Um Kreditinstitute vor einer Insolvenz zu schützen, darf seit 1988 (Basel I) das Verhältnis des haftenden Eigenkapitals der Institute zur gewichteten Risiko-Aktiva 8 % nicht unterschreiten. Dies gilt bislang für alle Darlehnsnehmer, d. h. eine Differenzierung nach der Bonität der Kreditnehmer erfolgt nicht. Die Basel-II-Pläne (endgültige Fassung Anfang 2002, Umsetzung 2005) sehen nunmehr vor, dass sich die Eigenkapitalunterlegung weit stärker als bisher, am Ausfallrisiko eines Kredits orientiert. Dies bedeutet, dass ein Kreditinstitut weniger Eigenkapital vorhalten muss, je besser die Zahlungsfähigkeit des Schuldners eingeordnet bzw. die Immobilie (Wohnimmobilie, gewerblicher Realkredit) beurteilt wird. Für bonitätsmäßig einwandfreie Großkonzerne wird der grundpfandrechtlich gesicherte Kredit (hoher Aufwand wie Wertschätzung, Notar, Sicherheitenverwaltung) in Zukunft mit Sicherheit an Bedeutung verlieren.

114   Aus dem Aufsichtsrecht des BAKred (als nationale Bankenaufsicht) ergeben sich besondere Anforderungen an Objekt, Wertermittlung und Gutachter, die im Grundsatz I und im Kreditwesengesetz ihren Niederschlag gefunden haben. Damit z. B. für Realkredite eine Risikoge-

wichtung von 50 % zu Grunde gelegt werden kann, sind für wohnwirtschaftlich genutzte
Objekte und gewerblich genutzte Objekte unterschiedliche Voraussetzungen zu erfüllen.
Dies gilt auch für die Behandlung von gewerblichen Immobiliendarlehen, die der Baseler
Ausschuss für Bankenaufsicht (als internationale Bankenaufsicht) in den Kriterien zur Fest-
legung einer Ausnahmebehandlung verankert hat (vgl. Abschn. 4.2). Im Folgenden wird auf
die Besonderheiten näher eingegangen, wobei sich Widerholungen nicht vermeiden lassen.
Zurückgegriffen wird hierbei insbesondere auf die Vorstandsrundschreiben der Prüfungsstelle des Niedersächsischen Sparkassen- und Giroverbandes, Hannover vom 14. 4. 2000
und 30. 6. 2000 sowie das Rundschreiben des Rheinischen Sparkassen- und Giroverbandes,
Düsseldorf vom 21. 9. 2000. In diesem Zusammenhang wird ebenso auf die **amtlichen Verlautbarungen zu bankaufsichtlich privilegierten Realkrediten** hingewiesen[52].

2.3.2   Realkredite (im Grundsatz I)

Um im Grundsatz I für Realkredite eine Risikogewichtung von 50 % zu Grunde legen zu   **115**
dürfen, sind für wohnwirtschaftlich genutzte Objekte und gewerblich genutzte Objekte
unterschiedliche Voraussetzungen zu erfüllen.

2.3.2.1   Wohnungswirtschaftlicher Realkredit gemäß § 13 Abs. 4 Nr. 2

Die Privilegierung von wohnwirtschaftlichen Objekten in Höhe von 50 % gilt nach Grund-   **116**
satz I bzw. den EU-rechtlichen Vorgaben aus Art. 6 Abs. 1 c Ziffer 1 SolvRL ohne zeitliche
Befristung. Bezüglich der Anforderungen an die Beleihungsobjekte im Hinblick auf die
Nutzung oder Vermietung durch den Kreditnehmer sowie die gemischte (vielseitige) Nutz-
barkeit wird auf Abschn. 4.2 verwiesen. Anforderungen an die Wertermittlung werden in
Abschn. 4.3 und an die Gutachter/Schätzer in Abschn. 4.4 behandelt.

2.3.2.2   Gewerblicher Realkredit gemäß § 13 Abs. 4 Nr. 3

Mit RdSchr 14/98 des BAKred vom 26. 8. 1998 wird die bisherige Regelung des § 13   **117**
Abs. 4 Nr. 3 ersetzt. Gemäß SolvRL vom 22. 6. 1998 wird die Regelung zum gewerblichen
Realkredit, die zunächst bis zum 1. 1. 2001 befristet war, unter Einschränkungen bis zum
31. 12. 2006 verlängert. Zur Aufrechterhaltung der Anrechnungsprivilegierung für Altfälle
ist es jedoch erforderlich, die **Beleihungswerte turnusmäßig zu überprüfen.** Die erstmalige Überprüfung muss spätestens drei Jahre nach Veröffentlichung des BAKred-RdSchr

---

52 RdSchr 16/96 vom 30. 12. 1996 des BAKred zu § 20 Abs. 2 Satz 2 Nr. 4 KWG. Anrechnungerleichterung für
    dinglich auf Wohnungseigentum gesicherte Kredite (GuG 1997, 242); RdSchr 14/98 vom 26. 8. 1998 des
    BAKred zum Grundsatz I (GS I) gem. §§ 10 Abs. 1 und 10a Abs. 1 KWG; RdSchr 2/99 vom 21. 1. 1999 des
    BAKred zu § 20 Abs. 3 Satz 2 Nr. 5 KWG, GuG 2001, 243; RdSchr des BAKred vom 10. 3. 1999 zu Eigennut-
    zung oder Vermietung als Erläuterung zu dem RdSchr 14/98 und 2/99; Auszug aus den Erläuterungen zu den
    Meldungen der Institute zum GS I vom 18. 3. 1999; Schreiben des BAKred vom 7. 9. 1999 an die Deutsche
    Bundesbank wegen Anforderungen an die Eignung der Gutachter für die Wertermittlung nach den Richtlinien
    zu § 20 Abs. 3 Satz 2 Nr. 5 KWG; Schreiben des BAKred zur Ermittlung des Beleihungswerts gemäß § 12 HBG
    Kleindarlehensgrenze, GuG 2000, 298; Schreiben des BAKred vom 22. 6. 1999 an den Verband deutscher
    Hypothekenbanken betr. Kleindarlehensgrenze, GuG 2000, 374; Schreiben des BAKred vom 21. 12. 1999 an
    die Deutsche Bundesbank wegen Anrechnung gewerblicher Realkredite gem. RdSchr 14/98 vom 26. 8. 1998;
    Schreiben des BAKred vom 17. 4. 2000 an die Deutsche Bundesbank bez. Anrechnungserleichterungen für
    gewerbliche Realkredite im GS I und den Großkreditvorschriften sowie Anforderungen an die Eignung als Gut-
    achter für die Wertermittlung nach den Richtlinien gem. § 20 Abs. 3 Satz 2 Nr. 5 KWG; Vorschlag zur Behand-
    lung und Kriterien zur Festlegung einer Ausnahmebehandlung von gewerblichen Immobilienkrediten des Base-
    ler Ausschusses für Bankaufsicht; Erläuterungen des BAKred vom 20. 7. 2000 zur Bekanntm. über die Ände-
    rung und Ergänzung der Grundsätze über die Eigenmittel und die Liquidität der Institute; ABl. für Brandenburg
    1991, 409 (Beleihungsgrundsätze für Sparkassen); VO über die Organisation und den Geschäftsbetrieb der
    Sparkassen (SparkassenVO) in Bayern vom 1. 12. 1997 (Bay GVBl. 1997, 816); Vereinbarung zur Zusammen-
    arbeit zwischen dem Bundesaufsichtsamt für das Kreditwesen, dem Bundesaufsichtsamt für das Versicherungs-
    wesen, dem Bundesaufsichtsamt für den Wertpapierhandel und der Deutschen Bundesbank vom 3. 11. 2000;
    Einheitliche Wertermittlungsanweisung des genossenschaftlichen FinanzVerbundes für das Realkreditgeschäft
    nach den §§ 11 und 12 HBG, GuG 2001, 93

14/98, also bis Anfang September 2001 abgeschlossen sein. Bezüglich der Überprüfung von Beleihungs- bzw. Verkehrswert wird auf Abschn. 4.5 verwiesen. Eine Neubewertung ist zudem erforderlich, wenn der Verkehrswert (§ 194 BauGB) um mehr als 10 % sinkt; ansonsten ist für Altfälle die Verkehrswertermittlung keine Voraussetzung für die Anrechnungsprivilegierung. Zur Messung der Marktschwankungen auf den Immobilienmärkten hat der Ausschuss für Bewertungsfragen beim VdH ein Konzept erarbeitet, das vom BAKred am 18. 1. 2001 akzeptiert wurde. Marktschwankungen sollen in Zukunft in Zusammenarbeit mit dem VöB veröffentlicht werden. Hypotheken- und Landesbanken verfügen derzeit über einen Marktanteil von ca. 65 % der gewerblichen Immobilienfinanzierung.

2.3.3   Realkredite bei Anwendung der Großkreditvorschriften des KWG

118   Bei Anwendung der Großkreditvorschriften (§ 20 Abs. 3 Satz 2 Nr. 4 und 5 KWG) sind die Realkredite grundsätzlich unter den gleichen Voraussetzungen begünstigt wie im Grundsatz I. Unterschiede bestehen im Wesentlichen bei den Anforderungen an die Bewertung. Das RdSchr 2/99 des BAKred vom 21. 1. 1999 betrifft ausschließlich den **gewerblichen Realkredit;** der Vollständigkeit halber werden jedoch hier zunächst die abweichenden Regelungen zum wohnwirtschaftlichen Realkredit dargestellt.

2.3.3.1   Wohnungswirtschaftlicher Realkredit gemäß § 20 Abs. 3 Satz 2 Nr. 4

119   Die Regelung für die Anrechnungsprivilegierung im Rahmen der Großkreditvorschriften besteht für **wohnwirtschaftliche** Objekte **ohne** zeitliche Befristung.

120   Kredite, die durch Grundpfandrechte auf Wohneigentum gesichert sind, das vom **Kreditnehmer** gegenwärtig oder künftig selbst genutzt oder vermietet wird, sind gemäß § 20 Abs. 3 Satz 2 Nr. 4 KWG nicht auf die Großkreditobergrenzen anzurechnen; Voraussetzung ist, dass der Wert des Grundstücks **jährlich** nach den vom BAKred mit RdSchr 16/96 vom 30. 12. 1996 erlassenen Bewertungsvorschriften[53] ermittelt wird. Die Institute haben zudem ein Wahlrecht für die Wertbestimmung der Immobilie entweder den **Verkehrswert** oder den **Beleihungswert** zu ermitteln.

121   Falls sich das Institut für die Ermittlung des **Verkehrswerts** entscheidet, ist Folgendes zu beachten:
- Der Verkehrswert ist **jährlich** nach einem vom Institut festgesetzten Stichtag zu ermitteln.
- Zu ermitteln ist der Verkehrswert i. S. von § 194 BauGB (vgl. Teil IV § 194 BauGB)[54].
- Der Verkehrswert wird auf der Grundlage eines Gutachtens nach den Vorschriften der Wertermittlungsverordnung vom 6. 12. 1988 – WertV 88 – (BGBl. I 1998, 2209) in der jeweils gültigen Fassung festgestellt (vgl. Teil V). Der Gutachter muss über langjährige Erfahrungen auf dem Grundstücks- oder Baumarkt und bei der Wertermittlung von Immobilien verfügen. Bezüglich der Anforderungen an die Qualifikation wird auf Abschn. 4.4 verwiesen.
- Die Institute müssen eine „allgemeine Wertermittlungsanweisung" erstellen, die für den Gutachter/Schätzer verbindlich ist.

122   Weitere Einzelheiten sind dem **BAKred-RdSchr 16/96 vom 30. 12. 1996** zu entnehmen.

123   Soll bei der Beurteilung der Immobilie vom ermittelten **Beleihungswert** ausgegangen werden, ist eine gesonderte Verkehrswertermittlung grundsätzlich entbehrlich, weil unterstellt wird, dass 60 % des vorsichtig festgesetzten Beleihungswerts regelmäßig nicht höher sein werden als 50 % vom Wert des Grundstücks, nämlich des Verkehrswerts.

Der **gesonderten Ermittlung** des Verkehrswerts bedarf es allerdings, wenn Anzeichen **124** dafür vorliegen, dass das allgemeine **Preisniveau** an den in Frage kommenden Immobilienmärkten in einem die **Sicherheit der Beleihungen gefährdenden Umfang gesunken** ist. Dies ist anzunehmen, wenn ein Rückgang der Immobilienpreise um 10 % im letzten Geschäftsjahr oder um 20 % innerhalb der letzten 3 Geschäftsjahre eingetreten ist. Als Quellen nennt § 5 Abs. 2 der BAKred-Bewertungsvorschriften Kaufpreissammlungen gemäß § 195 BauGB, Bodenrichtwerte der Gutachterausschüsse für Grundstückswerte sowie vergleichbare amtliche Auskünfte. Aber auch institutsinterne Aufzeichnungen (z. B. Preisspiegel zu Wohnimmobilien) kommen in Betracht.

2.3.3.2   Gewerblicher Realkredit gemäß § 20 Abs. 3 Satz 2 Nr. 5

Ab dem 21. 7. 2000 sind die durch **BAKred-RdSchr 2/99 vom 21. 1. 1999 verkündeten** **125** **Wertermittlungsrichtlinien** anzuwenden.

Die Objekte müssen vom **Eigentümer** genutzt oder vermietet und im **Inland** belegen sein **126** oder in einem anderen Mitgliedstaat des Europäischen Wirtschaftsraums, der seinen Instituten die Anwendung der Regelung unter Art. 11 Abs. 4 SolvR im Rahmen des Großkreditregimes gestattet (= Risikogewichtung von grundpfandrechtlich gesicherten Darlehen bei Einhaltung der einschlägigen Voraussetzungen nur mit 50 %).

Für eine Anrechnungsprivilegierung kommen ab dem 21. 7. 2000 nur **noch Büro- oder** **127** **vielseitig nutzbare Geschäftsräume** in Betracht. **Bauträgerdarlehen** sind, wie bereits erwähnt, von der Anwendung des § 20 Abs. 3 Satz 2 Nr. 5 KWG ausgeschlossen[55]. Wegen der Einzelheiten zur Definition der vielseitigen Nutzbarkeit wird auf Abschn. 4.2 – Anforderungen an die Objekte – verwiesen.

Ein Zwang zum Ansatz (Anrechnung) von Krediten als Realkredit besteht nicht. Die Institute **128** können sich freiwillig schlechter stellen und kontobezogen für Grundsatz I und für die Großkreditvorschriften unabhängig voneinander **auf die Anrechnungsprivilegierung verzichten,** wenn das Verfahren der Wertermittlung im Hinblick auf den damit verbundenen Nutzen zu aufwendig erscheint. Insofern ist denkbar, für die Großkreditbestimmungen auf Grund der strengeren Wertermittlungsvorschriften von der Anrechnungserleichterung abzusehen und sie gleichwohl im Grundsatz I für denselben Kredit zu nutzen.

2.3.4   Realkredite bei Anwendung sonstiger KWG-Vorschriften

Für die §§ 14 bis 18 KWG sind Einschränkungen des Realkreditbegriffs wie bei Anwen- **129** dung des Grundsatzes I bzw. der §§ 13 bis 13 b KWG i. V. m. § 20 KWG (Großkreditvorschriften) nicht verlautbart geworden. Für Zwecke der §§ 14, 15 und 18 KWG kann demnach unverändert auf den herkömmlichen Realkreditbegriff des Hypothekenbankgesetzes zurückgegriffen werden.

Nach dem HBG dürfen bei der Feststellung des Wertes nur die **dauernden** Eigenschaften **130** des Grundstücks und der Ertrag berücksichtigt werden, welcher das Grundstück bei ordnungsgemäßer Wirtschaft **jedem Besitzer** nachhaltig gewähren kann (§ 12 Abs. 1 HBG). Der Realkreditbegriff i. S. des HBG kann damit auch landwirtschaftliche Kredite umfassen, ferner sind Bauträgerdarlehen nicht grundsätzlich ausgeschlossen. Ob die vorstehend erwähnte Voraussetzung bei gewerblich genutzten Immobilien objektiv gewährleistet ist, bedarf der Beurteilung im Einzelfall (vgl. Ausführungen zur vielseitigen Nutzbarkeit, Abschn. 4.2).

---

53   GuG 1997, 242
54   Vgl. § 3 des BA Kred RdSchr 16/96
55   Vgl. Abschn. 3 des BAKred RdSchr 2/99

131   **– § 14 KWG – Millionenkredite**
Bei Angabe der Gesamtverschuldung eines Kreditnehmers sind Realkredite i. S. der §§ 11 und 12 Abs. 1 des Hypothekenbankgesetzes gesondert aufzuführen (vgl. § 14 Abs. 2 Satz 3 Nr. 5 KWG). Dabei wird nicht zwischen Grundpfandrechten an wohnwirtschaftlich genutzten oder gewerblich genutzten Objekten unterschieden.

132   Außerdem wird **nicht** differenziert, ob das Beleihungsobjekt vom Grundstückseigentümer oder vom Kreditnehmer selbst genutzt oder vermietet wird. Das unechte Realkreditsplitting ist zulässig.

133   **– § 15 KWG – Organkredite**
Organkredite unterliegen qualifizierten Beschlussfassungspflichten. Durch § 21 Abs. 3 Nr. 1 KWG wird bei § 15 KWG zwischen Realkrediten an natürliche Personen (§ 15 Abs. 1 Satz 1 Nr. 1 bis 5 und Abs. 2 KWG) und an Unternehmen (§ 15 Abs. 1 Satz 1 Nr. 6 bis 11 KWG) unterschieden. Unter die Organkreditvorschriften fallen nur die Personenorgankredite.

134   Auch bei sog. **gemischten Organkreditnehmereinheiten,** wenn also nebeneinander ein Personen- und ein Unternehmensorgankreditverhältnis besteht, zählen Realkredite zu den Organkrediten, weil hier das Personenorgankreditverhältnis das Unternehmensorgankreditverhältnis überlagert. Sobald also auf Grund des § 19 Abs. 2 KWG Personen- und Unternehmensorgankredite (Mischkredite) zusammenzufassen sind, sind auch Realkredite an Unternehmen zu erfassen.

135   Eine gemischte Organkreditnehmereinheit besteht zum Beispiel bei folgendem Sachverhalt aus der Finanzgruppe Deutscher Sparkassen- und Giroverband: Ein Verwaltungsratsmitglied und eine KG, an der das Verwaltungsratsmitglied als Kommanditist die Kapitalmehrheit besitzt, sind beide Schuldner der Sparkasse. In diesem Fall besteht sowohl ein Personen- als auch ein Unternehmensorgankreditverhältnis. Bei dem Kredit an das Verwaltungsratsmitglied handelt es sich um einen **Personenorgankredit** i. S. von § 15 Abs. 1 Satz 1 Nr. 3 KWG. Bei dem Kredit an die KG, an der das Verwaltungsratsmitglied die Kapitalmehrheit besitzt, so dass eine Kreditnehmereinheit i. S. von § 19 Abs. 2 Satz 2 Nr. 13. Alternative KWG besteht, handelt es sich um einen Unternehmensorgankredit i. S. von § 15 Abs. 1 Satz 1 Nr. 8 KWG.

136   **Auch bei § 15 KWG wird nicht** zwischen Grundpfandrechten an wohnwirtschaftlich genutzten oder gewerblich genutzten Objekten **unterschieden.** Außerdem wird auch hier **nicht** differenziert, ob das Beleihungsobjekt vom Grundstückseigentümer oder vom Kreditnehmer selbst genutzt oder vermietet wird. Das unechte Realkreditsplitting ist zulässig.

137   **– § 18 KWG – Kreditunterlagen**
Auf Grund der Ausnahmebestimmungen des § 21 Abs. 3 Nr. 1 KWG gilt § 18 KWG nicht für Realkredite. Dabei wird **nicht** zwischen Grundpfandrechten an wohnwirtschaftlich genutzten oder gewerblich genutzten Objekten unterschieden. Außerdem wird nicht differenziert, ob das Beleihungsobjekt vom Grundstückseigentümer oder vom Kreditnehmern selbst genutzt oder vermietet wird. § 18 Satz 3 KWG enthält eine Sonderregelung für die fortlaufende Offenlegung bestimmter grundpfandrechtlich gedeckter Kredite. Das unechte Realkreditsplitting ist zulässig[56].

2.3.5   Bankaufsichtsrechtlicher Realkredit

138   Anwendung für Kredite, die innerhalb von 60 % des Beleihungswerts gesichert sind, echtes und unechtes Splitting, Ausleihungen und andere Risikoaktiva (Abb. 10):

---

56   Vgl. BAKred-RdSchr 9/98 vom 7. 7. 1998, S. 14 unten

Abb. 10: Der bankaufsichtsrechtliche Realkreditbegriff im Überblick

I. Grundpfandrechte auf Wohneigentum:	
Grundsatz I	**Großkreditbestimmungen** **(vgl. BAKred-RdSchr 16/96)**
Risikogewichtung zu 50 % möglich und zwar ohne zeitliche Befristung	Anrechnungsprivilegierung bei Auslastung der Großkreditobergrenzen möglich und zwar ohne zeitliche Beschränkung
Bedingungen:	**Bedingungen:**
Objekt muss künftig oder gegenwärtig durch den Kreditnehmer selbst genutzt oder vermietet werden Damit ist grundsätzlich Personalidentität zwischen dem Grundstückseigentümer (= Sicherungsgeber) und dem Kreditnehmer erforderlich.	Objekt muss künftig oder gegenwärtig durch den Kreditnehmer selbst genutzt oder vermietet werden. Damit ist grundsätzlich Personalidentität zwischen dem Grundstückseigentümer (= Sicherungsgeber) und dem Kreditnehmer erforderlich.
Keine Bauträgerkredite (diese sind mit 100 % anzurechnen)	Keine Bauträgerkredite (diese sind nicht anrechnungsprivilegiert)
Erstbewertung nach den Vorschriften der Beleihungsgrundsätze	**Erstbewertung** erfolgt **alternativ** nach dem a) Verkehrswert Anrechnungsprivilegierung 50 % b) Beleihungswert Anrechnungsprivilegierung 60 %
	Grundlage beim **Verfahren a)** Verkehrswertgutachten nach den Vorschriften der WertV 98, der Gutachter muss über langjährige Erfahrungen auf dem Grundstücks- oder Baumarkt und der Wertermittlungen von Immobilien verfügen.
	Danach jährliche Folgebewertungen entsprechend den vom BAKred mit RdSchr 16/96 festgelegten Bewertungsvorschriften
	Grundlage beim **Verfahren b)** Beleihungswertermittlung (Verkehrswertermittlung ist entbehrlich)
Eine **turnusmäßige Überprüfung** der Beleihungswerte nach ausdrücklich **bankaufsichtlichen Regeln ist nicht vorgesehen.** Sie ist jedoch nach den **Grundsätzen ordnungsmäßiger Kreditbearbeitung** erforderlich, zumindest für Kreditanspruchnahme, bei denen nicht gewährleistet ist, dass Tilgungsleistungen dem durch Abnutzung abnehmendem Wert des Objekts Rechnung tragen (ca. alle 3 bis 5 Jahre).	**Danach Beobachtung des Immobilienmarktes erforderlich:** Außerplanmäßige Neubewertung vornehmen bei Rückgang der Immobilienpreise um 10 % innerhalb des letzten Geschäftsjahrs bzw. um 20 % innerhalb der letzten 3 Geschäftsjahre **Beachte:** Verkehrswert darf den Beleihungswert nie unterschreiten, andernfalls ist danach zwingend das Verfahren a) anzuwenden.

II. Grundpfandrechte auf Büro- oder vielseitig nutzbare Geschäftsräume:	
Grundsatz I (vgl. BAKred-RdSchr 14/98)	**Großkreditbestimmungen** (vgl. BAKred-RdSchr 2/99)
Anzuwenden auf die zwischen dem 26. August 1998 bis einschließlich 31. Dezember 2006 gewährten Kredite – Neufälle**	Anzuwenden seit 21. Juli 2000 – für die bis einschließlich 31. Dezember 2001 gewährten Kredite*
Risikogewichtung zu 50 % möglich	Anrechnungsprivilegierung bei Auslastung der Großkreditobergrenzen möglich
Bedingungen:	**Bedingungen:**
Objekte müssen vom **Eigentümer** selbst genutzt oder vermietet werden	Objekte müssen vom **Eigentümer** selbst genutzt oder vermietet werden
Sicherungsobjekt liegt im Inland oder einem anderen Mitgliedstaat, der ebenfalls die 50 %ige Risikogewichtung erlaubt	Sicherungsobjekt liegt im Inland oder einem anderen Mitgliedstaat des EWR, der die Regelung des Art. 11 Abs. 4 SolvR im Rahmen der Großkreditvorschrift gestattet
Keine Bauträgerkredite	Keine Bauträgerkredite
Keine landwirtschaftlichen Objekte	Keine landwirtschaftlichen Objekte
Keine nur einseitig nutzbaren gewerblichen Objekte	Keine nur einseitig nutzbaren gewerblichen Objekte
Hinweis: Altfälle genießen Bestandsschutz	Die Regelung ist für Alt- und Neufälle seit dem 21. Juli 2000 anzuwenden
Bei der **Beleihung** Ermittlung des Verkehrs- *und* Beleihungswerts	Erstbewertung alternativ nach Verfahren A oder B (Verfahren B erscheint z. B. für Sparkassen nicht praxisrelevant)
	Verfahren A: Ermittlung des Verkehrs- *und* Beleihungswerts
Der niedrigere Wert aus dem Vergleich 50 % Verkehrswert/ 60 % Beleihungswert ist anrechnungsprivilegiert	Der niedrigere Wert aus dem Vergleich 50 % Verkehrswert/ 60 % Beleihungswert ist anrechnungsprivilegiert
Dabei ist der Verkehrswert zu ermitteln auf Grund eines nach den Vorschriften der WertV 98 erstellten Gutachtens oder nach anderen, nicht normierten, jedoch in Fachkreisen anerkannten Verfahren, die zuvor vom BAKred anerkannt worden sind	Dabei ist der Verkehrswert zu ermitteln auf Grund eines nach den Vorschriften der WertV 98 erstellten Gutachtens oder nach anderen, nicht normierten, jedoch in Fachkreisen anerkannten Verfahren, die zuvor vom BAKred anerkannt worden sind
Ermittlung durch einen unabhängigen Gutachter, der über langjährige Erfahrungen auf dem Grundstücks- und Baumarkt und bei der Wertermittlung von Immobilien verfügt, es kann sich auch um einen Mitarbeiter handeln, er darf allerdings nicht mit der Kreditbearbeitung des jeweiligen Engagements befasst sein (vgl. Anl. BAKred Schreiben vom 17. 4. 2000 (I 3-238-3/95) an die Deutsche Bundesbank)	Ermittlung durch einen unabhängigen Gutachter, der über langjährige Erfahrungen auf dem Grundstücks- und Baumarkt und bei der Wertermittlung von Immobilien verfügt, es kann sich auch um einen Mitarbeiter handeln, er darf allerdings nicht mit der Kreditbearbeitung des jeweiligen Engagements befasst sein (vgl. Anl. BAKred Schreiben vom 17. 4. 2000 (I 3-238-3/95) an die Deutsche Bundesbank

Turnusmäßige Überprüfung des Beleihungs- werts und der zu Grunde liegenden Annahmen mindestens alle 3 Jahre durch eine sach- und fachkundige Person, es kann sich auch um einen Mitarbeiter handeln, er darf allerdings nicht mit der Kreditbearbeitung des jeweiligen Engagements befasst sein	**Turnusmäßige Überprüfung** von Beleihungs- und Verkehrswert, insbesondere der zu Grunde liegenden Annahmen mindestens alle 3 Jahre durch eine sach- und fachkundige Person, es kann sich auch um einen Mitarbeiter handeln, er darf allerdings nicht mit der Kreditbearbei- tung des jeweiligen Engagements befasst sein
Der regionale Immobilienmarkt ist zu beobachten Erfordernis einer außerplanmäßigen Neubewertung auch vor Ablauf von 3 Jahren bei Rückgang der Immobilienpreise um mehr als 10 % prüfen	**Der regionale Immobilienmarkt ist zu beobachten** Erfordernis einer außerplanmäßigen (vorzeitigen) Neubewertung bei Rückgang der Immobilienpreise um mehr als 10 % prüfen
	Verfahren B Erstellung von zwei Verkehrswertgutachten durch **zwei** unabhängige Gutachter, die über langjährige Erfahrungen auf dem Grundstücks- und Baumarkt und bei der Wertermittlung verfügen
	Grundlage der Wertermittlung: WertV 98 oder andere nicht normierte, jedoch in Fachkreisen anerkannte Verfahren, die zuvor dem BAKred und der LZB mitzuteilen sind mindestens **jährliche** Folgebegutachtung durch einen Gutachter bei Darlehen, die 1 Mio € **und** 5 % der Eigenmittel überschreiten, Folgebegutachtung **alle** 3 Jahre für darunter bleibende Beträge

*   Die **Anrechnungsbegünstigung für Grundsatz I** findet für die zu diesem Stichtag bestehenden Darlehen über
     den 31. 12. 2006 hinaus bis zu deren Fälligkeit Anwendung, sofern das Institut verpflichtet ist, die vertraglichen
     Bedingungen einzuhalten.
     Die Privilegierung im Rahmen der Vorschriften für **Großkredite** ist nach heutiger Rechtslage auf die bis 31. 12.
     2001 gewährten (einschließlich der bis dahin zugesagten) Kredite beschränkt.
** Kredite, die vor der Zustellung des BAKred-RdSchr 14/98 gewährt worden sind, sind bezüglich der Folgebegut-
     achtung wie Neufälle zu behandeln.

2.4   Personalkredit

Die **Auslegung des Begriffs „Personalkredit" ist nicht in allen Bereichen des Kreditge-**   **139**
werbes gleich. So verstehen die Geschäftsbanken unter Personalkredit regelmäßig den
ungedeckten, im Wesentlichen auf die Person des Kreditnehmers, die Firma oder Gesellschaft abgestellten Kredit. Nur vertrauenswürdige Personen oder Firmen mit guter Reputation und entsprechenden wirtschaftlichen Verhältnissen können einen Personalkredit erhalten. So ist es zu verstehen, wenn die Banken vom Personalkredit in dieser Form als dem
sichersten Kredit sprechen.

Demgegenüber umfasst der **Begriff des Personalkredits** z. B. bei Sparkassen einen größe-   **140**
ren Kreis von Ausleihungen, nämlich ungesicherte und gesicherte Kredite (Darlehen, Kredite, Wechselkredite, Avale und sonstige Haftungen für Kunden), die nach den sparkassenrechtlichen Vorschriften weder Real- noch Kommunalkredite sind (vgl. hierzu auch §§ 19
und 20 KWG). Zu den Personalkrediten zählen somit stets alle Arten, von Krediten mit
einer Laufzeit bis zu unter 4 Jahren, ferner aber auch Kredite mit einer längeren Laufzeit,

die die sparkassenrechtlichen Voraussetzungen für Realkredite (z. B. Sicherstellung, Beleihungsgrenze, Laufzeit, Tilgung) nicht erfüllen oder die aus anderen objektiven Gründen als Personalkredit genehmigt wurden.

141 Insbesondere bei speziellen Produktionsstätten liegt neben der klassischen Darlehensbesicherung durch Grundpfandrechte die Sicherheit eines Darlehens wesentlich in der Bonität des Darlehensnehmers und seiner Fähigkeit, unternehmerische Gesichtspunkte, Impulse und Konzepte zu entwickeln, sie durchzusetzen und dabei die Marktchancen in der Zukunft richtig einzuschätzen. Die Anlagen solcher Produktionsstätten werden nämlich regelmäßig wertlos, wenn ein Unternehmen seine Erzeugung einstellt. Die Werthaltigkeit von nur einseitig nutzbaren Immobilien ist somit untrennbar mit den wirtschaftlichen Verhältnissen des Kreditnehmers verbunden. Häufig erfahren jedoch in solchen Fällen zentral gelegene Betriebsgrundstücke durch Überplanung eine höhere bauliche Ausnutzung. Der Grundstückswert ergibt sich dann auf Basis eines höheren Bodenrichtwerts abzüglich der Freilegungskosten für die Produktionsstätten. Aus diesen Gründen sieht die kreditgewerbliche Praxis **spezielle Produktionsstätten** nicht als realkreditfähig an. Demgegenüber ist für Personalkredite Spielraum gegeben.

Spezielle Produktionsstätten sind zum *Beispiel:* Brauereien, Zuckerfabriken, Mühlenbetriebe, Ziegeleien, Futtermittelbetriebe, Kraft- und Fernwärmewerke, Kokereien, Raffinerien und Kühlhäuser.

142 Für **Kraftwerke** gilt jedoch Folgendes: Nach Auffassung des BAKred sind Kraftwerke und Kernkraftwerke ausnahmsweise realkreditfähig, wenn eine von jedem geeigneten Betreiber erzielbare nachhaltige Ertragsfähigkeit gegeben ist[57] (Kernkraftwerke sollen hiernach höchstens auf die Dauer von 15 Jahren nach Fertigstellung beliehen werden; eine Betriebsdauer von 40 bis 60 Jahre hält die Wissenschaft für möglich). Der Beleihungswert sollte höchstens in Höhe der angemessenen Herstellungskosten unter Berücksichtigung von Abschreibungen festgesetzt und die Beleihungsgrenze mit nicht mehr als 30 v. H. angenommen werden. Das BAKred erwartet, dass der Anteil des einzelnen Kreditinstituts an der Finanzierung eines Kraftwerks ein Viertel seines haftenden Eigenkapitals nicht überschreitet.

Die Besonderheiten der speziellen Produktionsstätten sind ebenso für Betreiber- bzw. Management-Immobilien wie z. B. Hotels, Kurkliniken, Sanatorien, Alten- und Pflegeheime, Seniorenstifte und Freizeitimmobilien (Parks, Fitness-Center, Multiplexkinos, Musical-Theater) zu berücksichtigen. Hier sind zudem Mindestumsätze, die zur Deckung meist hoher Mieten (die sich auf Grund der Investitionskosten ergeben) erforderlich sind, mitunter kaum erreichbar. Daneben ist auch die Problematik der inzwischen zu beobachtenden Marktsättigung nicht zu unterschätzen.

143 Ansonsten gibt es bezüglich der Beleihungswertermittlung als Grundlage für einen gedeckten Personalkredit keine eigenständigen oder abweichenden Regelungen gegenüber der Wertermittlung für einen Realkredit (i. S. d. BelGr für Sparkassen nach § 2 Abs. 3 i. V. m. § 18).

144 Personalkredit wird – wie oben schon gesagt – in erster Linie im **Vertrauen auf die persönliche Kreditwürdigkeit des Kreditnehmers** gegeben. Bestimmend, für Art, Höhe und Sicherstellung des Kredits sind die Person des Kreditnehmers, sein Ruf, seine Zuverlässigkeit und Tüchtigkeit, das haftende Vermögen, die Ertragsverhältnisse und der Verwendungszweck des Kredits. Bei Personengesellschaften gelten diese Kriterien entsprechend für die haftenden Gesellschafter. Bei Kapitalgesellschaften spielen darüber hinaus die Erfahrung und Umsicht der leitenden Persönlichkeiten (z. B. Vorstand, Geschäftsführer) bei der Kreditgewährung eine wesentliche Rolle. Die wirtschaftlichen Verhältnisse des *Unternehmens, seine Stellung im Markt* und die Voraussetzungen für die zukünftige Geschäftsentwicklung (z. B. Auftragslage, langfristige Abnahmeverträge, Lizenzen u. Ä.) bestimmen den Grad der Kreditwürdigkeit. Daher ist es für ein Kreditinstitut erforderlich, zur Beurteilung der wirtschaftlichen Verhältnisse Bilanzen nebst Gewinn- und Verlustrechnungen einzusehen (vgl. § 18 KWG). Es ist üblich, die letzten drei Jahresabschlüsse und ggf. ergänzende Daten über das laufende Geschäftsjahr auszuwerten und sich damit einen aktuellen Einblick in die wirtschaftliche Situation des Kreditnehmers zu verschaffen. Gerade bei Personalkrediten ist der laufende Kontakt und die laufende Information über den Stand des Unternehmens besonders wichtig.

Bei Personalkrediten ohne besondere Sicherstellung oder mit Sicherheiten, die ganz oder **145** zum Teil außerhalb der vorgeschriebenen Beleihungsgrenze liegen, gelten die Anforderungen an die Person des Kreditnehmers und an seine wirtschaftlichen Verhältnisse in besonderem Maße. Entsprechend der Art und den spezifischen Risiken, die die einzelne Kreditgewährung mit sich bringen kann, ist eine Abstufung der Erfordernisse des Einblicks in die wirtschaftlichen Verhältnisse in Bezug auf Tiefe oder zeitlichen Intervall im Rahmen von § 18 KWG möglich[58].

Personalkredite müssen die Institute voll, d. h. zu 100 % **gewichten** und bei der Rech- **146** nungslegung berücksichtigen.

2.5 Beleihungswert; Verkehrswert (Marktwert) und Kaufpreis

2.5.1 Beleihungswert

▸ *Hierzu allgemein im Teil III § 194 BauGB Rn. 181 ff.*

Kreditinstitute und Versicherungsunternehmen orientieren sich bei der Gewährung von **147** Krediten gegen Grundpfandrechte an dem angenommenen Wert des zu beleihenden Objekts. Dieser Wert wird als Beleihungswert bezeichnet[59]. Der Begriff ist gesetzlich nicht definiert; er hat sich im allgemeinen Sprachgebrauch bei Banken, Sparkassen und Versicherungsunternehmen in Jahrzehnten durchgesetzt. Als objektiver Wertbegriff kann er aus dem Verkehrswert abgeleitet werden (vgl. Abb. 11).

Hierzu sind vom (angemessenen) Wert der baulichen Anlagen (dem Bauwert) und dem auf **148** der **Grundlage nachhaltig erzielbarer Erträge/Mieten ermittelten Gebäudeertrags-wert, objektspezifische Risikoabschläge** vorzunehmen. Mit Hilfe derartiger Abschläge soll Veränderungen beim Preisniveau auf dem Immobilienmarkt begegnet werden. Einem Beleihungsauslauf von 60 % des Beleihungswerts (§ 11 HBG) stehen im Allgemeinen 50 % des Grundstückswerts (= Verkehrswert i. S. von § 194 BauGB) gegenüber, was einer Vorsorge für den möglichen Ernstfall gleichkommt. Liegt nämlich ein Meistgebot unter der 5/10-Grenze des Grundstückswerts, so muss von Amts wegen gemäß § 85 a Abs. 1 ZVG der Zuschlag versagt werden[60].

Für eine fachgerechte Wertermittlung zum Zwecke der Beleihung kommt regelmäßig nur **149** der angenommene normale Verkaufsfall bei normalen Verhältnissen zum Zeitpunkt der Wertschätzung als Ausgangslage in Betracht (**freihändiger Verkauf**); also nicht der extrem hohe Liebhaberpreis und nicht der gegebenenfalls gedrückte Zwangsversteigerungspreis. Maßgebend ist nicht unbedingt der vom gegenwärtigen Eigentümer erzielte Nutzen, sondern grundsätzlich der von potenziellen Käufern auf Dauer durchschnittlich und ggf. auch branchengebunden zu erreichende Ertrag.

---

57 Vgl. Schreiben BAKred vom 14. 7. 1975 an den Verband privater Hypothekenbanken
58 Vgl. Stannigel, Kreditrevision bei Banken, Sparkassen und Bausparkassen, S. 39 ff.
59 Fleischmann/Bellinger/Kerl, HBG Komm. Anm. zu § 12; weiterhin Stannigel in GuG 1991, 241; Bernsen in GuG 1992, 156; damit wird lediglich ein undifferenzierter Begriff durch einen anderen undifferenzierten Begriff ersetzt. Eine direkte Bezugnahme auf den Verkehrswert i. S. des § 194 BauGB ergibt sich nunmehr aus der Bewertungsvorschrift des BAKred vom 30. 12. 1996
60 Ulrich, Das Zwangsversteigerungsverfahren von Immobilien, GuG 1992, 314

VIII Beleihungswert

Abb. 11: Ermittlung des Verkehrs- und Beleihungswerts

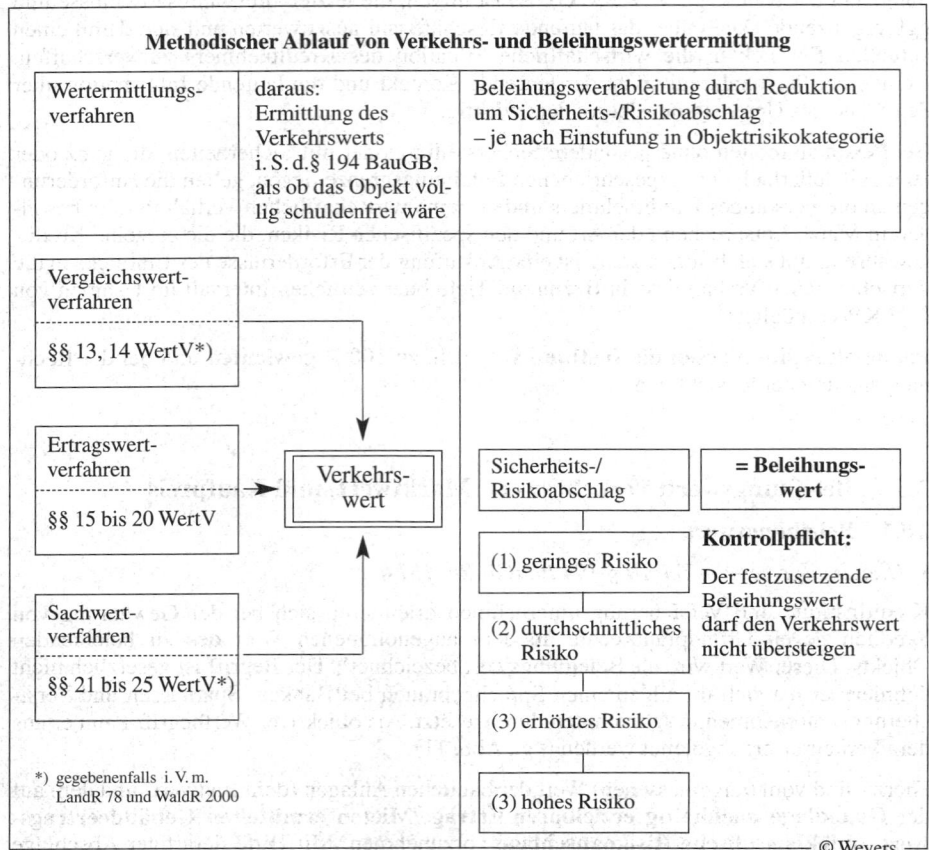

Methodischer Ablauf von Verkehrs- und Beleihungswertermittlung

| Wertermittlungs-verfahren | daraus: Ermittlung des Verkehrswerts i. S. d. § 194 BauGB, als ob das Objekt völlig schuldenfrei wäre | Beleihungswertableitung durch Reduktion um Sicherheits-/Risikoabschlag – je nach Einstufung in Objektrisikokategorie |

Vergleichswert-verfahren

§§ 13, 14 WertV*)

Ertragswert-verfahren

§§ 15 bis 20 WertV

Sachwert-verfahren

§§ 21 bis 25 WertV*)

Verkehrs-wert

Sicherheits-/Risikoabschlag

(1) geringes Risiko

(2) durchschnittliches Risiko

(3) erhöhtes Risiko

(3) hohes Risiko

= Beleihungs-wert

Kontrollpflicht:

Der festzusetzende Beleihungswert darf den Verkehrswert nicht übersteigen

*) gegebenenfalls i. V. m. LandR 78 und WaldR 2000

© Weyers

150 Nach den einschlägigen Beleihungsgrundsätzen/Wertermittlungsanweisungen der Institute dienen als Grundlage für die **Ermittlung und Festsetzung des Beleihungswerts** der Ertragswert, der Bau- und Bodenwert (Sachwert) und der Verkehrswert (§ 194 BauGB); regelmäßig ist bei Rendite-Objekten in erster Linie der Ertragswert zu Grunde zu legen. Bei Ein- und Zweifamilienhäusern sowie selbstgenutzten Eigentumswohnungen steht jedoch der Sachwert im Vordergrund. Verkehrs- wie **Beleihungswert sind für ein belastungsfreies (schuldenfreies) Grundstück** zu ermitteln. Eventuell im Grundbuch eingetragene Belastungen/Rechte sind wertmäßig besonders zu erfassen, damit eine Berücksichtigung entsprechend der Rangstelle erfolgen kann[61].

151 Seit Erlass der WertV im Jahre 1961 wird im Schrifttum zur Beleihungswertermittlung ein **Meinungsstreit** darüber geführt, ob die Institute nicht den danach ermittelten Grundstücksverkehrswert zur Ableitung des Beleihungswerts heranziehen bzw. in Ausnahmefällen (z. B. Wohnobjekte mit geringem Beleihungsrisiko) auch den **Verkehrswert als Beleihungswert** festsetzen können.

152 Die unterschiedlichen Auffassungen ergeben sich vor allem einerseits durch eine oftmals überbetonte Auslegung des Verkehrswerts als stichtagbezogenen Wert (obwohl auch der Beleihungswert ein stichtagbezogener Wert ist) und andererseits der Einordnung des **Beleihungswerts als Dauerwert** mit dem Ziel, den Gläubiger während der gesamten (meist sehr langen) Laufzeit des Darlehens ausreichend zu sichern.

Kein Sachverständiger wird aber die **zukünftige Wertentwicklung** eines Objekts wie ein **153** Prophet vorhersehen können. Der Beleihungswert wird deshalb immer ein im Wesentlichen statischer Wert sein und auch ihm liegen die Verhältnisse im Wertermittlungszeitpunkt (Stichtag) zu Grunde[62]. Bei näherer Untersuchung der Argumente zeigt sich jedoch, dass bei Ermittlung des Verkehrswerts für das Grundstück zwar der vorgegebene Stichtag zu Grunde gelegt wird, im Übrigen aber alle eindeutig erkennbaren positiven und negativen Entwicklungen und Tendenzen (ausgenommen spekulativer Art) angemessene Berücksichtigung finden. Die Ermittlung des Ertragswerts hat zum Beispiel **nicht nach Stichtagsmieten** zu erfolgen, sondern sie muss, ebenso wie bei der Beleihungswertermittlung, von nachhaltig erzielbaren Erträgen ausgehen (§ 17 Abs. 2 WertV). Der Verkehrswert ist also kein „Gegenwartswert"; in ihm sind die potenziellen Nutzungsmöglichkeiten am Immobilienmarkt – bei freier Disponierbarkeit des Grundstücks – berücksichtigt[63].

Die Institute sind auf Grund bestehender Vorschriften[64] und hausinterner Anweisungen/ **154** Richtlinien (z. B. Anwendungs- bzw. Orga-Handbuch, Handbuch Baufinanzierung, Erläuterungen der Grundsätze für die Schätzungen) gehalten, neben den ohnehin vorsichtig zu bemessenden Basiswerten weitere Abschläge in unterschiedlicher Art **(genereller Risikobzw. Sicherheitsabschlag, Gewerbeabschlag)** und Höhe (Sicherheitsabschlag mindestens 10 % und z. B. bei Sparkassen Gewerbeabschlag vom Reinertrag der gewerblich genutzten Räumlichkeiten individuell) von den Einzelwerten für die Beleihungswertermittlung zu beachten. Diese Sicherheitsbestimmungen schaffen ein Risikopolster für die Unwägbarkeiten einer langfristigen Beleihung (konjunkturelle Einbrüche, Rezessionen); sie können daher nicht in WertV/WertR enthalten sein, sondern fallen in die Zuständigkeit des einzelnen Instituts bzw. sind durch Beleihungsgrundsätze/ Wertermittlungsweisungen von zentraler Stelle empfohlen bzw. geregelt. Beliehen werden können zudem nur Grundstücke, die rechtlich und sachlich verkaufsfähig sind (wirtschaftliche Einheit) und eine grundpfandrechtliche Belastung ermöglichen (vgl. Rn. 336).

Zum Beispiel erkennt § 2 Abs. 1 BelG (Sparkassen) den Verkehrswert als eine Grundlage **155** zur Ableitung des Beleihungswerts an. Im Hypothekenbankenbereich (§ 12 Abs. 2 HBG) soll ein nach den §§ 192 bis 199 BauGB (d. h. nach WertV/WertR) ermittelter **Verkehrswert bei der Beleihungswertermittlung** berücksichtigt werden. Noch 1995 legten *Bellinger/Kerl* diese Vorschriften überaus eng aus, als sie formulierten: *„In keinem Fall kommt dem Verkehrswert nach § 194 BauGB eine größere Bedeutung zu als die eines Hilfswerts."*

2.5.2   Verkehrswert (Marktwert)

Den Erläuterungen zur Bekanntmachung über die Änderung und Ergänzung der Grundsätze **156** über die Eigenmittel und die Liquidität der Institute vom 20. 7. 2000 (BAKred I 5 – A 233 – 1/98) ist zu entnehmen, dass die Hypothekendarlehen den Verkehrswert (in der deutschen Fassung der Richtlinie allerdings als **Marktwert** bezeichnet) als den Preis versteht, zu dem die Immobilie im Rahmen eines privaten Vertrags zwischen einem verkaufsbereiten Verkäufer und einem unabhängigen Käufer zum Zeitpunkt der Schätzung verkauft werden könnte, wobei die Annahmen zu Grunde gelegt werden, dass die Immobilie öffentlich am Markt angeboten wird, dass die Marktbedingungen eine ordnungsgemäße Veräußerung ermöglichen und dass für die Aushandlung des Verkaufs ein im Hinblick auf die Art der Immobilie normaler Zeitraum zur Verfügung steht[65]. Das entspricht der Definition des Verkehrswerts nach § 194 BauGB.

---

61   Die Bewertung von Immobilien in den EG-Ländern, Grenz-Echo-Verlag, Eupen, Belgien 1989
62   Handbuch des Realkredits, 2. Aufl. Frankfurt/Main 1977, S. 215
63   Simon, Europäische Standards für die Immobilienbewertung, GuG 2000, 134; vgl. auch Teil III § 194 BauGB Rn. 63
64   Bei Sparkassen die BelG für Grundstücke; bei Hypothekenbanken das HBG und bei Versicherungsunternehmen die BelG, die sich nur auf Vermögensanlagen nach § 54a Abs. 2 Nr. 1a VAG erstrecken (Realkredite)
65   Sinngemäß Art. 49 (2) VerBiRiLi, siehe hierzu auch Kölschbach, Grundsätze und Verfahren zur Ermittlung des Zeitwerts von Kapitalanlagen, GuG 1999, 202

2.5.3   Kaufpreis

157 Auf die Zusammenhänge zwischen **Verkehrswert** und Kaufpreis ist bereits im Teil II unter Rn. 30 ff. eingegangen worden. Danach geht ein wirtschaftlich kalkulierender Grundstückskäufer bei der Bemessung „seines Kaufpreises" erfahrungsgemäß vom Nutzen aus (z. B. Reinertrag, Wertzuwachs, steuerliche Entlastung etc.), den er von einem Objekt erwartet. Bei Renditeobjekten findet er durch Kapitalisierung des Reinertrags im Allgemeinen seine Wert-(Preis-)vorstellung. Je größer von ihm der Reinertrag veranschlagt wird und je geringer der Zinssatz ist, mit dem er sich zufrieden geben möchte, umso höher ist der Preis, den er dem Verkäufer bieten wird. Nicht jede Wertvorstellung (Kaufpreiserwartung) führt zu einem entsprechenden Preis (Kaufabschluss bzw. Grundstückskaufvertrag) und **nicht jeder Preis entspricht dem Wert der Immobilie**[66]. Der Kaufpreis ist der sich durch die individuellen Wertvorstellungen sowohl auf Seiten des jeweiligen Käufers, aber auch auf Seiten des Verkäufers ergebende Tauschpreis. **Kaufpreis und Verkehrswert müssen deshalb nicht immer identisch sein.**

158 Der **Verkehrswert** (gemeiner Wert/fiktiver Kaufpreis) wird durch den Preis bestimmt, der in dem Zeitpunkt, auf den sich die Ermittlung bezieht, im **gewöhnlichen Geschäftsverkehr** zu erzielen wäre (vgl. Teil IV § 194 BauGB). Unter gewöhnlichem Geschäftsverkehr i. S. des § 9 Abs. 1 BewG ist nach der Auslegung, die die höchstrichterliche Rechtsprechung der Bestimmung gegeben hat, in der Regel der Handel, der sich nach den marktwirtschaftlichen Grundsätzen von Angebot und Nachfrage unter freien Wirtschaftlern vollzieht und bei dem jeder Vertragspartner ohne Zwang und nicht aus Not oder besonderen Rücksichten, freiwillig in Wahrung seiner eigenen Interessen zu handeln in der Lage ist[67]. Hierbei ist zu beachten, dass besondere wirtschaftliche Interessen und Beweggründe den Rahmen eines gewöhnlichen Geschäftsverkehrs nicht sprengen[68].

159 Stark verwässert wurde der Verkehrwertbegriff insbesondere zur Zeit der **Bauherren-Modelle** zu Beginn der 80er Jahre. Aus einem Darlehensvertrag vom 16. 6. 1982 mit der Deutsche Centralbodenkredit-Aktiengesellschaft in Köln, stammt zum Beleg der folgende Hinweis:

„Unsere Darlehnszusage stützt sich im Hinblick auf die Darlehnshöhe im Wesentlichen auf ihre Einkommens- und Vermögensverhältnisse; für die Wirtschaftlichkeit des Objektes sowie für die Angaben im Verkaufsprospekt und die erstrebten steuerlichen Auswirkungen tragen wir kein Obligo. Im Übrigen weisen wir darauf hin, dass der Darlehnsvertrag im Verhältnis zu den über das Beleihungsobjekt abgeschlossenen Verträgen rechtlich selbstständig ist, so dass keinerlei wechselseitige Abhängigkeit besteht."

3   Rechtsgrundlagen für die Beleihungswertermittlung

3.1   Allgemeines zu den Sicherungsgrundsätzen

160 Wertmittlungen zum Beleihungswert bilden u. a. die Voraussetzung für die **Inanspruchnahme der Anrechnungserleichterungen für Realkredite** gemäß § 13 Abs. 4 Nr. 2 und 3 im Grundsatz I bzw. bei der Anrechnung auf die Obergrenzen gemäß § 20 Abs. 3 Satz 2 Nr. 4 und 5 KWG, bei der Inanspruchnahme der Erleichterungen gemäß § 21 Abs. 3 Nr. 1 (für die §§ 15 und 18 KWG) und für § 14 Abs. 2 Satz 3 Nr. 5 KWG. Des Weiteren bilden die Wertmittlungen die Grundlage für den bilanziellen Unterausweis der Realdarlehen in der Position Aktiva 4 „Forderungen an Kunden", die eine Reduzierung der Bemessungsgrundlage für die Beiträge zur Sicherungseinrichtung zulassen.

161 Die Ermittlung des Beleihungswerts bei Hypothekenbanken erfolgt auf der Grundlage von **Wertmittlungsanweisungen** (§ 13 HBG) für Grundstücke, die vom Bundesaufsichtsamt für das Kreditwesen (BAKred) genehmigt werden müssen[69].

162 Für Sparkassen sind die jeweils von den Ministern der Bundesländer (Innen- bzw. Wirtschaftsressort) erlassenen Beleihungsgrundsätze maßgebend. Beleihungsgrundsätze für öffentlich-rechtliche Sparkassen hat es erstmals 1928 als Musterfassung gegeben; sie wurden in den Jahren 1937, 1951 und 1970 fortgeschrieben. Abweichend von den Beleihungsgrundsätzen (BelG) für Sparkassen in den übrigen (alten) Bundesländern wurden für die **Sparkassen in** *Bayern* mit Wirkung vom 1. 1. 1998 neue Sicherungsgrundsätze erlassen[70]. Behandelt sind in zwei Abschnitten Schätzung und Hilfswerte. Dies machte wiederum die früheren (vielen) Einzelregelungen für wohnwirtschaftlich, gewerblich, land- oder forstwirtschaftlich oder gemischt genutzte Beleihungsgegenstände entbehrlich. Die Wertermittlungsanweisung (Sicherungsgrundsatz) ist gemäß Vorstandsbeschluss als Dienstanweisung verkündet worden. Gemäß § 6 Abs. 4 Satz 2 und § 11 Abs. 2 Satz 1 Nr. 15 des **Sparkassengesetzes für Baden-Württemberg** (SpG) i. d. F. vom 12. 12. 1991 (GBl. 1991, 839) hat seit dem 1. 4. 1992 der Verwaltungsrat der Sparkasse die Grundsätze für die Beleihung von Grundstücken zu erlassen. Die Sparkassenverbände in *Mannheim* und *Stuttgart* haben hierzu Empfehlungen erarbeitet, hierbei ist es jedoch bei den vielen Einzelregelungen geblieben, so dass die Praxis hier weiterhin mit 23 Paragraphen leben muss.

Bei **Landesbanken** sind die Grundsätze für die Beleihung von Grundstücken (BelG) Ausführungsbestimmungen der Vorstände zu den Kreditrichtlinien der Verwaltungsräte. So haben z. B. die Vorstände der Westdeutschen Landesbank Girozentrale Düsseldorf/Münster (WestLB) bzw. der Bayerischen Landesbank Girozentrale München (BayLB) am 16. 4. 1996 bzw. am 2. 7. 1996 Grundsätze zur Ermittlung des Beleihungswerts beschlossen. **Zusätzliche Erläuterungen der Grundsätze für die Anfertigung von Wertermittlungen sind besonderen Handbüchern bzw. Arbeitsanweisungen vorbehalten.**   **163**

Gegenstand der Beleihungswertermittlung ist (auch hier) die verkaufsfähige wirtschaftliche Einheit; d. h. die wirtschaftliche Betrachtungsweise hat absoluten Vorrang gegenüber der formalrechtlichen Auslegung. Für den genossenschaftlichen Finanz Verbund ist die vom BAKred akzeptierte Wertermittlungsanweisung vom 8. 11. 2000 für das Realkreditgeschäft verbindlich. Genehmigungspflichtige Grundsätze für Versicherungsunternehmen – etwa i. S. d. Vorschrift von § 13 HBG – gibt es nicht; die Beleihungsgrundsätze beruhen auf einem Vorschlag des Gesamtverbandes der Versicherungswirtschaft und des Verbandes der Lebensversicherungs-Unternehmen. Es versteht sich von selbst, dass bei allen nicht genehmigungspflichtigen Wertermittlungsanweisungen/-richtlinien die Grundsätze ordnungsgemäßer Geschäftsführung beachtet werden müssen.   **164**

Der **Beleihungswert** (Dauerwert) ist – wie in den BelG bzw. Wertermittlungsanweisungen ausgeführt – der Wert, den das einzelne Institut dem Objekt unter Berücksichtigung aller für die Wertermittlung maßgebenden Umstände (dauerde Eigenschaften, nachhaltige Erträge), unabhängig von der Person des Grundstückseigentümers für die Dauer der Beleihung beimisst. Als „geschäftspolitischer Wert", wird er von Institut zu Institut verschieden sein. Der Beleihungswert **darf den Verkehrswert i. S. von § 194 BauGB nicht übersteigen** (so schon z. B. Ziff. 3 der BelG-WestLB laut Vorstandsbeschluss vom 28. 6. 1977 oder gemäß Ziff. 4.2 der Bay. BelGr – Grundstücke – vom Dezember 1989); was bei guter Objektqualität (z. B. Standort/Bauausführung/planungsrechtlicher Bestandsschutz, nachhaltiger Ertrag) durchaus zu vertreten ist. Bei vielen Instituten ist es bereits bewährte Praxis (hauptsächlich bei Gewerbeimmobilien), auch den Verkehrswert ermitteln zu lassen.   **165**

Nachdem die Bewertungsvorschriften des BAKred[71] vom 30. 12. 1996 und das RSchr 2/99 vom 21. 1. 1999 vorliegen, werden andere Institute ebenso auf der Verkehrswertermittlung bestehen. Die Beachtung des zuvor genannten Grundsatzes, nach dem der Beleihungswert den Verkehrswert nicht übersteigen darf, ist somit direkt überprüfbar.   **166**

66   BGH, Urt vom 25. 10. 1967 – VIII ZR 215/66 –, EzGuG 19.11
67   BFH, Urt vom 14. 2. 1969 – III R 88/65-, EzGuG 19.16 und BFH, Urt. vom 23. 2. 1979 – II R 44/74 –, EzGuG 19.34
68   BFH, Urt vom 25. 6. 1965 III 384/60 –, HFR 1966, 1
69   Vgl. auch Bewertungsvorschriften des BAKred vom 30. 12. 1996, GuG 1997, 242
70   Abgedruckt in GuG 1998, 112
71   GuG 1997, 238

3.2   Beleihungsgrundsätze für Sparkassen, Landesbanken und Landesbausparkassen

167   Die Gründungsjahre vieler Sparkassen fallen in die erste Hälfte des 19. Jahrhunderts. Bebaute Grundstücke konnten damals bis zu 50 % des Schätzungswerts (= gemeiner Wert) beliehen werden. Durch Erlass vom 15. 11. 1908 wird den öffentlichen oder unter Staatsaufsicht stehenden Sparkassen in *Preußen* gestattet, ihre Satzung dahingehend zu ändern, dass die Beleihung von bebauten Grundstücken bis zu **60 % des Schätzungswerts** zulässig ist[72]. Als Voraussetzung der über 50 % hinausgehenden Beleihung musste jedoch satzungsmäßig festgelegt sein, dass

- die Beleihung nur für innerhalb des Garantiebezirks (= Geschäftsbezirk oder Gebiet des Gewährträgers) der Sparkasse belegene Grundstücke zulässig ist,
- der 50 % des Werts des Grundstücks übersteigende Teil der Hypothek mit mindestens 0,5 % p. a. getilgt wird und
- der Beleihungswert durch ein öffentliches Schätzungsamt[73] oder, solange ein solches nicht errichtet ist, durch zwei vom Sparkassen-Kuratorium zu ernennende Sachverständige festgestellt wird.

168   Gemäß § 21 Schätzungsamtgesetz, Art. 73 § 1 des preußischen Ausführungsgesetzes zum BGB betreffend, ist die **Mündelsicherheit einer Beleihung** dahin gehend geändert worden, dass die Höchstgrenze der Beleihung auf Antrag durch das Schätzungsamt festzustellen und in der Schätzungsurkunde anzugeben ist. Der mündelsichere Betrag darf bei städtischen Grundstücken die ersten 6/10 und bei ländlichen Grundstücken die ersten 2/3 des vom Schätzungsamt geschätzten Grundstückswerts (= gemeiner Wert i. S. v. § 4 des zitierten Schätzungsamtsgesetzes) nicht übersteigen.

169   Die 1927 vom Deutschen Sparkassen- und Giroverband aufgestellte Mustersatzung für die preußischen Sparkassen, die in der Folgezeit von allen deutschen Ländern sinngemäß übernommen wurde, brachte eine weitgehende Vereinheitlichung des Sparkassenrechts in Deutschland. Bei der Gewährung von Darlehen gegen Bestellung von Hypotheken oder Grundschulden waren die der **Mustersatzung** als Anlage beigefügten, von der obersten Aufsichtsbehörde erlassenen **Beleihungsgrundsätze** zu beachten. Die durch Runderlass des Preußischen Ministers des Innern vom 10. 2. 1928 genehmigten Beleihungsgrundsätze (für die überwiegend wohnwirtschaftlich sowie land- und forstwirtschaftlich genutzten Grundstücke) wurden mit geringfügigen Abweichungen auch bei den Sparkassen außerhalb von Preußen eingeführt.

170   Als Grundlage für die **Festsetzung des Beleihungswerts** dient der **Verkehrswert** sowie der **Bau- und Bodenwert.** Die Beleihungsgrenzen waren unterschiedlich, je nachdem, ob es sich um Altbauten (bis zu 50 % des Verkehrswerts) oder Neubauten (bis zu 40 % des Bau- und Bodenwerts) handelte. Von der Beleihung ausgeschlossen waren auch hier Grundstücke, die durch ihre Ausnutzung im Wert gemindert werden (z. B. Abgrabungsgrundstücke), ferner Bauplätze an nicht anbaufähigen Straßen sowie Theater, Tanzsäle, Konzertsäle, Lichtspielhäuser, Garagen sowie ähnlichen Zwecken dienende Baulichkeiten (z. B. Parkhäuser und Tiefgaragen).

171   Im Jahre **1938** traten überarbeitete Beleihungsgrundsätze in Kraft, die neben einer Heraushebung des Ertragswerts und einer lediglich erstrangigen Beleihbarkeit von Neubauten vor allem eine einheitliche Beleihungsgrenze bis zu 50 % des Verkehrswerts[74] und die Beleihbarkeit auch von ausschließlich gewerblich genutzten Grundstücken brachten. Der Vorstand der Arbeitsgemeinschaft Deutscher Sparkassen- und Giroverbände und Girozentralen e. V. beschloss **1950** eine 3. Fassung der Beleihungsgrundsätze, die der Sonderausschuss Bankenaufsicht im Jahre 1951 gebilligt hat. Im Wesentlichen wurden die in der Praxis gewonnenen Erkenntnisse zur Erleichterung der Wertschätzung eingeführt und die

Bestimmungen für die Beleihung von land- und forstwirtschaftlich genutzten sowie von gewerblich genutzten Grundstücken neu gefasst.

Mehrmalige Änderungen der Beleihungsgrundsätze in den folgenden Jahren führten zu   **172** einer grundlegenden redaktionellen Neufassung, die der Sonderausschuss Bankenaufsicht im Jahre **1957** gebilligt hat. Neue Bestimmungen betrafen in erster Linie die Beleihung von gewerblich genutzten Grundstücken und Regelungen über die Beleihbarkeit von Wohnungs- und Teileigentum[75].

Die **Beleihungsgrundsätze von 1957 (BelGr 1957)** bilden heute noch im Wesentlichen   **173** die Grundlage für die zur Zeit gültige Musterfassung. Sie wurde vom Deutschen Sparkassen- und Giroverband e.V. vorgeschlagen und vom Arbeitskreis der Länder für Sparkassenfragen am 5. 2. 1970 mit folgenden Änderungen beschlossen:

Wesentliche Änderungen   **174**

– **Neue Beleihungsgrenzen** (§§ 5 Abs. 1 und 24 BelGr.)

   60 % im Realkreditgeschäft (bisher 50 %, Ausnahme 60 %)

   80 % im Personalkreditgeschäft (bisher 60 %)

– **Angemessene Risikoabschläge** (§§ 2 Abs. 3 und 18 Abs. 1 a und Abs. 1 b BelGr.) sind vorzunehmen:

  – bei Ermittlung des Bauwertes: von den angemessenen Herstellungskosten

  – bei der Ermittlung des Ertragswerts: vom Mietreinertrag der gewerblich genutzten Räume

  – bei der Ermittlung des Bauwerts: vom Wert der gewerblich genutzten Räume.

Sonstige Änderungen

§ 1:   Wegfall der Hilfswerte (Versicherungswert und Einheitswert)

§ 2:   Formlose Schätzungen jetzt bei Beleihung bis 150.000 DM zulässig (bisher 50.000 DM)

§ 3:   Die vereidigten Sachverständigen können nunmehr vom Vorstand verpflichtet werden (bisher durch den Vorsitzenden des Kreditausschusses)

§ 4:   Dienstkräfte, denen Kreditbewilligungsbefugnisse übertragen sind, können nunmehr auch den Beleihungswert endgültig festsetzen.

§§ 5 und 24: Wegfall der erläuternden Bestimmungen zur Rangstelle

§ 9:   Wegfall der besonderen Wertermittlung nach der Erbbaurechtsverordnung

§ 17: Das bisherige Beleihungsverbot für Grundstücke, die durch ihre Ausnutzung in ihrem Wert gemindert werden, ist in eine Beleihungsbeschränkung umgewandelt worden. Nunmehr sind Beleihungen gewerblicher Objekte möglich, wenn die durch die Ausnutzung zu erwartende Wertminderung in der Höhe des Beleihungswertes und der Festlegung der Tilgungsdauer ausreichend berücksichtigt wird. Regelmäßig handelt es sich in solchen Fällen um Personalkredite.

§ 19: In der Bemessungsgrundlage für den Darlehenshöchstbetrag (relative Personalkredithöchstgrenze) sind die Sparkassenbriefgegenwerte eingezogen worden.

Rechtsgrundlage für die Verbindlichkeit der Beleihungsgrundsätze in den Bundesländern ist das jeweilige **Sparkassengesetz.**

Für die im **Ostdeutschen Sparkassen- und Giroverband** zusammengeschlossenen Spar-   **175** kassen der Länder *Brandenburg, Freistaat Sachsen, Mecklenburg-Vorpommern* und *Sachsen-Anhalt* gilt ebenso die Musterfassung der Beleihungsgrundsätze mit ihren 24 Paragraphen[76].

Gemäß Sparkassengeschäftsordnung für die Sparkassen in *Baden-Württemberg* vom 12. 2.   **176** 1992 wurden die Grundsätze für die Beleihung von Grundstücken aufgehoben. Nunmehr bestimmt der Verwaltungsrat der Sparkasse, welche Mindestanforderungen an die Sicher-

---

72 Denkschrift betreffend die Errichtung eines Schätzungsamtes für den Stadtkreis Köln, Mai 1920, S. 12

73 Gemäß Verordnung des preußischen Staatsministeriums vom 10. 3. 1923 ist das Schätzungsgesetz mit Wirkung vom 1. 4. 1923 in Köln in Kraft getreten; ein Schätzungsamt war jedoch bereits durch Verfügung des Kölner Oberbürgermeisters vom 26. 6. 1918 eingerichtet worden.

74 Wohl auch wegen der 5/10-Grenze des Grundstückswerts (Verkehrswerts) bei der Zwangsversteigerung von Grundstücken (§ 85 a ZVG).

75 Stannigel/Kremer/Weyers, a. a. O., S. 45 ff.

76 ABl. für Brandenburg vom 12. 9. 1991, 404, RdErl. des FM vom 5. 9. 1991

heiten zu stellen sind und beschließt Grundsätze für die Bewertung von Sicherheiten. Die vom Verwaltungsrat zu beschließenden Grundsätze für die Beleihung von Grundstücken bestehen aus 23 Paragraphen und beruhen auf Empfehlungen der Sparkassenverbände in Mannheim und Stuttgart[77]. Übernommen in § 2 Abs. 5 BelGr wurde u. a. die Legaldefinition des Verkehrswertes i. S. von § 194 BauGB.

177 Abweichend von den Beleihungsgrundsätzen in den übrigen Bundesländern wurden für die Sparkassen in *Bayern* mit Wirkung vom 1. 6. 1973 Beleihungsgrundsätze erlassen, die die Einzelregelungen für wohnwirtschaftlich, land- und forstwirtschaftlich, gewerblich oder gemischt genutzte Grundstücke entbehrlich machten. **Gemäß Verordnung über die Organisation und den Geschäftsbetrieb der Sparkassen** (Sparkassenordnung-SpKO) vom 1. 12. 1997[78] des Bayerischen Staatsministeriums des Innern wird ab 1. 1. 1998 im Kreditgeschäft der bayerischen Sparkassen nur noch zwischen gesicherten Krediten und Krediten ohne Sicherheiten unterschieden. Für die Anerkennung und Bewertung von Kreditsicherheiten (dingliche Sicherheiten) sind die neuen Sicherungsgrundsätze maßgebend (§ 11 SpKO). Der Vorstand der Sparkasse erlässt diese per Dienstanweisung, die auf einer Bekanntmachung des Bayerischen Sparkassen- und Giroverbandes beruht und der das Staatsministerium des Innern als Aufsichtsbehörde am 9. 12. 1997 zugestimmt hat[79].Unter welchen Voraussetzungen **Kredite als Realkredite** gelten, ist nunmehr ausschließlich nach Kreditwesenrecht zu beurteilen (vgl. § 14 Abs. 2 Satz 3 Nr. 5 KWG). Grundpfandrechte an lediglich einseitig nutzbaren Objekten als Realkredit zu führen ist nun nicht mehr vertretbar. Altfälle (= bis Juli 2000 gewährte Kredite) sollten i. S. einer Übergangsregelung bis zu deren Auslaufen als Realkredite geführt werden können. Dagegen wird der an landwirtschaftlichen Objekten gesicherte Realkredit sparkassenrechtlich nicht nur im Wege der Besitzstandswahrung, sondern generell beizubehalten sein.

178 Der bei der Beleihung angenommene **Wert des Pfandobjekts darf** – auch bei Bausparkassen – **den Verkehrswert nicht übersteigen** (vgl. § 7 Abs. 7 BSpKG).

179 Die Schätzung des Beleihungsgegenstands liefert der Sparkasse/Bausparkasse die Grundlage für eine eigenverantwortliche Festsetzung des Beleihungswerts. Für diesen **Wert** gilt, dass er **unabhängig von der Person des gegenwärtigen Eigentümers auf Dauer Deckung für das gewährte Darlehen bieten soll,** und zwar in erster Linie durch den Ertrag aus dem Beleihungsobjekt oder im Ausnahmefall durch Rückgriff auf die Substanz im Wege einer freihändigen oder zwangsweisen Veräußerung[80].

180 Die wesentlichen **Sicherheitserfordernisse für Sparkassen-Ausleihungen** gegen Grundpfandrechte kommen nach wie vor in folgenden Leitsätzen zum Ausdruck[81]:

1. Der Ermittlung des Ertragswerts sind vorsichtige, auf Dauer bemessene Ansätze der Mieten und der Bewirtschaftungskosten und somit der Reinerträge zu Grunde zu legen.

2. Bei der Ermittlung des Bau- und Bodenwertes muss von dauerhaft erzielbaren Preisen und Werten ausgegangen werden.

3. Es sind Wertabschläge am Bauwert vorzunehmen; bei gewerblich genutzten Grundstücken ist bei der Ermittlung des Ertragswerts ein Abschlag vom Reinertrag und ein zusätzlicher Abschlag vom Bauwert vorgeschrieben.

4. Beleihungsbeschränkungen sind für Baugrundstücke, Waldungen und Abgrabungsgrundstücke zu beachten.

5. Der Beleihungswert ist aus den fachkundig ermittelten Grundwerten und unter Berücksichtigung von Abschlägen abzuleiten und durch die hierfür in der Sparkasse zuständige Stelle festzusetzen.

6. Die Beleihungsgrenze ist im Realkreditgeschäft auf höchstens 60 %, im Personalkreditgeschäft auf höchstens 80 % (bzw. neuerlich in einigen Bundesländern 100 %) des Beleihungswerts festgelegt, wenn nicht für darüber hinausgehende Kreditbeträge Bürgschaften bestimmter Institutionen vorliegen.

7. Das den Kredit der Sparkasse sichernde Grundpfandrecht soll i. d. R. erstrangig im Grundbuch eingetragen sein.

8. Der Wert von vorrangigen Rechten wirkt sich als Schmälerung des Beleihungsraums aus.

9. Im Realkreditgeschäft müssen mit den Kreditnehmern angemessene Tilgungsvereinbarungen getroffen werden; nur in besonderen Fällen sind Festdarlehen oder Tilgungsaussetzungen zulässig (z. B. indirekte planmäßige Tilgung über Bausparvertrag oder Lebensversicherung bei Abtretung der Forderungen).

10. Die Finanzierung soll die Kapitaldienstgrenze für das Grundstück nicht übersteigen und sich zudem im Rahmen der wirtschaftlichen Verhältnisse des Kreditnehmers halten.

Nicht unerwähnt bleiben soll ein besonderer Grundsatz des Sparkassensektors. I. S. des **181**
Regionalprinzips dient die Sparkasse dem örtlichen Kreditbedürfnis; sie soll sich kreditwirtschaftlich in ihrem **„eigenen" Geschäftsbezirk** betätigen. Eine Abkehr von dem bewährten
Regionalprinzip sollte nur in Ausnahmefällen in Betracht kommen. In solchen Fällen ist eine
förmliche (ausführliche) Wertschätzung unentbehrlich. Der Geschäftsbezirk einer Sparkasse
ist i. d. R. das Gebiet ihres Gewährträgers, wobei im Einzelfall die Satzung, z. B. die einer
Zweckverbandssparkasse, eine abweichende Regelung treffen kann. Insofern sind die jährlichen Marktberichte der Gutachterausschüsse für Grundstückswerte für das grundpfandrechtlich gesicherte Kreditgeschäft der Sparkassen sehr hilfreich, da der Geschäftsbezirk der Sparkasse und das im Marktbericht behandelte Gebiet meist identisch sind.

Bei Landesbanken und Landesbausparkassen sind die Grundsätze für die Beleihung von **182**
Grundstücken **Ausführungsbestimmungen der Vorstände zu den Kreditrichtlinien der**
Verwaltungsräte. Bis Ende der 80er Jahre war solchen Grundsätzen inhaltlich die „Spar-
kassenverwandtschaft" anzusehen; sie beruhten auf einer abgestimmten Musterfassung.

Am 20. 2. **1990** beschloss der Vorstand der **WestLB,** Düsseldorf neue **Grundsätze für die** **183**
Beleihung von Grundstücken (BelGr)[82]**.** Grundlage für die Ableitung des Beleihungswerts im Personal- wie im Realkreditgeschäft ist ein die Interessen der Bank berücksichtigender Verkehrswert. Hervorzuheben hierbei sind insbesondere die Anforderungen an den
Beleihungsgegenstand und die Festlegung einer Objektrisikokategorie durch den Sachverständigen als intimer Kenner des zu beleihenden Objekts[83].

Obschon sich die 90er-BelGr in der Praxis bestens bewährt hatten, mussten sie auf Wunsch **184**
des BAKred aus formalen Gründen textlich reformiert werden. Am **16. 4. 1996** hat der Vorstand der Bank Grundsätze für die Beleihung von Grundstücken und Wertermittlungsrichtlinien für die Beleihung von Grundstücken und grundstücksgleichen Rechten i. S. von § 12
HBG als Ausführungsbestimmungen zu den Beleihungsgrundsätzen beschlossen. In diesem Zusammenhang ist anzumerken, dass in der Praxis die Wertermittlungsergebnisse von
Verkehrs- und Beleihungswert im Sinne der alten und neuen BelGr bzw. Wertermittlungs-
richtlinien der WestLB selbstverständlich identisch sind. Sofern das Pfandobjekt realkreditfähig ist, darf die Kreditsumme 50 % des angemessenen Kaufpreises/der angemessenen
Herstellungskosten oder des zutreffenden Verkehrswerts nicht übersteigen[84].

Auch der Vorstand der **BayLB,** München beschloss am **2. 7. 1996 Grundsätze für die** **185**
Finanzierung und Beleihung von Grundstücken und Immobilien. Für den Beleihungsgegenstand ist stets der **Verkehrswert** entsprechend den besonderen Anforderungen der
Bank an das Pfandobjekt zu ermitteln. Grundlage für die Ableitung des Beleihungswerts ist
der Verkehrswert.

Bereits zu Beginn der 70er Jahre wurden die (heute noch durchgeführten) Sachverständi- **186**
gen-Tage der Landesbanken (SaTaLa) zum Zwecke des Erfahrungsaustausches sowie der
Aus- und Weiterbildung eingeführt. Die jährlichen Treffen tragen wesentlich zur Transparenz auf dem Immobilienmarkt bei. Auch die regionalen Sparkassen-Akademien verstärkten ab Mitte 1984 ihre Bemühungen auf dem Feld der kreditwirtschaftlichen Immobilienbewertungen (Abb. 12)[85]:

---

77   Abgedruckt im Teil III Rn. 452
78   GVBl. By 1997, 816
79   Abgedruckt in GuG 1998, 112, Bay. StaatsAnz. 1997 – Nr. 51/52
80   Stannigel/Kremer/Weyers, a. a. O., S. 559, ebenso Ziffer 2.3.1 des Vorstandsrundschreibens Nr. V 058/2000 vom
      14. 4. 2000 der Prüfungsstelle des Niedersächsischen Sparkassen- und Giroverbandes; vgl. auch Schlierbach/
      Gonter, Tz. 36 und 45
81   Stannigel/Kremer/Weyers, a. a. O., S. 49 ff.
82   Abgedruckt in GuG 1990, 74 und in der 3. Aufl. zu diesem Werk, a. a. O., S. 2242
83   Vgl. hierzu Rn. 77 auf S. 1711 der 3. Aufl. zu diesem Werk
84   Konditionen für private Immobilienfinanzierungen der WestLB in GuG-aktuell 2000, 21
85   Der „Stannigel/Kremer/Weyers", Beleihungsgrundsätze für Sparkassen, Kommentar und Handbuch für die
      Beleihungspraxis, ist am 1. 6. 1984 erschienen

Abb. 12: Ermittlung des Beleihungswerts

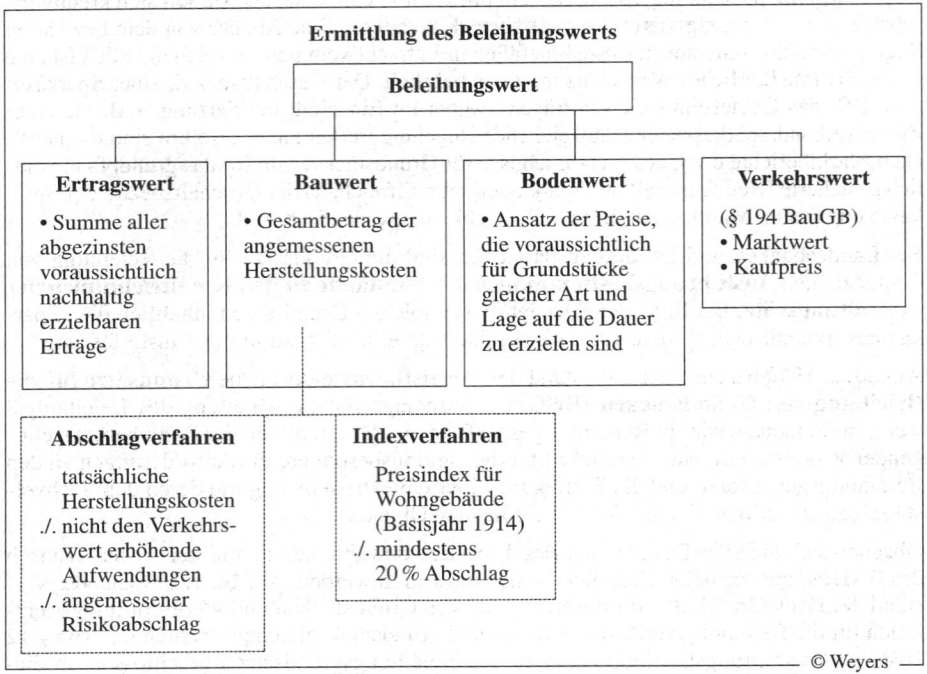

3.3   Hypothekenbanken (§§ 11 bis 13 HBG)

187 Das Hypothekenbankgesetz vom 13. 7. 1899 ist am 1. 1. 1900 in Kraft getreten und wegen notwendiger Änderungen und Ergänzungen in den vergangenen 100 Jahren viermal angepasst worden. Es ist das erste reichseinheitliche **Ordnungsgesetz auf dem Gebiet des Kreditwesens.** Die Regelungen für das Realkreditgeschäft wirkten nachhaltig auf die spätere Gesetzgebung, so z. B. das Öffentliche Pfandbriefgesetz, das Schiffsbankgesetz, das Sparkassenrecht, das Bausparkassengesetz, das Versicherungsaufsichtsgesetz sowie die Gesetze über öffentlich-rechtliche Spezialkreditinstitute.

188 Daher müssen Hypothekenbanken für die Wertermittlung der Beleihungsobjekte die **Regelungen des § 12 Abs. 1 und 2 HBG** beachten, die derzeit folgenden Wortlaut haben:

„(1) Der bei der Beleihung angenommene Wert des Grundstücks darf den durch sorgfältige Ermittlung festgestellten Verkaufswert nicht übersteigen. Bei Feststellung dieses Werts sind nur die dauernden Eigenschaften des Grundstücks und der Ertrag zu berücksichtigen, welchen das Grundstück bei ordnungsgemäßer Wirtschaft jedem Besitzer nachhaltig gewähren kann.

(2) Liegt eine Ermittlung des Verkehrswerts auf Grund der Vorschriften der §§ 192–199 des Baugesetzbuchs vor, so soll dieser bei der Ermittlung des Beleihungswerts berücksichtigt werden."

189 Aus dem oben zitierten Abs. 1 ist mit Sicherheit zu schließen, dass Grundstücke, die einen dauernden Ertrag nicht gewähren, insbesondere Gruben und Brüche, von der Verwendung zur Deckung von Hypothekenpfandbriefen ausgeschlossen sind. Das Gleiche gilt von Hypotheken an Bergwerken. Eingeschränkt ist ebenso die Deckungsfähigkeit von Hypotheken an Bauplätzen und noch nicht fertiggestellten Neubauten (§ 12 Abs. 3 HBG).

190 Geschäftsschwerpunkt über Jahrzehnte waren bei Hypothekenbanken Finanzierungen wohnwirtschaftlicher Maßnahmen und ferner Beleihungen in der Landwirtschaft. Erst gegen Ende des 20. Jahrhunderts werden **auch gewerblich genutzte Grundstücke** beliehen. Zu erklären ist dies durch den Wegfall früher stärker befürchteter besonderer Risiken auf diesem Geschäftsfeld und des lange Zeit vielfach bestehenden Mangels an branchen- und fachkundigem Bankpersonal[86]. Bezüglich bestimmter Regeln, nach denen die Abschätzung der als Sicherheit angebotenen Grundstücke erfolgen soll, ist der Begründung zu dem Entwurf eines Hypothekenbankgesetzes vom 27. 2. 1898 (RGBl. 1898, 412), Folgendes zu entnehmen:

"Die Sicherheit der zur Deckung der Hypothekenpfandbriefe bestimmten Hypotheken (pfandbriefrefinanziertes Real-kreditgeschäft i. S. v. § 10 HBG) hängt davon ab, dass die Grundstücke nur bis zu einem angemessenen Teil ihres abgeschätzten Wertes beliehen werden und dass bei der Abschätzung selbst mit Umsicht und Gewissenhaftigkeit verfahren wird. Fest bestimmte Regeln, nach denen hierbei ein für allemal zu verfahren wäre, lassen sich nicht geben; der Schwerpunkt wird immer in der fachgemäßen Prüfung und Würdigung der Umstände des einzelnen Falles durch die Organe der Banken und der von ihnen beauftragten Taxatoren liegen."

Als sicher wurde damals eine Hypothek angesehen, solange sie 70 % oder 80 % des marktgängigen Grundstückswertes beträgt. Verkaufswert ist einzig der gegenwärtige Wert, im Falle des gewöhnlichen Verkaufs, der zur Zeit der Taxe bestehende Marktwert[87].   **191**

Später stellten **60 % des nach § 12 HBG zu ermittelnden Grundstückswerts die Beleihungsgrenze** (§ 11 HBG) dar. Landwirtschaftliche Grundstücke konnten bis zu 2/3 des Grundstückswerts beliehen werden[88]. Als Höchstbeleihungswert galt der Verkaufswert. Hierunter ist der Preis zu verstehen, der bei einem unter gewöhnlichen Umständen sich vollziehenden Verkauf voraussichtlich gezahlt werden wird[89]. Soweit Grundstücke vor der Beleihung durch eine öffentliche Behörde des Gebietes, in welchem sie liegen, abgeschätzt wurden, durfte der für die Beleihung angenommene Wert den durch eine solche Abschätzung festgesetzten Wert nicht übersteigen[90]. Öffentliche Schätzungsämter konnten jedoch die zahlreichen Schätzungsanträge der Hypothekenbanken nicht bearbeiten. Später war es zulässig, Verkehrswerte i. S. von § 142 BBauG bzw. § 194 BauGB bei der Ermittlung des Beleihungswerts zu berücksichtigen[91].   **192**

Jede Hypothekenbank hat auf Grund der Vorschriften des § 12 HBG eine Anweisung über die Wertermittlung (§ 13 HBG) zu erlassen[92]; die Anweisung bedarf der Genehmigung der Aufsichtsbehörde[93]. Zudem bilden die Wertermittlungsanweisungen die Rahmenbedingungen für besondere Anwendungshandbücher bzw. Arbeitsanweisungen bei Hypothekenbanken.   **193**

Im Jahre **1996** kam eine „Qualitätsoffensive" der Hypothekenbanken bei der Beleihungswertermittlung in Gang[94]. In einem **Grundsatzpapier zum Beleihungswert von Immobilien** vom 14. 10. 1996[95] befasste sich der Verband deutscher Hypothekenbanken (VdH) mit der Philosophie des Beleihungswerts i. S. von § 12 HBG, der Definition des Beleihungswerts, der künftigen Bedeutung der Beleihungswertermittlung, der Präzisierung des Unterschieds zwischen Beleihungswert und Verkehrswert sowie der Methodik der Beleihungswertermittlung. Der Beleihungswert wird in diesem Diskussionspapier wie folgt definiert: **194**

---

86 Goedecke. W. in: „Die deutschen Hypothekenbanken", 3. Aufl. 1990, S. 108; 1997, im Zusammenhang mit dem Schneider-Prozess rügte WP H. Wagner die bis 1994 nicht vorhandene Fachkompetenz bei der Deutschen Centralbodenkredit AG, Köln

87 Dannenbaum, F., Deutsche Hypothekenbanken, Wirtschaftliche Darstellung nebst Komm. zum Hypothekenbankgesetz, Berlin 1911, S. 151 und S. 155

88 Ders, 2. Aufl., Berlin 1928, S. 197

89 Ders a. a. O., S. 199

90 Gemeint ist der gemeine Wert, der Verkaufs- bzw. Verkehrswert des Grundstücks, aus Denkschrift der Liegenschaftsverwaltung der Stadt Köln, Mai 1920

91 I. d. F. der Bekanntm. des BBauG vom 5. 2. 1963 (BGBl. I 1963, 81) bzw. des BauGB vom 9. 9. 1998 (BGBl. I. 1998, 267)

92 Vgl. hierzu „Wertermittlungsanweisung einer Hypothekenbank" abgedruckt in der 3. Aufl. zu diesem Werk, a. a. O., S. 1680 ff.

93 Dies ist seit 1961 das Bundesaufsichtsamt für das Kreditwesen (BAKred) gemäß § 52 Abs. 2 des Gesetzes über das Kreditwesen (KWG) vom 10. 7. 1961 (BGBl. I 1961, 881)

94 Reit. A., DLK 1997, 559 ff.

95 Hierzu GuG 1997, 239 ff.

„Der Beleihungswert eines Grundstücks ist der Wert, von dem auf Grund der aus dem langfristigen Marktgeschehen abgeleiteten Erkenntnisse zum Bewertungszeitpunkt auf der Basis der dauerhaften, zukunftssicheren Merkmale mit hoher Sicherheit erwartet werden kann, dass er über einen langen, in die Zukunft gerichteten Zeitraum im normalen Geschäftsverkehr realisiert wird."

195   Im Weiteren wird festgestellt, dass der **Beleihungswert als „Zielgröße der Immobilien-bewertung nach § 12 HBG"** künftig im folgenden konkreten Definitions- und Handlungs-zusammenhang einzustellen ist:

„a) Der Begriff „Verkaufswert" in § 12 HBG wird durch den Begriff „Beleihungswert" ersetzt, da beide Begriffe inhaltlich identisch sind.

b) Der ermittelte Beleihungswert, seine Parameter und die anzuwendende Methodik werden nachvollziehbar definiert.

c) Dies bewirkt keine Änderung der bisherigen bankinternen Aufgaben- und Kompetenzverteilungen."

196   Der Absicht, den **Verkaufswert** in § 12 HBG durch den Begriff **Beleihungswert** zu erset-zen, muss entschieden widersprochen werden. Unter Verkaufswert ist der gegenwärtige Wert, der Marktwert bzw. der Verkehrswert zu verstehen[96]. Satz 1 zu § 12 Abs. 1 HBG müsste demnach folgende Fassung erhalten:

„Der für Zwecke der Beleihung angenommene Wert des Grundstücks (Beleihungswert) darf den durch (sorg-fältige) Ermittlung festgestellten Verkehrswert nicht übersteigen."

Begründung: Verkehrswert und Beleihungswert sind Werte zu einem bestimmten Stichtag. Unter der Maxime der Nachhaltigkeit erfolgt in beiden Fällen die Auseinandersetzung mit der zukünftigen Entwicklung, selbstverständlich unter Berücksichtigung von in der Ver-gangenheit geschaffenen Gegebenheiten[97].

197   Wesentliche Aspekte der Beleihungswertermittlung hat der VdH in einer **Dokumentation vom 3. 6. 1998** aufgelistet[98]. Es handelt sich hierbei hauptsächlich um **Nettomietansätze** (bisher erfolgte der Ansatz von Bruttomieten), **pauschalierte Einzelkostenansätze der Bewirtschaftungskomponente** (Abkehr von Pauschalabschlägen in Höhe von 25 % bei wohnwirtschaftlicher und 30 % der Bruttomiete bei gewerblicher Nutzung) und **Mindest-kapitalisierungszinssätze** (5,5 % bei erstklassigen Handels-, Geschäfts- und Bürohäu-sern)[99]. Zudem sollen mit Hilfe eines Modernisierungs- und Revitalisierungsrisikos not-wendige Anpassungsmaßnahmen berücksichtigt werden, die neben den Instandhaltungen zur Aufrechterhaltung von Marktgängigkeit und Ertragsfähigkeit notwendig sind. Bezüg-lich Bewirtschaftungskosten ist anzumerken, dass Mieter/Pächter keine **sonstigen Betriebskosten** übernehmen müssen. Nur durch eine substanziierte Aufführung der Kosten entsteht eine Zahlungsverpflichtung[100], die sich aus den Miet- bzw. Pachtverträgen ergibt. Das BAKred ist gemäß Schreiben vom 10. 7. 1998 (Geschäftsnr. III 11.32.00)[101] bereit, Änderungen der Wertermittlungsanweisungen in diesem Sinne zu genehmigen (Abb. 13 bis 14)[102].

198   Sofern Darlehen im Rahmen der Vorschriften über den Organkredit (§ 15 KWG), der Kre-ditunterlagen (§ 18 KWG) oder der **Solvabilitätsregelungen** als Realkredit eingestuft wer-den sollen, muss sich die Ermittlung der Beleihungswerte an den Wertermittlungsanwei-sungen der Institute orientieren.

---

96   Dannenbaum, F., Kommentare zum Hypothekenbankgesetz, Berlin 1911 und 1928. Goldberg/Müller. Kom-mentar zum Versicherungsaufsichtsgesetz. Berlin 1980
97   Kleiber, W., Babylon ist überall – Verkaufswert versus Verkehrswert in: DLK 1996, 200
98   RdSchr Nr. 104 vom 14. 7. 1998 des VdH an die Mitgliedsinstitute und Reif, A., Fortschritte in der Methodik der „Beleihungswertermittlung" in: DLK 1998, 562
99   Hierzu auch den Beitrag von Müller, P., Zürich, „Die Bedeutung des Kapitalisierungszinssatzes bei der Bewer-tung von Renditeliegenschaften in der Schweiz in GuG 1993, 348
100   LG Osnabrück, Urt. vom 31. 5. 1995 – 2 S 160/94 –, WuM 1995, 434
101   Als Anl. 1 zum RdSchr Nr. 104 des VdH
102   Reif in „Fortschritte in der Methodik der Beleihungswertermittlung" in DLK 1998, 562

Abb. 13: Exemplarische Bandbreiten von Bewirtschaftungskosten

Objektart	Neubau-kosten- DM/m²	Miete (p. M.) DM/m²	Instandhaltungskosten %	von DM/m²	%	bis DM/m²	Verwaltungskosten %	von DM/m²	%	bis DM/m²	Mietausfallwagnis %	von DM/m²	%	bis DM/m²	Bewirtschaftungskostenspanne DM/m² Mietfläche von	bis	i.Mittel	% aus Miete von	bis	i.Mittel
Wohnen	2 000	7,50	(0,5)	14,00	0,9	18,00	(6,7)	6,00	8,0	7,15	2,0	1,80	2,0	1,80	21,80	26,95	24,38	24,2	29,9	27,1
	2 000	20,00	(0,5)	14,00	0,9	18,00	(2,5)	6,00	3,0	7,15	2,0	4,80	2,0	4,80	24,80	29,95	27,38	10,3	12,5	11,4
	3 000	7,50	(0,5)	15,00	0,8	24,00	(6,7)	6,00	8,0	7,15	2,0	1,80	2,0	1,80	22,80	32,95	27,88	25,3	36,6	31,0
	3 000	20,00	(0,5)	15,00	0,8	24,00	(2,5)	6,00	3,0	7,15	2,0	4,80	2,0	4,80	25,80	35,95	30,88	10,8	5,0	12,9
Büros	2 000	15,00	(0,5)	14,00	0,9	18,00	1,0	1,80	4,0	7,20	4,0	7,20	4,0	7,20	23,00	32,40	27,70	12,8	18,0	15,4
	2 000	40,00	(0,5)	14,00	0,9	18,00	1,0	4,80	4,0	19,20	4,0	19,20	4,0	19,20	38,00	56,40	47,20	7,9	11,8	9,8
	4 000	15,00	(0,4)	17,00	0,8	32,00	1,0	1,80	4,0	7,20	4,0	7,20	4,0	7,20	26,00	46,40	36,20	14,4	25,8	20,1
	4 000	40,00	(0,4)	17,00	0,8	32,00	1,0	4,80	4,0	19,20	4,0	19,20	4,0	19,20	41,00	70,40	55,70	8,5	14,7	11,5
Läden	2 000	25,00	(0,5)	14,00	0,9	18,00	1,0	3,00	4,0	12,00	4,0	12,00	4,0	12,00	29,00	42,00	35,50	9,7	14,0	11,8
	2 000	100,00	(0,5)	14,00	0,9	18,00	1,0	12,00	4,0	48,00	4,0	48,00	4,0	48,00	74,00	114,00	94,00	6,2	9,5	7,8
	4 000	25,00	(0,4)	17,00	0,8	32,00	1,0	3,00	4,0	12,00	4,0	12,00	4,0	12,00	32,00	56,00	44,00	10,7	18,7	14,7
	4 000	100,00	(0,4)	17,00	0,8	32,00	1,0	12,00	4,0	48,00	4,0	48,00	4,0	48,00	77,00	128,00	102,00	6,4	10,7	8,5
Lager und Prod.-Hallen	1 000	5,00	(0,8)	8,00	1,2	12,00	1,0	0,60	4,0	2,40	4,0	2,40	4,0	2,40	11,00	16,80	13,90	18,3	28,0	23,2
	1 000	15,00	(0,8)	8,00	1,2	12,00	1,0	1,80	4,0	7,20	4,0	7,20	4,0	7,20	17,00	26,40	21,70	9,4	14,7	12,1

Hinweis: Instandhaltungskosten in %-Sätzen zu den Neubaukosten (ohne Außenanlagen und Baunebenkosten) unter Beachtung von Untergrenzen in DM/m²
Verwaltungskosten bei Wohnen auf Basis DM 420,– bzw. DM 500,– jährlich und einer angenommenen Wohnfläche von 70 m².
Alle Angaben beziehen sich auf die jährlichen Aufwendungen.

Quelle: Wesentliche Aspekte der Beleihungswertermittlung (VdH vom 3. 6. 1998)

Abb. 14: Kapitalisierungszinssätze des VdH

Kapitalisierungszinssätze

Regelbandbreiten für Kapitalisierungszinssätze, abgeleitet aus der langfristigen Marktbeobachtung

1. Bei wohnungswirtschaftlicher Nutzung   Wohnhäuser . . . . 5,0 bis 6,0 %

2. Bei gewerblicher Nutzung   Geschäftshäuser . . . . 6,0 bis 7,0 %

    Bürohäuser . . . . 6,0 bis 7,0 %

    Warenhäuser . . . . 6,5 bis 7,0 %

    SB- und Fachmärkte . . . . 6,5 bis 7,5 %

    Verbrauchermärkte, Einkaufszentren . . . . 6,5 bis 7,5 %

    Hotels und Gaststätten . . . . 6,5 bis 7,5 %

    Freizeitimmobilien (z. B. Tennishallen) . . . . 6,5 bis 8,5 %

    Kliniken, Reha-Einrichtungen . . . . 6,5 bis 8,5 %

    Alten- und Pflegeheime . . . . 6,5 bis 8,5 %

    Parkhäuser, Tankstellen . . . . 6,5 bis 8,5 %

    Lagerhallen . . . . 6,5 bis 8,5 %

    Produktionsgebäude . . . . 6,5 bis 8,5 %

Bei Unterschreitung des Mindestkapitalisierungszinssatzes von 6% bei gewerblicher Nutzung um 0,5%-Punkte müssen folgende Kriterien eingehalten werden
– gegenwärtige Nutzungsart (nur Handel, Geschäfts- bzw. Bürohäuser),
– bevorzugter Standort,
– gute Lage im Verdichtungsraum (Makrolage),
– gute Infrastruktur (Mikrolage),
– gute Konzeption, Ausstattung und Bauweise,
– besonders hohe Marktgängigkeit (Objektgröße),
– sehr guter Bau- und Unterhaltungszustand
– Nutzungsvielfalt

Quelle: Wesentliche Aspekte der Beleihungswertermittlung (VdH vom 3. 6. 1998)

Abb. 15: Kapitalisierung nach Stannigel/Kremer/Weyers (1983)

Kapitalisierungszinssätze

Zum Vergleich die Kapitalisierungszinssätze aus Stannigel/Kremer/Weyers, BelGr für Sparkassen (Stand 12/1983)

Büro- und Geschäftshäuser	6,0 bis 6,5 %
Verbrauchermärkte, Einkaufszentren	6,5 bis 7,5 %
Warenhäuser	6,5 bis 7,5 %
Hotels und Gaststätten	6,5 bis 7,0 %
Freizeiteinrichtungen und Tennishallen	6,0 bis 7,5 %
Parkhäuser, Sammelgaragen und Tankstellen	6,0 bis 7,5 %
Lagerhallen (Speditionsbetriebe)	6,0 bis 7,0 %
Fabrikationshallen	6,5 bis 8,0 %
Fabriken und spezielle Produktionsstätten	7,5 bis 9,0 %

Abb. 16: Modernisierungs- und Revitalisierungsrisiko (VdH 3. 6. 1998)

Modernisierungs- und Revitalisierungsrisiko

Modernisierungsrisiko	% der Neubauherstellungskosten (ohne Baunebenkosten und Außenanlagen)

Kein (kalkulatorisches) Modernisierungsrisiko .... 0 %

– z. B. Wohnhäuser, kleinere Wohn- und Geschäftshäuser, kleinere und mittlere Bürogebäude
  Lager- und Produktionshallen

Geringes/mittleres Modernisierungsrisiko .... 0,1 bis 1,2 %

– z. B. größere Bürogebäude, große Bürokomplexe, innerstädtische Einkaufspassagen usw.

Höheres Modernisierungsrisiko .... 0,5 bis 2,0 %

– z. B. innerstädtische Hotels, Einkaufszentren, Warenhäuser, Freizeitimmobilien im Einzugsbereich von
  Städten usw.

Sehr hohes Modernisierungsrisiko .... 0,75 bis 3,0 %

– z. B. Sanatorien, Kliniken, sonstige Freizeitimmobilien, Hotels und Warenhäuser mit besonders hohen
  Standortanforderungen usw.

In der Praxis der Wertermittlung kann das Modernisierungsrisiko durch

– eine verkürzte Restnutzungsdauer,
– eine Erhöhung des Kapitalisierungszinssatzes,
– eine Erhöhung der Bewirtschaftungskosten oder
– durch einen (individuellen) Wertabschlag

berücksichtigt werden, wobei die quantifizierende Auswirkung des Risikos auf die Beleihungswertermittlung im Ergebnis bei allen Varianten die Gleiche sein muss.

Aus Gründen der Transparenz empfiehlt es sich bei der Beleihungswertermittlung das Modernisierungsrisiko durch einen objektbezogenen Ansatz im Rahmen der Bewirtschaftungskosten zu berücksichtigen.

199   Weiter ist auf die Anrechnungserleichterung für dinglich auf Wohneigentum gesicherte Kredite i. S. v. § 20 Abs. 3 Satz 2 Nr. 4 KWG[103] hinzuweisen. Nicht auf die Großkreditobergrenze anzurechnen sind Kredite, so weit sie 50 % des Grundstückswerts nicht übersteigen. Unter Grundstückswert ist der Verkehrswert des Grundstücks zu verstehen, für dessen Ermittlung das Amt Bewertungsvorschriften[104] erlassen hat. Der Verkehrswert hat nun nicht mehr nur eine „Hilfswertfunktion". Zu Gunsten der Bearbeitung bei den Kreditinstituten wird allerdings vom BAKred unterstellt, dass ein **Freibetrag** in Höhe von 60 % des Beleihungswerts im Regelfall nicht größer sei, als ein Freibetrag in Höhe von 50 % des Verkehrswerts. Diese Fiktion entspricht jedoch in vielen Fällen nicht den in der Praxis anzutreffenden Fakten.

Auch der Gewichtung des gewerblichen Realkredits im Rahmen von Grundsatz I (§ 13   **200**
Abs. 4 Nr. 3) dient bis zum 31. 12. 2006 – neben der Beleihungsgrenze i. S. von § 11 HBG
(60 % des Beleihungswerts) – der Marktwert (Verkehrswert) bis zu 50 %[105]. Im Sinne des
KWG darf das Verhältnis des **haftenden Eigenkapitals** eines Kreditinstituts zu der
gewichteten Risiko-Aktiva 8 % (täglich zum Geschäftsschluss) nicht unterschreiten. Demnach dürfen die Institute nur das **12,5-fache ihrer haftenden Eigenmittel maximal als
Darlehen** vergeben. Bei einem Kredit von beispielsweise 50 Mio. € müssen 625 Mio. €
als haftendes Eigenkapital vorhanden sein.

Den Beleihungswert, direkt vom Verkehrswert abzuleiten – etwa durch auf **Risikokatego-**   **201**
rien bezogene Abschläge[106] –, hält das BAKred derzeit (noch) nicht für zulässig. Während
jedoch der Bodenwert – auch nach Meinung BAKred – ungekürzt in die Wertermittlung
eingehen darf, lassen sich nach Auffassung zahlreicher Stimmen aus der Praxis Bau- und
Ertragswert i. S. von Beleihungsgrundsätzen-/Wertermittlungsanweisungen aus Verkehrs-
wert-Elementen unproblematisch ableiten. Die Kenntnis des Verkehrswerts zeigt zudem
deutlich, um wie viel das Institut mit seinem Beleihungswert unterhalb des Verkehrswertes
bleibt[107]. Ist der Markt- bzw. Verkehrswert einer Immobilie zuverlässig bekannt, so sind
zum einen Kundenberatungen optimal möglich und zum anderen „Überfinanzierungen"
ausgeschlossen[108]. Wenn z. B. mehr als ein Fünftel des Kaufpreises für eine Eigentumswohnung – im Hinblick auf den fachgemäß ermittelten Verkehrswert – nicht werthaltig ist,
muss beim Kreditabschluss auf einer solchen Grundlage von einem schwerwiegenden
Interessenkonflikt gesprochen werden, der eine Bank zur Aufklärung verpflichtet[109].

3.4   Versicherungen

Die gesetzliche Grundlage für das Hypothekengeschäft der Versicherungsunternehmen ist   **202**
in § 54 a Abs. 2 Ziff. 1 **Versicherungsaufsichtsgesetz (VAG)** geregelt (Vermögensanlagen). Das Dritte Durchführungsgesetz zum VAG vom 21. 7. 1994 betrifft insbesondere die
Möglichkeit, Grundstücksbeleihungen auch in Mitgliedstaaten der EU vorzunehmen,
wenn das Grundpfandrecht den Erfordernissen der §§ 11 und 12 ff. HBG und den Voraussetzungen des § 21 ErbbauVO entspricht.

Bereits 1974 wurde durch die Novellierung des VAG die strenge Bindung der Versicherungsunternehmen an die Vorgaben und Richtlinien des **Bundesaufsichtsamtes für das
Versicherungswesen (BAV)** gelockert. Die Eigenverantwortlichkeit der Unternehmen
wurde deutlich gestärkt; eine Weisungsbefugnis, wie das Hypothekengeschäft in der Praxis
zu betreiben ist, besteht nicht mehr.

Das BAV hat mit RdSchr 4/95 Abschn. III Ziff. 1 c klargestellt, dass für eine ordnungs-   **203**
gemäße Geschäftsführung die Aufstellung von **Beleihungs- und Wertermittlungsgrundsätzen** unumgänglich ist[110]. Für das gebundene Vermögen sind ausschließlich echte
Realkredite qualifiziert. Die Begriffsbestimmung des Realkredits durch das BAV ist nicht
nur auf den erststelligen Beleihungsrahmen ausgelegt. Das BAV hält seit 1991 nachrangige

---

103   Hierzu RdSchr Nr. 16/96 des BAKred vom 30. 12. 1996 in CMBS Nr. 4.290 und GuG 1997, 242
104   RdSchr Nr. 16/96 des BAKred vom 30. 12. 1996
105   Ecofin-Rat (Wirtschafts- und Finanzminister der EU) am 17. 11. 1997 und Amtsblatt der Europäischen
      Gemeinschaften L 126 vom 26. 5. 2000, S. 43, Übergangsbestimmungen zu Art. 43 Abs. 1
106   Vgl. Anh. 6.1 sowie die 3. Aufl. zu diesem Werk, a. a. O., S. 2246
107   Vgl. hierzu Weyers, G., Verkehrs- und Beleihungswertermittlung für ein (realkreditfähiges) gewerblich
      genutztes Grundstück bei Stadt- und Kreissparkasse, Landesbank und Volksbank, GuG 2000, 35 ff.
108   Vgl. hierzu u. a. „Vertriebsgruppen offerieren überteuerte Immobilien mit Vollfinanzierung – eine höchst risi-
      koreiche Anlage" in Wirtschaftswoche Nr. 37 vom 8. 9. 1989
109   LG Frankfurt am Main., Urt. vom 9. 3. 2000, – 2/220 118/99
110   BAV R 4/95 (VerBAV-11/1995); Text und Erläuterungen der Beleihungsgrundsätze von Versicherungsunter-
      nehmen sind abgedruckt in der 3. Aufl. zu diesem Werk, a. a. O., S. 1697 ff.

Realkredite gegen Bürgschaft eines geeigneten Kreditinstituts[111] (z. B. eine Geschäftsbank) für möglich. Bisher war in solchen Fällen nur die volle Gewährleistung durch eine Körperschaft oder Anstalt des öffentlichen Rechts möglich. Die öffentlich-rechtlichen Kreditinstitute hatten in der Vergangenheit, wohl auch in Anlehnung an die eigene Beleihungspraxis bei wohnwirtschaftlich genutzten Immobilien, für das Bürgschaftsgeschäft mit den Versicherungsunternehmen im allgemeinen eine Beleihungsgrenze von 80 % des angemessenen Kaufpreises bzw. der angemessenen Herstellungskosten festgesetzt. Soweit sich nun heute Bürgschaften der besagten Kreditinstitute auf 90 oder 100 % des angemessenen Kaufpreises/der Herstellungskosten beziehen, sind solche Darlehen für Versicherungsunternehmen als Deckungsstockdarlehen ausweisbar. Ausführliche Hinweise zu Anwendungsbereich und Auslegung der Beleihungsgrundsätze können dem Fachbuch „Das Realkreditgeschäft der Versicherungsunternehmen" entnommen werden[112].

204   Versicherungsunternehmen beleihen traditionell hauptsächlich wohnwirtschaftliche Immobilien. Als **Beleihungsgrenze** sind **grundsätzlich 60 % des Beleihungswerts** anzusehen. Andererseits hat sich die Praxis – wie schon bei Landesbanken und Sparkassen – auf 45–55 % des Verkehrswertes, der angemessenen Gestehungskosten oder eines realistischen Kaufpreises als Beleihungsgrenze eingestellt. Die Darlehenstilgung erfolgt regelmäßig über eine kapitalbildende Lebensversicherung.

205   Auf die **Pflicht zur Offenlegung des Zeitwerts der im Eigentum der Versicherungsunternehmen befindlichen Immobilien** im Jahresabschluss[113] und die Wertermittlung hierfür wird ergänzend hingewiesen. Die **Versicherungsbilanzrichtlinie (VersBiRiLi** vgl. Teil IV § 194 BauGB Rn. 206) legt fest, dass als Zeitwert einer Immobilie der Betrag zu verstehen ist, der zwischen fremden Dritten in einem privatrechtlichen Vertrag erzielbar wäre. Dabei ist anzunehmen, dass

– es einen verkaufswilligen Verkäufer und einen ihm nicht durch persönliche Beziehungen verbundenen Käufer gibt,

– das Grundstück offen am Markt angeboten wird,

– die Marktverhältnisse einer ordnungsmäßigen Veräußerung nicht entgegenstehen und

– eine dem Objekt angemessene Verhandlungszeit zur Verfügung steht[114].

206   Der **Zeitwert** der Immobilie ist zu schätzen. Die VersBiRiLi nennt hierfür keine bestimmte Bewertungsmethode. Diese muss jedoch allgemein oder von der Aufsichtsbehörde, dem BAV, anerkannt sein[115]. Für die Ermittlung des Verkehrswerts von bebauten Grundstücken zur Festsetzung des Anrechnungswerts für den Deckungsstock gemäß § 66 Abs. 3 a Satz 2 VAG kann nunmehr auf die Wertermittlungsverordnung (WertV) zurückgegriffen werden[116].

3.5   Genossenschaftlicher FinanzVerbund

207   Der Text einer Broschüre „Die Wertermittlung für Realkredite gemäß § 20 Abs. 2 Nr. 1 KWG, Richtlinien und Erläuterungen für Volksbanken und Raiffeisenbanken" stammt aus 1985. Eine 2. Aufl. ist aus 1989. Solche Richtlinien müssen jedoch den Erfordernissen des § 12 Abs. 1 HBG entsprechen. Die auch in der zweiten Auflage bestehende Regelung über die Ermittlung des Beleihungswerts bei Realkrediten (Nr. 5) hat das BAKred mit Schreiben vom 14. 4. 1999 beanstandet, weil der Beleihungswert im Realkreditgeschäft durch bestimmte Abschläge vom Verkehrswert zu ermitteln ist. Wenn jedoch ein Darlehen im Rahmen der Vorschriften für den Organkredit (§ 15 KWG), des § 18 **KWG** oder der **Solvabilitätsregelungen** als Realkredit eingestuft werden soll, müsse der Beleihungswert in eigenständiger Weise ermittelt werden. Bei grundpfandrechtlich gesicherten Personalkrediten (z. B. an nicht realkreditfähigen Grundstücken) kann mit Abschlägen von einem fachgerecht ermittelten Verkehrswert gearbeitet werden. Auch für Genossenschaftsbanken

(Volksbanken, Raiffeisenbanken, Spar- und Darlehenskassen) spielt – wie schon bei Sparkassen – die örtliche Begrenzung der Geschäftstätigkeit eine wesentliche Rolle.

Inzwischen gibt es die **einheitliche Wertermittlungsanweisung des genossenschaftlichen „FinanzVerbundes"** für das Realkreditgeschäft nach §§ 11, 12 HBG[117]. Für die Praxis der Wertermittlung sind ergänzende Beleihungsrichtlinien in Vorbereitung. **208**

3.6 Geschäfts- und Kreditbanken

Den Wert eines Grundstücks festzustellen, ist hier meist die Aufgabe von **externen Sachverständigen.** Indessen sollte die Kreditsachbearbeitung der Bank auf dem Gebiete der Wertermittlung genügende Erfahrung besitzen und in der Lage sein, sich anschließend ein Urteil über den Wert einer Immobilie zu bilden und sie muss erkennen können, ob das Wertermittlungsergebnis im Ganzen gesehen zutreffend ist. **209**

Schon früher war in jedem Falle der Wert zu ermitteln, der normalerweise bei einem Verkauf zu erzielen wäre, also der Handels- oder Verkaufswert (Verkehrswert) der Immobilie[118]. Zur Feststellung dieses Werts sind nur die **dauernden Eigenschaften des Grundstücks und der Ertrag zu berücksichtigen, welchen das Grundstück bei ordnungsgemäßer Wirtschaft jedem Besitzer nachhaltig gewähren kann** (§ 12 HBG). Diese Grundsätze sind auch heute allgemein gültig und haben deshalb auch Geltung für das Beleihungsgeschäft der Geschäfts- und Kreditbanken, wenngleich diese durch keine gesetzliche Vorschrift in ihrer Geschäftspolitik gehemmt sind und sich nach eigenem Ermessen auch zur Beleihung eines Grundstücks entschließen können, das den allgemeinen Anforderungen nicht genügt[119] (z. B. grundpfandrechtlich gesicherter Personalkredit bei Grundstücken mit speziellen Produktionsstätten)[120]. Zu beachten sind selbstverständlich die kreditgesetzlichen Vorschriften und Regelungen des BAKred. Als selbstverständlich gilt, dass bei den nicht genehmigungspflichtigen Beleihungsgrundsätzen der Institute die Grundsätze ordnungsgemäßer Geschäftsführung zu beachten sind.

4 Ermittlung des Beleihungswerts

Bei der Kreditvergabe gegen Grundpfandrechte ist – wie bereits ausgeführt – zwischen Personal- und Realkrediten zu unterscheiden. Für Personalkredite bedeutet dies, dass hier die Privilegierungsvoraussetzungen des wohnwirtschaftlichen und gewerblichen Realkredits i. d. R. fehlen. Somit ist immer eine Risikogewichtung in Höhe von 100 % des Kreditbetrags vorzunehmen. Im Folgenden wird insbesondere auf die neuen Anforderungen, die der bankaufsichtsrechtliche Realkreditbegriff den Instituten im Hinblick auf die Anforderungen an Objekte, Wertermittlung und Gutachterqualifikation vorgibt, näher eingegangen. **210**

---

111 BAV R 4/95, VerBAV Abschnitt III, Ziffer 1 e

112 Winkler, W., in: „Das Realkreditgeschäft der Versicherungsunternehmen", Bd. 3 der Schriftenreihe „Aktuelle Fragen der Vermögensanlagepraxis", Karlsruhe 1997

113 VersBiRiLi 1991, ABl. EG Nr. L 374 vom 19. 12. 1991, S. 7 ff.

114 Vgl. Art. 49 (2) VersBiRiLi, sinngemäß ebenso „Marktwert" in Übergangsbestimmungen zu Art. 43 Abs. 1, Buchstaben a) und b) in Amtsblatt der Europäischen Gemeinschaften L 126 vom 26. 5. 2000, S. 43

115 Erfolgt im Jahr 1979 durch das BAV (vgl. Kölschbach, J. in: GuG 1999, 204)

116 Vgl. hierzu Kölschbach, J., Offenlegung des Zeitwerts von Immobilien im Jahresabschluss von Versicherungsunternehmen in: GuG 1999, 200 ff.

117 Vgl. GuG 2001, 93

118 Rozumek, P., a. a. O., S. 370

119 Rozumek, P., a. a. O., S. 370

120 Stannigel/Kremer/Weyers, a. a. O., S. 532, Ziffer 6.15 und „Begriff sowie grundsätzliche Erfordernisse für den Personalkredit", S. 557

Nahezu deckungsgleiche Vorgaben ergeben sich ebenso aus dem Konsultationspapier des Baseler Ausschusses für Bankenaufsicht zu „Die Neue Baseler Eigenkapitalvereinbarung (Basel II)“, die ab 2005 anzuwenden sind. Derzeit verbindlich für international operierende Großbanken ist Basel I aus 1988.

4.1 Klarstellungen zur Beleihungswertermittlung

211 Die folgenden Hinweise sollen dazu beitragen, eine gleichartige Wertermittlungspraxis (auch in der EU) zu gewährleisten. Die Ermittlung des Beleihungswertes hat in eigenständiger Weise zu erfolgen. Basis hierfür muss ein **kreditwirtschaftlicher Verkehrswert für das lastenfreie Grundstück** sein. Abzuziehen in voller Höhe sind (ggf. Aufwendungen für Baumängel, Bauschäden und Reparaturanstau[121]. Für Belastungen, die den Barpreis, jedoch nicht den Verkehrswert beeinflussen (z. B. Wohnrecht und ein zu übernehmendes Darlehen), sind die Barwerte gesondert zu ermitteln, damit eine Berücksichtigung entsprechend der Rangstelle im Grundbuch erfolgen kann.

212 *Beispiel:*

Kaufpreis angemessen und übereinstimmend auch mit einem kreditwirtschaftlichen Verkehrswert	900 000 €
Abzüglich Barwert des Wohnungsrechts	– 100 000 €
Abzüglich Darlehens-Restvaluta zum Stichtag des wirtschaftlichen Übergangs, die zu übernehmen ist –	95 000 €
Barpreis	**705 000 €**
Beleihungsmöglichkeit für das realkreditfähige Objekt	
50 % des angemessenen Kaufpreises/Verkehrswert	450 000 €*
Das Wohnrecht behält die 1. Rangstelle, dies sowie die Restvaluta des zu übernehmenden Darlehens reduzieren die Beleihungsmöglichkeiten um	195 000 €
So dass noch ein Realkredit ausgewiesen werden kann in Höhe von	**255 000 €**

* *Anmerkungen:* 60 % des eigenständig ermittelten Beleihungswerts in Höhe von 750 000 € sind ebenso wie 450 000 €, d.h. mit Hilfe des Verkehrswerts lässt sich auch die Beleihungsgrenze kontrollieren. Der Abschlag vom Verkehrswert stellt sich in diesem Fall auf rd. 17 % ein.

Die Belegung des Restkaufpreises in Höhe von 450 000 € (705 000–255 000 €) kann durch ein nachrangiges Darlehen und/oder Eigenmittel erfolgen.

213 Gemäß Schreiben des BAKred vom 25. 11. 1997 an den Verband deutscher Hypothekenbanken (VdH)[122] wurde die so genannte **Kleindarlehensgrenze** (Ausnahmeregelung) bei Realkrediten von bisher 150 000 auf 250 000 € **heraufgesetzt.** Dies gilt nunmehr (Schreiben an den Arbeitskreis der Länder vom 10. 12. 1997)[123] auch für Sparkassen, Landesbanken und Landesbausparkassen. Inzwischen ist die Kleindarlehensgrenze auf 300 000 € **angehoben** worden[124]. Sie gilt jedoch nur für im Inland gelegene Eigenheime und eigennutzungsfähige Eigentumswohnungen. In allen Fällen ist eine Wertermittlung durch sachkundige Mitarbeiterinnen/Mitarbeiter des Kreditinstituts vorzunehmen und in nachprüfbarer Weise zu dokumentieren. Gleichfalls darf – nur in begründeten Ausnahmefällen – auf eine Objektbesichtigung verzichtet werden[125].

Einzuhalten ist die Funktionstrennung zwischen Wertermittlung und Kreditbearbeitung. Dies bedeutet, dass sog. vereinfachte Wertermittlungen – wie sie auch bei Sparkassen mit niedrigen Darlehensbeträgen anzutreffen sind – nicht von Kreditsachbearbeiterinnen bzw. -sachbearbeitern vorgenommen werden dürfen. Die BelGr für die Sparkassen in *Baden-Württemberg* legen zudem fest, dass bei den oben genannten Objekten von der Ermittlung des Ertragswerts abgesehen werden kann (§ 2 Abs. 1 BelGr).

214 Verkehrswert und Beleihungswert von Renditeobjekten sind auf der Grundlage des Ertragswertverfahrens zu ermitteln. Anzumerken in diesem Zusammenhang ist, dass das **Mittelwertverfahren** überholt sein sollte, denn schon RG[126] und BGH[127] haben eine schematische Wertbestimmung auf der Grundlage des arithmetischen Mittels von Sach- und Ertragswert für nicht zulässig bzw. nicht fachgerecht bezeichnet (vgl. Abschn. 2.1 zu den besonderen Anforderungen an den Beleihungsgegenstand; § 7 WertV Rn. 190 ff.)

Fundstellen von Beleihungsgrundsätzen/Wertermittlungsanweisungen: **215**

– **Einheitliche Wertermittlungsanweisung des genossenschaftlichen FinanzVerbundes** für das Realkreditgeschäft nach §§ 11, 12 des Hypothekenbankgesetzes[128],

– Wertermittlungsanweisung einer Hypothekenbank mit Regelungen zum Wertermittlungsverfahren[129],

– Beleihungsgrundsätze für die Sparkassen (Beleihung von Grundstücken)[130],

– Grundsätze für die Bewertung von Sicherheiten (für die Beleihung von Grundstücken) der Sparkassen in *Baden-Württemberg*[131]

– Wertermittlungsanweisung (Sicherungsgrundsatz) für die Sparkassen in *Bayern* gem. Zustimmung durch das Staatsministerium des Innern vom 9. 12. 1997[132];

– Beleihungsgrundsätze von Versicherungsunternehmen[133].

Für alle anderen Beleihungsfälle sind plausible und nachvollziehbare Wertermittlungen   **216** erforderlich. Mit den hierfür notwendigen Schätzungen darf beauftragt werden, wer die erforderliche Sachkunde besitzt[134] bzw. über langjährige Erfahrungen auf dem Grundstücks- und Baumarkt und bei der Wertermittlung von Immobilien verfügt[135]. Die Anforderungen an kreditwirtschaftliche Immobilienbewertungen von allgemeiner Bedeutung sind insbesondere (beispielhaft):

– Bedarfsanalysen (besteht Nachfrage auf Dauer?)

– Veränderungen im Einzelhandel durch

  – Billiganbieter

  – Fabrikverkäufe

  – Interneteinkauf

  – Erlebniseinkauf

  – Überangebot an Verkaufsflächen

– Lichtspieltheater

  – Überangebot an Leinwänden

  – stagnierende Besucherzahlen

– Büroobjekte

  – Standortkriterien

  – Ausstattungsmerkmale

Die Erstellung von Wertgutachten erfolgt inzwischen überwiegend mit PC-Unterstützung[136].

---

121   Vogels, M., Immobilien-Wertermittlung unter Berücksichtigung von Baumängeln, Bauschäden und Reparaturanstau in: GuG 1991, 132 ff.
122   Vgl. CMBS KWG, Nr. 8.30 und GuG 1998, 111
123   Vgl. hierzu GuG 1998, 111
124   Schreiben BAKred vom 6. 4. 1999, Gesch.-Nr. III 1132.00 an den VdH, abgedruckt in GuG 2000, 322
125   Schreiben des BAKred vom 22. 6. 1999 an den VdH; abgedruckt in GuG 2000, 374
126   RG, Urt. vom 21. 3. 1911 – VII 326/10 – ,Gruchot 55, 1179
127   BGH, Urt. vom 13. 7. 1970 – VIII ZR 189/68 –, EzGuG 20.49
128   GuG 2001, 2193.
129   Abgedruckt in der 3. Aufl. zu diesem Werk 1998, S. 1680-1689
130   RdErl. des FM vom 5. 9. 1991, ABl. für Brandenburg 1991, 409 ff.
131   Abgedruckt in der 3. Aufl. zu diesem Werk, a. a. O., S. 1691–1695
132   Abgedruckt in GuG 1998, 112
133   Abgedruckt in der 3. Aufl. zu diesem Werk, a. a. O., S. 1697–1708
134   Z. B. Abs. 3 der Sicherungsgrundsätze vom 1. 1. 1998 für Sparkassen in Bayern, abgedruckt in GuG 1998, 112.
135   § 4 Abs. 1 Bewertungsvorschriften des BAKred vom 30. 12. 1996 (CMBS, KWG Nr. 4.290)
136   Z. B. in der WestLB mit Hilfe des Programms „Wert" von Vogels, M., Vers. 3.32/1999

4.2   Anforderungen an das Objekt

217   Für Darlehen/Kredite, die innerhalb von 60 % des Beleihungswerts gesichert sind und als Realkredite eingestuft werden können, stellt *der neue bankaufsichtsrechtliche Realkreditbegriff* besondere Anforderungen an die Objekte. Bei Nutzung oder Vermietung durch den Kreditnehmer kann nach § 13 Abs. 4 Nr. 2 Grundsatz I ein Realkredit, der durch Grundpfandrechte auf **Wohneigentum,** das vom **Kreditnehmer gegenwärtig oder künftig selbst genutzt** oder vermietet wird, gesichert ist, mit 50 % gewichtet werden. Für eine Privilegierung bei der Berechnung der Auslastung der Obergrenzen nach §§ 13 Abs. 3 und 13 a Abs. 3 bis 5 KWG gilt nach § 20 Abs. 3 Satz 2 Nr. 4 KWG dieselbe Voraussetzung. Bedingung für eine Privilegierung wohnwirtschaftlicher Realkredite ist also grundsätzlich, dass zwischen dem Grundstückseigentümer (= Sicherungsgeber) und dem Kreditnehmer **Personenidentität** besteht. Sind die Sicherheiten durch einen vom Kreditnehmer abweichenden Dritten bestellt, fehlt es üblicherweise an der eingangs genannten Voraussetzung. Damit würde eine **Anrechnungsprivilegierung für Drittsicherungsfälle** im Regelfall ausgeschlossen sein. Das BAKred hat hierzu mit RdSchr I 3-238-2/95 vom 21. 1. 1999 mehrere Fallgestaltungen entwickelt, die der Abb. 10 – Der bankaufsichtsrechtliche Realkreditbegriff im Überblick – entnommen werden können.

218   Bei **gemischt genutzten** Objekten entscheidet entsprechend den Bankenstatistik-Richtlinien wie bisher der Nutzflächenanteil über die Zuordnung des Gesamtobjekts (vgl. Erläuterungen zur Kreditnehmerstatistik, hier zum Begriff „Hypothekarkredite auf Wohngrundstücke"). Danach fallen unter den Begriff der **Hypothekarkredite auf Wohngrundstücke**

– rein wohnwirtschaftlich genutzte Grundstücke

– gemischt genutzte Grundstücke, wenn mehr als 50 % der Nutzfläche für Wohnzwecke genutzt werden

– unbebaute Grundstücke, deren Nutzung als Wohngrundstück beabsichtigt ist, und

– sonstige Grundstücke, die nicht landwirtschaftlich oder gewerblich genutzt werden (z. B. kirchliche Altersheime u. a.).

219   **Bauträgerdarlehen** müssen im Grundsatz I mit **100 %** angerechnet werden. Dies wird zwar in Grundsatz I selbst bzw. dem RdSchr 14/98 nicht ausdrücklich erwähnt, ergibt sich jedoch aus den Erläuterungen zu § 13 Abs. 4 Nr. 3 Grundsatz I. Dagegen sind Realkredite an Wohnungsunternehmen, die die betreffenden Wohnungen **vermieten, anrechnungsbegünstigt.**

220   Darlehen auf landwirtschaftlich genutzte Grundstücke und Gebäude können ab dem 26. 8. 1998 im Grundsatz I nicht mehr mit 50 % gewichtet werden (ist europarechtlich vorgegeben durch die **Richtlinie 98/32/EG vom 22. 6. 1998** und der Änderung von Art. 11 Abs. 4 Solvabilitätsrichtlinie).

221   Bislang durften nach § 13 Abs. 4 Nr. 3 Grundsatz I „bis zum 1. 1. 2001 Realkredite i. S. des § 14 Abs. 2 Satz 3 Nr. 5 KWG, die durch Grundpfandrechte auf **gewerblich genutzte,** im Geltungsbereich des KWG oder auf dem Gebiet eines anderen Mitgliedstaates, der das Wahlrecht nach Art. 11 Abs. 4 SolvRL in Anspruch genommen hat, belegene Grundstücke gesichert sind", mit 50 % gewichtet werden. Nunmehr beschränkt Abschn. II Abs. 1 des BAKred-RdSchr 14/98 vom 26. 8. 1998 (I 5-H 112-6/93) die Anrechnungsprivilegierung außerhalb der wohnwirtschaftlich genutzten Objekte für „Neufälle" auf **Büroräume oder vielseitig nutzbare Geschäftsräume.**

222   Seitens des BAKred sind keine ausdrücklichen Anhaltspunkte verlautbart worden, dass mit der gewählten Formulierung „Büroräume oder vielseitig nutzbare Geschäftsräume" tatsächlich ein engerer Begriff angestrebt ist. Es ist bis auf weiteres davon auszugehen, dass auch vielseitig nutzbare Produktions- und Lagerräume (wie bisher) die Anforderung für eine Anrechnungsbegünstigung im Grundsatz I erfüllen.

Fehlt allerdings die vielseitige Nutzbarkeit, ist ein Realkredit nicht darstellbar: Das Vorliegen eines Real- oder Objektkredits setzt – wie bereits ausgeführt – voraus, dass die **Verzinsung und Tilgung jederzeit unabhängig von der Entwicklung der wirtschaftlichen Leistungsfähigkeit des Kreditnehmers durch die Erträge aus dem Beleihungsobjekt** oder im Ausnahmefall durch den Rückgriff auf die Substanz im Wege der freihändigen oder zwangsweisen Veräußerung **gewährleistet ist.** Anderenfalls hängt die Werthaltigkeit der Forderung maßgeblich von den wirtschaftlichen Verhältnissen des Kreditnehmers ab. Dies führt zwangsläufig zu einem Personalkredit. **223**

Daher ist bei den folgenden beispielhaft erwähnten Objekten die vielfältige Nutzbarkeit kritisch zu hinterfragen: **224**
– gewerblich und industriell genutzte Grundstücke
– Produktionsbetriebe oder
– Kliniken/Sanatorien
Das Ergebnis ist im Wertgutachten zu dokumentieren.

Vielseitige Nutzbarkeit setzt voraus, dass das Objekt ohne Vornahme wesentlicher Umbauten auch für einen anderen als den derzeitigen Zweck verwendet werden kann. Daher kommen für eine Zuordnung zu den vielseitig nutzbaren gewerblichen Immobilien spezielle Produktionsstätten wie z. B. Betonwerke, Brauereien, Mühlenbetriebe, Sägewerke, Raffinerien, Windkraftanlagen etc. nicht in Betracht. Noch weiter geht der Vorschlag zur Behandlung von gewerblichen Immobilienkrediten des Baseler Ausschusses für Bankaufsicht (Stand: 5. 7. 2000) in der **Definition gewerblicher Realkredit.** Für die bevorzugte Behandlung nicht in Frage kommen hier z. B. Spezialimmobilien (Hotels, freistehende Restaurants, Müllentsorgungsanlagen), Freizeitimmobilien (Vergnügungsparks, Golfplätze) und Immobilien, wo der Betrieb eine Konzession erfordert (wie z. B. bei Hotels, Gastronomiebetrieben, Privatkliniken, Alten- und Pflegeheimen). **225**

Die Objekte müssen **im Inland bzw. in einem Mitgliedstaat, der ebenfalls die 50 %ige Gewichtung erlaubt,** belegen sein. Dies ist zur Zeit für Dänemark und Griechenland der Fall. In Luxemburg steht die Umsetzung bereits an. Belgien erwägt ebenfalls, die Hypothekarrichtlinie umzusetzen. **226**

Am 16. 1. 2001 hat der Baseler Ausschuss für Bankenaufsicht, ein Ausschuss der Zentralbanken und Bankenaufsichtsinstanzen der wichtigsten Industrieländer, der alle drei Monate bei der Bank für Internationalen Zahlungsausgleich (BIZ) in Basel zusammentritt[137], ein zweites **Konsultationspapier** zur Neuregelung der Eigenmittel Übereinkunft[138] vorgestellt. Die Konsultationsfrist für dieses Papier endete mit über 250 Einwänden am 31. 5. 2001. **227**

Nach bisherigen Vorstellungen ist damit zu rechnen, dass die neuen Bestimmungen voraussichtlich in 2005 in Kraft treten. Vorher müssen noch u. a. die Auswirkungen auf die Mittelstandsfinanzierung durch Regionalinstitute (Genossenschaftsbanken, Sparkassen) berücksichtigt werden, um eine entsprechende EU-Richtlinie, die sich ebenfalls in Vorbereitung befindet, in nationales Recht umsetzen zu können. **228**

Für **Immobilien als Kreditsicherheit** sind die folgenden Passagen des Konsultationspapiers von besonderem Interesse: **229**
(vii) Durch Wohnimmobilien besicherte Forderungen
37. Ausleihungen, die vollständig durch Grundpfandrechte/Hypotheken auf Wohnimmobilien abgesichert sind, die vom Kreditnehmer bewohnt werden oder werden sollen oder die vermietet sind, erhalten ein Risikogewicht von 50 %.

---

137 Der Ausschuss setzt sich aus hochrangigen Vertretern der Bankenaufsicht von Belgien, Deutschland, Frankreich, Italien, Japan, Kanada, Luxemburg, den Niederlanden, Schweden, der Schweiz, den USA und dem Vereinigten Königreich zusammen. Der Ausschuss tritt i. d. R. bei der Bank für Internationalen Zahlungsausgleich (BIZ) in Basel zusammen, wo sich auch sein ständiges Sekretariat befindet.
138 Die Neue Baseler Eigenkapitalvereinbarung – Basel II

(viii) Durch gewerbliche Immobilien besicherte Forderungen

38. Angesichts der Erfahrungen in zahlreichen Ländern, dass gewerbliche Immobilienkredite in den vergangenen Jahrzehnten wiederholt zu Problemen in der Bankenlandschaft geführt haben, hält der Ausschuss an der Meinung fest, dass Grundpfandrechte/Hypotheken auf gewerbliche Immobilien im Prinzip kein anderes Risikogewicht der besicherten Kredite als 100 % rechtfertigen[139].

Infolge mangelhafter Bauausführung entstehen häufig Schäden an Gebäuden. Betroffen sind insbesondere Ein- und Zweifamilienhaus-Neubauten. Feuchtigkeit und Schimmelbildung sind die häufigsten Schadensursachen. Experten halten einen jährlichen Kostenrahmen von 10 bis 12 Mrd € zur Behebung der Schäden für realistisch.

230 Bezüglich der **Objektqualität** im wohnwirtschaftlichen Bereich wird daher auf Folgendes hingewiesen:

Ein neues Gütesiegel[140], das Immobilienkäufern mehr Transparenz und Investitionssicherheit gewähren soll, wird von Kreditinstituten empfohlen. **Immobilien-Pass** nennt die Sparkassen-Finanzgruppe ihr Gütesiegel, welches hauptsächlich für Gebrauchtimmobilien gedacht ist. **ImmoPass,** ist ein Produkt von HypoVereinsbank/Dekra und zertifiziert zunächst nur Neubauten. Mit *Baucontroling* werben Commerzbank und TÜV Süddeutschland bei Gebrauchtimmobilien und Neubauten. Als Kostenrahmen werden z. B. 1750 € bis 2400 € bei Einfamilienhaus-Neubauten und 1000 € bis 1400 € für gebrauchte Objekte genannt. Näher eingegangen wird auf den ImmoPass von HypoVereinsbank/Dekra[141]. Die Prüfung bei Neubauten erfolgt in drei Phasen; bei der Zertifizierung wird Folgendes geprüft:

– Gebäude (Baukörper, Erschließung, Gestaltqualität)

– Freiraum (Nutzung, Bepflanzung, Gestaltqualität)

– Gesundes Wohnen (Behaglichkeit, Schallschutz, Schadstoffe)

– Umwelt (Materialökologie, Energie, erneuerbare Energie)

– Haustechnik (Gesamtkonzept, Dimensionierung, Materialwahl)

– Bauausführung (drei Baustellenbegehungen)

Phase I: Am Anfang steht der umfangreiche Planungscheck: Wenn das Projekt auf dem Papier existiert, prüfen die Spezialisten der DEKRA, ob alle im Leitfaden festgelegten Punkte im Plan berücksichtigt und die Mindestanforderungen erfüllt wurden. Gegenstand der Untersuchung sind beispielsweise die Freiflächengestaltung, das Material- und Farbkonzept, die vorgesehene Haustechnik sowie der Wärme- und Schallschutz.

Phase II: In der zweiten Phase der Zertifizierung werden die Bauarbeiten kontrolliert. In drei Besichtigungsstufen, die über die gesamte Bauzeit verteilt sind, überprüfen die Bausachverständigen in so genannten „Audits", ob die Vorgaben richtig umgesetzt wurden. Der Gutachter führt die Prüfung gemeinsam mit dem zuständigen Architekten und der Bauleitung aus. Anhand von Checklisten wird darauf geachtet, dass Normen und Vorschriften eingehalten, die Regeln der Bautechnik beachtet wurden und keine Mängel entstanden sind. Nach Abschluss des Audits erhält der Bauherr einen Bericht. Gegebenenfalls kann die Beseitigung der Mängel sofort organisiert werden. Die ausführende Firma hat in dieser Phase des Baus Gelegenheit, die Fehler schnell und kostengünstig zu beseitigen.

Baustellenaudit I: In einem ersten Rundgang werden die Bauelemente Erdarbeiten, Fundamente, Abdichtung erdberührter Bauteile, Dränage, Kellermauerwerk und Kellerdecke optisch geprüft.

Baustellenaudit II: Am fertigen Rohbau werden folgende Elemente genau in Augenschein genommen: Außenfassade, Fenster, Wärmedämmung, Dacharbeiten, Bauklempnerarbeiten, Dachabdichtungs- und Anschlussarbeiten.

Baustellenaudit III: Bei der dritten Begehung erfolgt die eigentliche Endabnahme. Dabei werden die Bauelemente Innenausbau, Innenputz, Innentüren, Fenster, Estricharbeiten, Fliesenarbeiten, Bodenbelag, Deckenverkleidungen, Tapezierarbeiten, Maler- und Lackierarbeiten sowie Baureinigungsarbeiten kontrolliert. Am Ende des Baustellenaudit III steht die Schadstoffmessung: Hier wird nach Gerüchen, Stäuben und Fasern gefahndet, die entweder nur unangenehm riechen oder auch Schad- und Reizstoffe transportieren können. Die Luft wird dabei beispielsweise auf flüchtige organische Verbindungen, Formaldehyd und Holzschutzmittelwirkstoffe geprüft.

Phase III: DEKRA-Fachleute formulieren ihr Gesamturteil über die Immobilie und stellen das ImmoPass-Zertifikat aus. Der Bauherr erhält damit den Nachweis über die geprüften Qualitätseigenschaften (Abb. 17).

231 Es können auch bestimmte Einzelleistungen aus dem ImmoPass[142] in Anspruch genommen werden. Allerdings gibt es in diesem Fall kein Prüfzertifikat. Mit Hilfe der Energieagentur NRW (Hotline 0 18 05/33 52 26) sind für Einfamilienhäuser Gebäude-Check-Energie und Solar-Check möglich (Kosten derzeit je Check 77 €; Eigenanteil 25 €).

Abb. 17: Kostenbeispiel Einfamilienwohnhaus* zum ImmoPass im Überblick (Stand 2001)

```
Gesamtpaket  1 700 €
Einzelleistungen
– Planungscheck ......................................   315 €
– Bauausführung Audit I ............................   290 €
– Bauausführung Audit II ...........................   290 €
– Bauausführung Audit III ..........................   290 €
– Schadstoffmessungen .............................   850 €

* Sämtliche Preise in € gerundet zuzüglich MwSt.
```

Interessant in diesem Zusammenhang ist das Angebot eines holländischen Versicherungs- **232** unternehmens. Seit 1999 bietet die SGWN Kleve (Rückversicherung besteht beim Gerling-Konzern in Köln) ein Schutzpaket an, welches neben der Fertigstellung im Konkursfall auch die Gewährleistung nach der Bau- bzw. Endabnahme, die Beseitigung von Baumängeln bis zu fünf Jahren (BGB-Gewährleistung nach § 638) sichert.

Die Arbeitsgemeinschaft der Verbraucherverbände (AgV) hat zudem auf Grund einer **233** Befragung von 1000 privaten Bauherren von Eigenheimen im Jahr 2000 festgestellt, dass man nach Fertigstellung des Hauses meist zufrieden war. Schlecht informiert waren die Bauherren jedoch über wichtige vertragliche Regelungen und Absicherungen. So hatten:

– nur 45 Prozent der Befragten einen Fertigstellungstermin festgelegt,

– nur jeder Zweite vereinbarte eine Endabnahme mit schriftlichem Protokoll aller Vertragspartner,

– weniger als die Hälfte der Bauherren sicherte sich im Vertrag das Recht, eine Sicherheit für die Gewährleistungszeit einzubehalten,

– nur 18 Prozent sicherten sich durch eine Bankbürgschaft vom Unternehmer oder eine Fertigstellungsversicherung vor einem Firmenkonkurs ab – obwohl in den letzten beiden Jahren mehr als 15 000 Baufirmen in Konkurs gingen –,

– und 22 Prozent leisteten nach Vertragsschluss eine Anzahlung von durchschnittlich 15 Prozent der Bausumme.

– Darüber hinaus gaben 15 Prozent der Befragten an, dass die tatsächlichen Kosten höher ausgefallen sind als geplant,

– und in 7 Prozent der Fälle wurde das Haus tatsächlich billiger.

---

139   Der Ausschuss akzeptiert jedoch, dass unter besonderen Umständen in hoch entwickelten und seit langem etablierten Märkten Grundpfandrechte auf Büroimmobilien und/oder Mehrzweck-Geschäftsräume und/oder an mehrere Parteien vermietete Geschäftsräume die Möglichkeit bieten können, ein begünstigtes Risikogewicht von 50 Prozent für den Teil des Kredits zu erhalten, der nicht den niedrigeren Wert von 50 Prozent des Marktwerts oder 60 Prozent des Beleihungswertes der den Kredit besichernden Immobilie überschreitet. Jeder über diese Grenzen hinausgehende Kreditanteil erhält ein Risikogewicht von 100 %. Diese Ausnahmebehandlung wird nur unter sehr strengen Bedingungen zulässig sein. Insbesondere sind zwei Tests zu bestehen, nämlich dass (i) Verluste aus gewerblichen Immobilienkrediten bis zum niedrigeren Wert von 50 Prozent des Marktwerts oder 60 Prozent des Beleihungsauslaufs *(Loan-to-Value, LTV)* auf Grundlage des Beleihungswerts nicht größer als 0,3 % der ausstehenden Kredite in jedem Jahr sind, und dass (ii) die Gesamtverluste aus gewerblichen Immobilienkrediten in keinem Jahr größer sind als 0,5 Prozent der ausstehenden Kredite. Das heißt, wenn einer dieser beiden Tests in einem Jahr nicht erfüllt wird, kann diese Behandlung nicht mehr angewandt werden, und die ursprünglichen Berechtigungskriterien müssen wieder erfüllt werden, bevor die Behandlung in der Zukunft wieder angewandt wird. Länder, die diese Behandlung anwenden, müssen veröffentlichen, dass diese und weitere Konditionen (die vom Sekretariat des Basler Ausschusses erhältlich sind) erfüllt werden.

140   Qualität geprüft von Ihrer Bank in WiWo Nr. 36 vom 31. 8. 2000

141   Immobilien 2000, 22, ein Magazin der HypoVereinsbank

142   ImmoPass-Hotline: 01802/29 03 39; Weyers, Th., Ein Gütesiegel für die Gebäudequalität, GuG 2001/6

4.3   Anforderungen an die Wertermittlung

234   Entgegen den Regelungen zum gewerblichen Realkredit ist für **wohnwirtschaftlich genutzte** Objekte eine **turnusmäßige Überprüfung der Beleihungswerte** bankaufsichtlich für Zwecke des **Grundsatzes I nicht ausdrücklich vorgeschrieben** worden.

235   Damit bleibt es bei den Anforderungen, die sich aus den Beleihungsgrundsätzen bzw. den Grundsätzen ordnungsgemäßer Kreditbearbeitung ergeben. Hiernach ist in bestimmten Fällen eine wiederkehrende Überprüfung der Beleihungswerte – ca. alle 3 bis 5 Jahre – erforderlich[143]. Dies gilt insbesondere bei Festdarlehen, für die eine planmäßige Tilgung nicht vorgesehen ist und bei Objekten, die als Sicherheit für revolvierende Kreditinanspruchnahmen dienen, bei denen also nicht gewährleistet ist, dass dem durch Abnutzung abnehmenden Wert des Beleihungsobjekts entsprechende Tilgungsleistungen gegenüberstehen.

236   Die Anforderungen an die Bewertung der Immobilien beim gewerblichen Realkredit gemäß § 20 Abs. 3 Satz 2 Nr. 5 KWG sind strenger als im Grundsatz I.

237   Gemäß RdSchr 2/99 der BAKred sind alternativ zwei Verfahren möglich (**Verfahren A und B**): Nach **Verfahren A** sind analog der Regelung im Grundsatz I der Beleihungs- **und** der Verkehrswert zu ermitteln und sodann 60 % des Beleihungswerts und 50 % des Verkehrswerts zu vergleichen. In Höhe des **niedrigeren** Werts darf der durch das Objekt gesicherte Kredit als Realkredit betrachtet werden und braucht nicht auf die Großkreditobergrenzen angerechnet zu werden.

238   Der auf diese Art und Weise erfolgten **Erstbewertung** folgen mindestens alle **drei Jahre Überprüfungen** des Beleihungs- und des Verkehrswerts, insbesondere der zu Grunde liegenden Annahmen (z. B. nachhaltiger Ertrag). Ausreichend ist, dass dies durch eine **sach- und fachkundige** Person geschieht; dabei kann es sich auch um einen Institutsmitarbeiter handeln, er darf allerdings nicht mit der Bearbeitung des jeweiligen Engagements betraut sein. Sollten die ursprünglichen Rahmenbedingungen und Annahmen nicht mehr zutreffen, sind die Werte neu zu ermitteln. Nach **Verfahren A** ist für die Erstermittlung des Verkehrswerts ausdrücklich **ein Gutachten** (Wertermittlung) **nach den Vorschriften der WertV 88** in der jeweils gültigen Fassung vorgesehen, dagegen wird für die Verkehrswertermittlung für Zwecke des Grundsatzes I nur in allgemeiner Form auf § 194 BauGB hingewiesen[144]. Alternativ kann ein Institut auch auf nicht normierte, in Fachkreisen jedoch anerkannte Ermittlungsverfahren zurückgreifen, **nachdem diese dem Bundesaufsichtsamt und der Landeszentralbank mitgeteilt worden sind**[145].

239   Bei einem **Rückgang des allgemeinen Preisniveaus** in einem die Sicherheit der Beleihung gefährdenden Umfang müssen Beleihungswert und Verkehrswert bereits vor Ablauf von drei Jahren überprüft werden. Dieser Fall ist anzunehmen, wenn seit der letzten Überprüfung ein Rückgang der Immobilienpreise um mehr als 10 % eingetreten ist. Vergleichsmaßstäbe sind auch hier die Kaufpreissammlung nach § 195 BauGB, Bodenrichtwerte oder ggf. vergleichbare aussagekräftige amtliche Auskünfte sowie institutsinterne Informationen.

240   Alternativ können die Institute den **Anrechnungsfreibetrag allein auf den Verkehrswert** abstellen (**Verfahren B**). In diesem Fall werden bei der **Erstbewertung** des Objekts **zwei Gutachten nach den Vorschriften der WertV 88** in der jeweils gültigen Fassung durch **zwei unabhängige** Gutachter benötigt. Soll zulässigerweise auf **nicht normierte, jedoch in Fachkreisen anerkannte Ermittlungsverfahren** zurückgegriffen werden, ist dies ebenso dem BAKred und der Bundesbank zuvor mitzuteilen.

241   In der **Folgezeit** ist nach § 2 Abs. 1 der Richtlinien des BAKred-RdSchr 2/99 in Abhängigkeit von der Höhe des Darlehens mindestens jährlich (bei Darlehen, die 1 Mio. Euro und 5 % der Eigenmittel überschreiten), andernfalls alle drei Jahre **ein** Folgegutachten erforderlich. Eine Korrektur des Werts nach oben ist aber wiederum nur auf der Basis zweier unabhängig voneinander erstellter Gutachten zulässig.

Die Privilegierung von wohnwirtschaftlichen Realkrediten in Höhe von 50 % gilt nach **242** Grundsatz I bzw. den EU-rechtlichen Vorgaben aus Artikel 6 Abs. 1 c) Ziff. 1 SolvRL ohne zeitliche Befristung. **Altfälle,** also vor dem Zugang des BAKred-RdSchr 14/98 vom 26. 8. 1998 valutierte, aber noch nicht zurückgezahlte gewerbliche Realkredite, dürfen im Grundsatz I weiterhin – zunächst befristet bis zum 31. 12. 2006 – mit 50 % gewichtet werden. Das ergibt sich durch den Hinweis auf die zum Zeitpunkt der Änderung noch „ausstehenden Darlehen" (vgl. Abschn. II Abs. 5 des Rundschreibens).

Diese Übergangsregelung sollte auch am Stichtag bestehende Zusagen einschließen, bei **243** denen die betreffenden Darlehen entweder noch nicht oder noch nicht voll valutiert waren. Bei dieser Auslegung wird auf die durch das BAKred unter Ziff. 2 des RdSchr 2/99 getroffene Regelung zur Befristung der Anrechnungserleichterung für § 20 Abs. 3 Satz 2 Nr. 5 KWG zurückgegriffen, die ebenfalls die noch nicht valutierten, jedoch zugesagten Darlehen einschließt.

Zur **Aufrechterhaltung der Anrechnungsprivilegierung für Altfälle** ist es erforderlich, **244** die **Beleihungswerte turnusmäßig zu überprüfen.** Die erstmalige Überprüfung muss spätestens drei Jahre nach Veröffentlichung des Schreibens, also bis **Anfang September 2001,** abgeschlossen sein. Dies ergibt sich aus dem Schreiben des BAKred vom 21. 12. 1999 sowie aus der Solvabilitätsrichtlinie, Art. 11 Abs. 4 i. d. F. vom 22. 6. 1998 (Besitzstandswahrung unter Bedingungen; vgl. Teil IV § 194 BauGB Rn. 192). Eine Neubewertung ist zudem erforderlich, wenn der Verkehrswert um mehr als 10 % sinkt; ansonsten ist für Altgeschäfte die Feststellung von Verkehrswerten keine Voraussetzung für die Anrechnungsprivilegierung.

Im **Prüfungsbericht 1984 der Prüfungsstelle eines regionalen Sparkassen- und Giro- **245** verbandes,** eine Großsparkasse betreffend, wird in diesem Zusammenhang hingewiesen:

– Nach Beendigung der boomartigen Auswirkungen auf dem Immobilienmarkt gegen Ende der „Siebziger Jahre" traten nach einer Phase der Preisberuhigung zunehmend Schwierigkeiten auf. Die Annahme, dass durch das Absinken des Kapitalmarktzinsniveaus ab Jahresmitte 1982 es wieder zu einer „Erholung" auf dem Immobilienmarkt kommen werde, traf nicht zu. Im Gegenteil, als Folge der allgemeinen wirtschaftlichen Entwicklung, der verminderten realen Einkommenssituation, der Erhöhung der Arbeitslosenzahlen, vor allem aber auch der schwachen Nachfrage nach Wohnungen, kam es zu Preisrückgängen bei Immobilien und zu bedeutsamen Wohnungsleerständen.

– Preisrückgänge von bis zu 20 v. H. bei den bisher gängigen Preisen für Ein- und Zweifamilienhäuser – vor allem in weniger guten Lagen sowie in den stadtnahen Gebieten – lagen auch hier vor.

– Im Rahmen der Prüfung wurden über 20 Zwangsversteigerungsverfahren untersucht. Hierbei wurde erkennbar, dass sich recht häufig die bei Zwangsversteigerungen erzielten Versteigerungserlöse im Jahre 1984 bei Ein- und Zweifamilienhäusern in der Bandbreite von 5/10 bis 7/10 der von den Gerichten festgesetzten Verkehrswerte bewegten.

– Eine Arbeitsanweisung, die die wichtigsten Einzelheiten für die Wertermittlung im Falle der Eigenschätzung (durch vom Vorstand der Sparkasse bestellte Kundenberater) regelt, besteht in Form eines Organisationshandbuches.

– Nach Möglichkeit ist ein (zeitnahes) Foto des Beleihungsobjekts zu den Akten zu nehmen. Hierdurch wird nicht nur die Prüfung von Wertermittlungen erleichtert, sondern auch die Beurteilungsmöglichkeit über die Angemessenheit der Höhe von Beleihungswerten für die Kreditrevision der Sparkasse sowie die externe Revision erhöht.

– Das von der Sparkasse (Abt. Grundbewertung) angewandte Bewertungsverfahren für die Anfertigung von Immobilien-Gutachten ist im Übrigen identisch mit den „Richtlinien für die Ermittlung des Verkehrswerts von Grundstücken (Wertermittlungs-Richtlinien 1976/WertR) i. d. F. vom 31. 5. 1976."

– Insgesamt gewannen wir im Rahmen unserer Prüfung den Eindruck, dass die Beleihungswerte bei der Sparkasse fachgerecht ermittelt werden. Hervorheben möchten wir, dass sich die zurückhaltende Wertschätzungspraxis insbesondere der Eigenschätzer der Abteilung Grundbewertung in den sogenannten Boomjahren bei der derzeitigen Situation auf dem Immobilienmarkt bewährt hat. Dies trug dazu bei, die so wie allgemein auch im hiesigen Raum auftretenden Verluste bei der Verwertung von Grundpfandrechten im Rahmen von Zwangsversteigerungen in als angemessen zu bezeichnenden Grenzen zu halten.

---

143 Vgl. Stannigel/Kremer/Weyers, „Beleihungsgrundsätze für Sparkassen", S. 190 f., 62 f.)
144 Vgl. BAKred Rdschr. 14/98 Abschn. II
145 Vgl. hierzu die im Teil V im Zusammenhang mit der Kommentierung zur WertV behandelten Verfahren

246 Abschließend noch einige besondere **Hinweise, die bei der Wertermittlung nicht fehlen sollten:**

– Die folgende Wertermittlung ist kein Bausubstanzgutachten. Demnach wurden keine Untersuchungen hinsichtlich Standsicherheit bzw. Schall- und Wärmeschutz vorgenommen. Ebenfalls erfolgten keine Untersuchungen bzgl. Befall durch tierische oder pflanzliche Schädlinge (z. B. in Holz oder Mauerwerk) oder Rohrfraß (z. B. in Kupferleitungen).

– Die baulichen Anlagen wurden ebenso nicht nach schadstoffbelasteten Baustoffen (wie Asbest, Formaldehyd, Tonerdeschmelzzement etc.) und der Boden nicht nach evtl. Verunreinigungen (Altlasten) untersucht. Derartige Untersuchungen können nur von Spezialinstituten bzw. Sonderfachleuten vorgenommen werden; sie würden den Umfang der Grundstückswertermittlung sprengen.
Ausreichend für die Begutachtung ist somit regelmäßig die visuelle Inaugenscheinnahme der baulichen Anlagen im Verlauf der Objektbesichtigung ohne Öffnungen und Freilegungen[146].

– Die für die Wertermittlung notwendigen Unterlagen und die ergänzenden Angaben des Auftraggebers wurden überprüft; sie sind zutreffend[147].

247 Im wohnwirtschaftlichen (Massen-)Geschäft berechnen die Institute meist Schätzkosten in Höhe von 0,1 % der Kreditsumme, mindestens 175 bis 200 €.

Ganz allgemein gilt, dass **Wertermittlungen grundsätzlich „verkehrsfähig"** sein müssen. Das heißt, dass sie im Hinblick auf Dritte, denen die Wertermittlungen vorgelegt werden (z. B. Bank, Sparkasse, Versicherungsunternehmen), ein Höchstmaß an Objektivität erfüllen müssen.

4.4 Anforderungen an den Gutachter

248 Eine wesentliche Neuerung bei der Anrechnungsbegünstigung gewerblicher Realkredite im Grundsatz I ist das Verfahren der Wertermittlung. Die Institute müssen nun den **Verkehrswert und den Beleihungswert** bei der Kreditgewährung **ermitteln** und sodann 50 % des Verkehrswerts und 60 % des Beleihungswerts miteinander vergleichen. Bis zur Höhe des niedrigeren Werts kann der durch das Objekt gesicherte Kredit im Grundsatz I mit 50 % gewichtet werden. Für Sparkassen schreibt z. B. § 2 Abs. 3 Beleihungsgrundsätze vor, dass auf die voraussichtliche Verwertbarkeit des Objekts abstellende „angemessene" Risikoabschläge vorzunehmen sind. Angesichts dieser Verpflichtung kann für den Regelfall angenommen werden, dass ein vorsichtig ermittelter Beleihungswert **unter** dem Verkehrswert liegen wird. Der Verkehrswert kann im Einzelfall nicht mit dem auf dem Grundstücksmarkt ausgehandelten **Kaufpreis** gleichgesetzt werden; dieser muss dem Verkehrswert nicht unbedingt entsprechen. Wert und Preis von Immobilien können voneinander abweichen[148]. Im konkreten Fall ist der Verkehrswert der Preis, zu dem die Immobilie im Rahmen eines privaten Vertrags zwischen einem verkaufsbereiten Verkäufer und einem unabhängigen Käufer zum Zeitpunkt der Schätzung verkauft werden könnte. Dabei wird die Annahme zu Grunde gelegt, dass die Immobilie öffentlich auf dem Markt angeboten wird, dass die Marktbedingungen eine ordnungsgemäße Veräußerung ermöglichen und dass für die Aushandlung des Verkaufs ein im Hinblick auf die Art der Immobilie normaler Zeitraum zur Verfügung steht. Diese Definition des Verkehrswerts laut Solvabilitätsrichtlinie deckt sich inhaltlich mit der des § 194 BauGB.

249 **Bewertungsgutachten** (Beleihungs- und Verkehrswerte) sind durch **sach- und fachkundige Personen** zu erstellen. Dabei darf es sich auch um Mitarbeiter der Institute handeln; sie dürfen jedoch nicht mit der Kreditbearbeitung des betreffenden Falls befasst sein.

250 Auch im BAKred-RdSchr 14/98 wird die Forderung erhoben, dass die **Personen,** die Beleihungs- und Verkehrswertgutachten im Zusammenhang mit der Anrechnungserleichterung im Grundsatz I erstellen, über die erforderliche Sach- und Fachkunde verfügen müssen. Dabei kann es sich auch um Mitarbeiter der Institute handeln, sie dürfen allerdings nicht – wie bereits angemerkt – mit der Kreditbearbeitung des betreffenden Falles befasst sein (Funktionstrennung).

Für **Großkreditzwecke** sieht das BAKred RdSchr 2/99 bei der Wertermittlung von Immobilien nach dem so genannten **Verfahren A** (Ermittlung von Beleihungs- und Verkehrswert) ausdrücklich ein Gutachten nach den **Vorschriften der WertV 88** in der jeweils gültigen Fassung vor, der **Gutachter** muss über **langjährige Erfahrungen** auf dem Grundstücks- oder Baumarkt und bei der Wertermittlung von Immobilien verfügen.   **251**

Wird der Wert des Objekts nach dem so genannten **Verfahren B** (Bewertung auf Grund von zwei Verkehrswertgutachten) ermittelt, müssen hierfür Schätzungen durch **zwei unabhängige Gutachter** erstellt werden. Im Hinblick auf die unterschiedlichen Rundschreiben-Formulierungen stellt sich die Frage, ob an die Gutachter/Schätzer in Abhängigkeit von den Zwecken der Gutachten/Schätzungen abgestufte Anforderungen zu stellen sind.   **252**

Zu der Frage, ob Verkehrswertgutachten stets den Einsatz externer Schätzer erfordern, liegt dem BAKred die Anfrage eines regionalen Sparkassenverbandes vor, deren Beantwortung allerdings noch aussteht. Es zeichnet sich folgende Beurteilung der Bankenaufsicht ab: Unabhängig davon, ob die **Verkehrswertermittlungen** bei Grundsatz I oder bei den Großkreditvorschriften Anwendung finden sollen, ist sicherzustellen, dass die Gutachter/Schätzer die Anforderungen an die Eignung erfüllen. Für beide Anwendungsbereiche ist der Einsatz interner Gutachter/Schätzer nicht grundsätzlich ausgeschlossen, es sind jedoch bestimmte Voraussetzungen zu beachten: **253**

– Unabhängigkeit des Gutachters   **254**

Der Gutachter muss über die nötige **organisatorische Selbständigkeit, Souveränität und eigene Urteilsfähigkeit** verfügen. Das erfordert, dass die Immobilienbewertung als besondere Organisationseinheit nur dem Vorstand verantwortlich unterstellt ist. Sachverständige/Schätzer dürfen nicht gleichzeitig zur Kreditbearbeitung herangezogen werden. Es muss also strenge Funktionstrennung zwischen Gutachter und Kreditbearbeiter gewahrt sein. Die Unabhängigkeit institutseigener Gutachter nimmt das BAKred an, wenn die Gutachter organisatorisch selbstständig als Organisationseinheit (wie z. B. die Innenrevision) direkt dem Vorstand unterstellt sind. Das BAKred wird bis auf weiteres nicht beanstanden, wenn bei kleineren Kreditinstituten das hauseigene Schätzungsbüro/Immobilienbewertung nicht als besondere, nur dem Vorstand verantwortliche Organisationseinheit gilt, sondern die Gutachter dem Kreditbereich zugeordnet sind[149]: Ferner muss der Gutachter **frei von Beeinflussungsmöglichkeiten durch den Kreditnehmer** sein.

– Fachliche Eignung   **255**

Das BAKred hat die Anforderungen präzisiert, die an einen **Gutachter für die Immobilienbewertung** zu stellen sind. Die fachliche Eignung sowohl institutseigener als auch externer Gutachter kann als gegeben angesehen werden, wenn

– diese von einer IHK als Sachverständige für die Bewertung von bebauten und unbebauten Grundstücken bestellt und vereidigt wurden oder über eine Zertifizierung durch Hyp Zert (Gesellschaft für Zertifizierung von Immobiliensachverständigen für Beleihungswertermittlungen mbH) verfügen, solange die Bestellung/Zertifizierung besteht (erfolgt regelmäßig für die Dauer von 5 Jahren),

---

146   OLG Stuttgart, Urt. vom 26. 3. 1998 – 19 U 97/96 –, EzGuG 11.266
147   Vgl. hierzu auch BGH, Urt vom 13. 11. 1997 – X ZR 144/94 –, GuG 1998, 376
148   Vgl. Abschn. 2.5.2 und im Besonderen das BGH, Urt. vom 25. 10. 1967 – VIII ZR 215/66 –, EzGuG 19.11
149   Schreiben vom 17. 4. 2000 an die Deutsche Bundesbank

– die Voraussetzungen zur Bestellung/Zertifizierung erfüllt sind, ohne dass eine Bestellung/Zertifizierung gegeben ist; dies ist im Einzelfall vom Institut festzustellen und das Fortbestehen der fachlichen Eignung fortlaufend zu überprüfen,

– die Zertifizierungsvoraussetzungen zwar nicht erfüllt sind, aber dennoch die fachliche Eignung im maßgeblichen Sinne gegeben ist. Nachzuweisen ist eine mindestens fünfjährige Tätigkeit auf dem Gebiet der Grundstückswirtschaft, davon mindestens 3 Jahre intensiv auf dem Gebiet der Bewertung von bebauten und unbebauten Grundstücken. Anzahl, Art, Umfang und Qualität der Gutachten müssen die Gewähr der Eignung bieten. Dies zu beurteilen, obliegt dem jeweiligen Institut.

256 Die Forderungen der Bankenaufsicht nach fachlicher **Eignung und Unabhängigkeit der Sachverständigen** dürfen von den großen, überregional tätigen Instituten problemlos zu erfüllen sein. Die Immobilienbewertung bzw. die Schätzungsabteilung ist hier meist dem Kreditbüro oder der Revision zugeordnet. Vereinzelt existieren auch vollkommen unabhängige, unmittelbar den Vorständen unterstellte Fachabteilungen oder Tochtergesellschaften der Institute. Schwieriger ist die Situation für die kleineren Genossenschaftsbanken und Sparkassen. Entweder müssen hier von den Verbänden spezielle Bewertungsgesellschaften gegründet werden oder aber die Immobilienbewertungen der regionalen Zentralbanken und der Landesbanken übernehmen die Aufgaben von Wertermittlung (Erstbewertung) und Überprüfung[150].

257 Aus dem **Organisationshandbuch einer Großsparkasse** ergeben sich für das Schätzungsbüro als selbstständige Abteilung z. B. die folgenden **Aufgaben:**
– Anfertigung von Wertgutachten für:
   Baugrundstücke
   Wohngrundstücke
   gemischt genutzte Grundstücke
   gewerblich genutzte Grundstücke
   größere Industrie-Unternehmen
   Sondergrundstücke (Kies-, Sand-, Tongruben, Brüche, Mülldeponien)
   Erbbaurechte
   Wohnungseigentum, Teileigentum
   Wohnungserbbaurechte, Teilerbbaurechte
– Wertermittlung für die Grundstücksbestandteile
– Wertermittlung für das Grundstückszubehör
– Überarbeitung und Ergänzung älterer Wertgutachten
– Überprüfung von Wertgutachten externer Sachverständiger
– Bestätigung der Übereinstimmung von Örtlichkeit und genehmigten Bauzeichnungen
   sowie der vorgegebenen Beleihungswerte (Schlussgutachten)
– Überwachung des Baufortschritts bei Neu-, Um- und Zubauten
   (Bautenstandsberichte/Substanzwertermittlung)
– Bestätigung der Grenzeinhaltung (Grenzattest)
– Einsichtnahme in die Prüfatteste für Licht- und Kraftanlagen bei gewerblichen Objekten
– Registrierung und Sammlung der Wertgutachten, Statistische Auswertungen
– Sammlung von Baukosten, Kaufpreisen, Mieten/Pachten

Neben der Erfüllung der vorgenannten Aufgaben leistet das Schätzungsbüro auf Wunsch Entscheidungshilfe in folgenden Fällen:
– Überschlägige Wertgutachten (z. B. vorläufige Schätzung für geplante Neubauvorhaben)
   als Basis für Grundsatzzusagen
– Überschlägige Verkehrswertermittlungen zur Beurteilung der Vermögensverhältnisse
   von Kunden im Personalkreditgeschäft
– Wertbeurteilung von Lasten und Beschränkungen in Abt. II des Grundbuches und von
   Baulasten

– Beurteilung von Grenzüberbauungen (Überbau)
– Feststellung und Überprüfung der Deckungssummen für die Gebäude-Feuerversicherung
– Stellungnahme bei Pfandfreigaben (Freistellung von Teilflächen)
– Abgrenzung zwischen Personal- und Realkredit
– Laufende Überwachung der Pfandobjekte
– Bewertung zu übereignender maschineller Anlagen (Zubehör)
– Vorschläge zur Verwertung von Objekten (Abb. 18).

Abb. 18: Ausbildungstableau der WestLB (Stand 1978)

Ausbildungsstand	Tätigkeit	Dauer (Jahre)	Erfordernisse/ Kenntnisse
Bauingenieure Vermessungs- ingenieure Techniker *Ausbildungsstufe I**	Nachrechnen von Wertgutachten Aufstellen von Massenberechnungen, Einfache Gutachten aus dem wohnungswirtschaftlichen Bereich Nach Anleitung Allgemeine Bürotätigkeit Bauberichte für die Zahlungen nach Baufortschritt	(0,5–2) 1	Bauzahlen-Berechnung, Bautech- nische Kenntnisse, Baurecht, Grund- buch, Kataster, Grundstücksrecht, Mietrecht, einschlägige Verordnungen und Gesetze, Beleihungsrichtlinien, Beleihungsgrundsätze, Erarbeitung der Bewertungsgrundlagen, Vergleichs-, Sach- und Ertragswertberechnungen
Ausbildungsstufe II	Einfache Wertgutachten können nach Ortsbesichtigung mit erfahrenen Kollegen selbstständig angefertigt werden und zwar von – Grundstücken, Einfamilienhäusern, – Eigentumswohnungen, – Mehrfamilienhäusern, – Grundstückszubehör, – einfachen Gewerbebetrieben	(1–3) 2	Kenntnis von Baukosten und Mieten, Kenntnis wie und wo Auskünfte erhält- lich sind, elementare Finanzmathema- tik (Ertragswertberechnungen), Beherrschung der Bewertungsgrund- lagen, Kenntnis der wertbeeinflussen- den Merkmale
Ausbildungsstufe III	Ortsbesichtigung und Anfertigung der Wertgutachten von Gewerbe- und Industriebetrieben, Wertermittlungen von Grundstücksbelastungen, Erbbau- rechten, Bodenvorkommen (z. B. Kies-, Sand- und Tongruben, Steinbrüchen)	(1–3) 2	Kenntnis spezieller Kosten- und Kenn- ziffern von Gewerbe- und Industriebe- trieben, Beherrschung der Finanz- und Versicherungsmathematik für die Zwecke der Wertermittlung, statisti- sche Erhebungen
Ausgebildeter Gutachter (Sachverständiger)	Alle vorkommenden Gutachten, Sonderfälle: Betriebe, die auf eine spezielle Nutzung zugeschnitten sind, wie z. B. Brauereien, Heizwerke, Kalk- sand- und Ziegelsteinwerke, Zement- werke, Wasserwerke, Molkereien; Unternehmensbewertung, Ausbildung, Überwachung jüngerer Kollegen, Fach- vorträge (z. B. Abt. Ausbildung/Fortbil- dung bei Sparkassenakademien); For- schungstätigkeit/statistische Auswertung von Kaufpreisen, Baupreisen, Mieten sowie allgemeine Kennziffern; Ausar- beitung von Grundlagenmaterial, Kon- taktpflege zu Behörden und Verbänden		Beherrschung der gesamten Werter- mittlungsproblematik, langjährige Erfahrungen (10 Jahre und mehr); Grundkenntnisse von Bilanzen und Gewinn- und Verlustrechnungen, Ellwood-Verfahren, Statistische Methoden, Verfahren zur Auswertung, laufende Aktualisierung des Wis- sensstands durch Gutachter-Erfahrungs- austausch mit anderen Landesbanken, Besuch von Seminaren und Fach- vorträgen im Interesse der permanenten Weiterbildung, ständiges Literaturstudium

* Dipl.-Betriebswirte und Wirtschaftsingenieure sind heute ebenso für eine Ausbildung zum Sachverständigen geeignet.

---

150 Anzumerken ist, dass die WestLB in 35 Jahren nur zwei Sachverständige mit mehrjähriger Berufserfahrung (rd. 10 %) einstellen konnte. Dies zeigt, wie wichtig die Ausbildung im eigenen Institut ist; denn ohne gezielte, an der Praxis orientierte Aus- und Weiterbildung kommen heute auch Spezialisten nicht mehr aus. Das Kom- munalreferat, Bewertungsamt der Landeshauptstadt München hatte z. B. 1998 zwei Stellen (Immobilien-Sach- verständige/Sachverständigen) ausgeschrieben. Unter 36 Bewerberinnen/Bewerbern war keine einzige „fertige Kraft".

258 Die **Zertifizierung** durch die im Oktober 1996 gegründete Gesellschaft zur Zertifizierung von Immobiliensachverständigen für Beleihungswertermittlungen (**HypZert GmbH**)[151] oder eine Bestellung als Sachverständiger durch die IHK ist geeignet, das Vorliegen der fachlichen Eignung zu bestätigen. Allerdings ist eine Zertifizierung keine zwingende Voraussetzung, um Wertermittlungen/Schätzungen für Zwecke des Grundsatzes I und der Großkreditvorschriften vornehmen zu können. Es reicht aus, dass die entsprechende fachliche Eignung gegeben ist. Dies zu beurteilen ist Aufgabe der Institute. Es wird dabei neben der Dauer der Tätigkeit auch Anzahl und Qualität bisher erstellter Gutachten einbeziehen. Das Fortbestehen der fachlichen Eignung ist zu überwachen (für die Gutachter/Schätzer besteht zudem eine Fortbildungspflicht).

259 Sind die vorstehend dargelegten fachlichen und organisatorischen Anforderungen bezüglich der **Verkehrswertermittlung** zu bejahen, ist der Gutachter/Schätzer – egal ob interner oder externer – zur Erstellung von Verkehrswertgutachten geeignet. Erfahrungen allein auf dem Gebiet der Verkehrswertermittlung reichen indes nicht aus, um auch Erfahrungen auf dem Gebiet der Beleihungswertermittlung zu unterstellen. Ob die erforderliche fachliche Eignung auch hierfür vorliegt, ist gesondert festzustellen. Treffen beide Voraussetzungen zu, kann für Zwecke des Grundsatzes I und bei **Anwendung des Verfahrens A** für die Großkreditvorschriften **ein** Gutachter beide Wertermittlungen (Beleihungs- und Verkehrswert) vornehmen. Wird für Großkreditzwecke das **Verfahren B** angewendet, sind dagegen **zwei unabhängige Gutachter/Schätzer** heranzuziehen.

260 Wer zudem bei den Instituten mit der Schätzung des Beleihungsgegenstands bzw. Ermittlung des Beleihungswerts der Immobilie beauftragt werden kann, zeigt der folgende **Überblick:**

– **§ 3 Abs. 2 BelGr Spk.:**
a) mit den **örtlichen Verhältnissen besonders vertraute**, vom Sparkassenvorstand bestellte und vom Vorsitzenden des Vorstandes verpflichtete oder von zuständigen Stellen vereidigte Sachverständige
b) Schätzungsbehörden
c) Sparkassen, Bausparkassen und Realkreditinstitute
d) vom Sparkassenvorstand bestellte Angehörige der Sparkasse, die mit den örtlichen Verhältnissen vertraut sind und über die erforderliche Sachkunde verfügen

– **1. Schätzung, Abs. 3 Sicherungsgrundsätze der Sparkassen in Bayern:**
Mit der Schätzung darf beauftragt werden, wer die erforderliche Sachkunde besitzt.

– **Beispiel – BelGr – Landesbank**
Mitarbeiter der Abt. Immobilienbewertung bzw. externe Sachverständige, soweit diese den Auftrag von der Abt. Immobilienbewertung hierzu erhalten.

– **Hypothekenbanken haben nach § 13 HBG Wertermittlungsanweisungen zu erlassen. Hiernach sind es i. d. R.:**
a) vom Vorstand bestellte und hierfür geeignete Mitarbeiter
b) öffentlich bestellte und vereidigte Sachverständige oder zertifizierte Sachverständige für Beleihungswertermittlungen

– **§ 4 BelGr – Versicherungsunternehmen (bei Vermögensanlagen nach § 54 a Abs. 2 Nr. 1 a VAG)**
Vom Vorstand hierzu ermächtigte, fachlich geeignete Personen.

– **Ziff. 1.3 der Wertermittlungsanweisung der Genossenschaftsbanken**
a) öffentlich bestellte und vereidigte Sachverständige oder zertifizierte Sachverständige für Beleihungswertermittlungen
b) vom Vorstand bestellte Mitarbeiter, die
– über die für Beleihungswertermittlungen notwendigen Kenntnisse und Erfahrungen und
– über die notwendige Unabhängigkeit verfügen, insbesondere nicht mit der Bearbeitung der Kredite, für die die Bewertung durchgeführt wird, betraut sind.

261 Für die **Bewertung land- und forstwirtschaftlich genutzter Grundstücke** können bei allen Institutsgruppen Gutachten von externen Sachverständigen herangezogen werden, die dem Hauptverband der landwirtschaftlichen Buchstellen und Sachverständigen e. V. bzw. einer staatlichen Forstbehörde angehören. Im Interesse einer fachgerechten Umsetzung der Beleihungsvorschriften ist bezüglich der externen Sachverständigen noch Folgendes anzumerken:

- Externe Sachverständige müssen den Instituten als absolut vertrauenswürdig bekannt sein.
- Beauftragung der Sachverständigen durch eine zentrale Stelle (Kreditsekretariat, Schätzungsbüro, Objektbewertung oder Immobilienbewertung), die sachlich und rechnerisch prüft, bevor die Wertermittlung/Schätzung in den weiteren Geschäftsgang gelangt[152].
- Die Beziehung Institut/Sachverständiger ist vertraglich zu regeln, wobei die obligatorische Haftpflichtversicherung mit ausreichenden Haftungssummen nicht fehlen darf.
- Für den Gutachter sollte der wichtigste Grundsatz „Quellen/Fundstellen offen legen" eigentlich selbstverständlich sein[153].

Unbestritten ist, dass an **kreditwirtschaftliche Immobilienbewertungen** hohe Qualitätsansprüche zu stellen sind, da die ermittelten Werte meist maßgebend sind für die Höhe der Beleihung. Hierzu können Gutachter/Schätzer beitragen durch: **262**
- hohes Ausbildungsniveau und ausreichende praktische Erfahrung,
- konsequente Anwendung der bewährten Wertermittlungsmethoden,
- professionelle Arbeit und Unabhängigkeit,
- Einhaltung der Berufsgrundsätze der Gutachter und persönliche Integrität sowie
- permanente Weiterbildung durch Seminare und entsprechende Literatur.

4.5 Turnusmäßige Überprüfungen der Beleihungs- und Verkehrswerte

Die **Beleihungsgrundsätze schreiben i. d. R. eine turnusmäßige Überprüfung der Wertermittlung und des festgesetzten Beleihungswerts nicht vor.** Im Hinblick auf mögliche Leerstände bei Renditeimmobilien, Planungs- und Baurechtsänderungen, Änderung der Haupterschließung aus Gründen des Verkehrsleitsystems, Baulastvereinbarungen nach der Kreditvergabe, Gebäudeabbrüche, An- und Umbauten, Entdeckung von Altlasten, über die normale Abnutzung hinausgehende Wertminderungen usw. während der Dauer der Beleihung, erscheint eine regelmäßige Kontrolle angebracht. Daneben hat im letzten Jahrzehnt die mietvertragliche Übertragung der Instandhaltungskosten auf den Mieter/Pächter in manchen Fällen zu einem erheblichen Reparaturanstau geführt, weil der Nutzungsberechtigte die Kosten hierfür scheute. In Extremfällen kann sich aus den genannten Gründen eine Gefährdung für die Sicherheit der einzelnen Ausleihung ergeben.   **263**

Es erscheint daher geboten, die Beleihungsobjekte in zeitlich nach Nutzungsart, Alter, Darlehenshöhe und Beleihungsauslauf gestaffelten Abständen besichtigen zu lassen und im Einzelfall u. U. eine Neufestsetzung des Beleihungswerts herbeizuführen. In der bisherigen Praxis hat sich ein nach Objektart und Engagement differenzierter **Zeitraum zwischen 3 und 5 Jahren** als ausreichend erwiesen. Gelegentlich der Überprüfung des Objekts empfiehlt es sich, die fachkundigen Behörden erneut aufzusuchen. Großobjekte sollten wegen des höheren Risikos grundsätzlich von zwei Sachverständigen in Augenschein genommen werden.   **264**

Weitere Überprüfungs- bzw. Überwachungsanlässe können beispielsweise sein, wenn: **265**
- zu einem bereits beliehenen Objekt **Kreditentscheidungen über Folgegeschäfte** (Nachbeleihungen, Prolongationen, Umschuldungen, Schuldnerwechsel) anstehen, sind die bisherigen Wertansätze nach Maßgabe der Beleihungsgrundsätze/Wertermittlungsanweisung auf der Basis aktueller Unterlagen/Informationen und erneuter Objektbesich-

---

151   Vgl. Teil III Rn.135; Lux, R., Zertifizierung nach Euronorm, Kreditpraxis 1998, 24
152   GuG 1994, 272
153   Vgl. Bayerlein, Todsünden des Sachverständigen, Schriftreihe Bd. 7, 2. Aufl. 1997, Institut für Sachverständigenwesen e.V. (IfS)

tigung zu überarbeiten. Auf bereits vorhandene Unterlagen/Informationen kann zurückgegriffen werden, wenn die für die Bewertung maßgebenden Faktoren noch zutreffen,

– eine überdurchschnittliche Abnutzung oder eine sonstige höhere Unterhaltungsbedürf-
  tigkeit der Bauten festgestellt und eine **Aussage zum Beleihungszeitraum** gemacht
  wurde (Schwerpunkt sind gewerblich genutzte Grundstücke),

– es sich um einen **wirtschaftlich schwächeren Kreditnehmer** handelt, bei dem eine
  Verwertung des Pfandobjekts in Erwägung gezogen werden muss, oder

– bei **Abgrabungsgrundstücken** je nach Einzelfall der Substanzverzehr zu ermitteln und
  mit der Rückführung des Kreditengagements zu vergleichen ist. In gewissen Zeitabständen – zumindest jährlich – sind unter Einschaltung des Sachverständigen Grundstücks-
  besichtigungen vorzunehmen, gegebenenfalls ist die Tilgung zu verstärken[154], wenn
  mehr abgebaut wurde als geplant war.

– die teilweise **Verlegung von Produktionsabläufen** auf für das Kreditinstitut noch nicht
  belastete „Vorrats"-Grundstücke erfolgt ist.

266   Sofern **Maschinenwerte im Beleihungswert** enthalten sind, ist der Grundstückseigentümer
vertraglich zur jährlichen Hereingabe eines Maschinenverzeichnisses zu verpflichten. Hieraus sollen neben der Wertentwicklung auch größere Bestandsbewegungen zu erkennen sein.

267   Je nach Entwicklung der Baupreissteigerungen ist in entsprechenden Zeitabständen zu prüfen, ob die erforderlichen **Versicherungsanpassungen** erfolgt sind. Der Nachweis wird
durch eine Nachtragspolice oder sonstige Bestätigung der Versicherungsgesellschaft
erbracht. Da lediglich bei der gleitenden Neuwertversicherung eine automatische Anpassung erfolgt, erstreckt sich die Überprüfung auf alle sonstigen Versicherungstypen (z. B.
Neuwertversicherung, Versicherung mit Wertzuschlagsklausel bei Industrieobjekten). Die
baulichen Anlagen von gewerblich genutzten Immobilien können i. d. R. zum Nettowert
(d. h. die Versicherungssumme ausschließlich Mehrwertsteuer) versichert werden.

268   **Umfang und Zeitabstände der Prüfungen** sind mit dem Sachverständigen abzustimmen
und je nach Lage des Falls gemeinsam durchzuführen.

269   Nunmehr sind regelmäßige Überprüfungen von Beleihungs- und Verkehrswert zwingend
vorgeschrieben. Während die Grundsatz-I-Bestimmungen nur die Überprüfung des Beleihungswertes vorsehen, ist bei Anwendung des **Verfahrens A** für Großkredite die Überprüfung von Beleihungswert und Verkehrswert vorgesehen[155]. In beiden Fällen hat die Überprüfung **mindestens alle drei Jahre** zu erfolgen, bzw. wenn der Verkehrswert um mehr als
10 % gesunken ist. Die Anforderungen an die turnusmäßige Überprüfung von Beleihungswert und – bei Großkrediten – Verkehrswert sind gleich[156].

270   Danach reicht es aus, wenn die Überprüfung durch eine sach- und fachkundige Person
durchgeführt wird. Dabei kann es sich auch um einen Mitarbeiter handeln; dieser darf allerdings nicht mit der Bearbeitung des jeweiligen Kreditengagements befasst sein. Das
BAKred fordert hierbei keine neue förmliche Beleihungs-/Verkehrswertermittlung, vielmehr reicht es aus, wenn „das/die Wertgutachten dahin gehend überprüft wird/werden, ob
die ursprüngliche Einschätzung der Rahmenbedingungen und die übrigen Annahmen über
den betreffenden Markt, auf denen es/sie beruht/beruhen, weiterhin Gültigkeit haben und
dies in nachvollziehbarer Weise dokumentiert" wird. Bei der **Überprüfung der „Rahmenbedingungen und übrigen Annahmen"** geht es um die Basisdaten der Beleihungs-/Ver-
kehrswertermittlung unter zum Beispiel folgender Fragestellung:

– Wie hat sich seit der letzten Überprüfung des Beleihungs-/Verkehrswertes der Bodenwert entwickelt?

– Gibt es Hinweise auf Wertminderungen infolge der Veränderungen des Umfeldes oder
  des Objektes selbst, zum Beispiel Bekanntwerden einer Altlastenproblematik, veränderte Verkehrsanbindung, Zustand des Gebäudes (Reparaturstau)?

– Sind bei der Ertragswertermittlung die seinerzeit aus den Miet- oder Pachtverträgen herangezogenen Mieten oder Pachten auch weiterhin nachhaltig erzielbar?

– Sind die seinerzeit angesetzten Bewirtschaftungskosten gestiegen?

– Hat sich der Liegenschaftszinssatz erhöht?

– Gibt es Änderungen beim Baurecht? Wurden Baulasten bestellt?

Auch sollte eine erneute Inaugenscheinnahme des Objektes ab einer bestimmten Größenordnung des Realkredites vorgenommen werden (Beleihungsauslauf).

Zur Dokumentation der Überprüfung könnte ein **Vordruck** dienen, der in der Kreditakte   **271** abzulegen ist. Hierbei könnte für Beleihungs-/Verkehrswertermittlungen, bei denen die Rahmenbedingungen unverändert sind oder sich verbessert haben, nachfolgender Text dienlich sein:

Kreditnehmer/Kreditakte/Kontonummer/ ...... (oder ähnliches Ablagemerkmal)

Die Beleihungs-/Verkehrswertermittlung vom ...... (Datum)

für das Objekt

wurde am ...... (Datum)

darauf überprüft, ob die dabei verwendeten Basisdaten (ursprüngliche Rahmenbedingungen und Annahmen) weiterhin Gültigkeit haben.

Die seinerzeit zur Feststellung des Bodenwerts, des Bauwerts und des Ertragswerts herangezogenen Daten/Werte können nach heutigem Erkenntnisstand beibehalten werden.

Ggf. zusätzlich:

Das Objekt wurde am ...... (Datum)

besichtigt. Eine Herabsetzung des Beleihungs-/Verkehrswerts ist nicht erforderlich.

Ort, Datum, Name und Unterschrift

Die Genossenschaftsbanken und Sparkassen verfügen auf Grund des Regionalprinzips   **272** üblicherweise über eine **Sammlung von Daten des örtlichen Immobilienmarktes** (Grundstücksmarktberichte der Gutachterausschüsse für Grundstückswerte). Insofern könnte die interne oder externe Revision bei Bedarf hierauf zurückgreifen, um sich von der Plausibilität des Ergebnisses der turnusmäßigen Überprüfung zu überzeugen. Periodisch (jährlich) neu zu bewerten ist ebenso der konzerneigene Grundbesitz, wenn die konsolidierten Jahresabschlüsse nach IAS aufgestellt werden.

4.6   Schätzungs- und Beleihungspraxis

4.6.1   Grundsätzliche Anforderungen

Wertermittlung und Beleihungswertfestsetzung sind zwei voneinander unabhängige   **273** **Vorgänge**. Die für die Festsetzung zuständige Stelle (Person, Organ) muss die Festsetzung des Beleihungswerts unter Zugrundelegung eigener Maßstäbe vornehmen. Daraus kann nur die Folgerung gezogen werden, dass es nicht vertretbar ist, den Beleihungswert durch solche Mitarbeiter festsetzen zu lassen, die die Schätzung vorgenommen haben. Zum gleichen Ergebnis kommen auch *Bellinger/Kerl,* die in der Kommentierung zu § 13 HBG auf eine strenge Funktionstrennung hinweisen: „Beim Einsatz bankangehöriger Gutachter verbietet es sich, diese gleichzeitig zur Bearbeitung des Darlehensantrags heranzuziehen." Somit ist es erforderlich, ständig wirksame Kontrollen einzuschalten, wenn es sich in kleineren Instituten und kreditgeschäftsführenden Filialen nicht ermöglichen lässt, Schätzung, Beleihungswertfestsetzung und Kreditbewilligung jeweils einer separaten Stelle/Person zuzuordnen[157].

---

154   Vgl. hierzu Stannigel/Kremer/Weyers a. a. O., S. 466

155   BAKred-RdSchr 2/99, § 3

156   Vgl. Ziff. 2 der Erl. zu Grundsatz I mit § 3 des BAK-RdSchr 2/99

157   Sinngemäß auch das Schreiben des BAKred vom 17. 4. 2000 an die Deutsche Bundesbank

274   Die folgenden Hinweise und Empfehlungen sollen der praktischen **Durchführung der kreditwirtschaftlichen Immobilienwertermittlung** dienen. Als wichtigste Forderung an den Sachverständigen gilt, dass er sich permanent am Markt zu orientieren hat und bei seiner Arbeit die gesicherten Erkenntnisse der Wertermittlungslehre und -praxis berücksichtigen muss. Auf die Darstellungen der verschiedenen Teilmärkte in den jährlichen Grundstücksmarktbereichen der Gutachterausschüsse für Grundstückswerte kann er hierbei zurückgreifen; sie bilden heute den Rahmen für Grundstückswertermittlungen.

275   **Bei Beleihungen von Ein- und Zweifamilienhäusern sowie von Eigentumswohnungen kann von einer förmlichen Wertermittlung durch Sachverständige** für Immobilienbewertung **abgesehen werden** (Massengeschäft). Dies umso mehr, wenn die Darlehenssummen bestimmte Höchstbeträge nicht übersteigen. So kann nunmehr die Sachbearbeitung der Institute bei Darlehen bis zu 300 000 € unter bestimmten Voraussetzungen[158] anhand von vorgelegten Objektunterlagen, Preisspiegeln und Erfahrungssätzen den Beleihungswert ermitteln. In allen Fällen bestimmt die Darlehens- bzw. Kreditsachbearbeitung eigenverantwortlich den zutreffenden Objektwert.

276   Es genügt i. d. R. ein **vereinfachtes Schätzungsverfahren,** auf Grund dessen und den zur Verfügung stehenden Unterlagen und Nachweisen die Institute die für die Beleihung maßgeblichen Werte feststellen oder überprüfen können. Durch organisatorische Vorkehrungen (z. B. Anwendungshandbücher) und geeignete Kontrollen ist ein hinreichend sicheres Wertermittlungsergebnis zu gewährleisten.

277   Zur Arbeitserleichterung werden in **Handbüchern für die Geschäftszweige Bau- und Immobilienfinanzierung** entsprechende Dauerregelungen festgehalten. Im Einzelnen handelt es sich hierbei meist um Bearbeitungstechnik/Aktenpflege, Wertschätzung, Sicherheiten, Risikosteuerung und Kreditverträge/Vordrucke. Durch Nachträge und Fortschreibung sind die Handbücher auf aktuellem Stand zu halten; sie sind eine wertvolle Hilfe für die Aus- und Fortbildung im Kreditwesen und meist schon elektronisch abrufbar.

278   Da die Vorgehensweise bei der Wertermittlung von Wohnimmobilien (Mehrfamilienhaus, Ein- und Zweifamilienhaus, Eigentumswohnung) i. d. R. keine Probleme aufwirft, wird im Folgenden – auch wegen des ständig steigenden Anteils der gewerblichen Beleihungen am Darlehensbestand der Institute – auf das Vorgehen bei der Anfertigung von **Wertermittlungen für gewerblich genutzte Grundstücke** näher eingegangen.

279   Die meist komplizierte Wertermittlung bei gewerblich genutzten Grundstücken erfordert, dass die **Einzelergebnisse** (Boden-, Bau-, Ertrags- und Verkehrswert) **nachvollziehbar aufgezeichnet und begründet sein** müssen. Bei der Vielfalt der gewerblich genutzten Objekte ist jedoch eine vollständige Beschreibung von Besonderheiten, die auf die Wertermittlung Einfluss haben können, kaum möglich. Insbesondere die örtliche Lage, die Verkehrsanbindung, die bau- und gewerberechtlichen Bestimmungen[159] sowie Bauweise, Ausstattung und Unterhaltungszustand der Objekte beeinflussen die Nachfrage und damit den Miet- oder Kaufpreis wesentlich. Sachverständige müssen zudem nunmehr aus bilanzierungstechnischen Gründen (wegen der Risikogewichtung des Kreditbetrages i. S. von Grundsatz I und KWG) und aus Kundensicht (finanzierungstechnisch u. a. wegen der Konditionengestaltung) die Realkreditfähigkeit der Immobilie ausreichend begründen. Die **Rangfolge der einzelnen Beurteilungsmerkmale** ist nach Branche unterschiedlich zu gewichten.

280   *Beispiele:*

– **Einzelhandelsgeschäfte** legen im Allgemeinen Wert auf ebenerdige Räume in guter Geschäftslage, Schaufenster zur Warenpräsentation und eine gediegene Ausstattung des Ladengeschäftes. Als herausragende Standorte sind die Fußgängerzonen der Großstädte mit hohen Passantenströmen bzw. Besucherzahlen anzusehen.

– **Lebensmittel-Supermärkte** mit maximal 1 000 m² Verkaufsfläche und 350 m² Lagerfläche (auf 10 000 bis 15 000 m² großen Grundstücken mit 200 bis 250 Stellplatzflächen) bevorzugen eine Lage, die Parkmöglichkeiten für eine große Anzahl von Pkw und Anschluss an das öffentliche Verkehrsnetz bietet; es kommen durchaus auch City-Randlagen und Vorortlagen an stark frequentierten Straßen in Orten ab 25 000 Einwohnern in Betracht. Die Supermärkte begnügen sich meist mit einfachen, eingeschossigen Baukonstruktionen und einfachen Ausstattungen der Verkaufsräume. Der Anteil der Supermärkte an der Zahl der Geschäfte des Lebensmitteleinzelhandels (80 272) lag Anfang 1993 bei 12,4 %; vom Umsatz 1992 (rd. 110 Mrd. €) entfielen auf diese Vertriebsart 31,1 %. Die Umsatzrendite liegt bei etwa 1 %.

– **Einkaufszentren** sind auf große Einzugsbereiche mit entsprechender Kaufkraft angewiesen. Als attraktiv gelten Standorte mit günstigen überörtlichen Verkehrsanbindungen für den Individualverkehr und einem großzügigen, meist kostenlos zu nutzenden Parkplatzangebot. Die Kosten der Herstellung und Unterhaltung gehen i. d. R. zu Lasten der Mieter, d. h. des Einkaufszentrums. Ein guter Branchenmix (Facheinzelhandel, Supermarkt, Discounter, Möbelanbieter, Warenhaus, Gastronomie, Dienstleister etc.) verbunden mit einem professionellen Center-Management ist zudem für einen dauerhaften Bestand der Zentren von großer Bedeutung. Die Betriebspflicht in einem Einkaufszentrum ist nur möglich, wenn ein Konkurrenzschutz gewährt wird (§ 9 Abs. 1 AGB-Gesetz; vgl. *von Seyfarth,* Immobilien-Zeitung vom 25. 10. 2001)[160]. Ende 1993 gab es in Gesamtdeutschland 112 Einkaufszentren (vgl. Abb. 19).

– **Stadt- und Kongresshotels** sollten an zentralen innerstädtischen Standorten mit guten Verbindungen zu Bahnhöfen, Flughäfen und Messeplätzen errichtet werden. Zu beachten ist, dass An- und Abfahrt von Individualverkehren und Taxis problemlos sind. Selbstverständlich muss die Vorhaltung eines gebührlichen Stellplatzangebotes für Personenkraftwagen sein. Hotels der vorgenannten Art entsprechen i. d. R. den Anforderungsprofilen der 4- bzw. 5-Sterne-Kategorie (First Class bzw. Luxus).

– **Heimwerker-, Bau- und Gartenfachmärkte** bevorzugen ebenerdige Standorte (Grundstücke mit etwa 8 000 bis 12 000 m²) mit ungehinderter Sichtverbindung zu stark frequentierten Ausfall- bzw. Zubringerstraßen. Weitere Punkte eines Anforderungsprofils können sein: Verkaufsfläche 3 000 bis 5 000 m², eingezäuntes Freilager 500 bis 1 000 m², 150 bis 250 Pkw-Parkplätze und hohe Verkehrsfrequenzen (z. B. täglich bis zu 15 000 Kfz-Bewegungen). Große Baumärkte schätzen Grundstücke mit 30 000 bis 40 000 m² an zentralen Standorten mit mehr als 200 000 Einwohnern im Einzugsgebiet oder großstädtische Lagen mit mindestens 100 000 Einwohnern. Ende 1996 bestanden 4 153 Märkte mit einem Umsatz von rd. 35 Mrd. € bei Umsatzrenditen von 4 bis 6 %, max. 8 %. Bei 15 000 m² Verkaufsfläche ist die Rede von „Mega-Baumärkten".

– Für innerstädtische **Parkhäuser** sind zentrale, gut auffindbare Lagen mit Anschlüssen an das Park- und Verkehrsleitsystem unabdingbar. Zudem sind breite Auf- und Abfahrten sowie Fahrstraßen von großem Vorteil, wobei Häuser ab etwa 300 Stellplätze rentabel zu betreiben sind. Ende 2000 waren 43,7 Millionen Personenkraftwagen in der Bundesrepublik Deutschland zugelassen.

– Für **Zeitungsverlage und Druckhäuser** spielen neben einer funktionalen, meist mehrgeschossigen Baugestaltung vor allem die Verkehrsanbindungen (Straße, Schiene, Flugzeug) und die Anschlüsse an die Kommunikations- und Nachrichtennetze eine entscheidende Rolle.

---

158   Vgl. hierzu das Schreiben des BAKred vom 6. 4. 1999 an den VdH, abgedruckt in GuG 2000, 322
159   Weyers, Bau- und gewerberechtliche Bestimmungen im Blickfeld von Grundstücksbeleihungen, Sparkasse 1994, 586 ff.
160   OLG Schleswig, Beschl. vom 2. 8. 1999 – 4 W 24/99 –, OLGR Schleswig 1999, 385 = AIZ 2001, 22 = NZM 2000, 1008 = SchlH 1999, 312

– **Lagerhaus- und Speditionsgesellschaften** legen Wert auf gute Anbindungen an Bahnlinien, örtliche und überörtliche Straßennetze sowie ausreichende Freiflächen. Das Verhältnis von bebauter Fläche zu unbebauter Fläche sollte bei etwa 1:1 liegen. Die i. d. R. eingeschossigen Hallen müssen entsprechend hoch (6 bis 8 m) und die Nutzfläche teilbar sein. Die Hallenböden sollen möglichst dem Niveau der Ladefläche von Eisenbahnwaggons und Lkw's entsprechen, um dem immer schnelleren Warenumschlag gewachsen zu sein; denn mit Hilfe ausgefeilter Logistik muss die Ware zum richtigen Zeitpunkt, in der richtigen Qualität, in der vom Kunden gewünschten Menge zur Verfügung stehen *(„just in time")*. Das neue Logistikgeschäft benötigt eine auf spezifische Arbeitsabläufe abgestimmte Immobilie (z. B. wegen des Internethandels).

– **Fertigungsbetriebe** sind wegen des schnellen Wandels in der Produktionstechnologie (Einsatz von computergesteuerten Werkzeugen, Maschinen und Robotern) zunehmend auf hallenähnliche Gebäude angewiesen, um den technisch-wirtschaftlichen Anforderungen zu genügen. Hierbei sind Standorte in der Nähe großer Abnehmer (z. B. als Zulieferer der Automobilindustrie) von Vorteil.

4.6.2 Auftragsvorbereitung und Ortsbesichtigung

281 Um z. B. ein **gewerblich genutztes Grundstück** zuverlässig bewerten zu können, sind – von Objektart zu Objektart verschieden – bestimmte Unterlagen notwendig. Auf die Vielfalt der Bauvorschriften und technischen Normen, die der Sachverständige bei seiner Arbeit beachten muss, wird in diesem Zusammenhang hingewiesen (Gesetze, Verordnungen, Richtlinien, Erlasse und DIN-Normen). Er darf nicht einfach unterstellen, dass ein Objekt genehmigungsgerecht errichtet worden ist; hierzu muss er die Bauerlaubnis einsehen. Eine Bauerlaubnis wird zum Beispiel unbeschadet der Rechte Dritter erteilt. Sie kann auch Auflagen und Bedingungen enthalten, welche die Nutzung des Objekts wesentlich einschränken. Auch können Baustellen stillgelegt werden, wenn Nachbarn Verwaltungsgerichte anrufen. Dies ist z. B. der Fall, wenn die „nachbarschützenden Vorschriften" der Landesbauordnungen über einzuhaltende Abstandsflächen nicht beachtet werden. Andere Unterlagen wiederum können darüber hinaus sachdienliche Informationen liefern.

282 **Obligatorische Objektunterlagen** bei unbebauten gewerblich nutzbaren Grundstücken und Fabrikarealen mit abbruchreifer Gebäudesubstanz sind:

– Grundbuchauszug,

– Auszug aus dem Liegenschaftsbuch,

– Abzeichnung der Flurkarte,

– Lageplan eines Vermessungsingenieurs mit den baurechtlichen Festlegungen (Bebauungsplan-Nr., Rechtskraft, zulässiges Maß der baulichen Nutzung, Flächen- und Höhenangaben, Maße, Baulastflächen, Altlastflächen etc.),

– Auszug aus dem Baulastenverzeichnis (gegebenenfalls Negativattest),

– Erschließungsbeitragsbescheid,

– Vorbescheid mit Hinweisen und Bedingungen (Bauvoranfrage),

– Gefährdungsabschätzung (Altlasten),

– Auskunft(-pflicht) der Gemeinde zu § 42 Abs. 2 und 3 BauGB (vermögensrechtlicher Schutz der zulässigen Grundstücksnutzung und Angabe des Datums zum Ablauf der 7-Jahres-Frist [vgl. § 29 WertV Rn. 34 ff.]. Entschädigung wird nur für Eingriffe in die ausgeübte Nutzung geleistet.)

283 **Bei bebauten Grundstücken** sind zusätzlich erforderlich:

– Bauzeichnungen (Grundrisse, Ansichten, Schnitte),

– Bauschein mit Anlagen,

– Rohbau- und Gebrauchsabnahmeschein,

– Grenzbescheinigung bei Bebauungen an den Grundstücksgrenzen,

– Gebäude-Feuerversicherungspolice,

– Miet- bzw. Pachtverträge, zumindest Aufstellung nach Mieteinheit/Pächter mit Umlageregelung und Dauer der Vertragsverhältnisse sowie Änderungsbedingungen,

– Flächen-, Auslastungs- und Umsatzangaben bei eigengenutzten Objekten (z. B. Einzelhandel mit Verkaufsfläche und €-Umsatz/m² Verkaufsfläche; Hotelbetrieb mit Anzahl der Zimmer, Auslastung und Durchschnittspreis je Zimmer; Restaurationsbetriebe und Gaststätten mit Platzangebot und Umsatz, Kühlhäuser (Hallen) mit Lagermöglichkeit in t und Umschlagshäufigkeit, Tennishallen mit Platzangebot, Preisspiegel und Auslastung, Parkhäuser/Tiefgaragen mit Anzahl der Stellplätze und Anteil Dauer- bzw. Kurzparker);

– Auflistung der besonderen Betriebseinrichtungen,

– Betriebsgenehmigungen, Konzessionen,

– Prüfberichte (TÜV, Sachverständige, Fachfirmen und in Nordrhein-Westfalen die Bauaufsichtsämter wegen § 21 GarVO; Brandschau der Berufsfeuerwehr bei Büro- und Geschäftshäusern, Warenhäusern, Hotels, Kurkliniken usw.).

Bei Erbbaurechten, Wohnungs- und Teileigentum sind zusätzlich notwendig: **284**

– Erbbaurechtsvertrag,

– Teilungserklärung,

– Verwaltervertrag, Protokolle der Eigentümerversammlungen,

– Hausordnung.

Andere zweckdienliche Objektunterlagen können sein: **285**

– Kaufvertrag,

– Bodengutachten/Baugrunduntersuchung (z. B. Grundwasser, ehemalige Kiesgrube, felsiger Untergrund),

– Bau- und Betriebsbeschreibung,

– Gebäudedaten (bebaute Fläche, umbauter Raum/Rauminhalt, Nutzfläche, Grundflächenzahl [GRZ], Geschossflächenzahl [GFZ], Baumassenzahl [BMZ]),

– Baukostenaufstellung (Ergebnis der Ausschreibung),

– Kostenvoranschlag (Schätzung),

– Erklärung zur Hauptfeststellung des Einheitswerts mit Anlagen (Lageplan, Gebäudeskizzen, Baubeschreibung und Gebäudedaten),

– Einheits- bzw. Grundbesitzwertbescheid, Bedarfsbewertung,

– Objektfotos,

– ältere Wertermittlungen,

– Gutachten externer Sachverständiger,

– Mietspiegel für Gewerberäume,

– Heizspiegel (vermitteln einen Überblick, ob die Kosten für Öl-, Gas- und Fernwärmeheizung im üblichen Rahmen liegen),

– Mietwerte für Ladenlokale, Büroräume und Gewerbeflächen im Kammerbezirk (z. B. IHK Köln),

– Wirtschafts- und Arbeitsmarktberichte der Kommunalen Dezernate für Wirtschaft- und Stadtentwicklung (Jahresberichte),

– Ortsprospekt mit Angaben zu Einwohnerzahl, Infra- und Wirtschaftsstruktur usw.,

– Amtsblätter der Stadt/Gemeinde; Bekanntmachungen in der örtlichen Presse,

- Statistisches Jahrbuch (Großstädte) mit Angaben zu Bau- und Wohnungswesen, Wirtschaft, Arbeitsmarkt,
- Strukturatlas der IHK mit Daten zur Lage, Größe und Verfügbarkeit von Gewerbe- und Industriegrundstücken sowie Daten zur Infrastruktur als Leitfaden zur Gewerbeansiedlung; die IHK Köln hat einen Strukturatlas der Region Rheinland inzwischen ins Internet gestellt[161],
- Kaufkraftkennziffern (z. B. Gesellschaft für Konsum-, Markt- und Absatzforschung mbH & Co. KG, Nürnberg – GfK),
- Hotelatlas und Atlas mit den Standorten großflächigen Einzelhandels im Kammergebiet (IHK in *Köln*),
- Übersichtskarte zu Bürostandorten in Köln 1995 (Rheinische Immobilienbörse bei der IHK in Köln),
- Handelsmagazin, Zeitschrift der Bundesarbeitsgemeinschaft der Mittel- und Großbetriebe des Einzelhandels e.V., BAG Köln,
- Branchenberichte,
- Standortanalysen,
- Planungsatlanten zu regionalen Entwicklungsperspektiven (z. B. für Fachmärkte im Großraum Hannover),
- Handelsbesatz in Fußgängerzonen (z. B. Top-Shop-Atlas von Brockhoff & Partner, Immobilien GmbH, Essen),
- Auswertungen von Immobilien-Angeboten, in den Wochenendausgaben von Tageszeitungen (z. B. SZ-Immobilien-Index zum Angebot von Doppelhaushälften – Neubau/Altbau – in und um München),
- Marktübersichten zu Nachfragen und Verkaufsaufträgen[162],
- Prüfattest von Licht- und Kraftanlagen vom TÜV oder Sachverständigen für Versicherungen (unsachgemäß verlegte Elektroleitungen können z. B. zur Selbstentzündung führen, die Instandhaltungspflicht trägt der Vermieter),
- Police der Versicherung gegen Mietausfall infolge Brand, Blitzschlag oder Explosion.

Abb. 19: Entwicklung und Prognose der Betriebstypen im Einzelhandel

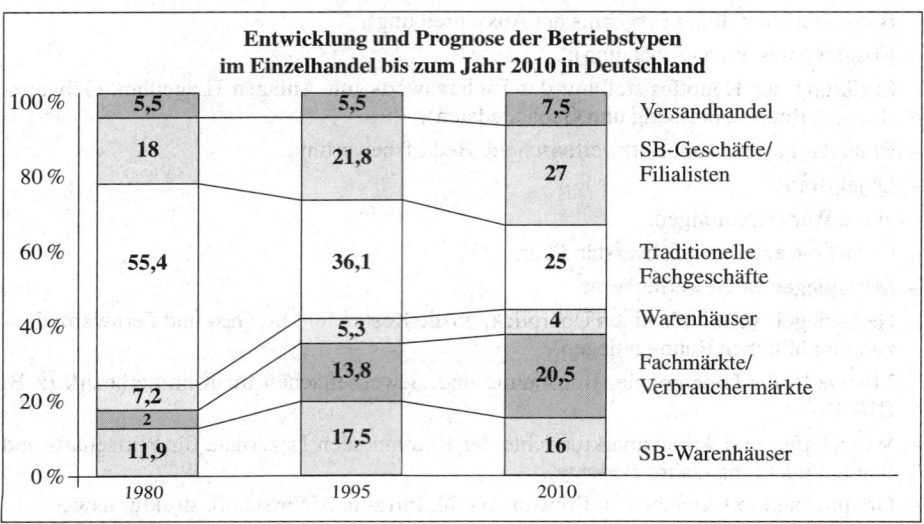

Quelle: ifo Institut München

Bei allen Unterlagen ist die Aktualität wichtigste Voraussetzung, da auf veralteten und **286** überholten Grunddaten keine zeitnahe Wertermittlung aufgebaut werden kann. Die vorliegenden Unterlagen sind zunächst auf ihre Vollständigkeit zu überprüfen, damit fehlende Unterlagen bis zur Objektbesichtigung beschafft werden können. Es empfiehlt sich stets, vorgelegte **Bauzahlen bzw. Berechnungen zu überprüfen** (s. Schneider-Fall im Jahr 1994) **und festzuhalten,** ob umbauter Raum oder Rauminhalt (DIN 277/1950 oder DIN 277/1973) ermittelt wurde. Stehen jedoch nur dürftige Unterlagen/Informationen zur Verfügung, so sollte der Sachverständige die Ausarbeitung eines Gutachtens bzw. einer Schätzung ablehnen[163]. Die deutsche Rechtsprechung stellt im internationalen Vergleich sehr hohe Anforderungen an den Gutachter, was seine Sorgfaltspflichten, Gewissenhaftigkeit, Unparteilichkeit, Nachforschungs- und Begründungspflichten sowie seine höchstpersönliche Gutachtenerstattung anbelangt[164].

Trotz umfangreichen Unterlagenmaterials ist es die Regel, vor der Objektbesichtigung **287** noch **sachkundige Behörden** (Ordnungs-, Planungs-, Bau-, Vermessungs-, Kataster-, Liegenschaftsamt, Geschäftsstelle des Gutachterausschusses, Amt für Wirtschaftsförderung, Presse- und Informationsamt, Verkehrsamt, Amtsgericht/Grundbuch) und Institutionen (z. B. Handwerkskammer, Industrie- und Handelskammer, Einzelhandelsverband, Hotel- und Gaststättenverband) **aufzusuchen um Erkundigungen einzuziehen.** Dabei sollte insbesondere auf Maßnahmen und Planungen, die das Wertermittlungsobjekt tangieren könnten, geachtet werden (z. B. wesentliche Änderungen für den Durchgangsverkehr, Schaffung eines ausreichenden Parkraum-Angebots, Parkleit- und Verkehrsleitsysteme, Neugestaltung und Ausdehnung der Fußgängerzone, Ergänzungsplanung zum Flächennutzungsplan, Veränderungssperre, Sanierungsgebiet [§§ 144 f. BauGB] bzw. Entwicklungsbereich, genehmigungspflichtige Vorhaben und Rechtsvorgänge, Umlegungsgebiet, Industrie- und Gewerbeansiedlungen, Verlagerungen von Betrieben; sind Gebäude der Denkmalpflege gewidmet?). Für die Einsichtnahme von Bauakten und bei Recherchen im Zusammenhang mit Altlasten ist i. d. R. eine Vollmacht des Grundstückseigentümers erforderlich.

Nach § 42 Abs. 2 und 3 BauGB können die Gemeinden das seit dem 1. 1. 1984 aufgeho- **288** bene oder geänderte **Bau- und Nutzungsrecht** gegenüber dem Grundstückseigentümer **entschädigungslos** durchsetzen. Insbesondere betroffen sind Grundstücke, bei denen über sieben Jahre nach § 30 BauGB Baurecht bestand, welches nicht ausgenutzt worden ist.

Anlässlich der Objektbesichtigung wird die bereits vorbereitete Checkliste zur Erfassung **289** von **Grundlagen für die Wertermittlung**[165] komplettiert (Geschäftslage, beobachtete Leerstände, Nachbarbebauung und Branchen, Verkehrsanbindung, Erschließung, Ver- und Entsorgungsanschlüsse u. a.). Offen gebliebene Fragen (z. B. Eigentumsverhältnisse, Scheinbestandteile, vorgehende Lasten und Beschränkungen im Grundbuch, Planungsabweichungen, zwischenzeitliche Veränderungen der Bausubstanz u. Ä.) werden vor Begehung der

---

161 www.ihk-koeln.de über den Link „Bau + Boden"
162 Finanzberatungsgesellschaften (z. B. XLII, Jahresbericht Dezember 2000 der Interfinanz, Gesellschaft für internationale Finanzberatung GmbH und Co KG, Düsseldorf)
163 Vgl. auch „Anfangsverdacht auf Untreue durch pflichtwidrige Kreditvergabe" in Focus 2000, 276 und Kölner Stadt-Anzeiger vom 16./17. 12. 2000
164 So hat der BGH in seinem Urt. vom 13. 11. 1997 – X ZR 144/94 – (GuG 1998, 376 = EzGuG 11.256) klargestellt, dass ein SV, der in seinem Gutachten Tatsachen feststellt, auch dafür verantwortlich ist, dass er die Feststellung gewissenhaft getroffen hat. Von mitgeteilten Angaben darf er nur ausgehen, wenn er sich davon überzeugt hat, dass die Angaben zutreffend sind. Des Weiteren spricht der BGH im Urt. vom 24. 9. 1991 – VI ZR 293/99 –, GuG 1992, 351 = EzGuG 11.187, von einem leichtfertigen und gewissenlosen Verhalten, der z. B. die Angaben von Gemeindebediensteten zur Grundlage eines Gutachtens macht, wenn sich ihm Zweifel an der Richtigkeit aufdrängen mussten. Das OLG Köln hat im Urt. vom 5. 2. 1993 – 19 U 104/92 –, GuG 1995, 125 = EzGuG 11.200 herausgekehrt, dass sich ein Sachverständigengutachten auf Tatsachen und nicht auf Unterstellungen und Mutmaßungen stützen muss.
165 Vgl. hierzu: BelGr für Sparkassen, Stuttgart 1984, S. 627

Liegenschaft mit dem Eigentümer besprochen und geklärt. Bewertet werden dürfen allerdings „nur Gebäude und Anlagen, für die ein Baugenehmigungsbescheid erteilt wurde bzw. Neubauvorhaben nur, wenn auf Grund eines Bauvorbescheids mit der Baugenehmigung zu rechnen ist. Alsdann sind Qualität und Zustand der vorhandenen Gebäude und Außenanlagen zu erfassen; wurden die anerkannten Regeln der Baukunst und Technik eingehalten?

290 Mögliche technische **Baumängel und Bauschäden** können z. B. entstanden sein durch:
- Feuchtigkeitsschäden im Kellergeschoss oder Tiefgaragen auf Grund fehlender oder mangelhafter Isolierung (Absperrung) des Mauerwerks bzw. unterhalb der oberirdischen Verkehrsflächen,
- Durchfeuchtung der Fassade infolge mangelhaften Wandaufbaus, schadhaften Außenputzes, schlechter Fugenverbindung bei Fertigteilen,
- Feuchtigkeitsschäden wegen Undichte des Daches (Flachdächer),
- Risse im Mauerwerk und Leitungsnetz auf dem Grundstück (bei schlechtem Baugrund und Gebäuden auf Verfüllungsgrundstücken – ehemaligen Deponien),
- Absetzungen an Wand-Wand- oder Wand-Decken-Verbindungen,
- Schäden an Sanitär-, Heizungs- und Elektroinstallationen,
- Schädlingsbefall oder Pilz am Holzwerk,
- Versottung der Schornsteine, Verrottung der Dachziegel, defekte Kaminköpfe,
- Neuerdings umweltbedingte Schäden – insbesondere an Natursteinfassaden und Stahlbetonkonstruktionen (durch Schwefeldioxyd und Stickoxyde aus Industrieschornsteinen, Kraftwerken und Kraftfahrzeugen, saurer Regen).

291 Die Aufnahme der Baumängel ist erforderlich, um den in der Wertermittlung zu berücksichtigenden **Reparaturstau mit hinreichender Genauigkeit zu bestimmen.** Stellt der Sachverständige jedoch erhebliche Bauschäden und Mängel fest, so wird er mitunter nicht umhin kommen, die Einschaltung geeigneter Experten (Sonderfachleute) zu empfehlen. In solchen Fällen ist häufig nach Ursachen zu forschen, und es sind anschließend neben geeigneten Sanierungsvorschlägen auch Kostenschätzungen zu erarbeiten. Derartige Leistungen gehören im Allgemeinen nicht zum Aufgabenbereich der Sachverständigen für Grundstücks- und Gebäudewertermittlung. Dies gilt in zunehmendem Maße auch für Grundstücke, die mit Altlasten behaftet sind.

292 Viele **Parkhäuser und Tiefgaragen,** die z. B. inzwischen 35 und 45 Jahre alt sind, müssen nunmehr saniert werden. Als häufigste Schadensursachen sind hierfür zu nennen:
- Unzureichendes Gefälle auf Geschossdecken und Flachdächern führt zu Pfützenbildung und zu Durchfeuchtung der Stahlbetonkonstruktionen mit den vielfältigen Folgeschäden,
- Zerstörung des Betons sowie Korrosion der Stahlbewehrung durch Tausalze, saurer Regen, Autoabgase und infolge von mangelhaften Betonqualitäten,
- Entstehung von Rissen durch Spannungen, Frostaufbrüche, Wechsellasten und Vibrationen, die zu Wassereinbrüchen führen,
- Zerstörungen der (meist) Beton-Fahrbahnverschleißschichten durch Abrieb (ehemals auch durch Spikesreifen). Erleichtert wird das Eindringen von Tausalzlösungen und anderen Einflüssen in den Beton.

293 **Abhilfe** kann meist **durch folgende Maßnahmen** getroffen werden:
- Untergrundbehandlungen,
- Korrosionsschutz-Vorkehrungen,
- Oberflächenbeschichtungen,
- neue Ausbildung der Dehnungsfugen,
- Asphalt-Fahrbahnbeläge oder Kunstharzmaterial auf Betondecken.

Die Kosten der notwendigen Sanierung können beträchtlich sein. Hierzu drei Beispiele, die **294** Vorstellungen zum möglichen **Ausmaß von Reparaturstau und Sanierungsbedarf** vermitteln sollen:

– Die Sanierung des letzten Parkdecks (90 Stellplätze) einer Parkierungsanlage mit 2 200 m² hat im Frühjahr 1993 insgesamt 330 000 € gekostet. Dies sind rd. 150 €/m² NF und rd. 3 600 €/Stellplatz. Notwendig waren der Abtrag des Estrichs einschließlich der alten Isolierung bis auf die Rohdecke, Säuberung mittels Hochdruckgerät, Ausbildung der Dehnungsfugen, bituminöse Abdichtung und Auftrag eines Asphaltbelags sowie Herstellung von Maueranschlüssen, Rammborden und Markierung.

– Die Sanierung einer 25 Jahre alten Tiefgarage mit zwei Geschossen und 600 Stellplätzen hat 1996/97 Kosten in Höhe von ca. 3,3 Mio € (rd. 5 500 €/Stellplatz) verursacht. Notwendig war u. a. die Aufnahme einer kompletten Platzbefestigung aus Beton- und Natursteinen, damit sämtliche Dehnungsfugen neu ausgebildet werden konnten. Für die Dauer der Sanierungsarbeiten war ein Viertel der Stellplätze ständig unbenutzbar, so dass mit beträchtlichen Einnahme-Ausfällen gerechnet werden musste (Mietausfallwagnis).

– In zwei stark frequentierten Geschossen (1. und 2. OG) einer Parkierungsanlage mit 700 Stellplätzen hat die Betonsanierung im Sommer 1999 netto (d. h. ohne MwSt.) insgesamt 675 000 € gekostet (= 150 €/m² NF bzw. 3 750 € je Stellplatz). Zu entfernen war u. a. ein Asphaltbelag im Fahrbahnbereich, auf ca. 10 % der Bodenfläche war nun die Armierung sichtbar. Noch weiter freizulegen war die korrodierte Bewehrung, es folgte die Reinigung der Betonfläche mit Hilfe von Sand- und Kugelstrahlmaschinen, das freiliegende Eisen wurde anschließend mit einem zweimaligen Rostschutzanstrich versehen und die offenen Stellen mit schwindfreiem Mörtel verschlossen. Nach Aufbringung einer rissüberdeckenden Schicht wurde die Oberfläche mit einer mehrlagigen Verschleißschicht aus Kunstharzmaterial einschließlich Erneuerung der Markierungen in den Endzustand versetzt. Bei laufendem Parkhausbetrieb beanspruchten die Sanierungsarbeiten 4 Monate; der Einnahmeausfall hat 75 000 € (= ./. 5 % gegenüber Vorjahresergebnis) betragen.

Mängel des Unterhaltungszustands beziehen sich üblicherweise auf unterlassene Schön- **295** heitsreparaturen (z. B. Malerarbeiten). Versteckte Mängel können im Allgemeinen vom Sachverständigen nicht festgestellt und somit auch nicht berücksichtigt werden. Ganz allgemein gilt, dass die Beschreibung der Baulichkeiten nur den optisch erkennbaren Bau- und Unterhaltungszustand angeben kann.

Als zweckdienlich haben sich daher folgende **Hinweise** ergeben: **296**

– Die vorliegende Wertermittlung ist kein Bausubstanzgutachten. Dementsprechend wurden auch keine Untersuchungen hinsichtlich Standsicherheit bzw. Schall- und Wärmeschutz vorgenommen.

– Untersuchungen bezüglich Befall durch tierische oder pflanzliche Schädlinge (in Holz oder Mauerwerk) bzw. Rohrfraß (in Kupferleitungen) wurden nicht durchgeführt.

– Die *Gebäude* wurden nicht nach schadstoffbelasteten Baustoffen (wie Asbest, Formaldehyd, Tonerdeschmelzzement etc.) und der *Boden* nicht nach evtl. Verunreinigungen (Altlasten) untersucht.

Derartige Untersuchungen können nur von Spezialinstituten vorgenommen werden; sie würden den Umfang einer Grundstückswertermittlung sprengen.

Ausgangspunkt bei der Wertermittlung für die baulichen Anlagen **ist der „reparaturfreie** **297** **Herstellungswert der Gebäude",** abzüglich der marktüblichen Wertminderung wegen Alters. Bei **sofort fälligen Reparaturen** oder bei Sanierungen/Umbauten ist stets der Zustand nach Fertigstellung der Arbeiten zur Bemessung des Gebäudewerts, der Restnutzungsdauer und der Wertminderung zu berücksichtigen.

298 **Erforderliche Beträge für Sanierungen/**Umbauten bzw. für die Instandhaltungsrückstellung (Reparaturrückstau) **sind in voller Höhe anzusetzen.** Kosten für sofort anfallende Reparaturen sind lediglich ein Sonderfall des allgemeinen Reparaturrückstaus.

299 **Zur Beschreibung des Objekts** gehört ebenso die Aufnahme wirtschaftlicher Gegebenheiten, die den Gebrauchswert des Objekts positiv oder negativ beeinflussen. Im gewerblichen Bereich beziehen diese sich auf optimale Baugestaltung zur Ermöglichung rationeller Produktionsabläufe, Erweiterungsmöglichkeiten auf dem Grundstück sowie Verwendbarkeit bei andersartiger Nutzung (Drittverwendungsmöglichkeit). Hier sind insbesondere von Bedeutung:

– die Zuordnung und die Größenverhältnisse von Büro-, Produktions-, Lager- und befestigten Freiflächen,

– die Belastbarkeit von Decken und tragenden Konstruktionen (Kranbahnen),

– die Höhen (Stapelhöhe) von Lager- und Werkshallen,

– die Spannweiten der konstruktiven Teile (Säulenabstand),

– die Höhendifferenz zwischen Fußboden-Erdgeschoss und Gelände (Rampenhöhe bei Speditionsbetrieben),

– die Transportvorrichtungen (Aufzüge, Kräne, Rolltreppen),

– die Erschließung auf dem Grundstück (Entwässerung, Befestigung und Belastbarkeit der Verkehrsflächen, Beleuchtung sowie Einfriedung).

300 Bei der Vielfalt der gewerblich genutzten Objekte ist eine **vollständige Beschreibung von Besonderheiten,** die auf das Wertermittlungsergebnis Einfluss haben können, kaum möglich. Insbesondere die örtliche Lage, die Verkehrsanbindung, die maßgebenden Vorschriften des Bauplanungs- und Bauordnungsrechts sowie Bauweise und Ausstattung der Objekte beeinflussen die Nachfrage und damit den Miet- oder Kaufpreis wesentlich. Wirtschaftliche Aspekte haben bei der Objektbeurteilung Vorrang vor steuerlichen Gesichtspunkten. Die Rangfolge der einzelnen Beurteilungsmerkmale ist von Branche zu Branche unterschiedlich zu gewichten.

301 Den besonderen **Anforderungen an den Beleihungsgegenstand** soll mit Hilfe der folgenden Übersicht nachgegangen werden:

1. Bauleitplanung: Flächennutzungsplan, rechtswirksam seit …
Bebauungsplan, rechtsverbindlich seit … (Bauverwaltungs- bzw. Planungsamt, Vermessungsamt),

2. Erschließungskosten (Tiefbauverwaltungsamt),

3. Bodenrichtwert (Gutachterausschuss für Grundstückswerte), bzw. Bodenrichtwertkarte auf CD-ROM (z. B. Hansestadt Hamburg mit 6 300 Bodenrichtwerten zum Stichtag 1. 7. 1999),

4. Baulasten/Eintragungen in Abt. II des Grundbuchs (Baulastenverzeichnis/Grundbuchauszug – Kataster-/Vermessungsamt, Amtsgericht),

5. Altlasten: Übersichtsplan „Altablagerungen und Altstandorte" (Planungsamt, Amt für öffentliche Ordnung); sind Altlasten vorhanden, ist eine Vollmacht des Grundstückseigentümers erforderlich,

6. Bauschein und Abnahmen (Bauverwaltungsamt, bei Vorlage einer Vollmacht des Grundstückseigentümers),

7. Denkmalschutz, Sanierungs- und Umlegungsgebiet (Konservator, Bauverwaltungsamt, Gutachterausschuss),

8. Rechte an anderen Grundstücken (Grundbuchauszug, Bestandsverzeichnis),

9. Bergbau/Bergschäden (Bergschadenminderwert- bzw. -totalverzicht; Grundbuch Abt. II oder Bergbauunternehmen ansprechen/Vollmacht),

10. Sonstiges (Wirtschaftliche Einheit, uneingeschränkter Zugang, Erschließungszustand, Wertverbesserungen gegenüber Baujahr usw.),

11. Abschließende Beurteilung (Grundriss, Mieten, Liegenschaftszinssatz, Restnutzungsdauer, Verkehrswert in Anlehnung an den Sach- oder Ertragswert, Marktanpassung, anderweitige Nutzung, Beleihungs- und Objektrisiko usw).

4.6.3 Bestandsschutz der baulichen Anlagen

Bei kreditwirtschaftlichen Immobilienbewertungen (insbesondere von gewerblich genutzten Grundstücken) ist der Bestandsschutz der baulichen Anlagen von Interesse. Dienlich für seine Beurteilung sind i. d. R. **Auszüge aus dem örtlichen Bau- und Planungsrecht** (Beispiel: Stadt *Köln;* vgl. Anh. 2.2.1). Grundsätzlich gilt nämlich, das nur dort, wo auch baurechtlich und gewerberechtlich einwandfreie Voraussetzungen gegeben sind, gedeckte (gesicherte) Kredite gewährt werden können. Dies gilt inzwischen im besonderen Maße auch für die bankaufsichtlich privilegierten Immobilien. In allen anderen Fällen bleibt nur die Möglichkeit, einen anderweitig sichergestellten Personal- und Blankokredit bereitzustellen. Aus rechtlicher Sicht sind drei **Formen des Bestandsschutzes** zu unterscheiden: **302**

4.6.3.1 Baurechtlicher Bestandsschutz

Der baurechtliche Bestandsschutz ergibt sich aus der **ordnungsmäßig erteilten Baugenehmigung.** In Ausnahmefällen kann Bestandsschutz aber auch dann gegeben sein, wenn zwar die Baugenehmigung nicht erteilt ist, der Bau aber zulässigerweise hätte errichtet werden dürfen.   **303**

Der baurechtliche Bestandsschutz bezieht sich nur auf die vorhandenen Gebäude und deren Nutzung und umfasst keinen Anspruch auf Veränderungen, Erweiterungen oder Ergänzungen. **Änderungen der Nutzung** sind nur möglich, wenn sie nicht wesentlicher Natur sind. Erlaubt sind demgemäß nur Reparaturen und bedingt erforderliche Modernisierungen, so dass im Prinzip lediglich die Instandhaltung in den Bestandsschutz einbezogen ist. Unter besonderen Gegebenheiten ermöglicht der so genannte „überwirkende Bestandsschutz", dass wegen des Schutzes, den eine vorhandene bauliche Anlage genießt, ein damit im Zusammenhang zu betrachtendes weiteres Bauvorhaben genehmigt werden muss. Es wird aber darauf ankommen, ob es sich um Veränderungen wesentlicher oder unwesentlicher Teile handelt. Wesentliche Änderungen lassen sich grundsätzlich nicht i. S. eines überwirkenden Bestandsschutzes begründen. Was wesentlich oder unwesentlich ist, wird wohl weitgehend in das Ermessen der Gewerbeaufsichtsbehörden gestellt sein.   **304**

4.6.3.2 Gewerberechtlicher Bestandsschutz

Der gewerberechtliche Bestandsschutz ist in den baurechtlichen Bestandsschutz einbezogen. Eine im förmlichen Verfahren genehmigte gewerbliche Anlage ist nach dem BImSchG miterfasst. Von Nachbarn können lediglich noch Maßnahmen verlangt werden, die nicht zumutbare Belästigungen ausschließen oder mindern. Der gewerberechtliche Bestandsschutz erschöpft sich in der Verpflichtung, dass für genehmigungsfähige Anlagen nur dann **nachträgliche Anordnungen getroffen werden dürfen, wenn sie dem Stand der Technik entsprechen** und wirtschaftlich zumutbar sind. Es ist jedoch beispielsweise nicht auszuschließen, dass dort, wo ein Bestandsschutz besteht, die Nachbarn wegen eines hohen Geräuschpegels die Gewerbeaufsicht zum Eingreifen auffordern. Ein typisches Beispiel hierfür war ein Schreinereibetrieb, der zur Auflage bekam, im Jahre 1980 täglich nur noch an bestimmten Vormittags- und bestimmten Nachmittagsstunden seine nicht geräuscharmen Maschinen zu benutzen, ab 1982 die Nutzungszeiten seiner Maschinen weiter zu ver-   **305**

mindern und schon im Voraus für bestimmte Folgezeiten die Auflage erhielt, neue ge-
räuscharme Maschinen anzuschaffen.

306   Grundsätzlich ist davon auszugehen, dass sowohl der baurechtliche als auch der **gewerberechtliche Bestandsschutz** regelmäßig eng ausgelegt werden. Weil die genehmigte Anlage
Gegenstand des Besitzstandsschutzes ist, macht es keinen Unterschied, wenn Unternehmer
und Eigentümer unterschiedliche Personen sind, die Firma geändert wird oder im Wege
einer Erbfolge beispielsweise der Sohn nachfolgt. Auch bei Firmenverkauf und Grundstücksverkauf geht dieser Besitzstandsschutz auf den neuen Eigentümer über. Das gilt auch
für zwangsersteigerte Liegenschaften, wenngleich hier oft übersehen wird, dass anschließende Nutzungsänderungen i. d. R. nicht durchsetzbar sind.

4.6.3.3   Planungsrechtlicher Bestandsschutz

▶ *Hierzu allgemein Teil V § 4 WertV Rn. 196 ff., 214 ff., 252 ff., § 5 WertV Rn. 86 ff.*

307   Planungsrechtlicher Bestandsschutz ist aus dem **verbindlichen Bebauungsplan** herzulei-
ten und schützt im Rahmen der Bestimmungen, sofern der Betrieb ordnungsgemäß von der
Planung her eingeordnet und genehmigt ist, vor Umplanungsschäden. Solche Betriebe
haben bei Umplanungen aus ihrem Bestand heraus einen entsprechenden Entschädigungsanspruch. Planungsrechtlicher Bestandsschutz ist grundsätzlich nur bei richtiger Ausweisung im Flächennutzungsplan und entsprechendem Bebauungsplan gegeben.

308   Zur **Berücksichtigung des Immissionsschutzes** in der Bauleitplanung tragen z. B. die
Abstandsregelungen bei. Für Nordrhein-Westfalen existiert die Abstandsliste 1982, die auf
einem Runderlass (Abstandserlass) des Ministers für Arbeit, Gesundheit und Soziales vom
9. 7. 1982 (III B 6 – 8804.25)[166] beruht. Sie dient den Staatlichen Gewerbeaufsichtsämtern
bei der Prüfung der Bauleitpläne auf Übereinstimmung mit den Grundsätzen des Immissionsschutzes[167].

4.6.4   Beispiele zum Verkehrs- und Beleihungswert

309   Die Vielgestaltigkeit der Sachverhalte und Bauobjekte erfordert vom Gutachter/Schätzer
neben Sachverstand und Erfahrung auch große Umsicht und planmäßiges Vorgehen bei der
Wertermittlung. Hierzu sind der **Einsatz von Formularen** mit entsprechendem Erläute-
rungsteil, zunehmend inzwischen Computerprogramme, besonders geeignet. Formulare
wie Programme haben den Vorteil, dass sie dem Anwender einen Leitfaden bieten und so
Fehler und Unterlassungen vermeiden helfen. Außerdem fördern sie z. B. Übersichtlichkeit
und Vergleichbarkeit für Benutzer (Prüfung und Plausibilität). Nachteilig ist mitunter der
begrenzte Platz für Erläuterungen, so dass bei großen Objekten und zur Verdeutlichung von
Besonderheiten vielfach auf Anlagen verwiesen werden muss. Für bestimmte Objekte
kommt häufig nur eine freie Darstellung in Betracht. Gedacht ist insbesondere an unbebaute Grundstücke. Freizeitanlagen, spezielle Produktionsstätten als Objekte des Personalkredits (z. B. Kies- und Tongruben, Deponien, Brauereien, Futtermittelwerke, Mühlenbetriebe, Raffinerien) mit einem erhöhten Beleihungsrisiko.

4.6.4.1   Logistik-Immobilie

310   Wie Verkehrs- und Beleihungswert für das Grundstück eines modernen Logistikunterneh-
mens ermittelt werden, sollen die Praxis-*Beispiele* von zwei großen süddeutschen Sparkassen und einer Landesbank zeigen.

Beispiel: **311**

Objektdaten:

27 000 m² Hafengrundstück mit Anbindung an Schiene u. Straße, bebaut mit zwei großen Lagerhallen und einem zweigeschossigen Bürogebäude sind insges. 11 885 m² (GRZ = 0,44), Baujahr 1990, nutzbare Flächen: 1 200 m² Büroräume, 11 750 m² Lagerhalle und 13 500 m² befestigte Hoffläche (Abstellplätze für Lastkraftwagen); das moderne Objekt gestattet eine optimale Nutzung (mögliche Stapelhöhe z. B. ca. 8 m).

I Ermittlung des Verkehrswerts

a) Bodenwert

Das zu wertende Grundstück liegt im Geltungsbereich des rechtskräftigen Bebauungsplans Nr. 25 A der Stadt. Festgesetzt ist Gewerbegebiet (GE) mit dreigeschossiger geschlossener Bauweise, Grundflächenzahl (GRZ) = 0,8 und Geschossflächenzahl (GFZ) = 2,0.

Zum 31. 12. 2000 hat der Gutachterausschuss für Grundstückswerte in der Stadt einen **Bodenrichtwert für Gewerbeflächen** guter Lagequalität (erschließungs- und kanalanschlussbeitragsfrei) in Höhe von 150 €/m² beschlossen, wobei das Bodenrichtwertgrundstück größer als 5 000 m² ist.

Der Bodenwert ergibt sich demnach wie folgt:

27 000 m² × 150 €/m² ebf.	4 050 000 €
zuzüglich Grundstücksnebenkosten für Notar-, Gerichts- und	
Vermessungskosten sowie Rundungen (= 2,47 % von 4 050 000 €)	100 000 €
Bodenwert	**4 150 000 €**

b) Wert der baulichen Anlagen (Bauwert)

Die Wertermittlung erfolgt zum Nettowert, d. h. ohne Mehrwertsteuer.

Die Mehrwertsteuer bzw. Umsatzsteuer ist eine umfassende, nahezu auf allen Gütern und Leistungen lastende Verkehrssteuer für den Verbraucher, die im Beschaffungsfall auch als Vorsteuer bezeichnet wird. Umsätze aus der Vermietung und Verpachtung von Immobilien sind grundsätzlich steuerfrei. Vorsteuern sind nur dann absetzbar, wenn sie im Zusammenhang mit Umsatzerlösen stehen, die mehrwertsteuerpflichtig sind. Eigentümer von Gewerbeimmobilien verzichten regelmäßig auf die Umsatzsteuerbefreiung der Einkünfte aus Vermietung/Verpachtung (Option zur Umsatzsteuer) und lassen sich die „Vorsteuer" von den Kosten zur Errichtung der baulichen Anlagen erstatten.

Gemäß § 2 des Mietvertrags vom 6. 12. 1990 ist vereinbart worden, dass neben dem Mietzins die jeweils gültige gesetzliche Mehrwertsteuer zu entrichten ist. Die Ermittlung des Werts der baulichen Anlagen (Bauwert) muss demnach wie oben aufgeführt zum Nettowert, d. h. ohne Mehrwertsteuer erfolgen. Zurückgegriffen wird hierbei auf die NHK 95 (Typ 26.1 und Typ 32.1). Die durchschnittliche wirtschaftliche Gesamtnutzungsdauer (GND) der baulichen Anlagen wird mit 60 Jahren[168] angenommen; die Restnutzungsdauer beträgt demnach 49 Jahre (60–11).

89 900 m³ × 120 €/m³	10 788 000 €
4 450 m³ × 260 €/m³	1 157 000 €
zusammen	11 945 000 €
abzüglich 11 % von 11 945 000 € (Wertminderung)	1 313 950 €
ergibt	10 631 050 €
zuzüglich besondere Bauteile und Außenanlagen (Zeitwert)	848 950 €
Zwischenwert	11 480 000 €
zuzüglich Baunebenkosten von 15 %	1 720 000 €
Ergibt Bauwert	13 200 000 €
zuzüglich Bodenwert	4 150 000 €
Sachwert (Boden- und Bauwert)	**17 350 000 €**

c) Ertragswert

Etwa 50 % der nutzbaren Flächen sind langfristig vermietet. Die gezahlten Mieten 14 €/m² für Büroräume; 7 €/m² für Lagerhallen sind marktgerecht. Die Jahresnettokaltmiete (Grundmiete) ergibt sich demnach wie folgt:

1 200 m² Büro- und Nebenräume × 14 €/m²	16 800 €
11 750 m² Lagerhallenfläche × 7 €/m²	82 250 €
13 500 m² befestigte Hoffläche × 1 €/m²	13 500 €
Monatliche Nettokaltmiete (Grundmiete)	112 550 €
Jahresnettokaltmiete (Grundmiete p. a.) × 12	1 350 600 €
abzüglich 25 % Bewirtschaftungskosten (belegt durch Einzelnachweis)	– 337 650 €
Jahresreinertrag	1 012 950 €

---

166   MBl. NW 1982, 1376
167   Müller, „Entscheidungssammlung zum zivilen Baurecht (ZBauE)"; Luchterhand Verlag, Losebl.; Schmidt, Entscheidungssammlung zum Bauplanungsrecht (PBauE), Luchterhand Verlag Losebl., Grundwerke 1995
168   RdErl. des BMBau vom 12. 10. 1993 (BAnz. Nr. 199; 1993, 9630 = GuG 1994, 42)

abzüglich Bodenwertverzinsungsbetrag (6 % von 4.150.000 €)	249 000 €
Gebäudeertragsanteil	763 950 €
Gebäudeertragswert bei einer RND von 49 Jahren und p = 6 %; V = 15,71	
763 950 € × 15,71 = 12 001 654 €, d. h. rd.	12 000 000 €
zuzüglich Bodenwert	4 150 000 €
Ertragswert (Verkehrswert)	**16 150 000 €**

Bau- und Unterhaltungszustand sind gut, ein Reparaturanstau ist demnach nicht zu berücksichtigen. Der Verkehrswert entspricht dem 12fachen Jahresrohertrag. Standort und Modernität der Logistik-Immobilie garantieren eine vielseitige Nutzung und die Nachhaltigkeit der Mieterträge. Außerdem besteht Bedarf an solchen Distributionsflächen.

II Ermittlung des Beleihungswerts

Unter Bezugnahme auf die Einzelansätze zur Verkehrswert-Ermittlung kommt die Sparkasse zu *„ihren Beleihungswert"*. Zu berücksichtigen hat sie hierbei einerseits die Beleihungsgrundsätze und andererseits die Bestimmungen des Organisationshandbuches. Zwei Wege führen zum Beleihungswert. Zunächst der etwas umständliche, im Sparkassenbereich aber durchaus verbreitete Lösungsweg (jeweils nur den Ertragswert):

Der Ertragswert des Beleihungsgrundstücks *für das gewerblich genutzte Grundstück*

Jahresrohertrag		
	Summe der tatsächlich (erforderlichenfalls angeglichenen) bzw. geschätzten Bruttoeinnahmen (ohne Mehrwertsteuer) aus Grundstück und Gebäuden	1 350 600 €
./.	Bewirtschaftungskosten	
	Verwaltungs-, Betriebs- und Instandhaltungskosten sowie Mietausfallwagnis; die Abschreibung entfällt hier, da sie mit dem Vervielfältiger berücksichtigt wird	– 337 650 €
=	Mietreinertrag (Gebäude- und Bodenreinertrag)	1 012 950 €
./.	Risikoabschlag für die gewerbliche Nutzung (§ 18 Abs 1 a BelG) = 15 % i. S. der Abb. 20	– 151 942 €
=	Mietreinertrag nach Gewerbeabschlag	861 008 €
./.	Bodenwertverzinsungsbetrag (6 % von 4 150 000 €)	
	Verzinsung des in der Sachwertermittlung zu Grunde gelegten Bodenwerts mit dem der Kapitalisierung des Gebäudereinertrags zu Grunde gelegten Zinssatz. Wegen der Behandlung einer Übergröße des Grundstücks (§ 16 Abs. 2 Satz 3 WertV) wird auf die Ausführungen bei § 16 WertV Rn. 35 ff. hingewiesen.	– 249 000 €
=	Gebäudeertragsanteil	612 008 €
×	Vervielfältiger	
	Dieser ergibt sich aus der Restnutzungsdauer der baulichen Anlagen und dem der Kapitalisierung zu Grunde gelegten Zinssatz. Der Zinssatz ist nach der Art der baulichen Anlagen und nach der Lage auf dem Grundstücksmarkt zu bestimmen (vgl. § 11 WertV Rn. 19 ff.).	× 15,71
=	Gebäudeertragsanteil	rd. 9 600 000 €
+	Bodenwert (Bodenertragswert)	
	Dies ist der mit dem Zinssatz für die Kapitalisierung des Gebäudeertragsanteils – jedoch im Gegensatz dazu auf ewig – kapitalisierte Bodenwertertragsanteil. Er entspricht dem bei der Ermittlung des Sachwerts zu Grunde gelegten Bodenwert.	4 150 000 €
=	Ertragswert des gesamten Objekts (Beleihungswertvorschlag)	**13 750 000 €** *

* Der „Risikoabschlag" vom Verkehrswert (mit 16 150 000 € ermittelt) beträgt demnach rd. 15 %.

Mindestabschläge zur Ermittlung des Ertragswerts aus einer **Übersicht im Organisationshandbuch einer anderen Sparkasse** führen zu folgendem Ergebnis:

Jahresrohmiete (wie vorher)	1 350 600 €
abzüglich 40 % (Lagerhallen; Speditionsbetrieb; vgl. Abb. 21)	540 000 €
Mietreinertrag	810 600 €
abzüglich Bodenwertverzinsungsbetrag (wie vorher)	249 000 €
Gebäudeertragsanteil	561 600 €
× Vervielfältiger von 15,71 ergibt Gebäudeertragswert	rd. 8 850 000 €
zuzüglich Bodenwert	4.150 000 €
= Ertragswert (Beleihungswertvorschlag)	**13 000 000 €**

Die pauschale Berücksichtigung von Bewirtschaftungskosten und Risikoabschlag nach § 18 Abs. 1a BelGr führt zu einem um rd. 5 % niedrigeren Beleihungswert. **Der Abschlag vom Verkehrswert beträgt in diesem Fall rd. 20 %** (Abb. 20).

Abb. 20: Gewerbeabschlag bei der Ermittlung von Bau- und Ertragswert gem. den §§ 18 und 22 BelGr SparK

Gewerbeabschlag bei der Ermittlung von Bau- und Ertragswert gem. den §§ 18 und 22 BelGr SparK			
Lage des Pfandobjekts	Läden, Bürogebäude, Hotels, Kaufhäuser	Lagergebäude, Tank-stellen, Parkhäuser, u. Ä.	Fabriken, Werkhallen u. Ä.
1. innerhalb des Stadtkerns a) beste Geschäftslagen	5 %	10 %	individuell
b) weniger gute Geschäftslagen	10 %	15 %	individuell
2. angemessener Ring um den Stadtkern a) gute Lagen, z. B. an Ausfallstraßen, Bahnhofsnähe	10–15 %	15 %	15 %
b) weniger gute Lage	15 %	15–20 %	15–20 %
3. in der Hauptgeschäftslage der Vororte a) gute Lagen	10–15 %	15 %	15 %
b) weniger gute Lagen	15–20 %	25 %	25–35 %
4. am Rande außerhalb der Stadt-grenzen a) gute verkehrsgünstige Lagen, evtl. mit Anschluss an Wohn-bebauung	10–15 %	20 %	25 %
b) weniger gute Lagen	15–20 %	25 %	25–30 %

Quelle: Stannigel/Kremer/Weyers, a. a. O., S. 477

Es darf als selbstverständlich angesehen werden, dass es sich bei dieser Übersicht lediglich **312** um **Anhaltspunkte** handeln kann und jede Sparkasse ihre eigenen Maßstäbe auf Grund der örtlichen Gegebenheiten festlegen sollte (Abb. 21).

Abb. 21: Übersicht über Mindestabschläge vom Bauwert und vom Ertragswert bei Sparkassen

Objektart	Bauwert		Ertragswert			Beleihungs-wert orientiert sich am
	AfA (p. a.)	Mindest-abschlag	Mindest-abschlag	Kapitali-sierungs-zinssatz mindest	Kapitali-sierungs-faktor	
1	2	3	4	5	6	7
1. *Wohnungswirtschaftlich genutzte Grundstücke*						
1.1 ETW, Ein- und Zweifamilienhäuser	1 %	20 %	20 %	5,0 %	20,0	Sachwert
1.2 Vollständig vermietete Zweifamilienhäuser	1 %	20 %	20 %	5,0 %	20,0	Ertragswert
1.3 Dreifamilienhäuser	1 %	25 %	25 %	5,0 %	20,0	Ertragswert
1.4 Mehrfamilienhäuser ab 4 Einheiten	2 %	30 %	30 %	5,5 %	18,2	Ertragswert

Objektart	Bauwert		Ertragswert			Beleihungs-wert orientiert sich am
	AfA (p. a.)	Mindest-abschlag	Mindest-abschlag	Kapitali-sierungs-zinssatz mindest	Kapitali-sierungs-faktor	
1	2	3	4	5	6	7
2. *Gewerblich genutzte Grundstücke*						
2.1 Büro- und Geschäfts-häuser, kleinere Läden und Praxen	2 %	35 %	35 %	6,0 %	16,5–15,4	Ertragswert
2.2 Verbrauchermärkte, Einkaufszentren, Warenhäuser	2 %	40 %	40 %	6,5 %	15,4–13,3	Ertragswert
2.3 Hotels und Gaststätten sowie Kurkliniken	2 %	40 %	40 %	6,5 %	15,4–14,3	Ertragswert
2.4 Tennishallen, Freizeiteinrichtungen, Parkhäuser, Sammelgaragen, Tankstellen	2 %	40 %	40 %	6,0 %	16,5–13,3	Ertragswert
2.5 Lagerhallen (Speditionsbetriebe)	2 %	40 %	40 %	6,0 %	16,5–14,3	Ertragswert
2.6 Fabrikationshallen	2 %	40 %	40 %	6,5 %	15,4–12,5	Ertragswert
2.7 Fabriken und ähnliche spezielle Produktions-stätten	2 %	40 %	40 %	7,5 %	13,3–12,5	Ertragswert
3. *Gemischt genutzte Grundstücke*	2 %	35 %	35 %	6,0 %	16,5 %	Ertragswert
4. *Land- und forstwirtschaftlich genutzte Grundstücke*						
4.1 Waldgrundstücke, forstwirtschaftlich genutzte Grundstücke	1 %	20 %	20 %	2,5 %	40,0	Ertragswert
4.2 Landwirtschaftlich genutzte Grundstücke	2 %	20%	20 %	3,5 %	28,6	Ertragswert

Spalte 4: Mindestabschlag von Jahresnettokaltmiete (Grundmiete) für Bewirtschaftungskosten einschließlich Risikoabschlag vom gewerblichen Mietreinertrag gem. § 18 Abs. 1 Ziff. 1 BelGr

Spalte 5 und 6: nur anzusetzen bei einer Restnutzungsdauer von mehr als 60 Jahren

313   Die **Praxis einer Landesbank** sah bis 1996 wie folgt aus:

Der Sachverständige begründet abschließend ein durchschnittliches Objektrisiko. Demnach ist gemäß **Tableau-Risikokategorien** für die Objektart Ziff. 2 c – gewerblich genutzte Grundstücke – vom sach- und fachlich ermittelten kreditwirtschaftlichen Verkehrswert ein Risikoabschlag von 15 bis 25 % (vgl. Abb. 3) vorzunehmen. Der Beleihungswert ergibt sich demnach wie folgt:

Verkehrwert	16 150 000 €
Abzüglich 20 % Risikoabschlag (vgl Abb. 3)	– 3 230 000 €
Ergibt	12 920 000 €
Beleihungswertvorschlag	13 000 000 €

Bei Betrachtung der beiden Sparkassen-Ergebnisse wird erkennbar, dass die Behauptung **314** von berufener Seite, die Risikoabschläge des Tableaus seien willkürlich gewählt, nicht stimmt. Die Bank hat auf Wunsch des BAKred „die reine Lehre" in den Beleihungs-grundsätzen textlich berücksichtigt; an den Wertermittlungsergebnissen ändert dies jedoch nichts. Es war lediglich das PC-Programm umzustellen.

4.6.4.2   Innerstädtische Parkierungsanlage

Objektdaten: **315**

Allseitig offenes, 6-geschossiges Parkhaus am westlichen Cityrand auf einem 3 500 m² großen Grundstück mit insge-samt 700 Stellplätzen für Personenkraftwagen. Baujahr 1960, 50 000 m³ Bruttorauminhalt (= 80 m³/Stellplatz); Nutz-fläche 18 900 m² (= 27 m²/Stellplatz), Sanierungs- und Modernisierungskosten im Zeitraum 1988–1999 (Kosten je Stellplatz netto rd. 10 000 €), betrieben wird die Parkierungsanlage von einem potenziellen Fachunternehmen auf der Grundlage eines Geschäftsbesorgungsvertrages; im Zeitraum 1998–2000 haben die Parkhauserlöse aus dem Dauer- und Kurzparkgeschäft im Jahresdurchschnitt netto (ohne Mehrwertsteuer) 1 500 000 € betragen (= i. D. mtl. 178,57 €/Stellplatz); die Betriebskosten[169] des Betreibers haben im Jahresdurchschnitt rd. 25 % der Parkhauserlöse beansprucht.

I Ermittlung des Verkehrswerts

a) Bodenwert

Für das zu bewertende Parkhausgrundstück existiert kein Bebauungsplan, für die geschlossene Bebauung ergibt sich eine GRZ von 0,8 und eine GFZ von 4,4. Zum 31. 12. 2000 hat der Gutachterausschuss für Grundstückswerte in der Stadt einen erschließungsbeitragsfreien Bodenrichtwert für innerstädtische Parkhausgrundstücke in Höhe von 1 000 €/m² beschlossen.

Der **Bodenwert** ergibt sich demnach wie folgt:

3 500 m² × 1 000 €/m² ebf. = **3 500 000 €,**
bezogen auf einen Stellplatz sind dies 5 000 €

b) Wert der baulichen Anlagen (Bauwert)

Auch hier hat die Wertermittlung zum Nettowert, d. h. ohne Mehrwertsteuer zu erfolgen, weil der Vermieter zur Umsatzsteuer optiert hat. Zudem ist bei der langfristigen Parkplatzüberlassung (Dauerparker) die gesetzlich vorge-schriebene Mehrwertsteuer zu erheben (Art. 12 Nr. 2 b des Steueränderungsgesetzes vom 25. 5. 1992). Eine Über-gangsregelung hierzu endete am 28. 2. 1993.

Die durchschnittliche wirtschaftliche Gesamtnutzungsdauer der baulichen Anlagen wird mit 50 Jahren angenommen. Wegen umfangreicher Betonsanierungs- und Modernisierungsarbeiten in der Vergangenheit wird 1970 als fiktives Baujahr angehalten. Mithin ergibt sich eine Restnutzungsdauer von 20 Jahren (50–30). Der Kostenansatz für den BRI bei mittlerem Ausstattungsstandard ergibt sich aus der Übersicht zu NHK 95 – Typ 29.1[170].

56 000 m³ BRI × 135 €/m³	7 560 000 €
abzüglich Wertminderung (52 % von 7 560 000 €)	− 3 628 800 €
ergibt	3 931 200 €
zuzüglich besonderer Bauteile und Außenanlagen (Zeitwert = 6,84 %)	+ 268 800 €
Zwischensumme	4 200 000 €
zuzüglich Baunebenkosten (rd. 12 %)	+ 500 000 €
= Bauwert	4 700 000 €
(auf einen Stellplatz entfallen 6 714 €)	
zuzüglich Bodenwert	+ 3 500 000 €
Sachwert (Boden- und Bauwert)	**8 200 000 €**
(auf einen Stellplatz entfallen 11 714 €)	

c) Ertragswert

Parkhauserlöse im Durchschnitt der Jahre 1998 bis 2000, netto, d. h. ohne Mehrwertsteuer	1 500 000 €
abzüglich Betriebskosten eines Parkhauses 25 % von 1 500 000 €	− 375 000 €
Rohertrag i. S. von § 17 WertV	1 125 000 €

---

169   Vgl. Ermittlung des Rohertrags mit Hilfe des Betriebsergebnisses in GuG 1997, 298
170   Die OFD Frankfurt am Main hat keine Bedenken, bei einem Parkhaus von einer betriebsgewöhnlichen Nutzungsdauer von 30 Jahren auszugehen (Vfg vom 9. 1. 1995 – S 2196.A – 9 – St II/23).

Das sind rd. 134 € je Stellplatz im Monatsdurchschnitt. Der Grundstücksmarktbericht für das Jahr 2000 des Gutachterausschusses für Grundstückswerte nennt Orientierungswerte für Stellplatzmieten in einer Bandbreite von 112,48 € bis 138,05 €.

abzüglich 35 % Bewirtschaftungskosten (durch Einzelnachweise belegt)	393 750 €
Gebäude- und Bodenreinertrag	731 250 €
abzüglich Bodenwertverzinsungsbetrag bei einem Zinssatz von 7 % von 3 500 000 €	– 245 000 €
Gebäudeertragsanteil	486 250 €
Gebäudeertragswert bei einer RND von 20 Jahren und einem Zinssatz von 7 % (Vervielfältiger = 10,59)	
486 250 € × 10,59 = 5 149 388 €	rd. 5 150 000 €
zuzüglich Bodenwert	3 500 000 €
= Ertragswert (Verkehrswert)	**8 650 000 €**

Bau- und Unterhaltungszustand sind zufrieden stellend; ein nennenswerter Reparaturanstau steht nicht an. Der Verkehrswert entspricht dem 7,7fachen Jahresrohertrag; auf einen Stellplatz entfallen 12 357 €. **Parkierungsanlagen, ehemals von jedweder Beleihung ausgeschlossen, sind wegen ihrer einseitigen Nutzungsmöglichkeit nicht realkreditfähig.**

II Ermittlung des Beleihungswerts

Beleihungswert einer großen Sparkasse

Jahresrohertrag	1 125 000 €
abzüglich Bewirtschaftungskosten von 35 %	– 393 750 €
Gebäude- und Bodenreinertrag	731 250 €
abzüglich Risikoabschlag für die gewerbliche Nutzung (§ 18 Abs. 1 a BelGr in Anlehnung an das Arbeitspapier) von 15 %	109 688 €
Mietreinertrag nach Gewerbeabschlag	621 562 €
abzüglich Bodenwertverzinsungsbetrag (wie vorher)	– 245 000 €
= Gebäudeertragsanteil	376 562 €
× Vervielfältiger bei RND von 20 Jahren und einem Zinssatz von 7 % von 10,59 für die Kapitalisierung	
376 562 € × 10,59 = 3 987 792 € ergibt einen Gebäudeertragswert von	rd. 4 000 000 €
zuzüglich Bodenwert	3 500 000 €
= Ertragswert (Beleihungswertvorschlag)	**7 500 000 €** *

* Der Risikoabschlag vom Verkehrswert beträgt demnach rd. 13 %.

Für eine Landesbank ergäbe sich ein Beleihungswertvorschlag von rd. 7 350 000 € (8 650 000 € × 0,85). In beiden Fällen wären demnach rd. 6,0 bzw. 5,9 Mio. € als grundpfandrechtlich gesicherter Personalkredit darstellbar. Sparkassen in *Baden-Württemberg* könnten gar bis zu 7,5 Mio. € (= 100 % des Beleihungswerts) ausleihen, sofern die Kapitaldienstgrenze dies zulassen würde.

4.6.4.3 Büro- und Geschäftshaus

316 **I Ermittlung des Verkehrswerts**

Objektdaten:

Das 625 m² große Eckgrundstück liegt mit 14,50 m an einer großstädtischen Fußgängerzone, Seitenstraße, Frontbreite 43,00 m. Wiederaufbau 1954 mit teilweise Tiefkeller-, Keller-, Erd-, 1. bis 3. Ober- und teilweise 4. und 5. Obergeschoss. 1986 Umbau und durchgreifende Modernisierung des Gesamtobjekts, fiktives Baujahr daher 1966. Guter Bau- und Unterhaltungszustand. Kein Leerstand und kein Modernisierungs- bzw. Revitalisierungsrisiko.

Bauzahlen:	ca. 15 000 m³ BRI/Ausbauverhältnis 5,5 m³/m²
KG	80 m² Lagerräume
UG, EG und 1. OG	1 455 m² Verkaufsfläche
2. OG	375 m² Lager- und Sozialräume
2. OG bis 5. OG	875 m² Büroräume

a) Bodenwert

Unter Bezugnahme auf die Bodenrichtwerte zum 31. 12. 2000 wird der Bodenwert wie folgt ermittelt:

295 m² Vorderland Fußgängerzone × 12 500 €/m²	3 687 500 €
330 m² Hinterland/Seitenland × 2 500 €/m²	825 000 €
625 m² im Mittel 7 220 €/m²	4 512 500 €
zuzüglich Grundstücksnebenkosten und zur Rundung (1,94 %)	87 500 €
Bodenwert	**4 600 000 €**

b) Wert der baulichen Anlagen (Bauwert)

15 000 m³ BRI × 450 €/m³	6 750 000 €
zuzüglich besonders zu veranschlagende Bauteile: Fahrtreppen, Aufzüge, Klimaanlage etc.	1 250 000 €
Zwischensumme	8 000 000 €
zuzüglich Ver- und Entsorgungsanschlüsse und Baunebenkosten (18,75 %)	1 500 000 €
Neubauwert	9 500 000 €
abzüglich Wertminderung nach Ross 38 %	rd. 3 600 000 €
Bauwert (= 393 €/m³ bzw. 2 181 €/m³ NF)	**5 900 000 €**

c) Ertragswert

Die z. Z. gezahlten Nettokaltmieten für Verkaufs- und Büroräume entsprechen dem aktuellen ortsüblichen Marktniveau; sie sind als nachhaltig erzielbar anzusehen. Sämtliche Betriebskosten sowie die volle Grundsteuer und die Prämien für Haft- und Sachversicherungen sind umlegbar; eine substantiierte Auflistung dieser Kosten ist in den Mietverträgen erfolgt[171]. Die Mietdauer ist in allen Fällen mit 15 Jahren zzgl. 2 Optionen von jeweils 5 Jahren vereinbart. Gemäß Wertsicherungsklausel (+/–10 %) ändert sich die Miete um 50 % der Wertveränderung.

KG	Lagerräume	80 m² ×		6 €/m²	480 €
UG, EG und 1.OG	Verkaufsräume	1.455 m² ×	i. D.	40 €/m²	58 200 €
2. OG	Lager- und Sozialräume	375 m² ×		10 €/m²	3 750 €
2. bis 5.OG	Büro- und Nebenräume	875 m² ×	i. D.	12 €/m²	10 500 €

Monatliche Nettokaltmiete (Grundmiete)	72 930 €
Jahresnettokaltmiete (Grundmiete) × 12 =	875 160 €
abzüglich Bewirtschaftungskosten von 15 % (durch Einzelnachweis belegt)	131 274 €
= Gebäude- und Bodenreinertrag	743 886 €
abzüglich Bodenwertverzinsungsbetrag 5,0 % von 4 600 000 €	– 230 000 €
Reinertrag der baulichen Anlagen	513 886 €
Vervielfältiger bei RND von 45 Jahren und einem Liegenschaftszinssatz von 5,0 %: 17,77	
Gebäudeertragswert 513 886 € × 17,77	9 131 754 €
Zuzüglich Bodenwert	4 600 000 €
Ertragswert	13 731 754 €
	rd. 13 700 000 €

Gemäß Grundstücksmarktbericht 2000 des Gutachterausschusses für Grundstückswerte hat die Auswertung für die Objektgruppe „Geschäfts- und Bürogrundstücke" (RND > 30 Jahre) einen Liegenschaftszins von 5 % und einen Vergleichs-(Rohertrags-)Faktor von 11 bis 16 ergeben.

Zusammenfassung der Werte:

Bodenwert	4 600 000 €
Bauwert	5 900 000 €
Sachwert	10 500 000 €
Ertragswert	13 700 000 €

Unter Berücksichtigung von Kosten für in Kürze auszuführende Schönheitsreparaturen wird der **Verkehrswert mit 13 500 000 €** beziffert; dies entspricht einem Rohertragsfaktor von 15,4.

II Ermittlung des Beleihungswerts für eine Hypothekenbank

Bodenwert (wie zuvor bei I)		4 600 000 €
Bauwert (wie zuvor bei I)	5 900 000 €	
Abzüglich Risikoabschlag von rd. 15 %	885 000 €	
Bauwert	5 015 000 €	rd. 5 000 000 €
Sachwert i.S. der Wertermittlungsanweisung		**9 600 000 €**

Ertragswert

Nettokaltmiete (Grundmiete); dauerhaft und ortsüblich			875 160 €
Abzüglich Bewirtschaftungskosten:			
– Verwaltungskosten (wie angefallen)	43 800 €	5,0 %	
– Instandhaltungskosten 2 705 m² × 20 €/m²	54 100 €	6,2 %	
– Mietausfallwagnis	35 000 €	4,0 %	
zusammen	132 900 €	15,2 % der Jahresnettokaltmiete	– 132 900 €
= Gebäude- und Bodenreinertrag			742 260 €
abzüglich Bodenwertverzinsungsbetrag: 5,5 % von 4 600 000 €			253 000 €
Reinertrag der baulichen Anlagen			489 260 €

---

171   Auch LG Osnabrück, Urt. vom 31. 5. 1995 – 2 S 160/94 –, WuM 1995, 434

Vervielfältiger bei RND von 45 Jahren und einem Liegenschaftszinssatz von 5,5 % : 16,55
Gebäudeertragswert: 489 260 € × 16,55   8 097 253 €

Der Risikoabschlag vom Gebäudeertragswert muss bei gewerblich genutzten Grundstücken
10 bis 25 % betragen. Im vorliegenden Fall werden 15 % für ausreichend angesehen;
mithin   – 1 214 588 €
Gebäudeertragswert i. S. d. § 12 HBG   6 882 665 €
zuzüglich Bodenwert   4 600 000 €
Beleihungswertvorschlag i. S. von § 12 HBG   11 482 665 €
                                                                        11 500 000 €

Der Risikoabschlag vom mit **13,5 Mio. € ermittelten Verkehrswert** beträgt demnach rd. 15 %.

Anmerkungen:
– Bei gewerblich genutzten Grundstücken gilt eine Regelbandbreite von 6 % bis 7 % für den Kapitalisierungszins-
  satz. Da es sich hier um eine erstklassige Gewerbeimmobilie mit geringem Risiko in guter Innenstadtlage
  (Fußgängerzone) handelt, ist es vertretbar, die Regelbandbreite des Kapitalisierungszinssatzes um 0,5 %-Punkte zu
  unterschreiten.
– Das Objekt ist realkreditfähig i. S. des bankaufsichtsrechtlichen Begriffs.
– Beleihungsgrenze gemäß § 11 Abs. 2 HBG
  60 % von 11 500 000 € = **6 900 000 €**; dies sind 51,1 % des Verkehrswerts
– Beleihungsgrenze unter Bezugnahme auf den Verkehrswert
  50 % von 13 500 000 €= **6 750 000 €**
  Als Realkredit dürfen demnach 6 750 000 € gewährt werden.

318   **III Ermittlung des Beleihungswerts für eine Sparkasse**

Bodenwert (wie zuvor bei I)   4 600 000 €
Bauwert (wie zuvor bei I)   5 900 000 €
abzüglich Risikoabschlag i.S. von § 2 Abs. 3 BelGr: 20 % von 5 900 000 € – 1 180 000 €
ergibt   4 720 000 €
weiterer Risikoabschlag i. S. von § 18 Abs. 1 Buchst. b (10 % wegen
Geschäftslage i. S. des Arbeitspapiers): 10 % von 4 720 000 €   – 472 000 €
Bauwert i. S. der BelGr   4 248 000 €   rd. 4 250 000 €

Sachwert i. S. der BelGr Sparkassen   **8 850 000 €**

Ertragswert
Nettokaltmiete (Grundmiete); wie zuvor bei I   875 160 €
Abzüglich Bewirtschaftungskosten von 15 %   – 131 274 €
Gebäude- und Bodenreinertrag   743 886 €
Abzüglich Gewerbeabschlag i. S. von § 18 Abs. 1 Buchst a:
10 % von 743 886 € i. S. des Arbeitspapiers   – 74 389 €
Zwischensumme   669 497 €
Abzüglich Bodenwertverzinsung (wie zuvor bei II)   – 253 000 €
Reinertrag der baulichen Anlagen   416 497 €
Vervielfältiger bei RND von 45 Jahren und einem Liegenschaftszinssatz von 5,5 %: 16,55
Gebäudeertragswert: 416 497 € × 16,55   6 893 031 €
Zuzüglich Bodenwert   4 600 000 €
Ertragswert   11 493 031 €
Beleihungswertvorschlag   **11 500 000 €**

Mithin kann auch die Sparkasse einen Realkredit in Höhe von 6 750 000 € (= 50 % des Verkehrswerts) ausweisen.
Der Fall zeigt in eindeutiger Weise, wie wichtig die Kenntnis des Verkehrswerts ist. Andererseits würden 60 % des
Beleihungswerts (= 6 900 000 €) bezogen auf den Verkehrswert – wie bei der Hypobank – 51,1 % ausmachen.

4.6.5   Immobilien-Leasing

Verzeichnis wichtiger Leasing-Literatur: Allgemeine Darstellungen: *Feinen,* Das Leasinggeschäft, 3. Aufl.,
Frankfurt am Main 1990; *Feinen/Knoche,* Checklist Leasing, München 1980; *Eckstein/Feinen,* Leasing-Handbuch
für die betriebliche Praxis, 7., überarbeitete Aufl., Frankfurt am Main 2000; *Feinen,* Immobilien-Leasing-Objekte –
ihre Bewertung und Beleihungsmöglichkeit in GuG 1995, 25; *Gabele,* Immobilien-Leasing: Vertragsformen, Vertragsgestaltung, Fallbeispiel, 2. Aufl., Wiesbaden 1995; *Büschgen,* Praxishandbuch Leasing, München 1998; *Fahr-
holz,* Neue Formen der Unternehmensfinanzierung, München 1998; *Lützenrath,* Big-Ticket-Leasing-Gestaltung,
Haftung und neue Tendenzen, Kreditpraxis 2000, 4; **Zivilrechtliche Literatur:** *Flume, W.,* Die Rechtsfigur des
Finanzierungs-Leasing, DB 1991, 265 ff.; *Graf v. Westphalen, F.,* Der Leasingvertrag, 4. Aufl., Köln 1992; **Handels-
rechtliche Literatur** *Flume, W.,* Die Frage der bilanziellen Behandlung von Leasing-Verhältnissen, DB 1973, 1661;
Institut der Wirtschaftsprüfer: Stellungnahme HFA 1/89: Zur Bilanzierung beim Leasinggeber, Die Wirtschaftsprü-

fung 1989, 625 f.; *Leffson, U.,* Die Darstellung von Leasingverträgen im Jahresabschluss, Teil I, DB 1976, 637 ff.,
Teil II, DB 1976, 685 ff.; **Steuerrechtliche Literatur:** *Bordewin, A.,* Leasing im Steuerrecht, 3. Aufl., Stuttgart/Wies-
baden 1989, Institut „Finanzen und Steuern" e.V.: Leasing, Steuerrechtliche Zurechnung des Leasing-Gegenstandes
bei der 2. Vertragsgeneration, Heft 110, Bonn 1976; Institut „Finanzen und Steuern" e.V.: Immobilien-Leasing –
Gewerbebetrieb oder Vermietung? –, Brief 184, Bonn 1979; Anwendungsschreiben zu § 2 b EStG; BMF-Schreiben
vom 5. 7. 2000 (IV A 5 – S 2118 b – 111/00) mit Anm. von Ronig, Köln in DB 2000, 1480 ff.; BFH, Urt vom 26. 1.
1970 – IV R 144/66 –, BStBl. II 1970, 264 betr. die steuerrechtliche Behandlung des Leasing

Immobilien-Leasing bedeutet die langfristige Vermietung bzw. Verpachtung von gewerb-   **319**
lich nutzbaren Gebäuden, die im Falle von Neubauten meist nach den Plänen des Leasingnehmers durch die Leasinggesellschaft (= Eigentümer oder Erbbauberechtigter) erstellt
werden. Daneben werden bestehende Gewerbeobjekte von Leasinggesellschaften erworben und anschließend vom Verkäufer zurückgemietet *(Sale-and-lease-back).* Leasingnehmer können Unternehmen aus Industrie und Handel sein sowie öffentliche Verwaltungen.

Der Markt kennt grundsätzlich zwei Leasingformen: das Finanzierungsleasing und das   **320**
Dienstleistungsleasing. Beim **Finanzierungs-Leasing** beschränkt sich die Funktion der
Leasinggesellschaft meist darauf, das Objekt zu finanzieren. Verschiedentlich wird diese
Form auch als „Makler-Leasing" bezeichnet.

Beim **Dienstleistungs-Leasing** werden von der Leasinggesellschaft über die Kapitalbe-   **321**
schaffung hinaus in großem Umfang konkrete Leistungen erbracht, die den Leasingnehmer
weitgehend vom eigenen Engagement bei der Erstellung von Neubauten entbinden. Dieses
Leistungspaket umfasst das komplette Baumanagement von der Planung über die Ausschreibungen, die Vergabe der Baugewerke bis zur schlüsselfertigen Übergabe des mängelfrei erstellten Objektes sowie die wirtschaftliche und steuerliche Beratung. Die Motive für
die Anwendung der Leasingfinanzierung sind verschiedenartig. Häufig spielen Bilanzie-
rungsfragen, Eigenkapitalfreistellung, Liquiditätsverbesserung, fehlende Möglichkeiten
der Finanzierung durch Kredite und Kostenfragen eine Rolle.

Leasingobjekte müssen vom Grundsatz her selbstständig funktionsfähig sein, d. h., sie   **322**
müssen rechtlich und wirtschaftlich eine selbstständige Einheit darstellen sowie über eine
hohe Fungibilität verfügen. Der Katalog gewerblich nutzbarer Mietobjekte umfasst z. B.
Bürogebäude, Einkaufszentren, Fabrikationshallen, Geschäftshäuser, Kaufhäuser, Kraftwerke, Lagerhallen, Verbraucher-Märkte. Ein ausschließlich für die Bedürfnisse des Pächters zugeschnittenes Immobilien-Objekt, das nur von diesem genutzt werden kann, ist im
Allgemeinen nicht leasingfähig.

Beim *Sale-and-lease-back*-**Verfahren** kauft die Leasinggesellschaft (oder deren Objekt-   **323**
gesellschaft) das lastenfrei zu stellende Objekt zum Verkehrswert. Gleichzeitig wird zwischen dem Leasingnehmer und der Leasinggesellschaft ein langfristiger Mietvertrag abgeschlossen. Das *Sale-and-lease-back*-Verfahren dient hauptsächlich der Liquiditätsbeschaf-
fung. Es ist besonders darauf zu achten, dass der Übernahmekaufpreis angemessen und
stets durch ein Sachverständigengutachten unterlegt ist. Die Leasingraten (= „Mieten")
werden hierbei so kalkuliert, dass aus ihnen Zinsen und Tilgung für das aufgenommene
Darlehen des Leasinggebers bedient werden können. Denn ausschließlich durch Fremdmittel finanzierte Kaufpreise führen oft zu hohen Leasingraten und bedeuten eine Gefahr
für die Wettbewerbsfähigkeit des Leasingnehmers.

Immobilien-Leasing erfordert im Hinblick auf die langfristige Finanzierung grundsätzlich
unkündbare Mietverträge. Die Laufzeit des Mietvertrags (Grundmietzeit) wird durch die
Immobilien-Leasingerlasse des Bundesministeriums der Finanzen vom 19. 4. 1971[172] und
vom 21. 3. 1972[173] für Vollamortisationsverträge bestimmt; sie muss zwischen 40 % und
90 % der betriebsgewöhnlichen Nutzungsdauer des Gebäudes liegen, um die Zurechnung
des wirtschaftlichen Eigentums beim Leasinggeber sicherzustellen. Bei der allgemein üblichen Nutzungsdauer von 40 Jahren bei Betriebsgebäuden muss der Mietvertrag also min-

---

172   BStBl. I 1971, 264
173   F/IV B 2 S. 2170 – 11/72, in BStBl. I 1972, 188

destens auf 16 Jahre abgeschlossen sein. I. d. R. wird die **Grundmietzeit nicht länger als 20 Jahre** betragen, wobei die Leasing-Refinanzierung üblicherweise laufzeitkongruent zur Grundmietzeit abgeschlossen wird.

324 Die **Grundmietzeit** ist neben der Finanzierungssumme bestimmend für die Jahresleistung des Leasingnehmers (die Leasing-Rate). Diese deckt regelmäßig
   – den Zins- und Tilgungsdienst des Refinanzierungsdarlehens an den Leasinggeber,
   – die auf das Objekt entfallenden Bewirtschaftungskosten,
   – die Verwaltungskosten der Leasinggesellschaft,
   – das Ausfallrisiko,
   – und letztlich den Gewinn der Leasinggesellschaft.
   Mithin ist die Leasing-Mietrate nicht vergleichbar mit der Marktmiete.

325 Bei **Immobilien-Vollamortisationsverträgen** tilgt der Leasingnehmer mit seinen Leasingzahlungen, die normalerweise linear kalkuliert sind, innerhalb der Grundmietzeit die gesamten Investitionskosten des Leasinggebers für das Leasingobjekt.

326 Bei **Immobilien-Teilamortisationsverträgen** werden die gesamten Investitionskosten des Leasinggebers aus den Leasing-Raten während der Grundmietzeit nicht voll amortisiert. Regelmäßig erfolgt die Amortisation in Höhe der steuerlich zulässigen Abschreibungen.

327 Der Leasinggeber muss also nach Beendigung des Leasingvertrags aus der Weiterverwertung des Leasingobjektes einen Erlös erzielen, mit dem er mindestens die noch nicht amortisierte Restschuld tilgen kann; er trägt also bei diesem Vertragstyp das **Weiterverwertungsrisiko.**

328 Nach Ablauf der Grundmietzeit ist dem Leasingnehmer i. d. R. eine Mietverlängerung oder Kaufoption eingeräumt, wobei sich der Optionspreis an dem Restbuchwert zum Optionszeitpunkt orientiert. Auch hierfür ergeben sich aus den Immobilien-Leasing-Erlassen Teilamortisationsverträge des Bundesministers der Finanzen vom 22. 12. 1975[174] und vom 23. 12. 1991 **(Mindestanforderungen).**

329 So muss der Kaufoptionspreis mindestens in Höhe des nach der linearen AfA-Methode ermittelten Restbuchwerts des Gebäudes zuzüglich des Buchwerts von Grund und Boden liegen und die Anschlussmiete mindestens 75 % des Mietentgelts betragen, das für ein nach Art, Lage und Ausstattung vergleichbares Grundstück (Objekt) üblicherweise gezahlt wird.

330 Für das refinanzierende Kreditinstitut ergibt sich aus solchen Restwertmodellen die Konsequenz, dass die Mietrate nicht zur vollen Bedienung des Zins- und Tilgungsdienstes innerhalb der Darlehenslaufzeit ausreicht und somit nach Ablauf des Mietvertrags noch ein Restdarlehen von bis zu 40 % der Ursprungsdarlehenssumme verbleibt, welches dann in einer Summe von der Leasinggesellschaft zurückzuführen ist. In diesem Falle ergibt sich für das Refinanzierungsinstitut mitunter ein erhebliches **Objektbeleihungsrisiko,** wenn der Wert des finanzierten Objektes nicht mehr den Restkredit deckt.

331 Bei der Refinanzierung von Leasinggeschäften durch Kreditinstitute handelt es sich meist um eine volle **Bereitstellung des Investitionsaufwandes durch Darlehen.** Die Institute stellen solche Darlehen, deren Laufzeit in der Regel der der Mietverträge entspricht, zur Verfügung. Die Sicherstellung erfolgt regelmäßig durch Eintragung von Grundschulden in Kredithöhe auf der Leasingimmobilie, wobei die offene Abtretung der vertragsgemäßen Leistungen des Leasingnehmers hinzukommt (siehe hierzu die Erläuterungen in dem nachfolgenden *Beispiel*). Aus den Zahlungen des Leasingnehmers muss die Tilgung der Refinanzierungsmittel gewährleistet sein.

332 Im Gegensatz zur herkömmlichen Finanzierung hat das Refinanzierungsinstitut quasi **zwei Schuldner in der Haftung:** Den Leasingnehmer, der über den unkündbaren Mietvertrag

die dem Kreditinstitut abgetretenen Leistungen für die Refinanzierungsdarlehen zu erbringen hat, und die Leasinggesellschaft als die eigentliche Kreditnehmerin.

Vor der Kreditgewährung werden daher sowohl die **Bonität des Leasingnehmers als auch** **333** **der Leasinggesellschaft** von dem refinanzierenden Kreditinstitut – insbesondere anhand von Jahresabschlussauswertungen – geprüft und während der Laufzeit der Darlehensverträge weiterhin in dieser Weise überwacht. Auf dieser Bonitätsprüfung liegt das Schwergewicht der Kreditbeurteilung, da ein Leasing-Refinanzierungskredit im Immobilienbereich – wie bereits angemerkt – meist eine Vollfinanzierung darstellt, die den festgesetzten Beleihungswert regelmäßig nicht unbeträchtlich übersteigt.

Auf Grund der bestehenden kreditrechtlichen Vorschriften wird daher eine Leasing-Refi- **334** nanzierung stets zum Teil – wenn bankenaufsichtlich möglich – ein **Realkredit auf der** **Grundlage des Beleihungswerts** für das Leasingobjekt und zum Teil ein Personalkredit sein, der kreditrechtlich als Blankokredit gewährt wird, sofern er nicht durch weitere anrechenbare Sicherheiten gedeckt ist. Am *Beispiel* einer Leasing-Refinanzierung nach dem Teilamortisationsmodell wird die Sicherstellung der Kreditmittel dargestellt.

Beispiel: **335**

Eine Immobilien-Leasinggesellschaft errichtet für ein Produktionsunternehmen ein gewerbliches Objekt. Die Leasinggesellschaft erwirbt das von der Produktionsfirma ausgesuchte Grundstück. Die spätere Mieterin übernimmt in diesem Fall die Planung des Objektes selbst. Die Leasinggesellschaft beschafft sich die Refinanzierungsdarlehen von einer Sparkasse in *Baden-Württemberg* und schließt den Mietvertrag mit dem Leasingnehmer ab. Die Finanzierung beruht im Einzelnen auf folgenden Daten:

Gesamtkosten einer Fabrikationshalle einschließlich Grundstück	3 325 000 €
Refinanzierungsdarlehen insgesamt demnach	3 325 000 €
Laufzeit des unkündbaren Mietvertrags ab Fertigstellung (Grundmietzeit)	20 Jahre
Laufzeit des Refinanzierungsdarlehens ab Fertigstellung (Konditionen für 10 Jahre fest)	20 Jahre
Miete degressiv, beginnend am 1. Jahr mit	325 000 €
fallend bis zum 20. Jahr auf	215 000 €
Tilgung der Darlehen linear über 20 Jahre um einen Teilbetrag von	1 740 000 €
(im Übrigen gesonderte Zinszahlungen von der jeweiligen Darlehensrestschuld)	
Tilgung des Restdarlehens in einer Summe nach Ablauf des Mietvertrags	1 585 000 €

Hieraus ergibt sich folgende Sicherstellung:	
Beleihungswert (BW); dies sind 77,4 des Verkehrswerts	2 400 000 €
Verkehrswert	3 100 000 €
Erstrangige Grundschuld über Offene Abtretung der Rechte und Ansprüche aus dem Mietvertrag	3 325 000 €

Sparkassenrechtliche Darstellung der Sicherheit	
Realkredit (bis 60 % des Beleihungswerts)	**1 440 000 €**
Personalkredit	**+ 1 885 000 €**
	3 325 000 €

Der Personalkredit teilt sich wie folgt auf:	
Gedeckter Personalkredit* (60 % bis 100 % des Beleihungswerts)	960 000 €
Blankokredit außerhalb des Beleihungswerts	925 000 €
	1 885 000 €

* gem. II. **Personalkredite**, § 23 Abs. 1 BelGr von 1995

Bei einer ordnungsgemäßen Unterhaltung der Gebäude dürften sich bei der hier unterstellten vielseitigen Nutzungsmöglichkeit des Objektes auch gegen Ende der Darlehenslaufzeit gleich bleibende Mieterträge erwirtschaften lassen, so dass in aller Regel sowohl der Beleihungswert als auch der Verkehrswert das Restdarlehen stets decken werden. Die Ausführungen zeigen den allgemein gültigen Grundsatz, dass die Güte von Markt-, Objekt- und Projektfaktoren sowie die Bonität der Kreditnehmer mit Hilfe von einheitlichen und nachvollziehbaren Standards bewertet werden müssen. Den Instituten entstehen durch eine aufwendigere Kreditsachbearbeitung mit Sicherheit höhere und auch dauerhafte Kosten.

---

174 BB 1976, 72

5   Sicherheiten durch Grundpfandrechte

5.1   Allgemeines

336 ▶ *Hierzu allgemein Teil VII Rn. 533 ff.*

337 Die **Sicherstellung von Darlehen** gegen Grundpfandrechte erfolgt durch Eintragung von Hypotheken, Grundschulden und Rentenschulden in Abt. III des Grundbuchs.

338 Die **Hypothek** ist akzessorisch, d. h. vom Bestand der Geldforderung abhängig, für die das Recht bestellt wurde (§ 1113 BGB); sie ist nach vollständiger Tilgung zu löschen.

339 Die **Grundschuld** ist wie die Hypothek die Belastung eines Grundstücks mit einer aus dem Grundstück zu zahlenden Geldsumme (§ 1191 BGB). Im Gegensatz zur Hypothek ist die Grundschuld nicht akzessorisch, sie setzt also keine Forderung voraus. Die Grundschuld kann jederzeit zur Besicherung aller Kreditforderungen herangezogen werden, sofern eine entsprechende Sicherungsabrede erfolgt ist.

340 Die **Rentenschuld** ist eine Sonderform der Grundschuld, bei der aus dem Grundstück regelmäßige Rentenzahlungen zu leisten sind (vgl. Abb. 22).

5.2   Gegenstand der Grundpfandrechte

5.2.1   Grundstück

341 Erfasst wird das belastete eindeutig definierte **Grundstück in seinem jeweiligen Bestand** (bebaut oder unbebaut). Dies gilt ebenso für grundstücksgleiche Rechte.

342 Bei **wesentlichen Bestandteilen** (§ 2 WertV Rn. 15) handelt es sich um fest und endgültig in das Grundstück eingefügte Sachen (§ 93 BGB). Allerdings besteht die Gefahr der **Scheinbestandteilseigenschaft** bei Gebäuden in jeder bautechnischen Ausführung. Dieser Tatbestand ist gegeben, wenn von Dritten Gebäude nur „vorübergehend" auf dem Grundstück errichtet werden (der Begriff „vorübergehend" kann mehrere Jahrzehnte umfassen). Eine Scheinbestandteilseigenschaft kann nur auf Grund eines eindeutigen Parteiwillens im Rahmen eines Nutzungsvertrags begründet werden.

343 Die **Gefahr der Scheinbestandteilseigenschaft** (§ 95 BGB: vgl. § 2 WertV Rn. 15) besteht z. B., wenn GmbH-Gesellschafter, Kommanditisten usw. ihren Gesellschaften unbebaute Grundstücke zur Bebauung im Rahmen eines Nutzungsvertrags zur Verfügung stellen. Das gilt auch für persönlich haftende Gesellschafter und ihre Gesellschaften. Konkrete Hinweise ergeben sich meist aus den Firmenbilanzen.

344 Bei der **Beleihung von Scheinbestandteilsgrundstücken** ist zu beachten, dass bei einer Sicherungsübereignung des Bauwerks eine Grunderwerbsteuerverpflichtung entsteht, für die Sicherungsgeber und Kreditinstitut gesamtschuldnerisch haften. Durch eine „auflösend bedingte Sicherungsübereignung" i.V. m. einem Stundungs- und Rücknahmeantrag kann die Steuerpflicht vermieden werden.

5.2.2   Grundstückszubehör

345 **Zubehör** sind bewegliche Sachen, die, ohne Bestandteile der Hauptsache zu sein, dem wirtschaftlichen Zweck der Hauptsache dienen und zu ihr in einem entsprechenden räumlichen Verhältnis stehen (vgl. § 2 WertV Rn. 35). Gegenstände, die nicht Eigentum des Grundstückseigentümers sind, werden nicht von der Zubehörhaftung erfasst (z. B. geleaste oder unter Eigentumsvorbehalt eingebrachte Gegenstände).

346 Die dingliche Haftung wird erst mit der Beschlagnahme der Gegenstände in der Zwangsvollstreckung wirksam. Die **Zubehörhaftung erlischt,** wenn die Sachen vor einer

Abb. 22: Kreditsicherheit

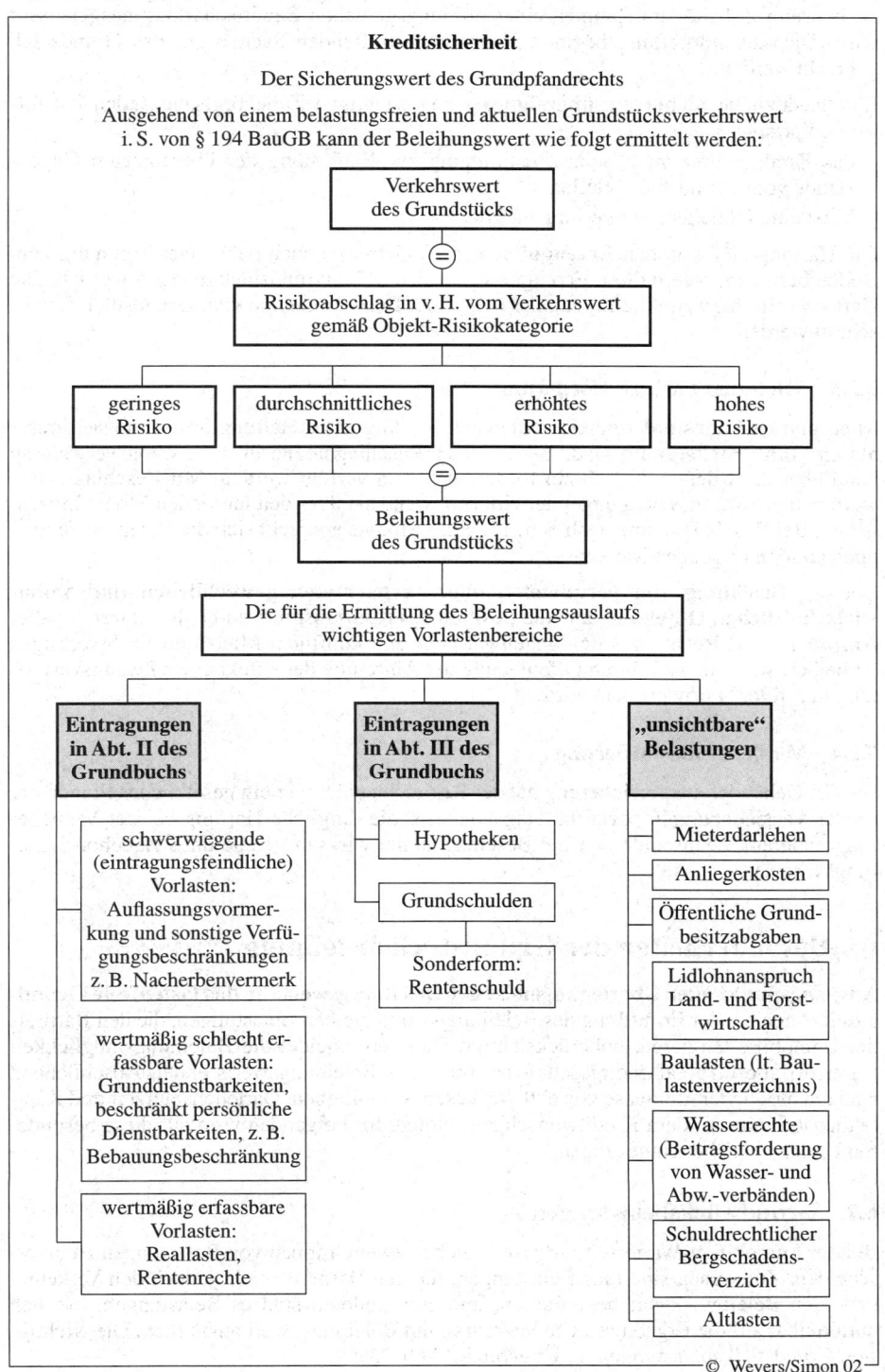

Kreditsicherheit

Der Sicherungswert des Grundpfandrechts

Ausgehend von einem belastungsfreien und aktuellen Grundstücksverkehrswert
i. S. von § 194 BauGB kann der Beleihungswert wie folgt ermittelt werden:

Verkehrswert
des Grundstücks

=

Risikoabschlag in v. H. vom Verkehrswert
gemäß Objekt-Risikokategorie

| geringes Risiko | durchschnittliches Risiko | erhöhtes Risiko | hohes Risiko |

=

Beleihungswert
des Grundstücks

Die für die Ermittlung des Beleihungsauslaufs
wichtigen Vorlastenbereiche

Eintragungen in Abt. II des Grundbuchs

schwerwiegende (eintragungsfeindliche) Vorlasten: Auflassungsvormerkung und sonstige Verfügungsbeschränkungen z. B. Nacherbenvermerk

wertmäßig schlecht erfassbare Vorlasten: Grunddienstbarkeiten, beschränkt persönliche Dienstbarkeiten, z. B. Bebauungsbeschränkung

wertmäßig erfassbare Vorlasten: Reallasten, Rentenrechte

Eintragungen in Abt. III des Grundbuchs

Hypotheken

Grundschulden

Sonderform: Rentenschuld

„unsichtbare" Belastungen

Mieterdarlehen

Anliegerkosten

Öffentliche Grundbesitzabgaben

Lidlohnanspruch Land- und Forstwirtschaft

Baulasten (lt. Baulastenverzeichnis)

Wasserrechte (Beitragsforderung von Wasser- und Abw.-verbänden)

Schuldrechtlicher Bergschadensverzicht

Altlasten

© Weyers/Simon 02

Beschlagnahme des Grundstücks von diesem entfernt werden (z. B. Veräußerung). Das gilt auch, wenn Zubehör im Rahmen einer ordnungsgemäßen Bewirtschaftung ausgetauscht wird. Die Zubehörhaftung beginnt, wenn die betreffenden Sachen auf das Grundstück gebracht werden.

347   Eine zusätzliche **Sicherungsübereignung** von wichtigen Zubehörgegenständen hat folgende Vorteile:
– das Kreditinstitut muss seine Zustimmung zur Entfernung der übereigneten Gegenstände vom Grundstück erteilen,
– es ist eine schnellere Verwertung möglich.

348   Die Haftung bleibt an den **Erzeugnissen** (z. B. Getreide) auch nach einer Trennung vom Boden bestehen, sofern diese Erzeugnisse auf dem Pfandgrundstück gelagert werden. Die Haftung erlischt, wenn die Erzeugnisse vor einer Beschlagnahme vom Grundstück fortgeschafft werden.

5.2.3   Miet- und Pachtzinsforderung

349   Miet- und Pachtzinsforderungen werden aus der dinglichen Haftung frei, wenn sie **länger als ein Jahr rückständig** sind. Bis zu einer Beschlagnahme in der Zwangsverwaltung kann über die Miet- und Pachtzinsforderungen frei verfügt werden. Mit Beschlagnahme werden diese Vorausverfügungen unwirksam, wenn sie über den laufenden Monat hinausgehen. Bei Beschlagnahme nach dem 15. eines Monats erstreckt sich die Vorausverfügung noch auf den folgenden Monat.

350   Bei der **Beleihung von vermieteten oder verpachteten gewerblichen und wohnwirtschaftlichen Objekten** kann die Position des Kreditinstituts durch die Abtretung aller Ansprüche und Rechte aus den gegenwärtigen und künftigen Miet- und Pachtverträgen verbessert werden, weil durch Offenlegung der Abtretung der Effekt einer Zwangsverwaltung in „stiller" Form erreicht wird.

5.2.4   Versicherungsforderung

351   Bei der Gebäudefeuerversicherung hat der Realrechtsgläubiger ein gesetzliches Pfandrecht an der **Versicherungsforderung.** Dagegen wird die dingliche Haftung bei der Versicherung anderer Gegenstände erst bei Beschlagnahme wirksam (siehe dazu Zubehör-Sicherungsschein).

6   Besonderheiten der Grundstücksbeleihung

352   **Ausgangspunkt aller Überlegungen ist der Beleihungswert für das lastenfreie Grundstück.** Auch bei der Ermittlung des Beleihungswerts bleiben Belastungen, die den Barpreis der Immobilie tangieren, unberücksichtigt. Dann entscheidet die Beleihungsmöglichkeit (-grenze), die im Realkreditgeschäft bei 60 % des Beleihungswerts endet. Abschließend sind die möglichen Einflüsse von evtl. Vorlasten, Konditionen, Darlehenslaufzeit und Kapitaldienstgrenze auf dem Kreditwunsch auszuloten. Im Folgenden wird auf diese besonderen Umstände näher eingegangen.

6.1   Grundstücksbelastungen

353   Bei der Immobilien-Wertermittlung ist zwischen zwei Gruppen von Belastungen zu unterscheiden. Zum einen sind dies Belastungen, die den Barpreis, nicht jedoch den Verkehrs- bzw. den Beleihungswert beeinflussen, und zum anderen sind es Belastungen, die sich unmittelbar auf die Ergebnisse von Verkehrs- und Beleihungswert auswirken. Die wichtigsten Grundstücksbelastungen im **Überblick** (Abb. 23):

Abb. 23: Grundstücksbelastungen bei der Immobilienbewertung

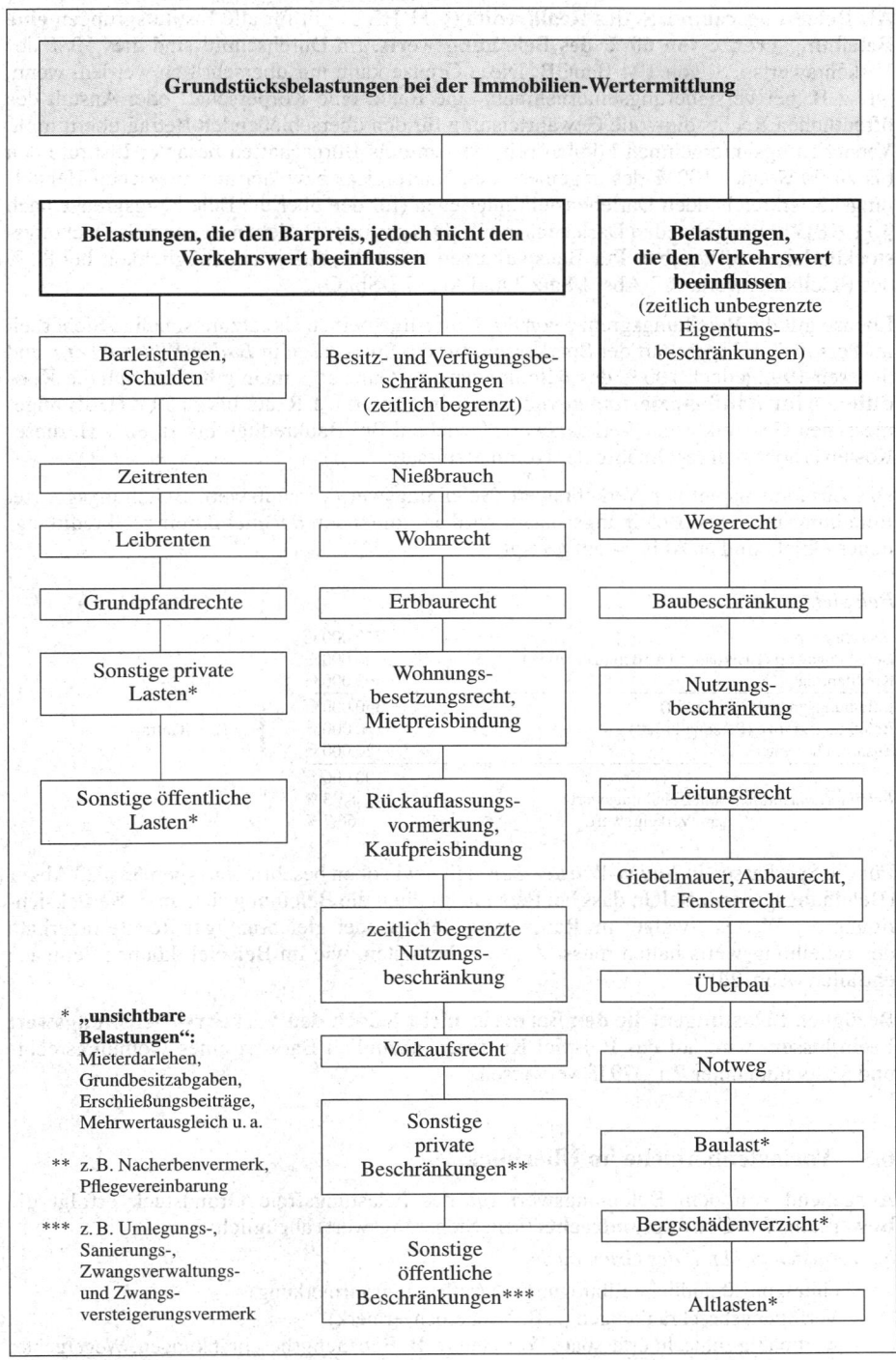

Quelle: Vogels, M., Grundstücks- und Gebäudebewertung marktgerecht, 5. Aufl. 1996, S. 266

6.2   Beleihungsraum und Beleihungsgrenze

354   Als **Beleihungsraum i. S. des Realkredits** (§ 11 HBG) gilt für alle Institutsgruppen **eine Beleihungsgrenze von 60 % des Beleihungswerts.** Im Durchschnitt sind dies 50 % des Verkehrswerts i. S. von 194 BauGB. Diese Grenze kann nur überschritten werden, wenn, wie z. B. bei Versicherungsunternehmen, eine Bank, eine Körperschaft oder Anstalt des öffentlichen Rechts die volle Gewährleistung für den überschießenden Betrag übernimmt. Versicherungsunternehmen können seit 1991 mittels Bürgschaften besagter Institute den bis zu 90 % oder 100 % des angemessenen Kaufpreises bzw. der angemessenen Herstellungskosten reichenden Darlehensteil unterlegen (für den über die Beleihungsgrenze nach § 11 HBG hinausgehenden Darlehensanteil). Das gesamte Darlehen ist dann als Deckungsstockdarlehen ausweisbar. Für Bausparkassen endet die Beleihungsmöglichkeit bei 80 % des Beleihungswerts (§ 7 Abs. 1 Satz 3 und Abs. 7 BSpkG).

355   Ebenso gilt die Beleihungsgrenze von 80 % im Allgemeinen als satzungsmäßige Sicherheit im Personalkreditgeschäft der Sparkassen; für die Sparkassen in *Baden-Württemberg* sind dies seit 1992 jedoch 100 % des Beleihungswerts. Ganz allgemein gilt, dass sich die **Konditionen für Baufinanzierungen von Kreditinstituten** i. d. R. auf bis zu 50 v. H. der angemessenen Gesamtkosten (Verkehrswert) beziehen. Bei Baukrediten bis zu 80 v. H. dieser Kosten erhöht sich regelmäßig der Nominalzinssatz.

356   Das Zusammenspiel von Verkehrswert, Beleihungswert/Verkaufswert, Beleihungsgrenze, Beleihungsraum und Beleihungsauslauf wird am folgenden *Beispiel* für ein realkredittaugliches Objekt und an Abb. 24 aufgezeigt.

357   *Beispiel:*

Verkehrswert	750 000 €	
Beleihungswert (Risikoabschlag demnach 20 %)	600 000 €	
Kreditantrag	500 000 €	
Beleihungsgrenze (Realkredit)	360 000 €	
Beleihungsgrenze (Personalkredit)	120 000 €	} Kreditantrag
Zusatzsicherheiten	20 000 €	
	500 000 €	
Beleihungsausläufe: zum Beleihungswert	83,3 %	
zum Verkehrswert	66,7 %	

358   Für die Sparkassen in *Baden-Württemberg* gilt – wie oben beschrieben – gemäß § 23 Abs. 1 (Beleihungsgrenze) BelGr, dass bei Personalkrediten die Beleihung sich unter Berücksichtigung des Wertes etwaiger im Range vorgehender oder gleichrangiger Rechte innerhalb des Beleihungswerts halten muss. Zusatzsicherheiten, wie im Beispiel, können demnach entfallen (Abb. 24).

359   Bezüglich **Belastungen, die den Barpreis, nicht jedoch den Verkehrs-/Beleihungswert beeinflussen,** wird auf das Beispiel Kaufpreis abzüglich Barwert eines Wohnungsrechts und Restvaluta unter Rn. 379 ff. verwiesen.

6.3   Vorlastenbereiche im Überblick

360   Ausgehend von dem Beleihungswert für das belastungsfreie Grundstück erfolgt die **Bewertung des Grundpfandrechts** (sein Sicherungswert) abzüglich:

a) Vorlasten in Abt. II des Grundbuchs

– eintragungsfeindliche Eintragungen (Auflassungsvormerkung)
– Verfügungsbeschränkungen (z. B. Nacherbenvermerk)
– wertmäßig schlecht erfassbare Vorlasten (z. B. Bebauungsbeschränkungen, Wegerechte)
– wertmäßig erfassbare Vorlasten (Reallasten)

Abb. 24: Verkehrswert – Beleihungswert – Beleihungsgrenze – Beleihungsraum

Verkehrswert – Beleihungswert – Beleihungsgrenze – Beleihungsraum	
▽ **Verkehrswert** (§ 194 BauGB)	
▽ **Beleihungswert**	Bandbreite des Risiko- bzw. Sicherheitsabschlags von einem aktuellen belastungsfreien Verkehrswert
▽ **Beleihungsgrenze** 80 %	Beleihungsraum der im Personalkreditgeschäft, z. B. der Sparkassen in Baden-Württemberg, genutzt werden kann
– Personalkredit – ▽ **Beleihungsgrenze** 60 %	Beleihungsraum des grundpfandrechtlich bzw. hypothekarisch gesicherten Personalkredits und der Bausparkassen sowie unter bestimmten Voraussetzungen für Versicherungen (vgl. Rn. 354)
– Realkredit – (§ 11 HBG) Beleihungsraum Realkredit; dies sind i. D. etwa 50 v. H. des Verkehrswerts	Beleihungsraum i. S. d. Realkredits (§ 11 HBG) – gilt für alle Institutsgruppen –

© Weyers

b) *Vorlasten in Abt. III des Grundbuchs*
   – Hypotheken/Restschuld
   – Grundschulden/eingetragener Kapitalwert (Abtretung der Rückübertragungsansprüche entweder mit oder ohne Einmalvalutierungserklärung)
c) *unsichtbare Belastungen*
   – Mieterdarlehen/Baukostenzuschüsse/Mietvorauszahlungen
   – Überbau- und Notwegrenten
   – Anliegerkosten
   – öffentliche Grundbesitzabgaben
   – Lidlohnansprüche in Land- und Forstwirtschaft
   – Baulasten
   – Wasserrechte (Beitragsforderungen von Wasser- und Abwasserverbänden)
   – Schuldrechtlicher Bergschädenverzicht, nicht beachtete Anpassung, Sicherungsmaßnahmen, Bauwarnung
   – Altlasten

6.3.1 Vorlast in Abt. II des Grundbuchs

a) Eintragungsfeindliche Eintragungen

Der bekannteste Vertreter dieser Gruppe ist die **Auflassungsvormerkung.** Dem Berechtigten der Auflassungsvormerkung gegenüber, also dem Grundstückskäufer, sind alle nach der Eintragung dieser Vormerkung erfolgten weiteren Grundstücksbelastungen insoweit unwirksam, als sie den Anspruch auf Auflassung des Grundstücks zu den Bedingungen des Kaufvertrags gemäß § 313 BGB vereiteln oder beeinträchtigen würden. So kann der Erwerber auch die Löschung einer nachrangig für das Kreditinstitut eingetragenen Grundschuld verlangen. **361**

Wenn das Kreditinstitut ein solches Grundstück beleiht, muss die vorrangige Auflassungsvormerkung gelöscht werden oder im Rang zurücktreten.

Großzügiger kann das Kreditinstitut bei einer vorrangigen so genannten **Rückauflassungsvormerkung** für eine Kommune sein. Gemeinden verkaufen Bauland oft mit der Auflage, dass z. B. innerhalb von drei Jahren eine Bebauung erfolgen muss, um reine Grundstücksspekulationen zu vermeiden. Wenn das Bauvorhaben dann realisiert ist, wird diese Rückauflassungsvormerkung i. d. R. gelöscht. Wenn das Kreditinstitut also das Bauvorhaben finanziert und die Gesamtfinanzierung gesichert ist, kann dieses Recht als vorübergehende Vorlast toleriert werden.

b) Verfügungsbeschränkungen

362   Zu dieser Gruppe gehören u. a. der **Nacherbenvermerk, Umlegungsvermerk, Zwangsverwaltungsvermerk, Zwangsversteigerungsvermerk.** Sie sind nicht so eintragungsfeindlich wie die Auflassungsvormerkung (die übrigens rein rechtlich auch zu den Verfügungsbeschränkungen gehört). Wenn solche Berechtigten aus einer Verfügungsbeschränkung ihre Zustimmung zu der Eintragung der Grundschuld erteilen, hat das Kreditinstitut das Recht ohne Beeinträchtigungsgefahren erworben.

c) Wertmäßig schlecht erfassbare Vorlasten

363   Während in den beiden vorgenannten Gruppen die Grundschuld des Kreditinstituts in ihrem rechtlichen Bestand gefährdet wird, verlagert sich in dieser dritten Vorlastengruppe die Gefahr von der Grundschuld zum Grundstück hin, das durch solche Belastungen erheblich an Wert verlieren kann – aber nicht muss. Das hängt von der Ausgestaltung der einzelnen Belastungen ab. Es handelt sich um die große Gruppe der Dienstbarkeiten. Hier werden **Grunddienstbarkeiten und beschränkt-persönliche Dienstbarkeiten** unterschieden.

– *Grunddienstbarkeiten* sind Nutzungsrechte an Grundstücken zu Gunsten des jeweiligen Eigentümers eines anderen Grundstücks. Das belastete Grundstück wird das „dienende" Grundstück genannt und das andere „herrschendes" Grundstück.

– *Beschränkt-persönliche Dienstbarkeiten* sind ebenfalls Nutzungsrechte an Grundstücken, die aber nicht zu Gunsten des jeweiligen Eigentümers eines anderen Grundstücks, sondern für eine bestimmte Person bestellt sind.

Die **inhaltlichen Gestaltungsmöglichkeiten** sind fast endlos: Wegerechte, Leitungsrechte, Geh- und Fahrrechte, Fensterrechte, Bebauungsbeschränkungen, Nutzungsbeschränkungen, Weiderechte, Tankstellenrechte usw. Es kann im Einzelfall äußerst schwierig sein, den Beeinträchtigungsgehalt einer solchen Vorlast zu ermitteln. Meistens können sie gar nicht in Geldbeträgen ausgedrückt werden. In vielen Fällen wird nur eine Abstimmung mit Sachverständigen und/oder Juristen der Immobilienbewertung weiterhelfen können. Eintragungsbewilligung und Lagepläne sind heranzuziehen.

d) Wertmäßig erfassbare Vorlast

364   Hier sind in erster Linie **Reallasten** zu nennen. Die Gruppe hebt sich wohltuend von der dritten ab, weil in diesen Fällen ein **Kapitalwert zu ermitteln** ist, der dann als Vorlast berücksichtigt werden kann. Auch hier sind die Sachverständigen für Immobilienbewertung gefordert.

Beispielhaft kann es sich hierbei um **Rentenrechte** und um **Ausgleichsforderungen** der Gemeinde für Mehrwerte bezüglich der Grundstücke handeln, die der Kreditnehmer im Umlegungsverfahren von der Gemeinde erworben hat. Ein solches Grundstück hat also einen höheren Wert als das aufgegebene. Dieser Mehrwert begründet die Ausgleichsforderung zu Gunsten der Gemeinde und stellt eine öffentliche Last dar, die in Abt. II des Grundbuchs einzutragen ist. Es liegen noch keine Erfahrungen darüber vor, ob in Abt. II der Geldbetrag eingetragen oder lediglich auf den Umlegungsbeschluss verwiesen wird.

6.3.2 Vorlast in Abt. III des Grundbuchs

In diesem Bereich ergeben sich bei der **Ermittlung der Vorlasten** grundsätzlich keine   **365**
Schwierigkeiten.

a) Vorrangige Hypothek

Es kann der **Restdarlehnsbetrag** angesetzt werden. Informationsgrundlage können die   **366**
letzte Bilanz, eine Vermögensaufstellung oder ein Kontoauszug sein. Voraussetzung ist
allerdings, dass zu Lasten der vorrangigen Hypothek eine Löschungsvormerkung eingetragen bzw. nicht auf den für die Grundschuld des Kreditinstituts bestehenden Löschungsan-
spruch verzichtet worden ist.

b) Vorrangige Grundschuld

I. d. R. werden vorrangige **Grundschulden mit** ihrem **Kapitalwert angesetzt.** Vorrangige   **367**
Grundschulden müssen mit Löschungsvormerkungen oder Löschungsansprüchen belastet
sein. Außerdem muss sich das Kreditinstitut bezüglich der vorrangigen Grundschulden die
Rückgewährsansprüche in offener Form abtreten lassen. Eine vorrangige Grundschuld darf
nur dann mit einem geringeren Valutierungsbetrag als Vorlast angesetzt werden, wenn die
Rückgewährsansprüche an das Kreditinstitut abgetreten und die Bestätigung des vorrangigen Grundschuldgläubigers mit einer Einmalvalutierungserklärung verbunden worden ist.
Das könnte in der Praxis bei solchen vorrangigen Grundschuldgläubigern möglich sein, die
nur Darlehen gewähren, aber kein laufendes Kreditgeschäft betreiben (z. B. Bausparkassen, sonstige Spezialfinanzierungsinstitute).

Es ist in der gesamten Kreditwirtschaft üblich, bei der Berechnung von Beleihungsausläufen
und der betraglichen Ausschöpfung von Beleihungsspielräumen **vorrangige Grundpfandrechte nur mit ihren Kapitalbeträgen** anzusetzen und die dinglichen Zinsen und Nebenleistungen nicht zu berücksichtigen. Ein Grund dafür ist z. B., dass die Kreditinstitute nicht ihre
Beleihungsmöglichkeiten im Neugeschäft über Gebühr einengen lassen wollen. Nur im Vorfeld der *Zwangsversteigerung* werden präzise Vorlastenberechnungen aufgemacht. Es ist
schon ein Unterschied, ob das Kreditinstitut eine vorrangige Grundschuld von 5 Mio. € mit
einem dinglichen Zinssatz von 15 % lediglich mit dem Kapitalwert von 5 Mio. € als Vorlast in
ihrer Vorlage berücksichtigt oder ob es für etwa drei Jahre noch rd. 2,25 Mio. € dingliche Zinsen dazurechnet. Es bleibt jedoch bei der vorgenannten Handhabung; eine Berücksichtigung
der dinglichen Zinsen bei Vorlasten wird im Kreditgewerbe nicht diskutiert.

6.3.3 Unsichtbare Belastung

In dieser Gruppe werden diejenigen **Lasten und Beschränkungen** (vgl. Rn. 352 und Teil   **368**
VII Rn. 30 ff.) zusammengefasst, die entweder eine dingliche Wirkung haben oder das
Sicherungsrecht des Kreditinstituts sonstwie beeinträchtigen können, ohne im Grundbuch
eingetragen zu sein. Es handelt sich um öffentlich-rechtliche und privatrechtliche Lasten.

a) Mieterdarlehen/Baukostenzuschuss/Mietvorauszahlung

Neben beantragten Darlehensmitteln und Eigenmitteln können **Mieterdarlehen, Mietvor-**   **369**
auszahlung und **Baukostenzuschüsse** einem Finanzierungsplan entnommen werden. Bei
einer zwangsweisen Verwertung des Grundstücks werden Mieterdarlehen etc. vorab vor
den eingetragenen Grundstücksbelastungen befriedigt.

b) Überbau- und Notwegrente

Hat der Eigentümer eines zu besichernden Grundstücks unbeabsichtigt über die Grund-   **370**
stücksgrenze gebaut, so hat er den Nachbarn unter den Voraussetzungen des § 912 BGB
durch eine **Geldrente** zu entschädigen (vgl. Teil VII Rn. 253 ff., 302 ff.).

Fehlt dem zu besichernden Grundstück ein ordnungsgemäßer **Zugang zu einem öffentlichen Weg,** kann der Eigentümer von seinem Nachbarn die Duldung eines Notwegs verlangen. Er muss ihm aber gemäß § 917 BGB eine Geldrente zahlen (vgl. Teil VII Rn. 263 ff., 302 ff.). Ob eine Vorlastberücksichtigung erfolgen muss, wird von der Höhe der jeweiligen Geldrente abhängen.

c) Anliegerkosten

371   Bei der Erschließung des Grundstücks fallen für den Grundstückseigentümer **Anliegerkosten** an (vgl. § 5 WertV Rn. 100 ff. und § 14 WertV Rn. 125 ff.). Solche noch nicht bezahlten Kosten **gehen als so genannte öffentliche unsichtbare Lasten allen anderen Belastungen im Grundbuch** im Range vor.

d) Öffentliche Grundbesitzabgaben

372   Diese Position wird der Vollständigkeit halber erwähnt. Sie spielt bei der Beleihungsprüfung i. d. R. schon rein betraglich keine nennenswerte Rolle. Sicherlich kann sich diese unsichtbare Vorlast bei einer Verschlechterung der wirtschaftlichen Verhältnisse des Grundstückseigentümers durch auflaufende Rückstände erhöhen. Ein wesentlicher Störfaktor dürfte aber diese Vorlast im Verteilungstermin nicht sein. Solche **Abgaben verjähren in vier Jahren.**

e) Lidlohnanspruch

373   Solche Ansprüche entstehen nur bei land- oder forstwirtschaftlich genutzten Grundstücken.

f) Baulast

▶ *Hierzu allgemein Teil VII Rn. 30.*

374   Durch die Begründung einer Baulast setzt der Grundstückseigentümer sein Grundstück gewissen **Nutzungsbeschränkungen** aus, die wegen ihres dinglichen Charakters auch gegen den Rechtsnachfolger des Eigentümers wirken. Bei größeren Beleihungsobjekten gehören die Anfrage und Antwort der betreffenden Baubehörde bezüglich bestehender Baulasten zur Bearbeitungsroutine (Auszug aus dem Baulastenverzeichnis). Der Beeinträchtigungsgehalt einer etwa bestehenden Baulast wird i. d. R. von den Sachverständigen für Immobilienbewertung beurteilt.

g) Wasserrecht

Weiterführendes Schrifttum: *Stannigel/Kremer/Weyers,* Beleihungsgrundsätze für Sparkassen. Kommentar und Handbuch für die Beleihungspraxis. Deutscher Sparkassenverlag Stuttgart 1984; hier: § 5 Beleihungsgrenze, S. 192 bis S. 257 und § 6 Rangstelle, S. 258 bis 271; *Stannigel,* Kreditrevision bei Banken, Sparkassen und Bausparkassen, 4. Aufl., Knapp Verlag, Frankfurt/M. 1988, hier: Prüfung der Kreditsicherheiten, S. 77 ff.; *Stannigel,* Beleihungswert und Beleihungsgrenze im Blickfeld des Kreditprüfers, GuG 1991, 241 und 325; *Sichtermann/Hennings,* Bedeutung und Behandlung der Eintragungen in Abteilung II des Grundbuchs, Deutscher Sparkassenverlag Stuttgart 1988; Vogels, Grundstücks- und Gebäudebewertung marktgerecht, 5. Aufl., Bauverlag Wiesbaden/Berlin 1996; hier: Wertermittlung von Grundstücksbelastungen, S. 219 bis 283; *Woff/Nette,* Grundpfandrechte als Sicherheiten für langfristige Ausleihungen durch Kreditinstitute und Versicherungen; GuG 1991, 183; *Jährig/Schuck,* Handbuch des Kreditgeschäfts, 5. völlig neu bearbeitete Aufl. von *Rösler/Woite,* Gabler Verlag Wiesbaden 1989; hier: IV. Grundpfandrechte, S. 714 bis 758; *Hofmann/Sauter,* Das Grundbuch im Kreditgeschäft; Gabler Verlag Wiesbaden 1989; *Schmidt/Fröhlig,* Grundbuch lesen und verstehen; Luchterhand Verlag Neuwied 1992; *Böttcher,* Fallbearbeitung im Grundbuchrecht; Luchterhand Verlag Neuwied 1993; *Kröll,* Rechte und Belastungen bei der Verkehrswertermittlung von Grundstücken, Luchterhand Verlag 2001.

▶ *Hierzu allgemein Teil V Rn. 455 ff. und Teil VII Rn. 315 ff.*

375   Wenn es sich bei dem Kreditnehmer um ein Unternehmen handelt, das für die Produktion viel Wasser benötigt (z. B. Papiererzeuger, chemische Fabriken, Lederverarbeiter), muss der Frage nach dem Vorhandensein einer solchen Belastung nachgegangen werden. Ein solcher Kreditnehmer ist dann grundsätzlich Mitglied eines Wasser- und Abwasserverbandes. Die **Beitragsverpflichtungen** dieser Mitglieder und Nutznießer von Wasserrechten lasten auf den Grundstücken dieser Eigentümer als öffentliche Last, d. h. mit anderen Worten, dass diese Verpflichtungen als öffentliche Lasten ein Recht auf Befriedigung aus dem Grundstück vor den eingetragenen Grundpfandrechten darstellen.

Wasserrechte umfassen als unsichtbare Vorlast nicht nur rückständige Leistungen bis zur Konkurseröffnung des betreffenden Unternehmens. Man muss bedenken, dass diese Wasserverbände im Zusammenhang mit der Ansiedlung solcher Unternehmen, die viel Wasser verbrauchen, Investitionen vorgenommen haben (z. B. Dämme, Leitungen, Filteranlagen). Vor diesem Hintergrund ist es diesen Verbänden möglich, sogar künftige Beiträge bis zu max. 10 Jahren geltend zu machen. Damit können solche **vorrangigen Wasserrechte** erhebliche Beträge erreichen. Aus der Praxis ist ein Fall bekannt, in dem bei einem solchen in Konkurs gegangenen Unternehmen die geltend gemachten Wasserrechte rd. 25 % des gesamten Grundstückswerts erreichten und den Beleihungsauslauf der Grundschuld entsprechend verschlechterten. Dabei konnte in diesem Fall noch ein Kompromiss geschlossen werden. Im ungünstigsten Falle hätten die Wasserrechte rd. 50 % des Grundstückswerts erreicht.

h) Schuldrechtlicher Bergschadensverzicht/nicht beachtete Anpassung, Sicherungsmaßnahme oder Bauwarnung

▸ *Hierzu allgemein Teil V § 4 WertV Rn. 387 ff., 428 ff.*

Diese Beeinträchtigungen können nur bei solchen Grundstücken auftreten, die in einem Bergbaugebiet liegen. Wenn das Bergbauunternehmen solche Maßnahmen verlangt, und der Bauherr handelt entsprechend, dann haftet das Bergbauunternehmen für trotzdem auftretende Bergschäden. Erfolgt ein Bau ohne entsprechende Beachtung, so entfällt die Bergschädenhaftung des Bergbauunternehmens. Das gilt auch, wenn eine **Bauwarnung ausgesprochen** worden ist. Die Grundsicherheit des Kreditinstituts kann somit im Ernstfall beeinträchtigt werden. Zumindest der Kreditnehmer sollte hinsichtlich solcher Vorgänge befragt werden. Bei einer größeren Beleihung kann sich das Kreditinstitut auch an das dort abbauende Unternehmen oder an das Bergamt wenden.

376

– Schuldrechtlicher Bergschädenverzicht

Auch nach dem Bundesberggesetz ist ein schuldrechtlicher Bergschädenverzicht möglich. Grundsätzlich erstreckt sich ein auf dem Grundstück ruhendes Grundpfandrecht zusätzlich auch auf einen etwa entstehenden Bergschädenersatzanspruch. Beide Objekte, das **Grundstück sowie der Bergschädenersatzanspruch, haften gemeinsam.**

Wenn nun ein Kreditinstitut ein solches Grundstück beleiht, dann bleibt bei ihm die Unsicherheit über das Vorhandensein sie benachteiligender Bergschädenverzichte außerhalb des Grundbuchs. Ist schuldrechtlich durch Vereinbarung die Haftung des Bergbauunternehmens ausgeschlossen, so kann in Zukunft kein **Bergbauschadensersatzanspruch** entstehen. Wenn nach einem solchen schuldrechtlichen Verzicht zu Gunsten des Kreditinstituts eine Grundschuld im Grundbuch eingetragen wird, dann kann das Grundpfandrecht des Instituts im Ernstfall erheblich beeinträchtigt werden, weil im Schadensfalle ein Bergbauschadensersatzanspruch – wie bereits erwähnt – überhaupt nicht mehr entsteht.

Dem Kreditinstitut bleibt also – vor allen Dingen bei größeren Beleihungen – gar nichts anderes übrig, als den Kreditnehmer und auch das Bergbauunternehmen entsprechend zu befragen, ob ein **schuldrechtlicher Bergschädenverzicht** ausgesprochen worden ist oder nicht. Um zumindest eine Anspruchsgrundlage gegen den Darlehensnehmer zu haben (sofern dieser auch gleichzeitig der Grundstückseigentümer ist), besteht i. d. R. in „Bedingungen für gewerbliche Finanzierungen/private Finanzierungen/Baufinanzierungen" eine Klausel, dass Vereinbarungen über Entschädigungsansprüche bei Bergschäden nicht getroffen sein dürfen.

Stellt sich auf Grund einer solchen Befragung das **Vorhandensein eines schuldrechtlichen Bergschädenverzichts** heraus, dann muss das Bergbauunternehmen das Kreditinstitut in einem gesonderten Vertrag so stellen, als ob ein Bergschädenverzicht überhaupt nicht ausgesprochen worden ist (Schadloserklärung). Andernfalls ist die satzungsmäßige Beleihung eines solchen Grundstücks nicht möglich.

– Dinglicher Bergschädenverzicht

Der **dingliche Bergschädenverzicht** wird hier nur der Vollständigkeit halber erwähnt; er gehört nicht zu der Kategorie der an dieser Stelle zu besprechenden Belastungsgruppe. Wenn das Kreditinstitut anlässlich einer Beleihungsprüfung einen vorrangigen Bergschädenverzicht in Abt. II des Grundbuchs feststellt, muss dieses Recht seiner Grundschuld den Vorrang einräumen. Besteht ein dinglicher Bergschädenverzicht im Range nach der Grundschuld, wird dieses Grundpfandrecht hierdurch nicht beeinträchtigt.

i) Altlasten

▶ *Hierzu allgemein Teil V § 5 WertV Rn.119 ff.*

377 Bei der Sanierung von Altlasten aus einer früheren industriellen Nutzung des Grundstücks entstehen entsprechende Verbindlichkeiten des Eigentümers (= Zustandstörers) gegenüber der öffentlichen Hand. Ein Kreditinstitut hat das kreditvertragliche Recht, diesbezügliche Erkundigungen einzuziehen und Unterlagen anzufordern. Viele Gemeinden führen ein sog. Altlastenverzeichnis/Altlastenkataster/Altlastenkarten.

Die Rechtsentwicklung ist in Fluss. Das Kreditinstitut sollte schon jetzt davon ausgehen, dass diese Verbindlichkeit aus der Altlastensanierung den Rechtscharakter einer dinglichen unsichtbaren Grundstücksbelastung annimmt und damit allen anderen eingetragenen Rechten im Range vorgeht. Erst wenn die Kreditbearbeitung das angebotene Pfandgrundstück hinsichtlich dieser drei Vorlastenbereiche geprüft hat, kann die Grundsicherheit wie eingangs dargelegt in der Kreditvorlage ausreichend gewürdigt und der genaue **Beleihungsauslauf** dargestellt werden.

378 *Beispiel:*

Darstellung des Beleihungswerts in der Kreditvorlage (Kreditantrag 2 000 000 €)

Sicherheiten 2 000 000 € Grundschulden nach 500 000 € Vorlasten sowie diverse nicht wertmindernde Rechte in Abt. II auf dem Betriebsgrundstück

Verkehrswert	3 600 000 €	
Beleihungswert	3 000 000 €	(Kreditrisikoabschlag 16,7 %)
Beleihungsgrenze (80 %) = 80/100 × 3 000 000 €	2 400 000 €	Personalkreditgrenze
Satzungssicherheit	1 900 000 €	(2 400 000 € – 500 000 €)
Zusatzsicherheit	100 000 €	
Beleihungsauslauf/Beleihungswert (2 500 000 €/3 000 000 €)	83,3 %	
Beleihungsauslauf/Verkehrswert (2 500 000 €/3 600 000 €)	69,4 %	

6.4 Kapitaldienstgrenze

379 Verzinsung und Tilgung der Kredite (Kapitaldienst) können bei langen Darlehenslaufzeiten i. d. R. nicht ausschließlich auf die persönlichen Einkommensverhältnisse eines oder mehrerer Schuldner abgestellt werden. Sie müssen vom Reinertrag des Grundstücks (§ 16 Abs. 1 WertV) gedeckt sein, der unabhängig von der Person des jeweiligen Eigentümers auf Dauer aus dem Beleihungsgegenstand erwirtschaftet werden kann (**objektgebundene Kapitaldienstfähigkeit**).

Beispiel: **380**

Reinertrag des Grundstücks p.a.	150 000 €
Abzüglich Annuität einer Vorlast: 600 000 € × 0,07 (6,0 % Zinsen + 1,0 % Tilgung)	– 42 000 €
Abzüglich Annuität für ein beantragtes Darlehen: 1 250 000 € × 0,08 (= 6,5 % + 1,5 %)	– 100 000 €
Mithin ergibt sich ein Liquiditätsüberschuss in Höhe von	8 000 €

Bei eigengenutzten Gewerbeobjekten ergeben sich meist gewisse Schwierigkeiten bei der **381**
Berechnung der Kapitaldienstfähigkeit. Hier ist i. d. R. nicht nur das Beleihungsobjekt
mit seinem Reinertrag zu berücksichtigen, sondern auch der nachhaltig erzielbare Gewinn
aus dem Betrieb. Dieser ist aus dem Durchschnittsgewinn der letzten drei Jahre zu ermitteln, wobei der erkennbare Trend, etwa aufgrund von konjunkturellen und branchenmäßi-
gen Erwartungen, zu berücksichtigen ist.

Für Beleihungszwecke ist (ebenso wie für Zwangsversteigerungen) im Übrigen der **Ver-** **382**
kehrswert des Gegenstands der Wertermittlung (§ 2 WertV) **im belastungsfreien**
Zustand anzugeben. Die Werte etwaiger Eintragungen in Abt. II des Grundbuchs müssen
(wie bereits ausgeführt) getrennt ermittelt und ausgewiesen werden, damit eine Berücksichtigung entsprechend der Rangstelle möglich ist. Anzumerken ist, dass nach überwiegend geübter Praxis der Gutachterausschüsse (§ 192 BauGB) die Verkehrswerte um den
Wert der Eintragungen (z. B. Leibrente, Wohnungsrecht) gemindert werden; ausgewiesen
wird mithin der **„Verkehrswert des belasteten Grundstücks".** Für Darlehensgeber und
Gerichte sind derartige Wertermittlungsergebnisse **falsch und nicht verwendbar.**

Da bei einer vorrangigen Beleihung z. B. der Wert eines nachrangigen Wohnungsrechts aus **383**
der Sicht der Institute unberücksichtigt bleibt, ist es möglich, dass der **Beleihungswert –**
was nicht sein darf – **über dem Verkehrswert** liegt. Hierzu das *Beispiel* der Beleihungsmöglichkeit eines Sachwertobjekts (Einfamilienhaus, Wohnungsrecht in Abt. II):

Beispiel: **384**

Verkehrswertermittlung durch Gutachterausschuss:

Verkehrswert (belastungsfrei)	350 000 €
Abzüglich Wert des Wohnungsrechts	– 80 000 €
Verkehrswert (belastet)	270 000 €

a) Das Wohnungsrecht hat dem Grundpfandrecht den Vorrang eingeräumt.

Grundpfandrechtsgläubiger

Verkehrswert (belastungsfrei)	350 000 €
Abzüglich 20 % Risikoabschlag (gemäß BelGr-WestLB)	– 70 000 €
Beleihungswert	280 000 €

Der Beleihungswert übersteigt hier den Verkehrswert des Gutachterausschusses. Zu beachten sind jedoch die strukturell verschiedenen Berechnungen beim Verkehrs- bzw. Beleihungswert. Ein Realkredit in Höhe von 168 000 €
(= 60 % von 280 000 €) wäre darstellbar.

b) Das Wohnungsrecht tritt nicht im Rang zurück:

60 % von 280 000 €	168 000 €
abzüglich Vorlast Wohnungsrecht	– 80 000 €
Beleihungsmöglichkeit	88 000 €

Falsch wäre in diesem Fall das folgende Vorgehen gewesen:

Verkehrswert (wie oben belastet)	270 000 €
Abzüglich 20 % BelGr-Risikoabschlag	– 54 000 €
Beleihungswert	216 000 €
Hiervon 60 % (Realkredit)	129 600 €

Es würde zu einer **Überschreitung der Beleihungsgrenze** in Höhe von 41 600 € (129 600 € – 88 000 € = 47,3 %
von 88 000 €) kommen.

6.5   Fremdwährungsdarlehen und Kursrisiko

385 Banken und Kreditvermittler bieten auch **Fremdwährungsdarlehen** für Baufinanzierungen an. Angeboten werden derzeit (Ende 2000) fast ausschließlich Darlehen in Schweizer Franken (zu 4,8 % Zinsen), Japanische Yen (zu 1,5 % Zinsen) und US-Dollar (zu 4,5 % Zinsen). Der Kreditnehmer zahlt mithin einen geringeren Zinssatz als für ein Darlehen in €. Sinkt z. B. der Kurs der Fremdwährung gegenüber dem €, so hätte er weniger in € zu zahlen, als er an Darlehen bekommen hat. Er trägt allerdings auch das volle Risiko, wenn der Kurs der Fremdwährung steigt. Alle Zins- und Tilgungszahlungen (Leistungsraten) sind in der jeweiligen Fremdwährung zu leisten. Die fälligen Zahlungen werden zum aktuellen Kurs in € umgerechnet und meist von einem speziell eingerichteten Abwicklungskonto eingezogen.

386 **Fremdwährungsdarlehen** werden i. d. R. erst ab 250 000 € (bezogen auf den Kurs der anderen Währung) gewährt. Zinsbindungen bis zu maximal 10 Jahren sind zu beobachten. Denkbar ist ebenso, dass der vereinbarte Zinssatz alle drei, sechs oder zwölf Monate der Zinsentwicklung auf dem europäischen Geldmarkt angepasst wird. Eine regelmäßige Tilgung, wie bei Baukrediten sonst üblich, ist bei Fremdwährungsdarlehen nahezu die Ausnahme, d. h. die Kreditnehmer müssen Vorkehrungen treffen, um bei Ablauf der im Kreditvertrag festgelegten Darlehenslaufzeit liquide zu sein.

387 Als **Sicherheiten** werden **Grundpfandrechte** bestellt, wobei die Grundschuldbestellung wegen des Kursrisikos meist um etwa 10 bis 25 Prozent höher liegt als die in € umgerechnete Darlehenssumme. Auch behalten sich Kreditinstitute die **(kreditvertragliche)** Möglichkeit offen, bei höherem Kursanstieg der Fremdwährung zusätzliche Sicherheiten zu fordern. Es versteht sich zudem von selbst, dass die Bonität des Kreditnehmers einwandfrei sein muss. Fremdwährungsdarlehen sind ein unüberschaubares Risiko.

6.6   Darlehenslaufzeit und Restschuld

388 Bis etwa Mitte der 70er Jahre erfolgte die Darlehensgewährung zu festen Konditionen bis zur vollständigen Tilgung. Refinanzierungsprobleme der Kreditinstitute führten danach bei langfristigen Darlehen zu **Konditionenanpassung** meist nach fünf oder zehn Jahren, vereinzelt maximal nach 20 Jahren. Möglich sind auch bis zu acht tilgungsfreie Jahre, wobei die Tilgung dann i. d. R. über Bausparvertrag oder Lebensversicherung erfolgt.

389 **Darlehenslaufzeiten**[175] **ergeben sich auf der Grundlage von Nominalzins und Tilgung** (= Leistungssatz). Dieser kann den Bewilligungsschreiben der Institute entnommen werden. Hier heißt es z. B.: „ ... gewähren wir Ihnen ein langfristiges Darlehen über 500 000 € zu 6,35 % und 1 % Tilgung zuzüglich ersparter Zinsen. Bezüglich der Zinsen gilt eine 10-jährige Bindungsfrist[176]. Kommt es jedoch zu Bankenfusionen, so könnten Geschäftsgrundlage und damit Vorfälligkeits-Entschädigung entfallen (OLG Karlsruhe 9 U 143/00).

Ein Tilgungsplan mit Zinsen und Tilgung im 10. Jahr der Bindung als *Beispiel* (gleich bleibende Raten in €):

Beispiel:

Termin	Gesamtrate	Zinsen	Tilgung	Effektivrest
30. 04. 2009	3 062,50	2 329,60	723,90	439 507,40
30. 05. 2009	3 062,50	2 325,73	736,77	438 770,63
30. 06. 2009	3 062,50	2 321,83	740,67	438 029,96
30. 07. 2009	3 062,50	2 317,91	744,59	437 285,37
30. 08. 2009	3 062,50	2 313,97	748,53	436 536,84
30. 09. 2009	3 062,50	2 310,01	752,49	435 784,35
30. 10. 2009	3 062,50	2 306,03	756,47	435 027,88

Termin	Gesamtrate	Zins	Tilgung	Effektivrest
30. 11. 2009	3 062,50	2 302,02	760,48	434 267,40
30. 12. 2009	3 062,50	2 298,00	764,50	433 502,90
30. 01. 2010	3 062,50	2 293,95	768,55	432 734,35
30. 02. 2010	3 062,50	2 289,89	772,61	431 961,74
30. 03. 2010	3 062,50	2 285,80	776,70	431 185,04
30. 04. 2010	3 062,50	2 281,69	780,81	**430 404,23**

Darlehensbetrag   500 000,00 €
Monatlicher Leistungssatz (500 000 € × 0,0735 : 12)   3 063,50 €
Anpassungstermin (nach 10 Jahren) 30. 4. 2010
Effektivrest-Kapital am 30. 4. 2010   430 404,34 €
Laufzeit Kapital 30. 10. 2031 = 31 Jahre und 203 Tage
Effektivzins   6,54027 %
Kurs   100,00000 %
Tilgungssatz   1,00000 %
Nominalzins   6,35000 %
Tilgungsplan-Summen bis zur Konditionsanpassung
Zinsen 1. 4. 2000–30. 4. 2010   299 932,70 €
Tilgung 1. 5. 2000–30. 4. 2010   69 595,77 €

Grundsätzlich gilt, wie die folgende Tabelle zeigt, **je höher Nominalzins und Tilgung**   **390**
sind, je kürzer ist die Darlehenslaufzeit** (Abb. 25).

Abb. 25: Tilgung

Tilgung p. a. %	Nominalzins (%)							
	4,5		5,0		5,5		8,5	
	Jahre	Monate	Jahre	Monate	Jahre	Monate	Jahre	Monate
1,0	38	–	35	11	34	2	26	7
1,5	30	11	29	5	28	1	22	5
2,0	26	3	25	2	24	2	19	7
2,5	23	–	22	1	21	3	17	6

Die folgende Übersicht zeigt in Abhängigkeit vom Tilgungssatz **den Schuldenstand für**   **391**
ein Darlehen in Höhe von 100 000 € bei einem Kurs von 100 % und 6,5 % Zinsen
jeweils am Ende der Bindungsfrist (Abb. 26).

Abb. 26: Restschuld nach Jahren bei 1, 2, 3 und 4 % Tilgung

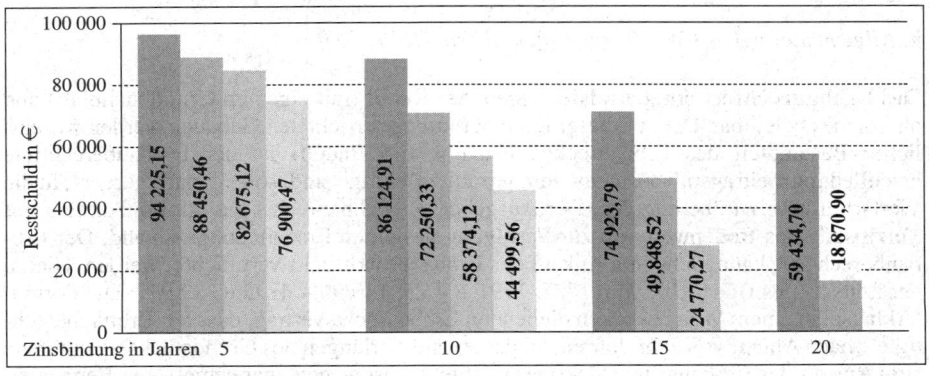

Quelle: HypoVereinsbank Düsseldorf
Darlehens-Laufzeiten bei unveränderten Konditionen: 1 % Tilgung: 31 Jahre und 61 Tage; 2 % Tilgung: 22 Jahre und
151 Tage; 3 % Tilgung: 17 Jahre und 331 Tage; 4 % Tilgung: 15 Jahre und 1 Tag

175   Darlehenslaufzeiten und Restschuld in GuG 2000, 218
176   Ohne Konditionenanpassung wäre das Darlehen am 30. 10. 2031 (= 31 Jahre und 203 Tage) getilgt.

392   Je höher also die Restschuld am Ende der Bindungsfrist ist, desto stärker würden sich (was bei selbst genutzten Wohnimmobilien nicht wünschenswert ist) Zinserhöhungen auswirken.

393   Auf die Problematik bei **Nichtabnahme des Darlehens** und bei vorzeitiger Rückzahlung des Restdarlehens wird abschließend hingewiesen. Eine vorzeitige Beendigung des Kreditvertrags kann auch in der **Nichtabnahme des Darlehens** begründet werden. Der Darlehensnehmer macht sich demzufolge gemäß § 326 BGB schadensersatzpflichtig (Nichtabnahmeentschädigung). In Niedrigzinsphasen und bei Verkäufen von (belasteten) Immobilien besteht häufig die Absicht ein (teures) Darlehen vorzeitig zu tilgen. Auch im Fall, wenn ein Institut nicht bereit ist, dem Darlehensnehmer auf der als Sicherheit dienenden Immobilie einen weiteren Kredit zu gewähren, ist eine Ablösung (Umschuldung) möglich. Eine Kündigung des Darlehens/Kredits durch das Institut wegen Verschlechterung der wirtschaftlichen Lage des Darlehensnehmers ist ebenso möglich. Die Folge in allen Fällen ist eine **Vorfälligkeitsentschädigung,** mit welcher die Institute ihren „Zinsausfall" kompensieren. Im Jahr 1997 hat der BGH entschieden[177], dass Verkäufer Anspruch auf vorzeitige Auflösung des Darlehensvertrags und die Institute Anspruch auf tatsächlich entgangene Zinsen haben[178]. Die Institute müssen jetzt für die „Wiederanlage" mit höheren Guthabenzinsen – etwa mit Erträgen von Hypothekenpfandbriefen – rechnen[179]. Gängige Praxis war es bisher, mit dem niedrigen Zinssatz von Staatsanleihen zu arbeiten. Die neue Berechnungsmethode führt somit zu wesentlichen Ersparnissen bei den Darlehensnehmern[180].

6.7   Sonderfall Erbbaurecht

6.7.1   Allgemeines zur Wertermittlung

Weiterführendes Schrifttum: *Rudolf,* Der Erbbauzins als vorrangiges dingliches Recht bei der Baufinanzierung, Bankinformation, 1977/1; *Götz,* Die Beleihbarkeit von Erbbaurechten, DNotZ 1980; *Praxl,* Beleihungswertfestsetzung für Eigenheime auf Erbbaurechten – Zur Auslegung von § 21 ErbbauVO DLK 1980; *Reuter,* Beleihung von Erbbaurechten, Kreditpraxis, 1983/5; *Vogels,* Wertermittlung von Erbbaurechtsgrundstücken, Architekt + Ingenieur, 1971/5; Zur Ermittlung von Beleihungswerten bei Erbbaurechten, Kreditpraxis, 1983/5; Grundstücks- und Gebäudebewertung marktgerecht, Bauverlag Wiesbaden, 5. Aufl., 1996; Erbbaurecht und Beleihungswert, GuG 1994, 92; *Stannigel/Kremer/Weyers,* Beleihungsgrundsätze für Sparkassen, Kommentar und Handbuch für die Beleihungspraxis, Deutscher Sparkassenverlag 1984; *Simon,* Praxis der Wertermittlung von Erbbaurechten, Abschn. IV, S. 15 bis 26, Bundesanzeiger Seminar 1989; *Ziegenbein/Meyer,* Zur marktgerechten Wertermittlung von Erbbaurechtsgrundstücken, ZfV 1988/8; *Werth,* Verkaufswertermittlung nach § 21 ErbbauVO; Was ist heute möglich? DLK 1989, 68; Erbbaurecht, GuG 1995, 105; *Weiland,* Zur Beleihung des Erbbaurechts im Realkredit – Fragen und Vorschläge, GuG 1993, 257

▶ *Allgemeines vgl. § 1 WertV Rn. 27ff. und Teil VII Rn. 11ff.*

394   Das **Erbbaurecht ist ein grundstücksgleiches Recht** (mit eigenem Grundbuchblatt) und als solches beleihbar. Die auf dieser Rechtsgrundlage errichteten Gebäude werden wesentlicher Bestandteil des Erbbaurechts. Nach § 134 BauGB ist der Erbbauberechtigte erschließungsbeitragspflichtig; von ihm gezahlte Beiträge sind, soweit marktgerecht, in die Wertermittlung zu übernehmen. Der Ausgeber des Erbbaurechts hat nur ein Anrecht auf Verzinsung des Bodenwerts im zur Verfügung gestellten Erschließungszustand. Der Erbbauberechtigte kann nicht zum Ankauf des Erbbaugrundstücks verpflichtet werden. Hierzu der Leitsatz des BGH, Urt. vom 17. 5. 1991 – V ZR 140/90 –, EzGuG 12.91: „Die Formularklausel in einem Wohnzwecken dienenden Erbbaurechtsvertrag, dass der Erbbauberechtigte – nach Ablauf von zehn Jahren – jederzeit auf Verlangen des Grundstückseigentümers zum Ankauf des Erbbaugrundstücks verpflichtet ist, ist wegen unangemessener Benachteiligung des Erbbauberechtigten unwirksam. Dies gilt auch, wenn der Vertrag schon vor Einführung des AGB-Gesetzes geschlossen worden ist[181]. Bei einer Anzahl von insgesamt 46 759[182] Erbbaurechten ergaben sich für die folgenden Objektarten die nachstehenden Anteile in v. H.:

- 65 v. H. Einfamilienhäuser
- 13 v. H. Mehrfamilienhäuser
- 8 v. H. Vereins- und Sozialeinrichtungen
- 8 v. H. Zweifamilienhäuser
- 5 v. H. Gewerbe/Industrie
- 1 v. H. Sonstige

6.7.2   Verkehrswert des Erbbaurechts

▶ *Hierzu allgemein Teil VII Rn. 49.*

Die statistische Auswertung einer großen Anzahl von Verkäufen von Erbbaurechten hat **395** ergeben, dass zusätzlich zum Wert der Gebäude ein Preisanteil gezahlt wird, der in den Wertermittlungs-Richtlinien (WertR) als **Bodenwertanteil des Erbbaurechts** bezeichnet ist. Er hängt ab von den vertraglichen Konditionen, insbesondere von der Differenz zwischen dem gezahlten Erbbauzins und einer angemessenen Verzinsung des aktuellen Bodenwerts. Je größer die Differenz ist (z. B. weil der Vertrag schon älteren Datums ist oder wegen sozialpolitischer Ausrichtung des Erbbaurechtsausgebers), umso größer ist der Bodenwertanteil. Die o. a. Auswertung hat jedoch zusätzlich eine Abhängigkeit des Bodenwertanteils des Erbbaurechts von der Einflussnahmemöglichkeit des Ausgebers auf Nutzung, Verkäuflichkeit, Entschädigung bei Heimfall, Bedingungen für die Belastung des Erbbaurechts u. a. mehr ergeben, die durch einen Wertfaktor zu berücksichtigen ist. Dieser liegt zwischen 0,3 und 0,8, im Durchschnitt bei 0,5 (Regelfaktor). Anlässlich der Fachtagung „Erbbaurechte und kommunales Bodenmanagement"[183] am 1. und 2. 12. 1998 in Köln wurden auch Fragen zum Wertfaktor erörtert. Tendenziell wird bei kurzer Restlaufzeit (bis 10 Jahre) mit einem niedrigen Wertfaktor und bei langfristiger Restlaufzeit (> 30 Jahre) mit einem höheren Wertfaktor gearbeitet. In nur 9,4 % der Städte ist die Anzahl der Erbbaurechtsverkäufe so groß, dass das Vergleichsverfahren angewandt werden konnte.

BW_{Erb}	(Bodenwert $\times$ p – gezahlter Erbbauzins z) $\times$ Vervielfältiger $\times$ Wertfaktor
p	Liegenschaftszinssatz entsprechend der Nutzungsart
Vervielfältiger	Rentenbarwertfaktor entsprechend dem Liegenschaftszinssatz p und der Restlaufzeit des Erbbaurechts (vgl. Anl. zur WertV).

Der **Bodenwertanteil des Erbbaurechts** ist ein Verkehrswertelement und berücksichtigt **396** den gezahlten Erbbauzins; er kann auch negativ sein.

Der Verkehrswert ist abzuleiten entweder **397**

- aus dem Sachwert der baulichen Anlage + Bodenwertanteil des Erbbaurechts (+ evtl. gezahlte Erschließungsbeiträge) oder
- aus dem Ertragswert der baulichen Anlagen + Bodenwertanteil des Erbbaurechts (+ evtl. gezahlte Erschließungsbeiträge).

▶ *Zum Erbbaurecht in der Beleihungspraxis vgl. Teil VII Rn. 230.*

---

177   BGH, Urt. vom 1. 7. 1997 – XI ZR 267/96 –, BGHZ 136, 161 und BGH, Urt. vom 1. 7. 1997 – XI ZR 197/96 –, NJW 1997, 2878
178   BGH, Urt. vom 7. 11. 2000 – XI ZR 27/00 –, WM 2001, 20 = MDR 2001, 225
179   Wimmer, Vorzeitige Kündigung – Entschädigung nach neuem BGH, Urt. Kreditpraxis 2001, 26
180   Finanzen/Kredite, Impulse, April 2001, S. 210
181   BB 1991, 1450
182   Vgl. DST – Beiträge zur Stadtentwicklung und zum Umweltschutz, Reihe E, Heft 32, Köln/Berlin 2000, S. 91
183   A. a. O., S. 89 und Tabelle 14, S. 189

Anlage 1: Beleihungsgrundsätze, Wertermittlungsrichtlinien und besondere Richtlinien der WestLB

398   Beleihungsgrundsätze der Westdeutschen Landesbank (WestLB) gemäß Beschluss des Vorstandes vom 16. 4. 1996 in Abstimmung mit dem Bundesamt für Kreditwesen (BAKred). Diese Beleihungsgrundsätze stellen Ausführungsbestimmungen des Vorstands zu den Kreditrichtlinien des Verwaltungsrats dar.

I   Grundsätze für die Beleihung von Grundstücken (Stand Mitte 2000)

1   Beleihungsgegenstand

1.1 Zur Gewährung von grundpfandrechtlich gesicherten Krediten dürfen
– Baugrundstücke
– Wohngrundstücke, Wohnungseigentum
– gewerblich genutzte Grundstücke, Teileigentum
– gemischt genutzte Grundstücke
– Erbbaurechte
– land- und forstwirtschaftlich genutzte Grundstücke
einschließlich der Gegenstände, auf die sich die grundpfandrechtliche Haftung erstreckt, beliehen werden.

2   Anforderungen an den Beleihungsgegenstand

2.1 Der Beleihungsgegenstand muss eine rechtlich selbstständige wirtschaftliche Einheit bilden, deren Wert und Verwertbarkeit nicht von weiteren, dem Pfandverband nicht zugehörigen Grundstücken abhängt.

2.2 Grundstückszugang bzw. -zufahrt sowie die Ver- und Entsorgung müssen dauernd und uneingeschränkt gesichert sein.

2.3 Bauliche Anlagen dürfen bei der Wertermittlung nur berücksichtigt werden, wenn sie mit dem Grundstück fest verbunden sind und im Eigentum des Grundstückseigentümers stehen, in technisch einwandfreier Bauweise ausgeführt und in allen Teilen baurechtlich genehmigt und mängelfrei abgenommen bzw. genehmigungs- und abnahmefähig sind.

2.4 Die ausgeübte oder beabsichtigte Grundstücksnutzung muss planungsrechtlich ausreichend gesichert sein; es sei denn, dass auf Grund der Umstände des Einzelfalles davon auszugehen ist, dass auch durch eine etwaige anderweitige Nutzung der Wert erhalten werden kann.

2.5 Die Beleihungsgegenstände müssen in ausreichender Höhe gegen sämtliche spezifischen Risiken, insbesondere gegen Feuerschäden, vesichert sein.

3   Begriff des Beleihungswerts, Wertermittlung, Zuständigkeiten, Verkehrswert

3.1 Begriff

Die Beleihung richtet sich nach dem Beleihungswert. Beleihungswert ist der Wert, den die Bank dem Beleihungsobjekt unter Berücksichtigung aller für die Bewertung maßgebenden Umstände für die Dauer der Beleihung beimisst. Grundlage für die Ermittlung des Beleihungswerts ist der Verkaufswert auf der Basis von Ertragswert und Sachwert. Hierbei ist in der Regel in erster Linie der Ertragswert zu Grunde zu legen. Der Beleihungswert darf weder den Verkaufswert noch den belastungsfreien Verkehrswert (nach 3.1.3) übersteigen.

3.1.1 Ermittlung des Beleihungswerts

Der Beleihungswert wird auf der Basis eines Wertgutachtens von den zuständigen Kompetenzträgern festgesetzt.
Wertgutachten in diesem Sinne ist die schriftliche Darlegung der Bewertungsergebnisse und der für die Bewertung maßgebenden Faktoren. Eine Ortsbesichtigung ist grundsätzlich erforderlich. Als Ausgangswert wird der Verkaufswert im Sinne des § 12 HBG von Sachverständigen aus Sachwert und Ertragswert ermittelt.

Der Sachwert setzt sich zusammen aus Bodenwert und Bauwert. Der Bauwert ist um angemessene Risikoabschläge zu vermindern. Der Ertragswert ist durch Kapitalisierung des Reinertrags zu ermitteln, der sich nachhaltig aus der Nutzung des Grundstücks einschließlich der darauf befindlichen Gebäude ergibt.

Der Bodenwert wird durch Vergleich ermittelt. Eine Grundlage sind ebenfalls die Bodenrichtwerte der örtlichen Gutachterausschüsse.

Bei der Bauwertermittlung sind angemessene Herstellungskosten für wirtschaftliche Vergleichsbauten zu Grunde zu legen. Die Wertminderung infolge Alters- und Abnutzung ist nach Erfahrungswerten anzusetzen. Reparaturstau ist gesondert auszuweisen.

Der Ertragswert ist auf der Basis nachhaltig erzielbarer Erträge, ausreichender Bewirtschaftungskosten, angemessener Restnutzungsdauer und der jeweiligen objektspezifischen Kapitalisierungszinssätze zu ermitteln.

Bei der Ermittlung des Verkaufswerts nach § 12 HBG sind die Forderungen des Bundesaufsichtsamtes für das Kreditwesen hinsichtlich einzelner Höchst- und Mindestsätze zu beachten.

3.1.2 Zuständigkeiten

Der Beleihungswert ist von den zuständigen Kompetenzträgern in eigener Verantwortung festzusetzen. Bei Engagements unter dieser Kompetenzstufe wird der Beleihungswert von der gemäß „Zuständigkeitsübertragung im Kreditgeschäft" zuständigen kreditbearbeitenden Stelle festgesetzt.

Wertgutachten werden erstellt
– allgemein vom Bereich Immobilienbewertung der Bank
– für land- und forstwirtschaftlich genutzte Grundstücke vom Bereich Agrarfinanzierungen
– durch externe Sachverständige, soweit diese vom Bereich Immobilienbewertung bzw. vom Bereich Agrarfinanzierungen hierzu beauftragt werden.

3.1.3 Ermittlung des Verkehrswerts

Der Verkehrswert ist nach den Vorschriften des Baugesetzbuchs (BauGB) und der Wertermittlungsverordnung (WertV) zu ermitteln. Um Vergleichbarkeit zu gewährleisten und um die Funktion als oberer Grenzwert des Beleihungswerts erfüllen zu können, ist der Verkehrswert belastungsfrei zu ermitteln. Belastungen (außerhalb Abt. III des Grundbuches) sind gesondert auszuweisen.

3.1.4 Kaufpreise

Kaufpreise aus jüngerer Zeit können zur Beurteilung der ermittelten Werte herangezogen werden. Die Kaufpreise sind auf Angemessenheit zu überprüfen.

3.2 Ausnahmen

Für die Bewertung von Ein- und Zweifamilienhäusern, unbebauten Grundstücken, Eigentumswohnungen, kleinen Gewerbeeinheiten sowie Standardprodukten von Bauträgergesellschaften hat der Vorstand besondere Richtlinien erlassen.

3.3 Besonderheiten

Bei Vorliegen besonderer Vertragsverhältnisse (z. B. Konsortial- und Sparkassengemeinschaftskreditgeschäft, Immobilienleasing) können Wertermittlungen geeigneter Stellen anerkannt werden. Bei einer Gesamtbelastung eines Objektes über 2 500 000 € (einschließlich vorrangiger und gleichrangiger Fremdrechte) ist die Wertermittlung dem Bereich Immobilienbewertung zur Plausibilitätsprüfung vorzulegen.

Externe Wertermittlungen sind dem Bereich Immobilienbewertung zur Prüfung vorzulegen, wenn der Kreditbetrag 300 000 € übersteigt; eingeschlossen ist der Wert etwaiger im Rang vorgehender oder gleichrangiger Rechte. Auf eine Ortsbesichtigung kann nur in begründeten Ausnahmefällen verzichtet werden.

4 Überprüfung der Beleihungs- und Verkehrswerte

Bei gewerblichen Realkrediten ist jährlich eine Überprüfung des Beleihungs- und Verkehrswerts vorzunehmen.

Eine Überprüfung des Beleihungs- und Verkehrswerts hat darüber hinaus immer dann zu erfolgen, wenn der Marktwert um mehr als 10 % sinkt.

Bei wohnwirtschaftlichen Objekten, bei denen eine Großkreditanrechnung gegeben ist, ist die Überprüfung des Beleihungs- und Verkehrswerts immer dann erforderlich, wenn der Marktwert um mehr als 10 % im letzten Geschäftsjahr oder innerhalb der letzten 3 Jahre um mehr als 20 % gesunken ist.

Entsprechende Angaben zur Entwicklung der Marktwerte stellt der Bereich Immobilienbewertung den kreditbearbeitenden Stellen einmal jährlich zur Verfügung.

Die Überprüfung der Beleihungs- und Verkehrswerte hat durch einen sach- und fachkundigen Mitarbeiter, der nicht mit der Bearbeitung des jeweiligen Kreditengagements befasst ist, zu erfolgen. Die Wertgutachten sind dahin gehend zu überprüfen, ob die ursprünglichen Wertansätze, Rahmenbedingungen und übrige Annahmen über den betreffenden Markt weiterhin Gültigkeit haben und dies in nachvollziehbarer Weise zu dokumentieren. Sofern die ursprünglichen Wertansätze, Rahmenbedingungen oder die übrigen Annahmen sich verschlechtert haben oder Unplausibilitäten erkennbar sind bzw. die vorhandenen Unterlagen keine ausreichende Basis zur Überprüfung des Beleihungs- und Verkehrswerts darstellen, ist eine Wertermittlung durch den Bereich Immobilienbewertung vorzunehmen.

Für wohnwirtschaftliche Kredite hat darüber hinaus die Überprüfung gemäß den Regelungen in den einzelnen Handbüchern unter Beachtung des § 18 KWG zu erfolgen.

Hinweis: Die Überprüfung des Verkehrs-/Beleihungswerts hat im Rahmen der laufend durchzuführenden Überwachung gemäß § 18 KWG zu erfolgen.

Nicht überwachungspflichtige objektbezogene Kreditengagements sind wie folgt zu behandeln:
– Objektbezogene Kreditengagements oberhalb von 300 000 € sind jährlich zu überprüfen
– Kreditengagements unterhalb von 300 000 € werden nicht überprüft.

5 Arten der Beleihung, Hinweise, Definitionen

5.1 Allgemeines

Erbbaurecht, Wohnungseigentum, Teileigentum, Wohnungserbbaurecht und Teilerbbaurecht sind unter den gleichen Voraussetzungen wie Grundstücke beleihbar, soweit sich aus den folgenden Vorschriften keine Abweichungen ergeben.

5.2 Beleihung von Baugrundstücken

Baugrundstücke sind Grundstücke, die nach öffentlich-rechtlichen Vorschriften bebaubar sind. Bei der Festsetzung des Beleihungswerts ist insbesondere der Erschließungszustand zu beachten.

5.3 Beleihung von Wohngrundstücken

Wohngrundstücke sind Grundstücke, die überwiegend Wohnzwecken dienen. Maßgebend hierfür ist der Jahresrohertrag. Dem Wohngrundstück steht das Wohnungseigentum im Sinne des Wohnungseigentumsgesetzes gleich.

5.4 Beleihung von gewerblich genutzten Grundstücken

Gewerblich genutzte Grundstücke sind Grundstücke, die überwiegend gewerblichen Zwecken dienen. Maßgebend hierfür ist der Jahresrohertrag. Dem gewerblich genutzten Grundstück steht das Teileigentum im Sinne des Wohnungseigentumsgesetzes gleich.

Grundstücke, die dauernden Ertrag nicht gewähren oder durch ihre Ausnutzung in ihrem Wert gemindert werden (Gruben und Brüche, Bergwerke, Deponien usw.), können nur beliehen werden, wenn die durch diese Ausnutzung vorhandene oder zu erwartende Wert-

minderung bei der Ermittlung des Beleihungswerts und/oder bei den Rückzahlungsverein-
barungen hinreichend berücksichtigt wird. Beleihungen auf den vorgenannten Abgra-
bungs- und Auffüllgrundstücken sind nicht realkreditfähig.

5.5 Beleihung von gemischt genutzten Grundstücken

Gemischt genutzte Grundstücke sind Grundstücke, die sowohl gewerblich als auch zu
Wohnzwecken genutzt werden. Bei Ertragswertberechnungen ist entweder mit einem mittleren Zins, der den Gewerbeanteil ausreichend berücksichtigt, oder mit zwei Zinssätzen für
die jeweilige Nutzungsart zu rechnen.

5.6 Beleihung von Erbbaurechten

Erbbaurechte dürfen nur beliehen werden, wenn die Voraussetzungen nach § 20 der ErbbauVO vorliegen.

5.7 Grundstückszubehör (Maschinen, Betriebsvorrichtungen)

Der Wert des Grundstückszubehörs kann im Personalkreditbereich unter bestimmten Voraussetzungen berücksichtigt werden.

5.8 Grundstücksbelastungen

Der Barwert von Grundstücksbelastungen, die evtl. als Vorlasten zu berücksichtigen sind,
ist zu ermitteln und gesondert auszuweisen.

5.9 Landwirtschaft, Forstwirtschaft

Land- und forstwirtschaftlich genutzte Grundstücke sind solche, deren Jahresrohertrag
überwiegend auf die land- bzw. die forstwirtschaftliche Nutzung entfällt. Der Verkaufswert
ist auf der Basis der nachhaltig erzielbaren Jahresreinerträge von sachkundigen Mitarbeitern des zuständigen Fachbereiches zu ermitteln. Vom Fachbereich kann die Anfertigung
von Gutachten auf ausgewählte externe Sachverständige übertragen werden. Bei der Festsetzung des Beleihungswerts ist der Kapitaldienstfähigkeit besondere Beachtung zu schenken.

Bei Beleihung von Forstbeständen ist ein amtlich anerkannter Forstbewirtschaftungsplan
regelmäßig vorzulegen. Der Eigentümer ist zu verpflichten, diesen Plan während der Dauer
des Kreditverhältnisses einzuhalten.

II   Wertermittlungsrichtlinien für die Beleihung von Grundstücken und grundstücksgleichen Rechten

1   Ermittlung des Verkaufswerts im Sinne des § 12 HBG

1.1 Bodenwert

Der Bodenwert ist nach Preisen zu ermitteln, die für Grundstücke gleicher Art und Lage
auf Dauer als angemessen anzusehen sind. Verkaufspreise, die in letzter Zeit von der Beleihung für Grundstücke gleicher oder ähnlicher Art und Lage unter normalen Verhältnissen
erzielt worden sind, können als Vergleichswerte berücksichtigt werden. Desgleichen können die bei den Gutachterausschüssen ausgewiesenen Bodenrichtwerte herangezogen werden.

Baurecht, Nutzungsmöglichkeit/vorhandene Bebauung, Erschließung sowie Baulasten,
Altlasten und Beschränkungen sind zu berücksichtigen.

1.2 Ertragswert

Der Ertragswert setzt sich zusammen aus dem Gebäudeertrags- und dem Bodenwert.
Grundlage für die Ermittlung des Ertragswerts ist der Jahresrohertrag. Dieser muss sich bei
ordnungsgemäßer Bewirtschaftung und zulässiger Nutzung des Beleihungsobjektes von
jedem Eigentümer für die Dauer der Beleihung nachhaltig erzielen lassen.

Gezahlte Mieten sind zu berücksichtigen. Obergrenze der ansetzbaren Mieten ist grundsätzlich die ortsübliche Miete. Das gilt auch, wenn langfristige Mietverträge vorliegen.

Vom Jahresrohertrag sind angemessene Bewirtschaftungskosten abzuziehen. Sie umfassen:

1. Abschreibung,
2. Verwaltungskosten,
3. Mietausfallwagnis,
4. Instandhaltungskosten,
5. Betriebskosten.

Die Abschreibung wird normalerweise durch Ansatz einer Restnutzungsdauer im Vervielfältiger berücksichtigt.

Verwaltungskosten werden im wohnwirtschaftlichen Bereich zweckmäßig nach den Sätzen der II. Berechnungsverordnung ermittelt. Bei gewerblich genutzten Grundstücken kann eine Spanne von etwa 4 bis 10 % des Jahresrohertrags angemessen sein.

Das Mietausfallwagnis ist nach dem jeweiligen Risiko einzuschätzen. Im wohnwirtschaftlichen Bereich liegt es etwa bei 2 % und im gewerblichen Bereich etwa bei 4 % des Jahresrohertrags.

Instandhaltungskosten können in wohnwirtschaftlichen Bereichen ebenfalls nach den Sätzen der II. Berechnungsverordnung je m² Wohnfläche angesetzt werden. Ein Prozentsatz vom Rohertrag ist in der Regel nicht geeignet, um die Instandhaltungskosten ausreichend sicher zu fassen. Auch bei gewerblich genutzten Flächen sollten Sätze je m² Nutzfläche herangezogen werden. Möglich ist auch der Ansatz von 1,0 bis 1,5 % der angemessenen Normalherstellungskosten.

Die Betriebskosten werden üblicherweise als Umlage außerhalb der Miete erhoben.

Zweckmäßigerweise werden die gesamten Bewirtschaftungskosten als Pauschalbetrag in der Rechnung berücksichtigt, wobei ein Satz von 15 % nicht unterschritten werden darf. Zur Ermittlung des Pauschalbetrags können die Einzelansätze kalkuliert werden.

Der Ertragswert im Sinne der BelGr errechnet sich aus:

	Jahresrohertrag
./.	Bewirtschaftungskosten
=	Gebäude- und Bodenreinertrag
./.	Verzinsung des Bodenwerts
=	Gebäudereinertrag
×	Vervielfältiger
=	Gebäudeertragswert
./.	Risikoabschlag gemäß Übersicht
=	Gebäudeertragswert i. S. der Beleihungsgrundsätze
+	Bodenwert
=	Ertragswert i. S. der Beleihungsgrundsätze

Der Errechnung des Gebäudeertragswerts wird ein Vervielfältiger zu Grunde gelegt. Dieser ergibt sich aus der wirtschaftlichen Restnutzungsdauer der Gebäude und einem auf die Art des Objektes abgestellten Kapitalisierungszinssatz. Für Verkaufswertermittlungen gelten folgende Mindestsätze:

Wohngrundstücke	5,0 %
gemischt genutzte Grundstücke	5,5 %
Gewerbegrundstücke	6,0 %
Gewerbegrundstücke mit höherem Risiko	6,5 %

Abweichungen von den vorstehenden Sätzen bedürfen eingehender Begründungen. Bei eigengenutzten Wohnimmobilien (Einfamilienhaus, Eigentumswohnung) kann auf eine Ertragswertberechnung verzichtet werden.

Übersicht Risikoabschläge:

Objekt-Risikokategorien Objektarten	(1) geringes bis durch- schnittliches Risiko Abschlag i.v. H. vom Gebäudeertrags- wert	(2) erhöhtes Risiko Abschlag i.v. H. vom Gebäudeertrags- wert	(3) hohes Risiko Abschlag i.v. H. vom Gebäudeertrags- wert
Wohngrundstücke	10–25	25–35	mind. 35
gemischt genutzte Grundst.	10–25	25–35	mind. 40
gewerblich genutzte Grundst.	10–25	25–40	mind. 40
land- und forstwirtschaftlich genutzte Grundstücke	10–25	25–40	mind. 40

Vorstehende Risikoabschläge gelten nur für das Abschlagsverfahren; bei Anwendung des Indexverfahrens ist ein Abschlag von mindestens 20 % erforderlich.

Unterschreitungen der unteren Grenzwerte der Risikoabschläge sowie Abweichungen von der vorgegebenen Risiko-Kategorie in besonders gelagerten Einzelfällen bedürfen eingehender Begründung.

Bei Ertragswertberechnungen von Wohngrundstücken kann bei geringem Risiko auf Abschläge verzichtet werden.

1.3 Sachwert

Der Sachwert setzt sich zusammen aus dem Bau- und Bodenwert.

Grundlage für die Ermittlung des Bauwerts sind die angemessenen Herstellungskosten. Sie umfassen die Kosten der Gebäude, der besonders zu veranschlagenden Bauteile und der Außenanlagen, sowie die üblichen Baunebenkosten. Nicht allgemein wertsteigernde Aufwendungen bleiben unberücksichtigt (z. B. Aufwendungen, die lediglich besonderen Wünschen oder Bedürfnissen des Eigentümers dienen).

Zur Verkaufswertermittlung dürfen Baunebenkosten maximal 15 % ohne Nachweis, darüber hinaus bis 20 % der Baukosten (mit Nachweis) betragen. Außenanlagen dürfen ohne Nachweis mit höchstens bis zu 5 % angesetzt werden.

Bei Anwendung des Abschlagsverfahrens ist ein Risikoabschlag von mindestens 10 % vorzunehmen. Wird bei älteren Gebäuden nach dem Indexverfahren auf der Basis 1914 = 100 gerechnet, ist entweder der vom Statistischen Bundesamt auf dieser Basis herausgegebene Index um 20 % zu kürzen oder ein Risikoabschlag von mindestens 20 % vorzunehmen.

Bau- und Unterhaltungszustand, Alter und zu erwartende Restnutzungsdauer der Gebäude sind Maßstab für den Abzug eines Wertminderungsbetrages.

1.4 Grundstückszubehör (Maschinen, Betriebsvorrichtungen)

Grundlage bei der Beleihung von Grundstückszubehör sind die aus der Anlagenkartei zu entnehmenden Anschaffungskosten oder zeitnahe Gutachten vereidigter Sachverständiger. Aus diesen Unterlagen ist geeignetes Zubehör unter Beachtung von Mindestwert und Höchstalter auszuwählen und unter Berücksichtigung einer spezifischen Nutzungsdauer abzuschreiben. Wertänderungen sind auf der Basis der vom Statistischen Bundesamt regelmäßig veröffentlichten Indices zu berücksichtigen. Maschinen und Betriebsvorrichtungen, die mit Rechten Dritter belastet sind, bleiben unberücksichtigt. Von dem ermittelten Wert ist ein Risikoabschlag von mindestens 50 % vorzunehmen.

1.5 Grundstücksbelastungen

Der Barwert von Grundstücksbelastungen, die evtl. als Vorlasten zu berücksichtigen sind, ist zu ermitteln und gesondert auszuweisen. An Grundstücksbelastungen können z. B. in Frage kommen: Leibrenten, Zeitrenten, Wohnrechte etc.

Barwerte von Leibrenten sind nach versicherungsmathematischen Grundsätzen, Barwerte von Zeitrenten nach finanzmathematischen Grundsätzen zu ermitteln. Als Kapitalisierungszinssatz ist der Zinssatz anzunehmen, der bei der jeweiligen Ertragswertberechnung angesetzt wurde.

2 Verkehrswertermittlung

Verkehrswertermittlungen sind nach den Vorschriften des Baugesetzbuchs (BauGB) bzw. der Wertermittlungsverordnung (WertV) in der jeweils gültigen Fassung vorzunehmen. Risikoabschläge brauchen bei der Ermittlung des Verkehrswerts nicht berücksichtigt zu werden.

Ebenfalls brauchen hier keine Vorgaben hinsichtlich des anzusetzenden Liegenschaftszinses oder der Bewirtschaftungskosten berücksichtigt zu werden. Maßgebend ist allein das ortsübliche Marktverhalten zum Wertermittlungsstichtag.

Verkehrswerte sind stets „belastungsfrei" zu ermitteln. Barwerte von Belastungen sind jedoch zu ermitteln und im Gutachten auszuweisen.

III Besondere Richtlinien für die Wertermittlung von Ein- und Zweifamilienhausgrundstücken, unbebauten Grundstücken, Eigentumswohnungen, kleinen Gewerbeeinheiten sowie Standardprodukten von Bauträgergesellschaften

1 Verkaufs- und Verkehrswertermittlung

Die Verkaufs- und Verkehrswertermittlung erfolgt grundsätzlich in Form einer schriftlichen Darlegung der für die Wertermittlung maßgebenden Faktoren auf der Basis aktueller Objektunterlagen und grundsätzlich nach den Erkenntnissen einer örtlichen Besichtigung.

2 Zuständigkeit für die Verkaufs- und Verkehrswertermittlung

Zuständig für die Verkaufs- und Verkehrswertermittlung sind über den in den Beleihungsgrundsätzen genannten Personenkreis hinaus als Sachverständige benannte sachkundige Mitarbeiter bei Finanzierungen von

- unbebauten Grundstücken (baureifes Bauland), sofern die Darlehnssumme bei Hinzurechnung vor- und gleichrangiger Rechte 150 000 € nicht übersteigt,
- Ein- und Zweifamilienhäusern, von Eigentumswohnungen, sofern die Darlehnssumme bei diesen Objekten unter Hinzurechnung vor- und gleichrangiger Rechte jeweils 300 000 € nicht übersteigt,
- kleinen Gewerbeeinheiten, sofern die Darlehnssumme bei Hinzurechnung vor- und gleichrangiger Rechte 300 000 € nicht übersteigt,
- Standardprodukten (Mehrfamilienhäuser, Einfamilienhaussiedlungen nebst zugehörigen Garagen und kleinen Gewerbeeinheiten) im Bestand bzw. für den Bestand von Wohnungsbaugesellschaften, sofern eine Objektrentabilität im Einzelfall vorliegt.

3 Wertermittlungsmethoden

Für die Ermittlung des Verkaufswerts/Beleihungswerts kommt neben dem Ertrags- und Sachwertverfahren auch das Vergleichswertverfahren in Betracht. In der Regel sind zwei Werte zu ermitteln. Größere Abweichungen sind zu begründen.

Objektart/-typ	Wertermittlungsmethode
– unbebaute Grundstücke (baureifes Bauland)	– Vergleichswert
– eigengenutzte bzw. überwiegend zur Eigennutzung bestimmte Ein- oder Zweifamilienhausgrundstücke sowie solche Eigentumswohnungen (bei Bauträgermaßnahmen nur bei Verkaufsnachweis)	– Vergleichswert oder Sachwert (Vergleichswert hat Vorrang) (Risikoabschlag i. d. R. 10 %)

– überwiegend zur Eigennutzung geeignete Ein- und Zweifamilienhausgrundstücke sowie Eigentumswohnungen	– Vergleichswert oder Ertragswert (Risikoabschlag bei Vergleichswert mindestens 25 %, bei Ertragswert i.d.R. kein Risikoabschlag)
– nicht zur Eigennutzung geeignete Eigentumswohnungen und kleine Gewerbeobjekte	– Ertragswert (Liegenschaftszins mindestens 5 %) (Risikoabschlag mindestens 10 %)
– Standardprodukte von Wohnungsbaugesellschaften	– Ertragswert

Wesentliche Anhaltspunkte für die Einordnung von Eigentumswohnungen als zur Selbstnutzung geeignet ergeben sich aus der Lage des Objekts im städtischen oder im ländlichen Bereich sowie von Ausstattung, Objekt- und Wohnungsgröße.

Objektgröße:

Stadt   max. 24 Einheiten
Land   max. 10 Einheiten

Zur Selbstnutzung geeignete Wohnungen sollen marktgängige Größen – i. d. R. zwischen 40 m² und 120 m² Wohnfläche – aufweisen, sie dürfen sich nicht in Lagen befinden, in denen sämtliche Wohnungen im Gesamtobjekt bzw. in der näheren Umgebung von Mietern und nicht von Eigentümern genutzt werden.

4 Besichtigung

Das Wertermittlungsergebnis muss grundsätzlich auf den Erkenntnissen einer örtlichen Besichtigung beruhen. Die Besichtigung kann durch Sachverständige, sachkundige Mitarbeiter oder externe regionale Vertrauensschätzer vorgenommen werden.
Bei Finanzierungen über 300 000 € ist generell eine Besichtigung erforderlich.
Bei Finanzierungen bis 300 000 € ist eine Besichtigung nur in den Fällen entbehrlich, in denen das Objekt der Bank oder einem externen Vertrauensschätzer zuverlässig bekannt ist. Dies ist der Fall, wenn die wertbeeinflussenden Faktoren (Bodenwert, Lage, Art und Qualität der Nachbarbebauung, Infrastruktur und örtliche Marktverhältnisse) auf Grund zuverlässiger und neutraler Informationsquellen (Gutachterausschuss für Grundstückswerte, eigene Vertriebsstellen, örtliche Sparkassen, Makler und LBS-I) bekannt sind, in nachprüfbarer Weise dokumentiert werden und bei bestehenden Objekten darüber hinaus zuverlässige Informationen über das Objekt bestehen (Flurkarte, Bauzeichnung, Wohnflächenberechnung, Berechnung umbauter Raum, Fotos).
Das Besichtigungsergebnis bzw. die Grundstücks- und Objektbeschreibung auf Grund der Daten neutraler Informationsquellen ist vollständig festzuhalten.

5 Festsetzung des Beleihungswerts

Der Beleihungswert wird von den zuständigen Kompetenzträgern festgesetzt.
Der Beleihungswert entspricht im Regelfall dem Verkaufswert.

399 Anlage 2: Arbeitsanweisung einer Landesbank
zur Wertermittlung von Grundstücken

1 Allgemeines

Die Arbeitsanweisung beschreibt in Ergänzung der Grundsätze für die Finanzierung und Beleihung von Grundstücken die

– Verfahren zur Verkehrswertermittlung bei Objekten, bei denen die Ertragsfähigkeit im Vordergrund steht (Renditeobjekte);
– Verfahren zur Verkehrswertermittlung bei Objekten, bei denen die Ertragsfähigkeit nicht im Vordergrund steht (Nicht-Renditeobjekte);
– Zuständigkeit für die Ermittlung des Verkehrswerts;
– Höhe des Kapitalisierungszinssatzes und die Zuständigkeit für seine Veränderung;
– Bewertung von Erbbaurechten

im Inland.

2 Arbeitsablauf

2.1 Wertermittlungsverfahren

2.1.1 Ertragswertverfahren

Bei Renditeobjekten ist der Verkehrswert stets auf der Grundlage des Ertragswertverfahrens zu ermitteln.

Der Ertragswert der baulichen Anlagen (Gebäudeertragswert) und der Bodenwert ergeben den Ertragswert.

Bei der Ermittlung des Ertragswerts ist von den nachhaltig erzielbaren Erträgen (Mieten, Pachten u. Ä.) auszugehen.

Im Einzelnen wird der Ertragswert ermittelt:

	Jahresrohertrag
./.	angemessene Bewirtschaftungskosten
=	Jahresreinertrag
./.	Verzinsung des Bodenwerts
=	Bauwertertragsanteil
×	Vervielfältiger (beinhaltet Restnutzungsdauer, Verzinsung und Abschreibung)
=	Gebäudeertragswert
+	Bodenwert
./.	evtl. vorhandener Reparaturstau
=	Ertragswert

Der Bodenwert ist im Vergleichswert- und/oder Ertragswertverfahren zu ermitteln.

Der Kapitalisierungszinssatz beträgt in der Regel für wohnwirtschaftlich genutzte Objekte 5 % sowie für gewerblich genutzte Objekte 6 %. In begründeten Fällen kann von dem Kapitalisierungszinssatz abgewichen werden.

2.1.2 Sachwertverfahren

Bei Nicht-Renditeobjekten kann der Verkehrswert auf der Grundlage des Sachwert- und/oder Vergleichswertverfahrens ermittelt werden.

Der Wert der baulichen Anlagen (Bauwert) und der Bodenwert ergeben den Sachwert. Zu berücksichtigen sind stets Wertminderungen wegen Alters, Baumängel und Bauschäden sowie sonstige wertbeeinflussende Umstände.

Bauwertermittlung

Der Gebäudewert von Neubauten wird ermittelt nach den angemessenen Herstellungskosten lt. DIN 276 „Kosten von Hochbauten".

Der Gebäudewert von Altbauten (10 Jahre und älter) wird nach dem Indexverfahren mithilfe der jeweiligen Baukostenindices des Statistischen Bundesamtes ermittelt.
Sonstige bauliche Anlagen (Außenanlagen, Betriebseinrichtungen u. Ä.) sind angemessen zu berücksichtigen.
Der Bodenwert ist im Vergleichswert- und/oder Ertragswertverfahren zu ermitteln.

2.1.3 Vergleichswertverfahren

Die Bewertung von unbebauten Grundstücken und Eigentumswohnungen kann nach dem Vergleichswertverfahren erfolgen. Daneben kann der Wert von Einfamilienhäusern auch im Vergleichswertverfahren ermittelt werden. Das setzt allerdings voraus, dass auf eine ausreichende Anzahl von Vergleichsgrundstücken zurückgegriffen werden kann.
Der Verkehrswert des Beleihungsobjektes kann auf der Grundlage des Vergleichs von Kaufpreisen von solchen Objekten ermittelt werden, die hinsichtlich der ihren Wert beeinflussenden Merkmale mit dem Beleihungsobjekt hinreichend übereinstimmen. Insbesondere sollen die Vergleichsobjekte nach Lage, Art und Maß der baulichen Nutzung, Bodenbeschaffenheit, Größe, Grundstücksgestalt und Erschließungszustand und – soweit von Bedeutung – nach Alter, Bauzustand und Ertrag der baulichen Anlagen einen Vergleich zulassen.

2.2 Bewertung von Erbbaurechten

Erbbaurechte werden nach der Wertermittlungsverordnung 1998 (WertV 98) und den Wertermittlungs-Richtlinien 1996 (WertR 96) bewertet. Für den Beleihungswert wird der Wert des Besitzrechts und für den Verkehrswert der Bodenwertanteil des Erbbaurechts ermittelt.
Der Wert des Besitzrechts ergibt sich durch Kapitalisierung der Bodenwertverzinsung auf die Restlaufzeit des Erbbaurechts (Vervielfältiger), reduziert durch den Wertfaktor.

Als Wertfaktor ist in der Regel anzusetzen:

- 0,5 für Nicht-Renditeobjekte;
- 0,7 für Renditeobjekte.

Die Berechnung erfolgt nach folgender Formel:
Bodenwert × Kapitalisierungszinssatz/100 × Vervielfältiger × Wertfaktor

Die Differenz zwischen Besitzrecht und kapitalisiertem Erbbauzins (jeweils nach Wertfaktor) ergibt den Bodenwertanteil des Erbbaurechts.
Für die Festlegung des Wertfaktors im Einzelfall ist die Fachabteilung zuständig.

2.3 Durchführung von Wertermittlungen

Die bei der Durchführung von Wertermittlungen zu vollziehenden Arbeitsschritte einschließlich der erforderlichen Kontrollen werden in einer gesonderten Arbeitsanweisung dargestellt.

2.4 Zuständigkeiten für die Verkehrswertermittlung
2.4.1 Erstellung von Wertgutachten

Wertgutachten werden erstellt von

– einem Sachverständigen der Bank
– externen vereidigten Sachverständigen, soweit diese von einem Sachverständigen der Bank beauftragt worden sind. Liegen bereits Gutachten von externen, vereidigten Sachverständigen vor, ist Ziffer 2.4.3 dieser Arbeitsanweisung zu beachten.

2.4.2. Erstellung von Wertschätzungen

Neben den Sachverständigen der Bank können Abteilungen/Unternehmensbereiche/Niederlassungen der Bank in Absprache mit der Fachabteilung Wertschätzungen erstellen. Abweichungen von den unter Ziffer 2.1.1 genannten Kapitalisierungszinssätzen können nur in Abstimmung mit dem Leiter der Fachabteilung vorgenommen werden.

2.4.3 Anerkennung von extern erstellten Wertgutachten

Wertgutachten, die von vereidigten Sachverständigen erstellt und nicht älter als ein Jahr sein sollen, sind bei Darlehnsbeträgen über 500 000 € Gesamtengagement der Bank pro Objekt einschließlich aller Vorlasten einem Sachverständigen der Bank stets zur Überprüfung vorzulegen. Bis zu der genannten Betragsgrenze können Abteilungen/Unternehmensbereiche/Niederlassungen die Überprüfung eigenverantwortlich vornehmen.

2.4.4 Ausnahmen

Von der Erstellung eines ausführlichen Wertgutachtens bzw. einer Wertschätzung durch einen Sachverständigen der Bank kann bei der Finanzierung von zur Eigennutzung oder überwiegend zur Eigennutzung geeigneter Wohnobjekte (Nicht-Renditeobjekte) abgesehen werden, wenn das Beleihungsobjekt unter Berücksichtigung der örtlichen Marktgegebenheiten zuverlässig beurteilt werden kann und das Gesamtengagement der Bank einschließlich aller Vorlasten 500 000 € pro Objekt nicht übersteigt. Der Wert des Beleihungsobjektes sowie die wichtigsten Wertmerkmale sind mithilfe computerunterstützter Sachbearbeitung darzulegen (Kurzwertermittlung).

Bis zu welchem Betrag und unter welchen Bedingungen die unter den Ziffern 2.4.2–2.4.4 genannten Höchstgrenzen ausgeschöpft werden können, ist von jedem Unternehmensbereich bzw. jeder Niederlassung eigenverantwortlich festzulegen. Dabei sind insbesondere die fachlichen Voraussetzungen zu berücksichtigen.

2.4.5 Auftragserteilung an die Fachabteilung

Aufträge zur Objektbewertung sind schriftlich, versehen mit der Unterschrift des betreffenden Abteilungs- oder Fachreferatsleiters, an die Fachabteilung zu richten.

2.5 Beleihungswertermittlung

2.5.1 Festsetzung von Abschlägen zur Beleihungswertermittlung

Der Sachverständige der Bank schlägt bei seinen Wertgutachten unter Berücksichtigung eines gegebenenfalls anzusetzenden Abschlags vom Verkehrswert den Beleihungswert vor. Die Entscheidung über die endgültige Höhe des Abschlags liegt in den zuständigen Unternehmensbereichen.

2.5.2 Festsetzung des Beleihungswerts

Die Festsetzung des Beleihungswerts erfolgt durch die für die Kreditentscheidung zuständige Genehmigungsebene.

3 Hilfsmittel

– Sämtliche einschlägige Tabellen zur Wertermittlung lt. WertV 98 und WertR.

Anlage 3: Beispiel einer Dienstanweisung des Vorstands **400**
einer bayerischen Sparkasse zur Ermittlung
des Beleihungswerts von Immobilien
(entnommen dem Organisationshandbuch –
Aktivgeschäft der Sparkasse – Stand 15. 4. 1999)

Beleihungswertermittlung von Immobilien

1 Grundsätzliches

Die Beleihung von Grundstücken und grundstücksgleichen Rechten setzt eine Bewertung des Beleihungsgegenstands voraus. Die Bewertungsrichtlinien sind in den „Grundsätzen für die Anerkennung und Bewertung von Kreditsicherheiten der bayerischen Sparkassen (Sicherungsgrundsätze – SiGr)" zusammen mit der „Muster-Wertermittlungsanweisung" festgelegt.* Diese Dienstanweisung ist als Ergänzung der SiGr zu verstehen.

Diese sind per Vorstandsbeschluss Nr. ...... vom 18. 11. 1998 für die Sparkasse...... bindend.

Der Beleihungswert ist der Wert, der dem Beleihungsgegenstand unter der Berücksichtigung aller für die Bewertung maßgebenden Umstände von der Sparkasse beigemessen wird.

---

* Abgedruckt in GuG 1998, 112

Weyers 2485

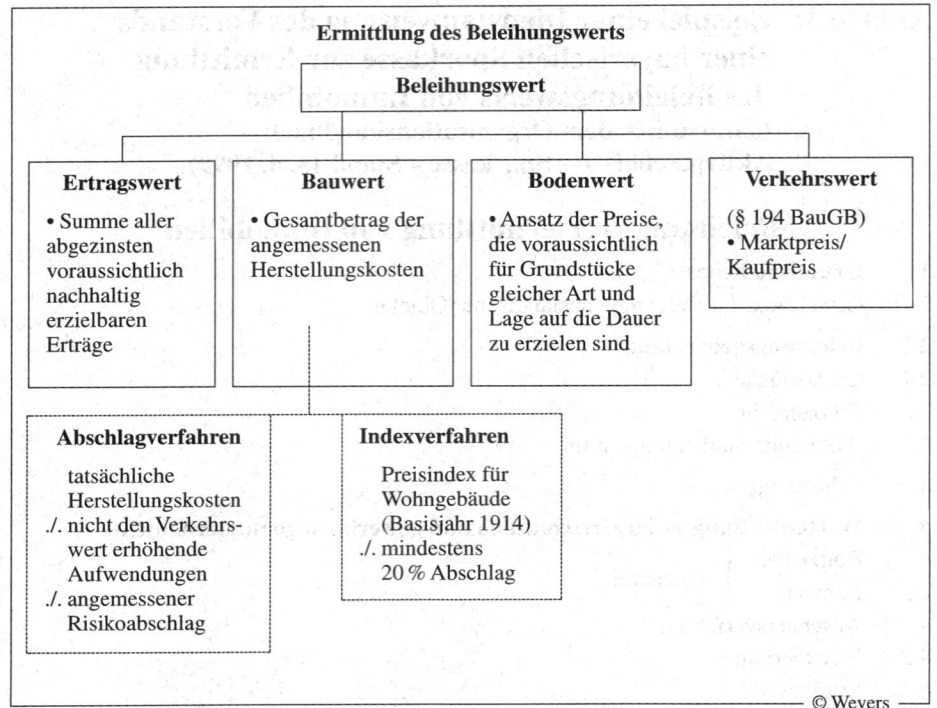

Ermittlung des Beleihungswerts

Beleihungswert

Ertragswert
• Summe aller abgezinsten voraussichtlich nachhaltig erzielbaren Erträge

Bauwert
• Gesamtbetrag der angemessenen Herstellungskosten

Bodenwert
• Ansatz der Preise, die voraussichtlich für Grundstücke gleicher Art und Lage auf die Dauer zu erzielen sind

Verkehrswert
(§ 194 BauGB)
• Marktpreis/ Kaufpreis

Abschlagverfahren
tatsächliche Herstellungskosten
./. nicht den Verkehrs- wert erhöhende Aufwendungen
./. angemessener Risikoabschlag

Indexverfahren
Preisindex für Wohngebäude (Basisjahr 1914)
./. mindestens 20 % Abschlag

© Weyers

Bei eigengenutzten Beleihungsgegenständen, die ausschließlich Wohnzwecken dienen, kann auf die Ermittlung des Ertragswerts verzichtet werden.
Der Beleihungswert ist auf der Grundlage einer Schätzung des Beleihungsgegenstands zu ermitteln.

1.1 Grundsätze zur Beleihung ausländischer Objekte

– Grundstücke und grundstücksgleiche Rechte in einem anderen Mitgliedstaat der Europäischen Gemeinschaft und in der Schweiz können beliehen werden, wenn die zu bestellenden Grundpfandrechte einer Hypothek oder Grundschuld gleichwertig sind; die Grundsätze für die Beleihung von Grundstücken sind sinngemäß anzuwenden.
– Ausländische Sicherheiten müssen in ihrer rechtlichen Ausgestaltung inländischen Sicherheiten gleichwertig sein und von Kreditinstituten in diesem Staat üblicherweise zur Sicherung von Krediten vereinbart werden. Außerdem müssen der rechtliche Bestand und die Verwertbarkeit der Sicherheit sowie die Transferierbarkeit eines etwaigen Verwertungserlöses ausreichend gesichert sein. Das Währungsrisiko ist für die Sparkasse in banküblicher Weise auszuschließen.

2 Beleihungsgegenstand

Die SiGr bestimmen Verfahrensregelungen zur Beleihung von Immobilien.
Beleihungsfähig sind Grundstücke, Erbbaurechte, Wohnungs- und Teileigentum, Wohnungserbbau- und Teilerbbaurechte einschließlich der Gegenstände, auf die sich die grundpfandrechtliche Haftung erstreckt.
Zubehörgegenstände sind bei der Festsetzung des Beleihungswerts nicht werterhöhend zu berücksichtigen, allerdings ist auf entsprechende Werte hinzuweisen, sofern sie der Zubehörhaftung unterliegen.

2.1 Grundstücke

Die auf verschiedene Weise genutzten Grundstücke gliedern sich nach

– Wohn-/Hausgrundstücken (mit mehr als 80 %-iger Nutzung zu Wohnzwecken)
– land- und forstwirtschaftlich genutzten Grundstücken (mit mehr als 80%-iger land- und forstwirtschaftlicher Nutzung)
– gewerblich genutzten Grundstücken (Nutzung mehr als 80 % gewerblich)
– gemischt genutzten Grundstücken (dienen gleichzeitig mehreren Zwecken, ohne dass eine Nutzungsart mehr als 80 % des Jahresrohertrags beträgt).

Bei unbebauten Grundstücken spielt bei der Werteinschätzung die künftige Nutzungsmöglichkeit eine entscheidende Rolle.

Unterschieden wird in:

– Bauerwartungsland:
  Flächen, die außerhalb eines Bebauungsplans oder außerhalb bebauter Ortsteile liegen, bei denen jedoch im Hinblick auf die örtlichen Gegebenheiten (Flächennutzungsplan, Bauplanung) mit einer baulichen Nutzung in absehbarer Zeit gerechnet wird.
  Bauerwartungsland eignet sich nicht für eine **Beleihung** als Bauland. Wenn dennoch eine Beleihung erfolgt, ist an Werte für land- und forstwirtschaftlich genutzte Grundstücke anzulehnen.

– Rohbauland:
  Grund und Boden, der im Bebauungsplan als Bauland bezeichnet ist. Dieses Land muss vor Bebauung u. U. noch erschlossen und parzelliert werden.
  (Abschläge für Verkehrs- und Freiflächen und Rangvorbehalte für Erschließungskosten sind zu beachten.)

– Baureifes Land:
  Flächen, für die nach der Gesamtheit der öffentlich-rechtlichen Vorschriften ein Anspruch auf Zulassung einer baulichen Anlage besteht. Solche Grundstücke sind in der Regel bereits parzelliert, flächen- und größenmäßig als Baugrundstücke geeignet und (demnächst) auch verkehrs- und versorgungsmäßig erschlossen.

2.2 Erbbaurecht

Erbbaurechte sind unter den Voraussetzungen, die für die Beleihbarkeit von Grundstücken gelten, beleihbar.
Es sind die Bestimmungen der ErbbauVO zu beachten.
Die Ermittlung des Beleihungswerts bei Erbbaurechten weist verschiedene Besonderheiten auf, welche weisungsmäßig nicht erfasst werden können. Auf die dementsprechende Fachliteratur, z. B. *Stannigel/Kremer/Weyers* „Beleihungsgrundsätze für Sparkassen" (1984) oder *Kleiber/Simon/Weyers* „Verkehrswertermittlung von Grundstücken", wird verwiesen.

2.3 Wohnungs- und Teileigentum

Wohnungs- und Teileigentum sind unter den Voraussetzungen der Beleihbarkeit von Grundstücken beleihbar.
Wohnungseigentum ist das Sondereigentum an einer Wohnung in Verbindung mit dem Miteigentumsanteil an dem gemeinschaftlichen Eigentum, zu dem es gehört.
Teileigentum ist das Sondereigentum an nicht zu Wohnzwecken dienenden Räumen eines Gebäudes in Verbindung mit dem Miteigentumsanteil an dem gemeinschaftlichen Eigentum, zu dem es gehört.

Die Einräumung von Sondereigentum (Wohnungs- und Teileigentum) wird begründet durch:

a) Teilungserklärung des oder der Eigentümer bzw. eines Verfügungsberechtigten
b) Einräumungsvertrag mehrerer Miteigentümer eines Grundstücks

Die Teilungserklärung stellt die dem Grundbuchamt gegenüber abgegebene Erklärung dar, mit der das Eigentum am Grundstück in Miteigentumsanteile verbunden mit einem Sondereigentum an einer Wohnung aufgeteilt wird. Sie bedarf der notariellen Beglaubigung (beglaubigte Urkunde).

Mit einem Einräumungsvertrag räumen sich mehrere Miteigentümer des Grundstücks das Sondereigentum an einer Wohnung ein und beschränken damit ihre Miteigentumsanteile; er bedarf der notariellen Beurkundung.

Wohnungs- und Teileigentum bedürfen der Eintragung in das Grundbuch, wobei für jeden Miteigentumsanteil ein besonderes Grundbuchblatt angelegt wird (Wohnungsgrundbuch/Teileigentumsgrundbuch).

3 Schätzung

Das Schätzungsergebnis hat alle Umstände zu berücksichtigen, die für die Bewertung durch die Sparkasse maßgebend sind; hierzu gehört insbesondere die Nutzungsmöglichkeit des Beleihungsgegenstands.

Mit der Schätzung darf beauftragt werden, wer die erforderliche Sachkenntnis besitzt.

Für die Sparkasse ...... ist dies im Orga-Handbuch „Führungssysteme Kap. 4" geregelt. In schwierigen Fällen kann auch der Sachverständige der Abteilung „Bauorganisation" zu Rate gezogen werden. Als externe Schätzer können vereidigte Bausachverständige, Architekten, Bauingenieure sowie Schätzer der Bayerischen Landesbank, Bayerische Landesbausparkasse und anderer Sparkassen in Betracht kommen.

Die Schätzung inklusive Wertermittlung muss dokumentiert werden.

Bei Standardfällen soll i. d. R. der Vordruck S-Kurzschätzung (Anl. 1/Texthandbuch Kredit) zum Einsatz kommen. Bei komplexeren (gewerblichen) Fällen kann die Schätzung inklusive Wertermittlung bzgl. der Ermittlung des Jahresertrags frei formuliert werden, ansonsten kommen auch hier „Konstanten" zum Einsatz.

4   Wertermittlung wohnwirtschaftlich und gewerblich genutzter Objekte

4.1 Bodenwert

Bei der Ermittlung des Bodenwerts ist von den Preisen auszugehen, die für Grundstücke gleicher Art und Lage auf die Dauer voraussichtlich erzielbar sind (ohne eventuelle Liebhaberpreise usw.). Dabei kann sich auf die Bodenrichtwerte der Gemeinden (werden mittels **Rundschreiben** veröffentlicht) bzw. auf Vergleichswerte auf Grund der Marktsituation bezogen werden.

Besonders zu beachten und zu bewerten sind u. a.:

- Lage, Zuschnitt des Grundstücks
- Baurecht
- eventuelle Abtretung von Verkehrs- und Freiflächen an die Gemeinde
- Erschließungsaufwand
- Vorlaufkosten bis Baurechtssicherung/Baubeginn
- Beeinträchtigung durch Verkehrslärm
- **Bestehende Altlasten:** Der Altlastenproblematik ist besondere Beachtung zu schenken, da sie nicht unerhebliche Probleme bei der Beleihung von Grundstücken aufwirft.

4.2 Bauwert

Der Bauwert ist der Herstellungswert eines Gebäudes unter Berücksichtigung der technischen und wirtschaftlichen Wertminderung bis zum Wertermittlungszeitpunkt. Der Bauwert beinhaltet neben den Herstellungskosten des Gebäudes auch die besonderen Betriebseinrichtungen des Gebäudes und die Außenanlagen sowie die Baunebenkosten.

Zur Ermittlung des Bauwerts wird i. d. R. bei Neubauten (nicht älter als 10 Jahre) das Abschlagsverfahren und bei Altbauten (älter als 10 Jahre) das Indexverfahren angewandt.

4.2.1 Abschlagsverfahren

Beim Abschlagsverfahren kann nach folgendem Schema vorgegangen werden:

	Tatsächliche bzw. geschätzte Baukosten
–	nicht werterhöhende Kosten
+	Kostenersparnisse (z. B. Eigenleistung)
=	Normalherstellungskosten
+	besondere Bauteile
=	Gebäude-Neuwert
–	Wertminderung für Baumängel und Bauschäden
–	Wertminderung für Alterung (AfA) siehe Anl. 4
=	Gebäude-Zeitwert
+	Zeitwert besonderer Betriebseinrichtungen
+	Zeitwert der Außenanlagen
+	Zeitwert der Baunebenkosten oder Pauschalkosten
+/–	besondere Zu- oder Abschläge
=	Bauzeitwert
–	Risikoabschlag für gewerbliche Nutzung (Bandbreite 15 %–35 %)
–	Sicherheitsabschlag siehe Anl. 5
=	anrechenbarer Zeitwert

Die Angemessenheit der Kosten ist bei der Wertschätzung zu prüfen.
Das Abschlagsverfahren ist insbesondere bei EFH/ZFH und ETW anzuwenden, die i. d. R. nicht älter als 10 Jahre sind.
Bei unproblematischen Fällen soll die S-Kurzschätzung (Anl. 1/Texthandbuch Kredit) verwendet werden.
Die jeweils aktuellen angemessenen Bauwerte, durch deren Hilfe die Baukosten ermittelt werden können, beruhen auf Erfahrungs- und Vergleichswerten.

4.2.2 Indexverfahren

Das Indexverfahren ist bei EFH/ZFH und ETW anzuwenden, bei denen die tatsächlichen Herstellungskosten nicht bekannt und belegt sind, dies ist i. d. R. bei älteren Gebäuden (älter als 10 Jahre) der Fall.
Ein weiterer Vorteil der Indexmethode ist die Vergleichbarkeit des Bauwerts mit der Brandversicherungssumme (Basis 1914).

Bauwertermittlung nach dem Indexverfahren:

Beispiel: EFH erbaut 1970, Ermittlung 1999

	Umbauter Raum in m³ × Baukosten 1914*		450 m³ × 30 M/m³
+	besondere Bauteile 1914		–
=	Gebäudeherstellungskosten 1914	=	13 500 M
–	Wertminderung für Baumängel und Bauschäden		– –
–	Wertminderung für AfA		2 565 M
	(= 19 %) Anl. 4 RND 71 Jahre		
=	Gebäudezeitwert auf der Basis 1913	=	10 935 M
+	besondere Betriebseinrichtungen		– –
+	Außenanlagen	+	1 500 M
+	Nebenkosten		– –
+/–	besondere Zu- oder Abschläge		– –
=	Bauwert 1914	=	12 435 M
×	Baukostenindex		
	(Index 1998 2018 × 12 435 M : 100)		250 938 DM
=	aktueller Bauwert	rd.	250 000 DM
–	gewerblicher Abschlag (Bandbreite 15–35 %)		– –
–	Sicherheitsabschlag (siehe Anl. 5); hier 15 %	–	37 500 DM
	anrechenbarer Bauwert (Zeitwert)	=	212 500 DM

---

* Baukostensätze 1914 in M/m³

Bauwerke 1914

Gebiete	Ausstattung		
	einfach	Standard	gehoben
Land	17–19 M	20–22 M	23–25 M
Stadt	20–22 M	23–25 M	26–28 M
Ballungsräume/Feriengebiete	22–24 M	25–28 M	29–32 M

Abgleich mit der Brandversicherungssumme:
Stammsumme (Basis 1914) × Richtzahl Brandversicherung

$$\boxed{\text{Bodenwert} + \text{Bauwert} = \text{Sachwert}}$$

4.3 Ertragswert

Der Ertragswert eines Grundstücks oder grundstücksgleichen Rechts ist der Wert, den das Objekt durch Kapitalisierung der nachhaltig erzielbaren Reinerträge verkörpert. Bei der Ermittlung des Ertragswerts finden nahezu ausschließlich wirtschaftliche Faktoren Berücksichtigung; bautechnische Gegebenheiten spielen nur insoweit eine Rolle, als sie den Dauerertrag beeinflussen.

Ertragswert vereinfacht ermittelt (ungespaltenes Ertragswertverfahren)

```
  Jahresmietrohertrag
– Bewirtschaftungskosten (einschl. AfA)
= Jahresmietreinertrag
– gewerblicher Abschlag
= anrechenbarer Mietertrag
: Kapitalisierungszinssatz
× 100 = Ertragswert
```

Gespaltenes Ertragswertverfahren (unter Einbeziehung der Bodenwertverzinsung des Boden[ertrags]werts) siehe Anl. 6.
Die Ermittlung des Ertragswerts kann nicht abschließend in einer Dienstanweisung festgelegt werden. Auf die dementsprechende Fachliteratur, wie z. B. von *Stannigel/Kremer/Weyers* „Beleihungsgrundsätze für Sparkassen" oder von *Kleiber/Simon/Weyers* „Verkehrswertermittlung von Grundstücken", wird verwiesen.

4.3.1 Jahresmietrohertrag

Es ist vom nachhaltig erzielbaren Miet-/Pachtrohertrag auszugehen. Die Ansätze sollen mit den ortsüblichen Mieten bzw. Pachten verglichen werden. Auch für vorübergehend leer stehende Räume kann die ortsübliche Miete/Pacht angesetzt werden, wenn die Räume in einem vermiet-/pachtfähigen Zustand sind. Bei Selbstnutzung ist der angenommene Mietwert anzusetzen.
Bei öffentlich geförderten Mietwohnungen gehen die genehmigten Mieten in die Berechnung ein.

4.3.2 Bewirtschaftungskosten

Von dem Rohertrag sind die Bewirtschaftungskosten abzuziehen. Bewirtschaftungskosten sind Betriebskosten (wie z. B. Heizung, Müllabfuhr, Entwässerung usw.) sowie Kosten für die Instandhaltung, Verwaltung und Mietausfallwagnis. Nach § 18 WertV wird auch die Ergebnisrücklage für Abschreibungen unter Bewirtschaftungskosten aufgeführt.
Liegt keine detaillierte Aufstellung über alle tatsächlichen Ausgaben vor, wird je nach Alter des Objekts bzw. Höhe der Miete eine Pauschale von 20 bis 40 % der Jahresrohmiete berücksichtigt.

4.3.3 Gewerblicher Risikoabschlag

Der Abschlag soll der erschwerten branchenspezifischen Vermietbarkeit der gewerblichen Objekte und dem möglichen längeren Leerstand Rechnung tragen. Er ist abhängig von der Nachfrage und den weiteren Nutzungsmöglichkeiten. Die Bandbreite bewegt sich zwischen 15–35 %.

4.3.4 Kapitalisierung

Die sich nach Abzug der Abschläge ergebenden Mietreinerträge sind mit folgenden Zinssätzen zu kapitalisieren:

Wohngrundstücke/Objekte	5,0 %
gemisch genutzte Grundstücke/Objekte	5,5 %
gewerblich genutzte Grundstücke/Objekte	6,0 % bis teilweise 10 % (je nach Risiko)

4.4 Verkehrswert

Unter Verkehrswert ist der Verkaufspreis zu verstehen, der zu dem Zeitpunkt, auf den sich die Wertermittlung bezieht, im gewöhnlichen Geschäftsverkehr voraussichtlich zu erzielen wäre.

Bei der Ermittlung des Verkehrswerts ist vom Preis auszugehen, der

- im gewöhnlichen Geschäftsverkehr
- nach den Eigenschaften der sonstigen Beschaffenheiten und der Lage des Beleihungsgegenstandes
- ohne Rücksicht auf ungewöhnliche oder persönliche Verhältnisse
- im Ermittlungszeitpunkt

zu erzielen wäre.

Der ermittelte Verkehrswert stellt die Obergrenze für den festzusetzenden Beleihungswert dar.
Bei Krediten, die die Großkreditgrenze gem. § 13 KWG erreichen, ist neben dem Beleihungswert zwingend auch der Verkehrswert zu ermitteln. Nur dann kann eine Anrechnungserleichterung auf die Großkreditobergrenze, bei Erfüllung der Voraussetzungen, erfolgen.

5 Festsetzung des Beleihungswerts

Die Beleihung von Grundstücken richtet sich nach dem Beleihungswert.
Der Beleihungswert ist der Wert, der dem Grundstück unter Berücksichtigung aller für die Bewertung maßgebenden Umstände von der Sparkasse beigemessen wird.
Der Beleihungswert soll als dauernd erzielbarer Wert so festgelegt sein, dass der gewährte Kredit während seiner gesamten Laufzeit im Wert des Grundstücks seine Deckung findet und zwar in erster Linie aus dem Ertrag des Grundstücks, notfalls aber aus seiner Substanz. Daher ist bei der Festsetzung des Beleihungswerts in der Regel vom Ertragswert auszugehen.
Bei wohnwirtschaftlich eigengenutzten Einfamilien-, Zweifamilienhäusern sowie Eigentumswohnungen kann vom Sachwert ausgegangen werden. Die Ermittlung des Ertragswerts ist nicht zwingend.
Bei gewerblich genutzten Objekten können zur Ertragswertermittlung noch weitere Faktoren wie z. B. Umsätze, Rentabilität, Auslastungsgrade usw. des Unternehmens von erheblicher Bedeutung sein.
Bei der Ermittlung des Sicherungswerts eines Grundpfandrechts sind im Rahmen des Beleihungsauslaufs auch wichtige Vorlastenbereiche zu beachten, siehe Anl. 7. Es wird zudem auf die bekannte Fachliteratur verwiesen.
Eine Hilfestellung zur Beleihungswertfestsetzung wird durch die Anl. 8 gegeben.

6 Regelmäßige Überprüfung des Beleihungswerts

Die Beleihungswerte sind bei jeder Antragstellung zu überprüfen und gegebenenfalls durch Neufestsetzung zu aktualisieren.

Eine Reduzierung des Beleihungswerts muss zwingend bei einer nachhaltigen Werteinbuße des Beleihungsobjekts vorgenommen werden. Bei Bekanntwerden einer außerordentlichen Wertminderung ist dementsprechend zu verfahren.

Bei Großkrediten gem. § 13 KWG, bei denen die Anrechnungserleichterung auf die Großkreditobergrenze erfolgt, hat die Sparkasse mindestens alle drei Jahre den Beleihungs- und den Verkehrswert zu überprüfen.

Um den Anforderungen des Bundesaufsichtsamtes gerecht zu werden, bedarf es weiterhin insgesamt der Neufestsetzung der Beleihungswerte, wenn es Anzeichen dafür gibt, dass das allgemeine Preisniveau an den in Frage kommenden Immobilienmärkten in einem die Sicherheit der Beleihung gefährdenden Umfang gesunken ist. Dies ist möglich, wenn ein Rückgang der Immobilienpreise um 10 v.H. im letzten Geschäftsjahr oder um 20 v.H. innerhalb der letzten drei Geschäftsjahre eingetreten ist. Als Vergleichsmaßstäbe sind Marktberichte der Gutachterausschüsse für Grundstückswerte (Kaufpreissammlungen, Bodenrichtwerte) sowie sonstige amtliche Auskünfte oder hausinterne Informationen heranzuziehen.

7 Gebäudeversicherung

Auf eine in ausreichender Höhe abgeschlossene Brandversicherung wird bestanden. Als Versicherungsnachweis dient die Brandversicherungsurkunde. Die Bestätigung über die Anmeldung der Gläubigerrechte ist entsprechend anzufordern. Ergibt sich aus der Wertermittlung ggf. eine Versicherungsunterdeckung, ist auf eine dementsprechende Aufstockung der Brandversicherungssumme zu bestehen. Vor Valutierung der Darlehen ist ein Deckungsnachweis, aus dem die Anmeldung zur Brandversicherung ersichtlich ist, einzuholen.

8 Zuständigkeiten

– Für die Wertermittlung bzw. Schätzung sind die jeweiligen Kundenberater gem. Führungshandbuch Aktivgeschäft Nr. 2.1. zuständig.
– Für die Festsetzung des Beleihungswerts ist der jeweilige Kompetenzträger gem. Führungshandbuch Aktivgeschäft Nr. 2.2. verantwortlich.
– Die rechnerische und sonstige Plausibilitäts**kontrolle** wird durch den Sachbearbeiter der jeweiligen Kreditmarktfolgeabteilung durchgeführt.
– Die allgemeine Wertentwicklungstendenz der Immobilienpreise wird durch unsere Immo-Stellen beobachtet. Diese teilen gravierende Wertveränderungen, wie unter 6. aufgeführt, dem GB Kredit mit, der dann die dementsprechenden Handlungsanstöße geben wird.
– Die Überprüfung der Beleihungs- und Verkehrswerte von Großkrediten hat alle drei Jahre durch eine sach- und fachkundige Person aus dem jeweiligen FKB-Bereich, die nicht mit der Bearbeitung des jeweiligen Kreditengagements befasst ist, zu erfolgen.

9 Anlagen

9.1 Vordruck Kurzschätzung für ETW, EFH, ZFH, DH, DHH, REH, RMH und Grundstück
9.2 Baupreisindizes für Wohngebäude des Statistischen Bundesamtes Wiesbaden
9.3 Durchschnittliche wirtschaftliche Gesamtnutzungsdauer (GND) von Bauwerken (RdErl. des BMBau vom 12. 10. 1993 – BAnz Nr. 199; 1993, 9630 und GuG 1994, 42 –)
9.4 Wertminderung wegen Alters nach Ross
9.5 Sicherheitsabschlag nach Risiko-Kategorien gegliedert (s. h. *Kleiber/Simon/Weyers*, 4. Aufl. 2001)
9.6 Gespaltenes Ertragswertverfahren und Vervielfältigertabelle gem. Anlage zu § 16 Abs. 3 WertV 88
9.7 Sicherungswert des Grundpfandrechts (s. h. *Kleiber/Simon/Weyers*, 4. Aufl. 2001)
9.8 Übersicht über Mindestabschläge vom Bauwert und Ertragswert bei Berücksichtigung der Objektart (s. h. *Kleiber/Simon/Weyers*, 4. Aufl. 2001)
9.9 Musterschätzung Hotel-Restaurant (Wertermittlungsbeispiel – Nr. 20 aus *Stannigel/Kremer/Weyers*, S. 843–853)
9.10 Sachverständigengutachten (Auftragsvordruck, einschließlich Leistungskatalog und Preise, Bayerische Landesbank München, Objektbewertung)

Darlehensnehmer: _____   Kundennummer: _____

S-Kurzschätzung für: ☐ ETW ☐ EFH ☐ ZFH ☐ DH ☐ DHH ☐ REH ☐ RMH ☐ Grundstück
☐ eigengenutzt ☐ vermietet

Objektdaten:

Grundstückslage: _____

Eigentümer: _____

Amtsgericht:		Gemarkung:	
Band	Blatt	Flurstück-Nr./Miteigentums-Anteil/Erbbaurecht	Größe m²

Objektbeschreibung:

Beurteilung des Standorts: ☐ sehr gut ☐ gut ☐ durchschnittlich ☐ mäßig   Baujahr: _____

Beurteilung der Ausstattung: ☐ sehr gut ☐ gut ☐ durchschnittlich ☐ mäßig

Verkehrswert: _____ € Brandvers.-Summe: _____ € × Index _____ = € _____

Bemerkung: _____

Sachwert:

☐ Kaufpreis gemäß Kaufvertrag vom _____ (ggf. nur Jahr) = € _____

Bodenwert: _____ m² × _____ €/m² (inkl. Erschließungskosten) = € _____

Bauwert:

☐ _____ Zimmer-ETW mit _____ m² × _____ €/m² = € _____

☐ Wohnhaus mit _____ Zimmern = _____ m² Wohnfläche

Umbauter Raum _____ m³ × _____ €/m³ (inkl. Nebenkosten) = € _____

_____ Garage(n) _____ TG-Stellplätze _____ Stellplätze à € _____ = € _____

Außenanlagen: _____ = € _____

Sonstiges: _____ = € _____

= Zwischensumme = € _____

./. _____ % Abschlag (= € _____)   = Bauwert = € _____

Bauwert + Bodenwert = Sachwert = € _____

Ertragswert: (nicht zwingend notwendig bei wohnwirtschaftlicher Eigennutzung)

Wohnräume: _____ m² × _____ €/m² × 12 = € _____

sonstige Erträge: _____ € × 12 = € _____
(z.B. für Garage)

= Jahresrohertrag = € _____

./. _____ % Abschlag für Bewirtschaftungskosten (= € _____) = Jahresreinertrag = € _____

./. _____ % Kapitalisierung = Ertragswert = € _____

Wertfestsetzung:

Wertfestsetzung in Anlehnung an ☐ Sachwert ☐ Ertragswert ☐ Verkehrswert

Beleihungswert: € _____ davon 60 % = € _____

davon 80 % = € _____

_____   _____   _____
Datum   Kompetenzträger   Ersteller

Auftrag
an – 3380 – Objektbewertung

◇ Bayerische Landesbank

Objektanschrift

PLZ   Ort

Straße

Antragsteller

Ansprechpartner   Telefon

Auftraggeber

Org.einheit

Sachbearbeiter

Telefon

bei 3380 bereits
bearbeitet von   Eingang bei 3380

Auftrag

☐ Wertermittlung (WE)   ☐ Grundstückswertermittlung (GWE)   ☐ Baufortschrittfeststellung (BF)

☐ Aktualisierung der WE vom   ☐ Bauplanvergleich (BV)

☐ Vorschätzung (TV) für geplanten   ☐ Neubau   ☐ Umbau   ☐ Sanierung

☐ Stellungnahme zu _____

☐ Sonstiges _____

Objektart

☐ unbebautes Grundstück   ☐ Erbbaugrundstück   ☐ Wohnungseigentum

☐ Ein-/Zweifamilienhaus   ☐ Mietwohnhaus   ☐ Teileigentum

☐ Gewerbliches Objekt _____

Dem Auftrag sind folgende Unterlagen beigefügt

☐ Grundbuchauszug   ☐ Kaufvertrag   ☐ Erbbaurechtsvertrag

☐ Lageplan   ☐ Baupläne   ☐ Baubeschreibung

☐ Nutzflächenberechnung/-aufstellung   ☐ Kubaturberechnung   ☐ Mietvertrag/-verträge

☐ Ertragsaufstellung   ☐ Kosten-/Erlöskalkulation   ☐ GU-Vertrag

☐ Wirtschaftlichkeitsberechnung   ☐ Darlehensantrag   ☐ Kreditvorlage

☐ Baufortschrittsanzeige(n)   ☐ interne Vor- oder Wertermittlung   ☐ externes Gutachten

☐ Sonstiges _____

Termin _____

_____   _____   _____   _____
Ort   Datum   Abteilungs-/Fachreferatsleiter   Sachbearbeiter
                                     (Stempel)   (Stempel)

Kurzwertermittlung/Stellungnahme

Bewertungsgebühr _____ €
Nebenkosten _____ €
Gesamtkosten _____ €
zurück an Abt./NL _____

Erledigt am

Gutachter	Kontrolle	3380

Leistungskatalog – 3380 – Objektbewertung

Leistung/Art	Größenordnung (€)	Preis-/ Leistungseinheit (€) Formular Gutachten	Besondere Ermittlungen
Wertermittlungen	Verkehrswert bis 500 000 bis 7 500 000 bis 25 000 000 bis 50 000 000 über 50 000 000	300 0,8 ‰ 6 000 8 000 10 000	+ 20 %
		zuzüglich anfallender Reisekosten	
Neuwertermittlungen für Aktualisierungen, Darlehensaufstockungen vom Mehrwert des Verkehrswerts		0,8 ‰	+ 20 %
	Minderwert	zuzüglich anfallender Reisekosten	
Neuwertermittlungen aller Art		Abrechnung nach Zeitaufwand	Abrechnung nach Zeitaufwand
		zuzüglich anfallender Reisekosten	
Grundstückswert- ermittlungen für unbebaute Grundstücke	Verkehrswerte bis 500 000 bis 2 500 000 über 2 500 000	300 750 1 250	+ 20 %
		zuzüglich anfallender Reisekosten	
Baufortschrittsfest- stellungen mit Besichtigung		Abrechnung nach Zeitaufwand mindestens 250 max. 750	
		zuzüglich anfallender Reisekosten	
Baufortschrittsfest- stellungen ohne Besichtigung		Abrechnung nach Zeitaufwand	Bestätigung durch Stempel Abrechnung nach Zeitaufwand
Stellungnahmen, Über- prüfen von Fremdgut- achten, Planvergleiche etc.			Abrechnung nach Zeitaufwand
Stand 1. 1. 1996		Stundensatz = 70,00 €	

Teil IX

Anhang

Teil IX

Anhänge

Anhang

Anhang 1

Anhang 1.1

Muster-Sachverständigenordnung (SVO)
des Deutschen Industrie-und Handelskammertages (DIHK)
für öffentlich bestellte und vereidigte Sachverständige[1]
neu gefasst auf Grund des Beschlusses des Arbeitskreises Sachverständigenwesen
vom 21. 6. 2001

§ 1
Bestellungsgrundlage

Die Industrie- und Handelskammer bestellt gemäß § 36 Gewerbeordnung auf Antrag Sachverständige für bestimmte Sachgebiete nach Maßgabe der folgenden Bestimmungen.

---

1   Alle 7000 Sachverständige sind unter http://svv.ihk.de im Internet abrufbar.

§ 2
Öffentliche Bestellung

Die öffentliche Bestellung hat den Zweck, Gerichten, Behörden und der Öffentlichkeit besonders sachkundige und persönlich geeignete Sachverständige zur Verfügung zu stellen, deren Aussagen besonders glaubhaft sind.

(1) Die öffentliche Bestellung umfasst die Erstattung von Gutachten und andere Sachverständigenleistungen wie Beratungen, Überwachungen, Prüfungen, Erteilung von Bescheinigungen sowie schiedsgutachterliche und schiedsrichterliche Tätigkeiten.

(2) Die öffentliche Bestellung kann inhaltlich beschränkt und mit Auflagen verbunden werden. Auflagen können auch nachträglich erteilt werden.

(3) Die öffentliche Bestellung wird auf 5 Jahre befristet und kann auf Antrag um jeweils weitere 5 Jahre verlängert werden vorbehaltlich des Erlöschens wegen der Vollendung des 68. Lebensjahres (§ 22 Absatz 1 Buchstabe d). Bei einer Erstbestellung kann die Frist von 5 Jahren unterschritten werden.

(4) Die öffentliche Bestellung erfolgt durch Aushändigung der Bestellungsurkunde.

(5) Die Tätigkeit des öffentlich bestellten Sachverständigen ist nicht auf den Bezirk der bestellenden Industrie- und Handelskammer beschränkt.

§ 3
Bestellungsvoraussetzungen

(1) Für das Sachgebiet, für das eine öffentliche Bestellung beantragt wird, muss ein Bedarf an Sachverständigenleistungen bestehen. Die Sachgebiete und die Bestellungsvoraussetzungen für das einzelne Sachgebiet werden durch die Industrie- und Handelskammer bestimmt.

(2) Ein Sachverständiger kann nur öffentlich bestellt werden, wenn

a) seine Hauptniederlassung als Sachverständiger im Bezirk der Industrie- und Handelskammer liegt;

b) er das 30. Lebensjahr vollendet und zum Zeitpunkt der Stellung des vollständigen Antrags auf erstmalige Bestellung das 62. Lebensjahr noch nicht vollendet hat;

c) keine Bedenken gegen seine Eignung bestehen;

d) er überdurchschnittliche Fachkenntnisse, praktische Erfahrungen und die Fähigkeit, sowohl Gutachten zu erstatten als auch die in § 2 Abs. 2 genannten Leistungen zu erbringen, nachweist;

e) er über die zur Ausübung der Tätigkeit als öffentlich bestellter Sachverständiger erforderlichen Einrichtungen verfügt;

f) er in geordneten wirtschaftlichen Verhältnissen lebt;

g) er die Gewähr für Unparteilichkeit und Unabhängigkeit sowie für die Einhaltung der Pflichten eines öffentlich bestellten Sachverständigen bietet.

(3) Ein Sachverständiger, der in einem Arbeits- oder Dienstverhältnis steht, kann nur öffentlich bestellt werden, wenn er die Voraussetzungen des Abs. 2 erfüllt und zusätzlich nachweist, dass

a) sein Anstellungsvertrag den Erfordernissen des Abs. 2 Buchst. g) nicht entgegensteht, und dass er seine Sachverständigentätigkeit persönlich ausüben kann;

b) er bei seiner Sachverständigentätigkeit im Einzelfall keinen fachlichen Weisungen unterliegt und seine Leistungen gemäß § 12 als von ihm selbst erstellt kennzeichnen kann;

c) ihn sein Arbeitgeber im erforderlichen Umfang für die Sachverständigentätigkeit freistellt.

(4) Hat ein von einer anderen Industrie- und Handelskammer bestellter Sachverständiger seine Hauptniederlassung in den Bezirk der Industrie- und Handelskammer verlegt, wird er auf Antrag durch Aushändigung einer Bestellungsurkunde wiederbestellt. Absatz 2 Buchstabe b) 2. Halbsatz findet keine Anwendung. Die Voraussetzungen nach Absatz 2 Buchstaben c) bis g) werden grundsätzlich nicht erneut überprüft. § 5 Absatz 4 und § 6 Absatz 1 gelten im Übrigen entsprechend.

§ 4
Verfahren

Über die öffentliche Bestellung entscheidet die Industrie- und Handelskammer nach Anhörung der dafür bestehenden Ausschüsse und Gremien. Zur Überprüfung der besonderen Sachkunde kann sie Referenzen einholen, sich vom Bewerber erstattete Gutachten vorlegen lassen, Stellungnahmen fachkundiger Dritter abfragen, die Einschaltung eines Fachgremiums veranlassen und weitere Erkenntnisquellen nutzen.

§ 5
Vereidigung

(1) Der Sachverständige wird in der Weise vereidigt, dass der Präsident oder ein Beauftragter der Industrie- und Handelskammer an ihn die Worte richtet: „Sie schwören, dass Sie die Aufgaben eines öffentlich bestellten und vereidigten Sachverständigen unabhängig, weisungsfrei, persönlich, gewissenhaft und unparteiisch erfüllen und die von Ihnen angeforderten Gutachten entsprechend nach bestem Wissen und Gewissen erstatten werden", und der Sachverständige hierauf die Worte spricht: „Ich schwöre es, so wahr mir Gott helfe". Der Sachverständige soll bei der Eidesleistung die rechte Hand erheben.

(2) Der Eid kann auch ohne religiöse Beteuerung geleistet werden.

(3) Gibt der Sachverständige an, dass er aus Glaubens- oder Gewissensgründen keinen Eid leisten wolle, so hat er eine Bekräftigung abzugeben. Diese Bekräftigung steht dem Eid gleich; hierauf ist der Verpflichtete hinzuweisen. Die Bekräftigung wird in der Weise abgegeben, dass der Präsident oder ein Beauftragter der Industrie- und Handelskammer die Worte vorspricht: „Sie bekräftigen im Bewusstsein ihrer Verantwortung, dass Sie die Aufgaben eines öffentlich bestellten und vereidigten Sachverständigen unabhängig, weisungsfrei, persönlich gewissenhaft und unparteiisch erfüllen und die von Ihnen angeforderten Gutachten entsprechend nach bestem Wissen und Gewissen erstatten werden" und der Sachverständige hierauf die Worte spricht: „Ich bekräftige es".

(4) Wird eine befristete Bestellung erneuert oder das Sachgebiet einer Bestellung geändert oder erweitert, so genügt statt der Eidesleistung die Bezugnahme auf den früher geleisteten Eid.

(5) Die Vereidigung durch die Industrie- und Handelskammer ist eine allgemeine Vereidigung im Sinne von § 79 Abs. 3 Strafprozessordnung, § 410 Abs. 2 Zivilprozessordnung.

§ 6
Aushändigung von Bestellungsurkunde, Stempel, Ausweis
und Sachverständigenordnung

(1) Die Industrie- und Handelskammer händigt dem Sachverständigen bei der öffentlichen Bestellung und Vereidigung die Bestellungsurkunde, den Ausweis, den Rundstempel, die Sachverständigenordnung und die dazu ergangenen Richtlinien aus. Ausweis, Bestellungsurkunde und Stempel bleiben Eigentum der Industrie- und Handelskammer.

(2) Über die öffentliche Bestellung und Vereidigung und die Aushändigung der in Abs. 1 genannten Gegenstände ist eine Niederschrift zu fertigen, die auch vom Sachverständigen zu unterschreiben ist.

§ 7
Bekanntmachung

Die Industrie- und Handelskammer macht die öffentliche Bestellung und Vereidigung des Sachverständigen in ...... (Mitteilungsorgan) bekannt. Name, Adresse, Kommunikationsmittel und Sachgebietsbezeichnung des Sachverständigen können durch die Industrie- und Handelskammer oder einen von ihr beauftragten Dritten gespeichert und in Listen oder auf sonstigen Datenträgern veröffentlicht und auf Anfrage jedermann zur Verfügung gestellt werden. Eine Bekanntmachung im Internet kann erfolgen, wenn der Sachverständige zugestimmt hat.

§ 8
Unabhängige, weisungsfreie,
gewissenhafte und unparteiische Aufgabenerfüllung

(1) Der Sachverständige darf sich bei der Erbringung seiner Leistungen keiner Einflussnahme aussetzen, die seine Vertrauenswürdigkeit und die Glaubhaftigkeit seiner Aussagen gefährdet (Unabhängigkeit).

(2) Der Sachverständige darf keine Verpflichtungen eingehen, die geeignet sind, seine tatsächlichen Feststellungen und Beurteilungen zu verfälschen (Weisungsfreiheit).

(3) Der Sachverständige hat seine Aufträge unter Berücksichtigung des aktuellen Standes von Wissenschaft, Technik und Erfahrung mit der Sorgfalt eines ordentlichen Sachverständigen zu erledigen. Die tatsächlichen Grundlagen seiner fachlichen Beurteilungen sind sorgfältig zu ermitteln und die Ergebnisse nachvollziehbar zu begründen. Er hat in der Regel die von den Industrie- und Handelskammern herausgegebenen Mindestanforderungen an Gutachten und sonstigen von den Industrie- und Handelskammern herausgegebenen Richtlinien zu beachten (Gewissenhaftigkeit).

(4) Der Sachverständige hat bei der Erbringung seiner Leistung stets darauf zu achten, dass er sich nicht der Besorgnis der Befangenheit aussetzt. Er hat bei der Vorbereitung und Erarbeitung seines Gutachtens strikte Neutralität zu wahren, muss die gestellten Fragen objektiv und unvoreingenommen beantworten (Unparteilichkeit).

Insbesondere darf der Sachverständige nicht

- Gutachten in eigener Sache oder für Objekte und Leistungen seines Dienstherren oder Arbeitgebers erstatten,
- Gegenstände erwerben oder zum Erwerb vermitteln, eine Sanierung oder Regulierung der Objekte durchführen, über die er ein Gutachten erstellt hat, es sei denn, er erhält den entsprechenden Folgeauftrag nach Beendigung des Gutachtenauftrags und seine Glaubwürdigkeit wird durch die Übernahme dieser Tätigkeiten nicht infrage gestellt.

§ 9
Persönliche Aufgabenerfüllung
und Beschäftigung von Hilfskräften

(1) Der Sachverständige hat die von ihm angeforderten Leistungen unter Anwendung der ihm zuerkannten Sachkunde in eigener Person zu erbringen (persönliche Aufgabenerfüllung).

(2) Der Sachverständige darf Hilfskräfte nur zur Vorbereitung seiner Leistung und nur insoweit beschäftigen, als er ihre Mitarbeit ordnungsgemäß überwachen kann; der Umfang der Tätigkeit der Hilfskraft ist kenntlich zu machen.

(3) Bei außergerichtlichen Leistungen darf der Sachverständige Hilfskräfte über Vorbereitungsarbeiten hinaus einsetzen, wenn der Auftraggeber zustimmt und Art und Umfang der Mitwirkung offen gelegt werden.

(4) Hilfskraft ist, wer den Sachverständigen bei der Erbringung seiner Leistung nach dessen Weisungen auf dem Sachgebiet unterstützt.

§ 10
Verpflichtung zur Gutachtenerstattung

(1) Der Sachverständige ist zur Erstattung von Gutachten für Gerichte und Verwaltungsbehörden nach Maßgabe der gesetzlichen Vorschriften verpflichtet.

(2) Der Sachverständige ist zur Erstattung von Gutachten und zur Erbringung sonstiger Leistungen i. S. v. § 2 Absatz 2 auch gegenüber anderen Auftraggebern verpflichtet. Er kann jedoch die Übernahme eines Auftrags verweigern, wenn ein wichtiger Grund vorliegt; die Ablehnung des Auftrags ist dem Auftraggeber unverzüglich zu erklären.

§ 11
Form der Gutachtenerstattung; gemeinschaftliche Leistungen

(1) Soweit der Sachverständige mit seinem Auftraggeber keine andere Form vereinbart hat, erbringt er seine Leistungen in Schriftform oder in elektronischer Form. Erbringt er sie in elektronischer Form, trägt er für eine der Schriftform gleichwertige Fälschungssicherheit Sorge.

(2) Erbringen Sachverständige eine Leistung gemeinsam, muss zweifelsfrei erkennbar sein, welcher Sachverständige für welche Teile verantwortlich ist. Leistungen in schriftlicher oder elektronischer Form müssen von allen beteiligten Sachverständigen unterschrieben oder elektronisch gekennzeichnet werden. § 12 gilt entsprechend.

(3) Übernimmt ein Sachverständiger Leistungen Dritter, muss er darauf hinweisen.

§ 12
Bezeichnung als „öffentlich bestellter und vereidigter Sachverständiger"

Der Sachverständige hat bei Leistungen im Sinne von § 2 Abs. 2 in schriftlicher oder elektronischer Form auf dem Sachgebiet, für das er öffentlich bestellt ist, die Bezeichnung „von der Industrie- und Handelskammer ... öffentlich bestellter und vereidigter Sachverständiger für ..." zu führen und seinen Rundstempel zu verwenden.

(1) Unter die in Absatz 1 genannten Leistungen darf der Sachverständige nur seine Unterschrift und seinen Rundstempel setzen. Im Fall der elektronischen Übermittlung ist die qualifizierte elektronische Signatur zu verwenden.

(2) Bei Sachverständigenleistungen auf anderen Sachgebieten darf der Sachverständige nicht in wettbewerbswidriger Weise auf seine öffentliche Bestellung hinweisen oder hinweisen lassen.

§ 13
Aufzeichnungs- und Aufbewahrungspflichten

(1) Der Sachverständige hat über jede von ihm angeforderte Leistung Aufzeichnungen zu machen. Aus diesen müssen ersichtlich sein:

a) der Name des Auftraggebers,

b) der Tag, an dem der Auftrag erteilt worden ist,

c) der Gegenstand des Auftrags und

d) der Tag, an dem die Leistung erbracht oder die Gründe, aus denen sie nicht erbracht worden ist.

(2) Der Sachverständige ist verpflichtet,

a) die Aufzeichnungen nach Absatz 1,

b) ein vollständiges Exemplar des Gutachtens oder eines entsprechenden Ergebnisnachweises einer sonstigen Leistung nach § 2 Abs. 2 und

c) die sonstigen schriftlichen Unterlagen, die sich auf seine Tätigkeit als Sachverständiger beziehen,

mindestens 10 Jahre lang aufzubewahren. Die Aufbewahrungsfrist beginnt mit dem Schluss des Kalenderjahres, in dem die Aufzeichnungen zu machen oder die Unterlagen entstanden sind.

(3) Werden die Dokumente gemäß Abs. 2 auf Datenträgern gespeichert, muss der Sachverständige sicherstellen, dass die Daten während der Dauer der Aufbewahrungsfrist verfügbar sind und jederzeit innerhalb angemessener Frist lesbar gemacht werden können. Er muss weiterhin sicherstellen, dass die Daten sämtlicher Unterlagen nach Abs. 2 nicht nachträglich geändert werden können.

§ 14
Haftungsausschluss; Haftpflichtversicherung

(1) Der Sachverständige darf seine Haftung für Vorsatz und grobe Fahrlässigkeit nicht ausschließen oder der Höhe nach beschränken.

(2) Der Sachverständige soll eine Haftpflichtversicherung in angemessener Höhe abschließen und während der Zeit der Bestellung aufrechterhalten. Er soll sie in regelmäßigen Abständen auf Angemessenheit überprüfen.

§ 15
Schweigepflicht

(1) Dem Sachverständigen ist untersagt, bei der Ausübung seiner Tätigkeit erlangte Kenntnisse Dritten unbefugt mitzuteilen oder zum Schaden anderer oder zu seinem oder zum Nutzen anderer unbefugt zu verwerten.

(2) Der Sachverständige hat seine Mitarbeiter zur Beachtung der Schweigepflicht zu verpflichten.

(3) Die Schweigepflicht des Sachverständigen erstreckt sich nicht auf die Anzeige- und Auskunftspflichten nach den §§ 19 und 20.

(4) Die Schweigepflicht des Sachverständigen besteht über die Beendigung des Auftragsverhältnisses hinaus. Sie gilt auch für die Zeit nach dem Erlöschen der öffentlichen Bestellung.

§ 16
Fortbildungspflicht und Erfahrungsaustausch

Der Sachverständige hat sich auf dem Sachgebiet, für das er öffentlich bestellt und vereidigt ist, im erforderlichen Umfang fortzubilden und den notwendigen Erfahrungsaustausch zu pflegen.

§ 17
Haupt- und Zweigniederlassung

(1) Die Hauptniederlassung des Sachverständigen nach § 3 Abs. 2 Buchstabe a befindet sich im Bezirk der Kammer, in dem der Sachverständige den Mittelpunkt seiner Sachverständigentätigkeit hat.

(2) Der Sachverständige kann Zweigniederlassungen errichten, wenn dort

a) ein zur Ausübung der Sachverständigentätigkeit eingerichteter Raum ständig zur Verfügung steht,

b) die Erreichbarkeit des Sachverständigen oder eines von ihm beauftragten Sachverständigen, der zur fachlichen Vertretung in der Lage ist, gesichert ist,

c) die Erfüllung der Pflichten als öffentlich bestellter Sachverständiger und

d) die Aufsicht durch die bestellende Kammer

gewährleistet sind.

(3) Die Errichtung einer Zweigniederlassung bedarf der Genehmigung durch die für den Sachverständigen zuständige Kammer. Sie ist zu erteilen, wenn die Voraussetzungen des Abs. 2 erfüllt sind und kann unter Bedingungen und Auflagen erteilt sowie befristet werden. Soll die Zweigniederlassung in dem Bezirk einer anderen Kammer errichtet werden, ist deren Stellungnahme einzuholen.

(4) Einrichtungen, die nur der Entgegennahme von Aufträgen dienen, sind keine Zweigniederlassungen.

(5) Auf die Niederlassung von Zusammenschlüssen nach § 21 finden Absätze 1 bis 4 entsprechende Anwendung.

§ 18
Werbung

Werbung des öffentlich bestellten und vereidigten Sachverständigen muss seiner besonderen Stellung und Verantwortung gerecht werden.

§ 19
Anzeigepflichten

Der Sachverständige hat der Industrie- und Handelskammer unverzüglich anzuzeigen:

a) die Änderung seiner Hauptniederlassung als Sachverständiger und die Änderung seines Wohnsitzes; die Absicht der Errichtung und die tatsächliche Inbetriebnahme oder Schließung einer Zweigniederlassung oder die Tätigkeit in einer Zweigniederlassung; liegt die Zweigniederlassung im Bezirk einer anderen Kammer, so ist ihre Errichtung und Schließung auch bei dieser Kammer anzuzeigen;

b) die Änderung seiner oder die Aufnahme einer weiteren beruflichen oder gewerblichen Tätigkeit, insbesondere den Eintritt in ein Arbeits- oder Dienstverhältnis;

c) die voraussichtlich länger als drei Monate dauernde Verhinderung an der Ausübung seiner Tätigkeit als Sachverständiger;

d) den Verlust der Bestellungsurkunde, des Ausweises oder des Rundstempels;

e) die Leistung der Eidesstattlichen Versicherung gemäß § 807 Zivilprozessordnung und den Erlass eines Haftbefehls zur Erzwingung der Eidesstattlichen Versicherung gemäß § 901 Zivilprozessordnung;

f) die Stellung des Antrags auf Eröffnung eines Insolvenzverfahrens über sein Vermögen oder das Vermögen einer Gesellschaft, deren Vorstand, Geschäftsführer oder Gesellschafter er ist, die Eröffnung eines solchen Verfahrens und die Abweisung der Eröffnung des Insolvenzverfahrens mangels Masse;

g) den Erlass eines Haft- oder Unterbringungsbefehls, die Erhebung der öffentlichen Klage und den Ausgang des Verfahrens in Strafverfahren, wenn der Tatvorwurf auf eine Verletzung von Pflichten schließen lässt, die bei der Ausübung der Sachverständigentätigkeit zu beachten sind, oder er in anderer Weise geeignet ist, Zweifel an der persönlichen Eignung oder besonderen Sachkunde des Sachverständigen hervorzurufen.

h) die Gründung von Zusammenschlüssen nach § 21 oder den Eintritt in einen solchen Zusammenschluss.

§ 20
Auskunftspflichten, Überlassung
von Unterlagen

(1) Der Sachverständige hat auf Verlangen der Industrie- und Handelskammer die zur Überwachung seiner Tätigkeit und der Einhaltung seiner Pflichten erforderlichen mündlichen oder schriftlichen Auskünfte innerhalb der gesetzten Frist und unentgeltlich zu erteilen und angeforderte Unterlagen vorzulegen. Er kann die Auskunft auf solche Fragen verweigern, deren Beantwortung ihn selbst oder einen seiner Angehörigen (§ 52 Strafprozessordnung) der Gefahr strafrechtlicher Verfolgung oder eines Verfahrens nach dem Gesetz über Ordnungswidrigkeiten aussetzen würde.

(2) Der Sachverständige hat auf Verlangen der Industrie- und Handelskammer die aufbewahrungspflichtigen Unterlagen (§ 13) in deren Räumen vorzulegen und angemessene Zeit zu überlassen.

§ 21
Zusammenschlüsse

Der Sachverständige darf sich zur Ausübung seiner Sachverständigentätigkeit mit anderen Personen in jeder Rechtsform zusammenschließen. Dabei hat er darauf zu achten, dass seine Glaubwürdigkeit, sein Ansehen in der Öffentlichkeit und die Einhaltung seiner Pflichten nach dieser Sachverständigenordnung gewährleistet sind.

§ 22
Erlöschen der öffentlichen Bestellung

(1) Die öffentliche Bestellung erlischt, wenn

a) der Sachverständige gegenüber der Industrie- und Handelskammer erklärt, dass er nicht mehr als öffentlich bestellter und vereidigter Sachverständiger tätig sein will;

b) der Sachverständige seine Hauptniederlassung aus dem Bezirk der Industrie- und Handelskammer verlegt;

c) die Zeit, für die der Sachverständige öffentlich bestellt ist, abläuft;

d) der Sachverständige das 68. Lebensjahr vollendet hat,

e) die Industrie- und Handelskammer die öffentliche Bestellung zurücknimmt oder widerruft.

(2) Die Industrie- und Handelskammer kann in dem Fall des Abs. 1 Buchst. d) in begründeten Ausnahmefällen eine einmalige befristete Verlängerung der öffentlichen Bestellung zulassen; § 2 Abs. 4 bleibt dabei außer Betracht.

(3) Die Industrie- und Handelskammer macht das Erlöschen der Bestellung in ... (Mitteilungsorgan) bekannt.

§ 23
Rücknahme; Widerruf

Rücknahme und Widerruf der öffentlichen Bestellung richten sich nach den Bestimmungen des Verwaltungsverfahrensgesetzes des jeweiligen Landes.

§ 24
Rückgabepflicht von Bestellungsurkunde, Ausweis und Stempel

Der Sachverständige hat nach Erlöschen der öffentlichen Bestellung der Industrie- und Handelskammer Bestellungsurkunde, Ausweis und Rundstempel zurückzugeben.

§ 25
Entsprechende Anwendung

Diese Vorschriften sind entsprechend auf die öffentliche Bestellung und Vereidigung von besonders geeigneten Personen anzuwenden, die auf den Gebieten der Wirtschaft

a) bestimmte Tatsachen in Bezug auf Sachen, insbesondere die Beschaffenheit, Menge, Gewicht oder richtige Verpackung von Waren feststellen oder

b) die ordnungsmäßige Vornahme bestimmter Tätigkeiten überprüfen, soweit hierfür nicht besondere Vorschriften erlassen worden sind.

§ 26
In-Kraft-Treten und Überleitungsvorschrift

Diese Sachverständigenordnung tritt am ... in Kraft. § 2 Abs. 4 gilt nicht für unbefristete öffentliche Bestellungen, die vor diesem Zeitpunkt erfolgt sind.

Berlin, den 9. 8. 2001

Kleiber

Anhang 1.2

Bestellungsvoraussetzungen

Anhang 1.2.1

Auszug aus den fachlichen Bestellungsvoraussetzungen auf dem Sachgebiet „Bewertung von bebauten und unbebauten Grundstücken" der DIHK

1.0   Vorbildung des Sachverständigen

1.1   Abgeschlossenes Studium an einer staatlich anerkannten Hochschule oder Fachhochschule einer einschlägigen Fachrichtung, zum Beispiel der Architektur, des Bauingenieurwesens, des Vermessungswesens, der Wirtschaftswissenschaften oder einer anderen für dieses Sachgebiet geeigneten Fachrichtung und

1.1.1   eine mindestens fünfjährige praktische Tätigkeit innerhalb der letzten acht Jahre vor Antragstellung oder

1.2   eine mindestens zehnjährige praktische Tätigkeit innerhalb der letzten fünfzehn Jahre auf dem Gebiet der Grundstückswirtschaft, die ihrer Art nach geeignet war, die erforderlichen Kenntnisse für die Wertermittlung von Grundstücken zu vermitteln.

Eine sachgebietsbezogene abgeschlossene Berufsausbildung auf dem Gebiet der Grundstückswirtschaft sollte vorhanden sein und kann mit bis zu drei Jahren auf die praktische Tätigkeit angerechnet werden.

Insbesondere kommen hierfür folgende Tätigkeiten in Betracht:
– als Makler,
– als Bauträger oder Projektentwickler,
– bei einer Haus- bzw. Immobilienverwaltung,
– bei der Kredit- bzw. Versicherungswirtschaft, soweit sich diese Tätigkeit auf den Immobilienbereich oder das Baufinanzierungsgeschäft der Gesellschaft bezieht,
– in Immobiliengesellschaften, Immobilienfonds,
– in einem Sachverständigenbüro für „Bewertung von bebauten und unbebauten Grundstücken",
– eine Sachverständigentätigkeit bei behördlichen Wertermittlungsstellen.

Als Ausbildungsbereiche für eine anerkennungsfähige abgeschlossene Berufsausbildung kommen insbesondere in Betracht:
– Architektur-, Bau-, Vermessungs- und Liegenschaftswesen,
– Immobilien- und Betriebswirtschaft,
– Kredit- und Versicherungswirtschaft,
– Kaufmännische Ausbildung.

Die einschlägige zehnjährige praktische Tätigkeit innerhalb der letzten 15 Jahre ist nachzuweisen.

1.3   Der Antragsteller hat den einzureichenden Antragsunterlagen mindestens sieben selbst verfasste Gutachten beizufügen und zwar jeweils ein Gutachten aus folgenden Bereichen:
Bewertung eines Ein- oder Zweifamilienhauses,
Bewertung einer Eigentumswohnung,
Bewertung eines Mehrfamilienhauses (Mietshaus),
Bewertung eines gewerblichen Geschäfts- oder Industrie- oder gemischt genutzten Objektes,
ein Gutachten nach freier Wahl.
Mindestens zwei der vorgenannten Gutachten müssen sich auf Grundstücke beziehen, an denen eine verkehrswertbeeinflussende dingliche Belastung, eine Baulast oder ein Erbbaurechtsverhältnis begründet ist.
Darüber hinaus hat der Bewerber ein Wohnmiet- und ein Gewerberaummietgutachten vorzulegen.

1.4   Praxisnachweis
Für die Bestätigung der unter 1.1 und 1.2 geforderten praktischen Tätigkeiten (Praxisnachweis) sind folgende Nachweise den Antragsunterlagen beizufügen:

1.4.1   Bei einem im Angestellten- oder Dienstverhältnis stehenden Sachverständigen eine Bestätigung des Arbeitgebers, aus der hervorgeht, dass er die praktische Tätigkeit der Grundstückswertermittlung ausgeübt hat, davon mindestens drei Jahre als Sachverständiger in diesem Sachgebiet.

1.4.2   Ein freiberuflich oder gewerblich tätiger Sachverständiger hat in geeigneter Weise glaubhaft zu machen, dass die praktische Tätigkeit der Grundstückswertermittlung ausgeübt wurde, davon mindestens drei Jahre als Sachverständiger in diesem Sachgebiet.
Für diesen Praxisnachweis der Sachverständigentätigkeit kann eine Liste über erstellte Gutachten angefordert werden.

2.0   Fachliches Anforderungsprofil

2.1   Bewertung von bebauten und unbebauten Grundstücken

2.1.1   Wirtschaftliche Kenntnisse

2.1.1.1   Der Antragsteller muss über besondere Kenntnisse verfügen:
Struktur und Funktionsweise des Grundstücksmarktes,
Zusammenhänge bei den Preisen, Kosten und Indexreihen des Grundstücks- und Baumarktes,
Struktur und Funktionsweise des Miet- und Pachtmarktes.

2.1.1.2 Der Antragsteller muss

die Entwicklung und den neuesten Stand des Grundstücks-, Miet-, Bau- und Kapitalmarktes kennen und insbesondere die örtliche Angebots- und Nachfragesituation sowie die Entwicklungstendenzen beurteilen können,

detailliert die für die Bewertung in Frage kommenden Werte, Kosten und Preise, Mieten und Pachten nach Art und Höhe kennen.

2.1.1.3 Der Antragsteller muss genaue Kenntnisse über die wirtschaftlichen Einflüsse von Rechten und Lasten an Grundstücken (privat- und öffentlich-rechtlicher Art) sowie deren bewertungstechnische Behandlung haben.

2.1.1.4 Der Antragsteller muss die einschlägigen finanzmathematischen und rententheoretischen Verfahren beherrschen.

2.1.1.5 Der Antragsteller muss die Methoden der Markt-, Standort- und Renditeanalyse beherrschen.

2.1.1.6 Der Antragsteller muss über statistische Grundkenntnisse verfügen.

2.1.2 Technische Kenntnisse

Folgende technische Kenntnisse sind erforderlich, soweit sie für die Beurteilung möglicher wertbeeinflussender Umstände von Bedeutung sind:

2.1.2.1 Baugrundverhältnisse einschließlich Kontaminierungen

2.1.2.2 Baukonstruktion und Baustatik

2.1.2.3 Bauweisen und Bauverfahren

2.1.2.4 Baustoffe, Eigenschaften und Anwendung

2.1.2.5 Einschlägige Normen und technische Vorschriften, insbesondere soweit bauordnungsrechtlich eingeführt

2.1.2.6 Verfahren und Kriterien zur Erkennung und Beseitigung von Bauschäden und Baumängeln

2.1.3 Rechtliche Kenntnisse

2.1.3.1 Kenntnisse des einschlägigen öffentlichen Planungs-, Bau- und Bodenrechts

2.1.3.2 Allgemeine Grundkenntnisse:
- einschlägige Teile des Bürgerlichen Gesetzbuches einschließlich der Nebengesetze
- öffentliches und privates Nachbarrecht
- einschlägige Teile des formellen Liegenschaftsrechts, insbesondere des Grundbuch- und Katasterrechts
- wohnungswirtschaftliche Bestimmungen
- immobilienbezogene steuerrechtliche Regelungen

2.1.4 Beherrschung der Wertermittlungsverfahren in ihrer Anwendung, im Einzelfall

2.1.4.1 Der Antragsteller muss über detaillierte Kenntnisse der einzelnen Wertermittlungsverfahren verfügen und deren Anwendung beherrschen.

2.1.4.2 Er muss in der Lage sein, zu beurteilen und zu begründen, welche Verfahren bei der Wertermittlung des zu begutachtenden Gegenstandes der Wertermittlung heranzuziehen sind und welche Aussagefähigkeit diese hinsichtlich marktkonformer Ergebnisse besitzen.

2.1.5 Besondere Kenntnisse über Inhalt, Aufbau und Abfassung von Gutachten

Der Antragsteller muss hinsichtlich des Inhaltes, des Aufbaus und der Abfassung von Gutachten über besondere Kenntnisse verfügen.

2.1.6 Kenntnisse über Haftung, Bürotechnologien und -organisation

2.1.6.1 Der Antragsteller muss Kenntnisse über Haftung und Haftpflichtversicherung besitzen.

2.1.6.2 Er muss Kenntnisse über den Einsatz moderner Bürotechnologien in Sachverständigenbüros besitzen.

2.1.6.3 Er muss über die Kriterien der Führung und Organisation im Sachverständigenbüro Bescheid wissen.

3.0 Mindestanforderungen an Gutachten

3.1 Mindestanforderungen an Gutachten für Sachverständige auf dem Sachgebiet „Bewertung von bebauten und unbebauten Grundstücken"

3.1.1 Grundsätze

Gutachten eines öffentlich bestellten und vereidigten Sachverständigen müssen nachvollziehbar, begründet und vollständig sein. Folgende Angaben rechtlicher, wirtschaftlicher und tatsächlicher Art sind grundsätzlich erforderlich:

Der Sachverständige hat
- die Wertermittlungsgrundlagen eigenverantwortlich zu ermitteln und vorliegende Berechnungen (mit Quellenangaben) auf Plausibilität zu überprüfen
- auf seine sachgerechte Auftragsgestaltung hinzuwirken
- soweit am Wertermittlungsstichtag eine Änderung der derzeitigen Nutzbarkeit absehbar ist und qualifizierte Nutzungsabsichten bestehen, diese eingehend darzulegen und nach Maßgabe der rechtlichen und wirtschaftlichen Rahmenbedingungen angemessen zu berücksichtigen
- die wesentlichen Ergebnisse der Wertermittlung auf einem besonderen Blatt zusammenfassen. Hierzu gehören insbesondere
- der Verkehrswert
- Bewertungsmaßgaben (durch Gesetz oder durch den Auftraggeber), die eine von der tatsächlichen Situation abweichenden Situation in der Wertermittlung unterstellen

- bei der besonderen Berücksichtigung von Instandsetzungs- bzw. Modernisierungskosten deren Anteil pro Quadratmeter Wohn- und Nutzfläche ergänzend anzugeben
- weitere wertbeeinflussende Umstände anzugeben

3.1.2   Je nach Verwendungszweck sind in die Gutachten folgende Punkte aufzunehmen:

3.1.2.1   Allgemeine Angabe
- Objektart, Adresse (Gemeinde, Straße, Hausnummer)
- Auftraggeber, Eigentümer
- Zweck des Gutachtens (Auftragsinhalt, Verwendungszweck bzw. Beweisbeschluss)
- Art des Werts
- Grundbuch- und Katasterdaten
- Bestand, Abt. I und II ggf. auch Abt. III, (falls wertbeeinflussend), Flur, Flurstücksnummer
- objektbezogene Arbeitsunterlagen
- Außenanlagen
- Bodenordnungs-, Sanierungsgebiete und Entwicklungsbereiche
- Datum und Teilnehmer der Ortsbesichtigung
- Wertermittlungsstichtag
- Anzahl der Gutachtenausfertigung, Gesamtseitenzahl

3.1.2.2   Lagebeschreibung
- Lage des Grundstücks
- Ortsangaben
- Wohn- bzw. Geschäftslage, Verkehrslage

3.1.2.3   Grundstücksbeschreibung
- Entwicklungszustand
- Zuschnitt, topographische Situation
- Bodenbeschaffenheit
- Oberflächenbeschaffenheit
- Erschließung (Ver- und Entsorgungsanschlüsse)
- beitrags- und abgabenrechtlicher Zustand (Erschließungsbeiträge, Stellplatz, Naturschutzbeiträge)
- bei landwirtschaftlichen Gutachten die Bonität
- Kfz-Stellplatzpflicht

3.1.2.4   Rechtliche tatsächliche Nutzung
- Tatsächliche Nutzung
- Planungs- und baurechtliche Situation
- Flächennutzungsplan, Bebauungsplan, Vorhaben- und Erschließungsplan, Sonstiges
- Planungsrecht
- Informelle Planungen
- Denkmalschutz
- Rechte am Grundstück
- ggf. Baulastenverzeichnis
- Entwicklungsstufe des Baulandes
- Zeitprognose bis zur Baureife
- vorhandene Bebauung (Art und Maß)
- erforderlicher Abbruch, Erweiterungsmöglichkeit
- naturschutzrechtliche Situation
- Lage des Grundstücks in Bodenordnungs-, Sanierungsgebieten und Entwicklungsbereiche

3.1.2.5   Gebäudebeschreibung
- Baujahr
- Zeitpunkt und Umfang von Modernisierungen und Erweiterungen
- Gesamtnutzungsdauer
- Restnutzungsdauer
- Bauweise, Baukonzeption
- Bauzustand
- Baubeschreibung
- Baumängel, Bauschäden
- Besondere Bauteile, besondere Einrichtungen
- Nebengebäude

3.1.2.6   Flächen- und Massenangaben einschl. Prüfung der verwendeten Unterlagen
- angewandte Berechnungsgrundlagen
- verwendete Unterlagen oder örtliches Aufmaß
- bebaute Fläche
- Geschossfläche
- Kubatur
- Wohn-/Nutzfläche
- Verhältniszahlen: Grundflächenzahl (GRZ)
- Geschossflächenzahl (GFZ), umbauter Raum
- Verhältniszahl der Kubatur zu Wohn- und Nutzfläche

3.1.3   Wahl der Wertermittlungsverfahren
- angewandte Wertermittlungsverfahren mit Begründung

3.1.3.1   Vergleichswertverfahren

3.1.3.1.1   Grund und Boden
- Bodenrichtwerte und/oder Vergleichspreise mit hinreichender Beschreibung der zugeordneten Zeitpunkte und Wertmerkmale
- Umrechnungsmethoden ggf. der Zeitpunkte und Wertmerkmale
- Lagebeurteilung
- Berücksichtigung sonstiger bodenwertbeeinflussender Umstände (z. B. Rechte und Lasten am Grundstück, Kontamination, Immissionen etc.)

3.1.3.1.2   bebaute Grundstücke (einschließlich grundstücksgleiche Rechte)
- Vergleichsfaktoren (Grundstücksfaktoren)
- Ausführliche Darlegung der Bewertungsgrundlagen sowie Umrechnungsmodelle und -faktoren
- sonstige Verfahren

3.1.3.2   Ertragswertverfahren
- ortsüblich, nachhaltig erzielbare Mieterträge
- tatsächliche Mieterträge mit Darstellung des Mietbegriffs und Beurteilung ihrer nachhaltigen Erzielbarkeit
- Angaben über mietvertragliche Bindungen
- Berücksichtigung nicht vermieteter oder eigengenutzter Räume
- Ermittlung der umlagefähigen Bewirtschaftungskosten
- Instandhaltung, Verwaltung, Mietausfallwagnis
- Berechnung des Reinertrags
- Angabe des Liegenschaftszinssatzes mit Begründung
- Bodenwertverzinsung
- Darstellung des Gebäudeertragsanteils
- Angabe der anzusetzenden Restnutzungsdauer mit Begründung
- Darstellung des Vervielfältigers
- Berechnung des vorläufigen Ertragswerts
- Darlegung des Einflusses der sonstigen wertbeeinflussenden Umstände (Bauschäden, Abweichungen von der ortsüblichen Miete etc.)

3.1.3.3   Sachwertverfahren
- Beurteilung der Gebäude, der Grundrisse, der Ausstattung und der Baustoffe
- Ermittlung der Normalherstellungskosten zum Stichtag
- Angaben der Baunebenkosten
- Berücksichtigung des Bauzustandes und ggf. von Baumängeln
- Feststellung der technischen und wirtschaftlichen Wertminderung
- Bewertung der Außenanlagen
- Berechnung des vorläufigen Sachwerts
- Darlegung des Einflusses der sonstigen wertbeeinflussenden Umstände (Bauschäden, Abweichungen von der ortsüblichen Miete etc.)

3.1.3.4   Erforderlichenfalls sonstige Verfahren
- Sonstige Verfahren zur Bodenwertermittlung (Residualwertverfahren)
- Sonstige Verfahren zur Bewertung bebauter Grundstücke

3.1.4   Verkehrswert
- Begründung evtl. erforderlicher Zu- und Abschläge vom Ertragswert, Sachwert oder Vergleichswert
- die Angabe des Verkehrswerts pro Quadratmeter Nutzfläche und die Angabe des Vielfachen des Jahresrein- bzw. Rohertrags
- Berücksichtigung der Marktlage zum Wertermittlungsstichtag
- Beantwortung des Beweisbeschlusses

3.1.5   Datum, Stempel, Unterschrift

3.1.6   Ergänzende Anlagen
- Pläne mit geeignetem Maßstab: Übersichtspläne 1:5 000 bis 1:25 000
- Flurkarte
- Grundrisse, Schnitte und Ansichten
- Berechnungen, Fotoaufnahmen und dergleichen

Anhang 1.2.2

Auszug aus dem Normativen Dokument des TGA Sektorkomitees PG über die persönlichen und fachlichen Voraussetzungen zur Teilnahme an einer Zertifizierungsprüfung für die Zertifizierungsgebiete von Sachverständigen der Grundstückswertermittlung
(TGA Sektorkomitee Grundstückswertermittlung)

1.0   Anhang 1: Vorbildung des Antragstellers, Praxisnachweis, weitere Unterlagen

Ein abgeschlossenes Studium an einer staatlich anerkannten Hochschule oder Fachhochschule einer einschlägigen Fachrichtung, z. B. der Fachrichtungen Architektur, des Bauingenieurwesens, des Vermessungswesens, der Wirtschaftswissenschaften oder einer anderen für dieses Zertifizierungsgebiet geeigneten Fachrichtung
und

1.1.1   für den Bereich der Bewertung von bebauten und unbebauten Grundstücken eine mindestens fünfjährige praktische Tätigkeit innerhalb der letzten acht Jahre vor Antragstellung

1.1.2   für den Bereich der Bewertung von landwirtschaftlichen bebauten und unbebauten Grundstücken eine mindestens fünfjährige praktische Tätigkeit innerhalb der letzten acht Jahre vor Antragstellung

1.1.3   für den Bereich der Beleihungswertermittlung von Immobilien eine mindestens dreijährige praktische Tätigkeit innerhalb der letzten fünf Jahre vor Antragstellung oder

1.2   eine mindestens zehnjährige praktische Tätigkeit innerhalb der letzten fünfzehn Jahre auf dem Gebiet der Grundstückswirtschaft, die ihrer Art nach geeignet war, die erforderlichen Kenntnisse für die Wertermittlung von Grundstücken zu vermitteln.

Eine sachgebietsbezogene abgeschlossene Berufsausbildung auf dem Gebiet der Grundstückswirtschaft sollte vorhanden sein und kann mit bis zu drei Jahren auf die praktische Tätigkeit angerechnet werden.

Insbesondere kommen hierfür folgende Tätigkeiten in Betracht:

– als Makler,
– als Bauträger oder Projektentwickler,
– bei einer Haus- bzw. Immobilienverwaltung,
– bei der Kredit- bzw. Versicherungswirtschaft, soweit sich diese Tätigkeit auf den Immobilienbereich oder das Baufinanzierungsgeschäft der Gesellschaft bezieht,
– in Immobiliengesellschaften, Immobilienfonds,
– in einem Sachverständigenbüro für „Bewertung von bebauten und unbebauten Grundstücken",
– eine Sachverständigentätigkeit bei behördlichen Wertermittlungsstellen.

1.3   Praxisnachweis

Für die Bestätigung der geforderten praktischen Tätigkeit (Praxisnachweis) sind folgende Nachweise den Antragsunterlagen beizufügen:

Bei einem im Angestellten- oder Dienstverhältnis stehenden Sachverständigen eine Bestätigung des Arbeitgebers, aus dem hervorgeht, dass er die praktische Tätigkeit der Grundstückswertermittlung ausgeübt hat, davon mindestens drei Jahre als Sachverständiger in diesem Zertifizierungsgebiet.

Ein freiberuflich oder gewerblich tätiger Sachverständiger hat in geeigneter Weise glaubhaft zu machen, dass die praktische Tätigkeit der Grundstückswertermittlung ausgeübt wurde, davon mindestens drei Jahre als Sachverständiger in diesem Zertifizierungsgebiet.

1.4   Weitere Unterlagen

Dem Antrag sind als weitere Unterlagen beizufügen

– ein Lebenslauf mit aktuellem Lichtbild,
– ein polizeiliches Führungszeugnis,
– eine Erklärung, ob der Antragsteller innerhalb der letzten fünf Jahre an einem Zertifizierungsverfahren für die unter Ziff. ... angegebenen Zertifizierungsgebiete teilgenommen hat und wenn ja, mit welchem Erfolg und bei welcher Zertifizierungsstelle.

Anhang 2: Prüfstoffverzeichnis für den Zertifizierungsbereich

2.1.1   Wirtschaftliche Kenntnisse

2.1.1.1   Der Antragsteller muss über besondere Kenntnisse verfügen:
– Struktur und Funktionsweise des Grundstücksmarktes,
– Zusammenhänge bei den Preisen, Kosten und Indexreihen des Grundstücks- und Baumarktes,
– Struktur und Funktionsweise des Miet- und Pachtmarktes.

2.1.1.2   Der Antragsteller muss
die Entwicklung und den neuesten Stand des Grundstücks-, Miet-, Bau- und Kapitalmarktes kennen und insbesondere die örtliche Angebots- und Nachfragesituation sowie die Entwicklungstendenzen beurteilen können,
detailliert die für die Bewertung in Frage kommenden Werte, Kosten und Preise, Mieten und Pachten nach Art und Höhe kennen.

2.1.1.3   Der Antragsteller muss genaue Kenntnisse über die wirtschaftlichen Einflüsse von Rechten und Lasten an Grundstücken (privat- und öffentlich-rechtlicher Art) sowie deren bewertungstechnische Behandlung haben.

2.1.1.4 Der Antragssteller muss die einschlägigen finanzmathematischen und rententheortischen Verfahren beherr-schen.

2.1.1.5 Der Antragsteller muss die Methoden der Markt-, Standort- und Renditeanalyse beherrschen.

2.1.1.6 Der Antragsteller muss über statistische Grundkenntnisse verfügen.

2.1.2 Technische Kenntnisse
Folgende technische Kenntnisse sind erforderlich, soweit sie für die Beurteilung möglicher wertbeeinflussender Umstände von Bedeutung sind:

2.1.2.1 Baugrundverhältnisse einschließlich Kontaminierungen,

2.1.2.2 Baukonstruktion und Baustatik,

2.1.2.3 Bauweisen und Bauverfahren,

2.1.2.4 Baustoffe, Eigenschaften und Anwendung,

2.1.2.5 einschlägige Normen und technische Vorschriften, insbesondere soweit bauordnungsrechtlich eingeführt,

2.1.2.6 Verfahren und Kriterien zur Erkennung und Beseitigung von Bauschäden und Baumängeln.

2.1.3 Rechtliche Kenntnisse

2.1.3.1 Kenntnisse des einschlägigen öffentlichen Planungs-, Bau- und Bodenrechts,

2.1.3.2 allgemeine Grundkenntnisse:
– einschlägige Teile des Bürgerlichen Gesetzbuchs einschließlich der Nebengesetze,
– öffentliches und privates Nachbarrecht,
– einschlägige Teile des formellen Liegenschaftsrechts, insbesondere des Grundbuch- und Katasterrechts,
– wohnungswirtschaftliche Bestimmungen,
– immobilienbezogene steuerrechtliche Regelungen.

2.1.4 Beherrschung der Wertermittlungsverfahren und ihrer Anwendung im Einzelfall

2.1.4.1 Der Antragsteller muss über detaillierte Kenntnisse der einzelnen Wertermittlungsverfahren verfügen und ihre Anwendung beherrschen.

2.1.4.2 Er muss in der Lage sein, zu beurteilen und zu begründen, welche Verfahren bei der Wertermittlung des zu begutachtenden Gegenstands der Wertermittlung heranzuziehen sind und welche Aussagefähigkeit diese hinsichtlich marktkonformer Ergebnisse besitzen.

2.1.5 Besondere Kenntnisse über Inhalt, Aufbau und Abfassung von Gutachten

Der Antragsteller muss hinsichtlich des Inhalts, des Aufbaus und der Abfassung von Gutachten über besondere Kenntnisse verfügen.

2.1.6 Kenntnisse über Haftung, Bürotechnologie und -organisation

2.1.6.1 Der Antragsteller muss Kenntnisse über Haftung und Haftpflichtversicherung besitzen.

2.1.6.2 Er muss Kenntnisse über den Einsatz moderner Bürotechnologien in Sachverständigenbüros besitzen.

2.1.6.3 Er muss über die Kriterien der Führung und Organisation im Sachverständigenbüro Bescheid wissen.

Anhang 1.3

Auszug aus der Honorarordnung für Architekten und Ingenieure (HOAI)

§ 4
Vereinbarung des Honorars

(1) Das Honorar richtet sich nach der schriftlichen Vereinbarung, die die Vertragsparteien bei Auftragserteilung im Rahmen der durch diese Verordnung festgesetzten Mindest- und Höchstsätze treffen.

(2) Die in dieser Verordnung festgesetzten Mindestsätze können durch schriftliche Vereinbarung in Ausnahmefällen unterschritten werden.

(3) Die in dieser Verordnung festgesetzten Höchstsätze dürfen nur bei außergewöhnlichen oder ungewöhnlich lange dauernden Leistungen durch schriftliche Vereinbarung überschritten werden. Dabei haben Umstände, soweit sie bereits für die Einordnung in Honorarzonen oder Schwierigkeitsstufen, für die Vereinbarung von Besonderen Leistungen oder für die Einordnung in den Rahmen der Mindest- und Höchstsätze mitbestimmend gewesen sind, außer Betracht zu bleiben.

(4) Sofern nicht bei Auftragserteilung etwas Anders schriftlich vereinbart worden ist, gelten die jeweiligen Mindestsätze als vereinbart.

§ 5
Berechnung des Honorars in besonderen Fällen

(1) Werden nicht alle Leistungsphasen eines Leistungsbildes übertragen, so dürfen nur die für die übertragenen Phasen vorgesehenen Teilhonorare berechnet werden.

(2) Werden nicht alle Grundleistungen einer Leistungsphase übertragen, so darf für die übertragenen Leistungen nur ein Honorar berechnet werden, das dem Anteil der übertragenen Leistungen an der gesamten Leistungsphase entspricht. Das Gleiche gilt, wenn wesentliche Teile von Grundleistungen dem Auftragnehmer nicht übertragen werden. Ein zusätzlicher Koordinierungs- und Einarbeitungsaufwand ist zu berücksichtigen.

(3) Werden Grundleistungen im Einvernehmen mit dem Auftraggeber insgesamt oder teilweise von anderen an der Planung und Überwachung fachlich Beteiligten erbracht, so darf nur ein Honorar berechnet werden, das dem verminderten Leistungsumfang des Auftragnehmers entspricht. § 10 Abs. 4[2] bleibt unberührt.

(4) Für Besondere Leistungen, die zu den Grundleistungen hinzutreten, darf ein Honorar nur berechnet werden, wenn die Leistungen im Verhältnis zu den Grundleistungen einen nicht unwesentlichen Arbeits- und Zeitaufwand verursachen und das Honorar schriftlich vereinbart worden ist. Das Honorar ist in angemessenem Verhältnis zu dem Honorar für die Grundleistung zu berechnen, mit der die Besondere Leistung nach Art und Umfang vergleichbar ist. Ist die Besondere Leistung nicht mit einer Grundleistung vergleichbar, so ist das Honorar als Zeithonorar nach § 6[3] zu berechnen.

(4a) Für Besondere Leistungen, die unter Ausschöpfung der technisch-wirtschaftlichen Lösungsmöglichkeiten zu einer wesentlichen Kostensenkung ohne Verminderung des Standards führen, kann ein Erfolgshonorar zuvor schriftlich vereinbart werden, das bis zu 20 vom Hundert der vom Auftragnehmer durch seine Leistungen eingesparten Kosten betragen kann.

(5) Soweit Besondere Leistungen ganz oder teilweise an die Stelle von Grundleistungen treten, ist für sie ein Honorar zu berechnen, das dem Honorar für die ersetzten Grundleistungen entspricht.

§ 5 a
Interpolation

Die zulässigen Mindest- und Höchstsätze für Zwischenstufen der in den Honorartafeln angegebenen anrechenbaren Kosten, Werte und Verrechnungseinheiten (VE) sind durch lineare Interpolation zu ermitteln.

§ 6
Zeithonorar

(1) Zeithonorare sind auf der Grundlage der Stundensätze nach Absatz 2 durch Vorausschätzung des Zeitbedarfs als Fest- oder Höchstbetrag zu berechnen. Ist eine Vorausschätzung des Zeitbedarfs nicht möglich, so ist das Honorar nach dem nachgewiesenen Zeitbedarf auf der Grundlage der Stundensätze nach Absatz 2 zu berechnen.

(2) Werden Leistungen des Auftragnehmers oder seiner Mitarbeiter nach Zeitaufwand berechnet, so kann für jede Stunde folgender Betrag berechnet werden:

1. für den Auftragnehmer   38 bis 82 €
2. für Mitarbeiter, die technische oder wirtschaftliche Aufgaben erfüllen,
   soweit sie nicht unter Nummer 3 fallen.   36 bis 59 €
3. für Technische Zeichner und sonstige Mitarbeiter mit vergleichbarer
   Qualifikation, die technische oder wirtschaftliche Aufgaben erfüllen.   31 bis 43 €

§ 7
Nebenkosten

(1) Die bei der Ausführung des Auftrags entstehenden Auslagen (Nebenkosten) des Auftragnehmers können, soweit sie erforderlich sind, abzüglich der nach § 15 Abs. 1 des Umsatzsteuergesetzes abziehbaren Vorsteuern neben den Honoraren dieser Verordnung berechnet werden. Die Vertragsparteien können bei Auftragserteilung schriftlich vereinbaren, dass abweichend von Satz 1 eine Erstattung ganz oder teilweise ausgeschlossen ist.

(2) Zu den Nebenkosten gehören insbesondere:

1. Post- und Fernmeldegebühren,
2. Kosten für Vervielfältigungen von Zeichnungen und von schriftlichen Unterlagen sowie Anfertigung von Filmen und Fotos,

---

2 **§ 10 Abs. 4 HOAI:** (4) Anrechenbar sind für Grundleistungen bei Gebäuden und raumbildenden Ausbauten die Kosten für Installationen, zentrale Betriebstechnik und betriebliche Einbauten (DIN 276, Kostengruppe 3.2 bis 3.4 und 3.5.2 bis 3.5.4), die der Auftragnehmer fachlich nicht plant und deren Ausführung er fachlich auch nicht überwacht,
   1. vollständig bis zu 25 v.H. der sonstigen anrechenbaren Kosten,
   2. zur Hälfte mit dem 25 v.H. der sonstigen anrechenbaren Kosten übersteigenden Betrag.
   Plant der Auftragnehmer die in Satz 1 genannten Gegenstände fachlich und überwacht er fachlich deren Ausführung, so kann für diese Leistungen ein Honorar neben dem Honorar nach Satz 1 vereinbart werden.

3 **§ 6 HOAI:** (1) Zeithonorare sind auf der Grundlage der Stundensätze nach Absatz 2 durch Vorausschätzung des Zeitbedarfs als Fest- oder Höchstbetrag zu berechnen. Ist eine Vorausschätzung des Zeitbedarfs nicht möglich, so ist das Honorar nach dem nachgewiesenen Zeitbedarf auf der Grundlage des Stundensatzes nach Absatz 2 zu berechnen.
   (2) Werden Leistungen des Auftragnehmers oder seiner Mitarbeiter nach Zeitaufwand berechnet, so kann für jede Stunde folgender Betrag berechnet werden:
   1. für den Auftragnehmer   38 bis 82 €
   2. für Mitarbeiter, die technische oder wirtschaftliche
      Aufgaben erfüllen, soweit sie nicht unter Nummer 3 fallen,   36 bis 59 €
   3. für Technische Zeichner und sonstige Mitarbeiter mit vergleichbarer
      Qualifikation, die technische oder wirtschaftliche Aufgaben erfüllen   31 bis 43 €

3. Kosten für ein Baustellenbüro einschließlich der Einrichtung, Beleuchtung und Beheizung,

4. Fahrtkosten für Reisen, die über den Umkreis von mehr als 15 Kilometer vom Geschäftssitz des Auftragnehmers hinausgehen, in Höhe der steuerlich zulässigen Pauschalsätze, sofern nicht höhere Aufwendungen nachgewiesen werden,

5. Trennungsentschädigungen und Kosten für Familienheimfahrten nach den steuerlich zulässigen Pauschalsätzen, sofern nicht höhere Aufwendungen an Mitarbeiter des Auftragnehmers auf Grund von tariflichen Vereinbarungen bezahlt werden,

6. Entschädigungen für den sonstigen Aufwand bei längeren Reisen nach Nummer 4, sofern die Entschädigungen vor der Geschäftsreise schriftlich vereinbart worden sind,

7. Entgelte für nicht dem Auftragnehmer obliegende Leistungen, die von ihm im Einvernehmen mit dem Auftraggeber Dritten übertragen worden sind,

8. im Fall der Vereinbarung eines Zeithonorars nach § 6 die Kosten für Vermessungsfahrzeuge und andere Messfahrzeuge, die mit umfangreichen Messinstrumenten ausgerüstet sind, sowie für hochwertige Geräte, die für Vermessungsleistungen und für andere messtechnische Leistungen verwandt werden.

(3) Nebenkosten können pauschal oder nach Einzelnachweis abgerechnet werden. Sie sind nach Einzelnachweis abzurechnen, sofern nicht bei Auftragserteilung eine pauschale Abrechnung schriftlich vereinbart worden ist.

Teil IV
Gutachten und Wertermittlungen

§ 33
Gutachten

Das Honorar für Gutachten über Leistungen, die in dieser Verordnung erfasst sind, kann frei vereinbart werden. Wird ein Honorar bei Auftragserteilung schriftlich vereinbart, so ist das Honorar als Zeithonorar nach § 6 zu berechnen. Satz 1 und 2 sind nicht anzuwenden, soweit in den Vorschriften dieser Verordnung etwas anderes bestimmt ist.

§ 34
Wertermittlungen

(1) Die Mindest- und Höchstsätze der Honorare für die Ermittlung des Werts von Grundstücken, Gebäuden und anderen Bauwerken oder von Rechten an Grundstücken sind in der nachfolgenden Honorartafel festgesetzt.

(2) Das Honorar richtet sich nach dem Wert der Grundstücke, Gebäude, anderen Bauwerke oder Rechte, der nach dem Zweck der Ermittlung zum Zeitpunkt der Wertermittlung festgestellt wird; bei unbebauten Grundstücken ist der Bodenwert maßgebend. Sind im Rahmen einer Wertermittlung mehrere der in Absatz 1 genannten Objekte zu bewerten, so ist das Honorar nach der Summe der ermittelten Werte der einzelnen Objekte zu berechnen.

(3) § 16 Abs. 2 und 3 gilt sinngemäß.

(4) Wertermittlungen können nach Anzahl und Gewicht der Schwierigkeiten nach Absatz 6 der Schwierigkeitsstufe der Honorartafel nach Absatz 1 zugeordnet werden, wenn es bei Auftragserteilung schriftlich vereinbart worden ist. Die Honorare der Schwierigkeitsstufe können bei Schwierigkeiten nach Absatz 6 Nr. 3 überschritten werden.

(5) Schwierigkeiten können insbesondere vorliegen

1. bei Wertermittlungen
   – für Erbbaurechte, Nießbrauchs- und Wohnrechte sowie sonstige Rechte,
   – bei Umlegungen und Enteignungen,
   – bei steuerlichen Bewertungen,
   – für unterschiedliche Nutzungsarten auf einem Grundstück,
   – bei Berücksichtigung von Schadensgraden,
   – bei besonderen Unfallgefahren, starkem Staub oder Schmutz oder sonstigen nicht unerheblichen Erschwernissen bei der Durchführung des Auftrags;

2. bei Wertermittlungen, zu deren Durchführung der Auftragnehmer die erforderlichen Unterlagen beschaffen, überarbeiten oder anfertigen muss, zum Beispiel
   – Beschaffung und Ergänzung der Grundstücks-, Grundbuch- und Katasterangaben,
   – Feststellung der Roheinnahmen,
   – Feststellung der Bewirtschaftungskosten,
   – Örtliche Aufnahme der Bauten,
   – Anfertigung von Systemskizzen im Maßstab nach Wahl,
   – Ergänzung vorhandener Grundriss- und Schnittzeichnungen;

3. bei Wertermittlungen
   – für mehrere Stichtage,
   – die im Einzelfall eine Auseinandersetzung mit Grundsatzfragen der Wertermittlung und eine entsprechende schriftliche Begründung erfordern.

(6) Die nach den Absätzen 1, 2, 4 und 5 ermittelten Honorare mindern sich bei
– überschlägigen Wertermittlungen nach Vorlagen von Banken und Versicherungen um   30 v. H.,
– Verkehrswertermittlungen nur unter Heranziehung des Sachwerts oder Ertragswerts um   20 v. H.,
– Umrechnungen von bereits festgestellten Wertermittlungen auf einen anderen Zeitpunkt um 20 v. H.

(7) Wird eine Wertermittlung um Feststellungen ergänzt und sind dabei lediglich Zugänge oder Abgänge beziehungsweise Zuschläge oder Abschläge zu berücsichtigen, so mindern sich die nach den vorstehenden Vorschriften
ermittelten Honorare um 20 vom Hundert. Dasselbe gilt für andere Ergänzungen, deren Leistungsumfang nicht oder
nur unwesentlich über den einer Wertermittlung nach Satz 1 hinausgeht.

Honorartafel zu § 34 Abs. 1 HOAI

Wert €	Normalstufe		Schwierigkeitsstufe	
	von €	bis	von €	bis
25 565	225	291	281	435
50 000	323	394	384	537
75 000	437	537	517	733
100 000	543	664	643	910
125 000	639	780	755	1 062
150 000	725	881	856	1 203
175 000	767	938	912	1 278
200 000	860	1 051	1 017	1 432
225 000	929	1 131	1 095	1 544
250 000	977	1 193	1 157	1 628
300 000	1 071	1 304	1 264	1 779
350 000	1 149	1 397	1 356	1 908
400 000	1 207	1 479	1 425	2 012
450 000	1 266	1 546	1 490	2 104
500 000	1 318	1 611	1 559	2 198
750 000	1 563	1 912	1 847	2 610
1 000 000	1 776	2 180	2 104	2 965
1 250 000	1 981	2 417	2 336	3 292
1 500 000	2 164	2 644	2 548	3 599
1 750 000	2 357	2 877	2 780	3 917
2 000 000	2 510	3 062	2 956	4 165
2 250 000	2 671	3 249	3 150	4 437
2 500 000	2 856	3 487	3 382	4 757
3 000 000	3 152	3 849	3 724	5 253
3 500 000	3 450	4 194	4 079	5 771
4 000 000	3 729	4 569	4 410	6 250
4 500 000	4 082	5 027	4 837	6 851
5 000 000	4 348	5 314	5 148	7 274
7 500 000	5 706	6 973	6 762	9 511
10 000 000	7 071	8 555	8 242	11 719
12 500 000	8 340	10 180	9 903	13 974
15 000 000	9 369	11 433	10 980	15 440
17 500 000	10 547	12 776	12 386	17 350
20 000 000	11 268	13 788	13 368	18 856
22 500 000	12 328	15 163	14 692	20 661
25 000 000	13 443	16 593	16 068	22 634
25 564 594	13 692	16 914	16 377	23 085

Anhang 1.4

Honorar für Mietwertgutachten

Vorbemerkungen: Die HOAI ist für die Honorierung von Mietwertgutachten nicht einschlägig. Nachstehend werden die Honorartabellen von *Dröge/Zehnter* für Mietwertgutachten abgedruckt.[5]

1. Honorartabelle: Gutachten über Wohnraummieten

1.1 Einzelgutachten

Bruttokaltmiete im Monat	Honorar ohne MwSt.
bis 2 000 DM	1 329 €
bis 2 500 DM	1 534 €
bis 3 000 DM	1 636 €
bis 5 000 DM	1 790 €
ab 5 000 DM	nach Vereinbarung

Quelle: Dröge, F., a. a. O., S. 252

3.2   Sammelgutachten

Zahl der Wohneinheiten	Honorar ohne MwSt.
2 Wohnungen zu 1 600 DM	1 636 €
3 Wohnungen zu 1 300 DM	1 994 €
4 Wohnungen zu 1 100 DM	2 250 €
5 Wohnungen zu 1 000 DM	2 556 €
ab 10 Wohnungen zu 700 DM	3 579 €
ab 15 Wohnungen zu 600 DM	4 602 €
ab 20 Wohnungen zu 500 DM	5 113 €
ab 25 Wohnungen zu 450 DM	5 725 €
ab 30 Wohnungen zu 400 DM	6 135 €
ab 50 Wohnungen zu 350 DM	8 948 €
ab 60 Wohnungen	nach Vereinbarung

Quelle: Dröge,F., Handbuch der Mietpreisbewertung für Wohn- und Gewerberaum, 2. Aufl., S. 252

Das obige Honorar beinhaltet:
Schreibgebühr ohne Flächenberechnungen, Telefon, Porto, Büromaterial, Fahrtspesen bis insgesamt 50 km.

Nicht enthalten sind:
eventuell erforderliche Flächenberechnungen, mehrmalige Ortsbesichtigungen, welche nicht durch den Sachverständigen verursacht sind (z. B. Unzugänglichkeit der Mieträume zum vorgesehenen Termin, Terminverschiebungen auf Wunsch einzelner Mieter), örtliches Aufmaß, Beschaffung erforderlicher Unterlagen. Für diese Tätigkeit wird nach Zeitaufwand abgerechnet, wobei ein Stundenhonorar von 127,82 €/Std. zuzüglich MwSt. in Rechnung gestellt wird.

Die Schreibgebühr für Flächenberechnungen wird mit 40,90 €/Std., die Fahrtspesen über 50 km mit 0,51 €/km berechnet.

---

4   § 16 Abs. 2 und 3 HOAI: (2) Das Honorar für Grundleistungen bei Gebäuden und raumbildenden Ausbauten, deren anrechenbare Kosten unter 25 565 € liegen, kann als Pauschalhonorar oder als Zeithonorar nach § 6 berechnet werden, höchstens jedoch bis zu den in der Honorartafel nach Absatz 1 für anrechenbare Kosten von 25 565 € festgesetzten Höchstsätzen. Als Mindestsätze gelten die Stundensätze nach § 6 Abs. 2, höchstens jedoch die in der Honorartafel nach Absatz 1 für anrechenbare Kosten von 25 565 € festgesetzten Mindestsätze.
(3) Das Honorar für Gebäude und raumbildende Ausbauten, deren anrechenbare Kosten über 25 564 594 € liegen, kann frei vereinbart werden.

5   Dröge,F., Handbuch der Mietpreisbewertung für Wohn- und Gewerberaum, 2. Aufl., S. 252

2. Honorartabelle: Gutachten über Gewerberaummieten

Bruttokaltmiete pro Jahr	Honorar ohne MwSt.
bis 15 000 DM	1 534 €
bis 20 000 DM	1 790 €
bis 30 000 DM	2 045 €
bis 40 000 DM	2 300 €
bis 50 000 DM	2 556 €
bis 60 000 DM	2 812 €
bis 100 000 DM	3 579 €
bis 200 000 DM	4 346 €
bis 350 000 DM	5 113 €
bis 500 000 DM	6 135 €
bis 1 000 000 DM	7 670 €
bis 2 000 000 DM	10 225 €
bis 5 000 000 DM	15 339 €
bis 10 000 000 DM	19 429 €

Quelle: Dröge,F., Handbuch der Mietpreisbewertung für Wohn- und Gewerberaum, 2. Aufl., a. a. O., S. 53. Zwischenwerte werden durch Interpolation ermittelt

Das obige Honorar beinhaltet:
Schreibgebühr ohne Flächenberechnungen, Telefon, Porto, Büromaterial, Fahrtspesen bis insgesamt 50 km.

Nicht enthalten sind:
eventuell erforderliche Flächenberechnungen, mehrmalige Ortsbesichtigungen, welche nicht durch den Sachverständigen verursacht sind (z. B. Unzugänglichkeit der Mieträume zum vorgesehenen Termin, Terminverschiebungen auf Wunsch einzelner Mieter), örtliches Aufmaß, Beschaffung erforderlicher Unterlagen. Für diese Tätigkeit wird nach Zeitaufwand abgerechnet, wobei ein Stundenhonorar von 127,82 €/Std. zuzüglich MwSt. in Rechnung gestellt wird.
Die Schreibgebühr für Flächenberechnungen wird mit 40,90 €/Std., die Fahrtspesen über 50 km mit 0,51 €/km berechnet.

Anhang 1.5

Auszug aus dem Gesetz über die Entschädigung von Zeugen und Sachverständigen (ZSEG)

§ 1
Geltungsbereich

(1) Nach diesem Gesetz werden Zeugen und Sachverständige entschädigt, die von dem Gericht oder dem Staatsanwalt zu Beweiszwecken herangezogen werden.

(2) Dieses Gesetz gilt auch, wenn Behörden oder sonstige öffentliche Stellen von dem Gericht oder dem Staatsanwalt zu Sachverständigenleistungen herangezogen werden.

(3) Für Angehörige einer Behörde oder sonstiger öffentlicher Stellen, die nicht Ehrenbeamte oder ehrenamtlich tätig sind, gilt dieses Gesetz nicht, wenn sie ein Gutachten in Erfüllung ihrer Dienstaufgaben erstatten, vertreten oder erläutern.

§ 2
Entschädigung von Zeugen

(1) Zeugen werden für ihren Verdienstausfall entschädigt. Dies gilt auch bei schriftlicher Beantwortung einer Beweisfrage (§ 377 Abs. 3 der Zivilprozessordnung)[6].

(2) Die Entschädigung beträgt für jede Stunde der versäumten Arbeitszeit 2 bis 13 €. Die letzte, bereits begonnene Stunde wird voll gerechnet. Die Entschädigung richtet sich nach dem regelmäßigen Bruttoverdienst.

(3) Ist ein Verdienstausfall nicht eingetreten, erhält der Zeuge die nach dem geringsten Satz bemessene Entschädigung. Wer nicht erwerbstätig ist und einen eigenen Haushalt für mehrere Personen führt, erhält eine Entschädigung von 10 € je Stunde. Satz 2 gilt entsprechend für Teilzeitbeschäftigte, die außerhalb ihrer vereinbarten regelmäßigen Arbeitszeit herangezogen werden. Die Entschädigung nach Satz 2 und 3 wird nicht gewährt, soweit dem Zeugen Kosten einer notwendigen Vertretung erstattet werden. Der Zeuge erhält keine Entschädigung, wenn er durch die Heranziehung ersichtlich keinen Nachteil erlitten hat.

(4) Gefangene, die keinen Verdienstausfall aus einem privatrechtlichen Arbeitsverhältnis haben, erhalten Ersatz einer entgangenen Zuwendung der Vollzugsbehörde.

(5) Die Entschädigung wird für höchstens zehn Stunden je Tag gewährt, die Entschädigung nach Absatz 3 Satz 2 jedoch für höchstens acht Stunden je Tag; Teilzeitbeschäftigten wird die Entschädigung nach Absatz 3 Satz 2 höchstens für die Zeitdauer gewährt, die zusammen mit der vereinbarten regelmäßigen Arbeitszeit acht Stunden je Tag nicht überschreitet.

§ 3
Entschädigung von Sachverständigen

(1) Sachverständige werden für ihre Leistungen entschädigt.

(2) Die Entschädigung beträgt für jede Stunde der erforderlichen Zeit 25 bis 52 €. Für die Bemessung des Stundensatzes sind der Grad der erforderlichen Fachkenntnisse, die Schwierigkeit der Leistung, ein nicht anderweitig abzugeltender Aufwand für die notwendige Benutzung technischer Vorrichtungen und besondere Umstände maßgebend, unter denen das Gutachten zu erarbeiten war; der Stundensatz ist einheitlich für die gesamte erforderliche Zeit zu bemessen. Die letzte, bereits begonnene Stunde wird voll gerechnet; dies gilt jedoch nicht, soweit der Sachverständige für dieselbe Zeit in einer weiteren Sache zu entschädigen ist.

(3) Die nach Absatz 2 zu gewährende Entschädigung kann bis zu 50 von Hundert überschritten werden.

a) für ein Gutachten, in dem der Sachverständige sich für den Einzelfall eingehend mit der wissenschaftlichen Lehre auseinander zu setzen hat, oder

b) nach billigem Ermessen, wenn der Sachverständige durch die Dauer oder die Häufigkeit seiner Heranziehung einen nicht zumutbaren Erwerbsverlust erleiden würde oder wenn er seine Berufseinkünfte zu mindestens 70 von Hundert als gerichtlicher oder außergerichtlicher Sachverständiger erzielt.

Die Erhöhungen nach den Buchstaben a und b können nicht nebeneinander gewährt werden.

§ 4
Zu berücksichtigende Zeit

Bei Zeugen gilt als versäumt und bei Sachverständigen gilt als erforderlich auch die Zeit, während der sie ihrer gewöhnlichen Beschäftigung infolge ihrer Heranziehung nicht nachgehen können.

§ 5
Besondere Leistungen

(1) Soweit ein Sachverständiger oder ein sachverständiger Zeuge Leistungen erbringt, die in der Anlage bezeichnet sind, bemisst sich die Entschädigung nach der Anlage.

(2) Für Leistungen der in Abschnitt 0 des Gebührenverzeichnisses für ärztliche Leistungen (Anlage zur Gebührenordnung für Ärzte) bezeichneten Art erhält der Sachverständige in entsprechender Anwendung dieses Gebührenverzeichnisses eine Entschädigung nach dem 1,1-fachen Gebührensatzes; § 4 Abs. 2, 3 und 4 Satz 1. § 10 der Gebührenordnung für Ärzte gelten entsprechend; im Übrigen bleiben die §§ 8 und 11 unberührt.

(3) Für die zusätzlich erforderliche Zeit wird eine Entschädigung in Höhe der Mindestentschädigung nach § 3 Abs. 2 für jede Stunde gewährt. Wird eine Tätigkeit zu außergewöhnlicher Zeit oder unter außergewöhnlichen Umständen notwendig, kann die Gesamtentschädigung nach Absatz 1 oder 2 um bis zu 35 € erhöht werden.

§ 6
Zeugen und Sachverständige aus dem Ausland

Zeugen und Sachverständigen, die ihren gewöhnlichen Aufenthalt im Ausland haben, können unter Berücksichtigung ihrer persönlichen Verhältnisse, insbesondere ihrer regelmäßigen Erwerbstätigkeit, nach billigem Ermessen höhere als die in den §§ 2 bis 5 bestimmten Entschädigungen gewährt werden.

§ 7
Besondere Entschädigung

(1) Haben sich die Parteien dem Gericht gegenüber mit einer bestimmten Entschädigung für die Leistung des Sachverständigen oder mit einem bestimmten Stundensatz einverstanden erklärt, so ist die bestimmte oder die nach dem bestimmten Stundensatz berechnete Entschädigung zu gewähren, wenn ein ausreichender Betrag an die Staatskasse gezahlt ist.

---

6   § 377 Abs. 3 ZPO: „(3) Das Gericht kann eine schriftliche Beantwortung der Beweisfrage anordnen, wenn es dies im Hinblick auf den Inhalt der Beweisfrage und die Person des Zeugen für ausreichend erachtet. Der Zeuge ist darauf hinzuweisen, dass er zur Vernehmung geladen werden kann. Das Gericht ordnet die Ladung des Zeugen an, wenn es dies zur weiteren Klärung der Beweisfrage für notwendig erachtet."

(2) Die Erklärung nur einer Partei genügt, wenn das Gericht zustimmt. Bei der Festlegung eines bestimmten Stundensatzes soll die Zustimmung nur erteilt werden, wenn die nach § 3 zulässige Entschädigung nicht überschritten wird. Vor der Zustimmung hat das Gericht die andere Partei zu hören. Die Zustimmung und die Ablehnung der Zustimmung sind unanfechtbar.

§ 8
Ersatz von Aufwendungen

(1) Dem Sachverständigen werden ersetzt

1. die für die Vorbereitung und Erstattung des Gutachtens aufgewendeten Kosten, einschließlich der notwendigen Aufwendungen für Hilfskräfte, sowie die für eine Untersuchung verbrauchten Stoffe und Werkzeuge;

2. für die Anfertigung von im Gutachten verwendeten Lichtbildern je ersten Abzug 2 € und je weiteren Abzug 0,50 €;

3. für die Erstellung des schriftlichen Gutachtens einschließlich der notwendigen Aufwendungen für Hilfskräfte je angefangene Seite 2 €;

4. die auf seine Entschädigung entfallene Umsatzsteuer, sofern diese nicht nach § 19 Abs. 1 des Umsatzsteuergesetzes unerhoben bleibt.

(2) Ein auf die Hilfskräfte (Absatz 1 Nr. 1) entfallender Teil der Gemeinkosten des Sachverständigen kann durch einen Zuschlag bis zu 15 von Hundert auf den Betrag abgegolten werden, der als notwendige Aufwendung für die Hilfskräfte zu ersetzen ist.

§ 9
Fahrtkosten

(1) Zeugen und Sachverständigen werden die Fahrtkosten bis zur Höhe der Kosten für die Benutzung des preisgünstigsten öffentlichen Beförderungsmittels oder bei einer Gesamtstrecke bis zu 200 Kilometern bis zur Höhe der Kosten für die Benutzung eines eigenen oder unentgeltlich von einem Dritten zur Verfügung gestellten Kraftfahrzeuges ersetzt. Höhere Fahrtkosten werden ersetzt, soweit durch die Benutzung eines anderen als durch die Benutzung des preisgünstigsten öffentlichen Beförderungsmittels die Entschädigung insgesamt nicht höher wird oder höhere Fahrtkosten wegen besonderer Umstände notwendig sind.

(2) Bei Benutzung von öffentlichen, regelmäßig verkehrenden Beförderungsmitteln werden die wirklichen Auslagen einschließlich der Kosten für die Beförderung des notwendigen Gepäcks bis zur Höhe der Tarife, bei Benutzung der Eisenbahn oder von Schiffen bis zum Fahrpreis der ersten Wagen- oder Schiffsklasse, ersetzt. Der Ersatz der Beförderungsauslagen ist nach den persönlichen Verhältnissen des Zeugen oder Sachverständigen zu bemessen. Die Mehrkosten für zuschlagpflichtige Züge werden erstattet.

(3) Bei Benutzung eines eigenen oder unentgeltlich von einem Dritten zur Verfügung gestellten Kraftfahrzeugs sind zu erstatten

1. dem Sachverständigen zur Abgeltung der Anschaffungs-, Unterhaltungs- und Betriebskosten sowie der Abnutzung des Kraftfahrzeugs 0,27 € und

2. dem Zeugen zur Abgeltung der Betriebskosten sowie der Abnutzung des Kraftfahrzeugs 0,21 €

für jeden gefahrenen Kilometer zuzüglich der durch die Benutzung des Kraftfahrzeugs aus Anlass der Reise regelmäßig anfallenden baren Auslagen, insbesondere der Parkgebühren.

(4) Für Reisen während der Termindauer werden die Fahrtkosten nur insoweit ersetzt, als dadurch Mehrbeträge an Entschädigung erspart werden, die beim Verbleiben an der Terminstelle gewährt werden müssten.

§ 10
Entschädigung für Aufwand

(1) Zeugen und Sachverständige erhalten für den durch Abwesenheit vom Aufenthaltsort oder durch die Wahrnehmung eines Termins am Aufenthaltsort verursachten Aufwand eine Entschädigung. Die Entschädigung ist nach den persönlichen Verhältnissen des Zeugen oder Sachverständigen zu bemessen.

(2) Die Entschädigung für den durch Abwesenheit vom Aufenthaltsort verursachten Aufwand soll nicht den Satz überschreiten, der sich aus § 4 Abs. 5 Satz 1 Nr. 5 Satz 2 des Einkommensteuergesetzes ergibt. Bei Abwesenheit bis zu acht Stunden werden die notwendigen Auslagen bis zu 3 € erstattet. Musste der Zeuge oder Sachverständige außerhalb seines Aufenthaltsortes übernachten, so erhält er hierfür Ersatz seiner Aufwendungen, soweit sie angemessen sind.

(3) Bei Terminen am Aufenthaltsort des Zeugen oder Sachverständigen sind Zehrkosten bis zu 3 € für jeden Tag, an dem der Zeuge oder Sachverständige länger als vier Stunden von seiner Wohnung abwesend sein musste, zu ersetzen.

§ 11
Ersatz sonstiger Aufwendungen

(1) Auch die in den §§ 8 bis 10 nicht besonders genannten baren Auslagen werden, soweit sie notwendig sind, dem Zeugen oder Sachverständigen ersetzt. Dies gilt besonders für die Kosten einer notwendigen Vertretung und für die Kosten notwendiger Begleitpersonen.

(2) Für Abschriften und Ablichtungen, die auf Erfordern, notwendigerweise oder für die Handakten des Sachverständigen gefertigt worden sind, bemisst sich die Höhe der Schreibauslagen bei der Erledigung desselben Auftrags nach den für die gerichtlichen Schreibauslagen im Gerichtskostengesetz bestimmten Beträgen.

§ 12
(aufgehoben)

§ 13
Vereinbarung einer Entschädigung

Mit Sachverständigen, die häufiger herangezogen werden, kann die oberste Landesbehörde oder die von ihr bestimmte Stelle eine Entschädigung im Rahmen der nach diesem Gesetz zulässigen Entschädigung vereinbaren.

§ 14
Vorschuss

(1) Geladenen Zeugen und Sachverständigen ist auf Antrag ein Vorschuss zu bewilligen, wenn sie nicht über die Mittel für die Reise verfügen oder wenn ihnen, insbesondere wegen der Höhe der entstehenden Reisekosten, nicht zugemutet werden kann, diese aus eigenen Mitteln vorzuschießen.

(2) Dem Sachverständigen ist ferner auf Antrag ein Vorschuss zu bewilligen, wenn er durch eine geforderte Leistung für eine zusammenhängende Zeit von wenigstens dreißig Tagen seiner regelmäßigen Erwerbstätigkeit ganz oder überwiegend entzogen wird oder wenn die Erstattung des Gutachtens bare Aufwendungen erfordert und dem Sachverständigen, insbesondere wegen der Höhe der Aufwendungen, nicht zugemutet werden kann, eigene Mittel vorzuschießen.

(3) § 16 gilt sinngemäß.

§ 15
Erlöschen des Anspruchs, Verjährung

(1) Zeugen und Sachverständige werden nur auf Verlangen entschädigt.

(2) Verlangt der Zeuge nicht binnen drei Monaten nach Beendigung der Zuziehung Entschädigung bei dem ordentlichen Gericht oder bei der zuständigen Staatsanwaltschaft, so erlischt der Anspruch.

(3) Das Gericht (§16 Abs. 1) kann den Sachverständigen auffordern, seinen Anspruch innerhalb einer bestimmten Frist zu beziffern. Die Frist muss mindestens zwei Monate betragen. In der Aufforderung ist der Sachverständige über die Folgen einer Versäumung der Frist zu belehren. Die Frist kann auf Antrag vom Gericht verlängert werden. Der Anspruch erlischt, soweit ihn der Sachverständige nicht innerhalb der Frist beziffert. War der Sachverständige ohne sein Verhalten verhindert, die Frist einzuhalten, so ist ihm auf Antrag Wiedereinsetzung in den vorigen Stand zu erteilen, wenn er innerhalb von zwei Wochen nach Beseitigung des Hindernisses den Anspruch beziffert und die Tatsachen, die die Wiedereinsetzung begründen, glaubhaft macht.

(4) § 196 Abs. 1 Nr. 17 des Bürgerlichen Gesetzbuchs[7] bleibt unberührt.

(5) Ansprüche auf Erstattung zuviel gezahlter Entschädigungen verjähren in zwei Jahren; § 10 Abs. 3 des Gerichtskostengesetzes[8] gilt entsprechend.

§ 16
Gerichtliche Festsetzung

(1) Die einem Zeugen oder Sachverständigen zu gewährende Entschädigung wird durch gerichtlichen Beschluss festgesetzt, wenn der Zeuge oder Sachverständige oder die Staatskasse die richterliche Festsetzung beantragt oder das Gericht sie für angemessen hält. Zuständig ist das Gericht oder der Richter, von dem der Zeuge oder Sachverständige herangezogen worden ist. Ist der Zeuge oder Sachverständige von dem Staatsanwalt herangezogen worden, so ist das Gericht zuständig, bei dem die Staatsanwaltschaft errichtet ist.

(2) Gegen die richterliche Festsetzung ist die Beschwerde zulässig, wenn der Wert des Beschwerdegegenstands 50 € übersteigt. Beschwerdeberechtigt sind nur der Zeuge oder Sachverständige und die Staatskasse. Die Beschwerde ist nicht an eine Frist gebunden. Eine Beschwerde an einem obersten Gerichtshof des Bundes ist nicht zulässig. Die Beschwerde wird bei dem Gericht eingelegt, das die angefochtene Entscheidung erlassen hat. Das Gericht kann der Beschwerde abhelfen.

(3) Anträge, Erklärungen und Beschwerden können zu Protokoll der Geschäftsstelle gegeben oder schriftlich ohne Mitwirkung eines Rechtsanwalts eingereicht werden; § 130 a der Zivilprozessordnung[9] gilt entsprechend.

(4) Entscheidungen nach Absatz 1, 2 wirken nicht zu Lasten des Kostenschuldners.

(5) Das Verfahren über die Beschwerde ist gebührenfrei, Kosten werden nicht erstattet.

---

7 **§ 196 Abs. 1 BGB** (Zweijährige Verjährungsfrist): (1) In zwei Jahren verjähren die Ansprüche:
  1. ...
  17. der Zeugen und Sachverständigen wegen ihrer Gebühren und Auslagen.

8 **§ 10 Abs. 3 GKG:** (3) Auf die Verjährung sind die Vorschriften des Bürgerlichen Gesetzbuchs anzuwenden; die Verjährung wird nicht von Amts wegen berücksichtigt. Die Verjährung der Ansprüche auf Zahlung von Kosten wird auch durch die Aufforderung zur Zahlung oder durch eine dem Schuldner mitgeteilte Stundung unterbrochen. Ist der Aufenthalt des Kostenschuldners unbekannt, so genügt die Zustellung durch Aufgabe zur Post unter seiner letzten bekannten Anschrift. Bei Kostenbeträgen unter fünfundzwanzig Euro wird die Verjährung nicht unterbrochen.

9 **§ 130 a Abs. 1 ZPO:** (1) Soweit für vorbereitende Schriftsätze und deren Anlagen, für Anträge und Erklärungen der Parteien sowie für Auskünfte, Aussagen, Gutachten und Erklärungen Dritter die Schriftform vorgesehen ist, genügt dieser Form die Aufzeichnung als elektronisches Dokument, wenn dieses für die Bearbeitung durch das Gericht geeignet ist. Die verantwortende Person soll das Dokument mit einer qualifizierten elektronischen Signatur nach dem Signaturgesetz versehen.

§ 17
Dolmetscher und Übersetzer

(1) Für Dolmetscher und Übersetzer gelten die Vorschriften dieses Gesetzes sinngemäß.

(2) Für ihre Leistungen werden Dolmetscher wie Sachverständige, Übersetzer ausschließlich nach den folgenden Vorschriften entschädigt.

(3) Die Entschädigung für die Übersetzung eines Textes aus einer Sprache in eine andere Sprache beträgt 1 € je Zeile. Ist die Übersetzung erschwert, insbesondere wegen der Verwendung von Fachausdrücken oder wegen schwerer Lesbarkeit des Textes, so kann die Entschädigung bis auf 3 €, bei außergewöhnlich schwierigen Texten bis auf 4,30 € je Zeile erhöht werden. Für eine oder für mehrere Übersetzungen auf Grund desselben Auftrags beträgt die Entschädigung mindestens 13 €.

(4) Als Zeile gilt die Zeile der angefertigten schriftlichen Übersetzung, die durchschnittlich 50 Schriftzeichen enthält. Werden in der angefertigten Übersetzung keine lateinischen Schriftzeichen verwendet, war aber ein Text mit lateinischen Schriftzeichen zu übersetzen, so sind die Zeichen dieses Textes maßgebend. Angefangene Zeilen von mehr als 30 Schriftzeichen gelten als volle Zeilen, angefangene Zeilen von 30 oder weniger Schriftzeichen werden zu vollen Zeilen zusammengezogen.

§ 17a
Entschädigung Dritter

(1) Für Dritte, die auf Grund eines Beweiszwecks dienenden Ersuchens der Strafverfolgungsbehörde

1. Gegenstände herausgeben (§ 95 Abs. 1, § 98a der Strafprozessordnung[10]) oder die Pflicht zur Herausgabe entsprechend einer Anheimgabe der Strafverfolgungsbehörde abwenden,

2. Auskunft erteilen,

3. die Überwachung und Aufzeichnung des Fernmeldeverkehrs ermöglichen (§ 100 b Abs. 3 der Strafprozessordnung[11]) oder

4. durch fernmeldetechnische Maßnahmen die Ermittlung

   a) von solchen Telefonanschlüssen ermöglichen, von denen ein bestimmter Telefonanschluss angewählt wurde (Fangeinrichtung),

   b) der von einem Telefonanschluss hergestellten Verbindung ermöglichen (Zählvergleichseinrichtung),

gelten die Vorschriften dieses Gesetzes sinngemäß; sie gelten nicht für die Zuführung der telefonischen Zeitansage, die betriebsfähige Bereitstellung und die Überlassung von Wählanschlüssen; sie gelten nicht für die betriebsfähige Bereitstellung von Festverbindungen, die nicht für bestimmte Überwachungsmaßnahmen eingerichtet werden.

(2) Die Dritten werden wie Zeugen entschädigt.

(3) Bedient sich der Dritte eines Arbeitnehmers oder einer anderen Person, so werden ihm die Aufwendungen dafür (§ 11) im Rahmen des § 2 Abs. 2 und 5 ersetzt.

(4) Die notwendige Benutzung einer eigenen Datenverarbeitungsanlage für Zwecke der Rasterfahndung wird entschädigt, wenn die Investitionssumme für die im Einzelfall benutzte Hardware und Software zusammen mehr als 10 000 € beträgt. Die Entschädigung beträgt bei einer Datenverarbeitungsanlage mit einer Investitionssumme bis zu 25 000 € für jede Stunde der Benutzung 5 €; die gesamte Benutzungsdauer ist auf volle Stunden aufzurunden. Bei sonstigen Datenverarbeitungsanlagen wird

1. die Benutzung der Anlage bei der Entwicklung eines für den Einzelfall erforderlichen Anwendungsprogramms durch einen Zuschlag von 10 € für jede Stunde, für die insoweit nach Absatz 2 oder 3 eine Entschädigung zu zahlen ist, abgegolten;

2. für die übrige Dauer der Benutzung einschließlich des hierbei erforderlichen Personalaufwands eine Rechenpauschale in Höhe von einem Zehnmillionstel der Investitionssumme je Sekunde für die Zeit erstattet, in der die Zentraleinheit belegt ist (CPU-Sekunde); der Betrag je CPU-Sekunde ist auf volle 0,05 Cent aufzurunden und beträgt höchstens 1,50 €.

Die Höhe der Investitionssumme und die verbrauchte CPU-Zeit sind glaubhaft zu machen.

(5) Der eigenen elektronischen Datenverarbeitungsanlage steht eine fremde gleich, wenn die durch die Auskunftserteilung entstandenen direkt zurechenbaren Kosten (§ 11) nicht sicher feststellbar sind.

(6) Abweichend von den Absätzen 2 und 3 ist in den Fällen des Absatzes 1 Nr. 3 für die betriebsfähige Bereitstellung einer Festverbindung je Ende, das nicht in Einrichtungen des Betreibers der Festverbindung liegt, ein Betrag von 153 € für eine zweiadrige und ein Betrag von 306 € für eine vier- oder mehradrige Festverbindung zu ersetzen; für die Benutzung von Festverbindungen und die Nutzung von Wählverbindungen sind die in den allgemeinen Tarifen dafür vorgesehenen Entgelte zu ersetzen.

§ 18
Übergangsvorschrift

Bei einer Änderung dieses Gesetzes richtet sich die Entschädigung für Sachverständige und Übersetzer für die gesamte Zeit nach bisherigem Recht, wenn der Auftrag vor dem In-Kraft-Treten einer Gesetzesänderung erteilt wurde. Dies gilt auch, wenn Vorschriften geändert werden, auf die dieses Gesetz verweist.

Anhang 1.6

Hinweise des Instituts für Sachverständigenwesen (IfS)
zu Einzelfragen aus dem ZSEG

Nachstehend werden Einzelfragen aus dem ZSEG, die immer wieder Gegenstand von Auslegungsstreitigkeiten bilden und die insbesondere für den nicht juristisch vorgebildeten Sachverständigen Verständnisschwierigkeiten bieten, in kurz gefassten und leicht verständlichen Leitsätzen dargestellt.

I.   Zu berücksichtigender Zeitaufwand (§ 3 Abs. 2 und § 4)

Für die Berechnung der Zeitentschädigung nach § 3 ZSEG ist neben der Höhe des Stundensatzes die Anzahl der Stunden maßgebender Multiplikator. Sie richtet sich nach der insgesamt „erforderlichen Zeit". Dabei wird der Sachverständige nicht auf die Stunden beschränkt. die er für die unmittelbare Abfassung des Gutachtens benötigt; zu berücksichtigen ist vielmehr gem. § 4 ZSEG die gesamte Zeit, während der Sachverständige seiner gewöhnlichen Beschäftigung wegen des konkreten Gutachtenauftrags nicht nachgehen konnte. Mithin müssen für eine konkrete Abrechnung sämtliche Arbeitsabschnitte zusammengerechnet werden, die mit der Vorbereitung und Erledigung des Gutachtenauftrags in Zusammenhang stehen.

1.   Berechnungsfähige Arbeitszeiten

Im Einzelnen können folgende Arbeitsabschnitte in Betracht kommen:

– Studium der Gerichtsakten einschließlich der Beiakten.
– Prüfung, ob der Gutachtenauftrag im Rahmen des Sachgebiets liegt, für das der Sachverständige öffentlich bestellt ist (Zuständigkeitsprüfung).
– Prüfung, ob der eingezahlte Kostenvorschuss zur Deckung der Gesamtkosten des Gutachtens ausreicht.
– Einsicht in Geschäftsbücher, Pläne, Karten und andere Unterlagen.
– Durchführung der Orts- oder Objektbesichtigung einschließlich der Zeit zur Abfassung der Ladungsschreiben und des Ortsbesichtigungsprotokolls.
– Untersuchungen, Vermessungen, Laborversuche.
– Reisezeiten zur Orts- oder Objektbesichtigung sowie zur Wahrnehmung des Gerichtstermins einschließlich der damit verbundenen Wartezeiten.
– Zeitaufwand für das Studium der einschlägigen Fachliteratur (nur in Ausnahmefällen).
– Zeitaufwand für die Ausarbeitung, das Diktat und die Durchsicht des Gutachtens.
– Zeitaufwand für die Vorbereitung des Gerichtstermins zur mündlichen Erläuterung des Gutachtens und Wahrnehmung des Gerichtstermins.

---

10   **§ 95 Abs. 1 StPO:** (1) Wer einen Gegenstand der vorbezeichneten Art in seinem Gewahrsam hat, ist verpflichtet, ihn auf Erfordern vorzulegen und auszuliefern.
     § 98 a StPO: (1) Liegen zureichende tatsächliche Anhaltspunkte dafür vor, dass eine Straftat von erheblicher Bedeutung
1. auf dem Gebiet des unerlaubten Betäubungsmittel- oder Waffenverkehrs, der Geld- oder Wertzeichenfälschung,
2. auf dem Gebiet des Staatsschutzes (§§ 74 a, 120 des Gerichtsverfassungsgesetzes),
3. auf dem Gebiet der gemeingefährlichen Straftaten,
4. gegen Leib oder Leben, die sexuelle Selbstbestimmung oder die persönliche Freiheit,
5. gewerbs- oder gewohnheitsmäßig oder
6. von einem Bandenmitglied oder in anderer Weise organisiert
     begangen worden ist, so dürfen unbeschadet §§ 94, 110, 161, personenbezogene Daten von Personen, die bestimmte, auf den Täter vermutlich zutreffende Prüfungsmerkmale erfüllen, mit anderen Daten maschinell abgeglichen werden, um Nichtverdächtige auszuschließen oder Personen festzustellen, die weitere für die Ermittlung bedeutsame Prüfungsmerkmale erfüllen. Die Maßnahme darf nur angeordnet werden, wenn die Erforschung des Sachverhalts oder die Ermittlung des Aufenthaltsorts des Täters auf andere Weise erheblich weniger erfolgversprechend oder wesentlich erschwert wäre.
     (2) Zu dem in Absatz 1 bezeichneten Zweck hat die speichernde Stelle die für den Abgleich erforderlichen Daten aus den Datenbeständen auszusondern und den Strafverfolgungsbehörden zu übermiteln.
     (3) Soweit die zu übermittelnden Daten von anderen Daten nur mit unverhältnismäßigem Aufwand getrennt werden können, sind auf Anordnung auch die anderen Daten zu übermitteln. Ihre Nutzung ist nicht zulässig.
     (4) Auf Anforderung der Staatsanwaltschaft hat die speichernde Stelle die Stelle, die den Abgleich durchführt, zu unterstützen.
     (5) § 95 Abs. 2 gilt entsprechend.
11   **§ 100 b Abs. 3 StPO:** (3) Auf Grund der Anordnung hat jeder, der geschäftsmäßig Telekommunikationsdienste erbringt oder daran mitwirkt, dem Richter, der Staatsanwaltschaft und ihren im Polizeidienst tätigen Hilfsbeamten (§ 152 des Gerichtsverfassungsgesetzes) die Überwachung und Aufzeichnung der Telekommunikation zu ermöglichen. Ob und in welchem Umfang hierfür Vorkehrungen zu treffen sind, ergibt sich aus § 88 des Telekommunikationsgesetzes und der auf seiner Grundlage erlassenen Rechtsverordnung zur technischen und organisatorischen Umsetzung von Überwachungsmaßnahmen. § 95 Abs. 2 gilt entsprechend.

2. Nicht berechnungsfähige Arbeitszeiten

Folgende Tätigkeiten, die auch im Zusammenhang mit dem Gutachtenauftrag stehen, kommen jedoch **nicht als Berechnungsfaktor in Betracht:**

– Aufstellung der Kostenrechnung und Anfertigung des Übersendungsschreibens.

– Übernachtungszeit und Zeit der Mittagspause.

– Zeitversäumnis durch Autopanne.

– Stellungnahme zum Ablehnungsgesuch (umstritten).

– Überflüssige Vergleichsbemühungen.

– Herstellung eines überflüssigen Aktenauszugs.

– Antrag auf gerichtliche Festsetzung und Einlegung einer Beschwerde.

3. Besonderheiten

3.1 Jeder Zeitabschnitt wird mit demselben Stundensatz berechnet unabhängig davon, mit welcher Intensität der Sachverständige dabei an dem Gutachten gearbeitet hat.

3.2 Die Zeit für die einzelnen Arbeitsabschnitte darf nicht auf volle Stunden aufgerundet werden, sondern muss real in Stunden und Minuten angegeben werden. Nur die Endsumme aller zusammengerechneten Zeitabschnitte darf auf die volle Stunde aufgerundet werden.

3.3 Kann der Sachverständige den Gutachtenauftrag ohne eigenes Verschulden nicht zu Ende führen (beispielsweise wegen Abschluss eines Vergleichs), erhält er eine Entschädigung für die bis zum Abbruch entstandenen Auslagen und den bis dahin entstandenen Zeitaufwand.

3.4 Beruht der Abbruch des Gutachtenauftrags auf einer Ablehnung wegen Besorgnis der Befangenheit, erhält der Sachverständige die bis zum Abbruch entstandene Entschädigung nur dann, wenn er den Ablehnungsgrund nicht grob fahrlässig selbst verursacht hat.

II. Der sachverständige Zeuge (§ 2)

In zunehmenden Umfang werden Sachverständige, die im Vorfeld einer gerichtlichen Auseinandersetzung für eine Prozesspartei bereits gutachtlich tätig waren, als sachverständige Zeugen geladen und vernommen. In diesen Fällen haben sie lediglich einen Anspruch auf Entschädigung nach § 2 ZSEG, weil sie rechtlich als Zeugen eingestuft werden. Der Stundensatz für einen Zeugen beträgt 1,50 bis 20,00 € und richtet sich nach dem regelmäßigen Bruttoverdienst. Bei Zeugen, die nicht in einem Angestelltenverhältnis stehen, wie selbstständige Gewerbetreibende und Freiberufler, wird oft ein Verdienstausfall verneint, weil sie frei über ihre Arbeitszeit bestimmen können, also ausgefallene Tagesstunden abends nachholen können; sie erhalten dann nur einen Stundensatz von 1,50 €.

Der Sachverständige sollte wissen, dass es unter bestimmten Voraussetzungen die Möglichkeit gibt, auch dann als Sachverständiger nach § 3 ZSEG entschädigt zu werden, wenn er zunächst als sachverständiger Zeuge zum Termin geladen worden ist. Diese Voraussetzung lautet: Er muss bei seiner Vernehmung nicht nur Zeugenaussagen, sondern auch gutachterliche Ausführungen erbracht haben. Um zu wissen, ob im konkreten Einzelfall eine Zeugenaussage oder eine Sachverständigenleistung erbracht wurde, müssen die Unterschiede zwischen Zeugen, sachverständigen Zeugen und Sachverständigen gekannt werden.

Diese Unterschiede stellen sich wie folgt dar:

1. Der Zeuge

Der Zeuge ist eine natürliche Person, die Wahrnehmungen wiedergibt, die sie persönlich gemacht hat. Er bekundet, was er selbst in eigener Person gesehen, gehört, gerochen oder geschmeckt hat. Daher kann er insoweit nicht durch eine andere Person ersetzt werden.

2. Der sachverständige Zeuge

Der sachverständige Zeuge bekundet wie der Zeuge vergangene Tatsachen oder Zustände, die er persönlich wahrgenommen hat.

Der **Unterschied zum Zeugen** liegt lediglich darin, dass er ein Mehr an Wahrnehmungen nur aufgrund seiner speziellen Fachkenntnisse hat machen können. Rechtlich gilt er als Zeuge.

Der **Unterschied zum Sachverständigen** liegt darin, dass er die Wahrnehmungen ohne den Zusammenhang mit einem gerichtlichen Gutachterauftrag gemacht hat; er kann deshalb nicht durch einen anderen sachverständigen Zeugen ersetzt werden, weil nur er und kein anderer diese Wahrnehmungen gemacht hat.

3. Der Sachverständige

Der Sachverständige begutachtet als Gehilfe des Richters einen vom Gericht festzustellenden Sachverhalt aufgrund seiner besonderen Sachkunde auf einem bestimmten Sachgebiete. Aufgabe des Sachverständigen ist es, dem Gericht besondere Erfahrungssätze und Kenntnisse des jeweiligen Fachgebiets zu vermitteln, Tatsachen festzustellen, aus Tatsachen Schlüsse zu ziehen und Bewertungen vorzunehmen. Im Gegensatz zum Zeugen und sachverständigen Zeugen kann er jederzeit durch einen anderen Sachverständigen desselben Sachgebiets ersetzt werden und wegen Besorgnis der Befangenheit abgelehnt werden.

4. Abgrenzungsmerkmale

Aus den vorstehenden Definitionen lassen sich folgende Abgrenzungsmerkmale ableiten:

– Kennzeichnend für den Zeugen und sachverständigen Zeugen ist, dass er „unersetzbar" ist. Er bekundet ausschließlich von ihm selbst wahrgenommene Tatsachen, während ein Sachverständiger in aller Regel gegen einen anderen, gleichermaßen Fachkundigen ausgewechselt werden kann.

– Der Zeuge oder sachverständige Zeuge schildert auf Grund seiner Erinnerung frühere Wahrnehmungen und Tatsachen, während der Sachverständige aus feststehenden oder festgestellten Tatsachen auf Grund seiner Fachkenntnisse Schlüsse zieht oder Bewertungen vornimmt.

– Der Zeuge kann nicht wie der Sachverständige wegen Besorgnis der Befangenheit abgelehnt werden; er entfällt aber als Beweismittel, wenn Zweifel an seiner Glaubwürdigkeit offenbar werden, so dass seine Aussage dann nicht im Urteil verwertet wird.

5. Beispiele

– Der Arzt ist sachverständiger Zeuge, wenn er auf Grund seiner Sachkunde einen Krankheitszustand (Befund) feststellt. Er ist Sachverständiger, wenn er auf Grund seiner fachärztlichen Sachkunde die Auswirkungen der Krankheit für die Zukunft feststellt.

– Der Bau-Sachverständige, der auf Grund seiner Sachkunde festgestellte Mängel schildert, ist sachverständiger Zeuge. Wenn er Fragen beantwortet, die sich auf die Ursachen oder die Sanierung dieser festgestellten Mängel beziehen, ist er Sachverständiger.

– Der Sachverständige, der auf Grund seiner Sachkunde die von ihm festgestellte mangelnde Funktionstüchtigkeit einer Maschine schildert, ist sachverständiger Zeuge. Wenn er nach den Ursachen oder der Beseitigung der Mängel gefragt wird, ist er Sachverständiger.

6. Besonderheiten

6.1 Für eine abschließende Beurteilung, ob eine natürliche Person Zeuge, sachverständiger Zeuge oder Sachverständiger ist, kommt es nicht auf die Benennung im Beweisbeschluss oder in der Ladung an, sondern allein auf den sachlichen Gehalt der Bekundungen bei der Vernehmung in der mündlichen Verhandlung.

6.2 Ein sachverständiger Zeuge, der im Gerichtstermin teilweise als Zeuge persönliche Wahrnehmungen wiedergibt und teilweise als Sachverständiger aus diesen Wahrnehmungen Schlussfolgerungen zieht, der also in einer Doppelfunktion auftritt, weil nicht teils als Zeuge und teils als Sachverständiger bezahlt. Vielmehr wird er für die gesamte Zeit vom Beginn der Reise zum Termin über die Warte- und Vernehmungszeit bis zur Rückkehr nach Hause wie ein Sachverständiger nach §§ 3 und 8 bis 11 ZSEG bezahlt.

6.3 Um zu erreichen, dass der sachverständige Zeuge wie ein Sachverständiger entschädigt wird, muss er während seiner Vernehmung das Gericht darauf aufmerksam machen, dass die betreffende Frage nicht in der Eigenschaft als Zeuge, sondern nur in derjenigen eines Sachverständigen beantwortet werden kann. Dieser Umstand sollte unbedingt ins Sitzungsprotokoll aufgenommen werden, damit der Kostenbeamte später bei der Abrechnung keine Schwierigkeiten macht, sondern an die Feststellung des Richters im Protokoll gebunden ist.

III. Die Fahrtkosten (§ 9)

Wenn der Sachverständige eine Ortsbesichtigung durchführt oder im Gerichtstermin sein schriftlich erstattetes Gutachten mündlich erläutern muss, entstehen Fahrtkosten. Die für die Fahrt aufgewendete Zeit erhält der Sachverständige nach § 3 ZSEG ersetzt; die unmittelbaren Kosten für die Fahrt (z. B. Fahrkarte oder Kilometergeld) werden ihm nach § 9 ZSEG erstattet.

Das Gesetz stellt dem Sachverständigen zwei Reisemöglichkeiten zur Wahl: Die Benutzung öffentlicher Verkehrsmittel oder die Benutzung des eigenen Kraftfahrzeugs. Bei beiden Verkehrsmitteln hat der Sachverständige Einschränkungen hinzunehmen. Bei der Benutzung öffentlicher Verkehrsmittel muss grundsätzlich das preisgünstigste Beförderungsmittel gewählt werden; bei der Benutzung des eigenen Pkw darf eine Gesamtstrecke von 200 Kilometern nicht überschritten werden, und er erhält kein kostendeckendes Kilometergeld. In bestimmten Ausnahmefällen (Vorliegen besonderer Umstände) darf von einigen dieser Vorgaben abgewichen werden.

1. Wichtige Regeln

1.1 Fahrtkosten werden nur erstattet, soweit sie tatsächlich entstanden sind und notwendig waren.

1.2 Maßgebend für die Berechnung der Wegstrecke ist die Entfernung von der Wohnung des Sachverständigen bis zum Ort der Beweisaufnahme oder des Gerichtstermins. Auch die Wegstrecke am Wohnort und am Gerichtsort sind mitzurechnen.

1.3 Die Mehrkosten eines Umzugs können gerechtfertigt sein, wenn durch eine besonders schnelle und günstige Verbindung die Reisedauer abgekürzt und die Gesamtentschädigung dadurch geringer wird.

1.4 Für Fußwege oder die Benutzung von Fahrrädern gibt es keine Fahrtkostenentschädigung.

2. Öffentliche Verkehrsmittel

Ersetzt werden grundsätzlich alle Fahrtauslagen, die tatsächlich entstanden sind und notwendig waren. Unter mehreren öffentlichen, regelmäßig verkehrenden Beförderungsmitteln wird in der Regel die billigste und kürzeste Verkehrsverbindung zu wählen sein. Höhere Fahrtkosten können nur dann erstattet werden, wenn die Benutzung der teuren Verkehrsverbindung durch besondere Umstände gerechtfertigt erscheint, insbesondere dann, wenn dadurch die Gesamtentschädigung geringer wird (z. B. durch Zeiteinsparung). Als besondere Umstände können weiter in Betracht kommen: Zeitdruck, Wetter, Alter, Gesundheitszustand, Eilfall.

Im Einzelnen gilt Folgendes:

2.1   Es darf die erste Klasse benutzt werden, wenn dies im betreffenden Beruf üblich ist.

2.2   Sind dem Sachverständigen keine Fahrtkosten entstanden (z. B. bei Nutzung eines Freifahrscheins), kann er keine – fiktiven – Kosten in Rechnung stellen. Gleiches gilt für die Benutzung von Netzkarten u. ä., die für andere Zwecke (Beruf) angeschafft worden sind.

2.3   Die Kosten eines Schlafwagens können erstattet werden, wenn sich die Entschädigung des Sachverständigen durch Einsparung einer Hotelübernachtung entsprechend vermindert.

2.4   Es kann auch ein Flugzeug benutzt werden, wenn dadurch die Gesamtentschädigung nicht höher wird als bei Benutzung eines anderen öffentlichen Verkehrsmittels. Dies wäre dann der Fall, wenn durch die Benutzung des Flugzeugs Reisezeit und die Kosten für eine Übernachtung eingespart würden.

3.   Benutzung des eigenen Pkw

Das eigene Kraftfahrzeug darf immer dann benutzt werden, wenn Hin- und Rückweg zusammengerechnet nicht mehr als 200 Kilometer betragen. Das Kilometergeld beträgt für Sachverständige 0,27 € und für Zeugen 0,21 €.

Zwingen den Sachverständigen besondere Umstände, die sowohl sachlicher als auch persönlicher Art sein können, zur Benutzung des eigenen Pkw über die 200-Kilometer-Grenze hinaus, so erhält er die Mehrkosten erstattet. Persönliche Gründe können sein: Eilfall, keine Verbindung mit öffentlichen Verkehrsmitteln, Zeitersparnis, Mitnahme einer Hilfskraft oder von Instrumenten.

4.   Benutzung von Mietwagen und Taxi

Liegen besondere Umstände vor, so kann der Sachverständige auch einen Mietwagen oder ein Taxi mieten und erhält die dadurch entstehenden Kosten erstattet. Die Höhe der entstandenen Kosten muss durch Belege nachgewiesen werden.

IV.   Entschädigung für Aufwand (§ 10)

Bei längerer Abwesenheit von Zuhause entsteht dem Sachverständigen naturgemäß ein besonderer Aufwand. Er muss auswärts essen und, falls erforderlich, im Hotel übernachten. Für diese besonderen Auslagen gewährt § 10 ZSEG eine entsprechende Aufwandsentschädigung. Dabei unterscheidet das Gesetz zwischen dem Termin am Aufenthaltsort und dem Termin außerhalb des Aufenthaltsorts des Sachverständigen. Da die Vorschrift eine Soll-Bestimmung ist, können die Höchstsätze überschritten werden; dies ist aber nur dann zulässig, wenn besondere Umstände des Einzelfalls dies rechtfertigen (z. B. Diät- oder Ritualkost). Außerdem werden Unterschiede hinsichtlich des sozialen Status eines Sachverständigen gemacht. Die Entschädigung ist nämlich nach den persönlichen Verhältnissen (Lebensstellung, Alter, Gesundheitszustand) eines Sachverständigen zu bemessen. Maßgebend sind hierbei seine Lebensstellung, sein Alter und sein Gesundheitszustand.

1.   Definition des Aufenthaltsorts

Aufenthaltsort ist die politische Gemeinde, in der sich der Sachverständige im Zeitpunkt der Ladung aufhält oder der Ort, von dem aus er die Reise zum Terminort antritt.

2.   Termin am Aufenthaltsort

Der Sachverständige hat Anspruch auf Zehrkosten bis zu 3,00 € pro Tag. Voraussetzung ist, dass er länger als vier Stunden von seiner Wohnung abwesend sein musste. Durch die Formulierung „bis zu" wird zum Ausdruck gebracht, dass auch weniger oder gar nichts bezahlt werden kann.

3.   Termin außerhalb des Aufenthaltsorts

Der Entschädigungsanspruch ist wie folgt gestaffelt:

Bei Abwesenheit, die nicht mehr als einen vollen Kalendertag beansprucht:
- Bis zu 6 Stunden   3,00 €
- Mehr als 6 bis 8 Stunden   4,20 €
- Mehr als 8 bis 12 Stunden   7,00 €
- Mehr als 12 Stunden   24,00 €

Bei mehrtätiger Abwesenheit je Tag:
- Bis zu 6 Stunden   3,00 €
- Mehr als 6 bis 8 Stunden   5,85 €
- Mehr als 8 bis 12 Stunden   9,75 €
- Mehr als 12 Stunden   19,50 €

Dies sind die Sätze, die Richtern in der Reisekostenstufe B nach den Vorschriften über die Reisekostenvergütung der Richter im Bundesdienst als Tagegeld zustehen.

4.   Übernachtungsgeld

Während für die Höhe der Zehrkosten und des Tagegeldes Pauschal- und Höchstsätze vorgegeben werden, fehlen entsprechende Angaben für das Übernachtungsgeld. Das Gesetz gibt keine Antwort auf die Frage, wann ein Sachverständiger übernachten und welche Hotelkategorie er dabei wählen darf. Die Antworten müssen durch Auslegung ermittelt werden. Maßgebende Kriterien sind dabei Notwendigkeit, persönliche Verhältnisse, örtliche Gegebenheiten und Angemessenheit.

Notwendig ist die Übernachtung dann, wenn dem Sachverständigen eine frühe Hinfahrt zum Termin oder eine späte Heimfahrt vom Termin nicht zuzumuten ist. Vor 6 Uhr morgens braucht der Sachverständige sein Haus nicht zu verlassen, um die notwendige Reise zum Terminort anzutreten. Nach 24 Uhr abends braucht er nicht mehr zu Hause anzukommen, so dass eine Übernachtung geboten ist. Dauert der Termin mehrere Tage, so wird es vom Zeitpunkt, zu dem die Sitzung an den einzelnen Tagen beendet wird, von der Entfernung und von den Verkehrbedingungen abhängen, ob eine Übernachtung notwendig ist oder ob dem Sachverständigen zugemutet werden kann, täglich an seinen Wohnort zurückzukehren.

Was die Höhe des Übernachtungsgeldes angeht, so muss hier auf die persönlichen Verhältnisse des Sachverständigen sowie auf die ortsüblichen Preise abgestellt werden. Ein Höchstsatz für die Übernachtungskosten ist nicht festgelegt, es sind daher die angemessenen Aufwendungen zu ersetzen. Die Kosten des Frühstücks rechnen nicht zu den Übernachtungskosten; sie müssen aus den Entschädigungssätzen des Tagegeldes bestritten werden.

V. Die Abrechnung (§ 15)

Der Sachverständige wird nur auf Verlangen entschädigt (vgl. § 15). Stellt er bei Gericht keinen Antrag auf Zahlung eines der Höhe nach bezifferten Betrags, erhält er keinen Cent. Es gibt keine Festsetzung der Entschädigung von Amts wegen, wenn sich der Sachverständige nicht rührt.

1. Der Antrag

Der Antrag ist an keine Form und an keine Frist gebunden. Der Sachverständige stellt eine Rechnung auf und schickt sie an das Gericht, das ihn mit der Erstattung eines Gutachtens beauftragt hat. Dabei sollten unbedingt das Aktenzeichen der betreffenden Gerichtsakte und die Namen der Prozessparteien angegeben werden. Die Entschädigung wird dann im Verwaltungswege vom Kostenbeamten des Gerichts überprüft, festgesetzt und zur Zahlung angewiesen. Dies kann oft drei Monate dauern. Verzugszinsen können gegenüber dem Gericht nicht geltend gemacht werden. Eine Mahnung ist daher nicht angebracht; eine Zahlungserinnerung kann nach vier Wochen erfolgen.

Auch wenn die Stellung des Entschädigungsantrags an keine Frist gebunden ist, gelten dennoch die allgemeinen Verjährungsfristen des BGB. Für Entschädigungen nach dem ZSEG beträgt die Verjährungsfrist nach § 15 Abs. 4 i.V.m. § 196 Abs. 1 Nr. 17 BGB zwei Jahre. Diese zweijährige Verjährungsfrist beginnt mit dem Schluss des Jahres, in dem der Entschädigungsanspruch entstanden ist (vgl. § 201 BGB). Ist der Entschädigungsanspruch beispielsweise im Januar 1994 entstanden, beginnt die Verjährung erst am 31. 12. 1994 zu laufen; der Anspruch wäre am 31. 12. 1996 verjährt. Entstanden ist der Anspruch des Sachverständigen mit der Erledigung des Auftrages, d. h. zu dem Zeitpunkt, in welchem der Anspruch erstmals geltend gemacht werden kann.

2. Wichtige Besonderheiten

2.1 Der Sachverständige erhält nur den Betrag, den er verlangt. Wer einen geringeren Betrag fordert als er nach den gesetzlichen Bestimmungen fordern könnte, erhält nur diesen geringeren Betrag. Der Kostenbeamte ist nicht verpflichtet, dem Sachverständigen von Amts wegen den gesetzlich möglichen – höheren – Betrag festzusetzen und auszuzahlen.

2.2 Der Kostenbeamte kann im Rahmen seiner Überprüfung den Endbetrag herabsetzen, wenn er Einzelposten der Rechnung für überzogen hält. Im Rahmen des geltend gemachten Endbetrages kann er einzelne Rechnungsposten erhöhen, andere dagegen kürzen. Den Endbetrag darf er dabei aber nicht überschreiten; er darf ihn aber jederzeit kürzen. Dabei darf er auch die Anzahl der geltend gemachten Stunden kürzen, wenn Gründe dafür vorhanden sind, dass der Sachverständige zu viel Stunden aufgeschrieben hat.

2.3 Selbst wenn der Sachverständige nach einer Wartezeit von drei Monaten den geltend gemachten Betrag ausgezahlt bekommen hat, kann er nicht sicher sein, das Geld auch behalten zu dürfen. Die Auszahlungsanordnung kann sowohl aus eigener Entschließung des anweisenden Kostenbeamten als auch auf Grund einer Beanstandung der Rechnungsprüfungsbehörde (Bezirksrevisor) nachträglich geändert und vom Sachverständigen wieder zurückverlangt werden. Ansprüche auf Erstattung zu viel gezahlter Entschädigung verjähren gem. § 15 Abs. 5 in zwei Jahren. Die Verjährungsfrist beginnt mit dem Schluss des Jahres, in welchem der Erstattungsanspruch entstanden ist. Entstanden ist der Erstattungsanspruch mit der Zahlung der überhöhten Entschädigung. Gegen einen solchen Rückzahlungsanspruch kann sich der Sachverständige nach herrschender Auffassung in Rechtsprechung und Literatur nicht auf Wegfall der Bereicherung oder auf Vertrauensschutz berufen; diese Auffassung ist nicht unbestritten. Der Sachverständige kann aber Rechtsmittel nach §§ 15 und 16 ZSEG einlegen.

VI. Die Rechtsmittel (§ 16)

Gegen Kürzung seiner Entschädigung durch den Kostenbeamten des Gerichts hat der Sachverständige zwei Rechtsmittel: die richterliche Festsetzung und die Beschwerde. Beide Rechtsmittel sind in § 16 ZSEG geregelt. Beide Rechtsmittel können nur vom Sachverständigen, vom Zeugen und von der Justizkasse geltend gemacht werden. Die Prozessparteien sind an diesem Verfahren nicht beteiligt; sie können allenfalls später gegen den Kostenansatz des Gerichts Erinnerung geltend machen. Wichtig ist noch, dass der Sachverständige in diesem Verfahren den Richter wegen Besorgnis der Befangenheit ablehnen kann.

1. Die richterliche Festsetzung

1.1 Der Antrag

Dieses Rechtsmittel ist in § 16 Abs. 1 ZSEG geregelt. Der Sachverständige muss einen Antrag auf richterliche Festsetzung bei dem Gericht stellen, dessen Kostenbeamte die Rechnung gekürzt hat. Der Antrag ist an keine Form und an keine Frist gebunden. Seine Bearbeitung durch den Richter ist gebührenfrei, auch wenn der Sachverständige mit seinem Antrag nicht durchdringt. Allerdings erhält der Sachverständige seine außergerichtlichen Kosten (Schreibkosten, Rechtsanwaltsgebühren, Zeitaufwand) nicht ersetzt, auch wenn seinem Antrag in vollem Umfang stattgegeben wird.

1.2 Besonderheiten

– Auch wenn der Sachverständige mit seinem Antrag nur die Kürzung des Stundensatzes in seiner Rechnung angreift, erstreckt sich die richterliche Überprüfung auf alle Rechnungsposten. Demzufolge kann der Richter sowohl die beanstandeten Einzelposten erhöhen, andere, nicht beanstandete Posten dagegen herabsetzen. Lediglich die Endsumme darf nicht überschritten, aber jederzeit unterschritten werden. Der Sachverständige kann also insgesamt schlechter gestellt werden als bei der Berechnung durch den Kostenbeamten.
– Auch im Festsetzungsverfahren besteht bei verzögerlicher Auszahlung kein Anspruch auf Verzinsung des Entschädigungsanspruchs für die Zeit zwischen Auftragstellung und Auszahlung.
– Die Zusage des Richters bezüglich der Gewährung eines bestimmten Stundensatzes vor Gutachtenerstattung gegenüber dem Sachverständigen ist keine gerichtliche Festsetzung. Hier kann sich der Sachverständige jedoch auf den verwaltungsrechtlichen Vertrauensgrundsatz berufen.
– Das Gericht muss die gesamte Entschädigung festsetzen. Die bloße Bestimmung des Stundensatzes entspricht nicht den Anforderungen des § 16 Abs. 1.
– Gegen die richterliche Festsetzung ist das Rechtsmittel der Beschwerde nach § 16 Abs. 2 gegeben.

2. Die Beschwerde

2.1 Der Antrag

Die Voraussetzungen der Beschwerde sind in § 16 Abs. 2 bis 5 ZSEG geregelt. Sie entsprechen weitgehend den Voraussetzungen des Antrags auf richterliche Festsetzung mit einer Ausnahme: Es muss ein Beschwerdewert von mindestens 50 € erreicht werden. Die Einlegung der Beschwerde ist an keine Form und an keine Frist gebunden. Inhaltlich muss jedoch in der Beschwerde zum Ausdruck kommen, dass eine Überprüfung der gerichtlichen Entschädigungs-Festsetzung erfolgen soll und welche Kürzungen im Einzelnen rückgängig gemacht werden sollen. Die Beschwerde ist bei dem Gericht einzulegen, das die gerichtliche Festsetzung durch Beschluss erlassen hat. Dies ist deshalb erforderlich, weil diesem Gericht die Möglichkeit eingeräumt wird, der Beschwerde von sich aus abzuhelfen. Wird nicht abgeholfen, entscheidet die nächsthöhere Instanz. Das Verfahren ist gebührenfrei, auch wenn der Sachverständige mit der Beschwerde abgewiesen wird. Allerdings erhält er seine außergerichtlichen Kosten (Zeitaufwand, Schreibkosten, Anwaltsgebühren) nicht erstattet.

2.2 Besonderheiten

– Im Beschwerdeverfahren besteht kein Anwaltszwang.
– Zur Berechnung des Beschwerdewerts ist die Mehrwertsteuer zu berücksichtigen.
– Auch in der Beschwerdeinstanz unterliegen sämtliche Rechnungsposten der gerichtlichen Überprüfung, also auch diejenigen, die der Sachverständige nicht geprüft hat. Der Beschwerdeführer darf aber im Endergebnis nicht schlechter gestellt werden als vorher. Die von der Vorinstanz festgesetzte Endsumme darf daher nicht unterschritten werden. Es gilt das Verbot der „reformatio in peius", was bedeutet, dass der Beschwerdeführer im Endergebnis nicht schlechter gestellt werden darf als vor der Einlegung der Beschwerde.
– Der Sachverständige kann noch im Beschwerdeverfahren neue Rechnungsposten geltend machen und alle fallen lassen.
– Eine Beschwer an ein Oberstes Bundesgericht (BGH, BFH, BAG, BSG) ist unzulässig. Mithin kann ein Sachverständiger, bei dem ein OLG die gerichtliche Festsetzung durchgeführt hat, keine Beschwerde mehr einlegen.
– Beschwerde einlegen kann nicht nur der Sachverständige oder der Zeuge, sondern auch der Bezirksrevisor, wenn er mit der gerichtlichen Festsetzung nicht einverstanden ist.
– Die Prozessparteien sind auch am Beschwerdeverfahren nicht beteiligt.
– Eine weitere Beschwerde gegen die Entscheidung der Beschwerdeinstanz an die nächsthöhere Instanz ist grundsätzlich unzulässig. Nur bei Verstößen gegen das Grundgesetz (z. B. Verletzung des Grundsatzes auf rechtliches Gehör) ist eine weitere Beschwerde ausnahmsweise zulässig.

Anhang 1.7

Auszug aus der Zivilprozessordnung (ZPO)
in der im BGBl III Gliederungsnr. FNA 310-4 veröffentlichten bereinigten Fassung

Die §§ 273 bis 275 ZPO sind im Teil III unter Rn. 45 abgedruckt.

Achter Titel. Beweis durch Sachverständige

§ 402
Anwendbarkeit der Vorschriften über Zeugen

Für den Beweis durch Sachverständige gelten die Vorschriften über den Beweis durch Zeugen entsprechend, insoweit nicht in den nachfolgenden Paragraphen abweichende Vorschriften enthalten sind.

§ 403
Beweisantritt

Der Beweis wird durch die Bezeichnung der zu begutachtenden Punkte angetreten.

§ 404
Auswahl

(1) Die Auswahl der zuzuziehenden Sachverständigen und die Bestimmung ihrer Anzahl erfolgt durch das Prozessgericht. Es kann sich auf die Ernennung eines einzelnen Sachverständigen beschränken. An Stelle der zuerst ernannten Sachverständigen kann es andere ernennen.

(2) Sind für gewisse Arten von Gutachten Sachverständige öffentlich bestellt, so sollen andere Personen nur dann gewählt werden, wenn besondere Umstände es erfordern.

(3) Das Gericht kann die Parteien auffordern, Personen zu bezeichnen, die geeignet sind, als Sachverständige vernommen zu werden.

(4) Einigen sich die Parteien über bestimmte Personen als Sachverständige, so hat das Gericht dieser Einigung Folge zu geben; das Gericht kann jedoch die Wahl der Parteien auf eine bestimmte Anzahl beschränken.

§ 404 a
Gerichtliche Leitung des Sachverständigen

(1) Das Gericht hat die Tätigkeit des Sachverständigen zu leiten und kann ihm für Art und Umfang seiner Tätigkeit Weisungen erteilen.

(2) Soweit es die Besonderheit des Falles erfordert, soll das Gericht den Sachverständigen vor Abfassung der Beweisfrage hören, ihn in seine Aufgabe einweisen und ihm auf Verlangen den Auftrag erläutern.

(3) Bei streitigem Sachverhalt bestimmt das Gericht, welche Tatsachen der Sachverständige der Begutachtung zu Grunde legen soll.

(4) Soweit es erforderlich ist, bestimmt das Gericht, in welchem Umfang der Sachverständige zur Aufklärung der Beweisfrage befugt ist, inwieweit er mit den Parteien in Verbindung treten darf und wann er ihnen die Teilnahme an seinen Ermittlungen zu gestatten hat.

(5) Weisungen an den Sachverständigen sind den Parteien mitzuteilen. Findet ein besonderer Termin zur Einweisung des Sachverständigen statt, so ist den Parteien die Teilnahme zu gestatten.

§ 405
Auswahl durch verordneter Richter

Das Prozessgericht kann den mit der Beweisfrage betrauten Richter zur Ernennung der Sachverständigen ermächtigen. Er hat in diesem Falle die Befugnisse und Pflichten des Prozessgerichts nach den §§ 404, 404a.

§ 406
Ablehnungsgründe

(1) Ein Sachverständiger kann aus denselben Gründen, die zur Ablehnung eines Richters berechtigen, abgelehnt werden. Ein Ablehnungsgrund kann jedoch nicht daraus entnommen werden, dass der Sachverständige als Zeuge vernommen worden ist.

(2) Der Ablehnungsantrag ist bei dem Gericht oder Richter, von dem der Sachverständige ernannt ist, vor seiner Vernehmung zu stellen, spätestens jedoch binnen zwei Wochen nach Verkündung oder Zustellung des Beschlusses über seine Ernennung. Zu einem späteren Zeitpunkt ist die Ablehnung nur zulässig, wenn der Antragsteller glaubhaft macht, dass er ohne sein Verschulden verhindert war, den Ablehnungsgrund früher geltend zu machen. Der Antrag kann vor der Geschäftsstelle zu Protokoll erklärt werden.

(3) Der Ablehnungsgrund ist glaubhaft zu machen; zur Versicherung an Eides Statt darf die Partei nicht zugelassen werden.

(4) Die Entscheidung ergeht von dem im zweiten Absatz bezeichneten Gericht oder Richter; eine mündliche Verhandlung der Beteiligten ist nicht erforderlich.

(5) Gegen den Beschluss, durch den die Ablehnung für begründet erklärt wird, findet kein Rechtsmittel, gegen den Beschluss, durch den sie für unbegründet erklärt wird, findet sofortige Beschwerde statt.

§ 407
Pflicht zur Erstattung des Gutachtens

(1) Der zum Sachverständigen Ernannte hat der Ernennung Folge zu leisten, wenn er zur Erstattung von Gutachten der erforderlichen Art öffentlich bestellt ist oder wenn er die Wissenschaft, die Kunst oder das Gewerbe, deren Kenntnis Voraussetzung der Begutachtung ist, öffentlich zum Erwerb ausübt oder wenn er zur Ausübung derselben öffentlich bestellt oder ermächtigt ist.

(2) Zur Erstattung des Gutachtens ist auch derjenige verpflichtet, der sich hierzu vor Gericht bereit erklärt hat.

§ 407a
Pflichten des Sachverständigen vor Auftragsübernahme

(1) Der Sachverständige hat unverzüglich zu prüfen, ob der Auftrag in sein Fachgebiet fällt und ohne die Hinzuziehung weiterer Sachverständiger erledigt werden kann. Ist das nicht der Fall, so hat der Sachverständige das Gericht unverzüglich zu verständigen.

(2) Der Sachverständige ist nicht befugt, den Antrag auf einen anderen zu übertragen. Soweit er sich der Mitarbeit einer anderen Person bedient, hat er diese namhaft zu machen und den Umfang ihrer Tätigkeit anzugeben, falls es sich nicht um Hilfsdienste von untergeordneter Bedeutung handelt.

(3) Hat der Sachverständige Zweifel an Inhalt und Umfang des Auftrags, so hat er unverzüglich eine Klärung durch das Gericht herbeizuführen. Erwachsen voraussichtlich Kosten, die erkennbar außer Verhältnis zum Wert des Streitgegenstandes stehen oder einen angeforderten Kostenvorschuss erheblich übersteigen, so hat der Sachverständige rechtzeitig hierauf hinzuweisen.

(4) Der Sachverständige hat auf Verlangen des Gerichts die Akten und sonstige für die Begutachtung beigezogenen Unterlagen sowie Untersuchungsergebnisse unverzüglich herauszugeben oder mitzuteilen. Kommt er dieser Pflicht nicht nach, so ordnet das Gericht die Herausgabe an.

(5) Das Gericht soll den Sachverständigen auf seine Pflichten hinweisen.

§ 408
Gutachtenverweigerungsrecht

(1) Dieselben Gründe, die einen Zeugen berechtigen, das Zeugnis zu verweigern, berechtigen einen Sachverständigen zur Verweigerung des Gutachtens. Das Gericht kann auch aus anderen Gründen einen Sachverständigen von der Verpflichtung zur Erstattung des Gutachtens entbinden.

(2) Für die Vernehmung eines Richters, Beamten oder einer anderen Person des öffentlichen Dienstes als Sachverständigen gelten die besonderen beamtenrechtlichen Vorschriften. Für die Mitglieder der Bundes- oder einer Landesregierung gelten die für sie maßgebenden besonderen Vorschriften.

(3) Wer bei einer richterlichen Entscheidung mitgewirkt hat, soll über Fragen, die den Gegenstand der Entscheidung gebildet haben, nicht als Sachverständiger vernommen werden.

§ 409
Folgen des Ausbleibens oder der Weigerung

(1) Wenn ein Sachverständiger nicht erscheint oder sich weigert, ein Gutachten zu erstatten, obgleich er dazu verpflichtet ist, oder wenn er Akten oder sonstige Unterlagen zurückbehält, werden ihm die dadurch verursachten Kosten auferlegt. Zugleich wird gegen ihn ein Ordnungsgeld festgesetzt. Im Falle wiederholten Ungehorsams kann das Ordnungsgeld noch einmal festgesetzt werden.

(2) Gegen den Beschluss findet Beschwerde statt.

§ 410
Beeidigung

(1) Der Sachverständige wird vor oder nach Erstattung des Gutachtens beeidigt. Die Eidesnorm geht dahin, dass der Sachverständige das von ihm geforderte Gutachten unparteiisch und nach bestem Wissen und Gewissen erstatten werde oder erstattet habe.

(2) Ist der Sachverständige für die Erstattung von Gutachten der betreffenden Art im Allgemeinen beeidigt, so genügt die Berufung auf den geleisteten Eid; sie kann auch in einem schriftlichen Gutachten erklärt werden.

§ 411
Schriftliches Gutachten

(1) Wird schriftliche Begutachtung angeordnet, so hat der Sachverständige das von ihm unterschriebene Gutachten auf der Geschäftsstelle niederzulegen. Das Gericht kann ihm hierzu eine Frist bestimmen.

(2) Versäumt ein zur Erstattung des Gutachtens verpflichteter Sachverständiger die Frist, so kann gegen ihn ein Ordnungsgeld festgesetzt werden. Das Ordnungsgeld muss vorher unter Setzung einer Nachfrist angedroht werden. Im Falle wiederholter Fristversäumnis kann das Ordnungsgeld in gleicher Weise noch einmal festgesetzt werden. § 409 Abs. 2 gilt entsprechend.

(3) Das Gericht kann das Erscheinen des Sachverständigen anordnen, damit er das schriftliche Gutachten erläutert.

(4) Die Parteien haben dem Gericht innerhalb eines angemessenen Zeitraums ihre Einwendungen gegen das Gutachten, die Begutachtung betreffende Anträge und Ergänzungsfragen zu dem schriftlichen Gutachten mitzuteilen. Das Gericht kann ihnen hierfür eine Frist setzen; § 296 Abs. 1, 4[12] gilt entsprechend.

§ 412
Gutachten

(1) Das Gericht kann eine neue Begutachtung durch dieselben oder durch andere Sachverständige anordnen, wenn es das Gutachten für ungenügend erachtet.

(2) Das Gericht kann die Begutachtung durch einen anderen Sachverständigen anordnen, wenn ein Sachverständiger nach Erstattung des Gutachtens mit Erfolg abgelehnt ist.

§ 413
Sachverständigenentschädigung

Der Sachverständige wird nach dem Gesetz über die Entschädigung von Zeugen und Sachverständigen entschädigt.

§ 414
Sachverständige Zeugen

Insoweit zum Beweise vorgetragener Tatsachen oder Zustände, zu deren Wahrnehmung eine besondere Sachkunde erforderlich war, sachkundige Personen zu vernehmen sind, kommen die Vorschriften über den Zeugenbeweis zur Anwendung.

Zwölfter Titel. Selbstständiges Beweisverfahren
§ 485
Zulässigkeit

(1) Während oder außerhalb eines Streitverfahrens kann auf Antrag einer Partei die Einnahme des Augenscheins, die Vernehmung von Zeugen oder die Begutachtung durch einen Sachverständigen angeordnet werden, wenn der Gegner zustimmt oder zu besorgen ist, dass das Beweismittel verloren geht oder seine Benutzung erschwert wird.

(2) Ist ein Rechtsstreit noch nicht anhängig, kann eine Partei die schriftliche Begutachtung durch einen Sachverständigen beantragen, wenn sie ein rechtliches Interesse daran hat, dass

1. der Zustand einer Person oder der Zustand oder Wert einer Sache,

2. die Ursache eines Personenschadens, Sachschadens oder Sachmangels,

3. der Aufwand für die Beseitigung eines Personenschadens, Sachschadens oder Sachmangels

festgestellt wird. Ein rechtliches Interesse ist anzunehmen, wenn die Feststellung der Vermeidung eines Rechtsstreits dienen kann.

(3) Soweit eine Begutachtung bereits gerichtlich angeordnet worden ist, findet eine neue Begutachtung nur statt, wenn die Voraussetzungen des § 412 erfüllt sind.

§ 486
Zuständiges Gericht

(1) Ist ein Rechtsstreit anhängig, so ist der Antrag bei dem Prozessgericht zu stellen.

(2) Ist ein Rechtsstreit noch nicht anhängig, so ist der Antrag bei dem Gericht zu stellen, das nach dem Vortrag des Antragstellers zur Entscheidung in der Hauptsache berufen wäre. In dem nachfolgenden Streitverfahren kann sich der Antragsteller auf die Unzuständigkeit des Gerichts nicht berufen.

(3) In Fällen dringender Gefahr kann der Antrag auch bei dem Amtsgericht gestellt werden, in dessen Bezirk die zu vernehmende oder zu begutachtende Person sich aufhält oder die in Augenschein zu nehmende oder zu begutachtende Sache sich befindet.

(4) Der Antrag kann vor der Geschäftsstelle zu Protokoll erklärt werden.

§ 487
Inhalt des Antrags

Der Antrag muss enthalten

1. die Bezeichnung des Gegners;

2. die Bezeichnung der Tatsachen, über die Beweis erhoben werden soll;

3. die Benennung der Zeugen oder die Bezeichnung der übrigen nach § 485 zulässigen Beweismittel;

4. die Glaubhaftmachung der Tatsachen, die die Zulässigkeit des selbstständigen Beweisverfahrens und die Zuständigkeit des Gerichts begründen sollen.

§§ 488, 489
(weggefallen)

---

12   **§ 296 Abs. 1 und 4 ZPO:** „(1) Angriffs- und Verteidigungsmittel, die erst nach Ablauf einer hierfür gesetzten Frist (§ 273 Abs. 2 Nr. 1, § 275 Abs. 1 Satz 1, Abs. 3, 4, § 276 Abs. 1 Satz 2, Abs. 3, § 277) vorgebracht werden, sind nur zuzulassen, wenn nach der freien Überzeugung des Gerichts ihre Zulassung die Erledigung des Rechtsstreits nicht verzögern würde oder wenn die Partei die Verspätung genügend entschuldigt,
(4) In den Fällen der Absätze 1 und 3 ist der Entschuldigungsgrund auf Verlangen des Gerichts glaubhaft zu machen."

§ 490
Entscheidung über den Antrag

(1) Über den Antrag kann ohne mündliche Verhandlung entschieden werden.

(2) In dem Beschluss, durch welchen dem Antrag stattgegeben wird, sind die Tatsachen, über die der Beweis zu erheben ist, und die Beweismittel unter Benennung der zu vernehmenden Zeugen und Sachverständigen zu bezeichnen. Der Beschluss ist nicht anfechtbar.

§ 491
Ladung des Gegners

(1) Der Gegner ist, sofern es nach den Umständen des Falles geschehen kann, unter Zustellung des Beschlusses und einer Abschrift des Antrags zu dem für die Beweisaufnahme bestimmten Termin, so zeitig zu laden, dass er in diesem Termin seine Rechte wahrzunehmen vermag.

(2) Die Nichtbefolgung dieser Vorschrift steht der Beweisaufnahme nicht entgegen.

§ 492
Beweisaufnahme; Protokoll

(1) Die Beweisaufnahme erfolgt nach den für die Aufnahme des betreffenden Beweismittels überhaupt geltenden Vorschriften.

(2) Das Protokoll über die Beweisaufnahme ist bei dem Gericht, das sie angeordnet hat, aufzubewahren.

(3) Das Gericht kann die Parteien zur mündlichen Erläuterung laden, wenn eine Einigung zu erwarten ist; ein Vergleich ist zu gerichtlichem Protokoll zu nehmen.

§ 493
Selbstständiges Beweisverfahren

(1) Beruft sich eine Partei im Prozess auf Tatsachen, über die selbstständig Beweis erhoben worden ist, so steht die selbstständige Beweiserhebung einer Beweisaufnahme vor dem Prozessgericht gleich.

(2) War der Gegner in einem Termin im selbstständigen Beweisverfahren nicht erschienen, so kann das Ergebnis nur benutzt werden, wenn der Gegner rechtzeitig geladen war.

§ 494
Unbekannter Gegner

(1) Wird von dem Beweisführer ein Gegner nicht bezeichnet, so ist der Antrag nur dann zulässig, wenn der Beweisführer glaubhaft macht, dass er ohne sein Verschulden außerstande sei, den Gegner zu bezeichnen.

(2) Wird dem Antrag stattgegeben, so kann das Gericht dem unbekannten Gegner zur Wahrnehmung seiner Rechte bei der Beweisaufnahme einen Vertreter bestellen.

§ 494a
Anordnung einer Klagefrist; Versäumung der Frist

(1) Ist ein Rechtsstreit nicht anhängig, hat das Gericht nach Beendigung der Beweiserhebung auf Antrag ohne mündliche Verhandlung anzuordnen, dass der Antragsteller binnen einer zu bestimmenden Frist Klage zu erheben hat.

(2) Kommt der Antragsteller dieser Anordnung nicht nach, hat das Gericht auf Antrag durch Beschluss auszusprechen, dass er die dem Gegner entstandenen Kosten zu tragen hat. Die Entscheidung kann ohne mündliche Verhandlung ergehen. Sie unterliegt der sofortigen Beschwerde.

Die §§ 1030 bis 1049 sind im Teil III unter Rn. 343 ff. abgedruckt.

Anhang 1.8

Auszug aus der Strafprozessordnung

Siebenter Abschnitt. Sachverständige und Augenschein

§ 72
Anwendung der Vorschriften für Zeugen

Auf Sachverständige ist der sechste Abschnitt über Zeugen entsprechend anzuwenden, soweit nicht in den nachfolgenden Paragraphen abweichende Vorschriften getroffen sind.

§ 73
Auswahl

(1) Die Auswahl der zuzuziehenden Sachverständigen und die Bestimmung ihrer Anzahl erfolgt durch den Richter. Er soll mit diesen eine Absprache treffen, innerhalb welcher Frist die Gutachten erstattet werden können.

(2) Sind für gewisse Arten von Gutachten Sachverständige öffentlich bestellt, so sollen andere Personen nur dann gewählt werden, wenn besondere Umstände es erfordern.

§ 74
Ablehnung

(1) Ein Sachverständiger kann aus denselben Gründen, die zur Ablehnung eines Richters berechtigen, abgelehnt werden. Ein Ablehnungsgrund kann jedoch nicht daraus entnommen werden, dass der Sachverständige als Zeuge vernommen worden ist.

(2) Das Ablehnungsrecht steht der Staatsanwaltschaft, dem Privatkläger und dem Beschuldigten zu. Die ernannten Sachverständigen sind den zur Ablehnung Berechtigten namhaft zu machen, wenn nicht besondere Umstände entgegenstehen.

(3) Der Ablehnungsgrund ist glaubhaft zu machen; der Eid ist als Mittel der Glaubhaftmachung ausgeschlossen.

§ 75
Pflicht zur Erstattung des Gutachtens

(1) Der zum Sachverständigen Ernannte hat der Ernennung Folge zu leisten, wenn er zur Erstattung von Gutachten der erforderlichen Art öffentlich bestellt ist oder wenn er die Wissenschaft, die Kunst oder das Gewerbe, deren Kenntnis Voraussetzung der Begutachtung ist, öffentlich zum Erwerb ausübt oder wenn er zu ihrer Ausübung öffentlich bestellt oder ermächtigt ist.

(2) Zur Erstattung des Gutachtens ist auch der verpflichtet, welcher sich hierzu vor Gericht bereit erklärt hat.

§ 76
Gutachtenverweigerungsrecht

(1) Dieselben Gründe, die einen Zeugen berechtigen, das Zeugnis zu verweigern, berechtigen einen Sachverständigen zur Verweigerung des Gutachtens. Auch aus anderen Gründen kann ein Sachverständiger von der Verpflichtung zur Erstattung des Gutachtens entbunden werden.

(2) Für die Vernehmung von Richtern, Beamten und anderen Personen des öffentlichen Dienstes als Sachverständige gelten die besonderen beamtenrechtlichen Vorschriften. Für die Mitglieder der Bundes- oder einer Landesregierung gelten die für sie maßgeblichen besonderen Vorschriften.

§ 77
Folgen des Ausbleibens oder der Weigerung

(1) Im Falle des Nichterscheinens oder der Weigerung eines zur Erstattung des Gutachtens verpflichteten Sachverständigen wird diesem auferlegt, die dadurch verursachten Kosten zu ersetzen. Zugleich wird gegen ihn ein Ordnungsgeld festgesetzt. Im Falle wiederholten Ungehorsams kann neben der Auferlegung der Kosten das Ordnungsgeld noch einmal festgesetzt werden.

(2) Weigert sich ein zur Erstattung des Gutachtens verpflichteter Sachverständiger, nach § 73 Abs. 1 Satz 2 eine angemessene Frist abzusprechen, oder versäumt er die abgesprochene Frist, so kann gegen ihn ein Ordnungsgeld festgesetzt werden. Der Festsetzung des Ordnungsgeldes muss eine Androhung unter Setzung einer Nachfrist vorausgehen. Im Falle wiederholter Fristversäumnis kann das Ordnungsgeld noch einmal festgesetzt werden.

§ 78
Richterliche Leitung

Der Richter hat, soweit ihm dies erforderlich erscheint, die Tätigkeit des Sachverständigen zu leiten.

§ 79
Sachverständigeneid

(1) Der Sachverständige kann nach dem Ermessen des Gerichts vereidigt werden. Auf Antrag der Staatsanwaltschaft, des Angeklagten oder des Verteidigers ist er zu vereidigen.

(2) Der Eid ist nach Erstattung des Gutachtens zu leisten; er geht dahin, dass der Sachverständige das Gutachten unparteiisch und nach bestem Wissen und Gewissen erstattet habe.

§ 80
Vorbereitung des Gutachtens

(1) Dem Sachverständigen kann auf sein Verlangen zur Vorbereitung des Gutachtens durch Vernehmung von Zeugen oder des Beschuldigten weitere Aufklärung verschafft werden.

(2) Zu demselben Zweck kann ihm gestattet werden, die Akten einzusehen, der Vernehmung von Zeugen oder des Beschuldigten beizuwohnen und an sie unmittelbar Fragen zu stellen.

§ 80 a
Zuziehung im Vorverfahren

Ist damit zu rechnen, dass die Unterbringung des Beschuldigten in einem psychiatrischen Krankenhaus, einer Erziehungsanstalt oder in der Sicherungsverwahrung angeordnet werden wird, so soll schon im Vorverfahren einem Sachverständigen Gelegenheit zur Vorbereitung des in der Hauptverhandlung zu erstattenden Gutachtens gegeben werden.

§ 81
Unterbringung zur Beobachtung des Beschuldigten

(1) Zur Vorbereitung eines Gutachtens über den psychischen Zustand des Beschuldigten kann das Gericht nach Anhörung eines Sachverständigen und des Verteidigers anordnen, dass der Beschuldigte in ein öffentliches psychiatrisches Krankenhaus gebracht und dort beobachtet wird.

(2) Das Gericht trifft die Anordnung nach Absatz 1 nur, wenn der Beschuldigte der Tat dringend verdächtig ist. Das Gericht darf diese Anordnung nicht treffen, wenn sie zu der Bedeutung der Sache und der zu erwartenden Strafe oder Maßregel der Besserung und Sicherung außer Verhältnis steht.

(3) Im vorbereitenden Verfahren entscheidet das Gericht, das für die Eröffnung des Hauptverfahrens zuständig wäre.

(4) Gegen den Beschluss ist sofortige Beschwerde zulässig. Sie hat aufschiebende Wirkung.

(5) Die Unterbringung in einem psychiatrischen Krankenhaus nach Absatz 1 darf die Dauer von insgesamt sechs Wochen nicht überschreiten.

§ 81a
Körperliche Untersuchung; Blutprobe

(1) Eine körperliche Untersuchung des Beschuldigten darf zur Feststellung von Tatsachen angeordnet werden, die für das Verfahren von Bedeutung sind. Zu diesem Zweck sind Entnahmen von Blutproben und andere körperliche Eingriffe, die von einem Arzt nach den Regeln der ärztlichen Kunst zu Untersuchungszwecken vorgenommen werden, ohne Einwilligung des Beschuldigten zulässig, wenn kein Nachteil für seine Gesundheit zu befürchten ist.

(2) Die Anordnung steht dem Richter, bei Gefährdung des Untersuchungserfolges durch Verzögerung auch der Staatsanwaltschaft und ihren Hilfsbeamten (§ 152 des Gerichtsverfassungsgesetzes) zu.

§ 81b
Lichtbilder und Fingerabdrücke

Soweit es für die Zwecke der Durchführung des Strafverfahrens oder für die Zwecke des Erkennungsdienstes notwendig ist, dürfen Lichtbilder und Fingerabdrücke des Beschuldigten auch gegen seinen Willen aufgenommen und Messungen und ähnliche Maßnahmen an ihm vorgenommen werden.

§ 81c
Untersuchung anderer Personen

(1) Andere Personen als Beschuldigte dürfen, wenn sie als Zeugen in Betracht kommen, ohne ihre Einwilligung nur untersucht werden, soweit zur Erforschung der Wahrheit festgestellt werden muss, ob sich an ihrem Körper eine bestimmte Spur oder Folge einer Straftat befindet.

(2) Bei anderen Personen als Beschuldigten sind Untersuchungen zur Feststellung der Abstammung und die Entnahme von Blutproben ohne Einwilligung des zu Untersuchenden zulässig, wenn kein Nachteil für seine Gesundheit zu befürchten und die Maßnahme zur Erforschung der Wahrheit unerlässlich ist. Die Untersuchungen und die Entnahme von Blutproben dürfen stets nur von einem Arzt vorgenommen werden.

(3) Untersuchungen oder Entnahme von Blutproben können aus den gleichen Gründen wie das Zeugnis verweigert werden. Haben Minderjährige oder wegen Geisteskrankheit oder Geistesschwäche entmündigte Personen wegen mangelnder Verstandsreife oder wegen Verstandesschwäche von der Bedeutung ihres Weigerungsrechtes keine genügende Vorstellung, so entscheidet der gesetzliche Vertreter. § 52 Abs. 2 Satz 2 und Abs. 3 gilt entsprechend. Ist der gesetzliche Vertreter von der Entscheidung ausgeschlossen (§ 52 Abs. 2 Satz 2) oder aus sonstigen Gründen an einer rechtzeitigen Entscheidung gehindert und erscheint die sofortige Untersuchung oder Entnahme von Blutproben zur Beweissicherung erforderlich, so sind ihre Maßnahmen nur auf besondere Anordnung des Richters zulässig. Der die Maßnahmen anordnende Beschluss ist unanfechtbar. Die nach Satz 3 erhobenen Beweise dürfen im weiteren Verfahren nur mit Einwilligung des hierzu befugten gesetzlichen Vertreters verwertet werden.

(4) Maßnahmen nach den Absätzen 1 und 2 sind unzulässig, wenn sie dem Betroffenen bei Würdigung aller Umstände nicht zugemutet werden können.

(5) Die Anordnung steht dem Richter, bei Gefährdung des Untersuchungserfolges durch Verzögerung, von den Fällen des Absatzes 3 Satz 3 abgesehen, auch der Staatsanwaltschaft und ihren Hilfsbeamten (§ 152 des Gerichtsverfassungsgesetzes) zu.

(6) Bei Weigerung des Betroffenen gilt die Vorschrift des § 70 entsprechend. Unmittelbarer Zwang darf nur auf besondere Anordnung des Richters angewandt werden. Die Anordnung setzt voraus, dass der Betroffene trotz Festsetzung eines Ordnungsgeldes bei der Weigerung beharrt oder dass Gefahr im Verzuge ist.

§ 81d
Untersuchung einer Frau

(1) Kann die körperliche Untersuchung einer Frau das Schamgefühl verletzen, so wird sie einer Frau oder einem Arzt übertragen. Auf Verlangen der zu untersuchenden Frau soll eine andere Frau oder ein Angehöriger zugelassen werden.

(2) Die Vorschrift gilt auch dann, wenn die zu untersuchende Frau in die Untersuchung einwilligt.

§ 82
Gutachten im Vorverfahren

Im Vorverfahren hängt von der Anordnung des Richters ab, ob die Sachverständigen ihr Gutachten schriftlich oder mündlich zu erstatten haben.

§ 83
Neues Gutachten

(1) Der Richter kann eine neue Begutachtung durch dieselben oder durch andere Sachverständige anordnen, wenn er das Gutachten für ungenügend erachtet.

(2) Der Richter kann die Begutachtung durch einen anderen Sachverständigen anordnen, wenn ein Sachverständiger nach Erstattung des Gutachtens mit Erfolg abgelehnt ist.

(3) In wichtigen Fällen kann das Gutachten einer Fachbehörde eingeholt werden.

§ 84
Sachverständigenentschädigung

Der Sachverständige wird nach dem Gesetz über die Entschädigung von Zeugen und Sachverständigen entschädigt.

§ 85
Sachverständige Zeugen

Soweit zum Beweis vergangener Tatsachen und Zustände, zu deren Wahrnehmung eine besondere Sachkunde erforderlich war, sachkundige Personen zu vernehmen sind, gelten die Vorschriften über den Zeugenbeweis.

§ 86
Richterlicher Augenschein

Findet die Einnahme eines richterlichen Augenscheins statt, so ist im Protokoll der vorgefundene Sachbestand festzustellen und darüber Auskunft zu geben, welche Spuren oder Merkmale, deren Vorhandensein nach der besonderen Beschaffenheit des Falles vermutet werden konnte, gefehlt haben.

§ 87
Leichenschau, Leichenöffnung

(1) Die Leichenschau wird von der Staatsanwaltschaft, auf Antrag der Staatsanwaltschaft oder vom Richter, unter Zuziehung eines Arztes vorgenommen. Ein Arzt wird nicht zugezogen, wenn dies zur Aufklärung des Sachverhalts offensichtlich entbehrlich ist.

(2) Die Leichöffnung wird von zwei Ärzten vorgenommen. Einer der Ärzte muss Gerichtsarzt oder Leiter eines öffentlichen gerichtsmedizinischen oder pathologischen Instituts oder ein von diesem beauftragter Arzt des Instituts mit gerichtsmedizinischen Fachkenntnissen sein. Dem Arzt, welcher den Verstorbenen in der dem Tod unmittelbar vorausgegangenen Krankheit behandelt hat, ist die Leichenöffnung nicht zu übertragen. Er kann jedoch aufgefordert werden, der Leichenöffnung beizuwohnen, um aus der Krankheitsgeschichte Aufschlüsse zu geben. Die Staatsanwaltschaft kann an der Leichenöffnung teilnehmen. Auf ihren Antrag findet die Leichenöffnung im Beisein des Richters statt.

(3) Zur Besichtigung oder Öffnung einer schon beerdigten Leiche ist ihre Ausgrabung statthaft.

(4) Die Leichenöffnung und die Ausgrabung einer beerdigten Leiche werden vom Richter angeordnet; die Staatsanwaltschaft ist zu der Anordnung befugt, wenn der Untersuchungserfolg durch Verzögerung gefährdet würde. Wird die Ausgrabung angeordnet, so ist zugleich die Benachrichtigung eines Angehörigen des Toten anzuordnen, wenn der Angehörige ohne besondere Schwierigkeiten ermittelt werden kann und der Untersuchungszweck durch die Benachrichtigung nicht gefährdet wird.

§ 88
Identifizierung

Vor der Leichenöffnung ist, wenn nicht besondere Hindernisse entgegenstehen, die Persönlichkeit des Verstorbenen, insbesondere durch Befragung von Personen, die den Verstorbenen gekannt haben, festzustellen. Ist ein Beschuldigter vorhanden, so ist ihm die Leiche zur Anerkennung vorzuzeigen.

§ 89
Umfang der Leichenöffnung

Die Leichenöffnung muss sich, soweit der Zustand der Leiche dies gestattet, stets auf die Öffnung der Kopf-, Brust- und Bauchhöhle erstrecken.

§ 90
Neugeborenes Kind

Bei Öffnung der Leiche eines neugeborenen Kindes ist die Untersuchung insbesondere darauf zu richten, ob es nach oder während der Geburt gelebt hat und ob es reif oder wenigstens fähig gewesen ist, das Leben außerhalb des Mutterleibes fortzusetzen.

§ 91
Verdacht einer Vergiftung

(1) Liegt der Verdacht einer Vergiftung vor, so ist die Untersuchung der in der Leiche oder sonst vorgefundenen verdächtigen Stoffe durch einen Chemiker oder durch eine für solche Untersuchungen bestehende Fachbehörde vorzunehmen.

(2) Es kann angeordnet werden, dass diese Untersuchung unter Mitwirkung oder Leitung eines Arztes stattzufinden hat.

Kleiber

§ 92
Gutachten bei Geld- und Wertzeichenfälschung

(1) Liegt der Verdacht einer Geld- oder Wertzeichenfälschung vor, so sind das Geld oder die Wertzeichen erforderlichenfalls der Behörde vorzulegen, von der echtes Geld oder echte Wertzeichen dieser Art in Umlauf gesetzt werden. Das Gutachten dieser Behörde ist über die Unechtheit oder Verfälschung sowie darüber einzuholen, in welcher Art die Fälschung mutmaßlich begangen worden ist.

(2) Handelt es sich um Geld oder Wertzeichen eines fremden Währungsgebietes, so kann an Stelle des Gutachtens der Behörde des fremden Währungsgebietes das einer deutschen erfordert werden.

§ 93
Schriftgutachten

Zur Ermittlung der Echtheit oder Unechtheit eines Schriftstücks sowie zur Ermittlung seines Urhebers kann eine Schriftvergleichung unter Zuziehung von Sachverständigen vorgenommen werden.

Anhang 1.9

Muster eines Partnerschaftsgesellschaftsvertrags

Vertrag[13]

§ 1   Die Herren X, Y und Z schließen sich als freiberufliche Sachverständige zur Ausübung ihres Berufs zusammen
Die Herren X, Y und Z sind hauptamtlich Sachverständige.
Auf die Partnerschaft finden das Gesetz zur Schaffung von Partnerschaftsgesellschaften vom 25. 7. 1994 – PartG – (BGBl. I 1994, 1744), zuletzt geändert durch Art. 1a des Gesetzes vom 22. 7. 1998 (BGBl. I 1998, 1878) und die Vorschriften des Bürgerlichen Gesetzbuchs Anwendung.

§ 2   Die Partnerschaft trägt den Namen „X & Partner".

§ 3   Die Partnerschaft mit Namen „X & Partner" hat ihren Sitz in Frankfurt am Main.
Die Namen der Partner lauten Manfred X, Wilfried Y und Ludwig Z. Die Partner sind wohnhaft unter folgenden Anschriften …
Die Partner üben hauptberuflich die Sachverständigentätigkeit in folgenden Bereichen aus …
Der Zusammenschluss der Partnerschaft hat die hauptberufliche Sachverständigentätigkeit zum Gegenstand.

§ 4   Die mit diesem Vertrag geschlossene Partnerschaft ist in das Partnerschaftsregister einzutragen.

§ 5   Die Partnerschaft kann neben ihrem Sitz Zweigniederlassungen nach dem Handelsgesetzbuch errichten bzw. eigenständige Betriebsstätten schaffen.

§ 6   Die Partner erbringen ihre beruflichen Leistungen unter Beachtung des für sie geltenden Berufsrechts.

§ 7   Neben dem Hauptsitz in Frankfurt am Main, der von dem Partner X geführt wird, errichten die Partner Y in Berlin und Z in München eine eigenständige Betriebsstätte, die von den jeweiligen Partnern betreut wird.

§ 8   Die Partnerschaft wird im Verhältnis zu dritten Personen erst mit ihrer Eintragung in das Partnerschaftsregister wirksam.

§ 9   Für Verbindlichkeiten der Partnerschaft haften, neben dem Vermögen der Partnerschaft, die Partner als Gesamtschuldner.
Es besteht Einigkeit, dass die Partner ihre Haftung aus Ansprüchen aus Schäden wegen fehlender Berufsausübung auch unter Verwendung vorformulierter Vertragsbedingungen auf denjenigen Partner beschränken können, der die berufliche Leistung erbringt oder zu verantworten hat.
Es besteht Einigkeit, dass die Beschränkung der Haftung für Ansprüche aus Schäden wegen fehlerhafter Berufsausübung auf einen bestimmten Höchstbetrag begrenzt wird, der identisch ist mit der Deckungssumme der Berufshaftpflichtversicherung der Partner oder der Partnerschaft.

§ 10   Das Ausscheiden eines Partners und die Auflösung der Partnerschaft richten sich nach den §§ 131 bis 141 des Handelsgesetzbuchs.
Der Tod eines Partners, die Eröffnung des Insolvenzverfahrens über das Vermögen eines Partners, die Kündigung eines Partners und die Kündigung durch einen Privatgläubiger eines Partners bewirken nur das Ausscheiden des betroffenen Partners aus der Partnerschaft.
Verliert ein Partner eine erforderliche Zulassung zu dem Freien Beruf, den er in der Partnerschaft ausübt, so scheidet er mit dem Verlust auch aus der Partnerschaft aus.
Die Beteiligung an einer Partnerschaft ist nicht vererblich.

§ 11   Es besteht Einigkeit, dass der vorgenannte Vertrag die individuelle Ausgestaltung durch den Partner erforderlich macht. Diese Ausgestaltung erfolgt durch Beschlüsse aller Partner und deren hundertprozentiger Zustimmung. Die Beschlüsse sind schriftlich abzufassen und dienen als Ergänzung dieser vorstehenden Vereinbarung.

gez. Sachverständiger X, gez. Sachverständiger Y, gez. Sachverständiger Z

---

13   Nach Volze, H., DS 1995, 3

Anhang 1.10

Anschriftenliste der Sachverständigenverbände

**Bundesverband
öffentlich bestellter und
vereidigter sowie qualifizierter
Sachverständiger e.V. (BVS)**
Lindenstraße 76
10969 Berlin
Tel. (0 30) 25 59 38-0
Fax (0 30) 25 59 38-14
E-Mail: bvs-ev@t.online.de
www.bvs-ev.de

Forschungsinstitut des BVS
Arcostraße 5
80333 München
Tel. (0 89) 55 45 95
Fax (0 89) 55 39 38

Landesverbände (BVS)

Baden-Württemberg
Friedrichshaller Straße 11/1
74117 Bad Friedrichshall
Tel. (0 71 36) 2 55 03
Fax (0 71 36) 2 54 23

Bayern
Arcostraße 5
80333 München
Tel. (0 89) 55 45 95
Fax (0 89) 5 50 39 38

Berlin und Brandenburg (VVS)
Sachtlebenstraße 5
14165 Berlin
Tel. (0 30) 8 15 84 40
Fax (0 30) 8 15 84 40

Hamburg
Baurstraße 70
22607 Hamburg-Othmarschen
Tel. (0 40) 89 16 60
Fax (0 40) 89 16 33

Hessen
Börsenplatz 1
60322 Frankfurt a. M.
Tel. (0 69) 28 78 50

Mecklenburg-Vorpommern
Fritz-Reuter-Straße 9
17033 Neubrandenburg
Tel. (03 95) 5 82 50 00
Fax (03 95) 5 82 50 04

Niedersachsen-Bremen
Sulniacweg 12
27478 Cuxhaven
Tel. (0 47 22) 23 99
Fax (0 47 22) 23 92

Nordrhein-Westfalen
Moerser Straße 310
47803 Krefeld
Tel. (0 21 51) 95 06 71
Fax (0 21 51) 5 80 45

Rheinland-Pfalz-Saar
St.-Josef-Straße 8
56068 Koblenz
Tel. (02 61) 3 57 84
Fax (02 61) 1 69 41

Sachsen
Preußerstraße 3
01445 Radebeul
Tel./Fax (03 51) 8 36 46 66

Sachsen-Anhalt
Rudolf-Breitscheid-Straße 12
06110 Halle
Tel. (03 45) 2 02 98 76
Fax (03 45) 2 02 58 31

Schleswig-Holstein
Am Spargelhof 4
23554 Lübeck
Tel. (04 51) 4 80 04-0
Fax (04 51) 4 80 04-40

Thüringen
Schillerstraße 18
99423 Weimar
Tel. (0 36 43) 90 39 64
Fax (0 36 43) 50 55 11

**Bund Deutscher Sachverständiger
und Gutachter (BDSG)**
Badensche Straße 6
10825 Berlin
Tel. (0 30) 8 53 30 95
Fax (0 30) 8 53 30 99

**Bundesverband Deutscher
Immobilienmanager und
Bauwirtschaftsexperten (BDIB)**
Edelsberg Straße 8
80686 München
Tel. (0 89) 5 70 07-0
Fax (0 89) 5 70 07-2 60

**Union freier
Sachverständiger e.V. (UFS)**
Ehrwaldstraße 85
81377 München

Deutscher Sachverständigen Verband
Berufsverband öffentlich
bestellter und vereidigter
Sachverständiger e.V.
Jülicher Straße 25
41199 Mönchengladbach

**Verband der Bausachverständigen
Norddeutschlands e.V. (VBN)**
Mökernstraße 18
27572 Bremerhaven
Tel. (04 71) 9 72 00 15
Tel. (04 71) 9 72 00 25
E-Mail: info@v-b-n.de
www.v-b-n.de

**Verband der Vereidigten
Sachverständigen eV Berlin
und Brandenburg**
Kurfürstendamm 132 A
10711 Berlin
Tel./Fax (0 30) 8 15 84 40

**Landesverband der Sachverständigen
für Wertermittlung
im Grundstücksverkehr
Land Brandenburg e.V.**
Küsselstraße 13
14473 Potsdam
Tel./Fax (03 31) 29 47 87
2 80 34 83

**Landesverband
der Sachverständigen
im Bauwesen
in Mecklenburg-Vorpommern**
Fürstenseer Landstraße 38
17235 Neustrelitz

**Landesverband
der staatlich zugelassenen
Sachverständigen für die
Grundstückswertermittlung Berlin**
Dolgensee 63
10319 Berlin

**Landesverband
der staatlich zugelassenen
Sachverständigen für Wertermittlung
von Sachsen**
Schinkelstraße 21
01217 Dresden

**Landesverband
der staatlich zugelassenen
Bausachverständigen von Sachsen**
Thielaustraße 8
01309 Dresden

**Landesverband
der öffentlich bestellten
und vereidigten Sachverständigen e.V.
in Thüringen**
Herbststraße 29
99423 Weimar

**Verband der Sachverständigen
für Immobilienbewertung
Sachsen-Anhalt e.V.**
Fichtestraße 4
06712 Zeitz
Tel. 0 34 41-76 60 99

**Verband der zugelassenen
Bausachverständigen**
Panoramastraße 1
10178 Berlin

**Bundesverband Deutscher
Grundstückssachverstän-
diger e.V. (BDGS)**
Edelsbergstraße 8
80686 München
Tel. (0 89) 57 00-70; 72 44; 72 33
Fax (0 89) 57 00 72 60

**Bundesverband
Deutscher Sachverständiger
und Fachgutachter e.V. (BDSF)**
Postfach 18 67
79553 Weil am Rhein
Tel. (0 76 21) 7 10 55
Fax (0 76 21) 7 10 11

**Bundesverband
Freier Sachverständiger (BVFS)**
Humboldtstraße 22
40237 Düsseldorf
Tel. (0 2 11) 66 11 11
Fax (02 11) 68 11 61

**Bund Deutscher Sachverständiger
und Gutachter**
Badensche Straße 6
10825 Berlin
Tel. (030) 8 53 30 95
Fax (030) 8 53 30 99

**Bundesverband der zertifizierten
Sachverständigen e.V. (BZS)**
St. Petersburger Straße 15
01069 Dresden
Tel. (03 51) 4 87-33 27
Fax (03 51) 4 87-33 26

**Bundesvereinigung
der von privaten Fachorganisationen
anerkannten Grundstücks-
sachverständigen (BAS)**
Obermarkt 15
82418 Murnau
Tel. (0 88 41) 61 64 11
Fax (0 88 41) 9 08 30

**Hauptverband freier Sachverständiger
Deutschland Ost**
Eislebener Straße 1
99086 Erfurt
Tel. (03 61) 7 36-15 18
Fax (03 61) 7 36-15 19

**Hauptverband der landwirtschaftlichen
Buchstellen und Sachverständigen e.V.
(HLBS)**
Kölnstraße 202
53757 St. Augustin
Tel. (0 22 41) 92 80 81-85
Fax (0 22 41) 2 70 14

**Sachverständigen-Kuratorium
(SVK)**
Im Schlank 26
40472 Düsseldorf

**Ring Deutscher Makler
(RDM)**
Mönckebergstraße 27
20095 Hamburg

**Verband Deutscher Makler
(VDM)**
Pfarrgasse 2
61462 Königstein/Taunus

**Internationaler Verband
der Immobilienberufe
(FIABCI)**
23 Avenue Bosquet
75007 Paris
Frankreich

FIABCI-Deutschland
Große Theaterstraße 7
20354 Hamburg
Tel. (0 40) 35 71 03 56
Fax (0 40) 35 71 03 57

Deutscher Akkreditierungsrat
Unter den Eichen 87
12205 Berlin
Tel. (0 30) 81 04 17 13

**Trägergemeinschaft
für Akkreditierung GmbH**
Gartenstraße 6
60594 Frankfurt/M.
Tel. (0 69) 6 10 94 30

**Arbeitsgemeinschaft
der Sachverständigen für das
Bauwesen (ASB)**
Am Seeblick 10
40627 Düsseldorf
Tel. (02 11) 25 17 53

**Arbeitsgemeinschaft
deutscher Immobilienbörsen**
Börsenplatz 4
60313 Frankfurt/M.
Tel. (0 69) 21 97-3 38
Fax (0 69) 21 97-4 87

**Internationale Expertenunion
für Bewertung und Bauschäden
Bund Technischer Experten (BTE)**
Christophstraße 11
45130 Essen

**European Business School (ebs)
Immobilienakademie**
Kranenstraße 19
65375 Oestrich-Winkel
Tel. (0 67 23) 99 50 30
Fax (0 67 23) 99 50 35

**ebs Immobilienakademie
GmbH**
An der Mühle 4
13507 Berlin
Tel. (0 30) 4 39 09-0
Fax (0 30) 4 90 96-50

**gif Gesellschaft für
Immobilienwirtschaftliche
Forschung e. V.**
c/o ebs Immobilienakademie
Kranenstraße 19
65375 Oestrich-Winkel
Tel. (0 67 23) 99 50 30
Fax (0 67 23) 99 50 35

**Verwaltungs- und
Wirtschafts-Akademie (VWA)**
Bertoldstraße 54
79098 Freiburg

**Deutsche Immobilien Akademie
(DIA) GmbH
Weiterbildungszentrum des
RDM e.V. und der Verwaltungs-
und Wirtschaftsakademie Freiburg e.V.**
Bertoldstraße 54
79098 Freiburg
Tel. (07 61) 2 07 55-0
Fax (07 61) 2 07 55-33

**Royal Institution of
Chartered Surveyors (RICS)**
12 Great George Street
Parliament Square
GB – London SW1P 3AD
Tel. 44 17 12 22 70 00
Fax 44 17 13 34 38 00

Director of Valuation:
Andrew Gooding
Tel. 44 2 76 95 15 22
E-Mail: agooding@rics.org.uk

**RICS Deutschland
c/o Judith Gabler**
Stresemannallee 61
60596 Frankfurt am Main
Tel. (0 69) 63 65 13
Fax (0 69) 63 19 81 17
E-Mail: jgabler.dvcs@t-online.de

Executive Headquarters
15 Delisle Avenue
Toronto Ontario
Canada M4V 148
Tel. 1 41 69 22 39 99
Fax 1 41 69 22 35 89

**Tegova c/o The Royal
Institution of
Chartered Surveyors**
12 Great George Street
Parliament Square
London SW1P 3AD
England

**Institute of Professional
Auctioneers and Valuers**
39 Upper Fitzwilliam Street
Dublin 2 – Irland
Tel. (0 03 53) 6 78 56 85
Fax (0 03 53) 6 76 28 90

**International Valuation
Standards Committee
International Bureau**
12 Great George Street
London
England SW1P SAD
Tel. 44 17 12 22 70 00
Fax 44 17 12 22 94 30

**Akademie der
Immobilienwirtschaft GmbH
an der Berufsakademie Stuttgart
Staatliche Studienakademie –**
Rotebühlplatz 41
70178 Stuttgart
Tel. (07 11) 66 73-69 61
Fax (07 11) 66 73-69 99

**Akademie für Immobilien-
Management International**
Waldstraße 40
24768 Rendsburg

**Arbeitsgemeinschaft
Deutscher Immobilienbörsen**
Börsenplatz 4
60313 Frankfurt am Main

**Berufsakademie Sachsen
Staatliche Studienakademie
Leipzig**
Schönauer Straße 113 a
04207 Leipzig
Tel. (03 41) 4 27 43-0
Fax (03 41) 42 74 33 31
E-Mail: studienakademie.leipzig@debitel.net
www.ba-leipzig.de

**Bodenverwertungs- und
-verwaltungs GmbH BVVG**
Schönhauser Allee 120
10437 Berlin
Tel. (0 30) 44 32-0
Fax (0 30) 44 32-12 15

Bundesaufsichtsamt für das Kreditwesen
Gardeschützenweg 71–101
12203 Berlin

**HypZert Gesellschaft zur
Zertifizierung von
Immobiliensachverständigen
für Beleihungswertermittlungen
mbH**
Holbeinstraße 17
53175 Bonn
Tel. (02 28) 3 72 92 00
Fax (02 28) 3 72 92 02

**Institut für Sachverständigen-
wesen (IfS) an der Industrie-
und Handelskammer in Köln**
Unter Sachsenhausen 10–26
50667 Köln
Tel. (02 21) 16 40-3 21
Fax (02 21) 16 40-3 29

**IfS-Zertifizierungsgesellschaft
für Sachverständige mbH**
Gereonstraße 50
50670 Köln
Tel. (02 21) 91 27 71 12
Fax (02 21) 91 27 71 99

Anhang 1.11

Immobilienausbildung in Deutschland
Immobilienstudiengänge an (Fach-) Hochschulen und Akademien

Immobilienstudiengänge an (Fach-)Hochschulen und Akademien			
Ausbildungsstätte	**Angebot**	**Abschluss**	**Ausbildung und Umfang**
European Business School Stiftungslehrstuhl Immobilienökonomie Schloss Reichartshausen 65375 Oestrich-Winkel Tel.: (0 67 23) 6 91 19	Einführung in die Immobilienökonomie, Immobilienbewertung, -finanzierung, -investition, -steuerrecht, -anlagen- produkte, -leasing, -marke- ting, Markt- und Standort- analyse, Immobilienkauf- vertrags-, Miet-, Öffentliches Planungs- und Baurecht, Spezifika von Immobilien- arten und Architektur, Corporate Real Estate Management, Public Real Estate Management, Immobilienportfoliomanage- ment, Facilities Management, Projektentwicklung, Bau-Projektmanagement	Dipl.-Kaufmann/-frau Bescheinigung des Schwerpunktes im Diplomzeugnis, Prüfungsfach staatlich anerkannte RICS- Akkreditierung „Royal Institution of Chartered Surveyors"	BWL-Wahlpflichtfach, Immobilienökonomie/ 8 Semester, davon 2 Semester im Ausland, Studiengebühr pro Semester € 4750,–
ebs IMMOBILIEN- AKADEMIE GmbH Kranenstraße 19 65375 Oestrich-Winkel Tel.: (0 67 23) 99 50 30 **ebs** IMMOBILIEN- AKADEMIE GmbH Niederlassung Berlin An der Mühle 4 13507 Berlin Tel.: (0 30) 4 39 09 60 **ebs** IMMOBILIEN- AKADEMIE GmbH Niederlassung München St. Ottilienweg 11 85630 Grasbrunn Tel.: (0 81 06) 3 79 80	Kontaktstudium Immobilien- ökonomie: Interdisziplinäre Grundlagen, Immobilienentwicklung und Raumplanung, Bau-Pro- jektmanagement, Gewerbe- und Wohnimmobilien- management Kontaktstudium Corporate Real Estate Management/ Facilities Management: Betriebswirtschaftliche Grundlagen, Technische Grundlagen, Immobilien- management und -recht, Corporate Real Estate Mana- gement bzw. Facilities Mana- gement, Immobilienbewer- tung und Raumplanung	Immobilienökonom **(ebs)** RICS-Akkreditierung „Royal Institution of Chartered Surveyors" Corporate Real Estate Manager **(ebs)** RICS-Akkreditierung „Royal Institution of Chartered Surveyors" Facilities Manager **(ebs)** RICS-Akkreditierung „Royal Institution of Chartered Surveyors"	Personen mit abgeschlossenem Studium an einer Universität oder FH (BWL, VWI, Jura, Ingenieurwesen, Architektur) oder Personen, die die für die Teilnahme erforderliche Eignung im Beruf oder auf andere Weise erworben haben.
Berufsakademie Sachsen, Staatliche Studien- akademie Leipzig Schönauer Str. 113 a 04207 Leipzig Tel.: 03 41/4 27 43-4 41	Immobilienwirtschaftliches Hochschulstudium, Immobilienbetriebslehre, BWL, VWL, Recht, IV, Mathematik, Wirtschaftsenglisch	Diplom-Betriebswirt (BA) Studienrichtung Immobi- lienwirtschaft und RICS- Akkreditierung Abschluss als Chartered Surveyor möglich	duales Hochschulstudium, 3 Jahre
iSt. Institut für immobilien- wirtschaftliche Studien August-Bebel-Str. 59 04275 Leipzig Tel.: 03 41/3 02 88 51	1. Fortbildung im Bereich der Immobilienwirtschaft (Seminare zu Spezial- themen) 2. Studium Immobilienöko- nomie für Führungskräfte in Zusammenarbeit mit der Berufsakademie Sachsen/Leipzig in Vorbereitung	1. Zertifikat des iSt. 2. Immobilienökonom (iSt.)	2. zwei Jahre berufsbe- gleitend

Hochschulausbildung

Ausbildungsstätte	Angebot	Abschluss	Ausbildung und Umfang
Universität Köln Institut für Wohnungs- recht und Wohnungswirtschaft Klosterstraße 79 b 50931 Köln Tel.: (02 21) 4 70 23 11 (Prof. Dr. Meincke)	Grundlagen der Wohnungs- wirtschaft; Wohnungsrecht; Wohnungspolitik; unternehmerische Wohnungs- wirtschaft; Wohnungs- und Bodenmarkt; subventionierte Wohnungswirtschaft	Wirtschaftswissenschaft- liches Diplom: automatische Bescheini- gung der Schwerpunkt- bildung im Diplom- Zeugnis: kein Prüfungsfach	Im Rahmen des wirtschaftswissenschaft- lichen Diplomstudiums als Schwerpunktfach 14 Semesterwochen- stunden
Universität Mannheim Wohnungswirtschaft- liches Seminar Seminargebäude A5 68131 Mannheim Tel.: (06 21)1 81-18 61/17 64 (Prof. Dr.Hans Nachtkamp) (Prof. Dr. Axel Börsch- Supan Ph. D.)	Grundlagen der Wohnungswirtschaft: Wohnungswirtschaft und Besteuerung: Wohnungsbaufinanzierung (Realkredit): Wohnungswirtschaft und Steuerpolitik	Dipl.-Volkswirt/in Bescheinigung der Schwerpunktbildung auf Anfrage: kein Prüfungsfach	Im Rahmen des VWL- Diplomstudiums 6–8 Semesterwochen- stunden Wahlpflichtfach Wohnungswirtschaft
Westfälische Wilhelms- Universität Münster Institut für Siedlungs- und Wohnungswesen Am Stadtgraben 9 48143 Münster Tel. (02 51) 83-29 71 E-Post:17wimi@wiwi. uni-muenster.de Prof. Dr. Ulrich van Suntum	Wohnungsmarkttheorie und- politik; Regionalökonomie; Arbeitsmarkttheorie und -politik Seminare über aktuellen Fragen der Wohnungswirt- schaft und Wohnungspolitik	Dipl.-Volkswirt/in Dipl.-Kaufmann/-frau	Im Rahmen des VWL- Diplomstudiums 4–6 Semesterstunden
Universität Leipzig Stiftungslehrstuhl Grundstücks- und Wohnungswirtschaft Marschnerstraße 31 04109 Leipzig Tel: 03 41/ 97 - 3 36 50 Fax: 03 41 / 97 - 3 36 69 Mail: info@immo.uni- leipzig.de	Immobilienbewertung, -besteuerung, -verwaltung, -marketing, Wohnungs- genossenschaftswesen, Portofolio-Management, Controlling, Mietrecht, Öko- logisches Bauen, Stadtent- wicklung, Bauschadens- analyse, IT-Management	Dipl.-Kaufmann/-frau Bescheinigung des Schwerpunktes im Diplomzeugnis Prüfungs- fach der Speziellen BWL	Im Rahmen des Studiums der BWL Vertiefungsrichtung Grundstücks- und Wohnungswirtschaft vom 5. bis 9. Semester des Hauptstudiums
Hochschule Anhalt (FH) Abt. Bernburg Bernburger Straße 52-57 06366 Köthen Tel.: (0 34 96) 6 72 23 www.hs.anhalt.de	Immobilienmärkte, Bauträger- und Maklerwesen, Rechnungswesen und Steuern in der Immobilien- wirtschaft, Immobilien- bewertung und Immobilienfinanzierung, Immobilienmanagement	Dipl.-Betriebswirt/in (FH) des Studienganges Immobilienwirtschaft	Studiengang Immobilienwirtschaft/ 8 Semester einschließlich eines Praxissemesters
FH für Technik und Wirtschaft Berlin Treskowallee 8 10313 Berlin Tel: (0 30) 50 19 - 22 30 Neu WS 96/97	Immobilienmarketing, Immobilienrelevante Rechtsgebiete, Grundlagen der Haus- und Gebäudetechnik, Bautechnik, Projekt- entwicklung Wohn- und Gewerbe-IMW	Dipl.-Kaufmann (FH) mit Schwerpunkt Immobilienmanagement	BWL mit Schwerpunkt Immobilienmanagement/ 3 Monate Vorpraktikum, 8 Semester einschließlich eines Praxissemesters

Hochschulausbildung			
Ausbildungsstätte	**Angebot**	**Abschluss**	**Ausbildung und Umfang**
FH Biberach Karlstraße 11 88382 Biberach/Riss Tel.: (0 73 51) 5 82-0	Bauökonomie und -technik, Baurecht, Baubetriebswirt- schaft, Projektmanagement, Auslandsbau, Arbeits- kalkulation, Disposition, Rechnungswesen und Controlling, Bauabrechnung, Optimierung und Operations Research	Dipl.-Betriebswirt/in (Bau) RICS-Akkreditie- rung „Royal Institute of Chartered Surveyors" Diplom-Ingenieur	Betriebswirtschaft (Bau)/ 8 Semester, davon 5. und 6. als Praxissemester, Studiengang Bauingenieurwesen/ Projektentwicklung/ 3 Monate Vorpraktikum 8 Semester, davon 3. und 6. Praxissemester
FH Dieburg Deutsche Telekom AG (in Zusammenarbeit mit der südwest-deutschen Fachakademie) Max-Planck-Str. 2 64807 Dieburg Tel.: (0 60 71) 28-35 10	Immobilienrecht, spezielle BWL der Immobilienwirtschaft	Dipl.-Betriebswirt/in (FH) Studienrichtung Immobilienwirtschaft	BWL Studienrichtung Immobilienwirtschaft/ berufsbegleitend 7 Semester Studiengebühr pro Semester 2900 DM
FH Oldenburg Ofener Straße 19 26121 Oldenburg Tel.: (04 41) 77 08-116	Baubetrieb, Projekt- management, Baurecht, BWL, Qualitätsmanagement, Personalwirtschaft	Dipl.-Ingenieur/in (FH) Studiengang Baumanagement	Studiengang Baumanage- ment / 6 Monate Vor- praktikum, 8 Semester, davon ein Praxissemester

FH Nürtingen
Fachbereich Betriebs-
wirtschaft
Sigmaringer Straße 14
72622 Nürtingen
Tel.: (0 70 22) 2 92-2 15
Tel.: (07 22) 92 92 08
(Prof. Dr. Falk)
	Grundlagen der Immobilien-
	wirtschaft
	– Immobilienmarkt, -arten
	– Planung, Entwicklung
	– Akquisition, Bewertung,
	  Schätzung
	– Projektdurchführung/
	  -management
	– Marketing, Vertrieb
	– Finanzierung
	– Verwaltung
	Immobilienrecht (öffentliches
	und privates Recht); Immobi-
	lienwirtschaft (Wohnungs-
	und Gewerbeimmobilien);
	Spezialthemen (Vorträge
	externer Fachleute aus der
	Praxis)
		Dipl.-Betriebswirt (FH)
		automatische
		Ausweisung der
		Vertiefungsrichtung im
		Diplom-Zeugnis;
		Prüfungsfach
			Im Rahmen
			des betriebswirtschaft-
			lichen Diplomstudien-
			ganges wird als
			Wahlpflichtfach u. a. die
			Vertiefungsrichtung
			„Wohnungs- und
			Immobilienwirtschaft"
			angeboten
			8 Semester,
			davon 6 in der Praxis

FH Lippe/Lemgo Fachbereich Wohnungs- wirtschaft Liebigstraße 87 32657 Lemgo Tel.: (0 56 61) 702-26 (Prof. Dr. Holland, Prof. Dr. Hagedorn)	BWL/VWL; Wirtschafts- /Steuerrecht; Mathematik/ Statistik/EDV/MDT; Rech- nungswesen; Städtebau und Wohnungswirtschaft; Betriebsfunktion wohnungs- wirtschaftlicher Unterneh- men; Wohnungswirtschaftli- ches Finanz- und Rechnungs- wesen; Wohnungswirtschaft- liche BWL (Praktikersemi- nare); Wohnungspolitik	Zeugnis einer entspre- chenden Bescheinigung durch die FH als Nach- trag zu einem vorherigen abgeschlossenen Studium	Zusatzstudium „Woh- nungswirtschaft". Zugangsberechtigt sind Absolventen verschiede- ner Studiengänge u. a.: Innenarchitektur, Geo- graphie, Raumplanung, Rechtswissenschaft, Sozialwissenschaft, Ver- waltungswissenschaften
FH Wildau Fachbereich Betriebswirtschaft Friedrich-Engels-Str. 63 15745 Wildau Tel. (0 33 75) 5 08-9 50, (0 33 75) 5 08-9 27	Rechnergestützte Verfahren Kalkulation+Controlling des Projektmanagements über alle Gewerke	Dipl.-Wirtschafts- Ingenieur/in (FH)	Wirtschaftsingenieur- wesen Vertiefungsrichtung Projektmanagement/ 8 Semester, ab dem 6. Semester Spezialisierung

Hochschulausbildung

Ausbildungsstätte	Angebot	Abschluss	Ausbildung und Umfang
FH Zittau/Görlitz Fachbereich Bauwesen Theodor-Körner-Allee 16 02763 Zittau Tel. (0 35 83) 61-16 32	Studiengang: Wohnungs- und Immobilienwirtschaft Studiengang Gebäude- und Infrastrukturmanagement	Dipl.-Wirtschafts-Ingenieur/in (FH) bzw. Bachelor/Master of Engeneering	Studiengang Wohnungs- und Immobilienwirt-schaft / 8 Semester, da-von ein Praxissemester Beginn jeweils nur im WS / Studiengang: Ge-bäude- und Infrastruk-turmanagement, 6 Seme-ster bis zum Bachelor / 4 Semester bis zum Master

Berufsakademie

Deutsche Immobilien-Akademie DIA Bertoldstraße 54 79098 Freiburg Tel. (07 61) 2 07 55 26	Immobilienwirtschaft Wohnungseigentum-Verwaltung Sachverständigenausbildung	Diplom VWA Freiburg Immobilienwirt(in) Fachwirt in der Grund-stücks- und Wohnungs-wirtschaft (IHK)	4 Semester von je 14 Tagen
VWA-Verwaltungs- und Wirtschaftsakademie Freiburg, Bertoldstr. 54 79098 Freiburg Tel. (07 61) 3 32 81	Fortbildung im Bereich Immobilienwirtschaft	1. Immobilienwirt (VWA-Diplom) 2. Fachwirt der GUW (IHK-Prüfung)	4 Semester mit insgesamt 400 Stunden
VWA-Verwaltungs- und Wirtschaftsakademie Köln, Hahnenstraße 16 50667 Köln Tel. (02 21) 2 21 34 30 (RA Dr. Holzapfel)	Fortbildung im Bereich Immobilienwirtschaft	Fachwirt der GuW (IHK-Prüfung)	4 Semester mit insgesamt 400 Stunden
Südwestdeutsche Fachakademie der Immobilienwirtschaft Sophienstraße 4 65189 Wiesbaden	Fortbildung im Bereich Immobilienwirtschaft	geprüfter Immobilien-fachwirt	3 Semester
Ausbildungswerk der Wohnungswirtschaft Springorumallee 20 44795 Bochum	Wohnungswirtschaftl. Betriebswirtschaftslehre	Fachwirt der GuW Staatlich geprüfter Betriebswirt (Fachrich-tung Wohnungswirtschaft und Realkredit)	2 Jahre Fernunterricht
FWI Führungsakademie der Wohnungs- und Immobilienwirtschaft e.V. Springorumallee 20 44795 Bochum Tel. (02 34) 94 47-6 00 Fax (02 34) 94 47-6 66	Wohnen, Stadt- und Regional-entwicklung, Grundstücks-wesen, Immobilienwesen, Vertiefung: – Wohnimmobilien – Gewerbeimmobilien Technik, Architektur Ökologie, Unternehmens-führung, Vertiefung: – Kapitalgesellschaften – Wohnungsgenossenschaften Trainee Studium Immobili-enökonom, Immobilienwirt-schaft FWI für Hochschulabsolventen	Chartered Surveyor „Diplomierter Woh-nungs- und Immobilien-wirt FWI" RICS-Ausbildung	Universitäts- oder FH-Ab-schluss in einem für die Immobilienwirtschaft re-levanten Studienfach oder Personen, die die für die Teilnahme erforderliche Eignung im Beruf oder auf andere Weise erworben haben. Wohnungs- und Immobilienwirtschaft/be-rufsbegleitend 2 Jahre: 10 Präsenzphasen jeweils 14 Tage, Kosten: 25 500 DM + MwSt. und Prüfungsge-bühren, Branchenbezoge-ner Hochschulabschluss 5 Monate Theorie, 7 Monate Praxis, Kosten: ca. 10 500 DM

Berufsakademie

Ausbildungsstätte	Angebot	Abschluss	Ausbildung und Umfang
Ausbildungswerk der gemeinnützigen Wohnungswirtschaft Ratingen-Hösel gemeinn. Stiftung Am Roland 20 40883 Ratingen Tel. (0 21 02) 6 73 28	1. Fortbildung in Fachrichtung Wohnungswirtschaft und Realkredit 2. Aus-/Fortbildung/ Umschulung im Bereich Immobilienwirtschaft	1. Staatl. geprüfter Betriebswirt (staatl. Prüf.) 2. Kfm./Kff. der Grundstücks- und Wohnungswirtschaft 3. Fachwirt Grundstücks- und Wohnungswirtschaft IHK-Prüfung	2 Jahre
Berufsakademie Berlin Staatliche Studienakademie Rheinpfalzallee 82 10318 Berlin Tel. (0 30) 5 09 29-400-422	Allgemeine und branchenbezogene BWL, VWL, Vertiefung des immobilienspezifischen Fachwissens, Immobilien-Recht	Dipl.-Betriebswirt/in (BA) Fachrichtung Immobilienwirtschaft	Studiengang Immobilienwirtschaft im dualen System, Abitur und Ausbildungsvertrag im Immobilienbereich, 3 Monate im Wechsel Betrieb und Akademie, insgesamt 3 Jahre
Berufsakademie Mannheim Staatliche Studienakademie Coblitzweg 7 68163 Mannheim Tel. (06 21) 41 05-148-183	BWL, VWL, Recht, EDV, Immobilienwirtschaft	Dipl.-Betriebswirt/in (BA) Fachrichtung Immobilienwirtschaft	Studiengang Immobilienwirtschaft im dualen System, Fach-/Abitur und Ausbildungsvertrag, 3 Monate im Wechsel Betrieb und Akademie, insgesamt 3 Jahre

Fachhochschulen/Berufsakademien

Ausbildungsstätte	Angebot	Abschluss	Ausbildung und Umfang
FH Kaiserslautern c/o Technische Akademie Südwest e.V. TAS Universität Kaiserslautern, Postfach 13 42 67603 Kaiserslautern Tel. (06 31) 2 05-27 91 Fax (06 31) 2 05-35 00	Weiterbildungsstudium zum zertifizierten Sachverständigen in der Grundstücksbewertung	Zertifikat Sachverständige oder Sachverständiger für die Bewertung bebauter und unbebauter Grundstücke sowie Mieten und Pachten (FH)	4-semestriges Fernstudium mit Präsenzwochen (ca. 400 Std.)
eipos Europäisches Institut für postgraduale Bildung an der TU Dresden e.V. Goetheallee 24 01309 Dresden Tel. (03 51) 44 07 21-0	Betriebswirtschaftliche und rechtliche Grundlagen des Immobilienwesens, Bauplanungs- und Projektmanagement, Immobilienbewirtschaftung, Vermarktung von Immobilien	Europäisches Diplom in der Immobilienwirtschaft (Urkunde und Zeugnis)	Abgeschlossenes Studium (Wirtschaftswissenschaften, Bauwesen und Jura) und praktische Tätigkeit in der Immobilienwirtschaft
Akademie der Wohnungs- und Immobilienwirtschaft Baden-Württemberg GmbH, Neckarsteige 6-10 72622 Nürtingen Tel. (0 70 22) 93 94 81 Fax (0 70 22) 93 94 82 E-Mail: awi@fh-nuertingen.de (Prof. Dr. Eduard Mändle)	Wohnungs- und Immobilien-Fortbildungsstudium: Vom „Immobilienwirt" über den/die „Geprüften Immobilienfachwirt/in (IHK)" zum „Immobilienökonom (AWI)"	1. Immobilienwirt (AWI) 2. Geprüfte/r Immobilienfachwirt/in (IHK) 3. Immobilienökonom (AWI)	240 UE (Unterrichtseinheiten) bis zum Immobilienwirt (AWI), weitere 240 UE bis zum/r Geprüften Immobilienfachwirt/in (IHK) sowie weitere 240 UE bis zum Immobilienökonom (AWI)

Weiterbildung an Hochschulen, einschließlich hochschulnahen Einrichtungen; Aufbaustudium/Postgraduiertes Studium

Ausbildungsstätte	Angebot	Abschluss	Ausbildung und Umfang
Hochschule Anhalt (FH), Abt. Bernburg und Dessau, Bernburger Str. 55, 06366 Köthen, (0 34 96 67-2 23, www.hs-anhalt.de, Studienfachberater: Prof. Dr.-Ing. U. Weber, weber@wi.hs-anhalt.de	Bietet als einzige Hochschule ein 4 Sem. umfassendes postgraduales Studium der Immobilienbewertung an. Zugangsberechtigt sind Absolventen verschiedener Studiengänge, u. a.: Betriebswirtschaft, Volkswirtschaft, Architektur, Bauingenieurwesen oder Vermessungswesen	Diplomwirtschaftsingenieur/-in für Immobilienbewertung (FH)	Grundstückswertermittlung, Rechte und Belastungen, Beleihungswerte, Miet- und Pachtwerte, Grundstücksrecht, Baumängel- und Bauschadensanalyse

2 Formulare

Vom Abdruck von Wertermittlungsformularen wurde abgesehen (vgl. Hinweise im Teil III bei Rn. 419). Die Wertermittlungsformulare der WertR können der 3. Aufl. zu diesem Werk entnommen werden.

2.1 Wertermittlungsauftrag

2.1.1 Wertermittlungsauftrag und Vollmacht von Sachverständigen

Auftrag und Vollmacht

Auftraggeber: _____

Tel.: _____ Fax: _____

Auftragnehmer: _____

Von der Industrie- und Handelskammer in _____
Öffentlich bestellter und vereidigter Sachverständiger für die Bewertung von bebauten und unbebauten Grundstücken und Gebäuden sowie Mieten und Pachten

Gottlob Redlich

_____

Tel.: _____ Fax: _____

Liegenschaft: _____

Grundbuch: Amtsgericht: _____
                Von (Bezirk): _____
                Band: _____
                Blatt: _____

Bestandsverzeichnis: Laufende Nr.: _____
                      Gemarkung: _____
                      Flur: _____
                      Flurstück: _____
                      Wirtschaftsart: _____
                      Größe: _____ m²

Auftragsthema: Verkehrswertermittlung: _____

Wertermittlungsstichtag: _____

Eigentümer: _____

Zweck des Gutachtens; _____

Auftraggeber beauftragt hiermit Auftragnehmer, ein Wertermittlungsgutachten zu erstatten. Der Sachverständige tut dies in eigener voller Verantwortung gegenüber Auftraggeber. Auftraggeber verzichtet auf konkrete Angaben bezüglich solcher Vergleichsobjekte, die der bearbeitende Sachverständige aus Datenschutzgründen nicht preisgeben kann.

Das Sachverständigenhonorar ist geregelt in der Gebührenordnung _____,
die Vertragsgrundlage ist und deren Empfang bestätigt wird. Zu den in dieser Gebührenordnung ausgewiesenen Honorarsätzen ist zuzüglich die Mehrwertsteuer mit derzeit 16 % zu zahlen. Das Gutachten wird ausgehändigt, sobald das Honorar gezahlt ist.

Eine Haftung für eventuelle Schadensersatzansprüche und Kostenerstattung bleibt ausgeschlossen, ausgenommen bei grober Fahrlässigkeit und Vorsatz. Hier wird die Haftung begrenzt auf 2 Jahre nach Auftragserteilung.

_____, den _____ 200_

_____
Unterschrift(en)

Anlage
Gebührenordnung

Vollmacht

Liegenschaft   _____

Vollmachtgeber   _____

Herr/Frau   _____
                 Öffentlich bestellte(r) und vereidigte(r) Sachverständige(r)

wurde mit der Erstattung eines Gutachtens beauftragt. Im Rahmen der Durchführung des Auftrags wird o. a. Sachverständige hiermit bevollmächtigt, von Behörden und Privaten Auskünfte und Unterlagen zu verlangen, soweit diese den Auftragsgegenstand betreffen. Sie/Er ist berechtigt Untervollmacht zu erteilen. Der Vollmachtnehmer ist ferner berechtigt, den Auftragsgegenstand zu besichtigen, auszumessen und örtlich aufzunehmen

_____, den _____ 200_

_____
Unterschrift(en)

Anhang 2.1.2

Wertermittlungsauftrag einer Bank

An
Immobilienbewertung

	Unser Zeichen	Unser Hausruf	Datum

Kreditnehmer
(Name und Anschrift)
Antrags-/Konto-/Kunden-Nr.:

Pfandobjekt
Straße, Hausnr.:
PLZ, Ort:
Gesprächspartner:
Telefonnr.:

Wir bitten um
- ☐ ein Verkehrswert-Gutachten mit/ohne Beleihungswertvorschlag
- ☐ Überprüfung eines Verkehrswertgutachtens mit/ohne Beleihungswertvorschlag
- ☐ eine Wertermittlung für das Grundstückszubehör
- ☐ einen Baubericht/Schlussbericht
- ☐

Folgende aktuelle Objektunterlagen sind beigefügt:

☐ Grundbuchauszug	☐ Bauzeichnungen/Aufteilungspläne	☐ eigene/fremde Wertermittlung
☐ Liegenschaftsbuchauszug	☐ Baukostenaufstellung	☐ Grenzattest
☐ Flurkarte/Lageplan	☐ Baubeschreibung	☐ Bauschein
☐ Anliegerkostenbescheid	☐ Berechnung des Brutto-Rauminhalts	☐ Schlussabnahmeschein
☐ Grundstückskaufvertrag	☐ Nutzflächenberechnung	☐ Auszug aus dem Baulastenverzeichnis
☐ Erbbaurechtsvertrag	☐ Aufstellung Grundmieten/Mietvertrag	☐ Standortanalyse
☐ Teilungserklärung/	☐ Feuerversicherungspolice	☐ Fotos
Gemeinschaftsordnung	☐ Gefährdungsabschätzung/Altlasten	☐ Aufstellung über Grundstückszubehör

Bemerkungen

Ort _____, den _____ 200_

_____
Unterschrift(en)

Anhang 2.2   Erfassungsbögen

Anhang 2.2.1

– Erfassungsbogen: Grundstücksdaten –

Liegenschaft: _____

Ort: _____ PLZ: _____ Straße: _____
Kreis: _____
Einwohnerzahl: _____
Gemarkung: _____ Flur: _____ Flurstück: _____
Karte: _____
Aktenzeichen: _____

Name des Auftraggebers: _____
Anschrift des Auftraggebers: _____ PLZ: _____
Straße: _____
Auftrag vom: _____
Besichtigt am: _____ durch: _____
Verwalter: _____

Zwangsverwalter: _____
Anschrift des Zwangsverwalters: _____ PLZ: _____
Straße: _____
Gesprächspartner: _____
Tel.: _____

Bundesland:

☐ Baden-Württemberg   ☐ Bayern
☐ Brandenburg   ☐ Berlin
☐ Bremen   ☐ Hamburg
☐ Hessen   ☐ Mecklenburg-Vorpommern
☐ Niedersachsen   ☐ Nordrhein-Westfalen
☐ Rheinland-Pfalz   ☐ Saarland
☐ Sachsen   ☐ Sachsen-Anhalt
☐ Schleswig-Holstein   ☐ Thüringen

Standort des Objektes und Struktur des Umfeldes:

☐ Ortskern   ☐ Wohngebiet
☐ ländliches Mischgebiet   ☐ Wohn- und Geschäftsgebiet
☐ Geschäftsgebiet   ☐ Mischgebiet
☐ Gewerbegebiet   ☐ Industriegebiet
☐ Außenbereich

Infrastruktur (Verkehrsanbindung/Schulen/Behörden usw.):

_____
_____
_____
_____
_____
_____
_____
_____
_____

Verkehrslage:

Entfernungen zum Zentrum (Ortskern): _____

zum Bus: _____

zum Bahnhof: _____

zur Straßenbahn: _____

zu Geschäften: _____

zu _____

Wohn- und Geschäftslage:

☐ sehr gute Wohnlage
☐ gute Wohnlage
☐ mittelgute Wohnlage
☐ sehr gute Geschäftslage
☐ gute Geschäftslage
☐ mittelgute Geschäftslage

☐ als Wohnlage geeignet
☐ als Wohnlage nicht geeignet
☐ als Wohnlage nur bedingt geeignet
☐ als Geschäftslage geeignet
☐ als Geschäftslage nicht geeignet
☐ als Geschäftslage nur bedingt geeignet

Anmerkung: _____

Struktur der Anwohner/Mieter:

Von welchen Bevölkerungsgruppen wird diese Wohngegend/das Objekt bevorzugt?

_____

Vorläufige Einschätzung des Entwicklungszustands:

☐ Umland/Ödland/Geringstland
☐ Abbaufläche
☐ Land- oder forstwirtschaftliche Fläche (§ 4 Abs. 1 WertV)
☐ Reine Land- oder forstwirtschaftliche Fläche (§ 4 Abs. 1 Nr. 1 WertV)
☐ Besondere Fläche der Land- oder Forstwirtschaft (§ 4 Abs. 1 Nr. 2 WertV)
☐ Bauerwartungsland (§ 4 Abs. 2 WertV) auf Grund
☐ Flächennutzungsplan
☐ Lage des Grundstücks (z. B. Nähe des Siedlungsgebiets oder der Infrastruktur)
☐ Sonstiges: _____

☐ Rohbauland (§ 4 Abs. 3 WertV)
☐ Erschließung vorhanden oder gesichert
☐ Erschließung nicht vorhanden und auch nicht gesichert
☐ Bodenordnung vorhanden
☐ Ungeordnet
☐ Baureifes Land (§ 4 Abs. 4 WertV)

Anmerkung: _____
_____
_____
_____
_____

Art der Bebauung:

Nutzung:

☐ als Wohnlage geeignet   ☐ ausschließlich wohnbaulich
☐ Wohnanlage   ☐ überwiegend wohnbaulich
☐ Reihenhausbebauung
☐ als Gewerbelage geeignet   ☐ ausschließlich gewerblich
☐ Gewerbepark   ☐ überwiegend gewerblich
☐ gewerblich und wohnbaulich

Bauweise: ☐ offene   ☐ geschlossene Bebauung _____ bis _____ geschossig
Dachform: _____
Dachneigung: von _____ bis _____

Topographische Lage:
☐ eben
☐ leicht hängig
☐ starke Hanglage

Straßenfront: _____ m   **Mittlere Tiefe:** _____ m

Grundstückssituation

Grundstückszuschnitt

☐ quadratisch   ☐ fast quadratisch
☐ rechteckig   ☐ fast rechteckig
☐ unregelmäßig   ☐ Übertiefe

Grundstücksgröße (m²): _____
Grundstückspreis (Bodenrichtwert): _____ €/m²
Vorderland: _____ m² _____ €/m²
Hinterland: _____ m² _____ €/m²

Straßenart:

☐ Anliegerstraße
☐ verkehrsberuhigt ausgebaute Wohn- und Geschäftsstraße
☐ verkehrsberuhigt ausgebaute Wohnstraße
☐ Wohn- und Geschäftsstraße
☐ provisorisch ausgebaute Straße

Anmerkung: _____
_____
_____
_____

Straße mit:

☐ mäßigem Verkehr   ☐ regem Verkehr
☐ starkem Verkehr   ☐ Durchgangsverkehr

Straßenausbau:

ausgebaut:	☐ voll	☐ überwiegend	☐ provisorisch
Fahrbahn:	☐ geteert	☐ Betonverbundpflaster	☐ Natursteinpflaster
Gehwege:	☐ einseitig	☐ beiderseitig	
Parken:	☐ Parkstreifen	☐ Parkbuchten	

Anmerkung: _____

_____

_____

_____

_____

Höhenlage zur Straße:

☐ normal
☐ von der Straße abfallend
☐ von der Straße ansteigend

Anschlüsse:

☐ Elektrizität, Strom	☐ Wasser	☐ Gas
☐ Telefon	☐ Telefax	☐ Kabelfernsehen
☐ Kanalanschluss	☐ Fernheizung	

Kleinkläranlage: ☐ mit Überlauf und Versicherung
                      ☐ mit Überlauf und Kanalanschluss
                      ☐ ohne Überlauf / Kanalanschluss

Ausfahrgrube: ☐ mit Überlauf und Versickerung
                      ☐ mit Überlauf und Kanalanschluss
                      ☐ ohne Überlauf / Kanalanschluss

weitere Anschlüsse …

Baugrund/Grundwasser:

☐ keine Grundwasserschäden	☐ Gewachsener, normal tragfähiger Baugrund
☐ Gefahr von Hochwasserschäden	☐ besondere Gründung
☐ Pfahlgründung	☐ Gefahr von Bergschäden

Grundbuch: ☐ Das Grundbuch wurde nicht eingesehen
                  ☐ wertbeeinflussende Eintragungen in Abt. II
                  ☐ keine Eintragungen in Abt. II

von: _____ Blatt: _____

_____

Eintragungen: _____

_____

_____

_____

_____

Grenzverhältnisse:

☐ keine Grenzbebauung des Hauptgebäudes	☐ einseitige Grenzbebauung des Hauptgebäudes
☐ zweiseitige Grenzbebauung des Hauptgebäudes	☐ mehrseitige Grenzbebauung des Hauptgebäudes

eingefriedet durch: ☐ Mauer   ☐ Naturholzzaun   ☐ Hecken   ☐ Zaun   ☐ Maschendrahtzaun

Anmerkung: _____

_____

_____

_____

Anhang 2.2.2

Erfassungsbogen: Bau- und Planungsrecht

Aktenzeichen: _____

Liegenschaft: _____

Lage des Objekts: _____

Ort: _____ PLZ: _____

Straße: _____

Gemarkung: _____ Flur: _____

Flurstück: _____ Karte: _____

○ Bauvorhaben ○ Nutzungsänderung ○ Werbeanlage ○ Voranfrage ○ Stellungnahme
○ Teilung   ○ Abbruch   ○ Verlängerung ○ Baulast   ○

1. Bau- und Bodenrecht:
   Bebauungsplan (§§ 9 ff. BauGB)
   ☐ kein Bebauungsplan vorhanden
   ☐ Bebauungsplan vorhanden
   ☐ qualifizierter Bebauungsplan (§ 30 Abs. 1 BauGB)
   ☐ vorhabenbezogener Bebauungsplan (§ 30 Abs. 2 BauGB)
   ☐ einfacher Bebauungsplan (§ 30 Abs. 3 BauGB)

   vom: _____ Bezeichnung: _____

   bekannt gemacht in: _____

   Bebauungsplan-Nr.: _____

   ○ übergeleitet nach § 173 Abs. 3 BBauG

   ○ rechtsverbindlich seit: _____

   ○ mit textlichen Festsetzungen: _____

   ○ Einleitungsbeschluss vom: _____

   zur Aufhebung des Bebauungsplans

   ○ teilweise funktionslos (gemäß: _____)

   ○ übergeleitet nach § 173 Abs. 3 BBauG

   ○ nichtig durch Urteil vom: _____

   ○ enthält Rechtsmängel (Ratsbeschluss/Baubesprechung vom: _____)

   ○ Satzung nach § 34 Abs. 4 BauGB Nr.: _____

   ○ Bauvorschrift nach BauO (z. B. § 81 BauONW) Nr.: _____

   Zulässige Nutzung nach ☐ Bebauungsplan
                                ☐ § 34 BauGB
                                ☐ § 33 BauGB
                                ☐ § 35 BauGB

   Art der baulichen Nutzung:

   ☐ MD = Dorfgebiet   ☐ WB = Besonderes Wohngebiet
   ☐ MI = Mischgebiet   ☐ WA = Allgemeines Wohngebiet
   ☐ MK = Kerngebiet   ☐ WS = Kleinsiedlungsgebiet
   ☐ SO = Sondergebiet   ☐ WR = Reines Wohngebiet
   Zusatz: _____ ☐ öffentliche Flächen
   ☐ GI = Industriegebiet   ☐ öffentliche Grünanlagen
   ☐ GE = Gewerbegebiet   ☐ Straßenflächen

Maß der baulichen Nutzung:

GFZ: _____

BMZ: _____

GRZ: _____

Anzahl der Vollgeschosse: _____

Höhe der baulichen Anlage: _____

Bauweise: ☐ offen   ☐ geschlossen

2. Flächennutzungsplan (§§ 5 ff. BauGB)

Flächennutzungsplan Nr.: _____

○ rechtsverbindlich seit:_____

○ bekannt gemacht am:_____ in: _____

○ Darstellung im Flächennutzungsplan

   ☐ Wohnbaufläche

   ☐ M = Gemischte Baufläche

   ☐ G = Gewerbliche Baufläche

   ☐ S = Sonderbaufläche

   Zusatz:_____

3. Landes- und Regionalplanung

_____ Plan vom:_____

bekannt gemacht in: _____

Ausweisung als: _____

4. Städtebauliches Veranstaltungsgebiet

   ☐ **Städtebauliche Erhaltungssatzung** (§§ 172 f. BauGB)

   ☐ Stadtgestaltungssatzung (§ 172 Abs. 1 Nr. 2 BauGB)

   ☐ Milieuschutzsatzung (§ 172 Abs. 1 Nr. 2 BauGB)

   ☐ Umstrukturierungssatzung (§ 172 Abs. 1 Nr. 3 BauGB)

Satzung vom: _____

bekannt gemacht in: _____

   ☐ **Städtebauliches Sanierungsverfahren** (§§ 136 ff. BauGB)

   ☐ Umfassendes Sanierungsverfahren

   ☐ Vereinfachtes Sanierungsverfahren

   ☐ **Städtebauliche Entwicklungsmaßnahme** (§§ 165 ff. BauGB)

Beginn der vorbereitenden Untersuchung (§ 141 BauGB): _____

bekannt gemacht in: _____

Sanierungs-/Entwicklungssatzung: _____ vom: _____

Anmerkungen: _____

_____

_____

Bodenordnungsverfahren:

   ☐ keines

   ☐ amtliches Umlegungsverfahren nach den §§ 45 ff. BauGB

   ☐ freiwilliges Umlegungsverfahren

   ☐ Grenzregelungsverfahren nach den §§ 80 ff. BauGB

Umlegungs-/Grenzregelungsbeschluss vom: _____

bekannt gemacht in: _____

Anmerkungen: _____

_____

_____

Denkmalschutz:

Baudenkmal: _____

_____

in ◯ Denkmalliste/ ◯ Bestandsliste
Baudenkmäler in der Umgebung (§ 9 DSchG)

◯ _____

_____

◯ Denkmalbereichssatzung
◯ Bodendenkmalliste
◯ Archäologisches Fundgebiet
◯ Naturdenkmal/Innenbereich

Nutzungsbeschränkungen:

◯ Landschaftsplan
◯ geschützter Landschaftsbestandteil/Innenbereich
◯ Veränderungssperre nach Landesrecht (z. B. § 42e Abs. 3 LGNW)

        Wasserschutzgebiet: ☐ geplant
                                ☐ besteht
                                ☐ besteht nicht

nach Auskunft:

☐ des Auftraggebers
☐ der Auftraggeberin
☐ des Eigentümers
☐ der Eigentümerin
☐ der Bauaufsichtsbehörde
☐ der Denkmalschutzbehörde
☐ der zuständigen Stadt bzw. Gemeinde (VG)

Verfügungs- und Veränderungssperre nach BauGB:

◯ § 14 BauGB Bauleitplanung bis: _____
◯ § 51 BauGB Umlegung Nr.: _____
◯ § 144 BauGB Sanierungsgebiet/Entwicklungsbereich: _____

Baulastverzeichnis:

☐ keine Eintragungen

    ◯ Baulast-Nr.:_____

_____

    ◯ Nachbarbaulast-Nr.: _____

_____

    ◯ Aufstellungsbeschluss in Vorbereitung/vom: _____
    ◯ Flurbereinigungsgebiet
    ◯ Planfeststellungsverfahren
    ◯ gem. Festlegungs-Nr.:_____

Altlasten gemäß: _____

◯ Bodenbelastung vermutet
◯ Deichschutzgebiet
◯ Überschwemmungsgebiet
◯ Anbauverbot gemäß § 9 Abs. 1 FStrG
◯ Schutzbereich gemäß § 9 Abs. 2 FStrG
◯ Schutzbereich gemäß § 25 Abs. 2 StrWG
◯ Ortsdurchfahrt/Klass. Straße Nr.: _____
◯ Bauschutzbereich Flughafen
◯ Überörtliche Leitungstrasse
◯ Wohnungsbauprogramm
◯ Gewerbeflächenbereitstellungskonzept

Eigentumsverhältnisse:

○ Grundstück städtisch oder aus städtischem Eigentum: _____

_____

○ Nachbargrundstück städtisch oder aus städtischen Eigentum: _____

_____

○ Erschließungsfläche städtisch, Flurstück: _____

_____

○ Erschließungsfläche privat, Flurstück: _____

○ Gemäß Bebauungsplan fällt/fallen eine Fläche von ca.: _____ m²/ die Flurstücke:

_____

○ zur Straße (Straßenlandabtretung): _____

○ zum Grundstück: _____

○ Wertsteigerungsverzichtserklärung liegt vor: _____

_____

Sonstige Bemerkungen:

_____

_____

_____

Anhang 2.2.3

– Erfassungsbogen: Zubehör –

Maschinen und Betriebseinrichtungen, die nicht mit Rechten Dritter belastet sind

Lfd. Nr.	Ord.-Nr. Anlagekartei	Standort Gebäude	Bezeichnung (Hersteller)	Fabrik- nummer	Bau- jahr	Rechnungs- datum	Kaufpreis ohne MwSt.	AfA %	Buchwert am:	Bemer- kungen
Summe:										

3   Statistischer Anhang

3.1   Kaufwerte nach Verdichtungsräumen in Deutschland
nach Angaben des Statistischen Bundesamtes

Quelle: Statistisches Landesamt, Fachserie M, Reihe 5 11 1965 bis 1974.
Statistisches Bundesamt, Fachserie 17, Reihe ab 1965

	Baureifes Land/ Siedlungsstrukturelle Regiontypen											
	Regionen mit großen Verdichtungsräumen				Regionen mit Verdichtungsansätzen				Ländlich geprägte Regionen			
Jahr	DM/m²	Veränderung gegenüber dem Vorjahr		Index	DM/m²	Veränderung gegenüber dem Vorjahr		Index	DM/m²	Veränderung gegenüber dem Vorjahr		Index
		absolut	%	1980 = 100		absolut	%	1980 = 100		absolut	%	1980 = 100
1965	30,9			22,9	15,1			23,8	14,3			27,0
1966	33,9	3,0	9,7	25,1	16,7	1,6	10,6	26,3	15,8	1,5	10,5	29,8
1967	36,7	2,8	8,3	27,2	19,2	2,5	15,0	30,3	16,4	0,6	3,8	30,9
1968	39,6	2,9	7,9	29,4	20,6	1,4	7,3	32,5	18,5	2,1	12,8	34,9
1969	42,2	2,6	6,6	31,3	22,0	1,4	6,8	34,7	19,6	1,1	5,9	37,0
1970	43,2	1,0	2,4	32,0	23,9	1,9	8,6	37,7	21,1	1,5	7,7	39,8
1971	47,4	4,2	9,7	35,1	25,8	1,9	7,9	40,7	23,1	2,0	9,5	43,6
1972	61,0	13,6	28,7	45,2	28,3	2,5	9,7	44,6	26,7	3,6	15,6	50,4
1973	62,9	1,9	3,1	46,7	29,7	1,4	4,9	46,8	28,5	1,8	6,7	63,8
1974	62,5	− 0,4	− 0,6	46,3	29,8	0,1	0,3	47,0	28,0	− 0,5	− 1,8	52,8
1975	68,8	6,3	10,1	51,0	33,5	3,7	12,4	52,8	30,3	2,3	8,2	57,2
1976	73,3	4,5	6,5	54,3	37,4	3,9	11,6	59,0	33,4	3,1	10,2	63,0
1977	82,2	8,9	12,1	60,9	41,2	3,8	10,2	65,0	35,3	1,9	5,7	66,6
1978	91,6	9,4	11,4	67,9	45,4	4,2	10,2	71,6	42,7	7,4	21,0	80,6
1979	110,5	18,9	20,6	81,9	51,9	6,5	14,3	81,9	45,8	3,1	7,3	86,4
1980	134,9	24,4	22,1	**100,0**	63,4	11,5	22,2	**100,0**	53,0	7,2	15,7	**100,0**
1981	159,0	24,1	17,9	117,9	75,7	12,3	19,4	119,4	64,2	11,2	21,1	121,1
1982	180,9	21,9	13,8	134,1	85,8	10,1	13,3	135,3	76,0	11,8	18,4	143,4
1983	181,4	0,5	0,3	134,5	94,0	8,2	9,6	148,3	86,1	10,1	13,3	162,5
1984	192,5	11,1	6,1	142,7	90,7	− 3,3	− 3,5	143,1	82,8	− 3,3	− 3,8	156,2
1985	176,9	− 15,6	− 8,1	131,1	85,4	− 5,3	− 5,8	134,7	74,5	− 8,3	− 10,0	140,6
1986	174,3	− 2,6	− 1,5	129,2	89,6	4,2	4,9	141,3	77,0	2,5	3,4	145,3
1987	183,6	9,3	5,3	136,1	94,3	4,7	5,2	148,7	86,4	9,4	12,2	163,0
1988	179,7	− 3,9	− 2,1	133,2	96,1	1,8	1,9	151,6	90,1	3,7	4,3	170,0
1989	178,8	− 0,9	− 0,5	132,5	95,3	− 0,8	− 0,8	150,3	90,9	0,8	0,9	171,5
1990	183,1	4,3	2,4	135,7	92,6	− 2,7	− 2,8	146,1	81,1	− 9,8	− 10,8	153,0
1991	189,9	6,8	3,7	140,8	94,3	1,7	1,8	148,7	84,6	3,5	4,3	159,6
1992	184,6	− 5,3	− 2,8	136,8	99,0	5,7	6,0	156,2	93,5	8,9	10,5	176,4
1993	190,3	5,7	3,1	141,2	10,2	5,2	5,2	164,4	88,2	− 5,4	− 5,7	166,2
1994	198,0	7,7	4,0	146,8	110,8	6,6	6,3	174,8	91,2	3,1	3,5	172,1
1995												
1996												
1997												
1998												
1999												
2000												
2001												
2002												
2003												
2004												
2005												

Anmerkung: Die amtliche Statistik weist Bodenpreise als flächengewogene Durchschnittswerte nach. Diese Durchschnittswerte sind für räumliche und zeitliche Vergleiche nur bedingt geeignet, da die statistischen Massen, aus denen sie ermittelt wurden, sich örtlich und zeitlich aus quantitativ anders gearteten Einzelfällen zusammensetzen (können). Aussagen auf der Grundlage der amtlichen Kaufwertestatistik ermöglichen insofern nur die Charakterisierung der Relationen in Strukturunterschieden und Entwicklungstendenzen regionaler und sachlicher Baulandmärkte.

Deutschland
3.2   Kaufwerte für Bauland nach Entwicklungszuständen in Deutschland
3.2.1   Bauland insgesamt, baureifes Land und Rohbauland

Quelle: Statistisches Bundesamt Reihe 5 Fachserie 17 Kaufwerte für Bauland

Kaufwerte für Bauland in Deutschland								
	Bauland insgesamt			Baureifes Land			Rohbauland		
Jahr[1,2]	Deutsch-land	Bundesländer alte	Bundesländer neue	Deutsch-land	Bundesländer alte	Bundesländer neue	Deutsch-land	Bundesländer alte	Bundesländer neue
	Kaufwert DM/m²	Kaufwert DM/m²	Kaufwert DM/m²	Kaufwert DM/m²	Kaufwert DM/m²	Kaufwert DM/m²	Kaufwert DM/m²	Kaufwert DM/m²	Kaufwert DM/m²
1962	–	11,54	–	–	14,83	–	–	9,50	–
1963	–	13,41	–	–	16,93	–	–	11,44	–
1964	–	14,25	–	–	18,46	–	–	12,12	–
1965	–	17,04	–	–	21,89	–	–	13,70	–
1966	–	18,93	–	–	23,61	–	–	14,61	–
1967	–	20,68	–	–	25,71	–	–	14,86	–
1968	–	22,52	–	–	28,37	–	–	15,89	–
1969	–	23,38	–	–	29,86	–	–	17,88	–
1970	–	25,29	–	–	30,74	–	–	19,60	–
1971	–	27,02	–	–	33,56	–	–	19,56	–
1972	–	31,41	–	–	40,23	–	–	22,54	–
1973	–	32,74	–	–	40,77	–	–	23,75	–
1974	–	31,69	–	–	40,34	–	–	22,20	–
1975	–	35,09	–	–	44,08	–	–	21,71	–
1976	–	39,98	–	–	48,80	–	–	25,14	–
1977	–	43,80	–	–	53,98	–	–	26,13	–
1978	–	46,58	–	–	59,91	–	–	28,65	–
1979	–	53,87	–	–	69,17	–	–	31,69	–
1980	–	62,43	–	–	82,01	–	–	32,88	–
1981	–	72,66	–	–	96,07	–	–	36,55	–
1982	–	82,99	–	–	111,51	–	–	42,85	–
1983	–	88,52	–	–	119,91	–	–	46,07	–
1984	–	87,72	–	–	121,95	–	–	45,09	–
1985	–	78,69	–	–	116,09	–	–	39,94	–
1986	–	84,00	–	–	121,07	–	–	44,86	–
1987	–	85,40	–	–	126,08	–	–	42,75	–
1988	–	88,25	–	–	127,74	–	–	49,05	–
1989	–	92,13	–	–	126,44	–	–	50,88	–
1990	–	89,24	–	–	124,19	–	–	57,08	–
1991	–	90,71	–	–	125,41	–	–	54,36	–
1992	49,08	93,99	19,92	84,41	126,56	27,18	21,40	54,26	15,88
1993	59,83	96,53	28,30	95,96	129,97	44,26	26,01	50,12	19,21
1994	69,58	98,43	38,57	108,86	133,35	65,40	30,71	46,04	22,90
1995	70,28	98,97	38,95	113,48	139,35	70,59	28,72	47,88	18,66
1996	81,22	104,60	51,83	120,02	145,30	79,62	34,43	45,78	25,44
1997	86,97	107,88	53,73	126,54	151,91	80,43	36,85	48,73	22,26
1998	94,37	110,42	60,37	136,31	157,71	88,90	41,66	48,76	26,70
1999	97,01	116,70	57,12	138,18	159,68	87,36	40,12	46,41	29,16
2000	101,30	123,28	60,14	149,06	174,80	94,21	44,20	49,86	32,99
2001									
2002									
2003									
2004									

1 Bis einschl. 1964 Bundesgebiet ohne Berlin.
2 Die Summe der Veräußerungsfälle des Kalenderjahres liegt um die Nachmeldungen höher als die der Veräuße-
   rungsfälle der zugehörigen Quartale. – Laufende Angaben können der Zeitschrift „Grundstücksmarkt und Grundstückswert" – GuG –, erschienen beim Luchterhand Verlag, entnommen werden.

Deutschland

3.2.2 Industrie-, Verkehrs- und Freiflächen

Quelle: Statistisches Bundesamt Reihe 5 Fachserie 17 Kaufwerte für Bauland

	Kaufwerte für Bauland in Deutschland								
	Industrieland			**Verkehrsflächen**			**Freiflächen**		
	Deutsch-land	Bundesländer		Deutsch-land	Bundesländer		Deutsch-land	Bundesländer	
Jahr[1,2]		alte	neue		alte	neue		alte	neue
	Kaufwert DM/m²	Kaufwert DM/m²	Kaufwert DM/m²	Kaufwert DM/m²	Kaufwert DM/m²	Kaufwert DM/m²	Kaufwert DM/m²	Kaufwert DM/m²	Kaufwert DM/m²
1962	–	9,18	–	–	7,76	–	–	5,73	–
1963	–	10,24	–	–	9,14	–	–	7,38	–
1964	–	8,60	–	–	7,92	–	–	7,88	–
1965	–	10,80	–	–	9,52	–	–	10,24	–
1966	–	14,11	–	–	11,28	–	–	8,56	–
1967	–	14,93	–	–	11,86	–	–	11,23	–
1968	–	15,47	–	–	11,78	–	–	10,64	–
1969	–	12,88	–	–	13,19	–	–	12,01	–
1970	–	17,14	–	–	15,78	–	–	13,35	–
1971	–	17,40	–	–	13,86	–	–	13,26	–
1972	–	18,02	–	–	12,71	–	–	16,45	–
1973	–	21,54	–	–	12,66	–	–	14,54	–
1974	–	18,56	–	–	12,33	–	–	9,74	–
1975	–	18,85	–	–	13,64	–	–	12,73	–
1976	–	20,20	–	–	14,19	–	–	17,36	–
1977	–	21,21	–	–	12,02	–	–	15,89	–
1978	–	16,06	–	–	12,62	–	–	20,29	–
1979	–	26,26	–	–	15,30	–	–	21,50	–
1980	–	27,02	–	–	15,10	–	–	24,79	–
1981	–	30,52	–	–	17,01	–	–	29,32	–
1982	–	32,23	–	–	15,25	–	–	21,24	–
1983	–	39,03	–	–	10,97	–	–	16,66	–
1984	–	38,98	–	–	13,46	–	–	32,78	–
1985	–	40,10	–	–	12,29	–	–	23,05	–
1986	–	39,49	–	–	12,35	–	–	26,20	–
1987	–	41,11	–	–	12,18	–	–	28,68	–
1988	–	40,35	–	–	12,13	–	–	20,82	–
1989	–	42,25	–	–	14,64	–	–	34,85	–
1990	–	45,50	–	–	12,44	–	–	22,07	–
1991	–	48,49	–	–	12,23	–	–	21,93	–
1992	33,67	42,45	23,64	10,37	10,38	10,33	18,85	33,15	6,93
1993	37,32	42,29	27,16	13,54	17,42	5,48	25,66	29,57	17,13
1994	39,79	51,15	26,67	13,94	18,42	5,65	34,03	39,96	21,13
1995	44,04	54,60	29,36	12,75	16,02	6,18	20,24	29,56	12,37
1996	48,74	58,86	36,06	15,39	17,95	12,06	54,15	33,33	85,23
1997	47,35	54,30	37,09	11,29	12,81	7,99	18,46	28,92	5,82
1998	50,50	56,91	36,21	13,20	22,40	7,01	30,55	45,76	8,73
1999	52,43	63,05	29,46	10,32	27,35	5,13	20,60	33,51	10,25
2000									
2001									
2002									
2003									
2004									

1 Bis einschl. 1964 Bundesgebiet ohne Berlin.
2 Die Summe der Veräußerungsfälle des Kalenderjahres liegt um die Nachmeldungen höher als die der Veräuße-rungsfälle der zugehörigen Quartale. – Laufende Angaben können der Zeitschrift „Grundstücksmarkt und Grund-stückswert" – GuG –, erschienen beim Luchterhand Verlag, entnommen werden.

Deutschland
3.3   Preisindex für Wohnungsmieten in Deutschland im langfristigen Vergleich
3.3.1   Basis 1991 = 100

Quelle: Preise und Preisindex für Lebenshaltung,
Fachserie 17, Reihe 7 des Statistischen Bundesamtes Wiesbaden

		Alte Länder					Neue Länder				
Jahr	Deutsch-land ins-gesamt	ins-gesamt	Altbau-woh-nungen vor dem 20. 6. 1948 erbaut	Neubauwohnungen nach dem 20. 6. 1948 erbaut			ins-gesamt	Altbau-woh-nungen vor dem 20.6. 1948 erbaut	Neubauwohnungen nach dem 20. 6. 1948 erbaut		
				zu-sammen	sozialer Wohnungsbau	frei-finan-zierter Wohnungsbau			zu-sammen	sozialer Wohnungsbau	frei-finan-zierter Wohnungsbau
1962	–	26,6	22,5	28,8	25,5	31,0	–	–	–	–	–
1963	–	28,1	24,4	29,9	26,2	32,4	–	–	–	–	–
1964	–	29,7	26,1	31,3	27,5	33,9	–	–	–	–	–
1965	–	31,3	27,8	33,0	29,0	35,6	–	–	–	–	–
1966	–	33,8	31,0	34,8	30,9	37,4	–	–	–	–	–
1967	–	36,1	32,9	37,3	33,1	40,0	–	–	–	–	–
1968	–	38,7	35,3	40,0	35,4	43,2	–	–	–	–	–
1969	–	41,2	37,6	42,6	38,8	45,1	–	–	–	–	–
1970	–	43,0	39,4	44,4	40,2	47,2	–	–	–	–	–
1971	–	45,6	42,1	46,9	42,4	50,0	–	–	–	–	–
1972	–	48,3	44,4	49,7	44,6	53,2	–	–	–	–	–
1973	–	51,1	46,8	52,7	47,7	56,2	–	–	–	–	–
1974	–	53,6	49,1	55,2	50,5	58,5	–	–	–	–	–
1975	–	56,9	52,4	58,6	54,9	61,2	–	–	–	–	–
1976	–	59,7	55,3	61,3	58,0	63,5	–	–	–	–	–
1977	–	61,7	57,6	63,1	59,8	65,4	–	–	–	–	–
1978	–	63,6	59,6	64,8	61,4	67,1	–	–	–	–	–
1979	–	65,6	61,7	66,9	63,5	69,2	–	–	–	–	–
1980	–	68,9	64,9	70,1	67,4	72,0	–	–	–	–	–
1981	–	72,0	68,2	73,0	70,5	74,8	–	–	–	–	–
1982	–	75,6	71,8	76,6	74,4	78,2	–	–	–	–	–
1983	–	79,7	76,2	80,4	78,9	81,3	–	–	–	–	–
1984	–	82,7	79,6	83,2	82,1	83,8	–	–	–	–	–
1985	–	85,3	82,5	85,6	85,3	85,7	–	–	–	–	–
1986	–	86,8	84,7	87,0	86,8	87,1	–	–	–	–	–
1987	–	88,1	86,7	88,3	88,1	88,3	–	–	–	–	–
1988	–	90,1	89,4	90,2	90,5	90,1	–	–	–	–	–
1989	–	92,8	92,5	92,8	94,0	92,5	–	–	–	–	–
1990	–	95,9	95,8	95,9	96,7	95,7	–	–	–	–	–
1991	100,0	100,0	100,0	100,0	100,0	100,0	100,0	100,0	100,0	100,0	100,0
1992	110,3	105,4	106,3	105,4	105,3	105,4	228,3	237,6	222,0	–	–
1993	121,7	111,6	112,4	111,5	112,7	111,3	365,2	388,0	349,8	–	–
1994	128,1	116,7	118,9	116,5	117,5	116,3	404,5	424,0	391,4	–	–
1995	133,4	121,3	124,7	121,0	121,7	120,9	426,1	443,0	414,7	–	–
1996	137,9	124,8	130,0	124,4	125,4	124,2	455,0	468,6	445,8	–	–
1997	141,4	128,1	135,4	127,5	129,5	127,1	468,9	483,1	459,4	–	–
1998											
1999											
2000											
2001											
2002											
2003											
2004											
2005											

Preisindex für Wohnungsmieten im langfristigen Vergleich[1] in Deutschland (Basis 1991 = 100)

1   Laufende Angaben können der Zeitschrift „Grundstücksmarkt und Grundstückswert" – GuG – entnommen werden

Deutschland
3.3.2 Preisindex für Wohnungsmieten in Deutschland im langfristigen Vergleich
(Basis 1995 = 100)

Quelle: Preise und Preisindex für Lebenshaltung,
Fachserie 17, Reihe 7 des Statistischen Bundesamtes Wiesbaden

Jahr	Deutschland				Alte Länder				Neue Länder			
	insge-samt Netto-kalt-miete	Altbau-wohnun-gen vor dem 20. 6. 1948 erbaut	Neubau-wohnun-gen nach dem 20. 6. 1948 erbaut	Woh-nungs-neben-kosten	insge-samt	Altbau-woh-nungen vor dem 20. 6. 1948 erbaut	Neubau-wohnun-gen nach dem 20. 6. 1948 erbaut	Woh-nungs-neben-kosten	insge-samt	Altbau-woh-nungen vor dem 20. 6. 1948 erbaut	Neubau-wohnun-gen nach dem 20. 6. 1948 erbaut	Woh-nungs-neben-kosten
1962	–	–	–	–	–	–	–	–	–	–	–	–
1963	–	–	–	–	–	–	–	–	–	–	–	–
1964	–	–	–	–	–	–	–	–	–	–	–	–
1965	–	–	–	–	–	–	–	–	–	–	–	–
1966	–	–	–	–	–	–	–	–	–	–	–	–
1967	–	–	–	–	–	–	–	–	–	–	–	–
1968	–	–	–	–	–	–	–	–	–	–	–	–
1969	–	–	–	–	–	–	–	–	–	–	–	–
1970	–	–	–	–	–	–	–	–	–	–	–	–
1971	–	–	–	–	–	–	–	–	–	–	–	–
1972	–	–	–	–	–	–	–	–	–	–	–	–
1973	–	–	–	–	–	–	–	–	–	–	–	–
1974	–	–	–	–	–	–	–	–	–	–	–	–
1975	–	–	–	–	–	–	–	–	–	–	–	–
1976	–	–	–	–	–	–	–	–	–	–	–	–
1977	–	–	–	–	–	–	–	–	–	–	–	–
1978	–	–	–	–	–	–	–	–	–	–	–	–
1979	–	–	–	–	–	–	–	–	–	–	–	–
1980	–	–	–	–	–	–	–	–	–	–	–	–
1981	–	–	–	–	–	–	–	–	–	–	–	–
1982	–	–	–	–	–	–	–	–	–	–	–	–
1983	–	–	–	–	–	–	–	–	–	–	–	–
1984	–	–	–	–	–	–	–	–	–	–	–	–
1985	–	–	–	–	–	–	–	–	–	–	–	–
1986	–	–	–	–	–	–	–	–	–	–	–	–
1987	–	–	–	–	–	–	–	–	–	–	–	–
1988	–	–	–	–	–	–	–	–	–	–	–	–
1989	–	–	–	–	–	–	–	–	–	–	–	–
1990	–	–	–	–	–	–	–	–	–	–	–	–
1991	–	–	–	–	–	–	–	–	–	–	–	–
1992	–	–	–	–	–	–	–	–	–	–	–	–
1993	–	–	–	–	–	–	–	–	–	–	–	–
1994	–	–	–	–	–	–	–	–	–	–	–	–
1995	**100,0**	**100,0**	**100,0**	**100,0**	**100,0**	**100,0**	**100,0**	**100,0**	**100,0**	**100,0**	**100,0**	**100,0**
1996	103,2	104,1	102,9	104,4	–	–	–	–	–	–	–	–
1997	105,6	107,5	105,3	109,0	–	–	–	–	–	–	–	–
1998	107,0	109,0	106,5	112,9	–	–	–	–	–	–	–	–
1999	108,1	110,7	107,3	114,9	–	–	–	–	–	–	–	–
2000	109,4	112,6	108,4	117,2	–	–	–	–	–	–	–	–
2001	–	–	–	–	–	–	–	–	–	–	–	–
2002	–	–	–	–	–	–	–	–	–	–	–	–
2003	–	–	–	–	–	–	–	–	–	–	–	–
2004	–	–	–	–	–	–	–	–	–	–	–	–
2005	–	–	–	–	–	–	–	–	–	–	–	–

Laufende Angaben können der Zeitschrift „Grundstücksmarkt und Grundstückswert" – GuG –
oder www.gug-aktuell.de entnommen werden

3.4 Indizes der Bruttoverdienste

Index der durchschnittlichen Bruttostunden- und -wochenverdienste

a) der Arbeiter und Arbeiterinnen im Produzierenden Gewerbe

b) der Angestellten im Produzierenden Gewerbe, Handel, Kredit- und Versicherungsgewerbe

Quelle: Statistisches Jahrbuch für die Bundesrepublik Deutschland*

Preisindizes der durchschnittlichen Bruttoverdienste

	der Arbeiter und Arbeiterinnen im Produzierenden Gewerbe*							der Angestellten im Produzierenden Gewerbe, Handel, Kredit- und Versicherungsgewerbe		
	Index der Bruttostunden- / wochen- / stunden- / wochen- / stunden- / wochenverdienste							**Index der Bruttomonatsverdienste**		
	Deutschland		alte Bundesländer		neue Bundesländer			Deutschland	alte Bundesländer	neue Bundesländer
Jahr	stunden-	wochen-	stunden-	wochen-	stunden-	wochen-	Jahr	Deutschland	alte Bundesländer	neue Bundesländer
1950	–	–	–	6,5	–	–		–	–	–
1951	–	–	–	7,5	–	–		–	–	–
1952	–	–	–	8,1	–	–		–	–	–
1953	–	–	–	8,4	–	–		–	–	–
1954	–	–	–	8,7	–	–		–	–	–
1955	–	–	–	9,4	–	–		–	–	–
1956	–	–	–	10,1	–	–		–	–	–
1957	–	–	–	10,7	–	–	1957	–	10,7	–
1958	–	–	9,4	11,2	–	–	1958	–	11,3	–
1959	–	–	9,9	11,8	–	–	1959	–	11,7	–
1960	–	–	10,9	12,8	–	–	1960	–	12,6	–
1961	–	–	12,0	14,1	–	–	1961	–	13,7	–
1962	–	–	13,3	15,6	–	–	1962	–	14,8	–
1963	–	–	14,4	16,7	–	–	1963	–	15,8	–
1964	–	–	15,6	18,0	–	–	1964	–	16,8	–
1965	–	–	17,1	19,8	–	–	1965	–	18,2	–
1966	–	–	18,2	21,0	–	–	1966	–	19,6	–
1967	–	–	18,8	20,8	–	–	1967	–	20,3	–
1968	–	–	19,6	22,3	–	–	1968	–	21,3	–
1969	–	–	21,4	24,7	–	–	1969	–	22,9	–
1970	–	–	24,6	28,4	–	–	1970	–	25,8	–
1971	–	–	27,2	30,9	–	–	1971	–	28,5	–
1972	–	–	29,7	33,3	–	–	1972	–	30,9	–
1973	–	–	32,7	36,8	–	–	1973	–	34,1	–
1974	–	–	36,1	31,7	–	–	1974	–	37,6	–
1975	–	–	39,0	41,5	–	–	1975	–	40,6	–
1976	–	–	41,4	45,0	–	–	1976	–	43,2	–
1977	–	–	44,3	48,4	–	–	1977	–	46,2	–
1978	–	–	46,7	50,9	–	–	1978	–	48,8	–
1979	–	–	49,4	54,3	–	–	1979	–	51,8	–
1980	–	–	52,7	57,2	–	–	1980	–	55,5	–
1981	–	–	55,5	59,7	–	–	1981	–	58,3	–
1982	–	–	58,2	61,8	–	–	1982	–	61,1	–
1983	–	–	60,1	63,5	–	–	1983	–	63,1	–
1984	–	–	61,6	65,6	–	–	1984	–	65,1	–
1985	–	–	63,9	67,7	–	–	1985	–	67,6	–
1986	–	–	66,1	69,8	–	–	1986	–	69,9	–
1987	–	–	68,7	72,1	–	–	1987	–	72,5	–
1988	–	–	71,6	75,0	–	–	1988	–	75,0	–
1989	–	–	74,4	77,7	–	–	1989	–	77,6	–
1990	–	–	78,3	81,0	–	–	1990	–	80,8	–
1991	–	–	83,0	85,3	–	–	1991	–	85,3	–
1992	–	–	87,5	88,7	–	–	1992	–	89,6	–
1993	–	–	91,8	90,8	–	–	1993	–	93,2	–
1994	–	–	94,8	94,6	–	–	1994	–	95,4	–
1995	**100,0**	–	**98,5**	**99,0**	–	–	**1995**	**100,0**	**98,5**	**100,0**
1996	101,8	100,0	101,8	100,0	101,7	100,0	1996	101,7	101,5	103,8
1997	103,3	101,3	103,1	101,2	104,6	102,8	1997	103,9	103,0	107,2
1998	105,1	103,5	104,9	103,3	106,8	105,4	1998	105,5	105,2	110,1
1999	107,6	105,9	107,4	105,7	109,4	107,9	1999	108,2	107,9	113,0
2000							2000			
2001							2001			
2002							2002			

* Laufende Angaben können der Zeitschrift „Grundstücksmarkt und Grundstückswert" – GuG – erschienen im Luchterhand Verlag oder www.gug-aktuell.de entnommen werden.

Anhang 3.5

Preisindex für die Lebenshaltung im langfristigen Vergleich

(Lebenshaltungskostenindex)

a) der 4-Personen-Haushalte von Arbeitnehmern und Angestellten
   mit mittlerem Einkommen

b) aller privaten Haushalte in Deutschland

Quelle: Preise und Preisindizes für Lebenshaltung, Fachserie 17, Reihe 7 des Statistischen Bundesamtes Wiesbaden

Jahr	4-Personen-Haushalte von Arbeitnehmern und Angestellten mit mittlerem Einkommen		Alle privaten Haushalte		
	alte Bundesländer	neue Bundesländer	Deutschland	alte Bundesländer	neue Bundesländer
	1995 = 100	1995 = 100	1995 = 100	1995 = 100	1995 = 100
1948	28,5	–	–	–	–
1949	28,2	–	–	–	–
1950	26,4	–	–	–	–
1951	28,4	–	–	–	–
1952	29,0	–	–	–	–
1953	28,5	–	–	–	–
1954	28,6	–	–	–	–
1955	29,0	–	–	–	–
1956	29,8	–	–	–	–
1957	30,4	–	–	–	–
1958	31,1	–	–	–	–
1959	31,3	–	–	–	–
1960	31,8	–	–	–	–
1961	32,6	–	–	–	–
1962	33,5	–	–	33,0	–
1963	34,5	–	–	34,0	–
1964	35,3	–	–	34,8	–
1965	36,5	–	–	35,9	–
1966	37,8	–	–	37,1	–
1967	38,4	–	–	37,8	–
1968	38,8	–	–	38,4	–
1969	39,6	–	–	39,1	–
1970	40,9	–	–	40,5	–
1971	43,0	–	–	42,6	–
1972	45,3	–	–	44,9	–
1973	48,4	–	–	48,1	–
1974	51,7	–	–	51,4	–
1975	54,8	–	–	54,5	–
1976	57,2	–	–	56,8	–
1977	59,2	–	–	58,9	–
1978	60,7	–	–	60,5	–
1979	63,0	–	–	63,0	–
1980	66,3	–	–	66,4	–
1981	70,5	–	–	70,6	–
1982	74,3	–	–	74,3	–
1983	76,7	–	–	76,7	–
1984	78,5	–	–	78,6	–
1985	80,1	–	–	80,2	–
1986	79,9	–	–	80,1	–
1987	80,0	–	–	80,3	–
1988	80,9	–	–	81,3	–
1989	83,2	–	–	83,6	–
1990	85,5	–	–	85,8	–
1991	88,7	77,4	87,2	89,0	75,5
1992	92,3	86,7	91,6	92,5	85,6
1993	95,7	94,9	95,7	95,8	94,7
1994	98,4	98,2	98,3	98,4	98,1
1995	100,0	100,0	100,0	100,0	100,0
1996	101,3	101,8	101,4	101,3	101,9
1997	103,1	103,8	103,3	103,2	104,2
1998	104,0	104,7	104,3	104,1	105,3
1999	104,7	105,1	104,9	104,8	105,7
2000	106,5	106,9	106,9	106,9	107,5
2001					
2002					

Laufende Angaben (auch monatsweise) können der Zeitschrift »Grundstücksmarkt und Grundstückswert«
– GuG – oder www.gug-aktuell.de entnommen werden; vgl. auch GuG 2001, 234

3.6   Sterbetafeln

3.6.1   Abgekürzte Sterbetafel 1997/99 für Deutschland des Statistischen Bundesamtes

Quelle: Statistisches Bundesamt, Fachserie 1, Reihe 1

<table>
<tr><th colspan="8">Durchschnittliche Lebenserwartung nach der abgekürzten Sterbetafel 1997/99
Deutschland</th></tr>
<tr><th colspan="4">Weiblich</th><th colspan="4">Männlich</th></tr>
<tr><th>Voll-
endetes
Alter

Jahre</th><th>Durchschnitt-
liche Lebens-
erwartung
im Alter x
in Jahren</th><th>Voll-
endetes
Alter

Jahre</th><th>Durchschnitt-
liche Lebens-
erwartung
im Alter x
in Jahren</th><th>Voll-
endetes
Alter

Jahre</th><th>Durchschnitt-
liche Lebens-
erwartung
im Alter x
in Jahren</th><th>Voll-
endetes
Alter

Jahre</th><th>Durchschnitt-
liche Lebens-
erwartung
im Alter x
in Jahren</th></tr>
<tr><td>0</td><td>80,57</td><td></td><td></td><td>0</td><td>74,44</td><td></td><td></td></tr>
<tr><td>1</td><td>79,91</td><td>46</td><td>35,95</td><td>1</td><td>73,83</td><td>46</td><td>30,73</td></tr>
<tr><td>2</td><td>78,94</td><td>47</td><td>35,01</td><td>2</td><td>72,86</td><td>47</td><td>29,85</td></tr>
<tr><td>3</td><td>77,96</td><td>48</td><td>34,09</td><td>3</td><td>71,88</td><td>48</td><td>28,96</td></tr>
<tr><td>4</td><td>76,97</td><td>49</td><td>33,17</td><td>4</td><td>70,9</td><td>49</td><td>28,09</td></tr>
<tr><td>5</td><td>75,98</td><td>50</td><td>32,25</td><td>5</td><td>69,91</td><td>50</td><td>27,22</td></tr>
<tr><td>6</td><td>74,99</td><td>51</td><td>31,33</td><td>6</td><td>68,92</td><td>51</td><td>26,36</td></tr>
<tr><td>7</td><td>74</td><td>52</td><td>30,42</td><td>7</td><td>67,93</td><td>52</td><td>25,5</td></tr>
<tr><td>8</td><td>73,01</td><td>53</td><td>29,52</td><td>8</td><td>66,94</td><td>53</td><td>24,66</td></tr>
<tr><td>9</td><td>72,01</td><td>54</td><td>28,62</td><td>9</td><td>65,95</td><td>54</td><td>23,82</td></tr>
<tr><td>10</td><td>71,02</td><td>55</td><td>27,72</td><td>10</td><td>64,96</td><td>55</td><td>23</td></tr>
<tr><td>11</td><td>70,03</td><td>56</td><td>26,83</td><td>11</td><td>63,97</td><td>56</td><td>22,18</td></tr>
<tr><td>12</td><td>69,03</td><td>57</td><td>25,94</td><td>12</td><td>62,98</td><td>57</td><td>21,37</td></tr>
<tr><td>13</td><td>68,04</td><td>58</td><td>25,06</td><td>13</td><td>61,99</td><td>58</td><td>20,58</td></tr>
<tr><td>14</td><td>67,05</td><td>59</td><td>24,18</td><td>14</td><td>61</td><td>59</td><td>19,79</td></tr>
<tr><td>15</td><td>66,06</td><td>60</td><td>23,3</td><td>15</td><td>60,01</td><td>60</td><td>19,01</td></tr>
<tr><td>16</td><td>65,07</td><td>61</td><td>22,44</td><td>16</td><td>59,03</td><td>61</td><td>18,25</td></tr>
<tr><td>17</td><td>64,09</td><td>62</td><td>21,58</td><td>17</td><td>58,06</td><td>62</td><td>17,5</td></tr>
<tr><td>18</td><td>63,11</td><td>63</td><td>20,73</td><td>18</td><td>57,09</td><td>63</td><td>16,77</td></tr>
<tr><td>19</td><td>62,13</td><td>64</td><td>19,89</td><td>19</td><td>56,15</td><td>64</td><td>16,06</td></tr>
<tr><td>20</td><td>61,15</td><td>65</td><td>19,06</td><td>20</td><td>55,21</td><td>65</td><td>15,36</td></tr>
<tr><td>21</td><td>60,17</td><td>66</td><td>18,25</td><td>21</td><td>54,26</td><td>66</td><td>14,68</td></tr>
<tr><td>22</td><td>59,19</td><td>67</td><td>17,44</td><td>22</td><td>53,31</td><td>67</td><td>14,01</td></tr>
<tr><td>23</td><td>58,21</td><td>68</td><td>16,64</td><td>23</td><td>52,36</td><td>68</td><td>13,37</td></tr>
<tr><td>24</td><td>57,22</td><td>69</td><td>15,86</td><td>24</td><td>51,41</td><td>69</td><td>12,75</td></tr>
<tr><td>25</td><td>56,24</td><td>70</td><td>15,09</td><td>25</td><td>50,45</td><td>70</td><td>12,14</td></tr>
<tr><td>26</td><td>55,26</td><td>71</td><td>14,34</td><td>26</td><td>49,5</td><td>71</td><td>11,54</td></tr>
<tr><td>27</td><td>54,28</td><td>72</td><td>13,6</td><td>27</td><td>48,54</td><td>72</td><td>10,95</td></tr>
<tr><td>28</td><td>53,29</td><td>73</td><td>12,88</td><td>28</td><td>47,58</td><td>73</td><td>10,37</td></tr>
<tr><td>29</td><td>52,31</td><td>74</td><td>12,17</td><td>29</td><td>46,62</td><td>74</td><td>9,81</td></tr>
<tr><td>30</td><td>51,33</td><td>75</td><td>11,48</td><td>30</td><td>45,66</td><td>75</td><td>9,27</td></tr>
<tr><td>31</td><td>50,35</td><td>76</td><td>10,81</td><td>31</td><td>44,7</td><td>76</td><td>8,76</td></tr>
<tr><td>32</td><td>49,37</td><td>77</td><td>10,16</td><td>32</td><td>43,74</td><td>77</td><td>8,26</td></tr>
<tr><td>33</td><td>48,39</td><td>78</td><td>9,55</td><td>33</td><td>42,79</td><td>78</td><td>7,8</td></tr>
<tr><td>34</td><td>47,42</td><td>79</td><td>8,95</td><td>34</td><td>41,83</td><td>79</td><td>7,34</td></tr>
<tr><td>35</td><td>46,44</td><td>80</td><td>8,37</td><td>35</td><td>40,88</td><td>80</td><td>6,91</td></tr>
<tr><td>36</td><td>45,47</td><td>81</td><td>7,8</td><td>36</td><td>39,93</td><td>81</td><td>6,47</td></tr>
<tr><td>37</td><td>44,51</td><td>82</td><td>7,27</td><td>37</td><td>38,99</td><td>82</td><td>6,07</td></tr>
<tr><td>38</td><td>43,54</td><td>83</td><td>6,77</td><td>38</td><td>38,05</td><td>83</td><td>5,71</td></tr>
<tr><td>39</td><td>42,58</td><td>84</td><td>6,3</td><td>39</td><td>37,11</td><td>84</td><td>5,37</td></tr>
<tr><td>40</td><td>41,62</td><td>85</td><td>5,87</td><td>40</td><td>36,18</td><td>85</td><td>5,06</td></tr>
<tr><td>41</td><td>40,66</td><td>86</td><td>5,45</td><td>41</td><td>35,26</td><td>86</td><td>4,77</td></tr>
<tr><td>42</td><td>39,71</td><td>87</td><td>5,05</td><td>42</td><td>34,34</td><td>87</td><td>4,51</td></tr>
<tr><td>43</td><td>38,76</td><td>88</td><td>4,69</td><td>43</td><td>33,43</td><td>88</td><td>4,27</td></tr>
<tr><td>44</td><td>37,82</td><td>89</td><td>4,37</td><td>44</td><td>32,53</td><td>89</td><td>4,07</td></tr>
<tr><td>45</td><td>36,88</td><td>90</td><td>4,07</td><td>45</td><td>31,62</td><td>90</td><td>3,91</td></tr>
</table>

Hinweis: Eine neue „Allgemeine Sterbetafel" wird jeweils nach Vorliegen der Ergebnisse einer Volkszählung berechnet. Zuletzt wurde die Allgemeine Sterbetafel 1986/88 im Statistischen Jahrbuch 1991 und in der Fachserie 1, Reihe 1, S. 2 veröffentlicht; vgl. *Kleiber/Simon/Weyers,* WertV 88, 3. Aufl., S. 421 und *Kleiber* in Grundstücksmarkt und Grundstückswert (GuG)1999, 217: Übersicht über Sterbetafeln und ihre Bedeutung

3.6.2 Sterbetafel 1994 R für Rentenversicherungen
der Deutschen Aktuarvereinigung (DAV)

Vorbemerkungen:

Die DAV-Sterbetafel 1994 wird zur Ableitung der Sterblichkeit bei Lebensversicherern für Rententarife eingesetzt. Als statistische Basis liegen dieser Sterbetafel die Daten der deutschen Bevölkerungsstatistik und insbesondere die von der Münchener Rückversicherungs-Gesellschaft zur Verfügung gestellte Auswertung zur Sterblichkeit bei Rentenversicherungen zu Grunde. Die Auswertung der Versicherungsgesellschaft umfasst die Bestände von sechs deutschen Lebensversicherungsgesellschaften und einen Beobachtungszeitraum von 26 Jahren und dürfte damit das umfassendste Material über die Versicherungssterblichkeit bei *privaten* Rentenversicherungen in Deutschland sein.

Die Heranziehung dieser Sterbetafeln zu Zwecken der Verkehrswertermittlung von Rechten an Grundstücken ist nicht unproblematisch:

- Grundlage der Sterbetafel ist nur die Sterblichkeit privat versicherter Rentner, die wesentlich geringer ist, als die der Gesamtbevölkerung. Dies hat zwei Gründe:
  1. Die Versicherten der Lebensversicherungsunternehmen haben generell eine geringere Sterblichkeit als die allgemeine Bevölkerung. Hierfür dürfte die soziale und wirtschaftliche Stellung ausschlaggebend sein. In der Sterbetafel wird man dies durch einen ggf. geschlechts- und altersabhängigen Abschlag berücksichtigen.
  2. Bei sofort beginnenden Rentenversicherungen kommt der Effekt der Selbstauslese bei Abschluss hinzu; d. h., nur Personen, die glauben, lange zu leben, schließen eine solche Versicherung ab.
- Für die Bevölkerungssterblichkeit ist die stark beschleunigte Sterblichkeitsabnahme im höheren Alter und sehr hohem Alter bei stagnierender und teilweise zurückgehender Sterblichkeitsverbesserung im mittleren Alter charakteristisch. Dieser Trendfunktion wird durch einen multiplikativen Zuschlag Rechnung getragen, obwohl keine verlässlichen Aussagen darüber möglich sind, ob sich der Trend der Bevölkerungssterblichkeit unverändert auf die Versichertensterblichkeit übertragen lässt. Die zum Ansatz kommende Projektion für zukünftig langfristige Entwicklungen der Sterblichkeit bei Rentenversicherungen ist nicht nachweisbar und kann nicht auf die allgemeine Bevölkerung übertragen werden. Zur Barwertermittlung von Rechten an Grundstücken ist damit weiterhin der aktuellen Periodensterbetafel des Statistischen Bundesamtes der Vorzug zu geben, da hier die gesamte Bevölkerungsstruktur berücksichtigt ist und keine spezifischen an den Interessen des Versicherungswesens orientierte Sicherheitszuschläge eingerechnet worden sind.

Erläuterung zur Tabelle 2: Alterswertverschiebung

Die Lebenserwartung eines jeden Menschen hängt vom Geburtsjahr ab. Das bedeutet, dass ein 60-Jähriger, der 1940 geboren wurde, eine andere Lebenserwartung hat, als ein 60-Jähriger, der 1930 geboren wurde. Um das zu berücksichtigen, wird bei Rententarifen ausgehend von einer so genannten Grundtafel eine Alterswertverschiebung zu- oder abgezogen.

Tabelle 1: Grundtafel

Alter	Restlebenserwartung Männer	Restlebenserwartung Frauen	Alter	Restlebenserwartung Männer	Restlebenserwartung Frauen
0	83,26	89,70	50	35,24	40,58
1	82,27	88,71	51	34,34	39,63
2	81,26	87,71	52	33,44	38,68
3	80,28	86,72	53	32,54	37,73
4	79,29	85,72	54	31,65	36,79
5	78,30	84,73	55	30,77	35,84
6	77,31	83,73	56	29,90	34,90
7	76,32	82,74	57	29,03	33,96
8	75,33	81,74	58	28,17	33,02
9	74,33	80,75	59	27,31	32,08
10	73,34	79,75	60	26,46	31,15
11	72,35	78,76	61	25,62	30,21
12	71,36	77,76	62	24,77	29,28
13	70,37	76,77	63	23,94	28,35
14	69,37	75,77	64	23,11	27,43
15	68,39	74,78	65	22,29	26,51
16	67,40	73,78	66	21,48	25,61
17	66,42	72,79	67	20,69	24,71
18	65,45	71,80	68	19,90	23,82
19	64,48	70,81	69	19,13	22,93
20	63,51	69,81	70	18,37	22,05
21	62,55	68,82	71	17,62	21,18
22	61,60	67,83	72	16,88	20,32
23	60,64	66,84	73	16,17	19,47
24	59,69	65,84	74	15,47	18,63
25	58,74	64,85	75	14,79	17,81
26	57,78	63,86	76	14,14	17,00
27	56,83	62,86	77	13,51	16,20
28	55,88	61,87	78	12,90	15,43
29	54,92	60,88	79	12,32	14,68
30	53,97	59,89	80	11,77	13,95
31	53,02	58,91	81	11,25	13,24
32	52,07	57,93	82	10,75	12,57
33	51,12	56,95	83	10,29	11,92
34	50,18	55,97	84	9,85	11,30
35	49,23	55,00	85	9,44	10,71
36	48,29	54,02	86	9,06	10,15
37	47,33	53,05	87	8,71	9,63
38	46,39	52,07	88	8,38	9,15
39	45,44	51,10	89	8,07	8,70
40	44,49	50,13	90	7,79	8,28
41	43,55	49,17	91	7,52	7,90
42	42,61	48,20	92	7,26	7,55
43	41,67	47,24	93	7,02	7,23
44	40,74	46,29	94	6,78	6,93
45	39,81	45,33	95	6,55	6,65
46	38,89	44,38	96	6,33	6,39
47	37,97	43,43	97	6,11	6,13
48	37,06	42,48	98	5,90	5,88
49	36,15	41,53	99	5,68	5,65

Tabelle 2: Alterswertverschiebung

Alterswertverschiebung (Männer) Geburtsjahr von – bis	Alterswertverschiebung	Alterswertverschiebung (Frauen) Geburtsjahr von – bis	Alterswertverschiebung
1900 – 1906	7	1900 – 1902	6
1907 – 1910	6	1903 – 1907	5
1911 – 1913	5	1908 – 1930	4
1914 – 1920	4	1931 – 1938	3
1921 – 1934	3	1939 – 1945	1
1935 – 1943	2	1946 – 1951	0
1944 – 1951	1	1952 – 1957	– 1
1952 – 1958	0	1958 – 1963	– 2
1959 – 1966	– 1	1964 – 1974	– 3
1967 – 1973	– 2	1975 – 1978	– 4
1974 – 1981	– 3	1979 – 1983	– 5
1982 – 1988	– 4	1984 – 1987	– 6
1989 – 1996	– 5	1988 – 1991	– 7
1997 – 2003	– 6	1992 – 1996	– 8
2004 – 2010	– 7	1997 – 2000	– 9
		2001 – 2004	–10
		2005 – 2009	–11
		2010 – 2010	–12

Quelle: Schmithals/Schütz in Blätter der Deutschen Gesellschaft für Versicherungsmathematik (DGVM) 1995, 29 ff.

3.7 Abfindungsfaktoren

3.7.1 Abfindungsfaktoren für Zeitrenten

Abfindungsfaktoren: $^{(12)}\ddot{a}_{\overline{n}}$ **für Zeitrenten**
(Monatliche und vorschüssige Zahlweise)

Dauer (Jahre)	Zinssatz						
	3,5 %	4,0 %	5,0 %	5,5 %	6,0 %	7,0 %	8,0 %
1	0,984	0,982	0,978	0,976	0,974	0,970	0,966
2	1,936	1,927	1,909	1,901	1,892	1,876	1,860
3	2,854	2,835	2,796	2,778	2,759	2,723	2,687
4	3,742	3,708	3,641	3,609	3,577	3,514	3,454
5	4,600	4,548	4,446	4,396	4,348	4,254	4,164
6	5,429	5,355	5,212	5,143	5,076	4,945	4,821
7	6,230	6,131	5,942	5,851	5,762	5,592	5,429
8	7,004	6,878	6,637	6,522	6,410	6,195	5,993
9	7,751	7,595	7,299	7,158	7,021	6,760	6,514
10	8,473	8,286	7,929	7,760	7,597	7,287	6,997
11	9,171	8,949	8,530	8,332	8,141	7,780	7,445
12	9,846	9,587	9,102	8,873	8,654	8,241	7,859
13	10,497	10,201	9,646	9,386	9,138	8,671	8,242
14	11,126	10,791	10,165	9,873	9,594	9,074	8,597
15	11,735	11,358	10,659	10,334	10,025	9,450	8,926
16	12,322	11,903	11,129	10,771	10,431	9,801	9,230
17	12,890	12,428	11,577	11,186	10,815	10,130	9,512
18	13,438	12,932	12,004	11,578	11,176	10,437	9,773
19	13,968	13,417	12,410	11,951	11,518	10,723	10,015
20	14,480	13,883	12,797	12,303	11,839	10,992	10,239
21	14,975	14,331	13,166	12,638	12,143	11,242	10,446
22	15,453	14,762	13,517	12,955	12,429	11,476	10,638
23	15,915	15,177	13,851	13,255	12,700	11,695	10,815
24	16,361	15,575	14,170	13,540	12,955	11,900	10,980
25	16,792	15,959	14,473	13,810	13,195	12,091	11,132
26	17,209	16,327	14,762	14,066	13,422	12,270	11,273
27	17,611	16,681	15,037	14,309	13,636	12,437	11,403
28	18,000	17,022	15,299	14,539	13,838	12,593	11,524
29	18,376	17,349	15,548	14,757	14,028	12,738	11,636
30	18,739	17,664	15,786	14,963	14,208	12,875	11,740
31	19,090	17,967	16,012	15,159	14,378	13,002	11,836
32	19,428	18,258	16,227	15,345	14,538	13,121	11,925
33	19,756	18,538	16,433	15,521	14,689	13,232	12,007
34	20,072	18,808	16,628	15,687	14,831	13,336	12,083
35	20,378	19,067	16,814	15,845	14,965	13,434	12,154
36	20,673	19,316	16,992	15,995	15,092	13,524	12,219
37	20,958	19,555	17,161	16,137	15,211	13,609	12,279
38	21,234	19,785	17,321	16,272	15,324	13,689	12,335
39	21,500	20,006	17,474	16,399	15,431	13,763	12,387
40	21,758	20,219	17,620	16,520	15,531	13,832	12,435
41	22,006	20,424	17,759	16,635	15,626	13,897	12,480
42	22,247	20,620	17,892	16,744	15,715	13,957	12,521
43	22,479	20,810	18,018	16,847	15,799	14,014	12,559
44	22,703	20,991	18,138	16,944	15,879	14,067	12,594
45	22,920	21,166	18,252	17,037	15,954	14,116	12,627
46	23,129	21,334	18,361	17,124	16,024	14,162	12,657
47	23,331	21,496	18,464	17,208	16,091	14,205	12,685
48	23,527	21,652	18,563	17,286	16,154	14,246	12,711
49	23,716	21,801	18,657	17,361	16,214	14,283	12,735

Dauer (Jahre)	3,5 %	4,0 %	5,0 %	Zinssatz 5,5 %	6,0 %	7,0 %	8,0 %
50	23,898	21,945	18,747	17,432	16,270	14,319	12,757
51	24,074	22,083	18,832	17,499	16,322	14,352	12,778
52	24,245	22,216	18,913	17,563	16,372	14,382	12,797
53	24,409	22,344	18,991	17,623	16,419	14,411	12,815
54	24,568	22,467	19,064	17,680	16,464	14,438	12,831
55	24,722	22,585	19,134	17,734	16,506	14,463	12,846
56	24,870	22,698	19,201	17,785	16,545	14,487	12,860
57	25,013	22,808	19,265	17,834	16,582	14,508	12,873
58	25,152	22,913	19,325	17,880	16,618	14,529	12,885
59	25,286	23,014	19,383	17,924	16,651	14,548	12,896
60	25,415	23,111	19,438	17,965	16,682	14,566	12,907
61	25,540	23,204	19,490	18,005	16,712	14,583	12,916
62	25,661	23,294	19,540	18,042	16,739	14,598	12,925
63	25,777	23,380	19,588	18,077	16,766	14,613	12,933
64	25,890	23,463	19,633	18,111	16,790	14,627	12,941
65	25,999	23,543	19,676	18,142	16,814	14,639	12,948
66	26,104	23,620	19,717	18,173	16,836	14,651	12,954
67	26,206	23,694	19,756	18,201	16,857	14,662	12,960
68	26,304	23,765	19,793	18,228	16,876	14,673	12,966
69	26,399	23,833	19,829	18,254	16,895	14,683	12,971
70	26,491	23,898	19,863	18,278	16,912	14,692	12,976
71	26,579	23,961	19,895	18,301	16,929	14,700	12,980
72	26,665	24,022	19,925	18,323	16,944	14,708	12,984
73	26,748	24,080	19,955	18,343	16,959	14,716	12,988
74	26,827	24,136	19,982	18,363	16,973	14,723	12,991
75	26,905	24,190	20,009	18,381	16,986	14,729	12,995
76	26,979	24,242	20,034	18,399	16,998	14,735	12,998
77	27,051	24,292	20,058	18,416	17,010	14,741	13,001
78	27,121	24,340	20,081	18,432	17,021	14,746	13,003
79	27,188	24,386	20,103	18,447	17,031	14,751	13,005
80	27,253	24,430	20,123	18,461	17,041	14,756	13,008
81	27,316	24,473	20,143	18,474	17,050	14,760	13,010
82	27,377	24,514	20,162	18,487	17,059	14,764	13,012
83	27,435	24,553	20,180	18,499	17,067	14,768	13,013
84	27,492	24,591	20,197	18,511	17,075	14,771	13,015
85	27,547	24,628	20,213	18,521	17,082	14,775	13,017
86	27,600	24,663	20,228	18,532	17,089	14,778	13,018
87	27,651	24,696	20,243	18,542	17,095	14,781	13,019
88	27,700	24,729	20,257	18,551	17,101	14,783	13,020
89	27,748	24,760	20,271	18,560	17,107	14,786	13,021
90	27,794	24,790	20,283	18,568	17,113	14,788	13,023
91	27,838	24,819	20,295	18,576	17,118	14,790	13,023
92	27,881	24,846	20,307	18,583	17,123	14,792	13,024
93	27,923	24,873	20,318	18,590	17,127	14,794	13,025
94	27,963	24,899	20,328	18,597	17,132	14,796	13,026
95	28,002	24,923	20,338	18,603	17,136	14,798	13,027
96	28,039	24,947	20,348	18,609	17,140	14,799	13,027
97	28,076	24,970	20,357	18,615	17,143	14,801	13,028
98	28,110	24,991	20,365	18,621	17,147	14,802	13,028
99	28,144	25,013	20,374	18,626	17,150	14,804	13,029

3.7.2   Abfindungsfaktoren für lebenslängliche Renten

Abfindungsfaktoren für lebenslängliche Renten
Allgemeine Sterbetafel für die Bundesrepublik Deutschland 1986/88
Zinsfuss 5,5 %

Alter des Mannes* x	der Frau* x	y	Männer $\ddot{a}_x^{(12)}$	Frauen $\ddot{a}_y^{(12)}$	Männer/Frauen $\ddot{a}_{xy}^{(12)}$	Alter des Mannes* x	der Frau* x	y	Männer $\ddot{a}_x^{(12)}$	Frauen $\ddot{a}_y^{(12)}$	Männer*/Frauen $\ddot{a}_{xy}^{(12)}$
0	0	25	17,961	18,185	17,069	50	50	75	13,101	14,474	7,126
1	1	26	18,091	18,287	17,149	51	51	76	12,872	14,285	6,787
2	2	27	18,070	18,274	17,082	52	52	77	12,638	14,088	6,454
3	3	28	18,043	18,258	17,008	53	53	78	12,399	13,884	6,126
4	4	29	18,013	18,238	16,928	54	54	79	12,155	13,672	5,806
5	5	30	17,980	18,215	16,844	55	55	80	11,906	13,453	5,495
6	6	31	17,945	18,191	16,755	56	56	81	11,653	13,227	5,194
7	7	32	17,908	18,165	16,661	57	57	82	11,396	12,993	4,903
8	8	33	17,868	18,138	16,563	58	58	83	11,134	12,751	4,623
9	9	34	17,826	18,109	16,460	59	59	84	10,868	12,501	4,355
10	10	35	17,781	18,079	16,351	60	60	85	10,597	12,243	4,100
11	11	36	17,733	18,047	16,237	61	61	86	10,321	11,978	3,856
12	12	37	17,683	18,013	16,119	62	62	87	10,042	11,705	3,625
13	13	38	17,630	17,977	15,995	63	63	88	9,757	11,423	3,406
14	14	39	17,575	17,939	15,866	64	64	89	9,469	11,134	3,200
15	15	40	17,517	17,900	15,732	65	65	90	9,177	10,837	3,005
16	16	41	17,459	17,859	15,594	66	66	91	8,881	10,532	2,823
17	17	42	17,399	17,817	15,453	67	67	92	8,581	10,220	2,651
18	18	43	17,340	17,773	15,309	68	68	93	8,280	9,900	2,491
19	19	44	17,282	17,728	15,162	69	69	94	7,977	9,573	2,341
20	20	45	17,222	17,680	15,011	70	70	95	7,673	9,240	2,201
21	21	46	17,159	17,630	14,854	71	71	96	7,370	8,902	2,072
22	22	47	17,093	17,578	14,690	72	72	97	7,068	8,559	1,951
23	23	48	17,022	17,522	14,519	73	73	98	6,770	8,214	1,840
24	24	49	16,947	17,463	14,340	74	74	99	6,476	7,867	1,737
25	25	50	16,868	17,401	14,154	75	75	100	6,188	7,521	1,642
26	26	51	16,784	17,335	13,960	76	76	101	5,905	7,176	1,554
27	27	52	16,695	17,267	13,759	77	77	102	5,630	6,835	1,473
28	28	53	16,601	17,195	13,549	78	78	103	5,363	6,499	1,399
29	29	54	16,502	17,119	13,333	79	79	104	5,104	6,170	1,330
30	30	55	16,399	17,039	13,108	80	80	105	4,854	5,848	1,265
31	31	56	16,290	16,956	12,876	81	81	106	4,613	5,536	1,202
32	32	57	16,176	16,869	12,636	82	82	107	4,381	5,233	1,135
33	33	58	16,057	16,778	12,388	83	83	108	4,159	4,942	1,047
34	34	59	15,932	16,683	12,133	84	84	109	3,947	4,662	0,892
35	35	60	15,801	16,583	11,869	85	85	110	3,744	4,394	0,533
36	36	61	15,665	16,479	11,598	86	86		3,550	4,138	
37	37	62	15,522	16,371	11,319	87	87		3,366	3,896	
38	38	63	15,373	16,257	11,032	88	88		3,191	3,666	
39	39	64	15,218	16,139	10,738	89	89		3,025	3,449	
40	40	65	15,057	16,016	10,437	90	90		2,868	3,245	
41	41	66	14,890	15,888	10,128	91	91		2,720	3,053	
42	42	67	14,716	15,755	9,812	92	92		2,580	2,873	
43	43	68	14,536	15,616	9,490	93	93		2,449	2,705	
44	44	69	14,349	15,471	9,162	94	94		2,325	2,548	
45	45	70	14,157	15,321	8,829	95	95		2,208	2,402	
46	46	71	13,958	15,165	8,492	96	96		2,099	2,267	
47	47	72	13,752	15,002	8,151	97	97		1,997	2,141	
48	48	73	13,541	14,833	7,809	98	98		1,901	2,025	
49	49	74	13,324	14,657	7,467	99	99		1,812	1,918	

*   Altersdifferenz: x – y = – 25 Jahre. Lebenslängliche Verbindungsrente

3.8   Baupreisindizes des Statistischen Bundesamtes

Vorbemerkungen:

Baupreisindizes beschreiben die Entwicklung der Preise für den Neubau sowie für die Instandhaltung ausgewählter Bauwerksarten. Aus der Sicht der Käufer können sie zugleich als Kaufpreisindizes gelten[1]. Mit der Neuberechnung der Baupreisindizes auf der Basis 1991 hat das Statistische Bundesamt zusätzlich zu den Baupreisindizes für das frühere Bundesgebiet und für die neuen Länder und Berlin-Ost erstmals auch Baupreisindizes für Deutschland insgesamt berechnet. Auf folgende Neuerungen ist hinzuweisen:

- Erstmals wurden Preisindizes für Kläranlagen veröffentlicht.
- Eingestellt wurde die Veröffentlichung von Preisindizes für landwirtschaftliche Betriebsgebäude,
- Preisindizes für „Brücken im Straßenbau" in „Stahlverbund-Überbau" und „Stahlüberbau" wurden zusammengefasst.
- Die Preisindizes für die Instandhaltung von Einfamilienhäusern wurden eingestellt und
- das Wägungsschema für die Instandhaltung von Mehrfamiliengebäuden wurde neu aufgestellt.

Die vom Statistischen Bundesamt berechneten und in dem Vierteljahresbericht **veröffentlichten Baupreisindizes** bringen für Deutschland sowie für das frühere Bundesgebiet und das Gebiet der neuen Länder einschließlich Berlin-Ost die Entwicklung der Preise für den Neubau ausgewählter Bauwerksarten des Hoch- und Tiefbaus sowie für Instandhaltungsmaßnahmen an Wohngebäuden zum Ausdruck. Sie können als Erzeuger-Verkaufspreisindizes bezeichnet werden, die sich aber – anders als die anderen Erzeuger-Verkaufspreisindizes des Statistischen Bundesamtes – nicht auf den Gesamtumsatz eines institutionell abgrenzbaren Wirtschaftsbereichs, sondern auf bestimmte Erzeugnisarten beziehen. Aus der Sicht der Käufer dieser Erzeugnisse, also der Bauherren, können sie zugleich als Einkaufspreisindizes gelten.

Dem Index einer jeden **Bauwerksart** liegt eine Reihe von einzelnen Bauwerkstypen zu Grunde, wie sie für das Baugeschehen im Basisjahr (gegenwärtig 1995) kennzeichnend waren. Die Bauwerke sind regelmäßig konventionell, jedoch unter Einbeziehung der marktüblichen Fertigteile gebaut. Maßgeblicher Leistungsumfang sind im Allgemeinen die so genannten „Bauleistungen am Bauwerk" (analog zur DIN 276), dazu zählen im Wesentlichen die Positionen, die zu Bestandteilen des eigentlichen Baukörpers werden.

Für den Bereich des **konventionellen Neubaus von Wohngebäuden** ist der wichtigste Nachweis der Baupreisindex für „Wohngebäude insgesamt". Er wird ergänzt durch Indizes für die Wohngebäudearten „Einfamilien-, Mehrfamilien- und gemischt genutzte Gebäude".

Für den Neubau konventionell gefertigter **Nichtwohngebäude** werden besondere Indizes für „Bürogebäude" sowie „Gewerbliche Betriebsgebäude" (Stahl- und Stahlbetonskelett) ermittelt.

Unter der Bezeichnung **„Sonstige Bauwerke"** wird die Preisentwicklung im „Straßenbau", bei „Brücken im Straßenbau", „Ortskanälen", „Staudämmen" und „Kläranlagen" indexmäßig nachgewiesen.

In Bezug auf „Wohngebäude insgesamt" steht außerdem ein Baupreisindex für **„Bauleistungen insgesamt"** zur Verfügung, der über die „Bauleistungen am Bauwerk" hinaus drei weitere Hauptleistungsgruppen einbezieht.

---

1   Vorholt, H., Zur Neuberechnung der Baupreisindizes auf Basis 1991, Wirtschaft und Statistik 1995/1; Mindig, B., Zur Neuberechnung der Preisindizes auf Basis 1991, Wirtschaft und Statistik 1991, 209 ff.

Für Wohngebäude wird auch die Preisentwicklung bei Instandhaltungsarbeiten nachgewiesen. Entsprechende Indizes liegen für Mehrfamiliengebäude mit aber auch ohne Schönheitsreparaturen vor.

Im Hinblick auf die wesentlichen **Rechenvorgänge** können die Indizes als gewogene Durchschnitte aus den Durchschnittsmesszahlen zu den Preisen für eine repräsentative Auswahl von Bauleistungen (den sog. Preisrepräsentanten) bezeichnet werden. Der Durchschnittsmesszahl für eine bestimmte Bauleistung liegen die entsprechenden Preisveränderungszahlen (sog. Landesmesszahlen) der Länder zu Grunde. Diese werden wiederum von den Statistischen Landesämtern aus den einzelnen Preisveränderungszahlen (Firmenmesszahlen) derjenigen Firmen berechnet, die für die Bauleistung Preise gemeldet haben. Als Wägungszahlen (Indexgewichte) zur Gewichtung der Durchschnittsmesszahlen dienen die ermittelten Kostenanteile jeweils derjenigen tatsächlich erbrachten Bauleistungen (an den Gesamtkosten der Einzeltypen einer Bauwerksart), für die eine der ausgewählten Bauleistungen als repräsentativ anzusehen ist.

Die den Baupreisindizes zu Grunde liegenden Preisreihen haben die Form von Messzahlen auf der Grundlage des Preisstandes im Basisjahr (= 100). Die Preisreihen der sich auf konventionelles Bauen beziehenden Indizes beruhen auf den Ergebnissen **vierteljährlicher Preiserhebungen** bei einer repräsentativen Auswahl baugewerblicher Unternehmen. Berichtsmonate sind Februar, Mai, August und November, und zwar jeweils der ganze Monat, nicht bestimmte Kalendertage. Erfragt werden die im Berichtsmonat vertraglich vereinbarten Preise. Damit die vierteljährlichen Werte einer Einzelpreisreihe nur „reine" Preisveränderungen zum Ausdruck bringen, müssen alle für die Höhe des Preises maßgeblichen Faktoren, die so genannten preisbestimmenden Merkmale, solange wie möglich konstant gehalten werden. Dies gilt nicht nur für die Mengeneinheit der beobachteten Bauleistungen und deren qualitative Beschaffenheit, sondern auch für die verschiedenen sonstigen Vereinbarungen, z. B. die Zahlungsbedingungen. Ändert sich eines dieser Merkmale, so kann die Differenz zwischen dem neuen und dem zuletzt gemeldeten Preis eine unechte Preisveränderung enthalten, die eliminiert werden muss.

Die vierteljährlich ermittelten Preise sind **Marktpreise** bei Auftragsvergabe (keine Angebotspreise) ohne Mehrwertsteuer. Gegenwärtig werden rund 5 300 Berichtsstellen nach ihren Verkaufspreisen für insgesamt 217 Preisrepräsentanten befragt. Den Indizes liegen also entsprechend viele Einzelpreisreihen zu Grunde.

Bis einschließlich 1961 sind die Baupreisindizes – wegen der unbekannten Höhe des Steuersatzes – nur einschließlich der damaligen kumulativen Brutto-Umsatzsteuer berechnet worden. Ab 1968 werden sie auf der Basis 1995 sowohl *ohne* **als auch** *mit* **Umsatz-(Mehrwert-)steuer** ausgewiesen. Dabei sind die Indexwerte ohne und mit Steuerbelastung für diejenigen Berichtsperioden gleich, in denen der gleiche Steuersatz wie im Basisjahr zur Anwendung kam. Von Februar 1993 bis Februar 1998 stimmen daher alle Indexzahlen in der Berechnung ohne und mit Umsatz-(Mehrwert-)steuer überein. Dieses wird verständlich, wenn man bedenkt, dass Indizes nichts über die absolute Höhe der Preise aussagen, sondern ausschließlich deren Entwicklung zum Ausdruck bringen. Wenn z. B. im Jahre 1993 ebenso wie im Basisjahr 1995 der Bruttopreis um jeweils 15 % über dem Nettopreis lag, müssen trotz des unterschiedlichen Niveaus der beiden Preise die Quotienten aus den Bruttopreisen die Gleichen sein wie die Quotienten aus den entsprechenden Nettopreisen, d. h. die Brutto- und Nettoindexzahlen stimmen miteinander überein.

Der **Preisindex für Wohngebäude auf der Basis 1913,** der bislang für das frühere Bundesgebiet berechnet wurde, bezieht sich ab 1991 auf Deutschland insgesamt. Dieser „Bruch" ist zwar aus der Sicht des Statistischen Bundesamtes nichts Ungewöhnliches, da dem Index schon in der Vergangenheit unterschiedliche Gebietsstände, und zwar in den Jahren 1913–1944 das damalige Reichsgebiet (wiederum mit verschiedenen Gebietsständen), im Zeitraum 1945–1959 das frühere Bundesgebiet ohne das Saarland und Berlin und zwischen 1960 und 1965 das frühere Bundesgebiet ohne Berlin zu Grunde lagen. Damit muss jedoch der Wert dieser Baupreisindexreihe noch fragwürdiger erscheinen[2]. Auch vom Statistischen Bundesamt wird einschränkend darauf hingewiesen, dass die „Hyperinflation nach dem Ersten Weltkrieg, die 1929 beginnende Weltwirtschaftskrise und die Währungsreform 1948 im Baupreisindex für Wohngebäude zum Basisjahr 1913 besonders tiefe Spuren hinterlassen habe.

Die Indizes werden nach der so genannten **Laspeyres-Formel** berechnet. Das bedeutet, dass die aus dem gegenwärtigen Basisjahr (1995) stammenden **Wägungszahlen** zur Umstellung des Indexes auf ein neueres Basisjahr **unverändert bleiben.** Als nächstes Basisjahr ist das Jahr 2000 in Aussicht genommen. Das letzte Basisjahr vor dem gegenwärtigen Basisjahr war das Jahr 1991. Für längerfristige Vergleiche sind die 1995er Indizes ausgewählter Bauwerksarten in der Beschränkung auf die Werte einschließlich Umsatz- (Mehrwert-)steuer über den Februar 1995 mit ihren Vorgängern, den entsprechenden 1991er Indizes, zu durchlaufenden Reihen verkettet worden, die bis 1958 und für „Wohngebäude insgesamt" bis 1913 zurückreichen. In der Begrenzung auf „Wohngebäude insgesamt" liegen umbasierte Werte zusätzlich noch für die Basisjahre 1985, 1980, 1976, 1970, 1962, 1958, 1938, 1914 und 1913 vor.

Die bei der **Verkettung und Umbasierung** angewandten Verfahren werden am Beispiel des Preis-Indexes für „Wohngebäude insgesamt" nachstehend ausführlich besprochen. (Die Erläuterungen gelten sinngemäß auch für die anderen Indizes, die zu durchlaufenden Reihen verkettet worden sind bzw. in der Umbasierung auf verschiedene Basisjahre nachgewiesen werden.):

Zu dem neuen auf der Basis 1995 berechneten Baupreis-Index wurde, wie bereits erwähnt, auch eine langfristige Reihe zurück bis zum Jahre 1913 gebildet. Zu diesem Zwecke wurden

– der neue Index (auf der Basis 1995 = 100) für den 1. Monat seiner Berechnung, d. h. für Februar 1995, dem bisherigen Index für Februar 1995 (auf Basis 1991 = 100) gegenübergestellt;

– aus diesen beiden Werten der Quotient „Neuer Index durch bisherigen Index Februar 1995" ermittelt;

– mit dem so gebildeten Quotienten alle Werte der bisherigen Indexreihe (auf Basis 1991 = 100) bis einschließlich Februar 1995 multipliziert.

Durch diese **Umbasierung,** d. h. durch die Multiplikation mit dem konstanten Faktor „Neuer Index durch bisherigen Index Februar 1995", wurden alle Zahlen der bisherigen Indexreihe lediglich auf ein niedrigeres Niveau verkleinert, und zwar im gleichen Verhältnis, so dass die Relation zwischen den Werten damit unverändert blieb (vom Rundungseffekt abgesehen). Wenn also die Reihe vor der Umbasierung zwischen zwei Zeitpunkten z. B. um 7,5 % gestiegen ist, ergibt sich für die umbasierte Reihe ebenfalls ein Anstieg um 7,5 %.

Für **Februar 1995, dem sog. „Verkettungsmonat",** stimmen die umbasierte Reihe und die auf Basis 1995 neu berechnete Reihe genau überein. Denn der Rechensatz für die Umbasierung lautet hier: „Bisheriger Index Februar 1995" mal „Neuer Index durch bisherigen Index Februar 1995", die sich voraussichtlich durch Kürzung „Neuer Index Februar 1995" ergibt. Die umbasierte bisherige Reihe und die neue Reihe gehen somit im Februar 1995 ohne Bruch ineinander über, sie sind miteinander „verkettet".

---

2   Die Baupreisstatistik wird 80 Jahre alt. Monatlicher Pressedienst des Statistischen Bundesamtes Mai 1993, S. 3
    Zahlen-Fakten-Trends

Da bei der früheren Index-Neuberechnung analog verfahren wurde, lag die bisherige Indexreihe (1991 = 100) bereits in einer Rückrechnung bis 1913 vor; die Verkettung der bisherigen mit der neuen (Basis 1995 = 100) Reihe liefert somit für die Zeit seit 1913 eine durchlaufende Reihe auf Basis 1995 = 100.

Die Weiterführung der langfristigen Indexreihen auf der Grundlage der früheren Basisjahre 1991, 1985, 1980, 1976, 1970, 1962, 1958, 1938, 1914 und 1913 ist an Hand der 95er Indizes wie folgt vorgenommen worden:

– Dem bisherigen Index für Februar 1995 (auf der jeweiligen Basis) wurde der neue Index für Februar 1995 (1995 = 100) gegenübergestellt.

– Daraus wurde der Quotient Index Februar 1995 (früheres Basisjahr = 100) durch Index Februar 1995 (1995 = 100) gebildet.

– Mit dem sog. bestimmten Quotienten wurden alle Werte der 95er Reihe von Februar 1995 bis zur Gegenwart multipliziert.

Auch die umbasierten Reihen werden laufend ergänzt und veröffentlicht.

Die Baupreisindizes für die verschiedenen Bauwerksarten werden nicht nur als Gesamtreihen für alle „Bauleistungen am Bauwerk", sondern auch in der Aufgliederung nach den Bauabschnitten **Roh- und Ausbau** sowie nach **Gewerken** berechnet und veröffentlicht. Die angewandten Gliederungsprinzipien sind der DIN 276 **„Kosten im Hochbau"** sowie der **„Verdingungsordnung für Bauleistungen" (VOB)** entnommen.

Die **Ergebnisse der Baupreisstatistik** werden vierteljährlich in den Eilberichten und in den Vierteljahresberichten der Fachserie 17, Preise, Reihe 4, „Messzahlen für Bauleistungen und Preisindizes für Bauwerke", veröffentlicht. Während der Inhalt des Eilberichts auf die wichtigsten Ergebnisse beschränkt ist, werden in den Vierteljahresberichten die Indizes aller Bauwerksarten in der Aufgliederung nach Gewerken dargeboten. Weiterhin werden hier die Preisverläufe der einzelnen Bauleistungen nachgewiesen, die den Indexberechnungen zu Grunde liegen[3].

Es wird empfohlen, bei der Verwendung der Preisindizes also auch der Baupreisindizes, Folgendes zu beachten:

Die **Indexveränderung** von einem Zeitpunkt zum anderen kann in Punkten, in Prozent oder als Vielfaches der Ausgangszahl ausgedrückt werden.

Die **Indexentwicklung nach Punkten** ergibt sich als Differenz zwischen dem neuen und dem alten Indexstand. Das Ergebnis für einen bestimmten Zeitraum ist je nach Wahl des Basisjahres unterschiedlich.

Die **Indexentwicklung in Prozent** kann nach der Formel

$$\frac{\text{Neuer Indexstand}}{\text{Alter Indexstand}} = 100 - 100$$

berechnet werden. Das Ergebnis ist von der Wahl des Basisjahres unabhängig, wenn man von geringfügigen Rundungsdifferenzen absieht.

Auch die Indexentwicklung als **Vielfaches der Ausgangszahlen,** das sich aus dem Quotienten

$$\frac{\text{Neuer Indexstand}}{\text{Alter Indexstand}}$$

ergibt, wird durch die Wahl des Basisjahres nicht beeinflusst.

Die wichtigste Indexreihe der Baupreisstatistik, der **Baupreisindex für Wohngebäude insgesamt** – „Bauleistungen am Bauwerk" analog zu der Kostengruppe 300 und 400 nach DIN 276 –, wird außer in der Darstellung auf Basis 1995 auch umbasiert auf 1991, 1985,

1980, 1976, 1970, 1962, 1958, 1950, 1938, 1914 und 1913 (jeweils = 100) veröffentlicht. Wird die Umbasierung auf ein Jahr gewünscht, das nicht als Basisjahr nachgewiesen wird, z. B. auf das Jahr 1954 (= 100), so lassen sich die jeweiligen Werte aus den 95er Indizes nach folgender Umbasierungsformel finden:

Gesuchter Index (1954 = 100, Deutschland) =

$$\frac{\text{Index im Berichtszeitraum (1995 = 100)}}{\text{Index D 1954 (1995 = 100)}} \times 100$$

So errechnet sich z. B. für Februar 1998 (Indexstand auf Basis 1995 = 100) 98,3 der auf 1954 umbasierte Index wie folgt:

$$\frac{98,3}{13,7} \times 100 = 717,5$$

wobei 13,7 der Index 1954 auf Basis 1995 = 100 ist.

Sofern sich beim Nachrechnen der vom Statistischen Bundesamt auf der Grundlage verschiedener Basisjahre veröffentlichten Indizes mit der angegebenen Formel Differenzen ergeben sollten, beruhen diese nicht auf Unterschieden in der statistischen Aussage, sind ausschließlich auf das Rechnen mit gerundeten Zahlen zurückzuführen.

Aufbau des Preisindexes für den Wohnungsneubau in konventioneller Bauart

	Wägungsanteile in Prozent		Wägungsanteile in Prozent	
Erdarbeiten	4,8			
Maurerarbeiten	25,3			
Beton- und Stahlbetonarbeiten	33,6			
Zimmer- und Holzbauarbeiten	8,6	Rohbauarbeiten	60,2	
Dacharbeiten	6,6			
Putz- und Stuckarbeiten	13,9			Bauleistungen am Bauwerk
Sonstige Rohbauarbeiten	7,3			
Fliesen- und Plattenarbeiten	8,3			
Tischlerarbeiten	19,8			
Metallbauarbeiten, Schlosserarbeiten	9,7			
Heizanlagen, Warmwasseranlagen	12,1	Ausbauarbeiten	39,8	
Gas-, Wasser- und Abwasser-Install.	12,4			
Elektrische Kabel- und Leitungsanlagen	10,4			
Sonstige Ausbauarbeiten	27,3			

Statistisches Bundesamt
Postfach 5528
Gustav-Stresemann-Ring 11
65189 Wiesbaden
Tel. (0 61 21) 75-1
Fax (0 61 21) 75 34 25
www.statistik.bund.de

Zweigstelle Berlin
Otto-Braun-Straße 70, 71
10179 Berlin
Tel. (0 30) 2 32 45
Fax (0 30) 23 24 64 00

---

3   Weitere methodische Erläuterungen zur Neuberechnung der Baupreisindizes auf der Basis 1991 enthält der Aufsatz in Heft 19/1994 der Zeitschrift „Wirtschaft und Statistik", der auch als Novemberbericht 1994 der Fachserie 17, Reihe 4 abgedruckt ist.

Deutschland

3.8.1   Baupreisindizes für Wohngebäude insgesamt

Baupreisindex für den Neubau von Wohngebäuden insgesamt (einschließlich Umsatz-Mehrwert-Steuer)* seit 1913 nach verschiedenen Basisjahren

Quelle: Statistisches Bundesamt Wiesbaden, Reihe 4, Fachserie 17

Jahr	1913	1914	1938	1958	1962	1970	1976	1980	1985	1991	1995	2000	Jahr
						= 100							
1913	**100,0**	93,6	73,9	28,8	21,9	14,7	10,2	7,6	6,6	5,3	**4,5**		**1913**
1914	106,3	**100,0**	78,9	30,8	23,4	15,7	10,9	8,1	7,1	5,7	**4,9**		**1914**
1915	119,7	112,1	88,4	34,5	26,2	17,6	12,3	9,2	8,0	6,4	**5,5**		1915
1916	132,0	123,6	97,5	38,0	28,9	19,4	13,5	10,1	8,8	7,1	**6,0**		1916
1917	163,9	153,5	121,1	47,3	35,9	24,1	16,8	12,5	10,9	8,8	**7,5**		1917
1918	227,2	212,7	167,8	65,5	49,7	33,4	23,3	17,4	15,2	12,2	**10,4**		1918
1919	373,5	349,7	275,9	107,5	81,7	54,9	38,2	28,5	24,9	20,0	**17,1**		1919
1920	1068,0	1000,0	789,0	308,0	234,0	157,0	109,0	81,3	71,0	57,1	**48,8**		1920
1921	1803,0	1688,0	1332,0	520,0	394,0	265,0	185,0	138,0	120,6	97,0	**82,9**		1921
1924	138,1	129,3	102,0	39,8	30,2	20,3	14,1	10,5	9,2	7,4	**6,3**		1924
1925	170,1	159,2	125,6	49,0	37,2	25,0	17,4	13,0	11,4	9,2	**7,8**		1925
1926	165,3	154,8	122,1	47,6	36,2	24,3	16,9	12,6	11,0	8,8	**7,6**		1926
1927	167,3	156,7	123,6	48,2	36,6	24,6	17,1	12,8	11,2	9,0	**7,7**		1927
1928	174,8	163,7	129,1	50,4	38,2	25,7	17,9	13,4	11,7	9,4	**8,0**		1928
1929	177,6	166,2	131,2	51,2	38,8	26,1	18,2	13,6	11,9	9,6	**8,2**		1929
1930	170,1	159,2	125,6	49,0	37,2	25,0	17,4	13,0	11,4	9,2	**7,8**		1930
1931	155,8	145,9	115,1	44,9	34,1	22,9	15,9	11,9	10,4	8,4	**7,1**		1931
1932	132,0	123,6	87,5	38,0	28,9	19,4	13,5	10,1	8,8	7,1	**6,0**		1932
1933	125,2	117,2	92,5	36,1	27,4	18,4	12,8	9,6	8,4	6,8	**5,8**		1933
1934	131,3	122,9	97,0	37,8	28,7	19,3	13,4	10,0	8,7	7,0	**6,0**		1934
1935	131,3	122,9	97,0	37,8	28,7	19,3	13,4	10,0	8,7	7,0	**6,0**		1935
1936	131,3	122,9	97,0	37,8	28,7	19,3	13,4	10,0	8,7	7,0	**6,0**		1936
1937	134,0	125,5	99,0	38,6	29,3	19,7	13,7	10,2	8,9	7,2	**6,1**		1937
1938	135,4	126,8	**100,0**	39,0	29,6	19,9	13,9	10,4	9,1	7,3	**6,3**		**1938**
1939	137,4	128,7	101,5	39,6	30,1	20,2	14,7	10,5	9,2	7,4	**6,3**		1939
1940	139,5	130,6	103,0	40,2	30,5	20,5	14,3	10,7	9,4	7,6	**6,5**		1940
1941	146,3	136,9	108,0	42,2	32,0	21,5	15,0	11,2	9,8	7,9	**6,7**		1941
1942	158,5	148,4	117,1	45,7	34,7	23,3	16,2	12,1	10,6	8,5	**7,3**		1942
1943	161,9	151,6	119,5	46,7	35,4	23,8	16,6	12,4	10,8	8,7	**7,4**		1943
1944	165,3	154,8	122,1	47,6	36,2	24,3	16,9	12,6	11,0	8,8	**7,6**		1944
1945	170,7	159,6	126,1	49,2	37,4	25,1	17,5	13,1	11,4	9,2	**7,8**		1945
1946	182,3	170,7	134,7	52,2	39,9	26,8	18,7	14,0	12,2	9,8	**8,4**		1946
1947	212,9	199,4	157,3	61,4	46,6	31,3	21,8	16,3	14,2	11,4	**9,8**		1947
1948	281,9	263,1	207,5	81,0	61,5	41,3	28,6	21,5	18,8	15,1	**12,9**		1948
1949	262,6	245,9	194,0	75,7	57,4	38,6	26,9	20,1	17,6	14,2	**12,1**		1949
1950	250,3	234,4	184,9	72,2	54,8	36,8	25,6	19,1	16,7	13,4	**11,5**		1950
1951	289,3	271,3	214,1	83,5	63,4	42,6	29,7	22,2	19,4	15,6	**13,3**		1951
1952	308,8	289,2	228,1	89,0	67,6	45,4	31,6	23,6	20,6	16,6	**14,2**		1952
1953	298,6	279,6	220,6	86,1	65,3	43,9	30,6	22,8	19,9	16,0	**13,7**		1953
1954	300,0	280,9	221,6	86,5	65,6	44,1	30,7	22,9	20,0	16,1	**13,7**		1954
1955	316,3	296,2	233,7	91,2	69,2	46,5	32,4	24,2	21,1	17,0	**14,5**		1955
1956	324,5	303,8	239,7	93,5	71,0	47,7	33,2	24,8	21,7	17,5	**14,4**		1956
1957	336,1	314,6	248,2	96,9	73,5	49,3	34,4	25,7	22,5	18,1	**15,4**		1957
1958	346,9	324,8	256,3	**100,0**	75,9	51,0	35,5	26,5	23,2	18,6	**15,9**		**1958**
1959	365,3	342,0	269,8	105,3	79,9	53,7	37,4	27,9	24,4	19,6	**16,8**		1959

*   Laufende Angaben können der Zeitschrift „Grundstücksmarkt und Grundstückswert" – GuG –, erschienen im Luchterhand Verlag, oder unter **www.gug-aktuell.de** entnommen werden.

Jahr	1913	1914	1938	1958	1962	1970	1976	1980	1985	1991	1995	2000	Jahr
						= 100							
1960	392,5	367,5	289,9	113,1	63,9	57,7	40,2	30,3	26,2	21,0	**16,0**		1960
1961	422,4	395,5	312,1	121,8	92,4	62,1	43,2	32,2	28,1	22,6	**19,8**		1961
1962	457,1	428,8	337,7	131,8	**100,0**	67,2	46,8	34,9	30,5	24,5	**20,9**		**1962**
1963	481,0	450,3	355,3	138,6	105,2	70,7	49,2	36,7	32,1	25,7	**22,0**		1963
1964	503,4	471,3	371,9	145,1	110,1	74,0	51,5	38,4	33,6	26,9	**23,6**		1964
1965	524,5	491,1	387,4	151,2	114,7	77,1	53,7	40,1	35,0	28,1	**24,1**		1965
1966	541,5	507,0	400,0	156,1	118,5	79,6	55,4	41,3	36,1	29,0	**24,8**		1966
1967	529,9	496,2	391,5	152,7	115,9	77,9	54,2	40,4	35,3	28,4	**24,3**		1967
1968	552,4	517,2	408,1	159,2	120,8	81,2	56,5	42,2	36,9	29,6	**25,3**		1968
1969	584,0	546,8	431,4	168,4	127,8	85,9	59,8	44,6	39,0	31,3	**26,8**		1969
1970	680,3	636,9	502,5	196,1	148,8	**100,0**	69,6	52,0	45,4	36,5	**31,2**		**1970**
1971	750,5	702,7	554,4	216,4	164,2	110,3	76,8	57,3	50,1	40,2	**34,4**		1971
1972	801,2	750,2	591,9	230,9	175,3	117,8	82,0	61,2	53,5	43,0	**36,7**		1972
1973	860,0	805,3	635,3	247,9	188,1	126,4	88,0	65,7	57,4	46,1	**39,4**		1973
1974	922,6	863,9	681,5	265,9	201,8	135,6	94,4	70,5	61,6	49,4	**42,3**		1974
1975	944,6	884,4	697,7	272,2	206,6	138,9	96,7	72,1	63,1	50,6	**43,3**		1975
1976	977,1	915,0	721,8	281,7	213,7	143,7	**100,0**	74,6	65,2	52,4	**44,8**		**1976**
1977	1024,5	959,3	756,8	295,3	224,1	150,6	104,9	78,2	68,4	54,9	**46,9**		1977
1978	1087,8	1018,6	803,6	313,6	238,0	159,9	111,3	83,1	72,6	58,3	**49,8**		1978
1979	1183,3	1108,0	874,1	341,1	258,8	174,0	121,1	90,4	79,0	63,4	**54,2**		1979
1980	1309,7	1226,3	967,4	377,6	286,5	192,5	134,0	**100,0**	87,4	70,2	**60,0**		**1980**
1981	1386,3	1298,1	1024,0	399,6	303,2	203,8	141,9	105,9	92,5	74,3	**63,5**		1981
1982	1426,4	1335,5	1053,6	411,1	312,0	209,6	146,0	108,9	95,2	76,4	**65,3**		1982
1983	1456,4	1363,7	1075,8	419,8	318,6	214,1	149,1	111,2	97,2	87,0	**66,7**		1983
1984	1492,4	1397,4	1102,4	430,2	326,5	219,3	152,8	114,0	99,6	80,0	**68,4**		1984
1985	1498,7	1403,3	1107,0	432,0	327,9	220,3	153,4	114,5	**100,0**	80,3	**68,7**		**1985**
1986	1519,3	1422,6	1122,2	437,9	332,4	223,3	155,5	116,0	101,4	81,4	**69,6**		1986
1987	1548,2	1449,6	1143,6	446,2	338,7	227,5	158,5	118,2	103,3	83,0	**70,9**		1987
1988	1581,1	1480,5	1167,9	455,7	345,9	232,4	161,8	120,7	105,5	84,3	**72,4**		1988
1989	1638,9	1534,5	1210,5	472,4	358,5	240,9	167,8	125,1	109,4	87,8	**75,0**		1989
1990	1744,5	1633,4	1288,6	502,8	381,6	256,4	178,6	133,2	116,4	93,5	**79,9**		1990
1991	1865,6	1746,9	1378,1	537,7	408,2	274,2	191,0	142,5	124,5	**100,0**	**85,5**		**1991**
1992	1985,0	1858,7	1466,3	572,1	434,3	291,7	203,3	151,6	132,5	106,4	**91,0**		1992
1993	2083,0	1950,4	1538,7	600,4	455,7	306,1	213,3	159,1	139,0	111,7	**95,4**		1993
1994	2132,9	1997,1	1575,5	614,7	466,6	313,5	218,4	162,9	142,3	114,3	**97,7**		1994
1995	2182,9	2044,0	1612,5	629,2	477,6	320,8	223,5	166,7	145,7	117,0	**100,0**		**1995**
1996	2179,1	2040,5	1609,7	628,1	476,8	320,2	223,2	166,4	145,4	116,8	**99,8**		1996
1997	2162,7	2025,2	1597,6	623,4	473,2	317,8	221,5	165,2	144,3	115,9	**99,1**		1997
1998	2155,1	2018,0	1592,0	621,1	471,5	316,7	220,7	164,6	143,8	115,5	**98,7**		1998
1999	2147,4	2010,8	1586,3	619,0	469,9	315,6	219,9	164,0	143,3	115,1	**98,4**		1999
2000	2154,0	2017,0	1591,1	620,9	471,3	316,6	220,6	164,5	143,7	115,5	**98,7**	100,0	**2000**
2001													
2002													
2003													
2004													
2005													
2006													
2007													
2008													

* Laufende Angaben können der Zeitschrift „Grundstücksmarkt und Grundstückswert" – GuG – oder unter **www.gug-aktuell.de** – entnommen werden.

1913 bis 1944 Reichsgebiet jeweiliger Gebietsstand, 1945 bis 1959 früheres Bundesgebiet ohne Berlin (West) und Saarland, 1960 bis 1965 früheres Bundesgebiet ohne Berlin (West), 1966 bis 1990 früheres Bundesgebiet. Für 1922 und 1923 wurden wegen der sprunghaften Entwertung der Mark keine Durchschnittsindizes veröffentlicht.

Deutschland

3.8.2 Baupreisindex für den Neubau von Ein- und Mehrfamilienhäusern in Deutschland   (Basis 1995 = 100)

Quelle: Statistisches Bundesamt Wiesbaden, Reihe 4, Fachserie 7*

Jahr	Einfamilienhäuser						Mehrfamilienhäuser					
	Deutschland		Bundesländer				Deutschland		Bundesländer			
			alte*		neue				alte*		neue	
	mit	ohne	mit	ohne	mit	ohne	mit	ohne	mit	ohne	mit	ohne
	Umsatzsteuer		Umsatzsteuer		Umsatzsteuer		Umsatzsteuer		Umsatzsteuer		Umsatzsteuer	
1958	15,9	–	–	–	–	–	15,9	–	–	–	–	–
1959	16,8	–	–	–	–	–	16,7	–	–	–	–	–
1960	18,0	–	–	–	–	–	18,0	–	–	–	–	–
1961	19,3	–	–	–	–	–	19,3	–	–	–	–	–
1962	20,9	–	–	–	–	–	21,0	–	–	–	–	–
1963	22,0	–	–	–	–	–	22,1	–	–	–	–	–
1964	23,0	–	–	–	–	–	23,1	–	–	–	–	–
1965	24,1	–	–	–	–	–	23,9	–	–	–	–	–
1966	24,8	–	–	–	–	–	24,8	–	–	–	–	–
1967	24,3	–	–	–	–	–	24,3	–	–	–	–	–
1968	25,3	–	–	–	–	–	25,2	–	–	–	–	–
1969	26,8	–	–	–	–	–	29,7	–	–	–	–	–
1970	31,2	–	–	–	–	–	31,1	–	–	–	–	–
1971	34,4	–	–	–	–	–	34,4	–	–	–	–	–
1972	36,7	–	–	–	–	–	36,7	–	–	–	–	–
1973	39,4	–	–	–	–	–	39,4	–	–	–	–	–
1974	42,3	–	–	–	–	–	42,3	–	–	–	–	–
1975	43,4	–	–	–	–	–	43,3	–	–	–	–	–
1976	44,8	–	–	–	–	–	44,8	–	–	–	–	–
1977	46,9	–	–	–	–	–	46,9	–	–	–	–	–
1978	49,8	–	–	–	–	–	49,8	–	–	–	–	–
1979	54,2	–	–	–	–	–	54,1	–	–	–	–	–
1980	60,0	–	–	–	–	–	59,4	–	–	–	–	–
1981	63,5	–	–	–	–	–	63,4	–	–	–	–	–
1982	65,3	–	–	–	–	–	65,3	–	–	–	–	–
1983	66,7	–	–	–	–	–	66,7	–	–	–	–	–
1984	68,4	–	–	–	–	–	68,4	–	–	–	–	–
1985	68,7	–	–	–	–	–	68,7	–	–	–	–	–
1986	69,6	–	–	–	–	–	69,7	–	–	–	–	–
1987	70,9	–	–	–	–	–	71,1	–	–	–	–	–
1988	72,4	–	–	–	–	–	72,6	–	–	–	–	–
1989	75,0	–	–	–	–	–	75,2	–	–	–	–	–
1990	79,9	–	–	–	–	–	80,0	–	–	–	–	–
1991	85,5	86,1	86,6	87,3	78,5	79,2	85,5	86,3	86,7	87,5	78,9	79,6
1992	91,0	91,7	91,5	92,3	87,1	87,9	91,0	91,8	91,6	92,4	87,4	88,2
1993	95,4	–	95,6	–	93,3	–	95,5	–	95,7	–	93,7	–
1994	97,7	–	97,7	–	97,1	–	97,8	–	97,8	–	97,2	–
1995	**100,0**	–	**100,0**	–	**100,0**	–	**100,0**	–	**100,0**	–	**100,0**	–
1996	99,8	–	99,9	–	99,8	–	99,7	–	99,8	–	99,7	–
1997	99,1	–	99,4	–	98,5	–	99,0	–	99,2	–	98,3	–
1998	98,8	98,5	99,6	99,0	96,5	95,5	98,6	97,9	98,4	98,8	96,3	95,7
1999	98,4	97,6	99,7	98,9	95,1	94,3	98,3	97,4	99,6	98,7	94,9	94,1
2000	98,7	97,8	105,5	99,6	94,1	93,2	98,5	97,7	100,3	99,4	93,9	93,1
2001	–	–	–	–	–	–	–	–	–	–	–	–
2002	–	–	–	–	–	–	–	–	–	–	–	–
2003	–	–	–	–	–	–	–	–	–	–	–	–
2004	–	–	–	–	–	–	–	–	–	–	–	–
2005	–	–	–	–	–	–	–	–	–	–	–	–
2006	–	–	–	–	–	–	–	–	–	–	–	–

1958–1959 Bundesgebiet ohne Saarland und Berlin. 1960–1965 Bundesgebiet ohne Berlin.

*   Laufende Angaben können der Zeitschrift „Grundstücksmarkt und Grundstückswert" – GuG –, erschienen im Luchterhand Verlag, oder **www.gug-aktuell.de** entnommen werden.

Deutschland

3.8.3 Baupreisindex für den Neubau von Wohngebäuden insgesamt sowie nach Roh- und Ausbau mit Umsatz-(Mehrwert-)steuer
(Basis 1995 = 100)

Quelle: Statistisches Bundesamt Wiesbaden, Reihe 4, Fachserie 17

Jahr	Deutschland			Alte Bundesländer Wohngebäude			Neue Bundesländer und Berlin-Ost Wohngebäude		
		nach Abschnitten			nach Abschnitten			nach Abschnitten	
	insgesamt	Rohbau-arbeiten	Ausbau-arbeiten	insgesamt	Rohbau-arbeiten	Ausbau-arbeiten	insgesamt	Rohbau-arbeiten	Ausbau-arbeiten
1958	15,9	16,8	15,1	–	–	–	–	–	–
1959	16,8	17,9	15,7	–	–	–	–	–	–
1960	18,0	19,3	16,8	–	–	–	–	–	–
1961	19,3	20,7	18,1	–	–	–	–	–	–
1962	20,9	22,5	19,5	–	–	–	–	–	–
1963	22,0	23,8	20,4	–	–	–	–	–	–
1964	23,0	24,9	21,4	–	–	–	–	–	–
1965	24,1	25,7	22,4	–	–	–	–	–	–
1966	24,8	26,3	23,3	–	–	–	–	–	–
1967	24,3	25,7	22,9	–	–	–	–	–	–
1968	25,3	26,8	23,9	–	–	–	–	–	–
1969	26,8	28,6	25,0	–	–	–	–	–	–
1970	31,2	34,2	28,5	–	–	–	–	–	–
1971	34,4	37,5	31,6	–	–	–	–	–	–
1972	36,7	39,8	33,9	–	–	–	–	–	–
1973	39,4	42,3	36,8	–	–	–	–	–	–
1974	42,3	44,2	40,3	–	–	–	–	–	–
1975	43,4	45,5	41,8	–	–	–	–	–	–
1976	44,8	46,0	43,3	–	–	–	–	–	–
1977	46,9	48,2	45,4	–	–	–	–	–	–
1978	49,8	51,6	47,6	–	–	–	–	–	–
1979	54,2	57,0	50,8	–	–	–	–	–	–
1980	60,0	63,5	55,7	–	–	–	–	–	–
1981	63,5	66,8	59,4	–	–	–	–	–	–
1982	65,3	67,7	62,4	–	–	–	–	–	–
1983	66,7	68,6	64,3	–	–	–	–	–	–
1984	68,4	70,1	66,4	–	–	–	–	–	–
1985	68,7	69,8	67,4	–	–	–	–	–	–
1986	69,6	70,6	68,4	–	–	–	–	–	–
1987	70,9	71,7	70,2	–	–	–	–	–	–
1988	72,4	73,0	72,1	–	–	–	–	–	–
1989	75,0	75,5	74,8	–	–	–	–	–	–
1990	79,9	81,0	78,8	–	–	–	–	–	–
1991	85,5	86,7	83,8	86,7	88,0	84,7	78,8	79,0	78,7
1992	91,0	92,0	89,4	91,6	92,7	90,0	87,4	88,0	86,3
1993	95,4	96,2	94,4	95,8	96,4	94,7	93,6	94,3	92,6
1994	97,7	98,1	97,2	97,8	98,1	97,3	97,2	97,8	96,5
1995	**100,0**	**100,0**	**100,0**	**100,0**	**100,0**	**100,0**	**100,0**	**100,0**	**100,0**
1996	99,8	99,0	100,7	99,9	99,1	100,6	99,7	98,7	100,8
1997	99,1	97,4	100,7	99,3	97,8	100,7	98,5	96,3	100,6
1998	98,7	96,2	101,1	99,5	97,6	101,5	96,5	92,7	100,2
1999	98,4	85,5	101,1	99,7	97,4	101,9	95,0	90,8	99,1
2000	98,7	95,3	102,0	100,4	97,6	103,1	94,0	89,1	98,9
2001	–	–	–	–	–	–	–	–	–
2002	–	–	–	–	–	–	–	–	–
2003	–	–	–	–	–	–	–	–	–
2004	–	–	–	–	–	–	–	–	–
2005	–	–	–	–	–	–	–	–	–
2006	–	–	–	–	–	–	–	–	–
2007	–	–	–	–	–	–	–	–	–
2008	–	–	–	–	–	–	–	–	–

Laufende Angaben können der Zeitschrift „Grundstücksmarkt und Grundstückswert" – GuG –, erschienen im Luchterhand Verlag oder unter **www.gug-aktuell.de** entnommen werden.

Deutschland

3.8.4 Baupreisindex für den Neubau von gemischt genutzten Gebäuden, Betriebs- und Bürogebäuden mit und ohne Umsatz-(Mehrwert-)steuer in Deutschland   (Basis 1995 = 100)

Quelle: Statistisches Bundesamt Wiesbaden, Fachserie 17, Reihe 4

| Jahr | Gemischt genutzte Gebäude ||||| | Gewerbliche Betriebsgebäude ||||| | Bürogebäude ||||| |
| | Deutschland || alte Bundesländer || neue Bundesländer || Deutschland || alte Bundesländer || neue Bundesländer || Deutschland || alte Bundesländer || neue Bundesländer || |
	mit	ohne	mit	ohne	mit	ohne	mit	ohne	mit	ohne	mit	ohne	mit	ohne	mit	ohne	mit	ohne
1958	16,7	–	–	–	–	–	17,3	–	–	–	–	–	16,5	–	–	–	–	–
1959	17,5	–	–	–	–	–	18,0	–	–	–	–	–	17,4	–	–	–	–	–
1960	18,7	–	–	–	–	–	19,2	–	–	–	–	–	18,6	–	–	–	–	–
1961	19,9	–	–	–	–	–	20,3	–	–	–	–	–	19,9	–	–	–	–	–
1962	21,6	–	–	–	–	–	21,9	–	–	–	–	–	21,4	–	–	–	–	–
1963	22,7	–	–	–	–	–	22,9	–	–	–	–	–	22,5	–	–	–	–	–
1964	23,7	–	–	–	–	–	23,8	–	–	–	–	–	23,4	–	–	–	–	–
1965	24,7	–	–	–	–	–	24,7	–	–	–	–	–	24,3	–	–	–	–	–
1966	25,5	–	–	–	–	–	25,4	–	–	–	–	–	25,1	–	–	–	–	–
1967	24,8	–	–	–	–	–	24,2	–	–	–	–	–	24,5	–	–	–	–	–
1968	25,9	–	–	–	–	–	25,4	–	–	–	–	–	25,5	–	–	–	–	–
1969	27,5	–	–	–	–	–	27,7	–	–	–	–	–	27,1	–	–	–	–	–
1970	32,0	–	–	–	–	–	32,7	–	–	–	–	–	31,7	–	–	–	–	–
1971	35,2	–	–	–	–	–	36,3	–	–	–	–	–	34,9	–	–	–	–	–
1972	37,4	–	–	–	–	–	38,1	–	–	–	–	–	37,1	–	–	–	–	–
1973	40,1	–	–	–	–	–	40,3	–	–	–	–	–	39,8	–	–	–	–	–
1974	42,8	–	–	–	–	–	42,7	–	–	–	–	–	42,4	–	–	–	–	–
1975	43,8	–	–	–	–	–	43,9	–	–	–	–	–	43,4	–	–	–	–	–
1976	45,3	–	–	–	–	–	45,7	–	–	–	–	–	44,8	–	–	–	–	–
1977	47,5	–	–	–	–	–	47,6	–	–	–	–	–	46,9	–	–	–	–	–
1978	50,3	–	–	–	–	–	50,1	–	–	–	–	–	49,9	–	–	–	–	–
1979	54,6	–	–	–	–	–	54,6	–	–	–	–	–	53,6	–	–	–	–	–
1980	60,4	–	–	–	–	–	59,7	–	–	–	–	–	59,1	–	–	–	–	–
1981	63,9	–	–	–	–	–	63,4	–	–	–	–	–	62,7	–	–	–	–	–
1982	65,9	–	–	–	–	–	65,9	–	–	–	–	–	65,0	–	–	–	–	–
1983	67,3	–	–	–	–	–	67,4	–	–	–	–	–	66,5	–	–	–	–	–
1984	69,3	–	–	–	–	–	69,0	–	–	–	–	–	68,4	–	–	–	–	–
1985	69,3	–	–	–	–	–	69,6	–	–	–	–	–	69,1	–	–	–	–	–
1986	70,3	–	–	–	–	–	71,0	–	–	–	–	–	70,3	–	–	–	–	–
1987	71,7	–	–	–	–	–	72,6	–	–	–	–	–	71,9	–	–	–	–	–
1988	73,2	–	–	–	–	–	74,1	–	–	–	–	–	73,7	–	–	–	–	–
1989	75,8	–	–	–	–	–	76,7	–	–	–	–	–	76,4	–	–	–	–	–
1990	80,6	–	87,2	–	79,5	–	81,5	–	87,6	–	80,7	–	80,8	–	87,1	–	80,4	–
1991	86,0	86,7	92,0	87,9	87,8	80,2	86,6	87,3	92,2	88,4	89,9	81,4	86,0	86,7	91,9	87,8	88,4	81,1
1992	91,3	92,1	96,0	92,8	93,7	88,6	91,8	92,6	96,0	93,0	95,0	90,7	91,2	92,0	95,9	92,6	94,0	89,2
1993	95,6	–	97,8	–	97,2	–	95,8	–	97,7	–	97,6	–	95,5	–	97,8	–	97,3	–
1994	97,8	–	–	–	–	–	97,8	–	–	–	–	–	97,7	–	–	–	–	–
1995	**100,0**	–	**100,0**	–	**100,0**	–	**100,0**	–	**100,0**	–	**100,0**	–	**100,0**	–	**100,0**	–	**100,0**	–
1996	99,9	–	99,9	–	99,8	–	100,3	–	100,0	–	100,3	–	100,1	–	100,0	–	100,2	–
1997	99,1	–	99,3	–	98,6	–	99,8	–	100,0	–	99,5	–	99,6	–	99,7	–	99,3	–
1998	98,8	98,1	99,6	98,9	96,8	96,1	99,8	99,3	100,0	99,8	98,6	97,9	99,6	98,9	100,1	99,5	98,2	97,6
1999	98,5	97,6	99,7	98,8	95,3	94,5	99,6	98,7	100,5	99,6	97,2	96,4	99,4	98,6	100,3	99,5	97,0	96,2
2000	98,9	98,0	100,6	99,7	94,4	93,6	100,3	99,4	101,5	100,7	97,0	96,1	100,1	99,2	101,5	100,6	96,6	95,7
2001																		
2002																		
2003																		
2004																		
2005																		
2006																		
2007																		
2008																		

Laufende Angaben können der Zeitschrift „Grundstücksmarkt und Grundstückswert" – GuG –, erschienen im Luchterhand Verlag, oder unter **www.gug-aktuell.de** entnommen werden.

Deutschland

3.8.5 Baupreisindex für den Neubau von gewerblichen Betriebsgebäuden mit und ohne Umsatz-(Mehrwert-)steuer in Deutschland (Basis 1995 = 100)*

Quelle: Statistisches Bundesamt Wiesbaden, Reihe 4, Fachserie 17

Gewerbliche Betriebe

Jahr	Deutschland** insgesamt mit Umsatzsteuer	insgesamt ohne Umsatzsteuer	Stahlbeton mit Umsatzsteuer	Stahlbeton ohne Umsatzsteuer	Stahlbau mit Umsatzsteuer	Stahlbau ohne Umsatzsteuer	alte Länder** insgesamt mit Umsatzsteuer	insgesamt ohne Umsatzsteuer	Stahlbeton mit Umsatzsteuer	Stahlbeton ohne Umsatzsteuer	Stahlbau mit Umsatzsteuer	Stahlbau ohne Umsatzsteuer	neue Länder insgesamt mit Umsatzsteuer	insgesamt ohne Umsatzsteuer	Stahlbeton mit Umsatzsteuer	Stahlbeton ohne Umsatzsteuer	Stahlbau mit Umsatzsteuer	Stahlbau ohne Umsatzsteuer
1958	17,3	—	16,9	—	17,8	—	—	—	—	—	—	—	—	—	—	—	—	—
1959	18,0	—	18,0	—	18,1	—	—	—	—	—	—	—	—	—	—	—	—	—
1960	19,2	—	19,3	—	19,2	—	—	—	—	—	—	—	—	—	—	—	—	—
1961	20,3	—	20,6	—	20,4	—	—	—	—	—	—	—	—	—	—	—	—	—
1962	21,9	—	22,1	—	21,8	—	—	—	—	—	—	—	—	—	—	—	—	—
1963	22,9	—	23,3	—	22,6	—	—	—	—	—	—	—	—	—	—	—	—	—
1964	23,8	—	24,3	—	23,3	—	—	—	—	—	—	—	—	—	—	—	—	—
1965	24,7	—	25,1	—	24,5	—	—	—	—	—	—	—	—	—	—	—	—	—
1966	25,4	—	25,8	—	25,1	—	—	—	—	—	—	—	—	—	—	—	—	—
1967	24,2	—	25,0	—	23,4	—	—	—	—	—	—	—	—	—	—	—	—	—
1968	25,4	—	26,0	—	25,0	—	—	—	—	—	—	—	—	—	—	—	—	—
1969	27,7	—	27,8	—	27,6	—	—	—	—	—	—	—	—	—	—	—	—	—
1970	32,7	—	33,1	—	32,5	—	—	—	—	—	—	—	—	—	—	—	—	—
1971	36,3	—	36,4	—	36,3	—	—	—	—	—	—	—	—	—	—	—	—	—
1972	38,1	—	38,0	—	37,6	—	—	—	—	—	—	—	—	—	—	—	—	—
1973	40,3	—	41,1	—	39,6	—	—	—	—	—	—	—	—	—	—	—	—	—
1974	42,7	—	43,4	—	42,2	—	—	—	—	—	—	—	—	—	—	—	—	—
1975	43,9	—	43,8	—	44,0	—	—	—	—	—	—	—	—	—	—	—	—	—
1976	45,7	—	45,2	—	46,1	—	—	—	—	—	—	—	—	—	—	—	—	—
1977	47,6	—	47,0	—	48,0	—	—	—	—	—	—	—	—	—	—	—	—	—
1978	50,1	—	49,8	—	50,4	—	—	—	—	—	—	—	—	—	—	—	—	—
1979	54,1	—	54,0	—	54,2	—	—	—	—	—	—	—	—	—	—	—	—	—
1980	59,7	—	54,9	—	59,5	—	—	—	—	—	—	—	—	—	—	—	—	—
1981	63,4	—	63,6	—	63,1	—	—	—	—	—	—	—	—	—	—	—	—	—
1982	65,9	—	65,7	—	66,1	—	—	—	—	—	—	—	—	—	—	—	—	—
1983	67,4	—	67,2	—	67,6	—	—	—	—	—	—	—	—	—	—	—	—	—
1984	69,0	—	69,0	—	69,1	—	—	—	—	—	—	—	—	—	—	—	—	—
1985	69,6	—	69,5	—	69,7	—	—	—	—	—	—	—	—	—	—	—	—	—
1986	71,0	—	70,8	—	71,3	—	—	—	—	—	—	—	—	—	—	—	—	—
1987	72,6	—	72,2	—	73,0	—	—	—	—	—	—	—	—	—	—	—	—	—
1988	74,1	—	73,7	—	74,6	—	—	—	—	—	—	—	—	—	—	—	—	—
1989	76,7	—	76,2	—	77,3	—	—	—	—	—	—	—	—	—	—	—	—	—
1990	81,5	87,3	80,8	—	82,1	—	87,6	88,4	—	—	—	—	80,7	81,4	—	—	—	—
1991	86,6	92,6	86,1	—	87,1	—	92,2	93,0	—	—	—	—	89,9	90,7	—	—	—	—
1992	91,8	—	91,5	—	92,1	—	96,0	—	—	—	—	—	95,0	—	—	—	—	—
1993	95,8	—	95,8	—	96,0	—	97,7	—	—	—	—	—	97,6	—	—	—	—	—
1994	97,8	—	97,8	—	97,8	—	—	—	—	—	—	—	—	—	—	—	—	—
1995	**100,0**	—	**100,0**	**100,0**	**100,0**	**100,0**	**100,0**	—	**100,0**	**100,0**	**100,0**	**100,0**	**100,0**	—	**100,0**	**100,0**	**100,0**	**100,0**
1996	100,3	—	100,1	—	100,4	—	100,0	—	—	—	—	—	100,3	—	—	—	—	—
1997	99,8	99,3	99,9	—	99,9	—	100,0	99,8	—	—	—	—	99,5	97,9	—	—	—	—
1998	98,8	98,7	99,8	—	100,1	—	100,5	99,6	—	—	—	—	98,6	96,4	—	—	—	—
1999	98,6	—	—	—	—	—	—	—	—	—	—	—	97,2	—	—	—	—	—
2000	100,3	98,4	—	—	—	—	101,5	100,7	—	—	—	—	97,0	96,1	—	—	—	—
2001	—	—	—	—	—	—	—	—	—	—	—	—	—	—	—	—	—	—
2002	—	—	—	—	—	—	—	—	—	—	—	—	—	—	—	—	—	—
2003	—	—	—	—	—	—	—	—	—	—	—	—	—	—	—	—	—	—
2004	—	—	—	—	—	—	—	—	—	—	—	—	—	—	—	—	—	—
2005	—	—	—	—	—	—	—	—	—	—	—	—	—	—	—	—	—	—

* Laufende Angaben können der Zeitschrift „Grundstücksmarkt und Grundstückswert" – GuG –, erschienen im Luchterhand Verlag, oder unter **www.gug-aktuell.de** entnommen werden.

** 1958–1959 Bundesgebiet ohne Saarland und Berlin. 1960–1965 Bundesgebiet ohne Berlin.

3.8.6   Baupreisindex für den Neubau von landwirtschaftlichen Betriebsgebäuden (einschließlich Umsatz-[Mehrwert-]steuer)

Quelle: Statistisches Bundesamt, Wiesbaden, Fachserie 17, Reihe 4

Jahr	1976 = 100	1985 = 100
1958	37,0	24,0
1959	38,4	24,9
1960	41,1	26,7
1961	43,9	28,4
1962	47,3	30,6
1963	49,8	32,3
1964	51,9	33,7
1965	53,8	34,9
1966	55,5	35,9
1967	54,2	35,2
1968	56,5	36,6
1969	59,7	38,7
1970	70,0	45,4
1971	77,4	50,1
1972	82,6	53,5
1973	88,4	57,3
1974	94,5	61,2
1975	96,5	62,5
1976	**100,0**	64,8
1977	105,1	68,1
1978	111,8	72,4
1979	121,7	78,9
1980	135,0	87,5
1981	142,8	92,6
1982	146,9	95,2
1983	149,9	97,1
1984	153,6	99,5
1985	154,2	**100,0**
1986	–	101,4
1987	–	103,4
1988	–	105,5
1989	–	109,3
1990	–	116,8
1991	–	124,7
1992	–	132,0
1993	–	137,7
1994		
1995		
1996		
1997		
1998		

1958 bis 1959 Bundesgebiet ohne Saarland und Berlin, 1960 bis 1965 Bundesgebiet ohne Berlin.

Deutschland

**3.8.7   Baupreisindex für die Instandhaltung von Wohngebäuden
mit Umsatz-(Mehrwert-)steuer in Deutschland**

(Basis 1995 = 100)

Quelle: Statistisches Bundesamt Wiesbaden, Fachserie 17, Reihe 4

Jahr	Deutschland			früheres Bundesgebiet			neue Bundesländer und Berlin-Ost		
	Mehrfamiliengebäude		Schönheits-reparaturen	Mehrfamilien-gebäude		Schönheits-reparaturen	Mehrfamiliengebäude		Schönheits-reparaturen
	mit	ohne	in einer	mit	ohne	in einer	mit	ohne	in einer
	Schönheitsreparaturen		Wohnung	Schönheits-reparaturen		Wohnung	Schönheitsreparaturen		Wohnung
1995	**100,0**	**100,0**	**100,0**	100,0	100,0	100,0	100,0	100,0	100,0
1996	**101,2**	**101,2**	**101,3**	101,2	101,2	101,3	101,1	101,0	101,1
1997	**101,7**	**101,7**	**101,8**	101,9	101,9	102,3	101,2	101,3	100,4
1998	**102,6**	**102,6**	**102,5**	103,2	103,2	103,6	100,9	101,0	99,7
1999	**102,6**	**102,7**	**102,4**	103,9	103,8	104,2	99,5	99,6	97,6
2000	**103,2**	**103,3**	**102,8**	105,1	105,1	105,7	98,3	98,6	95,2
2001									
2002									
2003									
2004									
2005									

Laufende Angaben können der Zeitschrift „Grundstücksmarkt und Grundstückswert" – GuG –, erschienen im Luchterhand Verlag, oder unter **www.gug-aktuell.de** entnommen werden.

Deutschland
3.8.8   Baupreisindex für Außenanlagen bei dem Neubau von Wohngebäuden in Deutschland

Quelle: Statistisches Bundesamt Wiesbaden, Reihe 4, Fachserie 17

Jahr	1962	1970 1980 = 100		1985	1991 = 100			1995 = 100
		früheres Bundesgebiet			**Deutsch-land**	**alte Bundesländer**	**neue**	**Deutsch-land**
1958	80,4	–	–	–	–	–	–	–
1959	83,8	–	–	–	–	–	–	–
1960	87,8	–	–	–	–	–	–	–
1961	93,3	–	–	–	–	–	–	–
1962	**100,0**	–	–	–	–	–	–	–
1963	105,0	–	–	–	–	–	–	–
1964	108,3	–	–	–	–	–	–	–
1965	110,2	–	–	–	–	–	–	–
1966	112,9	–	–	–	–	–	–	–
1967	110,1	–	–	–	–	–	–	–
1968	114,2	–	–	–	–	–	–	–
1969	120,0	–	–	–	–	–	–	–
1970	137,7	**100,0**	–	–	–	–	–	–
1971	153,5	111,5	–	–	–	–	–	–
1972	161,4	114,9	–	–	–	–	–	–
1973	174,9	122,7	–	–	–	–	–	–
1974	195,8	133,9	–	–	–	–	–	–
1975	–	138,6	–	–	–	–	–	–
1976	–	142,6	–	–	–	–	–	–
1977	–	149,5	–	–	–	–	–	–
1978	–	157,0	–	–	–	–	–	–
1979	–	170,4	–	–	–	–	–	–
1980	–	188,6	**100,0**	–	–	–	–	–
1981	–	197,3	104,6	–	–	–	–	–
1982	–	197,7	104,8	–	–	–	–	–
1983	–	–	105,9	–	–	–	–	–
1984	–	–	108,0	–	–	–	–	–
1985	–	–	108,8	**100,0**	–	–	–	–
1986	–	–	110,9	102,2	–	–	–	–
1987	–	–	113,0	104,0	–	–	–	–
1988	–	–	115,2	105,7	–	–	–	–
1989	–	–	118,8	108,6	–	–	–	–
1990	–	–	–	115,2	–	–	–	–
1991	–	–	–	122,8	**100,0**	**100,0**	**100,0**	–
1992	–	–	–	129,9	106,2	106,2	109,1	–
1993	–	–	–	133,5	110,3	110,3	113,4	–
1994	–	–	–	–	111,9	111,9	116,4	–
1995	–	–	–	–	113,7	113,7	117,8	**100,0**
1996	–	–	–	–	113,5	113,5	116,9	99,7
1997	–	–	–	–	112,5	112,5	115,6	98,9
1998	–	–	–	–	–	–	–	98,8
1999	–	–	–	–	–	–	–	98,6
2000	–	–	–	–	–	–	–	99,4
2001								
2002								
2003								
2004								
2005								

Laufende Angaben können der Zeitschrift „Grundstücksmarkt und Grundstückswert" – GuG –, erschienen im Luchterhand Verlag, oder unter **www.gug-aktuell.de** entnommen werden.

3.9   Baupreisindizes, insbesondere für Wohngebäude in den Bundesländern
Baden-Württemberg

**3.9.1 a   Baupreisindizes für den Neubau von Wohngebäuden – Bauleistungen
am Bauwerk – (einschließlich Mehrwertsteuer) in Baden-Württemberg
seit 1949 nach verschiedenen Basisjahren***

Quelle: Statistische Berichte Baden-Württemberg M I 4

Jahr	Basisjahr						
	1913	1950	1970	1980	1991	1995	2000
				= 100			
1949	249,9	106,0	35,7	19,4	14,1	13,1	
1950	235,9	**100,0**	33,7	18,3	13,3	12,1	
1951	280,6	118,9	40,1	21,8	15,9	14,3	
1952	307,2	130,1	43,8	23,8	17,4	15,9	
1953	299,0	126,0	42,6	23,2	16,9	15,5	
1954	301,1	127,6	43,0	23,4	17,1	15,6	
1955	320,4	135,8	45,7	24,9	18,2	16,6	
1956	334,5	141,8	47,8	26,0	19,0	17,3	
1957	348,7	147,8	49,8	27,1	19,8	18,1	
1958	360,4	152,7	51,4	28,0	20,4	18,7	
1959	377,3	159,0	53,9	29,3	21,4	19,5	
1960	411,2	174,2	58,7	31,9	23,3	21,3	
1961	452,4	191,7	64,6	35,1	25,6	23,4	
1962	491,3	208,2	70,1	38,1	27,7	25,4	
1963	517,5	219,3	73,9	40,2	29,3	26,8	
1964	543,7	230,3	77,6	42,2	30,8	28,2	
1965	569,4	241,2	81,3	44,2	32,2	29,5	
1966	578,2	244,9	82,6	44,9	32,7	30,0	
1967	552,9	234,2	78,9	42,9	31,2	28,6	
1968	567,5	240,4	81,0	44,0	32,0	29,4	
1969	604,8	256,2	86,3	46,9	34,2	31,3	
1970	700,6	296,8	**100,0**	54,3	39,5	36,3	
1971	767,0	324,9	109,5	59,5	43,4	39,7	
1972	816,6	345,9	116,0	63,4	46,1	42,3	
1973	875,5	370,8	125,0	67,9	49,5	45,3	
1974	918,0	388,8	131,0	71,2	51,9	47,5	
1975	923,6	391,2	131,8	71,7	52,2	47,8	
1976	948,5	401,8	135,4	73,6	53,6	49,1	
1977	991,2	419,8	141,5	76,9	56,0	51,3	
1978	1059,0	448,6	151,1	82,2	59,9	54,8	
1979	1159,3	491,0	165,5	89,9	65,5	60,0	
1980	1288,7	545,9	183,9	**100,0**	72,8	66,7	
1981	1348,9	571,4	192,5	104,7	76,3	69,8	
1982	1357,6	575,1	193,8	105,3	76,8	70,3	
1983	1377,9	583,7	196,7	106,9	77,9	71,3	
1984	1414,3	599,1	201,9	109,7	79,9	73,2	
1985	1409,7	597,2	201,3	109,4	79,7	73,0	
1986	1427,3	604,6	203,8	110,7	80,7	73,9	
1987	1459,7	618,4	208,4	113,3	82,5	75,6	
1988	1492,5	632,2	213,1	115,8	84,4	77,3	
1989	1548,9	656,1	221,1	120,2	87,6	80,2	

Baden-Württemberg

Jahr	Basisjahr						
	1913	1950	1970	1980	1991	1995	2000
				= 100			
1990	1656,4	701,7	236,5	128,5	93,6	85,7	
1991	1769,1	749,4	252,6	137,2	**100,0**	91,6	
1992	1854,0	785,4	264,7	143,8	104,8	96,0	
1993	1903,5	806,3	271,8	147,6	107,6	98,6	
1994	1914,1	810,8	273,3	148,5	108,2	99,1	
1995	1932,2	818,5	275,9	149,9	109,2	**100,0**	
1996	1900,3	804,9	271,3	147,4	107,4	98,4	
1997	1873,7	793,7	267,5	145,4	105,9	97,0	
1998	1880,5	796,6	268,5	145,9	106,3	97,3	
1999	1886,8	799,2	269,4	146,4	106,7	97,7	
2000	1909,5	808,8	272,6	148,2	108,0	98,8	**100,0**
2001							
2002							
2003							
2004							
2005							
2006							

*   1949 bis 1954 Preisindexziffer für den Wohnungsbau (Originalbasis 1936 = 100); 1955 bis 1958 bereinigte Preisindexziffer für den Wohnungsbau (Originalbasis 1936 = 100); 1959 bis 1961 Preisindex für Wohngebäude – Bauleistungen am Gebäude – (Originalbasis 1958 = 100); 1962 bis 1967 Preisindex für Wohngebäude – Bauleistungen am Gebäude – (Originalbasis 1962 = 100); 1968 bis 1975 Preisindex für Bauwerke – Bauleitungen am Bauwerk – (Originalbasis 1970 = 100); 1976 bis 1979 Preisindex für Bauwerke – Bauleistungen am Bauwerk –
(Originalbasis 1976 = 100); 1980 bis 1984 Preisindex für Bauwerke – Bauleistungen am Bauwerk – (Originalbasis 1980 = 100); ab 1985 Preisindex für Bauwerke – Bauleistungen am Bauwerk – (Originalbasis 1985 = 100).

Baden-Württemberg

3.9.1 b　**Baupreisindizes für den Neubau von gewerblichen Nichtwohngebäuden – Bauleistungen am Bauwerk – (ohne MwSt.) in Baden-Württemberg seit 1968 nach verschiedenen Basisjahren**

Quelle: Statistische Berichte Baden-Württemberg M I 4

Jahr	Bürogebäude					Betriebsgebäude				
	1980	1985	1991	1995	2000	1980	1985	1991	1995	2000
		= 100					= 100			
1968	45,9	41,4	33,4	31,0		44,9	40,6	32,5	30,1	
1969	49,1	44,3	35,7	33,1		48,8	44,1	35,3	32,7	
1970	57,4	51,8	41,7	38,7		57,7	52,2	41,8	38,6	
1971	62,8	56,7	45,7	42,3		63,8	57,7	46,2	42,7	
1972	66,6	60,1	48,4	44,9		67,2	60,8	48,7	45,0	
1973	71,1	64,2	51,7	47,9		71,0	64,2	51,4	47,5	
1974	74,0	66,8	53,8	49,9		73,2	66,2	53,0	49,0	
1975	74,3	67,1	54,1	50,1		74,1	67,0	53,7	49,6	
1976	76,3	68,9	55,5	51,4		76,6	69,3	55,5	51,2	
1977	79,6	71,8	57,9	53,7		79,6	72,0	57,7	53,3	
1978	84,2	76,0	61,2	56,7		83,8	75,8	60,7	56,1	
1979	91,0	82,1	66,2	61,3		90,6	82,0	65,7	60,6	
1980	100,0	90,3	72,8	67,4		100,0	90,5	72,5	66,9	
1981	104,9	94,7	76,3	70,7		104,8	94,8	75,9	70,2	
1982	106,6	96,2	77,5	71,8		106,8	96,6	77,4	71,5	
1983	108,3	97,8	78,8	73,0		108,3	98,0	78,5	72,5	
1984	110,9	100,1	80,7	74,8		110,5	100,0	80,1	74,0	
1985	110,8	100,0	80,6	74,7		110,5	100,0	80,1	74,0	
1986	112,6	101,6	81,9	75,9		112,6	101,9	81,6	75,4	
1987	115,3	104,0	83,3	77,7		115,5	104,5	83,7	77,3	
1988	117,7	106,3	85,7	79,3		117,9	106,6	85,4	78,9	
1989	121,9	110,0	88,6	82,2		122,0	110,4	88,4	81,7	
1990	129,1	116,5	93,9	87,0		129,7	117,4	94,0	86,9	
1991	137,5	124,1	**100,0**	92,7		138,0	124,9	**100,0**	92,4	
1992	143,8	129,0	104,6	96,9		144,1	130,4	104,4	96,4	
1993	146,2	131,9	106,3	98,6		146,6	132,6	106,2	98,2	
1994	147,0	132,7	106,9	99,1		147,5	133,4	106,9	98,7	
1995	148,4	134,1	107,9	**100,0**		149,4	135,3	108,2	**100,0**	
1996	146,6	132,7	106,6	98,8		148,2	134,5	107,4	99,2	
1997	144,9	–	105,4	97,7		146,9	–	106,4	98,3	
1998	144,6	–	105,2	97,5		146,6	–	106,2	98,1	
1999	144,8	–	105,3	97,6		146,4	–	106,1	98,0	
2000	146,9	–	106,9	99,1	**100,0**	148,4	–	107,5	99,3	**100,0**
2001										
2002										
2003										
2004										
2005										
2006										
2007										

Formel zur Berechnung der prozentualen Veränderung:

Wohngebäude　　　　einschl. MwSt.: $\quad \dfrac{\text{neuer Indexstand}}{\text{alter Indexstand}} \times 100 - 100$

　　　　　　　　　　ohne MwSt.: $\quad \dfrac{\text{neuer Indexstand: } f_n}{\text{alter Indexstand: } f_a} \times 100 - 100$

Nichtwohngebäude　　ohne MwSt.: $\quad \dfrac{\text{neuer Indexstand}}{\text{alter Indexstand}} \times 100 - 100$

　　　　　　　　　　einschl. MwSt.: $\quad \dfrac{\text{neuer Indexstand: } f_n}{\text{alter Indexstand: } f_a} \times 100 - 100$

Statistisches Landesamt Baden-Württemberg
Postfach 106033, 70049 Stuttgart, Tel. (07 11) 6 41 25 27, Fax (07 11) 6 41 29 88
E-Mail: poststelle@stala.bwl.de　　　http://www.stala.bwl.de

Bayern

3.9.2 a   Baupreisindizes für den Neubau von Wohngebäuden nach verschiedenen Basisjahren (insgesamt) in Bayern

Quelle: Statistische Berichte des Bayerischen Landesamts für Statistik und Datenverarbeitung M I 4

Jahr	Basisjahre											
	1913	1914	1950	1958	1962	1970	1976	1980	1985	1991	1995	2000
1958	348,4	324,7	138,3	**100,0**	76,2	52,0	38,1	27,9	23,7	18,8	16,4	
1959	366,2	341,3	145,4	105,1	80,1	54,6	40,1	29,3	24,9	19,8	17,3	
1960	392,8	366,0	155,9	112,7	85,9	58,6	43,0	31,5	26,8	21,2	18,5	
1961	423,8	395,9	168,2	121,7	92,7	63,2	46,4	34,0	28,9	22,9	20,0	
1962	457,2	426,1	181,5	131,3	**100,0**	68,1	50,0	36,7	31,2	24,7	21,6	
1963	480,5	447,8	190,8	138,0	105,1	71,7	52,5	38,5	32,8	26,0	22,7	
1964	500,2	466,2	198,6	143,7	109,4	74,6	54,7	40,1	34,1	27,0	23,6	
1965	518,9	483,6	206,0	148,9	113,5	77,4	56,7	41,6	35,4	28,0	24,5	
1966	534,5	498,1	212,2	153,4	116,9	79,7	58,4	42,8	36,4	28,9	25,2	
1967	522,6	487,0	207,5	150,1	114,3	77,9	57,1	41,9	35,6	28,2	24,7	
1968*	545,3	508,3	216,5	156,6	119,3	81,3	59,6	43,7	37,2	29,4	25,7	
1969	576,2	537,0	228,8	165,4	126,0	85,9	63,0	46,1	39,2	31,1	27,2	
1970	670,8	625,2	266,3	192,6	146,7	**100,0**	73,3	53,7	45,7	36,2	31,6	
1971	744,7	694,1	295,7	213,8	162,9	111,0	81,4	59,7	50,7	40,2	35,1	
1972	786,3	732,9	312,2	225,8	172,0	117,2	85,9	63,0	53,6	42,4	37,1	
1973	831,9	775,4	330,3	238,8	182,0	124,0	90,9	66,7	56,7	44,8	39,2	
1974	875,5	816,0	347,6	251,3	191,5	130,5	95,7	70,1	59,6	47,2	41,3	
1975	888,3	827,9	352,6	255,0	194,3	132,4	97,1	71,2	60,5	47,9	41,9	
1976	915,2	853,0	363,3	262,8	200,2	136,4	**100,0**	73,3	62,4	49,4	43,2	
1977	962,1	896,7	381,9	276,2	210,4	143,4	105,2	77,1	65,6	51,9	45,4	
1978	1024,0	954,5	406,5	294,0	224,0	152,7	111,9	82,1	69,8	55,3	48,3	
1979	1120,8	1044,7	444,9	321,8	245,1	167,1	122,5	89,8	76,4	60,5	52,9	
1980	1248,2	1163,4	495,5	358,4	273,0	186,1	136,4	**100,0**	85,1	67,4	58,9	
1981	1327,8	1237,6	527,1	381,2	290,4	198,0	145,1	106,4	90,5	71,7	62,6	
1982	1375,5	1282,1	546,0	394,9	300,8	205,1	150,4	110,2	93,7	74,2	64,8	
1983	1409,6	1313,9	559,6	404,7	308,2	210,2	154,1	112,9	96,0	76,0	66,5	
1984	1450,8	1352,3	575,9	416,5	317,3	216,3	158,6	116,2	98,8	78,3	68,4	
1985	1467,8	1368,2	582,6	421,4	321,0	218,9	160,4	117,6	**100,0**	79,2	69,3	
1986	1497,1	1395,5	594,3	429,8	327,4	223,3	163,6	119,9	102,0	80,8	70,6	
1987	1527,9	1424,3	606,5	438,7	334,2	227,9	167,0	122,4	104,1	82,4	72,0	
1988	1560,6	1454,7	619,5	448,1	341,3	232,8	170,5	125,0	106,3	84,2	73,6	
1989	1627,0	1516,6	645,8	467,2	355,8	242,7	177,8	130,3	110,9	87,8	76,8	
1990	1735,3	1617,5	688,8	498,2	379,5	258,8	189,6	139,0	118,2	93,6	81,8	
1991	1854,5	1728,7	735,7	532,2	405,4	276,4	202,5	148,5	126,3	**100,0**	87,4	
1992	1959,3	1822,5	777,3	562,3	428,3	292,0	214,0	156,9	133,4	105,6	92,3	
1993	2046,8	1907,9	812,5	587,7	447,4	305,2	223,7	164,0	139,5	110,4	96,5	
1994	2077,4	1936,4	824,6	596,5	454,4	309,8	227,0	166,4	141,5	112,1	97,9	
1995	2121,3	1977,3	842,1	609,1	463,9	316,3	231,8	170,0	144,6	114,4	**100,0**	
1996	2099,0	1956,6	833,2	602,7	459,0	313,0	229,3	168,2	143,1	113,2	99,0	
1997	2084,7	1943,2	827,5	598,6	455,9	310,9	227,8	167,1	142,1	112,5	98,3	
1998	2079,4	1938,3	825,4	597,1	454,8	310,1	227,2	166,6	141,7	112,2	98,0	
1999	2081,5	1940,3	826,3	597,7	455,2	310,4	227,4	166,8	141,9	113,3	98,1	
2000	2102,2	1959,5	834,5	603,6	459,8	313,5	229,7	168,5	143,3	113,4	99,1	**100,0**
2001												
2002												
2003												
2004												
2005												

*   ab 1968 einschließlich Umsatz-(Mehrwert-)steuer

Bayerisches Landesamt für Statistik und Datenverarbeitung
Postfach 20 03 03, 80331 München, Tel. 0 89/2 11 92 97, Fax 0 89/2 11 96 07

Bayern

3.9.2 b Baupreisindizes für den Neubau von Wohngebäuden, Nichtwohngebäuden und sonstigen Bauwerken in Bayern

(1995 = 100)

Quelle: Statistische Berichte des Bayerischen Landesamts für Statistik und Datenverarbeitung M I 4

Jahr	Wohngebäude						Nichtwohngebäude			
	ins-gesamt	davon		Ein- und Zwei-familien-gebäude	Mehr-familien-gebäude	gemischt genutzte Gebäude	Büro-gebäude	Gewerbliche Betriebsgebäude		
		Rohbau-arbeiten	Ausbau-arbeiten					insgesamt	in Stahlbeton	in Stahlbau
1958	16,4	–	–	15,9	16,0	16,1	15,8	17,0	–	–
1959	17,3	–	–	16,8	17,0	17,3	16,9	17,9	–	–
1960	18,5	–	–	18,2	18,4	18,7	18,1	19,2	–	–
1961	20,0	–	–	19,8	20,0	20,3	19,6	20,7	–	–
1962	21,6	23,6	19,2	21,5	21,6	21,9	21,2	22,1	22,7	21,5
1963	22,7	24,9	20,3	22,6	22,7	23,0	22,3	23,0	23,9	22,3
1964	23,6	25,9	21,1	23,5	23,6	23,9	23,1	23,9	24,8	23,1
1965	24,5	26,6	22,0	24,4	24,4	24,8	23,9	24,8	25,6	24,1
1966	25,2	27,3	22,8	25,1	25,2	25,6	24,6	25,4	26,2	24,7
1967	24,7	26,6	22,5	24,6	24,6	24,9	24,0	24,2	25,5	23,1
1968*	25,7	27,7	23,5	25,7	25,6	26,0	25,1	25,6	26,6	24,8
1969	27,2	29,6	24,7	27,1	27,1	27,5	26,6	27,8	28,5	27,3
1970	31,6	35,2	28,2	31,5	31,6	32,0	31,1	32,8	33,7	32,0
1971	35,1	38,8	31,4	34,9	35,1	35,4	34,4	36,5	37,2	35,8
1972	37,1	40,7	33,3	36,8	37,1	37,2	36,1	37,9	39,0	36,9
1973	39,2	42,2	35,9	38,9	39,3	39,4	38,2	39,6	40,8	38,6
1974	41,3	43,5	38,5	41,1	41,3	41,5	40,2	41,4	42,4	40,6
1975	41,9	43,6	39,4	41,7	41,9	42,1	40,5	42,2	42,4	42,0
1976	43,2	44,9	40,7	43,1	43,1	43,4	41,8	43,8	43,6	44,0
1977	45,4	47,3	42,6	45,3	45,3	45,5	43,9	45,8	45,6	46,1
1978	48,3	50,6	45,0	48,4	48,2	48,4	46,6	48,3	48,3	48,5
1979	52,9	56,1	48,4	53,1	52,6	52,8	50,5	52,4	52,5	52,4
1980	58,9	62,8	53,6	59,3	58,6	58,7	56,2	57,8	58,2	57,6
1981	62,6	66,2	57,7	63,0	62,2	62,5	60,0	61,5	51,8	61,4
1982	64,8	67,6	61,1	65,0	64,7	65,0	62,9	64,5	64,3	64,8
1983	66,5	68,7	63,3	66,5	66,3	66,7	64,8	66,3	66,0	66,6
1984	68,4	70,4	65,6	68,4	68,3	68,6	67,0	68,3	68,2	68,5
1985	69,3	70,6	67,0	69,1	69,1	69,5	68,1	69,4	69,1	69,6
1986	70,6	72,1	68,3	70,5	70,6	71,0	69,8	71,3	71,0	71,6
1987	72,0	73,3	70,0	71,9	72,0	72,4	71,5	73,0	72,6	73,4
1988	73,6	74,5	72,1	73,5	73,6	74,0	73,5	74,5	74,0	75,0
1989	76,8	77,6	75,1	76,6	76,8	77,2	76,8	77,6	77,0	78,2
1990	81,8	83,3	79,5	81,7	81,8	82,3	81,4	82,5	81,9	83,2
1991	87,4	88,8	85,2	87,3	87,4	87,7	87,0	87,9	87,3	88,6
1992	92,3	93,2	90,9	92,3	92,3	92,5	92,1	92,6	92,2	92,9
1993	96,5	97,0	95,6	96,5	96,5	96,6	96,3	96,5	96,5	96,6
1994	97,9	98,1	97,6	97,9	97,9	98,0	97,8	97,9	97,9	97,9
1995	**100,0**	**100,0**	**100,0**	**100,0**	**100,0**	**100,0**	**100,0**	**100,0**	**100,0**	**100,0**
1996	99,0	98,0	99,4	99,0	98,9	99,0	99,2	99,6	99,3	99,8
1997	98,3	97,0	99,6	98,4	98,1	98,3	98,6	99,3	99,0	99,5
1998	98,0	96,5	99,6	98,2	97,9	98,1	98,8	99,6	99,4	99,7
1999	98,1	96,6	99,6	98,2	98,0	98,3	98,9	99,7	99,5	99,8
2000	99,1	97,4	100,8	99,2	99,0	99,3	100,1	101,1	100,8	101,4
2001										
2002										
2003										
2004										
2005										

* ab 1968 einschließlich Umsatz-(Mehrwert-)steuer

Berlin

**3.9.3 a   Baupreisindizes für den Neubau von Wohngebäuden* in Berlin –
seit 1913 nach verschiedenen Basisjahren**

*Quelle: Statistisches Landesamt für Berlin, Statistische Berichte:
Messzahlen für Bauleistungspreise für Bauwerke in Berlin M I 4*

Jahr**	1913	1914	1936	1958	1962	1970	1976	1980	1985	1991	**1995**	2000
						= 100						
1913	**100,0**	93,1	74,6	25,7	20,3	12,0	7,5	5,7	4,6	3,7	**3,1**	
1914	107,4	**100,0**	80,6	27,3	21,9	12,9	8,1	6,1	5,0	4,0	**3,3**	
1915	119,5	111,3	89,6	30,9	24,3	14,4	9,0	6,8	5,5	4,4	**3,7**	
1916	132,4	123,3	99,5	34,3	27,0	16,0	10,0	7,5	6,1	4,9	**4,1**	
1917	164,5	153,2	123,4	42,5	33,5	19,8	12,4	9,3	7,6	6,1	**5,1**	
1918	248,0	230,9	186,1	64,1	50,5	29,9	18,7	14,1	11,5	9,2	**7,6**	
1919	297,1	276,6	222,9	76,8	60,5	35,8	22,4	16,9	13,7	10,9	**9,2**	
1920	690,0	642,5	517,4	178,4	140,6	83,1	52,0	39,2	31,9	25,5	**21,3**	
1921	1808,4	1683,8	1356,2	467,5	368,4	217,8	136,3	102,8	83,5	66,6	**55,7**	
1922***	–	–	–	–	–	–	–	–	–	–	–	
1923***	–	–	–	–	–	–	–	–	–	–	–	
1924	137,0	127,6	102,5	35,3	27,8	16,5	10,3	7,8	6,3	5,0	**4,2**	
1925	169,1	157,4	126,4	43,6	34,3	20,3	12,7	9,6	7,8	6,2	**5,2**	
1926	161,1	150,0	120,4	41,5	32,7	19,3	12,1	9,1	7,4	5,9	**5,0**	
1927	172,5	160,6	129,5	44,6	35,1	20,8	13,0	9,8	8,0	6,4	**5,3**	
1928	172,5	160,6	129,5	44,6	35,1	20,8	13,0	9,8	8,0	6,4	**5,3**	
1929	176,5	164,3	132,3	45,6	35,9	21,3	13,3	10,0	8,1	6,5	**5,4**	
1930	167,1	155,6	125,4	43,2	34,1	20,1	12,6	9,5	7,7	6,1	**5,1**	
1931	152,5	142,0	114,5	39,5	31,1	18,4	11,5	8,7	7,1	5,7	**4,7**	
1932	128,6	119,7	96,5	33,3	26,2	15,5	9,7	7,3	5,9	4,7	**4,0**	
1933	123,3	114,8	92,4	31,9	25,1	14,8	9,3	7,0	5,7	4,5	**3,8**	
1934	128,6	119,7	96,5	33,3	26,2	15,5	9,7	7,3	5,9	4,7	**4,0**	
1935	132,6	123,5	99,5	34,3	27,0	16,0	10,0	7,5	6,1	4,9	**4,1**	
1936	133,4	124,2	**100,0**	34,4	27,3	16,1	10,1	7,6	6,2	4,9	**4,1**	
1937	135,3	126,0	101,4	35,0	27,6	16,2	10,2	7,7	6,3	5,0	**4,2**	
1938	136,6	127,2	102,5	35,5	27,8	16,5	10,3	7,8	6,3	5,0	**4,2**	
1939	140,6	130,9	105,4	36,4	28,7	16,9	10,6	8,0	6,5	5,2	**4,3**	
1940	143,5	133,6	107,5	37,0	29,2	17,3	10,8	8,1	6,6	5,3	**4,4**	
1941	149,5	139,2	112,4	38,8	30,5	18,0	11,3	8,5	6,9	5,5	**4,6**	
1942	158,4	147,5	119,4	41,2	32,4	19,1	12,0	9,0	7,3	5,8	**4,9**	
1943	160,5	149,4	120,5	41,5	32,7	19,4	12,1	9,1	7,4	5,9	**4,9**	
1944	164,4	153,1	123,4	42,5	33,5	19,8	12,4	9,3	7,6	6,1	**5,1**	
1945	171,1	159,3	128,4	44,2	34,9	20,6	12,9	9,7	7,9	6,3	**5,3**	
1946	183,0	170,4	137,3	47,3	37,3	22,0	13,8	10,4	8,5	6,8	**5,6**	
1947	213,4	198,7	160,2	55,2	43,5	25,7	16,1	12,1	9,8	7,8	**6,6**	
1948	281,1	261,7	210,9	72,7	57,3	33,9	21,2	16,0	13,0	10,4	**8,7**	
1949	259,9	242,0	195,0	67,5	53,0	31,3	19,6	14,8	12,0	9,6	**8,0**	
1950	251,9	234,5	189,1	65,2	51,4	30,4	19,0	14,3	11,6	9,3	**7,8**	
1951	291,7	271,6	218,9	75,5	59,5	35,2	22,0	16,6	13,5	10,3	**9,0**	
1952	327,4	304,8	245,4	84,7	66,8	39,4	24,7	18,6	15,1	12,1	**10,1**	
1953	321,5	299,3	240,5	83,0	65,4	38,7	24,2	18,2	14,8	11,8	**9,9**	
1954	327,4	304,8	245,4	84,7	66,8	39,4	24,7	18,6	15,1	12,1	**10,1**	
1955	342,1	318,5	256,7	88,5	69,7	41,3	25,8	19,5	15,8	12,6	**10,5**	
1956	351,5	327,3	263,7	90,9	71,6	42,4	26,5	20,0	16,3	13,0	**10,8**	
1957	368,6	343,2	276,6	95,5	75,1	44,5	27,8	21,0	17,1	13,6	**11,4**	
1958	385,9	359,3	289,5	**100,0**	78,7	46,5	29,1	21,9	17,8	14,2	**11,9**	
1959	416,4	387,7	312,4	108,0	85,1	50,3	31,5	23,7	19,3	15,4	**12,8**	

Berlin

Jahr**	1913	1914	1936	1958	1962	1970	1976	1980	1985	1991	**1995**	2000
						= 100						
1960	436,5	406,4	327,5	112,8	88,9	52,6	32,9	24,8	20,2	16,1	**13,5**	
1961	459,4	427,7	344,4	119,0	93,8	55,4	34,7	26,2	21,3	17,0	**14,2**	
1962	490,6	456,8	368,2	126,9	**100,0**	59,1	37,0	27,9	22,7	18,1	**15,1**	
1963	513,5	478,1	385,1	132,7	104,6	61,9	38,7	29,2	23,7	18,9	**15,8**	
1964	550,3	512,4	412,4	142,3	112,2	66,3	41,5	31,3	25,4	20,3	**17,0**	
1965	584,8	544,5	438,4	151,3	119,2	70,4	44,1	33,2	27,0	21,5	**18,0**	
1966	615,3	572,3	461,4	159,2	125,4	74,1	46,4	35,0	28,4	22,7	**19,0**	
1967	616,4	573,9	462,4	159,5	125,7	74,3	46,5	35,1	28,5	22,7	**19,0**	
1968	651,1	606,2	488,4	168,5	132,7	78,4	49,1	37,0	30,1	24,0	**20,1**	
1969	701,5	653,2	526,4	181,5	143,0	84,6	52,9	39,9	32,4	25,9	**21,6**	
1970	830,1	772,3	622,9	214,7	169,2	**100,0**	62,6	47,2	38,4	30,6	**25,6**	
1971	917,6	854,1	688,4	237,5	187,0	110,6	69,2	52,2	42,4	33,8	**28,3**	
1972	974,6	907,4	731,3	252,5	198,7	177,5	73,5	55,4	45,0	35,9	**30,3**	
1973	1060,4	987,1	796,0	274,6	216,2	127,8	80,0	60,3	49,0	39,1	**32,7**	
1974	1198,7	116,5	899,5	310,5	244,4	144,5	90,4	68,2	55,4	44,2	**36,9**	
1975	1269,0	181,5	952,2	328,5	258,7	152,9	95,7	72,1	58,6	46,8	**39,1**	
1976	1325,7	1234,3	994,8	342,9	270,2	159,8	**100,0**	75,4	61,3	48,9	**40,9**	
1977	1391,7	1295,8	1044,3	360,0	283,7	167,7	105,0	79,2	64,4	51,4	**42,9**	
1978	1461,6	1360,9	1096,7	378,1	298,0	176,1	110,2	83,1	67,5	53,9	**45,0**	
1979	1587,6	1478,2	1191,3	410,7	323,6	191,3	119,7	90,3	73,4	58,6	**48,9**	
1980	1758,4	1637,2	1319,4	454,9	358,4	211,9	132,6	**100,0**	81,3	64,9	**54,2**	
1981	1892,2	1761,7	1419,7	489,5	385,7	228,0	142,7	107,6	87,4	69,8	**58,3**	
1982	2002,4	1864,5	1502,5	518,0	408,2	421,3	151,0	113,9	92,5	73,8	**61,7**	
1983	2074,6	1931,6	1556,6	536,7	422,9	250,0	156,4	118,0	95,9	76,5	**63,9**	
1984	2139,6	1992,2	1605,5	553,5	436,1	257,9	161,4	121,7	89,9	78,9	**65,9**	
1985	2164,6	2015,5	1624,2	560,0	441,2	260,0	163,2	123,1	**100,0**	79,8	**66,7**	
1986	2189,5	2038,6	1642,8	566,4	446,3	263,9	165,1	124,5	101,2	80,7	**67,5**	
1987	2233,3	2079,5	1675,7	577,8	455,2	269,2	168,4	127,0	103,2	82,4	**68,8**	
1988	2297,2	2138,9	1723,7	594,3	468,3	276,9	173,2	130,6	106,1	84,7	**70,8**	
1989	2380,0	2216,0	1785,8	615,7	485,1	286,8	179,4	135,3	110,0	87,8	**73,4**	
1990	2535,8	2361,1	1902,7	656,0	516,9	305,6	191,2	144,2	117,2	93,5	**78,2**	
1991	2711,9	2525,1	2034,8	701,5	552,7	326,8	204,4	154,2	125,3	**100,0**	**83,6**	
1992	2933,6	2731,5	2201,1	758,9	597,9	353,6	221,3	166,8	135,5	108,2	**90,4**	
1993	3100,3	2886,3	2326,3	802,0	631,9	373,7	233,7	176,3	143,2	114,3	**95,5**	
1994	3175,6	2956,9	2382,7	821,5	647,3	382,7	239,4	180,5	146,7	117,1	**97,9**	
1995	3243,1	3019,7	2433,4	838,9	661,0	390,8	244,5	184,4	149,9	119,6	**100,0**	
1996	3245,5	3021,9	2453,2	839,6	661,5	391,1	244,7	184,5	150,0	119,7	**100,1**	
1997	3211,4	2990,2	2409,7	830,7	654,6	387,0	242,1	182,6	148,4	118,4	**99,0**	
1998	3168,4	2950,2	2377,4	819,6	645,8	381,9	238,9	180,1	146,4	116,8	**97,7**	
1999	3090,8	2877,7	2319,0	799,5	629,9	372,5	233,0	175,7	142,8	114,0	**95,3**	
2000	3024,1	2815,8	2269,1	782,3	616,4	364,5	228,0	171,9	139,7	111,5	**93,2**	100,0
2001												
2002												
2003												
2004												
2005												
2006												
2007												
2008												

* einschließlich Umsatz-/Mehrwertsteuer
** ab 1951 Berlin (West)
*** Für 1922 und 1923 wurden wegen der sprunghaften Entwertung der Mark keine Durchschnittsindizes veröffentlicht.

Berlin

3.9.3 b   Baupreisindex für den Neubau von Wohn- und Nichtwohngebäuden sowie die Instandhaltung in Berlin (West) seit 1961 nach Bauwerksarten*

(Basis 1995 = 100)

Quelle: Statistisches Landesamt Berlin, Berliner Statistik M I 4

Jahr	Neubau Wohngebäude				Nichtwohngebäude		Instandhaltung		
	insgesamt	Einfamiliengebäude	Mehrfamiliengebäude	Gemischt genutzte Gebäude	Bürogebäude	Gewerbliche Betriebsgebäude	Mehrfamiliengebäude mit Schönheitsreparaturen	Mehrfamiliengebäude ohne Schönheitsreparaturen	Schönheitsreparaturen in einer Wohnung
1961	14,2	13,7	14,3	–	–	–	–	–	–
1962	15,1	14,6	15,3	–	15,0	–	–	–	–
1963	15,8	15,4	16,2	–	15,7	–	–	–	–
1964	17,0	16,6	17,5	–	17,2	–	–	–	–
1965	18,0	17,4	18,2	18,8	17,6	–	–	–	–
1966	19,0	18,3	19,1	19,7	18,6	–	–	–	–
1967	19,0	18,4	19,1	19,6	18,6	–	–	–	–
1968	20,1	19,5	20,0	20,7	17,6	–	–	–	–
1969	21,7	21,0	21,7	22,4	19,0	–	–	–	–
1970	25,6	24,8	25,6	26,6	22,9	29,1	–	23,7	24,1
1971	28,3	27,4	28,4	29,4	25,4	32,2	–	27,2	27,6
1972	30,0	29,2	30,2	31,2	26,8	33,6	–	28,1	30,2
1973	32,7	31,9	32,8	33,7	29,0	36,0	–	30,4	32,4
1974	37,0	36,0	37,2	37,9	32,8	39,8	–	34,5	36,1
1975	39,1	38,3	39,3	40,0	34,6	41,8	–	36,9	38,2
1976	40,9	40,1	40,9	41,8	36,2	43,5	–	38,7	39,6
1977	43,0	42,2	43,0	43,8	37,9	45,5	–	40,5	41,4
1978	45,1	44,3	45,2	45,9	39,3	47,0	–	42,7	44,3
1979	49,0	48,3	49,2	49,7	42,4	50,5	–	45,8	47,6
1980	54,3	53,9	54,3	55,1	46,6	55,3	–	50,4	51,7
1981	68,4	57,8	58,5	59,1	50,2	59,4	–	53,8	55,3
1982	61,7	61,2	62,0	62,6	53,3	63,3	–	57,3	58,5
1983	64,0	63,4	64,1	64,7	54,8	64,9	61,2	59,5	60,9
1984	66,0	65,5	66,2	66,8	56,5	66,3	63,2	62,1	63,5
1985	66,7	66,4	66,8	67,4	67,4	67,3	64,8	63,6	64,9
1986	67,5	67,2	67,6	68,1	68,3	68,5	66,4	65,0	67,2
1987	68,8	68,5	68,9	69,5	69,9	70,1	68,0	66,8	68,3
1988	70,8	70,5	70,9	71,5	71,9	72,1	70,3	68,9	70,6
1989	73,4	72,9	73,4	74,0	74,5	74,6	73,0	71,6	73,4
1990	78,2	77,6	78,2	78,9	79,5	79,7	77,3	76,1	76,9
1991	83,6	83,1	83,7	84,3	84,9	85,4	82,2	81,5	80,6
1992	90,4	90,3	90,5	91,0	91,1	91,5	88,2	87,5	86,2
1993	95,6	95,4	95,6	95,9	95,8	96,0	93,2	93,0	90,9
1994	97,9	97,9	98,0	98,0	97,9	97,8	97,3	96,6	94,8
1995	**100,0**	**100,0**	**100,0**	**100,0**	**100,0**	**100,0**	**100,0**	**100,0**	**100,0**
1996	100,1	100,0	100,1	100,1	100,3	100,4	100,5	100,4	100,4
1997	99,0	98,9	99,1	99,1	99,5	99,8	100,6	100,5	101,2
1998	97,7	97,6	97,8	97,9	98,6	98,7	101,9	101,6	103,3
1999	95,3	95,0	95,4	95,6	96,6	96,6	100,3	100,3	99,5
2000	92,2	92,7	93,2	93,8	95,3	95,5	98,6	98,8	95,8
2001									
2002									
2003									
2004									
2005									
2006									
2007									
2008									

*   1951 bis 1990 Berlin (West)

Laufende Angaben können der Zeitschrift „Grundstücksmarkt und Grundstückswert" – GuG –, erschienen im Luchterhand Verlag, oder unter **www.gug-aktuell.de** entnommen werden.

Statistisches Landesamt Berlin, Alt-Friedrichsfelde, 10315 Berlin, Tel. (0 30) 90 21 34 34, Fax (0 30) 90 21 36 55

Brandenburg

3.9.4 Baupreisindizes für den Neubau und die Instandhaltung von Wohn- und Nichtwohngebäuden in Brandenburg
(Basis 1995 = 100)

Quelle: Statistische Berichte des Landesamtes für Datenverarbeitung und Statistik M I 4

Jahr	insgesamt	Wohngebäude			Nichtwohngebäude		
		Ein- und Zweifamilien-gebäude	Mehr-familien-gebäude	Gemischt genutzte Gebäude	Büro-gebäude	Gewerbliche Betriebs-gebäude	Landwirtschaft-liche Betriebs-gebäude
		1995 = 100			1995 = 100		1991 = 100
1991	78,2	77,8	78,5	79,2	80,0	79,6	**100,0**
1992	86,6	86,2	86,9	87,4	88,0	88,6	110,9
1993	92,8	92,4	93,0	93,1	93,7	94,0	118,2
1994	96,6	96,5	96,7	96,7	96,8	97,1	122,8
1995	**100,0**	**100,0**	**100,0**	**100,0**	**100,0**	**100,0**	127,2
1996	101,0	101,1	101,0	101,1	101,2	101,3	128,2
1997	100,7	100,8	100,7	100,7	101,2	101,3	–
1998	99,0	99,1	98,9	99,2	100,4	100,4	–
1999	97,8	97,7	97,7	97,9	99,3	98,8	–
2000	97,2	97,1	97,2	97,4	99,6	99,3	–
2001							
2002							
2003							
2004							
2005							

Jahr	Instandhaltung von Wohngebäuden		
	Mehrfamiliengebäude *mit* Schönheitsreparaturen	Mehrfamiliengebäude *ohne* Schönheitsreparaturen	Schönheitsreparaturen in einer Wohnung
1991	72,4	72,9	68,6
1992	82,2	82,7	79,3
1993	90,0	90,2	88,4
1994	95,6	95,6	95,6
1995	**100,0**	**100,0**	**100,0**
1996	103,0	102,8	105,0
1997	104,7	104,5	106,4
1998	105,3	105,1	106,8
1999	104,5	104,3	105,6
2000	104,1	104,0	104,9
2001			
2002			
2003			
2004			
2005			

Landesamt für Datenverarbeitung
und Statistik Brandenburg
Dortusstraße 46, 14467 Potsdam
Tel.: 03 31/39-4 03
Fax: 03 31/3 94 18

Hamburg

3.9.5 Baupreisindizes für den Neubau von Wohngebäuden und Nichtwohngebäuden in Hamburg

(Basis 1995 = 100)

Quelle: Statistische Berichte des Statistischen Landesamtes M I 4

Jahr	Wohngebäude						Nichtwohngebäude	
	ins-gesamt	davon		Ein- und Zwei-familien-gebäude	Mehr-familien-gebäude	gemischt genutzte Gebäude	Büro-gebäude	Gewerb-liche Betriebs-gebäude
		Rohbau-arbeiten	Ausbau-arbeiten					
1966	22,7	25,3	20,3	22,7	22,6	23,4	23,3	24,3
1967	22,8	25,4	20,3	22,8	22,7	23,3	23,3	23,7
1968	23,9	26,5	21,6	23,8	23,7	24,5	24,2	24,8
1969	25,0	27,6	22,8	24,8	24,8	25,7	25,6	26,8
1970	29,3	33,1	25,9	29,0	29,1	30,2	30,2	32,1
1971	32,7	37,1	29,0	32,4	32,7	33,6	33,7	36,1
1972	35,6	39,9	31,5	35,3	35,7	36,6	36,5	38,4
1973	38,7	43,0	35,1	38,4	38,8	39,5	39,4	40,9
1974	42,4	45,7	39,4	42,3	42,6	43,0	42,9	43,9
1975	44,3	46,1	42,1	44,1	44,4	44,6	44,5	45,3
1976	46,3	48,1	44,0	46,2	46,5	46,6	46,3	47,2
1977	48,4	50,4	46,0	48,4	48,7	48,5	48,1	49,2
1978	51,1	53,7	48,0	51,1	51,3	51,3	50,6	51,7
1979	54,8	58,3	50,6	54,8	55,0	55,1	54,3	55,3
1980	60,0	64,2	55,1	60,2	60,3	60,1	59,1	60,3
1981	63,6	67,4	59,1	63,9	63,9	63,7	62,6	64,0
1982	65,8	68,8	62,2	65,9	66,1	66,0	65,1	66,6
1983	67,4	70,0	64,2	67,4	67,7	67,5	66,8	68,2
1984	68,5	70,8	65,9	68,5	68,9	68,9	68,4	69,5
1985	68,8	70,4	66,8	68,6	69,0	69,3	69,2	70,0
1986	69,5	70,9	67,8	69,4	69,7	70,1	70,5	71,5
1987	70,6	71,7	69,6	70,5	70,9	71,2	71,8	72,8
1988	72,0	72,7	71,4	71,9	72,2	72,6	73,6	74,4
1989	74,7	75,3	74,1	74,5	74,8	75,3	76,2	76,9
1990	79,6	81,0	78,3	79,6	79,8	80,3	80,7	81,9
1991	85,5	87,0	83,7	85,4	85,7	86,1	86,1	87,1
1992	90,2	91,5	88,6	90,1	90,4	90,6	90,6	91,6
1993	94,3	95,1	93,5	94,3	94,5	94,6	94,4	94,9
1994	97,2	97,6	96,8	97,2	97,2	97,2	97,0	97,1
1995	**100,0**	**100,0**	**100,0**	**100,0**	**100,0**	**100,0**	**100,0**	**100,0**
1996	101,1	100,4	101,8	101,2	101,1	101,2	101,4	101,3
1997	101,1	99,5	102,7	101,2	101,0	101,2	101,6	101,3
1998	101,7	99,4	103,9	101,7	101,7	102,0	102,7	102,2
1999	102,0	99,1	104,9	102,1	101,9	102,3	103,2	102,5
2000	102,6	99,1	106,2	102,6	102,5	103,2	104,6	103,5
2001								
2002								
2003								

Statistisches Landesamt Hamburg
Steckelhörn 12, 20457 Hamburg
Tel.: (0 40) 4 28 31 17 29, Fax: (0 40) 4 27 96 45 88

Hessen

3.9.6 Baupreisindizes für den Neubau und die Instandhaltung von Wohngebäuden in Hessen[1]
(Basis 1995 = 100)

Quelle: Statistische Berichte des Hessischen Statistischen Landesamts M I 4

Jahr	Neubau von								Instandhaltung von		Schön-heits-repara-turen in einer Wohnung
	Wohn-gebäuden ins-gesamt	davon		Ein- und Zwei-familien-gebäuden ins-gesamt	Ein-familien-ge-bäuden ein-gebaut	Ein- und Zwei-familien-gebäuden frei-stehend	Mehr-familien-gebäu-den	Ge-mischt genutzten Gebäu-den	Mehr-familien-gebäu-den[2]	Mehr-familien-gebäu-den[3]	
		Roh-bau-arbeiten	Aus-bau-arbeiten								
1995	**100,0**	**100,0**	**100,0**	**100,0**	**100,0**	**100,0**	**100,0**	**100,0**	**100,0**	**100,0**	**100,0**
1996	100,2	99,6	100,8	100,2	100,2	100,2	100,1	100,3	101,6	101,7	101,2
1997	99,8	98,2	101,3	99,8	99,7	99,8	99,7	99,8	102,6	102,6	102,7
1998	100,0	98,1	102,0	100,1	99,9	100,1	100,0	100,1	103,7	103,8	103,9
1999	100,2	97,9	102,4	100,2	100,0	100,2	101,1	100,2	104,5	104,6	104,5
2000	101,4	98,6	104,1	101,4	101,2	101,4	101,3	101,5	105,8	105,9	105,3
2001											
2002											
2003											
2004											
2005											
2006											
2007											
2008											

1 Einschließlich Umsatz-(Mehrwert-)steuer
2 Mehrfamiliengebäude mit Schönheitsreparaturen
3 Mehrfamiliengebäude ohne Schönheitsreparaturen

Baupreisindizes für den Neubau von Nichtwohngebäuden in Hessen

Jahr	Neubau von			
	Bürogebäuden	Gewerblichen Betriebsgebäuden		
		insgesamt	Stahlbeton	Stahlbau
1995	**100,0**	**100,0**	**100,0**	**100,0**
1996	100,5	100,8	100,6	101,0
1997	100,1	100,4	100,3	100,5
1998	100,5	100,8	100,8	100,9
1999	100,6	100,9	100,9	100,9
2000	102,3	102,2	102,0	102,3
2001				
2002				
2003				
2004				
2005				
2006				
2007				
2008				

Hessisches Statistisches Landesamt
Postfach 32 05, 65175 Wiesbaden
Tel. (06 11) 38 02-0, Fax (06 11) 3 80 29 90

Nordrhein-Westfalen

3.9.7 a   Baupreisindizes für den Neubau von Wohngebäuden – Bauleistungen am Bauwerk – in Nordrhein-Westfalen nach verschiedenen Basisjahren

Quelle: Statistische Berichte des Landesamtes für Datenverarbeitung und Statistik M I 4

Jahr	1913	1914	1938	1950	1958	1962	1970	1976	1980	1985	1991	1995	2000
					= 100								
1962	460,5	429,0	338,0	182,8	127,9	**100,0**	68,1	46,6	35,3	30,8	25,4	21,5	
1963	489,4	456,0	359,2	194,2	135,9	106,3	72,4	49,5	37,5	32,7	27,0	22,9	
1964	509,9	475,1	374,3	202,4	141,7	110,8	75,4	51,6	39,1	34,1	28,0	23,8	
1965	526,7	490,7	386,6	209,0	146,3	114,4	77,9	53,3	40,4	35,2	28,9	24,6	
1966	540,6	503,7	396,7	214,6	150,1	117,4	79,9	54,7	41,5	36,1	29,8	25,3	
1967	527,7	491,7	387,3	209,5	146,6	114,7	78,1	53,4	40,5	35,3	29,0	24,6	
1968	548,2	510,8	402,4	217,6	152,3	119,1	81,1	55,5	42,1	36,6	30,2	25,6	
1969	579,6	540,0	425,4	230,0	161,0	125,9	85,7	58,6	44,4	38,7	31,9	27,0	
1970	676,2	630,1	496,3	268,4	187,8	146,9	**100,0**	68,4	51,9	45,2	37,2	31,6	
1971	742,5	691,8	545,0	294,7	206,3	161,3	109,8	75,1	56,9	49,6	40,9	34,7	
1972	797,6	743,1	585,4	316,6	221,6	173,3	118,0	80,7	61,2	53,3	43,9	37,2	
1973	857,9	799,3	629,7	340,5	238,2	186,3	126,9	86,8	65,8	57,3	47,2	40,1	
1974	926,4	863,1	679,9	367,7	257,4	201,3	137,0	93,7	71,0	61,9	51,0	43,3	
1975	954,3	889,1	700,4	378,8	265,0	207,3	141,1	96,5	73,2	63,8	52,6	44,6	
1976	988,6	921,2	725,6	392,4	274,6	214,8	146,2	**100,0**	75,8	66,1	54,4	46,2	
1977	1035,4	964,7	759,9	411,0	287,5	224,9	153,1	104,7	79,4	69,2	57,0	48,4	
1978	1093,2	1018,6	802,4	434,0	303,6	237,5	161,7	110,6	83,8	73,1	60,3	51,2	
1979	1181,7	1101,0	867,3	469,1	328,2	256,7	174,8	119,5	90,6	79,0	65,0	52,2	
1980	1303,8	1214,8	956,9	517,5	362,1	283,2	192,8	131,9	**100,0**	87,2	71,8	60,9	
1981	1383,0	1288,7	1015,0	549,0	384,1	300,5	204,5	139,9	106,1	92,4	76,1	64,6	
1982	1425,7	1328,5	1046,4	565,9	395,9	309,7	210,8	144,2	109,3	95,3	78,5	66,6	
1983	1455,0	1355,8	1067,9	577,5	404,1	316,1	215,1	147,2	111,6	97,2	80,1	68,0	
1984	1491,2	1389,5	1094,5	591,9	414,1	324,0	220,5	150,8	114,4	99,7	82,1	69,7	
1985	1495,8	1393,8	1097,8	593,8	415,5	325,0	221,2	151,3	114,7	**100,0**	82,3	69,9	
1986	1508,2	1405,2	1106,9	598,6	418,8	327,7	223,0	152,6	115,6	100,8	83,0	70,4	
1987	1532,9	1428,2	1125,0	608,4	425,7	333,0	226,7	155,0	117,6	102,5	84,4	71,6	
1988	1565,4	1458,6	1148,9	621,4	434,8	340,1	231,5	158,3	120,1	104,6	86,2	73,1	
1989	1616,3	1506,0	1186,2	641,6	448,9	351,2	239,0	163,5	124,0	108,0	89,0	75,5	
1990	1707,2	1590,2	1252,9	677,6	474,1	370,9	252,5	172,7	130,9	114,1	94,0	79,7	
1991	1817,0	1693,0	1333,6	721,2	504,6	394,7	268,7	183,7	139,4	121,5	**100,0**	84,9	
1992	1925,1	1793,7	1413,0	764,1	534,7	418,2	284,7	194,7	147,7	128,7	106,0	89,9	
1993	2021,4	1883,4	1483,6	802,4	561,4	439,1	298,9	204,4	155,1	135,1	111,3	94,4	
1994	2078,7	1936,8	1525,6	825,1	577,3	451,6	307,4	210,2	159,5	139,0	114,4	97,1	
1995	2140,7	1994,5	1571,2	849,7	594,5	465,1	316,5	216,4	164,2	143,1	117,8	**100,0**	
1996	2155,2	2008,0	1581,8	855,4	598,6	468,2	318,6	217,9	165,3	144,1	118,6	100,7	
1997	2163,7	2016,0	1588,1	858,8	601,0	470,1	319,9	218,7	165,9	144,7	119,1	101,1	
1998	2186,7	2037,4	1604,9	868,0	607,3	475,1	323,3	221,1	167,7	146,2	120,4	102,2	
1999	2204,9	2054,4	1618,3	875,2	612,4	479,1	326,0	222,9	169,1	147,4	131,4	103,0	
2000	2233,8	2081,3	1639,5	886,6	620,4	485,3	330,3	225,8	171,3	149,4	123,0	104,4	**100,0**
2001													
2002													
2003													
2004													
2005													
2006													
2007													
2008													

Landesamt für Datenverarbeitung und Statistik
Postfach 10 11 05, 40002 Düsseldorf
Tel. (02 11) 94 49 25 21, Fax (02 11) 44 20 06

Nordrhein-Westfalen

3.9.7 b   **Baupreisindizes für Wohn- und Nichtwohngebäude (Bauleistungen am Bauwerk) sowie für Instandhaltung in Nordrhein-Westfalen**

(Basis 1995 = 100)

Quelle: Statistische Berichte des Landesamtes für Datenverarbeitung und Statistik M I 4

Jahr	Wohngebäude insgesamt Index	Wohngebäude davon nach Bauabschnitten Rohbau Index	Ausbau	Ein- und Zweifamiliengebäude	Mehrfamiliengebäude	Nichtwohngebäude gemischt genutzte Gebäude	Bürogebäude	Instandhaltung Mehrfamiliengebäude mit Schönheitsreparaturen	ohne Schönheitsreparaturen	Schönheitsreparaturen in einer Wohnung
1968	25,6	26,8	24,5	25,6	25,6	26,4	26,0	24,3	–	22,0
1969	27,0	28,7	25,5	27,0	26,9	27,9	27,6	25,4	–	23,3
1970	31,6	34,4	29,0	31,4	31,5	32,5	32,2	28,9	–	26,9
1971	34,7	37,5	32,0	34,5	34,6	35,6	35,3	31,9	–	30,6
1972	37,2	40,1	34,6	37,1	37,2	38,0	37,8	34,1	–	32,8
1973	40,1	42,7	37,5	39,9	40,1	40,8	40,6	36,3	–	35,1
1974	43,3	45,1	41,3	43,2	43,3	44,0	43,8	40,2	–	39,0
1975	44,6	46,0	42,9	44,5	44,6	45,2	45,0	42,7	–	41,7
1976	46,2	47,5	44,5	46,2	46,2	46,9	46,4	44,4	–	43,5
1977	48,4	49,8	46,6	48,4	48,3	48,9	48,5	46,6	–	45,9
1978	51,2	52,9	48,8	51,2	51,1	51,6	51,1	48,8	–	48,6
1979	55,2	57,8	51,9	55,4	55,1	55,7	54,8	51,7	–	51,5
1980	60,9	64,2	56,7	61,4	60,7	61,3	60,3	56,1	–	55,6
1981	46,6	67,9	60,4	65,1	64,3	65,0	64,0	59,6	–	59,4
1982	66,6	69,2	63,3	66,9	66,4	67,2	66,4	62,1	–	61,6
1983	68,0	70,1	65,2	68,2	67,8	68,6	67,8	64,0	–	63,6
1984	69,7	71,5	67,3	69,7	69,6	70,4	69,9	66,1	–	65,7
1985	69,9	71,0	68,5	69,9	69,8	70,7	70,5	67,4	67,5	67,3
1986	70,4	71,3	69,5	70,5	70,4	71,3	71,3	68,7	68,9	68,8
1987	71,6	72,1	71,1	71,6	71,5	72,4	72,8	70,3	70,4	70,1
1988	73,1	73,4	73,0	73,1	73,1	74,0	74,7	72,0	72,1	71,8
1989	75,5	75,8	75,4	75,5	75,4	76,4	77,1	74,2	74,3	73,7
1990	79,7	80,5	78,9	79,8	79,7	80,6	81,0	77,9	77,9	77,5
1991	84,9	85,7	84,0	84,8	84,8	85,6	86,1	82,7	82,9	82,0
1992	89,9	90,6	89,1	89,9	89,9	90,4	90,7	88,1	88,2	87,2
1993	94,4	95,0	93,8	94,4	94,5	94,7	95,0	93,4	93,5	93,1
1994	97,1	97,5	96,8	97,1	97,2	97,2	97,3	96,8	96,9	96,8
1995	**100,0**	**100,0**	**100,0**	**100,0**	**100,0**	**100,0**	**100,0**	**100,0**	**100,0**	**100,0**
1996	100,7	100,0	101,4	100,7	100,7	100,7	100,7	101,5	101,6	101,1
1997	101,1	99,8	102,4	101,1	101,1	101,1	101,1	102,9	103,0	102,3
1998	102,2	100,3	104,0	102,2	102,1	102,1	102,4	104,5	104,7	103,8
1999	103,0	100,7	105,3	103,0	103,0	103,0	103,3	106,1	106,3	105,4
2000	104,4	101,4	107,3	104,4	104,3	104,4	104,8	108,3	108,4	107,7
2001										
2002										
2003										
2004										
2005										
2006										
2007										
2008										

Saarland

3.9.8 Baupreisindizes für den Neubau von Wohn- und Nichtwohngebäuden sowie die Instandhaltung im Saarland

(Basis: 1995 = 100)

Quelle: Statistische Berichte des Statistischen Landesamtes Saarland M I 4

Jahr	Neubau						Nichtwohngebäude		Instand-haltung
	Wohngebäude								Mehrfami-liengebäu-de mit Schönheits-reparaturen
	ins-gesamt	davon nach Abschnitten		Ein-/Zwei-familien	Mehr-familien	Gemischt genutzte	Büro-gebäude	gewerb-liche Betriebs-gebäude	
		Rohbau-arbeiten	Ausbau-arbeiten		Gebäude				
1980	63,1	65,6	59,8	63,2	63,0	63,2	62,2	61,6	60,8
1981	66,9	69,9	62,9	67,2	66,8	67,2	66,0	65,9	64,0
1982	70,0	72,4	66,7	70,0	70,0	70,4	69,5	69,4	67,2
1983	71,4	73,5	68,6	71,3	80,1	71,8	71,0	70,8	69,4
1984	72,6	73,9	70,7	72,5	72,7	73,1	72,4	71,8	71,3
1985	72,9	73,8	71,7	72,8	73,0	73,5	72,9	72,3	72,5
1986	73,8	74,5	73,0	73,7	73,9	74,4	74,1	73,9	73,8
1987	75,0	75,5	74,3	74,8	75,1	75,5	75,4	75,1	74,0
1988	76,6	76,8	76,3	76,4	76,7	77,1	77,3	76,7	75,8
1989	78,6	78,4	78,6	78,4	78,6	79,1	79,3	78,9	77,9
1990	82,4	82,8	81,9	82,3	73,7	83,0	82,7	83,2	80,9
1991	87,1	87,7	86,2	87,1	87,1	87,5	87,2	87,6	85,0
1992	91,0	91,1	91,0	91,1	91,0	91,3	91,0	91,1	89,3
1993	95,0	95,1	94,9	95,0	95,0	95,1	95,0	95,0	93,3
1994	97,6	97,4	97,7	97,6	97,7	97,6	97,4	97,4	96,9
1995	**100,0**	**100,0**	**100,0**	**100,0**	**100,0**	**100,0**	**100,0**	**100,0**	**100,0**
1996	101,1	101,4	100,7	101,1	101,0	101,0	101,2	101,4	102,5
1997	101,1	101,5	100,7	101,1	101,0	101,0	101,4	101,6	102,9
1998	102,2	102,4	102,0	102,3	102,1	102,1	102,7	102,3	102,4
1999	102,9	102,9	103,0	103,0	102,9	102,7	103,4	102,6	102,6
2000	103,7	103,7	103,8	103,8	103,7	103,7	104,8	103,8	103,9
2001									
2002									
2003									
2004									
2005									
2006									
2007									
2008									

Statistisches Landesamt Saarland
Postfach 10 30 44, 66030 Saarbrücken
Tel.: (06 81) 5 01 59 27, Fax: (06 81) 5 01 59 21

Sachsen-Anhalt

3.9.9 Baupreisindizes für den Neubau und die Instandhaltung von Wohn- und Nichtwohngebäuden in Sachsen-Anhalt

(Basis 1995 = 100)

Quelle: Statistische Berichte des Statistischen Landesamtes M I 4

Jahr	Neubau						
	Wohngebäude				Nichtwohngebäude		
	ins- gesamt	Ein- u. Zwei- familien- gebäude	Mehr- familien- gebäude	Gemischt genutzte Gebäude	Büro- gebäude	Gewerbliche Betriebs- gebäude	Landwirt- schaftl. Be- triebsgebäude 1991 = 100
1991	77,4	77,3	77,5	78,3	79,7	78,9	**100,0**
1992	86,5	86,4	86,5	87,1	88,2	88,7	110,3
1993	93,8	93,7	93,7	94,0	94,8	95,2	117,7
1994	97,6	97,6	97,6	97,7	97,9	97,9	122,7
1995	**100,0**	**100,0**	**100,0**	**100,0**	**100,0**	**100,0**	125,4
1996	100,0	100,0	100,0	100,0	100,1	100,3	125,0
1997	99,0	99,0	99,0	99,1	99,4	99,8	–
1998	98,3	98,3	98,2	98,5	99,1	99,7	–
1999	97,2	97,2	97,1	97,5	98,3	98,7	–
2000	97,0	97,0	96,9	97,3	98,2	98,8	–
2001							
2002							
2003							
2004							
2005							
2006							
2007							
2008							

Jahr	Instandhaltung von Wohngebäuden		
	Mehrfamiliengebäude *mit* Schönheitsreparaturen	Mehrfamiliengebäude *ohne* Schönheitsreparaturen	Schönheitsreparaturen in einer Wohnung
1991	76,3	76,5	74,2
1992	85,9	86,0	85,6
1993	92,8	92,9	92,2
1994	97,2	97,2	96,8
1995	**100,0**	**100,0**	**100,0**
1996	100,8	100,8	100,4
1997	100,7	100,8	99,5
1998	101,4	101,5	100,5
1999	101,0	101,2	99,5
2000	101,0	101,2	99,1
2001			
2002			
2003			
2004			
2005			
2006			
2007			
2008			

Statistisches Landesamt Sachsen-Anhalt
Merseburger Straße 2, 06112 Halle/Saale
Tel. (03 45) 23 18-0, Fax (03 45) 2 31 89 01

Thüringen

3.9.10 Baupreisindizes für den Neubau und die Instandhaltung von Wohn- und Nichtwohngebäuden in Thüringen

(Basis 1995 = 100)

Quelle: Statistische Berichte des Landesamtes für Statistik M I 4

Jahr	Neubau						
	Wohngebäude				**Nichtwohngebäude**		
	ins-gesamt	Ein- u. Zwei-familien-gebäude	Mehr-familien-gebäude	Gemischt genutzte Gebäude	Büro-gebäude	Gewerbliche Betriebs-gebäude	Landwirt-schaftl. Be-triebsgebäude 1991 = 100
1991	81,9	81,5	82,2	82,5	82,5	83,8	**100,0**
1992	90,2	89,9	90,5	90,4	90,2	92,4	110,6
1993	95,1	94,9	95,3	94,9	95,0	96,1	117,2
1994	97,6	97,5	97,6	97,4	97,5	97,8	120,7
1995	**100,0**	**100,0**	**100,0**	**100,0**	**100,0**	**100,0**	123,8
1996	98,9	99,0	98,8	98,8	99,4	99,8	122,4
1997	98,0	98,0	97,9	98,0	99,0	99,4	–
1998	97,0	97,0	96,9	97,2	98,8	99,2	–
1999	96,0	96,0	95,8	96,2	97,9	97,9	–
2000	95,9	95,9	95,8	96,3	98,5	98,5	–
2001							
2002							
2003							
2004							
2005							
2006							
2007							
2008							

Jahr	Instandhaltung von Wohngebäuden		
	Mehrfamiliengebäude *mit* Schönheitsreparaturen	Mehrfamiliengebäude *ohne* Schönheitsreparaturen	Schönheitsreparaturen in einer Wohnung
1991	77,5	77,9	73,7
1992	87,1	87,2	85,3
1993	93,3	93,3	92,7
1994	96,8	96,8	97,4
1995	**100,0**	**100,0**	**100,0**
1996	99,8	99,9	98,3
1997	99,2	99,5	96,2
1998	98,9	99,2	95,4
1999	97,8	98,4	93,2
2000	97,5	98,1	92,1
2001			
2002			
2003			
2004			
2005			
2006			
2007			
2008			

Thüringer Landesamt für Statistik
Leipziger Straße 71, 99085 Erfurt
Tel.: (03 61) 66 56 01, Fax: (03 61) 6 65 66 99

4   Normalherstellungskosten

4.1   Normalherstellungskosten – NHK 2000 – von Gebäuden (ohne Baunebenkosten und mit Mehrwertsteuer), Preisbasis 2000, gemäß Erlass des BMVBW vom 1. 12. 2001

Die nachfolgend abgedruckten Normalherstellungskosten wurden erstmals mit RdErl des Bundesministeriums für Raumordnung, Bauwesen und Städtebau vom 1. 8. 1997 (RS 13 – 63 05 04 – 4) im Bereich des Bundes eingeführt und mit den Normalherstellungskosten (NHK 2000) aktualisiert.

4.1.1   Vorbemerkungen[1]

I   Die angegebenen Normalherstellungskosten – NHK 2000 –

a) beziehen sich auf **1 Quadratmeter (m²) Brutto-Grundfläche,** ermittelt nach DIN 277 i. d. F. von 1987. Die Normalherstellungskosten (NHK 2000) werden zum Teil auch als Raummeterpreise in €/m³ Brutto-Rauminhalt (BRI) angegeben; die Berechnung des Brutto-Rauminhalts erfolgt wiederum auf der Grundlage der DIN 277 i. d. F. von 1987.

b) geben **Bundesmittelwerte nach dem Preisstand 2000 ohne Baunebenkosten einschließlich einer 16 %igen Mehrwertsteuer** wieder. Die durchschnittlichen Baunebenkosten sind in einem Vomhundertsatz auf den Gebäudetypenblättern angegeben. Baunebenkosten in Höhe von z. B. 14 % entsprechen einem (multiplikativen) Korrekturfaktor von 1,14.

II   Zur Ermittlung des aktuellen Neubauwerts müssen

a) die Brutto-Grundfläche (BGF) bzw. der Brutto-Rauminhalt (BRI) des Gegenstands der Wertermittlung korrespondierend mit den auf der Grundlage dieser Norm abgeleiteten und in den nachfolgend abgedruckten Gebäudetypenblättern ausgewiesenen Normalherstellungskosten (NHK 2000) vervielfältigt werden,

b) die mit den herangezogenen Brutto-Grundflächenkosten (-preis) nicht erfassten besonderen Bauteile wertmäßig hinzugerechnet werden,

c) der sich daraus ergebene Neubauwert des Jahres 2000 mit Hilfe geeigneter Baupreisindexreihen auf die Wertverhältnisse des Wertermittlungsstichtags indiziert werden,

---

1   **Schrifttum:** Metzmacher/Krinkler, Gebäudeschätzung über die Brutto-Geschossfläche, Bundesanzeiger Verlag Köln 1996; Simon/Kleiber, Schätzung und Ermittlung von Grundstückswerten, 7. Aufl. Neuwied 1996 Rn. 586 ff.; Bauschätzpreise für Eigenheime und für gewerbliche Bauten Marshall & Swift Neuss LG-Datei + Kostenflächenarten; Zentrale Sammlung und Auswertung der Planungs- und Kostendaten von Hochbaumaßnahmen der Länder bei der IWB, Argebau-Hochbauausschuss (LAG), Freiburg BBD-Datei; Zentrale Sammlung und Auswertung der Planungs- und Kostendaten von Hochbaumaßnahmen des Bundes bei der BBR; Landesinstitut für Bauwesen und angewandte Bauschadensforschung Aachen; Ermittlung von zeitgemäßen Normalherstellungskosten für die Belange der Verkehrswertermittlung, Forschungsarbeit im Auftrag des Bundesministeriums für Raumordnung, Bauwesen und Städtebau Bonn 1996, Bundesanzeiger Verlag Köln 1997; Rölver in GuG 1998, 201; Architektenkammer Baden-Württemberg, Gebäudekosten-, Baupreistabellen zur überschlägigen Kostenermittlung, Stuttgart (Baukostenberatungsdienst BKB der AK Baden-Württemberg, Danneckerstr. 52 in 70182 Stuttgart); Kosteninformationsdienst Architektenkammer Nordrhein-Westfalen; Thormälen, R., Baurichtwerte und Richtdaten für die Wertermittlung, Essen 1990; Schmitz/Krings/Dahlhaus/Meisel, Baukosten, Instandsetzung, Sanierung, Modernisierung, Umnutzung, Verlag Hubert Wingen, Essen; Schätzungsrichtlinien für Bayern, Bay. Bauernverband München 1992; Schieweg: Bauwerkspreise, Verlag für Wirtschaft und Verwaltung, Hubert Wingen Essen; Schulbaukosten (mehrere Veröffentlichungen) des Schulbauinstituts der Länder, Berlin; Lohrmann, G., Bewertung von Kirchengebäuden und ihren Einrichtungen, Hess. Brandversicherungsanstalt Kassel 1989; Normalherstellungskosten für Lauben und Wochenendhäuser (hsg.: Richtlinien des Landesverbandes Rheinland der Kleingärtner e.V. [abgedruckt im Anh. 4.3]; Durchschnittspreise für Grundstücke und Behelfsbauten bezogen auf den Hauptfeststellungszeitpunkt 1. 1. 1964 (Anl. zu Abschn. 16 Abs. 9 BewGr) Erl. des brem. FM vom 26. 9. 1967 – S 3208-A 1 St 51 –, abgedruckt in der 3. Aufl. zu diesem Werk, S. 2112); Normalherstellungskosten nach dem Entwurf der BReg für die steuerliche Grundbesitzbewertung (BT-Drucks. 13/5359 Preisbasis 1. 6. 1996, abgedruckt in der 3. Aufl. zu diesem Werk); Baukosten-Daten, Kennwerte für Gebäudekosten, CRB Schweizerische Zentralstelle für Baurationalisierung Zürich; BCIS The Building Cost Information Service, The Royal Institution of Chartered Surveyors, Kingston upon Thames, Surrey England; SPON'S Architect's and Builder's Price Book, E & FN SPON, Chapman & Hall, London, Weinheim

d) regionale sowie ortspezifische Besonderheiten, soweit sie mit der herangezogenen Baupreisindexreihe nicht berücksichtigt worden sind, durch Anwendung eines regional-
und ortspezifischen Korrekturfaktors zusätzlich berücksichtigt werden (vgl. Übersicht
über regionalspezifische Multiplikatoren bei § 22 WertV Rn. 78 ff. …) und

e) die zum jeweiligen Wertermittlungsstichtag geltende Mehrwertsteuer ggf. abgezogen
werden (vgl. § 22 WertV Rn. 27 ff.).

Die einzelnen Normalherstellungskosten (NHK 2000) sind in den jeweiligen Gebäudetypenblättern differenziert nach

– Gebäudebaujahrsklassen und

– Ausstattungsstandards

nachgewiesen.

Mitunter werden für denselben Gebäudetypus jeweils gesonderte Gebäudetypenblätter für
eine **freistehende oder in Reihe angeordnete** und dann nach **Kopf- und Mittelhaus** aufgeteilte **Bebauung** abgedruckt.

Eine **Kurzbeschreibung des Ausstattungsstandards** ist den Gebäudetypenblättern zugeordnet. Der Gegenstand der Wertermittlung ist auf der Grundlage dieser Ausstattungsmerkmale zu qualifizieren. Dabei ist zu beachten, dass die in der Ausstattungstabelle angegebenen
Kostengruppen ungleichgewichtig sind und im Einzelfall das zu wertende Objekt sachverständig zugeordnet werden muss. Eine einfache Interpolation ist wegen der unterschiedlichen Kostenanteile einzelner Ausstattungsmerkmale nicht zulässig.

Für die **Bestimmung der Gebäudebaujahrsklasse** für Gebäude, die überdurchschnittlich
instand gesetzt oder modernisiert worden sind, kann von einer entsprechenden verjüngten
Baujahrsklasse ausgegangen werden, wenn dem nicht bereits durch Zuschläge Rechnung
getragen wurde. Bei durchgreifend modernisierten Gebäuden ist fiktiv die Gebäudebaujahrsklasse zu Grunde zu legen, die dem Standard der Gebäudebaujahrsklasse entspricht,
der durch die Modernisierung herbeigeführt worden ist. Die (noch) im Einführungserlass
angegebene Formel zur Umrechnung von 1 m² WF auf 1 m² BGF stellt lediglich eine grobe
Durchschnittsformel dar, die nicht zur Umrechnung einer im Einzelfall gegebenen WF auf
die BGF herangezogen werden darf (vgl. Einführungserl. des BMBau vom 1. 8. 1997, vgl.
§ 22 WertV Rn. 59 ff.). In solchen Fällen muss die BGF originär ermittelt werden.

Das **Gebäudetypenblatt** enthält schließlich noch

– Hinweise zu den Baunebenkosten (vgl. § 22 WertV Rn. 100 ff.) entsprechend der
Kostengruppe 700 DIN 276/1993. Hierzu gehören insbesondere die Kosten, die bei der
Planung und Durchführung auf der Grundlage von Honorarordnungen, Gebührenord-
nungen oder nach weiteren vertraglichen Vereinbarungen entstehen, die Bauherrenauf-
gaben, die Vorbereitung der Objektplanung, Architekten- und Ingenieurleistungen,
Gutachten und Beratungen, Kunst, Finanzierung sowie die allgemeinen und sonstigen
Baunebenkosten,

– sowie die jeweilige Spanne der **üblichen Gesamtnutzungsdauer (GND)**; vgl. § 16
WertV Rn. 88 ff. und Vorbem. zu den §§ 21 ff. WertV Rn. 72 ff.

III Zur Anwendung der regionalen und ortspezifischen Korrekturfaktoren ist Folgendes zu bemerken (vgl. § 22 WertV Rn. 78 ff.):

Abweichungen von den ausgewiesenen Bundesmittelwerten auf Grund **regionaler Ein-
flüsse** und der **Ortsgröße** können sich für sämtliche Objekte noch zusätzlich ergeben.
Hierzu sind vorrangig die von den Gutachterausschüssen für Grundstückswerte (in den
Grundstücksmarktberichten) veröffentlichten Korrekturfaktoren heranzuziehen. Hilfsweise
werden für den Bedarfsfall folgende Korrekturfaktoren angegeben, wobei sich die Zu- und
Abschläge wiederum durch Multiplikation der in den Gebäudetypenblättern ausgewiesenen
Bundesmittelwerte der NHK 2000 mit den jeweiligen Korrekturfaktoren ergeben.

Regionaler Korrekturfaktor der Länder (zur Berücksichtigung des regionalen Einflusses):

Land	Korrekturfaktor
Baden-Württemberg	1,00–1,10
Bayern	1,05–1,10
Berlin	1,25–1,45
Brandenburg	0,95–1,10
Bremen	0,90–1,00
Hamburg	1,25–1,30
Hessen	0,95–1,00
Mecklenburg-Vorpommern	0,95–1,10
Niedersachsen	0,75–0,90
Nordrhein-Westfalen	0,90–1,00
Rheinland-Pfalz	0,95–1,00
Saarland	0,85–1,00
Sachsen	1,00–1,10
Sachsen-Anhalt	0,90–0,95
Schleswig-Holstein	0,90–0,95
Thüringen	1,00–1,05

Ortsspezifische Korrekturfaktoren (zur Berücksichtigung des Einflusses der Ortsgröße);
ausgenommen Berlin, Bremen und Hamburg

Ortsgröße	Korrekturfaktor
Großstädte mit mehr als 500 000 bis 1 500 000 Einwohnern (E)	1,05–1,15
Städte mit mehr als 50 000 bis 500 000 Einwohnern (E)	0,95–1,05
Orte bis 50 000 Einwohner (E)	0,90–0,95

Die Korrekturen sind auf der Grundlage des ortsüblichen Grundstückmarktes sachverständig in angemessener Höhe zu schätzen. Abweichungen sind zulässig. Bei Zusammentreffen mehrerer Korrekturfaktoren sind diese miteinander zu multiplizieren.

Im Übrigen können – soweit nicht mit dem Baupreisindex bereits berücksichtigt – **Konjunkturschwankungen** mit folgenden Korrekturfaktoren berücksichtigt werden:

Korrekturschwankungen	Korrekturfaktor
für sehr gute konjunkturelle Lage	1,05
für gute konjunkturelle Lage	1,03
für mittlere konjunkturelle Lage	1,00
für schlechte konjunkturelle Lage	0,97
für sehr schlechte konjunkturelle Lage	0,95

IV Besonderheiten für Mehrfamilien-Wohnhäuser

Die ausgewiesenen Bundesmittelwerte für Mehrfamilien-Wohnhäuser gelten für
– eine durchschnittliche Wohnfläche von 70 m² BGF je Wohneinheit (50 m² WF/WE) sowie
– einen Grundriss mit 2 Wohneinheiten (WE) je Geschoss (Zweispänner).

Abweichungen von der Grundrissart bzw. von der durchschnittlichen Wohnfläche können nach folgenden Korrekturfaktoren – die auf jedem Gebäudetypenblatt ausgewiesen sind – berücksichtigt werden:

Korrekturfaktor für Grundrissart	
– Einspänner (1 Wohneinheit je Geschoss)	1,05
– Zweispänner (2 Wohneinheiten je Geschoss)	1,00
– Dreispänner (3 Wohneinheiten je Geschoss)	0,97
– Vierspänner (4 Wohneinheiten je Geschoss)	0,95

Korrekturfaktor für Wohnungsgröße

– durchschnittliche Wohnungsgröße von 50 m² BGF/WE	1,00
– durchschnittliche Wohnungsgröße von 70 m² BGF/WE	1,00
– durchschnittliche Wohnungsgröße von 135 m² BGF/WE	0,85

V Beispiel

– Mehrfamilien-Wohnhaus:	Typ 3.11
– Bauart:	Kopfhaus
– Baujahr:	1970
– Ausstattungsstandard:	Gehoben
– Grundrissart:	Einspänner (Korrekturfaktor = 1,05)
– Durchschnittliche WF:	135 m² BGF (Korrekturfaktor = 0,85)
– Lage (Ort/Land):	Großstadt mit 600 000 Einwohnern in Nordrhein-Westfalen

Die Korrekturfaktoren sind auf der Grundlage des örtlichen Grundstückmarktes sachverständig in angemessener Höhe zu schätzen. Abweichungen sind zulässig.

Korrekturfaktor für Ortsgröße (für rd. 600 000 E)	1,15
Korrekturfaktor für das Land Nordrhein-Westfalen	1,00

Berechnung der NHK 2000 je m² BGF

Aus der Tabelle des Gebäudetypenblattes 3.11 (Kopfhaus 1970, gehoben) ergibt sich unter Berücksichtung der Grundrissart und der durchschnittlichen Wohnfläche für 1 m² BGF:

NHK 2000 = 685 €/m² BGF (ohne Baunebenkosten)

mit folgenden Eigenschaften:

– Zweispänner
– durchschnittliche Wohnungsgröße von 70 m² BGF (= 50 m² WF)
– ohne Baunebenkosten (von 14 %).

Die dem Gebäudetypenblatt entnommenen 685 €/m² BGF werden auf die Eigenschaften des Wertermittlungs-Objektes unter Einbeziehung der Baunebenkosten auf der Grundlage von Korrekturfaktoren für

– die Grundrissart (4 Einspänner)	Korrekturfaktor:	1,05
– die Wohnungsgröße (435 m² BGF)	Korrekturfaktor:	0,85
– die Baunebenkosten (je 14 %)	Korrekturfaktor:	1,14

wie folgt ermittelt:

NHK 2000 = 685 €/m² BGF × 1,05 × 0,85 × 1,14 = 697 €/m² BGF

Die **Regionalisierung** der ermittelten NHK 2000 ergibt auf der Grundlage von vorläufigen Korrekturfaktoren für

– die Ortsgröße (hier rd. 600 000 E)	Korrekturfaktor:	1,05
– das Land (hier Nordrhein-Westfalen)	Korrekturfaktor:	1,00:

697 €/m² BGF × 1,05 × 1,00 = 732 €/m² BGF

Das Ergebnis bedarf ggf. der Indizierung auf den Wertermittlungsstichtag.

Die Ermittlung des Verkehrswerts auf der Grundlage des unter Heranziehung der NHK 2000 ermittelten Sachwerts bedarf nach § 7 Abs. 1 Satz 2 WertV der Anpassung an den Grundstücksmarkt.

4.1.2   Normalherstellungskosten (NHK) 2000: Gebäudekatalog

▸ *Vorbemerkung: Zu dem nachfolgenden Katalog der Normalherstellungskosten vgl. die Ausführungen im Teil V § 22 WertV Rn. 9 ff.*

Einfamilien-Wohnhäuser, freistehend
Typ 1.01 – 1.33

	Ausstattungsstandard			
Kostengruppe	**einfach**	**mittel**	**gehoben**	**stark gehoben**
Fassade	Mauerwerk mit Putz oder Fugenglattstrich und Anstrich	Wärmedämmputz, Wärmedämmverbund-system, Sichtmauerwerk mit Fugenglattstrich, mittlerer Wärmedämm-standard	Verblendmauerwerk, Metallbekleidung, Vorhangfassade, hoher Wärmedämm-standard	Naturstein
Fenster	Holz, Einfachverglasung	Kunststoff, Rollladen, Isolierverglasung	Aluminium, Sprossenfenster, Sonnenschutzvorrichtung, Wärmeschutzverglasung	raumhohe Verglasung, große Schiebeelemente, elektr. Rollladen, Schallschutzverglasung
Dächer	Betondachpfannen (untere Preisklasse), Bitumen-, Kunststofffolien-abdichtung keine Wärmedämmung	Betondachpfannen (gehobene Preisklasse), mittlerer Wärmedämm-standard	Tondachpfannen, Schiefer-, Metallein-deckung, hoher Wärmedämmstandard	große Anzahl von Ober-lichtern, Dachaus- und Dachaufbauten mit hohem Schwierigkeitsgrad, Dach-ausschnitte in Glas
Sanitär	1 Bad mit WC, Installation auf Putz	1 Bad mit Dusche und Badewanne, Gäste-WC Installation unter Putz	1–2 Bäder Gäste-WC	mehrere großzügige Bäder, tlw. Bidet, Whirl-pool, Gäste-WC
Innenwand-bekleidung der Nassräume	Ölfarbanstrich, Fliesen-sockel (1,50 m)	Fliesen (2,00 m)	Fliesen raumhoch, großformatige Fliesen	Naturstein, aufwendige Verlegung
Bodenbeläge	Holzdielen, Nadelfilz, Linoleum, PVC (untere Preisklasse) **Nassräume:** PVC, Fliesen	Teppich, PVC, Fliesen, Linoleum (mittlere Preisklasse) **Nassräume:** Fliesen	Fliesen, Parkett, Betonwerkstein **Nassräume:** großformatige Fliesen	Naturstein, aufwendige Verlegung **Nassräume:** Naturstein
Innentüren	Füllungstüren, Türblätter und Zargen gestrichen, Stahlzargen	Kunststoff-/Holztürblätter, Holzzargen, Glastürausschnitte	Türblätter mit Edelholz-furnier, Glastüren, Holzzargen	massivere Ausführung, Einbruchschutz
Heizung	Einzelöfen, elektrische Speicherheizung, Boiler für Warmwasser	Mehrraum-Warmluft-Kachelofen, Zentralheizung mit Radiatoren (Schwerkraft-heizung)	Zentralheizung/Pumpen-heizung mit Flachheiz-körpern oder Fußboden-heizung, Warmwasserbe-reitung zentral	Zentralheizung und Fußbodenheizung, Klimaanlagen, Solaranlagen
Elektroinstallation	je Raum 1 Lichtauslass und 1–2 Steckdosen, Installation tlw. auf Putz	je Raum 1–2 Lichtauslässe und 2–3 Steckdosen, Installation unter Putz	je Raum mehrere Licht-auslässe und Steckdosen, informationstechnische Anlagen	aufwendige Installation, Sicherheitseinrichtungen

Baunebenkosten (entsprechend Kostengruppe 700 DIN 276)   **16 %**

Gesamtnutzungsdauer   **60 bis 100 Jahre**

Einfamilien-Wohnhäuser, freistehend

Typ 1.01 – 1.03

Normalherstellungskosten (ohne Baunebenkosten)
entsprechend Kostengruppe 300 und 400 DIN 276/1993
einschließlich 16 % Mehrwertsteuer, Preisstand 2000

Ausstattungsstandards, Baunebenkosten und Gesamtnutzungsdauer
für diese Gebäudetypen siehe Tabelle „Ausstattungsstandards"

NHK 2000
WERTR

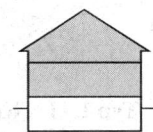

Typ 1.01   Keller-, Erdgeschoss, voll ausgebautes Dachgeschoss

Kosten der Brutto-Grundfläche in €/m², durchschnittliche Geschosshöhe 2,85 m							
Ausstattungs-standards	vor 1925	1925 bis 1945	1946 bis 1959	1960 bis 1969	1970 bis 1984	1985 bis 1999	2000
einfach	410–425	430–440	440–475	475–500	505–530	535–580	580
mittel	470–485	490–500	500–540	540–575	575–605	610–660	660
gehoben	540–560	565–580	580–625	625–660	665–700	700–760	760
stark gehoben	740–765	770–785	790–850	855–900	905–955	955–1035	1040

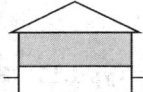

Typ 1.02   Keller-, Erdgeschoss, nicht ausgebautes Dachgeschoss

Kosten der Brutto-Grundfläche in €/m², durchschnittliche Geschosshöhe 2,70 m							
Ausstattungs-standards	vor 1925	1925 bis 1945	1946 bis 1959	1960 bis 1969	1970 bis 1984	1985 bis 1999	2000
einfach	340–350	355–360	365–390	390–415	415–435	440–475	475
mittel	385–400	400–410	415–440	445–470	470–495	500–540	540
gehoben	440–455	460–470	470–505	510–540	540–570	575–620	625
stark gehoben	590–610	615–625	630–675	680–715	720–760	760–825	830

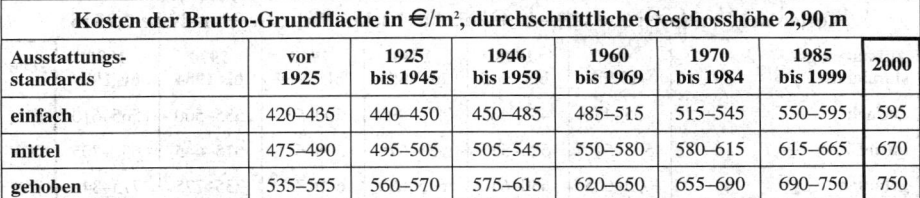

Typ 1.03   Keller-, Erdgeschoss, Flachdach

Kosten der Brutto-Grundfläche in €/m², durchschnittliche Geschosshöhe 2,90 m							
Ausstattungs-standards	vor 1925	1925 bis 1945	1946 bis 1959	1960 bis 1969	1970 bis 1984	1985 bis 1999	2000
einfach	420–435	440–450	450–485	485–515	515–545	550–595	595
mittel	475–490	495–505	505–545	550–580	580–615	615–665	670
gehoben	535–555	560–570	575–615	620–650	655–690	690–750	750
stark gehoben	695–720	725–740	740–800	800–850	850–895	900–975	975

Einfamilien-Wohnhäuser, freistehend Typ 1.11 – 1.13

Normalherstellungskosten (ohne Baunebenkosten)
entsprechend Kostengruppe 300 und 400 DIN 276/1993
einschließlich 16 % Mehrwertsteuer, Preisstand 2000

Ausstattungsstandards, Baunebenkosten und Gesamtnutzungsdauer
für diese Gebäudetypen siehe Tabelle „Ausstattungsstandards"

NHK 2000
WertR

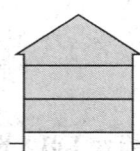

Typ 1.11 Keller-, Erd-, Obergeschoss, voll ausgebautes Dachgeschoss

Kosten der Brutto-Grundfläche in €/m², durchschnittliche Geschosshöhe 2,95 m							
Ausstattungs-standards	vor 1925	1925 bis 1945	1946 bis 1959	1960 bis 1969	1970 bis 1984	1985 bis 1999	2000
einfach	445–460	465–475	475–505	510–540	545–575	575–625	625
mittel	515–530	535–545	550–585	590–625	630–660	660–720	720
gehoben	615–640	640–655	655–700	705–750	750–790	790–865	865
stark gehoben	780–810	810–830	835–890	895–950	955–1000	1005–1095	1100

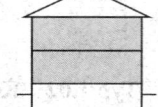

Typ 1.12 Keller-, Erd-, Obergeschoss, nicht ausgebautes Dachgeschoss

Kosten der Brutto-Grundfläche in €/m², durchschnittliche Geschosshöhe 2,90 m							
Ausstattungs-standards	vor 1925	1925 bis 1945	1946 bis 1959	1960 bis 1969	1970 bis 1984	1985 bis 1999	2000
einfach	400–415	420–425	430–455	460–485	490–515	515–560	565
mittel	465–480	480–490	490–525	530–565	565–595	595–645	650
gehoben	555–575	580–590	590–635	635–675	675–715	715–775	780
stark gehoben	705–730	730–745	750–800	805–855	860–900	905–985	990

Typ 1.13 Keller-, Erd-, Obergeschoss, Flachdach

Kosten der Brutto-Grundfläche in €/m², durchschnittliche Geschosshöhe 2,95 m							
Ausstattungs-standards	vor 1925	1925 bis 1945	1946 bis 1959	1960 bis 1969	1970 bis 1984	1985 bis 1999	2000
einfach	435–450	455–465	470–495	500–530	535–560	565–610	615
mittel	505–520	525–535	535–575	575–615	615–645	650–705	705
gehoben	605–625	630–640	645–685	690–735	735–775	775–845	850
stark gehoben	765–795	795–810	815–875	875–930	935–980	985–1070	1075

Einfamilien-Wohnhäuser, freistehend

Typ 1.21 – 1.23

Normalherstellungskosten (ohne Baunebenkosten)
entsprechend Kostengruppe 300 und 400 DIN 276/1993
einschließlich 16 % Mehrwertsteuer, Preisstand 2000

Ausstattungsstandards, Baunebenkosten und Gesamtnutzungsdauer
für diese Gebäudetypen siehe Tabelle „Ausstattungsstandards"

NHK 2000
WertR

Typ 1.21 Erdgeschoss, voll ausgebautes Dachgeschoss, nicht unterkellert

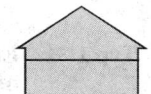

Kosten der Brutto-Grundfläche in €/m², durchschnittliche Geschosshöhe 2,90 m							
Ausstattungs-standards	vor 1925	1925 bis 1945	1946 bis 1959	1960 bis 1969	1970 bis 1984	1985 bis 1999	2000
einfach	490–510	510–520	525–565	570–600	600–635	635–690	690
mittel	555–580	580–590	590–640	640–675	680–715	715–780	780
gehoben	665–690	695–710	710–765	770–810	815–860	865–935	940
stark gehoben	905–940	945–960	965–1040	1045–1105	1110–1165	1170–1270	1275

Typ 1.22 Erdgeschoss, nicht ausgebautes Dachgeschoss, nicht unterkellert

Kosten der Brutto-Grundfläche in €/m², durchschnittliche Geschosshöhe 2,70 m							
Ausstattungs-standards	vor 1925	1925 bis 1945	1946 bis 1959	1960 bis 1969	1970 bis 1984	1985 bis 1999	2000
einfach	375–390	395–400	405–430	435–455	460–485	490–525	530
mittel	435–450	450–460	465–495	500–525	525–560	565–605	610
gehoben	520–535	540–555	560–595	600–630	635–675	675–730	730
stark gehoben	685–710	710–725	730–780	785–830	830–885	885–955	960

Typ 1.23 Erdgeschoss, Flachdach, nicht unterkellert

Kosten der Brutto-Grundfläche in €/m², durchschnittliche Geschosshöhe 3,05 m							
Ausstattungs-standards	vor 1925	1925 bis 1945	1946 bis 1959	1960 bis 1969	1970 bis 1984	1985 bis 1999	2000
einfach	615–640	645–650	655–710	710–755	755–795	795–865	870
mittel	705–735	735–750	755–820	820–865	870–910	915–990	995
gehoben	835–870	870–890	890–965	965–1020	1025–1075	1080–1175	1175
stark gehoben	1065–1115	1120–1140	1140–1235	1235–1305	1310–1385	1385–1505	1505

Einfamilien-Wohnhäuser, freistehend   Typ 1.31 – 1.33

Normalherstellungskosten (ohne Baunebenkosten) entsprechend
Kostengruppe 300 und 400 DIN 276/1993 einschließlich 16 % Mehrwertsteuer, Preisstand 2000

Ausstattungsstandards, Baunebenkosten und Gesamtnutzungsdauer
für diese Gebäudetypen siehe Tabelle „Ausstattungsstandards"

NHK 2000
WertR

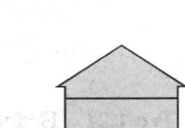

Typ 1.31   Erd-, Obergeschoss, voll ausgebautes Dachgeschoss, nicht unterkellert

Kosten der Brutto-Grundfläche in €/m², durchschnittliche Geschosshöhe 2,95 m							
Ausstattungs-standards	vor 1925	1925 bis 1945	1946 bis 1959	1960 bis 1969	1970 bis 1984	1985 bis 1999	2000
einfach	475–490	495–500	505–540	545–580	580–615	615–665	670
mittel	550–565	570–580	580–625	630–665	665–705	705–765	765
gehoben	655–680	680–695	695–750	750–800	800–845	850–920	920
stark gehoben	835–860	865–880	885–950	955–1010	1015–1075	1075–1165	1170

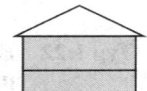

Typ 1.32   Erd-, Obergeschoss, nicht ausgebautes Dachgeschoss, nicht unterkellert

Kosten der Brutto-Grundfläche in €/m², durchschnittliche Geschosshöhe 2,85 m							
Ausstattungs-standards	vor 1925	1925 bis 1945	1946 bis 1959	1960 bis 1969	1970 bis 1984	1985 bis 1999	2000
einfach	410–425	430–445	445–480	480–505	510–535	540–585	585
mittel	475–490	495–510	515–550	555–585	590–620	620–670	675
gehoben	570–590	595–615	615–660	665–700	705–740	745–805	810
stark gehoben	725–755	755–780	780–835	840–890	895–940	945–1020	1025

Typ 1.33   Erd-, Obergeschoss, Flachdach, nicht unterkellert

Kosten der Brutto-Grundfläche in €/m², durchschnittliche Geschosshöhe 3,05 m							
Ausstattungs-standards	vor 1925	1925 bis 1945	1946 bis 1959	1960 bis 1969	1970 bis 1984	1985 bis 1999	2000
einfach	495–515	515–525	525–565	570–600	605–635	640–695	695
mittel	570–590	595–605	610–650	655–690	695–730	735–795	800
gehoben	680–710	710–725	730–780	785–830	835–880	880–960	960
stark gehoben	865–900	905–920	925–990	995–1050	1055–1115	1120–1215	1215

Einfamilien-Reihenhäuser

Typ 2.01 – 2.33

Ausstattungsstandard		
Kostengruppe	**einfach**	**mittel**
Fassade	Mauerwerk mit Putz oder Fugenglattstrich und Anstrich	Wärmedämmputz, Wärmedämmverbundsystem, mittlerer Wärmedämmstandard
Fenster	Holz, Einfachverglasung	Kunststoff, Rollladen, Isolierverglasung
Dächer	Betondachpfannen (untere Preisklasse), Bitumen-, Kunststofffolienabdichtung	Betondachpfannen (gehobene Preisklasse), mittlerer Wärmedämmstandard
Sanitär	1 Bad mit WC, Gäste-WC Installation tlw. auf Putz	1–2 Bäder, Gäste-WC Installation unter Putz
Innenwandbekleidung der Nassräume	Ölfarbanstrich, Fliesensockel (1,50 m)	Fliesen (2,00 m)
Bodenbeläge	Holzdielen, Nadelfilz, Linoleum, PVC (untere Preisklasse) **Nassräume:** PVC, Fliesen	Teppich, PVC, Fliesen, Parkett, Linoleum (mittlere Preisklasse) **Nassräume:** Fliesen
Innentüren	Füllungstüren, Türblätter und Zargen gestrichen, Stahlzargen	Kunststoff-/Holztürblätter, Holzzargen, Glastürausschnitte
Heizung	Einzelöfen, elektrische Speicherheizung, Boiler für Warmwasser	Zentralheizung, Warmwasserbereitung zentral
Elektroinstallation	je Raum 1 Lichtauslass und 1–2 Steckdosen, Installation tlw. auf Putz	je Raum 1–2 Lichtauslässe und 2–3 Steckdosen, Installation unter Putz

Baunebenkosten (entsprechend Kostengruppe 700 DIN 276)   **14 %**

Gesamtnutzungsdauer   **60 bis 100 Jahre**

Einfamilien-Reihenhäuser   Typ 2.01 – 2.03

Normalherstellungskosten (ohne Baunebenkosten)
entsprechend Kostengruppe 300 und 400 DIN 276/1993
einschließlich 16 % Mehrwertsteuer, Preisstand 2000

Ausstattungsstandards, Baunebenkosten und Gesamtnutzungsdauer
für diese Gebäudetypen siehe Tabelle „Ausstattungsstandards"

NHK 2000
WertR

Typ 2.01 **Keller-, Erdgeschoss,**
              voll ausgebautes
              Dachgeschoss

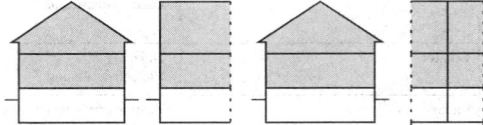

Kosten der Brutto-Grundfläche in €/m², durchschnittliche Geschosshöhe 2,85 m							
Ausstattungs-standards	vor 1925	1925 bis 1945	1946 bis 1959	1960 bis 1969	1970 bis 1984	1985 bis 1999	2000
Kopfhaus einfach	445–465	470–480	480–515	520–545	550–580	585–630	635
Kopfhaus mittel	470–495	500–510	510–550	555–580	585–620	620–670	675
Mittelhaus einfach	440–460	465–470	475–510	510–535	540–575	575–625	625
Mittelhaus mittel	465–490	490–500	505–540	545–570	575–610	610–660	665

Typ 2.02 **Keller-, Erdgeschoss,**
              nicht ausgebautes
              Dachgeschoss

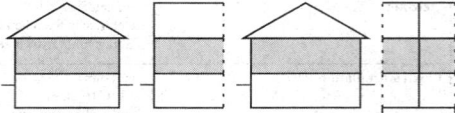

Kosten der Brutto-Grundfläche in €/m², durchschnittliche Geschosshöhe 2,70 m							
Ausstattungs-standards	vor 1925	1925 bis 1945	1946 bis 1959	1960 bis 1969	1970 bis 1984	1985 bis 1999	2000
Kopfhaus einfach	405–425	425–435	440–470	475–495	500–530	530–575	580
Kopfhaus mittel	435–455	460–470	470–505	510–530	535–570	570–620	620
Mittelhaus einfach	400–420	420–430	435–465	465–490	495–520	525–570	570
Mittelhaus mittel	430–450	455–465	465–500	500–530	530–565	565–610	615

Typ 2.03 **Keller-, Erdgeschoss,**
              Flachdach

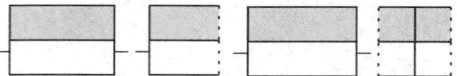

Kosten der Brutto-Grundfläche in €/m², durchschnittliche Geschosshöhe 2,90 m							
Ausstattungs-standards	vor 1925	1925 bis 1945	1946 bis 1959	1960 bis 1969	1970 bis 1984	1985 bis 1999	2000
Kopfhaus einfach	455–480	480–490	495–530	535–560	565–595	600–650	650
Kopfhaus mittel	480–505	505–520	520–560	565–590	595–630	630–685	685
Mittelhaus einfach	450–475	475–485	490–525	525–555	560–590	595–640	645
Mittelhaus mittel	475–500	500–510	515–555	560–585	585–620	625–675	680

Einfamilien-Reihenhäuser   Typ 2.11 – 2.13

Normalherstellungskosten (ohne Baunebenkosten)
entsprechend Kostengruppe 300 und 400 DIN 276/1993
einschließlich 16 % Mehrwertsteuer, Preisstand 2000

NHK 2000

Ausstattungsstandards, Baunebenkosten und Gesamtnutzungsdauer
für diese Gebäudetypen siehe Tabelle „Ausstattungsstandards"

WertR

Typ 2.11   Keller-, Erd-,
Obergeschoss,
voll ausgebautes
Dachgeschoss

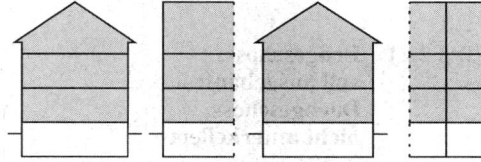

Kosten der Brutto-Grundfläche in €/m², durchschnittliche Geschosshöhe 2,95 m							
Ausstattungs- standards	vor 1925	1925 bis 1945	1946 bis 1959	1960 bis 1969	1970 bis 1984	1985 bis 1999	2000
Kopfhaus einfach	510–535	535–550	555–595	595–625	625–665	670–725	725
Kopfhaus mittel	530–560	565–580	580–625	625–655	655–700	700–760	760
Mittelhaus einfach	505–530	535–545	550–590	590–620	620–660	665–720	720
Mittelhaus mittel	530–560	560–575	575–620	620–650	650–695	695–755	755

Typ 2.12   Keller-, Erd-,
Obergeschoss,
nicht ausgebautes
Dachgeschoss

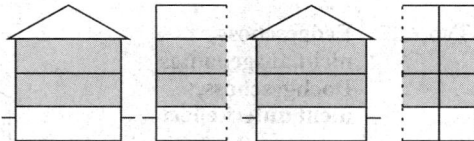

Kosten der Brutto-Grundfläche in €/m², durchschnittliche Geschosshöhe 2,90 m							
Ausstattungs- standards	vor 1925	1925 bis 1945	1946 bis 1959	1960 bis 1969	1970 bis 1984	1985 bis 1999	2000
Kopfhaus einfach	470–495	500–510	510–550	555–580	580–620	620–670	675
Kopfhaus mittel	490–515	515–530	530–570	575–600	600–640	645–695	700
Mittelhaus einfach	470–495	495–505	505–545	550–575	575–615	615–665	670
Mittelhaus mittel	485–510	515–525	525–565	570–595	595–635	640–690	695

Typ 2.13   Keller-, Erd-,
Obergeschoss,
Flachdach

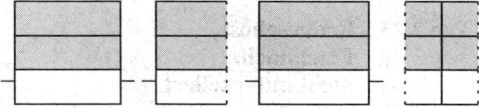

Kosten der Brutto-Grundfläche in €/m², durchschnittliche Geschosshöhe 2,95 m							
Ausstattungs- standards	vor 1925	1925 bis 1945	1946 bis 1959	1960 bis 1969	1970 bis 1984	1985 bis 1999	2000
Kopfhaus einfach	515–540	540–555	560–600	605–630	630–675	675–730	735
Kopfhaus mittel	540–570	570–585	585–630	630–660	660–705	710–765	770
Mittelhaus einfach	510–535	540–550	555–595	600–625	630–670	670–725	730
Mittelhaus mittel	535–565	570–580	580–625	625–655	655–700	705–760	765

Einfamilien-Reihenhäuser   Typ 2.21 – 2.23

Normalherstellungskosten (ohne Baunebenkosten)
entsprechend Kostengruppe 300 und 400 DIN 276/1993
einschließlich 16 % Mehrwertsteuer, Preisstand 2000

NHK 2000
WertR

Ausstattungsstandards, Baunebenkosten und Gesamtnutzungsdauer
für diese Gebäudetypen siehe Tabelle „Ausstattungsstandards"

Typ 2.21   Erdgeschoss,
voll ausgebautes
Dachgeschoss,
nicht unterkellert

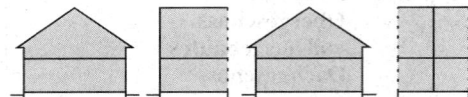

Kosten der Brutto-Grundfläche in €/m², durchschnittliche Geschosshöhe 2,90 m							
Ausstattungs-standards	vor 1925	1925 bis 1945	1946 bis 1959	1960 bis 1969	1970 bis 1984	1985 bis 1999	2000
Kopfhaus einfach	550–580	580–595	595–640	645–670	675–720	720–780	785
Kopfhaus mittel	585–620	620–635	635–685	685–720	720–765	770–835	840
Mittelhaus einfach	540–570	570–585	585–630	630–660	660–705	710–765	770
Mittelhaus mittel	575–605	610–625	625–670	675–705	705–780	780–820	825

Typ 2.22   Erdgeschoss,
nicht ausgebautes
Dachgeschoss,
nicht unterkellert

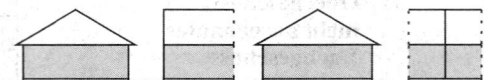

Kosten der Brutto-Grundfläche in €/m², durchschnittliche Geschosshöhe 2,70 m							
Ausstattungs-standards	vor 1925	1925 bis 1945	1946 bis 1959	1960 bis 1969	1970 bis 1984	1985 bis 1999	2000
Kopfhaus einfach	510–535	535–550	555–595	595–625	625–665	670–725	725
Kopfhaus mittel	555–585	585–600	600–645	650–675	680–725	725–785	790
Mittelhaus einfach	500–525	525–540	540–585	585–610	615–655	655–710	715
Mittelhaus mittel	545–575	575–590	590–635	640–665	670–710	715–775	775

Typ 2.23   Erdgeschoss,
Flachdach,
nicht unterkellert

Kosten der Brutto-Grundfläche in €/m², durchschnittliche Geschosshöhe 3,05 m							
Ausstattungs-standards	vor 1925	1925 bis 1945	1946 bis 1959	1960 bis 1969	1970 bis 1984	1985 bis 1999	2000
Kopfhaus einfach	575–605	610–625	625–670	675–705	705–755	755–820	825
Kopfhaus mittel	615–650	650–665	670–720	720–755	755–805	810–880	880
Mittelhaus einfach	570–600	600–615	615–660	665–695	695–740	745–805	810
Mittelhaus mittel	610–640	645–660	660–710	715–745	750–795	800–870	870

Einfamilien-Reihenhäuser

Typ 2.31 – 2.33

Normalherstellungskosten (ohne Baunebenkosten)
entsprechend Kostengruppe 300 und 400 DIN 276/1993
einschließlich 16 % Mehrwertsteuer, Preisstand 2000

Ausstattungsstandards, Baunebenkosten und Gesamtnutzungsdauer
für diese Gebäudetypen siehe Tabelle „Ausstattungsstandards"

NHK 2000
WERTR

**Typ 2.31   Erd-, Obergeschoss,
voll ausgebautes
Dachgeschoss,
nicht unterkellert**

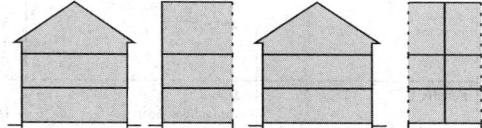

Kosten der Brutto-Grundfläche in €/m², durchschnittliche Geschosshöhe 2,95 m							
Ausstattungs-standards	vor 1925	1925 bis 1945	1946 bis 1959	1960 bis 1969	1970 bis 1984	1985 bis 1999	2000
Kopfhaus einfach	540–570	575–585	590–635	635–665	665–710	710–770	775
Kopfhaus mittel	575–605	605–620	620–670	670–700	705–750	750–815	820
Mittelhaus einfach	535–565	570–580	585–625	630–655	660–705	705–765	765
Mittelhaus mittel	570–600	600–615	615–660	665–695	695–740	745–805	810

**Typ 2.32   Erd-, Obergeschoss,
nicht ausgebautes
Dachgeschoss,
nicht unterkellert**

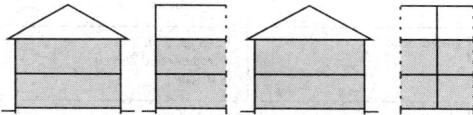

Kosten der Brutto-Grundfläche in €/m², durchschnittliche Geschosshöhe 2,85 m							
Ausstattungs-standards	vor 1925	1925 bis 1945	1946 bis 1959	1960 bis 1969	1970 bis 1984	1985 bis 1999	2000
Kopfhaus einfach	485–510	515–525	525–570	570–595	595–635	640–690	695
Kopfhaus mittel	510–535	535–550	555–595	595–625	625–665	670–725	725
Mittelhaus einfach	480–505	505–520	520–560	565–590	590–630	630–685	685
Mittelhaus mittel	500–525	530–540	545–585	590–615	615–655	660–715	715

**Typ 2.33   Erd-, Obergeschoss,
Flachdach,
nicht unterkellert**

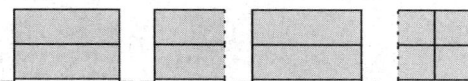

Kosten der Brutto-Grundfläche in €/m², durchschnittliche Geschosshöhe 3,05 m							
Ausstattungs-standards	vor 1925	1925 bis 1945	1946 bis 1959	1960 bis 1969	1970 bis 1984	1985 bis 1999	2000
Kopfhaus einfach	585–615	615–630	635–680	685–715	715–765	765–830	835
Kopfhaus mittel	610–640	645–660	660–710	715–745	750–795	800–870	870
Mittelhaus einfach	575–605	610–625	625–670	675–705	705–755	755–820	825
Mittelhaus mittel	605–635	635–650	655–705	705–735	740–790	790–860	860

Mehrfamilien-Wohnhäuser
Typ 3.11 – 3.73

Kostengruppe	Ausstattungsstandard		
	einfach	mittel	gehoben
Fassade	Mauerwerk mit Putz oder Fugenglattstrich und Anstrich	Wärmedämmputz, Wärmedämmverbundsystem, Sichtmauerwerk mit Fugenglattstrich und Anstrich, mittlerer Wärmedämmstandard	Verblendmauerwerk, Metallbekleidung, Vorhangfassade, hoher Wärmedämmstandard
Fenster	Holz, Einfachverglasung	Kunststoff, Isolierverglasung	Aluminium, Rollladen, Sonnenschutzvorrichtungen, Wärmeschutzverglasung, aufwendige Fensterkonstruktionen
Dächer	Betondachpfannen (untere Preisklasse), Bitumen-, Kunststofffolienabdichtung	Betondachpfannen (gehobene Preisklasse), mittlerer Wärmedämmstandard	Tondachpfannen, Schiefer-, Metalleindeckung, hoher Wärmedämmstandard
Sanitär	1 Bad mit WC, Installation auf Putz	1 Bad mit WC, Gäste-WC, Installation unter Putz	1 Bad mit Dusche und Badewanne, Gäste-WC
Innenwandbekleidung der Nassräume	Ölfarbanstrich	Fliesensockel (1,50 m)	Fliesen raumhoch
Bodenbeläge	Holzdielen, Nadelfilz, Linoleum, PVC (untere Preisklasse) **Nassräume:** PVC, Fliesen	Teppich, PVC, Fliesen, Linoleum (mittlere Preisklasse) **Nassräume:** Fliesen	großformatige Fliesen, Parkett, Betonwerkstein **Nassräume:** großformatige Fliesen
Innentüren	Füllungstüren, Türblätter und Zargen gestrichen	Kunststoff-/Holztürblätter, Stahlzargen	Türblätter mit Edelholzfurnier, Glastüren, Holzzargen
Heizung	Einzelöfen, elektrische Speicherheizung, Boiler für Warmwasser	Mehrraum-Warmluftkachelofen, Zentralheizung mit Radiatoren (Schwerkraftheizung)	Zentralheizung/Pumpenheizung mit Flachheizkörpern, Warmwasserbereitung zentral
Elektroinstallation	je Raum 1 Lichtauslass und 1–2 Steckdosen, Installation auf Putz	je Raum 1–2 Lichtauslässe und 2–3 Steckdosen, Installation unter Putz	aufwendige Installation, informationstechnische Anlagen

Baunebenkosten (entsprechend Kostengruppe 700 DIN 276)   **14 %**

Gesamtnutzungsdauer   **60 bis 80 Jahre**

Mehrfamilien-Wohnhäuser

Typ 3.11

Normalherstellungskosten (ohne Baunebenkosten)
entsprechend Kostengruppe 300 und 400 DIN 276/1993
einschließlich 16 % Mehrwertsteuer, Preisstand 2000

Ausstattungsstandards, Baunebenkosten und Gesamtnutzungsdauer
für diese Gebäudetypen siehe Tabelle „Ausstattungsstandards"

NHK 2000
WertR

Korrekturfaktoren

bezüglich der Grundrissart und der durchschnittlichen Wohnungsgröße

Grundrissart	– Einspänner	1,05
	– **Zweispänner**	**1,00**
	– Dreispänner	0,97
	– Vierspänner	0,95
Wohnungsgröße	– von 50 m² BGF/WE = 35 m² WF/WE	1,10
	– **von 70 m² BGF/WE = 50 m² WF/WE**	**1,00**
	– von 135 m² BGF/WE = 100 m² WF/WE	0,85

Typ 3.11   Keller-, Erd-, Obergeschoss, voll ausgebautes Dachgeschoss

KOPFHAUS

Kosten der Brutto-Grundfläche in €/m², durchschnittliche Geschosshöhe 2,95 m							
Ausstattungs-standards	vor 1925	1925 bis 1945	1946 bis 1959	1960 bis 1969	1970 bis 1984	1985 bis 1999	2000
einfach	495–520	520–535	535–575	580–605	605–645	650–705	705
mittel	510–540	540–550	555–595	600–625	625–670	670–730	730
gehoben	560–590	590–605	610–655	655–685	685–735	740–800	800

MITTELHAUS

Kosten der Brutto-Grundfläche in €/m², durchschnittliche Geschosshöhe 2,95 m							
Ausstattungs-standards	vor 1925	1925 bis 1945	1946 bis 1959	1960 bis 1969	1970 bis 1984	1985 bis 1999	2000
einfach	490–515	515–530	530–570	570–595	600–640	640–695	700
mittel	505–530	535–545	550–590	590–620	620–660	665–720	725
gehoben	555–585	585–600	600–645	650–680	680–730	730–790	795

FREISTEHEND

Kosten der Brutto-Grundfläche in €/m², durchschnittliche Geschosshöhe 2,95 m							
Ausstattungs-standards	vor 1925	1925 bis 1945	1946 bis 1959	1960 bis 1969	1970 bis 1984	1985 bis 1999	2000
einfach	500–530	530–545	545–585	590–615	615–655	660–715	720
mittel	520–545	550–565	565–605	610–635	640–680	680–740	745
gehoben	570–600	600–615	615–665	665–700	700–745	750–810	815

Mehrfamilien-Wohnhäuser   Typ 3.12

Normalherstellungskosten (ohne Baunebenkosten)
entsprechend Kostengruppe 300 und 400 DIN 276/1993
einschließlich 16 % Mehrwertsteuer, Preisstand 2000

Ausstattungsstandards, Baunebenkosten und Gesamtnutzungsdauer
für diese Gebäudetypen siehe Tabelle „Ausstattungsstandards"

NHK 2000
WertR

Korrekturfaktoren

bezüglich der Grundrissart und der durchschnittlichen Wohnungsgröße

Grundrissart	– Einspänner	1,05
	– **Zweispänner**	**1,00**
	– Dreispänner	0,97
	– Vierspänner	0,95
Wohnungsgröße	– von 50 m² BGF/WE = 35 m² WF/WE	1,10
	– **von 70 m² BGF/WE = 50 m² WF/WE**	**1,00**
	– von 135 m² BGF/WE = 100 m² WF/WE	0,85

Typ 3.12   Keller-, Erd-, Obergeschoss,
nicht ausgebautes Dachgeschoss

KOPFHAUS

Kosten der Brutto-Grundfläche in €/m², durchschnittliche Geschosshöhe 2,90 m							
Ausstattungs-standards	vor 1925	1925 bis 1945	1946 bis 1959	1960 bis 1969	1970 bis 1984	1985 bis 1999	2000
einfach	450–475	475–490	490–525	530–550	555–590	595–640	645
mittel	470–490	495–505	505–545	545–570	575–610	615–665	665
gehoben	515–540	540–555	555–600	600–625	630–670	675–730	735

MITTELHAUS

Kosten der Brutto-Grundfläche in €/m², durchschnittliche Geschosshöhe 2,90 m							
Ausstattungs-standards	vor 1925	1925 bis 1945	1946 bis 1959	1960 bis 1969	1970 bis 1984	1985 bis 1999	2000
einfach	445–470	470–480	485–520	520–545	550–585	585–635	635
mittel	465–490	490–500	505–540	545–565	570–610	615–660	660
gehoben	510–535	535–550	550–590	595–620	625–665	665–725	725

FREISTEHEND

Kosten der Brutto-Grundfläche in €/m², durchschnittliche Geschosshöhe 2,90 m							
Ausstattungs-standards	vor 1925	1925 bis 1945	1946 bis 1959	1960 bis 1969	1970 bis 1984	1985 bis 1999	2000
einfach	460–485	485–495	500–535	540–560	565–600	605–655	655
mittel	475–500	505–515	515–555	555–580	585–620	625–675	680
gehoben	520–550	550–565	565–610	610–635	640–680	685–745	745

Mehrfamilien-Wohnhäuser   Typ 3.13

Normalherstellungskosten (ohne Baunebenkosten)
entsprechend Kostengruppe 300 und 400 DIN 276/1993
einschließlich 16 % Mehrwertsteuer, Preisstand 2000

Ausstattungsstandards, Baunebenkosten und Gesamtnutzungsdauer
für diese Gebäudetypen siehe Tabelle „Ausstattungsstandards"

NHK 2000
WERTR

Korrekturfaktoren

bezüglich der Grundrissart und der durchschnittlichen Wohnungsgröße

Grundrissart		
	– Einspänner	1,05
	– **Zweispänner**	**1,00**
	– Dreispänner	0,97
	– Vierspänner	0,95
Wohnungsgröße	– von 50 m² BGF/WE = 35 m² WF/WE	1,10
	– **von 70 m² BGF/WE = 50 m² WF/WE**	**1,00**
	– von 135 m² BGF/WE = 100 m² WF/WE	0,85

Typ 3.13   Keller-, Erd-, Obergeschoss, Flachdach

KOPFHAUS

Kosten der Brutto-Grundfläche in €/m², durchschnittliche Geschosshöhe 2,95 m							
Ausstattungs-standards	vor 1925	1925 bis 1945	1946 bis 1959	1960 bis 1969	1970 bis 1984	1985 bis 1999	2000
einfach	–	–	545–585	585–610	615–655	655–715	715
mittel	–	–	560–605	605–635	635–675	680–740	740
gehoben	–	–	615–665	665–700	700–745	750–810	815

MITTELHAUS

Kosten der Brutto-Grundfläche in €/m², durchschnittliche Geschosshöhe 2,95 m							
Ausstattungs-standards	vor 1925	1925 bis 1945	1946 bis 1959	1960 bis 1969	1970 bis 1984	1985 bis 1999	2000
einfach	–	–	540–575	580–605	610–650	650–705	710
mittel	–	–	555–600	600–625	630–670	675–730	735
gehoben	–	–	610–655	660–690	690–740	740–805	805

FREISTEHEND

Kosten der Brutto-Grundfläche in €/m², durchschnittliche Geschosshöhe 2,95 m							
Ausstattungs-standards	vor 1925	1925 bis 1945	1946 bis 1959	1960 bis 1969	1970 bis 1984	1985 bis 1999	2000
einfach	–	–	555–595	595–620	625–665	670–725	730
mittel	–	–	570–615	615–645	645–690	690–750	755
gehoben	–	–	625–675	675–710	710–760	760–825	825

Mehrfamilien-Wohnhäuser   Typ 3.21

Normalherstellungskosten (ohne Baunebenkosten)
entsprechend Kostengruppe 300 und 400 DIN 276/1993
einschließlich 16 % Mehrwertsteuer, Preisstand 2000

NHK 2000
WertR

Ausstattungsstandards, Baunebenkosten und Gesamtnutzungsdauer
für diese Gebäudetypen siehe Tabelle „Ausstattungsstandards"

Korrekturfaktoren

bezüglich der Grundrissart und der durchschnittlichen Wohnungsgröße

Grundrissart	– Einspänner	1,05
	– **Zweispänner**	**1,00**
	– Dreispänner	0,97
	– Vierspänner	0,95
Wohnungsgröße	– von 50 m² BGF/WE = 35 m² WF/WE	1,10
	– **von 70 m² BGF/WE = 50 m² WF/WE**	**1,00**
	– von 135 m² BGF/WE = 100 m² WF/WE	0,85

**Typ 3.21   Keller-, Erdgeschoss, 2 Obergeschosse,
voll ausgebautes Dachgeschoss**

KOPFHAUS

Kosten der Brutto-Grundfläche in €/m², durchschnittliche Geschosshöhe 2,95 m							
Ausstattungs-standards	vor 1925	1925 bis 1945	1946 bis 1959	1960 bis 1969	1970 bis 1984	1985 bis 1999	2000
einfach	510–540	540–550	555–595	600–625	625–670	670–730	730
mittel	535–565	565–580	580–625	625–655	655–705	705–765	765
gehoben	580–610	615–630	630–680	680–715	715–765	765–830	830

MITTELHAUS

Kosten der Brutto-Grundfläche in €/m², durchschnittliche Geschosshöhe 2,95 m							
Ausstattungs-standards	vor 1925	1925 bis 1945	1946 bis 1959	1960 bis 1969	1970 bis 1984	1985 bis 1999	2000
einfach	505–530	535–545	550–590	590–620	620–660	665–720	725
mittel	530–560	560–575	575–620	620–650	650–695	700–755	760
gehoben	575–605	605–620	625–670	670–705	705–755	755–820	820

FREISTEHEND

Kosten der Brutto-Grundfläche in €/m², durchschnittliche Geschosshöhe 2,95 m							
Ausstattungs-standards	vor 1925	1925 bis 1945	1946 bis 1959	1960 bis 1969	1970 bis 1984	1985 bis 1999	2000
einfach	520–545	550–560	565–605	610–635	640–680	680–740	745
mittel	545–575	575–590	595–635	640–670	670–715	720–780	780
gehoben	590–625	625–640	640–690	695–725	730–775	780–845	845

Mehrfamilien-Wohnhäuser   Typ 3.22

Normalherstellungskosten (ohne Baunebenkosten)
entsprechend Kostengruppe 300 und 400 DIN 276/1993
einschließlich 16 % Mehrwertsteuer, Preisstand 2000

NHK 2000
WERT R

Ausstattungsstandards, Baunebenkosten und Gesamtnutzungsdauer
für diese Gebäudetypen siehe Tabelle „Ausstattungsstandards"

Korrekturfaktoren

bezüglich der Grundrissart und der durchschnittlichen Wohnungsgröße

Grundrissart	– Einspänner		1,05
	– Zweispänner		**1,00**
	– Dreispänner		0,97
	– Vierspänner		0,95
Wohnungsgröße	– von 50 m² BGF/WE =	35 m² WF/WE	1,10
	– von 70 m² BGF/WE =	**50 m² WF/WE**	**1,00**
	– von 135 m² BGF/WE =	100 m² WF/WE	0,85

Typ 3.22 Keller-, Erdgeschoss, 2 Obergeschosse,
nicht ausgebautes Dachgeschoss

KOPFHAUS

Kosten der Brutto-Grundfläche in €/m², durchschnittliche Geschosshöhe 2,90 m							
Ausstattungs-standards	vor 1925	1925 bis 1945	1946 bis 1959	1960 bis 1969	1970 bis 1984	1985 bis 1999	2000
einfach	470–490	495–505	505–545	545–570	575–610	615–665	665
mittel	490–525	525–530	530–570	575–600	600–640	645–700	700
gehoben	530–560	560–575	580–620	625–650	655–700	700–760	760

MITTELHAUS

Kosten der Brutto-Grundfläche in €/m², durchschnittliche Geschosshöhe 2,90 m							
Ausstattungs-standards	vor 1925	1925 bis 1945	1946 bis 1959	1960 bis 1969	1970 bis 1984	1985 bis 1999	2000
einfach	460–485	490–500	500–540	540–565	565–605	605–655	660
mittel	485–510	515–525	525–565	570–590	595–635	635–690	690
gehoben	525–555	555–565	570–605	615–640	645–685	690–750	750

FREISTEHEND

Kosten der Brutto-Grundfläche in €/m², durchschnittliche Geschosshöhe 2,90 m							
Ausstattungs-standards	vor 1925	1925 bis 1945	1946 bis 1959	1960 bis 1969	1970 bis 1984	1985 bis 1999	2000
einfach	475–500	505–515	515–555	555–580	585–620	625–675	680
mittel	500–525	525–540	540–580	585–610	610–650	655–710	715
gehoben	540–570	570–585	585–630	635–660	665–710	710–770	775

Mehrfamilien-Wohnhäuser   Typ 3.23

Normalherstellungskosten (ohne Baunebenkosten)
entsprechend Kostengruppe 300 und 400 DIN 276/1993
einschließlich 16 % Mehrwertsteuer, Preisstand 2000

NHK 2000
WertR

Ausstattungsstandards, Baunebenkosten und Gesamtnutzungsdauer
für diese Gebäudetypen siehe Tabelle „Ausstattungsstandards"

Korrekturfaktoren

bezüglich der Grundrissart und der durchschnittlichen Wohnungsgröße

Grundrissart	– Einspänner	1,05
	– **Zweispänner**	**1,00**
	– Dreispänner	0,97
	– Vierspänner	0,95
Wohnungsgröße	– von 50 m² BGF/WE = 35 m² WF/WE	1,10
	– **von 70 m² BGF/WE = 50 m² WF/WE**	**1,00**
	– von 135 m² BGF/WE = 100 m² WF/WE	0,85

Typ 3.23   Keller-, Erdgeschoss, 2 Obergeschosse, Flachdach

KOPFHAUS

Kosten der Brutto-Grundfläche in €/m², durchschnittliche Geschosshöhe 2,95 m							
Ausstattungs-standards	vor 1925	1925 bis 1945	1946 bis 1959	1960 bis 1969	1970 bis 1984	1985 bis 1999	2000
einfach	–	–	560–605	605–635	635–675	680–740	740
mittel	–	–	590–635	635–665	670–715	715–775	780
gehoben	–	–	640–690	690–725	725–775	775–840	845

MITTELHAUS

Kosten der Brutto-Grundfläche in €/m², durchschnittliche Geschosshöhe 2,95 m							
Ausstattungs-standards	vor 1925	1925 bis 1945	1946 bis 1959	1960 bis 1969	1970 bis 1984	1985 bis 1999	2000
einfach	–	–	555–600	600–625	630–675	675–730	735
mittel	–	–	585–630	630–660	660–710	710–770	770
gehoben	–	–	635–680	680–715	720–765	770–830	835

FREISTEHEND

Kosten der Brutto-Grundfläche in €/m², durchschnittliche Geschosshöhe 2,95 m							
Ausstattungs-standards	vor 1925	1925 bis 1945	1946 bis 1959	1960 bis 1969	1970 bis 1984	1985 bis 1999	2000
einfach	–	–	570–615	615–645	645–690	690–750	755
mittel	–	–	600–645	650–680	680–730	730–790	795
gehoben	–	–	650–705	705–735	740–790	790–855	860

Mehrfamilien-Wohnhäuser

Typ 3.32

Normalherstellungskosten (ohne Baunebenkosten)
entsprechend Kostengruppe 300 und 400 DIN 276/1993
einschließlich 16 % Mehrwertsteuer, Preisstand 2000

NHK 2000
WertR

Ausstattungsstandards, Baunebenkosten und Gesamtnutzungsdauer
für diese Gebäudetypen siehe Tabelle „Ausstattungsstandards"

Korrekturfaktoren

bezüglich der Grundrissart und der durchschnittlichen Wohnungsgröße

Grundrissart	– Einspänner		1,05
	– Zweispänner		**1,00**
	– Dreispänner		0,97
	– Vierspänner		0,95
Wohnungsgröße	– von 50 m² BGF/WE =	35 m² WF/WE	1,10
	– von 70 m² BGF/WE =	**50 m² WF/WE**	**1,00**
	– von 135 m² BGF/WE =	100 m² WF/WE	0,85

**Typ 3.32 Keller-, Erdgeschoss, 3 Obergeschosse,
nicht ausgebautes Dachgeschoss**

KOPFHAUS

Kosten der Brutto-Grundfläche in €/m², durchschnittliche Geschosshöhe 2,90 m							
Ausstattungs-standards	vor 1925	1925 bis 1945	1946 bis 1959	1960 bis 1969	1970 bis 1984	1985 bis 1999	2000
einfach	480–505	505–520	520–560	560–585	590–625	630–680	685
mittel	505–530	530–545	545–585	590–615	615–655	660–715	720
gehoben	545–575	575–590	595–635	640–670	670–715	720–780	780
Großblock- und Plattenbauweise Typ IW 62				540–550	Baujahre 1961–1971		

MITTELHAUS

Kosten der Brutto-Grundfläche in €/m², durchschnittliche Geschosshöhe 2,90 m							
Ausstattungs-standards	vor 1925	1925 bis 1945	1946 bis 1959	1960 bis 1969	1970 bis 1984	1985 bis 1999	2000
einfach	475–500	500–510	515–555	555–580	580–620	620–675	675
mittel	495–525	525–535	540–580	580–610	610–650	650–710	710
gehoben	540–570	575–585	590–635	635–665	665–710	715–775	775
Großblock- und Plattenbauweise Typ IW 62				535–545	Baujahre 1961–1971		

FREISTEHEND

Kosten der Brutto-Grundfläche in €/m², durchschnittliche Geschosshöhe 2,90 m							
Ausstattungs-standards	vor 1925	1925 bis 1945	1946 bis 1959	1960 bis 1969	1970 bis 1984	1985 bis 1999	2000
einfach	490–515	515–530	530–570	570–595	600–640	640–695	700
mittel	510–540	540–550	555–595	600–625	625–670	670–730	730
gehoben	555–585	585–600	600–645	650–680	680–730	730–790	795

Mehrfamilien-Wohnhäuser   Typ 3.33

Normalherstellungskosten (ohne Baunebenkosten)
entsprechend Kostengruppe 300 und 400 DIN 276/1993
einschließlich 16 % Mehrwertsteuer, Preisstand 2000

NHK 2000
WertR

Ausstattungsstandards, Baunebenkosten und Gesamtnutzungsdauer
für diese Gebäudetypen siehe Tabelle „Ausstattungsstandards"

Korrekturfaktoren

bezüglich der Grundrissart und der durchschnittlichen Wohnungsgröße

Grundrissart	– Einspänner		1,05
	– Zweispänner		**1,00**
	– Dreispänner		0,97
	– Vierspänner		0,95
Wohnungsgröße	– von 50 m² BGF/WE	= 35 m² WF/WE	1,10
	– von 70 m² BGF/WE	**= 50 m² WF/WE**	**1,00**
	– von 135 m² BGF/WE	= 100 m² WF/WE	0,85

Typ 3.33   Keller-, Erdgeschoss, 3 Obergeschosse, Flachdach

KOPFHAUS

Kosten der Brutto-Grundfläche in €/m², durchschnittliche Geschosshöhe 2,95 m							
Ausstattungs-standards	vor 1925	1925 bis 1945	1946 bis 1959	1960 bis 1969	1970 bis 1984	1985 bis 1999	2000
einfach	–	–	570–610	615–640	640–685	685–745	750
mittel	–	–	595–640	645–670	675–720	725–785	785
gehoben	–	–	645–695	700–730	735–780	785–850	850

MITTELHAUS

Kosten der Brutto-Grundfläche in €/m², durchschnittliche Geschosshöhe 2,95 m							
Ausstattungs-standards	vor 1925	1925 bis 1945	1946 bis 1959	1960 bis 1969	1970 bis 1984	1985 bis 1999	2000
einfach	–	–	560–605	605–635	635–675	680–740	740
mittel	–	–	590–635	635–665	670–715	715–775	780
gehoben	–	–	640–685	690–720	725–770	775–840	840

FREISTEHEND

Kosten der Brutto-Grundfläche in €/m², durchschnittliche Geschosshöhe 2,95 m							
Ausstattungs-standards	vor 1925	1925 bis 1945	1946 bis 1959	1960 bis 1969	1970 bis 1984	1985 bis 1999	2000
einfach	–	–	580–620	625–650	655–700	700–760	760
mittel	–	–	610–655	655–685	685–735	740–800	800
gehoben	–	–	655–710	710–745	745–795	795–865	865

Mehrfamilien-Wohnhäuser　　　　　　　　　　　　　　　Typ 3.42

Normalherstellungskosten (ohne Baunebenkosten)
entsprechend Kostengruppe 300 und 400 DIN 276/1993
einschließlich 16 % Mehrwertsteuer, Preisstand 2000

Ausstattungsstandards, Baunebenkosten und Gesamtnutzungsdauer
für diese Gebäudetypen siehe Tabelle „Ausstattungsstandards"

NHK 2000
WertR

Korrekturfaktoren

bezüglich der Grundrissart und der durchschnittlichen Wohnungsgröße

Grundrissart	– Einspänner	1,05
	– **Zweispänner**	**1,00**
	– Dreispänner	0,97
	– Vierspänner	0,95
Wohnungsgröße	– von　50 m² BGF/WE　=　35 m² WF/WE	1,10
	– **von　70 m² BGF/WE　=　50 m² WF/WE**	**1,00**
	– von 135 m² BGF/WE = 100 m² WF/WE	0,85

Typ 3.42　Keller-, Erdgeschoss, 4–5 Obergeschosse, nicht ausgebautes Dachgeschoss

KOPFHAUS

Kosten der Brutto-Grundfläche in €/m², durchschnittliche Geschosshöhe 2,95 m							
Ausstattungs-standards	vor 1925	1925 bis 1945	1946 bis 1959	1960 bis 1969	1970 bis 1984	1985 bis 1999	2000
einfach	–	–	530–570	570–595	600–640	640–695	700
mittel	–	–	555–600	600–625	630–670	675–730	735
gehoben	–	–	605–650	650–680	685–730	735–795	795
Großblock- und Plattenbauweise, Typ QD 58/60 P 2–11			535–545		Baujahre 1959–1964		
Großblock- und Plattenbauweise, Typ IW 62 P 2–11			530–540		Baujahre 1961–1971		

MITTELHAUS

Kosten der Brutto-Grundfläche in €/m², durchschnittliche Geschosshöhe 2,95 m							
Ausstattungs-standards	vor 1925	1925 bis 1945	1946 bis 1959	1960 bis 1969	1970 bis 1984	1985 bis 1999	2000
einfach	–	–	525–565	565–590	595–630	635–685	690
mittel	–	–	550–590	595–620	625–665	665–725	725
gehoben	–	–	600–645	645–675	680–725	730–790	790
Großblock- und Plattenbauweise, Typ QD 58/60 P 2–11			530–545		Baujahre 1959–1964		
Großblock- und Plattenbauweise, Typ IW 62 P 2–11			525–535		Baujahre 1961–1971		

FREISTEHEND

Kosten der Brutto-Grundfläche in €/m², durchschnittliche Geschosshöhe 2,95 m							
Ausstattungs-standards	vor 1925	1925 bis 1945	1946 bis 1959	1960 bis 1969	1970 bis 1984	1985 bis 1999	2000
einfach	–	–	540–580	580–610	610–650	650–710	710
mittel	–	–	565–610	610–640	640–680	685–745	745
gehoben	–	–	615–660	660–690	695–740	745–805	810

Mehrfamilien-Wohnhäuser   Typ 3.53

Normalherstellungskosten (ohne Baunebenkosten)
entsprechend Kostengruppe 300 und 400 DIN 276/1993
einschließlich 16 % Mehrwertsteuer, Preisstand 2000

Ausstattungsstandards, Baunebenkosten und Gesamtnutzungsdauer
für diese Gebäudetypen siehe Tabelle „Ausstattungsstandards"

NHK 2000
WertR

Korrekturfaktoren

bezüglich der Grundrissart und der durchschnittlichen Wohnungsgröße

Grundrissart	– Einspänner	1,05
	– **Zweispänner**	**1,00**
	– Dreispänner	0,97
	– Vierspänner	0,95
Wohnungsgröße	– von 50 m² BGF/WE = 35 m² WF/WE	1,10
	– **von 70 m² BGF/WE = 50 m² WF/WE**	**1,00**
	– von 135 m² BGF/WE = 100 m² WF/WE	0,85

Typ 3.53   Keller-, Erdgeschoss, 5 Obergeschosse, Flachdach

KOPFHAUS

Kosten der Brutto-Grundfläche in €/m², durchschnittliche Geschosshöhe 3,00 m							
Ausstattungs-standards	vor 1925	1925 bis 1945	1946 bis 1959	1960 bis 1969	1970 bis 1984	1985 bis 1999	2000
einfach	–	–	575–615	620–645	650–690	695–755	755
mittel	–	–	600–645	650–680	680–730	730–790	795
gehoben	–	–	650–705	705–735	740–790	790–855	860
Großblock- und Plattenbauweise, Typ IW 65			585–595		Baujahre 1969–1974		
Großblock- und Plattenbauweise, Typ IW 66 P 2–6			585–590		Baujahre 1968–1975		

MITTELHAUS

Kosten der Brutto-Grundfläche in €/m², durchschnittliche Geschosshöhe 3,00 m							
Ausstattungs-standards	vor 1925	1925 bis 1945	1946 bis 1959	1960 bis 1969	1970 bis 1984	1985 bis 1999	2000
einfach	–	–	570–610	615–640	640–685	685–745	750
mittel	–	–	595–640	645–670	675–720	725–785	785
gehoben	–	–	645–690	695–730	730–780	780–845	850
Großblock- und Plattenbauweise, Typ IW 65			575–580		Baujahre 1969–1974		
Großblock- und Plattenbauweise, Typ IW 66 P 2–6			580–585		Baujahre 1968–1975		

FREISTEHEND

Kosten der Brutto-Grundfläche in €/m², durchschnittliche Geschosshöhe 3,00 m							
Ausstattungs-standards	vor 1925	1925 bis 1945	1946 bis 1959	1960 bis 1969	1970 bis 1984	1985 bis 1999	2000
einfach	–	–	585–625	630–655	660–705	710–765	770
mittel	–	–	615–660	660–690	695–740	745–805	810
gehoben	–	–	665–715	720–750	750–800	805–870	875

Mehrfamilien-Wohnhäuser   Typ 3.73

Normalherstellungskosten (ohne Baunebenkosten)
entsprechend Kostengruppe 300 und 400 DIN 276/1993
einschließlich 16 % Mehrwertsteuer, Preisstand 2000

NHK 2000
WERTR

Ausstattungsstandards, Baunebenkosten und Gesamtnutzungsdauer
für diese Gebäudetypen siehe Tabelle „Ausstattungsstandards"

Korrekturfaktoren

bezüglich der Grundrissart und der durchschnittlichen Wohnungsgröße

Grundrissart	– Einspänner		1,05
	– **Zweispänner**		**1,00**
	– Dreispänner		0,97
	– Vierspänner		0,95
Wohnungsgröße	– von 50 m² BGF/WE	= 35 m² WF/WE	1,10
	– **von 70 m² BGF/WE**	= **50 m² WF/WE**	**1,00**
	– von 135 m² BGF/WE	= 100 m² WF/WE	0,85

Typ 3.73   Keller-, Erdgeschoss, 7–10 Obergeschosse, Flachdach

KOPFHAUS

Kosten der Brutto-Grundfläche in €/m², durchschnittliche Geschosshöhe 3,00 m							
Ausstattungs-standards	vor 1925	1925 bis 1945	1946 bis 1959	1960 bis 1969	1970 bis 1984	1985 bis 1999	2000
einfach	–	–	595–640	645–670	675–720	725–785	785
mittel	–	–	625–675	675–710	710–760	760–825	825
gehoben	–	–	680–730	735–765	770–820	825–890	895
Großblock- und Plattenbauweise, Typ IW 66 P 2–11				565–570	Baujahre 1973–1975		

MITTELHAUS

Kosten der Brutto-Grundfläche in €/m², durchschnittliche Geschosshöhe 3,00 m							
Ausstattungs-standards	vor 1925	1925 bis 1945	1946 bis 1959	1960 bis 1969	1970 bis 1984	1985 bis 1999	2000
einfach	–	–	590–635	635–665	670–715	715–775	780
mittel	–	–	620–670	670–705	705–750	755–815	820
gehoben	–	–	670–725	725–760	760–810	815–880	885
Großblock- und Plattenbauweise, Typ IW 66 P 2–11				565–575	Baujahre 1973–1975		

FREISTEHEND

Kosten der Brutto-Grundfläche in €/m², durchschnittliche Geschosshöhe 3,00 m							
Ausstattungs-standards	vor 1925	1925 bis 1945	1946 bis 1959	1960 bis 1969	1970 bis 1984	1985 bis 1999	2000
einfach	–	–	605–650	655–685	685–735	735–795	800
mittel	–	–	640–685	690–720	725–770	775–840	840
gehoben	–	–	690–745	745–780	780–835	835–905	910

Gemischt genutzte Wohn- und Geschäftshäuser

mit im Mittel ⅓ Gewerbefläche und ⅔ Wohnfläche

Typ 4

Kostengruppe	Ausstattungsstandard		
	einfach	**mittel**	**gehoben**
Fassade	Mauerwerk mit Putz oder Fugenglattstrich und Anstrich	Wärmedämmputz, Wärmedämmverbundsystem, Sichtmauerwerk mit Fugenglattstrich und Anstrich, mittlerer Wärmedämmstandard	Verblendmauerwerk, Metallbekleidung, Vorhangfassade, hoher Wärmedämmstandard
Fenster	Holz, Einfachverglasung	Kunststoff, Isolierverglasung	Aluminium, Rollladen, Sonnenschutzvorrichtung, Wärmeschutzverglasung, aufwendige Fensterkonstruktion
Dächer	Wellfaserzement-, Blecheindeckung, Bitumen-, Kunststofffolienabdichtung	Betondachpfannen, mittlerer Wärmedämmstandard	Tondachpfannen, Schiefer-, Metalleindeckung, Gasbetonfertigteile, Stegzementdielen, hoher Wärmedämmstandard
Sanitär	1 Bad mit WC, Installation auf Putz	1 Bad mit WC, separates Gäste-WC, Installation unter Putz	1–2 Bäder
Innenwandbekleidung der Nassräume	Ölfarbanstrich	Fliesensockel (1,50 m)	Fliesen raumhoch
Bodenbeläge	Holzdielen, Nadelfilz, Linoleum, PVC (untere Preisklasse) **Nassräume:** PVC	Teppich, PVC, Fliesen, Linoleum (mittlere Preisklasse) **Nassräume:** Fliesen	großformatige Fliesen, Parkett, Betonwerkstein, aufwendige Verlegung **Nassräume:** beschichtete Sonderfliesen, großformatige Fliesen,
Innentüren	Füllungstüren, Türblätter und Zargen gestrichen	Kunststoff-/Holztürblätter, Stahlzargen	beschichtete oder furnierte Türblätter, Glastüren, Holzzargen
Heizung	Einzelöfen, elektrische Speicherheizung, Boiler für Warmwasser	Mehrraum-Warmluftkachelofen, Zentralheizung mit Radiatoren (Schwerkraftheizung)	Zentralheizung/Pumpenheizung mit Flachheizkörpern, Klima- oder Lüftungsanlage, Warmwasserbereitung zentral
Elektroinstallation	je Raum 1 Lichtauslass und 1–2 Steckdosen, Installation auf Putz	je Raum 1 Lichtauslass und 2–3 Steckdosen, Blitzschutz, Installation unter Putz	aufwendige Installation, Sicherheitseinrichtungen, Solaranlage, informationstechnische Anlagen

Baunebenkosten (entsprechend Kostengruppe 700 DIN 276)   **14 %**

Gesamtnutzungsdauer   **60 bis 80 Jahre**

Gemischt genutzte Wohn- und Geschäftshäuser

Typ 4

Normalherstellungskosten (ohne Baunebenkosten)
entsprechend Kostengruppe 300 und 400 DIN 276/1993
einschließlich 16 % Mehrwertsteuer, Preisstand 2000

NHK 2000
WertR

Typ 4 3- bis 4-geschossig, unterkellert, Dach geneigt oder Flachdach

Kosten der Brutto-Grundfläche in €/m², durchschnittliche Geschosshöhe 3,10 m							
Ausstattungs-standards	vor 1925	1925 bis 1945	1946 bis 1959	1960 bis 1969	1970 bis 1984	1985 bis 1999	2000
einfach	530–550	555–565	570–610	615–650	650–685	690–745	750
mittel	770–800	805–825	825–890	895–945	945–1000	1000–1085	1085
gehoben	–	–	–	1170–1235	1240–1305	1310–1420	1425

Verwaltungsgebäude

Typ 5.1–5.3

Ausstattungsstandard				
Kostengruppe	**einfach**	**mittel**	**gehoben**	**stark gehoben**
F a s s a d e — Skelett-, Fachwerk-, Rahmenbau	einfache Wände, Holz-, Blech-, Faserzement-bekleidung	Leichtbetonwände mit Wärmedämmung, Beton-Sandwich-Elemente, Ausfachung 12 bis 25 cm	Schwerbetonplatten, Verblendmauerwerk, Spaltklinker, Ausfachung bis 30 cm	Glasverkleidung, Ausfachung über 30 cm
Massivbau	Mauerwerk mit Putz oder mit Fugenglattstrich und Anstrich	Wärmedämmputz, Wärmedämmverbund-system, Sichtmauerwerk mit Fugenglattstrich und Anstrich, mittlerer Wärmedämmstandard	Verblendmauerwerk, Metallbekleidung, Vorhangfassade, hoher Wärmedämm-standard	Naturstein
Fenster	Holz, Einfachverglasung	Holz, Kunststoff, Isolierverglasung	Aluminium, Rollladen, Sonnenschutzvorrichtung, Wärmeschutzverglasung	raumhohe Verglasung, große Schiebeelemente, elektrische Rollladen, Schallschutzverglasung
Dächer	Wellfaserzement-, Blecheindeckung, Bitumen-, Kunststoff-folienabdichtung	Betondachpfannen, mittlerer Wärmedämm-standard	Tondachpfannen, Schiefer-, Metallein-deckung, hoher Wärme-dämmstandard	große Anzahl von Ober-lichtern, Dachaus- und Dachaufbauten mit hohem Schwierigkeitsgrad, Dachausschnitte in Glas
Sanitär	einfache und wenige Toiletträume, Installation auf Putz	ausreichende Anzahl von Toiletträumen, Installation unter Putz	Toilettenräume in guter Ausstattung	großzügige Toiletten-anlagen mit Sanitärein-richtungen, gehobener Standard
Innenwandbekleidung der Nassräume	Ölfarbanstrich	Fliesensockel (1,50 m)	Fliesen raumhoch	Naturstein, aufwendige Verlegung
Bodenbeläge	Holzdielen, Nadelfilz, Linoleum, PVC (untere Preisklasse) **Nassräume:** PVC	Teppich, PVC, Fliesen, Linoleum (mittlere Preisklasse) **Nassräume:** Fliesen	großformatige Fliesen, Parkett, Betonwerkstein **Nassräume:** großformatige Fliesen, beschichtete Sonderfliesen	Naturstein, aufwendige Verlegung **Nassräume:** Naturstein
Innentüren	Füllungstüren, Türblätter und Zargen gestrichen	Kunststoff-/Holztürblätter, Stahlzargen	Türblätter mit Edelholzfurnier, Glastüren, Holzzargen	massive Ausführung, Einbruchschutz, rollstuhlgerechte Be-dienung, Automatiktüren
Heizung	Einzelöfen, elektrische Speicherheizung, Boiler für Warmwasser	Zentralheizung mit Radiatoren (Schwerkraft-heizung)	Zentralheizung/Pumpen-heizung mit Flachheizkör-pern, Warmwasserberei-tung zentral	Fußbodenheizung, Klima- und sonstige raumlufttechnische Anlagen
Elektroinstallation	je Raum 1 Lichtauslass und 1–2 Steckdosen, Installation auf Putz	je Raum 1–2 Lichtauslässe und 2–3 Steckdosen, informationstechnische Anlagen, Installation auf Putz	je Raum mehrere Lichtauslässe und Steck-dosen, Fensterbankkanal mit EDV-Verkabelung	aufwendige Installation, Sicherheitseinrichtungen

Baunebenkosten (entsprechend Kostengruppe 700 DIN 276)

Verwaltungsgebäude Typ 5.1	**14 %**
Verwaltungsgebäude Typ 5.2	**15 %**
Verwaltungsgebäude Typ 5.3	**17 %**

Gesamtnutzungsdauer   **50 bis 80 Jahre**

Verwaltungsgebäude

Typ 5.1 – 5.3

Normalherstellungskosten (ohne Baunebenkosten)
entsprechend Kostengruppe 300 und 400 DIN 276/1993
einschließlich 16 % Mehrwertsteuer, Preisstand 2000

NHK 2000
WERTR

Typ 5.1 1- bis 2-geschossig, nicht unterkellert, Dach geneigt oder Flachdach

Kosten der Brutto-Grundfläche in €/m²							
Ausstattungs-standards	vor 1925	1925 bis 1945	1946 bis 1959	1960 bis 1969	1970 bis 1984	1985 bis 1999	2000
einfach	–	–	745–805	805–850	855–900	905–980	985
mittel	–	–	875–940	940–1000	1000–1055	1055–1145	1150
gehoben	–	–	1070–1150	1155–1225	1225–1290	1295–1405	1405

Typ 5.2 2- bis 5-geschossig, unterkellert, Dach geneigt oder Flachdach

Kosten der Brutto-Grundfläche in €/m², durchschnittliche Geschosshöhe 3,40 m							
Ausstattungs-standards	vor 1925	1925 bis 1945	1946 bis 1959	1960 bis 1969	1970 bis 1984	1985 bis 1999	2000
einfach	–	–	890–955	955–1015	1015–1070	1075–1165	1165
mittel	985–1025	1025–1050	1055–1135	1135–1205	1210–1275	1275–1385	1385
gehoben	1185–1235	1240–1265	1270–1365	1370–1450	1455–1535	1540–1670	1670
stark gehoben	–	–	–	1620–1715	1720–1815	1815–1975	1975

Typ 5.3 6- und mehrgeschossig, Flachdach

Kosten der Brutto-Grundfläche in €/m², durchschnittliche Geschosshöhe 3,40 m							
Ausstattungs-standards	vor 1925	1925 bis 1945	1946 bis 1959	1960 bis 1969	1970 bis 1984	1985 bis 1999	2000
mittel	–	–	1345–1450	1450–1540	1540–1630	1630–1770	1770
gehoben	–	–	1680–1810	1810–1920	1920–2030	2030–2205	2210
stark gehoben	–	–	–	–	2275–2405	2405–2615	2615

Bank- und Gerichtsgebäude

Typ 6 – 7

Ausstattungsstandard			
Kostengruppe	**mittel**	**gehoben**	**stark gehoben**
F **a** **s** **s** **a** **d** **e** Skelett-, Fachwerk-, Rahmenbau	Leichtbetonwände mit Wärmedämmung, Beton-Sandwich-Elemente, Ausfachung 12 bis 25 cm	Schwerbetonplatten, Verblendmauerwerk, Spaltklinker, Ausfachung bis 30 cm	Glasverkleidung, Ausfachung über 30 cm
Massivbau	Wärmedämmputz, Wärmedämmverbundsystem, Sichtmauerwerk mit Fugenglattstrich und Anstrich, mittlerer Wärmedämmstandard	Verblendmauerwerk, Metallbekleidung, Vorhangfassade, hoher Wärmedämmstandard	Naturstein
Fenster	Holz/Kunststoff, Isolierverglasung	Aluminium, Rollladen, Sonnenschutzvorrichtung, Wärmeschutzverglasung	raumhohe Verglasung, große Schiebeelemente, elektr. Rollladen, Schallschutzverglasung
Dächer	Betondachpfannen, mittlerer Wärmedämmstandard	Tondachpfannen, Schiefer-, Metalleindeckung, hoher Wärmedämmstandard	große Anzahl von Oberlichtern, Dachaus- und Dachaufbauten mit hohem Schwierigkeitsgrad, Dachausschnitte in Glas
Sanitär	ausreichende Anzahl von Toilettenräumen, Installation unter Putz	Toilettenräume in guter Ausstattung	großzügige Toilettenanlagen mit Sanitäreinrichtungen, gehobener Standard
Innenwandbekleidung der Nassräume	Fliesensockel (1,50 m)	Fliesen raumhoch	Naturstein, aufwendige Verlegung
Bodenbeläge	Teppich, PVC, Fliesen, Linoleum (mittlere Preisklasse) **Nassräume:** Fliesen	großformatige Fliesen, Parkett, Betonwerkstein **Nassräume:** großformatige Fliesen, beschichtete Sonderfliesen	Naturstein, aufwendige Verlegung **Nassräume:** Naturstein
Innentüren	Kunststoff-/Holztürblätter, Stahlzargen	Türblätter mit Edelholzfurnier, Glastüren, Holzzargen	massivere Ausführung, Einbruchschutz, rollstuhlgerechte Bedienung, Automatiktüren
Heizung	Zentralheizung mit Radiatoren (Schwerkraftheizung), Boiler für Warmwasser	Zentralheizung/Pumpenheizung mit Flachheizkörpern, Warmwasserbereitung zentral	Fußbodenheizung, Klima- und sonstige raumlufttechnische Anlagen
Elektroinstallation	je Raum 1–2 Lichtauslässe und 2–3 Steckdosen, informationstechnische Anlagen, Installation unter Putz	je Raum mehrere Lichtauslässe und Steckdosen, Fensterbankkanal mit EDV-Verkabelung	aufwendige Installation, Sicherheitseinrichtungen

Baunebenkosten (entsprechend Kostengruppe 700 DIN 276)

Bankgebäude	**18 %**
Gerichtsgebäude	**16 %**

Gesamtnutzungsdauer

Bankgebäude	**50 bis 80 Jahre**
Gerichtsgebäude	**60 bis 80 Jahre**

Bank- und Gerichtsgebäude   Typ 6 – 7

Normalherstellungskosten (ohne Baunebenkosten)
entsprechend Kostengruppe 300 und 400 DIN 276/1993
einschließlich 16 % Mehrwertsteuer, Preisstand 2000

NHK 2000
Wert**R**

Typ 6   BANKGEBÄUDE
2- bis 6-geschossig, unterkellert, Dach geneigt oder Flachdach

Kosten der Brutto-Grundfläche in €/m², durchschnittliche Geschosshöhe 4,40 m							
Ausstattungs-standards	vor 1925	1925 bis 1945	1946 bis 1959	1960 bis 1969	1970 bis 1984	1985 bis 1999	2000
mittel	–	–	1410–1520	1525–1610	1615–1705	1705–1855	1855
gehoben	–	–	1625–1750	1755–1810	1815–1965	1965–2135	2135
stark gehoben	–	–	–	–	2955–3120	3120–3390	3395

Typ 7   GERICHTSGEBÄUDE
2- bis 6-geschossig, unterkellert, Dach geneigt oder Flachdach

Kosten der Brutto-Grundfläche in €/m², durchschnittliche Geschosshöhe 3,50 m							
Ausstattungs-standards	vor 1925	1925 bis 1945	1946 bis 1959	1960 bis 1969	1970 bis 1984	1985 bis 1999	2000
mittel	1075–1120	1125–1150	1155–1240	1245–1320	1320–1395	1395–1515	1515
gehoben	1260–1315	1315–1345	1350–1455	1455–1545	1545–1630	1635–1775	1775

Gemeinde- und Veranstaltungszentren, Bürgerhäuser, Saalbauten, Vereins- und Jugendheime, Tagesstätten

Typ 8 – 10

Ausstattungsstandard			
Kostengruppe	**einfach**	**mittel**	**gehoben**
Fassade — Skelett-, Fachwerk-, Rahmenbau	einfache Wände, Holz-, Blech-, Faser-zementbekleidung	Leichtbetonwände mit Wärme-dämmung, Beton-Sandwich-Elemente, Ausfachung 12 bis 25 cm	Schwerbetonplatten, Verblendmauerwerk, Spaltklinker, Ausfachung bis 30 cm
Fassade — Massivbau	Mauerwerk mit Putz oder mit Fugenglattstrich und Anstrich	Wärmedämmputz, Wärmedämmverbundsystem, Sichtmauerwerk mit Fugen-glattstrich und Anstrich, mittlerer Wärmedämmstandard	Verblendmauerwerk, Metallbekleidung, hoher Wärmedämmstandard
Fenster	Holz, Einfachverglasung	Kunststoff, Isolierverglasung	Aluminium, Rollladen, Sonnenschutzvorrichtung, Wärmeschutzverglasung
Dächer	Wellfaserzement-, Blech-eindeckung, Bitumen-, Kunststofffolienabdichtung	Betondachpfannen, mittlerer Wärmedämmstandard	Tondachpfannen, Schiefer-, Metalleindeckung, hoher Wärmedämmstandard
Sanitär	einfache und wenige Toilettenräume, Installation auf Putz	ausreichende Anzahl von Toilettenräumen, Installation unter Putz	großzügige Toilettenräume in guter Ausstattung
Innenwandbekleidung der Nassräume	Ölfarbanstrich	Fliesensockel (1,50 m)	Fliesen raumhoch
Bodenbeläge	Holzdielen, Nadelfilz, Linoleum, PVC (untere Preisklasse) **Nassräume:** PVC	Teppich, PVC, Fliesen, Linoleum (mittlere Preisklasse) **Nassräume:** Fliesen	großformatige Fliesen, Parkett, Betonwerkstein **Nassräume:** großformatige Fliesen, beschichtete Sonderfliesen
Innentüren	Füllungstüren, Türblätter und Zargen gestrichen	Kunststoff-/Holztürblätter, Stahlzargen	Türblätter mit Edelholzfurnier, Glastüren, Holzzargen
Heizung	Einzelöfen, elektrische Speicherheizung, Boiler für Warmwasser	Zentralheizung mit Radiatoren (Schwerkraftheizung)	Zentralheizung/Pumpen-heizung mit Flachheizkörpern, Klima- oder Lüftungsanlage, Warmwasserbereitung zentral
Elektroinstallation	je Raum 1 Lichtauslass und 1–2 Steckdosen, Installation auf Putz	je Raum 1–2 Lichtauslässe und 2–3 Steckdosen, informationstechnische Anlagen, Installation unter Putz	aufwendige Installation, Sicherheitseinrichtungen, Solaranlage

Baunebenkosten (entsprechend Kostengruppe 700 DIN 276)

Gemeindezentren, Bürgerhäuser	**16 %**
Saalbauten, Veranstaltungszentren	**18 %**
Vereins- und Jugendheime, Tagesstätten	**16 %**

Gesamtnutzungsdauer

Gemeindezentren, Bürgerhäuser	**40 bis 80 Jahre**
Saalbauten, Veranstaltungszentren	**60 bis 80 Jahre**
Vereins- und Jugendheime, Tagesstätten	**40 bis 80 Jahre**

Gemeinde- und Veranstaltungszentren,   Typ 8 – 10
Vereins- und Jugendheime

Normalherstellungskosten (ohne Baunebenkosten)   **NHK 2000**
entsprechend Kostengruppe 300 und 400 DIN 276/1993
einschließlich 16 % Mehrwertsteuer, Preisstand 2000   **WertR**

Typ 8   GEMEINDEZENTREN, BÜRGERHÄUSER
1- bis 3-geschossig, unterkellert bzw. teilunterkellert,
Dach geneigt oder Flachdach

Kosten der Brutto-Grundfläche in €/m², durchschnittliche Geschosshöhe 4,55 m							
Ausstattungs-standards	vor 1925	1925 bis 1945	1946 bis 1959	1960 bis 1969	1970 bis 1984	1985 bis 1999	2000
einfach	–	–	915–985	990–1050	1050–1105	1110–1205	1205
mittel	–	–	1010–1090	1090–1155	1160–1220	1225–1330	1330
gehoben	–	–	1160–1245	1250–1325	1325–1400	1400–1520	1525

Typ 9   SAALBAUTEN, VERANSTALTUNGSZENTREN
1- bis 3-geschossig, unterkellert bzw. teilunterkellert,
Dach geneigt oder Flachdach

Kosten der Brutto-Grundfläche in €/m², durchschnittliche Geschosshöhe 4,75 m							
Ausstattungs-standards	vor 1925	1925 bis 1945	1946 bis 1959	1960 bis 1969	1970 bis 1984	1985 bis 1999	2000
einfach	–	–	980–1055	1055–1120	1125–1185	1185–1285	1290
mittel	1205–1255	1255–1285	1290–1390	1390–1475	1475–1560	1560–1695	1695
gehoben	–	–	1625–1750	1755–1860	1860–1960	1965–2135	2140

Typ 10   VEREINS- UND JUGENDHEIME, TAGESSTÄTTEN
1- bis 3-geschossig, unterkellert bzw. teilunterkellert,
Dach geneigt oder Flachdach

Kosten der Brutto-Grundfläche in €/m², durchschnittliche Geschosshöhe 4,00 m							
Ausstattungs-standards	vor 1925	1925 bis 1945	1946 bis 1959	1960 bis 1969	1970 bis 1984	1985 bis 1999	2000
einfach	–	–	775–835	840–885	890–940	940–1020	1025
mittel	–	–	855–925	925–980	980–1035	1040–1125	1130
gehoben	–	–	1000–1075	1080–1140	1145–1210	1210–1315	1315

Kindergärten, Kindertagesstätten, Schulen, Berufsschulen, Hochschulen, Universitäten

Typ 11 – 14

Ausstattungsstandard			
Kostengruppe	**einfach**	**mittel**	**gehoben**
Fassade	Mauerwerk mit Putz oder Fugenglattstrich und Anstrich	Wärmedämmputz, Wärmedämmverbundsystem, Sichtmauerwerk mit Fugen-glattstrich und Anstrich, Holzbekleidung, mittlerer Wärmedämmstandard	Verblendmauerwerk, Metallbekleidung, hoher Wärmedämmstandard
Fenster	Holz, Einfachverglasung	Kunststoff, Isolierverglasung	Aluminium, Rollladen, Sonnenschutzvorrichtung, Wärmeschutzverglasung
Dächer	Wellfaserzement-, Blechein-deckung, Bitumen-, Kunststofffolien-abdichtung	Betondachpfannen, mittlerer Wärmedämmstandard	Tondachpfannen, Schiefer-, Metalleindeckung, Gasbetonfer-tigteile, Stegzementdielen, hoher Wärmedämmstandard
Sanitär	einfache Toilettenanlagen, Installation auf Putz	ausreichende Toilettenanlagen, Duschräume, Installation unter Putz	gut ausgestattete Toilettenan-lagen und Duschräume
Innenwandbekleidung der Nassräume	Ölfarbanstrich	Fliesensockel (1,50 m)	Fliesen raumhoch
Bodenbeläge	Holzdielen, Nadelfilz, Linoleum, PVC (untere Preisklasse) **Nassräume:** PVC	Teppich, PVC, Fliesen, Linoleum (mittlere Preisklasse) **Nassräume:** Fliesen	großformatige Fliesen, Parkett, Betonwerkstein **Nassräume:** großformatige Fliesen, beschichtete Sonderfliesen
Innentüren	Füllungstüren, Türblätter und Zargen gestrichen	Kunststoff-/Holztürblätter, Stahlzargen	beschichtete oder furnierte Tür-blätter und Zargen, Glasausschnitte, Glastüren
Heizung	Einzelöfen, elektrische Speicherheizung, Boiler für Warmwasser	Zentralheizung mit Radiatoren (Schwerkraftheizung) Verbrühschutz*	Zentralheizung, Warmwasserbereitung zentral
Elektroinstallation	je Raum 1 Lichtauslass und 1–2 Steckdosen, Fernseh-/Radioanschluss, Installation auf Putz	je Raum 1–2 Lichtauslässe und 2–3 Steckdosen, Blitzschutz, Installation unter Putz	je Raum mehrere Lichtauslässe und Steck-dosen, informationstechnische Anlagen

*   nur bei Kindergärten, Kindertagesstätten

Baunebenkosten (entsprechend Kostengruppe 700 DIN 276)

Kindergärten, Kindertagesstätten	**14 %**
Schulen	**14 %**
Berufsschulen	**15 %**
Hochschulen, Universitäten	**16 %**

Gesamtnutzungsdauer

Kindergärten, Kindertagesstätten	**50 bis 70 Jahre**
Schulen, Berufsschulen	**50 bis 80 Jahre**
Hochschulen, Universitäten	**60 bis 80 Jahre**

Kindergärten, Schulen, Hochschulen   Typ 11 – 14

Normalherstellungskosten (ohne Baunebenkosten)
entsprechend Kostengruppe 300 und 400 DIN 276/1993
einschließlich 16 % Mehrwertsteuer, Preisstand 2000

NHK 2000
WertR

Typ 11   KINDERGÄRTEN, KINDERTAGESSTÄTTEN
eingeschossig, nicht- bzw. teilunterkellert,
Dach geneigt (nicht ausgebaut) oder Flachdach

Kosten der Brutto-Grundfläche in €/m², durchschnittliche Geschosshöhe 3,80 m							
Ausstattungs-standards	vor 1925	1925 bis 1945	1946 bis 1959	1960 bis 1969	1970 bis 1984	1985 bis 1999	2000
einfach	–	–	855–920	925–980	980–1035	1035–1125	1125
mittel	–	–	930–1000	1005–1060	1065–1125	1125–1220	1225
gehoben	–	–	1185–1275	1280–1355	1360–1435	1435–1560	1560

Typ 12   SCHULEN
2- bis 3-geschossig, unterkellert, Dach geneigt (nicht ausgebaut)
oder Flachdach

Kosten der Brutto-Grundfläche in €/m², durchschnittliche Geschosshöhe 4,20 m							
Ausstattungs-standards	vor 1925	1925 bis 1945	1946 bis 1959	1960 bis 1969	1970 bis 1984	1985 bis 1999	2000
einfach	815–845	850–870	875–940	940–1000	1000–1055	1055–1145	1150
mittel	925–960	965–990	995–1065	1070–1135	1135–1200	1200–1305	1305
gehoben	1005–1045	1045–1070	1075–1155	1160–1230	1230–1300	1305–1415	1415

Typ 13   BERUFSSCHULEN
1- bis 3-geschossig, unterkellert bzw. teilunterkellert,
Dach geneigt (nicht ausgebaut) oder Flachdach

Kosten der Brutto-Grundfläche in €/m², durchschnittliche Geschosshöhe 3,85 m							
Ausstattungs-standards	vor 1925	1925 bis 1945	1946 bis 1959	1960 bis 1969	1970 bis 1984	1985 bis 1999	2000
einfach	805–835	835–855	860–925	925–985	985–1040	1040–1130	1130
mittel	925–960	965–990	990–1065	1065–1130	1135–1195	1200–1300	1305
gehoben	1035–1080	1080–1110	1110–1195	1200–1270	1270–1340	1345–1460	1460

Typ 14   HOCHSCHULEN, UNIVERSITÄTEN
2- bis 4-geschossig, unterkellert, Dach geneigt (nicht ausgebaut)
oder Flachdach

Kosten der Brutto-Grundfläche in €/m², durchschnittliche Geschosshöhe 4,20 m							
Ausstattungs-standards	vor 1925	1925 bis 1945	1946 bis 1959	1960 bis 1969	1970 bis 1984	1985 bis 1999	2000
mittel	1125–1165	1170–1200	1205–1295	1295–1375	1375–1455	1455–1580	1580
gehoben	1340–1395	1395–1435	1435–1545	1550–1640	1645–1735	1740–1885	1890

Personal- und Schwesternwohnheime, Altenwohnheime

Typ 15 – 16

Ausstattungsstandard			
Kostengruppe	**einfach**	**mittel**	**gehoben**	**stark gehoben**[1]
Fassade	Mauerwerk mit Putz oder Fugenglattstrich und Anstrich	Wärmedämmputz, Wärmedämmverbundsystem, mittlerer Wärmedämmstandard, Sichtmauerwerk mit Fugenglattstrich[1],	Verblendmauerwerk, Vorhangfassade, hoher Wärmedämmstandard, Metallbekleidung[1]	Naturstein
Fenster	Holz, Einfachverglasung	Kunststoff, Isolierverglasung	Aluminium, Rollladen Sonnenschutzvorrichtung, Wärmeschutzverglasung	raumhohe Verglasung, große Schiebeelemente, elektrische Rollladen, Schallschutzverglasung
Dächer	Wellfaserzement-, Blecheindeckung, Bitumen-, Kunststofffolienabdichtung	Betondachpfannen, mittlerer Wärmedämmstandard	Tondachpfannen, Schiefer-, Metalleindeckung, Gasbetonfertigteile, Stegzementdielen, hoher Wärmedämmstandard	große Anzahl von Oberlichtern, Dachaus- und Dachaufbauten mit hohem Schwierigkeitsgrad, Dachausschnitte in Glas
Sanitär	WC und Bäderanlage geschossweise, Waschbecken im Raum, Installation auf Putz	mehrere WC's und Duschbäder je Geschoss, Installation unter Putz	je Raum ein Duschbad mit WC, behindertengerecht[1], Verbrühschutz[1]	je Raum ein Duschbad mit WC in guter Ausstattung
Innenwandbekleidung der Nassräume	Ölfarbanstrich	Fliesensockel (1,50 m)	Fliesen raumhoch, großformatige Fliesen	Naturstein, aufwendige Verlegung
Bodenbeläge	Holzdielen, Nadelfilz, Linoleum, PVC (untere Preisklasse) **Nassräume:** PVC	Teppich, PVC, Fliesen, Linoleum (mittlere Preisklasse) **Nassräume:** Fliesen	großformatige[1] Fliesen, Parkett, Betonwerkstein **Nassräume:** großformatige Fliesen, beschichtete Sonderfliesen	Naturstein, aufwendige Verlegung **Nassräume:** Naturstein
Innentüren	Füllungstüren, Türblätter und Zargen gestrichen	Kunststoff-/Holztürblätter, Stahlzargen	Türblätter mit Edelholzfurnier, Glas-, Automatiktüren, Holzzargen, rollstuhlgerechte Bedienung[1]	massive Ausführung, Einbruchschutz
Heizung	Einzelöfen, elektrische Speicherheizung, Boiler für Warmwasser	Mehrraum-Warmluft-Kachelofen, Zentralheizung mit Radiatoren (Schwerkraftheizung)	Zentralheizung/Pumpenheizung mit Flachheizkörpern, Warmwasserbereitung zentral	Fußbodenheizung, Klimaanlagen
Elektroinstallation	je Raum 1 Lichtauslass und 1–2 Steckdosen, Fernseh-/Radioanschluss je Geschoss[2], Installation auf Putz	je Raum 1–2 Lichtauslässe und 2–3 Steckdosen, Fernseh-/Radioanschluss, Blitzschutz, Installation unter Putz	je Raum mehrere Lichtauslässe und Steckdosen, informationstechnische Anlagen	aufwendige Installation, Sicherheitseinrichtungen
Sonstige Einbauten	Gemeinschaftsküche[2]	Aufzugsanlage, Gemeinschaftseinrichtungen[2], Einbauküchen[2]	Aufzugsanlage, Balkon je Raum, Pantry-Küche[2], Fitnessraum[2], zentrale Einrichtungen[1], Gemeinschaftsräume[1], Therapie- und Gymnastikräume[1]	Aufzugsanlage, Müllschlucker, zentrale Einrichtungen: zusätzlich z. B. Hydrotherapie, Café

1 nur Altenwohnheime   2 nur Personal- und Schwesternwohnheime

Baunebenkosten (entsprechend Kostengruppe 700 DIN 276)

Personal- und Schwesternwohnheime	**14 %**
Altenwohnheime	**15 %**

Gesamtnutzungsdauer   **40 bis 80 Jahre**

Personal- und Schwesternwohnheime, Altenwohnheime

Typ 15 – 16

Normalherstellungskosten (ohne Baunebenkosten)
entsprechend Kostengruppe 300 und 400 DIN 276/1993
einschließlich 16 % Mehrwertsteuer, Preisstand 2000

NHK 2000
WertR

Typ 15   PERSONAL- UND SCHWESTERNWOHNHEIME
2- bis 6-geschossig, unterkellert,
Dach geneigt (nicht ausgebaut) oder Flachdach

Kosten der Brutto-Grundfläche in €/m², durchschnittliche Geschosshöhe 2,95 m							
Ausstattungs-standards	vor 1925	1925 bis 1945	1946 bis 1959	1960 bis 1969	1970 bis 1984	1985 bis 1999	2000
einfach	630–650	655–670	675–725	730–770	770–815	815–885	885
mittel	775–805	810–830	830–895	895–950	950–1000	1005–1090	1095
gehoben	855–890	890–910	915–985	985–1045	1050–1105	1110–1200	1205

Typ 16   ALTENWOHNHEIME
2- bis 4-geschossig, unterkellert,
Dach geneigt (nicht ausgebaut) oder Flachdach

Kosten der Brutto-Grundfläche in €/m², durchschnittliche Geschosshöhe 3,35 m							
Ausstattungs-standards	vor 1925	1925 bis 1945	1946 bis 1959	1960 bis 1969	1970 bis 1984	1985 bis 1999	2000
einfach	720–750	750–770	770–830	830–880	885–930	935–1010	1015
mittel	845–875	880–900	905–970	975–1030	1035–1090	1095–1185	1190
gehoben	930–970	970–995	995–1075	1075–1140	1140–1205	1210–1310	1310
stark gehoben	1050–1090	1095–1120	1125–1210	1210–1285	1285–1355	1360–1475	1480

Allgemeine Krankenhäuser – Querschnittsdaten für Gesamtanlage

Typ 17

Normalherstellungskosten (ohne Baunebenkosten)
entsprechend Kostengruppe 300 und 400 DIN 276/1993
einschließlich 16 % Mehrwertsteuer, Preisstand 2000

NHK 2000
WertR

**Typ 17   2- bis 6-geschossig, unterkellert,
Dach geneigt (nicht ausgebaut) oder Flachdach**

Kosten der Brutto-Grundfläche in €/m², durchschnittliche Geschosshöhe 4,10 m							
Ausstattungs-standards	vor 1925	1925 bis 1945	1946 bis 1959	1960 bis 1969	1970 bis 1984	1985 bis 1999	2000
einfach	1060–1100	1105–1130	1135–1220	1225–1295	1295–1370	1370–1490	1490
mittel	1355–1410	1415–1450	1450–1565	1565–1660	1660–1755	1755–1905	1910
gehoben	1670–1740	1740–1785	1785–1925	1930–2045	2045–2160	2160–2350	2350

Ausstattungsstandard			
Kostengruppe	**einfach**	**mittel**	**gehoben**
Fassade	Mauerwerk mit Putz oder Fugenglattstrich und Anstrich	Wärmedämmputz, Wärmedämmverbundsystem, Sichtmauerwerk mit Fugenglattstrich und Anstrich, mittlerer Wärmedämmstandard	Verblendmauerwerk, Metallbekleidung, Vorhangfassade, hoher Wärmedämmstandard
Fenster	Holz, Einfachverglasung	Kunststoff, Isolierverglasung	Aluminium, Rollladen, Sonnenschutzvorrichtung, Wärmeschutzverglasung
Dächer	Wellfaserzement-, Blecheindeckung, Bitumen-, Kunststofffolienabdichtung	Betondachpfannen, mittlerer Wärmedämmstandard	Tondachpfannen, Schiefer-, Metalleindeckung, Gasbetonfertigteile, Stegzementdielen, hoher Wärmedämmstandard
Sanitär	Toilettenanlagen und Duschräume geschossweise, Installation auf Putz	mehrere Toilettenanlagen und Bäder je Geschoss, tlw. Toiletten je Zimmer, Installation unter Putz	tlw. Duschbäder je 1 oder 2 Zimmer
Innenwandbekleidung der Nassräume	Ölfarbanstrich	Fliesensockel (1,50 m)	Fliesen raumhoch
Bodenbeläge	Holzdielen, Linoleum, PVC (untere Preisklasse) **Nassräume:** PVC	PVC, Fliesen, Linoleum (mittlere Preisklasse) **Nassräume:** Fliesen	Fliesen, Parkett, Betonwerkstein **Nassräume:** beschichtete Sonderfliesen
Innentüren	Füllungstüren, Türblätter und Zargen gestrichen	Kunststoff-/Holztürblätter, Stahlzargen	bessere Ausführung, Glastüren, Holzzargen
Heizung	elektrische Speicherheizung, Boiler für Warmwasser	Lufterhitzer, Lufterhitzer mit zentraler Kesselanlage, Sammelheizung, Fernheizung	Sammelheizung mit separater Kesselanlage, Klimaanlage
Elektroinstallation	je Raum 1 Lichtauslass und 1–2 Steckdosen, Installation auf Putz	je Raum 1 Lichtauslass und 2–5 Steckdosen, Fernseh-/Radioanschluss, Installation unter Putz	je Raum mehrere Lichtauslässe und Steckdosen, informationstechnische Anlagen

Baunebenkosten (entsprechend Kostengruppe 700 DIN 276)   **20 %**

Gesamtnutzungsdauer   **40 bis 60 Jahre**

Hotels

Typ 18

Normalherstellungskosten (ohne Baunebenkosten)
entsprechend Kostengruppe 300 und 400 DIN 276/1993
einschließlich 16 % Mehrwertsteuer, Preisstand 2000

NHK 2000
WertR

Typ 18   2- bis 6-geschossig, unterkellert, Dach geneigt (nicht ausgebaut) oder Flachdach

Kosten der Brutto-Grundfläche in €/m², durchschnittliche Geschosshöhe 3,40 m							
Ausstattungs-standards	**vor 1925**	**1925 bis 1945**	**1946 bis 1959**	**1960 bis 1969**	**1970 bis 1984**	**1985 bis 1999**	**2000**
einfach	675–700	700–715	720–775	775–820	825–870	870–945	945
mittel	875–910	915–935	935–1010	1010–1070	1070–1130	1135–1230	1235
gehoben	1135–1180	1180–1210	1215–1310	1310–1385	1390–1465	1470–1595	1595
stark gehoben	1395–1450	1455–1490	1495–1610	1610–1705	1710–1805	1805–1965	1965

Ausstattungsstandard				
Kostengruppe	**einfach**	**mittel**	**gehoben**	**stark gehoben**
Fassade	Mauerwerk mit Putz oder Fugenglattstrich und Anstrich	Wärmedämmputz, Wärmedämmverbund-system, Sichtmauerwerk und Anstrich, einfache Bekleidung, mittlerer Wärmedämmstandard	Verblendmauerwerk, Metallbekleidung, Vorhangfassade, hoher Wärmedämm-standard	Naturstein
Fenster	Holz, Einfachverglasung	Kunststoff, Isolierverglasung	Aluminium, Rollladen Sonnenschutzvorrichtung, Wärmeschutz-verglasung	raumhohe Verglasung, große Schiebeelemente, elektr. Rollladen, Schall-schutzverglasung
Dächer	Wellfaserzement-, Blecheindeckung, Bitumen-, Kunststoff-folienabdichtung	Betondachpfannen, mittlerer Wärmedämm-standard	Tondachpfannen, Schie-fer-, Metalleindeckung, Gasbetonfertigteile, Steg-zementdielen, hoher Wär-medämmstandard	große Anzahl von Ober-lichtern, Dachaus- und Dachaufbauten mit hohem Schwierigkeitsgrad, Dachausschnitte in Glas
Sanitär	WC und Bäderanlage geschossweise, Wasch-becken im Raum, Installation auf Putz	mehrere WC's und Dusch-bäder je Geschoss, Installation unter Putz	Zimmer mit Duschbad und WC	Zimmer mit Dusch- und Wannenbad und WC, Sanitäreinrichtungen gehobener Standard
Innenwandbekleidung der Nassräume	Ölfarbanstrich	Fliesensockel (1,50 m)	Fliesen raumhoch, großformatige Fliesen	Naturstein, aufwendige Verlegung
Bodenbeläge	Holzdielen, Nadelfilz, Linoleum, PVC (untere Preisklasse) **Nassräume:** PVC	Teppich, PVC, Fliesen, Linoleum (mittlere Preisklasse) **Nassräume:** Fliesen	großformatige Fliesen, Betonwerkstein **Nassräume:** großformatige Fliesen, be-schichtete Sonderfliesen	Naturstein, aufwendige Verlegung **Nassräume:** Naturstein
Innentüren	Füllungstüren, Türblätter und Zargen gestrichen	Kunststoff-/Holztür-blätter, Stahlzargen	Türblätter mit Edelholz-furnier, Glastüren, Holzzargen	massive Ausführung, Stiltüren
Heizung	Einzelöfen, elektrische Speicher-heizung, Boiler für Warmwasser	Mehrraum-Warmluft-Kachelofen, Zentralhei-zung mit Radiatoren (Schwerkraftheizung)	Zentralheizung/Pumpen-heizung mit Flachheizkör-pern, Warmwasser-bereitung zentral	Fußbodenheizung, Klimaanlagen
Elektroinstallation	je Raum 1 Lichtauslass und 1–2 Steckdosen, Fernseh-/Ra-dioanschluss je Geschoss, Installation auf Putz	je Raum 1–2 Lichtaus-lässe und 2–3 Steckdosen, Blitzschutz, je Raum Fern-seh- und Radioanschluss, Installation unter Putz	je Raum mehrere Lichtauslässe und Steck-dosen, informations-technische Anlagen	aufwendige Installation, Sicherheitseinrichtungen
Sonstige Einbauten		zentrale Einrichtungen, Gastraum	Aufzugsanlage, Balkon je Raum, Brandmelder, Sprinkler, zentrale Ein-richtungen: z. B. Konfe-renzräume, Schwimmbad, Sauna, zusätzl. Restaurant	Aufzugsanlage, Müll-schlucker, zentrale Ein-richtungen: z. B. große Konferenzräume, Ballsäle, Sondereinrichtungen, z. B. Friseur

Baunebenkosten (entsprechend Kostengruppe 700 DIN 276)   **18 %**

Gesamtnutzungsdauer   **40 bis 80 Jahre**

Tennishallen, Turn- und Sporthallen

Typ 19 – 20

Ausstattungsstandard			
Kostengruppe	**einfach**	**mittel**	**gehoben**
Fassade Skelett-, Fachwerk-, Rahmenbau	einfache Wände, Holz-, Blech-, Faser-zementbekleidung	Leichtbetonwände mit Wärme-dämmung, Beton-Sandwich-Elemente, Ausfachung 12 bis 25 cm	Schwerbetonplatten, Verblendmauerwerk, Spaltklinker, Ausfachung bis 30 cm
Massivbau	Mauerwerk mit Putz oder Fugenglattstrich und Anstrich	Wärmedämmputz, Wärmedämmverbundsystem, Sichtmauerwerk mit Fugen-glattstrich und Anstrich, mittlerer Wärmedämmstandard	Verblendmauerwerk, Vorhangfassade, Metallbekleidung, hoher Wärmedämmstandard
Fenster	Holz, Einfachverglasung	Kunststoff, Isolierverglasung	Aluminium, Rollladen, Sonnenschutzvorrichtung, Wärmeschutzverglasung
Dächer	Wellfaserzementeindeckung, Blecheindeckung[2], Bitumen-[2], Kunststofffolienabdichtung[2]	Papp-[1], PVC-[1], Blecheindeckung[1], Betondachpfannen[2], mittlerer Wärmedämmstandard	Papp-[1], PVC-[1], Blecheindeckung[1], Tondachpfannen[2], Schiefer[2], Metalleindeckung[2], Gasbeton-fertigteile[2], Stegzementdielen[2], hoher Wärmedämmstandard
Sanitär	einfache Toilettenanlagen mit Duschmöglichkeit, Installation auf Putz	ausreichende Toilettenanlagen und Duschräume, Installation unter Putz	gut ausgestattete Toilettenanlagen und Duschräume
Innenwandbekleidung der Nassräume	Ölfarbanstrich	Fliesensockel (1,50 m)	raumhohe Fliesen
Bodenbeläge	Beton[1] oder Asphaltbeton[1], oberflächenbehandelt[1], Holzdielen[2]	Estrich[1] oder Gussasphalt auf Beton[1], Teppichbelag[1], PVC[2]	flächenstatische Fußboden-konstruktion[1], Spezialteppich mit Gummigranulatauflage[1], Schwingboden[2]
Innentüren[2]	Füllungstüren, Türblätter und Zargen gestrichen	Kunststoff-, Holztürblätter, Stahlzargen	bessere Ausführung, Glastüren, Holzzargen
Heizung	Einzelöfen, Lufterhitzer mit Direktbefeuerung	Lufterhitzer mit Wärme-tauscher mit zentraler Kesselanlage	Luftheizung mit Außenluft- und Umluftregelung, Luftqualitätsregeltechnik
besondere Einbauten		Sauna	Restaurant, große Saunaanlage, Solarium

1   nur Tennishallen
2   nur Turn- und Sporthallen

Baunebenkosten (entsprechend Kostengruppe 700 DIN 276)   **14 %**
Gesamtnutzungsdauer   **30 bis 50 Jahre**

Tennishallen, Turn- und Sporthallen   Typ 19 – 20

Normalherstellungskosten (ohne Baunebenkosten)
entsprechend Kostengruppe 300 und 400 DIN 276/1993
einschließlich 16 % Mehrwertsteuer, Preisstand 2000

NHK 2000
WertR

Typ 19   TENNISHALLEN
eingeschossig, nicht unterkellert, Dach geneigt oder Flachdach

Kosten der Brutto-Grundfläche in €/m², durchschnittliche Geschosshöhe 6,00 m							
Ausstattungs-standards	vor 1925	1925 bis 1945	1946 bis 1959	1960 bis 1969	1970 bis 1984	1985 bis 1999	2000
einfach	–	–	400–430	430–455	455–480	485–525	525
mittel	–	–	470–505	510–535	540–570	570–620	620
gehoben	–	–	–	–	620–655	655–710	715

Typ 20   TURN- UND SPORTHALLEN
eingeschossig, unterkellert, Dach flach geneigt oder Flachdach

Kosten der Brutto-Grundfläche in €/m², durchschnittliche Geschosshöhe 7,00 m							
Ausstattungs-standards	vor 1925	1925 bis 1945	1946 bis 1959	1960 bis 1969	1970 bis 1984	1985 bis 1999	2000
einfach	–	–	760–820	820–865	870–920	920–995	1000
mittel	–	–	920–990	990–1050	1055–1110	1115–1210	1210
gehoben	–	–	980–1055	1060–1120	1125–1185	1190–1290	1290

Funktionsgebäude für Sportanlagen   Typ 21

Normalherstellungskosten (ohne Baunebenkosten)
entsprechend Kostengruppe 300 und 400 DIN 276/1993
einschließlich 16 % Mehrwertsteuer, Preisstand 2000

NHK 2000
WertR

**Typ 21   1- bis 2-geschossig, nicht unterkellert, Dach geneigt (nicht ausgebaut)
oder Flachdach**

Kosten der Brutto-Grundfläche in €/m², durchschnittliche Geschosshöhe 3,30 m							
Ausstattungs-standards	vor 1925	1925 bis 1945	1946 bis 1959	1960 bis 1969	1970 bis 1984	1985 bis 1999	2000
einfach	–	–	620–665	670–705	710–750	750–810	815
mittel	–	–	785–845	845–895	900–950	950–1030	1030
gehoben	–	–	1080–1165	1165–1235	1235–1305	1310–1420	1420

Ausstattungsstandard			
Kostengruppe	**einfach**	**mittel**	**gehoben**
Fassade	Mauerwerk mit Putz oder Fugenglattstrich und Anstrich	Wärmedämmputz, Wärmedämmverbundsystem, Sichtmauerwerk mit Fugen-glattstrich und Anstrich, mittlerer Wärmedämm-standard	Verblendmauerwerk, Metallbekleidung, Vorhangfassade, hoher Wärmedämmstandard
Fenster	Holz, Einfachverglasung	Kunststoff, Isolierverglasung	Aluminium, Rollladen, Sonnenschutzvorrichtung, Wärmeschutzverglasung
Dächer	Wellfaserzement-, Blechein-deckung, Bitumen-, Kunststofffolien-abdichtung	Betondachpfannen, mittlerer Wärmedämmstandard	Tondachpfannen, Schiefer-, Metalleindeckung, Gasbeton-fertigteile, Stegzementdielen, hoher Wärmedämmstandard
Sanitär	einfache Toilettenanlagen, Installation auf Putz	ausreichende Toilettenanlagen, Duschräume, Installation unter Putz	gut ausgestattete Toilettenan-lagen und Duschräume
Innenwandbekleidung der Nassräume	Ölfarbanstrich	Fliesensockel (1,50 m)	Fliesen raumhoch
Bodenbeläge	Holzdielen, Nadelfilz, Linoleum, PVC (untere Preisklasse) **Nassräume:** PVC	Teppich, PVC, Fliesen, Linoleum (mittlere Preisklasse) **Nassräume:** Fliesen	großformatige Fliesen, Parkett, Betonwerkstein **Nassräume:** beschichtete Sonderfliesen
Innentüren	Füllungstüren, Türblätter und Zargen gestrichen	Kunststoff-/Holztürblätter, Stahlzargen	beschichtete oder furnierte Tür-blätter und Zargen, Glasausschnitte, Glastüren
Heizung	Einzelöfen, elektrische. Speicherheizung, Boiler für Warmwasser	Zentralheizung mit Radiatoren (Schwerkraftheizung)	Zentralheizung, Warmwasserbereitung zentral
Elektroinstallation	je Raum 1 Lichtauslass und 1–2 Steckdosen, Installation auf Putz	je Raum 1 Lichtauslass und 2–3 Steckdosen, Blitzschutz, Installation unter Putz	je Raum mehrere Lichtauslässe und Steckdosen, informationstechnische Anlagen

Baunebenkosten   **14 %**

Gesamtnutzungsdauer   **40 bis 60 Jahre**

Hallenbäder, Kur- und Heilbäder

Typ 22 – 23

Ausstattungsstandard				
Kostengruppe	**einfach**[1]	**mittel**	**gehoben**	**stark gehoben**
F a s s a d e	**Skelett-, Fachwerk-, Rahmenbau**	einfache Wände, Holz-, Blech-, Faser- zementbekleidung	Leichtbetonwände mit Wärmedämmung, Beton- Sandwich-Elemente, Ausfachung 12 bis 25 cm	Schwerbetonplatten, Ausfachung bis 30 cm	Verblendmauerwerk, Glasverkleidung, Spalt- klinker, Ausfachung über 30 cm
	Massivbau	Mauerwerk mit Putz oder Fugenglattstrich und Anstrich	Wärmedämmputz, Wärmedämmverbund- system, Sichtmauerwerk mit Fugenglattstrich und Anstrich, mittlerer Wär- medämmstandard	Verblendmauerwerk, Metallbekleidung, Vorhangfassade, hoher Wärmedämm- standard	Naturstein
Fenster		Holz, Einfachverglasung	Holz[1], Kunststoff, Isolierverglasung	Aluminium, Rollladen Sonnenschutzvorrichtung, Wärmeschutzverglasung	raumhohe Verglasung, große Schiebeelemente, elektr. Rollladen, Schallschutzverglasung
Dächer		Wellfaserzement-, Blecheindeckung, Bitumen-, Kunststoff- folienabdichtung	Betondachpfannen, mittlerer Wärmedämm- standard	Tondachpfannen, Schie- fer-, Metalleindeckung, Gasbetonfertigteile, Steg- zementdielen, hoher Wärmedämmstandard	große Anzahl von Oberlichtern, Dachaus- und Dachaufbauten mit hohem Schwierigkeits- grad, Dachausschnitte in Glas
Sanitär		einfache Toilettenanlagen und Duschräume, Installation auf Putz,	ausreichende Toilettenan- lagen und Duschräume, Installation unter Putz	gut ausgestattete Toilettenanlagen und Duschräume	großzügige Toiletten- anlagen, Sanitäreinrich- tungen gehobener Standard
Innenwandbekleidung der Nassräume		Ölfarbanstrich	Fliesensockel (1,50 m)	Fliesen raumhoch, großformatige Fliesen	Naturstein, aufwendige Verlegung
Bodenbeläge		Fliesen, Linoleum, PVC (untere Preisklasse) **Nassräume:** PVC	PVC, Fliesen, Linoleum (mittlere Preisklasse) **Nassräume:** Fliesen	großformatige Fliesen, Betonwerkstein **Nassräume:** großformatige Fliesen, beschichtete Sonderfliesen	Naturstein, aufwendige Verlegung **Nassräume:** großformatige Fliesen, Naturstein
Innentüren		Füllungstüren, Türblätter und Zargen gestrichen	Kunststoff-/Holztürblätter, Stahlzargen	bessere Ausführung, Glastüren, Holzzargen	massive Ausführung, Einbruchschutz, Automatiktüren
Heizung		Lufterhitzer mit Direktbefeuerung, elektrische Speicher- heizung	Lufterhitzer mit zentraler Kesselanlage bzw. an Kesselanlage des Betriebs angeschlossene Sammel- heizung, Fernheizung	Sammelheizung mit separater Kesselanlage	aufwendige Heiztechnik
besondere Einbauten				Solarien, Massageräume, Sauna, separates Kinder- becken[1], Imbiss[1], Therapieräume[1]	Sprungbecken[1], Wellenbad[1], Restaurant[1]

1 nur Hallenbäder
2 nur Kur- und Heilbäder

Baunebenkosten (entsprechend Kostengruppe 700 DIN 276)

Hallenbäder   **16 %**
Kur- und Heilbäder   **18 %**

Gesamtnutzungsdauer

Hallenbäder   **40 bis 70 Jahre**
Kur- und Heilbäder   **60 bis 80 Jahre**

Hallenbäder, Kur- und Heilbäder

Normalherstellungskosten (ohne Baunebenkosten)
entsprechend Kostengruppe 300 und 400 DIN 276/1993
einschließlich 16 % Mehrwertsteuer, Preisstand 2000

Typ 22 – 23

NHK 2000
WertR

Typ 22   HALLENBÄDER
eingeschossig, teilunterkellert,
Dach flach geneigt oder Flachdach

Kosten der Brutto-Grundfläche in €/m², durchschnittliche Geschosshöhe 7,25 m							
Ausstattungs-standards	vor 1925	1925 bis 1945	1946 bis 1959	1960 bis 1969	1970 bis 1984	1985 bis 1999	2000
einfach	–	–	1055–1135	1140–1205	1210–1275	1275–1385	1385
mittel	–	–	1390–1500	1505–1590	1595–1685	1685–1830	1835
gehoben	–	–	1540–1655	1660–1755	1760–1860	1860–2020	2025
stark gehoben	–	–	–	–	2115–2235	2235–2430	2430

Typ 23   KUR- UND HEILBÄDER
eingeschossig, teilunterkellert,
Dach flach geneigt oder Flachdach

Kosten der Brutto-Grundfläche in €/m², durchschnittliche Geschosshöhe 7,00 m							
Ausstattungs-standards	vor 1925	1925 bis 1945	1946 bis 1959	1960 bis 1969	1970 bis 1984	1985 bis 1999	2000
mittel	1930–2010	2010–2065	2065–2225	2230–2360	2365–2495	2500–2715	2720
gehoben	2145–2235	2235–2290	2295–2475	2475–2625	2630–2775	2780–3020	3020
stark gehoben	–	–	–	–	2945–3110	3115–3380	3385

Kirchen, Stadt-/Dorfkirche, Kapelle   Typ 24

Normalherstellungskosten (ohne Baunebenkosten)
entsprechend Kostengruppe 300 und 400 DIN 276/1993
einschließlich 16 % Mehrwertsteuer, Preisstand 2000

NHK 2000
WERTR

Typ 24 eingeschossig, nicht unterkellert bzw. teilunterkellert,
Dach geneigt oder Flachdach

Kosten der Brutto-Grundfläche in €/m², durchschnittliche Geschosshöhe 4,75 m							
Ausstattungs-standards	vor 1925	1925 bis 1945	1946 bis 1959	1960 bis 1969	1970 bis 1984	1985 bis 1999	2000
einfach	765–795	795–815	815–880	880–930	935–985	990–1075	1075
mittel	1040–1080	1085–1110	1115–1200	1200–1275	1275–1345	1345–1465	1465
gehoben	–	–	–	1360–1440	1445–1525	1525–1655	1660

	Ausstattungsstandard		
Kostengruppe	einfach	mittel	gehoben
Fassade	Mauerwerk mit Putz oder Fugenglattstrich und Anstrich	Wärmedämmputz, Wärmedämmverbundsystem, Sichtmauerwerk mit Fugen-glattstrich und Anstrich, mittlerer Wärmedämmstandard	Verblendmauerwerk, Metallbekleidung, Vorhangfassade, hoher Wärmedämmstandard
Fenster	Holz-Rechteckform, Einfachverglasung	Steingewände, Betonfenster, gotische/romanische Form, Isolierverglasung, farbige Gläser, Ornamentglas	Bleiverglasung mit Schutzglas, farbige Maßwerkfenster
Dächer	Betondachpfannen ohne Unterdächer und Wärmedämmung	Tondachpfannen, Kunstschiefer	Kupfer-, Schiefer-, Metallein-deckung auf Verschalung und Wärmedämmung, Dachaufbau-ten, Dachbekrönung, Biber-schwänze
Bodenbeläge	Holzdielen, Fliesen	Betonwerkstein Sandstein	Marmor, Granit
Innentüren	Holz mit Blechbeschlägen	massive Holztüren aufwendig verarbeitet, Stahlglastüren	Bronzetüren, schmiedeeiserne Türen
Heizung	Warmluftheizung, 1 Ausblas-öffnung, Elektroheizung im Gestühl, Nachtspeicherheizung, dezentrale Warmwasser-versorgung	Warmluftheizung mit mehreren Ausblasöffnungen, Regelungs-technik, zentrale Warmwasser-versorgung	Fußbodenheizung mit Wärmeträ-gern Wasser, Luft (Hypo-kaustenheizung) als Kombination mit Warmluftheizung
Elektroinstallation	wenige Lichtauslässe und Steckdosen, 1 Stromkreislauf, Installation auf Putz	ausreichende Lichtauslässe und Steckdosen, mehrere Stromkreisläufe, Installation unter Putz	ausreichende Lichtauslässe und Steckdosen, mehrere Stromkreisläufe mit Kraftstromanschluss, aufwendige Sicherheitsanlagen, Blitzschutz

Baunebenkosten (entsprechend Kostengruppe 700 DIN 276)   **16 %**

Gesamtnutzungsdauer   **60 bis 80 Jahre**

Einkaufsmärkte, Kauf- und Warenhäuser, Ausstellungsgebäude

Typ 25– 27

Ausstattungsstandard			
Kostengruppe	**einfach**	**mittel**	**gehoben**
F a s s a d e Skelett-, Fachwerk-, Rahmenbau	einfache Wände, Holz-, Blech-, Faserzementbekleidung	Leichtbetonwände mit Wärmedämmung, Beton-Sandwich-Elemente, Ausfachung 12 bis 25 cm	Schwerbetonplatten, Verblendmauerwerk, Spaltklinker, Ausfachung bis 30 cm
Massivbau	Mauerwerk mit Putz oder mit Fugenglattstrich und Anstrich	Wärmedämmputz, Wärmedämmverbundsystem, Sichtmauerwerk mit Fugenglattstrich und Anstrich, mittlerer Wärmedämmstandard	Verblendmauerwerk, Metallbekleidung, Vorhangfassade, hoher Wärmedämmstandard
Fenster	Holz, Stahl, Einfachverglasung	Kunststoff, Holz*, Isolierverglasung	Aluminium, Rollladen, Sonnenschutzvorrichtung, Wärmeschutzverglasung
Dächer	Wellfaserzement-, Blecheindeckung, Bitumen-, Kunststofffolienabdichtung	Betondachpfannen, mittlerer Wärmedämmstandard	Tondachpfannen, Schiefer-, Metalleindeckung, Gasbetonfertigteile, Stegzementdielen, hoher Wärmedämmstandard
Sanitär	einfache und wenige Toilettenräume Installation auf Putz	ausreichende Anzahl von Toilettenräumen Installation unter Putz	großzügige Toilettenräume in guter Ausstattung
Innenwandbekleidung der Nassräume	Ölfarbanstrich	Fliesensockel (1,50 m)	Fliesen raumhoch
Bodenbeläge	PVC, Linoleum, Holzdielen **Nassräume:** PVC	beschichteter Estrich, Gussasphalt **Nassräume:** Fliesen	Fliesen, Holzpflaster, Betonwerkstein **Nassräume:** großformatige Fliesen
Heizung	Einzelöfen, elektr. Speicherheizung, Boiler für Warmwasser	Lufterhitzer, Lufterhitzer mit Anschluss an zentrale Kesselanlage, Fernheizung	Zentralheizung/Pumpenheizung mit Flachheizkörpern, Klima- oder Lüftungsanlage, Warmwasserbereitung zentral
Elektroinstallation	einfache Installation auf Putz	ausreichende Installation unter Putz	aufwendige Installation, Sicherheitseinrichtungen

* nur Ausstellungsgebäude

Baunebenkosten (entsprechend Kostengruppe 700 DIN 276)

Einkaufsmärkte	**14 %**
Kauf- und Warenhäuser	**15 %**
Ausstellungsgebäude	**14 %**

Gesamtnutzungsdauer

Einkaufsmärkte	**30 bis 50 Jahre**
Kauf- und Warenhäuser	**40 bis 60 Jahre**
Ausstellungsgebäude	**30 bis 60 Jahre**

Einkaufsmärkte, Kauf- und Warenhäuser, Ausstellungsgebäude

Typ 25 – 27

Normalherstellungskosten (ohne Baunebenkosten)
entsprechend Kostengruppe 300 und 400 DIN 276/1993
einschließlich 16 % Mehrwertsteuer, Preisstand 2000

NHK 2000
WertR

Typ 25   EINKAUFSMÄRKTE
eingeschossig, unterkellert, Dach geneigt oder Flachdach

Kosten der Brutto-Grundfläche in €/m², durchschnittliche Geschosshöhe 4,20 m							
Ausstattungs-standards	vor 1925	1925 bis 1945	1946 bis 1959	1960 bis 1969	1970 bis 1984	1985 bis 1999	2000
einfach	–	–	490–530	530–560	560–590	595–645	645
mittel	–	–	660–710	710–750	755–810	815–865	865
gehoben	–	–	–	–	850–895	900–975	980

Typ 26   KAUF- UND WARENHÄUSER
3- bis 6-geschossig, unterkellert, Dach geneigt oder Flachdach

Kosten der Brutto-Grundfläche in €/m², durchschnittliche Geschosshöhe 4,45 m							
Ausstattungs-standards	vor 1925	1925 bis 1945	1946 bis 1959	1960 bis 1969	1970 bis 1984	1985 bis 1999	2000
einfach	735–765	765–785	785–845	850–895	900–950	955–1035	1035
mittel	865–900	905–925	925–995	1000–1055	1060–1120	1120–1215	1220
gehoben	1145–1190	1195–1225	1230–1325	1325–1410	1410–1485	1485–1615	1615

Typ 27   AUSSTELLUNGSGEBÄUDE
2- bis 4-geschossig, unterkellert bzw. teilunterkellert,
Dach geneigt oder Flachdach

Kosten der Brutto-Grundfläche in €/m², durchschnittliche Geschosshöhe 4,50 m							
Ausstattungs-standards	vor 1925	1925 bis 1945	1946 bis 1959	1960 bis 1969	1970 bis 1984	1985 bis 1999	2000
mittel	–	–	1125–1210	1210–1280	1285–1355	1360–1475	1475
gehoben	–	–	–	–	1615–1705	1705–1850	1855

Parkhäuser, Tiefgaragen, Kfz-Stellplätze

Typ 28.1 – 28.2, 29

Ausstattungsstandard			
Kostengruppe		**einfach**	**mittel**
F a s s a d e	Skelett-, Fachwerk-, Rahmenbau[1]		Sichtbeton, Mauerwerk mit Putz oder Fugenglattstrich und Anstrich, einfache Verkleidung
	Massivbau	Betonwände, Mauerwerk mit Putz oder Fugenglattstrich und Anstrich	Sichtbeton, Sichtmauerwerk[2] / Mauerwerk[1] mit Putz oder Fugenglattstrich und Anstrich, einfache Verkleidung[1]
Fenster		einfache Metallgitter	begrünte[2] Metallgitter, Glasbausteine,
Dächer		Flachdach bzw. Überbauung	befahrbares Flachdach (Dachparkdeck), ungedämmt[2], Oberflächenentwässerung, begrüntes Flachdach[2] bzw. Überbauung[2]
Bodenbeläge		Rohbeton,	Rohbeton[1], Estrich, Gussasphalt,
Installation		Strom- und Wasseranschluss, Installation auf Putz	Springleranlage[2], Strom- und Wasseranschluss[1], Löschwasserleitungen[1], Installation auf Putz[1]
besondere Einrichtungen		Treppenhaus	Personenaufzug, Videoüberwachung[1], Rufanlagen[1], Brandmelder[1], Beschallung[1], Toilettenanlagen[1], Rauch- und Wärmeabzugsanlagen[2], mechanische Be- und Entlüftungsanlagen[2]

1   nur Parkhäuser
2   nur Tiefgaragen

Baunebenkosten (entsprechend Kostengruppe 700 DIN 276)

Parkhäuser Typ 29.1	**10 %**
Parkhäuser Typ 29.2	**11 %**
Tiefgaragen	**12 %**

Gesamtnutzungsdauer

Parkhäuser Typ 29.1	**50 Jahre**
Parkhäuser Typ 29.2	**50 Jahre**
Tiefgaragen	**50 Jahre bzw. wie Überbauung**

Parkhäuser, Tiefgaragen, Kfz-Stellplätze   Typ 28.1 – 28.2, 29

Normalherstellungskosten (ohne Baunebenkosten)
entsprechend Kostengruppe 300 und 400 DIN 276/1993
einschließlich 16 % Mehrwertsteuer, Preisstand 2000

NHK 2000
WertR

Typ 28.1   PARKHÄUSER
mehrgeschossig, offene Ausführung, ohne Lüftungsanlage

Kosten der Brutto-Grundfläche in €/m², durchschnittliche Geschosshöhe 2,65 m							
Ausstattungs-standards	vor 1925	1925 bis 1945	1946 bis 1959	1960 bis 1969	1970 bis 1984	1985 bis 1999	2000
mittel	–	–	395–425	425–450	450–475	475–515	520

Typ 28.2   PARKHÄUSER
mehrgeschossig, geschlossene Ausführung, mit Lüftungsanlage

Kosten der Brutto-Grundfläche in €/m², durchschnittliche Geschosshöhe 2,65 m							
Ausstattungs-standards	vor 1925	1925 bis 1945	1946 bis 1959	1960 bis 1969	1970 bis 1984	1985 bis 1999	2000
mittel	–	–	485–520	525–555	555–585	585–635	640

Typ 29   TIEFGARAGE

Kosten der Brutto-Grundfläche in €/m², durchschnittliche Geschosshöhe 3,85 m							
Ausstattungs-standards	vor 1925	1925 bis 1945	1946 bis 1959	1960 bis 1969	1970 bis 1984	1985 bis 1999	2000
einfach	–	–	425–455	460–485	485–515	515–555	560
mittel	–	–	550–590	595–630	630–665	665–725	725

Anhang   KFZ-STELLPLÄTZE

Kleingaragen freistehend	230–255 €/m² BGF
Kellergaragen	435–460 €/m² BGF
Carports	130–155 €/m² BGF

Industriegebäude, Werkstätten
mit und ohne Büro- und Sozialtrakt

Typ 30.1 – 30.2

Ausstattungsstandard			
Kostengruppe		**einfach**	**mittel**	**gehoben**

Kostengruppe		**einfach**	**mittel**	**gehoben**
F a s s a d e	Skelett-, Fachwerk-, Rahmenbau	einfache Wände, Holz-, Blech-, Faserzementbekleidung	Leichtbetonwände mit Wärmedämmung, Beton-Sandwich-Elemente, Ausfachung 12 bis 25 cm	Schwerbetonplatten, Ausfachung bis 30 cm
	Massivbau	Mauerwerk mit Putz oder Fugenglattstrich und Anstrich	Wärmedämmputz, Wärmedämmverbundsystem, Sichtmauerwerk mit Fugenglattstrich und Anstrich, mittlerer Wärmedämmstandard	Verblendmauerwerk, Metallbekleidung, Vorhangfassade, hoher Wärmedämmstandard
Fenster		Holz/Stahl, Einfachverglasung	Kunststoff, Isolierverglasung, Glasbausteine	Aluminium, aufwendige Fensterkonstruktion
Dächer		Wellfaserzement-, Blecheindeckung, Bitumen-, Kunststofffolienabdichtung	Betondachpfannen, mittlerer Wärmedämmstandard	Metalleindeckung, hoher Wärmedämmstandard
Bodenbeläge		Rohbeton, Anstrich	Estrich, Gussasphalt, PVC	Betonwerkstein, Verbundpflaster, Klinker
Heizung		Einzelöfen, elektrische Speicherheizung, Boiler für Warmwasser[2]	Lufterhitzer, Sammelheizung, Fernheizung	Sammelheizung mit separater Regeltechnik, Luftheizung mit Umluftregelung
Elektroinstallation		je Raum 1 Lichtauslass und 1–2 Steckdosen, Installation auf Putz	je Raum 1–2 Lichtauslässe und 2–3 Steckdosen, informationstechnische Anlagen, Installation (tlw.[1]) unter Putz	je Raum mehrere Lichtauslässe und Steckdosen
Sanitär[2]		einfache Toilettenanlage, wenige Duschen, Installation auf Putz	ausreichende Toilettenanlagen, mehrere Duschen, Installation tlw. auf Putz	großzügige Toilettenanlagen und Duschräume, Installation unter Putz
Innenwandbekleidung der Nassräume[2]		Ölfarbanstrich	Fliesensockel (1,50m)	Fliesen raumhoch
Sonstige Einbauten[2]		Kochmöglichkeit, Spüle	Teeküche	Einbauküche, Aufenthaltsraum

1   ohne Büro- und Sozialtrakt
2   mit Büro- und Sozialtrakt

Baunebenkosten (entsprechend Kostengruppe 700 DIN 276)

ohne Büro- und Sozialtrakt	**12 %**
mit Büro- und Sozialtrakt	**14 %**

Gesamtnutzungsdauer   **40 bis 60 Jahre**

Industriegebäude, Werkstätten

Typ 30.1 – 30.2

Normalherstellungskosten (ohne Baunebenkosten)
entsprechend Kostengruppe 300 und 400 DIN 276/1993
einschließlich 16 % Mehrwertsteuer, Preisstand 2000

NHK 2000
WertR

Typ 30.1   ohne Büro- und Sozialtrakt

Kosten des Brutto-Rauminhalts in €/m³							
Ausstattungs-standards	vor 1925	1925 bis 1945	1946 bis 1959	1960 bis 1969	1970 bis 1984	1985 bis 1999	2000
einfach	–	–	80–85	90–90	95–95	100–105	110
mittel	–	–	110–120	120–125	130–130	135–145	145
gehoben	–	–	130–140	140–145	150–155	160–170	170

Typ 30.2   mit Büro- und Sozialtrakt

Kosten des Brutto-Rauminhalts in €/m³							
Ausstattungs-standards	vor 1925	1925 bis 1945	1946 bis 1959	1960 bis 1969	1970 bis 1984	1985 bis 1999	2000
einfach	–	–	115–120	125–125	130–135	135–145	150
mittel	–	–	150–155	160–165	170–175	180–190	195
gehoben	–	–	170–180	180–190	195–205	205–220	225

Lagergebäude

Typ 31.1 – 31.3

Ausstattungsstandard			
Kostengruppe		**einfach**	**mittel**
F a s s a d e	**Skelett-, Fachwerk-, Rahmenbau**	einfache Wände, Holz-, Blech-, Faserzementbekleidung	Leichtbetonwände mit Wärmedämmung, Beton-Sandwich-Elemente, Ausfachung 12 bis 25 cm
	Massivbau	Mauerwerk mit Putz oder Fugenglattstrich und Anstrich	Wärmedämmputz, Wärmedämmverbundsystem, Sichtmauerwerk mit Fugenglattstrich und Anstrich, mittlerer Wärmedämmstandard
Fenster		Holz, Einfachverglasung	Kunststoff, Glasbausteine, Isolierverglasung
Dächer		Wellfaserzement-, Blecheindeckung, Bitumen-, Kunststofffolienabdichtung	Betondachpfannen, mittlerer Wärmedämmstandard
Bodenbeläge		Rohbeton, Anstrich	Estrich, Gussasphalt, Verbundpflaster ohne Unterbau
Heizung[1]		Luftheizung mit Direktbefeuerung	Zentralheizung
Installation		Strom- und Wasseranschluss, Installation auf Putz	Strom- und Wasseranschluss, Installation auf Putz
Sanitär[2]		einfache Toilettenanlagen, wenige Duschen, Installation auf Putz	ausreichende Toilettenanlagen, mehrere Duschen, Installation tlw. auf Putz
Innenwandbekleidung der Nassräume[2]		Ölfarbanstrich	Fliesensockel (1,50 m)
Sonstige Einbauten[2]		Kochmöglichkeit, Spüle[2]	Teeküche

1   entfällt bei Kaltlager
2   nur bei Warmlager mit Büro- und Sozialtrakt

Baunebenkosten (entsprechend Kostengruppe 700 DIN 276)

Kaltlager   **9 %**
Warmlager   **10 %**
Warmlager mit Sozialtrakt   **11 %**

Gesamtnutzungsdauer   **40 bis 60 Jahre**

Lagergebäude   **Typ 31.1 – 31.3**

Normalherstellungskosten (ohne Baunebenkosten)
entsprechend Kostengruppe 300 und 400 DIN 276/1993
einschließlich 16 % Mehrwertsteuer, Preisstand 2000

NHK 2000
WertR

Typ 31.1   KALTLAGER

Kosten des Brutto-Rauminhalts in €/m³							
Ausstattungs-standards	vor 1925	1925 bis 1945	1946 bis 1959	1960 bis 1969	1970 bis 1984	1985 bis 1999	2000
einfach	–	–	60–60	65–65	70–70	75–75	80
mittel	–	–	110–115	120–125	125–130	135–140	145

Typ 31.2   WARMLAGER

Kosten des Brutto-Rauminhalts in €/m³							
Ausstattungs-standards	vor 1925	1925 bis 1945	1946 bis 1959	1960 bis 1969	1970 bis 1984	1985 bis 1999	2000
einfach	–	–	75–80	80–85	85–90	90–95	100
mittel	–	–	125–135	135–145	145–150	155–165	165

Typ 31.3   WARMLAGER MIT BÜRO- UND SOZIALTRAKT

Kosten des Brutto-Rauminhalts in €/m³							
Ausstattungs-standards	vor 1925	1925 bis 1945	1946 bis 1959	1960 bis 1969	1970 bis 1984	1985 bis 1999	2000
einfach	–	–	120–125	125–130	135–140	140–150	155
mittel	–	–	160–170	175–180	185–190	195–210	215

Reithallen und Pferdeställe   Typ 32.1 – 32.2

Reithallen   Typ 32.1

Ausstattungsstandard			
Kostengruppe	**einfach**	**mittel**	**gehoben**
Hallenboden	Tretschicht als Schüttung auf gewachsenem Boden	Tretschicht als Schüttung auf Tragschicht aus Lehm	Tretschicht als Schüttung auf Tragschicht aus Schotter und Sand/Lehm-Zwischenschicht
Außenwände	Verbretterung oder Blechverkleidung auf Holztragwerk, Lichtflächen aus Kunststoff-Doppelstegplatten	Stahlblech-Sabdwichelemente auf Holz- oder Stahlrahmen, Lichtflächen aus Kunststoff-Doppelstegplatten	Stahlbetonstützen und Ziegelmauerwerk, Holzfenster, Holztüren und Holztore
Innenwände		Mauerwerk zwischen Halle und Nebenräumen	Mauerwerk, Putz, Tapete im Reiterstübchen
Dächer	Holzbinder auf Stahl- oder Stahlbetonstützen, Faserzementwellplatten auf Holzpfetten	Stahlblech-Sandwichelemente auf Holz- oder Stahlrahmen	Holzbinder, Pfetten, Sparren, Hartschaumdämmung, Betondachsteine, Tonpfannen
Sanitär	Toiletten, Waschbecken	Toiletten, Waschbecken	Düsenrohrberegnung, Toiletten und Duschanlagen
Heizung	keine	WW-Zentralheizung in Nebenräumen	WW-Zentralheizung in Nebenräumen, Lufterhitzer
Elektroinstallation	Leuchten in Halle und WC	Leuchten in Halle und WC	Leuchten in Halle, WC, Reiterstübchen und Tribüne

Pferdeställe   Typ 32.2

Ausstattungsstandard			
Kostengruppe	**einfach**	**mittel**	**gehoben**
Hallenboden	Beton-Verbundsteine mit Einstreu im Tierbereich	Beton mit Einstreu im Tierbereich	Beton mit Gussasphalt und Einstreu im Tierbereich
Außenwände	Brettschalung oder Bohlenbekleidung auf Holztragwerk, Lichtplatten	Mauerwerk oder Blockholzbauweise, Lichtplatten, Holztüren	Hintermauerwerk, Dämmung und Verblendmauerwerk, Holzfenster und Holztüren
Innenwände	Mauerwerk	Mauerwerk und Putz	Mauerwerk, Putz, Anstrich, Fliesen am Waschplatz
Dächer	Holztragwerk, Pappdach oder Bitumenwellplatten	Holz- oder Stahltragwerk, Faserzementwellplatten	Leimholzbinder, Betondachsteine, Tonpfannen, Dämmung
Aufstallung	Abtrennungen aus Holz	Holz-Bohlenwände in U-Eisen	Hartholz-Bohlenwände in U-Eisen und Gitteraufsatz aus verzinktem Stahl
Fütterung	Krippen und Selbsttränkebecken, Handfütterung	Krippen und Heuraufen, Selbsttränkebecken, Handfütterung	Krippen und Heuraufen, Kraftfutterautomaten mit individueller Zuteilung und automatischer Zuteilung
Entmistung	Schubkarrenentmistung	Schlepperentmistung	Schubstangen- oder Seilzugentmistung
Lüftung	freie Entlüftung, Windnetze oder senkrechte Verbretterung mit Luftschlitzen in Wänden	freie Entlüftung, Zuluftklappen, Abluft durch Lichtkuppelfirst mit Abluftöffnung	Zwangslüftung, Unterdruck, Abluftschächte mit Ventilatoren
Installation	Strom- und Wasseranschluss	Strom- und Wasseranschluss	Strom- und Wasseranschluss, Waschplatz mit Solarium

Baunebenkosten (entsprechend Kostengruppe 700 DIN 276)   **12 %**

Gesamtnutzungsdauer   **30 Jahre**

Reithallen und Pferdeställe

Typ 32.1 – 32.2

Normalherstellungskosten (ohne Baunebenkosten)
entsprechend Kostengruppe 300 und 400 DIN 276/1993
einschließlich 16 % Mehrwertsteuer, Preisstand 2000

NHK 2000
WertR

Typ 32.1 REITHALLEN

eingeschossig, Dach geneigt

Kostenanteile entsprechend DIN 276: KG 300/400 = 90 %/10 %

Kosten der Brutto-Grundfläche in €/m², Traufenhöhe 5,00 m			
Ausstattungs-standards	1970 bis 1984	1985 bis 1999	2000
einfach	155–165	170–180	180
mittel	170–180	185–200	200
gehoben	205–215	220–240	240

Korrektur-Faktoren

Gebäudegröße (BGF)	500 m²	1,1
	1000 m²	*1,0*
	1500 m²	0,95

Typ 32.2 PFERDESTÄLLE

eingeschossig, Dach geneigt
(Kennzahl: 15 bis 20 m² BGF/Tier)

Kostenanteile entsprechend DIN 276: KG 300/400 = 70 %/30 %

Kosten der Brutto-Grundfläche in €/m², Traufenhöhe 3,50 m			
Ausstattungs-standards	1970 bis 1984	1985 bis 1999	2000
einfach	240–260	260–280	280
mittel	345–365	370–400	400
gehoben	410–425	430–480	480

Korrektur-Faktoren

Gebäudegröße (BGF)	250 m²	1,1
	500 m²	*1,0*
	750 m²	0,95

Landwirtschaftliche Betriebsgebäude
Rinderställe
Typ 33.1.1 – 33.1.4

Ausstattungsstandard			
Kostengruppe	**einfach** (ohne Einstreu)	**mittel** (ohne Einstreu)	**gehoben** (ohne Einstreu)
Bodenplatten und Bodenbelag	Betonboden	Betonboden, Kunststoffbeschichtung im Melkstand und Milchlagerraum[3,4]	Betonboden mit Gussasphalt, Fliesenbelag im Melkstand und Milchlagerraum[3,4]
Außenwände	Brettschaltung auf Holztragwerk, Kunststoff-Windnetze	Holzbohlen, auf Holztragwerk Doppelsteg-Lichtplatten als Licht- und Luftöffnung, Güllekanalwände aus Beton-Schalungssteinen[1,2,3]	Mauerwerk oder Holz-Blockbohlen, Kunststofffenster, Holztüren, Güllekanalwände aus Stahlbeton[1,2,3]
Innenwände	Mauerwerk	Mauerwerk mit Anstrich	Mauerwerk mit Fliesenbelag im Melkraum und Milchlagerraum[3,4]
Decken		Holzbalkendecke[3,4]	Stahlbetondecke[3,4]
Dächer	Tragwerk aus Holz mit Außen- und Innenstützen, Eindeckung mit Profilblech oder Bitumenwellplatten	Tragwerk aus stützenfreien Stahlrahmen, Eindeckung mit Faserzementwellplatten	Tragwerk aus stützenfreien Holz-Leimbindern, Eindeckung mit Betondachsteinen oder Tonpfannen, Licht- und Lüftungsfirst regulierbar
baukonstruktive Einbauten	Krippen	Laufgänge[1,2,3] und Gruppenbuchten für Mastbullen[2] aus Beton-Spaltenbodenelementen, Krippenschalen aus Polyesterbeton	Laufgänge[1,2,3] und Gruppenbuchten für Mastbullen[2] aus Beton-Spaltenbodenelementen, Krippenschalen aus Steinzeug
Aufstallung	Stand-, Buchten- und Boxenabtrennung aus Holz, Fressgitter aus verzinktem Stahlrohr[1,2,3]	Gummimatten in Liegeboxen[1,2,3] und auf Spaltenboden in Mastbullenbuchten[2], Buchten- und Boxenbügel sowie Fressgitter aus verzinktem Stahlrohr[1,2,3]	Stall-Matratzen oder Wasserbetten in Liegeboxen[2,3], Gummimatten auf Spaltenboden in Mastbullenbuchten[2], Boxenabtrennungen und Fressgitter aus verzinktem Stahlrohr
Fütterung	Tränkebecken	Tränkeautomat[1], Kraftfutter-Abruffütterung[2,3], Tränkewannen[2,3]	Tränkeautomat[1], Kraftfutter-Abruffütterung[2,3], Tränkewannen mit Wasser-Anwärmung[2,3]
Entmistung	Schlepperentmistung	Seilzugschieber oder Faltschieber für planbefestigte Laufgänge, Güllepumpe und Rührgerät für Kanäle und Lagerräume	selbstfahrender Dungschieber für planbefestigte Laufgänge, Güllepumpe für Spülverfahren
Lüftung	freie Lüftung, Offenfrontstall	freie Lüftung, Traufe-First, Windnetze mit Jalousien, Licht- und Lüftungsfirst	Zwangslüftung, Unterdruck, Abluftschächte und Ventilatoren
Milchentzug für Lagerung	Parallelmelkstand[3,4], Fischgrätenmelkstand[3,4], Milchtank[3,4]	Fischgrätenmelkstand mit Abnahmeautomatik, Milchmengenmessung, Tiererkennung, Milchtank mit Kühlung[3,4]	Karussel- und Tandemmelkstand mit Abnahmeautomatik, Milchmengenmessung, Tiererkennung, Nachtreibehilfe, Milchtank mit Vorkühlung[3,4]

1   nur bei Kälberställen
2   nur bei Rinderställen ohne Melkstand
3   nur bei Milchvielställen mit Melkstand
4   nur bei Melkgebäuden

Baunebenkosten (entsprechend Kostengruppe 700 DIN 276)   **12 %**

Gesamtnutzungsdauer   **30 Jahre**

Außenanlagen: Raufutter-Fahrsilo   **60–100 €/m³ Nutzraum**
                   Kraftfutter-Hochsilo   **170–350 €/m³ Nutzraum**
                   Beton-Güllebehälter   **30– 60 €/m³ Nutzraum**

Rinderställe

Normalherstellungskosten (ohne Baunebenkosten)
entsprechend Kostengruppe 300 und 400 DIN 276/1993
einschließlich 16 % Mehrwertsteuer, Preisstand 2000

NHK 2000
WertR

Typ 33.1.1   KÄLBERSTÄLLE eingeschossig, ohne Güllekanäle, Dach geneigt
(Kennzahl: 4,00–4,50 m² BGF/Tier)
Kostenanteile entsprechend DIN 276: KG 300/400 = 70 %/30 %

Ausstattungs-standards	1970 bis 1984	1985 bis 1999	2000
einfach	320–345	350–370	370
mittel	355–375	380–415	415
gehoben	430–440	445–500	500

Kosten der Brutto-Grundfläche in €/m², Traufhöhe 3,00 m

Korrektur-Faktoren

Gebäudegröße (BGF)	100 m²	1,1
	150 m²	*1,0*
	250 m²	0,95
Unterbau	Güllekanäle (Tiefe 1,00 m)	1,05

Typ 33.1.2   RINDERSTÄLLE eingeschossig, ohne Güllekanäle, Dach geneigt
(Jungvieh-, Mastbullen- und Milchviehställe ohne Melkstand)
(Kennzahl: 5,00–9,00 m² BGF/Tier)
Kostenanteile entsprechend DIN 276: KG 300/400 = 80 %/20 %

Ausstattungs-standards	1970 bis 1984	1985 bis 1999	2000
einfach	195–205	210–225	225
mittel	215–225	230–250	250
gehoben	255–265	270–300	300

Kosten der Brutto-Grundfläche in €/m², Traufhöhe 3,50 m

Korrektur-Faktoren

Gebäudegröße (BGF)	500 m²	1,1
	750 m²	*1,0*
	1000 m²	0,95
Unterbau	Güllekanäle (Tiefe 1,00 m)	1,2
	Güllelagerraum (Tiefe 2,00 m)	1,4

Typ 33.1.3   MILCHVIEHSTÄLLE eingeschossig, ohne Güllekanäle, Dach geneigt
mit Melkstand und Milchlager
(Kennzahl: 10,00–15,00 m² BGF/Tier)
Kostenanteile entsprechend DIN 276: KG 300/400 = 70 %/30 %

Ausstattungs-standards	1970 bis 1984	1985 bis 1999	2000
einfach	215–225	240–250	250
mittel	240–255	260–280	280
gehoben	285–295	300–340	340

Kosten der Brutto-Grundfläche in €/m², Traufhöhe 3,50 m

Korrektur-Faktoren

Gebäudegröße (BGF)	1000 m²	1,1
	1500 m²	*1,0*
	2000 m²	0,95
Unterbau	Güllekanäle (Tiefe 1,00 m)	1,2
	Güllelagerraum (Tiefe 2,00 m)	1,4

Typ 33.1.4   MELKSTAND eingeschossig, ohne Güllekanäle, Dach geneigt
mit Milchlager und Nebenräumen als Einzelgebäude
Kostenanteile entsprechend DIN 276: KG 300/400 = 60 %/40 %

Ausstattungs-standards	1970 bis 1984	1985 bis 1999	2000
einfach	620–675	680–720	720
mittel	670–735	740–800	800
gehoben	825–855	860–960	960

Kosten der Brutto-Grundfläche in €/m², Traufhöhe 3,00 m

Korrektur-Faktoren

Gebäudegröße (BGF)	200 m²	1,1
	350 m²	*1,0*
	500 m²	0,95

Schweineställe

Typ 33.2.1 – 33.2.4

	Ausstattungsstandard		
Kostengruppe	**einfach** (ohne Einstreu)	**mittel** (ohne Einstreu)	**gehoben** (ohne Einstreu)
Bodenplatten und Bodenbeläge	Betonboden	Betonboden der Güllekanäle und der Stall-, Gang- und Nebenflächen mit geschlossener Oberfläche, Estrich mit Wärmedämmung im Tierbereich	Betonboden der Güllekanäle und der Stallflächen mit geschlossener Oberfläche, Estrich mit Wärmedämmung im Tierbereich
Außenwände	Brettschaltung auf Holztragwerk, Kunststoff-Windnetze oder Doppelstegplatten	Hintermauerwerk, Innenanstrich, Dämmung, Außenbekleidung aus Holz oder Profilblech, Güllekanalwände aus Beton-Schalungssteinen	Hintermauerwerk, Innenputz, Anstrich, Dämmung und Vormauerziegel, Güllekanalwände aus Beton
Innenwände	Mauerwerk	Mauerwerk mit Anstrich, Kunststoffpaneele als Abteiltrennung	Mauerwerk mit Putz und Anstrich oder Fliesenbelag im Tierbereich[3,4]
Dächer	Tragwerk aus Holz mit Holzaußen- und Innenstützen oder Stahlrahmen, Blecheindeckung oder Bitumenwellplatten	Holz-Dachbinder, Eindeckung mit Faserzementwellplatten, Wärmedämmung aus Hartschaumplatten	Holz-Dachbinder, Betondachsteine oder Tonpfannen, Wärmedämmung aus Schaumglas und Beschichtung
baukonstruktive Einbauten	Futtertröge	perforierte Buchtenflächen aus Kunststoffrosten[3,4], Beton-Spaltenboden[1,2,3], Futtertröge aus Polyesterbeton	Laufgänge[1,2,3], und Gruppenbuchten für Mastbullen[2] aus Beton-Spaltenbodenelementen, Krippenschalen aus Steinzeug
Aufstallung	Buchtenabtrennung und Einzelstände[3,4], aus verzinktem Stahlrohr	Buchtenabtrennungen aus Kunststoff[1,2], Einzelstände aus verzinktem Stahlrohr[3,4], gedämmte Ruhekissen[1,2,3]	Buchtenabtrennungen aus Betonfertigteilen[1,2], Einzelstände aus verzinktem Stahlrohr[3,4], gedämmte Ruhekissen[1,2,3]
Fütterung	Beißnippeltränken, Becken-Selbsttränke[3,4], Trocken-Futterautomat[1,2,3], Tröge für Handfütterung[3,4]	Beißnippeltränken[1,2], Becken-Selbsttränke[3,4], Breifutterautomaten mit Futter-Fördersystem[1,2], Trockenfütterung mit Volumendosierer	Becken-Selbsttränken, Flüssigfütterung mit Sensorsteuerung[1,2], Sauenabruffütterung für Trocken- oder Flüssigfutter[3], Trogfütterung mit dosierter Futterzuteilung[4]
Entmistung	Schubstange	Absperrschieber für Staukanäle oder Wannen, Güllerohre, Pumpe	Absperrschieber für Staukanäle oder Wannen, Güllerohre, Pumpe
Lüftung	freie Lüftung, Traufe-First, Windnetze mit Jalousie, Steuerung und Verstelleinrichtung[1,2,3] oder Bretter mit Luftschlitzen	Zwangslüftung, Unterdruck, Rieselkanäle oder Porendecke, Abluft mit Ventilatoren, punktförmige Schächte	Zwangslüftung, Gleichdruck, Zu- und Abluftschächte sowie zentraler Abluftschacht mit Ventilatoren für Unterdrucksystem
Heizung	Heizung in Ruhekisten und Betten[1,2,3]	Gas- oder Elektrostrahler[3,4], Gas-Lufterhitzer[1,2,3]	beheizbare Liegeflächen[3,4], WW-Heizung mit Heizrohren in Stallabteilen

1   nur bei Ferkelaufzuchtställen
2   nur bei Mastschweineställen
3   nur bei Sauenställen
4   nur bei Abferkelställen

Baunebenkosten (entsprechend Kostengruppe 700 DIN 276)   **12 %**

Gesamtnutzungsdauer   30 Jahre

Außenanlagen: Fertigfutter-Hochsilo   **170–350 €/m³ Nutzraum**
                   Beton-Güllebehälter   **30– 60 €/m³ Nutzraum**

Schweineställe

Typ 33.2.1 – 33.2.4

Normalherstellungskosten (ohne Baunebenkosten)
entsprechend Kostengruppe 300 und 400 DIN 276/1993
einschließlich 16 % Mehrwertsteuer, Preisstand 2000

NHK 2000
WertR

Typ 33.2.1　FERKELAUFZUCHTSTÄLLE eingeschossig, ohne Güllekanäle,
Dach geneigt (Kennzahl: 0,45–0,65 m² BGF/Tier)
Kostenanteile entsprechend DIN 276: KG 300/400 = 75 %/25 %

**Kosten der Brutto-Grundfläche in €/m²,
Traufhöhe 3,00 m**

Ausstattungs-standards	1970 bis 1984	1985 bis 1999	2000
einfach	300–325	330–350	350
mittel	335–355	360–390	390
gehoben	405–415	420–470	470

Korrektur-Faktoren

Gebäudegröße (BGF)	400 m²	1,1
	600 m²	*1,0*
	800 m²	0,95
Unterbau	Güllekanäle (Tiefe 0,80 m)	1,2

Typ 33.2.2　MASTSCHWEINESTÄLLE eingeschossig, ohne Güllekanäle,
Dach geneigt (Kennzahl: 0,90–1,30 m² BGF/Tier)
Kostenanteile entsprechend DIN 276: KG 300/400 = 70 %/30 %

**Kosten der Brutto-Grundfläche in €/m²,
Traufhöhe 3,00 m**

Ausstattungs-standards	1970 bis 1984	1985 bis 1999	2000
einfach	260–285	290–305	305
mittel	290–305	310–340	340
gehoben	350–360	365–410	410

Korrektur-Faktoren

Gebäudegröße (BGF)	500 m²	1,1
	1000 m²	*1,0*
	1500 m²	0,95
Unterbau	Güllekanäle (Tiefe 0,80 m)	1,2
	Gülle-Lagerraum (Tiefe 1,50 m)	1,25

Typ 33.2.3　ZUCHTSCHWEINESTÄLLE eingeschossig, ohne Güllekanäle,
Dach geneigt (Deck-, Warte- und Abferkelbereiche)
(Kennzahl: 4,5–5,00 m² BGF/Tier)
Kostenanteile entsprechend DIN 276: KG 300/400 = 65 %/35 %

**Kosten der Brutto-Grundfläche in €/m²,
Traufhöhe 3,00 m**

Ausstattungs-standards	1970 bis 1984	1985 bis 1999	2000
einfach	325–355	360–380	380
mittel	365–385	390–425	425
gehoben	440–455	460–510	510

Korrektur-Faktoren

Gebäudegröße (BGF)	500 m²	1,1
	1000 m²	*1,0*
	1500 m²	0,95
Unterbau	Güllekanäle (Tiefe 0,80 m)	1,1
	Gülle-Lagerraum (Tiefe 1,50 m)	1,2

Typ 33.2.4　ABFERKELSTÄLLE als Einzelgebäude
eingeschossig, ohne Güllekanäle, Dach geneigt
(Kennzahl: 6,30–6,50 m² BGF/Tier)
Kostenanteile entsprechend DIN 276: KG 300/400 = 60 %/40 %

**Kosten der Brutto-Grundfläche in €/m²,
Traufhöhe 3,00 m**

Ausstattungs-standards	1970 bis 1984	1985 bis 1999	2000
einfach	345–375	380–405	405
mittel	385–410	415–450	450
gehoben	465–485	490–540	540

Korrektur-Faktoren

Gebäudegröße (BGF)	200 m²	1,1
	400 m²	*1,0*
	600 m²	0,95
Unterbau	Güllekanäle (Tiefe 0,80 m)	1,1

Kleiber

Geflügelställe

Typ 33.3.1 – 33.3.4

Ausstattungsstandard			
Kostengruppe	**einfach**	**mittel**	**gehoben**
Bodenplatten und Bodenbeläge	Betonboden	Betonboden	Betonboden
Außenwände	Brettschaltung auf Holztragwerk, Innenbekleidung aus profilierten Alu-Blechen, dazwischen Dämmung aus Mineralwolle	Holzbohlen auf Holztragwerk, Innenbekleidung aus Faserzementplantafeln, dazwischen Dämmung aus Mineralwolle, Doppelsteg-Lichtplatten aus Kunststoff	Mauerwerk mit Innen- und Außenputz bzw. Außen-Verblendung oder Beton-Fertigteile mit Kerndämmung, Kunststofffenster
Innenwände	Mauerwerk	Mauerwerk	Mauerwerk
Dächer	Tragwerk aus Holz, Eindeckung aus Profilblech oder Bitumenwellplatten	Stahlrahmen als Tragwerk, Eindeckung mit Faserzementwellplatten, Wärmedämmung aus Hartschaumplatten	Holz-Dachbinder, Eindeckung aus Betondachsteinen oder Tonpfannen, Wärmedämmung aus Schaumglas und Beschichtung
Aufstallung	Kotkästen aus Holz[2], Wintergärten als Scharrräume, Legenester	Kotkästen aus Metall und Kunststoffrosten[1], Legenester mit Austrieb, Eiersammelanlage	Kotkästen aus Metall und Kunststoffrosten[2], Abrollnester mit Austrieb, Eiersammelanlage, Eierverpackungsanlage
Fütterung	Nippeltränken[2,3], Trogkettenfütterung	Nippeltränken mit Cups, Trogkettenfütterung	Nippeltränken mit Cups, Trogkettenfütterung
Entmistung	Schlepperentmistung[1,2]	Kotbandentmistung, Längs- und Querförderer[2,3,4]	belüftete Kotbandentmistung, Längs- und Querförderer[3,4]
Lüftung	freie Lüftung	Zwangslüftung, Unterdruckverfahren, Zuluftelemente, Abluft mit Ventilatoren, punktförmige Schächte	Zwangslüftung, Gleichdruckverfahren, Zuluftelemente, Abluftschächte mit Ventilatoren sowie zentraler Abluftschacht
Heizung	Gas-Lufterhitzer	Gas-Lufterhitzer	Gas-Lufterhitzer mit Temperaturfühler und Klimacomputer

1   nur bei Mast in Bodenhaltung
2   nur bei Hennen-Bodenhaltung
3   nur bei Hennen-Volierenhaltung
4   nur bei Hennen-Käfighaltung

Baunebenkosten (entsprechend Kostengruppe 700 DIN 276)   **12 %**

Gesamtnutzungsdauer   **30 Jahre**

Außenanlagen: Fertigfutter-Hochsilo   **170–350 €/m³ Nutzraum**
Mistlager   **60–100 €/m² Nutzraum**

Geflügelställe   Typ 33.3.1 – 33.3.4

Normalherstellungskosten (ohne Baunebenkosten)
entsprechend Kostengruppe 300 und 400 DIN 276/1993
einschließlich 16 % Mehrwertsteuer, Preisstand 2000

NHK 2000
WertR

Typ 33.3.1   **MASTGEFLÜGEL, Bodenhaltung, eingeschossig, Dach geneigt**
         (Hähnchen, Puten, Gänse) (Kennzahl: 0,05–0,06 m² BGF/Tier)
         Kostenanteile entsprechend DIN 276: KG 300/400 = 80 %/20 %

Ausstattungs-standards	1970 bis 1984	1985 bis 1999	2000
einfach	195–210	215–225	225
mittel	215–225	230–250	250
gehoben	255–265	270–300	300

Kosten der Brutto-Grundfläche in €/m², Traufhöhe 3,00 m

Korrektur-Faktoren

Gebäudegröße (BGF)	500 m²	1,1
	900 m²	*1,0*
	1800 m²	0,95

Typ 33.3.2   **LEGEHENNEN, Bodenhaltung, eingeschossig, Dach geneigt**
         (Kennzahl: 0,15–0,20 m² BGF/Tier)
         Kostenanteile entsprechend DIN 276: KG 300/400 = 70 %/30 %

Ausstattungs-standards	1970 bis 1984	1985 bis 1999	2000
einfach	280–300	305–325	325
mittel	310–325	330–360	360
gehoben	370–385	390–430	430

Kosten der Brutto-Grundfläche in €/m², Traufhöhe 3,00 m

Korrektur-Faktoren

Gebäudegröße (BGF)	500 m²	1,1
	850 m²	*1,0*
	1200 m²	0,95
Kotgrube	Tiefe 1,00 m	1,1

Typ 33.3.3   **LEGEHENNEN, Volierenhaltung, eingeschossig, Dach geneigt**
         (Kennzahl: 0,07–0,10 m² BGF/Tier)
         Kostenanteile entsprechend DIN 276: KG 300/400 = 50 %/50 %

Ausstattungs-standards	1970 bis 1984	1985 bis 1999	2000
einfach	405–435	440–470	470
mittel	445–475	480–520	520
gehoben	535–555	560–625	625

Kosten der Brutto-Grundfläche in €/m², Traufhöhe 3,00 m

Korrektur-Faktoren

Gebäudegröße (BGF)	500 m²	1,1
	850 m²	*1,0*
	1200 m²	0,95

Typ 33.3.4   **LEGEHENNEN, Käfighaltung, eingeschossig, Dach geneigt**
         (Kennzahl: 0,05–0,07 m² BGF/Tier)
         Kostenanteile entsprechend DIN 276: KG 300/400 = 45 %/55 %

Ausstattungs-standards	1970 bis 1984	1985 bis 1999	2000
einfach	495–540	545–575	575[1]
mittel	550–585	590–640	640[1]
gehoben	660–685	690–770	770[1]

Kosten der Brutto-Grundfläche in €/m², Traufhöhe 3,00 m

Korrektur-Faktoren

Gebäudegröße (BGF)	300 m²	1,1
	900 m²	*1,0*
	1800 m²	0,95

1   ab 2001 in D nicht mehr genehmigungsfähig

Landwirtschaftliche Mehrzweckhallen, Scheunen

Typ 33.4.1 – 33.4.2

Landwirtschaftliche Mehrzweckhallen

Typ 33.4.1

Kostengruppe	Ausstattungsstandard		
	einfach	mittel	gehoben
Bodenplatten und Bodenbeläge	Beton, Verbundpflastersteine	Betonboden	Betonboden mit verdichteter Oberfläche oder Gussasphalt
Außenwände	Brettschalung oder Blechbekleidung auf Holztragwerk	Stahlrahmen mit Ausmauerung oder Stahl-Sandwichelementen	Mauerwerk mit Stahlbetonstützen oder Beton-Fertigteilen
Innenwände	keine	Leichtbauweise	Mauerwerk mit Stahlbetonstützen oder Beton-Fertigteilen
Dächer	Holztragwerk mit Eindeckung aus Profilblech oder Bitumenwellplatten	Faserzementwellplatten auf Holzpfetten und Stahlrahmen, Lichtplatten	Holz-Dachbinder auf Stahl- oder Stahlbetonstützen, Betondachsteine oder Tondachpfannen
Elektroinstallation	Leuchten	Leuchten, Steckdosen	Leuchten, Steckdosen

Scheunen ohne Stallteil

Typ 33.4.2

Kostengruppe	Ausstattungsstandard		
	einfach	mittel	gehoben
Bodenplatten und Bodenbeläge	Lehmboden	Verbundpflastersteine	Betonboden
Außenwände	Verbretterung auf Holzfachwerk	Holzfachwerk mit Ausmauerung	Ziegel- und Natursteinmauerwerk
Innenwände	Holzstützen	Holzfachwerk mit Ausmauerung	Ziegelmauerwerk
Decken	keine	Holzbalkendecke	Massivdecke
Dächer	Holztragwerk mit Pappdach auf Schalung oder Blecheindeckung	Holztragwerk mit Eindeckung aus Faserzementwellplatten	Holztragwerk mit Eindeckung aus Betondachsteinen oder Tonpfannen
Elektroinstallation	keine	Leuchten	Leuchten und Geräte-Anschlussdosen

Baunebenkosten   **10–12 %**

Gesamtnutzungsdauer

landwirtschaftliche Mehrzweckhallen   **40 Jahre**
Scheunen ohne Stallteil   **40–60 Jahre**

Außenanlagen: Waschplatz (4,00 x 5,00 m)
      mit Kontrollschacht und Ölabscheider   **4 000–5 000 €/Stück**
      Vordach
      am Hauptdach angeschleppt   **80–100 €/m²**
      Hofbefestigung
      aus Beton-Verbundsteinen   **40– 50 €/m²**

Landwirtschaftliche Mehrzweckhallen, Scheunen

Typ 33.4.1 – 33.4.2

Normalherstellungskosten (ohne Baunebenkosten)
entsprechend Kostengruppe 300 und 400 DIN 276/1993
einschließlich 16 % Mehrwertsteuer, Preisstand 2000

NHK 2000
WERTR

Typ 33.4.1 LANDWIRTSCHAFTLICHE MEHRZWECKHALLEN
eingeschossig, Dach geneigt
Kostenanteile entsprechend DIN 276: KG 300/400 = 95 %/5 %

Kosten der Brutto-Grundfläche in €/m², Traufhöhe 5,50 m							
Ausstattungs-standards	vor 1925	1925 bis 1945	1946 bis 1959	1960 bis 1969	1970 bis 1984	1985 bis 1999	2000
einfach	–	–	–	155–165	165–175	180–190	190
mittel	–	–	–	170–175	180–190	195–210	210
gehoben	–	–	–	200–205	210–220	225–270	270

Korrektur-Faktor Gebäudegröße (BGF)

250 m² 1,1
500 m² 1,0
750 m² 0,95

Typ 33.4.2 SCHEUNEN OHNE STALLANTEILE*
eingeschossig, Dach geneigt
Kostenanteile entsprechend DIN 276: KG 300/400 = 95 %/5 %

Kosten der Brutto-Grundfläche in €/m², Traufhöhe 5,00 m							
Ausstattungs-standards	vor 1925	1925 bis 1945	1946 bis 1959	1960 bis 1969	1970 bis 1984	1985 bis 1999	2000
einfach	160–170	170–180	180–190	190–200	–	–	–
mittel	200–210	210–220	220–230	230–240	–	–	–
gehoben	220–240	240–260	260–280	280–300	–	–	–

Korrektur-Faktor Gebäudegröße (BGF)

250 m² 1,1
500 m² 1,0
750 m² 0,95

---

* Wirtschaftlich nutzbare Stallteile werden mit Typ 32–33.3 bewertet.

4.1.3   Normalherstellungskosten für Kranbahnen (Preisbasis 2000)

Normalherstellungskosten für Kranbahnen (Preisbasis 2000)

Verstärkung der Hallenstützen und -fundamente, Kranbahnschienen, Auflager usw.

Laufhöhe	€ bei Belastbarkeit bis max. 10 t und Lauflänge von								
(m)	2,5 m	5,0 m	7,5 m	10,0 m	12,5 m	15,0 m	17,5 m	20,0 m	22,5 m
4	780	1 160	1 560	2 045	2 220	2 390	2 560	2 710	2 860
6	830	1 210	1 600	1 960	2 220	2 410	2 580	2 710	2 860
8	910	1 270	1 640	1 990	2 250	2 430	2 580	2 730	2 890
10	1 020	1 360	1 710	2 050	2 300	2 480	2 630	2 770	2 890
12	1 100	1 460	1 790	2 150	2 400	2 590	2 710	2 820	2 910
14	1 230	1 480	1 900	2 220	2 510	2 680	2 770	2 860	3 020
16	1 230	1 690	2 020	2 360	2 610	2 790	2 900	3 020	3 120
18	1 530	1 850	2 200	2 560	2 770	2 980	3 070	3 160	3 300
20	1 730	2 050	2 380	2 680	2 940	3 160	3 250	3 320	3 430
25	2 100	2 530	2 710	3 220	3 480	3 760	3 830	3 940	4 090

Quellen: Thormälen, Baurichtwerte und eigene Berechnungen.

Umrechnungskoeffizienten für abweichende Belastbarkeit

Belastbarkeit	5 t	10 t	15 t	20 t	25 t	30 t	35 t	40 t	45 t
Umrechnungs-koeffizient-	0,8	**1,0**	1,1	1,30	1,45	1,60	1,75	1,90	2,00

Quellen: Thormälen, Baurichtwerte und eigene Berechnungen.

4.2   Normalherstellungskosten (ohne Baunebenkosten) gemäß § 22 Abs. 1 bis 3 WertV des Gutachterausschusses für Grundstückswerte in Köln 2001

Bezugszeitpunkt 1. 1. 2001

Quelle: Grundstücksmarktbericht des Gutachterausschusses für Grundstückswerte in der Stadt Köln 2000; Die Werte sind (aufgerundet) in € umgerechnet.

1 Eigenheime, 1 ½- bis 2-geschossig, Satteldach, ganz unterkellert (ohne Baunebenkosten)

Vorbemerkungen

– Für Gebäude der Gruppen I bis III ist bei erhöhtem Wärme- und Schallschutz ein Zuschlag von 8–12 % zu berücksichtigen, entsprechend ist bei Gebäuden der Gruppen IV und V ohne Wärme- und Schallschutz ein Abschlag von 4 bis 8 % vorzunehmen.

– Je nach Ausbauverhältnis des Gebäudes (Flachdach, nicht oder teilweise unterkellert, Keller teilweise oder voll ausgebaut) ist ein entsprechender prozentualer Zuschlag anzusetzen. Im Normalfall ist von einem Verhältnis 1 : 5 (Verhältnis Wohnfläche zu m^3 umbauter Raum; umbauter Raum gemäß DIN 277 i. d. F. von 1950) auszugehen.

– Die angegebenen Kosten enthalten 16 % Mehrwertsteuer.

Art der Ausführung und Ausstattung Gruppe	ungefähre Herstellungskosten ($€/m^3$ umbauter Raum)				
	frei- stehend $€/m^3$	einseitig angebaut $€/m^3$	beidseitig ange- baut mit einer Hausbreite von		Bunga- low $€/m^3$
			5m $€/m^3$	8m $€/m^3$	
I einfachste Massive Bauweise, Kellerdecke massiv, Holzbalkengeschossdecke, Holztreppe, Außenputz, Holzboden, Holzfüllungstüren, Einfachfenster, kein Bad, WC mit Ölsockel, ohne Heizung	160	150	150	150	–
II einfache Massive Bauweise, Keller- und Geschossdecken massiv, Holztreppen, Fußboden mit PVC/Linoleum ausgelegt, Außenputz, Holzfüllungstüren, Einfachfenster mit Rollladen im EG, Küche und Bad/WC tlw. gefliest, Warmluftheizung	190	180	180	180	–
III mittlere Massive Bauweise, Stahlbetondecken, Holz- oder Massivtreppen, Außenputz, PVC/Kleinparkett, Naturholztüren, Einfachfenster mit Rollladen im EG, Marmorfensterbänke, Küche und Bad/WC gefliest, zentrale Warmwasserheizung, elektrische Warmwasserbereitung	220	210	210	200	220
IV gute Massive Bauweise, Stahlbetondecken, Massivtreppe, Verblendung, Oberbeläge bessere Qualität, z. B. Kleinparkett, Edelholztüren mit Holzfutter und Bekleidung, Fenster mit Mehrscheibenglas, Rollladen im ganzen Haus, Küche gefliest, Einbauspüle, Bad und WC getrennt, tlw. gefliest, bessere sanitäre, elektrische und heizungstechnische Einrichtungen, zentrale Warmwasserheizung, mit Warmwasserbereitung	270	260	260	255	270

	ungefähre Herstellungskosten (€/m³ umbauter Raum)				
Art der Ausführung und Ausstattung Gruppe	frei- stehend €/m³	einseitig angebaut €/m³	beidseitig ange- baut mit einer Hausbreite von 5m €/m³	 8m €/m³	Bunga- low €/m³
V gehobene Massive Bauweise, Stahlbeton- decken, Naturstein- oder Eichen- holztreppe, Verblendung, Naturstein- oder keramischer Bodenbelag, Parkett, Rahmen- holztüren mit Holzfutter und Bekleidung, Fenster mit Alu-, Kunststoff- oder Holzrahmen und Mehrscheibenglas, Rollladen im ganzen Haus, Küche gefliest, Einbauspüle, 2. WC getrennt vom Bad, umfangreiche Verfliesung, aufwendige sanitäre, elektrische und heizungstechnische Einrichtungen, Warmwasser- heizung mit Warmwasserbereitung	320	310	310	300	320

Baunebenkosten i. d. R. für Gruppe I–III 18 %; ansonsten 20 % (ohne Finanzierungs-kosten).

2 Fertighäuser, eingeschossig, freistehend, Satteldach (nicht ausgebaut), ganz unter-kellert (nicht ausgebaut), mit Wärme-und Schallschutz (ohne Baunebenkosten)

Art der Ausführung und Ausstattung Gruppe	ungefähre Herstellungskosten Fertighäuser €/m³
I Fachwerk-/Holzrahmenbauweise Keller massiv, Holzbalkendecke, Holzständerwerk mit Außen- verkleidung, Verblendschale, innen z. B. Gipskartonplatten, Außenputz, PVC/Parkett, Naturholztüren mit Holzfutter, Fenster mit Alu-, Kunststoff- oder Holzrahmen und Mehr- scheibenglas, Rollladen im ganzen Haus, Küche gefliest, 2. WC, Bad/WC, gefliest, gute sanitäre, elektrische und heizungs- technische Einrichtungen, zentrale Warmwasserheizung mit Warmwasserbereitung	250
II Massive Bauweise Massive Wand- und Deckenelemente mit Kerndämmung, Putz oder Verblendung, PVC/Parkett, Naturholztüren mit Holzfutter, Fenster mit Alu-, Kunststoff-oder Holzrahmen und Mehr- scheibenglas, Rollladen im ganzen Haus, Küche gefliest, 2. WC, Bad/WC, gefliest, gute sanitäre,elektrische und heizungs- technische Einrichtungen, zentrale Warmwasserheizung mit Warmwasserbereitung	270

Baunebenkosten i. d. R. 15 %; Technische Lebensdauer
(besser: Wirtschaftliche Gesamtnutzungsdauer) 60–80 Jahre.

3 Mietwohnhäuser in geschlossener Bauweise mit unwesentlich gewerblicher Nutzung (ohne Baunebenkosten)

Vorbemerkungen

– Für Gebäude der Gruppen V bis X ist je nach Ausbauverhältnis der Gebäude (Flachdach, nicht oder teilweise unterkellert, Keller teilweise oder voll ausgebaut) ein entsprechender prozentualer Zuschlag anzusetzen.

– Im Normalfall ist von einem Verhältnis von 1 : 5 auszugehen (Verhältnis Wohnfläche: m³ umbauter Raum; umbauter Raum gemäß DIN 277 Fassung 1950)

– Für Gebäude der Gruppen I bis X ist bei erhöhtem Wärme- und Schallschutz ein Zuschlag von 8 bis 12 % zu berücksichtigen.

– Die angegebenen Werte enthalten 16 % Mehrwertsteuer

Gruppe	Art der Ausführung und Ausstattung	ungefähre Herstellungskosten (€/m³ umbauter Raum)	Baujahr
I	hohe Geschosse, Holzbalkendecken, Holztreppen, Außenputz, Holzdielen, Holztüren, Einfachfenster, Toiletten auf den Podesten, (keine Bäder), i. d. R. eine Wasserzapfstelle im Flur oder in den Küchen, Ofenheizung, einfache bis mittlere Ausstattung	140	um die Jahrhundertwende
II	wie I, jedoch in jeder Wohnung je 1 Toilette, Holzbalkendecken, Holz- oder Massivtreppe, Holzdielen tlw. mit PVC/Linoleum, Flur (EG) mit Terrazzo	150	um 1920–1929
III	wie II, jedoch mit Holzbalken- oder Betondecken sowie Bäder (freistehende Wanne mit Kohlebadeofen) und Toiletten in den Wohnungen mit Ölsockel	160	um 1910–1929
IV	wie III, jedoch mit Heizung	180	um 1910–1929
V	normale Geschosshöhen, massive Decken, Holz- oder Massivtreppen in Terrazzo, Holzdielen, Oberbelag mit PVC/Linoleum/Parkett, Holztüren, Einfachfenster tlw. Rollläden oder Schlagläden, Toiletten und Bäder in den Wohnungen tlw. mit Fliesensockel, ohne Heizung, mittlere Ausstattung	190	um 1930–1939
VI	wie V, jedoch mit Heizung	210	um 1930–1939
VII	wie V, jedoch in aller Regel geringere Qualität der verwendeten Baumaterialien	180	um 1950
VIII	wie VI, jedoch mit Heizung	190	um 1950
IX	normale Geschosshöhen, Stahlbetondecken, Massivtreppen in Terrazzo, Putz, Estrich/PVC/Parkett, Naturholztüren mit Holzfutter und Bekleidung, Einfachfenster tlw. Rollläden, Toiletten und Bäder (Einbauwanne) gefliest, Küchen tlw. gefliest, Heizung, ohne Aufzug	230	um 1960
X	wie IX, jedoch Verblendung, Fenster mit Kunststoff- oder Holzrahmen und Mehrscheibenglas, Marmorfensterbänke, Küche (mit Einbauspüle) gefliest, Heizung mit Warmwasserbereitung	260	um 1980
XI	wie X, jedoch mit Vollwärmeschutz, erhöhtem Schallschutz und erhöhtem Installationsaufwand	290	ab 1990

Baunebenkosten: i. d. R. 18 %

4.3   Normalherstellungskosten für Lauben und Wochenendhäuser[2] in den neuen Bundesländern, Preisbasis 1913

Quelle: Bewertungshinweise für Lauben und Wochenendhäuser des Verbandes der Vereidigten Sachverständigen e.V. (Fachgruppe Grundstückswertermittlung) vom 31. 1. 1994 (GuG1994, 174)

Hinweis: Die angegebenen Preise sind in € umgerechnet

1 Grundsätzliches

Im vorliegenden Arbeitsmaterial werden für Lauben und Wochenendhäuser überschlägige Normalherstellungskosten auf der Preisbasis 1913 zusammengestellt. Das Arbeitsmaterial stellt Werte zusammen, die vorhandenen Richtlinien entnommen wurden und ergänzt diese durch eigene Ermittlungen. Sie entsprechen einer mittleren Ausführung in durchschnittlicher Qualität bei fachgerechter Ausführung. Sie stellen Orientierungswerte dar, die als Grundlage für die eigenen Ermittlungen des Sachverständigen bei der Bewertung dienen können. Durch den Sachverständigen sind bei der Ortsbesichtigung insbesondere die Ausführungsart und -qualität sowie die Baustoffqualität zu überprüfen und fachgerecht in die Bewertung einzubeziehen. Die Einschätzung der Restnutzungsdauer ist u. a. daraus abzuleiten. Die Unterlagen stellen eine mögliche Grundlage für die Ermittlung von Wertersatz- und Entschädigungsleistungen dar.

2 Wertermittlungshinweise

Es erfolgt eine Unterteilung in Spalten (vgl. Tabelle 1):

Spalte 1: Bewertungsrichtlinien des Landesverbandes Brandenburg der Gartenfreunde e.V. vom 26. 10. 1991

Spalte 2: Allgemeine Hinweise über Kündigungsentschädigungen auf Kleingartenland, Senat von Berlin ABl. Berlin Nr. 15/90

Spalte 3: Richtlinie des Landesverbandes Rheinland der Kleingärtner e.V. von 1989

Spalte 4: von der Fachgruppe Grundstücksbewertung des Verbandes der Vereidigten Sachverständigen ermittelte Durchschnittswerte auf der Grundlage derzeitiger Lieferpreise einschließlich Montage, Ausbau und Mehrwertsteuer

Tabelle 1: Normalherstellungskosten für Lauben und Wochenendhäuser (Preisbasis 1913)

Ausführung	€/m³ 1	€/m³ 2	€/m² Gesch.fläche 3	€/m² Gesch.fläche 4
1. Holzbauweise, sehr einfach, einwandig, ohne Fundament, Dach mit Dachpappe	2,50	–	–	8,00–10,00
2. Holzbauweise, einfache Ausführung, ordentliche Konstruktion, einfaches Fundament, einwandig, Dach mit Pappe	3,50	3,00– 4,50	5,00–12,50	–
3. Holzbauweise, doppelwandig bzw. einfache massive Ausführung (d = 0,12 m) Dach mit Wellplatten, Fundament	4,50	3,50– 4,50	6,00–13,00 (massive Bauweise)	10,00–15,00
4. Holzbauweise, doppelwandig bzw. einfache massive Ausführung (d = 0,24 m) mit Außenputz, eingezogene Decke, Satteldach mit Wellplatten	6,50	4,50– 6,00	–	12,50–17,50

Ausführung	€/m³ 1	€/m³ 2	€/m² Gesch.fläche 3	€/m² Gesch.fläche 4
5. Holzbauweise/Massivbauweise, sehr gute Ausführung, z. B. Blockbohlen 70 mm bzw. Wand-dicke 0,24 m, gutes Fundament, Satteldach mit Wellplatten	7,50	–	12,50–20,00 (Holzbauweise) 13,00–21,00 (massive Bauw.)	20,00–25,00
6. Holzbauweise/Massivbauweise, sehr gute Ausführung wie Zeile 5 mit Extras wie Ziegel-dach, Thermoglas, gute sanitäre Ausführung, Nassbereich komplett gefliest	–	–	–	25,00–33,00
7. Größere sehr gute Gartenhäuser, ab ca. 35 m² Fläche, werden wie Kleinsiedlungshäuser gerechnet	–	–	–	27,00–33,00 (9,00–11,00)

Tabelle 2: Überschläglicher Preis für die Lieferung, Montage und den Ausbau eines Wochenendhauses (einschließlich Mehrwertsteuer) im Berliner Raum (Stand: 31. 12. 1993)

Gute Ausführung, Satteldach, Wände aus Blockbohlen 70 mm dick, keine Sonderleistungen

Bauleistung	Preis in €/m² Grundfläche
Erdarbeiten	7,35
Fundament: Beton, Dämmung Schalung Sperrung	65,70 8,20 30,70
Ausbau (einfach): Dachklempnerarbeiten Elektroarbeiten Sanitärarbeiten Malerarbeiten Fliesenlegen Sonstiges (Schlosser u. a.)	– 21,15 53,90 21,30 10,35 8,55
Summe	227,40
Mehrwertsteuer 15 %	34,10
Summe	261,50
Lieferung, Aufstellung	474,50
Preisbasis 31. 12. 1993 (Berlin)	736,00
Preisbasis 1913	23,55

Örtliche Anpassungen sind z. T. erforderlich.

---

2   Vgl. Erl des FM Thüringen vom 14. 12. 1995 zur steuerlichen Bewertung von Wochenendhäusern, abgedruckt bei Kleiber/Söfker, Vermögensrecht, Jehle-Rehm Verlag Nr. 7.10 sowie Grundsätze der Wertermittlung des Bundes-verbandes Deutscher Gartenfreunde e.V. vom 15. 4. 2000 (GuG 2001, 42)

**Tabelle 3: Einordnung ausgewählter Lauben und Wochenendhäuser,
die vor 1990 in Brandenburg und Berlin-Ost errichtet wurden
(Typenbauten) in Tabelle 1**

lfd. Nr.	Typ	Bauweise	Einordnung in Tabelle (Zeile)
1	Gartenlaube GL 10	Satteldach, Wellbitdeckung, Wände: Spanplatten bzw. Wabenkernplatten	1
2	Gartenlaube GL 14	Satteldach, Wellbitdeckung, Wände: Spanplatten bzw. Wabenkernplatten	1
3	Gartenlaube GL 17	Pultdach, sonst wie vor	1
4	Gartenlaube GL 19	Satteldach, sonst wie vor	1
5	Wochenendhaus HW 22	Pultdach mit Dachpappendeckung, gedämmte Leichtbauwände, d = 70 mm, außen Asbestbetonplatten, innen Spanplatten	3–4
6	Wochenendhaus B 26	Pultdach mit Wellasbestbetontafeln, Wände wie vor, jedoch d = 67 mm, auch mit Holzplattenverkleidung	3–4
7	Wochenendhaus B 34	Satteldach mit Wellasbestbetontafeln, gedämmte Leichtbauwände, d = 67 mm, außen und innen Hartfaserplatten	4
8	Wochenendhaus B 55 (Party)	Satteldach mit Wellasbestbetontafeln, gedämmte Leichtbauwände, d = 87 mm, außen Asbestbetontafeln, innen Gipskartonplatten, Thermofenster	4
9	Dresden I – III	Mauerwerkswände, d = 120 – 240 mm, Putz, Brettbinder, gedämmte Unterdecke	5–7

5 Tabellen zur Zinseszins- und Rentenrechnung

5.1 Aufzinsungsfaktor q^n

Aufzinsung (Endwert eines Kapitals)

Formeln: $\boxed{Kn = Ko \times q^n}$ wobei $\boxed{q = 1 + \dfrac{p}{100}}$ ist

Kn = Endkapital
Ko = Anfangskapital
n = Anzahl der Jahre, Laufzeit
p = Zinssatz, Zinsfuß
q^n = Tabellenwert (Aufzinsungsfaktor) = $(1 + p/100)$

	Zinssatz								
n	2,0 %	3,0 %	4,0 %	5,0 %	6,0 %	7,0 %	8,0 %	9,0 %	10,0 %
1	1,020000	1,030000	1,040000	1,050000	1,060000	1,070000	1,080000	1,090000	1,100000
2	1,040400	1,060900	1,081600	1,102500	1,123600	1,144900	1,166400	1,188100	1,210000
3	1,061208	1,092727	1,124864	1,157625	1,191016	1,225043	1,259712	1,295029	1,331000
4	1,082432	1,125509	1,169859	1,215506	1,262477	1,310796	1,360489	1,411582	1,464100
5	1,104081	1,159274	1,216653	1,276282	1,338226	1,402552	1,469328	1,538624	1,610510
6	1,126162	1,194052	1,265319	1,340096	1,418519	1,500730	1,586874	1,677100	1,771561
7	1,148686	1,229874	1,315932	1,407100	1,503630	1,605781	1,713824	1,828039	1,948717
8	1,171659	1,266770	1,368569	1,477455	1,593848	1,718186	1,850930	1,992563	2,143589
9	1,195093	1,304773	1,423312	1,551328	1,689479	1,838459	1,999005	2,171893	2,357948
10	1,218994	1,343916	1,480244	1,628895	1,790848	1,967151	2,158925	2,367364	2,593742
11	1,243374	1,384234	1,539454	1,710339	1,898299	2,104852	2,331639	2,580426	2,853117
12	1,268242	1,425761	1,601032	1,795856	2,012196	2,252192	2,518170	2,812665	3,138428
13	1,293607	1,468534	1,665074	1,885649	2,132928	2,409845	2,719624	3,065805	3,452271
14	1,319479	1,512590	1,731676	1,979932	2,260904	2,578534	2,937194	3,341727	3,797498
15	1,345868	1,557967	1,800944	2,078928	2,396558	2,759032	3,172169	3,642482	4,177248
16	1,372786	1,604706	1,872981	2,182875	2,540352	2,952164	3,425943	3,970306	4,594973
17	1,400241	1,652848	1,947900	2,292018	2,692773	3,158815	3,700018	4,327633	5,054470
18	1,428246	1,702433	2,025817	2,406619	2,854339	3,379932	3,996019	4,717120	5,559917
19	1,456811	1,753506	2,106849	2,526950	3,025600	3,616528	4,315701	5,141661	6,115909
20	1,485947	1,806111	2,191123	2,653298	3,207135	3,869684	4,660957	5,604411	6,727500
21	1,515666	1,860295	2,278768	2,785963	3,399564	4,140562	5,033834	6,108808	7,400250
22	1,545980	1,916103	2,369919	2,925261	3,603537	4,430402	5,436540	6,658600	8,140275
23	1,576899	1,973587	2,464716	3,071524	3,819750	4,740530	5,871464	7,257874	8,954302
24	1,608437	2,032794	2,563304	3,225100	4,048935	5,072367	6,341181	7,911083	9,849733
25	1,640606	2,093778	2,665836	3,386355	4,291871	5,427433	6,848475	8,623081	10,834706
26	1,673418	2,156591	2,772470	3,555673	4,549383	5,807353	7,396353	9,399158	11,918177
27	1,706886	2,221289	2,883369	3,733456	4,822346	6,213868	7,988061	10,245082	13,109994
28	1,741024	2,287928	2,998703	3,920129	5,111687	6,648838	8,627106	11,167140	14,420994
29	1,775845	2,356566	3,118651	4,116136	5,418388	7,114257	9,317275	12,172182	15,863093
30	1,811362	2,427262	3,243398	4,321942	5,743491	7,612255	10,062657	13,267678	17,449402
31	1,847589	2,500080	3,373133	4,538039	6,088101	8,145113	10,867669	14,461770	19,194342
32	1,884541	2,575083	3,508059	4,764941	6,453387	8,715271	11,737083	15,763329	21,113777
33	1,922231	2,652335	3,648381	5,003189	6,840590	9,325340	12,676050	17,182028	23,225154
34	1,960676	2,731905	3,794316	5,253348	7,251025	9,978114	13,690134	18,728411	25,547670
35	1,999890	2,813862	3,946089	5,516015	7,686087	10,676581	14,785344	20,413968	28,102437
36	2,039887	2,898278	4,103933	5,791816	8,147252	11,423942	15,968172	22,251225	30,912681
37	2,080685	2,985227	4,268090	6,081407	8,636087	12,223618	17,245626	24,253835	34,003949
38	2,122299	3,074783	4,438813	6,385477	9,154252	13,079271	18,625276	26,436680	37,404343
39	2,164745	3,167027	4,616366	6,704751	9,703507	13,994820	20,115298	28,815982	41,144778
40	2,208040	3,262038	4,801021	7,039989	10,285718	14,974458	21,724521	31,409420	45,259256
41	2,252200	3,359899	4,993061	7,391988	10,902861	16,022670	23,462483	34,236268	49,785181
42	2,297244	3,460696	5,192784	7,761588	11,557033	17,144257	25,339482	37,317532	54,763699
43	2,343189	3,564517	5,400495	8,149667	12,250455	18,344355	27,366640	40,676110	60,240069
44	2,390053	3,671452	5,616515	8,557150	12,985482	19,628460	29,555972	44,336960	66,264076
45	2,437854	3,781596	5,841176	8,985008	13,764611	21,002452	31,920449	48,327286	72,890484
46	2,486611	3,895044	6,074823	9,434258	14,590487	22,472623	34,474085	52,676742	80,179532
47	2,536344	4,011895	6,317816	9,905971	15,465917	24,045707	37,232012	57,417649	88,197485
48	2,587070	4,132252	6,570528	10,401270	16,393872	25,728907	40,210573	62,585237	97,017234
49	2,638812	4,256219	6,833349	10,921333	17,377504	27,529930	43,427419	68,217908	106,718957
50	2,691588	4,383906	7,106683	11,467400	18,420154	29,457025	46,901613	74,357520	117,390853

				Zinssatz				
n	2,0 %	3,0 %	4,0 %	5,0 %	6,0 %	7,0 %	8,0 %	9,0 %	10,0 %
51	2,745420	4,515423	7,390951	12,040770	19,525364	31,519017	50,653742	81,049697	129,129938
52	2,800328	4,650886	7,686589	12,642808	20,696885	33,725348	54,706041	88,344170	142,042932
53	2,856335	4,790412	7,994052	13,274949	21,938698	36,086122	59,082524	96,295145	156,247225
54	2,913461	4,934125	8,313814	13,938696	23,255020	38,612151	63,809126	104,961708	171,871948
55	2,971731	5,082149	8,646367	14,635631	24,650322	41,315001	68,913856	114,408262	189,059142
56	3,031165	5,234613	8,992222	15,367412	26,129341	44,207052	74,426965	124,705005	207,965057
57	3,091789	5,391651	9,351910	16,135783	27,697101	47,301545	80,381122	135,928456	228,761562
58	3,153624	5,553401	9,725987	16,942572	29,358927	50,612653	86,811612	148,162017	251,637719
59	3,216697	5,720003	10,115026	17,789701	31,120463	54,155539	93,756540	161,496598	276,801490
60	3,281031	5,891603	10,519627	18,679186	32,987691	57,946427	101,257064	176,031292	304,481640
61	3,346651	6,068351	10,940413	19,613145	34,966952	62,002677	109,357629	191,874108	334,929803
62	3,413584	6,250402	11,378029	20,593802	37,064969	66,342864	118,162309	209,142778	368,422784
63	3,481856	6,437914	11,833150	21,623493	39,288868	70,986865	127,554738	227,965628	405,265062
64	3,551493	6,631051	12,306476	22,704667	41,646200	75,955945	137,759117	248,482535	445,791568
65	3,622523	6,829983	12,798735	23,839901	44,144972	81,272861	148,779847	270,845963	490,370725
66	3,694974	7,034882	13,310685	25,031896	46,793670	86,961962	160,682234	295,222099	539,407798
67	3,768873	7,245929	13,843112	26,283490	49,601290	93,949299	173,536813	321,792088	593,348578
68	3,844251	7,463307	14,396836	27,597665	52,577368	99,562750	187,419758	350,753376	652,683435
69	3,921136	7,687206	14,972710	28,977548	55,732010	106,532142	202,413339	382,321180	717,951779
70	3,999558	7,917822	15,571689	30,426426	59,075930	113,989392	218,606406	416,730086	789,746957
71	4,079549	8,155357	16,194483	31,947747	62,620486	121,968650	236,094918	454,235794	868,721652
72	4,161140	8,400017	16,842262	33,545134	66,377715	130,506455	254,982512	495,117015	955,593818
73	4,244363	8,652018	17,515953	35,222391	70,360378	139,641907	275,381113	539,677547	1 051,153200
74	4,329250	8,911578	18,216591	36,983510	74,582001	149,416840	297,411602	588,248526	1 156,268519
75	4,415823	9,178926	18,945255	38,832686	79,056921	159,876019	321,204530	641,190893	1 271,895371
76	4,504152	9,454293	19,703065	40,774320	83,800336	171,067341	346,900892	698,898074	1 399,084909
77	4,594235	9,737922	20,491187	42,813036	88,828356	183,042055	374,652964	761,798900	1 538,993399
78	4,686120	10,030060	21,310835	44,953688	94,158058	195,854998	404,625201	830,360801	1 692,892739
79	4,779842	10,330962	22,163268	47,201372	99,807541	209,564848	436,995217	905,093274	1 862,182013
80	4,875439	10,640891	23,049799	49,561441	105,795993	224,234388	471,954834	986,551668	2 048,400215
81	4,972948	10,960117	23,971791	52,039513	112,143753	239,930795	509,711221	1 075,341318	2 253,240236
82	5,072407	11,288921	24,930663	54,641489	118,872378	256,725950	550,488119	1 172,122037	2 478,564260
83	5,173855	11,627588	25,927889	57,373563	126,004721	274,696767	594,527168	1 277,613020	2 726,420686
84	5,277332	11,976416	26,965005	60,242241	133,565004	293,925541	642,089342	1 392,598192	2 999,062754
85	5,382879	12,335709	28,034605	63,254353	141,578904	314,500823	693,456189	1 517,932029	3 298,969030
86	5,490536	12,705780	29,165349	66,417071	150,073639	336,525351	748,933008	1 654,545912	3 628,865933
87	5,600347	13,086953	30,331963	69,737925	159,078057	360,071426	808,847649	1 803,455044	3 991,752526
88	5,712354	13,479562	31,542242	73,224821	168,622741	385,276426	873,555611	1 965,765998	4 390,927778
89	5,826601	13,883949	32,807051	76,886062	178,740105	412,245776	943,439897	2 142,684938	4 830,020556
90	5,943133	14,300467	34,119333	80,730356	189,464511	441,102980	1 018,915089	2 335,526582	5 313,022612
91	6,061996	14,729481	35,484107	84,766883	200,832382	471,980188	1 100,428296	2 545,723975	5 844,324873
92	6,183236	15,171366	36,903471	89,005227	212,882352	505,018802	1 188,462560	2 774,839132	6 428,757360
93	6,306900	15,626507	38,379610	93,455489	225,655264	540,370118	1 283,539565	3 024,574654	7 071,633096
94	6,433038	16,095302	39,914144	98,128263	239,194580	578,196206	1 386,222730	3 296,786373	7 778,796406
95	6,561699	16,578161	41,511386	103,034676	253,546255	618,669880	1 497,120549	3 593,497147	8 556,676047
96	6,692933	17,075506	43,171841	108,186410	268,759030	661,976630	1 616,890192	3 916,911890	9 412,343651
97	6,826792	17,587771	44,498715	113,595731	284,884572	708,314994	1 746,241408	4 269,433960	10 353,578016
98	6,963328	18,115404	46,694664	119,275517	301,977646	757,897044	1 885,940720	4 653,683016	11 388,935818
99	7,102594	18,658866	48,562450	125,239293	320,093305	810,949837	2 036,815978	5 072,514488	12 527,829400
100	7,244646	19,218632	50,504948	131,501208	339,302084	867,716326	2 199,761256	5 529,040792	13 780,612340

5.2   Abzinsungsfaktor $1/q^n = q^{-n}$

Abzinsung bzw. Diskontierung (Barwert eines Kapitals)

$$\text{Formeln:} \qquad \boxed{Ko = \frac{1}{q^n} \times Kn} \qquad \text{wobei} \qquad \boxed{q = 1 + \frac{p}{100}} \qquad \text{ist}$$

Kn = Endkapital
Ko = Anfangskapital
n = Anzahl der Jahre, Laufzeit
p = Zinssatz, Zinsfuß
$\frac{1}{q^n}$ = Tabellenwert (Abzinsungsfaktor)

	Zinssatz									
n	1 %	2 %	3 %	4 %	5 %	6 %	7 %	8 %	9 %	10 %
1	0,9901	0,9804	0,9709	0,9615	0,9524	0,9434	0,9346	0,9259	0,9174	0,9091
2	0,9803	0,9612	0,9426	0,9246	0,9070	0,8900	0,8734	0,8573	0,8417	0,8264
3	0,9706	0,9423	0,9151	0,8890	0,8638	0,8396	0,8163	0,7938	0,7722	0,7513
4	0,9610	0,9238	0,8885	0,8548	0,8227	0,7921	0,7629	0,7350	0,7084	0,6830
5	0,9515	0,9057	0,8626	0,8219	0,7835	0,7473	0,7130	0,6806	0,6499	0,6209
6	0,9420	0,8880	0,8375	0,7903	0,7462	0,7050	0,6663	0,6302	0,5963	0,5645
7	0,9327	0,8706	0,8131	0,7599	0,7107	0,6651	0,6227	0,5835	0,5470	0,5132
8	0,9235	0,8535	0,7894	0,7307	0,6768	0,6274	0,5820	0,5403	0,5019	0,4665
9	0,9143	0,8368	0,7664	0,7026	0,6446	0,5919	0,5439	0,5002	0,4604	0,4241
10	0,9053	0,8203	0,7441	0,6756	0,6139	0,5584	0,5083	0,4632	0,4224	0,3855
11	0,8963	0,8043	0,7224	0,6496	0,5847	0,5268	0,4751	0,4289	0,3875	0,3505
12	0,8874	0,7885	0,7014	0,6246	0,5568	0,4970	0,4440	0,3971	0,3555	0,3186
13	0,8787	0,7730	0,6810	0,6006	0,5303	0,4688	0,4150	0,3677	0,3262	0,2897
14	0,8700	0,7579	0,6611	0,5775	0,5051	0,4423	0,3878	0,3405	0,2992	0,2633
15	0,8613	0,7430	0,6419	0,5553	0,4810	0,4173	0,3624	0,3152	0,2745	0,2394
16	0,8528	0,7284	0,6232	0,5339	0,4581	0,3936	0,3387	0,2919	0,2519	0,2176
17	0,8444	0,7142	0,6050	0,5134	0,4363	0,3714	0,3166	0,2703	0,2311	0,1978
18	0,8360	0,7002	0,5874	0,4936	0,4155	0,3503	0,2959	0,2502	0,2120	0,1799
19	0,8277	0,6864	0,5703	0,4746	0,3957	0,3305	0,2765	0,2317	0,1945	0,1635
20	0,8195	0,6730	0,5537	0,4564	0,3769	0,3118	0,2584	0,2145	0,1784	0,1486
21	0,8114	0,6598	0,5375	0,4388	0,3589	0,2942	0,2415	0,1987	0,1637	0,1351
22	0,8034	0,6468	0,5219	0,4220	0,3418	0,2775	0,2257	0,1839	0,1502	0,1228
23	0,7954	0,6342	0,5067	0,4057	0,3256	0,2618	0,2109	0,1703	0,1378	0,1117
24	0,7876	0,6217	0,4919	0,3901	0,3101	0,2470	0,1971	0,1577	0,1264	0,1015
25	0,7798	0,6095	0,4776	0,3751	0,2953	0,2330	0,1842	0,1460	0,1160	0,0923
26	0,7720	0,5976	0,4637	0,3607	0,2812	0,2198	0,1722	0,1352	0,1064	0,0839
27	0,7644	0,5859	0,4502	0,3468	0,2678	0,2074	0,1609	0,1252	0,0976	0,0763
28	0,7568	0,5744	0,4371	0,3335	0,2551	0,1956	0,1504	0,1159	0,0895	0,0693
29	0,7493	0,5631	0,4243	0,3207	0,2429	0,1846	0,1406	0,1073	0,0822	0,0630
30	0,7419	0,5521	0,4120	0,3083	0,2314	0,1741	0,1314	0,0994	0,0754	0,0573
31	0,7346	0,5412	0,4000	0,2965	0,2204	0,1643	0,1228	0,0920	0,0691	0,0521
32	0,7273	0,5306	0,3883	0,2851	0,2099	0,1550	0,1147	0,0852	0,0634	0,0474
33	0,7201	0,5202	0,3770	0,2741	0,1999	0,1462	0,1072	0,0789	0,0582	0,0431
34	0,7130	0,5100	0,3660	0,2636	0,1904	0,1379	0,1002	0,0730	0,0534	0,0391
35	0,7059	0,5000	0,3554	0,2534	0,1813	0,1301	0,0937	0,0676	0,0490	0,0356
36	0,6989	0,4902	0,3450	0,2437	0,1727	0,1227	0,0875	0,0626	0,0449	0,0323
37	0,6920	0,4806	0,3350	0,2343	0,1644	0,1158	0,0818	0,0580	0,0412	0,0294
38	0,6852	0,4712	0,3252	0,2253	0,1566	0,1092	0,0765	0,0537	0,0378	0,0267
39	0,6784	0,4619	0,3158	0,2166	0,1491	0,1031	0,0715	0,0497	0,0347	0,0243
40	0,6717	0,4529	0,3066	0,2083	0,1420	0,0972	0,0668	0,0460	0,0318	0,0221
41	0,6650	0,4440	0,2976	0,2003	0,1353	0,0917	0,0624	0,0426	0,0292	0,0201
42	0,6584	0,4353	0,2890	0,1926	0,1288	0,0865	0,0583	0,0395	0,0268	0,0183
43	0,6519	0,4268	0,2805	0,1852	0,1227	0,0816	0,0545	0,0365	0,0246	0,0166
44	0,6454	0,4184	0,2724	0,1780	0,1169	0,0770	0,0509	0,0338	0,0226	0,0151
45	0,6391	0,4102	0,2644	0,1712	0,1113	0,0727	0,0476	0,0313	0,0207	0,0137
46	0,6327	0,4022	0,2567	0,1646	0,1060	0,0685	0,0445	0,0290	0,0190	0,0125
47	0,6265	0,3943	0,2493	0,1583	0,1009	0,0647	0,0416	0,0269	0,0174	0,0113
48	0,6203	0,3865	0,2420	0,1522	0,0961	0,0610	0,0389	0,0249	0,0160	0,0103
49	0,6141	0,3790	0,2350	0,1463	0,0916	0,0575	0,0363	0,0230	0,0147	0,0094
50	0,6080	0,3715	0,2281	0,1407	0,0872	0,0543	0,0339	0,0213	0,0134	0,0085

n	1 %	2 %	3 %	4 %	5 %	6 %	7 %	8 %	9 %	10 %
					Zinssatz					
51	0,6020	0,3642	0,2215	0,1353	0,0831	0,0512	0,0317	0,0197	0,0123	0,0077
52	0,5961	0,3571	0,2150	0,1301	0,0791	0,0483	0,0297	0,0183	0,0113	0,0070
53	0,5902	0,3501	0,2088	0,1251	0,0753	0,0456	0,0277	0,0169	0,0104	0,0064
54	0,5843	0,3432	0,2027	0,1203	0,0717	0,0430	0,0259	0,0157	0,0095	0,0058
55	0,5785	0,3365	0,1968	0,1157	0,0683	0,0406	0,0242	0,0145	0,0087	0,0053
56	0,5728	0,3299	0,1910	0,1112	0,0651	0,0383	0,0226	0,0134	0,0080	0,0048
57	0,5671	0,3234	0,1855	0,1069	0,0620	0,0361	0,0211	0,0124	0,0074	0,0044
58	0,5615	0,3171	0,1801	0,1028	0,0590	0,0341	0,0198	0,0115	0,0067	0,0040
59	0,5560	0,3109	0,1748	0,0989	0,0562	0,0321	0,0185	0,0107	0,0062	0,0036
60	0,5504	0,3048	0,1697	0,0951	0,0535	0,0303	0,0173	0,0099	0,0057	0,0033
61	0,5450	0,2988	0,1648	0,0914	0,0510	0,0286	0,0161	0,0091	0,0052	0,0030
62	0,5396	0,2929	0,1600	0,0879	0,0486	0,0270	0,0151	0,0085	0,0048	0,0027
63	0,5343	0,2872	0,1553	0,0845	0,0462	0,0255	0,0141	0,0078	0,0044	0,0025
64	0,5290	0,2816	0,1508	0,0813	0,0440	0,0240	0,0132	0,0073	0,0040	0,0022
65	0,5237	0,2761	0,1464	0,0781	0,0419	0,0227	0,0123	0,0067	0,0037	0,0020
66	0,5185	0,2706	0,1421	0,0751	0,0399	0,0214	0,0115	0,0062	0,0034	0,0019
67	0,5134	0,2653	0,1380	0,0722	0,0380	0,0202	0,0107	0,0058	0,0031	0,0017
68	0,5083	0,2601	0,1340	0,0695	0,0362	0,0190	0,0100	0,0053	0,0029	0,0015
69	0,5033	0,2550	0,1301	0,0668	0,0345	0,0179	0,0094	0,0049	0,0026	0,0014
70	0,4983	0,2500	0,1263	0,0642	0,0329	0,0169	0,0088	0,0046	0,0024	0,0013
71	0,4934	0,2451	0,1226	0,0617	0,0313	0,0160	0,0082	0,0042	0,0022	0,0012
72	0,4885	0,2403	0,1190	0,0594	0,0298	0,0151	0,0077	0,0039	0,0020	0,0010
73	0,4837	0,2356	0,1156	0,0571	0,0284	0,0142	0,0072	0,0036	0,0019	0,0010
74	0,4789	0,2310	0,1122	0,0549	0,0270	0,0134	0,0067	0,0034	0,0017	0,0009
75	0,4741	0,2265	0,1089	0,0528	0,0258	0,0126	0,0063	0,0031	0,0016	0,0008
76	0,4694	0,2220	0,1058	0,0508	0,0245	0,0119	0,0058	0,0029	0,0014	0,0007
77	0,4648	0,2177	0,1027	0,0488	0,0234	0,0113	0,0055	0,0027	0,0013	0,0006
78	0,4602	0,2134	0,0997	0,0469	0,0222	0,0106	0,0051	0,0025	0,0012	0,0006
79	0,4556	0,2092	0,0968	0,0451	0,0212	0,0100	0,0048	0,0023	0,0011	0,0005
80	0,4511	0,2051	0,0940	0,0434	0,0202	0,0095	0,0045	0,0021	0,0010	0,0005
81	0,4467	0,2011	0,0912	0,0417	0,0192	0,0089	0,0042	0,0020	0,0009	0,0004
82	0,4422	0,1971	0,0886	0,0401	0,0183	0,0084	0,0039	0,0018	0,0009	0,0004
83	0,4379	0,1933	0,0860	0,0386	0,0174	0,0079	0,0036	0,0017	0,0008	0,0004
84	0,4335	0,1895	0,0835	0,0371	0,0166	0,0075	0,0034	0,0016	0,0007	0,0003
85	0,4292	0,1858	0,0811	0,0357	0,0158	0,0071	0,0032	0,0014	0,0007	0,0003
86	0,4250	0,1821	0,0787	0,0343	0,0151	0,0067	0,0030	0,0013	0,0006	0,0003
87	0,4208	0,1786	0,0764	0,0330	0,0143	0,0063	0,0028	0,0012	0,0006	0,0003
88	0,4166	0,1751	0,0742	0,0317	0,0137	0,0059	0,0026	0,0011	0,0005	0,0002
89	0,4125	0,1716	0,0720	0,0305	0,0130	0,0056	0,0024	0,0011	0,0005	0,0002
90	0,4084	0,1683	0,0699	0,0293	0,0124	0,0053	0,0023	0,0010	0,0004	0,0002
91	0,4043	0,1650	0,0679	0,0282	0,0118	0,0050	0,0021	0,0009	0,0004	0,0002
92	0,4003	0,1617	0,0659	0,0271	0,0112	0,0047	0,0020	0,0008	0,0004	0,0002
93	0,3964	0,1586	0,0640	0,0261	0,0107	0,0044	0,0019	0,0008	0,0003	0,0001
94	0,3925	0,1554	0,0621	0,0251	0,0102	0,0042	0,0017	0,0007	0,0003	0,0001
95	0,3886	0,1524	0,0603	0,0241	0,0097	0,0039	0,0016	0,0007	0,0003	0,0001
96	0,3847	0,1494	0,0586	0,0232	0,0092	0,0037	0,0015	0,0006	0,0003	0,0001
97	0,3800	0,1465	0,0569	0,0223	0,0088	0,0035	0,0014	0,0006	0,0002	0,0001
98	0,3771	0,1436	0,0552	0,0214	0,0084	0,0033	0,0013	0,0005	0,0002	0,0001
99	0,3734	0,1408	0,0536	0,0206	0,0080	0,0031	0,0012	0,0005	0,0002	0,0001
100	0,3697	0,1380	0,0520	0,0198	0,0076	0,0029	0,0012	0,0005	0,0002	0,0001

Anhang 5.3   Abschreibungsdivisor $(q^n - 1)/(q - 1)$
(Endwert einer nachschüssigen Rente)

n	Zinssatz									
	1 %	2 %	3 %	4 %	5 %	6 %	7 %	8 %	9 %	10 %
1	1,000	1,000	1,000	1,000	1,000	1,000	1,000	1,000	1,000	1,000
2	2,010	2,020	2,030	2,040	2,050	2,060	2,070	2,080	2,090	2,100
3	3,030	3,060	3,091	3,122	3,152	3,184	3,215	3,246	3,278	3,310
4	4,060	4,122	4,184	4,246	4,310	4,375	4,440	4,506	4,573	4,641
5	5,101	5,204	5,309	5,416	5,526	5,637	5,751	5,867	5,985	6,105
6	6,152	6,308	6,468	6,633	6,802	6,975	7,153	7,336	7,523	7,716
7	7,214	7,434	7,662	7,898	8,142	8,394	8,654	8,923	9,200	9,487
8	8,286	8,583	8,892	9,214	9,549	9,897	10,260	10,637	11,028	11,436
9	9,369	9,755	10,159	10,583	11,027	11,491	11,978	12,488	13,021	13,579
10	10,462	10,950	11,464	12,006	12,578	13,181	13,816	14,487	15,193	15,937
11	11,567	12,169	12,808	13,486	14,207	14,972	15,784	16,645	17,560	18,531
12	12,682	13,412	14,192	15,026	15,917	16,870	17,888	18,977	20,141	21,384
13	13,809	14,680	15,618	16,627	17,713	18,882	20,141	21,495	22,953	24,523
14	14,947	15,974	17,086	18,292	19,599	21,015	22,550	24,215	26,019	27,975
15	16,097	17,293	18,599	20,024	21,579	23,276	25,129	27,152	29,361	31,772
16	17,258	18,639	20,157	21,825	23,657	25,673	27,888	30,324	33,003	35,950
17	18,430	20,012	21,762	23,698	23,840	28,213	30,840	33,750	36,974	40,545
18	19,615	21,412	23,414	25,645	28,132	30,906	33,999	37,450	41,301	45,599
19	20,811	22,841	25,117	27,671	30,539	33,760	37,379	41,446	46,018	51,159
20	22,019	24,297	26,870	29,778	33,066	36,786	40,996	45,762	51,160	57,275
21	23,239	25,783	28,676	31,969	35,719	39,993	44,865	50,423	56,765	64,003
22	24,472	27,299	30,537	34,248	38,505	43,392	49,006	55,457	62,873	71,403
23	25,716	28,845	32,453	36,618	41,430	46,996	53,436	60,893	69,532	79,543
24	26,973	30,422	34,426	39,083	44,502	50,816	58,177	66,765	76,790	88,497
25	28,243	32,030	36,459	41,646	47,727	54,864	63,249	73,106	84,701	98,347
26	29,526	33,671	38,553	44,312	51,113	59,156	68,677	79,954	93,324	109,182
27	30,821	35,344	40,710	47,084	54,669	63,706	74,484	87,351	102,723	121,100
28	32,129	37,051	42,931	49,968	58,403	68,528	80,698	95,339	112,968	134,210
29	33,450	38,792	45,219	52,966	62,323	73,640	87,347	103,966	124,135	148,631
30	34,785	40,568	47,575	56,085	66,439	79,058	94,461	113,283	136,308	164,494
31	36,133	42,379	50,003	59,328	70,761	84,802	102,073	123,346	149,575	181,944
32	37,494	44,227	52,503	62,701	75,299	90,890	110,218	134,214	164,037	201,138
33	38,869	46,112	55,078	66,209	80,064	97,343	118,934	145,951	179,800	222,252
34	40,258	48,034	57,730	69,858	85,067	104,184	128,259	158,627	196,982	245,477
35	41,660	49,994	60,462	73,652	90,320	111,435	138,237	172,317	215,711	271,025
36	43,077	51,994	63,276	77,598	95,836	119,121	148,914	187,102	236,125	299,127
37	44,508	54,034	65,174	81,702	101,628	127,268	160,338	203,071	258,376	330,040
38	45,953	56,115	69,159	85,970	107,709	135,904	172,561	220,316	282,630	364,044
39	47,412	58,237	72,234	90,409	114,095	145,058	185,641	238,941	309,067	401,448
40	48,886	60,402	75,401	95,025	120,800	154,762	199,635	259,057	337,883	442,593
41	50,375	62,610	78,663	99,826	127,840	165,047	214,610	280,781	369,292	487,852
42	51,879	64,862	82,023	104,819	135,232	175,950	230,633	304,244	403,529	537,637
43	53,398	67,159	85,484	110,012	142,993	187,507	247,777	329,583	440,846	592,401
44	54,932	69,503	89,048	115,413	151,143	199,758	266,121	356,950	481,522	652,641
45	56,481	71,893	92,720	121,029	159,700	212,743	285,750	386,506	525,859	718,905
46	58,046	74,331	96,501	126,870	168,685	226,508	306,752	418,427	574,187	791,796
47	59,626	76,817	100,396	132,945	178,119	241,098	329,225	452,901	626,863	871,976
48	61,223	79,353	104,408	139,263	188,025	256,564	353,271	490,133	684,281	960,173
49	62,835	81,941	108,541	145,834	198,426	272,958	379,000	530,344	746,867	1 057,190
50	64,463	84,579	112,797	152,667	209,348	290,335	406,530	573,771	815,085	1 163,910
51	66,108	87,271	117,181	159,774	220,815	308,755	435,987	620,673	889,442	1 281,301
52	67,769	90,016	121,696	167,165	232,856	328,281	467,506	671,327	970,492	1 410,431
53	69,447	92,817	126,347	174,851	245,499	348,978	501,231	726,033	1 058,836	1 552,474
54	71,141	95,673	131,137	182,845	258,773	370,916	537,317	785,115	1 155,132	1 708,721
55	72,852	98,586	136,071	191,159	272,712	394,171	575,930	848,925	1 260,094	1 880,593
56	74,581	101,558	141,154	199,805	287,348	418,821	617,245	917,839	1 374,502	2 069,653
57	76,327	104,589	146,388	208,797	302,715	444,951	661,452	992,266	1 499,207	2 277,618
58	78,090	107,681	151,780	218,149	318,851	472,648	708,754	1 072,647	1 635,136	2 506,380
59	79,871	110,835	157,333	227,875	335,793	502,007	759,367	1 159,459	1 783,298	2 758,018
60	81,670	114,051	163,053	237,990	353,583	533,127	813,522	1 253,216	1 944,795	3 034,820

n	1%	2%	3%	4%	5%	6%	7%	8%	9%	10%
61	83,486	117,332	168,945	248,510	372,262	566,115	871,469	1 354,473	2 120,827	3 339,302
62	85,321	120,679	175,013	259,450	391,875	601,081	933,472	1 463,831	2 312,701	3 674,232
63	87,174	124,093	181,264	270,828	412,469	638,146	999,815	1 581,937	2 521,844	4 042,655
64	89,046	127,575	187,701	282,661	434,092	677,435	1 070,802	1 709,493	2 749,810	4 447,921
65	90,937	131,126	194,333	294,968	456,797	719,081	1 146,758	1 847,252	2 998,293	4 893,713
66	92,846	134,749	201,162	307,767	480,637	763,226	1 228,031	1 996,032	3 269,140	5 384,084
67	94,774	138,444	208,197	321,077	505,669	810,019	1 314,993	2 156,715	3 564,363	5 923,493
68	96,722	142,212	215,443	334,920	531,952	859,620	1 408,043	2 330,252	3 886,156	6 516,842
69	98,689	146,057	222,907	349,317	559,550	912,198	1 507,606	2 517,672	4 236,910	7 169,527
70	100,676	149,978	230,594	364,290	588,527	967,929	1 614,139	2 720,086	4 619,231	7 887,480
71	102,683	153,977	238,512	379,861	618,953	1 027,005	1 728,128	2 938,693	5 035,962	8 677,228
72	104,710	158,057	246,667	396,056	650,901	1 089,625	1 850,097	3 174,789	5 490,199	9 545,951
73	106,757	162,218	255,067	412,898	684,446	1 156,003	1 980,604	3 429,772	5 985,317	10 501,547
74	108,825	166,462	263,719	430,414	719,668	1 226,363	2 120,247	3 705,154	6 524,996	11 552,701
75	110,913	170,792	272,630	448,630	756,652	1 300,945	2 269,664	4 002,566	7 113,246	12 708,972
76	113,022	175,207	281,809	467,576	795,484	1 380,001	2 429,541	4 323,772	7 754,438	13 980,868
77	115,152	179,712	291,264	487,279	836,258	1 463,801	2 600,609	4 670,674	8 453,338	15 379,956
78	117,304	184,306	301,002	507,770	879,071	1 552,629	2 783,651	5 045,328	9 215,139	16 918,953
79	119,477	188,992	311,032	529,081	924,025	1 646,787	2 979,507	5 449,955	10 045,501	18 611,848
80	121,671	193,772	321,363	551,244	971,226	1 746,594	3 189,073	5 886,951	10 950,597	20 474,033
81	123,888	198,647	332,003	574,294	1 020,787	1 852,390	3 413,308	6 358,907	11 937,151	22 522,436
82	126,127	203,620	342,963	598,265	1 072,827	1 964,533	3 653,240	6 868,621	13 012,495	24 775,680
83	128,388	208,693	354,252	623,196	1 127,468	2 083,405	3 909,967	7 419,110	14 184,619	27 254,248
84	130,672	213,866	365,880	649,124	1 184,841	2 209,409	4 184,665	8 013,639	15 462,236	29 980,674
85	132,979	219,144	377,856	676,089	1 245,083	2 342,973	4 478,592	8 655,730	16 854,838	32 979,742
86	135,309	224,527	390,192	704,132	1 308,337	2 484,551	4 793,093	9 349,189	18 372,773	36 278,719
87	137,662	230,017	402,898	733,297	1 374,754	2 634,625	5 129,610	10 098,125	20 027,324	39 907,590
88	140,038	235,617	415,985	763,629	1 444,492	2 793,702	5 489,683	10 906,976	21 830,783	43 899,352
89	142,439	240,330	429,464	795,174	1 517,716	2 962,323	5 874,961	11 780,534	23 796,555	48 290,285
90	144,863	247,156	443,348	827,981	1 594,602	3 141,063	6 287,208	12 723,978	25 939,246	53 120,320
91	147,312	253,100	457,649	862,101	1 675,332	3 330,526	6 728,313	13 742,896	28 274,777	58 433,352
92	149,785	259,161	472,378	897,585	1 760,099	3 531,358	7 200,296	14 843,328	30 820,510	64 277,684
93	152,283	265,345	487,549	934,488	1 849,104	3 744,239	7 705,316	16 031,795	33 595,355	70 706,461
94	154,806	271,652	503,176	972,867	1 942,559	3 969,893	8 245,689	17 315,340	36 619,941	77 778,109
95	157,354	278,085	519,271	1 012,782	2 040,687	4 209,086	8 823,888	18 701,568	39 916,734	85 556,914
96	159,927	284,646	535,849	1 054,293	2 143,721	4 462,631	9 442,561	20 198,693	43 510,242	94 113,609
97	162,526	291,339	552,925	1 097,465	2 251,907	4 731,389	10 104,540	21 815,590	47 427,168	103 525,969
98	165,152	298,166	570,512	1 142,364	2 365,502	5 016,272	10 812,859	23 561,838	51 696,613	113 879,570
99	167,803	305,129	588,628	1 089,058	2 484,777	5 318,249	11 570,760	25 447,785	56 350,309	125 268,531
100	170,481	312,232	607,286	1 237,620	2 610,016	5 638,343	12 381,713	27 484,611	61 422,840	137 796,391

6 Schrifttum

A

Achilles, S./Gartung, J./Piotrowski, J.: Grundsatz kostensparender Altgebäudenutzung, – KTBL-Schrift 329, Beispielhafte Stallanlagen in alten Gebäuden, S. 187 ff.

Achleitner, A.-K., Start-up-Unternehmen, Bewertung mit der Venture-Capital-Methode, BB 2001, 927

Aderhold, D., Grunderwerbsteuerliche Behandlung der Baulandumlegung, GuG 2000, 28

Aengevelt, L., Der gewerbliche Immobilienmarkt Berlins, GuG 1991, 16

–, Die Entwicklung des „Berliner Modells" als Beitrag zur Heranbildung des gewerblichen Immobilienmarktes in Ost-Berlin und den fünf neuen Ländern, GuG 1991, 190

Aereboe, F., Die Beurteilung von Landgütern und Grundstücken, Berlin 1924

–, Taxation von Landgütern, Berlin 1912

Albers, G., Bauleitplanung – Grundstücksmarkt – Grundstücksbewertung, Zusammenhang und Problematik aus der Sicht eines Stadtplaners, Institut für Städtebau München, Städtebauliche Beiträge 1/1967

Albert, Die Schätzung der Grund- und Gebäudewerte, Verlag Heinrich Pöppinghaus, Bochum-Langendreer 1950

Alonso, W., Location and Land Use, Cambridge 1964

Althaus, E.O., Umfasst die Entgeignungsentschädigung den merkantilen Minderwert eines Grundstücks?, NJW 1970, 793

American Institute of Real Appraisers, The Appraisal of Real Estate, 9. Aufl. Chicago 1989

Andreae, A., Passt die Grundsteuer noch in ein modernes Steuersystem?, DWW 1969, 264

Angelini, T., Möglichkeiten zur Verbesserung der Funktionsfähigkeit des Bodenmarktes, WuR 1972, 281

Arbeitsgemeinschaft der Vermessungsverwaltungen der Länder (AdV), Gutachterausschüssen nach dem Bundesbaugesetz und ihre Geschäftsstellen, o.J.

Argebau, Rechtliche Einordnung des Gutachtens der Gutachterausschüsse, AVN 1971, 412

Aule, O., Analyse der Baulandpreise in der Bundesrepublik Deutschland unter regionalen Gesichtspunkten, München 1967

Aurnhammer, H.E., Wert und Bewerten; einige grundsätzliche Gedanken zum Wert-Problem, BauR 1981, 139

–, Verfahren zur Bestimmung von Wertminderungen bei Baumängeln und Bauschäden, Forum Verlag Stuttgart 1978 = BauR 1978, 356

Aust, M., Werterhöhung bei Festsetzung einer Entschädigung nach BBauG, NJW 1973, 605;

–, Entschädigung von Verkehrsimmissionen, NJW 1972, 1402

–, Zur Bewertung von Gartenaufwuchs (Ziergehölze), GuG 1991, 90

Aust, M./Jacobs, R., Die Enteignungsentschädigung, Berlin, 4. Aufl. 1997

Ave, Gastone, Italy (Immobilienbericht), UCL Press, London 1996

B

Bachmann, E., Die Bodenpreisbildung und der Mehrwertausgleich im Umlegungsverfahren, Schweizerische ZfV 1965, 183

Backhaus, M., Denkmalrecht in Niedersachsen, Frankfurt

Bähr, O., Minderung des Verkehrswerts für ein Villengrundstück durch Autobahnlärm, GuG 1992, 9

Bär, G., Die Verkehrswertbesteuerung der Liegenschaften als Mittel der Bodenpolitik, Bern 1970

Balkenholl/Bewer, Minderung des Grundstückswerts durch Versorgungsleitungen, RdL 1963, 147

Ballof, H./Wiesner, Th., Besonderheiten der Wertermittlung für die Begründung schadensersatzrechtlicher Forderungen in Bergbaugebieten, GuG 1999, 44

Ballwieser, W., Die Bestimmung des Kapitalisierungszinsfußes in: Peemöller, Volker Heinrich (Hrsg.): Handbuch der Unternehmensbewertung mit ausführlichem aktuellem Branchenteil. Landsberg am Lech 1984, Teil 1/4, S. 1–9 (Loseblatt).

–, Unternehmensbewertung und Komplexitätsreduktion, Wiesbaden 1987

Ballwieser, W./Leuthier, R., Grundprinzipien, Verfahren und Probleme der Unternehmensbewertung, in: DStR 1986, 545–551, 604–610.

Balser/Rühlicke/Roser, Handbuch des Grundstücksverkehrsrechts, 3. Aufl. 1989 Wiesbaden

Barnikel, H.-H., Kartellgesetz und Bodenspekulation, Die Verwaltung 1971, 423

–, Erhöhung des Erbbauzinses bei fehlender Anpassungsklausel, BlGBW 1981, 110

–, Änderung der allgemeinen wirtschaftlichen Verhältnisse beim Erbbauzins, BlGBW 1981, 112

Barnickel, W., Kartellgesetz und Bodenspekulation, Die Verwaltung 1971

–, Wann ist die denkmalschützerische Auflage ein entschädigungspflichtiger Eingriff? BlGBW 1988, 60

Barocka, E., Zur Bewertung von Mietwohnhäusern des sozialen und des steuerbegünstigten Wohnungsbaues, BBauBl. 1960, 313

–, Zur Kapitalisierung von Grundstückserträgen, Zeitschrift für das gesamte Kreditwesen 1957, 92

Bartel, Statistik II, Stuttgart 1972

Bartke, G., Zur Bedeutung des Liquidationswerts als Wertuntergrenze, in: BfuP, 1981, 393–406.

Bartz, G., Das Baugesetzbuch. Ziele und Regelungsschwerpunkte, Auswirkungen auf Bodenordnung und Wertermittlung, Nachr. der rh.-pf. Kat- und VermVw 1978, 185

Bartz, G./Thielges, R., Verkehrswertermittlung ehemaliger Eisenbahnflächen, Nachr. der rh.-pf. Kat- und VermVw 1990, 86 = AVN 1990

Battelle-Institut, Entwicklung eines EDV-gestützten Verfahrens zur Bestimmung von Grundstückswerten, Stufe 1, Frankfurt/Main 1974, Stufe 2, Frankfurt/Main 1977

Battis, U., Eigentumsschutz und Entschädigung, NVwZ 1982, 585

–, Vorsorgezahlungen nach Enteignungsgrundsätzen, NJW 1976, 936

Battis, U., Schmittat, K.-O., Rechtsfragen des Denkmalschutzes, NuR 1982, 102

Bauer, W., Zur Ermittlung des Verkehrswerts beim Wohnungsrecht, Nießbrauch und Dauerwohnrecht unter Berücksichtigung der Verhältnisse auf dem Stuttgarter Grundstücksmarkt, AVN 1973, 392 ff.

–, Wertermittlung nach dem Bundesbaugesetz und dem Städtebauförderungsgesetz, AVN 1974, 116

–, Diskussionsbeitrag zur Richtwertermittlung, AVN 1975, 113 ff.

–, Verkehrswertermittlung bebauter Grundstücke mit Hilfe automatisch erstellter Vergleichswerttabellen, AVN 1978, 138 ff.

–, Wertabhängigkeit bebauter Grundstücke von der Wohnlage, AVN 1992, 122

–, Automatisierung des Suchvorgangs nach dem Preisvergleich besonders geeigneter Vergleichsobjekte, AVN 1988, 93

Baukosten, 7. Aufl. 1989 Verlag für Wirtschaft und Verwaltung, H. Wingen, Essen

Baumann, G., Grundstücksmarktberichte – wesentliche Beiträge zur Transparenz regionaler Teilmärkte, Nachr. der rh.-pf. Kat- und VermVw 1993, 13 i.

Baur, Lehrbuch des Sachenrechts, 12. Aufl.

Bayerlein, W., u. a., Praxishandbuch Sachverständigenrecht, München 1996, 2. Aufl.

Becker, K.-H., Erbbaurechte in der Umlegung, AVN 1980, 462

–, Ermittlung von Grundstückswerten, VR 1964, 413

Becker, Th., Kritische Anmerkungen zu Einzelheiten der Entschädigungsrichtlinien Landwirtschaft – LandR 78 –, AgrarR 1980, 117

–, Arten und Umfang der Enteignungsentschädigungen, AgrarR 1973, 1

Becker, W./Burkhard, H.-J./Müller, B., Ermittlung von Marktanpassungsfaktoren für die Grundstücksbewertung, Nachr. der rh.-pf. Kat.- und VermVw 1991, 173

Beckmann, Modell zur Qualifizierung der Verkehrswertminderung des Restbetriebs, AgrarR 1979, 93

–, Die Berechnung des Arrondierungsschadens, AgrarR 1980, 96

Beiderwieden, O., Verkehrswert von Erbbaurechten, AVN 1965, 93

–, Der Einfluss eines Erbbaurechts bei der Bewertung von Grundstücken, AVN 1967, 468

–, Verteilung der Entschädigung bei Inanspruchnahme von mit Erbbaurechten belasteten Grundstücken für öffentliche Zwecke, AVN 1972, 114

–, Die Gleitklausel in Erbbauverträgen, BDVI-Forum 1975, 66

Bellinger/Kerl, HBG Komm., München 1992, 4. Aufl.

Bengel, F./Simmerding, M., Grundbuch, Grundstück, Grenze; 3. Aufl. Frankfurt am Main 1989, Schweitzer Verlag

Benkendorff, D., Wertermittlung von Flächen für den öffentlichen Bedarf, Nachr. der nds. Kat- und VermVw 1966, 185

–, Mitwirkung des Gutachterausschusses bei städtebaulichen Sanierungsmaßnahmen im Kerngebiet der Stadt Hameln, Nachr. der nds. Kat- und VermVw 1973, 90

Berens, H./Hoffjan, K., Wertermittlung von Immobilien auf Basis vollständiger Finanzpläne, Zfbf 1994/4

Berndt/Luttner, Der Ersatzwert in der Feuerversicherung, 2. Aufl. 1971

Berner, A., Ausgleichsbeträge nach dem StBauFG, StGB 1983, 315

Bernsen, R., Grundstückszubehör als Kreditsicherheit und sein Schicksal im Konkursverfahren, GuG 1992, 156

Bernuth, W. v., Schiedsgutachterabrede und die Durchführung im selbstständigen Beweisverfahren, Zf Wirtschaftsrecht 1998, 2081

Betrams, D., Aktuelle Fragen der Bodenordnung und Grundstücksbewertung, ZfV 1969, 377

Bethke/Meurers, Komm. zur TA Luft, BAnz.-Verlag Köln 1976

Beuther, Das Problem der Grundrente und seiner Lösungsversuche, Diss 1962

Bewer, C., Der Verkehrswert landwirtschaftlicher Grundstücke, AgrarR 1975, 85

–, Kleingartenpachtpreise WF 1983, 42

–, Methoden der Entschädigungsermittlung bei Eingriffen in arrondierte Besitzungen, AgrarR 1982, 172

–, Anpassung, Schadensdauer und Zinsprobleme bei der Entschädigung von Betriebsverkleinerungen, AgrarR 1978, 94

Bielenberg, W., Ist die Bemessung der Enteignungsentschädigung nach dem Verkehrswert im Bundesbaugesetz verfassungswidrig?, DVBl. 1974, 113

Bielenberg, W./Sandmann, H. J., Vorschläge zur Novellierung des Bodenordnungsrechts des BauGB, GuG 1996, 193

–, *Kleiber, W./Söfker, W.,* Vermögensrecht, Eigentum an Grund und Boden, Verlag Jehle Rehm München, Losebl.

Bielenberg, W./Koopmann, K.-D./Krautzberger, M., Städtebauförderungsrecht, Verlag Franz Vahlen München, Komm. Losebl.

Birkner, Normen, Neufassung für Hochbauten, DS 1974/4

–, Sonderheiten bei Wertermittlung von Wohnungs- und Teileigentum, DS 1976/5

–, Wertermittlung und Kalkulation, DS 1981, 6

Bischoff, B., Grundstückswertermittlung, GrundEverlag Bln 1992

–, Grundstückswerte in den neuen Bundesländern, Bln 1994

–, Anwendung der Clusteranalyse bei der Aufstellung der Berliner Bodenpreisindexreihen, VR 1991, 128

Bister, H.,-B., Modifizierte Geschossflächenzahl. Eine statistische Untersuchung der Kaufpeise von Ertragsgrundstücken mit unterschiedlicher Baunutzung, VR 1978, 124

Bißmaier, V., Zur Grundstücksbewertung im Pflichtteilsrecht, ZMR 1995, 106

Blänker, J., Problematik von Preisinformation und Wertermittlung auf dem landwirtschaftlichen Grundstücksmarkt, GuG 1990, 83

Bleumer, H., Verkehrswert von Kleingärten mit Bauerwartung – zur Frage der Entschädigung für den Rechtsverlust und für andere Vermögensnachteile, Nachr. der nds. Kat.- und VermVW 1977, 215

–, Schadensersatzforderung gegen Gutachterausschuss, Nachr. der nds. Kat.- und VermVw 1986, 193

Bleutge, P., Die neue Rechtsprechung zu § 36 GewO, GewArch 1976, 333; GewArch 1980, 313; GewArch 1986, 145

–, Die Zulässigkeit der Altersgrenze für öffentlich bestellte und vereidigte Sachverständige, GewArch 1978, 284

–, Rundstempelverbot für selbsternannte Sachverständige, WRO 1979, 777

–, Hilfskräfte des Sachverständigen, NJW 1985, 1185

–, Öffentliche Bestellung und private Zertifizierung von Sachverständigen im Wettbewerb, GuG 1997, 72

–, Der Sachverständige als Schiedsgutachter, GewArch 1978, 145

–, ZSEG Gesetz über die Entschädigung von Zeugen und Sachverständigen, 3. Aufl., Essen 1995

Blom u. a., Wertermittlung nach Bundesbaugesetz und Städtebauförderungsgesetz, Nachr. der nds. Kat.- und VermVw 1974, 101

Blum, A., Wirtschaftlichkeit von Wohngebäuden mit unterschiedlichen Geschosszahlen, BBauBl. 1977, 260

Bodenstein, H., Die Novellierung der Verordnung über das Erbbaurecht, Nachr. der nds. Kat- und VermVw 1974, 99

–, Wertermittlung nach der Nieder. VO zur Durchführung des BBauG, Nachr. der nds. Kat.- und VermVw 1978, 127

–, Datenschutz in der Wertermittlung, ZfV 1980, 443

–, Rechtsprechung zur Anpassung des Erbbauzinses, Nachr. nds. Kat.- und VermVw 1980, 259

–, Praktische Ermittlung der Bodenwerterhöhungen aufgrund städtebaulicher Sanierungsmaßnahmen, GuG 1990, 147

–, Modell Niedersachsen aktualisiert, Nachr. der nds. Kat.- und VermVw 1986, 90

–, Die Baulast in der Wertermittlung, Nachr. der nds. Kat.- und VermVw 1987, 152

–, Gutachterliche Äußerung der Katasterämter über Grundstückswerte, Nachr. der nds. Kat.- und VermVw 1976, 167

–, Neues Wertermittlungsrecht komplett, Nachr. der nds. Kat- und VermVw 1990, 50

–, Bodenrichtwerte für kommunales Bauland, dng 1982, 361

–, Zum Merkmal „Gewöhnlicher Geschäftsverkehr", Nachr. der nds. Kat- und VermVw 1984, 361

–, Die Wertermittlung nach dem Baugesetzbuch, Nachr. der nds. Kat- und VermVw 1987, 186

Böhm, H., Bodenmobilität und Bodenpreisgefüge in ihrer Bedeutung für die Siedlungsentwicklung, Bonn 1980

Boele, R., Der für die Bemessung der Enteignungsentschädigung maßgebende Zeitpunkt, NJW 1964, 756

Bölke, H., Zur Frage des Stichtages der Richtwertermittlung, Nachr. nds. Kat.- und VermVw 1975, 176

Börstinghaus, U., Mietzinsminderung bei Wohnraummietverträgen, Herne, Berlin 1996

–, Mietspiegel, WuM 1997, 127

–, Die Begrenzung der Begrenzung der Kappungsgrenze, WuM 1994, 307

Böser, W./Brill, D., Ermittlung marktkonformer Daten zur Wertermittlung von Grundstücken im Großstadtraum Karlsruhe, VR 1981, 349

Böser, W./Preuss, R., Aufspaltung des Gesamtkaufpreises in Bodenwert und Geländewert und die sich daraus ergebenden Probleme im Großstadtraum Karlsruhe, AVN 1982, 449

Böser, W./Schwaminger, B., Zur Ermittlung und Anwendung von Geschossflächenzahl (GFZ) – Umrechnungskoeffizienten in der Grundstücksbewertung, AVN 1984, 412

Bohnsack, G., Wohnungs- und Bodenmarkt, ZfV 1971, 395

Bohr, D., Ausgleichsleistungen im Umlegungsverfahren, VR 1989, 326

Boldt, R., Ermittlung einer Indexreihe für Grünlandpreise, Nachr. der nds. Kat.- und VermVw 1986, 219

Bonbright, J.C., Valuation of Property, New York 1937

Bonczek, W., Entwicklungslinien des Eigentums an Grund und Boden; Neue Heimat Düsseldorf; Auszug aus Stadt und Boden, Hammonia Verlag Hamburg

–, Stadt und Boden, Hamburg 1978

–, Wertprobleme an Grund und Boden vom Ausgang des 18. Jahrhunderts bis heute, Festschrift für F. Löschner, Veröffentl. des Geodätischen Instituts der RWTH Aachen Nr. 23, 1977, 419

Bonczek, W./Tiemann, M., Zur Preisentwicklung auf dem Grundstücksmarkt, Der Städtetag 1958, 211

–, Zur Entwicklung der Baulandpreise bis zum Erlass des BBauG, Der Städtetag 1961, 475;

–, Zur Entwicklung der Baulandpreise, Der Städtetag 1965, 533

–, Stadt und Boden, Hammonia Verlag Hamburg 1978

Bonorden, R., Auswertung von Kaufpreisen bebauter Grundstücke für die Ermittlung von Richtwerten, Nachr. der nds. Kat.- und VermVw 1974, 218

–, Wertermittlung nach BBauG und StBauFG, in: Gerardy/Möckel/Tiemann, Zur Ermittlung von Grundstückswerten, 1977, 12

Borchert, H., Ermittlung des Verkehrswerts von Grundstücken mit Freizeit- und Sportanlagen, GuG 1994, 337; GuG 1995, 71; GuG 1995, 153

Borg, U., Bewertung beweglicher Wirtschaftsgüter, Hannover 1989

Borgmann, H., Rechtsordnung, Wirtschaftssysteme und Planziele im Verhältnis zur Bodenfrage, Diss. Berlin 1974

–, Zur Ermittlung des Beleihungswerts durch die Kreditinstitute, VR 1977, 100

–, Zeitreihenanalyse bei der Ermittlung von Grundstückswerten, ZfV 1980, 521

–, Ermittlung von Grundstückswerten mit Hilfe der Theorie linearer stationärer stochastischer Prozesse, AVN 1980, 219

–, Entgegnung zur Stellungnahme von Brückner und Ziegenbein, AVN 1980, 472

Brachmann, R., Bauwert von Industriebauten, 2. Aufl. 1987

–, Über die Problematik der Richtwerte, AVN 1967, 478

–, Ermittlung des Bauwerts von Industriebauten und Fabrikgrundstücken, Hannover 1968

Brand, E., Verfahrenskritik zum Discounted-Cashflow-Verfahren in der Grundstücksbewertung, GuG 2000, 202

–, Mietwohngrundstücke zwischen Verkehrswert und Marktpreis, DWW 1977, 110

Brand, F., Die Gutachterausschüsse in Nordrhein-Westfalen und ihre Geschäftsstellen, NÖV 1976, 80

Brandau, K., Bewertung von bebauten Grundstücken, VR 1980, 437

Brandt-Wehner, A., Die Ermittlung von Grundwerten – Wertermittlungstechnische Lösungen und praktische Erfahrungen; VR 1985, 413

Braun, K., Der für die Bemessung der Enteignungsentschädigung maßgebende Zeitpunkt nach der oberstrichtlichen Rechtsprechung, NJW 1963, 1473

Braunhofer, H., Unternehmens- und Anteilsbewertung zur Bemessung von familien- und erbrechtlichen Ausgleichsansprüchen, Köln 1995

Breuer, R., Entschädigungsrechtliche Konsequenzen von Eingriffen in die Baufreiheit, DÖV 1978, 189

Brigham, E.F., A Model of Residential Land Values, Rand Corporation Santa Monica 1964

Brill, W., Zur Grundstückswertermittlung in Sanierungsgebieten, Nachr. der nds. Kat.- und VermVw 1975, 90

–, Ableitung sanierungsbedingter Werterhöhungen nach dem Modell „Niedersachsen", Nachr. der nds. Kat.- und VermVw 1986, 170

Brinkmann, T., Die pauschale Entschädigung beeinträchtigter Nutzungen, BB 1987, 1828

Brodsky, H., Residential Land and Improvement Values in a Central City, Land Economics 1970/3

Browning, C.E., Land Value Taxation, Promises and Problems, Journal of the American Institute of Planners 1963, 391

Brückner, M., Bewertung eines Mietobjekts im Vergleich zu seiner Finanzierung, VR 1988, 218

Brückner, O., Wertbegriffe, AVN 1969, 453

Brückner, O. u. a., Grundstücks- und Gebäudewerte in der Rechts-, Bau- und Wirtschaftspraxis, 3. Aufl. Berlin 1974

Brückner, O./Noack, Zur Wertbemessung eines Erbbaurechts?, NJW 1971, 736

–, Wertermittlung von Grundstücken, NJW 1972, 804

Brückner, R./Ziegenbein, W., Ermittlung von Grundstückswerten mit Hilfe der Theorie linearer stochastischer Prozesse. Stellungnahme zum Beitrag Brogmann, AVN 1980, 471

Brückner, R. (Hrsg.), Mathematische Statistik bei der Ermittlung von Grundstückswerten, Hannover 1976

Brügelmann, H., Die Ermittlung von Grundstückswerten nach dem Bundesbaugesetz, DÖV 1961, 595

Bub, W.-R., Die auf – nach der EOP-Methode festgestellter Pachtzinserhöhung beruhende Sittenwidrigkeit von Gaststätten-Pachtverträgen, ZMR 1995, 509

Buchner, H., Der Verkehrswert erbbaubelasteter Grundstücke bei bestehenden Ankaufsverpflichtungen, Festschrift für Schippel, Bundesnotarkammer 1996

Buchwald, H., Wertermittlung von Ziergehölzen – Ein neuer methodischer Vorschlag, Verlag Pflug und Feder GmbH, HLBS

Buff, A., Bauordnung im Wandel, Calway, München 1971

Bukase, H., Die Preisfindung bei der Privatisierung von Wohnimmobilien in den neuen Bundesländern, DLK 1994, 380

Bulla, W., Gerichtliche Nachprüfbarkeit von Schiedsgutachten, NJW 1978, 97

–, Schiedsgutachtenklausel in Wertsicherungsabreden, BB 1976, 389

–, Wertsicherungsklausel in Miet- und Pachtverträgen, DB 1975, 965

Bundesministerium für Raumordnung, Bauwesen und Städtebau, Bodenpreise, Bodenmarkt und Bodenpolitik, Schriftenreihe 03.088, Bonn 1981

–, Baulandbericht 1983, Schriftenreihe des BMBau, Bonn 1983

–, Baulandbericht 1986, Schriftenreihe des BMBau, Bonn 1986

–, Baulandbericht 1993, Schriftenreihe des BMBau Bonn, 1993

Burkhard, Die Baulandqualität von Grundstücken und ihre Behandlung nach dem BauGB, BlGBW 1967, 87

Busch, W., Die Ermittlung des Verkehrswerts von Grundstücken und Gebäuden, BuG 1965, 149

–, Taxationslehre für Landwirtschaft und Gartenbau, 1969

Buske, K./Lüder H., Verkehrswertermittlung von Gebäuden in Betonplattenbauweise, GuG 1995, 96

Busse von Colbe, W., Der Zukunftserfolg, Wiesbaden 1957

–, Unternehmensbewertung als Investitionskalkül

–, Gesamtwert der Unternehmung, in: HWR, (1. Aufl.), Hrsg. von Kosiol, Erich, 2. Aufl., Bd. 3, Hrsg. von Kosiol, Erich/Chmielewicz, Klaus/Schweitzer, Marcell u. a., Stuttgart 1981, Sp. 595–606

Büchs, H., Grunderwerb und Entschädigung beim Straßenbau, 2. Aufl. Boorberg Verlag Stuttgart 1980

C

Carthaus, V., Zur Geschichte und Theorie der Grundstückskrisen in dt. Großstädten mit besonderer Berücksichtigung von Groß Berlin, Jena 1917

Champness, P., Valuation Standards 1997 (Guide Bleu), London 1997

Christoffel, H.-G., Orientierungswerte für den Grund und Boden in der DM-Eröffnungsbilanz, GuG 1991, 7
–, Aus dem Bereich der Einheitsbewertung; Abgrenzungsprobleme bei Tiefgaragen und Abschläge bei Großobjekten, GuG 1991, 67
–, Die Bewertung von Einfamilienhäusern in den neuen Bundesländern, GuG 1992, 61
–, Neubewertung des Grundvermögens und differenzierte Zuschlagsregelung, GuG 1993, 65
–, Die neue Grundstücksbewertung nach dem Jahressteuergesetz 1997, Erich-Schmidt-Verlag Bielefeld
–, Die neue steuerliche Grundstücksbewertung (Jahressteuergesetz 97), GuG 1997, 65
Christoffel, H.-G./Drosdzol, W.-D./Weinmann, N., Künftige Einheitsbewertung und Neugestaltung der Vermögen- und Erbschaftsteuer, Otto-Schmidt-Verlag Köln 1996
Clasen, H., Die Wertermittlungsverfahren für bebaute und unbebaute Grundstücke, BlGBW 1974, 141
–, Entschädigung bei Eingriffen in Miet- und Pachtverhältnisse aufgrund des StBauFG, NJW 1973, 678
–, Die Enteignungsentschädigung nach dem BBauG, BuG 1969, 120
Clemens, H., Verkehrswertermittlung von Leitungsrechten, GuG 1993, 221
Clonts, H.A., Influence of Urbanisation on Land Values at the Urban Periphery
Coenenberg, A., Unternehmensbewertung aus Sicht der Hochschule, in: 50 Jahre Wirtschaftsprüferberuf – Bericht über die Jubiläumsfachtagung vom 23. 10. 1985 in Berlin, Düsseldorf 1981, S. 221–245
–, Methoden der Unternehmensbewertung (Überblick), in: Peemöller, Volker Heinrich (Hrsg.): Handbuch Unternehmensbewertung mit ausführlichem, aktuellem Branchenteil, Landsberg am Lech 1984, Teil I/2, S. 1–17 (Loseblatt)
Conditt, G., u. a., Städtischer Bodenmarkt – städtische Bodenpolitik, Wien 1974
Cors, G., Sind Außenanlagen mitversichert, VersR 1989, 47
–, Gibt es den Feuerversicherungsvertrag nach Maß?, VersR 1989, 251
–, Ist der gemeine Wert fortschreibungsfähig?, VersR 1990, 76
–, Zur wirtschaftlichen Nutzungsdauer einer Fabrik, Der langfristige Kredit 1990, 52
–, Der internationale Verkehrswert des Betriebsgrundstücks, DLK 1992, 76
Czamanski, S., Effects of Public Investments on Urban Land Values, AIP Journal 1966, 204
Czerlinsky, H.-J., Anpassung von Erbbauzinsen an die „wirtschaftlichen Verhältnisse", NJW 1977, 1228

D

Dahm, H., Maßnahmen zur Bewältigung der Altlastenproblematik der Stadt Essen, GuG 1993, 76
Danielsen/Rogge, Bereinigung von Kaufpreisen, AVN 1922, 188
Debus, M., Entschädigungsermittlung für U-Bahn-Unterfahrungen, GuG 1994, 7
–, GFZ-Umrechnungskoeffizienten für Bürohochhäuser, GuG 2000, 279
Deck, M./Böser, W., Die Verwendbarkeit von Basiskubikmeterpreisen 1913, AVN 1985, 145
Deinert, K., Rechtliche Umstände als Grundlage der Wertermittlung, Institut für Städtebau Berlin 1974
–, Grundstücksqualität und Wertermittlung, Institut für Städtebau Berlin 1975
–, Planungsschäden, Enteignung, Entschädigung und Härteausgleich nach BBauG und StBauFG, 3., erw. Aufl. Köln 1979
Deppe, H.H./Helmhold, G., Richtwerte und veränderter Grundstücksmarkt, Nachr. der nds. Kat.- und VermVw 1989, 153
–, Zur beitragsrechtlichen Zuordnung von Kauffällen in der Kaufpreissammlung, Nachr. der nds. Kat.- und VermVw 1990, 162
Derbes, Highest and Best Use – What is it?, The Appraisal Journal 1981/4
Derleder/Schlemmermeyer, Sachverstand als Datenersatz, Zur Rolle des Sachverständigen im Mieterhöhungsverfahren, WuM 1978, 225
Dick, Bewertung beweglicher und ideeller Wirtschaftsgüter, Oppermann Verlag Hannover 1960
Dieckmann, J., Zur Bodenrechtsinitiative des Deutschen Städtetages, GuG 1991, 181
Diers, F.-U., Die Obergrenze der Entscheidung bei Betriebsverlagerungen infolge öffentlich-rechtlicher Maßnahmen, BB 1981, 1246 und BB 1984, 1131
Dieterich, H., Der Zeitpunkt für die Bemessung der Entschädigung im Enteignungsverfahren nach dem BBauG, DÖV 1966, 850
–, Zur Entschädigung von Aufwuchs im Umlegungsverfahren, BuG 1971, 380
–, Die Wertermittlung nach der Novelle zum Bundesbaugesetz, BBauBl. 1975, 319
–, Wertermittlung durch Gutachterausschüsse – Institutionelle Grundlage städtebaulicher Reformpolitik, Institut für Städtebau München, Städtebauliche Beiträge 2/1975, 130
–, Die Novelle zum Bundesbaugesetz, VR 1976, 336
–, Gutachterausschüsse für Grundstückswerte, der Landkreis 1978, 397
–, Verkehrswert oder Verkehrswertspanne?, ZfBR 1979, 223
–, Schon wieder eine Änderung der Zuständigkeitsregelung für die Gutachterausschüsse?, BBauBl. 1979, 147
–, Enteignung und Enteignungsentschädigung beim Denkmalschutz, in: Gebeßler/Eberl, Schutz und Pflege von Baudenkmälern in der Bundesrepublik Deutschland, Köln/Stuttgart/Berlin/Mainz 1980
–, Brauchen wir neue staatliche Interventionen auf dem Bodenmarkt, GuG 1990, 16
–, Bodenmarktberichtssystem für die Bodenpolitik der öffentlichen Hand, Bundesforschungsanstalt für Landeskunde und Raumordnung, Bd. 10 für Forschung zur Raumentwicklung, Bonn 1982
–, Baulandumlegung, München 2000, 4. Aufl.
–, Verteilungsmaßstäbe in der Umlegung, AVN 1984, 125
–, Lageunterschiede bei der Umlegung nach dem Flächenmaßstab, ZfV 1970, 300
–, Fiktive Anfangswerte bei städtebaulichen Entwicklungsmaßnahmen, GuG 1996, 1

Dieterich, H./Kleiber, W., Die Ermittlung von Grundstückswerten, 2. Aufl.,VHW, Bonn/Köln 1991

Dieterich, H./Lemmen, F.-J., Bewältigung der naturschutzrechtlichen Eingriffsregelung durch Umlegungen, GuG 1991, 301

Dieterich, H./Schlag, Zur Wertermittlung von Industrie- und Gewerbebrachen, AVN 1985, 407

Dittus, W., Die Ermittlung von Grundstückswerten nach dem Bundesbaugesetz, Bauwelt 1960, 1384

–, Die Enteignungsentschädigung nach heutigem Recht, NJW 1965, 2179

–, Zur Bemessung der Entschädigung für Leitungsservituten, NJW 1965, 718

–, Bemessung der Entschädigung bei Enteignung von Ackerland, JuS 1964, 308

Dobberstein, M., Scoringmodelle als Analyseinstrument des Immobilienportfoliomanagements, GuG 2000, 8

Döbereiner, W., von Keyserlingk, Sachverständigen-Haftung, Bauverlag Wiesbaden 1979

Döbereiner W., Anfechtung und Geltendmachung der Unwirksamkeit eines Schiedsgutachtens durch den/die Schiedsgutachter, VersR 1983, 712

Dörffeldt, S., Hessisches Denkmalschutzrecht, Komm. Wiesbaden

Dörge, H., Das Recht der Denkmalpflege in Baden-Württemberg, Komm. Stuttgart 1971

Dörner, D., Die Unternehmensbewertung, in: WP-Handbuch 1992, Band II, Düsseldorf 1992, S. 1–136

Dresen, A., Bewertung und Entschädigung öffentlicher Verkehrs-, Grün- und Gemeinschaftsflächen, Nachr. der rh.-pf. Kat.- und VermVw 1988, 180

–, Ablösung von unentgeltlichen Nutzungsrechten durch Kaufvertrag, GuG 1992, 256

–, Untersuchung zur Marktlage von Wohngebäuden, Nachr. der rh.-pf. Kat- und VermVw 1985, 86

Drisch, L., Bewertung von Bergschäden an Gebäuden, Oppermann Verlag Hannover 1972

Dröge, F., Handbuch der Mietpreisbewertung für Wohn- und Gewerberaum, 2. Aufl., Luchterhand 1999

Drosdzol, W.-D., Baulandsteuer und Bodenwertsteuern. Neue Perspektiven für die Grundsteuer? DStZ 1994, 205

Duwendag, D., Bodenmarkt und Bodenpolitik in der Bundesrepublik Deutschland, Schmöllers Jahrbuch 1971, 367

Duwendag, D./Epping, G., Wem gehört der Boden in der Bundesrepublik Deutschland, Domus Verlag Bonn 1974

E

Eberl, W., Martin, D., Petzet, M., DenkmalschutzG, Komm.

Eberstadt, R., Die Spekulation im neuzeitlichen Städtebau, Jena 1907

Edelmann, G., Dienstbarkeitserfordernis und Entschädigungsfrage bei Versorgungsleistungen auf fremdem Grundstück, BayVBl. 1978, 298

Eekhoff, J., Wohnungs- und Bodenmarkt, Tübingen 1987

Eger, Das Gesetz über die Enteignung von Grundeigentum vom 11. 6. 1874, Komm. 1887

Ehlert, Die Ermittlung des Verkehrswerts nach dem Bundesbaugesetz, GrundE 1963, 434

Ellwood, Ellwood Tables for Real Estate Appraising and Financing, American Institute of Real Estate Appraisers, Chicago Illionois

Els, S., Gestaltungsmöglichkeiten zur Baulandbeschaffung für Einheimische, BayVBl. 1983, 421

Elstner, R., Die Rechtsprechung bei der Ermittlung von Grundstückswerten, AVN 1964, 226

–, Bewertung von unbebautem Grundbesitz, insbesondere Bauland, Industrieland usw., Nachr. der nds. Kat.- und VermVw 1963, 73

Enderlein, K., Wohnhochhäuser – wirtschaftlich gesehen, DBZ 1964, 436

Engelhardt, H., Wohnnutzung und Verkehrsimmissionen, DWW 1994, 297

Engelken, K., Zur Bewertungsproblematik des Planungswertausgleichs, VR 1975, 414

–, Zur Ermittlung der Werte beim Planungswertausgleich, DÖV 1975, 296

–, Weitere Entstaatlichung der Gutachterausschüsse nach dem BBauG jetzt möglich, der Landkreis 1977, 171

–, Grenzen der Anforderungen an Richtwerte und Grenzen der Aufgabenverlagerung auf Geschäftsstellen, AVN 1977, 333

Engelbrecht, Grundsätze und Techniken ordnungsgemäßer Immobilienbewertung, Heidelberg, Physica 1998

Engels, Erläuterungen zur EC-Versicherung, Die Versicherungspraxis 1979, 189

–, Vorteilhafte Betriebsfeuerversicherung, Rudolf Haufe Verlag 1989

–, Feuerversicherung von A bis Z, Rudolf Haufe Verlag 1976

Engels, W., Betriebswirtschaftliche Bewertungslehre im Lichte der Entscheidungstheorie; Westdeutscher Verlag Köln 1962

Epping, G., Bodenmarkt und Bodenpolitik in der Bundesrepublik Deutschland, Berlin 1977

Erbguth, W., Verantwortlichkeit in Bodenschutzrecht, DVBl. 2001, 601

Ermert, H., Die Fehlerübertragung beim Ertragswertverfahren, AVN 1967, 213

Ernst, W./Bonczek, W., Zur Reform des städtischen Bodenrechts, Hannover 1971

Ernst, W./Hoppe, H., Das öffentliche Bau- und Bodenrecht, Raumplanungsrecht, München 1978

Ernst, W./Zinkahn, W./Bielenberg, W., BauGB Komm.; hier: Komm. zur WertV, München Losebl. Beck-Verlag

Erxleben, B., Schätzung der Wertminderung, VR 1976, 381

Estler/Pfahler, Der Einfluss der Hangneigung auf den Wert landwirtschaftlicher Grundstücke, Berichte aus der Flurbereinigung 1988

F

Faßbender, H., Zur Aussagekraft von Kaufpreissammlungen, AgrarR 1975, 279

Feinen, K., Bewertungsfragen bei gewerblichen Objekten, im: Realkredit- und Immobilienleasinggeschäft, DLK 1984, 236

–, Immobilien-Leasing-Objekte, ihre Bewertung und Beleihungsmöglichkeiten, GuG 1995, 25

Feist, Zur Bewertung von Unternehmungen und Beteiligungen, 2. Aufl. Köln, Bonn, P. Hanstein Verlag GmbH 1976

Felde, v.W., Die volkswirtschaftliche Problematik der Erfassung von Wertsteigerungen des Bodens, Köln 1954

Feldhaus, W., Die Ermittlung des Verkehrswerts des öffentlich geförderten Mietwohnungsbaus, DAB 1974, 169

Feldmann/Hess, Einführung in die Industrie-Feuer-Versicherung, 2. Aufl. 1986

Feldmann, v., P., Konversionsflächen als städtebaulicher Entwicklungsbereich, LKV 1997, 151

Fellerhoff, M., Erschließungsbeiträge/Ausgleichsbeiträge im Grenzbereich förmlich festgelegter Sanierungsgebiete; StGB 1983, 888

Feuerstein, H., Bestimmungsgründe der Preise und des Transfers landwirtschaftlich genutzten Bodens, Agrarwirtschaft 1970, 22

Fey, W., Die Struktur des Baulandmarktes und die Differenzierung der Baulandpreise, BBauBl. 1965, 5817, BBauBl. 1966, 97, 146

Fieseler, H.-G., Die vorzeitige Entrichtung von Ausgleichsbeträgen bei städtebaulichen Sanierungsmaßnahmen, § 154 BauBG; LKV 1996, 317

Fischer, R., Das Problem des Ansteigens von Grundrenten und Bodenpreisen in der wirtschaftlichen Diskussion in der Bundesrepublik Deutschland, DWW 1973, 236

–, Entwicklungstendenzen am Baulandmarkt und bei den Baulandpreisen, BBauBl. 1965, 146

Fischer, R./Biederbeck, M., Bewertung landwirtschaftlicher Betriebe in der Auseinandersetzung einer Gütergemeinschaft, GuG 2001, 147

Fischer, V., Scheidungsfolgenrecht bei Landwirten, Schriftenreihe des Instituts für Landwirtschaftsrecht der Universität Göttingen, Band 41, Köln 1993

–, Das Altenteil der Ehescheidung: AgrarR 1997, 354

Fischer, Sachverständige im Spannungsfeld zwischen Mietspiegel und Mietprozess, WuM 1996, 604

Fischerhof, J., Entschädigung für Versorgungsleitungen, NJW 1970, 794

Flebbe, Grundstückswertermittlung, Nachr. der nds. Kat.- und VermVw 1979, 165

Fleischmann, R./Bellinger, K./Kerl, V., Hypothekenbankengesetz, Komm. München 1979

Franzki, H., Der Bundesgerichtshof und die alte Kastanie, DRiZ 1976, 113

Freise, J., Erfassung von Unterschieden in der Qualität von Grundstücken zur Ermittlung einschlägiger Umrechnungskoeffizienten, VR 1976, 402

–, Bodenwert bebauter Grundstücke, VR 1977, 57

–, Grundstücksbewertung auf mathematisch-statistischer Grundlage – Erfahrungen in Stuttgart, Institut für Städtebau Berlin 1978

–, Ermittlung von Grundstückswerten in Zeiten schwankender Preise, VR 1981, 373

–, Vergleichswertverfahren für bebaute Grundstücke, GuG 1993, 72

–, Zur Quantifizierung von Wohnlage unterschieden bei der Ermittlung bebauter Grundstücke, VR 1989, 334

Frenkler, H., Wertermittlung im Zusammenhang mit Erbbaurechten, Nachr. der nds. Kat.- und VermVw 1980, 147

–, Bauart und Bodenwert, Nachr. der nds. Kat.- und VermVw 1966/2

Freudling, F., Wert – Schaden – Entschädigung, AVN 1972, 228 = DÖV 1970, 308

–, Die Enteignungsentschädigung nach dem Bayerischen Enteignungsgesetz, BayVBl. 1975, 467

–, Zur Begutachtung des Verkehrswerts, BayVBl. 1982, 108

Freudling, F./Metzger, A., Wertgutachten der Gutachterausschüsse, BayVBl. 1980, 715

Friedrich, H., Wertbegriffe und Verfahren bei der Ermittlung von Grundstückswerten, BlGBW 1964, 166

–, Grundsätze der Wertermittlung, Anforderungen an Gutachten der Gutachterauschüsse, Institut für Städtebau Berlin 1974

–, Verbesserung der Funktionsfähigkeit der Gutachterausschüsse durch Weiterentwicklung der maßgebenden Rechtsvorschriften, VR 1976, 96

–, Richtlinien zur Führung der Kaufpreissammlungen nach dem Bundesbaugesetz, ZfV 1978, 93

–, Gehölze und Gartenanlagen bei der Grundstückswertermittlung, VR 1981, 426

–, Entgegnung auf die Erwiderung Koch, VR 1981, 438

Frisch, Ch., Der Begriff „Grundstückswert", AVN 1965, 270

–, Der Wert des Grundstücks, AVN 1966, 108

–, Eignung der Richtwerte für die Ermittlung von Bodenwerten, zum Begriff „Verkehrswert", AVN 1970, 445

–, Wertermittlungsverfahren für die Ermittlung des Verkehrswertes von Grundstücken, Architekt und Ingenieur 1965, 19

–, Grundstückspreise sollen durch Gesetz stabilisiert werden, ID 1965, 213

Fritz, J., Gewerberaummietrecht, München 1991

Frohberg, G., Entschädigung für Fernleitungsdienstbarkeiten, NJW 1963, 2004

–, Grundzüge der Novelle zum Bundesbaugesetz, DWW 1977, 100

–, Zur Problematik der Ermittlung von Ausgleichsbeträgen gemäß §§ 153 bis 155 BauGB, VR 1989, 341

Frohberger, H.P., Pachtzinsermittlung gemäß BKleingG, Nachr. der rh.-pf. Kat- und VermVw 1984, 9

–, Hat der Verkauf von gemeindeeigenen Grundstücken zum „Selbstkostenpreis" Auswirkungen auf den Verkehrswert?, Nachr. der rh.-pf. Kat- und VermVw 1983, 96

Frommers, Bauschäden, BBauBl. 1968, 249

Fuchs, P., Die Instandsetzungskosten im Wohnungsbau – pauschaliert und in Wirklichkeit, BlGBW 1972, 49

Fuhlendorf, H., Die Bewertung von Straßenverbreiterungsflächen bei der Feststellung der Enteignungsentschädigung, NJW 1966, 581

G

Gablenz, K., Rechte und Belastungen in der Grundstücksbewertung, Werner Verlag, Düsseldorf 1997

–, Gerüche, Einflussnahme auf den Verkehrswert von Grundstücken, GuG 1997, 149

Gaentzsch, G., Die Bodenwertabschöpfung im Städtebauförderungsgesetz, Schriften zum deutschen Kommunalrecht, Bd. 7, Siegburg 1975

Galland, Stand und Entwicklung von Kauf- und Pachtpreisen landwirtschaftlicher Betriebe und Stückländereien, Nachr. der nds. Kat.- und VermVw 1964, 47

Ganschezian-Finck, Enteignungsentschädigung für Vorgärten, NJW 1966, 1396

Ganser, K./Rach, D., Ärgerliche Bodenpreise als Ergebnis verfehlter Raumplanung in: Raumplanung und Eigentumsordnung, C.H. Beck, München 1980

Ganten, H., Die „Partnerschaftsgesellschaft", GuG 1995, 15

Gärtner, S., Beurteilung und Bewertung alternativer Planungsentscheidungen im Immobilienbereich mit Hilfe eines Kennzahlensystems, 1. Aufl. 1996

Gehrlein, M., Wirksamkeitsmängel von Schiedsgutachten, VersR 1994, 1009

Geicke, H., Ermittlung des ortsüblichen Nutzungsentgelts nach der NutzEV, GuG 1995, 137

Geißel, W.-H., Der Erbbauzins in der Zwangsversteigerung, Duncker Berlin 1993

Geißler, H., Grundstücksbewertung und Vorteilsausgleich in der Umlegung, AVN 1961, 346

Gelhaar, W., Die gerichtliche Nachprüfung von Schiedsgutachten, DB 1968, 743

Gelzer, K./Busse, F., Der Umfang des Entschädigungsanspruchs aus Enteignung und enteignungsgleichem Eingriff, 2. Aufl. München 1980

Gerardy, Th., Beispiele für die Ermittlung des Verkehrswerts von Grundstücken, Nachr. der nds. Kat.- und VermVw 1963, 102

–, Die Ermittlung des Bodenwerts von Geschäftsgrundstücken und gemischt genutzten Grundstücken, Nachr. der nds. Kat.- und VermVw 1964, 14

–, Richtwertermittlung an Beispielen aus dem Großraum Hannover erläutert, Nachr. der nds. Kat.- und VermVw 1965, 163

–, Stellungnahme zum Beitrag Frisch, AVN 1966, 109

–, Form und Inhalt von Gutachten über Grundstückswerte, AVN 1966, 238

–, Anpassung des Erbbauzinses an den veränderten Grundstückswert, GWW 1966, 35 = Nachr. der nds. Kat.- und VermVw 1966, 110

–, Der Verkehrswert von Mietwohngrundstücken des öffentlich geförderten sozialen Wohnungsbaus, GWW 1968, 113

–, Grundsätzliches zum Vergleichswertverfahren, Nachr. nds. Kat.- und VermVw 1969, 125

–, Das Vergleichswertverfahren in Sonderfällen, Nachr. der nds. Kat.- und VermVw 1969, 149

–, Kriterien der Begutachtung von Grundstückswerten, Institut für Städtebau München, Städtebauliche Beiträge 1/1973, 86

–, Wertermittlung im Zusammenhang mit Erbbaurechten, BlGBW 1974, 121

Gerardy, Th./Thun, K., Der Verkehrswert von Mietwohngrundstücken des öffentlich geförderten sozialen Wohnungsbaus, GWW 1968, 113

Gerloff, I., Wertermittlung im Rahmen der Standortekonversion, Nachr. der nds. Kat.- und VermVw 1994, 310

Gesamtverband der Wohnungswirtschaft, Die vereinfachte Ermittlung der Teilwerte für den Grundbesitz, GdW Schriftenreihe 1990

Giehl, F., Die Abschöpfung von Sanierungsgewinnen nach dem Städtebauförderungsgesetz, BayVBl. 1973, 309

Gläser, B., Problematik der Richtwerte, AVN 1969, 456

Glaser, H., Enteignungsentschädigung für einen Grundstücksteil, BBauBl. 1961, 227

Glathe, H., Ermittlung der Wertminderung von Grundstücken und Gebäuden durch Immissionen, AVN 1974, 376

Gleiss, B., Schätzorganisationen – Organisationen nicht-staatlicher Gerichtsbarkeit, BB 1973, 668

Glier, J., Eine neue Einheitsbewertung nach dem Geschossflächenverfahren?, BlGBW 1980, 124

–, Keine Trennung des planungsbedingten und nichtplanungsbedingten Grundstücksmehrwerts durch die Stichtagslösung, BlGBW 1975, 24

Glück, A., Mehr Bauland ist möglich, München 1981

–, Wege zum Bauland, München 1994 Jehle-Rehm

Gödecke, W., Sach- und Ertragswertermittlung mit der Wang 2200 T2, Nachr. der nds. Kat.- und VermVw 1978, 25

–, Wertermittlung von Gemeinbedarfsflächen, Nachr. der nds. Kat- und VermVw 2001, 15

Göllin, W., Automation der Kaufpreissammlung, NÖV 1986

Göllner, W., Ermittlung von Liegenschaftszinssätzen auf der Basis geeigneter Kauffälle, VR 1991, 424

Görres, F., Zum Verkehrswert von Grundstücken, MDR 1961, 898;

–, Zur Grundstücksbewertung, BlGBW 1963, 340

Götz, Die Beleihbarkeit von Erbbaurechten, DNotZ 1980

Gola, P., Die Datenschutzgesetze der Bundesländer – ein Überblick, MDR 1980, 181

Goldberg, M., Transportation, Urban Land Values and Rents, Land Economics 1970, 155

Gollin, W., Verkehrswert von Teilgrundstücken, NÖV 1983, 89

Gottschalk, G.-J., Kapitalmarktzins, GuG 1997, 24

Grabe, H., Harmonisierung von Baulandvergleichspreisen, ZfV 1970, 305

–, Verteilungsfragen in der Umlegung, ZfV 1966, 45

Graff, Die zeitgemäße Grundstücksbewertung, Luchterhand Verlag Neuwied 1956

Grassmann, H., Ermittlung des Verkehrswerts von Hintergebäuden, die aus Sanierungsgründen beseitigt werden müssen, AVN 1975, 433

Graßmann, Die Ermittlung der Wertdifferenz von Grundstücken nach der Differenzmethode bei Änderung der baulichen Nutzung, DAB 1976/6

Groeger, Preisbildung und Schätzungsmerkmale, ZfV 1921, 165

Gronemeyer, S., Der Verkehrswert als Schranke rechtsgeschäftlicher Veräußerung eines Grundstücks, BauR 1979, 112

Groß, R., Das Erbbaurecht, GuG 1996, 224

–, Das Residualwertverfahren, GuG 1996, 24

Großfeld, B., Unternehmens- und Anteilsbewertung im Gesellschaftsrecht – Zur Barabfindung ausscheidender Gesellschafter, 3. Aufl. Köln 1994

Grothen, D., Zur Gestaltung von Richtwert-Übersichtskarten, ZfV 1968, 269

Grotz/Kulinat, Baulandpreise als Indikatoren für Verdichtungsprozesse, Jahrbücher für Statistik und Landeskunde B-W, 1973

Grübnau, E., Grundstückspreise und Wohnungen in Schleswig-Holstein, Düsseldorf 1967

–, Gedanken und Grundsätze über die Bewertung von Grundstücken, Düsseldorf 1971

–, 100 Jahre städtische Grundstückspreise 1870–1972, DWW 1973, 52

Grziwotz, H., Das neue Bundes-Bodenschutzgesetz, in: Im Immobilienrecht 2000, RWS Forum 19, Köln 2001

Günther, R./Tennert, K.-H./Stieler, G., Ermittlung des Baulandflächenwerts, Deutsche Bauinformation der Deutschen Bauakademie, Berlin 1967

Guthmann, U./Giering, H., Entschädigung nach § 60 BBauG in der Erschließungsumlegung, Nachr. der rh.-pf. Kat- und VermVw 1978,4

Gütter, K., Modifizierung des Sachwertverfahrens für die Wertermittlung bei landwirtschaftlichen Wirtschaftsgebäuden, GuG 1991, 320

Güttler, H., Zur Problematik der Ermittlung des Bodenwerts bebauter Grundstücke durch Anwendung eines kombinierten Sach-/Ertragswertverfahrens – Anmerkungen zum Lagewertverfahren nach Brandau, VR 1981, 396

–, Ertragswert bei Staffelmieten, GuG 1991, 96

Güttler, H./Kleiber, W., Aktuelle Entwicklungstendenzen auf dem Grundstücksmarkt, BBauBl. 1988, 58 und BBauBl. 1989, 236

H

Haas, D., Rechtsfragen der Bodenwertermittlung und Entschädigung, Institut für Städtebau München, Städtebauliche Beiträge 1967, 221

Haas, E., Immobilienanalyse und Immobilienbewertung – Entscheidungsgrundlage für Großinvestitionen (1. Teil) –, GuG 1990, 140

Haas, R., Der Sachverständige des Handwerks, Genter Verlag Stuttgart 4. Aufl. 1997

Habscheid, W., Schiedsvertrag und Schiedsgutachtenvereinbarung, Konkurs-, Treuhand- und Schiedsgerichtswesen 1957

Hägi, A., Die Bewertung von Liegenschaften, 6., erw. Aufl. Zürich 1971

Häring, H., Die Gutachterausschüsse nach dem Bundesbaugesetz – eine kritische Würdigung, BlGBW 1967, 84

Hahn, T., Bewertungsgrundsätze und Schätzungsmethoden in der Flurbereinigung und deren Folgemaßnahmen, Stuttgart 1960

Hahslach, K., Ertragswert oder Sachwert bei Wertermittlungen im sozialen Mietwohnungsbau, AVN 1969, 481

–, Ertragswertermittlung im sozialen Wohnungsbau mit Vervielfältigern nach mittlerem Sollzinssatz, AVN 1968, 238

Halcour, F., Die Altlastenproblematik aus technischer, planerischer und ökonomischer Sicht, GuG 1991, 263

Halstenberg/Lenard/Rößler, Vorteils- und Schadensausgleich im Planungsrecht, Köln 1958

Haman, U., Bodenwert und Stadtplanung, Schriftenreihe des Vereins für Kommunalwissenschaften e.V., Berlin, Bd. 24, Stuttgart 1969

Hamann, F., Nochmals: Das Verhältnis des Entschädigungswertes zum Verkehrswert nach § 95 Abs. 2 Nr. 1 BBauG, NJW 1965, 143

Hammacher-Schwieren, H., Vergleichende Untersuchung über die Entwicklung der Mieten im Vergleich zu Löhnen und Preisen zwischen 1924 und 1971, Forschungsverband für Immobilien-, Hypotheken- und Baurecht, Hamburg 1972

Hammel, Die Bedeutung des Verkehrswerts für Hypothekenbanken, GuG 1998, 37

Hanack, J., GFZ-Umrechnungskoeffizienten für die Stadt Hannover, Nachr. der nds. Kat- und VermVw 2000/4 S. 27

Hannen, V., Abhängigkeit von Ladenmieten von der Größe der Nutzfläche, VR 1987, 165

–, Zur Ermittlung von Bau- und Bodenwert aus Kaufpreisen bebauter Grundstücke, VR 1978, 257

Harbort, H.-K., Bewertung von Waldgrundstücken, Nachr. der nds. Kat.- und VermVw 1988, 318

Hardegen, Betreiberimmobilien aus Sicht eines Kreditinstituts, GuG 2000, 65

Harrop, M., Neue Ansätze der Bewertung und Beurteilung von Baumängeln, Bauschäden und Reparaturanstauung, GuG 1991, 128

Hartmann, H., Wertsicherung von Erbbauzins, NJW 1976, 403

Hatzold, O., Anhaltender Geburtenrückgang durch marktwirtschaftliche Preismechanismen, ifo-Schnelldienst 1979/9

Haupt, E., Gutachterausschüsse und Markttransparenz, AVN 1963, 250

–, Grundsatzfragen bei der Bewertung von Straßenflächen, Nachr. der nds. Kat.- und VermVw 1964, 7

Haupt, H., Investitionsstandort Stadt, GuG 2000, 88

Hax, K., Die Gesamtbewertung von Unternehmungen, BB 1948, 38

Heideck, Die Schätzung von Grundstücken und Fabrikanlagen, Springer Verlag 1935

Heidger-Grüne, R., Ermittlung des Liegenschaftszinssatzes und von Gebäudefaktoren, Nachr. der rh.-pf. Kat- und VermVw 1984, 56

Heigl, F., Der Wert von Wohnbau- und Freiland, GuG 1993, 201

Heike, H./Wirth, H., Bewertung eines Brunnens, VR 1972, 481

–, Wasserrechtliche Aspekte bei der Bewertung eines Brunnens, VR 1976, 93

Heinzlmeier, A., Landwirtschaftlicher Grundstücksmarkt und Statistik, VR 1985, 11

–, Landwirtschaftlicher Bodenmarkt und Bodenpreis, Diss. München 1983

–, Ermittlung des Verkehrswerts für ein Baudenkmal (Schloss) mit Betriebs- und Nebengebäuden auf großem Grundstück, ZfV 1995, 573

Heller, R., Ist die Anordnung des Sachwertverfahrens zur Ermittlung des Einheitswerts von Einfamilienhäusern in den neuen Bundesländern rechtmäßig? DB 1993, 2503

Hellmann, R., Die Kaufpreissammlung als flexible Informationsbasis für Wertermittlungen und Marktanalysen, ZfV 1983, 226

–, Automatisierung der Kaufpreissammlung, ZfV 1984, 642

Hellmann, R./Hesse, W., Ableitung wesentlicher Daten nach § 143 a Abs. 3 BBauG, Einflussfaktoren bei Ein- und Zweifamilienhäusern, ZfV 1980, 89

Hellweg, F., Zur Frage der Entschädigung bei enteignungsgleichen Eingriffen in einem Umlegungsverfahren in Zeiten schwankender Preise, in: Gerardy/Schlegtendal/Tiemann, Zur Ermittlung von Grundstückswerten 1969, 42

Henning, F.W., Die Verschuldung der Bodeneigentümer in Norddeutschland im ausgehenden 18. Jahrhundert bis gegen Ende des 19. Jahrhunderts; in Coing/Wilhelm, Wissenschaft und Kodifikation des Privatrechts im 19. Jahrhundert, Bd. 3 Frankfurt am Main, 1976

Herdegen, V., Betreibermodelle aus der Sicht eines Kreditinstituts, GuG 2000, 65

Herold, G., Der Verkauf von Haus- und Grundbesitz auf Rentenbasis, FWW 1980, 83

Herrmanns, H., Dezentralisierung der Zentralität – Handel außerhalb der Stadt, GuG 1993, 335

Hesse, K., Wertabschlag bei der Veräußerung eines Erbteils am unbelasteten Grundstück, DS 1993, 23

Heubeck, G./Heubeck, K., Verrentung von Kaufpreisen – Kapitalisierung von Renten, DNotZ 1978, 643

Heuer, K., Grundzüge des Bodenrechts der DDR, München 1991

Heynitz, J. v., Wettbewerb und Bodenrecht, München 1974

–, Der Grundstücksmarkt bei der Abschöpfung von Bodenwertsteigerungen nach der BBauG-Novelle, BBauBl. 1976,9

Hieks, J.R., Value and Capital, 2. Aufl. Oxfort 1946

–, Bodenordnerische und bewertungstechnische Probleme im Hinblick auf das StBauFG, ZfV 1971, 507

–, Bewertung gemeinschaftlicher Hofräume, ZfV 1980, 79

Hilger, Liegenschaftsbewertung, Sparkassenverlag Gesellschaft mbH Wien

Hintzsche, M., Die Bemessung der Entschädigung für Teilflächen von Grundstücken bei Inanspruchnahme für Zwecke der Straßenverbreiterung, BIGBW 1967, 211

–, Bauerwartungsland und Rohbauland als Wertbegriffe, NJW 1968, 1269

–, Eignung der Richtwerte für die Ermittlung von Bodenwerten nach dem Vergleichswertverfahren, AVN 1968, 111

–. Grundstücksmarkt und Grundstückswerte, AVN 1970, 444

–, Die Auswirkung des § 23 StBauFG auf die Grundstückswertermittlung bei Sanierungs- und Entwicklungsmaßnahmen, BIGBW 1972, 205

–, Grundstückspreise in Stuttgart – unbezahlbar oder Ausdruck eines funktionierenden Grundstücksmarktes, AVN 1990, 264

Hintzsche, M./Möckel, R., Zur Bestimmbarkeit von Gebäudewerten, BIGBW 1969, 233

Hoecht, Erforderlichkeit der Wertermittlungsverfahren in der Flurbereinigung, AgrarR 1988, 213

–, Straßenemissionen und Flurbereinigung, RdL 1990, 57

–. Der Wertermittlungsrahmen in der Flurbereinigung, AgrarR 1990, 213

Hoenig, A., Der Grundstücksmarkt: Grundeigentum und Baufreiheit, Tübingen 1951

Hoerster, Die landwirtschaftliche Bodenbewertung in der Flurbereinigung; Berichte der Landwirtschaft 1960 Nr. 37

Hoffmann, F., Die Entwicklung der Baulandpreise nach der Baulandpreisstatistik der Jahre 1961 bis 1965, BuG 1966, 147, 164, 185

Höhn, R., Auswirkungen der BBauG-Novelle auf die Arbeiten der Gutachterausschüsse für Grundstückswerte, VR 1977, 308

–, Anwendung der multiplen Regression bei der Kaufpreisauswertung in einem Landkreis, VR 1986, 91

Hök, G.-S., Immobilienwertermittlung in Frankreich, GuG 2000, 193

–, Zur Entschädigung bei der Enteignung von Grundstücken in Frankreich, GuG 2001, 20

–, Immobilienbewertung auf europäischer Rechtsgrundlage, GuG 2001, 65

Hollinger, W., Vorschläge zur Belebung des Baulandmarktes, ZfV 1959, 154

Holtzmann, E., Erbbauzins und Gleitklausel, NJW 1967, 915

Holzner, P., Zur Kritik an der Bewertung Offener Immobilienfonds, GuG 2000, 78

Hommel, M./Berndt, Th., Neue Entwicklungen in der Jahresabschlussrichtlinie: Bewertung zum Fair Value BB 2000, 1184

Hübner, G., Die Bedeutung der Wertermittlung für die Verwirklichung bodenpolitischer Ziele, ZfV 1974, 465

Hübner K.-H., Anmerkungen zur Anwendung von Baupreisindizes für Grundstückswertermittlungen in der ehemaligen DDR, GuG 1993, 224
–, Reparaturrückstau, GuG 1996, 217
Hupfer, H., Die Wertermittlung bei Mehrfachnutzung, GuG 1990, 22
–, Die Wertermittlungsproblematik bei baurechtlich zulässigen, vom Markt jedoch überholten Nutzungen, GuG 2000, 99
Hunke, H., Der Produktionsfaktor Boden, Akademie für Raumforschung und Raumordnung 1976
Hußler, E., Die Berücksichtigung einer Vorwirkung der Enteignung bei der Enteignungsentschädigung, BauR 1971, 82
Hüttenrauch, Ch., Schematisiertes Verfahren zur Ermittlung von Bodenwerten in den neuen Bundesländern, GuG 1992, 137

I

Ischboldin, B., Zur Grundlegung der modernen Grundrententheorie, Schmoelters Jahrbuch 1957
Isenmann, W., Grundlagen für die Berechnung von Wohnflächen, ZMR 1986, 114
–, Bewertung von Balkonen, Dachgärten, Freisitzen, Loggien, Veranden, Wintergärten etc., DWW 1994, 178
–, Die Mietfläche von Wohnraum als Bestimmungsfaktor bei der Bestimmung der ortsüblichen Vergleichsmiete, DWW 1992, 235
–, Die Entscheidung des BGH und BVerfG zur Preisgabe von Daten im Miet- und Pachtzinshöhegutachten aus der Sicht eines Sachverständigen, DWW 1995, 68
–, Mietspiegel als Mittel zur Mietzinsanpassung bei Mieteinfamilienhäusern, WuM 1994, 448

J

Jacob, H., Die Methoden zur Ermittlung des Gesamtwerts von Unternehmungen, ZfB 1960, 206
Jacob, K., Bodenordnung und Grundstücksbewertung, in: Gerardy, Schlegtendal, Tiemann, Zur Ermittlung von Grundstückswerten, AVN 1969, 53
Jacob, K. H., Musterrichtlinien über Kaufpreissammlungen, Bodenrichtwerte und Ableitung wesentlicher Daten für die Wertermittlung verabschiedet, Nachr. der Kat.- und VermVw Rh.-Pf. 1976, 143
Jacobs, E., Schematisiertes Verfahren zur Ermittlung von Bodenwerten in den neuen Bundesländern, GuG 1992, 137; 252; GuG 1993, 17
Jaeschke, J., Die Landwirtschaftliche Einheitsbewertung, Verlag Pflug und Feder HLBS 1989
Jäger, H., Grundstücksbewertung – Auswertung von Vergleichspreisen mittels nichtlinearer Regression und programmierbarem Taschenrechner, VR 1987, 16
–, Erbbaurechte bei Wohnungseigentum, GuG 1997, 100
–, Ermittlung örtlicher Umrechnungskoeffizienten, GuG 1995, 348
Jäger, U., Weiterentwicklung der Markttransparenz auf dem Grundstücksmarkt, NÖV 1998, 50
Jäger, U./Pelke, A., Digitale Kaufpreissammlung in Nordrhein-Westfalen, NÖV 1994, 95
Jahn, W., Wertermittlung von Alten- und Pflegeheimen, GuG 2000, 282
Janning, H., Bodenwert und Städtebaurecht, Stuttgart, Berlin, Köln, Mainz 1976
Janssen, O.: Das Verhältnis des Verkehrswerts zum Einheitswert, Nachr. der nds. Kat.- und VermVw 1972, 40
Janssen, O., Simulation zu Investitionsentscheidungen: Das Discounted-Cashflow-Verfahren, GuG 2001, 197
Janßen/Schaar, Bilanzierungsbewertung – eine neue Aufgabe für die kommenden Bewertungsstellen, GuG 1999, 298
Jendges, W., Neue Verfahren fundierter Gebäudesachwertermittlungen, DS 1986, 140
Jens, Die Bewertung der Fischgewässer, Verlag Paul Parey Hamburg 1969
Jennissen, H.-P., Auswirkungen des neuen Milchquotenrechts auf die Bewertung landwirtschaftlich genutzter Grundstücke GuG 2000, 338
Jessnitzer, K., Der Gutachterausschuss nach dem Bundesbaugesetz als gerichtlicher Sachverständiger, BauR 1977, 98
Jessnitzer, K./Ulrich, J., Der gerichtliche Sachverständige, 11. Aufl. Heymanns Verlag, 2000
Josten, R., Zur Angemessenheit von vereinbarten Kostenübernahmen in städtebaulichen Verträgen, GuG 2000, 330
Jung, H., Die Ermittlung des Verkehrswerts von Grundstücken nach dem Bundesbaugesetz, BB 1961, 587
–, Die Bauerwartung und ihre Bedeutung für die Wertermittlung landwirtschaftlicher Grundstücke, BB 1964, 113
–, Die Bemessung der Besitzeinweisungsentschädigung, NJW 1967, 231
Junge, V., Die Geschossflächenzahl (GFZ) als wertbeeinflussendes Merkmal, GuG 1996, 27
–, Die Schichtwertmethode zur Ableitung und Anwendung von Bodenrichtwerten, GuG 1997, 16
Jürgens, G., Damit der Begriff Wert aus der Grauzone herauskommt – Kleine „Gebrauchsanweisung" zur Wertermittlung, Bauwirtschaft 1980, 201
Jürgens, H., Bodenlagewerte für Fremdenverkehrsobjekte der THA an der Ostseeküste, BDVI-Forum 1992, 3
Jürgensen, H., Bodenpreise – ein gesellschaftliches Ärgernis, Archiv für volkswirtschaftl. Kommunalwissenschaften der Adolf-Weber-Stiftung 1971, Heft 6
Just, K.W./Brückner, O., Der Verkehrswert von Grundstücken nach der Verordnung zum BBauG, NJW 1961, 1854
–, Der Verkehrswert im Bundesbaugesetz, NJW 1960, 2039
–, Ermittlung des Bodenwerts, 3. Aufl. Düsseldorf 1977
–, Verkehrswert von Grundstücken gemäß Bundesbau- und Städtebauförderungsgesetz, 4. Aufl. Düsseldorf 1979
–, Wertermittlung von Grundstücken, 5. Aufl. Düsseldorf 1977
Justen, Cashflow und Unternehmensbewertung, E. Schmidt Verlag Berlin

K

Kaase, F., Darstellung der Richtwerte in den Richtwertkarten, Nachr. der nds. Kat.- und VermVw 1972, 15

Kahlen, H., Abgrenzung zwischen privater Vermögensverwaltung und gewerblichem Grundstückshandel, GuG 1991, 125

Kamphausen, P.-A., Teilflächenentzug bei eigengenutzten Wohnhausgrundstücken mit Schutz- und Gestaltungsgrün, GuG 1993, 31

–, Bandbreiten des Verkehrswerts, DS 1989, 43

–, Verschwiegenheit und Verwertung von Gerichtsgutachten, DS 1995, 4

Kanerva, V., Die Schätzung des Bodenwerts unbebauter Grundstücke nach den zu erwartenden Baukosten, VR 1979, 28

Kanngieser, E., Praktische Ermittlung der Bodenwerterhöhungen aufgrund städtebaulicher Sanierungsmaßnahmen, GuG 1990, 147

–, Untersuchung des Lageeinflusses auf den Verkehrswert bebauter Grundstücke, AVN 1990, 358

–, Einsatz von Mikrocomputern in der Geschäftsstelle des Gutachterausschusses für Grundstückswerte, AVN 1985, 109

Kanngieser, E./Bodenstein, H., Methoden zur Ermittlung sanierungsbedingter Werterhöhungen, ZfV 1986, 445

Kanngieser, E./Kertscher, D./ Vollmer, H., Untersuchung des Lageeinflusses auf den Verkehrswert bebauter Grundstücke, AVN 1990, 358

–, Ein detailliertes Modell zur Bestimmung des Lageeinflusses bei der Verkehrswertermittlung bebauter Grundstücke, ZfV 1990, 69

Kanngieser, E./Dorn, F./Focht, A., Vergleich des Hagedorn-Modells zur Ermittlung sanierungsbedingter Werterhöhungen mit dem Modell der DSW Hamburg, GuG 2000, 17

Karmann, H., Ökonometrische Bestimmung der Einflussgrößen auf Bodenpreis und Bodenmarkt, Diss. München 1988

Kastner, F., Entschädigung wegen Straßenverkehrslärms, NJW 1975, 2319

Katte, H./Bagel, I./Freyer, F./Jäger, K./Langguth, D./Roth, G./Zimmer, K., Bewertungssysteme für große Immobilienbestände, GuG 2001, 1

Kaup, L., Bodenrichtwerte – Richtig nutzen, GuG 1997, 165

Kaupmann, Th., Bodenrichtwerte landwirtschaftlich genutzter Flächen im Landkreis Aurich, IKO 1981, 179 = Nachr. der nds. Kat.- und VermVw 1982,

–, Miet- und Bodenpreisanalyse gewerblich genutzter Grundstücke im ländlichen Raum, GuG 1991, 22

Kehlen, L., Schematisiertes Verfahren zur Ermittlung von Bodenwerten in den neuen Bundesländern, GuG 1992, 137

Keidel, Th., Beurteilung von Umweltrisiken in der Kreditwürdigkeitsprüfung, GuG 1994, 1

Keller, J., Die neue Statistik der Baulandpreise: Wirtschaft und Statistik 1962, 457

Kellermann, F., Bodenwert und Baunutzbarkeit, ZfV 1962, 343, 380, 427

Kerl, V., Aktuelle Anforderungen an den Hypothekarkredit, GuG 1996, 37

Kertscher, D., Anwendung des Vergleichswertverfahrens bei der Verkehrswertermittlung bebauter und unbebauter Grundstücke, Nachr. der nds. Kat.- und VermVw 1986, 259

–, Verkehrswertermittlung bebauter Grundstücke mit Hilfe des Vergleichswertverfahrens, AVN 1983, 349

Kertscher, D./Volle, Gr., marktgerechte Grundstückswertermittlung mit Hilfe des Vergleichswertverfahrens, Nachr. der nds. Kat.- und VermVw 1983, 202

Kertscher, K., 40 Jahre Gutachterausschüsse, Nachr. der nds. Kat- und VermVw 2001, 24

Kiehlmann, J., Bewertung von Gemeinbedarfs-, Verkehrs-, Versorgungs- und Grünflächen, Institut für Städtebau München, Städtebauliche Beiträge 1/1967, 97

–, Zur Bewertung von Gemeinbedarfs-, Verkehrs-, Versorgungs- und Grünflächen, Mittbl. DVW Hessen 1968, 51

–, Die wachsende Bedeutung des Gutachterausschusses für Grundstücksbewertung, Mittbl. DVW Hessen 1978, 13

Kindler, R., Ertragswert und Preis des reinen Agrarlands in den neuen Bundesländern, GuG 1996, 28

Kittke, H.-D., Die Enteignung von Grundstücken in der DDR, VR 1987, 104

Klados, Ch./Schlaffke, P., Anpassung des Erbbauzinses bei Fehlen einer Anpassungsklausel, ZMR 1997, 389

Klages, B., Kaufwertpauschalisierung für landwirtschaftliche Nutzflächen im Rahmen des Flächenerwerbsprogramms, GuG 1996, 65

Kleeberg, R./Eberl, W., Kulturbesitz im Privatbesitz Heidelberg 2001, 2. Aufl.

Kleiber, W., Zur Harmonisierung der Bodenwerte, VR 1975, 329

–, Die Wertermittlungsrichtlinien 1976, Institut für Städtebau Berlin 1977

–, WertR 76 – ein neuer Anfang, BBauBl. 1976, 299

–, Zum sog. „Lagewertverfahren", VR 1977, 74

–, Under all is land; Baulandbericht 93, BBauBl. 1994, 327 = IzR 1994

–, Zum Beitrag „Bewertungsverfahren zur Gehölzwertermittlung gefährdet!" in: Das Gartenamt 1981, 528

–, Privatisierung und Deregulierung im Bereich der Grundstückswertermittlung, DS 1996, 21

–, Rechts- und Praxisfragen der Ermittlung von sanierungs- und entwicklungsunbeeinflussten Grundstückswerten, ZfBR 1996, 131

–, Babylon ist überall, DLK 1996, 200

–, Residualpreis versus Residualwert, GuG 1996,16

–, Die Auswirkungen der naturschutzrechtlichen Eingriffs- und Ausgleichsregelung auf die Bodenpreisbildung, in: Kermann (Hrsg), Naturschutz und Bauleitplanung, UPR Spezial, Jehle Rehm Bd. 8, München 1995, S. 97

–, Verkehrswert eines Flugplatzes, GuG 1996, 296

–, Probleme der Bodenbewertung und Bodenpreisbildung bei Maßnahmen zur Wiedernutzung von Baubrachen, WuV 1997, 63

–, The Urban Land Market in Germany and Other European Countries, in Housing Policy in the 1990s, Korea Development Institute, Seoul, Korea 1993

–, Principles of Restitution in The Land Reform Process in the Post Communist Countries, Korea Research Institute for Human Settlements, Seoul, Korea 1996

–, The German System of Landownership and Use, in Ten Ten Paradigms of Market Economies and Land Systems, Kore Research Institute for Human Settlements, Seoul 1998

–, Neuordnung der Sanierungspolitik; Schriftenreihe des Instituts für Städtebau, Bodenordnung und Kulturtechnik der Universität Bonn, Heft 6 Bonn 1984

–, Der Neuordnungswert nach dem Städtebauförderungsgesetz, in „Abschluss und Abrechnung von Sanierungsmaßnahmen", Dt. Akademie für Städtebau und Landesplanung München 1982

–, Die Abschreibung bei Anwendung des Ertragswertverfahrens nach den Grundsätzen der WertV, DS 1983, 106

–, Gesetz zur Änderung des StBauFG, BBauBl. 1984, 817

–, Erhöhte Absetzung des Dauerwohnberechtigten, BBauBl. 1985, 495

–, Die Neuregelung des § 41 Abs. 8a StBauFG (sog. Bagatellklausel), ZfV 1986, 105

–, Bodenpolitik-Bodenpreise in „Städte, Kreisen und Gemeinden", Mannheim 1986

–, Baugesetzbuch – neues Ausgleichsbetragsrecht, ZfBR 1986, 263

–, Das Bewertungsprivileg des § 169 Abs. 4 BauGB für land- oder forstwirtschaftlich genutzte Grundstücke, DVBl. 1994, 726

–, Neue Rechtsgrundlagen für die Wertermittlung von Grundstücken, AVN 1987, 33

–, Die Verkehrswertermittlung verunreinigter Flächen (Altlasten) als Rechtsproblem, ZfBR 1988, 168

–, Neufassung der WertV, BBauBl. 1988, 611

–, Wertermittlungsverordnung 1988 – neue Rechtsgrundlagen, AVN 1988, 451

–, Neues Recht für die Verkehrswertermittlung, NVwZ 1989, 33

–, Zum Stand der bodenpolitischen Diskussion in Deutschland, NZM 1998, 129

–, Neue Wege in der Baulandbereitstellung, NZM 1998, 777

–, Sterbetafeln – eine makabre Angelegenheit, GuG 1999, 217

–, Un marché équilibre, Etudes Foncières 1989, 32

–, Wertermittlungsverordnung 1988, DLK 1989, 75, 176

–, Esoterik eines EG-Grundstücksmarktes, Der Städtetag 1989, 579

–, Altlasten – Ermittlung des Verkehrswerts kontaminierter und kontaminationsverdächtiger Flächen, WiVerw 1990, 200

–, Ermittlung des Verkehrswerts in den neuen Bundesländern, ZAP DDR 1991, 359

–, Ermittlung des Verkehrswerts, Vermessungstechnik 1991, 45

–, Ermittlung von Verkehrswerten in den neuen Bundesländern, Teil II ZAP DDR 1992, 607

–, Von Thermometermachern und anderen Berufen – Zum Sachverständigenwesen in der Bundesrepublik Deutschland, GuG 1992, 241

–, So eine Sache mit dem Sachwert, Immobilien Manager 1993, 91

–, HOAI, Komm., Verlag Jehle Rehm 3. Aufl. 2001

-, WertR 91/96 Sammlung amtlicher Vorschriften zur Wertermittlung von Grundstücken, 8. Aufl. 2001, Bundesanzeiger Verlag

–, Standort Deutschland: Die Attraktivität seines Grundstücksmarktes, in Brunner, M. (Hrsg): Geldanlage in Immobilien, Gabler Verlag, 2. Aufl., Wiesbaden 1997

–, Ablösung von Mietverhältnissen, GuG 1993, 297

–, Mietwertgutachten, GuG 1994, 160

–, Ermittlung von Gebäudewerten bei Trennung von Boden- und Gebäudeeigentum, GuG 1993, 351

–, Entscheidungssammlung zum Grundstückswert und zum Grundstücksmarkt, EzGuG, Luchterhand Verlag, Losebl.

–, Städtebauliche Integration von Konversionsflächen und deren Verkehrswert, ZfBR 1993, 269

–, Die europäischen Bewertungsstandards des Blauen Buchs, GuG 2000, 321

–, Immobilienbewertung und Rechnungslegung in ausgewählten Ländern: Deutschland, in Schulte, Internationale Immobilienbewertung und Rechnungslegung, Köln 2001

Kleiber, W./Simon, J., WertV 98 (WertR 91), 5. Aufl. 1999

Klocke, W., Absoluter und relativer Bodenwert, Bauwirtschaft 1972, 826

–, Beleihungswert und Verkehrswert, DLK 1977, 555

–, WertV, Wiesbaden 1990

–, Vorteile des Sachverständigenverfahrens, VersR 1977, 677

–, Der Wert des Sachverständigenverfahrens in der Feuerversicherung, VersR 1983, 93

–, Sachverständigenverfahren in der Praxis der Sachversicherung, VersR 1984, 508

–, Brandschutz und Versicherungsschutz, DS 1985, 321

–, Restwertgewinnungskosten, DAB 1987, 677

–, Mein Haus wird älter – was tun?, Bauverlag 1988

–, Der Sachverständige und sein Auftraggeber, Bauverlag 1995, 3. Aufl.

–, Die Haftung des Bausachverständigen, DAB 1974

–, EG-Harmonisierung und Sachverständigentätigkeit in Zukunft, GuG 1990, 72

–, Bodenwertermittlung für einen geplanten Industriepark, GuG 1992, 19

–, Verkehrswertermittlung von Kühlhäusern, GuG 1994, 20

–, Gebäudeversicherungswert und Baupreisindex, DAB 1983, 384

–, Sachverständige und ISO 9000, GuG 1996, 143

Klöckner, H., Die Wohnungsgröße bei Eigentumswohnungen, GuG 1995, 29

Knoop, H./Kohlenberg, F., Bodenrichtwerte landwirtschaftlich genutzter Flächen in großstadtnahen Gebieten, Nachr. der nds. Kat.- und VermVw 1982, 334

Knüpfer, K.-H., Zur Bewertung der Grundstücke in der Umlegung nach dem Bundesbaugesetz, AVN 1962, 47

Koch, K.R., Statistische Methoden zur Analyse von Grundstückspreisen, ZfV 1987, 617

Koch, K.R./Pesch, M., Einflussfaktoren von Grundstückswerten aus einer Konvarianzanalyse von Kaufpreisen, VR 1981, 388

Koch, W., Wertabschätzung und Entschädigung im Gartenbau, Stuttgart 1967

–, Die Wertermittlung von Obst- und Ziergehölzen im Geltungsbereich des Bundesbaugesetzes, BuG 1969, 11

–, Die Wertermittlung von Bäumen nach dem Sachwertverfahren, AVN 1972, 229

–, Hinweise zur Schadensberechnung von Bäumen, VersR 1973, 1

–, Verkehrs- und Schadensersatzwerte von Bäumen, Sträuchern, Hecken, Reben und Obstgehölzen nach dem Sachwertverfahren, Bonn 1974

–, Schadensberechnung für Gehölze nach dem Sachwertverfahren, AVN 1976, 251

–, Schadensersatz und Entschädigung für Gehölze und Gartenanlagen, NJW 1979, 2601

–, Zur Berechnung der Entschädigung für Gartenanlagen und Bäume als Grundstücksbestandteile, VR 1981, 401

–, Erwiderung zu Friedrich, Gehölze und Gartenanlagen bei der Grundstückswertermittlung, VR 1981, 431

Koeble, W., Gewährleistung und selbständiges Beweisverfahren bei Bausachen, 2. Aufl., Beck Verlag München 1993

Köhler, A., Ablösung von unentgeltlichen Nutzungsrechten durch Kaufvertrag, GuG 1992, 256

Köhne, M., Landwirtschaftliche Taxationslehre, Hamburg und Berlin 3. Aufl. 2000

–, Einzelfragen der Ertragsermittlung, AgrarR 1982, 29

–, Arrondierung als Rechtsposition, AgrarR 1983, 201

–, Der Ertragswert landwirtschaftlicher Betriebe, AgrarR 1984, 57

–, Das Zinsproblem in der Waldbewertung, Allgemeine Forstzeitschrift 1985, 520

–, Die Bewertung landwirtschaftlicher Betriebe beim Zugewinnausgleich, AgrarR 1986, 41

–, Verkehrswert und Restbetriebsbelastung im Rahmen der Entschädigung für die Enteignung landwirtschaftlicher Grundflächen, DB 1986 Beil. 2, DB 1986, 813

–, Die Bewertung von Ziergehölzen, AgrarR 1978, 127, 244, 272; AgrarR 1979, 36

–, Modifizierung des Sachwertverfahrens für die Wertermittlung bei landwirtschaftlichen Wirtschaftsgebäuden, GuG 1991, 320

–, Die Bewertung höherwertig verpachteter Flächen landwirtschaftlicher Betriebe – dargestellt anhand von Abbauland und Golfplätzen, GuG 1993, 268

–, Novellierung der Entschädigungsrichtlinien Landwirtschaft von 1978, GuG 1997, 133

–, Ehescheidungen in der Landwirtschaft, Versorgungsausgleich und Vermögensauseinandersetzung, GuG 1998, 65

–, Das landwirtschaftliche Sondererbrecht im Lichte des agrarstrukturellen Wandels. In: AgrarR 1996, 231

–, Praktische Umsetzung des novellierten § 1376 Abs. 4 BGB. In: HLBS-Report 5/1996, S. 9

Köhne, M./Wesche, R., Die Besteuerung der Landwirtschaft, Stuttgart

König, K-H., Die Wertermittlung von Waldboden und Holzbeständen, GuG 1991, 83

Köppen, U./Prehn, B., Programmgestützte Auskunft aus der Kaufpreissammlung in Niedersachsen, Nachr. der nds. Kat.- und VermVw 1990, 216

Kolb, F., Die Stadt im Altertum, München 1982

Kolb, H., Hypothekenzinsen und Liegenschaftszinssatz, GuG 1996, 363

Kölschenbach, J., Offenlegung des Zeitwerts von Immobilien im Jahresabschluss von Versicherungsunternehmen GuG 1999, 200

Konstantinou, K., Die öffentliche Bestellung von Sachverständigen nach § 36 GewO, Köln 1993

Konstanzer, J., Die Ermittlung von Grundstückswerten, Nachr. der nds. Kat.- und VermVw 1969, 94

Korff, S./Skiner-Nattermann, N./Müller-Velten, K. H., Methoden zur Ermittlung von Vergleichspacht/-kaufpreisen für Deponieflächen, Müll und Abfall 1993, 585

Koth, U., Eine Geschäftsordnung für den Gutachterausschuss?, Nachr. der Kat.- und VermVw 1980, 249

Krämer, U., Vergleichswerte für Mehrfamiliengrundstücke in den neuen Bundesländern, GuG 1995, 31

Kräntzer/Nicola, Kosten von Wohngebäuden, Verlag Wilhelm Ernst & Sohn Berlin 1970

Krause, O.H., Die Einschätzung nach dem gemeinen Wert, Verbandsnachrichten der preuß. Katasterkontrolleure 1907, 57

Kräutzer, Baukosten im Wohnungsbau, Auswirkungen genereller Planungsmaßnahmen, Ernst und Sohn Berlin 1965

Kreft, F., Die Bemessung der Enteignungsentschädigung in der Rechtsprechung des BGH, DRiZ 1973, 335

–, Bemessung der Enteignungsentschädigung nach der Rechtsprechung des BGH, WM 1977, Sonderbeilage 2 zu Nr. 15

–, Öffentlich-rechtliche Ersatzleistungen, de Gruyter Berlin 1980

Kremers, G., Zur Bestimmbarkeit von Gebäudewerten, BlGBW 1969, 129

–, Nochmals; Zur Bestimmbarkeit von Gebäudewerten, BlGBW 1969, 235

Kriegel, O., Zum Vollzug des BBauG (4. und 7. Teil) in organisatorischer Hinsicht, Die Zuständigkeit für die Durchführung von Umlegungen sowie die Organisation der Gutachterausschüsse und ihrer Geschäftsstellen, AVN 1961, 95

Krieger, Der Grundstückswert, Vulkan-Verlag Dr. Classen Berlin

Krohn, G., Enteignung und Enteignungsentschädigung unter besonderer Berücksichtigung der Rechtsprechung des BGH, 2. Aufl. 1982

–, Enteignung und Inhaltsbestimmung des Eigentums in der neueren Rechtsprechung des BGH, ZfBR 1994, 5

Krohn, G./Löwisch, Eigentumsgarantie, Enteignung, Entschädigung, 3. Aufl. RWS Tagungs- und Verlagsgesellschaft mbH Köln 1984

Kröll, P., Rechte und Belastungen bei der Verkehrswertermittlung von Grundstücken, Neuwied 2001

Kröll, S., Qualifizierung eines Vertrags als Schiedsgutachtenvertrag, Europäisches Wirtschaftsrecht 1998, 1019

Kröner, H., Die Eigentumsgarantie in der Rechtsprechung des BGH, 2. Aufl. 1969

Krüger, Th., Das so genannte Bauerwartungsland, BuG 1971, 19

Krumbholz, R., Wertminderung an Grundstücken durch den Bau oder die Erweiterung von Verkehrsanlagen, Nachr. der nds. Kat.- und VermVw 1989, 164

Kühbacher, H.-Th., Der Einfluss des Pflege-Versicherungsgesetzes auf die Verkehrswertermittlung von Rechten an Grundstücken, GuG 1995, 138

–, Die Bewertung eines Multiplex-Kinos, GuG 2001, 231

Kuhbier, P./Schwarz, A., Regressionsanalytische Verfahren zur Ermittlung der wertbestimmenden Faktoren von unbebauten Grundstücken, VR 1983, 196

Kuhn, E., Wert und Bewertung von Bauland in geänderter Sicht, Mittbl. DVW Rh.-Pf. 1972, 9

Kulenkamp, E., Enteignungsvorwirkung durch vorbereitende Planungen, NJW 1974, 836

Kummer, K., Zur Wertermittlung von Abbauland. Nachr. der nds. Kat.- und VermVw 1989, 90

–, Baumängel, Bauschäden und unterlassene Instandsetzung in der Wertermittlung, Nachr. der nds. Kat.- und VermVw 1988, 72

–, Zur Rechtsstellung des Gutachterausschusses im Zwangsversteigerungsverfahren, Nachr. der nds. Kat.- und VermVw 1989, 160

Künnemann, M., Objektivierte Unternehmensbewertung, Frankfurt a. M./Bern/New York 1985

Küppers, K., Die Vorteilsausgleichung bei der Enteignung von Grund und Boden, DVBl. 1978, 349

Kurth, J., Zur Kompetenz von Schiedsrichtern und Schiedsgutachtern, NJW 1990, 2038

Kuscha, H.-G., Zur Bewertung von Straßenland, dng 1974, 327

–, Zur Bewertung von Straßenland, Nachr. nds. Kat.- und VermVw 1974, 124

Kuscha, H.-G./Thun, D.K., Die Tätigkeit der Gutachterausschüsse und ihrer Geschäftsstellen, Nachr. der nds. Kat.- und VermVw 1973, 168

Kuttig, J., Berücksichtigung der Abschreibung im Ertragswertverfahren nach WertV, GuG 2001, 282

Kuttner, W., Der Grundstücksmarkt in Nordrhein-Westfalen 1989, GuG 1990, 132

L

Landzettel, G., Verkehrswertermittlung und Beleihungspraxis, Der langfristige Kredit 1980, 36

–, Wertermittlung bei der wohnraumbezogenen Grundstücksbeleihung durch Sparkassen: Recht und Wirklichkeit, Langwegel 1979

Labbe, W., Abrechnung von Zinsen aus dem Bodenpreis auf Nebenschäden, AgrarR 1974, 210

Landmann, R., Rohmer, G., Gewerbeordnung, Kom. München 16. Aufl.

Langenberg, Die Begründung nach § 2 Abs. 2 MHG durch Sachverständigengutachten, ZMR 1980, 161

Lappé, W., Die Erfassung sanierungsbedingter Werterhöhungen, VR 1984, 344

Lau, H., Zur Wertermittlung historischer Gebäude, ZMR 1978, 258

Lawrence, D./Rees, W./Britton, W., Modern Methods of Valuation, The Estates Gazette Limited London

Lehmann, F., Zur Wertermittlung von Erbbaurechtsgrundstücken, Diss. Hannover 1974

–, Rechtliche und technische Probleme bei der Bewertung von Erbbaurechten, ZfV 1978, 104

Lehmann, H.-J., Objektivität oder Täuschung, GuG 1996, 219

–, Wertansätze bei Ertragswertberechnungen angesichts der Wohnungs-Leerstandsproblematik, GuG 2001, 276

Leibholz, G./Lincke, D., Denkmalschutz und Eigentumsgarantie DVBl 1975, 933

Leikam, K., Die Ermittlung von Grundstückswerten im Rahmen des Flurbereinigungsgesetzes und des Bundesbaugesetzes, Mittbl. DVW Bayern 1965, 125

–, Kritische Untersuchungen der bei der Flurbereinigung üblichen Wertermittlungsverfahren, Diss. 1960

–, Zur Grundstückswertermittlung im ländlichen Raum, Berichte der Flurbereinigung 1977

Leinemann, R., Die rechtliche Bewältigung des Altlastenrisikos im Grundstücksverkehr, GuG 1991, 61

Leisner, W., Wertzuwachsbesteuerung und Eigentum; Duncker und Humboldt, Berlin 1978

–, Spekulation – ein politisches Schlagwort, DWW 1981, 277

–, Entschädigung für enteignende Eingriffe in das Waldeigentum, AgrarR 1977, 356

–, Die Höhe der Enteignungsentschädigung, Unterschreitung des Verkehrswertes?, NJW 1992, 1409

Lendenfeld, T., Der Wert des Baugrunds in „Die Ermittlung von Bodenwerten"; Schriftenreihe der Forschungsgesellschaft für Wohnen, Bauen und Planen, Heft 37 Wien

Leopoldsberger, G., Pauschale Bewertungsverfahren für Immobilienbestände, GuG 1996, 88

Lerch, E., Noch einige Anmerkungen zum Problem der Aufwuchsentschädigung bei Baulandumlegungen, Nachr. der rh.-pfl. Kat.- und VermVw 1978, 63

Letzner, R., Kompensationsflächen nach § 8 BNatschG in der Umlegung, GuG 1995, 206

Lichfield, N., Economics of Planned Development, The Estates Gazette Limited London

Lichtner, W., Friedhofserweiterungs- und Sportplatzflächen – Beispiele einer Kaufpreisuntersuchung, Nachr. der nds. Kat.- und VermVw 1974, 212

–, Einfluss der Eisenbahn auf die Bodenpreise in benachbarten Wohngebieten mit 1- und 2-geschossiger Bebauung, AVN 1975, 127 = dng 1975, 39

Liedschulte, W./Zink, G., Die Erfassung von Wertzuwächsen im Rahmen der Einkommens- und Ertragsbesteuerung; Westdeutscher Verlag Opladen, 1973

Linke, Ch., Grundstücke mit Windkraftanlagen, GuG 1997, 30

–, Fehleranfälligkeit des Ertragswertverfahrens, GuG 1995, 338

–, Entwicklung der Bodenpreise von für die Errichtung von Windkraftanlagen vorgesehenen Flächen GuG 1999, 166

Lipinsky, E., Problematik von Preisinformationen und Wertermittlung auf dem landwirtschaftlichen Grundstücksmarkt, GuG 1990, 83

Loew, H., Die Pachtwertfindung für gastgewerbliche Objekte, GuG 1997, 214

–, Zur Miet-/Pachtfindung gastgewerblicher Bewertungsobjekte mit Hilfe des Vergleichswertverfahrens, GuG 2001, 14

–, Zur Eignung von Ladenmieten als Maßstab für die Bestimmung von Gaststättenmieten, GuG 2001, 142

Loew, H./Riedel/Bruss, Miet- und Pachtverträge im Gastgewerbe unter wirtschaftlicher Betrachtung, herausgegeben als Gastgewerbliche Schriftenreihe Nr. 57, Bonn-Bad Godesberg: Dehoga/Interhoga

Lohrmann, G., Bewertung von Kirchengebäuden mir deren Einrichtungen; Hess. Brandversicherungsanstalt Kassel, Kassel 1989

Lorenzen, N., Wertermittlung von Windenergieanlagen, GuG 1997, 198

Loriz, H., Die Bewertung land- und forstwirtschaftlich genutzter Flächen bei Vorliegen außerlandwirtschaftlicher wertbeeinflussender Faktoren, AgrarR 1990/4

Lossau, H., Mehr Transparenz am Bodenmarkt, IKO 1977, 148

–, Modell zur Erklärung der Preisstruktur am Bodenmarkt, Münster 1977

Lubahn, J., Nochmals: Zur Preisbildung des Baubodens, GWW 1957, 43

Lucas, G., Einfluss der Eintragungen in Abt. II des Grundbuchs auf die Wertermittlung, Institut für Städtebau Berlin 1968

Lucht, H., Zur Ermittlung von Bau- und Bodenwert aus Kaufpreisen bebauter Grundstücke, VR 1977, 401; VR 1978, 264

–, Stellungnahme zu den Anmerkungen von Hannen, VR 1978, 258

–, Zur Wertermittlung für Ausgleichsbeträge im innerstädtischen Bereich, GuG 1996, 208

Lücke, P., Um die Bildung gerechter Baulandpreise, Finanzpolitische Mitteilungen des BMF 1962, 163 = ID 1962, 17

Lüder, H., Verkehrswertermittlung von Gebäuden in Betonbauweise, GuG 1995, 96

Lüftl, W., Ertragswert von Liegenschaften, Einfluss der Inflation, Österreichische Immobilien-Zeitung 1975, 359

Lütge, F., Wohnungswirtschaft – Eine systematische Darstellung unter besonderer Berücksichtigung der deutschen Wohnungswirtschaft, 2. völlig überarb. und stark erw. Aufl., Stuttgart 1949

Lützenkirchen, Der Sachverständige als Anwender des Mietspiegels, WuM 1996, 735

Lutz, J., Planungsgewinne und Planungsverluste, DWW 1971, 48

Lutze, A., Wertentwicklung denkmalgeschützter Liegenschaften, Diss. Dortmund 1988

–, Zum Einfluss des Denkmalschutzes und von Erhaltungssatzungen auf die Wertermittlung gründerzeitlicher Liegenschaften, AVN 1988, 170

M

Mann, W., Eine Marktrichtwertkarte, GuG 2000, 198

Mantau, R., Zur Preissituation auf dem Bodenmarkt, IKO 1974, 284

–, Landwirtschaftliche Bodenmarktsituation – Entwicklungen, Ursachen und Auswirkungen, AgrarR 1980, 183

–, Bestimmung der Bodenpreise landwirtschaftlich genutzter Flächen, AgrarR 1980, 67

–, Landwirtschaftliche Bodenmarktsituation in der Bundesrepublik Deutschland, IKO 1981, 163

Marburger, E.-A., Zur Frage der Beeinflussung von Haus- und Grundstückspreisen durch straßenverkehrsabhängige Lärm- und Abgasimmissionen, Zeitschr. f. Verkehrswissenschaft 1973, 19

Marsilius G., Schiedsgerichtsvertrag oder Schiedsgutachtenvertrag BB 1959, 1015 und BB 1963, 281

Martin, Sachverständigenrecht, Komm. Beck Verlag, München, 2. Aufl. 1986

Maschke, J., Hotel-Betriebsvergleich 1995, DWIF Universität München 1997

Maser, A., Genaue Bezeichnung von Vergleichsobjekten, GuG 1995, 65

Matschke, M. J., Funktionale Unternehmensbewertung, Bd. II, Der Arbitriumwert der Unternehmung, Wiesbaden 1979

Matthias, Th., Income Approach versus Ertragswertverfahren, GuG 1995, 35

Maul, K.-H., Unternehmensbewertung bei Unsicherheit, in: WPg, 21/1976, S. 573–579

Maury, K., Das Verhältnis des Entschädigungswertes zum Verkehrswert nach § 95 (2) Nr. 1 und 2 BBauG, NJW 1964, 2048/NJW 1965, 736

Mayer, H.-B., Zur Einwurfsbewertung bei der Aufschließungsumlegung, AVN 1974, 369

Meimberg, Die Bewertung hängiger Grundstücke in der Flurbereinigung, Schriftenreihe Flurbereinigung, Hiltrup 1968

Meinhardt, P./Sczedi, G., Boden- und Pachtmarkt in den neuen Bundesländern, GuG 1993, 329

Meissner, W., Vergleichswerte für die Bewertung bebauter Grundstücke, AVN 1964, 118

–, Grundstücksbewertung in den USA, AVN 1964, 371

–, Problematik der Richtwerte?, AVN 1967, 535

–, BVerwG-Urteil zum Verkehrswert von Straßenland, AVN 1970, 401

–, Unterschiede in Bodenwerten von bebauten und unbebauten Grundstücken, AVN 1975, 131

–, Aufhebung eines Mietvertrages, AVN 1976, 382

Mellerovicz, K., Der Wert der Unternehmung als Ganzes, Essen 1952

Memmesheimer, P./Upmeier, D./Schönstein, H.-D., Denkmalrecht Nordrhein-Westfalen, Dt. Gemeindeverlag Köln 1989

Mengele, W., Planungsschäden im Zusammenhang bebauter Ortsteile, BauR 1996, 193

Mesenhöller, A., Die Ermittlung von Gebäudeversicherungswerten, 4. Aufl. Köln 1994 Rudolf Möller Verlagsgesellschaft

Meterkamp, H., Zur Berücksichtigung von Baulasten bei der Verkehrswertermittlung, Nachr. der nds. Kat.- und VermVw 1986, 36

Metz, J., Entscheidungsorientierte Wertermittlung von Grundstücken, Diss. Berlin 1979

Metzmacher, W./Krikler, M., Gebäudeschätzung über die Bruttogeschossfläche, 1. Aufl. Bundesanzeiger Verlag Köln 1996

Meyer/Höver, Gesetz über die Entschädigung von Zeugen und Sachverständigen, Berlin/Köln 21. Aufl. 2000

Michaelis, Beleihungsgrundsätze für Sparkassen, Deutscher Sparkassenverlag

Michalski, L., Die Sittenwidrigkeit von Miet-Pachtzinsen für Gewerberäume, ZMR 1996, 1

Miller, S., Effects of Proposed Highway Improvements on Property Values, Real Estate Research Corporation St. Paul, Minnesota 1971

Misselwitz, B., Verhältnis zwischen Grundstückswerten laut Gutachten und Kaufpreis in der Zwangsversteigerung, GuG 2000, 359

Mittag, M., Normengerechtes Bauen, Rudolf Müller Verlagsgesellschaft

–, Ermittlung zeitgemäßer Normalherstellungskosten für die Belange der Verkehrswertermittlung, Bundesanzeiger Verlag Köln 1997

Mittmann, V., Mängel bei der Bewertung des Erbbaurechts, BlGBW 1974, 14

Möckel, R., Grundstückswerte in innerstädtischen Sanierungsgebieten, GrundE 1968, 707

–, Anwendung statistischer Methoden bei der Ermittlung von Grundstückswerten, Institut für Städtebau Berlin 1975

–, Die Ermittlung des Liegenschaftszinssatzes und der Restnutzungsdauer aus Kaufpreisen von Ertragsgrundstücken, VR 1975, 129

–, Ermittlung grundstücksmarktgerechter Wertermittlungsfaktoren für das Ertragswertverfahren am Beispiel des Berliner Grundstücksmarktes, VR 1976, 234

–, Zur Berechnung der Restnutzungsdauer aus dem Kaufpreis für ein Ertragsgrundstück, VR 1976, 91

–, Daten zur Verkehrswertermittlung aus Grundstücksmarktanalysen, AVN 1977, 165

–, Zum Verkehrswert eines mit einem Nießbrauch belasteten Grundstücks, AVN 1978, 310

–, Zur Ermittlung von Bau- und Bodenwert bebauter Grundstücke, VR 1978, 259

–, Mathematische Statistik bei der Ermittlung von Grundstückswerten

–, Kaufpreise als statistisches Basismaterial, Institut für Städtebau Berlin 1978

–, Rentenleistungen und ihr Barwert als Bestandteil von Kaufpreisen für Grundstücke, ZfBR 1985/1

–, Ableitung von Zinssätzen zur Verrentung und zur Kapitalisierung aus Rentenvereinbarungen, GuG 1995, 140

–, Wertermittlung im Spannungsfeld zwischen fachlicher Kompetenz und bodenpolitischen Wunschdenkens, GuG 1996, 274

–, Gedanken zur Irrationalität des Sachwertverfahrens, GuG 1998, 292

Möller, H., Der Boden in der politischen Ökonomie, Wiesbaden 1967

Möller, K., Liegenschaftszinssätze, GuG 1995, 346

Möllering, H., Mathematische Statistik bei der Ermittlung von Grundstückswerten, AVN 1976, 253

Moench, Ch., Denkmalschutz und Eigentumsbeschränkung, NJW 1980, 1545

Mohr, W., Die wirtschaftliche Wertminderung von Gebäuden bei der Einheitsbewertung nach dem Sachwertverfahren, BB 1971, 779

Mohrmann, E., Ableitung marktgerechter Mieten und Daten der Kaufpreissammlung, GuG 2000, 149

–, Marktgerechte Mieten, Anwendung im Ertragswertverfahren, GuG 2000, 356

Moos, P., Die Bemessung der Entschädigung für Teilflächen von Grundstücken bei Inanspruchnahme für Zwecke der Straßenverbreiterung, BlGBW 1967, 127

Morgan, J., The natural history of proffessionalisation and its relevance to differences in valuation methodology and practice in the United Kingdom and Germany, Diss. Reading 1998

Morgan, J./Kögeböhn, C., Erbbaurechte bei Gewerbeimmobilien, GuG 2000, 270

Morgan, J./Harrop, M., Neue Ansätze in der Bewertung und Beurteilung von Anlageobjekten, GuG 1991, 128

Moser, D.-W., Verkehrswert landwirtschaftlicher Grundstücke, AgrarR 1975, 305

–, Der Ertragswert eines landwirtschaftlichen Betriebs bei Erbauseinandersetzungen und Zugewinnausgleich, GuG 1999, 85

Moxter, A., Grundsätze ordnungsgemäßer Unternehmensbewertung, 2. Aufl. Wiesbaden 1983

Mulic, G., Grundsätzliches zur Bewertung des Grund und Bodens, BDVI-Forum 1952, 177

–, Die Bedeutung der Grundstücksbewertung für die Ordnung des Grund und Bodens, BDVI-Forum 1952, 262

–, Die Bemessung der Entschädigung für Teilflächen von Grundstücken bei Inanspruchnahme für Zwecke der Straßenverbreiterung, BlGBW 1963, 342

–, Zur Bewertung von Grunddienstbarkeiten für Leitungen, BDVI-Forum 1965, 130

Müller, B., Die Bewertung des Sonderbaulandes bei der Festsetzung der Enteignungsentschädigung nach dem BBauG, NJW 1965, 1519

–, Die Enteignungsentschädigung der Nebenberechtigten, NJW 1967, 1350

Müller, H. K. R., Die städtische Grundrente und die Bewertung von Baugrundstücken, Tübingen 1952

–, Verkehrswert von Erbbaurechten, BuG 1963, 463

–, Bewertung von Baugrundstücken, Hannover 1968

–, Der Verkehrswert von Baugrundstücken, BuG 1968, 193

–, Die Bemessung der Entschädigung für Teilflächen von Grundstücken bei Inanspruchnahme für Zwecke der Straßenverbreiterung BlGBW 1963, 342

Müller, K., Der Sachverständige im gerichtlichen Verfahren, Handbuch des Sachverständigenbeweises, 3. Aufl. Heidelberg 1988

Müller, K. G., Die Rechtsprechung über die Bewertung von Straßenland, AVN 1960, 16

Müller, P., Die Bedeutung des Kapitalisierungszinssatzes bei der Bewertung von Renditeliegenschaften in der Schweiz, GuG 1993, 348

Müller-Brühl, F. J., Rechtsmittel gegen die Festsetzung einer Entschädigung nach dem ZSEG, DStZ 1993, 289

Münstermann, H., Wert und Bewertung der Unternehmung, Wiesbaden 1966

Müthing, H., Zur Baulandbewertung im Entschädigungsrecht, BlGBW 1969, 135

N

Naegeli, W., Die Wertberechnung des Baulandes überbauter und unüberbauter Grundstücke, 3. Aufl. Polygraph Verlag, Zürich 1965

–, Handbuch des Liegenschaftsschätzers, Zürich 1988

Nagel, J., Analyse von Gewerbeimmobilien, GuG 1992, 12

Needham, B./Koenekes, P./Kruigt, B., The Netherlands, UCL Press London 1993

Needham, B./Franke, M./Bosma, P., How the City of Amsterdam is using econometric modelling to value real estate, Journal of Property Assessment and Administration 2000, 25

Nehls, J., Kapitalisierungstabellen, Erich Schmidt Verlag Berlin 1977

Neisecke, O., Ein Schiedsgutachten über Erbbaurechte, in: Gerardy/Möckel/Tiemann, Zur Ermittlung von Grundstückswerten 1975, 52

–, Kaufpreisanalyse bebauter Grundstücke, AVN 1980, 468

–, Landwirtschaftliche Bodenrichtwerte, Nachr. der nds. Kat.- und VermVw 1985, 205

–, Bodenrichtwerte landwirtschaftlicher Grundstücke, AVN 1986, 121

Nell-Breuning, O.v., Bodenbeschaffung und Bodenpreisbildung, Der Architekt 1965, 4

–, Die Preisbildung am Bodenmarkt, So planen und bauen 1965, 150, 183

–, Die Höhe der Enteignungsentschädigung, BBauBl. 1966, 442

–, Bodenbewertung und Bodenwertsteigerung, BBauBl. 1952, 145, 181

–, Grundzüge der Börsenmoral, Freiburg 1928

–, Zum Streit um Markt- und Planwirtschaft; Wirtschaft und Gesellschaft, I Grundfragen, Herder Freiburg 1950

–, Nach einer Aufhebung des Preisstopps für Grund und Boden, GWW 1950, 91

–, Der Lohn als Erwerbsmittel und Eigentumsquelle, in Eigentum und Eigentümer in unserer Gesellschaftsordnung, Walter Rymond Stiftung Bd. 1

Netscher, H., Sachwertverfahren, koste es, was es wolle, GuG 1996, 26

Netschert, E., Über Werte und Bewertung von landwirtschaftlichen, gärtnerischen und forstwirtschaftlichen Betrieben und Grundstücken sowie von Bauland und ihre Bedeutung für Praxis und Rechtsprechung, 4. Aufl. o. J.

Nette, B., Grundpfandrechte als Sicherheiten für langfristige Ausleihungen durch Kreditinstitute und Versicherungen, GuG 1991, 183

Neuendörfer, L., Materialien zur Lage des Baubodenmarktes, Schriftenreihe des BMWo Bd. 15

Nicklisch, F., Rechtsschutz durch private Organisationen – Hilfe und Gefahr für den Bürger, BB 1971, 1205

–, Schätzorganisationen – Beiträge zum Sachverständigen- und Schiedsgutachterrecht, Zf das gesamte Handelsrecht und Wirtschaftsrecht 1972, 1 und 97

–, Der Ingenieur als Schiedsgutachter und Quasi-Schiedsrichter, Festschrift für Habscheid 1989

Niederer, L., Einwendungen gegen den Verkehrswert, ZfR 2000, 1

Niehans, J., Eine vernachlässigte Beziehung zwischen Bodenpreis, Wirtschaftswachstum und Kapitalzins, SZSV 1966, 195

–, Zur Preisbildung bei ungewissen Erwartungen, SZVS 1948, 433

Niemeyer, J., Verkehrswertermittlung für denkmalgeschützte Gebäude, Nachr. der nds. Kat.- und VermVw 1984, 132

Nittinger, J., Gutachterausschüsse und Geschäftsstellen, ZfV 1962, Sonderheft 11, 30

Nositzka, H., Ein Beitrag zur Erklärung der Preisbildung landwirtschaftlich genutzten Bodens, Diss. Frankfurt am Main 1973

Nordalm, D., Nochmals: Anpassung von Erbbauzinsen an die „wirtschaftlichen Verhältnisse", NJW 1977, 1956

–, Zur Bewertung von Grundstücken, BlGBW 1962, 149

Nordalm, V., Pro Gewerbe Contra – Wohnen?, GuG 1992, 181
Nüse, W., Die Ermittlung des Werts von Wohnungsrechten (bzw. Nießbrauch) mit Hilfe des Leibrentenmodells, NÖV 1986, 15

O

Oelfke, L., Die Bewertung von Verkehrsflächen und anderen Flächen für den Gemeinbedarf, Nachr. der nds. Kat.- und VermVw 1969, 164
–, Anlage und Führung der Kaufpreissammlung, Nachr. der nds. Kat.- und VermVw 1972, 2
–, Die neue Wertermittlungsverordnung, Nachr. der nds. Kat.- und VermVw 1973, 80
–, Ermittlung wertbedingter Werterhöhungen, VR 1983, 309
Ohlmer, H., Bauleitplanung – Grundstücksmarkt – Grundstücksbewertung. Zusammenhang und Problematik aus der Sicht eines Bauträgers, Institut für Städtebau München, Städtebauliche Beiträge 1/1967, 175
Ollefs, F., Minderung des Verkehrswerts für ein Villengrundstück durch Autobahnlärm, GuG 1992, 9
Opfermann, W., Die Enteignungsentschädigung nach dem Grundgesetz, Berlin 1974
Oppitz, V., Liegenschaftszins und wirtschaftliche Nutzungsdauer – ein Berechnungsvorschlag, GuG 1999, 155
–, Nutzwertanalyse von Immobilien, GuG 2000, 82
Ordway/Harris, The Dynamic Nature of Highest and Best Use, The Appraisal Journal 1981/7
Ostermann, A., Die Verkehrswertermittlung von Hotels, GuG 1999, 143 und 282
Ott, Preistheorie, Verlag Vandenhoeck & Ruprecht Göttingen 1975

P

Pagendarm, Bemessung der Enteignungsentschädigung nach der Rechtsprechung des BGH, WM 1958, 1350; WM Sonderbeilage Nr. 5/1965; WM 1972, 2
Paul, E., Verlustfreie Objektbewertung, GuG 1997, 174
–, Bewertungsmethoden im Kontext der funktionalen Werttheorie, GuG 1998, 84
Paul, G., Der Einfluss der städtebaulichen Planung auf die Bodenwerte, AVN 1967, 369
–, Zur Korrelation von Geschäftsraummieten und Bodenwerten in Kernbereichen, VR 1983, 141
Pausenberger, Wert und Bewertung, Carl Ernst Poeschel Verlag Stuttgart 1962
Peemöller, V. H., Ertragswertermittlung, in: Peemöller, Volker Heinrich (Hrsg.): Handbuch Unternehmensbewertung mit ausführlichem, aktuellem Branchenteil, Landsberg am Lech 1984, Teil I/3, S. 1–18 (Loseblatt)
–, Ermittlung des Unternehmenswerts, in: SteuerStud, 1989, S. 41–49
Peinemann, B., Die Entschädigungsregelung bei städtebaulichen Entwicklungsmaßnahmen, AgrarR 1973, 172
Pelzer, H., Ein indirektes Vergleichswertverfahren unter Anwendung statistischer Methoden, ZfV 1978, 245
Penselin, Bewertung von mit öffentlichen Mitteln geförderten Mietwohngrundstücken, AIZ 1968, 52
Pergande, H. G., Die Novelle zum BauGB nach Streichung des Planungswertausgleichs, DLK 1976, 448
Peters. K.-H., Trennung von Boden und Bauten, GWW 1971, 420
Petersen, H., Wohnrechte machen die Bewertung schwer, AIZ 1982, 7
–, Anmerkungen zum Verkehrswert, AIZ 1985, 9
–, Zinssätze bei der Ermittlung von Verkehrswerten in Verbindung mit grundstücksbezogenen Rechten, GuG 1997, 91
–, Marktorientierte Immobilienbewertung, 5. Aufl. Boorberg Verlag
Petri, G., Probleme der Waldbodenbewertung, Forst und Hof 1972, 165
Pfannschmidt, M., Die Bodenbewertung als Grundlage der Stadtplanung und Investitionspolitik, Der Architekt 1956, 433
–, Vergessener Faktor Boden, Marktgerechte Bodenbewertung und Raumordnung, Bonn 1972
Pfarr, K., Handbuch der kostenbewußten Bauplanung, Wuppertal 1976
–, Von den landwirtschaftlichen Bewertungsverfahren zur Bewertung des städtischen Hausbesitzes, Bauwirtschaft 1995, 69
–, Grundlagen der Bauwirtschaft, Essen 1984
Pfeiffer, U., Baulandmangel – Marktversagen oder Politikversagen, GuG 1992, 1
Pflüger, H., Das Schätzverfahren der Hessischen Brandversicherungsanstalt, Kassel 1968
Phillippi, H., Die Mietkosten der Einzelfachgeschäfte im Jahre 1986, Mitteilungen des Instituts für Handelsforschung an der Universität zu Köln 1988, 25
Pilz, D., Die Unternehmensbewertung in der Rechtsprechung, 3. Aufl. Düsseldorf 1994
Pinkwart, E., Die Bewertung eines Erbbaurechts, ZfV 1929, 388
Platner, E., Das Problem der Bodenwertabschöpfung, Düsseldorf 1968
Pock, Zur Bewertung von Gemeinschafts-, Verkehrs-, Versorgungs- und Grünflächen, Mittbl. DVW Hess. 1968, 37
Pohl, W., Die Beeinflussung der Bodenpreise durch steuerliche und andere Maßnahmen, Bern 1968
Pohlmann-Hohenaspe, Die Trennung des Boden- und Bauwertes in der Praxis amerikanischer Gemeinden, Jahrbuch der Bodenreform 1914, 103
Pohnert, F., Konkurrierende Normen bei Hochbauten, GuG 1991, 150
–, Kreditwirtschaftliche Wertermittlungen, 5. Aufl. Luchterhand Verlag 1996
Polensky, Th., Die Bodenpreise in Stadt und Region München, Regensburg 1974
–, Die Bodenpreise in Stadt und Region München, Bodenpreise als sozialgeographischer Indikator, Stadtbauwelt 1974, 37

Pook, W., Bodenpreise in der Land- und Forstwirtschaft, Stuttgart 1971
Praxl, Beleihungswertfestsetzung für Eigenheime auf Erbbaurecht, DLK 1980
Preuß, F., Gewerbemieten im Land Berlin, GuG 1992, 187
Pulter, D., Die Gutachterausschüsse sind Landeseinrichtungen, Nachr. der rh.-pf. Kat.- und VermVw 1979, 86

R

Randow, F., Der Bodenmarkt im Hinblick auf die Agrarplanung; Grundlagen und Methoden der landwirtschaftlichen Raumplanung, Hannover 1969
Ratcliff, U. R., Urban Land Economics, New York 1927
Rath, F./Rath, J., Wertermittlungspraxis 3. Aufl. Luchterhand Verlag 1995
Rauch, P., Technische Wertminderung wegen biologischer Schäden in Gebäuden und an deren Bauteilen, GuG 2001, 28
Rauscher, B., Das Schiedsgutachten unter besonderer Berücksichtigung der Praxis des Massenverkehrs, Diss. Ffm 1969
–, DAT-Schätzungen-Schiedsgutachten auf unzureichender Grundlage, BB 1974, 629
Räschke-Kessler, H., Die neuere Rechtsprechung zum Schiedsgutachten, BB Beil 1992, Nr. 15 und 1993 Nr. 17
Reek, W., Zur Bewertung von Flächen, die bereits dem Verkehr gewidmet sind, AVN 1963, 429
Rehwald, U., Mietwertgutachten, eine weitere Aufgabe der Gutachterausschüsse, Nachr. der nds. Kat.- und VermVw 1991, 88
Reif, A., Qualitätsoffensive der Hypothekenbanken bei der Beleihungswertermittlung, DLK 1997, 559
Reinecke, Der Sachverständige im gerichtlichen Mieterhöhungsverfahren – überflüssige Halbgötter? WuM 1983, 101
Reinhardt, W., Zum Umlegungsvorteil, GuG 1997, 85
Reisnecker, H., Die Enteignungsentschädigung bei Wertsteigerungen kraft erwarteter Nutzungsänderungen, BayVBl. 1977, 655
Reisnecker, H./Baur-Büechl, V., Die entschädigungsrechtliche Qualitätsbestimmung von Grundstücken, München 1982
Renard, V., Acosta, R., France, UCL Press London
Rendigs, H., Zur Ermittlung des Liegenschaftszinses aus Kaufpreisen, VR 1978, 254
Renner, U., Die Bedeutung des Sachverständigengutachtens beim Offenen Immobilienfonds, GuG 1993, 139
Reuter, A., Altlasten und Grundstückskauf, BB 1988, 497
Reuter, F., Zur Umsetzung des Verkehrswertbegriffs in Wertermittlungsmethoden, Schriftenreihe des Instituts für Städtebau, Bodenordnung und Kulturtechnik der Universität Bonn 1990
–, Zur Umsetzung des Verkehrswertbegriffs in Wertermittlungsmethoden, VR 1989, 377
Reuter, Beleihung von Erbbaurechten, Kreditpraxis 1983/5
Ribbert, B., Unternehmensbewertung durch einen Schiedsgutachter, DB 1978, 2085
Ricardo, D. (1817): Principles of political economy and taxation, London 1817
Richter, H., Wertermittlung von Grundstücken nach dem Baugesetzbuch, VR 1987, 201
Ricking, H.-H., Verkehrswertgutachten für Immobilien in den Beitrittsländern, AVN 1992, 201
Riepe, W., Die Altlastenproblematik aus analytischer Sicht, GuG 1993, 27
Risse, W., Grundzüge einer Theorie des Baubodenmarktes, Bonn 1974
–, Die Problematik einer steuerlichen Sonderbehandlung planungsbedingter Bodenzuwächse, FWW 1975, 365
Risthaus, L., Grundstücksbewertung in den Vereinigten Staaten von Amerika, VR 1987, 22
Rittner, F., Die so genannte wirtschaftliche Wertminderung in der Rechtsprechung des BGH, Karlsruhe 1976
Rösch, A./Kurandt, F., Bodenschätzung und Liegenschaftskataster, 3. Aufl. Berlin 1968
Roesler, A., Die Ermittlung des Verkehrswerts von Grundstücken nach der Rechtsverordnung zu § 141 Abs. 4 BBauG, BBauBl. 1961, 539
–, Einführung in die Bewertung bebauter und unbebauter Grundstücke, Karlsruhe 1971
Roller, G., Verdachtsflächen in der Wertermittlung, GuG 2000, 334
–, Wertermittlung sanierter Grundstücke – technischer und merkantiler Minderwert, GuG 2001, 16
–, Wertausgleich und Bodenschutzlast, GuG 2001, 24
–, Marktorientierte Bewertung kontaminierter Grundstücke, GuG 2001, 226
–, Die Bedeutung des BBodSchG für die Wertermittlung zu steuerlichen Zwecken, GuG 2001, 162
Rölver, M., Normalherstellungskosten 95 (NHK 95), GuG 1998, 201
Rössler, R./Troll, M./Halaczinsky, R./Teß, W., Bewertungs- und Vermögensteuergesetz, 16. Aufl. München 1994
Romunde, W., Methoden zur Ermittlung von Liegenschaftswerten in der Bundesrepublik Deutschland, FIG-Kongress 1971 Nr. 902,2
–, Die Grundstücksbewertung in Köln, in: 100 Jahre stadtkölnisches Vermessungs- und Liegenschaftswesen, Köln 1975
Ross, F W./Brachmann, R., Ermittlung des Bauwertes von Gebäuden und des Verkehrswertes von Grundstücken, 26. Aufl. Hannover 1992
Roth, Ch, Verkehrswertermittlung von Grundstücken in den neuen Bundesländern, GuG 1993, 206
–, Vergleichsmieten und Vergleichsfaktoren in der Mietwertermittlung für Wohnraum, GuG 2000, 129
Rothkegel, Flurbereinigung und Bodenschätzung; Schriftenreihe Flurbereinigung Heft 5 Stuttgart 1954
Roßbach, P., Ist das Sachwertverfahren wirklich am Ende?, in: GuG 1997, 257
Rudolf, Der Erbbauzins als vorrangiges dingliches Recht, Bankinformation 1977, 1
Rüchardt, K., Bemerkungen zur Immobilienbewertung in Deutschland und Großbritannien, GuG 1991, 307

–, Bewertung und Krediturteil, in Handbuch des Hypothekarkredits, 2. Aufl., Frankfurt am Main 1993

Rüffel, E., Ermittlung von Faktoren aus Kaufpreisen mit Hilfe der Ertrags- und Sachwertbeziehungen, Nachr. der rh.-pf. Kat.- und VermVw 1980, 26

–, Verfahren zur Bestimmung der Wertminderung bei Gebäuden und die Beziehung zur Restnutzungsdauer, VR 1984, 326

–, Fehlertheoretische Untersuchung zum Lagewertverfahren nach Brandau, VR 1982, 138

Rütschle, M., Die Wertermittlung und ihre Helfer, GuG 2000, 147

Ruf, W., Die Grundlagen eines betriebswirtschaftlichen Wertbegriffs, Bern 1955

Runge, E., Grundstücksbewertung, Verlag Wilhelm Ernst & Sohn, Berlin 1956

S

Sabella, E., The Effects of Property Taxes and Local Public Expanditures on the Sale Prices of Residential Dwellings, The Appraisal Journal 1974, 114

Sachs, Angewandte Statistik, Springer Verlag Berlin 1984

Sailer, E., Die Preisbildung auf dem Grundstücksmarkt, AVN 1972, 228 = DWW 1971, 276

–, Überlegungen zum steuersubventionierten Verkehrswert, GuG 2000, 1

Salewski, F., Einfluss der Ladengröße auf die Miethöhe, VR 1990, 398

Salin, E., Politische Ökonomie, 5. Aufl. Tübingen

Sandmann, H.J., Zur Bewältigung der naturschutzrechtlichen Eingriffs- und Ausgleichsregelung in Bebauungsplänen und in der Baulandumlegung, GuG 1995, 1

Sandner, W., Wer sind die Beteiligten des Anspruchs auf Ausgleich der Sanierungskosten nach § 24 Abs. 2 BBodSchG, NJW 2001, 2045

Schaar, H.-W., Transparenz auf dem Grundstücksmarkt, GuG 1991, 252

–, Vergleichswertverfahren für bebaute Grundstücke, GuG 1992, 89

–, Weiterentwicklung der Statistik der Kaufwerte für Bauland, GuG 1992, 162

–, Kaufpreiskartei – Comeback eines bewährten Verfahrens in den neuen Bundesländern, GuG 1992, 193

–, Ermittlung zeitgemäßer Normalherstellungskosten, GuG 1997, 230

Schack, Fr., Der Ersatz der anderen Vermögensnachteile im Enteignungsrecht, Der Betriebswirt 1967, 495

Schäffler, G., Ist der Kubikmeterpreis unersetzlich, DS 1986, 39

Schahn, P., Zur Berechnung von Bodenwerten aus Gebäudeerträgen VR 1985, 176

–, Bodenwertangaben in Kaufverträgen bebauter Grundstücke, VR 1985, 264

Scharf, Bewertung gewerblicher Miet- und Pachtverhältnisse in Umlegung und Enteignung, Deutsches Volksheimstättenwerk 1974

Scharnhorst, R., Ermittlung des Einflusses der Grundstücksgröße auf den Kaufpreis für Ein- und Zweifamilienhausgrundstücke, Nachr. der nds. Kat.- und VermVw 1985, 273

–, Bewertung von Gemeinbedarfsflächen auf der Grundlage enteignungsrechtlicher Entschädigungsprinzipien, WF 1989, 114

Schenk, E., Zur neuen Gutachterausschussverordnung, Nachr. der rh.-pf. Kat.- und VermVw 1978, 223

–, Bodenordnung und Grundstücksbewertung, VR 1983, 317

–, Amtspflichten der Gutachterausschüsse und Anforderungen an deren Gutachten, Nachr. der rh.-pf. Kat.- und VermVw 1983, 102

–, 10 Jahre Gutachterausschussverordnung – Erfahrungen der Vermessungs- und Katasterverwaltung, Nachr. der rh.-pf. Kat.- und VermVw 1989, 83

–, Die neue Gutachterausschussverordnung – Erläuterungen und Hintergrundinformationen, Nachr. der rh.-pf. Kat.- und VermVw 1989, 97

Schenk, H.-O., Handel im Umbruch, GuG 2000, 343

Schiebel, H., Beleihungswerte und Mittelwertmethode, Der langfristige Kredit 1965, 322

Schild/Osswald/Rogier, Bauschäden im Hochbau, Essen

Schindler, G., Analyse aus Kaufpreisen bei Einfamilienhäusern, Lehrbrief TH Hannover 1976

Schink, Amtshaftung bei der Bebauung von Altlasten, DÖV 1988, 532

Schipp, G., Haftung der Mitglieder des Gutacherausschusses, AVN 1976, 250

Schlegtendal, G., Zur Ermittlung von Grundstückswerten nach dem Vergleichswertverfahren, AVN 1963, 20

–, Zum Begriff des Verkehrswerts, AVN 1965, 271

–, Neue Richtlinien für die Ermittlung des Verkehrswerts von Grundstücken, AVN 1967, 203

–, Nochmals der Begriff „Verkehrswert", AVN 1968, 569

–, Aufwand und Wirksamkeit der Gutachterausschüsse bei Landkreisen und kreisfreien Mittelstädten, Institut für Städtebau München, Städtebauliche Beiträge 1/1969

Schlemmermeier, W., Die Bewertung von landwirtschaftlich oder gärtnerisch genutzten Grundstücken, Nachr. der nds. Kat.- und VermVw 1963, 65

Schlosser, P., Offenbare Unrichtigkeit eines Schiedsgutachtens bei einer Unüberprüfbarkeit wegen lückenhafter Ausführungen, EWiR 1988, 339

Schlüter, E., Handbuch für Kataster- und Vermessungsbeamte, Landmesser ect in Preußen, Liebenwerda 1908, 2. Aufl.

Schmalenbach, E., Zur Bewertung von Bergwerken, ZfhF 1929, 385

Schmalgemeier, H., Bodenpreisanalyse für den Innenstadtbereich einer Großstadt, VR 1977, 422

–, Zur Ermittlung von Grundwerten für die Erhebung von Ausgleichsbeträgen gemäß § 41 StBauFG, VR 1978, 143

–, Neue Wertermittlungs-Richtlinien – Anforderungen der Praxis, GuG 1992, 142

–, Bodenpreisanalyse für den Innenstadtbereich einer Großstadt, VR 1977, 413

Schmelz, W. G., Gutachterausschuss und Verwaltungsreform, AVN 1977, 182

–, Bodenrichtwertkarte für landwirtschaftliche Grundstücke, AVN 1980, 368

Schmidt, A., Die Bewertung von Pflegeeinrichtungen, GuG 1998, 284

Schmidt, J., Zur Höhe des Schadensersatzanspruches bei Beschädigung oder Zerstörung eines Baumes, MDR 1980, 191

–, Probleme der Gutachterausschüsse in Baden-Württemberg, GuG 1992, 330

–, Beeinträchtigungen der Ermittlung der sanierungsbedingten Bodenwerterhöhung durch mangelhafte Sanierungs-vorbereitung und -durchführung, GuG 1995, 279

Schmidt, H.-J., Zum Umfang der Enteignungsvorwirkungen, DVBl. 1971, 451

Schmidt, K.-J., Zur Anwendung des Vergleichwertverfahrens bei bebauten Grundstücken, Nachr. der nds. Kat.- und VermVw 1979, 149

–, Bodenwert bebauter Grundstücke in Bauverbotszonen, Nachr. der nds. Kat.- und VermVw 1982, 348

Schmidt-Eichstaedt, G., Das preislimitierte Vorkaufsrecht der Gemeinden nach dem novellierten Bundesbaugesetz, DÖV 1978, 130

–, Baulandbereitstellung nach dem niederländischen Modell, GuG 1999, 65

Schmidt-Räntsch, J., Aktuelle Probleme der Schuldrechtsanpassung, ZIP 1996, 728

Schmitz, W., Der neue Bauherrenmodell-Erlass in der Praxis, GuG 1991, 121

Schmitz, H./Krings, E./Dahlhaus, U./Meisel. U., Baukosten '97, Instandsetzung/Modernisierung/Umnutzung, 12. Aufl., Verlag für Wirtschaft und Verwaltung Hubert Wingen, Essen 1997

Schneider, Zur Bewertung der durch eine Baulandumlegung entstandenen Vorteile, AVN 1962, 111

Schneider, R./Schlund, G./Haas, A., Kapitalisierungs- und Verrechnungstabellen, Verlagsgesellschaft Recht und Wirt-schaft mbH, 2. Aufl. 1992, Heidelberg

Schneider, D., Verkehrswertermittlung von Bauerwartungsland unter Nutzung von Vergleichswerten des schemati-sierten THA-Fachbeirats-Verfahrens, GuG 1993, 149

–, Herleitung von Bodenwerten für die Beitrittsländer aus Bodenleitwerten Berlin-Ost, GuG 1992, 258

Schneider, E., Befangenheitsablehnung eines Sachverständigen nach Einreichung des Gutachtens, MDR 1975, 353

Schönherr, M., Gutachterliche Äußerungen der Katasterämter über Grundstückswerte (mit Entgegnung von Boden-stein), Nachr. der nds. Kat.- und VermVw 1976, 159

Scholland, Bodenpreisermittlung durch Straßengeräusche, Slg. Wichmann 1988, 77

Schopp, Berechnung eines Pflichtteilanspruchs durch Ermittlung des Werts eines Grundstücks mit besonderer Gestal-tung, ZMR 1994, 552

–, Gutachten über Mietzinserhöhungen, ZMR 1977, 257

Schröder, U., Abbauland in Brandenburg, GuG 1997, 20; GuG 2000, 352

–, Nutzungsentgelte für Erholungs- und Garagengrundstücke im Land Brandenburg, GuG 2000, 287

–, Der Grundstücksmarkt 1999 im Land Brandenburg, GuG 2000, 214

Schubert, B.-N., Der Einfluss der Veränderung des Maßes der baulichen Nutzung auf den Bodenwert, GuG 1995, 100

Schürken, J., Bergschadensverzichte und ihre Auswirkungen auf Verkehrswerte, GuG 1997, 129

Schütz, Sach- und Ertragswertermittlung mit der Wang 2200 T2, Nachr. der nds. Kat.- und VermVw 1978, 177

Schütz, W., Urt. des BBauG blockiert; zum Wertausgleich für Planungsvorteile und Planungsschäden, BuG 1955, 169

Schuh, E., Zu den Statistiken der Baupreise in Bayern, Zeitschrift des Bay. Statistischen Landesamtes 1970, 15

Schulte, F.-J., Entschädigung bei Veränderung des Straßenniveaus, Die Bauverwaltung 1973, 634

Schulte, K.-W., Aus- und Weiterbildung für Immobilienberufe, GuG 1992, 128

Schulte, K.-W./Schäfers, W., Immobilienökonomie als wissenschaftliche Disziplin, GuG 1999, 25 und 92

Schulthes, J., Die Höhe der Enteignungsentschädigung, VHW Wissenschaftliche Reihe Folge 17, Köln 1965

Schulz, E., Baumängel und Bauschäden bei Wertermittlungen nach der neuen Wertermittlungsverordnung, DS 1990, 140

Schulz, Inhaltserfordernisse eines Sachverständigengutachtens im Rahmen eines Mieterhöhungsbegehrens gemäß § 2 Abs. 2 Satz 2 MHG, BlGBW 1980, 207

Schulz, H.-J., Bewertung von Gartenaufwuchs (Ziergehölze), GuG 1991, 90

–, Die Ziergehölzhinweise (ZierH 2000) im Vergleich zur Methode Koch, GuG 2001, 212

Schulz-Kleeßen, W.-E., Zur Abhängigkeit des Bodenpreises von der beim Kauf erhofften Ausnutzbarkeit, VR 1977, 78

–, Möglichkeiten des Einsatzes der automatischen Datenverarbeitung in den Geschäftsstellen der Gutachteraus-schüsse für Grundstücksbewertung, VR 1975, 178

–, Methode zur Entwicklung von Richtwertzonengrenzen und Richtwerten aus Kaufpreisen und deren Darstellung in einer Karte, VR 1978, 108

–, Die Geschäftsordnung als Mittel zur Unterstützung der Gutachterausschüsse für Grundstücksbewertung, ZfV 1981, 298

–, Liegenschaftsbewertung – Kaufpreissammlung, Die Entwicklung eines EDV-Verfahrens in Hessen, VR 1980, 407

Schulze-Osterloh/Lerke, Das Prinzip der Eigentumsopferentschädigung im Zivilrecht und im öffentlichen Recht, Duncker und Humblot, Berlin 1981

Schuster, Ermittlung von Bodenrichtwerten für landwirtschaftlich genutzte Flächen, Nachr. der rh.-pf. Kat.- und VermVw 1988, 177

Schwab, K.-H./Walter, G., Schiedsgutachten und Qualitätarbitrage, in Komm. Schiedsgerichtbarkeit, Beck-Verlag München 5. Aufl. 1995

Schwarting, K., Neuere amerikanische Ertragswertverfahren, ZfV 1972, 570

Schwarz, E., Betriebsverlegung aufgrund öffentlicher Baumaßnahmen, GuG 1993, 211

–, Probleme der Wertermittlung von Gebäuden im ländlichen Raum, GuG 1996, 80

Schwarzkopf, v., B., Vorschläge für die Bewertung von landwirtschaftlichen Grundstücken und Gebäuden bei Verkauf bzw. Kauf sowie Enteignung, Diss. Schriftenreihe des HLBS 1990, Heft 90

Schwebler, Vermögensanlagepraxis in der Versicherungswirtschaft, Komm. Karlsruhe 1991

Seebauer, P., Ermittlung von Verkehrswerten bebauter und unbebauter Grundstücke und ihre Problematik, Institut für Städtebau München, Städtebauliche Beiträge 1967, 67

Seele, W., Zur Bedeutung der Gutachterausschüsse, DS 1981, 22

–, Die wechselseitigen Beziehungen zwischen städtebaulicher Planung und Bodenwertbildung, Diss. Bonn 1955

–, Bewertung land- oder forstwirtschaftlich genutzter Grundstücke in Entwicklungsbereichen, VR 1974,161

–, Ausgleich von Werterhöhungen infolge städtebaulicher Entwicklung oder Neugestaltung – zur Problematik des Planungswertausgleichs –, VR 1975, 48, 75, 194, 245

–, Ausgleich maßnahmenbedingter Bodenwerterhöhungen, Schriftenreihe des BMBau 03.047, Bonn 1976

Seemüller, J., Ermittlung von Verkehrswerten bebauter und unbebauter Grundstücke und ihre Problematik, Deutsche Akademie für Städtebau Düsseldorf, 1966 = Institut für Städtebau München, Städtebauliche Beiträge 1967, 52

Seidewinkel, H., Die Beeinflussung der Grundstückswerte durch das innerstädtische Verkehrssystem, Diss. Hamburg 1966

Seifert, Das Katasteramt als Geschäftsstelle des Gutachterausschusses, Nachr. der nds. Kat.- und VermVw 1962, 148

Seitter, O., Sittenwidrigkeit von Gaststättenpachtverträgen wegen Pachtzinsüberhöhung, ZMR 1996, 587

Seitz, J., Planungshoheit und Grundeigentum, Kölner Schriften zu Recht und Staat, Bd. 7 Frankfurt 1999

Selige, D., Über den Wert des Gutachtens eines Sachverständigen und des Gutachterausschusses i. S. von § 137 BBauG, BlGBW 1970, 166

–, Welche rechtliche Bedeutung kommt den Gutachten des Gutachterausschusses nach dem StBauFG zu?, BlGBW 1973, 166

Semmelroggen, K., Bodenrichtwerte landwirtschaftlich genutzter Grundstücke im Landkreis Göttingen, Nachr. der nds. Kat.- und VermVw 1985, 211

Seydel, H., Bemessung der Enteignungsentschädigung, NJW 1964, 1405

Sieben, G., Zu den Voraussetzungen für eine offenbare Unrichtigkeit eines Schiedsgutachtens, EWiR 1987, 227

–, Der Substanzwert der Unternehmung, Wiesbaden 1963

–, Der Entscheidungswert in der Funktionenlehre der Unternehmensbewertung, in: BfuP, 11/1976, S. 491–504

Sieben, G./Schildbach, Th., Zum Stand der Entwicklung der Lehre von der Bewertung ganzer Unternehmungen, in: DStR 16, 17/1979, S. 455–461

Sieber, H., Zu einer vernachlässigten Beziehung zwischen Grundrentenwachstum, Kapitalzins und Bodenpreis, SZVS 1961,1

–, Bodenpolitik und Bodenrecht, Bern 1970

–, Bodenpreissteigerung und Wohnungsmarkt, WuR 1956, 48; WuR 1960, 273

Siegel, Th., Zinsfüße in der Unternehmensbewertung, Hannover 1983

Siegel/Wonneberg, Bau- und Betriebskosten von Büro- und Verwaltungsbauten, DBZ 1978, 47

Siegfried, U., Grundstückwertminderung und Erbbauzins, NJW 1983, 211

Sieker, zu, G., Theoretisches Modell der Verkehrskosten und Bodenpreisbildung bei kontinuierlicher Ausdehnung der Städte, Diss., Bonn 1957

Simon, J./Cors, K./Troll, M., Handbuch der Grundstückswertermittlung 3. Aufl. München 1993

Simon, J., Wertermittlung eines Mietwohngrundstückes mit Staffelmieten, GuG 1990, 31

–, Wertermittlung eines mit einem Wohnrecht belasteten Grundstücks, GuG 1990, 33

–, Bodenwertermittlung im Liquidationsverfahren (vgl. § 20 Abs. 2 WertV 88), GuG 1990, 90

–, Wertermittlung eines mit einem Altenteilsrecht belasteten Grundstücks, GuG 1990, 90

–, Die Ermittlung des Verkehrswerts von Grundstücken mit Selbstbedienungs-, Verbraucher- und Baumärkten sowie Ausstellungshallen, GuG 1990, 153

–, Das Erbbaurecht, GuG 1991, 69

–, Ertragswert bei Staffelmieten, GuG 1991, 94

–, Wertermittlung eines mit einem Wohnungsrecht belasteten Grundstücks, GuG 1991, 97

–, Wertermittlung für ein Hotel garni, GuG 1991, 152

–, Wertermittlung von Grundstücken mit Tennishallen, GuG 1991, 208

–, Das Residualverfahren, GuG 1991, 272

–, Wertermittlung von Grundstücken mit Hotelgebäuden, GuG 1991, 312

–, Grundsätzliche Überlegungen zur Wertermittlung von Schlössern und Burgen, GuG 1991, 332

–, Anmerkungen zu den Wertermittlungs-Richtlinien '91, GuG 1992, 68

–, Wertermittlung eines Mietwohngrundstücks, GuG 1992, 164

–, Rechte und Belastungen, GuG 1992, 195

–, Schematische Verfahren zur Wertermittlung bebauter Grundstücke in den neuen Bundesländern, GuG 1992, 52; GuG 1993, 17

–, Rentenrechnungen, GuG 1992, 264

–, Berechnung zur Erhöhung des Erbbauzinses, GuG 1992, 332

–, Der Verkehrswert eines Flughafens, GuG 1996, 226

–, Quo vadis, Deutsche Verfahren der Grundstückswertermittlung auf dem Prüfstand, GuG 1996, 134

–, Wertermittlung einer Eigentumswohnung, GuG 1997, 178

–, Verkehrswertermittlung Offener Immobilienfonds, GuG 1999, 129

–, Wertermittlung eines Eckgrundstücks, GuG 1999, 169

–, Wertermittlung eines Büroobjekts mit sicher zu erwartendem Mietausfall, GuG 1999, 99

–, Europäische Standards für die Immobilienbewertung, GuG 2000, 134

–, Verkehrswertermittlung von Bürogebäuden, GuG 2001, 208

Simon, J./Kleiber, W., Schätzung und Ermittlung von Grundstückswerten, Luchterhand Verlag, 7. Aufl. 1996

Simon, J./Reinhold, W., Wertermittlung von Grundstücken/Aufgabensammlung, Luchterhand Verlag, 4. Aufl. 2001

Simon, S., Berücksichtigung von Umweltschadstoffen bei der Wertermittlung, GuG 2001, 257

–, Das neue Bodenschutzgesetz – Konsequenzen für den Immobilienverkehr, GuG 1999, 212

Skindelies, K./Höhn, R., Der Mietwert einer Ersatzschule, GuG 2000, 363

Smith, A., Wealth of Nation

Sommer, G., Bestimmung von Bodenwerten in den neuen Bundesländern, GuG 1991, 193

Soergel, C., Die Haftung des Bewertungssachverständigen, GuG 1992, 121

Sommerfeldt, H., Die Bodenschätzung, eine gemeinsame Aufgabe von Finanzverwaltung und Vermessungs- und Katasterverwaltung, Nachr. der nds. Kat.- und VermVw 1980, 113

Sotelo, R., Die WertV ist tot, es lebe die WertV, GuG 1995, 91

–, Immobilienaktiengesellschaften Mythos und Möglichkeiten, GuG 2000, 24

Spengler, E., Land values in New York in relation to Transit facilities, New York 1930

Spiethoff, A., Boden und Wohnung, Jena 1934

Spillecke, H., Grunderwerb und Wertermittlung im Rahmen der Genehmigungspflicht nach § 23 StBauFG, Mittbl. Vermw. Berlin 1975, 25

Springer, U., Ermittlung des Verkehrswerts von Eigentumswohnungen in Berlin mit Hilfe des Wohnwerts, GuG 1995, 39

–, Liegenschaftszins in den neuen Bundesländern, GuG 1997, 146

Stahlecker, K., Die Entschädigungsermittlung nach Inanspruchnahme von Grundstücken mit aufstehenden Ziergehölzen, AgrarR 1979, 34

Stahlhut, K.-H., Auswertung der automatisiert geführten Kaufpreissammlung als Grundlage für Grundstücksmarktberichte, Nachr. der nds. Kat.- und VermVw 1986, 28

Stannigel, H., Beleihungswert und Beleihungsgrenze von Immobilien im Blickfeld des Kreditprüfers, GuG 1991, 241, 325

Stannigel, H./Kremer, E./Weyers, G., Beleihungsgrundsätze für Sparkassen, Sparkassenverlag Stuttgart 1984

Steffan, F., Bodenrecht und Bodenkredit in Vergangenheit und Gegenwart; Handbuch des Realkredits, Frankfurt am Main 1993

Stege, J., Zur Frage des Stichtages der Richtwertermittlung, Nachr. der nds. Kat.- und VermVw 1975, 175

–, Zur Konjunktur auf dem Bausektor, AVN 1975, 108

–, Erstattung eines Obergutachtens, Nachr. der nds. Kat.- und VermVw 1980, 139

–, Wertermittlung für „werdendes Bauland"; Nachr. der nds. Kat- und VermVw 2001/3/21

Stegemann, P., Grundbesitzwechselstatistik; Allgemeines Statistisches Archiv 1921/22, S. 355

Stegner, E., Bestimmungsgründe für die Umsatzerwartung im Einzelhandel, GuG 1995, 129

Steinbach, G./Wollscheid, A., Der Einfluss von Modernisierungsmaßnahmen auf die Restnutzungsdauer, Nachr. der rh.-pf. Kat.- und VermVw 1993, 212

–, Die Ermittlung nachhaltig erzielbarer Erträge, Nachr. der rh.-pf. Kat- und VermVw 1992, 203

Steinert, M., Zur Ermittlung des Verkehrswerts bebauter Grundstücke, bei denen die Eigennutzung im Vordergrund steht, BauR 1988, 552

Steins, H.-M./Kampmann, G., Zur Auswertung von Kaufpreissammlungen mittels statistischer Verfahren, VR 1990, 279

Stelter, M./Krenz, P., Marktgerechte Bewertung von Nutzungsentgelten, GuG 2001, 203

Stemmler, H., Baufinanzierung und Bodenwert, BDVI-Forum 1955, 73

–, Einfluss von Nutzungs- und Grundstücksstrukturveränderungen auf Liegenschaftswerte, FIG 1971, 904, 2

–, Planungswertausgleich und/oder Wertzuwachssteuer?, Der Städtetag 1973, 124

Stich, R., Die Entschädigungssonderregelung für land- und forstwirtschaftliche Grundstücke in § 57 Abs. 4 des Städtebauförderungsgesetzes, DVBl. 1976, 139

–, Naturschutzrechtliche Eingriffs- und Ausgleichsregelungen und ihre Auswirkungen auf die gemeindliche Bauleitplanung und die Umlegung in Bebauungsplangebieten, GuG 1992, 301

–, Bedeutsame Neuerungen im Verhältnis des Naturschutzrechtes zum Städtebaurecht, GuG 1993, 321

Stirn, S., Die Bedeutung von Informationen über Bauland und Baulandpreise für Entscheidungen von Wohnungsunternehmen, Diss. München 1972

Stober, R., Der öffentlich bestellte Sachverständige zwischen beruflicher Bindung und Deregulierung, C. Heymanns Verlag Köln 1991

Stolberg, H., Ermittlung von Entschädigungsbeträgen im Sinne der §§ 96 BBauG und 30 StBauFG, VR 1977, 131

–, Entschädigung für Vermögensnachteile im Sinne des § 96 des Bundesbaugesetzes, ZfV 1978, 114

–, Vergleichsmaßstäbe bei Grundstückswertermittlungen, VR 1978, 287

Stock, K.-D., Probleme bei der Bewertung landwirtschaftlicher Betriebe in den neuen Bundesländern, GuG 1992, 73

–, Verkehrswertermittlung für landwirtschaftliche Nutzflächen unter Beachtung spezieller betriebswirtschaftlicher Einflüsse, GuG 1993, 82

Stolze, G., Enteignungsentschädigung und Unternehmensbewertung, Bergisch-Gladbach-Köln 1986

Streich, J.W., Probleme bei der Ermittlung der wesentlichen Daten der Wertermittlung, VR 1981, 381

–, Wohnraummietgutachten in der Praxis, GuG 1992, 11

–, Vergleichswertverfahren bei bebauten Grundstücken, AVN 1976, 101

–, Unterschiede in Bodenwerten von bebauten und unbebauten Grundstücken, AVN 1974, 360

–, Das Vergleichswertverfahren, DAB 1985, 335

–, Vergleichswertverfahren bei bebauten Grundstücken, AVN 1976, 101

–, Abhängigkeit der Quadratmetermiete von der Wohnungsgröße, DWW 1980, 188

Strintz, C, Der Wert des Baulandes und die Wirtschaftlichkeit des Bebauungsplans, AVN 1932, 433

–, Zinseszinsrechnung in der Vermessungspraxis, AVN 1940, 63

Struck, H., Ermittlung der Wertminderung von Grundstücken und Gebäuden durch Immissionen, AVN 1973, 104

Strunz, W., Die Spekulationsgeschäfte mit Grundbesitz und ihre steuerlichen Aspekte, GuG 1992, 204

Stumpf, J., Aktuelle Fragen der Bodenordnung und Grundstücksbewertung, Nachr. der nds. Kat.- und VermVw 1969, 68

–, Der Bodenwert eines bebauten Grundstücks, Nachr. der nds. Kat.- und VermVerw 1969, 198

Sturm, N., Mehrwertsteuer in der Grundstücksbewertung, GuG 1996, 75

Sturmberg, G., Gehört das Schiedsgutachten der Vergangenheit an? BauR 1992, 693

Suckow, Der gemeine Wert des Grundbesitzes nach der Rechtsprechung des Oberverwaltungsgerichts, Verbandsnachr. der preß. Katasterkontrolleure, 1905, 2

Summern, Die Ermittlung des Verkehrswerts von Grundstücken und Gebäuden, BuG 1965

Swoboda, M., Schiedsgerichtsbarkeit und Schiedsgutachten, WiV 1987, 207

T

Tabke, H.-H., Die Ermittlung sanierungsbedingter Werterhöhungen nach dem Baugesetzbuch, VR 1990, 42

Ternes, H.P., Wertermittlung im ländlichen Raum DS 1988, 57 = ZfV 1988, 44

Tetinger, P./Prelow, Gr., Die aktuelle Rechtsentwicklung bei der öffentlichen Bestellung und Vereidigung von Sachverständigen, GewArch 1992, 1

Teß, W., Die bewertungrechtliche Behandlung des Erbbaurechts, AP 1983, 271, 286

Tewis, N., Merkantiler Minderwert bei Hausschwammbefall, GuG 2000, 33

–, Eigentumswohnunge vermietet billiger?, GuG 2001, 11

Thielges, Problematik d Ermittlung von Bodenwerten im Bereich engbebauter Ortskerne, Nachr. der rh.-pf. Kat.- und VermVw 1988, 23

Thöne, K.-F., Zusammenführung von Boden- und Gebäudeeigentum in den neuen Bundesländern, GuG 1993, 279

Thomas, J., Ein leistungsfähiges Modell zur Beschreibung differenzierter Grundstücksverhältnisse in Verfahren nach dem FlurbG, VR 1986, :

Thomas, M., Income Approach versus Ertragswertverfahren, GuG 1994, 35 ff., 82 ff.

Thormählen, R., Bodenrichterte und Richtdaten für die Wertermittlung, Essen 1990

Thun, K., Das Auswerten von Kaufverträgen, Nachr. der nds. Kat.- und VermVw 1969, 101

Tiemann, M., Die Bewertung von Grund und Boden, Probleme und Entwicklungslinien, BDVI-Forum 1956/2

–, Die Ermittlung von Grundstückswerten im Rahmen des Bundesbaugesetzes, Sonderheft ZfV 1960, 25

–, Der Richtwert nach dem Bundesbaugesetz, AVN 1964, 50

–, Zur Wertbeurteilung von Grundstücken für zukünftige Dauerkleingärten, Friedhöfe und Sportplätze, AVN 1965, 425

–, Bodenmarkt und Ermittlung v Grundstückswerten, ZfV 1966, 450

–, Tätigkeit und Wirkung der Gutachterausschüsse, AVN 1966, 374

–, Sammlung und Auswertung von Kaufpreisen, Institut für Städtebau München, Städtebauliche Beiträge 1/1967, 28

–, Statistik und Grundstücksbewertg. – Möglichkeiten und Grenzen, AVN 1970, 387

–, Die Baulandpreise und ihre Entwicklung, Der Städtetag 1970, 562

–, Reformvorschläge zum Ertrags- d Sachwertverfahren, AVN 1970, 523

–, Entwicklungstendenzen von Liegenschaftswerten aus städtischer Sicht in Deutschland, FIG 1971, 903, 4

–, Die novellierte Wertermittlungsverdnung und ihre Bedeutung für städtebauliche Sanierungs- und Entwicklungsmaßnahmen, ZfV 1972, 569

–, Zur Novellierung der Wertermittlungverordnung, AVN 1973, 101

–, Planungswertausgleich und Problem der Wertermittlung, AVN 1975, 313

–, Zur Beziehung von Baunutzbarkeit u Bodenwert – Ermittlung von Umrechnungskoeffizienten, VR 1976, 355

–, Erfassung konjunkturbedingter Wertungen in der Stadt Essen, AVN 1976, 261

–, Probleme und Problematik der Ermitg von Bodenrichtwerten, AVN 1976, 372

–, Sachliche und rechtliche Anforderungen Gutachten der Gutachterausschüsse, AVN 1976, 377

–, Nochmals zu den Problemen der Richterte und ihrer Ermittlung, AVN 1977, 338

Thünen, J. H. v., Der isolierte Staat in Bezung auf Landwirtschaft und Nationalökonomie, 1. Aufl., Hamburg 1826

Tietz, B., Die Einzelhandelsdynamik – Konsequenzen für Einzelhandelsstandorte und Einzelhandelsflächen, GuG 1992, 143

–, City Studie, Verlag moderne Industrie, Lasberg 1991

Tillmann, H.-G., Auswahl und Anwendung EDV-Programmen zur Verkehrswertermittlung, GuG 1993, 1

Tipke, H.-J., Organisation der Gutachterausschüsse und ihrer Geschäftsstellen, NÖV 1975, 122

Tönnies, H., Ist der Gutachterausschuss zur Amtshilfe verpflichtet?, Nachr. der nds. Kat.- und VermVw 1964, 57

–, Grundstücksmarkt und Grundstückswerte, AVN 1966, 255

–, Enteignung und Enteignungsentschädigung, Nachr. der nds. Kat.- und VermVw 1969, 180

–, Erfahrungen aus der Ermittlung von Grundstückswerten, Nachr. der nds. Kat.- und VermVw 1972, 27

–, Zur Organisation der Grundstückswertermittlung (Gutachterausschüsse-Bewertungs GmbH), BlGBW 1973, 112

Törper, J., Wohnbauabgaben nach § 9 KAG-Schleswig-Holstein für die zurückliegende Zeit nach wie vor umstritten, FWW 1980, 64

Traphagen, F., Kaufwerte für landwirtschaftlich genutzte Grundstücke, Wirtschaft und Statistik 1983, 871

Treiber, K.-H., Verkehrswertermittlung von Eigentumswohnungen, GuG 2000, 73

Troff, H., Anwendung der multiplen Regression bei der Ermittlung von Verkehrs- und Bodenrichtwerten landwirtschaftlich genutzter Grundstücke im Landkreis Aurich, IKO 1981, 182 = Nachr. der nds. Kat.- und VermVw 1982, 152

–, Das neue Baugesetzbuch aus der Sicht eines Gutachterausschusses, Nachr. der nds. Kat.- und VermVv 1987, 199

–, Grundstücksbewertung in ländlichen Gebieten, ZfV 1985, 22

–, Wertermittlung von Bauernhöfen, GuG 1997, 94

–, Windenergieanlagen, GuG 1996, 361

Trouet, K., Rechtliche Grenzen und Entschädigungspflicht bei Fußgängerzonen, BB 1981, 640

Tscheließnigg, Die Alterung von Bauwerken, DBZ 1981, 251

U

Udart, R., Ermittlung von „Wertfaktoren" für die Anwendung des Vergleichswertverfahrens bei bebauten Grundstücken, VR 1976, 291

–, Beitrag der Gutachterausschüsse zur Transparenz des Grundstücksmarkts aus der Sicht einer Großstadt, ZfV 1983, 561

Uebelhoer, Zur Bewertung von Straßenland, dng 1974, 23 und 55

Uhde, C., Technik der Datenanalyse, Nachr. der nds. Kat.- und VermVw 1986, 233

Uherek, H.-W./Ruben, H./Kölbel, D., Bewertung von Grundstücken mit Kies und Kiessanden in den neuen Bundesländern, GuG 1993, 274

Uherek, H.-W./Vondran, Y., Kaufpreisanalyse stadtnaher landwirtschaftlicher Flächen, GuG 1996, 83

Uherek, H.-W./Dittrich, F., Die aktuelle bergrechtliche Situation in den neuen Bundesländern, GuG 1997, 214

Uhlenbruck, W., Die Verantwortlichkeit für Altlasten im Konkurs und in der Gesamtvollstreckung, GuG 1992, 310

Ule, C.H., Preisstopp für Bauland im Bereich von Entlastungsstädten, VerwArch 1963, 347

Ulrich, J., Umsatzsteuer beim Sachverständigen, DS 2001, 209

Ulrich, P., Das Zwangsversteigerungsverfahren von Immobilien, GuG 1992, 314

Upmeyer, B., Bodenwertermittlung in einer Großstadt in den neuen Bundesländern, GuG 1999, 42

–, Wert einer Flutrinne, GuG 2001, 33

V

Vahle, J., Die Enteignungsentschädigung beim Entzug von Teilflächen eines Grundstücks, MDR 1981, 625

Vickers, G., The Uses of Speculations, Journal of the American Institute of Planners 18, 2

Vieli, M., Ein Regressionsindex der Bodenpreisveränderung, Diss. Zürich 1967

Voelckner, Th., Baupreise, Renovierung, Sanierung, Modernisierung 1988, Edition Aum GmbH und Fachverlag GmbH München

Vogel, A., Fluglärm, Deutscher Fachschriften-Verlag 1982

Vogel, H., Der Einfluss eines Erbbaurechts bei der Bewertung von Grundstücken, AN 1969, 263

–, Beispiele für die Ermittlung des Verkehrswerts eines unbebauten Grundstücks, Nachr. der nds. Kat.- und VermVw 1963, 40

–, Beispiele für die Ermittlung des Verkehrswerts eines unbebauten Grundstücks, Nachr. der nds. Kat.- und VermVw 1963, 43

Vogel, K., Verkehrswert, Ertragswert und andere Werte, DStZ 1979, 28

Vogel, J., Zur Ermittlung von Grundstückswerten (Bodenpreisen) in der DDR, 1990, 200 = BB Beilage 33, 1990

–, Zur Sachwertermittlung von baulichen Anlagen (Gebäudezeitwerten) in Gebieten der ehemaligen DDR, ZOV 1992, 30

–, Immobilien ohne Märkte, Besonderheiten der Schätzung in ehemaligen Zentralverwaltungswirtschaften, GuG 1995, 133

–, Hypothekenzinsen und Liegenschaftszinssätze, GuG 1996, 145

–, Zum SachenRBerG, GuG 1997, 33

–, Merkantiler Minderwert, GuG 1997, 151

–, Angelsächsische Investitionsverfahren und marktorientierte Verkehrswertermittlung in Deutschland, GuG 2000, 202

–, Blue Book, ausgereift und anwendbar?, GuG 2000, 369

Vogels, M., Grundstücks- und Gebäudebewertung – marktgerecht, Wiesbaden/Berlin 5. Aufl. 1996

–, Anforderungen der Praxis an neue Wertermittlungs-Richtlinien (Wert GuG 1990, 128

–, Immobilien-Wertermittlung unter Berücksichtigung von Baumängel Bauschäden und Reparaturanstau, GuG 1991, 132

–, Verrentung von Kaufpreisen, Kapitalisierung von Renten, 2. Aufl. Bauverlag 1992
–, Inflation und Ertragssteigerung bei Kapitalisierung und Verrentung, DS 1982/12
–, Wertermittlung von Erbbaurechtsgrundstücken, Architekt + Ingenieur 1971/5
–, Wertermittlung von Grundstücksbelastungen, DBZ 1973/5
–, Ertragswertberechnungen, DBZ 1974, 305 und DBZ 1972/5
–, Schematische Verfahren zur Wertermittlung bebauter Grundstücke in den neuen Bundesländern, GuG 1992, 252; GuG 1993, 17
–, Zur Ermittlung von Beleihungswerten bei Erbbaurechten, Betriebswirtschaftliche Blätter 1983, 329
–, Zur Beleihung des Erbbaurechts im Realkredit, GuG 1994, 92
–, Zur Ermittlung von Beleihungswerten bei Erbbaurechten, Kreditpraxis 1983/5
Voigt, A., Die Bodenbesitzverhältnisse, das Bau- und Wohnungswesen in Berlin und seinen Vororten; Schriftenreihe des Vereins zur Sozialpolitik, Leipzig 1901
Volle, G., Ermittlung der nachhaltig erzielbaren Einnahmen für das Ertragswertverfahren, Nachr. der nds. Kat.- und VermVw 1984, 276
Vollmar, P., Zur Bewertung von bebauten Grundstücken, AVN 1960, 216
–, Die Bewertung von Erbbaurechten, BuG 1965, 382
–, Zur Bewertung von Erbbaurechten, ZfV 1967, 165
–, Bewertung von Erbbaurechten und Dienstbarkeiten, Institut für Städtebau München, Städtebauliche Beiträge 1/1967, 143
–, Bewertungsfragen bei der Umsetzung von gewerblich genutzten Grundstücken, ZfV 1970, 91
Volmer, D., Das Schiedsgutachtenrecht – Bestandsaufnahme und Fragen der Praxis, BB 1984, 1010
Volze, H., Das Sachverständigenverfahren im Versicherungsrecht, DS 1992, 140
–, Die Sachverständigenhaftung bei offenen Immobilien-Fonds, GuG 1993, 68

W

Wabnitz, G./Kuscha, H.G., Der Verkehrswert landwirtschaftlicher Grundstücke, AgrarR 1975, 226
Wagner, W., Entschädigung bei Verlegung der Baugrenze, NJW 1977, 2046
Walter, M., Der Liegenschaftszins – wird er überhaupt ermittelt? GuG 2000, 6
Walterscheidt, B., Typische Fehler in einem Vergleichsmietzins-Gutachten, Theodor Oppermann Verlag Hannover 1999
–, Die Preisgabe von Daten im Mieterhöhungsgutachten durch den Sachverständigen, ein zwingendes Erfordernis zur richterlichen Überzeugungsbildung? WuM 1995, 83
Walterspiel, K., Der Wertbegriff in Sachverständigen-Gutachten, DS 1975, 132
–, Die Kostenmiete im Gastgewerbe? Nochmals zur Anwendung der EOP-Methode, ZMR 1996, 468
Warstadt, E., W., Pacht im Gastgewerbe, GuG 2001, 199
Weidhaas, J., Die Überprüfung der besonderen Sachkunde von Sachverständigen durch Fachgremien, GewArch 1991, 367
Weber, H., Bodenpreisindexreihen – Erfahrungen im Bereich der Stadt Idar-Oberstein, Nachr. der rh.-pf. Kat- und VermVw 1990, 188
Weber, W., Verkehrswertermittlung von Grundstücken und steuerliche Vorschriften, GuG 1996, 73
–, Verkehrswert eines Nießbrauchs, GuG 2000, 217
–, Wohnungserbbaurecht, GuG 2001, 88
Wedemeyer, U., Zum Leistungsvorbehalt und zur Schiedsgutachterklausel insbesondere Mietverträge, DB 1969, 1925
Weil, Th., Grundstücksschätzung, 5. Aufl. Düsseldorf 1958
Weiland, H.-O., Verkehrswert und Beleihungspraxis – Anmerkungen zu einem Vorschlag, DLK 1980, 166
–, Zur Beleihung des Erbbaurechts in Realkredit-Fragen und Vorschläge, GuG 1993, 257
Weiss, H., Die vertrauliche Behandlung von Kaufpreissammlungen, AVN 1980, 394
Weiß, E., Zum Verhältnis von Wertermittlungen und Wertfestsetzungen der Flurbereinigungsbehörden nach dem Flurbereinigungsgesetz und der Gutachterausschüsse nach dem Bundesbaugesetz, VR 1983, 30
–, Zur Problematik der Verkehrswerte in der Flurbereinigung, ZfV 1983, 3
Wellmann, Der Sachverständige in der Praxis, 6. Aufl. Werner Verlag Düsseldorf 1997
Wendt, B., Gutachten der AdV zur geplanten Novellierung des BBauG „Gutachterausschüsse nach dem BBauG und ihre Geschäftsstellen", ZfV 1976, 160
Wentrup, C., Bestimmungsgründe für Bodenpreise, Bonner Hefte für Agrarpolitik und Agrarsoziologie, Stuttgart 1978
Wernecke, M./Rottke, N., Bewertung von Mietvertrags-Verlängerungsoptionen mit dem Realoptionszinssatz, GuG 2001, 263
Werth, A., Gedanken zur Änderung des § 21 ErbbauVO, DLK 1989, 72
–, Erbbaurecht, GuG 1995, 105
–, Verkaufswertermittlung nach § 21 ErbbauVO: Was ist heute möglich?, DLK 1989, 68
–, Zinssätze und Wertfaktoren bei Erbbaurechten, GuG 1999, 193
–, Vom Verkehrswert unabhängige Beleihungswerte im Blickfeld der Europäischen Union, GuG 1998, 257
Westhoff, W., Auswertungen aus der automatisierten Kaufpreissammlung, NÖV 1988, 153
Weyers, G., Verkehrswert und Beleihungswert – Gegensatz oder Synthese?, DLK 1981, 44

–, Neue Grundsätze zur Ableitung des Beleihungswerts von Grundstücken bei Kredit- und Versicherungsinstituten, GuG 1990, 74

–, Wertermittlung von Grundstücken mit Hotelgebäuden, GuG 1991, 312

–, Wertermittlung von Grundstücken in Bergbaugebieten, DS 1982/12

–, Der Verkehrswert von Verbrauchermärkten, GuG 1999, 207

–, Entwicklung und Praxis bei gewerblich genutzten Grundstücken im (Real-)Kreditgeschäft, DLK 1984, 445

–, Grundlagen der Wertermittlung für Hotels und sonstige gastwirtschaftlich genutzte Grundstücke, Sparkasse 1986, 104

–, Ermittlung des Rohertrags (§ 17 WertV) mit Hilfe des Betriebsergebnisses einer Parkierungsanlage, GuG 1997, 298

–, Bau- und gewerberechtliche Bestimmungen im Blickfeld von Grundstücksbeleihungen, Sparkasse 1994, 586

–, Grundstücksverkehr und Grundstückspreisentwicklung im Blickfeld der Immobilienfinanzierung, GuG 1996, 94

–, Nutzungsentgelt bei Inanspruchnahme öffentlichen Straßenlands GuG 1998, 296

–, Grundlagen der Wertermittlung für Hotel- und sonstige gastgewerblich nutzbare Grundstücke, DS 1985/12

–, Altlasten und ihre Auswirkung auf den Grundstückswert, DLK 1987, 18

–, Verkehrswert und Beleihungswert von Seniorenimmobilien, GuG 1997, 1

–, Verkehrswert und Beleihungswert von Grundstücken mit Kurkliniken, GuG 1997, 218

–, Verkehrs- und Beleihungswert-Ermittlung für ein gewerblich genutztes Grundstück, GuG 2000, 35

–, Kreditwirtschaftliche Wertermittlung in Deutschland, GuG 2000, 257

–, Bodenwert von mit Erbbaurechten belasteten Grundstücken, die mit Parkierungsanlagen bebaut sind, GuG 1995, 352

–, Überprüfung externer Wertermittlungen, GuG 1994, 272

–, Gesamtnutzungsdauer von Hotelgebäuden, GuG 1993, 41

Weyers, Th., Darlehenslaufzeiten, GuG 2000, 218

Weyreuther, F., Über die Verfassungswidrigkeit salvatorischer Entschädigungsregelungen im Enteignungsrecht, Berlin 1980

Wibat, D./Bracke, J., Die neuen Ziergehölzhinweise des BMF, GuG 2001, 74

Wienzek, K., Verkehrswertermittlung von Grundstücken über Bodenschätze in den neuen Bundesländern, GuG 1999, 76

Wieting, H., Zum Problem der Gutachten über bebaute und unbebaute Grundstücke im Zwangsversteigerungsverfahren, Nachr. der nds. Kat.- und VermVw 1987, 246

Willet, R., Zur Sachgerechtigkeit bodenrechtlicher Vorschriften über das Ausmaß von Entschädigungen, VR 1980, 419

Wilsing, H., Die Bewertung der Grundstücke in der Umlegung nach dem Bundesbaugesetz, AVN 1961, 209

–, Zur Bewertung der Grundstücke in der Umlegung nach dem Bundesbaugesetz, AVN 1962, 48

–, Der klassische Fall des sog. „vorgeschobenen Hinterlandes", AVN 1962, 107

–, Die Berücksichtigung der Planungsvorteile bei der Enteignung und bei der Umlegung nach dem BBauG, AVN 1962, 108

–, Das Bauerwartungsland, das Bundesbaugesetz und das Grundstücksverkehrsgesetz, AVN 1964, 131

–, Die Bewertung von Straßenverbreiterungsflächen bei der Festsetzung der Enteignungsentschädigung, AVN 1966, 515

–, Der Begriff „Verkehrswert", AVN 1968, 241

–, Verschiedene Bewertungsmaßstäbe in der Umlegung und der Enteignung?, AVN 1968, 113

Winkelross, R., Das geltende Baulandpreisrecht, NJW 1960, 324

Wirtz, H., Zur Erfassung konjunkturbedingter Wertänderungen aus der Sicht eines Landkreises, VR 1976, 264

–, Erfahrungen und Möglichkeiten bei Wertermittlungen außerhalb von Großstädten, Institut für Städtebau Berlin 1979

Wise, J./Jackson, H., An Evalution of a Statistical Method of Appraising Rural Property, The Appraisal Journal 1974, 103

Wolf, E., Wertsicherungs-, Kostenelements- und Schiedsgutachterklauseln in der neueren Rechtsprechung des BGH, ZfWirtschaftsrecht 1981, 235

Wolff, Die gegenwärtige und künftige Preisbildung bei Bauland, BBauBl. 1952, 186

Wolff, E., Grundpfandrechte als Sicherheiten für langfristige Ausleihungen durch Kreditinstitute und Versicherungen, GuG 1991, 183

Wormit/Ehrenfort, Reichsheimstättengesetz 3. Aufl. Bln 1960

Wussow, W., Verzögerungen eines Schiedsgutachten-Verfahrens, Zf das gesamte Sachverständigenwesen 1980, 31

Z

Zeidler, H.-W., Die Vermögensschaden-Haftpflichtversicherung des Sachverständigen DS 1993, 8

Zeißler, M., Marktkonforme Liegenschaftszinssätze für Gewerbeimmobilien, GuG 2001, 269

Zerbich, G., Bewertung von Erbbaurechten, AIZ 1968, 94

Ziegenbein, W., Zur Anwendung multivariater Verfahren der mathematischen Statistik in der Grundstückswertermittlung, Diss. Hannover 1977

–, Weiterentwicklung der Grundstückswertermittlung durch den Einsatz der EDV und die Anwendung der mathematischen Statistik, ZfV 1978, 126

–, Zur Wertermittlung von Flächen im Außenbereich, die für den gemeinen oder öffentlichen Bedarf vorgesehen sind, Nachr. der nds. Kat.- und VermVw 1989/2

–, Zum Wertfaktor bei der Wertermittlung von Erbbaurechtsgrundstücken, VR 1994, 377

–, Zur automatisierten Führung der Kaufpreissammlungen für Grundstücke in Niedersachsen, Nachr. der nds. Kat- und VermVw 1994, 234

–, Der Verkehrswert, Zur Definition und Ermittlung, Festschrift „100 Jahre Geodätische Lehre und Forschung in Hannover", Hannover 1981, 226

–, Zur Analyse der automatisiert geführten Kaufpreissammlungen für Grundstücke in Niedersachsen, Nachr. der nds. Kat- und VermVw 1986, 195

–, Beitrag der Gutachterausschüsse zur Transparenz des Grundstücksmarktes, ZfV 1983, 557

–, Bodenrichtwerte für die Innenstadt von Hannover, VR 1999, 383

Ziegenbein, W./Hawerk, W., Erfahrungen bei der Prädikation von Grundstückswerten, ZfV 1978, 254

Ziegenbein, W./Meyer, Zur marktgerechten Wertermittlung von Erbbaurechtsgrundstücken, ZfV 1988/8

Zimmermann, P., Bestimmung von Bodenwerten in den neuen Bundesländern, GuG 1991, 193

–, Glaubwürdigkeit oder Unglaubwürdigkeit des Sachwertverfahrens nach WertV 88, DS 1992, 305

–, WertV, Komm. München 1998

Zunft, E., Der Ertragswert als maßgeblicher Faktor des Verkehrswertes von Grundstücken, MDR 1961, 550

Zwanck, H., Betriebskosten und Betriebskostenvergleich, Ergebnisse eines großen Wohnungsunternehmens, GWW 1971, 172

Periodika:
Grundstücksmarkt und Grundstückswert – GuG – Luchterhand Verlag Neuwied

Teil X

Sachverzeichnis

I

M

W